GW00671405

LANGENSCHEIDTS ENZYKLOPÄDISCHES WÖRTERBUCH

DER ENGLISCHEN UND DEUTSCHEN SPRACHE

BEGRÜNDET VON

PROF. DR. E. MURET UND PROF. DR. D. SANDERS

TEIL II

DEUTSCH-ENGLISCH

2. BAND L—Z

VÖLLIGE NEUBEARBEITUNG 1974

HERAUSGEGEBEN VON

DR. OTTO SPRINGER

Professor für germanische Sprachen und Literaturen
University of Pennsylvania

HODDER AND STOUGHTON

LANGENSCHEIDT'S ENCYCLOPAEDIC DICTIONARY

OF THE ENGLISH AND GERMAN LANGUAGES

BASED ON THE ORIGINAL WORK BY

PROF. DR. E. MURET AND PROF. DR. D. SANDERS

PART II

GERMAN-ENGLISH

SECOND VOLUME L—Z

COMPLETELY REVISED 1974

EDITED BY

DR. OTTO SPRINGER

Professor of Germanic Languages and Literatures
University of Pennsylvania

HODDER AND STOUGHTON

Published in the British Commonwealth

by Hodder & Stoughton Limited,

Saint Paul's House, Warwick Lane,

London E C 4

ISBN 0-340-15389-X

INHALTSVERZEICHNIS

CONTENTS

DEUTSCH-ENGLISCHES WÖRTERVERZEICHNIS

L–Z

GERMAN-ENGLISH DICTIONARY

L–Z

L

L, l [ɛl] *n* ⟨-; -⟩ **1.** L, l (*twelfth letter of the German alphabet; ninth consonant*): ein großes L a capital (*od.* large) L. – **2.** l (*Liter*) l. – **3.** l *math.* (*Länge*) l. – **4.** L (*röm. Zahl für 50*) L. – **5.** *electr.* a) l (*Lumen*) l, lm, b) L (*Induktivität*) L, c) L (*Lambert*) L. – **6.** L *econ.* (*Lira; ital. Währungseinheit*) L. – **7.** L (*something having the shape of the capital letter L*) L.

la [la:] **I** *interj* la(h). – **II L~** *n* ⟨-; -⟩ *mus.* la (*in sol-fa systems*).

Lab [la:p] *n* ⟨-(e)s; -e⟩ rennet.

La·ban ['la:ban] *m* ⟨-s; *no pl*⟩ *only in* langer ~ *colloq. contempt.* tall fellow, 'lamppost', spindleshanks *pl* (*construed as sg or pl*) (*alle colloq.*).

La·ba·rum ['la:barum] *n* ⟨-; *no pl*⟩ *antiq.* (*Kreuzesfahne Konstantins u. seiner Nachfolger*) labarum.

'lab·be·rig *adj Northern G. colloq.* **1.** (*Speisen*) wishy-washy, insipid, sloppy. – **2.** (*Stoff etc*) lacking firmness (*od.* body), flimsy.

lab·bern ['labərn] *v/i* ⟨h⟩ *colloq.* **1.** (*schlürfen*) lap noisily. – **2.** *fig.* babble, prattle.

'lab·brig *adj cf.* labberig.

Lab·da·num ['lapdanum] *n* ⟨-s; *no pl*⟩ labdanum, ladanum (*obtained from Cistus labdaniferus*).

La·be ['la:bə] *f* ⟨-; *no pl*⟩ *poet. for* Labsal.

la·ben ['la:bən] *lit.* **I** *v/reflex* ⟨h⟩ sich ~ **1.** (an *dat*, mit with) refresh oneself: sie labten sich an (*od.* mit) Kaffee und Kuchen they refreshed themselves with coffee and cake(s). – **2.** *fig.* (an *dat* on) feast: unsere Augen labten sich an der schönen Landschaft our eyes feasted (themselves) on the beautiful scenery. – **II** *v/t* **3.** refresh: j-n mit einem frischen Trunk ~ to refresh s.o. with a cool drink. – **4.** *fig.* feast: das Grün der Wiesen labt das Auge the green of the meadows is a feast (*od.* comfort) for the eyes. – **III L~** *n* ⟨-s⟩ **5.** *verbal noun.* – **6.** *cf.* Labung. — **'la·bend I** *pres p.* – **II** *adj lit.* (*Trunk, Kühle, Luft etc*) refreshing.

La·ber·dan [labər'da:n] *m* ⟨-s; -e⟩ *gastr.* salted cod.

la·bern ['la:bərn] *v/i* ⟨h⟩ *Middle G. dial. and colloq.* prattle, gabble (away), tattle, chatter.

la·bet [la'be:t] *adj only in* ~ sein *obs.* a) to have lost (at cards), b) *fig.* to be tired (*od.* exhausted).

'La·be,trunk *m poet.* refreshing drink, refection (*lit.*).

'Lab·fer,ment *n* **1.** *biol. chem.* rennin, *auch* chymosin. – **2.** *med.* chymase.

la·bi·al [la'bĭa:l] **I** *adj* labial, lip (*attrib*). – **II L~** *m* ⟨-s; -e⟩ *ling.* labial (sound).

la·bia·li·sie·ren [labĭali'zi:rən] *v/t* ⟨*no* ge-, h⟩ *ling.* labialize. — **La·bia·li'sie·rung** *f* ⟨-; -en⟩ labialization, labialism.

La·bi'al|,laut *m ling. cf.* labial II. — **~,pfei·fe** *f mus.* (*der Orgel*) labial (pipe), flue pipe. — **~re,gi·ster** *n* flue stop.

La·bia·te [la'bĭa:tə] *f* ⟨-; -n⟩ *bot. cf.* Lippenblütler.

la·bil [la'bi:l] *adj* ⟨-er; -st⟩ **1.** unstable, *auch* instable, labile, changeable: die politische Lage ist ~ the political situation is unstable; ein ~es Gleichgewicht *phys.* an unstable equilibrium; eine ~e Gesundheit haben to be of fragile (*od.* delicate) health; einen ~en Charakter haben to have an unstable character. – **2.** (*veränderlich*) variable. – **3.** *meteor.* unstable, labile. — **La·bi·li'tät** [-bili'tɛ:t] *f* ⟨-; *no pl*⟩ **1.** instability, lability, changeableness. – **2.** *meteor.* lability.

La·bi·li'täts·ener,gie *f meteor.* lability energy.

la·bio·den·tal [labĭodɛn'ta:l] *ling.* **I** *adj* labiodental, dentilabial. – **II L~** *m* ⟨-s; -e⟩, **L~,laut** *m* labiodental (*od.* dentilabial) (sound).

la·bio·na·sal [labĭona'za:l] *ling.* **I** *adj* labionasal. – **II L~** *m* ⟨-s; -e⟩, **L~,laut** *m* labionasal (sound).

la·bio·ve·lar [labĭove'la:r] *ling.* **I** *adj* labiovelar. – **II L~** *m* ⟨-s; -e⟩, **L~,laut** *m* labiovelar (sound).

La·bi·um ['la:bĭum] *n* ⟨-s; -bien *od.* -bia [-bĭa]⟩ **1.** *med.* (*Lippe*) lip, labium (*scient.*). – **2.** *zo.* (*Unterlippe von Insekten*) lower lip; labium, second maxilla (*scient.*). – **3.** *mus.* (*an Orgelpfeife etc*) lip.

'Lab,kraut *n bot.* bedstraw (*Gattg Galium*): Echtes (*od.* Gelbes) ~ Our Lady's bedstraw (*G. verum*); Kletterndes ~ goose grass, catchweed, cleavers, *auch* clivers *pl* (*usually construed as sg*) (*G. aparine*).

La'blab,boh·ne [la'bla:p-] *f bot.* lablab, hyacinth bean (*Dolichos lablab*).

'Lab,ma·gen *m zo.* fourth stomach of ruminants, maw; abomasum, *auch* abomasus (*scient.*). — **~,haut** *f* rennet.

La·bor [la'bo:r] *n* ⟨-s; -s *u.* -e⟩ laboratory, lab (*colloq.*).

La·bo·rant [labo'rant] *m* ⟨-en; -en⟩, **La·bo'ran·tin** *f* ⟨-; -nen⟩ laboratory assistant (*od.* technician).

La·bo·ra·to·ri·um [labora'to:rĭum] *n* ⟨-s; -rien⟩ laboratory, lab (*colloq.*).

la·bo·rie·ren [labo'ri:rən] *v/i* ⟨*no* ge-, h⟩ *colloq.* **1.** (*an einer Krankheit etc*) suffer (from), (*bes. an einer chronischen*) be afflicted (with): er laboriert schon lange an einer Grippe he has been suffering from flu for ages, he has been trying to shake off (*od.* get rid of) the flu for ages (*beide colloq.*). – **2.** (*an einer Arbeit etc*) work (on), labor (*bes. Br.* labour) (on *od.* at), toil (over).

La'bor·ver,such *m* laboratory experiment.

'Lab,pro·fer,ment *n biol. chem.* renninogen.

La·bra·dor [labra'do:r] *m* ⟨-s; -e⟩ *min. cf.* Labradorit. — **~,dachs** *m zo.* American badger (*Taxidea taxus*). — **~,en·te** *f obs.* Labrador duck (*Camptorhynchus labradorius*). — **~,feld,spat** *m min. cf.* Labradorit. — **~,hund** *m zo.* Labrador retriever.

La·bra·do·rit [labrado'ri:t; -'rɪt] *m* ⟨-s; -e⟩ *min.* labradorite, *auch* Labrador spar (*od.* stone).

La·bra'dor,stein *m min. cf.* Labradorit.

La·brum ['la:brum] *n* ⟨-s; -bren⟩ *zo.* (*Oberlippe der Insekten*) upper lip, labrum (*scient.*).

Lab·sal ['la:pza:l] *n* ⟨-(e)s; -e⟩, *Austrian auch f* ⟨-; -e⟩ *lit.* **1.** comfort, balm: bei der Hitze empfanden wir die Kühle des Waldes als (ein) ~ it was so hot that the cool of the forest was like a soothing balm for us. – **2.** feast: ein ~ für die Augen a feast for the eyes. – **3.** *poet. cf.* Labetrunk.

'lab,sal·ben *v/t* ⟨h⟩ *mar.* paint (*s.th.*) with tar, tar (*od.* slush) down.

Labs·kaus ['lapskaus] *n* ⟨-; *no pl*⟩ *gastr.* lobscouse.

'La·bung *f* ⟨-; -en⟩ *lit.* **1.** *cf.* Laben. – **2.** refreshment, refection (*lit.*).

La·by·rinth [laby'rɪnt] *n* ⟨-(e)s; -e⟩ **1.** labyrinth, maze: sich in einem ~ verirren to lose oneself in a labyrinth; ein ~ kleiner Straßen und Gäßchen a labyrinth of tiny streets and alleys; er fand sich im ~ der Paragraphen nicht mehr zurecht *fig.* he lost his way (*od.* he got lost) in the maze of laws. – **2.** *med.* (*inneres Ohr*) labyrinth. – **3.** *biol.* maze (*an apparatus used in learning experiments*). — **~,fi·sche** *pl zo.* Labyrinthici (*Unterordng Anabantoidei*). — **~,flüs·sig·keit** *f med.* labyrinthine fluid.

la·by'rin·thisch *adj* labyrinthine, *auch* labyrinthal, labyrinthian, labyrinthic.

La·by'rinth|ko,ral·le *f zo.* brain(stone) coral, brainstone, m(a)eandra (*scient.*) (*Maeandrina labyrinthica*). — **~,spin·ne** *f* labyrinth spider (*Gattg Metepeira*). — **~,vor,hof** *m med.* labyrinthine vestibule. — **~,was·ser** *n* (*im Ohr*) labyrinthine fluid, aqua labyrinthi (*scient.*). — **~,zäh·ner** [-,tsɛ:nər] *m* ⟨-s; -⟩ *zo.* labyrinthodont.

'Lach,an,fall *m* **1.** fit of laughter: er bekam einen ~ he had a fit of laughter. – **2.** *med.* paroxysm of laughing.

'La·che[1] *f* ⟨-; -n⟩ *colloq.* **1.** laugh, way of laughing: sie hat eine komische [dreckige] ~ she has a funny [dirty] laugh. – **2.** (*Gelächter*) laughter, laughing.

'La·che[2] *f* ⟨-; -n⟩ **1.** (*Pfütze*) puddle, pool, plash: nach dem Regen standen ~n auf der Straße there were puddles in the street after the rain. – **2.** (*von Blut, Öl, Bier etc*) pool: er lag in einer ~ (von) Blut he was lying in a pool of blood.

'La·che[3] *f* ⟨-; -n⟩ (*forestry*) cut, blaze.

lä·cheln ['lɛçəln] **I** *v/i* ⟨h⟩ **1.** smile: glücklich [mitleidig, dankbar, gütig] ~ to smile happily [contemptuously, gratefully, benevolently]; freundlich [vielsagend] ~ to smile in a friendly way [significantly]; verächtlich ~ to smile sneeringly, to sneer; gezwungen ~ to give a strained (*od.* forced, ghastly, sickly) smile; einfältig ~ to simper; über das ganze Gesicht ~ to be all smiles; sie lächelte unter Tränen she smiled through (*od.* under) her tears; darüber kann ich nur ~ *fig. iron.* I can only shrug my shoulders over it; das Glück lächelte ihm *fig. lit.* fortune (*od.* Lady Luck) smiled upon him. – **II L~** *n* ⟨-s⟩ **2.** *verbal noun.* – **3.** smile: ein strahlendes L~ a radiant smile; ein verächtliches [einfältiges] L~ a sneer [a simper]; er sagte es mit feinem L~ he said it with a faint (*od.* a hint of a) smile; ein L~ unterdrücken to suppress a smile; der Anflug eines L~s the shadow of a smile; das rätselhafte L~ der Mona Lisa the enigmatic smile of the Mona Lisa. — **'lä·chelnd I** *pres p.* – **II** *adj* smiling: ihr ~es Gesicht her smiling face. – **III** *adv* er sah ~ zu he watched smilingly (*od.* with a smile [on his face]).

la·chen ['laxən] **I** *v/i* ⟨h⟩ **1.** (über *acc* at) laugh: schallend ~ to give a ringing (*od.* boisterous) laugh; laut ~ to laugh loudly; brüllend (*od.* aus vollem Halse) ~ to roar (*od.* bellow, shout) with laughter; er lachte gezwungen he gave a forced laugh; fröhlich ~ to laugh happily (*od.* joyfully); albern [höhnisch] ~ to laugh stupidly [spitefully]; leise vor sich hin ~ to chuckle (under one's breath); ich mußte über ihn [den Witz] ~ I had to laugh at him [the joke]; j-m ins Gesicht ~ to laugh at s.o. to his (*od.* her) face; über soviel Dummheit kann ich nur ~ *fig. iron.* I can only laugh over (*od.* at) so much stupidity, so much stupidity just makes me laugh; sich (*dat*) ins Fäustchen ~ to laugh up one's sleeve; da lacht einem das Herz im Leibe that makes one's heart jump for joy; es wäre (doch *od.* ja) gelacht, wenn das nicht ginge it would be ridiculous if that were not possible; das soll ein Künstler sein — daß ich nicht lache! do you call that an artist — don't make me laugh! er hat nichts zu ~ he has got nothing to laugh about, he has no cause to laugh, his life is no bed of roses; lach (du) nur! laugh away! go on, laugh! du hast gut ~ it's all very well for you to laugh; das Glück lachte mir *fig. lit.* fate was kind to me; die Sonne lacht vom Himmel *fig. lit.* the sun smiles from the heavens; wer zuletzt lacht, lacht am besten (*Sprichwort*) he laughs best (*od.* longest) who laughs last (*proverb*); → Huhn 3. – **II** *v/t* **2.** laugh: Tränen ~ to laugh till one cries (*od.* the tears come); → Ast 7. – **III** *v/reflex* **3.** sich krank (*od.* kringelig, krumm und schief) ~ *colloq.* to split one's sides (with) laughing, to laugh oneself silly, to almost die with laughing: er konnte sich über seine eigenen Witze krank ~ he could almost die laughing at his own jokes. – **IV L~** *n* ⟨-s⟩ **4.** *verbal noun*: L~ ist gesund laughing is wholesome. – **5.** laughter, laugh: ein befreiendes ~ a laughter of relief; ein helles L~ a bright (*od.* light) laugh; ein leises L~ a chuckle, a chortle; ein zynisches ~ a cynical laugh; L~ hervorrufen to raise (*od.* draw) a laugh; das L~ unterdrücken to suppress one's laughter; er konnte sich (*dat*) das L~ nicht verkneifen he could not bite back (*od.* stifle, stop) his laughter; ich werde dir das L~ abgewöhnen *fig. colloq.* you'll be laughing on the wrong side of your face in a minute; wenn man solche Berichte hört, kann einem das L~ vergehen hearing such reports one could forget how to laugh; alles brüllte vor L~ everyone was roaring with laughter; er hielt sich (*dat*) den Bauch vor L~, er bog sich vor L~ *colloq.* he doubled up (*od.* howled) with laughter; sich kugeln vor L~ *colloq.* to roll (*od.* double) up with laughter; ich konnte mich nicht halten vor L~ I couldn't stop laughing; j-n zum L~ bringen to make s.o. laugh; das ist zum L~ that is ridiculous; so eine Grippe ist nicht zum L~ *colloq.* such a flu is no joking (*od.* laughing) matter, such a flu is no joke (*beide colloq.*). – **6.** laugh, way of laughing. — **'la·chend I** *pres p.* – **II** *adj* **1.** laughing: ~e Gesichter laughing faces; mit einem ~en und einem weinenden Auge *fig.* half laughing, half crying; der ~e Dritte *fig.* the tertius gaudens; die ~en Erben *fig.* the joyful heirs; das ~e Leben *fig.* the gay life. – **2.** *fig.* (*Himmel, Sonne etc*) bright, smiling. – **III** *adv* **3.** laughingly, with a laugh: ~ über (*acc*) etwas hinweggehen to laugh s.th. off.

'La·cher *m* ⟨-s; -⟩ **1.** laugher: die ~ auf seiner Seite haben to have the laugh on one's side, to cop the laughs (*sl.*). – **2.** *colloq.* laugh: er stieß einen ~ aus he gave (*od.* let out) a laugh.

'Lach·erˌfolg *m only in* einen ~ erzielen to make everybody laugh.

lä·cher·lich ['lɛçərlɪç] **I** *adj* **1.** ridiculous: sie sieht ~ aus she looks ridiculous; er gibt eine ~e Figur ab he makes a fool of himself, he cuts a foolish figure; du machst dich ja ~ you are making a fool (*od.* an exhibition) of yourself; etwas ~ machen to ridicule (*od.* make fun of) s.th.; er macht seine Gegner ~ he makes his opponents look ridiculous, he ridicules (*od.* makes fools of) his opponents. – **2.** (*unsinnig*) absurd, ridiculous, preposterous: deine Angst ist ja ~ your fear is absurd. – **3.** (*lachhaft*) laughable, ridiculous. – **4.** (*drollig*) ludicrous, ridiculous. – **5.** (*spöttisch*) derisory, scoffing: eine ~e Bemerkung a derisory remark. – **6.** (*geringfügig*) trifling, ridiculous: wegen solch einer ~en Kleinigkeit braucht man nicht zu streiten there is no reason to quarrel over such a trifling matter; für einen ~en Preis for a ridiculously low price, for a mere trifle (*od. colloq.* a song); er bekam dafür ~e 3 Mark he got the trifling (*od.* ridiculous) sum (*od.* a mere pittance) of 3 marks for it. – **7.** *cf.* komisch 1. – **II** *adv* **8.** ridiculously: ein ~ dünner Mantel a ridiculously light (*od.* thin) coat; ich verdiene ~ wenig I earn ridiculously little (*od.* a mere pittance); ich komme mir in dem Kleid ~ vor I feel a fool (*od.* ridiculous) in this dress; ein solches Pathos wirkt heutzutage ~ such pathos is laughable in this day and age; j-m ist ~ zumute *colloq.* s.o. is in a laughing mood, s.o. has to laugh all the time. – **III L~e, das** ⟨-n⟩ **9.** the ridiculous: j-n [etwas] ins L~e ziehen to expose s.o. [s.th.] to ridicule, to ridicule s.o. [s.th.]; vom Erhabenen zum L~en ist nur ein Schritt there is but one step from the sublime to the ridiculous.

'lä·cher·li·cher'wei·se *adv* ridiculously (enough).

'Lä·cher·lich·keit *f* ⟨-; *no pl*⟩ **1.** ridiculousness: etwas der ~ preisgeben to ridicule (*od.* make fun of) s.th.; j-n der ~ preisgeben to ridicule (*od.* make a fool of) s.o. – **2.** absurdity, absurdness. – **3.** (*etwas Lächerliches*) trivial matter, (mere) farce, trifle.

La·che·sis ['laxezɪs] **I** *npr f* ⟨-; *no pl*⟩ *myth.* (*Parze*) Lachesis. – **II** *f* ⟨-; *no pl*⟩ *zo. cf.* Buschmeister.

'LachˌgAs *n chem.* laughing gas; dinitrogen monoxide, nitrous oxide (*scient.*) (N_2O). — **~narˌko·se** *f med.* nitrous-oxide an(a)esthesia.

'lach·haft *adj* laughable, ridiculous: das ist einfach ~! that is simply laughable. — **'Lach·haf·tig·keit** *f* ⟨-; *no pl*⟩ laughableness, ridiculousness.

'Lach|ka·biˌnett *n* crazy (*Am. auch* laugh *od.* fun) house. — **~ˌkrampf** *m auch med.* fit (*od.* convulsions *pl*, paroxysm) of laughter: er bekam einen ~ he was seized by a fit of laughter, he burst (*od.* split) his sides (with) laughing. — **~ˌlust** *f* inclination to laugh, risibility: j-s ~ erregen (*od.* reizen) to make s.o. laugh. — **l~ˌlu·stig** *adj* fond of laughing, risible. — **~ˌmö·we** *f zo.* a) black-headed gull (*Larus ridibundus*), b) laughing gull (*L. atricilla*). — **~ˌmus·kel** *m med.* laughing (*od.* risible) muscle.

Lachs [laks] *m* ⟨-es; -e⟩ **1.** *zo.* salmon (*Salmo salar*): zu den ~en gehörend salmonoid; junger ~ grilse, parr, *Br. auch* par, salmon peal (*od.* peel), samlet, *Am.* botcher, skegger, *Br.* laspring, pink; ~ nach dem Laichen runfish; männlicher ~ kipper; weiblicher ~ shedder. – **2.** *gastr.* salmon: geräucherter ~ smoked salmon.

'Lachˌsal·ve *f* peal (*od.* gale, [out]burst) of laughter.

'Lachsˌbrot *n gastr.* open sandwich spread with smoked salmon.

'LachˌseeˌschwaI·be *f zo.* gull-billed tern (*Gelochelidon nilotica*).

'Lachs|erˌsatz *m gastr.* smoked salmon substitute, mock (*od.* rock) salmon. — **~ˌfal·le** *f* salmon trap. — **~ˌfang** *m* salmon catching (*od.* fishing). — **~ˌfar·be** *f* salmon (color, *bes. Br.* colour). — **l~ˌfar·ben** *adj* **1.** salmon(-colored, *bes. Br.* -coloured). – **2.** *cf.* lachsrosa. — **~fiˌlet** *n gastr.* salmon steak. — **~ˌfisch** *m zo.* salmonoid (*Fam. Salmonidae*). — **~foˌrel·le** *f* a) European (*od.* salmon, sea) trout (*Salmo trutta*), b) sewen (*S. cambricus*). — **~ˌka·vi·ar** *m gastr. salmon roe cured and used as caviar(e).* — **~ˌlaus** *f zo.* salmon louse (*Caligus piscinus*). — **~ˌro·ge·ner** *m* female salmon. — **l~ˌro·sa, l~ˌrot** *adj* salmon-pink. — **~ˌschin·ken** *m gastr. lightly salted and cured cut of lean pork formed into a roll.* — **~ˌschnit·zel** *pl* **1.** *smoked salmon slices served with capers and grated horseradish.* – **2.** smoked salmon trimmings. — **~ˌsteak** *n* salmon steak.

'Lachˌtau·be *f zo.* laugher, ringdove (*Streptopelia roseogrisea*).

la·cie·ren [la'siːrən] *v/t* ⟨*no* ge-, h⟩ lace.

Lack [lak] *m* ⟨-(e)s; -e⟩ **1.** (*paints*) a) (*Lösung aus Schellack, Harzen etc*) lacquer, b) (*auf Alkydharzgrundlage*) varnish, c) (*Lackfarbe, Emaillelack*) enamel, d) (*Klarlack*) clear varnish, e) (*auf Asphaltbasis*) japan, f) (*Spannlack*) dope, g) (*Farblack*) lake: ~e und Farben paints and varnishes; schnelltrocknender ~ quick-drying lacquer; der ~ ist stumpf geworden the lacquer (*od.* enamel) has become dull; der ~ blättert ab the paint is peeling off; fertig ist der ~! *fig. colloq.* there we are! that's that! – **2.** *fig.* veneer: der ~ der westlichen Zivilisation the veneer of western civilization (*Br. auch* -s-).

'Lack|ˌaf·fe *m contempt.* fop, dandy. — **~ˌanˌstrich** *m* varnish coat. — **~ˌar·beit** *f* (*bes. jap. u. chines.*) lacquer (ware), lacquerwork, *auch* japan (work). — **~ˌbaum, Ja'pa·ni·scher** *m bot.* lacquer tree (*od.* plant) (*Rhus verniciflua*). — **~ˌdraht** *m tech.* enamel(l)ed wire.

Lacke (*getr.* -k·k-) ['lakə] *f* ⟨-; -n⟩ *Austrian for* Lache².

Lackel (*getr.* -k·k-) ['lakəl] *m* ⟨-s; -⟩ *Southern G. contempt.* boor, yokel.

lacken (*getr.* -k·k-) ['lakən] *v/t* ⟨h⟩ *cf.* lackieren.

'Lack|ˌfar·be *f* varnish paint (*bes. Am.* color). — **~ˌfir·nis** *m* shellac varnish.

lackie·ren (*getr.* -k·k-) [la'kiːrən] **I** *v/t* ⟨*no* ge-, h⟩ (*paints*) **1.** (*mit Blanklack*) varnish. – **2.** (*mit Farblack*) a) lacquer, b) enamel, c) japan: ein Kotflügel mußte neu lackiert werden one fender (*Br.* wing) had to be repainted (*od.* refinished); Stühle ~ to lacquer chairs; sich (*dat*) die Fingernägel ~ to lacquer (*od. colloq.* do) one's fingernails. – **3.** (*anstreichen*) paint: ich lasse mich nicht so leicht ~ *fig. colloq.* I shan't let myself be taken in (*od.* duped) quite so easily. – **4.** (*überziehen*) coat. – **II L~** *n* ⟨-s⟩ **5.** *verbal noun.* – **6.** *cf.* Lackierung.

Lackie·rer (*getr.* -k'k-) *m* ⟨-s; -⟩ **1.** lacquerer. – **2.** (*für Möbel etc*) varnisher. – **3.** (*Autolackierer*) body painter. — **Lackie·re'rei** (*getr.* -k·k-) *f* ⟨-; -en⟩ **1.** ⟨*only sg*⟩ *contempt.* constant lacquering. – **2.** paint shop.

Lackier·maˌschi·ne (*getr.* -k'k-) *f print.* varnishing machine.

lackiert (*getr.* -k'k-) **I** *pp.* – **II** *adj* **1.** (*Fingernägel etc*) lacquered, *auch* lackered. – **2.** ~ sein *fig. colloq.* to be in an awful fix (*colloq.*): wenn er das Geld nicht bringt, bin ich ~ if he doesn't bring the money I'll be in a terrible mess (*colloq.*). – **3.** schwarz ~ (*art*) japanned.

Lackier·te (*getr.* -k'k-) *m, f* ⟨-n; -n⟩ *fig. colloq. cf.* Gelackmeierte.

Lackie·rung (*getr.* -k'k-) *f* ⟨-; -en⟩ (*paints*) **1.** *cf.* Lackieren. – **2.** (*mit Farblack*) lacquer coating, lacquering. – **3.** (*mit Blanklack*) varnish coating. – **4.** (*mit Emaillelack*) enamel(l)ing, enamel coating. – **5.** (*mit Lackfarbe*) painting. – **6.** *auto.* cellulosing, cellulose body finish.

Lackier|ˌwerkˌstatt (*getr.* -k'k-), **~ˌwerkˌstät·te** *f* paint shop.

'Lack|ˌkunst *f* (*art*) lacquering, *auch* lackering, lacquer work, japan work, japanning. — **~ˌle·der** *n econ.* patent leather. — **~maˌle,rei** *f* (*art*) japan, lacquer painting. — **~ˌman·tel** *m* (*fashion*) patent leather coat, *Am.* slicker-type coat, *Br.* shiny plastic coat.

'lackˌmei·ern [-ˌmaɪərn] *v/t* ⟨*insep,* ge-, h⟩ j-n ~ *colloq.* to have s.o. for a sucker (*colloq.*), *Br. sl.* to leave s.o. holding the baby.

Lack·mus ['lakmʊs] *m, n* ⟨-; *no pl*⟩ *chem.* litmus. — **~ˌflech·te** *f meist pl bot.* archill, dyer moss, orchella weed (*Roccella tinctoria*). — **~paˌpier** *n chem.* litmus (*od.* test, indicator) paper.

'Lack|ˌschildˌlaus *f meist pl zo.* lac insect (*Laccifer lacca*). — **~ˌschu·he** *pl* (*fashion*) patent leather shoes, patents. — **~ˌstie·fel** *pl* patent leather boots, patents. — **~ˌstift** *m auto.* touch-up stick (*od.* pencil). — **~ˌwa·ren** *pl econ.* lacquerwork *sg*, lacquer ware *sg*, *auch* japan (work) *sg*.

La·crosse [la'krɔs] (*Fr.*) *n* ⟨-; *no pl*⟩ (*sport*) (*Ballspiel*) lacrosse. — **~ˌschlä·ger** *m* lacrosse stick, crosse.

Lact·acid·ämie [laktatsidɛ'miː] *f* ⟨-; *no pl*⟩ *med.* (*Milchsäuregehalt des Blutes*) lactacid(a)emia.

Lac·tam [lak'taːm] *n* ⟨-s; -e⟩ *meist pl chem.* lactam.

Lac·to·bio·se [laktobi'oːzə] *f* ⟨-; -n⟩ *chem. cf.* Milchzucker.

Lac·to·fla·vin [laktofla'viːn] *n* ⟨-s; *no pl*⟩ *med. pharm.* (*Vitamin* B_2) riboflavin, lactoflavin.

La·da·num ['la:danʊm] *n* ⟨-s; *no pl*⟩ *bot.* (*Cistusharz*) la(b)danum.

'La·de *f* ⟨-; -n⟩ **1.** (*Schublade*) drawer: etwas einer ~ entnehmen to take s.th. out of (*od.* to remove s.th. from) a drawer. – **2.** *obs.* a) (*Truhe*) trunk, b) (*großer Kasten*) chest, box. – **3.** *dial. for* Fensterladen. – **4.** *obs. for* Sarg. – **5.** (*Teil des Webstuhls*) lathe, batten: die ~ schlagen to beat the lathe, to lay the batten. – **6.** *mus. cf.* Windkasten 1. – **7.** ~ (Gottes) *Bibl. cf.* Bundeslade.

'La·de|ag·greˌgat *n electr.* charging set. — **~ˌanˌschluß** *m* charging connection (*Br. auch* connexion).

'La·deˌbaum *m mar.* derrick, cargo boom. — **~ˌpfo·sten** *m* Samson (*od.* king) post. — **~ˌstüt·ze** *f* cradle, derrick support, boom rest (*od.* crutch).

'La·de|ˌblock *m mar.* cargo block. — **~ˌbock** *m cf.* Ladegestell. — **~ˌbrücke** (*getr.* -k·k-) *f* loading (*od.* handling) bridge. — **~ˌbüh·ne** *f cf.* Laderampe.

'La·deˌdruck *m* ⟨-(e)s; ⸚e⟩ *auto.* boost pressure. — **~ˌpum·pe** *f* booster pump.

'La·de|ˌfä·hig·keit *f* **1.** *tech.* load(ing) (*od.* carrying) capacity. – **2.** (*railway*) loading capacity. – **3.** *mar.* (deadweight) capacity. – **4.** *electr.* charging capacity. — **~ˌflä·che** *f auto.* **1.** (*beim Laster*) area of loadroom, loading space (*od.* area), cargo area. – **2.** (*beim Anhänger*) bed. — **~ˌfrist** *f econ.* (*railway*) time allowed for loading. — **~geˌblä·se** *n auto.* supercharger, booster. — **~geˌbühr** *f*, **~ˌgeld** *n* loading charges *pl.* — **~geˌrät** *n tech.* **1.** charging equipment (*od.* facilities *pl*). – **2.** *electr.* (*für Batterien*) battery charger. — **~geˌschirr** *n econ.* loading (*od.* cargo) gear, cargo-handling facilities *pl*, (*bes. eines Schiffes*) loading tackle. — **~geˌschwin·dig·keit** *f mil.* loading rate. — **~geˌstell** *n* **1.** *auto.* (*einer Batterie*) charging rack. – **2.** *metall.* (*beim Walzwerk*) skid (platform): ~ mit Mulde skid hopper. – **3.** (*beim Güterverkehr*) loading (*od.* handling) platform. — **~geˌwicht** *n econ.* weight loaded. — **~ˌgleichˌrich·ter** *m electr.* charging rectifier. — **~ˌgleis** *n* (*railway*) loading siding (*od.* track). — **~ˌgurt** *m mil.* (*Patronengurt*) cartridge belt, *auch* bandolier, bandoleer. — **~ˌhem·mung** *f mil.* (*einer Schußwaffe*) stoppage (*od.* jam) (in loading mechanism): die Pistole hatte (eine) ~ the pistol jammed; er hatte ~ *fig. colloq.* he couldn't find his words. — **~ˌhö·he** *f auto.* (*eines Lasters*) platform loading height. — **~ˌkai** *m mar.* wharf, dock. — **~ka·noˌnier** *m mil.* (gun) loader. — **~ka·pa·ziˌtät** *f cf.* Ladefähigkeit. — **~ˌklap·pe** *f tech.* (*an einem Lastwagen*) tailboard, *bes. Am.* tailgate, *Am. auch* endgate. — **~kon·denˌsa·tor** *m electr.* charging capacitor. — **~konˌtrolleuch·te** (*getr.* -ll,l-) *f cf.* Ladestromkontrolleuchte. — **~ˌko·sten** *pl* loading (*od.* unloading, handling) charges. — **~ˌkran** *m* **1.** *tech.* loading engine. – **2.** *mar.* cargo crane. — **~ˌli·nie** *f mar.* (*eines Schiffes*) load line. — **~ˌli·ste** *f* **1.** *econ.* cargo (*od.* loading) list. – **2.** *mil.* a) manifest, b) *bes. mar.* hatch (*od.* cargo) list, c) *bes. aer.* manifest. — **~ˌlu·ke** *f* (*eines Schiffes*) hatch(way). — **~ˌmar·ke** *f* (*an Schiff*) load line, Plimsoll mark (*auch* line). — **~maˌschi·ne** *f electr.* charging generator. — **~ˌmast** *m mar. cf.* Ladebaumpfosten. — **~ˌmei·ster** *m* chief loader.

la·den[1] ['la:dən] **I** *v/t* ⟨lädt, *colloq.* ladet, lud, geladen, h⟩ **1.** etwas auf [in] (*acc*) etwas ~ a) to load s.th. on [in] s.th., b) (*als Fracht*) to load (*od.* ship, freight) s.th. onto [into] s.th., to load s.th. with s.th.: das Gepäck der Forscher wurde auf Maultiere geladen the explorers' luggage was loaded onto mules; j-m einen Sack auf die Schultern ~ to load a sack on s.o.'s shoulders; die Fracht ins Schiff ~ to load (*od.* charge) the ship, to ship the cargo. – **2.** der Dampfer lädt gerade Kohlen the steamer is taking up coal; das Schiff hat Eisenerz geladen the ship carries (*od.* has a cargo of) iron ore. – **3.** etwas auf (*acc*) sich ~ *fig.* a) (*Verantwortung etc*) to burden (*od.* saddle) oneself with s.th., to take s.th. upon oneself, b) (*Schuld, Sünde, Verbrechen etc*) to burden oneself with s.th., c) (*Haß, Feindschaft etc*) to incur s.th., to bring s.th. down upon oneself: mit der Erziehung seines Neffen lud er eine schwere Last auf sich (*od.* auf seine Schultern) in taking on the responsibility for his nephew's education he took a great burden upon himself; er hat eine schwere Schuld auf sich geladen he has burdened himself with great guilt; wenn du das tust, wirst du den Haß deiner Kollegen auf dich laden if you do that you will incur your colleagues' hatred; → Hals[1] 2. – **4.** *mil.* (*Schußwaffe*) load, charge: scharf ~ to load with ball (*od.* [service] ammunition); blind ~ to load with blank cartridges; ein Gewehr neu ~ to reload a gun; ~ und sichern! load and lock! – **5.** *electr.* a) (*bes. Batterie*) charge, b) (*Draht*) electrify, c) (*Motor*) supercharge, boost. – **6.** *phot.* (*Kamera*) load. – **7.** *tech.* (*zuführen*) feed, load. – **II** *v/i* **8.** der Lastwagen hat schwer [zu viel] geladen the lorry (*Am.* truck) is heavily loaded [overloaded]; er hat schwer (*od.* schön) geladen *fig. colloq.* he has been hitting the bottle (*colloq.*), he's half-seas over (*sl.*).

'la·den[2] *v/t* ⟨lädt, *colloq.* ladet, lud, geladen, h⟩ **1.** *lit.* (*einladen*) invite: j-n zum Essen (*od.* zu Tisch) ~ to invite s.o. to dinner, to ask s.o. to (come to) dinner; alle Bekannten und Verwandten wurden zur Hochzeit geladen all friends and relatives were invited to the wedding. – **2.** *jur.* (*vorladen*) a) summon, cite, b) (*unter Strafandrohung*) subpoena, *auch* subpena: j-n vor Gericht [als Zeugen] ~ to summon s.o. (to appear) before a court [as a witness]; j-n ~ lassen to take out a summons against s.o. – **3.** *poet.* invite: dieser schattige Platz lädt den Besucher zum Verweilen this shadowy place invites the visitor to rest.

'La·den *m* ⟨-s; ⸗⟩ **1.** (*Verkaufsgeschäft*) shop, *bes. Am.* store: ein neuer [großer, gutgeführter] ~ a new [large, well-managed] shop; ein elegant eingerichteter ~ an elegantly decorated (*od.* furnished) shop; der ~ an der Ecke the shop on the corner, the corner shop; er steht den ganzen Tag im ~ he is in the shop all day long; einen ~ eröffnen (*od.* aufmachen) to open a shop; einen ~ schließen (*od.* zumachen) to close a shop; der ~ wird um 8 Uhr geöffnet the shop opens at 8 (o'clock); der ~ macht um 18 Uhr zu the shop closes at 6 (o'clock). – **2.** (*Fensterladen*) shutter, blind: das Haus hat grüne Läden the house has (got) green shutters. – **3.** *fig. colloq.* business: wenn er nicht da ist, stockt der ganze ~ (*od.* steht der ganze ~ still) when he's not there the whole business grinds to a halt (*od.* comes to a standstill); er hat wieder Schwung in den ~ gebracht he brought some life back into the business; ich kenne doch den ~! I know how things go there (*od.* here)! wenn wir das nicht schaffen, können wir den ~ zumachen (*od.* dichtmachen) if we don't manage to do that, we might as well shut up shop (*od.* close the shop, throw in the towel); der ~ klappt (*od. colloq.* funkt) everything is O.K. (*od.* all right) (now); wir werden den ~ schon schmeißen we'll manage that all right; er würde am liebsten den ganzen ~ hinschmeißen he would very much like to give up (*od. sl.* chuck) the whole business (*Am. colloq.* caboodle, shebang).

'La·den|ˌaufˌse·her *m* (*im Warenhaus*) *bes. Am.* floorwalker, *bes. Br.* shopwalker. — **~ausˌstat·tung** *f cf.* Ladeneinrichtung. — **~beˌsit·zer** *m* shopkeeper, *bes. Am.* storekeeper. — **~beˌstän·de** *pl* stocks. — **~ˌdieb** *m*, **~ˌdie·bin** *f* shoplifter. — **~ˌdiebˌstahl** *m* shoplifting: er wurde des ~s beschuldigt he was charged with shoplifting. — **~ˌeinˌbruch** *m* shopbreaking. — **~ˌeinˌrich·tung** *f* shop (*bes. Am.* store) fittings *pl* (*od.* equipment). — **~ˌfen·ster** *n* shopwindow. — **~ˌfront** *f* shop front. — **~ˌgau·mer** *m* ⟨-s; -⟩ *Swiss dial. for* Ladenhüter. — **~geˌhil·fe** *m* salesman, shopman, *Am.* clerk, *Br.* shop assistant. — **~geˌhil·fin** *f* saleswoman, salesgirl, shopgirl, *Am.* clerk, *Br.* shop assistant. — **~geˌschäft** *n* shop, *bes. Am.* store. — **~ˌglocke** (*getr.* -k·k-) *f* shop bell. — **~ˌhan·del** *m* retail (*od.* shop) trade, *Am. auch* store business. — **~ˌhü·ter** *m econ. contempt.* unsal(e)able article, dormant stock; drug on (*od.* in) the market, deadwood, sticker (*colloq.*). — **~ˌinˌha·ber** *m cf.* Ladenbesitzer. — **~ˌkas·se** *f* **1.** till. – **2.** (*Registrierkasse*) cash register. — **~ˌmäd·chen** *n* shopgirl, salesgirl, *Br.* shop assistant. — **~ˌmie·te** *f* shop rent. — **~ˌpreis** *m* retail (selling) price, (*im Buchhandel*) publication price, (*für Zeitschriften*) cover price. — **~ˌschild** *n* shop sign. — **~ˌschlag** *m* (*textile*) (*in der Weberei*) stroke of the sley.

'La·denˌschluß *m* closing time: nach ~ after closing time; morgen ist ~ um 12 Uhr tomorrow shops will close at noon. — **~geˌsetz** *n jur.* law regulating the closing time of shops.

'La·den|ˌschwen·gel *m colloq. contempt.* shop boy, counterjumper (*sl.*). — **~ˌstra·ße** *f* shopping street (open to pedestrians only). — **~ˌtisch** *m* counter: etwas über den ~ verkaufen to sell s.th. across (*od.* over) the counter; etwas unter dem ~ verkaufen *fig. colloq.* to sell s.th. (from) under the counter. — **~ˌtoch·ter** *f Swiss for* Verkäuferin. — **~ˌtür** *f* shop door. — **~verˌkauf** *m* retail (sale). — **~verˌkaufsˌzei·ten** *pl* shop hours. — **~ˌvier·tel**, **~ˌzen·trum** *n* shopping center (*bes. Br.* centre).

'La·de|ˌpfor·te *f mar.* (cargo) port, side port. — **~ˌpfo·sten** *m* Samson (*od.* king) post. — **~ˌpfrop·fen** *m mil.* wad, wadding. — **~ˌplan** *m* **1.** *mar.* stowage (*od.* cargo) plan. – **2.** *aer.* loading diagram. — **~ˌplatz** *m* **1.** *econ.* loading place. – **2.** *mar.* wharf, dock, quay. — **~proˌfil** *n* (*railway*) loading ga(u)ge.

'La·der *m* ⟨-s; -⟩ *tech.* **1.** (*Ladegebläse*) supercharger, booster, charging blower. – **2.** (*einer Batterie*) charger.

'La·de|ˌram·pe *f* loading platform, (loading) ramp, *Am.* dock. — **~ˌraum** *m* **1.** *econ.* (*Fassungsvermögen*) loading (*od.* cargo) space (*od.* capacity), loadroom, payload (*od.* load compartment) space. – **2.** *mar.* a) (ship's *od.* cargo) hold, b) tonnage: vorderer ~ forehold. – **3.** *aer.* cargo (*od.* freight) compartment. – **4.** *mil.* (*eines Gewehrs*) chamber.

'La·derˌmo·tor *m tech.* supercharged (*od.* blown) engine.

'La·de|ˌsatz *m auto.* (*für Batterien*) charging set. — **~ˌscha·le** *f mil.* (*eines Geschützes*) loading tray. — **~ˌschau·fel** *f agr.* front loader. — **~ˌschein** *m mar. econ. cf.* Konnossement. — **~ˌschüt·ze** *m mil.* loader. — **~ˌspan·nung** *f electr.* charging voltage. — **~sta·tiˌon** *f* (battery) charging station. — **~ˌstel·le** *f* **1.** *tech.* loading station. – **2.** *electr. cf.* Ladestation. – **3.** *mil.* loading point. – **4.** *mar. cf.* Ladeplatz 2. — **~ˌstel·lung** *f mil.* loading position. — **~ˌstock** *m* **1.** *mil. hist.* ramrod: er sitzt da, als hätte er einen ~ verschluckt *fig. colloq.* he is sitting there as straight as a ramrod (*od.* as stiff as a poker). – **2.** (*mining*) tamping bar (*od.* rod). — **~ˌstö·rung** *f mil. cf.* Ladehemmung. — **~ˌstra·ße** *f* (*am Hafen*) cargo quay. — **~ˌstrei·fen** *m* (cartridge) clip, charger strip.

'La·deˌstrom *m electr.* charging current. — **~konˌtrolleuch·te** (*getr.* -ll,l-) *f* charging warning lamp.

'La·de|ˌtiefˌgang *m mar.* load(ed) draft (*bes. Br.* draught). — **~ˌtrom·mel** *f mil.* cartridge drum. — **~venˌtil** *n auto.* charging valve. — **~verˌdrän·gung** *f mar.* load displacement, displacement fully laden. — **~verˌmö·gen** *n mar. cf.* Ladefähigkeit 3. — **~verˌzeich·nis** *n* **1.** *econ.* loading list. – **2.** *mar.* manifest. — **~verˌzug** *m*, **~verˌzugsˌzeit** *f mil.* (*eines Geschützes*) dead time. — **~ˌvorˌrich·tung** *f* **1.** loading equipment (*od.* facilities *pl*). – **2.** *electr.* charging equipment. – **3.** *mil.* a) (*eines Geschützes*) loading device, b) (*eines Gewehrs*) feeding device. – **4.** *tech.* (*Nachschubvorrichtung*) feeder, feeding attachment. — **~ˌwas·serˌli·nie** *f mar.* load (water)line. — **~ˌwi·derˌstand** *m electr.* charging resistor. — **~ˌzeit** *f* **1.** *mar.* charging time. – **2.** *electr.* (*einer Batterie*) charging time. — **~ˌzeug** *n mil.* loading tools *pl.*

lä·die·ren [lɛ'di:rən] *v/t* ⟨*no* ge-, h⟩ **1.** (*beschädigen*) damage. – **2.** (*verletzen*) injure. — **lä'diert I** *pp.* – **II** *adj* **1.** (*Möbel, Briefmarke, Geschirr etc*) damaged: der Sessel ist leicht ~ the easy chair is slightly damaged. – **2.** (*Person*) the worse for wear: als sie von der anstrengenden Bergtour zurückkamen, sahen sie alle recht ~ aus when they came back from the mountaineering trip they all looked the worse for wear.

La·di·ner [la'di:nər] *m* ⟨-s; -⟩ (*Rätoromane*) Ladin. — **la'di·nisch I** *adj* Ladin. – **II** *ling.* **L~** ⟨*generally undeclined*⟩, **das L~e** ⟨-n⟩ Ladin.

La·di·no[1] [la'di:no] *n* ⟨-s; *no pl*⟩ *ling.* (*jüdisch-spanischer Dialekt*) Ladino.

La'di·no[2] *m* ⟨-s; -s⟩ *anthrop.* **1.** Ladino, mestizo. – **2.** Ladino (*non-Indian Central American*).

Lad·ne·rin [ˈlaːdnərɪn] *f* ⟨-; -nen⟩ *Southern G. obs. and Austrian for* Verkäuferin.
lädst [lɛːtst] *2 sg pres*, **lädt** [lɛːt] *3 sg pres of* laden[1] *u.* [2].
ˈLa·dung[1] *f* ⟨-; -en⟩ **1.** load, cargo, shipment, consignment, *Am.* freight: eine ~ Sand [Orangen] a load of sand [oranges]; eine ~ Waren a shipment of goods; das Schiff nahm ~ (an Bord) the ship took up (*od.* on) cargo, the ship loaded; lose ~ bulk cargo, loose cargo (in bulk); ~ löschen to discharge (*od.* unload) a cargo; ~ nach Hamburg übernehmen to load for Hamburg; ohne ~ zurückkommen to return clean (*od.* clear). – **2.** *mil.* (explosive) charge: geballte ~ package charge, charge package; gestreckte ~ pole charge; kleine [volle] ~ reduced [full] charge. – **3.** *electr. phys.* a) (*eines Blitzes, Elektrons, einer Batterie etc*) charge, b) ⟨*only sg*⟩ (*Vorgang*) charging. – **4.** *colloq.* (*Menge*) load(s *pl*): eine ~ Schnee rutschte vom Dach a load (*od.* pile) of snow slid off the roof; das Wasserrohr platzte, und ich bekam die volle ~ ins Gesicht the pipe burst and I got the whole contents (*od.* lot) in my face.
ˈLa·dung[2] *f* ⟨-; -en⟩ *jur.* (*Vorladung*) a) summons, citation, writ (of summons), b) (*unter Strafandrohung*) subpoena, *auch* subpena: j-m eine ~ zustellen to serve s.o. with a summons, to serve a summons upon (*od.* on) s.o.; einer ~ nachkommen (*od.* Folge leisten) to comply with a summons.
ˈLa·dungs|ˌdich·te *f phys.* density of charge. — **~ˌein·heit** *f* (unit of) charge: positive ~ positive charge. — **~empˌfän·ger** *m econ.* **1.** (*im Empfangshafen*) receiving (*od.* clearing) agent. – **2.** (*endgültiger*) consignee. — **~ˌraum** *m cf.* Laderaum 1—3. — **~ˌträ·ger** *m electr.* charge carrier. — **~verˌfü·gung** *f jur.* writ of summons, subpoena, *auch* subpena. — **~verˌzeich·nis** *n mar.* (ship's) manifest.
La·dy [ˈleːdi; ˈleɪdɪ] (*Engl.*) *f* ⟨-; -s, *auch* -dies⟩ **1.** (*vornehme Dame*) lady: sie benahm sich wie eine ~ she behaved like a lady. – **2.** (*als Titel*) Lady.
la·dy·like [ˈleɪdɪlaɪk] (*Engl.*) *adv* ladylike, like a lady, well-bred: sie benimmt sich immer sehr ~ she always behaves very much like a lady.
lae·vo·trop [lɛvoˈtroːp] *adj zo.* (*linksgewunden, bei Schneckengehäusen*) laeotropic, laeotropous, leiotropic.
La·fet·te [laˈfɛtə] *f* ⟨-; -n⟩ *mil.* mount(ing), artillery (*od.* gun) mount, (*fahrbare*) (gun) carriage, undercarriage: eine Kanone auf die ~ bringen to mount a gun (on a carriage).
Laˈfet·ten|geˌstell *n mil.* carriage body. — **~ˌka·sten** *m* trail box. — **~ˌkreuz** *n* a) (*fest*) cross base, b) (*aufklappbar*) crossed (folding) outriggers *pl.* — **~ˌschwanz** *m* trail. — **~ˌsporn** *m* trail spade.
la·fet·tie·ren [lafɛˈtiːrən] *v/t* ⟨*no* ge-, h⟩ *mil.* mount (*a gun*) (on a carriage).
Laf·fe [ˈlafə] *m* ⟨-n; -n⟩ *colloq. contempt.* dandy, fop, pup(py), coxcomb, jackanapes: das ist aber ein eingebildeter ~! what a conceited fop he is!
lag [laːk] *1 u. 3 sg pret of* liegen.
La·gan [ˈlægən] (*Engl.*) *n* ⟨-s; *no pl*⟩ *mar. jur.* (*abgeworfenes Schiffsgut*) lagan.
La·ge [ˈlaːgə] *f* ⟨-; -n⟩ **1.** position: horizontale [vertikale] ~ horizontal [vertical] position; etwas in die richtige ~ bringen to put s.th. in the correct position; den Kranken in eine bequeme ~ bringen to put the patient in a comfortable position; die ~ wechseln to change one's position. – **2.** (*eines Gebäudes, einer Stadt etc*) situation, position, site, *bes. Am.* location: die Wohnung hat eine sehr zentrale [günstige] ~ the flat has a central [favo(u)rable] location; der Ort hat eine landschaftlich schöne ~ the town is situated in beautiful scenery; eine klimatisch günstige ~ a favo(u)rable situation as far as climate is concerned. – **3.** (*Umstände, Verhältnisse, Situation*) situation, position, circumstances *pl*: die allgemeine wirtschaftliche [politische] ~ the general economic [political] situation (*od.* outlook); in einer mißlichen ~ sein to be in an awkward position (*od.* a trying situation), to be in a jam (*od.* scrape) (*colloq.*); eine fatale ~ a delicate (*od.* disagreeable) situation, a predicament; in einer schlimmen ~ sein to be in an awkward situation, to be in a fix (*od. colloq.* up a tree); ich war in einer verzwickten (*od. colloq.* verteufelten, verflixten, vertrackten) ~ I was in a baffling situation (*od.* in a dilemma); er hat mich in eine peinliche ~ gebracht he got me into an awkward situation; in der ~ sein, etwas zu tun to be in a position to do s.th.; in Ihrer Lage würde ich if I were in your place I would; ich bin leider nicht in der ~, dir zu helfen unfortunately I am unable to help you; ich bin in der glücklichen ~, mir diese Dinge leisten zu können I am in the fortunate position (*od.* I am fortunate enough) to (be able to) afford these things; j-n in die ~ versetzen zu to enable s.o. to; bist du noch in der ~, heute abend auszugehen? are you (still) up to going out tonight? wir sind in der gleichen ~ we are (all) in the same boat; versetze dich doch einmal in meine ~ just put yourself in my place; die ~ einschätzen to take in the situation; die gegenwärtige ~ der Dinge the present state of affairs; nach ~ der Dinge as matters stand; ungeschützte ~ exposure; die ~ der Dinge brachte es mit sich, daß wir uns öfter trafen the situation (*od.* circumstances) caused us to meet more frequently; ich will zuerst einmal die ~ peilen *colloq.* I am going to size up the situation first; → Ernst 7. – **4.** (*Schicht*) layer, (*bes. von Holz, Stoff etc*) ply, thickness: eine ~ Watte a layer (*od.* lap) of cottonwool; eine ~ Steine a layer (*od.* course) of bricks; etwas mit dicken ~n aus Zeitungspapier gegen die Kälte schützen to protect s.th. against the cold by means of thick layers of newspaper; abwechselnd eine ~ Reis und eine ~ Fleisch alternately a layer of rice and a layer of meat. – **5.** *geol.* bed, lay, range, stratum (*scient.*). – **6.** (*mining*) bed. – **7.** *gastr.* (*von Fett u. Fleisch in Speck etc*) streak, layer. – **8.** *mar.* (*der Ladung*) layer, tier. – **9.** *geogr.* (*im Breiten- u. Längennetz*) a) position, b) (*topographisch*) lay. – **10.** *mil.* (*Abfeuern mehrerer Geschütze*) salvo. – **11.** *mus.* a) (*Register*) register, b) (*Akkordtöne*) position, harmony, c) (*bei Streich- u. Zupfinstrumenten*) position, *Am.* shift: enge [weite] ~ close [open *od.* dispersed] position; zweite ~ second position, half shift; dritte ~ third position, whole shift. – **12.** *med. vet.* a) (*eines Organs*) position, situs (*scient.*), b) (*des Kindes im Mutterleib*) position, c) (*des Kindes bei der Geburt*) presentation. – **13.** *print.* (*in der Buchbinderei*) section, gathering: ~ zu 24 Seiten twelvemo, 12 mo. – **14.** rechtliche ~ *jur.* legal status (*od.* position). – **15.** *aer.* (*des Flugzeugs*) altitude. – **16.** in höheren ~n *meteor.* on high ground, at high altitudes. – **17.** *auto. cf.* Straßenlage 1. – **18.** *colloq.* (*Runde*) round: eine ~ ausgeben (*od.* spendieren, stiften) to stand (*od.* pay for) a round. – **19.** (*sport*) (*beim Schwimmen*) stroke.
lä·ge [ˈlɛːgə] *1 u. 3 sg pret subj of* liegen.
ˈLa·ge|ano·maˌlie *f med.* **1.** (*von Organen*) malposition. – **2.** (*des Fetus*) malpresentation. — **~beˌricht** *m bes. mil.* situation report, sitrep (*colloq.*). — **~beˌrich·ti·gung** *f* correction of position. — **~beˌspre·chung** *f* discussion of the situation, sit discussion (*colloq.*). — **~beˌstim·mung** *f* **1.** *aer.* orientation: ~ mit Hilfe des Kompasses orientation by means of a compass. – **2.** *mil.* fixing of position. — **~beˌur·tei·lung** *f* assessment (*od.* estimate) of the situation. — **~ˌebe·ne** *f mil.* plane of site. — **~empˌfin·dung** *f med.* posture sense. — **~ˌkrei·sel** *m* (*space*) attitude gyro.
Lä·gel [ˈlɛːgəl] *n* ⟨-s; -⟩ *obs. od. dial.* **1.** (*Fäßchen für Fische*) barrel, keg, cask. – **2.** vessel for carrying liquids.
ˈLa·geˌmel·dung *f mil. cf.* Lagebericht.
La·ge·na [laˈgeːna] *f* ⟨-; *no pl*⟩ *zo.* lagena.
ˈLa·gen|ˌbank *f* ⟨-; ¨e⟩ *print.* gathering board. — **~ˌfeu·er** *n mil.* salvo firing. — **~ˌfu·ge** *f civ.eng.* (*in der Maurerei*) bed (*od.* course, horizontal) joint. — **~ˌkar·te** *f mil.* situation map. — **~ˌschwim·men** *n* (*sport*) medley swimming. — **~ˌstaf·fel** *f* medley relay. — **~strukˌtur** *f synth.* layer structure. — **l~ˌwei·se** *adv* in layers.
ˈLa·geˌplan *m* **1.** *civ.eng.* layout (plan). – **2.** *mil.* survey, layout map.
La·ger [ˈlaːgər] *n* ⟨-s; -, *econ. auch* ¨⟩ **1.** bed, couch: ein ~ aus Stroh a bed of straw; j-m sein ~ bereiten (*od.* zurechtmachen) to prepare (*od.* make) the bed for s.o.; sein ~ aufsuchen to retire; er streckte sich auf seinem harten ~ aus he stretched out on his hard bed; die Krankheit warf ihn wochenlang auf das ~ his illness kept him in bed for weeks. – **2.** (*Ferien-, Gefangenen-, Soldatenlager etc*) camp, encampment: ein ~ aufschlagen [abbrechen] to pitch [to break, to strike] (a) camp; in einem ~ Aufnahme finden (*bes. von Flüchtlingen*) to be taken into a camp; die Schüler verbringen ihre Ferien in einem ~ the pupils spend their holidays in (a) camp; drei Häftlinge sind aus dem ~ entwichen three prisoners escaped from the camp. – **3.** *fig.* (*Partei*) camp: das sozialistische ~ the socialist camp; in das ~ des Feindes (*od.* in das feindliche, gegnerische ~) überwechseln to go over to the enemy's camp; er steht in unserem [im gegnerischen] ~ he is on our [on the enemy's] side; die Partei hat sich in zwei Lager gespalten the party has split into two camps. – **4.** *econ.* a) (*Raum, Gebäude*) storehouse, warehouse, stock (*od.* storage) room, b) (*Vorrat*) stock, store, supplies *pl*: Ware auf ~ haben to have goods in store (*od.* in stock); Waren auf ~ legen to stock goods; Waren auf ~ nehmen to take goods in stock; sein ~ räumen to clear (off) one's stock; wir haben diesen Artikel nicht mehr auf ~ this article is no longer in stock (*od.* is out of stock); ein umfangreiches ~ von etwas haben to hold a wide range of s.th.; ein ~ auffüllen to replenish stock(s); das ~ ist leer (*od.* erschöpft) stocks are exhausted; das ~ ist stark gelichtet stocks are heavily depleted; das ~ geht zur Neige stocks are running low; ab ~ ex warehouse, from stock; er hat immer ein paar gute Witze auf ~ *fig. colloq.* he always has a few good jokes up his sleeve. – **5.** *geol.* (*von Kohle etc*) bed, layer, deposit, measures *pl*, seam, stratum (*scient.*). – **6.** *tech.* a) (*Wellenlager*) bearing, b) (*Unterlage*) support: die ~ schmieren to lubricate the bearings. – **7.** *bot.* thallus. – **8.** *hunt.* a) (*eines wilden Tieres*) lair, den, b) (*des Hasen*) form, seat, c) (*des Kaninchens*) burrow, d) (*des Wildschweins*) hold, e) (*des Hirsches*) lodge, keeping, harbor, *bes. Br.* harbour, f) (*des Wolfes*) haunt. – **9.** ein hartes ~ *Austrian jur.* (*als Strafverschärfung*) hard bed.
ˈLa·ger|ˌap·fel *m gastr.* winter (*od.* keeping) apple. — **~ˌaufˌfül·lung** *f econ.* replenishment of stocks. — **~ˌaufˌnah·me** *f cf.* Lagerbestandsaufnahme. — **~ˌaufˌse·her** *m* **1.** *econ.* stockkeeper, warehouseman, (*bes. bei Zollagerung*) warehouse keeper. – **2.** (*eines Arbeitslagers, Jugendlagers etc*) camp supervisor. — **~ˌaufˌstockung** (*getr.* -k·k-) *f econ.* stockpiling, building up of stocks. — **~ˌaufˌtrag** *m* stock order. — **~ˌausˌgän·ge** *pl* outgoing stocks. — **~beˌdarf** *m* stockbuilding requirement. — **~beˌlastung** *f tech.* bearing load, load on the bearing. — **~beˌstand** *m econ.* stock, store, supplies *pl*: den ~ aufnehmen to take stock, to make an inventory. — **~beˌstandsˌaufˌnah·me** *f* stocktaking, inventory. — **~ˌbier** *n* lager (beer). — **~ˌbock** *m tech.* **1.** (*Stützbock*) rest, support, supporting bracket. – **2.** (*eines Traglagers*) bearing bracket (*od.* block). — **~ˌbuch** *n econ.* stock book. — **~ˌbuch·se** *f tech.* bearing bush(ing). — **~ˌbut·ter** *f gastr.* cold-storage (*od.* -stored) butter. — **~ˌdeckel** (*getr.* -k·k-) *m tech.* bearing cap. — **~ˌdienst** *m mil.* camp duty.
ˈLa·ge·re·fe·renz·syˌstem *n* (*space*) attitude reference system.
ˈLa·ger|empˌfangs·beˌschei·ni·gung *f econ.* warehouse receipt. — **l~ˌfä·hig** *adj* storable, fit (*od.* suitable) for storage. — **~ˌfä·hig·keit** *f* storability, fitness (*od.* suitability) for storage. — **~ˌfaß** *n brew.* storage vat (*od.* barrel, cask). — **~ˌfäu·le** *f* **1.** *agr.* (*von Kartoffeln*) storage decay, winter rot. – **2.** (*wood*) gangrene. — **~ˌfeu·er** *n* campfire. — **~ˌflä·che** *f econ.* storing (*od.* storage) space, floor space. — **~ˌfrist** *f* (*postal service*) period of retention (*od.* keeping). — **~ˌfrucht** *f agr.* grain flattened by wind (*od.* rain). — **~ˌfut·ter** *n tech.* lining of a bearing. — **~ˌgang** *m geol.* sill, bed, vein. — **~geˌbühr** *f econ.* storage (fee). — **~geˌhäu·se** *n tech.* bearing housing (*od.* box). — **~ˌgeld** *n econ. cf.* Lagergebühr. — **~geˌnos·sen·schaft** *f cf.* Lagerhausgenossenschaft. — **~geˌschäft** *n* business with intermediate storage. — **~ˌhal·le** *f* warehouse, store(house). — **~ˌhal·ter** *m* **1.** (*Angestellter*) stockkeeper, stock clerk, *Am.* stockman. – **2.** (*selbständiger*)

warehouse keeper, warehouseman. — **~ˌhal·tung** *f* stockkeeping, storekeeping, warehousing.

'La·gerˌhaus *n* **1.** warehouse, storehouse, depot, store, *bes. Am.* freight house, (*für unverzollte Waren*) bonded store (*od.* warehouse). – **2.** (*für Getreide*) granary, silo. – **3.** (*bes. für Waffen*) magazine. — **~geˌnos·sen·schaft** *f agr.* cooperative warehouse association.

'La·ger|ˌhof *m econ.* (open-air) storage yard (*od.* space). — **~ˌhül·se** *f tech.* bearing sleeve (*od.* bushing).

La·ge·rist [la:gəˈrɪst] *m* ⟨-en; -en⟩ *econ.* stockkeeper, stock clerk, *Am.* stockman.

'La·ger|ˌkä·fig *m tech.* bearing cage. — **~ka·pa·ziˌtät** *f econ.* storage capacity. — **~ˌkel·ler** *m brew.* storage cellar. — **~komˌman·dant** *m mil.* camp commander. — **~ˌkon·to** *n econ.* warehouse (*od.* stock) account. — **~konˌtrol·le** *f* stock(taking) control. — **~ˌkorn** *n agr. cf.* Lagerfrucht. — **~ˌko·sten** *pl econ.* warehouse (*od.* storage) charges (*od.* expenses). — **~ˌku·gel** *f tech.* bearing ball. — **~ˌle·ben** *n* ⟨-s; *no pl*⟩ **1.** camp life. – **2.** *mil.* camp. — **~ˌlei·ter** *m* camp commandant. — **~ˌlei·tung** *f* camp authorities *pl.* — **~ˌli·ste** *f econ.* stock list. — **~ˌmei·ster** *m cf.* Lagerist. — **~meˌtall** *n tech.* a) bearing metal, b) (*Lagerweißmetall*) white (*od.* babbit) metal: zinkreiches [zinnreiches] ~ zinc-base [tin-base] bearing metal. — **~ˌmie·te** *f econ.* warehouse rent (*od.* charges *pl*).

la·gern ['la:gərn] **I** *v/t* ⟨h⟩ **1.** (*aufbewahren*) store: Äpfel [Wein] im Keller ~ to store apples [wine] in the cellar; Lebensmittel kühl ~ to store food in a cool place; Holz muß trocken gelagert werden wood must be stored (*od.* kept) in a dry place; Waren in einem Lagerhaus ~ to store goods in a warehouse, to warehouse goods; → kühl 6. – **2.** (*betten*) lay, put, place: j-n bequem ~ to lay s.o. in a comfortable position. – **3.** *med.* a) position, b) (*auf Schiene*) splint, place (*arm, leg*) on a splint: das gebrochene Bein richtig ~ to position the fractured leg properly. – **4.** *tech.* a) (*in einem Traglager*) mount, b) (*abstützen*) support, c) (*montieren*) mount, d) (*anordnen*) arrange, e) (*einpassen*) fit, f) (*in die richtige Lage bringen*) position, locate: etwas drehbar ~ to pivot (*od.* swivel-mount) s.th. – **II** *v/i* **5.** rest, lie down: wir lagerten im Schatten einer Eiche we rested (*od.* had a rest) in the shadow of an oak tree. – **6.** *bes. mil.* camp, be encamped: im Freien ~ to camp out; die Truppen lagerten in der Nähe von X the troops camped near X. – **7.** (*von Waren*) be stored, be in store: im Keller ~ Kartoffeln potatoes are stored in the cellar. – **8.** (*ausreifen*) be cellared: der Wein [das Bier] muß noch ~ the wine [beer] still has to be cellared (in order to season). – **9.** *tech.* a) (*aufliegen*) rest, b) (*in einem Traglager*) run. – **10.** *hunt.* (*von Wild im Bau*) couch. – **11.** *geol.* be deposited. – **12.** *fig. lit.* brood, settle: eine furchtbare Hitze lagerte über der Stadt a terrible heat brooded over the town; eine beklommene Stille lagerte im Raum an oppressive silence pervaded the room. – **III** *v/reflex* sich ~ **13.** lie down, rest, settle down: wir lagerten uns im (*od.* ins) Gras we lay down in the grass. – **14.** *agr.* (*von Getreide*) lodge. – **IV L~** *n* ⟨-s⟩ **15.** *verbal noun.* – **16.** *cf.* Lagerung.

'La·ger|neuˌro·se *f psych.* camp neurosis. — **~ˌobst** *n gastr.* storable fruit. — **~ˌort** *m cf.* Lagerplatz. — **~ˌpflan·ze** *f bot.* thallophyte, thallogen (*Stamm Thallophyta*). — **~ˌplatz** *m* **1.** (*Rastplatz*) resting place: einen geeigneten ~ suchen to look for a good place to rest. – **2.** *econ.* a) storage place (*od.* yard), b) (*für Holz*) lumberyard, timberyard, c) (*für Kohle*) coalyard. – **3.** *mil.* a) camp(site), b) (*für Material*) dump. — **~ˌraum** *m* **1.** *auch mar.* storeroom, stock room, storage (room), depot. – **2.** *mil.* magazine, depot. — **~ˌring** *m tech.* bearing ring (*od.* race). — **~ˌri·si·ko** *n econ.* storing (*od.* stockholding) risk. — **~ˌruhr** *f med.* camp dysentery. — **~ˌscha·le** *f tech.* split bushing (*od.* bearing), bearing shell (*od.* bush). — **~ˌschein** *m econ.* warehouse receipt (*Br. auch* warrant). — **~ˌschild** *m* ⟨-(e)s; -e⟩ *tech.* end plate (*od.* shield). — **~ˌschup·pen** *m econ.* storage shed, stock (*od.* store) shed. — **~ˌseu·che** *f med.* camp epidemic (*od.* disease). — **~ˌspe·sen** *pl econ.* storage charges, storage *sg.* — **~ˌspiel** *n tech.* internal bearing clearance. — **~ˌstatt** *f* **1.** *lit.* bed, couch. – **2.** *zo.* (*von Tieren*) lair, den, couch. — **~ˌstät·te** *f* **1.** *cf.* Lagerstatt 1. – **2.** (*mining*) *geol.* (mineral *od.* ore) deposit. — **~ˌtech·nik** *f tech.* bearing technology. — **~ˌtritt** *m* (*sport*) (*beim Rugby*) dropout. — **~ˌumˌschlag** *m econ.* stock turnover.

'La·ge·rung *f* ⟨-; *no pl*⟩ **1.** *cf.* Lagern. – **2.** (*von Waren*) storage. – **3.** *geol.* stratification: schichtenförmige ~ foliation. – **4.** *tech.* a) (*Lagereinbau*) bearing application, b) (*Lageranordnung*) bearing arrangement, c) (*Auflage*) bearing, d) (*Abstützung*) support. – **5.** steile ~ (*mining*) steep formation: Abbau in der steilen ~ steep working.

'La·ge·rungs|ˌfä·hig·keit *f econ.* storability. — **~ˌko·sten** *pl econ. cf.* Lagerkosten.

'La·ger|verˌwal·ter *m econ. cf.* Lagerist. — **~verˌzeich·nis** *n* inventory, stock list. — **~ˌvorˌrat** *m* stock, supply, store. — **~ˌwa·che** *f mil.* camp guard. — **~ˌzap·fen** *m* **1.** *tech.* pivot journal. – **2.** *metall.* (*einer Walze*) neck. — **~ˌzeit** *f econ.* storage time.

'La·ge|sta·bi·liˌsie·rung *f* (*space*) attitude stabilization. — **~ˌtisch** *m mil.* operations board. — **~verˌän·de·rung** *f med.* **1.** (*des Patienten*) change of position. – **2.** (*eines Organs*) displacement, heterotopia (*scient.*). — **~verˌhält·nis** *n* (zu to) **1.** relative position, relation of place. – **2.** *med.* relationship. — **~ˌzim·mer** *n mil.* war room.

la·go·morph [lagoˈmɔrf] *adj zo.* (*hasenartig*) lagomorphic, lagomorphous.

lag·oph·thal·misch [lagɔfˈtalmɪʃ] *adj med.* lagophthalmic.

la·gri·man·do [lagriˈmando] *adv mus.* lagrimando.

la·gri·mo·so [lagriˈmo:zo] *adv mus.* lagrimoso.

La·gu·ne [laˈgu:nə] *f* ⟨-; -n⟩ lagoon, *auch* lagune. — **La'gu·nenˌstadt** *f* town situated in a lagoon.

La·har ['la:har] *m* ⟨-s; -s⟩ *geol.* hot (volcanic) mudflow, lahar (*scient.*).

lahm [la:m] **I** *adj* ⟨-er; -st⟩ **1.** lame: er ist ~ he is lame, he limps, he has a limp; ein ~es Bein a lame leg. – **2.** (*gelähmt*) crippled, *bes. med.* paralyzed *Br. auch* -s-: das Kind ist von Geburt an ~ the child has been crippled (*od.* a cripple) from birth. – **3.** *colloq.* tired, stiff: meine Arme sind ganz ~ vom Koffertragen my arms are quite stiff (*od.* tired) from carrying the suitcase; mir wird allmählich die Hand ~ my hand is gradually getting tired. – **4.** *vet.* (*Pferd, Flügel etc*) lame. – **5.** *fig. colloq.* (*Entschuldigung, Ausrede etc*) lame, weak, poor, feeble. – **6.** *fig. colloq.* (*Diskussion, Witz etc*) lame, tame. – **7.** *fig. colloq.* (*Mensch, Gesellschaft, Betrieb etc*) dull: ein ~er Geselle a dull (*od.* slow, sluggish) fellow; du bist eine ~e Ente you are a slow coach (*Am. auch* slowpoke) (*colloq.*). – **II** *adv* **8.** ~ gehen to walk lamely, to limp.

'Lahmˌarsch *m vulg.* slow coach, *Am. auch* slowpoke (*beide colloq.*). — **'lahmˌar·schig** [-ˌʔarʃɪç] *adj* slow, sluggish.

'Lah·me *m, f* ⟨-n; -n⟩ lame (*od.* paralyzed *Br. auch* -s-, crippled) person.

Läh·me ['lɛ:mə] *f* ⟨-; *no pl*⟩ *vet.* lameness.

lah·men ['la:mən] *v/i* ⟨h⟩ **1.** be lame, walk lamely, (walk with a) limp. – **2.** *vet.* be lame: das Pferd lahmt the horse is lame (*od.* founders).

läh·men ['lɛ:mən] *v/t* ⟨h⟩ **1.** (make) (*s.o.*) lame, cripple, *bes. med.* paralyze *Br. auch* -s-: er wurde durch einen Schlaganfall gelähmt he was paralyzed by a stroke. – **2.** *fig.* paralyze *Br. auch* -s-, petrify: der Schreck lähmte sie terror petrified her; die Angst lähmte ihre Entschlußkraft fear paralyzed her initiative. – **3.** *fig.* (*zum Erliegen bringen*) immobilize *Br. auch* -s-, cripple: der Streik lähmte die Wirtschaft des Landes the strike crippled the nation's economy; der Kapitalmangel lähmte jede Geschäftstätigkeit business was crippled by lack of capital. — **'läh·mend I** *pres p.* – **II** *adj fig.* **1.** (*Sorgen, Druck, Entsetzen etc*) paralyzing *Br. auch* -s-: ~es Entsetzen erfaßte die Zuschauer the audience was paralyzed with horror. – **2.** (*Müdigkeit etc*) crippling.

'Lahm·heit *f* ⟨-; *no pl*⟩ **1.** lameness, *bes. med.* paralysis. – **2.** *colloq.* tiredness, stiffness. – **3.** *vet.* lameness. – **4.** *fig. colloq.* (*einer Entschuldigung etc*) lameness, weakness, feebleness. – **5.** *fig. colloq.* (*einer Diskussion etc*) lameness, tameness. – **6.** *fig. colloq.* (*eines Menschen etc*) dullness.

'lahmˌle·gen I *v/t* ⟨*sep*, -ge-, h⟩ **1.** paralyze *Br. auch* -s-, immobilize *Br. auch* -s-, bring (*s.th.*) to a standstill, cripple: durch den starken Schneefall wurde der gesamte Verkehr lahmgelegt traffic was brought to a standstill by the heavy snowfall; der Generalstreik legte die Wirtschaft lahm the general strike crippled the economy. – **2.** *mil.* (*taktisch*) neutralize *Br. auch* -s-. – **II L~** *n* ⟨-s⟩ **3.** *verbal noun.* — **'Lahmˌle·gung** *f* ⟨-; *no pl*⟩ **1.** *cf.* Lahmlegen. – **2.** paralyzation *Br. auch* -s-, immobilization *Br. auch* -s-. – **3.** *mil.* neutralization *Br. auch* -s-.

'Läh·mung *f* ⟨-; -en⟩ **1.** *med.* a) paralysis, palsy, b) (*teilweise*) paresis: einseitige (*od.* halbseitige) [doppelseitige] ~ hemiplegia, hemiplegy [bilateral paralysis, diplegia]; ~ sensibler (*od.* sensorischer) Nerven sensoparalysis; motorische [spastische] ~ motor [spastic] paralysis. – **2.** *fig. cf.* Lahmlegung 2. — **'Läh·mungs·erˌschei·nung** *f med.* paralytic symptom.

Lahn [la:n] *m* ⟨-(e)s; -e⟩ (*textile*) (*Metallfaden*) tinsel.

Lah·nung ['la:nʊŋ] *f* ⟨-; -en⟩ *civ.eng.* sea [embankment.]

Lai [lɛ:; lɛ] (*Fr.*) *n* ⟨-s; -s⟩ (*literature*) *metr.* lai.

Laib [laɪp] *m* ⟨-(e)s; -e⟩ *obs. od. dial.* loaf: ein [zwei] ~ Brot a loaf [two loaves] of bread; ein ~ Käse a whole cheese. — **lai·ben** ['laɪbən] *v/t* ⟨h⟩ shape (*s.th.*) into loaves.

Laich [laɪç] *m* ⟨-(e)s; -e⟩ *zo.* spawn. — **~ˌband** *n* sand collar. — **~ˌbrutˌka·sten** *m* (*in der Fischzucht*) grille.

'Lai·che *f* ⟨-; -n⟩ *zo. cf.* Laichzeit.

lai·chen ['laɪçən] *v/i* ⟨h⟩ *zo.* **1.** (*bes. von Fischen*) spawn, spend. – **2.** (*bes. von Muscheln*) spat.

'Laich|ˌfisch *m zo.* seed fish. — **~ˌkraut** *n bot.* pondweed, pickerelweed (*Gattg Potamogeton*): Schwimmendes ~ tenchweed (*P. natans*). — **~ˌplatz** *m zo.* spawning ground. — **l~ˌreif** *adj* seedy, mature. — **~ˌwan·de·rung** *f* (*der Fische*) run. — **~ˌzeit** *f* spawning time.

Laie ['laɪə] *m* ⟨-n; -n⟩ **1.** *relig.* layman, laic: die ~n a) the laymen, b) *cf.* Laienstand. – **2.** layman: auf diesem Gebiet bin ich völliger (*od. colloq.* blutiger) ~ I am a complete (*od.* an utter) layman (*od. colloq.* a greenhorn) in this field; die ~n und die Fachleute laymen (*Am. auch* layfolk *sg*) and experts; da staunt der ~ (, und der Fachmann wundert sich) *colloq. humor.* that is incredible (*od.* unbelievable).

'Lai·en|apo·stoˌlat *n röm.kath.* lay apostolate. — **~beˌhand·lung** *f med.* lay treatment. — **~breˌvier** *n röm.kath.* layman's breviary. — **~ˌbru·der** *m* lay brother. — **~ˌbüh·ne** *f* (*theater*) *cf.* Laienspielbühne.

'lai·en·haft *adj* **1.** lay (*attrib*), unprofessional: ein ~es Urteil abgeben to give a lay(man's) judg(e)ment. – **2.** (*unfachmännisch, stümperhaft*) amateurish, dilettante.

'Lai·en|ˌkelch *m relig.* lay chalice. — **~ˌkunst** *f* amateur art. — **~ˌkünst·ler** *m* amateur artist. — **~ˌpre·di·ger** *m relig.* lay preacher. — **~ˌprie·ster** *m* lay priest. — **~ˌrich·ter** *m jur.* lay judge. — **~ˌschwe·ster** *f röm.kath.* lay sister.

'Lai·enˌspiel *n* amateur play (*od.* theatricals *pl*). — **~ˌbüh·ne** *f* amateur dramatic (*od.* little theater [*bes. Br.* theatre]) company. — **~ˌgrup·pe** *f* amateur theater (*bes. Br.* theatre) (*od.* dramatic) group.

'Lai·en|ˌspra·che *f* layman's language. — **~ˌstand** *m relig.* laity. — **~verˌstand** *m* layman's understanding.

'Lai·en·tum *n* ⟨-s; *no pl*⟩ laymanship, layman's outlook (*od.* attitude).

lai·sie·ren [laiˈzi:rən] *v/t* ⟨*no* ge-, h⟩ j-n ~ *relig.* to laicize (*Br. auch* -s-) s.o., to restore s.o. to the status of a layman. — **Lai'sie·rung** *f* ⟨-; -en⟩ laicization *Br. auch* -s-.

Lais·ser-al·ler [lɛseaˈle] (*Fr.*) *n* ⟨-; *no pl*⟩ laissez-aller, *Am. auch* laisser-aller.

Lais·ser-faire [lɛseˈfɛ:r] (*Fr.*) *n* ⟨-; *no pl*⟩ laissez-faire, *Am. auch* laisser-faire.

Lais·ser-pas·ser [lɛsepaˈse] (*Fr.*) *m* ⟨-; -⟩ *cf.* Passierschein.

Lai·zis·mus [laiˈtsɪsmʊs] *m* ⟨-; -men⟩ *relig.* laicism. — **lai'zi·stisch** [-tɪʃ] *adj* laical, *auch* laic.

La·kai [laˈkaɪ] *m* ⟨-en; -en⟩ **1.** (*Diener in Livree*) lackey, *auch* lacquey, footman, waiting man. – **2.** *fig. contempt.* lackey, *auch* lacquey, flunk(e)y.

la'kai·en·haft *contempt.* **I** *adj* servile, flunkyish, cringing. – **II** *adv* in a servile manner, cringingly, like a flunk(e)y.

La·ke ['laːkə] *f* ⟨-; -n⟩ *gastr.* brine, pickle, (*bes. für Fisch*) souse.

La·ke·dä·mo·ni·er [lakedɛ'moːnĭər] *m* ⟨-s; -⟩ *antiq.* Lacedaemonian. — **la·ke·dä'mo·nisch** [-nɪʃ] *adj* Lacedaemonian.

La·ken ['laːkən] *n* ⟨-s; -⟩ *Northern and Middle G.* **1.** (*Bettuch*) sheet. – **2.** (*Tuch*) cloth. – **3.** (*Badetuch*) bath towel. – **4.** *obs.* (*Totenlaken*) shroud, pall.

'la·ken *v/t* ⟨h⟩ *gastr.* pickle, souse.

Lak·ko·lith [lako'liːt; -'lɪt] *m* ⟨-s *u.* -en; -e(n)⟩ *geol.* laccolith, *auch* laccolite.

la·ko·nisch [la'koːnɪʃ] **I** *adj* (*Antwort, Erklärung, Nachricht, Kürze etc*) laconic: etwas in ~er Kürze beantworten to answer s.th. with laconic brevity. – **II** *adv* laconically.

La·ko·nis·mus [lako'nɪsmʊs] *m* ⟨-; -men⟩ (*kurze Ausdrucksweise*) laconism, laconicism.

La·krit·ze [la'krɪtsə] *f* ⟨-; -n⟩ **1.** *bot.* licorice, *auch* liquorice (*Glycyrrhiza glabra*). – **2.** (*eingedickter Saft*) licorice, *auch* liquorice.

La'krit·zen *m* ⟨-s; -⟩ *cf.* Lakritze 2. — **~,saft** *m* licorice (juice), extract of licorice. — **~,stan·ge** *f* stick of licorice.

La'kritz,stan·ge *f cf.* Lakritzenstange.

Lakt..., **lakt...** *combining form denoting* lact..., lacti..., lacto...

Lakt·al·bu·min [laktalbu'miːn] *n chem.* (*Milcheiweiß*) lactalbumin.

Lak·ta·se [lak'taːzə] *f* ⟨-; -n⟩ *chem.* lactase.

Lak·tat [lak'taːt] *n* ⟨-(e)s; -e⟩ *chem.* lactate.

Lak·ta·ti·on [lakta'tsĭoːn] *f* ⟨-; -en⟩ *med. vet.* spending of milk, lactation (*scient.*).

Lak·ta·ti'ons·hor,mon *n biol.* lactogenic hormone, *auch* luteotrophine, prolactin.

lak·tie·ren [lak'tiːrən] **I** *v/i* ⟨*no* ge-, h⟩ (*Milch absondern*) lactate. – **II** *v/t* (*säugen*) nurse, suckle.

Lak·to·den·si·me·ter [laktodɛnzi'meːtər] *n* [*cf.* Laktometer.]

Lak·to·fla·vin [laktofla'viːn] *n* ⟨-s; *no pl*⟩ *med. pharm. cf.* Lactoflavin.

Lak·to·glo·bu·lin [laktoglobu'liːn] *n chem.* lactoglobulin.

Lak·to·me·ter [lakto'meːtər] *n* ⟨-s; -⟩ *chem.* (*zur Bestimmung des spezifischen Gewichts der Milch*) lactometer.

Lak·ton [lak'toːn] *n* ⟨-s; -e⟩ *chem.* lactone.

Lak·to·se [lak'toːzə] *f* ⟨-; *no pl*⟩ *chem.* milk sugar, lactose (*scient.*) ($C_{12}H_{22}O_{11}$).

Lak·to·skop [lakto'skoːp] *n* ⟨-s; -e⟩ *chem.* (*zur Bestimmung der Durchsichtigkeit der Milch*) lactoscope.

Lak·tos·urie [laktozu'riː] *f* ⟨-; -n [-ən]⟩ *med.* lactosuria.

La·ku·nar [laku'naːr] *n* ⟨-s; -e⟩ *arch.* [lacunar.]

la·ku·när [laku'nɛːr] *adj biol. med.* lacunary, lacunate.

La·ku·ne [la'kuːnə] *f* ⟨-; -n⟩ **1.** (*Lücke in einem Text*) gap, lacuna (*scient.*). – **2.** *bes. biol.* lacuna.

la·ku·strisch [la'kʊstrɪʃ] *adj geol.* lacustral, lacustrine.

la·la [la'la] *only in* so ~ *adj u. adv colloq.* (*einigermaßen*) fair to middling, so-so (*colloq.*): wie geht es dir? So ~ how are you? oh, so-so; das Wetter war so ~ the weather was fair to middling; wie hat er heute gespielt? na ja, so ~! how did he play today? well, tolerably (well).

'La·le(n),buch ['laːlə(n)-] *n* ⟨-(e)s; *no pl*⟩ (*literature*) *anonymous 16th century satirical stories of provincial buffoonery.*

Lal·la·tio [la'laːtsĭo] *f* ⟨-; *no pl*⟩ *psych.* lalling, lallation, lambdacism.

lal·len ['lalən] **I** *v/i u. v/t* ⟨h⟩ **1.** (*von Betrunkenen etc*) slur, speak thickly. – **2.** (*von Kleinkindern etc*) babble. – **3.** *ling.* mispronounce r as l. – **II L~** *n* ⟨-s⟩ **4.** *verbal noun.* – **5.** *ling.* lallation.

'Lall|mo·no,log *m psych.* lallation, lalling. — **~pe·ri,ode**, **~,pha·se** *f* (*eines Kindes*) babbling stage.

La·lo·pho·bie [lalofo'biː] *f* ⟨-; *no pl*⟩ *psych.* (*Sprechscheu*) lalophobia.

La·ma¹ ['laːma] *n* ⟨-s; -s⟩ **1.** *zo.* llama, *auch* lama (*Gattg Lama*). – **2.** (*textile*) llama.

'La·ma² *m* ⟨-(s); -s⟩ *relig.* Lama.

'La·ma·ga,zel·le *f zo.* dibatag, *auch* Clarke's gazelle (*Ammodorcas clarkei*).

La·ma·is·mus [lama'ɪsmʊs] *m* ⟨-; *no pl*⟩ *relig.* Lamaism. — **La·ma'ist** [-'ɪst] *m* ⟨-en; -en⟩ Lamaist, Lamaite. — **la·ma·i·stisch** [-'ɪstɪʃ] *adj* Lamaist(ic).

'La·ma,klo·ster *n relig.* lamasery.

La·man·tin [laman'tiːn] *m* ⟨-s; -e⟩ *zo.* lamantin, manatee, sea-cow (*Gattg Trichechus*): zu den ~en gehörig manatine.

La·mar·ckis·mus [lamar'kɪsmʊs] *m* ⟨-; *no pl*⟩ *biol.* Lamarckism.

'La·ma,wol·le *f* llama (wool).

Lamb·da ['lampda] *n* ⟨-(s); -s⟩ *ling.* lambda (*eleventh letter of the Greek alphabet*). — **L~,för·mig** *adj med.* lambdoid(al). — **~,naht** *f* (*des Schädeldaches*) lambdoid suture.

Lamb·da·zis·mus [lampda'tsɪsmʊs] *m* ⟨-; *no pl*⟩ *med. ling.* lambdacism, lallation.

Lam·bert ['lambɛrt] *n* ⟨-(s); *no pl*⟩ *phot.* (*Einheit der Leuchtdichte*) lambert.

'Lam·berts,nuß *f bot.* filbert, wood nut (*Corylus maxima*).

Lam·blia·sis [lam'bliːazɪs] *f* ⟨-; *no pl*⟩ *med. vet.* lambliase, giardiasis.

Lam·blie ['lamblĭə] *f* ⟨-; -n⟩ *med. vet.* (*Darmschmarotzer*) giardia, lamblia.

Lam·bre·quin [lãbrə'kɛ̃ː] *m* ⟨-s; -s⟩ *obs.* valance, *auch* vallance, lambrequin.

Lam·bris [lã'briː] *m* ⟨- [-'briː(s)]; - [-'briːs]⟩, *Austrian obs. f* ⟨-; -ien [-'briːən]⟩ wainscot, inlaying.

Lamb·skin ['læmskɪn] (*Engl.*) *n* ⟨-(s); -s⟩ (*textile*) lambskin.

La·mé [la'meː] (*textile*) **I** *m* ⟨-s; -s⟩ lamé. – **II L~** *adj* ⟨*invariable*⟩ tinsel, tinseled, *bes. Br.* tinselled (*worked with silver or gold thread*).

la·mel·lar [lamɛ'laːr] *adj* lamellate(d), lamellar, lamellose.

La·mel·le [la'mɛlə] *f* ⟨-; -n⟩ **1.** lamella. – **2.** *bot.* (*eines Pilzes*) lamella, plica, gill. – **3.** *electr.* (*eines Stromwandlers*) segment, commutator section. – **4.** *phot.* (*am Verschluß*) blade. – **5.** *auto.* (*eines Kühlers*) fin, rib. – **6.** *civ.eng.* (*einer Gurtung*) plate. – **7.** *tech.* (*einer Kupplung*) disk, disc, plate.

la'mel·len|,ar·tig *adj* **1.** lamellalike, lamelloid. – **2.** *min.* spathic. — **L~,brem·se** *f tech.* multiple-disk (*od.* -disc) brake. — **~,för·mig** *adj cf.* lamellar. — **L~,küh·ler** *m auto.* gilled (*od.* cellular-type) radiator. — **L~,kupp·lung** *f* (multiple) disk (*od.* disc) clutch, (multiple) plate clutch.

La·mel·li·bran·chia·ta [lamɛlibran'cĭaːta] *pl zo.* (*Muscheltiere*) lamellibranchia(ta) (*Klasse Lamellibranchiata*).

la·mel·lie·ren [lamɛ'liːrən] *v/t* ⟨*no* ge-, h⟩ *tech.* laminate. — **la·mel'liert I** *pp.* – **II** *adj electr.* laminated: ~er Pol laminated (*od.* stamped) pole.

La·mel·li·cor·nia [lamɛli'kɔrnĭa] *pl zo.* (*Käfer*) lamellicornia (*Fam. Lamellicornia*).

la·mel·lös [lamɛ'løːs] *adj bes. med.* a) lamellar, b) (*Knochen etc*) cancellous.

la·men·ta·bel [lamɛn'taːbəl] *adj obs. od. dial.* lamentable, deplorable.

la·men·ta·bi·le [lamɛn'taːbile] *adv mus.* lamentabile.

La·men·ta·ti·on [lamɛnta'tsĭoːn] *f* ⟨-; -en⟩ **1.** *obs. for* Jammern, Wehklage. – **2.** die ~en *Bibl.* the Lamentations (of Jeremiah).

la·men·tie·ren [lamɛn'tiːrən] *v/i* ⟨*no* ge-, h⟩ *colloq. contempt.* moan, complain, wail, lament: er lamentiert den ganzen Tag he keeps moaning all day long; er lamentiert bei jeder (*od.* über jede) Kleinigkeit he moans about (*od.* over) every little thing.

La·men·to [la'mɛnto] *n* ⟨-s; -s⟩ **1.** *colloq.* moan, complaint, wail, lamentation: ein ~ machen (*od.* erheben, anstimmen) to moan, to raise a howl, to cry to high heaven. – **2.** *mus. cf.* Klagelied 2.

la·men·to·so [lamɛn'toːzo] *adv mus.* lamentoso.

La·met·ta [la'mɛta] *f* ⟨-; *no pl*⟩, *n* ⟨-s; *no pl*⟩ **1.** silver tinsel: der Weihnachtsbaum war reich mit ~ geschmückt the Christmas tree was richly decorated with silver tinsel. – **2.** *fig. contempt.* military decorations *pl*, *bes. Am. sl.* fruit salad, *Br. sl.* old iron, gongs *pl*: er hat heute abend aber sehr viel ~ auf der Brust he has quite a bit of fruit salad on his chest tonight.

La·mi·na ['laːmina] *f* ⟨-; -nae [-nɛ] *u.* -s⟩ *med. zo.* (*blattförmiges Organteil*) lamina, leaflet, membrane.

la·mi·nar [lami'naːr] *adj phys.* laminar.

La·mi·na·ria [lami'naːrĭa] *f* ⟨-; -rien⟩ *bot.* (*Blattang*) laminaria (*Gattg Laminaria*).

La·mi'nar,strö·mung *f phys.* laminar (*od.* streaming) flow.

La·min·ek·to·mie [laminɛkto'miː] *f* ⟨-; -n [-ən]⟩ *med.* laminectomy.

la·mi·nie·ren [lami'niːrən] *v/t* ⟨*no* ge-, h⟩ (*textile*) *print.* laminate.

La·mi'nier·ma,schi·ne *f* laminating machine.

La·mi'nie·rung *f* ⟨-; -en⟩ (*textile*) *print.* lamination.

Lamm [lam] *n* ⟨-(e)s; ⸚er⟩ **1.** *zo.* lamb, yeanling: weibliches ~ ewe lamb; sanft [unschuldig, geduldig] wie ein ~ *fig.* (as) gentle [innocent, patient] as a lamb. – **2.** *gastr.* lamb. – **3.** *relig.* Lamb: das ~ Gottes the Lamb (of God), Agnus Dei; das unbefleckte ~ the Lamb without blemish. – **4.** *pl fig.* (*Schutzbefohlene*) charges: hast du deine Lämmer alle beisammen? have you got all your charges? — **~,bra·ten** *m gastr.* roast lamb.

Lämm·chen ['lɛmçən] *n* ⟨-s; -⟩ **1.** *dim. of* Lamm. – **2.** lambkin.

lam·men ['lamən] *zo.* **I** *v/i* ⟨h⟩ lamb, yean. – **II L~** *n* ⟨-s⟩ *verbal noun.*

'Läm·mer|,gei·er *m zo.* ossifrage, bearded vulture, lammergeier, lammergeyer, *auch* lammergeir, laemmergeier (*Gypaëtus barbatus*). — **~,hüp·fen** *n iron.* twisting and shaking. — **~,kraut** *n bot.* allgood, Good-King-Henry (*Chenopodium bonus-Henricus*).

Läm·mer·ne ['lɛmərnə] *n* ⟨-n; *no pl*⟩ *Austrian gastr. for* Lammfleisch.

'Läm·mer|sa,lat *m bot.* lamb (*od.* swine's)-succory (*Arnoseris minima*). — **~,wol·ke** *f meteor.* cirrocumulus.

'Lam·mes·ge,duld *f* patience of a saint (*od.* of Job).

'Lamm,fell *n* lambskin: gegerbtes ~ budge. — **~,man·tel** *m* lambskin coat. — **~,müt·ze** *f* lambskin cap.

'Lamm|,fleisch *n gastr.* lamb. — **L~'fromm** *adj colloq.* (as) meek (*od.* gentle, mild) as a lamb, lamblike. — **~,keu·le** *f gastr.* (*bes. gekochte*) gigot. — **~ko·te,lett** *n* lamb cutlet (*od.* chop).

Lämm·lein ['lɛmlaɪn] *n* ⟨-s; -⟩ *cf.* Lämmchen.

'Lamms·ge,duld *f cf.* Lammesgeduld.

'Lam·mung *f* ⟨-; *no pl*⟩ *zo. cf.* Lammen.

Lam·pas [lam'pas] *m* ⟨-; -⟩ (*Möbelstoff*) lampas.

Lam·pas·sen [lam'pasən] *pl* (*Streifen an Uniformhosen*) trouser stripes.

Lämp·chen ['lɛmpçən] *n* ⟨-s; -⟩ *dim. of* Lampe¹.

Lam·pe¹ ['lampə] *f* ⟨-; -n⟩ **1.** lamp: eine ~ anzünden to light a lamp; die ~ brennt the lamp is on; beim Licht (*od.* Schein) der ~ in the light of the lamp; einen auf die ~ gießen *fig. colloq.* to wet one's whistle (*colloq.*). – **2.** (*Licht*) light: würdest du bitte die ~ anmachen? would you switch on the light, please? – **3.** (*Birne*) bulb: eine neue ~ einschrauben to screw in a new bulb. – **4.** *röm.kath.* → ewig 1.

'Lam·pe² *npr m* ⟨-s; *no pl*⟩ Meister ~ *colloq.* (*Hase*) Brer (*od.* Peter) Rabbit.

'Lam·pen|,arm *m* shaft of a lamp. — **~,docht** *m* (lamp)wick. — **~,fas·sung** *f* bulb socket (*od.* holder). — **~,fie·ber** *n* stage fright: sie hat (*od.* bekommt) immer ~ vor ihrem Auftritt she always gets stage fright before her appearance. — **~,fuß** *m* lampstand. — **~,glocke** (*getr.* -k·k-) *f* lamp globe. — **~,kraut** *n bot.* white mull(e)in, lampwick, Adam's flannel (*Verbascum lychnitis*). — **~,ku·gel** *f electr.* bulb globe. — **~,licht** *n* lamplight, light of a lamp. — **~,öl** *n* lamp oil. — **~,put·zer** *m* lamp trimmer. — **~,put·zer,strauch** *m bot.* paperbark (tree) (*Gattg Callistemon*). — **~,ruß** *m* lampblack: mit ~ schwärzen to lampblack. — **~,schein** *m cf.* Lampenlicht. — **~,schim·mer** *m* glimmer of lamplight. — **~,schirm** *m* lampshade. — **~,sockel** (*getr.* -k·k-) *m electr.* lamp holder (*od.* socket). — **~zy,lin·der** *m* (lamp) chimney (*od.* glass).

Lam·pi·on [lam'pĭõː; -'pĭɔŋ] *m, n* ⟨-s; -s⟩ Chinese (*od.* Japanese) lantern. — **~,pflan·ze** *f bot.* Chinese (*od.* Japanese) lantern (plant), winter cherry (*Physalis alkekengi*).

Lam·pre·te [lam'preːtə] *f* ⟨-; -n⟩ *zo.* lamprey (*od.* lamper) (eel) (*Fam. Petromyzonidae*).

Lam·pro·phyr [lampro'fyːr] *m* ⟨-s; -e⟩ *geol.* lamprophyre.

Lan·ça·de [lã'saːdə] *f* ⟨-; -n⟩ (*in der Hohen Schule*) curvet.

'Lan·ca·ster·ge,wehr ['læŋkəstə-] (*Engl.*) *n hunt.* Lancaster gun.

Lan·ce·lot ['lantsələt] *npr m* ⟨-s; *no pl*⟩ Lancelot (*the greatest of Arthur's knights*).

Lan·ci·er [lãˈsĭeː] *m* ⟨-s; -s⟩ **1.** *mil. hist.* lancer. – **2.** *pl mus. choreogr.* lancers (*construed as sg*).

lan·cie·ren [lãˈsiːrən] *v/t* ⟨*no* ge-, h⟩ **1.** (*Sache*) launch: **ein Programm [Gerücht]** ~ to launch a program(me) [rumo(u)r]; **er lancierte den Bericht in die Zeitung** he launched the report in the newspaper. – **2.** *fig.* (*Person*) launch: **sie wurde in die Gesellschaft lanciert** she was launched in society. – **3.** *mil.* (*Torpedo etc*) launch, *auch* fire. – **4.** *econ.* (*Anleihe*) float. – **5.** *hunt.* (*Hirsch etc*) set (*a stag*) up for a hunter.

Lanˈcier|ˌhund *m hunt. a hound used for trailing stags.* — **~ˌrohr** *n mil.* (*eines Torpedos*) torpedo tube.

Land [lant] *n* ⟨-es, *rare* -s; ¨er, *poet.* -e⟩ **1.** ⟨*only sg*⟩ (*Festland*) land: **j-n [etwas] an ~ bringen** (*od.* **setzen**) to put s.o. [s.th.] on land (*od.* on shore, ashore), to land s.o. [s.th.], to disembark s.o. [s.th.]; **an ~ gehen** to go ashore (*od.* on land), to land, to disembark; **an ~ kommen** to reach (*od.* come to) land; **an ~ schwimmen** to swim to the shore (*od.* ashore); **sie wagten sich an ~** they ventured ashore; **die toten Vögel wurden an ~ geschwemmt** (*od.* **gespült, geworfen**) the dead birds were washed ashore; **~ ansteuern** to make for the shore; **sich dem ~ nähern** to approach the land; **auf ~ zuhalten** to bear in with the land; **auf ~ auflaufen** to run ashore; **das Schiff legte von ~ ab** the ship put out to sea; **während des Sturms blieben die Boote unter ~** during the storm the boats kept to the shore; **~ in Sicht!** land in sight! **~ sichten** (*od.* **ausmachen**) to sight (*od.* make) land, to make a landfall; **die Insel ist dem festen ~ vorgelagert** the island lies off the mainland; **sich weit ins ~ hinein erstrecken** to extend (*od.* stretch) far inland (*od.* into the land); **von ~ umschlossen** (*od.* **eingeschlossen**) landlocked; **der See ~ abgewinnen** to reclaim land from the sea; **die Insel meldete „~ unter"** the island reported 'land under water'; **er hatte wieder festes ~ unter den Füßen** he had terra firma (*od.* firm ground) under his feet again; **die Truppen zu ~e, zu Wasser und in der Luft** the Army, the Navy, and the Air Force; **das ~ der Lebenden** *fig.* the land of the living; **das ~ der Finsternis [Phantasie, Träume]** *fig.* the land (*od.* realm) of darkness [fantasy *od.* phantasy, dreams]; **ins bessere ~ hinübergehen** *fig. euphem.* to pass away (into a better land); **sie sahen kein ~ mehr** *fig. colloq.* they were utterly at sea (*od.* confused), they didn't know whether they were standing on their heads or their heels (*colloq.*); **sie sahen endlich wieder ~** *fig. colloq.* they finally found their feet (*od.* way) again; **sich** (*dat*) **j-n [etwas] an ~ ziehen** *fig. colloq.* to get (*od.* catch) hold of s.o. [s.th.]; **sich** (*dat*) **einen (Mann) an ~ ziehen** *fig. colloq.* to hook a husband. – **2.** ⟨*only sg*⟩ (*Acker, Boden*) land, soil, ground: **angeschwemmtes [fruchtbares] ~** alluvial [fertile] soil; **das ~ brachliegen lassen** to let the land lie fallow; **das ~ bebauen** (*od.* **bestellen**) to till (*od.* cultivate) the land; **das ~ urbar machen** to make the land arable, to clear (*od.* reclaim) the land; **~ vermessen [erwerben]** to survey [to acquire] land; **ein eigenes Stück ~ besitzen** to possess one's own piece of land; **auf seinem** (*od.* **dem**) **~ arbeiten** to work on one's (*od.* the) land. – **3.** ⟨*only sg*⟩ (*dörfliche Gegend*) country: **auf dem ~e wohnen** (*od.* **leben**) to live in the country; **aufs ~ fahren** (*od.* **gehen**) [**ziehen**] to travel to (*od.* go into) [to move to] the country; **die Ferien auf dem ~e verleben** (*od.* **verbringen, zubringen**) to spend one's holidays in the country; **bekannt in Stadt und ~** known all over the country; **vom ~(e) in die Stadt übersiedeln** (*od.* **ziehen**) to move from the country to the town; **vom ~ wegziehen** to move away from the country; **sie ist auf dem ~(e) aufgewachsen** she grew up in the country; **sie ist vom ~e** she is from the country, she is a countrywoman; **Vetter auf dem ~e** country cousin; **die Leitung verläuft über ~** the wire (*od.* line) runs overland; → **Unschuld** 5. – **4.** ⟨*only sg*⟩ (*Gegend, Landschaft*) country: **ebenes** (*od.* **flaches**) [**hügeliges**] **~** level (*od.* flat) [hilly] country; **das ~ durchstreifen** to wander through (*od.* roam [about]) the country; **der Frühling geht ins ~** *fig. lit.* spring is in the air (*od.* on the way); **seither ist manches Jahr ins ~ gegangen** *fig. lit.* many a year has passed since then. – **5.** (*Staatsgebiet*) country: **neutrales [unterentwickeltes] ~** neutral [underdeveloped] country; **die Bräuche [Einwohner] eines ~es** the customs [inhabitants *od.* people] of a country; **mein heimatliches ~** *lit.* my native land; **er ging außer ~es** he went abroad; **er ist des ~es flüchtig** *lit.* he has fled the country; **er wurde des ~es verwiesen** he was expelled from the country, he was deported; **durch die ~e fahren** to travel about; **in fremden Ländern** in foreign countries; **im eigenen ~ bleiben [wohnen]** to stay [to live] in one's own country; **von ~ zu ~ reisen** to travel from country to country; **er hat viele fremde Länder besucht** (*od.* **bereist**) he visited many foreign countries; **im Inneren des ~es** in the interior of the country; **für Ruhe und Ordnung im ~e sorgen** to maintain law and order in the country; **~ und Leute kennenlernen** to get to know the country and its people; **~ ohne Zugang zum Meer** landlocked country; **das ~ der aufgehenden Sonne** the land of the Rising Sun, Japan; **das ~ der zehntausend Seen** the land of ten thousand lakes, Finland; **das ~ der unbegrenzten Möglichkeiten** the land of unlimited opportunities; **in allen ~en** *poet.* in all countries, all over the world; **überall in deutschen ~en** *poet.* everywhere in (*od.* throughout) Germany; **in fernen ~en** *poet.* in far-off countries, in faraway (*od.* distant) lands; **das Gelobte [Heilige] ~** *Bibl.* the Promised [Holy] Land; **das ~ meiner Väter** the land of my forefathers; **andere Länder, andere Sitten** (*Sprichwort*) other countries (*od.* lands) other customs, so many countries, so many customs; **ein ~, darinnen Milch und Honig fließt** *Bibl.* a land flowing with milk and honey; **bleibe im ~e und nähre dich redlich** *Bibl.* so shalt thou dwell in the land, and verily thou shalt be fed; **er ist wieder im ~e** *fig. colloq.* he is back again. – **6.** (*die Bevölkerung eines Landes*) country, nation, land: **das ganze ~ trauert um den verstorbenen Präsidenten** the whole country (*od.* nation) is mourning the death of the President; **das ~ erhob sich gegen die Fremdherrschaft** the land rose in rebellion against (the) foreign rule. – **7.** *pol.* a) (*in der BRD*) Land, b) (*in Österreich*) Province: **die Bundesrepublik Deutschland umfaßt zehn Länder** the Federal Republic of Germany comprises ten Länder (*od.* Laender). – **8.** *jur.* (*Landbesitz*) (property in) land, (landed) property, real estate, lands *pl.*

ˌlandˈab *adv cf.* landauf, landab.

ˈLand|ˌadel *m hist.* landed gentry. — **~amˈbu·laˌto·ri·um** *n DDR* mobile clinic. — **~ˌam·mann** *m Swiss pol.* landamman (*highest official in several Swiss cantons*). — **~ˌar·beit** *f* farm (*od.* agricultural) labor (*bes. Br.* labour), farm work.

ˈLandˌar·bei·ter *m* farmhand, farm (*od.* agricultural) laborer (*bes. Br.* labourer), farm worker. — **~geˌwerk·schaft** *f* Agricultural Laborers' (*Br.* Workers') Union.

ˈLand|ari·stoˌkrat *m* member of the landed aristocracy, country gentleman, landocrat (*humor.*). — **l~ˌarm** *adj* (*Bauer*) with little land. — **~ˌarzt** *m* country doctor. — **~ˌassel** *f zo.* land-slater, pill bug, wood louse (*Überfam. Oniscoidea*).

Lan·dau·er [ˈlandauər] *m* ⟨-s; -⟩ (*Kutsche*) landau, barouche.

ˌlandˈauf, ˌlandˈab *adv* all over the country, in (*od.* to) all parts of the country: **die Handwerksburschen wanderten ~** the travel(l)ing journeymen walked all over the country; **eine ~ bekannte Persönlichkeit** *fig.* a personality known all over the country; **einen solch edlen Menschen findet man ~ nicht wieder** you won't find such a noble character again anywhere in the country.

ˈLandˌauf·entˌhalt *m* stay in the country, rustication (*lit.*).

Lan·dau·lett [landoˈlɛt] *n* ⟨-s; -e⟩ (*Halblandauer*) landaulet, *auch* landaulette.

ˌlandˈaus, ˌlandˈein *adv* from country to country, in (*od.* to) several countries: **er reiste ~** he travel(l)ed from country to country (*od.* far and wide); **seine Reise führte ihn ~** his journey led him to several countries.

ˈLandˌbau *m* agriculture, farming, husbandry. — **~ˌschu·le** *f* agricultural college. — **~ˌzo·ne** *f* agricultural (*od.* farming) area.

ˈLand|beˌschaf·fung *f* procurement of land, land procurement. — **~beˌschaf·fungsgeˌsetz** *n mil. jur.* Land Acquisition Law. — **~beˌsitz** *m cf.* Grundbesitz. — **~beˌsitzer** *m cf.* Grundbesitzer 1. — **~beˌstel·lung** *f agr.* cultivation, tillage. — **~beˌvöl·kerung** *f* country (*od.* rural) population. — **~beˌwoh·ner** *m* countryman, country dweller. — **~beˌzirk** *m* **1.** country district (*od.* area). – **2.** *pol.* rural district. — **~ˌbi·schof** *m relig.* country bishop, chorepiscopus. — **~ˌblutˌegel** *m zo.* land leech (*Gattg Haemadipsa*). — **~ˌbo·te** *m rare* country (*od.* rural) messenger. — **~ˌbriefˌträ·ger** *m* country (*od.* rural) postman (*Am. auch* mailman, mail carrier). — **~ˌbri·se** *f* land breeze (*od.* wind). — **~ˌbrot** *n gastr.* coarse brown bread. — **~ˌbrücke** (*getr.* -k·k-) *f geogr.* land bridge. — **~ˌbund** *m pol.* country party. — **~ˌbut·ter** *f gastr.* country (*od.* farm) butter.

Länd·chen [ˈlɛntçən] *n* ⟨-s; -⟩ *dim. of* Land.

ˈLand|deˌkan *m relig.* rural dean. — **~dekaˌnat** *n* rural deanery, archpresbyterate.

Län·de [ˈlɛndɛ] *f* ⟨-; -n⟩ *Bavarian and Austrian for* Landeplatz 2.

ˈLan·de|ˌanˌwei·sung *f aer.* landing instructions *pl.* — **~ˌaufˌfor·de·rung** *f* summons to land.

ˈLan·deˌbahn *f aer.* (landing) runway. — **~ˌfeu·er** *n* runway (*od.* contact) light.

ˈLan·de|ˌba·ke *f aer.* landing beacon. — **~beˌfeue·rung** *f cf.* Landebahnfeuer. — **~beˌreich** *m* landing area. — **~ˌbremsˌschirm** *m* drag (para)chute. — **~ˌbrücke** (*getr.* -k·k-) *f mar.* landing stage. — **~ˌdeck** *n aer.* (*auf Flugzeugträger*) flight (*od.* landing) deck.

ˈLandˌedelˌmann *m hist.* country gentleman, (country) squire.

ˈLan·de|erˌlaub·nis *f aer.* permission to land, landing permission. — **~ˌfackel** (*getr.* -k·k-) *f* wing-tip flare. — **~ˌfäh·re** *f* (*space*) landing module, (*Mondlandefähre*) lunar module. — **~ˌfallˌschirm** *m cf.* Landebremsschirm. — **~ˌfeld** *n* landing ground (*od.* field). — **~ˌfeu·er** *n cf.* Landebahnfeuer. — **~ˌflä·che** *f* landing surface. — **~ˌfol·ge** *f* landing sequence. — **~geˌschwin·dig·keit** *f* landing speed.

ˈLandˌei·gen·tum *n cf.* Grundbesitz. — **ˈLandˌei·gen·tü·mer** *m cf.* Grundbesitzer 1.

ˌlandˈein *adv cf.* landaus, landein.

ˈLandˌeinˌsied·lerˌkrebs *m zo.* land hermit crab (*Coenobita rugosa*).

ˌlandˈeinˌwärts *adv* up-country, *Br.* up country, inland: **~ marschieren** to march up-country.

ˈLan·de|ˌklap·pe *f aer.* landing flap. — **~ˌkopf** *m mil.* beachhead, *Br.* beach-head. — **~ˌkreuz** *n aer.* landing (*od.* wind) tee (*od.* T), landing cross. — **~ˌku·fe** *f* (landing) skid. — **~ˌkurs** *m* approach path. — **~ˌlicht** *n* **1.** (*am Flugzeug*) landing light. – **2.** (*auf dem Flugplatz*) approach light. — **~maˌnö·ver** *n cf.* Landung 2. — **~ˌmög·lichkeit** *f* **1.** possibility of landing. – **2.** landing spot.

lan·den [ˈlandən] **I** *v/i* ⟨sein⟩ **1.** (*von Schiffen etc*) land, come on land (*od.* shore): **das Schiff landete fahrplanmäßig** the ship landed on (*od.* according to) schedule. – **2.** (*von Flugzeugen etc*) land, touch down: **das Flugzeug ist glatt [glücklich] in Hamburg gelandet** the aeroplane landed (*od.* touched down) smoothly [safely] at Hamburg; **auf dem Meer ~** a) to alight on the sea, b) (*von Raumkapsel*) to splash (down); **die Sonde ist weich auf dem Mond gelandet** the probe made a soft landing on the moon. – **3.** (*von Personen*) land, disembark, go on land (*od.* on shore, ashore): **wir sind in Hamburg gelandet** we landed at Hamburg. – **4.** *fig. colloq.* (*an eine Stelle geraten*) land (up), end up: **nach mehrfachem Berufswechsel landete er schließlich bei der Armee** after changing his occupation several times he finally landed in the armed forces; **das Pferd landete an zweiter Stelle** the horse finished second; **die ganze Bande landete im Gefängnis** the whole gang ended up in prison; **da sind wir ja in einer ganz anderen Gegend gelandet** so we have (*od.* are) landed in a totally different area (*od.* region); **hier wären wir also gelandet** so it's here where we have landed (up) (*od.* are landed); **hier wären wir nun glücklich am ersehnten Ziel gelandet** so we have finally reached the goal of our desires; **der Betrunkene landete im Straßengraben** the drunken man landed in the ditch; **die Eingabe landete im Papierkorb** the petition ended up in the wastepaper basket (*Br.* waste-paper basket); **der Wagen landete im Straßengraben** the car landed in the ditch (*od.* was ditched); **damit kannst du bei ihr nicht ~** with that you won't make any impression on her, you won't get anywhere with her with that, that will cut no ice with her (*colloq.*); **so kannst du dort nicht ~** you won't get there like that; **bei ihr kannst du nicht ~** you won't be able to impress her, she won't fall for you (*colloq.*); → Ehe 1. – **II** *v/t* ⟨h⟩ **5.** (*Flugzeug etc*) land, bring down: **der Pilot hat das Flugzeug sicher gelandet** the pilot brought the aircraft down safely. – **6.** (*Personen etc*) land, disembark, debark, set (*od.* put) (*s.o.*) on land (*od.* shore): **die Regierung hat auf der Insel Truppen gelandet** the government has landed (*od.* disembarked) troops on the island; **alle Passagiere konnten glücklich gelandet werden** all passengers were safely set on land (*od.* shore). – **7.** *fig. colloq.* land: **er landete einen schweren Schlag am Kinn seines Gegners** he landed (*od. colloq.* planted) a heavy blow on his opponent's chin; **einen großen Schlag** (*od.* **Erfolg**) **~** to score a big success (*od.* hit) (*colloq.*); **er versuchte, einen Blick zu ~** he tried to catch her eye. – **III L~** *n* ⟨-s⟩ **8.** *verbal noun.* – **9.** *cf.* Landung.

'Landˌen·ge *f geogr.* neck of land, isthmus (*scient.*).

'Lan·de|ˌpfad *m aer.* flare path, landing lane. — **~ˌpi·ste** *f cf.* Landebahn. — **~ˌplan** *m mil.* landing schedule. — **~ˌplatz** *m* **1.** *aer.* landing field (*od.* ground). – **2.** *mar.* landing (place), wharf, quay.

'Län·der|ˌanˌlei·he *f econ.* (*in der BRD*) Länder (*od.* Laender) bond, loan issued by the Länder (*od.* Laender). — **~ˌebe·ne** *f pol.* Länder (*od.* Laender) level: **auf ~** at Länder (*od.* Laender) level.

Län·de'rei·en *pl* **1.** grounds, domain *sg.* – **2.** *jur.* land *sg.* – **3.** *hist.* (*eines Feudalherrn etc*) dominion *sg.*

'Län·der|ˌelf *f* ⟨-; *no pl*⟩ (*sport*) *cf.* Nationalelf. — **~ˌgier** *f cf.* Ländersucht. — **~ˌkam·mer** *f DDR pol.* Länder (*od.* Laender) Chamber (*a representative assembly*). — **~ˌkampf** *m* (*sport*) **1.** *cf.* Länderspiel. – **2.** international competition: **der ~ der Turner von Deutschland und Italien** the gymnastic competition between Germany and Italy, the competition between Germany's and Italy's gymnasts. — **~ˌkun·de** *f* geography: **spezielle ~** regional geography. — **l~ˌkund·lich** [-ˌkʊntlɪç] *adj* relating to geography, geographical. — **~ˌmann·schaft** *f* (*sport*) *cf.* Nationalmannschaft. — **~ˌmit·tel** *pl econ. cf.* Landesmittel. — **~ˌna·me** *m* name of the country. — **~ˌrat** *m pol.* (*in Deutschland*) Council of the Länder (*od.* Laender) (*1945—1949*). — **~reˌgie·rung** *f cf.* Landesregierung 1. — **~ˌspiel** *n* (*sport*) international match: **das ~ zwischen Deutschland und England** the match between Germany and England. — **~ˌsteu·er** *f econ.* (*in der BRD*) tax imposed by the Länder (*od.* Laender). — **~ˌsucht** *f pol.* thirst for (the acquisition of) new territory, expansionist policy. — **~verˌfas·sun·gen** *pl* (*in der BRD*) Constitutions of the Länder (*od.* Laender).

'Land·erˌzie·hungsˌheim *n ped.* country boarding school, boarding school in the country.

'Lan·des|ˌabˌga·ben *pl econ. cf.* Landessteuer. — **~ˌamt** *n* administrative office (of a Land): **statistisches ~** statistics office (of a Land); **~ für Denkmalspflege** office for the preservation of monuments (of a Land). — **~ˌan·geˌhö·rig·keit** *f cf.* Staatsangehörigkeit. — **~ˌar·beitsˌamt** *n* Regional Labor Office (*Br.* Labour Exchange). — **~ˌar·beits·geˌricht** *n jur.* Higher Labor (*bes. Br.* Labour) Court. — **~arˌchiv** *n* (*in der BRD*) archives *pl* (of a Land). — **~ˌart** *f* custom of the country. — **~ˌaufˌnah·me** *f geogr.* **1.** survey of land, land (*od.* topographic) survey. – **2.** (*Dreiecksaufnahme*) triangulation. – **3.** (*von Großbritannien u. Irland*) Ordnance Survey. — **~ˌausˌgleichsˌamt** *n econ.* (*in der BRD*) Equalization of Burdens Office (of a Land). — **~ˌbank** *f* national bank. — **~beˌfe·sti·gung** *f mil.* permanent fortification (of a country). — **~beˌhör·de** *f pol.* (*in der BRD*) (the) authorities *pl* (of a Land), Land authority. — **~ˌbi·schof** *m relig.* (*in Deutschland*) *head of the Protestant Church* (*of a Land*). — **~ˌblin·denˌanˌstalt** *f* (*in der BRD*) Institute for the Blind (of a Land). — **~ˌbrauch** *m cf.* Landesart. — **~ˌbüh·ne** *f* (*theater*) regional theater (*bes. Br.* theatre).

'Lan·deˌschlei·fe *f aer.* landing circle.

'Lan·des|ˌdenkˌmalˌpfle·ger *m cf.* Landeskonservator. — **l~ˌei·gen** *adj pol.* (*in der BRD*) owned by a Land: **~e Versuchsanstalten Bayerns** research stations owned by (the Land of) Bavaria. — **~entˌwick·lungsˌplan** *m cf.* Landesplanung. — **~erˌzeug·nis** *n cf.* Landesprodukt. — **~ˌfar·ben** *pl* **1.** national colors (*bes. Br.* colours). – **2.** (*in der BRD*) colors (*bes. Br.* colours) (of a Land). — **~ˌfeind** *m* enemy (of a country). — **~ˌfernˌwahl** *f tel.* long-distance dial(l)ing system. — **~ˌflag·ge** *f* **1.** national flag. – **2.** (*in der BRD*) flag (of a Land). — **~ˌflucht** *f* flight from a country. — **l~ˌflüch·tig** *adj* fleeing the country: **der ~e Verbrecher** the criminal fleeing (*od.* who has fled) the country; **der Verbrecher ist ~** the criminal has fled the country. — **~ˌfrei·hei·ten** *pl hist. rights of territorial entities in the Middle Ages created by the sovereign's privileges.* — **~ˌfürst** *m hist. cf.* Landesherr. — **~geˌmein·de** *f pol. cf.* Landsgemeinde. — **~geˌricht** *n jur.* **1.** (*in der BRD*) court (of a Land). – **2.** (*in Österreich*) Provincial court. — **~geˌschich·te** *f* history (of definite geographical areas). — **~geˌsetz** *n pol.* **1.** law of the land, municipal law: **den ~en nicht unterworfen sein** not to be subject to the law of the land, to be exterritorial; **einen Spion nur nach ~en bestrafen** to punish a spy only under municipal laws. – **2.** (*in der BRD*) law (of a Land). — **~ˌgren·ze** *f* national border, frontier (of a country). — **~ˌhauptˌkas·se** *f econ.* **1.** Paymaster's office. – **2.** (*in der BRD*) Central Finance Office (of a Land). — **~ˌhauptˌmann** *m pol.* **1.** (*in Österreich*) head of the government (of a Province). – **2.** *hist.* (*in Preußen*) head of a self-administering province. — **~ˌhauptˌstadt** *f* **1.** (*in der BRD*) capital (of a Land): **die ~ von Bayern ist München** Munich is the capital of Bavaria. – **2.** (*in Österreich*) Provincial capital. — **~ˌherr** *m hist.* sovereign, prince. — **l~ˌherr·lich** *adj hist.* relating to the sovereign (*od.* prince): **~e Verfügung** decree issued by the sovereign. — **~ˌherr·lich·keit** *f cf.* Landeshoheit. — **~ˌherr·schaft** *f hist. territory ruled by a German sovereign* (*od. prince*). — **~ˌho·heit** *f* sovereignty. — **~ˌhym·ne** *f* national anthem. — **~ˌin·ne·re** *n* interior of a country (*od.* region), inland, up-country (*Br.* up country): **im ~n** (*od.* **Landesinnern**) **wohnen** to live up-country (*od.* inland), to be an inlander; **ins ~ gehen** to go (*od.* move) up-country (*od.* inland, upward). — **~ˌin·nungs·verˌband** *m econ.* (*in der BRD*) Craftsmen's Association (of a Land). — **~ˌkas·se** *f econ.* (*in der BRD*) Finance Office (of a Land). — **~ˌkennt·nis** *f* knowledge of a country. — **~ˌkind** *n meist pl obs.* subject, native (of a country). — **~ˌkir·che** *f relig.* **1.** territorial (established) church. – **2.** (*in Deutschland*) Protestant Church (of a Land). — **~konˌserˌva·tor** *m head of the administrative office for the preservation of works of art* (*of a Land*). — **~kreˌditˌanˌstalt** *f econ.* credit institution (of a Land).

'Lan·des·kulˌtur *f agr.* land (*od.* soil) improvement. — **~ˌplan** *m program* (*bes. Br. programme*) *for the preservation, improvement, and reclamation of land.* — **~po·liˌtik** *f policy relating to the preservation, improvement, and reclamation of land.*

'Lan·des|ˌkun·de *f* ⟨-; *no pl*⟩ *ped.* areal studies *pl.* — **l~ˌkun·dig** *adj* knowledgeable about a region. — **l~ˌkund·lich** [-ˌkʊntlɪç] *adj relating to the geography, history, and institutions of a country.* — **~ˌli·ste** *f pol.* (*in der BRD*) list of party candidates of a Land: **über die ~ in den Bundestag kommen** to be returned to the Bundestag by the list of party candidates; **der Kandidat war auf der ~ abgesichert** the candidate was backed by the list of party candidates. — **~ˌmei·ster** *m* (*sport*) national champion. — **~miˌni·ster** *m pol.* Minister in a Land Government. — **~ˌmit·tel** *pl econ.* (*in der BRD*) **1.** funds of a Land. – **2.** grants by a Land government. — **~ˌmut·ter** *f* **1.** *hist.* a) (*Herrscherin*) sovereign (princess), queen, b) (*Frau des Landesherrn*) wife of the sovereign (*od.* prince). – **2.** *colloq.* a) wife of the (Federal) President, *Am.* First Lady, b) (*in der BRD*) wife of a minister-president. — **~ˌob·rig·keit** *f pol.* authorities *pl* (*od.* government) of a country. — **~ˌpfle·ge** *f* preservation and increase of the national resources (of a country). — **~ˌpla·nung** *f pol.* country planning, *bes. Br.* town and country planning. — **~po·liˌzei** *f* (*in der BRD*) police force (of a Land). — **~proˌdukt** *n econ.* native (*od.* home, domestic, inland) product: **~e** inland produce *sg.* — **~ˌrat** *m pol.* (*in Österreich*) member of the government (of a Province). — **~ˌrecht** *n jur.* **1.** law of the land, municipal law: **Völkerrecht bricht ~** international law breaks municipal law. – **2.** (*in der BRD*) law of a Land: **Bundesrecht bricht ~** Federal law breaks the laws of a Land. — **~reˌgie·rung** *f pol.* **1.** (*in der BRD*) government of a Land: **die ~ von Hessen** the government of (the Land of) Hesse. – **2.** (*in Österreich*) Provincial government. — **~re·li·giˌon** *f hist. relig.* religion of a country: **zur Zeit der Reformation bestimmte der Landesherr die ~** during the Reformation Period the sovereign decided what the religion of the country was (to be). — **~ˌren·tenˌbank** *f econ.* (*in der BRD*) Land Mortgage Bank. — **~ˌsit·te** *f cf.* Landesart. — **~so·ziˌal·geˌricht** *n jur.* (*in der BRD*) Higher Social Court. — **~ˌspra·che** *f* national language, language of a country, vernacular. — **~ˌsteu·er** *f econ.* (*in der BRD*) tax which is collected by a Land. — **~ˌstrafˌrecht** *n jur.* penal laws *pl* of a Land. — **~synˌode** *f relig.* (*in Deutschland*) Synod of the Protestant Churches of the Länder (*od.* Laender).

'Lan·deˌsteg *m cf.* Landungssteg.

'Lan·desˌteil *m* part of a country: **im nördlichen ~** in the northern part of the country.

'Lan·deˌstel·le *f cf.* Landeplatz.

'Lan·des|thea·ter [-teˌaːtər] *n* (*theater*) regional theater (*bes. Br.* theatre). — **~ˌtracht** *f* national costume.

'Lan·deˌstrahl *m aer.* landing beam.

'Lan·desˌtrau·er *f* public (*od.* national) mourning: **~ anordnen** to order public mourning.

'Lan·de|ˌstrecke (*getr.* -k·k-) *f aer.* landing run. — **~ˌstrei·fen** *m* landing strip, airstrip.

'lan·desˌüb·lich *adj* national, customary in a country: **ein ~er Brauch** a national custom; **der ~e Gruß hier** the greeting customary in this country.

'Lan·des|ˌva·ter *m* **1.** *hist.* (*Herrscher*) sovereign, prince, father of the people. – **2.** *colloq.* a) (*einer Nation*) (Federal) President, b) (*in der BRD*) minister-president. — **~verˌmes·sung** *f cf.* Landesaufnahme 1, 2. — **~verˌrat** *m jur. pol.* (high) treason, parricide (*lit.*). — **~verˌrä·ter** *m* traitor to one's country, parricide (*lit.*). — **l~verˌrä·te·risch** *adj* traitorous to one's country, treasonable, parricidal (*lit.*): **~e Konspiration** parricidal conspiracy, conspiracy traitorous to one's country. — **~verˌsamm·lung** *f pol. hist.* (*in Deutschland*) constituent assembly. — **~verˌsi·che·rungsˌamt** *n jur.* (*in der BRD*) Land Social Insurance Board. — **~ver·ˌsi·che·rungsˌanˌstalt** *f* Land Social Insurance Institution. — **~verˌtei·di·gung** *f pol.* **1.** (*Gesamtverteidigung*) national defence (*Am.* defense). – **2.** (*Verteidigung des Nationalterritoriums*) home defence (*Am.* defense). — **~verˌwal·tung** *f* (*in der BRD*) administration (of a Land). — **~verˌwal·tungs·geˌricht** *n jur.* administrative court of a Land: **das ~ Niedersachsen** the Administrative Court of

Lower Saxony. — **~verˌwei·sung** *f* **1.** expulsion (*od.* removal) from a country. – **2.** (*eines Landfremden*) deportation. – **3.** *jur.* banishment. — **~verˌwe·ser** *m hist.* regent. — **l~verˌwie·sen** *adj* ⟨*attrib*⟩ **1.** expelled (*od.* removed) from a country. – **2.** (*Landfremder*) deported. – **3.** *jur.* banished. — **~verˌwie·se·ne** *m, f* ⟨-n; -n⟩ **1.** expellee. – **2.** (*Landfremder*) deportee. – **3.** *jur.* banished person. — **~ˌwäh·rung** *f econ.* national currency, currency of a country. — **~ˌwap·pen** *n her.* **1.** coat of arms (of a country). – **2.** (*in der BRD*) coat of arms (of a Land): das ~ Bayerns the coat of arms of Bavaria. — **~ˌzeit** *f* zone time. — **~zenˌtralˌbank** *f econ.* (*in der BRD*) Land Central Bank. — **~ˌzinsˌfuß** *m* national rate of interest.

'Lan·de|ˌtriebˌwerk *n* (*space*) (*der Mondfähre*) lunar module engine. — **~verˌbot** *n aer.* prohibition to land. — **~verˌfah·ren** *n* landing (*od.* letdown, *Br.* let-down) procedure. — **~vorˌherˌsa·ge** *f aer. meteor.* landing (weather) forecast. — **~ˌwei·ser** *m* ⟨-s; -⟩ *aer.* landing-direction indicator. — **~ˌwin·kel** *m* landing angle. — **~ˌzei·chen** *n* landing signal. — **~ˌzeit** *f* landing time, time of arrival. — **~ˌzo·ne** *f* landing zone.

'Land|ˌfahrˌzeug *n* land vehicle. — **l~ˌfein** *adj only in* sich ~ machen (*von Matrosen*) to spruce oneself up for shore leave. — **~ˌflucht** *f sociol.* rural exodus, migration of the rural population into the towns. — **l~ˌflüch·tig** *adj cf.* landesflüchtig. — **~ˌflugˌzeug** *n aer.* landplane. — **~ˌform** *f* **1.** *geol.* landform. – **2.** *bot.* (*von Wasserpflanzen*) terrestrial form. — **~ˌfracht** *f econ.* land carriage (*bes. Am.* freight). — **~ˌfrau** *f* countrywoman. — **l~ˌfremd** *adj* not knowing the country, foreign: ein ~er Reisender a travel(l)er who does not know the country, a stranger to the country. — **~ˌfrie·de(n)** *m hist.* (*in Deutschland*) prohibition (*od.* restriction) of feuds. — **~ˌfrie·densˌbruch** *m jur.* breach (*od.* violation) of (the) public peace. — **~ˌfunk** *m* (*radio*) agricultural program (*bes. Br.* programme), broadcast for farmers. — **~ˌgang** *m mar.* **1.** gangway. – **2.** (*Urlaub*) shore leave. — **~geˌbiet** *n*, **~ˌge·gend** *f* rural area. — **~ˌgeist·li·che** *m relig.* country parson (*od.* clergyman). — **~geˌmein·de** *f* **1.** *pol.* rural community (*Am.* township). – **2.** *relig.* rural parish. — **~geˌnos·sen·schaft** *f econ.* rural cooperative (*Br.* co-operative).

'Land·geˌricht *n jur.* Landgericht, (German) regional court.

'Land·geˌrichts|diˌrek·tor *m jur. presiding judge of the criminal* (*od. civil*) *chamber of a 'Landgericht'.* — **~präˌsiˌdent** *m chief judge of a 'Landgericht'.* — **~ˌrat** *m associate judge of a 'Landgericht'.*

'Land|geˌwin·nung *f* (land) reclamation, reclamation of land. — **~ˌgraf** *m hist.* landgrave. — **~ˌgrä·fin** *f* landgravine. — **~ˌgraf·schaft** *f* landgraviate. — **~ˌgut** *n* country (*od.* landed) estate, countryseat, *Br.* country-seat, manor. — **~ˌhalbˌku·gel** *f geogr.* land hemisphere. — **~ˌhaus** *n* country house, villa, (*kleines*) cottage. — **~ˌhecht** *m zo.* golden skink (*Scincus auratus*). — **~ˌheer** *n mil. cf.* Landstreitkräfte. — **~ˌheim** *n ped. cf.* Schullandheim. — **~ˌin·ne·re** *n cf.* Landesinnere. — **~ˌjä·ger** *m* **1.** *obs.* gendarme. – **2.** *gastr. a kind of hard sausage, Am.* landjaeger. — **~ˌju·gend** *f* young people *pl* from rural areas, rural youth. — **~ˌjun·ker** *m hist.* (country) squire. — **~ˌkai·man** *m zo. cf.* Krokodilteju. — **~ˌkärt·chen** *n* (*Tagfalter*) **1.** least tortoise-shell, map butterfly (*Araschnia levana*). – **2.** buckeye (*Precis lavinia*).

'Landˌkar·te *f* **1.** map: auf keiner ~ verzeichnet unmapped, uncharted. – **2.** *zo.* map-cowry (*auch* -cowrie) (*Cypraea mappa*).

'Landˌkar·ten|ˌflech·te *f bot.* map lichen, rhizocarp (*scient.*) (*Rhizocarpon geographicum*). — **~ˌschildˌkrö·te** *f zo.* map turtle (*od.* terrapin) (*Graptemys geographica*). — **~ˌtu·te** *f* orange-stamper (*od.* -admiral) (*Conus aurisiacus*). — **~ˌzeich·ner** *m* mapper, cartographer. — **~ˌzun·ge** *f med.* geographic tongue.

'Land|ˌken·nung *f mar.* landfall. — **~ˌkind** *n* country-bred person. — **~ˌkli·ma** *n meteor.* continental climate. — **~ˌkrab·be** *f zo.* land (*od.* sand) crab (*Fam. Gecarcinidae*): Gemeine ~ common land crab, turluru (*Gecarcinus ruricola*). — **~ˌkreis** *m pol.* rural district. — **~ˌkrieg** *m mil.* land warfare, war(fare) on land. — **~ˌkriegsˌord·nung** *f pol.* Land Warfare Convention: die Haager ~ the Hague Land Warfare Convention (*1899*). — **~ˌkriegsˌrecht** *n* rules *pl* of land warfare. — **l~ˌkun·dig** *adj cf.* landeskundig. — **l~ˌläu·fig** *adj* common, current, customary, generally accepted: eine ~e Meinung [Redensart] a common opinion [saying]; im ~en Sinne in the generally accepted meaning. — **~ˌle·ben** *n* country (*od.* rural) life.

Länd·ler ['lɛntlər] *m* ⟨-s; -⟩ *mus.* ländler: Tiroler ~ Tyrolienne.

'Landˌleu·te *pl* countrypeople, countryfolk.

länd·lich ['lɛntlɪç] *adj* **1.** rural: ~er Bezirk [Tanz] rural district [dance]; ~e Einsamkeit [Stille, Gegend, Umgebung] rural seclusion [tranquil(l)ity, area, surroundings *pl*]; das ~e Leben rural life. – **2.** (*bäuerisch*) rustic, countrified, *auch* countryfied: ~e Einfachheit rustic simplicity. – **3.** (*idyllisch*) rural; pastoral, bucolic (*lit.*): eine ~e Szene a rural scene, a pastoral. – **4.** *econ.* rural, agricultural: ~e Genossenschaft rural cooperative. — **'Länd·lich·keit** *f* ⟨-; *no pl*⟩ **1.** rurality, ruralism, rural character. – **2.** rusticity. – **3.** rurality, pastorality (*lit.*).

'länd·lich-'sitt·lich *adj meist iron.* untouched by civilization, unsophisticated: dort geht es noch recht ~ zu the area is still largely untouched by civilization.

'Land|ˌluft *f* country air. — **~ˌmacht** *f pol.* land power. — **~ˌmäd·chen** *n* country girl, girl from the country. — **~ˌmann** *m* ⟨-(e)s; -leute⟩ *lit.* countryman, farmer, husbandman, peasant, tiller. — **~ˌmar·ke** *f bes. mar.* landmark. — **~maˌschi·ne** *f tech.* agricultural machine. — **~ˌmas·se** *f geol.* landmass. — **~ˌmes·ser** *m obs.* (land) surveyor. — **~ˌmes·sung** *f cf.* Landesaufnahme. — **~ˌmil·be** *f zo.* moss mite, oribatid (*scient.*) (*Oberfam. Oribatoidea*). — **~ˌmi·ne** *f mil.* land mine. — **~ˌnah·me** *f* ⟨-; *no pl*⟩ conquest (and settlement) of a country. — **~ˌpacht** *f jur.* lease (*od.* tenancy) of land. — **~ˌpäch·ter** *m* tenant (*od.* lessee) of land, tenant farmer. — **~parˌtie** *f* excursion (*od.* outing) (in)to the country, *Am.* junket. — **~ˌpfar·re** *f relig.* country parsonage. — **~ˌpfar·rer** *m relig. cf.* Landgeistliche. — **~ˌpflan·ze** *f bot.* terrestrial plant. — **~ˌpfle·ger** *m Bibl.* governor. — **~ˌpla·ge** *f* **1.** plague, scourge: die Heuschrecken sind in diesem Jahr eine wahre ~ the locusts are a real plague this year. – **2.** *fig. colloq. humor.* nuisance, pest, plague: manchmal bist du eine richtige ~ you are a real pest sometimes. — **~po·liˌzei** *f* rural police (*Br. auch* constabulary). — **~po·meˌran·ze** *f colloq. contempt.* country wench. — **~ˌpost** *f* rural post (*bes. Am.* mail). — **~ˌras·se** *f zo.* landrace.

'Landˌrat *m* ⟨-(e)s; ¨e⟩ *pol.* **1.** (*in der BRD*) District Administrator. – **2.** (*in der Schweiz*) *legislative body of certain cantons.*

'Landˌratsˌamt *n* (*in der BRD*) (Rural) District Office.

'Land|ˌrat·te *f colloq. humor.* landlubber, land(s)man. — **~ˌraubˌtier** *n zo.* fissiped (*Unterordng Fissipedia*). — **~ˌrecht** *n jur. hist.* (*im Mittelalter*) common law (as opposed to prerogatives). — **~ˌre·gen** *m* continous (*od.* widespread, steady) rain: wir haben wieder einen richtigen ~ it is raining continuously again, there's a steady rain again. — **~ˌrei·se** *f* (overland) journey. — **~ˌrich·ter** *m jur. associate judge at a 'Landgericht'.* — **~ˌrü·cken** (*getr.* -k·k-) *m geol.* ridge of land. — **~sa·laˌman·der** *m zo.* salamander (*Gattg Salamandra*). — **~ˌsas·se** *m hist.* freeholder. — **l~ˌsäs·sig** *adj hist.* mediate: ~ machen to mediatize.

'Land·schaft *f* ⟨-; -en⟩ **1.** landscape, countryside, scenery: düstere [öde, tropische, weite] ~ somber (*bes. Br.* sombre) [waste, tropical, open] landscape; eine herrliche [malerische] ~ (a) marvel(l)ous [picturesque] landscape; der Ort ist von wunderschöner ~ umgeben the place is surrounded by beautiful scenery; das Gebäude paßt sich der ~ gut an (*od.* ordnet sich in die ~ ein) the building fits well into the landscape; den Charakter der ~ erhalten to preserve the character of the countryside; die ~ verschandeln to disfigure (*od.* mar, spoil) the countryside. – **2.** (*Gegend*) country: durch die ~ fahren to travel through the country. – **3.** (*Gebiet*) province, district, region. – **4.** *bes.* (*art*) (*Landschaftsbild*) landscape (scene): eine idealisierte [realistische] ~ an idealized [a realistic] landscape; ~en malen to paint landscapes; eine ~ von Constable a landscape by Constable. – **5.** *fig.* (*in Wendungen wie*) die gegenwärtige politische ~ the current political scenery.

'Land·schaf·ter *m* ⟨-s; -⟩ *cf.* Landschaftsmaler.

'land·schaft·lich I *adj* **1.** scenic: ~e Reize [Schönheiten] scenic attractions [beauties]. – **2.** *geogr.* pertaining to a landscape (*od.* to part of a country). – **3.** *ling.* (*Ausdruck etc*) regional. – **II** *adv* **4.** scenically, as far as the landscape (*od.* countryside, scenery) is concerned: diese Gegenden sind ~ sehr verschieden these areas are scenically very different from one another. – **5.** *ling.* regionally: der Gebrauch dieses Wortes ist ~ verschieden the usage of this word varies from region to region.

'Land·schafts|ar·chiˌtekt *m cf.* Landschaftsgestalter. — **~ar·chi·tekˌtur** *f cf.* Landschaftsgestaltung. — **~aufˌnah·me** *f phot.* landscape photo(graph), scenic. — **~ˌbild** *n* **1.** natural scenery, (characteristic) landscape: die Erhaltung des ~es the preservation of the natural scenery. – **2.** (*art*) landscape (scene *od.* painting). — **~chaˌrak·ter** *m* character (*od.* nature) of a landscape (*od.* countryside). — **~ˌfilm** *m* scenic film, *bes. Am.* scenic. — **~ˌgar·ten** *m* landscape garden. — **~ˌgärt·ner** *m* landscape gardener. — **~gärt·neˌrei** *f* landscape gardening. — **~geˌstal·ter** *m* landscape architect. — **~geˌstal·tung** *f* landscape architecture. — **~ˌma·ler** *m* landscape painter, landscapist. — **~ma·leˌrei** *f* landscape painting. — **~ˌpfle·ge** *f*, **~ˌschutz** *m* preservation (*od.* safeguarding) of the countryside. — **~ˌschutz·geˌbiet** *n* (natural) preserve.

'Land|ˌschildˌkrö·te *f zo.* land tortoise (*od.* turtle), testudo (*scient.*) (*Fam. Testudinidae*). — **~ˌschin·ken** *m gastr.* country(-cured) ham. — **~ˌschlag** *m zo. cf.* Landrasse. — **~ˌschna·belˌtier** *n* spiny anteater, echidna (*scient.*) (*Fam. Echidnidae*). — **~ˌschnecke** (*getr.* -k·k-) *f* land snail, slug, *pl* limacidae (*scient.*). — **~ˌschrei·ber** *m* (*in der Schweiz*) head clerk of the chancery (of a rural canton). — **~ˌschu·le** *f ped.* rural (*od.* country) school. — **~ˌschulˌheim** *n cf.* Schullandheim. — **~ˌschulˌleh·rer** *m* teacher at a rural school. — **~ˌsei·te** *f* landside. — **~ˌsen·ke** *f geol.* depression.

Land·ser ['lantsər] *m* ⟨-s; -⟩ *mil. colloq.* ordinary soldier, private, *Am.* GI.

'Lands·geˌmein·de *f pol.* (*in der Schweiz*) annual assembly of the citizens of a canton.

'Landˌsitz *m* countryseat, *Br.* country-seat, country house (*od.* estate, residence).

'Landsˌknecht *m mil. hist.* lansquenet, mercenary: wie ein ~ fluchen *colloq.* to swear like a trooper.

'Landsˌmann *m* ⟨-(e)s; -leute⟩ (fellow) countryman, compatriot: er ist mein ~, er ist ein ~ von mir he is a compatriot of mine; was für ein ~ sind Sie? where (*od.* what country) do you come from? — **'Landsˌmän·nin** *f* ⟨-; -nen⟩ (fellow) countrywoman, (woman) compatriot.

'Landsˌmann·schaft *f* (*in der BRD*) **1.** *association of refugees* (*coming*) *from the same region*: die Pommersche ~ the Association of Pomeranians. – **2.** *association of students* (*coming*) *from the same country or region.*

'Land|ˌspit·ze *f geogr.* headland, cape, naze, point (of land), promontory. — **~ˌstadt** *f* **1.** country town. – **2.** *town* (*od. city*) *under the jurisdiction of the sovereign.* — **~ˌstän·de** *pl hist.* **1.** estates of the country. – **2.** provincial diet *sg*, provincial legislature *sg.* — **~ˌstra·ße** *f* **1.** highway, *bes. Br.* highroad, main (*od.* trunk) road, *Am. auch* pike: an der ~ (gelegen) by the road; auf der ~ on the road. – **2.** country road (*od.* lane).

'Landˌstrei·cher *m* **1.** tramp, vagabond, *Am. auch* hobo, *Am. colloq.* bum. – **2.** *jur.* vagrant. — **ˌLand·strei·che'rei** *f* ⟨-; *no pl*⟩ **1.** vagabondage. – **2.** *jur.* vagrancy.

'Land|ˌstrei·fen *m* strip of land. — **~ˌstreitˌkräf·te** *pl mil.* land forces. — **~ˌstrich** *m* region, district, zone, tract (of land). — **~ˌstu·fe** *f geol.* escarpment.

'Landˌsturm *m mil. hist.* landsturm, home reserves *pl*, third-line troops *pl*, veteran (*auch* territorial) reserve, *Br.* Territorial

Reserve. — **~ˌmann** *m* member of the landsturm.

ˈLandˌtag *m* **1.** *pol.* (*in der BRD*) diet, parliament of a Land: **der Bayerische ~** the Bavarian Parliament, the Parliament (*od.* Diet) of (the Land of) Bavaria. – **2.** *hist.* (the) Representative Assembly.

ˈLandˌtags|ˌab·geˌord·ne·te *m, f* ⟨-n; -n⟩ *pol.* (*in der BRD*) member of a diet, member of the parliament of a Land: **die Bayerischen ~n** the members of the Bavarian Parliament (*od.* Diet). — **~ˌabˌschied** *m hist.* recess of a provincial diet. — **~ˌsitzung** *f* (*in der BRD*) session of the parliament of a Land, meeting of members of a diet.

ˈLand|ˌtech·nik *f agr.* agricultural (*od.* rural) engineering. — **~terˌras·se** *f geol.* land terrace, benchland. — **~ˌtier** *n* animal living on land, terrestrial animal. — **~transˌport** *m* land carriage, carriage by land. — **~ˌtrup·pen** *pl mil.* land forces, ground forces (*od.* troops). — **l~ˌumˌschlos·sen** *adj geogr.* landlocked, *Br.* land-locked.

ˈLan·dung *f* ⟨-; -en⟩ **1.** *cf.* Landen. – **2.** *aer.* (*eines Flugzeugs, einer Sonde etc*) landing, touchdown, *Br.* touch-down: **eine glatte [weiche] ~** a smooth [soft] landing; **~ mit Bodensicht** contact landing; **harte ~** a) hard landing, b) (*space*) (*Aufschlag*) impact landing; **~ auf dem Meer** (*space*) splashdown; **zur ~ ansetzen** to come in to land; **eine ~ ausführen [durchführen, einleiten]** to carry out [to execute, to prepare for] a landing; **ein Flugzeug zur Landung zwingen** to force a plane down, to force a plane to land. – **3.** *mar.* (*eines Schiffes etc*) landing. – **4.** *mil.* (*von Truppen etc*) landing, disembarkation, disembarkment.

ˈLan·dungs|ˌabˌtei·lung *f mil.* landing party. — **~ˌba·ke** *f aer. mar.* approach beacon. — **~ˌboot** *n mil.* landing craft. — **~ˌbrücke** (*getr.* -k·k-) *f mar.* **1.** (*Schiffsanlegestelle*) landing stage. – **2.** *cf.* Landungssteg. – **3.** (*einer Fähre*) ferry bridge. – **4.** (*einer Eisenbahnfähre*) trainway. — **~ˌfahrˌzeug** *n mil.* **1.** *cf.* Landungsboot. – **2.** *cf.* Landungsschiff. — **~geˌschwin·dig·keit** *f* landing speed. — **~komˌman·do, ~ˌkorps** *n cf.* Landungstrupp. — **~ˌmast** *m aer.* (*für Luftschiffe*) mooring mast (*od.* tower). — **~ˌnetz** *n* (*in der Fischerei*) tuck net. — **~of·fiˌzier** *m mil.* beachmaster. — **~ˌplatz** *m cf.* Landeplatz. — **~ˌscheinˌwer·fer** *m aer.* landing floodlight. — **~ˌschiff** *n mil.* landing ship. — **~ˌsteg** *m mar.* gangway, gangboard, gangplank. — **~ˌstel·le** *f cf.* Landeplatz 2. — **~ˌstreitˌkräf·te** *pl mil.* landing forces. — **~ˌtrupp** *m* landing party (*od.* force). — **~ˌtrup·pen** *pl* landing troops. — **~ˌun·terˌneh·men** *n* landing operation. — **~verˌsuch** *m* landing attempt.

ˈLand|ˌurˌlaub *m mar.* shore leave, (*weniger als 48 Stunden*) liberty. — **~verˌkehr** *m* traffic on land, land traffic. — **~verˌmes·ser** *m* land surveyor. — **~verˌmes·sung** *f* land surveying (*od.* survey). — **~ˌvo·gel** *m zo.* land bird. — **~ˌvogt** *m hist.* (*im deutschen Sprachgebiet*) landvogt. — **~vogˌtei** *f* bailiffship (*od.* bailiwick) of a landvogt. — **~ˌvolk** *n* countryfolk, rural folk. — **~ˌwan·ze** *f zo.* land- (*od.* air-)bug, geocores *pl* (*Gruppe Gymnocerata*). — **~ˌwa·renˌhaus** *n* country store. — **l~ˌwärts** *adv* **1.** landward(s), toward(s) the land: **~ gelegen** situated landward. – **2.** *mar.* home: **~ steuern** to stand in; **~ gehen** (*von Wind, Strömung*) to set in. — **~-ˈWas·serˌflugˌzeug** *n aer.* amphibian, amphibious plane (*Br. auch* aeroplane, *Am. auch* airplane). — **~ˌweg** *m* **1.** country road, lane. – **2.** ⟨*only sg*⟩ land: **auf dem ~e reisen** to travel by land, to travel overland; **etwas auf dem ~e verschicken** to send s.th. by land. — **~ˌwehr** *f mil. hist.* **1.** (*bes. in Deutschland u. Österreich*) landwehr. – **2.** (*bes. in Großbritannien u. den USA*) militia, fencibles *pl*, *Br. auch* Home Guard. – **3.** (*Grenzbefestigung*) line of fortification. — **~ˌwein** *m* homegrown wine. — **~ˌwind** *m* land breeze (*od.* wind). — **~ˌwirt** *m agr.* **1.** farmer, husbandman, *auch* agriculturalist, agriculturist. – **2.** (*Wissenschaftler*) agriculturalist, agriculturist. — **~ˌwir·tin** *f* farmer's wife. — **~ˌwirt·schaft** *f* ⟨-; *no pl*⟩ **1.** agriculture, husbandry, farming: **praktische ~** practical agriculture. – **2.** (*landwirtschaftlicher Besitz*) farm: **wir haben außer der Fabrik noch etwas ~** apart from the factory we have a small farm. — **l~ˌwirt·schaft·lich** *adj* agricultural, farm(ing) (*attrib*), rural, agrarian: **~e Bauten** rural buildings; **~e Betriebsfläche [~es Betriebssystem]** farming area [system]; **~e Genossenschaft [Hochschule, Rentenbank]** agricultural cooperative (*Br.* co-operative) (society) [college, mortgage bank]; **~e Nutzfläche** area fit for agricultural use; **~e Produktionsgenossenschaft** *DDR* agricultural production cooperative; **~e Geräte** farm equipment *sg*.

ˈLandˌwirt·schafts|ˌamt *n agr.* Board of Agriculture. — **~ˌausˌschuß** *m* agricultural committee. — **~ˌausˌstel·lung** *f* agricultural show (*od.* exhibition). — **~ˌbank** *f* (cooperative, *Br.* co-operative) agricultural bank. — **~ˌbeiˌrat** *m* farmers' advisory committee. — **~beˌtrieb** *m* agricultural enterprise. — **~geˌbäu·de** *n* agricultural building, farmhouse. — **~geo·graˌphie** *f* agricultural geography. — **~geˌsetz** *n jur.* agricultural law. — **~in·stiˌtut** *n agr.* Institute of Agriculture. — **~ˌjahr** *n* farm(ing) year. — **~ˌkam·mer** *f* Chamber of Agriculture. — **~kon·feˌrenz** *f* agricultural conference, conference on agriculture. — **~kreˌdit** *m* farm (*od.* agricultural) loan. — **~ˌkun·de** *f* husbandry, science of land cultivation, geoponics *pl* (*construed as sg*) (*scient.*). — **~ˌleh·re** *f* agricultural science. — **~ˌleh·rer** *m* teacher of agriculture. — **~ˌmes·se** *f* agricultural fair. — **~miˌni·ster** *m* Minister of Agriculture, *Am.* Secretary of Agriculture. — **~mi·ni·ste·ri·um** *n* Ministry of Agriculture, *Br.* Ministry of Agriculture, Fisheries and Food, *Am.* Department of Agriculture. — **~ˌpla·nung** *f* agricultural planning. — **~ˌrecht** *n jur.* agricultural law (*od.* legislation). — **~ˌschu·le** *f ped.* agricultural school. — **~ˌwis·sen·schaft** *f* agricultural science.

ˈLand|ˌzun·ge *f geogr.* spit, headland, tongue (of land), *auch* cape: **sandige ~** sandspit. — **~ˌzuˌtei·lung** *f* allocation (*od.* grant) of land: **staatliche ~** (*in Amerika*) land grant. — **~ˌzuˌwachs** *m jur.* accretion. — **~ˌzwang** *m jur. hist.* (acts *pl* of) terror.

lang [laŋ] **I** *adj* ⟨=er; =st⟩ **1.** (*räumlich*) long: **~e Arme** long arms; **~e Hosen** trousers, *bes. Am.* long pants; **ein ~es Abendkleid** a long evening dress (*od.* gown); **eine ~e Straße** a long road; **die längste Brücke der Welt** the world's longest bridge; **einen ~en Brief schreiben** to write a long letter; **die Haare** (*od.* **das Haar**) **~ tragen** to wear one's hair long; **die Haare ~ wachsen lassen** to let one's hair grow; **sich** (*dat*) **den Mantel länger machen lassen** to have one's overcoat made longer (*od.* lengthened); **sich ~ machen** *fig. colloq.* to stretch oneself (out); **einen ~en Hals machen** to crane (*od.* stretch) one's neck; **ein ~es Gesicht machen** (*od.* **ziehen**) *fig. colloq.* to pull a sulky (*od.* long) face; **j-m eine ~e Nase machen** (*od.* **drehen**) *fig.* to make a long nose (*od.* to thumb one's nose) at s.o., to cock a snook at s.o. (*colloq.*); **~e Finger machen** *fig. colloq.* a) to pinch (*od.* pilfer), b) to be light-fingered; **eine ~e Leitung haben** *fig. colloq.* to be slow on the uptake; **mit ~er Nase abziehen** *fig. colloq.* to go away with a long face; **der Anschlag war von ~er Hand vorbereitet** *fig.* the plot was carefully prepared; **etwas auf die ~e Bank schieben** *fig.* to shelve s.th., to put s.th. aside (*od.* into cold storage); **auf ~e Sicht planen** *fig.* to plan well in advance; **am längeren Hebel sitzen** *fig.* to be in a stronger position; **mit ~en Zähnen essen** *fig. colloq.* to pick at one's food. – **2.** (*bei Maßangaben nachgestellt*) long: **einen Finger ~** one finger long, (of) the length of one (*od.* a) finger; **der Bindfaden ist 90 cm ~** the string is 90 centimeters (*bes. Br.* centimetres) long (*od.* in length); **dieser Bindfaden ist (um) einen Meter länger** this (piece of) string is one meter (*bes. Br.* metre) longer (*od.* longer by one meter); **das neue Band ist noch einmal** (*od.* **doppelt**) **so ~ wie das alte** the new string is twice as long as the old one; **der Raum ist nur vier Meter ~ und drei Meter breit** the room is only four meters (*bes. Br.* metres) long and three meters wide, the room is only four meters (*bes. Br.* metres) by three; **gleich ~ sein** to be equally long, to be equal in length. – **3.** *colloq.* (*hochgewachsen*) tall: **sie ist eine ~e Bohnenstange** (*od.* **Hopfenstange, Latte**) she is as tall as a bean pole (*od.* beanstalk); **er ist so ~ wie dumm** he is as tall as he is stupid; **sie ist so breit wie ~** she is as broad as she is tall; **er fiel hin so ~ er war** he fell down (at) full length, he measured his length; **jetzt sind wir so ~ wie breit** *fig. colloq.* now we are none the wiser for it; → Laban; Lulatsch. – **4.** (*zeitlich*) long: **ein ~er Aufenthalt [Besuch, Winter]** a long (*od.* an extended) stay [visit, winter]; **er war ~e Jahre krank** he was ill for many years; **seit [nach] ~en Jahren** for [after] many years; **ein Jahr ist ~** a year is long (*od.* a long time); **er ist nach langer** (*od.* **längerer**) **Krankheit verstorben** he died after a long (*od.* protracted) illness; **ein ~es Sterben** a languishing death; **der ~en Rede kurzer Sinn** *fig.* the long and the short of it, in a word, in short, to cut a long story short; **zehn ~e Stunden** ten long hours; **er faulenzt den lieben ~en Tag** he is lazy all day long (*od.* the livelong day, the whole blessed day); **nach ~er Überlegung** after long consideration (*od.* reflection), after much thought; **eine längere Reise machen** to go on a rather long journey; **sie war (eine) ~e Zeit verreist** she was away for a long time; **für (eine) längere Zeit verreisen** to go on a journey for a prolonged period (of time); **in nicht allzu ~er Zeit** a) before long, in the not too distant future, b) in a rather short time, rather quickly; **ziemlich ~** longish; **seit ~er Zeit, seit ~em** for a long time; **seit wie ~er Zeit** how long, since what time; **ich habe sie vor ~em** (*od.* **~er Zeit**) **einmal getroffen** I met her once a long time ago; **vor nicht (allzu) ~er Zeit** not too long ago; **vor ~er Zeit** a long time ago, *Am. colloq. auch* (a)way back; **vor längerer Zeit** sometime ago; **ihr wird die Zeit ~** she finds time hanging heavy on her hands; **die Tage werden wieder länger** the days are drawing out (*od.* getting longer); **über kurz oder ~** sooner or later; → Atem 1. – **5.** *ling. metr.* (*Vokale etc*) long. – **6.** (*radio*) (*Welle*) long. – **7. Wechsel auf ~e Sicht** *econ.* long-termed (*od.* long-sighted) bill of exchange. – **8.** *gastr.* (*Suppe etc*) watered(-down), diluted. – **II** *adv* **9.** (*räumlich*) long: **die Straße zieht sich ~ hin** the road extends over a long distance; **der Weg zum Gipfel zog sich ~ hin** *fig.* the path to the summit seemed never ending. – **10.** (*bei Maßangaben nachgestellt*) for: **die Grenze verlief drei Meilen ~ neben der Straße** the frontier ran along the road for three miles. – **11.** *Northern G. colloq.* (*entlang*) along: **er ging die Straße ~** he walked along the road. – **12.** (*der Länge nach*) (at) full length: **er lag ~ ausgestreckt da** he lay stretched out full length. – **13.** (*zeitlich*) long, long time: **~ ersehnte Hilfe** long hoped-for (*od.* long-desired) help; **~ anhaltender Beifall [Regen]** long (*od.* sustained, prolonged) applause [rain]; **~ entbehrter Regen** long-missed rain; **~ entbehrte Freuden** pleasures long done without; **ein ~ gehegter Wunsch** a long-cherished (*od.* fond) wish; **der Brief war ~(e) unterwegs** the letter took a long time to come; **ich bin ~(e) unterwegs gewesen** I have been away for a long time; **laß dich doch nicht ~(e) bitten!** come on, get on with it! **er ließ sich nicht ~(e) bitten** he did not want much asking; **er braucht aber ~(e) für den kurzen Weg** it takes him quite a long time to cover that short distance; **der Winter dauerte ~(e)** the winter lasted a long time; **es dauerte nicht ~(e), bis er kam** it wasn't long until he came; **die Verhandlungen zogen sich ~(e) hin** the negotiations dragged on endlessly; **~(e) leben [schlafen]** to live [to sleep] long; **er wird nicht ~(e) leben** he is not long for this world (*od.* life); **du brauchst nicht ~(e) (zu) warten** you needn't (*od.* don't have to) wait long; **da kannst du (noch) ~(e) warten** *colloq.* you may whistle for it; **ich kann nicht länger warten** I cannot wait any longer; **er dachte nicht erst ~(e) nach** he did not stop (*od.* take the trouble) to think; **einen Tag länger** one day longer (*od.* more); **länger als eine Woche** (for) more than a week, over a week; **je länger, je lieber** the longer the better; **er blieb länger als wir** he stayed longer than we (did); **länger leben als j-d** to outlive (*od.* live longer than) s.o.; **etwas ~ und breit erzählen** *colloq.* to tell s.th. in great detail; **sich ~ und breit** (*od.* **des ~en und breiten**) **über** (*acc*) **etwas auslassen** to enlarge on (*od.* upon) s.th. at length; **das ist (schon)**

~(e) her (*od.* vorbei) that was (*od.* happened) a long time ago; **das ist noch nicht ~(e) her** that was not long ago, that was only a short time ago; **es ist schon ~(e) her, seit ich zuletzt dort war** it has been a long time since I was last there; **~(e) hin** a long time yet; **~(e) bevor er kam** long before he came; **nicht ~(e) danach** (*od.* **darauf**) not long after(ward[s]) (*od.* thereafter); **nicht ~(e) davor** (*od.* **vorher**) not long before; **~(e) nach Mitternacht** long after (*od.* well past) midnight; **bis ~(e) nach Mitternacht** to the small hours, until well past midnight; **das reicht ~(e) (aus)** that goes a long way; **das hat noch ~(e) Zeit** that can wait, there is still a lot of time for that; **sie ist noch ~(e) nicht fertig** she is far from (being) ready; **es ist noch ~(e) nicht fertig** it won't be finished for a long time; **was fragst du erst noch ~(e)?** why do you ask at all? what good does your asking do? **wenn er noch ~(e) so weitermacht, wird er krank** if he carries (*od.* goes) on like this much longer (*od.* if he doesn't mend his ways) he'll be taken ill; **das weiß ich (schon) ~(e)** I have known it all along (*od.* for a long time); **das habe ich schon ~(e) kommen sehen** I have seen that coming for a long time; **ich habe es schon ~(e) gemerkt** I noticed it long ago; **ich habe es schon länger gemerkt** I have noticed it for some time (past) now; **das hättest du schon ~(e) sagen sollen** you ought to have said (*od.* told) that long ago; **er ist schon ~(e) tot** he has been dead (for) a long time; **ist sie schon ~(e) hier?** has she been here long? **warte so ~, bis** wait until; **ich bleibe so ~ wie möglich** I'll stay as long as possible; **bleib nicht so ~(e) (fort)** don't be long; **mach nicht so ~(e)** don't dawdle; **wie ~(e) noch?** how much longer? how long yet? **wie ~(e) dauert es noch?** how long is it going to last yet? **wie ~(e) lernen Sie schon Deutsch?** how long have you been learning German? **wie ~(e) soll ich denn noch warten?** a) how much longer am I supposed to wait? b) how much longer do you want me to wait? **j-n ~(e) warten lassen** to let s.o. cool his heels; → machen 18. – **14.** (*bei Zeitangaben nachgestellt*) for, *auch* long: **ich kenne ihn schon viele Jahre ~** I have known him for many years; **drei Jahre ~** (for) three years; **einige Zeit ~** for some time; **er schläft den ganzen Tag ~** he sleeps all day long; **die ganze Woche ~** all week long; → Leben 6. – **15.** *colloq.* (*bei weitem*) (*in Wendungen wie*) **es reicht ~(e)** there is enough and to spare; **das ist (für uns) ~(e) genug** that is quite sufficient (for us), that is more than enough (for us); **das ist ~(e) gut genug (für ihn)** that is certainly good enough (for him); **das ist noch ~(e) nicht alles** that is by no means all (*od.* everything), that is far from being all; **du bist ~(e) nicht so alt wie ich** you are not nearly as old as I am; **das ist noch ~(e) nicht genug** that is not nearly enough; **es ist ~(e) nicht so gut wie** it is not half as good as; **das ist ~(e) nicht so schlimm wie es aussieht** that is not by a long way as bad as it looks; **hier ist es ~(e) nicht so schön wie zu Hause** it's not nearly as nice here as at home; **es ist noch ~(e) nicht sicher, daß** it is anything but certain that; **das ist noch ~(e) kein Beweis** that is by no means a proof; **das ist noch ~(e) nicht die Hälfte** that is not nearly half (of it).

'Lang|ˌar·bei·ter *m* long-shift worker. — **~ˌarm·af·fe** *m zo.* gibbon (*Fam. Hylobatidae*). — **l~ˌär·me·lig** [-ˌʔɛrməlɪç] *adj* (*Hemd etc*) long-sleeved, with long sleeves. — **l~ˌar·mig** [-ˌʔarmɪç] *adj tech.* (*Hebel, Zange etc*) long-armed. — **l~ˌärm·lig** [-ˌʔɛrmlɪç] *adj cf.* langärmelig. — **~ˌas·sel** *f zo.* pit-slater (*Fam. Idotheidae*).

'langˌat·mig [-ˌʔaːtmɪç] **I** *adj* long-winded, long-drawn-out (*attrib*), *auch* long-drawn, lengthy, wordy, prolix (*lit.*): **~e Reden führen** to make long-winded speeches; **eine ~e Geschichte** a long-drawn-out story. – **II** *adv* long-windedly, lengthily, wordily. — **'Langˌat·mig·keit** *f* ⟨-; *no pl*⟩ long-windedness, lengthiness, wordiness; prolixity, prolixness (*lit.*).

'Lang|bein *n colloq. humor.* spindleshanks *pl* (*construed as sg or pl*) (*colloq.*). — **~ˌbein·ˌflie·ge** *f zo.* long-legged fly (*Fam. Dolichopodidae*). — **l~ˌbei·nig** [-ˌbaɪnɪç] *adj* with long legs, long-legged: **~er Vogel** longlegs *pl* (*construed as sg or pl*).

Lang·bei·nit [laŋbaɪ'niːt; -'nɪt] *m* ⟨-s; -e⟩ *min.* langbeinite.

'lang|blät·te·rig, ~ˌblätt·rig *adj bot.* long-leaved.

'Langˌbo·gen *m mil. hist.* longbow. — **~ˌpfeil** *m* flight arrow.

'Lang|ˌboot *n mar.* longboat. — **l~ˌdau·ernd** *adj* long(-lasting): **~e Verhandlungen** long(-drawn-out) negotiations. — **~duoˌdez** *n print.* long twelves *pl* (*od.* twelvemo).

'lan·ge *adv cf.* lang 13, 15.

'Lan·ge *m, f* ⟨-n; -n⟩ *colloq.* tall (*od. Am. colloq.* lengthy) person.

Län·ge ['lɛŋə] *f* ⟨-; -n⟩ **1.** ⟨*only sg*⟩ (*räumlich*) length: **die ~ einer Straße [Strecke]** the length of a road [distance]; **ein Fluß von 100 km ~** a river 100 kilometers (*bes. Br.* kilometres) in length; **ein Zimmer mit einer ~ von fünf Metern und einer Breite von drei Metern** a room five meters (*bes. Br.* metres) in length and three meters in breadth; **ein Gummiband in die ~ ziehen** to stretch an elastic (*od.* a rubber) band; **Bretter auf zwei Meter ~ schneiden** to cut boards up into two meter (*bes. Br.* metre) lengths; **ein Brett der ~ nach durchsägen** to saw a board lengthwise (*od.* lengthways); **etwas der ~ nach hinlegen** to put s.th. down lengthwise (*od.* lengthways, longwise, longways). – **2.** ⟨*only sg*⟩ (*von Personen*) length: **eine solche ~ habe ich noch nie gesehen** I have never seen anyone quite so tall; **er reckte sich in seiner ganzen ~ auf** he drew himself up to his full height; **ich lag plötzlich der ~ nach** (*od.* **in meiner ganzen ~**) **im Schnee** suddenly I was (*od.* lay) flat out (*od.* on my back) in the snow; **der Junge wächst** (*od. colloq.* **geht**) **mehr in die ~ als in die Breite** the boy is growing like a beanpole; **er schießt in die ~** *fig. colloq.* he is spindling (*od.* shooting up); → hinfallen 1; hinschlagen 2. – **3.** ⟨*only sg*⟩ (*von Büchern, Listen etc*) length: **„Krieg und Frieden" ist ein Roman von beträchtlicher ~** "War and Peace" is a novel of considerable length; **das Interview wurde in seiner vollen ~ abgedruckt** the interview was printed at full length. – **4.** ⟨*only sg*⟩ (*zeitlich*) length: **die ~ einer Winternacht [eines Sommertages]** the length of a winter night [summer day]; **die ~ der Aufführung [des Vortrags]** the length of the performance [lecture]; **auf die ~ gesehen ist das richtig** from a long-range point of view this is correct; **auf die ~ ertrug ich das nicht** I couldn't (*od.* wasn't able to) take that (for) long; **die Verhandlungen zogen sich in die ~** the negotiations dragged (on *od.* along); **der Weg zieht sich in die ~** the road stretches endlessly; **der Winter zieht sich in die ~** winter is passing very slowly (*od.* seems to linger); **eine Erzählung in die ~ ziehen** to draw (*od.* spin) out a story. – **5.** (*Weitschweifigkeit*) dull (*od.* tedious) passage, longueur (*lit.*): **das Stück hat viele ~n** (*od.* **weist viele ~n auf**) the play is full of longueurs; **in dem Film kam es zu einigen ~n** the film had some tedious passages. – **6.** (*sport*) length: **das Pferd siegte mit mehreren ~n Vorsprung** the horse won by several lengths; **das Boot hat eine halbe ~ Vorsprung** the boat is ahead by half a length; **das Feld wurde um einige ~n abgeschlagen** the field was beaten by several lengths. – **7.** ⟨*only sg*⟩ *geogr.* longitude: **geographische ~** geographical (*od.* terrestrial) longitude; **Berlin liegt auf dem dreizehnten Grad östlicher ~** Berlin lies on the thirteenth degree (of) Eastern longitude, the longitudinal position of Berlin is thirteen degrees East. – **8.** *ling. metr.* a) (*einer Silbe*) long, b) (*eines Vokals*) length: **dieser Versfuß besteht aus einer ~ und zwei Kürzen** this foot consists of one long and two shorts. – **9.** *mus.* (*eines Tones*) length.

'län·geˌlang *adv* (at) full length: → hinfallen 1; hinschlagen 2.

lan·gen ['laŋən] *colloq.* **I** *v/t* ⟨h⟩ **1.** (*darreichen*) reach, give, hand: **~ Sie mir bitte meinen Hut** would you (kindly) reach me my hat, please; **lang mir doch bitte einen Teller aus dem Schrank** would you fetch me a plate out of the cupboard, please? **er langte ihm eine (Ohrfeige)** *fig. colloq.* he fetched (*od.* pasted) him one (*colloq.*); **eine gelangt kriegen** *fig. colloq.* to get a box on the ear. – **2.** (*greifen*) get, take: **er langte einen Brief aus seiner Tasche** he took a letter out of his pocket, he produced a letter from his pocket; **er langte das Buch vom Regal** he took the book from the shelf; **er langte ein Formular aus der Schublade** he took a form out of the drawer; **er langte ihn sich** (*dat*) **und prügelte ihn durch** *fig.* he grabbed hold of him and gave him a good thrashing; **den werde ich mir schon ~** *fig.* I'll haul him over the coals, I'll tell him what's what, I'll give him a (good) piece of my mind. – **II** *v/i* **3.** (*greifen*) (**nach**) reach (out) (for, after), stretch (for): **nach einem Buch [einer Waffe] ~** to reach for a book [weapon]; **in die Tasche ~** to put one's hands in one's pocket(s). – **4.** (*reichen*) reach: **das Kleid langt ihr kaum bis zum Knie** the dress hardly reaches (down) to her knees; **ich kann nicht so weit ~** I cannot reach so far; **ich kann nicht bis zur Decke [auf den Schrank] ~** I cannot reach the ceiling [the top of the cupboard]. – **5.** (*genügen*) be enough, be sufficient, suffice: **100 Mark ~** one hundred marks will be enough (*od.* will do); **mit 100 Mark langt er nicht weit** he won't get far with one hundred marks, one hundred marks won't take him far (*od.* last him long); **damit wird er nicht ~** he won't be able to manage on that; **damit langt man schon ein paar Tage** that will do for a couple of days; **der Rest langt gerade noch für ein Kleid** the rest is just sufficient (*od.* enough) for a dress; **mir langt es** (*od.* **langt's**)! a) (*genügt es*) I have had enough, that will do for me, b) *fig.* I am sick of (*od.* fed up with) that; **jetzt langt mir's** (*od.* **langt's mir**) **aber** now I have had enough of that, that's enough of that, that does it; **bei ihm langt's nicht weit** *fig.* he is a bit dense (*od.* a bit of a dunce).

län·gen ['lɛŋən] *v/t* ⟨h⟩ **1.** *bes. tech.* lengthen, extend, stretch, elongate. – **2.** *mar.* (*Tau*) lengthen, stretch. – **3.** *gastr.* a) (*Suppe etc*) lengthen, thin (*od.* water) (down), b) (*Teig*) roll out, c) (*Wein*) dilute.

'Län·gen|ˌausˌdeh·nung *f* linear dimension (*od.* extension). — **~beˌstim·mung** *f geogr.* longitude determination, determination of longitudinal position. — **~ˌein·heit** *f* unit of length. — **~ˌgrad** *m geogr.* **1.** degree of longitude. – **2.** (*Längenkreis*) meridian. — **~ˌkreis** *m cf.* Längengrad 2. — **~ˌmaß** *n* **1.** measure of length, length (*od.* linear) dimension. – **2.** *tech.* (*Meßgerät*) length ga(u)ge. — **~ˌmes·sung** *f* measurement of length, linear measurement.

'Län·genˌun·terˌschied *m* **1.** difference in length (*od.* linear extension). – **2.** *geogr.* (*zweier Orte*) meridional distance. – **3.** *mar.* (*bei der gegißten Besteckrechnung*) difference of longitude.

län·ger ['lɛŋər] *comp of* lang.

'län·gerˌfri·stig [-ˌfrɪstɪç] *adj u. adv econ.* at longer term, at relatively long term, covering a relatively long period: **~ gebundene Gelder und Darlehen** monies and loans taken at relatively long term.

Lan·ger·hanssch ['laŋərˌhansʃ] *adj* ⟨*attrib*⟩ **~e Inseln** *med.* islets (*od.* islands) of Langerhans.

'Län·geˌstrich *m ling.* (*über Vokalen*) macron.

Lan·get·te [laŋ'gɛtə] *f* ⟨-; -n⟩ (*textile*) scallop: **mit ~n verzieren** *cf.* langettieren.

Lan'get·tenˌstich *m* (*textile*) overcast stitch.

lan·get·tie·ren [laŋgɛ'tiːrən] *v/t* ⟨*no* ge-, h⟩ scallop. — **Lan·get'tie·rung** *f* ⟨-; *no pl*⟩ scalloping.

Lan·ge·wei·le ['laŋəˌvaɪlə; ˌlaŋə'vaɪlə] *f* ⟨-; *no pl*⟩ boredom, tedium, ennui (*lit.*): **tödliche ~** deadly boredom; **~ haben** to be (*od.* feel) bored, to have time on one's hands; **vor ~** (*od.* **Langerweile**) **einschlafen** to go to sleep out of boredom; **vor ~** (*od.* **Langerweile**) **umkommen** (*od.* **sterben**) *colloq.* to perish (*od.* die) of boredom, to be bored to death (*od.* to tears); **sie tut es aus ~** (*od.* **Langerweile**) she does it to while the time away (*od. colloq.* to kill time); **j-m die ~ vertreiben** to help s.o. pass the time, to amuse s.o.; **sie plagt die ~** she's plagued by boredom.

'Lang|ˌfa·den *m bot.* quisqualis (*Gattg Combretum*). — **l~ˌfa·se·rig** *adj* long-fibered (*bes. Br.* -fibred), long-stapled. — **~ˌfes·sel** *f hunt.* jess(e). — **~ˌfin·ger** *m colloq.* thief, pickpocket, pilferer, pincher:

die ~ der Stadt the light-fingered gentry *sg.* — **l~ˌfin·ge·rig** [-ˌfɪŋərɪç] *adj* **1.** long-fingered. – **2.** *fig. colloq.* light- (*od.* nimble)-fingered. — **~ˌfin·ner** [-ˌfɪnər] *m* ⟨-s; -⟩ *zo.* **1.** *cf.* Langflosser. – **2.** tuna (*Thunnus thynnus*). — **~ˌflos·ser** [-ˌflɔsər] *m* ⟨-s; -⟩ long-finned fish. — **l~ˌflos·sig** [-ˌflɔsɪç] *adj* (*Fisch*) long-finned, macropterous (*scient.*). — **l~ˌflü·ge·lig** [-ˌflyːgəlɪç] *adj* **1.** (*Vogel*) long-winged, longipennate (*scient.*). – **2.** (*Insekt*) macropterous. — **~ˌflü·gel·pa·paˌgei** *m* brown-necked parrot (*Gattg Poicephalus*). — **~ˌflüg·ler** [-ˌflyːglər] *m* ⟨-s; -⟩ **1.** long-winged bird, longipennate (*scient.*). – **2.** (*Insekt*) macropteran. — **l~ˌflüg·lig** [-ˌflyːglɪç] *adj cf.* langflügelig. — **~ˌfräs·maˌschi·ne** *f tech.* manufacturing-type milling machine: leistungsstarke ~ planer-type milling machine, plano-miller.

'langˌfri·stig [-ˌfrɪstɪç] **I** *adj* **1.** (*Verhandlungen etc*) long-term (*attrib*). – **2.** *econ.* (*Liefervertrag etc*) long-term (*attrib*), long-dated, long, durable: ~e Schatzanweisung *Br.* exchequer bond, *Am.* treasury bond; ~e Schuldverschreibung long-term bond; ~e Verbindlichkeit (*od.* Verpflichtung) long-term liability (*od.* obligation); ~er Wechsel long(-dated) bill (*od.* draft). – **3.** *meteor.* (*Wettervorhersage*) long-range (*attrib*). – **II** *adv* **4.** on a long-term basis: Kapital ~ anlegen to make a long-term investment.

'Lang|ˌfuß *m zo.* **1.** stilt(bird), *auch* stilt plover (*Himantopus himantopus*). – **2.** *cf.* Stelzenläufer 2. — **l~ˌfü·ßig** *adj* **1.** long-footed. – **2.** *zo.* macropodous, macropodal: ein ~es Tier a macropod.

'lang|geˌdehnt *adj* stretched (*od.* spread out) extensively. — **~geˌschwänzt** *adj zo. cf.* langschwänzig. — **~geˌstielt** *adj bot.* long-stalked. — **~geˌstreckt** *adj* (*Gebäude, Gebirgszug etc*) long(-stretched-out). — **~geˌstreift** *adj* vertically striped. — **~geˌzo·gen** *adj* long-drawn-out (*attrib*): schriller, ~er Schrei a) shrill long-drawn cry, b) (*bes. des Brachvogels*) wheeple.

'Langˌhaar *n* ⟨-(e)s; *no pl*⟩ *zo.* long-haired feline (*od.* canine) race. — **~ˌdackel** (*getr.* -k·k-) *m* long-haired dachshund.

'lang|ˌhaa·rig *adj* **1.** (*Pelz, Tier etc*) long-haired: die ~e Rasse *fig. colloq.* the female sex. – **2.** *bot. zo.* crinite. – **3.** (*textile*) a) long-pile (*attrib*), brushy, shaggy, b) (*Seide*) flossy, c) (*Baumwolle*) long-staple (*attrib*). — **~ˌhal·sig** [-ˌhalzɪç] *adj* long-necked. — **L~ˌhaus** *n arch. cf.* Langschiff 1.

'Langˌholz *n* (*wood*) **1.** long trunks *pl.* – **2.** (*Aderholz*) grain-wood. — **~ˌwa·gen** *m* **1.** *auto.* trunk transport car, *bes. Br.* timber transporter. – **2.** (*railway*) trunk waggon (*bes. Am.* wagon), *Am.* lumber car.

'Langˌhorn *n zo.* longhorn: Langhörner (*Insekten*) nematocera, longicorns. — **~ˌbie·ne** *f* hoop bee (*Gattg Eucera*).

'Langˌhorn|ˌbock *m zo.* longhorn beetle (*Gattg Acanthocinus*). — **~ˌflie·ge** *f* ichneumon fly (*Loxocera ichneumonea*).

'langˌhör·nig [-ˌhœrnɪç] *adj zo.* long-horned; nematocerous, longicorn (*scient.*): ~es Rind (*od.* Tier) longhorn.

'Langˌhornˌmot·te *f zo.* longhorn moth (*Fam. Adelidae*). — **~ˌmücke** (*getr.* -k·k-) *f* longhorn gnat (*Gattg Macrocera*).

Lan·git [laŋ'giːt; -'gɪt] *m* ⟨-(e)s; -e⟩ *min.* langite.

'langˌjäh·rig *adj* **1.** (*Mitarbeiter etc*) of many years' standing: er ist ein ~er Freund von mir he has been a friend of mine for many years. – **2.** (*Forschungsarbeit etc*) of many years, many years' (*attrib*): ~e Erfahrung haben to have many years' experience; nach ~en Experimenten after many years of experimenting; nach ~em Zusammenleben trennten sie sich after they had been living together for many years they finally separated. – **3.** (*Vertrag etc*) long-standing (*attrib*), of long duration.

'Lang|ˌkä·fer *m zo.* primitive weevil, brentid (*scient.*) (*Fam. Brenthidae*). — **l~ˌke·ge·lig** *adj* (*Muschel*) longicone.

'Langˌkopf *m anthrop.* longhead, dolichocephal (*scient.*) — **'Langˌköp·fer** [-ˌkœpfər] *pl* dolichocephals, *auch* dolichocephali.

'langˌköp·fig [-ˌkœpfɪç] *adj* longheaded, dolichocephalic (*scient.*): ~er Mensch dolichocephal. — **'Langˌköp·fig·keit** *f* ⟨-; *no pl*⟩ dolichocephaly, dolichocephalism.

'Langˌkra·gen *m zo. cf.* Löffelente.

'Langˌlauf *m* (*sport*) (*beim Skilaufen*) a) (*Disziplin*) cross-country running (*od.* racing), langlauf, b) (*Einzellauf*) cross-country run (*od.* race), langlauf — **'Langˌläu·fer** *m* cross-country racer, langläufer.

'Langˌlauf|ˌski *m* cross-country ski. — **~ˌstaf·fel** *f* cross-country relay.

'langˌle·big [-ˌleːbɪç] *adj* **1.** (*Rasse etc*) long-lived, longeval, *auch* longaeval, macrobiotic (*scient.*): ein ~es Geschlecht a long-lived family; eine ~e Rasse a long-lived race. – **2.** *nucl.* long-life (*attrib*). – **3.** *econ.* (*Güter*) durable, long-lived. — **'Langˌle·big·keit** *f* ⟨-; *no pl*⟩ *med. biol.* longevity, macrobiosis (*scient.*).

'langˌle·gen *v/reflex* ⟨*sep*, -ge-, h⟩ sich ~ *colloq.* have (*od.* take) a lie-down (*od.* nap, rest): nach der Arbeit muß er sich erst einmal ~ after work he has to have a lie-down.

'Langˌlei·ne *f mar.* (*Grundleine in der Fischerei*) boulter, longline, setline, trawl line.

läng·lich ['lɛŋlɪç] *adj* **1.** (*Schachtel etc*) oblong. – **2.** (*Gesicht*) long(-drawn), oval. – **3.** (*Blätter etc*) elongate(d), lance-oblong, lanceolate (*scient.*). – **4.** *min.* macrotypous. — **~'rund** *adj* **1.** (*oval*) oval(-shaped). – **2.** *bot.* oblong-ovate, ovato-oblong.

'langˌlie·gen *v/i* ⟨*irr, sep*, -ge-, h *u.* sein⟩ *colloq. cf.* langlegen.

'Langˌloch *n tech.* oblong (*od.* elongated, slotted) hole, slot. — **'langˌlo·chen** *v/t* ⟨*insep*, -ge-, h⟩ a) slot, b) dado.

'LangˌlochˌfräsˌmaˌschiIne *f* slot milling machine.

'Langˌmut *f* ⟨-; *no pl*⟩ forbearance, patience, (*bei Provokation*) *auch* long-suffering: gegen j-n ~ üben to show forbearance (*od.* indulgence) toward(s) s.o., to be patient with s.o.; verwechsle meine ~ nicht mit Schwäche don't mistake my patience for weakness. — **'langˌmü·tig I** *adj* forbearing, patient, (*bei Provokation*) *auch* long-suffering. – **II** *adv* patiently, with forbearance. — **'Langˌmü·tig·keit** *f* ⟨-; *no pl*⟩ *cf.* Langmut.

'Langˌna·delˌkie·fer *f bot.* Georgia (*od.* broom) pine (*Pinus palustris*).

'Langˌna·se *f zo.* **1.** long-nosed African locust (*Gryllus nasutus*). – **2.** Asiatic gurnard (*Trigla asiatica*).

'Langˌna·sen|chiˌmä·re *f* long-nosed ratfish (*Fam. Rhinochimaeridae*). — **~ˌfle·derˌmaus** *f* javelin bat (*od.* vampire) (*Phyllostoma hastatum*). — **~-ˌRat·tenˌkän·gu·ruh** *n* true rat kangoroo, potoruh (*scient.*) (*Potorous tridactylus*).

'langˌna·sig [-ˌnaːzɪç] *adj bes. zo.* long-nosed.

Lan·go·bar·de [laŋgo'bardə] *m* ⟨-n; -n⟩ *hist.* Langobard, Longobard, Lombard. — **lan·go'bar·disch** *adj* Langobardic, Longobardic, Lombard.

'Langˌohr *n colloq. humor.* **1.** (*Esel*) jackass, donkey: Meister ~ Master Long-ears. – **2.** a) (*Hase*) hare, b) (*Kaninchen*) rabbit.

'langˌoh·rig [-ˌʔoːrɪç] *adj zo.* long-eared, macrotous (*scient.*).

'Langˌohr-ˌSon·nenˌbarsch *m zo.* long-eared sunfish (*Lepomis megalotis*).

'Lang|ˌpferd *n* (*sport*) (*beim Turnen*) vaulting (*bes. Am.* long) horse. — **~ˌrohr·geˌschütz** *n mil.* long(-barrel[l]ed) gun. — **~ˌrüß·ler** *m zo.* bee fly (*Fam. Bombyliidae*).

längs [lɛŋs] **I** *prep* ⟨*gen, auch dat*⟩ **1.** alongside, by the side of: ~ des Flusses alongside the river; ~ dem Wege by the side of the path. – **2.** *mar.* ~ der Küste alongshore; dicht ~ der Küste hinfahren to skirt (*od.* hug) the coast. – **II** *adv* **3.** lengthwise, lengthways, longitudinally: etwas ~ trennen to divide s.th. lengthwise.

'Längs|ˌach·se *f* **1.** *tech.* longitudinal axis. – **2.** *auto.* roll axis. — **~ˌader** *f zo.* ray: mit gleichlaufenden ~n parallel-veined.

'lang·sam I *adj* **1.** slow: er ist ~ (bei der Arbeit) he is slow at work, he is a slow worker, he's a slow coach (*bes. Am.* slowpoke) (*colloq.*); ein ~er Walzer a slow waltz; sein Puls wurde ~er his pulse became slower; ich wurde ~er, um den anderen Wagen überholen zu lassen I slowed down to let the other car overtake (me); seine Genesung machte nur sehr ~e Fortschritte his recovery was very slow, his recovery proceeded at a very slow pace; bei ~em Tempo at a slow speed. – **2.** (*geistig*) slow (on the uptake *od.* of comprehension), slow-witted, dull. – **3.** (*träge*) sluggish. – **4.** (*schwerfällig*) heavy, plodding. – **5.** *phys.* slow. – **II** *adv* **6.** slowly: ~ reden a) to speak slowly, b) to be slow of speech, to drawl; ~er gehen to slacken one's pace; die Lokomotive fuhr ~er the locomotive slowed down; etwas ~ braten to roast s.th. over a low flame, to slow-roast s.th.; ~ fahren! slow! immer (schön) ~! *colloq.* not so fast! take it easy! er macht ~ Fortschritte he is slowly making progress; ein ~ wirkendes Gift a slow poison; er wird sich ~ aber sicher zu Tode trinken slowly but surely he will drink himself to death; er kommt ~er voran als sie he gets on more slowly (*od.* less quickly) than she; der Baum wächst sehr ~ the tree is a slow grower. – **7.** (*allmählich*) gradually: ein ~ ansteigender Weg a gradually ascending path; ~ steigende Preise creeping prices; es wurde ~ hell it gradually became day; du gehst mir ~ auf die Nerven *colloq.* you are gradually getting on my nerves; das wird mir ~ zu bunt (*od.* viel)! *colloq.* I have just about had enough of that! es wird ~ Zeit für uns *colloq.* it's about time for us to go, it's about time we went; es wurde ja auch ~ Zeit! *colloq.* it was about time. – **8.** *mus.* slow, tardo, lentamente. – **9.** *mar.* ~! ease her! ~ voraus [zurück]! slow ahead [astern]!

'Lang·sa·merˌwer·den *n* slackening.

'Lang·sam·keit *f* ⟨-; *no pl*⟩ **1.** slowness. – **2.** (*geistige*) slowness, slow-wittedness, dul(l)ness. – **3.** (*Trägheit*) sluggishness. – **4.** (*Schwerfälligkeit*) heaviness.

'Längs|ˌaufˌriß *m tech.* longitudinal view. — **~ˌbal·ken** *m civ.eng.* stringer, longitudinal (*od.* fore-and-aft) beam.

'Langˌschä·del *m anthrop. cf.* Langkopf. — **'langˌschä·de·lig** [-ˌʃɛːdəlɪç] *adj cf.* langköpfig.

'Langˌschäf·ter [-ˌʃɛftər] *pl* high (*od.* top) boots. — **'langˌschäf·tig** [-ˌʃɛftɪç] *adj* (*Stiefel*) high, top (*attrib*).

'Lang·schanˌhuhn ['laŋʃan-] *n zo.* langshan.

'Lang|ˌschiff *n* **1.** *arch.* (*einer Kirche*) nave. – **2.** *mar. hist.* (*der Wikinger*) long ship. — **~ˌschlä·fer** *m* late riser, lie-abed, slugabed. — **~ˌschna·bel** *m zo.* **1.** long-billed bird, longiroster (*scient.*). – **2.** long-billed American cuckoo (*Cuculus vetula*). – **3.** *humor.* (*Schnepfe*) snipe. — **~ˌschna·belˌfisch** *m* long-nosed butterfly fish (*Forcipiger longirostris*). — **l~ˌschnä·be·lig** [-ˌʃnɛːbəlɪç] *adj* long-billed (*od.* -beaked), longirostrate (*scient.*). — **~ˌschna·belˌigel** *m* long-beaked echidna (*Zaglossus bruijnii*). — **~ˌschnäb·ler** [-ˌʃnɛːblər] *pl* longirostra. — **~ˌschnau·zen·delˌphin** *m* Amazonian dolphin (*Inia geoffroyensis*). — **l~ˌschö·ßig** [-ˌʃøːsɪç] *adj* (*Jacke etc*) long-tailed. — **~ˌschrift** *f* longhand. — **l~ˌschu·rig** [-ˌʃuːrɪç], **l~ˌschü·rig** [-ˌʃyːrɪç] *adj* (*Wolle*) long-staple(d).

'Lang|ˌschwanz *m zo.* a) long-tailed animal (*od.* bird), b) grenadier, rattail, *Br.* rat-tail (*Fam. Macruridae*): Langschwänze Macrura (*Ordng Decapoda*). — **l~ˌschwän·zig** [-ˌʃvɛntsɪç] *adj* long-tailed; longicaudal, longicaudate, macrurous (*scient.*).

'Langˌschwanz|ˌkat·ze *f zo.* margay, long-tailed (*od.* Wied's) tiger cat (*Felis wiedi*). — **~ˌkrebs** *m* macruran: (ein) ~ crayfish, crawfish. — **~pa·paˌgei** *m* parakeet, ara (*Fam. Psittacinae*).

'Langˌschwel·le *f* **1.** (*railway*) stringer. – **2.** (*beim Wasserbau*) juffer, longitudinal sill, capping beam, ridge-beam.

'Längs|ˌeinˌschnitt *m* longitudinal incision. — **~ˌfeu·er** *n mil.* (*Artillerie*) enfilade fire. — **l~geˌstreift** *adj* **1.** *bes. zo.* striped lengthwise, taeniate (*scient.*). – **2.** *her.* paly.

'langˌsil·big [-ˌzɪlbɪç] *adj* consisting of (*od.* having) a long (*od.* heavy) syllable.

'Längs|ˌla·ge *f med.* (*des Fetus*) longitudinal (*od.* polar) presentation. — **~ˌlen·ker** *m auto.* longitudinal control arm. — **~ˌli·nie** *f* **1.** *bot.* streak. – **2.** mittlere ~ des Rückens *zo.* dorsimeson. — **~ˌpferd** *n* (*sport*) (*beim Turnen*) vaulting (*bes. Am.* long) horse.

'Langˌspiel|ˌband *n electr.* long-playing tape. — **~ˌplat·te** *f* long-playing record, long-play(er), LP (*colloq.*).

'Längs|ˌrich·tung *f* **1.** longitudinal direction: in der ~ a) lengthwise, lengthways, b) *mar.* (*eines Schiffes*) fore and aft. — **~ˌriß** *m* **1.** *tech.* a) (*Materialfehler*) longitudinal crack, b) (*Zeichnung*) longitudinal section. – **2.** *mar.* a) (*Linienriß*) sheer plan, b) (*Außenansicht*) outboard profile. — **l~ˌschiffs** *adv mar.* fore and aft, longitudinally. — **~ˌschnitt** *m* longitudinal section: im ~ zeichnen to profile. — **~ˌschnittˌun·terˌsu·chung** *f psych. sociol.* longitudinal testing. — **~ˌschott** *n mar.* fore-and-aft (*od.* longitudinal) bulkhead. — **~ˌschwel·le** *f* (*railway*) stringer. — **~ˌschwel·ler** *m auto.* (*einer Karosserie*) doorstep. — **~ˌsei·te** *f* **1.** (*eines Hauses etc*) long side. – **2.** (*eines Daches*) (long) pane. – **3.** *mar.* (*eines Schiffes*) broadside. — **l~ˌseit(s)** *mar.* **I** *prep* ⟨*gen*⟩ alongside: ~ des Schiffes alongside the ship; sich ~ eines Schiffes legen to lay aboard a ship. – **II** *adv* alongside: die Barkasse kam ~ the launch came alongside; sich ~ legen von to lay aboard; ~ gehen to go alongside.

längst [lɛŋst] **I** *sup of* lang I. – **II** *adv* **1.** long (ago): ich hatte ihn ~ erkannt I had recognized him long before; ihr solltet ~ schlafen you should have been asleep for hours; ~ vergangene Tage bygone days; ein ~ spürbarer Mangel a long-felt want (*od.* need); das Geld ist ~ überfällig the money is long overdue. – **2.** for a long time: das ist ~ bekannt that has been known for a long time (*od.* for ages); das ist ~ vorbei that's long past. – **3.** (*in Wendungen wie*) das ist ~ nicht die Hälfte that's not the half of it; das reicht ~ nicht aus that doesn't begin to suffice; du bist ~ nicht so alt wie ich you are not nearly as old as I (am); er ist ~ nicht so geschickt wie sie he is not nearly as clever as she is.

'Längsˌtal *n geogr.* longitudinal valley.

'läng·stens *adv* **1.** (*höchstens*) at (the) most, at (the) longest: er kann ~ zwei Tage bleiben he can stay two days at (the) most. – **2.** (*spätestens*) at the latest: sie kommt in ~ drei Wochen she will arrive in three weeks at the latest.

'langˌstie·lig [-ˌʃtiːlɪç] *adj* **1.** (*Axt, Hammer etc*) long-handled. – **2.** *bot.* (*Rose etc*) long-stalked, pedunculate(d) (*scient.*).

'Längsˌträ·ger *m* **1.** *tech.* longitudinal girder (*od.* beam). – **2.** *auto.* (*eines Fahrgestells*) side rail (*bes. Br.* member). – **3.** *aer.* longeron spar.

'Langˌstrecke (*getr.* -k·k-) *f* **1.** (*sport*) long distance. – **2.** *mil. aer.* long range.

'Langˌstrecken|ˌbom·ber (*getr.* -k·k-) *m aer. mil.* long-range bomber. — **~ˌflug** *m aer.* long-distance (*od.* -range) flight. — **~ˌflugˌzeug** *n* long-range aircraft. — **~ˌlauf** *m* (*sport*) a) (*Disziplin*) (long-)distance running, b) (*Einzellauf*) (long-)distance run. — **~ˌläu·fer** *m* (long-)distance runner. — **~ra·ˌdar** *n mil.* long-range radar. — **~raˌke·te** *f* long-range (ballistic) missile. — **~reˌkord** *m* (*sport*) long-distance record.

'Langˌstreck·ler [-ˌʃtrɛklər] *m* ⟨-s; -⟩ *colloq. for* Langstreckenläufer.

'Längs|ˌvorˌschub *m tech.* (*einer Werkzeugmaschine*) longitudinal (*bes. Br.* sliding) feed. — **~ˌzug** *m* longitudinal traverse (*od.* travel), sliding motion.

Lan·gur [laŋ'guːr] *m* ⟨-s; -e⟩ *zo.* (hanuman) langur (*Presbytis entellus*).

Lan·gu·ste [laŋ'gʊstə] *f* ⟨-; -n⟩ *zo.* crayfish, crawfish, spiny lobster, rock-lobster (*Palinurus vulgaris*). — **lan'gu·stenˌar·tig** *adj* lobsterlike, palinuroid (*scient.*).

'Langˌwan·ze *f zo.* ching-bug (*Fam. Lygaeidae*).

'Langˌwei·le *f* ⟨-; *no pl*⟩ *rare for* Langeweile.

'langˌwei·len I *v/t* ⟨*insep*, ge-, h⟩ j-n ~ to bore s.o., to pall (up)on s.o.: er langweilt mich mit seinen Jagdgeschichten he bores me with his hunting stories, his hunting stories pall on me. – **II** *v/reflex* sich ~ be bored: sich zu Tode ~ to be bored to death (*od.* to tears, to extinction).

'Langˌwei·ler *m* ⟨-s; -⟩ *colloq.* **1.** bore, tiresome person. – **2.** slow person; slow coach, *bes. Am.* slowpoke (*beide colloq.*).

'langˌwei·lig *adj* **1.** (*Arbeit, Angelegenheit etc*) boring, tedious, dull, boresome: ist das ~! what a bore (*od. sl.* drag); ich finde Cocktailparties ~ I find cocktail parties boring; sie ist ziemlich ~ she is quite a bore; ein ~er Witz a dull (*od.* tame) joke; eine ~e Stadt a boring (*od.* dead) town, a dead-and-alive hole (*colloq.*); ein ~es Leben a tedious (*od.* humdrum) life (*od.* existence); das Buch ist ~ the book is a bore to read. – **2.** (*Gegend etc*) monotonous, bare. – **3.** (*Farbe, Geschmack etc*) insipid, pedestrian. – **4.** *colloq. for* langsam 1—4. — **'Langˌwei·lig·keit** *f* ⟨-; *no pl*⟩ boringness, tediousness, dul(l)ness, ennui (*lit.*).

'Langˌwel·le *f* **1.** *electr.* (*radio*) long wave. – **2.** *tech. auto.* perch, pole.

'Langˌwel·len|beˌreich *m* (*radio*) long-wave range. — **~empˌfän·ger** *m* long-wave receiver. — **~ˌsen·der** *m* long-wave transmitter.

'langˌwel·lig *adj phys.* (*radio*) of long wave-length, long-wave (*attrib*).

'langˌwie·rig [-ˌviːrɪç] *adj* **1.** lengthy, protracted: eine ~e Operation a lengthy operation; ~e Verhandlungen protracted (*od.* long-drawn[-out]) negotiations. – **2.** *obs.* (*endlos*) unending, interminable. – **3.** (*mühsam*) tedious, wearisome: eine ~e Prozedur a tedious process. – **4.** *med.* (*Krankheit*) protracted, chronic. — **'Lang·ˌwie·rig·keit** *f* ⟨-; *no pl*⟩ **1.** lengthiness, protractedness. – **2.** tediousness. – **3.** *med.* protractedness, chronicity.

'Lang|ˌwurm, 'Eng·li·scher *m zo.* sealong worm (*Borlasia angliae od. Cordius marinus*). — **~ˌwurz** *f bot. cf.* Gartenmelde. — **~ˌzei·le** *f metr.* long line. — **~ˌzeit·au·to·ˌma·tik** *f* (*einer Filmkamera*) (automatic) time exposure. — **~ˌzüng·ler** [-ˌtsʏŋlər] *m* ⟨-s; -⟩ *zo.* long-tongued fruit bat (*Fam. Macroglossinae*).

La·nio ['laːnio] *m* ⟨-s; -s⟩ *zo.* shrike, butcher-bird (*Gattg Lanius*).

La·ni'talˌfa·ser [lani'taːl-] (*TM*) *f* ⟨-; *no pl*⟩ (*textile*) lanital.

La·no·lin [lano'liːn] *n* ⟨-s; *no pl*⟩ *chem.* lanolin, *auch* lanoline, woolenet(te) fat, wool fat.

'Lan·saˌbaum ['lanza-] *m bot.* lanseh, *auch* lansa, lansat, ayer-ayer (*Lansium domesticum*).

Lans·que·net [lãskə'nɛ] (*Fr.*) *m* ⟨-; *no pl*⟩ (*Kartenglücksspiel*) lansquenet.

Lan·ta·na [lan'taːna] *f* ⟨-; *no pl*⟩ *bot.* lantana (*Lantana camara*). — **Lan'ta·nenˌholz** *n* lantana wood.

Lan·than [lan'taːn] *n* ⟨-s; *no pl*⟩ *nucl. chem.* lanthanum (La). — **Lan·tha'nid** [-ta'niːt] *n* ⟨-(e)s; -e⟩ lanthanide.

Lan·tha·nit [lanta'niːt; -'nɪt] *m* ⟨-s; -e⟩ *min.* lanthanite.

la·nu·gi·nös [lanugi'nøːs] *adj* lanuginous, *auch* lanuginose.

La·nu·go [la'nuːgo] *f* ⟨-; -gines [-ginɛs]⟩ *med. zo.* lanugo.

Lan·ze ['lantsə] *f* ⟨-; -n⟩ *mil. hist.* lance, spear: fränkische ~ framea; kurze ~ demi-lance; scharfe [stumpfe] ~ sharp [rocket *od.* blunt(ed)] lance; mit der ~ nach j-m stechen to tilt at s.o.; etwas [j-n] mit der ~ angreifen to run (*od.* ride) atilt at (*od.* against) s.th. [s.o.]; für j-n eine ~ brechen (*od.* einlegen) *fig.* to break a lance (*od.* stand up, take up the cudgels) for s.o., *Am.* to go to bat for s.o.

'Lan·zen|ˌbre·chen *n hist. cf.* Lanzenstechen 1. — **~ˌbre·cher** *m* tilter, jouster. — **~ˌfähn·chen, ~ˌfähn·lein** *n mil. hist.* lance-pennant, pennon, *auch* penon, pen(n)oncel, *auch* pennoncelle, (*bes. eines Ritters*) gonfalon, gonfanon. — **~ˌfisch** *m zo.* **1.** doctor-fish, surgeonfish (*Fam. Acanthuridae*). – **2.** longnose lancet fish (*Alepisaurus ferox*). — **~ˌflag·ge** *f mil. hist.* lance-flag. — **l~·ˌför·mig** *adj* **1.** lance- (*od.* spear-)shaped. – **2.** *bot. cf.* lanzettförmig. — **~ˌhieb** *m* tilt. — **~ˌot·ter** *f zo.* fer-de-lance, rattailed (*Br.* rat-tailed) serpent, barba amarilla (*scient.*) (*Bothrops atrox*). — **~ˌrat·te** *f* spiny rat (*Gattg Echimys*). — **~ˌrei·ter** *m mil. hist.* lancer, uhlan. — **~ˌschaft** *m* shaft (of a lance), spear staff. — **~ˌschlan·ge** *f zo. cf.* Lanzenotter. — **~ˌspit·ze** *f mil. hist.* lance head, spearhead, lance-dart. — **~ˌste·chen** *n* **1.** *hist.* joust(ing), tilting, tournament, tilt, spear running. – **2.** (*sport*) tilting (*od.* riding) at the quintain. — **~ˌstich, ~ˌstoß** *m* **1.** thrust of a lance, tilt. – **2.** wound inflicted by a lance. — **~ˌträ·ger** *m* lancer, lance-bearer, spearman, pikeman.

Lan'zett|beˌsteck *n med.* lancet-case. — **l~·ˌblät·te·rig, l~ˌblätt·rig** *adj bot.* with lance-shaped (*od. scient.* lanceolate, *auch* lanceolated, lanceolar) leaves. — **~ˌbo·gen** *m arch.* lancet arch.

Lan·zet·te [lan'tsɛtə] *f* ⟨-; -n⟩ **1.** *med.* lancet: mit einer ~ öffnen to lance. – **2.** *metall.* (*in der Gießerei*) slicker.

Lan'zettˌegel *m zo.* lancet (*od.* lesser liver) fluke (*Dicrocoelium lanceolatum*).

Lan'zet·ten... *cf.* Lanzett...

Lan'zett|ˌfen·ster *n arch.* lancet window. — **~ˌfisch** *m zo.* **1.** surgeonfish, lancet fish, wolffish, *Br.* wolf-fish (*Alepisaurus aesculapius*). – **2.** a) amphioxus (*Branchiostoma lanceolatum*), b) branchiostoma (*Fam. Branchiostomidae*). — **~ˌfisch·chen** *n* lancelet (*Gattg Branchiostoma*). — **l~ˌför·mig** *adj bot. zo.* spear- (*od.* lance-)shaped; lanceolate, *auch* lanceolated, lanciform, lanceolar (*scient.*).

lan·zi·nie·ren [lantsi'niːrən] *v/i* ⟨*no* ge-, h⟩ *med.* (*von Schmerzen*) lancinate.

Lao·ko·on [la'oːkoən] *npr m* ⟨-s; *no pl*⟩ *myth.* Laocoon.

La·pa·ro·to·mie [laparoto'miː] *f* ⟨-; -n [-ən]⟩ *med.* (*Bauchschnitt*) laparotomy.

la·pi·dar [lapi'daːr] *adj* **1.** (*wuchtig*) lapidary: ein ~er Stil a lapidary style. – **2.** (*kurz u. bündig*) terse.

La·pi·där [lapi'dɛːr] *m* ⟨-s; -e⟩ (*watchmaking*) lapidary's wheel (*od.* lathe).

La·pi·da·ri·um [lapi'daːrium] *n* ⟨-s; -rien⟩ **1.** collection of stone monuments. – **2.** lapidary (*old book on lore of precious stones*).

La·pi'dar|ˌschrift *f* lapidarian writing. — **~ˌstil** *m* lapidary style.

La·pil·li [la'pɪli] *pl geol.* lapilli.

La·pis ['laːpɪs] *m* ⟨-; -pides [-pidɛs]⟩ *min. cf.* Lapislazuli. — **~ˌblau** *n chem. cf.* Lapislazuliblau. — **~ˌdruck** *m tech.* (*Zeugdruckerei*) lapis style, reserve with mordants.

La·pis·la·zu·li [lapɪs'laːtsuli] *m* ⟨-; -⟩ *min.* (*blauer Halbedelstein*) lapis lazuli. — **~·ˌblau** *n chem.* lapis lazuli blue, ultramarine.

Lap·pa·lie [la'paːliə] *f* ⟨-; -n⟩ *colloq.* fiddle-faddle, piddling business, (mere) trifle, bagatelle, petty matter: komm mir nicht mit solchen ~n don't bother me with such trifles (*od.* trifling things); du darfst dich nicht wegen einer ~ streiten you ought not to argue about such petty matters.

Läpp·chen ['lɛpçən] **1.** *dim. of* Lappen. – **2.** (*des Ohrs*) lobe, lap. – **3.** *med. bot. zo.* lobule, lobelet. — **~ˌbil·dung** *f zo.* lobulation.

Lap·pe ['lapə] *m* ⟨-n; -n⟩ (*Lappländer*) Lapp, Laplander.

Lap·pen ['lapən] *m* ⟨-s; -⟩ **1.** (piece of) cloth. – **2.** (*Lumpen*) rag, shred: ein alter ~ an old rag; j-m durch die ~ gehen *fig. colloq.* a) (*von Gelegenheit etc*) to slip from s.o.'s grasp (*od.* through s.o.'s fingers), b) (*von Person*) to elude s.o. – **3.** (*Staublappen*) duster. – **4.** (*Flicken*) patch. – **5.** *fig. colloq. contempt.* (*Vorhang, Kleid etc*) rag(s *pl*), tatter(s *pl*). – **6.** *fig. sl.* (*Geldschein*) (bank)-note, *Am.* bill, *Am. sl.* 'skin': ein blauer ~ a one-hundred-mark note. – **7.** *med.* a) (*von Haut etc*) flap, tag, lobe, lobelet, lappet, b) (*der Lunge, Leber etc*) lobe, lobule, lobelet. – **8.** *bot.* (*eines Blattes*) lobe, lobation, lappet. – **9.** *zo.* a) (*eines Truthahns etc*) gill, wattle, b) (*eines Reptils*) lappet, c) (*einer Kröte*) apron. – **10.** *hunt.* a) (*Fangnetz*) toil(s *pl*), b) (*Lefzen*) flews *pl*, c) (*zwischen den Zehen des Wasserwildes*) web. – **11.** *electr.* (*beim Radar, bei einer Antenne*) lobe. – **12.** *tech.* a) (*Mitnehmerzapfen*) tang, b) (*eines Pfahlschuhes*) cheek, arm, horn, c) (*einer Uhrenspindel*) pallet, nut. – **13.** *metall.* (*eines Formkastens*) lug.

läp·pen ['lɛpən] *v/t* ⟨h⟩ *tech.* **1.** lap. – **2.** (*maschinell*) machine-lap.

'Lap·pen|ˌam·mer *f zo. cf.* Lerchenammer. — **l~ˌar·tig** *adj* **1.** ragged, raglike. – **2.** *bot. zo.* lobular, lobulate(d). — **~ˌbil·dung** *f* **1.** *zo.* lobation, formation of lobes (*od.* lobules). – **2.** *med.* (*in der plastischen Chirurgie*) formation of a flap. — **~ˌblu·me** *f bot.* a) madwort (*Gattg Lobularia*), b) sweet alyssum (*L. maritima*). — **~ˌfuß** *m zo.* **1.** lobate toe: mit Lappenfüßen lobefooted, fin-footed, pinnatiped (*scient.*). – **2.** lobe-foot, phalarope (*scient.*) (*Gattg Phalaropus*). — **l~ˌfü·ßig** *adj* lobefooted, fin-footed, pinnatiped (*scient.*). — **~ˌkelch** *m bot.* broom cypress (*Kochia scoparia*). — **~ˌmu·schel** *f zo.* rock oyster, chama (*scient.*) (*Fam. Chamidae*). — **~ˌqual·le** *f* lobomedusa (*Fam. Lobomedusae*). — **~ˌschnecke** (*getr.* -k·k-) *f* dolphin shell (*Gattg Delphinula*). — **~ˌtau·cher** *m* grebe (*Fam. Colymbidae*). — **~ˌze·her** [-ˌtseːər] *m* ⟨-s; -⟩ pinnidactyle, pinnatiped.

Läp·pe'rei *f* ⟨-; -en⟩ *colloq.* trifle.

läp·pern ['lɛpərn] *colloq.* **I** *v/i u. v/t* ⟨h⟩ *dial.* lap, sip. – **II** *v/impers* (*in Wendungen wie*) es läppert mich nach einem Stück Schokolade *dial.* I could do with (*od.* I'd love) a piece of chocolate.

'Lapp,horn *n zo.* fountain shell, king conch (*Strombus gigas*).

'Läpp,hül·se *f tech.* lap sleeve (*od.* bushing), lapping quill.

'lap·pig *adj* **1.** *colloq.* (*schlaff, weich*) limp: ein ~er Stoff a limp cloth. – **2.** (*Haut etc*) flabby. – **3.** *colloq.* (*lächerlich, gering*) paltry: diese ~e Summe this paltry sum, this (mere) pittance. – **4.** *bot. zo.* lobular, lobate(d), lobed.

'lap·pisch I *adj* Lapp (*attrib*), Lappic, Lappish, Laplandic. – **II** *ling.* **L~** ⟨*generally undeclined*⟩, **das L~e** ⟨-n⟩ Lapp, the Lapp (*od.* Lappic, Lappish, Laplandic) language.

'läp·pisch I *adj colloq.* **1.** (*töricht*) foolish, silly: ~es Benehmen (*od.* Gebaren) [Gerede] foolish behavio(u)r [talk]; ein ~er Mensch a silly person. – **2.** (*kindisch*) childish: ein ~es Wesen a childish character. – **3.** (*seicht*) insipid: eine ~e Unterhaltung an insipid conversation. – **4.** (*lächerlich, unbedeutend*) ridiculous, feeble, weak: ein ~er Vorwand a feeble excuse. – **II** *adv* **5.** du hast dich ~ benommen you behaved foolishly.

'Lapp,jagd *f hunt. hunting in an area enclosed by toils.*

'Lapp,län·der *m* ⟨-s; -⟩ *cf.* Lappe. — **'lapp-,län·disch** *adj cf.* lappisch I.

'Lapp,land,mei·se *f zo.* Siberian tit (*Parus cinctus*). [*nebulosa*).]

'Lapp,lands,kauz *m zo.* lapp owl (*Strix*

'Läpp|ma,schi·ne *f tech.* lapping machine. — **~,mit·tel** *n* lapping abrasive (*od.* compound). — **~,schei·be** *f* lapping wheel, lap. — **~,spin·del** *f* lapping spindle. — **~,werk-,zeug** *n* lapping tool.

Lap·sus ['lapsus] *m* ⟨-; -⟩ slip, lapse, lapsus: einen ~ begehen to (make a) slip; mir ist ein ~ passiert (*od.* unterlaufen) I slipped, I made a slip. — **~ 'ca·la·mi** ['ka:lami] *m* ⟨- -; - -⟩ slip of the pen. — **~ 'lin·guae** ['lɪŋgŭɛ] *m* ⟨- -; - -⟩ slip of the tongue. — **~ me'mo·riae** [me'mo:rĭɛ] *m* ⟨- -; - -⟩ slip of memory.

Lar [la:r] *m* ⟨-s; -en⟩ *zo.* lar (gibbon) (*Hylobates lar*).

la·ra·misch [la'ra:mɪʃ] *adj geol.* Larami(d)e: ~e Phase Larami(d)e activity.

Lär·che ['lɛrçə] *f* ⟨-; -n⟩ *bot.* larch (tree) (*Gattg Larix, bes. L. europaea*): Nordamerikanische ~ tamarack, *auch* American (*od.* black) larch (*L. laricina*); aus ~n bestehend larchen.

'Lär·chen|,bor·ken,kä·fer *m zo.* larch beetle (*Cryphalus intermedius*). — **~,holz** *n* (*wood*) larch: aus ~ larchen. — **~,krebs** *m* (*forestry*) (*Baumkrankheit*) larch canker. — **~mi,nier,mot·te** *f zo.* larch casebearer (*Coleophora laricella*). — **~,pilz, ~-,schwamm** *m bot.* larch (*od.* purging, white) agaric (*Polyporus officinalis*).

La·ren ['la:rən] *pl relig.* (*altröm. Schutzgottheiten*) lares, household gods.

lar·ghet·to [lar'gɛto] *mus.* **I** *adv u. adj* larghetto. – **II L~** *n* ⟨-s; -s *u.* -ti [-ti]⟩ larghetto.

lar·go ['largo] *mus.* **I** *adv u. adj* largo. – **II L~** *n* ⟨-s; -s, *auch* -ghi [-gi]⟩ largo.

la·ri·fa·ri [lari'fa:ri] *colloq.* **I** *interj* piffle! (*colloq.*), fiddlesticks! rubbish! nonsense! – **II L~** *n* ⟨-s; -s⟩ piffle (*colloq.*), folderol, *auch* falderal, rubbish, nonsense.

Lärm [lɛrm] *m* ⟨-(e)s; *no pl*⟩ **1.** noise: ein entsetzlicher (*od.* schrecklicher) ~ an awful (*od.* a terrible) noise; der Kampf gegen den ~ the noise abatement (campaign); den ~ auf der Straße bekämpfen to abate (*od.* try to keep down) traffic noise; die Kinder machen viel ~ the children make a lot of noise (*od.* are very noisy); es war ein ~, daß man sein eigenes Wort nicht verstehen konnte *colloq.* there was such a noise one couldn't hear oneself talk (*od.* couldn't think); wozu all der ~? *fig. colloq.* what's all this noise (*od.* fuss) about? viel ~ um etwas machen *fig. colloq.* to make a great fuss (*od.* much ado) about s.th.; viel ~ um nichts *fig.* much ado about nothing. – **2.** (*Getöse, bes. anhaltender Lärm*) din: ohrenbetäubender ~ ear-splitting din. – **3.** (*Radau*) racket, *bes. Br.* row: bei dem ~ draußen kann ich nicht lernen I cannot study with all this racket going on outside. – **4.** (*Tumult*) tumult, uproar: der ~ des Kampfes the tumult of battle. – **5.** (*Geschrei*) clamor, *bes. Br.* clamour, hullabaloo. – **6.** (*Durcheinander*) hubbub, pandemonium: der ~ auf der Party [dem Marktplatz] the hubbub at the party [in the market place]. – **7.** (*Dröhnen von Motoren etc*) roar. – **8.** (*Alarm*) alarm: ~ schlagen a) to give (*od.* raise, sound) the alarm, b) *fig. colloq.* to make a noise (*od.* fuss), to kick up a row (*colloq.*).

'Lärm|be,kämp·fung *f* noise abatement (campaign), combating (*Am. auch* combatting) of noise. — **~be,lä·sti·gung** *f* noise disturbance. — **l~emp,find·lich** *adj* sensitive to noise. — **~emp,find·lich·keit** *f* sensitivity to noise; dysacousia, *auch* dysacousis (*scient.*).

lär·men ['lɛrmən] **I** *v/i* ⟨h⟩ **1.** be noisy, make much noise, (*stärker*) make a din (*od.* racket, row), kick up a row (*colloq.*): lärmt nicht so! don't be so noisy! – **2.** (*schreien*) shout, yell, clamor, *bes. Br.* clamour. – **3.** (*dröhnen*) roar. – **II L~** *n* ⟨-s⟩ **4.** *verbal noun.* – **5.** *cf.* Lärm 1—7. — **'lär·mend I** *pres p.* – **II** *adj* **1.** noisy. – **2.** (*schreiend*) shouting, yelling, clamorous, *bes. Br.* clamourous. – **3.** (*tobend*) uproarious, tumultuous, riotous. – **4.** (*dröhnend*) roaring. — **'Lär·men·de** *m, f* ⟨-n; -n⟩ noisemaker.

'Lär·mer *m* ⟨-s; -⟩ noisemaker.

'lär·mig *adj obs. od. Swiss* (*Straße, Haus etc*) noisy.

'Lärm|in·ten·si,tät *f* noise intensity (*od.* level). — **~,ma·cher** *m* noisemaker.

'Lar·mor·prä·zes·si,on ['la:mə-] (*Engl.*) *f nucl.* Larmor precession.

lar·moy·ant [larmŏa'jant] *adj rare* (*Theater-, Musikstück*) larmoyant, lachrymose.

'Lärm|,quel·le *f* noise source, source of noise. — **~,schä·di·gung** *f* injury caused by noise. — **~,schutz** *m* noise prevention (campaign). — **~ta,bel·le** *f phys.* phonometer scale. — **~,turm** *m mil.* (*rundes Küstenfort*) martello (*auch* Martello) (tower). — **~ver,bot** *n* noise ban. — **~,vo·gel** *m zo.* alarm bird, gray (*bes. Br.* grey) plantain eater (*Crinifer piscator*).

lar·val [lar'va:l] *adj zo.* larval.

Lärv·chen ['lɛrfçən] *n* ⟨-s; -⟩ **1.** *dim. of* Larve. – **2.** *fig. humor. od. contempt.* (*Gesicht*) face, features *pl*: sie hat ein hübsches ~ she has a pretty little face. – **3.** *fig. humor. od. contempt.* (*Mädchen*) creature: ein niedliches ~ a pretty little creature (*od.* thing).

Lar·ve ['larfə] *f* ⟨-; -n⟩ **1.** *zo.* larva, grub: die ~ verpuppt sich the larva changes into a chrysalis (*od.* pupa) (*od.* pupates). – **2.** (*Maske*) mask: eine hübsche ~ tragen to wear a pretty mask; j-m die ~ vom Gesicht reißen *fig. colloq.* to unmask s.o.; er zeigte die ~ des Heuchlers *fig. contempt.* he showed himself to be a hypocrite. – **3.** *fig. humor. od. contempt. cf.* Lärvchen 2, 3.

'lar·ven,ähn·lich *adj* resembling a larva.

'Lar·ven|be,fall *m med.* myiasis. — **~,biene** *f zo. cf.* Maskenbiene. — **~,blu·me** *f bot.* masked (*od.* personate) flower. — **l~,för·mig** *adj zo.* larviform. — **~,gang** *m* (*der Ambrosiakäfer*) larval gallery (*od.* tunnel). — **~in·fek·ti,on** *f med.* myiasis. — **~,kam·mer** *f zo.* **1.** larval chamber. – **2.** (*von Käfern*) cradle. — **~,rol·ler** *m* (*Schleichkatze*) masked palm civet (*Paguma larvata*). — **~,schwein** *n* masked (*od.* Malagasy wild) pig (*Potamochoerus larvatus*). — **~,sta·di·um** *n* larval stage.

Lar·vi·kit [larvi'ki:t; -'kɪt] *m* ⟨-s; -e⟩ *min.* larvikite, *auch* laurvikite.

La·ryn·gal [laryŋ'ga:l] *m* ⟨-s; -e⟩, **~,laut** *m ling.* laryngal, laryngeal.

la·ryn·ge·al [larYŋge'a:l] *adj med.* laryngeal. — **La·ryn'gi·tis** [-'gi:tɪs] *f* ⟨-; -tiden [-gi'ti:dən]⟩ *med.* laryngitis. — **La·ryn·go'lo·ge** [-go'lo:gə] *m* ⟨-n; -n⟩ laryngologist. — **La·ryn·go·lo'gie** [-golo'gi:] *f* ⟨-; *no pl*⟩ laryngology. — **la·ryn·go'lo·gisch** [-go'lo:gɪʃ] *adj* laryngologic(al). — **La·ryn·go'skop** [-go'sko:p] *n* ⟨-s; -e⟩ laryngoscope. — **La·ryn·go·sko'pie** [-gosko'pi:] *f* ⟨-; -n [-ən]⟩ laryngoscopy. — **la·ryn·go·sko'pie·ren** [-gosko'pi:rən] *v/t* ⟨*no* ge-, h⟩ (examine [*s.th.*] with a) laryngoscope. — **la·ryn·go'sko·pisch** [-go'sko:pɪʃ] *adj* laryngoscopic(al).

La·rynx ['la:rYŋks] *m* ⟨-; Laryngen [la'rYŋən]⟩ *med.* larynx.

las [la:s] *1 u. 3 sg pret of* lesen[1] *u.* [2].

lasch [laʃ] **I** *adj* ⟨-er; -est⟩ *colloq.* **1.** (*Seil etc*) slack, lax. – **2.** (*Händedruck etc*) limp. – **3.** (*Geste, Bewegung etc*) feeble. – **4.** (*Stimme etc*) weak, feeble. – **5.** *fig.* (*lässig*) slack, lax: die Führung ist zu ~ the administration is too slack. – **6.** *fig.* (*Bursche etc*) sluggish. – **7.** *fig.* (*Suppe etc*) tasteless, insipid. – **II** *adv* **8.** das Essen schmeckt sehr ~ the meal is tasteless (*od.* tastes wishy-washy).

La·sche ['laʃə] *f* ⟨-; -n⟩ **1.** (*eines Briefumschlages, Etuis etc*) flap. – **2.** (*leather*) a) (*Zunge im Schuh*) tongue, flap, b) (*auf dem Schuh*) fringed tongue, c) (*hinten am Schuh*) (pull) tab, pull strap. – **3.** (*fashion*) a) (*Zwickel*) gusset, gore, b) (*einer Jackentasche etc*) flap. – **4.** (*railway*) (*an Schienen*) rail-joint bar, fish(plate), splice. – **5.** *tech.* a) (*Stoßplatte, Stoßblech*) butt strap, b) (*an Dampfkesseln*) welt, c) (*einer Kette*) sidebar, d) (*einer Feder*) shackle, e) (*eines Flaschenzugs*) strap. – **6.** *auto.* (*eines Stoßdämpfers*) shackle. – **7.** (*in der Tischlerei*) groove. – **8.** *mar.* (*im Holzschiffbau*) scarf, *Am. auch* scarph.

la·schen ['laʃən] **I** *v/t* ⟨h⟩ **1.** (*railway*) fish. – **2.** *tech.* butt-strap. – **3.** *mar.* a) strap, lash, b) (*Balken*) scarf, *Am. auch* scarph. – **II L~** *n* ⟨-s⟩ **4.** *verbal noun.* – **5.** *cf.* Laschung.

'La·schen|,bol·zen *m tech.* fishplate bolt. — **~,nie·tung** *f* butt- (*od.* lap-)joint riveting. — **~ver,bin·dung** *f* **1.** *tech.* strap connection (*Br. auch* connexion), strap(ped) joint. – **2.** (*railway*) fish joint, fishing.

'Lasch·heit *f* ⟨-; *no pl*⟩ *colloq.* **1.** slackness, laxity, laxness. – **2.** *fig.* (*einer Führung etc*) slackness, laxness. – **3.** *fig.* (*einer Person*) sluggishness.

'La·schung *f* ⟨-; -en⟩ **1.** *cf.* Laschen. – **2.** *tech.* butt strap. – **3.** *mar.* scarf, *Am. auch* scarph.

lä·se ['lɛ:zə] *1 u. 3 sg pret subj of* lesen[1] *u.* [2].

La·ser ['le:zər; 'la:zər; 'leɪzə] (*Engl.*) *m* ⟨-s; -⟩ *phys.* laser, optical maser. — **~,an-,la·ge** *f tech.* laser equipment (*od.* outfit). — **~ge,rät** *n* laser apparatus. — **~im,puls** *m* laser impulse.

'La·ser,kraut ['la:zər-] *n bot.* laserwort, hartwort, sermountain (*Gattg Laserpitium*).

'La·ser·kri,stall *m tech.* laser crystal.

'La·ser,saft ['la:zər-] *m med.* benzoin, asa dulcis (*scient.*).

'La·ser|,strahl *m phys.* laser beam. — **~,tech·nik** *f* laser method.

la·sie·ren [la'zi:rən] **I** *v/t* ⟨*no* ge-, h⟩ (*paints*) glaze. – **II L~** *n* ⟨-s⟩ *verbal noun.*

La'sier,far·be *f* glazing color (*bes. Br.* colour).

La'sie·rung *f* ⟨-; -en⟩ **1.** *cf.* Lasieren. – **2.** glaze.

Lä·si·on [lɛ'zĭo:n] *f* ⟨-; -en⟩ *med.* (*Verletzung*) wound, injury, lesion (*scient.*).

Las·kar ['laskar] *m* ⟨-s; -en [-'ka:rən]⟩ *mar. hist.* lascar, *auch* lashkar.

laß [las] *adj u. adv* ⟨lasser; lassest⟩ *Southwestern G. for* schlaff.

Las·se ['lasə] *m* ⟨-n; -n⟩ *hist. cf.* Hörige[1].

las·sen[1] ['lasən] **I** *v/aux* ⟨läßt, ließ, lassen, h⟩ **1.** (*zulassen, erlauben, dulden*) let: du hast das Feuer ausgehen ~ you let the fire go out; das Licht brennen lassen to leave (*od.* keep) the light on; läßt du dich so von ihm beleidigen? do you let him (*od.* allow him to) insult you like that? ihr Blick ließ mich nichts Gutes ahnen her look gave me a sense of foreboding; das läßt mich erraten, was passiert ist that gives me an idea of what happened; j-n warten ~ to keep s.o. waiting; laß uns das schöne Wetter ausnützen let us enjoy (*od.* take advantage of) the fine weather; ihr Benehmen läßt mich annehmen (*od.* vermuten), daß her behavio(u)r makes me believe (*od.* suggests to me) that; sie ließ ihn gewähren she let him do as he liked, she gave him his head; laß doch hören, was es Neues gibt let me know (*od.* tell me) the news (*od.* what is new [under the sun]); diesmal will ich es noch ohne Strafe (*od.* ungestraft) hingehen ~ this time I will let you off (*od.* let it go unpunished); die gegenwärtige Lage läßt das Beste hoffen [das Schlimmste befürchten] the present situation gives rise to great hopes [fears]; das läßt auf große Dummheit schließen that suggests utter stupidity; laß ihn (nur) kommen! (just) let him come! laß sie (doch) reden! (just) let them talk! er ließ alles stehen und liegen he left everything behind (*od.* lying around); sie läßt alles mit sich machen she submits to (*od.* puts up with) everything; er läßt mit sich reden he listens to reason, he is quite reasonable; er läßt nicht mit sich spaßen (*od.* scherzen) he is not to be trifled with; sie ließ ihr neues Kleid sehen she showed her new dress; laß (mal) sehen, was du da hast let me see what you have (od. you've got) there; laß ihn erst (mal) so alt sein wie du (od. in dein Alter kommen, in deine Jahre kommen) wait until he is your age (od. as old as you are now); laß nur die Zeit kommen! just let the time come! auf ihn lasse ich nichts kommen fig. colloq. I won't have anything said against him; j-n schalten und walten ~ fig. colloq. to let s.o. do as he pleases; er ließ 100 Mark für Essen und Getränke springen fig. colloq. he spent a hundred marks for food and drink; → Kindlein 2; leben 1. – **2.** j-n etwas tun ~ a) to let s.o. do s.th., b) (erlauben) to allow (od. permit) s.o. to do s.th., c) (veranlassen) to make s.o. do s.th., to cause s.o. to do s.th., d) (befehlen) to order (od. command) s.o. to do s.th., e) (bitten) to ask s.o. to do s.th.: j-n entkommen (od. entwischen) ~ to let s.o. escape; laß mich das machen! let me do that! sie ließ ihn nicht zu Worte kommen she didn't let him get a word in edgeways (od. edgewise); lassen Sie ihn doch ausreden let him finish, hear him out; den Leser urteilen ~ to let the reader judge; laß mich dir helfen let me help you; er ließ mich nach Berlin fahren a) he let me go to Berlin, b) he arranged for me to be driven to Berlin; lassen wir den Autor sprechen let the author speak for himself, let us quote the author's own words; er läßt mich nicht zur Ruhe kommen he doesn't allow me to rest; ich werde dich den Brief morgen lesen ~ I shall permit you to read the letter tomorrow; der Dichter läßt seinen Helden viele Kämpfe bestehen the poet makes (od. has) his hero win many fights; ich lasse dich das bezahlen I'll make you pay for that; man ließ den Arzt holen (od. kommen) the doctor was sent for; sie läßt die Schüler zuviel auswendig lernen she makes the pupils learn too many things by heart; j-n eine Seite lesen ~ to make s.o. read a page; er läßt (mich) dir ausrichten (od. mitteilen, sagen) he asked (od. wants) me to tell you, he wants you to know; er läßt dich bitten, zu ihm zu kommen he asks (od. wants) you to go and see him; ich lasse ihn bitten, ~ Sie ihn eintreten ask him (to come) in; er läßt Sie grüßen he asked (od. wants) me to send (od. give) you his kind regards, he wants to be remembered to you; ~ Sie rechtzeitig von sich hören drop a line (od. send me word) in time. – **3.** etwas tun ~ a) to have s.th. done, b) to order (od. command) s.th. to be done: er ließ seine Wohnung machen colloq. he had his apartment (Br. flat) done over (od. redecorated); er ließ seinem Sohn einen Anzug machen he had a new suit made for his son; wir müssen die Küche tapezieren ~ we must have the kitchen papered; der General ließ die Rebellen erschießen the general ordered the rebels (to be) shot. – **4.** laß dir helfen [raten]! let me (od. allow me to) help [advise] you! laß dich belehren! let me put you right (od. enlighten you)! laß dir das (ein für allemal) gesagt sein! mark my words! let me tell you once (and) for all! er läßt sich nichts befehlen (od. vorschreiben) he takes no orders, he doesn't suffer anybody to give him orders; du darfst dich nicht vom Äußeren blenden [täuschen] ~ you must not let yourself be blinded [deceived] by outward appearances; das ließ er sich nicht zweimal sagen he didn't have to be told (that) twice; er läßt sich nichts sagen he does not listen to reason (od. take any advice); laß dir sagen, daß let me tell you that; ich lasse mir nicht gern sagen, was ich tun soll I don't like being told what to do; ich habe mir sagen ~ I have heard (od. been told); das werde ich mir gesagt sein ~ I shall take due note of that; darüber ließe sich viel sagen one could say much about that; darüber lasse ich mit mir reden I am open to discussion on (od. of) this (matter); darüber ließe sich reden that's a thing to be considered, we could discuss this, we could come to an agreement on this; etwas über (acc) sich ergehen ~ to put up with s.th.; diese Gelegenheit lasse ich mir nicht nehmen I shall not fail to take advantage of this opportunity; sie läßt sich leicht schrecken [überreden] she is easily frightened [persuaded]; er läßt sich nicht mit Füßen treten he won't be trampled on (od. upon); das lasse ich mir nicht gefallen (od. bieten) I won't stand for (od. put up with) that; laß dich trösten! be consoled, take comfort; er läßt sich nicht überzeugen he cannot be convinced, it is impossible to convince him; er läßt sich nichts vormachen you cannot dupe (od. deceive) him; er läßt sich's wohl sein (od. gutgehen) he takes it easy, he enjoys life; ich laß mir's schmecken I am enjoying my food (od. meal); er läßt sich gern bedienen he likes to be waited on (od. being served); er läßt sich die Zeche von mir bezahlen he makes me pay the bill; du läßt dir deine Arbeit aber gut bezahlen humor. you make sure you get paid well for your work; laß dir die Geschichte von ihm selbst erzählen ask him to tell you the story himself; laß dir ein Glas Wasser geben have a glass of water; er ließ sich die Karten legen he had his fortune read (od. told); er läßt sich einen Anzug auf Bestellung machen he is having a new suit made to order; ich habe mir das Buch schicken ~ I had the book sent to me; laß dir den Bericht vorlesen ask s.o. to read the report out to you; das läßt sich aushalten (od. ertragen) one can stand that, that can be endured, that's endurable; hier läßt sich's leben life is quite pleasant here; hier läßt es sich gut sitzen it is very pleasant sitting here, this is a good place to sit; es läßt sich nicht mit ihm auskommen there is no getting along with him; mit ihr ließ sich nicht leben there was no living with her; das läßt sich biegen [dehnen, hämmern] that can be bent [stretched, hammered]; das läßt sich denken I can imagine; dagegen läßt sich nichts einwenden there is no objection to that; aus dieser Meldung läßt sich nicht viel entnehmen this report doesn't say much, we can't learn much from this report; sich photographieren ~ to have one's photo taken; sich (dat) die Haare schneiden ~ to have (od. get) one's hair cut, to have a haircut; die Speise läßt sich essen the food is edible; der Wein läßt sich trinken the wine is drinkable; der Vorschlag läßt sich hören the suggestion sounds good (od. reasonable); das läßt sich viele Jahre zurückverfolgen that dates back many years; das Wort läßt sich nicht übersetzen the word is untranslatable; es läßt sich nicht leugnen, daß it cannot be denied that; das läßt sich [nicht] machen that can [cannot] be done; die Tür läßt sich leicht öffnen the door opens easily; das läßt sich schwer sagen that's hard (od. difficult) to say; das läßt sich jetzt schon sagen that much can be said even now (od. at this early stage); zu seinem Vorteil ließe sich viel sagen much could be said in his favo(u)r; es war so fürchterlich, daß es sich gar nicht sagen läßt it was so horrible that it can hardly be put in(to) words; das läßt sich besser sagen als schreiben it's much easier to tell you orally than to write it all down; der Käse läßt sich gut streichen the cheese spreads well; darüber läßt sich streiten that's open to dispute (od. argument), that can be disputed; daran läßt sich nicht länger zweifeln that can no longer be doubted, that is no longer doubtful (od. in doubt); das Problem läßt sich in einem Wort zusammenfassen the problem may be summed up in one word; dieses Problem wird sich nicht umgehen ~ one can't get round this problem; die Operation wird sich nicht (mehr) umgehen ~ the operation is no longer avoidable; dieses Material läßt sich gut verarbeiten this material can be worked well; das Buch läßt sich gut verkaufen the book sells well; die Bluse läßt sich vorne zuknöpfen the blouse buttons in front; laß dich nicht erwischen colloq. don't (let yourself) get caught; sie läßt sich nicht lange nötigen she doesn't wait to be invited twice, she needs no pressing (od. little coaxing); das hätte ich mir nicht träumen ~ I should never have dreamed of this, I didn't have the slightest idea of that; laß dich mal wieder sehen drop in some time. – **II** v/t ⟨pp gelassen⟩ **5.** (überlassen) let, leave: j-m etwas ~ to let s.o. have s.th., to leave s.th. to s.o. (od. s.o. s.th): man hat ihm keinen Pfennig gelassen he was left without a penny; uns wurde nichts gelassen nothing was left (to) us, we were left nothing; laß mir das Buch noch ein paar Tage let me keep (od. leave me) the book for another few days; wie teuer willst du mir das Buch ~? how cheap are you going to let me have the book? j-m etwas als Pfand (od. zum Pfande) ~ to let s.o. have s.th. (od. leave s.th. to s.o.) as a pawn (od. pledge), to pawn (od. pledge) s.th. to s.o.; sie ließ ihm ihre Hand she let him have (od. hold) her hand; ~ Sie mir etwas Bedenkzeit let me have (od. allow me, give me) some time to think it over; ich lasse dir freie Hand (od. die Freiheit) zu tun, was du willst I permit you (od. I'll give you a free hand) to do as you please (od. like); j-m Zeit ~ to give (od. allow) s.o. (sufficient) time; die Arbeit läßt mir keine Zeit zu etwas anderem (od. für andere Dinge) work doesn't allow (od. leave) me (any) time to do anything else; sie ließ ihn sl. she let him do it. – **6.** (unterlassen) stop: laß das! stop it! leave (od. let) that alone! Am. sl. cut that out! ~ wir das! let's drop that! let's leave that alone! er kann das Rauchen [Trinken] einfach nicht ~ he just can't stop (od. abstain from) smoking [drinking]; ich kann es nicht ~ I cannot help (doing) it; ich habe es dann doch gelassen I didn't do it after all; → tun 1. – **7.** (zurücklassen) leave: er ließ alle Mitbewerber weit hinter sich he left all competitors far behind; das läßt alles weit hinter sich that leaves everything far behind; wo hat er nur sein Geld gelassen? what has he done with all his money? er ließ viel Geld in der Kneipe colloq. he spent a lot of money on drink; j-n [etwas] zu Hause ~ to leave s.o. [s.th.] at home; ~ Sie die Mühle links leave the mill on the left. – **8.** (geben, weggeben) lose: Blut ~ to lose blood; sein Leben ~ to lose (od. lay down) one's life, to perish; sein Leben für etwas ~ to give (od. sacrifice) one's life for s.th.; etwas außer acht ~ to take no notice of s.th.; etwas aus den Händen ~ to let s.th. slip from one's hands (od. grasp); sie wußte sich vor Freude nicht zu ~ she was beside herself with joy; j-n [etwas] nicht aus den Augen ~ fig. colloq. not to let s.o. [s.th.] out of one's sight, to keep one's eyes on s.o. [s.th.]; → Ader 1; Haar 3. – **9.** (belassen) leave, let: laß alles (so), wie es ist! leave everything as it is, let everything remain as it is; wir wollen es dabei ~ we'll leave it at that; diese Arbeit läßt mich unbefriedigt this work leaves me dissatisfied (od. does not satisfy me); ein Problem unerörtert ~ to leave a problem undiscussed; das ~ wir besser ungesagt we had better leave that unsaid; laß dieses Wort unübersetzt leave this word untranslated; nichts unversucht ~ to leave no stone unturned; laß ihn (in Frieden od. zufrieden)! let (od. leave) him alone! ehrlich ist er, das muß man ihm ~ colloq. you've got to hand (od. grant) it to him that he is honest; sie sieht gut aus, das muß man ihr ~ colloq. she looks pretty, you've got to admit that; ~ Sie mich damit in Ruhe! don't bother me with that! laß es gut sein! never mind! don't mention it! that's all right; j-n in seinem Amte (od. seiner Stellung) ~ to let s.o. continue in his post; laß ihn bei seinem Glauben let him go on believing that; er ließ sie in dem Glauben, daß he let her continue in the belief that; j-n im unklaren über (acc) etwas ~ to leave s.o. in the dark about s.th.; den Dingen ihren Lauf ~ to let things take their course; sie ließ ihren Gefühlen freien Lauf fig. colloq. she let her feelings run riot, she let herself go (colloq.); laß dir Zeit (dazu)! take your time! j-n aus dem Spiel ~ fig. to leave (od. colloq. cut) s.o. out of it; → Kirche 1. – **10.** (unterbringen) leave, put: wo hast du das Buch gelassen? where did you put the book? wo ~ Sie das alles? where do you put it all? wir ~ die Mäntel an der Garderobe we'll leave our overcoats in the cloakroom; laß doch die Vase auf dem Klavier! why don't you leave the vase on the piano; ich weiß nicht, wo ich die Gäste alle ~ soll I just don't know where to put all the guests. – **11.** *lit.* (*verlassen*) leave: er konnte sie nicht ~ he could not leave (*od.* part from) her. – **12.** Wasser ~ *euphem.* to urinate, to make water. – **13.** ein Schiff vom Stapel (*od.* zu Wasser) ~ to launch a ship. – **14.** (*zulassen, erlauben*) let: er ließ niemand(en) zu sich he wouldn't receive anybody, he admitted nobody; laß Herrn X jetzt zu mir let Mr. X come in (*od.* to me) now. – **III** *v/i* ⟨*pp* gelassen⟩ **15.** von j-m ~ to leave (*od.* part from) s.o.: sie wird unter keinen Umständen von ihm ~ she won't under any circumstances live without him. – **16.** von etwas ~ to give up (*od.* renounce) s.th.: laß von deinen schlechten Angewohnheiten! give up your bad habits! er läßt nicht von seiner Meinung he doesn't change his opinion; laß vom Bösen! *Bibl.* depart from evil! – **17.** (*unterlassen*) stop: ~ Sie nur! never mind! – **IV L~** *n* ⟨-s⟩ **18.** (*in Wendungen wie*) dein Tun und L~ gefällt mir nicht I don't like your goings-on; all unser Tun und L~ war vergeblich all our actions were in vain.

'las·sen[2] *pp of* lassen[1] I.

läs·sig ['lɛsɪç] **I** *adj* **1.** (*ungezwungen*) casual: ~es Benehmen casual (*od.* nonchalant) behavio(u)r; in einer ~en Art in a casual manner (*od.* way). – **2.** (*gleichgültig*) casual, indifferent: er tat den Einwand mit einer ~en Handbewegung ab he dismissed the objection with a casual movement of his hand. – **3.** (*träge*) idle, lazy, indolent: er ist ein ~er, aber ein begabter Schüler he is an idle but gifted pupil. – **II** *adv* **4.** (*ungezwungen, leger*) casually: ~ dasitzen to sit there casually; er lehnte sich ~ an die Wand he leaned casually (*od.* in an offhand way) against the wall. – **5.** (*nachlässig*) carelessly: diese Seite ist recht ~ geschrieben this page has been written very carelessly. – **6.** (*locker*) loosely: etwas ~ in der Hand halten to hold s.th. loosely in one's hand. – **7.** *colloq.* (*leicht, ohne Schwierigkeiten*) hands down: ich habe die Prüfung ~ geschafft I passed the exam hands down. — **'Läs·sig·keit** *f* ⟨-; *no pl*⟩ **1.** (*Ungezwungenheit*) casualness. – **2.** (*Gleichgültigkeit*) casualness, indifference. – **3.** (*Trägheit*) idleness, laziness, indolence.

läß·lich ['lɛslɪç] **I** *adj relig.* (*Sünde*) venial, pardonable. – **II** *adv* (*lässig*) loosely: ein Gesetz ~ anwenden to enforce a law loosely (*od.* leniently). — **'Läß·lich·keit** *f* ⟨-; *no pl*⟩ *relig.* veniality, pardonableness.

Las·so ['laso] *n, m* ⟨-s; -s⟩ lasso, *auch* lassoo, *Am. auch* lariat, riata: ein ~ schwingen to swing a lasso; (etwas) mit einem ~ fangen to lasso (s.th.).

'Laß,reis ['las-] *n* ⟨-es; -er⟩, **'Laß,rei·tel** [-ˌraɪtəl] *m* ⟨-s; -⟩ (*forestry*) staddle.

läßt [lɛst] *2 u. 3 sg pres of* lassen[1].

Last [last] *f* ⟨-; -en⟩ **1.** load, *Am. auch* haul: eine große [leichte, schwere] ~ a great [light, heavy] load; eine süße (*od.* teure) ~ *colloq. humor.* a dear (*od.* precious) load; eine ~ abwerfen [aufladen, heben, tragen] to throw off (*od.* down) [to put on, to lift, to carry] a load. – **2.** (*Gewicht*) weight, load: die Säulen haben eine große ~ zu tragen the pillars have a great weight to bear; das Dach gab unter der ~ des Schnees nach the roof sagged under its load of snow. – **3.** *fig.* (*Bürde*) burden: j-m eine ~ abnehmen (*od.* von den Schultern nehmen) to take a burden (*od.* load) off s.o.'s shoulders; eine ~ auf j-n abwälzen to shift (off) a burden onto (*od.* upon) s.o. (else); j-m eine ~ aufbürden (*od.* auferlegen) to burden s.o. with s.th.; j-m zur ~ fallen a) to be a burden to (*od.* drag on) s.o., b) (*finanziell*) to be a charge on s.o.; du fällst mir allmählich zur ~ you are gradually becoming a nuisance to me; der Öffentlichkeit zur ~ fallen to be (*od.* become) a burden (*od.* charge) on the public (*od.* a public charge); j-m etwas zur ~ legen to lay s.th. at s.o.'s door, to charge s.o. with s.th., to lay the blame (*od.* responsibility) for s.th. on s.o. (*od.* at s.o.'s door); ihm ist eine ~ vom Herzen (*od.* von der Seele) genommen a load (*od.* weight) has been taken off his mind; eine ~ auf sich nehmen to take a burden on (*od.* upon) oneself; ich mußte mir die ~ von der Seele wälzen I had to throw (*od.* get) the burden (*od.* load) off my mind; das ganze Leben war für ihn Mühe und ~ his whole life was nothing but labo(u)r and sorrow; ich bin mir selber (*od.* selbst) zur ~ I am a burden on (*od.* to) myself; nach des Tages ~ und Hitze *Bibl.* after the burden and heat of the day; einer trage des andern ~ *Bibl.* bear ye one another's burden. – **4.** *mar.* a) (*Tragfähigkeit*) tonnage, burden, b) (*Frachtraum*) tonnage, c) (*Ladung*) freight, cargo. – **5.** *econ.* (*Schulden, Steuern etc*) burden, charge: öffentliche ~en public charges; soziale ~en social burdens; der Bevölkerung wurden neue ~en auferlegt new burdens were imposed on (*od.* upon) the population. – **6.** *econ.* (*kaufmännische Verbindlichkeiten*) charge, debit: die Verpackungskosten gehen zu ~en des Käufers the buyer will be charged (*od.* debited) with the cost of packing; wir buchen es zu Ihren ~en we debit (*od.* charge) it to your account; Betrag zu Ihren ~en amount payable by you, amount to the debit of your account. – **7.** *jur. econ.* a) (*rechtliche Verbindlichkeiten*) encumbrance, incumbrance, b) (*öffentliche Lasten*) rates (and taxes) *pl*, public charges *pl*: auf dem Grundstück liegen erhebliche ~en there is a heavy encumbrance upon the real estate, the real estate is heavily encumbered. – **8.** *jur.* burden, onus, weight: die Verteidigung brach unter der ~ des Beweismaterials zusammen the defence (*Am.* defense) broke down under the weight of evidence; die ~ der Beweisführung liegt beim Kläger the onus (*od.* burden) of proof lies on (*od.* rests with) the plaintiff; die zur ~ gelegte Tat the alleged charge. – **9.** *tech.* load, weight, burden. – **10.** *electr.* (power) load: unter ~ on load.

'Last|,an,griffs,punkt *m tech.* point of application of load. — **~,an,hän·ger** *m auto.* truck (*bes. Br.* lorry) trailer. — **~,arm** *m phys.* weight arm. — **~,au·to** *n cf.* Lastkraftwagen. — **~,dreh,zahl** *f tech.* on-load speed. — **~,druck,brem·se** *f* load pressure brake.

la·sten ['lastən] *v/i* ⟨h⟩ **1.** lie, weigh, rest: auf den Dächern lastete viel Schnee snow lay heavily on the roofs; auf seinen Schultern lastet die ganze Arbeit *fig.* all the burden of work rests (up)on his shoulders, he has to do all the work; das Gefühl der Schuld lastete schwer auf ihrem Gewissen *fig.* the sense of guilt weighed heavily (*od.* bore) upon her conscience; die Sorge um unsere Zukunft lastet auf ihm *fig.* anxiety about our future lies (heavy) (up)on his mind; es war, als ob ein Fluch auf dem Hause lastete *fig. lit.* it was as though there were a curse on the house. – **2.** *jur. econ.* be encumbered: auf dem Grundstück ~ Schulden the real estate is encumbered with debts.

'La·sten|,auf,zug *m bes. Br.* goods lift, *bes. Am.* freight elevator. — **~,aus,gleich** *m econ.* equalization of burdens. — **~,aus,gleichs·ge,setz** *n* Equalization of Burdens Law.

'la·stend I *pres p.* – **II** *adj fig.* (*Hitze, Stille* [*etc*]) oppressive.

'La·sten|,fall,schirm *m aer.* cargo parachute. — **~,flug,zeug** *n* freight (*od.* cargo) plane (*od.* carrier). — **l~,frei** *adj jur. econ.* unencumbered. — **~,seg·ler** *m aer.* transport (*od.* cargo-carrying) glider. — **~,sen·kung** *f econ.* reduction of charges.

'La·ster[1] *m* ⟨-s; -⟩ *colloq. for* Lastkraftwagen.

'La·ster[2] *n* ⟨-s; -⟩ **1.** vice: ein häßliches [verächtliches] ~ a terrible [contemptible] vice; das ~ des Geizes [der Völlerei] the vice of avarice [gluttony]; das ~ fliehen (*od.* hassen) *lit.* to flee the devil; sich einem ~ hingeben, einem ~ frönen *lit.* to indulge in a vice; einem (*od.* in ein) ~ verfallen to become addicted to a vice; → Müßiggang. – **2.** das ~ (*literature*) Vice. – **3.** ein langes ~ *fig. colloq.* a long beanpole (*colloq.*), a tall streak.

'Lä·ste·rer *m* ⟨-s; -⟩ **1.** *cf.* Lästermaul 1. – **2.** (*Gotteslästerer*) blasphemer.

'la·ster·haft *adj* **1.** vicious, profligate, dissolute: ein ~er Mensch a profligate (person); ein ~es Leben führen to lead a dissolute life. – **2.** (*verderbt*) depraved, corrupt. – **3.** *cf.* unsittlich 1. — **'La·ster·haf·tig·keit** *f* ⟨-; *no pl*⟩ **1.** viciousness, profligacy, dissoluteness. – **2.** depravity.

'La·ster|,höh·le *f* den of vice, den (*od.* sink) of iniquity. — **~,le·ben** *n* ⟨-s; *no pl*⟩ life of vice, dissolute life: ein ~ führen to lead a dissolute life.

'lä·ster·lich I *adj* **1.** (*gotteslästerlich*) blasphemous, profane: ~e Worte profane words, profanities. – **2.** (*schmähend*) slanderous, abusive, calumnious: ~e Redensarten abusive expressions, calumnies. – **3.** (*schlüpfrig*) ribald: ~e Lieder [Späße] ribald songs [jests]. – **4.** (*unsittlich*) riotous: ein ~es Leben riotous living. – **II** *adv* **5.** abusively, impiously: ~ fluchen to swear abusively. – **6.** (*schändlich*) abominably, odiously: ~ handeln to act in an abominable (*od.* odious) manner. — **'Lä·ster·lich·keit** *f* ⟨-; *no pl*⟩ **1.** blasphemy, profanity. – **2.** slander, abuse, calumny. – **3.** ribaldry. – **4.** riotousness.

'Lä·ster,maul *n colloq.* **1.** scandalmonger, gossip, backbiter, slanderer: er ist ein wahres (*od.* rechtes) ~ he is a big gossip (*od.* mouth), he's got a vicious tongue. – **2.** *cf.* Lästerzunge 1.

lä·stern ['lɛstərn] **I** *v/i* ⟨h⟩ **1.** über (*od.* gegen) j-n ~ *colloq.* to backbite (*od.* slander) s.o., to talk about s.o. behind his back: sie wußten, daß man über sie lästerte they knew that people were talking about them behind their backs. – **2.** über j-n ~ *humor.* to talk about s.o.: wir haben gerade über dich gelästert we have just been talking about you. – **II** *v/t* **3.** (*schmähen*) slander, malign, defame. – **4.** *relig.* blaspheme: Gott [den Namen Gottes] ~ to blaspheme God [the name of God]. – **III L~** *n* ⟨-s⟩ **5.** *verbal noun.* – **6.** *cf.* Lästerung. — **'lä·sternd I** *pres p.* – **II** *adj* **1.** blasphemous, sacrilegious. – **2.** defamatory, calumnious.

'Lä·ster|,re·de *f colloq.* abusive talk, abuse, insults *pl*: sie führte laute ~n gegen ihn she hurled loud insults at him. — **~,schrift** *f cf.* Schmähschrift.

'Lä·ste·rung *f* ⟨-; -en⟩ **1.** *cf.* Lästern. – **2.** backbite, slander. – **3.** (*Schmähung*) slander, defamation. – **4.** (*Fluch*) curse: er stieß die gräßlichsten ~en aus he uttered the vilest curses (*od.* profanities). – **5.** *relig.* blasphemy.

'La·ster,vier·tel *n* red-light district.

'Lä·ster|,wort *n* ⟨-(e)s; -e⟩ slanderous (*od.* abusive) word(s *pl*), invective. — **~,zun·ge** *f colloq.* **1.** vicious (*od.* slanderous, vile) tongue: sie hat eine spitze ~ she's got a vicious tongue. – **2.** *cf.* Lästermaul 1.

'Last,esel *m* **1.** pack (*od.* sumpter) mule. – **2.** *fig. colloq.* drudge, workhorse.

La·stex ['lastɛks] *n* ⟨-; *no pl*⟩ (*textile*) lastex. — **~,fa·den** *m* lastex yarn. — **~,ho·se** *f* stretch pants *pl* (*sometimes construed as sg*).

'Last|,fahr,zeug *n cf.* Lastkraftwagen. — **~,flug,zeug** *n aer. cf.* Transportflugzeug. — **~,fuhr,werk** *n* horse-drawn cart. — **~ge,wicht** *n* loading weight. — **~,ha·ken** *m tech.* (*eines Krans*) load (*od.* crane) hook. — **~,he·be·ma,gnet** *m* lifting magnet.

lä·stig ['lɛstɪç] *adj* **1.** (*Aufgaben, Pflichten etc*) onerous, burdensome. – **2.** (*Mensch, Besucher, Fragen, Fliegen etc*) pestilent, pestilential, troublesome, annoying, pestiferous: j-d [etwas] ist ~ s.o. [s.th.] is a nuisance; j-m ~ sein (*od.* fallen) to be a nuisance to s.o., to get on s.o.'s nerves; wie ~, daß ihr kein Telefon habt! what a nuisance that you don't have telephone (*od.* you're not on the phone)! er wird mir langsam ~ he's becoming a bit of a pest to me; lange Haare sind im Sommer recht ~ long hair is rather a nuisance in (the) summer. – **3.** (*Husten, Kopfschmerzen etc*) irritating, troublesome. – **4.** (*beschwerlich*) wearisome, tedious, tiresome, irksome. – **5.** (*unbequem*) inconvenient. – **6.** (*hinderlich*) cumbersome. – **7.** (*unerwünscht*) undesirable: ~er Ausländer undesirable alien.

'La·stig·keit *f* ⟨-; *no pl*⟩ *mar.* trim.

'Lä·stig·keit *f* ⟨-; *no pl*⟩ **1.** burdensomeness. – **2.** troublesomeness, pestiferousness. – **3.** irksomeness. – **4.** inconvenience.

La·sting ['lastɪŋ] *m* ⟨-s; -s⟩ (*textile*) lasting.

'Last|,kahn *m* barge, lighter. — **~,kraft,wa·gen** *m auto. Br.* lorry, *bes. Am.* (motor) truck: geschlossener ~ van, *Am. auch* truck. — **~,ma,gnet** *m tech.* lifting magnet. — **~,pferd** *n* **1.** packhorse, sumpter (horse). – **2.** *fig. colloq. cf.* Lastesel 2. — **~,reg·ler** *m auto.* load-governed brake system. — **~,schal·ter** *m electr.* power circuit breaker, on-load tap changer. — ~ˌ**schalt·geˌtrie·be** *n tech.* change-under-load transmission. — ~ˌ**schiff** *n mar. cf.* Frachter 1.

'**Lastˌschrift** *f econ.* **1.** (*Belastung*) debit, debiting. – **2.** (*Eintrag*) debit entry. — ~-ˌ**anˌzei·ge** *f* debit note.

'**Last|ˌtier** *n* pack animal, beast of burden, sumpter. — ~ˌ**trä·ger** *m* **1.** porter, (*bes. im Orient*) coolie, *auch* cooly. – **2.** *zo.* (common) vaporer (*bes. Br.* vapourer) moth, vaporer, *bes. Br.* vapourer, rusty tussock moth (*Orgyia antiqua*). — ~**verˌtei·ler** *m electr.* load dispatcher (*auch* despatcher).

'**Lastˌwa·gen** *m auto. cf.* Lastkraftwagen. — ~ˌ**anˌhän·ger** *m* lorry (*Am.* truck) trailer. — ~ˌ**beˌför·de·rung** *f cf.* Lastwagentransport. — ~ˌ**fah·rer** *m* lorry (*Am.* truck) driver, transport driver, *Am. auch* trucker. — ~ˌ**park** *m* lorry (*Am.* truck) pool. — ~**transˌport** *m* road transport (*od.* haulage), transport by road (*Br. auch* lorry, *Am. auch* truck), *Am. auch* trucking, truckage.

'**Last|ˌwech·sel** *m metall.* reversal of stress, load cycle. — ~ˌ**zug** *m* lorry (*Am.* truck) and trailer, lorry- (*Am.* truck-)trailer combination, *Am. auch* truck train.

La·sur[1] [la'zuːr] *m* ⟨-s; -e⟩ *min. cf.* Lasurstein.

La'sur[2] *f* ⟨-; -en⟩ (*paints*) **1.** (*Lackfilm*) glaze. – **2.** (*Lasurfarbe*) azure.

la'sur|ˌblau I *adj* azure, sky-blue. – **II L~** *n chem.* ultramarine. — **L~ˌfar·be** *f* (*paints*) transparent color (*bes. Br.* colour).

La·su·rit [lazu'riːt; -'rɪt] *m* ⟨-s; -e⟩ *min.* lazurite.

La'sur|ˌlack *m* (*paints*) transparent (*od.* clear) varnish. — ~ˌ**mei·se** *f zo.* azure tit (*Parus cyanus*). — ~ˌ**stein** *m min.* lapis lazuli, azure stone, azurite.

las·ziv [las'tsiːf] *adj* (*unzüchtig, schlüpfrig*) lascivious. — **Las·zi·vi'tät** [-tsivi'tɛːt] *f* ⟨-; -en⟩ lasciviousness.

Lä·ta·re [lɛ'taːrə] *m* ⟨*undeclined*⟩ (der Sonntag) ~ *relig.* Laetare Sunday, Refreshment (*od.* Mid-Lent) Sunday.

La·tein [la'taɪn] *n* ⟨-s; *no pl*⟩ *ling.* Latin: **klassisches [nichtklassisches] ~** classical [Low] Latin; **das ~ der Liturgie** Liturgical Latin; **auf L~** in Latin; **heute haben wir (Unterricht in) ~** we have Latin today; **er kann ~** he knows Latin; **mit seinem ~ am Ende sein, am Ende seines ~s sein** *fig. colloq.* to be at one's wit's end, to be at the end of one's tether. — ~**ame·riˌka·ner** *m* Latin American, Latino. — **L~ame·riˌka·nisch** *adj* Latin-American: ~**er Tanz** (*sport*) Latin-American dance. — **l~beˌta·kelt** *adj mar.* (*mit schräger Rah*) lateen-rigged.

La'tei·ner *m* ⟨-s; -⟩ **1.** *cf.* Latinist. – **2.** (*in der Schule*) Latin pupil. – **3.** *relig.* Latin churchman.

la'tei·nisch I *adj* **1.** Latin: **die ~e Sprache** the Latin language, Latin; ~**es Kreuz** *relig.* Latin cross; **L~es Recht** Latinity. – **2.** *print.* (*Schrift, Buchstaben etc*) Roman. – **II L~** ⟨*generally undeclined*⟩, **das L~e** ⟨-n⟩ **3.** Latin: **einen Text ins L~e übertragen** to put (*od.* translate) a text into Latin; **aus dem L~en** from the Latin (language).

La'tein|ˌleh·rer *m* Latin teacher. — ~ˌ**rah** *f mar.* lateen yard. — ~ˌ**schrift** *f print.* Roman type. — ~ˌ**schu·le** *f ped. hist.* grammar school, Latin (grammar) school. — ~ˌ**se·gel** *n mar.* lateen (sail): **mit ~ getakelt** *cf.* lateinbetakelt. — ~ˌ**se·gelˌboot** *n* lateen, *auch* lateener. — ~ˌ**stun·de** *f* Latin class (*Br. auch* lesson). — ~ˌ**un·terˌricht** *m* **1.** (instruction in *od.* teaching of) Latin. – **2.** *cf.* Lateinstunde.

La-'Tène|-Kulˌtur [la'tɛːn-] *f archeol.* La Tène culture. — ~-ˌ**Zeit** *f* (*zweiter Abschnitt der Eisenzeit*) La Tène period.

la'tèneˌzeit·lich *adj archeol.* relating (*od.* pertaining) to the La Tène period, La Tène (*attrib*).

la·tent [la'tɛnt] *adj* **1.** (*Spannungen, Gegensätze, Gefahren etc*) latent, potential, dormant. – **2.** *med.* latent, silent, prepatent: ~**es Schielen** latent (*od.* dynamic) squint, latent strabismus (*scient.*). – **3.** *phys.* (*Wärme, Energie etc*) latent, potential.

La·tenz [la'tɛnts] *f* ⟨-; *no pl*⟩ latency. — ~**pe·riˌode** *f* **1.** *psych.* latency (period), sexual latency. – **2.** *med.* latency. — ~ˌ**sta·di·um** *n* **1.** *med.* period of latency. – **2.** *psych. cf.* Latenzperiode 1. — ~ˌ**zeit** *f* **1.** *med.* a) latent (*od.* prepatent) period, b) (*in der Physiologie*) latent period (*time interval between excitation and reaction*). – **2.** *psych.* response latency, latent time (*interval between stimulus and nerve conduction or awareness*).

la·te·rad [late'raːt] *adj zo.* (*seitwärts*) laterad.

la·te·ral [late'raːl] **I** *adj* **1.** *bot. zo.* (*seitlich*) lateral. – **2.** *ling.* (*Laut*) lateral. – **II L~** *m* ⟨-s; -e⟩, **L~ˌlaut** *m* **3.** *ling.* lateral (sound).

La·te'ral·skleˌro·se *f* ⟨-; -n⟩ *med.* lateral sclerosis.

La·te·ran [late'raːn], **der** ⟨-s⟩ (*in Rom*) Lateran Palace. — ~**baˌsi·li·ka** *f* (St. John) Lateran.

la·te'ra·nisch *adj* Lateran: **L~e Konzile** Lateran Councils.

La·te'ran|konˌzil *n hist.* Lateran Council. — ~**paˌlast** *m cf.* Lateran. — ~**synˌode** *f hist.* Lateran Synod. — ~**verˌträ·ge** *pl* Lateran Pact (*od.* Treaty) *sg.*

la·te·rie·ren [late'riːrən] *v/t* ⟨*no* ge-, h⟩ *math. obs.* (*Summen*) lateralize.

La·te·rit [late'riːt; -'rɪt] *m* ⟨-s; -e⟩, ~ˌ**bo·den** *m geol.* (*Verwitterungsboden*) laterite.

La·ter·na ma·gi·ca [la'tɛrna 'maːgika] *f* ⟨- -; -nae -cae [-nɛ -tsɛ]⟩ *phot. hist.* magic lantern.

La·ter·ne [la'tɛrnə] *f* ⟨-; -n⟩ **1.** lantern: **eine ~ anzünden [auslöschen]** to light [to extinguish] a lantern; **so einen Menschen kannst du mit der ~ suchen** *fig. colloq.* you have to hunt for such a person high and low. – **2.** (*Straßenlampe*) streetlight, streetlamp: **im Schein** (*od.* **Licht**) **einer ~** in the light of a streetlamp; **die ~n brannten schon** the streetlights were already on. – **3.** *cf.* Lampion. – **4.** *arch.* a) (*von Fenstern durchbrochener, türmchenartiger Aufsatz auf einer Kuppel*) lantern, b) *hist.* (*an mittelalterlichen Bauten*) louver, *bes. Br.* louvre. – **5.** (*watchmaking*) lantern pinion, trundle, wallower. – **6.** ~ **des Aristoteles** *zo.* Aristotle's lantern.

La'ter·nen|ˌanˌzün·der *m hist.* lamplighter. — ~ˌ**butt** *m zo.* scaldfish (*Arnoglossus laterna*). — ~ˌ**fisch** *m meist pl zo.* lantern fish (*Fam. Myctophidae*). — ~**gaˌra·ge** *f only in* **eine ~ haben** *colloq. humor.* to park overnight under a streetlamp. — ~ˌ**licht** *n* **1.** lantern light. – **2.** lamplight. — ~ˌ**pfahl** *m* lamppost: **j-n an einem ~ aufknüpfen** to string s.o. up on a lamppost, *auch* to lantern s.o. — ~ˌ**schein** *m cf.* Laternenlicht 1. — ~ˌ**trä·ger** *m zo.* lantern fly (*Fam. Fulgoridae*): **Brasilianischer ~** great lantern fly of Brazil (*Laternaria phosphorea*). — ~ˌ**um·ˌzug** *m* lantern procession.

La·tex ['laːtɛks] *m* ⟨-; -tizes [-titsɛs]⟩ *bot.* (*Gummimilch*) latex.

La·thy·ris·mus [laty'rɪsmʊs] *m* ⟨-; *no pl*⟩ *med.* lathyrism.

La·ti'fun·di·en|beˌsitz *m antiq. hist. cf.* Latifundium. — ~ˌ**wirt·schaft** *f* latifundia management.

La·ti·fun·di·um [lati'fʊndĭʊm] *n* ⟨-s; -dien⟩ *antiq. hist.* latifundium.

La·ti·ner [la'tiːnər] *m* ⟨-s; -⟩ *hist.* (*Einwohner Latiums*) Latin. — **la'ti·nisch I** *adj* Latin(ian). – **II** *ling.* **L~** ⟨*generally undeclined*⟩, **das L~e** ⟨-n⟩ Latin(ian), the Latin(ian) language.

la·ti·ni·sie·ren [latini'ziːrən] *v/t* ⟨*no* ge-, h⟩ (*Sprache, Wort, Namen etc*) Latinize, *auch* latinize *Br. auch* -s-. — **La·ti·ni'sie·rung** *f* ⟨-; -en⟩ Latinization, *auch* latinization *Br. auch* -s-.

La·ti·nis·mus [lati'nɪsmʊs] *m* ⟨-; -men⟩ Latinism, *auch* latinism: **Latinismen verwenden** to use Latinisms.

La·ti·nist [lati'nɪst] *m* ⟨-en; -en⟩ *ling.* Latin scholar, Latinist, *auch* Latiner (*colloq.*).

La·ti·ni·tät [latini'tɛːt] *f* ⟨-; *no pl*⟩ latinity, *auch* Latinity.

La·ti·num [la'tiːnʊm] *n* ⟨-s; *no pl*⟩ *ped.* Latin proficiency examination: **das große [kleine] ~** the advanced [intermediate] Latin proficiency examination.

La·ti·tu·di·na·ri·er [latitudi'naːrĭər] *m* ⟨-s; -⟩ *relig. hist.* latitudinarian.

La·tri·ne [la'triːnə] *f* ⟨-; -n⟩ *bes. mil.* latrine, toilet, *Br. sl.* bogs *pl*, *Am. sl.* john.

La'tri·nen|geˌrücht *n bes. mil. colloq.* latrine rumor (*bes. Br.* rumour), *Am. colloq.* 'scuttlebut'. — ~ˌ**gra·ben** *m* straddle trench. — ~**paˌro·le** *f bes. mil. colloq. cf.* Latrinengerücht.

La·tro'dec·tusˌspin·ne [latro'dɛktʊs-] *f zo.* black widow (*Latrodectus mactans*).

Latsch [laːtʃ] *m* ⟨-es; -e⟩ *colloq.* **1.** slouching walker, slouch(er). – **2.** *cf.* Latschen 1. – **3.** *dial.* weak coffee, dishwater.

Lat·sche ['latʃə] *f* ⟨-; -n⟩ **1.** *bot.* dwarf pine (*Pinus mugo*). – **2.** *colloq. cf.* Latschen 1.

Lat·schen ['laːtʃən] *m* ⟨-s; -⟩ *colloq.* **1.** (house *od.* bedroom) slipper: **sie passen zusammen wie ein Paar alte ~** they go together like an old pair of slippers, they are a regular Darby and Joan; → **kippen** 2. – **2.** worn-out shoe. – **3.** *pl zo.* (*der Schwimmvögel*) feet.

lat·schen ['laːtʃən] *colloq.* **I** *v/i* ⟨sein⟩ shuffle, scuff(le), slouch: **er latschte über die Straße** he shuffled across the street. – **II** *v/t* ⟨h⟩ **j-m eine ~** to give s.o. a smack in the face, to paste s.o. one (*colloq.*).

'**Lat·schen|ˌkie·fer** ['latʃən-] *f bot.* dwarf pine (*Pinus mugo*). — ~ˌ**kie·fernˌöl** *n* dwarf-pine oil.

lat·schig ['laːtʃɪç] *adj colloq.* **1.** (*Gang etc*) shuffling, scuffling, slouchy. – **2.** *fig.* (*schlaff*) sluggish, slack. – **3.** *fig.* (*schlampig*) slovenly, slipshod.

Lat·te ['latə] *f* ⟨-; -n⟩ **1.** lath, batten. – **2.** (*Zaunlatte*) pale, picket: **die ~n sind schon ganz morsch** the pales are quite rotten already. – **3.** (*sport*) a) (*beim Hochsprung etc*) (cross)bar, b) (*eines Tors*) (cross)bar: **die ~ reißen** (*od.* **abwerfen**) to dislodge (*od.* knock off) the bar; **die ~ überqueren** to clear the bar. – **4.** *tech.* a) slat, lath, b) (*Meßlatte*) rod. – **5. eine lange ~** *fig. colloq.* a lanky fellow, a lamppost (*colloq.*). – **6. eine (ganze) ~ von** *colloq.* a long list of: **er hat eine ~ von Vorstrafen** he has a long criminal record.

'**lat·ten'dürr** *adj* (as) thin as a lath (*od.* rail).

'**Lat·ten|geˌrüst** *n* lathwork, wooden lattice. — ~ˌ**ham·mer** *m tech.* carpenter's roofing hammer. — ~ˌ**holz** *n* lath wood. — ~ˌ**ki·ste** *f* crate. — ~ˌ**rost** *m* **1.** *tech.* a) lath grid, b) (*Fußbodenbelag*) floor grid. – **2.** *mil.* (*im Graben*) trenchboard. — ~ˌ**schuß** *m* (*sport*) (*beim Fußball etc*) shot hitting the (cross)bar. — ~ˌ**tür** *f* batten door. — ~**verˌscha·lung** *f* lathwork casing. — ~**verˌschlag** *m* **1.** lattice partition. – **2.** (*als Verpackung*) crate. — ~ˌ**werk** *n* **1.** lathing, lathwork. – **2.** *arch.* battening. — ~ˌ**zaun** *m* paling, *Am. auch* picket fence.

Lat·tich ['latɪç] *m* ⟨-s; -e⟩ *bot.* lettuce, cos (*Gattg Lactuca*): **Wilder ~** prickly lettuce, compass plant (*L. scariola*).

Lat·wer·ge [lat'vɛrgə] *f* ⟨-; -n⟩ *med. pharm. hist.* electuary.

Latz [lats] *m* ⟨-es; ¨e, *Austrian auch* -e⟩ **1.** (*Brustlatz*) bib: **sei ruhig, oder ich knall' dir eine** (*od.* **eins**) **vor den ~** *colloq.* shut up or I'll thump you one (*colloq.*). – **2.** (*Hosenlatz*) fly, flap. – **3.** *cf.* Lätzchen.

Lätz·chen ['lɛtsçən] *n* ⟨-s; -⟩ **1.** *dim. of* Latz 1, 2. – **2.** (*eines Babys etc*) bib.

lau [laʊ] *adj* ⟨-er; -(e)st⟩ **1.** (*Wasser etc*) lukewarm, tepid. – **2.** (*Wetter, Nacht etc*) mild. – **3.** (*Wind etc*) soft, slack. – **4.** *fig.* (*Freundschaft, Anteilnahme, Eifer etc*) lukewarm, halfhearted, indifferent: **eine ~e Haltung einnehmen** to assume a lukewarm attitude. – **5.** *relig. pol.* Laodicean.

Lau *m* ⟨-(e)s; -e⟩ *zo.* lau (*Chondrostoma genei*).

Laub [laʊp] *n* ⟨-(e)s; *no pl*⟩ **1.** leaves *pl*, foliage, leafage: **junges [grünes] ~** young [green] leaves; **das ~ fällt (ab)** the leaves are falling (off); **das ~ abwerfen** to shed the leaves; **in ~ stehen** to be in leaf; **sich mit ~ bedecken** to put on leaves, to leaf (out); **ohne ~** bare, leafless. – **2.** (*abgefallenes*) dry (*od.* dead) leaves *pl*: **das ~ zusammenkehren** to sweep (*od.* rake) up dead leaves. – **3.** (*games*) (*Farbe im dt. Kartenspiel*) spade(s *pl*). — **l~ˌähn·lich, l~ˌar·tig** *adj* leaflike, foliaceous (*scient.*). — ~ˌ**baum** *m* deciduous (*od.* broad-leaved) tree. — ~-ˌ**dach** *n* canopy of leaves. — ~ˌ**decke** (*getr.* -k·k-) *f agr.* mulch.

Lau·be[1] ['laʊbə] *f* ⟨-; -n⟩ **1.** bower, *auch* bowery, arbor, *bes. Br.* arbour. – **2.** (*Gartenhäuschen*) summerhouse, belvedere, gazebo. – **3. fertig ist die ~!** *fig. colloq.* that's that! there you are! Bob's your uncle! (*colloq.*).

'**Lau·be**[2] *m* ⟨-n; -n⟩ *zo.* (*Karpfenfisch*) bleak (*Alburnus alburnus*).

'**Lau·ben|ˌgang** *m* **1.** (*eines Mietshauses*) access balcony. – **2.** (*eines Klosters, Schlosses etc*) pergola. — ~ˌ**haus** *n* summerhouse, belvedere, gazebo. — ~**ko·loˌnie** *f* colony of summerhouses. — ~ˌ**nest·ler** [-ˌnɛstlər] *m* ⟨-s; -⟩ *zo.* satin bowerbird, satin bird (*Ptilonorhynchus violaceus*). — ~ˌ**vo·gel** *m* bowerbird (*Fam. Ptilonorhynchidae*). — ~-

ˌ**wallˌni·ster** [-ˌnɪstər] *m* ⟨-s; -⟩ mallee bird (*od.* fowl, hen) (*Leipoa ocellata*).

ˈ**Laub|ˌer·de** *f hort.* leaf mold (*bes. Br.* mould), leaf soil. — **~ˌfall** *m* fall of leaves, defoliation (*scient.*). — **~ˌfär·bung** *f* autumn colors (*bes. Br.* colours) *pl.* — **~ˌflech·te** *bot.* frondous (*od.* frondose) lichen. — **~-ˌfrosch** *m zo.* tree frog, *bes. Am.* spring peeper, greenback (*Gattg Hylidae*): Amerikanischer ~ desert tree (*od.* Canyon Boulder) toad (*Hyla arenicolor*); Europäischer ~ green tree frog (*H. arborea*). — **l~ˌgrün** *adj* (*paints*) chrome-green. — **~ˌhei·de** *f bot.* pepper bush (*Gattg Clethra, bes. C. ligustrina*). — **~ˌheuˌschrecke** (*getr.* -k·k-) *f zo.* short-horned grasshopper, locust (*Fam. Locustidae*).

ˈ**Laubˌholz** *n* (*forestry*) **1.** (*Wald*) hardwood, broad-leaved wood. – **2.** (*Baum*) deciduous (*od.* broad-leaved) tree. — **~ˌbor·kenˌkä·fer** *m zo.* shot-hole borer (*Xyleporus dispar*).

ˈ**Laubˌhüt·te** *f* **1.** hut covered with leaves. – **2.** *relig.* (*der Juden*) tabernacle.

ˈ**Laubˌhüt·tenˌfest** *n relig.* (*der Juden*) Sukkot(h), Succot(h), Sukkos *pl*, Succos *pl* (*beide construed as sg*), *auch* Feast of Booths (*od.* Tabernacles).

ˈ**Laub|ˌkä·fer** *m zo.* leaf chafer, melolonthid (*scient.*) (*Unterfam. Melolonthidae*). — **~-ˌmoos** *n bot.* moss (*Klasse Musci*). — **~ˌrol·le** *f print.* bookbinder's punch. — **~ˌrost** *m hort.* (*an Weinreben*) mildew.

ˈ**Laubˌsä·ge** *f tech.* **1.** (*Handlaubsäge*) coping saw. – **2.** (*Schweifsäge*) fretsaw, *Br.* fret-saw. – **3.** (*Rahmenspaltsäge*) jigsaw. — **~ˌar·beit** *f* fretsaw (*Br.* fret-saw) work.

ˈ**Laub|ˌsän·ger** *m zo.* wood warbler (*Phylloscopus sibilatrix*). — **~ˌschmuck** *m* (*art*) foliation. — **~ˌstreu** *f agr.* litter of leaves. — **l~ˌtra·gend** *adj bot.* leafy, leafed, *auch* leaved. — **~ˌwald** *m* deciduous forest (*od.* wood), broad-leaved forest. — **~ˌwech·sel** *m* change of foliage. — **l~ˌwech·selnd** *adj* deciduous. — **~ˌwerk** *n* ⟨-(e)s; *no pl*⟩ **1.** *bot.* foliage, leafage, foliature, herbage. – **2.** *arch.* (*art*) leafwork, foliage, leafage, foliation: mit ~ verziert foliaged; Verzierung mit ~ foliation. — **~ˌwür·ger** *m zo.* vireo (*Fam. Vireonidae*): Rotäugiger ~ red-eyed vireo, teacher (bird) (*Vireo olivaceus*).

Lauch [laux] *m* ⟨-(e)s; -e⟩ *bot.* leek, allium (*scient.*) (*Gattg Allium*): Gelbblumiger ~ moly (*A. moly*); Spanischer ~ leek (*A. porrum*). — **l~ˌar·tig** *adj* alliaceous. — **l~ˌfar·ben, l~ˌgrün** *adj* leek(-green), *auch* porret, prasine. — **~ˌhe·de·rich** *m*, **~ˌkraut** *n bot.* garlic mustard, hedge garlic (*Alliaria petiolata*).

lau·da·bel [lauˈdaːbəl] *adj obs. for* löblich, lobenswert.

Lau·da·tio [lauˈdaːtsi̯o] *f* ⟨-; -nes [-daˈtsi̯oːnɛs]⟩, **Lau·da·tiˈon** [-daˈtsi̯oːn] *f* ⟨-; -en⟩ (*Lobrede*) laudation, eulogy.

Lau·de·mi·um [lauˈdeːmi̯ʊm] *n* ⟨-s; -mien⟩ *hist.* (*Abgabe an den Lehnsherrn*) lord's due.

Lau·des [ˈlaudɛs] *pl relig.* laudes *pl*, Lauds *pl* (*beide construed as sg or pl*).

lau·die·ren [lauˈdiːrən] *v/t* ⟨*no* ge-, h⟩ *obs. for* loben I.

Laue [ˈlauə], **Laue·ne** [ˈlauənə] *f* ⟨-; Lauenen⟩ *Swiss for* Lawine.

Lau·er[1] [ˈlauər] *f* ⟨-; *no pl*⟩ (*in Wendungen wie*) auf der ~ sein (*od.* liegen), sich auf die ~ legen to be on the lurk (*od.* lookout, watch), to lurk, to lie in ambush (*od.* wait).

ˈ**Lau·er**[2] *m* ⟨-s; -⟩ (*Tresterwein*) wine of the second pressing (*od.* runnings).

lau·ern [ˈlauərn] *v/i* ⟨h⟩ (auf *acc* for) **1.** lurk, watch, lie in wait: hinter der Tür ~ to lurk behind the door; im Dunkeln auf j-n ~ to lurk in the dark for s.o.; in diesem Tal ~ ungeahnte Gefahren unsuspected dangers lurk in this valley. – **2.** *colloq.* (*ungeduldig warten*) wait: auf eine Gelegenheit ~ to wait (*od.* watch) for a chance (*od.* opportunity), to be on the lookout (*Br.* look-out) (*od.* watch) for an opportunity; auf den Briefträger ~ to wait impatiently for the postman; auf j-s Tod ~ to wait for s.o. to die. — ˈ**lau·ernd** I *pres p.* – II *adj* (*Katze, Feind, Blick, Gefahr etc*) lurking.

Lauf [lauf] *m* ⟨-(e)s; ⸗e⟩ **1.** ⟨*only sg*⟩ (*das Laufen*) run(ning): in eiligem (*od.* schnellem) ~ daherkommen to come along running, to come (up) at a run (*Am.* on the run); mitten im ~ innehalten to stop while running; der weiche Boden hemmte seinen ~ the soft ground hindered his run(ning). – **2.** (*sport*) a) (*Durchgang*) run, heat, b) (*Wettlauf*) race, c) sprint, dash: 100-Meter-~ 100-meter (*bes. Br.* -metre) sprint (*od.* dash); zum dritten ~ trat er nicht an he did not participate in the third run; die Läufe am Nachmittag brachten einige Überraschungen the afternoon runs (*od.* heats) held (*od.* resulted in) several surprises. – **3.** (*Verlauf, Ablauf*) course: im ~(e) der Zeit in the course of time; im ~e seines Lebens in the course of (*od.* during) his life; im ~e dieser Woche [dieses Monats] in the course of this week [this month]; im ~e der letzten Jahre during the last few years; im ~e des Gesprächs in the course of the conversation; das ist der ~ der Dinge (*od.* der Welt) that is the way of all things (*od.* the world); etwas nimmt seinen ~ s.th. takes its course; die Gerechtigkeit nimmt ihren ~ justice takes its course; Schicksal, nimm deinen ~! let fate run its course! wir müssen den Dingen ihren ~ lassen we must let things take their course. – **4.** etwas (*dat*) freien ~ lassen a) (*Dingen*) to let things take their course, b) (*Gefühlen, Phantasie etc*) to give free rein to s.th., c) (*Wut, Zorn etc*) to give free vent to s.th.: seinen Tränen freien ~ lassen to let one's tears flow (*od.* fall) freely. – **5.** ⟨*only sg*⟩ (*Bewegung*) motion, movement. – **6.** ⟨*only sg*⟩ *bes. tech.* a) motion, operation, action, b) (*Hin-u. Herbewegung*) travel, c) (*Kreisbewegung*) motion, rotation: der ruhige (*od.* gleichmäßige) ~ eines Motors the smooth operation of a motor; der ~ eines Kolbens the travel of a piston. – **7.** ⟨*only sg*⟩ (*des Wassers, der Strömung etc*) run, flow, current. – **8.** (*Flußlauf*) course, reach(es *pl*): der obere ~ des Nils the upper reach(es) of the Nile. – **9.** (*Bahn*) course, track, path, (*eines Geschosses*) *auch* trajectory. – **10.** *astr.* (*der Gestirne*) course, orbit, passage: der ~ der Sonne the course (*od. lit.* race) of the sun. – **11.** *mil.* (*eines Gewehrs*) barrel: ein blanker [rostiger] ~ a shiny [rusty] barrel; ein Gewehr mit zwei Läufen a) (*nebeneinander*) a double-barrel(l)ed gun, b) (*übereinander*) an over-and-under; gezogener [glatter] ~ rifled [smooth] barrel; einen Rehbock vor den ~ bekommen *hunt.* to get a roebuck in one's sights. – **12.** *mus.* run, passage. – **13.** *hunt.* (*Bein*) foot, leg.

ˈ**Lauf|ˌach·se** *f* (*railway*) **1.** running (*od.* carrying, leading) axle. – **2.** (*Schleppachse*) trailing axle. — **~an·tiˌlo·pe** *f meist pl zo.* Orygine antelope (*Unterfam. Hippotraginae*). — **~ˌbahn** *f* **1.** (*Berufsweg*) career: eine glänzende ~ a brilliant career; welche ~ wird er einschlagen (*od.* wählen, ergreifen)? which career will he enter (*od.* choose, take up)? die ~ eines Diplomaten einschlagen to enter upon the career of a diplomat. – **2.** *mil. Am.* military occupational speciality, MOS, *Br.* service trade (*od.* profession). – **3.** (*sport*) track. – **4.** *mil.* (*eines Torpedos etc*) track. – **5.** *astr. cf.* Umlaufbahn. — **~ˌbei·ne** *pl zo. cf.* Lauffüße. — **~-ˌboh·le** *f* (*mining*) barrow way, tramboard. — **~ˌbrett** *n* plank(s *pl*), gangway: ein ~ über den lehmigen Untergrund legen to put planks across the muddy ground. — **~ˌbrücke** (*getr.* -k·k-) *f* **1.** *mar.* a) gangway, gangplank, gangboard, b) (*auf Tankern*) catwalk. – **2.** *mil.* (*Fußsteg*) footbridge. — **~ˌbuch·se** *f tech.* bushing, liner. — **~ˌbüh·ne** *f* platform. — **~ˌbur·sche** *m* **1.** errand (*od.* messenger, office) boy. – **2.** (*in einer Druckerei*) printer's devil. — **~ˌdecke** (*getr.* -k·k-) *f* (*eines Reifens*) tire (*bes. Br.* tyre) casing, outer cover. — **~dis·ziˌplin** *f meist pl* (*sport*) (*in der Leichtathletik*) track event. — **~ˌdorn** *m* spike. — **~ˌei·gen·schaft** *f tech.* running quality (*od.* property).

lau·fen [ˈlaufən] I *v/i* ⟨läuft, lief, gelaufen, sein⟩ **1.** run: schnell ~ to run swiftly, to rush, to dash; ich kann schneller ~ als du I can run more quickly (*od.* faster) than you, I can outrun you; du mußt ~, wenn du pünktlich sein willst you must (*od.* will have to) run if you want to be punctual; lauf! run! so lauf doch! hurry up! er lief, was er nur konnte (*od. colloq.* was die Beine hergaben) he ran as hard (*od.* fast) as he could; lauf so schnell, wie du (nur) kannst, lauf so schnell du (nur) kannst run as fast as you can; sie läuft wie der Wind (*od.* wie ein Wiesel) she runs like the devil; um die Wette ~ to have a (running) race; gelaufen kommen to come running (along); auf die Straße ~ to run into (*bes. Am.* onto) the street; eine Katze lief mir über den Weg a cat ran across (*od.* crossed) my path; in ein Auto ~ to run into a car; um die Ecke ~ to run (a)round the corner; ich will nur schnell nach Milch ~ *colloq.* I'll just run (out) and fetch (*od.* get) some milk; er läuft immer gleich zu seiner Mutter, um zu petzen he always runs to his mother to tell tales; j-m in die Arme (*od.* über den Weg) ~ *fig.* to run (*od.* bump) into s.o., to run across s.o. (*od.* s.o.'s way); den Hund ~ lassen to let the dog run, to give the dog a run; ein Pferd ~ lassen a) to give free rein(s) to a horse, to give a horse his head, b) (*in einem Rennen*) to run (*od.* enter) a horse in a race, to have a horse running in a race; (kopfüber) in sein Verderben ~ *fig.* to run (headlong) to one's doom; ~ müssen *euphem.* (*zur Toilette gehen müssen*) to have to disappear (*od.* step outside, run). – **2.** (*sport*) run: über kurze Strecken ~ to sprint; das Pferd ist sehr gut gelaufen the horse ran very well; sie kommen unter ‚ferner liefen' *fig. colloq.* they are also-rans. – **3.** (*gehen*) walk: das Kind konnte schon mit einem Jahr ~ the child could already walk at the age of one; unsere Kleine läuft schon our little one can walk (*od.* is walking) already; mit hohen Absätzen kann sie nicht gut ~ she can't walk properly in high-heeled shoes (*od.* high heels); wir sind den ganzen Tag gelaufen we have been walking all day long; hin und her (*od.* auf und ab) ~ to walk to and fro (*od.* back and forth); rückwärts ~ to walk backward(s); wir sind hin und zurück gelaufen we walked there and back; wir sind im Urlaub sehr viel gelaufen we did a lot of walking during our holidays (*Am.* vacation); nach diesem Buch bin ich lange gelaufen I have been trying to get hold of this book for a long time; sie läuft in jeden Film *contempt.* she goes to see every film, she never misses a film; → Pilatus II. – **4.** *tech.* a) (*von Maschine, Motor etc*) run, b) (*von Maschinentisch*) move, traverse, travel, c) (*funktionieren*) work, function, operate, d) (*von Kolben etc*) travel, move: der Motor läuft auf vollen Touren the engine is running at maximum revs; die Maschine [Uhr] läuft nicht the machine [clock] does not work; der Kolben läuft in einem Zylinder the piston travels within a cylinder; das Radio [Tonbandgerät] ~ lassen to leave the radio [tape recorder] on (*od.* playing); Kamera läuft! (*film*) camera on! → Leerlauf 1. – **5.** (*sich drehen*) turn, rotate, spin: das Rad läuft the wheel turns. – **6.** (*von Auto, Schiff etc*) do: das Auto ist erst 2000 Kilometer gelaufen the car has only done 2,000 kilometers; das Motorrad läuft nicht mehr als 80 the motorcycle does not do any more than 80. – **7.** *fig.* run: eine Masche läuft a stitch runs; mir lief ein Schauder über den Rücken a shudder ran down my back; ein Gemurmel lief durch die Reihen a murmur ran through the audience; sein Blick lief suchend durch die Menge his eyes ran (*od.* wandered) searchingly through the crowd; ihre Finger liefen über die Tasten her fingers ran over the keys; das Seil läuft über eine Rolle the rope runs over a pulley; der Faden läuft von der Spule the thread runs off the spool; etwas rückwärts ~ lassen to reverse s.th.; → eiskalt 1. – **8.** (*theater, film*) run, show, be on: dieser Film läuft schon drei Wochen this film has been running now for three weeks; dieser Film läuft nur heute this film is only on (*od.* showing, being shown, being screened) today; dieses Theaterstück läuft schon drei Jahre am Broadway this play has been running for (*od.* has had a run of) three years on Broadway; läuft der Hauptfilm schon? has the main film (*od.* feature) started (*od.* begun) yet? – **9.** (*vergehen, von Zeit*) pass, go by, elapse. – **10.** *econ. jur.* (*gültig sein*) run, be valid, be in effect: der Pachtvertrag läuft (auf) sieben Jahre the lease runs for seven years; der Vertrag läuft bis the contract is valid till; der Paß läuft noch the passport is still valid; der Wechsel läuft drei Monate the bill runs over a period of three months. – 11. auf j-s Namen ~ *econ.* to be issued (*od.* made out) in s.o.'s name: die Lizenz läuft auf seinen Namen the licence (*Am.* license) is issued in his name. – 12. etwas läuft unter dem Namen (*od.* der Bezeichnung) X s.th. goes under (*od.* by) the name of X. – 13. (*fließen*) flow, run: ihm lief der Schweiß von der Stirn the sweat ran down his forehead; Tränen liefen über ihre Wangen tears ran (*od.* rolled) down her cheeks; meine Nase läuft my nose is running; das Ohr läuft the ear is running (*od.* draining); der Käse läuft the cheese is running out (*od.* melting, getting soft); das Wasser ~ lassen to let the water run; Wasser in die Wanne ~ lassen to let water run into the tub, to run one's bath; Bier in ein Glas ~ lassen to pour beer into a glass, to fill a glass with beer; das Bier durch die Kehle ~ lassen to have a swallow of beer, to wet one's whistle (*colloq.*). – 14. (*leck sein*) leak, drip: das Faß läuft the barrel leaks; der Wasserhahn läuft a) the faucet (*bes. Br.* tap) is dripping, b) the faucet (*bes. Br.* water tap) is running. – 15. (*von Kerze*) gutter. – 16. (*vonstatten gehen*) go: es ist etwas falsch gelaufen s.th. went wrong; wie ist es denn gelaufen? how did it go? der Verkehr läuft wieder normal traffic is back to normal; gleichzeitig ~ (*zeitlich*) to take place at the same time (*od.* simultaneously); der Laden läuft *colloq.* a) business is good, b) *fig.* things are going well (*od.* smoothly); → Schnürchen 2. – 17. (*sich hinziehen*) run, stretch, extend: die Straße läuft bergab the street runs downhill; ein Balkon läuft um das Haus a balcony runs (all) round the house; der Weg läuft durch Felder und Wälder the path runs through fields and forests. – 18. be in progress, be under consideration: das Gesuch läuft the application is under consideration; die Sache läuft jetzt the matter is in progress (*od.* under way) now. – 19. etwas läuft ins Geld *colloq.* s.th. runs into money, s.th. is very expensive. – 20. *mar.* run: auf eine Mine ~ to run on to (*od.* hit) a mine; ein Schiff auf den Strand ~ lassen to run a boat (on) to the beach, to beach a boat; vom Stapel ~ *auch fig.* to be launched; in den Hafen ~ to run (*od.* put) into port; → Grund 5. – 21. *med.* a) (*zirkulieren*) circulate, b) (*eitern*) run, c) (*von Brust, ohne Saugen*) leak: Blut läuft durch die Adern blood circulates in the blood vessels. – 22. auf Schienen ~ (*railway*) to run (*od.* travel) on rails. – II *v/t* ⟨h *u.* sein⟩ 23. ⟨sein⟩ run: → Amok II; Gefahr 1; Spießruten; Sturm 5. – 24. ⟨h *u.* sein⟩ (*sport*) run: er lief die Strecke in vier Minuten he ran the distance in four minutes; einen neuen Rekord ~ to run a new record; eine Zeit von einer Minute ~ to return (*od.* clock) a time of one minute; → kurz 1; Rollschuh; Schlittschuh; Ski. – 25. ⟨sein⟩ (*gehen*) walk: das kleine Stück zum Bahnhof können wir auch ~ we can walk the short distance to the station; ich habe mir eine Blase gelaufen I've got a blister from (*od.* through) walking; → Fuß[1] 1. – III *v/impers* ⟨h⟩ 26. es läuft sich gut [schlecht] auf diesem Weg it is good [bad] walking on this path. – IV *v/reflex* ⟨h⟩ 27. sich wund ~ to get sore feet (from walking); sich müde ~ to tire oneself with running; sich warm ~ to warm up. – V L~ *n* ⟨-s⟩ 28. *verbal noun*: ich bin das L~ (*od. lit.* des L~s) müde I'm tired of walking.

'lau·fend I *pres p.* – II *adj* ⟨*attrib*⟩ 1. present, current: das ~e Jahr the present (*od.* this) year; ich erhielt Ihren Brief vom zwölften des ~en Monats I received your letter of the 12th of this month (*od. econ.* of the 12th inst.). – 2. *bes. econ.* a) (*ständig, immer wiederkehrend*) current, continuous, b) (*fortlaufend*) consecutive, running, serial, c) (*gültig*) running, current, ruling: die ~e Notierung the ruling price; der ~e Wechsel the running bill; ~e Verpflichtungen current liabilities; ~e Nummern consecutive (*od.* serial) numbers; die ~en Zinsen the accruing interest *sg*; ein ~es Konto a current account; ~e Schulden running debts; auf ~e Rechnung kaufen to buy on current account; die ~e Produktion the current production; die ~en Ausgaben [Kosten] the current expenses [cost(s)]; ~er Kredit open credit. – 3. ~en Absatz finden *econ.* to sell readily, to find an open market. – 4. (*routinemäßig*) regular, routine: die ~en Arbeiten the routine (*od.* day-to-day) work (*od.* jobs); ~e Wartung [Kontrolle] regular maintainance [inspection]. – 5. auf dem ~en sein a) (*unterrichtet sein*) to be up-to-date (*od.* fully informed), b) (*arbeitsmäßig*) to be up-to-date, to have no backlog, not to be behind; auf dem ~en bleiben to keep up-to-date; j-n [sich] auf dem ~en halten to keep s.o. [oneself] informed (*od. colloq.* posted, abreast of things). – 6. ~er (*od.* ~es) Meter running meter (*bes. Br.* metre): pro ~er Meter per running meter. – 7. *mar.* running: ~es Tauwerk (*od.* Gut) running rigging. – 8. *med.* a) running, b) (*eiternd*) running, suppurating, discharging: eine ~e Nase a running nose, rhinorrh(o)ea (*scient.*); eine ~e Wunde a running (*od.* discharging) wound. – III *adv* 9. continuously, permanently, constantly: wir haben ~ zu tun there is always work to be done, we are always kept busy; die Artikel fanden ~ Absatz the articles met with a ready market; sie arbeiten ~ an der Verbesserung ihrer Produkte they are continuously working to improve (*od.* on the improvement of) their products.

'lau·fen,las·sen *v/t* ⟨*irr, sep, no* -ge-, *pass* -ge-, h⟩ 1. j-n ~ *colloq.* a) (*Dieb etc*) to let s.o. off, b) (*Freundin etc*) to let s.o. go: man beschloß, den Dieb noch einmal laufenzulassen it was decided to let the thief off this time; du solltest dieses Mädchen ~ you should let this girl go. – 2. die Dinge ~ to let things take (*od.* run) their course, to let matters take care of themselves, to let things go.

Läu·fer ['lɔʏfər] *m* ⟨-s; -⟩ 1. runner: er ist ein schneller ~ he is a fast runner, he can run very fast. – 2. (*sport*) a) runner, b) (*auf Kurzstrecken*) sprinter, c) (*beim Fußball, Hockey*) halfback, d) (*beim Skifahren*) racer. – 3. (*Teppich*) runner, carpet: der ~ auf der Treppe the stair carpet. – 4. (*Tischläufer*) (table) runner. – 5. (*games*) (*beim Schach*) bishop. – 6. *civ.eng.* (*Läuferstein*) stretcher. – 7. *zo.* (*junges Schwein*) young pig. – 8. *electr.* (*eines Motors*) rotor. – 9. *tech.* a) (*eines Rechenschiebers*) cursor, b) (*einer Kollermühle*) edge runner, crusher roll. – 10. *civ.eng.* (*eines Mauerwerkes*) stretcher. – 11. (*textile*) a) (*in Weberei*) whirl, b) (*in der Spinnerei*) travel(l)er. – 12. *print.* brayer. – 13. *mar.* a) runner, b) (*Taljenläufer*) tackle (fall), c) (*des Stapellaufschlittens*) running (*od.* sliding) ways *pl.* – 14. (*mining*) runner.

Lau·fe'rei *f* ⟨-; -en⟩ *colloq.* 1. (continual) running (around). – 2. running around, trouble, bother: ich hatte viel ~(en) mit meinem Paß (*od.* wegen meines Passes) I had to do a lot of running around (*od.* I had to chase all over the place) to get my passport (*colloq.*); sich (*dat*) unnötige ~en ersparen to save oneself unnecessary steps; j-m unnötige ~(en) machen to make s.o. unnecessary trouble, to send s.o. on a wild-goose chase.

'Läu·fer|,feld *n* (*sport*) field. — **~,rei·he** *f* (*beim Fußball, Hockey*) halfbacks *pl.* — **~,schicht** *f civ.eng.* course of stretchers, stretcher course. — **~,stan·ge** *f* (*an Treppen*) stair (*od.* carpet) rod. — **~,stein** *m tech.* running (*od.* upper) millstone. — **~,strom** *m electr.* rotor (*od.* inductor) current. — **~ver,band** *m civ.eng.* stretcher bond. — **~,wick·lung** *f electr.* rotor winding.

'Lauf|,fa·den *m* (*an der Nähmaschine*) leading thread. — **~,feu·er** *n* 1. grass (*od.* brush) fire, *Am. auch* prairie fire: die Nachricht verbreitete sich wie ein ~ *fig.* the news spread like wildfire. – 2. *mil. hist.* running fire, *Am.* head fire. — **~,flä·che** *f* 1. (*eines Zylinders*) working (*od.* bearing) surface. – 2. (*eines Lagers*) raceway. – 3. (*eines Reifens, Rades etc*) tread. – 4. (*railway*) tread. – 5. (*sport*) (*eines Skis*) running surface. — **~,frist** *f econ. cf.* Laufzeit 1. — **~,fü·ße** *pl zo.* feet for running, cursorial feet (*scient.*): mit ~n cursorial. — **~,gang** *m* 1. *arch.* passageway. – 2. (*für wilde Tiere*) (barred) passage, runway. – 3. (*eines Maulwurfs etc*) burrow. – 4. (*railway*) running board, catwalk. – 5. *tech.* footwalk, gangway, walkway. — **~,geld** *n* 1. *hist. reimbursement given a journeyman at the end of his journeys.* – 2. *mil. hist.* mustering pay. — **~ge,schwin·dig·keit** *f* 1. *phot.* running (*od.* operating) speed. – 2. *electr.* sweep speed. — **~ge,stell** *n* 1. (*für Kinder*) (baby) walker, go-cart. – 2. (*für Kranke*) walker. — **~ge,wicht** *n* 1. *tech.* a) (*einer Waage*) sliding (*od.* jockey) weight, rider, counterpoise, b) (*einer Schnellwaage*) bob. – 2. (*optics*) (*eines Spiegelteleskops*) balance weight. — **~ge,wichts,waa·ge** *f tech.* weighing lever with movable jockey. — **~,git·ter** *n* (*für Kinder*) playpen. — **~,gra·ben** *m mil.* communication (*od.* approach, connecting) trench: Laufgräben ziehen to dig trenches. — **~,huhn, ~,hühn·chen** *n zo.* button (*od.* bustard) quail (*Turnix sylvatica*): die Laufhühner the tachydromians. — **~,hund** *m hunt. cf.* Bracke[1] 1.

läu·fig ['lɔʏfɪç] *adj zo.* (*Hündin*) in heat, in season, in the rut. — **'Läu·fig·keit** *f* ⟨-; *no pl*⟩ heat; (o)estrus, *auch* (o)estrum (*scient.*).

'Lauf|,jun·ge *m cf.* Laufbursche. — **~,kä·fer** *m zo.* ground beetle; carabus, carabid (*scient.*) (*Fam. Carabidae*). — **~ka,mel** *n* dromedary, Arabian camel (*Camelus dromedarius*). — **~,kar·te** *f* routing card. — **~,kat·ze** *f tech.* trolley: ~ mit Hebezeug trolley hoist; ~ mit Rädervorgelege geared trolley. — **~,kip·pe** *f* (*sport*) running upstart. — **~,kno·chen** *m zo.* (*eines Vogelfußes*) tarsometatarsus. — **~kon·kur,renz** *f* (*sport*) *cf.* Laufdisziplin. — **~kon,trol·le** *f phot.* (*in Filmkamera*) film running indicator. — **~,kran** *m tech.* (overhead) travel(l)ing crane. — **~,kranz** *m* 1. (*railway*) (*eines Rades*) rim. – 2. *tech.* guide rails *pl.* — **~,kun·de** *m econ.* chance (*od.* passing) customer. — **~,kund·schaft** *f* chance clientele, passing trade. — **~,lei·ne** *f* longe, lunge, long(e)ing rein: ein Pferd an der ~ trainieren to longe a horse. — **~,lei·ter** *f* double (*od.* extension) ladder. — **~,mal** *n* (*sport*) (*beim Baseball*) (field) base. — **~,ma·sche** *f* (*in Strumpf etc*) ladder, *Am.* run(ner): ~n bekommen to ladder, *Am.* to (get a) run; ~n aufnehmen to repair ladders. — **~,ma·schen·re·pa·ra,tur** *f* repair of ladders (*Am.* run[ner]s). — **l~,ma·schen,si·cher** *adj* ladderproof, *Am.* runless, nonrun (*attrib*). — **~,mil·be** *f zo.* chigger, *auch* chigga, trombidiid (*scient.*) (*Fam. Trombidiidae*). — **~,mil·ben·be,fall** *m vet.* infestation with mites, acarus (*scient.*). — **~,mün·dung** *f mil.* muzzle, mouth (of a cannon). — **~,num·mer** *f tech.* serial (*od.* consecutive) number. — **~,paß** *m colloq.* (*in Wendungen wie*) j-m den ~ geben a) (*einem Angestellten etc*) to give s.o. the sack, to sack s.o., to give s.o. his walking papers (*Br.* his marching orders) (*alle colloq.*), b) (*einer Freundin etc*) to give s.o. the brush-off (*colloq.*), to jilt s.o.; den ~ bekommen (*od.* kriegen) a) to get the sack, to be sacked, to get one's walking papers (*Br.* one's marching orders) (*alle colloq.*), b) to get the brush-off (*colloq.*), to be jilted. — **~,plan·ke** *f* 1. *mar.* gangway, gangplank, gangboard. – 2. *tech.* catwalk, gangway. — **~,rad** *n* 1. *tech.* a) wheel, b) (*einer Pumpe, eines Verbrennungsmotors*) impeller, c) (*einer Turbine*) rotor, runner: beschaufeltes ~ blade(d) wheel. – 2. (*railway*) trailing (*od.* leading, carrying) wheel. – 3. *aer.* landing (*od.* tail) wheel, nosewheel. — **~,räd·chen** *n* 1. *dim. of* Laufrad. – 2. *tech.* a) (*am Fahrraddynamo*) roller wheel, b) (*zum Punktieren*) tracing wheel, tracer. — **~,rich·tung** *f* 1. *tech.* direction of travel. – 2. (*sport*) direction of running. — **~,rie·men** *m* 1. drive belt. – 2. belting. — **~,ril·le** *f* groove. — **~,ring** *m tech.* (*eines Wälzlagers*) race(way). — **~,rol·le** *f* 1. *tech.* a) roller, b) (*Lenkrolle*) caster, *bes. Br.* castor. – 2. *electr.* (*Stromabnehmerrolle*) trolley. — **~,schie·ne** *f* 1. *tech.* runway rail, track beam. – 2. *auto.* (*für Sitzverstellung*) slide rail. — **~,schrei·ben** *n* (*postal service*) tracer. — **~,schrift** *f electr.* 1. (*für Nachrichten etc*) newscaster. – 2. (*für Reklame etc*) moving screen. — **~,schritt** *m* 1. run, running pace: sich in ~ setzen to start running, to break into a run; er näherte sich im ~ he came up running, he came up at (*Am.* on) a run. – 2. *mil.* double time (*od.* quick): im ~ on

(*Br.* at) the run (*od.* double); im ~, marsch, marsch! (*Kommando*) *Am.* double time, march! *Br.* at the double, march! – **3.** (*sport*) stride. — ~ˌ**schu·he** *pl* **1.** (*sport*) a) track (*od.* running) shoes, b) (*mit Spikes*) (running) spikes. – **2.** walking (*od.* street) shoes. — ~ˌ**sitz** *m tech.* running fit. — ~ˌ**soh·le** *f* (*eines Schuhs*) outsole. — ~ˌ**spiel** *n* (*games*) running game. — ~ˌ**spin·ne** *f zo.* running (*od.* vagile) spider, citigrade (*scient.*). — ~ˌ**sprung** *m* (*sport*) (*Weitsprungtechnik*) hitch-kick style. — ~ˌ**spu·le** *f* (*textile*) rotating pirn, revolving bobbin.

läufst [lɔʏfst] *2 sg pres of* laufen.

'**Lauf**|ˌ**stall** *m*, ~ˌ**ställ·chen** *n cf.* Laufgitter. — ~ˌ**stan·ge** *f* (*eines Treppengeländers*) banister, *Am. auch* bannister, handrail. — ~ˌ**steg** *m* **1.** gangway, runway: ein neues Modell über den ~ schicken *fig.* to introduce a new fashion model. – **2.** *tech.* (*einer Arbeitsmaschine*) running board. – **3.** *mar. cf.* Laufplanke 1. — ~ˌ**stein** *m tech.* (*einer Mühle*) (edge) runner, stone travel(l)er. — ~ˌ**stil** *m* (*sport*) running style. — ~ˌ**strecke** (*getr.* -k·k-) *f* (*bes. sport*) distance. — ~ˌ**stuhl** *m cf.* Laufgestell.

läuft [lɔʏft] *3 sg pres of* laufen.

'**Lauf**|ˌ**trai·ning** *n* (*sport*) special training for running, running as training: er absolviert ein tägliches ~ von zwei Stunden he runs two hours a day as part of his training. — ~ˌ**trep·pe** *f cf.* Rolltreppe. — ~ˌ**vö·gel** *pl zo.* runners, coursers, running birds, cursores (*scient.*) (*Unterordng Cursoria*): zu den Laufvögeln gehörend cursorial. — ~ˌ**werk** *n* **1.** *tech.* (*eines Spielzeugautos etc*) mechanism, drive assembly. – **2.** (*watchmaking*) clockwork, spring work. – **3.** *mil.* (*eines Panzers*) tracks and suspensions *pl*, running gear. – **4.** (*railway*) running gear, carriage. – **5.** *phot.* film-feed mechanism. — ~ˌ**wett·be**ˌ**werb** *m* (*sport*) *cf.* Laufdisziplin. — ~ˌ**wun·der** *n* ace (*od.* star) runner.

'**Lauf**ˌ**zeit** *f* **1.** *econ.* term, duration, validity, life, currency: ~ eines Vertrages duration (*od.* period of validity) of a contract; durchschnittliche ~ average duration (*od.* life); für die volle ~ for the full term; ~ eines Wechsels currency (*od.* life) of a bill. – **2.** *tech.* a) (*einer Maschine*) cycle (*od.* cycling) time, b) (*Zerspanungszeit*) machine (*od.* machining) time, c) (*Lebensdauer*) useful (*od.* service) life. – **3.** *electr.* a) (*eines Motors*) running time, b) (*eines Elektrons*) transit time, c) (*einer Leitung*) time delay. – **4.** (*radio*) transition interval. – **5.** *mil.* (*eines Zünders*) fuse. – **6.** (*watchmaking*) running time: eine Uhr mit zwölfstündiger ~ a 12-hour clock. – **7.** *zo.* (*einer Hündin etc*) period of sexual excitement, heat; (o)estrus, *auch* (o)estrum (*scient.*). – **8.** (*theater*) (*Spielzeit*) run: das Stück hatte eine lange ~ the play had a long run. – **9.** (*sport*) time. – **10.** (*postal service*) time of conveyance, forwarding time. – **11.** *tel.* transmission time (*od.* delay). – **12.** (*eines Filmes*) length, running time. – **13.** *chem.* development time. — ~ˌ**aus**ˌ**gleich** *m electr.* transit-time compensation. — ~ˌ**röh·re** *f* transit-time (*od.* travel[l]ing-wave, velocity-modulated) tube.

'**Lauf**ˌ**zet·tel** *m* **1.** *bes. tech.* (*Kontrollzettel*) interoffice (*Br.* inter-office) (*od.* control) slip (*od.* tag), tracer. – **2.** (*auf Akten etc*) circulation slip, *bes. Am.* tickler.

Lau·ge ['laʊɡə] *f* ⟨-; -n⟩ **1.** *chem.* lye, alkaline (*od.* caustic) solution, lixivium (*scient.*). – **2.** (*Lösung*) liquor, solution: die (ätzende) ~ seines Spotts *fig. lit.* his biting sarcasm. – **3.** (*Seifenlauge*) suds *pl* (*construed as sg or pl*). – **4.** (*Waschlauge*) buck. – **5.** (*Salzlauge*) brine. – **6.** (*Laugungsmittel*) leaching agent, lixiviant. – **7.** (*Elektrolysebad*) electrolyte. – **8.** *tech.* a) (*in der Lederfabrikation*) lye, b) (*in der Bleicherei*) buck. — '**lau·gen I** *v/t* ⟨h⟩ **1.** *chem.* lye, lixiviate (*scient.*). – **2.** wash (*od.* soak, steep) in lye, lye, leach, *bes. Br. dial.* buck. – **3.** (*Wäsche*) buck. – **4.** *tech.* (*Leder*) lye. – **5.** *metall.* wash, leach. – **II** *v/i* **6.** das Faß laugt the barrel causes wine to taste of the cask. – **III L~** *n* ⟨-s⟩ **7.** *verbal noun.* – **8.** *chem.* lixiviation. – **9.** *metall.* electrolysis.

'**lau·gen**ˌ**ar·tig** *adj chem.* alkaline, lixivial, lixivious.

'**Lau·gen**|ˌ**asche** *f chem.* alkaline ash(es *pl*), soap-boiler's waste. — ~ˌ**bad** *n* **1.** *med.* alkaline bath. – **2.** *tech.* alkaline bath, lye (bath), liquor. — **l~be**ˌ**stän·dig** *adj tech. chem.* alkaliproof, resistant to alkaline (*od.* caustic) solutions. — ~ˌ**blu·me** *f bot.* buck's horn, cotula (*scient.*) (*Cotula coronopifolia*). — ~ˌ**bre·zel** *f gastr.* salt pretzel. — ~ˌ**faß** *n* **1.** (*für Wäsche*) buck(ing) tub, leaching tub, leaching vat. – **2.** *tech.* a) (*in der Salpeterfabrikation*) lixiviating tub (*od.* cask), b) (*in der Seifensiederei*) lye vat, caustic pot. – **3.** *metall.* leaching vat. — ~ˌ**mes·ser** *m chem. phys.* alkalimeter. — ~ˌ**salz** *n chem.* alkali, alkaline (*od.* lixivial) salt. — ~ˌ**stein** *m* caustic soda. — ~ˌ**turm** *m* (*paper*) reaction tower. — ~**ver**ˌ**gif·tung** *f med.* alkaline intoxication, lye poisoning.

'**Lau·heit** *f* ⟨-; *no pl*⟩ **1.** lukewarmness, lukewarmth, tepidity, tepidness. – **2.** *fig.* lukewarmness, tepidity, halfheartedness: Gleichgültigkeit und ~ müssen überwunden werden indifference and lukewarmness must be overcome. – **3.** (*bes. religiöse od. politische*) Laodiceanism.

'**Lau·ig·keit** *f* ⟨-; -en⟩ *obs. for* Lauheit.

Lau·mon·tit [lomõ'tiːt; -'tɪt] *m* ⟨-(e)s; -e⟩ *min.* laumontite, *auch* laumonite.

Lau·ne ['laʊnə] *f* ⟨-; -n⟩ **1.** ⟨*only sg*⟩ mood, humor, *bes. Br.* humour, temper: gute [schlechte] ~ haben, (in) guter [schlechter] ~ sein to be in a good [bad] mood, to be in high [poor *od.* low] spirits; er ist bester (*od.* glänzender) ~ he is in an excellent mood, he is in the best of moods; übler ~ sein to be out of tune; [nicht] bei (*od.* in) ~ sein *colloq.* [not] to be in a good mood; er ist nicht in der ~ dazu he isn't in the mood for that; j-n in gute [*colloq.* stinkige] ~ versetzen to put s.o. in a good [*colloq.* lousy] mood; j-n bei guter ~ (er)halten to keep s.o. in a good (*od.* jovial) mood, to keep s.o. in high spirits; j-m die (gute) ~ verderben to spoil (*od.* ruin) s.o.'s good mood, to dash s.o.'s spirits; was hat er heute für ~? *colloq.* what mood is he in today? man konnte je nach (Lust und) ~ schwimmen gehen oder wandern one had the choice of swimming or hiking; bedienen Sie sich nach Lust und ~ help yourself to what you fancy. – **2.** *pl* moods: er hat so seine ~n he has his (little) moods, he is moody, he is a man of moods. – **3.** (*plötzlicher Einfall, Grille*) fancy, caprice, whim: etwas aus einer ~ heraus tun to do s.th. quite capriciously (*od.* whimsically); das war nur so eine ~ von mir that was only one of my little fancies (*od.* ideas). – **4.** *pl fig.* (*des Glücks, Wetters etc*) whims, freaks, caprices, vagaries.

'**lau·nen·haft** *adj* **1.** (*launisch*) moody, temperamental: ein ~er Mensch a man of moods. – **2.** (*kapriziös*) capricious, fanciful, full of whims and fancies, whimsical: der ~e Zufall *fig.* capricious coincidence; das Schicksal war ~ *fig.* fate was capricious. – **3.** (*unberechenbar*) fitful, erratic, mercurial, vagarious, wayward, uneven. – **4.** *fig.* (*Wetter*) changeable, uncertain. – **5.** *mus.* capriccioso. — '**Lau·nen·haf·tig·keit** *f* ⟨-; *no pl*⟩ **1.** moodiness. – **2.** capriciousness, caprice, whimsicalness, whimsicality. – **3.** (*Unbeständigkeit*) fitfulness, waywardness. – **4.** *fig.* (*des Wetters*) changeableness, uncertainty.

'**lau·nig I** *adj* **1.** (*Ansprache, Verse etc*) humorous, jocose, jocular. – **2.** (*Einfall etc*) witty, bright, clever. – **II** *adv* **3.** das Buch ist ~ geschrieben the book is written with wit and humo(u)r. – **4.** *mus.* scherzando, scherzo. — '**Lau·nig·keit** *f* ⟨-; *no pl*⟩ **1.** humorousness, jocoseness, jocosity. – **2.** wittiness, brightness, cleverness.

'**lau·nisch I** *adj* **1.** *cf.* launenhaft. – **2.** (*mürrisch*) bad- (*od.* ill-)tempered, peevish, moody. – **II** *adv* **3.** *mus.* capriccioso.

Lau·re·at [laʊre'aːt] *m* ⟨-en; -en⟩ *lit.* laureate.

Lau'ren·ti·us|ˌ**bir·ne** [laʊ'rɛntsɪʊs-] *f hort.* St. Lawrence pear. — ~ˌ**stern**ˌ**schnup·pe** *f astr.* St. Lawrence's tears *pl*, Perseids *pl*.

lau·re·ta·nisch [laʊre'taːnɪʃ] *adj relig.* Loret(t)o (*attrib*): ~e Nonne Loretto nun; ~e Litanei (the) Litany of the Blessed Virgin.

Lau·rin ['laʊriːn] *npr m* ⟨-s; *no pl*⟩ *myth.* (*Zwergenkönig*) Laurin.

lau'rin|ˌ**sau·er** [laʊ'riːn-] *adj chem.* lauric. — **L~**ˌ**säu·re** *f* lauric acid ($CH_3(CH_2)_{10}COOH$).

Lau·rit [laʊ'riːt; -'rɪt] *m* ⟨-s; *no pl*⟩ *min.* laurite.

Lau·ron [laʊ'roːn] (*TM*) *n* ⟨-s; *no pl*⟩ *chem.* laurone.

Laus [laʊs] *f* ⟨-; ⸚e⟩ **1.** *zo.* a) (true) louse (*Ordng Anoplurae*); cootie, crawler, *Am.* crumb (*sl.*), b) *cf.* Kopflaus, c) *cf.* Blattlaus: voller Läuse lousy; pedicular, pediculous (*scient.*); Läuse bekommen (*od. colloq.* kriegen) to become infested with lice, to become (*od.* get) lousy; er sucht ihm die Läuse ab he picks the lice off him; Läuse knacken to squash lice; ihm ist eine ~ über die Leber gelaufen (*od.* gekrochen) *fig. colloq.* something has bitten (*od.* got into) him; sich (*dat*) eine ~ in den Pelz setzen *fig. colloq.* to let oneself in for s.th.; j-m eine ~ in den Pelz setzen *fig. colloq.* to let s.o. in for s.th. – **2.** (*textile*) *small open knot in silk.*

'**Laus**ˌ**bub** *m bes. Southern G. humor.* imp, (young) rascal (*od.* scamp), rogue: er ist ein richtiger ~ he's a (real) little rascal. — '**Laus**ˌ**bu·ben**ˌ**streich** *m*, ˌ**Laus·bü·be'rei** *f* boy's trick (*od.* prank).

lau·schen ['laʊʃən] *v/i* ⟨h⟩ **1.** listen (attentively): sie lauschte der Geschichte she listened to the story; auf die Atemzüge eines schlafenden Kindes ~ to listen for the breathing of a sleeping child; sie lauschte andächtig [reglos] seinen Worten she listened devoutly [without stirring] to his words; angestrengt ~ to strain one's ears; in die Nacht ~ to listen for sounds in the night. – **2.** (*heimlich*) listen (secretly), eavesdrop: an der Tür [am Schlüsselloch] ~ to listen at the door [keyhole]; du hast gelauscht you've been eavesdropping.

'**Lau·scher** *m* ⟨-s; -⟩ **1.** listener, eavesdropper: der ~ an der Wand hört seine eigene Schand (*Sprichwort*) listeners hear no (*od.* never hear) good of themselves (*proverb*). – **2.** *pl hunt.* (*eines Rehs etc*) ears.

'**Lausch**ˌ**garn** *n hunt.* net for catching hares (*od.* rabbits).

'**lau·schig** *adj* **1.** (*gemütlich*) snug, cozy: eine ~e Ecke a snug corner. – **2.** (*still*) quiet, peaceful. – **3.** (*einsam*) secluded, sequestered: sie fanden ein ~es Plätzchen im Wald they came across a secluded spot in the wood. – **4.** (*versteckt*) hidden, tucked-away (*attrib*).

'**läu·se**|**be**ˌ**dingt** *adj med.* (*Infektion*) louse-borne. — **L~be**ˌ**fall** *m* infestation with lice; pediculosis, phthiriasis, pediculation, vermination (*scient.*).

'**Lau·se**ˌ**ben·gel** *m colloq. cf.* Lausejunge.

'**Läu·se**|ˌ**ei** *n zo.* nit. — **l~**ˌ**fres·send** *adj* louse-eating, phthirophagous (*scient.*).

'**Lau·se**ˌ**geld** *n contempt.* paltry amount (*od.* beggarly sum) of money, mere pittance, chicken feed (*colloq.*).

'**Läu·se**ˌ**ger·mer** *m bot.* cevadilla, sabadilla (*Schoenocaulon officinalis*).

'**Lau·se**ˌ**har·ke** *f sl. humor.* comb, *Am. sl.* louse trap.

'**Laus**ˌ**ei** *n zo.* nit.

'**Lau·se**|ˌ**jun·ge** *m colloq.* imp, (young) rascal (*od.* scamp), rogue: du frecher ~! you naughty little imp! — **l~'kalt** *adj colloq.* miserably (*od. sl.* stinking) cold.

'**Läu·se**ˌ**kamm** *m colloq.* finetooth comb.

'**Lau·se**ˌ**kerl** *m colloq. cf.* Lausejunge.

'**Läu·se**ˌ**kraut** *n bot.* lousewort (*Gattg Pedicularis*).

'**Lau·se**ˌ**lüm·mel** *m colloq. cf.* Lausejunge.

lau·sen ['laʊzən] **I** *v/t* ⟨h⟩ **1.** louse, rid (*od.* clean) (*s.o., an animal*) of lice: er laust den Affen he picks the lice off the monkey; ich denke, mich laust der Affe *fig. colloq.* I was dumbfounded. – **2.** j-n ~ *fig. humor.* to fleece s.o., to make s.o. pay through the nose: sie haben ihn tüchtig gelaust they really fleeced him; j-m den Beutel ~ to clean out s.o.'s purse (*od.* wallet). – **II** *v/reflex* sich ~ **3.** clean oneself (*od.* itself) of lice, louse oneself (*od.* itself), pick the lice off oneself (*od.* itself): der Affe laust sich the monkey picks the lice off himself (*od.* itself).

'**Lau·se**|ˌ**nest** *n* **1.** louse nest, nest of lice. – **2.** *fig. colloq.* dirty nest, filthy hole (*od.* den). – **3.** *fig. colloq.* wretched (*od.* miserable) town (*od.* village). — ~ˌ**pack** *n colloq.* brazen pack, riffraff, canaille.

'**Läu·se**ˌ**pul·ver** *n med. pharm.* pediculicide, lousicide.

'**Lau·ser** *m* ⟨-s; -⟩ *dial. humor. cf.* Lausbub.

'**Läu·se**ˌ**sucht** *f med. cf.* Läusebefall.

'**Laus**ˌ**flie·ge** *f zo.* louse fly, hippoboscid (*scient.*) (*Fam. Hippoboscidae*): die ~n the pupipara.

lau·sig ['laʊzɪç] *colloq.* **I** *adj* **1.** (*Sache, Zeiten etc*) bad, 'lousy' (*colloq.*). – **2.** (*Gehalt, Stipendium etc*) poor, paltry, 'lousy' (*colloq.*): **deine paar ~en Groschen** your few lousy pennies. – **3.** (*Nest, Buch etc*) filthy, 'lousy' (*colloq.*). – **4.** (*Kälte, Hitze etc*) unpleasant; 'dreadful', 'awful' (*colloq.*). – **5.** (*Arbeit, Anstrengung etc*) miserable, wretched, 'lousy' (*colloq.*). – **II** *adv* **6. es ist ~ kalt** it is beastly cold (*colloq.*); **die Sache ist ~ schwer** the matter is terribly difficult (*colloq.*); **das tut ~ weh** that hurts like hell (*colloq.*); **er hat ~ viel Geld** he's lousy (*od.* filthy) with money (*colloq.*); **das kostet ~ viel** that's terribly expensive (*colloq.*).

Lau·sit·zer ['laʊzɪtsər] *m* ⟨-s; -⟩ *geogr.* Lusatian. — '**lau·sit·zisch** *adj* Lusatian.

laut[1] [laʊt] **I** *adj* ⟨-er; -est⟩ **1.** loud: **er wurde mit ~em Beifall begrüßt** he was welcomed with loud applause; **~es Gelächter** loud (*od.* ringing, resounding) laughter; **sie erhoben ein ~es Geschrei** a) they started to shout, b) *fig.* they raised a hue and cry; **sie brachen in ~e Klagen aus** they burst out into loud lamentations; **er sang ~e Loblieder auf den Autor** *fig.* he was loud in his praise of the author; **das Radio ist zu ~** the radio is too loud; **reden Sie bitte mit ~er Stimme** please speak in a loud (*od.* audible) voice; **sie hat eine ~e Stimme** a) she has a loud voice, b) (*Singstimme*) she has a powerful voice; **er wurde ~** he began to shout. – **2.** (*geräuschvoll*) noisy: **eine ~e Straße** a noisy street; **die Gesellschaft wurde sehr ~** the party became very noisy (*od.* boisterous); **er ist sehr ~** a) he is a very noisy person, b) *fig.* he is rather loudmouthed. – **3.** (*klar, bestimmt*) clear, distinct. – **4.** *fig.* (*Farben*) loud, glaring, shrill, strident, blatant. – **5.** ⟨*pred*⟩ (*in Wendungen wie*) **es wurden Stimmen ~, daß** the opinion was expressed (*od.* voiced) that; **allgemein wurde der Wunsch nach größerer Freiheit ~** a desire for greater freedom was voiced everywhere; **es wurde das Gerücht ~, daß** the rumo(u)r spread that, it was rumo(u)red that; **ein Geheimnis ~ werden lassen** to betray (*od.* divulge, tell) a secret; **laß das ja nicht ~ werden** keep quiet about this, don't let anybody find out, mum's the word; **er ließ nichts (davon) ~ werden** he didn't breathe a word, he kept mum (*od.* quiet) (about it). – **6.** *mus.* forte: **sehr ~** fortissimo. – **7.** *hunt.* **die Hunde sind ~** the dogs are barking (*od.* baying); **im Wald ist es ~** the ground of the forest is so dry it is difficult to hunt noiselessly; **der Schnee ist ~** the snow crunches beneath one's feet. – **II** *adv* **8. bitte lies das ~ vor** please read out aloud what is written there; **sprechen Sie bitte ~ und deutlich** please speak loudly and clearly; **er lachte ~ los** he burst out laughing; **sie schrie ~ auf** she gave a loud cry; **sie schrie so laut sie konnte** she screamed at the top of her voice; **~ denken** to think aloud, to think out loud; **er sagte ~ und deutlich seine Meinung** he expressed his opinion quite openly; **das darf man nicht ~ sagen** one shouldn't say that out loud, that should be talked of in whispers only; **kannst du das nicht ~er sagen!** *iron.* can't you say that any louder! **laut spielen** to play noisily (*od.* boisterously). – **9.** *mus.* forte: **sehr ~** fortissimo.

laut[2] *prep* ⟨*gen, auch dat, nom*⟩ (as) per, according to, in accordance with: **~ Paragraph X** as per (*od.* as stated in) paragraph X; **~ Übereinkunft** by agreement; **~ Verfügung** (*od.* **Befehl**) by decree (*od.* order, command), as directed; **~ Vorschrift** by (*od.* according to) rule; **~ Rechnung** (*od.* **Nota**) *econ.* as per note; **~ Briefen** according to letters; **~ Gesetz** (*od.* **des Gesetzes**) under the law; **~ Faktura** *econ.* as per invoice, as invoiced; **~ ärztlicher Verordnung** as prescribed (by a physician); **~ ärztlichem Gutachten** according to expert medical opinion; **~ unserem Schreiben vom** as set forth in our letter of.

Laut *m* ⟨-(e)s; -e⟩ **1.** sound, tone: **keinen ~ von sich geben** not to utter a sound; **er hörte keinen ~** he heard no (*od.* not a) sound; **fremde ~e drangen an mein Ohr** sounds of a foreign tongue fell on my ears; **unartikulierte ~e ausstoßen** to utter inarticulate (*od.* incoherent) sounds, to make strange noises; **sie konnte keinen ~ hervorbringen** she couldn't bring out one syllable. – **2.** *ling.* sound, phone (*scient.*): **~e bilden** to form (*od.* articulate) sounds; **stimmloser ~** voiceless sound, surd; **stimmhafter ~** sonant, voiced sound, *auch* tonic; **silbenbildender ~** syllabic; **stumme ~e** mutes; **kurzer ~** short sound; **parasitischer ~** parasite. – **3.** **~ geben** *hunt.* to bark, to bay, to give tongue: **der Hund gibt ~** the dog is barking.

'**Laut|,an,glei·chung** *f ling.* assimilation (of sounds). — **~ar,chiv** *n* (*für Sprachforschung etc*) sound (*od.* phonetic) archives *pl.*

'**laut·bar** *adj only in* **~ werden** to become known (*od.* public): **der Vorfall durfte auf keinen Fall ~ werden** the incident was not to become known at any cost.

'**Laut|be,zeich·nung** *f ling.* **1.** (*Bezeichnungsweise*) phonetic (*od.* sound) notation (*od.* transcription). – **2.** (*Zeichen*) phonetic symbol. — **~,bild** *n* (*eines Wortes*) phonetic spelling, auditory (*od.* sound) image. — **~,bil·dung** *f* formation of (speech) sounds, articulation, phonation (*scient.*). — **~,bil·dungs,leh·re** *f* (articulatory) phonetics *pl* (*construed as sg*). — **~,dau·er** *f* quantity (*od.* duration) (of a sound).

Lau·te ['laʊtə] *f* ⟨-; -n⟩ *mus.* lute: **die ~ spielen** (*od. poet.* **schlagen**) to play (on) the lute; **Lieder zur ~** songs accompanied by the lute.

'**Laut|,ei·gen·heit** *f ling.* phonetic peculiarity. — **~,ein,fü·gung** *f* epenthesis.

lau·ten ['laʊtən] *v/i* ⟨h⟩ **1.** run, read, go: **der Brief lautet folgendermaßen** the letter reads as follows; **wie lautet das dritte Gebot?** how does the third commandment go? **wörtlich ~** to be worded; **der Satz muß so ~** the sentence must read thus. – **2.** (*besagen*) say: **der Befehl lautet dahingehend, daß** the order says that; **wie lautet der Brief?** what does the letter say? – **3.** (*Bezeichnung etc*) be: **wie lautet sein Name?** what is his name? how is he called? – **4.** (*klingen*) sound: **ihre Antwort lautet günstig für uns** her answer sounds favo(u)rable to us; **der ärztliche Befund lautet besorgniserregend** the doctor's findings sound disconcerting. – **5.** **~ auf** (*acc*) (*in Wendungen wie*) **auf (den Namen) X ~** a) (*von Paß etc*) to be (made out) in the name of X, b) (*von Scheck etc*) to be payable to X, to be made out to X; **auf den Betrag von DM 100 ~** to be made out in the amount of 100 marks; **auf Schadenersatz ~** *jur.* to sound in damages; **sein Urteil lautete auf sechs Monate Gefängnis** he was sentenced to six months in prison; **das Urteil lautete auf Freispruch** the sentence was one of acquittal; **die Anklage lautet auf Hochverrat** the charge is high treason.

läu·ten ['lɔʏtən] **I** *v/i* ⟨h⟩ **1.** (*von Kirchenglocken*) ring, peal, chime, (*langsam feierlich*) *auch* toll, knell: **die Glocken ~ zur Kirche [Messe]** the bells are ringing for church [mass]; **die Totenglocken ~** the funeral bells are tolling. – **2.** (*von Klingel, Telephon, Wecker etc*) ring: **(nach) j-m ~** to ring for s.o.; **die Glocke läutet** a) there's a ring at the door, b) (*in der Schule etc*) the bell is ringing; **ich habe (etwas) davon ~ hören** *fig. colloq.* I have heard rumo(u)rs (*od.* s.th.) to that effect; **ich habe ~ hören, daß** I have heard (rumo[u]rs) that. – **3.** (*von Glöckchen, Kuhglocken etc*) tinkle, tingle, ting. – **II** *v/t* **4.** (*Glocken*) ring, peal, chime, (*langsam u. feierlich*) *auch* toll, knell: **j-n zu Grabe ~** to toll s.o.'s passing (*od.* death) bell; **man läutet Feuer [Sturm]** they are ringing the fire [storm] alarm. – **5.** (*Schelle etc*) ring: **bei j-m Sturm ~** to ring s.o.'s doorbell impatiently (*od.* furiously). – **6.** (*Glöckchen etc*) tinkle, tingle, ting. – **III** *v/impers* **7. es läutet** a) there's a ring at the door, b) (*in der Schule etc*) the bell is ringing: **es hat bereits zweimal** (*od.* **zum zweitenmal**) **geläutet** a) the bell has already rung twice, b) (*vor einem Konzert etc*) the bell has rung for the second time; **es läutet zur Kirche [Messe]** the bells are ringing for church [mass]. – **IV L~** *n* ⟨-s⟩ **8.** *verbal noun.* – **9.** (*der Glocken*) ring, chime, peal, (*langsam feierliches*) *auch* toll, knell. – **10.** (*eines Glöckchens etc*) tinkle, tingle, ting.

'**Lau·ten|,band** *n* (decorative) lute strap. — **~,bau·er** *m* lutemaker, lutist.

'**lau·tend I** *pres p.* – **II** *adj* **auf j-n ~** *bes. econ.* payable to s.o., made out to s.o.: **auf den Inhaber ~e Obligationen** bonds payable to bearer; **auf den Überbringer ~** payable to bearer; **auf den Namen ~** a) payable to person named, b) (*Aktien*) registered.

'**Lau·ten·etui** [-ˀɛt,viː] *n* lute case.

Lau·te·nist [laʊtəˈnɪst] *m* ⟨-en; -en⟩, *obs.* '**Lau·ten,schlä·ger** *m cf.* Lautenspieler.

'**Lau·ten|,spiel** *n* lute playing. — **~,spie·ler** *m* lute player, lutanist, *auch* lut(en)ist. — **~,steg** *m* bridge, frontal stringholder.

'**Laut·ent,wick·lung** *f ling.* evolution of sounds, phonetic development.

'**Lau·ten,zug** *m mus.* (*eines Cembalos*) harp stop.

'**lau·ter**[1] *comp of* laut[1].

'**lau·ter**[2] **I** *adj* ⟨-er; -st⟩ *lit.* **1.** (*Gold etc*) pure, unalloyed. – **2.** (*Flüssigkeit*) clear, limpid. – **3.** *fig.* (*Gesinnung, Charakter etc*) sincere, ingenuous, candid. – **4.** *fig.* (*Absichten etc*) honest, genuine, disinterested. – **5.** *fig.* (*Wahrheit*) real, plain, unvarnished. – **II** *adv* **6.** sheer, nothing but: **du redest ~ Unsinn** you're talking sheer nonsense; **aus ~ Vergnügen [Liebe]** from sheer pleasure [love]. – **7.** nothing but, only: **in unserem Abteil saßen ~ nette Leute** in our compartment there were only nice people, all the people in our compartment were nice; **sie war von ~ Verehrern umgeben** she was completely surrounded by fans; **das sind ~ Lügen** that's (nothing but) a pack of lies. – **8.** many: **sie zerriß den Bogen in ~ kleine Fetzen** she tore the sheet up in(to) many little scraps; **das Kleid war mit ~ grünen Perlen bestickt** the dress was embroidered (all over) with green pearls; **~ Gründe, zu Hause zu bleiben** all of them (*od.* so many) reasons for staying at home.

'**Läu·ter|,bot·tich** *m brew.* clarifying (*od.* straining) vat (*od.* tub). — **~,feu·er** *n röm. kath. cf.* Fegefeuer. — **~,fla·sche** *f chem.* (*für Gase*) washing bottle.

'**Lau·ter·keit** *f* ⟨-; *no pl*⟩ integrity, candor, *bes. Br.* candour, sincerity: **ich zweifle die ~ seines Charakters nicht an** I do not question his integrity.

läu·tern ['lɔʏtərn] **I** *v/t* ⟨h⟩ **1.** *lit.* (*Seele etc*) purify, purge. – **2.** *tech.* purify, refine. – **3.** *chem.* a) (*rektifizieren*) rectify, b) (*Felle*) wash, c) (*Mehl*) bolt, d) (*Zucker*) clarify, cure, refine. – **4.** *metall.* refine. – **5.** *brew.* clarify. – **6.** (*Branntwein*) clear. – **II** *v/reflex* **sich ~ 7.** *fig.* purify (*od.* purge, refine) oneself, sublime. – **III L~** *n* ⟨-s⟩ **8.** *verbal noun.* – **9.** *cf.* Läuterung.

'**Laut·er,satz** *m ling.* (sound) substitution.

'**Läu·ter,trom·mel** *f* **1.** *metall.* washing cylinder (*od.* drum). – **2.** (*mining*) rotary screen, trommel, washing (*od.* cleaning) drum, log washer.

'**Läu·te·rung** *f* ⟨-; -en⟩ **1.** *cf.* Läutern. – **2.** *lit.* (*der Seele etc*) purification, purgation. – **3.** *tech.* purification, refinement. – **4.** *chem.* a) rectification, b) wash(ing), c) bolting, d) curing, clarification, refining. – **5.** *metall.* refinement.

'**Läu·te·rungs|,mit·tel** *n tech.* purifying agent. — **~pro,zeß, ~,vor,gang** *m* refining process, fining.

'**Läu·te|,werk** *n* **1.** (*eines Weckers*) alarm (mechanism), bell. – **2.** *electr.* warning bell, ringing mechanism, (*in einer Geldschublade*) *auch* money alarm. – **3.** (*railway*) signal alarm bell: **~ der Lokomotive** locomotive signal bell. — **~,zei·chen** *n* ring, acoustic signal.

'**Laut|ge,schich·te** *f ling.* phonetic history. — **~ge,setz** *n* phonetic (*od.* sound) law. — **l~ge,setz·lich** *adj u. adv* in accordance with (*od.* relating to) the phonetic (*od.* sound) laws. — **l~ge,treu** *adj* **1.** corresponding to (*od.* precisely copying) a sound. – **2.** *electr.* of high-fidelity, orthophonic.

'**laut,hals** *adv* **1.** at the top of one's voice: **er lachte ~ los** he burst out laughing. – **2.** so that everyone can (*od.* could) hear.

'**Laut·heit** *f* ⟨-; *no pl*⟩ *rare* loudness, noisiness.

lau·tie·ren [laʊˈtiːrən] *v/t u. v/i* ⟨*no* ge-, h⟩ *ling.* read (*od.* spell) phonetically. — **Lau'tier·me,tho·de** *f* phonetic reading (*od.* spelling).

'**Laut|,kun·de, ~,leh·re** *f* **1.** *ling.* a) phonetics *pl* (*construed as sg*), b) (*in bestimmter Sprache od. Periode*) phonology. – **2.** *phys.* phonics *pl* (*construed as sg*).

'**laut·lich I** *adj* of (*od.* as regards) sound, phonetic(al): **~e Mehrdeutigkeit** (*von Schriftzeichen*) polyphony; **~e Veränderung** phonetic modification. – **II** *adv* phonetically.

'laut·los I *adj* **1.** soundless, mute: ~es Lachen soundless laughter. – **2.** (*geräuschlos*) noiseless, silent: ~e Schritte noiseless steps. – **3.** (*still*) hushed, still: es herrschte ~e Stille there was a hushed silence, there was complete silence. – **II** *adv* **4.** der Kahn glitt ~ dahin the skiff glided silently along; ~ weinen to cry soundlessly; er brach ~ zusammen he collapsed without a sound. — **'Laut·lo·sig·keit** *f* ⟨-; *no pl*⟩ **1.** soundlessness. – **2.** noiselessness, silentness. – **3.** hush, stillness, (deep) silence.

'laut|,ma·lend *adj* imitative of sound, echoic; onomatopoeic(al), mimetic (*scient.*): ~es Wort onomatope. — **L~ma·le'rei** [,laut-] *f* imitation of sound, echoism, onomatopoeia (*scient.*). — **~,ma·le·risch, ~,nach,ah·mend** *adj cf.* lautmalend. — **L~phy·sio·lo,gie** *f* physiology of speech. — **~phy·sio,lo·gisch** *adj* relating to the physiology of speech. — **L~qua·li,tät** *f* (sound) quality: unbetont und von unbestimmter ~ unstressed and (of) neutral (quality), *auch* weak. — **L~,schrift** *f* phonetic transcription (*od.* notation, writing): internationale ~ international phonetic alphabet, IPA. — **~,schrift·lich** *adj u. adv* written (*od.* spelled) phonetically, in phonetic spelling: ~e Wiedergabe phonetic representation (*od.* spelling); ~ wiedergeben to represent (*od.* spell) phonetically, to phoneticize.

'Laut,spre·cher *m electr.* loudspeaker, speaker: ~ mit Klangverteiler horn-loaded loudspeaker; elektrodynamischer ~ moving-coil (*od.* electrodynamic) loudspeaker; piezoelektrischer ~ crystal (*od.* piezoelectric) loudspeaker; trichterloser ~ hornless loudspeaker; die Vorlesung wurde durch ~ übertragen the lecture was carried by (*od.* over the) loudspeaker(s); etwas mit einem ~ ansagen to announce s.th. over the loudspeaker. — **~,an,la·ge** *f* public address (*od.* loudspeaker) system. — **~,anschluß** *m* (*am Radio*) speaker socket (*od.* terminal). — **~,mast** *m* (*in Stadion etc*) loudspeaker mast. — **~mem,bran** *f* (loudspeaker) diaphragm. — **~,trich·ter** *m* loudspeaker horn. — **~,über,tra·gung** *f* carrying (*of s.th.*) by (*od.* over the) loudspeaker(s). — **~,wa·gen** *m* public address car, loudspeaker van (*Am.* truck). — **~,wer·bung** *f* advertising (*od.* canvassing) by loudspeaker.

'laut,stark I *adj* (*Streit etc*) noisy. – **II** *adv* ~ argumentieren to argue heatedly; ~ zustimmen to voice one's approval loudly.

'Laut,stär·ke *f* **1.** *electr.* loudness, sound volume, signal strength, audible sound level: die ~ regulieren (*od.* einstellen) to adjust the volume; das Radio mit voller ~ spielen to play the radio at full volume; Verhältnis der direkten zur indirekten ~ acoustic scale. – **2.** loudness: mit voller ~ schreien to scream at the top of one's voice. — **~be,reich** *m electr.* volume range. — **~,mes·ser** *m* sound-level meter, intensity meter, phonometer. — **~,mes·sung** *f* sound measurement. — **~,pe·gel** *m* level of sound (*od.* volume). — **~,reg·ler** *m* volume (*od.* gain) control, loudness control. — **~,re·ge·lung** *f* volume adjustment, volume (*od.* gain) control. — **~,schwan·kung** *f meist pl* variation (*od.* fluctuation) in signal strength (*od.* sound, volume). — **~,um,fang** *m* volume (*od.* dynamic) range.

'Laut|sub·sti·tu·ti,on *f ling. cf.* Lautersatz. — **~sym,bol** *n cf.* Lautzeichen. — **~sym,bo·lik** *f* sound symbolism. — **~sy,stem** *n* phonetic system. — **~,ta·fel** *f* phonetic chart.

'Lau·tung *f* ⟨-; -en⟩ *ling.* **1.** articulation. – **2.** (*Aussprache*) pronunciation.

'Laut|,un·ter,schied *m ling.* difference in sound, phonetic difference. — **~ver,hält·nis** *n* interrelation of sounds.

'Laut·ver,schie·bung *f ling.* **1.** die (germanischen) ~en the (Germanic) consonant shifts, the lautverschiebungen (*scient.*): erste (*od.* germanische) ~ first (*od.* Germanic) consonant shift, *auch* Grimm's law; zweite (*od.* hochdeutsche) ~ second (*od.* High German) consonant shift. – **2.** sound shift(ing), phonetic change, (*der Konsonanten*) *auch* consonant shift, (*der Vokale*) *auch* vowel shift.

'Laut·ver,schie·bungs·ge,setz *n ling.* law governing sound shift(ing), phonetic (*od.* sound) law.

'Laut|ver,stär·ker *m electr.* sound amplifier. — **~ver,wech·se·lung, ~ver,wechs·lung** *f* **1.** *ling.* transposition of sounds, (*mit humoristischem Effekt*) spoonerism. – **2.** *med.* paralalia. — **~ver,zer·rung** *f electr.* sound distortion. — **~,wan·del** *m ling.* sound (*od.* phonetic) change: spontaner (*od.* unbedingter) ~ spontaneous (*od.* isolative) sound change; kombinatorischer (*od.* bedingter) ~ combinatory sound change. — **~,wech·sel** *m* transmutation of sounds (*within cognate words*).

'Läut,werk *n cf.* Läutewerk.

'Laut|,wert *m ling.* (*in der Phonetik*) phonetic value. — **~,wis·sen·schaft** *f* phonetics *pl* (*construed as sg*). — **~,zei·chen** *n* phonetic symbol (*od.* sign), *auch* phonogram, phonotype.

'lau,warm *adj* lukewarm, tepid, warmish.

La·va ['la:va] *f* ⟨-; -ven⟩ *geol.* lava: erstarrte ~ solidified (*od.* consolidated) lava, clinker; schlackige (*od.* verschlackte) [gesteigerte] ~ scorified [spotted] lava. — **l~,ähn·lich, l~,ar·tig** *adj* lava(like). — **~,bett** *n* bed of lava.

La·va·bo [la'va:bo] *n* ⟨-(s); -s⟩ *röm.kath.* lavabo, *auch* Lavabo.

'La·va|,bom·be *f geol.* (lava *od.* volcanic) bomb. — **~,decke** (*getr.* -k·k-) *f* lava flow (*od.* field, sheet). — **~,feld** *n* lava field. — **~,fluß** *m* lava flow. — **~,glas** *n min.* volcanic glass, vitreous lava, obsidian (*scient.*): weißes ~ hyalite. — **~,glut** *f* red-hot (*od.* molten) lava. — **~,grus** *m* **1.** *geol.* volcanic ashes *pl.* – **2.** *min.* lapilli *pl.*

La·van'din,öl [lavan'di:n-] *n* (*cosmetics*) lavandin oil.

'La·va|,stein *m geol.* lava stone (*od.* rock). — **~,strom** *m* stream (*od.* torrent, river) of (red-hot *od.* molten) lava: erstarrter ~ coulee.

La·ven·del [la'vɛndəl] *m* ⟨-s; -⟩ **1.** *bot.* lavender (*Gattg Lavandula, bes. L. officinalis*): Gemeiner ~ common (*od.* spike) lavender, aspic (*L. spica*); Wilder ~ *cf.* Berggamander. – **2.** (*cosmetics*) lavender water: sich mit ~ parfümieren to lavender oneself; ~ zwischen Wäsche legen to lavender linens (*bes. Am.* linens). — **~,blau I** *n* lavender (blue). – **II** *adj* lavender-blue. — **~,far·be** *f* lavender (color, *bes. Br.* colour). — **~,feld** *n* field of lavender. — **~,geist** *m* (*cosmetics*) extract of lavender. — **~,öl** *n* (*cosmetics*) oil of lavender, lavender (*od.* spike) oil, spikenard. — **~,was·ser** *n cf.* Lavendel 2.

La'vez,stein [la'vɛts-] *m min.* potstone, lapis ollaris (*scient.*).

la·vie·ren[1] [la'vi:rən] *v/i* ⟨*no* ge-, h⟩ **1.** *mar. obs.* tack, go about. – **2.** *fig.* man(o)euver, *bes. Br.* manœuvre, jockey. – **3.** *fig.* change course.

la'vie·ren[2] *v/t* ⟨*no* ge-, h⟩ (*art*) (*Zeichnung*) [wash (over).]

La·voir [la'vŏa:r] *n* ⟨-s; -s⟩ *Southern G. obs. od. Austrian* washbowl, washbasin.

Lä·vu'lin,säu·re [lɛvu'li:n-] *f chem.* levulinic acid ($CH_3CO(CH_2)_2COOH$).

Lä·vu·lo·se [lɛvu'lo:zə] *f* ⟨-; *no pl*⟩ *chem.* fruit sugar, levulose ($HOCH_2(CHOH)_3$-$COCH_2OH$).

La·wi·ne [la'vi:nə] *f* ⟨-; -n⟩ avalanche (of snow), snowslide, snowslip: eine ~ ist niedergegangen an avalanche has come down; eine ~ donnerte zu Tal an avalanche thundered into the valley; mehrere Dörfer wurden von einer ~ verschüttet several villages were buried by an avalanche; eine ganze ~ von Fragen *fig.* a whole avalanche of questions.

la'wi·nen,ar·tig *adj u. adv* avalanchelike, like an avalanche: ~ anwachsen to snowball.

La'wi·nen|ga·le,rie *f civ.eng.* avalanche shelter. — **~ge,fahr** *f* danger of avalanches. — **l~ge,fähr·det** *adj* (*Straße etc*) exposed to (the danger of) avalanches. — **~,hang** *m* avalanche slope. — **~,hund** *m cf.* Lawinensuchhund. — **~ka·ta,stro·phe** *f* avalanche disaster. — **~,op·fer** *n* victim of an avalanche, avalanche victim. — **~,schnee** *m* **1.** avalanche snow. – **2.** *geol.* névé. — **~,schnur** *f thin red rope worn by persons skiing in avalanche areas so as to facilitate searches.* — **~,such,hund** *m* (specially trained) avalanche search dog. — **~,unglück** *n* **1.** accident caused by an avalanche. – **2.** avalanche disaster. — **~ver,bau** *m*, **~ver,bau·ung** *f civ.eng.* avalanche brake (*od.* structure). — **~,warn,dienst** *m* avalanche patrol. — **~,war·nung** *f* avalanche warning. — **~,wind** *m meteor.* avalanche wind.

Lawn-Ten·nis ['lɔ:n'tɛnɪs] (*Engl.*) *n* ⟨-; *no pl*⟩ (*sport*) lawn tennis.

Law·ren·ci·um [lo'rɛntsĭum] *n* ⟨-s; *no pl*⟩ *chem.* lawrencium (Lr).

lax [laks] *adj* ⟨-er; -est⟩ **1.** indolent, idle. – **2.** (*nachlässig*) negligent, careless. – **3.** (*Moral, Sitten etc*) easy, free. – **4.** (*Disziplin*) lax.

La·xans ['laksans] *n* ⟨-; -tia [-'ksantsĭa] *u.* -zien [-'ksantsĭən]⟩, **La·xa'tiv** [-ksa'ti:f] *n* ⟨-s; -e⟩, **La·xa'ti·vum** [-ksa'ti:vum] *n* ⟨-s; -va [-va]⟩ *med. pharm.* laxative, aperient, purge, purgative, physic.

'Lax·heit *f* ⟨-; *no pl*⟩ **1.** indolence, idleness. – **2.** (*Nachlässigkeit*) negligence, carelessness. – **3.** (*der Disziplin etc*) laxity: die ~ der Moral the laxity of moral codes.

la·xie·ren [la'ksi:rən] *v/i* ⟨*no* ge-, h⟩ *med.* purge, loosen (*od.* open) one's bowels. — **la'xie·rend I** *pres p.* – **II** *adj med. pharm.* laxative, aperient, purging.

La'xier|,fisch *m zo.* mendole (*Maena vulgaris*). — **~,mit·tel** *n med. pharm. cf.* Laxativ.

La·xis·mus [la'ksɪsmus] *m* ⟨-; *no pl*⟩ *relig.* laxism.

Lay·out ['leɪ,aut; ,leɪ'aut] (*Engl.*) *n* ⟨-s; -s⟩ *print.* layout. — **Lay·ou·ter** ['leɪ,autə; ,leɪ'autə] (*Engl.*) *m* ⟨-s; -⟩ *print.* layout man.

'Lay,out|-Ty·po,graph *m print.* layout typographer. — **~-,Zeich·ner** *m* layout draftsman.

La·za·rett [latsa'rɛt] *n* ⟨-(e)s; -e⟩ *mil.* (military) hospital. — **~,flug,zeug** *n* aeromedical evacuation plane. — **~ge,hil·fe** *m* hospital attendant, orderly, *Am.* corpsman, dresser. — **~,schiff** *n* hospital ship. — **~,wagen** *m* ambulance. — **~,zug** *m* hospital train.

La·za·rist [latsa'rɪst] *m* ⟨-en; -en⟩ *röm.kath.* Lazarist (friar), Vincentian. — **La·za'risten,or·den** *m cf.* Lazarusorden.

La·za·rus ['la:tsarus] *npr m* ⟨-; *no pl*⟩ *Bibl.* Lazarus: armer ~ *fig. colloq.* poor beggar. — **~,klap·pe** *f zo.* Lazarus jewel box (*Chama lazarus*). — **~,or·den** *m röm.kath.* Order of St. Lazarus (of Jerusalem).

La·ze·dä·mo·ni·er [latsedɛ'mo:nĭər] *m* ⟨-s; -⟩ *antiq. cf.* Lakedämonier.

La·ze·ra·ti·on [latsera'tsĭo:n] *f* ⟨-; -en⟩ *med.* laceration. — **la·ze'rie·ren** [-'ri:rən] *v/i* ⟨*no* ge-, sein⟩ lacerate.

La·zu·lith [latsu'li:t; -'lɪt] *m* ⟨-s; -e⟩ *min.* azure (*od.* blue) spar, lazulite (*scient.*).

Laz·za·ro·ne [latsa'ro:nə] *m* ⟨-(n) *u.* -s; -n *u.* -ni [-ni]⟩ lazzarone.

'Le·be,da·me *f* **1.** demimondaine, demimonde. – **2.** (*Kurtisane*) courtesan, *auch* courtezan.

,Le·be'hoch *n* ⟨-s; -s⟩ **1.** cheer, cheers *pl*: ein ~ rufen (*od.* ausbringen) to give a cheer. – **2.** (*beim Trinken*) toast.

'Le·be|,mann *m* ⟨-(e)s; ⸚er⟩ man-about-town, bon viveur (*od.* vivant), playboy. — **l~,män·nisch** [-,mɛnɪʃ] *adj* playboylike.

le·ben ['le:bən] **I** *v/i* ⟨h⟩ **1.** live, be alive: er lebt! he lives (*od.* is alive)! lebt er noch? is he still alive? er wird nicht mehr lange ~ he will not live much longer, his days are numbered (*colloq.*); noch als er lebte while he was still alive; ich will ~ I want to live; sie wollte nicht mehr länger ~ she did not want to live any more (*od.* longer); lang lebe die Königin! long live the Queen! er lebte unter den Stuarts he lived under the Stuarts; Mozart lebte im 18. Jh. Mozart lived (*lit. auch* flourished) in the 18th century; wie geht's? man lebt! *colloq.* how are you? still alive! surviving! vegetarisch ~ to be a vegetarian; nicht ~ und nicht sterben können not to be able to live or die; so wahr ich lebe! as sure as I live (and breathe)! upon my life! er ist mein Vater, wie er leibt und lebt he is the very (*od. colloq.* spitting) image of my father; das Photo lebt förmlich the photo seems to be alive; alles, was auf der Erde lebt und webt *poet.* all that lives and moves (*od.* is alive and astir) on earth; in ihm ~, weben und sind wir *Bibl.* in him we live and move and have our being; man lebt nur einmal (*Sprichwort*) you only live once; ~ und ~ lassen (*Sprichwort*) live and let live (*proverb*); ~ heißt kämpfen (*Sprichwort*) life is a struggle; solange man lebt, gibt es Hoffnung while there is life there is hope (*proverb*). – **2.** (*existieren*) live, exist: ich kann ohne dich nicht ~ I cannot live (*od.* exist) without you; und so was lebt! *colloq. humor. od. contempt.* and such a creature exists; davon kann er kaum ~ he can barely exist on that. – 3. (*ein bestimmtes Leben führen*) live, lead a life: einsam ~ to live in solitude, to lead a lonely life; in bescheidenen Verhältnissen ~ to live in modest circumstances (*od.* modestly, on modest means); dort kann man billig ~ one can live cheaply there; glücklich [gut, friedlich, kümmerlich] ~ to live happily [well, peacefully, miserably], to lead a happy [good, peaceful, miserable] life; primitiv ~ to rough it; getrennt ~ to live apart from one another; für sich ~ to live for oneself, to lead a retired (*od.* secluded) life; er lebte völlig zurückgezogen he lived completely withdrawn from the world, he lived in absolute privacy (*od.* seclusion); er lebte nur für sich allein he lived only for himself; wild ~ (*von Tieren*) to live wild; er weiß zu ~ he knows how to live; in Armut ~ to lead a life of (*od.* to live in) poverty; in Frieden und Freundschaft mit j-m ~ to live in peace and friendship with s.o.; in dem Glauben [der Gewißheit] ~, daß to live in the belief [certainty] that; nach einem Grundsatz ~ to live by (*od.* up to) a principle; mit j-m im Streit ~ to be (*od.* live) at loggerheads (*od.* enmity) with s.o.; in der Vergangenheit ~ to live in the past; über seine Verhältnisse ~ to live beyond one's means; leb(t) wohl! farewell! adieu! good-by(e); → Fuß[1] 2; Saus. – 4. (*wohnen*) live, dwell, reside: er lebt in Köln [auf dem Lande] he lives in Cologne [in the country]; wie lange ~ Sie schon in New York? how long have you been living in New York? – 5. (*sich aufhalten*) stay, sojourn. – 6. von etwas ~ to live (*od.* subsist) (up)on s.th.: von der Luft ~ to live on air; von seiner Arbeit ~ to live from one's work; von was (*od.* wovon) lebt er? what does he live on? er lebt von seinem Gehalt [seiner Rente] he lives on his salary [pension]; er hat genug, zu ~ he has enough to live (up)on; davon kann er gut ~ he can make a good living out of that; von der Barmherzigkeit anderer ~ to live (*od.* subsist) on the charity of others; von Wasser und Brot ~ to live on bread and water; vom Malen ~ to live by painting; der Mensch lebt nicht vom Brot allein *Bibl.* man shall not live by bread alone. – 7. für etwas [j-n] ~ to live for s.th. [s.o.], to devote one's life (*od.* oneself) to s.th. [s.o.]: für die Kunst (*od.* der Kunst) ~ to live for art, to devote one's life (*od.* oneself) to art; für eine Idee ~ to live for an idea; sie lebte nur für ihre Kinder, sie lebte nur ihren Kindern she lived for her children only; er lebt und stirbt für seine Tochter he lives and dies for his daughter. – 8. (*fortbestehen*) live: sein Andenken lebt im Herzen des Volkes his memory lives (on) in the hearts of the people; die Hoffnung lebt in mir hope lives in me; der König lebt noch in den Liedern und Sagen seines Volkes the king lives still (*od.* on) in the songs and legends of his people. – II *v/t* 9. live: er lebt sein eigenes [ein trauriges] Leben he lives his own [a sad] life. – III *v/impers* 10. live: hier lebt es sich gut it is good living here. – IV L~ *n* <-s> 11. *verbal noun*: das reicht nicht zum L~ und nicht zum Sterben that is not enough to keep body and soul together.

'Le·ben *n* <-s; -> 1. life: eine Sache auf ~ und Tod a matter of life and death; ein Kampf auf ~ und Tod a life-and-death struggle, a fight to the death; über ~ und Tod entscheiden to decide over life and death; am ~ bleiben (*überleben*) to survive; am ~ sein to be alive; das ~ nach dem Tod the afterlife, the life after death; das ewige ~ eternal (*od.* everlasting) life; das zukünftige ~ the life to come; mit dem ~ abgeschlossen haben to have finished with life; ein junges ~ wurde ausgelöscht a young life was extinguished; sein ~ in Frieden beschließen to end one's life in peace; um sein ~ bitten to beg for one's life; j-n ums ~ bringen to kill s.o.; mit dem ~ davonkommen to escape with one's life; sein ~ einsetzen (*od.* wagen, *lit.* in die Schanze schlagen) to risk (*od.* hazard) one's life; das ~ entflieht (*od.* entrinnt, vergeht, schwindet dahin) *lit.* life is ebbing away; man konnte ihn am ~ erhalten they were able to keep him alive (*od.* to save him); etwas zu neuem ~ erwecken *fig.* to revive s.th.; freut euch des ~s! enjoy life! um sein ~ fürchten (*od. colloq.* bangen) to fear for one's life; sein ~ geht zu Ende his life is nearing its end; ich gehe für mein ~ gern ins Theater *colloq.* I love (*od.* I adore, I am mad *od.* crazy about) going to the theater (*bes. Br.* theatre); sein ~ hängt an einem (seidenen) Faden *fig.* his life is hanging by a thread; ums ~ kommen to meet one's death, to lose one's life, to die (*od.* perish); sein ~ für etwas lassen (*od.* geben) to give one's life for s.th.; sein ~ (bewußt) aufs Spiel setzen to take one's life in one's hands; tu das, wenn dir dein ~ lieb ist *colloq.* do that (*od.* it) if you value your life; sich (*dat*) das ~ nehmen to take one's (own) life, to commit suicide; sein ~ für etwas opfern (*od.* hingeben) to sacrifice one's life for (*od.* to) s.th.; um sein [um das liebe] ~ rennen to run for one's [dear] life; das nackte ~ retten to escape with one's bare life (*od.* with what one stands up in); (freiwillig) aus dem ~ scheiden to depart from (*od.* this) life of one's own free will; sie schenkte einem Mädchen das ~ she gave birth to a girl (*od.* daughter); einem Mörder das ~ schenken to reprieve a murderer; sich seines ~s nicht sicher fühlen not to feel safe; mit dem ~ spielen to play (*od.* trifle) with one's life; j-m nach dem ~ trachten to make an attempt on s.o.'s life; des ~s überdrüssig sein, das ~ satthaben *colloq.* to be disgusted with (*od. colloq.* sick of, *sl.* fed up with) life; sich mit dem ~ für etwas verbürgen to pledge one's life for s.th.; j-m das ~ verdanken to owe one's life to s.o.; sein ~ teuer verkaufen to sell one's life dear(ly); sein ~ versichern to insure one's life; er hat sein ~ verwirkt he has forfeited his life; am ~ verzweifeln to despair of one's life; sein ~ wegwerfen to throw away one's life; er war dem ~ wiedergegeben he was brought back to life; ~ zeigen to show signs of life; → aushauchen 1; bezahlen 1; blühend 2; gelten 15; kosten[1] 2. – 2. (*Dasein*) life: das tägliche ~ daily (*od.* everyday) life; das süße ~ (the) sweet life, la dolce vita; sich (*dat*) das ~ angenehm machen to make (one's) life pleasant; ein einfaches ~ führen to lead (*od.* live) a simple life; ein kärgliches ~ fristen to eke out a meager (*bes. Br.* meagre) existence, to scrape along (*od.* a living); er wurde mit dem ~ nicht fertig he could not cope with life; ein neues ~ beginnen (*od.* anfangen) *fig.* to begin a new life, to turn over a new leaf; er steht allein im ~ he is all alone in the world; mein ~ verläuft sehr ruhig my life continues without event; er hat sein ~ verpfuscht *colloq.* he has made a mess of his life; ein zurückgezogenes [schönes] ~ führen to lead a retired [fine, *colloq.* great] life; ein gottgefälliges ~ führen to walk with God, to live one's life in God, to live a God-fearing life; die Freuden [der Ernst] des ~s the joys [serious side] of life; das ~ auf dem Lande life in the country, country life; die Schattenseite [Sonnenseite] des ~s the dark [sunny] side of life; die Wechselfälle des ~s the ups and downs (*od.* vicissitudes) of life; das ~ ist kein reines Vergnügen life is not all beer and skittles (*colloq.*); ein ~ im Wohlstand führen to lead an affluent life; das ~ genießen to enjoy life; das ~ kennenlernen to get to know life; nach Beendigung der Schulzeit trat er ins ~ when he had left school he went out into the world; das ~ versüßen to make life sweeter; so ist das ~! such is life; j-m das ~ schwermachen to make s.o.'s life a misery, to make life hard (*od.* bitter) for s.o.; j-m das ~ sauer (*od.* zur Hölle) machen *colloq.* to make s.o.'s life hell (*od.* a hell on earth); trotz allem, das ~ geht weiter life goes on despite all (*od.* in spite of everything); er kam gut durchs ~ he got through life well; das ~ meistern to master life; sich durchs ~ schlagen to struggle through life, to struggle (*od.* plod) along; im ~ vorwärtskommen to get on (*od.* along) in life; sein ~ den Armen widmen to devote one's life to the poor; man muß das ~ eben nehmen, wie das ~ eben ist (*Sprichwort*) *etwa* one must take life as it comes; → froh 9. – 3. (*Lebensweise*) (way of) life: ein bewegtes [elendes, freies, liederliches] ~ an eventful [a miserable, free *od. colloq.* fast, dissolute] life; ein geregeltes [lockeres, sorgloses, unstetes] ~ a steady (*od.* an orderly) [a frivolous, carefree, restless] life; bei dem ~ muß man ja verrückt werden that way (*od.* kind) of life would drive anyone mad. – 4. (*geistiges, gesellschaftliches, kulturelles etc*) life: ins politische ~ treten to enter political life (*od.* politics); im öffentlichen ~ stehen to be in public life. – 5. (*Lebensweg*) life: ein Buch über das ~ Bismarcks a book on Bismarck's life; er erzählte aus seinem ~ he told stories of (*od.* about) his life. – 6. (*Lebenszeit, -dauer*) life: ein langes ~ a long life; fürs ganze ~ for the rest of one's life, for life, all one's life; nur einmal im ~ (only) once in a lifetime; er stand in der Blüte [im Frühling] seines ~s *lit.* he was in the prime [spring] of his life; am Morgen [Abend] des ~s *lit.* in the morning [evening] of life; Jahre seines ~s für etwas geben to give years of one's life for s.th.; für den Rest des ~s for the rest of (one's) life; zeit seines ~s, sein ganzes ~ hindurch (*od.* lang) a) (*rückblickend auf das ganze Leben*) throughout (*od.* during) one's lifetime, all (*od.* throughout) one's life, during one's (whole) life, b) (*rückblickend auf das bisherige Leben*) all (*od.* throughout) one's life, c) (*vorausschauend auf das zukünftige Leben*) all one's life, in one's lifetime; das hätte ich im ~ nicht gedacht I should never in my life have expected (*od.* thought) that; das habe ich im (*od.* in meinem) ~ nicht gesehen I have never seen that in all my life; nie im ~! *colloq.* not on your life! *Br. sl. auch* not on your nelly! – 7. etwas ins ~ rufen *fig.* a) (*Künstlergruppe etc*) to call s.th. into being (*od.* existence), b) (*Partei, Organisation etc*) to set up s.th., c) (*Firma etc*) to found s.th., to establish s.th., to float s.th., d) (*Club etc*) to found s.th., to start s.th. – 8. (*organisches Leben*) life: das ~ im Meer marine life; das ~ der Tiere animal life; es gibt kein ~ auf dem Mond there is no life on the moon. – 9. (*geschäftiges Treiben*) life, liveliness, activity, to-do, bustle: es herrschte reges ~ everything was humming (*od.* buzzing) with life; sie steckt voller ~, in ihr steckt ~ she is full of life (*od. colloq.* beans); der Bahnhof war voller ~ the station was a scene of hustle and bustle; sie brachte ~ in die Diskussion she livened up the discussion; ~ in die Bude bringen *colloq.* to get things going, to shake (*od.* liven) things up, to make things hum (*colloq.*). – 10. (*Lebenskraft*) life, vitality, vital power: es ist kein Funken (*od.* Hauch) von ~ mehr in ihm there isn't a spark of life in him any more, he has lost his vitality. – 11. (*Lebhaftigkeit, Munterkeit*) liveliness, vivacity, animation. – 12. (*Wirklichkeit*) life, reality: nach dem ~ gezeichnet drawn from life; aus dem ~ gegriffen taken from life; ein Roman, den das ~ schrieb a novel taken straight from life. – 13. (*Lebensunterhalt*) living, livelihood, subsistence: sein ~ verdienen *obs.* to make a living; das ~ ist teuer hier life is expensive here. – 14. (*Lebensinhalt*) life: du bist mein ganzes ~ you are my whole life. – 15. *cf.* Lebensbeschreibung.

'le·bend I *pres p.* – II *adj* 1. living, alive (*nachgestellt u. oft pred*): ~e Bilder (*art*) tableaux (vivants); ~e Hecke *bot.* hedge, *bes. Br.* quickset (hedge); etwas am ~en Objekt demonstrieren to demonstrate s.th. on a living subject; man sah kein ~es Wesen not a living being (*od.* creature) was to be seen; der größte ~e Staatsmann the greatest living statesman; ein hier ~er Freund a friend living here; ein noch ~er Zeuge a surviving witness; er ist ein ~es Wörterbuch *fig. colloq. humor.* he is a walking (*od.* living) dictionary (*colloq.*). – 2. (*Sprache*) modern, living. – 3. (*Blumen etc*) natural, real. – 4. (*Tier*) live (*attrib*), living: ~es Inventar *agr.* livestock; ~ sezieren *zo.* to vivisect. – 5. *mil.* (*Ziel*) live (*attrib*).

'Le·ben·de *m, f* <-n; -n> living person: alle noch ~n all persons still alive; das Reich der ~n the land of the living; die ~n und die Toten the living (*od. lit.* quick) and the dead; nicht mehr unter den ~n weilen to be no longer among the living; Schenkung unter ~n *jur.* gift (*od. scient.* donatio) inter vivos; **er nimmt es von den ~n** *fig. colloq.* he makes people pay a heavy price, he takes every penny he can get.

'Le·bend|ˌfär·bung *f biol. med.* intravital staining. — **~geˌbä·ren** *n biol.* viviparity. — **l~geˌbä·rend** *adj* viviparous. — **~geˌburt** *f* live (*od.* viable) birth. — **~geˌwicht** *n* live weight.

le·ben·dig [le'bɛndɪç] **I** *adj* **1.** (*lebend*) living, alive (*nachgestellt u. oft pred*), (*bes. Tier*) live (*attrib*): **ein ~er Mensch** a living man, a man alive; **~er Geist** living spirit; **mehr tot als ~** more dead than alive; **bringt ihn tot oder ~** get him, dead or alive; **j-n tot oder ~ ausliefern** to surrender s.o. dead or alive; **~ begraben werden** to be buried alive; **ich komme mir hier wie ~ begraben vor** *fig. colloq.* I feel as if I were buried alive here; **er verbrannte bei ~em Leibe** (*od.* **~en Leibes**) he was burnt alive; **wieder ~ machen** to bring back to life again, to revive; **wieder ~ werden** to come to life again; **er ist sogar sehr ~** he is very much alive; **~e Junge gebären** *zo.* to bring forth living young, to be viviparous; **der ~e Gott** *relig.* the living God. – **2.** (*lebhaft*) lively, vivid, vivacious: **sie ist ein sehr ~es Kind** she is a very lively (*od.* vivacious) child; **eine ~e Phantasie haben** to have a lively (*od.* vivid) imagination. – **3.** (*fortwirkend*) living, vivid: **~er Glaube** living faith; **Erinnerungen werden wieder ~** memories become vivid again. – **4.** (*voller Leben*) spirited, animated: **plötzlich wurde sie sehr ~** suddenly she became very animated. – **5.** (*beweglich*) alert, active: **sein Geist ist noch äußerst ~** his mind is still extremely alert. – **6.** (*anschaulich*) vivid: **eine ~e Schilderung** a vivid description; **einen ~en Stil schreiben** to write a vivid (*od.* brisk) style, to write vividly; **eine ~e Vorstellung von etwas haben** to have a lively idea of s.th. – **7. ~e Kraft** *phys.* active force, kinetic energy. – **II** *adv* **8.** in a lively manner, vividly: **etwas ~ erzählen** to describe s.th. vividly.

Le'ben·di·ge *m, f* ⟨-n; -n⟩ *cf.* Lebende.

le'ben·di·geˌbä·rend *adj biol. cf.* lebendgebärend.

Le'ben·dig·keit *f* ⟨-; *no pl*⟩ **1.** (*eines Vortrages etc*) liveliness. – **2.** (*einer Darstellung, Schilderung etc*) vividness. – **3.** (*Lebhaftigkeit*) liveliness, vividness, vivacity, vivaciousness. – **4.** (*Angeregtheit*) spiritedness, animation. – **5.** (*von Farben*) brightness, vividness.

'Le·bend|ˌvieh *n* (*zum Schlachten*) store cattle. — **~ˌvi·rus·vakˌzi·ne** *f med.* live virus vaccine.

'le·ben·erˌhal·tend *adj* sustaining life.

'Le·bensˌabend *m poet.* last (*od.* declining) years *pl* of life, old age, evening (*od.* decline, sunset) of life: **einen geruhsamen** (*od.* **ruhigen**) **~ verbringen** to spend the last years of one's life quietly. — **~beˌwe·gung** *f* movement for the help and entertainment of old people.

'Le·bens|ˌabˌriß *m* curriculum vitae, biographical notes *pl*, personal record: **einen kurzen ~ geben** to give a short personal record. — **~ˌabˌschnitt** *m* period of (one's) life. — **~ˌader** *f fig.* life line. — **~ak·ti·viˌtät** *f* life activity. — **~ˌal·ter** *n* age, period of life: **mittleres ~** middle age. — **~ˌangst** *f* fear of life. — **~ˌanˌschau·ung**, **~ˌanˌsicht** *f* view (*od.* conception, philosophy) of life, outlook (up)on life. — **~ˌar·beit** *f cf.* Lebenswerk. — **~ˌart** *f* **1.** *cf.* Lebensweise 1. – **2.** (*Benehmen*) behavior, *bes. Br.* behaviour, manners *pl*: **er hat keine ~** he has no manners, he is wanting in good breeding; **j-m ~ beibringen** to teach s.o. manners (*od.* good behavio[u]r); **er hat eine feine ~** he has excellent manners, he has good breeding; **ein Mann von ~** a man of fashion; **eine Frau von ~** a woman of style; **ohne ~** unrefined. — **~ˌatem** *m poet.* life breath. — **~ˌaufˌfas·sung** *f cf.* Lebensanschauung. — **~ˌaufˌga·be** *f* task of (one's) life, lifework: **sich** (*dat*) **etwas zur ~ machen** to dedicate one's life to s.th. — **~äu·ße·rung** *f biol.* sign (*od.* manifestation) of life. — **~ˌbahn** *f* course of (one's) life. — **~ˌbal·sam** *m* **1.** *bot.* a) maudlin (*Gattg Ageratum*), b) liver balsam (*Gattg Erinus*). – **2.** *med. pharm.* restorative. – **3.** *fig. poet.* balm of life. — **~ˌbaum** *m* **1.** *fig.* (*Sinnbild des Lebens*) tree of life. – **2.** *bot.* arbor vitae (*Thuja occidentalis*). – **3.** *med.* arbor vitae. — **~beˌdarf** *m* necessities *pl* of life (*such as food, drink and shelter*). — **~beˌdin·gun·gen** *pl* conditions of life, living conditions. — **l~beˌdro·hend** *adj* threatening life. — **~beˌdürf·nis·se** *pl* necessities (*od.* necessaries) of life (*such as food, drink and sleep*). — **l~beˌja·hend** *adj* (*Einstellung etc*) life-affirming, optimistic. — **~beˌja·hung** *f* affirmation (*od.* acceptance) of life. — **~beˌrech·ti·gung** *f* right to exist, raison d'être. — **~beˌreich** *m meist pl* sphere (*od.* field) of life. — **~beˌruf** *m* occupation for life, vocation. — **~beˌschrei·bung** *f* description of a life, biography, (*des eigenen Lebens*) autobiography. — **~beˌzirk** *m* walk of life. — **~ˌbild** *n* biography, biographical sketch (*od.* portrait). — **~ˌblü·te** *f poet.* prime (*od.* bloom) of life. — **~ˌchan·ce** *f* chance to survive. — **~ˌdau·er** *f* **1.** duration of life, life span: **lange ~** longevity; **mutmaßliche ~** expectation of life, life expectancy; **auf ~** *jur.* for life. – **2.** (*Dauerhaftigkeit*) durability. – **3.** *tech.* a) (*von Maschinen etc*) service (*od.* useful) life, b) (*eines Bauteils*) design life, c) (*eines Lagers*) rating life. — **~ˌdrang** *m* desire to live, vital instinct. — **l~ˌecht** *adj* true to life, lifelike. — **~ˌeinˌstel·lung** *f cf.* Lebensanschauung. — **~eliˌxier** *n med. pharm.* elixir (of life). — **~ˌen·de** *n* end of one's life: **bis an mein ~** to the end of my life (*od.* days), till I die. — **~erˌfah·rung** *f* knowledge (*od.* experience) of life: **er hat viel ~** he has (got) much practical experience, he knows much of life, he has a lot of experience of life. — **~erˌin·ne·run·gen** *pl* memoirs. — **~erˌwar·tung** *f* life expectancy, expectation of life: **die ~ ist in den letzten 50 Jahren gestiegen** life expectancy has risen in the past 50 years. — **~ˌfa·den** *m poet.* thread of life, mortal (*od.* fatal) thread: **j-m den ~ abschneiden** *euphem.* to deprive s.o. of life, to kill s.o. — **l~ˌfä·hig** *adj* **1.** *biol.* viable, capable of living: **ein ~es Kind** a viable child. – **2.** *fig.* capable of surviving (*od.* living), viable: **ist der neue Staat ~?** is the new state viable? — **~ˌfä·hig·keit** *f* ⟨-; *no pl*⟩ **1.** *biol.* viability. – **2.** *fig.* capability of survival (*od.* living), viability. — **l~ˌfeind·lich** *adj* hostile (*od.* unfavorable, *bes. Br.* unfavourable, inimical, detrimental) toward(s) (human) life. — **~ˌform** *f* **1.** way of life. – **2.** *biol.* form of life, life-form: **die niederen ~en** the simple (*od.* low) forms of life. — **~ˌfra·ge** *f* vital (*od.* life-and-death) question, question (*od.* matter) of life and death. — **l~ˌfremd** *adj* **1.** unfitted for life. – **2.** (*weltfremd*) remote (*od.* far removed) from (everyday) life. – **3.** (*unpraktisch*) unpractical: **ihr ganzes Verhalten ist ~** nothing she does is related to the realities of life. — **~ˌfreu·de** *f* joy of living, joie de vivre, zest. — **~ˌfrist** *f* lease of life. — **l~ˌfroh** *adj* full of (the) joy of living (*od.* joie de vivre). — **~ˌfüh·rung** *f* **1.** (conduct of) life: **er hat eine bescheidene ~** he leads a modest life. – **2.** *cf.* Lebensweise 1. — **~ˌfun·ke** *m poet.* vital spark. — **~funk·tiˌon** *f* vital function. — **~geˌfahr** *f* **1.** danger to life, grave (*od.* serious) danger: **es besteht keine ~** there is no grave danger; **er schwebt in ~** he hovers between life and death; **für den Verletzten besteht keine ~, der Verletzte ist außer ~** the life of the injured person is not in danger, the injured person is out of danger (of dying); „**Vorsicht, ~!**" "caution, danger!" **das Berühren der Hochspannungsdrähte bedeutet ~** the touching of the high-tension wires is dangerous (*od.* perilous) to life. – **2.** risk of one's life: **j-n unter (eigener) ~ retten** to rescue s.o. at the risk of one's (own) life. — **l~geˌfähr·lich I** *adj* **1.** dangerous (to life), perilous: **eine ~e Aktion** a (highly) dangerous action. – **2.** (*Krankheit*) very serious (*od.* grave), critical. – **3.** (*Verletzung etc*) mortal, vital. – **II** *adv* **4. ~ verletzt** mortally injured. — **~geˌfähr·te** *m* **1.** life companion. – **2.** (*Ehemann*) husband. — **~geˌfähr·tin** *f* **1.** life companion. – **2.** (*Ehefrau*) wife. — **~geˌfühl** *n* **1.** awareness of life, vital consciousness. – **2.** *cf.* Lebensfreude. — **~ˌgei·ster** *pl* (animal) spirits: **seine ~ wurden wieder geweckt** his animal spirits were revived; **der Kaffee hat meine ~ geweckt** the coffee has revived (*od.* put life into) me; **meine ~ sind wieder am Erwachen** I am slowly waking up again. — **~geˌmein·schaft** *f* **1.** life companionship. – **2.** *bot. zo.* symbiosis. — **~geˌnuß** *m* enjoyment of life. — **~geˌschich·te** *f* **1.** story of s.o.'s life, life history, biography: **er hat kürzlich seine ~ herausgebracht** he recently published his autobiography. – **2.** *biol.* life history. — **l~geˌtreu** *adj* lifelike, true to life: **das Bild stellt ihn ~ dar** the picture is a lifelike representation of him, his picture is lifelike (*od.* true to life). — **~geˌwohn·hei·ten** *pl* way *sg* of life (*od.* living), habits: **er mußte seine gesamten ~ ändern** he had to change his whole way of life. — **~ˌgier** *f* lust for life (*od.* living). — **~ˌglück** *n* happiness (of s.o.'s life): **davon hängt dein ~ ab** your (future) happiness depends on that. — **l~ˌgroß** *adj* (*Bild etc*) life-size (*attrib*), *auch* life-sized. — **~ˌgrö·ße** *f* natural (*od.* life) size: **eine Statue in ~** a life-size(d) statue; **ein Bild in ~** a full-length picture; **da stand er in voller ~** *colloq. humor.* there he was (*od.* stood) as large as life (*od.* big as you please), there he was in the flesh. — **~ˌgrundˌsatz** *m meist pl* ethos, fundamental principle. — **~ˌhal·tung** *f* standard of living, life: **wir müssen unsere ~ einschränken** we have to lower our standard of living; **eine bescheidene** (*od.* **einfache**) **~ haben** to lead a modest life.

'Le·bensˌhal·tungs|ˌin·dex *m econ.* cost-of-living index. — **~ˌko·sten** *pl* cost *sg* of living.

'Le·bens|ˌhauch *m poet.* (*Atem*) breath (of life), life breath. — **~ˌhun·ger** *m* zest (*od.* lust) for living (*od.* life). — **~ˌinˌhalt** *m* life: **mein Sohn ist mein ganzer ~** my son is my whole life. — **~in·terˌes·sen** *pl* vital interests. — **~ˌjahr** *n* year of one's life: **er starb im 76. ~** he died at the age of 76, he died in the 76th year of his life (*od.* in his 76th year); **die letzten ~e** the latter (*od.* last) years of one's life. — **~ka·meˌrad** *m cf.* Lebensgefährte. — **~ˌkampf** *m* struggle for existence. — **~ˌkeim** *m biol.* vital germ.

'le·bensˌklug *adj* worldly-wise, sophisticated. — **'Le·bensˌklug·heit** *f* **1.** worldly wisdom, sophistication. – **2.** *cf.* Lebenserfahrung.

'Le·bens|ˌko·sten *pl econ.* cost *sg* of living. — **~ˌkraft** *f* **1.** vital energy, vitality, vigor, *bes. Br.* vigour, *auch* stamina. – **2.** *biol.* vital force, élan vital. – **3.** *philos.* a) (*in der Scholastik*) vis vitalis, b) (*bei Bergson*) élan vital. — **l~ˌkräf·tig** *adj* vigorous, full of vitality. — **~ˌkun·de** *f* biology. — **~ˌkunst** *f* art of living. — **~ˌkünst·ler** *m* master of the art of living: **er ist ein (wahrer) ~** he makes the best of everything. — **~ˌla·ge** *f* situation (in life): **er versteht es, das Beste aus jeder ~ zu machen** he knows how to make the best of every situation in life; **er fand sich in allen ~n zurecht, er zeigte sich jeder ~** (*od.* **allen ~n**) **gewachsen** he mastered every situation (in his life).

'le·bensˌlang *adj u. adv cf.* lebenslänglich.

'le·bensˌläng·lich I *adj* **1.** for life(time), lifelong: **er wurde zu ~em Zuchthaus** (*colloq.* **er wurde zu ~**) **verurteilt** he was sentenced to life imprisonment, he was sentenced to life (*colloq.*); **ein ~es Amt haben** to hold a lifelong office, to hold an office for life; **eine ~e Rente** an annuity for life, a life annuity. – **2.** (*ewig*) perpetual, eternal. – **II** *adv* **3.** for life(time), lifelong: **~ im Zuchthaus sitzen** to be in prison for life.

'Le·bensˌläng·li·che *m, f* ⟨-n; -n⟩ prisoner for life, lifer (*sl.*).

'Le·bens|ˌlauf *m* **1.** course of (one's) life, career. – **2.** (*geschriebener*) curriculum vitae, personal record, autobiographic(al) statement. — **~ˌlicht** *n fig.* (*Leben*) (spark of) life: **j-m das ~ ausblasen** *fig. euphem.* to snuff out s.o.'s life; **sein ~ war am Erlöschen** his spark of life was on the point of extinction, he was about to die. — **~ˌli·nie** *f* (*der Hand*) life (*od.* vital) line, line of life. — **~ˌlust** *f cf.* Lebensfreude. — **l~ˌlu·stig** *adj* **1.** fond of life. – **2.** (*fröhlich*) gay, merry. — **~ˌmark** *n fig.* vitals *pl.*

'Le·bensˌmit·tel *n meist pl* **1.** foodstuffs *pl*, food, groceries *pl*: **~ einkaufen** to buy food(stuffs) (*od.* groceries). – 2. (*Proviant, Vorräte*) provisions *pl*, victuals *pl*. — **~ˌab·ˌtei·lung** *f* food department. — **~be·ˌreich** *m* <-(e)s; *no pl*> foodstuff sector. — **~be·ˌvor·ˌra·tung** *f* stockpiling of foodstuffs. — **~be·ˌwirt·schaf·tung** *f* food rationing. — **~che·ˌmie** *f* food chemistry. — **~ˌche·mi·ker** *m* food chemist: staatlich geprüfter und vereidigter ~ qualified food chemist. — **~ˌfäl·schung** *f* food adulteration. — **~ge·ˌschäft** *n* grocery (shop, *bes. Am.* store), food shop (*bes. Am.* store). — **~ge·ˌsetz** *n jur.* (pure-)food law. — **~ˌhan·del** *m* food trade, grocery business. — **~ˌhänd·ler** *m* grocer, provision dealer. — **~in·du·ˌstrie** *f* food industry. — **~ˌkar·te** *f* food ration card, ration book. — **~ˌkar·ten·ˌstel·le** *f* food rationing office. — **~ˌknapp·heit** *f* food shortage. — **~kon·ˌtrol·le** *f* food quality control. — **~lie·fe·ˌrant** *m* provision merchant. — **~ˌman·gel** *m* food shortage, scarcity (*od.* lack) of food. — **~ˌmar·ke** *f* food ration coupon. — **~pa·ˌket** *n* food parcel. — **~ra·tio·ˌnie·rung** *f* food rationing. — **~ver·ˌgif·tung** *f* food poisoning. — **~ver·ˌsor·gung** *f* **1.** food supply (*od.* supplies *pl*), supplying of food: die ~ läßt sehr zu wünschen übrig the food supply leaves much to be desired. – **2.** *bes. mil.* commissariat. — **~ˌvor·ˌrat** *m* food supply, provisions *pl*.

ˈle·bens|ˌmü·de *adj* tired (*od.* weary) of life. — **L~ˌmü·dig·keit** *f* tiredness (*od.* weariness) of life. — **L~ˌmut** *m* courage to face life, optimism: er hatte keinen ~ mehr he did not have the courage to face life any more. — **~ˌnah** *adj* **1.** (*Roman, Drama etc*) realistic, true to life. – **2.** (*Figur etc*) lifelike. — **L~ˌnä·he** *f* closeness to life. — **L~ˌnerv** *m fig.* (vital) (*od.* life) nerve: den ~ eines Landes treffen to hit the life nerve of a country. — **L~ni·ˌveau** *n cf.* Lebensstandard. — **~ˌnot·ˌwen·dig** *adj* vital. — **L~ˌnot·ˌwen·dig·keit** *f* vital necessity. — **L~ˌodem** *m poet.* breath of life.

ˈle·ben·ˌspen·dend *adj lit.* life-giving, biogenous.

ˈLe·bens|ˌpfad *m lit.* path of one's life. — **~phi·lo·so·ˌphie** *f* philosophy of life: ich habe meine eigene ~ I have (got) my own philosophy of life. — **~ˌpra·xis** *f* experience. — **~prin·ˌzip** *n* **1.** principle of one's life. – **2.** *biol. philos.* vital principle. — **~pro·ˌzeß** *m* vital functions *pl*.

ˈle·ben·ˌsprü·hend *adj lit.* sparkling with life, brimming (over) with life.

ˈLe·bens|ˌquell *m poet.* lifespring. — **~ˌraum** *m* **1.** *bes. pol.* living space, Lebensraum, *auch* lebensraum. – **2.** *zo.* habitat, biotope. — **~ˌre·gel** *f* **1.** maxim. – **2.** regular habit (*od.* practice): sich (*dat*) etwas zur ~ machen to make a regular practice of s.th. — **~ˌrei·se** *f poet.* journey of life. — **~ˌren·te** *f* life annuity, pension (*od.* annuity) for life. — **l~ˌret·tend** *adj* lifesaving, *Br.* life-saving. — **~ˌret·ter** *m* lifesaver, *Br.* life-saver, rescuer: er war mein ~ he saved my life.

ˈLe·bens·ˌret·tung *f* lifesaving, *Br.* life-saving.

ˈLe·bens·ˌret·tungs|ge·ˌrät *n* lifesaving equipment. — **~ge·ˌsell·schaft** *f* lifesaving service: Deutsche ~ German Lifesaving Service (*od.* Association). — **~me·ˌdail·le** *f* lifesaving medal.

ˈLe·bens|ˌrhyth·mus *m* **1.** vital rhythm. – **2.** rhythm of life. — **~ˌsaft** *m poet.* (*Blut*) sap of life, blood. — **~ˌstan·dard** *m* standard of living, living standard: der ~ ist in den letzten Jahren ständig gestiegen in the past few years the standard of living has constantly risen. — **~ˌstel·lung** *f* permanent (*od.* lifetime) position (*od.* job). — **~ˌstil** *m* style (*od.* way) of life (*od.* living): das paßt nicht zu meinem ~ that does not suit my style of life. — **~ˌstu·fe** *f biol.* scale of existence: niedere ~ low scale of existence. — **l~ˌtreu** *adj cf.* lebensgetreu. — **~ˌtreue** *f* truth to life, lifelikeness, faithful representation of reality. — **~ˌtrieb** *m psych. biol.* vital (*od.* life) instinct, libido. — **l~ˌtüch·tig** *adj* fit for life. — **~ˌüber·ˌdruß** *m* satiety (*od.* weariness) of life. — **l~ˌüber·ˌdrüs·sig** *adj* weary (*od. colloq.* sick) of life, fed up with life (*sl.*). — **~ˌun·ter·ˌhalt** *m* living, livelihood, subsistence, bread and butter (*colloq.*): sich (*dat*) seinen ~ mit etwas verdienen to earn (*od.* gain, make) one's living (*od.* livelihood) out of s.th.; für j-s ~ sorgen (*od.* aufkommen), j-s ~ bestreiten to support s.o.; einen unsicheren ~ als Schriftsteller haben to make a precarious living as an author. — **~ver·ˌhält·nis·se** *pl* living conditions. — **l~ver·ˌnei·nend** *adj* negating life, negative. — **~ver·ˌnei·nung** *f* negation of life.

ˈLe·bens·ver·ˌsi·che·rung *f* life assurance (*Am.* insurance): ~ mit steigender Prämie renewable term assurance; ~ auf den Todesfall ordinary life assurance, life assurance, life assurance payable (up)on death; ~ mit Gewinnbeteiligung *Br.* life assurance with profits, *Am.* participating life insurance.

ˈLe·bens·ver·ˌsi·che·rungs|ˌan·ˌstalt *f* life office, life assurance (*Am.* insurance) office. — **~ge·ˌsell·schaft** *f* life assurance (*Am.* insurance) company. — **~po·ˌli·ce** *f* life assurance (*Am.* insurance) policy.

ˈle·bens|ˌvoll *adj* full of life, brimming (over) with life, vivid: ein ~es Bild a picture full of life. — **~ˌwahr** *adj* lifelike, true to life.

ˈLe·bens|ˌwan·del *m* life, conduct: einen schlechten (*od.* liederlichen) ~ führen to lead a disorderly (*od.* dissipated) life; ihr ~ erregte Anstoß her life (*od.* conduct) gave offence (*Am.* offense). — **~ˌweg** *m fig.* life, path (through life): er sah seinen ~ klar vor sich he saw his life clearly in his mind, he saw clearly before him his path through life. — **~ˌwei·se** *f* **1.** way (*od.* mode) of life, living: eine ungesunde ~ an unhealthy (way of) life; die ~ der Europäer ist von der der Amerikaner verschieden the European way of life is different from the American; eine schlichte ~ plain living; eine sitzende ~ haben to lead a sedentary life. – **2.** (*Gewohnheiten*) habits *pl*. – **3.** *zo.* habit. — **~ˌweis·heit** *f* **1.** worldly wisdom. – **2.** (*Spruch*) aphorism. — **~ˌwen·de** *f fig.* turn of life. — **~ˌwerk** *n* lifework, (s.o.'s) life's work. — **l~ˌwert** *adj* worth living, livable: das Leben ist ~ life is worth living. — **l~ˌwich·tig** *adj* **1.** (*Frage, Interessen etc*) vital, essential. – **2.** *med.* vital: ~e Organe vital organs, vitals. — **~ˌwil·le** *m* will to live. — **~ˌzei·chen** *n* **1.** sign of life: der Verletzte gab kein ~ (von sich) the injured person gave no sign of life. – **2.** *fig.* (*Nachricht*) sign (of life): wir haben seit Monaten kein ~ mehr von ihm erhalten we have had no sign of life from him for months. — **~ˌzeit** *f* **1.** lifetime: auf (*od.* für) ~ for life(time), for the duration of (s.o.'s) life; Mitglied auf ~ life member; Beamter auf ~ established civil servant. – **2.** *jur.* life: Pacht auf ~ lease for life; auf ~ ernannt werden to be appointed for life. — **~ˌziel** *n* aim (*od.* goal) in life. — **~ˌzu·ver·ˌsicht** *f* confidence in life: neue ~ gewinnen to gain new confidence in life, to take (*od.* get) a new lease of (*Am. auch* on) life. — **~ˌzweck** *m* aim (*od.* purpose) of (s.o.'s) life. — **~ˌzy·klus** *m biol.* life cycle.

ˈle·ben|ver·ˌnich·tend, ~zer·ˌstö·rend *adj* life-destroying, killing, biolytic (*scient.*).

Le·ber [ˈleːbər] *f* <-; -n> **1.** *med.* liver: entzündete [geschwollene] ~ inflamed [swollen] liver; der Zorn fraß an seiner ~ *fig. colloq.* anger gnawed at his heart; frisch (*od.* frei) von der ~ weg reden *fig. colloq.* to speak one's mind, to speak frankly (*od.* bluntly); → Laus 1. – **2.** *gastr.* liver: ~ mit Kartoffelbrei liver and (*od.* with) mashed potatoes. — **~ab·ˌszeß** *m med.* liver abscess, abscess of the liver. — **~ˌan·ˌschwel·lung** *f cf.* Leberschwellung. — **~atro·ˌphie** *f* atrophy of the liver. — **~ˌbal·sam** *m bot.* ageratum (*Ageratum mexicanum*). — **~ˌblüm·chen** *n* (noble) liverwort, liverleaf, crystalwort, squirrel cup, herb trinity, hepatica (*scient.*) (*Hepatica triloba*). — **l~ˌbraun** *adj* liver-brown (*od.* -maroon).

ˈLe·ber·ˌegel *m zo.* liver fluke (*Ordng Trematodes*): Großer ~ greater liver fluke (*Fasciola hepatica*); Kleiner ~ lesser liver fluke (*Dicrocoelium lanceolatum*). — **~ˌkrank·heit** *f* **1.** *vet.* liver fluke disease, rot dropsy, bottle jaw, distomatosis (*scient.*). – **2.** *med.* liver fluke disease. — **~ˌschnecke** (*getr.* -k·k-) *f zo.* liver fluke snail (*Gattgen Zebrina, Helicella u. Lymnaea*). — **~ˌwurm** *m* flukeworm (*Distomum hepaticum*).

ˈLe·ber|ent·ˌzün·dung *f med.* inflammation of the liver, hepatitis (*scient.*). — **~ex·ˌtrakt** *m* liver extract. — **~ˌfäu·le** *f vet.* liver rot. — **~ˌfleck** *m med.* **1.** birthmark, liver spot; nevus, *auch* naevus (*scient.*). – **2.** (*kleines Muttermal*) mole. — **~ˌge·gend** *f* hepatic region. — **~ˌha·ken** *m* (*sport*) (*beim Boxen*) hook to the liver. — **~ˌkäs** [-ˌkɛːs] *m* <-es; -e> *Southern G. and Austrian gastr.* meat loaf (*made of liver, ham and pork*). — **~ˌkies** *m min.* pyrite.

ˈLe·ber·ˌknö·del *m bes. Southern G. and Austrian gastr.* liver dumpling. — **~ˌsup·pe** *f* liver-dumpling soup.

ˈle·ber|ˌkrank *adj med.* suffering from liver disorder (*od.* a disease of the liver). — **L~ˌkran·ke** *m, f* liver patient, person suffering from liver disorder. — **L~ˌkrank·heit** *f* liver disease (*od.* complaint).

ˈLe·ber|ˌkraut *n bot.* **1.** *cf.* Leberblümchen. – **2.** Aschgraues ~ dog lichen, ground liverwort (*Peltigera canina*). — **~ˌkrebs** *m med.* cancer of the liver, hepatic cancer (*scient.*). — **~ˌlei·den** *n cf.* Leberkrankheit. — **l~ˌlei·dend** *adj cf.* leberkrank. — **~ˌmoos** *n bot.* **1.** liverwort, hepatic (*scient.*) (*Klasse Hepaticae*). – **2.** stone liverwort, hepatica (*scient.*) (*Marchantia polymorpha*). — **~pa·ˌste·te** *f gastr.* (*Wurstart*) liver sausage (*od.* pudding). — **~ˌpfor·te** *f med.* porta hepatis. — **~ˌpilz** *m bot.* liver agaric, beefsteak fungus (*od.* mushroom) (*Fistulina hepatica*). — **~ˌpuls** *m med.* hepatic pulse. — **~ˌreim** *m meist pl* extemporaneous humorous poem (*recited at table*). — **~ˌschmerz** *m med.* hepatic pain. — **~ˌschrump·fung** *f cf.* Leberzirrhose. — **~ˌschwel·lung** *f* enlargement of the liver, hepatomegalia (*scient.*). — **~ˌstär·ke** *f chem.* animal (*od.* liver) starch, glycogen ($C_6H_{10}O_5$). — **~ˌstein** *m min.* hepatite. — **~ˌtran** *m* cod-liver oil. — **~ˌtu·mor** *m med.* tumor (*bes. Br.* tumour) of the liver, hepatoma (*scient.*). — **~ver·ˌhär·tung** *f* hepatic induration. — **~ˌwurst** *f gastr.* liver sausage, *bes. Am.* liverwurst, leberwurst: er spielt die beleidigte (*od.* gekränkte) ~ *fig. colloq.* he plays the injured party, he puts on a show of being offended. — **~zir·ˌrho·se** *f med.* cirrhosis of the liver, hepatic cirrhosis (*scient.*).

ˈLe·be|ˌwelt *f* <-; *no pl*> smart (*od.* jet) set. — **~ˌwe·sen** *n* living being (*od.* creature), organism: kleinstes ~ microorganism; tierisches ~ animal.

ˌLe·beˈwohl *n* <-(e)s; -e *u.* -s> farewell, adieu: j-m ~ sagen to bid s.o. farewell (*od. lit.* adieu), to say good-by(e) to s.o.

ˈleb·haft I *adj* **1.** (*Person etc*) lively, vivacious, bright: er ist sehr ~ he is a very lively person, he is full of life. – **2.** (*Augen*) bright, lively. – **3.** (*Treiben, Tätigkeit etc*) brisk, active, busy, lively, vivid: er entfaltete eine ~e Tätigkeit he began to work busily; auf der Straße herrschte (ein) ~es Treiben there was much activity in the street. – **4.** (*Verkehr*) heavy, busy. – **5.** (*Straße etc*) busy, bustling. – **6.** (*Interesse*) keen, lively: er zeigte ~es Interesse he showed a keen interest. – **7.** (*Verlangen etc*) strong, keen. – **8.** (*Schilderung, Erinnerung, Phantasie etc*) vivid, lively: davon kann ich mir eine ~e Vorstellung machen I can vividly imagine (*od.* picture) that; eine ~e Vorstellung von etwas haben to have a vivid idea of s.th.; er gab eine ~e Beschreibung des Vorgangs he gave a vivid description of the process; es ist ihm noch in ~er Erinnerung he still vividly remembers it. – **9.** (*Diskussion, Gespräch etc*) lively, animated, spirited: sie waren in ~er Unterhaltung begriffen, sie führten ein ~es Gespräch they were engaged in animated conversation. – **10.** (*Wortgefecht etc*) heated. – **11.** (*Schritt*) brisk. – **12.** (*Beifall etc*) lively, vigorous. – **13.** (*Farben*) bright, gay, lively, vivid: das Zimmer ist in ~em Rot gehalten the room is decorated in a bright red; das Muster ist (mir) zu ~ the pattern is too restless (*od.* loud) for my liking. – **14.** (*Gefühl etc*) strong: ich hatte den ~en Verdacht I had the strong suspicion; zu meinem ~en Bedauern much to my regret. – **15.** *econ.* a) (*Nachfrage*) strong, brisk, b) (*Handel*) lively, brisk. – **16.** *mus.* vivace, lively, lebhaft. – **II** *adv* **17.** vividly, in a lively manner: sie schilderte den Vorfall sehr ~ she described the incident very vividly; sie unterhielten sich ~ they had a lively (*od.* an animated) conversation; ein bißchen ~er, bitte! get a move on! (*sl.*); das kann ich mir ~ vorstellen *oft iron.* I can readily imagine that; der Stoff ist ~ gemustert the material is gaily patterned. – **18.** (*sehr*) very much: dieser Vorschlag wurde ~ begrüßt this proposal was very much welcomed; er bedauerte den Vorfall ~ he very much (*od.* sincerely) regretted the accident, he was deeply sorry about the accident. – **19.** (*herzlich*) warmly, heartily: **er wurde ~ begrüßt** he was warmly welcomed, he was accorded a warm welcome. — '**Leb·haf·tig·keit** *f* ⟨-; *no pl*⟩ **1.** liveliness, vivacity, brightness. – **2.** (*Geschäftigkeit*) briskness, busyness, liveliness, vividness. – **3.** (*Angeregtheit*) vividness, liveliness, animation, spiritedness.

'**Lebˌku·chen** *m gastr.* Nuremberg gingerbread, *Am. auch* lebkuchen. — **~ˌbäcker** (*getr.* -k·k-) *m* baker of Nuremberg gingerbread (*Am. auch* lebkuchen). — **~ˌnuß** *f* ginger(bread) nut.

'**leb·los I** *adj* **1.** (*Körper etc*) lifeless, dead, inanimate. – **2.** (*bewußtlos*) unconscious. – **3.** *fig.* (*Erzählung etc*) dull. – **4.** *econ.* (*Börse*) dull, flat. – **II** *adv* **5. er lag (wie) ~ da** he lay there as if dead. — '**Leb·lo·sig·keit** *f* ⟨-; *no pl*⟩ **1.** lifelessness, deadness, inanimateness, inanimation. – **2.** unconsciousness. – **3.** *fig.* dul(l)ness. – **4.** *econ.* dul(l)ness, flatness.

'**Lebˌtag** *m colloq.* life: **das werde ich mein ~** (*od. dial.* **meiner ~e**) **nicht vergessen** I will not forget that as long as I live, I'll remember that all my life (*od.* until the day I die); **daran wirst du dein ~ denken** you will think of that all (through) your life; **das ist mir mein ~ noch nicht passiert** such a thing has never happened to me before (in all my life).

'**Lebˌzei·ten** *pl only in* **das war noch zu** (*od.* **bei**) **~ meiner Schwester** this happened when my sister was still alive, this happened during my sister's lifetime.

'**Lebˌzel·ten** *m* ⟨-s; -⟩ *Bavarian and Austrian dial. for* Lebkuchen. — '**Lebˌzel·ter** *m* ⟨-s; -⟩ *Bavarian and Austrian dial. for* Lebkuchenbäcker.

Lech [lɛç] *m, n* ⟨-(e)s; *no pl*⟩ *metall.* matte: **in ~ verwandeln** to matte.

lech·zen ['lɛçtsən] **I** *v/i* ⟨h⟩ *lit.* **1.** (nach for) thirst: **nach einem Becher Wasser ~** to thirst for a cup of water; **die Erde lechzte nach Regen** the earth thirsted for rain; **nach Kühlung ~** to thirst for s.th. cool. – **2.** *fig.* (nach for) thirst, long, languish, pant, (*verlangen*) yearn: **nach Blut [Rache] ~** to thirst for blood [revenge]. – **II L~** *n* ⟨-s⟩ **3.** *verbal noun.* – **4.** *auch fig.* thirst. — '**lech·zend I** *pres p.* – **II** *adj auch fig.* thirsting: **mit ~er Zunge legten wir die letzten Kilometer zurück** we covered the last few kilometers (*bes. Br.* kilometres) with our tongues hanging out.

Le·ci·thin [letsi'tiːn] *n* ⟨-s; *no pl*⟩ *chem.* lecithin.

leck [lɛk] *adj bes. mar.* leaking, leaky: **~ sein** a) to leak, b) (*von Schiff etc*) to make (*od.* take) water; **das Schiff ist ~ geworden** (*od.* **geschlagen worden**) the ship has sprung a leak.

Leck *n* ⟨-(e)s; -e⟩ *bes. mar.* leak, leakage: **ein ~ haben [abdichten** *od.* **stopfen, bekommen]** to have [to stop, to spring] a leak.

Lecka·ge (*getr.* -k·k-) [lɛ'kaːʒə] *f* ⟨-; -n⟩ *econ.* leakage.

'**Lecke** (*getr.* -k·k-) *f* ⟨-; -n⟩ *hunt. agr.* (salt) lick.

lecken[1] (*getr.* -k·k-) ['lɛkən] **I** *v/i* ⟨h⟩ **1.** (*von Eimer, Tank etc*) (have a) leak. – **2.** *mar.* have sprung a leak, make (*od.* take) water. – **II L~** *n* ⟨-s⟩ **3.** *verbal noun.* – **4.** leakage.

'**lecken**[2] (*getr.* -k·k-) **I** *v/t* ⟨h⟩ **1.** lick: **der Hund leckte seinem Herrn die Hand** the dog licked its master's hand; **sich** (*dat*) **die Lippen ~** to run one's tongue round one's lips, to lick one's lips (*auch fig.*); **leck mich (am Arsch)!** *vulg.* a) go to hell! *Am. vulg.* kiss my ass! b) *bes. Southern G.* (*überrascht*) *bes. Br. sl.* blimey! → **Blut** 1; **Finger** *Bes. Redewendungen.* – **2.** (*auflecken*) lick up, lap up: **die Katze leckt Milch** the cat is lapping up milk. – **II** *v/i* **3.** lick: **das Kind leckt an seiner Eistüte** the child is licking on (*od.* at) its ice-cream cone; **die Flammen leckten an den Wänden (in die Höhe)** the flames (*od.* tongues of fire) licked up the walls. – **III** *v/reflex* **sich ~ 4.** (*von Katze etc*) lick itself. — '**leckend** (*getr.* -k·k-) **I** *pres p.* – **II** *adj* **~e Flamme** lambent flame.

'**Lecker** (*getr.* -k·k-) *m* ⟨-s; -⟩ *hunt.* (*beim Schalenwild*) tongue.

'**lecker** (*getr.* -k·k-) **I** *adj* ⟨-er; -st⟩ **1.** (*Bissen, Mahl etc*) delicious, tasty, savory, *bes. Br.* savoury, appetizing: **das sieht ~ aus** that tastes delicious; **das schmeckt ~** that tastes delicious, that's very tasty. – **2.** *fig. colloq. dial.* (*Mädchen*) appealing, attractive(-looking). – **II** *adv* **3. ~ angerichtete Speisen** deliciously prepared foods.

'**Leckerˌbis·sen** (*getr.* -k·k-) *m* **1.** tidbit, *bes. Br.* titbit, dainty (*od.* choice) morsel, delicacy: **die Hausfrau setzte uns allerlei ~ vor** the lady of the house served us (with) various kinds of delicacies. – **2.** *fig.* (*Buch etc*) treat.

Lecke'rei (*getr.* -k·k-) *f* ⟨-; -en⟩ **1.** *cf.* Lekkerbissen 1. – **2.** *meist pl Am.* candy, *Br.* sweets *pl.*

'**lecker·haft** (*getr.* -k·k-) *adj obs. for* naschhaft.

Lecker·li (*getr.* -k·k-) ['lɛkərli] *n* ⟨-s; -⟩ *bes.* **Basler ~** *gastr. a kind of small gingerbread.*

'**Lecker|ˌmaul** (*getr.* -k·k-), **~ˌmäul·chen** *n* **1.** (person who has a) sweet tooth. – **2.** (*Feinschmecker*) gourmet.

'**Leck|ˌmat·te** *f*, **~ˌse·gel** *n mar.* collision mat, fothering sail. — **l~ˌsi·cher** *adj* (*Benzintank etc*) leakproof, *Br.* leak-proof. — **~ˌsprin·gen** *n mar.* springing a leak. — **~ˌstein** *m* (*für Tiere*) lickstone. — **~ˌstrom** *m electr.* leakage current.

'**Leckˌsucht** *f vet.* licking disease.

Le·der ['leːdər] *n* ⟨-s; -⟩ **1.** leather: **glattes [genarbtes] ~** smooth [grained *od.* pebble(d)] leather; **gepreßtes [lohgares] ~** embossed [bark-tanned *od.* rough-tanned, alum-tanned] leather; **alaungares** (*od.* **weißgares**) **~** alum-tanned leather; **aus ungegerbtem ~ (hergestellt)** of rawhide; **in ~ gebunden** *print. cf.* ledergebunden; **~ gerben [färben]** to tan [to colo(u)r *od.* dye] leather; **j-m das ~ gerben** (*od.* **versohlen**) *fig.* to tan s.o.'s hide; **zäh wie ~ sein** *fig.* a) (*von Person*) to have the constitution of a horse, b) (*von Schnitzel etc*) to be (as) tough as leather; **es geht ihm ans ~** *fig.* he is in for it; **er will mir ans ~** *fig.* he is out to get me; **vom ~ ziehen** *fig.* a) to start a quarrel, b) not to pull one's punches; **j-m auf dem ~ knien** *fig.* to leave s.o. no peace, to press s.o.; **zuschlagen, was das ~ hält** *fig.* to strike with all one's might and main. – **2.** (*Fensterleder etc*) chamois leather. – **3.** (*sport*) (*bes. beim Fußball*) *colloq.* 'leather' (*colloq.*), ball.

'**Le·der|ˌab,fäl·le** *pl* leather waste *sg* (*od.* cuttings), scrap leather *sg.* — **~ˌab,satz** *m* (*eines Schuhes*) leather heel. — **l~ˌähn·lich** *adj cf.* lederartig. — **~ˌap·fel** *m gastr.* leathercoat, *Br. auch* russet. — **~ˌar·beit** *f* leatherwork. — **l~ˌar·tig** *adj* leathery, leatherlike, leathern, coriaceous (*scient.*). — **~ar,ti·kel** *pl econ. cf.* Lederwaren. — **~ˌball** *m* (*sport*) leather ball. — **~ˌbal·len** *m* **1.** bale of leather. – **2.** (*in der Porzellanmalerei*) boss (*for putting on the priming coat*).

'**Le·derˌband**[1] *m* ⟨-(e)s; ⸚e⟩ *print.* **1.** volume bound in leather, leather-bound volume, (*aus Kalbsleder*) *auch* calfbound volume, (*aus Schweinsleder*) *auch* volume bound in pigskin, (*aus Saffianleder*) *auch* morocco-bound volume. – **2.** *cf.* Ledereinband.

'**Le·derˌband**[2] *n* ⟨-(e)s; ⸚er⟩ leather strip, strap.

'**Le·der|ˌbaum** *m bot.* **1.** currier's sumac (*Coriaria myrtifolia*). – **2. Gemeiner ~** hop tree, wafer ash (*Ptelea trifoliata*). — **~be,klei·dung** *f* leather clothing. — **~be,rei·ter** *m* (*leather*) *cf.* Lederzurichter. — **~be,rei·tung** *f cf.* Lederzurichtung. — **~ˌbeu·tel** *m* leather bag. — **~ˌbo·gen** *m hist.* (*Pergamentbogen, -manuskript*) book fell. — **l~ˌbraun** *adj cf.* lederfarben. — **~ˌdich·tung** *f tech.* leather gasket. — **~ˌecken** (*getr.* -k·k-) *pl* (*eines Koffers, Buches etc*) leather corners. — **~ˌein,band** *m print.* leather binding, (*in Kalbsleder*) *auch* calf binding, (*in Schweinsleder*) *auch* pigskin binding, (*in Saffianleder*) *auch* morocco binding. — **~ˌein,fas·sung** *f* leather edging (*od.* border, framing). — **~-ˌEn·ten,mu·schel** *f zo.* rabbit-eared barnacle (*Gattg Conchoderma*).

'**Le·de·rer** *m* ⟨-s; -⟩ *obs. and Austrian dial. for* Gerber 1.

'**Le·der|ˌfar·be** *f* leather color (*bes. Br.* colour). — **l~ˌfar·ben, l~ˌfar·big** *adj* leather-colored (*bes. Br.* -coloured), leather-brown, (*hell*) *auch* buff(y), buff-colored (*bes. Br.* -coloured), (*dunkel*) *auch* tawny. — **~ˌfa·ser,werk,stoff** *m* web of leather fiber (*bes. Br.* fibre), synderme (*scient.*). — **~ˌfett** *n* **1.** leather grease, stuffing. – **2.** (*Riemenfett*) leather belt dressing. — **~ˌflech·te** *f bot.* peltigera (*Fam. Peltigeraceae*). — **~ˌflicken** (*getr.* -k·k-) *m* leather patch. — **~fut·te,ral** *n* leather case. — **~ga,ma·schen** *pl* leather leggings (*od.* gaiters), leathers. — **l~ge,bun·den** *adj print.* leather-bound, bound in leather. — **~ˌgür·tel** *m* **1.** leather belt. – **2.** *mil.* (*Offizierskoppel mit Schulterriemen*) Sam Browne (belt). — **~ˌhan·del** *m econ.* leather trade. — **~ˌhänd·ler** *m* dealer in leather, leather merchant. — **~ˌhand,schuh** *m* leather glove. — **~ˌhaut** *f* **1.** *med.* a) true (*od.* inner) skin; corium, derma, cutis (vera) (*scient.*), b) (*des Auges*) sclera. – **2.** *zo.* corium, derma. — **~ˌher,stel·lung** *f econ.* manufacture of leather. — **~ˌholz** *n bot.* **1.** leatherwood (bush), swampwood, wicopy, wickape (*Dirca palustris*). – **2.** leatherwood, burnwood, titi, *auch* white titi, cyrilla (*scient.*) (*Cyrilla racemiflora*). — **~ˌho·sen** *pl* **1.** (*lange*) leather trousers. – **2.** (*kurze*) leather shorts. – **3.** (*Kniebundhosen*) leather breeches, *Am. auch* lederhosen.

'**le·de·rig** *adj* **1.** leathery, leathern. – **2.** *bot.* coriaceous.

'**Le·der|imi·ta·tiˌon** *f econ.* imitation leather, Leatherette (*TM*), Leatheroid (*TM*). — **~ˌjacke** (*getr.* -k·k-) *f* leather jacket. — **~ˌkap·pe** *f* (*für Motorradfahrer etc*) leather helmet. — **~ˌkarp·fen** *m zo.* leather carp (*Cyprinus nudus*). — **~ˌkis·sen** *n* **1.** leather cushion. – **2.** (*Sitzkissen*) leather pouf(fe), *Am. auch* pouff. — **~ˌkleid** *n* leather dress. — **~ˌkof·fer** *m* leather suitcase. — **~ˌkol·ler** *n mil. hist.* buffcoat. — **~ko,ral·le** *f zo.* soft coral, alcyonarean (*scient.*) (*Ordng Alcyonaria*). — **~ko,stüm** *n* (*fashion*) leather suit. — **~ˌkü·raß** *m mil. hist.* lorica. — **~ˌlack** *m* (*paints*) leather varnish. — **~ˌlap·pen** *m* (*Fensterleder etc*) (chamois) leather, chamois. — **~ma,kre·le** *f* (leather) jacket, *auch* leather jack (*Gattgen Scomberoides u. Oligoplites*). — **~ˌman·tel** *m* leather coat. — **~ˌmap·pe** *f* leather briefcase.

'**le·dern**[1] *adj* **1.** (*Schuhe etc*) leather(n). – **2.** *fig.* (*Fleisch etc*) leathery, like (*od.* [as] tough as) leather. – **3.** *fig.* (*Buch, Vortrag etc*) dry, dull, vapid.

'**le·dern**[2] *v/t* ⟨h⟩ **1.** (*leather*) tan. – **2.** polish (*s.th.*) with a (chamois) leather. – **3.** *fig. dial. and colloq. for* prügeln 1.

'**Le·der|ˌpap·pe** *f* leatherboard. — **~ˌpfle·ge,mit·tel** *n* leather conditioner. — **~ˌpol·ster** *n* **1.** leather cushion. – **2.** leather upholstery. — **~ˌrie·men** *m* **1.** leather (strap). – **2.** leather belt. – **3.** (*einer Sandale, Peitsche*) thong. – **4.** (*für Rasiermesser od. -klingen*) (razor) strop. — **~ˌrücken** (*getr.* -k·k-) *m print.* (*eines Buchs*) leather back. — **~ˌsamt** *m synth.* duvetyn, *auch* duvetyne. — **~ˌschärf·ma,schi·ne** *f print.* paring machine. — **~ˌschild,krö·te** *f zo.* leatherback (turtle) (*Dermochelys coriacea*). — **~ˌschnitt** *m* (*auf Bucheinbänden etc*) (ornamental) leather carving. — **~ˌschuh** *m* leather shoe. — **~ˌschurz** *m* leather apron. — **~ˌses·sel** *m* leather armchair. — **~ˌsoh·le** *f* leather sole. — **~ˌspalt,mes·ser** *n tech.* leather-splitting knife. — **~ˌstrauch** *m bot. cf.* Lederbaum 2.

'**Le·derˌstrumpf-Erˌzäh·lun·gen** *pl* (*literature*) Leather-Stocking Tales (*by J. F. Cooper*).

'**Le·der|ˌta·sche** *f* **1.** leather handbag. – **2.** *cf.* Ledermappe. — **~ˌwal·ze** *f tech.* leather roller (*od.* rolling machine). — **~ˌwan·ze** *f zo.* squash bug (*Fam. Coreidae*). — **~ˌwa·ren** *pl econ.* articles of leather, leatherware *sg*, leather goods. — **~ˌwa·ren·ge,schäft** *n* leather-goods shop (*bes. Am.* store). — **~ˌzeug** *n mil.* straps and belts *pl*, leathers *pl.* — **~ˌzu,rich·ter** *m* (*leather*) currier. — **~ˌzu,rich·tung** *f* currying, finishing, leather dressing.

le·dig ['leːdɪç] *adj* **1.** (*unverheiratet*) single, unmarried, unattached: **~e Frau** a) single woman, b) *jur.* feme sole; **~ bleiben** to remain single; **der ~e Stand** celibacy, the single life; **eine ~e Mutter** an unmarried mother. – **2.** (*Pferd*) riderless. – **3.** *Southern G.* (*Kind*) illegitimate. – **4.** *Middle G.* (*Acker*) fallow, uncultivated, untilled. – **5.** *lit.* (*in Wendungen wie*) **einer Sache ~ sein** a) to be free (*od.* rid) of s.th., b) to be relieved (*od.* rid) of s.th.: **aller Schulden ~ sein** to be free (*od.* clear) of all debts; **aller Sorgen ~ sein** to be free of all cares; **sich einer Sache ~ fühlen** a) to feel free (*od.* rid) of s.th., b) to feel relieved (*od.* rid) of s.th.

'Le·di·ge[1] *m* ⟨-n; -n⟩ unmarried (*od.* single) man.

'Le·di·ge[2] *f* ⟨-n; -n⟩ **1.** unmarried (*od.* single) woman. – **2.** *jur.* feme sole.

'Le·di·gen|,heim *n* home for single persons. — **~,steu·er** *f econ.* tax (levied) on single persons, bachelor tax.

'le·dig·lich *adv* **1.** only, merely, (purely and) simply, solely, just: **es ist ~ eine Formsache** it is only a formality; **ich verlange ~ mein Recht** I simply demand my rights; **es war keine Bosheit, sondern ~ eine Dummheit** it wasn't maliciousness, just stupidity; **~ durch Zufall** purely by accident. – **2.** (*ganz*) entirely, exclusively: **sein Leben ist ~ der Arbeit gewidmet** his life is entirely given up to work.

'Le·di,schiff ['le:di-] *n Swiss dial. for* Frachter 1.

Lee [le:] *f* ⟨-; *no pl*⟩ **1.** *mar.* lee, leeward: **in ~** alee, under the lee; **Ruder in ~!** a) helm alee! b) (*beim Segeln*) helm down! **in ~ voraus** on the lee bow; **nach ~** leeward, alee; **nach ~ zu liegend, sich nach ~ bewegend** leeward; **nach ~ steuern** to steer to leeward; **nach ~ treiben** (*od.* **getrieben werden**) to sag to leeward; **Tendenz nach ~** tendency to drift to leeward. – **2.** *meteor.* (*eines Gebirges etc*) lee (side). — **~,bras·sen** *pl mar.* lee braces.

leeg [le:k] *adj Low G.* **1.** (*Wasserstand*) low. – **2.** empty.

'lee|,gie·rig *adj mar.* (*Schiff*) tending to carry a lee helm. — **L~,kü·ste** *f* lee shore.

leer [le:r] **I** *adj* ⟨-er; -st⟩ **1.** empty: **die Straßen waren bald ~** the streets were soon empty (*od.* deserted); **auf ~en Magen soll man nicht trinken** one shouldn't drink on an empty stomach; **der Saal war gähnend ~** the hall was completely empty; **seine Tasse ~ trinken** to empty (*od.* finish) one's cup; **seinen Teller ~ essen** to clear one's plate, to eat up (all) one's food; **eine Flasche Wein ~ machen** *colloq.* to empty a bottle of wine; **mit ~en Händen nach Hause kommen** to come home empty-handed; **mein Leben ist so ~** *fig.* my life is so empty, my life is a vacuum; **vor einem ~en Haus spielen** (*theater*) to play to an empty house; → **wüst** 1. – **2.** (*unmöbliert*) unfurnished: **etwas ~ kaufen** to buy s.th. unfurnished. – **3.** (*leerstehend*) vacant, unoccupied, uninhabited: **das Haus steht ~** the house is vacant. – **4.** (*Platz, Sitz etc*) unoccupied, vacant, free. – **5.** (*Blatt, Heft etc*) blank, clean, empty. – **6.** *fig.* (*Drohungen, Versprechungen etc*) empty, hollow: **~e Pracht** pomp; **~e Versprechungen!** (mere) promises. – **7.** *fig.* (*Hoffnungen etc*) empty, vain. – **8.** *fig.* (*Gerede etc*) empty, vapid, idle: **~e Worte** empty words, verbalism *sg*; **~e Worte machen, ~es Stroh dreschen** *colloq.* to beat the air; → **Geschwätz** 1. – **9.** *fig.* (*Blick, Lachen etc*) empty, blank, vacuous. – **10.** *electr.* (*Batterie*) empty, run-down (*attrib*), *Br. auch* flat. – **11.** *mus.* a) (*Saite*) open, b) (*Quint, Oktav*) bare, naked. – **12.** *her.* voided, false. – **13.** *print.* white. – **II** *adv* **14. ~ laufen** *tech.* (*Motor etc*) to (run) idle, to run free; **~ ausgehen** a) to come away (*od.* leave) empty-handed, b) to come off empty-handed, to be left out in the cold.

'Leer|,ak·tie *f econ.* share not fully paid up. — **~,auf,nah·me** *f med.* (*in der Röntgenologie*) flat plate. — **~,darm** *m med.* jejunum: **den ~ betreffend** jejunal.

'Lee·re[1] *f* ⟨-; *no pl*⟩ **1.** emptiness: **im Saal herrschte eine gähnende ~** the hall was completely empty; **er hatte das Gefühl einer inneren ~** he had a sensation of emptiness within him. – **2.** *fig.* (*von Phrasen etc*) hollowness. – **3.** *fig.* (*von Lektüre, Unterhaltung etc*) emptiness, vacuity, idleness. – **4.** *phys.* vacuum.

'Lee·re[2] *n* ⟨-n; *no pl*⟩ (*in Wendungen wie*) **ins ~ starren** to stare into emptiness (*od.* space); **ins ~ greifen** to grasp (*od.* clutch) at thin air; **der Schlag ging ins ~** the blow missed.

lee·ren ['le:rən] **I** *v/t* ⟨h⟩ **1.** empty: **er leerte einen Eimer Wasser in die Wanne** he emptied a bucket of water into the tub; **seine Taschen ~** to empty one's pockets; **j-m die Taschen ~** *fig. colloq.* to fleece s.o. of his money; **sein Glas auf einen Zug ~** to empty (*od.* finish, drain) one's glass in one draft (*bes. Br.* draught); **den (bitteren) Kelch bis auf den Grund** (*od.* **bis zur Neige**) **~** *fig. lit.* to drain the (bitter) cup of sorrow to the dregs. – **2.** (*Briefkasten, Schrank etc*) empty, clear: **der Briefkasten wird täglich viermal geleert** the letter box is cleared (*od.* the mail is collected) four times daily; **den Teller ~** to clear one's plate. – **3.** (*Faß, Wassertank etc*) empty, drain. – **4.** *phys.* evacuate. – **II** *v/reflex* **sich ~ 5.** empty, become empty: **die Wanne leerte sich langsam** the tub emptied slowly; **der Saal leerte sich** the hall emptied. – **III L~** *n* ⟨-s⟩ **6.** *verbal noun.* – **7.** *cf.* Leerung.

'Leer|,fahrt *f* unloaded drive. — **~,for·mel** *f philos.* empty formula. — **~,fracht** *f econ.* dead freight. — **~,gang** *m tech.* **1.** lost (*od.* idle) motion. – **2.** (*Schaltstellung*) neutral (gear). – **3.** (*einer Schraube*) backlash. – **4.** *cf.* Leerlauf 1. — **~ge,schoß** *n mil.* empty shell. — **~ge,wicht** *n* **1.** (*eines Fahrzeugs*) unloaded (*od.* unladen) weight, tare (weight). – **2.** (*eines Flugzeugs*) empty weight. — **~,gut** *n* (*Flaschen, Kisten etc*) empties *pl.*

'Leer·heit *f* ⟨-; *no pl*⟩ *cf.* Leere[1].

'Leer|,hub *m tech.* idle (*od.* no-load) stroke. — **l~,kau·fen** *v/t* ⟨*sep*, -ge-, h⟩ (*Laden*) buy (*od.* clean) out. — **~ki·lo,me·ter** *m* dead-freight carriage.

'Leer,lauf *m* **1.** *tech.* a) idling, idle running (*od.* motion), b) (*Gang*) neutral (gear), c) (*einer Maschine*) idle running, d) (*eines Elektromotors*) no-load running, e) (*eines Fahrrads*) freewheel: **ruhiger ~** smooth (*od.* quiet) idling; **im ~ fahren** a) (*von Maschine*) to run idle (*od.* no-load), b) (*von Auto*) to run idle, to coast, c) (*von Fahrrad*) to freewheel; **in den** (*od.* **auf**) **~ schalten** to shift (*bes. Br.* change) into neutral (gear); **im ~ laufen lassen** to idle. – **2.** *fig.* (*sinnlose Arbeit*) waste (of energy), wastage, lost (*od.* idle) motion: **der ~ in der Verwaltung** the waste of energy in administration; **in diesem Betrieb gibt es viel ~** much energy is wasted in this firm. – **3.** *fig.* (*Unbeschäftigtsein*) idleness, running on the spot. — **~,dü·se** *f auto.* idler (*od.* low-speed) nozzle, idle (*od.* idling, slow-running) jet. — **~,ein,stell,schrau·be** *f* (*am Vergaser*) idle adjusting (*od.* throttle-stop) screw, slow-running adjustment (screw). — **~,ein,stel·lung** *f aer. auto.* idle (*od.* idling) adjustment, idling setting, slow-running.

'leer,lau·fen *v/i* ⟨*irr, sep*, -ge-, *sein*⟩ run dry: **das Faß läuft leer** the barrel is running dry; **das Faß ~ lassen** to run the barrel dry.

'Leer,lauf|,hand·lung *f zo.* (*in der Verhaltenslehre*) vacuum activity. — **~,kenn,li·nie** *f electr.* no-load characteristic. — **~re·ak·ti,on** *f psych.* reaction to emptiness. — **~,span·nung** *f electr.* open-circuit (*od.* no-load) voltage. — **~,stel·lung** *f* neutral (*od.* idle, idling) position: **etwas in ~ bringen** to put s.th. in(to) neutral. — **~,strom** *m electr.* no-load (*od.* idling) current. — **~,zeit** *f tech. cf.* Leerzeit.

'Leer|,packung (*getr.* -k·k-) *f econ.* dummy, sham package, (empty) display package. — **l~,ste·hend** *adj* **1.** (*Wohnung, Zimmer etc*) vacant, unoccupied. – **2.** empty. — **~,takt** *m tech.* (*eines Motors*) idle stroke. — **~,ta·ste** *f* (*einer Schreibmaschine*) space bar. — **~,tief,gang** *m mar.* light draft (*bes. Br.* draught).

'Lee·rung *f* ⟨-; -en⟩ **1.** *cf.* Leeren. – **2.** (*eines Briefkastens*) (postal) collection: **nächste ~ um 17 Uhr** next collection at 5 p.m. — **'Lee·rungs,zeit** *f* (*eines Briefkastens*) collection time.

'Leer|ver,kauf *m econ.* **1.** (*von Aktien*) forward sale. – **2.** (*von Waren*) (commodity) sale for future delivery, forward sale (of commodities). — **~,zei·le** *f print.* space. — **~,zeit** *f tech.* lost (*od.* idle, nonproductive, *Br.* non-productive) time. — **~,zim·mer** *n* unfurnished room. — **~,zug** *m* empty freight (*Br.* goods) train.

'Lee|,se·gel *n mar.* studding sail. — **~,seite** *f* lee (side), leeward. — **l~,wärts** *adv* (to) leeward, alee. — **~,wel·len** *pl meteor.* (mountain) lee waves. — **~,wir·bel** *m* **1.** *aer.* trailing vortex. – **2.** *meteor.* lee eddy.

Lef·ze ['lɛftsə] *f* ⟨-; -n⟩ chaps *pl*, chops *pl*, (*bes. des Hundes*) flews *pl*, *auch* chop.

le·gal [le'ga:l] *jur.* **I** *adj* legal, lawful: **etwas auf ~em Weg erreichen** to obtain s.th. by lawful means (*od.* lawfully). – **II** *adv* legally, lawfully, by lawful means. — **L~de·fi·ni·ti,on** *f* legal definition.

Le·ga·li·sa·ti·on [legaliza'tsǐo:n] *f* ⟨-; -en⟩ *jur. cf.* Legalisierung.

le·ga·li·sie·ren [legali'zi:rən] **I** *v/t* ⟨*no* ge-, h⟩ *jur.* legalize, (*beglaubigen*) *auch* authenticate. – **II L~** *n* ⟨-s⟩ *verbal noun.* — **Le·ga·li'sie·rung** *f* ⟨-; -en⟩ **1.** *cf.* Legalisieren. – **2.** legalization, (*Beglaubigung*) *auch* authentication.

Le·ga·li·tät [legali'tɛ:t] *f* ⟨-; *no pl*⟩ *jur.* legality, lawfulness.

Le·ga·li'täts|kon,trol·le *f jur. pol.* court control of the legality of measures taken by the executive branch. — **~prin,zip** *n jur.* principle of legality.

Le'gal·ser·vi,tut *n, Austrian auch f jur.* statutory servitude (*od.* easement).

Leg·asthe·nie [legaste'ni:] *f* ⟨-; -n [-ən]⟩ *med. psych.* legasthenia. — **Leg·asthe·ni·ker** [-'te:nikər] *m* ⟨-s; -⟩ legasthenic.

Le·gat[1] [le'ga:t] *m* ⟨-en; -en⟩ **1.** *relig.* a) (*päpstlicher*) legate, b) (*des griechischen Patriarchen*) exarch: **apostolischer ~** papal legate. – **2.** *antiq.* (*in Rom*) legate.

Le'gat[2] *n* ⟨-(e)s; -e⟩ *jur.* a) (*von beweglichem Besitz*) legacy, bequest, bequeathal, b) (*von Grundbesitz*) devise: **der Verstorbene hat zahlreiche ~e ausgesetzt** the deceased made a number of bequests.

Le·ga·tar [lega'ta:r] *m* ⟨-s; -e⟩ *jur.* **1.** legatee. – **2.** (*bei Grundbesitz*) devisee.

Le'ga·ten,amt *n röm.kath.* legateship, legation.

Le·ga·ti·on [lega'tsǐo:n] *f* ⟨-; -en⟩ **1.** *röm. kath.* (*eines päpstlichen Legaten*) legation. – **2.** *pol. rare for* **Gesandtschaft** 1.

Le·ga·ti'ons|,rat *m pol.* legation council(l)or, council(l)or to an embassy. — **~,recht** *n* right of legation. — **~se·kre,tär** *m* secretary to an embassy.

le·ga·to [le'ga:to] *mus.* **I** *adv u. adj* legato. – **II L~** *n* ⟨-s; -s *u.* -ti [-ti]⟩ legato. — **L~,bo·gen** *m* slur.

Le·ga·tus| a la·te·re [le'ga:tus a: 'la:tere] *m* ⟨- - -; *no pl*⟩ *röm.kath.* confidential papal legate, legatus a latere (*scient.*). — **~ 'na·tus** ['na:tus] *m* ⟨- - -; *no pl*⟩ born legate.

'Le·ge|bat·te,rie *f agr.* (*für Hennen*) laying battery. — **~,boh·rer** *m zo.* piercer; terebra, ovipositor (*scient.*): **mit ~** (**versehen**) terebrate. — **~,hen·ne** *f*, **~,huhn** *n agr.* laying hen, layer.

Le·gel ['le:gəl] *m* ⟨-s; -⟩ *mar.* **1.** cringle. – **2.** (*für Leitern u. Stege*) hank.

'Le·ge,lei·stung *f agr.* (*von Hennen*) egg yield.

le·gen ['le:gən] **I** *v/t* ⟨h⟩ **1.** put, lay: **ich habe das Buch dorthin gelegt** I put (*od.* laid) the book over there; → **beiseite**; **zugrunde** 2. – **2.** (*Rohre etc*) lay: **Kabel [Fliesen] ~** to lay cables [tiles]; **neue Fußböden ~** to lay (*od.* put in) new floors; → **Grundstein** 1; **Handwerk** 1. – **3.** *tech.* a) put, place, b) (*in vorherbestimmte Lage*) locate, seat. – **4.** (*Haare*) set, put up: **bitte waschen und ~** shampoo and set, please. – **5.** (*Wäsche, Fallschirm etc*) fold. – **6.** (*flachlegen*) lay (*s.th.*) flat: **du mußt die Flaschen ~, nicht stellen** you must lay the bottles flat, not stand them upright. – **7.** *zo.* (*Eier*) (*bes. von Huhn etc*) lay, (*von Vögeln, Insekten, Schildkröten*) *auch* deposit. – **8.** *agr. hort.* a) (*Kartoffeln etc*) set, plant, b) (*Bohnen etc*) plant, sow, c) (*Senkreiser etc*) set out. – **9.** *mil.* (*Minen*) lay, plant. – **10. Bauern ~** *hist.* to evict tenants. – **11.** (*games*) (*Patience etc*) play: → **Karte** 15. – **12.** (*sport*) (*beim Fußball etc*) bring (*s.o.*) down. – **13.** *hunt.* (*Schlingen etc*) lay, set. – **II** *v/i* **14.** (*von Hühnern*) lay: **diese Hennen ~ gut [schlecht]** these hens are good [poor] layers. – **III** *v/reflex* **sich ~ 15.** lie down: **leg dich!** (*zu Hund*) (lie) down! **sich schlafen ~** to lie down to sleep, to go to bed; **er hat sich gelegt** (*ist krank*) he took to his bed. – **16.** (*von Getreide etc*) lodge. – **17.** *fig.* (*von Wind, Zorn etc*) calm (*od.* settle) down, cease. – **18.** *fig.* (*von Fieber*) go down, drop. – **19.** *fig.* (*von Aufregung, Lärm etc*) abate, subside. – **IV L~** *n* ⟨-s⟩ **20.** *verbal noun.* – **21.** (*von Gas-, Wasserleitung etc*) installation.

Verbindungen mit Präpositionen: **le·gen| an** (*acc*) **I** *v/t* put (*od.* lay) (*s.th.*) on (*od.* against, in, to): etwas (wieder) an seinen Platz ~ to put s.th. back in its place, to restore s.th. to its proper place; etwas an einen falschen Platz ~ to misplace (*od.* mislay) s.th.; sie hat den Kopf an seine Schulter gelegt she laid (*od.* rested) her head on (*od.* against) his shoulder; einen Hund an die Kette ~ to chain up a dog, to put a dog on the chain; Feuer an ein Haus ~ to set fire to a house, to set a house on fire, *auch* to fire a house; → Hand[1] *Verbindungen mit Verben*; Herz *Bes. Redewendungen*; Tag 4. – **II** *v/reflex* sich ~ an to lie down next to (*od.* near): ich möchte mich ans Wasser ~ I want to lie down near the water. — ~ **auf** (*acc*) **I** *v/t* put (*od.* lay) (*s.th.*) (up)on: etwas auf die Erde (*od.* den Boden) ~ to put s.th. (down) on the ground; j-m die Hand auf die Schulter ~ to lay one's hand on s.o.'s shoulder; Holz aufs Feuer ~ to put wood on the fire; ein Buch auf den Tisch ~ to lay a book on the table; ein Pflaster auf eine Wunde ~ to apply a plaster to a wound; alles auf einen Haufen ~ to throw (*od.* toss) everything onto (*od.* into) a heap (*od.* pile); Beschränkungen auf Einfuhren ~ *fig.* to place restrictions on imports; Steuern [Zoll] auf eine Ware ~ *fig.* to lay (*od.* levy) taxes [duty] on an article; Geld auf Zinsen ~ *econ.* to invest money at interest; Gewicht (*od.* Wert) auf etwas ~ *fig.* to attach importance to s.th., to set store by s.th.; Nachdruck auf etwas ~ *fig.* to lay stress on s.th., to emphasize s.th.; jedes Wort auf die Goldwaage ~ *fig.* a) to weigh one's words, b) to take everything (one hears) literally; → Akzent 1, 4; Eis[1] 1; Kante 8; Kreuz 6. – **II** *v/reflex* sich ~ auf to lie down (up)on: sich auf sein Bett ~ to lie down on one's bed; der Qualm legte sich mir schwer auf die Brust *fig.* the smoke settled heavily on my chest; Dunkelheit legte sich aufs Land *fig. lit.* darkness settled upon the land; sich auf den Rücken ~ to lie down on one's back; sich auf die Seite ~ a) to lie down on one's side, b) (*von Schiff*) to (get a) list; die Sache legte sich ihm aufs Gemüt *fig.* the matter began to prey (up)on his mind; er hat sich auf Pelzwaren gelegt *fig. colloq.* he has applied himself (*od.* taken) to the fur trade; die Krankheit legte sich ihm auf die Brust [auf den Magen] *fig. colloq.* the disease settled in his chest [stomach]; → Lauer[1]; Ohr 3. — ~ **aus** *v/t* put (*od.* lay) (*s.th.*) down: etwas aus der Hand ~ to lay s.th. down. — ~ **durch** *v/t* lay (*s.th.*) through: Schienen durch einen Tunnel ~ to lay rails through a tunnel; die Straße wurde durch unser Grundstück gelegt the road was laid through our land. — ~ **hin·ter** (*acc*) **I** *v/t* put (*od.* lay) (*s.th.*) behind. – **II** *v/reflex* sich ~ hinter to lie down behind. — ~ **in** (*acc*) **I** *v/t* put (*od.* lay) (*s.th.*) in(to): ein Lesezeichen ins Buch ~ to put a bookmark(er) in a book; j-n ins Grab (*od.* in die Erde) ~ to lay s.o. in the grave, to bury s.o.; ein Kind ins Bett ~ to put a child to bed; j-n in Fesseln (*od.* Ketten) ~ to put s.o. in fetters (*od.* chains), to fetter s.o.; Wein in den Keller ~ to put wine in the cellar, to cellar wine; den Kopf in den Nacken ~ to lean one's head back; die Stadt wurde in Schutt und Asche gelegt the city was reduced to rubble and ashes; alle Häuser waren in Asche gelegt all houses were burned down to ashes (*od.* to the ground); Truppen in Quartier ~ to quarter (*od.* billet) soldiers; er legte die Entscheidung in meine Hände *fig.* he placed the decision in my hands; er legte mir die Worte in den Mund *fig.* he put the words into my mouth; → Falte 1, 5, 7; Hand *Verbindungen mit Verben*. – **II** *v/reflex* sich ~ in to lie (down) in: sich ins Bett ~ to go to bed; sich in die Sonne ~ to lie in the sun; sich in den Hinterhalt ~ to lie in wait (*od.* ambush); sich ins Geschirr (*od.* Zeug) ~ *fig.* to put one's shoulder to the wheel; sich ins Mittel ~ to intervene. — ~ **nach** *v/t* put (*od.* lay) (*s.th.*) in: er legte den Ort der Handlung nach X he has laid the scene of action in X; bitte leg den Mantel nach hinten (auf den Sitz) please put the coat on the backseat; eine neue Bahnlinie wurde nach X gelegt a new railroad (*bes. Br.* railway) was built to X. — ~ **ne·ben** (*acc*) **I** *v/t* put (*od.* lay) (*s.th.*) beside: eins neben das andere ~ to lay (*od.* put) one beside the other. – **II** *v/reflex* sich ~ neben to lie down beside: er legte sich neben einen Baum he lay down beside a tree. — ~ **über** (*acc*) **I** *v/t* **1.** put (*s.th.*) over: die Jacke über die Schulter ~ to put one's jacket over one's shoulder; er legte die Hand über die Augen he put his hand over his eyes; ein Bein über das andere ~ to cross one leg over the other. – **II** *v/reflex* sich ~ über **2.** to lie down (up)on. – **3.** *fig.* to settle (up)on: Nebel legte sich über die ganze Gegend fog settled (up)on the entire area. — ~ **um** **I** *v/t* **1.** put (*od.* lay) (*s.th.*) (a)round: er legte die Arme um ihren Hals he put his arms around her neck; er legte ihr den Mantel um die Schultern he put (*od.* wrapped) the coat (a)round her shoulders. – **II** *v/reflex* sich ~ um **2.** (*von Schlange, Ranken etc*) to wind (*od.* wrap) (a)round (*od.* about). – **3.** (*von Armen etc*) to be laid (a)round: seine Hände legten sich um ihren Hals he laid his hands round her neck. — ~ **un·ter** (*acc*) **I** *v/t* put (*od.* lay) (*s.th.*) under: etwas unter den Tisch ~ to lay s.th. under the table. – **II** *v/reflex* sich ~ unter to lie down under. — ~ **vor** (*acc*) **I** *v/t* **1.** put (*od.* lay) (*s.th.*) before: die Matte vor die Tür ~ to lay the doormat before the door; ein Schloß vor die Tür ~ to hang a padlock on the door; j-m den Kopf vor die Füße ~ *fig.* to cut s.o.'s head off; ein Boot vor Anker ~ to cast (*od.* drop) a boat's anchor. – **II** *v/reflex* **2.** sich ~ vor to lie down before. – **3.** sich vor Anker ~ *mar.* to cast (*od.* drop) anchor. — ~ **zu** **I** *v/t* put (*od.* lay) (*s.th., s.o.*) to: j-n zu Bett ~ to put s.o. to bed; einen Weg zum Haus ~ to lay a path to the house; leg es zu den anderen Sachen put it with the other things; j-m etwas zur Last ~ *fig.* to blame s.th. on s.o., to lay s.th. at s.o.'s door. – **II** *v/reflex* sich zu j-m ~ to lie down beside s.o. — ~ **zwi·schen** (*acc*) **I** *v/t* put (*od.* lay) (*s.th.*) between. – **II** *v/reflex* sich ~ zwischen to lie down between.

Le·gen·dar [legɛn'daːr] **I** *n* ⟨-s; -e⟩ legendary, book of legends (*od.* saints' lives). – **II** l~ *adj obs. for* legendär.

le·gen·där [legɛn'dɛːr] *adj* **1.** legendary, fabled, fabulous: der ~e König Artus the legendary King Arthur. – **2.** (*sagenhaft*) legendary, fabulous: ein ~er Ruf a legendary reputation.

Le·gen·da·ri·um [legɛn'daːrium] *n* ⟨-s; -rien⟩ *cf.* Legendar I.

Le·gen·de [le'gɛndə] *f* ⟨-; -n⟩ **1.** *relig.* (*Heiligenlegende*) legend. – **2.** *hist.* (*Sage*) legend, legendary tale, fable: wie die ~ berichtet (*od.* weiß) as legend tells us; es geht die ~, daß legend tells us that. – **3.** (*Zeichenerklärung*) key, legend. – **4.** (*auf Münzen, Bildern etc*) legend.

Le'gen·den|,dich·tung *f* legendary literature (*od.* writings *pl*, poetry). — **l~haft** *adj cf.* legendär. — ~**,samm·lung** *f cf.* Legendar I. — ~**,schrei·ber** *m* legendist. — ~**,spiel** *n* (*theater*) *hist.* miracle play.

'Le·ge|,nest *n zo.* laying nest. — ~**,not** *f* (*bei Hausgeflügel*) laying distress.

le·ger [le'ʒɛːr] **I** *adj* **1.** (*Benehmen etc*) nonchalant, casual. – **2.** (*fashion*) (*leicht u. bequem*) casual. – **II** *adv* **3.** sich ~ benehmen to behave nonchalantly (*od.* in a nonchalant way); er war ganz ~ gekleidet he was casually dressed.

'Le·ger *m* ⟨-s; -⟩ **1.** (*Legehenne*) layer. – **2.** (*Handwerker*) floor layer. – **3.** (*Fliesenleger*) floor and wall tiler. – **4.** (*Teppichleger*) carpet layer.

'Le·ge|,ras·se *f agr.* laying strain. — ~**,röh·re** *f zo.* (*eines Insekts*) ovipositor.

'Le·ger,wall *m mar.* lee shore.

'Le·ge|,spiel *n* (*games*) jigsaw puzzle, *auch* picture puzzle. — ~**,zeit** *f zo.* laying season (*od.* period, time).

'Leg,föh·re *f bot.* knee pine, Swiss mountain pine (*Pinus mugho*).

leg·gie·ra·men·te [lɛdʒera'mɛnte] *mus. adv* leggieramente.

leg·gie·ro [lɛ'dʒeːro] *mus. adv u. adj* leggiero.

'Leg,hen·ne *f agr. cf.* Legehenne.

'Leg,horn *n* ⟨-s; -(s)⟩ *agr.* Leghorn.

le·gie·ren [le'giːrən] **I** *v/t* ⟨*no* ge-, h⟩ **1.** *metall.* alloy: mit Quecksilber ~ to amalgamate. – **2.** *gastr.* (*Suppen, Soßen etc*) thicken. – **II** L~ *n* ⟨-s⟩ **3.** *verbal noun.* – **4.** alloyage. — **le'giert I** *pp.* – **II** *adj* **1.** *metall.* (*Stahl etc*) alloy(ed). – **2.** *gastr.* thickened: eine ~e Suppe a cream soup; ~e Tomatensuppe cream of tomato soup.

Le'gie·rung *f* ⟨-; -en⟩ *metall.* **1.** *cf.* Legieren. – **2.** alloy, amalgamation, composition metal: hochzinnhaltige ~ tin-base alloy; niedrigschmelzende ~ low-melting alloy.

Le'gie·rungs|be,stand,teil *m*, ~**ele,ment** *n metall.* alloying component (*od.* constituent, element, metal). — ~**,stahl** *m* alloy steel. — ~**ver,fah·ren** *n* alloying method. — ~**,zu,satz** *m* alloying addition.

Le·gi·on [le'gioːn] *f* ⟨-; -en⟩ **1.** *antiq. mil.* legion: römische ~en Roman legions; die Zahl der Besucher [Geschichten] ist ~ *fig. colloq.* the number of visitors [stories] is legion. – **2.** *mil.* legion of volunteers (*od.* mercenaries).

Le·gio·nar [legio'naːr] *m* ⟨-s; -e⟩ *antiq. mil.* member of a Roman legion, legionary.

Le·gio·när [legio'nɛːr] *mil.* **I** *m* ⟨-s; -e⟩ legionnaire, legionary. – **II** l~ *adj* legionary.

Le·gi'ons|,ad·ler *m antiq. mil.* standard eagle. — ~**sol,dat** *m* **1.** *mil. cf.* Legionär I. – **2.** *antiq. mil. cf.* Legionar.

le·gis·la·tiv [legɪsla'tiːf] *adj pol.* legislative.

Le·gis·la·ti·ve [legɪsla'tiːvə] *f* ⟨-; -n⟩ *pol.* **1.** legislature, legislative body (*od.* assembly). – **2.** legislative power (*od.* authority).

le·gis·la·to·risch [legɪsla'toːrɪʃ] *adj pol.* legislative, legislatorial.

Le·gis·la·tur [legɪsla'tuːr] *f* ⟨-; -en⟩ *pol.* **1.** *cf.* Legislaturperiode. – **2.** *rare* legislation. – **3.** *hist.* legislature, legislative body (*od.* assembly). — ~**pe·ri,ode** *f* legislative period, lifetime of a parliament.

Le·gis·mus [le'gɪsmus] *m* ⟨-; *no pl*⟩ *jur.* legalism.

Le·gist [le'gɪst] *m* ⟨-en; -en⟩ *jur. hist.* legist.

le·gi·tim [legi'tiːm] *adj* (*Kind, Herrscher etc*) legitimate, lawful.

Le·gi·ti·ma·ti·on [legitima'tsioːn] *f* ⟨-; -en⟩ **1.** (*Echtheitserklärung, Beglaubigung*) authentication. – **2.** (*Ausweis über die Person*) identification, proof of identity. – **3.** (*Legitimationspapiere*) papers *pl* of identification, identification papers *pl.* – **4.** *jur.* a) (*einer Urkunde etc*) authentication, b) (*eines Kindes*) legitimation.

Le·gi·ti·ma·ti'ons|,kar·te *f pol.* legitimation card, (official) congress card. — ~**pa,pie·re** *pl* papers of identification, identification papers, identification *sg.*

le·gi·ti·mie·ren [legiti'miːrən] **I** *v/t* ⟨*no* ge-, h⟩ *bes. jur.* **1.** (*für legitim erklären*) legitimate, legitimize *Br. auch* -s-, legitimatize: ein Kind ~ to legitimate a child. – **2.** (*berechtigen*) authorize *Br. auch* -s-. – **II** *v/reflex* sich ~ **3.** (*sich ausweisen*) (mit with) prove one's identity, show proof of identity. – **III** L~ *n* ⟨-s⟩ **4.** *verbal noun.* — **Le·gi·ti'mie·rung** *f* ⟨-; -en⟩ **1.** *cf.* Legitimieren. – **2.** *cf.* Legitimation.

Le·gi·ti·mis·mus [legiti'mɪsmus] *m* ⟨-; *no pl*⟩ *pol.* legitimism. — **Le·gi·ti'mist** [-'mɪst] *m* ⟨-en; -en⟩ legitimist. — **le·gi·ti'mi·stisch** *adj* legitimist.

Le·gi·ti·mi·tät [legitimi'tɛːt] *f* ⟨-; *no pl*⟩ *jur.* legitimacy, legitimateness.

Le·gu·an [le'gŭaːn] *m* ⟨-s; -e⟩ *zo.* iguana, guana, legua(a)n (*Fam. Iguanidae*): Gemeiner (*od.* Grüner) ~ common iguana (*Iguana iguana*). — **l~,ar·tig** *adj* iguanian: ~es Tier iguanid.

Le·gu·men [le'guːmən] *n* ⟨-s; -⟩ *bot.* (*Hülsenfrucht*) legume.

Le·gu·mi·no·se [legumi'noːzə] *f* ⟨-; -n⟩ *meist pl bot. cf.* Hülsenfrüchtler.

Leh·de ['leːdə] *f* ⟨-; -n⟩ *Low G. for* Brache 1, Heide[1] 1.

Le·hen ['leːən] *n* ⟨-s; -⟩ *jur. hist.* **1.** fief, feoff, feudal tenure, feud, *auch* feod: j-m etwas zu ~ geben to invest s.o. with land, to enfeoff s.o.; freies ~ free tenure; unbedingtes ~ fee simple; vom obersten Lehensherrn erhaltenes ~ estate held in chief. – **2.** (*Belehnung*) enfeoffment. – **3.** (*Pfründe*) benefice: ohne ~ unbeneficed; mit einem ~ zusammenhängend beneficiary.

'Le·hens|,ab,ga·be *f hist. jur.* feudal tailage. — ~**,bau·er** *m* peasant holding a feudal tenure. — ~**be,sitz** *m* **1.** feudal tenure:

geistlicher ~ frankalmoigne estate, tenure held in frankalmoigne; weltlicher ~ soc(c)age estate, tenure in soc(c)age. – 2. higher type of copyhold. – 3. (*der den Erben zu gleichen Teilen zufällt*) gavelkind. – 4. *cf.* Lehensgut. — ~beˌsit·zer *m* copyholder. — ~ˌbrief *m* (deed of) enfeoffment. — ~ˌbruch *m cf.* Lehensfrevel. — ~ˌdienst *m* feudal service, vassalage. — ~ˌeid *m* oath of fealty (*od.* allegiance): den ~ leisten to take (*od.* swear) the oath of fealty (*od.* allegiance). — ~ˌeinˌzie·hung *f* (*Verwirkung*) forfeiture. — ~ˌfä·hig·keit *f* capability of holding a fief. — ~ˌfall *m cf.* Heimfall 1. — ~ˌfol·ge *f* 1. succession to a fief. – 2. obligation of a vassal to follow his lord in time of war. — 'l~ˌfrei *adj* al(l)odial, held in freehold. — ~ˌfrei·heit *f* al(l)odiality, freehold, fee simple. — ~ˌfre·vel *m* felony, treason. — ~ˌge·ber *m cf.* Lehensherr. — ~ˌgeld *n* relief, quit-money. — ~geˌricht *n* 1. (*im Strafrecht*) court leet. – 2. (*im Zivilrecht*) court baron. — ~ˌgut *n* 1. fief, feoff, feudal estate, feud, *auch* feod. – 2. (*Zinslehen*) copyhold. – 3. (*nach dem Gewohnheitsrecht*) fee. – 4. *Br.* (*eines Adligen*) manor. — ~ˌherr *m* 1. feudal (*od.* liege) lord, seigneur, feoffor, *auch* feoffer: oberster ~ lord paramount. – 2. (*Zwischenlehnsherr*) mesne lord. — l~ˌherr·lich *adj* 1. seignorial. – 2. (*oberlehnsherrlich*) suzerain. — ~ˌherr·lich·keit, ~ˌherr·schaft, ~ˌho·heit *f* 1. seignioralty, seigniory. – 2. (*Oberlehensherrlichkeit*) suzerainty. — ~ˌmann *m* ⟨-(e)s; ⁼er *u.* -leute⟩ 1. sokeman, man, feudatory, liege(man), homager, leud, tenant: ~ des Königs tenant in chief; ~ von toter Hand tenant in mortmain. – 2. (*Untertan*) vassal. — ~ˌpflicht *f* feudal duty (*od.* obligation): ~ des Lehensherrn seignorial duty; ~ des Lehensmannes homage, vassalage, allegiance, fealty. — l~ˌpflich·tig *adj* liege, bound by allegiance, feudatory. — ~ˌrecht *n* 1. feudal law. – 2. (*eines einzelnen*) right of investiture. — ~ˌrich·ter *m* judge of a feudal court, judge who holds his office in fief (*od.* feoff). — ~syˌstem *n* feudal system, feudalism. — ~ˌträ·ger *m cf.* Lehensmann. — ~ˌtreue *f* fealty, allegiance. — ~verˌfas·sung *f cf.* Lehenssystem. — ~verˌhält·nis *n* vassalage, infeudation. — ~ˌwe·sen *n* feudal system, feudalism, feudality. — ~ˌzins *m* quitrent.

Lehm [leːm] *m* ⟨-(e)s; -e⟩ 1. loam. – 2. (*Ton*) clay. – 3. *colloq.* (*Schmutz*) mud. — l~ˌar·tig *adj* 1. loamy. – 2. (*tonartig*) clayish, clayey. — ~ˌbat·zen *m* lump (*od.* clod) of loam (*od.* clay). — ~ˌbau *m* walling of loam and straw, loam work. — ~ˌbauˌstein *m* unburnt sun-dried brick, *bes. Am.* adobe. — ~ˌbo·den *m* 1. loam(y) soil, loam. – 2. (*Tonboden*) clay soil. – 3. (*Fußboden*) loam (*od.* earthen) floor. — ~ˌform *f tech.* loam mold (*bes. Br.* mould). — l~ˌgelb *adj* loam(y) yellow. — ~ˌgru·be *f* 1. loam pit. – 2. (*Tongrube*) clay pit. — ~ˌguß *m metall.* loam casting. — l~ˌhal·tig *adj* 1. containing loam, argilloarenaceous (*scient.*). – 2. (*tonhaltig*) containing clay, argillaceous (*scient.*). — ~ˌhüt·te *f* mud hut.

'leh·mig *adj* 1. loamy, clayey, argillaceous (*scient.*): ~er Boden loamy soil. – 2. *colloq.* (*schmutzig*) muddy.

'Lehm|ˌmer·gel *m geol.* loamy marl. — ~ˌstein *m cf.* Lehmziegel. — ~ˌstop·fen *m metall.* clay plug. — ~ˌwand *f* loam wall. — ~ˌwes·pe *f zo.* mud wasp (*od.* dauber) (*Gattg Odynerus*). — ~ˌzie·gel *m* loam (*od.* clay) brick.

Lehn [leːn] *n* ⟨-s; -⟩ *jur. hist. cf.* Lehen.

'lehn·bar *adj jur. hist.* feudal: ~ machen to feudalize. — **'Lehn·bar·keit** *f* ⟨-; *no pl*⟩ feudality.

'Lehnˌbrief *m jur. hist. cf.* Lehensbrief.

'Leh·ne *f* ⟨-; -n⟩ 1. (*eines Stuhls etc*) back(rest), back support. – 2. (*Seitenstütze*) arm(rest). – 3. *geol.* (*Abhang*) slope, declivity.

leh·nen[1] ['leːnən] I *v/reflex* ⟨h⟩ sich ~ lean: sich an (*od.* gegen) eine Wand ~ to lean against a wall; sich aus dem Fenster ~ to lean out of the window; er lehnte sich über die Brüstung he leaned over the balustrade. – II *v/t* lean, rest: er lehnte das Fahrrad gegen einen Baum he leaned the bicycle against a tree. – III *v/i* lean, rest: die Leiter lehnte an der Wand the ladder was leaning against the wall.

'leh·nen[2] *v/t* ⟨h⟩ *obs. and dial. for* leihen 1.

'Lehnˌgut *n jur. hist. cf.* Lehensgut.

Lehns... *cf.* Lehens...

'Lehn|ˌsatz *m philos.* lemma. — ~ˌses·sel, ~ˌstuhl *m* armchair, easy chair. — l~ˌüberˌsetzt *adj ling.* (*Wort*) paronymous. — ~ˌüberˌset·zung *f* 1. (*von Komposita, Wortgruppen etc*) loan translation. – 2. (*von Einzelwörtern*) calque. — ~ˌwort *n* ⟨-(e)s; ⁼er⟩ loanword, *auch* loan, borrowed (*od.* adopted) word; paronym, paronymous word (*scient.*).

'Lehrˌamt *n ped.* 1. (*Beruf*) teaching profession: er bereitet sich auf das höhere ~ vor he is preparing to be a teacher at a secondary (*od.* grammar) school. – 2. (*Stellung*) teaching position, teachership: höheres ~ mastership; ein ~ innehaben to hold a teaching position. – 3. ~ der Kirche *relig.* ministry, clerical profession, church.

'Lehrˌamts|kan·diˌdat *m ped.* 1. candidate for the teaching profession. – 2. probationary (*od.* trainee-)teacher. — ~ˌprü·fung *f* first state examination for the (secondary) teaching profession.

'Lehr|anaˌly·se *f ped.* 1. didactic analysis. – 2. training analysis. — ~ˌanˌstalt *f* educational establishment, school: höhere ~ secondary (*od.* grammar) school. — ~ˌaufˌtrag *m ped.* (*an Universität*) teaching assignment, lectureship.

'lehr·bar *adj* teachable: Takt ist nicht ~ tact cannot be taught, tact is not teachable.

'Lehr|beˌaufˌtrag·te *m, f* ⟨-n; -n⟩ *ped.* (*an Universität*) *Br.* (assistant) lecturer, *Am.* assistant instructor, associate, lecturer. — ~beˌfä·hi·gung *f* 1. educational talent. – 2. (*für bestimmte Fächer*) qualification to teach (certain subjects). — ~beˌrech·ti·gung *f* 1. teaching licence (*Am.* license), teacher's diploma (*od.* certificate). – 2. qualification to teach. — ~beˌruf *m* 1. *ped.* teaching profession, (school-)teaching. – 2. (*Beruf mit Lehrzeit*) vocation requiring an apprenticeship (*od.* special training). — ~beˌtrieb *m* 1. firm where apprentices are trained. – 2. *ped.* teaching, (*an Hochschulen*) lectures *pl*: den ~ wiederaufnehmen to recommence school. — ~ˌbo·den *m metall.* (*in der Formerei*) bottom board. — ~ˌbo·gen *m civ.eng.* arch formwork. — ~ˌbrett *n* (*der Maurer*) template. — ~ˌbrief *m* 1. (*Lehrzeugnis*) certificate of apprenticeship. – 2. (*Lehrvertrag*) indenture(s *pl*), articles *pl* (*od.* contract) of apprenticeship. – 3. *ped.* (*eines Fernlehrgangs*) correspondence lesson. — ~ˌbub *m Southern G., Austrian and Swiss for* Lehrling 1. — ~ˌbuch *n* 1. (*für die Wissenschaft*) textbook. – 2. (*für Technik, Handwerk etc*) (instruction) manual. – 3. (*Schulbuch*) *Br.* school-book, *Am.* textbook: ~ für Anfänger primer. — ~ˌbur·sche *m colloq. for* Lehrling 1. — ~ˌdich·tung *f* (*literature*) 1. (*Gattung*) didactic poetry. – 2. (*Einzelwerk*) didactic poem. — ~ˌdorn *m tech.* screw plug ga(u)ge.

'Leh·re[1] *f* ⟨-; -n⟩ 1. (*Anschauung, Lehrmeinung*) teaching(s *pl*), doctrine, tenet: die ~ des Konfuzius the teachings of Confucius; die christliche ~ the Christian doctrine; er ist ein Anhänger der (*od.* er vertritt die) ~ Hegels he is an adherent of (*od.* he advocates) the teachings of Hegel; sich mit einer ~ auseinandersetzen to study (*od.* analyze *Br. auch* -s-) a tenet. – 2. (*Lehrsatz*) theory, science: die ~ von der Optik (the science of) optics *pl* (*usually construed as sg*); Newtons ~ vom Gravitationsgesetz Newton's theory of gravitation; die ~ vom Schall (the science of) acoustics *pl* (*construed as sg*). – 3. (*Warnung*) lesson, warning: das wird ihm eine ~ sein that will teach him a lesson; laß dir das eine ~ sein let that be a warning to you. – 4. (*Ratschlag*) (piece of) advice: eine ~ annehmen to accept a piece of advice; behalte deine weisen ~n für dich *colloq.* keep your advice to yourself. – 5. (*Schlußfolgerung*) conclusion: eine ~ aus etwas ziehen to draw a conclusion from s.th. – 6. (*Unterweisung*) apprenticeship: er gab den Jungen zu einem Bäcker in die ~ he apprenticed the boy to a baker; er geht bei einem Bäcker in die ~ he is an apprentice to a baker; in der ~ sein to serve one's apprenticeship; er hat seine ~ beendet he has finished his apprenticeship; zu diesem Beruf ist eine dreijährige ~ nötig this job requires a three years' apprenticeship; bei ihm kannst du noch in die ~ gehen *fig.* he can teach you a lot.

'Leh·re[2] *f* ⟨-; -n⟩ *tech.* 1. a) (*Festlehre*) ga(u)ge, b) (*verstellbare*) ca(l)liper(s *pl*), pair of ca(l)lipers: etwas mit der ~ messen a) to ga(u)ge s.th., b) to ca(l)liper s.th. – 2. (*Leitschablone*) template, templet.

leh·ren ['leːrən] I *v/t* ⟨h⟩ 1. (*unterrichten*) teach, instruct: Chemie ~ to teach chemistry; j-n (*colloq. auch* j-m) eine Sprache ~ to teach s.o. a language, to instruct s.o. in a language; j-n lesen (*od.* das Lesen) ~ to teach s.o. reading (*od.* to read, how to read), to instruct s.o. in reading; wer hat dich das gelehrt? who (has) taught you that? lehret alle Völker *Bibl.* teach all nations; j-n (*colloq. auch* j-m) Mores ~ to teach s.o. manners; wir sind gelehrt worden, bescheiden zu sein we were taught to be modest; ich werde dich ~, deinen alten Vater auszulachen *iron.* I'll teach you laugh at your old father. – 2. *fig.* (*zeigen*) show, teach, prove: die Erfahrung lehrt (uns), daß experience teaches (us) that; die Zeit wird es ~ time will show (*od.* tell); was lehrt diese Geschichte? what does this story show (*od.* tell)? – II *v/i* 3. teach, (*an der Universität*) *auch* lecture: er lehrt an einem Gymnasium in Berlin he teaches (*od.* is a teacher) at a grammar school in Berlin. – III L~ *n* ⟨-s⟩ 4. *verbal noun.* – 5. instruction.

'Leh·rer *m* ⟨-s; -⟩ 1. teacher, *auch* instructor, (*Schullehrer*) *Br. auch* master, (*einer kleinen Schule*) schoolmaster: ~ für Deutsch teacher of German, German teacher; ~ für Leibeserziehung physical education instructor; ~ an einer Schule sein to be a teacher at a school; zum ~ ausgebildet werden to be trained for the teaching profession (*od.* as a teacher); er ist ein sehr strenger ~ he is a disciplinarian. – 2. (*Pädagoge*) pedagogue, *auch* pedagog, paedagogue. – 3. (*Privat-, Nachhilfe-, Hauslehrer*) tutor. — ~ˌausˌtausch *m* teacher exchange. — ~beˌruf *m* teaching profession, (school-)teaching: er hat den ~ ergriffen he has become a teacher, he has taken up teaching. — ~ˌbil·dung *f* teacher training. — ~ˌbil·dungsˌanˌstalt *f* normal school, *Br.* college of education, *Am.* teachers college.

'Leh·re·rin *f* ⟨-; -nen⟩ 1. (lady *od.* woman) teacher, *auch* instructress, (*Schullehrerin*) *Br. auch* mistress, (*einer kleinen Schule*) schoolmistress. – 2. (*Hauslehrerin*) governess. – 3. *cf.* Lehrer 2.

'Leh·rer|kolˌle·gi·um *n ped.* (teaching) staff, *Am.* (*bes. an Hochschulen*) faculty. — ~kon·feˌrenz *f* (school) staff meeting, *bes. Am.* faculty meeting. — ~ˌman·gel *m* shortage of teachers.

'Leh·rer·schaft *f* 1. (*einer Schule*) teaching staff, *bes. Am.* faculty. – 2. (*eines Bezirks etc*) body of teachers.

'Leh·rer|se·miˌnar *n obs. for* Lehrerbildungsanstalt. — ~ˌstand *m* ⟨-(e)s; *no pl*⟩ teaching profession: er gehört dem ~ an he is a teacher. — ~ˌstel·le *f* position of a teacher, teaching position: es gibt keine freien ~n mehr there are no teaching positions free (*od.* vacant). — ~verˌband *m ped.* teachers' association. — ~ˌzim·mer *n* staff (*od.* teachers') room.

'Lehr|ˌfach *n* 1. (*Beruf*) teaching profession: er geht in das ~ he is taking up the teaching profession, he is becoming a teacher. – 2. (*Fachgebiet*) subject of instruction (*od.* of study). — ~ˌfilm *m* 1. instructional (*od.* educational) film. – 2. (*praktischer*) training (*od.* demonstration) film. — ~ˌfrei·heit *f* freedom of instruction, academic freedom.

'Lehr|ˌgang *m* 1. course (of instruction *od.* of study): an einem ~ für Englisch teilnehmen to attend an English course. – 2. (*praktischer*) (training) course: das Rote Kreuz veranstaltet Lehrgänge für Erste Hilfe the Red Cross organizes courses in first aid, the Red Cross organizes first-aid courses.

'Lehrˌgangs|ˌlei·ter *m* head of a course, instructor. — ~ˌteilˌneh·mer *m* participant in a course, student.

'Lehr|geˌbäu·de *n fig.* system of doctrines, set of dogmas. — ~geˌdicht *n* (*literature*) didactic poem. — ~ˌge·genˌstand *m* subject of instruction. — ~ˌgeld n 1. hist. premium of apprenticeship. – 2. (in Wendungen wie) ~ (be)zahlen müssen fig. to have to learn s.th. the hard way; du hast nichts dazugelernt, du kannst dir dein ~ zurückgeben lassen you don't know any more than you did before, you should demand your (tuition) fees back. — ~geˌrüst n civ.eng. centering, bes. Br. centr(e)ing: ~ mit senkrechter Absteifung trestle centering. — 1~haft adj 1. (belehrend) didactic, auch didactical, preceptive. – 2. (schulmeisterlich) schoolmasterly, schoolmasterish: etwas in einem ~en Ton sagen to say s.th. in a schoolmasterly way. — ~ˌhau·er m (mining) (advanced) mining apprentice. — ~ˌherr m master, employer of apprentices. — ~ˌjahr n auch fig. year of apprenticeship: er ist im ersten ~ he is serving his first year of apprenticeship; harte ~e durchmachen fig. to go (od. pass) through hard years of apprenticeship, to go through a hard novitiate; ~e sind keine Herrenjahre (Sprichwort) etwa an apprentice is not his own master. — ~ˌjun·ge m Northern G. for Lehrling 1. — ~ˌkan·zel f Austrian for Lehrstuhl. — ~komˌman·do n mil. demonstration team. — ~ˌkör·per m ped. (einer Universität) teaching staff, bes. Am. faculty. — ~ˌkraft f cf. Lehrer 1. — ~ˌkurs, ~ˌkur·sus m cf. Lehrgang.

'Lehr·ling m ⟨-s; -e⟩ 1. apprentice, trainee. – 2. (kaufmännischer) clerical trainee.

'Lehr·lings|ˌausˌbil·dung f training of apprentices. — ~ˌheim n apprentices' home (Br. hostel), home (Br. hostel) for apprentices. — ~verˌgü·tung f apprentice's allowance. — ~verˌtrag m cf. Lehrvertrag. — ~ˌwohnˌheim n cf. Lehrlingsheim. — ~ˌzeit f cf. Lehrzeit.

'Lehr|ˌmäd·chen n (girl) apprentice. — ~maˌschi·ne f meist pl teaching machine. — ~ˌmei·nung f cf. Lehre[1] 1. — ~ˌmei·ster m 1. teacher, instructor, master: er hatte einen guten ~ he had a good teacher. – 2. (Handwerksmeister) master. — ~meˌtho·de f method of instruction, teaching method.

'Lehrˌmit·tel pl teaching aids (od. material sg), means of instruction. — ~ˌfrei·heit f cf. Lernmittelfreiheit.

'Lehr|per·soˌnal n teaching staff (od. personnel). — ~ˌplan m curriculum, syllabus, course of study. — ~ˌpro·be f demonstration lesson (given as part of a trainee-teacher's examination). — 1~ˌreich adj informative, instructive: sein Vortrag war sehr ~ his lecture was very (od. highly) informative. — ~ˌring m tech. ring ga(u)ge. — ~ˌsaal m 1. auditorium, auditory, bes. Br. lecture room, (gestufter) lecture theatre. – 2. (für Physik etc) laboratory. — ~ˌsatz m 1. doctrine, tenet. – 2. math. theorem, proposition: binomischer ~ binomial theorem; pythagoreischer ~ Pythagorean proposition. – 3. philos. doctrine, proposition: philosophischer ~ philosophical doctrine, philosopheme. – 4. (Dogma) dogma. — ~ˌschau f exhibition for instructional purposes. — ~ˌschwimmˌbecken (getr. -k·k-) n training pool. — ~ˌspruch m aphorism, maxim. — ~ˌstand m obs. teaching profession. — ~ˌstel·le f position as an apprentice: offene ~ vacancy for an apprentice. — ~ˌstoff m 1. subjects pl taught, content of the curriculum. – 2. (eines einzelnen Fachs) subject matter. — ~ˌstück n (literature) didactic drama. — ~ˌstuhl m professorship, (professorial) chair, professorate: j-m einen ~ antragen to offer s.o. a chair; den ~ für Geschichte (inne)haben to hold the chair of history. — ~ˌstun·de f cf. Unterrichtsstunde. — ~ˌtä·tig·keit f teaching, instruction(al work): die ~ aufnehmen to take up teaching. — ~ˌtoch·ter f Swiss for Lehrmädchen. — ~verˌanˌstal·tun·gen pl (an Hochschulen) lectures. — ~verˌhält·nis n apprenticeship. — ~verˌtrag m indenture(s pl), articles pl (od. contract) of apprenticeship, indentured apprenticeship: j-n unter ~ nehmen to indenture s.o. — ~ˌwei·se f cf. Lehrmethode. — ~ˌwerkˌstatt, ~ˌwerkˌstät·te f (artisans') training establishment. — ~ˌzeit f (time of) apprenticeship, novitiate, auch noviciate (lit.): seine ~ beenden (od. abschließen) to finish (od. complete) one's apprenticeship. — ~ˌzeug·nis n apprentice's certificate.

Lei [laɪ] f ⟨-; -en⟩ dial. for Fels 1, Schiefer 1.

Leib [laɪp] m ⟨-(e)s; -er⟩ 1. body: ein schlanker ~ a slender body; er sitzt zu Hause und pflegt seinen ~ fig. colloq. he sits at home and takes things easy; am ganzen ~e zittern to tremble all over; ich habe die Armut am eigenen ~(e) erfahren (od. zu spüren bekommen) I have seen (od. experienced) poverty (od. what it is like to be poor); er hat einen unverschämten Ton am ~(e) fig. colloq. he is very impertinent; du hast aber einen Schritt am ~(e)! fig. colloq. you are a fast walker! wir konnten nur das retten, was wir auf dem ~e hatten (od. trugen) all we were able to rescue were the clothes we stood up in (od. had on our backs); j-m auf den ~ rücken a) to edge up to s.o., b) fig. to press s.o. hard; diese Rolle ist ihm wie auf den ~ geschrieben fig. this role (auch rôle) suits him to a tee; er schrie sich die Lunge aus dem ~(e) fig. colloq. he screamed his head off (colloq.); mir lacht das Herz im ~(e) fig. my heart leaps with joy; er hat kein Herz im ~ fig. he has no feelings; keine Ehre im ~(e) haben fig. to have no sense of hono(u)r; da tut einem ja das Herz im ~ weh, wenn man das sieht fig. it hurts one to the quick, when one sees such a thing; sie hat den Teufel im ~(e) fig. she is full of devilment, she is the devil's own daughter; bleib mir damit vom ~ fig. colloq. don't bother me with that; drei Schritt vom ~! colloq. stay at arm's length! keep your distance! sich (dat) j-n vom ~ halten fig. a) to avoid s.o., b) to be reserved toward(s) s.o., to keep aloof from s.o.; halt ihn mir bloß vom ~(e)! fig. keep him out of my sight! er hält sich (dat) alle Unannehmlichkeiten vom ~e fig. he keeps all difficulties at arm's length, he steers clear of all difficulties; j-m zu ~e gehen (od. rücken) fig. colloq. to attack s.o.; einem Problem zu ~e rükken fig. colloq. to tackle a problem; einem Kuchen zu ~e rücken fig. colloq. to attack (od. start on) a cake; ~ und Leben einsetzen to risk one's life, to risk life and limb; dieses Regime bildet eine Gefahr für ~ und Leben this regime poses a threat to life and liberty; mit ~ und Seele bei einer Sache sein to do s.th. with heart and soul; er ist mit ~ und Seele Soldat fig. he is with heart and soul a soldier; → essen[1] 5; Hemd 1; lebendig 1. – 2. (Bauch, Unterleib) belly, abdomen: aufgedunsener ~ bloated abdomen; sich (dat) den ~ vollschlagen colloq. to stuff oneself; gesegneten ~es sein lit. to be with child, to be pregnant. – 3. (Magen) stomach: nichts im ~e haben to have an empty stomach. – 4. (Rumpf) trunk. – 5. (Taille) waist: er faßte sie um den ~ he put his arm (a)round her waist. – 6. relig. body: der sündige ~ the body in sin; das ist mein ~ Bibl. this is my body; der ~ des Herrn the Host, the Body of Christ, the consecrated (od. eucharistic) bread (od. wafer).

'Leib|ˌarzt m (gen to) personal physician. — ~ˌbin·de f 1. waistband. – 2. (Schärpe) sash, scarf. – 3. (unter einem Smoking etc) cummerbund. – 4. (für Wöchnerinnen) abdominal binder. — ~ˌbursch m (in Studentenverbindung) senior member of a German student society (Am. fraternity) who is personally to advise one or several younger members.

'Leib·chen n ⟨-s; -⟩ 1. (Trachtenmieder) bodice, corsage. – 2. (für Kinder) vest, waist.

'leibˌei·gen adj hist. adscript(ive), adscriptitious, enslaved, in thrall.

'Leibˌei·ge·ne[1] m ⟨-n; -n⟩ 1. serf, bondman, chattel, thrall, adscript. – 2. (im Feudalrecht) villein.

'Leibˌei·ge·ne[2] f ⟨-n; -n⟩ 1. serf, bondwoman, chattel, thrall, adscript. – 2. (im Feudalrecht) villein.

'Leibˌei·gen·schaft f ⟨-; no pl⟩ 1. serfdom, serfage, serfhood, serfship, adscription, thral(l)dom. – 2. (im Feudalrecht) villeinage, auch villenage.

lei·ben ['laɪbən] v/i only in das ist er [sie], wie er [sie] leibt und lebt a) that's the spitting image of him [her], b) that's him [her] all over.

'Lei·bes|beˌschaf·fen·heit f (physical) constitution (od. construction), bodily structure, physique, frame. — ~ˌer·be m jur. heir of the body, legitimate heir: ohne ~n sterben to die without issue. — ~erˌzie·hung f ped. (sport) physical education (od. training), PE (colloq.), PT (colloq.). — ~ˌfrucht f med. fruit of the body (od. womb, loins); f(o)etus, embryo (scient.): Tötung der ~ jur. prolicide, f(o)eticide, (procuring) abortion. — ~ˌfül·le f corpulence. — ~ˌhöh·le f 1. zo. body (od. hemal) cavity: sekundäre ~ coelom; ohne ~ acoelomate, acoelous. – 2. med. abdominal (od. visceral) cavity: in der ~ intra-abdominal. — ~ˌkräf·te pl only in aus ~n with all one's might: er schrie aus ~n he screamed at the top of his lungs (od. his head off, for all he was worth). — ~ˌpfle·ge f cf. Körperpflege. — ~ˌstra·fe f jur. obs. corpor(e)al punishment. — ~ˌübun·gen pl 1. physical (od. bodily) exercise sg, physical training sg (od. education sg). – 2. (Gymnastik) gymnastics (construed as sg). — ~ˌumˌfang m physical size, girth. — ~vi·siˌta·tiˌon f (bodily) search: j-n einer ~ unterziehen to search (od. sl. frisk) s.o.

'Leib|ˌfuchs m (in Studentenverbindung) junior member of a German student society (Am. fraternity) who is personally attached to a full member as a fag. — ~ˌgar·de f mil. (bes. eines Monarchen) bodyguard, lifeguard, Br. life-guard, household troops pl. — ~garˌdist m life guardsman. — ~geˌdin·ge n agr. jur. cf. Altenteil. — ~geˌricht n gastr. favorite (bes. Br. favourite) dish. — ~ˌgurt, ~ˌgür·tel m (waist)belt.

leib·haf·tig [ˌlaɪp'haftɪç; 'laɪpˌhaftɪç] I adj 1. real, true, (fleischgeworden) incarnate: er ist ein ~er Teufel he is a real (od. true) devil, he is a devil incarnate. – 2. (personifiziert) personified, embodied: er war der ~e Geiz he was avarice personified. – 3. (Ebenbild) living, very (before attrib): er sah aus wie mein ~es Ebenbild he looked my living image. – II adv 4. personally, in person, in the flesh, bodily: das ist er ~! that's him in person! ich sehe sie noch ~ vor mir, wie sie in der Küche stand I can see her (before me) now standing in the kitchen. — ˌLeib'haf·ti·ge, der ⟨-n; no pl⟩ euphem. the devil, Old Nick: er rannte davon, als ob der ~ hinter ihm her wäre he ran away as if the devil were after him.

'Leibˌjä·ger m huntsman in ordinary.

leib·lich ['laɪplɪç] adj 1. bodily, corpor(e)al, physical, material: für j-s ~es Wohl sorgen a) to provide for s.o.'s (physical) comfort, b) to provide food and drink for s.o.; ~e Genüsse (od. Freuden) physical (od. worldly) pleasures; ~e Bedürfnisse bodily needs; die ~e Hülle des Toten the mortal remains pl of the deceased. – 2. (blutsverwandt) full, german (nachgestellt), own: meine ~e Schwester my own sister; ein ~er Vetter a first cousin, a cousin-german. – 3. biol. med. (körperlich) somatic.

'Leib|ˌpacht f jur. tenancy (od. tenure, lease) for life, life tenancy. — ~re·giˌment n (bes. eines Monarchen) sovereign's own regiment. — ~ˌren·te f (life) annuity, annuity for life: j-m eine ~ aussetzen to give (od. grant) s.o. a life annuity, to settle a life annuity on s.o. — ~ˌrie·men m obs. for Leibgurt. — ~ˌschmer·zen pl med. stomachache, Br. stomach-ache sg, abdominal pain(s); bellyache, Br. belly-ache sg, tummyache, Br. tummy-ache sg (colloq.). — ~ˌschnei·den n dial. for Leibschmerzen. — ~-'See·le-Proˌblem n philos. mind-body problem. — ~ˌspei·se f favorite (bes. Br. favourite) dish.

'Lei·bung f ⟨-; -en⟩ arch. 1. (einer Tür, eines Fensters etc) a) (äußere) reveal, b) (innere) jamb. – 2. (eines Bogens) intrados, soffit.

'Leib|ˌwa·che f bodyguard. — ~ˌwäch·ter m bodyguard. — ~ˌwä·sche f 1. underwear, underclothing, underclothes pl, auch underlinens, smalls pl (colloq.). – 2. (für Frauen) lingerie, underwear. — ~ˌweh n colloq. for Leibschmerzen. — ~ˌwickel (getr. -k·k-) m med. stupe.

'Lei·ca·forˌmat ['laɪka-] n phot. 35 mm.

Leich [laɪç] m ⟨-(e)s; -e⟩ mus. hist. (mittelalterliche Liedform) lai, auch lay.

'Leichˌdorn m ⟨-(e)s; -e u. ¨er⟩ Middle G. for Hühnerauge.

Lei·che ['laɪçə] f ⟨-; -n⟩ 1. (dead) body, corpse, Am. sl. stiff, Br. sl. stiff ('un): die ~ wurde aufgebahrt the body was laid out; die Fahrgäste konnten nur noch als ~n geborgen werden the bodies of the passengers were all that could be recovered; er sah aus wie eine lebende (*od.* wandelnde) ~ *colloq.* he looked (just) like a living (*od.* walking) corpse; er geht über ~n *fig.* he'll stop at nothing; nur über meine ~! *fig. colloq.* only over my dead body! → fleddern. – **2.** *med.* (*bes. zum Sezieren*) corpse, cadaver, *Br. sl.* stiff('un). – **3.** (*von Tieren*) carcass, *Br. auch* carcase. – **4.** *Southern G. colloq.* (*Begräbnis*) funeral, burial: auf eine ~ gehen to go to (*od.* attend) a funeral. – **5.** *print.* omission, out. – **6.** *fig. colloq. humor.* drunken person.

ˈLei·chen|ˌausˌgra·bung *f* exhumation (*od.* disinterment) (of a body). — **~ˌba·se** *f chem.* ptomaine, ptomatine. — **~beˌgäng·nis** *n* **1.** funeral (*od.* burial) (service), obsequies *pl* (*lit.*). – **2.** *cf.* Leichenfeier. — **~beˌschau·er** *m* **1.** *med.* doctor testifying a death. – **2.** *jur.* (*gerichtlicher*) coroner, *Am. auch* medical examiner. — **~beˌsich·ti·gung** *f cf.* Leichenschau. — **~beˌstat·ter** *m* undertaker, funeral director, *Am. auch* mortician. — **~beˌstat·tung** *f* funeral (*od.* burial) (service).

ˈLei·chenˌbit·ter *m dial. person who invites people to a funeral.* — **~ˌmie·ne** *f colloq.* woebegone (*od.* dismal) face (*od.* look): mach nicht eine solche ~ don't make such a woebegone face, don't look so woebegone; eine ~ aufsetzen to put on a woebegone look.

ˈlei·chen|ˈblaß *adj colloq.* deathly (*od.* deadly) pale, cadaverous, (as) white as a sheet: ein leichenblasses Gesicht a face as white as a sheet. — **L~ˈbläs·se** *f* deathlike (*od.* deadly) pallor.

ˈLei·chen|erˌöff·nung *f jur. med.* autopsy, postmortem (examination). — **~ˌeu·le** *f zo. cf.* Steinkauz. — **~ˌfei·er** *f* funeral (*od.* burial) rites *pl*, obsequies *pl.* — **~ˌfeld** *n* scene of carnage: der Kampfplatz war ein einziges ~ the scene of battle was strewn with bodies. — **~ˌfleck** *m med.* livor mortis. — **~fled·deˈrei** [ˌlaɪçən-] *f* ⟨-; -en⟩ robbing dead (*od.* drunken, unconscious) persons, body-stripping. — **~ˌfled·de·rer** *m* ⟨-s; -⟩ *person* who robs dead (*od.* drunken, unconscious) persons, body stripper. — **~ˌflie·ge** *f zo.* bluebottle (*Cynomya mortuorum*). — **~ˌfrau** *f* (woman) layer-out. — **~geˌburt** *f med. cf.* Sarggeburt. — **~geˌfol·ge** *n cf.* Leichenzug. — **~geˌruch** *m* cadaverous smell. — **~geˌrüst** *n* catafalque, *auch* catafalco. — **~ˌgift** *n* cadaveric poison; ptomaine, ptomatine (*scient.*).

ˈlei·chen·haft I *adj* cadaverous, cadaveric, like a corpse, corpselike, deathlike, deathly, deadly: ~e Blässe deathlike pallor, cadaverous paleness. – **II** *adv* deathly, deadly: ~ blaß deathly pale. — **ˈLei·chen·haf·tig·keit** *f* ⟨-; *no pl*⟩ cadaverousness.

ˈLei·chen|ˌhal·le *f*, **~ˌhaus** *n* mortuary, *Am.* funeral home (*od.* parlor), *Br.* lich-house (*rare*). — **~ˌhemd** *n* shroud, winding-sheet. — **~ˌhuhn** *n zo. cf.* Steinkauz. — **~in·fek·tiˌon** *f med. cf.* Leichenvergiftung. — **~ˌkäl·te** *f* coldness of a dead body (*od.* corpse), algor mortis (*scient.*). — **~ˌkam·mer** *f med.* dissecting (*od.* autopsy) room. — **~kaˌpel·le** *f* mortuary chapel. — **~kon·serˌvie·rung** *f* preservation of dead bodies, embalming of corpses. — **~ˌöff·nung** *f jur. med. cf.* Leichenerĺöffnung. — **~ˌpre·digt** *f* funeral sermon. — **~ˌraub** *m jur.* body snatching. — **~ˌräu·ber** *m* body snatcher. — **~ˌre·de** *f* **1.** *cf.* Leichenpredigt. – **2.** funeral oration. — **~ˌschän·der** *m* **1.** desecrator of dead bodies. – **2.** raper (*od.* rapist) of dead bodies; necrophile, necrophili(a)c (*scient.*). — **~ˌschän·dung** *f* **1.** desecration of dead bodies. – **2.** rape of a dead body, necrophilia, *auch* necrophilism (*scient.*).

ˈLei·chenˌschau *f* ⟨-; *no pl*⟩ **1.** *med.* inspection of a (*od.* the) corpse. – **2.** *jur.* (*gerichtliche*) coroner's inquest, (*zur Feststellung der Todesursache*) postmortem (examination). — **~ˌhaus** *n* morgue.

ˈLei·chen|ˌschmaus *m colloq.* funeral feast. — **~ˌstar·re** *f med.* cadaveric (*od.* postmortem) rigidity, rigor mortis (*scient.*). — **~ˌstein** *m rare for* Grabstein. — **~ˌträ·ger** *m* (pall)bearer. — **~ˌtuch** *n* **1.** shroud, winding-sheet, graveclothes, *Br.* grave-clothes *pl*: das ~ um die Leiche schlagen to wrap a shroud round the corpse; die Erde hat sich in ihr ~ gehüllt (*od.* trägt ihr ~) *poet.* (the) earth has wrapped herself in a shroud. – **2.** (*Bahrtuch*) pall. — **~verˌbren·ner** *m* cremator. — **~verˌbren·nung** *f* cremation. — **~verˌbren·nungsˌofen** *m* crematory, cremator, crematorium. — **~verˌgif·tung** *f med.* ptomaine poisoning, pathologists' sepsis. — **~ˌvo·gel** *m zo. cf.* Steinkauz. — **~ˌwa·che** *f* deathwatch, vigil, *auch* wake. — **~ˌwachs** *n med.* adipocere, lipocere. — **~ˌwa·gen** *m* hearse, *Am. auch* funeral car (*od.* coach): offener ~ catafalque, *auch* catafalco. — **~ˌzug** *m* funeral procession (*od.* cortege, *auch* cortège), funeral.

ˈLeichˌnam [-ˌnaːm] *m* ⟨-(e)s; *rare* -e⟩ (dead) body, corpse: einen ~ salben to anoint a body; seinen ~ pflegen *fig. iron.* to cater for (*bes. Am.* to) one's bodily needs; sie sieht aus wie ein lebender (*od.* wandelnder) ~ *colloq.* she looks (just) like a living (*od.* walking) corpse; er ist nur noch ein lebender ~ *colloq.* a) he is nothing but a walking corpse, b) (*innerlich tot*) he is only vegetating.

leicht [laɪçt] **I** *adj* ⟨-er; -est⟩ **1.** (*Koffer etc*) light: ~e Kleider [Schuhe] light clothes (*od.* clothing *sg*) [shoes]; sie ist ~ wie eine Feder she is as light as a feather; ~e Fesseln light chains; eine ~e Hand a) *fig.* a light touch, b) a deft hand; gewogen und zu ~ befunden *fig.* weighed in the balance and found wanting; ~en Fußes (*od.* Schrittes) *fig.* nimbly, with light steps, light of foot; ihm war ~ ums Herz *fig.* he had no cares; mir ist um vieles ~er zumute *fig.* I feel much relieved; etwas auf die ~e Achsel (*od.* Schulter) nehmen *fig.* to take (*od.* treat) s.th. lightly, to make light of s.th.; er hat einen ~en Schlaf *fig.* he has a light (*od.* shallow) sleep; er hatte sie um 100 Mark ~er gemacht a) he had touched her for 100 marks, he had got 100 marks off (*od.* from) her, b) (*durch Diebstahl*) he left her of 100 marks lighter; → Herz *Bes. Redewendungen.* – **2.** (*Berührung etc*) light, gentle. – **3.** *fig.* (*Wein, Speisen etc*) light: ich ziehe leichte Kost vor a) I prefer a light diet, b) *fig.* (*Lektüre etc*) I prefer light (*od.* lowbrow) fare. – **4.** *fig.* (*Musik, Lektüre etc*) light: die ~e Muse light entertainment. – **5.** *fig.* (*Krankheit, Fehler etc*) slight: ein ~er Anfall a slight attack; er hat eine ~e Bronchitis he has a mild (*od.* slight) case of bronchitis; eine ~e Enttäuschung a slight disappointment; ~es Fieber slight temperature; sie hat einen ~en Herzfehler she has a slight cardiac defect (*od.* a mild heart disease); ein ~es Lächeln a wan (*od.* slight) smile, the trace (*od.* suspicion) of a smile; er leidet unter einer ~en Magenverstimmung he is suffering from a slightly upset stomach (*od.* from a slight stomach upset); er hat immer ~e Schmerzen he is always in slight pain; er hatte nur ~e Verletzungen he had only slight injuries. – **6.** *fig.* (*Aufgabe etc*) easy, (*stärker*) simple: er stellte mir sehr ~e Fragen he asked me simple (*od.* very easy) questions; das ist ~ zu übersetzen that's easy to translate; nichts ~er als das! *colloq.* nothing easier! du könntest dir die Hausarbeit ~er machen you could make the housework easier for yourself, you could lighten the burden of your housework; du machst es dir zu ~ you don't take enough trouble; er hat es im Leben immer ~ gehabt he has always had an easy life; es war nicht ~ (*od.* keine ~e Sache), ihn zu überzeugen it was no easy (*od.* simple) task (*od.* job) to convince him; ich habe es mit ihm ~ I get along well with him; ich hatte es nicht ~ mit ihr I had a rough time with her; mit j-m ~es Spiel haben a) (*leicht besiegen etc*) to defeat (*od.* get the better of) s.o. easily, b) (*leicht täuschen etc*) to have an easy time with s.o.; ~e Bedienung einer Maschine *tech.* easy handling of a machine; wir hatten einen ~en Sieg we had an easy victory, it was a walkover for us; er hatte einen ~en Tod he died an easy death; das neue Erzeugnis fand ~en Absatz *econ.* the new product sold well. – **7.** *fig.* (*Arbeit etc*) light, easy, soft (*colloq.*): j-n ~e Arbeit machen lassen to give s.o. an easy job (to do). – **8.** *fig.* (*locker*) fast, light: sie ist ein ~es Mädchen a) she is a fast girl, she is a hussy, b) she is a prostitute. – **9.** *fig.* (*Tabak etc*) mild. – **10.** *meteor.* light: eine ~e Brise a light (*od.* gentle) breeze; ~er Regen light rain. – **11.** *mil.* (*Artillerie, Bomber, Panzer etc*) light. – **12.** *tech.* a) (*Waggon etc*) light, lightweight, *Br.* light-weight, b) (*Ausführung eines Werkzeugs*) light-duty (*attrib*), c) ~er Sitz (*von Passungen*) sliding fit. – **13.** *jur.* a) light, mild, lenient, b) (*geringfügig*) petty: eine ~e Strafe a light punishment, a light sentence; ~er Diebstahl petty larceny. – **14.** *agr.* (*Boden*) light. – **II** *adv* **15.** lightly: ~ angezogen (*od.* gekleidet) sein to be lightly dressed; die Tänzerinnen waren nur ~ bekleidet the dancers were scantily dressed; gestern hat es ~ geregnet yesterday it rained lightly; ich fühlte mich ~ und froh *fig.* I felt carefree and happy. – **16.** lightly, gently: etwas ~ berühren to touch s.th. gently. – **17.** *fig.* (*geringfügig*) slightly: etwas ~ ändern to change s.th. slightly; ich bin ~ erkältet I have (got) a slight cold; ~ angerostet [säuerlich] sein to be slightly rusty [acid]. – **18.** (*unbehindert*) smooth(ly), freely: die Maschine läuft ~ the machine runs smoothly. – **19.** *fig.* easily: die Tassen brechen ~ the cups are very fragile; das Buch ist ~ erhältlich the book is easily obtainable; man täuscht sich ~ one is apt to be mistaken, one can easily be mistaken; sie lernt sehr ~ she learns easily, she is a good learner; etwas ~ begreifen to understand (*od.* grasp) s.th. easily (*od.* readily); das schaffst du ~ you'll manage that with ease; die Hand rutscht ihm ~ aus he is apt to let fly; er wird sehr ~ böse he gets angry very easily (*od.* quickly); er erkältet sich ~ he catches cold(s) easily, he is prone to catching cold(s); das Schloß ging ~ auf the lock opened easily, the key turned easily; etwas ist ~ zugänglich s.th. is easily accessible (*od.* easy of access); etwas ist ~ erreichbar s.th. is within easy reach; ~ verdaulich sein to be easy to digest, to be digestible; ~ löslich sein to be easily (*od.* readily) soluble; ~ verderblich sein to be (very) perishable; es kann ~ anders kommen it can easily turn out differently; das passiert mir so ~ nicht wieder that won't happen to me again quite so easily; das kommt so ~ nicht wieder that is not likely (*od.* apt) to happen again, that (sort of thing) doesn't happen every day; wie ~ ist ein Unglück geschehen an accident can happen before you know it; das kannst du ~ sagen it is easy for you to say that; das ist ~ gesagt *colloq.* it's not as easy as that, it's all right for you to say that; das ist ~er gesagt als getan that's easier said than done; es ist ~ möglich, daß er nicht kommt it's quite possible that he won't come, he may well not come; das könnte ~ sein that could well be (so); Sie können sich ~ denken, daß you can well (*od.* readily) imagine that; → Auge 1. – **20.** (*in hohem Maße*) highly, easily: ~ entzündlich sein to be highly inflammable. – **III L~e, das** ⟨-n⟩ **21.** s.th. light: etwas L~es kann ich schon tragen I think I can carry s.th. light; ich möchte gern etwas L~es essen *fig.* I should like to eat s.th. light, I should like s.th. light to eat. – **22.** s.th. easy: es ist nichts L~es it's no easy matter. – **23.** (*substantiviert mit Kleinschreibung*) *only in* j-m ein ~es sein to be very easy (*Am. sl.* a cinch) for s.o., to be mere child's play to s.o.

ˈLeicht·athˌlet *m* (*sport*) track-and-field athlete, *Br. auch* athlete.

ˈLeicht·athˌle·tik *f* (*sport*) track-and-field events (*od.* sports) *pl*, *Br. auch* athletics *pl* (*sometimes construed as sg*), athletic sports *pl.* — **~verˌanˌstal·tung** *f* track-and-field (*Br. auch* athletic) event (*od.* competition). — **~ˌwettˌkampf** *m* track-and-field (*Br. auch* athletic) competition (*od.* event, *Am. auch* meet).

ˈLeicht|athˌle·tin *f* (*sport*) (woman) track-and-field athlete, *Br. auch* (woman) athlete. — **L~athˌle·tisch** *adj* (*Übungen, Wettkämpfe etc*) track-and-field (*attrib*), athletic.

ˈLeichtˌbau *m civ.eng.* **1.** a) *cf.* Leichtbauweise, b) (*Gebäude etc*) lightweight (*Br.* light-weight) construction. – **2.** (*als Fachgebiet*) light-metal engineering. — **~ˌplat·te** *f* lightweight (*Br.* light-weight) building board. — **~ˌwei·se** *f* lightweight (*Br.* light-weight) construction method.

ˈleicht|beˌdeckt *adj* ⟨*attrib*⟩ (*Himmel*) slightly overcast. — **~beˌklei·det** *adj* ⟨*attrib*⟩ (*Tänzerin etc*) scantily dressed. —

L~benˌzin *n chem.* light petrol (*Am.* gasoline). — **~beˌschä·digt** *adj* ⟨*attrib*⟩ (*Auto etc*) slightly damaged. — **~beˌschwingt** *adj* ⟨*attrib*⟩ **1.** (*Melodien, Rhythmen*) light. – **2.** (*Schritte*) nimble. — **L~beˌton** *m civ.eng.* lightweight (*Br.* light-weight) concrete. — **~beˌwaff·net** *adj* ⟨*attrib*⟩ *mil.* (*Soldaten*) light-armed. — **~beˌweg·lich** *adj* ⟨*attrib*⟩ (*Hausrat, Habe etc*) easily movable (*auch* moveable), mobile.

'leichtˌblü·tig [-ˌblyːtɪç] *adj* lighthearted, buoyant, sanguine. — **'Leichtˌblü·tig·keit** *f* ⟨-; *no pl*⟩ lightheartedness, buoyancy, sanguineness.

'leicht·entˌzünd·lich *adj* ⟨*attrib*⟩ **1.** (*Benzin etc*) highly (*od.* easily) inflammable. – **2.** *med.* (*Auge etc*) easily inflamed.

'Leich·ter *m* ⟨-s; -⟩ *mar.* lighter. — **~ˌfüh·rer** *m* lighterman. — **~ˌgeld** *n*, **~ˌlohn** *m* lighterage.

leich·tern ['laɪçtərn] *v/t* ⟨h⟩ *mar.* (*größere Schiffe*) lighten.

'Leich·ter|ˌschiff *n mar. cf.* Leichter. — **~transˌport** *m* lighterage.

'leichtˌfal·len *v/i* ⟨*irr, sep*, -ge-, sein⟩ j-m ~ to be easy for s.o., to come easy to s.o.: **es fiel ihm (nicht) leicht, sie zu verstehen** it was (not) easy for him to understand her; **Mathematik ist ihm schon immer leichtgefallen** math(ematic)s (*Am. colloq.* math) has always come easy to him, he has never had any difficulties with math(s), he has never found math(s) difficult.

'leichtˌfaß·lich *adj* ⟨*attrib*⟩ (*Vortrag etc*) easily understandable, easy-to-understand (*od.* -follow).

'leichtˌfer·tig I *adj* **1.** (*Benehmen etc*) thoughtless, careless. – **2.** (*Antwort, Bemerkung etc*) flippant, loose, frivolous: **~es Wesen** levity, flippancy. – **3.** (*Streich etc*) irresponsible. – **4.** (*Gerede, Versprechungen etc*) airy, superficial. – **5.** (*Mädchen etc*) loose, fast, wanton. – **6.** *cf.* leichtsinnig I. – **II** *adv* **7. etwas ~ tun** to do s.th. thoughtlessly (*od.* lightly); **etwas ~ behandeln** to treat s.th. with levity; **er ließ sich ~ in eine Erörterung ein** he rashly got involved in a discussion. — **'Leichtˌfer·tig·keit** *f* ⟨-; *no pl*⟩ **1.** thoughtlessness, carelessness. – **2.** (*von Antworten etc*) flippancy, frivolity, levity. – **3.** (*von Streichen, Benehmen etc*) irresponsibility. – **4.** (*von Gerede etc*) airiness, superficiality. – **5.** (*von Frauen*) looseness, fastness, wantonness.

'leicht|ˌflüch·tig *adj chem.* highly volatile. — **L~ˌflugˌzeug** *n aer.* light airplane (*bes. Br.* aeroplane), light plane. — **~ˌflüs·sig** *adj chem.* mobile, easily fusible. — **L~ˌflüs·sig·keit** *f* ⟨-; *no pl*⟩ mobility.

'Leichtˌfuß *m* (Bruder) ~ *fig. humor.* easygoing (*Br.* easy-going) (*od.* happy-go-lucky) fellow (*colloq.*).

'leichtˌfü·ßig I *adj* light-footed, fleet-foot(ed), nimble: **die ~e Gazelle** the fleet-footed gazelle; **das ~e Mädchen** the light-footed (*od.* nimble) girl; **sie ist ~** she is fleet of foot. – **II** *adv* light of foot, light on one's feet: **sie schritt ~ dahin** she went along light of foot. — **'Leichtˌfü·ßig·keit** *f* ⟨-; *no pl*⟩ light-footedness, fleet-footedness, nimbleness.

'leicht·geˌschürzt *adj* ⟨*attrib*⟩ *humor.* scantily dressed.

'Leicht|geˌschütz *n mil.* recoilless rifle. — **~geˌwicht** *n* **1.** (*sport*) lightweight (class). – **2.** *fig. colloq.* lightweight: **sie ist ein ~** she is a lightweight. — **~geˌwicht·ler** *m* ⟨-s; -⟩ (*sport*) lightweight.

'Leicht·geˌwichts|ˌbo·xer *m* (*sport*) lightweight (boxer). — **~ˌklas·se** *f cf.* Leichtgewicht 1.

'leichtˌgläu·big I *adj* gullible, credulous: **ein ~er Mensch** a credulous person, a dupe, a sucker (*sl.*); **er ist immer zu ~ gewesen** he has always been too gullible. – **II** *adv* gullibly, credulously: **ich habe ~ seinen Rat befolgt** I gullibly followed his advice; **ich hatte ihm ~ vertraut** I had credulously trusted him. — **'Leichtˌgläu·bi·ge** *m, f* ⟨-n; -n⟩ gullible (*od.* credulous) person, dupe. — **'Leichtˌgläu·big·keit** *f* ⟨-; *no pl*⟩ gullibility, credulity.

'Leicht|graˌvur *f* (*art*) shallow engraving. — **~ˌgut** *n mar.* light cargo (*od.* goods *pl*).

'Leicht·heit *f* ⟨-; *no pl*⟩ **1.** lightness. – **2.** *rare for* Leichtigkeit 2.

'leichtˌher·zig *adj* lighthearted, cheerful. — **'Leichtˌher·zig·keit** *f* ⟨-; *no pl*⟩ lightheartedness, cheerfulness.

'leicht'hin *adv* lightly, casually: **er bemerkte ~** he lightly remarked.

'Leich·tig·keit *f* ⟨-; *no pl*⟩ **1.** lightness: **die ~ einer Feder** the lightness of a feather. – **2.** *fig.* easiness: **die ~ einer Aufgabe [eines Rätsels]** the easiness of a task [puzzle]. – **3.** *fig.* ease, facility: **schaffst du das? mit ~!** can you do (*od.* manage) that? easily (*od.* with ease)! **mit ~ gewinnen** to win easily (*od.* hands down); **etwas mit größter ~ schaffen** to manage (to do) s.th. with effortless (*od.* the greatest) ease. – **4.** *fig.* (*von Bewegungen etc*) a) ease, agility, nimbleness, b) grace. – **5.** *fig.* (*von Stil etc*) ease, facility, fluency: **die ~ englischer Prosa** the ease (*od.* fluency) of English prose.

'Leicht|in·duˌstrie *f DDR econ. cf.* Konsumgüterindustrie. — **~ˌkraftˌrad** *n* light motorcycle. — **~ˌkran·ke** *m, f* ambulatory (*od.* mild) case. — **~ˌlastˌwa·gen** *m Br.* light lorry, *Am.* pick-up (*od.* light) truck.

'leichtˌle·big [-ˌleːbɪç] *adj* easygoing, *Br.* easy-going, happy-go-lucky. — **'Leichtˌle·big·keit** *f* ⟨-; *no pl*⟩ easygoingness, *Br.* easy-goingness, happy-go-lucky attitude.

'leicht·lich *adj u. adv obs. for* mühelos.

'leichtˌlös·lich *adj* ⟨*attrib*⟩ (*Pulver etc*) easily (*od.* readily) soluble.

'leichtˌma·chen *v/t* ⟨*sep*, -ge-, h⟩ **j-m etwas ~** to make s.th. easy for s.o.: **er machte uns das Fliehen leicht** he made it easy for us to escape; **sich (*dat*) das Leben ~** to take it easy.

'Leicht·maˌtro·se *m mar.* ordinary seaman (*od.* sailor).

'Leicht·meˌtall *n metall.* light metal. — **~ˌbau** *m* **1.** (*Bauweise*) light-metal construction method. – **2.** (*Gebäude etc*) light-metal construction. — **~beˌar·bei·tung** *f* light-metal working.

'Leicht·meˌtalleˌgie·rung (*getr.* -ll·l-) *f metall.* light(-metal) alloy.

'Leicht|ˌmo·torˌrad *n cf.* Leichtkraftrad. — **l~ˌneh·men** *v/t* ⟨*irr, sep*, -ge-, h⟩ take (*s.th.*) lightly (*od.* easy): **versuche, den Verlust leichtzunehmen** try to take the loss lightly; **du nimmst alles zu leicht** you take everything too lightly; **nimm's leicht!** take it easy. — **~ˌöl** *n chem.* light oil. — **~ponˌton** *m mil.* assault boat pontoon. — **~proˌfil** *n tech.* light section. — **l~ˌschmelz·bar** *adj* ⟨*attrib*⟩ easily fusible, with a low melting point. — **l~ˌsie·dend** *adj* ⟨*attrib*⟩ low-boiling, with a low boiling point.

'Leichtˌsinn *m* ⟨-(e)s; *no pl*⟩ **1.** (*Unvorsichtigkeit, Fahrlässigkeit*) thoughtlessness, carelessness, (*stärker*) recklessness: **frevelhafter [sträflicher, unbegreiflicher, unverantwortlicher] ~** outrageous [criminal, incomprehensible, irresponsible] recklessness; **er hat den Unfall aus (reinem) ~ verursacht** he caused the accident out of (pure *od.* sheer) thoughtlessness; **in seinem ~ achtete er nicht auf die Gefahr** in his carelessness he did not pay attention to (*od.* mind) the danger. – **2.** (*große Unbesonnenheit*) light-headedness, light-mindedness, frivolity, giddiness, levity. – **3.** *fig. colloq.* exuberance: **das sagen Sie so in Ihrem jugendlichen ~** you say that now in your youthful exuberance.

'leichtˌsin·nig I *adj* **1.** (*unvorsichtig, fahrlässig*) thoughtless, careless, (*stärker*) reckless: **ein ~er Bursche** *colloq.* a thoughtless fellow (*colloq.*); **~er Fahrer** reckless driver; **eine ~e Handlung** a reckless deed. – **2.** (*unbesonnen*) light-headed, light-minded, frivolous, giddy: **~e Bemerkungen** frivolous remarks; **~es Benehmen** frivolous behavio(u)r; **ein ~es Mädchen** a giddy girl. – **3.** (*unverantwortlich*) irresponsible. – **II** *adv* **4. er hat sich ~ in Schulden gestürzt** he thoughtlessly plunged into debt; **er schlug ~ alle Warnungen in den Wind** he carelessly ignored all warnings, he carelessly threw (*od.* cast, flung) all caution to the winds; **setze nicht dein Leben ~ aufs Spiel** don't frivolously risk your life; **~ mit seinem Geld umgehen** to spend one's money recklessly.

'leichtˌsin·ni·ger'wei·se *adv* thoughtlessly, carelessly: **ich habe ~ vergessen, die Tür abzuschließen** I was thoughtless enough not to lock the door, I thoughtlessly forgot to lock the door.

'Leichtˌsin·nig·keit *f* ⟨-; *no pl*⟩ **1.** thoughtlessness, carelessness, (*stärker*) recklessness. – **2.** (*große Unbesonnenheit*) light-headedness, light-mindedness, frivolity, giddiness.

'Leicht|ˌsinnsˌfeh·ler *m* careless mistake. — **~ˌstahlˌbau** *m civ.eng.* light-section engineering. — **~ˌstein** *m* lightweight (*Br.* light-weight) brick. — **~ˌtra·ben** *n* (*sport*) (*beim Reiten*) rising trot. — **l~verˌdau·lich** *adj* ⟨*attrib*⟩ light, easily digestible: **~e Speisen** easily digestible food *sg.* — **l~verˌderb·lich** *adj* ⟨*attrib*⟩ (very) perishable: **~e Waren** (very) perishable goods, perishables. — **l~verˌdient** *adj* ⟨*attrib*⟩ easily earned: **~es Geld** easy money. — **l~verˌletzt** *adj* ⟨*attrib*⟩ slightly injured. — **~verˌletz·te** *m, f* ⟨-n; -n⟩ slightly injured person, light casualty. — **l~verˌständ·lich** *adj* ⟨*attrib*⟩ easily understandable (*od.* understood). — **l~verˌwun·det** *adj* ⟨*attrib*⟩ slightly wounded. — **~verˌwun·de·te** *m, f* ⟨-n; -n⟩ slightly wounded person, *Am. auch* ambulant case. — **l~zuˌgäng·lich** *adj* ⟨*attrib*⟩ easy of access.

leid [laɪt] *adj* **1.** ⟨*pred*⟩ (*in Wendungen wie*) **es tut mir ~ (, daß)** I am (so) sorry (that); **es tut mir ~, schon wieder stören zu müssen** I regret (*od.* am sorry) to have to disturb (*od.* bother) you again; **das tut mir (aber) ~** a) I am sorry for (*od.* about) that, b) I am sorry but it can't be helped (*od.* that's the way it is); **das wird dir noch ~ tun** you'll regret it yet, you'll be sorry for (*od.* about) it yet; **sind dir deine Versprechungen wieder ~ geworden?** do you regret your promises? **er tut mir ~** I feel sorry for him, I pity him; **es tut mir ~ um ihn** I feel sorry on his account; **du kannst mir ~ tun, wenn du so dumm bist** *iron.* I cannot but feel sorry for (*od.* pity) you if you behave so stupidly; **ich bin es ~, das immer wieder sagen zu müssen** I am (sick and) tired of (*od. sl.* fed up with) having to say that over and over again; **ich bin es ~, es ist mir ~** I am fed up with it (*sl.*); **er ist seinen Freund ~** he is (sick and) tired of his friend; **er war des Lebens ~** *lit.* he was weary (*od.* tired) of life. – **2.** *Swiss* (*unangenehm*) unpleasant: **das ist eine ~e Sache** that is an unpleasant matter.

Leid *n* ⟨-(e)s; *no pl*⟩ **1.** (*Schaden, Unrecht*) injury, wrong, harm, hurt: **j-m ein ~ antun** (*od.* **zufügen**) to injure (*od.* harm) s.o., to inflict injury (*od.* wrong) on s.o.; **sich (*dat*) ein ~(s) antun** *lit.* to put an end to one's life, to commit suicide; **dir soll kein ~ geschehen** you shall suffer no harm. – **2.** (*Kummer*) sorrow, grief, affliction, (*stärker*) woe, distress: **j-m sein ~ klagen** to pour out one's sorrow(s) (*od.* troubles) to s.o.; **sein ~ in (*acc*) sich hineinfressen** *fig. colloq.* to keep all one's worries to oneself; **sie hat in ihrem Leben viel ~ ertragen müssen** she had to suffer much sorrow in her life; **in Freud und ~** a) in good and evil days, b) in happiness and in sorrow, (*als Formel*) for better, for worse; **sie teilten Freud und ~ miteinander** they shared their joys and sorrows; **auf ~ folgt Freud** joy follows sorrow, sunshine follows rain; **auf Freud folgt ~** sorrow follows joy; **geteiltes ~ ist halbes ~** (*Sprichwort*) misery loves company (*proverb*), a sorrow shared is a sorrow halved. – **3.** (*Schmerz*) pain. – **4.** (*Unglück*) misfortune, calamity. – **5. um j-n ~ tragen** *lit.* to mourn (over) s.o.'s death. – **6. Sie sind ins ~ geladen** *Swiss* you are invited to the funeral feast.

'Lei·deˌform *f ling.* passive (voice).

lei·den ['laɪdən] **I** *v/t* ⟨leidet, litt, gelitten, h⟩ **1.** suffer, endure, bear: **Durst [Hunger, Not] ~** to suffer thirst [hunger, hardship]; **Not ~** to be in want; **der Kranke hat viel zu ~** the patient has to suffer a lot; **er starb, ohne viel zu ~** he died without much suffering; **der Gerechte muß viel ~** *Bibl.* many are the afflictions of the righteous; **das Bild hat auf dem Transport Schaden gelitten** the painting suffered damage (*od.* was damaged) in transport. – **2. etwas [j-n] ~ können** to like s.th. [s.o.]: **ich kann (*od.* mag) ihn nicht ~** I don't like him, I can't stand (*od.* bear) him; **er ist gut zu ~** he's easy to get on (*od.* make friends) with. – **3.** *lit.* (*dulden*) tolerate, endure: **ich leide nicht, daß ihr mich stört** I won't tolerate (*od. colloq.* stand for) your disturbing me; **das leide ich nicht** I won't tolerate (*od. colloq.* have, stand for) it; **das wird hier nicht gelitten** that is not tolerated here. – **4.** *lit.* (*zulassen*) allow (of), permit, admit of: **die Arbeit leidet keinen Aufschub** this job allows of no delay (*od.* cannot be put off). – **II** *v/i* **5.** (an *dat*, unter *dat* from) suffer: **an einer Krankheit** ~ to suffer from an illness; **an der Gicht [an Schwindel]** ~ to suffer from gout [dizziness]; **er leidet an Gedächtnisschwund** he is suffering from loss of memory; **unter der Einsamkeit [Witterung]** ~ to suffer from loneliness [the effects of the weather]; **unter Wahnvorstellungen** ~ to suffer from paranoia; **Christus hat für uns [unsere Sünden] gelitten** *Bibl.* Christ suffered for us [our sins]; **seine Gesundheit hat unter dem Schock gelitten** the shock affected his health; **wir hatten durch den Krieg schrecklich zu** ~ the war caused (*od.* brought) us terrible sufferings; **die Ernte hat durch den Regen sehr gelitten** the crops (*od.* harvest) suffered severe damage as a result of the rain(fall); **lerne** ~, **ohne zu klagen** (*Sprichwort*) bear suffering with patience. – **III** *v/impers* **6. es litt ihn nicht länger im Zimmer** *lit.* he could not bear to stay in the room any longer, he could not bear it in the room any longer.

ˈLei·den *n* ⟨-s; -⟩ **1.** suffering: **das** ~ **Christi** *Bibl.* the sufferings *pl* of Christ, Christ's Passion; **aussehen wie das** ~ **Christi** *fig. colloq.* to look a picture of misery. – **2.** (*Kummer, Elend*) suffering, affliction, distress, tribulation, sorrows *pl*: **die** ~ **des Alters** the affliction *sg* of old age; ~ **ausstehen** to endure suffering; „**Die** ~ **des jungen Werthers**" "The Sorrows of Werther" (*by Goethe*). – **3.** (*Beschwerde*) ailment, complaint: **ein körperliches** ~ a bodily (*od.* physical) ailment. – **4.** (*Krankheit*) illness, sickness, disease, affliction, malady: **ein akutes [chronisches]** ~ an acute [a chronic] illness; **er starb nach langem, schwerem** ~ he died of a long and serious illness; **seelisches** ~ mental disease, psychopathy (*scient.*); **organisches** ~ organic disease, organopathy (*scient.*). – **5.** (*Schmerz*) pain. – **6.** (*gesundheitliche Störung*) disturbance, trouble, disorder.

ˈlei·dend I *pres p.* – **II** *adj* **1.** (an *dat*, unter *dat* from) suffering. – **2.** (*kränklich*) ailing, sickly, ill (*pred*). – **3.** *ling.* (*Form*) passive. — **ˈLei·den·de** *m, f* ⟨-n; -n⟩ **1.** sufferer. – **2.** (*Kranke*) patient, sick person.

ˈLei·de·ner ˈFla·sche [ˈlaɪdənər] *f electr.* Leyden jar.

ˈLei·densˌbru·der *m cf.* Leidensgefährte.

ˈLei·den·schaft *f* ⟨-; -en⟩ **1.** (*Gefühlsausbruch*) passion, violent emotion: ~**en aufrühren** to stir up violent emotions; **die** ~ **riß ihn fort** he was in the grip of passion, passion overwhelmed him; **etwas mit großer** ~ **verfechten** to stand up for s.th. with great passion; **in** ~ **geraten** to fly into a passion (*od.* a rage). – **2.** (*große Begeisterung*) passion, mania: **seine** ~ **für die Musik entdecken** to discover one's passion (*od.* love) for music; **etwas mit** ~ **tun** to do s.th. passionately; **einer** ~ **frönen** to indulge in a passion; **die** ~ **des Rauchens** the passion of (*od.* passionate addiction to) smoking; **Reiten ist seine (große)** ~ he has a mania for riding, riding is a great passion with him. – **3.** (*innigster Wunsch*) passion: **Autos sind seine große** ~ cars are his great passion; **er ist Lehrer aus** ~ he is a passionate teacher. – **4.** (*große Liebe, Person*) passion: **sie ist meine große** ~ she is my great passion. – **5.** (*heftige Liebe, starkes Verlangen*) passion, ardor, *bes. Br.* ardour, fervor, *bes. Br.* fervour: **eine große [wilde]** ~ a great [wild *od.* high] passion; **in** ~ **entbrannt** *lit.* consumed (*od.* inflamed) with passion; **er entbrannte in heftiger** ~ **zu ihr** *lit.* he was filled with (*od.* overcome by) a burning passion for her; **Feuer der** ~ *lit.* fire of passion.

ˈlei·den·schaft·lich I *adj* **1.** (*stark gefühlsbetont*) passionate, impassioned, impassionate: **ein** ~**er Mensch** a passionate person; **eine** ~**e Rede** a passionate (*od.* an impassioned) speech; ~ **werden** to become passionate. – **2.** (*begeistert*) passionate, ardent, enthusiastic: **ein** ~**er Jäger** a passionate (*od.* very keen) hunter; **ein** ~**er Befürworter liberalen Ideenguts** an ardent supporter of liberal ideas; **ein** ~**er Verehrer Goethes** a passionate admirer of Goethe. – **3.** (*ungezügelt, äußerst heftig*) passionate, burning: ~**es Verlangen** passionate desire. – **4.** (*glühend*) passionate, ardent: ~**e Liebe** passionate love; **ein** ~**er Liebhaber** an ardent lover. – **5.** (*Patriotismus etc*) vehement. – **6.** (*Haß etc*) passionate, violent. – **7.** (*leichterregbar*) impulsive. – **II** *adv* **8.** passionately: **j-n** ~ **lieben** to love s.o. passionately; **sich** ~ **in j-n verlieben** to fall passionately in love with s.o.; **ich höre** ~ **gern Musik** *colloq.* I am passionately fond of music, I love listening to music; **ich esse** ~ **gern Klöße** *colloq.* I love (*od.* adore) dumplings. – **9.** *mus.* passionately, appassionato, appassionatamente. — **ˈLei·den·schaft·lich·keit** *f* ⟨-; *no pl*⟩ **1.** passionateness. – **2.** (*der Liebe etc*) passionateness, ardor, *bes. Br.* ardour, fervor, *bes. Br.* fervour. – **3.** vehemence. – **4.** impulsiveness.

ˈlei·den·schafts·los *adj* **1.** (*Rede, Kommentar etc*) dispassionate. – **2.** (*Mensch etc*) dispassionate, impassive, detached, passionless, cool(-blooded), unemotional. — **ˈLei·den·schafts·lo·sig·keit** *f* ⟨-; *no pl*⟩ dispassionateness, dispassion, passionlessness, impassiveness, impassibility.

ˈLei·dens|geˌfähr·te *m lit.* fellow sufferer, brother in affliction (*od.* distress), companion in misfortune. — ~**geˌfähr·tin** *f* fellow sufferer, sister in affliction (*od.* distress), companion in misfortune. — ~**geˌnos·se** *m cf.* Leidensgefährte. — ~**geˌnos·sin** *f cf.* Leidensgefährtin. — ~**geˌschich·te** *f* **1.** *relig.* (the) sufferings *pl* and death of Christ, (the) Passion. – **2.** sufferings *pl*: **er erzählte mir seine ganze** ~ he told me his tale of woe (*humor.*). — ~**ˌkelch** *m relig. poet.* cup of sorrow. — ~**sta·tio·nen** [-ʃtaˌtsĭoːnən] *pl relig.* stations of the Cross, way *sg* of the Cross. — ~**ˌstät·te** *f relig.* a) Gethsemane, b) Golgotha. — ~**ˌweg** *m* way of the Cross: **der** ~ **Christi** Christ's way of the Cross; **ihr Leben war ein einziger** ~ *fig.* her life was one long ordeal, hers was a life of suffering. — ~**ˌwo·che** *f* Passion Week. — ~**ˌzeit** *f* time of suffering: **er hat eine bittere** ~ **durchmachen müssen** he had to go through a bitter ordeal (*od.* period of suffering).

lei·der [ˈlaɪdər] **I** *adv* unfortunately, I am afraid, (I am) sorry: ~ **geht es mir nicht gut** I am sorry to say (that) I don't feel well; ~ **muß ich jetzt gehen** (I am) sorry but I must go (*od.* be going) now, I am afraid I have to leave now; ~ **war es mir nicht möglich zu kommen** unfortunately I was not able to come; **muß das sein?** ja, ~ (*od. colloq.* ~ ja)! is that necessary? I am afraid so; **ist er schon gekommen?** ~ **nicht** (*od. colloq.* ~ **nein**)! has he arrived yet? I am afraid (*od.* unfortunately) not; ~ **Gottes geht das nicht** unfortunately that cannot be done, I am afraid (that) that cannot be done. – **II** *interj* alas! ~ **Gottes!** *colloq.* alas!

ˈleid|erˌfüllt *adj lit.* **1.** (*Herz etc*) sorrowful, grief-stricken. – **2.** (*Gesicht etc*) woebegone. — ~**geˌprüft** *adj* tried by afflictions, tested by adversity.

lei·dig [ˈlaɪdɪç] *adj* ⟨*attrib*⟩ **1.** (*unangenehm, lästig*) troublesome, tiresome, unpleasant, disagreeable, (*stärker*) nasty: **eine** ~**e Geschichte** a troublesome affair; **ich muß diese** ~**e Sache aus der Welt schaffen** I must finally get rid of this unpleasant matter; **ein** ~**er Schnupfen macht mir zu schaffen** a nasty cold bothers me; ~**e Verpflichtungen** tiresome engagements. – **2.** (*ärgerlich*) annoying, vexing, vexatious. – **3.** (*verwünscht*) confounded: **das** ~**e Geld** confounded money; **immer geht es um das** ~**e Geld!** confounded money is always a problem! **der** ~**e Geiz** confounded (*od.* accursed) avarice.

ˈLeidˌkar·te *f Swiss for* Trauerkarte.

leid·lich [ˈlaɪtlɪç] **I** *adj* **1.** passable, tolerable, fair, reasonable: **sie hat eine** ~**e Figur [Stimme]** she has a passable figure [voice]; ~**es Essen** tolerable food; **seine Deutschkenntnisse sind** ~ his knowledge of German is passable (*od.* fair). – **2.** *med.* (*Gesundheitszustand*) fair: **sein Zustand ist** ~ he is in fair condition, his condition is fair. – **II** *adv* **3.** passably (*od.* tolerably) (well), reasonably: **sie spielt** ~ **Klavier** she plays the piano tolerably well; **sie ist** ~ **hübsch** she is passably good-looking, she is not bad-looking; **wie gefällt sie dir?** ~ how do you like her? so-so (*colloq.*); **mir geht es (so)** ~ I am fairly well (*od. colloq.* [fair to] middling); **er ist noch so** ~ **davongekommen** he got off pretty well (*od.* cheaply), considering.

ˈLeid|ˌtra·gen·de *m, f* ⟨-n; -n⟩ **1.** *fig. colloq.* victim: **ich bin dabei der** ~ I am the one who suffers (*od.* has to suffer) for it, I'm the victim. – **2.** mourner: **die** ~**n** the bereaved (family). — **l**~**ˌvoll** *adj lit.* (*Miene etc*) sorrowful, woebegone. — ~**ˌwe·sen** *n* ⟨-s; *no pl*⟩ (*in Wendungen wie*) **zu meinem (großen)** ~ to my (great) regret (*od.* sorrow), unfortunately; **das ist eben das** ~ (*Ärgerliche*) that is the unfortunate thing about it.

Lei·er [ˈlaɪər] *f* ⟨-; -n⟩ **1.** *mus. hist.* lyre: **die** ~ **spielen** (*od.* **schlagen**), **auf der** ~ **spielen** to play the lyre. – **2.** *fig. colloq.* story, tune, song: **es ist die alte (gleiche)** ~, **es ist immer dieselbe** ~ it is always the same old story. – **3.** *colloq. for* Kurbel 3. – **4.** *hunt.* (*des Birkhahns*) tail. – **5.** *astr.* (*Sternbild*) Lyra, Lyre. — ~**an·tiˌlo·pe** *f zo.* bastard hart(e)beest (*Gattg Damaliscus*): **Ostafrikanische** ~ korrigum (*D. corrigum*). — ~**ˌboh·rer** *m tech.* brace (*od.* bit-stock) drill.

Leieˈrei *f* ⟨-; -en⟩ *colloq. contempt.* (*eintöniges Aufsagen*) drone, droning.

ˈLei·er|ˌfisch *m zo.* dragonet (*Gattg Callionymus*). — **l**~**ˌför·mig** *adj* **1.** lyre-shaped, shaped like a lyre, lyriform. – **2.** *bot. zo.* lyrate, *auch* lyrated. — ~**ˌhirsch** *m zo.* brown-antlered (*od.* Eld's) deer (*Cervus eldii*). — ~**ˌholz** *n bot.* fiddlewood (*Gattg Citharexylum*).

ˈLei·erˌkas·ten *m* **1.** *mus.* barrel (*od.* street) organ, hurdy-gurdy. – **2.** *fig. colloq.* worn-out piano. — ~**ˌmann** *m* ⟨-(e)s; ⸗er⟩ organ grinder, hurdy-gurd(y)ist.

lei·ern [ˈlaɪərn] *colloq.* **I** *v/t* ⟨h⟩ **1.** (*hochkurbeln, -winden*) crank (up), winch: **den Eimer aus dem Brunnen** ~ to crank (up) the bucket out of the well; → **Kreuz** 6. – **2.** *fig.* (*Gebet, Gedicht etc*) recite (*s.th.*) monotonously, drone out. – **II** *v/i* **3.** *colloq.* turn a crank (*od.* handle, winch): **an der Kurbel** ~ to turn the crank (*od.* handle). – **4.** *fig.* (*eintönig sprechen*) drone. – **5.** grind the (*od.* a) street organ: **auf der Drehorgel** ~ to grind the street organ.

ˈLei·er|ˌnachtˌschwal·be *f zo.* lyre-tailed nightjar (*Hydropsalis torquata u. H. forcipatus*). — ~**ˌna·se** *f cf.* Klaffmaul. — ~**ˌschwanz** *m* lyrebird, lyre pheasant, lyretail (*Menura superba*). — ~**ˌspiel** *n mus.* playing on a lyre, lyre-playing. — ~**ˌspie·ler** *m*, ~**ˌspie·le·rin** *f* lyre-player, lyrist.

ˈLeih|ˌamt *n*, ~**ˌanˌstalt** *f cf.* Leihhaus. — ~**bi·blioˌthek**, ~**bü·cheˌrei** *f* public (*od.* lending, circulation) library, *bes. Am.* rental library.

ˈLei·he *f* ⟨-; -n⟩ **1.** loan. – **2.** *jur.* loan for use. – **3.** *colloq. for* Leihhaus.

lei·hen [ˈlaɪən] *v/t* ⟨leiht, lieh, geliehen, h⟩ **1. j-m etwas** ~ a) to lend (*od.* loan) s.o. s.th. (*od.* s.th. to s.o.), b) (*gegen Entgelt*) to rent (*od.* hire) s.th. (out) to s.o.: **er lieh mir Geld** he lent me (some) money; **kannst du mir das Buch bis morgen** ~? can you lend me the book till tomorrow? – **2.** (**sich** *dat*) **etwas (bei** *od.* **von j-m)** ~ a) to borrow s.th. (from s.o.), b) (*gegen Entgelt*) to hire (*od.* rent) s.th. (from s.o.): **ich habe (mir) ein Buch (von ihm) geliehen** I borrowed a book (from him); **er hatte ein Auto für das Wochenende geliehen** he had hired a car for the weekend. – **3.** *lit.* (*in Wendungen wie*) **er lieh mir seinen Beistand** he lent (*od.* gave) me his support; → **Ohr** 3.

ˈLeih|ˌga·be *f* (*von Kunstwerken*) loan. — ~**geˌbühr** *f* rental, lending (*od.* rental) fee. — ~**ˌgeld** *n* loan(s *pl*): **kurzfristiges** ~ short(-term) loan(s *pl*). — ~**geˌschäft** *n* **1.** loan (*od.* lending) business. – **2.** (*Pfandgeschäft*) pawnbroking. — ~**ˌhaus** *n* pawnshop, pawnbroker's shop, *bes. Am. colloq.* hock shop, *bes. Br. colloq.* popshop: **etwas ins** ~ **tragen** to put s.th. in pawn, to pawn s.th.; **etwas aus dem** ~ **auslösen** to redeem s.th. pawned. — ~**ˌschein** *m* **1.** (*Pfandschein*) pawn ticket. – **2.** (*in der Bücherei*) lending ticket, *bes. Am.* borrowing slip. — ~**verˌtrag** *m econ.* loan contract, contract of loan. — ~**ˌwa·gen** *m* hire car. — **l**~**ˌwei·se** *adv* **1.** on loan, by way of (*od.* as) a loan: **könnten Sie mir das Buch** ~ **für einige**

Tage überlassen? would you let me have the book on loan for a few days? – **2.** (*gegen Miete*) on hire. — **~ˌzins** *m* interest rate on loans, loan interest.

Leim [laɪm] *m* ⟨-(e)s; -e⟩ **1.** glue: voller ~ gluey; der ~ bindet gut the glue bonds tightly (*od.* firmly); aus dem ~ gehen *colloq.* a) to fall apart (at the joints), to fall to pieces, b) *fig.* to split at the seams. – **2.** (*Kleber*) gluten, *bes. Am.* mucilage. – **3.** (*zur Papierherstellung, zum Steifen etc*) size, sizing. – **4.** *hunt.* (*für Vogelfang*) (bird)lime: j-m auf den ~ gehen *fig.* to fall into s.o.'s trap, to be taken in by s.o.; j-n auf den ~ führen *fig. cf.* leimen 2; er sitzt auf dem ~ *fig. colloq.* he has taken the bait, he was taken in. — **l~ˌar·tig** *adj* like glue, gluey, glutinous. — **~ˌblatt** *n* bastard toadflax (*Thesium linophyllum*). — **~ˌbrü·he** *f tech.* size, sizing.

lei·men [ˈlaɪmən] **I** *v/t* ⟨h⟩ **1.** glue (*s.th.*) (together): einen Stuhl ~ to glue a chair. – **2.** j-n ~ *fig. colloq.* to trick s.o., to take s.o. in (*od. colloq.* for a ride), to pull the wool over s.o.'s eyes, to do s.o. in the eye (*colloq.*), *bes. Br. colloq.* to do s.o. down. – **3.** (*Papier*) size. – **II L~** *n* ⟨-s⟩ **4.** *verbal noun.*

ˈLeim|ˌfar·be *f* (*paints*) glue- (*od.* lime)-water color (*bes. Br.* colour), calcimine, *bes. Br.* distemper: mit ~ streichen to calcimine, *bes. Br.* to distemper. — **~ˌfe·stig·keit** *f* adhesive (*od.* bonding) strength. — **~ˌfo·lie** *f* glue foil (*od.* film).

ˈlei·mig *adj* **1.** *cf.* leimartig. – **2.** (*voll Leim*) gluey.

ˈLeim|ˌkitt *m tech.* joiner's cement. — **~ˌknecht** *m tech.* glue press, gluing (*auch* glueing) cramp. — **~ˌkraut** *n bot.* campion, catchfly, *Br.* catch-fly, flybane (*Gattg Silene*): Pennsylvanisches ~ Carolina (*od.* wild) pink (*S. pennsylvanica*); Stengelloses ~ cushion pink, moss campion (*S. acaulis*); Virginisches ~ fire pink (*S. virginica*); Aufgeblasenes ~ bladder campion (*S. latifolia*). — **~ˌlö·sung** *f* glue solution. — **~ˌmilch** *f* (*paper*) size milk. — **~ˌpin·sel** *m* glue brush. — **~ˌpul·ver** *n* glue powder. — **~ˌring** *m hort.* grease (*od.* sticky) band. — **~ˌru·te** *f hunt.* lime-twig. — **~ˌsie·den** *n* glue boiling. — **~ˌsie·der** *m* **1.** glue boiler. – **2.** *colloq. contempt.* bore; 'lump', slow coach, *Am. auch* slowpoke (*colloq.*). — **~ˌstoff** *m* **1.** gluten, *bes. Am.* mucilage. – **2.** (*zur Papierherstellung etc*) sizing material, size. — **~ˌtie·gel, ~ˌtopf** *m* glue pot.

ˈLei·mung *f* ⟨-; -en⟩ *cf.* Leimen.

ˈLeimˌwas·ser *n* **1.** (*paper*) size milk. – **2.** (*paints*) water-diluted glue.

Lein [laɪn] *m* ⟨-(e)s; -e⟩ *bot. cf.* Flachs 1. — **~ˌblatt** *n* thesium (*Gattg Thesium*). — **~ˌdot·ter** *f* **1.** gold of pleasure, dodder (*od.* oil) seed (*Camelina sativa*). – **2.** myagrum (*Myagrum sativum*).

Lei·ne [ˈlaɪnə] *f* ⟨-; -n⟩ **1.** line, cord, thin rope: zieh ~! *fig. colloq.* scram! beat it! *bes. Br.* do a bunk! (*alle colloq.*). – **2.** (*Wäscheleine*) (clothes)line, *Br.* (clothes-)line: die ~ spannen to put up the line; sie hängte die Wäsche auf die ~ she hung the washing (out) on the line. – **3.** (*Hundeleine*) lead, leash, *hunt. auch* slip: den Hund an die ~ nehmen to put a dog on the lead; j-n an der ~ haben *fig. colloq.* to hold s.o. in leash (*od.* check, restraint); → führen 1. – **4.** (*Angelschnur*) fishing line: einen Fisch an der ~ haben to have a fish on the line. – **5.** (*Pferdeleine beim Gespann*) rein(s *pl*): die ~ anziehen to pull the reins. – **6.** *mar.* a) (*Wurfleine*) heaving line, b) (*Logleine*) log line. – **7.** (*sport*) (*beim Faustball etc*) tape.

Lei·nen [ˈlaɪnən] **I** *n* ⟨-s; -⟩ **1.** (*textile*) linen: grobes ~ coarse linen; rein ~ pure linen. – **2.** *print.* cloth, *auch* holland: in ~ gebunden bound in cloth, cloth(-)bound. – **3.** (*paper*) linen paper. – **II l~** *adj* ⟨*attrib*⟩ **4.** (*Tischwäsche etc*) (made of) linen.

ˈLei·nenˌband[1] *m* ⟨-(e)s; ⸚e⟩ *print.* volume bound in cloth.

ˈLei·nenˌband[2] *n* ⟨-(e)s; ⸚er⟩ tape.

ˈLei·nen|daˌmast *m* (*textile*) linen damask. — **~ˌeinˌband** *m print.* cloth binding. — **~fa·bri·ka·tiˌon** *f* (*textile*) production (*od.* fabrication, manufacture) of linen. — **~ˌgarn** *n* linen yarn (*od.* thread). — **l~geˌbun·den** *adj* (*Buch*) clothbound, *Br.* cloth-bound. — **~geˌschoß** *n mil.* line-throwing projectile. — **~geˌwehr** *n* line-throwing gun, Lyle gun. — **~ˌhänd·ler** *m econ.* linen dealer (*od.* draper). — **~in·duˌstrie** *f* linen industry. — **~ˌla·ken** *n* linen sheet. — **~paˌpier** *n* (*paper*) linen paper, canvas note. — **~ˌschuh** *m* canvas shoe. — **~ˌtuch** *n* (*textile*) linen cloth. — **~ˌwa·re** *f*, **~ˌzeug** *n* **1.** linen (goods *pl*). – **2.** linen fabric (*od.* material).

ˈLein|ˌfir·nis *m cf.* Leinölfirnis. — **~geˌwäch·se** *pl bot.* linaceous plants, linaceae (*scient.*) (*Fam. Linaceae*). — **~ˌkraut** *n* linaria (*Gattg Linaria*): Gemeines ~ wild flax, toadflax, flaxweed (*L. vulgaris*). — **~ˌku·chen** *m* (*Rückstand u. Kraftfutter*) linseed (*od.* oil) cake.

ˈLeinˌöl *n* linseed oil. — **~ˌbrot** *n* linseed bread. — **~ˌfar·be** *f* linseed-oil paint. — **~ˌfir·nis** *m* linseed-oil varnish.

ˈLein|ˌpfad *m mar.* towpath, *Br.* tow-path, towing path. — **~ˌsaat** *f*, **~ˌsa·me(n)** *m bot.* linseed, flaxseed. — **~ˌtuch** *n* **1.** *cf.* Leinenlaken. – **2.** linen (cloth).

ˈLeinˌwand *f* ⟨-; ⸚e⟩ **1.** ⟨*only sg*⟩ (*textile*) linen. – **2.** (*für Zelt, Segel etc*) canvas. – **3.** *phot.* (*film*) screen: ich kenne sein Gesicht von der ~ her I have seen his face in the movies, I know his face from the pictures; etwas auf die ~ bringen to project s.th. on(to) the screen. – **4.** (*art*) canvas: er malt auf ~ he paints on canvas. – **5.** *print. cf.* Leinen 2. – **6.** *tech.* (*des Reifens*) canvas. — **~ˌbin·dung** *f* (*textile*) calico (*od.* plain, tabby) weave.

ˈLeinˌwe·ber *m* linen weaver.

ˈLeip·zi·ger ˈAl·lerˈlei *n gastr.* mixed (*od.* macedoine of) vegetables *pl.*

Leis [laɪs] *m* ⟨- *u.* -es; -e(n)⟩ *mus. hist.* lay, song.

leis *adj u. adv cf.* leise.

lei·se [ˈlaɪzə] **I** *adj* ⟨-r; -st⟩ **1.** low, soft, gentle, faint: ein ~s Raunen (a) soft murmuring; er hörte ~ Schritte he heard light steps; er kam auf ~n Sohlen herein he came in treading softly, he came in stealthily; mit ~r Stimme in a low voice; das Radio ~ stellen to turn the volume (of the radio) down, to put the radio on low. – **2.** (*geräuschlos*) quiet: seien Sie bitte ~ please keep quiet; wir haben sehr ~ Nachbarn our neighbo(u)rs are very quiet. – **3.** *fig.* (*Hoffnung, Zweifel, Verdacht etc*) faint, slight: ich habe nicht die ~ste Ahnung I haven't the faintest idea; ein ~s Lächeln a faint smile, the hint (*od.* suspicion) of a smile. – **4.** *fig.* (*Brise, Berührung etc*) gentle, light, slight. – **5.** *fig.* (*Sarkasmus etc*) mild, slight. – **6.** *fig.* (*Ironie etc*) mild, gentle. – **7.** *fig.* (*Gefahr, Widerspruch etc*) slight: bei der ~sten Gefahr at the slightest (*od.* first hint of) danger. – **8.** *fig.* (*Schlaf*) light. – **9.** (*Musik*) soft. – **II** *adv* **10.** er fragte mich ~ he asked me in a low voice; sprich bitte ~r please lower your voice, please speak more quietly; ~ auftreten to tread softly; das Kind lachte [weinte] ~ the child laughed quietly [was quietly crying]; mach die Tür ~ zu close the door gently; er murmelte ~ vor sich hin he was murmuring under his breath. – **11.** *mus.* piano, sotto voce: sehr ~ pianissimo.

ˈLei·seˌtre·ter *m* ⟨-s; -⟩ *colloq. contempt.* mealymouthed (*Br.* mealy-mouthed) person, *bes. Am.* pussyfooter. — **ˌLei·se·tre·teˈrei** *f* ⟨-; *no pl*⟩ *colloq. contempt.* mealymouthed (*Br.* mealy-mouthed) behavior (*bes. Br.* behaviour), *bes. Am.* pussyfooting.

Leist [laɪst] *m* ⟨-es; *no pl*⟩ *vet.* ringbone (*od.* callus) in a horse's pastern.

Lei·ste [ˈlaɪstə] *f* ⟨-; -n⟩ **1.** (*in der Tischlerei*) ledge, lath, selvage, border, strip, (*dünne*) slat. – **2.** (*Fuß-, Scheuerleiste*) skirting (board). – **3.** *tech.* a) (*eines Flaschenzugs*) strap, b) (*Anschlagleiste*) fence, c) (*Führungsleiste*) gib, d) (*Blendleiste*) cover strip, e) (*Stoßleiste*) protective strip, f) (*Zierleiste*) molding, *bes. Br.* moulding, ledge, g) (*einer Batterie*) terminal strip. – **4.** *arch.* fillet, listel, band mold(ing) (*bes. Br.* mould[ing]), rib. – **5.** *print.* flourish, flower, border. – **6.** (*textile*) selvage, list. – **7.** *med.* groin, inguen. – **8.** *biol.* ridge, crest.

lei·sten[1] [ˈlaɪstən] **I** *v/t* ⟨h⟩ **1.** do, work: er leistet nicht viel he does not do much; der Wagen leistet etwas the car goes well, the car is a good performer; er hat Erstaunliches geleistet he has done amazing things; ein alter Mensch kann nicht so viel ~ wie ein junger an old person cannot do as much work (*od.* work as hard) as a young one. – **2.** (*ausführen*) carry out, perform, execute: diese Riesenarbeit wurde in drei Jahren geleistet this huge project was executed within three years. – **3.** (*vollbringen*) achieve, accomplish: er wird nie etwas ~ he will never achieve anything; er leistet nicht viel in der Schule he does not achieve much in (*od.* at) school; Sie ~ nicht das, was ich von Ihnen erwartet hatte you don't accomplish what I had expected from you. – **4.** (*bieten, gewähren*) render, bear, offer, give: Hilfe [Beistand] ~ to render help [assistance]; Vorschuß ~ auf (*acc*) to advance money on; einen Eid ~ to swear (*od.* take) an oath; Widerstand ~ to offer resistance, to resist; einer Vorladung Folge ~ to answer (*od.* attend) a summons; er leistete den Befehlen Folge he carried out the orders; Bürgschaft ~ to go surety (*od.* bail); Zahlungen ~ to make payments, to pay; → Genüge 2; Gesellschaft 2. – **5.** sich (*dat*) etwas ~ a) (*sich gönnen*) to treat oneself to s.th., to indulge in s.th., b) (*sich erlauben*) to afford s.th.: er leistete sich ein gutes Abendessen he treated himself to a good supper; ich leiste mir gelegentlich den Luxus einer Flasche Wein I occasionally indulge in the luxury of a bottle of wine; ich könnte mir solche Frechheiten nicht ~ I could not afford to be so impudent; er hat sich einen ganz schönen Fauxpas geleistet he has committed a huge faux pas; sie kann sich das Kleid bei ihrer Figur nicht ~ with her figure she can't afford to wear a dress like that; ich kann mir so etwas nicht ~ I can't afford such things. – **II L~** *n* ⟨-s⟩ **6.** *verbal noun.*

ˈLei·sten[2] *m* ⟨-s; -⟩ **1.** (*des Schusters*) last: Schuhe über den ~ schlagen to put shoes on the last; alles über einen ~ schlagen *fig.* to measure everything with (*od.* by) the same yardstick, to treat all things alike; Schuster bleib bei deinem ~ (*Sprichwort*) let not the cobbler go beyond his last (*proverb*). – **2.** (*zum Ausweiten, Füllen*) shoe (*od.* boot) tree, block.

ˈLei·sten|ˌband *n med.* inguinal ligament, Poupart's ligament. — **~ˌbeu·ge** *f* (flexure of the) groin, inguinal flexure. — **~ˌbruch** *m* inguinal hernia. — **~ˌdrü·se** *f* inguinal lymph node. — **~ˌge·gend** *f* ⟨-; *no pl*⟩ inguinal, groin, inguen (region). — **~ˌho·den** *m* undescended (*od.* retained) testicle, cryptorchidism, *auch* cryptorchism (*scient.*). — **~kaˌnal** *m* inguinal canal. — **~ˌwerk** *n civ. eng.* molding, *bes. Br.* moulding, bordering.

ˈLei·stung *f* ⟨-; -en⟩ **1.** performance: die Mannschaft zeigte eine geschlossene ~ the team as a whole showed a fine performance; die ~ steigern to improve one's performance. – **2.** (*eines Künstlers, Schülers, Sportlers etc*) achievement, accomplishment, attainment: er ist mit ihren schulischen ~en nicht zufrieden he is not happy with her achievements in (*od.* at) school; diese Erfindung ist eine großartige ~ this invention is a great achievement; sportliche ~en athletic achievements; schriftstellerische ~en literary attainments. – **3.** (*geleistete geistige Arbeit*) work, workmanship: deine ~ ist alles andere als befriedigend your work is anything but satisfactory. – **4.** (*geleistete manuelle Arbeit*) piece of work, workmanship: diese Schnitzerei ist eine ausgezeichnete ~ this wood carving is an excellent piece of work; die Arbeiter werden nach ~ bezahlt the workmen are on piecework (*od.* paid by results), *bes. Br.* the workmen do job-work. – **5.** (*Norm*) standard: eine Arbeit unter der üblichen ~ a work below standard. – **6.** (*Großtat*) feat, achievement: er vollbrachte eine glänzende ~ he performed a brilliant feat; eine unübertroffene ~ an unparalleled achievement. – **7.** (*Ergebnis*) result: erreichte ~ result(s *pl* obtained). – **8.** (*Ausstoß einer Fabrik, Maschine etc*) output, production. – **9.** *econ.* a) (*Erfüllung eines Vertrages etc*) performance, accomplishment, b) (*Dienstleistung*) service: ~ des vertraglich Geschuldeten specific performance (of a contract). – **10.** (*Zahlung*) payment, disbursement: ~ in Naturalien payment in kind. – **11.** (*Mitgliedsbeitrag*) contribution. – **12.** (*einer Krankenkasse etc*) (paid) benefit. – **13.** ⟨*only sg*⟩ er war zur ~ des Wehrdienstes bereit he was prepared to do military service. – **14.** *tech.*

phys. a) (Energie) energy, b) (mechanische) capacity, c) (eines Betriebes) productivity, d) (eines Motors) (horse)power, e) (Wirkungsgrad) efficiency, f) (Nennleistung) rating. – 15. electr. (radio) power: ausgestrahlte ~ radiated (od. radiating) power. – 16. auto. (eines Anlassers) output. – 17. metall. (eines Schmelzofens) throughput.

'Lei·stungs|ˌabˌfall m 1. (eines Sportlers, Schülers etc) decline in performance. – 2. tech. a) (einer Kraftmaschine) power drop, b) (einer Arbeitsmaschine) reduction in output. – 3. electr. power drop (od. loss). — **~ˌabˌga·be** f electr. power output. — **~ˌabˌzei·chen** n 1. (sport) badge of performance. – 2. tech. certificate of performance. — **~ˌanˌga·be** f tech. 1. power rating. – 2. pl performance data (od. characteristics). — **~ˌanˌreiz** m incentive. — **~ˌanˌspruch** m (an Krankenkasse) claim. — **~ˌaufˌnah·me** f 1. electr. power input. – 2. tech. (einer Maschine) load capacity. — **~ˌausˌgleich** m econ. compensation for services (rendered). — **~beˌdarf** m electr. power demand. — **l~beˌdingt** adj (Gehaltserhöhung etc) dependent on performance. — **~beˌrech·nung** f 1. electr. a) power calculation (od. computation), b) (Leistungsbemessung) rating. – 2. tech. effort (od. performance) rating. — **l~beˌrech·tigt** adj (Krankenkassenmitglied) entitled to claim. — **~beˌreich** m range of capacity (od. action). — **~biˌlanz** f econ. balance of (current transactions in) goods and services. — **~ˌbo·nus** m 1. (sport) talent money. – 2. econ. incentive bonus (od. pay, wage), bonus. — **l~ˌfä·hig** adj 1. (Arbeiter) efficient, capable. – 2. (Schüler etc) capable (of obtaining good results). – 3. (körperlich) fit: wer Sport treibt, bleibt gesund und ~ sport keeps a man healthy and fit; seit seiner Krankheit ist er nicht mehr voll ~ he has not been up to his old form since his illness. – 4. tech. (Motor etc) efficient, powerful. – 5. econ. (Betrieb etc) efficient, productive. – 6. econ. (zahlungsfähig) solvent. – 7. chem. (Öle) serviceable. — **~ˌfä·hig·keit** f 1. (eines Arbeiters) efficiency, capability. – 2. (eines Schülers etc) capability. – 3. (körperliche) fitness. – 4. tech. (eines Motors etc) efficiency, power. – 5. econ. (eines Betriebes etc) efficiency, productivity, (production) capacity, output. – 6. econ. solvency. – 7. chem. (von Ölen) serviceableness. – 8. med. (eines Organs) functional capacity. — **~ˌfak·tor** m electr. power factor. — **~ga·ranˌtie** f econ. performance guarantee (bes. Am. bond). — **~geˌsell·schaft** f meritocracy. — **~ˌgren·ze** f tech. 1. (einer Maschine) limit of capacity. – 2. (eines Betriebes) limit of output. — **~ˌkur·ve** f tech. (eines Motors) characteristic curve, power curve. — **~ˌlohn** m econ. piece(work) pay (od. wages pl, rate), incentive pay (od. wages pl). — **~ˌma·xi·mum** n tech. output maximum. — **~ˌmes·ser** m 1. electr. wattmeter, power meter. – 2. tech. output indicator. — **~mo·ti·va·tiˌon** f psych. achievement motivation. — **~niˌveau** n ped. achievement level. — **~ˌnorm** f tech. econ. standard of performance. — **l~ˌpflich·tig** adj jur. econ. liable to payment (od. services). — **~ˌprä·mie** f (merit) bonus. — **~prinˌzip** n 1. econ. principle of performance. – 2. ped. principle of achievement. — **~ˌprü·fung** f 1. tech. (für Maschinen) performance test. – 2. ped. achievement test. – 3. agr. (von Nutztieren u. -pflanzen) performance test (od. trial). — **~reˌak·tor** m nucl. power reactor. — **~ˌreg·ler** m tech. output regulator. — **~reˌser·ve** f 1. tech. (einer Maschine) reserve capacity. – 2. electr. power reserve. – 3. med. reserve in capacity. — **~ˌschau** f 1. econ. trade exhibition, performance show. – 2. agr. show, (livestock) show-ring. — **~ˌschild** n tech. rating plate. — **l~ˌschwach** adj 1. inefficient. – 2. electr. (Sender etc) low-powered. — **~ˌsport** m (sport) competitive sports pl (od. athletics pl [sometimes construed as sg]). — **~ˌsport·ler** m competitive athlete. — **~ˌstand** m ped. standard of performance. — **l~ˌstark** adj 1. efficient. – 2. electr. (Sender etc) high-powered. — **l~ˌstei·gernd** adj incentive, increasing efficiency (od. performance, output). — **~ˌstei·ge·rung** f 1. econ. (eines Betriebes etc) increase in efficiency (od. performance). – 2. tech. (einer Arbeitsmaschine) increase in output capacity. — **~ˌstu·fe** f tech. (einer Kraftmaschine) power stage. — **~syˌstem** n 1. performance (od. efficiency) system. – 2. (Akkord) piece-rate (od. piecework) system. — **~ˌtest** m 1. cf. Leistungsprüfung. – 2. psych. performance test. — **~verˌbrauch** m electr. power consumption. — **~verˌlust** m 1. tech. a) (einer Kraftmaschine etc) power loss, b) (einer Arbeitsmaschine etc) loss in efficiency (od. output capacity). – 2. electr. power loss. — **~verˌmö·gen** n cf. Leistungsfähigkeit. — **~verˌstär·ker** m electr. power amplifier. — **~verˌzug** m econ. 1. delay in the execution of an order. – 2. delay in meeting an obligation. — **~ˌwett·beˌwerb** m econ. efficiency contest, production contest (od. competition). — **~ˌzen·trum** n (sport) (für for) training center (bes. Br. centre). — **~ˌzuˌla·ge** f econ. cf. Leistungsbonus 2.

'Leitˌart f bot. zo. index form (od. species).

'Leit·arˌti·kel m (einer Zeitung) editorial, bes. Br. leader, leading article. — **~ˌschrei·ber** m editorialist, editorial writer, bes. Br. leader writer.

'Leit|arˌtik·ler [-ʔarˌtiːklər] m ⟨-s; -⟩ cf. Leitartikelschreiber. — **~ˌast** m bot. leader. — **~ˌband** n med. gubernaculum. — **l~bar** adj cf. lenksam. — **~ˌbild** n 1. (Person) example: Gandhi ist ein ~ der jungen Generation geworden Gandhi has become an example to the young generation. – 2. (Sache) model: die Lessingbiographie war mein ~ I took the Lessing biography as a model.

Lei·te ['laɪtə] f ⟨-; -n⟩ Bavarian and Austrian for Berghang.

lei·ten ['laɪtən] I v/t ⟨h⟩ 1. (führen, lenken) (Person) lead, guide, conduct: er leitete ihn durch mehrere Zimmer he led him through several rooms; ein Zufall leitete ihn an die richtige Stelle a coincidence led him to the correct place; er läßt sich schwer ~ he is difficult to guide; sich von seinen Gefühlen ~ lassen to be guided (od. governed) by one's feelings; er wurde von dem Wunsch geleitet, Gutes zu tun he was guided (od. prompted) by the desire to do good. – 2. etwas in die Wege ~ a) to set s.th. on foot, to initiate (od. start) s.th., b) (vorbereiten) to prepare s.th., to pave the way for s.th. – 3. (Amt, Unternehmen, Geschäft etc) run, be in charge of, manage: wer leitet eure Abteilung? who is in charge of your department? wer leitet die Schule? who runs the school? who is the headmaster of the school? – 4. (Forschungsunternehmen, Expedition etc) direct, supervise. – 5. (Versammlung, Verhandlung etc) chair, preside over: wer leitete die Versammlung? who chaired the meeting? who was in the chair? who presided (over the meeting)? eine Gerichtsverhandlung ~ jur. to try a case. – 6. (Delegation) head, lead. – 7. (Staat) govern, rule. – 8. (Gas, Strom, Reize etc) conduct: Öl durch Rohre ~ to conduct petrol through pipes, to pipe petrol. – 9. (Verkehr etc) direct, (umleiten) auch divert: der Fluß wurde in ein anderes Bett geleitet the river was diverted to a new channel. – 10. (Brief etc) channel, direct, pass (s.th.) (on): der Brief wurde an die falsche Instanz geleitet the letter was passed on to the wrong authority. – 11. (Gespräch etc) lead. – 12. mus. a) (Orchester) conduct, b) (Jazzband etc) lead. – 13. (theater) (Proben) take. – 14. tel. (Gespräch) (über acc over) route. – 15. (sport) (Fußballspiel etc) referee. – 16. phys. (Wärme etc) conduct, transmit. – II v/i 17. phys. conduct: Metall leitet gut metal conducts well (od. is a good conductor). – III L~ n ⟨-s⟩ 18. verbal noun. – 19. cf. Leitung. — **'lei·tend** I pres p. – II adj 1. (führend) leading: der ~e Gedanke einer Rede the theme of a speech. – 2. (lenkend) guiding: das Kind braucht eine ~e Hand the child needs a guiding hand. – 3. (Angestellter etc) managing, managerial, executive: ~er Angestellter executive (officer); ~es Personal senior (od. executive) staff, officers pl; ~e Stellung executive (od. key) position. – 4. (Ingenieur, Arzt etc) chief: ~er Arzt chief physician, physician in chief, Br. physician-in-chief. – 5. phys. (Metall etc) conducting, conductive.

'Lei·ter[1] m ⟨-s; -⟩ 1. (einer Firma) (managing) director, manager, head. – 2. (einer Filiale) manager. – 3. (einer Abteilung, eines Amtes etc) head of department, manager: kaufmännischer ~ commercial manager; technischer ~ technical director. – 4. (einer Expedition, Jugendgruppe etc) leader. – 5. (einer Schule) headmaster, bes. Am. principal. – 6. (einer Versammlung etc) chairman. – 7. (einer Delegation) head, leader. – 8. (einer Diskussion) leader. – 9. mus. a) (eines Orchesters) conductor, b) (einer Jazzband etc) leader. – 10. phys. conductor.

'Lei·ter[2] f ⟨-; -n⟩ 1. ladder: auf eine ~ steigen (od. klettern) to climb a ladder; eine ~ anlegen to put (od. set) up a ladder; die ~ zum Erfolg fig. the ladder to success. – 2. (Trittleiter) stepladder, Br. step-ladder, (pair of) steps pl. – 3. (der Feuerwehr) (fire) ladder: die Feuerwehrleute schwenkten [fuhren] die ~n aus the firemen swung [ran] out the ladders.

'Lei·terˌboh·rer m civ.eng. ladder(-mounted) drill.

'Lei·te·rin f ⟨-; -nen⟩ 1. cf. Leiter[1] 7, 8. – 2. (einer Firma) manageress, (managing) directress, head. – 3. (eines Amtes, einer Abteilung etc) head of department, manageress. – 4. (einer Schule) headmistress, bes. Am. principal. – 5. (einer Versammlung etc) chairwoman, auch chairman, (in der Anrede) Madam Chairman. – 6. mus. a) (eines Orchesters etc) conductress, b) (einer Jazzband etc) leader.

'Lei·ter|ˌspros·se f rung (od. step) (of a ladder), spoke. — **~ˌwa·gen** m 1. rack waggon (bes. Am. wagon). – 2. (kleiner) handcart.

'Leitˌfa·den m (Handbuch) manual, handbook, textbook, guide: ein praktischer ~ der Botanik a practical guide (od. introduction) to botany; ~ für Presse und Werbung guide for press and advertising.

'leitˌfä·hig adj phys. (Material) conductive, conducting. — **'Leitˌfä·hig·keit** f ⟨-; no pl⟩ conductivity, conductibility, conduction, conductance: photoelektrische ~ photoconductivity.

'Leit|ˌfeu·er n 1. mar. leading (auch range) light. – 2. (mining) train. – 3. mil. (powder) train. — **~ˌflä·che** f aer. (eines Fallschirms) guide surface. — **~fosˌsil** n geol. index (od. key, guide) fossil. — **~freˌquenz** f 1. mil. (für Flugkörper) homing frequency. – 2. electr. control (od. radio-directing) frequency. — **~ˌfunkˌstel·le** f aer. net control station. — **~ˌgarn** n (beim Fischen) leader. — **~geˌdan·ke** m leading (od. basic) idea (od. thought), keynote. — **~ˌham·mel** m 1. zo. bellwether. – 2. fig. bes. contempt. bellwether. — **~ˌhund** m 1. lead dog, leader, outrunner. – 2. (Blindenhund etc) guide dog. — **~ˌka·bel** n electr. (an Straßen etc) pilot cable. — **~ˌkar·te** f 1. (einer Kartei) guide (card). – 2. (computer) master card. — **~ˌke·gel** m (im Verkehr) traffic cone. — **~ˌkreuz** n auto. (in der Verkehrslenkung) convoy cross. — **~ˌli·nie** f 1. (auf Straßen) center (bes. Br. centre) line, dividing (od. broken white) line. – 2. math. directrix. – 3. pl fig. guidelines. — **~moˌtiv** n mus. (literature) leitmotiv, leitmotif, leading motif (od. motive). — **~ˌpferd** n leader, leading horse. — **~ˌpflan·ze** f meist pl bot. 1. cf. Leitart. – 2. indicator plant. — **~ˌplan·ke** f (an Straßen) guardrail, Br. guard-rail, protective barrier. — **~ˌrad** n tech. (einer Turbine) guide wheel (od. ring). — **~ˌrie·men** m hunt. leash. — **~ˌsatz** m bes. math. guiding (od. governing) principle. — **~ˌschie·ne** f 1. tech. a) guide rail (od. bar), b) (beim Kopierfräsen) template. – 2. electr. cf. Fahrleitung. – 3. (railway) check (od. guide) rail. — **~ˌschnur** f (einer Angel) leader. — **~ˌseil** n 1. electr. (für Leitungsdrähte) pull-off. – 2. cf. Schleppseil. — **~ˌspin·del** f tech. 1. (einer Drehmaschine) lead screw. – 2. (einer Hobelmaschine) feed screw. — **~ˌspin·delˌdreh·maˌschi·ne** f engine lathe: ~ mit Stufenscheibenantrieb cone-head engine lathe. — **~ˌspruch** m motto. — **~ˌstand** m mil. (der Artillerie) battery control center (bes. Br. centre). — **~ˌstan·ge** f 1. tech. (für Rundhobel) radius bar. – 2. electr. (der Straßenbahn) trolley (pole). — **~sta·tiˌon** f tel.

(*radio*) control station. — **~ˌstein** *m civ.eng.* spur post. — **~ˌstel·le** *f* **1.** *econ.* head (*od.* central) office, directing center (*bes. Br.* centre). – **2.** *tel.* net control station. — **~ˌstern** *m* **1.** (*in der Navigation*) guiding star. – **2.** (*Polarstern*) lodestar, loadstar, polestar, polar star. – **3.** *fig.* guiding star, lodestar, loadstar, polestar.

'Leitˌstrahl *m* **1.** *electr.* (*radio*) ray, beam. – **2.** *aer.* localizer (*od.* guide) beam: auf dem ~ anfliegen to approach (*od.* to come in) on the beam. – **3.** *mil.* navigational (*od.* riding) beam. – **4.** *math.* radius vector. — **~ˌfunkˌfeu·er** *n aer.* radio range beacon. — **~ˌsen·der** *m* (*radio*) *aer.* beam-approach beacon.

'Leit|ˌtier *n* (*einer Herde etc*) leader. — **~ˌton** *m mus.* leading tone (*od.* note).

'Lei·tung *f* ⟨-; -en⟩ **1.** *cf.* Leiten. – **2.** (*einer Firma*) a) (*Geschäftsabwicklung*) management, b) (*mehrere Leiter*) management, board of directors: er übernahm die ~ der Fabrik he took over the management of the factory; die Bank hat eine neue ~ the bank has a new board of directors. – **3.** (*einer Filiale, eines Amtes*) management. – **4.** (*einer Verwaltung, Schule etc*) administration. – **5.** (*Vorsitz bei Versammlungen*) chairmanship, chair, presidency. – **6.** (*einer Veranstaltung*) organization: die ~ der Veranstaltung wurde ihm übertragen he was entrusted with the organization of the event (*od.* meeting). – **7.** (*musikalische, künstlerische*) direction: das Orchester spielte unter der ~ von X the orchestra was conducted by X; unter der künstlerischen ~ von under the artistic direction of. – **8.** (*Aufsicht*) control, supervision: unter der ~ einer internationalen Kommission under the supervision of an international committee. – **9.** *tech.* a) (*Rohrleitung*) pipeline, piping, b) (*Leitungskabel*) conduit, c) (*Versorgungsleitung*) mains *pl*: eine ~ verlegen to lay (*od.* install) a pipeline. – **10.** *electr.* a) (electric) line, b) (*Kabel-, Drahtleitung*) cable (*od.* wire) line, c) (*Kabelkanal*) cable duct, d) (*Stromkreis*) circuit, e) (*Zuleitungsschnur*) (flexible) lead. – **11.** *phys.* a) (*für Wärme, Strom etc*) conduction, b) (*Weiterleitung*) transmission. – **12.** *tel.* line: die ~ ist besetzt the line is busy (*od.* engaged); bleiben Sie bitte in der ~ hold the line, please; gehen Sie bitte aus der ~ get off the line, please; es ist j-d in der ~ s.o. is listening in. – **13.** *only in* eine lange ~ haben, auf der ~ stehen (*od.* sitzen) *fig. colloq.* to be slow- (*od.* dull)-witted, to be slow in (*od.* on) the uptake (*colloq.*).

'Lei·tungs|an·äs·theˌsie *f med.* conduction an(a)esthesia, nerve blocking. — **~ˌan·ˌla·ge** *f electr.* **1.** mains system. – **2.** (*Freileitungsanlage*) overhead line system. — **~ˌbau** *m* **1.** *electr.* line construction. – **2.** *tech.* pipe installation. — **~ˌdraht** *m tel. electr.* electric (*od.* line) wire, wire conductor. — **l~ˌfä·hig** *adj* conductive. — **~ˌhahn** *m* (*Wasserhahn*) water tap, *bes. Am.* faucet. — **~ˌka·bel** *n* **1.** *electr.* line cable. – **2.** *auto.* (*Zündkabel*) lead. — **~kaˌnal** *m electr.* cable duct. — **~ˌmast** *m* transmission pole (*od.* mast). — **~ˌnetz** *n* **1.** *electr.* distribution network, power mains *pl.* – **2.** *tech.* (supply) mains *pl.* — **~ˌplan** *m electr.* **1.** (*Schaltplan*) wiring diagram (*od.* scheme, system). – **2.** (*Kabellageplan*) line-routing plan. — **~ˌrohr** *n* conduit, line, pipe. — **~ˌschnur** *f electr.* flexible cord, *bes. Br.* flex, lead. — **~ˌstrom** *m electr.* conduction current. — **~verˌmö·gen** *n cf.* Leitfähigkeit. — **~verˌstär·ker** *m* **1.** *tel.* speech (*od.* line) amplifier. – **2.** (*beim Funk*) trap-valve amplifier. — **~ˌwäh·ler** *m electr.* line (*od.* final) selector. — **~ˌwas·ser** *n* ⟨-s; ⸚⟩ tap water. — **~ˌwi·derˌstand** *m electr.* line resistance.

'Leit|ˌweg *m* **1.** *tel.* routing, (telegraph) route. – **2.** *aer.* routing. — **~ˌwerk** *n* **1.** *aer.* tail unit (*od.* assembly), empennage. – **2.** *mil.* (*für Flugkörper u. Bomben*) fin assembly. – **3.** (*computer*) control section (*od.* unit). — **~ˌwert** *m electr.* a) conductance, b) (*Scheinleitwert*) admittance: magnetischer ~ permeance; spezifischer ~ conductivity. — **~ˌzahl** *f* **1.** index (*od.* code) number. – **2.** *phot.* (*beim Blitzen*) guide number, flash factor (*rare*). — **~ˌzü·gel** *m* leading rein.

Lek·ti·on [lɛk'tsi̯oːn] *f* ⟨-; -en⟩ **1.** (*eines Lehrbuches*) lesson: das Buch umfaßt 20 ~en the book comprises (*od.* has) 20 lessons. – **2.** (*Unterrichtsstunde*) lesson, class. – **3.** *fig. colloq.* (*Lehre*) lesson, (*stärker*) rebuke: j-m eine ~ erteilen to teach s.o. a lesson, to rebuke s.o.; das war ihm eine wohlverdiente ~ that served him right.

Lek·tor ['lɛktɔr] *m* ⟨-s; -en [-'toːrən]⟩ **1.** (*an Universität etc*) lecturer, *bes. Am.* lector. – **2.** (*eines Verlags*) reader (of manuscripts). — **Lek·to'rat** [-to'raːt] *n* ⟨-(e)s; -e⟩ **1.** (*an Universität etc*) lectureship, *Am. auch* lectorate, lectorship. – **2.** (*eines Verlages*) readers' department. — **Lek'to·rin** [-'toːrɪn] *f* ⟨-; -nen⟩ **1.** (*an Universität etc*) (woman) lecturer, *bes. Am.* (woman) lector. – **2.** (*eines Verlages*) (woman) reader.

Lek·tü·re [lɛk'tyːrə] *f* ⟨-; -n⟩ **1.** (*das Lesen*) reading: bei der ~ dieses Buches reading this book. – **2.** (*Lesestoff*) reading matter (*od.* material), (*Bücher*) books *pl*: gute ~ good reading material; das ist nicht die richtige ~ für dich this is not the right thing for you to read. – **3.** *ped.* (reading) text, text for reading: morgen nehmen wir eine neue ~ durch tomorrow we will read a new text.

Le·ky·thos ['leːkytɔs] *f* ⟨-; -then [le'kyːtən]⟩ *antiq.* (*griech. Ölgefäß*) lecythus, lekythos, *auch* lekythus.

Lem·ma ['lɛma] *n* ⟨-s; -ta [-ta]⟩ **1.** (*Stichwort*) lemma. – **2.** (*Leitmotiv*) lemma, premise, *auch* premiss. – **3.** *math.* (*Hilfssatz*) lemma.

Lem·ming ['lɛmɪŋ] *m* ⟨-s; -e⟩ *zo.* lemming (*Gattgen Lemmus u. Dicrostonyx*): Brauner ~ North American lemming (*L. trimucronatus*); Nordamerikanischer ~ North American collared lemming (*D. hudsonius*); Skandinavischer ~ Norway lemming (*L. lemmus*).

Lem·nis·ka·te [lɛmnɪs'kaːtə] *f* ⟨-; -n⟩ *math.* (*Schleifenlinie*) lemniscate.

Le·mu·re [le'muːrə] *m* ⟨-n; -n⟩ **1.** *zo.* lemur, lemurid (*Fam. Lemuridae*). – **2.** *pl* (*Geister von Verstorbenen*) lemures.

Le·mu·ri·de [lemu'riːdə] *m* ⟨-n; -n⟩ *zo.* (*Halbaffe*) lemuroid (*Unterordng Prosimia*).

Len·de ['lɛndə] *f* ⟨-; -n⟩ **1.** *med.* loin, flank, lumbar region. – **2.** *gastr.* loin. – **3.** *meist pl Bibl. poet.* loins *pl*: er gürtete seine ~n mit dem Schwert he girded his loins with the sword.

'Len·den|ˌbra·ten *m gastr.* **1.** roast loin. – **2.** (*vom Rind*) (roast) sirloin. — **~ˌge·gend** *f med.* lumbar region. — **l~ˌlahm** *adj* **1.** *med.* lame. – **2.** *fig. colloq.* (*erschöpft*) all in (*pred*); dead-beat, dog-tired, tired- (*od.* worn-)out (*attrib*): ich bin von der Anstrengung ganz ~ my back is (all) tired from the exertion. – **3.** *fig. colloq.* (*unwirksam, schwach*) weak. — **~ˌmus·kel** *m med. zo.* psoas (muscle). — **~ˌschmerz** *m med.* (*Hexenschuß*) lumbago, lumbodynia, lumbar myalgia, *Am. auch* low-back pain. — **~ˌschnit·te** *f gastr.* tournedos, fillet steak, *bes. Am.* tenderloin steak. — **~ˌschurz** *m* loincloth, *Br.* loin-cloth, waistcloth, *Br.* waist-cloth, breechcloth, *Br.* breech-cloth, *Am. auch* breechclout. — **~ˌsteak** *n gastr.* sirloin steak. — **~ˌstück** *n gastr.* **1.** loin, *bes. Am.* tenderloin, *bes. Br.* undercut. – **2.** (*vom Rind*) sirloin. — **~ˌtuch** *n cf.* Lendenschurz. — **~ˌweh** *n med. cf.* Lendenschmerz. — **~ˌwir·bel** *m med.* lumbar (vertebra).

Leng [lɛŋ] *m* ⟨-(e)s; -e⟩, **~ˌfisch** *m zo.* ling (*Molva molva*).

le·ni·ens ['leːni̯ɛns] *adj med.* (*lindernd*) mitigating, lenitive, mild.

Le·ni·nis·mus [leni'nɪsmʊs] *m* ⟨-; *no pl*⟩ *pol.* Leninism. — **Le·ni'nist** [-'nɪst] *m* ⟨-en; -en⟩ Leninist. — **le·ni'ni·stisch** *adj* Leninist.

Le·nis ['leːnɪs] *f* ⟨-; Lenes [-nɛs]⟩ *ling.* lenis.

'Lenk|ˌach·se *f* **1.** *auto.* steering axle. – **2.** (*railway*) (*vordere Laufachse*) leading axle. — **~balˌlon** *m aer.* navigable (*od.* dirigible, steerable) balloon.

'lenk·bar *adj* **1.** (*Kind, Patient etc*) tractable. – **2.** (*Fahrzeug*) steerable, controllable, dirigible: das Auto ist leicht ~ the car has good (*od.* easy, light) steering. – **3.** *aer.* dirigible, navigable: ein ~es Luftschiff a dirigible (airship). – **4.** *tech.* steerable, man(o)euverable, *bes. Br.* manœuvrable. – **5.** (*space*) (*Rakete*) guided. — **'Lenk·bar·keit** *f* ⟨-; *no pl*⟩ **1.** tractability. – **2.** (*eines Fahrzeuges*) steerability, controllability, dirigibility. – **3.** *aer.* (*eines Luftschiffes*) dirigibility, navigability. – **4.** *tech.* steerability, man(o)euverability, *bes. Br.* manœuvrability.

len·ken ['lɛŋkən] **I** *v/t* ⟨h⟩ **1.** (*Fahrzeug*) drive, steer: der Wagen ist leicht zu ~ the car is easy to steer. – **2.** *aer.* steer, navigate, pilot: ein Flugzeug ~ to fly (*od.* be at the controls of) an aircraft. – **3.** (*Gespann*) drive. – **4.** *fig.* (*Person*) manage, guide: der Junge ist leicht zu ~ the boy is easy to manage. – **5.** *fig.* (*Staat*) govern, rule. – **6.** *econ.* control: der Staat lenkt die Wirtschaft des Landes the government controls the nation's trade and industry. – **7.** *fig.* direct: eine Schlacht ~ to direct a battle; er lenkte seine Schritte heimwärts he directed (*od.* turned) his steps homeward(s); Gott lenkt die Geschicke (*od.* das Schicksal) der Menschen God directs the destiny of man; seine Blicke auf j-n ~ to direct one's glances (*od.* turn one's eyes) toward(s) s.o.; j-s Aufmerksamkeit auf (*acc*) etwas ~ to direct (*od.* draw, call) s.o.'s attention to s.th.; sie versuchte, seine Aufmerksamkeit auf sich zu ~ she tried to attract (*od.* catch) his attention; diese Entdeckung lenkte den Verdacht auf ihn this discovery threw suspicion on him; die Unterhaltung auf (*acc*) etwas ~ to steer the conversation toward(s) s.th., to lead the conversation round to s.th. – **II** *v/i* **8.** → denken 1. – **III L~** *n* ⟨-s⟩ **9.** *verbal noun.*

'Len·ker[1] *m* ⟨-s; -⟩ **1.** driver. – **2.** *lit.* (*Herrscher*) ruler, governor.

'Len·ker[2] *m* ⟨-s; -⟩ **1.** (*des Autos*) steering wheel. – **2.** (*des Motorrads*) handlebar. – **3.** (*des Fahrrads*) (steering) handlebar. – **4.** *tech.* (*eines Gravierkopfes*) steering arm. – **5.** (*mining*) spacer bar.

'Len·ke·rin *f* ⟨-; -nen⟩ (woman) driver.

'Lenk|ˌflugˌkör·per *m mil.* guided missile (*od.* weapon). — **~geo·meˌtrie** *f auto.* wheel alignment. — **~geˌtrie·be** *n* steering gear (*od.* mechanism). — **~ˌku·fe** *f* steering (*od.* flexible) runner. — **~ˌrad** *n* **1.** *cf.* Lenker[2] 1. – **2.** *auto. cf.* Lenkrolle. — **~ˌra·di·us** *m auto.* turning radius. — **~ˌradˌschal·tung** *f* steering-column (*od.* column-mounted) gear change (*bes. Am.* gearshift). — **~raˌke·te** *f* (*space*) guided missile. — **~ˌrol·le** *f auto.* caster (*od.* castor) wheel. — **l~sam** *adj* tractable, docile. — **~ˌsäu·le** *f auto.* steering column (*od.* shaft, post). — **~ˌschloß** *n* steering-column (*od.* -wheel) lock: ~ mit Zündanlaßschalter combined ignition and steering lock. — **~ˌschnecke** (*getr.* -k·k-) *f* steering worm. — **~ˌspin·del** *f* steering(-wheel) shaft (*od.* spindle). — **~ˌstan·ge** *f* **1.** *auto.* (*Schubstange*) steering tie rod, *bes. Br.* steering (track) rod, drag link (*od.* rod). – **2.** (*des Fahrrads, Motorrads etc*) handlebar. — **~ˌstan·genˌgriff** *m* grasp (*od.* grip) (of a handlebar).

'Lenkˌstock *m auto.* steering-column assembly. — **~ˌhe·bel** *m* steering pitman arm (*od.* shaft), *bes. Br.* (steering) drop arm. — **~ˌschal·tung** *f cf.* Lenkradschaltung.

'Len·kung *f* ⟨-; -en⟩ **1.** *cf.* Lenken. – **2.** (*eines Fahrzeugs*) steering system (*od.* assembly, gear). – **3.** *aer.* steerage, navigation. – **4.** (*space*) guidance. – **5.** *econ.* (*der Wirtschaft etc*) control. – **6.** *fig.* (*einer Person*) guidance, management. – **7.** *relig.* dispensation, disposition: die göttliche ~ the divine dispensation.

'Len·kungs|ˌanˌschlag *m tech.* steering lock. — **~ˌausˌschuß** *m econ.* steering committee. — **~ˌdämp·fer** *m auto.* steering damper. — **~ˌstel·le** *f econ.* control center (*bes. Br.* centre).

'Lenk|ˌwel·le *f auto.* steering shaft. — **~ˌwin·kel** *m* angle of lock. — **~ˌzündˌschloß** *n* steering-ignition lock.

len·ti·ku·lar [lɛntiku'laːr] *adj* (*optics*) lenticular. — **L~ˌglas** *n* lenticular (lens).

lenz [lɛnts] *adj mar.* dry.

Lenz *m* ⟨-es; -e⟩ **1.** *obs. poet.* (*Frühling*) spring(time): der ~ ist da spring has come. – **2.** *fig. poet.* (*des Lebens*) spring, prime (of life), bloom. – **3.** *pl fig.* (*Lebensjahre*) years, summers: sie zählt zwanzig ~e she is twenty (years old). – **4.** sich (*dat*) einen schönen ~ machen to take it (*od.* things) easy.

len·zen[1] ['lɛntsən] *v/impers* es lenzt *poet.* spring is here (*od.* is coming).

'len·zen[2] *mar.* **I** *v/t* ⟨h⟩ (*leer pumpen*) pump out water ballast from. – **II** *v/i* (*vor dem*

Wind) scud: **vor Topp und Takel** ~ to scud under bare poles.

Len·zing [ˈlɛntsɪŋ] *m* ⟨-s; -e⟩ *obs.* March.

ˈLenz|ˌmo·nat, ~ˌmond *m obs. cf.* Lenzing.

ˈLenzˌpum·pe *f mar.* bilge (*od.* drainage) pump.

leo·ni·nisch [leoˈniːnɪʃ] *adj* **1.** *metr.* (*Vers*) leonine. – **2.** ~**er Vertrag** *jur.* leonine partnership (*in which one party has all the advantages*).

leo·nisch [leˈoːnɪʃ] *adj* (*textile*) (*Fäden, Borte etc*) tinsel.

Leoˈno·ren-Ou·ver·ˌtü·re", „die [leoˈnoːrən-] *mus.* the Leonora (*auch* Leonore) Overture (*by Beethoven*).

Le·on·tia·sis [leɔnˈtiːazɪs] *f* ⟨-; -asen [-ˈtĭaːzən]⟩ *med.* (*Lepra*) leontiasis. — ~ **ˈos·si·um** [ˈɔsĭʊm] *f* ⟨- -; *no pl*⟩ leontiasis ossea.

Leo·pard [leoˈpart] *m* ⟨-en; -en⟩ **1.** *zo.* leopard (*Panthera pardus*): (**Schwarzer**) ~ *cf.* Panther. – **2.** *her.* a) lion (passant) guardant, b) leopard. — ~**ˌei·dech·se** *f zo.* leopard lizard (*Crotaphytus wislizeni*).

Leoˈpar·den|ˌfell *n* leopard (skin). — ~**ˌfrosch** *m zo.* leopard frog (*Rana pipiens*). — ~**ˌnat·ter** *f* leopard snake (*Elaphe situla*). — ~**ˌpelz** *m* leopard (fur). — ~**ˌweib·chen** *n zo.* leopardess. — ~**ˌzie·sel** *m* North American ground squirrel (*Citellus tridecimlineatus*).

leo·par·diert [leoparˈdiːrt] *adj her.* depicting a leopard (*od.* lion passant guardant).

Leoˈpardˌschildˌkröte *f zo.* leopard tortoise (*Testudo pardalis*).

Le·pi·din [lepiˈdiːn] *n* ⟨-s; *no pl*⟩ *chem.* lepidine, 4-methyl-quinoline ($C_{10}H_9N$).

Le·pi·do·den·dron [lepidoˈdɛndrɔn] *n* ⟨-s; -dren⟩ *bot.* lepidodendron (*Gattg Lepidodendron*).

Le·pi·do·phyt [lepidoˈfyːt] *m* ⟨-en; -en⟩ *meist pl bot.* lepidophyte.

Le·pi·do·pte·re [lepidoˈpteːrə] *f* ⟨-; -n⟩ *zo.* butterfly; lepidopteron, lepidopteran (*scient.*). — **Le·pi·do·pte·ro·loˈgie** [-pteroloˈgiː] *f* ⟨-; *no pl*⟩ lepidopterology. — **le·pi·do·pte·roˈlo·gisch** [-pteroˈloːgɪʃ] *adj* lepidopterological.

Le·pi·do·sau·ri·er [lepidoˈzaurĭər] *m zo.* lepidosaurian.

Le·poˈrel·lo|ˌal·bum, ~ˌbuch [lepoˈrɛlo-] *n* foldout (*Br.* fold-out) (*od.* accordion) collection of pictures.

Le·po·ri·den [lepoˈriːdən] *pl zo.* (*Hasen*) leporids (*Fam. Leporidae*).

Le·pra [ˈleːpra] *f* ⟨-; *no pl*⟩ *med.* leprosy, *auch* Hansen's disease. — ~ **ˈal·ba** [ˈalba] *f* ⟨- -; *no pl*⟩ white leprosy. — ~**baˌzil·len** *pl* Hansen's bacilli. — ~**geˌschwür** *n* leprous ulcer. — ~**ˌheim** *n cf.* Leprosorium. — **l~ˌkrank** *adj* suffering from leprosy, leprous. — ~**ˌkran·ke** *m, f* leper, leprosy patient. — ~**ˌmit·tel** *n med. pharm.* antileprotic.

Le·prom [leˈproːm] *n* ⟨-s; -e⟩ *med.* leproma.

le·pros [leˈproːs], **leˈprös** [-ˈprøːs] *adj med.* leprotic, leprous.

Le·pro·so·ri·um [leproˈzoːrĭʊm] *n* ⟨-s; -rien⟩ *med.* leprosarium, leprosery, leper house.

Lep·to..., lep·to... *combining form denoting* lepto...

Lep·to·kar·di·er [lɛptoˈkardĭər] *m* ⟨-s; -⟩ *zo. cf.* Lanzettfischchen.

Lep·tom [lɛpˈtoːm] *n* ⟨-(e)s; -e⟩ *bot.* leptome, *auch* leptom.

Lep·to·me·nin·gi·tis [lɛptomenɪŋˈgiːtɪs] *f* ⟨-; -tiden [-giˈtiːdən]⟩ *med.* leptomeningitis.

Lep·to·me·ninx [lɛptoˈmeːnɪŋks] *f* ⟨-; -ninges [-meˈnɪŋgɛs]⟩ *med.* leptomeninx: **äußere** ~ arachnoid; **innere** ~ pia mater.

lep·to·morph [lɛptoˈmɔrf] *adj* leptomorph.

Lep·ton [lɛpˈtɔn] *n* ⟨-s; -ta [-ˈta]⟩ (*griech. Münze*) lepton.

Lep·to·nen [lɛpˈtoːnən] *pl phys.* leptons.

lep·to·som [lɛptoˈzoːm] *adj med.* leptosome, *auch* leptosomatic, leptosomic, asthenic. — **Lep·toˈso·me** *m, f* ⟨-n; -n⟩ leptosome, *auch* leptosom, asthenic.

lep·to·ze·phal [lɛptotseˈfaːl] *med.* **I** *adj* narrow-skulled; leptocephalous, *auch* leptocephalic (*scient.*). – **II L~e** *m, f* ⟨-n; -n⟩ leptocephalus. — **Lep·to·ze·phaˈlie** [-faˈliː] *f* ⟨-; *no pl*⟩ leptocephaly, *auch* leptocephalia.

Ler·che [ˈlɛrçə] *f* ⟨-; -n⟩ **1.** *zo.* lark (*Fam. Alandidae*): **die** ~ **trillert** (*od.* **jubiliert**) the lark is singing (*od.* warbling); **die** ~ **steigt** (*od.* **schwingt sich**) **in die Luft** the lark rises up (in)to the sky; **lustig wie eine** ~ *fig.* (as) happy as a lark; **das Pferd schießt eine** ~ (*sport*) *colloq.* the horse is larking. – **2.** *hunt.* ~**n fangen** (*od.* **streichen**) to lark, to net (*od.* catch, trammel) larks; ~**n mit einem Spiegel fangen** to daze larks.

ˈLer·chen|ˌam·mer *f zo.* Lapland bunting (*Calcarius lapponicus*). — **l~ˌar·tig** *adj* larklike, alaudine (*scient.*): ~**er Gesang** larklike note (*od.* song). — ~**ˌfal·ke** *m zo.* hobby (*Falco subbuteo*). — ~**ˌfang** *m hunt.* lark catching. — ~**ˌfän·ger** *m* larker, lark catcher. — ~**ˌhelm** *m bot. cf.* Lerchensporn. — ~**ˌnetz** *n hunt.* clapnet. — ~**ˌpfei·fe** *f* lark call. — ~**ˌsper·ling** *m zo.* lark sparrow (*Chondestes grammacus*). — ~**ˌsporn** *m* ⟨-(e)s; -e⟩ *bot.* birthwort, corydalis (*scient.*) (*Gattg Corydalis*): **Hohler** ~ holewort, hollowroot (*C. cava*); **Gelber** ~ yellow fumitory (*C. lutea*). — ~**ˌstrei·chen** *n*, ~**ˌstrich** *m* ⟨-(e)s; *no pl*⟩ **1.** flight (*od.* passage) of larks. – **2.** *hunt.* netting of larks.

ler·nä·isch [lɛrˈnɛːɪʃ] *adj* Lern(a)ean: **die L~e Schlange** *myth.* the Lernaean hydra.

ˈLern|akˌtiv *n DDR ped. cf.* Arbeitsgemeinschaft 1. — **l~bar** *adj* learnable, capable of being learned (*od.* learnt). — ~**beˌgier,** ~**beˌgier·de** *f* thirst for knowledge, studiousness, desire to learn. — **l~beˌgie·rig** *adj* studious, desirous of learning: ~ **sein** to be studious, to thirst for (*od.* after) knowledge. — **l~beˌhin·dert** *adj* (*Kind*) educationally subnormal. — ~**ˌei·fer** *m* studiousness, application to one's studies. — **l~ˌeif·rig** *adj* studious, industrious in one's studies.

ler·nen [ˈlɛrnən] **I** *v/t* ⟨h⟩ **1.** learn: **Deutsch** ~ to learn (*od.* study) German; **bei wem lernt ihr Englisch?** who teaches you English? with whom do you learn English? who is your teacher in English? **ich habe ein paar Brocken Englisch gelernt** I have learned a little English, I have acquired a smattering of English; **lesen [schreiben]** ~ to learn to read [to write]; **laufen [schwimmen]** ~ to learn to walk [to swim]; **Schlittschuh laufen** ~ to learn to ice-skate; **Auto fahren** ~ to learn to drive (a car); **Klavier spielen** ~ to learn to play the piano; **etwas auswendig** ~ to learn s.th. by heart, to memorize s.th.; **einen Beruf** ~ to learn a profession (*od.* trade); **du solltest etwas Ordentliches** (*od.* **Tüchtiges**) ~ you should learn (*od.* take up, train for) a sensible profession (*od.* trade); **er hat Schneider gelernt** *colloq.* he learned the tailor's trade; **ich habe viel von ihm gelernt** I have learned a great deal from him; **das Gedicht läßt sich leicht** ~ the poem can be learned easily, the poem is easy to learn; **j-n lieben** ~ *fig.* to learn (*od.* come) to love s.o.; **ich habe sie schätzen gelernt** *fig.* I have learned to appreciate her; **du mußt** ~, **vorsichtiger zu sein** *fig.* you will have to learn to be more careful; **lerne was, so kannst du was** (*Sprichwort*) once you have learned s.th. then you can do it; **mancher lernt's nie** *colloq.* some people never learn; → **Hänschen; leiden** 5. – **2.** (*aufschnappen*) pick up. – **3. j-m etwas** ~ *dial.* to teach s.o. s.th. – **4.** *mus.* (*Stück etc*) learn, study, practice, *bes. Br.* practise. – **5.** (*theater*) (*Rolle*) learn, study. – **II** *v/i* **6.** learn: **er lernt gut [schlecht]** he learns quickly [slowly], he is a quick [slow] learner; **aus der Erfahrung** ~ to learn from experience; **aus seinen Fehlern** ~ to learn from one's mistakes, to learn the hard way; **die Mutter lernt jeden Tag mit ihm** *colloq.* his mother helps him with his homework every day. – **7.** *colloq.* do one's homework. – **8.** *colloq.* (*in der Lehre sein*) be apprenticed: **er lernt noch** he is still an apprentice; **bei einem Bäcker** ~ to be apprenticed to a baker, to be a baker's apprentice. – **III** *v/reflex* **sich** ~ **9. sich leicht** ~ to be learned easily, to be easy to learn. – **IV L~** *n* ⟨-s⟩ **10.** *verbal noun:* **das L~ fällt ihm leicht** learning is easy for him. – **11.** (*einer Rolle*) study.

ˈlernˌfä·hig *adj* teachable, receptive.

ˈLern·maˌschi·ne *f meist pl cf.* Lehrmaschine.

ˈLernˌmit·tel *n meist pl ped.* learning (*od.* educational) aid. — ~**ˌfrei·heit** *f* free use of learning aids.

ˈLern|ˌschu·le *f contempt. school that employs rote teaching methods.* — ~**ˌschwe·ster** *f med.* student nurse, (nursing) probationer. — ~**verˌmö·gen** *n psych.* ability to learn, faculty for learning. — ~**ˌzeit** *f* **1.** study time. – **2.** *cf.* Lehrzeit.

ˈLesˌart *f* **1.** (*literature*) reading, version: ~ **des Textes** textual reading; **doppelte** ~ dittology; **falsche** ~ misreading; **andere** ~**en** variants, variant readings; **mit verschiedenen** ~**en versehene Ausgabe** variorum (*od.* critical) edition. – **2.** *fig.* version, context, form: **ich kenne den Vorgang in einer anderen** ~ I've seen this procedure in another context (*od.* form); **das ist schon die vierte** ~ **der Geschichte** that's already the fourth version of the story. – **3.** interpretation.

ˈles·bar *adj* **1.** *cf.* leserlich I. – **2.** *fig.* readable, worth reading: **das Buch ist nicht** ~ the book is unreadable. — **ˈLes·bar·keit** *f* ⟨-; *no pl*⟩ **1.** legibility. – **2.** *fig.* readability, *auch* readableness.

Les·bie·rin [ˈlɛsbĭərɪn] *f* ⟨-; -nen⟩ Lesbian, *auch* lesbian, *Am. sl.* lesbie. — **ˈles·bisch** [-bɪʃ] *adj* Lesbian, *auch* lesbian: ~**e Liebe** Lesbian love, Lesbianism, Sapphism (*lit.*); **sie ist** ~ she is a Lesbian.

ˈLe·se *f* ⟨-; -n⟩ **1.** (*Weinlese*) vintage. – **2.** (*Ährenlese*) gleaning. – **3.** (*Ernte*) harvest, (in)gathering. – **4.** *fig. cf.* Auslese 3.

ˈLe·se|ˌabend *m* evening gathering for reading of literature. — ~**ˌblind·heit** *f med.* alexia. — ~**ˌbril·le** *f* reading glasses *pl* (*od.* spectacles *pl*). — ~**ˌbuch** *n* **1.** reader, reading book. – **2.** *cf.* Lesefibel. — ~**ˌdra·ma** *n* (*literature*) closet drama. — ~**ˌfi·bel** *f* primer, first(-grade) reader. — ~**ˌfrüch·te** *pl* **1.** (*gesammelte Auszüge*) selections of choice reading, collectanea. – **2.** (*Kenntnisse*) gleanings (from books). — ~**geˌrät** *n* film reader. — ~**ˌglas** *n* reading (*od.* magnifying) glass, reader. — ~**ˌhal·le** *f cf.* Lesesaal. — ~**ˌholz** *n* (*forestry*) windfall, dry fallen wood. — **l~ˌhung·rig** *adj* being an avid reader. — ~**ˌkränz·chen** *n*, ~**ˌkreis** *m* reading circle. — ~**ˌlam·pe** *f* reading (*od.* student) lamp. — ~**ˌlu·pe** *f cf.* Leseglas. — ~**ˌlust** *f* taste (*od.* desire) for reading.

le·sen[1] [ˈleːzən] **I** *v/t* ⟨liest, las, gelesen, h⟩ **1.** read: **etwas laut** ~ to read s.th. out loud (*od.* aloud); **etwas mit Mühe** ~ to have difficulty in reading (*od.* deciphering) s.th.; **ein Buch [die Zeitung]** ~ to read a book [the newspaper]; **ein Theaterstück mit verteilten Rollen** ~ to read a play dividing up the parts; **etwas für sich** ~ to read s.th. to oneself; **Shakespeare** ~ to read Shakespeare; **etwas im Original** (*od.* **in der Ursprache**) ~ to read s.th. in the original; **etwas wieder** ~ to reread s.th.; **er gab mir den Brief zu** ~ he gave me the letter to read; **seine Handschrift ist kaum zu** ~ it's difficult to read his handwriting; **ich habe in der Zeitung gelesen, daß** I read in (*od.* learned from) the newspaper that; **etwas oberflächlich** ~ to skim (through) s.th.; **etwas sorgfältig** ~ to read s.th. carefully, to peruse s.th.; **er hat viel gelesen** he is well-read, he has read a great deal; **etwas falsch** ~ to misread s.th.; **etwas abwechselnd** ~ to read s.th. by turns; **das Buch läßt sich gut** ~ the book reads well; **das Buch wird gern von Kindern gelesen** children are fond of (reading) the book; **etwas in den Sternen** ~ *fig.* to read (*od.* see) s.th. in the stars; **ich las in seinen Augen, was er dachte** *fig.* I read in (*od.* knew from) his eyes what he was thinking; **j-m die Epistel** (*od.* **den Text, die Leviten**) ~ *fig. colloq.* to scold (*od.* reprimand) s.o., to give s.o. a good dressing down (*colloq.*), to read the riot act to s.o. (*colloq.*); **etwas zwischen den Zeilen** ~ *fig.* to read s.th. between the lines; **was liest du aus diesem Brief?** what do you make of this letter? – **2.** *röm. kath.* → **Messe** 1. – **3.** *pol.* read: **eine Vorlage** ~ to read a bill. – **4.** *ped.* lecture on (*Br. auch* in) (*od.* teach, hold lectures on) (*s.th.*) (at a university): **er liest Geschichte an der Universität** he lectures on history at the university. – **5. Korrektur** ~ *print.* to proofread. – **II** *v/i* **6.** read: **er liest in der Bibel** he is reading the Bible; **der Dichter liest aus seinen Werken** the author reads from his own works. – **7.** *ped.* lecture, hold lectures (*od.* a lecture) (at a university): **Prof. X liest mittwochs** Prof. X lectures on Wednesday; **er liest über Shakespeare** he lectures on Shakespeare. – **III** *v/reflex* **sich** ~ **8. sich in den Schlaf** ~ to read oneself to sleep. – **9. sich gut** ~ to read well; **das Buch liest sich wie ein Roman** the book reads like a novel. – **IV L~** *n* ⟨-s⟩ **10.** *verbal noun:* die meiste Zeit verbringe ich mit L~ I spend most of my time reading; er hat keine Zeit zum L~ he has no time for reading (*od.* to read); er ist beim L~ he is reading. – **11.** *relig.* (*der Messe*) celebration. – **12.** *cf.* Lesung.

'le·sen² **I** *v/t* ⟨liest, las, gelesen, h⟩ **1.** (*Ähren*) glean. – **2.** (*Beeren, Holz etc*) gather, pick. – **3.** (*Trauben, Wein*) harvest, vintage. – **4.** (*Erbsen, Linsen etc*) sort, cull. – **5.** (*Salat*) clean, remove the outer leaves from. – **6.** (*Wolle*) cull. – **7.** (*Erze*) sort, handpick. – **II L~** *n* ⟨-s⟩ **8.** *verbal noun.* – **9.** (*der Trauben*) harvest, vintage.

'le·sens,wert *adj* (*Buch etc*) worth reading.

'Le·se|,pro·be *f* **1.** (*theater*) reading (rehearsal), first rehearsal. – **2.** (*aus einem Buch*) specimen, sample of text. — **~,pult** *n* **1.** (reading) desk, lectern. – **2.** *relig.* lectern, rostrum.

'Le·ser¹ *m* ⟨-s; -⟩ reader: er ist ein fleißiger ~ he is a voracious reader; geneigter ~ *obs.* gentle reader; ein ~ unserer Zeitschrift a reader of (*od.* subscriber to) our journal; die ~ unserer Zeitschrift the readers (*od. collect.* the readership) of our journal; er reißt seine ~ mit he takes his readers with him.

'Le·ser² *m* ⟨-s; -⟩ **1.** (*von Ähren*) gleaner. – **2.** (*von Beeren, Holz etc*) gatherer, picker. – **3.** (*von Trauben*) harvester, vintager. – **4.** (*Sortierer*) sorter, (*bes. von Wolle*) culler. – **5.** (*mining*) picker.

'Le·ser·ana,ly·se *f* reader(ship) analysis (*od.* survey).

'Le·se,rat·te *f fig. colloq. humor.* bookworm.

'Le·ser,brief *m* **1.** letter from a reader. – **2.** *pl* (*als Zeitungsrubrik*) letters to the editor.

Le·se'rei *f* ⟨-; *no pl*⟩ *colloq.* (incessant) reading.

'Le·ser,for·schung *f* reader-opinion survey (*od.* analysis).

'Le·ser|,kar·te *f* (*einer Bücherei etc*) reader's card (*Br.* ticket). — **~,kreis** *m* **1.** (*einer Zeitung etc*) readers *pl*, readership (*collect.*). – **2.** (*einer Bücherei etc*) patrons *pl*, patronage (*collect.*).

'le·ser·lich **I** *adj* (*Schrift etc*) legible, readable, easy to read. – **II** *adv* er schreibt ~ he writes legibly. — **'Le·ser·lich·keit** *f* ⟨-; *no pl*⟩ legibility, readability.

'Le·ser·schaft *f* ⟨-; *no pl*⟩ *cf.* Leserkreis.

'Le·ser|,stamm *m* (*einer Zeitung etc*) steady (*od.* regular) readership. — **~,welt** *f* reading public (*od.* world). — **~,zu,schrift** *f cf.* Leserbrief.

'Le·se|,saal *m* reading room. — **~si,gnal** *n* (*computer*) read-back signal. — **~,spei·cher** *m* read-only store. — **~,stein** *m geol.* residual rock (*od.* boulder). — **~,stoff** *m* reading (matter *od.* material): dieses Buch ist als ~ für Kinder nicht geeignet this book is unsuitable reading (matter) for children; Caesar gehört zum ~ dieser Klasse Caesar is required reading in this class; ich habe keinen ~ mehr I have nothing to read. — **~,stück** *n* reading (selection). — **~,übung** *f* reading exercise. — **~,un·ter,richt** *m* reading instruction (*od.* class), lessons *pl* in reading: j-m ~ erteilen to teach s.o. to read. — **~,wut** *f* mania (*od.* passion, craze) for reading. — **~,zei·chen** *n* bookmark(er), marker: eingeheftetes ~ ribbon. — **~,zeit** *f* **1.** *agr.* harvest(ing season), vintage, picking time. – **2.** time for reading. — **~,zim·mer** *n* reading room. — **~,zir·kel** *m* **1.** reading circle. – **2.** magazine subscription service.

les·singsch ['lɛsɪŋʃ] *adj* **1.** (*nach Art von Lessing*) of (*od.* pertaining to) Lessing. – **2.** ⟨*attrib*⟩ L~ (*von Lessing*) of (*od.* by) Lessing: „Nathan der Weise" ist eine L~e Dichtung "Nathan the Wise" is a work by Lessing.

'Le·sung *f* ⟨-; -en⟩ **1.** *lit.* reading: der Dichter hielt eine ~ the poet gave a reading. – **2.** *pol.* (*einer Vorlage etc*) reading: zweite [dritte] ~ second [third] reading; auf die ~ verzichten to take as read. – **3.** *relig.* lection, lesson.

le·tal [le'taːl] *adj med.* lethal, deadly. — **L~,fak·tor** *m biol.* lethal factor (*od.* gene).

Le·ta·li·tät [letali'tɛːt] *f* ⟨-; *no pl*⟩ *med.* lethality.

Le·thar·gie [letar'giː] *f* ⟨-; *no pl*⟩ lethargy. — **le'thar·gisch** [-gɪʃ] *adj* lethargic: ~ machen to lethargize.

Le·the ['leːtə] *npr f* ⟨-; *no pl*⟩ *myth.* Lethe (*river in Hades*): ~ trinken *fig. poet.* to drink of forgetfulness.

Let·kiss ['lɛtkɪs] (*Engl.*) *m* ⟨-; *no pl*⟩ (*Tanz*) letkiss.

Le·to ['leːto] *npr f* ⟨-; *no pl*⟩ *myth.* Leto (*the mother by Zeus of Apollo and Artemis*).

Let·te ['lɛtə] *m* ⟨-n; -n⟩ Latvian, Lett.

Let·ten ['lɛtən] *m* ⟨-s; -⟩ **1.** plastic clay, plastic (*od.* clayey, heavy) soil, pipe (*od.* ball) clay: etwas mit ~ bekleiden to line (*od.* coat) s.th. with plastic clay. – **2.** (*in der Töpferei*) potter's clay (*od.* loam). — **l~,ar·tig** *adj* claylike, clayey. — **~be,steg** *m geol.* leather-coat, clay gouge, flucan (in a vein). — **~,bo·den** *m* plastic (*od.* heavy, clayey) soil. — **~,schicht** *f* (*mining*) flucan, gouge, selvage.

Let·ter ['lɛtər] *f* ⟨-; -n⟩ **1.** (*Buchstabe*) letter. – **2.** *print.* type, printing(-press) letter (*od.* type, character): bewegliche ~ mov(e)able type.

'Let·tern|,druck *m print.* printing, letterpress. — **~,gieß·ma,schi·ne** *f* typefounding machine. — **~,gut** *n* type metal. — **~,kasten** *m* type(case). — **~,mes·ser** *m* typometer, line (*od.* type) ga(u)ge. — **~me,tall** *n* type metal. — **~,setz·ma,schi·ne** *f* Monotype (machine) (*TM*). — **~,stein,druck** *m* typolithography.

'let·tig *adj geol. cf.* tonhaltig 1, lehmhaltig.

'let·tisch **I** *adj* Latvian, Lettish. – **II** *ling.* **L~** ⟨*generally undeclined*⟩, **das L~e** ⟨-n⟩ Latvian, Lettish, Lett.

Lett·ner ['lɛtnər] *m* ⟨-s; -⟩ *arch.* (*Trennwand einer Kirche*) jube, rood screen.

letz [lɛts] *adj Southwestern G. and Swiss dial.* **1.** reversed. – **2.** wrong.

let·zen ['lɛtsən] *v/t* ⟨h⟩ *u.* sich ~ *v/reflex obs. for* laben, erquicken.

letzt [lɛtst] **I** *adj* **1.** last, *auch* final: im ~en Augenblick in (*od.* at) the last moment, in the nick of time; ich sage es dir zum ~en Mal(e) I am telling you for the last time; sie wollte ihn ein ~es Mal sehen she wanted to see him one more time (*od.* for the last time); j-m die ~e Ehre erweisen to pay one's last respects to s.o.; der ~e Gang *fig.* (*zur Hinrichtung*) the last mile; das ist die ~e Gelegenheit that's the last chance; ich werde zu den ~en Mitteln greifen *fig.* I shall go to any extreme; seine ~e Stunde war gekommen his last (*od.* dying) hour had come; er mußte alles bis auf den ~en Pfennig bezahlen he had to pay everything down to the last penny (*od.* cent); bis zum ~en Mann kämpfen to fight to the last man; bis auf den ~en Platz gefüllt filled (*od.* packed) to capacity; ich habe es von meinem ~en Geld gekauft I bought it with the last money I had; in den ~en Zügen liegen to be near (*od.* at the point of) death, to be in extremis; mit ~er Kraft, mit dem ~en Rest seiner Kraft with all remaining strength; er verlor die ~e Fassung he lost complete control of himself; die ~e Geduld all patience; die ~e Ruhestätte the last resting place; j-n zur ~en Ruhe betten to lay s.o. to rest; ~en Endes *colloq.* a) in the long run, b) after all; → Hand¹ *Verbindungen mit Adjektiven*; Loch 1; Matthäi 2; Wort 2. – **2.** (*Neuheit etc*) latest, most recent: der ~e Schrei *fig.* the latest fashion (*od.* craze), the dernier cri (*lit.*). – **3.** (*vergangen*) last, past: in der ~en Woche this past week; in ~er Zeit, in der ~en Zeit lately, (just) recently, of late; in den ~en Tagen in the last few days; in den ~en Wochen in recent weeks. – **4.** (*vorig, vorhergehend*) last: mein ~es Gehalt my last salary; bei meinem ~en Besuch at my last visit. – **5.** (*von zweien*) latter, second, last: der ~e Teil des Sommers the latter part of the summer. – **6.** (*ehemalig*) last, former: einer der ~en Präsidenten one of the former presidents. – **7.** (*in einer Reihe, Folge etc*) last: das ~e Haus in der Straße the last house on the street; auf der ~en Stufe a) (*untersten*) on the last (*od.* bottom) step, b) (*obersten*) on the last (*od.* top) step. – **8.** (*Kapitel, Satz etc*) last, closing: seine ~en Worte waren a) his last (*od.* closing) words were, b) his parting words were, c) his dying words were; die ~en Stunden des Jahres the last hours of the year. – **9.** *fig. colloq.* (*minderwertig, schlecht*) worst, poorest: das ist die ~e Sorte that's the poorest quality; das ist der ~e Dreck! that's the worst junk! – **10.** *fig.* (*tief, verborgen*) deepest, innermost, profoundest: der Weisheit ~er Schluß *iron.* the profoundest (*od.* most profound) wisdom; die ~en Fragen allen Seins the deepest mysteries of being; er war im ~en Grunde froh darüber at the bottom of his heart (*od.* secretly) he was happy about it. – **11.** (*mit Großschreibung*) der L~e Wille the last will and testament; die L~en Dinge *relig.* the last things; das L~e Gericht *relig.* the Last Judgment; L~e Ölung *röm.kath.* extreme unction, *auch* Extreme Unction. – **12.** *mar.* (*Schiff in Geleitzug*) rear, sternmost. – **II L~e, das** ⟨-n⟩ (*in Wendungen wie*) **13.** ich habe noch ein L~es zu sagen I have one last (*od.* final) thing to say; es geht ums L~e the final result is at stake; sein L~es (her)geben to give one's all (*od.* utmost), to make an all-out (*od.* supreme) effort. – **14.** (*mit Kleinschreibung*) das wäre das ~e, was ich täte that would be the last thing I would do; das ist das ~e! *colloq.* that's the limit! etwas bis ins ~e prüfen to examine s.th. to the last detail; j-n [etwas] bis ins ~e kennen to know s.o. [s.th.] inside out; etwas bis zum ~en ausnutzen to make the fullest possible use of s.th., to make the most of s.th.; ihr müßt bis zum ~en durchhalten you must hold out to the end; er ging in seinen Forderungen bis zum ~en he went as far as he could in his demands.

Letzt *only in* zu guter ~ in the end, ultimately, finally.

'Letzt,bie·ten·de *m, f* ⟨-n; -n⟩ last and highest bidder.

'Letz·te *m, f* ⟨-n; -n⟩ **1.** last: der ~ des Monats the last (day) of the month; der ~ seines Stammes the last of his line; er ist ~r, er ist der ~ (*dem Range nach*) he is the lowest ranking (*od.* bottom) man, *Am. colloq.* he's low man on the totem pole; → Erste 1. – **2.** (*mit Kleinschreibung*) last: er war der l~ in der Reihe he was the last in the row; er kam als l~r he came last, he was the last to come; er wurde als l~r aufgerufen he was the last one to be called, he was called last; er wäre der l~, dem ich vertrauen würde he is the last person I would trust; → Hund 2.

'letz·te,mal *adv only in* das ~ the last time, last (time): das ~ sah ich sie in München last time I saw her in Munich, I saw her in Munich last; als ich sie das ~ traf when last I saw her.

'letz·tens *adv* lastly, in the last place, finally: ~ möchte ich sagen lastly I would like to say.

'letz·te·re *adj* **1.** latter: im ~n Falle in the latter case; der ~ Brief the latter letter. – **2.** (*substantiviert mit Kleinschreibung*) der ~, die ~, das ~, letzterer, letztere, letzteres (the) latter: das letztere von den beiden Büchern the latter of the two books; letzteres möchte ich gern haben I'd like to have the latter.

'letzt·er,wähnt *adj* ⟨*attrib*⟩ *cf.* letztgenannt.

'letz·tes,mal *adv* the last time, last (time): ~ waren wir schwimmen last time we went swimming; als ich ~ in Rom war when I was last in Rome, when I was in Rome the last time.

'letzt·ge,nannt *adj* ⟨*attrib*⟩ last-mentioned, last-named.

letzt'hin *adv* lately, of late, recently, a short time (*od.* while) ago.

'letzt|in·stan·zi,ell [-ʔɪnstan,tsĭɛl], **~in,stanz·lich** [-ʔɪn,stantslɪç] *adv jur.* in the last instance: ~ entscheiden (*od.* urteilen) to decide in the last instance.

'letzt,jäh·rig *adj* last year's (*attrib*), of last year.

'letzt·lich *adv* in the long run, in the end, in the final analysis.

'Letzt·ver,brau·cher *m econ.* ultimate (*od.* final) consumer. — **~,preis** *m* retail price (*od.* cost).

'letzt,wil·lig *jur.* **I** *adj* testamentary, by will (*od.* testament): ~e Verfügung testament(ary disposition), disposition by will (*od.* testament), will; ~e Zuwendung bequest, legacy. – **II** *adv* by will (*od.* testament): j-n ~ bedenken to mention s.o. in one's will; ~ verfügen to dispose by will (*od.* testament); ~ vermachen (*bes. Grundbesitz*) to devise, *auch* to bequeath.

Leu¹ [lɔʏ] *m* ⟨-en; -en⟩ *poet.* lion.

Leu[2] [ˈleːu] *m* ⟨-; Lei [ˈleːi]⟩ leu (*monetary unit of Romania*).

ˈLeucht|ˌas·sel *f zo.* electric centipede (*Scolopendra electrica*). — **~ˌba·ke** *f mar. aer.* **1.** light beacon. – **2.** *cf.* Befeuerung 2. — **~bakˌte·ri·en** *pl biol.* photogenic (*od.* luminous) bacteria. — **~ˌbo·je** *f mar.* **1.** light buoy. – **2.** (*am Rettungsring*) flare, luminous boy, Holme's light. — **~ˌbom·be** *f mil. aer.* **1.** marker, flare (bomb). – **2.** (*Blitzlichtbombe*) (photo)flash bomb. — **~ˌdich·te** *f phys.* (*optics*) intrinsic (*od.* specific) luminous intensity. — **~ˌdraht** *m electr.* filament.

ˈLeuch·te *f* ⟨-; -n⟩ **1.** light: **eine ~ der Wissenschaft** *fig.* a luminary of science; **er ist keine große ~** *fig. colloq.* he is no shining light. – **2.** (*Lampe*) lamp. – **3.** (*Laterne*) lantern. – **4.** *aer.* beacon.

leuch·ten [ˈlɔʏçtən] **I** *v/i* ⟨h⟩ **1.** (*von Mond etc*) shine: **die Sterne ~ am Himmel** the stars are shining (*od.* twinkling); **ein Licht leuchtete in der Finsternis** a light shone in the darkness; **sein Licht ~ lassen** *fig.* to let one's light shine. – **2.** (*von Lampe*) give (*od.* emit) light, shine: **die Lampe leuchtet hell** the lamp gives a bright light; **wenn die Lampe rot leuchtet** when the lamp gives (off) a red light. – **3.** (*von Feuer etc*) burn, shine: **die Kerzen ~ hell** the candles burn brightly. – **4.** (*von Leuchtziffer, Glühwürmchen etc*) glow: **diese Farbe leuchtet geradezu** *fig.* this colo(u)r almost glows; **ihr Gesicht leuchtete vor Freude** *fig.* her face glowed with happiness (*od.* shone with joy). – **5.** (*funkeln*) sparkle, twinkle, glitter. – **6.** (*glitzern*) glitter, glisten: **die Gipfel ~ in der Sonne** the peaks glisten in the sun. – **7.** (*mit einer Lampe*) light, shine a light: **er leuchtete unter den Tisch** he shone the light under the table; **er leuchtete mit einer Taschenlampe** he shone a flashlight (*bes. Br.* an electric torch); **darf ich Ihnen ~?** may I light the way for you? **er leuchtete mir ins Gesicht** he shone (*od.* flashed) the light in my face. – **8.** *fig.* (*von Augen*) sparkle, shine, glow: **ihre Augen leuchteten vor Freude** her eyes sparkled with happiness. – **9.** (*von Meer*) phosphoresce. – **II L~** *n* ⟨-s⟩ **10.** *verbal noun.* – **11.** shine, light. – **12.** (*von Feuer etc*) burn, shine. – **13.** (*schwaches*) glow, glimmer. – **14.** (*Funkeln*) sparkle, twinkle, glitter, dazzle. – **15.** *fig.* (*der Augen*) sparkle, light, shining. – **16.** (*Meeresleuchten*) phosphorescence (of the sea). – **17.** *phys.* (*Helligkeit*) luminescence. — **ˈleuch·tend I** *pres p.* – **II** *adj* **1.** bright, shining, burning, (*schwächer*) lustrous, glowing, glimmering: **die ~en Sterne** the bright (*od.* twinkling) stars; **~er Himmelskörper** luminary; **ein ~es Beispiel** *fig.* a) a shining example, b) (*hervorragendes*) a brilliant (*od.* an illustrious) example. – **2.** (*funkelnd*) sparkling, brilliant, glittering, twinkling. – **3.** (*strahlend*) beaming, radiant. – **4.** (*blinkend*) flashing. – **5.** *fig.* (*Farbe*) bright, shining. – **6.** *fig.* (*Augen*) shining, glowing, sparkling. – **7.** *phys. chem.* a) phosphorescent, b) (*hellscheinend*) luminescent. – **8.** *zo.* lustrous; lampyrine, lychnidate (*scient.*). – **9.** (*optics*) (*Punkt*) luminous, radiant. – **10.** *biol.* photogenic. – **III** *adv* **11. ihr Kleid war ~ rot** her dress was of a bright (*od.* shining, brilliant) red.

ˈLeuch·ter *m* ⟨-s; -⟩ **1.** (*Standleuchter*) candlestick, flambeau. – **2.** (*Wandleuchter*) sconce. – **3.** (*Kronleuchter*) chandelier. – **4.** (*Armleuchter*) candelabrum, candelabra. – **5.** *relig.* a) *röm.kath.* pharos, hearse, b) (*der Juden*) menorah.

ˈLeuch·ter|ˌarm *m* arm (*od.* branch) of a chandelier (*od.* candelabrum). — **~ˌblu·me** *f bot.* ceropegia (*Gattg Ceropegia*).

ˈLeucht·erˌschei·nung *f phys.* (*optics*) luminous phenomenon.

ˈLeuch·terˌtier·chen *n zo. cf.* Leuchtqualle.

ˈLeucht|ˌfa·den *m electr. cf.* Leuchtdraht. — **~ˌfallˌschirm** *m mil.* parachute flare. — **~ˌfar·be** *f* **1.** luminous (*od.* phosphorescent) paint. – **2.** (*Tinte*) fluorescent ink.

ˈLeuchtˌfeld *n phys.* (*optics*) radiant field. — **~ˌlin·se** *f* condenser, condensing lens.

ˈLeuchtˌfeu·er *n* **1.** *mar. mil.* (light) beacon, (signal) light, flare: **festes [unterbrochenes] ~** fixed [occulting] light. – **2.** *aer.* beacon, flare. — **~geˌbüh·ren** *pl*, **~ˌgeld** *n mar.* light dues *pl.*

ˈLeucht|ˌfisch *m zo.* lantern fish (*Ordng Scopeliformes*). — **~ˌgas** *n chem. tech.* lighting (*od.* illuminating) gas, carburet(t)ed hydrogen (*scient.*). — **~geˌschoß** *n*, **~graˌna·te** *f mil.* star (*od.* illuminating, flare) shell. — **~ˌkä·fer** *m meist pl zo.* **1.** glowworm, firefly, fireworm (*Fam. Lampyridae*): **Großer ~** glowworm (*Lampyrus noctiluca*); **Kleiner ~** fireworm (*Phausis splendidula*). – **2.** fire beetle (*Gattg Pyrophorus*). — **~ˌkör·per** *m* **1.** *tech.* light (source), lamp, illuminant. – **2.** *astr.* luminous body (*od.* object), luminary. — **~ˌkraft** *f* **1.** illuminating (*od.* lighting, luminous) power, luminosity: **~ der Farbe** luminous power of paint. – **2.** (*eines Edelsteins*) brilliance. – **3.** *astr.* (*eines Sternes*) (apparent) magnitude. — **~ˌkrebs** *m zo.* **1.** krill, whale feed (*Ordng Euphausiacea*). – **2.** devil shrimp (*Meganyctiphanes norvegica*). — **~ˌku·gel** *f bes. mil.* **1.** signal flare (*od.* rocket), ground signal. – **2.** (*von einer Pistole*) Very light. — **~ˌlu·pe** *f* (*optics*) illuminating magnifier. — **~ˌmas·se** *f chem.* luminous substance, luminophor(e). — **~ˌmit·tel** *n* illuminant. — **~ˌmoos** *n bot.* phosphorescent moss, schistostega (*Gattg Schistostega*). — **~mu·ni·tiˌon** *f mil.* illuminating (*od.* flare) ammunition, illuminants *pl.* — **~ˌöl** *n* **1.** lamp (*od.* illuminating) oil. – **2.** (*Petroleum*) kerosine, kerosene. — **~or·gaˌnis·mus** *m biol.* photogenic organism. — **~paˌtro·ne** *f tech. mil.* **1.** flare (*od.* illuminating) cartridge. – **2.** (*für Pistolen*) Very light. — **~peˌtro·le·um** *n cf.* Leuchtöl 2. — **~ˌpfad** *m aer.* flare path. — **~ˌpilz** *m bot.* phosphorescent agaric (*Agaricus melleus*). — **~piˌsto·le** *f bes. mil.* Very (*od.* pyrotechnic, signal, flare) pistol. — **~ˌqual·le** *f zo.* lamp jellyfish (*Pelagica noctiluca*). — **~ˌrah·menˌsu·cher** *m phot.* bright-line viewfinder, bright-frame finder. — **~raˌke·te** *f* **1.** *mil.* illuminating rocket. – **2.** *aer.* signal rocket. — **~reˌkla·me** *f* luminous advertising, neon sign(s *pl*), (*auf Hausdächern*) auch sky sign(s *pl*). — **~ˌröh·re** *f electr.* **1.** luminescence lamp, luminous (*od.* gas) discharge lamp, *Am.* vacuum-tube lamp. – **2.** (*mit Neongasfüllung*) neon lamp (*od.* tube). — **~sarˌdi·ne** *f zo. cf.* Leuchtfisch. — **~ˌsatz** *m tech.* **1.** pyrotechnic flare. – **2.** (*Leuchtsatzmischung*) tracer composition. — **~ˌschaltˌbild** *n electr.* **1.** illumination circuit diagram. – **2.** illuminated diagram. — **~ˌschiff** *n mar. cf.* Feuerschiff. — **~ˌschirm** *m electr.* **1.** *telev. med.* fluorescent (*od.* luminous) screen. – **2.** (*für Ultraschall*) oscilloscope. — **~ˌschrei·ber** *m* electric newscaster. — **~ˌschrift** *f* illuminated letters *pl.* — **~siˌgnal** *n* flare signal. — **~ˌska·la** *f* luminous dial. — **~ˌspringˌkä·fer** *m zo.* cucujo (*Pyrophorus noctilucus*).

ˈLeuchtˌspur *f mil.* tracer trajectory (*od.* path). — **~geˌschoß** *n* tracer (bullet). — **~mu·ni·tiˌon** *f* tracer ammunition.

ˈLeucht|ˌstab *m electr.* **1.** fluorescent rod. – **2.** (*Taschenlampe*) flashlight, *bes. Br.* electric torch. — **~ˌstär·ke** *f* (*optics*) *phys.* luminous intensity, candlepower.

ˈLeuchtˌstoff *m* **1.** luminescent material. – **2.** (*Leuchtbetriebsstoff*) illuminant. – **3.** *biol. zo.* (*von Tieren*) luminophor(e). — **~ˌlampe**, **~ˌröh·re** *f* fluorescent lamp.

ˈLeucht|ˌtier·chen *n zo.* night-light, noctiluca (*scient.*) (*Noctiluca miliaris*). — **~ˌtie·re** *pl* (self-)lucent animals. — **~ˌton·ne** *f mar. cf.* Leuchtboje.

ˈLeuchtˌturm *m mar.* lighthouse. — **~ˌwär·ter** *m* lighthouse keeper.

ˈLeucht|ˌuhr *f* luminous(-dial) clock (*od.* watch). — **~ˌwurm** *m zo. cf.* Leuchtkäfer. — **~ˌzei·chen** *n* **1.** flare (*od.* sight, light) signal. – **2.** (*Verkehrsampel*) (traffic-)light signal, traffic light. – **3.** *mar.* (*an Land*) seamark. — **~ˌzei·ger** *m* (*einer Uhr etc*) luminous hand. — **~ˌzif·fer** *f* luminous figure. — **~ˌzif·ferˌblatt** *n* (*einer Uhr etc*) luminous dial. — **~ˌzir·pe** *f zo.* lantern fly (*Fam. Fulgoridae*).

Leu·cin [lɔʏˈtsiːn] *n* ⟨-s; *no pl*⟩ *chem.* leucine [$(CH_3)_2CHCH_2CH(NH_2)COOH$].

Leu·cit [lɔʏˈtsiːt; -ˈtsɪt] *m* ⟨-s; *no pl*⟩ *min.* leucite.

leug·nen [ˈlɔʏgnən] **I** *v/t* ⟨h⟩ **1.** deny, gainsay, disavow: **es ist nicht zu ~** (*od.* **es läßt sich nicht ~**), **daß** it cannot be denied that, there is no denying the fact that, it is undeniable that; **er leugnet, das gesagt zu haben** he denies having said that; **er leugnete jede Mitschuld** he denied having any part of the guilt; **die Existenz Gottes ~** to deny the existence of God; **ich kann's nicht ~, es war sehr spät** I must admit it was very late. – **2.** (*widersprechen*) contradict, gainsay: **Sie können doch nicht die Tatsache ~, daß** you can't contradict the fact that. – **3.** (*bestreiten*) contest, impugn: **die Wahrheit einer Sache ~** to impugn the truth of a matter. – **4.** (*nicht anerkennen*) disown, disclaim: **das Bestehen einer Forderung ~** to disclaim a debt. – **5.** (*widerrufen*) retract, recant: **er leugnet, was er vorher gesagt hat** he retracts his previous statements. – **6.** *jur.* (*Tatsachen*) traverse. – **II** *v/i* **7.** deny the charge. – **III L~** *n* ⟨-s⟩ **8.** *verbal noun*: **sein hartnäckiges L~ half ihm nichts** his stubborn denials helped him in no way (*od.* were of no help [to him]). – **9.** *cf.* Leugnung. — **ˈLeug·ner** *m* ⟨-s; -⟩ **1.** one who denies, denier, disavower, negator: **~ der Unsterblichkeit** annihilationist. – **2.** *jur.* traverser. — **ˈLeug·nung** *f* ⟨-; *no pl*⟩ **1.** *cf.* Leugnen. – **2.** denial, disavowal. – **3.** (*Widersprechen*) contradiction. – **4.** (*öffentlicher Widerruf*) disclaimer, retraction.

Leuk·ämie [lɔʏkɛˈmiː] *f* ⟨-; -n [-ən]⟩ *med.* leuk(a)emia, *auch* leuc(a)emia. — **leuk·ämisch** [lɔʏˈkɛːmɪʃ] *adj* leuk(a)emic, *auch* leuc(a)emic.

Leu·ko|ba·se [lɔʏkoˈbaːzə] *f chem.* leuco base. — **~ˈder·ma** [-ˈdɛrma] *n* ⟨-s; -men⟩, **~derˈmie** [-dɛrˈmiː] *f* ⟨-; *no pl*⟩ *med.* leukoderma, *auch* leucoderma.

leu·ko·krat [lɔʏkoˈkraːt] *adj geol.* leucocratic.

Leu·kom [lɔʏˈkoːm] *n* ⟨-s; -e⟩ *med.* walleye; leucoma, *auch* leukoma (*scient.*).

Leu·ko·pa·thie [lɔʏkopaˈtiː] *f* ⟨-; -n [-ən]⟩ *med.* leukopathy, *auch* leucopathy.

Leu·ko·pe·nie [lɔʏkopeˈniː] *f* ⟨-; -n [-ən]⟩ *med.* leukopenia, *auch* leucopenia.

Leu·ko·phan [lɔʏkoˈfaːn] *m* ⟨-(e)s; *no pl*⟩ *min.* leucophanite, *auch* leucophane.

Leu·ko·pla·kie [lɔʏkoplaˈkiː] *f* ⟨-; -n [-ən]⟩ *med.* leukoplakia, *auch* leucoplakia.

Leu·ko·plast[1] [lɔʏkoˈplast] *m* ⟨-en; -en⟩ *bot.* leucoplast, leucoplastid.

Leu·koˈplast[2] (*TM*) *n* ⟨-(e)s; -e⟩ *med. pharm. Am.* adhesive tape (*od.* plaster), *Br.* sticking plaster.

Leu·ko·poe·se [lɔʏkopoˈeːzə] *f* ⟨-; -n⟩ *med.* leukopoiesis, leucopoiesis.

Leu·kor·rhö [lɔʏkoˈrøː] *f* ⟨-; -en⟩, **Leu·korˈrhöe** [-ˈrøː] *f* ⟨-; -n [-ən]⟩ *med.* whites *pl*; leukorrh(o)ea, *auch* leucorrh(o)ea (*scient.*). — **leu·korˈrhö·isch** *adj* leukorrh(o)eal, *auch* leucorrh(o)eal.

Leu·ko·to·mie [lɔʏkotoˈmiː] *f* ⟨-; -n [-ən]⟩ *med.* leucotomy, lobotomy.

Leu·ko·zyt [lɔʏkoˈtsyːt] *m* ⟨-en; -en⟩ *meist pl med.* white blood corpuscle; leukocyte, *auch* leucocyte (*scient.*). — **Leu·koˈzy·tenˌbil·dung** *f cf.* Leukopoese. — **leu·koˈzy·tisch** *adj* leukocytic, *auch* leucocytic.

Leu·ko·zy·to·pe·nie [lɔʏkotsytopeˈniː] *f* ⟨-; -n [-ən]⟩ *med.* leuko(cyto)penia, *auch* leuco(cyto)penia.

Leu·ko·zy·to·se [lɔʏkotsyˈtoːzə] *f* ⟨-; -n⟩ *med.* leukocytosis, *auch* leucocytosis.

Leu·mund [ˈlɔʏˌmʊnt] *m* ⟨-(e)s; *no pl*⟩ reputation, repute: **einen guten [üblen, schlechten] ~ haben** to have a good [bad, poor] reputation (*od.* record); **j-n in schlechten ~ bringen** to ruin s.o.'s reputation, to defame s.o.'s character, to bring s.o. into disrepute.

ˈLeuˌmundˌzeug·nis *n* certificate of good conduct.

ˈLeut·chen *pl colloq.* (good) people (*od.* folk[s]): **hört, (ihr) ~!** listen, my good friends! **das sind nette ~** they are nice people.

Leu·te [ˈlɔʏtə] *pl* **1.** people, men, persons, folk(s): **die jungen ~** a) the young people, (the) youth *sg*, b) the young couple *sg*; **nette ~** decent (*od.* nice) people; **er hat Angst vor fremden ~n** he is afraid of strangers; **feine** (*od.* **vornehme**) **~** people of quality, high society *sg*, gentlefolk(s) (*rare*); **~ von Rang und Stand** people (*od.* men) of station (*od.* position); **kleine ~** a) little people, b) *fig.* (*Kinder*) little folks, c) *fig.* (*sozial niedrig*) little people; **es ist ja nicht wie bei armen ~n!** *colloq. humor.* we have got everything! **bring ein paar ~ mit** bring some (*od.* a few) people (*od.* friends) along;

viele ~ many (*od.* numerous, quite a lot of) people; (die) ~ zusammenbringen to bring people together; sich unter die ~ mischen to mix (*od.* mingle) with (the) people; er kommt wenig unter die ~ he doesn't get out much among people; ~ aus dem Westen western people; die anderen ~ blieben noch the others stayed longer; er kann gut mit ~n umgehen he knows how to deal (*od.* get along) with (*od.* handle) people; diese (*od.* solche) ~ sind meist skrupellos this sort of people is mostly unscrupulous; für solche ~ habe ich nichts übrig I have no use for such people; wenn Sie das tun, sind wir geschiedene ~ *fig. colloq.* if you do that, I won't have anything to do with you any longer; es sind ~ bei ihm he has people (*od.* visitors) at his place; sie sind die ~ dazu they are the (right) men for that; aus Kindern werden ~ (*Sprichwort*) boys will be men (*od.* adults); → Kleid 2; Land 5. – **2.** die ~ people, society *sg*, *auch* the neighbors (*bes. Br.* neighbours), folks: was werden die ~ sagen? what will people say? es ist schon unter die ~ gekommen *colloq.* it's become public knowledge already; etwas unter die ~ bringen *colloq.* to make s.th. public; kümmere dich nicht um das Gerede der ~ don't pay any attention to what people say. – **3.** (*Beschäftigte, Untergebene*) people, staff *sg*, (*Arbeiter*) *auch* workers, (*Angestellte*) *auch* employees, (*Dienstboten*) *auch* servants, (*Soldaten*) *auch* men: er beschäftigt ungefähr 500 ~ he employs about 500 men; er verteilte die Arbeit auf seine ~ he divided the work amongst his men; er konnte keine ~ bekommen he couldn't get any workers; er kennt seine ~ *colloq.* he knows his people; ~ vom Bau *fig. colloq.* people in the know, specialists, experts. – **4.** (*Familie*) people, family *sg*, folks (*colloq.*): ich fahre zu meinen ~n *colloq.* I am going to see my family (*od. colloq.* folks). – **5.** (*Gruppe*) group *sg*, set *sg*, party *sg*, people: er ist keiner von unseren ~n he's not one of our group. – **6.** (*Angehörige einer Religion*) fellow believers, coreligionists. – **7.** (*Landsleute*) fellow countrymen, people.

'Leu·te|be,trü·ger *m* notorious cheat (*od.* swindler), imposter, charlatan. — **l~,scheu** *adj cf.* menschenscheu. — **~,schin·der** *m* **1.** oppressor, slave driver (*auch fig.*), tormentor, (petty) tyrant. – **2.** *mil.* martinet (*auch fig.*). — **~schin·de'rei** [,lɔʏtə-] *f* oppression, slave-driving (*auch fig.*), tormenting, (petty) tyranny.

Leut·nant ['lɔʏtnant] *m* ⟨-s; -s, *rare* -e⟩ **1.** *mil.* second lieutenant. – **2.** *mil. aer. Am.* second lieutenant, *Br.* pilot officer. – **3.** ~ zur See *mar. Am.* ensign, *Br.* acting sub-lieutenant.

'Leut·nants|,rang *m* ⟨-(e)s; *no pl*⟩ *mil.* rank of lieutenant, lieutenancy: im ~ stehen to hold the rank of lieutenant. — **~uni,form** *f* lieutenant's uniform.

'Leut,prie·ster *m röm.kath.* lay (*od.* people's) priest.

'leut,se·lig *adj* **1.** (*wohlwollend, umgänglich*) (gegen) affable (to, with), amiable (with): er ist ~ gegen jedermann he is affable to everybody. – **2.** (*freundlich herablassend*) (gegen toward[s]) condescending (in a kindly way). — **'Leut,se·lig·keit** *f* ⟨-; *no pl*⟩ **1.** affability, amiability. – **2.** friendly condescension.

'Leu,wa·gen ['lɔʏ-] *m* ⟨-s; -⟩ **1.** *Low G. for* Schrubber. – **2.** *mar.* horse.

Leu·zit [lɔʏ'tsiːt; -'tsɪt] *m* ⟨-s; -e⟩ *min.* leucite.

Le·va·de [le'vaːdə] *f* ⟨-; -n⟩ (*in der Hohen Schule*) levade.

Le'van·te,vi·per [le'vantə-] *f zo.* Levant viper (*Vipera lebetina*).

Le·van·ti·ne [levan'tiːnə] *f* ⟨-; *no pl*⟩ (*textile*) levantine.

Le·van'ti·ner *m* ⟨-s; -⟩ Levantine, Levanter. — **le·van'ti·nisch** *adj* Levantine.

Le·va·tor [le'vaːtɔr] *m* ⟨-s; -en [-va'toːrən]⟩ **1.** *med.* levator (muscle), elevator. – **2.** *zo.* elevator.

Le·vee [lə'veː] *f* ⟨-; -s⟩ *mil. obs.* recruitment (*od.* levy, enlistment) of soldiers.

Le·ver [lə'veː] *n* ⟨-s; -s⟩ *hist.* (*Morgenempfang*) levee.

Le·via·than [le'viaːtan; -via'taːn] *m* ⟨-s; *no pl*⟩ *myth.* (*Meerungeheuer*) leviathan, Leviathan.

Le·vi·rat [levi'raːt] *n* ⟨-(e)s; -e⟩, **Le·vi'rats,ehe** *f bes. Bibl.* levirate.

Le·vit [le'viːt] *m* ⟨-en; -en⟩ **1.** *Bibl.* Levite. – **2.** *pl röm.kath.* acolytes at high mass. – **3.** *only in* j-m die ~en lesen *fig. colloq.* to read s.o. a lecture, to give s.o. a talking-to, to read the riot act to s.o., to give s.o. a telling-off (*colloq.*) (*od. sl.* ticking-off).

Le·vi·ti·kus [le'viːtikʊs] *m* ⟨-; *no pl*⟩ *Bibl.* (*3. Buch Mose*) Leviticus.

le'vi·tisch *adj relig.* of (*od.* relating to) the Levites, Levitical, *auch* Levitic.

Lev·ko·je [lɛf'koːjə] *f* ⟨-; -n⟩ *bot.* stock, gillyflower, *auch* gilliflower (*Gattg Matthiola*).

Lew [lɛf] *m* ⟨-(s); -a ['lɛva]⟩ *econ.* lev (*monetary unit of Bulgaria*).

Le·wi·sit [lui'siːt; -'sɪt] *n* ⟨-s; *no pl*⟩ *chem. mil.* (*Kampfgas*) lewisite ($C_2H_2AsCL_3$).

Lex [lɛks] *f* ⟨-; Leges ['leːgɛs]⟩ *jur.* lex, law.

Le·xem [lɛ'kseːm] *n* ⟨-s; -e⟩ *ling.* lexeme (*lexical unit*).

Le·xi·gra·phie [lɛksigra'fiː] *f* ⟨-; *no pl*⟩ *ling.* lexigraphy. — **le·xi'gra·phisch** [-'graːfɪʃ] *adj* lexigraphic(al).

le·xi·kal [lɛksi'kaːl], **le·xi'ka·lisch** *adj* lexical.

Le·xi·ko·graph [lɛksiko'graːf] *m* ⟨-en; -en⟩ lexicographer. — **Le·xi·ko·gra'phie** [-gra'fiː] *f* ⟨-; *no pl*⟩ lexicography. — **le·xi·ko'gra·phisch** *adj* lexicographic(al).

Le·xi·ko·lo·gie [lɛksikolo'giː] *f* ⟨-; *no pl*⟩ **1.** (*Lexikonkunde*) lexicography. – **2.** (*Wort[schatz]kunde*) lexicology. — **le·xi·ko'lo·gisch** [-'loːgɪʃ] *adj* lexicologic(al).

Le·xi·kon ['lɛksikɔn] *n* ⟨-s; -ka [-ka], *auch* -ken⟩ **1.** (*Konversationslexikon, Enzyklopädie*) encyclop(a)edia: ein ~ herausgeben a) (*vom Herausgeber*) to edit an encyclop(a)edia, b) (*vom Verlag*) to publish an encyclop(a)edia; ein ~ in 12 Bänden, ein zwölfbändiges ~ an encyclop(a)edia in 12 volumes; du kommst (noch) ins ~ *colloq. iron.* you'll get into (*od.* have your name in) Who's Who (yet); er ist ein wandelndes (*od.* lebendes, lebendiges) ~ *colloq.* he is a walking encyclop(a)edia. – **2.** (*Wörterbuch*) dictionary, lexicon: ein englisch-deutsches ~ an English-German dictionary; ein Fremdwort im ~ nachsehen (*od.* nachschlagen) to look up a foreign word in a dictionary. – **3.** (*Fachwörterbuch*) (technical) dictionary, glossary, encyclop(a)edia: ~ für Medizin medical dictionary. — **~for,mat** *n print.* lexicon format. — **~ok,tav** *n* lexicon octavo.

le·xisch ['lɛksɪʃ] *adj ling.* lexical.

Le·zi·thin [letsi'tiːn] *n* ⟨-s; *no pl*⟩ *chem.* lecithin.

L'hom·bre ['lõːbər; lõːbr] (*Fr.*) *n* ⟨-; *no pl*⟩ (*games*) *cf.* Lomber.

Li·ai·son [liɛ'zõː; ljɛ'zõ] (*Fr.*) *f* ⟨-; -s⟩ **1.** (*Liebesverhältnis*) liaison, love affair. – **2.** *ling.* (*Bindung*) liaison. – **3.** *gastr.* thickening.

Lia·ne ['liaːnə] *f* ⟨-; -n⟩ *meist pl bot.* liana, liane, bushrope.

Li·as ['liːas] *m, f* ⟨-; *no pl*⟩ *geol.* Lias, *auch* Lyas. — **~for·ma·ti,on** *f* Lias (formation).

li·as·sisch ['liasɪʃ] *adj geol.* Liassic.

Li·ba·ne·se [liba'neːzə] *m* ⟨-n; -n⟩ Lebanese. — **li·ba'ne·sisch** *adj* Lebanese.

'Li·ba·non,ze·der ['liːbanɔn-] *f bot.* cedar of Lebanon (*Cedrus libani*).

Li·ba·ti·on [liba'tsioːn] *f* ⟨-; -en⟩ *relig.* (*altröm. Trankopfer*) libation.

Li·bell [li'bɛl] *n* ⟨-s; -e⟩ **1.** *antiq.* (*Klageschrift*) libellus. – **2.** (*Schmähschrift*) libel.

Li·bel·le [li'bɛlə] *f* ⟨-; -n⟩ **1.** *zo.* a) dragonfly (*Ordng Odonata, bes. Unterordng Anisoptera*), b) damselfly, naiad (*Unterordng Zygoptera*). – **2.** *tech.* a) (*der Wasserwaage*) (spirit) level, b) (*Glasröhrchen*) vial: die ~ einspielen lassen to center (*bes. Br.* centre) the bubble in a level.

Li'bel·len·sex,tant *m* bubble (*od.* spirit-level) sextant.

Li·bel·list [libɛ'lɪst] *m* ⟨-en; -en⟩ libeler, *bes. Br.* libeller.

li·be·ral [libe'raːl] *adj* **1.** (*vorurteilslos*) liberal, broad- (*od.* open-)minded: ~e Ansichten haben, ~ in seinen Ansichten sein to have (*od.* hold) liberal views, to be broad-minded. – **2.** *pol.* Liberal: ~e Partei Liberal Party; ~e Weltunion World Liberal Union.

Li·be'ra·le *m, f* ⟨-n; -n⟩ *pol.* Liberal.

li·be·ra·li·sie·ren [liberali'ziːrən] *v/t* ⟨*no* ge-, h⟩ *bes. econ.* (*Handel, Importe etc*) liberalize. — **Li·be·ra·li'sie·rung** *f* ⟨-; -en⟩ liberalization.

Li·be·ra·lis·mus [libera'lɪsmʊs] *m* ⟨-; *no pl*⟩ liberalism, *pol. relig. auch* Liberalism.

li·be·ra·li·stisch [libera'lɪstɪʃ] *adj* **1.** liberalistic, *auch* liberalist. – **2.** (*extrem liberal*) laissez-faire, *auch* laisser-faire (*beide attrib*): ~e Richtung *econ. pol.* laissez-faire school.

Li·be·ra·li·tät [liberali'tɛːt] *f* ⟨-; *no pl*⟩ **1.** liberality, broad- (*od.* open-)mindedness. – **2.** (*Großzügigkeit*) generosity.

Li·be·ria·ner [libe'riaːnər] *m* ⟨-s; -⟩ Liberian. — **li·be·ria·nisch** [-'riaːnɪʃ] *adj* Liberian.

Li·be·ri·er [li'beːriər] *m* ⟨-s; -⟩ Liberian. — **li'be·risch** [-rɪʃ] *adj* Liberian.

Li·be·ro ['liːbero] *m* ⟨-s; -s⟩ (*sport*) (*beim Fußball etc*) sweeper, free back.

Li·ber·tät [libɛr'tɛːt] *f* ⟨-; -en⟩ *hist. the liberty* (*od. privilege*) *of the estates under absolutism.*

Li·ber·tin [libɛr'tɛ̃ː] *m* ⟨-s; -s⟩ *obs.* libertine.

Li·bi·di·nist [libidi'nɪst] *m* ⟨-en; -en⟩ libidinous person. — **li·bi·di'nös** [-'nøːs] *adj* libidinous, libidinal.

Li·bi·do [li'biːdo] *f* ⟨-; *no pl*⟩ *psych.* libido.

Li·bra·ti·on [libra'tsioːn] *f* ⟨-; -en⟩ *meteor. astr.* (*bes. des Mondes*) libration.

Li·bret·tist [librɛ'tɪst] *m* ⟨-en; -en⟩ *mus.* librettist.

Li·bret·to [li'brɛto] *n* ⟨-s; -s *u.* -ti [-ti]⟩ *mus.* libretto.

Li·by·er ['liːbyər] *m* ⟨-s; -⟩ Libyan. — **'li·bysch** [-bʏʃ] **I** *adj* Libyan. – **II** *ling.* **L~** ⟨*generally undeclined*⟩, das **L~e** ⟨-n⟩ Libyan.

Li·che·no·lo·ge [lɪçeno'loːgə] *m* ⟨-n; -n⟩ *bot.* lichenologist. — **Li·che·no·lo'gie** [-lo'giː] *f* ⟨-; *no pl*⟩ lichenology. — **li·che'nös** [-'nøːs] *adj* lichenose, lichenous.

Licht [lɪçt] *n* ⟨-(e)s; -er, *obs. u. poet.* -e⟩ **1.** light: helles [blendendes, grelles] ~ bright [blinding *od.* dazzling, glaring] light; künstliches [elektrisches] ~ artificial [electric] light; kaltes [fahles, trübes] ~ cold [wan, dim] light; ~ und Schatten light and shade; das Ewige ~ *relig.* the eternal light; das ~ des Tages the light of day, daylight; ~ machen, das ~ anmachen (*od.* andrehen, anknipsen) to turn (*od.* put, switch) the light on; das Licht ausmachen (*od.* ausdrehen, ausknipsen) to turn (*od.* put, switch) the light out; das ~ ist an [aus] the light is (switched) on [off]; das ~ anlassen to keep the light on; das ~ ging aus the light went out; im ganzen Haus brannte ~ there were lights all over the house; das Zimmer hat nicht genug ~ the room does not get enough light; ~ spenden to give light; (elektrisches) ~ legen lassen to have electricity installed; etwas gegen das (*od.* ans) ~ halten to hold s.th. up to (*od.* against) the light; bei ~ arbeiten to work in artificial light; j-m im ~ stehen to stand (*od.* be) in s.o.'s light; sich (*dat*) selbst im ~ stehen a) to stand in one's own light, b) *fig. colloq.* to be in one's own way, to do oneself down; geh mir aus dem ~ get out of my light; etwas ans (*od.* ins) ~ rücken to move s.th. to the light; ein Bild ins rechte ~ hängen to hang a picture in a good light; er versteht es, seine Verdienste ins rechte ~ zu rücken (*od.* setzen, stellen) *fig.* he knows how to present his merits to their best advantage; sich [etwas] ins rechte (*od.* in ein vorteilhaftes) ~ rücken, sich [etwas] im besten ~ zeigen *fig.* to present oneself [s.th.] to one's [its] best advantage; etwas in ein falsches ~ rücken *fig.* to misrepresent s.th., to portray s.th. in a false light, to put a false (*od.* wrong) complexion (*od.* slant) on s.th.; in einem ungünstigen (*od. colloq.* schiefen) ~ stehen (*od.* erscheinen) *fig.* to be (*od.* appear) in an unfavo(u)rable light; sich in einem neuen ~ zeigen *fig.* to show oneself in a new light, to reveal a new side of one's character; sich im wahren ~ zeigen *fig.* to show oneself in one's true colo(u)rs; ~ in eine Angelegenheit bringen *fig.* to throw (*od.* shed) light upon a matter; die Wahrheit ans ~ bringen *fig.* to bring the truth to light, to disclose (*od.* unearth) the truth; diese Dinge werden doch eines Tages ans ~ kommen *fig.* these things will come to light one day; das ~ der Welt erblicken *fig. lit.* to (first) see the light of day, to be born; das ~

scheuen *fig.* to shun the light; **das wirft ein schlechtes ~ auf dich** *fig.* that throws a bad light (up)on you, that shows you (up) in a bad light; **die wiederholten Lügen warfen ein ungünstiges Licht auf den Angeklagten** *fig.* the repeated lies put the accused in an unfavo(u)rable light; **(sich** *dat*) **etwas bei ~ betrachten** *fig.* to examine s.th. closely; **bei ~(e) besehen ist alles gar nicht so schlimm** *fig.* when you come to look at it more closely (*od.* on closer examination) the matter is not (half) as bad as it seems; **an diesem Tag sah sie die ganze Welt in einem rosigen ~** *fig.* on this day she saw the whole world through rose-colo(u)red spectacles; **j-n hinters ~ führen** *fig. colloq.* to deceive (*od.* dupe, hoodwink) s.o., to take s.o. in, to pull the wool over s.o.'s eyes; **mir geht ein ~ auf** *fig. colloq.* I see the light, I see daylight, it dawns on me; **er ließ sein ~** (*od.* **das ~ seiner Weisheit**) **scheinen** (*od.* **leuchten**) *fig. humor.* he let his light shine; **wo viel ~ ist, ist auch viel Schatten** (*Sprichwort*) strong lights cast deep shadows; **kein großes ~ sein** *fig. colloq.* not to be a shining light (*od.* a genius), not to be very bright (*od.* one of the brightest). – **2.** (*Helle*) brightness. – **3.** (*Beleuchtung*) illumination, lighting. – **4.** (*Tageslicht*) daylight. – **5.** ⟨*pl auch* -e⟩ (*Kerze*) candle: **ein ~ anzünden** (*od.* **anstecken**) [**ausblasen**] to light [to blow out] a candle; **ein ~ putzen** to snuff a candle; **ein ~ aufstecken** to put (*od.* fix) a candle in a candlestick; **die ~er** (*poet.* **~e**) **auf den Weihnachtsbaum aufstecken** to put the candles on the Christmas tree; **j-m ein ~ aufstecken** *fig. colloq.* to open s.o.'s eyes, to put s.o. wise; **du solltest nicht dein ~ unter den Scheffel stellen** *fig.* you shouldn't hide your light under a bushel. – **6.** *cf.* Irrlicht. – **7.** (*art*) (high)light: **der Maler setzte noch einige ~er auf** the painter put in a few highlights (*od.* light patches *od.* parts). – **8.** *phys.* light: **auffallendes** (*od.* **einfallendes**) [**durchfallendes**] **~** incident [transmitted] light; **einfarbiges ~** monochromatic (*od.* homogenous) light; **~ und Wärme betreffend** photothermic. – **9.** *mar.* light: **~er führen** to carry lights. – **10.** *pl hunt.* (*Augen des Haar- u. Schalenwildes*) eyes.

licht *adj* ⟨-er; -est⟩ **1.** (*hell*) light, bright, lucid (*poet.*): **ein ~es Zimmer** a bright room; **~e Farben** bright (*od.* gay) colo(u)rs; **ein ~es Blau** a light blue; **es wird ~** it is getting light; **am ~en Tag** in broad daylight. – **2.** (*Haare*) thin, sparse. – **3.** (*Wald*) thin, open, clear. – **4.** (*Maschen*) wide, open. – **5.** (*in Wendungen wie*) **~e Augenblicke** (*od.* **Momente**) **haben** *psych. auch fig.* to have lucid moments (*od.* intervals). – **6.** ⟨*attrib*⟩ *tech.* **~er Durchmesser** inside diameter; **~e Weite eines Rohres** inside diameter of a tube. – **7.** ⟨*attrib*⟩ *civ.eng.* clear: **~e Weite einer Brücke** clear span of a bridge; **~e Höhe einer Brücke** clearance (*od.* headroom) of a bridge; **~er Raum** space in the clear, clearance. – **8.** *print.* (*Schrift*) open.

ˈLicht|ˌabˌga·be *f* emission of light. — **L~ˌabˌhän·gig** *adj biol.* light-dependent. — **~ad·ap·tiˌon** *f med.* (*des Auges*) light adaptation, photopia (*scient.*). — **~ag·greˌgat** *n electr.* lighting set. — **~ˌanˌla·ge** *f* lighting system (*od.* equipment). — **~ˌanˌlas·ser** *m auto.* starter generator (*od.* dynamo). — **~ˌanˌpas·sungsˌbril·le** *f* (*optics*) light-adaptation spectacles *pl.* — **~anˌten·ne** *f electr.* mains antenna (*bes. Br.* aerial). — **L~ˌarm** *adj* badly (*od.* poorly) lit. — **~ˌausˌstrah·lung** *f* light radiation, radiation of light. — **~ˌbad** *n med.* light bath. — **~beˌdürf·nis** *n biol.* light requirement: **hohes ~** photophily. — **L~beˌdürf·tig** *adj biol.* requiring light. — **~beˌhand·lung** *f med.* light treatment, phototherapy, actinotherapy, (*durch Sonne*) *auch* heliotherapy. — **L~beˌstän·dig** *adj cf.* lichtecht. — **~ˌbeu·gung** *f phys.* diffraction of light.

ˈLichtˌbild *n phot.* **1.** photo(graph), photographic picture: **farbiges ~** colo(u)r photograph, heliochrome (*scient.*). – **2.** (*Diapositiv*) (lantern) slide. – **3.** (*an die Wand projiziertes*) projection.

ˈLichtˌbil·derˌvorˌtrag *m cf.* Lichtbildvortrag.

ˈLichtˌbildˌkunst *f* (art of) photography.

ˈlichtˌbild·lich *adj* photographic.

ˈLichtˌbild·ner *m* ⟨-s; -⟩ *obs.* photographer.

ˈLichtˌbild|ˌvorˌtrag *m* lantern-slide lecture. — **~ˌwer·fer** *m phot.* projector.

ˈlichtˌblau *adj* light- (*od.* pale-)blue.

ˈLicht|ˌblen·de *f* **1.** *phot.* diaphragm, stop. – **2.** (*theater, film*) barn door. — **~ˌblick** *m* bright spot, ray (*od.* gleam) of hope: **wenigstens ein ~** at least a ray of hope; **das ist der einzige ~ in ihrem einsamen Leben** that is the only bright spot in her lonely life. — **~ˌblitz** *m mil.* (*bei Detonationen*) flash.

ˈLichtˌbo·gen *m electr.* (electric) arc: **Löschung des ~s** extinction of the arc; **mit dem ~ schweißen** *tech.* to arc-weld. — **~ˌbil·dung** *f* arcing. — **~ˌkoh·le** *f* arc-lamp carbon. — **~ˌschwei·ßung** *f tech.* arc welding. — **~ˌtriebˌwerk** *n* (*space*) arc jet.

ˈlichtˌbre·chend *adj* (*optics*) refracting, refractive; dioptric, *auch* dioptrical (*scient.*).

ˈLichtˌbre·chung *f* (*optics*) refraction (of light), optical refraction.

ˈLichtˌbre·chungs|ˌleh·re *f* (*optics*) dioptrics *pl* (*construed as sg*). — **~verˌmö·gen** *n* refractivity, (optical) refractive power.

ˈLicht|ˌbün·del, ~ˌbü·schel *n* (*optics*) light (*od.* luminous) beam, pencil of rays. — **~der·maˌti·tis** *f med.* solar dermatitis, actinodermatitis. — **L~ˌdicht** *adj* lightproof, *Br.* light-proof, lighttight, *Br.* light-tight, impervious to light. — **~ˌdich·te** *f* (*optics*) light density.

ˈLichtˌdruck *m print.* **1.** ⟨*only sg*⟩ (*Verfahren*) phototypy, collotypy. – **2.** (*Druckerzeugnis*) phototype, collotype, heliotype, artotype. — **~ˌät·zung** *f* photoprint. — **~ˌbild** *n* phototype. — **~ˌplat·te** *f* **1.** *print.* phototype. – **2.** *phot.* collotype, plate for collotype process. — **~verˌfah·ren** *n cf.* Lichtdruck 1.

ˈlichtˌdurchˌläs·sig *adj* pervious to light, translucent, transparent, light-transmissive (*od.* -transmitting). — **ˈLichtˌdurchˌläs·sig·keit** *f* ⟨-; *no pl*⟩ perviousness to light, translucence, translucency, transparency, light transmission.

ˈLich·te *f* ⟨-; *no pl*⟩ *civ.eng. tech.* **1.** (*einer Brücke etc*) clear span. – **2.** (*Innendurchmesser*) inside (*od.* internal) diameter.

ˈlichtˌecht *adj* lightproof, *Br.* light-proof, light-resisting, resistant to light (*od.* fading), *bes. Am.* lightfast, *bes. Br.* fade-proof, (*bes. Stoffe*) nonfading. — **ˈLichtˌecht·heit** *f* fastness (*od.* resistance) to light.

ˈLicht|ˌecht·heitsˌpro·be *f* (*textile*) light (*od.* exposure) test. — **~efˌfekt** *m* light(ing) effect. — **~ˌeinˌfall** *m* **1.** incidence of light. – **2.** *phot.* light leakage. — **~ˌeinˌwir·kung** *f* action of light. — **L~elek·trisch** [-ʔeˌlɛktrɪʃ] *adj* photoelectric, *Br.* photo-electric, actinoelectric, *Br.* actino-electric.

ˈlicht·empˌfind·lich *adj* **1.** sensitive to light. – **2.** (*optics*) *phot.* a) (light-)sensitive, photosensitive, b) (*empfindlich gemacht*) sensitized: **etwas ~ machen** to sensitize (*od.* excite) s.th.; **~es Papier** sensitized paper. — **ˈLicht·empˌfind·lich·keit** *f* ⟨-; *no pl*⟩ **1.** sensitivity to light. – **2.** *phot.* photosensitivity, speed.

ˈLicht|empˌfind·lich·keitsˌmes·ser *m* (*optics*) *phot.* sensitometer. — **~empˌfin·dung** *f* (*optics*) perception of light.

lich·ten[1] [ˈlɪçtən] **I** *v/t* ⟨h⟩ **1.** (*Wald*) clear. – **2.** *fig.* (*verringern*) thin (out): **die Reihen der Soldaten wurden gelichtet** the ranks of the soldiers were thinned. – **II** *v/reflex* **sich ~ 3.** get (*od.* grow) thin(ner), be thinning (out): **allmählich lichteten sich die Reihen** the rows were gradually thinning (out); **sein Haar lichtet sich schon** his hair is getting thin, he is getting thin on top; **dort lichtet sich der Wald** the forest gets thinner (*od.* less dense) there. – **4.** clear up, become brighter: **das Dunkel lichtet sich** a) it's clearing up, it's getting brighter, b) *fig.* I'm beginning to see the light. – **III L~** *n* ⟨-s⟩ **5.** *verbal noun.*

ˈlich·ten[2] **I** *v/t* ⟨h⟩ **den Anker ~** *mar.* to weigh anchor. – **II L~** *n* ⟨-s⟩ *verbal noun.*

ˈLicht|enerˌgie *f phys.* luminous (*od.* radiant) energy, energy of light. — **~entˌfer·nungsˌmes·ser** *m* astigmatizer.

ˈLich·ter|ˌbaum *m* Christmas tree. — **~ˌflut** *f* stream (*od.* blaze, dazzle) of light. — **~ˌfüh·rung** *f mar.* lights *pl* carried, running lights *pl.* — **~ˌglanz** *m* bright light(s *pl*): **die Straßen der Innenstadt im weihnachtlichen ~** the streets of the city with their bright Christmas illumination.

ˈlich·terˈloh *adv* **~ brennen** a) to be ablaze, b) *fig.* (*verliebt sein*) to be on fire.

ˈLich·terˌmeer *n* sea of lights: **das ~ der Großstadt bei Nacht** the sea of lights of the big city at night.

ˈLicht|erˌschei·nung *f* (*optics*) light (*od.* optical) phenomenon (*od.* effect). — **L~erˌzeu·gend** *adj* **1.** *biol.* photogenic. – **2.** *phys.* producing (*od.* generating) light. — **~ˌfil·ter** *n, m* (*optics*) light (*od.* ray, color, *bes. Br.* colour) filter. — **~ˌfin·gerˌscheinˌwer·fer** *m auto.* sealed beam headlamp. — **~ˌfleck** *m* fleck (*od.* speck) of light. — **~ˌfluß** *m* (*optics*) luminous (*od.* light) flux. — **~ˌfortˌpflan·zung** *f* light transmission, transmission of light. — **~geˌschwin·dig·keit** *f* speed (*od.* velocity) of light. — **~geˌstalt** *f poet.* luminous figure (*od.* vision, image). — **~ˌgit·ter** *n civ.eng.* light-admitting grille. — **~ˌheilverˌfah·ren** *n med.* phototherapy, heliotherapy.

ˈLichtˌhof *m* **1.** *civ.eng.* patio. – **2.** *phot.* halo, *auch* halation. – **3.** (*optics*) blur circle. – **4.** *astr.* halo. — **~ˌbil·dung** *f phot.* halation. — **L~ˌfrei** *adj* nonhalation (*attrib*). — **~ˌschutz** *m*, **~ˌschutzˌschicht** *f* antihalation backing.

ˈLicht|ˌhu·pe *f auto.* headlight flash(er). — **~ˌhüt·chen** *n* (candle) snuffer. — **~ˌjahr** *n astr.* light-year. — **~ˌka·bel** *n electr.* electric light cable. — **~ˌka·sten** *m med.* **1.** (*beim Röntgen*) viewing box. – **2.** (*für die Therapie*) electric cradle. — **~ˌke·gel** *m* **1.** (*optics*) cone (*od.* beam) of light, luminous cone. – **2.** (*einer Taschenlampe etc*) searchlight beam. — **~ˌkreis** *m astr.* **1.** (*um den Mondrand*) annulus. – **2.** (*bes. der Sonne*) photosphere. — **~ˌkup·pel** *f civ.eng.* domelight.

ˈLicht·lein *n* ⟨-s; -⟩ *dim. of* Licht.

ˈLicht|ˌlei·stung *f electr.* luminous efficiency. — **~ˌlei·ter** *m phys.* light conductor. — **~ˌlei·tung** *f electr.* lighting circuit (*od.* mains *pl*): **eine ~ legen** to instal(l) lighting wiring. — **L~ˌlie·bend** *adj biol.* light-loving, photophilous (*scient.*). — **L~los** *adj* without light, lightless, sunless, aphotic (*scient.*). — **~ma·leˌrei** *f* (*art*) highlight painting. — **~maˌschi·ne** *f auto. Br.* dynamo, *Am.* generator. — **~ˌmast** *m electr.* lighting pole.

ˈLichtˌmeß [-ˌmɛs] *only in* (**Mariä**) **~** *röm. kath.* Candlemas, Purification (of the Virgin Mary), *Am.* Groundhog Day.

ˈLichtˌmeß|bat·teˌrie *f mil.* flash-ranging battery. — **~ˌdienst** *m* flash-ranging service.

ˈLicht|ˌmes·sen *n mil.* flash ranging. — **~ˌmes·ser** *m* **1.** *tech.* light meter. – **2.** *phot.* a) photometer, b) *cf.* Belichtungsmesser. — **~ˌmes·sung** *f* **1.** *phys.* photometry. – **2.** *phot.* exposure control. — **~ˌnel·ke** *f bot.* a) lampflower, catchfly, lychnis (*scient.*) (*Gattg Lychnis*), b) campion (*Gattgen Lychnis u. Silene*): **Virginische ~** fire pink (*Silene virginica*); **Rote ~** red campion (*Melandryum diurnum*). — **~ˌnetz** *n electr.* lighting circuit (*od.* mains *pl*), electric supply line. — **~ˌnußˌbaum** *m bot.* candlenut (*Aleurites moluccana*). — **~ˌor·gel** *f* (*theater, film*) lighting console.

ˈLichtˌpaus|ˌanˌstalt *f* photocopying establishment. — **~ap·paˌrat** *m* photocopier, (photo)copying apparatus.

ˈLichtˌpau·se *f phot.* **1.** photocopy, photoprint. – **2.** (*Blaupause*) blueprint. – **3.** (*Rotpause*) red print.

ˈLichtˌpaus|geˌrät *n cf.* Lichtpausapparat. — **~paˌpier** *n* photocopy(ing) (*od.* photoprint) paper. — **~verˌfah·ren** *n* heliographic printing.

ˈLicht|ˌpunkt *m* **1.** bright (*od.* luminous) point. – **2.** *fig. cf.* Lichtblick. — **~ˌput·ze** [-ˌpʊtsə] *f* ⟨-; -n⟩, **~ˌputzˌsche·re** *f* (candle) snuffers *pl* (*construed as sg or pl*). — **~ˌquant** *n phys.* light quantum, quantum of radiation. — **~ˌquel·le** *f* source of light, luminous source. — **~ˌrecht** *n jur.* light (*right to the unobstructed access of light to one's window*). — **~reˌflex** *m* light reflection (*Br. auch* reflexion), reflex. — **~re·giˌon** *f biol.* (*des Meeres*) photic region (*od.* zone). — **~ˌreg·ler** *m phot.* exposure control. — **~ˌreiz** *m biol.* luminous stimulus. — **~reˌkla·me** *f cf.* Leuchtreklame. — **~reˌlais** *n electr.* light relay. — **~ˌrös·chen** *n*, **~ˌro·se** *f bot. cf.* Lichtnelke. — **~ˌrufˌanˌla·ge** *f tech.* light-signal (*od.* luminous) call system. — **~ˌsatz** *m print.* phototypography. — ~ˌ**schacht** *m* **1.** light shaft, (light) well. – **2.** *phot.* focus(s)ing hood. — ~ˌ**schal·ter** *m electr.* light switch. — ~ˌ**schein** *m* gleam (of light), shine, luster, *bes. Br.* lustre. — ~ˌ**sche·re** *f* (candle) snuffers *pl* (*construed as sg or pl*).

ˈ**lichtˌscheu I** *adj* **1.** shunning (*od.* avoiding) the light. – **2.** *fig. contempt.* shady: ~es Gesindel, ~e Elemente the underworld, shady characters (*colloq.*). – **3.** *biol. med.* photophobic, *auch* photophobe, heliophobous, *auch* heliophobic, lucifugous, *auch* lucifugal. – **II L~** *f* **4.** dislike (*od.* dread) of (*od.* aversion to) light. – **5.** *med. biol.* photophobia, heliophobia.

ˈ**Licht|ˌschim·mer** *m* gleam (*od.* glimmer) of light, shine. — ~ˌ**schirm** *m* (light) screen. — ~ˌ**schleu·se** *f phot.* light trap, light-trapped entrance (to darkroom). — **L~ˌschluckend** (*getr.* -k·k-) *adj phys.* light-absorbing, optically absorptive. — ~ˌ**schutz** *m* protection against light. — **L~ˌschwach** *adj* of low light intensity, faint, dim. — ~ˌ**sei·te** *f* sunny (*od.* bright) side: **auf der ~ des Lebens stehen** *fig.* to be on the sunny side of life. — ~ˌ**setz·maˌschi·ne** *f print.* photocomposing machine.

ˈ**Licht·siˌgnal** *n* **1.** light (*od.* luminous, flash) signal. – **2.** (*Ampellicht*) traffic light. – **3.** (*Blinklicht*) flashlight, flashing light. – **4.** *auto.* flash signal: **j-m ein ~ geben** to flash one's lights at s.o. — ~ˌ**anˌla·ge** *f* light-signal system.

ˈ**Lichtˌspalt** *m* crack of light. — ~ˌ**leh·re** *f tech.* light gap ga(u)ge. — ~**verˌfah·ren** *n* light gap method.

ˈ**Lichtˌspek·trum** *n phys.* light spectrum.

ˈ**Lichtˌspiel** *n* **1.** *bes. Br.* film, *Br. colloq.* picture, *bes. Am.* motion picture, *bes. Am. colloq.* movie. – **2.** *pl cf.* Lichtspielbühne. — ~ˌ**büh·ne** *f*, ~ˌ**haus** *n*, ~**thea·ter** [-teˌaːtər] *n Br.* cinema, picture house, *Am.* (motion) picture (*od. colloq.* movie) theater.

ˈ**lichtˌstark** *adj* **1.** (*Stern etc*) bright, luminous, brilliant, of high luminous intensity. – **2.** *phot.* (*Objektiv*) fast, high-speed (*attrib*). – **3.** (*optics*) high-power (*od.* -luminous) (*attrib*).

ˈ**Lichtˌstär·ke** *f* **1.** intensity of light, luminous intensity, luminosity, brightness, brilliancy. – **2.** (*von Glühbirnen*) candlepower. – **3.** *phot.* speed, F-number. – **4.** (*optics*) power. — ~ˌ**mes·ser** *m phys.* photometer. — ~ˌ**mes·sung** *f* photometry.

ˈ**Licht|ˌstar·re** *f med.* (*der Pupille*) fixed pupil. — ~ˌ**steinˌdruck** *m print.* photolithography. — ~ˌ**steu·er·geˌrät** *n electr.* light monitoring device. — ~ˌ**steue·rung** *f* (*theater*) light modulation (*od.* control). — ~ˌ**strahl** *m* **1.** ray (*od.* shaft, beam) of light, light (*od.* luminous) ray. – **2.** *fig. cf.* Lichtblick. — ~ˌ**strah·lenˌmes·ser** *m phys.* actinometer. — ~ˌ**strah·lenˌwir·kung** *f chem. phys.* actinism. — ~ˌ**strah·lung** *f* radiation of light. — ~ˌ**strei·fen** *m* streak of light. — ~ˌ**streu·ung** *f phys.* diffusion of light. — ~ˌ**strom** *m* **1.** *phys.* luminous flux. – **2.** *electr.* lighting current. — ~ˌ**stumpf** *m* stump (*od.* stub, end) of a candle. — ~ˌ**tech·nik** *f electr.* **1.** light current (*od.* lighting) engineering. – **2.** (*Beleuchtungstechnik*) lumination. — ~ˌ**teil·chen** *n phys.* light corpuscle, photon. — ~**the·raˌpie** *f med.* phototherapy, heliotherapy.

ˈ**Lichtˌton** *m phot.* sound-on-film. — ~ˌ**aufˌnah·me** *f* photographic sound-film recording. — ~**verˌfah·ren** *n* sound-(on-)film process.

ˈ**licht|ˌunˌdurchˌläs·sig** *adj* impervious to light, opaque. — **L~ˌunˌdurchˌläs·sig·keit** *f* ⟨-; *no pl*⟩ imperviousness to light, opacity, opaqueness. — ~ˌ**unˌecht** *adj* (*textile*) fading, fugitive. — ~ˌ**un·empˌfind·lich** *adj* light-insensitive, insensitive (*od.* not sensitive) to light: **etwas ~ machen** *phot.* to desensitize s.th.

ˈ**Lich·tung** *f* ⟨-; -en⟩ **1.** *cf.* Lichten[1] *u.* [2]. – **2.** (*im Wald*) clearing, opening, glade.

ˈ**Licht|verˌbrauch** *m electr.* current consumed for lighting, lighting current consumption. — ~**verˌhält·nis·se** *pl* lighting conditions. — ~**verˌstär·kung** *f phys.* light amplification. — ~**verˌtei·lung** *f* (*bes. art*) distribution of light, lighting. — **l~ˌvoll** *adj fig.* (*klar, einleuchtend*) lucid, clear. — ~ˌ**wech·sel** *m astr.* light variation. — ~ˌ**weg** *m phys.* light path. — ~ˌ**wei·te** *f tech.* inside width. — ~ˌ**wel·le** *f phys.* light wave. — **l~ˌwen·dig** *adj biol.* phototropic. — ~ˌ**wen·dig·keit** *f* phototropism. — ~ˌ**wert** *m phot.* exposure (*od.* light) value. — ~ˌ**wir·kung** *f* action (*od.* effect) of light, luminous effect. — ~ˌ**wurz** *f bot. cf.* Schöllkraut. — ~ˌ**zei·chen** *n* light signal. — ~ˌ**zeit** *f astr.* light-time. — ~**zerˌle·gung** *f phys.* **1.** (*von Licht*) decomposition of light. – **2.** (*durch Licht*) photolysis. — ~**zerˌstreu·ung** *f* dispersion of light.

Lid [liːt] *n* ⟨-(e)s; -er⟩ (eye)lid: **die ~er heben [senken]** to raise [to lower] one's eyelids; **die ~er zusammenkneifen** to half-close one's eyelids; **seine ~er zuckten** his eyelids twitched; **schwere ~er haben** to have heavy eyelids.

li·dern [ˈliːdərn] *v/t* ⟨h⟩ **1.** *mil.* (*Rohrwaffen*) obturate. – **2.** *tech.* pack (*s.th.*) with leather, gasket. — ˈ**Li·de·rung** *f* ⟨-; -en⟩ **1.** *mil.* obturation. – **2.** *tech.* gasket, packing.

ˈ**Lid|ˌknor·pel** *m zo.* palpebral (*od.* tarsal) cartilage, tarsus. — ~ˌ**krampf** *m med.* spasm of the eyelids, blepharospasm (*scient.*).

Li·do [ˈliːdo] *m* ⟨-s; -s, *auch* Lidi [-di]⟩ **1.** *geol.* barrier beach. – **2.** (bathing) beach, lido: **der ~** (*bei Venedig*) (the) Lido.

ˈ**Lid|pinˌzet·te** *f med.* lid forceps. — ~ˌ**schat·ten** *m* (*cosmetics*) eye shadow. — ~ˌ**spalt** *m med.* palpebral fissure. — ~ˌ**win·kel** *m* angle of the eye, canthus (*scient.*).

lieb [liːp] **I** *adj* ⟨-er; -st⟩ **1.** (*teuer, wert*) dear: **ein ~er Freund** a dear friend; **~e Tante Anna** (*als Anrede*) dear Aunt Anne; **L~er Herr X** Dear Mr. X; **wie geht es deiner ~en Frau?** how is the good lady? **mein ~es Kind** *auch iron.* my dear child; **er verlor alles, was ihm ~ war** he lost everything that was dear to him; **er ist mir ~ und wert** he is very dear to me, I love and esteem him; **diese Menschen sind mir ~ und teuer** these people are near and dear to me; **ja, die ~en Verwandten!** *iron.* oh, the dear relatives; **wenn dir dein Leben ~ ist** if you value your life; **die ~e Sonne** the blessed sun; **das ~e Brot** the daily bread; **jaja, das ~e Geld** oh, money! yes, the root of all evil! **um des ~en Friedens willen** for the sake of peace and quiet; **sich ~ Kind bei j-m machen** *colloq.* to worm oneself into s.o.'s favo(u)r (*od.* good graces), to ingratiate oneself with s.o.; **bei j-m ~ Kind sein** *colloq.* to be in s.o.'s good books (*od.* graces), to be s.o.'s pet; **er hat kaum das ~e Leben** he can hardly keep body and soul together; **den ~en langen Tag** all day long, the livelong day; **sie hat die ~en langen Jahre gewartet** she has waited during all those long years; **manches ~e Mal, manch ~es Mal** many a good time, many a time and oft; **seine ~e Not** (*od.* Last, Sorge) **mit j-m [etwas] haben** *colloq.* to have a lot of trouble with s.o. [s.th.]; **nun hat die ~e Seele Ruh** *colloq.* that's the lot, you had better be satisfied now; **das weiß der ~e Himmel!** *colloq.* heaven (only) knows; **du ~er Himmel! du ~e Güte** (*od.* Zeit, Neune)! **du ~es bißchen!** *colloq.* good heavens! goodness gracious! dear me! **mein ~er Mann** (*od.* Schwan)! *colloq.* my dear chap, I can tell you! – **2.** (*freundlich, nett*) kind, good, nice: **würden Sie so ~ sein, mir zu helfen** (*od.* **und mir helfen**)? would you be so kind as to help me? will you be good enough to (*od.* be so good as to) help me? **wie ~ von dir** how kind of you; **mit ~en Grüßen** with kind regards. – **3.** (*reizend, liebenswert*) dear, sweet, lovable, darling (*attrib*), pretty: **ein ~es Gesicht** a sweet face; **eine ~e Stimme** a sweet voice; **ein ~es kleines Mädchen** a sweet little girl; **ist das Baby nicht ~?** isn't the baby sweet? **so ein ~es Ding** such a little darling; **welch ein ~er kleiner Garten** what a pretty (*od.* darling) little garden; → Kerl 1. – **4.** (*brav, artig*) good, well-behaved (*attrib*): **sei ~!** be a good child, be good; **so bist du ~** there's a good child; **die Kinder waren sehr ~** the children behaved beautifully. – **5. es ist mir ~, daß** I am glad that, I am pleased to hear that, it suits me fine that; **es ist mir nicht ~, daß** I don't like it that, it doesn't suit me that; **das ist mir gar nicht ~** I don't like that at all; **es wäre mir lieb, wenn** I would be glad if; **er gab mir mehr, als mir ~ war** he gave me more than I really wanted. – **6.** *relig.* **Unsere L~e Frau** Our Lady, the Blessed Virgin; **der ~e Gott** the good Lord. – **II** *adv* **7.** dearly, fondly: **denk ein bißchen ~ an mich** think fondly of me. – **8.** kindly: **sie haben uns sehr ~ behandelt** they treated us very kindly. – **9.** sweetly: **j-n ~ anschauen** to look at s.o. sweetly. – **10.** well, nicely: **die Kinder haben sich sehr ~ benommen** the children behaved nicely. – **III L~e, das** ⟨-n⟩ **11.** (*in Wendungen wie*) **etwas L~es** something nice (*od.* kind, pleasant); **er sagte viel L~es und Gutes von ihr** he said many nice and pleasant things about her; **j-m etwas L~es erweisen** (*od.* antun) to be kind to s.o.; **alles L~e und Gute!** my best wishes!

Lieb *n* ⟨-s; *no pl*⟩ *obs. u. poet.* love, darling, dear: **mein ~!** my love.

ˈ**Liebˌäu·gel** [-ˌˀɔʏɡəl] *n* ⟨-s; -⟩ *bot.* **1.** dog's-(*od.* hound's-)tongue (*Cynoglossum officinale*). – **2.** *cf.* Gartenvergißmeinnicht.

ˈ**liebˌäu·geln** *v/i* ⟨*insep*, ge-, h⟩ **1. mit etwas ~** a) to ogle s.th., b) *fig.* to flirt with s.th.: **sie liebäugelt schon eine ganze Zeit mit dem Kleid** she has been ogling that dress for quite a time; **mit dem Kauf eines Wagens ~** to flirt with the idea of buying a car; **sie ~ mit dem Gedanken auszuwandern** they are flirting (*od.* toying) with the idea of emigrating. – **2. mit j-m ~** to ogle s.o., to make eyes at s.o., to exchange amorous (*od.* tender) glances with s.o.

ˈ**lieb·beˌhal·ten** *v/t* ⟨*irr, sep, no* -ge-, h⟩ **j-n [etwas] ~** to hold s.o. [s.th.] dear.

ˈ**Lieb·chen** *n* ⟨-s; -⟩ **1.** love, sweetheart, truelove. – **2.** *contempt.* paramour.

Lieb·den [ˈliːpdən] *f* ⟨-; *no pl*⟩ *only in* **Euer ~** *obs. etwa* my Lord.

Lie·be[1] [ˈliːbə] *f* ⟨-; *no pl*⟩ **1.** (*zu den Eltern, zur Heimat, zum Leben etc*) love: **väterliche [mütterliche] ~** fatherly (*od.* paternal) [motherly *od.* maternal] love (*od.* affection); **~ zu j-m** (*od.* **für j-n**) love of (*od.* for, toward[s]) s.o.; **~ zu etwas** love of (*od.* for) s.th.; **die ~ zu Gott [zu den Menschen, zum Vaterland]** the love of God [of men, of one's country]; **die ~ zum Leben [zur Wahrheit]** the love of life [truth]; **~ zum Nächsten** love for one's neighbo(u)r; **die ~ der Eltern zu den Kindern** the parents' love of (*od.* for) their children; **etwas aus ~ für j-n tun** to do s.th. out of love for s.o.; **die hingebende** (*od.* **aufopfernde**) **~ einer Mutter zu ihren Kindern** the devoted love (*od.* the devotion) of a mother to her children; **j-n mit ~ überhäufen** to lavish one's love (*od.* affection) on s.o.; **~ verströmen** to shed love; **so weit geht die ~ nicht** *colloq.* that's going a bit too far. – **2.** (*zwischen Mann u. Frau*) love: **heftige** (*od.* **leidenschaftliche**) **~** passionate love, passion; **abgöttische ~** idolatry; **vernarrte ~** infatuation; **erste ~** first (*od.* puppy) love; **eheliche [außereheliche] ~** marital [extramarital] love; **freie [geschlechtliche, sinnliche, fleischliche] ~** free [sexual, sensual, carnal] love; **blinde [feurige, heiße] ~** blind [fiery, fervent] love; **treue [tiefe, glühende, stürmische] ~** true [deep, ardent, violent] love; **platonische [reine, keusche, unerwiderte] ~** Platonic [pure, chaste, unrequited] love; **~ auf den ersten Blick** love at first sight; **aus ~ heiraten** to marry for love; **er tat es aus ~ zu ihr** he did it out of love for her; **~ für j-n empfinden** (*od.* **fühlen**) to be in love with s.o.; **in ~ zu j-m entbrennen** to fall violently in love with s.o.; **Glück [Unglück] in der ~ haben** to be lucky [unlucky] in love; **er ist in ~ zu ihr entflammt** he is inflamed with love for her; **j-m seine ~ erklären** (*od.* **gestehen**) to confess one's love to s.o.; **die ~ erwachte in ihr** her love was awakened (*od.* aroused, stirred); **j-s ~ erwidern** to return (*od.* reciprocate) s.o.'s love; **bei j-m um ~ werben** to try to win s.o.'s love; **ihre ~ erkaltete** her love grew cold; **j-m ~ schwören** to swear one's love to s.o.; **ein Kind der ~** a love child; **ein Pfand der ~** a pledge of love; **mit der ~ einer Frau spielen** to dally with a woman's love (*od.* affection); **ich hätte sie vor ~ fressen können** *colloq.* I could have eaten her; **~ macht blind** (*Sprichwort*) love is blind (*proverb*); **~ geht durch den Magen** (*Sprichwort*) the way to a man's heart is through his stomach (*proverb*); **alte ~ rostet nicht** (*Sprichwort*) an old flame never dies, old love lies deep. – **3.** (*Zuneigung*) affection, fondness, liking. – **4.** (*Anhänglichkeit*) attachment. – **5.** (*innere Anteilnahme*) love, heart: **mit ~ zubereitet** prepared with love (*od.* loving care, lovingly); **mit Lust und ~** with heart and soul; **er ist mit Lust und ~ dabei** he really has his heart in it; **ohne ~ gemacht** done without care. – **6.** (*christliche Liebe, Mildtätigkeit*) charity: **Werke der ~** charitable works; **etwas mit dem Mantel der ~ zudecken** to cover s.th. with a cloak of charity. – **7.** favor, *bes. Br.* favour, kindness, good turn: **j-m eine ~ erweisen** to do s.o. a favo(u)r; **tu mir die ~ und hilf mir** do me the favo(u)r of helping me; **eine ~ ist der anderen wert** (*Sprichwort*) one good turn deserves another (*proverb*), turn about is fair play (*proverb*). – **8.** (*Person*) love, flame (*colloq.*): **eine alte ~ von mir** an old flame of mine; **er hat seine große ~ geheiratet** he married his great love. – **9.** (*Liebschaft*) love (affair), romance, amour. – **10. Brennende ~** *bot.* scarlet lychnis, Maltese cross (*Lychnis chalcedonica*).

'Lie·be[2] *m, f* ⟨-n; -n⟩ dear (*od.* beloved) person, dear: **mein ~r** a) my dear, my darling, b) *colloq. iron.* my dear friend; **so geht das nicht, mein ~r!** my dear friend, you can't do it like that! **meine ~n** a) (*als Anrede*) my dear friends, dear all, b) (*Angehörige*) my beloved ones, my family *sg*; **für dich und deine ~n** for you and your family (*od.* yours).

'lie·be·be,dürf·tig *adj* wanting (*od.* needing) love: **das Kind ist sehr ~** the child wants (*od.* needs) much love.

'Lie·be|,die·ner *m contempt.* toady, timeserver, *Br.* time-server, sycophant. — **~-die·ne'rei** [,liːbə-] *f* timeserving, *Br.* time-serving, fawning, cringing, obsequiousness, servility, toadyism, sycophancy. — **l~,die·ne·risch** *adj* timeserving, *Br.* time-serving, fawning, cringing, obsequious, servile, fawning, sycophantic, subservient. — **l~,die·nern** *v/i* ⟨*insep*, ge-, h⟩ j-m ~ to toady (*od.* play up) to s.o., to cringe to (*od.* before) s.o., to fawn upon s.o.

'lie·be,leer *adj lit.* (*Leben, Dasein etc*) devoid of (*od.* without) love, loveless.

Lie·be'lei *f* ⟨-; -en⟩ flirtation, dalliance, amour, love affair: **eine ~ mit j-m haben** to have a love affair with s.o.

lie·beln ['liːbəln] *v/i* ⟨h⟩ (mit) flirt (with), make love (to), dally (with).

lie·ben ['liːbən] **I** *v/t* ⟨h⟩ **1.** (*Eltern, Heimat, Freiheit, Gerechtigkeit etc*) love: **seine Mitmenschen [seinen Nächsten] ~** to love one's fellowmen (*od.* fellow human beings) [neighbo(u)r]; **j-n ~ und schätzen** to love and respect s.o. – **2.** (*Mann, Frau*) love, be in love with: **er liebt sie** he loves her; **sie ~ sich** (*od.* **einander**) they love each other (*od.* one another), they are in love (with each other); **j-n zärtlich [treu] ~** to love s.o. tenderly [truly]; **j-n leidenschaftlich [blind] ~** to love s.o. fervently [blindly]; **j-n unglücklich ~** to love s.o. in vain; **j-n rasend** (*od.* **wahnsinnig**) **~** to be madly in love with s.o., to love s.o. to distraction; **j-n innig ~** to adore s.o.; **was sich liebt, das neckt sich** (*Sprichwort*) *etwa* lovers like to tease each other. – **3.** (*gern haben*) love, like, be fond of, enjoy: **den Komfort ~** to like comfort; **das Segeln ~** to like (*od.* go in for) sailing; **(die) Musik ~** to be fond of music; **Rosen ~ das Sonnenlicht** roses like sunlight; **ich liebe es nicht, davon zu sprechen** I do not like to speak about (*od.* of) it; **ich liebe so etwas nicht** I don't like that (*od.* this) kind of thing; **er liebt das gar nicht** he doesn't like that at all, he hates that (sort of thing). – **II** *v/i* **4.** love: **leidenschaftlich ~** to love passionately; **unglücklich ~** to be unlucky (*od.* crossed) in love. – **III** *v/reflex* **sich ~ 5.** love oneself: **er liebt nur sich (selbst)** he loves himself only. — **'lie·bend I** *pres p.* – **II** *adj* loving, affectionate: **ein ~er Gatte** a loving husband; **sich selbst ~** self-loving. – **III** *adv* **~ gern** with (the greatest) pleasure, gladly: **kommst du mit mir? ~ gern** are you coming with me? with the greatest pleasure (*od.* I should love to).

'Lie·ben·de *m, f* ⟨-n; -n⟩ lover, person in love: **die (beiden) ~n** the (two) lovers.

'lie·ben,ler·nen *v/t* ⟨*sep*, -ge-, h⟩ **j-n [etwas] ~** to come (*od.* get) to like (*od.* love) s.o. [s.th.].

'lie·bens,wert *adj* (*Person, Wesen etc*) lovable, *auch* loveable, *Am. auch* lovely, likable, *auch* likeable, amiable, loveworthy: **sie hat ein ~es Wesen** she has an amiable nature.

'lie·bens,wür·dig I *adj* **1.** *cf.* liebenswert. – **2.** (*freundlich*) kind, good, obliging, nice: **er war so ~, mir zu helfen** he was kind enough (*od.* so kind as) to help me; **das ist sehr ~ von Ihnen** that is very kind of you. – **3.** (*gewinnend*) attractive, engaging, charming: **er hat eine ~e Art** he has engaging manners, he has an engaging nature (*od.* way about him). – **II** *adv* **4.** kindly: **j-n ~ behandeln** to treat s.o. kindly.

'lie·bens,wür·di·ger'wei·se *adv* kindly: **mein Nachbar hat mir ~ seine Hilfe angeboten** my neighbo(u)r has kindly offered his help (*od.* to help me), my neighbo(u)r was kind enough to offer me his help.

'Lie·bens,wür·dig·keit *f* ⟨-; -en⟩ **1.** ⟨*only sg*⟩ (*des Charakters*) amiability, amiableness. – **2.** ⟨*only sg*⟩ (*im Verhalten*) attractiveness, charm, engagingness: **ihre ~ bezaubert alle** everybody is entranced by her charm. – **3.** ⟨*only sg*⟩ kindness, goodness: **würden Sie die ~ haben, mir zu helfen?** would you do me the kindness of helping me? **er hatte die ~, mich einzuladen** he had the kindness to invite me. – **4.** *pl* kindnesses, amiabilities, amenities: **nach ein paar ~en** after a few amiabilities; **ein Austausch von ~en** an exchange of amenities; **sich ~en an den Kopf werfen** *iron.* to hurl insults at one another.

'lie·ber[1] *comp of* lieb: **deine kleine Schwester ist viel ~ als du** your little sister is much nicer than you (are).

'lie·ber[2] **I** *comp of* gern. – **II** *adv* **1.** (*eher*) rather, sooner: **er würde ~ sterben als seine Freunde verraten** he would rather die than betray his friends; **ich möchte ~ nicht** I'd rather not; **ich wüßte nicht, was ich ~ täte** *oft iron.* I don't know what I would sooner do. – **2.** (*besser*) better: **Sie sollten jetzt ~ gehen** you had better go now; **laß es ~** you'd better leave it. – **3. etwas ~ mögen** (*od.* **haben**) to prefer s.th., to like s.th. better: **ich esse ~ Brot** I prefer bread; **er trinkt ~ Wein als Bier** he prefers wine to beer, he likes wine better than beer; **ich hätte es ~** (*od.* **es wäre mir ~**), **wenn du mitkämst** I'd prefer you to come with me, I'd rather have you come with me.

'Lie·bes|,aben·teu·er *n* (love) affair, amorous adventure, amour. — **~af,fä·re** *f* (love) affair, romance, amour. — **~,an·ge,le·gen·heit** *f* affair of the heart. — **~,ap·fel** *m bot. cf.* Tomate. — **~,ban·de** *pl* bonds (*od.* ties) of love. — **~,be·cher** *m* loving cup. — **~be,dürf·nis** *n* need (*od.* desire) for love. — **~be,teue·rung** *f* protestation of love. — **~be,weis** *m* proof of love. — **~be,zei·gung** *f* expression (*od.* demonstration) of love. — **~be,zie·hung** *f* **1.** love relation. – **2.** love affair, amour. — **~,blick** *m* amorous look (*od.* glance). — **~,bo·te** *m* messenger of love. — **~,brief** *m* love letter, billet-doux, billy-do(o) (*sl.*). — **~,dich·tung** *f* (*literature*) love song, love (*od. rare* amatory, erotic) poem (*od. collect.* poetry). — **~,die·ne·rin** *f euphem. iron.* prostitute. — **~,dienst** *m* favor, *bes. Br.* favour, good turn, kindness: **j-m einen ~ leisten** (*od.* **erweisen**) to do s.o. a favo(u)r (*od.* good turn); **j-n um einen kleinen ~ bitten** to ask a small favo(u)r of s.o. — **~,din·ge** *pl* lovemaking *sg*, *Br.* love-making *sg*: **in ~n erfahren sein** to be experienced in lovemaking. — **~er,klä·rung** *f* declaration (*od.* confession) of love: **(j-m) eine ~ machen** to propose (to s.o.), to declare one's love (to s.o.), to pop the question (to s.o.) (*colloq.*). — **~er,leb·nis** *n* romance. — **~,ga·be** *f meist pl* alms (*usually construed as pl*), (charitable) gift. — **~,ga·ben·pa,ket** *n* gift parcel. — **~,gar·ten** *m* (*art*) garden of love. — **~ge,dicht** *n* (*literature*) love (*od. rare* amatory, erotic) song (*od.* poem). — **~,gei·ge** *f mus.* viola d'amore, violet. — **~ge,nuß** *m* enjoyment of sexual pleasure (*od.* love). — **~ge,schich·te** *f* **1.** (*literature*) love story, *Br.* love-story, romance. – **2.** love affair. — **~ge,ständ·nis** *n cf.* Liebeserklärung. — **~,glück** *n* **1.** happiness of love. – **2.** success (*od.* good fortune) in love. — **~,glut** *f* rapture (*od.* fire, ardor, *bes. Br.* ardour) of love: **~ fühlt keine Schmerzen** (*Sprichwort*) *etwa* where love reigns, pain is forgotten. — **~,gott** *m* god of love, Cupid, Amor, Eros. — **~,göt·tin** *f* goddess of love, Venus, Aphrodite. — **~,gras** *n bot.* love grass (*Gattg Eragrostis*). — **~,gunst** *f* (sexual) favor (*bes. Br.* favour). — **~,han·del** *m* love affair. — **~,hei·rat** *f* love match. — **~,kla·ge** *f* lover's complaint (*od.* lament). — **~,kno·ten** *m her.* love (*od.* lover's, true-love, true lover's) knot. — **l~,krank** *adj* love-sick. — **~,krank·heit** *f* **1.** lovesickness. – **2.** *colloq. for* Liebestollheit 1. — **~,kum·mer** *m* lover's grief (*od.* worry): **sie hat großen ~** she suffers from lover's grief. — **~,kunst** *f* art of love (*od.* loving): „**Die ~**" "Art of Love" (*by Ovid*). — **~,le·ben** *n* sexual (*od.* love) life. — **~,lied** *n* love song. — **~,lust** *f* pleasure (*od.* joy, delight) of love. — **~,mahl** *n* **1.** *relig.* love feast, agape (*scient.*). – **2.** *mil.* communal banquet (of German officers). — **~,mü·he** *f* labor (*bes. Br.* labour) of love: **vergebliche ~** a vain (*od.* useless) labo(u)r of love; „**Verlorene Liebesmüh**" "Love's Labour's Lost" (*comedy by Shakespeare*). — **~,nest** *n* love nest. — **~,paar, ~,pär·chen** *n* pair of lovers, loving couple, lovers *pl*. — **~,pfand** *n* **1.** love token. – **2.** *fig.* (*Kind*) child, pledge of love. — **~,pfeil** *m* **1.** Cupid's arrow (*od.* dart). – **2.** *zo.* (love) dart, spicula amoris (*scient.*). — **~,pflicht** *f* charitable duty. — **~,qual** *f meist pl* pangs *pl* (*od.* torments *pl*) of love. — **~,rausch** *m* transport (*od.* rapture, ecstasy) of love. — **~ro,man** *m* (*literature*) love novel, romance. — **~,sa·che** *f* **1.** love affair. – **2.** *pl cf.* Liebesdinge. — **~,schlei·fe** *f her. cf.* Liebesknoten. — **~,schmerz** *m cf.* Liebeskummer. — **~,schwur** *m* lover's oath. — **~,spiel** *n* **1.** foreplay. – **2.** *pl* petting *sg*. — **~,spra·che** *f* language of love. — **~,sze·ne** *f* (*theater*) love scene. — **~,tanz** *m zo.* mating dance.

'lie·bes,toll *adj* **1.** crazed (*od.* mad) with love. – **2.** *med. psych.* a) erotomaniac, *auch* erotomaniacal, erotomanic, b) (*nur bei Männern*) satyromaniac, c) (*nur bei Frauen*) nymphomaniac, *auch* nymphomaniacal, nymphomanic. — **'Lie·bes,toll·heit** *f* **1.** love-madness, madness of love. – **2.** *med. psych.* a) erotomania, eroticomania, b) (*nur bei Männern*) satyriasis, c) (*nur bei Frauen*) nymphomania.

'Lie·bes|,tö·ter *pl colloq. humor.* passion killers. — **~,trank** *m* (love-)philter (*bes. Br.* philtre), love-potion. — **l~,trun·ken** *adj* intoxicated (*od.* drunk) with love. — **~ver,hält·nis** *n* love affair, liaison: **geheimes ~** love intrigue, clandestine love affair. — **~,vö·gel** *pl zo. cf.* Unzertrennliche. — **~,wahn(,sinn)** *m med. cf.* Liebestollheit 2. — **~,wer·ben** *n* **1.** courting, courtship, suit of love, wooing. – **2.** (*in der Verhaltensforschung*) courting behavior (*bes. Br.* behaviour). — **~,werk** *n meist pl* charitable deed, work of charity. — **~,won·ne** *f cf.* Liebeslust. — **~,wut** *f cf.* Liebestollheit 1. — **~,zau·ber** *m* love spell (*od.* charm). — **~,zei·chen** *n* sign (*od.* token) of love, love token.

'lie·be,voll I *adj* **1.** loving, affectionate, tender: **~e Fürsorge** loving care; **ihre ~en Worte** her loving words. – **2.** (*freundlich*) kind, amiable, affable: **sie ist ein sehr ~er Mensch** she is a very kind person. – **II** *adv* **3. sie pflegte ihn ~** she took loving care of him; **er redete ihr ~ zu** he talked to her lovingly; **sie sah ihn ~ an** she gave him a tender look.

,Lieb'frau·en|,bett,stroh *n bot.* Saint-John's-wort, hardhay (*Gattg Hypericum*). — **~,di·stel** *f* Scotch thistle (*Onopordon acanthium*). — **~,kir·che** *f relig.* St. Mary's (Church). — **~,milch** *f gastr.* (*Rheinweinsorte*) Liebfraumilch, *auch* Liebfrauenmilch.

'lieb·ge,win·nen *v/t* ⟨*irr, sep, pp* liebgewonnen, h⟩ **j-n ~** to take (a fancy) to s.o., to come (*od.* get) to like s.o., to become (*od.* get, grow) fond of s.o.

'lieb·ge,wor·den *adj* ⟨*attrib*⟩ (*Gewohnheit etc*) cherished, fond, dear.

'lieb,ha·ben *v/t* ⟨*irr, sep*, -ge-, h⟩ like, be fond of, (*stärker*) love: **j-n ~** a) to be fond of s.o., to hold s.o. dear, b) *fig. colloq.* (*umarmen*) to give s.o. a (big) hug, to love s.o. up; **sie haben sich** (*od.* **einander**) lieb they love each other (*od.* one another); **wen Gott lieb hat, den züchtigt er** *Bibl.* whom God loveth he chasteneth.

'Liebˌha·ber *m* ⟨-s; -⟩ **1.** (*Verehrer einer Frau*) lover, admirer, suitor, beau: **sie hat schon wieder einen neuen ~** she's found herself a new lover already; **ein schmachtender ~** a love-sick suitor; **sie hat viele ~** she has many admirers. – **2.** (*Geliebter*) lover, sweetheart: **er ist ihr ~** he is her lover; **aus dem ~ ist ein Bräutigam geworden** the sweetheart has become a groom. – **3.** (*Kunstliebhaber*) lover, admirer, amateur, dilettante, *auch* dilettant, dilletante: **er ist ein ~ moderner Musik** he is a lover of contemporary music. – **4.** (*Bewunderer etc*) admirer: **das Buch fand viele ~** the book had many admirers; **das Gemälde hat einen ~ gefunden** *fig. euphem.* the painting has been stolen (*od. colloq.* pinched). – **5.** (*Kenner*) connoisseur, fancier: **diese Münze hat nur für ~ Wert** this coin would be appreciated only by connoisseurs. – **6.** (*Enthusiast*) devotee, fan (*colloq.*). – **7.** (*theater*) **jugendlicher ~** juvenile lead, jeune premier; **erster ~** leading gentleman.

'Liebˌha·ber|ˌausˌga·be *f print.* collector's (*od.* de luxe) edition. — **~ˌbüh·ne** *f* (*theater*) amateur (*od.* little) theater.

ˌLieb·ha·be'rei *f* ⟨-; -en⟩ **1.** (**für** for) fancy, liking, (*stärker*) passion. – **2.** (*Steckenpferd*) hobby: **er malt nur aus ~** he just paints as a hobby (*od.* for fun).

'Liebˌha·be·rin *f* ⟨-; -nen⟩ **1.** *cf.* Liebhaber 3—6. – **2.** (*theater*) **jugendliche ~** jeune première.

'Liebˌha·ber|ˌpreis *m* collector's (*od.* fancy) price. — **~ˌrol·le** *f* (*theater*) romantic role (*od.* rôle), lover's part. — **~thea·ter** [-teˌaːtər] *n cf.* Liebhaberbühne. — **~ˌwert** *m* collector's value: **das Buch besitzt nur ~** the book is of value only to a collector.

'liebˌko·sen[1] *lit.* **I** *v/t* ⟨*insep*, ge-, h⟩ caress, fondle, cuddle: **sich** (*od.* **einander**) **~** to caress one another. – **II L~** *n* ⟨-s⟩ *verbal noun.*

ˌlieb'ko·sen[2] *lit.* **I** *v/t* ⟨*insep*, *no* ge-, h⟩ *cf.* liebkosen[1]. – **II** *n* ⟨-s⟩ *verbal noun.*

Lieb·ko·sung ['liːpˌkoːzʊŋ; ˌliːp'koːzʊŋ] *f* ⟨-; -en⟩ **1.** *cf.* Liebkosen[1] *u.* [2]. – **2.** caress, cuddle, endearment.

lieb·lich ['liːplɪç] **I** *adj* **1.** (*Mädchen, Gesicht etc*) lovely, charming, sweet: **eine ~e Erscheinung** a lovely appearance. – **2.** (*Duft, Geschmack etc*) delicious, delightful, pleasant: **der ~e Duft der Rosen** the delicious (*od.* sweet) smell of the roses. – **3.** (*Gegend, Landschaft etc*) lovely, delightful, charming, pleasant: **ein ~es Tal** a lovely valley; **eine ~e Aussicht** a delightful view. – **4.** (*Träume etc*) pleasant, delightful, sweet. – **5.** (*Musik, Stimme etc*) sweet, melodious, pleasing: **ein ~es Lied** a melodious song. – **6.** *colloq. iron.* nice, pleasant, delightful: **das ist ja ~!** **das sind ja ~e Aussichten!** the situation certainly looks pleasant (*od.* delightful); **du bist ja in einer ~en Verfassung** you are certainly in a pleasant mood (*od.* state of mind). – **7.** *gastr.* (*Wein*) smooth. – **II** *adv* **8.** **~ duftend** sweet-scented, sweetly scented. – **9.** *mus.* mellow, amabile, soave, soavamente. — **'Lieb·lich·keit** *f* ⟨-; *no pl*⟩ **1.** (*eines Mädchens etc*) loveliness, charm, sweetness: **Ihre ~** (*Anrede für Karnevalsprinzessin*) your loveliness. – **2.** (*von Duft, Geschmack etc*) deliciousness, delightfulness, pleasantness. – **3.** (*einer Landschaft etc*) loveliness, delightfulness, charm, pleasantness. – **4.** (*von Musik etc*) sweetness, melodiousness. – **5.** *gastr.* (*von Wein*) smoothness.

Lieb·ling ['liːplɪŋ] *m* ⟨-s; -e⟩ **1.** favorite, *bes. Br.* favourite, darling: **der ~ der Frauen** the favo(u)rite of the women; **ein ~ der Götter** a darling of the gods; **ein ~ des Glück(e)s** fortune's favo(u)rite; **er ist der erklärte ~ des Publikums** he is the acknowledged favo(u)rite of the public. – **2.** (*bes. Kind, Tier*) pet: **er ist der ~ des Lehrers** he is the teacher's pet; **er ist der ~ seines Vaters** he is the apple of his father's eye. – **3.** (*Günstling*) minion. – **4.** (*als Kosename*) (my) love, darling, sweetheart, dear: (**mein**) **~!** darling!

'Lieb·lings|ˌar·beit *f* favorite (*bes. Br.* favourite) job (*od.* occupation). — **~ˌausˌdruck** *m* favo(u)rite (*od.* pet) phrase. — **~beˌschäf·ti·gung** *f* favo(u)rite occupation (*od.* pastime), hobby. — **~ˌfach** *n* favo(u)rite subject. — **~ˌfar·be** *f* favo(u)rite colo(u)r. — **~geˌdan·ke** *m* pet idea. — **~geˌricht** *n* favo(u)rite dish. — **~idee** [-ʔiˌdeː] *f* pet theory. — **~ˌkind** *n* favo(u)rite (child), darling. — **~ˌplatz** *m* favo(u)rite place (*od.* haunt), *bes. Am. colloq.* stamping ground (*auch von Tieren*). — **~ˌschü·ler** *m* star pupil, teacher's pet. — **~ˌspei·se** *f cf.* Lieblingsgericht. — **~ˌthe·ma** *n* favo(u)rite theme (*od.* subject). — **~ˌwort** *n* favo(u)rite (*od.* pet) word. — **~ˌwunsch** *m* greatest (*od.* fondest) wish (*od.* desire, hope).

'lieb·los I *adj* **1.** unkind, uncharitable: **eine ~e Art** an unkind manner; **er schalt sie mit ~en Worten** he scolded her with unkind words. – **2.** (*kalt*) cold, unfeeling, loveless, unloving: **er hat ein ~es Wesen** he has a cold character. – **II** *adv* **3.** **er sprach ~ von ihr** he spoke unkindly of her; **er sah sie ~ an** he looked at her coldly. — **'Lieb·lo·sig·keit** *f* ⟨-; -en⟩ **1.** ⟨*only sg*⟩ unkindness, uncharitableness. – **2.** ⟨*only sg*⟩ (*Kälte*) coldness. – **3.** *pl* unkind words.

'liebˌreich *adj u. adv cf.* liebevoll.

'Liebˌreiz *m* ⟨-es; *no pl*⟩ **1.** attraction, attractiveness, sweetness. – **2.** (*Anmut*) charm, grace. — **'liebˌrei·zend** *adj* **1.** attractive, sweet. – **2.** (*anmutig*) charming, gracious.

'Lieb·schaft *f* ⟨-; -en⟩ (love) affair, liaison, amour (*lit.*): **eine ~ haben mit j-m** to have (*od.* carry on) an affair with s.o.; **das war meine erste ~** that was my first affair.

liebst[1] **I** *sup of* lieb. – **II** *adj* **1.** dearest: **~er Peter** dearest Peter; **er ist mein ~er Freund** he is my dearest (*od.* best) friend. – **2.** (*bevorzugt*) favorite, *bes. Br.* favourite: **meine ~e Beschäftigung** my favo(u)rite occupation; **Wein ist mein ~es Getränk** wine is my favo(u)rite drink. – **3.** (*Erinnerung etc*) fondest, most cherished.

liebst[2] **I** *sup of* gern. – **II** *adv* **am ~en** most (*od.* best) of all: **am ~en würde ich zu Hause bleiben** most of all I would like to stay at home, I would like best to stay at home; **das habe ich am ~en** I like that best (of all); **es wäre mir am ~en** (*od.* **das ~e**), **wenn du heute kämst** I would prefer you to come today, it would suit me best if you were to come today. – **III L~e, das** ⟨-n⟩ (*in Wendungen wie*) **das ist mein L~es** that is what I like best.

'Lieb·ste *m, f* ⟨-n; -n⟩ **1.** *cf.* Geliebte[1] *u.* [2]. – **2.** **mein ~r, meine ~** (*Anrede*) dearest, dear, darling.

'Liebˌstöckel (*getr.* -k·k-) *n, m* ⟨-s; -⟩ *bot.* lovage (*Levisticum officinale*). — **~ˌrüß·ler** *m zo.* alfalfa snout beetle (*Otiorrhynchus ligustici*).

Lied [liːt] *n* ⟨-(e)s; -er⟩ **1.** song: **ein ergreifendes [heiteres, weltliches] ~** a moving [jolly, secular] song; **ein mehrstimmiges ~** a part-song; **ein ~ anstimmen [vortragen, singen]** to strike up (*od.* intone) [to interpret, to sing] a song; **es ist immer das alte** (*od.* **gleiche**) **~** *fig. colloq.* it's always the same old story; **das ist das Ende vom ~** *fig. colloq.* that's the upshot of the matter; **das Ende vom ~ wird sein, daß** *fig. colloq.* (in the end) the final result of it all will be that; **er kann ein ~ davon singen** *fig. colloq.* a) he speaks from experience, b) he can tell you a tale about that; **das ist ein ~ ohne Worte** *fig. colloq.* that is self-explanatory; **das ~ der ~er** *Bibl.* the Song of Songs (*od.* Solomon); → Brot 1. – **2.** (*Weise*) air, tune, melody. – **3.** (*als deutsche Kunstform*) lied: **er sang einige ~er aus Schuberts „Winterreise"** he sang several lieder from Schubert's "Winterreise". – **4.** *relig.* hymn, sacred (*od.* spiritual) song. – **5.** (*literature*) poem, ballad: **„Das ~ von der Glocke"** "The Lay of the Bell" (*poem by Schiller*).

'liedˌar·tig *adj* songlike.

'Lied·chen *n* ⟨-s; -⟩ **1.** *dim. of* Lied. – **2.** ditty. – **3.** *mus.* air, ariette.

'Lie·der|ˌabend *m mus.* lieder (*od.* song, vocal) recital. — **~ˌbuch** *n* **1.** *mus.* songbook. – **2.** *relig.* hymnbook, *Br.* hymn-book, hymnal. — **~ˌdich·ter** *m* **1.** *mus.* songwriter. – **2.** (*literature*) lyric poet. — **~ˌhandˌschrift** *f mus.* **1.** volume of song manuscripts. – **2.** song manuscript.

Lie·der·jan ['liːdərjaːn] *m* ⟨-(e)s; -e⟩ *colloq. contempt.* sloppy person, sloven.

'Lie·der|kom·poˌnist *m* composer of songs, songwriter. — **~ˌkranz** *m cf.* Liedertafel.

lie·der·lich ['liːdərlɪç] **I** *adj* **1.** messy, sloppy, disorderly, slovenly: **ein ~er Junge** a messy (*od.* an unkempt) boy; **ein ~es Aussehen** a sloppy appearance. – **2.** (*nachlässig*) careless, sloppy: **~e Arbeit** careless (*od.* slipshod) work. – **3.** *contempt.* (*sittenlos*) loose, dissolute, dissipated, (*stärker*) debauched: **ein ~es Frauenzimmer** a loose (*od.* fast) woman, a hussy; **ein ~es Leben führen** to lead a dissolute life; **ein ~er Mensch** (*od. colloq.* **Kerl, Kumpan, Zeisig, Bruder**) a rake (*od.* wastrel, debauchee); **in ~e Gesellschaft geraten** to come (*od.* get) into loose society (*od.* company). – **II** *adv* **4.** **etwas ~ machen** to do s.th. sloppily (*od.* carelessly); **~ schreiben** to write carelessly. — **'Lie·der·lich·keit** *f* ⟨-; -en⟩ **1.** messiness, sloppiness, disorderliness, slovenliness. – **2.** (*Nachlässigkeit*) carelessness, sloppiness. – **3.** *contempt.* (*Sittenlosigkeit*) looseness, dissoluteness, dissipation, debauchery.

'Lie·der|ˌpot·pour·ri *n mus.* medley of songs, quodlibet. — **~ˌsamm·lung** *f* collection of songs. — **~ˌsän·ger** *m* lieder singer. — **~ˌspiel** *n* **1.** (*im Mittelalter*) song play. – **2.** (*im 18. Jh.*) *German comic opera with spoken dialogue, equivalent to the English ballad opera and the French vaudeville.* – **3.** song cycle. — **~ˌta·fel** *f* **1.** choral society. – **2.** (German) male choir. — **~ˌzy·klus** *m* cycle of songs, song cycle.

'Liedˌform *f mus.* (*literature*) song form.

Lied·ri·an ['liːdriaːn] *m* ⟨-(e)s; -e⟩ *colloq. contempt. cf.* Liederjan.

lief [liːf] *1 u. 3 sg pret of* laufen.

'Lie·fer|ˌabˌkom·men *n econ.* supply (*od.* delivery) contract: **langfristiges ~** long-term supply contract. — **~ˌan·geˌbot** *n econ. jur. cf.* Lieferungsangebot. — **~ˌanˌnah·me** *f econ.* accepting (*od.* acceptance) of delivery.

Lie·fe·rant [lifə'rant] *m* ⟨-en; -en⟩ **1.** deliveryman: **die ~en haben einen eigenen Eingang** the deliverymen have a separate entrance. – **2.** (*Firma etc*) supplier: **ein ~ für Ersatzteile** a supplier of replacement parts. – **3.** (*Vertrieb, Verteiler*) distributor. – **4.** (*Lebensmittellieferant*) provider, purveyor, (*für kalte Buffets etc*) caterer. – **5.** (*auf Vertragsbasis*) contractor. – **6.** *cf.* Hoflieferant. – **7.** *mar.* ship('s) chandler.

Lie·fe'ran·tenˌeinˌgang *m* receiving (*od.* deliveryman's, trademan's, *bes. Br.* goods) entrance.

'Lie·fer|ˌaufˌtrag *m econ.* purchase order, order to supply. — **~ˌau·to** *n cf.* Lieferwagen 1.

'lie·fer·bar *adj econ.* deliverable, (*bes. vorrätig*) available: **kurzfristig ~** for short(-term) delivery; **sofort ~** for immediate delivery; **sofort ~e Waren** spot goods; **nicht ~** not deliverable, unavailable; **nicht mehr ~** no longer available; **in einem Monat ~** a) available in a month, b) to be delivered in one month; **~ bei Eingang** (*od.* **Empfang**) **der Bestellung** delivery upon receipt of order. — **'Lie·fer·bar·keit** *f* ⟨-; *no pl*⟩ deliverability, availability.

'Lie·fer|be̦ˌdin·gun·gen *pl econ.* terms (*od.* conditions) of delivery. — **l~beˌreit** *adj* ready for delivery (*od.* dispatch, despatch). — **~ˌbuch** *n* delivery list (*od.* book).

'Lie·fe·rer *m* ⟨-s; -⟩ *cf.* Lieferant.

'Lie·fer|ˌfir·ma *f econ.* contractor, supplier, firm of suppliers, supplying (*od.* contracting) firm. — **~ˌfrist** *f* term (*od.* time, period) of (*od.* for) delivery: **die ~ einhalten** to keep (*od.* adhere to) the time of delivery, to deliver within the time stipulated; **die ~ überschreiten** to exceed the delivery date (*od.* time of delivery). — **~ga·ranˌtie** *f* guarantee in respect of supplies (*od.* deliveries). — **~geˌbühr** *f cf.* Lieferkosten. — **~geˌwicht** *n* net weight. — **~ˌha·fen** *m* delivery port. — **~ˌklau·sel** *f* clause of delivery, delivery clause. — **~ˌko·sten** *pl econ.* cost *sg* of delivery. — **~ˌland** *n* supplier country. — **~ˌmen·ge** *f econ.* **1.** quantity delivered. – **2.** quantity ordered (*od.* to be delivered).

lie·fern ['liːfərn] **I** *v/t* ⟨h⟩ **1.** *econ.* a) deliver, b) (*versorgen*) supply, c) (*Lebensmittel*) provide, purvey: **j-m etwas ~** a) to deliver s.th. to s.o., b) to supply (*od.* furnish) s.o. with s.th., c) to purvey s.th. to s.o., d) (*j-n ausrüsten mit*) to outfit (*od.* fit out) s.o. with s.th.; **wir ~ Ihnen die Waren ins Haus** we deliver the goods to your home (*od.* door); **frei Haus ~** to deliver free house (*od.* domicile); **wir ~ die Ware nur an den Einzelhandel** we only supply the retailer (*od.* retail trade). – **2.** (*produzieren*) produce: **die Maschine liefert drei Stück pro Minute** the machine produces (*od.* turns out) three pieces per (*od.* a) minute. – **3.** (*Ertrag etc*) yield: **der Boden liefert eine gute Ernte** the soil yields a good crop; **die Bäume ~ gutes Obst** the trees bear good fruit. – **4.** *fig.* (*in Wendungen wie*) **er wird uns den Beweis ~** he will furnish us with the evidence (*od.* proof); **das Erlebnis lieferte uns genug Gesprächsstoff** the experience provided us with plenty to talk about; **j-m eine Schlacht ~** to give battle to s.o.; **die beiden Mannschaften lieferten sich** (*od.* **einander**) **einen guten Kampf** the two teams put up (*od.* gave) a good fight. – **5. j-n ~** *fig. colloq.* to ruin (*od.* undo) s.o. – **II** *v/i* **6.** *econ.* supply, deliver: **das Werk liefert stockend** the factory is slack (*od.* slow) in supplying; **er wird heute ~** he will deliver today. – **III** *v/reflex* **7. sich in j-s Hände** (*od.* **Gewalt**) **~** to give oneself up to s.o., to put oneself in s.o.'s hands. – **IV L~** *n* ⟨-s⟩ **8.** *verbal noun*. – **9.** *cf.* **Lieferung.**

'Lie·fer|ˌort *m econ.* place of delivery. — **~ˌpflicht** *f* obligation to deliver. — **~ˌpreis** *m* delivery price. — **~ˌquel·le** *f* source of supply, supply source. — **~ˌschein** *m* delivery note (*od.* ticket). — **~ˌschwie·rig·kei·ten** *pl* difficulties in (making) delivery. — **~ˌsoll** *n* quota, commitments *pl.* — **~ˌspe·sen** *pl* delivery charges. — **~ˌtag, ~terˌmin** *m* day (*od.* term, date) of (*od.* fixed for) delivery. — **~ˌumˌfang** *m* extent (*Am.* scope) of supply.

'Lie·fe·rung *f* ⟨-; -en⟩ **1.** *cf.* **Liefern.** – **2.** *econ.* a) delivery, b) (*Versorgung*) supply, c) (*von Lebensmitteln*) provision, purveyance, d) (*Sendung*) consignment, *bes. Am.* shipment, e) (*Teillieferung*) installment, *bes. Br.* instalment, part delivery: **die ~ durchführen** (*od.* **vornehmen**) to effect (*od.* execute) delivery; **sofortige [prompte] ~** immediate [prompt] delivery; **~ innerhalb zwei Monaten** delivery within two months; **~ auf Abruf** delivery on (*od.* at) call; **zahlbar bei ~** payable (*od.* cash) on delivery, C.O.D.; **~ an Bord** delivery on board; **~ frei Haus** delivered free house (*od.* domicile); **freie ~** delivered free of charge(s), carriage paid. – **3.** *print.* installment, *bes. Br.* instalment, part, fascicle, *auch* fascicule: **das Buch erscheint in ~en** the book appears in instal(l)ments (*od.* in serial form, serially).

'Lie·fe·rungs|ˌan·geˌbot *n* **1.** *econ.* supply (*od.* delivery) offer (*od.* tender), offer (*od.* tender) to supply (*od.* deliver). – **2.** *jur.* (*im Submissionsweg*) tender. — **~geˌschäft** *n* **1.** delivery transaction. – **2.** (*auf Zeit*) time bargain. — **~ˌkauf** *m econ.* purchase for future delivery. — **~ˌsper·re** *f* supply embargo. — **~ˌtag, ~terˌmin** *m cf.* **Liefertag.** — **~ˌumˌfang** *m* extent (*Am.* scope) of supply. — **~verˌkauf** *m* sale for future delivery. — **~verˌtrag** *m cf.* **Liefervertrag.** — **l~ˌwei·se** *adv print.* serially, in serial form: **das Buch erscheint ~** the book appears serially (*od.* in instal[l]ments). — **~ˌwerk** *n* serial (publication).

'Lie·fer|verˌpflich·tung *f econ.* obligation to deliver. — **~verˌtrag** *m* contract for delivery, delivery contract: **einen ~ machen** to (tender and) contract for a supply, to sign a supply (*od.* delivery) contract. — **~verˌzug** *m* default of delivery: **im ~ sein** to be in default of delivery. — **~ˌwa·gen** *m auto.* **1.** delivery (*Br. auch* motor) van, *bes. Am.* delivery truck, *Am.* pickup truck. – **2.** (*Karren*) delivery cart. — **~ˌwerk** *n* **1.** *econ. tech.* supplier's (*od.* contractor's) plant. – **2.** *tech.* (*textile*) creel machine. — **~ˌzeit** *f cf.* **Lieferfrist.** — **~ˌzet·tel** *m cf.* **Lieferschein.**

'Lie·ge *f* ⟨-; -n⟩ chaise longue (*od.* lounge), couch, divan. — **~ˌgeld** *n econ.* demurrage (charge[s *pl*]). — **~ˌhal·le** *f* (*eines Sanatoriums*) open-air wing. — **~ˌhang** *m* (*sport*) (*beim Turnen*) leaning hang. — **~ˌkur** *f med.* rest cure. — **~ˌla·ge** *f* lying position. — **~ˌmög·lich·keit** *f* place to lie down.

lie·gen ['liːgən] **I** *v/i* ⟨liegt, lag, gelegen, h *u.* sein⟩ **1.** lie, be: **bequem ~** to lie comfortably, to be comfortable; **lang ausgestreckt ~** to lie stretched out; **ich liege lieber weich** I prefer to lie on a soft bed (*od.* surface); **er liegt seit drei Wochen (krank)** he has been in bed (*od.* lying ill) for three weeks; **am Fieber krank ~** to be down (*od.* laid low) with a fever; **Sie müssen fest ~** you have to keep strictly to (*od.* must definitely stay in) your bed; **es liegt Schnee** there is snow; **der Schnee liegt hier sehr tief** the snow is (*od.* lies) very deep here; **der Teppich liegt schief [gerade]** the carpet is laid (*od.* lying) at an angle [straight]; **der Tisch liegt voll(er) Bücher** (*od.* **voll von Büchern**) the table is covered with (*od.* full of) books; **dort liegt alles, was du brauchst** everything you need is there. – **2. etwas ~ lassen** to leave s.th. where it is (*od.* alone): **laß das Buch da ~** leave the book where it is (*od.* there, here). – **3. j-n ~ lassen** to leave s.o. lying (*somewhere*): **ich kann dich doch hier nicht so ~ lassen** I can't just leave you lying here; **das Haus links liegen lassen** to pass the house on the right. – **4. etwas ~ haben** to have s.th.: **er hat eine Menge Geld auf der Bank ~** he has (got) a lot of money in the bank; **ich habe noch Wein im Keller ~** I still have some wine in the cellar; **ich habe den Schirm im Auto ~** my umbrella is in the car. – **5. etwas liegen sehen** to see s.th.: **siehst du irgendwo den Ball ~?** do you see the ball (lying around) anywhere? – **6.** (*gelegen sein*) lie, be situated (*od.* located): **die Stadt liegt nördlich von Berlin** the town is (situated) north of Berlin; **das Haus liegt günstig** the house is favo(u)rably situated (*od.* placed); **der See liegt 1000 m hoch** the lake lies 1,000 meters above sea level; **das Hotel liegt ganz zentral** the hotel is centrally situated. – **7.** (*im Grabe*) lie, rest, repose: **begraben ~** to lie buried; **hier liegt** (*Grabinschrift*) here lies (*od.* rests) (the body of); → **Hund** 2. – **8.** (*schräg sein*) (*von Schrift etc*) slant, be (*od.* lie) on a slant: **die Buchstaben ~ (schräg)** the letters slant. – **9.** (*von Stoff*) be: **der Stoff liegt zwei Meter breit** the material is two meters wide. – **10.** (*von Gras, Getreide etc*) lodge, lie down. – **11.** *fig.* (*sein, sich verhalten*) be: **wie die Dinge jetzt ~, wie die Sache jetzt liegt** as things are (*od.* matters stand) at present (*od.* the moment); **die Dinge ~ kompliziert** things are complicated; **die Sache lag günstig für ihn** matters were propitious (*od.* favo[u]rable) for him; **die Sache liegt so** (*od.* **folgendermaßen**) the matter can be summed up as follows; **die Ursache liegt woanders** the cause lies elsewhere; **die Schwierigkeit liegt darin, daß** the difficulty is that; **die Preise ~ hoch [niedrig]** prices are high [low]; **wo ~ deine Interessen?** what are your interests? **wie liegt der Fall juristisch?** what's the legal aspect of the case? **deine Zukunft liegt ganz woanders** your future lies elsewhere. – **12. j-m ~** *fig.* a) to suit (*od.* fit) s.o., b) to be liked by s.o., to be in s.o.'s line: **diese Arbeit liegt mir mehr** this job suits me better; **diese Rolle liegt ihm** the part fits him, he is right for the part; **seine Art liegt mir überhaupt nicht** I don't like his way at all; **solche Methoden ~ mir nicht** I don't like (using) such methods, such methods aren't in my line at all (*od.* don't appeal to me). – **13.** *auto.* hold (*od.* hug) the road: **das Auto liegt gut (auf der Straße)** the car hugs the road well, the car has good road-ability (*Br.* road-holding). – **14.** (*von Schüssen etc*) be: **das Feuer lag schlecht** the fire was inaccurate; **der Treffer lag zu kurz** the shot was (*od.* fell) short (of the target); **der Schuß lag zu hoch [tief]** the shot hit above [below] the target. – **15.** (*sport*) a) (*von Ball, Diskus etc*) rest, come to rest (*od.* a stop), lie (still *od.* motionless), b) (*von Ringer*) be pinned. – **16.** *mar.* a) (*eine Richtung steuern*) head, b) (*vertäut sein*) be moored, c) (*schräg sein*) list: **stromgerecht ~** to be tide-rode; **das Schiff liegt (schräg)** the ship is listing. – **17.** (*wood*) season: **Holz muß ~, bevor es verarbeitet wird** wood has to season before it is processed. – **II L~** *n* ⟨-s⟩ **18.** *verbal noun*: **das lange L~ hat ihn geschwächt** this long period (of lying) in bed has weakened him.

Verbindungen mit Präpositionen:

lie·gen| an ⟨*dat*⟩ *v/i* ⟨h *u.* sein⟩ **1.** lie on: **der Hund lag lang ausgestreckt am Boden** the dog lay stretched out on the floor; **er [das Buch] lag am Boden** he [the book] lay on the floor (*od.* ground); **das Kind lag an ihrer Brust** the baby was lying on her breast; **der Hund liegt an der Kette** the dog is chained (up). – **2.** (*gelegen sein an*) lie (*od.* be situated, be located) at (*od.* near): **das Haus liegt am Wald [an einem Fluß]** the house lies near the forest [on a river]; **das Haus lag am Fuße des Berges** the house lay at the foot of the mountain; **die Häuser ~ ganz dicht** (*od.* **hart, direkt**) **an der Straße** the houses adjoin (*od.* lie contiguous to) the road; **der Wald liegt am Rande der Stadt** the forest lies on the edge of the town. – **3.** *fig.* (*abhängen von*) depend on: **es liegt (ganz) an ihm, ob wir fahren können** it depends on (*od.* is up to) him whether we can go (or not); **es liegt ganz am Wetter** it depends entirely on the weather; **soweit es an mir liegt, will ich gern helfen** as for me (*od.* as far as it lies in my power) I will gladly help; **an mir soll es nicht ~** I shan't object (*od.* stand in your way). – **4.** *fig.* (*verursacht sein durch*) be the reason for, be due to: **es liegt daran, daß** the reason is that; **wissen Sie, woran das liegt?** do you know the reason for (*od.* the cause of) that? **das liegt am fehlenden Geld** this is due to (the) lack of money; **es lag an ihm, daß wir zurückkehren mußten** a) it was because of him that (*od.* he was the reason why) we had to return, b) he is to blame (*od.* it was his fault) that we had to return. – **5. j-m liegt an etwas, j-m liegt etwas am Herzen** a) (*aus Interesse*) s.o. is interested in s.th., s.o. cares about s.th., s.th. matters (*od.* means) a lot (*od.* great deal) to s.o., s.o. has s.th. very much at heart, b) (*aus Sorge*) s.o. is concerned (*od.* anxious) about s.th.: **mir liegt nichts daran** it doesn't matter to me (at all), it's of no interest to me, I don't care about it (*od. colloq.* a fig); **wem liegt schon daran?** who cares (about it)? **deine Zukunft liegt mir sehr am Herzen** I am very much interested in your future; **mir liegt sehr viel an dieser Reise** this journey means a great deal to me; **mir liegt daran zu erfahren, ob** I am interested to know whether; **mir liegt viel an ihm** he means a lot to me, I care a lot for him; **ihm liegt viel an seinem guten Ruf** he is anxious to maintain his (good) reputation. – **6. hart am Winde ~** *mar.* to sail close to the wind. — **~ auf** ⟨*dat*⟩ *v/i* **1.** lie on: **auf einer Trage ~** to lie on a stretcher; **auf dem Rücken [dem Bauch, der Seite] ~** to lie on one's back [stomach, side]; **auf den Knien ~** to be kneeling, to be (down) on one's knees; **das Buch liegt auf dem Stuhl** the book is (lying) on the chair; **eine Decke liegt auf dem Tisch** a tablecloth is spread over the table; **er liegt auf der Straße** *fig. colloq.* he's in (*bes. Am.* on) the street, he is without a job; **die ganze Last liegt auf ihr** (*od.* **ihren Schultern**) *fig.* the whole burden lies (*od.* rests) on her shoulders; **es liegt auf der Hand** *fig.* it is quite obvious (*od.* clear); **sag, was dir auf dem Herzen liegt** *fig.* tell me what is worrying you; **es liegt mir auf der Zunge** *fig.* it is on the tip of my tongue; **das liegt mir auf der Seele** *fig.* that weighs upon my heart; → **faul** 15; **Geld** 1; **Lauer**[1]; **Nase** 2; **Tasche** 3. – **2.** (*ruhen auf*) lie (*od.* rest, repose, recline) on: **er liegt auf der Couch** he rests on the couch. – **3.** *fig.* (*sein auf*) be (*od.* lie) on: **ein Lächeln lag auf ihren Lippen** there was a smile on her lips; **die Betonung liegt auf der Vorsilbe** the accent (*od.* stress) is on the prefix; **das Hauptgewicht liegt auf der Tatsache, daß** the main stress is on the fact that; **der Vorteil liegt auf unserer Seite** the odds are in our favo(u)r; **die Schuld liegt ganz auf seiner Seite** the blame lies entirely on his side, he is solely to blame; **auf dem Haus lag schwerer Beschuß** the house was under heavy fire. – **4.** (*deponiert sein auf*) be deposited in, be lying at (*od.* in): **das Geld liegt auf der Bank** the money is (deposited) in (*od.* lying at) the bank. – **5. auf Kaffee liegt viel** (*od.* **hoher**) **Zoll** *econ.* there is a heavy duty on coffee. – **6.** der Wein liegt auf Flaschen the wine has been bottled. – **7.** (*sich befinden auf*) lie on, be situated (*od.* located) on: das Haus liegt auf einem Hügel the house is situated on a hill; das liegt nicht auf meinem Wege it's out of my way. – **8.** *mar.* a) (*steuern*) head (for), b) auf Grund ~ to be grounded, c) auf Reede ~ to be in dock: wir ~ auf Südwestkurs we are heading southwest. – **9.** (*sport*) lie in: er liegt auf dem 3. Platz he is lying in third place. – **10.** *auto.* (*gut etc*) auf der Straße ~ to hold (*od.* hug) the road. — ~ **au·ßer** ⟨*dat*⟩ *v/i* außer dem Bereich der Möglichkeiten ~ to be impossible (*od.* beyond all possibility). — ~ **bei** *v/i* **1.** be (*od.* lie) next to (*od.* near, by): das Buch liegt beim Telephon the book lies by the telephone; die Socken ~ bei den Hemden the socks are lying next to (*od.* are with) the shirts. – **2.** bei j-m ~ *Bibl. u. poet.* to lie with s.o. (*archaic*). – **3.** (*gelegen sein bei*) be (*od.* lie) near, be situated (*od.* located) near: das Dorf liegt bei der Stadt the village is situated near the town. – **4.** *fig.* (*abhängen von*) lie (*od.* rest) with: es liegt bei dir zu entscheiden it is up to (*od.* for) you to decide; der Fehler (*od.* die Schuld) liegt bei dir it is your fault, the fault lies with you, you are to blame for it; die Verantwortung liegt bei dir the responsibility lies with you; die Macht liegt bei den Gerichten *jur.* power rests (*od.* resides) in the courts. – **5.** *fig.* (*ungefähr betragen*) be about: der Durchschnitt liegt bei 10 the average is about 10; der Gewinn liegt bei 2 Millionen the profit amounts to about (*od.* is of the order of) 2 millions. – **6.** *mil.* bei X ~ a) (*in Quartier*) to be quartered (*od.* billeted) near X, b) (*in Garnison*) to be stationed (*od.* garrisoned, in garrison) near X, c) (*in Stellung*) to be in position near X. — ~ **ge·gen,** *lit.* **gen** *v/i* face: der Hang liegt gegen Süden the slope faces south, the slope has a southerly exposure. — ~ **hin·ter** ⟨*dat*⟩ *v/i* be (*od.* lie) behind: er lag hinter dem Baum he lay behind the tree; das Dorf liegt hinter dem Berg the village lies behind the mountain; die Zeit der Angst liegt hinter ihm *fig.* the time of fear is behind him. — ~ **in** ⟨*dat*⟩ *v/i* **1.** lie (*od.* be) in: im Bett ~ to lie (*od.* be) in bed; im Gras ~ to lie in (*od.* on) the grass; im Krankenhaus ~ to be in (the) hospital; die Patientin liegt im 3. Stock the patient is on the 3rd (*Am.* 4th) floor; in tiefem Schlaf ~ to lie (*od.* be) fast asleep; in der Sonne ~ to lie in the sun; sich in den Armen ~ to lie in each other's (*od.* one another's) arms; im Hafen ~ *mar.* to lie in harbo(u)r; in den letzten Zügen ~ to be breathing one's last, to be in the last throes; in Trümmern ~ to lie (*od.* be) in ruins; in Schutt und Asche ~ to be reduced to ashes; der Wein liegt im Keller the wine is (lying) in the cellar; → Blut 1. – **2.** (*gelegen sein in*) lie (*od.* be) in, be situated (*od.* located) in: München liegt in Bayern Munich is situated in Bavaria. – **3.** *fig.* (*sein in, sich befinden in*) be (*od.* lie) in: der Flur lag im Dunkeln the hall lay in darkness, it was dark in the hall; in ihrem Tonfall lag Spott there was scorn in her voice; in ihren Bewegungen lag viel Anmut there was much grace in her movements; es liegt nicht in seiner Absicht it is not his intention; sie ~ in Scheidung they are in (*od.* taking) divorce proceedings; im argen ~ to be in a bad state (*od.* way); das liegt im Bereich des Möglichen that lies within the realm of possibility; das liegt im Blut [in der Familie] it runs in the blood [family]; das liegt in deinem Ermessen this is up to you (*od.* at your discretion); das liegt noch in weiter Ferne that is still in the distant future; es liegt in deiner Macht (*od.* Hand), dieses Unglück zu verhindern it is in your power (*od.* up to you) to avert this misfortune; es liegt etwas in der Luft there is s.th. in the air; gut im Rennen ~ to be in a favo(u)rable position; es liegt in der Natur der Sache it is (*od.* lies) in the nature of the matter; darin liegt seine Stärke this is his strong point; der Unterschied liegt in der Tatsache, daß the difference lies in the fact that; die Wahrheit liegt in der Mitte the truth lies (halfway) in between; es liegt in ihr(em Wesen) it is in her nature; → Haar 3; Magen 1; Ohr 3. – **4.** *mil.* a) in (*od.* im) Quartier ~ to be quartered (*od.* billeted), b) in Garnison ~ to be stationed (*od.* garrisoned, in garrison), c) in Stellung ~ to be in position: sie ~ in X [bei uns] in Quartier they are billeted in (*od.* at) X [with us]; sie ~ in [bei] X in Garnison they are stationed in (*od.* at) [near] X. — ~ **nach** *v/i* face (on), look on (*od.* to, toward[s]): das Zimmer liegt nach der Straße [nach Osten] the room looks onto the street [toward(s) the east]; nach dem See zu ~ to face on the lake. — ~ **ne·ben** ⟨*dat*⟩ *v/i* lie (*od.* be) beside (*od.* next to): der Hund lag neben ihr the dog was lying beside her; ihre Wohnung liegt neben unserer their apartment (*bes. Br.* flat) lies next to ours. — ~ **über** ⟨*dat*⟩ *v/i* **1.** lie (*od.* be) over (*od.* on). – **2.** lie (*od.* be) above: mein Zimmer liegt über deinem my room is above yours. – **3.** be (*od.* lie, be situated, be located) above: B. liegt 500 m über dem Meeresspiegel B. lies 500 meters above sea level. – **4.** *fig.* (*von Dunst etc*) hang over: Hitze lag über der Stadt heat was hanging over the town; Stille lag über dem Tal silence hung (*od.* lay) over the valley. – **5.** *fig.* (*von Sonne*) shine over: über dem See lag Sonne there was sunshine over the lake. – **6.** *geol.* overlie, lie over: die Schicht, die über der ersten liegt the layer that overlies the first. — ~ **un·ter** ⟨*dat*⟩ *v/i* **1.** lie (*od.* be) under: er lag unter dem Schrank he lay under the wardrobe; er liegt schon lange unter der Erde he died a long time (*od.* long) ago; unter Beschuß ~ *mil.* to be under fire; unter schwerem Feuer ~ *mil.* to be under heavy fire. — ~ **vor** ⟨*dat*⟩ *v/i* **1.** lie (*od.* be) in front of (*od.* before): er lag vor mir he lay in front of me; ein Garten liegt vor dem Haus a garden is in front of the house; vor uns lag das Meer we had the sea before us; das Schiff lag vor X *mar.* the ship was stationed off X; → Anker[1] 1. – **2.** *fig.* (*in einem Wettbewerb*) be ahead of. – **3.** vor einer Stadt ~ *mil.* to lie before (*od.* to besiege) a town. — ~ **zu** *v/i* lie (*od.* be) at: krank zu Bett ~ (mit Masern) to be (ill) in bed (with measles), to be laid up (with measles); Berchtesgaden liegt zu Füßen des Watzmanns Berchtesgaden lies at the foot of the Watzmann; → Fuß[1] 1.

'lie·gen,blei·ben *v/i* ⟨*irr, sep,* -ge-, sein⟩ **1.** remain lying: die Verwundeten blieben dort liegen the wounded remained lying there; im Bett ~ to remain (*od.* stay) in bed; bleib liegen! don't get up. – **2.** (*von Schnee*) settle. – **3.** (*von Auto etc*) break down, have a breakdown: vor X blieb unser Auto (*od. colloq.* blieben wir) liegen before X our car broke down. – **4.** (*von Waren*) be (left) unsold, *auch* remain on (s.o.'s) hand, lie on (s.o.'s) hands. – **5.** (*vergessen werden*) be forgotten, be left (behind): meine Tasche muß hier liegengeblieben sein (I am sure) I must have left my briefcase here. – **6.** (*aufgeschoben werden*) lie (*od.* stand) over: das kann ~ bis zum nächsten Treffen let that lie (*od.* stand) over till the next meeting; das kann ~ that can wait. – **7.** (*bes. von Arbeit*) pile up: während der Ferien ist eine Menge Arbeit liegengeblieben during the vacation a lot of work has piled up. – **8.** (*von Brief etc*) not be sent off. – **9.** (*bes. von Haar*) stay put: das Haar will nicht ~ the hair won't stay put.

'lie·gend I *pres p.* – **II** *adj* **1.** lying: auf dem Rücken ~ lying on one's back, supine; im Sterben (*od.* in den letzten Zügen) ~ moribund; in Trümmern ~ (lying) in ruins, ruined; ~ aufbewahren (*Aufschrift*) keep (*od.* to be kept) lying (*od.* in horizontal, in a horizontal position). – **2.** (*ruhend*) resting, reposing, recumbent, (*bes. art*) reclining. – **3.** (*gelegen*) situated, located, placed: ein bei X ~es Dorf a village (situated) near X; ein (direkt) an der Straße ~es Haus a house adjoining the street; weiter weg ~ farther (*od.* further) (away). – **4.** *fig.* (*innewohnend*) resident: beim Volke ~ residing in the people. – **5.** *bot.* recumbent, prostrate, procumbent. – **6.** *tech.* (*Motor etc*) horizontal. – **7.** *mil.* (*beim Schießen*) prone: ~er Anschlag, ~e Stellung prone position. – **8.** ~e Güter *jur.* immovables, real estate *sg* (*od.* property *sg*). – **9.** *geol.* (*Falte*) recumbent. – **10.** *agr.* (*Brandzeichen*) lazy. – **11.** *her.* ~ mit gesenktem Kopf dormant; ~ mit erhobenem Kopf couchant.

'Lie·gen·de[1] *f* ⟨-n; -n⟩ (*art*) reclining figure, woman reclining.

'Lie·gen·de[2] *n* ⟨-n; *no pl*⟩ **1.** (*mining*) a) (*Erz*) footwall, b) (*Kohle*) floor, bottom. – **2.** *geol.* base, understratum.

'Lie·gend,schicht *f* (*mining*) *geol. cf.* Liegende[2].

'lie·gen,las·sen *v/t* ⟨*irr, sep, pp* liegenlassen, *auch* liegengelassen, h⟩ **1.** (*vergessen*) leave, *Am. auch* forget: er ließ seinen Hut im Zimmer liegen he forgot his hat in the room, he left his hat (behind) in the room. – **2.** *fig.* (*unerledigt lassen*) leave off, stop: er ließ die Arbeit liegen und ging heim he left off work (*od.* stopped working) and went home. – **3.** *fig.* (*beiseite tun*) put aside: seine Arbeit einen Tag ~ to put aside one's work for a day. – **4.** j-n links ~ *fig. colloq.* to give s.o. the cold shoulder, to cold-shoulder (*od.* cut) s.o.; etwas links ~ *fig. colloq.* to turn one's back on s.th., to by-pass s.th.

'Lie·gen·schaft *f* ⟨-; -en⟩ *meist pl* real estate, immovables *pl.*

'Lie·gen·schafts|agen,tur *f jur.* real-estate agency. — ~**,recht** *n* law on real estate (*od.* property), property law.

'Lie·ge|,platz *m mar.* (*eines Schiffes*) berth, moorage, moorings *pl.* — ~**,raum** *m* (*in Bädern*) rest room.

'Lie·ger,statt *f* ⟨-; ¨en⟩ *Bavarian and Austrian dial. for* Liegestatt.

'Lie·ge|,sitz *m* (*eines Autos etc*) reclining seat. — ~**,statt** *f* ⟨-; ¨en⟩ **1.** bed. – **2.** *cf.* Lagerstatt 1. — ~**,stuhl** *m* deck chair, *Br. auch* hammock chair. — ~**,stütz** [-,ʃtʏts] *m* ⟨-es; -e⟩ **1.** (*in der Gymnastik*) press-up: ~ vorlings front support position. – **2.** (*am Gerät*) front leaning (rest). — ~**,ta·ge** *pl mar.* lay days. — ~**,wa·gen** *m* (*railway*) couchette coach. — ~**,wie·se** *f* meadow for sunbathing. — ~**,zeit** *f* **1.** *mar.* a) lay days *pl* (*od.* time), b) (*bei Beschäftigungslosigkeit*) idle period. – **2.** *med.* period of rest.

lieh [liː] *1 u. 3 sg pret of* leihen.

Liek [liːk] *n* ⟨-(e)s; -en⟩ *Low G. mar.* boltrope. — **'lie·ken** *v/t* ⟨h⟩ (*Segel*) rope.

Li·en ['liːɛn; liˈeːn] *m* ⟨-s; *no pl*⟩ *med. cf.* Milz. — **lie·nal** [lieˈnaːl] *adj* lienal, splenic.

Lie·ni·tis [lieˈniːtɪs] *f* ⟨-; -tiden [-niˈtiːdən]⟩ *med.* (*Milzentzündung*) lienitis.

lies [liːs] *imp sg of* lesen[1] *u.* [2].

Liesch [liːʃ] *n* ⟨-(e)s; *no pl*⟩ *bot.* **1.** cattail, *auch* cat's-tail, reed mace (*Typha latifolia*). – **2.** *cf.* Wasserliesch.

Lies·chen ['liːsçən] *n* ⟨-s; -⟩ **1.** *pet name of* Liese. – **2.** ~ Müller *nickname for the average girl or woman.* – **3.** Fleißiges ~ *bot.* impatiens, impatience (*Impatiens walleriana*).

'Liesch,gras *n bot.* cattail, cat's-tail (grass), herd's grass, timothy (grass) (*Phleum pratense*).

Lie·se ['liːzə] *npr f* ⟨-; -n⟩ Lisa: dumme ~ silly goose.

Lie·sen ['liːzən] *pl Northern G. cf.* Flom(en).

ließ [liːs] *1 u. 3 sg pret of* lassen[1].

liest [liːst] *2 u. 3 sg pres of* lesen[1] *u.* [2].

Liest *m* ⟨-(e)s; -e⟩ *zo.* kingfisher (*Gattg Halcyon*).

Lift [lɪft] *m* ⟨-(e)s; -e *u.* -s⟩ **1.** elevator, *bes. Br.* lift. – **2.** (*Skilift*) (ski) lift. — ~**,boy** *m* elevator (*bes. Br.* lift) boy.

lif·ten ['lɪftən] *v/t* ⟨h⟩ *med.* (*Gesichtsfalten*) lift.

lif·teln ['lɪftəln] *v/i* ⟨h *u.* sein⟩ *colloq.* go [by ski lift.]

'Lift|,jun·ge *m cf.* Liftboy. — ~**,schacht** *m* elevator (*bes. Br.* lift) shaft.

Li·ga ['liːga] *f* ⟨-; -gen⟩ **1.** *pol.* league: die Katholische ~ *hist.* the Catholic League (*1609*). – **2.** (*sport*) league, division.

Li·ga·de [liˈgaːdə] *f* ⟨-; -n⟩ (*sport*) (*beim Fechten*) semi-circular parry, parry and beating down.

Li·ga·ment [ligaˈmɛnt] *n* ⟨-(e)s; -e⟩, **Li·ga·'men·tum** [-tʊm] *n* ⟨-s; -ta [-ta]⟩ *med. zo.* ligament, ligamentum.

Li·ga·tur [ligaˈtuːr] *f* ⟨-; -en⟩ **1.** *print. mus.* ligature. – **2.** *med.* ligation, ligature.

Li·ger ['liːgər] *m* ⟨-s; -⟩ *zo.* liger.

li·gie·ren [liˈgiːrən] *v/i* ⟨*no* ge-, h⟩ (*sport*) (*beim Fechten*) execute a semi-circular parry, parry and beat down.

Li·gist [liˈgɪst] *m* ⟨-en; -en⟩ *pol.* leaguer. — **li'gi·stisch** *adj* league(d).

Li·gnin [lɪ'gni:n] *n* ⟨-s; -e⟩ *chem.* lignin.

Li·gnit [lɪ'gni:t; -'gnɪt] *m* ⟨-s; -e⟩ *geol.* lignite, brown (*od.* wood) coal.

Li·gro·in [ligro'i:n] *n* ⟨-s; *no pl*⟩ *chem.* ligroin(e), petroleum naphta.

Li·gu·la ['li:gula] *f* ⟨-; -lae [-lɛ]⟩ **1.** *bot.* ligule, ligula. – **2.** *zo.* ligula (*Ligula intestinalis*).

Li·guo·ria·ner [ligŭo'rĭa:nər] *m* ⟨-s; -⟩ *röm.kath.* Liguorian, Redemptorist.

Li·gu·rer [li'gu:rər; 'li:gurər] *m* ⟨-s; -⟩ *hist.* Ligurian. — **li·gu·risch** [li'gu:rɪʃ] **I** *adj geogr.* Ligurian. – **II** *ling.* **L~** ⟨*generally undeclined*⟩, **das L~e** ⟨-n⟩ Ligurian, the Ligurian language.

Li·gu·ster [li'gʊstər] *m* ⟨-s; -⟩ *bot.* common privet, prim, ligustrum (*scient.*) (*Ligustrum vulgare*). — **~,hecke** (*getr.* -k·k-) *f* privet hedge. — **~,schwär·mer** *m zo.* privet hawk(moth) (*Sphinx ligustri*).

li·ie·ren [li'i:rən] *v/reflex* ⟨*no* ge-, h⟩ **sich mit j-m ~** a) to associate (*od.* align) oneself with s.o., to ally oneself with (*od.* to) s.o., b) to become close (*od.* intimate) friends. — **li'iert I** *pp.* – **II** *adj* **mit j-m ~ sein** a) to be associated (*od.* aligned) with s.o., b) to be on close (*od.* intimate) terms with s.o. — **Li'ier·te** *m, f* ⟨-n; -n⟩ *obs. for* Vertraute[1] *u.* [2]. — **Li'ie·rung** *f* ⟨-; -en⟩ **1.** association, alignment. – **2.** close (*od.* intimate) friendship.

Li·kör [li'kø:r] *m* ⟨-s; -e⟩ liqueur, (*bes. süßer*) cordial, (*nach anderen Getränken*) chaser, chasse. — **~,glas** *n* liqueur glass.

Lik·tor ['lɪktər] *m* ⟨-s; -en [-'to:rən]⟩ *antiq.* lictor.

Lik'to·ren,bün·del *n antiq.* fasces *pl* (*often construed as sg*).

li·la ['li:la] **I** *adj* (*Farbe etc*) lilac: **ein ~** (*od. colloq.* **~[n]es**) **Kleid** a lilac dress. – **II L~** *n* ⟨-s; -, *colloq.* -s⟩ lilac.

'li·la|,far·ben, ~,far·big *adj* lilac(-colored, *bes. Br.* -coloured), lilaceous (*scient.*).

'Li·la,kehl·chen *n* ⟨-s; -⟩ *zo.* (*Kolibri*) lilacthroat (*Phaiolaima rubinoides*).

Li·lie ['li:lĭə] *f* ⟨-; -n⟩ **1.** *bot.* lily (*Gattg Lilium*): **Gelbe ~** gold-lily (*L. auratum*); **Japanische ~** Japan lily (*L. japonicum*); **Weiße ~** white lily, Madonna (*od.* Bourbon) lily, Juno's rose (*L. candidum*); **Blaue ~** iris, flag flower (*Iris germanica*); **Heidnische ~** *cf.* **Türkenbund; keusch wie eine ~** (as) chaste as a lily. – **2.** *her.* (golden) lily, fleur-de-lis, fleur-de-lys, *auch* fleur-de-luce: **mit ~n geschmückt** fleury.

'li·li·en,ar·tig *adj* a) lilylike, lilied, b) *bot.* liliaceous.

'Li·li·en|,bla·sen,fuß *m zo.* lily-bulb thrips (*Liothrips vaneeckei*). — **l~,för·mig** *adj* liliform, lily-shaped. — **~ge,wäch·se** *pl bot.* liliaceous plants, liliaceae (*scient.*) (*Fam. Liliaceae*). — **~,grä·ser** *pl* spiderworts, commelinaceae (*scient.*) (*Fam. Commelinaceae*). — **l~,grün** *adj* iris-green. — **~,hähn·chen** *n*, **~,kä·fer** *m zo.* lily beetle (*Crioceris lilii*). — **~,kreuz** *n her.* cross floree (*od.* fleury). — **~-Ma,gno·lie** *f bot.* yulan (*Magnolia denudata*). — **~,sim·se** *f* Scotch asphodel (*Gattg Tofieldia*). — **~,stein** *m geol.* apiocrinite, encrinite. — **~,stern** *m zo.* sea lily, crinoid (*scient.*) (*Ordng Crinoidea*). — **l~'weiß** *adj* lily-white, lily (*attrib*), (as) white as a lily.

Li·li·put ['li:liput] *npr n* ⟨-; *no pl*⟩ (*literature*) Lilliput.

Li·li·pu·ta·ner [lilipu'ta:nər] *m* ⟨-s; -⟩ Lilliputian. — **li·li·pu'ta·nisch** *adj* Lilliputian.

'Li·li·put|(,ei·sen),bahn *f* miniature (*od.* midget) railway (*Am.* railroad). — **~for,mat** *n print.* miniature format (*od.* size). — **~,strand,läu·fer** *m zo.* American stint (*Tringa minutilla*).

Lim·bur·ger ['lɪm,burgər] *m* ⟨-s; -⟩ *gastr.* Limburger (cheese), *auch* Limburg cheese.

Lim·bus ['lɪmbʊs] *m* ⟨-; -bi [-bi]⟩ **1.** ⟨*only sg*⟩ *relig.* (*Vorhölle*) limbo, *auch* Limbo. – **2.** *bot.* (*einer Blumenkrone*) limb. – **3.** *tech.* (*an Winkelmeßinstrumenten*) limb.

Li·me·rick ['lɪmərɪk] (*Engl.*) *m* ⟨-(s); -s⟩ *metr.* Limerick.

Li·mes ['li:mɛs] *m* ⟨-; -⟩ **1.** ⟨*only sg*⟩ *antiq.* limes. – **2.** *math.* (*Grenzwert*) limit.

Li·met·ta [li'mɛta] *f* ⟨-; -ten⟩ **1.** *bot.* lime (*Citrus limetta*). – **2.** *gastr.* lime juice.

Li'met·ten|,baum *m bot.* lime tree (*Citrus limetta*). — **~,saft** *m gastr.* lime juice.

Li·mit ['lɪmɪt] (*Engl.*) *n* ⟨-s; -s *u.* -e⟩ **1.** limit: **es muß ja auch ein ~ geben** there must be a limit. – **2.** *econ.* (price) limit.

Li·mi·ta·ti·on [limita'tsĭo:n] *f* ⟨-; -en⟩ limitation.

li·mi·tie·ren [limi'ti:rən] **I** *v/t* ⟨*no* ge-, h⟩ **1.** *bes. econ.* (*Preis etc*) limit. – **II L~** *n* ⟨-s⟩ **2.** *verbal noun.* – **3.** *cf.* Limitierung. — **li·mi'tiert I** *pp.* – **II** *adj* limited: **~e Order** stop order; **nicht ~** unlimited. — **Li·mi'tie·rung** *f* ⟨-; -en⟩ **1.** *cf.* Limitieren. – **2.** limitation.

Lim·ni·me·ter [lɪmni'me:tər] *n* ⟨-s; -⟩ *tech.* limnimeter, limnometer.

lim·nisch ['lɪmnɪʃ] *adj biol.* limnetic, *auch* limnic.

Lim·no·lo·gie [lɪmnolo'gi:] *f* ⟨-; *no pl*⟩ *biol.* limnology. — **lim·no'lo·gisch** [-'lo:gɪʃ] *adj* limnological, *auch* limnologic.

Li·mo ['lɪmo, *auch* 'li:-] *f*, *auch n* ⟨-; -(s)⟩ *colloq. short for* Limonade.

Li·mo·na·de [limo'na:də] *f* ⟨-; -n⟩ *cf.* Brauselimonade.

Li·mo·ne [li'mo:nə] *f* ⟨-; -n⟩ *bot.* **1.** (*Frucht*) cedrat(e), (pome-)citron (*von Citrus medica*): **Süße ~** *cf.* **Limetta; Saure** (*od.* **Eigentliche**) **~** lemon (*von Citrus limonum*). – **2.** (*Baum*) a) (pome-)citron tree, cedrat(e) (*Citrus medica*), b) *cf.* **Limettenbaum,** c) (*Zitronenbaum*) lemon tree (*Citrus limonum*).

Li·mo·nit [limo'ni:t; -'nɪt] *m* ⟨-s; -e⟩ *min.* limonite, brown iron ore.

Li·mou·si·ne [limu'zi:nə] *f* ⟨-; -n⟩ *auto.* limousine, *Br.* saloon, *Am.* sedan.

'Lin·coln|,schaf ['lɪŋkən-] (*Engl.*) *n zo.* Lincoln (longwool). — **~-,Sing,sper·ling** *m* Lincoln's sparrow (*od.* finch) (*Melospiza lincolni*).

lind [lɪnt] *adj* ⟨-er; -est⟩ **1.** (*Regen, Worte etc*) gentle, soft. – **2.** (*Luft, Wetter etc*) balmy, mild.

Lin·de ['lɪndə] *f* ⟨-; -n⟩ *bot.* lime (tree), linden, teil tree, *auch* teil (*Gattg Tilia*): **Amerikanische ~** American linden, basswood (*T. americana od. glabra*).

'lin·den *adj* (made) of limewood (*od.* linden wood).

'Lin·den|al,lee *f* linden avenue. — **~,baum** *m bot. cf.* Linde. — **~,blatt,laus** *f zo.* lime-tree aphis (*Aphis tiliae*). — **~,blü·te** *f* lime-tree (*od.* linden) blossom. — **~,blü·ten,tee** *m* lime- (*od.* linden-)blossom tea. — **~,holz** *n* linden (wood), limewood, *bes. Am.* basswood. — **~,schwär·mer** *m zo.* lime hawk(moth) (*Mimas tiliae*). — **~,spin·ner** *m* buff-tip (*Phalera bucephala*). — **~,spinn,mil·be** *f* common red spider (*Estewanychus telarius*). — **~,zier,laus** *f* linden aphid (*Therioaphis tiliae*).

lin·dern ['lɪndərn] **I** *v/t* ⟨h⟩ **1.** (*Elend, Not etc*) relieve, alleviate, mitigate. – **2.** (*Schmerzen*) relieve, ease, alleviate, assuage, allay, soothe. – **3.** (*Strafe etc*) mitigate. – **4.** (*Ärger etc*) soothe, mollify, appease. – **II L~** *n* ⟨-s⟩ **5.** *verbal noun.* – **6.** *cf.* Linderung. — **'lin·dernd I** *pres p.* – **II** *adj bes. med.* soothing; palliative, demulcent (*scient.*): **ein ~es Mittel** a soothing remedy, a palliative (*scient.*). — **'Lin·de·rung** *f* ⟨-; -en⟩ **1.** *cf.* Lindern. – **2.** (*von Elend, Not*) relief, alleviation, mitigation. – **3.** (*von Schmerzen*) relief, alleviation, assuagement, allayment: **der Trank verschaffte dem Kranken ~** the drink gave the patient relief. – **4.** (*von Strafe etc*) mitigation. – **5.** (*von Ärger etc*) mollification, appeasement.

'Lin·de·rungs,mit·tel *n bes. med.* soothing (*od.* alleviating) remedy; palliative, anodyne, demulcent (*scient.*).

'Lind·heit *f* ⟨-; *no pl*⟩ **1.** (*des Regens etc*) gentleness, softness. – **2.** (*der Luft etc*) balminess, mildness.

'Lind,wurm *m myth.* (*Fabeltier*) lindworm, *auch* lindorm.

Li·ne·al [line'a:l] *n* ⟨-s; -e⟩ **1.** ruler: **ein ~ anlegen** to use a ruler; **mit dem ~ einen Strich ziehen** to draw a line with a ruler; **er geht, als hätte er ein ~ verschluckt** he walks as straight as a ramrod (*od.* as stiff as a poker). – **2.** *tech.* a) (*Meßlineal*) rule, b) (*Richtlineal*) straightedge, *Br.* straight-edge.

li·nea·lisch [line'a:lɪʃ] *adj bot.* (*Blatt*) linear.

Li·nea·ment [linea'mɛnt] *n* ⟨-(e)s; -e⟩ **1.** (*Handlinie*) line. – **2.** (*Gesichtslinie*) line, lineament. – **3.** *geol.* lineament.

li·ne·ar [line'a:r] **I** *adj* **1.** linear, straight-line (*attrib*): **~e Gleichung** *math.* linear equation. – **2.** *econ.* linear, at fixed rates: **~e Abschreibung** flat-rate (linear) depreciation. – **II** *ling.* **L~** *f* ⟨-; *no pl*⟩ **3.** *only in* **L~ A [B]** (*altgriech. Schrift*) Linear A [B].

Li·ne'ar|be,schleu·ni·ger *m phys.* linear accelerator. — **~be,schleu·ni·gung** *f* linear acceleration. — **~funk·ti,on** *f math.* linear function. — **~per·spek,ti·ve** *f arch.* linear perspective. — **~,zeich·nung** *f tech.* line drawing.

Li·nea·tur [linea'tu:r] *f* ⟨-; -en⟩ *obs. for* Linierung.

Li·net·te [li'nɛtə] *f* ⟨-; *no pl*⟩ (*textile*) French lawn.

Lin·ga(m) ['lɪŋga(m)] *n* ⟨-s; *no pl*⟩ *relig.* (*Schiwasymbol*) linga(m).

Lin·gu·al [lɪŋ'gŭa:l] *ling.* **I** *m* ⟨-s; -e⟩ lingual (sound). – **II l~** *adj auch med.* lingual. — **~,laut** *m* lingual (sound).

Lin·gu·ist [lɪŋ'gŭɪst] *m* ⟨-en; -en⟩ linguist, *rare* linguistician, philologist, *rare* philologian. — **Lin·gui·stik** [-'gŭɪstɪk] *f* ⟨-; *no pl*⟩ linguistics *pl* (*usually construed as sg*), philology. — **lin·gui·stisch** [-'gŭɪstɪʃ] *adj* linguistic, *auch* linguistical, philological, *rare* lingual.

Li·nie ['li:nĭə] *f* ⟨-; -n⟩ **1.** line: **eine gerade [krumme, gebogene] ~** a straight [crooked, curved] line; **eine punktierte [strichpunktierte] ~** a dotted [dot-dash] line; **~n ziehen** to draw lines; **auf ~n schreiben** to write on lines; **eine aus freier Hand gezogene ~** a freehand line; **auf der ganzen ~ erfolgreich sein** *fig.* to be successfull all along the line; **in einer ~ liegen** (*od.* **sein**) **mit** *fig.* to be in line (*od.* conformity, alignment) with; **in erster ~** *fig.* in the first place, first of all, primarily; **in zweiter ~** *fig.* secondarily; **in erster [zweiter] ~ in Betracht kommen** *fig.* to be of first [secondary] consideration. – **2.** (*Umrißlinie*) line, contour, outline: **die anmutigen ~n ihrer Figur** the graceful lines of her figure; **die herben ~n normannischer Architektur** the severe lines of Norman architecture. – **3.** (*Figur*) waistline, figure: **sie muß auf ihre schlanke ~ achten** she must pay attention to her waistline, she has to watch her figure. – **4.** (*Reihe*) line, alignment: **die Jungen standen in (einer) ~** the boys were standing in (a) line (*od.* row); **die Stühle standen [nicht] in einer ~** the chairs were in [out of] line. – **5.** *fig.* (*Trend*) trend. – **6.** *fig.* (*Parteilinie*) party line: **die ~ (der Partei) einhalten** to toe the party line. – **7.** *fig.* (*einer Politik etc*) course: **eine mittlere ~ einschlagen** to follow a middle course. – **8.** *fig.* (*einer Zeitung*) editorial line. – **9.** *fig.* (*in Aufsatz etc*) train of thought: **in seiner Rede war keine klare ~ zu erkennen** there was no clear train of thought in his speech. – **10.** *fig.* (*in Verhalten etc*) line, consistency, system: **seine eigene ~ einhalten** to keep to one's own line; **sie hat in allem, was sie tut, eine klare ~** she is consistent in all she does; **diese Planung hat keine ~** there is no system in this plan. – **11.** *fig.* (*Verkehrslinie*) route, line: **die ~ Berlin—München wird von mehreren Gesellschaften beflogen** several lines fly the route Berlin—Munich; **welche Dampfer verkehren auf dieser ~?** which steamers travel (*od.* ply) on this route? **welche ~ fährt nach X?** which line (*od.* number) goes to X? – **12.** *fig.* (*Abstammung, Geschlecht*) line, ancestry, branch: **aufsteigende [absteigende] ~** ascending [descending] line; **männliche [weibliche] ~ einer Familie** sword [distaff] side of a family; **ein Nachfahre in direkter ~** a descendant in the direct line; **die jüngere ~ eines Herrscherhauses** the younger branch of a ruling house; **in gerader ~ von j-m abstammen** to descend from s.o. in the direct line, to be lineally descended from s.o. – **13.** (*in Gesicht, Hand etc*) line, furrow, wrinkle, (*charakteristische*) *auch* lineament(s *pl*): **in ihrem Gesicht zeigen sich die ersten ~n** the first lines are beginning to show on (*od.* in) her face; **die ~n eines mongolischen Gesichts** the lineaments of a Mongol face. – **14. die ~** *mar.* (*der Äquator*) the line, the equator: **die ~ passieren** to cross (*od.* pass) the line. – **15.** *mil.* a) line, rank, b) (*von Geschützen od. Geschützluken*) tier, c) *hist.* troop of the line: **in vorderster ~ kämpfen** to fight in the front line (*od.* in the line of battle); **in der vordersten** (*od.* **in vorderster**) **~ stehen** *auch fig.* to be in the front rank; **eigene ~n** friendly (front) lines; **die feindlichen ~n durchbrechen** to break through the enemy lines. – **16.** (*sport*)

a) (*Torlinie*) goal line, b) (*beim Baseball*) foul line. – **17.** *math.* line: auseinanderstrebende [parallele] ~n divergent (*od.* diverging) [parallel] lines; endlich lange ~ finite line; gebrochene (*od.* unterbrochene) ~ broken line; zugeordnete [zusammenlaufende] ~n conjugate [convergent] lines. – **18.** *print.* (composing) line. – **19.** (*fashion*) look: die neue ~ the new look; eine sportliche ~ a sporty look.

'Li·ni·en|,blatt *n* sheet of ruled (*od.* lined) paper. — **l~,blät·te·rig, l~,blätt·rig** *adj bot.* lineofoliate(d), line(ol)ate(d). — **~,blitz** *m meteor.* streak (*od.* forked) lightning. — **~,bö** *f* line squall. — **~,bus** *m* regular (*od.* scheduled) bus. — **~,ein,rahmung** *f print.* box. — **~,füh·rung** *f* **1.** (*art*) line: die Reinheit der ~ the purity of line. – **2.** *cf.* Streckenführung 1. — **~in·te,gral** *n math.* **1.** line integral. – **2.** (*um einen Bereich*) boundary integral. — **~,ka·sten** *m print.* rule case. — **~ko·or·di,na·te** *f math.* tangential coordinate (*Br.* co-ordinate).

'Li·ni·en,lei·ter|,an,zei·ge *f* (*railway*) (*auf dem Fahrzeug*) linear cab signal(l)ing. — **~,ka·bel** *n* line conductor loops *pl.* — **~sy,stem** *n* continuous automatic train control, line conduction.

'Li·ni·en|ma,nier *f* (*art*) line engraving: Stich in ~ line engraving. — **~,netz** *n* (*von Bussen etc*) route network. — **~no·ten,schrift** *f mus.* staff notation. — **~pa,pier** *n* **1.** ruled (*od.* lined) paper. – **2.** *tech.* cartridge paper. — **~,rich·ter** *m* (*sport*) **1.** (*beim Fußball*) linesman. – **2.** (*beim Tennis*) linesman, line judge. – **3.** (*beim Rugby*) touch judge. — **~,schiff** *n* **1.** *mar.* liner. – **2.** *mil. hist.* ship of the line, line-of-battle ship. — **~,schiffahrt** (*getr.* -ff,f-) *f* (scheduled) shipping line service. — **~,spek·trum** *n phys.* line spectrum. — **~,ste·cher** *m print.* rule graver. — **~sy,stem** *n mus.* stave, staff: Notenplatz (*od.* Platz) auf dem ~ staff degree. — **~,tau·fe** *f mar. cf.* Äquatortaufe. — **l~,treu** *adj* (*Parteimitglied etc*) true to (*od.* toeing) the line: ~ sein to toe the line. — **~,trup·pe** *f mil.* troop of the line. — **~ver,kehr** *m* regular line traffic, (*mit Autobus*) intercity traffic.

li·nie·ren [li'niːrən] **I** *v/t* ⟨*no* ge-, h⟩ **1.** line, rule. – **II L~** *n* ⟨-s⟩ **2.** *verbal noun.* – **3.** *cf.* Linierung.

Li'nier·ge,rät *n print.* ruling machine.

li'niert I *pp.* – **II** *adj* (*Papier etc*) lined, ruled: schwach ~ sein to be ruled faint.

Li'nie·rung *f* ⟨-; -en⟩ **1.** *cf.* Linieren. – **2.** lines *pl.*

li·ni·ie·ren [lini'iːrən] *v/t* ⟨*no* ge-, h⟩ *cf.* linieren. — **li·ni'iert** *pp u. adj cf.* liniert. — **Li·ni'ie·rung** *f* ⟨-; -en⟩ *cf.* Linierung.

Li·ni·ment [lini'mɛnt] *n* ⟨-(e)s; -e⟩ *med.* liniment.

link [lɪŋk] *adj* ⟨*attrib*⟩ **1.** (*Hand, Fuß etc*) left: er hat zwei ~e Hände *fig.* he is all thumbs; er ist heute morgen mit dem ~en Bein zuerst aufgestanden *fig. colloq.* he got out of bed on the wrong side this morning. – **2.** left(-hand): das ~e Ufer eines Flusses the left bank of a river; auf der ~en Straßenseite on the left-hand side of the street; ~er Hand on (*od.* to) the left (side); das ~e Vorderbein [Vorderrad] the left (*od.* near) foreleg [front wheel]; das ~e Pferd (*eines Gespannes*) the near horse; ~es Pedal (*am Klavier*) left pedal; ~e Seite a) left side, b) (*eines Stoffs*) wrong (*od.* back) side, c) (*eines Strumpfs*) inside. – **3.** *pol.* left, *auch* Left: er gehört dem ~en Flügel an he belongs to the left wing, he is a left-winger. – **4.** ~e Masche (*beim Stricken*) purl (stitch). – **5.** Ehe zur ~en Hand *jur.* morganatic (*od.* left-handed) marriage. – **6.** im ~en Wappenfeld (gelegen) *her.* sinister.

'Lin·ke *f* ⟨-n; -n⟩ **1.** (*linke Seite*) left (side): sie saß ihm zur (*od.* an seiner) ~n she sat at (*od.* on) his left. – **2.** (*linke Hand*) left (hand): er reichte ihm seine ~ he held out his left hand; sie hielt etwas in ihrer ~n she held s.th. in her left hand. – **3.** (*sport*) (*beim Boxen*) left: er traf ihn mit einer harten ~n he hit him with a hard left. – **4.** die ~ *pol.* a) (*die Linksparteien*) the Left, b) (*einer Partei*) the left wing: er gehört zur äußersten ~n he belongs to (*od.* is on) the extreme Left.

'lin·ker'seits *adv* on (*od.* at, to) the left-hand side, on (*od.* to) the left hand.

'lin·kisch I *adj* **1.** (*Bewegung, Geste etc*) awkward, clumsy, gawky, ungainly: ~er Mensch gawk, lout; ~es Wesen awkwardness. – **2.** (*Manieren, Benehmen etc*) gauche, maladroit. – **II** *adv* **3.** sich ~ benehmen to behave awkwardly; sich ~ anstellen to act clumsily.

links I *adv* **1.** on (*od.* at) the left(-hand side), left: von ~ (her) from the left; nach ~ (hin) to the left, leftward(s); von ~ nach rechts from (the) left to (the) right; ~ abbiegen to turn (to the) left, to take a left turn; er kam von ~ he came from the left; halten Sie sich ~ keep (to the) left; er stand ~ von mir he stood to the left of me, he stood on my left; in Deutschland geht der Herr immer ~ von der Dame in Germany the gentleman always walks on the lady's left (side); die zweite Querstraße ~ the second turn to (*od.* on) the left; j-n ~ überholen to pass (*od.* overtake) s.o. on the left; am weitesten ~ (liegend) leftmost; ~ und rechts verwechseln to confuse left with right; ~ schreiben to write left-handed, to write with one's left hand; etwas ~ liegenlassen *fig.* to turn one's back on s.th., to by-pass s.th.; j-n ~ liegenlassen *fig. colloq.* to give s.o. the cold shoulder, to cold-shoulder s.o., to give s.o. the go-by; er weiß nicht (mehr), was ~ und (was) rechts ist *fig. colloq.* he doesn't know which way to turn, he is at his wit's end; weder ~ noch rechts schauen *fig. colloq.* to look neither left nor right. – **2.** (*verkehrt*) inside out: seine Socken ~ anziehen to put one's socks on inside out. – **3.** ~ stehen *pol.* to be on the left, to be a leftist (*od.* Leftist). – **4.** ~ stricken to (knit) purl; eine Reihe ~, eine Reihe rechts purl one row, knit one row. – **5.** *mil.* left: ~ schwenkt, marsch! column left, march (*Br.* wheel)! (die) Augen ~! eyes left; ~ um! a) *Am.* left face! *Br.* left turn! b) (*im Marsch*) by the left flank, march! left wheel! – **6.** ~ umspringen (*vom Wind*) *mar.* to back. – **II** *prep* ⟨*gen*⟩ **7.** on (*od* at) the left(-hand side) of: ~ des Rheins on the left bank of the Rhine.

'Links|,ab,bie·gen *n* (*im Verkehr*) turning to the left: ~ verboten no left turn. — **~,ab,bie·ger** *m* **1.** vehicle turning left. – **2.** *pl* traffic *sg* turning left. — **~'au·ßen** [,lɪŋks-] *m* ⟨-; -⟩ (*sport*) outside left. — **~,drall** *m* **1.** *tech.* a) left-hand helix, b) (*eines Fräsers*) left-hand spiral, c) (*eines Bohrers*) left-hand twist. – **2.** *fig.* tendency to the left, list to the left (*od.* to port): er hat einen ~ *colloq.* he always keeps going over to the left. – **3.** *pol.* leftward tendency, leftist sympathy. — **l~,dre·hend** *adj* **1.** *chem. phys.* l(a)evorota(to)ry, l(a)evogyrate, l(a)evogyrous. – **2.** *tech.* rotating left-hand (*od.* counterclockwise, *Br.* counter-clockwise).

'Link·ser *m* ⟨-s; -⟩ *colloq. for* Linkshänder(in).

'Links|ex·tre,mist *m pol.* left (*auch* Left) extremist. — **l~ex·tre,mi·stisch** *adj* left-extremist (*attrib*), ultraleft.

'links|,fü·ßig *adj* (*Fußballspieler*) left-footed. — **L~ga,lopp** *m* (*beim Dressurreiten*) canter left: im ~ enden to finish on the left leg. — **L~,gang** *m tech.* (*einer Schraube etc*) left-hand(ed) rotation (*od.* movement, motion). — **~,gän·gig** *adj* **1.** *tech.* left-hand, counterclockwise, *Br.* counter-clockwise, anticlockwise (*alle attrib*): ~e Schraube left-hand screw. – **2.** *math.* sinistrorse. — **~ge,rich·tet** *adj pol.* leftist, *auch* Leftist (*beide attrib*), leftish. — **L~ge,win·de** *n tech.* left-hand thread. — **~ge,wun·den** *adj zo.* (*Schneckenschale*) reversed; laeotropic, *auch* laeotropous (*scient.*).

'Links,hän·der [-,hɛndər] *m* ⟨-s; -⟩, **'Links,hän·de·rin** *f* ⟨-; -nen⟩ left-handed person, left-hander: er ist Linkshänder he is left-handed.

'links,hän·dig [-,hɛndɪç] **I** *adj* left-handed, sinistral (*scient.*), southpaw (*attrib*) (*colloq.*). – **II** *adv* left-handed(ly), with the (*od.* one's) left hand. — **'Links,hän·dig·keit** *f* ⟨-; *no pl*⟩ left-handedness, sinistrality (*scient.*).

'Links|he·ge·lia·ner [-,liaːnər] *m philos. cf.* Junghegelianer. — **l~,her** *adv* von ~ from the left. — **l~her,um** *adv* (to the) left, counterclockwise, *Br.* counter-clockwise, anticlockwise. — **l~,hin** *adv* nach ~ (to the) left. — **~in·tel·lek·tu,el·le** *m, f* leftist intellectutal. — **~ko·ali·ti,on** *f pol.* left-wing coalition. — **~,kur·ve** *f* **1.** left turn. – **2.** (*einer Straße*) left-hand curve (*od.* bend). – **3.** *aer.* (*mit Schräglage*) left bank. — **l~,läu·fig** *adj* **1.** (*Schrift*) right-to-left (*attrib*). – **2.** *bes. tech.* (*Drehung, Motor etc*) left-hand (*attrib*). — **~,len·ker** *m auto.* left-hand-drive vehicle, vehicle with left-hand steering. — **~op·po·si·ti,on** *f pol.* opposition from the left (*od.* Left), left-wing opposition. — **l~ori·en,tiert** *adj pol.* leftist, Leftist, left-wing (*alle attrib*). — **~ori·en,tie·rung** *f pol.* leftism, *auch* Leftism, leftist leanings *pl.* — **~par,tei** *f* left-wing party. — **l~ra·di,kal** *adj* left-extremist (*attrib*). — **~ra·di,ka·le** *m, f* ⟨-n; -n⟩ left (*auch* Left) extremist, extremist of the Left. — **~re,gie·rung** *f* leftist (*od.* left-wing) government. — **l~,rhei·nisch** *geogr.* **I** *adj* on (*od.* pertaining to) the left bank of the Rhine. – **II** *adv* ~ gelegen on the left bank of the Rhine. — **~,ruck** *m pol.* swing to the left. — **~,schwen·kung** *f mil.* left wheeling: eine ~ machen to turn (*Br.* wheel) to the left. — **l~,sei·tig I** *adj* left-sided. – **II** *adv* on the left(-hand side). — **~so·zia,list** *m pol.* left-wing socialist. — **~,steue·rung** *f auto.* left-hand drive (*od.* steering). — **~,stricken** (*getr.* -k·k-) *n* purl. — **l~'um** [,lɪŋks-] *adv mil.* (*in Wendungen wie*) ~ kehrt! left about face! — **~ver,kehr** *m* left-hand traffic. — **~,wen·dung** *f* left turn, turn to the left.

'Link,trai·ner (*TM*) *m* ⟨-s; -⟩ *aer.* Link trainer.

Lin·ne·it [lɪne'iːt; -'ɪt] *m* ⟨-s; -e⟩ *min.* linn(a)eite.

lin·nen ['lɪnən] *obs. od. poet.* **I** *adj cf.* leinen. – **II L~** *n* ⟨-s; -⟩ *cf.* Leinen.

Lin'né·sches Sy'stem [lɪ'neːʃəs] *n bot.* Linn(a)ean system.

Lin·ole·um [li'noːleum] *n* ⟨-s; *no pl*⟩ linoleum, *bes. Br. colloq.* lino.

Li'nol|,säu·re [li'noːl-] *f chem.* linoleic acid ($C_{17}H_{29}COOH$). — **~,schnei·den** *n* (*art*) block printing. — **~,schnitt** *m* block print, linocut.

Li·non [li'nõː; 'lɪnən] *m* ⟨-(s); -s⟩ (*textile*) linon, leno, silesia lawn.

Li·no·type ['laɪnotaɪp] (*TM*) *f* ⟨-; -s⟩ *print.* linotype: etwas mit ~ setzen to linotype (*od.* keyboard) s.th. — **~-,Set·zer** *m* linotype operator, linotyper, linotypist, keyboarder. — **~-,Setz·ma,schi·ne** *f* linotype (machine).

Lin·se ['lɪnzə] *f* ⟨-; -n⟩ **1.** (*optics*) lens: stark vergrößernde ~ powerful lens. – **2.** (*optics*) *phot. cf.* Linsensystem. – **3.** *med. zo.* (*Augenlinse*) (crystalline) lens. – **4.** *bot.* lentil (*Gattg Lens, bes. L. culinaris*): Welsche ~ *cf.* Linsenbusch; Wickenartige ~ *cf.* Linsenwicke. – **5.** *geol.* lens, lentil.

lin·sen ['lɪnzən] *v/i* ⟨h⟩ *colloq. for* spähen 1, 2.

'lin·sen,ar·tig *adj cf.* linsenförmig.

'Lin·sen|,baum *m bot.* bladder senna (*Colutea arborescens*). — **~,busch** *m* laburnum (*Cytisus laburnum*). — **~ent,zün·dung** *f med.* phakitis, lentitis. — **~,erz** *n min.* **1.** pea ore. – **2.** (*Linsenkupfererz*) liroconite. — **l~,för·mig** *adj* lentiform, lenticular, lentoid, phacoid, *auch* phacoidal. — **~ge,richt** *n* **1.** *gastr.* dish of lentils. – **2.** *Bibl.* (*Esaus*) mess of potage: etwas für ein ~ hergeben *fig.* to give s.th. away for a song (*od. colloq.* peanuts). — **l~,groß** *adj* lentil-size(d). — **~,kä·fer** *m zo.* lentil weevil (*Bruchus lentis*). — **~,krab·be** *f* leucosian (*Gattg Leucosia*). — **~,mus·kel** *m med.* (*des Augapfels*) ciliary muscle. — **~,schrau·be** *f tech.* fillister-head screw. — **~,star** *m med.* lenticular cataract. — **~,sup·pe** *f gastr.* lentil soup. — **~sy,stem** *n* (*optics*) *phot.* lens system, *auch* objective (optical system). — **~,trü·bung** *f med.* cataract. — **~,wei·te** *f* (*optics*) (lens) aperture: lichte ~ clear (lens) aperture. — **~,wicke** (*getr.* -k·k-) *f bot.* lentillike vetchling (*Vicia ervilia*).

Lint [lɪnt] *n* ⟨-(e)s; *no pl*⟩, **~(,baum),wol·le** *f* (*textile*) (cotton) lint.

'Lin·zer I *m* ⟨-s; -⟩ native (*od.* inhabitant) of Linz. – **II** *adj* ⟨*invariable*⟩ (of *od.* from) Linz: ~ Torte Linzer Torte (*gateau with almond short pastry*).

Lip·ämie [lipɛ'miː] *f* ⟨-; *no pl*⟩ *med.* lip(a)emia. — **lip·ämisch** [-'pɛːmɪʃ] *adj* lip(a)emic.

Li·pa·rit [lipa'riːt; -'rɪt] *m* ⟨-s; -e⟩ *min.* rhyolite.

Li·pa·se [li'pa:zə] *f* ⟨-; -n⟩ *biol. chem.* lipase.

Li·piz·za·ner [lipɪ'tsa:nər] *m* ⟨-s; -⟩ *zo.* (*Pferderasse*) Lippizaner, *auch* Lipizzaner, Lippizana, Lippizzaner.

Li·po·id [lipo'i:t] **I** *n* ⟨-s; -e⟩ *meist pl biol. chem.* lipide, *auch* lipid, lipin, lipoid. – **II l~** *adj* lipoid.

Li·po·ly·se [lipo'ly:zə] *f* ⟨-; *no pl*⟩ *biol. chem.* lipolysis. — **li·po'ly·tisch** [-tɪʃ] *adj* lipolytic.

Li·pom [li'po:m] *n* ⟨-s; -e⟩, **Li'po·ma** [-ma] *n* ⟨-s; -ta [-ta]⟩ *med.* fatty tumor (*bes. Br.* tumour); lipoma, steatoma (*scient.*). — **li·po·ma'tös** [-poma'tø:s] *adj* lipomatous. — **Li·po·ma'to·se** [-poma'to:zə] *f* ⟨-; -n⟩ lipomatosis.

li·po·trop [lipo'tro:p] *adj biol.* lipotropic, *auch* lipotrophic.

Lip·pe ['lɪpə] *f* ⟨-; -n⟩ **1.** lip: **die obere [untere]** ~ the upper [lower] lip; **wulstige [sinnliche]** ~**n** thick [sensual] lips; **aufgeworfene [aufgesprungene]** ~**n** protruding [chapped *od.* cracked] lips; **zusammengekniffene** ~**n** pinched lips, lips pressed together; **die** ~**n aufwerfen** to pout (*od.* push out) one's lips; **sich** (*dat*) **auf die** ~**n beißen** to bite one's lips; **sie bewegte lautlos die** ~**n** she moved her lips silently (*od.* without a sound); **auf ihren** ~**n lag ein Lächeln** there was a smile on her lips; **sie schürzte verächtlich die** ~**n** she curled (*od.* pouted) her lips in disdain; **die** ~**n spitzen** to pucker (*od.* purse) (up) one's lips; **sich** (*dat*) **die** ~**n lecken** to lick one's lips; **sich** (*dat*) **die** ~**n schminken** to put on lipstick; **sich** (*dat*) **die** ~**n nachziehen** to outline one's lips; **j-m die Worte von den** ~**n ablesen** to read s.o.'s lips, to lip-read s.o.'s words; **an j-s** ~**n hängen** *fig.* to hang (spellbound) on s.o.'s words; **das Wort erstarb mir auf den** ~**n** the word faded from (*od.* died on) my lips; **es kommt kein Wort davon über meine** ~**n** not a word of it shall pass my lips; **er las ihr jeden Wunsch von den** ~**n ab** he foresaw her every wish; **die Rede floß ihm von den** ~**n** *lit.* the speech flowed from his lips; **es schwebt mir auf den** ~**n** it is on the tip of my tongue; **es drängte sich mir auf die** ~**n** *fig.* I just had to say it; **etwas über die** ~**n bringen** to bring oneself to say s.th., to let s.th. pass (*od.* cross) one's lips; **er riskiert öfters mal eine** ~ *fig. colloq.* he is not afraid to speak out (*od.* up) now and then; **riskier hier nicht so eine** ~! *fig. colloq.* none of your lip! – **2.** *bot.* (*einer Blüte*) labellum. – **3.** *med.* labium, lip. – **4.** *biol.* border, labrum.

'Lip·pen|,band, ~,bänd·chen *n med.* labial frenulum, frenulum labii. — **~,bär** *m zo.* sloth (*od.* jungle) bear, aswoil (*Melursus ursinus*). — **~be,kennt·nis** *n* lip service: **ein** ~ **ablegen** to pay (*od.* do) lip service. — **~be,lag** *m med.* (*bei Schwerkranken*) coating of the lips, sordes (*scient.*). — **~,blu·me** *f bot.* labiate(d) flower. — **l~,blü·tig** [-,bly:tɪç] *adj* labiate(d). — **~,blüt·ler** [-,bly:tlər] *m* ⟨-s; -⟩ labiate (*Fam. Labiatae*). — **~,deh·nung** *f ling.* lip-broadening. — **~,farn** *m bot.* lace fern (*Gattg Cheilanthes*). — **l~,för·mig** *adj* **1.** lip-shaped. – **2.** *bot. zo.* labiate(d). — **~,füß·ler** [-,fy:slər] *m* ⟨-s; -⟩ *zo.* chilopod, centipede (*Klasse Chilopoda*). — **~,laut** *m ling.* labial (sound). — **~,le·sen** *n* lipreading. — **~,pfei·fe** *f mus.* (*der Orgel*) labial (*od.* flue) pipe. — **~,pflock** *m* (*bei Naturvölkern*) labret. — **~po,ma·de** *f* lip salve (*od.* pomade), *Am. auch* chapstick. — **~,rot** *n* **1.** (*cosmetics*) rouge. – **2.** *med.* red of the lip; vermil(l)ion, prolabium (*scient.*). — **~,run·dung** *f ling.* lip-rounding. — **~,schild,krö·te** *f zo.* soft-shelled turtle (*Fam. Trionychidae*). — **~,spal·te** *f med.* cleft lip. — **~,stift** *m* lipstick: **kußfester** ~ kissproof lipstick. — **~,ta·ster** *m zo.* labial palpus. — **~,zähn·chen** *n* chilodon (*Gattg Chilodon*).

'Lipp,fisch *m zo.* wrasse, labroid (*Fam. Labridae*): **Gefleckter** ~ ballan wrasse (*Labrus bergylta*); **Nordamerikanischer** ~ hogfish (*Lachnolaimus maximus*).

Lip·tau·er ['lɪptauər] *m* ⟨-s; -⟩ *gastr.* Liptau cheese.

Lip·urie [lipu'ri:] *f* ⟨-; *no pl*⟩ *med.* lipuria, adiposuria.

li·quid [li'kvi:t] *adj* **1.** *econ.* a) (*Zahlungsmittel etc*) liquid, ready, b) (*Forderungen etc*) mature, due, payable, c) (*Unternehmen etc*) solvent, having liquid assets. – **2.** *ling.* (*Laut*) liquid.

Li·qui·da ['li:kvida] *f* ⟨-; -dä [-dɛ] *u.* -den [li'kvi:dən]⟩ *ling.* liquid (sound).

Li·qui·da·ti·on [likvida'tsio:n] *f* ⟨-; -en⟩ *econ.* **1.** (*eines Geschäftes etc*) liquidation, winding up, dissolution: **in** ~ **gehen** (*od.* **treten**) to go into liquidation, to liquidate; **freiwillige [gerichtliche]** ~ voluntary [compulsory] winding up. – **2.** (*einer Schuld etc*) settlement, liquidation. – **3.** (*Kostenrechnung*) bill (of costs): **der Arzt sandte seine** ~ the doctor sent his bill.

Li·qui·da·ti'ons|,an,teil,schein *m econ.* liquidation (participation) certificate. — **~,gut,ha·ben** *n* clearing balance. — **~,mas·se** *f* assets *pl* of a company in liquidation. — **~,tag** *m* settlement day, *auch* account (*od.* settling) day. — **~ter,min** *m* **1.** date fixed for liquidation. – **2.** *cf.* **Liquidationstag.** — **~ver,fah·ren** *n* liquidation, winding-up proceedings *pl.* — **~ver,gleich** *m* liquidation settlement, winding-up arrangement. — **~ver,hand·lung** *f* winding-up negotiations *pl.* — **~,wert** *m* liquidation (*od.* realization) value.

Li·qui·da·tor [likvi'da:tər] ⟨-s; -en [-da'to:rən]⟩ *econ.* liquidator.

li·qui·die·ren [likvi'di:rən] **I** *v/t* ⟨*no* ge-, h⟩ **1.** *econ.* a) (*Geschäft etc*) liquidate, wind up, dissolve, b) (*Schuld etc*) settle, liquidate. – **2.** charge: **für ärztliche Bemühungen** ~ to charge for medical services. – **3.** *fig.* (*töten*) liquidate, get rid of: **die Gefangenen wurden liquidiert** the prisoners were liquidated. – **4.** *fig.* (*Staatsordnung etc*) destroy. – **II** *v/i* **5.** go into liquidation: **die Firma hat liquidiert** the firm went into liquidation. – **III L~** *n* ⟨-s⟩ **6.** *verbal noun.* – **7.** *cf.* **Liquidation.** — **Li·qui'die·rung** *f* ⟨-; -en⟩ **1.** *cf.* **Liquidieren.** – **2.** *cf.* **Liquidation.** – **3.** *fig.* (*Tötung*) liquidation.

li·qui·di·sie·ren [likvidi'zi:rən] *v/t* ⟨*no* ge-, h⟩ *econ.* increase the liquidity of.

Li·qui·di·tät [likvidi'tɛ:t] *f* ⟨-; *no pl*⟩ *econ.* liquidity.

Li·qui·di'täts|,grad *m econ.* liquidity ratio. — **~,gut,ha·ben** *n* liquid resources *pl* (held by banks). — **~,stei·ge·rung** *f* increasing (*od.* increased) liquidity. — **~ver,kauf** *m* sale in order to raise liquidity.

Li'quid,laut *m ling.* liquid (sound).

Li·quor ['li:kvər] *m* ⟨-s; -es [li'kvo:rɛs]⟩ **1.** *med. pharm.* liquor. – **2.** *med.* fluid. – **3.** *chem.* solution. — **~ ce·re·bro·spi'na·lis** [tserebrospi'na:lɪs] *m* ⟨- -; *no pl*⟩ *med.* cerebrospinal fluid.

Li·ra[1] ['li:ra] *f* ⟨-; -re⟩ lira (*monetary unit of Italy*).

'Li·ra[2] *f* ⟨-; -ren⟩ *mus. hist.* lira.

lisch [lɪʃ] *imp sg*, **lischst** [lɪʃst] *2 sg pres*, **lischt** [lɪʃt] *3 sg pres of* **löschen**[2].

Li·se·ne [li'ze:nə] *f* ⟨-; -n⟩ *arch.* pilaster strip.

lis·men ['lɪsmən] *v/t* ⟨h⟩ *Swiss dial.* knit. — **'Lis·mer** *m* ⟨-s; -⟩ *Swiss dial.* knitted vest (*bes. Br.* waistcoat).

lis·peln ['lɪspəln] **I** *v/i* ⟨h⟩ **1.** lisp. – **2.** *poet.* (*vom Wind etc*) whisper, murmur. – **II** *v/t* **3.** lisp. – **III L~** *n* ⟨-s⟩ **4.** *verbal noun.* – **5.** lisp.

'Lis·pel,ton *m* lisped sound.

'Lisp·ler *m* ⟨-s; -⟩ lisper.

List [lɪst] *f* ⟨-; -en⟩ **1.** (*Schlauheit, Geriebenheit*) cunning, craft(iness), guile, wiliness, artfulness, slyness, trickery: **etwas durch** ~ **erreichen** to get s.th. by craft, to wangle s.th. (*colloq.*); **er zeigte viel** ~ he showed a great deal of cunning; **er steckt voller** ~ he's full of craft; **mit** ~ **und Tücke** by cunning and deceit. – **2.** (*Trick*) wile, ruse, trick, artifice, (*bes. Kriegslist*) stratagem: **j-s** ~**(en) zum Opfer fallen** to fall a victim to s.o.'s wiles; **zu einer** ~ **greifen** to resort to a ruse; **eine** ~ **anwenden** to use a trick; **eine teuflische** ~ **ersinnen** to think up a diabolic trick; ~ **gegen** ~ (*Sprichwort*) diamond cut diamond (*proverb*); ~ **geht über Gewalt** (*Sprichwort*) *etwa* cunning succeeds where violence fails. – **3.** (*Vorwand*) *Br.* pretence, *Am.* pretense.

Li·ste ['lɪstə] *f* ⟨-; -n⟩ **1.** list: **eine** ~ **für den Einkauf** a shopping list; **eine** ~ **der Passagiere** a passenger list, (*eines Flugzeugs*) *auch* a manifest; **eine** ~ **der Bewerber** a list of applicants; ~ **zollfreier Waren** free list; **eine** ~ **anlegen [aufstellen]** to make [to draw up] a list; **auf der** ~ **stehen** to be on the list (*od.* books); **an der Spitze einer** ~ **stehen** to head a list; **er steht ganz oben auf der** ~ he is at the top of the list; **j-n aus einer** ~ **streichen** to strike s.o. off a list, to remove (*od.* expunge) s.o.'s name from a list, to take s.o.'s name off the books; **j-s Namen in eine** ~ **eintragen** to put s.o.'s name on a list, to enter s.o.'s name in a list, to list s.o.'s name; **etwas in eine** ~ **eintragen** to enter s.th. in a list; **etwas in einer** ~ **zusammenstellen** to make a list of s.th., to list s.th.; **j-n auf die schwarze** ~ **setzen** *fig.* to put s.o.'s name on a blacklist, to blacklist s.o. – **2.** (*bes. von Namen*) roll, register, roster. – **3.** (*bes. von Terminen*) calendar, schedule. – **4.** (*Verzeichnis*) schedule, file, (*Inventar*) *auch* inventory. – **5.** *econ.* (*Katalog*) catalog, *bes. Br.* catalogue, list. – **6.** *mil.* a) roll, list, b) (*Dienstplan*) roster. – **7.** *pol.* (*Wahl-, Kandidatenliste*) list, *Am.* ticket, slate: **Kandidaten auf eine** ~ **setzen** to put candidates on a list, to propose (*Am.* slate) candidates. – **8.** *jur.* a) (*der Anwälte*) roll, b) (*der Geschworenen*) panel, c) (*der Prozesse*) docket: **einen Anwalt aus der** ~ **streichen** to strike a lawyer off the rolls, to disbar a lawyer.

'Li·sten|,füh·rer *m* **1.** *pol.* (*bei der Wahl*) leading candidate. – **2.** *person who keeps a list up-to-date.* — **l~,mä·ßig I** *adj* (according to a) list, as listed. – **II** *adv* **etwas** ~ **erfassen** to list s.th. — **~,preis** *m econ.* list (*od.* catalog, *bes. Br.* catalogue) price. — **l~,reich** *adj* full of cunning (*od.* guile), artful, crafty: **der** ~**e Odysseus** (the) cunning Odysseus. — **~sy,stem** *n pol.* panel system, election system based on party lists. — **~,wahl** *f* election by ticket, election based on lists compiled by the political parties. — **~,wahl·sy,stem** *n* (party-)list system.

'li·stig I *adj* **1.** cunning, crafty, wily, artful, tricky, foxy: **er ist ein** ~**er Fuchs** he is a cunning (*od.* wily) old fox; ~ **wie ein Fuchs** (as) crafty as a fox; **ein** ~**er Streich** a cunning trick. – **2.** (*verstohlen*) sly, furtive. – **3.** (*schelmisch, schalkhaft*) arch (*attrib*), waggish. – **II** *adv* **4.** ~ **verfahren** (*od.* **vorgehen**) to act craftily; **sie blickte ihn** ~ **an** she looked at him slyly.

'li·sti·ger'wei·se *adv* cunningly, craftily.

'Li·stig·keit *f* ⟨-; *no pl*⟩ **1.** cunning(ness), craftiness, wiliness, trickiness, artfulness. – **2.** slyness, furtiveness. – **3.** archness, waggishness.

Li·ta·nei [lita'naɪ] *f* ⟨-; -en⟩ **1.** *relig.* litany, rogation. – **2.** *fig. colloq.* litany, rig(a)marole, (*von Klagen*) *auch* jeremiad, lamentation: **eine** ~ **von Klagen herunterleiern** to reel off (*od.* drone out) a litany of grievances; **immer die gleiche** ~! **die alte** ~! (always) the same old story. — **~,pult** *n relig.* **1.** litany desk (*od.* stool). – **2.** (*in der anglikanischen Kirche*) faldstool.

Li·tau·er ['li:tauər] *m* ⟨-s; -⟩ Lithuanian. — **'li·tau·isch I** *adj* Lithuanian. – **II** *ling.* **L~** ⟨*generally undeclined*⟩, **das L~e** ⟨-n⟩ Lithuanian, the Lithuanian language.

Li·ter ['li:tər] *m, n, Swiss only m* ⟨-s; -⟩ liter, *bes. Br.* litre: **ein halber** ~ half a liter; **zwei** ~ **Milch** two liters of milk.

Li·te·ra ['lɪtera] *f* ⟨-; -s *u.* -rä [-rɛ]⟩ *lit.* letter.

Li·te'ral,sinn [lɪte'ra:l-] *m* (*bes. der Bibel*) literal sense (*od.* meaning): **Verfechter des** ~**s** fundamentalist, literalist.

Li·te'rar|hi,sto·ri·ker [lɪte'ra:r-] *m* literary historian. — **l~hi,sto·risch** *adj* relating to literary history (*od.* the history of literature).

li·te'ra·risch I *adj* (*Eigentum, Form, Neigung etc*) literary: **eine** ~**e Mode** a literary vogue; ~**er Anfänger** apprentice writer; **die** ~**e Welt** the literary set (*od.* world), the world of literature, the commonwealth (*od.* republic) of letters; ~**er Diebstahl** a) plagiarism, b) (*Raubdruck*) (literary) piracy; **durch** ~**e Einflüsse** by literary influence; ~**er Gesellschafts-** (*od.* **Unterhaltungs**)**abend** literary social evening, conversazione. – **II** *adv* ~ **gebildet** well-versed in literature, literate, lettered; ~ **interessiert** interested in literature; ~ **tätig sein** to be a man of letters, to be an author (*od.* a writer).

Li·te·rat [lɪte'ra:t] *m* ⟨-en; -en⟩ **1.** literary man, man of letters, litterateur, *bes. Br.*

littérateur, literator; belletrist, *auch* belle--lettrist (*rare*). – **2.** (*Schriftsteller*) writer, author. — **Li·te'ra·ten·tum** *n* ⟨-s; *no pl*⟩ literary profession (*od.* world).

Li·te·ra·tur [lɪtera'tuːr] *f* ⟨-; -en⟩ **1.** literature: **belehrende** ~ a) educational (*od.* informative) literature, nonfiction, b) didactic literature; **schöne** ~ belles lettres *pl* (*construed as sg*); **unterhaltende** ~ light literature; **weltliche** ~ profane (*od.* worldly) literature; **satirische** ~ satirical literature, satire; **dieses Buch gehört der** ~ an this book is good literature (*od.* of literary value). – **2.** (*Fachliteratur*) (specialized) literature: **juristische** [**medizinische**] ~ legal [medical] literature; **benutzte** ~ books (*od.* works) *pl* consulted, bibliography; **die** (**benutzte**) ~ **angeben** to give (*od.* mention) one's sources (*od.* the works consulted); **die einschlägige** ~ the pertinent (*od.* relevant) literature (*od.* studies *pl*). — ~ˌ**an·ˌga·be** *f* **1.** bibliographical reference. – **2.** *pl* bibliography *sg*. — ~ˌ**beiˌla·ge** *f* (*einer Zeitung etc*) literary supplement. — ~ˌ**blatt** *n cf.* **Literaturzeitschrift.** — ~ˌ**brie·fe** *pl* literary criticism *sg* published in letter form. — ~ˌ**denkˌmal** *n* monument of literature, literary monument. — ~**ge·ˌschich·te** *f* literary history, history of literature. — ~ˌ**hinˌwei·se** *pl* recommendations for further reading, recommended reading *sg*, bibliographical hints, literature *sg*. — ~**hiˌsto·ri·ker** *m* literary historian. — ~**kriˌtik** *f* literary criticism. — ~ˌ**nachˌweis** *m* bibliography. — ~ˌ**papst** *m* **1.** literary giant. – **2.** *humor. iron.* (dry) literary pedant. — ~ˌ**preis** *m* literary award (*od.* prize). — ~ˌ**spra·che** *f* written (*od.* literary) language. — ~**verˌzeich·nis** *n* bibliography. — ~ˌ**wis·sen·schaft** *f* (systematic) study of literature: **vergleichende** ~ comparative (study of) literature. — ~ˌ**wis·sen·schaft·ler** *m* literary scholar, *auch* critic: **vergleichender** ~ comparatist. — ~ˌ**zeitˌschrift** *f* literary (*Am. auch* little) magazine (*od.* review).

'**Li·ter|ˌfla·sche** *f* liter (*bes. Br.* litre) bottle. — ~ˌ**maß** *n* liter (*bes. Br.* litre) (measure). — **l**~ˌ**wei·se** *adj u. adv* by the liter (*bes. Br.* litre).

Li·tew·ka [li'tɛfka] *f* ⟨-; -ken⟩ *mil. hist.* (*blusenartiger Uniformrock*) litevka.

'**Lit·faßˌsäu·le** ['lɪtfas-] *f* outdoor advertising pillar.

Li·thia·sis [li'tiːazɪs] *f* ⟨-; -sen [-'tĭaːzən]⟩ *med.* (*Steinleiden*) lithiasis.

Li·thi·um ['liːtĭʊm] *n* ⟨-s; *no pl*⟩ *chem.* lithium (Li). — ~ˌ**glim·mer** *m min.* lepidolite. — **l**~ˌ**hal·tig** *adj chem.* containing lithium: ~**es Mineralwasser** lithia water. — ~**oxyd** [-ˀɔˌksyːt] *n* lithium oxide, lithia (Li_2O). — ~ˌ**was·ser** *n* lithia water.

Li·tho·chro·mie [litokro'miː] *f* ⟨-; *no pl*⟩ (*art*) lithochromy.

li·tho·gen [lito'geːn] *adj geol. med.* lithogenous.

Li·tho·ge·ne·se [litoge'neːzə] *f* ⟨-; -n⟩ *geol. med.* lithogenesis.

Li·tho·glyph [lito'glyːf] *m* ⟨-en; -en⟩ *tech.* (*art*) lithoglyph.

Li·tho·graph [lito'graːf] *m* ⟨-en; -en⟩ (*art*) *print.* lithographer. — **Li·tho·gra'phie** [-gra'fiː] *f* ⟨-; -n [-ən]⟩ lithography. — **li·tho·gra'phie·ren** [-gra'fiːrən] *v/i u. v/t* ⟨*no* ge-, h⟩ **1.** lithograph. – **2.** reproduce lithographically, lithoprint. — **li·tho'gra·phisch** [-'graːfɪʃ] *adj* lithographic.

Li·tho·lo·ge [lito'loːgə] *m* ⟨-n; -n⟩ *geol.* lithologist. — **Li·tho·lo'gie** [-lo'giː] *f* ⟨-; *no pl*⟩ (*Steinkunde*) lithology. — **li·tho'lo·gisch** [-gɪʃ] *adj* lithologic, *auch* lithological.

Li·tho·ly·se [lito'lyːzə] *f* ⟨-; -n⟩ *med.* (*Steinauflösung*) litholysis.

Li·tho·po·ne [lito'poːnə] *f* ⟨-; *no pl*⟩ (*paints*) lithopone.

Li·tho·sphä·re [lito'sfɛːrə] *f* ⟨-; *no pl*⟩ *geol.* lithosphere.

Li·tho·to·mie [litoto'miː] *f* ⟨-; -n [-ən]⟩ *med.* (*Steinschnitt*) lithotomy.

Li·ti·gant [liti'gant] *m* ⟨-en; -en⟩ *jur. obs.* litigant. — **Li·ti·ga·ti'on** [-ga'tsĭoːn] *f* ⟨-; -en⟩ litigation. — **li·ti'gie·ren** [-'giːrən] *v/i* ⟨*no* ge-, h⟩ litigate.

li·to·ral [lito'raːl] *adj geogr.* littoral. — **Li·to'ra·le** *n* ⟨-s; -s⟩ littoral.

Li·to'ral|ˌfau·na *f zo.* littoral fauna. — ~ˌ**flo·ra** *f bot.* littoral flora.

Li·to·tes [li'toːtɛs] *f* ⟨-; *no pl*⟩ (*in der Rhetorik*) litotes, *auch* meiosis, understatement.

Li·tschi ['lɪtʃi] *m* ⟨-s; -s⟩, ~ˌ**baum** *m bot.* litchi (*Litchi chinensis*). — ~-ˌ**Was·ser·ˌbock** *m zo.* lechwe, *auch* lichi (*Adenota u. Onotragus leche*).

litt [lɪt] *1 u. 3 sg pret of* leiden.

Li·turg [li'tʊrk] *m* ⟨-en; -en⟩ *relig.* liturgist.

Li·tur·gie [litʊr'giː] *f* ⟨-; -n [-ən]⟩ **1.** *relig.* liturgy, rite, ritual, (divine) office: **römisch--katholische** ~ Roman (*od.* Latin) liturgy; ~ **der anglikanischen Kirche** common prayer; ~ **der evangelischen Kirche** order of worship; **Kenner der** ~ liturgist, liturgiologist. – **2.** *antiq.* (*in Athen*) liturgy.

Li·tur'gieˌwis·sen·schaft, Li·tur·gik [li'tʊrgɪk] *f* ⟨-; *no pl*⟩ *relig.* liturgics *pl* (*usually construed as sg*).

li·tur·gisch [li'tʊrgɪʃ] *relig.* **I** *adj* (*Farbe, Gefäß, Gewänder etc*) liturgical, *auch* liturgic, (*Zeremonien*) *auch* rubrical: ~**e Gesänge**, ~**es Singen** chanting. – **II** *adv* ~ **singen** to chant.

Lit·ze ['lɪtsə] *f* ⟨-; -n⟩ **1.** (*Borte*) braid, edging, ribbon: **mit goldenen** ~**n** gold--braided. – **2.** (*Kordel*) cord(on). – **3.** *bes. mil.* (*Tresse*) lace, lacing, striping, braiding (*collect.*). – **4.** *electr.* strand, braid, tinsel, cord. – **5.** *tech.* (*am Webstuhl*) heddle.

'**Lit·zen|ˌdraht** *m electr.* braided (*od.* twisted, stranded) wire, litzendraht wire. — ~ˌ**schnur** *f electr. cf.* Litze 4.

live [laɪf; laɪv] (*Engl.*) *adv telev.* live: **etwas** ~ **aufnehmen** [**senden**] to record [to broadcast, to transmit] s.th. live.

'**Live|-ˌAufˌnah·me** *f telev.* live recording. — ~-ˌ**Sen·dung**, ~-ˌ**Überˌtra·gung** *f* live broadcast (*od.* transmission).

li·vid [li'viːt], **li'vi·de** [-də] *adj obs.* **1.** livid. – **2.** *fig.* (*neidisch*) envious.

li·visch ['liːvɪʃ] *adj cf.* livländisch I. — **Liv·län·der** ['liːfˌlɛndər] *m* ⟨-s; -⟩ *geogr.* Livonian. — '**livˌlän·disch I** *adj* Livonian. – **II** *ling.* **L**~ ⟨*generally undeclined*⟩, **das L**~**e** ⟨-n⟩ Livonian, the Livonian language.

Li·vre ['liːvər] *m, n* ⟨-(s); -(s)⟩ *hist.* (*franz. Münze*) livre.

Li·vree [li'vreː] *f* ⟨-; -n [-ən]⟩ livery: **in** ~ liveried, in livery. — ~ˌ**die·ner** *m* liveried servant, servant in livery, flunk(e)y (*colloq.*).

li·vriert [li'vriːrt] *adj* (*Chauffeur etc*) liveried, in livery.

Li·zen·ti·at [litsɛn'tsĭaːt] *m* ⟨-en; -en⟩ *obs. od. Austrian and Swiss relig., Swiss auch jur. econ.* licentiate.

Li·zenz [li'tsɛnts] *f* ⟨-; -en⟩ **1.** *Br.* licence, *Am.* license: **eine** ~ **beantragen** to apply for a licence; **j-m eine** ~ **erteilen** to grant s.o. a licence, to license (*Br. auch* licence) s.o.; **eine** ~ **(inne)haben** to hold a licence; **eine** ~ **für Alkoholverkauf** a licence for the sale of alcoholic beverages; **eine** ~ **entziehen** to withdraw a licence; **etwas in** ~ **herstellen** to manufacture s.th. under licence; **ein Buch in** ~ **herausgeben** to publish a book under licence; **ohne** ~ unlicensed, *Br. auch* unlicenced. – **2.** *aer. mar.* ticket. – **3. poetische** ~ (*literature*) (poetic) licence (*Am.* license).

Li'zenz|ˌabˌkom·men *n* licence (*Am.* license) agreement (*od.* contract). — ~ˌ**aus·ˌga·be** *f print.* edition published under licence (*Am.* license). — ~ˌ**bau** *m* licensed (*Br. auch* licenced) design (*od.* construction). — ~**entˌzug** *m* withdrawal (*od.* cancellation, revocation) of licence (*Am.* license). — ~**erˌtei·lung** *f* licensing, *Br. auch* licencing. — ~**ge·ber** *m* licenser, *Am.* licensor. — ~**geˌbühr** *f* **1.** (*Konzessionsgebühr*) licence (*Am.* license) fee. – **2.** *jur.* royalty: ~**en für Urheberrecht** copyright royalties; ~**en beziehen** to derive royalties.

li·zen·zie·ren [litsɛn'tsiːrən] *v/t* ⟨*no* ge-, h⟩ license, *Br. auch* licence. — **li·zen'ziert I** *pp.* – **II** *adj* licensed, *Br. auch* licenced.

Li'zenz|ˌinˌha·ber *m* licensee, licence (*Am.* license) holder. — ~ˌ**neh·mer** *m* licensee, grantee of a licence (*Am.* license), *auch* licensed (*Br. auch* licenced) firm. — ~ˌ**spie·ler** *m* (*sport*) semiprofessional player. — ~ˌ**träˌger** *m cf.* Lizenzinhaber. — ~**ver·ˌtrag** *m cf.* Lizenzabkommen.

Lla·no ['ljaːno] *m* ⟨-s; -s⟩ *meist pl* (*Hochgrassteppe in Südamerika*) llano.

Load [loud] (*Engl.*) *n* ⟨-s; -s⟩ *phys.* load.

'**Loaˌwurm** ['loːa-] *m zo.* loa (*Loa loa*).

Lob[1] [loːp] *n* ⟨-(e)s; *no pl*⟩ **1.** praise, commendation: ~ **verdienen** to deserve praise, to be deserving of praise; ~ **ernten** to receive praise, to be commended; **ein** ~ **aussprechen** (*od.* **erteilen**) to speak a word of praise, to express commendation; **j-s** ~ **singen** to sing (*od.* extol) s.o.'s praises, to sing the praises of s.o.; **er geizte** (*od.* **kargte**) (**bei ihr**) **nicht mit** ~ he wasn't sparing in his praise (of her); **j-m** ~ **spenden** (*od.* **zollen**) to speak in praise of s.o., to say kind things about s.o.; **sie bekam** (*od. colloq.* **kriegte**) **ein** ~ she received praise, she got a pat on the back (*colloq.*); **sie war des** ~**es voll über ihre Köchin** she had nothing but praise for her cook; **seine Verdienste sind über alles** (*od.* **jedes**) ~ **erhaben** his merits are beyond (*od.* above all) praise; **es gereicht ihm zum** ~**e** *lit.* it does him credit, it redounds to his hono(u)r; **ihm gebührt großes** (*od.* **hohes**) ~ *lit.* he deserves great commendation (*od.* credit); **Gott sei** ~ (**und Dank**)! praise be to God! thank God! **zum** ~**e Gottes** in praise of the Lord. – **2.** (*Beifall*) approval, applause: **unser Plan fand sein** ~ our plan met with his approval. – **3.** *cf.* **Lobrede.** – **4.** *ped.* good mark.

Lob[2] [lɔp] *m* ⟨-(s); -s⟩ (*sport*) (*bes. beim Tennis*) lob: **einen** ~ **schlagen** (*od.* **spielen**) to lob a ball.

lo·bär [lo'bɛːr] *adj med.* lobar.

lob·ben ['lɔbən] *v/i u. v/t* ⟨h⟩ (*bes. Tennisball*) lob.

Lob·by ['lɔbi; 'lɔbɪ] (*Engl.*) *f, auch m* ⟨-; -bys *od.* -bies⟩ **1.** (*Wandelhalle*) lobby. – **2.** *fig. pol.* lobby, pressure group.

Lob·by·is·mus [lɔbi'ɪsmʊs] *m* ⟨-; *no pl*⟩ *pol.* lobbyism. — **Lob·by'ist** [-'ɪst] *m* ⟨-en; -en⟩ lobbyist.

Lo·be·lie [lo'beːlĭə] *f* ⟨-; -n⟩ *bot.* lobelia (*Gattg Lobelia*).

Lo·be·lin [lobe'liːn] *n* ⟨-s; *no pl*⟩ *chem. med.* lobeline, *auch* alpha-lobeline ($C_{22}H_{27}NO_2$).

lo·ben ['loːbən] **I** *v/t* ⟨h⟩ **1.** praise, commend: **j-n wegen seines Mutes** ~ to praise s.o. for his courage; **j-n überschwenglich** ~ to praise s.o. excessively (*od.* lavishly), to extol (*od.* eulogize) s.o., to crack s.o. up (*colloq.*); **j-n uneingeschränkt** (*od.* **rückhaltlos**) ~ to praise s.o. unreservedly, to give s.o. boundless praise; **er lobte ihren Fleiß** he praised (*od. colloq.* he gave her a pat on the back for) her industry; **er lobte mir seinen Freund als zuverlässig** he commended his friend to me as trustworthy; **das lob' ich mir** *oft iron.* that's just what I like; **da lob' ich mir doch Spanien** [**meine alten Stiefel**] I'd rather have Spain [my old boots]; **da lob' ich mir doch die gute alte Zeit** give me (*od.* I'll take) the good old days anytime; **das Werk lobt den Meister** (*Sprichwort*) *etwa* a man is known by the quality of his work; → Abend 1; grün 1; Krämer 1. – **2.** (*billigen*) approve (of), applaud. – **II** *v/i* **3.** praise: **er lobt nicht gern** he is not one to praise readily, he is not quick to praise. – **III** *v/reflex* **sich** ~ **4.** brag, blow one's own horn (*Br.* trumpet), pat oneself on the back (*colloq.*): **gute Ware lobt sich selbst** (*Sprichwort*) quality speaks for itself. – **IV L**~ *n* ⟨-s⟩ **5.** *verbal noun.* – **6.** *cf.* Lob[1] 1. — '**lo·bend I** *pres p.* – **II** *adj* laudatory, commendatory: **man hört gern mal ein** ~**es Wort** it is good to hear a word of commendation from time to time. – **III** *adv* in (terms of) praise: ~ **über j-n sprechen** to speak in praise of s.o., to speak highly of s.o.; **seine Hilfeleistungen wurden** ~ **erwähnt** his assistance was highly praised; **j-n** ~ **erwähnen** to make hono(u)rable mention of s.o.; **j-n** ~ **hervorheben** to single s.o. out for praise.

'**lo·bens|ˌwert**, ~ˌ**wür·dig** *adj* (*Verhalten etc*) praiseworthy, laudable.

'**lo·be·sam**, *auch* '**lo·be·san** [-zaːn] *adj* ⟨*meist nachgestellt*⟩ *obs. poet.* worthy, noble, worshipful (*archaic*): **Kaiser Rotbart** ~ the worthy emperor Barbarossa.

'**Lo·bes|erˌhe·bung** *f* (high) praise, eulogy; encomium, panegyric (*lit.*): **sich in** ~**en** (**über j-n, etwas**) **ergehen** *lit.* to praise (s.o., s.th.) (up) to the skies (*od.* to high heaven). — ~ˌ**hym·ne** *f* hymn of praise, laud. — ~**ˌwort** *n* ⟨-(e)s; -e⟩ *meist pl* word of praise.

'**Lob|geˌdicht** *n* poem of praise, laudatory poem, panegyric (*lit.*): ~ **auf j-n** poem in praise of s.o. — ~**geˌsang** *m cf.* Loblied. — ~**hu·de'lei** [ˌloːp-] *f* ⟨-; -en⟩ *contempt.* adulation, coarse (*od.* base) flattery, fulsome praise. — ~ˌ**hu·de·ler** *m contempt. cf.* Lobhudler. — **l**~ˌ**hu·deln** *v/i u. v/t* ⟨*insep*, ge-, h⟩ *contempt.* praise (*s.o.*) to the skies, overpraise, flatter (*s.o.*) excessively, adulate: j-m (*auch* j-n) ~ to butter s.o. up (*colloq.*). — **~ˌhud·ler** *m contempt.* adulator, servile flatterer, sycophant, proneur.

löb·lich ['løːplɪç] *adj* (*Absicht etc*) laudable, commendable, praiseworthy. — **'Löb·lich·keit** *f* ⟨-; *no pl*⟩ laudability, laudableness, commendableness, praiseworthiness.

'Lobˌlied *n* **1.** song of praise, paean, *Am. auch* pean: ein ~ auf j-n singen to sing s.o.'s praises. – **2.** *relig.* doxology, carol, hymn, hosanna: ~ Mariens *röm.kath.* magnificat.

Lo·bo·to·mie [loboto'miː] *f* ⟨-; -n [-ən]⟩ *med. cf.* Leukotomie.

'lobˌprei·sen I *v/t* ⟨lobpreist, lobpreiste *od.* lobpries, gelobpreist *od.* lobgepriesen, h⟩ **1.** praise, extol, exalt, eulogize *Br. auch* -s-, panegyrize *Br. auch* -s- (*lit.*). – **2.** *relig.* praise, glorify, laud, magnify: lobpreist den Herrn! praise the Lord. — **II L~** *n* ⟨-s⟩ **3.** *verbal noun.* — **'Lobˌprei·sung** *f* **1.** *cf.* Lobpreisen. – **2.** praise, eulogy; eulogium, panegyric (*lit.*). – **3.** *relig.* glorification praise, laud(ation), doxology (*obs.*).

'Lob|ˌre·de *f* speech of praise, eulogy; eulogium, encomium, panegyric (*lit.*): eine ~ auf j-n halten to pronounce a eulogy on s.o., to eulogize s.o. — **~ˌred·ner** *m* **1.** eulogist, eulogizer; panegyrist, encomiast (*lit.*). – **2.** *cf.* Lobhudler. — **l~ˌsin·gen** *v/i* ⟨*irr, insep,* -ge-, h⟩ **1.** j-m ~ a) to sing s.o.'s praises, b) *auch iron.* to praise (*od.* laud, extol) s.o. to the skies. – **2.** *relig. cf.* lobpreisen 2. — **~ˌspruch** *m* **1.** eulogy; eulogium, encomium (*lit.*). – **2.** *cf.* Lobgedicht.

lo·bu·lär [lobu'lɛːr] *adj med.* lobular.

Loch [lɔx] *n* ⟨-(e)s; =er⟩ **1.** hole: ein ~ in das Brett bohren to drill a hole in(to) the board; ein ~ in der Wand a hole in the wall; ein ~ im Strumpf stopfen to mend a hole (*od.* tear) in the stocking; er stopfte ein ~ mit dem andern zu *fig.* he robbed Peter to pay Paul; ich werd' ihm zeigen, wo der Zimmermann das ~ gelassen hat *fig. colloq.* I'll show him the door; seinen Gürtel ein ~ enger schnallen *fig. colloq.* to tighten one's belt (one notch); er pfeift auf (*od.* aus) dem letzten ~ *fig.* he is on his last legs; jetzt pfeift der Wind aus einem anderen ~ *fig. colloq.* now the wind is blowing from another quarter; aus welchem ~ pfeift der Wind? *fig. colloq.* how (*od.* which way) does the wind lie? ein ~ im Bauch haben *fig. colloq.* to have a hole in one's stomach; das Kind fragt ihm Löcher (*od.* ein ~) in den Bauch *fig. colloq.* the child drives him crazy asking questions; j-m Löcher (*od.* ein ~) in den Bauch reden *fig. colloq.* to talk the hind leg off a donkey, to talk s.o.'s head off; das neue Kleid hat mir ein großes ~ in den Beutel gerissen *fig.* the new dress has made a big hole in my pocket (*od.* purse); ein ~ (*od.* Löcher) in die Luft gucken (*od.* starren) *fig. colloq.* to stare into space; er säuft wie ein ~ *fig. colloq.* he drinks like a fish; einen anderen vors ~ schieben *fig. colloq.* to let s.o. else bear the brunt (*od.* take the blame); ein ~ im Gesetz finden to find a loophole in the law. – **2.** (*im Zaun etc*) opening, gap. – **3.** (*Öffnung*) aperture. – **4.** (*Lochung, Durchbohrung*) perforation. – **5.** (*Tierbau*) a) (*einer Maus etc*) hole, b) (*für größere Tiere*) den, lair: die Maus verschwand in ihrem ~ the mouse disappeared into its hole. – **6.** (*im Luftreifen*) puncture: ein ~ im Reifen haben to have a puncture (*od.* a flat tire [*bes. Br.* tyre]). – **7.** (*Verletzung*) hole: sich (*dat*) ein ~ in den Kopf fallen to fall down and hurt one's head. – **8.** (*in der Straße*) pothole, *Am. auch* chuckhole. – **9.** (*im Dach*) hole, leak. – **10.** (*im Zahn*) cavity, hollow, hole. – **11.** (*in Festungsmauern etc*) breach. – **12.** (*Grube*) pit. – **13.** (*im Käse, einer Nadel etc*) eye. – **14.** *fig. colloq.* (*elende Behausung*) kennel, hovel, dirty hole, 'dump' (*sl.*). – **15.** *fig. colloq.* (*Gefängnis*) 'jug' (*sl.*), *Br. sl.* quod, *Am. colloq.* 'cooler'; jail, *Br. auch* gaol: j-n ins ~ stecken to put s.o. in clink (*sl.*); er sitzt im ~ he is doing time, he is in jug. – **16.** (*games*) a) (*Billard*) pocket, hazard, b) (*Golf*) hole, cup: die Kugel ins ~ treiben (*Billard*) to pocket the ball; den Ball ins ~ spielen (*Golf*) to hole (the ball). – **17.** *mus.* (*eines Blasinstruments*) fingerhole. – **18.** *bot. zo.* foramen. – **19.** *vulg.* 'hole', cunt (*beide vulg.*).

'Loch|ˌabˌstand *m phot.* perforation pitch. — **~ˌband** *n cf.* Lochstreifen. — **~ˌbei·tel** *m tech.* mortise chisel. — **~ˌbil·lard** *n* billiard table with pockets, English billiard table. — **~ˌblen·de** *f* **1.** *phot.* stop (plate). – **2.** (*optics*) diaphragm, light (*od.* field, aperture) stop. — **~ˌboh·rer** *m tech.* auger bit. — **~ˌdorn** *m metall.* a) (*in Rohrwalzerei*) piercing mandrel, plug, b) (*beim Strangpressen*) punch. — **~ˌei·sen** *n tech.* **1.** (*für Leder*) pricker, piercer. – **2.** a) (*für Bleche etc*) hollow punch, b) (*zur Herstellung von Ösen etc*) saddler punch.

lo·chen ['lɔxən] **I** *v/t* ⟨h⟩ **1.** (*Fahrkarte, Papier etc*) punch. – **2.** make a hole (*od.* holes) in(to), hole. – **3.** (*perforieren*) perforate. – **4.** *tech.* a) (*lochstanzen*) punch holes in(to), b) (*durchbohren*) pierce, c) (*langlochen*) slut, dado. – **5.** (*Holz*) bore. – **II L~** *n* ⟨-s⟩ **6.** *verbal noun.* – **7.** *cf.* Lochung.

'Lo·cher *m* ⟨-s; -⟩ **1.** (*für Akten etc*) punch. – **2.** (*Person*) piercer, puncher, perforator. – **3.** *tech. cf.* Locheisen.

lö·che·rig ['lœçərɪç] *adj* **1.** full of holes, in holes: der Strumpf ist ~ the stocking is full of holes; die Beweisführung ist recht ~ *fig.* the line of argument is full of holes (*od.* faulty). – **2.** *metall. tech.* (*Guß*) honeycombed, porous. – **3.** *bot. zo.* foraminiferous. – **4.** *med.* a) porous, perforated, pitted, foraminiferous (*scient.*), b) (*siebartig*) cribriform.

'Lö·cher·koˌral·le *f meist pl zo. cf.* Riffkoralle.

'Loch|ˌfei·le *f tech.* riffler. — **~ˌfraß** *m* (*Korrosion*) pitting, localized (*od.* selective) corrosion.

Lo·chi·en ['lɔxiən] *pl med.* (*Wochenfluß*) lochia.

'Lochˌka·me·ra *f phot.* **1.** pinhole camera. – **2.** *hist.* camera obscura.

'Lochˌkar·te *f* (*computer*) punch(ed) card: ~n ablochen to keypunch.

'Lochˌkar·ten|ˌabˌtei·lung *f* punch(ed) card department. — **~ˌbuchˌfüh·rung** *f* punch(ed) card bookkeeping (*od.* accountancy). — **~ˌschlüs·sel** *m* punch(ed) card code. — **~ˌumˌrech·ner** *m* punch(ed) card computer. — **~verˌfah·ren** *n* punch(ed) card system (*od.* method).

'Lochˌleh·re *f metall.* **1.** (*Bohrungslehre*) internal cal(l)iper ga(u)ge. – **2.** (*zum Messen runder Löcher*) taper (ga[u]ge).

Löch·lein ['lœçlaɪn] *n* ⟨-s; -⟩ **1.** *dim. of* Loch. – **2.** pinhole, eyelet.

'Loch|ˌmu·schel *f zo.* keyhole limpet (*Diodora aspera*). — **~ˌmu·ster** *n* (*textile*) (*beim Häkeln etc*) openwork: Pullover mit ~ open-worked sweater. — **~ˌpfla·ster** *n med. pharm.* porous plaster. — **~ˌpres·se** *f tech.* punch (*auch* punching) press. — **~ˌrei·he** *f* set (*od.* row) of holes.

löch·rig ['lœçrɪç] *adj cf.* löcherig.

'Loch|ˌsä·ge *f tech.* **1.** compass saw. – **2.** (*für Schlüssellöcher*) keykole saw. — **~ˌschwei·ßung** *f* plug welding. — **~ˌspiel** *n* (*sport*) (*beim Golf*) match play. — **~ˌstab** *m archeol.* punch. — **~ˌstan·ze** *f tech.* **1.** (*Locheisen*) hollow punch, drift. – **2.** (*Maschine*) punching machine, punch press. — **l~ˌstan·zen** *v/t* ⟨*insep,* -ge-, h⟩ punch. — **~ˌstein** *m* **1.** *civ.eng. cf.* Lochziegel. – **2.** *metall.* (*einer Stopfenpfanne*) sleeve (*od.* nozzle) brick. — **~ˌstem·pel** *m tech.* punch, piercing (*od.* perforating) die. — **~ˌstrei·fen** *m* punched (*od.* paper) tape.

'Lo·chung *f* ⟨-; -en⟩ **1.** *cf.* Lochen. – **2.** perforation. – **3.** (*computer*) punch.

'Loch|ˌwei·te *f* diameter of bore (*od.* hole). — **~ˌzan·ge** *f* **1.** (*für Fahrkarten etc*) ticket punch (*od.* punchers *pl*), clippers *pl*. – **2.** *tech.* punch pliers *pl* (*construed as sg or pl*), spring belt punch. — **~ˌzie·gel** *m civ.eng.* perforated brick (*od.* tile). — **~ˌzir·kel** *m tech.* inside cal(l)ipers *pl*.

'Lock·arˌti·kel *m econ.* loss leader.

Löck·chen ['lœkçən] *n* ⟨-s; -⟩ **1.** *dim. of* Locke[1] 1—3. – **2.** baby curl.

Locke[1] (*getr.* -k·k-) ['lɔkə] *f* ⟨-; -n⟩ **1.** curl, (*bes. lange*) lock (of hair): gekräuselte [natürliche] ~n crimped [natural] curls; sie hat natürliche ~n her hair is (naturally) curly; Haar in ~n legen to set hair in curls; eine ~ fiel ihr in die Stirn a curl fell over her forehead; die ~n fielen ihr bis auf die Schultern her curls fell (down) to her shoulders; sich ~n legen to curl one's hair. – **2.** (*lange, geringelte Locke*) ringlet. – **3.** (*Stirnlocke*) forelock, *bes. Br.* quiff. – **4.** (*textile*) (*Spinnerei*) locks *pl*, curl. – **5.** *tech.* (*Span*) continuous spiral, curl.

'Locke[2] (*getr.* -k·k-) *f* ⟨-; -n⟩ *hunt.* **1.** (*Pfeife etc*) birdcall. – **2.** *cf.* Lockvogel 1: lebendige ~ decoy.

locken[1] (*getr.* -k·k-) ['lɔkən] **I** *v/reflex* ⟨h⟩ sich ~ curl, form locks: seine Haare ~ sich von selbst he has curly hair by nature. – **II** *v/t lit.* form (*od.* twist) (*one's hair*) into curls (*od.* ringlets), curl: sie ließ sich (*dat*) ihr Haar ~ she had her hair curled.

'locken[2] (*getr.* -k·k-) **I** *v/t* ⟨h⟩ **1.** (*mit Futter etc*) lure, entice, tempt: einen Hund mit einem Knochen ~ to tempt a dog with a bone, to hold out a bone to a dog. – **2.** (*durch Köder*) decoy, lure, (*bes. Fisch*) bait. – **3.** (*durch Lockruf*) call: die Henne lockte ihre Küken the hen called its (*od.* her) chickens. – **4.** *fig.* lure, allure, entice, attract, inveigle, (*bes. mit List*) decoy: die Sonne lockte uns ins Freie *fig.* the sun enticed us to go into the open air; damit kannst du keinen Hund vom Ofen ~ *fig. colloq.* you can't catch a fish with that bait, that won't tempt anybody; j-n auf die falsche Fährte ~ *fig.* to put s.o. on the wrong track, *bes. Am. colloq.* to give s.o. a bum steer; j-m das Geld aus der Tasche ~ *fig.* to cheat s.o. out of his money, to fleece s.o.; j-n in eine Falle [einen Hinterhalt] ~ to lure s.o. into a trap [an ambush]. – **5.** *fig.* (*reizen*) tempt: was mich am meisten lockte what tempted me most; das kann mich nicht ~ that won't tempt me. – **6.** *fig.* (*durch Zeichen*) beckon. – **II** *v/i* **7.** (*von Henne*) cluck. – **III L~** *n* ⟨-s⟩ **8.** *verbal noun.* – **9.** (*von Vögeln etc*) chuckle, chuck, cluck.

löcken (*getr.* -k·k-) ['lœkən] *v/i* ⟨h⟩ *only in* wider den Stachel ~ *Bibl.* to kick against the pricks.

'lockend (*getr.* -k·k-) **I** *pres p.* – **II** *adj* **1.** (*Angebot etc*) tempting, alluring, enticing, attractive: ~e Versprechungen tempting promises; ~e Ferne alluring faraway places. – **2.** (*verlockend*) attractive: etwas in den ~sten Farben schildern *fig.* to describe s.th. in the most attractive (*od.* rosy, glowing) colo(u)rs.

'Locken|ˌfül·le (*getr.* -k·k-) *f* cluster of curls (*od.* ringlets). — **~ˌhaar** *n* curly hair. — **~ˌkopf** *m* **1.** head of curly hair. – **2.** (*Person*) curlyhead, curly-pate. — **~ˌtau·be** *f zo.* (*Zuchtrasse*) capuchin.

'Lockˌen·te *f hunt.* decoy (duck).

'Locken|ˌwickel (*getr.* -k·k-), **~ˌwick·ler** *m* **1.** (*aus Metall od. Kunststoff*) curler. – **2.** (*aus Papier*) curlpaper, papillote.

locker (*getr.* -k·k-) ['lɔkər] **I** *adj* ⟨-er; -st⟩ **1.** (*Schraube, Griff, Zahn etc*) loose: ~ werden to get (*od.* become) loose; → Schraube 1. – **2.** (*Seil, Leine etc*) slack: er hat den Knoten ganz ~ gemacht he tied the knot very loosely. – **3.** (*Teig, Omelett etc*) light, fluffy. – **4.** (*Erde etc*) loose, fluffy, friable. – **5.** (*Gewebe*) loosely woven. – **6.** (*Bewegung etc*) slack, limber. – **7.** *fig.* loose: ~e Bindung loose connection (*Br. auch* connexion); er hat eine ~e Hand *colloq.* he is apt to let fly (*od.* to hit out at the slightest provocation). – **8.** *fig.* (*Sitten, Grundsätze etc*) lax, loose, dissolute: ein ~es Leben führen to lead a loose (*od.* fast, gay) life; ein ~es Mädchen a hussy; ein ~es Dämchen *iron.* a lady of easy virtue; ein ~er Vogel (*od.* Zeisig) *colloq.* a loose (*od.* gay) fellow (*colloq.*), a fast liver, a rake. – **9.** *min.* (*Gestein*) disintegrated, friable, (*verwittert*) crumbling. – **10.** *bot.* (*Rispe*) lax. – **II** *adv* **11.** loosely: eine Schraube ~ anziehen to fasten a screw loosely; ~ stricken to knit loosely; er lebt recht ~ *fig.* he leads a loose life. — **'Locker·heit** (*getr.* -k·k-) *f* ⟨-; *no pl*⟩ **1.** looseness. – **2.** slackness. – **3.** lightness, fluffiness. – **4.** (*von Erde etc*) looseness, fluffiness, friableness, friability. – **5.** *fig.* laxity, looseness.

'locker|ˌlas·sen (*getr.* -k·k-) *v/i* ⟨*irr, sep,* -ge-, h⟩ *colloq.* yield, give in: nicht ~ not to relent, to insist, to stick to one's point (*od.* guns); ich werde nicht ~ I won't relent, I insist; wir dürfen nicht ~ we have to keep (on) trying, we must not yield. — **~ˌma·chen** *v/t* ⟨*sep,* -ge-, h⟩ *fig. colloq.* (*Geld etc*) cough up (with) (*colloq.*), *Am. colloq. auch* jar loose with.

lockern (*getr.* -k·k-) [ˈlɔkərn] **I** *v/t* ⟨h⟩ **1.** (*Fesseln, Gürtel, Schraube etc*) loosen, loose, untighten, unloose(n). – **2.** (*Seil, Leine*) slacken, pay out. – **3.** (*Erdreich etc*) loosen, break up: den Boden mit einer Hacke ~ to loosen the ground with a pick. – **4.** (*Glieder, Muskeln etc*) relax, limber up, loosen. – **5.** (*Griff etc*) relax, unclench, loosen. – **6.** *tech.* (*Kette, Riemen, Schrank etc*) slacken, loosen. – **7.** *fig.* relax, loosen: die Bestimmungen werden in Kürze gelockert the regulations are shortly to be relaxed; die Zügel ~ to loosen the reins. – **II** *v/reflex* sich ~ **8.** (*von Brett, Schraube etc*) loosen, get loose. – **9.** (*von Seil etc*) slacken. – **10.** *fig.* loosen, become loose: die Sitten haben sich gelockert morals have become loose (*od.* lax). – **11.** *fig.* (*von Freundschaft etc*) wear thin. – **12.** *fig.* (*nachlassen*) ease (off). – **III L~** *n* ⟨-s⟩ **13.** *verbal noun.* — **ˈLocke·rung** (*getr.* -k·k-) *f* ⟨-; -en⟩ **1.** *cf.* Lockern. – **2.** *auch fig.* relaxation, laxation.

ˈLocke·rungs|ˌlauf (*getr.* -k·k-) *m* (*sport*) limbering-up run. — **~ˌmit·tel** *n gastr. cf.* Treibmittel 1. — **~ˌübung** *f* (*sport*) limbering-up exercise.

ˈLockˌfisch *m hunt.* decoy fish, artificial bait.

ˈlockig (*getr.* -k·k-) *adj* (*Haar*) curly, curled, ringleted, in curls (*od.* ringlets).

ˈLock|ˌmit·tel *n* **1.** *hunt.* a) (*Köder*) bait, lure, b) *cf.* Lockpfeife, c) *cf.* Lockvogel 1. – **2.** *fig.* (*Anreiz*) bait, lure, enticement, allurement: diese Annonce ist nur ein ~ this advertisement is only a bait. — **~ˌpfei·fe** *f hunt.* birdcall. — **~ˌruf** *m* **1.** *hunt.* birdcall. – **2.** *zo.* (*des Tieres*) mating call. — **~ˌspei·se** *f cf.* Lockmittel 1a. — **~ˌspit·zel** *m* **1.** (*für die Polizei*) stool pigeon. – **2.** *pol.* (*Agent*) agent provocateur. — **~ˌtau·be** *f hunt.* decoy (*od.* stool) pigeon.

ˈLockung (*getr.* -k·k-) *f* ⟨-; -en⟩ **1.** *cf.* Locken[2]. – **2.** *bes. hunt.* a) (*durch Köder*) enticement, b) (*durch Lockruf*) call. – **3.** *fig.* allurement, enticement, inducement. – **4.** *fig.* (*Versuchung*) temptation.

ˈLock|ˌvo·gel *m* **1.** *hunt.* decoy (bird), call bird. – **2.** *fig.* decoy, lure, allurer. — **~ˌziel** *n mil.* decoy.

lo·co [ˈloːko] *adv* **1.** loco, at hand, on (*od.* in) stock. – **2.** *econ.* (*am Orte*) loco, spot, for delivery: Kaffee ~ Hamburg coffee for delivery at Hamburg. — **~ ciˈta·to** [tsiˈtaːto] *adv* loco citato. — **~ lauˈda·to** [lauˈdaːto] *adv rare* loco laudato. — **~ siˈgil·li** [ziˈgɪli] *adv* loco sigilli, instead of the seal.

Lod·de [ˈlɔdə] *f* ⟨-; -n⟩ *zo.* capelin, *auch* capelan, caplin (*Mallotus villosus*).

lod·de·rig [ˈlɔdərɪç] *adj u. adv colloq. for* unordentlich.

Lo·de [ˈloːdə] *f* ⟨-; -n⟩ *bot.* sprig, spray, shoot, yearly growth of trees.

Lo·den [ˈloːdən] *m* ⟨-s; -⟩ (*textile*) fulled wool(l)en cloth, frieze, *Am. auch* loden (cloth). — **~ˌman·tel** *m* waterproof wool(l)en coat. — **~ˌrock** *m* **1.** waterproof wool(l)en jacket. – **2.** (*Damenrock*) waterproof wool(l)en skirt. — **~ˌstoff** *m* (*textile*) *cf.* Loden.

lo·dern [ˈloːdərn] *v/i* ⟨h⟩ **1.** (*von Feuer*) blaze, flare, flame (up): die Flammen ~ zum Himmel *lit.* the flames blaze up to the sky. – **2.** *fig.* glow, burn: seine Augen loderten (vor Zorn) *lit.* his eyes were glowing (with anger). — **ˈlo·dernd I** *pres p.* – **II** *adj* **1.** blazing, flaring, flaming, blazy: er starrte in die ~en Flammen he stared into the blazing fire. – **2.** *fig.* burning, glowing; ablaze, aglow, afire (*pred*): ~ vor Begeisterung [Vaterlandsliebe] *lit.* afire (*od.* burning) with enthusiasm [patriotism].

Lo·di·cu·la [loˈdiːkula] *f meist pl* ⟨-; -lae [-lɛ]⟩ *bot.* lodicule, *auch* lodicula.

Löf·fel [ˈlœfəl] *m* ⟨-s; -⟩ **1.** spoon: man nehme davon zwei gehäufte [gestrichene] ~ voll take two heaped [level] spoonfuls (of it); einen ~ voll Medizin nehmen to take one spoonful of medicine; mit dem ~ füttern to spoon-feed; j-n über den ~ barbieren (*od. dial.* balbieren) *fig. colloq.* to cheat s.o., to play (*od.* have) s.o. for a sucker (*colloq.*), to take s.o. for a ride (*sl.*); der Kaffee ist so stark, daß der ~ drin steht *fig.* the coffee is so strong that the spoon would stand up in it; → Weisheit 1. – **2.** (*Schöpflöffel*) ladle. – **3.** (*beim Golf*) spoon: den Ball mit dem ~ schlagen to spoon the ball. – **4.** *tech.* (*vom Bagger etc*) scoop, shovel, bucket. – **5.** *med.* a) (*zum Entnehmen von Probematerial*) harpoon, b) (*Kurette*) curette, *Am.* curet. – **6.** *hunt.* (*des Hasen, Kaninchens*) ear: das Kaninchen stellte die ~ auf the rabbit pricked (*od.* stuck) up its ears. – **7.** *fig. colloq. humor.* ear: schreib dir das hinter die ~ get that into your thick head (*od.* skull); du wirst gleich eins hinter die ~ bekommen you'll get your ears boxed yet (*od.* in a minute); schau, wie er die ~ spitzt look at him prick his ears up; sperr doch deine ~ auf! why don't you damn well listen? (*colloq.*).

ˈLöf·fel|ˌbag·ger *m civ.eng.* shovel excavator, (power) shovel, *bes. Br.* (steam) navvy, bag scoop. — **~bisˌkuit** *n gastr.* ladyfinger, sponge finger. — **~ˌboh·rer** *m tech.* spoon (*od.* pot) bit, auger gouge bit. — **~ˌen·te** *f zo.* shovel(l)er (*Spatula clypeata*). — **l~ˌför·mig** *adj* **1.** spoon-shaped, spoonlike. – **2.** *bot. zo.* cochlear(iform), spatular, spatuliform, spat(h)ulate. — **~ˌfuchs** *m zo. cf.* Löffelhund. — **~ˌhai** *m* shovelhead, bonnethead (*Sphyrna tiburo*). — **~ˌhund** *m* Delalande's fox (*Otocyon megalotis*). — **~ˌkraut** *n bot.* spoonwort (*Gattg Cochlearia*): Echtes ~ scurvy grass (*C. officinalis*).

löf·feln [ˈlœfəln] *v/t* ⟨h⟩ **1.** (*essen*) eat (*s.th.*) with a spoon, spoon up, sup (off *od.* out): er löffelte seine Suppe he spooned up his soup; du löffelst ja ewig an dem bißchen Suppe! you take an eternity to eat that drop of soup! – **2.** (*schöpfen*) ladle (*od.* spoon) out. – **3.** *fig. colloq.* (*verstehen*) grasp, understand: hast du's nun endlich gelöffelt? did you understand (at last)? got it? (*colloq.*); er hat es immer noch nicht gelöffelt! he hasn't understood (*od. colloq.* got) it yet.

ˈLöf·fel|ˌrei·her *m zo. cf.* Löffler 2. — **~ˌro·chen** *m* shovelnose, guitarfish (*Rhinobatos productus*). — **~ˌschnecke** (*getr.* -k·k-) *f* sea spoon, soft-shell clam, mananosay, mananose, maninose (*Mya arenaria*). — **~ˌstiel** *m* spoon handle. — **~ˌstör** *m zo.* **1.** shovelnose (*od.* shovel-nosed, white) sturgeon, hackle back (*Scaphirhynchus platorhynchus*). – **2.** Nordamerikanischer ~ spoonbill (*od.* duckbill) cat, spadefish (*Polyodon spathula*). — **~ˌvoll** *m* ⟨-; -⟩ spoonful: ein gehäufter ~ a heaped (*bes. Am. auch* heaping) spoonful. — **l~ˌwei·se** *adj u. adv* by (*od.* in) spoonfuls, by the spoonful.

ˈLöff·ler *m* ⟨-s; -⟩ **1.** (*beim Golf*) mashie (*bes. Br.* mashy) niblick. – **2.** *zo.* a) Weißer ~ spoonbill (*Platalea leucorodia*), b) Roter (*od.* Rosa) ~ pink curlew, roseate spoonbill (*Ajaia ajaja*).

log [loːk] *1 u. 3 pret of* lügen.

Log [lɔk] *n* ⟨-s; -e⟩ *mar.* log: das ~ auswerfen to heave the log; selbstregistrierendes ~ patent log, velocimeter.

Log·arith·menˌta·fel [logaˈrɪtmən-] *f math.* table of logarithms (*od. colloq.* logs), logarithm(ic) (*od. colloq.* log) scale.

log·arith·mie·ren [logarɪtˈmiːrən] *math.* **I** *v/t* ⟨*no* ge-, h⟩ take the logarithm of. – **II** *v/i* take the logarithm.

log·arith·misch [logaˈrɪtmɪʃ] *math.* **I** *adj* logarithmic, *auch* logarithmical. – **II** *adv* ~ abgestuft graded logarithmically.

Log·arith·mus [logaˈrɪtmus] *m* ⟨-; -men⟩ logarithm: gemeiner ~ common (*od.* Briggs, ordinary, decadic) logarithm; natürlicher ~ natural (*od.* hyperbolic, Napier's) logarithm; 4 ist der ~ von 16 zur Basis 2 4 is the logarithm of 16 to the base 2.

ˈLogˌbuch *n* **1.** *mar.* a) deck log, b) (*für besondere Eintragungen*) official log: etwas in das ~ eintragen to log s.th. – **2.** *aer.* (journey) log(book).

Lo·ge [ˈloːʒə] *f* ⟨-; -n⟩ **1.** (*theater*) box, loge, lodge. – **2.** (*der Freimaurer*) lodge: eine ~ abhalten to hold a lodge meeting.

lö·ge [ˈløːgə] *1 u. 3 sg pret subj of* lügen.

ˈLo·gen|bilˌlet *n* (*theater*) ticket for a box. — **~ˌbru·der** *m* (*der Freimaurer*) (brother) mason, fellow (free)mason. — **~ˌmei·ster** *m* master mason: ehemaliger ~ past master. — **~ˌplatz** *m* (*theater*) box (*od.* loge, lodge) seat. — **~ˌschlie·ßer** *m* **1.** (*theater*) usher. – **2.** (*der Freimaurer*) tiler, *auch* tyler. — **~ˌschlie·ße·rin** *f* (*theater*) usherette.

Log·ge [ˈlɔgə] *f* ⟨-; -n⟩ *mar. cf.* Log. — **ˈlog·gen** *v/i* ⟨h⟩ *mar.* log, heave (*od.* pay out) the log line, heave (*od.* stream) the log.

Log·ger [ˈlɔgər] *m* ⟨-s; -⟩ *mar.* lugger, (*mit Treibnetz*) drifter.

Log·gia [ˈlɔdʒa] *f* ⟨-; -gien [-dʒiən]⟩ *arch.* loggia: die Loggien des Vatikans (*od.* von Raphael) the Loggias (*auch* Loggie) of the Vatican (*od.* of Raphael).

ˈLogˌglas *n mar.* (*Sanduhr*) log glass.

ˈLo·gi·enˌquel·le [ˈloːgiən-] *f* (*Bibelkritik*) Q, the 'second source' (*a collection of sayings of Jesus, used by Matthew and Luke*).

Loˈgier·beˌsuch *m* overnight visitor(s *pl*), staying (*od.* overnight) guest(s *pl*).

lo·gie·ren [loˈʒiːrən] **I** *v/i* ⟨*no* ge-, h⟩ (*wohnen*) stay, (*bes. privat*) *auch* lodge: ich logierte bei meiner Tante I lodged with my aunt; er logiert in einem Hotel he is staying at a hotel. – **II** *v/t obs. for* beherbergen 1.

Loˈgier|ˌgast *m* overnight visitor (*od.* guest). — **~ˌhaus** *n* lodging (*od.* rooming) house: billiges ~ cheap lodging house, *Br. sl. auch* doss house. — **~ˌzim·mer** *n* spare (*od.* guest) room.

Lo·gik [ˈloːgɪk] *f* ⟨-; *no pl*⟩ **1.** (*Folgerichtigkeit*) logic, logicality, logicalness: zwingende ~ compelling logic; weibliche ~ woman's (*od.* female, feminine) logic; aller ~ ins Gesicht schlagen to fly in the face of all logic; es widerspricht (ja) aller ~ it contradicts all logic. – **2.** *philos.* (*Lehre*) logic: mathematische [theoretische, traditionelle] ~ mathematical [formal, Aristotelian] logic; symbolische ~ a) symbolic logic, artificial language, logistic (*rare*), b) *math.* symbolic logic.

Lo·gi·ker [ˈloːgikər] *m* ⟨-s; -⟩ **1.** (*klarer Denker*) acute reasoner. – **2.** *philos.* logician.

ˈLo·gik·kalˌkül *m, auch n philos.* logical (*od.* formal) calculus.

Lo·gis [loˈʒiː] *n* ⟨- [-ˈʒiː(s)]; - [-ˈʒiːs]⟩ **1.** *archaic dial.* lodging(s *pl*), room(s *pl*), quarters *pl*: j-n in ~ nehmen to lodge s.o.; → Kost 2. – **2.** *mar.* crew space, forecastle, *Br. auch* fo'c's'le, quarters *pl*.

lo·gisch [ˈloːgɪʃ] **I** *adj* (*Folgerung etc*) logical: ~er Trugschluß non sequitur; ~er Positivismus *philos.* logical positivism; ~e Operation (*in der Datenverarbeitung*) binary operation; ~er Ausdruck Boolean expression; das ist doch ~! *colloq.* obviously! naturally! of course! – **II** *adv* logically: er kann nicht ~ denken he cannot think (*od.* he is not capable of thinking) logically (*od.* consistently); etwas ~ durchdenken to reason s.th. out; etwas ~ betrachten to look at s.th. rationally; ~ verbinden *philos.* to colligate. – **III L~e, das** ⟨-n⟩ the logicality, the logicalness. — **ˈlo·gi·scher·ˈwei·se** *adv* logically, obviously.

Loˈgis|ˌgeld *n archaic dial.* **1.** lodging money, *Am.* room rent. – **2.** money paid for (board and) lodging, lodging allowance. — **~ˌherr** *m* lodger, *Am.* roomer.

Lo·gis·mus [loˈgɪsmus] *m* ⟨-; -men⟩ *philos.* **1.** (*Vernunftschluß*) logism. – **2.** ⟨*only sg*⟩ (*Doktrin*) logism, panlogism.

Lo·gi·stik [loˈgɪstɪk] *f* ⟨-; *no pl*⟩ **1.** *mil.* logistics *pl* (*often construed as sg*). – **2.** *math.* mathematical (*od.* symbolic) logic, logistics *pl* (*often construed as sg*).

Lo·gi·sti·ker [loˈgɪstikər] *m* ⟨-s; -⟩ *philos.* logistician. — **loˈgi·stisch** [-tɪʃ] *adj* logistic(al): ~e Unterstützung *mil.* logistic support.

Lo·gi·zis·mus [logiˈtsɪsmus] *m* ⟨-; *no pl*⟩ *philos.* logicism.

Lo·gi·zi·tät [logitsiˈtɛːt] *f* ⟨-; *no pl*⟩ *philos.* logicality, logical character.

ˈLogˌlei·ne *f mar.* log line: Vorläufer der ~ stray line; Marke an der ~ knot.

Lo·go…, lo·go… *combining form denoting* logo…

Lo·go·gramm [logoˈgram] *n* ⟨-s; -e⟩ *ling.* logogram.

Lo·go·graph [logoˈgraːf] *m* ⟨-en; -en⟩ *antiq.* logographer. — **lo·goˈgra·phisch** *adj* logographic.

Lo·go·griph [logoˈgriːf] *m* ⟨-s *u.* -en; -e(n)⟩ (*Buchstaben- od. Worträtsel*) logogriph.

Lo·go·kra·tie [logokraˈtiː] *f* ⟨-; -n [-ən]⟩ *philos. pol.* logocracy, rule of reason.

Lo·go·pä·de [logoˈpɛːdə] *m* ⟨-n; -n⟩ *med.* logop(a)edist. — **Lo·go·pä·die** [-pɛˈdiː] *f* ⟨-; *no pl*⟩ *med.* (*Sprachheilkunde*) logop(a)edia, logop(a)edics *pl* (*construed as sg or pl*).

Lo·go·pa·thie [logopaˈtiː] *f* ⟨-; -n [-ən]⟩ *med.* (*Sprachstörung*) logopathy, dyslogia.

Lo·gor·rhö [logoˈrøː] *f* ⟨-; -en⟩, **Lo·gorˈrhöe** [-ˈrøː] *f* ⟨-; -n [-ən]⟩ *psych.* (*krank-*

haftes Schwatzen) logorrh(o)ea, logomania, polyphrasia, hyperlogia, lagomania, lalorrh(o)ea.

Lo·gos ['lo:gɔs; 'lɔgɔs] *m* ⟨-; *rare* Logoi [-gɔʏ]⟩ **1.** *philos.* logos, Logos. – **2.** *relig.* (*Wort Gottes*) Logos, logos (*rare*).

Lo·go·ty·pe [logo'ty:pə] *f print.* logotype. — **Lo·go'ty·penˌdruck** *m* logography.

'Logˌrol·le *f mar.* log reel.

'Loh|ˌbeet *n hort.* bark bed, tan bed (*od.* pit). — **~ˌbei·ze** *f cf.* Lohe¹. — **~ˌblü·te** *f bot.* fuligo (*Fuligo septica*). — **~ˌbrü·he** *f* (*leather*) ooze, liquor.

Lo·he¹ ['lo:ə] *f* ⟨-; -n⟩ (*leather*) bark.

'Lo·he² *f* ⟨-; *rare* -n⟩ *lit.* **1.** (tongues *pl* of) flame, flare, blaze: **die flackernde ~** the flickering blaze; **die ~ schlug gen Himmel** tongues of flame shot up (*od.* leaped, *Br. auch* leapt) high into the sky. – **2.** *fig.* (*Begeisterung, Liebe etc*) fire, ardor, *bes. Br.* ardour: **in lichter ~ brennen** to be all ablaze (*od.* aflame).

lo·hen¹ ['lo:ən] *v/t* ⟨h⟩ (*leather*) steep (*s.th.*) in tan (*od.* ooze).

'lo·hen² *v/i* ⟨h⟩ *lit.* blaze (*od.* flare) up, flame, be in flames, be ablaze.

'lohˌgar *adj* (*leather*) a) (*technisches Leder*) vegetable-tanned, b) (*Kalbsleder*) bark-tanned.

'Loh|ˌger·ber *m* tanner. — **~ger·beˌrei** *f* tannery. — **~ˌmüh·le** *f* bark mill.

Lohn [lo:n] *m* ⟨-(e)s; ⸚e⟩ **1.** (*Wochenlohn*) wage(s *pl sometimes construed as sg*): **ein hoher [niedriger, reicher, verdienter] ~** a high [low, an ample, an earned] wage; **gleitender ~** wage(s *pl*) based on a sliding scale; **einen ~ beziehen** to draw a wage (*od.* wages); **j-m ~ vorenthalten** to hold s.o.'s wage(s) back; **freitags werden die Löhne ausgezahlt** wages are paid on Friday(s); **den ~ drücken [steigern, aufbessern, erhöhen]** to cut [to increase, to improve, to raise] wages; **j-n um ~ und Brot bringen** to deprive s.o. of his livelihood; **bei einem Bäcker in ~ und Brot stehen** to be apprenticed to a baker. – **2.** (*Bezahlung*) pay, payment: **auszuzahlender** (*od.* **tatsächlich gezahlter**) **~** take-home pay; **in j-s ~ stehen** to be in s.o.'s pay (*od.* service). – **3.** (*Verdienst*) earnings *pl*: **er muß seinen ganzen ~ zu Hause abgeben** he has to bring all his earnings home. – **4.** (*Gehalt*) salary. – **5.** (*Vergütung*) remuneration, compensation, emolument, consideration. – **6.** *fig.* (*Belohnung*) reward: **zum ~ für** as a reward for, in return for; **er hat seinen ~ empfangen** he has met with his reward; **ich tue es nicht um des ~es willen** I don't do it for (material) reward (*od.* gain); **er bekommt schon noch seinen ~** *iron.* he will get his reward (*od.* due); **er erhielt den richtigen ~ für seine Bosheit** *iron.* he received the just reward for his malice; → Undank.

'Lohn|ˌabˌbau *m econ.* cut in wages (*od.* pay), wage cut, reduction of wages (*od.* pay). — **~ˌabˌkom·men** *n*, **~ˌabˌma·chung** *f* wage(s) (*od.* pay) agreement. — **~ˌabˌrech·nung** *f* wage(s) (*od.* earnings) statement, pay slip. — **~ˌabˌzug** *m* deduction(s *pl*) from wages (*od.* pay). — **~ˌanˌglei·chung** *f* wage (*od.* pay, earnings) adjustment. — **~ˌanˌsatz** *m* wage rate. — **~ˌanˌspruch** *m* right to claim wages. — **~ˌanˌstieg** *m* rise in wages. — **~ˌanˌteil** *m* share in wages (*od.* pay, earnings). — **~ˌarbeit** *f* wage work, paid labor (*bes. Br.* labour). — **~ˌar·bei·ter** *m* paid laborer (*bes. Br.* labourer), workingman, workman, wage earner, wageworker. — **~ˌar·bei·te·rin** *f* workingwoman, workwoman, (female) wage earner (*od.* wageworker). — **~ˌaufˌbes·se·rung** *f* improvement of wages (*od.* way). — **~ˌaufˌtrag** *m* job order: **Lohnaufträge vergeben** to farm out work to subcontractors. — **~ˌaufˌtrieb** *m* wage updrive, buoyancy of wages. — **~ˌaufˌwand** *m* expenditure for wages (*od.* pay), wage bill.

'LohnˌausˌfalI *m econ.* loss of wages (*od.* pay, earnings), wages *pl* (*od.* pay, earnings *pl*) lost. — **~entˌschä·di·gung** *f* compensation for wages (*od.* pay, earnings) lost.

'Lohn|ˌausˌgleich *m econ.* **1.** compensation for wage deficiencies. – **2.** wage adjustment. — **~ˌausˌgleichsˌkas·se** *f* (*von Gewerkschaften*) wage equalization fund. — **~ˌausˌzahlung** *f* payment of wages. — **~beˌschei·nigung** *f* statement of wages (*od.* pay, earnings). — **~beˌwe·gung** *f* wage (*od.* pay, earnings) fluctuation. — **~ˌbil·dung** *f* (framing of a) wage (*od.* pay) structure. — **~ˌbuch** *n* payroll (book). — **~ˌbuchˌhal·ter** *m* payroll clerk. — **~ˌbuchˌhal·tung** *f* **1.** wage(s) (*bes. Am.* payroll) accounting. – **2.** *cf.* Lohnbüro. — **~büˌro** *n* pay office, *bes. Am.* payroll department. — **~ˌdie·ner** *m* hired servant. — **~ˌdurchˌschnitt** *m* average wages *pl* (*od.* pay, earnings *pl*). — **~ˌeinˌbu·ße** *f cf.* Lohnausfall. — **~ˌein·heit** *f* uniformity of wages (*od.* pay, earnings). — **~ˌeinˌkom·men** *n* wage income (*od.* earnings *pl*), earned income. — **~empˌfän·ger** *m*, **~empˌfän·ge·rin** *f* wage earner, wageworker: **alle Lohn- und Gehaltsempfänger** all salaried and wage-earning employees, the entire work force including staff.

loh·nen ['lo:nən] **I** *v/t* ⟨h⟩ **1.** (*vergelten, danken*) reward, recompense, compensate, remunerate, repay: **ich werde es dir reichlich ~** I shall reward you liberally (*od.* generously) for it; **j-m etwas schlecht [mit Undank] ~** to repay s.o. poorly [with ingratitude]; **Gott lohn es dir!** God bless you! – **2.** (*bezahlen*) pay: **dort lohnt man die Arbeit besser als hier** work is better paid (for) there than here. – **3.** (*wert sein*) be worth: **das Ergebnis lohnt die Mühe nicht** the result is not worth the effort; **das Museum lohnt einen Besuch** the museum is worth a visit. – **II** *v/reflex* **sich ~ 4.** (*wert sein*) be worth(while), be rewarding, repay itself, pay: **die Mühe lohnt sich** it is worth the trouble; **die Mühe wird sich reichlich ~** the trouble will indeed (*od.* more than) repay itself, it will be more than worth the trouble; **es lohnt sich (zu)** it is worthwhile (*gerund*), it pays (to); **der Kauf lohnt sich** this (purchase) is a bargain; **dies Geschäft lohnt sich** this is a rewarding business transaction (*od.* deal), this deal pays; **es lohnt sich kaum** a) (*finanziell etc*) there is not much in it, b) it is hardly any use.

löh·nen ['lø:nən] *archaic* **I** *v/t* ⟨h⟩ **1.** (*Dienstboten, Arbeiter etc*) pay wages to. – **2.** *mil.* (*Soldaten*) pay. – **II L~** *n* ⟨-s⟩ **3.** *verbal noun.* – **4.** *cf.* Löhnung.

'loh·nend I *pres p.* – **II** *adj* **1.** (*finanziell*) paying, profitable, remunerative: **eine ~e Arbeit** a profitable job. – **2.** (*sehr einträglich*) lucrative. – **3.** *fig.* (*nutzbringend*) rewarding, worthwhile: **eine ~e Beschäftigung** a rewarding occupation. – **4.** *fig.* a) (*sehenswert*) worth seeing, b) (*hörenswert*) worth hearing (*od.* listening to): **ein ~er Ausblick** a view worth seeing; **eine ~e Aufführung** a performance worth seeing, a rewarding performance; **ein ~es Konzert** a concert worth hearing (*od.* listening to).

'Lohn|entˌwick·lung *f econ.* development (*od.* evolution) of wages (*od.* pay, earnings). — **~erˌhö·hung** *f* wage (*od.* pay) increase (*od.* increment, *Am.* raise, *Br.* rise). — **~ˌfestˌset·zung** *f* wage (*od.* pay) fixing, assessment of wages. — **~ˌfonds** *m* wage(s) (*od.* pay) fund. — **~ˌfor·de·rung** *f* demand for higher wages, wage(s) claim: **~en durchsetzen** to succeed with a wage claim. — **~ˌfortˌzah·lung** *f* continuation of payments (to sick workers). — **~ˌfortˌzah·lungs·geˌsetz** *n* law providing for continued wage payments (in the event of illness). — **~geˌfäl·le** *n* wage differential. — **~geˌfü·ge** *n* wage (*od.* pay) structure. — **~geˌsetz** *n* wage law, law of wages: **ehernes ~** iron (*od.* fixed) law of wages. — **~geˌstal·tung** *f* **1.** *cf.* Lohngefüge. – **2.** framing (*od.* negotiation) of wages. — **~ˌgleich·heit** *f* equality of wage(s). — **~ˌgrup·pe** *f* wage group (*od.* bracket). — **~herˌabˌset·zung** *f* reduction of wages (*od.* pay). — **~ˌhö·he** *f cf.* Lohnniveau. — **~ˌin·dex** *m* wage index. — **l~inˌtenˌsiv** *adj* entailing heavy wage costs, high-wage (*attrib*). — **~ˌkampf** *m* wage (*od.* pay) dispute. — **~ˌkell·ner** *m* day waiter. — **~ˌkla·ge** *f* wage payment action. — **~ˌklas·se** *f cf.* Lohngruppe. — **~kom·mis·siˌon** *f* wage-control(l)ing committee. — **~konˌflikt** *m* wage dispute (*od.* conflict). — **~ˌkon·to** *n* wage(s) account.

'LohnˌkoS·ten *pl* wage (*od.* labor, *bes. Br.* labour) costs. — **~verˌtei·lung** *f* distribution of wage costs.

'Lohn|ˌkur·ve *f* wage(s) graph (*od.* curve, schedule). — **~ˌkür·zung** *f* wage(s) (*od.* pay) cut, cut in wages (*od.* pay). — **~ˌkut·scher** *m obs.* hackney coachman, *Am. auch* hack driver. — **~ˌli·ste** *f* payroll (sheet). — **~ˌnachˌzah·lung** *f* retroactive payment of wages. — **~ˌne·benˌko·sten** *pl* incidental labor (*bes. Br.* labour) (*od.* wage) costs. — **~niˌveau** *n* wage (*od.* pay, earnings) level. — **~pa·riˌtät** *f* parity of wages, wage parity. — **~ˌpfän·dung** *f jur.* distraint (*od.* attachment, garnishment) of wages. — **~po·liˌtik** *f econ.* wage (*od.* income) policy. — **~-'Preis-Spiˌra·le** [ˌlo:n-] *f* wage-price spiral. — **~ˌrech·nung** *f* **1.** payroll bookkeeping (*od.* accounting). – **2.** wage cost accounting. — **~ˌrückˌstu·fung** *f* consignment to an inferior wage scale. — **~ˌsatz** *m* wage rate. — **~ˌschrei·ber** *m* (literary) hack (writer), (*für Zeitungen*) penny-a-liner. — **~-ˌschuld** *f* outstanding wages *pl*. — **~ˌschuldner** *m* debtor of wages. — **~ˌsen·kung** *f cf.* Lohnkürzung. — **~ˌska·la** *f* wage scale, scale of wages: **gleitende ~** sliding wage (*od.* pay) scale. — **~ˌspan·ne** *f* range of wage(s). — **~sta·bi·li·sie·rung** *f* stabilization of wage(s). — **~ˌstaf·fe·lung** *f* differentiation (*od.* grading) of wage(s). — **~ˌstand** *m cf.* Lohnniveau. — **~staˌti·stik** *f* wage statistics *pl* (*construed as sg or pl*).

'LohnˌsteU·er *f econ.* wage(s) tax. — **~ˌabˌzug** *m* deduction of wage(s) tax. — **~beˌschei·ni·gung** *f* wage(s) tax certificate. — **~ˌjah·resˌausˌgleich** *m* annual adjustment of wage(s) tax. — **~ˌkar·te** *f* wage(s) tax card (*od.* sheet), *Am. etwa* withholding statement, W-2 Form. — **~ˌrück·verˌgü·tung** *f* wage(s) tax refund. — **~taˌbel·le** *f* wage(s) tax table (*od.* schedule).

'Lohn|ˌstopp *m econ.* wage stop (*od.* freeze). — **~ˌstrei·fen** *m* pay (*od.* wage) slip. — **~-ˌstreit** *m cf.* Lohnkonflikt. — **~strukˌtur** *f* wage structure. — **~ˌstu·fe** *f* **1.** wage scale. – **2.** *cf.* Lohngruppe. — **~ˌsum·me** *f* wage total, total wages *pl*, payroll total. — **~-ˌsum·menˌsteu·er** *f* payroll tax. — **~taˌbel·le** *f* pay (*od.* wage) schedule. — **~ˌtag** *m* payday. — **~taˌrif** *m* wage rate (*od.* scale), rate of pay. — **~ˌtü·te** *f* pay envelope (*bes. Br.* packet). — **~ˌüber·einˌkom·men** *n cf.* Lohnabkommen.

'Lohn- ˌund Ge'haltsˌsum·me *f* total of wages and salaries.

'Löh·nung *f* ⟨-; -en⟩ **1.** *cf.* Löhnen. – **2.** payment (of wages). – **3.** *mil.* pay.

'Löh·nungsˌtag *m* payday.

'Lohn|ˌun·terˌschied *m meist pl* disparity of wages, wage disparity. — **~verˌein·ba·rung** *f* wage(s) (*od.* pay) agreement. — **~verˌhand·lung** *f meist pl* wage(s) (*od.* collective) bargaining. — **~vorˌausˌzah·lung** *f* advance wage payment. — **~ˌvorˌschuß** *m* wage(s) advance. — **~ˌzah·lung** *f cf.* Löhnung 2. — **~ˌzet·tel** *m cf.* Lohnstreifen. — **~ˌzuˌla·ge** *f cf.* Lohnerhöhung. — **~ˌzuˌschlag** *m* extra pay.

Loi·pe ['lɔʏpə] *f* ⟨-; -n⟩ (*sport*) (*für Skilanglauf*) cross-country (skiing) course, loipe.

Lok [lɔk] *f* ⟨-; -s⟩ **1.** *short for* Lokomotive. – **2.** loco.

lo·kal [lo'kal] **I** *adj* **1.** local: **von ~er Bedeutung** of local importance. – **2.** *med.* local, topical. – **II L~e, das** ⟨-n⟩ **3.** local news *pl* (*construed as sg or pl*).

Lo'kal *n* ⟨-(e)s; -e⟩ **1.** (*Gaststätte*) a) restaurant, b) (*nur für Getränke*) beerhouse, alehouse, *Br.* public house, *Br. colloq.* pub, *Am.* saloon, beer parlor, (*Stammlokal*) *bes. Br. colloq.* (the) local: **vornehmes ~** exclusive restaurant; **billiges ~** low pub; **von ~ zu ~ ziehen** to go on a pub crawl. – **2.** (*Geschäftslokal*) business premises *pl*. – **3.** *fig.* (*Örtlichkeit*) room, place: **mit Protest das ~ verlassen** to leave the room under protest. — **~an·äs·theˌsie** *f med.* local (*od.* regional) an(a)esthesia. — **~ˌanˌzei·ger** *m* local advertiser (*auch* advertizer), local (news)-paper. — **~ˌbahn** *f* local (*od.* suburban) railroad (*Br.* railway). — **~beˌdarf** *m* local (*od.* home) consumption (*od.* demand). — **~beˌhör·de** *f* local authorities *pl*. — **~beˌricht** *m* local report. — **~beˌricht·erˌstatter** *m* local reporter, *Am.* spot news reporter. — **~beˌrühmt·heit** *f* ⟨-; -en⟩ local celebrity. — **~ˌblatt** *n cf.* Lokalanzeiger. — **~chaˌrak·ter** *m* (*einer Gegend etc*) local character (*od.* peculiarity). — **~ˌfar·be** *f* (*art*) *u. fig.* local color (*bes. Br.* colour), natural (*od.* true) colo(u)r. — **~ˌgrö·ße** *f* locally important person, local bigwig (*humor.*), *bes. Am. sl.* local big noise (*od.* shot).

Lo·ka·lis [lo'ka:lɪs] *m* ⟨-; -les [-lɛs]⟩ *ling. archaic for* Lokativ.

Lo·ka·li·sa·ti·on [lokaliza'tsĭo:n] *f* ⟨-; -en⟩ *cf.* Lokalisierung.

lo·ka·li'sier·bar *adj* localizable *Br. auch* -s-: nicht ~er Schmerz *med.* diffuse pain.

lo·ka·li·sie·ren [lokali'ziːrən] **I** *v/t* ⟨*no* ge-, h⟩ **1.** (*lagemäßig feststellen*) localize *Br. auch* -s-, locate. – **2.** (*begrenzen*) (auf *acc*) localize *Br. auch* -s- (at), limit (to). – **II L~** *n* ⟨-s⟩ **3.** *verbal noun.* — **Lo·ka·li'sie·rung** *f* ⟨-; -en⟩ **1.** *cf.* Lokalisieren. – **2.** localization *Br. auch* -s-, location. – **3.** localization *Br. auch* -s-, limitation.

Lo·ka·li·tät [lokali'tɛːt] *f* ⟨-; -en⟩ **1.** (*Örtlichkeit*) locality, place. – **2.** *pl colloq.* rooms, premises. – **3.** *pl* (*Räume*) (*Toilette, Waschraum*) bathrooms, washrooms, conveniences.

Lo'kal|ˌkennt·nis *f* knowledge of a place, local knowledge: ~se besitzen [sammeln] to know [to study] a place. — **~ko·loˌrit** *n* (*literature*) local color (*bes. Br.* colour): ein Roman mit viel ~ a novel rich in local colo(u)r. — **~ˌnachˌricht** *f meist pl* local news *pl* (*construed as sg or pl*). — **~pa·triˌot** *m* local patriot. — **~pa·trioˌtis·mus** *m* **1.** local patriotism, local pride. – **2.** *pol.* parochialism, parish-pump politics *pl* (*construed as sg or pl*) (*colloq.*). — **~ˌpos·se** *f cf.* Lokalstück. — **~ˌpres·se** *f* local press, local (news)papers *pl.* — **~re·dakˌteur** *m* local editor, *Am.* city editor. — **~re·dak·tiˌon** *f* local newsroom. — **~ˌsatz** *m ling.* (adverbial) clause denoting place. — **~ˌsen·dung** *f* (*radio etc*) regional (*od.* local) transmission. — **~ˌstück** *n* (*theater*) local (*od.* village) farce. — **~terˌmin** *m jur.* **1.** sitting(s *pl*) of a local court. – **2.** visit to the scene. — **~verˌhält·nis·se** *pl* local conditions: die ~ kennen to know (the ins and outs of) a place. — **~verˌkehr** *m cf.* Vorort(s)verkehr. — **~ˌzeichen** *n psych.* local sign (*od.* signature). — **~ˌzei·tung** *f cf.* Lokalanzeiger. — **~ˌzug** *m cf.* Vorort(s)zug.

Lo·kao [lo'kaːo; 'loːkaʊ] *n* ⟨-s; *no pl*⟩ (*Farblack*) lokao, Chinese green.

Lo·ka·tiv ['loːkatiːf] *m* ⟨-s; -e⟩ *ling.* locative (case).

Lo·ka·tor [lo'kaːtɔr] *m* ⟨-s; -en [-ka'toːrən]⟩ **1.** *hist.* knight distributing colonial land. – **2.** *obs.* lessor, locator.

'Lokˌfüh·rer *m cf.* Lokomotivführer.

Lo·ki ['loːki] *npr m* ⟨-s; *no pl*⟩ *myth.* Loki (*Old Norse god of destruction, fire, mischief and evil*).

lo·ko ['loːko] *adv cf.* loco.

'Lo·ko|geˌschäft *n econ.* spot business (*od.* transaction), transaction for spot delivery. — **~ˌmarkt** *m* spot market.

Lo·ko·mo·bi·le [lokomo'biːlə] *f* ⟨-; -n⟩ *tech.* **1.** (*Dampfmaschine*) locomobile, traction engine. – **2.** (*Straßenwalze*) steamroller.

Lo·ko·mo·ti·on [lokomo'tsi̯oːn] *f* ⟨-; -en⟩ **1.** locomotion. – **2.** *med.* locomotion, ambulation.

Lo·ko·mo·ti·ve [lokomo'tiːvə] *f* ⟨-; -n⟩ (*railway*) locomotive, (locomotive) engine, (*Dampflokomotive*) steam engine: elektrische ~ electric locomotive.

Lo·ko·mo'tiv|ˌfüh·rer *f* engine (*od.* train) driver, engineman, *Am.* engineer. — **~ˌschup·pen** *m* engine shed, enginehouse, *Am.* locomotive depot, *Am.* roundhouse.

lo·ko·mo·to·risch [lokomo'toːrɪʃ] *adj* locomotive, locomotor (*attrib*).

'Lo·ko|ˌpreis *m econ.* spot price (*od.* rate). — **~ˌwa·ren** *pl* spot goods, spots.

Lo·kus ['loːkʊs] *m* ⟨- *u.* -ses; - *u.* -se⟩ *colloq.* lavatory, toilet, *bes. Am.* bathroom, *bes. Br.* water closet, W.C., *Br. colloq.* loo.

Lolch [lɔlç] *m* ⟨-(e)s; -e⟩ *bot.* cockle, darnel, wall barley (*Gattg Lolium*): Ausdauernder ~ ryegrass (*L. perenne*); Giftiger ~ (bearded) darnel (*L. temulentum*). — **~ˌeu·le** *f zo.* lolium moth (*Epineuronia popularis*).

Löl·lin·git [lœlɪŋ'giːt; -'gɪt] *m* ⟨-s; -e⟩ *min.* loellingite, *auch* löllingite, leucopyrite.

Lom·bard [lɔm'bart; 'lɔm-] *m, n* ⟨-(e)s; -e⟩ *econ.* (*Kredit*) advance against (a pledge or hypothecation of) securities, collateral advance (*od.* loan). — **~ˌbank** *f* bank granting loans on securities (*od.* stock). — **~ˌdarˌlehen** *n cf.* Lombard.

Lom·bar·de [lɔm'bardə] *m* ⟨-n; -n⟩ (*Einwohner der Lombardei*) Lombard.

Lom'bar·denˌkro·ne *f hist.* (iron) crown of the Lombard kings.

lom'bard|ˌfä·hig *adj econ.* acceptable (*od.* eligible) as collateral (security). — **L~geˌschäft** *n* (collateral) loan business.

lom·bar·die·ren [lɔmbar'diːrən] *econ.* **I** *v/t* ⟨*no* ge-, h⟩ *econ.* **1.** advance (*od.* lend) (*money*) against (hypothecation of) securities (*od.* stock). – **2.** hypothecate, take (*od.* accept) (*s.th.*) as collateral security. – **II L~** *n* ⟨-s⟩ **3.** *verbal noun.* — **Lom·bar'die·rung** *f* ⟨-; -en⟩ **1.** *cf.* Lombardieren. – **2.** hypothecation.

lom'bar·disch *adj geogr.* Lombard (*attrib*).

Lom'bard|kreˌdit *m econ. cf.* Lombard. — **~ˌsatz, ~ˌzinsˌfuß** *m* bank rate for loans on securities (*od.* stock).

Lom·ber ['lɔmbər] *n* ⟨-s; *no pl*⟩ (*Kartenspiel*) ombre, *auch* omber, hombre.

Lon·do·ner ['lɔndɔnər] **I** *m* ⟨-s; -⟩ Londoner. – **II** *adj* ⟨*invariable*⟩ (of) London: ~ Mundart Londonese, London dialect; ~ Nebel London fog; pea soup, pea-souper (*colloq.*).

Lon·ga·ne [lɔŋ'gaːnə] *f* ⟨-; -n⟩ *bot.* longan (*Euphoria longana*).

'Longˌdrink ['lɔŋ-] (*Engl.*) *m* long drink.

Lon·ge ['lõːʒə] *f* ⟨-; -n⟩ **1.** (*für Pferde*) lunge, longe, longeing rein. – **2.** (*für Trapezkünstler etc*) suspension harness.

'Longˌhorn ['lɔŋ-] *n zo.* (*Rinderrasse*) longhorn.

lon·gie·ren [lõ'ʒiːrən] *v/t* ⟨*no* ge-, h⟩ (*Pferd*) lunge, longe.

Lon·gi·me·trie [lɔŋgime'triː] *f* ⟨-; *no pl*⟩ linear measurement, longimetry.

lon·gi·tu·di·nal [lɔŋgitudi'naːl] *adj* longitudinal. — **L~ˌschwin·gung** *f phys.* longitudinal oscillation (*od.* vibration). — **L~ˌwel·le** *f* longitudinal wave.

Look [lʊk] (*Engl.*) *m* ⟨-s; -s⟩ (*Mode, Aussehen etc*) look: sie machte sich schnell diesen neuen ~ zu eigen she quickly adopted this new look.

Loo·ping ['luːpɪŋ] (*Engl.*) *m, auch n* ⟨-s; -s⟩ *aer.* loop, looping: ~ nach oben [unten] inside (*od.* normal) [outside] loop; halber ~ half-loop; ~ vorwärts (*od.* aus der Rückenlage) inverted loop; einen ~ drehen to loop (the loop).

loph·odont [lofo'dɔnt] *adj zo.* lophodont, zygodont: Tier mit ~en Zähnen lophodont.

Lor·beer ['lɔrbeːr] *m* ⟨-s; -en⟩ **1.** *bot. cf.* Lorbeerbaum: Beere des ~s bayberry, laurel berry. – **2.** (*Gewürz*) bay leaf: die Gurken sind mit ~ gewürzt the gherkins are spiced with bay leaves. – **3.** *fig.* laurel(s *pl*): ~en ernten, sich (*dat*) ~en holen to win (*od.* gain) laurels, to carry off the bays; sich auf seinen ~en ausruhen to rest on one's laurels, to rest on one's oars; sein ~ ist schon ziemlich angestaubt *colloq.* his fame is fading; blutiger ~ fame won by fighting; unvergänglicher (*od.* unverwelklicher) ~ *poet.* unfading laurels; ihm gebührt der ~ *poet.* the laurels should be his; einen Dichter [Sieger] mit ~ bekränzen (*od.* krönen) *poet.* to crown a poet [victor] with laurel, to laurel a poet [victor]; j-m den ~ reichen *poet.* to extend s.o. the laurel. — **~ˌbaum** *m bot.* laurel(-tree), bay (tree), (bay) laurel, sweet bay (*Gattg Laurus, bes. L. nobilis*): Kalifornischer ~ Californian laurel, spice tree, cajeput (*Umbellularia californica*); Virginischer ~ spicebush, spicewood (*Lindera benzoin*). — **l~beˌkränzt** *adj* laurel-crowned, laureated (*poet.*).

'Lor·beerˌblatt *n* bay (*od.* laurel) leaf. — **~ˌfloh** *m zo.* laurel psyllid (*Trioza alacris*).

'Lor·beerˌblü·te *f* bay flower.

'Lorˌbee·re ['lɔr-] *f bot.* bayberry, laurel berry.

'Lor·beer|geˌwäch·se *pl bot.* lauraceae (*Fam. Lauraceae*): zu den ~n gehörig lauraceous. — **~ˌhain** *m lit.* laurel grove. — **~ˌkir·sche** *f bot. cf.* Kirschlorbeer. — **~ˌkranz** *m* laurel (crown *od.* wreath), wreath of laurel. — **~ˌöl** *n* laurel (*od.* bayberry) oil. — **~ˌro·se** *f bot.* **1.** a) sheep laurel (*Kalmia angustifolia*), b) swamp laurel (*K. polifolia*). – **2.** oleander, rosebay (*Nerium oleander*). — **~ˌzweig** *m* (sprig of) laurel, laurel branch.

Lorch [lɔrç] *m* ⟨-(e)s; -e⟩ *dial. for* Lurch.

Lor·chel ['lɔrçəl] *f* ⟨-; -n⟩ *bot.* miter (*bes. Br.* mitre) mushroom, (edible) turban top, helvella (*scient.*) (*Gattg Helvella*).

Lord [lɔrt; lɔːd] (*Engl.*) *m* ⟨-s; -s⟩ lord: Rang (*od.* Würde) eines ~s lordship. — **~-'Kanz·ler** *m* (*in England*) Lord Chancellor. — **~-Mayor** ['lɔrt'meːər; 'lɔːd'mɛə] *m* ⟨-s; -s⟩ Lord Mayor.

Lor·do·se [lɔr'doːzə] *f* ⟨-; -n⟩ *med.* (*Hohlrücken*) lordosis.

'Lord·schaft *f* ⟨-; -en⟩ lordship: Euer [seine] ~ your [his] Lordship.

'Lord-'Sie·gel·beˌwah·rer *m pol.* (*in England*) Lord Privy Seal.

Lo·re ['loːrə] *f* ⟨-; -n⟩ **1.** *Br.* lorry, *Am.* truck. – **2.** (*Kippwagen*) dump car (*od.* truck), dumper (truck).

Lor·gnet·te [lɔrn'jɛtə] *f* ⟨-; -n⟩ (*Stielbrille*) lorgnette, lorgnon.

Lor·gnon [lɔr'njõː] *n* ⟨-s; -s⟩ **1.** (*Stieleinglas*) lorgnon. – **2.** *cf.* Lorgnette.

Lo·ri ['loːri] *m* ⟨-s; -s⟩ *zo.* **1.** (*Papagei*) lory, lori, (*kleiner*) lorikeet (*Unterfam. Loriinae*). – **2.** (*schwanzloser Halbaffe*) loris, *auch* lori (*Bradicebus tardigradus*).

Lo·ri·ka [lo'riːka] *f* ⟨-; -s⟩ *mil. hist.* (*Brustharnisch*) lorica.

'Lo·rin|maˌschi·ne *f*, **~-ˌTriebˌwerk** ['loːriːn-] *n aer.* ramjet (engine).

Lork [lɔrk] *m* ⟨-(e)s; ⸚e⟩ *Low G. for* Kröte 1.

Lor·ke ['lɔrkə] *f* ⟨-; -n⟩ *Middle G. colloq.* weak coffee, dishwater, slops *pl.*

'Lo·roˌkon·to ['loːro-] *n econ.* loro account.

Los [loːs] *n* ⟨-es; -e⟩ **1.** lot: etwas durchs ~ entscheiden, das ~ über (*acc*) etwas entscheiden lassen to decide s.th. by lot (*od.* by casting lots); das ~ über (*acc*) etwas werfen to cast lots for s.th.; das ~ ist gefallen *fig.* the die is cast. – **2.** (*Lotterielos*) (lottery) ticket, number: ein ~ ziehen [kaufen] to draw [to buy] a ticket; ich habe auf mein ~ 100 Mark gewonnen I won 100 marks on (*od.* with) my ticket; das Große ~ ziehen *auch fig.* to win (the) first prize, to draw the winning number; er hat mit ihr das Große ~ gezogen *fig.* he was lucky to get her, he hit the jackpot when he got her (*colloq.*). – **3.** *fig.* (*Geschick*) lot, fate, destiny: ein bitteres [hartes, trauriges] ~ haben to have a bitter [hard, sad] fate; ihr war kein beneidenswertes ~ beschieden hers was not an enviable fate; ich bin mit meinem ~ zufrieden I am content with my lot; sein ~ geduldig (er)tragen to suffer one's fate patiently. – **4.** (*Anteil*) portion, allotment, share. – **5.** (*Parzelle*) plot, parcel. – **6.** (*Baulos*) allotment. – **7.** *econ.* (*Warenposten*) lot, parcel.

los[1] *adj* ⟨*pred*⟩ **1.** loose: der Knopf ist ~ the button is loose; die Kette ist ~ the chain is loose (*od.* detached); der Hund ist (von der Kette) ~ the dog is loose (*od.* off the chain); hast du die Schraube endlich ~? have you got the screw loose at last? bei ihm ist eine Schraube ~ *fig. colloq.* he's got a screw loose, he's got bats in the belfry (*beide colloq.*). – **2.** (*frei*) free. – **3.** etwas [j-n] ~ sein to be rid of s.th. [s.o.]: meine Schulden bin ich jetzt glücklich ~ *colloq.* I'm finally rid (*od.* quit, free) of my debts; aller Verpflichtungen ~ und ledig sein to be rid (*od.* free) of all obligations; endlich bin ich meinen Husten ~ *colloq.* I am finally (*od.* I have finally got) rid of my cough now; das Geld bist du ~ a) you have got rid of that money, b) you've lost your money there, you can kiss that money good-bye; den bin ich für immer ~ *colloq.* I'm rid of him once and for all; ich möchte es ~ sein I want to be rid of it (*od.* to get it over with, to have done with it); den sind wir ~! *colloq.* good riddance! – **4.** was ist ~? *colloq.* a) (*was hast du?*) what's the matter? b) (*was geht hier vor?*) what's going on? what's up? what's this all about? what's the meaning of all this? c) (*was findet statt?*) what's happening? what's on? d) (*was hast du gesagt?*) what did you say? what was that? was ist ~ mit ihm? what's the matter with him? was ist denn auf einmal mit dir ~? what's got (*bes. Am.* gotten) into you all of a sudden? what's wrong with you all of a sudden? mit ihr ist irgend etwas ~ there's something wrong with her; hier ist doch irgend etwas ~ there's something going on here; mit ihm ist nicht viel ~ he's not up to much, he is no great shakes (*sl.*); mit dir ist heute abend nicht viel ~ you are not really with it tonight; heute abend ist vielleicht was ~! there's a lot on (*od.* happening) tonight; hier ist ja nie (et)was ~! nothing ever happens here! im Theater ist nicht viel ~ there's nothing much on in the theater (*bes. Br.* theatre); er benahm sich, als ob nichts ~ wäre he behaved as if nothing had happened; → Hölle; Teufel 1. – **5.** j-d hat etwas ~ *colloq.* s.o. knows his stuff, s.o. is on the ball: er hat in seinem Fach was ~ he is on the ball (*od.* an expert) in his field.

los[2] *interj* a) go on! go ahead! get going! b) (*Aufforderung zum Sprechen*) fire away! *bes. Am. sl.* shoot! c) (*sport*) go! seid ihr fertig? also ~! are you ready? okay, let's go (*od.* here goes)! nun mal (*od.* aber) ~! here goes! → Platz 16.

'losˌar·bei·ten I *v/t* ⟨*sep*, -ge-, h⟩ work (*s.th.*) off (*od.* loose). – **II** *v/i* **auf** (*acc*) **etwas** ~ to go to work on s.th., to work away at s.th. – **III** *v/reflex* **sich** ~ disengage (*od.* extricate) oneself, get loose.

'losˌbal·lern *v/i* ⟨*sep*, -ge-, h⟩ *colloq.* blast away.

'lös·bar *adj* **1.** (*Problem, Rätsel etc*) (re)solvable, soluble, resoluble. – **2.** (*trennbar*) separable, severable. – **3.** *chem.* soluble. — **'Lös·bar·keit** *f* ⟨-; *no pl*⟩ **1.** solvability, (re)solvableness, solubility. – **2.** (*Trennbarkeit*) separability, severability, separableness. – **3.** *chem.* solubility.

'Losˌbaum *m bot.* a) glory tree (*Gattg Clerodendron*), b) tube flower (*C. siphonatus*).

'los·beˌkom·men *v/t* ⟨*irr, sep, no* -ge-, h⟩ **1.** get (*s.th.*) off (*od.* loose, free, out). – **2.** *colloq.* get rid of, sell: **für den Preis wirst du das Auto nie** ~ you'll never get rid of (*od.* be able to sell) the car for that price.

'losˌbin·den *v/t* ⟨*irr, sep*, -ge-, h⟩ untie, unfasten, unbind: **einen Gefangenen** ~ to untie (*od.* free) a prisoner, to turn a prisoner loose.

'losˌbre·chen I *v/t* ⟨*irr, sep*, -ge-, h⟩ **1.** (*Gestein etc*) break (*s.th.*) loose (*od.* off, away, up, out). – **2.** *metall.* (*im Konverter*) scrape out. – **3.** *mar.* (*Anker*) break out. – **II** *v/i* ⟨sein⟩ **4.** break (loose *od.* out), burst out (*od.* forth): **der Sturm [das Gewitter] bricht gleich los** the storm [thunderstorm] will break any minute; **ein unheimliches Geschrei brach los** a terrible clamo(u)r (*od.* roar) broke out.

'losˌbrin·gen *v/t* ⟨*irr, sep*, -ge-, h⟩ *cf.* losbekommen.

'losˌbröckeln (*getr.* -k·k-) *v/t* ⟨*sep*, -ge-, h⟩ *u. v/i* ⟨sein⟩ crumble off.

'losˌbrü·chig *adj only in* **ein Schwein wird** ~ *hunt.* a boar starts up suddenly.

losch [lɔʃ] *1 u. 3 sg pret of* löschen².

'Löschˌ|anˌla·ge *f* **1.** fire-extinguishing system, fire-fighting equipment. – **2.** *metall.* quenching (*od.* watering) equipment (*od.* device). – **3.** *mar.* unloading (*od.* discharging) facility. – **4.** *tech.* (*für Kalk*) lime-slaking plant. — ~**ap·paˌrat** *m* fire extinguisher, extinguishing apparatus. — ~**ˌar·beit** *f* **1.** extinguishing of a (*od.* the) fire. – **2.** *meist pl* fire fighting: **die** ~**en wurden durch den Sturm erschwert** the fire brigade was hampered (in its work) by the storm. – **3.** *mar.* unloading (*od.* discharging) operation (*od.* work). — **l**~**bar** *adj* **1.** extinguishable, quenchable. – **2.** (*Durst*) quenchable. — ~**beˌton** *m tech.* cinder (*od.* ash) concrete. — ~**ˌblatt** *n* (sheet of) blotting paper. — ~**ˌboot** *n mar.* fireboat.

lö·sche ['lœʃə] *1 sg pres, 1 u. 3 sg pret subj of* löschen².

'Lö·sche *f* ⟨-; *no pl*⟩ *tech.* charcoal dust, slack, breeze, culm.

'Löschˌei·mer *m* fire bucket.

lö·schen¹ ['lœʃən] **I** *v/t* ⟨h⟩ **1.** (*Feuer*) extinguish, put out, quench. – **2.** (*Licht, Scheinwerfer etc*) put (*od.* turn) out (*od.* off), extinguish. – **3.** *fig.* (*Durst*) quench, slake. – **4.** (*Tinte*) blot. – **5.** (*Geschriebenes*) efface, blot out. – **6.** (*streichen*) delete, strike off (*od.* out). – **7.** (*Wandtafel*) clean. – **8.** *econ.* a) (*Eintrag in ein Register, eine Liste etc*) strike off, b) (*Schuld*) cancel, liquidate, c) (*Hypothek*) cancel, enter satisfaction of, release, d) (*Körperschaft*) disincorporate, e) (*Patent*) annul, cancel. – **9.** *tech.* a) (*Kalk*) slake, slack, b) (*Koks*) water, quench. – **10.** *electr.* (*Funken, Lichtbogen*) quench. – **11.** (*Tonband*) erase. – **II** *v/i* **12.** (*von Löschpapier*) blot, absorb ink. – **III L**~ *n* ⟨-s⟩ **13.** *verbal noun.* – **14.** (*von Feuer etc*) extinction. – **15.** (*von Geschriebenem*) effacement. – **16.** (*Streichen*) deletion. – **17.** *econ.* a) (*einer Schuld*) cancel(l)ation, liquidation, b) (*einer Hypothek*) cancel(l)ation, entry of satisfaction (*od.* release), c) (*einer Körperschaft*) disincorporation, d) (*eines Patents*) annulment, cancel(l)ation. – **18.** (*eines Tonbands*) erasure.

'lö·schen² *v/i* ⟨**lischt, losch, geloschen, sein**⟩ *poet. for* erlöschen 1, 3.

'lö·schen³ *mar.* **I** *v/t* ⟨h⟩ **1.** (*Ladung, Ware*) unload, discharge, unship, land. – **II L**~ *n* ⟨-s⟩ **2.** *verbal noun.* – **3.** discharge.

'Lö·scher *m* ⟨-s; -⟩ **1.** (*Feuerlöscher*) (fire) extinguisher. – **2.** (*für Tinte*) blotter.

'Löschˌ|fahrˌzeug *n* fire-extinguishing (*od.* -fighting) truck, fire engine (*bes. Am.* truck). — ~**ˌfun·ke** *m electr.* quenched spark. — ~**ˌgeld** *n mar. cf.* Löschkosten. — ~**geˌrät** *n* **1.** fire-fighting equipment. – **2.** (fire) extinguisher. — ~**ˌgru·be** *f tech.* (lime-)slaking pit, lime pit. — ~**ˌha·fen** *m mar.* port of discharge. — ~**ˌhorn**, ~**ˌhüt·chen** *n* candle snuffer. — ~**ˌkalk** *m chem.* slaked lime ($Ca(OH)_2$). — ~**ˌkopf** *m electr.* (*am Tonbandgerät*) erase (*od.* erasing) head. — ~**ˌkosten** *pl mar.* discharging costs (*od.* fee *sg*). — ~**ˌmann·schaft** *f* fire brigade (*Am.* company), firemen *pl.* — ~**paˌpier** *n* blotting paper: ~ **saugt Tinte auf** blotting paper soaks up (*od.* absorbs) ink; **Schreibunterlage aus** ~ blotting pad. — ~**ˌplatz** *m mar.* **1.** discharging (*od.* unloading) pier (*od.* dock, wharf). – **2.** *cf.* Löschhafen. — ~**ˌrad** *n* (*eines Krans*) gin. — ~**ˌrol·le** *f* blotting roller, (roll) blotter. — ~**ˌsand** *m* sand for extinguishing fires. — ~**ˌschaum** *m* (fire)-extinguishing foam. — ~**ˌspan·nung** *f electr.* **1.** (*beim Fernsehen*) extinction voltage. – **2.** (*bei der Elektroerosion*) deionization voltage. — ~**ˌspu·le** *f* blowout coil. — ~**ˌta·ge** *pl mar.* lay days (for unloading), days of discharge. — ~**ˌteich** *m* static water tank. — ~**ˌtrupp** *m*, ~**ˌtrup·pe** *f cf.* Löschmannschaft. — ~**ˌturm** *m metall.* quenching tower.

'Lö·schung¹ *f* ⟨-; -en⟩ *cf.* Löschen¹.

'Lö·schung² *f* ⟨-; -en⟩ *mar. cf.* Löschen³.

'Lö·schungs|ˌko·sten *pl* **1.** *jur.* cancel(l)ation costs (*od.* fee *sg*). – **2.** *mar. cf.* Löschkosten. — ~**verˌfah·ren** *n jur.* cancel(l)ation proceedings *pl* (*od.* procedure). — ~**verˌmerk** *m* cancel(l)ation entry.

'Lösch|ˌvorˌrich·tung *f* **1.** (fire-)extinguishing system. – **2.** *mar.* unloading (*od.* discharging) device. — ~**ˌwa·gen** *m* **1.** *auto. cf.* Löschfahrzeug. – **2.** *metall.* quencher car. — ~**ˌwas·ser** *n* water for extinguishing fires. — ~**ˌzeit** *f mar.* **1.** (*zum Ausladen*) period (*od.* time) for unloading (*od.* discharging). – **2.** (*Liegezeit*) lay days *pl.* — ~**ˌzug** *m* fire brigade (*Am.* company).

'losˌdon·nern *v/i* ⟨*sep*, -ge-, sein *u.* h⟩ **1.** ⟨sein⟩ start (*od.* burst out) thundering. – **2.** ⟨h⟩ *fig. colloq.* (*losschimpfen*) start thundering (*od.* roaring), fulminate.

'losˌdre·hen I *v/t* ⟨*sep*, -ge-, h⟩ twist off, unscrew. – **II** *v/reflex* **sich** ~ (be)come loose (*od.* unscrewed).

'losˌdrücken (*getr.* -k·k-) *v/i* ⟨*sep*, -ge-, h⟩ fire, pull the trigger.

lo·se ['lo:zə] **I** *adj* ⟨-r; -st⟩ **1.** (*Zahn, Nagel, Knopf, Heer, Geld, Gestein etc*) loose: ~ **Kleidung** loose(-fitting) clothing; ~ **Blätter zusammenheften** to bind loose pages together; **es besteht nur ein** ~**r Zusammenhang** there is only a loose relationship; **eine** ~ **Verbindung** a loose connection; **in** ~**r Folge** at varying intervals, sporadically. – **2.** (*beweglich*) movable. – **3.** (*Deckel etc*) unfastened. – **4.** *econ.* (*unverpackt*) loose, bulk (*attrib*): ~ **Waren [Aufbewahrung]** loose goods [storage]; **gibt es diese Pralinen auch** ~? can one buy these chocolates loose as well (as in the pack)? – **5.** *tech.* a) (*Riemen*) slack, b) (*Passung*) loose. – **6.** ~ **Munition** *mil.* loose rounds *pl.* – **7. Buch mit** ~**m Rücken** broken- (*od.* open)-backed book. – **8.** ~ **Wand** *vet.* seedy toe. – **9.** *fig.* loose, unbridled: **eine** ~ **Zunge** (*od.* **einen** ~**n Mund**; *colloq.* **ein** ~**s Maul, ein** ~**s Mundwerk**) **haben** to have a loose tongue. – **10.** *fig.* (*Streich etc*) mischievous, naughty, roguish, waggish. – **11.** *fig.* loose: **ein** ~**r Bube** (*od.* **Vogel**) *colloq.* a loose fellow (*colloq.*), a gay blade; **ein** ~**s Mädchen** a loose (*od.* fast) girl, a hussy; **ein** ~**s Leben führen** to lead a loose (*od.* dissipated) life. – **II** *adv* **12.** loosely: ~ **verbunden sein** to be loosely connected; **der Knopf hängt** ~ **an der Jacke** the button hangs loose(ly) on the jacket; **die Haare** ~ **aufstecken** to put one's hair up loosely; **eine** ~ **gebundene Schleife** a loosely tied bow; **sie hatte den Schal** ~ **um ihre Schultern gelegt** she had draped the scarf loosely around her shoulders.

'Lo·se *n* ⟨-s; -⟩ *mar.* slack, bight: ~ **durchholen** to haul in the slack; ~ **geben** to slacken (line); **etwas** ~ **geben** to ease s.th.; ~ **haben** to be slack.

'Lö·seˌar·beit *f* (*mining*) preparing for extraction.

'Lo·seˌblattˌausˌga·be *f print.* loose-leaf edition.

'Lö·seˌgeld *n* ransom: **von j-m** ~ **verlangen** to demand ransom from s.o.; **für j-n** ~ **fordern** to demand ransom for s.o.; **j-n gegen ein** ~ **freilassen** to set s.o. free (*od.* to release s.o.) for a ransom.

'losˌei·sen [-ˌʔaɪzən] **I** *v/t* ⟨*sep*, -ge-, h⟩ **1.** *mar.* clear (*s.th.*) of ice, dig (*s.th.*) out of ice. – **2. j-n von etwas** ~ *fig. colloq.* to free (*od.* extricate) s.o. from s.th. – **3.** *fig. colloq.* (*Geld etc*) part with, spare: **das bißchen Geld wirst du wohl noch** ~ **können** you can surely spare that small sum of money. – **II** *v/reflex* **sich** ~ **4.** *mar.* clear oneself of ice, dig oneself out of the ice. – **5.** *fig. colloq.* pry oneself loose, free oneself: **es gelang mir nicht, mich von ihm loszueisen** I couldn't pry myself loose from him.

'Lö·seˌmit·tel *n* **1.** *chem.* solvent, menstruum (*scient.*). – **2.** *med.* (*Auswurf fördernd*) expectorant.

lo·sen¹ ['lo:zən] **I** *v/i* ⟨h⟩ **1.** cast (*od.* draw) lots, draw: **um etwas** ~ to draw (lots) for s.th.; **mit Strohhälmchen** ~ to draw straws. – **2.** (*mit einer Münze*) toss. – **II L**~ *n* ⟨-s⟩ **3.** *verbal noun*: **beim L**~ **gewinnen** to win the draw.

'lo·sen² *v/i* ⟨h⟩ *Southern G., Austrian and Swiss dial. for* horchen, zuhören.

lö·sen ['lø:zən] **I** *v/t* ⟨h⟩ **1.** loosen, *auch* loose, unloose: **eine Schraube [Verbindung]** ~ to loosen a screw [connection]; **einen Stein aus einer Mauer** ~ to loosen a stone from a wall; **der Alkohol löste ihm die Zunge** *fig.* the alcohol loosened his tongue. – **2.** (*Knoten, Schleife etc*) loosen, untie, undo, unfasten, unbind: **er konnte seine Fesseln** ~ **und entkommen** he was able to loosen his fetters and escape; **er löste das Boot von der Vertäuung** he untied the boat from the moorings. – **3.** (*abtrennen, entfernen*) separate, detach, remove: **eine Briefmarke vom Umschlag** ~ to detach a stamp from the envelope; **eine Seite aus einem Buch** ~ to detach a page from a book; **Fleisch vom Knochen** ~ to separate meat from the bone. – **4.** (*lockern*) release: **den Griff [die Bremse]** ~ to release one's grip [the brake]. – **5.** (*entspannen*) relax, loosen: **der Schlaf löst die Glieder** sleep relaxes the limbs. – **6.** (*Gürtel, Riemen etc*) open, undo: **die Schnalle eines Gürtels** ~ to open the buckle of a belt, to unbuckle a belt. – **7.** (*entwirren*) disentangle, unravel, untangle: **den Knoten im Drama** ~ *fig.* to unravel the plot of a play. – **8.** *fig.* (*Rätsel etc*) solve, do. – **9.** *fig.* (*mathematische Aufgabe etc*) solve, work out, do. – **10.** *fig.* (*Schwierigkeiten, Probleme etc*) solve: **nicht zu** ~ insoluble, insolvable, unsolvable. – **11.** *fig.* (*Frage*) solve, answer, settle. – **12.** *fig.* (*Ehe*) dissolve, annul. – **13.** *fig.* (*Verlobung*) break (*od. colloq.* call) off. – **14.** *fig.* (*Verbindungen etc*) break off, sever: **alte Bande** ~ to sever old ties. – **15.** *fig.* (*Vertrag, Verbindlichkeit etc*) annul, cancel, rescind. – **16. Geld aus einem Verkauf** ~ *econ. obs.* to get (*od.* obtain) money from a sale. – **17.** (*kaufen*) buy: **eine Fahrkarte** ~ to buy a ticket; **die Fahrkarten sind am Schalter zu** ~ buy your tickets at the ticket window. – **18.** *chem.* (*auflösen*) dissolve: **Zucker in Wasser** ~ to dissolve sugar in water. – **19.** *med.* a) (*Schleim*) loosen, b) (*Krampf*) relax, c) (*Pneumonie*) resolve. – **20.** (*mining*) (*entwässern*) draw, drain. – **II** *v/reflex* **sich** ~ **21.** loosen, *auch* loose, come (*od.* get) loose: **der Knoten hat sich gelöst** the knot has loosened (itself) (*od.* come undone); **ein Dachziegel hat sich gelöst** a (roof) tile has come loose. – **22.** separate (itself), detach (itself), sever, come off: **die Briefmarke hat sich (vom Briefumschlag) gelöst** the stamp has come off (the envelope); **das Fleisch hat sich vom Knochen gelöst** the meat has separated (itself) from (*od.* come off) the bone. – **23. sich von j-m [etwas]** ~ *auch fig.* to free oneself (*od.* break away) from s.o. [s.th.]: **sich aus j-s Umarmung** ~ to free (*od.* disengage) oneself from s.o.'s embrace; **sich von der gewohnten Umgebung** ~ *fig.* to break away from the familiar surroundings; **sich von Verpflichtungen** ~ *fig.* to free oneself from obligations; **sich von Vorurteilen** ~ *fig.* to free oneself from (*od.* part with, give up) prejudices. – **24.** (*behoben werden*) resolve itself, be solved (*od.* settled) (by itself): die Schwierigkeiten haben sich von selbst gelöst the difficulties have resolved themselves. – 25. *fig.* (*hervortreten*) (aus from) come forth, step forward, appear: eine Gestalt löste sich aus dem Schatten a figure came forth (*od.* emerged) from the shadow. – 26. *fig.* be released, give way: ihre Spannung löste sich in Tränen her tension gave way to tears. – 27. ein Schuß hatte sich (versehentlich) gelöst *fig.* a shot had gone off (by mistake). – 28. *chem.* dissolve (itself): Salz löst sich in Wasser salt dissolves (itself) in water. – 29. *med.* a) (*von Husten*) loosen, b) (*von Verwachsungen*) lyse. – 30. *print.* (*von Buchseiten*) start, get loose. – 31. *tech.* (*von Schichten*) detach (itself). – 32. (*sport*) (*beim Rad-, Autorennen etc*) pull away. – 33. *hunt.* (*von Haarwild u. Hund*) dung. – III L~ *n* ⟨-s⟩ 34. *verbal noun.* – 35. (*Entfernen, Abtrennen*) separation, detachment, removal. – 36. (*Lockern*) release. – 37. (*Entspannen*) relaxation. – 38. (*Entwirren*) disentanglement. – 39. (*einer Ehe*) dissolution, annulment. – 40. (*eines Vertrages etc*) annulment, cancel(l)ation. – 41. (*einer Fahrkarte*) purchase. – 42. *med.* (*eines Krampfes*) relaxation.

ˈLo·ser *m* ⟨-s; -⟩ *hunt.* (*Lauscher, Ohr*) ear.

ˈlosˌfah·ren *v/i* ⟨*irr, sep,* -ge-, sein⟩ 1. depart, start, leave, go off, (*selbst fahrend*) *auch* drive off: wann bist du losgefahren when did you leave? Punkt 10 Uhr fuhr ich los I drove off at 10 o'clock sharp. – 2. auf (*acc*) etwas ~ *mar.* to make (straight) for s.th. – 3. (wütend *od.* zornig) auf j-n ~ *fig. colloq.* to fly at (*od.* to attack) s.o. (furiously).

ˈlosˌfeu·ern *v/t u. v/i* ⟨*sep,* -ge-, h⟩ *cf.* abfeuern.

ˈlosˌge·ben *v/t* ⟨*irr, sep,* -ge-, h⟩ *poet.* (*Gefangenen etc*) release, free, set (*s.o.*) free (*od.* at liberty).

ˈlosˌge·hen *v/i* ⟨*irr, sep,* -ge-, sein⟩ 1. go away, go (*od.* be) off, leave: ich gehe jetzt los I'm going now, I'm off. – 2. auf j-n ~ a) to go (straight) toward(s) (*od.* up to) s.o., b) (*j-n anschnauzen*) to fly at s.o., to attack s.o., c) (*j-n angreifen*) to go for (*od.* fly at, rush at) s.o., to attack s.o., to light into s.o. (*sl.*): er ging mit einem Messer auf sie los he attacked (*od.* went for) her with a knife; müßt ihr immer aufeinander ~? do you always have to go (*od.* fly) at each other's throats? – 3. auf (*acc*) etwas ~ *fig. colloq.* to go straight for (*od.* to proceed straight toward[s]) s.th.: unbeirrt auf sein Ziel ~ to proceed unhesitatingly toward(s) one's goal; schnurgerade auf etwas ~ to make a beeline for s.th.; du gehst aber los! you're really going at it! – 4. *colloq.* (*beginnen*) start, begin: die Vorstellung geht los the performance begins; wann geht es los? when does it start? jetzt geht es (*od.* der Spaß) los there it goes, now the fun begins; gleich geht's los it is starting in a minute, it will start immediately (*od.* soon); jetzt geht der Lärm wieder los now the noise is beginning again. – 5. (*von Gewehr, Schuß etc*) go off: nach hinten ~ *auch fig.* to backfire; verspätet ~ *mil.* to hang fire. – 6. (*explodieren*) explode. – 7. *colloq.* (*sich lösen*) come off: an meinem Kleid ist ein Knopf losgegangen a button has come off my dress. – 8. *colloq.* (*sich lockern*) become (*od.* get) loose, loosen.

ˈlos·geˌlöst I *pp.* – II *adj* (von from) detached, isolated, separate. – III *adv* separately: ein Thema ~ von einem anderen behandeln to deal with a subject separately from (*od.* without reference to) another.

ˈLos·geˌlöstˌsein *n* ⟨-s; *no pl*⟩ *fig.* detachment, *auch* disengagement.

ˈlosˌgon·deln *v/i* ⟨*sep,* -ge-, sein⟩ *colloq.* push off.

ˈlosˌha·ken *v/t* ⟨*sep,* -ge-, h⟩ unhook.

ˈlosˌhäm·mern *v/i* ⟨*sep,* -ge-, h⟩ auf (*acc*) etwas ~ to pound away at s.th.

ˈlosˌhau·en *v/t u. v/i* ⟨*irr, sep,* -ge-, h⟩ *cf.* losschlagen 1, 4.

ˈLosˌkauf *m* (*von Gefangenen etc*) ransom, redemption. — **ˈlosˌkau·fen** I *v/t* ⟨*sep,* -ge-, h⟩ 1. ransom, redeem. – 2. *relig.* ransom, buy. – II *v/reflex* sich ~ 3. (von) buy oneself off (from), *Br.* buy oneself out (of): er kaufte sich vom Militärdienst los he bought himself off from military service, *Br. auch* he bought himself out.

ˈlosˌket·ten *v/t* ⟨*sep,* -ge-, h⟩ unchain.

ˈLosˌkiel *m mar.* false keel.

ˈlosˌkom·men *v/i* ⟨*irr, sep,* -ge-, sein⟩ 1. *colloq.* (*wegkommen*) get under way (*od.* started, going): es wurde 10 Uhr, bis wir loskamen it was 10 o'clock before we got started. – 2. von j-m [etwas] ~ *auch fig.* to get away from s.o. [s.th.]: ich kann von diesem Gedanken nicht ~ *fig.* I cannot get away from this idea, I can't get the thought out of my mind; sie kann von diesem Mann nicht ~ she cannot get away from this man. – 3. gut [schlecht] ~ (*sport*) to have a good [bad] start. – 4. *aer.* unstick, become airborne.

ˈlosˌkop·peln *v/t* ⟨*sep,* -ge-, h⟩ (*Hunde, Pferde etc*) unleash, uncouple.

ˈlosˌkrie·gen *v/t* ⟨*sep,* -ge-, h⟩ *colloq. for* losbekommen.

ˈlosˌkup·peln *v/t* ⟨*sep,* -ge-, h⟩ *tech.* uncouple, disconnect.

ˈlosˌla·chen *v/i* ⟨*sep,* -ge-, h⟩ *colloq.* burst out laughing, laugh out.

ˈlosˌlas·sen I *v/t* ⟨*irr, sep,* -ge-, h⟩ 1. let go (*od.* loose): er ließ ihre Hand los he let go (of) her hand. – 2. (*freilassen*) release, relinquish one's hold on. – 3. den Hund auf j-n ~ to set the dog after (*od.* on) s.o., to sick the dog on s.o. – 4. j-n auf die Menschheit ~ *fig.* to let s.o. loose on humanity. – 5. *fig. colloq.* let loose, let fly with: einen wütenden Brief ~ to let loose (*od.* dash off) an angry letter; eine Schimpftirade ~ to let fly with a harangue. – 6. *fig. colloq.* (*Rede*) launch. – 7. *fig. colloq.* (*Witz*) crack. – II *v/i* 8. let go: ~! let go! nicht ~! hold fast (*od.* on)! hang on!

ˈlosˌlau·fen *v/i* ⟨*irr, sep,* -ge-, sein⟩ start running, run (away).

ˈlosˌle·gen *v/i* ⟨*sep,* -ge-, h⟩ *colloq.* 1. (*arbeiten*) start working, set to (work): (mit der Arbeit) ~ to set to work. – 2. (*schimpfen*) start ranting (and raving), blaze away (*colloq.*). – 3. (*reden*) start talking: dann leg mal los! let's hear it! out with it! get it off your chest! fire away! *bes. Am. sl.* shoot! – 4. (*schnell fahren*) step on the gas, dash off.

lös·lich [ˈløːslɪç] *adj chem.* soluble, dissolvable, dissoluble: leicht [schwer] ~ sein to be freely [sparingly] soluble; nicht ~ sein to be insoluble. — **ˈLös·lich·keit** *f* ⟨-; *no pl*⟩ solubility, dissolubility.

ˈLös·lich·keits|ˌfak·tor, ~ko·ef·fi·ziˌent *m chem.* solubility coefficient.

ˈlosˌlö·sen *v/t u.* sich ~ *v/reflex* ⟨*sep,* -ge-, h⟩ *cf.* lösen 3, 22, 23.

ˈLosˌlö·sung *f* ⟨-; *no pl*⟩ 1. *cf.* Lösen 35, 36. – 2. (*eines Landes*) separation, detachment, secession.

ˈLosˌlö·sungs·beˌstre·bun·gen *pl pol.* separatism *sg,* secessionism *sg.*

ˈlosˌma·chen I *v/t* ⟨*sep,* -ge-, h⟩ 1. (*entfernen*) detach, take off, remove. – 2. (*entknoten*) untie, undo, unfasten. – 3. (*lösen*) loosen, *auch* loose, unloosen, release, unhinge. – 4. *mar.* a) (*Schiff*) unmoor, loose, unlash, b) (*Segel*) unfurl, loose, c) (*Kette, Tau etc*) unbend. – II *v/reflex* sich ~ 5. *auch fig.* (*sich befreien*) free (*od.* disengage) oneself: sie machte sich von ihm los und rannte davon she freed herself from him and ran away; sich von Verpflichtungen ~ *fig.* to disengage oneself from obligations. – III *v/i* 6. mach (endlich) los! *colloq.* hurry up.

ˈlos·marˌschie·ren *v/i* ⟨*sep, no* -ge-, sein⟩ 1. march away (*od.* off). – 2. auf (*acc*) etwas ~ to march (straight) toward(s) s.th.

ˈLosˌnum·mer *f* lottery ticket number.

ˈlosˌplat·zen *v/i* ⟨*sep,* -ge-, sein⟩ 1. (*lachend*) burst (*od.* break) out laughing. – 2. mit etwas ~ to blurt out s.th.

ˈlosˌpru·sten *v/i* ⟨*sep,* -ge-, h⟩ *cf.* losplatzen 1.

ˈlosˌra·sen *v/i* ⟨*sep,* -ge-, sein⟩ *colloq.* dart (*od.* dash, whizz) off.

ˈlosˌrei·ßen I *v/t* ⟨*irr, sep,* -ge-, h⟩ 1. tear (*od.* rip, pull) off. – II *v/reflex* sich ~ 2. (von from) break away (*od.* loose), tear oneself free: der Hund hat sich (von der Kette) losgerissen the dog has broken away from the chain. – 3. *fig.* (von from) tear oneself away: wir konnten uns von diesem Anblick nicht ~ we could not tear ourselves (*od.* our eyes) away from this sight. – 4. *mar.* (*von Schiff*) break adrift.

ˈlosˌren·nen *v/i* ⟨*irr, sep,* -ge-, sein⟩ (auf *acc* toward[s]) run off (*od.* away), dash off.

Löß [lœs] *m* ⟨-sses; -sse⟩, *Swiss* **Löß** [løːs] *m* ⟨-es; -e⟩ *geol.* (*Windablagerung*) loess, *auch* löss.

ˈlosˌsa·gen *v/reflex* ⟨*sep,* -ge-, h⟩ 1. sich von etwas ~ a) to renounce (*od.* disclaim, repudiate, disown, disavow) s.th., b) *bes. relig. pol.* to secede (*od.* defect) from s.th.: er hat sich von seinem Glauben [seiner Partei] losgesagt he has renounced his faith [party]. – 2. sich von j-m ~ a) (*nicht anerkennen*) to disown s.o., b) (*sich trennen*) to separate (*od.* dissociate, disassociate) oneself from s.o.: der Vater sagte sich von seinem Sohn los the father disowned his son; ich habe mich von meinen ehemaligen Freunden losgesagt I have dissociated myself from my former friends. — **ˈLosˌsa·gung** *f* ⟨-; -en⟩ 1. (*von einer Überzeugung, Partei etc*) renunciation, repudiation, disavowal. – 2. *bes. relig. pol.* secession, defection. – 3. (*Nichtanerkennung*) disowning. – 4. (*Trennung*) separation, dissociation, disassociation.

ˈLößˌbo·den *m geol.* loess(ial) soil.

ˈLosˌschei·be *f tech.* (*bei Riemenantrieb*) loose pulley.

ˈlosˌschie·ßen *v/i* ⟨*irr, sep,* -ge-, h *u.* sein⟩ 1. ⟨h⟩ (begin to) shoot (*od.* fire). – 2. ⟨sein⟩ auf j-n ~ *fig. colloq.* to rush (*od.* dart, bolt) at s.o.: die Schlange schoß auf das Kaninchen los the snake darted (forward) at the rabbit. – 3. ⟨h⟩ *fig. colloq.* begin to talk, start talking, fire away, *bes. Am. sl.* shoot: also dann schieß mal los! start talking then! fire away!

ˈlosˌschla·gen I *v/t* ⟨*irr, sep,* -ge-, h⟩ 1. (*Brett, Stein etc*) knock off. – 2. Ware (billig) ~ *fig. colloq.* to sell off (*od.* to push off, to unload, to get rid of, to dispose of) goods. – II *v/i* 3. *mil.* strike, (open the) attack: morgen früh schlagen wir los we are going to strike tomorrow morning. – 4. auf j-n ~ to strike out (*od.* let fly) at s.o., to attack (*od.* assail) s.o.: sie schlugen blind aufeinander los they struck out at each other blindly.

ˈlosˌschnal·len I *v/t* ⟨*sep,* -ge-, h⟩ unbuckle, unstrap. – II *v/reflex* sich ~ *aer. auto.* unfasten the seat belt.

ˈlosˌschrau·ben *v/t* ⟨*sep,* -ge-, h⟩ unscrew, screw off.

ˈlö·ßig *adj geol.* loessial, *auch* loessal.

ˈLöß|ˌkin·del *n* ⟨-s; -⟩ *geol.* (*Konkretion im Löß*) clay concretion (*od.* dog), fairy stone, loess doll (*od.* kindchen). — **~ˌlehm** *m* loess loam.

ˈlosˌspre·chen *v/t* ⟨*irr, sep,* -ge-, h⟩ 1. j-n von etwas ~ a) (*von Versprechen, Verpflichtung etc*) to absolve s.o. (*od.* release s.o., set s.o. free) from s.th., b) *relig.* to absolve (*od.* cleanse) s.o. from (*od.* of) s.th., c) *jur.* (*freisprechen*) to acquit s.o. of s.th. – 2. (*Lehrling*) declare (*s.o.*) free, release. — **ˈLosˌspre·cher** *m* ⟨-s; -⟩ *relig.* (*von Sünden*) justifier. — **ˈLosˌspre·chung** *f* ⟨-; *no pl*⟩ 1. (*von Versprechen etc*) absolution, release. – 2. *relig.* absolution. – 3. *jur.* acquittal. – 4. (*eines Lehrlings*) release.

ˈlosˌspren·gen[1] *v/t* ⟨*sep,* -ge-, h⟩ blast off.

ˈlosˌspren·gen[2] *v/i* ⟨*sep,* -ge-, sein⟩ (*schnell davonreiten*) gallop away (*od.* off).

ˈlosˌsprin·gen *v/i* ⟨*irr, sep,* -ge-, sein⟩ 1. jump off. – 2. auf j-n ~ to jump (*od.* spring, pounce) onto (*od.* upon) s.o. – 3. (*von Knopf etc*) pop (*od.* come) off. – 4. *mar.* (*von Nieten*) start.

ˈLößˌschicht *f geol.* layer (*od.* stratum) of loess.

ˈlosˌsteu·ern *v/i* ⟨*sep,* -ge-, sein⟩ auf etwas [j-n] ~ *auch fig.* to head (*od.* steer, make straight) for s.th. [s.o.]: das Schiff steuerte auf den Leuchtturm los the ship headed for the lighthouse; der Betrunkene steuerte zielbewußt auf das nächste Lokal los *fig.* the drunken man made straight for the next pub; das Land steuert direkt auf einen Krieg los *fig.* the country is headed straight for (*od.* heading straight toward[s]) a war.

ˈlosˌstür·men *v/i* ⟨*sep,* -ge-, sein⟩ 1. rush off (*od.* away, forth), tear off. – 2. auf j-n [etwas] ~ to rush (*od.* fly, dart, bolt) at (*od.* upon) s.o. [s.th.], to make a dash at s.o. [s.th.].

ˈlosˌstür·zen *v/i* ⟨*sep,* -ge-, sein⟩ *colloq. for* losstürmen.

Lost [lɔst] *m* ⟨-(e)s; *no pl*⟩ *chem.* (*Kampfstoff*) mustard gas $[(ClCH_2CH_2)_2S]$.

ˈLosˌta·ge *pl colloq.* 1. critical days (*on which the weather is considered to be crucial in determining the coming season*). – 2. unlucky days.

ˈlosˌtren·nen I *v/t* ⟨*sep,* -ge-, h⟩ 1. separate.

– **2.** (*durch Schneiden*) sever. – **3.** (*entfernen, abmachen*) detach, take away (*od.* off), remove. – **4.** (*Genähtes*) undo. – **5.** (*abreißen*) rip (*od.* tear) off. – **II** *v/reflex* **6.** sich ~ *cf.* lösen 21, 22, 23. — **ˈLosˌtren·nung** *f* **1.** separation. – **2.** (*Entfernung*) detachment, removal. – **3.** *bot.* (*des Blattes vom Zweig*) abscission.

ˈLosˌtren·nungs·beˌwe·gung *f pol.* separatism, secessionism.

ˈLosˌtrom·mel *f* lottery wheel.

ˈLo·sung[1] *f* ⟨-; -en⟩ **1.** *mil.* (*Erkennungswort*) (pass)word, watchword, countersign: die ~ verlangen to challenge; die ~ ausgeben [nennen] to give out [to say] the password. – **2.** (*Motto*) motto: meine ~ ist my motto is. – **3.** (*Schlagwort*) catchword. – **4.** *pol.* slogan.

ˈLo·sung[2] *f* ⟨-; *no pl*⟩ *hunt.* (*von Hunden, Wild u. Vögeln*) droppings *pl*, dung.

ˈLo·sung[3] *f* ⟨-; -en⟩ *Austrian* a day's receipts *pl.*

ˈLö·sung *f* ⟨-; -en⟩ **1.** *cf.* Lösen. – **2.** (*eines Rätsels, Problems etc*) solution: eine glückliche ~ a good (*od.* happy) solution; das wäre die beste ~ that would be the best solution; die friedliche ~ eines Konflikts the peaceful solution (*od.* settlement) of a conflict; eine ~ für etwas finden to find a solution for (*od.* an answer to) s.th.; das Problem hat seine ~ gefunden the problem has been solved; des Rätsels ~ *auch fig.* the solution of the riddle; der ~ näherrücken (*od.* näherkommen) to make headway toward(s) the solution. – **3.** die ~ des Knotens *fig.* (*eines Dramas etc*) the unravelment of the plot, the denouement (*lit.*). – **4.** *math.* solution, answer. – **5.** *chem.* a) solution, b) *auch phot.* (*Bad*) bath, dip: gesättigte [wäßrige] ~ saturated [aqueous] solution; verdünnte ~ diluted solution, dilution. – **6.** *med.* (*einer Lungenentzündung*) resolution.

ˈLö·sungs|benˌzol *n chem.* solvent naphtha. — **~ˌdruck** *m phys.* solution pressure (*od.* tension). — **~ˌfä·hig·keit** *f chem.* dissolving capacity (*od.* power). — **~ˌglü·hen** *n metall.* solution-anneal. — **~ˌmit·tel** *n chem.* solvent. — **~verˌmö·gen** *n* dissolving capacity (*od.* power).

ˈLo·sungsˌwort *n* ⟨-(e)s; -e⟩ *cf.* Losung[1] 1.

ˈLö·sungsˌwort *n* ⟨-(e)s; ⸚er⟩ (*eines Preisrätsels*) solution (word).

ˈLos|verˌkauf *m* sale of lottery tickets. — **~verˌkäu·fer** *m*, **~verˌkäu·fe·rin** *f* seller of lottery tickets.

ˈLos-von-ˈRom-BeˌWe·gung *f relig. hist.* (*in Österreich*) Away-from-Rome Movement.

ˈlosˌwer·den *v/t* ⟨*irr, sep,* -ge-, sein⟩ **1.** j-n [etwas] ~ to get rid of s.o. [s.th.]: ich wurde ihn einfach nicht los I simply couldn't get rid of him; ich werde den Eindruck [Gedanken] nicht los, daß I cannot get rid of the impression [idea] that; seine Erkältung nicht ~ not to get rid of one's cold. – **2.** (*hinter sich bringen*) get (*s.th.*) out of the way (*od.* over with). – **3.** *colloq.* (*Waren*) get rid of, dispose of, get (*s.th.*) off one's hands: wir sind diesen Artikel reißend losgeworden we got rid of this article rapidly; wenn ich nur die alten Möbel ~ könnte! if only I could get rid of the old furniture! – **4.** Geld ~ *colloq.* a) to spend money, b) to lose money: ich bin in diesem Geschäft mein ganzes Geld losgeworden I spent all my money in this shop; er ist im Spielkasino sein ganzes Geld losgeworden he lost all his money (gambling) in the casino.

ˈlosˌwer·fen *v/t* ⟨*irr, sep,* -ge-, h⟩ *mar.* (*Leinen*) cast off.

ˈlosˌwickeln (*getr.* -k·k-) **I** *v/t* ⟨*sep,* -ge-, h⟩ unwind, uncoil. – **II** *v/reflex* sich ~ unwind (*od.* uncoil) (oneself).

ˈlosˌwin·den I *v/t* ⟨*irr, sep,* -ge-, h⟩ untwist, unwind. – **II** *v/reflex* sich ~ untwist (*od.* unwind) (oneself).

ˈlosˌzie·hen *v/i* ⟨*irr, sep,* -ge-, sein⟩ *colloq.* **1.** (*abmarschieren*) set out, march away (*od.* off), take off (*colloq.*): früh am Morgen zogen wir los we set out early in the morning. – **2.** auf (*acc*) etwas ~ to march toward(s) s.th. – **3.** ⟨h⟩ gegen j-n ~ *fig.* to run s.o. down, to inveigh (*od.* declaim) against s.o., to rail at s.o.

Lot[1] [loːt] *n* ⟨-(e)s; -e⟩ **1.** *tech.* (*Senklot*) plumb bob: die Mauer ist (*od.* steht) nicht im ~ the wall is off (*od.* out of) plumb; etwas ist nicht im (*od.* aus dem) ~ *fig.* s.th. is out of order; mit ihr ist etwas nicht im ~ *fig.* s.th. is wrong with her; etwas wieder ins ~ bringen *fig.* to get things back in order, to set things right again. – **2.** *mar.* (sounding) lead, sounder, plumb, sounding (*od.* lead) line: die Wassertiefe mit einem ~ messen to measure the depth of the water with a sounding lead, to fathom the depth of the water; das ~ speisen to arm the lead. – **3.** *pl mar. tech.* (*beim Schiffsbau*) perpendiculars. – **4.** *math.* perpendicular, normal: ein ~ errichten [fällen] to raise [to drop] a perpendicular. – **5.** *tech.* (*Lötmetall*) solder.

Lot[2] *n* ⟨-(e)s; -⟩ *obs.* (*kleines Gewicht*) half an ounce: ein ~ Kaffee half an ounce of coffee; → Freund 1.

ˈLotˌach·se *f auch aer.* vertical axis.

ˈLöt|ap·paˌrat *m tech.* **1.** (*für Weichlöten*) soldering outfit. – **2.** (*für Hartlöten*) brazing outfit. – **l~bar** *adj* solderable.

ˈLotˌblei *n mar. civ.eng. cf.* Senklot.

ˈLotˌblock *m mar.* snatch block (with tail), lead block.

ˈLöt|ˌblock *m tech.* soldering block. — **~ˌbren·ner** *m* blowpipe, (gas) blowtorch, soldering torch, (*für Hartlötung*) brazing torch.

ˈLotˌebe·ne *f math.* normal plane.

ˈLötˌei·sen *n tech. cf.* Lötkolben 1.

lo·ten [ˈloːtən] **I** *v/t* ⟨h⟩ **1.** *mar.* (*Wassertiefe*) a) (*mit Lotblei*) plumb, b) (*nach Faden*) fathom, c) (*mit Echolot*) sound: die Tiefe des Meeres ~ to sound the depth(s) of the ocean. – **2.** *civ.eng.* (*Senkrechte, Mauer etc*) plumb. – **II** *v/i* **3.** *mar.* a) plumb the depth, b) fathom the depth, c) (*mit Echolot*) take soundings, sound: ~ können to be in soundings. – **III L~** *n* ⟨-s⟩ **4.** *verbal noun.* – **5.** *cf.* Lotung.

lö·ten [ˈløːtən] *tech.* **I** *v/t* ⟨h⟩ **1.** *tech.* a) (*weichlöten*) (soft-)solder, b) (*hartlöten*) braze, hard-solder, c) (*feuerlöten*) sweat, d) (*reiblöten*) tin, e) (*tauchlöten*) dip braze. – **2.** *fig.* (*Bruch*) repair. – **II L~** *n* ⟨-s⟩ **3.** *verbal noun.*

ˈLöt|ˌfett *n tech.* soldering (*od.* zinc chloride) paste. — **~ˌflam·me** *f* blowpipe flame. — **~ˌflußˌmit·tel** *n* soldering flux. — **~ˌfu·ge** *f* (open) soldering joint.

ˈLot|ˌga·bel *f math.* plummet stand. — **~ˌgast** *m mar.* leadsman: die Lotgasten the sounding party *sg.*

ˈLoth·rin·ger *m* ⟨-s; -⟩ **1.** *hist.* Lotharingian. – **2.** *geogr.* Lorrainer, inhabitant of Lorraine. — **ˈloth·rin·gisch** *adj* Lotharingian, Lorrainese, of (*od.* pertaining to) Lorraine: → Kreuz 3.

Lo·ti·on [loˈtsioːn; ˈlouʃən] (*Engl.*) *f* ⟨-; -en, *bei engl. Aussprache* -s⟩ (*cosmetics*) lotion.

ˈLötˌklem·me *f tech.* soldering terminal.

ˈLötˌkol·ben *m* **1.** *tech.* a) soldering iron (*od.* copper), b) (*mit Pistolengriff*) soldering gun. – **2.** *fig. colloq. contempt.* red nose. — **~ˌspit·ze** *f* copper bit.

ˈLotˌkör·per *m mar.* lead, sinker.

ˈLötˌlam·pe *f tech.* soldering lamp, blowtorch, blowlamp.

ˈLotˌlei·ne *f* **1.** *tech.* plumb (*od.* lead) line, plummet. – **2.** *mar.* a) (*Echolot*) sounding line, b) (*Senkblei*) plumb (*od.* lead) line.

ˈLöt|ˌmas·se *f tech.* soldering compound (*od.* paste). — **~meˌtall** *n* soldering metal. — **~ˌmit·tel** *n* soldering agent. — **~ˌnaht** *f* soldered seam. — **~ˌofen** *m* soldering furnace.

Lo·to·pha·gen [lotoˈfaːgən] *pl myth.* lotus- (*auch* lotos-)eaters, Lotophagi.

Lo·tos [ˈloːtɔs] *m* ⟨-; -⟩ **1.** *bot. cf.* Lotosblume 1. – **2.** (*art*) *relig.* (*in Ägypten, Indien u. Ostasien*) lotus, *auch* lotos. — **~ˌblu·me** *f* **1.** *bot.* lotus (*od.* lotos) (flower): Ägyptische ~ Egyptian lotus (*od.* lotos) (*Nymphaea lotus*); Amerikanische ~ water (*od.* American) lotus (*od.* lotos), water chinquapin (*Nelumbo lutea*); Indische ~ water bean, Indian (*od.* sacred) lotus (*od.* lotos) (*Nelumbo nucifera*). – **2.** (*art*) *relig. cf.* Lotos 2. — **~ˌes·ser** *pl myth. cf.* Lotophagen. — **~ˌknauf** *m arch.* (*einer Säule*) lotus, *auch* lotos. — **l~ˌknäu·fig** [-ˌknɔyfɪç] *adj* with lotus-shaped capitals. — **~ˌpflau·me** *f bot.* lotus tree (*Diospyros lotus*).

ˈLötˌpul·ver *n tech.* soldering compound (*od.* salt).

ˈlotˌrecht I *adj* **1.** *tech.* perpendicular, vertical, plumb: etwas ~ machen to plumb s.th.; nicht ~ out of plumb. – **2.** *math.* (*Linie etc*) normal, vertical, perpendicular. – **II** *adv* **3.** nicht ~ stehen to be out of the vertical; fast ~ starten *aer.* to take off almost vertically.

ˈLotˌrech·te *f* ⟨-n; -n⟩ *tech. math.* perpendicular, vertical, plumb.

ˈLötˌrohr *n tech.* **1.** blowpipe, torch tube. – **2.** (*jewelry*) soldering pipe. — **~anaˌly·se** *f min. tech.* **1.** (*Wissenschaft*) pyrology. – **2.** blowpipe analysis (*od.* assay, proof). — **~ˌdü·se** *f tech.* blowpipe jet, tip of the blowtorch. — **~ˌpro·be** *f cf.* Lötrohranalyse 2. — **~ˌspit·ze** *f* blowpipe nozzle.

ˈLotˌschnur *f tech. mar. cf.* Lotleine.

Lot·se [ˈloːtsə] *m* ⟨-n; -n⟩ **1.** *mar.* a) pilot, b) (*Zwangslotse*) compulsory pilot: ohne ~n unpiloted. – **2.** *aer. cf.* Fluglotse. – **3.** *auto.* (*vom Lotsendienst*) driver-guide. – **4.** *cf.* Schülerlotse. – **5.** *zo. cf.* Lotsenfisch.

lot·sen [ˈloːtsən] **I** *v/t* ⟨h⟩ **1.** *mar.* pilot, steer: ein Schiff in den Hafen ~ to pilot a ship into the harbo(u)r. – **2.** (*Auto etc*) guide, drive: ich ließ mich von ihm durch München ~ he guided me through Munich. – **3.** *fig. colloq.* take (*s.o.*) along: er lotste sie in ein Restaurant, das er kannte he took her along to a restaurant he knew. – **II L~** *n* ⟨-s⟩ **4.** *verbal noun.* – **5.** *mar.* pilotage.

ˈLot·sen|ˌboot *n mar.* pilot boat. — **~ˌdienst** *m auto.* (*für Ortsfremde*) driver-guide service. — **~ˌfisch** *m zo.* pilot fish (*Naucrates ductor*). — **~ˌflag·ge** *f mar.* pilot flag (*od.* jack). — **~geˌbühr** *f*, **~ˌgeld** *n* pilotage, pilot's fee. — **~sta·tiˌon** *f* pilot station. — **~ˌzwang** *m mar.* compulsory pilotage.

ˈLötˌstel·le *f tech.* joint space, soldered joint.

ˈLot·ter|ˌbett *n* **1.** *contempt.* bed of sin. – **2.** *Austrian archaic* couch. – **3.** auf dem ~ liegen *obs.* to idle. — **~ˌbu·be** *m* rake, dissolute person, debauchee.

Lot·teˈrei *f* ⟨-; *no pl*⟩ *colloq.* **1.** (*Schlamperei*) carelessness, slipshodness, bungling. – **2.** (*Trägheit*) laziness, idleness. – **3.** *cf.* Lotterleben.

Lot·te·rie [lɔtəˈriː] *f* ⟨-; -n [-ən]⟩ lottery: (in der) ~ spielen to play in the lottery; in einer ~ setzen to take part in a lottery; das ist die reinste ~ *fig.* that is a matter of pure chance, that's sheer gambling. — **~ˌeinˌneh·mer** *m* collector for a lottery. — **~ˌeinˌsatz** *m* stake in a lottery, amount paid for a lottery ticket. — **~geˌschäft** *n* lottery office. — **~geˌwinn** *m* (lottery) prize: einen ~ machen to draw (*od.* win) a prize (in the lottery). — **~ˌli·ste** *f* lottery list, list of prizes (*od.* winning numbers). — **~ˌlos** *n* (lottery) ticket. — **~ˌrad** *n* lottery wheel. — **~ˌschein** *m* (lottery) ticket. — **~ˌspiel** *n* (playing in the) lottery: das Leben ist ein ~ *fig.* life is a lottery. — **~verˌtrag** *m* lottery contract. — **~ˌzie·hung** *f* lottery draw.

ˈlot·te·rig *adj colloq.* **1.** (*unordentlich*) sloppy, messy, slovenly, disorderly. – **2.** (*liederlich*) dissipated, dissolute, morally loose (*od.* lax).

ˈLot·terˌle·ben *n colloq.* **1.** slovenly (*od.* disorderly) life. – **2.** life of debauchery, dissipated (*od.* debauched, dissolute) life.

lot·tern [ˈlɔtərn] *v/i* ⟨h⟩ *archaic* **1.** lead a lazy (*od.* an idle) life, loaf (about, *bes. Am.* around). – **2.** lead a dissipated (*od.* dissolute, debauched) life.

ˈLot·terˌwirt·schaft *f colloq. contempt.* **1.** (*im Haushalt*) sloppy (*od.* messy) household. – **2.** (*im Betrieb etc*) mess, disorganization *Br. auch* -s-.

Lot·to [ˈlɔto] *n* ⟨-s; -s⟩ **1.** (*Zahlenlotto*) 'Lotto' (*weekly number-guessing pool*): (im) ~ spielen a) to fill in one's Lotto coupon, b) to do Lotto. – **2.** (*games*) lotto, *auch* loto, bingo, *Br. sl.* housey-housey. — **~ˌanˌnah·meˌstel·le** *f* Lotto coupons agency. — **~geˌwinn** *m* win in Lotto. — **~kol·lekˌtur** *f Austrian for* Lottoannahmestelle. — **~ˌschein** *m* Lotto coupon. — **~ˌspiel** *n* (*games*) *cf.* Lotto 2. — **~ˌspie·ler** *m* Lotto player. — **~ˌzie·hung** *f* Lotto draw.

ˈlott·rig *adj colloq. cf.* lotterig.

ˈLo·tung *f* ⟨-; -en⟩ **1.** *cf.* Loten. – **2.** *mar.* a) (*Echolot*) (echo) sounding, sound, b) (*Senkblei*) plumbing: eine ~ vornehmen to take soundings. – **3.** *civ.eng.* plumbing.

ˈLö·tung *f tech. cf.* Löten.

Lo·tus [ˈloːtʊs] *m* ⟨-; -⟩ *bot. cf.* Hornklee.

ˈLöt·verˌbin·dung *f tech.* soldered joint.

ˈLotˌwaa·ge *f tech.* plumb level.

ˈLöt|ˌwas·ser *n tech.* soldering solution (*od.* fluid, liquid). — **~ˌwerkˌzeug** *n* soldering tool (*od.* outfit).

ˈLotˌwurz *f bot.* yellow oxtongue, rutton-

-root, onosmodium (*scient.*) (*Gattg Onosma*).

'**Löt|,zan·ge** *f tech.* soldering tweezers *pl* (*sometimes construed as sg*). — **~,zinn** *n* (plumber's) solder, lead-tin solder.

Lou·is ['lu:i] *m* ⟨- [-i(:s)]; - [-i:s]⟩ *vulg. contempt.* (*Zuhälter*) pimp.

Lou·is·dor [lui'do:r] *m* ⟨-s; -e⟩ *hist.* (*franz. Münze*) louis, louis d'or.

Loui·sia·na|,moos [lui'zĭa:na-] *n bot.* long moss (*Tillandsia usneoides*). — **~-,Rei·her** *m zo.* Louisiana heron (*Hydranassa tricolor ruficollis*).

Lou·is-qua·torze [lwika'tɔrz] (*Fr.*) *n* ⟨-; *no pl*⟩, **~-,Stil** *m* (*art*) *hist.* Louis Quatorze (style).

Lou·is-quinze [lwi'kɛ̃:z] (*Fr.*) *n* ⟨-; *no pl*⟩, **~-,Stil** *m* Louis Quinze (style).

Lo·wan·do [lo'vando] *m* ⟨-(s); -s⟩, **~,af·fe** *m zo.* purple-faced langur (*Presbytis senex*).

Lö·we ['lø:və] *m* ⟨-n; -n⟩ **1.** *zo.* lion (*Felis leo*): **junger ~** lion cub, lionet; **er kämpft [brüllt] wie ein ~** *fig.* he fights [roars] like a lion; **sich in die Höhle des ~n begeben** (*od.* **wagen**) *fig.* to beard the lion in his den; **den Kopf in den Rachen des ~n stecken** *fig.* to put one's head in the lion's mouth; **den schlafenden ~n aufwecken** *fig.* to awaken the sleeping lion; **Gasthaus zum Goldenen ~n** The Golden Lion; **wir essen im Goldenen ~** we are going to eat at the Golden Lion. – **2.** *fig.* lion, center (*bes. Br.* centre) of attraction: **er ist der ~ des Tages** he is the lion (*od.* hero) of the day; **er ist der ~ der Gesellschaft** he is the center of attraction at the party. – **3.** *astr.* Lion, Leo: **großer [kleiner] ~** *astr.* Leo major, Greater Lion [Leo minor, Lesser Lion]; **er ist ein ~** *astrol.* he is a Lion, he was born under (the sign of) Leo. – **4.** *her.* lion: **der geflügelte ~** The Winged Lion of St. Mark; **gezüngelter ~** lion lambent; **liegender ~ mit erhobenem [gesenktem] Kopf** lion couchant [dormant]; **kleiner** (*od.* **junger**) **~** lioncel; **schreitender ~** lion passant; **sitzender ~** lion sejant; **springender ~** lion salient. – **5.** (*in der Alchemie*) gold, king of the metals.

'**Lö·wen|,äff·chen** *n zo.* a) **Kleines ~** lion marmoset (*Leontocebus leoninus*), b) **Rotes** (*od.* **Großes**) **~** marikina, silky marmoset (*od.* tamarin) (*L. rosalia*). — **~,an,teil** *m colloq.* lion's share: **du hast dir den ~ genommen** you have taken the lion's share. — **l~,ar·tig** *adj* lionlike, leonine. — **~-,bän·di·ger** *m* lion tamer. — **~,ei·dech·se** *f zo.* lion lizard, basilisk (*scient.*) (*Gattg Basiliscus*). — **~,fuß** *m* **1.** lion's foot (*od.* paw). – **2.** (*an Möbeln*) lion-paw foot. — **~,gru·be** *f* lion's den. — **~,haupt** *n* **1.** lion's head. – **2.** *fig.* leonine head. — **~,haut** *f* lion's skin. — **~,herz** *n* **1.** lion (*od.* lion's) heart. – **2. Richard ~** *hist.* Richard Lionheart (*od.* the Lionhearted), Richard Cœur de Lion. — **~,hund** *m zo.* Rhodesian Ridgeback. — **~,hünd·chen** *n* a) pekinese, lion dog, b) Lhasa apso, bark lion sentinel dog, c) maltese, lion dog of Malta. — **~,jagd** *f hunt.* lion hunt. — **~,jä·ger** *m* lion hunter. — **~,jun·ge** *n* lion's cub, lionet. — **~-,kat·ze** *f zo. cf.* Löwenäffchen. — **~,kopf** *m* **1.** lion's head. – **2.** (*an Möbeln etc*) lion-mask. – **3.** mit Löwenköpfen geschmückt *her.* lionced, leonced. — **~,krebs** *m zo.* lion crab (*Galatea leo*). — **~,mäh·ne** *f* **1.** lion's mane. – **2.** *fig. colloq.* mop (of hair). — **~-,maul** *n* **1.** lion's mouth (*od.* muzzle, jaws *pl*). – **2.** *bot.* snapdragon, flapdragon, lion's-mouth, antirrhinum (*scient.*) (*Gattg Antirrhinum*): **Großes ~** bucranion, snapdragon (*A. majus*); **Kleines ~** corn snapdragon, calves' (*od.* calf's) snout (*A. orontium*); **Wildes ~** flaxweed, toadflax, bread-and-butter, butter-and-eggs *pl* (*construed as sg or pl*) (*Linaria vulgaris*). — **~,mäul·chen** *n bot. cf.* Löwenmaul 2. — **~,mut** *m* lionlike courage: **mit ~ kämpfen** to fight with the courage of a lion. — **~,ohr** *n* **1.** lion's ear. – **2.** *bot.* lion's-ear (*Leonotis leonurus*): **Katzenminzblättriges ~** hollow stock (*L. nepetaefolia*). — **~,rob·be** *f zo. cf.* Seelöwe. — **~,schwanz** *m* **1.** lion's tail. – **2.** *bot.* lion's-tail, motherwort (*Leonurus cardiaca*). — **l~'stark** *adj* (as) strong as a lion. — **~,stim·me** *f* voice like a lion. — **~,tat·ze** *f* lion's paw. — **~,tor** *n archeol.* (*in Mykene*) Lion Gate. — **~,zahn** *m bot.* a) dandelion, lion's-tooth, lion's-teeth, Irish daisy, taraxacum (*scient.*) (*Gattg Taraxacum, bes. T. officinale*), b) fall dandelion, lion's-tooth, lion's-teeth (*Leontodon autumnalis*). — **~,zwin·ger** *m* lion('s) cage.

'**Lö·win** *f* ⟨-; -nen⟩ *zo.* lioness, she-lion.

lo·xo·drom [lɔkso'dro:m] *adj math.* loxodromic, *auch* loxodromical. — **Lo·xo'dro·me** *f* ⟨-; -n⟩ loxodrome, rhumb line, loxodromic curve (*od.* line). — **lo·xo'dro·misch** *adj cf.* loxodrom.

lo·xo·go·nal [lɔksogo'na:l] *adj math.* loxogonal, oblique.

loy·al [lŏa'ja:l] **I** *adj* **1.** (*Gesinnung etc*) loyal, faithful, true: **ein ~er Untertan** a loyal subject. – **2.** (*Bestimmung, Vertrag etc*) fair, decent, honest. – **II** *adv* **3. sich ~ verhalten** to behave loyally; **einen Vertrag ~ auslegen** to interpret a contract fairly. — **Loya'lis·mus** [-ja'lɪsmus] *m* ⟨-; *no pl*⟩ loyalism. — **Loya'list** [-ja'lɪst] *m* ⟨-en; -en⟩ *hist.* loyalist, *auch* Loyalist, (*im amer. Unabhängigkeitskrieg*) *auch* Tory. — **loya'li·stisch** *adj* loyalist (*attrib*). — **Loya·li'tät** [-jali'tɛ:t] *f* ⟨-; *no pl*⟩ loyalty.

Luch [lu:x] *f* ⟨-; ⁼e⟩, *n* ⟨-(e)s; -e⟩ **1.** *dial.* marsh, bog, morass. – **2.** *geol.* bog.

Luchs [lʊks] *m* ⟨-es; -e⟩ **1.** *zo.* lynx (*Gattg Lynx*): **Gemeiner ~** (common) European lynx, *Am. auch* catamount (*L. lynx*); **Kanadischer ~** Canadian lynx (*L. canadensis*); **junger ~** young lynx, lynx cub; **Augen wie ein ~ haben** *fig.* to have eyes as sharp as a lynx (*od.* cat); **aufpassen wie ein ~** *fig.* to watch like a hawk. – **2.** (*leather*) lynx (skin, fur, pelt). — **l~,ar·tig** *adj* lynxlike, lyncean (*scient.*). — **~,au·ge** *n* lynx eye: **~n haben** *fig.* to be lynx-eyed (*od.* eagle-eyed).

luch·sen ['lʊksən] **I** *v/i* ⟨h⟩ **1.** (*spähen*) peer: **er luchste hinter dem Baum hervor** he peered out from behind the tree. – **2.** (*warten*) (**auf** *acc* for) keep a sharp lookout (*Br.* look-out): **er luchste auf jede Gelegenheit zu entkommen** he kept a sharp look(-)out for an opportunity to escape. – **II** *v/t* **3. j-m Geld aus der Tasche ~** to scrounge money off s.o.

'**Luchs|,fell** *n* lynx skin (*od.* pelt). — **~,pelz** *m* lynx (fur, pelt). — **~,sa·phir** *m min.* pale yellowish spotted sapphire. — **~,spin·ne** *f zo.* lynx spider (*Fam. Oxyopidae*).

Lucht [luxt] *f* ⟨-; -en⟩ *Low G. for* a) Luft 1, b) Dachkammer.

'**Lu·ci·en,holz** ['lu:tsĭən-] *n bot.* wood of the rock (*od.* mahaleb) cherry (*von Prunus mahaleb*).

Lücke (*getr.* -k·k-) ['lʏkə] *f* ⟨-; -n⟩ **1.** (*in Hecke etc*) gap, hole, opening, aperture: **die ~n im Zaun wurden geschlossen** the gaps in the fence were closed; **eine ~ ausfüllen** to fill (up) (*od.* stop) a gap. – **2.** (*in einer Reihe*) gap, break, interstice: **~n zwischen den Zähnen** gaps between the teeth; **eine ~ in der Reihe lassen** to leave a gap in the row (*od.* line); **auf ~ stehen** *tech.* to be staggered. – **3.** (*Spalte*) crack, split, chink, fissure. – **4.** (*Abstand*) gap. – **5.** *fig.* (*in Wissen, Überlieferung, System etc*) gap: **er hat große ~n in Latein** his knowledge in Latin has many gaps, his Latin is very patchy; **er muß die ~n aufholen** he must fill in his gaps. – **6.** *fig.* (*Leere*) void, vacuum, gap: **als er fortging, blieb eine große ~** there remained a void when he went away; **sein Tod hat eine große ~ gerissen** his death left a great void; **der Krieg hat viele ~n gerissen** the war made (*od.* left) many gaps (in the population). – **7.** *fig.* (*Unterschied*) difference, gap: **zwischen ihrem und seinem Gehalt klafft eine erhebliche ~** there is a great difference between her salary and his. – **8.** *fig.* (*Mangel*) deficiency, defect, shortage: **durch die Stillegung der Bergwerke ist eine ~ in der Kohlenversorgung entstanden** the pit closures have given rise to a deficiency (*od.* shortage) in the supply of coal. – **9.** *fig.* (*Bedürfnis*) want, need, desideratum (*lit.*): **das Buch füllt eine fühlbare ~** the book fills (*od.* satisfies) a noticeable (*od.* long-felt) need. – **10.** *fig.* (*Auslassung*) omission, gap. – **11.** *fig.* (*im Gesetz*) loophole, *Br.* loop-hole: **eine ~ im Gesetz ausnützen** to exploit (*od.* take advantage of) a loop(-)hole in the law. – **12.** *mil.* a) (*in Befestigungsmauern etc*) breach, break, b) (*in Kampflinie etc*) gap, opening. – **13.** *print.* a) gap, lacuna, b) (*zu weiter Raum zwischen Buchstaben*) pigeonhole, rathole. – **14.** *med.* hiatus, gap. – **15.** *geol.* break, hiatus: **tektonische ~** structural hiatus. – **16.** *econ.* (*im Kassenbestand*) deficit, deficiency. – **17.** *tech.* a) (*zwischen Zahnradzähnen*) gash, b) (*zwischen Räumzähnen*) gullet, c) (*zwischen Gewindezähnen*) groove.

'**Lücken,bü·ßer** (*getr.* -k·k-) *m colloq.* **1.** fill-in: **ich will nicht nur ~ sein** I don't want to be just a fill-in. – **2.** (*theater*) stand-in. – **3.** (*Ersatz*) stopgap. – **4.** *print.* filler, *Br. sl.* balaam.

'**lücken·haft** (*getr.* -k·k-) *adj* **1.** (*Gebiß etc*) having (*od.* showing, full of) gaps, *auch* gappy. – **2.** *fig.* (*Erinnerung, Darstellung etc*) incomplete, fragmentary, (*Autorentext*) *auch* lacunal, lacunary (*beide scient.*): **~e Kenntnisse** fragmentary knowledge *sg.* — '**Lücken·haf·tig·keit** (*getr.* -k·k-) *f* ⟨-; *no pl*⟩ incompleteness, fragmentariness, fragmentary character.

'**lücken·los** (*getr.* -k·k-) **I** *adj* **1.** (*Gebiß etc*) without a gap. – **2.** *fig.* (*System, Erinnerung etc*) complete: **eine ~e Beweiskette** a complete chain of evidence. – **3.** *fig.* (*Überlieferung, Tradition etc*) unbroken, uninterrupted. – **4.** (*Alibi, Beweismaterial etc*) airtight, *Br.* air-tight. – **II** *adv* **5.** without a gap: **sich ~ aneinanderreihen** to form an unbroken line. — '**Lücken·lo·sig·keit** (*getr.* -k·k-) *f* ⟨-; *no pl*⟩ **1.** (*von System etc*) completeness. – **2.** (*von Überlieferung etc*) unbrokenness, uninterruptedness. – **3.** (*von Alibi etc*) airtightness, *Br.* air-tightness.

lud [lu:t] *1 u. 3 sg pret of* laden[1] *u.* [2].

Lu·de ['lu:də] *m* ⟨-n; -n⟩ (*thieves' Latin*) (*Zuhälter*) pimp.

lü·de ['ly:də] *1 u. 3 sg pret subj of* laden[1] *u.* [2].

Lu·der ['lu:dər] *n* ⟨-s; -⟩ **1.** *contempt.* (*gemeines Weib*) hussy, bitch, beast, slut (*vulg.*). – **2.** *contempt.* (*Gauner, Spitzbube*) scoundrel, cad, blackguard. – **3.** *colloq.* (*Strolch*) little imp (*od.* rascal, devil): **du freches ~!** you naughty little imp! – **4.** *colloq.* (*in Wendungen wie*) **ein armes ~** a poor (*od.* pitiable) creature; **du dummes ~!** you silly ass! **sie ist ein schlaues ~** she is a clever little hussy. – **5.** *hunt.* (*Köder*) carrion, carcass, *Br. auch* carcase: **der Bussard wurde mit einem ~ gelockt** the buzzard was lured with (a piece of) carrion.

Lu·der·jan ['lu:dərja:n] *m* ⟨-(e)s; -e⟩ *colloq. cf.* Liederjan.

'**Lu·der,le·ben** *n colloq. cf.* Lotterleben 2.

lu·dern ['lu:dərn] *v/i* ⟨h⟩ *colloq.* lead a dissolute life (*od.* life of debauchery).

'**Lu·dolf·sche 'Zahl** ['lu:dɔlfʃə] *f math.* Ludolphian number, π, pi.

Lu·es ['lu:ɛs] *f* ⟨-; *no pl*⟩ *med.* lues, syphilis. — **Lue·ti·ker** [lu'e:tikər] *m* ⟨-s; -⟩ luetic, syphilitic. — **lue·tisch** [lu'e:tɪʃ] *adj* luetic, syphilitic.

Luf·fa ['lʊfa] *f* ⟨-; -s⟩ **1.** *bot.* a) luffa, loofah (*Gattg Luffa*), b) sponge cucumber (*od.* gourd) (*L. acutangula*). – **2.** *cf.* Luffaschwamm. — **~,schwamm** *m* luffa, loofah, vegetable sponge.

Luft [lʊft] *f* ⟨-; ⁼e⟩ **1.** ⟨*only sg*⟩ air: **gute [schlechte] ~** good [bad] air; **verbrauchte [stickige] ~** stale [suffocating] air; **frische ~ schöpfen** (*od. colloq.* **schnappen**) to breathe in fresh air; **die ~ mit Abgasen verpesten** to poison the air with waste gases; **(die) Verschmutzung der ~** air pollution; **der Regen hat die Luft gereinigt** the rain has cleared the air; **die ~ im Zimmer war zum Schneiden** you could have cut the atmosphere in the room (with a knife); **laß ein bißchen ~ herein** let some air in here; **die ~ flimmert vor Hitze** the air is shimmering with heat; **ich habe jetzt etwas ~** *fig. colloq.* I have a breather (*od.* break) now, I have got the chance to catch my breath now; **ich muß in meinem Schrank etwas ~ schaffen** *fig.* I must make some room in my wardrobe; **ich habe die alten Briefe fortgeworfen, um etwas ~ zu schaffen** I threw away the old letters in order to make some room; **sich** (*dat*) (*od.* **seinem Zorn**) **~ machen** *fig.* to give vent to one's anger; **er war einfach ~ für mich** I ignored him, he didn't exist for me, he meant nothing to me; **j-n wie ~ behandeln** *fig.* to ignore s.o. completely; **man kann nicht nur von ~ und Liebe leben** one can't live on air (alone); **warte bis die ~ rein ist** *fig. colloq.* wait until the coast is clear; **es herrschte dicke ~** *fig. colloq.* there was a heavy (*od.* an ominous, electric) atmosphere, there seemed to be trouble brewing; **sie trocknen die Fische an der ~** they dry the fish in the open air; **er ist viel an der frischen ~** he is out in the fresh air a lot;

du kommst zu wenig an die ~ you don't get out into the fresh air enough; Kleider an die ~ hängen to hang clothes in the (open) air; j-n an die (frische) ~ setzen *fig.* to dismiss s.o., to give s.o. the sack (*colloq.*); das ist doch völlig aus der ~ gegriffen *fig.* that is sheer invention (*od.* fabrication); Löcher in die ~ starren *fig. colloq.* to stare into space; mit den Händen in der ~ herumfuchteln to wave one's hands about in the air; vor Freude in die ~ springen to jump for joy; eine Brücke in die ~ sprengen to blow up a bridge; unsere Reisepläne haben sich in ~ aufgelöst *fig.* our travel arrangements have come to nothing; die Erscheinung löste sich in ~ auf *fig.* the mirage vanished into thin air; es liegt etwas in der ~ *fig.* there's s.th. in the air; es lag Streit in der ~ *fig.* there was a row brewing (*od.* in the air); er geht immer gleich in die ~ *fig. colloq.* he always flies off the handle, he always hits the ceiling; ich könnte ihn in der ~ zerreißen *fig. colloq.* I could tear him apart limb by limb; ich hänge augenblicklich in der ~ *fig.* I'm just in a vacuum at the moment, I don't have any immediate plans; deine Argumente hängen völlig in der ~ *fig.* your arguments are totally unfounded; unsere Pläne hängen noch völlig in der ~ *fig.* our plans are still very much in the air; nach ~ ringen (*od.* schnappen) to gasp (*od.* pant, struggle) for air. – **2.** (*Luftzug*) breeze, draft, *bes. Br.* draught. – **3.** ⟨*only sg*⟩ (*Atem*) breath: wieder ~ bekommen to get one's breath (again); die ~ anhalten to catch (*od.* hold) one's breath; tief ~ holen to take a deep breath; der Kragen schnürt mir die ~ ab the collar is throttling me (*colloq.*); mir blieb vor Schreck die ~ weg *fig. colloq.* the shock took my breath away; ihm ging die ~ aus a) he was winded, b) *fig.* his breath was taken away; halt die ~ an! *colloq.* pipe down, shut up (*beide colloq.*). – **4.** (*Himmel*) sky, air: er ist frei wie der Vogel in der ~ he is as free as a bird in the sky; der Vogel schwang sich in die Lüfte the bird soared into the sky; das Flugzeug erhob sich in die ~ the plane took off (*od.* became airborne); Truppen aus der ~ versorgen to supply troops by air, to airlift supplies to troops; durch die ~ herangeführt (*Material, Truppen*) air-portable. – **5.** ⟨*only sg*⟩ atmosphere. – **6.** ⟨*only sg*⟩ *auto.* air: einen Motor mit ~ kühlen to cool an engine by air, to air-cool an engine; im Reifen ist nicht genug ~ there isn't enough air in the tire (*bes Br.* tyre); die ~ nachsehen lassen *colloq.* to have the air (in the tires, *bes. Br.* tyres) checked; aus den Reifen die ~ ablassen to deflate the tires (*bes. Br.* tyres). – **7.** ⟨*only sg*⟩ *tech.* a) (*Spielraum*) clearance, play, b) (*eines Lagers*) internal slackness, c) (*bei Paßteilen*) amount of looseness: der Kolben muß mehr ~ haben the piston must have more clearance; eine Dichtung mit ~ beaufschlagen to pressure a seal. — **~,ab·,kom·men** *n mil. aer.* **1.** air pact. – **2.** (*der Zivilluftfahrt*) Warsaw Convention. — **~,ab,schluß** *m tech.* exclusion of air, hermetic (*od.* air) seal: unter ~ airtight, *Br.* air-tight.

'Luft,ab,wehr *f mil. aer.* air (*od.* antiaircraft, *Br.* anti-aircraft) defence (*Am.* defense). — **~ge,schütz** *n mil.* antiaircraft (*Br.* anti-aircraft) (*od.* AA) gun.

'Luft|,ab,zug *m tech.* **1.** air issue (*od.* exhaust). – **2.** (*Abzugskanal*) air offtake. – **3.** (*Entlüfterstutzen od. -ventil*) air vent (*od.* outlet). — **~akro,bat** *m* **1.** *aer.* stunt flyer, aerial acrobat. – **2.** (*im Zirkus*) aerialist. — **~akro,ba·tik** *f aer.* stunt flying, aerobatics *pl* (*construed as sg*). — **~alarm** [-ˀa,larm] *m aer. mil.* **1.** (*für Jäger*) air alert. – **2.** (*beim Luftschutz*) air-raid warning. — **~,an,griff** *m* **1.** air raid (*od.* strike), aerial (*od.* air) attack. – **2.** (*als Auftrag*) bombing mission (*od.* sortie). — **~,an,saug,stut·zen** *m* **1.** *tech.* air intake socket (*od.* adaptor). – **2.** *auto.* intake manifold. — **~,an,sicht** *f* aerial view. — **l~,ar·tig** *adj* **1.** pneumatic, aeriform. – **2.** *chem.* gaseous. — **~,auf·be,rei·tung** *f tech.* air conditioning. — **~,auf,klä·rung** *f aer. mil.* aerial reconnaissance, air surveillance. — **~,auf,nah·me** *f aer.* aerial photo(graph), photo(graph) taken from the air. — **~,auf,sicht** *f* air(-traffic) control. — **~,aus,tritt** *m tech. cf.* Luftabzug 1, 2. — **~,bad** *n* air bath. — **~,bahn** *f meteor.* (air) trajectory. — **~bal,lon** *m* **1.** (*Kinderspielzeug*) (toy) balloon. – **2.** *aer.* balloon, aerostat: lenkbarer ~ dirigible (airship). — **~be,för·de·rung** *f aer.* air transport (*od.* carriage). — **~be,häl·ter** *m* **1.** *tech.* air vessel (*od.* tank, cylinder). – **2.** *zo.* a) air sac (*od.* cavity), b) (*Schwimmblase*) float. — **~be,hand·lung** *f med.* aerotherapeutics *pl* (*construed as sg*), open-air treatment (*od.* therapy). — **~,bei·ßer** *m vet.* crib-biter, windsucker. — **~be,ob,ach·tung** *f aer.* air (*od.* aerial) observation. — **~be,rei·fung** *f auto.* pneumatic tires (*bes. Br.* tyres) *pl.* — **~be,tan·kung** *f aer.* air (*od.* inflight) refuel(l)ing. — **~be,weg·lich·keit** *f mil.* (*von Truppen etc*) air mobility. — **~be,we·gung** *f* movement (*od.* motion, flow) of air: schwache ~ light wind (*od.* air).

'Luft,bild *n* **1.** *aer. cf.* Luftaufnahme. – **2.** *fig.* vision, phantasm. — **~,auf,klä·rung** *f aer.* air (*od.* aerial) photo(graphic) reconnaissance. — **~ge,rät** *n*, **~,ka·me·ra** *f* aerial (*od.* aircraft) camera. — **~,kar·te** *f* aerial map, photomap.

'Luft|,bläs·chen *n* **1.** small air bubble. – **2.** *biol. med.* (pulmonary) vesicle, alveolus. — **~,bla·se** *f* **1.** (air) bubble, bleb. – **2.** *tech.* a) air bubble (*od.* pocket), b) (*im Guß*) blowhole. – **3.** *zo.* air bladder (*od.* vesicle), (*der Röhrenquallen*) pneumatocyst, pneumatophore. – **4.** *bot.* (*einer Alge*) aerocyt. — **~-'Bo·den-,Flug,kör·per** *m mil.* air-to-surface missile. — **~,brem·se** *f* **1.** *aer.* air brake. – **2.** *tech. cf.* Druckluftbremse. — **~,brücke** (*getr.* -k·k-) *f* **1.** *aer.* airlift, air bridge, skylift. – **2.** *tech.* air bridge.

Lüft·chen ['lʏftçən] *n* ⟨-s; -⟩ **1.** *dim. of* Luft. – **2.** (gentle) breeze, breath (of air), air: es regt sich kein ~ not a breeze is stirring, there is not a breath of air; ein frisches ~ a fresh breeze.

'Luft·de·to·na·ti,on *f* (*eines Atomsprengkörpers*) airburst.

'luft,dicht I *adj* airtight, *Br.* air-tight, hermetic(al): etwas ~ machen to render s.th. air(-)tight. – **II** *adv* airtight, *Br.* air-tight, hermetically: ~ verschlossen hermetically sealed; ~ verpackt packed in an air(-)tight (*od.* hermetically sealed) pack (*od.* container).

'Luft|,dich·te *f* **1.** *phys.* air (*od.* atmospheric) density. – **2.** *meteor.* air density. — **~,dicht·heit** *f phys.* airtightness, *Br.* air-tightness.

'Luft,druck *m* **1.** *phys. meteor.* air (*od.* atmospheric, barometric) pressure: den ~ betreffend atmospheric. – **2.** *tech.* air pressure. – **3.** *auto.* (*eines Reifens*) inflation pressure. – **4.** (*einer Explosion*) blast. — **~,ab,nah·me** *f meteor.* decrease (*od.* fall) of pressure. — **~,feld** *n* (air) pressure field. — **~,kar·te** *f* (air) pressure chart. — **~,mes·ser** *m* barometer. — **~,reg·ler** *m tech.* air pressure control valve (*od.* regulator). — **~,schrei·ber** *m meteor.* self-recording barometer, barograph. — **~ver,min·de·rung** *f* **1.** *tech.* air pressure release, decompression. – **2.** *meteor. cf.* Luftdruckabnahme. — **~,wel·le** *f* **1.** blast: er wurde von der ~ erfaßt he was caught in the blast. – **2.** *mil.* a) compression wave, b) (*eines Geschosses*) front wave. – **3.** *meteor.* pressure wave.

'luft|,durch,läs·sig *adj* **1.** *tech.* permeable to air. – **2.** *metall.* (*Formsand*) free-venting. — **L~,durch,läs·sig·keit** *f* air permeability, venting property.

'Luft|,dü·se *f tech.* air nozzle (*od.* jet). — **~,ein,laß** *m aer. tech.* air intake (*od.* inlet). — **~,ein,tritt** *m* **1.** *phys.* air admission. – **2.** *tech.* (*Bauteil*) air intake (*od.* inlet). — **~elek·tri·zi,tät** *f meteor.* atmospheric electricity. — **~em·bo,lie** *f med.* air embolism. — **l~emp,find·lich** *adj* sensitive to (the) air.

lüf·ten ['lʏftən] **I** *v/t* ⟨h⟩ **1.** (*Zimmer etc*) air, ventilate. – **2.** (*Kleider etc*) (expose [*s.th.*] to) air: die Matratzen ~ to air the mattresses. – **3.** *agr.* a) (*Getreide etc*) stir up, aerate, b) (*Baum etc*) prune. – **4.** (*leicht anheben*) lift (*od.* raise) (a little): den Vorhang ~ to raise the curtain; vor j-m den Hut ~ to raise one's hat to s.o. – **5.** *fig.* raise, reveal, air: er lüftete seine Maske *fig.* he raised his mask, he revealed his identity; wir haben den Schleier des Geheimnisses gelüftet we have raised the curtain of secrecy. – **6.** *tech.* a) (*Flüssigkeit etc*) aerate, b) (*Bremsen etc*) release, c) (*Kupplung*) clear, d) (*Meißelhalter*) lift. – **7.** *chem.* aerate. – **II** *v/i* ⟨h⟩ **8.** *auch civ.eng.* air, ventilate: wir müssen ~ we really must (get some) air in here. – **III L~** *n* ⟨-s⟩ **9.** *verbal noun.* – **10.** *cf.* Lüftung.

'Luft·ent,stau·bungs,an,la·ge *f tech.* cyclone dust collector.

'Lüf·ter *m* ⟨-s; -⟩ **1.** *tech.* a) ventilating fan, blower, ventilator, b) (*Sauglüfter*) exhauster: elektromagnetischer ~ *electr.* electromagnetic brake. – **2.** *agr.* aerator.

'Luft|er,hit·zer *m* ⟨-s; -⟩ *tech.* air heater. — **~er,hit·zung** *f* air heating, heating of air. — **~er,neue·rung** *f tech.* air replacement. — **~er,schei·nung** *f meteor.* atmospheric (*od.* meteorological) phenomenon.

'Luft,fahrt *f* ⟨-; *no pl*⟩ *aer.* **1.** (*Betrieb von Flugzeugen*) aviation: zivile ~ civil aviation. – **2.** (*als Wissenschaft*) aeronautics *pl* (*construed as sg*). – **3.** (*Führung von Flugzeugen über größere Entfernungen*) aerial navigation. — **~,aus,stel·lung** *f* air show, aircraft exhibition. — **l~be,gei·stert** *adj* air-minded. — **~ge,sell·schaft** *f* **1.** *aer.* airline (company). – **2.** *jur.* (air) carrier. — **~in·du,strie** *f* aircraft (*od.* aviation) industry, (*mit Raumfahrt*) aerospace industry. — **~,kar·te** *f aer.* aeronautical chart, navigation map. — **~me·di,zin** *f med.* aeromedicine, aviation medicine. — **~mi,ni·ster** *m Br.* Secretary of State for Air. — **~mi·ni,ste·ri·um** *n* a) *hist.* (*in Deutschland*) Ministry of Aviation, b) *Am.* Federal Aviation Agency (and Civil Aeronautics Board), c) *Br.* Ministry of Aviation, Air Ministry. — **~ver,si·che·rung** *f* a) aviation insurance, b) (*für Flugzeug*) aircraft insurance, c) (*für Flugreisende*) air-travel insurance. — **~,we·sen** *n aer. cf.* Luftfahrt 1. — **~,zeit,al·ter** *n* air age, era of air travel.

'Luft,fahr,zeug *n aer.* aircraft. — **~,füh·rer** *m* pilot.

'Luft,fe·de·rung *f* **1.** *tech.* air (*od.* pneumatic) cushioning. – **2.** *auto.* air suspension.

'Luft|,feuch·te, ~,feuch·tig·keit *f meteor.* (atmospheric) humidity (*od.* moisture), humidity of the air.

'Luft,feuch·tig·keits|,grad *m meteor.* relative humidity (of the air). — **~,mes·ser** *m* hygrometer: selbstregistrierender ~ hygrograph.

'Luft|,fil·ter *n, m* air filter (*od.* cleaner). — **~,flot·te** *f aer.* **1.** air fleet. – **2.** *mil.* air force: eine starke ~ an (air) armada. — **l~,för·mig** *adj phys.* aeriform, gaseous.

'Luft,fracht *f econ.* airfreight: etwas per ~ senden to send s.th. by air(freight). — **~,brief** *m* airwaybill, *auch* airbill. — **~,dienst** *m* airfreight service.

'Luft|,frach·ter *m aer.* airfreighter. — **~,gang** *m* **1.** *zo.* air duct (*od.* vesicle), trachea (*scient.*): durch Luftgänge atmend trachean. – **2.** *arch. archeol.* (*in einer Pyramide etc*) air duct. — **~,gas** *n tech.* air gas, ordinary producer gas. — **~ge,fahr** *f mil.* imminent air raid. — **l~ge,füllt** *adj* air-filled, filled with (*od.* full of) air: ~e Schwellung *med.* physocele. — **~,geist** *m* **1.** *myth.* aerial spirit, spirit of the air, sylph, (*weiblicher*) sylphid. – **2.** *pl* (*in der Theosophie*) astral spirits. — **l~ge,kühlt** *adj tech.* air-cooled. — **~ge,schwa·der** *n aer. mil.* (air) squadron. — **l~ge,trock·net I** *pp.* – **II** *adj* air-dried. — **~ge,wehr** *n* air rifle (*od.* gun). — **l~,hal·tig** *adj* **1.** containing air, aeriferous. – **2.** *chem.* aerated. – **3.** *zo.* (*Knochen etc*) pneumatic. — **l~,här·ten** *v/t* ⟨*insep*, -ge-, h⟩ *metall.* air-harden. — **~,hauch** *m* breath of air, gentle (*od.* slight) breeze. — **~,hei·zung** *f cf.* Warmluftheizung. — **~,herr·schaft** *f aer. mil.* air supremacy (*od.* superiority), supremacy (*od.* mastery) of the air. — **~,hieb** *m* (*sport*) (*beim Fechten*) cut in the air. — **~,ho·heit** *f* ⟨-; *no pl*⟩ *pol.* sovereignty of the air. — **~,hül·le** *f meteor.* (earth) atmosphere. — **~,hun·ger** *m med.* air hunger. — **~,hut·ze** *f auto.* air scoop.

'luf·tig *adj* **1.** (*Platz etc*) breezy, airy, windy: wir befanden uns in ~er Höhe we found ourselves on windy heights. – **2.** (*Raum, Kleidung etc*) airy, cool, light: ein ~es Zimmer a cool room; ein ~es Kleid a light (*od.* cool) dress; ~e Gewänder airy (*od.* light) garments. – **3.** *poet.* (*Wesen*) aerial, airy, aery (*poet.*): ein ~es Wesen an aerial (*od.* airy) being. – **4.** *fig. colloq.* (*leichtfertig*) flighty, giddy: ein ~er Bursche *colloq. cf.* Luftikus 1. – **5.** *chem.* airy, aerial. — **'Luf·tig·keit** *f* ⟨-; *no pl*⟩ **1.** (*von Platz etc*) breeziness, airiness, windiness. – **2.** (*von Raum, Klei-*

dung etc) airiness, cool(ness), lightness. – **3.** *poet.* (*von Wesen*) airiness, aeriness (*poet.*). – **4.** *fig. colloq.* (*Leichtfertigkeit*) flightiness, giddiness.

Luf·ti·kus ['lʊftikʊs] *m* ⟨-, *auch* -ses; -se⟩ *colloq. humor.* **1.** giddy (*od.* flighty, foolhardy, dizzy) fellow (*bes. Br.* chap). – **2.** (*Windbeutel*) windbag.

'**Luft|in·spek·ti,on** *f aer.* aerial inspection, inspection from the air. — **~,ka·bel** *n electr.* aerial (*od.* overhead) cable. — **~,kalk** *m civ.eng.* hydrated lime. — **~,kam·mer** *f* **1.** *tech.* air chamber. – **2.** *auto.* (*Diesel*) air cell. – **3.** *zo.* air chamber. – **4.** *biol.* float. — **~,kampf** *m aer. mil.* air (*od.* aerial) combat (*od.* battle), (*zwischen Jägern*) dogfight (*colloq.*). — **~ka,nal** *m* **1.** *tech.* flue, air duct (*od.* channel, passage). – **2.** *zo. cf.* Luftgang 1. — **~,ka·sten** *m* (*eines Rennboots*) buoyancy tank. — **~,kie·me** *f zo.* **1.** gill, branchia (*scient.*). – **2.** (*bei Spinnen*) lung book.

'**Luft,kis·sen** *n tech.* air cushion. — **~,fahr,zeug** *n* air cushion vehicle, cushion craft, hovercraft (*TM*).

'**Luft|,klap·pe** *f* **1.** *tech.* air flap (*od.* shutter). – **2.** *auto.* a) (*der Karosserie*) cowl vent, b) (*des Vergasers*) choke, strangler, c) (*des Seitenfensters*) ventipane. — **~,kno·chen** *m zo.* (*der Vögel*) air bone, pneumatic bone; siphonium, atmosteon (*scient.*). — **~,kof·fer** *m* lightweight suitcase (for air travel). — **~,ko·lik** *f vet.* wind sucking. — **~kom,pres·sor** *m tech.* air compressor. — **~kon·den,sa·tor** *m* air capacitor. — **~,kor·ri·dor** *m aer. pol.* air corridor. — **~-'Kraft,stoff-Ver,hält·nis** *n aer.* air fuel ratio. — **~,krank·heit** *f med.* a) airsickness, motion sickness, b) (*bes. von Piloten*) aeroneurosis. — **~,krieg** *m aer. mil.* air war (*od.* warfare). — **~,küh·lung** *f tech.* air cooling.

'**Luft,kur** *f med.* climatic treatment. — **~,ort** *m* (climatic) health resort.

'**Luft,lan·de|di·vi·si,on** *f aer. mil.* airborne division. — **~,ein·heit** *f* airborne (assault) unit. — **~,kopf** *m* airhead. — **~,trup·pen** *pl* airborne troops. — **~,un·ter,neh·men** *n* airborne operation.

'**Luft|,lan·dung** *f aer. mil.* airborne landing. — **l~,leer** *adj phys. tech.* vacuous, air-void: ~ saugen to evacuate; ~er Raum vacuum. — **~,lee·re** *f* vacuum. — **~,lei·ter** *m electr.* aerial conductor. — **~,li·nie** *f* **1.** *aer.* airline (company). – **2.** air distance (*Am.* line), beeline: Entfernung in der ~ distance as the crow flies. — **~,loch** *n* **1.** air hole, venthole. – **2.** *aer. meteor.* air pocket. – **3.** *tech.* (*an Öfen*) venthole. – **4.** *zo.* a) air (*od.* breathing) hole, venthole, b) (*eines Wales*) spout hole, blowhole, c) (*bei Arthropoden*) stigma, spiracle. – **5.** *arch.* air hole, vent, port.

'**Luft-'Luft|-,Flug,kör·per** *m aer. mil.* air-to-air missile. — **~-Ra,ke·te** *f* air-to-air rocket.

'**Luft|,macht** *f mil.* air power. — **~,man·gel** *m med.* want (*od.* lack, deficiency) of air, air hunger. — **~ma,nö·ver** *n aer. mil.* air exercise. — **~,man·tel** *m tech.* air jacket (*od.* casing). — **~,ma·sche** *f* (*beim Häkeln*) chain stitch. — **~,mas·se** *f meteor.* air mass. — **~ma,trat·ze** *f* air mattress (*Br. auch* bed). — **~,men·ge** *f* quantity of air. — **~,meß,bild** *n* aerial survey photograph. — **~,mes·ser** *m phys.* aerometer. — **~,mi·ne** *f aer. mil.* aerial (*od.* parachute) mine. — **~na·vi·ga·ti,ons,kar·te** *f aer.* aeronautical chart. — **~,not** *f* distress in the air: Flugzeug in ~ aircraft in distress. — **~of·fen,si·ve** *f aer. mil.* air offensive. — **~pa,ra·de** *f Am.* flyby, *Br.* flypast, aerial review. — **~per·spek,ti·ve** *f* **1.** aerial perspective. – **2.** (*art*) (*in der Malerei*) degradation. — **~,pflan·ze** *f bot.* air plant; aerophyte, epiphyte (*scient.*). — **~,pol·ster** *m Austrian for* Luftkissen.

'**Luft,post** *f* air mail, *Br. auch* air post: mit (*od.* per) ~ via (*od.* by) air mail, by air; einen Brief per ~ schicken to airmail a letter. — **~,brief** *m* air-mail letter, air letter. — **~,dienst** *m* air-mail service. — **~,leicht,brief** *m* aerogram(me), air letter. — **~,li·nie** *f* air-mail line. — **~,netz** *n* air-mail network. — **~ver,kehr** *m* air-mail traffic. — **~,zu,schlag** *m* air(-mail) surcharge.

'**Luft|,puf·fer** *m tech.* air bumper (*od.* buffer). — **~,pum·pe** *f* air (*od.* inflation) pump, tire (*bes. Br.* tyre) inflator, (*für Fahrrad*) bicycle pump.

'**Luft,raum** *m* **1.** atmosphere. – **2.** air space (*od.* gap). – **3.** *aer.* air space. – **4.** *cf.* Pore. — **~be,ob,ach·ter** *m mil.* ground observer. — **~,über,wa·chung** *f aer.* **1.** *mil.* (*durch Radar*) (space) surveillance. – **2.** (*bei der Zivilluftfahrt*) air-traffic control.

'**Luft|,recht** *n* air law. — **~,rei·fen** *m* **1.** pneumatic (*od.* air) tire (*bes. Br.* tyre). – **2.** *aer.* air tube. — **~,rei·ni·ger** *m tech.* a) air cleaner (*od.* filter), b) (*zur Luftaufbesserung*) deodorizer. — **~,rei·ni·gung** *f* **1.** a) air cleaning (*od.* purification, filtering), b) freshening, deodorization. – **2.** (*Lüftung*) ventilation. — **~,rei·se** *f cf.* Flugreise. — **~re,kla·me** *f* **1.** (*mit Rauchzeichen*) skywriting. – **2.** (*mit Schleppzeichen*) aerial advertisement (*od.* advertising). — **~,ren·nen** *n aer.* air race. — **~,ret·tungs,dienst** *m aer.* air-rescue service.

'**Luft,röh·re** *f* **1.** *med. biol.* windpipe, bronchial (*od.* air) tube, trachea (*scient.*). – **2.** *zo.* trachea.

'**Luft,röh·ren|,ast** *m med.* bronchus, bronchial tube. — **~,blu·tung** *f* tracheal h(a)emorrhage. — **~ent,zün·dung** *f* tracheitis. — **~ka,tarrh** *m* bronchitis, tracheitis, tracheobronchitis. — **~,schnitt** *m* tracheotomy, *auch* tracheostomy. — **~ver,en·gung** *f* tracheal stenosis. — **~,wurm** *m zo.* gapeworm (*Syngamus trachea od. S. trachealis*).

'**Luft|,rol·le** *f* **1.** *aer.* roll. – **2.** (*sport*) (*beim Turnen*) somersault, *auch* summersault: ~ unter den Holmen zum Oberarmhang under-bar somersault on to upper arms. — **~,sack** *m* **1.** *aer.* a) (*Windanzeiger*) wind sock (*od.* cone), b) (*Fallbö*) air pocket, c) (*Teil eines Ballons*) ballonet, air cell. – **2.** *biol. zo.* a) (*bei Insekten*) air sac, b) (*bei Vögeln*) air cell, c) (*bei Siphonophoren*) pneumatocyst, d) (*bei Staatsquallen*) pneumatophore. – **3.** *mil.* (*als Schlepper*) sleeve target. — **~,sau·er,stoff** *m chem.* atmospheric oxygen. — **~,sau·ger** *m chem. phys.* aspirator. — **~,säu·le** *f phys. meteor.* air column. — **~,schacht** *m* **1.** *tech.* air (*od.* ventilating) shaft. – **2.** (*mining*) *cf.* Wetterschacht. — **~,schall** *m phys.* sound transmitted through the air. — **~,schau·kel** *f* (*am Jahrmarkt*) *Am.* cabin swing, *Br.* swingboat. — **~,schicht** *f meteor.* air layer, stratum: die oberen ~en upper air *sg*, the upper atmospheric layer *sg*.

'**Luft,schiff** *n aer.* **1.** airship, dirigible, zeppelin. – **2.** (*unstarres Kleinluftschiff*) blimp. – **3.** (*Luftfahrzeug leichter als Luft*) aerostat.

'**Luft,schiffahrt** (*getr.* -ff,f-) *f* air (*od.* airship) navigation, aerostation.

'**Luft,schif·fer** *m aer.* aeronaut.

'**Luft,schiff|,ha·fen** *m* airship port. — **~,hal·le** *f* airship shed (*od.* hangar).

'**Luft|,schlacht** *f aer. mil.* air battle: die ~ um England the Battle of Britain. — **~,schlan·ge** *f meist pl* paper streamer. — **~,schlauch** *m* **1.** *tech.* air hose. – **2.** *auto.* (*eines Reifens*) air (*od.* inner) tube. — **~,schleu·se** *f tech. civ.eng.* air lock (*od.* sluice). — **~,schlitz** *m* **1.** *tech.* ventilation slot. – **2.** *auto.* (*auf der Motorhaube*) louver, *bes. Br.* louvre. — **~,schloß** *n* castle in the air, air castle, pipe dream (*colloq.*): Luftschlösser bauen to build castles in the air; das sind alles nur Luftschlösser! that's just a pipe dream! — **~,schlucken** (*getr.* -k·k-) *n med.* aerophagia.

'**Luft,schrau·be** *f aer.* airscrew, propeller, prop (*colloq.*).

'**Luft,schrau·ben|,blatt** *n aer.* propeller blade. — **~-Tur,bi·nen,trieb,werk** *n* turboprop (*od.* propjet) engine.

'**Luft,schutz** *m* air raid protection (*od.* precautions *pl*), ARP. — **~,bun·ker** *m* air raid shelter, bunker. — **~,kel·ler** *m cf.* Luftschutzbunker. — **~,maß,nah·men** *pl* air raid precautions. — **~,raum** *m cf.* Luftschutzbunker. — **~si,re·ne** *f* air raid siren. — **~,übung** *f* air raid drill. — **~ver,band** *m* civil defence (*Am.* defense) corps, *Br.* Civil Air Guard. — **~,wart** *m* air (raid) warden.

'**Luft|,sieg** *m* victory in the air, kill (*colloq.*). — **~,sog** *m tech.* air suction, wake, (*nach einer Explosion*) vacuum, wake. — **~spe·di,teur** *m econ.* air carrier. — **~,sper·re** *f aer. mil.* air (*od.* balloon) barrage. — **~,sperr,feu·er** *n* air (*od.* aerial, anti-aircraft, AA) barrage. — **~,sperr·ge,biet** *n aer.* restricted area (of air space). — **~,spie·ge·lung, ~,spieg·lung** *f* **1.** *meteor. phys.* mirage, fata morgana, *auch* Fata Morgana. – **2.** *mar.* (*Kimmung*) looming. — **~,spieß** *m metall.* (*in Formerei*) vent rod. — **~,sport** *m aer.* air sports *pl.* — **~,sprung** *m* **1.** caper, capriole, gambol: er machte vor Freude einen ~ (*od.* Luftsprünge) he jumped for joy, he jumped about joyfully, he capered, he cut capers, he gambol(l)ed, he tumbled. – **2.** (*eines Pferdes*) gambado, gambade: einen ~ machen to gambado. – **3.** *choreogr.* entrechat. — **~,ste·war·deß** *f aer.* (air) stewardess (*od.* hostess). — **~,stick,stoff** *m chem.* atmospheric nitrogen. — **~,stö·run·gen** *pl* **1.** *meteor.* atmospheric disturbances. – **2.** (*radio*) atmospherics, static *sg.* — **~,stoß** *m* air blast (*od.* gust), (*Lufterschütterung*) air concussion.

'**Luft,strahl** *m tech.* air jet, jet of air. — **~,trieb,werk** *n aer.* **1.** jet engine. – **2.** air-breathing engine.

'**Luft|,stra·ße** *f aer.* air route, airway. — **~stra·te,gie** *f mil. aer.* air strategy. — **~,strecke** (*getr.* -k·k-) *f* **1.** *aer.* air route, airway. – **2.** *electr.* air gap.

'**Luft,streit|,kräf·te** *pl aer. mil.* air force *sg*, (*Br.* Royal) Air Force: Luft- und Seestreitkräfte air and sea combat forces. — **~,macht** *f aer. mil.* **1.** air force. – **2.** (*Luftmacht*) air power.

'**Luft|,strom** *m*, **~,strö·mung** *f meteor.* air current, airflow, stream (*od.* current) of air, airstream. — **~,stru·del** *m aer. meteor.* (air) eddy, (*vom Flugzeug verursachter*) slipstream. — **~,stütz,punkt** *m mil. aer.* air base (*Br. auch* station). — **~,ta·xe** *f* air taxi, *Am. auch* taxiplane, aerocab. — **~tem·pe·ra,tur** *f meteor.* air temperature. — **~tor,pe·do** *m aer. mil.* aerial torpedo. — **~trans,port** *m aer.* air transport, airlift, transportation (*od.* movement) by air, air conveyance. — **l~,trock·nen I** *v/t* ⟨*insep*, -ge-, h⟩ **1.** *tech.* air-dry. – **2.** (*wood*) air-season. – **II L~** *n* ⟨-s⟩ **3.** *verbal noun.* — **~,trü·bung** *f meteor.* atmospheric turbidity. — **l~,tüch·tig** *adj aer.* airworthy. — **~,tüch·tig·keit** *f* airworthiness. — **~,über,fall** *m aer. mil.* surprise attack from the air. — **~,über,le·gen·heit** *f* air superiority. — **~,über,wa·chung** *f* air(-space) surveillance.

'**Lüf·tung** *f* ⟨-; -en⟩ **1.** *cf.* Lüften. – **2.** (*eines Zimmers etc*) airing, ventilation. – **3.** (*von Kleidern etc*) airing. – **4.** *fig.* airing, revelation: die ~ des Geheimnisses the airing (*od.* revelation) of the secret. – **5.** *civ.eng.* ventilation. – **6.** *chem.* aeration. – **7.** *tech.* a) (*einer Kupplung*) clearance, b) (*einer Flüssigkeit*) aeration, c) (*von Bremsen*) release.

'**Lüf·tungs|,an,la·ge** *f tech.* ventilation plant (*od.* equipment). — **~,klap·pe** *f auto.* ventilation (*od.* ventilating) flap. — **~,rohr** *n tech.* vent(ilating) pipe. — **~,schacht** *m cf.* Luftschacht 1.

'**Luft|,un·ter,druck** *m tech.* low air pressure, air depression. — **~ven,til** *n* **1.** *tech.* air valve. – **2.** *auto.* (*des Vergasers*) choke relief valve. — **~ver,än·de·rung** *f* change of air: dir würde eine ~ guttun *auch fig.* a change of air would do you good. — **~ver,dich·ter** *m tech.* air compressor (*od.* condenser). — **~ver,drän·gung** *f* air displacement. — **l~ver,dünnt** *adj* rarefied. — **~ver,dün·nung** *f* air rarefication. — **~ver,flüs·si·gung** *f phys. tech.* liquefaction of air.

'**Luft·ver,kehr** *m* ⟨-(e)s; *no pl*⟩ *aer.* air traffic: (flug)planmäßiger ~ scheduled (air) services *pl.*

'**Luft·ver,kehrs|ge,sell·schaft** *f* airline (company), (*im Luftrecht*) carrier. — **~,netz** *n* network of air routes. — **~,vor,schrif·ten** *pl* **1.** (*für die Flugsicherung*) air-traffic regulations. – **2.** (*behördliche*) civil air regulations.

'**Luft|ver,mes·sung** *f aer.* aerial survey. — **~ver,schmut·zung, ~ver,seu·chung** *f* air pollution. — **~ver,sor·gung** *f* **1.** *tech.* air supply (*od.* feed). – **2.** *aer. mil.* (*auf dem Luftweg*) aerial supply, supply by air, airlift. — **~ver,tei·di·gung** *f aer. mil.* air defence (*Am.* defense). — **~ver,un,rei·ni·gung** *f* air pollution. — **~,vor,wär·mer** *m tech.* air preheater, economizer. — **~,waf·fe** *f aer. mil.* air force, (*Br.* Royal) Air Force: feindliche ~ enemy air force. — **~,warn,dienst** *m aer. mil.* air raid warning service. — **~,war·nung** *f* air (raid) warning (*od.* alert). — **~,wech·sel** *m tech.* air reversal. — **~,weg** *m* **1.** *aer.* air channel (*od.* route): auf dem ~e by air; Versorgung auf dem ~e airlift. –

2. *med.* air passage, airway, respiratory tract (*od.* passages *pl*). — **~,wel·le** *f phys.* airwave, (*Luftdruckwelle*) shock wave. — **~,wer·bung** *f aer. econ.* aerial advertising (*od.* publicity), skywriting, sky advertising. — **~,wi·der,stand** *m aer. tech.* (aerodynamic) drag, air resistance, windage: **schädlicher ~** parasite (*od.* parasitic) drag; **den ~ überwinden** to overcome air resistance. — **~,wir·bel** *m* **1.** *tech.* air vortex (*od.* eddy). – **2.** *meteor.* air vortex, cyclone: **Bildung von ~n** turbulence. — **~,wur·zel** *f bot.* aerial root, (*anklammernde*) crampon, (*in den Boden herabsteigend*) stilt. — **~,zie·gel** *m civ.eng.* **1.** air-dried brick, *Am. auch* adobe. – **2.** (*Lüftungsziegel*) air brick. — **~,ziel** *n aer. mil.* aerial target. — **~,zu,fuhr** *f* ⟨-; *no pl*⟩ *tech.* admission of air, air supply. — **~,zug** *m* ⟨-(e)s; *no pl*⟩ **1.** draft (*bes. Br.* draught) (*od.* current) of air: **frischer ~** *auch fig.* whiff of fresh air; **er kann nicht den geringsten ~ vertragen** he cannot stand the slightest draft. – **2.** *mar.* air draft (*bes. Br.* draught). – **3.** *tech.* (*im Ofen*) air flue. – **4.** *metall.* (*eines Schmelzofens*) air uptake. — **~,zu,tritt** *m* air admission (*od.* access).

Lug [lu:k] *m* ⟨-(e)s; *no pl*⟩ (*in Wendungen wie*) **~ und Trug** lying and cheating, fraud and falsehood; **er ist voller ~ und Trug** he is all deception; **mit ~ und Trug** with fraud and falsehood.

'Lug,aus *m* ⟨-; -⟩ *dial.* lookout, *Br.* look-out, observation point.

Lü·ge ['ly:gə] *f* ⟨-; -n⟩ **1.** lie, falsehood, untruth, fib (*colloq.*): **eine dreiste [fromme, handgreifliche] ~** a brazen [white, patent] lie; **eine glatte [plumpe, unverschämte, vorsätzliche] ~** a flat [gross, barefaced, deliberate] lie; **eine faustdicke ~** a whacking (great) lie, a whopper (*colloq.*); **j-n der ~ bezichtigen** (*od.* **zeihen**) to accuse s.o. of lying (*od.* of telling lies); **j-n ~n strafen** to prove s.o. a liar, to give s.o. the lie; **er wurde einer frechen ~ überführt** he was caught (out) in an audacious lie; **j-n bei einer ~ ertappen** to catch s.o. out in a lie; **sich in ~n verstricken** to entangle oneself in a web of lies; **es ist alles ~** it's all lies; **bei ihm ist jedes dritte Wort eine ~** every other word he utters is a lie; **~n haben kurze Beine** (*Sprichwort*) lies have short wings (*proverb*); **~ vergeht, Wahrheit besteht** (*Sprichwort*) lies will fail where truth prevails. – **2.** (*Lügengeschichte*) lie, story, fable; yarn, fib (*colloq.*).

lu·gen ['lu:gən] *v/i* ⟨h⟩ *dial.* look (*od.* peep, peer) out: **die ersten grünen Spitzen ~ schon aus der Erde** the first green tips are already peeping (up) out of the ground; **er lugte verstohlen um die Ecke** he cautiously peered round the corner.

lü·gen ['ly:gən] **I** *v/i* ⟨lügt, log, gelogen, h⟩ **1.** lie, tell a lie (*od.* lies, a falsehood): **unverschämt ~** to lie in one's throat (*od.* teeth); **du lügst!** you are a liar! **ich müßte ~, wenn ich etwas anderes sagen wollte** I'd be lying were I to say anything else; **er lügt, wenn er den Mund aufmacht** *fig.* he lies whenever he opens his mouth, he can't open his mouth without telling a lie; **er lügt wie gedruckt** (*od.* **daß sich die Balken biegen**) *fig. colloq.* he lies like the devil (*od.* tells the most whopping lies); **j-m die Hucke voll ~** *fig. colloq.* to tell s.o. a pack of lies; **wer lügt, der stiehlt** (*Sprichwort*) show me a liar and I'll show you a thief (*proverb*); **wer einmal lügt, dem glaubt man nicht, und wenn er auch die Wahrheit spricht** (*Sprichwort*) *etwa* a liar is not believed when he speaks the truth. – **2.** (*flunkern*) fib (*colloq.*), tell stories (*od. colloq.* fibs). – **II** *v/t* **3.** invent, fabricate: **das hast du gelogen** that was a lie, you told a lie there, you invented that; → Blaue[1]. – **III L~** *n* ⟨-s⟩ **4.** *verbal noun*: **L~ gehört zum Handwerk** (*Sprichwort*) *etwa* all tradesmen must needs be liars. – **5.** storytelling, *Br.* story-telling.

'Lü·gen|,beu·tel *m*, **~,bold** [-,bɔlt] *m* ⟨-(e)s; -e⟩ *colloq. contempt.* (habitual) liar, storyteller, *Br.* story-teller, fibber (*colloq.*). — **~de,tek·tor** *m* lie detector, Keeler polygraph. — **~,dich·tung** *f* (*literature*) (*work od. works pl of*) *literature composed of tall stories.* — **~ge,schich·te** *f* cock-and-bull story, fantastic (*auch* phantastic) tale, yarn (*colloq.*): **eine ~ erzählen** to tell a cock-and-bull story, to spin a yarn (*colloq.*). — **~ge,we·be** *n* tissue (*od.* web, pack) of lies: **ich verwickelte mich in mein eigenes ~** I got entangled in my own web of lies.

'lü·gen·haft *adj* **1.** (*Person*) false, dishonest, deceitful, lying, mendacious (*lit.*). – **2.** (*Erzählung, Geschichte etc*) false, invented, fabricated. — **'Lü·gen·haf·tig·keit** *f* ⟨-; *no pl*⟩ **1.** (*einer Person*) falseness, dishonesty, deceitfulness, mendacity (*lit.*). – **2.** (*einer Nachricht etc*) falseness.

'Lü·gen|,mär·chen *n* **1.** tall story, piece of fiction, sheer invention: **erzähl mir kein(e) ~** don't tell me such unbelievable tales. – **2.** (*Übertreibungen*) tall story. – **3.** (*Lügen*) lies *pl.* — **~,maul** *n colloq. contempt.* (impudent) liar, storyteller, *Br.* story-teller. — **~,netz** *n cf.* Lügengewebe. — **~pro·pa,gan·da** *f contempt.* mendacious propaganda. — **~,sack** *m colloq. contempt. cf.* Lügenbeutel.

Lug·ger ['lʊgər] *m* ⟨-s; -⟩ *mar. cf.* Logger.

'Lug·ins,land *m* ⟨-; -⟩ *obs.* (*Wachtturm*) lookout, *Br.* look-out, watchtower.

Lüg·ner ['ly:gnər] *m* ⟨-s; -⟩ liar, storyteller, *Br.* story-teller: **ein gemeiner [infamer] ~** a mean (*od.* dirty) [an infamous] liar.

'lüg·ne·risch *adj cf.* lügenhaft 1.

Lui·ker ['lu:ikər] *m* ⟨-s; -⟩ *med. cf.* Luetiker. — **'lu·isch** [-ɪʃ] *adj cf.* luetisch.

Lu·kar·ne [lu'karnə] *f* ⟨-; -n⟩ *dial. for* Dachfenster, Dachluke.

Lu·kas[1] ['lu:kas] *npr m* ⟨-, *Bibl.* Lucä ['lu:tsɛ]; *no pl*⟩ *Bibl.* Luke: **das Evangelium des ~** *cf.* Lukasevangelium.

'Lu·kas[2] *m* ⟨-; -se⟩ (*auf dem Jahrmarkt*) try-your-strength machine; **haut den ~!** try your strength!

'Lu·kas·evan,ge·li·um *n* (the) Gospel according to St. Luke.

Lu·ke ['lu:kə] *f* ⟨-; -n⟩ **1.** (*Dachfenster*) skylight. – **2.** *mar.* scuttle, hatch(way), (*zum Laden*) *auch* (cargo) hatch: **die ~ schalken** to batten down the hatch. – **3.** *aer.* hatch, (*zum Laden*) *auch* (cargo) door. – **4.** *mil.* (*beim Panzer*) hatch.

'Lu·ken,deckel (*getr.* -k·k-) *m mar.* hatch (cover).

lu·kra·tiv [lukra'ti:f] *adj* (*Beschäftigung etc*) lucrative, profitable.

lu·kul·lisch [lu'kʊlɪʃ] *adj* (*Speise, Mahl etc*) Lucull(i)an, luxurious, sumptuous.

Lu·kul·lus [lu'kʊlʊs] *m* ⟨-; -se⟩ (*Schlemmer*) Lucullus.

Lu·latsch ['lu:latʃ] *m* ⟨-(e)s; -e⟩ *only in* **ein (langer) ~** *colloq.* a tall streak; a beanpole, a lamppost (*colloq.*).

lul·len ['lʊlən] *v/t* ⟨h⟩ *only in* **ein Kind in den Schlaf ~** to lull a child to sleep.

Lumb [lʊmp] *m* ⟨-(e)s; -e⟩ *zo.* (*Dorschfisch*) cusk, torsk (*Brosme brosme*).

Lum·ba·go [lʊm'ba:go] *f* ⟨-; *no pl*⟩ *med.* (*Hexenschuß*) (acute) back strain, lumbago (*scient.*).

lum·bal [lʊm'ba:l] *adj med.* lumbar. — **L~an·äs·the,sie** *f* spinal an(a)esthesia. — **L~punk·ti,on** *f* lumbar puncture, spinal tap.

lum·becken (*getr.* -k·k-) ['lʊmbɛkən] *v/t* ⟨h⟩ *print.* pad. — **'Lum·beck·ver,fah·ren** *n* rubber back binding process.

Lum·ber·jack ['lʌmbə,dʒæk] (*Engl.*) *m* ⟨-s; -s⟩ (*Jacke*) lumber jacket.

Lu·men ['lu:mən] *n* ⟨-s; - *od.* -mina [-mina]⟩ **1.** *phys. biol.* lumen. – **2.** *fig. humor. obs.* (*heller Kopf*) luminary. — **~ 'mun·di** ['mundi] *n* ⟨- -; *no pl*⟩ *Bibl.* (the) light of the world.

Lu·mi·nal [lumi'na:l] (*TM*) *n* ⟨-s; *no pl*⟩ *med. pharm.* Luminal (*TM*), phenobarbital, phenobarbitone.

lu·mi·nes·zent [luminɛs'tsɛnt] *adj phys.* luminescent. — **Lu·mi·nes'zenz** [-'tsɛnts] *f* ⟨-; -en⟩ luminescence. — **lu·mi·nes'zie·ren** [-'tsi:rən] *v/i* ⟨*no* ge-, h⟩ luminesce. — **lu·mi·nes'zie·rend I** *pres p.* – **II** *adj* luminescent.

lu·mi·nös [lumi'nø:s] *adj* (*lichtvoll, leuchtend*) *rare* luminous.

Lum·me ['lʊmə] *f* ⟨-; -n⟩ *zo.* guillemot (*Gattgen Uria u. Cepphus*).

Lum·mel ['lʊməl] *m* ⟨-s; -⟩ *Southwestern G. for* Lendenbraten 2.

Lüm·mel ['lʏməl] *m* ⟨-s; -⟩ **1.** rude (*od.* ill-mannered) fellow, lout. – **2.** *bes. humor.* (*Lausbub*) rascal, (little) ruffian: **du ~, du!** you rascal, you!

Lüm·me'lei *f* ⟨-; -en⟩ rudeness, bad behavior (*bes. Br.* behaviour) (*od.* manners *pl*), loutishness.

'lüm·mel·haft *adj* rude, ill-mannered, loutish. — **'Lüm·mel·haf·tig·keit** *f* ⟨-; -en⟩ *cf.* Lümmelei.

lüm·meln ['lʏməln] *v/reflex* ⟨h⟩ **sich ~** *colloq.* slouch, sprawl, lounge, loll: **er lümmelt sich in den Sessel** he slouched into the armchair.

Lump [lʊmp] *m* ⟨-en; -en⟩ **1.** *contempt.* rogue, rascal, scamp, (*stärker*) scoundrel, blackguard: **ein großer [abgefeimter, gemeiner] ~** a big [wily, mean] rogue. – **2.** *zo. cf.* Lumpfisch.

Lum·pa·zi·us [lʊm'pa:tsiʊs] *m* ⟨-; -se⟩ *humor. for* Lump 1.

Lum·pa·zi·va·ga·bun·dus [lʊm,pa:tsivaga'bʊndʊs] *m* ⟨-; -se *u.* -di [-di]⟩ *humor.* vagrant, vagabond, tramp.

lum·pen ['lʊmpən] *v/i* ⟨h⟩ *colloq.* **1.** lead a gay (*od.* loose) life: **hast du heute nacht wieder gelumpt?** were you out on the tiles again last night? – **2. sich nicht ~ lassen** to be generous, to give with an open (*od.* a free) hand, to come down handsomely.

'Lum·pen *m* ⟨-s; -⟩ **1.** (*Fetzen*) rag, tatter. – **2.** *pl* (*abgetragene Kleidung*) rags, tatters, rags and tatters: **in ~ gekleidet** (*od.* **gehüllt**) (dressed) in rags (*od.* duds); **in ~ (einher)gehen** to go (about) in rags; **die Kleider tragen, bis sie einem in ~ vom Leibe fallen** to wear one's clothes until they fall off one's body (in rags); **j-n aus den ~ schütteln** *fig. colloq.* to give s.o. a good scolding, to haul (*od.* drag) s.o. over the coals. – **3.** (*Wischtuch*) clout.

'Lum·pen|,ball *m Am.* hard-times party, *Br.* tramps' ball. — **~,ban·de** *f cf.* Lumpenpack. — **~,brei** *m* (*paper*) pulp, first stuff. — **~,geld** *n colloq.* paltry sum: **ich bekam das für ein ~** I got it dirt cheap; **ich bekam ein ~ dafür** I got a paltry sum (*od.* a mere pittance) for it. — **~ge,sin·del** *n cf.* Lumpenpack. — **~,händ·ler** *m* ragman, dealer in rags, *Am.* junkman, *Br. auch* rag-and-bone man. — **~,hund, ~,kerl** *m contempt. cf.* Lump 1. — **~,le·ben** *n* dissipated (*od.* loose) life. — **~,pack** *n contempt.* rabble, riffraff, ragtag. — **~pa,pier** *n* (*paper*) rag paper, paper made of (linen) rags. — **~,rei·ßer** *m tech. cf.* Lumpenwolf. — **~,sack** *m* ragbag. — **~,samm·ler** *m* **1.** ragpicker, ragman. – **2.** *fig. colloq. humor.* last bus (*od.* train, *Am.* streetcar, *Br.* tram): **mit dem ~ heimfahren** to go home by the last bus. — **~,samm·ler,krank·heit** *f med.* ragpicker's disease. — **~ver,ar·bei·tung** *f* processing of rags. — **~,volk** *n contempt. cf.* Lumpenpack. — **~,wolf** *m* (*paper*) rag-tearing machine, willow (*od.* willy) rag machine. — **~,wol·le** *f* (*textile*) shoddy.

Lum·pe'rei *f* ⟨-; -en⟩ *colloq.* **1.** (*Gemeinheit*) shabby (*od.* paltry, mean) trick: **das war eine große ~ von dir** that was a really mean trick of yours. – **2.** (*Kleinigkeit*) trifle: **streitet euch doch nicht wegen dieser ~** don't quarrel because of (*od.* over) this trifle.

'Lump,fisch *m zo.* lumpfish (*Cyclopterus lumpus*).

'lum·pig *adj* **1.** (*Kleidung etc*) shabby, ragged, tattered: **er war sehr ~ gekleidet** he was dressed in a very shabby (*od.* beggarly) way. – **2.** *fig.* (*Gesinnung, Tat etc*) shabby, wretched, mean. – **3.** *colloq.* (*lausig*) paltry: **für ~e zwei Mark** for a paltry two marks; **ein ~es Trinkgeld** a measly tip; **wegen ~er fünf Minuten** for a paltry (*od.* mere) five minutes.

Lu·na ['lu:na] **I** *npr f* ⟨-; *no pl*⟩ *myth.* Luna (*Roman moon goddess*). – **II** *f* ⟨-; *no pl*⟩ *poet. for* Mond 1.

lu·nar [lu'na:r], **lu'na·risch** *adj astr.* lunar(ian). — **Lu'na·ri·um** [-rɪʊm] *n* ⟨-s; -rien⟩ lunarium.

Lu·na·ti·ker [lu'na:tikər] *m* ⟨-s; -⟩ *med.* sleepwalker, somnambulist (*scient.*).

Lu·na·ti·on [luna'tsio:n] *f* ⟨-; -en⟩ *astr.* lunation.

lu·na·tisch [lu'na:tɪʃ] *adj med.* moonstruck, somnambulistic (*scient.*). — **Lu·na'tis·mus** [-na'tɪsmʊs] *m* ⟨-; *no pl*⟩ sleepwalking, somnambulism (*scient.*).

Lunch [lan(t)ʃ; lʌntʃ] *m* (*Engl.*) ⟨-(es) *od.* -s; -e(s) *od.* -s⟩ lunch, (*offiziell*) luncheon: **wir sind bei X zum ~ eingeladen** we are invited to (*od.* for) lunch at X's.

lun·chen ['lan(t)ʃən] *v/i* ⟨h⟩ (have) lunch.

'Lunch|,ta·sche *f* lunch bag. — **~,zeit** *f* lunchtime.

Lun·dist [lœ̃'dɪst] *m* ⟨-en; -en⟩ *hist.* *19th-century French theater* (*bes. Br. theatre*) *critic who always published his reviews on Mondays.*

Lü·net·te [ly'nɛtə] *f* ⟨-; -n⟩ **1.** *arch.* (*Bogen-*

feld) lunette, fanlight. – **2.** *mil. hist.* (*alte Feldschanze*) demilune, half-moon. – **3.** *tech.* steady, steady rest. – **4.** *agr.* (*Scheuklappe*) lunette. – **5.** (*art*) (*in der Malerei*) lunette.

Lü'net·ten,stän·der *m tech.* end support column.

Lun·ge ['lʊŋə] *f* ⟨-; -n⟩ **1.** *med.* a) (*als Lungenflügel*) lung, b) (*als Organ*) lungs *pl*: linke [rechte] ~ left [right] lung; eiserne ~ iron lung; schwach auf der ~ sein to be short of breath (*od.* wind), to have a bad wind; sie hat es auf (*od.* mit) der ~ *colloq.* she has lung trouble; (Zigaretten, Pfeife *etc*) auf (*od.* durch die) ~ rauchen to inhale (the smoke); große Parks sind die ~n einer Großstadt *fig.* big parks are the lungs of a city; aus voller ~ schreien, sich (*dat*) die ~ aus dem Hals (*od.* Leib) schreien *fig. colloq.* to shout at the top of one's lungs (*od.* voice); das Kind hat eine gute ~ *fig.* the child has good (*od.* strong) lungs; schone deine ~ save your breath. – **2.** (*von Schlachttieren*) lights *pl.*

'Lun·gen|ar,te·rie *f med.* pulmonary artery. — **~,bläs·chen** *n* (pulmonary) alveolus. — **~,blu·tung** *f* h(a)emorrhage from the lungs, pulmonary h(a)emorrhage, h(a)emoptysis. — **~,brand** *m cf.* Lungengangrän. — **~,bra·ten** *m Austrian gastr. for* Lendenbraten 2. — **~chir·ur,gie** *f med.* surgery of the lungs, lung surgery. — **~,egel** *m zo.* lung fluke (*Paragonimus westermannii*). — **~em·bo,lie** *f med.* pulmonary embolism. — **~em·phy,sem** *n* pulmonary emphysema. — **~ent,zün·dung** *f* inflammation of the lungs, pneumonia (*scient.*): doppelseitige ~ double (*od.* bilateral) pneumonia. — **~er,wei·te·rung** *f* dilatation of the lungs, pulmonary emphysema (*scient.*). — **~,fach,arzt** *m* lung (*Am. auch* chest) specialist. — **~,fäu·le** *f vet.* dry rot, bane. — **~,feld** *n* (*beim Röntgen*) pulmonary field. — **~,fisch** *m zo.* **1.** lungfish, dipnoan (*Ordng Dipnoi*). – **2.** lepidosiren (*Lepidosiren paradoxa*). — **~,flech·te** *f bot.* **1.** lungwort (*Lobaria pulmonaria*). – **2.** lung lichen (*od.* moss) (*Sticta pulmonaria*). — **~,flü·gel** *m med.* lung, pulmonary lobe, lobe of the lungs: linker [rechter] ~ left [right] lung. — **~,für,sor·ge** *f med. care and benefits provided for victims of tuberculosis.* — **~gan,grän** *f, auch n* gangrene of the lung, gangrenous pneumonia, necropneumonia. — **~ha,schee** *n gastr.* hash (made) of calf's lights. — **~,heil,an,stalt, ~,heil,stät·te** *f* tuberculosis sanatorium (*bes. Am.* sanitarium). — **~in,farkt** *m med.* pulmonary infarct. — **~kol,laps** *m* collapse of the lung. — **~kol,laps·the·ra,pie** *f* collapse therapy. — **l~,krank** *adj* having a lung disease, consumptive, tubercular, tuberculous. — **~,kran·ke** *m, f* consumptive, person with a lung disease, tuberculosis patient. — **~,krank·heit** *f cf.* Lungenleiden. — **~,kraut** *n bot.* lungwort, bugloss cowslip, Virgin Mary's honeysuckle (*Pulmonaria officinalis*). — **~,krebs** *m med.* cancer of the lungs, pulmonary cancer, lung cancer. — **~,lap·pen** *m* pulmonary lobe, lobe of the lung. — **~,lei·den** *n* disease of the lungs, pulmonary (*od.* lung) disease, lung trouble. — **l~,lei·dend** *adj cf.* lungenkrank. — **~,moos** *n bot.* **1.** *cf.* Lungenflechte. – **2.** Weißes ~ plum-tree evernia (*Evernia prunastri*). — **~ödem** [-ˀøˌdeːm] *n med.* (o)edema of the lungs, pulmonary (o)edema. — **~,pest** *f* pneumonic plague. — **~,pfei·fer** *m vet. cf.* Kehlkopfpfeifer. — **~,pro·be** *f jur. med.* pulmonary docimasia. — **~,reiz,stoff** *m mil.* lung irritant. — **~,riß** *m med.* lung rupture. — **l~,schä·di·gend** *adj* harmful to the lungs. — **~,schlag** *m* pulmonary embolism (*od.* apoplexy). — **~,schlag,ader** *f* pulmonary artery. — **~,schnecke** (*getr.* -k·k-) *f zo.* pulmonate mollusc (*Ordng Pulmonata*). — **~,schwind,sucht** *f med. obs. for* Lungentuberkulose. — **l~,schwind,süch·tig** *adj* consumptive. — **~spe·zia,list** *m cf.* Lungenfacharzt. — **~,spit·ze** *f* apex of the lung. — **~,spit·zen·ka,tarrh** *m* (pulmonary) apicitis. — **~,tie·re** *pl zo.* animals breathing through (the) lungs. — **~tu·ber·ku,lo·se** *f med.* tuberculosis (of the lungs), pulmonary tuberculosis (*od.* phthisis, consumption): ~ bekommen to get (infected with) tuberculosis. — **~,wurm** *m zo.* lungworm (*Ordng Nematodes*): Großer ~ flat lungworm (*Dictyocaulus filaria*). — **~,zug** *m* (*beim Rauchen*) inhalation: einen ~ machen to inhale.

'Lun·ge·rer *m* ⟨-s; -⟩ *obs.* idler, loafer, lounger. — **lun·gern** ['lʊŋərn] *v/i* ⟨h⟩ *rare for* herumlungern.

Lun·ker ['lʊŋkər] *m* ⟨-s; -⟩ *metall.* **1.** (*durch Schwindung des Gußstückes*) shrinkhole. – **2.** (*im Stahlguß*) pipe, piping. – **3.** (*als Gaseinschluß*) blowhole. — **~,bil·dung** *f* **1.** (*im Gußstück*) shrinking. – **2.** (*im Stahlblock*) piping. — **l~,frei** *adj* free of shrinkage cavities.

lun·kern ['lʊŋkərn] *v/i* ⟨h⟩ *metall.* **1.** (*beim Guß*) shrink. – **2.** (*beim Stahlblock*) pipe.

Lu·no·naut [luno'naʊt] *m* ⟨-en; -en⟩ (*space*) *cf.* Mondfahrer.

Lun·te ['lʊntə] *f* ⟨-; -n⟩ **1.** *tech. mil.* fuse, *Am. auch* fuze, slow match, match cord: die ~ ans Pulverfaß legen *auch fig.* to put the fuse to the powder keg; ~ riechen *fig. colloq.* to smell a rat, to get wind of s.th. – **2.** *hunt.* (*eines Fuchses*) brush, tail: der Fuchs ließ seine ~ hängen the fox let his tail (*od.* brush) hang.

'Lun·ten|,schloß *n mil. hist.* (*einer Muskete*) matchlock. — **~,stock** *m* linstock.

Lu·pe ['luːpə] *f* ⟨-; -n⟩ (*optics*) *phys.* a) magnifying glass, magnifier, b) (*Leselupe*) reading glass: etwas mit der ~ betrachten to look at s.th. through (*od.* under) a magnifying glass; etwas [j-n] unter die ~ nehmen *fig.* to scrutinize (*od.* examine) s.th. [s.o.] closely; dieses Stück Fleisch ist so klein, daß man es mit der ~ suchen muß *fig.* this piece of meat is so small you have to look for it with a magnifying glass.

'lu·pen,rein *adj* (*Diamant etc*) flawless.

Lu·per·ka·li·en [lupɛr'kaːliən] *pl antiq.* Lupercalia.

lup·fen ['lʊpfən], **lüp·fen** ['lʏpfən] *v/t* ⟨h⟩ *Southern G., Austrian and Swiss* lift (*s.th.*) (a little), raise (*s.th.*) (slightly).

Lu·pi·ne [lu'piːnə] *f* ⟨-; -n⟩ *bot.* lupin(e) (*Gattg Lupinus*): Weiße ~ white lupin(e) (*L. albus*).

Lu·pi·no·se [lupi'noːzə] *f* ⟨-; -n⟩ *vet.* lupinosis.

Lup·pe ['lʊpə] *f* ⟨-; -n⟩ *metall.* ball (*od.* lump) (of iron), puddle ball.

lup·pen ['lʊpən] *v/t* ⟨h⟩ *metall.* ball.

'Lup·pen|,ei·sen *n metall.* ball (*od.* puddled) iron. — **~,feu·er** *n* bloomery, *auch* bloomary.

Lu·pu·lin [lupu'liːn] *n* ⟨-s; *no pl*⟩ *chem.* lupulin. — **l~,sau·er** *adj* lupulic, lupulinic. — **~,säu·re** *f* lupul(in)ic acid.

Lu·pus ['luːpʊs] *m* ⟨-; -(se)⟩ **1.** *med.* (*Hautkrankheit*) lupus (vulgaris). – **2.** ⟨*only sg*⟩ *astr.* (*Sternbild*) Lupus. — **l~,ähn·lich, ~,ar·tig** *adj med.* lupoid, lupiform.

Lurch [lʊrç] *m* ⟨-(e)s; -e⟩ *zo.* amphibian (*Klasse Amphibia*). — **~,fisch** *m cf.* Lungenfisch.

Lu·re ['luːrə] *f* ⟨-; -n⟩ *mus. hist.* (*nord. Blasinstrument*) lur.

Lu·sche ['lʊʃə] *f* ⟨-; -n⟩ *dial.* **1.** (*beim Kartenspiel*) nonscoring (*Br.* non-scoring) card. – **2.** (*schlampige Frau*) trollop. — **'lu·schig** *adj u. adv colloq. for* liederlich.

Lu·ser ['luːzər] *m* ⟨-s; -⟩ *hunt. cf.* Lauscher 2.

Lu·si·ta·ner [luzi'taːnər] *m* ⟨-s; -⟩ *geogr.* Lusitanian. — **lu·si'ta·nisch** *adj* Lusitanian.

Lust [lʊst] *f* ⟨-; =e⟩ **1.** ⟨*only sg*⟩ (*Wunsch, Bedürfnis etc*) inclination, desire, liking, wish, fancy: ~ haben, etwas zu tun a) to feel like doing s.th., to be (*od.* feel) inclined to do s.th., to have a (great) mind (*od.* desire) to do s.th., b) to be in the mood for doing s.th., c) to like (*od.* wish) to do s.th., d) to care to do s.th.; ich hätte beinahe (*od.* nicht übel) ~, ihn hinauszuwerfen I feel very much like throwing him out, I have half a mind to throw him out; ich hätte größte ~, zu Hause zu bleiben I have a great mind to stay at home; ich habe keine (*od.* nicht die geringste) [wenig] ~, ihm zu helfen I have no mind [little inclination] to help him, I don't feel in the least [I feel hardly] inclined to help him; ich habe keine ~ mehr (zu arbeiten) a) I don't feel like working any longer, b) (*endgültig*) I have had enough, I am fed up with working; er hatte keine ~ weiterzukämpfen he had no stomach for further fighting; ich bekomme auch ~ zu tanzen I am beginning to feel like dancing too; dem ist die ~ (am Trinken) für immer vergangen he is cured for good (of drinking); nach diesem Unfall war mir alle ~ am Skifahren vergangen after I had this accident I (just) completely lost all desire to ski; er zeigte keine ~ zu arbeiten he showed no desire to work; er hat zu nichts ~ he doesn't want to do anything; ich habe jetzt gerade keine ~ zu arbeiten I am not in the mood for working just now; er hatte ~ (*od. lit.* es wandelte ihn die ~ an) spazierenzugehen he felt in the mood for a walk; Sie können je nach ~ und Laune nach X oder Y fahren you may travel to X or Y, it just depends on your mood and inclination; hättest du ~, mich zu begleiten? would you like (*od.* care) to accompany me? ganz wie Sie ~ haben just as you like (*od.* wish); ich habe keine ~ dazu I don't care for it, I am not keen on it (*colloq.*); wer ~ hat, kann bei dem Spiel mitmachen anyone who feels like (*od.* pleases) may join (*od.* take part in) the game; meinetwegen kann er warten, solange er ~ hat *colloq.* he can wait as long as he likes for all I care; das kannst du machen, wie du ~ hast you can do that as you like; ich habe große ~, tanzen zu gehen I would like very much to go to a dance. – **2.** ⟨*only sg*⟩ (*Vergnügen*) pleasure, delight, joy: es ist eine ~ zu sehen, wie it is a pleasure to see how; er hat ~ am Leben he enjoys life; es bereitet ihm große ~ it gives (*od.* affords) him great pleasure (*od.* enjoyment), it is a real pleasure for him; es ist eine wahre ~, diese Blumen zu betrachten it is a real pleasure (*od.* treat) to see these flowers; er arbeitet, daß es eine ~ ist it is a delight to see him work (*od.* how he works); es ist nicht alles eitel ~ und Freude it is not all mere pleasure; mit ~ und Liebe bei einer Sache sein, etwas mit ~ und Liebe tun to do s.th. with heart and soul, to put one's whole heart into s.th.; er hat ~ am Quälen anderer he takes pleasure (*od.* delight) in tormenting others; er hat ~ am schnellen Fahren he takes delight in (*od. colloq.* he gets a kick out of) driving fast. – **3.** ⟨*only sg*⟩ (*Interesse*) interest: er hat alle ~ an seinem Beruf verloren he has lost all interest in (*od.* liking for) his profession; ich habe wieder ~ an der Arbeit bekommen I have taken new interest in my work; er hat mir die ganze ~ genommen he made me lose all my interest; dieser Vorfall hat mir die ganze ~ verdorben this occurrence took away all my interest; j-m ~ zu etwas machen a) to rouse s.o.'s interest in s.th., b) to give s.o. a desire (*od.* taste) for s.th.; ich habe die ~ an der Arbeit verloren a) I don't feel like work(ing) any more, b) (*aus Faulheit*) I can't be bothered with work any more. – **4.** ⟨*only sg*⟩ (*Verlangen*) longing, craving: ~ auf (*acc*) etwas Süßes haben to have a longing for s.th. sweet, to crave (for) s.th. sweet; ~ auf (*acc*) etwas zu trinken haben to long for a drink. – **5.** (*sinnliche Begierde*) desire, lust: weltliche [fleischliche] ~ worldly [carnal] desire; sinnliche ~ sexual desire (*od.* appetite), lust; sündige ~ sinful lust; die ~ (*od.* Lüste) des Fleisches the desires of the flesh; ein Sklave der eigenen Lüste sein to be a slave to one's own desires (*od.* passions); seiner ~ frönen [nachgeben] to indulge [to give in to] one's desire.

'Lust·bar·keit *f* ⟨-; -en⟩ **1.** amusement, entertainment, diversion: öffentliche ~ public entertainment; es wurden allerhand ~en geboten all sorts of amusements were offered. – **2.** (*Veranstaltung*) festivity, fête, *Am. auch* fete, merrymaking, *Br.* merry-making, revels *pl*, gaieties *pl*: eine ~ veranstalten to arrange a festivity; der Höhepunkt der ~ the climax of the merrymaking (*Br.* merry-making).

'Lust·emp,fin·dung *f* pleasant sensation.

lü·sten ['lʏstən] *v/impers* ⟨h⟩ *obs. for* gelüsten.

Lu·ster ['lʊstər] *m* ⟨-s; -⟩ *Austrian for* Lüster 1.

Lü·ster ['lʏstər] *m* ⟨-s; -⟩ **1.** (*Kronleuchter*) chandelier, luster, *bes. Br.* lustre. – **2.** (*Glasur*) (metallic) luster (*bes. Br.* lustre): Porzellangeschirr mit ~ lusterware; mit ~ überziehen to luster. – **3.** (*Glanzeffekt von Textilien*) gloss, shine. — **~,brand** *m tech.* (*bei Porzellan etc*) **1.** reducing (*od.* smoky) fire. – **2.** firing of luster (*bes. Br.* lustre). — **~,klem·me** *f electr.* luster (*bes. Br.* lustre) terminal.

lü·stern ['lʏstərn] *adj* **1.** (*Person*) lascivious, lustful, lewd, lecherous, sensual, wanton; prurient, concupiscent (*lit.*). – **2.** (*Gedanken, Vorstellungen etc*) lascivious, lustful, lewd, lecherous. – **3.** (*in Wendungen wie*) ~ **sein auf** (*acc*) (*od.* **nach**) **etwas** *rare* to be greedy of (*od.* for) s.th., to long (*od.* crave) for s.th.; **j-n nach** (*od.* **auf** *acc*) **etwas** ~ **machen** to make s.o. long for s.th., to whet (*od.* stimulate) s.o.'s appetite (*od.* desire) for s.th. — **'Lü·stern·heit** *f* ⟨-; *no pl*⟩ **1.** (*einer Person*) lasciviousness, lustfulness, lewdness, lechery, sensualism, sensuality, wantonness; pruriency, concupiscence (*lit.*). – **2.** (*von Gedanken, Vorstellungen etc*) lasciviousness, lustfulness, lewdness, lechery: **die** ~ **seiner Gedanken** the lustfulness of his thoughts; **die** ~ **in seinen Blicken** the lechery in his eyes. – **3.** (*Gierigkeit*) greediness.

'lust·er,re·gend *adj* **1.** sexually stimulating. – **2.** stimulating one's desire.

'Lust|,fahrt *f* pleasure cruise (*od.* trip, excursion). — **~,gar·ten** *m hist.* pleasure ground(s *pl*) (*od.* garden), pleasance (*archaic od. poet.*). — **~ge,fühl** *n* **1.** pleasurable sensation, feeling (*od.* sensation) of pleasure. – **2.** sexual sensation, titillation. — **~ge,winn** *m psych.* pleasure gain. — **~,haus, ~,häus·chen** *n rare* pleasure-house.

'lu·stig I *adj* **1.** (*fröhlich*) gay, merry, jovial, jolly: **er ist ein ~er Bursche** (*od. colloq.* **ein ~es Haus**) he is a gay (*od.* cheerful) fellow; **~e Leute** merry people; **eine ~e Gesellschaft** a merry party (*od.* company); **ein ~er Abend** a gay (*od.* jolly) evening; **sie mag nur ~e Geschichten** she only likes merry tales; **Wein macht** ~ wine makes merry; **sich** (*dat*) **einen ~en Tag machen** to have a merry time of it; **in ~er Stimmung sein** to be in a gay mood (*od.* humo[u]r); **alle Tage kann man nicht** ~ **sein** life is not all beer and skittles; **immer ~!** cheer up! **nur immer ~!** don't hesitate! **sich über j-n** ~ **machen** to make fun (*od.* merry) of s.o., to laugh (*od.* poke fun) at s.o., to ridicule s.o.; **du bist aber** (*od.* **ja**) ~ *iron. colloq.* you must be mad (*od. colloq.* off your rocker); **die L~e Person** (*theater*) the clown (*od.* fool, harlequin); **er ist ein rechter Bruder L~** *obs. lit.* he is a real merry fellow (*od.* Merry-Andrew). – **2.** (*unterhaltsam, heiter*) droll, amusing, funny: **ein ~er kleiner Mann** a droll little man; **eine ~e Erzählung** [**ein ~er Witz**] a funny story [joke]; **das ist ja ~, da müssen wir ja mitten in der Nacht aufstehen** *iron.* that's brilliant (*od.* marvel[l]ous), we've got to get up in the middle of the night; **es war sehr** ~ it was great fun; **ein ~er Streich** a lark, a frolic; **ein ~es Gedicht** a funny (*od.* humorous) poem; **das ist aber ~!** *fig. iron. colloq.* very funny! **das kann ja** ~ **werden!** *fig. iron. colloq.* that could hold some unpleasant surprises! nice prospects! **das wird ja ~!** *fig. iron.* that will be a nice state of affairs! that will be a pretty mess! **tu, wozu du** ~ **bist!** *iron. dial. colloq.* do as you please! **wie ~!** *fig. iron. colloq.* what a game (*od.* lark)! – **3.** (*komisch*) funny, comical: **eine ~e Stupsnase** a funny snub nose; **eine ~e Alte** a funny old woman. – **4.** (*freundlich*) cheerful, convivial. – **II** *adv* **5.** ~ **und munter** happily and gaily; **das Feuer prasselte** ~ the fire crackled cheerfully (*od.* cheerily); ~ **und in Freuden leben** to lead a gay (*od.* merry) and happy life; ~ **lachen** to laugh gaily; ~ **umherspringen** to jump about gaily; **dort geht es aber** ~ **zu** they are having a good (*od.* gay) time of it; **nur zu,** ~ **drauflos!** *colloq.* go ahead, don't hesitate! **sie schlugen** ~ **drauflos** *colloq.* they flailed away lustily (*od.* with gusto). — **'Lu·stig·keit** *f* ⟨-; *no pl*⟩ **1.** gaiety, merriment, jollity: **eine ausgelassese** [**überschäumende**] ~ a rollicking [an exuberant] gaiety. – **2.** (*Unterhaltsamkeit*) drollness, funniness. – **3.** (*Komik*) funniness, comicality. – **4.** (*Freundlichkeit*) cheerfulness, conviviality.

'Lust|,jacht *f colloq.* pleasure yacht. — **~,kna·be** *m* catamite.

'Lüst·ling *m* ⟨-s; -e⟩ voluptuary, sensualist, lecher, debauchee.

'lust·los *adj* **1.** listless, apathetic: **ich bin in einer ~en Stimmung** I am in a listless mood; **er ist völlig** ~ he is completely apathetic. – **2.** *econ.* (*Börse, Tendenz etc*) dull, lifeless, flat, inactive, slack, listless. — **'Lust·lo·sig·keit** *f* ⟨-; *no pl*⟩ **1.** listlessness, apathy. – **2.** *econ.* dullness, *Am. auch* dulness, lifelessness, flatness, inactivity, slackness, listlessness: **an der Börse herrschte** ~ dul(l)ness prevailed on the stock market.

'Lust|,molch *m colloq. contempt. for* Lüstling. — **~,mord** *m jur.* sex murder, rape and murder. — **~,mör·der** *m* sex murderer, rapist and murderer. — **~prin,zip** *n psych.* (*nach Freud*) pleasure principle.

Lu·stra·ti·on [lustra'tsĭoːn] *f* ⟨-; -en⟩ **1.** *relig.* lustration. – **2.** *obs. for* Prüfung 3, 4. — **lu·stra'tiv** [-'tiːf] *adj relig.* lustrative. — **lu'strie·ren** [-'triːrən] *v/t* ⟨*no* ge-, h⟩ **1.** *relig.* lustrate. – **2.** *obs. for* **prüfen** 3, 4.

lü·strie·ren [lʏs'triːrən] *v/t* ⟨*no* ge-, h⟩ (*textile*) luster, *bes. Br.* lustre.

Lu·strum ['lustrum] *n* ⟨-s; -stren *u.* -stra [-tra]⟩ **1.** *antiq. relig.* lustrum. – **2.** (*Jahrfünft*) lustrum.

'Lust|,schiff *n colloq.* pleasure boat. — **~,schloß** *n hist.* **1.** château de plaisance. – **2.** summer residence. — **~,seu·che** *f med.* syphilis, venereal disease, lues.

'Lust,spiel *n* (*theater*) comedy: **ein musikalisches** ~ a musical comedy. — **~,dich·ter** *m* comic writer, *auch* comedian, comedist. — **~,film** *m* film comedy.

'Lust|,trieb *m psych.* libido. — **~ver,langen** *n* sexual desire. — **l~,wan·deln** *v/i* ⟨*insep*, ge-, sein⟩ *lit.* take a stroll, promenade, jaunt.

lu·te·al [lute'aːl] *adj med.* luteal.

Lu·te·in [lute'iːn] *n* ⟨-s; *no pl*⟩ *chem. med.* lutein, xanthophyll ($C_{40}H_{54}(OH)_2$).

Lu·teo·lin [luteo'liːn] *n* ⟨-s; *no pl*⟩ *chem.* luteolin ($C_{15}H_{10}O_6$).

Lu·te·om [lute'oːm] *n* ⟨-s; -e⟩ *med.* luteoma.

Lu·té·ti·en [lyte'sĭɛ̃ː] *n* ⟨-; *no pl*⟩ *geol.* Lutetian.

Lu·te·ti·um [lu'teːtsĭum] *n* ⟨-s; *no pl*⟩ *chem.* lutetium (Lu).

Lu·the·ra·ner [lutə'raːnər] *m* ⟨-s; -⟩ *relig.* Lutheran. — **lu·the'ra·nisch** *adj* Lutheran.

'lu·ther,feind·lich ['lutər-] *adj* antilutheran, *Br.* anti-lutheran.

lu·the·risch ['lutərɪʃ; lu'teːrɪʃ] *adj* Lutheran: **~e Kirche** Lutheran Church; **L~er Weltbund** Lutheran World Federation.

Lu·the·risch ['lutərɪʃ] *adj* Luther's: **die Luthersche Bibelübersetzung** Luther's translation of the Bible.

'Lu·ther,rock *m* black frock coat.

'Lu·thersch *adj* ⟨*attrib*⟩ *cf.* Lutherisch.

'Lu·ther·tum *n* ⟨-s; *no pl*⟩ Lutheranism, Lutherism: **zum** ~ **übertreten** to become a Lutheran, to Lutheranize.

'Lutsch·bon,bon *m, n* lollipop, lollypop.

lut·schen ['lutʃən] **I** *v/t* ⟨h⟩ suck: **ein(en) Bonbon** [**Tabletten**] ~ to suck a candy (*Br.* sweet) [tablets]. – **II** *v/i* suck: **lutsche nicht am Daumen!** don't suck your thumb! – **III L~** *n* ⟨-s⟩ *verbal noun.*

'Lut·scher *m* ⟨-s; -⟩ *colloq.* **1.** (*einer Saugflasche*) nipple, teat. – **2.** *cf.* Lutschbonbon. – **3.** *cf.* Schnuller 1.

'Lutsch,stan·ge *f* sucker, lollipop, lollypop.

Lut·te ['lutə] *f* ⟨-; -n⟩ (*mining*) (air) duct, pipe, tube.

Lut·ter ['lutər] *m* ⟨-s; -⟩ (*Destillat*) singlings *pl*, low wine.

Luv [luːf] *f* ⟨-; *no pl*⟩ *mar.* windward, weather side: **zu** ~ **voraus** on the weather bow. — **~,an·ker** *m* weather anchor.

lu·ven ['luːvən; 'luːfən] *v/i* ⟨h⟩ *mar.* luff (up).

'luv,gie·rig *adj mar.* (*Schiff*) weatherly: ~ **sein** to carry weather helm. — **'Luv,gie·rig·keit** *f* ⟨-; *no pl*⟩ weatherliness.

'Luv|,kü·ste *f mar.* (*Wetterküste*) weather shore. — **~,sei·te** *f* weather side, windward. — **l~,wärts** *adv* windward, aweather, up: ~ **an** (*dat*) **etwas vorbeisegeln** to weather s.th.; **die Insel lag** ~ **von uns** the island was on our weather bow; **das Ruder nach** (*od.* **in**) **~!** helm aweather! up helm! bear away!

Lux [luks] *n* ⟨-; -⟩ *phys.* lux, meter (*bes. Br.* metre) candle.

Lu·xa·ti·on [luksa'tsĭoːn] *f* ⟨-; -en⟩ *med.* dislocation, displacement, luxation (*scient.*): **komplette** [**komplizierte** *od.* **blutige**] ~ complete [compound] dislocation; **angeborene** ~ congenital dislocation.

Lu·xem·bur·ger ['luksəm,burgər] *m* ⟨-s; -⟩ Luxemb(o)urger. — **'lu·xem,bur·gisch I** *adj* Luxemb(o)urgian. – **II** *ling.* **L~** ⟨*generally undeclined*⟩, **das L~e** ⟨-n⟩ Luxemb(o)urgian, the Luxemb(o)urgian language.

lu·xie·ren [lu'ksiːrən] *v/t* ⟨*no* ge-, h⟩ *med.* dislocate, luxate (*scient.*).

lu·xu·rie·ren [luksu'riːrən] **I** *v/i* ⟨*no* ge-, h⟩ **1.** *bot.* (*von Pflanzen*) grow abundantly. – **II L~** *n* ⟨-s⟩ **2.** *verbal noun.* – **3.** *biol.* heterosis.

lu·xu·ri·ös [luksu'rĭøːs] **I** *adj* ⟨-er; -est⟩ (*Fest, Ausstattung etc*) luxurious, sumptuous, de luxe, *bes. Am.* deluxe, *stärker* extravagant: **ein ~es Leben führen** to lead a life of luxury (*od.* a luxurious life). – **II** *adv* **sie waren** ~ **eingerichtet** they had a luxuriously furnished home.

Lu·xus ['luksus] *m* ⟨-; *no pl*⟩ luxury, sumptuousness, (*stärker*) extravagance: **von** ~ **umgeben** surrounded by (*od.* lapped in) luxury; **im** ~ **leben** to live in luxury, to lead a luxurious life; **das ist ~!** *colloq.* that is (being) extravagant; **einen großen** ~ **treiben** to lead a life of luxury; **das ist ein zu großer** ~ **für mich** that is too much of a luxury (*od.* an extravagance) for me; **sich** (*dat*) **den** ~ **gestatten zu** to permit oneself the extravagance of, to treat oneself to the luxury of; **er kann sich den** ~ **einer eigenen Meinung nicht erlauben** *fig.* he cannot afford the luxury of having an opinion of his own. — **~ar,ti·kel** *m* fancy (*od.* luxury) article, de luxe (*bes. Am.* deluxe) article, luxury. — **~,aus,füh·rung** *f* de luxe (*bes. Am.* deluxe) model (*od.* finish, style): **ein Auto in** ~ a de luxe car. — **~,aus,ga·be** *f* (*eines Buches*) de luxe (*bes. Am.* deluxe) edition. — **~,damp·fer** *m mar.* luxury liner (*od.* steamer). — **~,ein,band** *m* (*eines Buches*) de luxe (*bes. Am.* deluxe) binding. — **~,gü·ter** *pl* fancy (*od.* luxury) articles, de luxe (*bes. Am.* deluxe) articles, luxuries. — **~ho,tel** *n* luxury hotel. — **~,jacht** *f mar.* luxury yacht. — **~ka,bi·ne** *f* de luxe (*bes. Am.* deluxe) cabin. — **~,le·ben** *n* life of luxury, luxurious (*od. stärker* extravagant) life: **ein** ~ **führen** to lead a life of luxury. — **~re·stau,rant** *n* high-class (*od.* luxury) restaurant, de luxe (*bes. Am.* deluxe) restaurant. — **~,steu·er** *f econ.* luxury tax. — **~,wa·gen** *m auto.* luxury car, de luxe (*bes. Am.* deluxe) model. — **~,wa·ren** *pl cf.* Luxusgüter. — **~,yacht** *f mar. cf.* Luxusjacht. — **~,zug** *m* (*railway*) de luxe (*bes. Am.* deluxe) train, pullman (*od.* Pullman) (express train).

Lu·zer·ne [lu'tsɛrnə] *f* ⟨-; -n⟩ *bot.* lucern(e), purple medic(k), alfalfa, Spanish trefoil (*Medicago sativa*): **Deutsche** ~ yellow medic(k) (*M. falcata*).

lu·zid [lu'tsiːt] *adj lit.* **1.** (*Augenblick, Formulierung etc*) lucid. – **2.** (*durchsichtig*) transparent. — **Lu·zi·di'tät** [-tsidi'tɛːt] *f* ⟨-; *no pl*⟩ **1.** *psych.* (*Hellsehen*) clairvoyance, lucidity. – **2.** *lit.* lucidity. – **3.** *lit.* transparence.

Lu·zi·fer ['luːtsifɛr] *npr m* ⟨-s; *no pl*⟩ **1.** *relig.* Satan, Lucifer. – **2.** *poet.* (*Venus als Morgenstern*) Lucifer, Phosphorus. — **lu·zi·fe·risch** [lutsi'feːrɪʃ] *adj* Luciferian.

Lya·se [ly'aːzə] *f* ⟨-; -n⟩ *chem.* lyase.

Lyd·dit [lʏ'diːt; -'dɪt] *n* ⟨-s; *no pl*⟩ *chem.* (*Sprengstoff*) lyddite.

Ly·der ['lyːdər], **'Ly·di·er** [-dĭər] *m* ⟨-s; -⟩ Lydian. — **'ly·disch** [-dɪʃ] **I** *adj* Lydian: **~e Tonart, ~er Ton** *mus.* Lydian mode. – **II** *ling.* **L~** ⟨*generally undeclined*⟩, **das L~e** ⟨-n⟩ Lydian, the Lydian language.

Ly·dit [ly'diːt; -'dɪt] *m* ⟨-(e)s; -e⟩ *min.* Lydian stone, touchstone, basanite.

Ly·ki·er ['lyːkĭər] *m* ⟨-s; -⟩ Lycian. — **'ly·kisch** [-kɪʃ] **I** *adj* Lycian: **~e Kunst** Lycian art. – **II** *ling.* **L~** ⟨*generally undeclined*⟩, **das L~e** ⟨-n⟩ Lycian, the Lycian language.

Ly·ko·po·di·um [lyko'poːdĭum] *n* ⟨-s; -dien⟩ *bot. cf.* Bärlapp.

Lymph·ade·nie [lymfade'niː] *f* ⟨-; -n [-ən]⟩ *med.* lymphoid hyperplasia. — **Lymph·ade'ni·tis** [-'niːtɪs] *f* ⟨-; -tiden [-ni'tiːdən]⟩ lymphadenitis. — **lymph·ade·no'id** [-no-'iːt] *adj* lymphadenoid. — **Lymph·ade'nom** [-'noːm] *n* ⟨-s; -e⟩ lymphadenoma, lymphoma. — **lym'pha·tisch** [-'faːtɪʃ] *adj* lymphatic.

'Lymph|,bahn *f med.* lymphatic circulation, lymph channels *pl.* — **~be,rei·tung** *f* lymph production. — **~,drü·se** *f* lymph gland (*od.* node).

Lym·phe ['lymfə] *f* ⟨-; -n⟩ *med.* **1.** (*Inhalt der Lymphgefäße*) lymph, serum. – **2.** (*Impfstoff*) vaccine (lymph).

'Lymph·fol,li·kel *n med.* lymph follicle.

'Lymph·ge,fäß *n med.* lymphatic (*od.* lymph) vessel, lymphatic. — **~ent,zün·dung** *f* lymphangitis. — **~sy,stem** *n* lymphatic system.

'Lymph|,knöt·chen *n med.* lymphatic nodule. — **~,kno·ten** *m* lymph node.

Lym·pho·cyt [lymfo'tsyːt] *m* ⟨-en; -en⟩ *meist pl med.* lymphocyte.

Lym·pho·gra·nu·lom [lymfogranu'loːm] *n* ⟨-(e)s; -e⟩ *med.* lymphogranuloma.

Lym·pho·gra·nu·lo·ma·to·se [lymfogranulomaˈtoːzə] *f* ⟨-; -n⟩ *med.* (malignant) lymphogranulomatosis, Hodgkin's disease.

lym·pho·id [lymfo'iːt] *adj med.* lymphoid.

Lym·phom [lym'foːm] *n* ⟨-s; -e⟩, **Lym-'pho·ma** [-ma] *n* ⟨-s; -ta [-ta]⟩ *med. cf.* Lymphadenom.

Lym·pho·zyt [lymfo'tsyːt] *m* ⟨-en; -en⟩ *meist pl med. cf.* Lymphocyt.

'Lymph|sy,stem *n med.* lymphatic system. — **~,we·ge** *pl* lymph channels.

lyn·chen ['lynçən; 'lɪnçən] *v/t* ⟨h⟩ lynch.

'Lynch·ju,stiz *f* lynch law, *auch* Lynch's law, mob law: ~ üben to lynch, to resort to lynch law.

Ly·ra ['lyːra] *f* ⟨-; -ren⟩ **1.** *mus.* a) *hist.* (*Leier*) lyra, lyre, b) (*am Flügel*) lyre (assembly), c) (*Metallophon*) glockenspiel. – **2.** *astr.* Lyra. — **~,bo·gen** *m tech.* flexible U-bend.

Ly·rik ['lyːrɪk] *f* ⟨-; *no pl*⟩ **1.** (*literature*) poetry, lyric poetry. – **2.** *mus.* lyricism. — **'Ly·ri·ker** [-rikər] *m* ⟨-s; -⟩ poet, lyric poet.

'ly·risch *adj* **1.** (*Dichtung, Dichter etc*) lyric, *auch* lyrical: ~er Stil lyricism; ein ~es Gedicht a lyric (poem). – **2.** (*gefühlvoll, rührselig*) lyrical: er war in einer ~en Stimmung he was in a lyrical mood. – **3.** *mus.* (*Stimme, Tenor etc*) lyric, *auch* lyrical. – **4.** *antiq.* (*Oden*) lyric, *auch* lyrical. — **~-dra'ma·tisch** *adj* (*literature*) lyrico-dramatic. — **~-'episch** *adj* lyrico-epic.

Ly·ris·mus [ly'rɪsmʊs] *m* ⟨-; -men⟩ *mus.* lyricism, lyrism.

Lys'erg,säu·re [ly'zɛrk-] *f chem.* lysergic acid ($C_{15}H_{15}N_2CON(C_2H_5)_2$).

Ly·si·me·ter [lyzi'meːtər] *n* ⟨-s; -⟩ *meteor.* lysimeter.

Ly·sin [ly'ziːn] *n* ⟨-s; -e⟩ **1.** *meist pl biol.* lysin. – **2.** ⟨*only sg*⟩ *chem.* lysine ($H_2N(CH_2)_4CH(NH_2)COOH$).

Ly·sis ['lyːzɪs] *f* ⟨-; -sen⟩ *med.* lysis.

Ly·so·form [lyzo'fɔrm] (*TM*) *n* ⟨-s; *no pl*⟩ *chem.* lysoform.

Ly·sol [ly'zoːl] (*TM*) *n* ⟨-s; *no pl*⟩ *chem. med.* lysol. — **~ver,gif·tung** *f* poisoning with lysol, lysol poisoning.

Ly·so·zym [lyzo'tsyːm] *n* ⟨-s; -e⟩ *biol.* lysozyme.

Lys·sa ['lysa] *f* ⟨-; *no pl*⟩ *med. vet.* (*Tollwut*) lyssa, rabies, lytta. — **~,vi·rus** *n med. vet.* virus of rabies.

ly·tisch ['lyːtɪʃ] *adj biol.* lytic.

Ly·ze·um [ly'tseːʊm] *n* ⟨-s; -zeen⟩ **1.** *ped. obs.* six-form secondary school for girls emphasizing modern languages. – **2.** *antiq.* lyceum.

'L-,Zug ['ɛl-] *m cf.* Luxuszug.

M

M, m [ɛm] *n* ⟨-; -⟩ **1.** M, m (*thirteenth letter of the German alphabet; tenth consonant*): **ein großes M** a capital (*od.* large) M; **ein kleines M** a small (*od.* little) m. – **2.** m (*Meter*) m. – **3.** M (*röm. Zahl für 1 000*) M. – **4.** *phys.* a) M (*Machsche Zahl*) M̄, b) m (*Masse des Elektrons*) m. – **5.** M *electr.* (*Maxwell*) mx. – **6.** m *ling.* (*männlich*) m.

Mä·an·der [mɛˈandər] *m* ⟨-s; -⟩ *geogr.* (*art*) meander, *Am. auch* maeander. — **mä·an·ˈdrie·ren** [-ˈdriːrən] *v/i* ⟨*no* ge-, h⟩ meander. — **mäˈan·drisch** [-drɪʃ] *adj* meandering, winding.

Maar [maːr] *n* ⟨-(e)s; -e⟩ *geol.* maar, volcanic lake.

Maat [maːt] *m* ⟨-(e)s; -e(n)⟩ *mar.* (ship's) mate. — **ˈMaat·je** [-tjə] *m* ⟨-n; -n⟩ *dim. of* Maat. — **ˈMaat·schaft** *f* ⟨-; -en⟩ (ship's) crew.

Mach [max] *n* ⟨-; -⟩ *phys. aer.* Mach (number).

Ma·chan·del [maˈxandəl] *m* ⟨-s; -⟩, **~ˌbaum** *m bot. Low G. for* Wacholder 1.

ˈMachˌart *f* **1.** (*eines Kleides etc*) make, style. – **2.** (*Formgebung*) design, shape.

ˈMa·che *f* ⟨-; *no pl*⟩ *colloq.* **1.** *contempt.* (*Schein etc*) show, pretence, *Am.* pretense, 'window dressing' (*colloq.*): **das ist alles (nur) ~ bei ihm** that's all show with him; **das ist doch alles (nur) ~** that's all eyewash (*colloq.*). – **2.** (*in Wendungen wie*) **etwas in der ~ haben** to have s.th. in hand; **etwas in die ~ nehmen** to get down to s.th.; **j-n in die ~ nehmen** *fig.* a) (*ausschelten*) to give s.o. a dressing down, b) (*bearbeiten*) to work on s.o., c) (*mißhandeln*) to maltreat s.o.; **er versteht sich auf die ~** he knows (*od.* is up to) the tricks of the trade.

ma·chen [ˈmaxən] **I** *v/t* ⟨h⟩ **1.** (*anfertigen, herstellen*) make: **Feuer ~** to make a fire; **ich lasse mir ein Kleid ~** I am having a dress made; **~ Sie mir bitte ein Paar Stiefel** make me a pair of boots, please; **Butter [Wurst] ~** to make butter [sausage]. – **2.** (*zubereiten*) make, prepare, *auch* do, cook: **ich mache heute Pfannkuchen** I am making pancakes today; **Kaffee ~** to make coffee; **kannst du einen Braten ~?** do you know how to roast meat? **ich muß erst das Essen ~** I have to make (*od.* cook) (the) dinner first. – **3.** (*tun*) do: **was macht er?** a) what is he doing? b) (*beruflich*) what does he do for a living? c) (*wie geht's ihm*) how is he (getting on)? **ich mach's** I'll do it; **was machst du da?** what are you doing there? what are you up to? **~ wir!** *colloq.* agreed! let's! **mach, was du willst!** do as you please! take it or leave it! **was soll ich damit ~?** what am I to do with it? **etwas gut [schlecht, falsch, richtig] ~** to do s.th. well [badly, wrong(ly), correctly]; **wie man's macht, ist es falsch** (*od.* **verkehrt**)! *colloq.* however (*od.* no matter how) one does it, it's (always) wrong! **mach's gut!** *colloq.* a) (*Abschiedsgruß*) good-bye (and good luck)! *bes. Br.* cheerio! b) (*Ermunterungswort*) good luck! **das läßt sich ~** that can be done, that can be arranged; **mach' ich! wird gemacht!** *colloq.* okay, I'll do it! **ich muß mir noch das Haar ~** *colloq.* I still have to do (*od.* dress) my hair; **mach deine Hausaufgaben** do your homework; **so etwas macht man nicht!** that isn't done! **er hat es schon öfter so gemacht** he has often done it (like that); **ich weiß, wie's gemacht wird** I know how that is done; **das macht man so!** that's the way to do it! that's how it is done! **(da ist) nichts zu ~!** *colloq.* nothing doing! not a hope! *Am. sl.* no soap! **dagegen kann man nichts ~, dagegen ist nichts zu ~** *colloq.* you can't do a thing about it, it cannot be helped, there is nothing one can do about it; **er kann mit ihm ~, was er will** he can do anything with him, he can do what he likes with him; **mit mir kann man's ja ~** *colloq.* you can do it with me; **sie läßt alles mit sich ~** she submits to (*od.* puts up with) everything. – **4.** (*erreichen*) manage: **wie haben Sie es (nur) gemacht, daß** how did you manage that; **das mach' ich schon** I'll manage that, leave it to me; **das läßt sich leicht [nicht] ~** that can easily [cannot] be done. – **5. j-n zu etwas ~** *colloq.* a) to make s.o. s.th., b) to turn s.o. into s.th.: **er machte sie zu seiner Frau** he made her his wife; **j-n zu seinem Freund ~** to make s.o. one's friend; **j-n zum Gefangenen ~** to take s.o. prisoner; **er machte ihn zum General** he made (*od.* appointed) him general; **j-n zum Gespött der Leute ~** to ridicule s.o.; **j-n zum Sklaven ~** to enslave s.o.; **das Buch machte ihn über Nacht zu einem berühmten Autor** the book turned him into a famous author overnight; → Bock[1] 1. – **6. etwas zu etwas ~** a) to make s.th. s.th., b) to turn s.th. into s.th.: **etwas zur Bedingung ~** to make s.th. a condition; **j-m etwas zum Geschenk ~** to make s.o. a present of s.th., to present s.o. with s.th.; **j-m etwas zum Vorwurf ~** to reproach s.o. with s.th.; **er hat sich die Grundsätze seines Vaters zu eigen gemacht** he took over (*od.* adopted) his father's principles; **etwas zu Geld ~** to turn (*od.* convert) s.th. into ready money; **er machte die Nacht zum Tage** *fig.* he turned his nights into days. – **7.** (*verursachen, bereiten*) give, *auch* cause: **du machst mir Angst** you give me a scare, you scare me stiff; **das macht Appetit** that gives you a good appetite; **salzige Speisen ~ Durst** salty food makes you thirsty; **ich gehe hin, weil es mir Freude macht** I go (*od.* am going) there because I enjoy it; **das machte ihm wieder Hoffnung** that gave him new hope, that inspired him with new hope; **j-m Mut ~** to encourage s.o., to give s.o. courage; **das macht mir Sorgen** that causes (*od.* gives) me trouble, that worries me; **das macht (mir) keinen Spaß** it's no fun, it's a dreary business; **es macht mir Spaß, ihn zu ärgern** I enjoy annoying him; **das jüngste Kind macht ihnen viel zu schaffen** their youngest (child) causes them a lot of trouble; **mein Bein macht mir wieder zu schaffen** I have trouble with my leg again; **j-m Verdruß ~** to cause s.o. vexation (*od.* annoyance), to annoy s.o. – **8.** *colloq.* do: **hast du schon etwas gemacht?** have you done anything yet? **ein Bächlein ~** (*child's language*) to pee, to wee-wee (*colloq.*), to tinkle (*vulg.*); **der Hund hat ein Häufchen** (*od. colloq.* **sein Geschäft**) **gemacht** the dog did his business. – **9.** *colloq.* (*ausmachen*) matter: **was macht das schon?** so what? what does it matter? **(das) macht nichts!** that's quite all right! that doesn't matter! never mind! – **10. etwas macht j-m etwas [nichts]** *colloq.* a) s.th. worries [doesn't worry] s.o., s.o. cares [doesn't care] about s.th., b) s.o. minds [doesn't mind] s.th.: **das Gerede macht mir nichts** (*od.* **wenig**) I don't care about the gossip; **was macht mir das!** little (do) I care; **es macht ihm nichts, allein zu reisen** he doesn't mind travel(l)ing alone. – **11. sich** (*dat*) **etwas [nichts] aus einer Sache ~** a) [not] to care (*od.* worry) about s.th., b) (*aus Speisen etc*) [not] to care for s.th.: **~ Sie sich nichts aus dem Gerede** don't worry about the gossip, don't let the gossip worry you; **mach dir nichts daraus!** don't worry! don't take it to heart! **er macht sich nicht viel aus Spargel** he doesn't care much for asparagus; **ich mache mir gar nichts aus Operetten** I don't care twopence (*od.* a fig) for operettas. – **12. sich** (*dat*) **etwas [nichts] aus j-m ~** [not] to care for s.o. – **13.** *colloq.* (*ergeben*) be: **4 mal 5 macht 20** four times five is twenty; **hundert Pfennige ~ eine Mark** a hundred pfennigs make (*od.* go to) one mark; **was** (*od.* **wieviel**) **macht das?** a) how much is it? b) how much does it cost? **was macht die Rechnung?** how much does the bill come to? **das macht zusammen drei Mark** the total is (*od.* amounts to, comes to) three marks; **4 800 Mark im Jahr, das macht 400 Mark pro Monat** 4,800 marks a year, that is 400 marks a month. – **14.** *colloq.* (*bewirken*) make: **mach, daß ich reich werde** make me rich, let me get rich; **mach, daß er sich ärgert** make him (get) angry. – **15.** *colloq.* (*spielen*) (*Rolle*) play: **wer macht den Hamlet?** who is playing (*od.* taking the part of) Hamlet? **den Narren [Weihnachtsmann] ~** to play the fool [Father Xmas, Santa Claus]; **den Schiedsrichter ~** to referee, to be the referee. – **16.** (*games*) a) (*Punkte*) score, b) (*beim Billard*) (*Ball*) make, hole, pocket: **er hat wieder die meisten Punkte gemacht** he has again scored the most points; **wie viele Bälle hast du gemacht?** how many did you make? – **17.** (*in Verbindung mit bestimmten Substantiven*) **den Anfang [mit etwas] ~** to begin [with s.th.]; **einen neuen Anfang ~** a) to make a fresh start, to start again (*od.* afresh), b) *fig.* to turn over a new leaf; **einen Angriff ~** to attack, to make an onset (*od.* onslaught); **Anstrengungen ~** to make efforts; **einen Anschlag auf j-n ~** to make an attempt on s.o.'s life; **Anstalten zu etwas ~** to make preparations (*od.* arrangements) for s.th.; **Anstalten** (*od.* **Miene**) **~, etwas zu tun** to prepare (*od.* arrange) to do s.th., to get ready to do s.th.; **viel Aufhebens von etwas ~** to make a great to-do about s.th.; **sich** (*dat*) **etwas zur Aufgabe ~** to make s.th. one's task (*od.* business); **j-m seine Aufwartung ~** to pay s.o. a visit, to wait upon s.o.; **einem Mädchen einen Antrag ~** to propose to a girl; **ganze Arbeit**

~ *colloq.* to make a clean sweep of it; einen Ausflug ~ to make (*od.* go on) an excursion; große Augen ~ to open one's eyes wide; du wirst Augen ~ *fig.* you will be amazed; du machst dir keinen Begriff davon, wie beunruhigt ich war you have no idea how anxious I was; Bekanntschaft mit j-m ~ to become acquainted with s.o., to make the acquaintance of s.o.; j-m Beine ~ *fig. colloq.* a) to chase s.o. off, to make s.o. run, b) to make s.o. get a move on (*colloq.*); einen Bericht ~ to write a report; Bemerkungen über (*acc*) etwas ~ to pass remarks (*od.* to comment) on s.th.; die Betten ~ to make the beds; das macht nur böses Blut that breeds bad blood (*od.* provokes angry feelings); einen krummen Buckel ~ to curve one's back; den (*od.* seinen) Doktor ~ to take a doctor's degree; einer Sache (*od.* mit etwas) ein Ende ~ to make an end of s.th., to put an end (*od.* a stop) to s.th.; wir müssen damit ein Ende ~ we must finish it, we must make an end of it; j-m Ehre ~ to do s.o. hono(u)r (*od.* credit), to reflect hono(u)r on s.o.; Eindruck auf j-n ~ to make an impression upon s.o.; er wird mit seiner Drohung Ernst ~ he will do what he threatens; mit dem Plan Ernst ~ to put the plan into effect; eine Eroberung ~ to make a conquest; ein Examen ~ to go in (*od.* sit) for an examination; einen Fehler ~ to make a mistake (*od.* slip); er macht eine traurige Figur he cuts a sorry figure; j-m (mit etwas) eine Freude ~ to give s.o. pleasure (*od.* joy) (with s.th.); Fortschritte ~ to make progress; Frieden mit j-m ~ *colloq.* to make one's peace with s.o.; j-m den Garaus ~ *colloq.* to finish s.o. off, to give s.o. his quietus (*od.* the finishing stroke); sich (*dat*) Gedanken (über eine Sache) ~ to be concerned (*od.* worried) about s.th.; von etwas Gebrauch ~ to make use of s.th.; ich werde keine Geschäfte mehr mit ihm ~ I shall not deal (*od.* do business) with him any longer; ich habe mir das frühe Aufstehen zum Grundsatz gemacht I have made it my principle to get up early; um den Film ist viel Geschrei gemacht worden *colloq.* there has been a lot of fuss about this film; ein freundliches Gesicht ~ to look friendly; das wird mir keine grauen Haare ~ I shan't lose any hair (*od.* sleep) over that; Hochzeit ~ to get married; er will Karriere ~ he wants to get on (*od.* to the top); Licht ~ to turn (*od.* switch) on the light; seiner Wut Luft ~ to vent (*od.* give vent to) one's anger; einer Frau ein Kind ~ *sl.* to get a woman pregnant; ein Komma ~ to put a comma; Mätzchen ~ *colloq.* to play (*od.* lark) about, to play the fool; es macht mir viel Mühe, etwas zu tun it takes a lot of effort (for me) to do s.th.; j-m (viel) Mühe ~ to put s.o. to (much) trouble; sich (*dat*) einen Namen ~ to make oneself a name; j-m eine lange Nase ~ to thumb one's nose at s.o., to cock a snook at s.o.; ein Nickerchen ~ *colloq.* to take a nap (*od.* forty winks); sie wird eine gute Partie ~ she will make a good match (*od.* marry a fortune); eine Pause ~ to pause, to make a pause; j-m Platz ~ to make room (*od.* way) for s.o.; mit j-m [etwas] kurzen Prozeß ~ *fig.* to make short work (*od.* short shrift) of s.o. [s.th.]; machen Sie bitte die Rechnung *colloq.* give me the bill (*Am.* check), please; sich (*dat*) etwas zur Regel ~ to make s.th. a rule; eine Reise ~ to make (*od.* go on) a journey, to take a trip; j-m Schande ~ to bring shame upon s.o., to be a disgrace to s.o.; mit etwas Schluß ~ to put an end to s.th.; mit j-m Schluß ~ to break off relations with s.o.; Schluß ~ *colloq.* a) (*die Arbeit beenden*) to knock off, to call it a day, b) (*Selbstmord verüben*) to put an end to oneself, to end it all; Schulden ~ to run (*od.* get) into debt(s); ~ Sie sich keine Sorgen! don't worry! er hat nur Spaß gemacht he was only joking; einen Spaziergang ~ to take (*od.* go for) a walk (*od.* stroll); dumme Streiche ~ to play foolish tricks; j-m einen Strich durch die Rechnung ~ *fig. colloq.* to upset s.o.'s plans; j-m eine Szene ~ to make a scene in front of s.o.; sich (*dat*) einen guten Tag ~ to have a good day; reinen Tisch ~ *fig. colloq.* to clear things up; das macht mir zu viele Umstände that causes me too much trouble; ~ Sie keine Umstände don't put yourself out; einen Umweg ~ to take a round-about way, to make a detour; Unfug ~ to make (*od.* get up to) mischief; ich mache mir ein Vergnügen daraus, sie zu besuchen it will give me pleasure to visit her; einen Versuch mit j-m [etwas] ~ to give s.o. [s.th.] a try (*od.* trial), to try s.o. [s.th.]; ein Vermögen ~ *colloq.* to make (*od.* pile up) a fortune; einen Vorschlag ~ to make a proposal; j-m Vorwürfe ~ to reproach s.o.; einen Witz ~ to crack a joke; nicht viele Worte ~ not to waste words; ich muß die Zähne ~ lassen *colloq.* I must have my teeth looked after (*od.* seen to); sie muß noch die Zimmer ~ she has still (got) to tidy the rooms; Zugeständnisse ~ to make concessions; → Federlesen; Finger *Bes. Redewendungen*; Kind 2; Männchen 6, 7. – **18.** (*mit adj od. adv*) *meist* make: j-n eifersüchtig [froh, glücklich] ~ to make s.o. jealous [glad, happy]; j-n arm ~ to impoverish s.o.; j-n auf (*acc*) etwas aufmerksam ~ to draw (*od.* call) s.o.'s attention to s.th.; j-n bange ~ to scare (*od.* frighten) s.o., to give s.o. a scare (*od.* fright); j-m mit einer Drohung bange ~ to frighten (*od.* scare) s.o. with a threat; j-m etwas begreiflich (*od. colloq.* plausibel) ~ to make s.o. understand s.th.; ~ Sie sich's bequem make yourself comfortable; j-n betrunken ~ to make s.o. drunk; j-n fröhlich ~ to cheer s.o. up; j-n gesund ~ to restore s.o. to health, to cure s.o.; seinen Einfluß bei j-m geltend ~ to exert one's influence on s.o., to bring one's influence to bear on s.o.; seine Rechte geltend ~ to assert (*od.* enforce) one's rights, to insist on one's rights; dein ständiges Gezanke macht mich ganz krank *colloq.* your constant quarrel(l)ing gets on my nerves; keinen Finger krumm ~ *fig. colloq.* not to turn (*od.* lift) a finger; einen Rock kürzer ~ to shorten a skirt; um es kurz zu ~ to cut a long story (*od.* the matter) short, to make it short; j-n einen Kopf kürzer ~ to behead s.o.; er wird es nicht mehr lange ~ *colloq.* he won't last much longer; es möglich ~, daß to make it possible that; etwas naß ~ to wet s.th.; man kann es nicht allen recht ~ you cannot please everybody; ich kann es ihr nicht recht ~ I can't do anything right for (*od.* to please) her; eine Bestellung rückgängig ~ to cancel an order; j-n selig [stutzig] ~ to make s.o. happy [doubtful]; etwas schmutzig ~ to dirty s.th., to make s.th. dirty; das macht die Sache ja nur schlimmer! that only makes matters worse! j-m das Leben sauer ~ *fig. colloq.* to make life a burden to s.o.; mach mich nicht unglücklich *colloq.* is (*od.* was) that really necessary? that is (*od.* was) nice of you! etwas ungültig ~ to invalidate s.th.; etwas [j-n] unschädlich ~ to render s.th. [s.o.] harmless; j-n verantwortlich ~ für etwas to make s.o. responsible for s.th., to blame s.o. for s.th.; der Krach macht mich verrückt the noise is driving me mad; j-m den Mund wäßrig ~ *fig. colloq.* to make s.o.'s mouth water; j-n zornig ~ to enrage (*od.* exasperate) s.o.; etwas zunichte ~ to destroy s.th. – **19.** (*mit inf in Wendungen wie*) er macht die Kinder glauben, daß he makes the children believe that; das macht mich lachen that makes me laugh; er machte (viel) von sich reden he was talked about (a lot). – **II** *v/reflex* sich ~ **20.** *colloq.* (*in Wendungen wie*) er macht sich he is getting on (well); er macht sich wieder (*von Kranken*) he is all right again, he is on the mend again; sie hat (zu)erst wenig geleistet, aber jetzt macht sie sich she didn't achieve very much at first, but she is getting along all right (*od.* nicely) now; das macht sich von selbst that will take care of itself; die Sache macht sich jetzt it is turning out very well now; es wird sich schon ~ it will come (out) right in time; wie geht's? es macht sich! how are you? pretty well! – **21.** (*mit adj od. adv*) *meist* make: sich anheischig ~, etwas zu tun to engage (*od.* undertake, pledge one's word) to do s.th.; sich beliebt [unbeliebt, verhaßt] ~ to make oneself popular [unpopular, hated]; sich bemerkbar [verständlich] ~ to make oneself noticed [understood]; sie macht sich besser, als sie ist she pretends to be better than she is; das macht sich bezahlt! *colloq.* that's worth it! sich auf (*acc*) etwas gefaßt ~ a) to be prepared for s.th., to be on the lookout for s.th., b) to be in for s.th.; der Rock macht sich gut bei (*od.* an) ihr *colloq.* the skirt is becoming to her (*od.* becomes her); das Bild macht sich da gut *colloq.* the picture goes well there; sie macht sich gut als Gastgeberin *colloq.* she is cut out to be a hostess; er macht sich ganz gut he is getting on quite nicely; mach dich doch nicht lächerlich! don't make a fool of yourself! sich über j-n lustig ~ to make fun of s.o.; sich naß ~ a) to wet oneself, b) (*von Baby*) to wet its napkins; sich nützlich ~ to make oneself useful; sich wichtig ~ to puff oneself up; sich durch etwas verdient ~ to earn (*od.* deserve) credit for s.th.; → Vaterland 1. – **22.** (*mit prep*) sich an die Arbeit ~ to set to work; er machte sich ans Briefeschreiben *colloq.* he got down to writing some letters; sich an j-n ~ *colloq.* to approach s.o.; sich auf den Weg (*od.* auf die Beine) ~ to get on one's way, to set out; sich aus dem Staube ~ *fig. colloq.* to run away, to be off, to take to one's heels; sich zum Gespött ~ to expose oneself to ridicule; sich zum Herrn eines Landes ~ to make oneself (the) master of a country; er machte sich zum Märtyrer he made himself a martyr. – **III** *v/i* **23.** *colloq.* (*dafür sorgen*) see: macht, daß ihr bald zurück seid! see that you are back soon! mach, daß du fortkommst! off with you! get (the hell) out of here! (*colloq.*), scram! (*sl.*). – **24.** *colloq.* (*sich beeilen*) hurry (up): mach doch (zu)! mach schnell (*od.* schon)! hurry up! go on! come along! make it snappy! (*colloq.*); ich mach' ja schon! I am hurrying! – **25.** (*tun*) do: laß ihn nur ~ a) let him do as he pleases, b) just leave it to him. – **26.** in (*dat*) etwas ~ *colloq.* a) to deal in s.th., to sell s.th., b) to dabble in s.th.: er macht in Küchengeräten he deals in kitchen equipment; in Literatur [Politik] ~ to dabble in literature [politics]; sie macht jetzt in Liebenswürdigkeit she tries it the charming way now. – **27.** in die Hosen [ins Bett] ~ *colloq.* to have an accident in one's pants [bed], to wet (*od.* dirty) one's pants [bed]; mach dir (vor Angst) nicht gleich in die Hose *fig. colloq.* don't get in a blue funk (*colloq.*). – **28.** *Eastern G. dial.* go: über die Grenze ~ to cross the border. – **IV M~** *n* ⟨-s⟩ **29.** *verbal noun.* – **30.** (*fashion*) (*Anfertigung*) making.

'Ma·chen·schaft *f* ⟨-; -en⟩ *meist pl* artful practice, intrigue, machination, *bes. pol. colloq.* wire-pulling, dealings *pl*: dunkle (*od.* unsaubere, unlautere) ~en underhand practices, secret intrigues; er durchschaute ihre ~en he saw through her machinations.

'Ma·cher *m* ⟨-s; -⟩ **1.** *rare* maker, producer. – **2.** *fig. bes. pol. colloq.* wire-puller. — **~,lohn** *m* (*bes. für Kleidungsstücke*) making-up charge.

Ma·che·te [ma'tʃeːtə] *f* ⟨-; -n⟩ (*südamer. Haumesser*) machete, *auch* machette, matchet, cutlas(s).

Ma·chia·vel·lis·mus [makɪavɛ'lɪsmʊs] *m* ⟨-; *no pl*⟩ *pol.* Machiavelli(ani)sm. — **Ma·chia·vel'list** [-'lɪst] *m* ⟨-en; -en⟩ Machiavellian. — **ma·chia·vel'li·stisch** *adj* Machiavellian.

Ma·chi·na·tio·nen [maxina'tsioːnən] *pl lit. cf.* Machenschaft.

Ma·chor·ka [ma'xɔrka] *m* ⟨-s; -s⟩ *coarsely cut Russian tobacco.*

Machsch [maxʃ] *adj* ~e Zahl *phys. aer.* Mach (number).

Mach·sor [max'zoːr] *m* ⟨-s; -s *u.* -im [-zo'riːm]⟩ (*jüd. Gebetbuch*) ma(c)hzor.

Macht [maxt] *f* ⟨-; ¨e⟩ **1.** ⟨*only sg*⟩ power, might; potency, puissance (*lit.*): aus eigener ~ by one's own power; es steht nicht in meiner ~, dir zu helfen it is not within (*od.* it is beyond) my power to help you; ich will alles tun, was in meiner ~ steht, ich will alles in meiner ~ Stehende tun I will do everything (with)in my power; er stemmte sich mit aller ~ gegen den Befehl he resisted (*od.* opposed) the command with all his might; seine ganze ~ aufbieten to exert (*od.* use) all one's power. – **2.** ⟨*only sg*⟩ (*Herrschaft, Einfluß etc*) (über *acc*) power (over), sway (over, on, upon), hold (over, on, upon), control (over, of): politische ~ political power; er regierte mit unumschränkter ~ he ruled with unlimited (*od.* absolute) power; die bösen

Geister hatten keine ~ über ihn the evil spirits had no hold on him; die ~ des Adels über die Bauern the power of the aristocracy over the peasants; die ~ Roms reichte bis nach Kleinasien the power of the Roman Empire extended into Asia Minor; seine ~ ist gebrochen his power has been broken (*od.* destroyed); alle ~ war in einer Person vereinigt all power was held by (*od.* lodged in, vested in) one person; j-n in seiner ~ haben to have s.o. in one's power; ich stehe in deiner ~ I am in your power; die Gefangenen waren in seiner ~ the prisoners were in his power; ~ über Leben und Tod power over life and death; er steht auf dem Gipfel der (*od.* seiner) ~ he has reached the zenith of his power; ~ über j-n gewinnen (*od.* erringen) [ausüben] to gain [to exercise] power over s.o. – **3.** ⟨*only sg*⟩ (*Staatsmacht*) power: an die ~ kommen (*od.* gelangen) to get into power; an die ~ getragen werden to be carried to power; die ~ ergreifen to seize power; die ~ übernehmen to take over power (*od.* the reins of government); an der ~ sein to be in power; die ~ ausüben [mißbrauchen] to exercise [to abuse] power; j-m zur ~ verhelfen to help (*od.* assist) s.o. to power; die ~ in (den) Händen halten (*od.* haben) *fig.* to hold the power in one's hands. – **4.** ⟨*only sg*⟩ (*machtvoller Einfluß*) power, force: die ~ der Presse the power of the press; die ~ der Liebe the power of love; die ~ der Gewohnheit [der Verhältnisse] the force of habit [circumstances]; eine geistige ~ a spiritual power; er schien von einer inneren ~ getrieben he seemed to be driven by an inner force; keine ~ der Welt konnte mich bewegen, das zu tun nothing in the world could induce me to do that; Wissen ist ~ (*Sprichwort*) knowledge is power (*proverb*); „Die ~ des Schicksals" *mus.* "Force of Destiny" (*opera by Verdi*). – **5.** ⟨*only sg*⟩ (*Machtbefugnis*) authority, power. – **6.** (*höhere od. geheimnisvolle Kraft*) power, force: eine höhere ~ a superior power; übernatürliche Mächte supernatural forces; die Mächte der Finsternis the powers of darkness (*od.* evil); die himmlischen [höllischen] Mächte the heavenly [infernal] powers; er steht mit bösen Mächten im Bunde he is in league with evil powers. – **7.** ⟨*only sg*⟩ (*Gewalt, Kraft*) force, power, might: die ~ eines Schlages [einer Explosion] the force of a blow [an explosion]; mit unwiderstehlicher ~ with irresistible force; er stemmte sich mit aller ~ gegen die Tür he pushed with all his might (*od.* with might and main) against the door; ~ geht vor Recht (*Sprichwort*) might is (*od.* before) right (*proverb*). – **8.** (*machtvolle Organisation*) power: die Presse ist eine ~ im Staate geworden the press has become a power in the state; weltliche ~ temporal power, secular arm; geistliche ~ ecclesiastical (*od.* spiritual) power. – **9.** ⟨*only sg*⟩ (*Streitmacht*) force(s *pl*): der Feind griff mit einer großen ~ an the enemy attacked in great force; mit bewaffneter ~ in ein Land einfallen to invade a country with armed forces. – **10.** *pol.* power: kriegführende Mächte belligerent powers; eine fremde ~ an alien power; → Konzert 4. – **11.** *pl relig.* (*6. Ordnung der Engel*) Powers.

ˈMacht|ˌab,lö·sung *f* transfer (*od.* change) of power. — **~ˌan,häu·fung** *f* concentration (*od.* accumulation) of power. — **~ˌan,spruch** *m* claim to power: Machtansprüche erheben to make a claim to power. — **~be,fug·nis** *f* **1.** power, competence, authority: j-m ~se übertragen to delegate powers to s.o.; seine ~se überschreiten to exceed (*od.* go beyond) one's powers; das überschreitet meine ~ this does not lie (*od.* is not) within (*od.* lies beyond) my competence; ~se eines Vormundes tutelary authority *sg.* – **2.** (*Privileg*) privilege: Übertretung (*od.* Überschreitung) der ~ breach of privilege. — **~be,reich** *m bes. pol.* sphere (*od.* orbit) of influence (*od.* control): etwas in seinen ~ einbeziehen to bring s.th. into one's sphere of influence, to achieve control of s.th.; den ~ eines Staates erweitern to aggrandize (*Br. auch* -s-) a state. — **~be,wußt,sein** *n* consciousness of power. — **~ˌblock** *m pol.* power bloc. — **~ent,fal·tung** *f* display of power. — **~er,grei·fung** *f* seizure (*od.* assumption) of power, accession to power: die ~ *hist.* the seizure of power (by Hitler) (*1933*). — **~ˌfak·tor** *m* power factor. — **~ˌfra·ge** *f* question of power. — **~ˌfül·le** *f* authority, dominion: dieses Amt war mit einer großen ~ ausgestattet this office was invested with great authority; er ließ sich nicht durch seine ~ verführen he did not allow his head to be turned by the authority he enjoyed. — **~ge,bot** *n* authoritative order. — **~ge,fühl** *n* feeling (*od.* sense) of power. — **~ˌgier** *f* lust (*od.* hunger) for power. — **m~ˌgie·rig** *adj* power-hungry: ~ sein to lust for (*od.* after) power. — **~ˌgrup·pe** *f econ.* pressure group.

ˈMacht,ha·ber [-ˌhaːbər] *m* ⟨-s; -⟩ **1.** ruling power, ruler: die ~ im Kreml the ruling powers (*od.* the powers-that-be, those in power) in the Kremlin. – **2.** (*Diktator etc*) dictator, despot, potentate. – **3.** (*Staatsoberhaupt*) head of (the) state. — **ˈmacht,ha·be·risch** *adj* dictatorial, despotic.

ˈMacht|ˌhand·lung *f* despotic act. — **~ˌhun·ger** *m cf.* Machtgier. — **m~ˌhung·rig** *adj cf.* machtgierig.

mäch·tig [ˈmɛçtɪç] **I** *adj* **1.** powerful, mighty; potent, puissant (*lit.*): ein ~er Herrscher [Feind] a powerful ruler [enemy]; eine ~e Nation [Flotte] a mighty nation [fleet]; ein ~es Reich a powerful empire. – **2.** (*kraftvoll, stark*) powerful, strong: ein ~er Schlag a powerful blow; eine ~e Bewegung a powerful movement; ~e Schultern powerful shoulders; ein ~er Wille a powerful will; er hat einen ~en Wuchs he has a powerful (*od.* stalwart) build. – **3.** (*stämmig*) hefty: ein ~er Bursche *colloq.* a hefty fellow (*colloq.*). – **4.** (*riesig*) mighty: ~e Bäume [Wellen] mighty trees [waves]; ein ~er Strom a mighty river. – **5.** (*weit*) immense, vast: ein ~er Wald an immense (*od.* a huge) forest; der ~e Ozean the vast ocean. – **6.** *colloq.* (*riesig*) tremendous: ~es Glück haben to have tremendous luck; ~en Hunger haben to have a tremendous (*od. colloq.* walloping) appetite; ~en Spaß haben to have loads of fun (*colloq.*); einen ~en Bammel vor (*dat*) etwas haben to be scared silly of s.th.; to have the wind up terribly about s.th., to be in a blue funk about s.th. (*sl.*); sie hatte ~en Dusel she has had a tremendous amount of luck. – **7.** (*in Wendungen wie*) des Wortes (*od.* der Rede) ~ sein to have mastery of one's words; einer Sprache ~ sein to have command of a language; seiner selbst (*od.* seiner Sinne) nicht ~ sein to have no control over oneself, to be out of one's senses (*od.* mind). – **8.** (*Stimme*) powerful, mighty. – **9.** (*mining*) (*Flöz*) thick. – **10.** *colloq.* (*Essen*) heavy. – **II** *adv* **11.** *colloq.* (*sehr, überaus*) immensely, 'mighty' (*colloq.*): sich ~ amüsieren to enjoy oneself immensely; er konnte ~ schreien he could shout in a powerful voice; sich für ~ klug halten to think oneself mighty clever; er ist ~ gewachsen he has grown a lot, he has shot up; er ist ~ stolz auf seinen Sieg he is tremendously proud of his victory; ich erschrak ~ I was terribly frightened (*colloq.*).

ˈMäch·ti·ge *m* ⟨-n; -n⟩ powerful (*od.* mighty) person: die ~n dieser Welt the powerful of this world.

ˈMäch·tig·keit *f* ⟨-; *no pl*⟩ **1.** powerfulness, mightiness. – **2.** (*mining*) (*eines Flözes*) thickness.

ˈMacht|ˌkampf *m* struggle for power. — **m~ˌlie·bend** *adj* power-loving.

ˈmacht·los *adj* **1.** without power, powerless: völlig ~ destitute of all power. – **2.** helpless: da bist du ~, da stehst du ~ vis-à-vis *colloq.* there's nothing you can do; gegen ihre Frechheit bin ich ~ I am helpless in the face of her impudence. — **ˈMacht·lo·sig·keit** *f* ⟨-; *no pl*⟩ **1.** powerlessness. – **2.** helplessness.

ˈMacht|ˌmit·tel *n* means of (enforcing one's) power. — **~po·li,tik** *f* power politics *pl* (*construed as sg or pl*). — **m~po,li·tisch** *adj* of (*od.* relating to) power politics. — **~ˌpro·be** *f* trial of strength. — **~ˌsphä·re** *f cf.* Machtbereich. — **~ˌspruch** *m* **1.** authoritative decision. – **2.** *cf.* Machtwort. — **~ˌstaat** *m* totalitarian state. — **~ˌstel·lung** *f* powerful position, position of strength. — **~ˌstre·ben** *n* aspiration for power. — **~ˌüber,nah·me** *f cf.* Machtergreifung. — **~ver,hält·nis** *n* balance of power: die ~se in Europa haben sich im letzten Jahrhundert stark verändert the balance of power in Europe has altered considerably in the last century. — **~ver,tei·lung** *f* distribution of power. — **m~ˌvoll** *adj* **1.** (*Herrscher, Position, Stimme etc*) powerful, mighty. – **2.** (*Bekenntnis, Persönlichkeit etc*) impressive. — **~ˌvoll,kom·men·heit** *f* complete power (*od.* authority): aus eigener ~ handeln to act on one's own authority. — **~ˌwil·le** *m* will to power. — **~ˌwort** *n* word of authority: ein ~ mit j-m sprechen to deliver a few words of authority to s.o., to give s.o. a good talking-to; ein ~ sprechen to put one's foot down, to lay down the law, to speak a decisive word. — **~ˌzen·trum** *n* center (*bes. Br.* centre) of power. — **~zu,sam·men,bal·lung** *f* concentration of power. — **~ˌzu,wachs** *m* increase in power.

ma·chul·le [maˈxʊlə] *adj* ⟨*pred*⟩ **1.** *colloq. and dial.* bankrupt. – **2.** *colloq.* tired, weary, worn out. – **3.** *colloq.* mad, crazy.

ˈMach,werk *n* **1.** (*Collage, Plastik etc*) construction, composition. – **2.** *contempt.* (*schlechte Arbeit*) shoddy (*od.* bungled[-up]) piece of work, botchwork.

ˈMach,zahl *f phys. aer.* Mach (number).

ˈMa·cis,öl [ˈmatsɪs-; ˈmaːtsɪs-] *n gastr. med. pharm.* nutmeg oil, oil of mace.

Macke (*getr.* -k·k-) [ˈmakə] *f* ⟨-; -n⟩ **1.** eine ~ haben *colloq.* a) to be nuts (*od.* off one's rocker) (*sl.*), b) (*einen Spleen*) to have a kink (*od.* crotchet). – **2.** *dial.* (*im Lack etc*) flaw. – **3.** *dial.* (*am Ei*) crack.

ˈmack·lich *adj mar.* easy.

Ma·da·gas·kar|ˌigel [madaˈgaskar-] *m zo.* rice tenrec (*Oryzorictes hora*). — **~ˌkuckuck** (*getr.* -k·k-) *m* Madagascar cuckoo (*Coua cristata*). — **~ˌpflau·me** *f bot.* Madagascar plum (*Flacourtia ramontchi*).

Ma·da·gas·se [madaˈgasə] *m* ⟨-n; -n⟩, **Ma·daˈgas·sin** *f* ⟨-; -nen⟩ Malagasy, Madagascan. — **ma·daˈgas·sisch** *adj* Malagasy, Madagascan.

Ma·dam [maˈdam] *f* ⟨-; -s *u.* -en⟩ *colloq.* **1.** (*Hausherrin*) lady of the house, madam. – **2.** missis: kleine ~ *humor.* little madam, young lady. – **3.** matronly woman.

Ma·dame [maˈdam] (*Fr.*) *f* ⟨-; Mesdames [meˈdam]⟩ (*franz. Anrede für verheiratete Frau*) madame: ~ X Madame X.

Ma·da·po·lam [madapoˈlaːm] *m* ⟨-(s); -s⟩ (*textile*) madapol(l)am.

Ma·da·ro·se [madaˈroːzə], **Ma·daˈro·sis** [-zɪs] *f* ⟨-; *no pl*⟩ *med.* (*Wimpernverlust*) madarosis.

Mäd·chen [ˈmɛːtçən] *n* ⟨-s; -⟩ **1.** (*junges*) (young) girl, *auch* lass: ein schönes [hübsches] ~ a beautiful [pretty] girl; ein anständiges (*od.* ehrbares) ~ a respectable girl; ein unschuldiges [gefallenes] ~ an innocent [a fallen] girl; ein unberührtes ~ a virgin; Mode für junge ~ fashion for young girls; ein spätes ~ *colloq. humor.* an old maid; um ein ~ werben to court (*od.* woo) a girl. – **2.** girl: eine Schule für Jungen und ~ a school for boys and girls; sie hat ein ~ bekommen she has had a (baby) girl. – **3.** *colloq.* (*Liebste*) girl (friend), sweetheart, lass, *Br. colloq.* 'bird': er brachte sein ~ mit he brought his girl friend (along with him). – **4.** (*Dienstmädchen*) maid, girl (servant), maidservant, servant (girl): man bekommt heute keine ~ mehr you can't get a maid nowadays; ~ für Hausarbeit gesucht girl wanted for (*od.* to do) housework; ~ für alles a) maid of all work, general servant, factotum, b) *fig. iron.* maid of all work. – **5.** (*Zimmermädchen*) chambermaid. – **6.** (*Lehrmädchen*) girl apprentice. – **7.** (*Laufmädchen*) errand girl. — **~ˌal·ter** *n* girlhood: schon im ~ when she was still a girl. — **~ˌau·ge** *n bot.* coreopsis (*Gattg Coreopsis*). — **~ˌbil·dung** *f ped. cf.* Mädchenerziehung. — **~ˌblu·me** *f bot.* common pellitory (*od.* feverfew) (*Chrysanthemum parthenium*). — **~er,zie·hung** *f ped.* education of girls. — **~gym,na·si·um** *n* secondary school for girls.

ˈmäd·chen·haft I *adj* **1.** girlish, maidenly. – **2.** *fig.* (*schüchtern*) bashful. – **II M~e, das** ⟨-n⟩ **3.** the girlishness, the maidenliness: das ~ ihrer Erscheinung the maidenliness of her appearance. – **4.** *fig.* the bashfulness.

ˈMäd·chen·haf·tig·keit *f* ⟨-; *no pl*⟩ girlishness, maidenliness.

ˈMäd·chen|ˌhan·del *m* white slavery, white slave traffic (*od.* trade). — **~ˌhänd·ler** *m* white slave trader, white slaver. — **~ˌheim** *n* home for young girls. — **~ˌkam·mer** *f cf.* Mädchenzimmer. — **~ˌklas·se** *f ped.* school class (*bes. Br.* form) of girls: wir sind eine reine ~ there are only girls in our class.

— **~ˌkraut** *n bot.* lesser periwinkle (*Vinca minor*). — **~ˌna·me** *m* **1.** girl's name. – **2.** (*Geburtsname*) maiden name. — **~pen·sioˌnat** *n ped.* boarding school for young ladies, finishing school. — **~ˌraub** *m* abduction (*od.* kidnap[p]ing) of a girl. — **~ˌräu·ber** *m* abductor (*od.* kidnap[p]er) of a girl. — **~ˌrol·le** *f* (*theater*) girl's part (*od.* role). — **~ˌschän·der** *m* rapist. — **~ˌschu·le** *f ped.* girls' school. — **~ˌschutz** *m jur.* care for (*od.* protection of) young girls. — **~ˌtur·nen** *n* (*sport*) girls' gymnastics *pl* (*construed as sg*) (*od.* calisthenics, *bes. Br.* callisthenics *pl* [*usually construed as sg*]). — **~ˌwei·he** *f anthrop.* (*bei Naturvölkern*) (female) initiation. — **~ˌzeit** *f* girlhood. — **~ˌzim·mer** *n* **1.** girl's room. – **2.** maid's (*od.* maidservant's) room: **die ~** the servants' quarters.

Ma·de ['ma:də] *f* ⟨-; -n⟩ *zo.* maggot, mite: **von ~n lebend** worm-eating; **wie die ~ im Speck leben** *fig. colloq.* to be (*od.* live) in clover, to live like fighting cocks, *Am. colloq.* to be on the gravy train.

Ma·dei·ra [ma'daɪra] *m* ⟨-s; -s⟩ *gastr.* Madeira (*auch* madeira) (wine). — **~ˌholz** *n* Madeira wood. — **~ˌscha·be** *f zo.* Madeira (cock)roach (*Leucophaea maderae*). — **~sticke,rei** (*getr.* -k·k-) *f* (*textile*) Madeira work. — **~ˌwein** *m gastr. cf.* Madeira.

Mä·del ['mɛ:dəl] *n* ⟨-s; -; *colloq. u. dial.* -s *u.* -n⟩ *colloq. for* Mädchen.

Made·moi·selle [madmwa'zɛl] (*Fr.*) *f* ⟨-; Mesdemoiselles [medmwa'zɛl]⟩ (*franz. Anrede für unverheiratete Frau*) mademoiselle: **~ X** Mademoiselle X.

'**Ma·den|ˌfraß** *m hort.* destruction caused by maggots (*od.* worms): **die Apfelernte wurde durch ~ zerstört** the apple crop was destroyed by maggots. — **~ˌfres·ser** *m zo.* smooth-billed ani (*Crotophaga ani*). — **~ˌhacker** (*getr.* -k·k-) *m* ox pecker, buffalo bird (*Gattg Buphagus*).

'**Ma·denˌwurm** *m zo.* **1.** pinworm, seat worm, threadworm (*Enterobius vermicularis*). – **2.** mawworm (*a parasitic nemathelminth*). — **~ˌkrank·heit** *f med.* oxyuriasis.

Ma·de·ra [ma'de:ra] *m* ⟨-s; -s⟩ *gastr. cf.* Madeira.

'**Mä·deˌsüß** ['mɛ:də-] *n* ⟨-; -⟩ *bot.* a) meadowsweet (*Gattg Filipendula, bes. F. ulmaria*), b) dropwort (*F. hexapetala*), c) queen of the meadow (*F. ulmaria*).

'**ma·dig** *adj* **1.** (*Käse, Fleisch*) maggoty, grubby, *Am.* skippery. – **2.** (*Früchte*) wormy, worm-eaten. – **3.** *fig. colloq.* (*in Wendungen wie*) **j-n ~ machen** to run s.o. down; **j-m etwas ~ machen** to spoil s.th. for s.o.

Ma·djar [ma'dja:r] *m* ⟨-en; -en⟩ Magyar, Hungarian. — **ma'dja·risch I** *adj* Magyar, Hungarian. – **II** *ling.* **M~** ⟨*generally undeclined*⟩, **das M~e** ⟨-n⟩ Magyar, Hungarian, the Magyar (*od.* Hungarian) language.

Ma·don·na [ma'dɔna] *f* ⟨-; -nen⟩ **1.** ⟨*only sg*⟩ *relig.* Madonna. – **2.** (*art*) Madonna, *auch* madonna, virgin: **Sixtinische ~** Sistine Madonna.

Ma'don·nen|ˌbild *n* picture of the Virgin Mary, Madonna, *auch* madonna. — **m~haft** *adj* Madonna-like, madonna-like. — **~ˌkult** *m* worship of the Virgin Mary, Mariolatry (*contempt.*). — **~-ˌLi·lie** *f bot.* Madonna (*od.* Bourbon) lily (*Lilium candidum*). — **~ˌschei·tel** *m parting of the hair down the middle*: **sie trägt einen ~** she parts her hair in (*od.* down) the middle, she wears her hair parted (*od.* with a parting) down the middle. — **~ˌsta·tue** *f* statue of the Virgin Mary, Madonna, *auch* madonna.

Ma·dras ['madras] *m* ⟨-; *no pl*⟩, **~geˌwe·be** *n* (*textile*) madras, *auch* Madras. — **~ˌhanf** *m bot.* sunn, sun(n) hemp (*Crotalaria juncea*).

Ma·dre·po·re [madre'po:rə] *f* ⟨-; -n⟩ *zo.* madrepore (*Gattg Madrepora*).

mad·re'po·ren|ˌar·tig, ~ˌför·mig *adj zo.* madreporiform. — **M~ˌkalk** *m geol.* coral rag.

Ma·dri·der [ma'drɪdər] *m* ⟨-s; -⟩ Madrilenian, Madrilene.

Ma·dri·gal [madri'ga:l] *n* ⟨-s; -e⟩ (*literature*) *mus.* madrigal. — **~ˌchor** *m mus.* madrigal choir. — **~ˌdich·ter** *m* madrigalist.

Ma·dri·ga·list [madriga'lɪst] *m* ⟨-en; -en⟩ *mus.* madrigalist.

Ma'du·raˌfuß [ma'du:ra-] *m med.* Madura foot (*od.* disease), mycetoma (*scient.*).

mae·sto·so [maɛs'to:zo] *mus.* **I** *adj u. adv* maestoso. – **II M~** *n* ⟨-s; -s *u.* -stosi [-zi]⟩ maestoso (passage).

Mae·stra·le [maɛs'tra:lə] *m* ⟨-s; *no pl*⟩ *meteor. cf.* Mistral.

Mae·stro [ma'ɛstro] *m* ⟨-s; -s, *auch* -stri [-tri]⟩ *mus.* (*art*) maestro.

Mä·eu·tik [mɛ'ɔʏtɪk] *f* ⟨-; *no pl*⟩ *philos.* maieutic (*od.* Socratic) method. — **mä'eu·tisch** *adj* maieutic.

Ma·fia ['mafĭa], **Maf·fia** ['mafĭa] *f* ⟨-; -s⟩ (*terroristischer Geheimbund*) Mafia, Maffia.

mag [ma:k] *1 u. 3 sg pres of* mögen[1].

Ma·ga·zin [maga'tsi:n] *n* ⟨-s; -e⟩ **1.** warehouse, storehouse, store, depot, *Am. auch* magazine: **etwas im ~ (auf)speichern** to store s.th. in a warehouse, to warehouse s.th. – **2.** *mil.* storage depot. – **3.** (*Zeitschrift*) magazine, journal, periodical: **ein ~ herausgeben** to edit a magazine. – **4.** (*einer Bibliothek*) stack (room), stacks *pl.* – **5.** *mil.* (*einer Handfeuerwaffe*) magazine. – **6.** *tech.* (*einer Werkzeugmaschine*) magazine feeding attachment. — **~ˌar·bei·ter** *m* stockkeeper, warehouse worker. — **~au·toˌmat** *m tech.* magazine automatic.

Ma·ga'zi·ner *m* ⟨-s; -⟩ *Swiss for* Magazinarbeiter.

Ma·ga·zi·neur [magatsi'nø:r] *m* ⟨-s; -e⟩ *Austrian for* Magazinverwalter.

ma·ga·zi'nie·ren [-'ni:rən] *v/t* ⟨*no* ge-, h⟩ warehouse, store.

Ma·ga'zin|ge,wehr *n* repeating firearm, repeater. — **~ˌsen·dung** *f telev.* magazine (*od.* review) program (*bes. Br.* programme). — **~ˌstrei·fen** *m mil.* clip. — **~verˌwal·ter** *m econ.* warehouse keeper, warehouseman, warehouse supervisor. — **~verˌwal·tung** *f* warehouse keeping, supervision (*od.* administration) of warehouses.

Magd [ma:kt] *f* ⟨-; ⸚e⟩ **1.** (*eines Bauern*) maid, female farm hand (*Br.* farm-hand), woman agricultural labo(u)rer: **junge Mägde, magere Kühe** (*Sprichwort*) *etwa* young maids make lean cows. – **2.** (*Dienstmagd*) maid, maidservant, servant girl. – **3.** *poet.* (*Dienerin*) handmaid(en): **siehe, ich bin des Herren ~** *Bibl.* behold the handmaid of the Lord. – **4.** *obs. poet.* (*Mädchen, Jungfrau*) maiden: **eine holde ~** a fair maiden; **Maria, die reine ~** *relig.* Mary the holy virgin.

Mag·da'le·nenˌwur·zel [makda'le:nən-] *f bot. cf.* Baldrian 1.

Mag·da·lé·ni·en [makdale'niɛ̃:] *n* ⟨-(s); *no pl*⟩ *archeol.* Magdalenian period.

Mag·de·bur·ger ['makdəˌbʊrgər] *adj* of (*od.* relating to) Magdeburg: **die ~ Zenturien** *relig.* the Magdeburg Centuries; **die ~ Halbkugeln** *phys.* the Magdeburg hemispheres. — '**mag·deˌbur·gisch** *adj* of (*od.* relating to) Magdeburg: **~er Sauerkohl** *gastr.* pickled cabbage of Magdeburg, Magdeburg sauerkraut.

Mäg·de·lein ['mɛ:kdəlaɪn], **Mägd·lein** ['mɛ:ktlaɪn] *n* ⟨-s; -⟩ *obs. poet.* (little) maid, (little) girl, lassie.

Ma·ge ['ma:gə] *m* ⟨-n; -n⟩ *jur. hist.* kinsman: **~n und Sippen** kith and kin *sg.*

ma·gel·la·nisch [magɛ'la:nɪʃ], **ma·gel'lansch** [-'la:nʃ] *adj* Magellanic: **Magellansche Wolke** *astr.* Magellanic Cloud.

Ma·gen ['ma:gən] *m* ⟨-s; ⸚, *auch* -⟩ **1.** stomach, belly, tummy (*colloq.*): **ein schlechter [empfindlicher] ~** a bad [sensitive] stomach; **ich habe nichts im ~** I haven't got anything in my stomach; **einen guten ~ haben** to have a good stomach; **mir tut der ~ weh** my stomach hurts; **mir knurrt der ~** my stomach's rumbling, I'm hungry; **mir streikt der ~** my stomach's about to burst; **Tabletten auf nüchternen ~ einnehmen** to take tablets on an empty stomach; **und das auf nüchternen ~!** *fig. colloq.* and that on an empty stomach! **das verträgt mein ~ nicht** that upsets my stomach; **ich habe mir den ~ verdorben** I have an upset stomach, I have indigestion; **er ging mit leerem ~ ins Bett** he went to bed with (*od.* on) an empty stomach; **sich** (*dat*) **den ~ überladen** to overload one's stomach, to overeat; **er hat es mit dem ~** *colloq.* he's got s.th. wrong with his stomach; **seine Augen sind größer als sein ~** *fig.* his eyes are bigger than his stomach; **ihm drehte sich der ~ um** (*od. colloq.* **herum**) his stomach revolted; **bei dem Anblick dreht sich einem ja der ~ um** (*od. colloq.* **herum**) the sight of that makes your stomach turn over (*od.* makes you feel sick); **das Fleisch liegt mir schwer im ~** the meat lies heavily on my stomach; **die Geschichte liegt mir im ~** *fig.* the matter is preying on my mind, the matter upsets me; **der (Kerl) liegt mir im ~** *fig. colloq.* I can't stomach him; **mir schlägt sich jede Aufregung gleich auf den ~** the slightest excitement upsets my stomach; **(die) Liebe geht durch den ~** (*Sprichwort*) the way to a man's heart is through his stomach (*proverb*); **es kommt alles in einen ~** (*Sprichwort*) *etwa* it's all part of the stew; **lieber den ~ verrenken, als dem Wirt etwas schenken** rather get an upset stomach than let anything go back to the innkeeper. – **2.** *med.* stomach: **den ~ aushebern** (*od.* **auspumpen**) to pump (out) (*od.* empty) the stomach; **den ~ betreffend** gastric. – **3.** *zo.* a) stomach, maw, craw, b) (*der Vögel u. Insekten*) gizzard: **erster ~** (*der Wiederkäuer*) first stomach (of ruminants), paunch, rumen (*scient.*); **zweiter ~** honeycomb (stomach), bonnet, reticulum (*scient.*); **dritter ~** manyplies *pl* (*usually construed as sg*); omasum, psalterium (*scient.*); **vierter ~** rennet bag, abomasum (*scient.*); **mit vielen Mägen** polygastric; **mit (nur) einem ~** monogastric.

'**Ma·gen|ˌausˌgang** *m med.* pylorus. — **~ˌausˌhe·be·rung** *f med.* pumping out (*od.* evacuation) of the stomach, siphonage of stomach contents, gastric lavage. — **~beˌschwer·den** *pl* stomach (*od.* gastric) trouble *sg.* — **~ˌbit·ter** *m gastr.* bitters *pl*, bitter cordial. — **~ˌblu·ten** *n*, **~ˌblu·tung** *f med.* h(a)emorrhage from the stomach, gastrorrhagia (*scient.*). — **~ˌbrei** *m* chyme. — **~ˌbrem·se** *f zo.* horse botfly (*Gastrophilus intestinalis*). — **~ˌbren·nen** *n med.* heartburn, acid indigestion, pyrosis (*scient.*). — **~-ˌDarm-Ka·nal** *m* gastrointestinal (*Br.* gastro-intestinal) tract. — **~-ˌDarm-Kaˌtarrh** *m* gastroenteritis, *Br.* gastro-enteritis. — **~ˌdruck** *m* ⟨-(e)s; *no pl*⟩, **~ˌdrücken** (*getr.* -k·k-) *n* pressure on (*od.* pain in) the stomach. — **~ˌdrü·se** *f* gastric (*od. scient.* peptic) gland. — **~ˌeinˌgang** *m* entrance to the stomach, cardia (*scient.*). — **~entˌzün·dung** *f* inflammation of the stomach, gastritis (*scient.*). — **~erˌwei·te·rung** *f* dilation of the stomach, gastric dilation, gastrectasia, *auch* gastrectasis (*scient.*). — **~ˌfi·stel** *f* gastric fistula. — **~ˌge·gend** *f* stomach region; (epi)gastric region, epigastrium (*scient.*). — **~geˌschwür** *n* gastric (*od.* stomach, *scient.* peptic) ulcer. — **~ˌgru·be** *f* **1.** *med.* pit of the stomach, epigastrium (*scient.*): **die ~ betreffend** epigastric. – **2.** (*sport*) pit of the stomach, solar plexus: **einen Schlag in die ~ bekommen** to get a punch in (*od.* to) the solar plexus, to be winded. — **~ˌinˌhalt** *m med.* stomach contents *pl.* — **~kaˌtarrh** *m* stomach cold (*od.* catarrh), gastritis (*scient.*). — **~ˌknur·ren** *n* rumbling (in the bowels *od.* of the stomach), borborygmus, *auch* borborygmy (*scient.*). — **~ˌkrampf** *m* spasm of the stomach, gastrospasm (*scient.*). — **m~ˌkrank** *adj* suffering from a stomach ailment, having stomach trouble, dyspeptic (*scient.*). — **~ˌkran·ke** *m, f* person suffering from a gastric disease. — **~ˌkrank·heit** *f* disorder (*od.* ailment, illness) of the stomach, stomach disease (*od.* ailment); gastropathy, gastrosis (*scient.*): **die ~en** (*als Fachgebiet*) gastrology *sg.* — **~ˌkrebs** *m* cancer of the stomach, stomach cancer. — **~ˌlei·den** *n* gastric trouble (*od.* disorder, complaint). — **m~ˌlei·dend** *adj cf.* magenkrank. — **~ˌmit·tel** *n med. pharm.* stomachic. — **~ˌmüh·le** *f zo.* (*der Decapoden*) gastric mill. — **~ˌmund** *m med.* orifice of the stomach; cardia, os ventriculi, (o)esophageal (*od.* cardiac) orifice (*scient.*). — **~ope·ra·tiˌon** *f* gastric operation. — **~ˌpfört·ner** *m* lower orifice of the stomach, pylorus (*scient.*). — **~ˌpum·pe** *f* stomach pump. — **~ˌrei·zung** *f* gastric irritation. — **~re·sek·tiˌon** *f* resection of the stomach, (partial) gastrectomy (*scient.*). — **~ˌsaft** *m* gastric juice. — **~ˌsäu·re** *f* gastric acid, acidity (of the stomach): **Mittel gegen ~** antacid, *auch* antiacid.

'**Ma·genˌschleim** *m med.* gastric mucus.

'**Ma·genˌschleimˌhaut** *f med.* gastric mucous membrane, gastric mucosa. — **~entˌzün·dung** *f* gastritis.

'**Ma·gen|ˌschmer·zen** *pl med.* pains in the stomach, stomachache, *Br.* stomach-ache *sg*; gastralgia *sg*, cardialgia *sg* (*scient.*). — **~ˌschnitt** *m* gastrotomy. — **~ˌschrump·fung** *f* shrinking of the stomach, gastrostenosis (*scient.*). — **~ˌsen·kung** *f* gastric ptosis, gastroptosis, ventroptosis. — **~ˌson·de** *f* **1.** stomach probe. – **2.** (*zur künstlichen Ernährung*) feeding tube. — **~ˌspie·gel** *m* gastroscope. — **~ˌspie·ge·lung** *f* gastroscopy. — **~ˌspü·lung** *f* gastric irrigation (*od.* lavage), gastrolavage (*scient.*). — **~ˌstein** *m* **1.** *med.* gastric calculus, gastrolith. – **2.** *zo.* (*der Wiederkäuer*) bezoar (stone), aegagropila, *auch* (a)egagropile. — **~ˌta·sche** *f zo.* (*bei Nesseltieren*) mesentery cavity. — **~ˌtrop·fen** *pl med. pharm.* stomach drops. — **~ˌüberˌsäue·rung** *f med.* hyperacidity. — **~ˌun·terˌsu·chung** *f* gastric examination, examination of the stomach. — **~verˌstim·mung** *f* stomach (*od.* gastric) upset, upset stomach: **ich habe eine ~** I have an upset stomach. — **~ˌwand** *f* wall (*od.* coat) of the stomach, gastric wall (*od. scient.* paries). — **~ˌweh** *n cf.* Magenschmerzen. — **~ˌzip·fel** *m zo.* (*der Wiederkäuer*) bagnet of the stomach.

ma·ger [ˈmaːgər] **I** *adj* ⟨-er; -st⟩ **1.** meager, *bes. Br.* meagre, lean, thin, spare, skinny: **~ werden** to grow (*od.* get) thin, to fall off (*od.* away); **ihre ~en Arme** her thin arms. – **2.** (*schlank*) slender, slim. – **3.** (*dürr*) gaunt, haggard, scrawny, (*abgemagert*) emaciated. – **4.** *fig.* (*Gewinn, Ergebnis etc*) scanty, poor, spare, meager, *bes. Br.* meagre: **ein ~er Vergleich ist besser als ein fetter Prozeß** (*Sprichwort*) *etwa* a poor compromise is better than costly litigation; → Jahr 1. – **5.** *gastr.* a) (*Fleisch*) lean, b) (*Milch*) skim (*attrib*), skimmed, c) (*Kost*) low-fat (*attrib*): **Sie müssen ~ essen** *colloq.* you must be on a low-fat diet. – **6.** *agr.* (*Boden*) poor, barren. – **7.** (*mining*) a) (*Erz*) poor, b) (*Kohle*) lean. – **8.** *tech. civ.eng.* (*Mischung*) lean. – **9.** *print.* (*Schrift*) lightfaced. – **II** *adv* **10. ~ leben** to live frugally. – **III M~e, das** ⟨-n⟩ **11.** *gastr.* the lean (part).

ˈMa·ger|beˌton *m civ.eng.* lean concrete. — **~ˌfisch** *m zo.* redfish (*Umbrina cirrhosa*). — **~ˌfleisch** *n gastr.* lean (meat). — **~ˌkä·se** *m gastr.* low-fat cheese.

ˈMa·ger·keit *f* ⟨-; *no pl*⟩ **1.** meagerness, *bes. Br.* meagreness, leanness, thinness, spareness, skinniness. – **2.** (*Schlankheit*) slenderness, slimness. – **3.** (*Dürre*) gauntness, haggardness, scrawniness, (*stärker*) emaciation. – **4.** *agr.* (*des Bodens*) poorness, barrenness.

ˈMa·gerˌkoh·le *f* (*mining*) semianthracite, *Br.* semi-anthracite, steam (*od.* lean) coal.

ˈMa·ger|ˌmilch *f gastr.* skim (*od.* skimmed) milk. — **~ˌquark** *m* green (*od.* cottage) cheese.

ˈMa·ger|ˌripp·chen *n meist pl gastr.* sparerib(s *pl*). — **~ˌsucht** *f* ⟨-; *no pl*⟩ *med.* anorexia (nervosa).

Ma·gie [maˈgiː] *f* ⟨-; *no pl*⟩ (black) magic, sorcery: **weiße ~** white magic.

Ma·gi·er [ˈmaːgiər] *m* ⟨-s; -⟩ **1.** (*Zauberer*) magician, wizard, sorcerer. – **2.** *relig.* Magus, *auch* Magian: **die ~** *pl* the wise men from the East, the Magi.

Ma·gi·ker [ˈmaːgikər] *m* ⟨-s; -⟩ *cf.* Magier 1.

ma·gisch [ˈmaːgɪʃ] *adj* ⟨-er; -st⟩ **1.** (*Kräfte etc*) magic(al), occult, *auch* magian; talismanic(al), hermetic, *auch* Hermetic (*rare*). – **2.** (*Quadrat etc*) magic, magical: **eine ~e Anziehungskraft** a magic (force of) attraction; **~e Beleuchtung** magic illumination. – **3.** *electr. phys.* magic: **~es Auge** magic eye; **~es T** hybrid (*od.* magic) T; **~e Zahl** *nucl. phys.* magic number. – **4.** *psych.* (*Phase, Stufe*) magic.

Ma·gi·ster [maˈgɪstər] *m* ⟨-s; -⟩ **1.** *ped.* master: **~ der freien Künste** *cf.* Magister Artium; **~ der Naturwissenschaften** Master of Science, M.Sc., *bes. Am.* M.S.; **~ der Pharmazie** *Austrian* Master of Pharmacy. – **2.** *obs. od. humor.* schoolmaster. — **~ ˈAr·ti·um** [ˈartsiʊm] *m* ⟨-s -; - -⟩ Master of Arts, M.A., *Am. auch* A.M.

Maˈgi·sterˌgrad *m ped.* (degree of) Master of Arts (*od.* Science).

Ma·gi·stra·le [magɪsˈtraːlə] *f* ⟨-; -n⟩ **1.** main thoroughfare (*od.* street). – **2.** (*railway*) main railroad (*Br.* railway) line.

Ma·gi·strat[1] [magɪsˈtraːt] *m* ⟨-(e)s; -e⟩ municipal (*od.* town, city) council, municipal authorities *pl*.

Ma·giˈstrat[2] *m* ⟨-en; -en⟩ *Swiss* (*hohe Amtsperson*) magistrate.

Ma·giˈstrats|beˌam·te *m* municipal (*od.* town, city) official, magistrate. — **~beˌschluß** *m* decision of the municipal council. — **~ˌmitˌglied** *n* municipal (*od.* town, city) councillor.

Mag·ma [ˈmagma] *n* ⟨-s; -men⟩ *geol.* magma. — **magˈma·tisch** [-ˈgmaːtɪʃ] *adj* magmatic. — **Mag·maˈtis·mus** [-ˈtɪsmʊs] *m* ⟨-; *no pl*⟩ magmatism. — **Mag·maˈtit** [-ˈtiːt; -ˈtɪt] *m* ⟨-s; -e⟩ igneous rock.

ˈMa·gna ˈChar·ta [ˈmagna] *f* ⟨-; *no pl*⟩ *pol. hist.* Magna C(h)arta (*1215*).

Ma·gnat [maˈgnaːt] *m* ⟨-en; -en⟩ **1.** (*Großindustrieller*) magnate, tycoon, baron (*colloq.*). – **2.** *hist.* (*in Polen u. Ungarn*) magnate.

Ma·gne·sia [maˈgneːzĭa] *f* ⟨-; *no pl*⟩ *chem.* magnesia, magnesium oxide (MgO): **basischkohlensaure [doppeltkohlensaure] ~** basic carbonate [bicarbonate] of magnesia; **gebrannte ~** calcined magnesia; **kohlensaure ~** carbonate of magnesia; **schwefelsaure ~** sulfate (*bes. Br.* -ph-) of magnesia, Epsom salt(s *pl usually construed as sg*). — **m~ˌhal·tig** *adj metall.* magnesian. — **~ˌkalkˌstein** *m min.* magnesian limestone. — **~ˌmilch** *f chem. med. pharm.* milk of magnesia ($Mg(OH)_2$).

Ma·gne·sit [magneˈziːt; -ˈzɪt] *m* ⟨-s; -e⟩ *min.* magnesite, rhomb (*od.* bitter) spar. — **~ˌausˌklei·dung** *f metall.* magnesite lining.

Ma·gne·si·um [maˈgneːzĭʊm] *n* ⟨-s; *no pl*⟩ *chem.* magnesium (Mg). — **~boˌrat** *n* borate of magnesium ($Mg_3(BO_3)_2$). — **~chloˌrid** *n* magnesium chloride ($MgCl_2$). — **~ˌdraht** *m electr.* magnesium wire. — **~ˌfackel** (*getr.* -k·k-) *f tech.* magnesium flare (*od.* torch). — **m~ˌhal·tig** *adj chem.* magnesic. — **~kar·boˌnat** *n min.* magnesite. — **~ˌlicht** *n chem.* magnesium light. — **~oxyd** [-ʔɔˌksyːt] *n chem. cf.* Magnesia. — **~phosˌphat** *n min.* bobierrite. — **~ˌpul·ver** *n tech.* magnesium powder. — **~sulˌfat** *n chem.* magnesium sulfate (*bes. Br.* -ph-), Epsom salt(s *pl usually construed as sg*) ($MgSO_4 \cdot 7H_2O$).

Ma·gnet [maˈgneːt] *m* ⟨-(e)s *u.* -en; -e(n)⟩ **1.** *phys.* magnet: **fester ~** field magnet; **hufeisenförmiger ~** horseshoe magnet. – **2.** *auto.* a) (*Magnetzünder*) magneto, b) (*einer Einspritzpumpe*) mixture control solenoid. – **3.** *fig.* magnet, lodestone, loadstone: **das Spielkasino zieht die Leute an wie ein ~** the casino attracts people like a magnet. — **~ˌan·ker** *m* **1.** *tech.* magnet keeper, balanced armature. – **2.** *auto.* magneto armature.

Maˈgnetˌband *n electr.* magnetic tape. — **~geˌrät** *n* magnetic tape recorder.

Maˈgnet|ˌberg *m* (*im Volksglauben*) magnetic mountain, lodestone rock. — **~ˌbrem·se** *f electr.* magnetic brake. — **~ˌei·senˌstein** *m min. cf.* Magnetit.

maˈgnet·elek·trisch [-ʔeˌlɛktrɪʃ] *adj tech.* magnetoelectric, *Br.* magneto-electric.

Maˈgnetˌfeld *n phys.* magnetic field. — **~ˌkom·paß** *m aer.* flux-gate compass.

maˈgne·tisch I *adj* (*Anziehung, Ablenkung, Abstoßung etc*) magnetic: **~e Aufbereitung [Feldstärke]** magnetic separation [field strength]; **~es Erdfeld** *geogr.* terrestrial magnetic field; **~e Bildaufzeichnung** *telev.* magnetic picture (*od.* video) recording; **~e Induktion** magnetic induction (*od.* flux density); **~e Kraft** magnetic force, magnetism; **etwas ~ machen** to magnetize (*Br. auch* -s-) s.th.; **~er Pol** *geogr.* magnetic pole; **~er Speicher** (*computer*) magnetic store (*od.* memory); **~er Sturm** *meteor.* magnetic storm; **~er Tonabnehmer** magnetic pick-up; **~er Verstärker** transductor amplifier; **~e Weite** magnetic amplitude; **~er Widerstand** magnetic reluctance; **sie übt eine ~e Anziehungskraft auf ihn aus** *fig.* she has a magnetic attraction for him. – **II** *adv* magnetically: **~ erregbar** magnetizable *Br. auch* -s-.

Ma·gne·ti·seur [magnetiˈzøːr] *m* ⟨-s; -e⟩ magnetizer *Br. auch* -s-, mesmerizer *Br. auch* -s-, mesmerist.

ma·gne·tiˈsier·bar *adj phys.* magnetizable *Br. auch* -s-. — **Ma·gne·tiˈsier·bar·keit** *f* ⟨-; *no pl*⟩ magnetizability *Br. auch* -s-.

ma·gne·ti·sie·ren [magnetiˈziːrən] **I** *v/t* ⟨*no* ge-, h⟩ **1.** *phys.* magnetize *Br. auch* -s-. – **2.** (*Person*) mesmerize *Br. auch* -s-. – **II M~** *n* ⟨-s⟩ **3.** *verbal noun.* — **Ma·gne·tiˈsie·rung** *f* ⟨-; *no pl*⟩ **1.** *cf.* Magnetisieren. – **2.** magnetization *Br. auch* -s-. – **3.** (*einer Person*) mesmerization *Br. auch* -s-.

Ma·gne·tis·mus [magneˈtɪsmʊs] *m* ⟨-; *no pl*⟩ **1.** *bes. phys.* magnetism: **tierischer ~** animal magnetism; zoomagnetism, biomagnetism, biod (*scient.*); **Lehre vom ~** magnetics *pl* (*construed as sg*). – **2.** mesmerism.

Ma·gne·tit [magneˈtiːt; -ˈtɪt] *m* ⟨-s; -e⟩ *min.* magnetite, magnetic iron ore.

Maˈgnetˌkern *m phys.* magnet core. — **~ˌspei·cher** *m* (*computer*) (magnetic) core memory.

Maˈgnetˌkies *m min.* iron (*od.* magnetic) pyrites *pl*, pyrrhotite, *auch* pyrrhotine.

Maˈgnetˌkis·sen *n tech.* magnetic suspension. — **~ˌzug** *m* magnetic suspension train, magnetic hovertrain.

Maˈgnet|ˌkom·paß *m phys.* magnetic compass. — **~ˌkupp·lung** *f tech.* magnetic clutch. — **~ˌlo·cher** *m* (*beim Lochkartenverfahren*) electric punch. — **~ˌna·del** *f phys.* magnetic (*od.* compass) needle.

Ma·gne·to·graph [magnetoˈgraːf] *m* ⟨-en; -en⟩ *geol.* magnetograph.

Ma·gne·to|hy·dro·dy·na·mik [magnetohydrodyˈnaːmɪk] *f phys. aer.* magnetohydrodynamics *pl* (*construed as sg*). — **m~hy·dro·dyˈna·misch** *adj* magnetohydrodynamic. — **~ˈme·ter** *n* ⟨-s; -⟩ magnetometer.

Ma·gne·ton [ˈmagnetɔn] *n* ⟨-s; -s, *mit Zahlenangabe* -⟩ *phys.* magneton.

Maˈgne·toˌop·tik *f* (*optics*) electrooptics *pl*, magneto-optics *pl* (*beide construed as sg*).

Ma·gne·to·path [magnetoˈpaːt] *m* ⟨-en; -en⟩ *cf.* Magnetiseur.

Ma·gne·to·py·rit [magnetopyˈriːt; -ˈrɪt] *m min. cf.* Magnetkies.

Ma·gne·to·sphä·re [magnetoˈsfɛːrə] *f* (*space*) magnetosphere.

Maˈgnet|ˌplat·tenˌspei·cher *m* (*computer*) magnetic plate storage. — **~ˌpol** *m phys.* magnetic (*od.* magnet) pole. — **~ˌreg·ler** *m tech. electr.* field regulator.

Ma·gne·tron [ˈmagnetroːn] *n* ⟨-s; -e⟩ *electr.* magnetron.

Maˈgnet|ˌschal·ter *m* **1.** *electr.* solenoid switch. – **2.** *auto.* electromagnetic relay. — **~ˌschei·der** *m tech. metall.* magnetic separator (*od.* grader). — **~ˌschie·nenˌbrem·se** *f* (*railway*) solenoid-operated rail brake. — **~ˌspu·le** *f tech.* magnet(ic) coil, solenoid. — **~ˌstab** *m phys.* bar magnet, magnetic bar. — **~ˌstahl** *m metall.* magnet steel. — **~ˌstein** *m min. cf.* Magnetit.

Maˈgnetˌton *m electr.* magnetic sound. — **~ˌfilm** *m phot.* magnetic sound film. — **~geˌrät** *n electr.* magnetic tape recorder. — **~ˌka·me·ra** *f phot.* magnetic sound camera. — **~verˌfah·ren** *n electr.* magnetic sound-recording system.

Maˈgnet|ˌwick·lung *f tech.* magnet winding. — **~ˌzün·der** *m auto.* **1.** (ignition) magneto. – **2.** (*Lichtmagnetzünder*) dynamo-magneto. — **~ˌzün·dung** *f* magneto ignition (system).

Ma·gni·fi·kat [maˈgniːfikat] *n* ⟨-(s); *no pl*⟩ *mus. relig.* magnificat.

Ma·gni·fi·zenz [magnifiˈtsɛnts] *f* ⟨-; -en⟩ magnificence: **Seine ~** His Magnificence (*title of German university rectors and mayors of free towns*).

Mag·ni·tu·de [magniˈtuːdə] *f* ⟨-; -n⟩ *phys.* (*zur Erdbebenberechnung*) magnitude.

Ma·gno·lie [maˈgnoːlĭə] *f* ⟨-; -n⟩ *bot.* magnolia (*Gattg Magnolia*): **Chinesische ~** yulan, Chinese magnolia (*M. denudata*); **Graugrüne** (*od.* **Virginische**) **~** sweet (*od.* white) bay, swamp laurel, *Am.* beaver tree, beaverwood (*M. virginiana*); **Großblumige ~** big laurel, laurel-leafed tulip tree (*M. grandiflora*); **Spitzblättrige ~** cucumber tree (*M. acuminata*).

maˈgno·li·en|ˌar·tig *adj bot.* magnolialike, magnoliaceous (*scient.*). — **M~ˌsän·ger** *m zo.* magnolia warbler (*Dendroica magnolia*).

Ma·got [ˈmagɔt] *m* ⟨-s; -s⟩ *zo.* Barbary (*od.* Gibraltar) ape (*od.* monkey) (*Macacas sylvanus*).

magst [maːkst] *2 sg pres of* mögen[1].

Ma·gus [ˈmaːgʊs] *m* ⟨-; -gi [-gi]⟩ *cf.* Magier 1.

Ma·gyar [maˈdjaːr] *m* ⟨-en; -en⟩ *cf.* Madjar.

mäh [mɛː] *interj* (*von Schaf*) **~, ~!** baa, baa!: **~ schreien** to baa, to bleat.

Ma·ha·go·ni [mahaˈgoːni] *n* ⟨-s; *no pl*⟩ **1.** (*wood*) mahogany (wood): **gewässertes ~** mottled mahogany; **aus ~** mahogany. – **2.** *bot.* a) mahogany (tree), *auch* cedar (*Swietenia mahogani*), b) red (*od.* forest) mahogany (*Eucalyptus resinifera*), c) white mahogany (*od.* springybark) (*Eucalyptus acmenoides*): **Afrikanisches ~** cailcedra (*Khaya senegalensis*); **Ostindisches ~** toona, toon (*Cedrela toona*). — **~ˌgum·miˌbaum** *m bot.* mahogany gum (tree), jarrah (tree) (*Eucalyptus marginata*). — **~ˌholz** *n* (*wood*) *cf.* Mahagoni 1. — ~,**mö·bel** *pl* mahogany furniture *sg.*

Ma·ha·ja·na [maha'ja:na] *n* ⟨-; *no pl*⟩ *relig.* mahayana.

'**Ma·ha·leb**|,**kirsch**,**baum** ['ma:halɛp-] *m*, ~,**kir·sche** *f bot. cf.* Weichselkirsche.

Ma·ha·ra·dscha [maha'ra:dʒa] *m* ⟨-s; -s⟩ (*ind. Herrschertitel*) maharaja(h).

Ma·ha·ra·ni [maha'ra:ni] *f* ⟨-; -s⟩ maharani, maharanee.

Ma·hat·ma [ma'ha:tma] *m* ⟨-s; -s⟩ (*ind. Ehrentitel*) mahatma.

'**mäh**|**bar** *adj* mowable, ready for mowing. — **M~**,**bin·der** *m agr.* reaper and binder machine, binder.

Mahd[1] [ma:t] *f* ⟨-; -en⟩ *agr. dial.* **1.** (*das Mähen*) mowing. – **2.** a) (cut) grass, hay, b) hay harvest (*od.* crop): **zweite** ~ aftermath, rowen. – **3.** (*Zeit des Mähens*) mowing (*od.* haying) time.

Mahd[2] *n* ⟨-(e)s; =er⟩ *Austrian and Swiss* mountain meadow.

Mäh·der ['mɛ:dər] *m* ⟨-s; -⟩ *dial. for* Mäher.

Mah·di ['maxdi; 'ma:di] *m* ⟨-(s); -s⟩ *relig.* Mahdi.

Mah·dis·mus [max'dɪsmʊs; ma'dɪs-] *m* ⟨-; *no pl*⟩ *relig.* Mahdism, Mahdiism. — **Mah'dist** [-'dɪst] *m* ⟨-en; -en⟩ Mahdist.

'**Mäh**,**dre·scher** *m agr.* combine (harvester).

mä·hen[1] ['mɛ:ən] *v/i u. v/t* ⟨h⟩ cut, mow, (*bes. Getreide*) reap, (*mit der Sense*) *auch* scythe, (*mit der Sichel*) *auch* sickle: **den Rasen** ~ to mow the lawn, to cut the grass.

'**mä·hen**[2] *v/i* ⟨h⟩ *colloq.* (*von Schaf*) baa, bleat.

'**Mä·her** *m* ⟨-s; -⟩ **1.** (*für Gras*) mower, cutter. – **2.** (*für Getreide*) reaper.

Mah-Jongg [ma'dʒɔŋ] *n* ⟨-s; *no pl*⟩ (*altes chines. Spiel*) Mah-Jong(g).

Mahl [ma:l] *n* ⟨-(e)s; -e, *obs.* =er⟩ *lit.* **1.** meal, repast, (*festliches*) *auch* feast: **ein reichliches** ~ **einnehmen** to have a substantial meal; **ein bescheidenes [frugales]** ~ a modest [frugal] meal; **ein** ~ **bereiten** to prepare a meal; **es wurde ihnen ein köstliches** ~ **vorgesetzt** a delicious meal was set before (*od.* in front of) them. – **2.** (*Bankett*) banquet, feast.

'**Mäh**,**la·der** *m agr.* mower and loader, (*für Getreide*) reaper and loader.

mah·len ['ma:lən] **I** *v/t* ⟨*pp* **gemahlen**, h⟩ **1.** (*Getreide etc*) grind, mill: **etwas zu Mehl** ~ to grind s.th. (in)to flour, *Am. auch* to flour s.th. – **2.** (*Kaffee*) grind. – **3.** (*Pfeffer, Samen etc*) mill. – **4.** (*grob*) crush, bruise. – **5.** (*fein*) pulverize *Br. auch* -s-, powder. – **6.** (*paper*) beat. – **II** *v/i* **7.** grind, mill: → **kommen** 4. – **8.** (*von Mühle*) work, operate. – **9.** *fig.* (*von Rädern etc*) spin: **die Räder** ~ **im Sand** the wheels are spinning in the sand. – **10.** (*in Wendungen wie*) **die Kiefer der Pferde mahlten** the horses were grinding their teeth together. – **III M~** *n* ⟨-s⟩ **11.** *verbal noun.* – **12.** pulverization *Br. auch* -s-.

'**Mahl**|,**gang** *m* **1.** (*Maschine*) millcourse, set of millstones. – **2.** (*Vorgang*) grinding operation. — ~**ge**,**bühr** *f*, ~,**geld** *n* miller's fee. — ~,**gut** *n* **1.** (*einer Mühle*) material to be ground (*od.* crushed). – **2.** (*paper*) beating material. — ~,**hol·län·der** *m* (*paper*) Hollander (*auch* hollander) (beater), stuff (*od.* beating) engine.

mäh·lich ['mɛ:lɪç] *adj u. adv obs. od. poet. for* allmählich.

'**Mahl**|,**korn** *n cf.* Mahlgut 1. — ~,**müh·le** *f* gristmill. — ~,**recht** *n jur.* privilege of keeping a mill. — ~,**sand** *m mar.* quicksand. — ~,**schatz** *m obs.* engagement present (to the fiancée). — ~,**statt**, ~,**stät·te** *f hist.* (*der Germanen*) place for meetings and executions. — ~,**stein** *m tech. cf.* Mühlstein. — ~,**strom** *m geogr.* maelstrom, whirlpool.

'**Mah·lung** *f* ⟨-; -en⟩ *cf.* Mahlen.

'**Mahl**|,**werk** *n tech.* **1.** (*zum Grobmahlen*) crushing mill. – **2.** (*zum Feinmahlen*) milling (*od.* grinding) plant. – **3.** (*zum Feinstmahlen*) pulverizing (*Br. auch* -s-) equipment. — ~,**zahn** *m med. zo.* molar, grinder.

'**Mahl**,**zeit** *f* ⟨-; -en⟩ **1.** meal, repast: **eine reichliche** ~ a substantial (*od. colloq.* square) meal; **leichte [warme]** ~ light [hot] meal; **drei** ~**en am Tag** three meals a day; **nach der** ~ after the meal; **eine** ~ **einnehmen** to have a meal; **vor [nach] den** ~**en einzunehmen** (*Medizin*) take before [after] meals, take preprandially (*Br.* pre-prandially) [postprandially (*Br.* post-prandially)]; (**gesegnete**) ~! *etwa* I hope you will enjoy (*od.* enjoyed) your meal; **prost** ~! *fig. colloq. iron.* a) (*das kann ja heiter werden*) good luck, fat chance of that! b) (*da haben wir die Bescherung*) that's a fine mess! – **2.** (*eines Säuglings*) feed(ing).

'**Mahl**,**zwang** *m jur. hist. obligation to have one's corn ground at a certain mill.*

'**Mäh·ma**,**schi·ne** *f agr.* **1.** (*für Gras*) mower, mowing machine. – **2.** (*für Getreide*) reaper.

'**Mahn**,**brief** *m* **1.** *econ. cf.* Mahnung 4. – **2.** *relig.* monitory (letter).

Mäh·ne ['mɛ:nə] *f* ⟨-; -n⟩ **1.** *zo.* mane, crest: **gesträubte** ~ erect mane; **der Löwe schüttelt die** ~ the lion shakes its mane; **mit gestutzter** ~ hog-maned; **mit einer** ~ maned, jubate (*scient.*). – **2.** *fig. colloq.* (*eines Menschen*) mane, good head of hair.

mah·nen ['ma:nən] **I** *v/t* ⟨h⟩ **1. j-n an** (*acc*) **etwas [j-n]** ~ *lit.* to remind s.o. of s.th. [s.o.], to recall s.th. [s.o.] to s.o.('s mind): **der Vorfall mahnt mich an ein früheres Erlebnis** this event reminds me of an experience I had some time ago; **das Photo mahnt mich an meinen Bruder** the photo reminds me of my brother; **er mahnte mich an mein Versprechen** he reminded me of my promise. – **2. j-d mahnt j-n zu etwas** s.o. admonishes (*od.* urges, exhorts) s.o. to s.th.: **j-n zur Geduld** ~ to admonish s.o. to be patient (*od.* calm); **er mahnte sie vergeblich zur Ruhe** he admonished them in vain to be silent, he called in vain for order; **er mahnte mich, eine gute Arbeit zu leisten** he urged me to do a good job. – **3.** (*erinnern*) remind: **muß man dich denn immer** ~? does one always have to remind you? do you always have to be reminded? **die Abenddämmerung mahnt uns zum Aufbruch** *fig.* the dusk reminds (*od.* warns) us that we must leave. – **4.** (*ermahnen*) admonish, warn: **j-n öffentlich [brieflich]** ~ to admonish s.o. publicly [in writing]; ‚**beeil dich**', **mahnte sie ihn** 'hurry up,' she admonished him. – **5.** *econ.* (*Schuldner*) demand payment from, dun (*s.o.*) (for payment): **j-n wegen einer Schuld** ~ to demand payment of a debt from s.o. – **II** *v/i* **6.** *econ.* demand payment. – **7.** *hunt.* (*von Hirschkuh*) groan, troat. – **III M~** *n* ⟨-s⟩ **8.** *verbal noun.* – **9.** *cf.* Mahnung.

'**Mäh·nen**,**amei·sen**,**bär** *m zo.* maned (*od.* great) anteater (*Br.* ant-eater) (*Myrmecophaga tridactyla*).

'**mah·nend I** *pres p.* – **II** *adj* (*Worte etc*) admonishing, (ad)monitory, warning. – **III** *adv* ~ **den Zeigefinger heben** to raise a finger in admonition (*od.* warning), to raise a warning finger.

'**Mäh·nen**|,**ger·ste** *f bot.* squirrel grass, squirreltail, *auch* squirreltail grass (*od.* barley) (*Hordeum jubatum*). — ~,**haar** *n* mane hair, hair of the mane. — ~,**hirsch** *m zo.* sambar, sambur, elk, rusa (*Cervus unicolor*). — ~,**hund** *m cf.* Mähnenwolf. — ~,**rob·be** *f* Southern sea lion, maned seal (*Otaria flavescens*). — ~,**schaf** *n* aoudad, *auch* audad, arui, maned sheep (*Ammotragus lervia*). — ~,**tau·be** *f* hackled pigeon, caloenas (*scient.*) (*Caloenas nicobarica*). — ~,**wolf** *m* maned wolf (*od.* dog) (*Chrysocyon brachyurus*).

'**Mah·ner** *m* ⟨-s; -⟩ **1.** *bes. econ.* dunner: **lästiger** ~ annoying (*od.* importunate) creditor. – **2.** warner, admonisher, *Am. auch* monitor.

'**Mahn·ge**,**bühr** *f econ.* small fine (*imposed for failing to settle an account, for not returning books etc*).

'**mäh·nig** *adj* maned.

'**Mahn**|,**mal** *n* ⟨-(e)s; -e, *rare* =er⟩ memorial: **ein** ~ **aufstellen** to erect a memorial. — ~,**pre·digt** *f* exhortatory sermon: **j-m eine** ~ **halten** *fig.* to give s.o. a talking-to, to sermonize (*Br. auch* -s-) s.o. — ~,**re·de** *f cf.* Mahnpredigt. — ~,**ruf** *m cf.* Mahnwort. — ~,**schrei·ben** *n* **1.** *econ. cf.* Mahnung 4. – **2.** *relig.* monitory (letter).

'**Mah·nung** *f* ⟨-; -en⟩ **1.** *cf.* Mahnen. – **2.** (*Ermahnung*) admonition, exhortation: **eine** ~ **aussprechen** to say a word of exhortation. – **3.** (*Erinnerung*) reminder: **dieses Bild bedeutete für ihn eine ständige** ~ **an den Vater** this picture was a constant reminder of his father to him; **dieses Denkmal wurde zur** ~ **an die Gefallenen errichtet** this monument was erected as a memorial to the dead. – **4.** *econ.* reminder, demand for payment, dun(ning letter).

'**Mahn**|**ver**,**fah·ren** *n jur.* action on a debt. — ~,**wort** *n* ⟨-(e)s; -e⟩ word of exhortation (*od.* admonition, urging, warning). — ~,**zei·chen** *n cf.* Mahnmal. — ~,**zet·tel** *m econ.* reminder.

Ma·ho·nie [ma'ho:nĭə] *f* ⟨-; -n⟩ *bot.* a) mahonia (*Gattg Mahonia*), b) Oregon grape (*M. aquifolium*).

Mahr [ma:r] *m* ⟨-(e)s; -e⟩ nightmare.

Mah·ra·the [ma'ra:tə] *m* ⟨-n; -n⟩ Maratha, Mahratta, *auch* Mahratti: **Sprache der** ~**n** Marathi.

Mäh·re[1] ['mɛ:rə] *f* ⟨-; -n⟩ **1.** (*alte Stute*) old mare. – **2.** (*Gaul*) hack, nag, jade.

'**Mäh·re**[2] *m* ⟨-n; -n⟩ *hist.* Moravian.

'**Mäh·rer** *m* ⟨-s; -⟩ *cf.* Mähre[2].

'**mäh·risch I** *adj* Moravian: ~**e Brüder** *relig.* Moravians, Moravian (*od.* United) Brethren; **Lehre der** ~**en Brüder** *relig.* Moravianism. – **II** *ling.* **M~** ⟨*generally undeclined*⟩, **das M~e** ⟨-n⟩ Moravian.

'**Mäh**,**zeit** *f agr.* mowing (*od.* haying, harvesting) time, harvest time.

Mai [maɪ] *m* ⟨-(e)s *u.* -, *poet. auch* -en; *rare* -e⟩ **1.** May: **ein feuchter [verregneter]** ~ a damp [rainy] (month of) May; **der erste** ~ (*Datum*) the first of May; **der Erste** ~ (*Feiertag*) May Day; **im (Wonnemonat)** ~ in (the merry month of) May; **der Monat** ~ the month of May, Maytime, Maytide (*poet.*); ~ **kühl und naß füllt dem Bauer Scheuer und Faß** (*Sprichwort*) a cold May and a windy makes a full barn and a findy (*proverb*). – **2.** ~ **des Lebens** *fig.* spring(tide) (*od.* springtime) of life; **des Lebens** ~ **blüht einmal und nicht wieder** *poet.* life's vernal season is but one short spell (*poet.*); **im** ~ **des Lebens** in the spring (*od.* bloom) of life. — ~,**an**,**dacht** *f röm.kath. May devotions pl in hono(u)r of the Virgin Mary.* — ~,**ap·fel** *m bot.* mayapple, *auch* Mayapple, mandrake (*Podophyllum peltatum*). — ~,**baum** *m* **1.** maypole, *auch* Maypole. – **2.** birch greenery. — ~,**bir·ke** *f bot. cf.* Hängebirke. — ~,**blu·me** *f* **1.** **Große** ~ common Solomon's seal (*Polygonatum multiflorum*). – **2.** *cf.* Maiglöckchen. — ~,**blu·men**,**strauß** *m* bunch of May flowers. — ~,**bow·le** *f gastr.* wine flavored (*bes. Br.* flavoured) with sweet woodruff, May wine. — ~,**busch** *m* birch greenery.

Maid [maɪt] *f* ⟨-; -en⟩ **1.** *archaic od. poet.* maiden. – **2.** *iron.* young girl.

Maiden [meɪdn] (*Engl.*) *n* ⟨-(s); -⟩ (*Reitsport*) maiden: **Rennen für** ~ maiden (race).

Maie ['maɪə] *f* ⟨-; -n⟩ *dial.* **1.** *cf.* maigrün 4. – **2.** *cf.* Maibaum. – **3.** (*forestry*) *cf.* Maitrieb.

mai·en ['maɪən] *v/impers* ⟨h⟩ **es (grünt und) mait** *poet.* nature is bursting forth in bloom, it is turning spring.

'**Mai·en** *m* ⟨-s; -⟩ *dial.* **1.** *cf.* Maibaum. – **2.** *Swiss for* Blumenstrauß. — **m~haft** *adj* springlike, Maylike. — ~,**kö·ni·gin** *f* **1.** *lit. for* Maikönigin. – **2.** *röm.kath.* the Holy (*od.* Blessed) Virgin, the Virgin Mary. — ~,**zeit** *f poet.* Maytime, Maytide (*poet.*).

'**Mai**|,**fei·er** *f* May Day celebration. — ~,**feld** *n* **1.** *civ.eng.* a) foundation area of a dike, b) (*an der Nordsee*) false channel. – **2.** *hist.* Assembly in Franconia. — ~,**fest** *n* **1.** May (Day) festival (*od.* festivities *pl*): **zum** ~ **ziehen** to go (a)maying. – **2.** *hist.* (*der Kelten*) Beltane, *auch* Bealtine. — ~,**fisch** *m zo.* allice shad, *auch* allice, allis (*Gattg Alosa*). — ~,**flie·ge** *f cf.* Köcherfliege. — ~,**frost** *m* frost in May. — ~**ge**,**set·ze** *pl hist.* May laws, laws of May (*1871*). — ~,**glöck·chen** *n bot.* lily of the valley, wood (*od.* flame) lily (*Convallaria majalis*). — **m~**,**grün I** *adj* **1.** pea-green. – **II M~** *n* ⟨-s⟩ **2.** pea green. – **3.** first foliage of May. – **4.** (*als Schmuck*) birch greenery. — ~,**hecht** *m zo.* pike spawning in May.

'**Mai**,**kä·fer** *m zo.* cockchafer, May beetle (*od.* bug), *bes. Am.* June beetle (*od.* bug), melolonthid (*scient.*) (*Fam. Melolonthidae*): **grinsen wie ein** ~ *fig. colloq.* to grin like a Cheshire cat. — ~,**lar·ve** *f cf.* Engerling.

'**Mai**|,**kätz·chen** *n bot.* catkin, amentum (*scient.*). — ~,**kir·sche** *f* Mayduke, *auch* Mayduke cherry, St. Julian's cherry.

'**Mai**|,**kö·nig** *m* King of (the) May, May king. — ~,**kö·ni·gin** *f* Queen of (the) May, May queen. — ~,**kraut** *n bot.* **1.** *cf.* Schöllkraut. – **2.** water avens (*Geum rivale*). — ~,**kund**,**ge·bung** *f* May Day manifestation.

Mai·län·der ['maɪlɛndər] **I** *m* ⟨-s; -⟩

native (*od.* inhabitant) of Milan, Milanese. – **II** *adj* ⟨*invariable*⟩ (of *od.* pertaining to) Milan, Milanese: die ~ Scala the Milan Scala; ~ Spezialitäten *gastr.* Milanese dishes. — **'mai·län·disch** *adj* Milanese, (of *od.* pertaining to) Milan.

'mai·lich *adj poet. od. lit. for* maienhaft.

Mai·ling ['maılıŋ] *m* ⟨-s; -e⟩ **1.** *zo. cf.* Äsche¹. – **2.** *bot.* a) *type of morel,* b) *type of winter apple.*

'Mai|,luft *f*, **~,lüft·chen** *n*, *Bavarian dial.* **~,lüf·terl** [-,lyftərl] *n* ⟨-s; -⟩ gentle spring air (*od.* breeze), May (*od.* vernal) breeze. — **~,mo·nat** *m* (month of) May.

'Main·zer I *m* ⟨-s; -⟩ native (*od.* inhabitant) of Mainz. – **II** *adj* ⟨*invariable*⟩ (of *od.* pertaining to) Mainz: ~ Käse *gastr.* Mainz cheese; der ~ Karneval the carnival of Mainz.

'Mai,pilz *m bot.* May toadstool (*Calocybe georgii*).

Maire [mɛːr] (*Fr.*) *m* ⟨-s; -s⟩ (*Bürgermeister*) mayor. — **Mai·rie** [mɛ'riː] *f* ⟨-; -n [-ən]⟩ **1.** mayoralty, mayorship. – **2.** (*Dienststelle*) mayor's office.

'Mai|,rit·ter·ling *m bot. cf.* Maipilz. — **~,rü·be** *f* early (*od.* hasty) turnip.

Mais [maıs] *m* ⟨-es; *Arten* -e⟩ *bot.* (Indian) corn, *bes. Br.* maize (*Zea mays*): ~ rösten a) to roast corn, b) to pop corn; mit ~ gefüttert corn-fed. — **~,blatt,laus** *f zo.* corn leaf aphid (*Rhopalosiphum maidis*). — **~,brei** *m gastr.* mush, hasty pudding, *Am.* sagamite, *auch* polenta. — **~,brot** *n* corn (*od.* Indian) bread.

Maisch [maıʃ] *m* ⟨-es; -e⟩ *bes. brew. cf.* Maische 1. — **~,bot·tich** *m brew.* mash tun (*od.* tub), keeve, kieve.

'Mai·sche *f* ⟨-; -n⟩ **1.** *bes. brew.* mash: gegorene ~ wash. – **2.** (*in der Zuckerfabrikation*) crystallizer *Br. auch* -s-.

mai·schen ['maıʃən] *v/i u. v/t* ⟨h⟩ *brew.* mash.

'Mais|dex,tro·se *f gastr.* corn sugar. — **~,dieb** *m zo.* maizer, maize thief, maize-bird, redwing (*od.* red-winged) blackbird (*Agelaius phoeniceus*). — **~,feld** *n* cornfield, *bes. Br.* maize field, field of corn (*bes. Br.* maize). — **~,flocken** (*getr.* -k·k-) *pl gastr.* cornflakes. — **~,fut·ter** *n agr.* corn (*bes. Br.* maize) fodder. — **m~,gelb** *adj bes. Br.* maize(-yellow). — **~ge,mü·se** *n gastr.* (sweet) corn, *bes. Br.* maize. — **~,grieß** *m* hominy grits *pl* (*construed as sg or pl*). — **~,gür·tel** *m geogr.* (*der USA*) corn belt. — **~,hül·se** *f* (corn)husk, *bes. Br.* maize husk, bract (*scient.*). — **~,kä·fer** *m zo.* Northern corn billbug (*Calandra zeae*). — **~,kle·ber** *m chem. biol.* zein, gluten of maize. — **~,kleie** *f agr.* corn (*bes. Br.* maize) bran. — **~,kol·ben** *m* **1.** ear of corn (*bes. Br.* maize), (*junger*) *auch* roasting ear. – **2.** (*Strunk*) (corn)cob, *bes. Br.* maize cob. — **~,korn** *n* kernel of corn (*bes. Br.* maize). — **~,ku·chen** *m gastr. Am.* corn cake, hoecake, johnnycake.

'Mais|,mehl *n gastr.* cornmeal, Indian meal. — **~,mot·te** *f zo.* pink corn worm, scavenger bollworm (*Pyrodertes riley*). — **~,pud·ding** *m gastr.* Indian pudding.

Maiß [maıs] *m* ⟨-es; -e⟩, *f* ⟨-; -en⟩ *Bavarian and Austrian for* a) Holzschlag 2, b) Jungwald.

'Mais|,schnaps *m* (Indian) corn whisk(e)y. — **~,schrot,müh·le** *f tech. agr. Am.* corn cracker. — **~,stär·ke** *f gastr. Am.* cornstarch, *Br.* cornflour. — **~,stroh** *n agr. Am.* corn fodder, *Br.* stover. — **~,züns·ler** *m zo.* (European) corn borer (*Pyrausta nubilalis*).

'Mai,trank *m gastr. cf.* Maibowle.

Maî·tre de plai·sir [mɛtrədplɛ'ziːr] (*Fr.*) *m* ⟨- - -; -s - - [-'ziːr]⟩ *humor.* master of ceremonies, M.C.

'Mai|,trieb *m* (*forestry*) primary (*od.* yearly) shoot, sapling. — **~,vo·gel** *m zo.* checkerspot (butterfly) (*Melitaea maturna*). — **~,wurm** *m* oil beetle, meloe (*scient.*) (*Gattg Meloë*). — **~,zeit** *f* Maytime, Maytide (*poet.*).

Mai·ze·na [maı'tseːna] (*TM*) *n* ⟨-s; *no pl*⟩ *gastr.* maizena (*TM*).

Ma·ja ['maːja] **I** *npr f* ⟨-; *no pl*⟩ *myth.* Maya, *auch* Maia. – **II** *f* ⟨-; *no pl*⟩ *relig. philos.* (*im Hinduismus*) maya, *auch* maia.

Ma·je·stät [majɛs'tɛːt] *f* ⟨-; -en⟩ **1.** ⟨*only sg*⟩ majesty, grandeur: die Landschaft trat in ihrer ganzen ~ hervor the scenery appeared in its entire majesty; die ~ des Todes the majesty of death. – **2.** (*Titel von Königen u. Kaisern*) Majesty: Euer (*od.* Eure) ~ Your Majesty; Ihre ~ Her Majesty; Seine ~ [der König] His Majesty [the King]; Ihre ~en Their Majesties; die Kaiserlichen ~en traten ein the Imperial Majesties entered; seine teuflische ~ *fig.* His Satanic Majesty.

ma·je'stä·tisch I *adj* **1.** majestic, *auch* majestical: eine ~e Erscheinung a majestic appearance; ihr ~er Gang her majestical gait; der ~e Anblick der Alpen the majestic (*od.* grand) view of the Alps. – **2.** *mus.* maestoso. – **II** *adv* **3.** majestically, grandly: die Berge lagen ~ vor mir the mountains lay majestically before (*od.* in front of) me; der Kutscher thronte ~ auf dem Bock the coachman sat majestically on top of the box; der Tiger brüllte ~ the tiger roared majestically. – **III M~e, das** ⟨-n⟩ **4.** the majesty, *auch* the grandness.

Ma·je'stäts|be,lei·di·gung *f pol. jur.* offence (*Am.* offense) against the sovereign, lese majesty, lèse majesté. — **~ver,bre·chen** *n* crime against the sovereign, high treason. — **~ver,bre·cher** *m* offender against the sovereign.

Ma·jo·li·ka [ma'joːlika] *f* ⟨-; -ken *u.* -s⟩ (*eine Tonware*) majolica, *auch* maiolica.

Ma·jo·nä·se [majo'nɛːzə] *f* ⟨-; -n⟩ *gastr.* mayonnaise.

Ma·jor [ma'joːr] *m* ⟨-s; -e⟩ **1.** *mil.* major. – **2.** *mil. aer. Am.* major, *Br.* squadron leader.

Ma·jo·ran [majo'raːn; 'maː-] *m* ⟨-s; -e⟩ *bot. gastr.* Echter ~ (true *od.* sweet) marjoram (*Origanum majorana*); Wilder ~ origan, *auch* origane (*O. vulgare*). — **~,öl** *n gastr.* oil of marjoram.

Ma·jo·rat [majo'raːt] *n* ⟨-(e)s; -e⟩ *jur.* **1.** primogeniture, majorat. – **2.** *cf.* Majoratsgut.

Ma·jo'rats|,er·be *m jur.* heir in right of primogeniture, eldest son. — **~,gut** *n* entail(ed estate), estate devolving by right of primogeniture. — **~,herr** *m* possessor of an entail(ed estate), tenant in tail. — **~,recht** *n* right of primogeniture.

Ma·jor·do·mus [majər'doːmus] *m* ⟨-; -⟩ **1.** majordomo, maître d'hôtel. – **2.** *hist.* seneschal.

ma·jo·renn [majo'rɛn] *adj obs. jur.* of full age, major: ~ werden to come of age, to attain one's majority. — **Ma·jo·ren·ni'tät** [-ni'tɛːt] *f* ⟨-; *no pl*⟩ full (*od.* lawful) age, majority.

ma·jo·ri·sie·ren [majori'ziːrən] *v/t* ⟨*no* ge-, h⟩ *pol.* defeat (*s.o., s.th.*) by a majority of votes.

Ma·jo·rist [majo'rıst] *m* ⟨-en; -en⟩ *röm. kath.* cleric in major orders.

Ma·jo·ri·tät [majori'tɛːt] *f* ⟨-; *rare* -en⟩ *pol.* majority (of votes): mit einer Stimme ~ with a majority of one (vote); die ~ ist dafür [dagegen] the ayes [noes] have it; mit ~ beschlossen carried by a majority of votes; in der ~ sein, die ~ haben to be in the majority, to have the majority.

Ma·jo·ri'täts|be,schluß *m pol.* resolution carried by the majority, majority vote. — **~prin,zip** *n* principle of majority vote, majoritarianism. — **~,wahl** *f* election by absolute (*od.* simple) majority.

Ma'jors|,rang *m*, *auch* **~,wür·de** *f mil.* rank of (a) major, majority: er hat ~ he holds the rank of major.

Ma·jorz [ma'jɔrts] *m* ⟨-es; *no pl*⟩ *Swiss for* Mehrheitswahlrecht.

Ma·jus·kel [ma'juskəl] *f* ⟨-; -n⟩ *print.* majuscule, capital (letter), uppercase (*od.* block) letter: in ~n (geschrieben *od.* gedruckt) majuscule.

ma·ka·ber [ma'kaːbər] *adj* macabre, *Am. auch* macaber: eine makabre Geschichte a macabre story.

Ma·ka·dam [maka'dam] *m, n* ⟨-s; -e⟩ *civ.eng.* (*Straßenbelag*) macadam. — **~be,lag** *m*, **~,decke** (*getr.* -k·k-) *f* macadam pavement (*od.* paving, *Br. auch* surfacing). — **~ma,schi·nen,an,la·ge** *f* coated macadam mixing plant, *Am.* cold mix asphalt plant.

ma·ka·da·mi·sie·ren [makadami'ziːrən] *v/t* ⟨*no* ge-, h⟩ *civ.eng.* macadamize *Br. auch* -s-. — **Ma·ka·da·mi'sie·rung** *f* ⟨-; *no pl*⟩ macadamization *Br. auch* -s-.

Ma·kak ['maːkak, ma'ka(ː)k] *m* ⟨-s *u.* -en; -en [ma'ka(ː)kən]⟩, **Ma·ka·ke** [ma'ka(ː)kə] *m* ⟨-n; -n⟩ *zo.* macaque (*Gattg Macaca*): Gemeiner ~ crab-eating macaque (*M. irus*).

Ma·ka·me [ma'kaːmə] *f* ⟨-; -n⟩ (*literature*) *mus.* makamat.

Ma·kao¹ [ma'kaːo] *m* ⟨-s; -s⟩ *zo.* scarlet (*od.* red-and-blue) macaw, aracanga (*Ara macao*).

Ma'kao² *n* ⟨-s; *no pl*⟩ (*Glücksspiel*) macao.

Ma·ka·ris·mus [maka'rısmus] *m* ⟨-; -men⟩ *meist pl relig.* beatitudes *pl.*

'Ma·kart|bu,kett *n*, **~,strauß** ['makart-] *m* *bouquet of dried flowers and grasses.*

Ma'kas·sar,öl [ma'kasar-] *n* (*Haaröl*) Macassar oil.

Ma·ke·do·ni·er [make'doːnĭər] *m* ⟨-s; -⟩ *cf.* Mazedonier. — **ma·ke'do·nisch** [-nıʃ] *adj cf.* mazedonisch.

Ma·kel ['maːkəl] *m* ⟨-s; -⟩ *lit.* **1.** slur, stain, spot, blot, taint, tarnish: der ~ des schlechten Rufes hindert ihn the taint of a bad reputation is an obstacle to him; an seinem Ruf haftet ein ~ there is a stain on his reputation, his reputation is tarnished; j-m einen ~ anhängen (*od.* anheften) to cast a slur on s.o.'s character; der ~ des Trunkes haftet ihm an the slur of alcoholism attaches to him. – **2.** (*Fehler*) blemish, flaw, defect, fault, scar: an ihr ist kein ~, sie ist ohne ~ she has no faults, she is without blemish; Sie können keinen ~ an ihm finden you can't find fault with him.

Mä·ke'lei *f* ⟨-; -en⟩ *colloq. contempt.* **1.** (constant) faultfinding, carping, petty criticism, *Am. colloq.* griping. – **2.** (*beim Essen*) choosiness (*colloq.*), fussiness, fastidiousness, finickiness.

'ma·kel,frei *adj cf.* makellos I.

'ma·kel·haft, 'ma·ke·lig *adj* **1.** slurred, stained, spotted, tainted, tarnished. – **2.** (*fehlerhaft*) blemished, flawed, defective, faulty.

'mä·ke·lig *adj colloq.* **1.** faultfinding, carping, griping (*colloq.*). – **2.** (*beim Essen*) choos(e)y (*colloq.*), fussy, fastidious, finicky.

'ma·kel·los I *adj* **1.** stainless, unstained, spotless, taintless, untainted, untarnished, unsullied, unslurred: ein ~er Lebenswandel a spotless conduct. – **2.** (*fehlerlos*) unblemished, flawless, faultless, perfect, immaculate, impeccable: eine ~e Figur a perfect figure; ~e Schönheit immaculate beauty; ein ~er Teint an unblemished complexion. – **II** *adv* **3.** ~ weiß pure white; ~ gekleidet sein to be immaculately dressed. — **'Ma·kel·lo·sig·keit** *f* ⟨-; *no pl*⟩ **1.** stainlessness, spotlessness, taintlessness, untaintedness, unsulliedness. – **2.** (*Fehlerlosigkeit*) flawlessness, faultlessness, perfection, immaculateness, impeccability.

ma·keln ['maːkəln] *v/i* ⟨h⟩ *econ.* act as [a broker.]

mä·keln ['mɛːkəln] *colloq. contempt.* **I** *v/i* ⟨h⟩ **1.** an (*dat*) etwas ~ a) (*nörgeln*) to find fault with (*od.* carp at) s.th., to cavil (*od. colloq.* gripe) at (*od.* about) s.th., b) (*am Essen*) to be finicky (*od.* fussy, fastidious) about s.th., to be choos(e)y about (*od.* with) s.th. (*colloq.*): er mäkelt an allem he finds fault with everything. – **II M~** *n* ⟨-s⟩ **2.** *verbal noun.* – **3.** *cf.* Mäkelei.

Make-up [meːk'ˀap; 'meıkʌp] (*Engl.*) *n* ⟨-s; *no pl*⟩ (*cosmetics*) makeup, *Br.* make-up: ~ auflegen (*od.* auftragen) to apply makeup.

Ma·ki ['maːki] *m* ⟨-s; -s⟩ *zo.* maki, lemur, fox-nosed monkey (*Gattg Lemur*): Schwarzer ~ black lemur (*L. macaco*).

Mak·ka·bä·er [maka'bɛːər] *pl Bibl.* Maccabees. — **mak·ka'bä·isch** *adj* Maccabean.

Mak·ka·lu·be [maka'luːbə] *f* ⟨-; -n⟩ *geol.* mud volcano, macaluba (*scient.*).

Mak·ka·ro·ni [maka'roːni] *pl gastr.* macaroni(e)s.

mak·ka·ro·nisch [maka'roːnıʃ] *adj* (*literature*) (*aus verschiedenen Sprachen gemischt*) macaronic: ~e Verse macaronics.

'Mak·ler *m* ⟨-s; -⟩ **1.** (*Börsenmakler*) (stock)broker: amtlich zugelassener ~ inside broker. – **2.** (*Grundstücks- u. Häusermakler*) estate agent, *Am.* real estate agent, broker, *auch* realtor. – **3.** *fig.* (*Vermittler*) broker, middleman, go-between: der ehrliche ~ *hist.* (*Beiname Bismarcks*) the honest broker.

'Mäk·ler *m* ⟨-s; -⟩ *colloq. contempt.* **1.** (*Nörgler*) faultfinder, petty critic, griper (*colloq.*). – **2.** (*beim Essen*) fussy (*od. colloq.* choos[e]y) eater.

'Mak·ler|,fir·ma *f econ.* firm of brokers, brokerage house: unreelle ~ bucket shop (*sl.*). — **~ge,bühr** *f* commission, brokerage, broker's charges *pl* (*od.* fee, commission). — **~ge,schäft** *n* broker's business, brokerage: ~e machen to do business as a broker. — **~ge,wer·be** *n* brokerage.

'mäk·lig *adj cf.* mäkelig.

Ma·ko ['mako] *f* ⟨-; -s⟩, *m, n* ⟨-(s); -s⟩ (*textile*) maco, Egyptian cotton.

Ma·ko·ré [mako're:] *n* ⟨-(s); *no pl*⟩ (*wood*) makore, *auch* cherry mahogany.

Ma·kra·mee [makra'me:] *n* ⟨-(s); -s⟩ (*textile*) macramé (lace), *auch* macrame, macrami.

Ma·kre·le [ma'kre:lə] *f* ⟨-; -n⟩ *zo.* (common *od.* Atlantic) mackerel, scomber, scombrid (*Scomber scombrus*): Westindische ~ Spanish mackerel, pintado (*Scomberomorus maculatus*); Spanische ~ seer(fish), seir(fish), cero (*Scomberomorus regalis*); Amerikanische ~ spike, tinker (*Pneumatophorus rex*); Kalifornische ~ pompano, *auch* pampano (*Trachinotus carolinus*); Gelbe ~ crevalle, *auch* crevally (*Caranx hippos*); zu den ~n gehörig scombrid.

ma'kre·len|,ähn·lich, ~,ar·tig *adj zo.* mackerel-like, scombroid (*scient.*). — **M~,fän·ger** *m mar.* mackereler. — **M~,hecht** *m zo.* bluefish, mackerel (*od.* 'saury) pike, billfish, skipper (*Scomberesox saurus*).

Ma·kro..., ma·kro... *combining form denoting* macro...

'Ma·kro,auf,nah·me ['ma:kro-] *f phot.* [macrophotograph.]

Ma·kro·bio·se [makrobi'o:zə] *f* ⟨-; *no pl*⟩ *med.* macrobiosis, longevity. — **Ma·kro·bio·tik** [-'o:tɪk] *f* ⟨-; *no pl*⟩ macrobiotics *pl* (*construed as sg or pl*).

Ma·kro·chei·lie [makroçaɪ'li:] *f* ⟨-; *no pl*⟩ *med.* macrocheilia.

Ma·kro·chei·rie [makroçaɪ'ri:] *f* ⟨-; *no pl*⟩ *med.* macrochiria.

Ma·kro·dak·ty·lie [makrodakty'li:] *f* ⟨-; *no pl*⟩ *med.* macrodactylia, *auch* macrodactyly.

ma·kro|dia·go·nal [makrodiago'na:l] *adj min.* macrodiagonal. — **M~dia·go'na·le** *f* (*eines Kristalls*) macrodiagonal.

Ma·kro·fos·sil [makrofɔ'si:l] *n* macrofossil.

Ma·kro·ga·met [makroga'me:t] *m* ⟨-en; -en⟩ *biol.* macrogamete, *auch* megagamete.

'Ma·kro·ge,fü·ge *n metall.* macrostructure.

Ma·kro·glos·sie [makroglɔ'si:] *f* ⟨-; *no pl*⟩ *med.* macroglossia.

ma·kro·gnath [makro'gna:t] *adj med.* macrognathic. — **Ma·kro·gna'thie** [-gna'ti:] *f* ⟨-; *no pl*⟩ macrognathia, macrognathism.

Ma·kro|kli·ma [makro'kli:ma] *n meteor.* macroclimate. — **m~'kos·misch** [-'kɔsmɪʃ] *adj* macrocosmic. — **~'kos·mos** [-'kɔsmɔs] *m* macrocosm, macrocosmos, universe. — **m~kri·stal'lin** [-krɪsta'li:n] *adj min.* macrocrystalline.

Ma·kro·lo·gie [makrolo'gi:] *f* ⟨-; *no pl*⟩ *ling.* (*Weitschweifigkeit*) macrology, pleonasm.

Ma·kro·ma·stie [makromas'ti:] *f* ⟨-; *no pl*⟩ *med.* macromastia.

Ma·kro·me·lie [makrome'li:] *f* ⟨-; *no pl*⟩ *med.* macromely.

Ma·kro·me·ren [makro'me:rən] *pl biol.* macromeres.

Ma·kro|mo·le·kül [makromole'ky:l] *n chem.* macromolecule. — **m~mo·le·ku'lar** [-ku'la:r] *adj* macromolecular: ~e Chemie macromolecular (*od.* polymer) chemistry.

Ma·kro·ne [ma'kro:nə] *f* ⟨-; -n⟩ *gastr.* macaroon, (*aus Mandeln*) ratafia (biscuit).

Ma·kro·öko·no·mie [makroˀøkono'mi:] *f econ.* macroeconomics *pl* (*usually construed as sg*).

Ma·kro·pha·gen [makro'fa:gən] *pl med.* macrophages.

Ma·kro·phon [makro'fo:n] *n* ⟨-s; -e⟩ *phys.* (*Schallverstärker*) sound (*od.* public address, P.A.) amplifier.

Ma·kro|pho·to·gra·phie [makrofotogra'fi:] *f phot.* macrophotography. — **m~pho·to'gra·phisch** [-'gra:fɪʃ] *adj* macrophotographic(al). — **~phy'sik** [-fy'zi:k] *f phys.* macrophysics *pl* (*construed as sg or pl*).

Ma·kro·po·de [makro'po:də] *m* ⟨-n; -n⟩ *zo. cf.* Paradiesfisch.

Ma·krop·sie [makrɔ'psi:] *f* ⟨-; *no pl*⟩ *med.* macropsia, *auch* macropsy.

ma·kro·seis·misch [makro'zaɪsmɪʃ] *adj geol.* (*Erdbeben*) macroseismic.

ma·kro·sko·pisch [makro'sko:pɪʃ] *adj* macroscopic, *auch* macroscopical.

Ma·kro·so·mie [makrozo'mi:] *f* ⟨-; *no pl*⟩ *med. cf.* Makromelie.

Ma·kro|spo·re [makro'spo:rə] *f bot.* megaspore, macrospore. — **~struk'tur** [-strʊk'tu:r] *f phys.* macrostructure. — **~theo'rie** [-teo'ri:] *f econ.* macroeconomic theory.

Ma·kro·tie [makro'ti:] *f* ⟨-; *no pl*⟩ *med.* macrotia.

ma·kro·ze·phal [makrotse'fa:l] *adj med.* macrocephalic, macrocephalous, megacephalic. — **Ma·kro·ze'pha·le** *m* ⟨-n; -n⟩ macrocephalus. — **Ma·kro·ze·pha'lie** [-fa'li:] *f* ⟨-; *no pl*⟩ macrocephaly.

Ma·kro·zyt [makro'tsy:t] *m* ⟨-en; -en⟩ *med.* macrocyte, megalocyte, gigantocyte, giant cell.

Ma·kru·ren [ma'kru:rən] *pl zo.* Macrura (*Unterordng Decapoda*).

Ma·ku·la·tur [makula'tu:r] *f* ⟨-; -en⟩ **1.** *print.* maculature, waste(paper): ~ drucken to print waste; ~ reden *fig. colloq.* to talk nonsense. – **2.** (*Altpapier*) wastepaper. – **3.** (*beim Tapezieren*) lining paper. – **4.** *fig.* worthless book, trash. — **~,bo·gen** *m print.* spoiled (*od.* waste) sheet. — **~,druck** *m* ⟨-(e)s; -e⟩ printing waste, spoils *pl*. — **~,for·schung** *f* study of medi(a)eval bookbindings.

ma·ku·lie·ren [maku'li:rən] *v/i* ⟨*no* ge-, h⟩ *print.* **1.** print waste. – **2.** (*einstampfen*) pulp.

ma·ku·lös [maku'lø:s] *adj med.* **1.** macular. – **2.** spotted, spotty, freckled.

mal [ma:l] **I** *adv* **1.** by: multipliziere 12 ~ 15 multiply 12 by (*od.* times) 15; 8 ~ 2 ist (*od.* macht, gibt) 16 8 times (*od.* multiplied by) 2 is (*od.* equals) 16; das Zimmer ist 7 ~ 4 Meter (groß) the room is 7 meters by 4. – **2.** *colloq. for* einmal 2, 3, 4, 6, 7. – **II** *conj* **3.** ~..., ~... *colloq. for* einmal 8.

Mal[1] *n* ⟨-(e)s; -e⟩ time: das erste [zweite, letzte] ~ the first [second, last] time; zum ersten ~ for the first time; zu wiederholten ~en repeatedly, again and again, over and over again; mit einem ~(e) a) (*plötzlich*) suddenly, all at once, all of a sudden, b) (*in einem Arbeitsgang etc*) in one go; das eine oder andere ~ now and then, from time to time; ein anderes ~ another time, some other time; nur dies eine (*od.* einzige) ~ this one time only, only this once; (so) manches ~, manch liebes ~, manches liebe ~ *colloq.* many a time, a good many times; mehrere ~e several times; das vorige (*od.* vergangene, letzte) ~ the last time, the time before; ein ums (*od.* übers) andere ~, ein ~ ums andere by turns, alternately; dort gefällt es mir von ~ zu ~ besser I like it better there each time (*od.* with every time); dieses ~ this time; für dieses ~ will ich darüber hinwegsehen just this once (*od.* for this one time) I'm going to ignore it; das einzige ~ the only (*od.* one) time; nicht ein einziges ~ not once; ein paar ~(e) a couple of times; viele tausend ~e many thousands of times; unzählige ~e countless times; wie viele ~e how many times; ein für alle ~e once and for all; wenn ich ihn das nächste ~ sehe when I see him next (time).

Mal[2] *n* ⟨-(e)s; -e *u.* ¨er⟩ **1.** mark: sie hatte ein unschönes ~ auf der Wange she had an ugly mark on her cheek; auf seinem Rücken waren blaue ~e there were blue marks on his back. – **2.** (*Muttermal*) birthmark, n(a)evus (*scient.*). – **3.** (*Zeichen, Merkmal*) sign, mark, stigma. – **4.** (*Denkmal*) monument. – **5.** (*Grenzpfahl*) boundary. – **6.** (*sport, games*) a) (*beim Schlagball u. Baseball*) base, b) (*beim Curling*) tee, c) (*beim Kricket*) wicket, d) (*beim Rennen*) start(ing line), e) (*beim Kegeln*) trig, foul line, f) (*beim Versteckspiel*) home: zweites ~ second base; Fuß beim ~ halten to toe the mark; Laufen von ~ zu ~ base-running. – **7.** (*forestry*) blaze.

'Ma·la·bar,ap·fel ['ma:labar-] *m bot.* rose apple (*Eugenia jambos*).

Ma·la·chit [mala'xi:t; -'xɪt] *m* ⟨-s; -e⟩ *min.* malachite, green copper ore. — **~,grün I** *n* malachite green. – **II m~** *adj* malachite-green. — **~,kie·sel** *m min. cf.* Kieselkupfer.

ma·la·de [ma'la:də], **ma'lad** [-'la:t] *adj u. adv colloq. for* krank, unpäßlich.

ma·la fi·de ['ma:la 'fi:de] *adv bes. jur.* mala fide.

Ma·la·ga ['ma:laga; 'ma-] *m* ⟨-s; -s⟩ *cf.* Malagawein. — **~,man·del** *f gastr.* Jordan almond.

Ma·la·ga·sy [mala'ga:zi] *n* ⟨-; *no pl*⟩, **~,spra·che** *f ling.* Malagasy.

'Ma·la·ga,wein *m gastr.* Malaga (wine).

Ma·la'get·ta,pfef·fer [mala'gɛta-] *m bot.* grains *pl* of paradise, guinea grains *pl* (*Aframomum melegueta*).

Ma·laie [ma'laɪə] *m* ⟨-n; -n⟩ **1.** (*Volksangehöriger*) Malay. – **2.** (*Staatsbürger von Malaysien*) Malaysian. – **3.** *zo.* (*Hühnerrasse*) Malay (fowl).

Ma'lai·en,bär *m zo.* sun (*od.* Malay) bear (*Helarctos malayanus*).

ma'lai·isch I *adj* Malay. – **II** *ling.* **M~** ⟨*generally undeclined*⟩, **das M~e** ⟨-n⟩ Malay(an).

Ma·lai·se [ma'lɛ:zə; ma'lɛ:z] (*Fr.*) *f* ⟨-; -n⟩, *Swiss n* ⟨-s; -⟩ (*Übelkeit, Misere*) malaise.

Ma·la·ko·lith [malako'li:t; -'lɪt] *m* ⟨-s; -e⟩ *min.* malacolite.

Ma·la·ko·lo·ge [malako'lo:gə] *m* ⟨-n; -n⟩ *zo.* (*Weichtierkundler*) malacologist.

Ma·la·ko·lo'gie [-lo'gi:] *f* ⟨-; *no pl*⟩ malacology. — **ma·la·ko'lo·gisch** [-'lo:gɪʃ] *adj* malacological.

Ma·lak·ostra·ke [malakɔs'tra:kə] *m* ⟨-n; -n⟩ *zo.* malacostracan (*Unterklasse Malacostraca*).

Ma·la·ko·zo·on [malako'tso:ɔn] *n* ⟨-s; -zoen⟩ *meist pl zo.* mollusk, mollusc.

Ma·la·ria [ma'la:rĭa] *f* ⟨-; *no pl*⟩ *med.* malaria, vernal (*od.* swamp) fever, marshfever, paludism (*scient.*): ~ quartana quartan malaria; ~ tertiana tertian malaria; ~ tropica tropical malaria; Mittel gegen ~ antimalarial; gegen ~ wirksam antimalarial. — **~,an,fall** *m* attack of malaria. — **~er,re·ger** *m* malaria(l) parasite (*Gattg Plasmodium*). — **~,fie·ber** *n* malarial fever. — **~ge,biet** *n*, **~ge·gend** *f* malarious district. — **~,imp·fung** *f* malaria inoculation. — **m~in·fi,ziert** *adj* **1.** malarial, affected with malaria. – **2.** (*Mücke*) malaria-carrying, malariated. — **m~,krank** *adj* stricken by (*od.* ill with, suffering from) malaria. — **~,kran·ke** *m, f* malaria patient.

Ma·la·ria·lo·gie [malarĭalo'gi:] *f* ⟨-; *no pl*⟩ *med.* (*Malariakunde*) malariology.

Ma'la·ria|,mücke (*getr.* -k·k-) *f zo.* malaria(l) mosquito, anopheline (mosquito) (*Gattg Anopheles*). — **~pa·ra,sit** *m zo.* malaria(l) parasite, plasmodium (*scient.*). — **~spe·zia,list** *m med.* malariologist, malaria(l) specialist. — **~,über,trä·ger** *m* malaria carrier (*od. scient.* vector). — **m~ver,seucht** *adj* malarious.

Ma·la·ya·lam [mala'ja:lam] *n* ⟨-(s); *no pl*⟩ *ling.* (*drawidische Sprache*) Malayalam, Malayali.

Ma·la·zie [mala'tsi:] *f* ⟨-; -n [-ən]⟩ *med.* (*Erweichung*) malacia.

'Mal,baum *m* (*forestry*) *hunt.* tree against which wild boars or deer have rubbed.

'Mal,bruck-,Meer,kat·ze ['mal,brʊk-] *f zo.* malbrouck (*Cercopithecus cynosurus*).

'Mal,buch *n* coloring (*bes. Br.* colouring) book.

Ma·lea·chi [male'axi] *npr m* ⟨-; *no pl*⟩ *Bibl.* (*Prophet*) Malachi.

Ma·le·at [male'a:t] *n* ⟨-s; -e⟩ *chem.* maleate.

Ma·le·dik·ti·on [maledɪk'tsĭo:n] *f* ⟨-; -en⟩ *obs. for* Verleumdung 2, 3.

ma·le·di·visch [male'di:vɪʃ] *adj* Maldivian, *auch* Maldivan: ~e Nuß double coconut (*fruit of Lodoicea seychellarum*).

ma·le·di·zie·ren [maledi'tsi:rən] *v/i u. v/t* ⟨*no* ge-, h⟩ *obs.* curse.

Ma·le·fi·kant [malefi'kant] *m* ⟨-en; -en⟩ *obs. for* Missetäter, Übeltäter.

Ma·le·fi·kus [ma'le:fikus] *m* ⟨-; - *u.* -zi [-tsi]⟩ *astrol.* unlucky star (*od.* planet).

Ma·le·fiz [male'fi:ts] *n* ⟨-es; -e⟩ *obs. jur.* **1.** malfeasance, *auch* malfaisance. – **2.** capital crime. — **~ge,richt** *n cf.* Strafgericht 2. — **~,kerl** *m bes. Bavarian colloq.* rascal, scamp, knave.

ma·le'in|,sau·er [male'i:n-] *adj chem.* maleic. — **M~,säu·re** *f* maleic acid (HOOCCH = CHCOOH).

ma·len ['ma:lən] **I** *v/i* ⟨h⟩ **1.** paint: nach der Natur ~ to paint from nature; nach dem Leben ~ to copy from life; in Öl [Pastell] ~ to paint in oils [pastels]; in Wasserfarben ~ to paint in watercolors (*Br.* water-colours); er malt auf Glas he paints (on) glass. – **2.** (*zeichnen*) draw: mit (einem) Bleistift ~ to (draw with a) pencil; mit (einem) Buntstift ~ to color (*bes. Br.* colour); skizzierend ~ to sketch; aus Langeweile (*od.* Unaufmerksamkeit)

~ to doodle. – **3.** (*anstreichen*) paint: **schwarz** ~ to paint black; **mit einer Schablone** ~ to (paint with a) stencil. – **4.** (*Maler sein*) paint, be a painter: **mit dreißig Jahren begann er zu** ~ he became a painter (*od.* he took up painting) at the age of thirty. – **II** *v/t* **5.** paint: **ein Porträt** ~ to paint (*od.* do) a portrait; **etwas in Lebensgröße** ~ to paint s.th. life-size (*auch* life-sized) (*od.* in life-size); **er hat sie** ~ **lassen** he had her (picture *od.* portrait) painted; **er will sich** ~ **lassen** he wants to have himself (*od.* his portrait) painted; **ein Portrait von j-m malen** to paint a portrait of s.o., to portray s.o.; **er malte alles sehr naturgetreu** he painted (*od.* depicted, pictured) everything in a very lifelike manner (*od.* very realistically); **sich** (*dat*) **die Lippen** ~ *colloq.* (*schminken*) to paint one's lips. – **6.** (*zeichnen*) draw: → **Männchen** 5. – **7.** (*streichen*) paint: **eine Wand** ~ to paint a wall; **ein Muster mit einer Schablone** ~ to paint a pattern with a stencil, to stencil a pattern. – **8.** (*unbeholfen schreiben*) trace: **Buchstaben** ~ a) to trace letters, b) *iron.* to write with extreme care. – **9.** *fig. lit.* paint: **der Herbst malt die Wälder bunt** autumn paints the forests in a myriad of colo(u)rs; **der Frost malt Eisblumen an die Fenster** the frost traces frostwork on the windows. – **10.** *fig.* paint, picture: **du malst die Lage zu schwarz** you paint too black a picture (*od.* take too pessimistic a view) of the situation; **die Zukunft rosig** ~ to paint too rosy (*od.* bright) a future, to see the future through rose-colo(u)red glasses; → **Teufel** 1. – **III** *v/reflex* **sich** ~ **11.** paint oneself: **Rembrandt malte sich öfter selbst** Rembrandt often painted self-portraits. – **12.** *fig. lit.* (*sich widerspiegeln*) reflect itself, show (*od.* paint, picture) itself: **auf seinem Gesicht malte sich Entsetzen** horror reflected itself (*od.* was reflected) on his face. – **IV M~** *n* ⟨-s⟩ **13.** *verbal noun*: **zum M~** (**schön**) fit to be painted, fit for (*od.* [as] pretty as) a picture.

Ma·le·par·tus [maleˈpartus] *m* ⟨-; *no pl*⟩ (*literature*) Malepardus (*fox's den in the fable of Reynard the fox*).

ˈMa·ler *m* ⟨-s; -⟩ **1.** painter, (*Künstler*) *auch* artist: **schlechter** ~ dauber; **er ist ein berühmter** ~ he is a famous painter; **einem** ~ **Modell sitzen** to sit for a painter. – **2.** (*Anstreicher*) (house) painter. – **3.** (*Dekorationsmaler*) decorator. – **4.** (*Schildermaler*) sign painter. — **~aka·deˌmie** *f* academy of painting. — **~ˌar·beit** *f* **1.** painting (job). – **2.** painter's work. — **~ate·lier** [-ateˌlieː] *n* painter's (*od.* artist's) studio.

Ma·leˈrei *f* ⟨-; -en⟩ **1.** ⟨*only sg*⟩ painting, art: **abstrakte** ~ abstract painting (*od.* art); **gegenstandslose** ~ nonobjective (*Br.* non-objective) art, non(-)figurative art; **für die moderne** ~ **eintreten** to defend modern art; **unsaubere** ~ daubing, daubery; **einfarbige** ~ monochrome; ~ **grau in grau** grisaille. – **2.** ⟨*only sg*⟩ (*Kunstgattung*) (art of) painting, pictorial art. – **3.** *meist pl* (*gemaltes Bild*) picture, painting, piece, work of art: **die Wände waren mit lustigen ~en behangen** the walls were hung with gay pictures.

ˈMa·ler|ˌfar·be *f* painter's (*od.* artist's) color (*bes. Br.* colour), paint. — **~ˌgold** *n* (*paints*) painter's gold: **unechtes** ~ ormolu, *auch* mosaic gold.

ˈMa·le·rin *f* ⟨-; -nen⟩ paintress, (*Künstlerin*) [*auch* artist.]

ˈma·le·risch I *adj* **1.** (*Gegend, Lage etc*) picturesque, (*bes. landschaftlich schön*) scenic. – **2.** pictorial, graphic. – **3.** (*Können*) artistic. – **II** *adv* **4. das Dorf liegt** ~ **im Tal** the village lies picturesquely in the valley; **einen Gegenstand** ~ **sehen** to see an object pictorially. – **II M~e, das** ⟨-n⟩ **5.** the picturesque(ness).

ˈMa·ler|ˌko·lik, ~ˌkrank·heit *f med.* painter's (*od.* lead) colic, plumbism (*scient.*). — **~ˌlein·wand** *f* (*art*) (painter's) canvas: **grundierte** ~ primed canvas. — **~ˌmei·ster** *m* (master) painter. — **~ˌmu·schel** *f zo.* painter's gaper (*od.* mussel) (*Unio pictorum*). — **~ˌpin·sel** *m* **1.** (paint)brush. – **2.** (*zum Farbenmischen*) blender. – **3.** (*feiner*) brush pencil. — **~-Raˌdie·rer** *m* (*art*) painter-engraver. — **~ˌschu·le** *f* **1.** school (*od.* academy) for painters. – **2.** ⟨*only sg*⟩ (*Flandrische, Venezianische etc*) school (of painting). — **~ˌstock** *m* maulstick, mahlstick.

ˈMal|ˌfeld *n* (*sport*) (*im Rugby*) in-goal (area). — **~ˌgrund** *m* (*art*) **1.** (*Grundiermasse*) priming, ground. – **2.** (*Leinwand etc*) ground.

Mal·heur [maˈløːr] *n* ⟨-s; -e *u.* -s⟩ *colloq.* (*Mißgeschick*) misfortune, mishap: **da ist ihm ein kleines** ~ **passiert** he's had a little mishap; **das ist doch kein** ~! that's not so serious! that doesn't matter! never mind! **ihr ist ein** ~ **passiert** *colloq.* she got into trouble.

ma·li·gne [maˈlɪgnə] *adj med.* (*Tumor etc*) malignant. — **Ma·li·gniˈtät** [-niˈtɛːt] *f* ⟨-; *no pl*⟩ *bes. med.* malignancy, malignance.

ma·li·zi·ös [maliˈtsiøːs] *adj* (*Lächeln etc*) malicious, spiteful.

ˈMal|ˌka·sten *m* paint box. — **~ˌkunst** *f cf.* Malerei 1.

mall [mal] *adj* ⟨*pred*⟩ **1.** *Low G. mar.* (*Wind*) shifting, baffling. – **2.** *Northern G. colloq.* mad: **du bist wohl** ~ you must be mad.

Mall *n* ⟨-(e)s; -e⟩ *mar.* mold, *bes. Br.* mould.

mal·len [ˈmalən] **I** *v/t* ⟨h⟩ **1.** *mar.* mold, *bes. Br.* mould. – **2.** *tech.* measure. – **II** *v/i* **3.** *mar.* (*von Wind*) shift.

mal·leo·lar [maleoˈlaːr] *adj med.* malleolar.

mal·lor·kisch [maˈlɔrkɪʃ; malˈjɔrkɪʃ] *adj geogr.* Majorcan, *auch* Mallorquin.

ˈMal·lung *f* ⟨-; -en⟩ *mar.* **1.** ⟨*only sg*⟩ (*des Windes*) shifting (round). – **2.** *meist pl* doldrum.

Malm [malm] *m* ⟨-(e)s; *no pl*⟩ *geol.* Malm, Upper Jurassic.

mal·men [ˈmalmən] *v/t* ⟨h⟩ *rare for* **zermalmen.**

Mal·mi·gnat·te [malmɪnˈjatə] *f* ⟨-; -n⟩ *zo.* malmignatte (*Latrodectus tridecimguttatus*).

ˈmalˌneh·men *math.* **I** *v/t* ⟨*irr, sep,* -ge-, h⟩ **1.** multiply: **du nimmst 2 mit 2 mal** you multiply 2 by (*od.* times) 2. – **II M~** *n* ⟨-s⟩ **2.** *verbal noun.* – **3.** multiplication.

ma·lo·chen [maˈlɔxən] *v/i* ⟨*no* ge-, h⟩ *colloq. cf.* **schuften** 1.

Maˈlon|ˌester [maˈloːn-] *m chem.* a) malonic ester ($CH_2(CO_2C_2H_5)_2$), b) diethyl-malonate. — **m~ˌsau·er** *adj* malonic: **malonsaures Salz** malonate. — **~ˌsäu·re** *f* malonic acid ($CH_2(COOH)_2$).

mal·pi·g(h)isch [malˈpiːgɪʃ] *adj biol.* Malpighian.

mal·pro·per [malˈprɔpər; ˈmal-] *adj obs. od. dial. for* **unsauber** 2, 5, **unordentlich** 2, 6.

ˈMalˌstift *m* colored (*bes. Br.* coloured) pencil, crayon.

ˈMal·taˌfie·ber [ˈmalta-] *n med.* Malta fever, Mediterranean (*od.* undulant) fever.

Mal·ta·se [malˈtaːzə] *f* ⟨-; *no pl*⟩ *biol.* (*Ferment*) maltase.

ˈMalˌtech·nik *f* (*art*) painting technique, technique of painting.

Mal·ter [ˈmaltər] *m, n* ⟨-s; -⟩ **1.** *Austrian for* **Mörtel.** – **2.** *hist. old dry measure, approximately 2⅓ Imperial quarters.*

Mal·te·ser [malˈteːzər] *m* ⟨-s; -⟩ **1.** *geogr.* inhabitant of Malta, Maltese. – **2.** *röm.kath. cf.* **Malteserritter.** – **3.** *zo.* a) (*Haushundrasse*) Maltese (dog), b) (*Taubenrasse*) Maltese. — **~beˌwe·gung** *f tech.* Maltese motion. — **~ˌer·de** *f min.* earth of Malta, Maltese clay. — **~ˌkat·ze** *f zo.* Maltese (blue) cat. — **~ˌkreuz** *n* **1.** *her.* Maltese cross. – **2.** *tech.* Maltese cross, *auch* Geneva stop. — **~ˌor·den** *m röm.kath.* Order of the Knights of Malta. — **~ˌrit·ter** *m* Knight of Malta, *auch* Hospital(l)er.

mal·te·sisch [malˈteːzɪʃ] **I** *adj geogr.* Maltese. – **II** *ling.* **M~** ⟨*generally undeclined*⟩, **das M~e** ⟨-n⟩ Maltese.

Mal·thu·sia·ner [maltuˈziaːnər] *m* ⟨-s; -⟩ *econ.* Malthusian. — **Mal·thu·siaˈnis·mus** [-ziaˈnɪsmus] *m* ⟨-; *no pl*⟩ Malthusianism. — **malˈthu·sisch** [-ˈtuːzɪʃ] *adj* (*Gesetz*) Malthusian.

Mal·to·se [malˈtoːzə] *f* ⟨-; *no pl*⟩ *chem. brew.* maltose, malt sugar ($C_{12}H_{22}O_{11}$).

mal·trä·tie·ren [maltrɛˈtiːrən] **I** *v/t* ⟨*no* ge-, h⟩ **j-n** ~ a) (*quälen*) to maltreat (*od.* torment) s.o., b) (*belästigen*) to pester s.o. – **II M~** *n* ⟨-s⟩ *verbal noun.* — **Mal·träˈtie·rung** *f* ⟨-; -en⟩ **1.** *cf.* **Malträtieren.** – **2.** maltreatment.

Ma·lum [ˈmaːlum] *n* ⟨-; -la [-la]⟩ **1.** *lit.* misfortune, mishap, bad luck. – **2.** *med.* disease, sickness, malady.

Ma·lus [ˈmaːlus] *m* ⟨- *u.* -ses; - *u.* -se⟩ (*in der Kraftfahrzeugversicherung*) extra premium (*as a punitive measure for covering higher accident costs*).

Mal·va·sier [malvaˈziːr] *m* ⟨-s; *no pl*⟩, **~ˌwein** *m gastr.* malvasia, malmsey.

Mal·ve [ˈmalvə] *f* ⟨-; -n⟩ *bot.* mallow (*Gattg Malva*): **Rundblätt(e)rige** ~ dwarf mallow (*M. rotundifolia*); **Wilde** ~ common mallow, Dutch cheese, checkerbloom (*M. sylvestris*); **Krause** ~ curled mallow (*M. crispa*).

ˈmal·venˌar·tig *adj bot.* malvaceous.

ˈMal·ven|ˌbaum *m bot.* tree mallow, velvet leaf (*Lavatera arborea*). — **~ˌblü·tenˌtee** *m med. pharm.* mallow leaf tea. — **~ˌfal·ter** *m zo.* grizzled skipper (*Carcharodus alceae*). — **m~ˌfar·ben** *adj* mauve. — **~geˌwächs** *n bot.* mallow(wort) (*Fam. Malvaceae*): **~e** *pl* Malvaceae; **zu den ~en gehörig** malvaceous.

ˈMalˌwei·se *f* (*art*) *cf.* **Maltechnik.**

Malz [malts] *n* ⟨-es; *no pl*⟩ *bes. brew.* malt: ~ **darren** to cure (*od.* dry) malt; ~ **schroten** to bruise malt; → **Hopfen** 1. — **~beˌrei·tung** *f* malting. — **~ˌbier** *n* malt (liquor *od.* beer), near beer. — **~bonˌbon** *m, n* malt candy (*bes. Br.* sweet), (*gegen Husten*) *auch* malt cough lozenge. — **~ˌdar·re** *f brew.* malt kiln.

ˈMalˌzei·chen *n* **1.** *math.* sign of multiplication, multiplication sign. – **2.** (*Gedenkstein*) memorial (stone).

mal·zen [ˈmaltsən], **mäl·zen** [ˈmɛltsən] *brew.* **I** *v/i u. v/t* ⟨h⟩ malt. – **II M~** *n* ⟨-s⟩ *verbal noun.*

ˈMäl·zer *m* ⟨-s; -⟩ *brew.* maltster, *auch* malster, maltman.

Mäl·zeˈrei *f* ⟨-; -en⟩ *brew.* **1.** *cf.* **Mälzen.** – **2.** (*Fabrik*) malthouse, malting.

ˈMalz|exˌtrakt *m* malt extract, extract of malt. — **~ˌkaf·fee** *m coffee made from an infusion of barley malt.* — **~ˌschrot** *m, n brew.* crushed (*od.* bruised) malt, malt grist. — **~ˌten·ne** *f* malting floor. — **~ˌtre·ber** *pl* spent malt *sg* (*od.* grains), malt husks. — **~ˌzucker** (*getr.* -k·k-) *m chem. cf.* **Maltose.**

Ma·ma [maˈmaː; ˈmama] *f* ⟨-; -s⟩ mother; mam(m)a, ma, *Am. auch* momma, mom(my), *Br. auch* mum(my) (*child's language*).

Maˈma·chen *n* ⟨-s; -⟩ *Am.* mommy, *bes. Br.* mummy, *auch* mammy.

Maˈmaˌkind *n colloq.* mam(m)a's (*Br. auch* mummy's) darling (*od.* boy, girl).

Ma·ma·lu·ko [mamaˈluːko] *m* ⟨-(s); -s⟩ *anthrop.* mameluco.

Mam·ba [ˈmamba] *f* ⟨-; -s⟩ *zo.* mamba (*Gattg Dendroaspis*): **Grüne** ~ green mamba (*D. angusticeps*); **Schwarze** ~ black mamba (*D. polylepis*).

ˈMam·berˌzie·ge [ˈmambər-] *f zo.* Syrian goat (*Capra hircus*).

Mam·bo [ˈmambo] *m* ⟨-(s); -s⟩ (*Tanz*) mambo.

Ma·me·luck [maməˈlʊk] *m* ⟨-en; -en⟩ **1.** *pl hist.* (*in Ägypten*) Mamluks, Mamelukes, *auch* Mameluks. – **2.** slave, Mameluke, *auch* mameluke.

Ma·mi [ˈmami] *f* ⟨-; -s⟩ *cf.* **Mama.**

Ma·mil·la [maˈmɪla] *f* ⟨-; -len⟩ *med.* nipple; mamilla, *bes. Am.* mammilla (*scient.*).

Ma·milˈlar·ˌli·nie [mamɪˈlaːr-] *f med.* mam(m)illary (*od.* nipple) line.

Mam·ma[1] [ˈmama] *f* ⟨-; -s⟩ *cf.* **Mama.**

Mam·ma[2] [ˈmama] *f* ⟨-; -mae [-mɛ]⟩ *med. zo.* mamma.

ˈMam·ma·kar·ziˌnom *n med.* carcinoma of the breast, mastocarcinoma (*scient.*).

Mam·ma·lia [maˈmaːlia], **Mamˈma·li·er** [-liər] *pl zo.* mammals, mammalia (*scient.*).

Mam·ma·tus [maˈmaːtus] *m* ⟨-; -ti [-ti]⟩, **~ˌwol·ke** *f meteor.* mammatus.

ˈMam·m(e)i|ˌap·fel [ˈmami- (ˈmamai-)], **~ˌbaum** *m bot.* mammee, *auch* mam(m)ey, mamie (apple) (*Mammea americana*).

Mam·mon [ˈmamɔn] *m* ⟨-s; *no pl*⟩ *contempt.* mammon, Mammon, *auch* worldly riches *pl*, money: **schnöder** ~ filthy lucre; **dem** ~ **dienen** to serve Mammon; **ein Knecht des ~s** a servant of Mammon; **der ungerechte** ~ *Bibl.* the Mammon of unrighteousness; **Verehrung des ~s** worship of Mammon, plutolatry (*lit.*).

Mam·mo·nis·mus [mamoˈnɪsmus] *m* ⟨-; *no pl*⟩ mammonism.

ˈMam·mons|ˌdie·ner *m contempt.* servant of Mammon, mammonist. — **~ˌdienst** *m* service (*od.* worship) of Mammon, mammonism, worship of the golden calf.

Mam·mut [ˈmamut] *n* ⟨-s; -e *u.* -s⟩ *zo.* mammoth (*Mammonteus primigenius*). —

m~ˌar·tig *adj* mammoth (*attrib*). — **~ˌbaum** *m bot.* **1.** sequoia, redwood (*Sequoia sempervirens*). – **2.** mammoth (*od.* big) tree, *auch* wellingtonia (*Sequoiadendron giganteum*). — **~ˌel·fenˌbein** *n* fossil ivory. — **~ˌfilm** *m* marathon film (*bes. Am. colloq.* movie). — **~ˌkno·chen** *m* mammoth fossil (bone). — **~proˌgramm** *n* marathon program (*bes. Br.* programme), (*im Fernsehen*) *Am. auch* telethon. — **~ˌun·terˌneh·men** *n econ.* mammoth enterprise (*od.* business). — **~ˌzahn** *m zo.* **1.** mammoth tusk. – **2.** Muscovy ivory.

mamp·fen ['mampfən] *v/i* ⟨h⟩ *dial.* munch, champ.

Mam·sell [mam'zɛl] *f* ⟨-; -en *u.* -s⟩ **1.** *obs. od. humor.* miss, mamsell, mam'selle. – **2.** *colloq.* (*Wirtschafterin*) housekeeper. – **3.** kalte ~ *humor. cf.* Kaltmamsell.

man[1] [man] *indef pron* ⟨*dat* einem, *acc* einen⟩ **1.** one, *auch* you, we *pl*: ~ **muß bedenken, daß** one has to consider that, it must be borne in mind that; ~ **müßte ihn ermahnen** he ought to be admonished; ~ **muß es tun** it must be done; **wenn** ~ **bedenkt, wie** when (*od.* if) one considers how, in view of how; **das kann** ~ **wirklich nicht behaupten** (*od.* **sagen**) one really cannot say that; ~ **versteht kein Wort** we can't hear a word (*od.* thing); **wenn** ~ **ihn hört, sollte** ~ **glauben** to hear him one would think; ~ **höre und staune!** *colloq.* lo and behold! ~ **kann nie wissen, wozu es gut ist** there is no knowing (*od.* telling) what it is good for; ~ **kann nie wissen** *colloq.* you never know; **wenn einem nicht wohl ist, bleibt** ~ **besser zu Hause** if you don't feel well it is better to stay home; ~ **gewöhnt sich an alles** one can get used to everything. – **2.** they, people, folks (*alle pl*): ~ **sagt, daß** they say that, it is said that; **was wird** ~ **sagen** what will people (*bes. Br.* Mrs Grundy) say; **still, wenn** ~ **uns hört** be quiet so they won't hear us. – **3.** they *pl*: ~ **war in X angekommen** they had arrived in X; ~ **führte mich in ein Zimmer** I was led into a room; ~ **ist schon zu Bett gegangen** they have gone to bed already; ~ **kommt** they are coming. – **4.** I, one: **manchmal möchte** ~ **wieder jung sein** sometimes I wish I were young again. – **5.** (*anständiger Mensch*) one: **so etwas tut** ~ **nicht** one doesn't do such things, that isn't done; **in solche Lokale geht** ~ **nicht** one doesn't go to such places; ~ **benimmt sich nicht so** one doesn't behave like that; **das trägt** ~ **wieder** that is in fashion (*od.* being worn) again. – **6.** (*jemand*) someone, somebody: ~ **klopft** [**klingelt**] s.o. is knocking [ringing]; **warum hat** ~ **mich nicht gehört?** why didn't s.o. hear me? ~ **hat mich verraten** s.o. betrayed me. – **7.** (*um bestimmte Anreden zu vermeiden*) you: **ich verlange, daß** ~ **mir Antwort gibt** I demand (to be given) an answer (*od.* that you answer me); ~ **gehorcht, oder es gibt Schläge** you'll obey or you'll get a beating; ~ **erlaube mir** may I be allowed; ~ **lasse mich in Frieden** leave me alone (*od.* in peace); ~ **läute zweimal** ring twice; ~ **wende sich an** apply to; ~ **nehme zwei Eier und eine Tasse Milch** take two eggs and a cup of milk; ~ **nehme eine Tablette nach jeder Mahlzeit** take one pill after each meal.

man[2] *adv Northern G. colloq.* **1.** only: **das ist** ~ **Spaß** it's only fun; ~ **bloß** nothing but, only. – **2.** just: **er soll** ~ **kommen!** just let him come! ~ **sachte!** (take it) easy! **na, dann versuch's** ~! well, just try it! – **3.** (*Füllwort in Wendungen wie*) **denn** ~ **los** let's go then; **aber nun** ~ **schnell** come on, hurry up.

Ma·na ['maːna] *n* ⟨-; *no pl*⟩ *anthrop. relig.* (*Zauberkraft*) mana.

Mä·na·de [mɛ'naːdə] *f* ⟨-; -n⟩ *myth.* maenad, *auch* menad, bacchante. — **mä'na·disch** *adj* maenadic.

Ma·na·ge·ment ['mænɪdʒmənt] (*Engl.*) *n* ⟨-s; -s⟩ *econ.* management.

ma·na·gen ['mɛnɪdʒən] *v/t* ⟨h⟩ **1.** *colloq.* manage, wangle (*colloq.*): **das hat er aber gut gemanagt** he's managed that one well. – **2.** *colloq.* (*verwalten*) manage: **er managt einen Fußballklub** he manages a soccer club; **er managt die Firma** he manages the firm. – **3.** j-n ~ a) (*in eine Stellung etc*) (*in acc* into) to wangle s.o. (*colloq.*), b) (*Künstler, Boxer etc*) to be s.o.'s manager.

Ma·na·ger ['mɛnɪdʒər; 'mænɪdʒə] (*Engl.*) *m* ⟨-s; -⟩ **1.** *econ.* manager. – **2.** (*theater, film*) manager, agent. – **3.** (*sport*) manager. — **m~haft** *adj* managerial. — **~ˌkrank·heit** *f med.* stress disease. — **~syˌstem** *n econ.* manager system. — **~ˌtyp** *m* manager type.

Ma·na·kin ['maːnakɪn] *m* ⟨-(s); -⟩ *zo.* manakin, pipra (*Fam. Pipridae*).

Ma·na·ti [ma'naːti; -na'tiː] *m* ⟨-s; -s⟩ *zo.* sea (*od.* water) cow, manatee, *auch* manati (*Gattg Trichechus*).

man·can·do [maŋ'kando] *adj u. adv mus.* mancando, *auch* mancante.

manch [manç] *indef pron* ⟨-er, -e, -es; -e⟩ **I** (*substantivisch*) **1.** ⟨*sg*⟩ many (a), several, quite a few: **in ~em hat er recht** he is right in some ways (*od.* quite a few times); **so ~er** a good many (people), many a person; **ich habe Ihnen gar ~es zu erzählen** I have quite a few (*od.* a good many) things to tell you; **das wird ~em das Leben kosten** quite a few lives will be lost; **~em schien er verrückt** to some (people) he seemed crazy. – **2.** ⟨*pl*⟩ some, a few: **~e haben Geld** some (people) have money; **~e der Kandidaten** some of the candidates; **es waren ~e von der Sorte dort** there were some of that sort. – **II** (*adjektivisch*) **3.** ⟨*sg*⟩ many (a), several, quite a few: **~es Mal** many a time, quite a few times; **er hat ~en Sturm erlebt** he has survived (*od.* been through, weathered) many a storm; **ich habe ~e Erfahrung gemacht** I have had many an experience; **so ~es Jahr** a good many years. – **4.** ⟨*pl*⟩ some, a few: **~e reichen Leute** some rich people; **an ~en Stellen ist das Tuch gerissen** the cloth is torn in a few places. – **5.** ⟨*invariable*⟩ *bes. poet.* many a: ~ **einer** many a one (*od.* person); ~ **eine Geschichte** many a story; ~ **anderer** many another; ~ **bunte Blumen** many a colo(u)rful flower; **er weiß** ~ **Abenteuer zu berichten** he can tell many a good tale; ~ **frohe Stunde** many a happy hour; **man hat** ~ **liebe Mühe mit den Kindern** one has a lot of bother with the children.

'man·chen'orts *adv* **1.** at some places. – **2.** at many a place.

'man·cher'lei *adj* ⟨*undeclined*⟩ **1.** many, various, several, diverse, sundry, different: **nach** ~ **Schicksalen** after many vicissitudes; **auf** ~ **Art** in various ways; **es gibt** ~ **Blumen** there are many (kinds of) flowers; ~ **Gnade Gottes** *Bibl.* the manifold grace of God. – **2.** (*substantivisch*) many (*od.* various) things: **ich habe noch** ~ **zu tun** I still have many (*od.* all sorts of) things to do.

'man·cher'orts *adv cf.* manchenorts.

Man·che·ster [man'ʃɛstər] *m* ⟨-s; *no pl*⟩ (*textile*) corduroy. — **~dokˌtrin** ['mɛntʃɛstər-] *f econ. hist.* Manchester doctrine(s *pl*). — **~ˌho·se** *f* (*textile*) corduroy trousers *pl*, corduroys *pl*. — **~ˌsamt** *m cf.* Manchester.

Man·che·ster·tum ['mɛntʃɛstərtuːm] *n* ⟨-s; *no pl*⟩ *econ.* Manchesterism, Manchesterdom, Cobdenism.

'manchˌmal *adv* **1.** sometimes, at times. – **2.** (*gelegentlich*) occasionally.

Man·da·la ['mandala] *n* ⟨-(s); -s⟩ *relig. psych.* mandala.

Man·da·mus [man'daːmus] *m* ⟨-; *no pl*⟩ *jur. Br.* order (*Am.* writ) of mandamus.

Man·dant [man'dant] *m* ⟨-en; -en⟩, **Man'dan·tin** *f* ⟨-; -nen⟩ **1.** *jur.* mandator. – **2.** (*eines Rechtsanwalts*) client.

Man·da·rin[1] [manda'riːn] *m* ⟨-s; -e⟩ *pol. hist.* (*in China*) mandarin.

Man·da'rin[2] *n* ⟨-(s); *no pl*⟩, **~diaˌlekt** *m ling.* Mandarin.

Man·da·ri·ne [manda'riːnə] *f* ⟨-; -n⟩ *bot.* tangerine, mandarin, *auch* mandarine, mandarin (*od.* kid-glove) orange (*Citrus nobilis*).

Man·da'ri·nen|ˌbaum *m bot.* mandarin, *auch* mandarine, mandarin tree (*od.* orange), tangerine (tree). — **~ˌen·te** *f zo.* mandarin duck (*Aix galericulata*). — **~ˌherr·schaft** *f pol. hist.* mandarinate, mandarinism, mandarin rule. — **~liˌkör** *m gastr.* mandarine. — **~ˌwür·de** *f pol. hist.* mandarinate.

Man·dat [man'daːt] *n* ⟨-(e)s; -e⟩ **1.** *bes. jur.* a) power of attorney, b) (*Prozeßmandat*) brief, c) (*Auftrag*) mandate, d) (*Erlaß*) decree. – **2.** *pol.* (*eines Abgeordneten*) seat: **ohne** ~ unseated; **sein** ~ **niederlegen** to vacate one's seat, *Br. auch* to apply for the Chiltern Hundreds; **er verlor sein** ~ he lost his seat. – **3.** *pol. cf.* Mandatsgebiet.

Man·da'tar [-da'taːr] *m* ⟨-s; -e⟩ **1.** *jur. econ.* mandatary, proxy, authorized (*Br. auch* -s-) agent: **etwas dem** ~ **übergeben** to mandate s.th. – **2.** *Austrian for* Abgeordnete 2. — **~ˌstaat** *m* mandatary, mandatory.

man·da·tie·ren [manda'tiːrən] *v/t* ⟨*no* ge-, h⟩ *jur. obs.* empower, authorize *Br. auch* -s-.

Man'dats|geˌbiet *n* mandated territory (*od.* area), (territory under) mandate. — **~ˌmacht** *f pol.* mandatory (*od.* mandate) power. — **~ˌnie·derˌle·gung** *f* **1.** *jur.* resignation of one's mandate. – **2.** *pol.* (*im Parlament*) vacation of one's seat.

Man·del[1] ['mandəl] *f* ⟨-; -n⟩ **1.** almond: **bittere** [**süße**] ~ bitter [sweet] almond; **gebrannte** ~ sugared (*od.* burnt) almond, praline; (**fein)gehackte ~n** (finely) chopped almonds. – **2.** *bot.* a) almond, b) *cf.* Mandelbaum. – **3.** *med.* a) (*Gaumenmandel*) (palatine) tonsil, b) (*Rachenmandel*) pharyngeal tonsil, adenoid (*scient.*): **geschwollene ~n** enlarged (*od. scient.* hypertrophic) tonsils; **sich** (*dat*) **die ~n herausnehmen lassen** to have one's tonsils (taken) out. – **4.** *geol.* amygdaloid, amygdale, geode.

'Man·del[2] *f* ⟨-; -n, *vor Zahlenangaben* -⟩ **1.** *agr. obs.* (set of) fifteen: **große** ~ (set of) sixteen; **er hat eine** ~ **Eier zu verkaufen** he has 15 eggs to sell. – **2.** *agr.* shock, *bes. Br.* stook (of sheaves): **in ~n setzen** to shock, *bes. Br.* to stook.

'Man·del|abˌszeß *m med.* tonsillar abscess. — **m~ˌar·tig** *adj* **1.** almondlike, almondy; amygdaline, amygdaloid, amygdalate, amygdalaceous (*scient.*). – **2.** *cf.* mandelförmig 1. — **~ˌau·gen** *pl* almond eyes. — **~ˌbaum** *m bot.* almond (tree) (*Amygdalus communis*). — **~ˌbäum·chen** *n* (*Zierstrauch*) flowering almond (*Prunus triloba*). — **~beˌlag** *m med.* coating (*od.* furring) of the tonsils. — **~ˌblü·te** *f* almond blossom. — **~entˌfer·nung** *f med.* removal of the tonsils, tonsillectomy. — **~entˌzün·dung** *f* tonsillitis, inflammation of the tonsils; angina, amygdalitis (*scient.*). — **m~ˌför·mig** *adj* **1.** almond-shaped: **mit ~en Augen** almond-eyed. – **2.** *cf.* mandelartig 1. — **~geˌbäck** *n gastr.* almond biscuits *pl* (*Am.* cookies *pl*). — **~ˌkap·pung** *f med.* tonsillotomy. — **~ˌkern** *m* **1.** almond kernel. – **2.** *med.* (*im Gehirn*) nucleus amygdalae, amygdaloid nucleus. — **~ˌkleie** *f* (*cosmetics*) almond bran. — **~ˌkrä·he** *f zo.* roller (*Coracias garrulus*). — **~ˌkren** *m Austrian gastr. horseradish and almond sauce.* — **~ˌkryp·te** *f med.* tonsillar crypt (*od.* lacuna, pit). — **~ˌku·chen** *m gastr.* almond cake. — **~ˌmilch** *f* (*cosmetics*) almond milk, emulsion of almonds. — **~ˌöl** *n* almond oil, oil of sweet almonds. — **~ˌsäu·re** *f chem.* mandelic (*od.* amygdalic) acid ($C_6H_5CH(OH)COOH$). — **~ˌschlit·zer** *m* ⟨-s; -⟩ *med.* tonsillotome. — **~ˌsei·fe** *f* (*cosmetics*) almond soap. — **~ˌsplit·ter** *pl* (*Pralinen*) clusters of chocolate-coated chopped almonds. — **~ˌstein** *m* **1.** *med.* tonsillolith, tonsillar concrement (*od.* calculus). – **2.** *geol. min.* a) amygdaloid(al rock), b) amandola. — **~texˌtur** *f geol.* amygdaloidal structure. — **~ˌwei·de** *f bot.* almond willow, osier (*Salix amygdalina*).

Man·di·bel [man'diːbəl] *f* ⟨-; -n⟩ *med. zo.* mandible.

man·di·bu·lar [mandibu'laːr] *adj med. zo.* mandibular. — **M~frakˌtur** *f med.* mandibular fracture.

Mandl ['mandəl] *n* ⟨-s; -n⟩ *Bavarian and Austrian dial. for* a) Männchen 1, 2, b) Vogelscheuche 1.

Man·do·la [man'doːla] *f* ⟨-; -len⟩ *mus.* (*Saiteninstrument*) mandola.

Man·do·li·ne [mando'liːnə] *f* ⟨-; -n⟩ *mus.* mandolin, *auch* mandoline. — **Man·do'li·nenˌspie·ler** *m* mandolin(e) player, mandolinist.

Man·dor·la ['mandɔrla] *f* ⟨-; -len [-'dɔrlən]⟩ (*art*) (*Heiligenschein*) mandorla, vesica piscis (*od.* piscium).

Man·dra·go·ra [man'draːgora] *f* ⟨-; -ren [-dra'goːrən]⟩, **Man·dra'go·re** [-dra'goːrə] *f* ⟨-; -n⟩ *bot.* mandragora, mandrake (*Mandragora officinalis*).

Man·drill [man'drɪl] *m* ⟨-s; -e⟩ *zo.* mandrill (*Mandrillus sphinx*).

Man·drin [mã'drɛ̃ː] *m* ⟨-s; -s⟩ *med.* mandrin, stylet (guide).

Man·dschu[1] ['mandʒu; 'mantʃu] *m* ⟨-(s); -⟩ Manchu, Manchurian native, inhabitant of Manchuria.

'**Man·dschu**[2] *n* ⟨-(s); *no pl*⟩ *ling.* Manchu, Manchurian.
'**Man·dschu·dy·na,stie** *f pol. hist.* Manchu dynasty.
man·dschu·risch [man'dʒuːrɪʃ; -'tʃuː-] **I** *adj* Manchu, Manchurian. – **II** *ling.* **M~** ⟨*generally undeclined*⟩, **das M~e** ⟨-n⟩ Manchu, Manchurian.
'**Man·dschu,spra·che** *f ling. cf.* Mandschu[2].
Ma·ne·ge [ma'neːʒə; -'nɛːʒə] *f* ⟨-; -n⟩ (*im Zirkus etc*) ring, arena.
Ma'ne·gen,ein,gang *m* ring (*od.* arena) entrance.
Ma·nen ['maːnən] *pl myth.* manes.
Ma·nes·sisch [ma'nɛsɪʃ] *adj* ⟨*attrib*⟩ **~e** Handschrift Codex Manesse.
mang [maŋ] *prep* ⟨*mit dat bei Ort, mit acc bei Richtung*⟩ *Northern G. colloq.* among(st).
Man·ga·be [maŋ'gaːbə] *f* ⟨-; -n⟩ *zo.* mangabey, *auch* mangaby (*Gattg Cercocebus*).
Man·gan [maŋ'gaːn] *n* ⟨-s; *no pl*⟩ *chem. metall.* manganese (Mn). — **m~,arm** *adj* low in manganese, low-manganese (*attrib*).
Man·ga·nat [maŋga'naːt] *n* ⟨-(e)s; -e⟩ *chem.* manganate.
Man'gan|,blen·de *f min.* alabandite. — **~chlo,rür** *n chem.* manganous chloride ($MnCl_2$). — **~di·oxyd** [-diʔɔ,ksyːt] *n* **1.** *chem.* manganese dioxide (MnO_2). – **2.** *min.* pyrolusite, polianite, battery manganese. — **~,ei·sen** *n chem. cf.* Ferromangan. — **~,ei·sen·prä·pa,rat** *n med. pharm.* iron and manganese preparation. — **~,erz** *n min.* manganese ore. — **~,glanz** *m cf.* Manganblende. — **m~,hal·tig** *adj chem. min.* manganetic, manganiferous, manganesian, manganic. — **~,hart,stahl** *m metall.* austenitic manganese steel.
man'ga·nig *adj chem.* manganous.
Man·ga·nit [maŋga'niːt; -'nɪt] *m* ⟨-s; -e⟩ *min.* manganite, *auch* manganate.
Man'gan|,kie·sel *m min.* rhodonite, siliceous (*auch* silicious) manganese. — **~,kup·fer** *n chem. tech.* manganese copper, cupromanganese. — **~le,gie·rung** *f chem.* manganese alloy.
Man·ga·no·me·trie [maŋganome'triː] *f* ⟨-; *no pl*⟩ *chem.* manganometry.
Man'gan|oxid [-ʔɔ,ksiːt], **~oxyd** [-ʔɔ,ksyːt] *n chem.* **1.** manganous oxide (MnO). – **2.** manganic oxide (Mn_2O_3). – **3.** oxide of manganese. — **~oxy,dul** *n* manganous oxide (MnO). — **m~,sau·er** *adj* manganic: **mangansaures Salz** manganate (Me_2MnO_4); **mangansaures Kali** manganate of potassium, (mineral) chameleon. — **~,säu·re** *f* manganic acid (H_2MnO_4). — **~,schaum** *m min.* bog manganese, wad, *auch* black ocher. — **~si,li·zi·um,stahl** *m metall.* silico-manganese steel. — **~,spat** *m min.* rhodochrosite, manganese spar, dialogite. — **~,stahl** *m chem. metall.* manganese steel. — **~,stein** *m min. cf.* Mangankiesel.
Man·ge ['maŋə] *f* ⟨-; -n⟩ *Southern G. dial. for* Mangel[2].
Man·gel[1] ['maŋəl] *m* ⟨-s; ¨⟩ **1.** ⟨*only sg*⟩ (*Fehlen*) (an *dat* of) lack, want, absence: **ein ~ an Mut [Verständnis, Vertrauen, Takt]** a lack of courage [understanding, confidence, tact]; **aus ~ an Gelegenheit** for (*od.* from, through) lack of opportunity; **aus ~ an Beweisen** *jur.* for lack of (*od.* in default of) evidence; **aus ~ an Bewegung hat er zugenommen** he put on weight for lack of exercise; **an Arbeit ist dort kein ~** there is no lack of work there; **~ am Notwendigsten haben** (*od.* **leiden**) to lack the necessities (*od.* essentials, basics) (of life); **dem ~ an** (*dat*) **etwas abhelfen, den ~ an** (*dat*) **etwas beheben** to remedy (*od.* do s.th. about) the lack of s.th. – **2.** ⟨*only sg*⟩ (*Knappheit*) shortage, scarcity, dearth: **~ an Lebensmitteln** shortage of food; **~ an Wohnungen** housing shortage; **die Wirtschaft leidet unter einem ~ an Facharbeitern** the economy is suffering from a shortage of skilled (*od.* trained) workers. – **3.** ⟨*only sg*⟩ (*Armut*) poverty, need, penury: **äußersten ~ leiden** to suffer extreme need (*od.* destitution), to live in extreme poverty, to be destitute (*od. colloq.* down and out). – **4.** (*Fehler*) defect, fault, flaw, imperfection, shortcoming: **charakterliche Mängel** faults in character, failings; **Mängel haben** (*od.* **aufweisen**), **mit Mängeln behaftet sein** to have faults; **er sah großzügig über kleine Mängel hinweg** he generously ignored slight imperfections; **Mängel feststellen [beanstanden, beseitigen]** to find [to complain about, to eliminate] defects. – **5.** *econ. jur.* defect: **offener** (*od.* **augenscheinlicher, sichtbarer**) **~** a) patent defect, b) (*beim Kauf*) apparent defect; **geheimer** (*od.* **verborgener**) **~** latent (*od.* hidden, invisible) defect; **ein wesentlicher [grober] ~** a principal [gross *od.* serious] defect; **einen ~ verschweigen** to conceal a defect; **für Mängel haften** to be liable (*od.* responsible) for defects. – **6.** *med.* (*an Vitaminen, Eiweiß etc*) deficiency. – **7.** *psych.* a) (*an Schlaf etc*) deprivation, b) (*als Unter- od. Fehlentwicklung*) deficiency, c) (*auf Grund von Störungen*) defect.
'**Man·gel**[2] *f* ⟨-; -n⟩ **1.** mangle, (rotary) ironer: **Wäsche durch die ~ laufen lassen** to pass the washing through the mangle; **j-n in die ~ nehmen** *fig. colloq.* a) (*in einer Prüfung etc*) to give s.o. a grilling, b) (*zurechtweisen*) to haul s.o. over the coals; to have s.o. up on the carpet, to carpet s.o. (*colloq.*). – **2.** (*textile*) *tech.* calender.
'**Män·gel,an,zei·ge** *f econ.* notice of defect(s).
'**Man·gel|ar,ti·kel** *m econ. cf.* Mangelware. — **~be,ruf** *m* understaffed profession. — **~er,schei·nung** *f med.* deficiency symptom. — **m~,frei** *adj* faultless, free of (*od.* without) faults (*od.* defects, flaws).
'**Män·gel,frei·heit** *f* ⟨-; *no pl*⟩ *econ.* faultlessness, flawlessness.
'**Man·gel,gü·ter** *pl* **1.** *econ. cf.* Mangelware. – **2.** *mil.* critical supplies.
'**man·gel·haft** *adj* **1.** (*fehlerhaft*) defective, faulty: **~e Ware [Verpackung, Arbeit]** defective goods *pl* [packing, work]. – **2.** (*Qualität*) poor, low. – **3.** (*ungenügend*) insufficient, poor, deficient, unsatisfactory: **~e Leistung** poor performance; **~e Kenntnisse, ~es Wissen** insufficient knowledge *sg*; **~e Auskunft erhalten** to receive insufficient information. – **4.** (*unzulänglich*) inadequate: **~e Ausrüstung** inadequate equipment. – **5.** (*unvollkommen*) imperfect. – **6.** (*unvollständig*) incomplete. – **7.** *ped.* (*als Zeugnisnote*) poor, unsatisfactory. — '**Man·gel·haf·tig·keit** *f* ⟨-; *no pl*⟩ **1.** defectiveness, faultiness. – **2.** (*der Qualität*) poorness. – **3.** (*des Wissens etc*) insufficiency, poorness, deficiency. – **4.** (*Unzulänglichkeit*) inadequacy. – **5.** (*Unvollkommenheit*) imperfection. – **6.** (*Unvollständigkeit*) incompleteness.
'**Man·gel,haf·tung**, '**Män·gel,haf·tung** *f jur.* warranty (*od.* liability) for defects.
'**Man·gel|,krank·heit** *f med. vet.* deficiency disease, disease of malnutrition. — **~,la·ge** *f econ.* shortage.
man·geln[1] ['maŋəln] *v/i u. v/impers* ⟨h⟩ want, be wanting, lack, be lacking, be short of, be in want (*od.* need) of: **ihm mangelt der Mut, es mangelt ihm an Mut, es mangelt ihm der Mut** he lacks (the) courage, what he lacks (*od.* wants) is (the) courage; **es mangelt ihnen am Nötigsten** (*od.* **Lebensnotwendigen**) they lack the basic necessities; **an Einfällen hat es ihm nie gemangelt** he has never been lacking in ideas; **mir mangelt nichts, es mangelt mir an nichts** I need nothing, I have all I want; **es mangelte an nichts** nothing was wanting, there was plenty of everything; **es an nichts ~ lassen** to see to it that nothing is lacking; **er läßt es an gutem Willen ~** he lacks good will; **wir wollen es uns an nichts ~ lassen** we are not going to deny ourselves anything, we shall make sure that there is nothing lacking (*od.* that we lack nothing); **an mir soll es nicht ~** you can count me in (*od.* on me).
'**man·geln**[2] *v/t* ⟨h⟩ **1.** (*Wäsche*) mangle. – **2.** (*textile*) *tech.* calender.
'**man·gelnd I** *pres p.* – **II** *adj* lacking, wanting: **~es Verständnis [Selbstvertrauen]** lack of understanding [self-confidence]; **~e Selbstbeherrschung** a) lack (*od.* want) of self-restraint, b) *med. psych.* acrasia; **~es Vertrauen** lack of trust, distrust; **wegen ~er Nachfrage** due to (*od.* for) lack of demand.
'**Män·gel,rü·ge** *f econ.* notice (*od.* complaint) of defect(s).
'**man·gels** *prep* ⟨*gen*⟩ for lack (*od.* want) of, in the absence of, *bes. jur. econ. auch* in default of: **~ Nachfrage wurde die Produktion eingestellt** production was stopped due (*od.* owing) to lack of demand; **~ Beweises wurde er freigesprochen** he was acquitted for lack (*od.* in default) of evidence; **~ Annahme** (*od.* **Akzeptes**) in default of (*od.* failing) acceptance, by (*od.* in case of) nonacceptance (*Br.* non-acceptance); **~ Deckung** for lack of funds; **~ Masse** a) in the absence of (*od.* because of no) assets, b) *colloq. humor.* for lack of money; **~ Zahlung** in default (*od.* for want) of payment, for nonpayment (*Br.* non-payment).
'**Man·gel,wa·re** *f bes. econ.* scarce commodity (*od.* goods *pl*), goods *pl* in short supply: **etwas ist zur Zeit ~** s.th. is scarce at the moment; **~ werden** to fall in short supply.
'**Man·gel,wä·sche** *f* washing (*od.* laundry) to be mangled, *bes. Am.* flatwork, *auch* flat wash.
man·gen ['maŋən] *v/t u. v/i* ⟨h⟩ *Southern G. dial. for* mangeln[2].
'**Mang,fut·ter** *n agr. dial. for* Mischfutter.
'**Man·gle,baum** ['maŋgle-] *m bot.* mangrove, mangle, rhizophora (*scient.*) (*Rhizophora mangle*).
Man·go ['maŋgo] *f* ⟨-; -nen [-'goːnən] *u.* -s⟩ *bot.* (*Frucht des Mangobaumes*) mango. — **~,baum** *m* mango (*Mangifera indica*). — **~,fisch** *m zo.* mango fish (*Polynemus paradiseus*). — **~,frucht** *f bot.* mango.
Man·gold ['maŋgɔlt] *m* ⟨-(e)s; -e⟩ *bot.* beet, mangel- (*auch* mangold-)wurzel, *auch* mangel (*Beta vulgaris*). — **~ge,mü·se** *n*, **~sa,lat** *m* beet, *auch* beet greens *pl*.
'**Man·go,pflau·me** *f bot.* mango.
Man·go'stan,baum [maŋgɔs'taːn-] *m*, **Man·go'sta·ne** *f* ⟨-; -n⟩ *bot.* mangosteen (*Garcinia mangostana*).
Man·gro·ve [maŋ'groːvə] *f* ⟨-; -n⟩ *bot.* mangrove. — **~,kü·ste** *f geogr.* mangrove coast.
Man'gro·ven|,baum *m bot. cf.* Mangrove. — **~,sumpf** *m* mangrove swamp.
Man·gu·ste [maŋ'gʊstə] *f* ⟨-; -n⟩ *zo.* mongoose, ichneumon, mungo (*Gattg Herpestes*).
Man·hat·tan [mæn'hætən] (*Engl.*) *m* ⟨-; -s⟩, **~,cock·tail** *m gastr.* Manhattan (cocktail).
Ma·ni·chä·er [manɪ'çɛːər] *m* ⟨-s; -⟩ *relig.* Manichee, Manich(a)ean. — **ma·ni'chä·isch** *adj* Manich(a)ean. — **Ma·ni·chä'is·mus** [-çɛ'ɪsmʊs] *m* ⟨-; *no pl*⟩ Manich(a)eism, *auch* Manich(a)eanism, Manicheeism.
Ma·nie [ma'niː] *f* ⟨-; -n [-ən]⟩ **1.** *psych.* (*Besessenheit*) mania: **hysterische ~** hysteromania; **leichte ~** hypomania; **vollentwickelte** (*od.* **schwere**) **~** hypermania. – **2.** (*Schrulle, fixe Idee*) mania, obsession: **die Sammelleidenschaft ist bei ihm schon zur ~ geworden** his passion for collecting things has become an obsession.
Ma·nier [ma'niːr] *f* ⟨-; -en⟩ **1.** *meist pl* (*Umgangsformen*) manners *pl*, breeding: **gute [schlechte, feine] ~en haben** to have good [bad (*od.* ill), refined] manners; **ein Mensch mit** (*od.* **von**) **guten ~en** a man of good breeding; **er hat überhaupt keine ~en** he has no manners at all; **dem muß man erst noch ~en beibringen** *colloq.* one ought to teach him (a few) manners first; **das ist keine ~** *colloq.* that's no way to behave; **was sind denn das für ~en?** *colloq.* don't you know how to behave? – **2.** ⟨*only sg*⟩ (*Art u. Weise*) way, style, fashion: **den sind wir auf gute ~ losgeworden** we got rid of him in a polite way (*od.* nicely); **mit guter ~ davonkommen** *colloq.* to have a lucky escape. – **3.** ⟨*only sg*⟩ (*art*) style, manner, stroke, touch: **die leichte [betonte] ~ eines Künstlers** the easy [emphatic] manner of an artist; **er malt in Rubensscher ~** he paints in the style of Rubens. – **4.** *mus.* a) ⟨*only sg*⟩ manner, b) (*Verzierung, Ornament*) grace (note), *pl auch* ornaments. – **5.** ⟨*only sg*⟩ *contempt.* (*Künstelei, Ziererei*) mannerism, affectation: **das ist bei ihm nur ~** that is a mannerism with him.
ma·nie·riert [mani'riːrt] *adj* (*gekünstelt, unnatürlich*) manneristic, *auch* manneristical, affected, mannered. — **Ma·nie'riert·heit** *f* ⟨-; -en⟩ mannerism, affectation.
Ma·nie·ris·mus [mani'rɪsmʊs] *m* ⟨-; *no pl*⟩ (*art*) mannerism. — **ma·nie'ri·stisch** [-tɪʃ] *adj* manneristic, *auch* manneristical.
ma'nier·lich I *adj* **1.** (*gesittet*) well-behaved, well-mannered, well-bred (*alle attrib*): **ein ~es Kind** a well-behaved child. –

2. (*ordentlich, anständig*) decent, proper: **du solltest versuchen, etwas ~er auszusehen** you should try to look a little more decent. – **II** *adv* **3.** *colloq.* properly, decently, well: **der Kleine hat sich recht ~ betragen** the child behaved quite properly; **kannst du nicht ~ essen?** can't you eat properly? **benimm dich ~!** behave yourself!

ma·ni·fest [mani'fɛst] *adj* **1.** ⟨*pred*⟩ (*offenkundig, offenbar*) manifest. – **2.** **~e Eigenschaften** *psych.* manifest (*od.* established) characteristics.

Ma·ni'fest *n* ⟨-es; -e⟩ **1.** *pol.* manifesto: **Kommunistisches ~** *hist.* Communist Manifesto. – **2.** *econ. mar.* (*Ladeverzeichnis*) (ship's) manifest.

Ma·ni·fe·sta·ti·on [manifɛsta'tsǐoːn] *f* ⟨-; -en⟩ **1.** manifestation, demonstration. – **2.** *med.* (*einer Krankheit*) manifestation. – **3.** *jur.* (*Offenlegung*) disclosure. – **4.** *relig.* manifestation, epiphany.

Ma·ni·fe·sta·ti'ons,eid *m jur. obs. for* Offenbarungseid.

ma·ni·fe·stie·ren [manifɛs'tiːrən] **I** *v/t* ⟨*no* ge-, h⟩ manifest: **der Streik manifestierte die geschlossene Front der Arbeiter** the strike manifested the solidarity of the workers. – **II** *v/reflex* **sich ~** manifest itself, show (itself) plainly: **in dieser Rede manifestierte sich seine wahre Überzeugung** his real conviction manifested itself in this speech.

Ma·ni·hot ['maːnihɔt] *m* ⟨-s; *no pl*⟩ *bot.* cassava, *auch* casava, manioc(a), *auch* mandioc(a) (*Gattg Manihot*).

Ma·ni·kü·re [mani'kyːrə] *f* ⟨-; -n⟩ **1.** ⟨*only sg*⟩ (*Handpflege*) manicure. – **2.** (*Handpflegerin*) manicurist. – **3.** *short for* Maniküreetui, -kästchen.

Ma·ni'kü·re|etui [-ˀɛt,viː], **~,käst·chen** *n* manicure kit (*od.* set).

ma·ni'kü·ren *v/t, v/i u.* **sich ~** *v/reflex* ⟨*no* ge-, h⟩ manicure: **sich ~ lassen** to have a manicure.

Ma·ni·la[1] [ma'niːla] *f* ⟨-; -s⟩ *cf.* Manilazigarre.

Ma'ni·la[2] *m* ⟨-s; *no pl*⟩ *cf.* Manilatabak.

Ma'ni·la|,hanf *m bot.* (*textile*) Manila hemp (*od.* fiber, *bes. Br.* fibre), *auch* manil(l)a, abaca (*Musa textilis*): **ein Seil aus ~** a Manila rope. — **~kar,ton** *m*, **~pa,pier** *n* Manil(l)a paper, *auch* manil(l)a. — **~,ta·bak** *m* Manil(l)a tobacco. — **~zi,gar·re** *f* Manila, *auch* Manila cigar, Manilla, manil(l)a.

Ma·nil·le [ma'nɪljə] *f* ⟨-; -n⟩ (*games*) (*Trumpfkarte im Lomber*) manille.

Ma·ni·ok [ma'nǐɔk] *m* ⟨-s; -s⟩ *bot.* cassava, *auch* casava (*Manihot utilissima*). — **~,strauch** *m* (bitter) cassava (*auch* casava) (*Manihot utilissima*): **Süßer ~** (sweet) cassava (*Manihot palmata*). — **~,wur·zel** *f* cassava, *auch* casava.

Ma·ni·pel[1] [ma'niːpəl] *m* ⟨-s; -⟩ *antiq.* (*Teil der röm. Kohorte*) maniple.

Ma'ni·pel[2] *m* ⟨-s; -⟩, *auch f* ⟨-; -n⟩ *röm. kath.* maniple, fanon.

Ma·ni·pu·lant [manipu'lant] *m* ⟨-en; -en⟩ **1.** manipulator. – **2.** *Austrian officialese obs. for* Hilfskraft 1.

Ma·ni·pu·la·ti·on [manipula'tsǐoːn] *f* ⟨-; -en⟩ **1.** (*Hand-, Kunstgriff*) manipulation (of one's hand), sleight of hand. – **2.** *meist pl* (*Machenschaften*) manipulation, man(o)euver, *bes. Br.* manœuvre. – **3.** *econ.* a) (*einer Währung etc*) manipulation, b) (*Handhabung*) handling, management.

Ma·ni·pu·la·ti'ons,la·ger *n econ.* working (*od.* manipulation) stock.

Ma·ni·pu·la·tor [manipu'laːtɔr] *m* ⟨-s; -en [-la'toːrən]⟩ *tech. nucl.* (master-slave) manipulator.

ma·ni·pu'lier·bar *adj* man(o)euverable, *bes. Br.* manœuvrable. — **Ma·ni·pu'lier·bar·keit** *f* ⟨-; *no pl*⟩ man(o)euverability, *bes. Br.* manœuvrability.

ma·ni·pu·lie·ren [manipu'liːrən] *v/t* ⟨*no* ge-, h⟩ **1.** (*durch Kunstgriffe*) manipulate. – **2.** (*durch Machenschaften*) manipulate, man(o)euver, *bes. Br.* manœuvre. – **3.** *econ.* a) (*Währung etc*) manipulate, b) (*handhaben*) handle, manage.

ma·nisch ['maːnɪʃ] *adj med. psych.* maniac(al), manic. — **~-de·pres'siv** *adj* manic-depressive.

Ma·nis·mus [ma'nɪsmʊs] *m* ⟨-; *no pl*⟩ *anthrop.* manism, ancestor cult.

Ma·ni·to ['maːnito], **Ma·ni·tu** ['maːnitu] *npr m* ⟨-s; *no pl*⟩ *myth.* manitou, manitu, *auch* manito (*one of the Algonquian deities or spirits that controls nature*).

Man·ko ['maŋko] *n* ⟨-s; -s⟩ **1.** (*Mangel, Nachteil*) shortcoming, disadvantage: **daß er kein Französisch kann, ist ein großes ~** the fact that he doesn't (*od.* his inability to) speak French is a serious shortcoming. – **2.** *econ.* a) (*Fehlbetrag*) deficiency, shortage (in money accounts), b) (*Fehlgewicht*) short weight, underweight.

Mann [man] *m* ⟨-(e)s; ⸚er, *nach Zahlen auch* -, *poet. hist. auch* -en⟩ **1.** man, male (person): **Männer und Frauen** men and women, males and females; **als ~ denke ich darüber anders** as a man I think differently about it; **von ~ zu ~ mit j-m reden** to have a man-to-man talk with s.o.; **alle Männer zwischen 20 und 60 wurden eingezogen** all males between 20 and 60 years of age were called up (*Am.* drafted); **es gab mehr Männer als Frauen** there were more males than females; **das ist eine Arbeit für Männer** that is (a) man's work, that is a job for a man; **Männer müssen so sein** that's the way men are, you can't change men; **typisch ~!** (that's) just like a man! (that's) typical of a man! **der brave ~ denkt an sich selbst zuletzt** the good man thinks last of himself; **„Männer"** (*an WC*) "Gentlemen", "Men". – **2.** (*Mensch, Person*) man, person: **ein junger [alter] ~** a young [an old] man; **ein feiner ~** a fine man, a (perfect) gentleman; **ein schlichter** (*od.* **einfacher**) **~** a plain man; **ein schweigsamer ~** a taciturn man, a man of few words; **ein vielseitiger ~** a many-sided (*od.* an allround) man; **ein ~ von Geist [Mut, Einfluß]** a man of intelligence (*od.* spirit) [courage, influence]; **ein ~ von Namen [Stand]** a man of reputation [high rank *od.* position]; **ein ~ von Ansehen (und Würden)** a man of mark, a highly esteemed man; **ein ~ von Welt** a man of the world; **ein ~ von Wort** a man of his word, a man you can trust (*od.* depend upon); **ein ~ von Format** a man of high caliber (*bes. Br.* calibre), a man of (real) stature; **ein ~ der Feder** a man of letters, a literary person; **ein ~ in den besten Jahren** a man in the prime of life; **er ist ein ~ der Zukunft** he is a man of the future; **ein ~ des Volkes** a man of the people; **ein ~ aus dem Volke** a man of (*od.* from) the ranks, a man from the (common) people; **er ist der ~ des Tages** he is the man of the hour; **er ist ein ~ des Todes** he is a dead man (*od. sl.* a goner); **wenn du das tust, bist du ein toter ~** *colloq.* if you do that you've had it (*od.* you are in for it, you've had your chips) (*alle colloq.*); **ein ~ der Tat** a man of action; **er ist ein gemachter ~** he is made, he has arrived; **er ist für uns der gegebene** (*od.* **geeignete, richtige, rechte**) **~** he is the right man for us; **(bei j-m) an den rechten [unrechten] ~ kommen** s.o. is the right [wrong] man to go to, s.o. is [not] the man to go to; **der rechte ~ am rechten Platz** the right man in the right place; **Herr X, Sie sind unser ~** (*od.* **der ~, den wir brauchen**)! Mr. X, you are the man for us (*od.* you are just the man we have been looking for); **er ist nicht der (rechte) ~ dazu** (*od.* **dafür**) he is not the man to do it; **er mimt** (*od.* **markiert**) **gern den starken ~** *colloq.* he likes to play the strong man; **er spielt** (*od.* **macht**) **mal wieder den wilden ~** *colloq.* he's raving like a madman again; **der schwarze ~** a) (*Schornsteinfeger*) the chimney sweep(er), the sweep, b) (*Kinderschreck*) the bogeyman, the boogeyman, the boogerman, *auch* the boogieman; **wer fürchtet sich vorm schwarzen ~?** (*Kinderspiel*) who's afraid of the bog(e)yman? **der kleine ~, der ~ auf der Straße** the man in (*Am.* on) the street; **der gemeine** (*od.* **einfache**) **~** the common (*od.* ordinary) man; **ein ~ Gottes** a man of God; **der ~ im Mond** *fig.* the man in the moon; **wenn Not am** (*od.* **an**) **~ ist, springe ich ein** if the worst comes to the worst (*od.* in case of need) I'll step in; **die Waren an den ~ bringen** to get rid (*od.* dispose) of the goods, to get the goods off one's hands; **einen Witz an den ~ bringen** *colloq.* to get rid of a joke; **der Hund ist auf den ~ dressiert** the dog is trained to attack people; **du hast wohl einen kleinen ~ im Ohr** *fig. colloq.* are you crazy? you must have bats in the belfry! (*sl.*); **~ Gottes!** *colloq.* man alive! **(mein) lieber ~!** *colloq.* by Jove! by God! **(oh) ~, oh ~!** *colloq.* oh dear, oh dear! **beeil dich, ~!** *colloq.* hurry up, man! **aber guter** (*od.* **bester**) **~, das geht doch nicht!** *colloq.* my dear chap, you can't do that; → **klug** 2. – **3.** (*als Sinnbild von Kraft etc*) man: **sei ein ~!** be a man! **er ist ein ganzer** (*od.* **rechter**) **~** he is every inch a man; **ein ~ von altem** (*od.* **echtem, rechtem**) **Schrot und Korn** a man of the right caliber (*bes. Br.* calibre); **er ist ~s genug, um das zu schaffen** he is man enough to manage that; **er zeigte sich als ~** he showed (*od.* proved) himself a man; **zum ~ heranwachsen** to grow up to manhood; **(tapfer) seinen ~ stehen** (*od.* **stellen**) a) (*sich verteidigen*) to stand one's ground, b) (*vollwertige Arbeit leisten*) to hold one's own; **er hat seinen ~ gefunden** he has met (*od.* found) his match; **selbst ist der ~!** (*Sprichwort*) do it yourself! **ein ~, ein Wort!** (*Sprichwort*) an honest man's word is as good as his bond (*proverb*). – **4.** (*Ehemann*) husband: **ihr erster [geschiedener, verstorbener] ~** her first [ex-, deceased] husband; **sie wird nie einen ~ finden** (*od.* **bekommen**) she'll never find a husband; **j-n zum ~ nehmen** to marry s.o.; **seine Tochter an den ~ bringen** *colloq.* to find a husband for one's daughter, to get one's daughter off one's hands; **wie ~ und Frau miteinander leben** to live as man and wife; **sie hat sich von ihrem ~ getrennt** she and her husband have separated. – **5.** ⟨*undeclined*⟩ (*als Zählbegriff*) man: **sie kamen fünf ~ hoch** (*od.* **mit fünf ~**) five (of them) turned up, five men came; **wir waren (zu) zehn ~** there were ten of us; **wir fuhren alle ~ nach Berlin** all of us went to Berlin; **das sind zwei Mark pro ~** that makes two marks per man (*od.* head), that makes two marks each; **eine Truppenstärke von 3000 ~** *mil.* a strength of 3,000 men (*od.* soldiers); **sie wurden ~ für ~ durchsucht** every single one of them was searched; **sie standen ~ an ~** they stood close together; **sie kämpften ~ gegen ~** they fought man to man (*od.* hand to hand); **sie erhoben sich wie ein ~** they stood up as one man (*od.* body); **bis zum letzten ~** to a man. – **6.** (*games*) hand: **wir brauchen noch einen dritten ~** we need a third hand. – **7.** *mar.* hand, man: **alle ~ an Deck [Bord]** *auch fig. humor.* all hands on deck [board]; **jeder ~ auf seinen Platz** (*od.* **Posten**)! every man to his station! **~ über Bord!** man overboard! **alle ~ hoch** all hands aloft; **das Schiff sank mit ~ und Maus** the ship went down with all hands (on board); **der ~ am Ruder** *auch fig.* the man at the helm (*od.* wheel). – **8.** ⟨-(e)s; -en⟩ *hist.* man: **der Ritter und seine ~en** the knight and his men. – **9.** (*sport*) player: **den Ball genau auf den ~ spielen** to pass the ball (on) accurately (to the player). – **10.** **alter** (*od.* **toter**) **~** (*mining*) goaf, gob, *auch* waste area: **Strecke durch den alten ~** gob heading. – **11.** **den toten ~ machen** *colloq. humor.* (*beim Schwimmen*) to float.

Man·na ['mana] *n* ⟨-(s); *no pl*⟩, *f* ⟨-; *no pl*⟩ **1.** *Bibl. auch fig.* manna. – **2.** *bot. med. pharm.* manna: **Türkisches ~** trehala; **Gemeines ~** manna in sorts. – **3.** *bot.* cassia-stick tree (*Cassia fistula*). — **~-,Esche** *f bot.* manna ash (*Fraxinus ornus*). — **~,flech·te** *f* manna lichen (*Gattg Lecanora, bes. L. esculenta*). — **~,gras** *n* manna grass (*Gattg Glyceria, bes. G. striata*). — **~,klee** *m* **1.** **Echter ~** agul (*Hedysarum alhagi*). – **2.** *cf.* Esparsette.

Man·na·ne [ma'naːnə] *pl chem.* mannans.

'Man·na|,schild,laus *f zo.* manniferous cochineal (*od.* mealybug) (*Ericoccus mannifer*). — **~zi,ka·de** *f* manniferous cicada (*Tettigia orni*). — **~,zucker** (*getr.* -k·k-) *m chem.* mannitol, mannite, manna sugar ($C_6H_8(OH)_6$).

'mann·bar *adj* **1.** *lit.* (*geschlechtsreif*) sexually mature, pubescent, (*bes. Mädchen*) nubile, ephebic (*scient*). – **2.** *obs.* (*heiratsfähig*) marriageable. – **3.** (*männlich*) virile. — **'Mann·bar·keit** *f* ⟨-; *no pl*⟩ **1.** *lit.* sexual maturity, pubescence, puberty, (*bes. von Mädchen*) nubility. – **2.** *obs.* marriageability. – **3.** virility.

Männ·chen ['mɛnçən] *n* ⟨-s; -⟩ **1.** *dim. of*

Mann. – 2. *oft contempt.* (*kleiner Mann*) little man, midget, dwarf, manikin, manakin: ein verhutzeltes ~ a wizened little old man. – 3. *zo.* male, (*der Vögel*) cock: ~ und Weibchen a) male and female, b) cock and hen. – 4. *colloq.* (*Koseform für Mann*) hubby, dear. – 5. small figure, matchstick man: ~ malen a) to draw small figures, b) (*aus Langeweile*) to doodle. – 6. ~ machen (*bes. von Hund, Hase*) to sit up on its hind legs, (*von Hund*) *auch* to sit up (and beg). – 7. ~ machen (*od.* bauen) *mil. colloq.* to salute. – 8. *aer. colloq.* (*beim Kunstflug*) tail slide. [*G. for* Männchen 2.]

Män·ne·ken [ˈmɛnəkən] *n* ⟨-s; -⟩ *Northern*

man·nen [ˈmanən] *v/t* ⟨h⟩ *mar.* (*Stückgut etc*) hand (*s.th.*) on (*od.* up) from man to man.

ˈMan·nenˌtreue *f hist.* fealty.

Man·ne·quin [ˈmanəkɛ̃; -ˈkɛ̃ː] *n, rare m* ⟨-s; -s⟩ 1. model, mannequin. – 2. *obs. for* Gliederpuppe 2, 3.

ˈMän·ner|ˌar·beit [ˈmɛnər-] *f* men's (*od.* man's) work. — **~beˌkannt·schaft** *f cf.* Herrenbekanntschaft. — **~ˌchor** *m mus.* male (*od.* men's) choir (*bes. Am.* chorus), *Br.* male-voice choir. — **~ˌfang** *m only in* auf ~ (aus)gehen *colloq.* to go (out) hunting for a husband (*od.* man), to go (out) husband-hunting. — **~ˌfein·din** *f* woman who hates men, androphobe (*scient.*). — **m~ˌfeind·lich** *adj* androphobic. — **~geˌsang·verˌein** *m* male-voice choral society, *Am.* men's glee club. — **~ˌhaus** *n anthrop.* house for men's gatherings. — **~ˌkindˌbett** *n anthrop.* couvade. — **m~ˌmor·dend** *adj humor.* (*Frau, Vamp etc*) man-eating. — **~ˌsa·che** *f* das ist ~ that is (a) man's business. — **~ˌscheu** *psych.* **I** *f* fear of men, androphobia (*scient.*). – **II m~** *adj* afraid of men. — **~sta·tiˌon** *f med.* (*im Krankenhaus*) male ward. — **~ˌstim·me** *f* 1. masculine voice. – 2. *mus.* male voice. — **~ˌstimmˌrecht** *n pol.* manhood suffrage, adult male suffrage. — **~ˌtreu** *f* ⟨-; -⟩ *bot. cf.* Mannstreu. — **~ˌwelt** *f* die ~ the world of men, (the) men *pl.*

ˈMan·nes|ˌal·ter *n* manhood, virility: das ~ erreichen to reach manhood (*od.* man's estate); im besten ~ in the best years of a man's life, in the prime of life; an der Schwelle zum ~ on the threshold of manhood. — **~ˌart** *f* man's ways *pl*: nach ~ as is usual among men. — **~ˌjah·re** *pl only in* in den besten ~n in the best years of s.o.'s life, in the prime of life. — **~ˌkraft** *f* 1. *med.* (*Zeugungskraft*) potency, virility. – 2. (*Körperkraft*) manly vigor (*bes. Br.* vigour). — **~ˌschwä·che** *f med.* impotence. — **~ˌstamm** *m* male line. — **~ˌstär·ke** *f cf.* Manneskraft. — **~ˌstolz** *m* manly pride. — **~ˌtreue** *f hist.* fealty. — **~ˌwort** *n* (honest) man's word. — **~ˌwür·de** *f* manly dignity. — **~ˌzucht** *f* discipline.

ˈMannˌgeld *n* ⟨-(e)s; *no pl*⟩ *jur. hist.* manbote, *Am. auch* manbot.

ˈmann·haft I *adj* 1. (*Benehmen etc*) manly, manful. – 2. (*mutig*) brave, valiant, stout: ~en Widerstand leisten to offer stout resistance. – 3. (*entschlossen*) resolute. – **II** *adv* 4. er hat sich ~ benommen he behaved in a manly way; er hat die Schmerzen ~ ertragen he bore the pain manfully; er kämpfte ~ he fought bravely. — **ˈMann·haf·tig·keit** *f* ⟨-; *no pl*⟩ 1. manliness, manfulness: er ertrug die Leiden mit großer ~ he bore the sufferings manfully. – 2. (*Mannesmut*) manly courage (*od.* bravery), braveness, valor, *bes. Br.* valour, valiancy, *Br. auch* manhood. – 3. (*Entschlossenheit*) resoluteness.

ˈman·nigˌfach [ˈmanɪç-] *adj* 1. ⟨*attrib*⟩ (*zahlreich*) many, manifold, multiple, multifarious: er hatte ~e Pflichten zu erfüllen he had manifold duties to perform; ~e Errungenschaften multiple (*od.* numerous and varied) achievements. – 2. *cf.* mannigfaltig.

ˈman·nigˌfal·tig *adj* (*vielfältig*) various, diverse, varied, multiple, multifarious: aus ~en Gründen for various reasons; ein ~es Warenangebot a diverse supply of goods. — **ˈMan·nigˌfal·tig·keit** *f* ⟨-; *no pl*⟩ (*Vielfalt*) variousness, variety, diversity, multifariousness.

Män·nin [ˈmɛnɪn] *f* ⟨-; *no pl*⟩ *obs.* 1. *Bibl.* woman. – 2. (*Heldenweib*) heroine.

Man·nit [maˈniːt; -ˈnɪt] *m* ⟨-s; -e⟩ *chem. cf.* Mannazucker.

Männ·lein [ˈmɛnlaɪn] *n* ⟨-s; -⟩ 1. *cf.* Männchen 1, 2. – 2. ~ und Weiblein *colloq.* men and women.

männ·lich [ˈmɛnlɪç] **I** *adj* 1. (*Erbe, Geschlecht etc*) male: die ~e Linie einer Familie the male line of a family; ~e Nachkommenschaft male issue. – 2. (*Verhalten, Wesen etc*) manly, masculine: ~es Auftreten manly behavio(u)r; ein sehr ~er Mann a very masculine (*od.* virile) (type of) man; ~e Kraft virility, manly vigo(u)r; er hat eine sehr ~e Stimme he has a very manly voice; Mut ist eine ~e Eigenschaft courage is a masculine characteristic; das (typisch) ~e Verlangen nach Anerkennung a man's (typical *od.* characteristic) need for appreciation. – 3. *fig.* (*Entschluß etc*) brave, manly, resolute. – 4. (*in der Erscheinung*) mannish, manlike, masculine: sie trägt immer sehr ~e Kleidung she always wears very masculine clothes (*od.* dresses very mannishly). – 5. *med.* a) male, masculine, b) (*zeugungsfähig*) virile: ~es Glied virile member, penis. – 6. *zo.* male: ein ~es Tier a male (animal). – 7. *bot.* male; staminate, staminiferous (*scient.*). – 8. *ling.* (*Geschlecht*) masculine: mit ~em Geschlecht of masculine gender. – 9. *metr.* (*Reim*) masculine. – **II** *adv* 10. ~ handeln to act in a manly way (*od.* like a man); eine ~ gekleidete Frau a woman dressed like a man (*od.* in a manly way). — **ˈMänn·lich·keit** *f* ⟨-; *no pl*⟩ 1. manliness, masculinity, masculineness, manhood: er fühlte sich in seiner ~ verletzt he felt his masculine pride had been injured (*od.* his masculinity had been put in question). – 2. (*Zeugungsfähigkeit*) virility, potency. – 3. (*der Erscheinung*) masculinity, virility, (*bes. von Frauen*) mannishness.

ˈMannˌloch *n tech.* manhole.

ˈmann·los *adj only in* ~er Streb (*mining*) manless (*od.* unmanned) face.

Man·no·hep·tit [manohɛpˈtiːt; -ˈtɪt] *n* ⟨-s; -e⟩ *chem.* mannoheptitol, mannoheptite ($C_7H_9(OH)_7$).

Man·no·se [maˈnoːzə] *f* ⟨-; *no pl*⟩ *chem.* mannose, mannitose ($HOCH_2(CHOH)_4$-CHO).

ˈMannsˌbild *n colloq. oft contempt.* man, male: → gestanden[1] II.

ˈMann·schaft *f* ⟨-; -en⟩ 1. (*eines Flugzeugs, Schiffes*) crew. – 2. *mil.* a) men *pl*, b) (*Truppe*) troops *pl*, c) (*als Rangstufe*) enlisted men *pl*, *Br.* ranks *pl*, rank and file *pl*, d) *mar.* lower deck: die ~(en) war(en) unzufrieden the men were discontented; er ließ die ~ antreten he made the men line up; er erklärte vor versammelter ~ a) he said in front of all the men, b) *fig. colloq.* he said in front of everyone; nach dem Fest ging ich mit der ganzen ~ schwimmen *fig. colloq.* after the party we all went swimming. – 3. *fig.* (*eines Politikers etc*) team, colleagues *pl*. – 4. *fig. colloq.* (*einer Firma*) personnel, staff: ein Unternehmen mit junger ~ a firm with a young staff. – 5. (*sport*) a) team, side, b) (*eines Bootes*) crew: die siegreiche ~ the winning team (*od.* side); die ~ zählte 10 Mann the team numbered 10; die bessere ~ hat gewonnen the better team won; gegen eine andere ~ unterliegen to lose to another team; eine ~ aufstellen to select a team; sie bilden eine gute ~ they are a good team.

ˈMann·schafts|ˌaufˌstel·lung *f* (*sport*) team lineup (*Br.* line-up) (*od.* composition): hier ist die ~ the team plays as follows. — **~ˌausˌtausch** *m mil.* troop rotation. — **~ˌdienstˌgra·de** *pl mil.* rank and file, privates, private soldiers: es ist ~n nicht gestattet privates are not allowed to. — **~ˌes·sen** *n* soldiers' messing. — **~ˌfah·rer** *m* 1. (*beim Radsport*) team rider. – 2. (*beim Rallyesport*) team driver. — **~ˌfüh·rer** *m* (*sport*) (team) captain, (*beim Fußball*) *auch* skipper (*colloq.*). — **~ˌgeist** *m* team spirit. — **~ka·meˌrad** *m* (*bes. sport*) teammate, *Br.* team mate. — **~ˌkampf** *m* team competition. — **~ka·piˌtän** *m cf.* Mannschaftsführer. — **~ˌlauf** *m* (*sport*) team race. — **~ˌli·ste** *f* 1. (*sport*) team list. – 2. *mar.* (*auf Handelsschiffen*) crew list. — **~ˌmei·ster·schaft** *f* (*sport*) team championship. — **~ˌraum** *m* 1. (*sport*) team (*od.* crew) quarters *pl*. – 2. *mar.* seamen's mess. – 3. *mil.* a) soldiers' (*od.* troop) room, b) *pl cf.* Mannschaftsunterkünfte. — **~ˌren·nen** *n* (*sport*) a) team race, b) (*beim Rudersport*) crew race — **~ˌspiel** *n* 1. team game. – 2. (*Zusammenspiel*) team play. — **~ˌsport** *m* team sport. — **~ˌstu·be** *f mil. cf.* Mannschaftsraum 3a. — **~transˌportˌwa·gen** *m mil.* troop carrier, (armo[u]red) personnel carrier. — **~ˌun·terˌkünf·te** *pl* (soldiers') quarters. — **~verˌfol·gungsˌfah·ren** *n* (*beim Radsport*) team pursuit race. — **~verˌzeich·nis** *n cf.* Mannschaftsliste. — **~ˌwer·tung** *f* (*sport*) team holdings *pl*: Stand der ~ team standings *pl*. — **~ˌwett·beˌwerb** *m* team competition.

ˈmannsˌdick *adj* (as) thick (*od.* big, broad) as a man.

Mann·sen [ˈmanzən] *n* ⟨-s; -⟩ *colloq.* man.

ˈmannsˌhoch *adj* (as) tall (*od.* high) as a man, *Br. auch* man-high.

ˈManns|ˌhö·he *f* ⟨-; *no pl*⟩ *only in* in ~ at eye-level. — **~ˌleu·te** *pl colloq.* menfolk(s), males, *auch* (the) male sex *sg*. — **~perˌson** *f colloq. od. archaic for* Mannsbild. — **~ˌschild** *m bot.* androsace (*Gattg Androsace*). — **m~ˌtoll** *adj* man-crazy (*od.* -mad), nymphomaniac, *auch* nymphomaniacal (*scient.*). — **~ˌtoll·heit** *f* nymphomania, andromania. — **~ˌtreu** *f* ⟨-; -⟩ *bot.* 1. creeping forget-me-not (*Omphalodes verna*). – 2. eryngo (*Gattg Eryngium*). — **~ˌvolk** *n colloq. cf.* Mannsleute.

ˈMannˌweib *n* 1. virago, amazon. – 2. *med.* (*Zwitter*) hermaphrodite.

Ma·no·me·ter [manoˈmeːtər] **I** *n* ⟨-s; -⟩ *tech.* pressure ga(u)ge, manometer, (*für Dampf*) *auch* steam ga(u)ge. – **II** *interj colloq.* ~! (*Ausruf*) boy! oh boy! — **~ˌab·ˌle·sung** *f tech.* pressure ga(u)ge reading.

ma·no·me·trisch [manoˈmeːtrɪʃ] *adj tech.* manometric, *auch* manometrical.

Ma·nö·ver [maˈnøːvər] *n* ⟨-s; -⟩ 1. *mil.* a) man(o)euver, *bes. Br.* manœuvre, evolution, b) (*Übung*) (field) exercise: ein ~ abhalten to hold a maneuver; die Truppen zogen ins ~ the troops went on maneuver. – 2. *mar. aer.* (*Fahrtänderung*) man(o)euver, *bes. Br.* manœuvre: das Schiff führte verschiedene ~ aus the ship executed various maneuvers. – 3. *fig. colloq.* man(o)euver, *bes. Br.* manœuvre, trick, stratagem: betrügerisches [durchsichtiges, geschicktes] ~ deceitful [transparent, skil(l)ful] maneuver; durch billige ~ erreichte er sein Ziel through cheap tricks he reached his goal; er versuchte jedes ~, um zu he tried every trick to. — **~ˌball** *m* maneuver termination ball. — **~ˌgast** *m mil.* maneuver observer. — **~geˌlän·de** *n* maneuver (*od.* exercise) area. — **~kriˌtik** *f mil.* critique of a maneuver. — **~ˌla·ge** *f* maneuver situation. — **~ˌlei·ter** *m* director of a maneuver. — **~mu·ni·tiˌon** *f* blank ammunition. — **~ˌscha·den** *m meist pl* maneuver damage.

ma·nöˈvrier·bar *adj cf.* manövrierfähig. — **Ma·nöˈvrier·bar·keit** *f* ⟨-; *no pl*⟩ *cf.* Manövrierfähigkeit.

ma·nö·vrie·ren [manøˈvriːrən] **I** *v/i* ⟨*no* ge-, h⟩ 1. (*von Auto, Schiff, Flugzeug etc*) man(o)euver, *bes. Br.* manœuvre, handle. – 2. *fig.* man(o)euver, *bes. Br.* manœuvre: er manövrierte so geschickt, daß man ihm kaum etwas hat anhaben können he maneuvered so cleverly that hardly anything could be done against him. – **II** *v/t* 3. (*Auto, Schiff, Flugzeug etc*) man(o)euver, *bes. Br.* manœuvre, handle: sie manövrierte das Auto in eine enge Parklücke she maneuvered the car into a small parking space. – 4. *fig.* man(o)euver, *bes. Br.* manœuvre: er manövrierte sie in eine Ecke des Saals he maneuvered her into a corner of the room; es gelang ihr, einen Geldschein in seine Tasche zu ~ she managed to slip a banknote into his pocket. – **III** *v/reflex* 5. er manövrierte sich geschickt durch alle Schwierigkeiten he man(o)euvered (*bes. Br.* manœuvred) his way skil(l)fully through every difficulty.

ma·nöˈvrierˌfä·hig *adj* (*Auto, Flugzeug, Schiff etc*) man(o)euverable, *bes. Br.* manœuvrable. — **Ma·nöˈvrierˌfä·hig·keit** *f* ⟨-; *no pl*⟩ man(o)euverability, *bes. Br.* manœuvrability.

ma·nöˈvrierˌunˌfä·hig *adj* not man(o)euverable (*bes. Br.* manœuvrable), disabled: das beschädigte Schiff lag ~ im Hafen the damaged ship lay disabled in harbo(u)r.

Man·sar·de [manˈzardə] *f* ⟨-; -n⟩ *arch.* 1. mansard. – 2. *cf.* Mansardenzimmer.

Man'sar·den|ˌdach *n arch.* curb (*od.* mansard) roof. — **~ˌfen·ster** *n* curb (*od.* mansard) roof dormer. — **~ˌwoh·nung** *f* attic apartment (*bes. Br.* flat). — **~ˌzim·mer** *n* attic room, room in the attic.

Mansch [manʃ] *m* ⟨-es; *no pl*⟩ *colloq.* **1.** hodgepodge, *bes. Br.* hotchpotch, jumble. – **2.** (*wässeriges Essen*) hogwash. – **3.** (*breiige Masse*) mash, mess, squash. – **4.** *cf.* Matsch² 1. — **'man·schen** *colloq.* **I** *v/t* ⟨h⟩ mix (*od.* work) (*s.th.*) to a pulp. – **II** *v/i* mess about (*bes. Am.* around) (*colloq.*): **die Kinder manschten mit Wasser und Sand** the children were messing about with water and sand. — **Man·sche'rei** *f* ⟨-; -en⟩ *colloq.* messing about (*bes. Am.* around) (*colloq.*): **hör mit der ~ auf** stop messing around.

Man·schet·te [man'ʃɛtə] *f* ⟨-; -n⟩ **1.** (*eines Hemdes etc*) cuff: **durchgestoßene [gestärkte] ~n** worn [starched] cuffs. – **2.** (*um Blumenstrauß, Kerze etc*) paper wrapper (*od.* wrapping). – **3.** *pl fig. colloq.* (*Angst*) fear *sg*, funk *sg* (*colloq.*): **er hatte (mächtige) ~n vor dem Examen** he had the wind up about the exam (*sl.*); **er hat gehörige ~n vor seinem Vater** his father scares the living daylights out of him (*colloq.*), his father puts the wind up him (*sl.*). – **4.** *pl* (*thieves' Latin*) (*Handfesseln*) bracelets. – **5.** (*sport*) (*beim Ringen*) wristlock: **eine ~ anlegen** to apply a wristlock. – **6.** *tech.* a) sleeve, boot, b) (*Bund*) collar, c) (*Rosette*) rose, d) (*Dichtung*) packing, sealing member, e) (*eines Kolbens*) cup. – **7.** (*textile*) cuff, sleeve. – **8.** *bot.* (*eines Hutpilzes*) frill.

Man'schet·ten|ˌknopf *m* cuff (*od.* sleeve) link.

Man·ta ['manta] *m* ⟨-; -s⟩ *zo.* manta (ray), devilfish (*Manta birostris*).

Man·teau [mã'toː] *m* ⟨-s; -s⟩ *hist.* (*Mantel*) mantua.

Man·tel ['mantəl] *m* ⟨-s; ⸚⟩ **1.** coat: **ein leichter [schwerer, wasserdichter] ~** a light [heavy, waterproof] coat; **ein eleganter [abgetragener] ~** an elegant [a worn-out] coat; **ich lasse mir einen ~ machen** I am having a coat made (for me); **der ~ steht dir gut** the coat suits you (*od.* looks good on you); **sich** (*dat*) **einen ~ umhängen** to put a coat (a)round one's shoulders; **j-m aus dem [in den] ~ helfen** to help s.o. out of [into] his coat; **er hielt ihr den ~** he held her coat for her; **Stoff zu einem ~ kaufen** to buy material for a coat; **seinen ~ nach dem Wind hängen** (*od.* **drehen**) *fig.* to trim one's sails to the wind. – **2.** (*Wintermantel*) coat, overcoat, greatcoat. – **3.** (*ärmelloser Umhang*) cloak, mantle, (*kurzer*) cape, (*für Damen*) *auch* wrap. – **4.** (*Arbeitskittel*) a) smock, coat, b) (*eines Chirurgen*) gown. – **5.** *fig.* (*Deckmantel*) cloak, mantle: **etwas mit dem ~ der Nächstenliebe** (*od.* **Barmherzigkeit**) **zudecken** to cover s.th. with the cloak of charity; **unter dem ~ der Nacht** under cover (*od.* the cloak) of night (*od.* darkness). – **6.** *tech.* a) jacket, shell, cover(ing), b) (*Gehäuse*) case, casing, c) (*eines Kabels*) sheath(ing), d) (*eines Behälters*) wall. – **7.** *math.* (*eines Körpers*) surface. – **8.** *auto.* a) (*eines Reifens*) cover, (outer) casing, b) (*eines Kolbens*) skirt, c) (*des Kühlers*) shell. – **9.** *aer.* (*des Turbinenstrahltriebwerks*) shroud. – **10.** *synth.* (*einer Preßform*) chase. – **11.** *mil.* a) (*eines Torpedos*) shell, b) (*eines Zünders*) cover. – **12.** *mar.* (*eines Takels*) runner. – **13.** *zo.* a) (*der Weichtiere*) mantle, pallium (*scient.*), b) (*der Manteltiere*) tunica, tunic, test: **mit einem ~** (*bei Weichtieren*) chlamydate, palliate. – **14.** *bot.* (*Samenmantel*) aril. – **15.** *hunt.* (*Rückengefieder der Vögel*) mantle. – **16.** (*forestry*) *cf.* Waldmantel. – **17.** *econ.* a) (*bei Aktien*) scrip, share without the coupon sheet, b) (*bei Schuldverschreibungen*) debenture (*od.* bonded) claim, c) (*gesamte Ankaufsrechte*) sum total of scrips or debenture claims.

'Man·tel|ˌaufˌhän·ger *m* (coat) hanger (*od.* loop). — **~ˌbucht** *f zo.* (*der Muschelschale*) sinus, siphonal scar, umbo.

Män·tel·chen ['mɛntəlçən] *n* ⟨-s; -⟩ **1.** *dim. of* Mantel. – **2.** *fig.* (*in Wendungen wie*) **einer Sache ein ~ umhängen** *fig.* to gloss a matter over; **sich** (*dat*) **ein frommes ~ umhängen** to affect piety.

'Man·tel|elekˌtro·de *f electr.* covered (*od.* sheathed) electrode. — **~ˌflä·che** *f* **1.** *tech.* a) (*eines Drehteils*) circumference, b) (*einer Lagerrolle*) contacting surface. – **2.** *math.* (*eines Körpers*) surface. — **~ˌfut·ter** *n* (*fashion*) (coat) lining. — **~geˌschoß** *n mil.* jacket(ed) bullet. — **~geˌsetz** *n econ. cf.* Rahmengesetz. — **~ˌgurt** *m* (coat) belt. — **~ˌgür·telˌtier** *n zo.* pichiciago, *auch* pichichago, fairy armadillo (*Gattg Chlamydophorus*). — **~ˌhaut** *f* (*einer Perle*) skin. — **~ˌhöh·le** *f* **1.** *zo.* (*von Weichtieren*) lung sac. – **2.** *biol.* mantle cavity. — **m~ˌkie·mig** [-ˌkiːmɪç] *adj zo.* palliobranchiate. — **~ˌkleid** *n* (*fashion*) coat dress. — **~ˌkra·gen** *m* collar (of a coat): **den ~ hochstellen** to put (*od.* turn) up the collar (of one's coat).

Man·tel·let·ta [mante'lɛta] *f* ⟨-; -ten⟩ *röm.kath.* (*Prälatengewand*) mantelletta.

'Man·telˌli·nie *f* **1.** *tech.* surface (*od.* director) line. – **2.** *math.* a) (*eines zylindrischen Körpers*) generating (*od.* generator) line, b) (*eines Kegels*) generatrix.

'man·tel·los *adj zo.* (*Mollusk*) achlamydate.

'Man·tel|maˌgnet *m electr.* encased (*od.* shell-type) magnet. — **~ˌmau·er** *f arch. hist.* (*einer Burg etc*) outer wall. — **~ˌmö·we** *f zo.* great black-back(ed) gull, saddleback, cob, *Br.* parson gull (*Larus marinus*). — **~ˌno·te** *f jur. diplomatic note comprising several notes while constituting a legal unity.* — **~ˌpa·vi·an** *m zo.* sacred (*od.* gray, *bes. Br.* grey) baboon, hamadryad, hebe (*Papio hamadryas*). — **~ˌrohr** *n* **1.** *mil.* a) (*eines Maschinengewehrs*) jacketed barrel, b) (*eines Geschützes*) built-up barrel. – **2.** *tech.* casing tube. – **3.** *auto.* (*der Lenksäule*) steering column tube. — **~ˌschnecke** (*getr.* -k·k-) *f zo.* slime snail (*Amphipeplea glutinosa*). — **~ˌstoff** *m* (*textile*) coating (material).

'Man·tel·taˌrif *m econ. jur.* collective wage agreement. — **~verˌtrag** *m* collective framework agreement.

'Man·tel|ˌta·sche *f* coat pocket. — **~ˌtier** *n zo.* tunicate, ascidian, ascidioid (*Unterstamm Tunicata*).

'Man·tel- ˌund 'De·genˌstück *n* (*literature*) cloak-and-dagger drama.

Man·tik ['mantɪk] *f* ⟨-; *no pl*⟩ (*Wahrsagekunst*) mantic, divination.

Man·til·la [man'tɪlja] *f* ⟨-; -s⟩, **Man'til·le** [-'tɪljə; -lə] *f* ⟨-; -n⟩ (*Spitzenschleier*) mantilla.

Man·tis·se [man'tɪsə] *f* ⟨-; -n⟩ *math.* mantissa: **~n anführen** to give mantissae; **die ~ bleibt unberührt** the mantissa remains intact.

Mantsch [mantʃ] *m* ⟨-es; *no pl*⟩ *colloq. cf.* Mansch. — **'mant·schen** *v/t u. v/i* ⟨h⟩ *colloq. cf.* manschen.

Ma·nu·al [ma'nŭaːl] *n* ⟨-s; -e⟩ **1.** *mus.* (*der Orgel, des Harmoniums etc*) manual, keyboard. – **2.** *obs. for* Tagebuch 1. – **3.** *relig. hist.* manual. — **~ˌkop·pel** *f mus.* (*einer Orgel*) manual coupler. — **~ˌta·sten** *pl* manual keys.

ma·nu·ell [ma'nŭɛl] **I** *adj* (*Arbeit, Geschicklichkeit etc*) manual. – **II** *adv* manually, by hand: **~ hergestellt** produced (*od.* manufactured, made) by hand.

Ma·nu·fakt [manu'fakt] *n* ⟨-(e)s; -e⟩ *obs.* manufacture(d product).

Ma·nu·fak·tur [manufak'tuːr] *f* ⟨-; -en⟩ *econ.* **1.** *archaic* (*Fabrik*) manufactory, workshop. – **2.** *obs.* (*Handarbeit*) manufacture. – **3.** *obs. for* Web-, Wirkwaren. — **~beˌtrieb** *m archaic econ. cf.* Manufaktur 1.

ma·nu·fak·tu·rie·ren [manufaktu'riːrən] *v/t* ⟨*no* ge-, h⟩ *archaic* manufacture.

Ma·nu·fak'turˌwa·ren *pl* **1.** *archaic econ.* manufactured goods (*od.* articles). – **2.** (*textile*) (*Schnittwaren*) textiles, *Am.* dry goods, *Br.* mercery *sg.*

Ma·nul ['maːnʊl] *m* ⟨-(e)s; -s⟩ *zo.* manul, *auch* Pallas's cat (*Otocolobus manul*).

Ma'nulˌdruck [ma'nuːl-] *m* ⟨-(e)s; -e⟩ *print.* manul print(ing).

ma·nu pro·pria ['maːnu 'proːpria] *adv* with one's own hand, manu propria (*lit.*).

Ma·nus¹ ['maːnʊs] *f* ⟨-; *no pl*⟩ *hist. jur.* (*im altröm. Recht*) manus, hand (*power and rights of a husband over his wife*).

'Ma·nus² *n* ⟨-; -⟩ *Austrian short for* Manuskript.

Ma·nu·skript [manu'skrɪpt] *n* ⟨-(e)s; -e⟩ **1.** manuscript, ms, *auch* MS: **das Buch ist im ~ fertig** the book is ready in manuscript (form); **er las vom ~** he read from the manuscript, he read his speech; **er sprach ohne ~** he spoke without notes. – **2.** *print.* a) manuscript, b) (*druckfertiges*) copy, matter: **abgesetztes [gedrucktes] ~** dead [printed] copy; **leserliches ~** fair copy; **~ verteilen** (*an die Setzer*) to give out copy; **als ~ gedruckt** printed as manuscript, privately printed. – **3.** (*theater, film*) script: **als ~ gedruckt** acting rights reserved. – **4.** *telev.* (*radio*) script, continuity. — **~ˌab·ˌtei·lung** *f* (*eines Funkhauses etc*) script (*od.* continuity) department. — **~beˌrech·nung** *f print.* castoff, calculation of (the) copy. — **~ˌhal·ter** *m* copyholder. — **~ˌzet·tel** *m* manuscript slip.

Manx [mæŋks] (*Engl.*) *n* ⟨-; *no pl*⟩, **~ˌspra·che** *f ling.* Manx (*the Gaelic of the Isle of Man*).

Man·za·nil·la [man(t)sa'nɪlja] *m* ⟨-s; *no pl*⟩, **~ˌwein** *m gastr.* manzanilla.

Man·za'nil·loˌbaum [man(t)sa'nɪljo-], **Man·zi'nel·laˌbaum** [mantsi'nɛla-] *m bot.* manchineel, manzanillo (*Hippomane mancinella*).

Mao·is·mus [mao'ɪsmʊs] *m* ⟨-; *no pl*⟩ *pol.* Maoism. — **Mao'ist** [-'ɪst] *m* ⟨-en; -en⟩ Maoist. — **mao'istisch** *adj* Maoist.

Mao·ri ['maʊri; ma'oːri] **I** *m* ⟨-(s); -(s)⟩ Maori. – **II** *ling. n* ⟨-; *no pl*⟩, **~ˌspra·che** *f* Maori. — **~ˌhuhn** *n zo.* ocydrome (*Gattg Ocydromus*).

Map·pa ['mapa] *f* ⟨-; *no pl*⟩ **1.** *relig.* altar cloth. – **2.** *obs. for* Landkarte 1.

Map·pe ['mapə] *f* ⟨-; -n⟩ **1.** (*Aktenmappe*) briefcase, portfolio. – **2.** (*Sammelmappe*) folder, file. – **3.** (*Schnellhefter*) loose-leaf binder. – **4.** (*Schreibmappe*) writing case. – **5.** (*Pressemappe*) (press) kit.

Map·peur [ma'pøːr] *m* ⟨-s; -e⟩ *geogr. obs.* cartographer, mapper.

map·pie·ren [ma'piːrən] *geogr.* **I** *v/t* ⟨*no* ge-, h⟩ map, make a map (*od.* maps) of. – **II** *v/i* make a map (*od.* maps).

Mär [mɛːr] *f* ⟨-; -en⟩ *obs. lit.* **1.** story, tale. – **2.** (*Gerücht*) rumor, *bes. Br.* rumour. – **3.** (*Kunde*) tiding(s *pl*), news *pl* (*construed as sg or pl*).

Ma·ra ['maːra] *m* ⟨-; -s⟩ *zo. cf.* Pampashase.

Ma·ra·bu ['maːrabu] *m* ⟨-s; -s⟩ *zo.* marabou(t) (stork) (*Leptoptilos crumeniferus*). — **~ˌfe·dern** *pl* (*bes. fashion*) marabou(t) *sg.* — **~ˌstorch** *m zo. cf.* Marabu.

Ma·ra·but [mara'buːt] *m* ⟨- *od.* -(e)s; - *od.* -s⟩ *relig.* (*im Islam*) Marabout, *auch* marabout.

Ma·ral ['maːral] *m* ⟨-s; -e [ma'raːlə]⟩ *zo.* maral (*Cervus elaphus maral*).

Ma·rä·ne [ma'rɛːnə] *f* ⟨-; -n⟩ *zo.* whitefish (*Gattg Coregonus*): **Kleine ~** lavaret (*C. lavaretus*); **Irische ~** pollan, *auch* pollen (*C. pollan*).

Ma·ran·te [ma'rantə] *f* ⟨-; -n⟩ *bot.* maranta [(*Gattg Maranta*).]

ma'ran·tisch *adj med.* marasmic, marantic.

Ma·ra·schi·no [maras'kiːno] *m* ⟨-s; -s⟩, **~liˌkör** *m gastr.* Maraschino, *auch* maraschino.

Ma'ras·kaˌkir·sche [ma'raska-] *f bot.* marasca (cherry) (*Cerasus vulgaris ssp. marasca*).

Ma·ras·mus [ma'rasmʊs] *m* ⟨-; *no pl*⟩ *med.* marasmus, marasma. — **ma'ra·stisch** [-tɪʃ] *adj cf.* marantisch.

Ma·ra·thi [ma'raːti] *n* ⟨-s; *no pl*⟩, **~ˌspra·che** *f ling.* Marathi.

'Ma·ra·thon|ˌlauf ['maːratɔn-] *m* (*sport*) marathon (race). — **~ˌläu·fer** *m* marathon runner, marathoner (*colloq.*). — **~ˌsit·zung** *f colloq. humor.* lengthy (*od.* marathon) meeting. — **~ˌstrecke** (*getr.* -k·k-) *f* marathon course.

Mar·bel¹ ['marbəl] *m, n* ⟨-s; -⟩ *tech.* (*in Glasbläserei*) marver.

'Mar·bel² *f* ⟨-; -n⟩ *dial. for* Murmel.

'Mar·bel³ *f* ⟨-; -n⟩ *bot.* field rush (*Gattg Luzula*).

Mär·bel¹ ['mɛrbəl] *m, n* ⟨-s; -⟩ *cf.* Marbel¹.

'Mär·bel² *f* ⟨-; -n⟩ *dial. for* Murmel.

mar·beln ['marbəln] *v/t* ⟨h⟩ *tech.* (*Glas*) marver, turn.

mar·ca·to [mar'kaːto] *adv u. adj mus.* (*betont*) marcato.

March [març] *f* ⟨-; -en⟩ *Swiss for* a) Flurgrenze, b) Grenzzeichen.

Mär·chen ['mɛːrçən] *n* ⟨-s; -⟩ **1.** fairy tale (*od.* story), (folk)tale, märchen: **~ erzählen** to tell fairy tales; **er liest den Kindern ein ~ vor** he reads a fairy tale to the children; **es klingt wie ein** (*od.* **im**) **~** it sounds like a fairy tale; **ein ~ aus 1001 Nacht** a tale from the Arabian Nights. – **2.** *fig. colloq.* fairy tale, (fairy) story, cock-and-

-bull story, fiction, fable, myth: **erzähle mir nur** (*od.* **bloß, doch**) **keine ~!** don't tell me any fairy tales! **laß dir doch keine ~ erzählen** (*od. colloq.* **aufbinden**) don't let them tell you any myths; **das ~ kannst du deiner Großmutter erzählen** tell that to the marines; **das halte ich für ein reines ~** I consider that (a) pure fiction. — **~ˌbuch** *n* book of fairy tales, *auch* storybook, *Br.* story-book. — **~ˌdich·ter** *m* writer of fairy tales, fairy-tale writer, *auch* storywriter, *Br.* story-writer. — **~erˌzäh·len** *n* telling of fairy tales, *auch* storytelling, *Br.* story-telling. — **~erˌzäh·ler** *m*, **~erˌzäh·le·rin** *f* teller of fairy tales (*od.* stories), *auch* storyteller, *Br.* story-teller. — **~fiˌgur** *f* character from a fairy tale, fairy-tale figure. — **~ˌfilm** *m* fairy-tale film (*bes. Am. colloq.* movie). — **~ˌfor·schung** *f* study of fairy tales. — **~geˌstalt** *f cf.* Märchenfigur.

ˈmär·chen·haft I *adj* **1.** fairy-tale (*attrib*), fabulous: **die Oper hat ~e Züge** the opera has a fairy-tale character. – **2.** (*wunderschön*) fabulous, fairy-tale (*attrib*): **eine ~e Landschaft** a fabulous landscape. – **3.** *fig. colloq.* (*fabelhaft*) 'fabulous', 'fantastic' (*beide colloq.*): **~e Aussichten** fabulous prospects; **das ist ja ~!** that's really fabulous. – **II** *adv* **4. ein ~ schönes Haus** a fantastically beautiful house; **er ist ~ reich** *colloq.* he is fabulously rich (*colloq.*).

ˈMär·chen|ˌland *n* **1.** dreamland, wonderland. – **2.** (*wunderschönes Land*) fairyland, wonderland: **das ~ Siam** the wonderland of Siam. — **~ˌoper** *f mus.* fairy-tale opera. — **~ˌprinz** *m* Prince Charming. — **~ˌsamm·lung** *f* collection of fairy tales. — **~ˌspiel** *n* fairy(-tale) play. — **~ˌtan·te** *f cf.* Märchenerzählerin. — **~ˌwald** *m cf.* Zauberwald. — **~ˌwelt** *f* **1.** fairy-tale world. – **2.** *cf.* Märchenland 1.

Mar·chesch·wan [marçɛʃˈvaːn] *m* ⟨-s; *no pl*⟩ *relig.* (*im jüd. Kalender*) Heshvan, *auch* Hesvan, Ches(h)van.

Mar·che·se [marˈkeːzə] *m* ⟨-; -n⟩ marchese.

Mar·der [ˈmardər] *m* ⟨-s; -⟩ **1.** *zo.* marten (cat) (*Gattg Martes*): **zu den ~n gehörig** musteline. – **2.** *cf.* Marderfell 1. – **3.** *cf.* Marderpelz. — **m~ˌar·tig** *adj zo.* marten-like, musteline (*scient.*): **ein ~es Raubtier** a musteline. — **~ˌbär** *m* binturong (*Arctictis binturong*). — **~ˌbeut·ler** *m* dasyurid (*Fam. Dasyuridae*). — **~ˌfell** *n* **1.** marten (skin). – **2.** *cf.* Marderpelz. — **~ˌhai** *m zo.* smooth hound, grayfish, *bes. Br.* greyfish (*Mustelus iuglaris*). — **~ˌhund** *m* raccoon dog (*Nyctereutes procyonides*). — **~ˌpelz** *m* marten (fur).

Ma·re [ˈmaːrə] *n* ⟨-; - *od.* Maria [-rïa]⟩ *meist pl astr.* mare: **die ~ des Mondes** the maria of the moon.

Mä·re [ˈmɛːrə] *f* ⟨-; -n⟩ *obs. lit. cf.* Mär.

Ma·rel·le [maˈrɛlə] *f* ⟨-; -n⟩ *hort. cf.* Morelle.

Ma·rem·men [maˈrɛmən] *pl geogr.* (*in Mittelitalien*) maremma *sg.*

mä·ren [ˈmɛːrən] *v/i* ⟨h⟩ *Middle G. dial.* **1.** (in *dat* in) rummage about. – **2.** (*trödeln*) dawdle. – **3.** *cf.* faseln I.

Ma·rend [maˈrɛnt] *n* ⟨-s; -i [-di]⟩ *Swiss dial. for* Zwischenmahlzeit 1.

Ma·ren·de [maˈrɛndə] *f* ⟨-; -n⟩ *Austrian* (*bes. in Tirol*) *dial. for* Zwischenmahlzeit 1.

Ma·ren·go [maˈrɛŋgo] **I** *m* ⟨-s; *no pl*⟩ (*textile*) marengo. – **II m~** *adj* Oxford (gray, *bes. Br.* grey), Oxford mixture.

Mar·ga·re·te [margaˈreːtə] *f* ⟨-; -n⟩ *bot. cf.* Margerite.

Mar·gaˈre·tenˌbutt *m zo.* brill (*Scophthalmus rhombus*).

Mar·ga·ri·ne [margaˈriːnə] *f* ⟨-; *no pl*⟩ *gastr.* margarine, *Am. auch* margarin, oleomargarin(e), *bes. Br. colloq.* marge. — **~konˌsum** *m* margarine consumption. — **~pro·duk·tiˌon** *f* margarine production. — **~verˌbrauch** *m cf.* Margarinekonsum. — **~ˌwerk** *n* margarine factory.

Mar·gaˈrinˌsäu·re *f chem.* margaric acid ($CH_3(CH_2)_{15}COOH$): **Salz** (*od.* **Ester**) **der ~** margarate.

Mar·ga·rit [margaˈriːt; -ˈrɪt] *m* ⟨-s; -e⟩ *min.* margarite.

Mar·ge [ˈmarʒə] *f* ⟨-; -n⟩ *econ.* margin.

ˈMar·gen·spe·ku·la·tiˌon *f* marginal speculation(s *pl*).

Mar·ge·ri·te [margəˈriːtə] *f* ⟨-; -n⟩ *bot.* marguerite (daisy), daisy (*Chrysanthemum leucanthemum*). — **Mar·geˈri·tenˌstrauß** *m* bunch (*od.* bouquet) of marguerites (*od.* daisies).

mar·gi·nal [margiˈnaːl] *adj auch bot. med.* marginal.

Mar·gi·na·li·en [margiˈnaːliən] *pl bes. print.* marginal notes, marginalia, sidenotes, *Br.* side-notes: **~ anbringen** to make marginal notes, to make notes in the margin, to margin.

Mar·gu·ay [ˈmarg(ŭ)aɪ] *m* ⟨-s; -s⟩ *zo.* margay, American tiger cat (*Felis tigrina*).

Mar·gue·ri·te [margəˈriːtə] *f* ⟨-; -n⟩ *bot. cf.* Margerite.

Ma·ria [maˈriːa] *npr f* ⟨-, *Bibl.* -riä [-ˈriːɛ]; -rien⟩ *Bibl.* Mary: **die Jungfrau ~** the Virgin Mary.

Ma·ria·ge [maˈrïaːʒə] *f* ⟨-; -n⟩ **1.** (*games*) marriage. – **2.** *obs. for* Heirat, Ehe.

Ma·ria·lith [marïaˈliːt; -ˈlɪt] *m* ⟨-s; -e⟩ *min.* marialite.

ma·ria·nisch [maˈrïaːnɪʃ] *adj relig.* Marian: **M~e Kongregation** *röm.kath.* Marian Congregation.

Ma·ria·ni·sten [marïaˈnɪstən] *pl röm.kath.* Marist (School) Brothers, Little Brothers of Mary.

Ma·ri·an·ne [maˈrïanə] *npr f* ⟨-; *no pl*⟩ *pol. humor.* Marianne, *auch* Marianna (*the French Republic personified*).

Maˈriaˌor·den *m röm.kath.* Order of the Blessed Virgin.

Maˌria·theˈre·si·enˌta·ler [-teˈreːziən-] *m hist.* (*Silbermünze*) Maria Theresa dollar (*od.* thaler), Levant dollar.

Ma·ria·vit [marïaˈviːt] *m* ⟨-en; -en⟩ *relig.* (*Angehöriger einer romfreien kath. Sekte in Polen*) Mariavite.

Ma·rie [maˈriː] *f* ⟨-; *no pl*⟩ *colloq.* 'lolly' (*colloq.*), money.

Maˈri·en|alˌtar *m röm.kath.* Lady altar. — **~ˌanˌbe·tung** *f* adoration (*od.* veneration) of the Virgin Mary, hyperdulia, (*stärker*) Mariolatry. — **~ˌbad** *n chem. gastr.* water bath, bain-marie. — **~ˌbild** *n relig.* (*art*) picture (*od.* image) of the Virgin Mary, Madonna. — **~ˌdich·tung** *f songs and poems in praise of the Virgin Mary.* — **~ˌdienst** *m* **1.** worship of the Virgin Mary. – **2.** *cf.* Marienanbetung. — **~ˌdi·stel** *f bot.* milk (*od.* blessed, holy) thistle, Our-Lady's-thistle (*Silybum marianum*). — **~ˌdog·ma** *n relig.* dogma concerning the Virgin Mary. — **~ˌfä·den** *pl* (*Altweibersommer*) gossamers. — **~ˌfest** *n röm.kath.* Lady Day. — **~ˌfisch** *m zo. cf.* Ukelei. — **~ˌglas** *n min.* mica, isinglass, selenite, specular stone. — **~ˌgras** *n bot.* a) holy grass (*Gattg Hierochloë*), b) sweet (*od.* Seneca, vanilla) grass (*H. odorata*). — **~ˌkä·fer** *m zo.* ladybird, *auch* ladybird beetle, *bes. Am.* ladybug, *auch* lady beetle, *Br. auch* lady-clock (*od.* -cow) (*Fam. Coccinellidae*). — **~kaˌpel·le** *f relig.* Lady Chapel. — **~ˌkir·che** *f* St. Mary's church. — **~ˌkult** *m röm.kath.* cult (of the Virgin Mary), *auch* cultus. — **~ˌle·ben** *n* (*art*) life of the Virgin (Mary). — **~ˌsäu·le** *f* column dedicated to the Virgin Mary. — **~ˌschwe·stern** *pl röm.kath.* Sisters of Mary. — **~ˌtag** *m cf.* Marienfest. — **~verˌeh·rung** *f cf.* Marienanbetung, Marienkult.

Ma·ri·hua·na [mariˈhŭaːna] *n* ⟨-s; *no pl*⟩ marihuana, marijuana, *auch* marajuana, pot (*sl.*). — **~ˌhanf** *m bot.* marihuana, marijuana, *auch* marajuana, hemp (*Cannabis sativa ssp. indica*). — **~-Zi·gaˌret·te** *f* marihuana cigarette, reefer (*colloq.*).

Ma·ril·le [maˈrɪlə] *f* ⟨-; -n⟩ *bes. Austrian* apricot.

Ma·rim·ba [maˈrɪmba] *f* ⟨-; -s⟩ *mus.* marimba.

Ma·ri·mon·da [mariˈmɔnda] *m* ⟨-s; -s⟩ *zo.* marimonda, long-haired spider monkey (*Ateles belzebuth*).

ma·rin [maˈriːn] *adj* ⟨*attrib*⟩ (*Tier-, Pflanzenwelt etc*) marine.

Ma·ri·na·de [mariˈnaːdə] *f* ⟨-; -n⟩ *gastr.* marinade.

Ma·ri·ne [maˈriːnə] *f* ⟨-; *rare* -n⟩ **1.** *mar. mil.* navy, *auch* Navy, naval forces *pl*: **die Königlich-Britische ~** the Royal Navy; **die amerikanische ~** the U.S. Navy; **er ist bei der ~** he is in the navy; **zur ~ gehen** to join (*od.* enter) the navy. – **2.** *mar. econ.* (*Handelsmarine*) (merchant *od.* mercantile) marine. — **~aka·deˌmie** *f mar. mil.* naval academy (*od.* college). — **~ˌamt** *n mar. pol.* **1.** (*in Großbritannien*) Navy Board. – **2.** (*in USA*) Navy Department. — **~ar·til·leˌrie** *f mar. mil.* coast(al) artillery. — **~at·taˌché** *m mar. pol.* naval attaché. — **~ˌblau I** *n* ⟨-s⟩ **1.** marine (blue), purple navy. – **2.** navy (blue). – **II m~** *adj* **3.** marine(-blue). – **4.** navy-blue. — **~ˌflie·ger** *m aer.* naval aviator. — **~ˌflugˌzeug** *n* naval (*od.* navy) airplane (*od.* aircraft). — **~in·fan·teˌrie** *f mar. mil.* marines *pl.* — **~in·fan·teˌrist** *m* marine, leatherneck (*sl.*). — **~in·ge·niˌeur** *m mar.* naval (*od.* marine) architect. — **~ˌma·ler** *m* (*art*) marine (*od.* seascape) painter. — **~miˌni·ster** *m mar. pol.* minister of naval affairs, (*in Großbritannien*) Secretary for the Navy, (*in USA*) Secretary of the Navy. — **~mi·niˌste·ri·um** *n* naval department, ministry of naval affairs, (*in Großbritannien*) Admiralty, (*in USA*) Department of the Navy. — **~of·fiˌzier** *m mar. mil.* naval officer.

Ma·ri·ner [maˈriːnər] *m* ⟨-s; -⟩ *humor. colloq.* mariner, seaman, sailor.

Maˈri·ne|solˌdat *m mar. mil.* **1.** sailor. – **2.** *cf.* Marineinfanterist. — **~sta·tiˌon** *f* naval station. — **~ˌstreitˌkräf·te** *pl* naval forces. — **~ˌstützˌpunkt** *m* naval base. — **~ˌtrup·pen** *pl* shore-based naval units. — **~ˌwerft** *f mar.* naval shipyard, navy yard, *Br.* dockyard. — **~ˌwe·sen** *n* naval affairs *pl.*

ma·ri·nie·ren [mariˈniːrən] *v/t* ⟨*no* ge-, h⟩ *gastr.* (*Fleisch, Fisch etc*) marinate, *auch* marinade, pickle. — **ma·riˈniert I** *pp.* – **II** *adj gastr.* pickled, marinated.

Ma·ri·nis·mus [mariˈnɪsmʊs] *m* ⟨-; *no pl*⟩ (*literature*) Marinism. — **Ma·riˈnist** [-ˈnɪst] *m* ⟨-en; -en⟩ Marinist.

Ma·rio·la·trie [marĭolaˈtriː] *f* ⟨-; *no pl*⟩ *röm.kath.* mariolatry.

Ma·rio·lo·ge [marĭoˈloːgə] *m* ⟨-n; -n⟩ *röm. kath.* Mariologist. — **Ma·rio·loˈgie** [-loˈgiː] *f* ⟨-; *no pl*⟩ Mariology. — **ma·rioˈlo·gisch** *adj* Mariological.

Ma·rio·net·te [marĭoˈnɛtə] *f* ⟨-; -n⟩ **1.** (*theater*) marionette, puppet. – **2.** *fig. contempt.* puppet.

Ma·rioˈnet·ten|ˌbüh·ne (*theater*) *f* **1.** puppet show. – **2.** *cf.* Marionettentheater. — **m~haft I** *adj* puppetlike. – **II** *adv* **sich ~ bewegen** to move like a puppet. — **~re·ˌgie·rung** *f pol. contempt.* puppet government (*od.* regime). — **~ˌspiel** *n* (*theater*) puppet show (*od.* play). — **~ˌspie·ler** *m* puppet player. — **~thea·ter** [-teˌaːtər] *n* puppet theater (*bes. Br.* theatre).

Ma·riˈpo·saˌli·lie [mariˈpoːza-] *f bot.* mariposa (lily *od.* tulip) (*Gattg Calochortus*).

Ma·rist [maˈrɪst] *m* ⟨-en; -en⟩ *röm.kath.* Marist.

ma·ri·tim [mariˈtiːm] *adj* maritime.

Mark[1] [mark] *f* ⟨-; *nach Zahlen* -, (*einzelne Münzen*) Markstücke, *colloq.* ¨er⟩ *econ.* **1.** (*deutsche*) (deutsche) mark, *auch* deutschmark. – **2.** (*finnische*) markka, mark. – **3.** *hist.* a) mark, b) (*Reichsmark*) reichsmark.

Mark[2] *f* ⟨-; -en⟩ **1.** *hist.* mark, march, borderland: **die ~ Brandenburg** the Brandenburg March. – **2.** (*sport*) (*im Rugby*) touch.

Mark[3] *n* ⟨-(e)s; *no pl*⟩ **1.** *med. zo.* a) marrow, medulla (*scient.*), b) (*eines Haares*) pith, medulla (*scient.*), c) (*eines Zahnes*) pulpa, pulp: **verlängertes ~** medulla oblongata; **aus ~ bestehend, ~ enthaltend** marrowy; **er hat [kein] ~ in den Knochen** *fig. colloq.* he has (got) [no] marrow in his bones; **sie erschrak bis ins ~ (hinein)** *fig.* she was (*od.* got) scared out of her wits; **das Geräusch ging mir bis ins ~** (*od.* **durch ~ und Bein**, *iron. colloq.* **durch ~ und Pfennig**) *fig.* the noise pierced me to the quick (*od.* marrow [of my bones]), the noise went right through me; **er quält sie bis aufs ~** *fig.* he torments her to death; **j-m das ~ aus den Knochen saugen** *fig.* to suck s.o.'s blood; **er traf sie mit seinen Worten bis ins ~** *fig.* his words touched (*od.* cut) her to the quick; **das ist faul bis ins ~** *fig.* that is rotten to the core. – **2.** *bot.* a) (*Fruchtmark*) pulp, b) (*Markgewebe*) medulla, pith.

mar·kant [marˈkant] *adj* **1.** (*Erscheinung etc*) (well-)marked, striking, salient, prominent: **ein ~er Geländepunkt** a prominent landmark, *auch* a terrain feature; **eine ~e Persönlichkeit** a man (*od.* woman) of mark, an outstanding personality. – **2.** (*Gesichtszüge*) well-cut (*attrib*), chisel(l)ed. – **3.** (*Stil*) pithy, racy.

ˈmarkˌar·tig *adj* **1.** (*Substanz*) pithy. –

2. *med.* marrowlike, medullar(y) (*scient.*). – 3. *bot.* medullose.

Mar·ka·sit [markaˈziːt; -ˈzɪt] *m* ⟨-s; -e⟩ *min.* marcasite.

Mar·ke [ˈmarkə] *f* ⟨-; -n⟩ **1.** *bes. econ.* a) (*von Tabakwaren, Kaffee etc*) brand, b) (*von Fahrzeugen, Radios etc*) make: **eine ausgezeichnete ~** (*Kaffee*) an excellent brand (of coffee); **das sind britische ~n** (*Autos*) those are cars of British make; **was für eine ~** (**von Zigarren**) **rauchst du?** what brand (of cigar) do you smoke? **diese ~ führen wir nicht** we don't keep (*od.* stock) this brand; **eine führende ~** a leading make. – **2.** (*Warentypen*) type, kind: **wir verkaufen Gebrauchtwagen, alle ~n** we sell second-hand cars of all types. – **3.** (*Fabrikzeichen, Handels-, Schutzmarke*) trademark. – **4.** (*Güte*) grade, quality, (*bes. des Weins*) growth, vintage. – **5.** (*Markierungszeichen*) mark, sign. – **6.** (*Erkennungszeichen*) badge, mark. – **7.** (*bes. aus Metall, als Fahrausweis etc*) token. – **8.** (*Steuermarke*) (revenue, *Am. auch* fiscal) stamp. – **9.** (*Wertzeichen*) (postage) stamp. – **10.** (*Spielmarke*) counter, chip: **~n einlösen [kaufen]** to cash in [to buy] chips. – **11.** (*Essen-, Getränkemarke etc*) voucher, chit. – **12.** (*Lebensmittelmarke etc*) coupon: **etwas auf ~n bekommen** to get s.th. for (*od.* with, *bes. Br.* on) coupons; **~n abgeben** to spend (*od.* surrender) coupons. – **13.** (*Rabatt-, Sparmarken*) (trading) stamp. – **14.** (*Hundemarke*) dog tag. – **15.** *mar.* (water) mark. – **16.** (*sport*) record, mark. – **17.** *fig. colloq.* 'character' (*colloq.*): **du bist mir** (**ja** *od.* **vielleicht**) **eine** (**komische**) **~!** you are quite a character! you're a fine one!

Mär·ke [ˈmɛrkə] *f* ⟨-; -n⟩ *Austrian* identifying sign (*od.* initials *pl*).

mär·ken [ˈmɛrkən] *v/t* ⟨h⟩ *Austrian* (*Wäsche etc*) mark (*s.th.*) with an identifying sign (*od.* initials *etc*).

ˈMar·ken|ˌal·bum *n philat.* stamp album. — **~arˌti·kel** *m econ.* proprietary (*od.* branded, trade-registered) article. — **~benˌzin** *n* branded gasoline (*Br.* petrol). — **~beˌzeich·nung** *f* trademark. — **~ˌbut·ter** *f gastr.* Grade A (*Br. auch* brand-name) butter. — **~erˌzeug·nis** *n econ. cf.* Markenartikel. — **~fa·briˌkat** *n* **1.** proprietary brand. – **2.** (*bei Autos, Radios etc*) proprietary make. — **m~ˌfrei** *adj* (*Lebensmittel etc*) unrationed, nonrationed *Br.* non-, coupon-free. — **~ˌheft** *n* (*für Rabattmarken*) stamp book. — **~ˌna·me** *m* trade(-mark) name. — **~ˌrecht** *n jur.* trademark law, law of trademarks. — **~ˌsamm·ler** *m philat.* stamp collector, collector of (postage) stamps, philatelist. — **~ˌsamm·lung** *f* stamp collection. — **~ˌschutz** *m econ.* trademark protection, protection of trademarks. — **~ˌtankˌstel·le** *f* contract station, company-owned (*od.* company-licensed, *Br. auch* -licenced) filling (*Am.* gas[oline]) station.

ˈMark·entˌzün·dung *f med.* medullitis, myelitis.

ˈMar·ken|verˌband *m econ.* association for the protection of trademarks. — **~ˌwa·re** *f* proprietary (*od.* patent, branded) goods *pl.*

ˈMär·ker *m* ⟨-s; -⟩ **1.** native (*od.* inhabitant) of the Brandenburg March. – **2.** *hist.* member of a village community.

ˈmark·erˌschüt·ternd *adj* (*Schrei etc*) bloodcurdling, *Br.* blood-curdling.

Mar·ke·ten·der [markəˈtɛndər] *m* ⟨-s; -⟩ *mil. hist.* sutler, (*bes. in Frankreich*) vivandier. — **Mar·ke·ten·deˈrei** *f mil.* **1.** *hist.* sutlery. – **2.** *Am.* sales commissary, post exchange, PX, *Br.* Navy, Army, Air Force Institute, NAAFI. — **Mar·keˈten·de·rin** *f* ⟨-; -nen⟩ *mil. hist.* (female) sutler, (*bes. in Frankreich*) vivandière. — **Mar·keˈten·derˌwa·ren** *pl* sales articles for soldiers.

Mar·ke·te·rie [marketəˈriː] *f* ⟨-; -n [-ən]⟩ (*Einlegearbeit*) marquetry, *auch* marqueterie.

Mar·ke·ting [ˈmɑːkɪtɪŋ] (*Engl.*) *n* ⟨-s; *no pl*⟩ *econ.* marketing.

ˈMark|ˌfur·che *f med.* medullary (*od.* neural) groove. — **~geˌwe·be** *n biol.* myeloid tissue.

ˈMark|ˌgraf *m hist.* margrave. — **~ˌgrä·fin** *f* margravine, marchioness. — **m~ˌgräf·lich** *adj* of a margrave. — **~ˌgraf·schaft** *f* margravate, margraviate.

ˈmark|ˌhal·tig *adj* **1.** *bot.* pithy. – **2.** *biol. med.* a) medullary, medullated, b) (*Nervenfasern*) myelinated. — **M~ˌhöh·le** *f* medullary cavity.

Mar·khor [marˈkoːr; ˈmarkər], *auch* **Mar·khur** [marˈkuːr; ˈmarkʊr] *f* ⟨-; -s⟩ *zo.* markhor, *auch* markhoor (*Capra falconieri*).

Marˈkier|ˌbo·je *f mar.* marking buoy, *Br. auch* dan (buoy). — **~ˌboot** *n* (*sport*) **1.** stake boat. – **2.** (*mit Flagge*) flagboat.

mar·kie·ren [marˈkiːrən] **I** *v/t* ⟨*no* ge-, h⟩ **1.** (*Wege etc*) mark: **er markierte mit wenigen Strichen die Marschroute auf der Karte** with a few strokes he marked (*od.* indicated) the route on the map; **dieser Hügel markiert den Punkt, wo** this hill marks the spot where; **die Fahrrinne wurde mit Bojen markiert** the navigation channel was marked by buoys (*od.* was beaconed); **dieser Kongreß markiert einen wichtigen Schritt auf dem Wege zu** *fig.* this congress marks an important step on the way toward(s). – **2.** (*bes. sport*) (*Spielfeld etc*) mark (out), lay out, (*mit Stöcken*) *auch* stake out, (*mit Fähnchen*) *auch* flag: **die Abfahrtsstrecke wurde markiert** the downhill course was staked out. – **3.** (*mit einem Zeichen*) mark, put a mark (*od.* sign) on. – **4.** (*Tiere*) mark (*animal*) (with brand), *auch* brand, earmark. – **5.** (*forestry*) *cf.* anreißen 9. – **6.** *fig.* (*andeuten*) outline: **er markierte kurz die Pläne für die nächsten drei Jahre** he briefly outlined (*od.* he gave a short outline of) the plans for the next three years. – **7. j-n ~** *fig. colloq.* a) to pretend to be s.o., b) to play s.o.: **markiere doch nicht den Dummen** don't pretend to be so stupid; **der Dieb markierte einen harmlosen Spaziergänger** the thief pretended to be a harmless stroller; **den starken Mann ~, den strammen Max ~** *iron.* to play (*od.* act) the big white chief (*od. sl.* big shot), to act big (*colloq.*); **den feinen Mann ~** *iron.* to put on a big show. – **8. den Gegner ~** *bes. mil.* a) (*beim Manöver*) to indicate (*od.* simulate) the enemy, b) (*beim Geländespiel*) to play (*od.* be, take the part of) the opponent. – **9. etwas ~** *fig. colloq.* (*vortäuschen*) to sham (*od.* feign) s.th.: **der Bettler markierte Blindheit** the beggar shammed blindness (*od.* pretended to be blind). – **10.** (*sport*) a) (*Punkte etc*) count, mark, b) (*Gegenspieler*) cover, *Br. auch* mark. – **11. eine Rolle ~** (*theater*) to walk through one's part. – **II** *v/i* **12.** *fig. colloq.* pretend, sham, simulate: **er ist nicht verletzt, er markiert nur** he is not injured, he is only shamming. – **13.** *hunt.* (*von Vorstehhund*) go on point. – **III M~** *n* ⟨-s⟩ **14.** *verbal noun.* – **15.** *fig.* (*einer Krankheit etc*) simulation, sham. – **16.** *cf.* Markierung.

Marˈkier|geˌrät *n* (*sport*) marker. — **~ˌham·mer** *m* (*forestry*) **1.** marking hammer. – **2.** (*nur für Zahlen*) numbering mallet (*od.* hammer). — **~ˌstein** *m* marker, marking stone.

marˈkiert I *pp.* – **II** *adj* **1.** (*Wanderweg etc*) marked. – **2.** *fig.* (*Krankheit etc*) feigned, pretended.

Marˈkie·rung *f* ⟨-; -en⟩ **1.** *cf.* Markieren. – **2.** (*von Wanderweg, Straße etc*) marking, *auch* signposting: **die ~ des Weges war schlecht** the way was badly (*od.* poorly) marked. – **3.** (*Zeichen*) mark: **die ~ zeigte den Stand des letzten Hochwassers an** the mark (*od.* line) showed the last high-water level. – **4.** (*eines Tieres*) mark, *auch* brand, earmark.

Marˈkie·rungs|ˌbom·be *f mil.* target-marking bomb. — **~ˌfähn·chen** *n* (*sport*) (course) marker, marking flag. — **~ˌfunkˌfeu·er** *n aer.* marker, marker (radio) beacon. — **~-ˌLeuchtˌna·gel** *m civ.eng. cf.* Straßen-Leuchtnagel. — **~ˌli·nie** *f* (marking) line(s *pl*), mark. — **~ˌstrich** *m* mark, line. — **~ˌvorˌrich·tung** *f* (*film*) notcher.

ˈmar·kig *adj* **1.** *biol.* marrowy, medullar(y) (*scient.*). – **2.** *fig.* (*Worte etc*) pithy, vigorous.

mär·kisch [ˈmɛrkɪʃ] *adj* of (*od.* relating to) the Brandenburg March.

Mar·ki·se [marˈkiːzə] *f* ⟨-; -n⟩ **1.** awning, *bes. Br.* sun-blind, canvas blind. – **2.** (*eines Ladens etc*) sunshade. – **3.** (*jewelry*) marquise.

Marˈki·sen|ˌdrell, ~ˌkö·per *m* (*textile*) awning cloth, duck.

Mark·ka [ˈmarka] *f* ⟨-; -⟩ *econ.* (*Finnmark*) markka, mark.

ˈMark|kaˌnal *m med.* medullary canal (*od.* cavity). — **~ˌklöß·chen** [-ˌkløːsçən] *n* ⟨-s; -⟩ *gastr.* marrow dumpling. — **~ˌkno·chen** *m* marrowbone.

ˈmark·los *adj* **1.** *med.* a) marrowless, b) (*Nervenfasern*) nonmyelinated *Br.* non-. – **2.** *fig.* without backbone, pithless.

ˈMark|ˌna·gel *m med.* (intra)medullary pin. — **~ˌna·ge·lung** *f* (intra)medullary (*od.* marrow) nailing.

Mar·kolf [ˈmarkɔlf] *m* ⟨-(e)s; -e⟩ *zo. dial. for* Eichelhäher.

Mar·ko·man·nen [markoˈmanən] *pl hist.* Marcomanni. — **mar·koˈman·nisch** *adj* Marcomannic.

Mar·kör [marˈkøːr] *m* ⟨-s; -e⟩ **1.** (*games*) (*beim Billard*) marker. – **2.** *Austrian obs.* waiter.

ˈMarkˌröh·re *f bot.* medullary tube.

ˈMarkˌschei·de[1] *f* (*mining*) boundary (line).

ˈMarkˌschei·de[2] *f med. zo.* a) medulla, medullary (*od.* pith) sheath, b) (*bei Nerven*) myelin sheath.

ˈMarkˌschei·de|ˌkom·paß *m* (*mining*) (miner's) dial. — **~ˌkun·de** *f* mine surveying.

ˈMark|ˌschei·der *m* ⟨-s; -⟩ (*mining*) colliery (*od.* mine, mining) surveyor. — **~ˌschei·dung** *f* mine survey, dialing, *bes. Br.* dialling. — **~ˌschicht** *f biol.* medullary layer. — **~ˌstammˌkohl** *m bot.* marrow-stem (*od.* -stemmed) kale (*Brassica oleracea var. medullosa*). — **~ˌstein** *m* **1.** landmark, boundary stone: **einen ~ setzen** to put up a landmark. – **2.** *fig.* landmark, milestone, milepost: **dieses Ereignis war ein ~** (**in**) **der Geschichte** this event was a landmark of history. — **~ˌstrah·len** *pl bot.* (*im Holz*) medullary (*od.* pith) rays, silver grain *sg.* — **~ˌstück** *n econ.* one-mark piece, mark.

Markt [markt] *m* ⟨-(e)s; ⸚e⟩ *econ.* **1.** (*Handel*) market: **freier** [**grauer, innerer, schwarzer**] **~** free [gray, *bes. Br.* grey, inner, black] market; **offener ~** open (*od.* public) market, market overt (*jur.*); **Waren auf den ~ bringen** [**werfen**] to place (*od.* put) [to throw] goods on the market; **auf den ~ kommen** to come onto the market; **die Waren sind auf dem ~** the goods are on (*od.* in) the market; **den ~ drücken** to depress the market; **den ~ monopolisieren** to engross (*od.* monopolize *Br. auch* -s-) the market. – **2.** (*Absatzgebiet, Handelsbereich*) market, outlet: **heimischer** (*od.* **inländischer**) **~** home (*od.* domestic) market; **den ~ beherrschen** [**stützen, überschwemmen**] to control [to rescue, to congest *od.* glut] the market; **der ~ ist erschöpft** [**übersättigt**] the market is exhausted [glutted *od.* satiated]; **eine Schwemme auf dem ~** a glut on the market; **Deutschland hat sich viele neue Märkte erschlossen** Germany has opened (up) many new markets; **für diese Waren ist Amerika der beste ~** America is the best market for these goods; **der Gemeinsame ~** *pol.* the Common Market, the European Economic Community, the EEC. – **3.** (*Wirtschaftslage*) market (demand): **dieses Jahr war der ~ für Erbsen gut** this year there was a good market for peas; **der ~ ist** (*od.* **liegt**) **flau** the market is flat; **der feste ~** the strong market; **der lebhafte ~** the brisk (*od.* active) market; **der lustlose** (*od.* **flaue**) **~** the dull (*od.* slack) market. – **4.** (*Marktplatz*) market, marketplace, *Br.* market-place, market (*od.* town) square: **am ~ wohnen** to live at the market (*od.* on [*bes. Br.* in] the market square); **die Menschen strömten auf dem ~ zusammen** the people gathered in crowds in the market(-)place. – **5.** (*Handelsplatz*) market, emporium: **den ~ beschicken** (*od.* **beliefern**) to supply the market, to send goods to (the) market; **auf den** (*od.* **zum**) **~ gehen** to go to (the) market; **Vieh auf den ~ treiben** to drive cattle to (the) market, *Br. auch* to drove cattle; **samstags ist hier ~, samstags wird hier ~ abgehalten** there is a market here (on) each Saturday; **zum ~ in die Stadt fahren** to go to (the) market in the town; → Haut 2. – **6.** (*Markttag*) market day. – **7.** (*Jahrmarkt*) market, fair: **orientalischer ~** bazaar, *Am. auch* bazar. – **8.** (*Börse*) market: **~ für tägliches Geld** call market. – **9.** market town.

ˈMarkt|anaˌly·se *f econ.* market analysis. — **~ˌanˌteil** *m* market share. — **~beˌherr·schung** *f* market domination. — **~beˌob·ˌach·tung** *f* market inquiry (*od.* investigation). — **~beˌricht** *m* market report (*od.* review), review of the market, *Am. auch* market letter. — **m~beˌstim·mend** *adj only in* ~er Faktor market determinant. — **~ˌbrun·nen** *m* market fountain. — **~ˌbu·de** *f* booth, stand, stall. — **~entˌwick·lung** *f* market tendency (*od.* trend). — **~erˌschlie·ßung** *f* market exploitation, opening (up) of markets (*od.* a market). — **m~ˌfä·hig** *adj* marketable, sal(e)able, merchantable: nicht ~ unmarketable. — **~ˌfä·hig·keit** *f* marketability, sal(e)ability. — **~ˌflecken** (*getr.* -k·k-) *m* small market town. — **~ˌform** *f econ.* form of the market, type of market. — **~ˌfor·schung** *f* market research. — **~ˌfor·schungs·in·stiˌtut** *n* market research institute. — **~ˌfrau** *f* market woman. — **~ˌfrie·de(n)** *m hist.* public security of a market place, market peace. — **m~ˌgän·gig** *adj econ.* marketable, merchantable, sal(e)able: nicht ~ unmarketable. — **~geˌbüh·ren** *pl* market dues. — **~ˌgeld** *n* **1.** *cf.* Marktstandgeld. – **2.** *cf.* Marktgebühren. — **~geˌmein·de** *f cf.* Markt 9. — **m~geˌrecht** *adj* in line with (*od.* corresponding to [*od.* with]) real market conditions: ~e Preise fair market prices. — **~ˌhal·le** *f* (covered) market, market hall. — **~ˌhänd·ler** *m* marketman, marketer, marketeer. — **~ˌhel·fer** *m* market porter. — **~in·for·ma·tiˌon** *f cf.* Marktbericht. — **~ˌkar·ren** *m* market cart. — **m~konˌform** *adj* conforming to market trends (*od.* principles). — **~ˌkorb** *m* market basket. — **~ˌkreuz** *n hist.* market cross. — **~ˌla·ge** *f econ.* market (situation), state of the market: eine angespannte [stabile] ~ a tight [stable *od.* steady] market. — **~ˌmei·ster** *m hist.* market inspector, *Br. auch* assizor. — **m~ˌnah** *adj* **1.** close to a (*od.* the) market. – **2.** *fig. cf.* marktgerecht. — **~ˌord·nung** *f econ.* market organization, marketing regulations *pl*: Europäische ~ European Market Organization. — **~ˌort** *m* market town. — **~ˌplatz** *m* market, marketplace, *Br.* market-place. — **~po·liˌtik** *f* market policy. — **m~poˌliˌtisch** *adj* of (*od.* relating to) market policy. — **~po·liˌzei** *f* market police. — **~po·si·tiˌon** *f* market position: seine ~ erweitern to expand one's share of the market. — **~ˌpreis** *m econ.* market (rate), market (*od.* ruling, current) price, market (rate): Waren unter dem ~ verkaufen to sell goods below market price. — **~ˌrecht** *n hist.* (*einer Stadt*) right to hold markets. — **~ˌschrei·er** *m* **1.** *archaic* market crier (*Am. auch* cryer). – **2.** (*Reklamemacher*) puffer, booster. – **3.** (*bes. auf dem Jahrmarkt*) barker. — **~schreie'rei** [ˌmarkt-] *f* **1.** puffing, boosting. – **2.** (*bes. auf dem Jahrmarkt*) barking. — **m~ˌschreie·risch** *adj* **1.** puffing, boosting. – **2.** (*bes. auf dem Jahrmarkt*) barking. – **3.** *fig.* ostentatious, showy. — **~ˌschwan·kun·gen** *pl econ.* market fluctuations. — **~ˌstand** *m* market stand (*od.* stall). — **~ˌstandˌgeld** *n* rent (*od.* toll) for a stall, *Br. auch* stallage. — **~ˌstu·die** *f* market study. — **~ˌtag** *m* market day. — **~ˌta·sche** *f* market (*od.* shopping) bag. — **~trans·paˌrenz** *f* transparence (*od.* transparency) of the market. — **m~ˌüb·lich** *adj* usual in the market. — **~ˌun·terˌsu·chung** *f* market inquiry (*od.* investigation). — **~verˌband** *m*, **~verˌei·ni·gung** *f econ.* marketing association. — **~verˌkehr** *m* (trading on the) market, market activity: während des ~s during market hours. — **~verˌschie·bung** *f* shift of the market. — **~verˌsor·gung** *f* supply(ing) of the market. — **~voˌlu·men** *n* size of the market. — **~ˌweib** *n cf.* Marktfrau. — **~ˌwert** *m econ.* market (*od.* marketable, current) value. — **~ˌwirt·schaft** *f* market economy: freie [soziale] ~ free [social] market economy. — **~ˌzet·tel** *m* market quotations *pl* (*od.* report).

Mar·kung ['markʊŋ] *f* ⟨-; -en⟩ *obs. for* Gemarkung.

Mar·kus ['markʊs] *npr m* ⟨-; *no pl*⟩ *Bibl.* Mark: das Evangelium des ~ *cf.* Markusevangelium. — **~evanˌge·li·um** *n* (the) Gospel according to St. Mark. — **~ˌkir·che, die** (*in Venedig*) St. Mark's (Cathedral). — **~ˌlö·we, der** the (Winged) Lion of St. Mark. — **~ˌsäu·le, die** (*in Rom*) the Antonine column.

'Markˌzel·le *f biol.* medullary cell.

Marl [marl] *m* ⟨-(e)s; -⟩ *bot. cf.* Blaugras 1.

'Marlˌei·sen *n mar. cf.* Marlspieker.

mar·len ['marlən] *v/t* ⟨h⟩ *mar.* (*Tau*) marl.

'Marl|ˌlei·ne *f mar.* marline, *Am. auch* marlin. — **~ˌspie·ker** *m* marlinespike, *Br.* marline-spike, marlinspike, *Am. auch* marlingspike, (*aus Holz*) (splicing) fid, fidpin, (*kleiner*) pricker.

'Mar·lyˌga·ze ['marli-] *f* (*textile*) marli (*od.* marly, Scotch) gauze.

Mar·ma·tit [marma'tiːt; -'tɪt] *m* ⟨-s; -e⟩ *min.* marmatite.

Mar·mel[1] ['marməl] *m* ⟨-s; -⟩ *obs. od. dial. for* Marmor.

'Mar·mel[2] *f* ⟨-; -n⟩ *dial. for* Murmel.

Mar·me·la·de [marmə'laːdə] *f* ⟨-; -n⟩ *gastr.* jam, (*bes. aus Apfelsinen*) marmalade: offene ~ jam sold loose. — **~ˌglas** *n* jam jar.

Mar·me'la·den|ˌglas *n* jam jar. — **~ˌpflau·me** *f bot.* **1.** (*Baum*) marmalade tree (*auch* plum), mammee, mamie, mam(m)ey (*Calocarpum mammosum*). – **2.** (*Frucht*) mammee, mamie, mam(m)ey, *auch* mammee sapota. — **~reˌzept** *n* recipe for jam.

mar·meln ['marməln] *v/i* ⟨h⟩ *dial.* play (at) marbles.

'Mar·melˌstein *m obs. od. poet. for* Marmor.

Mar·mo·lith [marmo'liːt; -'lɪt] *m* ⟨-s; -e⟩ *min.* marmolite.

Mar·mor ['marmɔr] *m* ⟨-s; -e⟩ *min.* marble, carbonate of lime: aus ~ marble(d); parischer [rissiger] ~ Parian [fibrous] marble; kalt wie ~ (as) cold as marble. — **~ˌader** *f* vein in marble. — **~ˌalk** *m zo.* marbled murrelet (*Brachyramphus marmoratus*). — **~ˌar·beit** *f* **1.** marble working. – **2.** marble work, work in marble. — **m~ˌar·tig** *adj* marblelike. — **~ˌband** *m print.* marbled binding. — **~ˌbild** *n* marble (statue). — **~ˌblock** *m* ⟨-(e)s; ¨e⟩ block of marble. — **~ˌbo·den** *m arch.* marble floor. — **~ˌbras·se** *f zo.* mormyrid, *auch* mormyr (*Fam. Mormyridae*). — **~ˌbruch** *m civ.eng.* marble quarry. — **~ˌbü·ste** *f* marble bust. — **~ˌgips** *m tech. cf.* Marmorzement.

mar·mo·rie·ren [marmo'riːrən] **I** *v/t* ⟨*no* ge-, h⟩ **1.** *print.* marble. – **2.** *tech.* a) (*Papier*) marble, b) (*Holz etc*) vein, grain, *Am. auch* marbleize, marbelize. – **II M~** *n* ⟨-s⟩ **3.** *verbal noun.* – **4.** *cf.* Marmorierung. — **mar·mo'riert** **I** *pp.* – **II** *adj* marble(d), veined, mottled. — **Mar·mo'rie·rung** *f* ⟨-; -en⟩ **1.** *cf.* Marmorieren. – **2.** marmoration, marble.

'Mar·mor|ˌkat·ze *f zo.* marbled (tiger) cat (*Pardofelis marmorata*). — **~ˌke·gel** *m* (*Schnecke*) marbled cone (*Conus marmoreus*). — **~ˌkno·chenˌkrank·heit** *f med.* marble bone disease, marble bones *pl* (*construed as sg*), Albers-Schoenberg disease, osteopetrosis (*scient.*). — **~ˌku·chen** *m gastr.* marble cake. — **~ˌli·lie** *f bot. cf.* Kaiserkrone 2. — **~ˌmolch** *m zo.* marbled newt (*Triturus marmoratus*).

'mar·morn *adj* marble(d), marbly; marmoraceous, marmoreal, marmorean (*scient.*).

'Mar·mor|paˌpier *n* marble(d) paper. — **~ˌplat·te** *f* **1.** marble slab. – **2.** (*Tischplatte*) marble top. — **~ˌsäu·le** *f* marble column. — **~ˌschlei·fer** *m tech.* marbler, marble polisher. — **~schlei·feˌrei** *f* marble grinding works *pl* (*construed as sg or pl*). — **~ˌschnei·de·maˌschi·ne** *f* marble cutter. — **~ˌschnitt** *m print.* marbled edge(s *pl*). — **~ˌsta·tue** *f cf.* Marmorbild. — **~ˌstein** *m* marble (stone). — **~ˌsteinˌbruch** *m cf.* Marmorbruch. — **~ˌta·fel** *f* marble plaque (*od.* tablet). — **~ˌtisch** *m* marble table. — **~ˌtrep·pe** *f* marble stairs *pl*. — **~ˌweiß** *n* (*paints*) marble white. — **~zeˌment** *m tech.* (*Alaungips*) marble cement, artificial marble.

Mar·mo·set [marmo'zɛt] *m* ⟨-s; -s⟩ *zo.* marmoset (*Fam. Hapalidae*).

Mar·ne·kulˌtur ['marnə-] *f archeol.* Marne civilization (*Br. auch* -s-).

Ma·ro·cain [maro'kɛ̃ː] *m, n* ⟨-s; -s⟩ (*textile*) (crêpe) marocain.

ma·rod [ma'roːt] *adj Austrian colloq.* slightly ill: ~ sein to be slightly ill.

ma·ro·de [ma'roːdə] *adj* ⟨*pred*⟩ **1.** *dial. colloq.* dead beat (*colloq.*), fagged out. – **2.** *mil. obs.* unable to march.

Ma·ro·deur [maro'døːr] *m* ⟨-s; -e⟩ marauder. — **ma·ro'die·ren** [-'diːrən] *v/i* ⟨*no* ge-, h⟩ maraud.

Ma·rok·ka·ner [marɔ'kaːnər] *m* ⟨-s; -⟩ Moroccan. — **ma·rok'ka·nisch** *adj* Moroccan.

Ma·rok·ko [ma'rɔko] *n* ⟨-s; *no pl*⟩ *print.* morocco. — **~ˌle·der** *n cf.* Maroquin.

Ma·ro·ne[1] [ma'roːnə] *f* ⟨-; -n *u.* -ni [-ni]⟩ *bot.* (*Frucht*) marron, sweet (*od.* edible) chestnut.

Ma'ro·ne[2] *f* ⟨-; -n⟩ *bot. cf.* Maronenpilz.

Ma'ro·nen|ˌbaum *m*, **~kaˌsta·nie** *f bot.* Spanish (*od.* sweet, Italian) chestnut (*Castanea sativa*). — **~ˌpilz**, **~ˌröhr·ling** *m* cep(e) (*Cerocomus badius*).

Ma·ro·nit [maro'niːt] *m* ⟨-en; -en⟩ *relig.* Maronite. — **ma·ro'ni·tisch** *adj* Maronite.

Ma'ronˌne·ger *m anthrop.* Maroon.

Ma·ro·quin [maro'kɛ̃ː] *m* ⟨-s; *no pl*⟩, **~ˌle·der** *n* morocco (leather).

Ma·rot·te [ma'rɔtə] *f* ⟨-; -n⟩ **1.** (*Eigenart, Schrulle*) marotte, whim, crotchet, peculiarity. – **2.** (*meist nur kurzlebiges Hobby*) fad, passing fancy.

Mar·queur [mar'køːr] *m* ⟨-s; -e⟩ (*games*) *cf.* Markör 1.

Mar·quis [mar'kiː] *m* ⟨- [-'kiː(s)]; - [-'kiːs]⟩ marquis, *bes. Br.* marquess. — **Mar·qui'sat** [-ki'zaːt] *n* ⟨-(e)s; -e⟩ marquisate, *bes. Br.* marquessate. — **Mar'qui·se** [-zə] *f* ⟨-; -n⟩ marchioness, marquise.

Mar·qui'set·te [-ki'zɛt(ə)] *f* ⟨-; *no pl*⟩, *auch m* ⟨-s; *no pl*⟩ (*textile*) marquisette.

Mars[1] [mars] **I** *npr m* ⟨-; *no pl*⟩ *myth.* Mars. – **II** *m* ⟨-; *no pl*⟩ *astr.* Mars.

Mars[2] *m* ⟨-; -e⟩ *mar.* masthead, top: Reeling um einen ~ top rail.

Mar·sa·la [mar'zaːla] *m* ⟨-s; -s⟩, **~ˌwein** *m gastr.* Marsala (*a semisweet or sweet wine*).

'Mars|beˌwoh·ner *m* (*in utopischen Romanen*) Martian. — **~ˌbras·sen** *pl mar.* topsail braces.

marsch [marʃ] *interj* **1.** (be) off, (go) away: ~, fort be off, go away; ~, hinaus get out at once: ~, ins Bett off to bed. – **2.** (*mach schnell*) hurry up. – **3.** *mil.* march: ~, ~! im Laufschritt ~! on (*Br.* at) the double! double time, march! im Gleichschritt ~! quick time, forward, march! kehrt ~! *Am.* about face! *Br.* about turn! *Am.* column left, march! ohne Tritt ~! *Br.* march at ease! *Am.* route step, march!

Marsch[1] *m* ⟨-(e)s; ¨e⟩ **1.** *mil.* march: sie sind auf dem ~ they are on the march (*od.* move); die Truppen in ~ setzen to get the troops on the move; die Truppen hatten einen langen ~ hinter sich the troops had marched a long distance; auf dem ~ zur Front sein to be on the march to the front; der ~ auf Rom *hist.* the March on Rome. – **2.** (*Lauf*) march, hike, (*bes. kürzerer, ermüdender*) trudge: nach einem ~ von vier Stunden after a four hours' walk; wir setzten uns in ~ we got going, we set out; die Fahrzeuge setzten sich in ~ the vehicles moved off. – **3.** *mus.* march: schneller [feierlicher] ~ military [processional] march; einen ~ spielen to play a march; j-m den ~ blasen *fig. colloq.* to give s.o. a dressing down (*od.* a good piece of one's mind), to haul s.o. over the coals.

Marsch[2] *f* ⟨-; -en⟩ *geogr.* (*Schwemmland*) marsh, marshland, fen.

'Marschˌabˌstand *m mil.* column gap.

Mar·schall ['marʃal] *m* ⟨-s; Marschälle⟩ *mil. hist.* marshal, *Am. auch* marshall.

'Mar·schall(s)|ˌstab *m* **1.** marshal(l)'s baton: den ~ im Tornister tragen *fig.* to carry the Marshall's baton in one's knapsack. – **2.** *her.* truncheon. — **~ˌwür·de** *f* marshalship.

'Marsch|beˌfehl *m mil.* a) (*für die Einheit*) marching orders *pl*, *Am.* movement (*od.* march) order, *Br.* order to march, b) (*für den einzelnen*) travel order. — **m~beˌreit** *adj* ready to move (off) (*od.* march). — **~beˌreit·schaft** *f* ⟨-; *no pl*⟩ readiness to move (off) (*od.* march).

'Marschˌbo·den *m geogr.* marshy soil.

'Mar·schen|ˌdorf *n* marsh village, village in the (*od.* a) marsh. — **~ˌfie·ber** *n* marsh (*od.* swamp) fever.

'marsch|ˌfer·tig *adj mil. cf.* marschbereit. — **M~geˌpäck** *n* field pack. — **M~geˌschwin·dig·keit** *f* **1.** *mil.* average speed (of march), rate of march. – **2.** *mar. aer.* cruising speed. — **M~ˌglie·de·rung** *f mil.* march formation.

'Marschˌhu·fe *f agr. hist.* hide of marsh land.

mar·schie·ren [mar'ʃiːrən] *v/i* ⟨*no* ge-, sein⟩ **1.** *mil.* march, move: in geschlossener Formation ~ to march in closed formation; in Reihe ~ to march in single file, to file; ohne Tritt ~ to march at ease; im Geschwindschritt ~ to march at double time (*od.* at the double, *Am. auch* on the double), to double(-time). – **2.** *colloq.* (*gehen, wandern*) walk: er marschierte im Zimmer auf und ab he walked (*od.* paced) up and down the room; wir marschierten 20 Kilometer am Tag we walked (*od.* hiked) 20 kilometers a day. – **3.** (*sport*) *colloq.* (*von Mannschaft*) be on the march, be on the road to victory.

'mar·schig *adj geogr.* marshy.

'Marsch|koˌlon·ne *f mil.* march (*od.* route) column, marching formation: geschlossene [offene] ~ (*von Fahrzeugen*) close [open] column. — **~ˌkom·paß** *m* lensatic compass.

'Marsch|ˌland *n geogr.* marsh, marshy land, fen. — **~ˌlän·der** *m* ⟨-s; -⟩ (*Bewohner der Marsch*) marsh dweller.

'Marsch|ˌlei·stung *f mil.* a) (*mögliche*) march capacity, b) (*tatsächliche*) march performance, c) (*Geschwindigkeit*) rate of march. — **~ˌlied** *n* march(ing) song. — **~muˌsik** *f* march(ing) music, military marches *pl.* — **~ˌord·nung** *f* marching formation. — **~ˌpau·se** *f* **1.** rest (on the walk). – **2.** *mil.* halt, *Br. colloq.* fall(ing) out for a smoke. — **~ˌrich·tung** *f* direction of march, route. — **~ˌrou·te** *f* route (of march). — **~ˌsi·che·rung** *f* security on the march. — **~ˌstie·fel** *m meist pl* heavy marching boot. — **~ˌtem·po** *n* pace (of march). — **~ˌtriebˌwerk** *n* (*space*) sustainer engine. — **~verˌpfle·gung** *f* **1.** *mil.* field ration. – **2.** *colloq.* rations *pl.* — **~ˌziel** *n* destination.

Mar·seil·lai·se [marsɛ'jɛːzə; -'jɛːz] (*Fr.*) *f* ⟨-; *no pl*⟩ (*franz. Nationalhymne*) Marseillaise.

'Marsˌfeld *n* ⟨-(e)s; *no pl*⟩ *antiq.* the field of Mars, Campus Martius (*lit.*).

'Mar·shallˌplan ['marʃal-] *m* ⟨-(e)s; *no pl*⟩ *pol. hist.* Marshall Plan.

'Mars|kaˌnal *m astr.* (Martian) canal. — **~ˌmensch** *m cf.* Marsbewohner. — **~ˌpüt·ting** *f mar.* futtock plate (*od.* chain). — **~ˌra·he** *f* topsail yard. — **~ˌse·gel** *n* topsail. — **~ˌson·de** *f* (*space*) Mars probe. — **~ˌsten·ge** *f mar.* topmast.

'Marˌstall ['mar-] *m* ⟨-(e)s; -ställe⟩ royal stud (*od.* stables *pl*).

Mar·su·pia·li·er [marzu'piaːliər] *pl zo.* marsupials (*Ordng Marsupialia*).

Mär·te[1] ['mɛrtə] *f* ⟨-; -n⟩ *Northern G. for* a) Mischmasch, b) *gastr.* Kaltschale.

'Mär·te[2] *m* ⟨-n; -n⟩, **'Mär·tel** [-təl] *m* ⟨-s; -⟩ *Southern G.* disguised person.

Mar·ter ['martər] *f* ⟨-; -n⟩ **1.** (*Qual, Pein*) torment, torture, anguish, excruciating pain: ~n erleiden [erdulden, ertragen] to suffer [to endure, to bear] torment(s); j-m körperliche [seelische] ~n bereiten to cause s.o. physical [mental] torment(s). – **2.** (*Angst*) pang, agony. – **3.** *hist. cf.* Folterung 1, 2. — **~ˌbank** *f cf.* Folterbank. — **~geˌrät** *n cf.* Foltergerät. — **~ˌholz, das** *relig.* the Cross.

Mar·terl ['martərl] *n* ⟨-s; -(n)⟩ *Bavarian and Austrian* **1.** *tablet with picture and inscription in memory of a person killed in an accident.* – **2.** *wooden or stone niche with crucifix or saint's image.*

mar·tern ['martərn] **I** *v/t* ⟨h⟩ *auch fig.* torture, torment, martyr, (put s.o. to the) rack: j-n zu Tode ~ to torture s.o. to death; j-n mit Vorwürfen [Zweifeln] ~ *fig.* to torment s.o. with reproaches [doubts]. – **II** *v/reflex* sich ~ torment (*od.* torture) oneself: sie martert sich mit Selbstvorwürfen she is torturing herself with self-reproaches.

'Mar·ter|ˌpfahl *m* (torture) stake. — **~ˌtod** *m* death by torture: den ~ erleiden to be tortured to death. — **~ˌwerkˌzeug** *n cf.* Foltergerät. — **~ˌwo·che** *f relig. cf.* Karwoche.

'Mar·tha|ˌhaus ['marta-], **~ˌheim** *n* home mission house.

mar·tia·lisch [mar'tsiaːlɪʃ] *adj* (*Aussehen, Gebärde etc*) martial, warlike.

Mar·ti·ni [mar'tiːni] *n* ⟨-; *no pl*⟩ *relig. cf.* Martinstag.

'Mar·tinˌofen ['martiːn-] *m metall. cf.* Siemens-Martin-Ofen.

'Mar·tins|ˌfest *n relig. cf.* Martinstag. — **~ˌfisch** *m zo. cf.* Heringskönig. — **~ˌgans** *f* Martinmas goose. — **~ˌholz** *n bot.* brazilwood (*von Caesalpinia crista*). — **~ˌhorn** *n auto.* police (*od.* fire) siren (*od.* horn). — **~ˌtag** *m relig.* Martinmas, St. Martin's Day (*Nov. 11*).

'Mar·tinˌstahl *m metall. cf.* Siemens-Martin-Stahl.

Mar·tit [mar'tiːt; -'tɪt] *m* ⟨-s; -e⟩ *min.* martite.

'Mar·ti·usˌgelb ['martsĭus-] *n chem.* Martius (*od.* Manchester) yellow.

Mär·ty·rer ['mɛrtyrər], *bes. röm.kath.* **'Mar·ty·rer** ['mar-] *m* ⟨-s; -⟩ *relig. auch fig.* martyr: die ~ der ersten Christenheit the martyrs of early Christendom; ein ~ seines Glaubens a martyr for one's belief; als ~ der Wissenschaft sterben to die a martyr in the cause of science; sich zum ~ machen *auch iron.* to make a martyr of oneself; j-n zum ~ machen (*od.* stempeln) to make a martyr of s.o., to martyrize s.o. — **~ˌak·te** *f röm.kath.* martyrology. — **~geˌschich·te** *f* history of martyrs, martyrology.

'Mär·ty·re·rin *f* ⟨-; -nen⟩ (woman) martyr.

'Mär·ty·rer|ˌkro·ne *f* crown of martyrdom. — **~ˌtod** *m* martyr's death: den ~ sterben to die (the death of) a martyr.

'Mär·ty·rer·tum *n* ⟨-s; *no pl*⟩ martyrdom.

Mar·ty·rin ['martyrɪn] *f* ⟨-; -nen⟩ *bes. röm.kath. cf.* Märtyrerin.

Mar·ty·ri·um [mar'tyːrĭum] *n* ⟨-s; -rien⟩ **1.** *relig.* martyrdom: das ~ Christi the martyrdom of Christ. – **2.** *fig.* torture, torment, ordeal: ein ~ erleiden (*od.* durchmachen) to suffer (*od.* undergo) (a) martyrdom; die Behandlung beim Zahnarzt war das reinste (*od.* ein wahres) ~ the dentist's treatment was real torture. – **3.** (*Kirche*) martyrium, martyry.

Mar·ty·ro·lo·gi·um [martyro'loːgĭum] *n* ⟨-s; -gien⟩ *relig.* martyrology.

Ma·run·ke [ma'rʊŋkə] *f* ⟨-; -n⟩ *East Middle G. for* Pflaume 1.

Mar·xis·mus [mar'ksɪsmʊs] *m* ⟨-; *no pl*⟩ *pol.* Marxism. — **~-Le·ni'nis·mus** *m* Marxism-Leninism.

Mar·xist [mar'ksɪst] *m* ⟨-en; -en⟩, **Mar'xi·stin** *f* ⟨-; -nen⟩ *pol.* Marxist. — **mar'xi·stisch I** *adj* Marxist, Marxian: die ~e Geschichtsbetrachtung the Marxist view of (*od.* approach to) history; die ~e Methode the Marxist method. – **II** *adv* etwas ~ betrachten to look at s.th. from the Marxian (*od.* Marxist) point of view.

'Ma·ry·land-ˌGelbˌkehl·chen ['mɛrilɛnt-] *n zo.* Maryland yellowthroat (*Geothlypis trichas*).

März [mɛrts] *m* ⟨-(es), *poet. auch* -en; *rare* -e⟩ March: im (Monat) ~ in (the month of) March; am 20. ~ on the 20th of March, on March 20th. — **~ˌbe·cher** *m bot. cf.* Märzenbecher. — **~ˌbier** *n brew. cf.* Märzenbier.

Mär·zen ['mɛrtsən] *n* ⟨-s; *no pl*⟩ *cf.* Märzenbier. — **~ˌbe·cher** *m bot.* **1.** daffodil, bastard narcissus (*Narcissus pseudo-narcissus*). – **2.** snowflake (*Leucojum vernum*). — **~ˌbier** *n brew. a special kind of strong beer.*

'März|ˌfeld *n* ⟨-(e)s; *no pl*⟩ *hist.* champ de mars. — **~ˌflie·ge** *f zo.* March fly (*Bibio marci*). — **~ˌglöck·chen** *n bot. cf.* Märzenbecher 2. — **~ˌha·se** *m zo.* (*Junghase*) March hare.

Mar·zi·pan [martsi'paːn; 'mar-] *n*, *bes. Austrian m* ⟨-s; -e⟩ marzipan, *auch* marchpane. — **mar·zi'pa·nen** *adj* (of) marzipan.

'märz·lich *adj* March-like, as in March: ~es Wetter March weather.

'März|re·vo·lu·tiˌon *f hist.* **1.** (the) revolution of 1848. – **2.** (*in Rußland*) (the) March Revolution (*1917*). — **~ˌveil·chen** *n bot.* March violet (*Viola odorata*).

Ma·sai [ma'saɪ] *m* ⟨-; -⟩ *cf.* Massai.

Mas·ca·gnin [maskan'jiːn] *n* ⟨-s; *no pl*⟩ *min.* masgagnite, *auch* masgagnine.

Ma·schans·ker [ma'ʃanskər] *m* ⟨-s; -⟩ *Austrian kind of apple.*

Ma·sche[1] ['maʃə] *f* ⟨-; -n⟩ **1.** (*Strick-, Häkelmasche etc*) stitch, loop: 40 ~n anschlagen (*od.* aufschlagen) to cast on 40 stitches; eine ~ rechts, eine ~ links stricken to knit one (stitch) plain, one (stitch) purl; eine ~ wieder aufnehmen (*od.* aufheben) to pick up a stitch; eine ~ fallen lassen to drop a stitch; die ~n abkette(l)n (*od.* abstricken) to cast off (the stitches). – **2.** (*Laufmasche*) *Br.* ladder, *Am.* run, *auch* runner: bei dir läuft eine ~ you've got a ladder. – **3.** (*eines Netzes, Drahtzauns etc*) mesh: ein Netz mit weiten [engen] ~n a net with coarse [fine] meshes, a coarse-[fine-]meshed net. – **4.** *bes. Southern G.* (*Schleife*) bow, tie. – **5.** (*eines Panzerhemds*) link. – **6.** *pl fig.* (*Lücke*) loopholes, *Br.* loop-holes: durch die ~n des Gesetzes schlüpfen to slip through the loop(-)holes in the law.

'Ma·sche[2] *f* ⟨-; -n⟩ *colloq.* **1.** trick, line: auf j-s ~ hereinfallen to fall for s.o.'s trick; das ist seine neueste ~ that is his latest trick; er hat die ~ raus he's got the trick (*od.* knack). – **2.** fine idea: das ist die ~ that's just the job (*od.* thing), that's the real thing (*od.* the stuff). – **3.** craze, fad: das ist die neu(e)ste ~ that is the latest craze.

'Ma·schen|ˌbil·dung *f* **1.** *biol.* reticulation. – **2.** (*textile*) stitch formation. – **3.** *zo.* areolation. — **~ˌdich·te** *f* (*bes. textile*) mesh density. — **~ˌdraht** *m tech.* **1.** netting wire. – **2.** (*Hühnerdraht*) screen wire. — **m~ˌfest** *adj* (*Strümpfe*) *Br.* ladderproof, *Am.* runproof. — **m~ˌför·mig** *adj* **1.** *biol.* meshy; retiform, reticulate(d) (*scient.*). – **2.** *zo.* areolate(d). — **~geˌwe·be** *n* retiform tissue. — **~ˌnetz** *n* mesh net. — **~ˌpan·zer** *m hist.* (*einer Rüstung*) coat of mail. — **~ˌrei·he** *f* row (of stitches *od.* loops), course. — **~ˌschal·tung** *f electr.* network circuit. — **~ˌwa·re** *f* knitwear. — **~ˌwerk** *n* network. — **~ˌzahl** *f* number of stitches.

'ma·schig *adj biol. cf.* maschenförmig 1.

Ma·schi·ne [ma'ʃiːnə] *f* ⟨-; -n⟩ **1.** *tech.* a) (*Arbeitsmaschine*) machine, b) (*Kraftmaschine, Motor*) engine, c) (*elektrische*) motor: moderne [automatische, landwirtschaftliche] ~n modern [automatic, agricultural] machines; das Zeitalter der ~ the machine age; eine Maschine erfinden [konstruieren] to invent [to design] a machine; eine ~ bedienen to operate (*od.* run, control) a machine; eine ~ in Betrieb setzen to put a machine in operation (*od.* action); die ~ arbeitet the machine is running; die ~ steht (still) a) the machine is not running (*od.* not in operation), b) (*für längere Zeit*) the machine is (standing) idle; eine ~ verfeinern (*od.* vervollkommnen) to improve a machine; arbeiten wie eine ~ *fig.* to work like a machine; er möchte nicht eine bloße ~ sein *fig.* he doesn't want to be just a machine. – **2.** (*Flugzeug*) plane: wann geht die nächste ~ nach London? when does the next plane leave for London? – **3.** (*Motorrad*) motorcycle: eine schwere ~ a heavy machine. – **4.** (*Lokomotive*) locomotive, engine: ein von zwei ~n gezogener Zug a train pulled by two engines. – **5.** (*Schreibmaschine*) typewriter: einen Brief mit (*od.* auf) der ~ schreiben to type a letter. – **6.** (*Nähmaschine*) sewing machine. – **7.** *colloq. humor.* fat woman.

ma'schi·ne·geˌschrie·ben I *pp of* maschineschreiben[1]. – **II** *adj* (*Brief etc*) typed, typewritten.

ma·schi·nell [maʃi'nɛl] *tech.* **I** *adj* (*Herstellung etc*) mechanical: ~e Arbeitsvorgänge mechanical processes, machine operations; ~e Bearbeitung mechanical treatment. – **II** *adv* mechanically, by machine: etwas ~ bearbeiten to machine s.th., to treat (*od.* work) s.th. mechanically.

Ma'schi·nen|ˌanˌla·ge *f tech.* machinery, mechanical equipment. — **~ˌanˌtrieb** *m* mechanical drive: mit ~ machine- (*od.* power-)driven, mechanically driven. — **~ˌar·beit** *f* machine (*od.* mechanical) work (*od.* operation). — **~ˌar·bei·ter** *m* machine operator (*od.* attendant).

Ma'schi·nenˌbau *m* ⟨-(e)s; *no pl*⟩ **1.** (*als Lehrfach*) mechanical (*od.* general) engineering. – **2.** (*als Industriezweig*) machine-building (*od.* engineering) industry. – **3.** (*Herstellung von Maschinen*) machine (*od.* engine) building.

Ma'schi·nenˌbau·er *m* ⟨-s; -⟩ machine builder.

Ma'schi·nenˌbau|in·duˌstrie *f tech.* machine-building (*od.* engineering) industry. — **~in·ge·niˌeur** *m* mechanical engineer. — **~ˌschu·le** *f* mechanical engineering school (*od.* college). — **~ˌstahl** *m metall.* machinery (*od.* engineering, structural) steel. — **~ˌtech·ni·ker** *m tech.* mechanical engineer.

Ma'schi·nen|be·ar·bei·tung *f tech.* machining, mechanical treatment. — **~beˌtrieb** *m* **1.** mechanical operation. – **2.** *cf.*

Maschinenfabrik. — **~deˌfekt** *m* machine trouble (*od.* failure), machinery breakdown. — **~dikˌtat** *n* dictation taken down on the typewriter. — **~ˌdrusch** *m agr.* machine threshing. — **~ˌeinˌrich·ter** *m tech.* machine setter. — **~eleˌment** *n* machine element (*od.* component). — **~faˌbrik** *f* engineering (*od.* engine) works *pl* (*construed as sg or pl*), machine factory, engineering workshop. — **~ˌflak** *f mil.* automatic antiaircraft gun. — **~fun·daˌment** *n* machine foundation. — **~ˌgarn** *n* (*textile*) (sewing) thread. — **m~geˌschrie·ben** *adj cf.* maschinegeschrieben II. — **~geˌstell** *n tech.* machine frame (*od.* base). — **m~geˌstrickt** *adj* machine-knitted, knitted by machine.

Ma'schi·nen·geˌwehr *n mil.* machine gun. — **~ˌabˌtei·lung** *f* machine-gun detachment. — **~beˌschuß** *m*, **~ˌfeu·er** *n* machine-gun fire. — **~ˌgurt** *m* machine-gun belt. — **~ˌnest** *n* machine-gun nest. — **~ˌschüt·ze** *m* (machine) gunner. — **~ˌstand** *m* **1.** *mil.* machine-gun emplacement. – **2.** *aer.* gunner's station. — **~ˌstel·lung** *f* machine-gun position.

Ma'schi·nen|ˌhal·le *f* machine shop. — **~ˌhaus** *n* **1.** *electr. tech.* power house. – **2.** (*railway*) enginehouse. — **~in·duˌstrie** *f* machine-building (*od.* engineering) industry. — **~kaˌno·ne** *f mil.* automatic cannon. — **~kon·struk·tiˌon** *f tech.* machine design (*od.* construction). — **~kor·rekˌtur** *f print.* press proof. — **~ˌkraft** *f* engine (*od.* mechanical) power. — **~ˌkun·de** *f cf.* Maschinenlehre. — **~ˌlärm** *m* machine noise. — **~ˌleh·re** *f* (mechanical) engineering, practical mechanics *pl* (*construed as sg or pl*). — **~ˌlei·stung** *f* **1.** machine capacity (*od.* output). – **2.** (*funktionelle*) machine performance. – **3.** (*als rechnerische Bestimmungsgröße*) machine rating. — **m~ˌmä·ßig** *adj tech. auch fig.* automatic, mechanical. — **~ˌmei·ster** *m* **1.** *tech.* machinist. – **2.** (*railway*) superintendent of rolling stock. – **3.** (*theater*) stage mechanic (*od.* mechanician). – **4.** *print.* pressman. — **~ˌmensch** *m* robot. — **~ˌmes·ser** *n* machine knife. — **~moˌdell** *n* model (*od.* type) of machine. — **~ˌnä·he·rin** *f* machine seamstress. — **~ˌöl** *n* machine (*od.* engine, lubricating) oil. — **~paˌpier** *n* **1.** machine paper, web. – **2.** *cf.* Schreibmaschinenpapier. — **~ˌpark** *m* machinery, mechanical equipment. — **~ˌpau·ke** *f mus.* machine drum. — **~per·soˌnal** *n* **1.** *mar.* engine-room staff (*od.* complement). – **2.** *tech.* machine operators *pl.* — **~ˌpflug** *m agr.* ploughing (*bes. Am.* plowing) machine. — **~piˌsto·le** *f mil.* submachine gun, burp gun, machine pistol, tommy gun. — **~ˌrah·men** *m tech.* machine frame. — **~ˌraum** *m mar.* engine room. — **~re·vi·siˌon** *f print.* press proof. — **~ˌsaal** *m* **1.** *tech.* machine room. – **2.** *print.* pressroom. — **~ˌsatz** *m* **1.** *print.* machine composition, machine typesetting. – **2.** *tech.* set of machines, machine unit. – **3.** *electr.* generator set. — **~ˌscha·den** *m tech.* **1.** machinery defect. – **2.** engine trouble (*od.* failure). — **~ˌschlos·ser** *m* engine (*od.* machine) fitter, fitter mechanic(ian). — **~ˌschrei·ben** *n cf.* Maschineschreiben². — **~ˌschrei·ber** *m*, **~ˌschrei·be·rin** *f* ⟨-; -nen⟩ typist. — **~ˌschrift** *f* typescript, typewriting: in ~ typewritten, typed. — **m~ˌschrift·lich** *adj* typewritten, typed. — **~ˌschriftˌsatz** *m print.* typescript. — **~ˌsei·de** *f* (*textile*) machine twist. — **~ˌset·zer** *m print.* machine compositor (*od.* typesetter). — **~ˌspra·che** *f* (*computer*) machine (*od.* computer) language. — **~ˌsteue·rung** *f tech.* **1.** machine control. – **2.** (*als Anlage*) machine control unit (*od.* mechanism). — **~ˌtech·ni·ker** *m* mechanical engineer, machinist, mechanic(ian). — **~ˌteil** *n* machine part (*od.* component, member). — **~te·leˌgraf**, **~te·leˌgraph** *m mar.* engine-room telegraph. — **~-Trakˌto·ren-Sta·tiˌon** *f DDR agr.* agricultural machine center (*bes. Br.* centre). — **~ˌwaf·fe** *f mil.* automatic weapon. — **~ˌwär·ter** *m* machine attendant. — **~ˌwerkˌstatt** *f* machine shop. — **~ˌwerkˌzeug** *n tech.* **1.** industrial (*od.* machine-shop) tool. – **2.** (*spanabhebendes*) metal-cutting tool. — **~ˌwe·sen** *n* (mechanical) engineering. — **~ˌzeitˌal·ter** *n* machine age. — **~ˌzwirn** *m* (*textile*) machine cotton.

Ma·schi·ne·rie [maʃinə'riː] *f* ⟨-; -n [-ən]⟩ **1.** machinery. – **2.** *fig.* machinery, enginery: die ~ der Regierung the machinery of government. – **3.** (*theater*) technical apparatus.

ma'schi·neˌschrei·ben¹ I *v/i* ⟨schreibt Maschine, schrieb Maschine, maschinegeschrieben, h⟩ type(write), write on the typewriter. – **II M~** *n* ⟨-s⟩ *verbal noun.*

Ma'schi·neˌschrei·ben² *n* ⟨-s; -⟩ (*Schriftstück*) typewritten letter.

Ma·schi·ni·sie·rung [maʃini'ziːrʊŋ] *f* ⟨-; *no pl*⟩ mechanization *Br. auch* -s-.

Ma·schi·nist [maʃi'nɪst] *m* ⟨-en; -en⟩ **1.** *tech.* machinist, machine operator (*od.* operative), mechanic, machineman. – **2.** *mar.* engineer, engineman, (*auf kleineren Schiffen u. Binnenschiffen*) machinist. – **3.** (*theater*) machinery man, engineer.

ma'schinˌschrei·ben¹ [ma'ʃiːn-] **I** *v/i* ⟨schreibt Maschine, schrieb Maschine, maschingeschrieben, h⟩ *Austrian for* maschineschreiben¹. – **II M~** *n* ⟨-s⟩ *verbal noun.*

Ma'schinˌschrei·ben² *n Austrian for* Maschineschreiben¹ *u.* ².

Ma·ser¹ ['maːzər] *f* ⟨-; -n⟩ **1.** (*wood*) vein, grain, streak. – **2.** (*Fleck*) spot, mark, speck.

Ma·ser² ['meːzər; 'maːzər; 'meɪzə] (*Engl.*) *m* ⟨-s; -⟩ *phys.* (*Molekularverstärker*) maser.

'Ma·serˌholz *n* (*wood*) speckled (*od.* streaked, veined) curlwood.

ma·se·rig ['maːzərɪç] *adj* (*wood*) veined, grainy, grained, streaked.

ma·sern ['maːzərn] *v/t* ⟨h⟩ (*wood*) vein, grain.

'Ma·sern *pl med.* measles *pl* (*construed as sg or pl*); rubeola *sg*, morbilli (*scient.*). — **m~ˌar·tig** *adj* morbilliform, morbillous, rubeoloid, rubeolar. — **~ˌausˌschlag** *m* measles rash. — **~ˌimpfˌstoff** *m* measles vaccine. — **m~ˌkrank** *adj* infected with measles, measly.

Ma·se·rung ['maːzərʊŋ] *f* ⟨-; -en⟩ **1.** (*wood*) veining, grain, texture, (*bes. bei Mahagoniholz*) roe. – **2.** *bot.* veinbanding, *Br.* vein-banding.

Mas·ka·ron [maska'roːn] *m* ⟨-s; -e⟩ *arch.* mask.

Mas·ke ['maskə] *f* ⟨-; -n⟩ **1.** (*Gesichts-, Schutz-, Fecht-, Toten-, Narkosemaske*) mask: eine ~ tragen to wear a mask, to have a mask on; eine ~ aufsetzen (*od.* anlegen) to put on a mask; die ~ abnehmen (*od.* ablegen) to take off the mask. – **2.** *fig.* mask, pretence, *Am. auch* pretense, guise, veil, cloak, screen: die ~ fallenlassen (*od.* von sich werfen) to throw off one's mask, to show one's true face; einem Heuchler die ~ vom Gesicht reißen to unmask a hypocrite; hier zeigt sich das Laster ohne ~ here one can see vice unveiled; etwas unter der ~ der Freundschaft tun to do s.th. under the guise of friendship; sie verbarg ihre wahren Gefühle hinter einer ~ von Gleichgültigkeit she concealed her true feelings behind a screen of indifference; seine Freundlichkeit ist nur ~ his friendliness is just a mask. – **3.** *fig.* (*starres Gesicht*) mask. – **4.** (*maskierte Person*) mask, masque, masker, masquer: die originellsten ~n wurden prämiert prizes were awarded to the most original masks. – **5.** (*Verkleidung*) disguise: in der ~ eines Clowns auf den Ball gehen to go to the ball disguised as (*od.* in the guise of) a clown. – **6.** (*cosmetics*) (face) mask. – **7.** (*theater*) a) *antiq.* mask, b) makeup, *Br.* make-up. – **8.** *phot. print. telev.* mask.

'Mas·ken|ˌball *m* masked ball, fancy(-dress) ball, masquerade, *auch* masque: „Ein ~" *mus.* "A Masked Ball" (*opera by Verdi*). — **~ˌbie·ne** *f zo.* bifid-tongued bee (*Gattg Prosobis*). — **~ˌbild·ner** *m* ⟨-s; -⟩ (*theater, film*) makeup (*Br.* make-up) man (*od.* artist). — **~ˌbild·ne·rin** *f* ⟨-; -nen⟩ makeup (*Br.* make-up) girl (*od.* artist). — **~ˌen·te** *f zo.* masked duck (*Nomonyx dominicus*). — **~ˌfest** *n cf.* Maskenball. — **~ˌfrei·heit** *f* carnival licence (*Am.* license). — **~geˌsicht** *n auch med.* mask (*od.* masklike) face. — **m~haft** *adj* (*Gesicht, Ausdruck etc*) like a mask, masklike. — **~koˌstüm** *n* fancy dress, costume, masquerade (costume). — **~ˌkrab·be** *f zo.* mask(ed) crab (*Corystes cassivelaunus*). — **~ˌspiel** *n* (*theater*) *hist.* masque, *auch* mask. — **~ˌstel·ze** *f zo.* black-headed wagtail (*Motacilla feldegg*). — **~ˌtau·be** *f* spot (*Columba livia maculata*). — **~verˌfah·ren** *n phot.* masking. — **~verˌleih** *m* costume rental (*bes. Br.* hire). — **~verˌlei·her** *m* dealer in costumes, costumer, costumier. — **~ˌzug** *m* masquerade. — **~ˌzwang** *m* obligation to wear a mask (*od.* fancy dress): es besteht ~ fancy dress is obligatory.

Mas·ke·ra·de [maskə'raːdə] *f* ⟨-; -n⟩ **1.** (*Verkleiden*) dressing up. – **2.** (*Maskenball*) masquerade, fancy(-dress) ball: auf eine ~ gehen to go to a masquerade. – **3.** *fig.* masquerade, *Br.* pretence, *Am.* pretense: es ist alles nur ~ it's all pretence.

mas·kie·ren [mas'kiːrən] **I** *v/t* ⟨*no* ge-, h⟩ **1.** disguise, mask: j-n als Zigeuner ~ to disguise s.o. as a gipsy. – **2.** *mil.* mask, camouflage, screen. – **3.** *fig.* conceal: ein Kamin maskierte die Zentralheizung a chimney concealed the central heating. – **II** *v/reflex* sich ~ **4.** put on a mask. – **5.** (*verkleiden*) disguise oneself, mask oneself, dress oneself up, masquerade: sich als Clown ~ to disguise oneself as a clown. – **III M~** ⟨-s⟩ **6.** *verbal noun.* — **mas'kiert I** *pp.* – **II** *adj* **1.** masked, disguised: ~e Gestalten masked figures; ~ gehen als to go in the mask (*od.* costume) of, to masquerade as. – **2.** *bot.* masked, personate. — **Mas'kie·rung** *f* ⟨-; -en⟩ **1.** *cf.* Maskieren. – **2.** (*Verkleidung*) disguise, mask. – **3.** *mil.* mask, screen. – **4.** *chem.* protection.

Mas'kott·chen *n* ⟨-s; -⟩, **Mas·kot·te** [mas'kɔtə] *f* ⟨-; -n⟩ mascot.

mas·ku·lin [masku'liːn] *adj* masculine. — **M~ˌform** *f ling.* masculine (form).

mas·ku'li·nisch *adj obs. for* maskulin.

Mas·ku·li·num [masku'liːnʊm; 'mas-] *n* ⟨-s; -lina [-na]⟩ *ling.* masculine (noun).

Ma·so·chis·mus [mazɔ'xɪsmʊs] *m* ⟨-; *no pl*⟩ *med. psych.* masochism. — **Ma·so'chist** [-'xɪst] *m* ⟨-en; -en⟩ masochist. — **ma·so'chi·stisch** *adj* masochistic.

Ma·so·ra [ma'zoːra] *f* ⟨-; *no pl*⟩ *relig.* (*jüd. Textkritik des Alten Testaments*) Masora(h), *auch* Massora(h). — **Ma·so'ret** [-zo'reːt] *m* ⟨-en; -en⟩ Mas(s)orete, *auch* Masorite.

Maß¹ [maːs] *n* ⟨-es; -e⟩ **1.** (*Maßeinheit*) measure: ~e und Gewichte weights and measures; metrische ~e metric measures; (etwas) mit verschiedenen ~en (*od.* mit zweierlei ~) messen *fig.* to judge (s.th.) by a double standard, to apply a double standard (to s.th.); der Mensch ist das ~ aller Dinge *fig.* man is the measure of all things. – **2.** (*Eich-, Normalmaß*) ga(u)ge. – **3.** (*Abmessung*) dimension, measurement: die ~e eines Zimmers the dimensions of a room. – **4.** (*Größe*) size. – **5.** (*Körpermaß*) measurement, measure: j-m ~ nehmen to take s.o.'s measurements, to measure s.o.; j-m ~ zu einem (*od.* für einen) Anzug nehmen to measure s.o. for a suit; sich (*dat*) ~ nehmen lassen to have (*od.* get) oneself measured; seine ~e angeben to give one's measurements; sie hat die idealen ~e her measurements are ideal; nach ~ gemacht (*od.* gearbeitet) made to measure; ein Anzug nach ~ a tailor-made (*Am. auch* custom-tailored, *Br. auch* bespoke) suit. – **6.** (*Maßstab*) scale: etwas in vergrößertem [verkleinertem] ~e zeichnen to draw s.th. on an enlarged [a reduced] scale. – **7.** (*altes Hohlmaß*) measure: ein gestrichenes [gerütteltes] ~ Mehl a level [shaken] measure of flour; sie hat ein (*od.* ihr) gerüttelt ~ an Leid zu tragen *fig.* she has a fair share of sorrows to bear; jetzt ist das ~ aber voll! *fig.* that's enough now! that's the limit! ist denn das ~ meiner Leiden noch immer nicht voll? *fig.* is there to be no end to my sufferings? – **8.** *fig.* (*Ausmaß*) extent, degree, measure, proportion: j-m ein hohes ~ an (*od.* von) Vertrauen entgegenbringen (*od.* schenken) to place a high measure of trust in s.o.; in beschränktem ~e gilt das auch für dich to a certain (*od.* limited) degree that applies to you also; in besonderem ~e an (*dat*) Musik interessiert sein to be interested to a special degree (*od.* especially) in music; diese Fälle kommen heute nur noch in geringem ~e vor these cases occur only rarely (*od.* seldom) nowadays; dafür ist ein gewisses ~ an Erfahrung erforderlich a certain degree of experience is necessary for that; in gewissem ~e hat er recht he is right to a certain degree;

diese Bestimmungen gelten in gleichem ~e für Ausländer these regulations are to the same degree (*od.* equally) valid for foreigners; in hohem (*od.* höchstem) ~e zufrieden sein to be extremely (*od.* highly, tremendously) content; das ist doch in höchstem ~e lächerlich! but that is absolutely ridiculous (*od.* ridiculous in the extreme)! j-s Kritik auf das rechte ~ zurückführen to reduce s.o.'s criticism to its proper proportions; für Getränke war in reichem ~e gesorgt there was a liberal (*od.* generous, an abundant) supply of drinks; er hat sich in solchem ~e angestrengt, daß he has exerted himself so much that; der Mensch ist heute in weit stärkerem ~e beansprucht als früher man is nowadays subjected to far more stress than he used to be; seine Leistungen gehen über das übliche ~ hinaus (*od.* übersteigen das übliche ~) his achievements exceed the normal standard (*od.* the average); das ist in weitem ~e abhängig von that depends largely on; j-n in vollem ~e zufriedenstellen to fully satisfy s.o.; die menschliche Arbeit wird in zunehmendem ~e durch Maschinen ersetzt work done by human beings is increasingly being transferred to machines. – **9.** *fig.* (*Grenze*) measure, moderation, bounds *pl*, limits *pl*: etwas [alles] mit ~(en) (*od.* mit ~ und Ziel) tun to do s.th. [everything] in moderation; stets das rechte ~ halten to always observe moderation (*od.* keep within bounds); er kennt kein ~ in seinen Wünschen he sets no bounds to his desires, his desires know no bounds (*od.* limits); er kennt in seinem Zorn weder ~ noch Grenzen (*od.* weder ~ noch Ziel) his anger knows no bounds; er ist in allem ohne ~ und Ziel he knows no bounds in whatever he does; etwas geht über jedes ~ hinaus (*od.* überschreitet jedes ~) s.th. exceeds all bounds; über die (*od.* alle) ~en glücklich sein to be exceedingly (*od.* enormously) happy, to be happy beyond all measure. – **10.** *metr. cf.* Versmaß.

Maß[2] [maːs; mas] *f* ⟨-; -e, *nach Zahlangabe* -⟩ *Bavarian, Austrian and Swiss etwa* two pints (of beer).

maß [maːs] *1 u. 3 sg pret of* messen.

ˈMaßˌabˌtei·lung *f* made-to-measure (*bes. Am.* custom-made, *Br. auch* bespoke) department.

Mas·sa·ge [maˈsaːʒə] *f* ⟨-; -n⟩ massage: zur ~ gehen to get (*od.* go and have) a massage. — **~ap·paˌrat** *m* massaging machine. — **~beˌhand·lung** *f cf.* Massagetherapie. — **~saˌlon** *m* massage salon. — **~the·raˌpie** *f* massage treatment, massotherapy.

Mas·sai [maˈsaɪ] *m* ⟨-; -⟩ *anthrop.* (*in Ostafrika*) Masai.

Mas·sa·ker [maˈsaːkər] *n* ⟨-s; -⟩ massacre, slaughter: ein ~ unter der Bevölkerung anrichten to cause a massacre among the population, to massacre the population. — **mas·sa·krie·ren** [masaˈkriːrən] *v/t* ⟨*no* ge-, h⟩ massacre, slaughter.

ˈMaß|anaˌly·se *f chem.* volumetric analysis, metric method of analysis, volumetry, titration. — **m~anaˌly·tisch** *adj* volumetric, *auch* volumetrical. — **~ˌanˌzug** *m* (*fashion*) tailor-made (*od.* tailored) suit, *Am. auch* custom-tailored suit, *Br. auch* bespoke suit. — **~ˌar·beit** *f* something made to measure (*od.* order), *Am. auch* custom work: der Anzug ist ~ the suit is made to measure; das war ~! *fig.* that was cutting it fine! (*colloq.*). — **~ˌband** *n* tape measure, measuring tape.

Mas·se [ˈmasə] *f* ⟨-; -n⟩ **1.** mass: eine breiige ~ a pulpy mass; eine unförmige [undefinierbare] ~ a bulky [an indefinable] mass. – **2.** (*Substanz*) substance, matter. – **3.** (*Teigmasse*) batter. – **4.** quantity: die ~ muß es bringen it's quantity that counts. – **5.** eine ~ (von), ~n von, in ~n *colloq.* masses (*od. colloq.* lots, heaps, piles, loads) of: ich habe eine ~ Bücher (*od.* ~n von Büchern, Bücher in ~n) I have loads of books; eine ~ Freunde masses (*od.* a host) of friends; ich habe noch eine ~ Fragen I've still got masses of questions (to ask); er hat eine ~ Geld he has loads of money; er erhielt eine ~ Briefe he received masses (*od.* shoals) of letters. – **6.** (*Menschengruppe*) crowd, (*in Statistik*) population: der Dieb verschwand in der ~ (*od.* tauchte in der ~ unter) the thief disappeared in the crowd; sie kamen in ~n they came in crowds (*od.* droves, masses); die ~n jubelten ihm zu the crowds cheered him. – **7.** die (breite) ~, die ~n the masses, the hoi polloi, the herd: die urteilslose [namenlose] ~ the uncritical [anonymous] mass; er hat die ~ hinter sich he has the support of the masses; er ist der Liebling (*od.* das Idol) der ~n he is the idol of the masses; etwas ist auf den Geschmack der ~(n) eingestellt s.th. is suited to meet the taste of the masses; er wollte nicht in der grauen ~ untergehen he did not want to disappear in the faceless (*od.* anonymous) mass; die ~n sind in Bewegung geraten the masses have begun to rebel; sie fühlen sich nur in der ~ stark they only feel strong in numbers. – **8.** (*Mehrheit*) majority, bulk (of the people): die ~ steht hinter der Regierung the majority (of the people) are behind the government. – **9.** *pl humor.* bulk *sg*: sie ließ ihre ~n in den Sessel fallen she lowered her bulk into the armchair. – **10.** *phys.* mass: schwere [träge] ~ gravitational [inert] mass; kritische ~ *nucl.* critical mass (*od.* amount). – **11.** *electr. Br.* earth, *Am.* ground: mit ~ verbinden to earth, to ground. – **12.** *econ. jur.* (*Erb-, Konkurs-, Vermögensmasse*) a) assets *pl*, b) estate: das Konkursverfahren mangels ~ einstellen to terminate bankruptcy proceedings for want of assets. – **13.** *tech.* a) material, mass, bulk, b) (*während der Bearbeitung*) stock, c) (*in der Glasfabrikation*) batch, paste.

mä·ße [ˈmɛːsə] *1 u. 3 sg pret subj of* messen.

ˈMas·se|anˌschluß *m electr. auto.* earth (*Am.* ground) point. — **~ˌfor·de·rung** *f econ.* (*beim Konkurs*) claim against common debtor's estate. — **~ˌgläu·bi·ger** *m* creditor of a bankrupt's estate, claimant to assets in liquidation.

ˈMaßˌein·heit *f* unit of measure(ment), standard measure.

ˈMas·seˌka·bel *n tech.* lead cable with paper insulation.

Mas·sel[1] [ˈmasəl] *m*, *Austrian n* ⟨-s; *no pl*⟩ *colloq.* luck: hast du einen ~ gehabt! you've been lucky there! that was a stroke of luck!

ˈMas·sel[2] *f* ⟨-; -n⟩ *metall.* pig.

ˈMas·sel|ˌbett *n metall.* pig bed. — **~ˌei·sen** *n* pig iron.

ˈMas·se|ˌlei·tung *f electr. Br.* earthing connection (*auch* connexion), *Am.* ground wire. — **m~los** *adj phys.* massless, weightless.

ˈMas·sen|ˌabˌfer·ti·gung *f* mass treatment (*od.* processing) (of people). — **~ˌabˌfüt·te·rung** *f colloq.* feeding of the masses. — **~ˌabˌsatz** *m econ.* large-scale selling. — **~ˌabˌsprung** *m aer. mil.* mass jump. — **~ˌanˌdrang** *m* crush (of people). — **~ˌanˌgriff** *m mil.* mass(ed) attack. — **~ˌanˌkunft** *f* (*sport*) (*bei Rennen*) bunch arrival. — **~ˌanˌsturm** *m* crush (of people). — **~ˌanˌzie·hung** *f phys.* mass (*od.* gravitational) attraction. — **~ˌar·beits·lo·sig·keit** *f* mass unemployment. — **~arˌti·kel** *m* mass-produced (*od.* bulk) article. — **~ˌauf·geˌbot** *n* (von of) strong body (*od.* force), large presence. — **~ˌaufˌla·ge** *f print.* mass edition. — **~ˌaufˌmarsch** *m* mass rally. — **~ˌaufˌtre·ten** *n biol.* epidemic, widespread occurrence. — **~ˌausˌdeh·nung** *f med.* (*einer Krankheit*) epidemic proportion. — **~ˌausˌgleich** *m* **1.** *tech.* balancing of masses. – **2.** *geol.* mass compensation. — **~ˌausˌsper·rung** *f econ.* general lockout. — **~beˌdarfs·arˌti·kel** *m* mass consumer commodity (*od.* article). — **~beˌeinˌflus·sung** *f* influence exercised upon the masses, propaganda, mass suggestion. — **~beˌför·de·rung** *f* mass transport(ation). — **~beˌför·de·rungsˌmit·tel** *n* means *pl* (*construed as sg*) of mass transport(ation). — **~beˌschleu·ni·gung** *f phys.* mass acceleration. — **~beˌwe·gung** *f* **1.** *sociol.* mass movement. – **2.** *phys.* mass motion. – **3.** *pl psych.* mass reaction *sg*. — **~ˌblatt** *n print.* newspaper having a mass circulation. — **~deˌfekt** *m nucl.* mass defect, packing effect. — **~de·mon·stra·tiˌon** *f* mass demonstration. — **~ˌdruckˌsa·che** *f* (*postal service*) bulk printed matter. — **~ˌeinˌsatz** *m* (*von Polizei, mil. von Truppen etc*) massed employment. — **~entˌlas·sung** *f econ.* mass dismissals *pl*. — **~erˌhe·bung** *f* mass revolt (*od.* [up]rising). — **~erˌschei·nung** *f* mass phenomenon. — **~erˌschie·ßung** *f* mass execution (by shooting). — **~erˌzeu·gung**, **~fa·bri·ka·tiˌon** *f cf.* Massenproduktion. — **~ˌflucht** *f* **1.** (*von Menschen*) mass escape, (mass) exodus. – **2.** (*von Tieren*) stampede. — **~geˌbir·ge** *n geol.* massif. — **~geˌsell·schaft** *f sociol.* mass society. — **~geˌstein** *n cf.* Erstarrungsgestein. — **~ˌgrab** *n* mass grave. — **~ˌgü·ter** *pl econ.* bulk goods.

ˈmas·sen·haft I *adj* massive, enormous: ~es Auftreten von Maikäfern massive appearance of cockchafers. – **II** *adv* masses (*od. colloq.* heaps, piles) of, massive quantities of, a tremendous amount of, galore (*nachgestellt*): er hat ~ Geld he has heaps of money; in diesem Jahr gibt es ~ Erdbeeren there are masses of (*od.* there is a glut of) strawberries this year; sich ~ vermehren to multiply in huge numbers; es gab ~ Whisky there was whisky galore.

ˈMas·sen|ˌherˌstel·lung *f econ. cf.* Massenproduktion. — **~ˌhinˌrich·tung** *f* mass execution. — **~hypˌno·se** *f* mass hypnosis. — **~hy·steˌrie** *f psych.* mass (*od.* collective) hysteria. — **~ka·ram·boˌla·ge** *f* pileup, multi-car (*od.* multiple) crash. — **~kom·mu·ni·ka·tiˌon** *f* mass communication. — **~kom·mu·ni·ka·tiˌonsˌmit·tel** *n* mass (communication) medium. — **~konˌsum** *m econ.* mass consumption: Güter des ~s mass-consumption goods. — **~ˌkraft** *f phys.* force due to mass, inertia force. — **~kulˌtur** *f sociol.* mass culture. — **~ˌkundˌge·bung** *f* mass meeting. — **~ˌme·di·um** *n* mass medium. — **~ˌmensch** *m* mass man. — **~ˌmord** *m* mass (*od.* wholesale) murder. — **~ˌmör·der** *m* mass murderer. — **~or·ga·ni·sa·tiˌon** *f* mass organization. — **~proˌdukt** *n econ.* mass product, (*bes. landwirtschaftliches*) mass produce. — **~pro·duk·tiˌon** *f* mass (*od.* bulk, quantity) production, production in bulk, large-scale production: etwas in ~ herstellen to mass-produce s.th. — **~psy·cho·loˌgie** *f* mass (*od.* crowd) psychology. — **~psyˌcho·se** *f cf.* Massenhysterie. — **~ˌpunkt** *m phys.* mass point, center (*bes. Br.* centre) of mass. — **~quarˌtier** *n* emergency accommodation(s *pl*). — **~ˌspei·sung** *f* (*bes. von Notleidenden*) (mass) distribution of food, mass feeding. — **~spek·troˌgraph** *m phys.* mass spectrograph. — **~spek·troˌme·ter** *n* mass spectrometer. — **~spek·troˌskop** *n* mass spectroscope. — **~ˌspek·trum** *n* mass spectrum. — **~ˌsport** *m* mass sport(s *pl*). — **~ˌstart** *m* (*bei Rennen*) mass start. — **~ˌster·ben** *n* wide-spread deaths *pl*. — **~ˌstreik** *m* mass (*od.* general) strike. — **~ˌsturz** *m* (*sport*) (*bei Rennen etc*) pileup. — **~sug·ge·stiˌon** *f* mass suggestion. — **~ˌsze·ne** *f* (*film*) crowd scene. — **~ˌträg·heit** *f phys.* inertia. — **~transˌport** *m* mass transport(ation). — **~verˌanˌstal·tung** *f* mammoth event. — **~verˌbrauch** *m* mass consumption. — **~verˌhaf·tun·gen** *pl* mass arrests. — **~verˌkehrsˌmit·tel** *n* means *pl* (*construed as sg*) of mass transport(ation). — **~verˌnich·tung** *f* mass extermination (*od.* destruction). — **~verˌnich·tungsˌmit·tel** *n* means *pl* (*construed as sg*) of mass extermination. — **~verˌnich·tungsˌwaf·fen** *pl* weapons of mass destruction. — **~verˌsamm·lung** *f* mass meeting, rally. — **~ˌwahn** *m* mass hysteria. — **~ˌwan·de·rung** *f* mass migration. — **~ˌwa·re** *f econ.* mass-produced article, staple commodity. — **m~ˌwei·se** *adj u. adv cf.* massenhaft. — **~ˌwir·kung** *f* mass effect (*od.* action). — **~ˌwir·kungs·geˌsetz** *n phys.* law of mass action. — **~ˌzahl** *f* mass number.

ˈMas·se|ˌschluß *m electr.* earth (*Am.* ground) (connection, *Br. auch* connexion), accidental earth (*Am.* ground). — **~ˌschuld** *f econ.* (*beim Konkurs*) debt incurred by a common debtor (*to be acknowledged by an official receiver*). — **~ˌschuld·ner** *m* debtor (of the bankrupt's estate).

Masˈsé,stoß [maˈseː-] *m* (*beim Billard*) [massé (shot).]

ˈMas·seˌteil·chen *n phys.* mass particle.

Mas·seur [maˈsøːr] *m* ⟨-s; -e⟩ masseur, *Am. auch* massager. — **Masˈseu·se** [-ˈsøːzə] *f* ⟨-; -n⟩ masseuse, *Am. auch* massager.

ˈMas·se|verˌwal·ter *m jur. cf.* Konkursverwalter. — **~verˌzeich·nis** *n* inventory of property.

ˈMaßˌga·be f ⟨-; no pl⟩ (officialese) (in Wendungen wie) nach ~ (gen) a) according to, b) bes. jur. under (the terms of), as provided in; mit der ~, daß with (od. subject to) the proviso that, on the understanding that, provided that; mit der folgenden ~ subject to the following condition.

ˈmaßˌge·bend I adj 1. (Werk, Buch etc) standard (attrib), authoritative: das ~e Buch über (acc) the standard book on; diese Grammatik ist ~ für die deutsche Sprache this grammar is the authoritative work (od. the [recognized Br. auch -s-] authority) on the German language; sein Beispiel war ~ his example set a standard; der englische Text ist ~ a) the English text is authoritative, b) jur. (in Verträgen) the English text shall prevail. – 2. (entscheidend) decisive: wir betrachten folgende Faktoren als ~ we regard the following factors as decisive; das war ~ für unseren Erfolg that was decisive for our success; Erfolg allein ist nicht ~ it is not success alone that counts; Herr X ist für mich nicht ~ Mr. X is no yardstick (od. criterion) for me, Mr. X does not count (for me). – 3. (Kreise etc) authoritative, influential, leading: ~e Persönlichkeiten people in authority; von ~er Seite from an authoritative source. – 4. (Behörde etc) competent. – 5. (Bestimmung etc) relevant. – II adv 6. cf. maßgeblich II.

ˈmaßˌgeb·lich [-ˌgeːplɪç] I adj 1. (beträchtlich) substantial, considerable: ~e Verbesserungen [Veränderungen] substantial improvements [alterations]; in ~er Weise substantially. – 2. (führend) leading, prominent: eine ~e Position innehaben to hold a prominent position; eine ~e Rolle spielen to play a prominent part. – 3. ~e Beteiligung econ. controlling interest. – II adv 4. substantially, considerably: er war ~ am Erfolg beteiligt he contributed considerably to the success.

ˈmaß|geˌnau adj tech. true to size (od. ga[u]ge). — **M~geˌnau·ig·keit** f dimensional accuracy, accuracy to size. — **~geˌrecht** adj 1. tech. a) true (od. accurate) to size, b) (Linienführung einer Zeichnung) true to scale: ~es Modell accurate-scale model. – 2. colloq. accurate, precise. — **~geˌschnei·dert** adj 1. (fashion) made to measure, Am. auch custom-made, Br. auch bespoke (attrib). – 2. fig. colloq. (Produkt) specially designed to meet customers' requirements.

ˈMaßˌhal·te·apˌpell m appeal for moderation.

ˈmaßˌhal·ten I v/i ⟨irr, sep, -ge-, h⟩ 1. observe moderation, keep within bounds, be moderate (od. temperate): im Essen [Trinken] ~ to eat [to drink] in moderation, to be moderate in eating [drinking]. – II M~ n ⟨-s⟩ 2. verbal noun. – 3. econ. (self-)restraint.

ˈMaßˌhal·te·po·liˌtik f policy of moderation.

ˈmaßˌhal·tig adj tech. cf. maßgerecht 1. — **ˈMaßˌhal·tig·keit** f ⟨-; no pl⟩ tech. accuracy to ga(u)ge (od. size), dimensional stability.

ˈMaßˌhol·der m bot. cf. Feldahorn.

Mas·si·cot [masiˈkoː] m ⟨-; no pl⟩ chem. massicot (PbO).

mas·sie·ren[1] [maˈsiːrən] bes. med. I v/t ⟨no ge-, h⟩ 1. massage. – 2. (durchkneten) knead. – II M~ n ⟨-s⟩ 3. verbal noun. – 4. massage.

masˈsie·ren[2] I v/t ⟨no ge-, h⟩ 1. mil. (Truppen) concentrate, mass. – II v/reflex sich ~ 2. bes. econ. accumulate, pile up: Aufträge massierten sich orders accumulated. – 3. mil. (von Truppen) concentrate, mass. – III M~ n ⟨-s⟩ 4. verbal noun. – 5. cf. Massierung[2].

masˈsiert I pp of massieren[1] u. [2]. – II adj 1. mil. (Angriff, Artillerie etc) massed, concentrated. – 2. (drastisch) large-scale (attrib), drastic: ~e Kürzungen drastic cuts.

Masˈsie·rung[1] f ⟨-; no pl⟩ cf. Massieren[1].

Masˈsie·rung[2] f ⟨-; -en⟩ 1. cf. Massieren[2]. – 2. mil. concentration. – 3. bes. econ. accumulation, concentration.

ˈmas·sig I adj (Gestalt, Erscheinung, Baum etc) bulky, massive, huge. – II adv colloq. for massenhaft II.

mä·ßig [ˈmɛːsɪç] I adj 1. (im Essen u. Trinken) moderate, temperate, abstemious, sober: ~er Genuß von Alkohol schadet nicht moderate consumption of alcohol is not harmful; in allem ~ sein to be moderate in all things. – 2. (mittelmäßig) mediocre, middling, (very) average, indifferent, so-so (colloq.): es war nur eine sehr ~e Leistung it was just a very average performance; Waren von ~er Qualität goods of mediocre quality; er ist von ~er Intelligenz he is of average intelligence; wie geht es dir? [wie war das Wetter?] — ~! how are you? [what was the weather like?] — so-so. – 3. (erträglich) moderate: ~e Kälte [Wärme] moderate cold [heat]; schwache bis ~e Winde meteor. slight to moderate winds. – 4. (Preise, Forderungen etc) moderate, reasonable. – II adv 5. in moderation, moderately: ~ leben to live a life of moderation.

mä·ßi·gen [ˈmɛːsɪgən] I lit. v/t ⟨h⟩ 1. moderate: seine Ansprüche ~ to moderate one's demands; mäßige deine Worte (od. Ausdrucksweise)! moderate your language! – 2. (Tempo, Schritt, Geschwindigkeit etc) reduce, slacken. – 3. (zügeln) moderate, restrain, curb, check: sein Temperament ~ to moderate one's temperament; mäßige deinen Zorn! check your anger! – II v/reflex sich ~ 4. restrain (od. control) oneself: mäßige dich! control yourself! sich im Essen und Trinken ~ to restrain oneself (od. be moderate) in eating and drinking. – III M~ n ⟨-s⟩ 5. verbal noun. – 6. cf. Mäßigung.

ˈMas·sig·keit f ⟨-; no pl⟩ bulkiness, massiveness, hugeness.

ˈMä·ßig·keit f ⟨-; no pl⟩ 1. (im Essen u. Trinken) moderation, moderateness. – 2. (Mittelmäßigkeit) mediocrity, indifference. – 3. (von Wärme, Kälte etc) moderateness. – 4. (von Preisen etc) moderateness, reasonableness.

ˈMä·ßig·keits·verˌein m temperance society.

ˈMä·ßi·gung f ⟨-; no pl⟩ 1. cf. Mäßigen. – 2. self-control, restraint: du solltest mehr ~ zeigen you should show more self-control.

mas·siv [maˈsiːf] I adj 1. (nicht hohl) solid: aus ~em Gold [Silber], ~ aus Gold [Silber] of solid gold [silver]; die Figuren sind aus ~er Schokolade (od. ~ aus Schokolade) the figures are of solid chocolate; ~ Eiche solid oak. – 2. (schwer, wuchtig) massive, solidly built, solid: eine ~e Statue a massive statue; ein ~er Bau a solidly built construction. – 3. fig. (scharf, heftig) massive, heavy, severe: er richtete ~e Angriffe gegen die Regierung he directed heavy attacks against the government; ~en Widerstand leisten to offer heavy resistance. – 4. fig. (beleidigend) rough, coarse, rude: er wurde sehr ~ colloq. he got very rough, he cut up rough (colloq.). – 5. geol. (Gestein) massive, compact. – II adv 6. ~ gebaut solidly built; j-n ~ angreifen fig. to attack s.o. severely.

Masˈsiv n ⟨-s; -e⟩ geol. massif.

Masˈsiv|ˌbau m civ.eng. 1. ⟨only sg⟩ massive structure (od. construction). – 2. (Gebäude) solidly constructed building. — **~ˌbauˌwei·se** f solid construction system. — **~ˌgold** n solid gold. — **m~ˌprä·gen** v/t ⟨insep, -ge-, h⟩ tech. coin.

ˈMaß|ˌklei·dung f (textile) tailor-made (od. tailored) clothes pl, Am. auch custom-tailored clothes pl, Br. auch bespoke clothes pl. — **~ˌkrug** m beer mug, Am. auch stein.

ˈMaßˌlieb n ⟨-(e)s; -e⟩, **ˈMaßˌlieb·chen** n ⟨-s; -⟩ bot. daisy, Am. auch English daisy (Bellis perennis).

ˈmaß·los I adj 1. (Wut, Zorn, Ärger etc) uncontrolled. – 2. (im Essen u. Trinken etc) immoderate: er ist in allem ~ he knows no moderation. – 3. (in den Ansprüchen etc) unbridled, unrestrained. – 4. (übermäßig, übertrieben) excessive: ~e Hitze excessive heat; ~e Forderungen stellen to make excessive (od. inordinate) demands. – 5. (grenzenlos) boundless: ~er Eifer boundless zeal. – II adv 6. (sehr) inordinately, vastly; awfully, terribly (colloq.): das ist ~ übertrieben that is terribly exaggerated (od. exaggerated beyond all recognition); sie ist ~ eifersüchtig she is inordinately jealous. – 7. (ohne Maß) immoderately, without moderation. — **ˈMaß·lo·sig·keit** f ⟨-; no pl⟩ 1. (der Wut, des Zorns etc) uncontrollability. – 2. (im Essen u. Trinken) immoderateness. – 3. (in den Ansprüchen etc) unbridledness, unrestrainedness. – 4. (Übertriebenheit) excess(iveness). – 5. (Grenzenlosigkeit) boundlessness.

ˈMaßˌnah·me f ⟨-; -n⟩ measure, step, action, move: durchgreifende (od. einschneidende) [radikale] ~n sweeping [radical] measures; halbe [geeignete] ~n half-hearted [appropriate] measures; eine richtige ~ a step in the right direction; übereilte ~ rash step; vorbereitende ~n preparatory (od. preliminary) measures, preliminaries; vorbeugende ~n precautionary measures; vorläufige ~n temporary measures; ~n zur Verhütung von measures to prevent; ~n gegen etwas ergreifen (od. treffen) to take measures (od. steps, action) against s.th.

ˈMaßˌneh·men n (fashion) taking s.o.'s measurements, measuring.

Mas·so·ra [maˈsoːra] f ⟨-; no pl⟩ relig. cf. Masora.

Maß|ˌre·gel f cf. Maßnahme. — **m~ˌre·geln** v/t ⟨insep, ge-, h⟩ j-n ~ a) to reprimand (od. rebuke, reprove) s.o., to take s.o. to task, b) to inflict disciplinary judg(e)ment on s.o., to discipline s.o., c) (sport) to penalize (Br. auch -s-) s.o. — **~ˌre·ge·lung**, **~ˌreg·lung** f 1. rebuke, reproof, reprimand. – 2. disciplinary judg(e)ment. – 3. (sport) penalty. — **~ˌschnei·der** m (fashion) bespoke (Am. custom) tailor. — **~schnei·deˌrei** f 1. bespoke (Am. custom) tailoring. – 2. (Geschäft) tailor's shop. — **~ˌschuh** m meist pl shoe made to measure, Am. auch custom-made shoe.

ˈMaßˌstab m 1. tech. a) (Meterstab, Zollstock) rule, b) (Maßeinteilung) graduation, division. – 2. scale: eine Karte im ~ 1:100 000 a map on a scale of 1:100,000; verkleinerter [vergrößerter] ~ reduced [enlarged] scale; etwas im ~ 1:1 (od. in natürlichem ~) zeichnen to draw s.th. on a scale of 1:1 (od. life-size[d]); etwas nach ~ zeichnen to draw s.th. to scale. – 3. fig. standard, measure, scale: einen (anderen) ~ an etwas anlegen to apply a (different) standard to s.th.; hier ist ein strenger ~ erforderlich (od. notwendig) exacting standards are required here; einen ~ für etwas abgeben to set a standard for s.th.; zwei Dinge mit demselben ~ messen to measure two things by the same standard; das mag dir als ~ dienen you may take that as a standard. – 4. fig. (Prüfstein) yardstick, criterion: Herr X ist für mich kein ~ Mr. X is not my yardstick; das ist kein ~ that is no criterion, you can't go by that (colloq.); das ist kein ~ für den Erfolg that is no yardstick for success. — **~ˌanˌga·be** f bes. geogr. scale. — **m~geˌrecht**, **m~geˌtreu** I adj (true) to scale: eine ~e Karte a map drawn to scale; ein ~es Modell a scale model. – II adv (true) to scale: eine Karte ~ zeichnen to draw a map to scale, to scale a map.

ˈmaßˌstäb·lich [-ˌʃtɛːplɪç] adj u. adv to scale, true to size: etwas ~ vergrößern [verkleinern] to scale s.th. up [down].

ˈMaß|syˌstem n system of measurement (od. units). — **~verˌhält·nis·se** pl proportions. — **~verˌlust** m econ. loss in weight, shrinkage. — **m~ˌvoll** I adj 1. cf. mäßig 1. – 2. (Forderungen, Ansprüche etc) moderate. – 3. (Benehmen, Auftreten etc) moderate, measured, self-contained. – II adv 4. cf. mäßig 5. – 5. moderately, with moderation: er urteilte ~ his judg(e)ment was moderate; sich ~ ausdrücken to express oneself moderately, to speak in measured terms. — **~ˌvorˌla·ge** f (sport) accurate pass. — **~ˌwerk** n ⟨-(e)s; no pl⟩ arch. tracery: ~ mit Stäben bar tracery. — **~ˌwerk·fiˌgur** f tracery figure. — **~ˌzahl**, **~ˌzif·fer** f math. dimension figure.

Mast[1] [mast] m ⟨-(e)s; -e u. -en⟩ 1. mar. mast: den ~ aufrichten [umlegen, kappen] to set up [to lower, to cut] the mast; gegen den ~ aback. – 2. (Fahnenmast) pole, mast. – 3. electr. a) (für Telegraphenleitung etc) pole, b) (hoher Gittermast) lattice, mast, c) (freitragender Turmmast) pylon, tower.

Mast[2] f ⟨-; -en⟩ agr. 1. fattening: die ~ von Schweinen [Gänsen] the fattening of pigs [geese]. – 2. fattening fodder.

ˈMast|ˌbaum m mar. mast. — **~ˌbock** m tabernacle.

ˈMastˌdarm m med. zo. rectum. — **~ˌblu·tung** f med. rectal bleeding, proctorrhagia (scient.). — **~ˌbruch** m rectocele, proctocele. — ~entˌzün·dung *f* proctitis, rectitis. — ~ˌfi·stel *f* rectal (*od.* anal) fistula. — ~ˌkrebs *m* rectal cancer. — ~re·sek·tiˌon *f* rectum resection. — ~ˌschei·denˌbruch *m* rectocele. — ~ˌspie·gel *m* rectoscope, proctoscope. — ~verˌschluß *m* rectal atresia. — ~ˌvorˌfall *m* prolapse of the rectum, rectal prolapse.

mä·sten ['mɛstən] **I** *v/t* ⟨h⟩ **1.** (*Tiere*) fatten, feed, (*Geflügel*) *auch* cram. – **II** *v/reflex* sich ~ **2.** *colloq.* (*zuviel essen*) glut oneself, overeat, gorge, stuff oneself with food. – **3.** sich ~ an (*dat*) *fig.* to batten on. – **III M~** *n* ⟨-s⟩ **4.** *verbal noun.* – **5.** *cf.* Mast[2].

'**Mast|ˌen·te** *f agr.* **1.** fat(tened) duck. – **2.** (*zu mästende*) fattening (*od.* store, *bes. Am.* feeder) duck. — ~ˌ**fut·ter** *n* food for fattening, mast. — ~ˌ**gans** *f* **1.** fat(tened) goose. – **2.** (*zu mästende*) fattening (*od.* store, *bes. Am.* feeder) goose. — ~ˌ**hähn·chen** *n* **1.** fat(tened) cock (*od.* cockerel). – **2.** (*zu mästendes*) fattening (*od.* store, *bes. Am.* feeder) cock (*od.* cockerel). — ~ˌ**huhn** *n* **1.** fat(tened) chicken. – **2.** (*zu mästendes*) fattening (*od.* store, *bes. Am.* feeder) chicken.

Ma·stiff ['mastɪf] *m* ⟨-s; -s⟩ *zo.* (*Hunderasse*) mastiff.

'**ma·stig** *adj bes. Southwestern G. dial.* **1.** fat, corpulent. – **2.** (*Wiesen etc*) moist.

Ma·sti·ka·tor [masti'kaːtər] *m* ⟨-s; -en [-ka'toːrən]⟩ *tech.* (*Knetmaschine*) masticator.

Ma·sti·tis [mas'tiːtɪs] *f* ⟨-; -tiden [-ti'tiːdən]⟩ *med.* (*Brustdrüsenentzündung*) mastitis.

Ma·stix ['mastɪks] *m* ⟨-(es); *no pl*⟩ **1.** (*Harz, Klebstoff*) (gum) mastic, *auch* mastich(e). – **2.** *civ.eng.* (*Straßenbelag*) mastic asphalt, asphalt mastic. — ~ˌ**strauch** *m bot.* mastic (shrub *od.* tree) (*Pistacia lentiscus*).

'**Mast|ˌjahr** *n agr.* year of good pannage (*od.* panage). — ~ˌ**kä·fig** *m agr.* **1.** fattening stable. – **2.** (*für Geflügel*) poultry (*od.* chicken) feeder. — ~ˌ**kalb** *n* **1.** fat(tened) calf. – **2.** (*zu mästendes*) fattening (*od.* store, *bes. Am.* feeder) calf. — ~ˌ**korb** *m mar.* masthead, crow's nest. — ~ˌ**kraut** *n bot.* pearl spurry, pearlwort, pearlweed (*Gattg Sagina*). — ~ˌ**kur** *f* fattening diet. — ~ˌ**och·se** *m* **1.** fat(tened) ox. – **2.** (*zu mästender*) fattening (*od.* store, *bes. Am.* feeder) ox, *Am.* stocker. — ~ˌ**och·senˌfleisch** *n gastr.* prime beef.

Ma·sto·don ['mastodən] *n* ⟨-s; -ten [-'dɔntən]⟩ *zo.* mastodon (*Fam. Mastodontidae*). — ~ˌ**sau·ri·er**, ~**sau·rus** *m* mastodonsaurus.

ma·sto·id [masto'iːt] *adj med.* mastoid. — **Ma·stoi'di·tis** [-i'diːtɪs] *f* ⟨-; -tiden [-di'tiːdən]⟩ *med.* mastoiditis.

'**Mast|ˌpark** *m zo.* (*für Jungaustern*) oyster mast farm. — ~ˌ**ras·se** *f agr.* fattening stock. — ~ˌ**rind** *n* beef cow (*od.* steer). — ~ˌ**schwein** *n* **1.** fat(tened) pig (*od.* hog), porker. – **2.** (*zu mästendes*) fattening (*od.* store, *bes. Am.* feeder) pig (*od.* hog). — ~ˌ**spit·ze** *f mar.* mast top, masthead.

'**Ma·stung**, '**Mä·stung** *f* ⟨-; -en⟩ *agr.* **1.** *cf.* Mästen. – **2.** *cf.* Mast[2].

Ma·stur·ba·ti·on [masturba'tsioːn] *f* ⟨-; -en⟩ *med.* masturbation, onanism, self-abuse. — **Ma·stur'ba·tor** [-'baːtər] *m* ⟨-s; -en [-ba'toːrən]⟩ masturbator, onanist. — **ma·stur·ba'to·risch** [-'toːrɪʃ] *adj* masturbatory. — **ma·stur'bie·ren** [-'biːrən] *v/i* ⟨*no* ge-, h⟩ masturbate.

'**Mast|ˌvieh** *n agr.* **1.** fat(tened) cattle. – **2.** (*zu mästendes*) beef (*od.* fattening) cattle, fatstock, fattening animals *pl*, *Am.* feeders *pl*. — ~ˌ**werk** *n mar.* masting. — ~ˌ**zeit** *f agr.* fattening period.

Ma·su·re [ma'zuːrə] *m* ⟨-n; -n⟩ Mazur, inhabitant (*od.* native) of Mazovia. — **ma'su·risch I** *adj* Mazur(ian), of (*od.* relating to) Mazovia. – **II** *ling.* **M~** ⟨*generally undeclined*⟩, **das M~e** ⟨-n⟩ Mazurian, Mazovian.

Ma·sur·ka [ma'zurka] *f* ⟨-; -s⟩ *mus. cf.* Mazurka.

Ma·sut [ma'zuːt] *n* ⟨-(e)s; *no pl*⟩ (*petroleum*) maz(o)ut, *auch* masut.

Ma·ta·dor [mata'doːr] *m* ⟨-s; -e⟩ **1.** (*Stierkämpfer*) matador, *auch* matadore. – **2.** *fig. colloq.* bigwig (*colloq.*), *bes. Am. colloq.* big gun (*od.* shot): er war der ~ auf der Veranstaltung he was the big gun at (*od.* of) the meeting.

Ma·ta·ko [ma'taːko] *m* ⟨-s; -s⟩ *zo.* apar(a), mataco, three-banded armadillo (*Tolypeutes tricinctus*).

Ma·ta·ma·ta [mata'maːta] *f* ⟨-; -s⟩ *zo.* matamata, snakehead (*Chelys fimbriata*).

Match [mɛtʃ; mætʃ] (*Engl.*) *n, auch m* ⟨-(e)s; -s, *auch* -e⟩ (*sport*) match. — ~ˌ**ball** *m* (*beim Tennis*) match point (*od.* ball). — ~ˌ**beu·tel**, ~ˌ**sack** *m Am.* duffel bag, *Br.* kit bag. — ~ˌ**stra·fe** *f* (*beim Eishockey*) match penalty.

Ma·te[1] ['maːtə] *m* ⟨-; *no pl*⟩ Brazil (*od.* Paraguay) tea, maté.

'**Ma·te**[2] *f* ⟨-; -n⟩ *bot. cf.* Matestrauch.

Ma·ter[1] ['maːtər] *f* ⟨-; -n⟩ *print.* matrix, matrice, (stereotype) mat.

'**Ma·ter**[2] *f* ⟨-; -tres [-trɛs]⟩ *röm.kath.* (*Anrede*) mother. — ~ **do·lo'ro·sa** [dolo'roːza] *f* ⟨- -; *no pl*⟩ (*Schmerzensmutter*) mater dolorosa.

ma·te·ri·al [mate'rĭaːl] *adj* ⟨*attrib*⟩ (*Ethik, Implikation etc*) material.

Ma·te·ri'al *n* ⟨-s; -ien [-lĭən]⟩ **1.** material(s *pl*): ~ zum Bauen building materials *pl*; brennbares [feuerfestes] ~ combustible [fireproof] material; minderwertiges ~ material of minor quality; dieses ~ ist unbrauchbar this material is not fit for use. – **2.** (*Stoff*) material, fabric: das ~ eines Anzuges the fabric of a suit. – **3.** (*Substanz*) substance: dieser Kunststoff wird aus verschiedenen ~ien hergestellt this synthetic material is made out of various substances. – **4.** (*Arbeitsmaterial*) equipment, materials *pl*: das zum Malen benötigte ~ ist sehr teuer the materials required for painting are very expensive. – **5.** *fig.* (*Unterlagen*) material, information: ~ aussieben [ordnen, sammeln, sichten] to screen [to sort, to gather, to sift] material. – **6.** *fig.* (*Beweismaterial*) evidence: belastendes ~ damaging evidence; er hatte genügend ~ für seine Beweisführung gesammelt he had collected sufficient evidence for his line of argument. – **7.** *bes. mil.* (*Ausrüstung*) matériel, materiel, material, equipment. – **8.** *econ.* (*Vorrat*) stock (in trade), stores *pl*. – **9.** rollendes ~ (*railway*) rolling stock. – **10.** schwimmendes ~ *mar.* floating stock. – **11.** *nucl.* material: spaltbares [radioaktives] ~ fissionable (*od.* fissile) [radioactive] material. — ~ˌ**abˌnah·me** *f econ.* taking delivery of (the) goods. — ~ˌ**anˌfor·de·rung** *f econ. mil.* material request (*od.* requisition). — ~ˌ**aufˌwand** *m econ.* expenditure(s *pl*) for material and supplies. — ~ˌ**ausˌnüt·zung** *f tech.* utilization of material. — ~**beˌanˌspru·chung** *f* material stressing, stress on (the) material. — ~**beˌdarf** *m* want of (*od.* demand for) material, material requirements *pl* (*od.* needs *pl*). — ~**beˌschä·di·gung** *f* material damage. — ~**beˌstand** *m econ. mil.* stock of material, stocks *pl* on hand. — ~ˌ**einˌtei·lung** *f mil.* commodity classification. — ~**entˌnah·me** *f econ.* withdrawal of material. — ~**entˌnah·meˌschein** *m* stock (*od.* material) requisition slip. — ~**erˌhal·tung** *f mil.* maintenance. — ~**erˌmü·dung** *f tech.* fatigue of material, material fatigue. — ~**erˌspar·nis** *f* saving in material. — ~ˌ**feh·ler** *m* material defect, defect of (*od.* in) material. — ~ˌ**fe·stig·keit** *f* material strength.

Ma·te·ria·li·enˌsamm·lung [mate'rĭaːlĭən-] *f cf.* Materialsammlung.

Ma·te·ria·li·sa·ti·on [materĭaliza'tsioːn] *f* ⟨-; -en⟩ materialization *Br. auch* -s-. — **ma·te·ria·li'sie·ren** [-'ziːrən] *v/t* ⟨*no* ge-, h⟩ materialize *Br. auch* -s-.

Ma·te·ria·lis·mus [materĭa'lɪsmus] *m* ⟨-; *no pl*⟩ *philos.* materialism, *auch* physicalism: dialektischer [historischer] ~ dialectic [historic] materialism; mechanischer ~ mechanism, mechanistic materialism. — **Ma·te·ria'list** [-'lɪst] *m* ⟨-en; -en⟩ materialist. — **ma·te·ria'li·stisch** *adj* materialistic: seine Lebensauffassung ist doch sehr ~ his attitude to(ward[s]) life is very materialistic (*od.* of the bread-and-butter kind); ~e Geschichtsauffassung materialistic conception of history.

Ma·te·ria·li·tät [materĭali'tɛːt] *f* ⟨-; *no pl*⟩ materiality, substantiality, substantialness.

Ma·te·ri'al|ˌknapp·heit *f* shortness (*od.* scarcity) of material. — ~**konˌstan·te** *f phys.* matter constant. — ~ˌ**ko·sten** *pl econ.* cost *sg* of materials, material cost *sg* (*od.* costs). — ~ˌ**krieg** *m mil.* war of matériel. — ~ˌ**la·ger** *n* (material) stores *pl*. — ~ˌ**man·gel** *m econ.* (*an Börse*) shortage of securities on offer. — ~ˌ**nachˌschub** *m mil.* supply of matériel (*od.* materiel). — ~ˌ**pro·be** *f econ.* sample of a material. — ~ˌ**prü·fung** *f* material test(ing). — ~ˌ**sam·melˌstel·le** *f* salvage dump. — ~ˌ**samm·lung** *f* (*bes. für wissenschaftliche Arbeit*) gathering (*od.* collection) of material (*od.* information). — ~ˌ**scha·den** *m* **1.** *cf.* Materialbeschädigung. – **2.** *cf.* Materialfehler. — ~ˌ**schlacht** *f mil.* battle of matériel (*od.* materiel). — ~ˌ**schup·pen** *m* store shed. — ~ˌ**schwie·rig·kei·ten** *pl* difficulty *sg* (*od.* difficulties) in procuring materials. — ~ˌ**überˌprü·fung** *f cf.* Materialprüfung. — ~**verˌbrauch** *m* material consumption. — ~**verˌlust** *m tech.* loss of material. — ~**verˌsor·gung** *f mil. cf.* Materialnachschub. — ~ˌ**vorˌrat** *m* stores *pl*, material supplies *pl*. — ~ˌ**wa·ren** *pl obs. for* Haushaltswaren. — ~ˌ**wert** *m* value of the material(s) used.

Ma·te·rie [ma'teːrĭə] *f* ⟨-; -n⟩ **1.** material, subject: der Vortragende beherrschte die ~ the lecturer was in (full) command of the material; mit dieser ~ bin ich nicht vertraut, diese ~ ist mir fremd I am not familiar with this subject. – **2.** ⟨*only sg*⟩ *phys.* matter: tote ~ dead matter; Wellentheorie der ~ wave theory of matter; räumlich begrenzte ~ bildet einen Körper the bounded surface of a matter forms a body. – **3.** ⟨*only sg*⟩ *philos.* a) matter, b) (*Grundmaterie*) stuff: Geist und ~ mind and matter; die ~ bedingt das Bewußtsein matter conditions consciousness. – **4.** *med.* (*Eiter*) matter, pus.

ma·te·ri·ell [mate'rĭɛl] **I** *adj* **1.** material. – **2.** (*stofflich*) material, *auch* physical, substantial, corporeal, hylic (*scient.*): ~e Güter material goods (*od.* things). – **3.** (*geldlich*) financial, pecuniary: in ~er Hinsicht geht es mir heute besser als früher financially I am better off today than I was formerly; die ~e Grundlage the financial basis; ~e Vorteile suchen to look for financial advantage. – **4.** (*materialistisch*) materialistic: er ist ein sehr ~er Mensch he is a very materialistic person (*od.* a materialist). – **5.** *philos.* material: ~e Ursache material cause. – **6.** ~es Recht *jur.* substantive law. – **7.** *math.* (*Punkt etc*) material. – **II** *adv* **8.** sie ist sehr ~ eingestellt she is very materialistically minded; sie ist im Alter ~ gesichert her old age is financially secure. – **III M~e, das** ⟨-n⟩ **9.** the material things *pl* (*od.* values *pl*): ihn interessiert nur das M~e he is only interested in material values.

Ma'te·rieˌwel·le *f meist pl phys.* matter wave.

ma·tern[1] ['maːtərn] *print.* **I** *v/t* ⟨h⟩ make a matrix of, dab. – **II** *v/i* make a matrix, dab.

ma·tern[2] [ma'tɛrn] *adj med.* (*mütterlich*) maternal.

'**Ma·ternˌgie·ßer** *m print.* stereotyper.

Ma·ter·ni·tät [matɛrni'tɛːt] *f* ⟨-; *no pl*⟩ *med.* maternity, motherhood.

'**Ma·te|ˌstrauch** *m bot.* maté, mate, yerba maté (*Ilex paraguayensis*). — ~ˌ**tee** *m cf.* Mate[1].

Ma·the ['matə] *f* ⟨-; *no pl*⟩ *colloq. for* Mathematik.

Ma·the·ma·tik [matema'tiːk] *f* ⟨-; *no pl*⟩ **1.** mathematics *pl* (*usually construed as sg*), *auch* mathematic: reine [angewandte, höhere] ~ pure [applied, higher] mathematics; das ist (ja) höhere ~! *fig. colloq.* that's beyond me (*colloq.*). – **2.** (*als Schulfach*) mathematics *pl* (*usually construed as sg*), *Am. colloq.* math, *Br. colloq.* maths. — **Ma·the'ma·ti·ker** [-'maːtikər] *m* ⟨-s; -⟩ mathematician.

Ma·the·ma·tik|ˌleh·rer *m*, ~ˌ**leh·re·rin** *f ped.* mathematics teacher, teacher of mathematics, *Am. colloq. auch* math teacher, *Br. colloq. auch* maths teacher.

ma·the·ma·tisch [mate'maːtɪʃ] **I** *adj* (*Gleichung, Begabung etc*) mathematical, *auch* mathematic: ~e Physik physicomathematics *pl* (*usually construed as sg*); ein ~es Gesetz aufstellen to set up (*od.* put) a mathematical rule (*od.* law); den Lauf eines Gestirns mit ~er Genauigkeit voraussagen to predict the course of a constellation with mathematical accuracy; die ~en Wissenschaften the mathematical sciences. – **II** *adv* mathematically: etwas ~ beweisen to prove s.th. mathematically; er ist ~ begabt he is talented in mathematics, he is mathematically gifted.

Ma·ti·nee [mati'neː] *f* ⟨-; -n [-ən]⟩ *mus.* (*theater, film*) morning performance (*od.* concert), *auch* matinee, *bes. Br.* matinée.

'**Mat·jesˌhe·ring** ['matjəs-] *m gastr.* white herring, matie.

Ma·trat·ze [ma'tratsə] *f* ⟨-; -n⟩ mattress,

(*mit Sprungfedern*) innerspring mattress, (interior) sprung mattress.

Ma'trat·zen|ˌdrell *m* tick(ing), drell (*od.* canvas) for mattresses. — **~ˌscho·ner** *m* mattress cover.

Mä·tres·se [mɛ'trɛsə] *f* ⟨-; -n⟩ mistress, kept woman, paramour. — **Mä'tres·sen|ˌwirt·schaft** *f contempt.* reign (*od.* influence) of mistresses.

ma·tri·ar·cha·lisch [matriar'ça:lɪʃ] *adj* matriarchal.

Ma·tri·ar·chat [matriar'ça:t] *n* ⟨-(e)s; -e⟩ matriarchate, matriarchy.

Ma·trik [ma'tri:k] *f* ⟨-; -en⟩ *Austrian for* Matrikel 1.

Ma·tri·kel [ma'tri:kəl] *f* ⟨-; -n⟩ **1.** *bes. Austrian* (*Personenstandsregister*) register, roll, registrar's records *pl*, matricula (*bes. hist.*): **in die ~ eintragen** to register. – **2.** *ped.* (*an Hochschulen*) *Am.* student directory, *Br.* register.

Ma·tri·ku'lar|ˌbei|ˌträ·ge *pl econ.* **1.** *contributions of minor territorial authorities to major ones, e.g. of the Länder to the Federal Government.* – **2.** *hist.* proportionate levy *sg.*

Ma·trix ['ma:trɪks] *f* ⟨-; -trizen [ma'tri:tsən] *u.* -trizes [ma'tri:tsɛs]⟩ **1.** *math. med.* matrix. – **2.** *telev.* matrix: **adjungierte ~** adjoint matrix. – **3.** *metall.* (*Grundmasse*) matrix. — **~meˌcha·nik** *f math.* matrix mechanics *pl* (*construed as sg or pl*). — **~ˌröh·re** *f telev.* matrix storage tube. — **~ˌspei·cher** *m tel. telev.* (*computer*) matrix memory.

Ma·tri·ze [ma'tri:tsə] *f* ⟨-; -n⟩ **1.** (*für Vervielfältigungen*) stencil: **auf ~ schreiben** to stencil; **eine ~ schreiben** (*od.* **beschriften**) to type a stencil. – **2.** *print.* matrix, mold, *bes. Br.* mould. – **3.** *tech.* a) (*Stanz-, Präge-, Preßmatrize*) die, b) (*Schmiedematrize*) lower (*od.* bottom) die, open (*od.* plain) die, c) (*für Kunststoffe*) force, d) *cf.* Preßmatrize. – **4.** *metall.* (*beim Strangguß*) die. – **5.** *phot.* master negative.

Ma'tri·zen|ˌab|ˌzug *m print.* stencil, print (*od.* pull) (drawn from a stencil). — **~ˌfeil·maˌschi·ne** *f tech.* die-filing machine. — **~ˌfräs·maˌschi·ne** *f tech.* die-sinking machine. — **~ˌgrif·fel** *m print.* stylus. — **~ˌkar·te** *f* (*computer*) master card. — **~ˌrech·nung** *f math.* matrix calculus.

Ma·tro·ne [ma'tro:nə] *f* ⟨-; -n⟩ **1.** (*ältere, ehrwürdige Frau*) matron, dame, dowager. – **2.** *colloq.* (*korpulente Frau*) big (*od.* corpulent) woman. — **ma'tro·nen·haft** *adj* matronly.

ma·tro·ny·misch [matro'ny:mɪʃ] *adj ling.* matronymous.

Ma·tro·se [ma'tro:zə] *m* ⟨-n; -n⟩ *mar.* **1.** sailor, seaman, mariner, jack(-tar), *auch* Jack(-tar) (*colloq.*), *Br. colloq.* matelot, *auch* matlo(w). – **2.** (*Vollmatrose*) able-bodied seaman. – **3.** (*Leichtmatrose*) ordinary seaman. – **4.** *mil.* a) bluejacket, *Br.* rating, b) (*als unterster Dienstgrad*) *Br.* ordinary rating, *Am.* seaman recruit.

Ma'tro·sen|ˌan|ˌzug *m* (*fashion*) sailor suit. — **~ˌblu·se** *f* sailor blouse, middy (blouse). — **~ˌhut** *m* sailor (hat). — **~ˌjacke** (*getr.* -k·k-) *f* pea jacket (*od.* coat), reefer. — **~ˌkap·pe** *f cf.* Matrosenmütze. — **~ˌkleid** *n* sailor dress. — **~ˌknei·pe** *f cf.* Matrosenschenke. — **~ˌkra·gen** *m* (*fashion*) sailor collar. — **~ˌlied** *n* sailor's song (*od.* tune), chant(e)y, *auch* shant(e)y. — **~ˌmüt·ze** *f* (*fashion*) sailor cap. — **~ˌschen·ke** *f* sailor's inn (*bes. Br.* pub).

matsch [matʃ] *adj* ⟨*pred*⟩ **1.** *colloq.* worn out, exhausted: **ich bin völlig ~** I am completely exhausted. – **2.** *colloq. for* **matschig** 2. – **3.** (*games*) beaten: **j-n ~ machen** to beat s.o.

Matsch[1] *m* ⟨-(e)s; -e⟩ (*games*) capot, lurch.

Matsch[2] *m* ⟨-(e)s; *no pl*⟩ **1.** (*Brei*) sludge, mush. – **2.** (*Schlamm*) sludge, mud, mire, (*bes. Schneematsch*) slush, slosh.

Mat·sche ['matʃə] *f* ⟨-; *no pl*⟩ *colloq. for* Matsch[2].

mat·schen ['matʃən] *v/i* ⟨h⟩ *colloq.* **1.** play in (*od.* with) mud. – **2.** *cf.* man(t)schen.

'mat·schig *adj* **1.** sludgy, muddy, miry, (*bes. durch Schneematsch*) slushy, sloshy. – **2.** (*Frucht*) squashy, mushy, pulpy.

matt [mat] **I** *adj* ⟨-er; -(e)st⟩ **1.** (*erschöpft*) exhausted, worn-out (*attrib*), weary: **er ist müde und ~** he is tired and exhausted; **~ von der Anstrengung** weary from exertion. – **2.** (*schwach*) feeble, weak, faint: **sie hatte ein ~es Lächeln auf den Lippen** she had a faint smile on her lips; **der Kranke sprach mit ~er Stimme** the sick man spoke in a feeble voice. – **3.** (*entkräftet*) faint, weak: **~ vor Hunger und Durst** famished, weak with hunger and thirst. – **4.** (*schlaff*) limp, languid, flabby: **meine Glieder sind ganz ~** my limbs are all limp. – **5.** (*Puls*) feeble, weak, faint. – **6.** (*Augen*) dim, dull. – **7.** (*unpoliert*) unpolished. – **8.** (*Glanz, Anstrich etc*) dull(-finished), mat, matt(e). – **9.** (*Farben*) pale, flat. – **10.** (*Seide, Perle etc*) lusterless, *bes. Br.* lustreless. – **11.** (*Glas*) frosted. – **12.** (*Lichtschein*) dim, soft, subdued. – **13.** (*Metall*) tarnished, dull, mat, matt(e), (*bes. Gold*) dead, (*bes. Silber*) frosted. – **14.** *fig.* (*Geschäftsgang, Börse etc*) dull, lifeless, slack, stagnant. – **15.** *fig.* (*Ausrede*) feeble, lame, weak. – **16.** *fig.* (*Unterhaltung etc*) flat, dull. – **17.** *fig.* (*Witz*) tame, pointless, stale. – **18.** *phot.* (*Abzug*) mat, matt(e). – **19.** *mil.* (*Kugel*) spent. – **20.** (*games*) (*Schach*) mate: **j-n ~ setzen** *auch fig.* to checkmate s.o.; **~ in drei Zügen** mate in three moves. – **21.** **~e Wetter** (*mining*) irrespirable air *sg.* – **22.** *mus.* a) (*Klang*) dead, b) (*Stimmung*) flat. – **II** *adv* **23.** **sie lächelte ~** she smiled faintly; **er hat ~ gesprochen [gespielt]** he spoke [played] in a dull (*od.* an uninspiring) manner.

Matt *n* ⟨-s; -s⟩ (*beim Schachspiel*) checkmate, mate: **ihm droht das ~ (durch)** he is in danger of (check)mate (from).

'mattˌblau I *adj* flat- (*od.* pale-)blue. – **II M~** *n* flat (*od.* pale) blue.

'Mattˌblech *n metall.* dull-finished sheet, terne, *auch* terneplate.

Mat·te[1] ['matə] *f* ⟨-; -n⟩ **1.** mat, (*aus Stroh*) straw mat. – **2.** (*Türmatte*) doormat. – **3.** (*sport*) a) (*für Gymnastik, Ringen etc*) mat, carpet, b) *pl* (*für Sommerskilauf*) plastic slope *sg*, plastic mats: **j-n auf die ~ legen** to throw s.o.; **zur ~!** on the mat! – **4.** *tech.* (reinforcing) mat.

'Mat·te[2] *f* ⟨-; -n⟩ *Swiss and poet. for* Wiese, Weide[2] 1.

'Mat·te[3] *f* ⟨-; *no pl*⟩ *Middle G. for* Quark 1.

'Mat·tenˌschan·ze *f* (*sport*) ski jump with a plastic slope (for summer exercise).

'Matt|ˌfar·be *f* mat (*od.* matt, matte, dull) color (*bes. Br.* colour). — **m~ˌgelb I** *adj* flat- (*od.* pale-)yellow. – **II M~** *n* flat (*od.* pale) yellow. — **m~geˌschlif·fen I** *pp of* mattschleifen. – **II** *adj* (*Glas*) ground, frosted. — **~ˌglanz** *m* (*art*) *metall.* dull finish (*od.* luster, *bes. Br.* lustre). — **~ˌglas** *n* frosted (*od.* ground) glass. — **~glaˌsur** *f* (*für Keramik*) mat glaze. — **~ˌgold** *n* **1.** (*Metall*) dead gold. – **2.** (*Farbe*) flat (*od.* pale) gold. — **m~ˌgol·den** *adj* flat- (*od.* pale-)gold.

Mat·thäi [ma'tɛ:i] *gen of* Matthäus (*in Wendungen wie*) **bei ihm ist (es) ~ am letzten** *colloq.* a) it is all over with him, he is done for (*colloq.*), b) he is broke (*od.* on the rocks) (*sl.*).

Mat·thä·us [ma'tɛ:ʊs] *npr m* ⟨-; *no pl*⟩ *Bibl.* Matthew: **das Evangelium des ~** *cf.* Matthäusevangelium. — **~evanˌge·li·um** *n* the Gospel according to St. Matthew. — **~pas·siˌon, die** *mus.* the St. Matthew Passion.

'Matt·heit *f* ⟨-; *no pl*⟩ **1.** (*von Glanz, Anstrich etc*) dullness, mattness. – **2.** (*von Farben*) paleness, flatness. – **3.** (*von Seide, Perlen etc*) lusterlessness, *bes. Br.* lustrelessness. – **4.** (*einer Glühbirne*) frostedness. – **5.** (*eines Lichtscheines*) dimness, softness, subduedness. – **6.** (*Unpoliertheit*) unpolishedness, nonglare (*Br.* non-glare) quality. – **7.** (*von Metall*) tarnish, dullness, mattness, (*bes. von Gold*) dead quality, (*bes. von Silber*) frostedness. – **8.** *tech.* (*von Glas*) a) frostedness, opacity, b) (*durch Schleifen*) ground quality. – **9.** *phot.* mattness. – **10.** *cf.* Mattigkeit.

'mattˌher·zig *adj* fainthearted, *Br.* faint-hearted, cowardly.

mat·tie·ren [ma'ti:rən] **I** *v/t* ⟨*no* ge-, h⟩ *tech.* **1.** mat, matt(e), dull. – **2.** (*Glas*) frost, grind. – **3.** (*Metall*) tarnish, (*bes. Gold*) deaden, (*bes. Silber*) frost. – **4.** (*Holz*) flat down. – **II M~** *n* ⟨-s⟩ **5.** *verbal noun.* — **mat'tiert I** *pp.* – **II** *adj* (*Glas etc*) frosted: **eine innen [außen] ~e Glühbirne** a bulb frosted inside [outside]. — **Mat'tie·rung** *f* ⟨-; -en⟩ **1.** *cf.* Mattieren. – **2.** mat(ting), mat finish. – **3.** (*von Metall*) satin finish. – **4.** (*von Papier*) eggshell (*od.* unglazed) finish.

'Mat·tig·keit *f* ⟨-; *no pl*⟩ **1.** (*Erschöpfung*) exhaustion, jadedness, weariness, lassitude, *auch* fatigue. – **2.** (*Schwäche*) feebleness, weakness, faintness. – **3.** (*Schlaffheit*) limpness, languor.

'Mat·tig·keits·geˌfühl *n bes. med.* feeling of lassitude.

'Matt|ˌkoh·le *f* (*mining*) dull coal. — **~ˌlack** *m* (*paints*) flat varnish. — **~paˌpier** *n* mat- (*od.* dull-)finished paper, unglazed (coated) paper. — **~ˌschei·be** *f* **1.** *tech.* ground-glass plate. – **2.** *telev. colloq.* screen. – **3.** *phot.* focusing (*auch* focussing) screen. – **4.** (eine) **~ haben** *fig. colloq.* not to be with it, to have a blank (*beide colloq.*). — **m~ˌschlei·fen** *v/t* ⟨*irr, sep,* -ge-, h⟩ *tech.* **1.** grind (*s.th.*) dull. – **2.** (*Glas*) frost. — **m~ˌschwarz** *adj* flat-black. — **m~verˌgol·det** *adj* dead-gilt. — **~verˌgol·dung** *f* dead gilding. — **m~ˌweiß** *adj* flat-white.

Ma·tur [ma'tu:r] *n* ⟨-s; *no pl*⟩ *Swiss for* Abitur.

Ma·tu·ra [ma'tu:ra] *f* ⟨-; *no pl*⟩ *Austrian and Swiss for* Abitur.

Ma·tu'rand [-tu'rant] *m* ⟨-en; -en⟩ *obs. od. Swiss for* Abiturient.

Ma·tu'rant [-tu'rant] *m* ⟨-en; -en⟩ *Austrian and Swiss for* Abiturient.

ma·tu'rie·ren [-tu'ri:rən] *v/i* ⟨*no* ge-, h⟩ *Austrian* a) take the school-leaving examination, b) pass the school-leaving examination, *Am. etwa* graduate.

Ma·tu·ri·tät [maturi'tɛ:t] *f* ⟨-; *no pl*⟩ **1.** *obs. for* Reife. – **2.** *Swiss for* Hochschulreife.

Ma·tu·rum [ma'tu:rʊm] *n* ⟨-s; *no pl*⟩ *Southwestern G. for* Abitur.

Ma·tu·tin [matu'ti:n] *f* ⟨-; -e(n)⟩ *relig.* matins *pl* (*sometimes construed as sg*).

Matz [mats] *m* ⟨-es; -e *u.* ⸚e⟩ *humor.* **1.** **kleiner ~** little chap (*od.* fellow) (*colloq.*). – **2.** (*Vögelchen*) dick(e)ybird.

Mätz·chen ['mɛtsçən] *n* ⟨-s; -⟩ **1.** (*Albernheit*) silly act, silliness: **laß(t) doch endlich diese ~!** enough of your (*od.* that) silliness! – **2.** *pl colloq.* tricks, antics, pranks, *Am.* monkey-business *sg* (*colloq.*): **~ machen** to play pranks; **mach doch keine ~!** don't play (*od. colloq.* pull) any tricks. – **3.** *dim. of* Matz 2.

Mat·ze ['matsə] *f* ⟨-; -n⟩, **'Mat·zen** *m* ⟨-s; -⟩ *relig.* matzo(h), *auch* matza(h), Passover bread (*od.* cake).

mau [maʊ] *adj* ⟨*pred*⟩ *colloq.* poor, not good, bad: **die Ergebnisse sind ~** the results are poor; **ich fühle mich ~, mir ist ~** I feel ill (*od. colloq.* poorly, dick[e]y).

mau·en ['maʊən] *v/i* ⟨h⟩ *Southwestern G. and Swiss for* miauen.

Mau·er ['maʊər] *f* ⟨-; -n⟩ **1.** wall: **eine ~ aus Ziegelsteinen** a brick wall; **eine ~ bauen** (*od.* **errichten**, *civ.eng.* **aufführen**) to build (*od.* erect) a wall; **die ~n einer alten Stadt** the walls of an ancient town; **ein Gelände mit einer ~ umgeben** to wall (in) a site; **wir sind durch eine ~ gegen Einsicht von der Straße geschützt** we have a wall which prevents people looking in from the street; **die Chinesische ~** *hist.* the Chinese wall; **er weilte in den ~n unserer Stadt** *poet.* he visited our town; **der Pöbel bildete eine undurchdringliche ~** *fig.* the mob formed an impenetrable wall; **der Gegner stand wie eine ~** *fig.* the enemy stood like a stone wall; **er umgibt sich mit einer ~ von Vorurteilen [Mißtrauen]** *fig.* he encloses (*od.* encompasses) himself in (*od.* with) a wall of prejudice [mistrust]; **er stand vor einer ~ aus Haß und Verachtung** *fig.* he faced a wall of hatred and scorn; **du wirst dir nur den Kopf an dieser ~ einrennen** *fig. colloq.* you will only run (*od.* be running) your head against a brick wall. – **2.** (*sport*) wall: **das Pferd berührte die ~** the horse touched the wall; **die Spieler bildeten eine ~** the players formed a wall (*od.* lined up). — **~ˌabˌsatz** *m civ.eng.* setoff, *Br.* set-off. — **~ˌan·ker** *m* wall clamp (*od.* hook), clamp iron. — **~ˌanˌschlag** *m* (*Plakat*) (wall) poster. — **~ˌas·sel** *f zo.* common slater (*Oniscus asellus*). — **~beˌwurf** *m civ.eng.* wall coating. — **~ˌbie·ne** *f zo.* mason bee (*Gattg Osmia*). — **~ˌblen·de** *f arch.* flat niche of a wall. — **~ˌblüm·chen** *n auch fig.* wallflower: **kein Mädchen ist gerne ~ auf einem Ball** *fig.* no girl likes to be the wallflower at a ball. — **~ˌbo·gen** *m* relieving (*od.* wall) arch. — **~ˌbre·cher** *m mil. hist.* battering ram, aries. — **~ˌbrü·stung** *f* *civ.eng.* (wall) cornice. — **~ˌdicke** (*getr.* -k·k-) *f* thickness of a wall, wall thickness. — **~ˌdurchˌfüh·rung** *f cf.* Maueröffnung 2. — **~ˌefeu** *m bot. cf.* Efeu.

Maue'rei *f* ⟨-; *no pl*⟩ *civ.eng. cf.* Mauern.

'Mau·er|ˌei·dech·se *f zo.* wall lizard (*Lacerta muralis*). — **~ˌep·pich** *m bot. cf.* Efeu. — **~ˌfal·ke** *m zo. cf.* Turmfalke. — **m~ˌfest** *adj* (as) solid as a wall. — **~ˌflucht** *f civ.eng.* wall line. — **~ˌfraß** *m* **1.** efflorescence of wall, destruction by wall saltpeter (*bes. Br.* saltpetre). – **2.** *bot. cf.* Mauerschwamm. — **~ˌfuchs** *m zo.* wall brown (*Gattg Pararge; butterfly*). — **~ˌfu·ge** *f* wall joint. — **~ˌgecko** (*getr.* -k·k-) *m zo.* wall gecko (*Tarentola mauritanica*). — **~ˌglasˌkraut** *n bot. cf.* Glaskraut 2. — **~ˌgrund** *m civ.eng.* wall foundation. — **~ˌgür·tel** *m* ring of walls: ein ~ zieht sich um die Stadt a ring of walls runs round the town, the town is surrounded by walls, the town is walled (in). — **~ˌha·ken** *m* **1.** (*zum Bergsteigen*) rock piton (*od.* peg). – **2.** *civ.eng. cf.* Maueranker. — **~ˌklam·mer** *f* wall tie (*od.* clamp). — **~ˌkranz** *m*, **~ˌkro·ne** *f* **1.** *civ.eng.* wall crest (*od.* top, crown), mural crown. – **2.** *mil.* (*Festungsbau*) cordon. — **~ˌlat·te** *f civ.eng.* wall plate. — **~ˌlat·tich** *m bot.* wall lettuce (*Lactuca od. Mycelis muralis*). — **~ˌläu·fer** *m zo.* wall creeper (*Tichodroma muraria*).

mau·ern ['mauərn] **I** *v/t* ⟨h⟩ **1.** *civ.eng.* wall, brick (up *od.* in), mason, build (*s.th.*) in stone (*od.* brick). – **II** *v/i* **2.** (*games*) (*beim Kartenspiel*) risk nothing, stonewall. – **3.** *civ. eng.* make (*od.* build) a wall, lay bricks. – **4.** (*sport*) a) play defensively, put safety first, b) play for time. – **III M~** *n* ⟨-s⟩ **5.** *verbal noun.* – **6.** *cf.* Mauerung.

'Mau·er|ˌnach·ti·gall *f zo.* American redstart (*Setophaga ruticilla*). — **~ˌni·sche** *f* niche in a wall. — **~ˌöff·nung** *f* **1.** opening (*od.* gap, aperture) in a wall. – **2.** (*Mauerdurchführung*) wall channel (*od.* duct). — **~ˌpfef·fer** *m bot.* stonecrop, sedum (*scient.*) (*Gattg Sedum*): Scharfer (*od.* Gemeiner) ~ wall pepper (*od.* grass), wallwort, pepper crop, creeping sailor (*od.* jack) (*S. acre*); Weißer ~ worm grass (*S. album*). — **~ˌpfei·ler** *m civ.eng.* (*Strebe*) buttress. — **~ˌram·pe** *f bot.* wall rocket, stinkweed (*Diplotaxis muralis*). — **~ˌrau·te** *f* wall rue (spleenwort) (*Asplenium ruta-muraria*). — **~ˌrem·pe** *f cf.* Mauerrampe. — **~ˌring** *m arch.* walled circle. — **~ˌrit·ze** *f* crack (*od.* crevice, chink) in a wall. — **~saˌlat** *m bot. cf.* Mauerlattich. — **~salˌpe·ter** *m*, **~ˌsalz** *n chem.* (wall) saltpeter (*bes. Br.* saltpetre). — **~ˌschicht** *f civ.eng.* course of bricks. — **~ˌschwal·be** *f zo. cf.* Mauersegler. — **~ˌschwamm** *m bot.* dry rot. — **~ˌseg·ler** *m zo.* (common) swift, black martin (*Apus apus*). — **~ˌsenf** *m bot. cf.* Mauerrampe. — **~ˌspalt** *m*, **~ˌspal·te** *f* **1.** gap in (*od.* of) a wall. – **2.** *cf.* Mauerritze. — **~ˌspei·se** *f civ.eng.* lime mortar. — **~ˌstein** *m* **1.** (*Klinkerziegel*) clinker (brick). – **2.** (*Vollziegel, Backstein*) solid (*od.* building) brick. – **3.** (*Haustein*) ashlar, cut stone. — **~ˌturm** *m arch. hist.* wall tower.

'Maue·rung *f civ.eng.* **1.** *cf.* Mauern. – **2.** masonry, brickwork.

'Mau·er|verˌband *m civ.eng.* (masonry) bond. — **~verˌblen·dung** *f* wall facing. — **~ˌvorˌsprung** *m* corbel(l)ing, wall projection. — **~ˌwerk** *n* masonry, brickwork, stonework, walling. — **~ˌwes·pe** *f zo.* wall wasp (*Gattg Odynerus*). — **~ˌzie·gel** *m civ.eng.* building (*od.* solid) brick. — **~ˌzin·ne** *f hist. arch.* battlement (of a wall), pinnacle.

Mau·ke ['maukə] *f* ⟨-; *no pl*⟩ **1.** *vet.* scurf. – **2.** *bot. cf.* Grind 2.

Maul [maul] *n* ⟨-(e)s; =er⟩ **1.** (*von Tieren*) mouth, (*Schnauze*) *auch* muzzle, snout: die Katze hatte eine Maus im ~ the cat had a mouse in its mouth (*od.* jaws); das Pferd hat ein hartes [weiches] ~ (*sport*) the horse has a hard [soft] mouth; du sollst dem Ochsen, der da drischt, nicht das ~ verbinden *Bibl.* thou shalt not muzzle an ox when it treadeth out the corn; → Gaul 4. – **2.** *colloq.* (*Mundwerk*) 'trap' (*sl.*), tongue: halt's ~! hold your tongue! shut up! (*sl.*); ein böses [loses] ~ haben to have a malicious [loose] tongue; er hat immer ein großes ~ he is always boasting (*od.* bragging, talking big); er reißt das ~ gar zu weit auf his big talk (*od.* bragging, boasting) goes too far; er ist nicht aufs ~ gefallen he has a glib tongue, he knows all the answers; j-m das ~ stopfen to shut s.o. up; tu (*od.* mach) das ~ auf! speak up! j-m übers ~ fahren to cut s.o. short; alle Mäuler sind voll davon it's the talk of the town; die bösen Mäuler the scandalmongers; sich (*dat*) das ~ (*od.* die Mäuler) (über j-n [etwas]) zerreißen *fig. colloq.* to wag one's tongue (about [*od.* over] s.o. [s.th.]); → Volk 2. – **3.** *colloq.* (*Mund*) 'mug' (*sl.*), mouth: sein häßliches ~ verzog sich zu einem boshaften Grinsen his ugly mug screwed up into an evil grin; ~ und Nase aufsperren to be flabbergasted (*colloq.*), to stand gaping; du kriegst gleich eins aufs ~! you'll get a sock in the mouth (*od.* a smack in the kisser)! (*sl.*); er hat sechs hungrige Mäuler zu stopfen he has six hungry mouths to feed; das ~ hängen lassen to make a wry face, to pull a face; j-m ums ~ gehen to soft-soap s.o., to butter s.o. (up); → Honig 2; Taube[1]. – **4.** j-m ein ~ anhängen *vulg.* to give s.o. backchat. – **5.** *tech.* a) (*einer Zange etc*) head, nose, jaws *pl*, b) (*eines Schraubenschlüssels*) head. — **~ˌaf·fen** *pl only in* (dastehen und) ~ feilhalten *fig. colloq.* to stand gaping (about), to hang around.

'MaulˌbeerˌBaum *m bot.* mulberry (tree) (*Gattg Morus*): Roter ~ red mulberry (*M. rubra*); Schwarzer ~ sycamine (*M. nigra*).

'Maulˌbee·re *f bot.* (*Frucht*) mulberry.

'Maulˌbeer|ˌfei·ge *f bot.* sycamore, *auch* Egyptian (*od.* Oriental) sycamore, daroo (tree) (*Ficus sycomorus*). — **~ˌkeim** *m biol.* morula. — **~ˌsei·denˌspin·ner** *m zo.* silk, silkworm moth, bombyx (*scient.*) (*Bombyx mori*).

'Maul|ˌbrü·ten *n zo.* oral gestation. — **~ˌbrü·ter** *m meist pl* (*Fisch*) mouthbreeder.

Mäul·chen ['mɔylçən] *n* ⟨-s; -⟩ *dim. of* Maul: ein ~ machen (*od.* ziehen) *fig. colloq.* to pout, to sulk.

mau·len ['maulən] *v/i* ⟨h⟩ **1.** pout, sulk, be sulky. – **2.** (*murren*) grumble, grouse: er maulte wegen des schlechten Essens he grumbled because of (*od.* about) the bad food.

'Maul|ˌesel *m zo.* mule, hinny (*Equus hinnus*). — **m~ˌfaul** *adj only in* ~ sein *colloq.* a) to be lazy, to be too lazy to speak, b) (*undeutlich reden*) to mumble, c) (*schweigsam sein*) to be taciturn. — **~ˌfäu·le** *f vet.* stomatitis. — **~ˌfü·ßer**, **~ˌfüß·ler** [-ˌfyːslər] *m* ⟨-s; -⟩ *zo.* stomatopod (*Ordng Stomatopoda*): zu den ~n gehörig stomatopodous. — **~ˌheld** *m colloq. contempt.* loudmouth, bragger, braggart. — **~ˌhel·den·tum** *n colloq. contempt.* big talk, bragging, boasting. — **~ˌkorb** *m auch fig.* muzzle: dem Hund einen ~ anlegen to put a muzzle on (*od.* to muzzle) the dog; dem Volk einen ~ anlegen *fig.* to put a muzzle on (*od.* to muzzle) the people. — **~ˌkorbˌzwang** *m* es besteht ~ it is compulsory to muzzle dogs. — **~ˌro·se** *f bot. cf.* Malve. — **~ˌschel·le** *f colloq.* box on the ear, slap (in the face). — **~ˌschlüs·sel** *m tech.* engineer's wrench (*bes. Br.* spanner). — **~ˌseu·che** *f vet. cf.* Maul- und Klauenseuche. — **~ˌspal·te** *f zo.* cleft of the mouth, rima oris (*scient.*). — **~ˌsper·re** *f vet.* stag-evil, lockjaw.

'Maulˌtier *n zo.* mule (*Equus mulus*). — **m~ˌähn·lich** *adj* mulish. — **~ˌhirsch** *m* mule (*od.* jumping) deer (*Odocoileus hemionus*). — **~ˌpfad** *m* bridle path (*od.* trail). — **~ˌtrei·ber** *m* muleteer, mule driver, *Am. colloq.* mule skinner.

'Maulˌtrom·mel *f mus.* Jew's (*od.* Jews', Jews) harp (*od.* trump), guimbard.

'Maul- ˌund 'Klau·enˌseu·che *f vet.* foot-and-mouth disease, *Am. auch* hoof-and-mouth disease, epizootic (*od.* epidemic) stomatitis (*scient.*).

'Maulˌwerk *n vulg. for* Mundwerk.

'Maulˌwurf *m* ⟨-(e)s; =e⟩ *zo.* mole (*Fam. Talpidae*): Europäischer ~ European mole (*Talpa europaea*). — **m~ˌar·tig** *adj* molelike, talpine (*scient.*).

'Maulˌwurfs|ˌdrä·nung *f agr.* mole drainage. — **~ˌfal·le** *f* mole trap. — **~ˌfell** *n* moleskin. — **~ˌgril·le** *f zo.* mole cricket, jarr worm (*Gryllotalpa hexadactyla*). — **~ˌhau·fen**, **~ˌhü·gel** *m* molehill. — **~ˌkrebs** *m zo.* callianassid (*Fam. Callianassidae*). — **~ˌmaus** *f* European mole rat, slepez (*Spalax microphthalmus*). — **~ˌnat·ter** *f* mole snake (*Pseudaspis cana*). — **~ˌrat·te** *f* mole rat (*Fam. Bathyergidae*).

maun·zen ['mauntsən] *v/i* ⟨h⟩ *Southwestern G.* **1.** *cf.* miauen. – **2.** (*weinerlich klagen*) wail.

Mau·re ['maurə] *m* ⟨-n; -n⟩ Moor, (*bes. in Spanien*) Morisco.

'Mau·renˌwan·ze *f zo.* stinkbug (*Tetyra maura*).

Mau·rer ['maurər] *m* ⟨-s; -⟩ **1.** *civ.eng.* bricklayer, mason, *Br. colloq.* brickie, *auch* bricky, *Am. auch* brickmason. – **2.** *colloq.* (*beim Kartenspiel*) person who risks nothing. — **~ˌar·beit** *f civ.eng.* bricklaying, brickwork, masonwork, masonry.

Mau·re'rei *f* ⟨-; *no pl*⟩ *civ.eng.* **1.** *cf.* Maurerhandwerk. – **2.** *cf.* Mauern.

'Mau·rer|geˌsel·le *m civ.eng.* journeyman bricklayer (*od.* mason, *Am. auch* brickmason). — **~ˌham·mer** *m* bricklayers' (*od.* masons') hammer, (brick) scutch. — **~ˌhandˌwerk** *n* craft of masonry (*od.* bricklaying).

'mau·re·risch *adj cf.* freimaurerisch.

'Mau·rer|ˌkel·le *f civ.eng.* brick trowel. — **~ˌlehr·ling** *m* mason's (*od.* bricklayer's) apprentice. — **~ˌmei·ster** *m* master mason (*od.* builder). — **~ˌpin·sel** *m* wall brush. — **~poˌlier** *m* head mason, bricklayer's foreman, foreman bricklayer. — **~ˌvö·gel** *pl zo. birds that build nests of mud or clay.* — **~ˌwerkˌzeug** *n civ.eng.* brickworker's (*od.* bricklayer's) tool(s *pl*). — **~ˌwes·pe** *f zo.* mason wasp, eumenid (wasp) (*Gattg Odynerus*). — **~ˌzunft** *f* guild (*od.* company) of masons.

Mau·res·ke [mau'rɛskə] *f* ⟨-; -n⟩ (*art*) Moresque, *auch* Mauresque.

Mau·re·ta·ni·er [maure'taːniər] *m* ⟨-s; -⟩ Mauretanian. — **mau·re'ta·nisch** [-nɪʃ] *adj* Mauretanian.

'Mau·rin *f* ⟨-; -nen⟩ Moor.

Mau·ri·ner [mau'riːnər] *m* ⟨-s; -⟩ *röm.kath.* Maurist.

'mau·risch *adj* (*Bau, Stil etc*) Moorish, Moresque, *auch* Mauresque: ~er Bogen *arch.* Moorish (*od.* horseshoe) arch.

Mau'ri·ti·us|ˌhanf [mau'riːtsɪus-] *m bot.* Mauritius hemp, giant cabuya (*Furcraea gigantea*). — **~ˌpal·me** *f bot.* ita (*od.* eta) palm, miriti (*od.* mirity) palm (*Mauritia flexuosa*).

Maus [maus] *f* ⟨-; =e⟩ **1.** mouse: wie eine ~ mouselike, mous(e)y; flink wie eine ~ (as) quick as a mouse; von Mäusen heimgesucht plagued by mice; Mäuse fangen to catch mice, to mouse; die ~ ist in die Falle gegangen a) the mouse has been trapped (*od.* caught in the trap), b) *fig.* he [she] has walked into the trap, he [she] has been trapped; die ~ nagt [knabbert, raschelt] the mouse gnaws [nibbles, rustles]; die ~ quiekt (*od.* piepst) the mouse squeaks; weiße Mäuse a) white mice, b) *fig. colloq. humor.* motorized (*Br. auch* -s-) traffic police; weiße Mäuse sehen *fig. colloq.* to see snakes (*od.* pink elephants); da beißt die ~ keinen Faden ab! da beißt keine ~ einen Faden ab! *fig. colloq.* it can't be helped! there you are! mit j-m Katze und ~ spielen *fig.* to play (at) cat and mouse with s.o.; mit Speck fängt man Mäuse (*Sprichwort*) *etwa* good bait catches fine fish; wenn die Katze aus dem Haus ist, tanzen die Mäuse (*Sprichwort*) when the cat's away the mice will play (*proverb*); → Mann 7. – **2.** *zo.* a) mouse, murine (*scient.*) (*Fam. Muridae*), b) (*Hausmaus*) house mouse (*Mus musculus*). – **3.** *med.* (*Handballen*) thenar eminence. – **4.** *pl colloq.* (*Geld*) 'dough' (*colloq.*), *Am. sl.* 'bread', *Br. sl.* 'dust', 'lolly', money (*alle sg*). – **5.** gebackene Mäuse *Austrian gastr. etwa* doughnuts. – **6.** *fig. colloq. cf.* Mäuschen 3.

'Mausˌbeut·ler *m zo.* woolly opossum (*Gattg Philander*).

Mau·schel ['mauʃəl] *m* ⟨-s; -⟩ *contempt.* Jew; Yid, *bes. Am.* kike (*contempt.*), sheeny, *auch* sheenie (*sl.*).

Mau·sche'lei *f* ⟨-; *no pl*⟩ **1.** Jewish speech (*od.* way of talking). – **2.** *fig.* mumble, mumbling, mutter, muttering.

mau·scheln ['mauʃəln] **I** *v/i* ⟨h⟩ **1.** talk Yiddish. – **2.** *fig.* mumble, mutter. – **3.** (*games*) play a game of 'Mauscheln'. – **4.** *fig.* (*betrügen*) cheat. – **II M~** *n* ⟨-s⟩ **5.** *verbal noun.* – **6.** *cf.* Mauschelei. – **7.** (*games*) *a card game of hazard.*

Mäus·chen ['mɔʏsçən] *n* ⟨-s; -⟩ **1.** *dim. of* Maus: **sie saß still wie ein ~** she sat there (as) quiet as a (little) mouse; **da möchte ich ~ sein** (*od.* **spielen**) *colloq.* I'd like to be present there secretly, I'd like to eavesdrop there; **mich soll das ~ beißen, wenn das nicht wahr ist** *colloq.* I'll eat my hat if that's not true. – **2.** *colloq.* (*Kosewort*) darling, pet, honey: **mein (kleines** *od.* **süßes) ~!** my (little) darling (*Br. colloq. auch* ducky). – **3.** *colloq.* funny bone: **ich habe mich ans ~ gestoßen** I've hit my funny bone.

'mäus·chen'still I *adj* **1. es war ~ (im Raum)** there was a dead silence (*od.* one could have heard a pin drop) (in the room). – **2.** (*von Personen*) (as) quiet as a mouse. – **II** *adv* **3. sich ~ verhalten** to keep as quiet as a mouse.

'Mäu·se|,ad·ler *m zo. cf.* Mäusebussard. — **m~,ar·tig** *adj* like a mouse, mouselike, mous(e)y; murine, muriform (*scient.*): **~e Tiere** murines. — **~,bus·sard** *m zo.* (common) buzzard (*Buteo buteo*). — **~,dorn, 'Ste·chen·der** *m bot.* (prickly) butcher's-broom, box holly, Jew's (*od.* shepherd's) myrtle (*Ruscus aculeatus*). — **~,dreck** *m* **1.** mouse dirt. – **2.** *fig. colloq. for* Schokoladenstreusel. — **~,fal·ke** *m zo. cf.* Mäusebussard.

'Mau·se,fal·le *f* mousetrap.

'Mäu·se|,fang *m* mouse hunt, mousing: **die Katze ist auf ~** the cat is on a mouse hunt, the cat is hunting for mice. — **~,fän·ger** *m* (*von Katzen, Raubvögeln etc*) mouser. — **~,fraß** *m* damage done by mice. — **~,ger·ste** *f bot.* wall (*od.* mouse, wild) barley (*Hordeum murinum*). — **~,gift** *n* mouse poison, rodenticide (*scient.*). — **~,jagd** *f cf.* Mäusefang. — **~,klee** *m bot. cf.* Hasenklee 2.

mäu·seln ['mɔʏzəln], **mau·seln** ['mauzəln] *v/i* ⟨h⟩ *hunt. imitate the squeaking of a mouse (in order to lure foxes etc).*

'Mau·se,loch, *seltener* **'Mäu·se,loch** *n* mousehole: **er hätte sich am liebsten in ein ~ verkrochen** *fig. colloq.* (*vor Angst oder Verlegenheit*) he would have liked to crawl (*od.* disappear) into a mousehole, he would have liked the ground to open up and swallow him.

'Mäu·se,mel·ken *n only in* **es ist zum ~** *fig. colloq.* it's enough to drive one up the wall (*od.* to despair, *Br. sl.* round the bend).

mau·sen ['mauzən] **I** *v/i* ⟨h⟩ **1.** catch mice, mouse: **die Katze maust gut** the cat is good at catching mice (*od.* is a good mouser). – **2.** *vulg. cf.* vögeln II. – **II** *v/t* **3.** *fig. colloq.* pilfer, filch, 'lift' (*colloq.*); 'pinch', 'swipe', 'hook' (*sl.*). – **4.** *vulg. cf.* vögeln I. – **III M~** *n* ⟨-s⟩ **5.** *verbal noun:* → Katze 2.

'Mäu·se|,nest *n* mouse nest, nest of mice. — **~,öhr·chen** *n bot.* mouse-ear (hawkweed) (*Hieracium pilosella*). — **~,pla·ge** *f* plague of mice.

'Mau·ser[1] *f* ⟨-; *no pl*⟩ *zo.* (*der Vögel*) molt, *bes. Br.* moult, mo(u)lting (season), mewing, deplumation (*scient.*): **in der ~ sein** to be mo(u)lting.

'Mau·ser[2] *m* ⟨-s; -⟩ *zo. cf.* Mäusebussard.

'Mau·ser[3] (*TM*) *f* ⟨-; -⟩ *short for* Mauserpistole.

Mau·se'rei *f* ⟨-; -en⟩ *colloq. humor.* pilferage.

'Mau·ser·ge,wehr (*TM*) *n* Mauser (rifle).

Mäu·se·rich ['mɔʏzərɪç] *m* ⟨-s; -e⟩ *colloq.* male mouse.

'mau·se·rig *adj* **1.** *zo.* (*von Vögeln*) prone to disease (*during mo[u]lting season*). – **2.** *Swiss for* verdrießlich.

'Mau·ser,kä·fig *m* (*bes. für Falken*) mew.

mau·sern ['mauzərn] **I** *v/reflex* **sich ~** ⟨h⟩ **1.** *zo.* (*von Vögeln*) shed (feathers), molt, *bes. Br.* moult, mew: **der Vogel mausert sich** the bird is mo(u)lting. – **2.** *fig.* (*von Menschen*) improve, change (for the better): **sie hat sich zu einem hübschen jungen Mädchen gemausert** she has changed (*od.* blossomed out) into a pretty young girl. – **II** *v/i* **3.** *zo. cf.* mausern 1. – **III M~** *n* ⟨-s⟩ **4.** *verbal noun.* – **5.** *cf.* Mauser[1].

'Mau·ser·pi,sto·le (*TM*) *f* Mauser (pistol).

'Mau·se·rung *f* ⟨-; *no pl*⟩ *zo. cf.* Mauser[1].

'Mau·ser,zeit *f zo.* molting (*bes. Br.* moulting) time (*od.* season).

'Mäu·se,schwanz *m* **1.** tail of a mouse. – **2.** *bot.* mousetail (*Myosurus minimus*).

'mau·se'tot *adj colloq.* stone-dead, (as) dead as a doornail.

'Mäu·se|,ty·phus *m vet. med.* mouse typhus (*caused by Salmonella typhimurium*). — **~,vo·gel** *m zo.* mousebird, coly (*Colius senegalensis*).

'maus|,far·ben, ~,far·big, ~,grau *adj* **1.** mouse-colored (*bes. Br.* -coloured), mouse-gray (*bes. Br.* -grey), (mouse-)dun. – **2.** *contempt.* drab.

mau·sig ['mauzɪç] *adj* **1.** *only in* **sich ~ machen** *colloq.* a) to play the big man, to get on one's high horse, b) (*frech werden*) to get cheeky (*Am. colloq. auch* fresh). – **2.** *hunt.* (*von Jagdfalken*) able (*od.* eager) to hunt.

Mau·sing ['mauzɪŋ] *f* ⟨-; -en⟩ *mar.* mousing.

Mäus·lein ['mɔʏslaɪn] *n* ⟨-s; -⟩ *cf.* Mäuschen 1, 2.

'Maus|,loch *n cf.* Mauseloch. — **~,ma·ki** *m zo.* fork-masked dwarf lemur (*Microcebus furcifer*). — **~,ohr** *n* mouse-eared bat (*Myotis myotis*). — **~,öhr·chen** *n bot. cf.* Mäuseöhrchen.

Mau·so·le·um [mauzo'le:ʊm] *n* ⟨-s; -leen⟩ mausoleum, tomb.

'Maus|,schlä·fer *m zo.* dormouse (*Gattg Graphiurus*). — **m~'tot** *adj Austrian for* mausetot. — **~,vo·gel** *m zo. cf.* Mäusevogel. — **~,wie·sel** *n* white weasel (*Mustela nivalis*).

Maut [maut] *f* ⟨-; -en⟩ **1.** *obs. for* Zoll[1] 4. – **2.** *cf.* a) Mautgebühr, b) Mautstelle. — **m~bar** *adj obs. for* zollpflichtig. — **~,ein,neh·mer** *m* tollgate (*Br.* toll-gate) official, turnpike man. — **m~,frei** *adj* **1.** *obs. for* zollfrei. – **2.** (*Straße, Brücke*) toll-free. — **~ge,bühr** *f* (*für Brücken- u. Straßenbenutzung*) toll.

Maut·ner ['mautnər] *m* ⟨-s; -⟩ **1.** *obs. for* Zollbeamte. – **2.** *Bavarian and Austrian obs. for* Mauteinnehmer.

'maut|,pflich·tig *adj* (*Straße, Brücke*) subject to toll. — **M~,stel·le** *f* tollgate, *Br.* toll-gate, turnpike. — **M~,stra·ße** *f* toll road, *Am. auch* tollway, turnpike (road).

mauve [mo:v] (*Fr.*), **~,far·ben** *adj* (*malvenfarbig*) mauve: **ein mauve** (*od. colloq.* **mauves) Kleid** a mauve dress.

Mau·ve·in [move'i:n] *n* ⟨-s; *no pl*⟩ *chem.* mauvein(e), mauve.

mau·zen ['mautsən] *v/i* ⟨h⟩ *Southwestern G. cf.* a) maunzen 2, b) miauen.

ma·xi ['maksi] *adv* (*fashion*) maxi: **~ gehen** (*od.* **tragen**) to wear a maxi. — **M~,kleid** *n* maxi dress.

Ma·xil·la [ma'ksɪla] *f* ⟨-; -lae [-lɛ]⟩ **1.** *med.* upper jaw(bone), maxilla (*scient.*). – **2.** *zo.* (*der Insekten*) second pair of jaws, maxilla (*scient.*). — **ma·xil'lar** [-'la:r] *adj med. zo.* maxillary.

Ma'xil·len,stiel [ma'ksɪlən-] *m zo.* footstalk, stipes (*scient.*).

Ma·xi·ma ['maksima] *f* ⟨-; -mae [-mɛ] *u.* -men⟩ *mus.* maxima, large.

ma·xi·mal [maksi'ma:l] **I** *adj* **1.** maximal, maximum. – **2.** *phys. tech.* (*Belastung, Beanspruchung etc*) maximum, ultimate. – **II** *adv* **3.** maximally, at the most: **der Bus faßt ~ 30 Personen** the bus has a maximum capacity of 30 passengers; **das ergibt, ~ gerechnet, 100 Mark** that will amount to 100 marks at the most (*od.* a maximum of 100 marks).

Ma·xi'mal|,ar·beits,tag *m* (legal) maximum of working hours (per day). — **~,aus,len·kung** *f electr. phys.* maximum deflection (*Br. auch* deflexion). — **~be,la·stung** *f tech. phys.* maximum (*od.* peak) load. — **~be,trag** *m econ.* **1.** maximum, highest amount. – **2.** (*an der Börse*) limit. — **~,do·sis** *f med.* maximum dose. — **~,flug,zeit** *f aer.* maximum flight time, (*eines bestimmten Flugzeugtyps*) endurance. — **~,for·de·rung** *m* maximum claim: **~en stellen** to claim a maximum. — **~ge,schwin·dig·keit** *f* greatest (*od.* maximum, top) speed. — **~ge,wicht** *n* maximum weight. — **~ta,rif** *m* maximum (*od.* general) tariff, autonomous tariff (schedule). — **~ther·mo,me·ter** *n phys.* maximum thermometer. — **~,wert** *m* peak (*od.* maximum) value. — **~,wer·tig·keit** *f chem.* maximum valence.

'Ma·xi,man·tel *m* (*fashion*) maxi coat.

Ma·xi·me [ma'ksi:mə] *f* ⟨-; -n⟩ **1.** (*Grundsatz*) maxim. – **2.** (*Diktum*) maxim, dictum, apothegm, *auch* apophthegm, aphorism. – **3.** *jur.* (*Rechtsgrundsatz*) brocard.

Ma·xi·mum ['maksimʊm] *n* ⟨-s; -xima [-ma]⟩ **1.** maximum. – **2.** *math.* (*einer Kurve*) peak. – **3.** *meteor.* (*Luftdruckmaximum*) high pressure (area). — **~ther·mo,me·ter** *n phys.* maximum thermometer.

Ma·ya[1] ['ma:ja] *m* ⟨-(s); -(s)⟩ *anthrop.* (*mittelamer. Indianer*) Maya.

'Ma·ya[2] *n* ⟨-; *no pl*⟩, **~,spra·che** *f ling.* Maya.

Ma·yon·nai·se [majɔ'nɛ:zə] *f* ⟨-; -n⟩ *gastr.* mayonnaise.

ma·za'rin,blau [maza'rɛ̃:-; matsa'ri:n-] **I** *adj* mazarine(-blue). – **II M~** *n* mazarine (blue).

Maz·da·is·mus [masda'ɪsmʊs] *m* ⟨-; *no pl*⟩ *relig.* Zoroastrianism, Mazdaism. — **Maz·da'ist** [-'ɪst] *m* ⟨-en; -en⟩ Zoroastrian, Mazdean.

Maz·daz·nan [masdas'na:n] *n, m* ⟨-s; *no pl*⟩ *relig.* Mazdean movement (*founded by O. Hanisch*).

Ma·ze·do·ni·er [matse'do:nĭər] *m* ⟨-s; -⟩ *geogr.* Macedonian. — **ma·ze'do·nisch** [-nɪʃ] **I** *adj* Macedonian. – **II** *ling.* **M~** ⟨*generally undeclined*⟩, **das M~e** ⟨-n⟩ Macedonian, the Mazedonian language.

Mä·zen [mɛ'tse:n] *m* ⟨-s; -e⟩ Maecenas, patron of art (*od.* literature). — **Mä·ze'na·ten·tum** [-tse'na:təntu:m] *n* ⟨-s; *no pl*⟩ Maecenatism, patronage.

Ma·ze·ra·ti·on [matsera'tsĭo:n] *f* ⟨-; -en⟩ *chem.* maceration. — **ma·ze'rie·ren** [-'ri:rən] *v/t* ⟨*no* ge-, h⟩ macerate.

Ma·zis ['matsɪs; 'ma:tsɪs] *m* ⟨-; *no pl*⟩ *cf.* Muskat. — **~,blü·te** *f cf.* Muskatblüte.

Ma·zur·ka [ma'zʊrka] *f* ⟨-; -s⟩ *mus.* mazurka, *auch* mazourka.

Maz·za ['matsa] *f* ⟨-; *no pl*⟩ *relig. cf.* Matze(n).

mea cul·pa ['me:a 'kʊlpa] *interj* (through *od.* by) my fault! mea culpa!

Mea·to·mie [meato'mi:] *f* ⟨-; -n [-ən]⟩ *med.* meatotomy.

Mea·tus [me'a:tʊs] *m* ⟨-; *no pl*⟩ *med.* (*Gang, Kanal*) meatus. — **~er,wei·te·rung** *f* meatotomy.

Me·cha·nik [me'ça:nɪk] *f* ⟨-; -en⟩ **1.** ⟨*only sg*⟩ *phys.* (*Lehre*) mechanics *pl* (*construed as sg or pl*): **Newtonsche ~** Newtonian mechanics; **~ der flüssigen Körper** mechanics of liquids (*od.* fluids), hydromechanics *pl* (*usually construed as sg*); **~ der gasförmigen Körper** aerodynamics *pl* (*construed as sg*). – **2.** *tech.* mechanism: **die ~ des Schlosses ist äußerst kunstvoll** the mechanism of the lock is extremely ingenious. – **3.** *zo.* mechanics *pl* (*construed as sg or pl*): **~ der tierischen Körper** animal mechanics.

Me·cha·ni·ker [me'ça:nɪkər] *m* ⟨-s; -⟩ **1.** mechanic, mechanician. – **2.** (*Maschinenschlosser*) machinist. – **3.** *aer.* a) (*im Flugzeugbau*) rigger, b) (*am Boden*) aircraft mechanic, c) (*an Bord*) flight engineer.

Me·cha·ni·kus [me'ça:nikʊs] *m* ⟨-; -ker⟩ *humor.* **1.** *cf.* Mechaniker. – **2.** (*Bastler*) home mechanic, amateur constructor.

me·cha·nisch [me'ça:nɪʃ] **I** *adj* **1.** *tech.* a) mechanic(al), b) automatic, *auch* automatical: **~e Arbeit** mechanical work; **~e Bewegung** mechanically operated movement; **~e Kraft** (*od.* **Leistung**) power; **~e Presse** power press; **~e Traktur** *mus.* (*der Orgel*) tracker action; **~e Vorrichtungen** mechanical devices; **~es Wärmeequivalent** *phys.* mechanical equivalent of heat; **~er Webstuhl** (power) loom; **~e Werkstatt** engineering workshop. – **2.** *fig.* (*Arbeit, Handgriff etc*) mechanic(al), automatic, *auch* automatical: **der Ablauf der Vorstellung war rein ~** the sequence of the performance was purely mechanical. – **3.** *fig.* (*Lächeln, Begrüßung, Antwort etc*) mechanic(al), perfunctory, cursory. – **II** *adv* **4.** *tech.* a) mechanically, b) automatically: **die Weichen werden ~ betätigt** the switches are automatically operated; **etwas ~ herstellen** to produce s.th. by machine. – **5.** *fig.* mechanically, automatically, by rote: **etwas rein ~ tun [wiederholen]** to do [to repeat] s.th. mechanically; **j-m etwas ~ nachsprechen** to repeat by rote what s.o. says. – **6.** *fig.* mechanically, perfunctorily, cursorily: **sie gab ihm ~ die Hand** she shook hands with him perfunctorily; **sie las** (*od.* **leierte**) **das Gedicht ~ herunter** she rattled (*od.* reeled) the poem off (*colloq.*).

me·cha·ni·sie·ren [meçani'zi:rən] **I** *v/t* ⟨*no* ge-, h⟩ *tech.* (*Betrieb, Arbeitsgang etc*) mechanize *Br. auch* -s-. – **II M~** *n* ⟨-s⟩ *verbal noun.* — **me·cha·ni'siert I** *pp.* – **II** *adj mil.* (*Truppen*) mechanized *Br. auch* -s-. — **Me·cha·ni'sie·rung** *f* ⟨-; *no pl*⟩ **1.** *cf.* Mechanisieren. – **2.** mechanization *Br. auch* -s-: **die ~ der Arbeit schreitet**

immer weiter fort the mechanization of labo(u)r advances steadily.

Me·cha·nis·mus [meça'nɪsmʊs] *m* 〈-; -nismen〉 **1.** *tech.* a) *auch fig.* mechanism, b) (*einer Uhr*) works *pl*: ein komplizierter ~ a complicated (piece of) mechanism; der ~ von Angebot und Nachfrage *fig.* the mechanism of supply and demand. – **2.** *med. psych.* a) (*Anpassungsmechanismus*) adjustment mechanism, b) (*Abwehrmechanismus*) defence (*Am.* defense) mechanism. – **3.** *philos.* (*mechanischer Materialismus*) mechanism.

me·cha·ni·stisch [meça'nɪstɪʃ] *adj* **1.** *cf.* mechanisch 1. – **2.** *philos.* mechanist(ic): ~e Weltanschauung mechanism.

Mecke'rei (*getr.* -k·k-) *f* 〈-; -en〉 *fig. colloq. contempt.* continuous (*od.* constant) grumbling (*od.* carping, nagging).

'Mecke·rer (*getr.* -k·k-) *m* 〈-s; -〉 *colloq. contempt.* grumbler, carper, nagger; grouser, griper (*colloq.*), *Am. colloq.* 'kicker'.

'Mecker,frit·ze (*getr.* -k·k-) *m colloq. contempt. cf.* Meckerer.

meckern (*getr.* -k·k-) ['mɛkərn] *v/i* 〈h〉 **1.** (*von Ziegen*) bleat: er meckert wie eine Ziege *colloq.* (*beim Lachen*) he bleats like a goat. – **2.** *fig. colloq. contempt.* grumble, nag, carp; grouse, grouch, gripe (*colloq.*), *Am. colloq.* 'kick', *Am. sl.* beef: du hast (wirklich) immer etwas zu ~ you (really) always have s.th. to carp about (*od.* at). — **'meckernd** (*getr.* -k·k-) **I** *pres p.* – **II** *adj* ein ~es Lachen a bleating laugh, the laugh of a goat.

'Mecker|,stim·me (*getr.* -k·k-) *f*, **~,ton** *m* **1.** bleating voice. – **2.** *med.* egophony, *auch* aegophony. — **~,zie·ge** *f fig. colloq. contempt.* carping (*od.* nagging) woman.

'Mecki·fri,sur (*getr.* -k·k-) ['mɛki-] *f colloq.* crew cut.

Meck·len·bur·ger ['meːklən,bʊrgər] *m* 〈-s; -〉 native (*od.* inhabitant) of Mecklenburg, Mecklenburgian. — **'meck·len,bur·gisch** *adj* of (*od.* relating to) Mecklenburg, Mecklenburgian.

Me·dail·le [me'daljə] *f* 〈-; -n〉 medal: ~ in Gold [Silber, Bronze] gold [silver, bronze] medal; eine ~ prägen [schlagen, gießen] lassen to have a medal coined [stamped, cast]; er ist Inhaber einer bronzenen ~ he holds a bronze medal, he is a bronze medal(l)ist; eine olympische ~ verliehen bekommen to be decorated with an Olympic medal; die Kehrseite der ~ *fig. colloq.* the other side of the coin; damit kannst du dir keine ~ erringen *fig. iron.* you will hardly win any medals like that.

me'dail·len|ge,schmückt *adj* decorated with medals. — **M~ge,win·ner** *m* (*sport*) medal(l)ist, medal winner. — **M~,kunst** *f* (*art*) art of medal engraving. — **M~,samm·ler** *m* medal(l)ist, collector of medals. — **M~,spie·gel** *m* (*sport*) (*in der Zeitung*) medals table. — **M~,ste·cher** *m* medal(l)ist, engraver of medals, medal coiner. — **M~,trä·ger** *m* (*sport*) medal(l)ist, medal winner.

Me·dail·leur [medal'jøːr] *m* 〈-s; -e〉 *cf.* Medaillenstecher.

Me·dail·lon [medal'jõː] *n* 〈-s; -s〉 **1.** (*Schmuck*) locket. – **2.** (*Rundbild*) roundel. – **3.** (*Schaumünze*) medallion, large medal. – **4.** (*art*) (*Relief*) medallion. – **5.** *gastr.* (*kleines Fleischstück*) medaillon.

Me·dea [me'deːa] *npr f* 〈-; *no pl*〉 *myth.* Medea.

Me·der ['meːdər] *m* 〈-s; -〉 *antiq.* Mede, Median.

Me·dia ['meːdĭa] *f* 〈-; Mediä [-dĭɛ] *u.* Medien〉 **1.** *ling.* media. – **2.** *med.* (tunica) media.

me·di·al [me'dĭaːl] *adj* **1.** *ling.* (*das Medium betreffend*) medial, middle. – **2.** *med.* (*in der Mitte befindlich*) medial. – **3.** *having the qualities of a spiritistic medium.*

me·di·an [me'dĭaːn] *adj bes. med.* median.

Me·dia·ne [me'dĭaːnə] *f* 〈-; -n〉 *math. obs.* median, midline.

Me·di'an|,ebe·ne *f med.* median plane. — **~,fo·lio** *n* (*Papierformat*) demy folio. — **~,fur·che** *f med.* median groove, sulcus medialis (*scient.*). — **~,li·nie** *f* median line, midline. — **~pa,pier** *n* (*paper*) median (paper). — **~,schnitt** *m med.* median (*od.* midline) section, midsection.

Me·di·an·te [me'dĭantə] *f* 〈-; -n〉 *mus.* mediant.

Me·di'an,wert *m math. cf.* Mittelwert.

me·dia·sti·nal [medĭasti'naːl] *adj med.* mediastinal.

Me·dia·sti·ni·tis [medĭasti'niːtɪs] *f* 〈-; -nitiden [-ni'tiːdən]〉 *med.* (*Mittelfellentzündung*) mediastinitis.

Me·dia·sti·num [medĭas'tiːnʊm] *n* 〈-s; *no pl*〉 *med.* (*Mittelfell*) mediastinum.

me·di·at [me'dĭaːt] *adj hist.* (*Gebiet etc*) mediate. — **M~ge,biet** *n* mediate territory.

Me·dia·ti·on [medĭa'tsĭoːn] *f* 〈-; -en〉 *bes. jur.* (*Vermittlung*) mediation.

me·dia·ti·sie·ren [medĭati'ziːrən] *v/t* 〈*no* ge-, h〉 *hist.* mediatize *Br. auch* -s-. — **Me·dia·ti'sie·rung** *f* 〈-; -en〉 mediatization *Br. auch* -s-.

me·di·äval [medĭɛ'vaːl] *adj cf.* mittelalterlich 1.

Me·di·äval [medĭɛ'vaːl] *f* 〈-; *no pl*〉, **~,schrift** *f print.* old style.

Me·di·ävist [medĭɛ'vɪst] *m* 〈-en; -en〉 medi(a)evalist. — **Me·di·ävi·stik** [-'vɪstɪk] *f* 〈-; *no pl*〉 medi(a)eval studies *pl*.

Me·di·ce·er [medi'tʃeːər; -'tseːər] *npr m* 〈-s; -〉 *hist.* Medicean. — **me·di'ce·isch** *adj* Medicean: M~e Venus (*art*) Venus dei Medici, Medici Venus. — **Me·di·ci** ['meːditʃi; 'mɛːditʃi] (*Ital.*) *npr m* 〈-; -〉 *hist.* Medicean.

Me·di·ka·ment [medika'mɛnt] *n* 〈-(e)s; -e〉 *med. pharm.* **1.** medicament, medicine, remedy. – **2.** (*Droge*) drug. — **Me·di·ka'men·ten,schrank** *m* medicine chest.

me·di·ka·men·tös [medikamɛn'tøːs] *adj med.* medicamentous, medicative, medicinal: ~e Behandlung medication.

Me·di·ka·ster [medi'kastər] *m* 〈-s; -〉 *contempt.* quack, (medical) charlatan, medicaster.

Me·di·ka·ti·on [medika'tsĭoːn] *f* 〈-; -en〉 *med.* medication.

Me·di·kus ['meːdikʊs] *m* 〈-; -dizi [-tsi]〉 *colloq.* (*Arzt*) medico (*colloq.*), *Am. colloq.* doc.

Me'di·na,wurm [me'diːna-] *m zo.* Guinea (*od.* Medina, dragon, serpent) worm (*Dracunculus medinensis*).

me·dio ['meːdĭo], **'Me·dio** *adv econ.* in the middle of: ~ Mai in the middle (*od.* on the 15th) of May.

'Me·dio,garn *n* (*textile*) medio yarn.

me·dio·ker [me'dĭoːkər] *adj rare for* mittelmäßig 3.

'Me·dio|li·qui·da·ti,on *f econ.* midmonthly settlement. — **~,wech·sel** *m econ.* bill due on the 15th of the month.

Me·di·san·ce [medi'zɑ̃ːsə] *f* 〈-; -n〉 *obs. for* a) Verleumdung, b) Schmähsucht.

me·disch ['meːdɪʃ] *adj antiq.* Median. — **~-'per·sisch** *adj* Medo-Persian.

Me·di·ta·ti·on [medita'tsĭoːn] *f* 〈-; -en〉 *bes. relig.* meditation, contemplation. — **me·di·ta'tiv** [-'tiːf] *adj* meditative, contemplative.

me·di·ter·ran [meditɛ'raːn] *adj geogr.* (*Klima, Pflanzenwelt etc*) Mediterranean, *auch* mediterranean. — **M~,flo·ra** *f bot.* Mediterranean flora.

me·di·tie·ren [medi'tiːrən] **I** *v/i* 〈*no* ge-, h〉 **1.** (über *acc* etwas) ~ to meditate (on s.th.), to ponder ([on, upon, over] s.th.), to contemplate (s.th.). – **II M~** *n* 〈-s〉 **2.** *verbal noun.* – **3.** *cf.* Meditation.

Me·di·um ['meːdĭʊm] *n* 〈-s; -dien〉 **1.** (*Mitte, Mittel*) medium. – **2.** (*im Okkultismus*) medium, psychic. – **3.** *med.* (*bei Hypnoseversuchen*) medium, subject. – **4.** *ling.* (*im Griechischen*) middle (voice). – **5.** *biol. chem. phys.* medium, solvent, substratum.

Me·diu·mis·mus [medĭu'mɪsmʊs] *m* 〈-; *no pl*〉 spiritualism. — **me·diu'mi·stisch** [-tɪʃ] *adj* mediumistic, spiritualist(ic).

Me·di·zin [medi'tsiːn] *f* 〈-; -en〉 *med.* **1.** 〈*only sg*〉 (*Wissenschaft*) medicine, medical science: gerichtliche (*od.* forensische) [innere] ~ forensic [internal] medicine; ~ studieren to study medicine; Doktor der ~, Dr. med. Doctor of Medicine, M.D. – **2.** (*Arznei*) medicine: seine ~ einnehmen to take one's medicine.

me·di·zi·nal [meditsi'naːl] *adj med.* medicinal, medical.

Me·di·zi'nal|as·si,stent *m med. young doctor who is completing his training by acting as an assistant physician in a hospital*, *bes. Am.* intern(e). — **~be,am·te** *m* medical officer. — **~di,rek·tor** *m etwa* chief medical officer. — **~,rat** *m etwa* senior medical officer. — **~,wein** *m* medicinal (*od.* medicated) wine, vinum medicatum (*scient.*).

Me·di'zin,ball *m* (*sport*) medicine ball.

Me·di'zi·ner *m* 〈-s; -〉 **1.** medical man, doctor, physician: die ~ *pl collect.* the medical profession *sg*. – **2.** medical student.

Me·di'zin|,fla·sche *f* medicine bottle. — **~,glas** *n* medicine glass, vial, *auch* phial.

me·di'zi·nisch *adj med.* **1.** medical: ~e Akademie *etwa* teaching hospital; ~e Fakultät medical faculty, faculty of medicine, *bes. Am.* medical school, school of medicine; ~e Wissenschaft medical science, medicine. – **2.** (*arzneilich*) medicinal. – **3.** (*heilend*) curative, sanative. – **4.** (*hygienisch*) sanitary, hygienic, *auch* hygienical. – **5.** (*Seife etc*) medicated. — **~-'tech·nisch** *adj only in* ~e Assistentin, MTA medical technologist, M.T., medical laboratory technician.

Me·di'zin|,mann *m* 〈-(e)s; =er〉 **1.** medicine man, shaman, witch doctor. – **2.** *humor.* medicine man, *Am. colloq.* doc, sawbones (*sl.*). — **~,schrank** *m*, **~,schränk·chen** *n* medicine chest. — **~sta,ti·stik** *f* medicostatistics *pl* (*construed as sg or pl*). — **~stu,dent** *m*, **~stu,den·tin** *f* medical student. — **~,stu·di·um** *n* study of medicine, medical training (*od.* studies *pl*).

Me·doc [me'dɔk] *m* 〈-s; -s〉 (*franz. Rotwein*) Médoc.

Me·dre·se ['mɛdrɛsə], **'Me·dres·se** *f* 〈-; -n〉 *relig. school attached to a mosque giving instruction in the Koran.*

Me·du·sa [me'duːza] *npr f* 〈-; *no pl*〉 *myth.* Medusa (*one of the Gorgons*).

Me·du·se [me'duːzə] **I** *f* 〈-; -n〉 *zo.* jellyfish; medusa, hydrozoan (*scient.*): zu den ~n gehörig medusal, medusan; Schirm einer ~ umbrella of a medusa. – **II** *npr f* 〈-; *no pl*〉 *myth. cf.* Medusa.

me'du·sen|,ar·tig *adj* **1.** *myth.* medusalike, medusan, gorgonian. – **2.** *zo.* medusan, medusal, medusoid, planoblastic. — **M~,blick** *m* dazing (*od.* paralyzing *Br. auch* -s-, petrifying) look. — **M~,haupt** *n* 〈-(e)s; *no pl*〉 **1.** *myth.* Medusa's (*od.* Gorgon's) head, head of Medusa. – **2.** *med.* caput medusae, cirsomphalos. – **3.** (*art*) *antiq.* Medusa's head, gorgoneion, gorgoneum. – **4.** *zo.* basket star (*od.* fish), sea spider (*Ordng Euryalida*). – **5.** *bot.* medusa's head (*Euphorbia caput-medusae*). – **6.** *astr.* Medusa's head. — **M~,stern** *m zo.* medusa's head (*Pentacrinus caput-medusae*).

Meer [meːr] *n* 〈-(e)s; -e〉 **1.** sea, ocean: das hohe [offene *od.* freie] ~ the high [open] sea; das aufgewühlte [glatte] ~ the churned-up [smooth] sea (*od.* water); auf dem ~ (out) at sea, on the high seas, on the main (*poet.*); am ~ on the seashore (*Br.* sea-shore), at the seaside; über das ~ fahren to cross the ocean; er ist auf allen sieben ~en gefahren he has crossed the seven seas; die Sonne versank im (*od.* ins) ~ the sun set at sea; die Sonne steigt aus dem ~ (auf) the sun rises out of the sea; 2000 Meter über dem ~ 2,000 meters above sea level; ein ~ von Blut und Tränen *fig.* a sea of blood and tears; ein ~ von Häusern *fig.* a sea of houses; das ~ der Leidenschaften *fig.* the depths *pl* of passion; ein ~ von Licht *fig.* a sea (*od.* flood) of light; ein ~ von Trümmern *fig.* a wilderness of ruins. – **2.** *jur. pol.* mare: geschlossenes [offenes] ~ mare clausum [liberum]. – **3.** *astr.* (*des Mondes etc*) mare, sea.

'Meer|,aal *m zo.* conger (eel), congeree, sea eel (*Conger conger*). — **~,al·ge** *f meist pl bot.* seaweed, marine alga (*scient.*). — **~,äsche** *f zo.* (gray, *bes. Br.* grey) mullet (*Fam. Mugilidae*): Westindische ~ queriman(a) (*Mugil curema od. brasiliensis*). — **~,as·sel** *f* **1.** sea louse (*Ordng Epicaridea*). – **2.** wharf louse (*Gattg Idotea*). — **~,bar·be** *f* red mullet, goatfish, surmullet (*Fam. Mullidae*, *bes. Mullus barbatus*). — **~,blau I** *n* sea blue, glaucous color (*bes. Br.* colour). – **II m~** *adj* sea-blue, glaucous. — **~,blut,egel** *m zo.* sea leech (*Pontobdella muricata*). — **~,bras·se** *f*, **~,bras·sen** *m* sea bream, *Am.* porgy, *auch* porgee, sparoid (*scient.*) (*Fam. Sparidae*). — **~,bu·sen** *m geogr.* bay, gulf. — **~,butt** *m zo. cf.* Heilbutt. — **~,dat·tel** *f* date mussel (*auch* shell), sea date (*Gattg Lithophaga*). — **~,dra·che** *m* **1.** *myth.* sea dragon (*od.* monster). – **2.** *zo.* a) pegasid (*Fam. Pegasidae*), b) *cf.* Adlerrochen. — **~,ech·se** *f zo.* (*der Galapagosinseln*) marine iguana (*Amblyrhynchus cristatus*). — **~,ei·chel** *f* acorn (*od.* sessile) barnacle, sea acorn, balanid (*scient.*) (*Fam. Balanidae*): fossile ~

balanite. — **~ˌen·ge** *f geogr.* strait(s *pl construed as sg*), channel. — **~ˌen·gel** *m zo.* monkfish, angelfish, squatinid (*scient.*) (*Squatina squatina*): zu den **~n** gehörig squatinoid.

ˈMee·res|ˌabˌla·ge·rung *f geol.* marine deposit(s *pl*). — **~ˌal·ge** *f meist pl bot. cf.* Meeralge. — **~ˌarm** *m geogr.* **1.** arm of the sea, inlet (into the coast[line]), (*Flußmündung*) *auch* estuary. – **2.** (*in Schottland*) firth, loch. – **3.** (*in Irland*) lough. – **4.** (*in Norwegen*) fiord, fjord. — **~ˌbo·den** *m cf.* Meeresgrund. — **~ˌbran·dung** *f* surf, breakers *pl.* — **~ˌfau·na** *f zo.* marine fauna. — **~ˌflo·ra** *f bot.* marine flora. — **~ˌflut** *f* ocean waves *pl.* — **~ˌfrei·heit** *f jur. pol.* freedom of the seas. — **~ˌgrund** *m* bottom (*od.* floor) of the sea (*od.* ocean), sea bed, Davy Jones's locker (*colloq.*): **stufenweise abfallender ~** *geol.* shelving bottom; **unter dem ~** *geol.* suboceanic. — **~ˌhö·he** *f geogr.* sea level: **in ~** at sea level. — **~ˌkli·ma** *n* maritime (*od.* marine) climate. — **~ˌkun·de** *f* oceanography. — **~ˌkü·ste** *f* (sea)coast, seaboard, (sea)shore, *Br.* (sea-)shore, seaside. — **~ˌläu·fer** *m zo. cf.* Meerwanze. — **~ˌleuch·ten** *n* marine phosphorescence. — **~ˌneunˌau·ge** *n zo.* sea lamprey (*Petromyzon marinus*). — **~ˌsäu·ger** *pl zo.* sea mammals. — **~ˌschaum** *m cf.* Meerschaum 1. — **~ˌschildˌkrö·te** *f zo.* sea turtle (*Fam. Cheloniidae*). — **~ˌspie·gel** *m* sea level: **über [unter] dem ~** above [below] sea level. — **~ˌstil·le** *f* calm (of the sea *od.* ocean): **völlige ~** dead calm. — **~ˌstrand** *m* (ocean) beach. — **~ˌstra·ße** *f cf.* Meerenge. — **~ˌströ·mung** *f* **1.** ocean (*od.* sea) current. – **2.** (*durch Winde*) drift current. – **3.** (*durch Temperaturunterschiede*) convection current. – **4.** (*an der Oberfläche*) surface current. – **5.** (*in der Tiefe*) undercurrent. — **~ˌufer** *n cf.* Meeresküste. — **~ˌun·geˌheu·er** *n myth.* sea monster.

ˈMeer|ˌfa·den *m bot.* sea lace (*od.* twine, thong), whipcord, deadmen's lines *pl* (*construed as sg*) (*Chorda filum*). — **~ˌfar·be** *f* sea green. — **~ˌfen·chel** *m bot.* samphire, sea fennel (*Crithmum maritimum*). — **~ˌfich·te** *f zo.* sea fir (*Abietinaria abietina*). — **~ˌfrau** *f myth.* mermaid. — **~ˌgans** *f zo.* brant (*od.* brent) (goose) (*Gattg Branta*). — **~ˌgott** *m myth.* sea-god, god of the sea: **der ~** Neptune, Poseidon. — **~ˌgott·heit** *f* sea deity. — **~ˌgöt·tin** *f* sea-goddess, goddess of the sea. — **~ˌgrop·pe** *f zo. cf.* Seeskorpion. — **~ˌgrün I** *n* sea (*od.* ocean) green, glaucous color (*bes. Br.* colour), aquamarine: **helles ~** beryl. – **II m~** *adj* sea- (*od.* ocean)-green, glaucous: **~e Färbung** glaucescence. — **~ˌgrun·del** *f zo.* sea gudgeon, goby, gobio, gobioid (*scient.*) (*Fam. Gobiidae*): **Mexikanische ~** emerald goby (*Gobionellus smaragdus*). — **~ˌgur·ke** *f* sea cucumber (*od.* slug), holothurian (*scient.*) (*Ordng Holothurioidea*). — **~ˌhecht** *m* hake (*Merluccius merluccius*). — **~ˌjungˌfrau** *f myth.* mermaid. — **~ˌjun·ker** *m zo.* rainbow wrasse (*Coris julis*). — **~ˌkalb** *n cf.* Seehund, Gemeiner. — **~ˌkat·ze** *f* guenon (monkey), long-tailed (*od. scient.* cercopithecoid) monkey (*Gattg Cercopithecus*): **Grüne ~** vervet, green (*od.* grivet) monkey (*C. aethiops*). — **~ˌkrö·te** *f* toadfish (*Thalassophryne maculosa*). — **~ˌläu·fer** *m* Wilson's petrel (*Oceanites oceanicus*). — **~ˌleuch·ten** *n cf.* Meeresleuchten. — **~ˌli·lie** *f* **1.** *zo.* sea lily, crinoid (*scient.*) (*Ordng Crinoidea*). – **2.** *geol.* encrinite. — **m~ˌli·li·enˌar·tig** *adj geol.* encrinal, encrinic, encrinitic(al). — **~ˌmaus** *f zo.* sea mouse (*Aphrodite aculeata*). — **~ˌmensch** *m colloq. for* Seekuh. — **~ˌnes·sel** *f* sea nettle (*Ordng Actinaria*). — **~ˌneunˌau·ge** *n* sea lamprey (*Petromyzon marinus*). — **~ˌohr** *n* abalone (*Gattg Haliotis*). — **~oran·ge** [-ˀoˌrãːʒə] *f* suberite (sponge) (*Gattg Suberites*). — **~ˌot·ter** *m cf.* Seeotter. — **~ˌpfaff** *m cf.* Himmelsgucker. — **~ˌpin·sel** *m* sea pencil (*Gattg Sabellaria*).

ˈMeerˌret·tich *m bot. auch gastr.* horseradish (*Armoracia rusticana*). — **~ˌblattˌkä·fer** *m zo.* mustard beetle (*Phaedon cochlearíae*). — **~ˌerdˌfloh** *m* horseradish flea beetle (*Phyllotreta armoraciae*). — **~ˌsau·ce, ~ˌtun·ke** *f gastr.* horseradish sauce.

ˈMeer|sa·lat *m bot.* sea lettuce, green laver (*od.* sloke), laver(wort) (*Ulva lactuca*). — **~ˌsalz** *n* sea salt. — **~ˌsau** *f zo.* a) **Große ~** scorpion fish, hogfish (*Scorpaena scorfa*), b) **Kleine ~** lesser scorpion fish, sea scorpion (*S. porcus*).

ˈMeerˌschaum *m* **1.** sea froth, sea-foam. – **2.** *min.* meerschaum, *auch* sepiolite. — **~ˌpfei·fe** *f* meerschaum pipe.

ˈMeer|ˌschnecke (*getr.* -k·k-) *f zo.* sea snail. — **~ˌschwal·be** *f cf.* Schwalbenfisch. — **~ˌschwein** *n cf.* Schweinswal. — **~ˌschwein·chen** *n* guinea pig, cavy (*scient.*) (*Cavia porcellus*): **Peruanisches ~** Peruvian cavy (*C. cutleri*); **zu den ~ gehörig** caviine. — **~ˌsenf** *m bot.* sea rocket (*Cakile maritima*). — **~ˌspin·ne** *f zo.* sea spider, thornback, king (*od.* spider) crab (*Maia squinado*): **Japanische ~** Japanese (*od.* giant) spider crab (*Macrocheira Kaempffer*). — **~ˌträub·chen** *n bot.* shrubby horsetail (*Gattg Ephedra*). — **~ˌtrau·ben** *pl zo.* (*Eier des Tintenfisches*) sea grapes. — **m~ˌumˌschlun·gen** *adj poet.* surrounded (*od.* encircled) by the sea, seagirt (*poet.*). — **~ˌun·geˌheu·er** *n myth.* sea monster. — **~ˌwan·ze** *f zo.* water strider (*auch* skipper), ocean (*od.* seaweed) bug (*Gattg Halobates*). — **m~ˌwärts** *adv* seaward(s).

ˈMeerˌwas·ser *n* seawater, saltwater. — **~ˌbecken** (*getr.* -k·k-) *n* seawater (*od.* saltwater) pool. — **~beˌhand·lung** *f med.* seawater treatment(s *pl*).

ˈMeer|ˌweib *n myth.* mermaid. — **~ˌwes·pe** *f zo.* sea wasp (*Chiropsalmus quadrigatus*). — **~ˌzahn** *m* shell worm, tooth shell (*Gattg Dentalium*). — **~ˌzwie·bel** *f bot.* sea onion, squill(id) (*Scilla od. Urginea maritima*): **Schöne ~** star hyacinth (*S. amoena*).

Mee·ting [ˈmiːtɪŋ] (*Engl.*) *n* ⟨-s; -s⟩ (*auch sport*) meeting.

me·fi·tisch [meˈfiːtɪʃ] *adj* (*Dünste etc*) mephitic, *auch* mephitical, noxious, pestilential.

Me·ga..., me·ga... *combining form denoting* mega...

Me·ga·ce·ros [meˈgaːtserɔs] *m* ⟨-; *no pl*⟩ *zo.* (*fossiler Riesenhirsch*) megaloceros, megaceros (*Gattg Megaceros*).

Me·ga·dy·na·mik [megadyˈnaːmɪk] *f geol.* megadynamics *pl* (*often construed as sg*).

Me·ga·hertz [megaˈhɛrts; ˈmeːgaˌhɛrts] *n electr.* megacycle per second.

Me·ga·ko·lon [megaˈkoːlɔn] *n med.* megacolon.

Me·ga·lith [megaˈliːt; -ˈlɪt] *m* ⟨-s; -e⟩ *archeol.* megalith. — **~ˌgrab** *n* megalithic tomb.

Me·ga·li·thi·ker [megaˈliːtikər; -ˈlɪ-] *m* ⟨-s; -⟩ *archeol.* megalithic man.

me·gaˈli·thisch *adj* megalithic.

Me·gaˈlith·kulˌtur *f archeol.* megalithic culture.

Me·ga·lo..., me·ga·lo... *combining form denoting* megalo...

Me·ga·lo·blast [megaloˈblast] *m* ⟨-en; -en⟩ *med.* megaloblast.

ˈMe·ga·loˌlar·ve [ˈmeːgalo-] *f zo.* (*der Krabben*) megalops, *auch* megalopa.

me·ga·lo·man [megaloˈmaːn] *adj med. psych.* megalomaniac(al), megalomanic. — **Me·ga·lo·maˈnie** [-maˈniː] *f* ⟨-; -n [-ən]⟩ megalomania.

Me·ga·lo·po·lis [megaˈloːpolɪs] *f* ⟨-; -polen [-loˈpoːlən]⟩ megalopolis.

Me·ga·lo·sau·rus [megaloˈzaurus] *m* ⟨-; -rier [-rĭər]⟩ *zo.* (*Dinosaurier*) megalosaur, megalosaurian, megalosauroid (*Gattg Megalosaurus*).

Me·ga·lo·zyt [megaloˈtsyːt] *m* ⟨-en; -en⟩ *med.* megalocyte. — **me·ga·loˈzy·tisch** *adj* megalocytic.

Me·ga·lo·zy·to·se [megalotsyˈtoːzə] *f* ⟨-; -n⟩ *med.* megalocytosis.

Me·ga·ohm [megaˈˀoːm; ˈmeːgaˌˀoːm] *n electr.* megohm.

Me·ga·phon [megaˈfoːn] *n* ⟨-s; -e⟩ megaphone.

Me·gä·re [meˈgɛːrə] **I** *npr f* ⟨-; *no pl*⟩ *myth.* Megaera (*one of the Furies*). – **II** *f* ⟨-; -n⟩ *fig. lit.* mean woman, shrew, termagant (*lit.*).

Me·ga·rer [ˈmeːgarər] *m* ⟨-s; -⟩ *antiq.* Megarian, *auch* Megarean.

Me·ga·ri·ker [meˈgaːrikər] *m* ⟨-s; -⟩ *philos.* Megarian, Megaric. — **meˈga·risch** [-rɪʃ] *adj* (*Schule etc*) Megarian, *auch* Megarean.

Me·ga·ron [ˈmeːgarɔn] *n* ⟨-s; Megara [-ra]⟩ *arch. hist.* megaron.

Me·ga·the·ri·um [megaˈteːrĭum] *n* ⟨-s; -rien⟩ *zo.* (*fossiles Riesenfaultier*) megathere (*Gattg Megatherium*).

Me·ga|ton·ne [megaˈtɔnə; ˈmeːgaˌtɔnə] *f phys. nucl.* megaton. — **~volt** [megaˈvɔlt; ˈmeːgaˌvɔlt] *n electr.* megavolt. — **~watt** [megaˈvat; ˈmeːgaˌvat] *n* megawatt.

Meg·ohm [meˈgoːm] *n electr.* megohm.

Mehl [meːl] *n* ⟨-(e)s; *Mehlarten* -e⟩ **1.** flour, (*grobes*) meal: **feinstes ~** superfine flour; **etwas mit ~ bestreuen** (*od.* **einstauben**) to sprinkle (*od.* dust) s.th. with flour, to flour s.th. – **2.** (*pulverförmiger Stoff*) powder, dust. — **m~ˌar·tig** *adj* floury, mealy, farinaceous (*scient.*).

ˈMehlˌbeerˌbaum *m bot.* whitebeam, beam tree (*Sorbus aria*).

ˈMehl|ˌbee·re *f bot.* **1.** *cf.* Mehldorn. – **2.** *cf.* Mehlbeerbaum. — **~ˌbeu·tel** *m* **1.** flour bag. – **2.** *cf.* Mehlsieb. — **~ˌbrei** *m gastr.* flummery, *Br. auch* hasty pudding. — **~ˌdorn** *m bot.* hawthorn, *auch* haw (*Crataegus oxyacantha*). — **~ˌgroßˌhänd·ler** *m econ.* flour wholesaler. — **m~ˌhal·tig** *adj* containing flour (*od.* meal), floury, mealy; farinose, farinaceous (*scient.*). — **~ˌhan·del** *m econ.* flour trade.

ˈmeh·lig *adj* **1.** (*Kartoffeln, Obst etc*) mealy, floury. – **2.** *cf.* mehlartig.

ˈMehl|ˌkä·fer *m zo.* meal (*od.* flour) beetle (*Tenebrio molitor*): **Dunkler ~** dark meal beetle (*T. obscurus*). — **~ˌka·sten** *m* flour (*od.* meal) chest (*od.* bin, box). — **~ˌklei·ster** *m* paste, pap. — **~ˌkloß** *m gastr.* (plain) dumpling. — **~ˌmil·be** *f zo.* **1.** flour (*od.* wheat) mite (*Tyroglyphus farinae*). – **2.** grain mite (*Ascarus siro*). — **~ˌmot·te** *f* Mediterranean flour moth (*Anagasta kuehniella*). — **~ˌpri·mel** *f bot.* bird's-eye, mealy primrose (*Primula farinosa*). — **~ˌsack** *m* **1.** flour bag (*od.* sack): **er ließ sich wie ein ~ in den Sessel fallen** *fig. colloq.* he flopped into the armchair like a sack of potatoes. – **2.** *fig. colloq.* 'tub' (*colloq.*), fat person. — **~ˌschwal·be** *f zo.* house martin (*Delichon urbica*). — **~ˌschwit·ze** *f gastr.* roux. — **~ˌsieb** *n*, **~ˌsie·ber** *m* (*housekeeping*) flour sieve (*od.* sifter). — **~ˌspei·se** *f gastr.* **1.** (*Pfannkuchen etc*) *dessert which contains flour*. – **2.** *Austrian* dessert, sweet (course). — **~ˌstaub** *m* **1.** (*in Mühlen*) flour (*od.* mill) dust, stive. – **2.** *bot. zo.* farina: **mit ~ bedeckt** farinaceous, farinose. — **~ˌsup·pe** *f gastr.* gruel. — **~ˌtau(ˌpilz)** *m bot.* mildew: **Echter ~** powdery mildew (*Fam. Erysiphaceae*); **Falscher ~** downy mildew (*Fam. Peronosporaceae*). — **~ˌwurm** *m zo.* (yellow) mealworm (*larva of Tenebrio molitor*). — **~ˌzucker** (*getr.* -k·k-) *m gastr.* powdered sugar. — **~ˌzüns·ler** *m zo.* meal snout moth (*Pyralis farinalis*).

mehr [meːr] **I** *comp of* viel. – **II** *adv* **1.** more: **viel ~** much more; **nicht ~ und nicht weniger** no more and no less, neither more nor less; **immer ~, ~ und ~** more and more; **noch ~** even (*od.* still) more; **~ als** more than; **etwas ~ als** somewhat (*od.* a little) more than; **~ als genug** more than enough, sufficient; **er will immer ~ haben** he wants more and more, he always wants more; **je ~ er verkauft, desto ~ verdient er** the more he sells the more he earns; **je ~ desto besser** the more the better; **~ kann man nicht verlangen** one can't ask (for) more, what more can one expect? **das schmeckt nach ~** that tastes of more; **~ wert sein als** to be more valuable (*od.* to have a higher value) than; **solche Leute brauchen wir noch ~** we need more (of) such people; **ich habe ~ als nötig** I have more than necessary (*od.* enough), I have enough and to spare; **ich habe ~ zu tun, als dir zuzuhören** I have more (*od.* better things) to do than just listen to you; **~ oder weniger** more or less; **die einen ~, die andern weniger** some more than others; **sie protzen mit ihrem Reichtum, einer immer noch ~ als der andere** they vie with one another in flaunting their wealth; **um so ~** so much (*od.* all) the more; **um so viel ~** so much the more; **nur um so ~** all the more so; **um so ~ als** so much the more as, more particularly as; **~ als noch einmal so lang** as long again and more; **ich liebe dich ~ denn je** I love you more than ever; **ich arbeite ~ als du** I work more than you; **je ~ man hat, je ~ man will** (*Sprichwort*) the more one has the more one wants; **und anderes ~** and so on (*od.* forth); **und dergleichen ~** and more of the same, and such like; **es waren ~ als 100 Leute dort** there were more than a 100 people there; **im Alter von 60 Jahren und ~** at an age of 60 years and more (*od.* over, upward[s]); ~ als 20 Mark more than 20 marks; du mußt fünf Mark mehr geben you must give five marks more; dies ist ein Grund ~ that's one reason more, that's an additional reason; ~ als die Hälfte more than (*od.* over) half; ~ als schlecht worse than bad, as bad as bad can be; nichts ~ nothing more; es ist nichts ~ da there is nothing (more) left; er kann nichts ~ essen he cannot eat any more; er hat nichts ~ he has nothing more; ich will nichts ~ davon hören I want to hear nothing more about it, I don't want to hear anything more about it; niemals ~ nevermore; kein Wort ~! not another word! was will er ~? what more does he want? das ist nicht ~ als recht und billig that is no more than is justified; man soll nicht ~ tun als man zu tun imstande ist one should not do more than one is capable of; der Beweis hat den Verdacht ~ als gerechtfertigt the proof has more than justified the suspicion; das ~ als schlechte Ergebnis der Prüfung the more than poor results of the test. – **2.** (*besser*) more, better: sie hält sich für ~ als ich she thinks (*od.* considers) herself more than me; er ist nicht ~ als wir he is no better than we; ~ sein als scheinen to be more than one appears to be; es steckt ~ in ihm, als man denkt there is more to him than one would think, he's better than one would suppose; du mußt ~ aufpassen you must pay more attention; die neue Stelle sagt ihr ~ zu her new position is more agreeable to her, she likes her new position better. – **3.** (*eher*) more, nearer, rather: ~ groß als klein tall (*od.* large) rather than small; ~ ärgerlich als zornig more vexed than irate; ~ lang als breit more long than broad, long more than broad; er ist ~ Gelehrter als Künstler he's more (of) a scholar than an artist; wir waren ~ tot als lebendig we were nearer dead than alive. – **4.** (*ferner, weiter*) more, other: ihm bleibt nichts ~ übrig als he has no other choice but to, there is nothing more (*od.* else) he can do but to; hat sich keiner ~ auf die Annonce gemeldet? have no others (*od.* has no one else) answered (*od.* responded to) the advertisement? das darf nie ~ passieren that must never happen again; ich wußte nicht ~, was ich tun sollte I no longer knew what to do, I didn't know what to do any more; es war niemand ~ da no more people were there, they were all gone; was wollen Sie noch ~? what more (*od.* else) do you want? – **5.** (*länger*) more, longer: du bist kein Kind ~ you are no longer a child; er ist nicht ~ derselbe Mann he's no longer the same man; ich kann nicht ~ I can't go on any more, I've had it, I'm done for; nicht ~ lange not much longer; es dauert nicht ~ lange a) (*ist bald vorbei*) it won't last much longer, b) (*läßt nicht lange auf sich warten*) it won't be long; er lebt (*od.* ist) nicht ~ he is no longer alive. – **6.** (*in attributiver Stellung beim Substantiv*) more: unsere Nachbarn haben noch ~ Kinder als wir our neighbo(u)rs have even more children than we (have); das kann er mit ~ Recht behaupten he is more correct in saying so; ich habe heute ~ Hoffnung als sonst I have more hope today than usual; er hat ~ Geld, als du denkst he has more money than you think. – **7.** nur ~ *Southern G. and Austrian* only, but: es sind nur ~ zwanzig there are only twenty left.

Mehr *n* ⟨-(s); *no pl*⟩ **1.** (*in Wendungen wie*) ein ~ an Erfahrung besitzen to be more experienced; das ~ oder Weniger ist nicht so wichtig whether (it is) more or less is not so important. – **2.** (*Mehrheit*) majority: ein ~ von 20 Stimmen a majority of 20 (votes). – **3.** (*Zusätzliches*) surplus, excess: ein ~ an Kosten excess costs *pl*. – **4.** (*Zuwachs*) increase. – **5.** *econ.* over.

'Mehr|ˌachsˌanˌtrieb *m tech.* multiaxle (*Br.* multi-axle) (*od.* multiple-axle) drive. — **~-ˌar·beit** *f* **1.** additional (*od.* extra) work. – **2.** *econ.* (*Überstunden*) overtime. — **m~-ato·mig** [-ˀaˌtoːmɪç] *adj chem.* polyatomic. — **~ˌaufˌwand** *m* **1.** (*an Kraft, Energie etc*) additional expenditure (*od.* effort): das erfordert einen ~ an Zeit additional time will be necessary for that. – **2.** *econ.* additional (*od.* extra) expense(s *pl*) (*od.* expenditure). — **~ˌausˌga·be** *f meist pl econ.* **1.** (*Ausgabenerhöhung*) increase in expenditure. – **2.** (*Ausgabenüberschuß*) excess of expenditure (over receipts). – **3.** (*von Banknoten etc*) overissue, *Br.* over-issue. – **4.** *cf.* Mehraufwand 2. — **m~ˌbän·dig** [-ˌbɛndɪç] *adj* multivolume(d), comprising several volumes. — **m~ˌba·sig** [-ˌbaːzɪç] *adj chem.* polybasic. — **~beˌdarf** *m* **1.** additional requirements *pl*. – **2.** *econ.* increased demand. — **~beˌla·stung** *f* **1.** (*Überbelastung*) overload, excessive (*od.* surplus) load. – **2.** (*zusätzliche Belastung*) additional (*od.* extra) load. – **3.** *econ.* additional (*od.* extra) charge. — **~beˌreichsˌöl** *n* multigrade oil. — **~beˌstand** *m econ.* **1.** surplus (*od.* excess) stock. – **2.** (*zusätzlicher Bestand*) additional (*od.* extra) stock. — **~beˌtrag** *m* excess (amount), surplus. — **~ˌbie·ten·de** *m*, **~-ˌbie·ter** *m* ⟨-s; -⟩ (*bei Auktionen, Kartenspiel etc*) higher bidder, outbidder. — **m~-ˌchö·rig** [-ˌkøːrɪç] *adj mus.* having two or more (sets of) strings to a note. — **m~-ˌdeu·tig** [-ˌdɔʏtɪç] *adj* **1.** ambiguous, equivocal. – **2.** *math. philos.* (*Abbildungen*) one-many (*attrib*). — **~ˌdeu·tig·keit** *f* ⟨-; -en⟩ **1.** ambiguity, equivocality. – **2.** ⟨*only sg*⟩ *math. philos.* one-manyness. — **m~di·men·sioˌnal** *adj math.* multidimensional, polydimensional. — **~ˌehe** *f* plural (*od.* polygamous) marriage. — **~ˌeinˌkom·men** *n econ.* additional (*od.* higher) income. — **~ˌeinˌnah·me** *f* **1.** additional (*od.* extra) receipts *pl*. – **2.** (*Einnahmenerhöhung*) increase of receipts. – **3.** (*Einnahmenüberschuß*) surplus (of) receipts *pl*, surplus.

meh·ren ['meːrən] **I** *v/t* ⟨h⟩ **1.** increase, augment: seinen Besitz ~ to increase one's possessions. – **II** *v/reflex* ⟨h⟩ sich ~ **2.** increase, augment, grow: die Anfragen mehrten sich the number of inquiries was increasing. – **3.** (*sich vermehren*) *rare* multiply: seid fruchtbar und mehret euch *Bibl.* be fruitful and multiply. – **III M~** *n* ⟨-s⟩ **4.** *verbal noun.* – **5.** *cf.* Mehrung.

'meh·re·re *indef pron* **I** (*adjektivisch*) several, (*verschiedene*) *auch* various, sundry: ~ Male several times; ~ Menschen several people; aus ~n Gründen for various reasons; bei ~n Gelegenheiten on sundry occasions. – **II** (*substantivisch*) several: ~ von euch several of you; wir gingen zu ~n in einer Reihe several of us walked along in a row.

'meh·re·res *indef pron* several (*od.* various) things *pl* (*od.* matters *pl*).

'meh·rer'lei *indef pron* **I** (*adjektivisch*) ⟨*invariable*⟩ several (kinds of): wir haben ~ Sorten Tabak vorrätig we have several brands of tobacco in store; ~ Probleme sind zu besprechen several problems must be discussed. – **II** (*substantivisch*) several things *pl*: es ist noch ~ zu tun several things must be done still, there are still several things to be done.

'Mehr|erˌlös *m econ.* increase (*od.* excess) of proceeds (*od.* receipts). — **~erˌtrag** *m* increase of profit, increment, surplus.

'mehrˌfach I *adj* ⟨*attrib*⟩ **1.** (*Mörder, Schicht etc*) multiple: eine ~e Stimmabgabe ist nicht zulässig multiple voting is not allowed; in ~er Hinsicht in more than one respect. – **2.** (*wiederholt*) repeated, reiterated: trotz ~er Aufforderung in spite of repeated demands; durch ~es Lesen by repeated reading. – **3.** (*bes. sport*) (*Sieger etc*) several-time. – **4.** *math.* (*Tangente*) multiple. – **5.** *electr.* multiple(x). – **II** *adv* **6.** (*wiederholt*) repeatedly, several times: sein Name wurde ~ genannt his name was repeatedly mentioned; es ist ~ angefragt worden repeated inquiries have been made. – **7.** (*mehr als erforderlich*) several times over: er hat mir den Schaden ~ ersetzt he has paid for (*od.* repaid) the loss I suffered several times over. – **III M~e, das** ⟨-n⟩ **8.** (*einer Zahl etc*) the multiple. – **9.** ein M~es many times *pl*: die Schulden wurden dadurch um ein M~es erhöht the debts were increased thereby many times over.

'Mehrˌfach|beˌlich·tung *f phot.* (*einer Aufnahme*) multiple exposure. — **~beˌsteue·rung** *f econ.* multiple taxation. — **~ˌka·bel** *n electr.* multiconductor (*od.* multicore) cable. — **~kon·denˌsa·tor** *m* multiple-unit capacitor, gang capacitor. — **~raˌke·ten-ˌwer·fer** *m mil.* multiple rocket launcher. — **~ˌschal·ter** *m electr.* multiple contract switch. — **~ˌschal·tung** *f* intermediate wiring. — **~ˌse·hen** *n med.* polyopia. — **~ˌstecker** (*getr.* -k·k-) *m electr.* multiple (*od.* multicontact) plug. — **~te·le·foˌnie** *f tel. cf.* Mehrfachtelephonie. — **~te·le·graˌfie, ~te·le·graˌphie** *f* multiplex telegraphy. — **~te·le·phoˌnie** *f* multiplex telephony. — **~verˌsi·che·rung** *f econ.* **1.** multiple (*od.* double) insurance. – **2.** coinsurance *Br.* co-. — **~ˌzün·der** *m mil.* combination fuse.

'Mehr|faˌmi·li·enˌhaus *n* multiple dwelling. — **~ˌfar·benˌdruck** *m print.* **1.** multicolor (*bes. Br.* multicolour) print, polychrome print. – **2.** (*Druckvorgang*) multicolor (*bes. Br.* multicolour) printing, polychrome printing.

'mehrˌfar·big, *Austrian* **'mehrˌfär·big** *adj* multicolor(ed), *bes. Br.* multicolour(ed), polychrome, polychromatic. — **'Mehr-ˌfar·big·keit**, *Austrian* **'Mehrˌfär·big·keit** *f* multicolor, *bes. Br.* multicolour, polychrome.

'Mehrˌfel·derˌwirt·schaft *f agr.* multi-course rotation.

'mehr|ˌfin·ge·rig [-ˌfɪŋərɪç], **~ˌfing·rig** [-ˌfɪŋrɪç] *adj med. zo.* polydactyl(e), polydactylous. — **M~ˌfin·ge·rig·keit, M~-ˌfing·rig·keit** *f* ⟨-; *no pl*⟩ polydactyly, polydactylism.

'Mehr|ˌfor·de·rung *f econ.* higher demand. — **~ˌfracht** *f* **1.** overage. – **2.** (*Tarif*) surcharge. — **~ˌfron·tenˌkrieg** *m mil.* war on several fronts. — **~ˌgang·geˌtrie·be** *n tech.* **1.** multispeed gearbox. – **2.** (*des Autos etc*) multispeed (*od.* multiple-speed) gearbox (*od.* transmission). — **m~ˌgän·gig** *adj* **1.** *tech.* a) (*Gewinde*) multiple-threaded, b) (*Schnecke*) multistart (*attrib*). – **2.** *electr.* (*Wicklung*) multiplex. — **~geˌbä·ren·de** *f med.* multipara, pluripara. — **~geˌbot** *n econ.* higher bid, overbid. — **~geˌwicht** *n* surplus weight, excess (of) weight, overweight.

'Mehr·geˌwinn *m econ.* excess (*od.* surplus) profit(s *pl*). — **~ˌsteu·er** *f* excess-profits duty (*Am.* tax).

'Mehr|ˌgit·terˌröh·re *f electr.* multigrid tube (*bes. Br.* valve). — **m~ˌglei·sig** [-ˌglaɪzɪç] *adj* (*railway*) (*Strecke*) multiple-tracked. — **m~ˌglie·de·rig, m~ˌglied·rig** *adj* **1.** *tech.* multiple-member, multiple-link (*beide attrib*). – **2.** *math.* consisting of several terms, polynomial (*scient.*).

'Mehr·heit *f* ⟨-; -en⟩ **1.** majority: die ~ des Volkes the majority (*od.* body) of the people; wir sind in der (*od.* haben die) ~ we are in the majority; in der ~ der Fälle in the majority of cases, in most cases; die schweigende ~ the silent majority. – **2.** *bes. pol.* (*Stimmenmehrheit*) majority, plurality: die absolute [einfache] ~ the absolute [simple] majority; er wurde mit geringer (*od.* knapper) [großer, überwältigender] ~ gewählt he was elected by a bare (*Am. colloq.* shoestring) [large *od.* big, an overwhelming] majority; zahlenmäßige ~ numerical majority; die (parlamentarische) ~ besitzen [erringen, gewinnen, verlieren] to possess [to obtain, to win, to lose] the (parliamentary) majority; er konnte die ~ der Stimmen auf sich vereinigen he was given the majority of the votes.

'mehr·heit·lich *adv* by the majority.

'Mehr·heits|beˌschluß *m*, **~entˌschei·dung** *f bes. pol.* majority vote: durch ~ by a majority of votes, by majority vote, *Am. auch* by a plurality. — **~parˌtei** *f pol.* majority party. — **~prinˌzip** *n* principle of majority (rule). — **~re·gie·rung** *f* majority government. — **~ˌwahlˌrecht** *n* majority suffrage.

'mehrˌjäh·rig *adj* **1.** of (*od.* lasting) several years: nach ~en Bemühungen after several years of effort, after an effort of several years. – **2.** of several years' duration: ein ~er Vertrag a treaty of several years' duration. – **3.** *bot.* perennial. — **M~ˌkampf** *m* (*sport*) combined competition (*od.* event). — **~ˌker·nig** *adj phys.* polynuclear. — **~ˌköp·fig** [-ˌkœpfɪç] *adj* **1.** (*Familie, Delegation etc*) of (*od.* comprising) several people. – **2.** *zo.* having several heads, many-headed, polycephalous (*scient.*). — **M~ˌko·sten** *pl econ.* additional (*od.* extra) charges (*od.* costs, expenses). — **M~ˌkreis-emp·fän·ger** *m* (*radio*) multicircuit receiver.

'Mehrˌla·de|geˌwehr *n mil. cf.* Mehrlader. — **~piˌsto·le** *f* automatic pistol.

'Mehrˌla·der *m mil.* automatic rifle, repeater.

'Mehr|,lei·stung *f econ.* **1.** (*erhöhte Produktion*) additional (*od.* increased) output. – **2.** (*Erhöhung der Produktion*) increase of output. – **3.** (*einer Versicherung*) extended benefits *pl.* – **4.** (*einer Person*) better performance, increased efficiency, (*über das Geforderte hinaus*) *auch* extra performance. — **~,lei·ter,ka·bel** *n electr.* multiconductor (*od.* multicore) cable. — **~,lie·fe·rung** *f econ.* excess delivery.

'Mehr·ling *m* ⟨-s; -e⟩ *one of the progeny of a multiple birth.*

'Mehr·lings·ge,burt *f med.* multiple birth.

'mehr,ma·lig *adj* ⟨*attrib*⟩ repeated, reiterated: trotz ~er Aufforderung despite repeated demands.

'mehr,mals *adv* repeatedly, several times, more than once: ich habe es ihm ~ gesagt I told him so repeatedly.

'mehr|mo,to·rig [-mo,toːrɪç] *adj aer.* (*Flugzeug*) multiengine(d), *Br.* multi-engine(d). — **M~par,tei·en·sy,stem** *n pol.* multiparty system. — **M~,pha·sen,strom** *m electr.* polyphase (*od.* multiphase) current. — **~,pha·sig** [-,faːzɪç] *adj* polyphase, multiphase (*beide attrib*). — **~,po·lig** [-,poːlɪç] *adj* multipolar; multipole, multiple-pole (*attrib*). — **M~,por·to** *n* (*postal service*) additional postage. — **~,rei·hig** [-,raɪɪç] *adj* in several rows. — **M~,schich·ten,film** *m phot.* multilayer film. — **~,schich·tig** *adj* multilayer (*attrib*). — **~,sei·tig** *adj* **1.** *math.* polygonal. – **2.** *pol.* (*Abkommen, Verhandlungen etc*) multilateral, multipartite. — **~,sil·big** [-,zɪlbɪç] *adj ling.* (*Wort*) polysyllabic(al), multisyllabic. — **M~,sit·zer** [-,zɪtsər] *m* ⟨-s; -⟩ *aer.* multiseater. — **~,sit·zig** [-,zɪtsɪç] *adj* having more than one seat. — **~,spal·tig** *adj* (*Anzeige etc*) spread (over several columns). — **~,spra·chig** [-,ʃpraːxɪç] *adj* multilingual, polyglot: ~ aufwachsen to grow up speaking several languages. — **~,spu·rig** [-,ʃpuːrɪç] *adj* multilane (*attrib*). — **M~,stär·ken,glas** *n* (*optics*) multifocal lens. — **~,stel·lig** [-,ʃtɛlɪç] *adj* (*Zahl*) multidigit, multiplace (*beide attrib*), of several places. — **M~,stim·men(,wahl),recht** *n pol.* plural vote.

'mehr,stim·mig *mus.* **I** *adj* **1.** (*Lied, Satz etc*) polyphonic, for (*od.* in, of) several parts, for several voices. – **2.** (*Trio, Chor etc*) concerted: ~es Spiel part playing. – **II** *adv* **3.** in parts (*od.* harmony): ~ singen to sing in parts (*od.* harmony), to harmonize *Br. auch* -s-; ein Musikstück ~ setzen a) to set a piece of music for several parts, b) (*homophon*) to harmonize a piece of music. — **'Mehr,stim·mig·keit** *f* ⟨-; *no pl*⟩ polyphony.

'Mehr|,stimm,rechts,ak·tie *f econ.* multivoting share. — **m~,stöckig** (*getr.* -k·k-) [-,ʃtœkɪç] *adj* multistorey, *bes. Am.* multistory (*attrib*). — **~,stu·fe** *f ling.* comparative. — **~,stu·fen·ra,ke·te** *f* (*space*) multistage rocket. — **m~,stün·dig** [-,ʃtʏndɪç] *adj* of (*od.* lasting) several hours: nach ~en Besprechungen after several hours of talks, after talks lasting (*od.* that lasted) for several hours. — **m~,tä·gig** *adj* of (*od.* lasting) several days. — **m~,tei·lig** *adj* **1.** (*Wörterbuch etc*) consisting of several parts. – **2.** (*Anbaumöbel etc*) multisectional, multipart (*attrib*).

'Meh·rung *f* ⟨-; *no pl*⟩ **1.** *cf.* Mehren. – **2.** increase, augmentation.

'Mehr|ver,brauch *m econ.* additional (*od.* excess, extra) consumption. — **~,völ·ker·,staat** *m pol.* multinational (*od.* multiracial) state.

'Mehr,we·ge,hahn *m tech.* branch cock.

'Mehr,wert *m econ.* additional (*od.* added) value, value added.

'mehr,wer·tig *adj* **1.** *math.* multiple(-valued): ~e Wurzel multiple root. – **2.** *biol. chem.* multivalent, polyvalent.

'Mehr,wert,steu·er *f econ.* value-added tax, *auch* added-value tax.

'Mehr,wert·theo,rie *f econ. pol.* theory of greater value.

'mehr,wö·chig [-,vœçɪç] *adj* of (*od.* lasting) several weeks: ein ~er Aufenthalt in den Bergen a stay in the mountains of several weeks, a several-week stay in the mountains; ~e Verhandlungen several weeks of negotiations.

'Mehr|,zahl *f* ⟨-; *no pl*⟩ **1.** *ling.* plural: die ~ eines Wortes bilden to form the plural of a word; ein Wort in die ~ setzen to put a word in(to) the plural; das Wort gibt es nur in der ~ (*od.* kommt nur in der ~ vor) the word is only used (*od.* occurs only) in the plural. – **2.** (*Mehrheit*) majority: die ~ der Besucher the majority of the visitors; in der ~ der Fälle in the majority of cases, in most cases. — **m~,ze·hig** [-,tseːɪç] *adj med. zo.* polydactyl(e), polydactylous: ein ~es Tier a polydactyl. — **~,ze·hig·keit** *f* ⟨-; *no pl*⟩ polydactyly. — **m~,zei·lig** [-,tsaɪlɪç] *adj* of (*od.* comprising) several lines. — **m~,zel·lig** [-,tsɛlɪç] *adj biol.* (*Organismus*) multicellular, polycellular. — **m~,zo·nig** [-,tsoːnɪç] *adj* (*optics*) polyzonal.

'Mehr,zweck|ar·til·le,rie *f mil.* dual (*od.* multipurpose) artillery. — **~,bau,art** *f tech.* multipurpose (*od.* all-purpose) design. — **~,fahr,zeug** *n* multipurpose vehicle. — **~ge,rä·te** *pl* (*bes. für Kinderturnen*) multipurpose apparatus *sg.* — **~,hal·le** *f* multipurpose hall. — **~,mö·bel** *pl* multipurpose furniture *sg.*

'mehr·zy,lin·drig [-tsi,lɪndrɪç; -tsy-] *adj tech.* (*Motor*) multicylinder(ed).

mei·den ['maɪdən] **I** *v/t* ⟨meidet, mied, gemieden, h⟩ **1.** avoid, keep away from, steer (*od.* stay, keep) clear of, *auch* shun, flee, eschew (*lit.*): die Gefahr ~ to avoid danger; sie ~ sich (*od.* einander) they avoid (*od.* stay clear of) each other; er meidet unsere Straße he avoids our street; das Glück meidet mich *poet.* luck is shunning me; was man nicht kann ~, das soll man willig leiden (*Sprichwort*) what can't be cured must be endured (*proverb*). – **2.** (*Gericht, Getränk*) abstain from. – **II M~** *n* ⟨-s⟩ **3.** *verbal noun.* – **4.** avoidance, eschewal (*lit.*). – **5.** (*eines Gerichts, Getränks*) abstinence (from).

Mei·er ['maɪər] *m* ⟨-s; -⟩ **1.** *hist.* a) bailiff, steward, b) majordomo, mayor of the palace. – **2.** *obs.* farm tenant, tenant of a farm. – **3.** *bot. cf.* Miere.

Meie'rei *f* ⟨-; -en⟩ dairy (farm).

Mei·le ['maɪlə] *f* ⟨-; -n⟩ mile: englische ~ British mile; fliegende ~ (*sport*) flying mile; zehn ~n in der Stunde zurücklegen to do ten miles per hour; viele ~n lang a) many miles long, b) for many miles; viele ~n weit a) many miles long, b) for many miles, c) many miles distant (*od.* away).

'Mei·len|,stein *m* **1.** milestone. – **2.** *fig.* milestone, milepost, landmark: ein ~ in der Geschichte Deutschlands a milestone in the history of Germany. – **3.** *hist.* (*römischer*) milliary (column). — **m~weit** [-,vaɪt; -'vaɪt] **I** *adj* **1.** of many miles: nach ~er Fahrt kamen wir nach X after a drive of many miles (*od.* after we had driven many miles) we arrived in X; in ~er Entfernung in a distance of many miles, miles away. – **II** *adv* **2.** many miles: das ist ~ von hier entfernt that is many miles away from here; das Ziel ~ verfehlen to miss the target by many miles; man konnte das Feuer ~ sehen one could see the fire from (many) miles away; die Städte liegen ~ auseinander the towns lie miles apart; ich bin ~ davon entfernt, das zu tun *fig.* I have no intention (what[so]ever) of doing that. – **3.** for miles and miles, for many miles: das Land ~ übersehen können to be able to overlook the country for miles and miles.

Mei·ler ['maɪlər] *m* ⟨-s; -⟩ **1.** (*Kohlenmeiler*) (charcoal) pile. – **2.** *nucl. cf.* Atommeiler. — **~,koh·le** *f* charcoal.

mein [maɪn] **I** *possess pron* **1.** ⟨*used as adj*⟩ a) my, b) *poet.* ⟨*nachgestellt, undeclined*⟩ my: mein Sohn my son; einer ~er Söhne one of my sons; er ist ~ ein und alles he is my one and all; ~ Arzt my doctor; ~ Flugzeug kam pünktlich my plane arrived on time; ich werde ~ möglichstes tun I'll do my utmost (*od.* best), I'll do the best I can; ~e Damen und Herren Ladies and Gentlemen; ~ lieber X (*im Brief*) my dear X; na, ~ Junge, wie geht's? *colloq.* well, my boy, how are you? ach, du ~e Güte! *colloq.* my goodness! (*colloq.*); die Mutter ~ *poet.* my mother. – **2.** ⟨*used as pred*⟩ a) ~er, ~e, ~(e)s, der, die, das ~e mine, b) ⟨*undeclined*⟩ mine: sein Haus ist größer als ~es (*od.* das mein[ig]e) his house is bigger than mine; wessen Wagen ist das? ~er! whose car is that? mine! sie ist endlich ~ she is mine at (long) last; er verwechselt manchmal ~ und dein, er kann manchmal nicht zwischen ~ und dein unterscheiden *fig. humor.* he cannot always tell mine from thine; → klein 1. – **3.** ⟨*used as noun*⟩ der, die, das M~e my (own), mine: der Mein(ig)e my husband; die Mein(ig)e my wife; willst du die M~e sein? do you want to be mine? ich habe das Mein(ig)e dazu beigetragen I have made my contribution, I have done my share; ich habe das M~e getan I did my part (*od.* all I could); ich will das Mein(ig)e behalten I want to keep my property; die Mein(ig)en my family *sg*, my people (*od. colloq.* folks). – **II** *pers pron* **4.** ⟨*gen of* ich⟩ *poet. od. archaic* (of) me: gedenke ~ remember me; vergiß ~ nicht forget me not, don't forget me.

'Mein,eid ['maɪn-] *m jur.* perjury, false swearing (*od.* oath): einen ~ schwören to perjure (*od.* forswear) oneself, to swear a false oath, to commit perjury; j-n wegen ~s verurteilen to convict s.o. of perjury; j-n zum ~ anstiften to suborn s.o.; Anstiftung zum ~ subornation of perjury. — **'mein,ei·dig** [-,ˀaɪdɪç] *adj* **1.** (*Person*) perjured, forsworn: ~ werden to perjure (*od.* forswear) oneself, to commit perjury; nicht ~ unperjured. – **2.** (*Aussage etc*) perjured, perjurious. — **'Mein,ei·di·ge** *m, f* ⟨-n; -n⟩ perjurer. — **'Mein,ei·dig·keit** *f* ⟨-; *no pl*⟩ *jur.* perjuredness.

mei·nen ['maɪnən] *v/t* ⟨h⟩ **1.** (*sagen wollen*) mean: wie ~ Sie das? how do you mean? ~ Sie das ernst? do you really mean it? ich meine das nicht so I don't mean it that way. – **2.** (*beabsichtigen*) mean, *auch* intend: ich habe es doch nicht böse (*od. colloq.* so) gemeint I really meant no harm; sein Brief war doch nur gut gemeint his letter was well meant; du meinst es aber gut mit mir! *fig. colloq.* (*mit zu großer Portion Essen etc*) you are too generous! that's too much for me! er meint es gut (*od.* ehrlich, redlich) mit dir he means well by you, he means you no harm; die Sonne meint es heute gut mit uns *fig.* the sun means well by us today. – **3.** (*sprechen von*) mean, speak (*od.* talk) of: ich meine dieses Buch hier I mean this book here; er meinte mich a) he was speaking of me, b) he was speaking to (*od.* addressing) me; ~ Sie mich damit? do you mean me by that? er war nicht gemeint that was not meant for him. – **4.** (*einer Ansicht sein*) think, believe, be of (the) opinion: was meinst du dazu? what do you think of that? what is your opinion about that? ~ Sie das im Ernst? do you really believe that? are you in earnest about that? ich meine, es sei (so) das beste I am of the opinion that this is best (*od.* that this is the best solution); ich meine dich im Recht *rare* I believe you to be right; meinst du, deiner Strafe zu entgehen? do you think you can avoid punishment? man könnte ~, sie sei krank one might think she is ill; man sollte ~, er hätte inzwischen Vernunft angenommen one should think he knew better than that (*od.* he listened to reason) by now; sie meint wunder, wer sie ist *colloq.* she thinks she is something special, she has a good opinion of herself; das will ich (aber) ~! *colloq.* I should think so (indeed)! ~ Sie? do you think so? – **5.** (*sagen zu*) (zu to) say: was ~ Sie zu Schnitzel? what do you say to cutlets? how (*od.* what) about cutlets? – **6.** (*anregen*) suggest: er meinte, wir sollten in aller Frühe losfahren he suggested we leave (*od.* that we should leave) early in the morning; ich meine ja nur (so)! *colloq.* it just struck me, (that was) merely a suggestion, just a suggestion (of mine). – **7.** (*sagen*) say: er meinte: „Wir gehen sofort" he said, "we'll be leaving in a minute"; er meinte, wir würden sofort gehen he said we would leave in a minute; wie ~ Sie? what did you say? (*höflicher*) I beg your pardon. – **8.** (*wollen*) like, wish, want: wie Sie ~ as you like, if you say so.

mei·ner ['maɪnər] *pers pron* ⟨*gen of* ich⟩ **1.** (of) me: er erinnerte sich ~ nicht mehr he didn't remember me; sie ist ~ nicht wert she is not worthy of me; erbarm dich ~ *Bibl.* have mercy upon me. – **2.** ~ (selbst) myself: ich war ~ selbst nicht mehr mächtig I could no longer control myself; ich war ~ (selbst) nicht ganz sicher I wasn't quite sure.

'mei·ner'seits *adv* **1.** as for me, for my part,

as to myself, as far as I am concerned: **ich ~ würde so etwas nicht machen** as for me I should not do a thing like that; **ich werde ~ nach X fahren** as to myself I'll go to X. – **2.** ~! the pleasure is mine: **ich freue mich, Sie kennengelernt zu haben. Ganz ~!** I am pleased to have made your acquaintance. The pleasure is all mine.

'mei·nes'glei·chen *indef pron* ⟨*undeclined*⟩ **1.** my equals, people like myself, my own kind: **ich verkehre nur mit ~** I only mix (*od.* associate) with people like myself. – **2.** people such as I: **~ kann sich das nicht leisten** people such as I can't afford that.

'mei·nes'teils *adv cf.* meinerseits 1.

'mei·net'hal·ben ['maɪnət-] *adv obs. od. lit. for* meinetwegen.

'mei·net'we·gen *adv* **1.** (*von mir aus*) I don't mind, (*stärker*) for all (*od. lit.* aught) I care; **~ kannst du hingehen** I don't mind if you go there, you may go there for all I care (*od.* as far as I am concerned); **~!** if (*od.* as) you like! I don't mind! **ja, ~** oh, all right then, (very well,) have it your (own) way. – **2.** (*für mich*) for my sake, for me: **er hat es ~ getan** he did it for me; **er hat diese Mühe nur ~ auf sich genommen** it was only for my sake that he went to all this trouble; **bemüh dich nicht ~** don't go to any trouble (for me). – **3.** (*wegen mir*) because of me, on my account: **~ brauchst du aber nicht zu warten** you do not need to wait because of me; **er hatte ~ viel Scherereien** he had a lot of trouble because of me. – **4.** (*in meiner Sache*) on (*od.* in) my behalf: **sie hat ~ mit dem Direktor gesprochen** she talked to the director on my behalf.

'mei·net'wil·len *adv* (um) ~ *cf.* meinetwegen 2, 4.

'mei·nig *possess pron* **I** ⟨*used as pred*⟩ **der, die, das ~e** *cf.* mein 2a. – **II** ⟨*used as noun*⟩ **der, die, das M~e** *cf.* mein 3.

'Mei·nung *f* ⟨-; -en⟩ **1.** (über *acc*, von) opinion (of, about), view (of): **die öffentliche ~** public opinion; **eine vorgefaßte ~** a preconceived opinion, a preconception, *auch* a prejudice; **die (vor)herrschende ~** the prevailing opinion; **entgegen einer weitverbreiteten ~** contrary to the widely held view; **ich glaube, die ~ aller zu vertreten, wenn ich sage, daß** I think I am speaking for everyone if I say that; **eine eigene ~ haben** to have an opinion of one's own; **j-n von seiner ~ abbringen** to make s.o. change his opinion; **seine ~ über** (*acc*) **etwas ändern** (*od.* **revidieren**) to change one's opinion (*od.* mind) about s.th., to revise one's opinion of s.th.; **er steht mit seiner ~ allein** he is alone in holding this opinion; **jeder kann seine ~ frei äußern** (*od.* **kundtun, sagen**) everyone can express his opinion freely, everyone can speak his mind freely; **~en austauschen** to exchange views; **j-s ~ beipflichten** (*od.* **beistimmen**) to agree (*od.* concur) with s.o., to be of the same opinion as s.o.; **auf seiner ~ beharren** (*od.* **bestehen**), **an seiner ~ festhalten, nicht von seiner ~ lassen** to stick to one's opinion; **sich** (*dat*) **eine ~ über j-n [etwas]** (*od.* **von j-m [etwas]**) **bilden** to form an opinion of s.o. [about s.th.]; **keine andere ~ dulden** to tolerate no differing opinion; **seine ~ durchsetzen** to have it one's own way, to gain acceptance for one's opinion; **ich werde ihn nicht erst um seine ~ fragen** (*od.* **bitten**) I shall not ask his opinion first; **sich einer ~ anschließen** to subscribe to an opinion; **eine ~ haben [verfechten** *od.* **vertreten, vorbringen]** to have [to advocate, to advance] an opinion; **ich habe ihm gründlich** (*od.* **gehörig**) **die** (*od.* **meine**) **~ gesagt** *colloq.* I gave him a good piece of my mind, I gave him a talking-to; **zu seiner ~ stehen, für seine ~ eintreten** to stand by one's opinion, to have the courage of one's convictions; **j-s ~ teilen** to share s.o.'s view(s); **ich bin ganz Ihrer ~** I quite agree with you, I am of the same opinion as you (are); **das ist meine ~, ich bin dieser ~** that is my opinion; **ganz meine(r) ~!** I quite (*od.* fully) agree! **wir sind einer** (*od.* **derselben, der gleichen**) **~** we are of one (*od.* the same) opinion; **sie waren entgegengesetzter ~** their views were diametrically opposed; **ich bin der ~, daß** I am of the opinion that; **ich bin darüber anderer ~ als Sie** I am of a different opinion about that, I disagree (*od.* differ) with you about that; **wir sind in der Beziehung geteilter ~** we disagree in that respect, as to that we don't see eye to eye; **darüber kann man geteilter** (*od.* **verschiedener**) **~ sein** there is more than one way of looking at that; **meine ~ darüber kennst du** you know my view of that, you know what I think about that; **wenn du meine ~ hören** (*od.* **wissen**) **willst** if you want to know my view, if you ask me; **die ~en über dieses Thema sind geteilt** (*od.* **gehen auseinander**) (the) opinions about this subject are divided; **er hält mit seiner ~ nicht hinter dem Berge** he does not mince matters, he speaks his mind; **nach meiner ~, meiner ~ nach** in my opinion (*od.* eyes), to my mind, to my (way of) thinking; **nach meiner unmaßgeblichen ~, meiner unmaßgeblichen ~ nach** in my humble opinion. – **2.** (*Wertschätzung*) opinion: **eine gute [hohe, schlechte] ~ von etwas [j-m] haben** to have a good [high, bad] opinion of s.th. [s.o.], to think well [highly, badly] of s.th. [s.o.]; **er hat eine gute ~ von sich** he has a good opinion of himself, he thinks well of himself, he thinks no small beer of himself (*colloq.*). – **3.** (*Annahme*) assumption, supposition: **in der ~, sie sei schon abgereist** assuming (*od.* thinking) that she had left; **du täuschst dich, wenn du der ~ bist, daß** you are wrong if you think that. – **4.** (*Ansicht*) belief: **diese ~ ist weit verbreitet** this belief is widely held. – **5.** (*Absicht*) *rare* meaning: **es ist in guter [bester] ~ geschehen** it was done with good [the best] intentions. – **6. Messe** (*od.* **Amt**) **nach ~** *röm.kath.* mass according to intention.

'Mei·nungs,än·de·rung *f* change of opinion (*od.* mind). — **~,äu·ße·rung** *f* **1.** expression of one's opinion (*od.* views): **das Recht der freien ~** the right of free speech. – **2.** statement. — **~,aus,tausch** *m* (über *acc* on) exchange of views: **es fand ein reger ~ über wirtschaftliche Fragen statt** there was an animated exchange of views on economic questions. — **~be,fra·gung** *f cf.* Meinungsumfrage. — **~,for·scher** *m* pollster, public opinion analyst. — **~,for·schung** *f* public opinion polling (*od.* research). — **~,for·schungs·in·sti,tut** *n* institute of public opinion, polling institute. — **~,frei·heit** *f* freedom of opinion (*od.* speech). — **~,kauf** *m econ.* (*an der Börse*) speculative purchase (*od.* buying). — **m~·los** *adj* (*Masse etc*) indifferent, without opinion (*nachgestellt*), *Am. auch* viewless. — **~,streit** *m* controversy, conflict of opinions. — **~,um,fra·ge** *f* public opinion poll. — **~,um,schwung** *m* reversal (*od.* sudden change) of opinion. — **~ver,schie·den·heit** *f* **1.** difference (*od.* diversity, divergence) of opinion. – **2.** (*Streit*) (über *acc* about) disagreement, argument: **eine heftige ~** a violent disagreement, a dissension, a dissidence.

Mei·o·se [maɪ'oːzə] *f* ⟨-; -n⟩ *biol.* meiosis. — **meio·tisch** [-'oːtɪʃ] *adj* meiotic.

Mei·ran ['maɪraːn] *m* ⟨-s; -e⟩ *bot. cf.* Majoran.

Mei·rich ['maɪrɪç] *m* ⟨-s; -e⟩ *bot. cf.* Miere.

Mei·se ['maɪzə] *f* ⟨-; -n⟩ *zo.* titmouse, *auch* tit (*Fam. Paridae*): **zu den ~n gehörig** parine; **du hast wohl eine ~** *fig. colloq.* you must have bats in the belfry (*colloq.*).

'Mei·sen,zaun,schlüp·fer *m zo.* wren-tit (*Chamaea fasciata*).

Meis·je ['maɪʃə] *n* ⟨-s; -s⟩ Dutch girl.

Mei·ßel ['maɪsəl] *m* ⟨-s; -⟩ *tech.* a) (*Handwerkzeug*) chisel, b) (*Schneidmeißel*) cutting tool: **~ mit Hartmetallschneide** carbide-tipped tool; **einschneidiger ~** single-point cutting tool; **gerader ~** straight cutting (*od.* end-cut) tool; **linker [runder] ~** left-hand (*od.* -cut) [roundnose] tool.

'Mei·ße·ler *m* ⟨-s; -⟩ *cf.* Meißler.

'mei·ßel,för·mig *adj zo.* (*Schneidezahn*) scalpriform.

mei·ßeln ['maɪsəln] **I** *v/t* ⟨h⟩ chisel (out), carve (out), sculpture: **eine Statue aus einem Marmorblock ~** to chisel a statue out of a marble block; **ein Muster in Stein ~** to carve a design in stone; **etwas aus Stein ~** to carve s.th. out of stone. – **II** *v/i* (work with a) chisel, carve.

'Mei·ße·ner *adj* ⟨*attrib*⟩ *cf.* Meißner.

'Meiß·ler *m* ⟨-s; -⟩ chiseler, *bes. Br.* chiseller, carver.

Meiß·ner ['maɪsnər] *adj* ⟨*attrib*⟩ of (*od.* relating to) Meissen: **~ Porzellan** Dresden (china).

meist [maɪst] **I** *sup of* viel. – **II** *adj* **1.** most (of): **seine ~en Bücher** most of his books; **die ~en Fälle [Jahre, Stimmen]** most cases [years, votes]; **er hat das ~e Geld** he has (got) the most money; **dumme Leute haben das ~e Glück** stupid people have the most luck; **die ~en Leute** most (*od.* the great majority of the) people; **die ~e Zeit des Jahres ist er auf Reisen** he travels (for) the greater part of the year; **die ~e Zeit ist er nicht zu Hause** he is not at home most of the time; **du hast die ~e Zeit** you have the most time (to spare). – **2.** (*substantiviert mit Kleinschreibung*) most: **die ~en glauben es** most people think so; **die ~en von ihnen sind Studenten** most (*od.* the majority) of them are students; **das ~e davon habe ich bereits vergessen** I have forgotten most of it already (*od.* by this time). – **III** *adv* **3.** (*meistens*) mostly, in most cases, more often than not, usually, generally, in general, for the most part: **es sind ~ Studenten** they are mostly students, most of them are students; **er fährt ~ auf dieser Straße** he usually drives along this street; **das geschieht ~ im Sommer** usually (*od.* in most cases) that happens in (the) summer; **man sagt ~ anders** in general that is said differently; **~ kommt es anders als man denkt** it usually happens (*od.* comes about) differently than expected, in most cases events turn out differently from what one expected. – **4. am ~en** a) most, b) best: **was mir am ~en auffiel, war** what struck me most was; **diese Ware ist am ~en bekannt** this article is best known; **das wird am ~en verkauft** that sells best.

'meist·be,gün·stigt *adj* (*Land etc*) most-favored (*bes. Br.* -favoured) (*attrib*).

'Meist·be,gün·sti·gung *f* **1.** *pol. econ.* most-favored- (*bes. Br.* -favoured-)nation treatment. – **2.** *econ.* preference. — **'Meist·be,gün·sti·gungs,klau·sel** *f pol. econ.* most-favored- (*bes. Br.* -favoured-)nation clause.

'meist·be,tei·ligt *adj* having the greatest share.

'meist,bie·tend *econ.* **I** *adj* (*Käufer etc*) highest bidding, bidding highest (*nachgestellt*). – **II** *adv* **~ verkaufen** to sell to the highest bidder (*od.* by public auction). — **'Meist,bie·ten·de** *m, f* ⟨-n; -n⟩ highest bidder.

'mei·sten'orts *adv* in most places.

'mei·stens, 'mei·sten'teils *adv cf.* meist 3.

Mei·ster ['maɪstər] *m* ⟨-s; -⟩ **1.** *econ.* (*im Handwerk*) master (craftsman): **er ist ~ geworden** he has become a master; **er hat seinen ~ gemacht** he has got his master's diploma (*od.* certificate); **bei einem ~ in die Lehre gehen** to be apprenticed to a master. – **2.** *econ.* (*Betriebsmeister*) foreman. – **3.** (*großer Könner*) master: **ein ~ der Feder [des Pinsels]** a master of the pen [brush]; **in diesem Fach ist er ein ~** he is a master in this field (*od.* of this subject); **er ist ein großer ~ im Intrigieren** *iron.* he is a past master of intrigue; **am Werk erkennt man den ~** (*Sprichwort*) *etwa* the work reveals the master, mastery is recognizable by the work; **Übung macht den ~** (*Sprichwort*) practice makes perfect (*proverb*); **früh übt sich, was ein ~ werden will** (*Sprichwort*) *etwa* he that will become an expert must start young; **es ist noch kein ~ vom Himmel gefallen** (*Sprichwort*) no one is born a master (*proverb*). – **4.** (*Künstler*) master: **die alten [klassischen] ~** the old [classical] masters; **der Naumburger ~** the Master from (*od.* of) Naumburg; **~ des Marienlebens** Master of the life of the Blessed Virgin. – **5.** (*Lehrmeister*) master: **seinen ~ überflügeln** to excel (*od.* outdo) one's master; **Christus, unser ~** Christ our Master; **der Herr und ~** our Lord and Master; **sie glaubt ihrem Herrn und ~ alles** *fig. iron.* she believes everything her Lord and master says; **du wirst auch noch deinen ~ finden** *fig.* you'll find your master (*od.* meet your match) yet. – **6.** *obs. od. Bibl.* (*Anrede, Titel*) Master: **~ Ekkehard** Master Eckhard; **~ Lampe** (*Hase in Fabel*) (Master) Hare. – **7.** (*Gebieter*) *rare* master: **wir sind nicht ~ unseres Schicksals** we are not master(s) of our fate(s). –

8. (*sport*) champion, *auch* titleholder: er wurde deutscher ~ he won the German championship, he became the German champion; ~ des Sports *DDR* Master of Sports. – 9. (*bei Freimaurern*) Master Mason: ~ vom Stuhl Master of the Lodge. – 10. *hist.* a) (*einer Gilde*) master of the (*od.* a) guild, b) (*eines Ritterordens*) Grand Master.

'Mei·ster|,brief *m econ.* master's diploma (*od.* certificate), master craftsman's diploma (*od.* certificate). — **~,elf** *f* (*sport*) (*beim Fußball, Hockey*) champion team. — **~,fah·rer** *m* champion driver. — **~ge,sang** *m* (*literature*) *hist.* meistergesang, mastersong.

'mei·ster·haft I *adj* masterly, masterful: in ~em Englisch geschrieben written in masterly English; ~es Spiel masterly play. – **II** *adv* masterly, masterfully, to perfection: er spielt ~ Klavier he plays the piano masterfully; er versteht sich ~ aufs Improvisieren he can improvise to perfection. – **III M~e, das** ⟨-n⟩ the masterliness. — **'Mei·ster·haf·tig·keit** *f* ⟨-; *no pl*⟩ masterliness, masterfulness, perfection.

'Mei·ster,hand *f fig.* master (*od.* master's) touch, master-hand, master's hand, master: man spürt die ~ you feel the master's touch; von ~ erbaut built by a master-hand.

'Mei·ste·rin *f* ⟨-; -nen⟩ 1. *econ.* master craftswoman. – 2. *econ.* (*Betriebsmeisterin*) forelady, forewoman. – 3. mistress, master's wife: der Meister und die ~ the master and the mistress (*od.* and his wife); unsere ~, die Frau ~ our mistress. – 4. (*sport*) (woman) champion, *auch* (woman) titleholder: deutsche ~ wurde X the German (women's) championship was won by X.

'Mei·ster,lei·stung *f* masterstroke, masterly achievement (*od.* performance).

'mei·ster|lich *adj u. adv cf.* meisterhaft. — **~los** *adj Swiss dial. for* eigenwillig 1, unbeherrscht I.

mei·stern ['maɪstərn] **I** *v/t* ⟨h⟩ 1. (*Aufgabe, Schwierigkeiten etc*) master, overcome: er hat sein (*od.* das) Leben nicht gemeistert he did not master life, he did (*od.* could) not come to terms with life. – 2. (*Zorn, Zunge etc*) master, control, restrain. – 3. (*Sprache etc*) master, command. – 4. j-n ~ to master s.o., to get the better of s.o. – **II** *v/reflex* sich ~ 5. control (*od.* restrain) oneself. – **III M~** *n* ⟨-s⟩ 6. *verbal noun.* – 7. *cf.* Meisterung.

'Mei·ster|,prü·fung *f econ.* examination for the master's diploma (*od.* certificate). — **~,sän·ger** *m hist. cf.* Meistersinger 1.

'Mei·ster·schaft *f* ⟨-; -en⟩ 1. ⟨*only sg*⟩ (*Können*) mastery, mastership, masterliness: er spielte mit gewohnter [unerreichter, vollendeter] ~ he played with customary [unrival(l)ed, accomplished] mastery; seine ~ ist unbestritten his mastership is uncontested; die ~ in (*dat*) etwas erreichen [erstreben, gewinnen] to come to achieve [to aim at, to gain] mastery in s.th. – 2. (*sport*) a) championship, b) title: die ~ austragen [gewinnen] to compete for [to win] the championship.

'Mei·ster·schafts|,an,wär·ter *m* (*sport*) aspirant to the title. — **~,gür·tel** *m* (*beim Boxen*) championship belt. — **~,lauf** *m* (*bes. im Motorsport*) championship race. — **~,spiel** *n* league (*od.* competitive) match. — **~,ti·tel** *m* championship: er errang den ~ he won the championship.

'Mei·ster|,schu·le *f econ. ped.* training school for master craftsmen: ~ für Mode school for fashion, tailoring and designing. — **~,schuß** *m* 1. (*ausgezeichneter Schuß*) masterful (*od.* capital, ace) shot. – 2. (*der beste Schuß*) best shot. — **~,schüt·ze** *m* excellent marksman, crack shot (*colloq.*). — **~,sin·ger** *m* ⟨-s; -⟩ 1. *hist.* meistersinger, mastersinger: „Die ~ von Nürnberg" "The Mastersingers of Nuremberg" (*opera by Richard Wagner*). – 2. *zo.* orphean warbler (*Hippolais polyglotta*). — **~,stück** *n* 1. masterpiece, masterwork, chef d'oeuvre, *bes. Br.* chef d'œuvre (*lit.*). – 2. *cf.* Meisterleistung. — **~,ti·tel** *m* 1. title of master, mastership. – 2. (*sport*) a) title, b) championship.

'Mei·ste·rung *f* ⟨-; *no pl*⟩ 1. *cf.* Meistern. – 2. (*einer Sprache etc*) mastery.

'Mei·ster|,werk *n* masterwork, masterpiece. — **~,wür·de** *f cf.* Meistertitel 1. — **~,wurz,** **~,wur·zel** *f bot.* masterwort (*Imperatoria ostruthium*).

'Meist|ge,bot *n econ.* highest bid. — **m~ge,bräuch·lich** *adj* ⟨*attrib*⟩ most commonly used. — **m~ge,kauft** *adj* ⟨*attrib*⟩ (*Auto etc*) best-selling. — **m~ge,le·sen** *adj* ⟨*attrib*⟩ 1. (*Buch*) most (often) read. – 2. (*Zeitung etc*) most widely circulated. — **m~ge,nannt** *adj* ⟨*attrib*⟩ most (often) mentioned: der ~e Name the name most often mentioned. — **m~'hin** *adv rare* mostly, in most cases. — **~,stu·fe** *f ling.* superlative. — **m~ver,kauft** *adj* ⟨*attrib*⟩ best-selling.

Me·jo·nit [mejo'niːt; -'nɪt] *m* ⟨-s; -e⟩ *min.* meionite.

'Mek·ka,bal·sam ['mɛka-] *m med. pharm.* Mecca balsam, balm of Gilead, opobalsam(um) (*scient.*).

Me·ko·ni·um [me'koːnĭʊm] *n* ⟨-s; *no pl*⟩ *med.* (*Kindspech*) meconium.

Me·la·ko·nit [melako'niːt; -'nɪt] *m* ⟨-s; -e⟩ *min.* melaconite.

Me·la·min [mela'miːn] *n* ⟨-s; *no pl*⟩ *chem.* melamine ($C_3N_3(NH_2)_3$). — **~,harz** *n meist pl synth.* melamine resin.

Me·lam·py·rit [melampy'riːt; -'rɪt] *n* ⟨-s; *no pl*⟩ *chem.* dulcitol, dulcite ($HOCH_2$-$(CHOH)_4CH_2OH$).

Me·lä·na [me'lɛːna] *f* ⟨-; *no pl*⟩ *med.* (*Blutstuhl*) melena, *auch* melaena.

Me·lan·cho·lie [melaŋko'liː] *f* ⟨-; -n [-ən]⟩ 1. melancholy, (the) megrims *pl*, (the) blues *pl* (*sometimes construed as sg*) (*colloq.*). – 2. *psych.* melancholia, (mental) depression. — **Me·lan'cho·li·ker** [-'koːlikər] *m* ⟨-s; -⟩ 1. melancholy person, melancholic. – 2. *psych.* melancholiac, melancholic. — **me·lan'cho·lisch** [-'koːlɪʃ] *adj* 1. melancholy, melancholic: ~ werden to become melancholy; ~ sein to be melancholy; to have the blues, to be in the blues (*colloq.*). – 2. *psych.* melancholic.

Me·la·ne·si·er [mela'neːzĭər] *m* ⟨-s; -⟩ *anthrop.* Melanesian. — **me·la'ne·sisch** [-'neːzɪʃ] *adj* Melanesian.

Me·lan·ge [me'lãːʒə] *f* ⟨-; -n⟩ 1. (*Mischung*) mélange, *auch* melange, blend, mixture. – 2. (*textile*) mélange, *auch* melange. – 3. *Austrian* mélange, *auch* melange, coffee with milk, *Br.* white coffee. — **~,garn** *n* (*textile*) blended yarn.

Me'la·nia,schnecke (*getr.* -k·k-) [me'laːnĭa-] *f zo.* melanian (*Gattg Melania*).

Me·la·ni·lin [melani'liːn] *n* ⟨-s; *no pl*⟩ *chem.* melaniline, diphenylguanidine [$(C_6H_5NH)_2C = NH$].

Me·la·nin [mela'niːn] *n* ⟨-s; -e⟩ *biol. chem.* melanin.

Me·la·nis·mus [mela'nɪsmʊs] *m* ⟨-; *no pl*⟩ *biol.* melanism.

Me·la·nit [mela'niːt; -'nɪt] *m* ⟨-s; -e⟩ *min.* melanite. — **me·la'ni·tisch** *adj* melanitic.

Me·la·no·chro·it [melanokro'iːt; -'ɪt] *m* ⟨-s; *no pl*⟩ *min.* melanochroite.

me·la·no·derm [melano'dɛrm] *adj med.* melanodermic, melasmic. — **Me·la·no·der'mie** [-'miː] *f* ⟨-; -n [-ən]⟩ *med.* melanoderma, melasma.

me·la·no·id [melano'iːt] *adj biol.* melanoid.

Me·la·no·kar·zi·nom [melanokartsi'noːm] *n med.* melanocarcinoma.

me·la·no·krat [melano'kraːt] *adj geol.* (*Gestein*) melanocratic.

Me·la·nom [mela'noːm] *n* ⟨-s; -e⟩ *med.* melanoma.

Me·la·no·se [mela'noːzə] *f* ⟨-; *no pl*⟩ 1. *med.* (*Schwarzsucht*) melanosis, melanism. – 2. *hort.* (*Pflanzenkrankheit*) melanose.

me·la·no·tisch [mela'noːtɪʃ] *adj med.* melanotic, melanic.

Me·lan·te·rit [melante'riːt; -'rɪt] *m* ⟨-s; -e⟩ *min.* inkstone, melanterite (*scient.*).

Me·lan·urie [melanu'riː] *f* ⟨-; -n [-ən]⟩ *med.* melanuresis, melanuria. — **me·lan'urisch** [-'nuːrɪʃ] *adj* melanuric.

Me·la·phyr [mela'fyːr] *m* ⟨-s; -e⟩ *geol.* melaphyre.

Me·las·ma [me'lasma] *n* ⟨-s; -men *u.* -ta [-ta]⟩ *med.* melasma. — **me'las·misch** [-mɪʃ] *adj* melasmic.

Me·las·se [me'lasə] *f* ⟨-; -n⟩ *gastr.* molasses, *Br. auch* treacle, theriac(a) (*scient.*).

'Mel·ba,eis ['mɛlba-] *n gastr.* pêche (*od.* peach) Melba, melba (ice cream).

Mel·chit [mɛl'çiːt; -'çɪt] *m* ⟨-en; -en⟩ *relig.* Melchite, *auch* Melkite.

Melch·ter ['mɛlçtər] *f* ⟨-; -n⟩ *Swiss* (wooden) milk utensil.

Mel·de ['mɛldə] *f* ⟨-; -n⟩ *bot.* a) orach(e) (*Gattg Atriplex*), b) (garden) orach(e) (*A. hortensis*).

'Mel·de|,amt *n* registration office. — **~,bo·gen** *m* registration form. — **~,fah·rer** *m mil.* dispatch (*od.* despatch) rider, *auch* mounted messenger. — **~,frist** *f* 1. period (*od.* time) for registering, period for (making) registration. – 2. (*sport*) period (*od.* time) for entry, term for entries. – 3. (*patents*) reporting date. — **~,gän·ger** *m* ⟨-s; -⟩ *mil.* runner, messenger. — **~ge,bühr** *f* 1. registration fee. – 2. (*für Wettbewerb etc*) entry fee. — **~,hund** *m mil.* messenger dog. — **~,kopf** *m* message center (*bes. Br.* centre). — **~,li·ste** *f* list of entries.

mel·den ['mɛldən] **I** *v/t* ⟨h⟩ 1. (*Neuigkeit, Unfall etc*) report: die Zeitungen ~ Hagelschäden the newspapers report (*od.* publish reports of) damage caused by hail; wie unser Korrespondent meldet our correspondent reports that; wie bereits gemeldet as was reported earlier; melde gehorsamst *mil. archaic od. humor.* I beg to report, sir. – 2. (*mitteilen*) inform, advise, (*förmlich*) *auch* notify: er hat mir gemeldet, daß he informed me that; er hat mir den Vorfall schon gemeldet he has already advised me of the incident; er ließ mir ~, daß he sent me word that, he had me informed that; du mußt der Behörde die Änderung deiner Adresse ~ you have to notify the authorities of your change of address. – 3. (*ankündigen, anmelden*) announce, give notice of: seine Ankunft ist uns noch nicht gemeldet worden his arrival has not yet been announced to us; wen darf ich ~? whom (*od. colloq.* who) may I announce? who shall I say is here? – 4. (*amtlich bekanntgeben*) announce, post, return: er war als vermißt gemeldet he was posted as missing; man hatte seinen Tod gemeldet he had been reported (as being) dead. – 5. (*sagen*) say: er hat nichts zu ~ *colloq.* he has (got) nothing to say. – 6. (*anzeigen*) report: ich werde ihn bei der Polizei ~ I'll report him to the police; du mußt deinen Verlust ~ you must report your loss. – 7. *pol.* return: sind schon Wahlergebnisse gemeldet worden? have any election results been returned yet? – 8. (*games*) (*beim Kartenspiel*) bid. – **II** *v/reflex* sich ~ 9. (*sich amtlich anmelden*) register: ich muß mich noch polizeilich ~ I still have to register with the police. – 10. (*sich ankündigen lassen*) send in one's name: laß dich bei der Geschäftsleitung ~ send in your name to the manager(s). – 11. (*sich wenden an*) see: ~ Sie sich, sobald Sie auf Schwierigkeiten stoßen (come and) see me as soon as you have any difficulties; wann darf ich mich bei Ihnen ~? when may I see you? – 12. (*um Zulassung bitten*) enter (one's name): es hat sich eine große Anzahl Sportler für dieses Rennen gemeldet a great number of sportsmen have entered their names for this race; ich habe mich für die Prüfung gemeldet I have entered my name for the examination. – 13. (*sich bewerben*) apply: er hat sich zu dem Amt [für den Arbeitsplatz] gemeldet he has applied for the post [job]. – 14. (*antworten auf, reagieren auf*) answer: er hat sich auf die Anzeige gemeldet he has answered the advertisement. – 15. (*bitten um*) ask (leave): er hat sich zu Wort gemeldet he has asked (leave) to speak (*od.* to address the meeting). – 16. (*sich zur Verfügung stellen*) come forward, volunteer (für for), offer (etwas zu tun to do s.th.): er hat sich als Kandidat gemeldet he has come forward as a candidate; viele Leute haben sich (freiwillig) zu Hilfsarbeiten gemeldet many people have volunteered for (*od.* offered to do) relief work. – 17. (*vorstellig werden*) (bei to) report: wegen eines Unfalls mußte ich mich bei der Polizei ~ I had to report to the police on account of an accident; er meldete sich zum Dienst he reported for duty (*od.* work). – 18. (*sich bemerkbar machen*) (*von Personen*) report (bei to), (*von Kleinkindern etc*) make oneself heard: das Kind meldet sich the child is making itself heard; er wird sich schon ~, wenn ihm etwas fehlt he'll tell (*od.* report) if he lacks (*od.* is in want of) anything. – 19. (*sich bemerkbar* *machen*) (*von Dingen*) make itself felt, tell (on s.o.): der Schmerz [der Winter] meldet sich the pain [winter] is making itself felt (*od.* setting in); mein Magen meldet sich my stomach is rumbling. – **20.** *bes. ped.* (*aufzeigen*) put up (*od.* raise) one's hand. – **21.** (*Mitteilung machen von*) report: sich krank ~ to report sick, to be (*od.* go) on the sick list. – **22.** *mil.* (*zur Truppe etc*) a) enrol(l) oneself (in), b) (*freiwillig*) enlist (in), volunteer (for). – **23.** *aer. mil.* report. – **III** *v/i* **24.** *hunt.* a) (*von Hund*) give tongue, b) (*von Hirsch*) bellow. – **IV M~** *n* ⟨-s⟩ **25.** *verbal noun.* – **26.** *cf.* Meldung.

'Mel·den,eu·le *f zo.* orach(e) moth (*Trachea atriplicis*).

'Mel·de|,pflicht *f* **1.** obligation to register, compulsory registration. – **2.** obligation to report. – **3.** *med.* duty of notification. — **m~,pflich·tig** *adj* **1.** subject to registration. – **2.** *med.* (*Krankheiten*) notifiable, reportable. — **~,punkt** *m mil.* reporting point, checkpoint.

'Mel·der *m* ⟨-s; -⟩ *mil. cf.* Meldegänger.

'Mel·de|,rei·ter *m mil.* mounted messenger. — **~,schein** *m cf.* Meldezettel. — **~,schluß** *m* **1.** deadline, dateline. – **2.** (*bei Wettbewerben etc*) closing date for entries. — **~,stel·le** *f* **1.** registration (*od.* register) office. – **2.** *mil.* a) (local) reporting office (*od.* post), b) (*auf Marsch*) control point. – **3.** (*für Feuer*) fire alarm. — **~,ta·sche** *f mil.* dispatch (*od.* despatch) case. — **~,we·sen** *n* system of registration. — **~,zet·tel** *m* registration form.

'Mel·dung *f* ⟨-; -en⟩ **1.** *cf.* Melden. – **2.** (*öffentlicher Bericht, Nachricht*) report, news item, news *pl* (*construed as sg or pl*): nach bisher vorliegenden (*od.* bisherigen) ~en according to reports received so far (*od.* latest reports); ~en bringen (*im Rundfunk*) to broadcast the news; eine ~ jagt die andere, die ~en überstürzen sich there are new reports constantly pouring in. – **3.** (*Mitteilung*) information, notice, advice, (*förmliche*) *auch* notification, (*dienstliche*) *auch* report: amtliche (*od.* behördliche) ~ official notification; (bei) j-m ~ machen to report to s.o.; eine ~ erhalten (*od.* entgegennehmen) to receive information; es ist eine ~ von ihm [über ihn] eingegangen we have got information from [on, about] him, information has been received from [on] him. – **4.** (*Ankündigung*) announcement: eine ~ im Rundfunk durchgeben to make an announcement on the radio; wir haben noch keine ~ darüber erhalten, daß er angekommen ist his arrival has not yet been announced to us, an announcement of his arrival has not yet been made. – **5.** (*Anzeige*) report: eine ~ über j-n machen to submit a report against s.o., to report s.o.; eine ~ über einen (*od.* von einem) Unfall machen to report an accident. – **6.** (*Anmeldung bei einer Behörde*) registration. – **7.** (*zu Prüfung, Wettbewerb etc*) entry: es sind zahlreiche ~en eingegangen numerous entries have been received. – **8.** (*Bewerbung*) application. – **9.** (*Antwort*) answer. – **10.** (*Wortmeldung*) leave (*od.* permission) to speak: liegen noch weitere ~en vor? does anybody else ask (leave) to speak? does anybody else want to speak (*od.* address the meeting)? – **11.** (*Angebot, etwas zu tun etc*) offer, application. – **12.** (*games*) bid. – **13.** *tel.* (*Mitteilung*) message. – **14.** *mil.* report: ~ machen to (make a) report. – **15.** (*sport*) entry: er zog seine ~ zurück he withdrew from the contest, he scratched (*od.* backed out) (*colloq.*).

me·lie·ren [me'liːrən] *v/t* ⟨*no* ge-, h⟩ **1.** (*textile*) (*Tuch etc*) mix, blend. – **2.** *metall.* (*Kohlen*) mix, blend. — **me'liert I** *pp.* – **II** *adj* **1.** mixed: ~es Tuch mixed cloth, mixture; ~er Wollstoff medley. – **2.** *metall.* a) mixed, speckled, b) (*Kohlen*) blended, c) (*Roheisen*) mottled. – **3.** (*Papier*) mottled.

Me·li·lo·tus [meli'loːtʊs] *m* ⟨-; -⟩ *bot. cf.* Steinklee.

Me·lio·ra·ti·on [meliora'tsioːn] *f* ⟨-; -en⟩ *agr. hort.* (a)melioration, (soil) improvement. — **me·lio'rie·ren** [-'riːrən] **I** *v/t* ⟨*no* ge-, h⟩ (*Land*) (a)meliorate, improve. – **II M~** *n* ⟨-s⟩ *verbal noun.* — **Me·lio'rie·rung** *f* ⟨-; -en⟩ **1.** *cf.* Meliorieren. – **2.** *cf.* Melioration.

Me·lis ['meːlɪs] *m* ⟨-; *no pl*⟩ *gastr.* coarse loaf sugar.

me·lisch ['meːlɪʃ] *adj mus.* (*liedhaft*) melic.

Me·lis·ma [me'lɪsma] *n* ⟨-s; -men⟩ *mus.* melisma. — **Me·lis'ma·tik** [-'maːtɪk] *f* ⟨-; *no pl*⟩ melismatics *pl* (*construed as sg or pl*). — **me·lis'ma·tisch** [-'maːtɪʃ] *adj* (*Gesang*) melismatic.

Me·lis·se [me'lɪsə] *f* ⟨-; -n⟩ *bot.* balm (mint), garden (*od.* lemon, sweet) balm, sweet Mary, melissa (*scient.*) (*Melissa officinalis*): Türkische ~ Moldavian balm (*Dracocephalum moldavica*); Virginische ~ bee balm (*Monarda didyma*).

Me'lis·sen|,geist (*TM*) *m* ⟨-(e)s; *no pl*⟩, **~,spi·ri·tus** *m* Carmelite water, spirit of melissa.

'Me·lis,zucker (*getr.* -k·k-) *m gastr. cf.* Melis.

'Melk,ei·mer *m* milking pail.

mel·ken ['mɛlkən] **I** *v/t* ⟨melkt *od.* milkt, melkte *od.* molk, gemolken *od.* gemelkt, h⟩ **1.** milk. – **2.** j-n ~ *fig. colloq.* to milk (*od.* bleed, fleece, exploit) s.o.: den haben sie aber tüchtig gemolken he has been milked thoroughly. – **II** *v/i* **3.** milk. – **4.** *obs. od. dial.* give milk. — **'mel·kend I** *pres p.* – **II** *adj* ~e Kuh a) *agr. cf.* Milchkuh 1, b) *fig. colloq. cf.* Milchkuh 2.

'Mel·ker *m* ⟨-s; -⟩ milker.

Mel·ke'rei *f* ⟨-; -en⟩ **1.** dairy (farm). – **2.** *fig. colloq.* (*Ausbeuterei*) exploitation.

'Mel·ke·rin *f* ⟨-; -nen⟩ milkmaid.

'Mel·ker,kno·ten *m med.* milker's nodules *pl* (*construed as sg*).

'Melk|,kü·bel *m cf.* Melkeimer. — **~,kuh** *f* **1.** *agr. cf.* Milchkuh 1. – **2.** *fig. colloq.* (*Person*) *cf.* Milchkuh 2. – **3.** *fig. colloq.* (*Einnahmequelle*) gold mine. — **~ma,schi·ne** *f agr.* milking machine, milker. — **~,sche·mel** *m* milking stool.

Mel·lit [mɛ'liːt; -'lɪt] *m* ⟨-s; -e⟩ *min.* mellite, honeystone.

Me·lo·dei [melo'daɪ] *f* ⟨-; -en⟩ *obs. od. poet. for* Melodie.

Me·lo·die [melo'diː] *f* ⟨-; -n [-ən]⟩ **1.** *mus.* melody, (*bes. Weise*) tune, air: die ~ eines Liedes (*od.* zu einem Liede) the melody of a song; eine ~ singen [spielen] to sing [to play] a tune; eine alte ~ an old tune. – **2.** *fig.* melody: die ~ einer Großstadt the melody of a metropolis; die eintönige ~ der Regentropfen the monotonous pitter-patter of the raindrops. — **~,leh·re** *f mus. cf.* Melodik 2. — **~,sai·te** *f* **1.** treble string. – **2.** (*der Zither*) melody (*od.* fretted) string. — **~,stim·me** *f* voice (part), melody, air.

Me·lo·dik [me'loːdɪk] *f* ⟨-; *no pl*⟩ *mus.* **1.** melodic pattern, melody. – **2.** theory of melody, melopoeia, melodics *pl* (*construed as sg*). — **Me'lo·di·ker** [-dikər] *m* ⟨-s; -⟩ melodist.

me·lo·di·ös [melo'diøːs] *adj mus. cf.* melodisch.

me·lo·disch [me'loːdɪʃ] *adj mus.* **1.** (*wohltönend*) melodious, melodic, tuneful, musical. – **2.** (*eine Melodie enthaltend*) melodic.

Me·lo·di·um [me'loːdiʊm] *n* ⟨-s; -dien⟩ *mus.* melodion, American organ.

Me·lo·dra·ma [melo'draːma] *n, auch* **Me·lo'dram** [-'draːm] *n* ⟨-s; -en⟩ melodrama. — **Me·lo·dra'ma·ti·ker** [-dra'maːtikər] *m* melodramatist. — **me·lo·dra'ma·tisch** [-dra'maːtɪʃ] *adj* melodramatic, *auch* melodramatical.

Me·lo·graph [melo'graːf] *m* ⟨-en; -en⟩ *mus.* melograph.

Me·lo·ma·nie [meloma'niː] *f* ⟨-; *no pl*⟩ *psych.* melomania.

Me·lo·ne [me'loːnə] *f* ⟨-; -n⟩ **1.** *bot.* melon (*Cucumis melo*). – **2.** *colloq.* (*runder steifer Hut*) bowler (hat), *Am.* derby, *Br. colloq.* billycock.

Me'lo·nen|,baum *m bot.* melon tree, papaya, papaia (*Carica papaya*). — **~,laus** *f zo.* cotton (*od.* melon) aphid (*Aphis gossypii*). — **~,qual·le** *f* melon jellyfish (*Beroë cucumis*).

Me·lo·nit [melo'niːt; -'nɪt] *m* ⟨-s; *no pl*⟩ *min.* melonite.

Me·lo·phon [melo'foːn] *n* ⟨-s; -e⟩ *mus.* melophone.

me·lo·poe·tisch [melopo'eːtɪʃ] *adj* melopoetic, *auch* melopoeic.

Me·los ['meːlɔs] *n* ⟨-; *no pl*⟩ *mus.* (*einer Arie etc*) melos.

Mel·po·me·ne [mɛl'poːmene] *npr f* ⟨-; *no pl*⟩ *myth.* Melpomene (*Greek Muse of tragedy*).

Mel·tau ['meːltaʊ] *m* ⟨-(e)s; *no pl*⟩ *bot. cf.* Honigtau.

Mem·bran [mɛm'braːn] *f* ⟨-; -en⟩ **1.** *tech. phys.* diaphragm, membrane. – **2.** *electr.* (*eines Lautsprechers, Mikrophons etc*) diaphragm. – **3.** *biol.* membrane; velamen, velum, pellicle (*scient.*). – **4.** *med. zo.* membrane, pellicle (*scient.*). — **~,ab,he·bung** *f med.* membrane separation. — **m~,ar·tig** *adj* membranous, *auch* membraneous, membranaceous.

Mem·bra·ne [mɛm'braːnə] *f* ⟨-; -n⟩ *cf.* Membran.

Mem'bran|,fil·ter *n, m chem.* diaphragm. — **~po·ten·ti,al** *n* membrane potential, Donnan equilibrium. — **~,schwin·gung** *f phys. electr.* diaphragm oscillation. — **~theo,rie** *f* diaphragm theory.

Me·men·to [me'mɛnto] *n* ⟨-s; -s⟩ *relig.* Memento. — **me'men·to 'mo·ri** ['moːri] *interj* memento mori!

Mem·me ['mɛmə] *f* ⟨-; -n⟩ *colloq. contempt.* coward, craven, poltroon: er ist eine ~ he is a coward, he is chickenhearted, *Am. sl.* he is chicken(-livered) (*od.* a sissy).

mem·meln ['mɛməln] *v/i* ⟨h⟩ *Bavarian and Austrian dial. for* mummeln 2.

'mem·men·haft *adj colloq. contempt.* cowardly, craven, poltroonish.

'Mem·nons|ko,los·se ['mɛmnɔns-], **~,säu·len** *pl archeol.* Memnonian statues.

Me·moire [me'mŏaːr] *n* ⟨-s; -s⟩ *rare for* Memorandum.

Me·moi·ren [me'mŏaːrən] *pl* memoirs: er schreibt an seinen ~ he is writing his memoirs. — **~,schrei·ber** *m* memoirist.

me·mo·ra·bel [memo'raːbəl] *adj cf.* denkwürdig.

Me·mo·ra·bi·li·en [memora'biːliən] *pl* memorabilia.

Me·mo·ran·dum [memo'randʊm] *n* ⟨-s; -den *u.* -da [-da]⟩ **1.** *pol.* memorandum, aide-mémoire, memorial, note, memo (*colloq.*): ein ~ herausgeben to issue a memorandum. – **2.** *obs.* diary, notebook.

me·mo·rie·ren [memo'riːrən] **I** *v/t* ⟨*no* ge-, h⟩ **1.** memorize *Br. auch* -s-, commit (*s.th.*) to memory, learn (*s.th.*) by heart: seine Rolle ~ (*theater*) to learn one's part (*od.* lines). – **2.** recite (*s.th.*) by heart (*od.* from memory). – **II M~** *n* ⟨-s⟩ **3.** *verbal noun.* – **4.** memorization *Br. auch* -s-.

Me·mo'rier,stoff *m* matter (*od.* things *pl*) to be memorized (*Br. auch* -s-) (*od.* to be learned by heart).

mem·phisch ['mɛmfɪʃ] *adj antiq.* Memphian.

Me·na·di·on [mena'dioːn] *n* ⟨-s; *no pl*⟩ *chem.* menadione ($C_{11}H_8O_2$).

Me·na·ge [me'naːʒə] *f* ⟨-; -n⟩ **1.** (*Gewürzständer*) cruet stand, caster, *auch* castor. – **2.** (*Traggestell zum Essenholen*) food carrier. – **3.** *Austrian mil.* (*Verpflegung*) supply (of the armed forces). – **4.** *obs.* (*Haushalt*) ménage, household. – **5.** *obs.* (*sparsame Wirtschaft*) economy.

Me·na·ge·rie [menaʒə'riː] *f* ⟨-; -n [-ən]⟩ (*Tierschau, -park*) menagerie.

me·na·gie·ren [mena'ʒiːrən] **I** *v/reflex* ⟨*no* ge-, h⟩ sich ~ **1.** *obs.* control oneself. – **II** *v/i* **2.** *Austrian mil.* draw rations. – **3.** *obs.* (*sich verköstigen*) supply oneself. – **4.** *obs.* (*haushalten*) economize *Br. auch* -s-.

me·nan·drisch [me'nandrɪʃ] *adj* of Menander.

Men·ar·che [me'narçə] *f* ⟨-; *no pl*⟩ *med.* (*erste Menstruation*) menarche.

men·de·lisch ['mɛndəlɪʃ] *adj biol.* Mendelian. — **Men·de'lis·mus** [-de'lɪsmʊs] *m* ⟨-; *no pl*⟩ Mendelism, Mendelianism, Mendelian inheritance. — **'men·deln** *v/i* ⟨h⟩ mendelize, *auch* Mendelize, segregate. — **'Men·delsch** *adj* ⟨*attrib*⟩ Mendelian, Mendelist(ic): ~e Gesetze Mendel's law *sg*, Mendelism *sg*; ~e Vererbungslehre Mendelism, Mendelian theory.

'Men·des·an·ti,lo·pe ['mɛndɛs-] *f zo.* addax (*Addax nasomaculatus*).

Men·di·kant [mɛndi'kant] *m* ⟨-en; -en⟩ *relig. cf.* Bettelmönch. — **Men·di'kan·ten,or·den** *m cf.* Bettelorden.

Me·ne·te·kel [mene'teːkəl] *n* ⟨-s; -⟩ *Bibl.* "mene, mene, tekel, upharsin": die Aufstände sollten der Regierung ein ~ sein *fig.* the uprisings should serve as a warning to the government.

'meng·bar *adj* capable of being mixed.

Men·ge ['mɛŋə] *f* ⟨-; -n⟩ **1.** (*Anzahl*) quantity, number: die ~ muß es bringen it's the large turnover (*od.* quantity) that counts; davon ist nur noch eine begrenzte ~ vorhanden there is only a limited quantity (of that) available; wir haben in großen ~n Röcke verkauft we have sold skirts in large numbers. – **2.** (*Volumen*) volume. – **3.** (*Menschenmenge*) crowd, throng, multitude, host: die ~ tobte the crowd raged; die ~ weicht zurück the crowd draws back (*od.* recoils); ich konnte in der ~ kaum vorwärtskommen I could hardly move forward(s) in (*od.* through) the crowd; ein Gefühl der Erleichterung ging durch die ~ a feeling of relief ran through the crowd. – **4.** die ~ the majority: die große ~ will den Frieden the vast majority wants peace. – **5.** (*Unzahl*) host. – **6.** (*Betrag*) amount: eine bestimmte ~ Geld a certain amount of money. – **7.** eine ~ *colloq.* a lot, lots *pl* (*beide colloq.*): eine ~ Zuschauer drängte in den Saal a lot (*od.* mass) of spectators jammed into the hall; eine ~ Äpfel [Blumen] a lot of apples [flowers]; von dort kann man eine ~ Lichter sehen one can see a lot of (*od.* many) lights from there; ich bin mit einer ~ Menschen zusammengetroffen I met a lot of (*od.* a great many) people; er hat eine ~ Ideen he has a lot (*od.* multitude) of ideas; er verlor eine ~ Blut he lost a lot of blood; eine ~ Arbeit (*od.* zu tun) a lot of work (*od.* to do); eine ~ Geld lots (*od.* a mint) of money (*beide colloq.*); eine ~ Lügen a lot (*od.* pack) of lies; von ihm kannst du eine ~ lernen you can learn a lot from him; er bildet sich eine ~ ein he thinks a lot of himself, he is terribly conceited (*colloq.*); ich halte eine ~ von ihm I think a lot of him; er hatte in letzter Zeit eine ~ Schwierigkeiten he has had a lot (*od.* great deal) of trouble lately; ich habe eine ~ Zeit I have plenty (*od.* a lot) of time. – **8.** (*Überfluß*) abundance. – **9.** jede ~, in ~n *colloq.* a) (*von Sachen*) in abundance; heaps of, piles of, loads of (*colloq.*), galore (*nachgestellt*), b) (*von Personen*) in crowds, by scores: dieses Jahr gibt es jede ~ Äpfel this year there are apples in abundance (*od.* there is a glut of apples); er hat Bücher in rauhen ~n, er hat Bücher die ~ he has heaps of books; die Käufer kamen in ~n the buyers came in crowds. – **10.** *tech.* a) (*Losgröße*) batch, b) (*in Tonnen*) tonnage. – **11.** *math.* aggregate, set, complex. – **12.** *med.* (*Einheit, Dosis*) unit, dose, dosage. – **13.** *phys.* amount.

men·gen ['mɛŋən] **I** *v/t* ⟨h⟩ **1.** mix, blend, mingle: Mehl und Wasser zu einem Teig ~ to mix flour and water into a dough; er mengte Milch in den Brei he mixed milk with (*od.* into) the porridge, he added milk to the porridge; er mengt eins ins andere *fig.* he confuses matters. – **II** *v/reflex* sich ~ **2.** (unter *acc* with) mix, mingle. – **3.** sich in (*acc*) etwas ~ *fig.* to meddle (*od.* interfere) with (*od.* in) s.th., to poke one's nose into s.th., to butt in s.th.: menge dich nicht immer in meine Angelegenheiten don't always meddle in my affairs, keep out of my affairs.

'Men·gen|,ab,satz *m econ.* bulk (*od.* large-scale) sale(s *pl*) (*od.* selling), sales *pl* in terms of quantity. — **~,an,ga·be** *f* statement of quantity. — **~,an,teil** *m* constituent amount, share (proportion) in terms of quantity. — **~be,schrän·kung** *f econ.* quantitative restriction. — **~be,stim·mung** *f* quantitative determination (*od.* analysis). — **~be,zeich·nung** *f* designation of quantity. — **~,ein·heit** *f phys.* unit of quantity. — **~,in·dex** *m* (*in Statistik*) quantitative (*od.* quantum) index. — **~kon·junk,tur** *f econ.* quantity boom. — **~,leh·re** *f math.* set theory, (Cantor's) theory of quantities. — **~,lei·stung** *f econ.* productive (*od.* production) capacity (*od.* output). — **m~,mä·ßig** *adj* quantitative, quantitive: ~er Umsatz quantity turnover, sales *pl.* — **~,nach,laß** *m cf.* Mengenrabatt. — **~no,tie·rung** *f* (*Methode der Devisennotierung*) quantity rate (of exchange). — **~ra,batt** *m* quantity rebate (*od.* discount). — **~,rech·nung** *f math. cf.* Mengenlehre. — **~ver,hält·nis** *n* quantitative ratio, relative proportions *pl.*

'Meng|,fut·ter *n agr. cf.* Mischfutter. — **~,korn** *n agr.* dredge grain.

Meng·sel ['mɛŋzəl] *n* ⟨-s; -⟩ *dial. for* Gemengsel 1.

Men·ha·den [mɛn'heːdən] *m* ⟨-s; -s⟩ *zo.* Atlantic menhaden, fatback (*Brevoortia tyrannus*).

Men·hir ['mɛnhɪr] *m* ⟨-s; -e [-'hiːrə]⟩ *archeol.* (*Megalith*) menhir.

Me·nin·gi·tis [menɪŋ'giːtɪs] *f* ⟨-; -tiden [-gi'tiːdən]⟩ *med.* (*Hirnhautentzündung*) meningitis. — **me·nin'gi·tisch** [-tɪʃ] *adj* meningitic.

Me·ninx ['meːnɪŋks] *f* ⟨-; Meningen [me'nɪŋən]⟩ *med.* (*Hirnhaut*) meninx.

me·nip·pisch [me'nɪpɪʃ] *adj* (*Satire etc*) Menippean.

Me·nis·kus [me'nɪskʊs] *m* ⟨-; -ken⟩ **1.** *med.* meniscus. – **2.** (*optics*) meniscal lens. — **~ope·ra·ti,on** *f med.* removal of a meniscus, meniscectomy (*scient.*). — **~,riß** *m* rupture of the meniscus. — **~,scha·den** *m* torn meniscus. — **~ver,let·zung** *f* meniscus injury.

Men·ken·ke [mɛŋ'kɛŋkə] *f* ⟨-; *no pl*⟩ *Eastern Middle G. colloq.* fuss: mach keine ~ don't make such a fuss.

Men·ni·ge ['mɛnɪgə] *f* ⟨-; *no pl*⟩ *chem.* (*paints*) minium, red lead, lead oxide (Pb_3O_4).

'men·nig|,rot ['mɛnɪç-] *adj* miniaceous. — **M~,vo·gel** *m zo.* minivet (*Gattg Pericrocotus*).

Men·no·nit [mɛno'niːt] *m* ⟨-en; -en⟩ *relig.* Mennonite, *auch* Mennist. — **men·no'ni·tisch** *adj* Mennonite.

Me·no·lo·gi·on [meno'loːgiən] *n* ⟨-s; -gien⟩ *relig.* (*der Ostkirche*) menologion, menology.

Me·no·pau·se [meno'pauzə] *f med.* menopause, change of life, cessation of the menses.

Me·nor·rha·gie [menora'giː] *f* ⟨-; -n [-ən]⟩ *med.* menorrhagia.

Me·nor·rhö [meno'røː] *f* ⟨-; -en⟩, **Me·nor'rhöe** [-'røː] *f* ⟨-; -n [-ən]⟩ *med.* (*Menstruation*) menorrh(o)ea. — **me·nor'rhö·isch** *adj* menorrh(o)eal.

Men·sa ['mɛnza] *f* ⟨-; -s *u.* Mensen⟩ **1.** *relig.* mensa. – **2.** students' dining hall, commons *pl* (*construed as sg*), *Br. auch* refectory.

Mensch[1] [mɛnʃ] *m* ⟨-en; -en⟩ **1.** ⟨*only sg*⟩ (*als Gattung*) man: ~ und Tier man and beast; der ~ ist das höchstentwickelte Lebewesen man is the most highly developed living being (*od.* creature); beim ~en *med.* in man. – **2.** (*Einzelwesen*) human being, man: Adam und Eva waren die ersten ~en Adam and Eve were the first human beings; sie ist nur noch ein halber ~ *fig. colloq.* she is no more than half a woman; mit j-m von ~ zu ~ reden to have a heart-to-heart (*od.* man-to-man) talk with s.o.; ist das noch ein ~? and he calls himself a human being! er ist auch nur ein ~ he is only human; an Gott und den ~en zweifeln to despair of God and humanity; des ~en Sohn the Son of Man; Christus ist ~ geworden Christ has become incarnate(d); Gott schuf den ~en ihm zum Bilde *Bibl.* God created man in his own image; der ~ lebt nicht vom Brot allein *Bibl.* man doth not live by bread alone; den alten ~en ablegen, einen neuen ~en anziehen *fig.* to turn over a new leaf; jetzt bin ich wieder ein ~ *fig. colloq.* now I feel like a human being again; du stellst dich an wie der erste ~ *fig. colloq.* you act as though you were born yesterday; des ~en Wille ist sein Himmelreich (*Sprichwort*) *etwa* a man's will is his kingdom, let him do (*od.* have) it if it is going to make him happy; → denken 1. – **3.** (*Person*) person, individual, *pl auch* people: jeder ~ everybody, every one; kein ~ nobody, no one; es erschien kein ~ not a soul came; einen ~en bewundern [hintergehen] to admire [to deceive] a person; ein junger ~ urteilt anders als ein alter a young person judges differently from an old person; er ist ein guter ~, aber ein schlechter Künstler he is a good person but a bad artist; die ~en sind von Natur aus gut people are good by nature; einen gesitteten ~en aus j-m machen to make a civilized (*Br. auch* -s-) person (*od.* human being) out of s.o.; kein ~ weiß, was das bedeuten soll no one knows what that is supposed to mean; den Umgang mit ~en meiden [suchen] to avoid [to seek] contact with other people; so sind die ~en nun einmal that's the way people are; er ist ein anderer ~ geworden he has become a different person; abends braucht der ~ Entspannung in the evening people need relaxation (*od.* one needs to relax); man muß die ~en nehmen, wie sie sind you have to take people as they are; kein ~ muß müssen there is no such word (*od.* thing) as must. – **4.** (*Sterblicher*) mortal. – **5.** *pl* (*Menschheit*) man *sg*, mankind *sg*, the human race *sg*, people, humanity *sg.* – **6.** *colloq.* (*Kerl*) man, *Br. colloq.* bloke, *Am. colloq.* guy: dieser ~ behauptet this man contends; was will der ~? what does he (*od.* this man) want? – **7.** *colloq.* (*in Wendungen wie*) ~ Meier! good Lord (*od.* gracious)! man alive! *bes. Am.* (oh) boy! ~, hör auf! come on, stop it! cut it out! stop it, man! ~, ärgere dich nicht take it easy, keep your shirt on.

Mensch[2] *n* ⟨-(e)s; -er⟩ *vulg. contempt.* hussy, slut, 'baggage' (*vulg.*), 'tart' (*sl.*).

,Mensch 'är·ge·re ,dich ,nicht *n* ⟨- - - -; - - - -⟩ (*games*) (*Würfelspiel*) *etwa* ludo.

'Men·schen|,af·fe *m zo.* anthropoid (ape), simian, pithecoid (*Fam. Pongidae*). — **m~,ähn·lich** *adj* like a human being, manlike; anthropoid, hominoid, anthropomorphic, anthropomorphous (*scient.*). — **~,al·ter** *n* **1.** lifetime, age. – **2.** (*Generation*) generation: zwei ~ lang for two generations. — **~,an,drang** *m* press (*od.* crush) of people. — **~,an,samm·lung** *f* gathering (of people). — **~,art** *f* **1.** human nature: das ist ~ that's human nature, that's the way people will behave. – **2.** auf (*acc*) (*od.* nach) ~ in the human way, like man. – **3.** race. — **~,auf,lauf** *m* concourse (*od.* confluence) of people. — **~,blut** *n* human blood. — **~,feind** *m* man-hater, misanthrope, misanthropist. — **m~,feind·lich** *adj* misanthropic, *auch* misanthropical. — **~,feind·lich·keit** *f* misanthropy. — **~,fleisch** *n* human flesh. — **~,floh** *m zo.* common flea (*Pulex irritans*). — **m~,fres·send** *adj* man-eating, cannibal (*attrib*), anthropophagous (*scient.*). — **~,fres·ser** *m* **1.** man-eater, cannibal, anthropophagite (*scient.*). – **2.** (*im Märchen*) ogre. — **~fres·se'rei** [,mɛnʃən-] *f* man-eating, cannibalism, anthropophagy (*scient.*). — **~,freund** *m* philanthropist, humanitarian, humanist. — **m~,freund·lich** *adj* humanitarian, benevolent, humane, philanthropic, *auch* philanthropical. — **~,freund·lich·keit** *f* **1.** benevolence. – **2.** *cf.* Menschenliebe 1. — **~,füh·rung** *f* **1.** guidance of people (*od.* men). – **2.** *econ.* personnel management. — **~ge,den·ken** *n only in* seit ~ within the memory of man, within living memory. — **~ge,drän·ge** *n cf.* Menschengewühl. — **~ge,rip·pe** *n* human skeleton. — **~ge,schlecht** *n* mankind, man, human race. — **~ge,stalt** *f* human shape (*od.* form): er ist ein Teufel in ~ he is a devil incarnate; ein Engel in ~ an angel in human form; Christus hat ~ angenommen *Bibl.* Christ was made like unto man. — **~ge,wühl** *n* throng, milling crowd. — **~,haar** *n* (human) hair. — **~,hai** *m zo.* man-eater, man-eating shark (*Carcharodon carcharias*). — **~,hand** *f* hand of man, human hand: von ~ gemacht man-made; das liegt nicht in ~ that's beyond man's control. — **~,han·del** *m* slave trade (*od.* traffic). — **~,händ·ler** *m* slave trader (*od.* trafficker). — **~,haß** *m cf.* Menschenfeindlichkeit. — **~,has·ser** *m cf.* Menschenfeind. — **~,herz** *n* **1.** human heart: das ~ vermag viel the human heart is capable of much. – **2.** *zo.* heart of Venus (*Cardium isocardia*). — **~,jagd** *f* manhunt. — **~,ken·ner** *m* judge of human nature (*od.* of man). — **~,kennt·nis** *f* knowledge of human nature (*od.* character), knowledge of man: er hat (*od.* besitzt) gute ~ he has a good knowledge (*od.* is a good judge) of human nature. — **~,kind** *n lit.* human being, creature: sie ist ein armes ~ she is a poor creature. — **~,kno·chen** *m* human bone. — **~,kraft** *f* man power: eine Maschine mit ~ betreiben to operate a machine by means of man power. — **~,kun·de** *f* anthropology. — **~,le·ben** *n* **1.** human life, life (of man): mehrere ~ wurden gerettet several (human) lives were saved; ~ waren nicht zu beklagen there were no casualties (*od.*

fatalities); **schwere Verluste an ~ vermeiden** to prevent great loss (*od.* sacrifice) of life. – **2.** (*Lebenszeit*) life: **ein langes [erfülltes] ~** a long [fulfilled] life. – **3.** ⟨*only sg*⟩ *lit.* life, existence. — **m~ˌleer** *adj* (*Straßen etc*) deserted. — **~ˌlie·be** *f* **1.** (*Nächstenliebe*) love of mankind, philanthropy, philanthropism, humanitarianism, humanity: **ein Akt der ~** an act of humanitarianism; **ich habe das aus reiner ~ getan** I did it for purely humanitarian reasons. – **2.** (*Liebe unter den Menschen*) human love. — **~ˌlos** *n* destiny (*od.* fate) of man. — **~ˌmas·se** *f cf.* Menschenmenge. — **~ma·te·riˌal** *n bes. mil.* manpower (resources *pl*). — **~ˌmau·er** *f* wall of people, cordon. — **~ˌmen·ge** *f* crowd (of people), throng, multitude: **sich durch eine ~ schieben** to edge one's way through a crowd. — **m~'mög·lich** *adj* **1.** humanly possible, within the power of man (*od.* human power): **er hat alles getan, was ~ ist** he has done everything within human power (*od.* all that is humanly possible); **das ist doch nicht ~!** *colloq.* that's quite impossible, that's (just) not humanly possible. – **2.** (*substantiviert mit Kleinschreibung*) **er hat alles ~e getan** he has done everything within human power (*od.* all that is humanly possible). — **~ˌop·fer** *n* **1.** human sacrifice: **~ darbringen** to make human sacrifices. – **2.** victim, fatality: **~ sind bei diesem Unglück nicht zu beklagen** this accident claimed no victims, there were no fatalities (*od.* there was no loss of life) as a result of this accident. — **~ˌpaar** *n* (human) couple: **das erste ~** the first human couple. — **~po·ten·tiˌal** *n* human potential (*od.* resources *pl*), man power, man-power reserves *pl*. — **~ˌras·se** *f* race. — **~ˌraub** *m jur.* **1.** kidnapping, *Am. auch* kidnaping. – **2.** (*Entführung*) abduction. — **~ˌräu·ber** *m* **1.** kidnapper, *Am. auch* kidnaper. – **2.** abductor. — **~ˌrech·te** *pl* human rights, rights of man. — **~re·ser·voir** [-rezɛrˌvŏaːr] *n cf.* Menschenpotential. — **~ˌscheu I** *f* shyness, unsociableness. – **II m~** *adj* shy (of people), unsociable. — **~ˌschin·der** *m contempt.* slave driver, oppressor. — **~schin·de'rei** [ˌmɛnʃən-] *f* slave-driving, sweating, slavery: **das ist ja die reinste ~!** that is downright slave-driving. — **~ˌschlag** *m* ⟨-(e)s; *no pl*⟩ **1.** breed of men, kind of people: **ein schwerfälliger ~** a ponderous breed of men. – **2.** (*Rasse*) race. — **~ˌsee·le** *f* human soul: **keine ~ war zu sehen** *fig.* not a (*od.* no) living soul could be seen.

'Men·schensˌkind *interj colloq.* man alive! good God (*od.* Heavens)!

'Men·schen|ˌsohn *m Bibl.* Son of Man. — **~ˌsor·te** *f contempt.* sort of person (*od.* people). — **~ˌspulˌwurm** *m zo.* roundworm (*Ascaris lumbricoides*). — **~ˌstim·me** *f* human voice. — **~ˌstrom** *m* stream (*od.* flood) of people.

'Men·schen·tum *n* ⟨-s; *no pl*⟩ humanity, mankind.

'Men·schen|ˌtyp, ~ˌty·pus *m* **1.** ⟨*only sg*⟩ type (*od.* sort) of person, types *pl* (*od.* sorts *pl*) of people. – **2.** *anthrop.* anthropological type. — **m~ˌunˌwür·dig** *adj* **1.** beneath the dignity of man, beneath human dignity, degrading: **sein Betragen war ~** his behavio(u)r was beneath human dignity. – **2.** (*Behandlung etc*) inhumane. – **3.** (*Wohnung etc*) unfit for human beings: **diese Behausung ist ~** this dwelling is not fit for human beings (*od.* for human habitation). — **~verˌäch·ter** *m* misanthrope, cynic, despiser of mankind. — **~verˌach·tung** *f* misanthropy, cynicism. — **~verˌstand** *m* human understanding: **gesunder ~** common (*od. colloq.* horse) sense. — **~ˌwerk** *n* work of man: **das ist alles ~** a) this is all the work of man, b) all this is merely human. — **~ˌwür·de** *f* dignity of man, human dignity. — **m~ˌwür·dig I** *adj* **1.** (*Benehmen etc*) worthy of a human being. – **2.** (*Behandlung etc*) humane. – **3.** (*Behausung etc*) fit for human beings. – **II** *adv* **4. ~ leben** (*od.* **wohnen**) to live decently.

Men·sche·wik [mɛnʃe'vɪk] *m* ⟨-en; -en *u.* -i [-ki]⟩ *pol. hist.* Menshevik. — **Men·sche'wis·mus** [-'vɪsmʊs] *m* ⟨-; *no pl*⟩ Menshevism. — **Men·sche'wist** [-'vɪst] *m* ⟨-en; -en⟩ *cf.* Menschewik. — **men·sche'wi·stisch** *adj* Menshevist.

'Mensch·heit *f* ⟨-; *no pl*⟩ man, mankind, humanity, human race: **die Geschichte [Entwicklung] der ~** the history [development] of mankind; **im Namen der ~** in the name of humanity; **zum Wohl(e) der ~** for the benefit of humanity.

'mensch·lich I *adj* **1.** (*Körper, Natur, Schwächen etc*) human: **nach ~em Ermessen, nach ~er Voraussicht** as far as we can (humanly) foresee; **~es Versagen war Schuld an dem Unfall** human failure (*od.* negligence) was to blame for the accident; **nach ~em und göttlichem Recht** according to human and divine right; **es liegt in der ~en Natur, eifersüchtig zu sein** it is human nature to be jealous; **das ist nur zu ~** that is all too human; → **irren** 7. – **2.** (*Tat, Behandlung etc*) humane: **ein ~er Richter** a humane (*od.* merciful) judge; **seien Sie doch etwas ~er** be a little more humane; **eine ~e Regung fühlen** to be touched by feelings of humanity; **ein ~es Rühren verspüren** a) to feel moved (*od.* touched), b) *colloq.* to feel the call of nature. – **3.** (*Verhältnisse, Bedingungen etc*) tolerable, bearable. – **4.** (*menschenfreundlich*) humanitarian. – **II** *adv* **5. ich kann sein Handeln ~ verstehen** I can understand his way of acting from the human point of view; **j-n ~ behandeln** to treat s.o. humanely; **du siehst ja wieder ~ aus** *fig. colloq.* you are looking like a civilized (*Br. auch* -s-) person again. – **III M~e, das** ⟨-n⟩ **6.** (*in Wendungen wie*) **er hat nichts M~es an sich** he shows no human traits; **Affen haben etwas M~es an sich** apes have s.th. human about them; **wenn mir etwas M~es zustößt** *fig. colloq.* in case s.th. should happen to me; **es ist ihm etwas M~es passiert** *fig. colloq.* he had an accident in his pants (*od.* trousers). — **'Mensch·lich·keit** *f* ⟨-; *no pl*⟩ **1.** humanity, humaneness: **ein Verbrechen gegen die ~** a crime against humanity; **etwas aus (reiner) ~ tun** to do s.th. out of (pure) humanity (*od.* for humanitarian reasons). – **2.** (*Menschenfreundlichkeit*) humanitarianism.

'Menschˌwer·dung *f* ⟨-; *no pl*⟩ **1.** *relig.* (*Christi*) incarnation. – **2.** *anthrop.* anthropogenesis.

Men·sel ['mɛnzəl] *f* ⟨-; -n⟩ *cf.* Meßtisch.

Men·ses ['mɛnzɛs] *pl med. cf.* Menstruation.

men·stru·al [mɛnstru'aːl] *adj med.* menstrual. — **M~ˌblu·tung** *f cf.* Menstruation.

Men·strua·ti·on [mɛnstrua'tsĭoːn] *f* ⟨-; -en⟩ *med.* menstruation, menses *pl* (*construed as sg or pl*), (menstrual) period, *Am. auch* courses *pl*, (menstrual) flow, catamenia (*scient.*): **der ~ vorangehend** premenstrual; **normale ~** normal menstruation, eumenorrh(o)ea (*scient.*); **Ausbleiben der ~** absence of menstruation; menostasis, menolipsis (*scient.*). — **Men·strua·ti'onsˌmit·tel** *n med. pharm.* emmenagogue.

men·stru·ie·ren [mɛnstru'iːrən] *v/i* ⟨*no* ge-, h⟩ *med.* menstruate.

men·su·ell [mɛn'zŭɛl] *adj med.* menstrual.

Men·sur [mɛn'zuːr] *f* ⟨-; -en⟩ **1.** measure. – **2.** (*sport*) measure, fencing distance. – **3.** (*Duell*) students' duel: **auf die ~ gehen** to fight a (students') duel. – **4.** *mus.* a) (*der Noten*) scale, scaling, diapason (*scient.*), b) (*der Blasinstrumente*) bore, c) (*der Streichinstrumente*) stop. – **5.** *chem.* (*Meßglas*) graduated cylinder.

men·su·ra·bel [mɛnzu'raːbəl] *adj* (*Größe etc*) measurable, mensurable. — **Men·su·ra·bi·li'tät** [-rabili'tɛːt] *f* ⟨-; *no pl*⟩ measurability, mensurableness.

Men·su'ral|muˌsik [mɛnzu'raːl-] *f mus. hist.* mensural music. — **~no·ta·tiˌon, ~no·tenˌschrift** *f* mensural notation.

Men·su·ra·ti·on [mɛnzura'tsĭoːn] *f* ⟨-; -en⟩ **1.** (*Abmessen*) mensuration. – **2.** *mus.* (*des Pianofortes*) scale designing.

men·tal [mɛn'taːl] *adj auch med.* mental.

Men·ta·li·tät [mɛntali'tɛːt] *f* ⟨-; -en⟩ *psych.* **1.** mentality. – **2.** way of thinking.

Men'tal·re·ser·va·tiˌon *f jur.* mental reservation.

Men·thol [mɛn'toːl] *n* ⟨-s; *no pl*⟩ *chem.* menthol, (pepper)mint camphor ($C_{10}H_{19}$-OH).

Men·tor ['mɛntɔr] **I** *npr m* ⟨-s; *no pl*⟩ **1.** *myth.* Mentor (*tutor of Telemachus*). – **II** *m* ⟨-s; -en [-'toːrən]⟩ **2.** (*Lehrer*) tutor, teacher. – **3.** *fig.* mentor.

Me·nü [me'nyː] *n* ⟨-s; -s⟩ **1.** (complete) meal, dinner: **ein ~ zusammenstellen** to make up a dinner; **sich** (*dat*) **ein ~ zusammenstellen** to choose one's meal; **bitte das erste ~** please dinner number one, please number one of the table d'hôte. – **2.** *obs.* (*Speisekarte*) menu, bill of fare.

Me·nu·ett [me'nŭɛt] *n* ⟨-(e)s; -e, *auch* -s⟩ *mus.* minuet, menuet, *auch* menuetto, minuetto: **ein ~ tanzen** to dance a minuet, to minuet.

Me'nüˌkar·te *f cf.* Speisekarte.

me·phi·sto·phe·lisch [mefɪsto'feːlɪʃ] *adj* Mephistophelian, Mephistophelean.

Mer·cap·tan [mɛrkap'taːn] *n* ⟨-s; -e⟩ *meist pl chem.* mercaptan.

Mer'ca·tor·pro·jek·tiˌon [mɛr'kaːtɔr-] *f* Mercator projection.

Mer·ce·rie [mɛrsə'riː] *f* ⟨-; -n [-ən]⟩ *Swiss for* Kurzwaren 1, Kurzwarengeschäft 1.

Mer·gel ['mɛrgəl] *m* ⟨-s; -⟩ *geol.* marl: **mit ~ düngen** *cf.* mergeln. — **m~ˌar·tig** *adj* marlaceous, marly. — **~ˌbo·den** *m* marly (*od.* marlaceous) soil. — **~ˌdün·gung** *f agr.* marling. — **~ˌgru·be** *f geol.* marlpit.

'mer·ge·lig *adj geol. cf.* mergelartig.

mer·geln ['mɛrgəln] *v/t* ⟨h⟩ *agr.* fertilize (*Br. auch* -s-) with marl, marl.

'merg·lig *adj geol. cf.* mergelartig.

Me·ri·di·an [meri'dĭaːn] *m* ⟨-s; -e⟩ **1.** *geogr.* meridian. – **2.** *astr.* meridian, equinoctial colure: **durch den ~ gehen** to culminate. — **~ˌbo·gen** *m astr.* arc of the meridian. — **~ˌdurchˌgang** *m astr.* (*eines Sterns*) meridian passage (*od.* transit). — **~ˌfernˌrohr** *n* transit (*od.* meridian) instrument. — **~ˌkreis** *m* meridian circle.

me·ri·dio·nal [meridĭo'naːl] *adj astr.* meridional, meridian. — **Me·ri·dio·na·li'tät** [-nali'tɛːt] *f* ⟨-; *no pl*⟩ meridionality.

Me·rin·ge [me'rɪŋə] *f* ⟨-; -n⟩, **Me'rin·gel** [-ŋəl] *n* ⟨-s; -⟩ *gastr.* (*Schaumgebäck*) meringue.

Me·ri·no [me'riːno] *m* ⟨-s; -s⟩ **1.** (*textile*) merino. – **2.** *zo. cf.* Merinoschaf. — **~ˌgarn** *n* (*textile*) merino (yarn). — **~ˌschaf** *n zo.* Merino (sheep): **Sächsisches ~** electoral sheep. — **~ˌwol·le** *f* (*textile*) merino (wool).

Me·ri·stem [merɪs'teːm] *n* ⟨-s; -e⟩ *bot.* meristem.

Me·ri·ten [me'riːtən] *pl* merits.

Merk [mɛrk] *m* ⟨-s; -e⟩ *bot.* parsnip (*Gattg Sium*): **Breitblättriger ~** a) water parsnip (*S. latifolium*), b) skirret (*S. sisarum*).

mer·kan·til [mɛrkan'tiːl] *adj econ.* mercantile. — **Mer·kan·ti'lis·mus** [-ti'lɪsmʊs] *m* ⟨-; *no pl*⟩ *hist.* mercantilism, mercantile system. — **Mer·kan·ti'list** [-ti'lɪst] *m* ⟨-en; -en⟩ mercantilist. — **mer·kan·ti'li·stisch** *adj* mercantilist, *auch* mercantilistic.

Mer·kan'til·syˌstem *n econ. hist. cf.* Merkantilismus.

'merk·bar *adj* **1.** (*Name, Zahl etc*) retainable. – **2.** *cf.* merklich I.

'Merk|ˌblatt *n* **1.** instruction card, sheet of instructions. – **2.** (*Notizzettel*) slip. – **3.** *bes. econ.* leaflet, notice. — **~ˌbuch** *n rare for* Notizbuch.

mer·ken ['mɛrkən] **I** *v/t* ⟨h⟩ **1.** (*wahrnehmen*) perceive, notice, note: **du merkst auch alles!** *colloq. iron.* you notice everything, you are very noticing; **er hat etwas gemerkt** he has noticed s.th., he smelled a rat; **von seiner Krankheit ist nichts mehr zu ~** there are no longer any traces of his (former) illness; **es war zu ~, daß** it was noticeable (*od.* plain) that, one could see (*od.* tell) that; **der Fleck ist kaum zu ~** the spot is hardly noticeable (*od.* perceptible, to be perceived); **man merkt es an seiner Aussprache** one can tell by his accent (*od.* pronunciation); **hast du die Veränderung gemerkt?** did you notice anything different? – **2.** (*erkennen*) realize *Br. auch* -s-, see: **er merkte sofort meine Absicht** he at once realized my intention; **ich merkte sofort, worauf er hinauswollte** I saw at once what he was aiming at. – **3.** (*fühlen*) feel, notice: **ich habe nichts von dem Stoß gemerkt** I did not feel the blow. – **4.** (*entdecken*) find, detect: **den Fehler hat noch niemand gemerkt** no one has yet detected the mistake. – **5.** (*gewahr sein*) know, be aware of: **er merkt nie, wann er gehen sollte** he never knows when it's time to go; **ich merke ihn kaum** I don't even know (*od.* notice) when he is (a)round. – **6.** (*auf etwas kommen*) hit upon, discover: **endlich hat er gemerkt, was los ist** it has finally dawned on him what is going on. – 7. (*spüren*) feel, sense: **er merkte, daß er eine Dummheit begangen hatte** he felt that he had done s.th. foolish. – 8. (*in Wendungen wie*) **ich habe (mir) nichts ~ lassen** I did not betray myself (*od.* my feelings), I did not let on; **hast du ihn etwas ~ lassen?** did you let him know (*od.* notice) anything? **sie ließ nichts von ihrem Haß ~, sie ließ ihren Haß nicht ~** she did not show any signs of her hatred; **j-n seine Absicht [seinen Kummer] ~ lassen** to let s.o. know about one's intention [one's worries], to reveal one's intention [one's worries] to s.o. – 9. *dial.* (*aufzeichnen, notieren*) note (down). – 10. **sich** (*dat*) **etwas ~** a) to remember s.th., b) (*einprägen*) to make a (mental) note of s.th., to note s.th., c) (*behalten*) to retain s.th., to bear (*od.* keep) s.th. in mind: **das werde ich mir ~** a) I will remember that, b) (*ich bin gewitzigt*) that shall be a lesson to me, c) (*als Drohung*) I shan't forget that; **merk dir meine Worte** mark my words; **~ Sie sich das für die Zukunft** kindly note that for the future; **merk dir das gefälligst!** *colloq.* get that into your thick skull! (*colloq.*); **sich** (*dat*) **etwas im Kopf ~** *colloq.* to make a mental note of s.th.; **merke wohl, wohl zu ~** *colloq.* mark my words, mind you; **~ Sie sich die Autonummer** make a note of the licence (*Am.* license) number; **ich kann mir diesen Namen [diese Zahl] nicht ~** I cannot retain this name [this number]; **den Namen dieser Schauspielerin wird man sich ~ müssen** this actress is one to keep an eye on. – **II** *v/i* 11. **auf j-n [etwas] ~** to pay attention to s.o. [s.th.], to listen to s.o. [s.th.].

'Mer·ker *m* ⟨-s; -⟩ 1. *obs.* (*bes. im Minnesang*) watcher, informer, spy. – 2. *obs.* (*im Meistergesang*) judge, critic. – 3. *colloq. iron.* person that notices everything.

'Merk|ˌfä·hig·keit *f* memory. — **~ˌlam·pe** *f electr. tech.* pilot (*od.* indicator, signal) lamp.

'merk·lich I *adj* 1. (*wahrnehmbar*) noticeable, perceptible, perceivable: **eine ~e Veränderung** a noticeable change. – 2. (*deutlich*) distinct, obvious, evident, clear: **ein ~er Unterschied** an evident difference; **eine ~e Tendenz zum Aufschwung** *econ.* a distinct upward trend. – 3. (*beträchtlich*) considerable, appreciable, siz(e)able: **eine ~e Besserung trat ein** a considerable improvement took place. – 4. (*sehr stark*) striking, marked: **eine ~e Zunahme der Autoverkäufe** a marked increase in sales of cars. – 5. (*sichtlich*) visible. – **II** *adv* 6. **es hat sich ~ abgekühlt** it has become noticeably (*od.* markedly) cooler; **die Kurse schwanken ~** prices vary markedly; **sie war ~ gerührt** she was visibly touched.

'Merkˌmal *n* ⟨-(e)s; -e⟩ 1. (*Zeichen*) mark, sign. – 2. (*von Rasse etc*) (characteristic) feature, characteristic, trait: **ein typisches [hervorstechendes] ~** a typical [salient *od.* prominent] feature; **das gehört zu den charakteristischen ~en des Militarismus** that's one of the characteristic features of militarism. – 3. (*von Stil, Entwicklung etc*) characteristic feature. – 4. (*von Krankheit etc*) symptom, sign. – 5. (*Kennzeichen*) mark: **keine besonderen ~e** no distinguishing marks. – 6. (*Eigentümlichkeit*) peculiarity. – 7. (*Kriterium*) criterion. – 8. (*Eigenschaft*) attribute, property. – 9. *philos.* defining property, differentia specifica (*scient.*): **kennzeichnendes [zufälliges] ~** essential [nonessential] property. – 10. *biol.* character.

'Merkˌmalsˌpaar *n biol.* allelomorphs *pl*, alleles *pl.*

Merks [mɛrks] *m* ⟨-; *no pl*⟩ *colloq.* memory: **einen guten ~ für etwas haben** to have a good memory for s.th.

'Merkˌspruch *m* mnemotechnic(al) verse.

Mer·kur[1] [mɛr'kuːr] **I** *npr m* ⟨-; *no pl*⟩ *myth.* Mercury (*Roman god of commerce and messenger of the gods*). – **II** *m* ⟨-s; *no pl*⟩ *astr.* Mercury.

Mer'kur[2] *m, n* ⟨-s; *no pl*⟩ *chem. cf.* **Quecksilber.**

Mer·ku·ria·lis·mus [mɛrkuria'lɪsmʊs] *m* ⟨-; *no pl*⟩ *med.* mercurialism, hydrargyrism.

Mer'kurˌstab *m myth.* caduceus.

'Merk|ˌwelt *f zo.* (*der Lebewesen*) perceptual world. — **~ˌwort** *n* catchword, keyword.

'merkˌwür·dig I *adj* 1. remarkable, noteworthy. – 2. (*seltsam*) strange, odd, queer, curious, peculiar: **ein ~er Mensch** a strange person; **sein ~es Verhalten war unverständlich** his curious behavio(u)r was incomprehensible; **ich finde es ~, daß** I think it odd that. – 3. (*komisch*) funny, comical. – **II** *adv* 4. **er benimmt sich ~** he behaves in a funny way (*od.* strangely); **er war ~ still** he was strangely silent.

'merkˌwür·di·ger'wei·se *adv* strangely (*od.* oddly) enough, strange to say: **~ kam er nicht** strangely enough he did not come.

'Merkˌwür·dig·keit *f* ⟨-; -en⟩ 1. ⟨*only sg*⟩ remarkableness, noteworthiness. – 2. ⟨*only sg*⟩ (*Seltsamkeit*) strangeness, oddity, queerness, curiosity, curiousness, peculiarity. – 3. ⟨*only sg*⟩ (*Komisches*) funniness, comicality, comicalness. – 4. (*Kuriosität*) curiosity, curio.

'Merkˌzei·chen *n* 1. (*Erinnerungszeichen, Strich etc*) mark. – 2. (*Lesezeichen*) (book)-marker. – 3. *cf.* **Merkmal** 1.

Mer·lan [mɛr'laːn] *m* ⟨-s; -e⟩ *zo.* whiting (*Merlangus merlangus*).

Mer·le ['mɛrlə] *f* ⟨-; -n⟩ *zo. cf.* **Amsel** 1.

Mer·lin [mɛr'liːn; 'mɛr-] *m* ⟨-s; -e⟩, **~ˌfal·ke** *m zo.* a) pigeon hawk (*Falco columbarius*), b) rock falcon (*od.* hawk), merlin (*F. aesalon*).

Me·ro·win·ger ['meːrovɪŋər] *m* ⟨-s; -⟩ *hist.* Merovingian. — **'me·ro·win·gisch** *adj* Merovingian.

Mer·ze·ri·sa·ti·on [mɛrtsəriza'tsi̯oːn] *f* ⟨-; -en⟩ (*textile*) *cf.* **Merzerisierung.** — **mer·ze·ri'sie·ren** [-'ziːrən] **I** *v/t* ⟨*no* ge-, h⟩ mercerize *Br. auch* -s-. – **II M~** *n* ⟨-s⟩ *verbal noun.* — **Mer·ze·ri'sie·rung** *f* ⟨-; -en⟩ 1. *cf.* **Merzerisieren.** – 2. mercerization *Br. auch* -s-.

'Merz|ˌschaf ['mɛrts-] *n agr.* sheep that is cast off. — **~ˌvieh** *n* culls *pl.*

Mes·al·li·ance [meza'li̯ãːs] *f* ⟨-; -n [-sən]⟩ misalliance, mésalliance.

me·schant [me'ʃant] *adj dial. for* **boshaft** 1, **ungezogen.**

me·schug·ge [me'ʃʊgə] *adj* ⟨*pred*⟩ *colloq.* 'cracked' (*colloq.*), 'dotty' (*sl.*), nuts (*sl.*), mad, crazy.

Mes·en·ce·pha·lon [mezɛn'tseːfalɔn] *n* ⟨-s; -la [-la]⟩ (*Mittelhirn*) mesencephalon.

Mes·en·chym [mezɛn'çyːm] *n* ⟨-s; -e⟩ *biol.* mesenchyme, mesenchyma. — **mes·en·chy'mal** [-çy'maːl] *adj* mesenchymal.

Mes·en·te·ri·um [mezɛn'teːrium] *n* ⟨-s; *no pl*⟩ *med.* (*Dünndarmgekröse*) mesentery.

mes·en·ze·phal [mezɛntse'faːl] *adj med.* mesencephalic.

me·si·al [me'zi̯aːl] *adj med.* mesial. — **M~ˌbiß** *m* mesioclusion.

Me·sio..., me·sio... *combining form denoting* mesio...

Mes·ka·lin [mɛska'liːn] *n* ⟨-s; *no pl*⟩ *chem.* mescaline, *auch* mezcaline ($C_{11}H_{17}NO_3$).

Mes·mer ['mɛsmər] *m* ⟨-s; -⟩ *Southwestern G. and Swiss for* **Kirchendiener.**

Mes·me·ria·ner [mɛsmə'ri̯aːnər] *m* ⟨-s; -⟩ mesmerist. — **'mes·me·risch** [-rɪʃ] *adj* mesmeric. — **Mes·me'ris·mus** [-'rɪsmʊs] *m* ⟨-; *no pl*⟩ (*Heilmagnetismus*) mesmerism, animal magnetism.

Mes·ner ['mɛsnər] *m* ⟨-s; -⟩ *Southern G. and Austrian for* **Kirchendiener.** — **Mes·ne'rei** *f* ⟨-; -en⟩ *obs.* office (and lodging) of a sacristan (*od.* sexton).

Me·so..., me·so... *combining form denoting* meso...

Me·so·derm [mezo'dɛrm] *n* ⟨-s; -e⟩ *biol.* mesoderm, mesoblast. — **me·so·der'mal** [-'maːl] *adj* mesodermal, mesodermic.

Me·so·karp [mezo'karp] *n* ⟨-s; -e⟩, **Me·so'kar·pi·um** [-pium] *n* ⟨-s; -pien⟩ *bot.* mesocarp.

me·so·ke·phal [mezoke'faːl] *adj med. cf.* **mesozephal.**

Me·so·li·thi·kum [mezo'liːtikʊm; -'lɪ-] *n* ⟨-s; *no pl*⟩ *geol. hist.* Mesolithic (period). — **me·so'li·thisch** [-tɪʃ] *adj* Mesolithic.

Me·son ['meːzɔn] *n* ⟨-s; -en [me'zoːnən]⟩ *phys.* meson, mesotron.

Me·so·phyll [mezo'fʏl] *n* ⟨-s; -en⟩ *bot.* mesophyll, mesophyllum.

Me·so·phyt [mezo'fyːt] *m* ⟨-en; -en⟩ *bot.* mesophyte.

Me·so·po·ta·mi·er [mezopo'taːmi̯ər] *m* ⟨-s; -⟩ Mesopotamian. — **me·so·po'ta·misch** [-mɪʃ] *adj* Mesopotamian.

Me·so·sphä·re [mezo'sfɛːrə] *f meteor.* mesosphere.

Me·so·tho·ri·um [mezo'toːri̯ʊm] *n* ⟨-s; *no pl*⟩ *phys.* mesothorium.

Me·so·tron ['meːzotrɔn] *n* ⟨-s; -en [mezo'troːnən]⟩ *phys. cf.* **Meson.**

me·so·ze·phal [mezotse'faːl] *adj med.* mesocephalic.

Me·so·zoi·kum [mezo'tsoːikʊm] *n* ⟨-s; *no pl*⟩ *geol. hist.* Mesozoic, reptilian age. — **me·so'zo·isch** [-ɪʃ] *adj* Mesozoic, Secondary.

Mes'quitˌstrauch [mɛs'kiːt-] *m bot.* a) mesquit(e) (*Gattg Prosopis*), b) honey mesquite (*P. juliflora*).

'Meß|ˌamt *n relig.* mass. — **~ap·paˌrat** *m tech.* measuring apparatus (*od.* instrument), meter. — **~ˌband** *n* tape measure, measuring tape.

'meß·bar *adj* measurable, mensurable. — **'Meß·bar·keit** *f* ⟨-; *no pl*⟩ measurability, mensurableness, mensurability.

'Meß|ˌbe·cher *m* 1. (*im Haushalt*) measuring cup (*od.* jug). – 2. *chem.* (*im Laboratorium*) graduated beaker (*od.* flask). — **~be·ˌreich** *m* measuring range. — **~ˌbild** *n phot.* range-finder image. — **~ˌbrief** *m mar.* (*eines Schiffes*) bill of measurement. — **~ˌbrücke** (*getr.* -k·k-) *f electr.* measuring (*od.* resistance, Wheatstone) bridge. — **~ˌbuch** *n relig.* missal, Mass (*od.* service) book. — **~ˌda·ten** *pl tech.* measuring data. — **~ˌdie·ner** *m relig.* acolyte, server, ministrant.

Mes·se ['mɛsə] *f* ⟨-; -n⟩ 1. *relig.* mass, Mass, office: **eine ~ halten** (*od.* **lesen**) [**zelebrieren**] to say [to celebrate] mass; **eine feierliche [stille] ~ hören** to hear a solemn [low *od.* Low] mass (*od.* Mass, celebration); **zur ~ gehen** to attend (the) (*od.* to go to) mass; **für j-n eine ~ lesen lassen** to have a mass said for s.o. – 2. *mus.* Mass: **die Hohe ~** the High Mass; **Beethovens ~ in C-Dur** Beethoven's Mass in C major. – 3. *econ.* fair, *Am. auch* show: **auf der ~** at the fair; **auf der Frankfurter ~ ausstellen** to exhibit at the Frankfurt Fair. – 4. *mil. mar.* (*Offiziersmesse*) mess (hall). — **~ˌamt** *n econ.* office of a fair (*Am. auch* show). — **~beˌsu·cher** *m*, **~beˌsu·che·rin** *f* visitor of (*od.* at, to) a fair, fairgoer, *Am. auch* showgoer. — **~geˌlän·de** *n* fairground(s *pl construed as sg*), *Am. auch* showground. — **~ˌhal·le** *f* hall (*od.* pavilion) at a fair (*Am. auch* show). — **~ˌlei·tung** *f* management (of a fair, *Am. auch* show), fair authorities *pl.*

mes·sen ['mɛsən] **I** *v/t* ⟨mißt, maß, gemessen, h⟩ 1. measure, *auch* take the measurements (*od.* measure, size) of: **die Länge [Geschwindigkeit] ~** to measure the length [speed]; **j-n ~** to measure s.o. (*od.* s.o.'s height); **etwas nach Metern [Litern] ~** to measure s.th. by the meter (*bes. Br.* metre) [liter, *bes. Br.* litre]; **etwas genau ~** to measure s.th. exactly; **j-s Temperatur** (*od.* **Fieber**) **~, j-n ~** to take s.o.'s temperature; **er maß die Entfernung mit den Augen** he judged (*od.* estimated) the distance with his eyes; **er kann das Geld mit Scheffeln ~** *fig. colloq.* he has heaps (*od.* piles) of money, he is rolling in money (*alle colloq.*); → **Maß**[1] 1. – 2. *fig.* (*in Wendungen wie*) **j-n (mit Blicken) ~** to measure s.o., to eye s.o., to size s.o. up: **er maß den Fremden mit neugierigen Blicken** he eyed the stranger curiously; **die beiden Gegner maßen einander mit wütenden Blicken** the two opponents measured each other with furious glances; **j-n mit geringschätzigen Blicken ~** to measure s.o. with a contemptuous glance. – 3. *tech.* a) (*mit einer Festlehre*) ga(u)ge, (*mittels verstellbarer Lehre*) ca(l)liper, b) (*Flüssigkeiten, Gase*) meter, c) (*Arbeitsvorgänge mit einer Uhr*) time. – 4. (*vermessen*) (*Land etc*) survey. – 5. (*bes. sport*) (*Zeit*) time, clock (*colloq.*). – 6. *math.* (*Winkel etc*) measure. – 7. *mar.* (*ausloten, peilen*) (*Tiefe*) sound. – **II** *v/i* 8. measure: **die Schnur mißt 3 Meter** the string (*od.* cord) measures 3 meters (*bes. Br.* metres); **ich messe 1,80 m** I measure (*od.* my height is) 1.80 meters. – 9. (*von Gefäßen*) contain, hold: **der Eimer mißt 5 l** the pail holds 5 liters (*bes. Br.* litres). – **III** *v/reflex* 10. **sich mit j-m ~** (*von Person*) to compete with s.o., to measure oneself against (*od.* with) s.o.: **sich** (*od.* **seine Kraft**) **mit j-m ~** to measure (*od.* try) oneself (*od.* one's strength) with s.o.; **sich mit einem Rivalen ~** to compete with a rival; ich kann mich (ruhig) mit ihm ~ I can confidently hold my own against (*od.* cope with) him; er kann sich mit ihm an Wissen nicht ~ he is no match for (*od.* cannot match, does not hold a candle to) him in knowledge; sich mit j-m im Laufen ~ to run against (*od.* race) s.o. – **11.** sich mit etwas ~ können (*von Dingen*) to come up to s.th., to stand comparison with s.th.: ihre Qualität kann sich nicht mit unserer ~ their quality does not come up to ours. – **IV M~** *n* ⟨-s⟩ **12.** *verbal noun.* – **13.** *cf.* Messung.

Mes·ser[1] [ˈmɛsər] *n* ⟨-s; -⟩ **1.** knife: mit ~ und Gabel essen to eat with knife and fork; das ~ ist stumpf (*od.* schneidet nicht) the knife has no edge (*od.* is blunt, won't cut); ~ putzen to scour knives; ein ~ schärfen to sharpen (*od.* grind) a knife; ~ mit doppelter Klinge two- (*od.* double)-bladed knife; er rannte (*od.* stieß) ihm das ~ in den Leib he ran a knife into (*od.* through) him; auf diesem ~ kann man (nach Rom) reiten *fig. colloq.* this knife won't cut butter; ein Kampf (*od.* Krieg) bis aufs ~ *fig.* (a) war to the knife, a fight to the finish; j-m das ~ an die Kehle setzen *fig. colloq.* to put a knife to s.o.'s throat; ihm sitzt das ~ an der Kehle *fig. colloq.* he feels the knife at his throat; j-n ans ~ liefern *fig. colloq.* to give (*od.* deliver) s.o. up, to send (*od.* lead) s.o. to his doom; er hat seinem Gegner selbst das ~ in die Hand gegeben *fig.* he has played right into his opponent's hand, he signed his own death warrant; die Entscheidung steht auf des ~s Schneide *fig.* the decision is on a razor's edge (*od.* razor edge), the decision hangs (*od.* trembles) in the balance; es steht jetzt auf des ~s Schneide *fig.* it is touch and go now; ~, Gabel, Scher' und Licht taugt für kleine Kinder nicht (*Sprichwort*) children and fools must not play with edged tools (*proverb*). – **2.** *tech.* a) knife, cutter, b) (*einer Papiermaschine*) doctor (blade), c) (*eines Hobels*) iron, d) (*eines Messerkopfes*) blade. – **3.** *med.* knife, scalpel, bistoury: er muß unters ~ *colloq.* he will have to go under the knife (*colloq.*). – **4.** *zo.* scalpellum (*Scalpellum vulgare*). – **5.** *electr.* blade.

ˈ**Mes·ser**[2] *m* ⟨-s; -⟩ **1.** (*Person*) measurer, meter, ga(u)ger. – **2.** *tech. cf.* Meßgerät 1.

ˈ**Mes·ser|ˌbänk·chen** *n* knife rest. — **~ˌeg·ge** *f agr.* scarifier. — **~ˌfisch** *m zo.* **1.** Afrikanischer (*od.* Schwarzer) ~ black knife fish (*Xenomystus nigri*). – **2.** Südamerikanischer (*od.* Grüner) ~ green knife fish (*Eigenmannia virescens*). — **m~ˌför·mig** *adj* knife-shaped; cultriform, cultrate, *auch* cultrated (*scient.*).

ˈ**Meß·erˌgeb·nis** *n* result of measurement.

ˈ**Mes·ser|ˌgras** *n bot.* a) knife grass (*Scleria latifolia*), b) razor grass (*S. scindens*), c) cutting grass (*S. flagellum*). — **~ˌgriff** *m*, **~ˌheft** *n* knife handle. — **~ˌheld** *m iron.* stabber, cutthroat, knifer (*sl.*). — **~ˌklin·ge** *f* knife blade, blade of a knife. — **~kon·ˌtakt** *m electr.* blade contact. — **~ˌkopf** *m tech.* a) (*eines Fräsers*) face milling cutter, b) (*bei der Holzbearbeitung*) cutter head. — **~ˌmu·schel** *f zo.* razor, razor shell (*od.* clam, fish), knife-handle (*Fam. Solenidae*). — **~ˌrücken** (*getr.* -k·k-) *m* back of a knife. — **~ˌscha·lenˌmu·schel** *f zo. cf.* Messermuschel. — **~ˌschal·ter** *m electr.* knife switch. — **m~ˈscharf** *adj* knife-edged, razor-edged, razor-sharp, knifelike (*alle auch fig.*): ein ~er Verstand *fig.* a razor-sharp mind. — **~ˌschei·be** *f tech.* cutter (*od.* knife) disc (*od.* disk). — **~ˌschei·de** *f* **1.** knife case (*od.* sheath). – **2.** *zo. cf.* Messermuschel. — **~ˌschmied** *m* cutler. — **~ˌschmie·de** *f* cutler's workshop, cutlery works *pl* (*construed as sg or pl*). — **~ˌschmie·deˌwa·ren** *pl* cutlery *sg.* — **~ˌschnei·de** *f* knife-edge, edge of a knife. — **~ˌschnitt** *m* razor cut. — **~ˌspit·ze** *f* point of a knife: man nehme eine ~ voll Salz *gastr.* take a pinch of salt. — **~ˌste·cher** *m cf.* Messerheld. — **~ste·cheˈrei** [ˌmɛsər-] *f* knife battle, knifing. — **~ˌstich** *m* thrust (*od.* stab, cut) with a knife.

ˈ**Mes·se|ˌstand** *m econ.* stand (*od.* booth, stall) at a fair (*Am. auch* show). — **~ˌzeit** *f* time during which a fair (*Am. auch* show) is held.

ˈ**Meß|ˌfähn·chen** *n* surveyor's flag (*od.* pole). — **~ˌfeh·ler** *m* error in measurement. — **~ˌfun·kenˌstrecke** (*getr.* -k·k-) *f electr.* spark gap. — **~geˌfäß** *n* **1.** measuring cup (*od.* jug). – **2.** *tech.* graduated vessel. – **3.** *relig.* sacred vessel. — **~ge·nau·ig·keit** *f* accuracy of measurement. — **~geˌrät** *n* **1.** *tech.* a) measuring apparatus (*od.* instrument, appliance, device, tool), b) (*Feldmeßgerät*) surveying instrument, c) (*Zähler*) meter, d) (*Feinmeßgerät*) microdetector, e) *cf.* Meßuhr. – **2.** *relig.* Mass requisites *pl.* — **~geˌwand** *n relig.* liturgical vestment (*od.* garment), *bes.* stole and chasuble, (*ärmelloses*) paenula, amphibalus: die Meßgewänder the canonicals. — **~ˌglas** *n* measuring glass, graduate(d measuring glass), burette. — **~ˌhemd** *n relig.* alb.

Mes·sia·de [mɛˈsĭaːdə] *f* ⟨-; -n⟩ Messianic poem, poem about Messiah (*od.* Christ).

mes·sia·nisch [mɛˈsĭaːnɪʃ] *adj* Messianic.

Mes·si·as [mɛˈsiːas] *npr m* ⟨-; *no pl*⟩ *Bibl.* Messiah, Messias.

Mes·sing [ˈmɛsɪŋ] *n* ⟨-s; *no pl*⟩ (yellow) brass. — **~beˌschlag** *m* brass mounting. — **~ˌblech** *n* sheet brass, brass plate. — **~ˌdraht** *m* brass wire.

ˈ**mes·sin·gen** *adj* **1.** (of) brass, brazen. – **2.** like brass, brassy.

ˈ**Mes·sing|ˌeu·le** *f zo.* burnished brass moth (*Plusia chrysitis*). — **~geˌrät** *n* brass utensil(s *pl*). — **~geˌschirr** *n* brass (kitchen) vessels *pl* (*od.* utensils *pl*), brass kitchenware. — **~ˌgie·ßer** *m metall.* brass founder, brazier. — **~gie·ßeˌrei** *f* brass foundry. — **~ˌguß** *m* **1.** (*Gußmessing*) cast brass. – **2.** (*Gußstücke*) brass castings *pl.* — **~ˌkä·fer** *m zo.* golden spider beetle (*Niptus hololeucus*). — **~ˌplat·te** *f* brass plate. — **~ˌrohr** *n* brass tube. — **~ˌschild** *n* brass plate. — **~ˌstan·ge** *f* brass rod. — **~ˌwa·ren** *pl* brassware *sg*, braziery *sg.*

ˈ**Meß|in·struˌment** *n tech. cf.* Meßgerät 1. — **~ˌkänn·chen** *n relig.* cruet. — **~ˌkelch** *m* chalice. — **~ˌket·te** *f* **1.** *tech.* surveyor's (*od.* measuring) chain. – **2.** *phot.* (*an Kleinbildkamera*) measuring chain. — **~ˌkol·ben** *m chem.* volumetric flask. — **~ˌkun·de** *f* (practical) surveying (*od.* mensuration), metrology. — **~ˌlat·te** *f tech.* measuring (*od.* surveyor's) staff (*od.* pole). — **~ˌop·fer** *n relig.* Sacrifice of the Mass, missal sacrifice. — **~ˌord·nung** *f* ordinary, *auch* Ordinary. — **~ˌpult** *m* desk for the Mass book. — **~ˌpunkt** *m* **1.** *tech.* measuring point. – **2.** *astr. phys.* collimating point. – **3.** *electr.* test point. — **~ˌrad** *n tech.* measuring wheel. — **~ˌschnur** *f cf.* Meßband. — **~ˌschrau·be** *f* micrometer screw (*od.* spindle). — **~ˌsen·der** *m* (*radio*) calibrating transmitter. — **~ˌstab** *m* **1.** *tech.* a) setting plug (*od.* parallel) ga(u)ge, b) (*bei der Landvermessung*) *cf.* Meßlatte. – **2.** *auto.* ga(u)ge rod, dipstick. — **~ˌstan·ge** *f* aligning pole, surveyor's staff. — **~ˌtech·nik** *f* **1.** measuring practice. – **2.** (*als Wissenschaft*) metrology. — **~ˌtisch** *m* surveyor's (*od.* plane) table. — **~ˌtischˌblatt** *n* **1.** *geogr.* ordnance (survey) map, plane table (survey) map. – **2.** *tech.* measuring-value sheet. — **~ˌtrupp** *m* **1.** (*beim Vermessungswesen*) surveying gang. – **2.** *tel.* testing crew, test team. – **3.** *mil.* testing crew. — **~ˌtuch** *n relig.* corporal, communion cloth. — **~ˌuhr** *f tech.* dial indicator (*od.* ga[u]ge).

ˈ**Mes·sung** *f* ⟨-; -en⟩ **1.** *cf.* Messen. – **2.** measurement, mensuration: falsche ~ faulty (*od.* incorrect) measurement. – **3.** (*Prüfung*) test(ing).

ˈ**Meß|verˌfah·ren** *n* **1.** method of measurement. – **2.** *tel.* testing method. — **~ver·ˌstär·ker** *m electr.* measuring amplifier. — **~ˌwand·ler** *m* instrument transformer. — **~ˌwein** *m relig.* sacramental wine. — **~ˌwert** *m* **1.** a) reading, measured (*od.* test) value, b) *pl* test data. – **2.** *astr.* setting. — **~ˌwin·kel** *m phot.* (*eines Belichtungsmessers*) angle of acceptance. — **~ˌzahl**, **~ˌzif·fer** *f econ.* index (number). — **~zy·ˌlin·der** *m* **1.** *tech.* ga(u)ging cylinder. – **2.** *chem.* graduated cylinder.

Me·sti·ze [mɛsˈtiːtsə] *m* ⟨-n; -n⟩ *anthrop.* mestizo, *Am.* half-breed, *Am. auch* quarter-breed. — **Meˈsti·zin** *f* ⟨-; -nen⟩ mestiza.

Met [meːt] *m* ⟨-(e)s; *no pl*⟩ mead.

Me·ta..., me·ta... *combining form denoting* meta...

Me·ta·ba·sis [meˈta(ː)bazɪs] *f* ⟨-; -basen [-taˈbaːzən]⟩ *ling.* (*in der Rhetorik*) metabasis.

Me·ta·bo·lie [metaboˈliː] *f* ⟨-; -n [-ən]⟩ *biol.* metaboly. — **me·taˈbo·lisch** [-ˈboːlɪʃ] *adj* metabolic, *auch* metabolical. — **Me·ta·boˈlis·mus** [-ˈlɪsmʊs] *m* ⟨-; *no pl*⟩ metabolism.

Me·ta·ge·ne·se [metageˈneːzə] *f biol.* metagenesis.

Meˈta·geˌschäft [meˈta-] *n econ.* joint business venture.

Me·ta·lep·se [metaˈlɛpsə], **Me·ta·lep·sis** [meˈta(ː)lɛpsɪs] *f* ⟨-; -lepsen [-taˈlɛpsən]⟩ *ling.* (*in der Rhetorik*) metalepsis.

ˈ**Me·ta·linˌgui·stik** [ˈmeːta-] *f ling.* metalinguistics *pl* (*construed as sg or pl*).

Me·tall [meˈtal] *n* ⟨-s; -e⟩ **1.** metal: aus ~ metallic; edles ~ precious (*od.* noble) metal; unedles ~ base metal; gediegenes ~ native (*od.* pure) metal; vergoldetes ~ ormolu; plattiertes ~ clad metal. – **2.** sie hat ~ in der Stimme *mus.* her voice has a metallic ring (*od.* timbre). – **3.** *her.* metal, tincture. — **~ˌabˌfall** *m tech.* metal scrap (*od.* waste), scrap metal. — **~ˌader** *f* (*mining*) metallic (*od.* metalliferous) vein (*od.* lode, seam). — **~ˌar·bei·ter** *m tech.* metalworker. — **m~ˌar·tig** *adj* metallic, resembling metal, metalline. — **~ˌband** *n* metal strip (*od.* band). — **~ˌbauˌka·sten** *m* (*Spielzeug*) steel construction set, meccano. — **~be·ar·bei·tung** *f tech.* metalworking, metal processing. — **~be·ˌrüh·rung** *f* metal-to-metal contact. — **~beˌschlag** *m* metal sheathing (*od.* mounting, fitting). — **~ˌblech** *n* **1.** (*Werkstoff*) sheet metal. – **2.** (*Erzeugnis*) metal sheet. — **~cheˌmie** *f* metallochemistry. — **~ˌdampfˌlam·pe** *f* metal-vapor (*bes. Br.* -vapour) lamp. — **~ˌdeckung** (*getr.* -k·k-) *f econ.* (*einer Währung*) metallic cover. — **~ˌdraht** *m tech.* metal(lic) wire. — **~ˌdre·her** *m* metal turner.

Meˈtalleˌgie·rung (*getr.* -ll·l-) *f* metal alloy, nonferrous (*Br.* non-ferrous) alloy.

meˈtal·len *adj* (made of) metal, metallic, *Am. auch* metalic, metaled, *bes. Br.* metalled, metalline.

Meˈtall|ˌfa·denˌlam·pe *f electr.* metal filament lamp. — **~ˌfar·be** *f* metal(lic) color (*bes. Br.* colour). — **~ˌfär·bung** *f* metallic coloring (*bes. Br.* colouring). — **~ˌfo·lie** *f* (metal) foil. — **~ˌga·ze** *f cf.* Metallgewebe. — **~geˌhalt** *m* (*eines Erzes*) amount (*od.* yield) of metal. — **~ˌgeld** *n econ.* specie, coin(s *pl*), metallic currency. — **~geˌwe·be** *n tech.* wire cloth, metal cloth (*od.* gauze), metallic tissue. — **~geˌwin·nung** *f* extraction of nonferrous (*Br.* non-ferrous) metals: ~ auf galvanischem (*od.* elektrischem) Wege electrometallurgy; nasser Weg der ~ wet extraction method, hydrometallurgy; trockener Weg der ~ dry extraction method. — **~ˌgie·ßer** *m* metal founder. — **~gie·ßeˌrei** *f* metal foundry. — **~ˌglanz** *m* metallic luster (*bes. Br.* lustre), bronzing. — **~ˌguß** *m* **1.** (*Werkstoff*) cast metal. – **2.** (*Erzeugnis*) metal castings *pl*, nonferrous (*Br.* non-ferrous) castings *pl.* — **m~ˌhal·tig** *adj min.* metalliferous, metalline. — **~ˌhaut** *f aer.* metal skin (*od.* envelope). — **~in·duˌstrie** *f* metal industry.

meˈtal·lisch I *adj* **1.** metallic, *Am. auch* metalic, metalline: ~e Eigenschaft metallic property; ~e Auflage metal-to-metal support; ~er Schutzüberzug metallic coating; ~er Glanz metallic luster (*bes. Br.* lustre); ~er Stromleiter *electr.* metal conductor; ein ~es Aussehen haben to have a metallic appearance. – **2.** *fig.* (*Stimme*) metallic, *Am. auch* metalic, brazen. – **II** *adv* **3.** ~ glänzend metallescent.

me·tal·li·sie·ren [metaliˈziːrən] *tech.* **I** *v/t* ⟨*no* ge-, h⟩ metallize *Br. auch* -s-, *Am. auch* metalize, metal-coat, metal-plate. – **II M~** *n* ⟨-s⟩ *verbal noun.* — **Me·tal·liˈsie·rung** *f* ⟨-; -en⟩ metallization *Br. auch* -s-, *Am. auch* metalization.

Me·tal·lis·mus [metaˈlɪsmʊs] *m* ⟨-; *no pl*⟩ *econ.* bullionism.

Meˈtall|ˌkä·fer *m zo.* sun beetle (*Gattg Cetonia*). — **~karˌbid** *n chem.* metal carbide. — **~keˌra·mik** *f metall.* powder metallurgy, metal ceramics *pl* (*usually construed as sg*). — **~ˌkle·ber** *m* metal adhesive. — **~ˌkun·de** *f metall.* **1.** physical metallurgy. – **2.** metallography.

Me·tal·lo·chro·mie [metalokroˈmiː] *f* ⟨-; *no pl*⟩ *tech.* metallochromy.

Me·tal·lo·gra·phie [metalograˈfiː] *f* ⟨-; *no pl*⟩ *tech.* metallography.

Me·tal·lo·id [metalo'iːt] *n* ⟨-(e)s; -e⟩ *chem. obs.* metalloid, nonmetallic (*Br.* non-metallic) element.

Me'tall|oxyd [-ˀɔˌksyːt] *n chem.* metallic oxide. — **~ˌpaˌpier** *n* metallic paper, metal paper. — **~ˌplätt·chen** *n* **1.** lame. – **2.** (*als Besatz*) aglet. – **3.** (*als Verzierung*) plaquette, flitter. – **4.** (*an einem Schlüssel*) key label. — **~ˌplat·te** *f* metal plate. — **~ˌpro·be** *f* assay. — **~ˌputzˌmit·tel** *n* metal-buffing compound. — **m~ˌreich** *adj* rich in metal, metalliferous (*scient.*). — **~ˌring** *m* metal ring. — **~ˌsä·ge** *f tech.* metal-cutting saw. — **~ˌsche·re** *f* metal-cutting pliers *pl*, (*Blechschere*) tinner's snips *pl* (*beide construed as sg or pl*). — **~ˌschlacke** (*getr.* -k·k-) *f metall.* scoria, metal slag, dross. — **~ˌschlauch** *m* (flexible) metal tube. — **~ˌschrau·be** *f tech.* machine screw. — **~ˌski** *m* (*sport*) metal ski. — **~ˌspä·ne** *pl tech.* **1.** metal cuttings (*od.* chips). – **2.** (*beim Bohren*) borings. — **~ˌspie·gel** *m* **1.** metallic mirror. – **2.** (*bes. für Teleskope*) speculum. — **~ˌspritz·verˌfah·ren** *n* metal-spraying process. — **~ˌspu·le** *f* metal spool. — **~ˌstaubˌlun·ge** *f med.* siderosis. — **~ˌste·cher** *m tech.* metal engraver. — **~ˌstift** *m* metallic pencil, aglet. — **~ˌstrei·fen** *m cf.* Metallband. — **~ˌtuch** *n* wire cloth. — **~ˌüberˌzug** *m* metal coat(ing): **galvanischer ~** electroplated coating.

Me·tall·urg [meta'lʊrk] *m* ⟨-en; -en⟩ metallurgist. — **Me·tall·ur'gie** [-'giː] *f* ⟨-; *no pl*⟩ metallurgy. — **me·tall'ur·gisch** [-gɪʃ] *adj* metallurgical, *auch* metallurgic.

me'tall·verˌar·bei·tend *adj* metalworking, *Br.* metal-working: **~e Industrie** metalworking industry.

Me'tall|verˌar·bei·tung *f tech.* metalworking, *Br.* metal-working. — **~verˌbin·dung** *f chem.* **1.** metallic compound. – **2.** amalgamation. — **~verˌgif·tung** *f med.* metal poisoning. — **~ˌvorˌrat** *m econ.* (*Bank*) bullion reserve. — **~ˌwäh·rung** *f* metallic currency (*od.* standard).

Me'tallˌwa·ren *pl* hardware *sg*, metalware, *Br.* metal-ware *sg*. — **~faˌbrik** *f* metalworks, *Br.* metal-works *pl* (*construed as sg or pl*). — **~ˌhänd·ler** *m* hardware dealer, *bes. Br.* ironmonger. — **~ˌhand·lung** *f* hardware store, *bes. Br.* ironmongery.

Me'tallˌwol·le *f tech.* metal wool.

Me·ta·me·rie [metame'riː] *f* ⟨-; *no pl*⟩ *phys. zo.* metamerism.

me·ta·morph [meta'mɔrf], **me·ta'mor·phisch** *adj* metamorphic. — **Me·ta·mor'phis·mus** [-'fɪsmʊs] *m* ⟨-; -men⟩ *geol.* metamorphism, metamorphosis.

Me·ta·mor·pho·se [metamɔr'foːzə] *f* ⟨-; -n⟩ **1.** *biol.* metamorphosis, *auch* transformation. – **2.** *bes. myth.* metamorphosis. – **3.** *geol. cf.* Metamorphismus. – **4.** *mus.* (*Variation*) metamorphosis.

me·ta·mor·pho·sie·ren [metamɔrfo'ziːrən] *v/t* ⟨*no* ge-, h⟩ metamorphose, metamorphize, transform.

Me·ta·pher [me'tafər] *f* ⟨-; -n⟩ *ling.* metaphor(ical expression). — **Me·ta'pho·rik** [-'foːrɪk] *f* ⟨-; *no pl*⟩ imagery. — **me·ta'pho·risch** [-'foːrɪʃ] *adj* metaphorical, *auch* metaphoric, figurative.

Me·ta·phra·se [meta'fraːzə] *f* ⟨-; -n⟩ *ling.* metaphrase, metaphrasis.

Me·ta|phy·sik [metafy'ziːk] *f* ⟨-; *no pl*⟩ *philos.* metaphysics *pl* (*construed as sg*), *auch* ontology. — **~'phy·si·ker** [-'fyːzikər] *m* metaphysician, *auch* ontologist. — **m~'phy·sisch** [-'fyːzɪʃ] *adj* **1.** metaphysical. – **2.** (*übersinnlich*) extraphysical. – **3.** (*bes. in der Scholastik*) transcendental, *auch* ontological.

Me·ta·pla·sie [metapla'ziː] *f* ⟨-; -n [-ən]⟩ *biol.* metaplasia, transformation.

Me·ta·psy·cho·lo·gie [metapsyçolo'giː] *f psych.* metapsychology.

'Me·taˌsäu·re *f chem.* meta acid.

'Me·ta|ˌspra·che *f ling.* metalanguage. — **m~ˌsprach·lich** *adj* metalinguistic.

Me·ta·sta·se [meta'staːzə] *f* ⟨-; -n⟩ *ling. med.* metastasis.

me·ta·sta·sie·ren [metasta'ziːrən] *v/i* ⟨*no* ge-, h⟩ *med.* metastasize *Br. auch* -s-.

me·ta·sta·tisch [meta'staːtɪʃ] *adj med.* (*Geschwulst etc*) metastatic.

Me·ta·the·se [meta'teːzə] *f* ⟨-; -n⟩, **Me·ta·the·sis** [me'ta(ː)tezɪs] *f* ⟨-; -thesen [-ta'teːzən]⟩ *ling.* metathesis, transposition.

'Me·ta|verˌbin·dung *f chem.* meta compound. — **~zen·trum** [meta'tsɛntrʊm] *n* (*eines Schiffes etc*) metacenter, *bes. Br.* metacentre.

me·ta·zo·isch [meta'tsoːɪʃ] *adj zo.* metazoic, metazoan. — **Me·ta'zo·on** [-ən] *n* ⟨-s; -zoen⟩ metazoon.

Met·em·psy·cho·se [metɛmpsy'çoːzə] *f* ⟨-; -n⟩ *relig.* metempsychosis.

Me·te·or [mete'oːr] *m, scient. n* ⟨-s; -e⟩ **1.** *astr.* meteor, fireball, shooting (*od.* falling) star: **ein leuchtender ~** a fiery meteor. – **2.** *fig.* meteor: **sein Name leuchtete wie ein ~ am Kunsthimmel** his name had a meteoric rise in the field of art. — **m~ˌar·tig** *adj astr.* meteoric, meteoritic, meteorlike: **~er Körper** meteoroid. — **~ˌei·sen** *n* meteoric (*od.* meteoritic) iron. — **~geˌstein** *n* siderite: **aus ~ (bestehend)** sideritic.

me·te'or·haft *adj astr. cf.* meteorisch.

me·teo·risch [mete'oːrɪʃ] *adj astr.* meteoric, meteoritic.

Me·teo·rit [meteo'riːt; -'rɪt] *m* ⟨-s; -e⟩ *astr.* meteorite, meteoric (*od.* falling) stone. — **me·teo'ri·tisch** *adj cf.* meteorartig.

Me·te'orˌkra·ter *m* meteor (*auch* meteorite) crater.

Me·teo·ro·lo·ge [meteoro'loːgə] *m* ⟨-n; -n⟩ meteorologist, (*bes. in Wettervorhersage, Flugberatung etc*) weatherman, (weather) forecaster. — **Me·teo·ro·lo'gie** [-lo'giː] *f* ⟨-; *no pl*⟩ meteorology. — **me·teo·ro'lo·gisch** *adj* meteorological, *auch* meteorologic: **~e Station** meteorological observatory (*od.* station), weather station; **~e Aufzeichnung** meteorogram.

Me·te'or|ˌschwarm *m astr.* meteor system, swarm of meteors, meteori(ti)c swarm. — **~ˌstaub** *m* meteor dust. — **~ˌstein** *m* **1.** *astr.* a) *cf.* Meteor 1, b) *cf.* Meteorit, c) (*bes. bei NASA*) meteoroid. – **2.** *min.* aerolite, siderolite.

Me·ter ['meːtər] *m, n, Swiss only m* ⟨-s; -⟩ meter, *bes. Br.* metre: **ein ~ ist [hat] hundert Zentimeter** one meter is equal to [has] one hundred centimeters, there are one hundred centimeters in one meter; **eine Entfernung von 20 ~n** a distance of 20 meters; **der Umfang beträgt 50 ~** the circumference is 50 meters; **alle 10 ~** every 10 meters; **~ für ~ vorrücken** to advance (*od.* go ahead) meter by meter; **das Schiff war in einer Länge von 10 ~n aufgerissen** the ship had a hole ten meters long (*od.* of ten meters in length); **der laufende ~ Stoff kostet 1 Mark** the material costs 1 mark per meter; **den Stoff nach ~n verkaufen** to sell (the) material by the meter. — **m~ˌdick** *adj u. adv* meters (*bes. Br.* metres) thick. — **~geˌdin·ge** *n* (*mining*) (contract) footage. — **m~ˌhoch** *adj u. adv* meters (*bes. Br.* metres) high. — **~ki·loˌgramm** *n phys.* kilogram-meter, *bes. Br.* kilogrammetre, *auch* meter-kilogram, *bes. Br.* metre-kilogramme. — **~ki·loˌpond** *n* meter-kilogram- (*bes. Br.* metre-kilogramme-)force. — **m~ˌlang I** *adj* meters (*bes. Br.* metres) long. – **II** *adv* for meters (*bes. Br.* metres) (on end). — **~ˌmaß** *n* **1.** meterstick, *bes. Br.* metrestick, meterrule(r), *bes. Br.* metrerule(r). – **2.** (*Band*) (metric) tape measure. — **~seˌkun·de** *f* meter (*bes. Br.* metre) per second. — **~ˌstab** *m cf.* Metermaß 1. — **~ˌwa·re** *f econ.* material sold by the meter (*bes. Br.* metre). — **m~ˌwei·se** *adj u. adv* by the meter (*bes. Br.* metre). — **m~ˌweit I** *adj* many meters (*bes. Br.* metres) long. – **II** *adv* for many (*od.* several) meters (*bes. Br.* metres). — **~ˌwel·le** *f* (*radio*) very high frequency wave, ultrashort wave. — **~ˌzahl** *f* number of meters (*bes. Br.* metres). — **~ˌzent·ner** *m Austrian* 100 kilograms (*bes. Br.* kilogrammes).

Met·hä·mo·glo·bin [mɛthɛmoglo'biːn] *n biol.* meth(a)emoglobin, *auch* ferrih(a)emoglobin, h(a)emiglobin.

Me·than [me'taːn] *n* ⟨-s; *no pl*⟩ *chem.* methane, marsh gas (CH_4).

Me·tha·nol [meta'noːl] *n* ⟨-s; *no pl*⟩ *chem. cf.* Methylalkohol.

Me·tho·de [me'toːdə] *f* ⟨-; -n⟩ **1.** (*Lehrweise*) method: **eine zuverlässige [erfolgreiche] ~** a reliable [successful] method; **ohne ~** without method, unmethodical, methodless; **durch solche ~n schadet man sich nur selbst** by such methods one will only hurt oneself; **was sind denn das für ~n?** *colloq.* what kind of methods are those? **hier herrschen ja rauhe ~n** they use rough methods here. – **2.** (*Art und Weise*) method, way, manner: **jeder nach seiner ~** every man after his own method, each in his own way; **mit dieser ~ wirst du nichts erreichen** you won't get anywhere with this method; **nach eigener ~ vorgehen** to do it in one's own way; **er hat so seine ~** *colloq.* a) that is his usual method, b) he has his own ways. – **3.** (*planmäßiges Vorgehen*) method, system, technique: **wissenschaftliche ~** scientific method; **nach einer bestimmten ~ arbeiten** to work according to (*od.* on the basis of) a certain method; **er hat ~ in diese Arbeit [dieses Unternehmen] gebracht** he has introduced method into this work [undertaking]. – **4.** *tech.* method, way, practice, system, process: **nasse ~** *auch chem.* wet method. – **5.** (*sport*) method, system. – **6.** *med.* method: **abwartende ~** watchful waiting, expectant treatment. – **7.** *math.* method: **analytische ~** regressive method.

Me'tho·denˌleh·re *f* methodology.

Me·tho·dik [me'toːdɪk] *f* ⟨-; -en⟩ methodology.

Me·tho·di·ker [me'toːdikər] *m* ⟨-s; -⟩ methodist, methodizer *Br. auch* -s-.

me·tho·disch [me'toːdɪʃ] **I** *adj* **1.** methodic(al): **streng ~** strictly methodical, methodistic; **~e Anordnung** methodical scheme, methodization *Br. auch* -s-; **~es Verfahren** methodical procedure, methodism. – **2.** systematic, *auch* systematical. – **II** *adv* **3. ~ arbeiten** to work methodically (and systematically).

me·tho·di·sie·ren [metodi'ziːrən] *v/t* ⟨*no* ge-, h⟩ methodize *Br. auch* -s-.

Me·tho·dis·mus [meto'dɪsmʊs] *m* ⟨-; *no pl*⟩ *relig.* Methodism, Wesleyanism, *auch* Wesleyism: **zum ~ bekehren** to Methodize *Br. auch* -s-. — **Me·tho'dist** [-'dɪst] *m* ⟨-en; -en⟩ Methodist, Wesleyan: **wie ein ~ sprechen** (*od.* **handeln**) to Methodize *Br. auch* -s-.

Me·tho'di·sten|ˌkir·che *f relig.* Methodist Church. — **~ˌpre·di·ger** *m* Methodist preacher.

me·tho'di·stisch *adj relig.* Methodist, Methodistic(al), Wesleyan.

Me·tho·do·lo·gie [metodolo'giː] *f* ⟨-; -n [-ən]⟩ methodology. — **me·tho·do'lo·gisch** [-'loːgɪʃ] *adj* methodological.

Me·thu·sa·lem [me'tuːzalɛm] **I** *npr m* ⟨-(s); *no pl*⟩ *Bibl.* Methuselah: **~s Alter erreichen** to grow (as) old as (*od.* to attain the age of) Methuselah; **so alt wie ~** *colloq.* (as) old as Methuselah, very old. – **II** *m* ⟨-(s); -s⟩ *fig.* Methuselah.

Me·thyl [me'tyːl] *n* ⟨-s; *no pl*⟩ *chem.* methyl (CH_3). — **~aceˌtat** *n* methyl acetate (CH_3COOCH_3). — **~ˌal·ko·hol** *m* ⟨-s; *no pl*⟩ methanol, methyl alcohol, wood alcohol (CH_3OH).

Me·thyl·amin [metyla'miːn] *n* ⟨-s; -e⟩ *chem.* methylamine (CH_3NH_2).

Me'thylˌäther *m chem.* (di)methyl ether [$(CH_3)_2O$].

Me·thy·len [mety'leːn] *n* ⟨-s; *no pl*⟩ *chem.* **1.** methylene, carbene (CH_2). – **2.** methylene (*od.* methene) group (—CH_2—). — **~ˌblau** *n* methylene blue.

me·thy·lie·ren [mety'liːrən] *v/t* ⟨*no* ge-, h⟩ *chem.* methylate.

Me'thyl|ˌkau·tschuk *m synth.* methyl (*od.* dimethylbutadiene) rubber. — **~oran·ge** [-ˀoˌrãːʒə] *n chem.* methyl orange, *auch* Methyl Orange [$(CH_3)_2NC_6H_4N = NC_6H_4SO_3Na$].

Me·tier [me'tieː] *n* ⟨-s; -s⟩ *colloq. od. dial. for* Beruf 1, 3, 6, 7, Handwerk 1.

Met·öke [me'tøːkə] *m* ⟨-n; -n⟩ *antiq.* metic.

Me·to·nisch [me'toːnɪʃ] *adj astr.* (*Zyklus*) Metonic.

Met·ono·ma·sie [metonoma'ziː] *f* ⟨-; -n [-ən]⟩ *ling. change of name by translation.*

Met·onym [meto'nyːm] *n* ⟨-s; -e⟩ *ling.* (*in der Rhetorik*) metonym. — **Met·ony'mie** [-ny'miː] *f* ⟨-; -n⟩ [-ən]⟩ metonymy. — **met·ony·misch** [-'nyːmɪʃ] *adj* metonymic(al).

Met·ope [me'toːpə] *f* ⟨-; -n⟩ *arch. antiq.* metope.

Me·trik ['meːtrɪk] *f* ⟨-; -en⟩ **1.** *metr.* metrics *pl* (*construed as sg or pl*), metric, prosody, metrical art, (theory of) versification. – **2.** *mus.* (*Taktlehre*) metrics *pl* (*construed as sg or pl*), metric. — **'Me·tri·ker** [-trikər] *m*

⟨-s; -⟩ metrist, metrician. — **'me·trisch** [-trɪʃ] *adj* **1.** (*Maß und Gewicht betreffend*) metric(al): **~es Maßsystem** metric system (of measurement). – **2.** *metr.* metric(al). – **3.** *mus.* metric(al), measured.

Me·tro·lo·gie [metrolo'giː] *f* ⟨-; *no pl*⟩ metrology.

Me·tro·nom [metro'noːm] *n* ⟨-s; -e⟩ *mus.* metronome. — **me·tro'no·misch** *adj* metronomic, *auch* metronomical.

Me·tro·po·le [metro'poːlə] *f* ⟨-; -n⟩ metropolis.

Me·tro·po·lit [metropo'liːt] *m* ⟨-en; -en⟩ *relig.* metropolitan. — **Me·tro·po·li'tan·ˌkir·che** [-li'taːn-] *f* metropolitan church.

Me·trum ['meːtrum] *n* ⟨-s; -tren *u.* -tra [-tra]⟩ *metr. mus.* meter, *bes. Br.* metre.

Mett [mɛt] *n* ⟨-(e)s; *no pl*⟩ *Low G. gastr.* lean minced pork.

Met·ta·ge [mɛ'taːʒə] *f* ⟨-; -n⟩ *print.* (*in Zeitungsdruckerei*) makeup.

Met·te ['mɛtə] *f* ⟨-; -n⟩ *relig.* a) matins *pl*, Matins *pl*, *Br. auch* mattins *pl* (*alle sometimes construed as sg*), b) (*zu Weihnachten*) Midnight Mass.

Met·teur [mɛ'tøːr] *m* ⟨-s; -e⟩ *print.* (*in Zeitungsdruckerei*) lockup, clicker, makeup man.

'Mettˌwurst *f gastr.* **1.** (*Streichwurst*) *soft pork* (*or beef*) *sausage for spreading.* – **2.** (*Hartwurst*) *hard German sausage.*

Met·ze[1] ['mɛtsə] *f* ⟨-; -n⟩ *former dry measure* (*approximately three quarts*).

'Met·ze[2] *f* ⟨-; -n⟩ *obs. for* Dirne.

Met·ze'lei *f* ⟨-; -en⟩ slaughter, massacre. — **met·zeln** ['mɛtsəln] *v/t* ⟨h⟩ *rare od. dial.* slaughter, kill.

'Met·zelˌsup·pe *f Southern G. dial. for* Wurstsuppe.

Metz·ger ['mɛtsgər] *m* ⟨-s; -⟩ *bes. Southern G.* butcher, *Am. auch* meatman. — **Metz·ge'rei** *f* ⟨-; -en⟩ **1.** (*Geschäft*) butcher's (shop), *bes. Am.* butcher store, *Am. auch* meat market. – **2.** (*Gewerbe*) butcher's trade (*od.* business), butchering.

'Metz·ger|ˌgang *m dial.* (*vergeblicher Weg*) fool's errand, wild-goose chase. — **~ˌhand·ˌwerk** *n bes. Southern G.* butchery business (*od.* trade). — **~ˌla·den** *m cf.* Metzgerei 1.

Meu·ble·ment [møblə'mãː] *n* ⟨-s; -s⟩ *obs. for* Wohnungseinrichtung, Zimmereinrichtung 1.

'Meu·chel|ˌmord *m* (treacherous) assassination. — **~ˌmör·der** *m* assassin, cutthroat: **gedungener ~** hired assassin. **m~ˌmör·de·risch** *adj cf.* meuchlerisch.

meu·cheln ['mɔyçəln] *v/t* ⟨h⟩ *obs. lit.* assassinate.

'Meuch·ler *m* ⟨-s; -⟩ *obs. lit. for* Meuchelmörder.

'meuch·le·risch *adj* **1.** murderous, assassinating. – **2.** (*heimtückisch*) treacherous, insidious.

'meuch·lings *adv* treacherously, insidiously, in an underhand(ed) way, underhandedly: **j-n ~ ermorden** to assassinate (*od.* kill) s.o. treacherously.

Meu·te ['mɔytə] *f* ⟨-; -n⟩ **1.** *hunt.* pack (of hounds), hounds *pl*: **die ~ (der Hunde) wurde zur Jagd losgekoppelt** the hounds were released for the hunt. – **2.** *fig. colloq.* pack, mob, throng, crowd, gang.

Meu·te'rei *f* ⟨-; -en⟩ mutiny: **auf dem Schiff brach eine ~ aus** a mutiny broke out on the ship; **unter den Soldaten entstand eine ~** a mutiny developed among the ranks; **die ~ wurde niedergeschlagen [unterdrückt]** the mutiny was put down [suppressed]. — **'Meu·te·rer** *m* ⟨-s; -⟩ mutineer. — **'meu·te·risch** *adj* mutinous, rebelling, revolting. — **meu·tern** ['mɔytərn] *v/i* ⟨h⟩ **1.** (cause a) mutiny, mutineer, rebel, revolt: **die Gefangenen meuterten** the prisoners rebelled. – **2.** *fig. colloq.* (*sich entrüsten*) flare up, become indignant (*od.* angry), rebel, revolt: **er meutert bei jeder Gelegenheit** he flares up at every opportunity.

Me·va'lonˌsäu·re [meva'loːn-] *f chem.* mevalonic acid [$(HO)_2C_5H_9COOH$].

Me·xi·ka·ner [mɛksi'kaːnər] *m* ⟨-s; -⟩, **Me·xi'ka·ne·rin** *f* ⟨-; -nen⟩ Mexican. — **me·xi'ka·nisch** *adj* Mexican, of (*od.* relating to) Mexico.

Mez·za·nin [mɛtsa'niːn] *n* ⟨-s; -e⟩ *bes. Austrian* mezzanine (floor *od.* story, *bes. Br.* storey), intermediate story (*bes. Br.* storey).

mez·za vo·ce ['mɛtsa 'voːtʃe] *adv u. adj mus.* mezza voce.

mez·zo ['mɛtso] *adv u. adj mus.* mezzo, half.

mez·zo·for·te [mɛtso'fɔrte] *mus.* **I** *adv u. adj* mezzo forte. – **II M~** *n* ⟨-s; -s *u.* -ti [-ti]⟩ mezzo-forte.

mez·zo·pia·no [mɛtso'pĭaːno] *mus.* **I** *adv u. adj* mezzo piano. – **II M~** *n* ⟨-s; -s *u.* -ni [-ni]⟩ mezzo-piano.

Mez·zo·so·pran [mɛtsozo'praːn] *m mus.* mezzo-soprano. — **Mez·zo·so·pra'ni·stin** [-pra'nɪstɪn] *f* mezzo-soprano.

Mez·zo·tin·to [mɛtso'tɪnto] *n* ⟨-(s); -s *u.* -ti [-ti]⟩ *print.* **1.** ⟨*only sg*⟩ (*photomechan. Tiefdruckverfahren*) mezzotint, *auch* mezzotinto. – **2.** (*Schabkunstblatt*) mezzotint, *auch* mezzotinto.

'Mia·naˌwan·ze ['mĭaːna-] *f zo.* Miana bug (*Argas mianensis*).

mia·ro·li·tisch [mĭaro'liːtɪʃ; -'lɪtɪʃ] *adj geol.* miarolitic.

Mi·as·ma ['mĭasma] *n* ⟨-s; -men⟩ *med.* miasma, *auch* miasm. — **mi·as'ma·tisch** [-'maːtɪʃ] *adj* miasmal, miasmatic.

mi·au [mi'au] *interj* meow! miaow! *auch* miaou! meaow! — **mi'au·en I** *v/i* ⟨*no* ge-, h⟩ **1.** me(o)w, miaow. – **II M~** *n* ⟨-s⟩ **2.** *verbal noun.* – **3.** meow, mew(l).

mich [mɪç] **I** *pers pron* ⟨*acc of* ich⟩ me: **sie kennt ~** she knows me; **laß ~ los!** leave me alone! **~ geht es nichts an** that doesn't concern me. – **II** *reflex pron* ⟨*acc of 1st person*⟩ myself: **ich wusch [verletzte] ~** I washed [hurt] myself; **ich freue ~** I am glad, I am pleased; **ich setzte ~** I sat down; **ich mußte über ~ (selbst) lachen** I had to laugh at myself; **ich irre ~ darin nicht** I am not mistaken in this.

Mi·cha ['mɪça] *npr m* ⟨-s; *no pl*⟩ *Bibl.* [(*Prophet*) Micah.]

Mi·chae·li [mɪça'eːli] *n* ⟨-; *no pl*⟩ *cf.* Michaelis. — **~ˌblu·me** *f bot. cf.* Herbstzeitlose.

Mi·chae·lis [mɪça'eːlɪs] *n* ⟨-; *no pl*⟩ Michaelmas (Day).

'Mi·cha·elsˌtag ['mɪçaɛls-] *m cf.* Michaelis.

Mi·chel ['mɪçəl] *m* ⟨-s; -⟩ **1.** *colloq. only in* **der deutsche ~** *a caricature of the German nation or of the typical German.* – **2.** *dial. for* Michaelis.

micke·rig (*getr.* -k·k-) ['mɪkərɪç], **'mick·rig** *adj colloq. contempt.* **1.** (*Geschenk etc*) paltry, poor, skimpy. – **2.** (*Person*) weak, delicate, fragile.

'Mickyˌmaus (*getr.* -k·k-) ['mɪki-] *f* ⟨-; *no pl*⟩ Mickey Mouse.

'Mi·das|ˌflie·ge ['miːdas-] *f zo.* mydas (*od.* midas) fly (*Fam. Midaidae*). — **~ˌohr** *n* **1.** *zo.* Midas's-ear (*Ellobium aurismidae*). – **2.** *pl myth.* donkey's ears.

Mid·gard ['mɪtˌgart] *npr m* ⟨-s; *no pl*⟩ *myth.* Midgard, *auch* Midgarth. — **~ˌschlan·ge** *npr f* ⟨-; *no pl*⟩ Midgard serpent.

Mi·di·nette [midi'nɛt] (*Fr.*) *f* ⟨-; -n [-tən]⟩ **1.** midinette. – **2.** *obs.* (*leichtlebiges Mädchen*) easygoing (*Br.* easy-going) (*od.* frivolous) girl.

Mi·drasch [mi'draːʃ] *m* ⟨-; *no pl*⟩ *relig.* midrash, *auch* Midrash.

mied [miːt] *1 u. 3 sg pret of* meiden.

Mie·der ['miːdər] *n* ⟨-s; -⟩ (*fashion*) **1.** (*eines Dirndlkleides etc*) bodice, waist, corsage: **mit einem ~** waisted; **ein ~ tragend** bodiced. – **2.** *cf.* Korsett, Korselett. – **3.** *hist.* stomacher. — **~ˌstäb·chen** *n* busk. — **~ˌwa·ren** *pl*, **~ˌwä·sche** *f* corsetry, corsetware.

Mief [miːf] *m* ⟨-(e)s; *no pl*⟩ *colloq.* bad (*od.* stale) air, fug (*colloq.*), *Br. colloq.* frowst. — **'mie·fen** *v/i* ⟨h⟩ *colloq.* (*stinken*) smell bad(ly), have a bad smell, stink: **hier mieft es** there's a fug here. — **'mie·fig** *adj colloq.* fuggy (*colloq.*), *Br. colloq.* frowsty.

Mie·ne ['miːnə] *f* ⟨-; -n⟩ **1.** expression, look, mien (*lit.*): **eine höhnische ~** a contemptuous look; **mit feierlicher ~** with a solemn expression; **eine freundliche [einfältige, verschlossene, besorgte] ~ aufsetzen** (*od.* **machen**) to put on a friendly [stupid, reserved, an anxious] expression; **eine saure ~ machen** (*od.* **ziehen**) to give a sour look, to look sour (*od.* like a lemon); **nach seiner ~ zu urteilen** to judge by his expression (*od.* by the way he looks); **seine ~ verriet [nicht], was er dachte** one could [not] tell from his expression what he thought; **mit frommen ~n kann man den Himmel nicht verdienen** (*Sprichwort*) one cannot get to heaven on pious looks alone; → **böse** 4. – **2.** (*Gesicht*) face, countenance: **eine ernste ~ bewahren** to keep a straight face; **seine finstere ~ erhellte sich** (*od.* **klärte sich auf**) his sullen face lit (*od.* brightened) up; **eine finstere ~ machen** to frown, to scowl; **ohne eine ~ zu verziehen** without betraying the least emotion (*od.* turning a hair, batting an eyelid, flinching); **er machte eine bedenkliche ~** he looked doubtful, he pulled a doubtful face. – **3.** (*Aussehen*) air, look: **mit der ~ eines Gekränkten** with an injured air. – **4.** *fig.* (*in Wendungen wie*) **~ machen, etwas zu tun** to look as if one were about to do s.th.: **er machte keine ~ aufzustehen** he showed no sign of getting up.

'Mie·nen|ˌspiel *n*, **~ˌspra·che** *f* **1.** play of features, changing expressions *pl*. – **2.** (*theater*) mimicry, pantomime, dumb show.

Mie·re ['miːrə] *f* ⟨-; -n⟩ *bot.* a) chickweed, alsine (*scient.*) (*Gattgen Arenaria, Cerastium*), b) starwort (*Gattg Stellaria*): **Blaue ~** blue pimpernel, mad-dog scullcap (*od.* weed) (*Scutellaria lateriflora*); **Rote ~** scarlet (*od.* red) pimpernel, *auch* poor man's weatherglass (*Anagallis arvensis*).

mies [miːs] *colloq.* **I** *adj* ⟨-er; -est⟩ **1.** (*schlecht, übel*) bad, poor, miserable, wretched, 'rotten' (*sl.*): **~e Laune haben** to be in a bad mood; **mir ist (sehr) ~** I feel (very) miserable. – **2.** (*unangenehm*) unpleasant, awkward: **das ist eine ~e Sache [ein ~er Laden]** that is an unpleasant business [place]. – **3. j-m etwas ~ machen** to spoil s.o.'s pleasure in s.th., to spoil s.th. for s.o.: **er muß immer alles ~ machen** he is always running everything down. – **II** *adv* **4. es geht ihm ~** things are going badly for him, he is in a bad way; **das sieht ~ aus** that looks bad.

Mies [miːs] *f* ⟨-; -en⟩, **'Mie·seˌkat·ze** *f cf.* Miezekätzchen.

'Mie·seˌpe·ter *m* ⟨-s; -⟩ *colloq.* spoilsport, kill-joy, wet blanket. — **'mie·seˌpe·te·rig**, **'mie·seˌpet·rig** *adj colloq.* **1.** (*übelgelaunt*) ill-humored (*bes. Br.* -humoured), ill--tempered, cross, in a bad mood, miserable, peevish, morose, grumpy (*colloq.*). – **2.** (*kränklich*) sickly, poorly, miserable.

'Miesˌma·cher *m colloq.* defeatist, pessimist, grumbler. — **ˌMies·ma·che'rei** *f* ⟨-; *no pl*⟩ *colloq.* defeatism, pessimism, grumbling.

'Miesˌmu·schel *f zo.* **1.** mussel, *Am. auch* muscle, mytilacean (*scient.*) (*Fam. Mytilidae*). – **2.** (*Pfahlmuschel*) (common) edible mussel (*Am. auch* muscle), seamussel (*Mytilus edulis*). – **3.** horse mussel (*Am. auch* muscle) (*Modiolus modiola*).

'Miet|ˌausˌfall *m* loss of rent. — **~ˌau·to** *n cf.* Mietwagen 1. — **~be·ˌdin·gun·gen** *pl* rental terms (*od.* conditions), conditions (*od.* terms) for renting (*od.* hiring) (*od.* of rent, of hire). — **~ˌbeiˌhil·fe** *f cf.* Mietzuschuß. — **~be·ˌsitz** *m jur.* tenancy. — **~ˌdau·er** *f* duration (*od.* term) of lease, tenancy.

Mie·te[1] ['miːtə] *f* ⟨-; -n⟩ **1.** rent, (*bes. Einkommen*) rental: **rückständige ~** overdue (*od.* arrears *pl* in) rent, *Br.* hanging gale; **überhöhte ~** overcharge of rent; **die ~ ist fällig** the rent is due; **die ~n sind hier sehr teuer** (*od.* **hoch**) the rents are very high here; **sehr wenig ~ zahlen** to pay a very low rent; **kalte [warme] ~** *colloq.* rent exclusive [inclusive] of heating; **die ~ vorauszahlen** to pay the rent in advance; **die ~ einziehen** to collect the rent; **j-m die ~ stunden** to grant s.o. a respite from payment of rent; **die ~ schuldig bleiben** to owe the rent; **mit der ~ im Rückstand sein** to be behind in (*od.* in arrears with) one's rent. – **2.** (*Mietverhältnis*) tenancy, lease: **bei j-m in** (*od.* **zur**) **~ wohnen** to live in lodgings with s.o., to be a tenant (*od.* lodger) of s.o., to lodge with s.o.; **j-n in ~ nehmen [haben]** to take [to have] s.o. as lodger (*od.* tenant); **ein Haus in** (*od.* **zur**) **~ haben** *jur.* to be tenant of a house, to tenant a house. – **3.** (*von beweglichen Sachen*) hire. – **4.** ⟨*only sg*⟩ (*theater*) (*eines Platzes*) rent (*od.* hire) of a seat, subscription: **er hat seinen Platz in ~** he has a season ticket.

'Mie·te[2] *f* ⟨-; -n⟩ *agr.* **1.** (*Schober*) rick, stack(ed heap), shock, *bes. Br.* stook: **auf dem Feld eine ~ anlegen** to build a rick in the field; **die ~ öffnen** to open (*od.* uncover) the stacked heap. – **2.** (*Grube*) pit, clamp, silo: **Kartoffeln [Rüben] in die ~ legen** to store potatoes [turnips] in a (frost-protected) pit.

'mie·teˌfrei *adj cf.* mietfrei.

'Mietˌeinˌnah·me *f* rent(al) (receipts *od.* earnings *pl*).

mie·ten[1] ['mi:tən] *v/t* ⟨h⟩ **1.** (*Wohnung etc*) rent: **ein Zimmer monatlich ~** to rent (*od.* take) a room by the month. – **2.** (*Auto etc*) rent, hire. – **3.** (*Führer etc*) engage, hire, take. – **4.** (*Schiff, Flugzeug*) charter, hire.

'mie·ten[2] *v/t* ⟨h⟩ *agr.* stack, store, *bes. Br.* stook.

'Mie·ter *m* ⟨-s; -⟩ **1.** (*eines Grundstückes, Hauses, einer Wohnung*) tenant, lessee, *Am.* renter: **alleiniger ~** sole tenant; **das Haus wird von zwei ~n bewohnt** the house is occupied by two tenants; **dem ~ obliegende Reparaturen** tenant's repairs; **er nimmt** (*od.* **verlangt**) **wenig von seinen ~n** he asks low rents from his tenants, *Br.* he rents his tenants low. – **2.** (*eines Zimmers*) lodger, *Am.* roomer: **~ haben** to have (*od.* keep) lodgers. – **3.** (*von Sachen*) renter, hirer. – **4.** (*eines Schiffes, Flugzeugs*) charterer. — **~ˌdarˌle·hen** *n* tenant's loan. — **~ˌhaf·tung** *f* tenant's liability.

'Miet·erˌhö·hung *f* rent increase, rise (*Am. auch* raise) in rent.

'Mie·te·rin *f* ⟨-; -nen⟩ *cf.* Mieter.

'Mie·ter·schaft *f* ⟨-; *no pl*⟩ tenantry, tenants *pl.*

'Mie·terˌschutz *m jur.* **1.** (*in Deutschland u. Österreich*) (legal) protection of tenants. – **2.** (*in Großbritannien*) rent restrictions *pl.* — **~geˌsetz** *n* **1.** (*in Deutschland u. Österreich*) law for the protection of tenants. – **2.** (*in Großbritannien*) Rent Restriction Act.

'Miet·erˌtrag *m* revenue from rentals.

'Mie·ter|verˌband *m*, **~verˌei·ni·gung** *f* tenants' association.

'Miet|ˌflugˌzeug *n* **1.** (*für Gruppe*) charter plane. – **2.** (*für Einzelperson*) *Am.* taxiplane. — **~ˌfor·de·rung** *f* **1.** claim for rent. – **2.** *pl* (*Betrag*) rents receivable. — **m~ˌfrei** *adj* rent-free, free of rent. — **~ˌfuh·re** *f*, **~ˌfuhrˌwerk** *n* **1.** (*Lastwagen*) hired truck (*Br.* lorry). – **2.** (*Pferdewagen*) hired cart, hackney carriage (*od.* coach). — **~ˌgeld** *n* rent. — **~geˌsetz** *n cf.* Mieterschutzgesetz. — **~ˌhaus** *n* **1.** rented house. – **2.** *cf.* Mietshaus. — **~ˌkauf** *m econ.* hire purchase. — **~konˌtrakt** *m cf.* Mietvertrag. — **~ˌkut·sche** *f* hackney carriage (*od.* coach).

'Miet·ling *m* ⟨-s; -e⟩ *archaic* **1.** hireling, mercenary. – **2.** *mil.* mercenary, *Am. auch* Hessian.

'Mietˌpferd *n* hired horse, livery (*Br. auch* job) horse.

'Mietˌpreis *m* rent, rental, amount of rent. — **~erˌhö·hung** *f cf.* Mieterhöhung. — **~ˌsen·kung** *f* reduction of rent.

'Miet|ˌrecht *n* law(s *pl*) governing tenancy. — **~ˌrückˌstand** *m* rent in arrears, arrears *pl* of rent, back rent, *Br.* hanging gale.

'Miets|ˌhaus *n Am.* apartment building (*od.* house), *Br.* block of flats. — **~ˌherr** *m* **1.** landlord. – **2.** (*Mieter*) lodger, *Am.* roomer. — **~kaˌser·ne** *f contempt.* tenement (house), barracks *pl* (*construed as sg or pl*) (*contempt.*), rookery (*sl.*).

'Miet|ˌstall *m*, **~ˌstal·lung** *f* livery stable, *Am.* livery. — **~ˌstopp** *m* rent freeze. — **~verˌhält·nis** *n* lease (for rent), tenancy: **das ~ kündigen** to give notice (of tenancy). — **~verˌlust** *m cf.* Mietausfall. — **~verˌtrag** *m* **1.** lease, letting (*od.* lease) contract (*od.* agreement), tenancy agreement: **Laufzeit eines ~es** duration (*od.* term) of a lease; **langfristiger ~** long(-term) lease; **einen ~ abschließen [unterzeichnen]** to enter into [to sign] a lease. – **2.** *mar.* bareboat (*od.* demise) charter. — **~ˌwa·gen** *m* **1.** rented (*od.* hired) car, *bes. Br.* hire-car. – **2.** (*Taxi*) taxi (cab), cab. — **~ˌwa·gen·verˌleih** *m* rent-a-car (*od.* car-rental, *Br.* car-hire) service (*od.* agency). — **m~ˌwei·se** *adv* on lease (*od.* hire), by way of lease: **etwas ~ überlassen** to let s.th., to let s.th. out (on lease). — **~ˌwert** *m* rental (*od.* renting, letting) value: **~ eines Jahres** annual (*od.* yearly) rental. — **~ˌwoh·nung** *f* (rented) apartment, *bes. Br.* flat, tenement. — **~ˌwu·cher** *m* exorbitant rent. — **~ˌzeit** *f* term (*od.* duration, length) of a lease, lease. — **~ˌzins** *m* ⟨-es; -e⟩ rent(al). — **~ˌzuˌschuß** *m* rent allowance (*od.* subsidy).

Miez [mi:ts] *f* ⟨-; -en⟩ *colloq. cf.* Miezekätzchen.

Mie·ze ['mi:tsə] *f* ⟨-; -n⟩ **1.** *cf.* Miezekätzchen. – **2.** *colloq.* girl friend. – **3.** *colloq.* floozy, floozie (*beide sl.*). — **~ˌkätz·chen** *n*, **~ˌkat·ze** *f colloq.* (little) pussy(cat).

Mi'gnon|ˌfas·sung [mɪn'jõ:-] *f electr.* mignon holder, midget base, small Edison screw cap. — **~ˌsockel** (*getr.* -k·k-) *m* mignon (*od.* midget) base.

Mi·grä·ne [mi'grɛ:nə] *f* ⟨-; -n⟩ *med.* migraine, sick (*od.* bilious) headache, hemicrania, *auch* hemicrany (*scient.*): **durch ~ verursacht** migrainous, due to migraine.

Mi·gra·ti·on [migra'tsio:n] *f* ⟨-; -en⟩ (*bes. der Zugvögel*) migration.

Mi·ka·do[1] [mi'ka:do] *npr m* ⟨-s; -s⟩ *hist.* (*jap. Kaiser*) mikado.

Mi'ka·do[2] *n* ⟨-s; -s⟩ (*games*) mikado.

Mi'ka·do[3] *m* ⟨-s; -s⟩ (*games*) (*Hauptstäbchen im Mikado*) mikado.

Mi·kro..., mi·kro... *combining form denoting* micro...

Mi·kro|am·pere·me·ter [mikro'ʔampɛr'me:tər] *n electr.* microammeter. — **~ana'ly·se** [-ʔana'ly:zə] *f chem.* microanalysis, microchemical analysis. — **~ˌaufˌnah·me** ['mi:kro-] *f phot.* **1.** (*auf Mikrofilm*) microphotograph. – **2.** (*durchs Mikroskop*) photomicrograph. — **~'bar** [-'ba:r] *n phys. meteor.* microbar.

Mi·kro·be [mi'kro:bə] *f* ⟨-; -n⟩ *biol.* microbe, germ, microorganism, *Br.* micro-organism (*scient.*): **pflanzliche ~** microphyte.

Mi'kro·benˌfor·schung *f biol.* microbiological research.

Mi·kro|bio·lo·ge [mikrobio'lo:gə] *m* microbiologist. — **~bio·lo'gie** [-lo'gi:] *f* microbiology.

mi'kro·bisch *adj biol.* microbial, microbian, microbic.

Mi·kro|che·mie [mikroçe'mi:] *f* microchemistry. — **~fa'rad** [-fa'ra:t] *n electr.* microfarad. — **~ˌfau·na** ['mi:kro-] *f biol.* microfauna.

'Mi·kroˌfilm ['mi:kro-] *m phot.* microfilm. — **~ˌabˌzug** *m* microcopy. — **~ˌle·se·geˌrät** *n* microfilm reader.

Mi·kro·fon [mikro'fo:n; 'mi:-] *n* ⟨-s; -e⟩ *cf.* Mikrophon.

Mi·kro|ga·met [mikroga'me:t] *m biol.* microgamete. — **~'gramm** [-'gram] *n phys.* microgram, *bes. Br.* microgramme. — **~ˌkli·ma** ['mi:kro-] *n meteor.* microclimate. — **~'kok·kus** [-'kɔkʊs] *m biol.* (micro)coccus.

Mi·kro|ko·pie [mikroko'pi:] *f phot.* **1.** microcopy. – **2.** (*von Buchseiten etc*) bibliofilm. — **m~ko'pie·ren** [-rən] *v/t u. v/i* ⟨*insep, no* -ge-, h⟩ microcopy. — **~ko'pier·geˌrät** [-ko'pi:r-] *n* microcopying apparatus.

Mi·kro·kos·mos [mikro'kɔsmɔs] *m* microcosm.

Mi·kro·lith [mikro'li:t; -'lɪt] *m* ⟨-s; -e(n)⟩ **1.** *min.* microlite. – **2.** *meist pl archeol.* microlith.

Mi·kro·ma·nie [mikroma'ni:] *f med. psych.* micromania.

Mi·kro·me·ter[1] [mikro'me:tər] *n* **1.** *tech.* micrometer caliper gage (*bes. Br.* calliper gauge), micrometer screw. – **2.** (*optics*) filiar micrometer.

Mi·kro'me·ter[2] *m, n* (*ein millionstel Meter*) micrometer.

Mi·kro'me·ter|ˌeinˌstel·lung *f tech.* micrometer adjustment. — **~ˌschrau·be** *f cf.* Mikrometer[1] 1.

Mi·kro·me·trie [mikrome'tri:] *f* ⟨-; *no pl*⟩ (*optics*) *phys.* micrometry.

Mi·kron ['mi:krɔn] *n* ⟨-s; -⟩ *phys.* micron.

Mi·kro·ne·si·er [mikro'ne:ziər] *m* ⟨-s; -⟩ *geogr.* Micronesian. — **mi·kro'ne·sisch** [-zɪʃ] **I** *adj* Micronesian. – **II** *ling.* **M~** ⟨*generally undeclined*⟩, **das M~e** ⟨-n⟩ Micronesian.

Mi·kro·or·ga·nis·mus [mikroʔɔrga'nɪsmʊs] *m biol.* microorganism, *Br.* micro-organism, microbe, germ.

Mi·kro·phon [mikro'fo:n; 'mi:-] *n* ⟨-s; -e⟩ microphone, mike (*colloq.*). — **mi·kro'pho·nisch** *adj* microphonic.

Mi·kro|pho·to·gra·phie [mikrofotogra'fi:] *f phot.* **1.** microphotography. – **2.** (*durch ein Mikroskop*) photomicrography. — **m~pho·to'gra·phisch** [-'gra:fɪʃ] *adj* **1.** microphotographic. – **2.** photomicrographic. — **~pho·to·ko'pie** [-ko'pi:] *f cf.* Mikrokopie. — **~phy'sik** [-fy'zi:k] *f* microphysics *pl* (*construed as sg*).

Mi·krop·sie [mikrɔ'psi:] *f* ⟨-; *no pl*⟩ *med.* micropsia, *auch* micropsy.

'Mi·kro|ˌril·le *f* (*einer Schallplatte*) microgroove. — **~seis·mik** [mikro'zaɪsmɪk] *f phys.* microseismology. — **m~seis·misch** [mikro'zaɪsmɪʃ] *adj* microseismic(al). — **~se·kun·de** [mikroze'kʊndə] *f* microsecond.

Mi·kro·skop [mikro'sko:p] *n* ⟨-s; -e⟩ *phys.* microscope. — **Mi·kro·sko'pie** [-sko'pi:] *f* ⟨-; *no pl*⟩ microscopy, microscopic optics *pl* (*usually construed as sg*). — **mi·kro·sko'pie·ren** [-sko'pi:rən] **I** *v/t* ⟨*no* ge-, h⟩ microscope, examine (*s.th.*) with (the) microscope. – **II** *v/i* work with a microscope.

mi·kro'sko·pisch I *adj* (*Bild, Untersuchung etc*) microscopic(al): **~es Untersuchungspräparat** *biol. med.* preparation, microscopical slide. – **II** *adv* microscopically: **~ scharf** microscopically sharp; **~ klein** microscopic; **~ kleine Tierchen** (microscopical) animalcules, microzoa.

Mi·kro'skop|ob·jekˌtiv *n* (*optics*) object glass of a microscope, microscope lens. — **~ˌtu·bus** *m* microscope tube.

Mi·kro·spo·rie [mikrospo'ri:] *f* ⟨-; *no pl*⟩ *med.* microsporia, microsporosis.

Mi·kro|ste·reo·sko·pie [mikrostereosko'pi:] *f* (*optics*) stereomicroscopy. — **~ˌstrahl** ['mi:kro-] *m cf.* Mikrowelle. — **~'tech·nik** [-'tɛçnɪk] *f* **1.** microscopic technology (*od.* optics *pl usually construed as sg*), microscopy. – **2.** *bes. chem.* micromethod.

Mi·kro·thek [mikro'te:k] *f* ⟨-; -en⟩ microscopical slide container.

Mi·kro·tom [mikro'to:m] *m, n* ⟨-s; -e⟩ *phys.* microtome, section cutter.

'Mi·kro|ˌwaa·ge *f* microbalance. — **~ˌwel·le** *f meist pl electr.* microwave, ultra shortwave, quasi-optical wave.

mi·kro·ze·phal [mikrotse'fa:l] *adj med.* microcephalic, *auch* microcephalous. — **Mi·kro·ze'pha·le** *m, f* ⟨-n; -n⟩ microcephalic. — **Mi·kro·ze·pha'lie** [-fa'li:] *f* ⟨-; *no pl*⟩ microcephaly.

Mik·ti·on [mɪk'tsio:n] *f* ⟨-; -en⟩ *med.* urination, miction, micturition.

Mi·lan ['mi:lan; mi'la:n] *m* ⟨-s; -e⟩ *zo.* milvine, kite (*Fam. Milvinae*): **Roter ~** kite, glede, *auch* glead, fork-tailed glead (*Milvus milvus*); **Schwarzer** (*od.* **Brauner**) **~** black kite (*M. migrans*).

Mil·be ['mɪlbə] *f* ⟨-; -n⟩ *zo.* mite, acarus (*scient.*) (*Ordng Acarina*): **voller ~n** full of mites, mity.

'Mil·ben|beˌfall *m med.* infestation with mites; acarinosis, acariasis (*scient.*). — **m~ˌtö·tend** *adj* miticidal: **~es Mittel** miticide.

Milch [mɪlç] *f* ⟨-; *no pl*⟩ **1.** milk: **(ab)gekochte ~** boiled milk; **abgerahmte ~** skim(med) (*od.* separated) milk; **dicke** (*od.* **saure**) **~** sour (*od.* curdled) milk; **kondensierte ~** a) (*ungesüßt*) evaporated milk, b) (*gesüßt*) condensed milk; **kuhwarme ~** milk fresh (*od.* warm) from the cow; **pasteurisierte [peptonisierte, pulverisierte, rohe] ~** pasteurized [peptonized, powdered *od.* dried, untreated] milk; **sterilisierte [verwässerte] ~** sterilized (*Br. auch* -s-) [watered *od.* blue] milk; **sie sieht aus wie ~ und Blut** *fig.* she looks all lilies and roses, she has a complexion like peaches and cream; **die ~ der frommen Denkungsart** *poet.* the milk of human kindness; **das Land, wo ~ und Honig fließt** *fig.* the land flowing with milk and honey. – **2.** *bot.* (*der Pflanzen*) milk, juice. – **3.** *zo.* a) (*der Fische*) (soft) roe, b) (*der Frösche*) milt. — **m~ˌabˌschei·dend, m~ˌabˌson·dernd** *adj* milk-secreting. — **m~ˌar·tig** *adj* milky; lacteous, lacteal (*scient.*). — **~ˌbar** *f* milk bar, *Am. colloq.* dairy lunch. — **~ˌbart** *m* **1.** downy beard, down. – **2.** *fig. colloq.* (young) shaver (*colloq.*). — **~ˌbaum, 'Süd·ame·ri'ka·ni·scher** *m bot.* cow tree, galactodendron (*scient.*) (*Brosimum galactodendron*). — **~ˌbil·dung** *f med.* lactation. — **~ˌblät·terˌschwamm** *m bot. cf.* Milchreizker. — **~bonˌbon** *m, n* caramel, *Br.* toffee, *Am.* taffy. — **~ˌbrät·ling** *m bot. cf.* Milchreizker. — **~ˌbrei** *m gastr.* milk pudding (*od.* gruel). — **~ˌbrot** *n* milk loaf. — **~ˌbröt·chen** *n* French (*od.* milk) roll, (*mit Rosinen*) bun. — **~ˌbru·der** *m obs.* foster brother. — **~ˌbrustˌgang** *m med.* thoracic (lymph) duct. — **~ˌbusch** *m bot.* African milkbush (*Synadenium grantii*). — **~ˌdrü·se** *f med.* lacteal (*od.* mammary) gland. — **~ˌei·mer** *m* milk pail (*od.* bucket). — **~ˌeiˌweiß** *n chem.* lactoprotein.

mil·chen ['mɪlçən] **I** *adj* **1.** milky. – **II** *v/i* ⟨h⟩ **2.** *dial.* (*von Kuh*) give milk. – **3.** *bot.* yield (*od.* give) a milky juice, be lactescent (*scient.*).

'Mil·cher *m* ⟨-s; -⟩ **1.** *zo. cf.* Milchner. – **2.** *dial. for* Melker.

ˈMilchˌfett *n* milk fat, butterfat. — **~beˌstim·mer** *m* lactoscope. — **~ˌmes·ser** *m* lactocrit.

ˈMilch|ˌfie·ber *n* **1.** *med.* milk (*od.* lacteal) fever. – **2.** *vet.* milk (*od.* parturition) fever. — **~ˌfisch** *m zo.* milkfish, salmon herring (*Chanos chanos*). — **~ˌfla·sche** *f* **1.** milk bottle. – **2.** (*für Kleinkinder*) baby (*od.* feeding) bottle. — **~ˌflip** *m gastr.* milk shake. — **~ˌfluß** *m med.* lactorrh(o)ea. — **~ˌfrau** *f colloq.* dairywoman. — **m~ˌfrei** *adj* (*Nahrung etc*) milk-free. — **~ˌgang** *m med.* milk duct; galactophore, galactophorous duct (*scient.*). — **m~ˌge·bend** *adj* giving milk, milch (*attrib*), milky; lactic, lactiferous (*scient.*). — **~geˌbiß** *n* milk (*od. scient.* deciduous) teeth *pl.* — **~geˌfäß** *n* **1.** milk vessel (*od.* pot). – **2.** *pl med.* (*der Mamma*) lacteals, lacteal vessels. — **~geˌschäft** *n econ.* dairy, creamery. — **~geˌsicht** *n colloq.* baby face. — **~geˌtränk** *n* milk drink (*od.* beverage). — **~ˌglas** *n* **1.** drinking glass (for milk). – **2.** *tech.* milk (*od.* opal[escent], frosted) glass. – **3.** (*für Lampenschirm etc*) cryolite (*od.* porcelain) glass. — **~ˌgrind** *m med. cf.* Milchschorf. — **~ˌhal·le** *f cf.* Milchbar. — **m~ˌhal·tig** *adj* lactiferous. — **~ˌhänd·ler** *m econ.* dairyman, milkman. — **~ˌhänd·le·rin** *f* dairywoman. — **~ˌhand·lung** *f cf.* Milchgeschäft. — **~ˌhof** *m* municipal milk collection center (*bes. Br.* centre).

ˈmil·chig *adj* **1.** (*Farbe, Flüssigkeit etc*) milky; lacteal, lactescent (*scient.*). – **2.** *med.* (*Substanz etc*) (*milchfördernd*) galactic. – **3.** *min.* (*Bernstein etc*) milky. – **4.** *gastr.* (*Auster*) sick.

ˈMilch|ˌjas·pis *m min.* novaculite, *auch* galactite. — **~ˌkaf·fee** *m* coffee with milk, café au lait, *Br.* white coffee. — **~ˌkalb** *n agr.* sucking calf. — **~ˌkam·mer** *f agr.* dairy. — **~ˌkänn·chen** *n* milk jug (*od.* pot). — **~ˌkan·ne** *f* milk can (*Br.* churn). — **~ˌkel·ler** *m cf.* Milchkammer. — **~ˌkraut** *n bot.* sea milkwort (*Glaux maritima*). — **~ˌkuh** *f* **1.** *agr.* milch (*od.* milk, dairy) cow, milcher, milker. – **2.** *fig. colloq.* (*Person*) the goose that lays the golden eggs. – **3.** *fig. colloq.* (*Einnahmequelle*) *cf.* Melkkuh 3. — **~ˌkur** *f med.* milk diet: sich einer ~ unterziehen to be on a milk diet. — **~ˌla·den** *m colloq. for* Milchgeschäft. — **~ˌlat·tich** *m bot.* blue lettuce (*Gattg Mulgedium*). — **~ˌlei·stung** *f agr.* milking capacity.

ˈMilch·ling *m* ⟨-s; -e⟩ *bot. cf.* Milchreizker.

ˈMilchˌmäd·chen *n* dairymaid, milkmaid. — **~ˌrech·nung** *f fig. colloq.* idle and futile calculation: das ist doch eine ~! you're out in your reckoning there.

ˈMilch|ˌmagd *f cf.* Milchmädchen. — **~ˌman·gel** *m* **1.** shortage of (*od.* in) milk. – **2.** *med.* agalactia. — **~ˌmann** *m colloq.* milkman, dairyman, *bes. Br.* milk roundsman. — **~ˌmes·ser** *m tech.* milk ga(u)ge; (ga)lactometer, lactoscope, butyrometer (*scient.*). — **~ˌmix·geˌtränk** *n gastr.* milk drink (*od.* shake). — **~ˌnährˌscha·den** *m med. dietary deficiency syndrome due to exclusive milk feeding.* — **~ˌnah·rung** *f* milk diet.

ˈMilch·ner *m* ⟨-s; -⟩ *zo.* milter.

ˈMilch|ˌpan(t)·scher *m colloq.* adulterator of milk. — **~ˌpreis** *m* price of milk, milk price. — **~proˌdukt** *n agr.* milk (*od.* dairy) product. — **~pro·duk·tiˌon** *f* **1.** *agr.* milk production. – **2.** *med.* milk production, lactation (*scient.*). — **~ˌprü·fer** *m* milk tester. — **~ˌpul·ver** *n* milk powder, powdered (*od.* dried) milk. — **~ˌpum·pe** *f* **1.** *med.* breast pump (*od.* glass). – **2.** *agr. vet.* milk pump. — **~ˌquarz** *m min.* milk(y) quartz. — **~ˌrahm** *m gastr.* cream. — **~ˌreis** *m gastr.* rice pudding, *Br. auch* creamed rice. — **~ˌreiz·ker** *m bot.* lacteous agaric (*Lactarius volemus*). — **~ˌsaft** *m* **1.** *bot.* a) milk, juice, b) (*bes. des Kuhbaumes*) tree milk: reich an ~ lactescent. – **2.** *med.* chyle: ~ führend chyliferous. — **~ˌsam·melˌstel·le** *f agr.* milk collection center (*bes. Br.* centre).

ˈMilchˌsäu·re *f chem.* lactic acid (CH_3-CH(OH)COOH). — **~bak·te·ri·en** *pl biol.* lactic (acid) bacteria. — **~ˌgä·rung** *f chem.* lactic (acid) fermentation.

ˈMilch|ˌschleu·der *f tech. cf.* Milchzentrifuge. — **~scho·koˌla·de** *f* milk chocolate. — **~ˌschorf** *m med.* milk crust (*od.* scall), infantile eczema, *Am.* cradle cap, crusta lactea (*scient.*). — **~ˌschwamm** *m bot. cf.* Milchreizker. — **~ˌschwe·ster** *f obs.* foster sister. — **~ˌspei·se** *f gastr.* dish prepared with milk. — **~ˌstern** *m bot.* star-of-Bethlehem (*Gattg Ornithogalum, bes. O. umbellatum*).

ˈMilchˌstra·ße *f astr.* Milky Way (galaxy *od.* system), galaxy, Galaxy: zur ~ gehörig galactic. — **ˈMilchˌstra·ßen·syˌstem** *n* Milky Way system (*od.* galaxy).

ˈMilch|ˌsup·pe *f gastr.* milk soup (*od.* gruel). — **~ˌtopf** *m* milk pot, (*kleiner*) milk jug. — **m~ˌtrei·bend** *adj med.* (ga)lactagogue, galactopoietic: ~es Mittel galactagogue. — **~ˌtü·te** *f* milk bag. — **~ˌun·terˌsu·chung** *f* milk testing. — **~verˌar·bei·tung** *f* processing of milk. — **~verˌfäl·schung** *f* adulteration of milk. — **~verˌsor·gung** *f* milk supply. — **~ˌvieh** *n collect.* dairy cattle (*od.* stock). — **~ˌwaa·ge** *f* galactometer. — **~ˌwa·gen** *m* milk cart (*Br.* float). — **m~ˌweiß** *adj* milk-white, lacteous (*scient.*). — **~ˌwirt·schaft** *f agr.* dairy farming, dairying. — **~ˌzahn** *m med.* milk (*od. scient.* deciduous) tooth. — **~zen·triˌfu·ge** *f tech.* (cream *od.* centrifugal) separator. — **~ˌzucker** (*getr.* -k·k-) *m chem.* milk sugar, lactose (*scient.*) ($C_{12}H_{22}O_{11}$). — **~ˌzy·ste** *f med.* (ga)lactocele.

mild [mɪlt] **I** *adj* ⟨-er; -est⟩ **1.** (*Klima, Luft etc*) mild, gentle, *auch* balmy, clement: ein ~es Lüftchen a gentle breeze. – **2.** (*Wesen, Behandlung, Worte etc*) gentle, kind: ein ~es Lächeln a gentle (*od.* an indulgent) smile; du solltest ~ere Saiten aufziehen *fig.* you ought to be more gentle. – **3.** (*Farben, Licht etc*) gentle, mellow, subdued. – **4.** (*Seife etc*) mild, gentle, soft. – **5.** (*Speisen, Arznei etc*) light, bland: ich darf nur ~e Kost essen I am only allowed (to eat) light food(s), I am on a bland diet. – **6.** (*Tabak etc*) mild, light. – **7.** *fig.* (*Gabe, Stiftung*) charitable, kind: j-n um eine ~e Gabe bitten to ask s.o. for alms (*od.* charity). – **8.** *fig.* (*Hand*) open, liberal: mit ~er Hand Gaben verteilen to distribute alms with an open hand (*od.* freely, generously). – **9.** (*Strafe etc*) mild, lenient: er bekam ein ~es Urteil he was judged leniently (*od.* with leniency). – **10.** (*Richter etc*) lenient, merciful: er fand ~e Richter he was judged leniently (*od.* with mercy). – **11.** (*Herrscher etc*) benevolent, lenient, liberal. – **II** *adv meist* ~e **12.** da kann ich nur ~e lächeln *colloq. iron.* all I can do is smile; euer Verhalten war empörend — ~e ausgedrückt your behavio(u)r was shocking, to put it mildly.

Mil·de [ˈmɪldə] *f* ⟨-; *no pl*⟩ **1.** (*des Klimas etc*) mildness, gentleness, *auch* balminess, clemency. – **2.** (*von Behandlung etc*) gentleness, kindness. – **3.** (*von Farben etc*) gentleness, mellowness. – **4.** (*von Seife etc*) mildness, gentleness, softness. – **5.** (*von Speisen, Arzneien etc*) lightness, blandness. – **6.** (*von Tabak etc*) mildness, lightness. – **7.** (*von Strafe etc*) mildness, leniency, mercy, mercifulness, clemency: der Angeklagte bat um ~ the accused begged for mercy; ~ walten lassen to apply mercy; allzu große ~ wäre hier nicht angebracht too much leniency would not be appropriate here. – **8.** (*eines Herrschers etc*) benevolence, leniency, liberalness. – **9.** *obs. for* Freigebigkeit.

mil·dern [ˈmɪldərn] **I** *v/t* ⟨h⟩ **1.** (*Schmerz, Leiden etc*) relieve, soothe, assuage, alleviate, ease, allay. – **2.** (*Zorn etc*) appease, abate, moderate. – **3.** (*Gegensätze etc*) ease, reduce. – **4.** (*Urteil, Ausdruck etc*) moderate, tone down, qualify, soft-pedal (*colloq.*). – **5.** *jur.* (*Strafe*) mitigate, temper, commute, lessen, relax. – **6.** *chem.* (*Säure*) correct. – **II** *v/reflex* sich ~ **7.** (*von Wetter etc*) grow (*od.* become) milder. – **8.** (*von Schmerz etc*) ease (off). – **III M~** *n* ⟨-s⟩ **9.** *verbal noun.* – **10.** *cf.* Milderung. — **ˈmil·dernd I** *pres p.* – **II** *adj* **1.** *jur.* (*Umstände*) mitigating, mitigative, extenuating: das kann als ~er Umstand angesehen werden that may be regarded (*od.* treated) in mitigation; j-m ~e Umstände zubilligen a) to allow (for) mitigating circumstances in s.o.'s case, b) *humor.* to make allowances for s.o. – **2.** *chem.* corrective. – **3.** *med.* mitigant, lenitive, palliative. – **4.** *ling.* (*Ausdruck*) euphemistic, *auch* euphemistical. — **ˈMil·de·rung** *f* ⟨-; *no pl*⟩ **1.** *cf.* Mildern. – **2.** (*von Schmerz etc*) relief, assuagement, alleviation, easing. – **3.** (*des Zorns etc*) appeasement, abatement, moderation. – **4.** (*der Gegensätze*) easing, reduction. – **5.** (*des Urteils, Ausdrucks*) moderation, qualification. – **6.** *jur.* (*der Strafe etc*) mitigation, extenuation. – **7.** *chem.* correction. – **8.** *meteor.* (*des Frostes*) easing (off).

ˈMil·de·rungsˌgrund *m jur.* excuse, mitigating cause, extenuating (*od.* mitigating) circumstance (*od.* reason).

ˈMild·heit *f* ⟨-; *no pl*⟩ *cf.* Milde.

ˈmildˌher·zig *adj* kindhearted, *Br.* kind-hearted, tenderhearted, *Br.* tender-hearted. — **ˈMildˌher·zig·keit** *f* ⟨-; *no pl*⟩ kindheartedness, *Br.* kind-heartedness, tenderheartedness, *Br.* tender-heartedness.

ˈmildˌtä·tig *adj* (*Person, Zwecke etc*) charitable, benevolent: ~e Zwecke charitable causes, charities. — **ˈMildˌtä·tig·keit** *f* ⟨-; *no pl*⟩ charitableness, charity, benevolence.

Mi·lia·ria [miˈli̯aːri̯a] *f* ⟨-; *no pl*⟩ *med.* miliaria, prickly heat, heat (*od.* summer) rash.

Mi·liˈar·tu·ber·kuˌlo·se [miˈli̯aːr-] *f med.* military tuberculosis.

Mi·lieu [miˈli̯øː] *n* ⟨-s; -s⟩ **1.** milieu, environment, surroundings *pl*, *auch* background: das ~, aus dem er stammt his (social) background; in einem solchen ~ fühle ich mich nicht wohl I do not feel comfortable in such surroundings (*od.* an atmosphere); das ist doch nicht das richtige ~ für dich that really isn't the right (*od.* proper) (kind of) milieu (*od.* environment) for you; ländliches ~ rural environment; ein bürgerliches ~ a middle-class background. – **2.** (*Lokalkolorit*) local color (*bes. Br.* colour). – **3.** *Austrian rare* small tablecloth. – **4.** *Swiss* (*Dirnenwelt*) demimonde. — **m~beˌdingt** *adj* environmental: ~e Unterschiede environmental differences, differences due to (*od.* arising from) the (social) background. — **~ˌdra·ma** *n* (*theater*) milieu drama. — **m~geˌschä·digt** *adj sociol.* impaired by environmental influences. — **~ˌschil·de·rung** *f* (*literature*) background description. — **~theoˌrie** *f sociol.* environmentalism, *auch* environmental approach.

mi·li·tant [miliˈtant] *adj* militant.

Mi·li·tär[1] [miliˈtɛːr] *n* ⟨-s; *no pl*⟩ **1.** (*Wehrmacht, Heer*) (armed) forces *pl* (*od.* services *pl*), military, army: beim ~ sein to be in the (armed) forces; zum ~ gehen (*od.* einrücken) to join the army, to enter the service. – **2.** (*Gesamtheit der Soldaten*) military, soldiers *pl*, soldiery: das ~ hatte seine eigene Ideologie the military had an ideology of their own.

Mi·liˈtär[2] *m* ⟨-s; -s⟩ (army) officer: die ~s the military (*collect.*); hohe ~s high-ranking officers.

mi·liˈtärˌähn·lich *adj* paramilitary.

Mi·liˈtär|aka·deˌmie *f mil.* military academy. — **~ˌarzt** *m* medical officer, army surgeon: ~ der Luftwaffe flight surgeon. — **~at·taˌché** *m pol.* military attaché. — **~ˌausˌschuß** *m* (*der NATO*) Military Committee. — **~beˌfehlsˌha·ber** *m* military commander. — **~beˌhör·de** *f* military authority. — **~beˌschaf·fungs·geˌsetz** *n* military procurement act. — **~beˌvoll·ˌmäch·tig·te** *m* military plenipotentiary (*od.* representative). — **~ˌbünd·nis** *n* military alliance.

Mi·liˈtärˌdienst *m* (military) service (*od.* duty): seinen ~ ableisten to do one's military service; im aktiven ~ sein to be in (*od.* on) active (military) service; j-n vom ~ befreien [zurückstellen] to exempt [to defer] s.o. from military service; zum ~ einberufen werden to be called up, *bes. Br.* to be conscripted, *bes. Am.* to be drafted. — **m~ˌfrei** *adj* free (*od.* exempt) from military service. — **~ˌpflicht** *f* compulsory military service. — **m~ˌpflich·tig** *adj* liable (*od.* subject) to (perform) military service. — **~verˌwei·ge·rer** *m* conscientious objector. — **~ˌzeit** *f* term (*od.* period) of (military) service, call-up period.

Mi·liˈtär|dik·taˌtur *f* military dictatorship. — **~etat** [-ˀeˌtaː] *m* military (*od. Br.* defence, *Am.* defense) budget. — **~exˌper·te** *m* military expert. — **~ˌfahrˌschein** *m Am.* military-duty rail ticket, *Br.* railway warrant. — **~ˌfahrˌzeug** *n* military vehicle. — **~ˌflugˌha·fen** *m* military airport (*od.* air base). — **~ˌflugˌzeug** *n* military aircraft. — **~ˌfriedˌhof** *m* military cemetery. — **~geˌfäng·nis** *n* military prison, *Am. auch* disciplinary barracks *pl* (*usually construed as sg*), *Br. sl.* glasshouse. — **~ˌgeist·li·che** *m* (army) chaplain. — **~geˌricht** *n* military court (*od.* tribunal), court-martial. — **~geˌrichts·bar·keit** *f* military jurisdiction. — **~geˌsetz** *n* martial (*od.* military) law. — **~geˌsetzˌbuch** *n* military code. — **~geˌwalt** *f* (*einer Militärregierung*) military government. — **~gou·verˌneur** *m* military governor. — **~ˌhausˌhalt** *m* military (*od. Br.* defence, *Am.* defense) budget. — **~ˌherr·schaft** *f* military (*od.* army) rule, reign of the military, stratocracy (*scient.*). — **~ˌhil·fe** *f* military aid (*od.* assistance). — **~ˌho·heit** *f* military authority (*od.* government): **unter ~** under military command (*od.* authority). — **~hos·piˌtal** *n* military hospital.

Mi·li·ta·ria [miliˈtaːrĭa] *pl* **1.** *obs.* military matters (*od.* affairs). – **2.** books on military matters, military writings.

mi·liˈtä·risch *adj* **1.** (*Auszeichnung, Gruß, Organisation etc*) military: **~e Grundausbildung** basic (military) training; **~e Operationen** military operations. – **2.** (*Haltung etc*) military, martial, soldierly.

mi·li·ta·ri·sie·ren [militariˈziːrən] *v/t* ⟨*no* ge-, h⟩ militarize *Br. auch* -s-. — **Mi·li·ta·riˈsie·rung** *f* ⟨-; *no pl*⟩ militarization *Br. auch* -s-.

Mi·li·ta·ris·mus [militaˈrɪsmʊs] *m* ⟨-; *no pl*⟩ *pol.* militarism. — **Mi·li·taˈrist** [-ˈrɪst] *m* ⟨-en; -en⟩ militarist. — **mi·li·taˈri·stisch** *adj* militaristic.

Mi·liˈtär|kaˌpel·le *f mus.* military band. — **~konˌtrol·le** *f* military control: **unter ~ stehen** to be under military control (*od.* administration). — **~ˌlastˌwa·gen** *m* military lorry (*Am.* truck). — **~ˌmacht** *f* military power. — **~ˌmarsch** *m mus.* military march. — **~mis·siˌon** *f* military mission. — **~muˌsik** *f* **1.** military music. – **2.** *cf.* Militärkapelle. — **~ˌmüt·ze** *f mil.* cap, (*Schiffchen*) forage cap. — **~paˌra·de** *f* military parade. — **~perˌson** *f mil.* military person, member of the armed forces. — **~ˌpfar·rer** *m* (army) chaplain. — **~po·liˌzei** *f* military police. — **~ˌputsch** *m* military coup (d'état). — **~reˌgie·rung** *f* military government. — **~ˌrich·ter** *m* military judge, judge advocate. — **~ˌschu·le** *f* military academy. — **~ˌseelˌsor·ge** *f relig.* military religious welfare. — **~ˌseelˌsor·ger** *m* (army) chaplain. — **~ˌstaat** *m pol.* military state. — **~ˌstützˌpunkt** *m* military (support) base. — **~transˌport** *m* military transport. — **~verˌwal·tung** *f* **1.** military administration. – **2.** (*in besetztem Gebiet*) military government. — **~ˌvorˌla·ge** *f pol.* army bill. — **~ˌwe·sen** *n mil.* military affairs *pl.*

Mi·li·ta·ry [ˈmɪlɪtərɪ] (*Engl.*) *f* ⟨-; -s⟩ (*sport*) (*im Reitsport*) three-day event, *bes. Am.* military event.

Mi·liˈtär|ˌzeit *f* ⟨-; *no pl*⟩ *mil.* time of (military) service. — **~ˌzug** *m* military train.

Mi·liz [miˈliːts] *f* ⟨-; -en⟩ militia. — **~ˌheer** *n* militia army. — **~solˌdat** *m* militiaman.

Mil·ke [ˈmɪlkə] *f* ⟨-; *no pl*⟩ *Swiss for* Kalbsbries(chen).

milkt [mɪlkt] *archaic 3 sg pres of* melken.

Mil·le [ˈmɪlə] *n* ⟨-; -⟩ thousand.

Mil·le·fio·riˌglas [mɪleˈfĭoːri-] *n* millefiori (*auch* millefiore) (glass).

Mill·en·ni·um [mɪˈlɛnĭʊm] *n* ⟨-s; -nien⟩ *rare* millennium, millenary. — **~ˌfei·er** *f* millennium, millenary (celebration).

Mil·le·rit [mɪləˈriːt; -ˈrɪt] *m* ⟨-s; -e⟩ *min.* millerite.

Mil·li·am·pere [mɪliˀamˈpɛːr] *n electr.* milliampere. — **~ˈme·ter** [-pɛrˈmeːtər] *n* milliammeter, milliamperemeter.

Mil·li·ar·där [mɪlĭarˈdɛːr] *m* ⟨-s; -e⟩ *Am.* billionaire, *Br.* milliardaire. — **Mil·liˈar·de** [-ˈlĭardə] *f* ⟨-; -n⟩ a thousand millions, *Am.* billion, *Br.* milliard.

Mil·li·bar [mɪliˈbaːr] *n phys. meteor.* millibar.

Mil·li·gramm [mɪliˈgram] *n* milligram, *bes. Br.* milligramme.

Mil·li·me·ter [mɪliˈmeːtər] *m, n, Swiss only m* millimeter, *bes. Br.* millimetre: **ein zehntel ~** a tenth of a millimeter; **ein Glas von drei ~ Dicke** a glass with a thickness of three millimeters, *bes. Am.* a glass three millimeters thick; **ein Abstand von 20 ~n** a distance of 20 millimeters; **keinen ~ von einer vorgefaßten Meinung abgehen** *fig. colloq.* not to budge a fraction of an inch from a set (*od.* preconceived) opinion, to deviate not a millimeter from a preconceived opinion. — **~paˌpier** *n* millimeter-ruled paper, (metric) graph (*od.* profile, scale, *bes. Br.* squared) paper. — **~ˌwel·le** *f phys.* millimeter wave, (*in Frequenzen ausgedrückt*) extremely high frequency, e.h.f.

Mil·li·on [mɪˈlĭoːn] *f* ⟨-; -en⟩ million: **zwei ~en Einwohner** two million inhabitants; **der Verlust geht in die ~en** the loss runs into millions; **vor ~en Jahren** millions of years ago; **er besitzt mehrere ~en** he is worth several millions; **drei ~en Dollar** three million dollars; **sie gewann eine ~ beim Spielen** she won a million (in) gambling. — **Mil·lioˈnär** [-lĭoˈnɛːr] *m* ⟨-s; -e⟩ millionaire: **ein vielfacher ~** a multimillionaire. — **Mil·lioˈnä·rin** *f* ⟨-; -nen⟩ millionairess.

Mil·lio·nen|ˌerb·schaft [mɪˈlĭoːnən-] *f* inheritance of (more than) one million. — **m~ˌfach I** *adj* millionfold, millioned. – **II** *adv* a million times: **~ bewährt** tested a million times over.

mil·liˈonst *adj* millionth.

mil·liˈon·(s)tel I *adj* millionth: **ein ~ Ampère** a microampere. – **II M~** *n, Swiss m* ⟨-s; -⟩ millionth: **das M~ einer Einheit** the millionth (part) of a unit.

Mil·li·pond [mɪliˈpɔnt] *n phys.* millipond.

Mil·li|se·kun·de [mɪlizeˈkʊndə] *f* millisecond. — **~ˈvolt** [-ˈvɔlt] *n electr.* millivolt.

Mi·lu [ˈmiːlu] *m* ⟨-s; -s⟩ *zo. cf.* Davidshirsch.

Milz [mɪlts] *f* ⟨-; -en⟩ *med.* spleen. — **~ˌbrand** *m* anthrax, milzbrand, ragsorters' (*Br.* rag-sorters') (*od.* woolsorters', *Br.* wool-sorters') disease. — **~entˌzün·dung** *f* splenitis, lienitis. — **~ˌfarn** *m bot.* spleenwort (*Gattg Asplenium*). — **m~ˌkrank** *adj med.* splenetic, suffering from disease of the spleen. — **~ˌkrank·heit** *f* disease of the spleen, splenopathy (*scient.*). — **~ˌkraut** *n bot.* golden saxifrage (*auch* spleen) (*Gattg Chrysosplenium*). — **~ˌschwel·lung** *f med.* splenic enlargement, splenomegaly (*scient.*). — **~ˌste·chen** *n* stitches *pl* in the spleen. — **~ˌtu·mor** *m* splenic enlargement (*od.* tumor, *bes. Br.* tumour).

Mi·me [ˈmiːmə] *m* ⟨-n; -n⟩ (*theater*) a) *archaic* actor, *auch* tragedian, b) *antiq.* mime, mimer, mimic. — **ˈmi·men I** *v/t* ⟨h⟩ **1.** *archaic* play (the part of), act: **er mimte den Faust** he played the part of Faust. – **2.** *fig. colloq.* act, play: **er mimt den Arglosen** he acts the innocent. – **3.** *fig. colloq.* (*vortäuschen*) feign, sham, pretend to be: **er mimt den Kranken** he is feigning illness, he is pretending to be ill. – **4.** *fig. colloq.* (*durch Gesten etc nachäffen*) imitate, mimic, mime. – **II** *v/i* **5.** feign, put on an act.

Mi·me·se [miˈmeːzə] *f* ⟨-; -n⟩ **1.** (*art*) *philos.* mimesis, mimicry, imitation. – **2.** *zo.* mimicry, mimesis.

Mi·me·sis [ˈmiːmezɪs] *f* ⟨-; -sen [miˈmeːzən]⟩ *bes. philos. cf.* Mimese 1.

mi·me·tisch [miˈmeːtɪʃ] *adj* mimetic.

Mi·mik [ˈmiːmɪk] *f* ⟨-; *no pl*⟩ (*Mienen-, Gebärdenspiel*) mimicry, mimic art. — **ˈMi·mi·ker** [-mikər] *m* ⟨-s; -⟩ (*theater*) *cf.* Mimus 2.

Mi·mi·kry [ˈmɪmikri] *f* ⟨-; *no pl*⟩ **1.** *zo.* mimicry. – **2.** *fig.* (*Schutzfärbung etc*) camouflage.

ˈmi·misch *adj* (*Darstellung etc*) mimic(al).

Mi·mo·se [miˈmoːzə] *f* ⟨-; -n⟩ *bot.* mimosa, sensitive plant (*Gattg Mimosa, bes. M. pudica*): **sie ist empfindlich wie eine ~** *fig.* she is extremely sensitive; **er ist die reinste ~** *fig. colloq.* he is an extremely sensitive person (*od.* creature). — **miˈmo·sen·haft** *adj* like a mimosa, very sensitive (*od.* touchy).

Mi·mus [ˈmiːmʊs] *m* ⟨-; Mimen⟩ *antiq.* (*theater*) **1.** (*Posse*) mime. – **2.** (*Possenreißer*) mime, mimer, mimic.

Mi·na·rett [minaˈrɛt] *n* ⟨-s; -e *u.* -s⟩ (*Turm einer Moschee*) minaret.

Min·cha [mɪnˈçaː] *f* ⟨-; *no pl*⟩ *relig.* min(c)hah, *auch* min(c)ha.

min·der [ˈmɪndər] **I** *adj* ⟨*attrib*⟩ **1.** inferior: **~e Waren, Waren ~er Qualität** inferior goods, goods of inferior quality; **er betrachtete ihn als ~en Menschen** he regarded him as an inferior person. – **2.** *rare* (*geringer*) less(er): **das ist von ~er Bedeutung** that is less important (*od.* of lesser importance); **ein Volk ~en Rechts** an underprivileged people; **~er Bruder** *relig. cf.* Franziskaner. – **3.** *hunt.* (*Sau*) young. – **II** *adv* **4.** less: **diese Arbeit ist nicht ~ gut** this work is not less good; **mit mehr oder ~ großer Sorgfalt [großem Fleiß] arbeiten** to work more or less carefully [diligently]; **er hat mehr oder ~ versagt** he more or less failed; **er hat furchtbar angegeben, und sein Freund nicht ~** he boasted terribly and no less so his friend.

ˈMin·der|ˌausˌga·be *f econ.* **1.** reduced expenditure. – **2.** (*von Wertpapieren*) reduced issue, underissue, *Br.* under-issue. — **~ˌausˌlie·fe·rung** *f* short delivery. — **m~beˌgabt** *adj* less gifted. — **~beˌgab·te** *m, f* less gifted person. — **m~beˌgü·tert** *adj* of little or no wealth (*od.* fortune). — **~beˌgü·ter·te** *m, f* ⟨-n; -n⟩ person of little or no wealth (*od.* fortune). — **m~beˌla·stet** *adj jur.* less incriminated. — **~beˌla·ste·te** *m, f* ⟨-n; -n⟩ less incriminated person. — **m~beˌmit·telt** *adj* **1.** of moderate means, (*stärker*) poor. – **2.** (*geistig*) **~** *colloq. humor.* somewhat wanting, not very bright, slow, *bes. Am. colloq.* 'dumb'. — **~beˌmit·tel·te** *m, f* ⟨-n; -n⟩ **1.** person of moderate means, (*stärker*) poor person. – **2.** *colloq. humor.* not very bright (*od.* slow, *bes. Am. colloq.* dumb) person.

ˈMin·der|beˌtrag *m econ.* deficit, deficiency (amount), shortage. — **~beˌwer·tung** *f* undervaluation. — **~ˌeinˌnah·me** *f* (*Fehlbetrag*) deficiency (*od.* shortfall) in receipts. — **~erˌlös** *m* smaller returns *pl*, reduced proceeds *pl.* — **~erˌtrag** *m* **1.** *agr.* (*des Bodens*) shortfall in output (*od.* yield), reduced yield. – **2.** (*Gewinn*) reduced profit. — **~geˌwicht** *n* short weight.

ˈMin·der·heit *f* ⟨-; -en⟩ **1.** ⟨*only sg*⟩ minority: **in der ~ sein** a) to be in the minority, b) to be outnumbered. – **2.** minority: **die ~ der Aktionäre vertreten** to represent the minority of shareholders. – **3.** *jur. pol. sociol.* minority (group): **nationale ~en** national minorities.

ˈMin·der·hei·ten|ˌfra·ge *f pol. cf.* Minderheitenproblem. — **~ka·biˌnett** *n* minority-party cabinet. — **~proˌblem** *n* minorities problem (*od.* question). — **~ˌrecht** *n* rights *pl* of minorities, right of minority. — **~ˌschutz** *m* protection of (the rights of) minorities.

ˈMin·der·heits|paˌket *n econ.* (*von Aktien*) minority holding. — **~reˌgie·rung** *f pol.* minority government.

ˈmin·derˌjäh·rig *adj jur.* underage, *Br.* under-age, not of age, minor, *auch* infant, nonaged *Br.* non-: **er ist noch ~** he is (still) a minor. — **ˈMin·derˌjäh·ri·ge** *m, f* ⟨-n; -n⟩ minor, underage (*Br.* under-age) person, *auch* infant: **Verführung ~r** seduction of minors. — **ˈMin·derˌjäh·rig·keit** *f* ⟨-; *no pl*⟩ minority, nonage *Br.* non-, *auch* infancy.

ˈMin·der|ˌkaufˌmann *m* minor (unregistered) trader. — **~ˌlie·fe·rung** *f econ.* short delivery.

min·dern [ˈmɪndərn] **I** *v/t* ⟨h⟩ **1.** diminish, lessen, decrease: **das mindert meine Liebe nicht** that does not diminish my love; **den Einfluß der Armee ~** to diminish the army's influence; **dadurch wurde seine Schuld nicht gemindert** his guilt was not lessened (*od.* made any the less) because of this; **sie minderte die Not der Armen** she lessened (*od.* relieved) the need of the poor. – **2.** (*Geschwindigkeit etc*) reduce, slacken, lower. – **3.** *econ.* a) (*Preis etc*) reduce, abate, cut, b) (*Umsatz etc*) reduce, c) (*Wert*) diminish, depreciate. – **4.** *jur.* (*Schaden*) mitigate. – **II** *v/reflex* **sich ~** **5.** (*von Eifer etc*) diminish, lessen, get less, decrease. – **III M~** *n* ⟨-s⟩ **6.** *verbal noun.* – **7.** *cf.* Minderung.

ˈMin·derˌsin·nig·keit *f* ⟨-; *no pl*⟩ *med. psych.* lack of one sense (*od.* several senses).

ˈMin·de·rung *f* ⟨-; -en⟩ **1.** *cf.* Mindern. – **2.** diminution, decrease. – **3.** (*der Geschwindigkeit etc*) reduction. – **4.** *econ.* a) (*des Preises*) reduction, abatement, b) (*des Umsatzes*) reduction, c) (*des Wertes*) diminution, depreciation. – **5.** *jur.* (*des Schadens*) mitigation.

ˈmin·derˌwer·tig *adj* **1.** of inferior (*od.* little) value: **~e Steine** stones of little value; **ein ~es Subjekt** *contempt.* a worthless fellow (*Am.* guy) (*colloq.*), a bad egg (*sl.*). – **2.** (*von geringer Qualität*) inferior, poor, mediocre, (*stärker*) cheap, trashy: von ~er Qualität of inferior quality; ~e Waren anbieten to offer inferior goods (for sale); ~es Fleisch poor quality (*od.* low-grade) meat; ~es Material material of inferior quality; ~es Zeug trash; eine ~e Arbeit inferior work; ein ~es Buch a mediocre (*od.* a third-rate) book. – **3.** *fig.* inferior, second- (*od.* third-)rate (*attrib*): er fühlt sich ~ he feels (himself to be) inferior. – **4.** *tech.* low-grade (*attrib*), poor, inferior: ~er Brennstoff low-grade fuel; ~e Konstruktion poor design. — '**Min·derˌwer·tig·keit** *f* ⟨-; *no pl*⟩ **1.** inferior value. – **2.** *bes. econ.* (*an Qualität*) inferiority, inferior quality, mediocrity, (*stärker*) trashiness. – **3.** *fig.* inferiority.

'**Min·derˌwer·tig·keits|geˌfühl** *n psych.* inferiority feeling, feeling of inferiority. — ~**komˌplex** *m* inferiority complex.

'**Min·derˌzahl** *f* minority: wir waren in der ~ a) we were in the minority, b) we were outnumbered.

min·dest ['mɪndəst] **I** *sup of* minder. – **II** *adj* **1.** least, slightest, smallest: er hat nicht die ~e Aussicht he has not the least chance; sie hat nicht die ~e Anstrengung unternommen she did not make the slightest effort. – **III** (*substantiviert mit Kleinschreibung*) **2.** das ~e the (very) least: das ist (wohl) das ~e, was man verlangen kann that's the very least (that) one can ask. – **3.** nicht das ~e not anything, nothing (at all): sie versteht nicht das ~e vom Haushalt she doesn't know anything about housekeeping, she has not the slightest idea (*od.* notion) of good housekeeping; von ihm kann man nicht das ~e erwarten one cannot expect anything (*od.* the slightest) from him; hast du etwas dagegen? — nicht das ~e do you mind? — no, not at all (*od.* in the least); er bekommt nicht das ~e he won't get anything (at all). – **4.** nicht im ~en not in the least, not at all, by no means: das interessiert mich nicht im ~en that does not interest me in the least; daran ist nicht im ~en zu denken that is (just) out of the question. – **5.** zum ~en at least: er hätte zum ~en anrufen können he could at least have phoned (*colloq.*); es ist zum ~en zweifelhaft it is doubtful at the (very) least.

'**Min·dest|abˌstand** *m* minimum distance. — ~ˌ**al·ter** *n* minimum age: das gesetzliche ~ the minimum age by law, the legal age. — ~ˌ**anˌfor·de·rung** *f* minimum requirement. — ~ˌ**an·geˌbot** *n econ.* lowest tender (*od.* bid, offer). — ~ˌ**ar·beitsˌzeit** *f* minimum working hours *pl.* — ~ˌ**aufˌla·ge** *f print.* minimum of copies, (*bei Zeitungen*) *auch* minimum circulation. — ~ˌ**ausˌrü·stung** *f mil.* minimum essential equipment. — ~**beˌsteue·rung** *f econ.* minimum taxation. — ~**beˌtrag** *m* minimum (amount). — ~ˌ**bie·ten·de** *m, f* ⟨-n; -n⟩ lowest bidder. — ~ˌ**einˌkom·men** *n econ.* minimum income. — ~ˌ**einˌla·ge** *f* (*bei einer Bank*) minimum deposit.

'**min·de·stens** *adv* at least: ~ 3 Personen at least 3 people; sie ist ~ 40 (Jahre alt) she is at least 40 (years of age); er ist ~ so groß wie du he is at least as tall as you are; er hätte sich ~ bei uns bedanken können he could at least have thanked us; er hat ein Gehalt von ~ 2000 Mark im Monat he has a salary of at least (*od.* not less than) 2,000 marks a month.

'**Min·dest|erˌtrag** *m econ.* minimum revenue (*od.* profit). — ~ˌ**for·de·rung** *f* **1.** lowest charge (*od.* price). – **2.** minimum claim. — ~**geˌbot** *n* minimum (*od.* starting, lowest) bid. — ~**geˌbühr** *f* minimum charge.

'**Min·dest·geˌhalt**[1] *n econ.* minimum salary.

'**Min·dest·geˌhalt**[2] *m* minimum (*od.* lowest, smallest) percentage (*od.* content).

'**Min·dest|geˌschwin·dig·keit** *f* minimum speed. — ~**geˌwicht** *n* minimum weight. — ~ˌ**lei·stung** *f tech.* minimum performance (*od.* power, capacity). — ~ˌ**lohn** *m econ.* minimum pay (*od.* wage[s *pl*]). — ~ˌ**maß** *n* minimum: auf ein ~ herabsetzen to reduce to a minimum, to minimize *Br. auch* -s-; ein ~ an Geduld mußt du (schon) aufbringen you have to summon up (*od.* muster) a minimum of patience. — ~ˌ**preis** *m econ.* **1.** minimum (*od.* lowest) price. – **2.** (*bei Auktionen*) knockdown (*Br.* knock-down) (*od.* reserve, floor, upset) price. — ~**reˌser·ve** *f meist pl* (*von Geschäftsbanken bei der Zentralbank*) minimum (*od.* legal) reserve. — ~**reˌser·veˌsatz** *m* minimum (*od.* legal) reserve ratio. — ~ˌ**satz** *m* minimum (*od.* lowest) rate. — ~ˌ**stra·fe** *f jur.* minimum penalty. — ~**taˌrif** *m* minimum tariff (*od.* scale, rate). — ~ˌ**wert** *m* minimum value. — ~ˌ**zahl** *f* **1.** minimum (number). – **2.** *pol.* (*eines Ausschusses etc*) quorum.

Min·do·ro [mɪn'doːro] *m* ⟨-s; -s⟩, ~ˌ**büf·fel** *m zo.* tamarau, timarau, *auch* tamarao (*Bubalus mindorensis*).

Mi·ne[1] ['miːnə] *f* ⟨-; -n⟩ **1.** *mil.* mine: eine scharfe ~ an armed mine; eine ~ mit Fernzündung, eine abhängige ~ a controlled mine; ~n legen a) to lay mines, b) *fig.* to intrigue; ~n räumen *mar.* to sweep for mines; ~n suchen *mil.* to locate mines; auf eine ~ laufen to hit (*od.* strike, run on) a mine; alle ~n springen lassen *fig. colloq.* to move heaven and earth, to make every possible effort. – **2.** (*mining*) mine, (*Kohlenmine*) *auch* colliery: eine ~ stillegen to close a mine. – **3.** (*Bleistiftmine*) lead. – **4.** (*Kugelschreibermine*) refill: eine neue ~ einsetzen to insert a refill. – **5.** *biol.* (*Fraßgang*) mine.

'**Mi·ne**[2] *f* ⟨-; -n⟩ *antiq.* (*Geldsumme*) mina.

'**Mi·nen|ˌar·bei·ter** *m* (*mining*) miner. — ~ˌ**bom·be** *f mil.* mine bomb. — ~ˌ**fal·le** *f* booby trap. — ~ˌ**feld** *n* minefield. — ~ˌ**flugˌzeug** *n* mine-laying aircraft. — ~ˌ**gür·tel** *m* mine belt: einen ~ legen to lay a mine belt. — ~ˌ**krieg** *m* mine warfare. — ~ˌ**le·gen** *n* minelaying, mineplanting. — ~ˌ**le·ger** *m mar.* minelayer. — ~**raˌdar·geˌrät** *n* mine-watching radar. — ~ˌ**räumˌboot** *n mar.* (motor) minesweeper. — ~ˌ**räu·men** *n* minesweeping, mine clearance. — ~ˌ**räumˌtrupp** *m* mine-clearing party (*od.* detail). — ~ˌ**sper·re** *f* mine barrier.

'**Mi·nenˌsuch|ˌboot** *n mil.* minesweeper. — ~**geˌrät** *n* mine detector. — ~ˌ**stab** *m* mine probe (*od.* probing rod). — ~ˌ**trupp** *m* mine-locating party (*od.* detail), minefield reconnaissance patrol.

'**Mi·nen|ˌtau·cher** *m mar. mil.* clearance diver. — **m~verˌseucht** *adj* mined, mine-infested. — ~ˌ**wer·fer** *m* minethrower, (trench) mortar.

Mi·ne·ral [mine'raːl] *n* ⟨-s; -e *u.* -ien [-lĭən]⟩ mineral: wasserhaltiges ~ enhydrite. — ~ˌ**abˌla·ge·rung** *f geol.* deposit. — ~ˌ**bad** *n med.* **1.** mineral bath. – **2.** (*Ort*) spa. — ~**beˌstandˌteil** *m* mineral constituent (*od.* ingredient). — ~ˌ**brun·nen** *m cf.* Mineralquelle. — ~ˌ**dün·ger** *m agr.* mineral (*od.* chemical) fertilizer (*Br. auch* -s-).

Mi·ne'ra·li·en|ˌkun·de *f* mineralogy. — ~ˌ**samm·lung** *f* mineralogical collection.

mi·ne'ra·lisch *adj* mineral.

Mi·ne·ra·li·sie·rung [minerali'ziːrʊŋ] *f* ⟨-; *no pl*⟩ *geol. min.* mineralization *Br. auch* -s-.

Mi·ne·ra·lo·ge [minera'loːgə] *m* ⟨-n; -n⟩ mineralogist. — **Mi·ne·ra·lo'gie** [-lo'giː] *f* ⟨-; *no pl*⟩ mineralogy. — **mi·ne·ra'lo·gisch** [-'loːgɪʃ] *adj* mineralogical, *auch* mineralogic.

Mi·ne'ralˌöl *n chem.* mineral (*od.* rock, crude) oil, petroleum. — ~**erˌzeug·nis** *n* **1.** *cf.* Mineralölprodukt. – **2.** petrochemical. — ~**geˌsell·schaft** *f* petroleum company. — ~ˌ**han·del** *m econ.* mineral oil (*od.* petroleum) trade. — ~**in·duˌstrie** *f* mineral (*od.* crude) oil industry, petroleum industry. — ~**proˌdukt** *n* mineral oil (*od.* petroleum) product. — ~**raf·fi·neˌrie** *f* mineral (*od.* crude) oil refinery. — ~ˌ**steu·er** *f econ.* mineral oil(s) tax.

Mi·ne'ral|ˌquel·le *f* mineral spring (*od.* well), spa. — ~ˌ**reich** *n min.* mineral kingdom (*od.* realm). — ~ˌ**salz** *n* mineral salt. — ~ˌ**säu·ren** *pl* mineral acids. — ~ˌ**vorˌkom·men** *n* ⟨-s; -⟩ *geol.* mineral occurrence.

Mi·ne'ralˌwas·ser *n* mineral (*od.* table, soda, sparkling) water, Vichy (*od.* vichy) water, seltzer (water), *auch* selter(s water). — ~ˌ**quel·le** *f* mineral spring.

Mi·ner·va [mi'nɛrva] *npr f* ⟨-; *no pl*⟩ *myth.* Minerva (*Roman goddess of wisdom, technical skill, and invention*).

Mi·ne·stra [mi'nɛstra] *f* ⟨-; -stren⟩, **Mi·ne'stro·ne** [-'troːnə] *f* ⟨-; -ni [-ni]⟩ *gastr.* (*ital. Suppe*) minestra, minestrone.

mi·ni ['miːni; 'mɪni] *adv* (*fashion*) mini: ~ gehen (*od.* tragen) to wear a mini.

Mi·nia·tur [minĭa'tuːr] *f* ⟨-; -en⟩ **1.** (*in Handschriften etc*) miniature, illumination. – **2.** (*Kleinmalerei*) miniature: eine ~ von Napoleon a miniature showing Napoleon; in ~ malen to (paint in) miniature. – **3.** (*Schachproblem*) miniature.

Mi·nia'tur|ˌausˌga·be *f* **1.** *print.* miniature (*od.* vest-pocket) edition. – **2.** *fig.* miniature (edition). — ~ˌ**bild**, ~**geˌmäl·de** *n* (*art*) miniature. — ~ˌ**ei·senˌbahn** *f* **1.** miniature railway (*od.* train). – **2.** toy train. — ~ˌ**ma·ler** *m* miniaturist. — ~**ma·leˌrei** *f* miniature painting.

Mi'nier|ˌamei·se *f zo.* mining ant (*Formica cunicularia*). — ~ˌ**ar·beit** *f mil.* sapping. — ~ˌ**mot·te** *f zo.* leaf miner (*Fam. Lithocolletidae*). — ~ˌ**rau·pen** *pl* mining caterpillars. — ~ˌ**vö·gel** *pl* mining birds.

'**Mi·ni|ˌgolf** *n* miniature golf, mini-golf. — ~ˌ**kleid** *n* (*fashion*) minidress.

Mi·ni·ma ['miːnima] *f* ⟨-; -mae [-mɛ] *u.* -men⟩ *mus. hist.* minim.

mi·ni·mal [mini'maːl] **I** *adj* **1.** *fig.* (*geringfügig*) minimal, insignificant, trifling: ~e Verluste minimal losses; die Beteiligung war ~ there was minimal (*od.* little or no) participation; ~e Unterschiede minimal (*od.* negligible) distinctions. – **2.** ⟨*attrib*⟩ (*mindest*) minimal: ~er Preis minimum price. – **II** *adv* **3.** (*wenigstens*) at least: er hat ~ tausend Mark dabei verdient he earned at least a thousand marks by it.

Mi·ni'mal|be̩ˌla·stung *f* minimum load. — ~**beˌtrag** *m* minimum (amount), lowest (*od.* smallest) amount. — ~ˌ**flä·che** *f math.* minimal surface.

Mi·ni'mal·geˌhalt[1] *n econ.* minimum salary.

Mi·ni'mal·geˌhalt[2] *m cf.* Mindestgehalt[2].

Mi·ni'mal|geˌwicht *n cf.* Mindestgewicht. — ~ˌ**lohn** *m econ. cf.* Mindestlohn. — ~ˌ**wert** *m auch math.* minimum value.

Mi·ni·mum ['miːnimum] *n* ⟨-s; -ma [-ma]⟩ **1.** minimum: ein ~ an Aufwand [Kraft] a minimum of effort [strength]; etwas auf ein ~ herabsetzen [beschränken] to reduce [to limit] s.th. to a minimum; der Umsatz verringerte sich auf ein ~ turnover decreased to a minimum; die Reduzierung auf das (*od.* ein) ~ minimization *Br. auch* -s-, reduction to a minimum. – **2.** *electr.* (*bei Funkpeilgeräten*) null. – **3.** *math.* (*einer Funktion*) minimum. — ~**tem·pe·raˌtur** *f meteor.* minimum temperature. — ~**ther·moˌme·ter** *n phys.* minimum thermometer.

'**Mi·niˌrock** *m* (*fashion*) miniskirt.

Mi·ni·ster [mi'nɪstər] *m* ⟨-s; -⟩ *pol.* minister, (*in Großbritannien*) Secretary (of State), (*in USA*) (cabinet) secretary: ~ des Äußeren, ~ für Auswärtige Angelegenheiten *cf.* Außenminister; ~ ohne Geschäftsbereich (*od.* Portefeuille, Ressort) Minister without Portfolio; zum ~ ernannt werden to be appointed (a) minister. — ~ˌ**amt** *n* ministry, portfolio, (ministerial) office: er hatte in der letzten Regierung ein ~ inne he held office in the last government. — ~ˌ**bank** *f* ministerial bench, *bes. Br.* treasury bench.

mi·ni·ste·ri·al [minɪste'rĭaːl] *adj* ministerial.

Mi·ni·ste·ri'al|ˌausˌschuß *m* ministerial committee. — ~**beˌam·te** *m* ministerial officer (*od.* official), senior civil servant. — ~**diˌrek·tor** *m etwa* undersecretary. — ~**diˌriˌgent** *m etwa* assistant secretary.

Mi·ni·ste·ria·le [minɪste'rĭaːlə] *m* ⟨-n; -n⟩ *hist.* estate official.

Mi·ni·ste·ri'al|erˌlaß *m pol.* ministerial order (*od.* edict). — ~ˌ**rat** *m etwa* principal.

mi·ni·ste·ri·ell [minɪste'rĭɛl] *adj pol.* (*Maßnahme, Verfügung etc*) ministerial.

Mi·ni·ste·ri·um [minɪs'teːrĭʊm] *n* ⟨-s; -rien⟩ *pol.* ministry, (*in Großbritannien*) office, (*in USA*) department: ~ des Äußeren Ministry of Foreign Affairs, (*in Großbritannien*) Foreign Office, (*in USA*) State Department.

Mi'ni·ster|konˌfe·renz *f pol.* conference of ministers. — ~ˌ**po·sten** *m* ministerial post (*od.* position): Anwärter auf einen ~ prospective minister. — ~**prä·siˌdent** *m* **1.** prime minister, premier. – **2.** (*eines deutschen Landes*) minister-president. — ~ˌ**rat** *m pol.* **1.** cabinet (council). – **2.** (*Ministerausschuß*) ministerial committee (*od.* council). – **3.** (*der EG etc*) Council of Ministers. – **4.** (*in sozialistischen Ländern*) Council of Ministers. — **~ˌses·sel** *m colloq. for* Ministerposten. — **~verˌantˌwort·lich·keit** *f* ministerial responsibility. — **~ˌwech·sel** *m* change of minister(s), cabinet (re)shuffle.

Mi·ni·strant [minɪs'trant] *m* ⟨-en; -en⟩ *röm.kath.* ministrant, server, altar boy (*colloq.*). — **mi·ni'strie·ren** [-'triːrən] *v/i* ⟨*no* ge-, h⟩ officiate (as a ministrant), serve. — **mi·ni'strie·rend I** *pres p.* – **II** *adj* ministrative.

Mink [mɪŋk] *m* ⟨-s; -e⟩ **1.** *zo.* American mink (*Mustela vison*). – **2.** (*Fell*) mink (fur).

Min·na ['mɪna] *f* ⟨-; -s⟩ *colloq.* **1.** die grüne ~ the Black Maria. – **2.** *humor.* housemaid. – **3.** j-n zur ~ machen to make mincemeat out of s.o. (*colloq.*).

Min·ne ['mɪnə] *f* ⟨-; *no pl*⟩ (*literature*) *poet.* love: hohe (*od.* höfische) ~ courtly love; niedere ~ love for a peasant girl; Frau ~ Mistress Love. — **~ˌdich·tung** *f cf.* Minnesang. — **~ˌdienst** *m* homage rendered by the knight to his mistress, courtly love: er hat heute ~ *fig. colloq.* he has to see his sweetheart today. — **~geˌsang** *m cf.* Minnesang. — **~ˌglück** *n poet.* happiness of love. — **~ˌhof** *m hist.* court of love. — **~ˌlied** *n* (*literature*) minnesong, minnesang, minnelied, song of a minnesinger. — **~ˌlohn** *m poet.* lover's reward.

min·nen ['mɪnən] *v/t* ⟨h⟩ *poet.* love, court, woo.

'Min·ne|ˌsang *m* ⟨-(e)s; *no pl*⟩ (*literature*) minnesong, minnesang. — **~ˌsän·ger**, **~ˌsin·ger** [-ˌzɪŋər] *m* ⟨-s; -⟩ minnesinger, *auch* minnesänger.

'min·nig(·lich) *adj obs. od. poet.* **1.** (*lieblich*) lovely, charming. – **2.** (*liebend*) loving.

mi·no·isch [mi'noːɪʃ] *adj hist.* (*Kultur etc*) Minoan.

Mi·nor ['miːnɔr] *m* ⟨-; *no pl*⟩ *math.* minor (determinant).

Mi·no·rat [mino'raːt] *n* ⟨-(e)s; -e⟩ *jur.* a) right of succession of the youngest son, b) property entailed on the youngest son.

mi·no·renn [mino'rɛn] *adj obs. for* minderjährig. — **Mi·no·ren·ni'tät** [-ni'tɛːt] *f* ⟨-; *no pl*⟩ *obs. for* Minderjährigkeit.

Mi·no·rist [mino'rɪst] *m* ⟨-en; -en⟩ *röm. kath.* cleric in minor orders.

Mi·no·rit [mino'riːt] *m* ⟨-en; -en⟩ *röm.kath.* Minorite, Minor.

Mi·no·ri·tät [minori'tɛːt] *f* ⟨-; -en⟩ *cf.* Minderheit.

Mi·nor·ka [mi'nɔrka] *n* ⟨-(s); -s⟩, **~ˌhuhn** *n zo.* Minorca.

Mi·no·taur [mino'tauər], **Mi·no'tau·rus** [-'taurus] *npr m* ⟨-; *no pl*⟩ *myth.* Minotaur.

Min·strel ['mɪnstrɛl] *m* ⟨-s; -s⟩ *mus. hist.* minstrel.

Mi·nu·end [mi'nŭɛnt] *m* ⟨-en; -en⟩ *math.* minuend.

mi·nus ['miːnus] **I** *adv* **1.** *math.* minus, less. – **2.** below freezing point (*od.* zero): ~ 6 Grad 6 degrees below freezing (point). – **3.** *electr.* negative. – **II** *prep* ⟨*gen*⟩ **4.** *bes. econ.* (*abzüglich*) less, minus, deducting.

'Mi·nus *n* ⟨-; -⟩ **1.** *math. cf.* Minuszeichen. – **2.** *econ.* deficit, shortage. – **3.** *fig. colloq.* minus: etwas als ~ buchen to count s.th. as a minus; das ist ein ~ für mich that's a point against me. — **~beˌtrag** *m* **1.** deficiency. – **2.** *econ.* deficit, shortage. — **~ˌbür·ste** *f electr.* negative brush. — **~ˌglas** *n meist pl* (*optics*) concave (*od.* dispersing, negative) lens.

Mi·nus·kel [mi'nuskəl] *f* ⟨-; -n⟩ *print.* minuscule, small (*od.* lowercase) letter.

'Mi·nus|ˌlei·tung *f electr.* negative conductor. — **~ˌpol** *m electr.* negative (*od.* minus) pole. — **~ˌpunkt** *m* **1.** (*bei Spielen etc*) point dropped (*od.* lost). – **2.** *fig.* minus. — **~ˌsei·te** *f econ.* debit side. — **~ˌzei·chen** *n math.* minus (*od.* negative) sign, minus.

Mi·nu·te [mi'nuːtə] *f* ⟨-; -n⟩ **1.** minute: eine Stunde hat 60 ~n there are 60 minutes to (*od.* in) an hour; (es ist) 8 ~n vor sieben (it's) 8 minutes to (*od.* before) seven; jede ~ landet ein Flugzeug there is a plane landing every minute; 10 ~n (lang) warten to wait for 10 minutes; 10 ~n zu früh [spät] 10 minutes early [late]; hast du 5 ~n Zeit für mich? have you (*bes. Am.* do you have) 5 minutes (to spare) for me? wenige ~n später a few minutes later; noch eine ~ (*bis es losgeht etc*) still one minute to go; eine ~ vor Schluß with one minute to go; ein Ei 6 ~n lang kochen to boil an egg for 6 minutes; sie brauchte volle 20 ~n it took her a good (*od.* full, clear) 20 minutes; ~ auf (*od.* um) ~ verging (*od.* verstrich) minutes (*od.* minute after minute) went by; die Uhr geht auf die ~ (genau) the clock is right to the minute; er kam auf die ~ (pünktlich) he arrived on the dot (*od.* punctual[ly] to the minute); 3000 Umdrehungen in der ~ *tech.* 3,000 revolutions per minute; ein Weg von 10 ~n a ten minutes' walk; vor ein paar ~n a few minutes ago. – **2.** *fig.* (*Moment*) minute, moment: bis zur letzten ~ warten to wait until the last (possible) minute; eine Einladung in letzter ~ ablehnen to decline an invitation at the (very) last minute; er kam in letzter ~ a) he came at the last minute, b) (*gerade zur rechten Zeit*) he came in the nick of time; du sollst mich nicht alle paar ~n stören don't come bothering me every few minutes (*od.* all the time); das Spiel kann jede ~ zu Ende sein the match may end any minute; die ~n wurden ihm zur Ewigkeit minutes seemed like an eternity to him; es klappte alles auf die ~ everything went exactly according to schedule; auf die ~ kommt es nicht an a few minutes one way or another won't matter (*od.* make any difference). – **3.** *math.* (*Winkelmaß*) minute.

mi'nu·ten|ˌlang I *adj* (*Beifall, Schweigen etc*) lasting several minutes, several minutes of. – **II** *adv* for (several) minutes. — **~ˌwei·se** *adv* every minute, by the minute. — **M~ˌzei·ger** *m* minute hand.

mi·nüt·lich [mi'nyːtlɪç] *adv* every minute.

Mi·nu·zi·en [mi'nuːtsĭən] *pl obs.* (*Kleinigkeiten*) minutiae. — **~ˌstift** *m* (*Aufstecknadel*) minute pin.

mi·nu·zi·ös [minu'tsĭøːs] *adj* **1.** (*Beschreibung etc*) minute, exact, precise: mit ~er Genauigkeit with great precision, with painstaking exactness. – **2.** (*ausführlich*) detailed. – **3.** *obs. for* kleinlich 3.

Minx [mɪŋks] *m* ⟨-es; -e⟩ *zo. cf.* Mink.

Min·ze ['mɪntsə] *f* ⟨-; -n⟩ *bot.* mint (*Gattg Mentha*): Rundblättrige ~ apple mint (*M. rotundifolia*). — **'min·zenˌar·tig** *adj* menthaceous.

Mio ['miːo] *f* ⟨-; -(s)⟩ *short for* Million.

Mio·se [mi'oːzə] *f* ⟨-; -n⟩, **Mio·sis** [mi'oːzɪs] *f* ⟨-; -sen⟩ *med.* myosis. — **Mio·ti·kum** [-'oːtikum] *n* ⟨-s; -ka [-ka]⟩ *med. pharm.* miotic. — **mio·tisch** [-'oːtɪʃ] *adj med.* miotic, myotic.

mio·zän [mio'tsɛːn] *geol.* **I** *adj* Miocene, *auch* Miocenic. – **II M~** *n* ⟨-s; *no pl*⟩ Miocene. — **M~pe·riˌode** *f* Miocene (epoch).

Mi·po·lam [mipo'laːm] (*TM*) *n* ⟨-s; *no pl*⟩ *synth.* mipolam, copolymer.

mir [miːr] **I** *pers pron* ⟨*dat of* ich⟩ **1.** me: er wird mir helfen he will help me; er saß neben ~ he sat beside me; er sagte ~, daß he told me that; ich habe kein Geld bei ~ I have no money with (*od.* on) me; ein Buch von ~ a) a book written by me, b) a book belonging to me; er ist ein Freund von ~ he is a friend of mine. – **2.** to me: gib es ~ give it to me; ~ ist es egal it's all the same to me; ~ ist zweifelhaft, ob I doubt whether, it is doubtful to me whether; er war ~ stets ein guter Freund he has always been a good friend to me; ~ kann keiner! *colloq.* no one can harm (*od.* frighten) me, I have no one to fear; und das ausgerechnet ~! *colloq.* that had to happen to me of all people! – **3.** (*ethical dative, often not translated*) bleib ~ nur gesund! I just hope (*od.* I do hope) you'll stay well, keep healthy; paß ~ gut auf! take good care! laß ~ das bleiben! leave that alone; mach ~ keine Dummheiten! don't do anything foolish; du bist ~ ein feiner Kerl (*od.* der Richtige) *iron.* a fine fellow you are (*colloq.*). – **4.** (*in Wendungen wie*) ~ ist [wird] kalt I am feeling [getting] cold; ~ ist [wird] heiß I am feeling [getting] warm; ~ ist ganz elend I feel quite ill (*od.* sick, miserable); → dir 4. – **II** *reflex pron* ⟨*dat of 1st person sg*⟩ **5.** myself: ich bin außer ~ I am beside myself; ich kämpfte mit ~ I struggled with myself. – **6.** (*in Verbindung mit ‚unechten' reflexiven Verben*) my (*often not translated*): ich habe ~ den Arm gebrochen I have broken my arm.

Mir [miːr] *m* ⟨-s; *no pl*⟩ *hist.* (*in Rußland*) mir.

Mi·ra ['miːra] *f* ⟨-; *no pl*⟩ *astr.* Mira.

Mi·ra·bel·le [mira'bɛlə] *f* ⟨-; -n⟩ *bot.* Syrian plum (*Prunus domestica syriaca*).

Mi·ra·bi·li·en [mira'biːlĭən] *pl obs.* miracles, prodigies.

Mi·ra·ge [mi'raːʒə] *f* ⟨-; -n⟩ **1.** *meteor.* mirage, fata morgana. – **2.** *obs. for* Selbstbetrug.

Mi·ra·kel [mi'raːkəl] *n* ⟨-s; -⟩ miracle. — **~ˌspiel** *n* miracle play.

mi·ra·ku·lös [miraku'løːs] *adj obs. for* wunderbar 3.

Mi·re ['miːrə] *f* ⟨-; -n⟩ (*optics*) *astr.* meridian mark.

Mi·ri·ki·na [miri'kiːna] *m* ⟨-s; -s⟩ *zo.* douroucouli, night ape (*Aotes trivirgatus*).

Mir·za ['mɪrtsa] *m* ⟨-s; -s⟩ (*Herr, Prinz in Persien*) mirza.

Mis·an·drie [mizan'driː] *f* ⟨-; *no pl*⟩ *psych.* misandry.

Mis·an·throp [mizan'troːp] *m* ⟨-en; -en⟩ misanthrope, misanthropist. — **Mis·an·thro'pie** [-tro'piː] *f* ⟨-; *no pl*⟩ misanthropy. — **mis·an'thro·pisch** *adj* misanthropic, *auch* misanthropical.

'Misch|ˌanˌla·ge *f* **1.** *tech.* a) mixing unit (*od.* plant), b) (*in Kokerei*) coal blending plant. – **2.** (*film*) dubbing machine room. — **~ap·paˌrat** *m tech.* mixing apparatus, mixer.

'misch·bar *adj* **1.** miscible, mixable. – **2.** *metall.* (*in Kristallographie*) soluble in each other.

'Misch·bar·keit *f* ⟨-; *no pl*⟩ **1.** miscibility, mixability. – **2.** solubility in each other.

'Misch|bat·teˌrie *f tech.* (water) mixer. — **~ˌbe·cher** *m* shaker. — **~ˌbild·empˌfän·ger** *m telev.* end (*od.* master) monitor. — **~ˌbin·der** *m civ.eng.* (pre)mixed binder. — **~ˌbot·tich** *m* mixing vat (*od.* tank). — **~ˌbrot** *n gastr.* wheat and rye bread. — **~deˌpot** *n mil.* general depot. — **~ˌdün·ger** *m agr.* mixed fertilizers *pl.* — **~ˌehe** *f* mixed marriage. — **~eleˌment** *n chem.* isotopic mixture.

mi·schen ['mɪʃən] **I** *v/t* ⟨h⟩ **1.** mix: Wein und (*od.* mit) Wasser ~ to mix wine and (*od.* with) water; er mischte ein paar falsche Perlen unter die echten he mixed some false pearls in with the real ones; einen Cocktail ~ to mix a cocktail; Gift ~ to mix (*od.* concoct) poison; Gelb und (*od.* mit) Rot ~ to mix yellow and red. – **2.** (*aus bestimmten Zutaten*) compound, concoct: eine Medizin ~ to compound a medicine. – **3.** (*verschiedene Sorten*) blend, mix: deutschen mit orientalischem Tabak ~ to blend German tobacco with Oriental tobacco. – **4.** (*verfälschen, panschen*) adulterate, cut: Wasser in (*od.* unter) den Wein ~ to cut wine with water. – **5.** (*games*) (*Karten*) shuffle, mix: eine Karte unter die anderen ~ to mix a card among the others; wer muß ~? who shuffles? whose deal is it? who makes the cards? – **6.** *chem.* a) (*Flüssigkeiten*) mix, b) (*Festkörper*) blend. – **7.** (*computer*) (*Lochkarten*) merge. – **8.** *telev.* (*radio*) mix. – **II** *v/reflex* sich ~ **9.** mix, blend: Öl und Wasser ~ sich nicht oil and water do not mix. – **10.** *biol.* (*von Vererbungsmerkmalen*) blend. – **11.** *fig.* (*in Wendungen wie*) misch dich nicht in meine Angelegenheiten! don't meddle in my affairs, don't interfere with (*od.* in) my affairs, mind your own business (*colloq.*); sich in ein Gespräch ~ a) to join in a conversation, b) (*störend*) to butt into (*od.* in on) a conversation; sich unter die Leute (*od.* Menge) ~ to mingle (*od.* mix) with the people (*od.* crowd). – **III M~** *n* ⟨-s⟩ **12.** *verbal noun.*

'Mi·scher *m* ⟨-s; -⟩ **1.** *tech. cf.* Mischapparat. – **2.** *metall.* hot mixer.

'mischˌer·big [-ˌ'ɛrbɪç] *adj biol.* hybrid.

'Misch|ˌfar·be *f* mixed color (*bes. Br.* colour). — **m~ˌfar·ben**, **m~ˌfar·big** *adj* of mixed color (*bes. Br.* colour). — **~ˌform** *f ling.* hybrid. — **~ˌfut·ter** *n agr.* mixed fodder (*od.* feed). — **~ˌgarn** *n* (*textile*) blended (*od.* mixed) yarn. — **~ˌgas** *n chem.* **1.** mixed gas. – **2.** city (*od.* illuminating) gas. — **~geˌfäß** *n* **1.** mixing vessel. – **2.** *cf.* Mischbecher. — **~geˌmü·se** *n gastr.* mixed vegetables *pl.* — **~geˌricht** *n* stew, hot pot. — **~geˌstein** *n geol.* migmatite. — **~geˌtränk** *n* mixed drink. — **~geˌwe·be** *n* (*textile*) blended fabric, mixture cloth, union. — **~ˌkam·mer** *f auto.* mixing chamber. — **~ˌkan·ne** *f* oil pressure can. — ~ˌ**kol·ler**ˌ**gang** *m metall.* pug mill, pan grinder. — ~**kri**ˌ**stal·le** *pl chem.* mixed crystals, solid solution *sg.* — ~**kul**ˌ**tur** *f agr.* mixed cultivation.

'**Misch·ling** *m* ⟨-s; -e⟩ **1.** *anthrop.* half-breed, half-caste, person of mixed blood, *auch* mongrel. – **2.** *biol.* hybrid, bastard, mongrel.

'**Misch·lings**ˌ**kind** *n* half-breed child.

'**Misch**ˌ**masch** [-ˌmaʃ] *m* ⟨-(e)s; -e⟩ *colloq.* **1.** (*Eintopf etc*) hotchpotch, hodgepodge. – **2.** *fig.* hodgepodge, *bes. Br.* hotchpotch, jumble, medley, mishmash, *auch* mischmasch, hash: **sein Bericht ist ein ~ von Falschem und Wahrem** his report is a hodgepodge of falsehood and truth.

'**Misch·ma**ˌ**schi·ne** *f tech.* mixing machine.

Misch·na ['mɪʃna] *f* ⟨-; *no pl*⟩ *relig.* (*Teil des Talmuds*) Mishnah, *auch* Mishna.

Misch·po·che [mɪʃ'poːxə], **Misch'po·ke** [-'poːkə] *f* ⟨-; *no pl*⟩ *colloq. contempt.* **1.** (*Gesindel*) riffraff, rabble. – **2.** (*Familie*) clan.

'**Misch**|**po·ly·me·ri**ˌ**sat** *n synth.* copolymer. — ~ˌ**preis** *m econ.* composite price. — ~ˌ**pult** *n* **1.** (*radio, film*) (*Tonmischpult*) sound mixer. – **2.** *telev.* (*Bildmischpult*) video mixer. — ~ˌ**ras·se** *f anthrop.* crossbreed, mongrel race. — ~ˌ**röh·re** *f electr.* mixer (*od.* converter) tube (*bes. Br.* valve). — ~ˌ**spra·che** *f ling.* mixed (*od.* hybrid) language. — ~ˌ**strom** *m electr.* undulatory current. — ~ˌ**stu·fe** *f electr.* (*radio*) mixer (*od.* mixing, modulator) stage, mixer. — ~ˌ**trom·mel** *f tech.* mixing drum.

'**Mi·schung** *f* ⟨-; -en⟩ **1.** *cf.* Mischen. – **2.** mixture, *Am. auch* mix, mélange, *auch* melange (*lit.*). – **3.** (*aus bestimmten Zutaten*) compound, concoction. – **4.** (*verschiedener Sorten*) blend, mixture. – **5.** *metall.* alloy. – **6.** *fig.* mixture, blend, mélange, *auch* melange (*lit.*): **eine merkwürdige ~ von Höflichkeit und Kälte** a curious blend of politeness and coldness; **mit einer ~ aus Hoffnung und Furcht** with mingled hope and fear.

'**Mi·schungs**|**be**ˌ**stand**ˌ**teil** *m* constituent of a mixture, ingredient. — ~ˌ**ne·bel** *m meteor.* mixing fog. — ~ˌ**rech·nung** *f math.* rule of alligation. — ~**ver**ˌ**hält·nis** *n* **1.** mixing ratio (*od.* proportion). – **2.** *chem.* ratio of components. – **3.** *aer.* air-fuel ratio.

'**Misch**|**ver**ˌ**fah·ren** *n chem. tech.* mixing process (*od.* method). — ~ˌ**volk** *n anthrop.* mixed people (*od.* race). — ~ˌ**wald** *m* (*forestry*) mixed forest. — ~ˌ**wort** *n ling.* blend(-word), portmanteau (word).

Mi·se ['miːzə] *f* ⟨-; -n⟩ **1.** *econ.* (*in der Lebensversicherung*) single premium. – **2.** (*games*) (*Spieleinsatz*) stake.

'**Mi·sel**ˌ**sucht** ['miːzəl-] *f med. cf.* Lepra.

mi·se·ra·bel [mize'raːbəl] *colloq.* **I** *adj* (*Wetter, Essen, Schrift etc*) miserable, poor, 'atrocious' (*colloq.*), 'rotten' (*sl.*), 'lousy' (*sl.*): **ein miserables Ergebnis** a very poor result. – **II** *adv* **ich fühle mich heute ~** I'm feeling rotten today; **er schreibt ~** he writes atrociously.

Mi·se·re [mi'zeːrə] *f* ⟨-; -n⟩ **1.** desperate state of affairs, desperate situation. – **2.** (*Not, Elend*) misery, wretchedness, distress.

Mi·se·re·re [mize'reːrə] *n* ⟨-(s); *no pl*⟩ *mus. relig.* Miserere.

Mi·se·ri·cor·di·as Do·mi·ni [mizeri'kɔrdias 'doːmini] *m* ⟨*undeclined*⟩ (der Sonntag) ~ *relig.* the second Sunday after Easter.

Mi·se·ri·kor·die [mizeri'kɔrdiə] *f* ⟨-; -n⟩ (*am Chorgestühl*) misericord(e), *auch* miserere.

Mi·so·gam [mizo'gaːm] *m* ⟨-s *u.* -en; -e(n)⟩ *psych.* misogamist. — **Mi·so·ga'mie** [-ga'miː] *f* ⟨-; *no pl*⟩ misogamy, hatred of marriage.

Mi·so·gyn [mizo'gyːn] *m* ⟨-s *u.* -en; -e(n)⟩ *psych.* misogynist. — **Mi·so·gy'nie** [-gy'niː] *f* ⟨-; *no pl*⟩ misogyny, misogynism.

Mi·so·pä·die [mizopɛ'diː] *f* ⟨-; *no pl*⟩ *psych.* misop(a)edia, hatred of children.

Mis·pel ['mɪspəl] *f* ⟨-; -n⟩ *bot.* (*Frucht*) medlar. — ~ˌ**strauch** *m* medlar (tree) (*Mespilus germanica*).

'**Mis**ˌ**pickel** (*getr.* -k·k-) ['mɪs-] *m min.* arsenopyrite, *auch* mispickel.

miß [mɪs] *imp sg of* messen.

ˌ**miß'ach·ten** [ˌmɪs-] *v/t* ⟨*insep, no* -ge-, h⟩ **1.** **etwas ~** to pay no attention to s.th., to give (*od.* pay) no heed to s.th., to disregard (*od.* ignore) s.th.: **j-s Rat ~** to disregard s.o.'s advice; **eine Warnung ~** to give no heed to a warning. – **2.** **j-n ~** a) to despise (*od.* disdain) s.o., b) (*vernachlässigen*) to neglect (*od.* slight) s.o.: **von den Kameraden mißachtet werden** to be despised by one's companions.

'**Miß**ˌ**ach·tung** *f* **1.** disregard, disrespect: **er tat es unter ~ der bestehenden Regeln** he did it in disregard of (*od.* disregarding) the existing regulations. – **2.** (*Verachtung*) disdain, contempt. – **3.** (*Vernachlässigung*) neglect, slight. – **4.** *jur.* contempt: **~ des Gerichts [Gesetzes]** contempt of court [law].

Mis·sal[1] [mɪ'saːl] *n* ⟨-s; -e⟩ *röm.kath.* missal, Mass book.

Mis'sal[2] *f* ⟨-; *no pl*⟩ *print.* missal.

Mis'sa·le *n* ⟨-s; -n *u.* -lien [-liən]⟩ *röm.kath. cf.* Missal[1].

ˌ**miß'ar·ten** *v/i* ⟨*insep, auch* -ge-, sein⟩ degenerate. — ˌ**miß'ar·tet I** *pp.* – **II** *adj* degenerate(d). — ˌ**Miß'ar·tung** *f* ⟨-; -en⟩ *biol.* degeneration, degeneracy.

'**miß·be**ˌ**ha·gen** *v/i* ⟨*insep, no* -ge-, h⟩ **etwas mißbehagt j-m** s.o. is displeased at (*od.* with) s.th., s.o. dislikes s.th.: **früh aufzustehen mißbehagt mir** I dislike (*od.* don't like) getting up early. — '**Miß·be**ˌ**ha·gen** *n* ⟨-s; *no pl*⟩ **1.** uncomfortable feeling, uneasiness, discomfort, discomposure: **er fühlte ein leichtes ~** he felt slightly uneasy. – **2.** (*Abneigung*) dislike, repugnance, distaste. – **3.** (*Unzufriedenheit*) displeasure, discontent, disapproval, indignation.

'**miß**ˌ**bil·den** *v/t* ⟨*insep,* -ge-, h⟩ deform, misshape. — '**Miß**ˌ**bil·dung** *f biol.* **1.** deformity, deformation. – **2.** (*Fehlbildung*) malformation. – **3.** (*Anomalie*) anomaly, abnormality. – **4.** (*hochgradige, angeborene*) monstrosity.

ˌ**miß'bil·li·gen** *v/t* ⟨*insep, no* -ge-, h⟩ **etwas ~** to disapprove (of) s.th., to frown (up)on s.th., to find fault with s.th., to deprecate s.th.: **j-s Meinung ~** to disapprove of s.o.'s opinion; **etwas scharf ~** to disapprove of s.th. strongly, to reprobate s.th.; **das Spielen ~** to frown on gambling; **sein Verhalten ist entschieden zu ~** his behavio(u)r is distinctly to be disapproved of. — ˌ**miß'bil·li·gend I** *pres p.* – **II** *adj* (*Bemerkung etc*) disapproving, deprecating, deprecatory, *auch* disapprobatory, disapprobative. – **III** *adv* **j-n ~ ansehen** to look at s.o. disapprovingly. — ˌ**Miß'bil·li·gung** *f* **1.** disapproval, disapprobation, deprecation: **seine ~ ausdrücken** to express one's disapproval. – **2.** (*Tadel*) reproof, reprobation, censure.

'**Miß**ˌ**brauch** *m* **1.** abuse, misuse: **~ der Gastfreundschaft [des Vertrauens]** abuse of hospitality [trust]; **er hat es unter ~ seiner Stellung getan** he did it by abusing his position; **~ mit etwas treiben** to abuse s.th., to take an unfair advantage of s.th.; **Mißbräuche aufdecken [abstellen, abschaffen]** to reveal [to remedy, to put an end to] abuses. – **2.** (*falsche Anwendung*) misuse, misusage, misapplication: **der ~ von Medikamenten** the misuse of medicaments. – **3.** *jur.* a) (*einer Frau, eines Kindes*) abuse, b) (*der Amtsgewalt etc*) misfeasance, abuse. — ˌ**miß'brau·chen** *v/t* ⟨*insep, no* -ge-, h⟩ **1.** abuse, misuse: **j-s Vertrauen ~** to abuse s.o.'s confidence; **seine Macht ~** to abuse one's power; **j-s Güte ~** to take advantage of s.o.'s kindness (*od.* good nature). – **2.** (*falsch anwenden*) misuse, misapply: **öffentliche Gelder ~** to misapply public funds. – **3.** *jur.* a) (*eine Frau, ein Kind*) abuse, b) (*Amtsgewalt etc*) abuse.

'**miß**ˌ**bräuch·lich** [-ˌbrɔʏçlɪç] **I** *adj* wrong, improper: **~e Anwendung eines Gerätes [einer Arznei]** improper use (*od.* misuse, misapplication) of an instrument [a remedy]; **~e Verwendung von Geldern** misapplication of funds. – **II** *adv* **etwas ~ anwenden** to apply s.th. wrongly, to misuse (*od.* misapply) s.th.; **das Wort wird ~ so benutzt** this word is used improperly in this sense, that's an improper use of this word.

'**miß**ˌ**bräuch·li·cher'wei·se** *adv cf.* mißbräuchlich II.

ˌ**miß'deu·ten I** *v/t* ⟨*insep, no* -ge-, h⟩ (*Text etc*) misinterpret, misunderstand, misread: **j-s Handlungen [Worte] ~** to misinterpret s.o.'s actions [words]; **j-s Schweigen als Zustimmung ~** to misinterpret s.o.'s silence as consent. – **II M~** *n* ⟨-s⟩ *verbal noun.* — '**Miß**ˌ**deu·tung** *f* **1.** *cf.* Mißdeuten. – **2.** misinterpretation.

mis·sen ['mɪsən] *v/t* ⟨h⟩ **1.** miss: **ich möchte dieses Erlebnis nicht ~** I would not (like to) miss this experience. – **2.** (*entbehren*) do without, spare: **ich kann ihn heute nicht ~** I can't spare him today; **ich kann das Radio nicht mehr ~** I can't do without the radio any more.

'**Miß·er**ˌ**folg** *m* failure, unsuccess, (*stärker*) fiasco; fizzle, flop, washout (*colloq.*): **totaler ~** complete failure; **einen ~ erleiden** to suffer a failure; **~ haben** to fail, to meet with failure, to come a cropper (*colloq.*); **er hat nur ~e geerntet** he has had (*od.* reaped) nothing but failures; **das Buch [Stück] war ein ~** the book [play] was a flop; **er ist ein ~ als Lehrer** he is a failure as a teacher.

'**Miß**ˌ**ern·te** *f* bad harvest, crop failure.

'**Mis·se**ˌ**tat** ['mɪsə-] *f* **1.** *lit.* misdeed, misdoing, wrongdoing, evildoing, *Br.* evil-doing, malefaction (*lit.*): **eine ~ begehen** to commit a misdeed; **seine ~en bereuen** to repent one's misdeeds. – **2.** *jur.* malfeasance.

'**Mis·se**ˌ**tä·ter** *m* ⟨-s; -⟩ **1.** malefactor, wrongdoer, *Am. auch* wronger. – **2.** *relig.* (*Sünder*) evildoer, *Br.* evil-doer, transgressor, sinner. – **3.** *jur. cf.* Täter 3.

ˌ**miß'fal·len** *v/i* ⟨*irr, insep, no* -ge-, h⟩ **etwas mißfällt j-m** s.th. displeases s.o., s.o. is displeased with (*od.* at) s.th., s.o. dislikes s.th., *auch* s.o. disapproves (of) s.th.: **sein Verhalten mißfiel ihr** his conduct displeased her.

'**Miß**ˌ**fal·len** *n* ⟨-s; *no pl*⟩ (über *acc*) displeasure (with, at), disapproval (of), dislike (of, for): **j-n mit ~ ansehen** to look with displeasure at s.o.; **j-s ~ erregen** to incur s.o.'s displeasure; **sein ~ äußern** to express one's disapproval.

'**Miß**ˌ**fal·lens**|ˌ**äu·ße·rung**, ~**be**ˌ**zei·gung** *f* expression (*od.* manifestation) of one's displeasure (*od.* disapproval, dislike).

'**miß**ˌ**fäl·lig I** *adj* **1.** (*Benehmen etc*) displeasing, disagreeable, (*stärker*) shocking. – **2.** (*Äußerung etc*) disparaging, deprecatory. – **II** *adv* **3.** **sich ~ über j-n äußern** to speak disparagingly of s.o., to disparage s.o.

'**miß**|ˌ**far·ben**, ~ˌ**far·big** *adj* **1.** of an unharmonious (*od.* ugly, a disagreeable) color (*bes. Br.* colour). – **2.** (*verschossen etc*) discolored, *bes. Br.* discoloured.

'**miß**ˌ**för·mig** *adj cf.* mißgestaltet.

'**miß·ge**ˌ**ar·tet I** *pp.* – **II** *adj* degenerate(d).

'**Miß·ge**ˌ**bil·de** *n* miscreation, monstrosity. — '**miß·ge**ˌ**bil·det I** *pp.* – **II** *adj cf.* mißgestaltet.

'**Miß·ge**ˌ**burt** *f* **1.** *med.* monster, monstrosity, freak (*colloq.*), teratism (*scient.*). – **2.** **das Gedicht ist eine ~** *fig. colloq.* that's an atrocious (*od.* abominable) poem (*colloq.*).

'**miß·ge**ˌ**launt** *adj* **1.** ill- (*od.* bad-)tempered, ill-humored (*bes. Br.* -humoured), cross, moody: **in ~er Stimmung sein** to be in a bad mood. – **2.** (*Gesicht etc*) cross.

'**Miß·ge**ˌ**schick** *n* **1.** (*Unglück, Pech*) misfortune, bad luck, mischance: **~ haben** (*od.* **erleiden**) to suffer misfortune; **vom ~ verfolgt werden** to be persecuted by misfortune. – **2.** (*unglücklicher Vorfall*) mishap, misfortune, mischance: **ihm ist ein kleines ~ passiert** he had a slight mishap.

'**Miß·ge**ˌ**stalt** *f* **1.** deformity, deformedness, misshapenness, *Br.* mis-shapenness. – **2.** (*Person*) miscreation. — '**miß·ge**ˌ**stal·tet** *adj* deformed, malformed, misshapen, *Br.* mis-shapen, miscreate(d).

'**miß·ge**ˌ**stimmt I** *pp.* – **II** *adj* **1.** *mus.* out of tune. – **2.** *fig. cf.* mißgelaunt.

ˌ**miß'glücken** (*getr.* -k·k-) *v/i* ⟨*insep, no* -ge-, sein⟩ *cf.* mißlingen 1, mißraten[1].

ˌ**miß'gön·nen** *v/t* ⟨*insep, no* -ge-, h⟩ **j-m etwas ~** to (be)grudge (*od.* envy) s.o. s.th.: **ich mißgönne ihm sein Glück nicht** I don't begrudge him his good fortune.

'**Miß**ˌ**griff** *m* mistake, blunder: **einen ~ tun** (*od.* **machen, begehen**) to make a blunder. — **m~**ˌ**si·cher** *adj tech.* foolproof.

'**Miß**ˌ**gunst** *f* **1.** (*Neid*) envy, enviousness, jealousy. – **2.** (*Übelwollen*) ill will, malevolence: **unter j-s ~ zu leiden haben** to have to suffer under s.o.'s ill will. – **3.** (*Ungunst*) displeasure, disfavor, *bes. Br.*

disfavour: **sich j-s ~ zuziehen** to incur s.o.'s displeasure. — **ˈmißˌgün·stig** *adj* **1.** envious, jealous, begrudging, grudging: **~ auf j-s Erfolg** envious of s.o.'s success. – **2.** (*übelwollend*) malevolent.

ˌmißˈhan·deln I *v/t* ⟨*insep, no* -ge-, h⟩ **1.** (*j-n, Tier*) maltreat, ill-treat, treat (*s.o.*) cruelly, abuse, mishandle, brutalize *Br. auch* -s-. – **2.** (*schlagen*) maul, *Am.* manhandle, rough up. – **3.** *fig. colloq.* (*Klavier etc*) maltreat, abuse. – **II M~** *n* ⟨-s⟩ **4.** *verbal noun.* — **ˌMißˈhand·lung** *f* **1.** *cf.* Mißhandeln. – **2.** maltreatment, ill-treatment, abuse, misusage, brutalization *Br. auch* -s-. – **3.** *fig. colloq.* (*eines Klaviers etc*) abuse, maltreatment.

ˈMißˌhei·rat *f* misalliance, mismarriage.

ˈmißˌhel·lig [-ˌhɛlɪç] *adj* discordant, dissentient, dissonant, disagreeing. — **ˈMißˌhel·lig·keit** *f meist pl* discord, discordance, dissension, disagreement, dissonance.

Mis·singsch [ˈmɪsɪŋʃ] *ling.* **I** *n* ⟨-; *no pl*⟩ *dialect mixture of Low German and High German.* – **II m~** *adv* **~ sprechen** to speak a dialect mixture of Low German and High German.

Mis·sio ca·no·ni·ca [ˈmɪsĭo kaˈnoːnika] *f* ⟨- -; *no pl*⟩ *röm.kath. canonical authorization esp. for exercise of the teaching office.*

Mis·si·on [mɪˈsĭoːn] *f* ⟨-; -en⟩ **1.** (*Auftrag*) mission: **j-n mit einer diplomatischen [geheimen] ~ betrauen** to entrust s.o. with a diplomatic [secret] mission; **in einer besonderen ~ kommen** to come on a special mission; **seine ~ erfolgreich beenden** to complete one's mission successfully. – **2.** *pol.* (*diplomatische Vertretung*) mission. – **3.** *relig.* a) ⟨*only sg*⟩ mission, b) mission, missionary station: **~ treiben** to carry on a mission, to do missionary work, to mission; → **äußere** 3; **innere** 11. – **4.** *fig.* (*innere Berufung*) mission, call: **sie empfindet es als ihre ~, den Alkoholgenuß zu bekämpfen** she thinks her mission is to fight against the consumption of alcoholic drinks.

Mis·sio·nar [mɪsĭoˈnaːr], *bes. Austrian* **Mis·sioˈnär** [-ˈnɛːr] *m* ⟨-s; -e⟩ *relig.* missionary, *auch* missioner: **als ~ tätig sein** to act as a missionary, to mission. — **mis·sioˈna·risch** *adj* missionary.

mis·sio·nie·ren [mɪsĭoˈniːrən] **I** *v/i* ⟨*no* ge-, h⟩ do (*od.* perform) missionary work, mission. – **II** *v/t* (*Land etc*) mission. – **III M~** *n* ⟨-s⟩ *verbal noun.* — **Mis·sioˈnie·rung** *f* ⟨-; -en⟩ *cf.* Missionieren.

Mis·siˈonsˌanˌstalt *f relig. cf.* Missionshaus. — **~ˌar·beit** *f* missionary work. — **~ˌchef** *m pol.* head (*od.* leader) of a mission. — **~ˌfest** *n relig.* missionary meeting, missions day. — **~ge·sell·schaft** *f cf.* Missionsverein. — **~ˌhaus** *n* mission (house), missionary training school. — **~ˌpre·di·ger** *m* missionary priest, evangelist. — **~ˌschu·le** *f* mission school. — **~ˌschwe·ster** *f* missionary sister (*od.* nun). — **~sta·ti·on** *f* mission station. — **~verˌein** *m* missionary society. — **~ˌwe·sen** *n* missionary work (*od.* affairs *pl*). — **~ˌwis·sen·schaft** *f scientific study of missionary methods and problems.* — **~ˌzelt** *n* mission tent.

Mis·sisˈsip·piˌal·liˌga·tor, ~ˌkai·man *m zo.* American alligator (*Alligator mississipiensis*).

Mis·siv [mɪˈsiːf] *n* ⟨-s; -e⟩, **Misˈsi·ve** [-və] *f* ⟨-; -n⟩ *obs.* circular, missive.

ˈMißˌjahr *n agr.* year of (crop) failure, bad year, year of bad harvest.

ˈMißˌklang *m* **1.** *mus.* discord, dissonance, dissonancy, cacophony. – **2.** *fig.* discord, dissonance: **die Party endete mit einem ~** the party ended up in discord. – **3.** (*radio*) dissonance.

ˈMiß·kreˌdit *m* discredit, disrepute: **j-n [etwas] in ~ bringen** to bring s.o. [s.th.] into discredit, to bring discredit upon s.o. [s.th.], to discredit s.o. [s.th.]; **sich bei j-m in ~ bringen** to discredit oneself with s.o.; **in ~ geraten** (*od.* **kommen**) to get (*od.* fall) into disrepute; **in ~ stehen** to be in disrepute.

ˌmißˈlang [-ˈlaŋ] *3 sg pret*, **ˌmißˈlän·ge** [-ˈlɛŋə] *3 sg pret subj of* **mißlingen.**

ˈmißˌlau·nig *adj cf.* mißgelaunt.

ˌmißˈlei·ten *v/t* ⟨*insep, bes. no* -ge-, h⟩ *cf.* irreleiten 2.

ˈmiß·lich I *adj* **1.** (*unangenehm*) awkward, inconvenient, troublesome: **eine ~e Sache** a troublesome affair. – **2.** (*unerfreulich*) unpleasant. – **3.** (*schlecht*) bad: **allen ~en Erfahrungen zum Trotz** notwithstanding all bad experiences. – **4.** (*schwierig*) difficult, tough: **du hast mich in eine ~e Lage gebracht** you put me in a difficult situation (*od.* in a fix, in a predicament, on the spot). – **5.** (*bedenklich*) critical, precarious. – **6.** (*heikel*) delicate, ticklish. – **7.** (*gefährlich*) dangerous. – **8.** (*unglücklich*) unfortunate. – **II** *adv* **9. es sieht ~ aus** it looks bad. – **III M~e, das** ⟨-n⟩ **10.** the inconvenient (*od.* troublesome) thing: **das M~e an meiner Lage war, daß** the troublesome thing about my situation was that. — **ˈMiß·lich·keit** *f* ⟨-; *no pl*⟩ **1.** awkwardness, inconvenience, troublesomeness. – **2.** (*Unerfreulichkeit*) unpleasantness. – **3.** (*Schwierigkeit*) difficulty, toughness. – **4.** (*Bedenklichkeit*) precariousness. – **5.** (*das Heikle*) delicacy. – **6.** (*Unglück*) unfortunateness.

ˈmißˌlie·big [-ˌliːbɪç] *adj* unpopular, not in favor (*bes. Br.* favour), disagreeable: **sich ~ machen bei j-m** to incur s.o.'s displeasure, to fall out of favo(u)r with s.o., to become unpopular with s.o. — **ˈMißˌlie·big·keit** *f* ⟨-; *no pl*⟩ unpopularity, disagreeableness.

ˌmißˈlin·gen [-ˈlɪŋən] **I** *v/i* ⟨mißlingt, mißlang, mißlungen, sein⟩ **1.** (*von Plan, Unternehmen etc*) fail, miscarry, prove unsuccessful (*od.* abortive), come to naught, founder. – **2.** *cf.* mißraten[1]. – **II M~** *n* ⟨-s⟩ **3.** *verbal noun.* – **4.** failure, miscarriage: **j-m das M~ eines Plans zuschreiben** to blame s.o. for the failure of a project.

ˌmißˈlun·gen [-ˈlʊŋən] **I** *pp of* mißlingen. – **II** *adj* **1.** (*Versuch etc*) unsuccessful, abortive. – **2.** *cf.* mißraten[2] 1.

ˈMißˌmut *m* **1.** ill humor (*bes. Br.* humour), bad temper, moodiness. – **2.** sulkiness, moroseness, sullenness. – **3.** discontent. — **ˈmißˌmu·tig** *adj* **1.** ill-humored (*bes. Br.* -humoured), ill- (*od.* bad-)tempered, out of humo(u)r, moody. – **2.** (*mürrisch*) morose, sullen, sulky. – **3.** (*unzufrieden*) discontent(ed).

ˌmißˈra·ten[1] *v/i* ⟨*irr, insep, no* -ge-, sein⟩ turn out badly, be a failure, *auch* fail: **die Arbeit [der Kuchen] ist ihr ~** her work [cake] has turned out badly; **die Ernte ist ~** the crop failed.

ˌmißˈra·ten[2] I *pp of* mißraten[1]. – **II** *adj* **1.** unsuccessful, *auch* having failed: **eine ~e Arbeit** a failure, a work that has failed. – **2.** (*Kind*) badly brought-up (*attrib*), wayward, ill-bred.

ˈMißˌstand *m* **1.** bad (*od.* deplorable) state of affairs: **auf Mißstände in der Regierung hinweisen** to point out a deplorable state of affairs within the government, *bes. Am.* to muckrake. – **2.** (*Übelstand*) grievance, nuisance: **Mißstände abschaffen** to remedy (*od.* redress) grievances. – **3.** (*Mangel*) defect: **offensichtliche Mißstände im Erziehungswesen** obvious defects in the educational system. – **4.** (*Mißbrauch*) abuse.

ˈmißˌstim·men *v/t* ⟨*insep*, -ge-, h⟩ **j-n ~** to put s.o. in a bad temper, to put s.o. out (of humor, *bes. Br.* humour). — **ˈMißˌstim·mung** *f* **1.** ill feeling, discord, discordance, dissonance: **es kam eine ~ auf** an ill feeling arose; **das Fest verlief ohne jede ~** the celebration went off without any discord. – **2.** *cf.* Mißmut.

mißt [mɪst] *2 u. 3 sg pres of* **messen.**

ˈMißˌton *m* **1.** *mus.* jarring (*od.* discordant) note, jar, cacophony (*lit.*). – **2.** *fig. cf.* Mißklang 2. — **ˈmißˌtö·nend, ˈmißˌtö·nig** [-ˌtøːnɪç] *adj bes. mus.* dissonant, discordant, inharmonious, unharmonious, jarring, sour (*colloq.*), cacophonous (*lit.*).

ˌmißˈtrau·en *v/i* ⟨*insep, no* -ge-, h⟩ **j-m [etwas] ~** a) to distrust (*od.* mistrust) s.o. [s.th.], to have no confidence in s.o. [s.th.], to be distrustful of s.o. [s.th.], to hold s.o. [s.th.] in distrust, b) (*verdächtigen*) to have suspicions (*od.* to be suspicious) of (*od.* about) s.o. [s.th.]: **er mißtraute sich** (*dat*) **selbst** he distrusted himself. — **ˈMißˌtrau·en** *n* ⟨-s; *no pl*⟩ **1.** distrust(fulness), mistrust(fulness): **begründetes [unbegründetes] ~** well-founded [unfounded] distrust; **~ gegen j-n [etwas] haben** (*od. lit.* **hegen**) to have (*od.* entertain) distrust of s.o. [s.th.], to be distrustful of s.o. [s.th.]; **~ säen** to sow the seeds of distrust; **~ gegen sich selbst** self-distrust. – **2.** (*Verdacht*) suspicion: **j-s ~ erregen** (*od.* **wecken**) to arouse (*od.* awaken) s.o.'s suspicion.

ˈMißˌtrau·ensˌanˌtrag *m pol.* motion of no-confidence (*od.* censure): **einen ~ einbringen** to present a motion of no-confidence. — **~ˌvo·tum** *n* vote of no-confidence (*od.* censure), no-confidence vote: **ein ~ verwerfen** to throw out a vote of censure; → **konstruktiv** 2.

ˈmißˌtrau·isch I *adj* **1.** distrustful, distrusting, mistrustful, mistrusting: **~ gegen j-n [etwas] sein** to be (*od.* feel) distrustful of s.o. [s.th.], to be suspicious of (*od.* about) s.o. [s.th.]; **sie ist sehr ~ gegen sich selbst** she is very self-distrustful. – **2.** (*argwöhnisch*) suspicious, wary; **krankhaft ~ sein** to be morbidly suspicious, to be suspicional. – **II** *adv* **3. j-n ~ ansehen** to look at s.o. in distrust (*od.* distrustfully, suspiciously), to look askance at s.o.

ˈMiß·verˌgnü·gen *n* ⟨-s; *no pl*⟩ **1.** displeasure: **die Sache bereitete ihm offensichtliches ~** the matter caused him obvious displeasure; **er sah mit ~ auf den vor ihm liegenden Aktenstoß** he looked with displeasure at the pile of documents before him. – **2.** (*Unzufriedenheit*) discontent, dissatisfaction. — **ˈmiß·verˌgnügt I** *adj* **1.** displeased: **~ über** (*acc*) **etwas sein** to be displeased at (*od.* with) s.th. – **2.** (*unzufrieden*) discontent(ed), dissatisfied, malcontent. – **3.** *cf.* mißgelaunt. – **II** *adv* **4. j-n [etwas] ~ ansehen** to look at s.o. [s.th.] with displeasure; **~ dreinschauen** to have a displeased (*od.* sulky) expression.

ˈMiß·verˌhält·nis *n* disproportion, incongruity: **zwischen seinen Forderungen und seinen Leistungen besteht ein schreiendes ~, seine Forderungen und seine Leistungen stehen in einem schreienden ~ zueinander** there is a strident disproportion between his demands and his performances; **ein ~ in der Größe zweier Dinge** an incongruity between the size of two things.

ˈmiß·verˌstan·den I *pp of* mißverstehen. – **II** *adj* (*Bemerkung etc*) misunderstood, mistaken, misinterpreted: **sie fühlte sich ~** she felt herself misunderstood.

ˈmiß·verˌständ·lich I *adj* misleading. – **II** *adv* **sich ~ ausdrücken** to express oneself unclearly (*od.* in a misleading fashion).

ˈMiß·verˌständ·nis *n* **1.** misunderstanding, misconception, misapprehension: **es lag ein ~ vor** there was a misunderstanding; **infolge eines bedauerlichen ~ses meinerseits** owing to a regrettable misapprehension on my part; **unsere Entfremdung beruhte auf einem ~** our estrangement was caused by a misunderstanding; **ein ~ klären** (*od.* **beseitigen**) to clear up a misunderstanding; **um ~sen vorzubeugen** (in order) to prevent misunderstandings. – **2.** *meist pl* (*Meinungsverschiedenheit*) misunderstanding, discord, discordance, disagreement, dissension: **~se zwischen den Nachbarn [Nationen]** misunderstandings between the neighbo(u)rs [nations].

ˈmiß·verˌste·hen *v/t* ⟨*irr, insep, no* -ge-, h⟩ **1. j-n ~** to misunderstand (*od.* misapprehend, mistake, miscomprehend) s.o., to get s.o. wrong (*colloq.*): **du hast mich mißverstanden** you misunderstood me, you have got me (all) wrong. – **2. etwas ~** to misunderstand (*od.* misapprehend, mistake, miscomprehend, misconstrue, misinterpret) s.th., to get s.th. wrong (*colloq.*).

ˈMißˌwachs *m* ⟨-es; *no pl*⟩ *hort.* (*von Früchten*) bad harvest, failure of crops.

ˈMißˌwahl *f* beauty contest (*od.* competition).

ˈmißˌwei·send *adj mar.* (*Peilung, Kurs*) magnetic.

ˈMißˌwei·sung *f* **1.** *phys.* a) (*der Magnetnadel*) magnetic declination (*od.* variation), b) (*von Radar*) indication error. – **2.** *mar.* compass variation.

ˈMißˌwirt·schaft *f* maladministration, mismanagement.

ˈMißˌwuchs *m bot.* misgrowth, monstrous growth, monstrosity.

ˈmiß·zu·verˌste·hend *adj* mistakable, equivocal: **er lehnte die Einladung in nicht ~er Weise ab** he declined the invitation leaving no room for misunderstanding; **eine nicht ~e Bewegung** an unequivocal gesture.

Mist[1] [mɪst] *m* ⟨-(e)s; *no pl*⟩ **1.** dung, manure, muck: **eine Fuhre ~** a cartload of dung; ~ fahren to cart out manure; mit ~ düngen to dung, to manure; das ist nicht auf deinem ~ gewachsen *fig. colloq.* that's not your own idea (*od. colloq.* brain wave). – **2.** (*Tierkot*) droppings *pl*, dung: Kleinvieh macht auch ~ (*Sprichwort*) many a little makes a mickle (*proverb*). – **3.** *cf.* Misthaufen: das kannst du auf den ~ werfen *fig.* you can throw that out on the rubbish heap. – **4.** *fig. colloq.* (*Unsinn*) rubbish, nonsense, rot, 'tripe' (*sl.*), 'bilge' (*sl.*), (*stärker*) bullshit (*vulg.*): red keinen ~ don't talk rubbish; er hat diesen ~ geschrieben he wrote this bilge; er hat ziemlich viel ~ verzapft he spouted a lot of rubbish. – **5.** (so ein *od.* verdammter) ~! *fig. colloq.* (*Pech*) damn it all! – **6.** *fig. colloq.* (*Unfug*) nonsense: mach keinen ~! none of that nonsense! – **7.** *fig. colloq.* (*Schund, wertloses Zeug*) trash, rubbish, junk: der Stoff ist ~ the material is trash; was soll ich mit all dem ~? what do I want with all that rubbish? das Buch ist ~ the book is (unadulterated) rubbish.

Mist² *m* ⟨-(e)s; *no pl*⟩ *mar.* (*leichter Nebel*) mist.

'Mist|ˌbeet *n hort.* (manure) hotbed. — **~beˌrei·tung** *f agr.* dung-making. — **~ˌding** *n sl. contempt.* piece of junk, damned thing (*colloq.*), rotten thing (*sl.*).

Mi·stel ['mɪstəl] *f* ⟨-; -n⟩ *bot.* mistletoe, viscum (*scient.*) (*Gattg Viscum, bes. V. album*): Nordamerikanische ~ (American) mistletoe (*Phoradendron flavescens*). — **~ˌdros·sel** *f zo.* missel (*od.* mistletoe) thrush (*Turdus viscivorus*). — **~ˌfres·ser** *m* flower-pecker (*Fam. Dicaeidae*). — **~geˌwächs** *n bot.* mistletoe plant (*Gattg Viscum*). — **~ˌzie·mer** *m zo. cf.* Misteldrossel. — **~ˌzweig** *m bot.* mistletoe (bough).

mi·sten ['mɪstən] *v/t* ⟨h⟩ **1.** (*Acker, Boden*) manure, dung. – **2.** (*Stall*) clean.

'Mist|ˌfink *m fig. colloq. contempt.* **1.** (*schmutziger Mensch*) pig, filthy fellow (*colloq.*), (*Junge*) *auch* mud lark. – **2.** (*unanständiger Mensch*) dirty-minded person. — **~ˌflie·ge** *f zo.* dung fly (*Fam. Cordyluridae*). — **~ˌfor·ke** *f cf.* Mistgabel. — **m~ˌfres·send** *adj zo.* coprophagous. — **~ˌfuh·re** *f* load of manure (*od.* dung). — **~ˌga·bel** *f* dung (*od.* manure) fork, pitchfork. — **~ˌgru·be** *f* dung hole (*od.* pit), manure (*od.* muck, droppings) pit. — **~ˌhau·fen** *m* dunghill, manure (*od.* dung) heap (*od.* pile), muckhill, muckheap, *Br.* midden.

'mi·stig¹ *adj* **1.** dirty, mucky, filthy. – **2.** *colloq. contempt.* (*schlecht*) 'beastly' (*colloq.*), 'lousy' (*sl.*).

'mi·stig² *adj mar.* (*nebelig*) misty.

'Mist|ˌkä·fer *m zo.* **1.** dung beetle, *auch* dung chafer, scarab (*scient.*) (*Unterfam. Coprophaginae*). – **2.** (*Roßkäfer*) dorbeetle, *auch* dor bug, buzzard clock, earth-boring dung beetle, dumbledor, clock, lousy watchman, shard-borne beetle (*Geotrupes stercorarius*). – **3.** bullcomber (*Typhaeus typhaeus*). — **~ˌkar·re** *f agr.* dung (*od.* manure) barrow. — **~ˌkerl** *m sl. contempt.* nasty (*od.* disgusting) fellow (*colloq.*).

'Mistˌmel·de *f bot.* stinking goosefoot (*Chenopodium vulvaria*).

Mi·stral [mɪs'traːl] *m* ⟨-s; -e⟩ *meteor.* (*Wind*) mistral.

'Mist|ˌstock *m Swiss for* Misthaufen. — **~ˌstück** *n sl. contempt.* mean (*od.* sneaky) person. — **~ˌvieh** *n fig. colloq. contempt.* nasty (*od.* disgusting) person: du ~! you horror (*od.* beast)! — **~ˌwa·gen** *m* dung (*od.* manure) cart (*od.* waggon, *bes. Am.* wagon). — **~ˌwet·ter** *n colloq. contempt.* foul weather (*colloq.*), rotten weather (*sl.*). — **~ˌwurm** *m zo.* muckworm.

Mis·zel·la·ne·en [mɪstsɛ'laːneən; -la'neːən], **Mis'zel·len** [-'tsɛlən] *pl* (*kleine Aufsätze etc*) miscellany *sg*, miscellanea.

mit [mɪt] **I** *prep* ⟨*dat*⟩ **1.** (*Zubehör, Ausstattung*) with: Kaffee ~ Milch coffee with milk; das Kind ~ den langen Haaren the child with the long hair; ein Topf ~ zwei Henkeln a pot with two handles; ein Haus ~ Garage a house with a garage; eine Flasche Selterswasser ~ Geschmack a bottle of seltzer with flavo(u)ring (*Br.* flavoured mineral water). – **2.** (*voll von*) with, (full) of: ein Topf ~ Milch a jug of milk; ein Sack ~ Kartoffeln a sack full of potatoes. – **3.** (*in Begleitung von, in Gemeinschaft*) (together) with, accompanied by: ich gehe ~ dir I'll go with you; ich gehe ~ dir spazieren [einkaufen] I'll go for a walk [go shopping] with you; ~ dir habe ich keine Angst (together) with you I'm not afraid; er wohnt ~ seinen Eltern in Berlin he lives in Berlin together with his parents; geh ~ Gott! God be with you. – **4.** (*Wechselseitigkeit*) with: ~ j-m kämpfen to fight with s.o.; er spielte [verhandelte] ~ mir he played [negotiated] with me; er hat sich ~ mir geschlagen he came to blows (*od.* fought) with me; ich unterhielt mich ~ ihm I had a talk with him. – **5.** (*Mittel, Material, Stoff*) in: ~ Bleistift [Tinte] schreiben to write in pencil [ink]. – **6.** (*Verkehrsmittel*) by: er kam ~ dem Abendzug he came by the evening train; ~ dem Bus fahren to go by bus; Pakete ~ der Post befördern to send parcels by post. – **7.** (*Hilfsmittel, Werkzeug*) with, by means of: ~ dem Finger auf (*acc*) etwas zeigen to point (one's finger) at s.th.; ich öffnete die Tür ~ dem Schlüssel I opened the door with the key; etwas ~ (Hilfe) einer Zange öffnen to open s.th. by means of a pair of tongs; der Plural im Englischen wird meist ~ ‚s' gebildet the plural in English is usually formed by adding an 's'. – **8.** (*Begleitumstand, Art u. Weise*) ~ Absicht with (full) intention, intentionally; er hat das ~ Bedacht (*od.* Berechnung) gesagt he said that deliberately; ~ Erfolg with success, successfully; ~ Gewalt by force; ~ ein wenig Glück with a little (bit of) luck; ~ dem Hut in der Hand hat in hand; ~ einer Mehrheit von by a majority of; ~ Muße with leisure, leisurely; ein Mann ~ Namen X a man by the name of X, a man named X; j-n ~ Namen nennen to call s.o. by his name; kennst du ihn ~ Namen? do you know him by name? das hat er ~ Recht getan he did that with good reason (*od.* with every justification); mit lauter [leiser] Stimme in a loud [low] voice; ~ 10 gegen 5 Stimmen by 10 votes to 5; ~ Steinen nach j-m werfen to throw stones at s.o.; das höre ich ~ Vergnügen I am glad to hear that; etwas ~ Verlust verkaufen to sell s.th. at a loss; das kann ich nicht ~ Worten ausdrücken I cannot express that in words; ~ anderen [wenigen] Worten in other [a few] words; ~ einem Wort in a word; was meinen Sie ~ diesen Worten? what do you mean by these words? – **9.** (*im Hinblick auf, betreffend*) with: wie weit bist du ~ deiner Arbeit? how far have you got (on) (*od.* how far along are you) with your work? ~ der Bezahlung hat es noch Zeit you don't have to pay at once; es ist nicht weit her ~ seinen Kenntnissen his knowledge is very limited, he won't go far with the knowledge he has; ~ unserem Plan hat es nicht geklappt our plan did not come off; er zögerte ~ der Zustimmung he hesitated to give his consent; ~ etwas sparsam [zufrieden] sein to be economical [content] with s.th.; sich ~ etwas beeilen, es eilig ~ etwas haben to be in a hurry to do s.th.; was hast du ~ mir vor? what do you want to do with me? wie wäre es ~ John? how (*od.* what) about John? what do you say to John? was ist los ~ ihm? what is the matter with him? es steht schlecht ~ ihm matters are bad with him; ~ mir ist's aus I am done for, it's all up with me now. – **10.** (*bei Zeitangaben*) ~ dem Abend wurde es kühler in the (*od.* toward[s]) evening it was getting cooler; ~ dem Alter in old age; ~ jedem Tag with each passing day; ~ einem Male suddenly, all of a sudden; es ist ~ dem Glockenschlag 12 it is 12 o'clock sharp; ~ 20 (Jahren) at (the age of) 20; die Verordnung tritt ~ dem heutigen Tage in Kraft the provision comes into force today; ~ der Zeit in the course of time; ~ 100 Stundenkilometern at 100 kilometers per hour. – **II** *adv* **11.** (*ebenso*) also, as well, too: ~ dabei (*od.* von der Partie) sein to take part (*od.* participate) too; das gehört ~ dazu that is (also a) part of it; du kannst auch mal ~ arbeiten you can do a bit of work as well; das ist alles ~ inbegriffen that is all included; Versandkosten sind ~ berechnet we have also charged you with the forwarding expenses; das mußt du ~ berücksichtigen you have to take that into consideration too; es lag ~ an der schlechten Organisation it was also due to the bad organization (*Br. auch* -s-). – **12.** (*unter anderen*) among, one of: er ist ~ der Beste he is one of the best.

'Mitˌan·geˌklag·te *m, f jur.* codefendant *Br.* co-, joint defendant.

'Mitˌar·beit *f* cooperation *Br. auch* co-, assistance, collaboration: unter ~ von in cooperation with; j-n zur ~ heranziehen to engage s.o. to cooperate; ich mußte mich zur ~ verpflichten I had to pledge (*od.* engage) myself to cooperate; er war nicht zur ~ geneigt he was noncooperative (*Br.* non-co[-]operative). — **'mitˌar·bei·ten** *v/i* ⟨*sep*, -ge-, h⟩ **1.** (bei, an *dat* in) cooperate *Br. auch* co-, assist, collaborate: der Wissenschaftler X hat an der Erfindung mitgearbeitet the scientist X cooperated in this invention. – **2.** join (*od.* take part) in the work: wenn ihr mitarbeitet, sind wir schneller fertig if you join us in the work we'll have finished more quickly. – **3.** (*bei Zeitungen etc*) (bei, an *dat* to) contribute. — **'Mitˌar·bei·ter** *m* **1.** (*Betriebsangehöriger*) staff member, employee. – **2.** (*Arbeitskollege*) colleague, fellow worker, coworker *Br.* co-, workfellow. – **3.** (*bes. bei wissenschaftlichen Arbeiten*) cooperator *Br. auch* co-, collaborator. – **4.** (*bes. in untergeordneter Stellung*) assistant. – **5.** (*bei Zeitungen etc*) contributor: freier ~ (bei) einer Zeitung sein to be a free-lance contributor to a newspaper. — **'Mitˌar·bei·ter·schaft** *f* ⟨-; *no pl*⟩ staff, personnel, employees *pl.* — **'Mitˌar·bei·terˌstab** *m* ⟨-(e)s; *no pl*⟩ staff (of coworkers *Br.* co-).

'Mitˌau·tor *m* coauthor *Br.* co-, associate author.

'mit·beˌgrün·den *v/t* ⟨*sep*, *no* -ge-, h⟩ **1.** be one of the founders of. – **2.** contribute to: das Buch hat seinen Ruhm mitbegründet the book contributed to his fame. — **'Mit·beˌgrün·der** *m* cofounder *Br.* co-.

'Mit·beˌklag·te *m, f jur.* **1.** codefendant *Br.* co-, joint defendant. – **2.** (*bei Scheidungsfällen*) corespondent *Br.* co-.

'mit·beˌkom·men *v/t* ⟨*irr, sep, no* -ge-, h⟩ **1.** get (*od.* receive) (*s.th.*) on the journey (*od.* on one's way): das Kind bekam belegte Brote für den Schulausflug mit the child was given some sandwiches for the school excursion. – **2.** (*als Mitgift*) receive (*s.th.*) as dowry (*od.* portion): sie hat ein großes Vermögen mitbekommen she got a large fortune as her portion. – **3.** *fig. colloq.* 'get' (*colloq.*), understand, catch: das letzte Wort des Satzes habe ich nicht mitbekommen I didn't catch the last word of the sentence; hast du alles mitbekommen? did you understand (*od.* take in) everything? – **4.** *fig. colloq.* (*aufschnappen*) pick up.

'mit·beˌnut·zen *v/t* ⟨*sep, no* -ge-, h⟩ share in the use of, use too (*od.* as well): darf ich das Radio ~? may I use the radio too? — **'Mit·beˌnut·zer** *m auch jur.* joint user, couser *Br.* co-. — **'Mit·beˌnut·zung** *f* joint use.

'Mit·beˌnut·zungsˌrecht *n jur.* right of joint use, (right of) common, (*von Weiderechten*) *auch* commonage: das ~ an (*dat*) etwas haben to have the right of common of s.th.

'Mit·beˌschenk·te *m, f jur.* codonee *Br.* co-.

'Mit·beˌsitz *m jur.* joint possession. — **'mit·beˌsit·zen** *v/t* ⟨*irr, sep, no* -ge-, h⟩ be joint possessor of, possess (*s.th.*) (together) with s.o. — **'Mit·beˌsit·zer** *m* joint tenant (*od.* proprietor), copossessor *Br.* co-, cotenant *Br.* co-.

'mit·beˌstim·men I *v/t* ⟨*sep, no* -ge-, h⟩ **1.** (*beeinflussen*) be a contributory factor of (*od.* in), contribute to. – **2.** (*entscheiden*) decide (*s.th.*) (together) with s.o. – **II** *v/i* **3.** share in a decision, have a say (*od.* voice) in a matter: die Mutter darf über die Ausbildung des Kindes ~ the mother has a say in the child's education. – **4.** *econ.* (*im Betrieb*) take part (*od.* participate) in the management. – **III M~** *n* ⟨-s⟩ **5.** *verbal noun.* — **'mit·beˌstim·mend I** *pres p.* – **II** *adj* (*Faktoren etc*) contributory: ~ sein bei to be a contributory factor of (*od.* in), to contribute to. — **'Mit·beˌstim·mung** *f* ⟨-; *no pl*⟩ **1.** *cf.* Mitbestimmen. – **2.** participation in the decision. – **3.** *econ.* (*im Betrieb*) codetermination *Br.* co-.

'Mit·beˌstim·mungsˌgeˌsetz *n jur.* law of codetermination (*Br.* co-). — **~ˌrecht** *n* right of codetermination (*Br.* co-).

ˈmit·beˌtei·li·gen I *v/t* ⟨*sep, no* -ge-, h⟩ j-n ~ (an *dat* of) to give s.o. a share. – **II** *v/reflex* **sich** ~ (an *dat* in) participate, take part, join. — **ˈmit·beˌtei·ligt I** *pp.* – **II** *adj econ.* (an *dat* in) interested, holding an interest. — **ˈMit·beˌtei·lig·te** *m, f econ.* **1.** interested party (*od.* person). – **2.** partner, copartner. — **ˈMit·beˌtei·li·gung** *f* copartnership.

ˈmitˌbe·ten I *v/t* ⟨*sep*, -ge-, h⟩ pray (*s.th.*) (together) with s.o. – **II** *v/i* (mit j-m) ~ to pray (together) with s.o., to join s.o. in prayer.

ˈmit·beˌtrof·fen *adj* **1.** affected too (*od.* as well). – **2.** *jur.* conjunct, implicated as well: ein ~er Schuldner a conjunct debtor, a codebtor *Br.* co-. — **ˈMit·beˌtrof·fe·ne** *m, f* ⟨-n; -n⟩ affected person.

ˈMit·beˌvollˌmäch·tig·te *m jur. econ.* joint proxy (*od.* commissioner).

ˈMit·beˌwe·gung *f med.* associated movement, synkinesis (*scient.*).

ˈmit·beˌwer·ben *v/reflex* ⟨*irr, sep, no* -ge-, h⟩ **sich** ~ (um for) compete. — **ˈMit·beˌwer·ber** *m* (um for) competitor, rival, contestant.

ˈmit·beˌwoh·nend *adj zo.* (*Schmarotzer etc*) inquiline. — **ˈMit·beˌwoh·ner** *m* **1.** co(in)habitant *Br.* co-, fellow lodger. – **2.** *biol.* associate. – **3.** *zo.* inquiline.

ˈmitˌbrin·gen *v/t* ⟨*irr, sep*, -ge-, h⟩ **1.** bring (*s.o., s.th.*) (along) (with one): **er hat mir Blumen [ein Geschenk] mitgebracht** he brought me some flowers [a present]; **hast du mir etwas (von deiner Reise) mitgebracht?** have you brought me anything (from your journey)? **kannst du zu der Party ein paar Freunde** ~? can you bring a few friends (along) with you to the party? **würdest du mir bitte etwas aus der Stadt** ~? would you bring me something from town? **schlechtes Wetter [gute Laune]** ~ *fig.* to bring along bad weather [one's good spirits]; **j-m eine Nachricht** ~ *fig.* to bring s.o. (a piece of) news; **er bringt [nicht] die Voraussetzungen für diese Stellung mit** *fig.* he has [does not have] the qualifications for this position. – **2.** (*in die Ehe*) bring (*s.th.*) as one's dowry (*od.* portion): **sie hat nichts (in die Ehe) mitgebracht** she has brought nothing as her portion; **sie hat zwei Kinder aus ihrer ersten Ehe mitgebracht** she has brought two children from her first marriage. – **3.** *jur.* (*Zeugen, Unterlagen etc*) produce.

ˈMitˌbring·sel [-ˌbrɪŋzəl] *n* ⟨-s; -⟩ little present, (*von einer Reise*) *auch* souvenir.

ˈMitˌbru·der *m* brother, fellow, comrade, confrere.

ˈMitˌbür·ge *m jur.* cosurety *Br.* co-, joint surety.

ˈMitˌbür·ger *m* fellow citizen.

ˈMitˌbürg·schaft *f jur.* cosurety *Br.* co-, joint surety.

ˈmitˌdür·fen *v/i* ⟨*irr, sep*, -ge-, h⟩ *colloq.* be allowed to go (*od.* come) along: **darf ich mit?** may I go along (with you) too? **du darfst auch mit** you may come along too.

ˈMitˌei·gen·tum *n jur. econ.* coownership *Br.* co-, joint ownership: ~ **zur gesamten Hand** joint tenancy (*od.* estate); ~ **zur ungeteilten Hand** a) tenancy (*od.* estate) in common, b) (*im römischen Recht*) condominium; ~ **an ererbten Grundstücken** (co)parcenary. — **ˈMitˌei·gen·tü·mer** *m* coowner *Br.* co-, coproprietor *Br.* co-, part owner, joint owner (*od.* proprietor).

ˌmitˌeinˈan·der *adv* **1.** (*einer mit dem anderen*) with each other, with one another: **wir kommen gut** ~ **aus** we get on well (with each other); **wo seid ihr** ~ **bekannt geworden?** where did you get to know each other? **ob wir wohl noch** ~ **einig werden?** do you think we'll ever agree one with the other? **sie konnten** ~ **nicht warm werden** *colloq.* they did not warm up to one another. – **2.** (*zusammen*) together: ~ **vereinigen** to join together; **wir wollen es** ~ **versuchen** let's try it together; **alle** ~ all together.

ˌmitˈeins *adv Northern G. colloq.* suddenly.

Mi·tel·la [miˈtɛla] *f* ⟨-; -tellen⟩ (*Armschlinge*) triangular bandage.

ˈmit·empˌfin·den I *v/t u. v/i* ⟨*irr, sep, no* -ge-, h⟩ **1.** *cf.* mitfühlen. – **II M~** *n* ⟨-s⟩ **2.** *verbal noun.* – **3.** sympathy.

ˈMitˌer·be *m jur.* coheir, coinheritor *Br.* co-, joint heir, (*von Grundstücken*) *auch* (co)parcener. — **ˈMitˌer·bin** *f* coheiress, joint heiress, (*von Grundstücken*) *auch* (co)parcener. — **ˈMitˌerb·schaft** *f* coinheritance *Br.* co-.

ˈmit·erˌle·ben *v/t* ⟨*sep, no* -ge-, h⟩ see, witness, be witness of.

ˈMit·erˌwerb *m jur.* joint acquisition. — **ˈMit·erˌwer·ber** *m* joint purchaser.

ˈmitˌes·sen I *v/t* ⟨*irr, sep, pp* mitgegessen, h⟩ eat (*s.th.*) too (*od.* as well): **kann man die Haut** ~? is the skin edible? **er hat alles mitgegessen** he has eaten everything up. – **II** *v/i* eat with s.o., have one's meal with s.o.: **du kannst (bei uns)** ~ you can eat with us.

ˈMitˌes·ser *m* **1.** *med.* blackhead, comedo (*scient.*). – **2.** *colloq. humor.* extra mouth to feed: **jetzt haben wir noch einen** ~ now we have got an extra mouth to feed.

ˈmitˌfah·ren *v/i* ⟨*irr, sep*, -ge-, sein⟩ **1.** travel (*od.* ride, go) (along) with s.o.: **ich fahre (mit dir) mit** I'll go with you. – **2.** get (*od.* be given) a lift (*od.* ride): **darf ich** ~? can you give me a lift? **er ließ mich** ~ he gave me a lift.

ˈMitˌfah·rer *m* **1.** fellow passenger (*od.* travel[l]er). – **2.** *cf.* Beifahrer. — **~zenˌtra·le** *f* agency for arranged lifts.

ˈMitˌfahr·geˌle·gen·heit *f* opportunity of (getting) a lift, lift, chance of a ride.

ˈmit·fi·nanˌzie·ren *v/t* ⟨*sep, no* -ge-, h⟩ etwas ~ to pay for (*od.* finance) s.th. partially, to share in the financing of s.th.

ˌmitˈfortˌrei·ßen *v/t* ⟨*irr, sep*, -ge-, h⟩ *cf.* mitreißen 1, 2.

ˈmitˌfreu·en *v/reflex* ⟨*sep*, -ge-, h⟩ **sich** ~ (über *acc* over, at) rejoice with s.o., share (in) s.o.'s joy.

ˈmitˌfüh·len I *v/t* ⟨*sep*, -ge-, h⟩ etwas (mit j-m) ~ to feel (*od.* sympathize *Br. auch* -s-) with s.o. in s.th.: **ich fühle deinen Kummer mit** I feel with you in your sorrow. – **II** *v/i* mit j-m ~ to feel with (*od.* for) s.o., to sympathize (*Br. auch* -s-) with s.o.: **wir fühlen alle mit dir mit** we all sympathize with you. — **ˈmitˌfüh·lend I** *pres p.* – **II** *adj* compassionate, sympathetic, commiserative: **~e Worte** sympathetic words; ~ **sein** to be sympathetic; **ein ~es Herz haben** to have a feeling heart.

ˈmitˌfüh·ren *v/t* ⟨*sep*, -ge-, h⟩ **1.** (*Waren, Gepäck etc*) take (*od.* carry) along (with one). – **2.** carry: **der Fluß führt Geröll mit** the river carries debris. – **3.** *mil.* mount. – **4.** (*railway*) (*Schlafwagen etc*) have.

ˈMitˌfüh·rungs·ko·ef·fi·ziˌent *m phys.* drag coefficient.

ˈmitˌge·ben *v/t* ⟨*irr, sep*, -ge-, h⟩ **1.** j-m etwas ~ a) to give s.o. s.th. (to take along), b) (*als Mitgift*) to give s.o. s.th. as portion (*od.* dowry): **sie hat mir ein paar Äpfel für die Fahrt mitgegeben** she gave me a few apples to take along on the journey; **er hat mir einen Brief (für dich) mitgegeben** he gave me a letter to take along (to you); **er kann seiner Tochter gar nichts** ~ he cannot give anything to his daughter as her portion; **seinem Kind eine gute Erziehung** ~ *fig.* to give one's child a good education. – **2.** j-m j-n ~ to send s.o. along with s.o.: **er gab den Fremden einen Einheimischen als Führer mit** he sent a native along with the strangers as a guide.

ˈmit·geˌfan·gen *adj only in* ~, **mitgehangen** (*Sprichwort*) in for a penny, in for a pound (*proverb*), cling together, swing together (*proverb*). — **ˈMit·geˌfan·ge·ne** *m, f* fellow prisoner.

ˈMit·geˌfühl *n* **1.** sympathy: **aufrichtiges [echtes, tiefes]** ~ sincere [genuine, deep] sympathy; **j-m sein** ~ **ausdrücken** to express one's sympathy (*od.* condolences) to s.o., to condole with s.o.; **nicht viel** ~ **zeigen** not to show much feeling; **er ist völlig ohne** ~ (*od.* **bar jeden ~s**) he is completely unsympathetic, he is devoid of any (feeling of) sympathy. – **2.** (*Mitleid*) pity, compassion: ~ **erwecken** to arouse pity.

ˈmitˌge·hen *v/i* ⟨*irr, sep*, -ge-, sein⟩ **1.** go (along) (with s.o.), come along (with s.o.): **gehst du mit ins Theater?** are you coming along to the theater? **du kannst** ~, **wenn du willst** you may come along if you want to. – **2.** (*begleiten*) accompany s.o.: **ich werde bis zum Bahnhof** ~ I'll accompany you as far as the station. – **3.** *fig.* respond: **der Redner merkte, wie die Zuhörer mitgingen** the speaker noticed how the audience was carried away (*od.* responding). – **4. etwas** ~ **lassen** (*od.* **heißen**) *fig. colloq.* to help oneself to s.th., to run off with s.th., to pocket s.th.

ˈmit·geˌnie·ßen I *v/t* ⟨*irr, sep, pp* mitgenossen, h⟩ share the pleasure of, enjoy (*s.th.*) too (*od.* as well). – **II** *v/i* take part in s.o.'s enjoyment.

ˈmit·geˌnom·men I *pp of* mitnehmen. – **II** *adj* ⟨*pred*⟩ **1.** (*Person*) worn out, run down, exhausted, shaken. – **2.** (*Kleidung etc*) the worse for wear, shabby. – **3.** (*Bauwerk, Fahrzeug etc*) run down, ramshackle. – **III** *adv* **4. er sieht sehr** ~ **aus** he looks very worn out (*od.* the worse for wear).

ˈMitˌgift *f* ⟨-; -en⟩ *jur.* (marriage) portion, dot, dowry, *auch* dower: **j-m eine** ~ **geben** to supply s.o. with a dowry, to dower s.o. — **~ˌjä·ger** *m contempt.* fortune hunter.

ˈMitˌgläu·bi·ger *m econ. jur.* cocreditor *Br.* co-, joint creditor.

ˈMitˌglied *n* ⟨-(e)s; -er⟩ **1.** member: **assoziiertes [ordentliches, außerordentliches, ständiges, ursprüngliches, korrespondierendes]** ~ associate [ordinary, extraordinary, permanent, original, corresponding] member; **neues** ~ new member, entrant; ~ **auf Lebenszeit** life member; **ein langjähriges** ~ a member of long standing; **ein nützliches** ~ **der (menschlichen) Gesellschaft** a useful member of society; **einem Verein als** ~ **beitreten** to join a society (as a member); **~er werben** to enlist members; ~ **eines Ausschusses sein** to be a member of (*od.* sit on) a committee; ~ **des Bundestages** member of the Bundestag; ~ **des Parlaments** member of parliament. – **2.** (*einer gelehrten Gesellschaft*) fellow.

ˈMitˌglie·der|verˌsamm·lung *f* assembly of the members. — **~verˌzeich·nis** *n* membership list (*od.* book). — **~ˌzahl** *f* membership (total).

ˈMitˌglieds|ˌaufˌnah·me *f* admission of members. — **~ˌausˌweis** *m* membership card. — **~ˌbeiˌtrag** *m* membership fee (*Br. auch* subscription).

ˈMitˌglied·schaft *f* ⟨-; *no pl*⟩ **1.** membership: **die** ~ **erwerben [verlieren]** to become [to cease to be] a member. – **2.** (*einer gelehrten Gesellschaft*) fellowship.

ˈMitˌglieds|ˌkar·te *f* membership card. — **~ˌland** *n* member country. — **~ˌnum·mer** *f* membership number. — **~ˌstaat** *m* member state.

ˈmitˌha·ben *v/t* ⟨*irr, sep*, -ge-, h⟩ *colloq.* have (*s.th.*) with (*od.* on) one: **ich habe meinen Paß nicht mit** I don't have my passport with me (*od.* on me); **hast du Geld mit?** have you (got) any money on you?

ˈmitˌhaf·ten *jur.* **I** *v/i* ⟨*sep*, -ge-, h⟩ be liable too (*od.* as well), share the liability, be jointly liable. – **II M~** *n* ⟨-s⟩ *verbal noun.* — **ˈMitˌhaf·ten·de** *m* ⟨-n; -n⟩, **ˈMitˌhaf·ter** *m* ⟨-s; -⟩ conjoint. — **ˈMitˌhaf·tung** *f* **1.** *cf.* Mithaften. – **2.** joint liability, coliability *Br.* co-.

ˈmitˌhal·ten I *v/i* ⟨*irr, sep*, -ge-, h⟩ *colloq.* **1.** keep up (*od.* pace) with s.o.: **ich hatte Mühe, bei dem Tempo mitzuhalten** it was not easy for me to keep with that pace; **bei dem Aufwand, den unsere Nachbarn treiben, können wir nicht mehr** ~ we cannot keep up any longer with the grand style in which our neighbo(u)rs live. – **2.** (*beim Trinken u. Essen*) hold one's own. – **3.** (*beim Skat*) stay in the bidding. – **II** *v/t* **4.** (*Zeitung etc*) be a joint subscriber to.

ˈmitˌhel·fen *v/i* ⟨*irr, sep*, -ge-, h⟩ (bei) assist (in), help (with). — **ˈmitˌhel·fend I** *pres p.* – **II** *adj* **1.** assisting, helping. – **2.** *jur.* accessory. — **ˈMitˌhel·fer** *m* **1.** aid, assistant, helper. – **2.** *jur. cf.* Mittäter.

ˈMit·herˌausˌge·ber *m* associate editor, coeditor *Br.* co-.

ˈMitˌhil·fe *f* assistance, help, cooperation *Br. auch* co-: **wir können auf deine** ~ **nicht verzichten** (*od.* **deine** ~ **nicht entbehren**) we cannot do without your assistance.

ˌmitˈhin *adv* therefore, so, consequently.

ˈMitˌhör|ˌdienst *m mil. cf.* Abhördienst. — **~ˌeinˌrich·tung** *f tel.* (*radio*) monitor, monitoring device, sidetone receiver.

ˈmitˌhö·ren I *v/t* ⟨*sep*, -ge-, h⟩ **1.** (*Rundfunkprogramm etc*) listen in to (*od.* in on): **wir haben das Konzert im Radio mitgehört** we have listened in to the concert on the radio. – **2.** (*zufällig*) overhear: **ich war im Nebenzimmer und habe die ganze Unterhaltung mitgehört** I was in the next room and overheard the whole conversation. – **3.** (*abhören*) monitor, (wire)tap. – **4.** *mil.* monitor. – **II** *v/i* **5.** listen in, eavesdrop: **Feind hört mit!** *mil. etwa* no talk about classified matters!

Mi·thra(s) ['mi:tra(s)] *npr m* ⟨-; *no pl*⟩ *antiq. relig.* (*altiranischer Lichtgott*) Mithras. — **~ˌkult** *m* Mithras cult, cult of Mithras.

'Mitˌinˌha·ber *m*, **'Mitˌinˌha·be·rin** *f econ.* **1.** (co)partner. – **2.** (*von Wertpapieren*) joint holder.

'mitˌkämp·fen *v/i* ⟨*sep*, -ge-, h⟩ **1.** *auch fig.* take part (*od.* join) in the fight (*od.* the combat). – **2.** (*sport*) compete (with others), take part in the contest. — **'Mitˌkämp·fer** *m mil.* (fellow) combatant (*auch fig.*), comrade-in-arms.

'Mitˌklä·ger *m jur.* joint plaintiff, coplaintiff *Br.* co-.

'mitˌklin·gen *v/i* ⟨*irr, sep*, -ge-, h⟩ **1.** resonate, vibrate sympathetically. – **2. die Enttäuschung klang in seinen Worten mit** disappointment could be felt (*od.* sensed) in his words.

'mitˌkom·men *v/i* ⟨*irr, sep*, -ge-, sein⟩ **1.** come (along): **komm mit!** come along! **ich kann nicht (mit dir) ~** I cannot come along (with you); **kommst du heute abend mit ins Theater?** are you coming (*od.* going) to the theater (*Br.* theatre) with me tonight? **wir waren am Zug, aber unser Besuch ist nicht mitgekommen** we were at the train but our visitor(s) didn't come. – **2.** *auch fig.* (*Schritt halten*) keep up (*od.* pace): **sie gingen so schnell, daß ich nicht ~ konnte** they walked so fast that I couldn't keep pace with them; **er diktierte so schnell, daß sie nicht mitkam** he dictated so quickly that she couldn't keep up. – **3. [nicht] mit dem Zug [Bus] ~** a) [not] to catch the train [bus], b) [not] to get into the train [bus]: **die Straßenbahn war so voll, daß viele nicht mehr mitkamen** the tram was so crowded that many people didn't get in. – **4.** *fig. colloq.* be able to follow (*od.* understand): **bei seinen Vorlesungen kommt man nur schwer mit** his lectures are difficult to understand; **da komme ich nicht mehr mit!** a) I can no longer follow! that is beyond me! b) that beats me! that is really beyond belief! – **5.** *fig. colloq.* (*in der Schule*) get on (*od.* along), keep up (with the class): **wie kommt er denn in der Schule mit?** how is he getting on at school? – **6.** *fig. colloq.* (*versetzt werden*) be promoted (to the next class), *Br. auch* get one's remove.

'mitˌkön·nen *v/i* ⟨*irr, sep*, -ge-, h⟩ *colloq.* **1.** be able to go (along) (*od.* come along): **ich kann nicht mit ins Kino, weil ich Besuch erwarte** I cannot go (with you) to the cinema because I expect visitors. – **2.** *fig. cf.* mitkommen 4. – **3.** *fig.* (*finanziell*) keep up (*od.* abreast): **da kann unsereins nicht mehr mit!** people such as we cannot keep up with that!

'mitˌkrie·gen *v/t* ⟨*sep*, -ge-, h⟩ *colloq. cf.* mitbekommen.

'mitˌkriegˌfüh·rend *adj pol.* cobelligerent *Br.* co-: **~er Staat** co(-)belligerent (nation).

'mitˌla·chen *v/i* ⟨*sep*, -ge-, h⟩ join in the laugh(ter).

'mitˌlas·sen *v/t* ⟨*irr, sep*, -ge-, h⟩ **j-n (mit j-m) ~** to allow s.o. to go (along) (with s.o.).

'mitˌlau·fen *v/i* ⟨*irr, sep*, -ge-, sein⟩ **1.** run (along) with s.o.: **darf ich ~?** may I run along with you? – **2.** (*sport*) take part in a race. – **3.** *fig.* (*von Sachen*) pass with the rest: **das läuft noch nebenbei mit** that passes with the rest. – **4. etwas ~ lassen** *fig. colloq. cf.* mitgehen 4.

'Mitˌläu·fer *m* ⟨-s; -⟩ *pol. contempt.* (*einer Partei*) nominal (party) member.

'Mitˌlaut *m*, *auch* **'Mitˌlau·ter** *m* ⟨-s; -⟩ *ling.* consonant.

'Mitˌlautˌfol·ge *f ling.* consonant group (*od.* cluster).

'Mitˌleid *n* ⟨-(e)s; *no pl*⟩ **1.** pity, compassion, commiseration, sympathy: **aus ~** out of pity; **~ mit j-m haben** to have (*od.* take) pity (*od.* compassion) on s.o., to pity s.o., to feel with s.o.; **j-n voller ~ ansehen** to look at s.o. with compassion; **er appellierte an mein~** he appealed to my sympathy; **er empfand** (*od.* **fühlte, kannte**) **kein ~** he felt no pity; **j-s ~ erregen** to arouse s.o.'s sympathy. – **2.** (*Erbarmen*) mercy: **habt doch ~ mit mir** do have mercy on me.

'mitˌlei·den *v/i* ⟨*irr, sep*, -ge-, h⟩ sympathize (*Br. auch* -s-) (*od.* commiserate) with s.o.

'Mitˌlei·den·schaft *f* ⟨-; *no pl*⟩ (*in Wendungen wie*) **in ~ gezogen werden** a) (*beeinträchtigt*) to be affected (*od.* involved, touched), b) (*beschädigt*) to be damaged (*od.* impaired): **die Krankheit hat seine Leber auch schon in ~ gezogen** the disease has also affected his liver; **die gesamte Wirtschaft des Landes ist durch den Streik in ~ gezogen (worden)** the whole economy of the country has been impaired by the strike.

'mitˌleid·erˌre·gend *adj* (*Zustand, Schluchzen etc*) pitiful, pitiable, piteous.

'mitˌlei·dig I *adj* **1.** compassionate, pitying, sympathetic, *Br. auch* pitiful: **sein ~es Herz** his pitying heart; **ein paar ~e Seelen nahmen sich seiner an** a few compassionate souls took care of him. – **2.** (*verächtlich*) contemptuous: **er hatte für ihren Vorschlag nur ein ~es Lächeln** he had only a contemptuous smile for her suggestion. – **II** *adv* **3. ~ lächeln** to smile contemptuously.

'mitˌleid·los *adj*, **'Mitˌleid·lo·sig·keit** *f cf.* mitleidslos, Mitleidslosigkeit.

'Mitˌleids·beˌzei·gung *f* ⟨-; -en⟩ expression of one's sympathy, condolence.

'mitˌleids·los *adj* pitiless, unpitying, uncompassionate, merciless. — **'Mitˌleids·lo·sig·keit** *f* ⟨-; *no pl*⟩ pitilessness, mercilessness.

'mitˌleid(s)ˌvoll *adj* compassionate, pitying, sympathetic, full of pity, *Br. auch* pitiful.

'mitˌle·sen *v/t* ⟨*irr, sep*, -ge-, h⟩ **1.** (*Brief, Buch etc*) read (*s.th.*) (together) with s.o.: **ich saß ihm so nah, daß ich den Brief ~ konnte** I sat so close to him that I could read the letter with him. – **2. eine Zeitung [Zeitschrift] mit j-m ~** to be a joint subscriber to a newspaper [magazine], to read a newspaper [magazine] together with s.o.

'mitˌlocken (*getr.* -k·k-) *v/t* ⟨*sep*, -ge-, h⟩ **j-n ~** to entice s.o. to come along, to lure s.o. along.

'mitˌma·chen I *v/t* ⟨*sep*, -ge-, h⟩ **1.** (*Tanz, Ausflug, Reise, Unsinn etc*) take part in, participate in, join in: **er macht alles mit** he is a good sport, he is a game for anything (*colloq.*). – **2.** (*Veranstaltung, Vorlesung etc*) go to. – **3.** (*Mode*) follow, go with. – **4.** (*durchmachen*) go through: **zwei Weltkriege mitgemacht haben** to have gone (*od.* been) through two world wars; **er hat viel mitgemacht** he has gone through (*od.* suffered) a lot; **da machst du (vielleicht) was mit!** *colloq.* it's unbelievable what one has to put up with! – **II** *v/i* **5.** join in, take part, participate, make one of the party: **da mache ich nicht mit** I won't join in, count me out; **warum machst du nicht mehr mit?** why don't you take part any more? **mach doch mit!** join in! make one of us! **ich mache mit!** I'm on! count me in! **nicht mehr lange ~** *fig.* not to last much longer, not to be long for this world. – **6.** (*dem Beispiel folgen*) follow suit. – **7.** (*mithalten*) (**mit** with) keep up (*od.* pace). – **8.** (*am Unterricht etc*) be active, take an active part, respond.

'Mitˌmensch *m* fellow man (*od.* creature, being).

'mitˌmö·gen *v/i* ⟨*irr, sep*, -ge-, h⟩ **(mit j-m) ~** *colloq.* to like (*od.* want) to go (along) (*od.* come along) (with s.o.).

'mitˌmüs·sen *v/i* ⟨*irr, sep*, -ge-, h⟩ **(mit j-m) ~** *colloq.* to have to go (along) (*od.* come along) (with s.o.): **du mußt nicht mit, wenn du nicht willst** you don't have to go if you don't like to.

'Mitˌnah·me *f* ⟨-; *no pl*⟩ **unter ~ von** taking along.

'mitˌneh·men *v/t* ⟨*irr, sep*, -ge-, h⟩ **1.** (*mit sich führen*) take (*od.* carry) (*s.th.*) along (with one): **ich bat ihn, das Paket mitzunehmen** I asked him to take along the package. – **2.** (*mit sich kommen lassen*) take (*s.o.*) along (with one), let (*s.o.*) go with one: **auf diesen Ausflug nehmen wir die Kinder mit** we will take the children along (with us) on this excursion; **nimm mich doch mit!** please let me go with you! – **3.** (*befördern*) take (along), carry: **Güterzüge nehmen keine Reisenden mit** goods (*Am.* freight) trains don't take along any passengers. – **4.** (*einsteigen lassen, abholen*) pick up: **der Zug hält, um die Reisenden mitzunehmen** the train stops to pick up the passengers. – **5.** (*im Auto*) give (*s.o.*) a lift (*od.* ride): **kannst du mich bis zum Bahnhof ~?** can you give me a lift as far as the station? **mitgenommen werden** to get a lift. – **6.** (*entleihen*) take away, borrow: **darf ich dieses Buch ~?** may I borrow this book? **aus der Bücherei dürfen keine Bücher mitgenommen werden** no books must be taken away from (*od.* out of) the library. – **7.** (*kaufen*) take (along), buy: **für den Preis nehme ich gleich beide Kleider mit** at that price I shall take both dresses. – **8.** (*stehlen, entwenden*) take, make away (*od.* off) with, *Am. colloq.* run off with: **der Einbrecher hat Waren im Wert von 1000 Mark mitgenommen** the burglar made away with goods valued at (*od.* with a value of) 1,000 marks. – **9.** *fig. colloq.* (*rasch besuchen*) touch, *bes. Am.* take in, call at: **auf unserer Italienreise haben wir auch Venedig noch mitgenommen** on our journey to Italy we also touched Venice. – **10.** *fig.* (*lernen*) learn, benefit, profit: **haben Sie aus diesem Vortrag etwas mitgenommen?** did you learn anything from this lecture? – **11.** *fig. colloq.* (*Geld, Verdienst etc*) pocket: **er nimmt mit, was er kriegen kann** he pockets whatever he can get hold of. – **12. j-n sehr** (*od.* **arg, böse, tüchtig**) **~** *fig. colloq.* a) (*ermatten, schwächen*) to pull s.o. down, to wear s.o. out, to exhaust (*od.* take it out of) s.o., b) (*mißhandeln, leiden machen*) to treat s.o. harshly, to let s.o. have it, c) (*erschüttern*) to move s.o. deeply: **die Krankheit hat ihn arg mitgenommen** the illness has really taken it out of (*od.* told on) him; **so ein trauriger Film nimmt sie immer sehr mit** such a sad film always touches her very deeply. – **13.** (*games*) (*Stich*) take.

'Mitˌneh·mer *m* ⟨-s; -⟩ *tech.* driver, driving plate. — **~ˌbol·zen** *m* driving (*od.* driver) pin. — **~ˌlap·pen** *m* flat driving tang. — **~ˌnut** *f* driving slot. — **~ˌzap·fen** *m* driving tang.

ˌmit'nich·ten [-'nɪçtən] *adv archaic* not at all, by no means.

Mi·to·chon·dri·on [mito'xɔndriɔn], **Mi·to·'chon·dri·um** [-ʊm] *n* ⟨-s; -drien⟩ *biol.* mitochondrion.

mi·to·ge·ne·tisch [mitoge'ne:tɪʃ] *adj biol.* mitogenetic.

Mi·to·se [mi'to:zə] *f* ⟨-; -n⟩ *biol.* mitosis, karyokinesis. — **mi'to·tisch** [-tɪʃ] *adj* mitotic, karyokinetic.

'Mitˌpacht *f jur.* joint tenancy (*od.* tenure), cotenancy *Br.* co-, cotenure *Br.* co-. — **'Mitˌpäch·ter** *m* joint tenant, cotenant *Br.* co-, colessee *Br.* co-.

Mi·tra ['mi:tra] *f* ⟨-; Mitren⟩ *relig.* miter, *bes. Br.* mitre.

Mi·trail·leu·se [mitra(l)'jø:zə] *f* ⟨-; -n⟩ *mil. hist.* mitrailleuse.

mi·tral [mi'tra:l] *adj med.* mitral. — **M~ˌklap·pe** *f* mitral valve.

'Mi·traˌschnecke (*getr.* -k·k-) *f zo.* miter (*bes. Br.* mitre) (shell) (*Gattg Mitra*).

'mitˌra·ten *v/i* ⟨*irr, sep*, -ge-, h⟩ help (to) solve the puzzle.

'mitˌrech·nen I *v/t* ⟨*sep*, -ge-, h⟩ **1.** (*hinzurechnen*) count (in), include: **es waren hundert Leute da, die Kinder nicht mitgerechnet** there were a hundred people there, not counting the children. – **2.** *econ.* include (*s.th.*) in the account (*od.* invoice). – **3.** (*Aufgabe etc*) reckon (*od.* do) (*s.th.*) too (*od.* as well). – **II** *v/i* **4.** *colloq.* count: **das rechnet nicht mit** that doesn't count. – **5.** do a sum too (*od.* as well), join in the calculation: **es stimmt, ich habe mitgerechnet** it is correct, I arrived at the same result.

'mitˌre·den I *v/t* ⟨*sep*, -ge-, h⟩ have one's say too, put in a word too: **ich habe dabei auch noch ein Wort** (*od.* **Wörtchen**) **mitzureden** I have my say in this matter too, that's a concern of mine too; **darf ich auch ein Wörtchen ~?** may I put in a word as well? **Sie haben hier nichts mitzureden** you have (got) no say (*od.* nothing to say) in this matter, this matter is no concern of yours (*od. colloq.* none of your business). – **II** *v/i* join in the conversation (*od.* talk): **du bist zu jung, um ~ zu können** you are too young to join in the conversation.

'Mitˌree·der *m mar.* part (*od.* joint) owner.

'Mit·reˌgent *m*, **'Mit·reˌgen·tin** *f* coregent *Br.* co-. — **'Mit·reˌgent·schaft** *f* coregency *Br.* co-.

'mitˌrei·sen *v/i* ⟨*sep*, -ge-, sein⟩ **(mit j-m) ~** to travel (along) with s.o.: **darf ich ~?** may I travel with you? — **'Mitˌrei·sen·de** *m, f* fellow passenger (*od.* travel[l]er).

'mitˌrei·ßen *v/t* ⟨*irr, sep*, -ge-, h⟩ **1.** (*Brücke etc*) sweep away. – **2.** (*Personen*) drag along (with one): **sie riß ihre kleine Schwester mit** she dragged her little sister along (with her). – **3.** *fig.* (*begeistern*) sweep (*s.o.*) along (*od.* away) (with one), sweep (*s.o.*) off one's feet, carry (*s.o.*) away (with one), transport: **er riß seine Zuhörerschaft mit** he swept his audience along with him. — **'mit,rei·ßend I** *pres p.* – **II** *adj* (*Rede, Musik etc*) rousing, stirring, exciting, spirited, mettlesome.

'mit,rei·ten *v/i* ⟨*irr, sep,* -ge-, *sein*⟩ ride (along) with s.o.

'mit,rich·ten *v/t* ⟨*sep,* -ge-, h⟩ *mil.* track.

,mit'sam·men [-'tsamən] *adv dial.* together.

,mit'samt *prep* ⟨*dat*⟩ (together) with: **sie besuchten uns ~ ihren Kindern** they visited us with their children.

'mit,schicken (*getr.* -k·k-) *v/t* ⟨*sep,* -ge-, h⟩ **1.** (j-m) **etwas ~** to send s.th. along (for s.o.), to send (s.o.) s.th.: **im nächsten Paket schicke ich dir deine Winterkleider mit** in the next parcel I shall send you your winter clothes. – **2.** (*in Briefen*) enclose: **ich schicke die versprochenen 20 Mark mit** I enclose the 20 marks I promised you. – **3.** (j-m) **j-n ~** to send s.o. along (with s.o.), to ask s.o. to go along (with s.o.), to ask s.o. to accompany s.o.: **den Fremden einen Führer ~** to send a guide with the strangers.

'mit,schlei·fen *v/t* ⟨*sep,* -ge-, h⟩ **1.** j-n [etwas] ~ to drag s.o. [s.th.] (along) (with one): **er wurde vom Zug erfaßt und noch eine beträchtliche Strecke mitgeschleift** he was caught by the train and dragged along for quite a stretch. – **2.** *fig. colloq. cf.* mitschleppen 2, 3.

'mit,schlep·pen *v/t* ⟨*sep,* -ge-, h⟩ **1.** (*Schweres*) drag (*s.th.*) (along) (with one). – **2.** *fig. colloq.* (*mitnehmen*) take (*s.o., s.th.*) along (with one): **willst du das ganze Gepäck ~?** do you want to take the entire luggage along (with you)? **er hat mich zu allen Veranstaltungen mitgeschleppt** he took me along (with him) to all the events. – **3.** *fig. colloq.* (*schlechten Schüler*) carry along. – **4.** *mar.* (*abschleppen*) (take in) tow.

'mit,schrei·ben I *v/t* ⟨*irr, sep,* -ge-, h⟩ **1.** write (down), take down, take a record of: **das Gesagte ~** to write down what has been said; **eine Rede ~** to take a record of a speech. – **2.** (*Notizen machen*) take notes of: **eine Vorlesung ~** to take notes of a lecture. – **3.** *ped.* (*Prüfungsarbeit*) take, do, write. – **4.** (*sport*) (*Punkte*) mark. – **II** *v/i* **5.** write (down) (*od.* take down) what s.o. says: **Sie müssen langsamer sprechen, sonst kann ich nicht ~** you must talk more slowly, otherwise I cannot take down what you say.

'Mit,schuld *f jur.* (an *dat* in) a) joint guilt, participation in guilt, b) complicity, c) (*durch Vorschubleistung*) accessoriness: **~ an** (*dat*) **etwas haben** to share the guilt in s.th., to be implicated in (*od.* accessory to) s.th.; **er ist der ~ stark verdächtig** he is strongly suspected of being an accomplice; **j-n der ~ überführen** to prove s.o.'s complicity. — **'mit,schul·dig** *adj* **~ an** (*dat*) **etwas sein** a) to be jointly guilty of (*od.* share the guilt in) s.th., b) to be an accomplice in s.th., to be privy to s.th., c) (*durch Vorschubleistung*) to be an accessory to s.th. — **'Mit,schul·di·ge** *m, f* (an *dat*) **1.** accessory (to), *auch* accessary (to), accomplice (in), confederate (to). – **2.** (*Beteiligte*) privy (to).

'Mit,schuld·ner *m econ.* codebtor *Br.* co-, joint debtor.

'Mit,schü·ler *m,* **'Mit,schü·le·rin** *f* classmate, schoolmate, schoolfellow.

'mit,schwin·gen I *v/i* ⟨*irr, sep,* -ge-, h⟩ **1.** *phys.* resonate, covibrate. – **2.** *fig. cf.* mitklingen 2. – **II M~** *n* ⟨-s⟩ **3.** *verbal noun.* – **4.** *phys.* resonance, covibration.

'mit,sin·gen I *v/t* ⟨*irr, sep,* -ge-, h⟩ **1.** (*Lied, Melodie etc*) join in the singing of, sing (*s.th.*) (together) (with s.o.). – **II** *v/i* **2.** join in the singing, sing (together) (with s.o.): **alle sangen mit** they all joined in the singing, they all sang together. – **3. in einem Chor ~** to sing in (*od.* be a member of) a choir.

'mit,sol·len *v/i* ⟨*sep,* -ge-, h⟩ *colloq.* be supposed to go (along) (*od.* come along).

'mit,spie·len I *v/i* ⟨*sep,* -ge-, h⟩ **1.** play with s.o., take part (*od.* join, participate) in the game: **er will (bei uns) ~** he wants to play with us, he wants to take part in our game. – **2.** *fig.* play a part, come into play, be involved: **bei dem Plan spielten folgende Erwägungen** (*od.* **Überlegungen**) **mit** the following considerations came into play in connection with the plan; **es haben noch andere Gründe mitgespielt** other motives were involved too. – **3.** *fig. colloq.* (*mitmachen*) join in, take part, participate: **ich spiele nicht mehr (länger) mit** I won't take part any more, from now on you can count me out. – **4. j-m wird arg** (*od.* **böse, schlimm, hart**) **mitgespielt** *fig. colloq.* s.o. is ill used (*od.* treated badly): **das Schicksal spielte ihm hart mit** fate was very hard on him, fate used him very ill. – **5.** (*sport*) play, be on the team: **er ist verletzt und kann nicht ~** he cannot play because he is injured; **spielt X auch mit?** will X be on the team, too? – **6.** (*theater, film*) play (*od.* have, take) a part, be in the cast: **wer spielt beim „Hamlet" mit?** who plays a part in "Hamlet"? – **II** *v/t* **7.** play (*s.th.*) with s.o., take part in, participate in, join in. — **'Mit,spie·ler** *m* **1.** (*sport*) fellow player. – **2.** (*games*) partner. – **3.** (*theater, film*) supporting actor, (other) actor, (other) member of the cast.

'Mit,spra·che,recht *n* say.

'mit,spre·chen I *v/t* ⟨*irr, sep,* -ge-, h⟩ **1.** (*gemeinsam sprechen*) say (*s.th.*) together (with s.o.): **alle sprachen das Gebet mit** they all said the prayer together; **sprechen Sie die Worte mit** a) say the words I say, b) say the words together with me. – **2.** *cf.* **mitreden** I. – **II** *v/i* **3.** *cf.* **mitreden** II. – **4.** *fig. cf.* **mitspielen** 2.

'mit·ste·no·gra,phie·ren *v/t* ⟨*sep, no* -ge-, h⟩ write (*od.* take) (*s.th.*) down in shorthand, take shorthand notes of.

'mit,strei·ten *v/i* ⟨*irr, sep,* -ge-, h⟩ *cf.* mitkämpfen 1. — **'Mit,strei·ter** *m* ⟨-s; -⟩ *cf.* Mitkämpfer.

'Mit,strom *m mar.* wake current.

Mit·tag¹ ['mɪtaːk] **I** *m* ⟨-(e)s; -e⟩ **1.** (*Tageszeit*) noon, midday, noonday: **des ~s** at noon; **am ~** at noon; **gegen ~, um ~ herum** toward(s) (*od.* some time about) noon; **bis ~** until noon; **eines ~s** one day at noon; **es ist ~** it is noon. – **2.** *colloq.* (*Mittagspause*) lunch(time), lunch hour: **wir haben um 12 Uhr ~** our lunchtime is at 12 o'clock; **jetzt machen wir ~** let's have our lunch now; **ich fahre über ~ nach Hause** I am going home during lunchtime; **es ist ~** it's lunchtime. – **3.** (*Süden*) south: **die Sonne steht im ~** the sun stands in the south. – **4.** *poet.* noon: **er steht im ~ seines Lebens** (*od.* **seiner Jahre**) he stands at the noon of life. – **II m~** *adv* **5.** noon: **heute [gestern, morgen] ~** today [yesterday, tomorrow] at noon; **Dienstag ~** Tuesday at noon.

'Mit·tag² *n* ⟨-(e)s; *no pl*⟩ **1.** lunch, (*formell*) *bes. Br.* luncheon: **zu ~ essen** (*od. lit.* **speisen**) to (have) lunch; **j-n zu ~ einladen** to invite s.o. to lunch; **ich bin bei ihm zu ~ eingeladen** he has invited me to lunch; **bleib doch zu ~** please stay for lunch; **was gibt es zu ~?** what are we having for lunch? – **2.** (*Hauptmahlzeit des Tages*) dinner. [essen.]

'Mit·tag,brot *n* ⟨-(e)s; *no pl*⟩ *cf.* Mittag-

'Mit·tag,es·sen *n* **1.** lunch, (*formell*) *bes. Br.* luncheon: **wollen wir mit dem ~ auf ihn warten?** shall we wait with lunch for him? **das ~ ist fertig** lunch is ready. – **2.** (*Hauptmahlzeit des Tages*) dinner.

mit·tä·gig ['mɪtɛːgɪç] *adj* ⟨*attrib*⟩ (*an einem bestimmten Mittag*) **1.** noon, noonday, midday, noontime, noontide (*lit.*): **die ~e Hitze** the noonday heat, the heat at noon. – **2.** *astr. rare* meridian.

mit·täg·lich ['mɪtɛːklɪç] *adj* ⟨*attrib*⟩ (*jeden Mittag*) noon, noonday, midday, noontime, noontide (*lit.*): **der ~e Spaziergang** the noon (*od.* midday) walk.

'Mit·tag,mahl *n cf.* Mittagsmahl.

'mit·tags *adv* **1.** (at) noon, midday: **von ~ bis abends** from midday until evening; **(um) 12 Uhr ~, ~ (um) 12 Uhr, ~ um 12** at twelve noon; **dienstags ~** on Tuesday at noon, *bes. Am.* Tuesdays at noon; **~ sind die Geschäfte geschlossen** at noon shops are closed. – **2.** (*in der Mittagspause*) at lunch(time).

'Mit·tags|,aus,ga·be *f* (*einer Zeitung*) noon (*od.* midday) edition. — **~,blatt** *n* noon (*od.* midday) paper. — **~,blu·me** *f bot.* marigold, mesembryanthemum (*scient.*) (*Gattg Mesembryanthemum*). — **~,gast** *m* guest for lunch. — **~,glut, ~,hit·ze** *f* midday (*od.* noon, noonday) heat. — **~,hö·he** *f astr.* meridian altitude. — **~kon,zert** *n mus.* lunchtime concert. — **~,kreis** *m astr.* meridian (circle). — **~,li·nie** *f* meridian (line). — **~,mahl** *n,* **~,mahl,zeit** *f* **1.** midday meal. – **2.** *cf.* Mittagessen. — **~of·,fi·zi·um** *n relig.* none, nones *pl* (*construed as sg or pl*). — **~,pau·se** *f* lunch hour, lunch(time). — **~,punkt** *m astr.* meridional point. — **~,ru·he** *f* midday (*od.* noon, noonday) rest. — **~,schlaf** *m* (afternoon) nap, siesta: **einen ~ halten** (*od.* **machen**) to have (*od.* take) an afternoon nap. — **~,schläf·chen** *n cf.* Mittagsschlaf. — **~,son·ne** *f* **1.** midday (*od.* noon) sun. – **2.** (die) **~ haben** (*von Zimmer, Balkon etc*) to face the south. — **~,stun·de** *f* **1.** noon, midday, noonday, noontime, noontide: **es geschah um die ~** it happened at noontime (*od.* about noon). – **2.** (*Mittagspause*) lunch(time), lunch hour. — **~,ta·fel** *f lit. for* Mittagstisch 1. — **~,tisch** *m* **1.** dinner (*od.* dining) table. – **2. gutbürgerlicher ~** good home (*od.* plain) cooking; **~ für Studenten** meals *pl* (at reduced prices) for students. — **~,zeit** *f cf.* Mittagsstunde.

'mit·tag,wärts *adv obs.* toward(s) the south.

'mit,tan·zen I *v/t* ⟨*sep,* -ge-, h⟩ join in: **tanzt du den nächsten Tanz mit?** are you going to join in the next dance? **ich werde den nächsten Tanz nicht ~** I'll sit out the next dance. – **II** *v/i* join in the dancing, dance with s.o.: **wollen Sie nicht ~?** don't you want to dance (with us)?

'Mit,tä·ter *m jur.* principal in the second degree, accomplice, accessory, *auch* accessary. — **'Mit,tä·ter·schaft** *f* ⟨-; *no pl*⟩ complicity: **ein der ~ Verdächtiger** a conjunct person.

,Mitt'drei·ßi·ger [,mɪt-] *m* ⟨-s; -⟩ *colloq.* man in his middle thirties.

Mit·te ['mɪtə] *f* ⟨-; -n⟩ **1.** middle: **die genaue [ungefähre] ~** the exact [approximate *od.* rough] middle; **das ist ungefähr die ~** that's roughly the middle; **ziemlich die ~** more or less (*od.* fairly) the middle; **bis zur ~ der Straße fahren** to drive up to the middle of the road; **ein Blatt Papier in der ~ falten** to fold a sheet of paper in (*od.* down) the middle; **er ging in der ~** he was walking in the middle (*od.* between us); **wir nahmen ihn in die ~** we took him in the middle (*od.* between us); **etwas in die ~ stellen** to put s.th. in the middle; **in der ~ stehen** *auch fig.* to be (*od.* stand) in the middle; **X liegt in der ~ zwischen Hamburg und München** X lies halfway (*od.* in the middle) between Hamburg and Munich; **genau in der ~ (gelegen)** midmost, middlemost, centermost; **ab durch die ~!** *colloq.* off with you! clear out! (*colloq.*). – **2.** (*Mittelpunkt*) center, *bes. Br.* centre: **die ~ eines Kreises [einer Kugel]** the center of a circle [ball]. – **3.** (*zeitlich*) middle: **die ~ des Jahres [Tages]** the middle of the year [day]; **in der ~ des 18. Jahrhunderts** in the middle of the eighteenth century; **~ Mai** in the middle of May, in mid-May; **er ist ~ Vierzig** (*od.* **der Vierziger**) he is in his middle forties; **~ des Winters** midwinter; **~ der Woche** midweek; **in der ~ der** (*od.* **jeder**) **Woche** (stattfindend) midweekly. – **4.** *fig.* (*Mittelweg*) mean, medium: **die goldene [gute** *od.* **schöne, rechte] ~ finden [halten]** to find [to stick to] the golden [happy, just] mean (*od.* medium). – **5.** *fig.* midst: **sie wählten einen aus ihrer ~** they elected one from their midst (*od.* of their number); **wir freuen uns, dich in unserer ~ zu haben** (*od.* **sehen**) we are pleased to have (*od.* see) you among us (*od.* in our midst). – **6.** (*sport*) a) (*des Spielfelds*) center, *bes. Br.* centre, b) (*der Schießscheibe*) bull's-eye: **er traf (genau) die ~** he hit the bull's-eye. – **7.** *pol.* center, *bes. Br.* centre: **ein Politiker der linken ~** a politician of the left center. – **8. Reich der ~** (*China*) *hist.* Middle Kingdom. – **9.** *mar.* **~ des Schiffs** midship: **in der ~ des Schiffs (befindlich)** amidship(s). – **10.** *poet.* (*Taille*) waist.

'mit,teil·bar *adj* communicable. — **'Mit,teil·bar·keit** *f* ⟨-; *no pl*⟩ communicability.

'mit,tei·len I *v/t* ⟨*sep,* -ge-, h⟩ **1. j-m etwas ~** a) to communicate s.th. to s.o., to tell s.o. s.th., to pass s.th. on to s.o., b) (*informieren*) to inform (*od.* apprise, *Am. auch* apprize, advise) s.o. of s.th., to make s.th. known to s.o., to let s.o. know (of) s.th., to acquaint s.o. with s.th., to break s.th. to s.o., c) (*offenbaren*) to reveal (*od.* disclose) s.th. to s.o., d) (*andeuten*) to intimate s.th. to s.o., e) (*anvertrauen*) to confide s.th. to s.o., f) (*berichten*) to report s.th. to s.o., g) (*amtlich*) to notify s.o. of s.th., h) (*Wissen, Erfahrung etc*) to impart (*od.* transmit) s.th. to s.o., i) (*öffentlich*) to announce s.th. to s.o.: j-m seine Ansicht ~ to tell (*od.* give) s.o. one's opinion; teile ihm die Nachricht schonend mit break the news gently to him; ich erlaube mir, Ihnen mitzuteilen, daß I beg to inform you that. – **2.** *bes. phys.* impart, communicate, convey: einer Sache eine Bewegung ~ to impart motion to a thing. – **II** *v/reflex lit.* **3.** sich (j-m) ~ (*von Person*) a) to talk to (*od.* with) others (*od.* s.o.), b) to unbosom oneself (to s.o.), to open one's heart to s.o.: sie hatte ein dringendes Bedürfnis, sich (j-m) mitzuteilen she had a strong desire to talk to (*vertraulich* to confide in) s.o. – **4.** etwas teilt sich j-m [etwas] mit (*geht über auf*) s.th. affects (*od.* infects) s.o. [s.th.]: die Erregung teilte sich den Zuhörern mit the excitement spread through (*od.* infected) the audience. – **III M~** *n* ⟨-s⟩ **5.** *verbal noun.* – **6.** *cf.* Mitteilung.

ˈmitˌteil·sam *adj* **1.** communicative. – **2.** (*gesprächig*) talkative, chatty, expansive: ~ werden to become talkative, to open up. – **3.** (*geschwätzig*) loquacious, voluble. — **ˈMitˌteil·sam·keit** *f* ⟨-; *no pl*⟩ **1.** communicativeness, communicability. – **2.** talkativeness, chattiness, expansiveness. – **3.** loquaciousness, volubility.

ˈMitˌtei·lung *f* ⟨-; -en⟩ **1.** communication: eine vertrauliche ~ a) a confidential communication, b) *jur.* a privileged communication; mündliche ~ verbal communication, communication by word of mouth; schriftliche ~ note, letter, written communication. – **2.** (*Benachrichtigung*) information, report, advice, statement: laut ~ des Presseamtes according to information of the press office; j-m von etwas ~ machen (*officialese*) to inform s.o. of s.th., to report s.th. to s.o. – **3.** (*Nachricht*) message, news *pl* (*construed as sg or pl*). – **4.** (*Eröffnung*) revelation, disclosure. – **5.** (*amtliche*) notice, notification: schriftliche ~ notice in writing. – **6.** (*öffentliche*) communiqué, official bulletin, announcement. – **7.** *bes. phys.* communication, transmission, impartation.

ˈMitˌtei·lungs·beˌdürf·nis *n* urge (*od.* desire) to talk to (*od.* with) others (*od.* s.o.).

ˈMit·tel¹ *n* ⟨-s; -⟩ **1.** (*Hilfsmittel etc*) means *pl* (*construed as sg or pl*), *auch* mean, way: ~ und Wege finden to find means and ways; auf ~ und Wege sinnen to think of ways and means; kein ~ unversucht lassen to leave no means untried, to leave no stone unturned; alle erdenklichen ~ anwenden to use every possible (*od.* conceivable) means; das äußerste (*od.* letzte) ~ anwenden to turn to the last resort, to take extreme measures; ihm ist jedes ~ recht he stops (*od.* sticks) at nothing, he will go any length; ich habe noch mehr ~ zur Hand I have more than one string to my bow, I have more than one trick up my sleeve; die ~ besitzen, etwas zu tun to be in a position to do s.th.; der Zweck heiligt die ~ the end justifies the means; sie bedienen sich seiner als ~ zum Zweck they use him as a means to an end (*od.* stepping stone); j-n mit allen ~n bekämpfen to oppose s.o. with all the means at one's command; er dient ihr nur als ~ zum Zweck he only serves her as a means to an end, he is only a means to an end for her. – **2.** (*Methode*) method: zu solchen ~n habe ich nie Zuflucht genommen I have never resorted to such methods. – **3.** (*Maßnahme*) measure: welche ~ werden sie anwenden? what measures will they take? – **4.** (*Ausweg*) shift, expedient. – **5.** *fig.* (*Werkzeug*) tool, instrument, instrumentality, agent, device: Propaganda ist ein politisches ~ propaganda is a political device. – **6.** *pl* (*Anlagen, Reserven, auch geistige*) resources. – **7.** sich (für j-n *od.* etwas) ins ~ legen to mediate (*od.* interfere, intervene, intercede, interpose) (for s.o. *od.* s.th.). – **8.** *pl bes. econ.* (*Geldmittel*) means, resources, funds, wherewithal *sg*: reichliche ~ ample means; die ~ haben für to have the means for, to be able to afford; flüssige (*od.* verfügbare) [öffentliche] ~ liquid [public] funds; er verfügt über geringe ~ he is a man of slender means; meine ~ erlauben mir diese Ausgaben my resources allow me to incur this expenditure. – **9.** *fig.* (*Gegenmittel*) (gegen for, against) remedy: ~ gegen die Inflation remedies for inflation, deflationary instrument (*od.* device) *sg.* – **10.** *med.* remedy, cure, drug, medicine: ein blutstillendes ~ a styptic, a h(a)emostatic; ein schmerzstillendes ~ a painkilling (*Br.* pain-killing) remedy, a painkiller (*Br.* pain-killer); ein stärkendes ~ a tonic, a cordial. – **11.** *bes. math.* a) (*Durchschnitt*) average, b) (*Mittelwert*) mean: das ~ errechnen to work out the average; die Temperatur betrug im ~ 12° C the average temperature (*od.* temperature on the [*od.* an] average) was 12° C; das arithmetische (*od.* geometrische) ~ the arithmetic (*od.* geometric) mean. – **12.** *bes. phys.* (*Medium*) medium, agent: optisches ~ optical medium.

ˈMit·tel² *f* ⟨-; *no pl*⟩ *print.* English.

ˈMit·telˌach·se *f* (*eines Dreiecks*) median axis, midline.

ˈMit·telˌal·ter *n* ⟨-s; *no pl*⟩ **1.** *hist.* Middle Ages, *auch* middle ages *pl*, (*bes. frühes Mittelalter*) *auch* Dark Ages *pl*: in der Welt des ~s in the medi(a)eval world; Kenner des ~s medi(a)evalist; Geist des ~s medi(a)eval spirit, medi(a)evalism. – **2.** *colloq. humor.* (*einer Person*) middle age. — **ˈmit·telˌal·ter·lich I** *adj* **1.** *hist.* medieval, mediaeval, middle-age (*attrib*). – **2.** *fig.* medi(a)eval, old-fashioned, outmoded: seine ~en Ansichten his medi(a)eval views. – **3.** *colloq. humor.* (*Person*) middle-aged. – **II** *adv* **4.** die Leute leben hier noch ganz ~ the people here still live quite medi(a)evally.

ˈMit·tel|ame·ri·ka [-ʔaˈmeːrika] *n geogr.* Central America. — **m~ame·riˈka·nisch** *adj* Central American. — **m~asia·tisch** [-ʔaˈzĭaːtɪʃ] *adj* Central Asian. — **~ˈasi·en** *n* Central Asia. — **~balˌkon** *m* (*theater*) dress circle.

ˈmit·tel·bar I *adj* **1.** (*Wirkung, Einfluß etc*) indirect, mediate. – **2.** (*Schaden etc*) consequential. – **3.** *jur.* a) (*Besitz*) indirect, b) (*Besitzer, Zeuge*) intermediate. – **II** *adv* **4.** ~ beteiligt indirectly involved.

ˈMit·tel|ˌbau *m* **1.** (*Gebäude*) central (portion of a) building (*od.* tract). – **2.** *fig.* a) (*beim Beamtentum*) medium-salary positions *pl*, b) (*bei Industrie u. Handel*) middle-range posts *pl*, c) (*an Universität*) nonprofessional staff. — **~beˌtrieb** *m econ.* medium-sized enterprise. — **~ˌbo·gen** *m arch.* center (*bes. Br.* centre, main) arch. — **~ˌbrustˌring** *m zo.* (*der Insekten*) mesothorax.

ˈMit·tel·chen *n* ⟨-s; -⟩ **1.** *dim. of* Mittel¹. – **2.** home remedy. – **3.** unfair means *pl* (*construed as sg or pl*), mean (*od.* little) trick.

ˈMit·tel|ˌdarm *m med. zo.* midgut, mid-intestine. — **~ˌdecker** (*getr.* -k·k-) *m aer.* midwing monoplane. — **m~ˌdeutsch I** *adj* Central German. – **II** *ling.* **M~** ⟨*generally undeclined*⟩, das **M~e** ⟨-n⟩ Central (*od.* Middle) German. — **~ˌdeutschˌland** *n geogr.* Central Germany. — **~ˌding** *n* intermediate thing, compromise: ein ~ zwischen Hut und Mütze something between a hat and a cap. — **~ˌeinˌstieg** *m* (*railway*) midway entrance. — **~ˌen·te** *f zo. cf.* Schnatterente 1. — **~euˈro·pa** *n geogr.* Central Europe. — **m~eu·roˈpä·isch** *adj* Central European, *auch* Mid-European, Middle European: ~e Zeit Central European Time. — **~ˌfar·be** *f* **1.** (*paints*) intermediate (*od.* neutral) color (*bes. Br.* colour), middle tint (*od.* tone). – **2.** *phys.* secondary color (*bes. Br.* colour). — **m~ˌfein** *adj* medium-fine. — **~ˌfeld** *n* **1.** (*sport*) (*beim Fußball, Hockey*) midfield. – **2.** *her.* center (*bes. Br.* centre) field. — **~ˌfeldˌspie·ler** *m* midfield man. — **~ˌfell·entˌzün·dung** *f med.* mediastinitis. — **~ˌfin·ger** *m* middle (*od.* third) finger; medius, median digit (*scient.*). — **~ˌfran·ke** *m* Middle Franconian. — **m~ˌfrän·kisch** *adj* Middle Franconian. — **~freˌquenz** *f* (*radio*) mean frequency. — **m~ˌfri·stig** [-ˌfrɪstɪç] *adj econ.* medium-term (*attrib*). — **m~ˌfrüh** *adj agr.* medium-early.

ˈMit·telˌfuß *m* ⟨-es; *no pl*⟩ *med. zo.* metatarsus. — **~ˌkno·chen** *m* metatarsal (bone).

ˈMit·tel|ˌgang *m* **1.** (*im Kino, Zug etc*) center (*bes. Br.* centre) aisle, *bes. Br.* (centre) gangway. – **2.** (*eines Pferdes*) broken amble, entrepas. — **~geˌbir·ge** *n geogr.* low mountain range (*up to about 2,000 m high*). — **~geˌwicht** *n* (*sport*) middleweight. — **~geˌwicht·ler** *m* ⟨-s; -⟩ middleweight. — **~geˌwichtsˌklas·se** *f* middleweight (class). — **~ˌglied** *n* **1.** middle joint. – **2.** *med.* (*vom Finger, Zeh*) middle joint (*od.* phalanx). – **3.** *philos.* (*eines Schlusses*) middle (term). – **4.** *math.* intermediate term (*od.* member). — **~ˌgrie·chisch** ⟨*generally undeclined*⟩, das **~e** ⟨-n⟩ *ling.* Byzantine (Greek). — **m~ˌgroß** *adj* **1.** (*Person*) medium-size(d), (of) medium size. – **2.** (*Sache*) medium-large (*od.* -size[d]). — **~ˌgrö·ße** *f* medium size. — **~ˌgrund** *m* (*art*) middle distance (*od.* ground).

ˈMit·telˌhand *f* ⟨-; *no pl*⟩ **1.** *med.* metacarpus. – **2.** (*games*) (*beim Skat*) second hand: in der ~ sein (*od.* sitzen) to be second hand. — **~ˌkno·chen** *m med.* metacarpal (bone).

ˈMit·telˌhirn *n med.* midbrain, mesencephalon (*scient.*).

ˈmit·telˌhochˌdeutsch *ling.* **I** *adj* Middle High German. – **II M~** ⟨*generally undeclined*⟩, das **M~e** ⟨-n⟩ Middle High German.

ˈMit·telˌklas·se *f* **1.** *sociol.* middle class. – **2.** *econ.* a) medium quality, b) (*in bezug auf Auto*) middle class: ein Wagen der ~ a car in the medium range. — **~ˌwa·gen** *m* car in the medium range, middle-class car.

ˈMit·tel|ˌkreis *m* (*eines Spielfeldes*) center (*bes. Br.* centre) circle. — **~ˌkurs** *m* **1.** *econ.* average rate (of exchange). – **2.** *fig.* middle course, middle-of-the-road course: einen ~ steuern to steer a middle course; Politik des ~es middle-of-the-road policy. — **~ˌla·ge** *f mus.* middle register. — **m~ˌlän·disch** *adj* (*Klima etc*) Mediterranean. — **~laˌtein** *n ling.* Medi(a)eval Latin. — **m~laˌtei·nisch I** *adj* Medi(a)eval Latin. – **II M~** ⟨*generally undeclined*⟩, das **M~e** ⟨-n⟩ *cf.* Mittellatein. — **~ˌläu·fer** *m* (*sport*) center (*bes. Br.* centre) half. — **~ˌlei·ter** *m electr.* neutral (*od.* third) wire, central conductor. — **~ˌli·nie** *f* **1.** center (*bes. Br.* centre) line. – **2.** *math.* a) midline, median (*od.* medial) line, b) (*Halbierungslinie*) bisector, bisecting line. – **3.** *phys.* (*eines Magnets*) neutral zone. – **4.** *med. biol.* median line, midline. – **5.** (*sport*) center (*bes. Br.* centre) line, (*eines Fußballfeldes*) *auch* halfway line, (*eines Eishockeyfeldes*) *auch* middle line.

ˈmit·tel·los *adj* without means, poor, destitute, penniless, impecunious (*lit.*): ~ dastehen to be stranded (*od.* out of funds). — **ˈMit·tel·lo·se** *m, f* ⟨-n; -n⟩ destitute, poor person, person without means. — **ˈMit·tel·lo·sig·keit** *f* ⟨-; *no pl*⟩ want (*od.* lack) of means, destitution, poverty, pennilessness.

ˈMit·tel|ˌmäch·te, die *pol. hist.* the Central (European) Powers. — **~ˌmaß** *n* (*Durchschnitt*) medium, average.

ˈmit·telˌmä·ßig *adj* **1.** moderate, medium, middling: eine ~e Qualität a medium quality. – **2.** (*durchschnittlich*) average, medium: eine ~e Leistung an average performance. – **3.** *contempt.* mediocre, indifferent: ein ~es Buch a mediocre book. — **ˈMit·telˌmä·ßig·keit** *f* ⟨-; *no pl*⟩ **1.** moderateness. – **2.** *contempt.* mediocrity, indifference.

ˈMit·telˌmeer|ˌfie·ber *n med.* Malta fever. — **~ˌfruchtˌflie·ge** *f zo.* Mediterranean fruit fly (*Ceratitis capitata*).

ˈmit·telˌmee·risch *adj* (*Klima etc*) Mediterranean.

ˈMit·telˌmeer|ˌlän·der *pl geogr.* Mediterranean countries. — **~ˌraum** *m* Mediterranean area. — **~ˌschildˌlaus, ˈRo·te** *f zo.* palm scale, Mediterranean red scale (*Chrysomphalus dictyospermi*).

ˈMit·tel·moˌrä·ne *f geol.* medial moraine.

ˈmit·telˌnie·derˌdeutsch I *adj* Middle Low German. – **II** *ling.* **M~** ⟨*generally undeclined*⟩, das **M~e** ⟨-n⟩ Middle Low German.

ˈMit·telˌohr *n med.* middle ear, tympanic cavity, (ear)drum, tympanum (*scient.*). — **~ˌei·te·rung** *f* middle ear suppuration, suppurative middle ear otitis, otitis media purulenta (*scient.*). — **~entˌzün·dung** *f* inflammation of the middle ear; otitis media, tympanitis (*scient.*).

ˈMit·tel|ˌpfei·ler *m* **1.** *arch.* central pillar. – **2.** *civ.eng.* (*einer Brücke*) center (*bes. Br.* centre) pier. — **m~ˌpräch·tig** *colloq.*

humor. **I** *adj* middling, passable, tolerable, so-so (*pred*) (*colloq.*). – **II** *adv* wie geht es dir? ~ how are you? so-so (*od.* fair to middling). — ~ˌ**punkt** *m* **1.** middle, central point, midpoint. – **2.** *math.* a) (*eines Kreises etc*) center, *bes. Br.* centre, central (*od.* median) point, b) (*einer Ellipse*) focus: den ~ eines Kreises bestimmen to determine the center of a circle. – **3.** *fig.* center, *bes. Br.* centre: diese Frage bildet den ~ seines Vortrags this question is the center of his lecture. – **4.** *fig.* (*kultureller, geistiger, politischer etc*) center, *bes. Br.* centre, hub, heart. – **5.** *fig.* (*Brennpunkt*) focus, focal point: im ~ des Interesses stehen to be (in) the focus of interest, to be in the limelight. – **6.** *fig.* (*Hauptperson*) center (*bes. Br.* centre) of attention: sie war der ~ des Abends she was the center of attention of the evening; sie will immer ~ sein she always wants to be the center of attention, she is fond of the limelight (*colloq.*). – **7.** *her.* (*eines Wappenschildes*) nombril. – **8.** (*sport*) (*Anstoßmarke*) center (*bes. Br.* centre) spot. — ~ˌ**punktˌschu·le** *f ped.* center (*bes. Br.* centre) school (of rural districts).

'**Mit·telˌrei·he** *f* (*von Bänken*) middle row.

'**mit·tels** *prep* **I** ⟨*gen*⟩ by (means of), by (*od.* with) the help (*od.* aid) of, by way of, through, with: er öffnete die Tür ~ eines Stemmeisens he broke the door open with the help (*od.* by means) of a crowbar (*Br.* crow-bar). – **II** ⟨*nom*⟩ ~ Draht with wire. – **III** ⟨*dat*⟩ ~ Drähten with wires.

'**Mit·tel|ˌsalz** *n meist pl chem.* neutral (*od.* secondary) salt. — ~ˌ**schei·tel** *m Am.* center part, *bes. Br.* centre parting: sie trägt einen ~ she parts her hair in the middle. — ~ˌ**schie·ne** *f* (*railway*) center (*bes. Br.* centre) rail. — ~ˌ**schiff** *n arch.* nave, middle (*od.* center, *bes. Br.* centre) aisle. — **m**~ˌ**schläch·tig** [-ˌʃlɛçtɪç] *adj tech.* middle-shot, breast-shot (*beide attrib*): ~es Wasserrad middle-shot (*od.* breast) wheel; ~e Mühle center- (*bes. Br.* centre)-float mill. — ~ˌ**schmerz** *m med.* intermenstrual pain, midpain. — ~ˌ**schnep·fe** *f zo.* great snipe (*Capella media*). — ~ˌ**schu·le** *f ped. obs. for* Realschule. — ~ˌ**schü·ler** *m*, ~ˌ**schü·le·rin** *f obs. for* Realschüler(in). — ~ˌ**schulˌleh·rer** *m*, ~ˌ**schulˌleh·re·rin** *f obs. for* Realschullehrer(in). — **m**~ˌ**schwer** *adj* **1.** (*Verletzungen etc*) moderately severe, fairly serious. – **2.** (*Prüfung, Diktat etc*) of medium difficulty. — ~ˌ**schwer·geˌwicht** *n* (*sport*) (*beim Gewichtheben*) middle heavyweight. — ~ˌ**schwer·geˌwicht·ler** *m* ⟨-s; -⟩ middle heavyweight. — ~ˌ**schwert** *n mar. cf.* Kielschwert. — ~ˌ**senkˌrech·te** *f math.* perpendicular bisector.

'**Mit·telsˌmann** *m* ⟨-(e)s; -leute *od.* -männer⟩ **1.** middleman, intermediary, agent, negotiator: er nahm mit ihm Verbindung durch einen ~ auf he got in touch with him through a middleman; er hat es durch einen ~ erfahren he has learned it secondhand (*Br.* second-hand). – **2.** (*Vermittler*) mediator, intercessor, go-between.

'**Mit·tel|ˌsor·te** *f econ.* middling (*od.* medium) quality (*od.* grade). — ~ˌ**span·nung** *f* **1.** *electr.* medium voltage (*od.* tension). – **2.** *tech.* (*bei Werkstoffprüfung*) mean stress. — **m**~ˌ**spät** *adj agr.* medium-late. — ~ˌ**specht** *m zo.* middle-spotted woodpecker (*Dendrocopus medius*).

'**Mit·tels·perˌson** *f cf.* Mittelsmann.

'**mit·telst** *prep obs. for* mittels.

'**Mit·tel|ˌstadt** *f* medium-size(d) town. — ~ˌ**stand** *m sociol.* middle classes *pl*, *auch* middle class, bourgeoisie: gehobener ~ upper middle class. — **m**~ˌ**stän·dig** *adj bot.* central, perigynous (*scient.*). — **m**~ˌ**stän·disch** *adj sociol.* middle-class (*attrib*), bourgeois. — ~ˌ**steinˌzeit** *f geol. hist.* Mesolithic Age, Middle Stone Age. — **m**~ˌ**steinˌzeit·lich** *adj* Mesolithic. — ~ˌ**stel·lung** *f* intermediate position. — ~ˌ**stim·men** *pl mus.* middle (*od.* medium, inner) parts (*od.* voices). — ~ˌ**stra·ße** *f* **1.** central (*od.* middle) road (*od.* route). – **2.** *fig. cf.* Mittelweg 2.

'**Mit·tel|ˌstrecke** (*getr.* -k·k-) *f* **1.** average (*od.* medium) distance. – **2.** (*sport*) middle (*od.* medium) distance. – **3.** *aer.* medium range.

'**Mit·telˌstrecken|ˌflugˌzeug** (*getr.* -k·k-) *n aer.* medium-range airplane (*bes. Br.* aeroplane). — ~ˌ**lauf** *m* (*sport*) (*bei der Leichtathletik*) a) middle-distance running, b) (*Einzelwettbewerb*) middle-distance race. — ~ˌ**läu·fer** *m* middle-distance runner. — ~**raˌke·te** *f aer. mil.* medium-range (ballistic) missile.

'**Mit·telˌstreck·ler** *m* ⟨-s; -⟩ (*sport*) *cf.* Mittelstreckenläufer.

'**Mit·tel|ˌstrei·fen** *m* (*einer Autobahn*) median strip, *Br. auch* central reserve. — ~ˌ**stück** *n* **1.** middle (*od.* center, *bes. Br.* centre, central) piece (*od.* part), centerpiece, *bes. Br.* centrepriece, midportion. – **2.** *med.* (*von Röhrenknochen*) midshaft, diaphysis (*scient.*). – **3.** *gastr.* flank. – **4.** *tech.* middle (*od.* central) piece. – **5.** *metall.* (*eines Konverters*) body, bell. – **6.** *auto.* (*eines Wagens*) center (*bes. Br.* centre) portion (*od.* section). — ~ˌ**stu·fe** *f ped.* intermediate grade(s *pl*). — ~ˌ**stür·mer** *m* (*sport*) center (*bes. Br.* centre) forward. — ~ˌ**teil** *m cf.* Mittelstück 1. — ~ˌ**tier** *n zo.* mesotherium. — ~ˌ**ton** *m* **1.** *mus.* mediant. – **2.** (*art*) medium tone, half tint. — ~ˌ**wa·che** *f mar.* middle watch. — ~ˌ**wand** *f arch.* center (*bes. Br.* centre) wall. — ~ˌ**was·ser** *n* half tide. — ~ˌ**weg** *m* **1.** central path (*od.* way, lane). – **2.** *fig.* middle (course), mean, medium, compromise, via media: der goldene ~ the golden (*od.* happy) mean; einen ~ einschlagen to steer (*od.* adopt) a middle course.

'**Mit·telˌwel·le** *f* (*radio*) medium wave.

'**Mit·telˌwel·len|beˌreich** *m* (*radio*) medium-wave band. — ~ˌ**sen·der** *m* medium-wave transmitter.

'**Mit·tel|ˌwert** *m* **1.** *econ.* mean (*od.* average) (value). – **2.** *math. phys.* mean (value), average, median: quadratischer ~ root-mean-square. – **3.** *meteor.* average, mean (value). — ~ˌ**wort** *n ling.* participle: ~ der Gegenwart [Vergangenheit] present [past] participle. — ~ˌ**zim·mer** *n* central room.

mit·ten ['mɪtən] *adv* **1.** in (*od.* down) the middle: der Teller brach ~ entzwei the plate broke in (*od.* down) the middle. – **2.** (*mit Präposition*) in the middle (*od.* midst) (of): ~ am Tage in broad daylight; er wurde ~ aus der Unterredung abberufen he was called away in the middle of the conference; das Auto stand ~ auf der Wiese the car was in the middle of the meadow; er kehrte ~ auf dem Wege wieder um he turned back midway; er wählte einen ~ aus der Menge aus he chose one from among the crowd; der Pfad geht ~ durch den Wald the path goes right through (the middle of) the forest; ~ im Gewühl in the thick of the crowd; ~ im Atlantik in mid-Atlantic; ~ im Winter in the depth of winter; ~ in der Nacht in the middle (*od.* dead) of the night; ~ in der Stadt in the heart (*od.* center, *bes. Br.* centre) of the town, *Am.* downtown; der Schuß traf ihn ~ ins Herz the shot hit him right (*od.* directly) in the heart; ~ in der Saison at the height of the season; er steht ~ im Leben he has both feet planted firmly on the ground; er hielt ~ im Satz inne he stopped (*od.* broke off) in the middle of the sentence; er traf ~ ins Schwarze *auch fig.* he hit the bull's-eye; er war ~ unter ihnen he was in their midst; er trat ~ in die Pfütze he stepped right into (the middle of) the puddle. — ~'**drein** [ˌmɪtən-] *adv colloq.* right in(to) the middle (*od.* midst) of it. — ~'**drin** [ˌmɪtən-] *adv colloq.* **1.** (*im Gewühl etc*) right in the middle (*od.* midst) of it, in the thick of it. – **2.** (*im Vortrag etc*) right in the middle (*od.* midst) of it. — ~'**drun·ter** [ˌmɪtən-] *adv colloq.* among: an der Ecke stand eine Gruppe junger Mädchen, ~ meine Schwester a group of young girls was standing at the corner, among them my sister. — ~'**durch** [ˌmɪtən-] *adv colloq.* (straight *od.* right) through the middle (*od.* center, *bes. Br.* centre): der Stock brach ~ the stick broke right in (*od.* through) the middle; er schnitt den Apfel ~ he cut the apple clean through (*od.* in two). — **M**~**konˌtakt** *m phot.* hot flash contact: Aufsteckschuh mit ~ hot shoe mount.

ˌ**mit·ten'mang** [-'maŋ] *adv Northern G. colloq.* in among, in the (very) midst (*od.* middle), smack (bang) in the middle (*colloq.*): er befand sich ~ he found himself in the very middle.

'**Mit·terˌnacht** ['mɪtər-] *f* **1.** midnight: um ~ *cf.* mitternachts. – **2.** *obs.* (*Himmelsrichtung*) North.

'**mit·terˌnäch·tig** *adj* ⟨*attrib*⟩ *rare for* mitternächtlich.

'**mit·terˌnächt·lich** *adj* ⟨*attrib*⟩ **1.** midnight: zu ~er Stunde at the midnight hour. – **2.** (*nächtlich*) nocturnal. – **3.** *obs.* north, northern, northerly.

'**mit·terˌnachts** *adv* at (*od.* about, *Am.* around) midnight.

'**Mit·terˌnachts|ˌmes·se** *f röm.kath.* midnight mass. — ~ˌ**son·ne** *f* ⟨-; *no pl*⟩ midnight sun. — ~ˌ**stun·de** *f* midnight hour. — ~ˌ**zeit** *f* time of midnight.

'**Mittˌfa·sten** ['mɪt-] *pl röm.kath.* Mid-Lent *sg*, *bes.* Wednesday *sg* before Mid-Lent (*od.* Laetare) Sunday, *auch* Mid-Lent (*od.* Laetare) Sunday *sg*.

'**mit·tig** *adj tech.* (con)centric, central: ~e Last axial load.

'**mitt·ler** *adj* ⟨*attrib*⟩ **1.** middle: gib mir das ~e Buch give me the middle book; der M~e Osten the Middle East; ~es Alter middle age; im ~en Alter middle-age(d); ~e Reife *ped.* small (*od.* lesser) leaving certificate, (*in Großbritannien*) *etwa* General Certificate of Education Ordinary Level; ~er Beamter subordinate official. – **2.** (*durchschnittlich*) medium, average: ~e Begabung medium talent; ~e Feuergeschwindigkeit *mil.* average rate of fire; mit 90 km ~er Stundengeschwindigkeit at an average speed of 90 kilometers. – **3.** *cf.* mittelmäßig 1. – **4.** (*Preise etc*) medium. – **5.** (*zentral*) central, center, *bes. Br.* centre: ein ~er Stadtteil a central part of the city. – **6.** (*Betrieb etc*) medium-size(d). – **7.** *tech.* (*Druck etc*) mean, medium. – **8.** *math.* mean: ~er quadratischer Quadratwurzelwert root-mean-square value; ~e Proportionale mean proportional, geometric mean. – **9.** *mus.* middle: ~e Stimme middle (*od.* inner) part; ~e Stimmlage middle register. – **10.** *astr.* (*Mittag, Sonnenzeit etc*) mean. – **11.** *econ.* average: ~er Lohnsatz average wage rate; ~er Zahlungstermin average term of payment. – **12.** *mar.* (*Kurs, Hochwasser etc*) mean: ~er Tidenhub mean (tidal) range; ~er Tiefgang mean draft (*bes. Br.* draught).

'**Mitt·ler** *m* ⟨-s; -⟩ **1.** *cf.* Mittelsmann. – **2.** *relig.* mediator, intercessor. — ~ˌ**amt** *n relig.* mediatorship.

'**mitt·ler'wei·le** *adv* **1.** meanwhile, (in the) meantime, in the interim. – **2.** (*seitdem*) since (then).

'**mitˌtö·nen** *v/i* ⟨*sep*, -ge-, h⟩ **1.** sound simultaneously (*od.* in unison). – **2.** *mus.* (*von Orgelpfeifen*) (produce a) cipher. – **3.** *phys.* consonate.

'**mitˌtra·gen** *v/t* ⟨*irr, sep*, -ge-, h⟩ **1.** carry (*od.* bear) (*s.th.*) jointly (*od.* with others): j-m etwas ~ to help s.o. bear s.th., to carry s.th. with s.o. – **2.** *fig.* (*Verlust etc*) share: j-s Schmerz ~ to share s.o.'s grief.

'**mitˌtrin·ken I** *v/i* ⟨*irr, sep*, -ge-, h⟩ join in a drink: mit j-m ~ to have (*od.* take) a drink with s.o. – **II** *v/t* join drinking: trinkst du etwas mit? will you have a drink with me (*od.* us)? will you join me (*od.* us) in a drink?

'**mittˌschiffs** *adv mar.* amidships, *auch* amidship: Ruder ~! helm amidship!

'**Mittˌsom·mer** *m* ⟨-s; *no pl*⟩ midsummer. — ~ˌ**fest** *n* midsummer festival, St. John's Day. — ~ˌ**nacht** *f* midsummer night.

'**mittˌsom·mers** *adv* in midsummer.

'**mitˌtun** *v/i* ⟨*irr, sep*, -ge-, h⟩ *cf.* mitmachen 5, 6.

'**Mittˌwin·ter** *m* ⟨-s; *no pl*⟩ midwinter. — '**mittˌwin·ters** *adv* in midwinter.

'**Mittˌwoch** [-ˌvɔx] *m* ⟨-(e)s; -e⟩ Wednesday: am ~ (nachmittag) on Wednesday (afternoon); ~ früh (early) Wednesday morning; ~ abends (on) Wednesday evenings (*od.* nights). — ~ˌ**abend** *m* Wednesday evening (*od.* night).

'**mittˌwochs** *adv* on Wednesday(s), every (*od.* each) Wednesday, *bes. Am.* Wednesdays: ~ abends (on) Wednesday evenings (*od.* nights); ~ geschlossen closed on Wednesday(s).

Mi·tu ['miːtu] *m* ⟨-s; -s⟩ *zo.* mitu (*Mitua mitu*).

ˌ**mit'un·ter** *adv* (every) now and then (*od.* again), sometimes, occasionally, once in a while, from time to time.

'**mitˌun·terˌschrei·ben I** *v/t* ⟨*irr, sep, no* -ge-, h⟩ **1.** add one's signature to, sign (*s.th.*) jointly. – **2.** (*gegenzeichnen*) countersign. – **II** *v/i* **3.** add one's signature, sign jointly. – **4.** countersign.

'Mit,un·ter,schrift *f* **1.** joint signature. – **2.** countersignature.

'mit,un·ter,zeich·nen *v/i u. v/t* ⟨*sep, no* -ge-, h⟩ *cf.* mitunterschreiben.

'Mit,un·ter,zeich·ner *m* cosignatory *Br.* co-, joint signer.

'Mit,ur,sa·che *f* concurring (*od.* concurrent, additional, secondary, concomitant) cause (*od.* reason), concause.

'mit·ver,ant,wort·lich *adj* jointly responsible. — **'Mit·ver,ant,wor·tung** *f* ⟨-; *no pl*⟩ joint responsibility.

'mit·ver,die·nen *v/i* ⟨*sep, no* -ge-, h⟩ contribute to the family income, be gainfully employed (as well): **seine Frau verdient mit** his wife is contributing to the family income. — **'mit·ver,die·nend I** *pres p.* – **II** *adj* **die ~en Ehefrauen** wives having their own incomes, gainfully employed wives. — **'Mit·ver,die·ne·rin** *f* ⟨-; -nen⟩ working wife.

'Mit·ver,fas·ser *m* coauthor *Br.* co-.

'Mit·ver,haf·te·te *m* fellow arrestee.

'mit·ver,schul·den *jur.* **I** *v/t* ⟨*sep, no* -ge-, h⟩ **etwas ~** to be partly (*od.* partially) to blame for s.th. – **II M~** *n* ⟨-s⟩ *verbal noun*: **fahrlässiges M~** contributory negligence.

'Mit·ver,schwo·re·ne *m* fellow conspirator, coconspirator *Br.* co-.

'mit·ver,si·chern *v/t* ⟨*sep, no* -ge-, h⟩ *econ.* **1. etwas ~** to coinsure (*Br.* co-) s.th. – **2. j-n ~** to insure s.o. (along *od.* together) with s.o.: **die Kinder sind bei mir mitversichert** the children are insured along with me. — **'Mit·ver,si·cher·te** *m* jointly insured (person), joined insuree. — **'Mit·ver,si·che·rung** *f* **1.** (*von Sachen*) coinsurance *Br.* co-. – **2.** (*von Personen*) joint insurance.

'mit·ver,ur,sa·chen *v/t* ⟨*sep, no* -ge-, h⟩ *cf.* mitverschulden.

'Mit·ver,wal·tung *f* ⟨-; *no pl*⟩ coadministration *Br.* co-.

'Mit,welt *f* ⟨-; *no pl*⟩ (our) contemporaries *pl*, (the) contemporary (*od.* present) generation.

'mit,wir·ken I *v/i* ⟨*sep*, -ge-, h⟩ **1.** (*mitarbeiten*) (**an** *dat*, **bei**) contribute (to), assist (in), be instrumental (in): **bei der Ausarbeitung eines Plans ~** to assist in the drawing up of a plan. – **2.** (*beitragen*) (**an** *dat*) cooperate (*Br. auch* co-) (in), be instrumental (in): **an der Aufklärung eines Verbrechens ~** to cooperate in solving a crime. – **3.** (*teilnehmen*) (**an** *dat*, **bei**) take part (in), enlist (in), participate (in): **hast du daran** (*od.* **dabei**) **mitgewirkt?** did you take part (in it)? – **4.** (*im Konzert etc*) take a part (in), play (in), perform (in). – **5.** (*im Film, Theaterstück etc*) play (*od.* act) (a part) (in), act (in), perform (in). – **6.** (*zusammenwirken*) (**bei**) concur (in), contribute (to): **verschiedene Faktoren wirkten dabei mit** several factors contributed. – **7.** *med.* contribute, *auch* co(-)operate. – **II M~** *n* ⟨-s⟩ **8.** *verbal noun.* – **9.** *cf.* Mitwirkung.

'mit,wir·kend I *pres p.* – **II** *adj* **1.** cooperative *Br. auch* co-, cooperant *Br. auch* co-, collaborating, coworking *Br.* co-, instrumental. – **2.** *jur.* (*mitverursachend*) contributory, cooperative *Br. auch* co-. – **4.** *bes. phys.* coefficient. — **'Mit,wir·ken·de** *m, f* ⟨-n; -n⟩ **1.** (*Mitarbeiter*) assistant, cooperator *Br. auch* co-, contributor: **die an der Aufklärung dieses Falles ~n wußten, daß** those who had a part in the solution of this case knew that. – **2.** *mus.* player. – **3.** (*theater, film*) player, performer, actor: **~ sind** the cast includes.

'Mit,wir·kung *f* ⟨-; *no pl*⟩ **1.** *cf.* Mitwirken. – **2.** (*Mitarbeit*) contribution, assistance: **unter ~ von** with contribution of, assisted by; **wir danken Ihnen für Ihre tatkräftige ~** we thank you for your active assistance. – **3.** (*Beitrag*) cooperation *Br. auch* co-. – **4.** (*Teilnahme*) enlistment, participation. – **5.** (*im Konzert etc*) play, performance. – **6.** (*im Film etc*) play, performance, *auch* act. – **7.** *med.* contribution, cooperation *Br. auch* co-.

'Mit,wis·sen *n* ⟨-s; *no pl*⟩ **1.** joint knowledge: **ohne mein ~** without my knowledge, unknown to me. – **2.** *jur.* (*Kenntnis*) cognizance, cognisance, privity. — **'mit,wis·send** *adj* (**etwas**) **~** knowing ([of] s.th.), cognizant (*od.* cognisant) (of s.th.), privy (to s.th.).

'Mit,wis·ser *m* ⟨-s; -⟩ **1.** person in on a secret (*od.* privy to s.th., *colloq.* in the know), (*bes. Vertrauter*) confidant. – **2.** *jur.* accessory, *auch* accessary, privy. — **'Mit,wis·se·rin** *f* ⟨-; -nen⟩ **1.** person in on a secret (*od.* privy to s.th., *colloq.* in the know), (*bes. Vertraute*) confidante. – **2.** *jur. cf.* Mitwisser 2.

'Mit,wis·ser·schaft *f* ⟨-; *no pl*⟩ *jur.* cognizance, cognisance, privity, knowledge: **er wurde der ~ bezichtigt** he was accused of privity.

'mit,wol·len *v/i* ⟨*irr, sep*, -ge-, h⟩ *colloq.* want to go (along) with others.

'mit,zäh·len I *v/t* ⟨*sep*, -ge-, h⟩ **1.** take (*s.th.*) into account, include (*s.th.*) in the (ac)count: **die Abwesenden sind mitzuzählen** those absent are to be included in the count. – **II** *v/i* **2.** count along (*od.* with others): **zählen Sie bitte mit** please count along (*od.* with me). – **3.** *fig.* count, be of importance: **das zählt nicht mit** that doesn't count, that's of no importance.

'mit,zie·hen I *v/t* ⟨*irr, sep*, -ge-, h⟩ **1.** pull (*od.* drag) (*s.th.*) along. – **II** *v/i* ⟨h *u.* sein⟩ **2.** ⟨sein⟩ march (*od.* travel, journey) along (with others): **das fünfte Regiment zieht mit** the fifth regiment will also march (*od.* go). – **3.** ⟨h⟩ *fig. colloq.* follow suit. – **4.** ⟨h⟩ *hunt.* swing: **mit dem Gewehr ~** to swing the gun.

'Mix,be·cher *m* (cocktail) shaker.

Mixed Pick·les ['mɪkst 'pɪklz] (*Engl.*) *pl gastr.* mixed pickles (*assorted young vegetables pickled in vinegar*).

mi·xen ['mɪksən] *v/t* ⟨h⟩ **1.** (*Getränke*) mix. – **2.** *tech.* (*Musik, Geräusche etc*) mix.

'Mi·xer *m* ⟨-s; -⟩ **1.** (*Person*) cocktail (*od.* drink) mixer, bartender. – **2.** (*Küchenmaschine*) mixer. – **3.** *tech.* (*in Film, Funk u. Fernsehen*) mixer, mixing stage.

'Mix·ge,tränk *n* mixed drink.

mi·xo·ly·disch [mɪksoˈly:dɪʃ] *adj mus.* (*Tonart*) mixolydian.

'Mix,pick·les [-,pɪkəls] *pl gastr. cf.* Mixed Pickles.

Mix·te·ke [mɪksˈte:kə] *m* ⟨-n; -n⟩ *meist pl anthrop.* Mixtec, Mixteco.

Mix·tum com·po·si·tum ['mɪkstum kɔmˈpo:zitum] *n* ⟨- -; -ta [-ta] -ta [-ta]⟩ (*Mischmasch*) hodgepodge, *bes. Br.* hotchpotch.

Mix·tur [mɪksˈtu:r] *f* ⟨-; -en⟩ **1.** *auch pharm.* mixture. – **2.** *mus.* mixture (stop), (*der Orgel*) furniture (stop).

Mi·zell [miˈtsɛl] *n* ⟨-s; -e⟩, **Mi'zel·le** *f* ⟨-; -n⟩ *biol.* micelle, *auch* micella, micell.

MKS-Sy,stem [ɛmka:ˈʔɛs-] *n* ⟨-s; *no pl*⟩ *phys.* MKS system, meter- (*bes. Br.* metre-)kilogram-second system.

Mne·me ['mne:mə] *f* ⟨-; *no pl*⟩ *med. psych.* mneme, memory (trace). — **Mne·mo·nik** [mneˈmo:nɪk] *f* ⟨-; *no pl*⟩ *cf.* Mnemotechnik. — **Mne·mo·ni·ker** [mneˈmo:nikər] *m* ⟨-s; -⟩ *cf.* Mnemotechniker. — **mne·mo·nisch** [mneˈmo:nɪʃ] *adj cf.* mnemotechnisch. — **Mne·mo·tech·nik** [mnemoˈtɛçnɪk] *f* ⟨-; *no pl*⟩ mnemonics *pl* (*usually construed as sg*), *auch* mnemonic, mnemotechny. — **Mne·mo·tech·ni·ker** [mnemoˈtɛçnikər] *m* ⟨-s; -⟩ mnemonist, mnemonicalist, mnemotechnist. — **mne·mo·tech·nisch** [mnemoˈtɛçnɪʃ] *adj* mnemonic, mnemotechnic(al).

Moa ['mo:a] *m* ⟨-(s); -s⟩ *zo.* moa (*Fam. Dinornithidae*).

Moa·bi·ter [moaˈbi:tər] *m* ⟨-s; -⟩ *Bibl.* Moabite.

Mob [mɔp] *m* ⟨-s; *no pl*⟩ mob, rabble, rout.

Mö·bel ['mø:bəl] *n* ⟨-s; -⟩ **1.** *pl* furniture *sg*, furnishings. – **2.** *cf.* Möbelstück. – **3.** *fig. colloq.* (*großer Gegenstand*) outsized thing: **dieses ~ von Aschenbecher** this outsized ashtray. – **4. altes ~** (*Person*) *fig. colloq.* ancient fixture, old fog(e)y. — **~,aus,stel·lung** *f* furniture fair (*od.* exhibition). — **~fa,brik** *f* furniture factory. — **~fur,nier** *n tech.* furniture veneer. — **~ge,schäft** *n* furniture store (*bes. Br.* shop). — **~,händ·ler** *m* furniture dealer, dealer in furniture. — **~in·du,strie** *f* furniture industry. — **~,lack** *m* (*paints*) cabinet (*od.* furniture) varnish. — **~,la·den** *m cf.* Möbelgeschäft. — **~,la·ger** *n* furniture warehouse (*od.* storehouse). — **~,packer** (*getr.* -k·k-) *m bes. Am.* mover, *bes. Br.* remover. — **~po·li,tur** *f* furniture (*od.* French) polish. — **~spe·di,teur** *m bes. Am.* moving man, mover, *bes. Br.* removal contractor, remover. — **~,stoff** *m* (*textile*) upholstery (*od.* upholstering) fabric (*od.* cloth). — **~,stück** *n* piece of furniture: **zerlegbares ~** collapsible (*auch* collapsable) piece of furniture, *bes. Am. colloq.* knockdown. — **~,tisch·ler** *m* cabinetmaker, *Br.* cabinet-maker. — **~trans·por,teur** *m cf.* Möbelspediteur. — **~trans,port·ge,schäft** *n bes. Am.* (firm of) movers *pl*, *bes. Br.* (firm of) removers *pl*, removal contractors *pl.* — **~,über,zug** *m* **1.** furniture cover, *Br.* loose cover. – **2.** (*für nicht benutzte Möbel*) dust cover, slip cover, *Br.* slip-cover. — **~,wa·gen** *m bes. Am.* moving van, *bes. Br.* furniture (*od.* removal) van, *Br.* pantechnicon. — **~,zen·trum** *n* furniture supermarket, furniture center (*bes. Br.* centre).

mo·bil [moˈbi:l] *adj* **1.** (*beweglich*) mobile, movable: **ein ~es Büro unterhalten** to maintain a mobile office. – **2.** *mil.* (*Einheiten etc*) mobile: **~er Nachrichtentrupp** field intelligence team; **~ machen** a) *auch fig.* to mobilize (*Br. auch* -s-), b) *fig.* to perk (*s.o.*) up, to give (*s.o.*) a lift, (*aufwecken*) to rouse. – **3.** *colloq.* (*lebendig, munter*) active, lively, quick: **der Alte ist noch sehr ~** the old fellow is still very sprightly (*colloq.*); **nach dem Dienst begann er, ~ zu werden** after work he started to become lively (*od.* to liven up); **munter und ~** hale and hearty, alive and kicking (*colloq.*).

Mo·bi·le ['mo:bile] *n* ⟨-s; -s⟩ mobile.

Mo·bi·li·ar [mobiˈlia:r] *n* ⟨-s; -e⟩ **1.** furniture. – **2.** *cf.* Mobilien. — **~kre,dit** *m econ.* loan on movables (*od.* personal property). — **~,pfän·dung** *f jur.* distraint (*od.* execution) on chattels (*od.* furniture). — **~ver,mö·gen** *n econ. jur.* personal property (*od.* estate), (net) personalty, chattels *pl*, movables *pl.* — **~ver,si·che·rung** *f econ.* insurance of personal property.

Mo·bi·li·en [moˈbi:liən] *pl* movables, movable assets (*od.* property *sg*), chattels.

Mo·bi·li·sa·ti·on [mobilizaˈtsĭo:n] *f* ⟨-; -en⟩ **1.** *med.* (*operative*) mobilization *Br. auch* -s-. – **2.** *mil. cf.* Mobilmachung.

mo·bi·li·sie·ren [mobiliˈzi:rən] **I** *v/t* ⟨*no* ge-, h⟩ **1.** *mil.* mobilize *Br. auch* -s-. – **2.** *colloq.* mobilize *Br. auch* -s-, set (*s.th.*) in motion: **den müssen wir ~** we have to mobilize him. – **3.** *econ. cf.* verflüssigen 3. – **II M~** *n* ⟨-s⟩ **4.** *verbal noun.* — **Mo·bi·li'sie·rung** *f* ⟨-; -en⟩ **1.** *cf.* Mobilisieren. – **2.** *mil.* mobilization *Br. auch* -s-.

Mo·bi·lis·mus [mobiˈlɪsmus] *m* ⟨-; *no pl*⟩ *geol. phys.* (*Wandertektonik*) mobilism.

Mo·bi·li·tät [mobiliˈtɛ:t] *f* ⟨-; *no pl*⟩ mobility.

Mo'bil,ma·chung *f* ⟨-; -en⟩ *mil. auch fig.* mobilization *Br. auch* -s-: **die allgemeine ~** general mobilization; **die ~ befehlen** to order mobilization.

Mo'bil,ma·chungs|be,fehl *m mil.* mobilization (*Br. auch* -s-) order(s *pl*). — **~,plan** *m* mobilization (*Br. auch* -s-) scheme. — **~,tag** *m* mobilization (*Br. auch* -s-) day.

mö·blie·ren [møˈbli:rən] **I** *v/t* ⟨*no* ge-, h⟩ furnish: **wieder** (*od.* **neu**) **~** to refurnish. – **II M~** *n* ⟨-s⟩ *verbal noun.* — **mö'bliert I** *pp.* – **II** *adj* furnished: **ein ~es Zimmer** a furnished room, *Br. auch* a bed-sitter; **nicht ~** unfurnished; **ein ~er Herr** *fig. colloq.* a lodger, *bes. Am.* a roomer. – **III** *adv* **~ wohnen** to live in lodgings. — **Mö'blierung** *f* ⟨-; -en⟩ furnishing.

Moc·ca ['mɔka] *m* ⟨-s; -s⟩ *Austrian for* Mokka.

Mo·cha ['mɔxa; 'mɔka] *m* ⟨-s; *no pl*⟩, **~,stein** *m min.* Mocha stone, moss agate.

moch·te ['mɔxtə] *1 u. 3 sg pret*, **möch·te** ['mœçtə] *1 u. 3 sg pret subj of* mögen[1].

'Möch·te,gern *m* ⟨-(s); -e⟩ *iron. colloq.* would-be.

Mocke (*getr.* -k·k-) ['mɔkə] *f* ⟨-; -n⟩ *agr. dial. for* Zuchtschwein.

'Mock,tur·tle,sup·pe [-,tœrtəl-] *f gastr.* mock turtle soup.

mo·dal [moˈda:l] *adj ling. philos.* (*Konjunktion, Logik etc*) modal. — **M~ad,verb** *n ling.* modal adverb.

Mo·da·lis·mus [modaˈlɪsmus] *m* ⟨-; *no pl*⟩ *relig.* modalism.

Mo·da·li·tät [modaliˈtɛ:t] *f* ⟨-; -en⟩ **1.** *ling.* modality. – **2.** *philos.* modality, mode. – **3.** *econ.* proviso, procedure, arrangement.

Mo'dal|,lo·gik *f philos.* modal logic. — **~no·ta·ti,on** *f mus.* modal notation. — **~,satz** *m* **1.** *ling.* adverbial clause. – **2.** *philos.* modal proposition. — **~,verb** *n ling.* modal auxiliary verb.

Mod·der ['mɔdər] *m* ⟨-s; *no pl*⟩ *Low. G. cf.* Moder 3. — **'mod·de·rig, 'modd·rig** *adj Low G. for* morastig.

Mo·de ['mo:də] *f* ⟨-; -n⟩ **1.** fashion, vogue,

mode, style: **die herrschende ~** the vogue of the day, the prevailing fashion; **die neueste ~** the latest fashion (*od.* fad, rage, craze), the new look, (le) dernier cri; **Frau ~ diktiert** fashion dictates; **mit der ~ gehen** to follow fashion; **in ~ kommen** to come into fashion; **Miniröcke bleiben (in) ~** miniskirts remain in fashion (*od.* fashionable), miniskirts are still in (*colloq.*); **lange Röcke werden wieder ~** long skirts are coming in(to) fashion again; **Leder ist jetzt große ~** leather is all the rage (*od.* the latest craze, the latest fad); **die ~ schreibt vor, daß** fashion dictates that; **diese Hüte sind aus der ~ gekommen** these hats got (*od.* grew) out of fashion, these hats are outmoded; **sie macht jede ~ mit** she keeps up with (*od.* follows) the latest style. – **2.** *fig.* (*Zeitgeschmack*) vogue, fashion: **der Schriftsteller [Sänger] ist ganz aus der ~ gekommen** the writer [singer] is now entirely out of vogue. – **3.** *fig.* (*Sitte*) mode, custom, use, way: **wir wollen keine neuen ~n einführen** *colloq.* let's not start any new customs. – **4. große ~** fashion, fad, craze, all the rage: **es ist jetzt große ~, in die Oper zu gehen** it is very much the fashion nowadays to go to the opera; **dieses Jahr ist Italien große ~** this year it is the fad (*od.* everyone's craze) to go to (*od.* visit) Italy. — **~ar,ti·kel** *m* novelty, fashionable (*od.* fancy) article. — **~,aus,druck** *m* vogue word, *bes. Br. colloq.* in-word. — **~,ba·de,ort** *m* fashionable spa (*od.* bathing resort). — **~,da·me** *f* fashionable (*od.* stylish) lady, lady of fashion (*od.* style). — **~,dich·ter** *m* fashionable poet, poet in vogue (*od.* fashion). — **~,far·be** *f* fashionable color (*bes. Br.* colour), colo(u)r in fashion (*od.* vogue). — **~,geck** *m colloq.* dandy, fop, *Am. sl.* dude, *auch* 'clotheshorse'. — **~ge,schäft** *n* fashion store (*bes. Br.* shop). — **~,haus** *n* fashion house. — **~,heft** *n* fashion magazine (*od.* journal). — **~,krank·heit** *f* **1.** fashionable complaint (*od.* illness). – **2.** (*Modetorheit*) fashion mania. — **~,künst·ler** *m* fashion designer, couturier.

Mo·del ['mo:dəl] *m* ⟨-s; -⟩ **1.** *Southern G., Austrian, and Swiss* (wooden) butter (*od.* biscuit) mold (*bes. Br.* mould). – **2.** (*textile*) (*Muster beim Zeugdruck*) block. – **3.** *tech.* block. — **~,druck** *m* ⟨-(e)s; -e⟩ (*textile*) block printing.

'**Mo·de,li·nie** *f* fashion line.

Mo·dell [mo'dɛl] *n* ⟨-s; -e⟩ **1.** (*Muster, Vorbild, Urform*) model. – **2.** (*Modellkleid*) model (dress): **in Paris wurden neue ~e für Herbst und Winter vorgeführt** in Paris new autumn (*bes. Am.* fall) and winter models were shown. – **3.** (*Ausführung*) model, type, design: **das neueste ~ von Opel** the latest design of Opel. – **4.** (*Nachbildung*) mock-up. – **5.** (*art*) model: **für j-n ~ stehen** (*od.* **sitzen**), **j-m als ~ dienen** to (serve as a) model for s.o., to pose for s.o., to sit to s.o. – **6.** *cf.* Mannequin 1. – **7.** (*literature*) model, prototype: **er diente als ~ für den Helden des Romans** he served as a prototype for the hero of the novel. – **8.** *tech.* (*Erstkonstruktion*) prototype. – **9.** *metall.* (*in Gießerei*) pattern. – **10.** *tech.* (*beim Kopierfräsen*) master form. – **11.** *print.* print. – **12.** (*maßstabgetreue Verkleinerung von Schiff, Flugzeug etc*) model. — **~,bau** *m* model construction. — **~bau,ka·sten** *m* model construction kit. — **~,ei·sen,bahn** *f* model (*od.* toy) railway (*Am.* railroad).

Mo·del·leur [modɛ'lø:r] *m* ⟨-s; -e⟩ modeler, *bes. Br.* modeller, molder, *bes. Br.* moulder.

Mo'dell|,flug,zeug *n* model airplane (*bes. Br.* aeroplane) (*od.* aircraft), mock-up. — **~,for·mer** *m metall.* patternmaker, *Br.* pattern-maker. — **~,gips** *m* casting plaster.

Mo·del'lier|,bank *f* (*der Bildhauer*) banker. — **~,bo·gen** *m* cardboard sheet for cutting out models.

mo·del·lie·ren [modɛ'li:rən] **I** *v/t* ⟨*no* ge-, h⟩ **1.** (*nachbilden*) model. – **2.** *tech.* (*art*) model, form, shape, fashion, mold, *bes. Br.* mould: **etwas in Ton ~** to model s.th. in clay. – **II M~** ⟨-s⟩ **3.** *verbal noun.* — **Mo·del'lie·rer** *m* ⟨-s; -⟩ *cf.* Modelleur.

Mo·del'lier|,holz *n* (*art*) modeling (*bes. Br.* modelling) stick. — **~,klas·se** *f* model(l)ing class. — **~,mas·se** *f* plasticine. — **~,ton** *m* model(l)ing clay. — **~,wachs** *n* molding (*bes. Br.* moulding) wax.

Mo'dell|,kleid *n* model (dress). — **~,macher** *m metall.* patternmaker, *Br.* pattern-maker. — **~,pup·pe** *f* **1.** (*Schneiderbüste*) tailor's dummy. – **2.** (*Schaufensterpuppe*) mannequin, dummy. — **~,schuh** *m* model shoe. — **~,tisch·ler** *m metall.* patternmaker, *Br.* pattern-maker. — **~tisch·le,rei** *f metall.* (*Gießerei*) wood pattern (making) shop. — **~ver,trag** *m econ.* prototype contract. — **~,zeich·ner** *m* **1.** *tech.* pattern drawer. – **2.** (*art*) model drawer.

mo·deln ['mo:dəln] *v/t* ⟨h⟩ **1.** mold, *bes. Br.* mould, form. – **2.** (*Butter*) roll (*od.* stamp) a pattern on. – **3.** *colloq.* (*anpassen*) modulate. – **4.** *colloq.* (*ändern*) change.

'**Mo·de,narr** *m colloq. cf.* Modegeck.

'**Mo·den|,blatt** *n cf.* Modeheft. — **~,haus** *n cf.* Modehaus. — **~,schau** *f* fashion show (*od.* parade). — **~,zeich·ner** *m*, **~,zeich·ne·rin** *f cf.* Modezeichner(in). — **~,zeit,schrift**, **~,zei·tung** *f cf.* Modeheft.

'**Mo·de,pup·pe** *f fig. contempt.* doll.

Mo·der ['mo:dər] *m* ⟨-s; *no pl*⟩ **1.** (*Fäulnis*) decay, decomposition, rot(tenness), putrefaction: **nach ~ riechen** to smell rotten (*od.* of decay). – **2.** (*Schimmel*) mildew, mold, *bes. Br.* mould, must, mustiness. – **3.** *Low G.* mud.

Mo·de·ran·tis·mus [moderan'tɪsmʊs] *m* ⟨-; *no pl*⟩ *hist.* moderantism.

Mo·de·ra·ti·on [modera'tsĭo:n] *f* ⟨-; *no pl*⟩ **1.** *archaic od. dial. for* Mäßigung. – **2.** (*radio*) *telev.* (*einer Sendung*) presentation.

mo·de·ra·to [mode'ra:to] *mus.* **I** *adv u. adj* moderato. – **II M~** *n* ⟨-s; -s *u.* -ti [-ti]⟩ moderato.

Mo·de·ra·tor [mode'ra:tər] *m* ⟨-s; -en [-ra'to:rən]⟩ **1.** (*radio*) *telev.* moderator. – **2.** *relig.* moderator. – **3.** *nucl.* (*im Kernreaktor*) moderator.

'**Mo·der|,er·de** *f agr.* mold (*bes. Br.* mould) (humus). — **~,fisch** *m zo. cf.* Schlammfisch. — **~,fleck** *m* **1.** (*an der Wand etc*) damp spot (*od.* patch). – **2.** (*im Stoff, Tuch*) mildewy patch. – **3.** (*im Papier*) spot of mildew. – **4.** (*an gesalzenem Fleisch*) rust. — **m~,fleckig** (*getr.* -k·k-) *adj* **1.** (*Wand etc*) spotted with mildew. – **2.** (*Papier etc*) foxed, foxy. — **~ge,ruch** *m* **1.** musty (*od.* moldy, *bes. Br.* mouldy) smell, *bes. Br.* fust. – **2.** (*faulender*) rotten (*od.* putrid) smell. – **3.** (*einer Leiche*) cadaverous smell.

'**Mo·der,hin·ke** [-,hɪŋkə] *f* ⟨-; *no pl*⟩ *vet.* foot rot, necrotic pododermatitis (*scient.*).

mo·de·rie·ren [mode'ri:rən] *v/t* ⟨*no* ge-, h⟩ **1.** *archaic od. dial. for* mäßigen I. – **2.** (*radio*) *telev.* (*Sendung*) act as a moderator in, present.

'**mo·de·rig** *adj* **1.** (*faulend*) decaying, rotten, putrid, decomposed. – **2.** (*Geruch*) musty, fusty, moldy, *bes. Br.* mouldy. – **3.** (*schimmelig*) mildewy, mildewed, moldy, *bes. Br.* mouldy, musty. – **4.** (*Holz*) foxed, foxy.

'**Mo·der,kä·fer** *m zo.* mud beetle (*Lathridius angusticollis*).

mo·dern[1] ['mo:dərn] *v/i* ⟨h⟩ **1.** (*verfaulen*) decay, decompose, rot, putrefy, molder, *bes. Br.* moulder. – **2.** (*schimmeln*) mildew.

mo·dern[2] [mo'dɛrn] **I** *adj* ⟨-er; -st⟩ **1.** modern: **er hat das ~ste Radio gekauft** he bought the most modern (*od.* latest) radio (*bes. Br.* wireless). – **2.** (*gegenwärtig*) modern, present-day (*attrib*), contemporary: **~e Kunst** contemporary art. – **3.** (*fortschrittlich*) progressive, modern, advanced: **ein ~er Mensch** a progressive person; **~e Waffen** advanced (*od.* modern) weapons. – **4.** (*modisch*) modern, modish, fashionable, stylish, trendy, a la mode, *bes. Br.* à la mode: **das ist ~** that's quite the go (*colloq.*); **lange Kleider werden wieder ~** long dresses are coming into fashion (*od.* vogue) again; **eine ~e Frisur** a modern hairstyle, *bes. Br. colloq.* an in-hairstyle. – **5.** (*zeitgemäß*) up-to-date, *Am.* streamlined. – **6.** (*Roman etc*) current, modern. – **7.** *contempt.* newfangled. – **II** *adv* **8.** in a modern manner, modernly, modern (*colloq.*): **~ eingerichtet** a) (*Wohnung*) with all appointments, b) (*Betrieb, Küche etc*) with all the modern facilities, with all the improvements; **~ wohnen** to live modern; **~ denken** to think modern. – **9.** (*modisch*) fashionably, modishly, after the latest fashion: **sich ~ kleiden** to dress fashionably. – **III M~e, das** ⟨-n⟩ **10.** *cf.* Modernität.

Mo'der·ne *f* ⟨-; *no pl*⟩ **1.** (*Zeitgeist*) modern spirit (*od.* times *pl*, age). – **2.** (*art*) modern trend, modernity: **vor der ~ geschehen** (*od.* **lebend**) premodern, *Br.* pre-modern; **Vertreter der ~** representatives of the latest trend, modernists.

mo·der·ni·sie·ren [modɛrni'zi:rən] **I** *v/t* ⟨*no* ge-, h⟩ **1.** (*der Zeit anpassen*) modernize *Br. auch* -s-, bring (*s.th.*) up to date, *Am.* streamline. – **2.** (*fashion*) remodel (*a dress*) in the latest style. – **II M~** *n* ⟨-s⟩ **3.** *verbal noun.* — **Mo·der·ni'sie·rung** *f* ⟨-; -en⟩ **1.** *cf.* Modernisieren. – **2.** modernization *Br. auch* -s-, *Am.* streamlining.

Mo·der·nis·mus [modɛr'nɪsmʊs] *m* ⟨-; *no pl*⟩ **1.** modernism. – **2.** *relig.* modernism, *auch* Modernism. — **Mo·der'nist** [-'nɪst] *m* ⟨-en; -en⟩ **1.** modernist. – **2.** *relig.* modernist, *rare* new light. — **mo·der'ni·stisch** *adj* **1.** modernist(ic). – **2.** *relig.* modernist(ic).

Mo·der·ni·tät [modɛrni'tɛ:t] *f* ⟨-; *no pl*⟩ modernness, modernity, up-to-dateness.

'**Mo·der|,pilz** *m bot. cf.* Schimmelpilz. — **~,wes·pe** *f zo.* sapygid (*Fam. Sapygidae*).

'**Mo·de|,sa·che** *f* fashionable thing: **nach Italien in Urlaub zu fahren, ist eine ~** it is a fashionable thing to go to Italy for holidays. — **~sa,lon** *m* fashion house (*od.* salon). — **~,schau** *f cf.* Modenschau. — **~,schmuck** *m* costume jewelry (*bes. Br.* jewellery). — **~,schöp·fer** *m*, **~,schöp·fe·rin** *f* (*fashion*) fashion (*od.* dress) designer, stylist, *bes. Am.* styler. — **~,schöp·fung** *f* fashion creation. — **~,schrift,stel·ler** *m* fashionable writer (*od.* author), author in fashion (*od.* vogue). — **~,stil** *m* fashion style, (new) look. — **~,tanz** *m* fashionable (*od.* vogue) dance. — **~,tor·heit** *f* fad, craze, rage. — **~,wa·ren** *pl* fancy articles. — **~,welt** *f* ⟨-; *no pl*⟩ world of fashion, fashionable world. — **~,wort** *n* ⟨-(e)s; ¨er⟩ vogue word, fashionable expression. — **~,zeich·ner** *m*, **~,zeich·ne·rin** *f* fashion (*od.* dress) designer, stylist, *bes. Am.* styler. — **~,zeich·nung** *f* fashion drawing (*od.* plate). — **~,zeit,schrift**, **~,zei·tung** *f cf.* Modeheft.

Mo·di·fi·ka·bi·li·tät [modifikabili'tɛ:t] *f* ⟨-; -en⟩ *biol.* modifiability.

Mo·di·fi·ka·ti·on [modifika'tsĭo:n] *f* ⟨-; -en⟩ **1.** (*Abänderung*) modification, alteration. – **2.** (*Abart*) modification, diversification. – **3.** (*Einschränkung*) modification, qualification. – **4.** *biol. ling. chem.* modification.

mo·di·fi'zier·bar *adj* modifiable. — **Mo·di·fi'zier·bar·keit** *f* ⟨-; *no pl*⟩ modifiability, modifiableness.

mo·di·fi·zie·ren [modifi'tsi:rən] **I** *v/t* ⟨*no* ge-, h⟩ **1.** modify, alter: **einen Vertrag ~** to modify a treaty, to make a modification in a treaty. – **2.** (*einschränken*) modify, qualify. – **3.** *ling.* modify, qualify. – **4.** *biol. chem.* modify. – **II M~** *n* ⟨-s⟩ **5.** *verbal noun.* — **Mo·di·fi'zie·rung** *f* ⟨-; -en⟩ **1.** *cf.* Modifizieren. – **2.** *cf.* Modifikation.

mo·disch ['mo:dɪʃ] **I** *adj* fashionable, stylish, modish, vogue (*attrib*): **~e Kleidung tragen** to wear stylish clothes; **eine ~e Frisur** a fashionable hairdo; **~e Neuheiten** novelties. – **II** *adv* fashionably, stylishly, modishly, a la mode, *bes. Br.* à la mode: **~ gekleidet** stylishly dressed; **ihr Haar ist ~ kurz** her hair is fashionably short.

Mo·di·stin [mo'dɪstɪn] *f* ⟨-; -nen⟩ milliner.

'**mo·drig** *adj cf.* moderig.

Mo·dul ['mo:dʊl] *m* ⟨-s; -n⟩ **1.** *math. phys.* modulus. – **2.** *tech. arch.* module.

Mo·du·la·ti·on [modula'tsĭo:n] *f* ⟨-; -en⟩ **1.** *electr.* modulation. – **2.** *mus.* a) modulation, b) (*der Stimme*) modulation, cadence: (**melodische**) **~** a) inflection, *Br. auch* inflexion, b) *ling.* intonation; **chromatische [diatonische] ~** chromatic [diatonic] modulation.

Mo·du·la·ti'ons|,fä·hig·keit *f mus.* capability of modulation. — **~fre,quenz** *f electr.* modulating (*od.* modulation) frequency. — **~,röh·re** *f* modulation tube (*bes. Br.* valve), modulator. — **~,stel·le** *f mus.* transition. — **~trans·for,ma·tor** *m electr.* modulation transformer. — **~ver,zer·rung** *f* modulation distortion.

Mo·du·la·tor [modu'la:tər] *m* ⟨-s; -en [-la'to:rən]⟩ *electr.* modulator. — **~,röh·re** *f* modulator tube (*bes. Br.* valve).

mo·du·lie·ren [modu'li:rən] *v/t* ⟨*no* ge-, h⟩ **1.** *electr.* modulate. – **2.** *mus.* modulate: **etwas (melodisch) ~** to inflect s.th.

Mo·dus ['mo:dʊs] *m* ⟨-; Modi [-di]⟩ **1.** way, means *pl* (*construed as sg or pl*), method, modus: einen ~ zur Verständigung finden to find a way to come to an agreement, to find a means of agreement. – 2. (*Regel, Richtschnur*) rule: nach einem festgesetzten ~ handeln to act according to a set rule. – 3. *mus.* mode. – 4. *ling.* mood, mode: die Modi des Verbs the moods of the verb; der ~ des Indikativs [Konjunktivs] the indicative [subjunctive] mood. – 5. *philos.* mode. — ~ **pro·ce'den·di** [protse'dɛndi] *m* ⟨- -; -di -⟩ (way of) procedure. — ~ **vi'ven·di** [vi'vɛndi] *m* ⟨- -; -di -⟩ modus vivendi: einen ~ finden to find a modus vivendi.

Mo·fa ['mo:fa] *n* ⟨-s; -s⟩ motor-assisted bicycle.

Mo·fet·te [mo'fɛtə] *f* ⟨-; -n⟩ *geol.* mofette, *auch* moffette.

Mo·ge'lei *f* ⟨-; -en⟩ *colloq.* cheating, trickery. — **mo·geln** ['mo:gəln] *v/i* ⟨h⟩ *colloq.* 1. cheat, 'chisel' (*colloq.*), *Am. sl.* gyp: beim Kartenspielen ~ to cheat at cards. – 2. (*abschreiben*) crib.

mö·gen[1] ['mø:gən] **I** *v/aux* ⟨mag, mochte, mögen, h⟩ 1. (*zum Ausdruck der Möglichkeit od. der Wahrscheinlichkeit*) es mag sein, daß it may be that; sie mag 30 Jahre alt sein she may be (*od.* she looks about) 30 years old; das mag (wohl) sein that may be so, that's indeed possible; das mag wahr sein (*od.* stimmen) that may be true; der Himmel (*od. colloq.* Henker, Teufel) mag wissen, wo ich's hingelegt habe heaven (*od.* God, the devil) only knows where I have put it. – 2. (*zum Ausdruck der Frage od. Ungewißheit, Verwunderung etc*) wer mag das sein? who may that be? I wonder who that can be? wie mag das gekommen (*od.* geschehen) sein? how may it have happened? wer mag ihm das wohl gesagt haben? who may have told him? was mag das bedeuten? what can (*od.* does) that mean? wie hoch ~ die Kosten sein? what may the costs be? wie mag es ihm gehen? I wonder how he is getting along (*od.* may be); wie alt mag sie sein? how old can (*od.* may) she be? es mochten etwa 20 Leute dagewesen sein there may have been about 20 people present; wer mag das getan haben? who might (*od.* could) have done that? ... und wie sie alle heißen ~ and whatever their names may be. – 3. (*zum Ausdruck der Erlaubnis etc*) du magst es behalten *lit.* you may keep it; für dieses Mal mag es hingehen a) it will do this time, b) I'll let it pass this time. – 4. (*auffordernd, warnend etc*) let: er mag sich (nur) in acht nehmen he had better look out; ~ sie sich beschweren let them complain (about it); mag er zusehen, wie er durchkommt let him see how he gets along (*Am.* makes out), let him shift for himself; sag ihm, er möge nach Hause gehen tell him to go home. – 5. (*einräumend etc*) er mag wollen oder nicht, er muß whether he wants to or not, he must; er mag tun, was er will (*od.* was er auch [immer] tun mag), nie ist es recht he may do what he will (*od.* no matter what he does), it's always wrong; mag kommen, was da will, ich bleibe come what may I'm staying; er mag sagen, was er will let him say whatever he likes; mag es regnen, soviel es will let it rain as much as it will (*od.* ever so much); wie dem auch sein mag however that may be, be that as it may; nur qualifizierte Kräfte ~ sich melden only qualified persons should apply; man mag rechnen, wie man will, nie stimmt es any way you figure it, it does not work out. – 6. (*zum Ausdruck des Wunsches etc*) mögest du glücklich sein may you be happy; möge er lange leben may he live long; möge es ihm wohl bekommen *iron.* much good may it do (to) him. – 7. (*wollen*) want, like: ich mag noch nicht nach Hause gehen I do not want to go home yet; ich mag davon nichts mehr hören I don't want to hear any more about it, I will hear no more of it; ich mag damit nichts zu tun haben I don't want to have anything to do with it; ich mag es ihm nicht sagen I don't like to tell him; ich mag ihn nicht mehr sehen I don't want (*od.* wish, like) to see him any more; ich möchte wissen I should like to know, I'm curious to know, I wonder; ich möchte sagen I should like to say; ich möchte, daß ihr kommt I should like you to come, I want you to come; so gern ich auch möchte (as) much as I would like to; ich möchte laut jubeln I could shout with joy; ich möchte lieber hier bleiben I had (*od.* would) rather (*od.* I would prefer to) stay here; ich möchte, daß Sie es wissen I would like you to know it; ich möchte nicht, daß er es erfährt I don't want him to know; ich möchte nicht an seiner Stelle sein I would not like to be in his place; man möchte meinen one could almost think; man möchte rasend werden it's enough to drive one mad; ich möchte wohl behaupten, daß I would like to say that; ich hätte weinen ~ I could have cried; das hätte ich sehen ~ I would have liked to see that; das möchte ich doch (ein)mal sehen! *colloq.* I'd like to see that; da hätte ich dabeisein ~ I'd like to have been there. – **II** *v/i* ⟨*pp* gemocht⟩ 8. want, like: ich tue es nicht, weil ich nicht mag I don't do it, because I do not want to; ich möchte schon, aber I should like to all right, but. – **III** *v/t* ⟨*pp* gemocht⟩ 9. (*gerne haben*) like, be fond of: er mag sie [nicht] he likes [dislikes] her; ich mag keinen Kaffee I don't like coffee; ich mag lieber Tee I like tea better, I prefer tea; sie ~ sich they like each other. – 10. want, wish, like, desire: ich möchte ein Glas Wein I should like to have a glass of wine, I want a glass of wine; was möchten Sie? what do you want? what can I do for you? das möchtest du wohl? *iron.* that's what you think! ich mag so etwas nicht I dislike that kind of thing.

'mö·gen[2] *pp of* mögen[1] I.

'Mog·ler *m* ⟨-s; -⟩ *colloq.* 1. cheat(er), chisel(l)er (*colloq.*), *Am. sl.* gyp. – 2. (*Abschreiber*) cribber.

mög·lich ['mø:klɪç] **I** *adj* ⟨*no comp;* -st⟩ 1. possible: so schnell [so bald, so oft] wie ~ as quickly [as soon, as often] as possible; er versuchte alle ~en Ausflüchte he tried every possible excuse; ein Gemisch von allen ~en Sprachen a mixture of all sorts of languages, a hodgepodge, *bes. Br.* a hotchpotch; man muß alle ~en Fälle erwägen one must consider all possibilities (*od.* contingencies); wir müssen mit aller nur ~en Vorsicht zu Werke gehen we must proceed with all possible care (*od.* with due caution); ~ sein a) to be possible, b) *philos.* to subsist; das ist ~, wenn auch nicht wahrscheinlich that is possible, though not probable; das Unmögliche ~ machen to make the impossible possible, to achieve the impossible; er machte es ihm ~ zu entkommen he enabled him (*od.* made it possible for him) to escape; kannst du es ~ machen, morgen zu kommen? can you manage to come tomorrow? is it possible for you to come tomorrow? wenn es irgend ~ ist, werde ich ihm helfen if it is in any way possible I shall help him; es ist sehr wohl ~ it is very well possible; es ist ~, daß er heute kommt he may possibly come today; wo ~ if possible; wenn es mir ~ ist if it's possible for me, if I possibly can; ich will tun, was mir ~ ist I will do my best (*od.* what's in my power, what I can); das ist gut ~ that's quite possible, that may well be (*od.* happen); das ist eher ~ that's more likely; bei ihm ist alles ~ with him everything is possible; wie ist das ~? how is that possible? how does that come to be? how come? (*colloq.*); (das ist doch) nicht ~! you don't say so! it's not possible! it can't be! not really! no kidding! (*colloq.*). – 2. (*durchführbar*) feasible, practicable, possible: ein ~er Plan a feasible plan; ein Gegenangriff ist ~ a counterattack (*Br.* counter-attack) is feasible. – 3. (*etwaig*) eventual, potential: ein ~er Markt [Verbrecher] a potential market [criminal]; bei ~en Schwierigkeiten in case of difficulties, should any difficulties arise (*od.* occur); der Gedanke an einen ~en Krieg ist mir nie gekommen the thought of an eventual war has never occurred to me. – **II M~e, das** ⟨-n⟩ 4. the possible: M~es und Unmögliches (the) possible and (the) impossible; im Rahmen des M~en within the limits of what is possible, within one's means; alles M~e in Betracht ziehen to consider all possibilities (*od.* everything possible). – 5. (*mit Kleinschreibung*) alles ~e all sorts of things.

'mög·li·chen'falls *adv cf.* möglicherweise.

'mög·li·cher'wei·se *adv* possibly, maybe, perhaps: ~ hast du recht you are possibly right, maybe you are right.

'Mög·lich·keit *f* ⟨-; -en⟩ 1. possibility: es gibt zwei ~en there are two possibilities; zwischen zwei ~en wählen müssen to have to choose between two possibilities; es gibt (*od.* existiert, besteht) die ~, den Fehler zu korrigieren there is (*od.* exists) the possibility of correcting the error; ich sehe keine ~, ihn zu retten I can see no possibility of saving him; ich hatte keine andere ~, als nachzugeben I had no other possibility (*od.* no alternative) but to give in; nach ~ if possible; ist es (*od.* das) (denn) die ~ *colloq.* it's not possible! you don't say so! – 2. possibility, opportunity, occasion, chance: ungeahnte ~en undreamed-of (*auch* undreamt-of) possibilities; die letzte ~ the last possibility; er hatte wenig ~, gute Musik zu hören he had little opportunity of hearing good music (*od.* to hear good music); j-m die ~ geben, etwas zu tun to give s.o. the opportunity of doing s.th.; seine ~en gut nutzen to make the best of one's opportunities; Amerika, das Land der unbegrenzten ~en America, the country of unlimited opportunities. – 3. (*Aussicht*) possibility, chance, vista: wie sind die ~en zu gewinnen? what are the chances of winning? ich sehe große ~en in diesem Plan I see great possibilities in this plan; eine Entdeckung, die neue ~en eröffnet a discovery that opens up new possibilities. – 4. (*Durchführbarkeit*) feasibility, practicability. – 5. *pl* (*Entwicklungsmöglichkeiten*) potentialities, potentials: ein Land mit großen wirtschaftlichen ~en a country with great economic potentialities. – 6. (*mögliches Ereignis*) possibility, contingency, eventuality: man muß mit allen ~en rechnen (*od.* alle ~en einkalkulieren) one has to reckon with (*od.* take into consideration) all contingencies. – 7. (*Wahrscheinlichkeit*) probability, likelihood. – 8. *pl* (*geeignete Einrichtungen*) facilities: dort hat man gar nicht die ~en they lack the facilities there. – 9. *jur.* ~(, etwas zu wählen) option; im Bereich der ~ in posse.

'Mög·lich·keits,form *f ling.* 1. subjunctive (mood). – 2. *cf.* Potentialis.

'mög·lichst I *sup of* möglich. – **II** *adv* ~ gut [schnell, bald, viel, wenig] as good [quick, early, much, little] as possible: komm ~ schnell zurück come back as quickly as possible. – **III** (*substantiviert mit Kleinschreibung*) sein ~es tun to do one's level best (*od.* one's utmost), to do everything in one's power.

Mo·gul ['mo:gʊl] *m* ⟨-s; -n⟩ *hist.* Mogul.

Mo·hair [mo'hɛ:r] *m* ⟨-s; -e⟩ (*textile*) mohair, angora (wool): aus ~ mohair (*attrib*).

Mo·ham·me·da·ner [mohame'da:nər] *m* ⟨-s; -⟩, **Mo·ham·me'da·ne·rin** *f* ⟨-; -nen⟩ Muhammadan, Mohammedan, Muslim, Moslem, *auch* Muslem: ~ werden to turn Mohammedan. — **mo·ham·me'da·nisch** *adj* Muhammadan, Mohammedan, Muslim, Moslem, *auch* Muslem. — **Mo·ham·me·da'nis·mus** [-da'nɪsmʊs] *m* ⟨-; *no pl*⟩ Muhammadanism, Mohammedanism, Muslimism, Islam.

Mo·här [mo'hɛ:r] *m* ⟨-s; -e⟩ (*textile*) *cf.* Mohair.

Mo·hi·ka·ner [mohi'ka:nər] *m* ⟨-s; -⟩ Mahican, Mohican: der letzte (*od.* der Letzte der) ~ *auch fig. humor.* the Last of the Mohicans (*after the novel by Cooper*).

Mohn [mo:n] *m* ⟨-(e)s; *rare* -e⟩ 1. *bot.* poppy (*Gattg Papaver*): Orientalischer ~ oriental poppy (*P. orientale*). – 2. *econ. cf.* Mohnsame(n). — **m~,ar·tig** *adj* like poppy, papaverous (*scient.*). — **~,bie·ne** *f zo.* poppy bee (*Osmia papaveris*). — **~,blu·me** *f bot.* poppy (*Gattg Papaver*). — **~,bröt·chen** *n gastr.* roll with poppy seeds on top. — **~ge,wäch·se** *pl bot.* Papaveraceae (*Fam. Papaveraceae*): zu den ~n gehörig papaveraceous. — **~,kap·sel** *f* poppy head. — **~,kopf** *m cf.* Mohnkapsel. — **~,kör·ner** *pl* poppy seed *sg.* — **~,ku·chen** *m gastr.* poppy-seed cake. — **~,öl** *n* poppy-seed oil, *auch* poppy oil. — **~,saft** *n* poppy (juice). — **~,sa·me(n)** *m econ.* poppy seed, maw (seed). — ~ˌ**sem·mel** *f Bavarian and Austrian for* Mohnbrötchen. — ~ˌ**si·rup** *m med.* syrup of poppies; diacodion, *auch* diacodeum (*scient.*). — ~ˌ**strie·zel**, ~ˌ**zopf** *m gastr.* poppy-seed cake.

Mohr [moːr] *m* ⟨-en; -en⟩ **1.** *obs. od. humor.* negro, blackamoor, Ethiopian: einen ~en bleichen (*od.* weiß waschen, weiß machen) wollen *fig. colloq.* to wash a blackamoor white, to milk the pigeon; schwarz wie ein ~ sein to be (as) black as pitch (*od.* as [the] night, as soot); der ~ hat seine Schuldigkeit getan, der ~ kann gehen (*nach Schiller*) the moor has done his duty, let him go. – **2.** *zo. cf.* Rappe.

Möh·re [ˈmøːrə] *f* ⟨-; -n⟩ *bot.* carrot (*Daucus carota*): Wilde ~ wild carrot, devil's-plague, bird's-nest (plant), Queen Anne's lace (*D. carota*).

ˈ**Möh·renˌflie·ge** *f zo.* carrot rust fly (*Psila rosae*).

ˈ**Moh·ren|ˌhir·se** *f bot.* negro corn, durra (*Sorghum vulgare*). — ~ˌ**kopf** *m* **1.** *gastr.* (*Gebäck*) Moor's (*od.* Negro's) head. – **2.** *her.* Saracen's (*od.* Moor's) head. – **3.** *zo.* (*Haustaubenrasse*) black-headed pigeon. — ~ˌ**ler·che** *f zo.* black lark (*Melanocorypha yeltonensis*). — ~ˌ**ma·kak** *m* moor macaque (*od.* monkey) (*Macaca maurus*). — ~ˌ**ma·ki** *m* black lemur (*Lemur macaco*). — ~**manˌga·be** *f* black mangabey (*auch* mangaby) (*Cercocebus aterrimus*).

ˈ**Möh·renˌmot·te** *f zo.* **1.** carrot-blossom moth (*Depressaria purpurea*). – **2.** parsnip webworm (*Schistodepressaria depressella*).

ˈ**Moh·ren|ˌmüt·ze** *f zo.* hooded merganser (*Lophodytes cucullatus*). — ~ˌ**pa·vi·an** *m cf.* Mohrenmakak.

ˈ**Möh·renˌsaft** *m gastr.* carrot juice.

ˈ**Moh·ren|ˌtau·be** *f zo. cf.* Mohrenkopf 3. — ~ˌ**trom·mel** *f mus.* tambourine, Moorish tabor. — ~ˌ**wä·sche** *f fig. colloq.* whitewash(ing).

ˈ**Moh·rin** *f* ⟨-; -nen⟩ *obs. od. humor. cf.* Mohr 1.

Möh·rin·gie [møˈrɪŋgĭə] *f* ⟨-; -n⟩ *bot. cf.* Nabelmiere.

ˈ**Mohrˌrü·be** *f bot. cf.* Möhre.

Moi·ré [mŏaˈreː] *m, n* ⟨-s; -s⟩ (*textile*) *telev. print.* moiré, moire. — ~ˌ**sei·de** *f* (*textile*) watered silk.

moi·rie·ren [mŏaˈriːrən] *v/t* ⟨*no* ge-, h⟩ **1.** (*textile*) moiré, moire, tabby, water, cloud, wave. – **2.** *print.* moiré, moire. — **moiˈriert I** *pp.* – **II** *adj* **1.** (*textile*) moiré, moire, tabby, watered, cloudy, clouded, waved: nicht ~ unwatered; ~er Stoff moiré, moire. – **2.** *print. telev.* moiré, moire.

mo·kant [moˈkant] *adj* (*Lächeln etc*) mocking, (*stärker*) sardonic, sarcastic, sneering.

Mo·kas·sin [mokaˈsiːn; ˈmɔ-] *m* ⟨-s; -s *u.* -e⟩ (*weicher Lederschuh*) mocassin. — ~ˌ**schlan·ge** *f zo.* a) water mocassin, cottonmouth (mocassin) (*Agkistrodon piscivorus*), b) (Southern) copperhead, highland mocassin (*A. contortrix*).

Mo·ker [ˈmoːkər] *m* ⟨-s; -⟩ *mar.* (shipwright's two-faced) iron maul (*od.* mallet).

Mo·kett [moˈkɛt] *m* ⟨-s; *no pl*⟩ (*Möbelplüsch*) moquette.

mo·kie·ren [moˈkiːrən] *v/reflex* ⟨*no* ge-, h⟩ sich über j-n [etwas] ~ a) to mock (*stärker* sneer) at s.o. [s.th.], b) to make fun of s.o. [s.th.], to poke fun at s.o. [s.th.].

Mok·ka [ˈmɔka] *m* ⟨-s; -s⟩, ~ˌ**kaf·fee** *m* mocha (coffee). — ~ˌ**löf·fel** *m* coffee spoon, *Am.* demitasse spoon. — ~**maˌschi·ne** *f* espresso (*od.* mocha) machine. — ~ˌ**stein** *m min. cf.* Mochastein. — ~ˌ**tas·se** *f* demitasse, *Br.* demi-tasse.

Mo·ko [ˈmoːko] *m* ⟨-s; -s⟩ *zo. cf.* Felsenmoko.

Mol [moːl] *n* ⟨-s; -e⟩ *chem. phys.* mole, (gram) molecule, gram-molecular weight.

Mo·la·li·tät [molaliˈtɛːt] *f* ⟨-; *no pl*⟩ *chem.* molality.

ˈ**Mol·äqui·va·lent** *n chem.* molar equivalent.

mo·lar [moˈlaːr] *adj phys. chem.* molar, molal, molecular.

Moˈlar *m* ⟨-s; -en⟩ *med.* molar (tooth).

Mo·la·ri·tät [molariˈtɛːt] *f* ⟨-; *no pl*⟩ *chem.* molar concentration, molarity.

MoˈlarˌZahn *m med. cf.* Molar.

Mo·las·se [moˈlasə] *f* ⟨-; *no pl*⟩ *geol.* Molasse.

Molch [mɔlç] *m* ⟨-(e)s; -e⟩ *zo.* **1.** salamander (*Fam. Salamandridae*). – **2.** water newt, triton (*Gattg Triturus*).

Mol·da·wit [mɔldaˈviːt; -ˈvɪt] *m* ⟨-s; -e⟩ *min.* moldavite.

Mo·le[1] [ˈmoːlə] *f* ⟨-; -n⟩ *mar.* breakwater, jetty, mole.

ˈ**Mo·le**[2] *f* ⟨-; -n⟩ *med.* mole.

Mo·le·kül [moleˈkyːl] *n* ⟨-s; -e⟩ *chem. phys.* molecule. — ~ˌ**anˌord·nung** *f* molecular arrangement (*od.* structure).

mo·le·ku·lar [molekuˈlaːr] *adj chem. phys.* molecular.

Mo·le·kuˈlar|beˌwe·gung *f chem. phys.* molecular (*od.* Brownian) motion (*od.* movement). — ~**bio·loˌgie** *f* molecular biology. — ~**de·stil·la·tiˌon** *f chem. phys.* molecular (*od.* high-vacuum) destillation. — ~**geˌwicht** *n* molecular weight. — ~ˌ**kraft** *f* molecular force (*od.* energy). — ~ˌ**strahl** *m* molecular beam (*od.* ray). — ~ˌ**wär·me** *f* molecular heat.

ˈ**Mo·len|ˌkopf** *m mar.* pierhead, molehead. — ~ˌ**schwan·ger·schaft** *f med.* molar pregnancy.

mo·le·stie·ren [molɛsˈtiːrən] *v/t* ⟨*no* ge-, h⟩ *obs. od. dial. for* belästigen.

Mo·let·te [moˈlɛtə] *f* ⟨-; -n⟩ **1.** (*Mörserkeule*) pestle. – **2.** *tech.* (*Rändelrad*) knurl. – **3.** *print.* (*Prägewalze*) embossing roller. – **4.** (*textile*) grooved roller.

ˈ**Mol·geˌwicht** *n phys. chem.* molar weight.

Mo·li·nis·mus [moliˈnɪsmʊs] *m* ⟨-; *no pl*⟩ *relig.* Molinism.

molk [mɔlk] *1 u. 3 sg pret of* melken.

Mol·ke [ˈmɔlkə] *f* ⟨-; -n⟩ (*Käsewasser*) whey.

möl·ke [ˈmœlkə] *1 u. 3 sg pret subj of* melken.

ˈ**Mol·ken** *m* ⟨-s; *no pl*⟩ *dial. for* Molke. — ~ˌ**kä·se** *m gastr.* green cheese. — ~ˌ**kur** *f med.* whey cure.

Mol·keˈrei *f* ⟨-; -en⟩, ~**beˌtrieb** *m* dairy, creamery.

Mol·keˈrei|ˌbut·ter *f gastr.* factory(-made) butter. — ~**geˌnos·sen·schaft** *f* dairy cooperative (*Br. auch* co-operative). — ~**proˌdukt** *n* dairy product. — ~ˌ**wirt·schaft** *f* dairy farming (*od.* husbandry), dairying.

ˈ**mol·kig** *adj* wheyey, wheyish.

Moll [mɔl] *n* ⟨-; -⟩ *mus.* minor (key).

Mol·la [ˈmɔla] *m* ⟨-s; -s⟩ *relig.* (*mohammedanischer Titel*) mulla(h).

ˈ**Moll·akˌkord** *m mus.* minor chord.

Mol·le [ˈmɔlə] *f* ⟨-; -n⟩ (*in Berlin*) **1.** beer glass. – **2.** glass of beer.

Möl·ler [ˈmœlər] *m* ⟨-s; -⟩ *metall.* (blast-furnace) burden. — ˈ**möl·lern I** *v/t* ⟨h⟩ (*Hochofen*) burden. – **II** *v/i* mix the burden.

ˈ**Möl·lerˌwa·gen** *m metall.* burden-charging carriage.

mol·lig [ˈmɔlɪç] **I** *adj* **1.** (*angenehm warm*) pleasantly (*od.* cozily, cosily) warm: eine ~e Wärme a pleasant (*od.* cozy) warmth. – **2.** (*angenehm weich*) snug, soft, downy: eine ~e Decke a snug blanket. – **3.** *colloq.* (*rundlich*) plump: eine kleine ~e Dame a small, plump lady; sie ist ein bißchen ~ geworden she has become a little plump, she has put on some weight. – **II** *adv* **4.** ~ warm pleasantly (*od.* cozily, cosily) warm.

ˈ**Moll|ˌklang** *m mus.* minor chord (*od.* harmony). — ~ˌ**maus** *f zo. cf.* Schermaus. — ~ˌ**tonˌart** *f mus.* minor key: parallele ~ relative minor key. — ~ˌ**tonˌlei·ter** *f* minor scale.

Mol·lus·ke [mɔˈlʊskə] *f* ⟨-; -n⟩ *zo. cf.* Weichtier.

Mo·loch[1] [ˈmoːlɔx] *npr m* ⟨-s; *no pl*⟩ *relig.* (*semitischer Gott*) Moloch.

ˈ**Mo·loch**[2] *m* ⟨-s; -e⟩ **1.** (*unersättliche Macht*) Moloch, juggernaut. – **2.** *zo.* moloch, thorn devil (*Moloch horridus*).

ˈ**Mo·lochˌei·dech·se** *f zo. cf.* Moloch[2] 2.

ˈ**Mo·lo·towˌcock·tail** [ˈmoːlotɔf-] *m bes. mil.* Molotov cocktail.

molsch [mɔlʃ] *adj* ⟨-er; -est⟩ *Northern G. dial.* (*Apfel etc*) rotten.

Mol·ton [ˈmɔltɔn] *m* ⟨-s; -s⟩ (*textile*) swanskin, molleton.

Moˈluk·kenˌkrebs [moˈlʊkən-] *m zo.* panfish, Asiatic horseshoe crab (*Tachyplëus gigas*).

ˈ**Mol·voˌlu·men** *n phys. chem.* molar (*od.* molecular) volume.

Mo·lyb·dän [molʏpˈdɛːn] *n* ⟨-s; *no pl*⟩ *chem. min.* molybdenum (Mo). — ~ˌ**glanz** *m min.* molybdenite.

Mo·lyb·dä·nit [molʏpdɛˈniːt; -ˈnɪt] *m* ⟨-s; *no pl*⟩ *chem.* molybdenite (MoS_2).

Mo·lybˈdänˌsäu·re *f chem.* molybdic acid (*bes.* H_2MoO_4).

Mo·lyb·dat [molʏpˈdaːt] *n* ⟨-s; *no pl*⟩ *chem.* molybdate.

ˈ**MolˌZahl** *f chem. phys.* number of moles.

Momˈbinˌpflau·me [mɔmˈbiːn-] *f bot.* (Gelbe) ~ Spanish (*od.* hog, Jamaica) plum (*Spondias mombin*); Rote ~ mombin, *auch* jocote (*S. purpurea*); Süße ~ Otaheite apple (*S. dulcis*).

Mo·ment[1] [moˈmɛnt] *m* ⟨-(e)s; -e⟩ moment, instant, minute, second: einen ~, bitte! one moment, please! der große [entscheidende, kritische] ~ the great [decisive, critical] moment; es dauert nur einen ~ it will only take a minute; in diesem ~ at this moment; im ~ at the moment; im letzten ~ at the last moment; ich komme nur auf einen ~ I have (*od.* I shall) only come for a moment; im richtigen ~ fällt einem nie etwas ein nothing ever occurs to one at the right moment; ~ (mal)! *colloq.* wait (*od.* hang on) a minute! just a minute! half a mo (*od.* jiff[y])! (*colloq.*); ~, bitte! Bitte warten Sie einen ~! wait a minute, please!

Moˈment[2] *n* ⟨-(e)s; -e⟩ **1.** (deciding) factor, consideration, element: das wichtigste (*od.* entscheidende) ~ dabei war, daß the most important factor in the matter was that; ein retardierendes (*od.* verzögerndes) ~ a retarding (*od.* delaying) factor. – **2.** (*Gesichtspunkt*) aspect, factor: die Besprechung brachte keine neuen ~e the discussion failed to bring out any new aspects. – **3.** *bes. philos.* moment, factor: das ~ des Geistes the spiritual moment. – **4.** *phys.* moment, momentum: ~ einer Kraft moment of a force; das ~ der Trägheit the moment of inertia. – **5.** *tech.* (*Drehmoment*) torque.

mo·men·tan [momɛnˈtaːn] **I** *adj* **1.** (*vorübergehend*) momentary, transitory, temporary: eine ~e Unpäßlichkeit a momentary indisposition. – **2.** (*gegenwärtig*) present: die ~e politische Lage the present political situation. – **3.** *phys.* (*Geschwindigkeit etc*) instantaneous. – **4.** *electr.* transient. – **II** *adv* **5.** momentarily, temporarily. – **6.** presently, at the moment, at (*od.* for the) present, for the time being: wir haben ~ sehr viel zu tun we have a lot to do at present; die Lage wird sich ~ nicht bessern the situation will not improve for the time being. – **7.** *phys.* instantaneously: ~ wirkend impulsive. — **M~ˌwert** *m phys.* instantaneous value.

Moˈmentˌaufˌnah·me *f phot.* instantaneous (*od.* candid) photograph (*od.* shot), snapshot.

Mo·ment mu·si·cal [mɔmãmyziˈkal] (*Fr.*) *n* ⟨- -; -s -caux [-ˈko]⟩ *mus.* moment musical.

MoˈmentˌSchal·ter *m electr.* quick-break (*od.* quick-action, quick-make-and-break) switch.

Mo·men·tum [moˈmɛntʊm] *n* ⟨-s; *no pl*⟩ *phys. cf.* Moment[2] 4.

Moˈment|ˌun·terˌbre·chung *f electr.* instantaneous disconnection (*Br. auch* disconnexion). — ~**verˌschluß** *m phot.* instantaneous shutter.

Mo·mot [ˈmoːmɔt] *m* ⟨-s; -s⟩ *zo.* motmot, momot (*Momotus momot*).

Mo·na·de [moˈnaːdə] *f* ⟨-; -n⟩ *philos.* monad.

moˈna·den|ˌar·tig *adj philos. zo.* monadic. — **M~ˌleh·re** *f philos.* **1.** monadology, theory of monads. – **2.** (*Atomlehre*) monadism.

moˈna·disch *adj philos.* monad, monadic.

Mo·na·dis·mus [monaˈdɪsmʊs] *m* ⟨-; *no pl*⟩ *philos.* a) monadism, b) (*bei Demokrit*) doctrine of atoms.

Mo·na·do·lo·gie [monadoloˈgiː] *f* ⟨-; *no pl*⟩ *philos. cf.* Monadenlehre 1.

ˈ**Mo·na-ˌMeerˌkat·ze** [ˈmoːna-] *f zo.* mona monkey (*Cercopithecus mona*).

Mon·arch [moˈnarç] *m* ⟨-en; -en⟩ **1.** monarch, sovereign. – **2.** *zo.* monarch (butterfly) (*Danaus plexippus*).

Monˈar·chen·geˌschlecht *n* royal (*od.* regal) line (*od.* family, lineage, descent).

Monˈar·chen·tum *n* ⟨-s; *no pl*⟩ monarchism.

Mon·ar·chie [monarˈçiː] *f* ⟨-; -n [-ən]⟩ monarchy: absolute ~ absolute monarchy.

Monˈar·chin *f* ⟨-; -nen⟩ monarch, sovereign.

monˈar·chisch *adj* (*Regierung, Gewalt etc*) monarchic(al), monarchial.

Mon·ar·chis·mus [monarˈçɪsmʊs] *m* ⟨-;

no pl⟩ monarchism, royalism. — **Mon·ar'chist** [-'çɪst] *m* ⟨-en; -en⟩ monarchist, royalist. — **mon·ar'chi·stisch** *adj* monarchic(al), monarchist.

Mo·nar·de [mo'nardə] *f* ⟨-; -n⟩ *bot.* horsemint, monarda (*scient.*) (*Gattg Monarda, bes. M. punctata*): Scharlachrote ~ bergamot, *Am.* mountain balm (*M. didyma u. fistulosa*).

Mon·aster [mo'nastər] *m* ⟨-s; -e [-'teːrə]⟩ *biol.* (*Zelle*) monaster.

Mo·na·ste·ri·um [monas'teːrɪum] *n* ⟨-s; -rien⟩ *relig.* monastery.

mo·na·stisch [mo'nastɪʃ] *adj cf.* mönchisch.

Mo·nat ['moːnat] *m* ⟨-(e)s; -e⟩ month: im ~ Mai in the month of May; Anfang [Ende] des ~s at the beginning [end] of the month; das Kind ist 3 ~e alt the child is 3 months old; ~ für ~ month by month, every month; er wurde zu drei ~en (Gefängnis) verurteilt he was sentenced to three months in jail (*Br. auch* gaol); sie ist im dritten ~ (schwanger) she is 3 months pregnant (*od. colloq.* gone, along); dieses (*od.* laufenden) ~s a) of this (*od.* the present, the current) month, b) *econ.* instant; nächsten (*od.* künftigen) ~s a) of next month, b) *econ.* proximo; ein Wechsel mit einem ~ Ziel *econ.* a bill at one month's credit; pro ~, im ~ a) per month, b) *econ.* per mensem.

'mo·na·teˌlang I *adj* ⟨*attrib*⟩ of months: nach ~er Abwesenheit after an absence of months, after months of absence. – **II** *adv* for months (on end).

'mo·nat·lich I *adj* **1.** (*Veranstaltung, Zahlungen etc*) monthly. – **2.** *med.* menstrual, monthly: ~e Blutung menstrual flow; ~e Regel monthly period. – **II** *adv* **3.** (*im Monat*) monthly, every month, by the month: Miete wird ~ bezahlt rent is paid monthly; die Zeitschrift erscheint ~ the magazine appears monthly; die Zinsen werden ~ verrechnet interest is compounded monthly (*od. econ.* per mensem). – **4.** (*pro Monat*) a (*od.* per) month: er hat ein Gehalt von 2000 Mark ~ he has a salary of 2,000 marks per month.

'Mo·nats|ˌabˌschluß *m econ.* monthly balance. — **~ˌanˌfang** *m* beginning of the (*od.* a) month. — **~ˌausˌweis** *m econ.* (*Bankausweis*) monthly return. — **~be·ˌricht** *m* monthly report (*od.* statement). — **~ˌbin·de** *f med. pharm.* sanitary towel (*Am.* napkin), menstrual pad. — **~ˌblatt** *n cf.* Monatsschrift. — **~ˌblüm·chen** *n bot. cf.* Gänseblümchen. — **~ˌblu·tung** *f med.* period, menstruation, menstrual flow, cyclic h(a)emorrhage (*scient.*). — **~ˌdurch·ˌschnitt** *m* monthly average, average per month. — **~ˌen·de** *n* end of the (*od.* a) month. — **~ˌerdˌbee·re** *f hort.* ever-flowering wood strawberry (*Fragaria semperflorens*). — **~ˌer·ste** *m* first (of the month). — **~ˌfluß** *m med. cf.* Monatsblutung. — **~ˌfrist** *f econ.* time (*od.* term, space) of a month, one month's time: in (*od.* binnen) ~ within (the space of) a month. — **~geˌhalt** *n econ.* monthly salary (*od.* wage, wages *pl*). — **~ˌgeld** *n* **1.** monthly allowance. – **2.** (*Wirtschaftsgeld*) household money for one month. – **3.** *econ.* a) *cf.* Monatsgehalt, b) money lent for the duration of one month. — **~ˌglei·chung** *f astr.* monthly equation. — **~ˌheft** *n* monthly number (of a magazine). — **~ˌkar·te** *f* (*für Bahn etc*) monthly season ticket, *Am.* (monthly) commuter's (*od.* commutation) ticket. — **~ˌletz·te** *m* end (*od.* last day) of the month. — **~ˌlohn** *m econ.* monthly wage(s *pl*) (*od.* pay). — **~ˌna·me** *m* name of the month. — **~ˌra·te** *f econ.* monthly instal(l)ment. — **~ˌschrift** *f* monthly (magazine *od.* journal, review, publication, periodical). — **~ˌsold** *m mil.* monthly pay. — **~ˌumˌsatz** *m econ.* monthly turnover. — **~ˌwech·sel** *m* (*von Studenten*) monthly allowance. — **m~·ˌwei·se** *adv* every (*od.* by the) month, monthly. — **~ˌzei·ger** *m* (*watchmaking*) month disk.

'mo·natˌwei·se *adv cf.* monatsweise.

Mo·naul [mo'naʊl] *m* ⟨-s; -e⟩ *zo.* mona(u)l, moona(u)l, minaul, Impeyan pheasant (*Lophophorus impeyanus*).

Mo·na·zit [mona'tsiːt; -'tsɪt] *m* ⟨-s; -e⟩ *min.* monazite, turnerite.

Mönch [mœnç] *m* ⟨-(e)s; -e⟩ **1.** *relig.* a) monk, monastic, votary, b) (*Ordensbruder*) friar, frater: ~ werden to become a monk, to take monastic vows; er lebt wie ein ~ he lives like a monk. – **2.** *hunt.* (*Kahlhirsch*) antlerless stag. – **3.** *civ.eng.* (*Dachziegel*) overtile, imbrex. – **4.** *print.* monk, friar.

'mön·chisch *adj* monkish, monastic: ein ~es Leben führen to live a monkish (*od.* an ascetic) life, to live the life of a monk.

'Mönchs|ˌaf·fe *m zo. cf.* Zottelaffe. — **~·ˌbo·gen** *m print.* monk (*od.* friar, blank) sheet. — **~ˌeu·le** *f zo.* hooded owlet, aster shark (*Cucullia umbratica*). — **~ˌgei·er** *m* cinereous (*od.* ash, black) vulture (*Aegypius monachus*). — **~geˌlüb·de** *n relig.* monastic vow(s *pl*): das ~ ablegen to take monastic vows. — **~geˌwand** *n cf.* Mönchskutte. — **~ˌgrasˌmücke** (*getr.* -k·k-) *f zo.* blackcap (warbler) (*Sylvia atricapilla*). — **~haˌbit** *n, auch m relig. cf.* Mönchskutte. — **~·kaˌpu·ze** *f* (friar's) cowl, (monk's) hood. — **~ˌklo·ster** *n* monastery, cloister. — **~·ˌkut·te** *f* frock, (*mit Kapuze*) cowl: die ~ anziehen *fig.* to take the cowl, to become a monk, to enter a monastery; die ~ ablegen (*od.* ausziehen) *fig.* to abandon the cowl. — **~laˌtein** *n ling.* monastic Latin. — **~ˌle·ben** *n* **1.** *relig.* monastic life. – **2.** *fig.* monkish (*od.* ascetic) life, life of a monk. — **~ˌor·den** *m relig.* monastic (*od.* religious) order. — **~ˌpfef·fer** *m bot. cf.* Keuschbaum. — **~ˌrob·be** *f zo.* monk seal, sea monk (*Monachus albiventer*). — **~ˌschlag** *m print.* pulling of monks. — **~ˌschrift** *f* (pointed) black letter. — **~ˌschwan** *m zo. cf.* Dronte. — **~ˌsit·tich** *m* monk parrot (*od.* parrakeet) (*Myopsitta monachus*).

'Mönchs·tum *n* ⟨-s; *no pl*⟩ *relig. cf.* Mönchswesen.

'Mönchs|ˌwe·sen *n relig.* monasticism, monachism, monkhood, monastic life. — **~ˌzel·le** *f* monk's cell.

'Mönch·tum *n* ⟨-s; *no pl*⟩ *relig. cf.* Mönchswesen.

Mond [moːnt] *m* ⟨-(e)s; -e⟩ **1.** ⟨*only sg*⟩ *astr.* moon: der ~ scheint the moon is shining; der ~ wird voll the moon is rounding (*od.* is getting full); wachsender (*od.* zunehmender) ~ waxing moon; abnehmender ~ waning moon; der ~ nimmt ab [zu] the moon is on the wane [wax]; der ~ hat Erdnähe the moon has reached perigee; erstes [letztes] Viertel des ~es first [last] quarter of the moon; der ~ hat einen Hof the moon has a halo; der Aufgang [Untergang] des ~es the rising [setting] of the moon; der bleiche [stille, silberne] ~ *poet.* the pale [silent, silver] moon; vom ~ beschienen moonlit; der ~ geht auf [unter] the moon rises [sets]; zum ~ fliegen (*od.* fahren) to fly to the moon; weich auf dem ~ landen to make a soft landing on the moon; den ~ anbellen *fig. colloq.* to bark at (*od.* bay [at]) the moon; und wir guckten in den ~ *fig. colloq.* and we were left empty-handed; (drei Meilen *od.* weit) hinterm ~ sein *fig. colloq.* to be (way) behind the times; ihr lebt wohl auf dem ~? *fig. colloq.* where have you been all this time? ich könnte ihn auf den ~ schießen *fig. colloq.* I wish him to the devil; → Mann 2; Uhr 1. – **2.** *fig. colloq.* (*Glatze*) bald head, dome. – **3.** *poet.* (*Monat*) moon, month: 3 ~e waren ins Land gezogen 3 months had passed. – **4.** *astr.* (*Satellit*) satellite, moon: die ~e des Jupiter the satellites of Jupiter; künstliche ~e artificial satellites. – **5.** (*sport*) (*beim Eiskunstlauf*) spread eagle: einen ~ laufen to spread-eagle. – **6.** *med. cf.* Nagelmöndchen.

Mon·da·min [mənda'miːn] (*TM*) *n* ⟨-s; *no pl*⟩ *Br.* cornflour, *Am.* cornstarch.

mon·dän [mən'dɛːn] *adj* fashionable.

'Mondˌanˌzieˑhungsˌkraft *f astr. phys.* gravitational pull of the moon.

'Mond|ˌat·las *m* lunar atlas. — **~ˌaufˌgang** *m* moonrise. — **~ˌaufˌnah·me** *f* photograph of the moon, moon shot (*colloq.*) — **~ˌau·ge** *n* **1.** *vet.* (*Pferdekrankheit*) mooneye. – **2.** *zo. cf.* Mondschnecke. — **m~ˌäu·gig** *adj vet.* moon-eyed, moon-blind. — **~ˌau·to** *n* (*space*) moon rover (*od.* buggy). — **~ˌbahn** *f astr.* moon's (*od.* lunar) orbit: Ungleichheit der ~ evection. — **~ˌbe·ben** *n* moonquake. — **m~beˌglänzt** *adj poet.* moonlit. — **~·ˌbein** *n med.* (semi)lunar bone, (os) lunatum (*scient.*). — **m~beˌschie·nen** *adj poet.* moonlit. — **~beˌschrei·bung** *f* description of the moon, selenography (*scient.*). — **m~ˌblind** *adj vet.* (*Pferd*) moon-eyed (*od.* -blind). — **~ˌblind·heit** *f* moon blindness, moon-blind, mooneye. — **~ˌboot** *n* (*space*) *cf.* Mondlandefähre.

Mönd·chen ['møːntçən] ⟨-s; -⟩ **1.** *dim. of* Mond. – **2.** *med. cf.* Nagelmöndchen.

'Mond·diˌstanz *f astr.* lunar distance, *Br. auch* lunar.

'Mon·denˌschein *m cf.* Mondschein 1.

'Mond|entˌfer·nung *f astr. cf.* Monddistanz. — **~epˌak·te** *f* epact.

'Mon·desˌglanz *m* splendor (*bes. Br.* splendour) of the moon.

'Mond|ˌfäh·re *f* (*space*) *cf.* Mondlandefähre. — **~ˌfah·rer** *m* lunarnaut, astronaut on lunar mission. — **~ˌfahrt** *f* trip to the moon. — **~ˌfen·ster** *n* (*space*) lunar (*auch* firing) window. — **~ˌfin·ster·nis** *f astr.* lunar eclipse: partielle ~ partial eclipse of the moon. — **~ˌfisch** *m zo.* (common) sunfish (*Mola mola*). — **~ˌfleck** *m* **1.** *astr.* (lunar) macula. – **2.** *zo. cf.* Mondvogel. — **~ˌflug** *m* (*space*) flight to the moon. — **~ˌflun·der** *f zo.* peacock flounder (*Platophrys lunatus*). — **~ˌflut** *f astr. mar.* lunar tide. — **m~ˌför·mig** *adj* **1.** moon-shaped, luniform (*scient.*). – **2.** *cf.* halbmondförmig. – **3.** *bot.* lunulate, lunate(d). — **~ˌfor·scher** *m astr.* selenographer. — **~ˌfur·che** *f* (lunar) rill(e). — **~ˌgas** *n chem.* Mond gas. — **~geˌbir·ge** *n* lunar mountain range. — **~geˌsicht** *n colloq.* (*rundes Gesicht*) moonface. — **~geˌstein** *n* lunar rock. — **~ˌgöt·tin** *f myth.* goddess of the moon: die ~ Diana, Luna, Selene, Cynthia (*poet.*). — **m~'hell** *adj* (*Nacht, Landschaft etc*) moonlit, moonlighted, moony, *auch* mooney: es ist ~ the moon is shining brightly, it is a moonlit night. — **~ˌhornˌkä·fer** *m zo.* a tumble bug (*od.* dung beetle) (*Copris lunaris*). — **~ˌjahr** *n astr.* lunar year. — **~ˌkä·fer** *m zo. cf.* Mondhornkäfer. — **~ˌkalb** *n colloq.* mooncalf, simpleton. — **~ˌkar·te** *f astr.* map of the moon, moon chart. — **~ˌklee** *m bot.* moon trefoil, tree medic (*Medicago arborea*). — **~ˌkra·ter** *m astr.* moon (*od.* lunar) crater. — **~ˌku·gel** *f* moon, *auch* globe of the moon, lunar globe. — **~la·bo·raˌto·ri·um** *n* lunar laboratory. — **~ˌlan·deˌfäh·re** *f* (*space*) lunar (excursion) module. — **~ˌlan·de·maˌnö·ver** *n* lunar landing man(o)euver (*bes. Br.* manœuvre). — **~ˌlan·deˌun·ter·ˌneh·men** *n* moon landing enterprise. — **~ˌland·schaft** *f* **1.** moonlit landscape. – **2.** *astr. auch fig.* lunar landscape. — **~ˌlan·dung** *f* (*space*) touchdown (*od.* landing) on the moon, moon-landing: weiche ~ soft landing (*od.* touchdown). — **~ˌlicht** *n* moonlight, light of the moon, moonshine. — **~ˌmeer** *n* lunar sea, mare. — **~moˌbil** [-moˌbiːl] *n* ⟨-s; -e⟩ (*space*) *cf.* Mondauto. — **~ˌnacht** *f* moonlit night. — **~·ˌoberˌflä·che** *f astr.* surface of the moon, lunar surface: Beschreibung der ~ selenotopography. — **~ˌpha·se** *f* phase of the moon. — **~ˌplattˌfisch** *m zo.* **1.** moonfish, molebut, sunfish, mola (*scient.*) (*Mola mola*). – **2.** Atlantic moonfish (*Vomer setapennis*). – **3.** moonfish, lookdown, dollarfish, mooneye (*Selene vomer*). — **~proˌjekt** *n* (*space*) lunar project. — **~raˌke·te** *f* lunar (*od.* moon) rocket, rocket to the moon. — **~-ˌRaumˌschiff** *n* moonship. — **~ˌrau·te** *f bot.* moonwort, grape fern, lunary (*scient.*) (*Botrychium lunaria*): Virginische ~ rattle fern (*B. virginianum*). — **~ˌrei·se** *f* (*space*) trip to the moon. — **~ˌrückˌsei·te** *f astr.* far side of the moon. — **~ˌsa·me** *m bot.* moonseed (*Menispermum palmatum*). — **~sa·telˌlit** *m* (*space*) lunar satellite. — **~ˌschat·ten** *m astr.* shadow of the moon, lunar shadow. — **~schei·be** *f* disk (*od.* disc) of the moon.

'Mondˌschein *m* ⟨-(e)s; *no pl*⟩ **1.** moonlight, moonshine, moon: es war (heller) ~ there was a (bright) moon; du kannst mir (mal) im ~ begegnen *fig. colloq.* you can go to hell (*sl.*). – **2.** *fig. colloq.* bald head (*od.* pate). — **~soˌna·te", „die** *mus.* "The Moonlight Sonata" (*by Beethoven*).

'Mond|ˌschnecke (*getr.* -k·k-) *f zo.* moon shell (*Gattg Natica*). — **~ˌschuß** *m* (*space*) lunar shot. — **~ˌschwe·reˌfeld** *n* lunar gravity field. — **~ˌse·gel** *n mar.* moonsail, moonraker. — **~ˌsi·chel** *f* sickle (*od.* crescent) (of the moon). — **~ˌson·de** *f* (*space*) lunar probe. — **~sta·tiˌon** *f* lunar station. — **~,stein** *m min.* moonstone, resplendent felspar, adularia (*scient.*).

'Mond,sucht *f cf.* Mondsüchtigkeit. — **'mond,süch·tig** *adj* moonstruck, somnambulistic (*scient.*). — **'Mond,süch·ti·ge** *m, f* sleepwalker, somnambulist (*scient.*). — **'Mond,süch·tig·keit** *f* ⟨-; *no pl*⟩ sleepwalking; lunatism, somnambulism (*scient.*).

'Mond|,tag *m astr.* lunar day. — **~,um-,krei·sung** *f* (*space*) **1.** lunar orbit. – **2.** *cf.* Mondumrundung. — **~,um,lauf** *m astr.* revolution of the moon. — **~,um,lauf-,bahn** *f* (*space*) lunar orbit. — **~,um-,run·dung** *f* loop around the moon, lunar orbit. — **~,un·ter,gang** *m* moonset. — **~,vier·tel** *n astr.* quarter (of the moon). — **~vio·le** [-,vĭoːlə] *f bot.* lunary, lunaria (*scient.*) (*Gattg Lunaria*): Einjährige ~ honesty, satinflower (*L. annua*). — **~-,vo·gel** *m zo.* buff-tipped moth, buff-tip (*Phalera bucephala*). — **~,wech·sel** *m astr.* change of the moon's phases, lunation (*scient.*): wir haben ~ the moon is changing. — **~,win·de** *f bot.* moonflower (*Calonyction aculeatum*). — **~,zeit** *f* lunar time.

Mo·ne·gas·se [mone'gasə] *m* ⟨-n; -n⟩, **Mo·ne'gas·sin** *f* ⟨-; -nen⟩ Monacan, inhabitant of Monaco. — **mo·ne'gas·sisch** *adj* Monacan, of (*od.* pertaining to) Monaco.

Mo'nel·me,tall [mo'nɛl-] *n* Monel Metal (*TM*) (*a nickel-base alloy*).

mo·ne·tär [mone'tɛːr] *adj econ.* (*Lage etc*) monetary.

Mo·ne·ten [mo'neːtən] *pl colloq.* (*Geld*) 'shekels' (*colloq.*); moola(h) *sg*, 'brass' *sg*, 'dough' *sg* (*sl.*); *Am. sl.* 'jack' *sg*, dineros.

Mon·go·le [mɔŋ'goːlə] *m* ⟨-n; -n⟩ Mongol, Mongolian.

Mon'go·len|,fal·te *f anthrop. med.* Mongolian (*od.* Mongoloid, Mongolic) fold, eye (*od.* semilunar) fold; epicanthus, epicanthic fold (*scient.*). — **~,fleck** *m* blue (*auch* Mongolian, Mongol, sacral) spot.

mon·go·lid [mɔŋgo'liːt] *adj anthrop. cf.* mongolisch. — **Mon·go'li·de** *m, f* ⟨-n; -n⟩ *cf.* Mongole. [(woman *od.* girl).]

Mon'go·lin *f* ⟨-; -nen⟩ Mongol(ian)

mon'go·lisch *adj* Mongolian, Mongol (*attrib*), Mongoloid: die ~e Rasse the Mongolian race, the yellow race.

Mon·go·lis·mus [mɔŋgo'lɪsmus] *m* ⟨-; *no pl*⟩ *med.* Mongolism.

mon·go·lo·id [mɔŋgolo'iːt] *adj med.* mongolian, mongoloid: ~e Idiotie mongoloid idiocy, Mongolism. — **Mon·go·loi·de** [-'iːdə] *m, f* ⟨-n; -n⟩ mongolian, mongoloid.

mo·nie·ren [mo'niːrən] *v/t* ⟨*no* ge-, h⟩ *bes. econ.* **1.** (*Rechnung etc*) question, query, find fault with, take exception to. – **2.** (*Sendung etc*) complain about, make a complaint about. – **3.** (*mahnen*) remind, (*stärker*) admonish, *bes. econ.* dun: j-n wegen etwas ~ to remind s.o. of s.th. – **4.** (*in Wendungen wie*) es wurde moniert, daß du zu früh weggegangen bist there was a complaint (*od.* there were complaints) about your leaving too early.

Mo'ni·lia,krank·heit [mo'niːlĭa-] *f bot.* brown rot, monilia (disease).

Mo·nis·mus [mo'nɪsmus] *m* ⟨-; *no pl*⟩ *philos.* monism. — **Mo'nist** [-'nɪst] *m* ⟨-en; -en⟩ monist. — **mo'ni·stisch** *adj* monistic, *auch* monistical.

Mo·ni·tor ['moːnitər] *m* ⟨-s; -en [moni'toːrən]⟩ **1.** *telev. phys.* monitor. – **2.** *mar. mil. obs.* (*Panzerschiffstyp*) monitor. – **3.** *ped. obs.* monitor.

Mo·ni·tum ['moːnitum] *n* ⟨-s; -nita [-ta]⟩ *rare for* Mahnung 2, Rüge 1, 2, Beanstandung 2.

Mo·no ['moːno] *m* ⟨-s; -s⟩ *zo.* manakin (*Manacus manacus*).

'mo·no *adv only in* stereo — auch ~ abspielbar (*Aufschrift*) this record can be played either with stereo or mono equipment.

Mono..., mono... *combining form denoting* mono...

'Mo·no,auf,nah·me *f* (*radio*) mono pickup, *Am.* mono transcription.

Mo·no·chord [mono'kɔrt] *n* ⟨-(e)s; -e⟩ *mus.* monochord, intonator.

mo·no·chrom [mono'kroːm] *adj* monochrome, monochromic, *auch* monochromical, monochromatic.

Mo·no·chro·ma·sie [monokroma'ziː] *f* ⟨-; *no pl*⟩ *med.* monochromasia, monochromasy.

Mon·odie [mono'diː] *f* ⟨-; *no pl*⟩ *mus.* monody. — **mon·odisch** [-'noːdɪʃ] *adj* monodic, *auch* monodical.

Mo·no·dra·ma [mono'draːma] *n* (*theater*) monodrama.

'Mo·no·emp,fän·ger *m* mono receiver.

mo·no·gam [mono'gaːm] *adj* monogamous, monogamistic, monogamic. — **Mo·no·ga'mie** [-ga'miː] *f* ⟨-; *no pl*⟩ monogamy. — **mo·no'ga·misch** *adj cf.* monogam. — **Mo·no·ga'mist** [-ga'mɪst] *m* ⟨-en; -en⟩ monogamist. — **mo·no·ga'mi·stisch** *adj* monogamistic.

mo·no·gen [mono'geːn] *adj math. geol. zo.* monogenic.

Mo·no·ge·ne·se [monoge'neːzə] *f* ⟨-; -n⟩ *biol.* monogenesis. — **mo·no·ge'ne·tisch** [-tɪʃ] *adj* monogenetic. — **Mo·no·ge'nie** [-'niː] *f* ⟨-; -n [-ən]⟩ *cf.* Monogenese. — **mo·no'ge·nisch** [-'geːnɪʃ] *adj zo.* **1.** monogenetic. – **2.** *cf.* monogen.

Mo·no·go·nie [monogo'niː] *f* ⟨-; -n [-ən]⟩ *biol.* monogony.

Mo·no·gramm [mono'gram] *n* ⟨-s; -e⟩ monogram.

Mo·no·gra·phie [monogra'fiː] *f* ⟨-; -n [-ən]⟩ (*literature*) monograph, treatise: Verfasser einer ~ monographer. — **mo·no'gra·phisch** [-'graːfɪʃ] *adj* monographic.

mo·no·hy·brid [monohy'briːt] *adj biol.* monohybrid. — **Mo·no·hy'bri·de** *m* ⟨-n; -n⟩ monohybrid.

Mo·no·kel [mo'nɔkəl] *n* ⟨-s; -⟩ monocle, eyeglass, quizzing glass: sich (*dat*) das ~ ins Auge klemmen to screw the monocle up to one's eye.

mo·no·klin [mono'kliːn] *adj* **1.** *min.* monoclinic, monosymmetric(al), monoclinometric. – **2.** *geol.* monoclinal.

Mo·no·ko·ty·le·do·ne [monokotyle'doːnə] *f* ⟨-; -n⟩ *bot.* monocotyledon.

mon·oku·lar [monoku'laːr] *adj* (*optics*) monocular.

'Mo·no·kul,tur ['moːno-] *f* ⟨-; -en⟩ *agr.* one-crop agriculture (*od.* system), monoculture (*scient.*).

Mo·no·la·trie [monola'triː] *f* ⟨-; *no pl*⟩ *relig.* henotheism, *auch* monolatry.

Mo·no·lith [mono'liːt; -'lɪt] *m* ⟨-s *od.* -en; -e(n)⟩ **1.** (*Steinblock*) monolith, large block of stone. – **2.** (*art*) monolith. — **mo·no-'li·thisch** *adj* monolithic: ~e Schaltung *electr.* monolithic circuit.

Mo·no·log [mono'loːk] *m* ⟨-s; -e⟩ monologue, *Am. auch* monolog, soliloquy. — **mo·no'lo·gisch** *adj* monologic(al). — **mo·no·lo·gi'sie·ren** [-logi'ziːrən] *v/i* ⟨*no* ge-, h⟩ monologize, soliloquize.

Mo·nom [mo'noːm] *n* ⟨-s; -e⟩ *math.* monomial.

mo·no·man [mono'maːn] *adj psych.* monomaniac(al). — **Mo·no'ma·ne** *m* ⟨-n; -n⟩ monomaniac. — **Mo·no·ma'nie** [-ma'niː] *f* ⟨-; -n [-ən]⟩ monomania. — **mo·no-'ma·nisch** *adj cf.* monoman.

mo·no·mer [mono'meːr] *adj chem. phys.* monomeric.

Mo·no'mer *n* ⟨-s; -e⟩, **Mo·no'me·re** *n* ⟨-n; -n⟩ *meist pl chem.* monomer.

mo·no·phag [mono'faːk] *adj biol.* univorous, monophagous. — **Mo·no·pha'gie** [-fa'giː] *f* ⟨-; *no pl*⟩ monophagy.

Mo·no·pho·bie [monofo'biː] *f* ⟨-; *no pl*⟩ *psych.* monophobia.

Mon·oph·thal·mie [monɔftal'miː] *f* ⟨-; *no pl*⟩ *zo.* cyclopia.

Mo·no·phthong [mono'ftɔŋ] *m* ⟨-s; -e⟩ *ling.* monophthong. — **mo·no·phthon'gie·ren** [-tɔŋ'giːrən] *v/t* ⟨*no* ge-, h⟩ monophthongize. — **mo·no'phthon·gisch** *adj* monophthongal.

mo·no·phy·le·tisch [monofy'leːtɪʃ] *adj biol.* monophyletic.

Mo·no·phy·si·tis·mus [monofyzi'tɪsmus] *m* ⟨-; *no pl*⟩ *relig.* Monophysitism.

'Mo·no,plat·te *f cf.* Monoschallplatte.

Mo·no·ple·gie [monople'giː] *f* ⟨-; -n [-ən]⟩ *med.* monoplegia. — **mo·no'ple·gisch** [-'pleːgɪʃ] *adj* monoplegic.

Mo·no·po·die [monopo'diː] *f* ⟨-; -n [-ən]⟩ *metr.* monopody. — **mo·no'po·disch** [-'poːdɪʃ] *adj* monopodic.

Mo·no·pol [mono'poːl] *n* ⟨-s; -e⟩ **1.** *econ.* (auf *acc*, für of, *Am.* on, in) monopoly: ein ~ (für *od.* in etwas) besitzen (*od.* haben), ein ~ ausüben to monopolize (*Br. auch* -s-) s.th., to hold (*od.* exercise) a monopoly of (*Am.* on, in) s.th.; ein ~ brechen to break a monopoly; ein ~ an sich reißen to grab a monopoly; ~ der Krone *pol.* crown monopoly; staatliches ~, ~ des Staates *jur.* state monopoly; der Staat hat ein ~ auf Zündhölzer matches are a state monopoly. – **2.** *econ.* (*Verband*) monopoly: ein ~ bilden [entflechten] to form [to decartelize] a monopoly. – **3.** *fig. colloq.* (*Vorrecht*) privilege, monopoly.

mo·no·po·lar [monopo'laːr] *adj med.* (*Ableitung etc*) unipolar.

Mo·no'pol|er,zeug·nis *n econ.* monopoly (*od.* proprietary) article. — **~,gut** *n meist pl* monopoly, proprietary article. — **~,in-,ha·ber** *m* holder of a monopoly, monopolist, monopolizer *Br. auch* -s-.

mo·no·po·li·sie·ren [monopoli'ziːrən] *v/t* ⟨*no* ge-, h⟩ *econ.* monopolize *Br. auch* -s-. — **Mo·no·po·li'sie·rung** *f* ⟨-; *no pl*⟩ monopolization *Br. auch* -s-.

Mo·no·po·lis·mus [monopo'lɪsmus] *m* ⟨-; *no pl*⟩ *econ.* monopolism. — **Mo·no-po'list** [-'lɪst] *m* ⟨-en; -en⟩ *cf.* Monopolinhaber. — **mo·no·po'li·stisch** *adj* (*Wirtschaft etc*) monopolistic, *auch* monopolist (*attrib*).

Mo·no'pol|ka·pi,tal *n* ⟨-s; *no pl*⟩ *econ.* monopolism. — **~ka·pi·ta,lis·mus** *m* (*bes. nach Lenin*) monopolism, monopoly capitalism, capitalism of monopoly. — **~ka·pi·ta,list** *m* monopolist. — **m~ka·pi·ta,li·stisch** *adj* monopolistic. — **~,preis** *m* monopoly price. — **~,stel·lung** *f* monopoly, exclusive control: der Staat hat die ~ für Salz the government has the salt monopoly.

Mo·no·po·ly [mo'noːpoli] (*TM*) *n* ⟨-s; *no pl*⟩ (*games*) Monopoly.

Mo·no·po·sto [mono'pɔsto] *m* ⟨-s; -s⟩ *auto.* (*sport*) (single-seater) racing car.

Mo·no·psy·chis·mus [monopsy'çɪsmus] *m* ⟨-; *no pl*⟩ *philos.* monopsychism.

Mo·no·pte·ros [mə'nɔpterəs] *m* ⟨-; -ren [-no'pteːrən]⟩ *arch. antiq.* monopteron, *auch* monopteros.

'Mo·no,schall,plat·te *f* mono record.

Mo·no·skop [mono'skoːp] *n* ⟨-s; -e⟩ *telev.* monoscope.

mo·no·sti·chisch [mono'stɪçɪʃ] *adj metr.* monostichic. — **Mo·no·sti·chon** [mo'nɔstɪçən] *n* ⟨-s; -cha [-ça]⟩ monostich.

mo·no·syl·la·bisch [monozy'laːbɪʃ] *adj ling.* (*Sprache*) monosyllabic.

Mo·no·syl·la·bum [mono'zylabum] *n* ⟨-s; -ba [-ba]⟩ *ling.* monosyllable.

Mo·no·the·is·mus [monote'ɪsmus] *m* ⟨-; *no pl*⟩ *relig.* monotheism. — **Mo·no-the'ist** [-'ɪst] *m* ⟨-en; -en⟩ monotheist. — **mo·no·thei·stisch** [-'ɪstɪʃ] *adj* monotheist, monotheistic, *auch* monotheistical.

Mo·no·the·let [monote'leːt] *m* ⟨-en; -en⟩ *relig.* Monothelite, *auch* Monothelete. — **Mo·no·the·le'tis·mus** [-le'tɪsmus] *m* ⟨-; *no pl*⟩ Monothelitism, *auch* Monotheletism, Monothelism.

mo·no·ton [mono'toːn] **I** *adj* **1.** (*Farbe, Stimme, Sprechen etc*) monotonous, monotone, monotonic: eine ~e Landschaft a monotonous (*od.* drab) landscape. – **2.** (*Arbeit, Leben etc*) monotonous, humdrum, tedious. – **3.** (*Stil, Vortrag etc*) monotonous, wearisome. – **4.** *mus.* a) (*Musik*) monotonous, b) (*Singen etc*) monotone. – **II** *adv* **5.** etwas ~ vortragen to recite s.th. monotonously (*od.* in a monotone). — **Mo·no·to'nie** [-to'niː] *f* ⟨-; -n [-ən]⟩ **1.** monotony, monotonousness, monotone. – **2.** monotony, humdrumness, tediousness. – **3.** monotony, weariness. – **4.** *mus.* a) monotony, b) (*Rezitation auf einem Ton*) monotone.

Mo·no·tre·men [mono'treːmən], **Mo·no-tre'ma·ta** [-tre'maːta] *pl zo.* (*Kloakentiere*) monotremata (*Unterklasse Prototheria*).

mo·no·trop [mono'troːp] *adj min. chem.* monotropic. — **Mo·no·tro'pie** [-tro'piː] *f* ⟨-; *no pl*⟩ monotropy.

Mo·no·ty·pe ['mɔnotaɪp] (*TM*) *f* ⟨-; -s⟩ *print.* Monotype (machine).

Mo·no·ty·pie [monoty'piː] *f* ⟨-; -n [-ən]⟩ *print.* monotype. — **mo·no'ty·pisch** [-'tyːpɪʃ] *adj print. biol.* monotypic, monotypal.

mo·no·va·lent [monova'lɛnt] *adj chem. biol.* univalent, monovalent. — **Mo·no-va'lenz** [-'lɛnts] *f* ⟨-; -en⟩ univalency, monovalency.

Mon·oxid [mɔnə'ksiːt], **Mon·oxyd** [monə'ksyːt] *n* ⟨-(e)s; -e⟩ *chem.* monoxide.

Mon·özie [monø'tsiː] *f* ⟨-; *no pl*⟩ *bot.* (*Einhäusigkeit*) monoecism, monoecy. —

mon·özisch [-'nøːtsɪʃ] *adj* monoecious, monecious.
mo·no·zy·klisch [mono'tsyːklɪʃ] *adj chem. biol.* monocyclic.
Mo·no·zy·ten [mono'tsyːtən] *pl biol.* monocytes.
Mo·no·zy·to·se [monotsy'toːzə] *f* ⟨-; *no pl*⟩ *med.* monocytosis.
Mon·roe·dok,trin [mən'roː-; 'mənro-] *f* ⟨-; *no pl*⟩ *pol. hist.* Monroe Doctrine (*1823*).
Mon·sal·vatsch [mənzal'vatʃ] *m* ⟨-(es); *no pl*⟩ (*literature*) *cf.* Montsalvatsch.
Mon·sei·gneur [mõsɛn'jøːr] *m* ⟨-s; -e *u.* -s⟩ Monseigneur, Msgr.
Mon·si·eur [mə'sïøː] *m* ⟨-(s); Messieurs [mɛ'sïøː]⟩ **1.** Monsieur, M. – **2.** Frenchman.
Mon·si·gno·re [mənzɪn'joːrə] *m* ⟨-(s); -ri [-ri]⟩ *röm.kath.* Monsignor(e), Msgr.
Mon·ster ['mənstər] *n* ⟨-s; -(s)⟩ (*Ungeheuer*) monster.
'**Mon·ster**|,**film** *m colloq.* superfilm, monster production. — ~**pro,zeß** *m jur. colloq.* spectacular trial.
Mon·stranz [mən'strants] *f* ⟨-; -en⟩ *röm. kath.* monstrance, ostensorium, ostensory.
mon·strös [mən'strøːs] *adj* **1.** (*ungeheuerlich*) monstrous, shocking. – **2.** *med.* monstrous, malformed, teratoid (*scient.*). — **Mon·stro·si'tät** [-strozi'tɛːt] *f* ⟨-; -en⟩ **1.** monstrosity. – **2.** *med.* monstrosity, teratism (*scient.*).
Mon·strum ['mənstrʊm] *n* ⟨-s; -stren *u.* -stra [-stra]⟩ **1.** (*Scheusal*) monster, beast, fright. – **2.** *fig. colloq.* (*unförmiges Möbelstück etc*) monster. – **3.** *med.* (*Mißbildung*) monster, monstrosity, freak of nature, teratism (*scient.*).
Mon·sun [mən'zuːn] *m* ⟨-s; -e⟩ *meteor.* monsoon. — ~,**aus,bruch** *m* breaking of the monsoon. [monsoon (*attrib*).]
mon'su·nisch *adj meteor.* monsoonal,
Mon'sun|,**re·gen** *m meteor.* monsoon(al) rain. — ~,**wald** *m* monsoon forest.
'**Mon,tag** ['moːn-] *m* ⟨-(e)s; -e⟩ Monday: am ~ on Monday; eines ~s one Monday; (am) vorigen (*od.* letzten) ~ last Monday, Monday last; (am) nächsten ~ next Monday, Monday next; ~ über acht [vierzehn] Tage (*od.* in acht [vierzehn] Tagen) *Br.* Monday week [fortnight], *Am.* a week [two weeks] from Monday; blauer ~ *fig. colloq. etwa* idle Monday, *Br. auch* Saint (*od.* St.) Monday; (einen) blauen ~ machen *fig. colloq.* to take Monday off unofficially, *Br. auch* to keep Saint (*od.* St.) Monday; ~ abends (on) Monday evenings (*od.* nights). — ~,**abend** *m* Monday evening (*od.* night).
Mon·ta·ge [mən'taːʒə] *f* ⟨-; -n⟩ **1.** *tech.* a) (*eines Gerüstes etc*) setting up, mounting, erecting, erection, b) (*einer Maschine etc*) assembling, setting up, assembly, c) (*einer Anlage etc*) fitting (up), installation. – **2.** (*film*) *phot. telev.* montage. – **3.** *mus.* (*art*) (*literature*) montage. – **4.** *print.* a) montage, b) (*eines Entwurfs*) paste-up. — ~,**ar·bei·ten** *pl* general maintenance work *sg*, assembly work *sg.* — ~,**ar·bei·ter** *m* **1.** maintenance man. – **2.** (*Installateur*) fitter. – **3.** (*am Fließband*) assembler. – **4.** (*Maschinenmonteur*) erector. — ~,**band** *n* assembly line. — ~,**bau** *m* assembly work. — ~,**bau,wei·se** *f* precast construction. — ~,**bild** *n* **1.** *phot.* montage, paste-up. – **2.** (*art*) montage, papier collé, collage. — ~,**bock** *m* **1.** *tech.* repair (*od.* mounting) stand. – **2.** *auto.* servicing (*od.* assembly) stand (*od.* jig). — **m**~,**fer·tig** *adj tech.* ready for assembly (*od.* installation). — ~**ge,rüst** *n civ.eng.* **1.** (*beim Brückenbau*) erection (*od.* erecting) tower. – **2.** (*beim Hochbau*) assembling scaffold. — ~,**grup·pe** *f* unit assembly. — ~,**hal·le** *f* assembly (*od.* erection, erecting) shop (*od.* hall) (*Am. auch* room). — ~,**kran** *m* **1.** *tech.* erection crane. – **2.** *civ.eng.* (*Montagebaukran*) tower slewing crane. — ~,**turm** *m* (*für Raketen etc*) assembly tower: fahrbarer ~ assembly tower on rails. — ~,**werk** *n* assembly plant. — ~,**zeich·nung** *f* assembly drawing.
'**mon,tä·gig** *adj* (on) Monday.
'**mon,täg·lich I** *adj* Monday('s), on Monday(s). – **II** *adv cf.* montags.
Mon·ta·gnard [mõtan'jaːr] *m* ⟨-s; -s⟩ *hist.* Montagnard.
'**mon·tags** *adv* on Monday(s), every (*od.* each) Monday, *bes. Am.* Mondays: ~ geschlossen closed on Monday(s).
mon·tan [mən'taːn] *adj* pertaining to mining.
Mon'tan|,**ak·ti·en** *pl econ.* mining and steel shares (*bes. Am.* stocks), steels. — ~,**an,lei·he** *f* E.C.S.C. loan, loan of the European Coal and Steel Community. — ~**ge,sell·schaft** *f meist pl* coal and iron mining company. — ~**in·du,strie** *f* coal and steel industry.
Mon·tan·is·mus [mənta'nɪsmʊs] *m* ⟨-; *no pl*⟩ *relig. hist.* Montanism.
Mon·ta·nist[1] [mənta'nɪst] *m* ⟨-en; -en⟩ *econ.* mining expert.
Mon·ta'nist[2] *m* ⟨-en; -en⟩ *relig. hist.* Montanist.
mon·ta'nist·isch[1] *adj econ. cf.* montan.
mon·ta'nist·isch[2] *adj relig. hist.* Montanist(ic).
Mon'tan|**sal,pe·ter** *m chem.* (*Kunstdünger*) ammonium sulfate-nitrate. — ~**uni,on** *f econ. pol.* European Coal and Steel Community. — ~**ver,trag** *m* Treaty on the Establishment of the European Coal and Steel Company. — ~,**wer·te** *pl* (mining and) steel shares (*bes. Am.* stocks), steels.
Mont·bre·tie [mõ'breːtsïə] *f* ⟨-; -n⟩ *bot.* montbretia (*Gattg Tritonia*).
Mon·te·ne·gri·ner [məntene'griːnər] *m* ⟨-s; -⟩ *geogr.* Montenegrin, *auch* Montenegrine. — **mon·te·ne'gri·nisch** *adj* Montenegrin.
Mon·teur [mən'tøːr] *m* ⟨-s; -e⟩ *tech.* **1.** a) (*am Fließband*) assembler, assembly man, b) (*für Maschinen*) erector, c) (*für Wartungszwecke*) maintenance man, d) (*Installateur*) fitter, e) (*Mechaniker*) mechanic. – **2.** *electr.* mechanician. — ~,**an,zug** *m* overalls *pl.*
Mon·te'zu·ma,wach·tel [mənte'tsuːma-] *f zo.* Massena quail (*od.* partridge) (*Cyrtonix montezumae*).
Mont·gol·fie·re [mõgəl'fïeːrə] *f* ⟨-; -n⟩ *aer. hist.* montgolfier, mongolfier, fire balloon.
Mon'tier,ei·sen *n auto.* (*für Reifen*) tire (*bes. Br.* tyre) lever.
mon·tie·ren [mən'tiːrən] **I** *v/t* ⟨*no* ge-, h⟩ **1.** *tech.* a) (*Maschinen*) erect, set up, b) (*Zubehörteile*) attach, c) (*Werkzeuge*) mount, fasten, d) (*am Fließband*) assemble, e) (*Anlage*) install, (*kleine Bauelemente*) fit. – **2.** *civ.eng.* (*ein Gerüst*) scaffold. – **3.** *phot.* (*film, literature*) mount, make a montage of. – **II M**~ *n* ⟨-s⟩ **4.** *verbal noun.* – **5.** *cf.* Montage 1.
Mon'tier,he·bel *m tech.* assembly lever.
Mon'tie·rung *f* ⟨-; *no pl*⟩ *tech.* **1.** *cf.* Montieren. – **2.** *cf.* Montage 1.
Mont·sal·vatsch [məntzal'vatʃ], **Mont·sal'watsch** [-'vatʃ] *m* ⟨-(es); *no pl*⟩ (*literature*) Grail castle.
Mon·tur [mən'tuːr] *f* ⟨-; -en⟩ **1.** *mil.* soldier's clothing, uniform, (*eines bestimmten Regiments*) regimentals *pl.* – **2.** (*der Dienerschaft*) livery. – **3.** *dial. humor.* (work) clothes *pl.* – **4.** Kartoffeln in ~ *obs. for* Pellkartoffeln.
Mo·nu·ment [monu'mɛnt] *n* ⟨-(e)s; -e⟩ monument.
mo·nu·men·tal [monumɛn'taːl] *adj* **1.** (*Tempel etc*) monumental. – **2.** *fig.* (*Gemälde etc*) monumental, enormous, immense.
Mo·nu·men'tal|,**bau** *m* ⟨-(e)s; -ten⟩ monumental structure. — ~,**film** *m* superfilm, monster production.
Mo·nu·men·ta·li·tät [monumɛntali'tɛːt] *f* ⟨-; *no pl*⟩ monumentality, enormity, enormousness.
Mon·zo·nit [məntso'niːt; -'nɪt] *m* ⟨-s; -e⟩ *geol. min.* monzonite.
Moor [moːr] *n* ⟨-(e)s; -e⟩ **1.** moor(land), fen, bog, swamp(land), marsh(land): ins ~ geraten to get into a bog; ~ trockenlegen [urbar machen] to drain [to cultivate] marshland. – **2.** *cf.* Torf. — ~,**aal** *m zo.* fen eel (*Anguilla anguilla*). — ~**an·ti,lo·pe** *f* puku, *auch* poku, pookoo (*Adenota vardoni*). — ~,**bad** *n med.* mud (*od.* peat) bath. — **m**~,**ba·den** *v/i* ⟨*only inf*⟩ take mud baths. — ~,**bee·re** *f bot. cf.* Moosbeere. — ~**be,woh·ner** *m* boglander, marshlander, *Am. auch* swamper. — ~,**bin·se** *f bot.* moor rush (*Juncus squarrosus*). — ~,**bo·den** *m* marshy soil, quagmire. — **m**~,**bren·nen** *agr.* **I** *v/t* ⟨*irr, sep,* -ge-, h⟩ **1.** burnbeat, *Br. auch* burnbait. – **II M**~ *n* ⟨-s⟩ **2.** *verbal noun.* – **3.** moorburn.
'**Moore,licht** ['muːr-] *n* ⟨-(e)s; -er⟩ *electr.* Moore light.
'**Moor**|,**en·te** *f zo.* white-eyed duck (*auch* pochard) (*Aythya nyroca*). — ~,**er·de** *f* bog earth, peaty soil, *Br. auch* moor. — ~,**frosch** *m zo.* moor frog (*Rana arvalis*). — ~**ge,biet** *n*, ~,**ge·gend** *f agr.* swampy area. — ~,**grund** *m* marshy soil, quagmire. — ~,**hahn** *m zo.* male ptarmigan (*Lagopus lagopus*). — ~,**hei·de** *f bot.* **1.** *cf.* Rosmarinheide. – **2.** cross-leaved (*od.* cross-leaf) heath (*Erica tetralix*). — ~,**hen·ne** *f zo.* female ptarmigan (*Lagopus lagopus*). — ~,**huhn** *n* **1.** *cf.* Moorschneehuhn. – **2.** Schottisches ~ red grouse, moorfowl, moorbird, moor game (*Lagopus scoticus*).
'**moo·rig** *adj* (*Gebiet etc*) moorish, moory, fenny, boggy, swampy, marshy.
'**Moor**|**ko·lo,nie** *f hist.* fen community. — ~**kul,tur** *f agr.* cultivation of peat soils, muck growing (*od.* farming). — ~,**kur** *f med.* mud treatment. — ~,**land** *n agr.* moorland, fenland, bog(land), swampland, marshland. — ~,**lei·che** *f archeol. prehistoric corpse found in swamps where it has been chemically preserved.* — ~,**packung** (*getr.* -k·k-) *f med.* mudpack. — ~,**rauch** *m meteor.* dust haze. — ~,**schnee,huhn** *n zo.* willow ptarmigan (*od.* grouse) (*Lagopus lagopus*). — ~,**see** *m* bog lake.
Moos[1] [moːs] *n* ⟨-es; *Arten* -e⟩ **1.** *bot.* moss: Isländisches ~ Iceland moss (*auch* lichen) (*Cetraria islandica*); Irisches ~ carrag(h)een, *auch* carageen, Irish (*od.* sea) moss (*Chondrus crispus*); Spanisches ~ Spanish (*auch* long, black) moss, *auch* old man's beard (*Tillandsia usneoides*); auf ~ wachsend muscicolous; Lehre von den ~en muscology, bryology; mit ~ bewachsene Steine stones overgrown with moss, mossy stones; von (*od.* mit) grünem ~ bedeckt covered with green moss; ~ ansetzen a) to become mossy, b) *fig.* to grow old, to be growing (*od.* getting) old. – **2.** ⟨*only sg*⟩ *colloq. humor.* money, 'dough' (*sl.*), *Am. sl.* 'lettuce', *Br. sl.* 'dust', 'lolly': er hat viel ~ he has piles of dust.
Moos[2] *n* ⟨-es; Möser⟩ *Southern G. and Austrian dial. for* Moor 1.
'**Moos**|**achat** [-ˀa,xaːt] *m min.* moss agate, dendrachate, *Br. auch* mocha, *Am. auch* Mocha stone. — **m**~,**ähn·lich** *adj bot.* mosslike, mossy; muscoid, musciform, muscose (*scient.*). — **m**~,**ar·tig** *adj cf.* moosähnlich. — **m**~**be,deckt** *adj* moss-grown, moss-clad, moss-covered, mossy. — ~,**bee·re** *f* cranberry, bogberry, moorberry, fen berry (*Vaccinium oxycoccus u. V. macrocarpon*). — **m**~**be,wach·sen** *adj cf.* moosbedeckt. — ~,**blüm·chen** *n* crassula (*Gattg Crassula*). — ~,**farn** *m* selaginella (*Gattg Selaginella*). — ~,**garn** *n* (*textile*) Persian yarn. — ~,**glöck·chen** *n bot.* twinflower, linnaea (*Linnaea borealis*). — **m**~,**grün** *adj* mossy-green.
moo·sig ['moːzɪç] *adj* mossy, moss-covered.
'**Moos,knopf,kä·fer** *m zo.* pygmy mangold beetle (*Atomaria linearis*).
'**Moos**|,**pflan·ze** *f meist pl bot.* bryophyte (*Stamm Bryophyta*). — ~,**pol·ster** *n* bear's-bed, moss(y) cushion. — ~,**rös·chen** *n*, ~,**ro·se** *f* moss(y) rose (*Rosa centifolia f. muscosa*). — ~,**schrau·be** *f zo.* armed chrysalis shell (*Pupilla muscorum*). — ~,**stein,brech** *m bot.* lady's-cushion (*Saxifraga hypnoides*). — ~,**tier·chen** *n meist pl zo.* moss animalcule (*od.* coral, polyp), coraloid, polyzoon, bryozoon (*Klasse Bryozoa*): zu den ~ gehörend polyzoal, polyzoan, bryozoan, podostomatous; Kolonie von ~ polyzoarium.
Mop [məp] *m* ⟨-s; -s⟩ mop: den Fußboden mit dem ~ reinigen to mop the floor.
Mo·ped ['moːpɛt; -peːt] *n* ⟨-s; -s⟩ moped. — ~,**fah·rer** *m*, ~,**fah·re·rin** *f* moped rider.
mop·pen ['məpən] *v/t u. v/i* ⟨h⟩ mop: den Fußboden ~ to mop the floor.
Mops [məps] *m* ⟨-es; ⁼e⟩ **1.** (*Hunderasse*) pug (*Canis familiaris decumanus*): sich langweilen wie ein ~ *fig. colloq.* to be bored stiff (*colloq.*). – **2.** *fig. humor. colloq.* tubby person. – **3.** *pl. humor. colloq. cf.* Moos[1] 2. — **m**~,**ähn·lich** *adj* puggish.
mop·sen ['məpsən] *colloq.* **I** *v/t* ⟨h⟩ **1.** 'swipe', 'pinch' (*beide sl.*), steal. – **2.** *cf.* ärgern II. – **II** *v/reflex* sich ~ **3.** be (*od.* feel) bored, be bored stiff (*colloq.*).
'**mops·fi'del** *adj colloq.* (as) merry as a cricket; 'corky', chipper (*colloq.*).
'**Mops,fle·der,maus** *f zo.* barbastel(le) (*Barbastellus barbastellus*). — ~**ge,sicht** *n* pug face. — ~,**hund** *m zo. cf.* Mops 1.

'mop·sig *adj colloq.* **1.** like a pug. – **2.** *fig.* boring.

'Mops|₁kopf *m* ⟨-(e)s; *no pl*⟩ *vet.* (*Schweinekrankheit*) bullnose, atrophic rhinitis (*scient.*). — **~₁na·se** *f* pug nose: **er hat eine ~** he has a pug nose, he is pug-nosed.

Mo·ra ['mo:ra] *f* ⟨-; -ren⟩ **1.** *metr. ling.* mora. – **2.** *jur.* delay, mora: **er ist in ~** he is slow in paying.

Mo·ral [mo'ra:l] *f* ⟨-; *no pl*⟩ **1.** (*Sittenlehre*) ethics *pl* (*construed as sg or pl*), morals *pl*, moral principles *pl*, morality: **christliche [strenge] ~** Christian [strict] morals *pl*; **doppelte ~** double standard (*od.* set of morals), dual morality; **~ predigen** to moralize *Br. auch* -s-; **gegen die ~ verstoßen** to offend against moral principles. – **2.** (*Sittlichkeit*) morals *pl*, moral standards *pl*, morality, *Am. auch* morale, moral conduct: **brüchige ~** frail morality; **ein Mensch ohne ~** an immoralist; **die ~ sinkt [steigt]** (the) moral standards drop [rise]; **seine ~ läßt viel zu wünschen übrig** his morals leave much to be desired. – **3.** (*sittliche Verfassung*) morale, *auch* moral, moral condition: **die ~ der Truppen** the morale of the troops; **die ~ eines Volkes** the morale of a nation; **die ~ heben [zersetzen]** to improve [to undermine] the morale; **die ~ zersetzend** destructive to (*od.* of) the morale, demoralizing. – **4.** (*Nutzanwendung*) moral, epimyth (*lit.*): **die ~ einer Fabel** the moral of a fable; **eine ~ ziehen aus etwas** to moralize (*Br. auch* -s-) from s.th. — **~ge₁setz** *n* moral law (*od.* principle).

Mo·ra·lin [mora'li:n] *n* ⟨-s; *no pl*⟩ *auch humor.* hypocrisy, ostentatious morality. — **m~₁sau·er** *adj* hypocritically and ostentatiously moral.

mo'ra·lisch I *adj* **1.** ⟨*attrib*⟩ (*ethisch*) moral, ethical: **M~e Aufrüstung** Moral Re-Armament, MRA; **~e Festigung [Unterstützung]** moral strengthening [support]; **~er Sieg** moral victory; **vom ~en Standpunkt betrachtet** from an ethical point of view, in terms of morals; **~er Schwachsinn** *psych.* moral insanity. – **2.** (*sittenstreng*) moral, virtuous, principled: **ein ~es Leben** a moral life; **ein ~er Mensch** a moralist. – **3.** (*lehrhaft*) moral, moralizing *Br. auch* -s-, didactic: **eine ~ Erzählung** a moral tale. – **4.** (*das Gewissen betreffend*) moral, concerning conscience: **~es Alibi** moral alibi; **einen ~en Druck auf j-n ausüben** to exert (a) moral pressure on s.o.; **~er Katzenjammer** *colloq.* bout of remorse, prick of conscience; **eine ~e Ohrfeige bekommen** *colloq.* to be put to shame by a (justified) rebuke; **~e Pflicht** (moral) duty; **~e Verpflichtung** moral obligation (*od.* commitment). – **II** *adv* **5. ~ schlecht** morally bad, wicked; **~ entrüstet** morally provoked, with moral indignation; **~ verantwortlich** morally responsible; **~ verpflichtet** bound in hono(u)r, duty-bound; **~ verpflichtet sein, etwas zu tun** to be on one's hono(u)r to do s.th., to be duty-bound to do s.th.; **rein ~ betrachtet** considered purely moralistically (*od.* in terms of morals). – **III M~e, der** ⟨-n⟩ **6.** *only in* **einen M~en haben** *colloq.* to be pricked by one's conscience, to have qualms (*od.* pangs) of conscience, to be troubled by remorse.

mo·ra·li·sie·ren [morali'zi:rən] **I** *v/i* ⟨*no* ge-, h⟩ **1.** moralize *Br. auch* -s-. – **2.** preach morals, sermonize *Br. auch* -s-. – **II M~** *n* ⟨-s⟩ **3.** *verbal noun.* – **4.** moralism. — **mo·ra·li'sie·rend I** *pres p.* – **II** *adj* moralizing *Br. auch* -s-, preachy (*colloq.*).

Mo·ra·lis·mus [mora'lɪsmʊs] *m* ⟨-; *no pl*⟩ *philos.* moralism. — **Mo·ra'list** [-'lɪst] *m* ⟨-en; -en⟩ **1.** moralist, ethicist. – **2.** *contempt. cf.* Moralprediger. — **Mo·ra'li·stik** [-'lɪstɪk] *f* ⟨-; *no pl*⟩ *philos.* ethics *pl* (*construed as sg or pl*). — **mo·ra'li·stisch** *adj* moralistic.

Mo·ra·li·tät [morali'tɛ:t] *f* ⟨-; -en⟩ **1.** ⟨*only sg*⟩ morality, *Am. auch* morale, morals *pl.* – **2.** (*literature*) *hist.* morality (play).

Mo·ra·li'täts·prin₁zip *n psych.* morality principle.

Mo'ral|₁leh·re *f philos.* ethics *pl* (*construed as sg or pl*), moral (*od.* ethical) philosophy, morality. — **~₁pau·ke** *f colloq. cf.* Moralpredigt. — **~phi·lo₁soph** *m philos.* moral philosopher. — **~phi·lo·so₁phie** *f* moral philosophy, ethics *pl* (*construed as sg or pl*): **Schüler der ~** moralist. — **~po·si·ti₁vis·mus** *m* moral positivism, positivistic doctrine of morals. — **~₁pre·di·ger** *m colloq.* moralizer *Br. auch* -s-, sermonizer *Br. auch* -s-. — **~₁pre·digt** *f colloq.* moral lecture, homily: **j-m eine ~ halten** to give s.o. a stern lecture. — **~prin₁zip** *n philos.* moral principle. — **~psy·cho·lo₁gie** *f psych.* psychology of morals. — **~theo·lo₁gie** *f röm.kath.* moral theology.

Mo·rä·ne [mo'rɛ:nə] *f* ⟨-; -n⟩ *geol.* moraine.

Mo'rä·nen|₁schutt *m geol.* till. — **~₁see** *m* morainic (*od.* morainal) lake.

Mo·rast [mo'rast] *m* ⟨-(e)s; -e *u.* =e⟩ **1.** morass, mire, quagmire, bog, marsh, boggy ground, swamp: **in ~ lebend** *biol.* uliginous. – **2.** (*Schlamm*) mud, dirt, mire: **im (tiefen) ~ steckenbleiben** to be stuck in the mud, to be bogged down. – **3.** *fig.* mud, dirt, filth, squalor: **im ~ waten** to wallow in the mire.

mo'ra·stig *adj* **1.** boggy, marshy, swampy. – **2.** (*schlammig*) miry, muddy, sloughy.

Mo'rast₁loch *n* mudhole, slough.

Mo·ra·to·ri·um [mora'to:rɪʊm] *n* ⟨-s; -rien⟩ *econ.* moratorium, postponement (*od.* extension) of payment.

mor·bid [mɔr'bi:t] *adj* morbid. — **Mor·bi·di'tät** [-bidi'tɛ:t] *f* ⟨-; *no pl*⟩ **1.** morbidity, morbidness. – **2.** *med.* a) morbidity, ratio of sick to healthy persons (*in a community*), b) condition of being diseased (*od.* morbid).

Mor·bi·di'täts|sta₁ti·stik *f med.* statistics *pl* (*construed as sg or pl*) of morbidity. — **~₁zif·fer** *f* morbidity incidence.

mor·bleu [mɔr'blø:] *interj obs.* damned! (*colloq.*).

Mor·bus ['mɔrbʊs] *m* ⟨-; -bi [-bɪ]⟩ *med.* disease, morbus (*scient.*).

Mor·chel ['mɔrçəl] *f* ⟨-; -n⟩ *bot.* (*Pilz*) morel (*Gattg Morchella*).

Mord [mɔrt] *m* ⟨-(e)s; -e⟩ (an *dat* of) murder, *bes. jur.* homicide, (*bes. politischer*) assassination: **einfacher [schwerer] ~** *jur.* second- [first-]degree murder; **gewaltsamer [grausamer] ~** violent [cruel] murder; **vorbedachter ~** *jur.* premeditated (*od.* wil(l)ful) murder, murder with malice aforethought; **auf ~ sinnen, einen ~ planen** (*od.* **vorhaben**) to plan (*od.* premeditate) a murder; **einen ~ begehen** (*od.* **verüben**) to commit a murder; **einen ~ aufklären** to solve a murder; **des ~es schuldig** guilty of murder; **j-n zum ~ anstiften** to instigate s.o. to murder; **j-n des ~es überführen** to convict s.o. of murder; **es gibt ~ und Totschlag** *colloq.* there will be a hell of a row (*colloq.*); **es war (der reinste) ~** *fig. colloq.* it was murder. — **~₁ab₁sicht** *f* murderous intent. — **~₁an₁kla·ge** *f jur.* murder charge: **j-n unter ~ stellen** to charge s.o. with murder; **unter ~ stehen** to be indicted of (*od.* on a charge of) murder. — **~₁an₁schlag** *m* attempt on s.o.'s life: **einen ~ auf j-n unternehmen** to make an attempt on s.o.'s life; **einem ~ zum Opfer fallen** to be murdered. — **~be₁gier·de** *f cf.* Mordgier. — **m~be₁gie·rig** *adj cf.* mordgierig. — **~₁bren·ner** *m jur.* perpetrator of murder and arson. — **~bren·ne'rei** [₁mɔrt-] *f* ⟨-; *no pl*⟩ perpetration of murder and arson. — **~₁bu·be** *m obs.* cutthroat. — **~₁dro·hung** *f* threat of murder.

mor·den ['mɔrdən] **I** *v/i* ⟨h⟩ **1.** murder, commit a murder, kill. – **II** *v/t* **2.** *cf.* ermorden. – **III M~** *n* ⟨-s⟩ **3.** *verbal noun.* – **4.** *cf.* Mord.

Mor·dent [mɔr'dɛnt] *m* ⟨-(e)s; -e⟩ *mus. hist.* mordent, *Am. auch* mordant: **ein langer ~** a double (*od.* long) mordent.

Mör·der ['mœrdər] *m* ⟨-s; -⟩ **1.** murderer, *bes. jur.* homicide, (*bezahlter*) *auch* killer, (*bes. politischer*) assassin: **gedungener ~** cutthroat, hired assassin, bravo; **zum ~ werden** to become a murderer. – **2.** *fig. lit.* destroyer: **er ist der ~ seines eigenen Glücks** he has destroyed his own happiness. – **3.** *hunt.* old spike buck. – **4.** *zo. cf.* Schwertwal. — **~₁gru·be** *f* den of cutthroats (*od. Bibl.* thieves): **aus seinem Herzen keine ~ machen** *fig.* to speak openly (*od.* freely), not to make a secret of one's thoughts. — **~₁hand** *f lit.* murderer's hand: **durch ~ fallen, von ~ sterben** to die at the hands of a murderer.

'Mör·de·rin *f* ⟨-; -nen⟩ murderess.

'mör·de·risch I *adj* **1.** (*Feuer, Schlacht, Kampf etc*) murderous, homicidal, bloody, slaughterous (*lit.*). – **2.** (*Gedanken etc*) murderous. – **3.** *fig. colloq.* (*Hitze etc*) murderous, grilling, cruel. – **4.** *fig. colloq.* (*Klima, Krankheit etc*) deadly. – **5.** *fig. colloq.* (*Tempo etc*) breakneck (*attrib*). – **6.** *fig. colloq.* (*Konkurrenz, Preise etc*) cutthroat (*attrib*). – **II** *adv* **7.** *cf.* mörderlich II.

'mör·der·lich *colloq.* **I** *adj* 'terrible', 'frightful', 'horrible', 'awful' (*alle colloq.*). – **II** *adv* **~ heiß** beastly hot (*colloq.*); **~ schreien** to cry to split one's ears; **~ fluchen** to swear like a trooper.

'Mör·der₁wal *m zo. cf.* Schwertwal.

'Mord|₁flie·ge *f zo.* robber fly (*Fam. Asilidae*): **zu den ~n gehörig** tachinid. — **~ge₁dan·ke** *m* thought of murder, murderous intent. — **~ge₁schich·te** *f* **1.** murder story, tale of murder. – **2.** *fig.* wild (*od.* dreadful) story: **~n erzählen** to tell dreadful stories. — **~ge₁sel·le** *m* **1.** *jur.* accomplice in a murder. – **2.** *poet.* murderer. — **~₁gier** *f* bloodthirstiness: **krankhafte ~** *med.* homicidal insanity, androphonomania (*scient.*). — **m~₁gie·rig** *adj* bent on murder, bloodthirsty. — **~in·stru₁ment** *n jur.* murderous weapon (*od.* steel).

Mor·dio ['mɔrdɪo] *interj* murder: → Zeter.

'Mord|kom·mis·si₁on *f jur.* homicide squad. — **~₁lust** *f cf.* Mordgier. — **m~₁lu·stig** *adj cf.* mordgierig. — **~₁nacht** *f* night of (a) murder. — **~pro₁zeß** *m jur.* murder trial.

'Mords|'angst *f colloq.* mortal fear, blue funk (*beide colloq.*): **eine ~ haben** to be scared stiff. — **~'ar·beit** *f* **eine ~** *colloq.* a very difficult piece of work, quite a job. — **~'auf₁re·gung** *f colloq.* frightful commotion (*colloq.*), hell of a stink (*sl.*). — **~'ding** *n* ⟨-(e)s; -e(r)⟩ *colloq.* **1.** (*von ungewöhnlicher Größe*) smasher, whopper, whacker (*alle colloq.*), *Am. sl.* 'whaler'. – **2.** (*staunenerregend*) 'screamer' (*sl.*), *Am. sl.* humdinger. – **3.** (*heftiger Schlag*) walloper, 'snorter' (*beide colloq.*). — **~₁durch₁ein'ander** *n colloq.* devil (*od.* hell) of a mess (*colloq.*). — **~'durst** *m colloq.* almighty (*od.* hell of a) thirst (*colloq.*). — **~'gau·di** *f colloq.* great fun, devil (*od.* hell) of a good time (*alle colloq.*): **eine ~ haben** to have a ripping good time (*sl.*). — **~ge'schrei** *n colloq.* fearful outcry (*colloq.*), wild screams *pl*: **ein ~ erheben** to scream like hell (*colloq.*). — **~'glück** *n colloq.* stupendous luck, whopping good luck (*colloq.*). — **m~'groß** *adj colloq.* walloping big, whacking (*beide colloq.*). — **~'hun·ger** *m colloq.* ravenous hunger. — **~'kerl** *m colloq.* topper, thumper (*beide colloq.*); 'corker', bouncer (*sl.*), *Am. sl.* humdinger, 'whaler': **du bist aber ein ~!** what a corker you are! — **~'krach, ~'lärm** *m colloq.* fearful din, terrific noise, awful racket (*alle colloq.*): **einen ~ schlagen** to kick up (*od.* raise) hell (*colloq.*). — **~'lü·ge** *f colloq.* monstrous lie, thumper, whopper (*alle colloq.*): **das ist eine ~** that's a good one (*colloq.*). — **m~₁mä·ßig** *colloq.* **I** *adj* (*Lärm etc*) 'terrific', thumping, 'mortal' (*alle colloq.*), ripping (*sl.*). – **II** *adv* **ich habe mich ~ gefreut** I was tickled to death (*colloq.*). — **m~'schwer** *adj colloq.* **1.** terribly (*od.* awfully) heavy (*colloq.*). – **2.** *fig.* extremely (*od. colloq.* terribly) difficult. — **~'spaß** *m colloq.* **1. einen ~ haben** to have great (*od.* no end of) fun, to have a hell of a good time (*alle colloq.*). – **2. etwas ist ein ~** s.th. is great fun (*od.* a scream) (*colloq.*). — **~spek'ta·kel** *m colloq.* fearful din, terrific noise (*od.* racket) (*alle colloq.*), hullaba(l)loo, pandemonium.

'Mord₁spin·ne *f zo.* **1.** purse(web) spider (*Atypus piceus*). – **2.** running crab spider (*Gattg Thanatus*).

'Mords|'tem·po *n colloq.* terrific speed (*od.* pace) (*colloq.*). — **~'wut** *f colloq.* hell of a temper (*od.* frenzy) (*colloq.*).

'Mord|₁tat *f* murder, murderous deed, slaying. — **~ver₁dacht** *m* suspicion of murder: **bei ~, wegen ~s** on suspicion of murder; **er steht unter ~** he is suspected (*od.* under suspicion) of murder. — **~ver₁such** *m* attempt of murder, attempted murder. — **~₁waf·fe** *f* murder (*od.* murderous) weapon, (*unidentifizierte*) *auch* blunt instrument. — **~₁wan·ze** *f zo.* conenose, assassin bug (*Conorhinus sanguisugus*). — **~₁werk₁zeug** *n cf.* Mordwaffe. — **~₁wes·pe** *f zo. cf.* Grabwespe.

Mo·rel·le [mo'rɛlə] *f* ⟨-; -n⟩ morello (cherry), *auch* morel (*Prunus cerasus*).

mo·ren·do [mo'rɛndo] *adv u. adj mus.* morendo, dying away.

Mo·res ['mo:rɛs] *pl only in* j-n (*colloq. auch* j-m) ~ lehren *colloq.* to teach s.o. manners, to tell s.o. what's what.

mo·resk [mo'rɛsk] *adj* Moresque, *auch* Mauresque, Morisco, Moorish.

Mo'res·ke *f* ⟨-; -n⟩ (*art*) *cf.* Maureske.

mor·ga·na·tisch [mɔrga'na:tɪʃ] *adj only in* ~e Ehe *jur.* morganatic (*od.* left-handed) marriage.

Mor·ga·nit [mɔrga'ni:t; -'nɪt] *m* ⟨-s; -e⟩ *min.* morganite.

mor·gen ['mɔrgən] *adv* **1.** tomorrow: ~ abend (by) tomorrow evening (*od.* night); ~ früh (by) tomorrow morning; ~ mittag tomorrow at noon, tomorrow at twelve o'clock; ~ in acht Tagen, ~ über acht Tage, ~ in einer Woche a week from tomorrow, *bes. Br.* tomorrow week; ~ um diese Zeit (by) this time tomorrow; ich tue es gleich ~ I'll do it first thing tomorrow; es hat Zeit bis ~ it can wait until (*od.* till) tomorrow, it will do tomorrow; von heute bis ~, zwischen heute und ~ from now until (*od.* till) tomorrow; lieber heute als ~ better today than tomorrow; das geht nicht von heute auf ~ that cannot be done (so) quickly (*od.* overnight); ~ ist Sonntag tomorrow is Sunday; ~ ist auch (noch) ein Tag tomorrow is another (*od.* new) day; ~, ~, nur nicht heute, sagen alle faulen Leute (*Sprichwort*) never do today what you can put off until (*od.* till) tomorrow. – **2.** (*in der Zukunft*) tomorrow, *bes. humor.* mañana: j-n auf ~ vertrösten to put (*od.* stall) s.o. off until (*od.* till) tomorrow; die Mode von ~ the fashion of tomorrow; sich in die Welt von ~ versetzen to project oneself into the world of tomorrow. – **3.** (*früh am Tage*) early in the day: heute ~ early today, this morning; Sonntag ~ Sunday morning.

'Mor·gen[1] *m* ⟨-s; -⟩ **1.** morning, forenoon, morn (*poet.*): diesen [jeden] ~ this [every] morning; des ~s, am ~ in the morning; gegen ~ toward(s) morning, with (the) morning (*poet.*); am anderen (*od.* folgenden, nächsten) ~ the next morning; am ~ des 1. Mai on the morning of May 1st; eines schönen ~s one fine morning; früh am ~ early in the morning; der ~ bricht an (*od.* graut) morning dawns; es wird ~ day is breaking, it is getting light; bis in den hellichten ~ hinein schlafen to sleep far into the day; guten ~! ('n) ~! *colloq.* good morning! morning! (*colloq.*); j-m guten ~ sagen (*od.* wünschen) to wish (*od.* bid) s.o. good morning. – **2.** *fig.* (*Anbruch*) morning, dawn, beginning: der ~ des Lebens the morning of life; der ~ der Freiheit the dawn of liberty. – **3.** *fig. poet.* (*Osten*) East, Orient, Levant: gegen ~ toward(s) the East, eastward(s).

'Mor·gen[2] *n* ⟨-s; *no pl*⟩ (*Zukunft*) tomorrow, *bes. humor.* mañana, future, morrow (*lit.*): auf ein besseres ~ hoffen to hope for a better future.

'Mor·gen[3] *m* ⟨-s; -⟩ *agr. measure of land varying from 0.6 to 0.9 acres.*

'Mor·gen|,an,dacht *f relig.* a) morning service, b) (*der anglikanischen Kirche*) Morning Prayer; matins, Matins, *Br. auch* mattins, Mattins *alle pl* (*sometimes construed as sg*), c) (*private*) morning devotions *pl.* — **~,aus,ga·be** *f print.* morning edition (*od.* paper). — **~,blatt** *n* morning paper.

mor·gend ['mɔrgənt] *adj obs. for* morgig 1.

'Mor·gen,däm·me·rung *f* dawn, daybreak: in der ~ at cockcrow(ing).

mor·gend·lich ['mɔrgəntlɪç] *adj* (in *od.* of the) morning: ~e Frische morning freshness; die ~e Fahrt in die Stadt the ride to (the) town in the morning.

'Mor·gen|emp,fang *m hist.* levee. — **~,es·sen** *n Swiss for* Frühstück 2. — **m~,frisch** *adj* (as) fresh as a daisy. — **~,frost** *m meteor. cf.* Nachtfrost. — **~,frü·he** *f* prime: in aller ~ in the prime of day. — **~,ga·be** *f jur. hist.* morning gift. — **~ge,bet** *n relig.* a) morning prayer(s *pl*), b) (*der anglikanischen Kirche*) (morning) office. — **~,grau·en** *n* break of day, daybreak, daylight, dawn: bei(m) ~ at (the crack of) dawn. — **~,gruß** *m* morning greeting. — **~gym,na·stik** *f* morning exercises *pl*, daily dozen (*colloq.*). — **~,kleid** *n* morning dress (*od.* gown), *Am. auch* duster.

'Mor·gen,land *n archaic* East, Orient: die (drei) Weisen aus dem ~ *Bibl.* the wise men from the East, the (three) Magi. — **'Mor·gen,län·der** *m* ⟨-s; -⟩ Oriental. — **'mor·gen,län·disch** *adj* Oriental, eastern, Eastern: das ~e Kaisertum *hist.* the Eastern (*od.* Greek) Empire; die ~en Kirchen *relig.* the Eastern Churches.

'Mor·gen|,licht *n* morning light. — **~,lied** *n* (*der Vögel*) morning song (*od.* singing): die Vögel stimmten ihr ~ an the birds began to sing at dawn (*od.* their dawn chorus). — **~,luft** *f* morning air: ~ wittern *fig. colloq.* to see a gleam (*od.* ray) of hope. — **~,man·tel** *m* **1.** (*für Herren*) dressing gown. – **2.** (*für Damen*) *cf.* Morgenrock. — **~,post** *f* morning (*od.* early) mail (*od.* delivery, *bes. Br.* post): dieser Brief kam mit der ~ this letter came with (*od.* by, in) the morning mail. — **~,punkt** *m astr.* due (*od.* true) east. — **~,rock** *m* dressing gown, wrapper, robe-de-chambre, morning gown, negligée, peignoir, *Am. auch* matinee, duster. — **~,rot** *n*, **~,rö·te** *f* **1.** dawn, first flush of day (*od.* dawn), sunrise colors (*bes. Br.* colours) *pl*, Aurora (*poet.*): wir haben ~ there is a colo(u)rful dawn. – **2.** *fig.* (*Anbruch*) dawn: das Morgenrot der Freiheit the dawn of liberty.

'mor·gens *adv* in the morning, a.m.: ~ früh early in the morning; um 6 Uhr ~, ~ um 6 (Uhr) at six (o'clock) in the morning (*od.* a.m.); ~ von 8 bis 9 Uhr from eight to nine (o'clock) in the morning; von ~ bis abends a) from morning till night, b) *fig.* constantly, all day long; er liegt mir von ~ bis abends damit in den Ohren he bothers me with it all day long; seine Sprechstunde ist Montag ~ his office (*od.* consulting) hours are (on) every Monday morning.

'Mor·gen|,sei·te *f* east(ern) side: auf der ~ liegen to have an eastern exposure (*auch* aspect). — **~,son·ne** *f* morning sun. — **~spa,zier,gang** *m* morning walk. — **~,ständ·chen** *n mus.* morning music, aubade: j-m ein ~ bringen to entertain s.o. with morning music. — **~,stern** *m* **1.** *astr.* morning star. – **2.** *mil. hist.* (*Schlagwaffe*) morning star, *auch* holy-water sprinkler, morgenstern. — **~,stun·de** *f* morning hour: in den frühen ~n in the small (*od.* wee) hours of the day; zu früher ~ early in the morning; ~ hat Gold im Munde (*Sprichwort*) the early bird catches the worm (*proverb*). — **~,tau** *m* morning dew. — **~tem·pe·ra,tur** *f med.* morning temperature. — **~vi,si·te** *f* morning (*od.* AM) rounds *pl.* — **~,wa·che** *f mar.* morning watch. — **~,wind** *m* morning wind (*od.* breeze). — **~,zei·tung** *f* morning paper. — **~,zug** *m* early (*od.* morning) train.

mor·gig ['mɔrgɪç] *adj* ⟨*attrib*⟩ **1.** of tomorrow, tomorrow's: der ~e Tag tomorrow; die ~e Zeitung tomorrow's paper; meine ~e Abreise my departure tomorrow. – **2.** (*zukünftig*) of tomorrow, tomorrow's, future: die ~e Generation the generation of tomorrow (*od.* to come).

mo·ri·bund [mori'bʊnt] *adj med.* moribund, dying.

Mo·rin [mo'ri:n] *n* ⟨-s; *no pl*⟩ *chem.* morin ($C_{15}H_{10}O_7$). — **~,gerb,säu·re** *f* maclurin ($C_6H_3(OH)_2COC_6H_2(OH)_3$). — **~,säu·re** *f cf.* Morin.

Mo·ri·on ['mo:riɔn] *m* ⟨-s; *no pl*⟩ *min.* morion.

Mo·ri·tat ['mo:rita:t] *f* ⟨-; -en⟩ **1.** *popular entertainment in which, to the accompaniment of a barrel organ, pictures of a murder or a sensational event are explained in a prose or verse monologue with interpolated songs.* – **2.** *picture sheet describing in verse or prose a murder or sensational event.* – **3.** street ballad.

'Mo·ri·ta·ten|,lied *n cf.* Moritat 1, 3. — **~,sän·ger** *m* singer of ballads (celebrating sensational events), street-ballad singer.

Mor·mo·ne [mɔr'mo:nə] *m* ⟨-n; -n⟩ *relig.* Mormon, Latter-day (*auch* Latter-Day) Saint, Mormonist, Mormonite.

Mor'mo·nen|,heu,schrecke (*getr.* -k·k-) *f zo.* Mormon cricket (*Anabrus simplex*). — **~,tul·pe** *f bot. cf.* Mariposalilie.

Mor'mo·nen·tum *n* ⟨-s; *no pl*⟩ *relig.* Mormonism.

Mor'mo·nin *f* ⟨-; -nen⟩ *relig.* (female) Mormon (*od.* Latter-day Saint). — **mor'mo·nisch** *adj* Mormon.

Mor·nell [mɔr'nɛl] *m* ⟨-s; -e⟩, **Mor'nel·le** *f* ⟨-; -n⟩, **Mor'nell,re·gen,pfei·fer** *m zo.* dott(e)rel (*Charadrius morinellus*).

mo·ros [mo'ro:s] *adj obs.* (*mürrisch*) morose. — **Mo·ro·si'tät** [-rozi'tɛ:t] *f* ⟨-; *no pl*⟩ moroseness, morose disposition (*od.* outlook).

Morph [mɔrf] *n* ⟨-s; -e⟩ *ling.* morph.

Morph·al·la·xe [mɔrfa'laksə], **Morph·al'la·xis** [-ksɪs] *f* ⟨-; *no pl*⟩ *med.* morphallaxis.

Mor·phe [mɔr'fe:] *f* ⟨-; *no pl*⟩ shape, form.

Mor·phem [mɔr'fe:m] *n* ⟨-s; -e⟩ *ling.* morpheme.

Mor·pheus ['mɔrfɔʏs] *npr m* ⟨-; *no pl*⟩ *myth.* Morpheus: in ~' Armen ruhen *poet.* to lie in the arms of Morpheus, to sleep.

Mor·phin [mɔr'fi:n] *n* ⟨-s; *no pl*⟩ *chem. med. pharm.* morphine, morphia ($C_{17}H_{19}NO_3$).

Mor·phi·nis·mus [mɔrfi'nɪsmʊs] *m* ⟨-; *no pl*⟩ *med.* morphinism, morphinomania, morphine addiction. — **Mor·phi'nist** [-'nɪst] *m* ⟨-en; -en⟩, **Mor·phi'ni·stin** *f* ⟨-; -nen⟩ *med.* morphinist, morphine (*od.* morphia) addict.

Mor'phin|,sucht *f med. cf.* Morphinismus. — **~ver,gif·tung** *f* **1.** (*akute*) morphine poisoning. – **2.** (*chronische*) morphinism.

Mor·phi·um ['mɔrfiʊm] *n* ⟨-s; *no pl*⟩ *chem. med. pharm. obs. for* Morphin. — **~,ein,sprit·zung** *f med.* morphine (*od.* morphia) injection. — **~ent,zug** *m* withdrawal of morphine. — **~,sprit·ze** *f* **1.** *cf.* Morphiumeinspritzung. – **2.** hypodermal syringe. — **~,sucht** *f cf.* Morphinismus. — **m~,süch·tig** *adj* addicted to morphine. — **~,süch·ti·ge** *m, f* ⟨-n; -n⟩ *cf.* Morphinist. — **~ver,gif·tung** *f cf.* Morphinvergiftung.

'Mor·pho,fal·ter ['mɔrfo-] *m zo.* morpho (*Fam. Morphoidae*).

Mor·pho|ge·ne·se [mɔrfoge'ne:zə] *f* ⟨-; -n⟩, **~'ge·ne·sis** [-'ge:nezɪs] *f* ⟨-; -nesen [-ge'ne:zən]⟩ *biol.* morphogenesis. — **m~ge'ne·tisch** [-ge'ne:tɪʃ] *adj* morphogen(et)ic.

Mor·pho·gra·phie [mɔrfogra'fi:] *f* ⟨-; *no pl*⟩ *geogr. obs.* morphography. — **mor·pho'gra·phisch** [-'gra:fɪʃ] *adj* morphographic.

Mor·pho·lo·ge [mɔrfo'lo:gə] *m* ⟨-n; -n⟩ [morphologist.]

Mor·pho·lo·gie [mɔrfolo'gi:] *f* ⟨-; *no pl*⟩ **1.** *biol. ling.* morphology. – **2.** *geol. cf.* Geomorphologie. — **mor·pho'lo·gisch** [-'lo:gɪʃ] *adj* **1.** *biol. ling.* morphological. – **2.** *geol. cf.* geomorphologisch.

Mor·pho·pho·nem [mɔrfofo'ne:m] *n* ⟨-s; -e⟩ *ling.* morphophoneme.

Mor·pho·se [mɔr'fo:zə] *f* ⟨-; -n⟩ *biol. cf.* Morphogenese.

morsch [mɔrʃ] *adj* ⟨-er; -est⟩ **1.** (*Holz etc*) decayed, decomposed, rotten: ein ~er Zahn a decayed (*od.* carious) tooth; ~ werden to decay, to rot. – **2.** (*hinfällig*) unsound, rickety, ramshackle, dilapidated. – **3.** (*brüchig*) brittle. – **4.** *fig.* (*Staat etc*) decaying, disintegrating. – **5.** (alt und) ~ *fig.* (*von Person*) (old and) decrepit.

mor·schen ['mɔrʃən] *v/i* ⟨h⟩ *obs.* decay, rot.

'Morsch·heit *f* ⟨-; *no pl*⟩ **1.** rottenness. – **2.** (*Hinfälligkeit*) unsoundness. – **3.** (*Brüchigkeit*) brittleness.

'Mor·se|al·pha,bet ['mɔrzə-] *n tel.* Morse alphabet. — **~ap·pa,rat** *m* Morse telegraph. — **~emp,fän·ger** *m* Morse (code signal) receiver. — **~ge,rät** *n cf.* Morseapparat. — **~,ke·gel, ~,ko·nus** *m tech.* Morse taper.

mor·sen ['mɔrzən] *v/t* ⟨h⟩ *tel.* send (*od.* signal) (*s.th.*) in the Morse code, morse.

Mör·ser ['mœrzər] *m* ⟨-s; -⟩ **1.** mortar: ~ mit Pistill (*od.* Stößel) mortar with pestle; etwas im ~ zerstoßen to pestle (*od.* bray, pound) s.th. – **2.** *mil.* mortar. — **~bat·te,rie** *f mil.* mortar battery. — **~,block** *m cf.* Mörserlafette. — **~,keu·le** *f med. pharm.* pestle. — **~la,fet·te** *f mil.* mortar bed (*od.* carriage).

mör·sern ['mœrzərn] *v/i u. v/t* ⟨h⟩ *med. pharm.* pestle, bray, pound.

'Mör·ser|,or·tungs·ra,dar·ge,rät *n mil.* countermortar radar. — **~,stö·ßel** *m med. pharm.* pestle.

'Mor·se|,schrei·ber *m tel.* inkwriter, inker. — **~,schrift** *f* Morse code. — **~si,gnal** *n cf.* Morsezeichen 1. — **~,ta·ste** *f* Morse key. — **~,zei·chen** *n* **1.** (*akustisches*) Morse signal. – **2.** (*geschriebenes*) Morse character, dot and dash.

Mor·ta·del·la [mɔrta'dɛla] *f* ⟨-; -s⟩ *gastr.* mortadella, Bologna (sausage), *Am. auch* boloney, baloney.

Mor·ta·li·tät [mɔrtaliˈtɛːt] *f* ⟨-; *no pl*⟩ mortality.

Mör·tel [ˈmœrtəl] *m* ⟨-s; -⟩ *civ.eng.* **1.** (*Bindemittel*) mortar, (*Mörtelschlamm*) grout: fetter (*od.* fester, steifer) ~ fat mortar; magerer (*od.* schwacher, schlechter, geringer) ~ poor (*od.* lean) mortar; ~ rühren to pat mortar; ~ anmachen (*od.* anrühren, bereiten) to temper (*od.* to puddle, to prepare, to beat up, to mix up) mortar. – **2.** (*Verputzmörtel*) plaster, parget, cement, stucco, compo: eine Wand mit ~ bewerfen [vergießen, verstreichen] to roughcast (*od.* plaster, parget) [to grout, to slush] a wall. — ~ˌ**bie·ne** *f zo.* mason bee (*Chalicodoma muraria*). — ~ˌ**brett** *n civ.eng.* mortar board. — ~ˌ**fül·lung** *f* mortar fill(ing). — ~ˌ**kel·le** *f* mortar trowel. — ~ˌ**kü·bel** *m* mason's bucket, hod. — ~ˌ**mi·scher** *m* mortar mixer. — ~ˌ**poch·ˌtrog** *m* mortar stamp mill. — ~ˌ**putz** *m* mortar rendering. — ~ˌ**sand** *m* mortar sand. — ~**ver**ˌ**putz** *m* mortar coating.

Mor·ti·fi·ka·ti·on [mɔrtifikaˈtsĭoːn] *f* ⟨-; -en⟩ **1.** *med.* (*Brand*) mortification. – **2.** *obs.* (*Beleidigung*) mortification, humiliation. – **3.** *obs.* (*Kasteiung*) mortification (of the flesh). — **mor·ti·fiˈzie·ren** [-ˈtsiːrən] *v/t* ⟨*no* ge-, h⟩ *obs.* **1.** (*beleidigen*) mortify, humiliate. – **2.** (*kasteien*) mortify (the flesh of).

Mo·ru·la [ˈmoːrula] *f* ⟨-; *no pl*⟩ *biol.* morula.

Mo·sa·ik [mozaˈiːk] *n* ⟨-s; -en, *auch* -e⟩ **1.** (*art*) mosaic (work), tessel(l)ated work, tessellation: römisches (*od.* imitiertes) ~ mosaic picture. – **2.** *fig.* mosaic. — ~ˌ**ar·beit** *f cf.* Mosaik 1. — **m**~ˌ**ar·tig** *adj* mosaic, tessel(l)ated: etwas ~ zusammensetzen to tessel(l)ate s.th. — ~**elek**ˌ**tro·de** *f telev.* mosaic electrode. — ~ˌ**fa·den**ˌ**fisch** *m zo.* pearl gourami (*Trichogaster leeri*). — ~ˌ**fuß**ˌ**bo·den** *m* tessel(l)ated floor (*od.* pavement). — ~ˌ**spiel** *n* (*games*) jigsaw puzzle. — ~ˌ**stein** *m*, ~ˌ**stein·chen** *n* **1.** *arch.* tessera, abaculus, abaciscus. – **2.** *fig.* tessera.

mo·sa·isch [moˈzaːɪʃ] *adj relig.* Mosaic. — **Mo·saˈis·mus** [-zaˈɪsmʊs] *m* ⟨-; *no pl*⟩ *obs. for* Judentum 1.

Mo·sa·ist [mozaˈɪst], **Mo·saiˈzist** [-iˈtsɪst] *m* ⟨-en; -en⟩ (*art*) mosaicist, mosaist.

Mo·san·drit [mozanˈdriːt; -ˈdrɪt] *m* ⟨-s; -e⟩ *min.* mosandrite.

Mosch [moːʃ] *m* ⟨-es; *no pl*⟩ *Middle G. dial.* rubbish, junk.

Mo·schee [mɔˈʃeː] *f* ⟨-; -n [-ən]⟩ *relig.* mosque, *auch* masjid.

mo·schen [ˈmoːʃən] *v/t* ⟨h⟩ *Middle G. dial.* [waste.]

ˈ**Mosch·pa**ˌ**pier** *n Middle G. dial.* waste-paper.

Mo·schus [ˈmɔʃʊs] *m* ⟨-; *no pl*⟩ musk: nach ~ riechend (*od.* schmeckend) musky; moschate, moschatous (*scient.*). — ~ˌ**beu·tel** *m zo. cf.* Moschusdrüse. — ~ˌ**bock** *m* musk beetle (*Aromia moschata*). — ~ˌ**böck·chen** *n* suni (*Nesotragus moschatus*). — ~ˌ**drü·se** *f* musk (*od.* scent) bag (*auch* gland). — ~ˌ**en·te** *f* muscovy (*auch* musk) duck (*Cairina moschata*). — ~ˌ**flocken**ˌ**blu·me** (*getr.* -k·k-) *f bot.* (white *od.* yellow, purple, sweet) sultan (*Centaurea moschata*). — ~ˌ**gar·be** *f* musk milfoil (*Achillea moschata*). — ~**ge**ˌ**ruch** *m* musk, musky odor (*bes. Br.* odour) (*od.* smell). — ~ˌ**hirsch** *m zo. cf.* Moschustier. — ~**hya**ˌ**zin·the** *f bot.* musk hyacinth (*Gattg. Muscari*). — ~ˌ**kä·fer** *m zo. cf.* Moschusbock. — ~ˌ**kraut** *n bot.* moschatel (*Adoxa moschatellina*). — ~ˌ**kür·bis** *m* cushaw (*Cucurbita moschata*). — ~ˌ**mal·ve** *f* musk mallow (*Malva moschata*). — ~ˌ**och·se** *m zo.* musk-ox, *auch* musk sheep (*Ovibos moschatus*). — ~ˌ**rat·te** *f cf.* Bisamratte. — ~ˌ**ro·se** *f bot.* musk rose (*Rosa moschata*). — ~ˌ**spitz**ˌ**maus** *f zo.* musk shrew (*Gattg Suncus*). — ~ˌ**tier** *n* musk deer, moschus (*Moschus moschiferus*): die ~e *pl* the moschinae. — ~ˌ**vo·gel** *m cf.* Goldafter.

Mo·se [ˈmoːze] *npr m* ⟨-; *no pl*⟩ *Bibl.* Moses: die fünf Bücher ~ the Pentateuch *sg.*

Mö·se [ˈmøːzə] *f* ⟨-; -n⟩ *vulg.* cunt (*vulg.*).

Mo·sel [ˈmoːzəl] *m* ⟨-s; -⟩, ~ˌ**wein** *m gastr.* Moselle.

mo·sern [ˈmoːzərn] *v/i* ⟨h⟩ *bes. Northern G. colloq. for* nörgeln 2.

Mo·ses[1] [ˈmoːzɛs; -zəs] *npr m* ⟨-; *no pl*⟩ *Bibl.* Moses.

Mo·ses[2] [ˈmoːzəs] *m* ⟨-; -⟩ *mar.* **1.** boy. – **2.** (*Beiboot*) dinghi.

Mos·kau·er [ˈmɔskauər] **I** *m* ⟨-s; -⟩ Muscovite. – **II** *adj* ⟨*attrib*⟩ (of) Moscow, Muscovite. — ˈ**mos·kau·isch** *adj cf.* Moskauer II.

Mos·ki·to [mɔsˈkiːto] *m* ⟨-s; -s⟩ *meist pl zo.* mosquito (*Fam. Culicidae*). — ~ˌ**netz** *n* mosquito net. — ~ˌ**stich** *m* mosquito bite.

Mos·ko·wi·ter [mɔskoˈviːtər] *m* ⟨-s; -⟩ *cf.* Moskauer I. — **mos·koˈwi·tisch** *adj cf.* Moskauer II. — **mos·ko·wi·tiˈsie·ren** [-vitiˈziːrən] *v/t* ⟨*no* ge-, h⟩ *pol.* Russianize *Br. auch* -s-.

Mos·lem [ˈmɔslɛm] *m* ⟨-s; -s⟩ *relig.* Muslim, Moslem, *auch* Muslem. — ~ˌ**bru·der·schaft** *f pol.* Muslim Brotherhood.

mos·le·mi·nisch [mɔsleˈmiːnɪʃ], **mosˈle·misch** [-ˈleːmɪʃ] *adj relig.* Muslim, Moslem, *auch* Muslem.

ˈ**Mos·lem**ˌ**li·ga** *f pol.* Moslem League.

Mos·li·me [mɔsˈliːmə] *f* ⟨-; -n⟩ *relig. cf.* Moslem.

ˈ**Möss**ˌ**bau·er-Ef**ˌ**fekt** [ˈmœsˌbauər-] *m phys.* Mössbauer effect.

Most [mɔst] *m* ⟨-(e)s; -e⟩ **1.** must, stum: ~ bereiten (*od. colloq.* machen) to make must; der ~ gärt the must is fermenting; → Barthel I. – **2.** (*Apfelmost*) cider. – **3.** (*Birnenmost*) perry. – **4.** *Southern G.*, *Austrian and Swiss for* Obstwein. — ~ˌ**ap·fel** *m* cider apple. — ~ˌ**bir·ne** *f* perry pear.

mo·sten [ˈmɔstən] **I** *v/i* ⟨h⟩ make must. – **II** *v/t* (*Trauben, Obst etc*) press.

Mo·steˈrei *f* ⟨-; -en⟩ **1.** *place where people can make their own cider.* – **2.** firm producing must (*od.* cider).

Mo·stert [ˈmɔstərt] *m* ⟨-s; *no pl*⟩ *Northwestern G. for* Senf 2.

ˈ**Most**ˌ**pres·se** *f* must (*od.* cider) press.

Most·rich [ˈmɔstrɪç] *m* ⟨-(e)s; *no pl*⟩ *Northern G. for* Senf 2.

Mo·tel [ˈmoːtəl; moˈtɛl] *n* ⟨-s; -s⟩ motel.

Mo·tet·te [moˈtɛtə] *f* ⟨-; -n⟩ *mus.* motet.

Mo·ti·li·tät [motiliˈtɛːt] *f* ⟨-; *no pl*⟩ *bes. med.* motility.

Mo·ti·on [moˈtsĭoːn] *f* ⟨-; -en⟩ **1.** *pol. jur.* motion. – **2.** *ling.* inflection, *Br. auch* inflexion.

Mo·tio·när [motsĭoˈnɛːr] *m* ⟨-s; -e⟩ *Swiss pol. cf.* Antragsteller 2.

Mo·tiv [moˈtiːf] *n* ⟨-s; -e⟩ **1.** (*Beweggrund*) motive, impulse, incentive, inducement, spur, spring: ein religiöses [politisches] ~ a religious [political] motive (*od.* impulse); edle ~e noble impulses (*od.* promptings); aus welchen ~en mag er das getan haben? what motives may have made him do that? das ~ des Handelns the spring of action. – **2.** *psych. jur.* motive, drive, need, incentive: das ~ seiner Tat (*od.* für seine Tat) war nicht bekannt the motive of (*od.* for) his deed was not known; seine Handlungsweise war durch persönliche ~e bestimmt his way of acting (*od.* dealing) was personally motivated. – **3.** *mus.* motif, theme, *auch* motive. – **4.** (*art, literature*) motif, subject, *auch* motive: ~e in der Malerei [Literatur] motifs in painting [literature].

Mo·ti·va·ti·on [motivaˈtsĭoːn] *f* ⟨-; -en⟩ *cf.* Motivierung 2.

Mo·ti·va·tiˈonsˌ**for·schung**, **Moˈtiv**ˌ**for·schung** *f psych. econ.* motivation research.

mo·ti·vie·ren [motiˈviːrən] **I** *v/t* ⟨*no* ge-, h⟩ **1.** *psych.* motivate. – **2.** (*begründen*) state the motive of, give reasons for, account for, found: einen Vorschlag mit etwas ~ to give good reasons for a proposal; wie ~ Sie das? how do you account for that? – **II M**~ *n* ⟨-s⟩ **3.** *verbal noun.* — **Mo·tiˈvie·rung** *f* ⟨-; -en⟩ **1.** *cf.* Motivieren. – **2.** *bes. psych.* motivation, reason(s *pl*), ground(s *pl*): mit der ~, daß on the ground(s) that. – **3.** *jur.* (*eines Gesetzes*) preamble.

Mo·to-Cross [motoˈkrɔs] *n* ⟨-; *no pl*⟩ (*sport*) moto-cross.

Mo·tor [ˈmoːtər] *m* ⟨-s; -en [moˈtoːrən]⟩, *auch* [moˈtoːr] *m* ⟨-s; -e⟩ **1.** (*Verbrennungsmotor*) engine: kopfgesteuerter ~ valve-in-head engine; luftgekühlter [wassergekühlter] ~ air- [water-]cooled engine; starker ~ powerful engine; ~ mit sechs Zylindern six-cylinder engine; ~ mit Turboaufladung *bes. mar.* turbo-charged engine; den ~ anlassen (*od.* starten, anstellen) to start the engine; den ~ abstellen (*od.* abschalten) to stop the engine; den ~ auseinandernehmen to take the engine apart, to dismantle the engine; den ~ zerlegen to disassemble the engine; den ~ überholen to overhaul the engine; den ~ absterben lassen (*od.* abwürgen) *colloq.* to stall (*od. colloq.* kill) the engine; mit laufendem ~ with engine running; mit abgestelltem ~ with engine turned off; der ~ springt nicht an the engine fails to (*od.* does not) start; er ließ den ~ warmlaufen he let the engine warm up. – **2.** *electr.* (electric) motor. – **3.** *fig.* motor, mover, impulsive (*od.* propelling) force: der Wettbewerb ist der große ~ unseres Wirtschaftslebens competition is the great motor of our economy. — ~ˌ**an·ker** *m electr.* motor armature. — ~ˌ**an**ˌ**las·ser** *m tech.* motor starter. — ~ˌ**an**ˌ**trieb** *m* motor drive: mit ~ motor-driven, power-driven. — ~ˌ**auf**ˌ**hän·gung** *f* motor (*od.* engine) suspension. — ~ˌ**aus**ˌ**fall** *m* motor (*od.* engine) failure (*od.* breakdown). — ~**bar**ˌ**kas·se** *f mar.* motor launch. — ~ˌ**block** *m tech.* engine (*od.* cylinder) block. — ~ˌ**boot** *n mar.* motorboat, powerboat. — ~ˌ**brem·se** *f auto.* engine brake. — ~**de**ˌ**fekt** *m cf.* Motorschaden 1. — ~ˌ**dreh·mo**ˌ**ment** *n tech.* engine torque. — ~ˌ**dreh**ˌ**zahl** *f* motor (*od.* engine) speed: bei einer ~ von 5000 Umdrehungen at an engine speed of 5,000, at 5,000 revs.

Moˈto·ren|ˌ**bau** *m tech.* motor (*od.* engine) construction. — ~ˌ**bau·er** *m* **1.** engine manufacturer. – **2.** manufacturer of electric motors. — ~**ge**ˌ**räusch** *n* sound of engines (*od.* an engine). — ~ˌ**lärm** *m* noise (*od.* roar) of engines (*od.* an engine). — ~ˌ**schlos·ser** *m* mechanic. — ~ˌ**werk** *n* engine factory.

ˈ**Mo·tor**|ˌ**fahr**ˌ**rad** *n* motor-assisted bicycle (*od.* pedal cycle), autocycle. — ~ˌ**fahr**ˌ**zeug** *n* motor vehicle. — ~ˌ**flug**ˌ**zeug** *n aer.* powered aircraft. — ~**ge**ˌ**häu·se** *n tech.* **1.** *cf.* Kurbelgehäuse. – **2.** *electr.* motor casing (*od.* housing). — ~**ge·ne**ˌ**ra·tor** *m electr.* motor generator. — ~ˌ**gon·del** *f aer.* nacelle. — ~ˌ**gü·ter**ˌ**schiff** *n mar.* motor cargo vessel. — ~ˌ**hau·be** *f* **1.** *auto. Am.* (engine) hood, *Br.* bonnet. – **2.** *aer.* engine cowling, cowl(ing).

Mo·to·rik [moˈtoːrɪk] *f* ⟨-; *no pl*⟩ *med.* **1.** motoricity. – **2.** theory of motoricity.

mo·to·risch [moˈtoːrɪʃ] *adj* **1.** *med.* motor (*attrib*): ~er Nerv motorial (*od.* motory, efferent) nerve, efferent neuron. – **2.** *tech.* motor-operated. – **3.** *mus.* kinetic, motor (*attrib*).

mo·to·ri·sie·ren [motoriˈziːrən] **I** *v/t* ⟨*no* ge-, h⟩ motorize *Br. auch* -s-. – **II** *v/reflex* sich ~ *colloq.* buy a car. – **III M**~ *n* ⟨-s⟩ *verbal noun.* — **mo·to·riˈsiert I** *pp.* – **II** *adj* motorized *Br. auch* -s-, motored: ~e Truppe motorized troops *pl*; ~e Artillerieeinheit *mil.* mobile gun unit; ~e Streife mobile patrol; ~es Fahrrad *cf.* Motorfahrrad. — **Mo·to·riˈsie·rung** *f* ⟨-; *no pl*⟩ **1.** *cf.* Motorisieren. – **2.** motorization *Br. auch* -s-.

ˈ**Mo·tor**|ˌ**jacht** *f* motor yacht. — ~ˌ**kar·ren** *m cf.* Elektrokarren. — ~ˌ**kenn**ˌ**da·ten** *pl* engine data. — ~ˌ**kol·ben** *m* engine piston. — ~ˌ**kraft** *f* engine power. — ~ˌ**küh·lung** *f* engine cooling (system). — ~ˌ**lei·stung** *f tech.* engine (*od.* motor) output (*od.* capacity, performance, power, rating). — **m**~**los** *adj* motorless. — ~ˌ**mä·her** *m agr.* **1.** (*für Gras*) motor-driven mower, power mower. – **2.** (*für Getreide*) motor-driven reaper. — ~ˌ**nenn**ˌ**lei·stung** *f tech.* rated motor power. — ~ˌ**num·mer** *f auto.* engine number. — ~ˌ**öl** *n* motor oil. — ~ˌ**pan·ne** *f cf.* Motorschaden 1. — ~ˌ**pflug** *m agr.* tractor (*od.* motor) plough (*bes. Am.* plow). — ~ˌ**prüf**ˌ**stand** *m* engine test bench. — ~ˌ**pum·pe** *f tech.* power (*od.* motor) pump.

ˈ**Mo·tor**ˌ**rad** *n* motorcycle, motor bicycle, motorbike (*colloq.*): ~ mit Beiwagen motorcycle with sidecar; ~ fahren to ride a motorcycle, to motorcycle; mit dem ~ (zur Arbeit) fahren to ride (to work) on a motorcycle. — ~ˌ**bril·le** *f* (motorcycle) goggles *pl.* — ~ˌ**fah·rer** *m* motorcyclist. — ~ˌ**ren·nen** *n* (*sport*) motorcycle race. — ~ˌ**renn**ˌ**fah·rer** *m* racing motorcyclist. — ~ˌ**sport** *m* motorcycling.

ˈ**Mo·tor**|ˌ**rah·men** *m auto.* engine frame. — ~ˌ**raum** *m tech.* engine compartment (*od.* room, bay). — ~ˌ**rol·ler** *m* (motor) scooter. — ~ˌ**sä·ge** *f tech.* power saw. — ~ˌ**scha·den** *m* **1.** engine failure (*od.* breakdown). – **2.** *cf.* Motorstörung. — ~ˌ**schiff** *n mar.* motor ship. — ~ˌ**schlep·per** *m tech.* traction engine. — **~ˌschlit·ten** *m* autosled, motor sleigh. — **~ˌschmie·rung** *f* engine lubrication. — **~ˌseg·ler** *m* **1.** *aer.* power(ed) (*od.* motor) glider. – **2.** *mar.* motor sailer. — **~ˌsport** *m* motoring, motor sport. — **~ˌsprit·ze** *f* (motor) fire engine (*od.* truck). — **~ˌsteue·rung** *f tech.* motor control. — **~ˌstö·rung** *f* **1.** *tech.* engine trouble. – **2.** *electr.* motor trouble (*od.* failure). — **~ˌstüt·ze** *f tech.* motor bracket. — **~ˌtankˌwa·gen** *m auto.* tank truck. — **~ˌteil** *n, m* engine part. — **~ˌtriebˌwa·gen** *m* (*railway*) (rail) motor car, railcar. — **~ˌun·terˌbre·cher** *m electr.* motor-driven interrupter. — **~venˌtil** *n* engine valve. — **~verˌklei·dung** *f* engine cowling. — **~ˌwa·gen** *m* **1.** (*railway*) motor coach. – **2.** (*der Straßenbahn*) motor car. – **3.** *tech.* driving vehicle, tractive power unit, truck. — **~ˌwäh·ler** *m electr.* motor-operated selector. — **~ˌwech·sel** *m* motor (*od.* engine) replacement. — **~ˌwel·le** *f* motor (*od.* engine) shaft. — **~ˌwin·de** *f* motor winch. — **~ˌzäh·ler** *m electr.* motor-driven hour-meter.

Mot·te ['mɔtə] *f* ⟨-; -n⟩ **1.** *zo.* a) moth (*Unterordng Jugatae*), b) tineid (moth) (*Fam. Tineidae*): **voller ~n** full of moths, mothy; **von ~n zerfressene Kleider** moth-eaten clothes; **von etwas angezogen werden wie die ~n vom Licht** to be attracted to s.th. like moths to a flame. – **2.** *fig. colloq.* (*in Wendungen wie*) **das ist eine ~!** he's a real card! he's quite a lad! (*beide colloq.*); **du kriegst die ~n!** for God's sake! look at that! what the dickens! (*sl.*); **das ist, um die ~n zu kriegen!** that's enough to drive one crazy (*od. colloq.* round the bend); **die ~n haben** to have TB.

'**Mot·tenˌbeˌkämp·fung** *f* moth control. — **m~ˌfest** *adj cf.* mottensicher. — **~ˌfraß** *m* damage done by moths. — **~ˌki·ste** *f fig.* (*in Wendungen wie*) **eine alte Geschichte aus der ~ holen** to dust off an old legend; **ein altes Stück aus der ~ hervorholen** (*theater*) to revive an old play. — **~ˌku·gel** *f* mothball. — **~ˌlaus** *f zo.* aleyrodid, whitefly (*Unterordng Aleurodina*). — **~ˌloch** *n* moth hole. — **~ˌpul·ver** *n* insect powder, insecticide. — **~ˌscha·den** *m cf.* Mottenfraß. — **~ˌschildˌlaus** *f zo. cf.* Mottenlaus. — **~ˌschutzˌmit·tel** *n* insecticide (for moths), moth killer. — **m~ˌsi·cher** *adj* mothproof. — **m~zerˌfres·sen** *adj* moth-eaten, mothy.

Mot·to ['mɔto] *n* ⟨-s; -s⟩ **1.** motto. – **2.** (*am Anfang eines Buches*) motto, epigraph. – **3.** (*Grundsatz*) maxim. – **4.** *pol.* slogan. – **5.** *her.* device, impresa, impress.

mouil·lie·ren [mu'jiːrən] *ling.* **I** *v/t* ⟨*no* ge-, h⟩ palatalize, pronounce (*s.th.*) palatally, pronounce (*s.th.*) with a mouillé sound. – **II M~** *n* ⟨-s⟩ *verbal noun.* — **mouil'liert I** *pp.* – **II** *adj ling.* palatal(ized), mouillé. — **Mouil'lie·rung** *f* ⟨-; -en⟩ *ling.* **1.** *cf.* Mouillieren. – **2.** palatalization, mouillé pronunciation, mouillation, mouillure.

Mou·la·ge [mu'laːʒə] *m* ⟨-; -s⟩, *auch f* ⟨-; -n⟩ *bes. med.* moulage.

Mou·li·né [muli'neː] *m* ⟨-s; -s⟩ (*textile*) colo(u)red twist yarn.

Mous·seux [mu'søː] *m* ⟨-; -⟩ *obs.* sparkling wine.

mous·sie·ren [mu'siːrən] **I** *v/i* ⟨*no* ge-, h⟩ **1.** (*von Schaumwein, Limonade etc*) effervesce, sparkle, bubble. – **II M~** *n* ⟨-s⟩ **2.** *verbal noun.* – **3.** effervescence. — **mous'sie·rend I** *pres p.* – **II** *adj* effervescent, sparkling, bubbling, (*Limonade*) *auch* carbonated.

Mou·sté·ri·en [muste'rĩɛ̃ː] *n* ⟨-(s); *no pl*⟩ *archeol. geol.* Moust(i)erian period.

Mö·we ['møːvə] *f* ⟨-; -n⟩ *zo.* (sea) gull (*od.* mew), mew (gull) (*Unterfam. Larinae*).

'**Mö·wenˌtau·be** *f zo.* turbit (*Columba livia turbida*).

Moz·ara·ber [mo'tsaːrabər] *m meist pl* Mozarab. — **moz·ara·bisch** [-tsa'raːbɪʃ] *adj* Mozarabic.

'**Mo·zartˌku·gel** ['moːtsart-] *f* (*Art Praline*) *ball of marzipan covered with chocolate.* — **~ˌzopf** *m* (*Haarmode*) pigtail.

Much·tar [mʊx'taːr] *m* ⟨-s; -s⟩ head of a Turkish village.

Muck [mʊk] *m* ⟨-(e)s; -e⟩ *colloq. cf.* Mucks.

Mucke (*getr.* -k·k-) ['mʊkə] *f* ⟨-; -n⟩ *colloq. meist pl* whim, caprice, crotchet: **er hat seine ~n** he has his (little) moods, he is crotchety; **die Sache hat ihre ~n** the matter has its difficulties; **der Motor hat seine ~n** the engine is difficult to handle (*Am. sl.* has got bugs).

Mücke (*getr.* -k·k-) ['mʏkə] *f* ⟨-; -n⟩ *zo.* mosquito, midge, *bes. Br.* gnat (*Unterordng Nematocera*): **zu den ~n gehörend** nematocerous; **mich hat eine ~ gestochen** I have been stung (*od.* bitten) by a mosquito; **von ~n geplagt werden** to be pestered by mosquitos; **die ~n schwärmen** the gnats swarm; **aus einer ~ einen Elefanten machen** *fig.* to make a mountain out of a molehill.

'**Muckeˌfuck** (*getr.* -k·k-) [-ˌfʊk] *m* ⟨-s; *no pl*⟩ *colloq.* thin (watery) coffee, coffee substitute, ersatz coffee.

mucken (*getr.* -k·k-) ['mʊkən] *colloq.* **I** *v/i* ⟨h⟩ **1.** (*murren*) growl, grumble, 'grouse' (*colloq.*): **sie taten die Arbeit, ohne zu ~** they did their work without grumbling. – **2.** utter a word: **nicht gemuckt!** not another word! keep quiet! **ohne zu ~** without a murmur (*od.* peep). – **3.** *mil.* shoot with closed eyes, bob. – **II** *v/reflex* **sich ~** **4.** utter a word: **die Kinder saßen da, ohne sich zu ~** the children were sitting there without a peep.

'**Mückenˌbeˌkämp·fungsˌmit·tel** (*getr.* -k·k-) *n* insecticide, insect repellent. — **~ˌfän·ger** *m zo.* gnatcatcher (*Gattg Polioptila*). — **~ˌlar·ve** *f* mosquito (*bes. Br.* gnat) larva, wiggler: **Rote ~** bloodworm, midge larva. — **~ˌschwarm** *m* swarm (*od.* host) of mosquitos (*bes. Br.* gnats). — **~ˌschwär·mer** *m* currant clearwing (*Ramosia tipuliformis*). — **~ˌse·hen** *n med.* muscae volitantes *pl.* — **~ˌstich** *m* mosquito (*bes. Br.* gnat) bite. — **~ˌwan·ze** *f zo.* crane-fly bug (*Leptocorisa tipulcides*).

'**Mucker** (*getr.* -k·k-) *m* ⟨-s; -⟩ *contempt.* **1.** *cf.* Duckmäuser 1, 2. – **2.** bigoted pietist, sanctimonious person. – **3.** grumbler, sulky person. — '**mucker·haft** (*getr.* -k·k-), '**mucke·risch** (*getr.* -k·k-) *adj* **1.** *cf.* duckmäuserisch 1, 2. – **2.** sanctimonious. – **3.** sulky. — '**Mucker·tum** (*getr.* -k·k-) *n* ⟨-s; *no pl*⟩ **1.** *cf.* Duckmäuserei 1, 2. – **2.** sanctimoniousness. – **3.** sulkiness.

Mucks [mʊks] *m* ⟨-es; -e⟩ *colloq.* **1.** feeble (*od.* faint) sound (*od.* noise): **keinen ~ machen** (*od.* **von sich geben**) to be (as) silent as a mouse, not to make (*od.* utter) a sound. – **2.** slight movement (*od.* stir): **keinen ~ tun** (*od.* **machen**) not to stir (*od.* budge). — '**muck·sen** *v/i u.* **sich ~** *v/reflex* ⟨h⟩ **(sich) nicht ~** a) not to say a word (*od.* to make a peep), b) not to stir (*od.* budge), c) not dare to grumble; **ohne zu ~** without a peep. — '**Muck·ser** *m* ⟨-s; -⟩ *cf.* Mucks.

'**mucks'mäus·chen'still** *adj colloq.* (as) still (*od.* quiet, silent) as a mouse, mum.

Mu·co·id [muko'iːt] *n* ⟨-(e)s; -e⟩ *chem.* mucoid.

Mu·co·in [muko'iːn] *n* ⟨-s; *no pl*⟩ *biol.* mucoprotein.

Mu'conˌsäu·re [mu'koːn-] *f chem.* muconic acid [$(CHCHCOOH)_2$].

Mu·co·pro·te·id [mukoprote'iːt] *n biol. cf.* Mucoin.

mu·cös [mu'køːs] *adj med.* mucous.

Mu·co·sa [mu'koːza] *f* ⟨-; -sae [-zɛ]⟩ *med.* mucosa, mucous membrane.

Mud [mʊt] *m* ⟨-s; *no pl*⟩ *Low G. cf.* Mudd.

Mudd [mʊt] *m* ⟨-s; *no pl*⟩ *Low G.* mud. — **mud·deln** ['mʊdəln] *v/i* ⟨h⟩ *Low G. for* hudeln. — **mud·dig** ['mʊdɪç] *adj Low G.* muddy.

mü·de ['myːdə] **I** *adj* ⟨-r; müd(e)st⟩ **1.** tired, sleepy, drowsy: **gegen 10 Uhr wird sie immer ~** she always gets tired about 10 o'clock; **der Wein macht ~** the wine makes one tired. – **2.** (*ermattet, erschöpft*) tired(-out), weary, fatigued, worn(-out): **~ Augen [Beine]** tired eyes [legs]; **~ und matt sein** to be weak and weary; **~ werden** to get tired, to grow weary; **er sieht ~ aus** he looks jaded; **die Arbeit macht mich ~** the work makes me tired (*od.* fags me [out]); **~ heimkommen** to come home tired (out); **er streckte seine ~n Glieder von sich** he stretched his weary bones (*od.* limbs); **ein Pferd ~ reiten** to fag (*od.* tire) a horse out; **zum Umfallen ~ sein** to be fit to drop, to be completely exhausted, to be dead beat (*colloq.*); **sich ~ reden** to tire oneself out talking. – **3.** **einer Sache ~ sein** to be tired (*od. colloq.* sick, wearied) of s.th., to be fed up with s.th. (*colloq.*), *Br. sl.* to be browned off at (*od.* about) s.th.: **des Lebens ~ sein** to be tired of living, to be weary of life; **des ewigen Einerleis ~ sein** to be sick of the daily routine; **er wird (es) nicht ~, seine Ziele zu verfolgen** he does not weary of pursuing his goals; **ich bin seiner ~** I am tired of him; **ich bin es jetzt ~!** I've had enough of it! – **4.** (*langsam, schleppend*) languid, weary: **ein ~r Gang** a languid gait. – **II** *adv* **5.** wearily, exhaustedly: **~ umherschleichen** to drag oneself about; **da kann man ja nur ~ lächeln** all you can do is put on a sickly smile. — '**Mü·dig·keit** [-dɪçkaɪt] *f* ⟨-; *no pl*⟩ **1.** tiredness, sleepiness, drowsiness: **vor ~ einschlafen** to fall asleep from tiredness; **von ~ übermannt werden** to be overcome by (*od.* with) tiredness. – **2.** (*Ermattung, Erschöpfung*) tiredness, weariness, fatigue, (*stärker*) exhaustion, lassitude (*lit.*): **vor ~ umfallen** to drop (*od.* fall down) from (sheer) exhaustion; **nur keine ~ vorschützen** let's not pretend to be tired, don't tell me you are tired; **gegen die ~ ankämpfen** to fight (*od.* struggle against) fatigue; **die ~ überwinden** to overcome fatigue.

'**Mü·dig·keits·geˌfühl** *n* **1.** feeling of tiredness. – **2.** (*Abgespanntheit*) lassitude.

Mu·ez·zin [mu'ɛtsiːn] *m* ⟨-s; -s⟩ *relig.* (*Gebetsrufer im Islam*) muezzin, muazzin, *auch* mu'adhdhin.

Muff[1] [mʊf] *m* ⟨-(e)s; -e⟩ muff.

Muff[2] *m* ⟨-(e)s; *no pl*⟩ *Low G. for* Schimmel[1] 1, 2.

Muf·fe ['mʊfə] *f* ⟨-; -n⟩ **1.** *tech.* a) (*einer Kupplung*) sleeve, b) (*einer Rohrleitung*) socket, c) (*eines Reglers*) collar. – **2.** *metall.* (*einer Walze*) coupling box. – **3.** *electr.* (*eines Kabels*) box, joint. – **4.** *colloq.* (*in Wendungen wie*) **ihm geht die ~** he is in a blue funk (*od.* scared stiff) (*sl.*).

Muf·fel[1] ['mʊfəl] *m* ⟨-s; -⟩ **1.** *zo. hunt.* (*des Elchs etc*) muffle, snout, muzzle. – **2.** *fig. colloq. contempt.* grouch (*colloq.*), grouser (*sl.*), crab, grumbler. – **3.** *fig. colloq. cf.* Krawattenmuffel.

'**Muf·fel**[2] *f* ⟨-; -n⟩ *metall.* (*eines Retortenofens*) muffle.

'**Muf·fel**[3] *n* ⟨-s; -⟩ *zo. cf.* Mufflon.

'**muf·fe·lig** *adj colloq.* sulky, cross.

muf·feln[1] ['mʊfəln] *v/i* ⟨h⟩ *colloq.* **1.** (*dauernd kauen*) munch continually. – **2.** (*mürrisch sein*) grouse (*colloq.*), sulk, grumble. – **3.** (*undeutlich reden*) mumble, mutter.

'**muf·feln**[2] *v/i* ⟨h⟩ *Southern G. and Austrian for* müffeln.

müf·feln ['myfəln] *v/i* ⟨h⟩ *dial.* smell moldy (*bes. Br.* mouldy) (*od.* musty).

'**Muf·felˌofen** *m metall.* muffle (*od.* retort) furnace. — **~ˌschaf, ~ˌtier, ~ˌwild** *n zo. cf.* Mufflon.

muf·fen ['mʊfən] *v/i* ⟨h⟩ *dial. cf.* müffeln.

'**Muf·fenˌkupp·lung** *f tech.* sleeve coupling. — **~ˌrohr** *n* socket (head) pipe. — **~ˌsau·sen** *n colloq.* blue funk (*sl.*). — **~ˌschie·ber** *m tech.* sluice valve with socket ends, gate valve with bell ends. — **~ˌtül·le** *f* threaded-end fitting. — **~verˌbin·dung** *f* (*von Rohren*) spigot and socket joint.

'**muf·fig** *adj* **1.** musty, moldy, *bes. Br.* mouldy, stale(-smelling), fusty: **~e Luft** musty air, fug; **ein ~er Raum** a stale-smelling room; **hier riecht es ~** there is a fusty smell in here. – **2.** *fig. colloq.* (*Person*) sulky, sullen, morose, 'stuffy' (*colloq.*).

'**muff·lig** *adj colloq. cf.* muffelig.

Muff·lon ['mʊflən] *m* ⟨-s; -s⟩ *zo.* mouf(f)lon, muf(f)lon (*Ovis [ammon] musimon*).

Muf·ti ['mʊfti] *m* ⟨-s; -s⟩ *relig.* (*islamischer Rechtsgelehrter*) mufti.

mu·ge·lig ['muːgəlɪç], **mug·lig** ['muːglɪç] *adj* **1.** (*jewelry*) (*Edelsteine*) convex, en cabochon. – **2.** *dial.* hilly.

muh [muː] *interj* moo!: **~ schreien** (*od.* **machen**) to moo, to low.

Mü·he ['myːə] *f* ⟨-; -n⟩ **1.** (*Anstrengung, Plage*) trouble, pains *pl*, effort, exertion: **große** (*od.* **schwere, viel**) **~** much trouble; **leichte ~** little (*od.* no) trouble (at all); **verlorene ~** wasted effort, lost labo(u)r; **es machte mir** (*od.* **ich hatte**) **~, die Sache in Ordnung zu bringen** I had (some) trouble (*od.* difficulty) straightening out the matter; **ich gebe mir (große) ~** I take (great) pains; **ich gab mir alle erdenkliche ~** I went very much out of my way; **sie**

machen sich (*dat*) nicht (einmal) die ~ zu schreiben they don't (even) bother to write; spar dir die ~, die ~ kannst du dir sparen save yourself the trouble, don't bother, you are wasting your time; er scheute keine ~, er ließ sich (*dat*) keine ~ verdrießen he spared (*od.* shirked) no pains, he left no stone unturned; es ist [nicht] der ~ wert, die ~ lohnt sich [nicht] it is [not] worth while, it is [not] worth doing (*od.* it, the trouble); die Sache ist nicht der ~ wert the game is not worth the candle; er hat sich (*dat*) die ganze ~ umsonst gemacht he went to all the trouble for nothing; es war verlorene ~, ihm den Rat zu erteilen the advice was thrown away on him. – **2.** (*Schwierigkeit*) difficulty: mit ~ und Not with great difficulty, barely, only, just; es kostet mich ~, ihm das zu sagen I find it hard to tell him. – **3.** (*Arbeit*) labor, *bes. Br.* labour, toil. – **4.** (*Sorgfalt*) care, attention: du mußt dir mehr ~ geben you have to be more careful.

ˈmü·he·los I *adj* easy, without difficulty (*od.* effort, trouble, pains), effortless, painless: ein ~er Aufstieg an easy climb; ein ~es Leben a life of ease. – **II** *adv* easily, without difficulty (*od.* effort, trouble, pains), with (effortless) ease, effortlessly, painlessly: ~ gewinnen to win hands down; er hat die Aufgabe ~ gelöst he had no difficulty in solving the problem. — **ˈMü·he·lo·sig·keit** *f* ⟨-; *no pl*⟩ ease, easiness, facility, effortlessness, painlessness.

mu·hen [ˈmuːən] **I** *v/i* ⟨h⟩ **1.** moo, low. – **II M~** *n* ⟨-s⟩ **2.** *verbal noun.* – **3.** moo, low.

mü·hen [ˈmyːən] *v/reflex* ⟨h⟩ sich ~ take pains (*od.* trouble), work hard, struggle, strive, labor, *bes. Br.* labour, exert oneself, toil: wir ~ uns, ihm alles recht zu machen we strive to do everything as he would have it.

ˈmü·heˌvoll *adj* **1.** troublesome, hard, difficult: ~e Vorarbeit strenuous spadework. – **2.** toilsome, effortful, laborious: ~e Aufgabe toilful task. – **3.** *cf.* mühsam 2—4.

ˈMü·heˌwal·tung *f* ⟨-; *no pl*⟩ **1.** trouble, effort(s *pl*), cooperation, *Br. auch* co-operation: wir danken für Ihre ~ thank you for the trouble taken (*od.* your efforts, your cooperation). – **2.** care.

ˈMühlˌbach *m* mill brook, millstream.

Müh·le [ˈmyːlə] *f* ⟨-; -n⟩ **1.** mill: die ~ klappert (*od.* geht) the mill is going (*od.* working); das ist Wasser auf seine ~ *fig. colloq.* that is grist to his mill, that is just what he wanted; Gottes ~n mahlen langsam(, mahlen aber trefflich klein) (*Sprichwort*) God's mills (*od.* the wheels of fate) grind slow but sure (*od.* but exceeding fine) (*proverb*); der Antrag ist in die ~ der Verwaltung geraten *fig. colloq.* the petition has been caught in the maze of bureaucracy. – **2.** *fig. colloq. humor.* a) (*altes Auto*) 'bus' (*sl.*), *Am. sl.* 'heap', jalop(p)y, b) (*altes Flugzeug*) 'crate', 'bus', 'kite' (*alle sl.*): was ist denn das für eine alte ~? what kind of an old crate (*od.* heap) is that? – **3.** *tech.* a) mill, b) (*zur Grobmahlung*) crusher, c) (*zur Feinmahlung*) grinder, d) (*zur Feinstmahlung*) pulverizer *Br. auch* -s-. – **4.** ⟨*only sg*⟩ (*Brettspiel*) (nine-men's) morris, *auch* merels *pl* (*construed as sg*), mill, morelles *pl*: ~ spielen to play morris. – **5.** (*im Mühlespiel*) three stones *pl* in a row: eine ~ haben (*od.* zumachen) to have three stones in a row. – **6.** (*Turnübung*) circle in riding seat, mill circle.

ˈMüh·len|be,sit·zer *m* millowner, owner of a flour (*od.* corn) mill. — **~fa·briˌkat** *n* milling product. — **~ˌstaub** *m* mill dust.

ˈMüh·leˌspiel *n cf.* Mühle 4.

ˈMühl|ˌgang *m tech.* run (of millstones), set of millstones. — **~ˌgra·ben** *m* millrace, *Br.* mill-race, millcourse, *Br.* mill course. — **~ˌknap·pe**, **~ˌknecht** *m obs. for* Müllerbursche.

ˈMühlˌrad *n auch fig.* mill wheel: mir geht (es wie) ein ~ im Kopf herum *fig. colloq.* I am completely dizzy, I feel as though my head were going around in circles, my head is spinning (*od.* reeling).

ˈMühlˌstein *m tech.* a) millstone, grindstone, b) (*einer Handmühle*) quernstone: die Sorgen lasten auf mir schwer wie ein ~ *fig.* worries weigh down upon me heavily (*od. colloq.* as heavy as a ton of bricks), worries are weighing me down like a millstone (a)round my neck; zwischen die ~e kommen (*od.* geraten) *fig.* to be up the creek (*colloq.*). — **~ˌpicke** (*getr.* -k·k-) *f tech.* mill bill (*od.* pick).

ˈMühl|ˌteich *m* millpond, *Br.* mill-pond. — **~ˌwehr** *n* milldam, *Br.* mill-dam, mill weir. — **~ˌwerk** *n tech.* mill(work), mill gearing: ihr Mund geht wie ein ~ *fig. colloq.* she is a regular chatterbox, she is talking nineteen to the dozen.

Muh·me [ˈmuːmə] *f* ⟨-; -n⟩ *obs. for* Tante 1, 2.

ˈMüh·sal *f* ⟨-; -e⟩ **1.** toil (and trouble), trouble(s *pl*): die ~ des Lebens the troubles of life. – **2.** (*Plackerei*) toil, drudgery. – **3.** (*Ungemach*) hardship. – **4.** (*Strapaze*) strain.

ˈmüh·sam I *adj* **1.** (*beschwerlich*) toilsome, (*lästig*) troublesome. – **2.** (*schwierig*) difficult, hard, tough. – **3.** (*anstrengend*) strenuous, toilsome, laborious, arduous: ein ~er Aufstieg a strenuous climb. – **4.** (*ermüdend*) tiring, fatiguing, tiresome, irksome, wearisome. – **II** *adv* **5.** with effort (*od.* difficulty): sich (*dat*) seinen Lebensunterhalt ~ verdienen to work hard for (*od.* eke out) one's living; sich ~ wieder aufrichten to struggle to one's feet; sich ~ fortschleppen to trudge (along).

ˈmühˌse·lig *adj* **1.** *cf.* mühsam I. – **2.** *cf.* mühevoll 1, 2. — **ˈMühˌse·lig·keit** *f* ⟨-; *no pl*⟩ **1.** troublesomeness, wearisomeness, laboriousness. – **2.** toil(someness). – **3.** hardship.

Mu·ko·id [mukoˈiːt] *n* ⟨-(e)s; -e⟩ *meist pl* [*chem. biol.* mucoid.]

mu·kös [muˈkøːs] *adj med.* mucous.

Mu·ko·ze·le [mukoˈtseːlə] *f* ⟨-; -n⟩ *med.* mucocele, *auch* mucocoele.

Mu·lat·te [muˈlatə] *m* ⟨-n; -n⟩ mulatto. — **Muˈlat·tin** *f* ⟨-; -nen⟩ mulatto, mulattress.

Mulch [mulç] *m* ⟨-(e)s; -e⟩ *agr.* mulch.

Mul·de [ˈmuldə] *f* ⟨-; -n⟩ **1.** (*Holzgefäß, Backtrog*) trough. – **2.** (*flache Vertiefung*) hollow, hole: eine ~ in den Sand machen to hollow out the sand. – **3.** *geogr.* valley, hollow, basin, syncline (*scient.*). – **4.** (*mining*) basin, valley, trough, hollow. – **5.** *geol.* synclinal formation. – **6.** *metall.* (*einer Beschickungsmaschine*) charging box. – **7.** *tech.* a) (*zwischen Räumzähnen*) pocket, b) (*Oberflächenfehler*) depression, scar, pit, c) (*eines Förderbandes*) bucket, pan. – **8.** (*textile*) bowl, tray, trough. – **9.** *auto.* a) (*eines Rades*) recess, b) (*eines Kippers*) dump body, c) (*einer Batterie*) recess.

ˈmul·den|ˌför·mig *adj* **1.** trough-shaped. – **2.** *geol.* synclinal: ~e Biegung synclinal (fold), syncline. — **M~ˌkip·per** *m auto. Am.* dump truck, dump-type hopper truck, rear dump. — **M~ˌpres·se** *f* (*textile*) *tech.* rotary cloth press. — **M~ˌwa·gen** *m metall.* hopper truck, pan car.

ˈMu·leˌgarn [ˈmuːlə-] *n* (*textile*) mule yarn.

Mu·li [ˈmuːli] *n* ⟨-s; -(s)⟩ *Southern G. and Austrian* mule.

Mu·li·nee [muliˈneː] *m* ⟨-s; -s⟩ (*textile*) *cf.* Mouliné. — **mu·liˈnie·ren** [-ˈniːrən] *v/t* ⟨*no* ge-, h⟩ (*Seide*) throw, twist.

Mull[1] [mul] *m* ⟨-(e)s; -e⟩ **1.** (*textile*) muslin, thin (*od.* Indian) muslin, mull, tiffany, *auch* cheesecloth, *Br.* cheese-cloth. – **2.** *bes. med.* (dressing) gauze (*od.* mull). – **3.** *print.* book muslin.

Mull[2] *m* ⟨-(e)s; -e⟩ **1.** *agr.* (*Humusform*) mull. – **2.** *zo. dial. for* Maulwurf.

Müll [myl] *m* ⟨-(e)s; *no pl*⟩ **1.** (*Haushaltsabfall*) rubbish, refuse, waste, *Am.* garbage, *Br.* dust. – **2.** (*Industrieabfall*) waste. – **3.** (*Schutt*) rubble.

Mul·la [ˈmula] *m* ⟨-s; -s⟩ *relig. cf.* Molla.

ˈMüllˌabˌfuhr *f* refuse (*Am.* garbage, *Br.* dust) disposal (*od.* collection). — **~ˌmann** *m Am.* garbageman, *Br.* dustman. — **~ˌwa·gen** *m* refuse (*Am.* garbage) collector, *Br.* refuse lorry, dust-cart.

ˈMüllˌabˌla·deˌplatz *m* dump, *Am.* dumping ground, *bes. Br.* tip.

ˈMüllˌauf·be·rei·tungsˌanˌla·ge *f* waste-treatment plant.

ˈMull|ˌbausch *m bes. med.* tampon, gauze sponge. — **~ˌbin·de** *f* gauze bandage.

ˈMüllˌei·mer *m* **1.** *Am.* garbage (*od.* trash) can, *Br.* dust-bin, waste bin. – **2.** *cf.* Mülltonne.

ˈMullem·ming (*getr.* -ll,l-) *m zo.* mole vole (*Ellobius talpinus*).

Mül·ler [ˈmʏlər] *m* ⟨-s; -⟩ **1.** miller. – **2.** *zo. dial.* a) (*Motte*) miller, b) *cf.* Müllerkäfer. — **~ˌbur·sche** *m* miller's man (*od.* boy, assistant).

Mül·leˈrei *f* ⟨-; -en⟩ **1.** (*Gewerbe*) miller's trade. – **2.** *cf.* Müllereibetrieb. — **~beˌtrieb** *m* mill. — **~erˌzeug·nis** *n* mill produce.

ˈMül·ler·geˌsel·le *m cf.* Müllerbursche.

ˈMül·le·rin *f* ⟨-; -nen⟩ miller's wife.

ˈMül·ler|ˌkä·fer *m zo.* meal beetle (*Tenebrio molitor*). — **~ˌkreuz** *n her.* miller's cross.

ˈMüll|ˌfah·rer *m cf.* Müllabfuhrmann. — **~ˌgru·be** *f* **1.** rubbish (*od.* refuse) pit (*od.* dump). – **2.** *cf.* Müllabladeplatz. — **~ˌhal·de** *f cf.* Müllabladeplatz. — **~ˌhau·fen** *m* rubbish (*Am.* garbage) heap, *Br.* dustheap, *Br. auch* laystall.

Mul·lit [muˈliːt; -ˈlɪt] *m* ⟨-s; *no pl*⟩ *min.* mullite.

ˈMüll|ˌkar·re *f Am.* garbage cart, *Br.* dust-cart. — **~ˌka·sten** *m cf.* Mülleimer 1. — **~ˌkip·pe** *f cf.* Müllabladeplatz. — **~ˌkip·per** *m* refuse (*Am.* garbage) dump(er) (*od.* tipper).

ˈMullˌkleid *n* (*textile*) *cf.* Musselinkleid.

ˈMüll|ˌkü·bel *m cf.* Mülleimer 1. — **~ˌkut·scher** *m colloq. for* Müllabfuhrmann. — **~ˌplatz** *m cf.* Müllabladeplatz. — **~ˌschacht** *m cf.* Müllschlucker. — **~ˌschip·pe** *f Northern G.* dustpan. — **~ˌschlucker** (*getr.* -k·k-) *m* refuse (*Am.* garbage) chute. — **~ˌton·ne** *f* ash can, *Am.* garbage can, *Br.* dust-bin.

ˈMullˌtup·fer *m med.* gauze pad.

ˈMüll·verˌbren·nung *f* refuse (*Am.* garbage) incineration (*od.* combustion).

ˈMüll·verˌbren·nungs|ˌanˌla·ge *f tech.* incinerating plant, incinerator. — **~ˌofen** *m* incinerator.

ˈMüll|verˌwer·tung *f* refuse (*Am.* garbage) dressing. — **~verˌwer·tungsˌanˌla·ge** *f* garbage (*Br.* refuse) dressing equipment. — **~ˌwa·gen** *m cf.* Müllabfuhrwagen.

Mulm [mulm] *m* ⟨-(e)s; *no pl*⟩ **1.** (*Stauberde*) light (*od.* dusty) earth, dust. – **2.** (*vermottetes Holz*) decayed (*od.* rotten) wood. – **3.** (*Fäule*) decay, rot(tenness), moldiness, *bes. Br.* mouldiness.

mul·men [ˈmulmən] **I** *v/t* ⟨h⟩ (*zerbröseln*) pulverize *Br. auch* -s-, reduce (*s.th.*) to powder. – **II** *v/i* ⟨sein⟩ (*zerfallen*) decay, crumble away, fall to powder (*od.* dust).

ˈmul·mig *adj* **1.** (*Balken, Holz etc*) decayed, rotten, moldy, *bes. Br.* mouldy. – **2.** *fig. colloq.* (*Situation etc*) precarious, dubious, uncomfortable, 'rotten' (*sl.*): ein etwas ~er Auftrag a rather dubious order; die Sache ist ~ it's a precarious affair; hier wird es allmählich ~ things are getting uncomfortable around here. – **3.** *fig. colloq.* (*in Wendungen wie*) mir ist ~ (zumute) I have an uneasy (*od.* uncomfortable, unpleasant) feeling.

Mul·ti..., **mul·ti...** *combining form denoting* multi...

mul·ti·la·te·ral [multilateˈraːl] *adj econ. pol.* (*Vertrag etc*) multilateral, multipartite. — **Mul·ti·la·te·ra·liˈtät** [-raliˈtɛːt] *f* ⟨-; *no pl*⟩ multilateralism.

ˈMul·ti·mil·lioˌnär [ˈmulti-] *m* multimillionaire.

Mul·ti·pa·ra [mulˈtiːpara] *f* ⟨-; -paren [-tiˈpaːrən]⟩ *med.* multipara, plurípara.

mul·ti·pel [mulˈtiːpəl] *adj biol. med. psych.* multiple: multiple Sklerose *med.* multiple sclerosis.

mul·ti·plex [ˈmultiplɛks] *adj obs. for* vielfältig. — **M~verˌfah·ren** *n tel.* multiplex system.

Mul·ti·pli·kand [multipliˈkant] *m* ⟨-en; -en⟩ *math.* multiplicand.

Mul·ti·pli·ka·ti·on [multiplikaˈtsi̯oːn] *f* ⟨-; -en⟩ *math.* multiplication.

Mul·ti·pli·ka·tiˈons|ˌfak·tor *m* **1.** *math. phys.* multiplying (*od.* multiplication) factor. – **2.** *nucl.* multiplication factor, *auch* reproduction constant (*od.* factor), K factor. – **3.** *phot.* exposure factor. — **~taˌbel·le** *f math.* multiplication (*od.* Pythagorean) table. — **~ˌzei·chen** *n* multiplication sign (*od.* mark), sign of multiplication.

mul·ti·pli·ka·tiv [multiplikaˈtiːf] *adj math.* multiplicative.

Mul·ti·pli·ka·tor [multipliˈkaːtər] *m* ⟨-s; -en [-kaˈtoːrən]⟩ *math.* multiplier.

mul·ti·pliˈzier·bar *adj math.* multipliable, multiplicable. — **mul·ti·pli·zie·ren** [multipliˈtsiːrən] **I** *v/t* ⟨*no* ge-, h⟩ multiply: 2 mit 3 ~ to multiply 2 by 3; 5 mit 2 multipliziert gibt 10 5 multiplied by 2 (*od.* 5 times 2) makes (*od.* is) 10; **eine Zahl mit sich selbst ~** to raise a number to the square, to square a number; **über Kreuz ~** to cross-multiply. – **II** *v/reflex* **sich ~** *fig.* (*von Dingen etc*) multiply. – **III M~** *n* ⟨-s⟩ *verbal noun.* — **Mul·ti·pli'zie·rung** *f* ⟨-; -en⟩ **1.** *cf.* Multiplizieren. – **2.** multiplication.

Mul·ti·plum ['mʊltiplʊm] *n* ⟨-s; -pla [-pla]⟩ *obs.* multiple.

mul·ti|po·lar [mʊltipo'la:r] *adj* multipolar. — **M~'pol·mo,ment** [mʊlti'po:l-] *n nucl.* multipole moment. — **~pro'gramm·be,trieb** *m* (*computer*) multiprogram(m)ing. — **M~vi,bra·tor** ['mʊlti-] *m* (*radio*) multivibrator. — **M~vi·ta,min,kap·sel** ['mʊlti-] *f med. pharm.* multivitamin capsule.

Mu·lus ['mu:lʊs] *m* ⟨-; Muli [-li]⟩ *ped. humor. obs. a young man who has left school but not yet entered the university.*

'Mu·me,baum ['mu:mə-] *m bot.* Japanese apricot, mume (*scient.*) (*Prunus mume*).

Mu·mie ['mu:miə] *f* ⟨-; -n⟩ mummy: **zur ~ werden** to become (*od.* be) mummified; **er sieht aus wie eine (wandelnde) ~** *fig. colloq.* he looks like a walking (*od.* living) skeleton.

'Mu·mi·en|,bild·nis *n* (*art*) mummy portrait. — **m~,för·mig** *adj bes. zo.* mummiform. — **m~haft** *adj auch fig.* mummylike, mummified.

Mu·mi·fi·ka·ti·on [mumifika'tsĭo:n] *f* ⟨-; -en⟩ **1.** *rare for* Mumifizierung. – **2.** *med.* mummification.

mu·mi·fi·zie·ren [mumifi'tsi:rən] **I** *v/t* ⟨*no* ge-, h⟩ mummify, mummy. – **II** *v/i* ⟨sein⟩ *med.* (*von Geweben*) become mummified, mummify, mummy. – **III M~** *n* ⟨-s⟩ *verbal noun.* — **Mu·mi·fi'zie·rung** *f* ⟨-; -en⟩ **1.** *cf.* Mumifizieren. – **2.** mummification.

Mumm [mʊm] *m* ⟨-s; *no pl*⟩ *colloq.* **1.** (*Mut*) pluck, grit, spunk (*colloq.*), 'guts' *pl* (*sl.*): **keinen ~ in den Knochen haben** to have no guts. – **2.** (*Schwung*) drive, initiative: **ich habe dazu** (*od.* **zu dieser Arbeit**) **keinen rechten ~** I do not have the nerve to do that (job), I don't feel like doing that.

Mum·me[1] ['mʊmə] *f* ⟨-; *no pl*⟩ *dial.* (*Biersorte*) mum: **Braunschweiger ~** Brunswick mum (*od.* beer).

'Mum·me[2] *f* ⟨-; -n⟩ *obs.* **1.** mask. – **2.** (*Person*) masker.

Mum·mel ['mʊməl] *f* ⟨-; -n⟩ *bot.* a) water lily (*Gattg Nuphar*), b) yellow water lily (*N. luteum*).

'Mum·mel,greis *m colloq.* very old (toothless) man, dodderer (*colloq.*).

'Müm·mel,mann *m* ⟨-(e)s; *no pl*⟩ *Low G. humor. for* Hase 1.

mum·meln ['mʊməln] **I** *v/t* ⟨h⟩ **1. j-n in** (*acc*) **etwas ~** *colloq. humor.* to wrap s.o. up in s.th. – **II** *v/reflex* **2. sich in** (*acc*) **etwas ~** *colloq. humor.* to wrap oneself up in s.th. – **III** *v/i dial.* **3.** mumble, speak indistinctly. – **4.** *cf.* mümmeln 2.

müm·meln ['mʏməln] *v/i* ⟨h⟩ **1.** (*von Hasen, Kaninchen*) graze, feed. – **2.** *dial.* chew (slowly), munch.

'Mum·men,schanz *m* ⟨-es; *no pl*⟩ *obs.* **1.** (*Maskerade*) masquerade, disguise: **~ treiben** to run around masked (*od.* in disguise). – **2.** (*Maskenball*) fancy-dress (*od.* costume) ball.

Mumpf [mʊmpf] *m* ⟨-s; *no pl*⟩ *Swiss for* Mumps.

Mum·pitz ['mʊmpɪts] *m* ⟨-es; *no pl*⟩ *colloq.* (*Unsinn*) 'rubbish', bosh, humbug (*alle colloq.*), nonsense: **das ist ja alles ~** that's all nonsense; **mach doch keinen ~!** don't play the fool!

Mumps [mʊmps] *m, colloq. meist f* ⟨-; *no pl*⟩ *med.* mumps *pl* (*construed as sg*); parotitis, *auch* epidemic parotitis (*scient.*).

Mün·chen ['mʏnçən] *n only in* **es darf kein zweites ~ geben** *pol.* there must not be another Munich.

Mün·che·ner ['mʏnçənər] *m* ⟨-s; -⟩ *cf.* Münchner I.

Münch·hau·se·nia·de [mʏnçhauzə'nĭa:də], **Münch·hau·sia·de** [-'zĭa:də] *f* ⟨-; -n⟩ Munchausenism, tall tale, Munchausen (*od.* impossible, fabulous) story, cock-and-bull story. — **münch'hau·sisch** [-zɪʃ] *adj* Munchausen (*attrib*).

Münch·ner ['mʏnçnər] **I** *m* ⟨-s; -⟩ native (*od.* inhabitant) of Munich. – **II** *adj* ⟨*attrib*⟩ Munich, of (*od.* relating to) Munich: **das ~ Abkommen** *hist.* the Munich Agreement (*1938*); **das ~ Kindl** *figure of monk in black-and-yellow habit*; **~ Bier** Munich (*od.* Bavarian) beer.

Mund [mʊnt] *m* ⟨-(e)s; =er, *rare* -e, =e⟩ **1.** mouth: **ein sinnlicher ~** a sensuous mouth; **ein spöttisch verzogener ~** a wry mouth; **sie hat einen rosigen [süßen] ~** she has rosy [sweet] lips; **den ~ auftun** (*od. colloq.* **aufmachen**) a) to open one's mouth (*od.* lips), b) *fig.* to speak up; **sich** (*dat*) **den ~ abwischen** to wipe one's mouth; **ihm blieb der ~ vor Staunen offenstehen, er riß ~ und Nase** (*od.* **~ und Augen**) **auf** *colloq.* his jaw dropped, he was flabbergasted (*colloq.*); **sich** (*dat*) **den ~ vollstopfen** *colloq.* to stuff one's mouth; **j-n auf den ~ küssen** to kiss s.o. on the (*od.* his) mouth; **mir zog es den ~ zusammen** it made me make (*od.* pull) a face, it was so sour that I made a face (*od.* that I grimaced); **das Glas an den ~ setzen, um zu trinken** to put the glass to one's mouth to drink; **sie hingen ~ an ~** they kissed; **j-n auf den ~ schlagen** (*od. colloq.* **hauen**), **j-m eins** (*od.* **eine**) **auf den ~ geben** *colloq.* to hit s.o. in (*od.* on, *colloq.* up) the mouth (*od. sl.* kisser); **ich war wie auf den ~ geschlagen** I was speechless; **er riecht aus dem ~** he has bad breath; **etwas in den ~ nehmen** to put s.th. in one's mouth; **rede** (*od.* **sprich**) **nicht mit vollem ~!** don't speak with your mouth full! **er hat einen brutalen Zug um den ~** he has brutal features (a)round the mouth, his mouth has a brutal expression; **halt dir beim Husten die Hand vor den ~** put your hand in front of your mouth when you cough; **Schaum vor dem ~ haben** to foam at the mouth; **den Löffel zum** (*od.* **an den**) **~ führen** to put the spoon to one's mouth; **Beatmung von ~ zu ~** mouth-to-mouth respiration. – **2.** *fig.* (*in Wendungen wie*) **mach** (*od.* **tu**) **den ~ auf** speak up, say something; **warum machst du den ~ nicht auf?** have you lost your tongue? **sie braucht nur den ~ aufzumachen, dann bekommt sie, was sie will** she only needs to open her mouth (*od.* to say a word) to have her (own) way (*od.* to get what she wants); **er wagt (es) nicht, den ~ aufzutun** a) he is afraid to open his mouth, b) he won't dare (to) open his mouth; **den ~ aufreißen** (*od.* **voll nehmen**) *colloq.* to talk big, to brag, to boast; **ihr ~ geht den ganzen Tag, ihr ~ steht nicht einen Augenblick** (*od.* **nie**) **still** *colloq.* her tongue never stops (*od.* her tongue is going) all day (long); **halt den ~!** *colloq.* hold your tongue! shut your mouth! shut up! (*sl.*); **halt deinen ungewaschenen ~!** *colloq.* shut your dirty trap! (*sl.*); **sie kann (einfach) den ~ nicht halten** a) she never shuts up (*od.* her mouth), b) she (simply) cannot keep her mouth shut (*od.* cannot hold her tongue); **j-m seinen ~ leihen** *lit.* to speak in favo(u)r of s.o., to speak in (*od.* on) s.o.'s behalf; **j-m den ~ öffnen** a) to make s.o. speak, b) to persuade (*od.* get) s.o. to speak; **einen losen ~ haben** to have a loose (*od.* an unbridled) tongue; **j-m den ~ stopfen** *colloq.* to shut (*od.* stop) s.o.'s mouth, to shut s.o. up, to muzzle s.o.; **viele Münder zu stopfen haben** *colloq.* to have several (*od.* a lot of) mouths to feed; **ich lasse mir von niemand den ~ verbieten!** I won't have anyone order me to be quiet! I'll say what I want to say! I'll have my say! **j-m den ~ verbieten** to order (*od.* tell) s.o. to be quiet; **sich** (*dat*) **den ~ verbrennen** to say too much, to put one's foot in it (*colloq.*); **man wird sich den ~ zerreißen** *colloq.* this will set people's tongues wagging; **j-m den ~ wäßrig machen** *colloq.* to make s.o.'s mouth water; **wes das Herz voll ist, des gehet** (*od.* **fließt**) **der ~ über** *Bibl.* when the heart is full, the tongue will speak; → fusselig. – **3.** (*mit Präpositionen*) **an j-s ~ hängen** a) to hang on s.o.'s lips, to dote on every word s.o. says, b) to listen very attentively to s.o.; **sich** (*dat*) **etwas am** (*od.* **vom**) **~e absparen** to scrape (*od.* scrimp) and save for s.th., to stint (*od.* pinch) oneself for (*od.* to buy) s.th.; **er ist nicht auf den ~ gefallen, er hat den ~ auf dem rechten Fleck** he has a ready (*od.* glib, slick) tongue, he has an answer for everything, he knows all the answers; **wir hörten** (*od.* **erfuhren**) **es aus seinem ~(e)** he told us so himself; **du nimmst mir das Wort aus dem ~** *colloq.* you are taking the very words out of my mouth, that's just what I was going to say; **wie aus einem ~e** as one man, as (if) with one voice; **aus berufenem ~** from an authorized (*Br. auch* -s-) source; **das Wort blieb mir im ~(e) stecken** *colloq.* I could not go on; **etwas [j-n] im ~ führen** *colloq.* to talk constantly about s.th. [s.o.]; **j-m das Wort im ~ herumdrehen** to twist (*od.* misconstrue) s.o.'s words; **in aller ~e sein** *lit.* to be the talk of the town, to be common talk; **du sollst dieses Wort nicht in den ~ nehmen!** you shouldn't say (*stärker* you are not to say) that word! **er hat mir die Antwort (förmlich) in den ~ gelegt** he (more or less) told me what to answer; **man hat mir Worte in den ~ gelegt, die ich nie gesagt habe** I have been reported to have said (*od.* I have been accused of saying) things I never said; **von der Hand in den ~ leben** *colloq.* to live from hand to mouth; **mit offenem ~ zuhören** to listen agape (*od.* openmouthed); **j-m nach dem ~ reden, j-m zum ~ reden** to agree with everything s.o. says, to toady to s.o., to fawn on s.o.; **j-m über den ~ fahren** *colloq.* to cut s.o. short, to pull s.o. up sharply, to answer s.o. rudely (*od.* sharply); **es geht von ~ zu ~** *colloq.* it passes from mouth to mouth; → Bissen 1; Blatt 1; Morgenstunde; Wasser 3. – **4.** *med. biol.* mouth; orifice, stoma (*scient.*): **den ~ umgebend** circumoral, peristom(i)al, amphistome; **hinter dem ~ liegend** postoral, *Br.* post-oral; **vor dem ~ befindlich** preoral, *Br.* pre-oral; **zum ~ gehörig** stomatic. – **5.** *tech.* a) mouth, muzzle, b) (*Luftloch*) vent, c) (*Öffnung*) opening, orifice, aperture, d) (*eines Hochofens*) funnel, e) (*eines Trichters*) bell, f) (*an Röhren*) snout, spout: **~ des Blasebalges** mouth of the nozzle; **~ eines Ofens** mouth of a stove. – **6.** *mil.* (*eines Geschützes*) mouth, muzzle.

mun·dan [mʊn'da:n] *adj obs. for* weltlich.

'Mund|,an,häng·sel *n zo.* (*der Gliederfüßler*) mouth appendage, gnathite. — **~,arm** *m* oral arm, tentacle.

'Mund,art *f ling.* dialect, patois, vernacular: **irische ~** brogue; **etwas in ~ übertragen** to put s.th. into dialect, to vernacularize (*Br. auch* -s-) s.th. — **~,dich·tung** *f* dialect literature (*od.* poetry). — **~,for·scher** *m ling.* dialectologist. — **~,for·schung** *f* dialect research, dialectology.

'mund,art·lich *adj ling.* dialectal, patois, *auch* vernacular: **~er Ausdruck** dialectism, dialect expression. — **'Mund,art·lich·keit** *f* ⟨-; *no pl*⟩ dialectal nature (*od.* character), dialecticism.

'Mund,art|,spre·cher *m*, **~,spre·che·rin** *f* (*auch radio*) dialect speaker. — **~,wör·ter·,buch** *n* dialect dictionary, idioticon.

'Mund,at·mung *f med.* mouth breathing.

'Mun·da,völ·ker ['mʊnda-] *pl anthrop.* Mundas.

'Mund|,bröt·chen *n dial. for* Milchbrötchen. — **~,darm** *m biol. med.* stomod(a)eum.

Mün·del ['mʏndəl] *m, n, jur. only m, Austrian n* ⟨-s; -⟩, (*bei Mädchen*) *rare f* ⟨-; -n⟩ **1.** ward, pupil, charge: **j-s ~ sein** to be in ward to s.o. – **2.** ward of court (*od.* in chancery). — **~,gel·der** *pl jur. econ.* **1.** (*eines Mündels*) orphan (*od.* trust, ward) money *sg.* – **2.** (*anvertrautes Geld*) trust money *sg*: **Anlegung von ~n** trustee(ship) investment. — **m~,si·cher I** *adj* gilt-edge(d), absolutely safe, eligible for trusts: **~e Anlage** eligible (*od.* trustee) investment; **~e Wertpapiere** gilt-edged securities (*od.* stocks), gilts, gilt stocks (*colloq.*). – **II** *adv* **Geld ~ anlegen** to invest money in trustee (*od.* gilt-edged) securities (*od.* stocks).

mun·den ['mʊndən] *v/i* ⟨h⟩ *lit.* taste good, be delicious, tickle the palate, be to s.o.'s taste, be palatable: **es mundet (mir)** I like it; **es mundet köstlich** it has a delicious taste, it tastes excellent; **sie ließen sich** (*dat*) **den Wein ~** they relished the wine.

mün·den ['mʏndən] *v/i* ⟨h⟩ **1.** (*von Fluß*) (*in acc* into) flow, open out, run, discharge: **der Rhein und die Elbe ~ in die Nordsee** the Rhine and Elbe rivers flow into the North Sea; **wo mündet der Fluß?** where is the mouth of the river? – **2.** (*von Straße*) (in, auf *acc*) end (in), run (into), lead (in[to]), meet (*acc*). – **3.** (*von Kanal, Leitung etc*) (in *acc* in) end. – **4.** *med.* (in *acc*) open (into), join (*acc*), inosculate (*acc*) (*scient.*). – **5.** *fig.* (*von Gespräch etc*) (in *acc* in) end up.

'Mund|entˌzün·dung *f med. cf.* Mundschleimhautentzündung. — **m~ˌfaul** *adj cf.* maulfaul. — **~ˌfäu·le** *f* **1.** *med.* stomatocace, thrush, trench mouth, aphtha, *auch* aptha, ulcerative stomatitis. – **2.** *vet.* (*des Pferds*) greese disease. — **~ˌfeld** *n bot. zo.* peristome, peristomium. — **m~ˌfer·tig** *adj* **1.** (*Nahrung*) ready-cooked. – **2.** ⟨*pred*⟩ ready with one's answer, quick-witted: **er ist ~** he always has a ready answer. — **~ˌfer·tig·keit** *f* ⟨-; *no pl*⟩ readiness of tongue, gift of (the) gab (*colloq.*). — **~ˌflo·ra** *f med.* bacterial flora of the mouth. — **~ˌfüh·ler** *m zo.* (*einer Qualle etc*) oral arm. — **m~geˌrecht** *adj* **1.** (*Bissen etc*) bite-size(d): **j-m etwas ~ herrichten** to cut s.th. bite-size(d) for s.o. – **2.** *fig.* palatable: **j-m etwas ~ machen** to make s.th. palatable (*od.* digestible) to s.o. — **~geˌruch** *m med.* bad breath; halitosis, ozostomia (*scient.*). — **~harˌmo·ni·ka** *f mus.* mouth organ, (mouth) harmonica. — **~ˌhöh·le** *f med. ling.* mouth (*od.* oral, *scient.* buccal) cavity.

mun·die·ren [mʊnˈdiːrən] *v/t* ⟨*no* ge-, h⟩ **1.** *obs.* make a fair copy of. – **2.** *jur.* engross.

mün·dig [ˈmʏndɪç] *jur.* **I** *adj* **1.** of (full) age, major: **~ sein** to be of age, to be (a) major; **~ werden** to come of age, to attain majority; **j-n für ~ erklären** to declare (*od.* pronounce) s.o. of age. – **2.** (*eigenberechtigt*) sui juris. – **II M~e** *m, f* ⟨-n; -n⟩ **3.** major. — **'Mün·dig·keit** *f* ⟨-; *no pl*⟩ *jur.* full age, majority.

'Mün·dig·keits|ˌal·ter *n jur. cf.* Mündigkeit. — **~erˌklä·rung** *f* declaration of majority.

'mün·digˌspre·chen *v/t* ⟨*irr, sep,* -ge-, h⟩ **j-n ~** *jur.* to declare (*od.* pronounce) s.o. of age. — **'Mün·digˌspre·chung** *f* ⟨-; *no pl*⟩ *cf.* Mündigkeitserklärung.

'Mün·digˌwer·den *n jur.* coming of age, attaining one's majority.

Mun·di·um [ˈmʊndɪʊm] *n* ⟨-s; -dien *u.* -dia [-dɪa]⟩ *jur. hist.* guardianship.

'Mund|kaˌtarrh *m med.* catarrhal stomatitis. — **~ˌkrank·heit** *f* disease of the mouth. — **~ˌkranz** *m zo.* (*einer Schnecke*) peritreme. — **~ˌlei·ste** *f* lore, loreum.

münd·lich [ˈmʏntlɪç] **I** *adj* **1.** (*Abmachung, Einladung etc*) verbal, oral: **~e Mitteilung [Kritik]** verbal (*od.* vocal) communication [criticism]. – **2.** (*Prüfung, Übung etc*) oral, viva voce: **morgen habe ich eine ~e Prüfung** tomorrow I'll have an oral examination (*od. colloq.* a viva voce, an oral). – **3.** *pol.* (*Abstimmung etc*) viva voce. – **4.** *jur.* a) (*Beweis, Vertrag etc*) oral, parol, b) (*letztwillige Verfügung etc*) nuncupative: **durch ~e Erklärung** by parol; **eine ~e Zeugenaussage machen** to give oral testimony (*od.* parol evidence). – **II** *adv* **5.** orally, verbally, by word of mouth: **j-n ~ prüfen** to examine s.o. viva voce; **etwas ~ wiedergeben** to recite s.th.; **~ mehr** (*am Briefende*) more when we meet (*od.* see each other). – **III M~e, das** ⟨-n⟩ **6.** *colloq.* the viva voce (*od.* oral) examination; the viva voce, the oral (*colloq.*).

'Mund|ˌloch *n* **1.** *mus.* (*einer Flöte etc*) mouth hole, blow(ing) hole, embouchure. – **2.** *mil.* a) (*einer Bombe*) *Am.* fuse (*auch* fuze) hole, *Br.* nose fuse hole, b) (*eines Geschosses*) cavity. — **m~los** *adj med. zo.* mouthless; astomatous, astomatal (*scient.*). — **~ˌöff·ner** *m med. cf.* Mundsperrer. — **~ˌöff·nung** *f* **1.** opening of the mouth, mouth opening, oral aperture (*scient.*). – **2.** *zo.* **mit nur einer ~** monostome, monostomous; **mit vielen ~en** polystomatous. — **~ˌor·gel** *f mus.* (*chines. Blasinstrument*) cheng, sheng. — **~ˌpfle·ge** *f med.* oral hygiene, care of the mouth. — **~ˌpla·stik** *f* stomatoplasty. — **~pu·bliˌzi·stik** *f* face-to--face communication.

'Mundˌra·chen *m med.* oropharynx. — **~ˌhöh·le** *f* oropharynx.

'Mund|ˌraub *m* theft of victuals (*od.* food, comestibles). — **~ˌraum** *m ling. cf.* Mundhöhle. — **~ˌrohr** *n mus. cf.* Mundstück 3. — **~ˌsaugˌnapf** *m zo.* suctorial disk (*od.* disc, pore), apical sucker.

'Mund·schaft *f* ⟨-; -en⟩ *jur. hist.* guardianship.

'Mundˌschei·be *f med. zo.* oral disk (*od.* disc).

'Mundˌschenk *m* ⟨-en; -en⟩ **1.** *hist.* cupbearer. – **2.** *colloq.* Ganymede: **den ~ spielen** to pour (out).

'Mundˌschleimˌhaut *f med.* mucous membrane of the mouth, oral mucosa. — **~entˌzün·dung** *f* inflammation of the mouth, stomatitis (*scient.*).

'Mund|ˌschwamm *m med. cf.* Soor. — **~ˌspal·te** *f* space between the lips; oral fissure, rima oris (*scient.*). — **~ˌsper·re** *f* lockjaw, trismus (*scient.*). — **~ˌsper·rer** *m* mouth gag (*od.* opener). — **~ˌstel·lung** *f* position of the mouth. — **~ˌstück** *n* **1.** (*einer Zigarette*) tip: **mit ~** tipped. – **2.** (*einer Pfeife*) mouthpiece, endpiece. – **3.** *mus.* (*eines Blasinstruments*) mouthpiece, mouthpipe, embouchure. – **4.** *tech.* a) mouthpiece, b) (*Düse*) nozzle, c) (*eines Blasebalgs, Schlauches etc*) nosepiece, d) (*einer Röhre etc*) snout, e) (*eines Brenners*) tip, nozzle. – **5.** (*Teil des Zaumzeugs*) bit. — **~ˌta·ster** *m zo.* (labial) palp, feeler. — **m~ˌtot** *adj* **1.** *only in* **j-n ~ machen** a) (*Gesprächspartner etc*) to squash (*od.* squelch) s.o. (*colloq.*), b) (*Opposition, Gegner, Zeitung etc*) to silence (*od.* gag, muzzle) s.o. – **2.** *jur. obs.* dead in (the eye of the) law, in the state of civil death. — **~ˌtuch** *n* ⟨-(e)s; ⸗er⟩ (table) napkin.

Mun·dum [ˈmʊndʊm] *n* ⟨-s; Munda [-da]⟩ **1.** *obs. for* Reinschrift 1. – **2.** *jur. econ. cf.* Reinschrift 2.

'Mün·dung *f* ⟨-; -en⟩ **1.** *geogr.* a) (*Flußmündung*) mouth, outlet, entry, issue; embouchure, debouchment, influx (*scient.*), b) (*den Gezeiten unterworfene*) estuary, firth: **zur ~ hin** downstream; **an der ~ des Rheins** at the mouth of the Rhine. – **2.** *mil.* muzzle. – **3.** *tech.* a) (*eines Rohrs etc*) orifice, mouth, opening, b) (*einer Röhre etc*) nozzle. – **4.** *metall.* (*eines Konverters*) mouth. – **5.** *med. zo.* orifice, mouth; aperture, ostium (*scient.*).

'Mün·dungs|ˌarm *m geogr.* branch of a river mouth (*od.* delta). — **~ˌbrem·se** *f mil.* muzzle brake. — **~ˌdeckel** (*getr.* -k·k-) *m* muzzle cover (*od.* cap). — **~ˌdraht** *m* muzzle wire. — **~enerˌgie** *f* muzzle energy. — **~ˌfeu·er** *n* (muzzle) flash. — **~geˌbiet** *n geogr.* a) delta (area), b) estuary. — **~geˌschwin·dig·keit** *f mil.* muzzle velocity. — **~ˌscho·ner** *m* muzzle protector. — **~ˌtrich·ter** *m geogr.* a) delta, b) estuary.

'Mund|ˌvoll *m* ⟨-; -⟩ **1.** mouthful, morsel, bite: **einen [ein paar] ~ Nahrung zu sich nehmen** to take a mouthful [some mouthfuls] of food. – **2.** (*Flüssigkeit*) mouthful, gulp, sup. — **~ˌvorˌrat** *m* provisions *pl*, supplies *pl*, victuals *pl*. — **~ˌwas·ser** *n* ⟨-s; ⸗er⟩ *med.* (aromatic) mouthwash. — **~ˌwerk** *n* ⟨-(e)s; *no pl*⟩ *fig. colloq.* mouth, tongue: **ein gutes ~ haben** to have the gift of (the) gab, to have a big mouth (*beide colloq.*); **was für ein ~!** what a rattletrap! (*colloq.*); **ein loses ~ haben** to have a glib (*od.* an unbridled) tongue; **ihr ~ kommt nie zur Ruhe** her tongue runs (*od.* goes) continually. — **~ˌwerkˌzeug** *n meist pl zo.* (*wirbelloser Tiere*) jaw, mouthpart. — **~ˌwin·kel** *m* corner of the mouth. — **~ˌzu-'~-BeˌatÂ·mung** *f med.* mouth-to--mouth respiration (*od.* resuscitation), *Br. colloq.* kiss of life. — **~-ˌzu-'Na·se-Beˌat·mung** *f* mouth-to-nose respiration (*od.* resuscitation).

Mun·go[1] [ˈmʊŋgo] *m* ⟨-s; -s⟩ *zo.* mongoose (*Gattg Herpestes*): **Indischer ~** common Indian mongoose (*H. edwardsii*); **Afrikanischer ~** ichneumon (*H. ichneumon*).

'Mun·go[2] *m* ⟨-(s); -s⟩ (*textile*) mungo.

Mu·ni[1] [ˈmuːni; ˈmuni] *f* ⟨-; -⟩ *mil. colloq. for* Munition.

Mu·ni[2] [ˈmuːni] *m* ⟨-s; -⟩ *Swiss dial.* bull.

Mu·ni·fi·zenz [munifiˈtsɛnts] *f* ⟨-; -en⟩ *obs. for* Freigebigkeit.

Mu·ni·ti·on [muniˈtsi̯oːn] *f* ⟨-; *no pl*⟩ *mil.* ammunition, *auch* munitions *pl*, ammo (*colloq.*): **scharfe ~** live ammunition; **mit ~ versehen** to ammunition, to munition.

Mu·ni·ti'ons|ˌar·bei·ter *m* ammunition worker. — **~ˌaufˌzug** *m* ammunition hoist. — **~ˌausˌga·beˌstel·le** *f* ammunition-distribution point. — **~beˌstand** *m* ammunition on hand. — **~ˌbun·ker** *m* blast-proof ammunition storage site. — **~deˌpot** *n* ammunition depot. — **~faˌbrik** *f* ammunition factory. — **~ˌfach** *n mil.* ammunition rack. — **~ˌfreiˌsta·pelˌplatz** *m* ammunition dump. — **~ˌgrundˌausˌstat·tung, ~ˌgrund·beˌla·dung** *f* basic load. — **~ˌkam·mer** *f bes. mar.* ammunition (storage) room, magazine. — **~ˌkar·ren** *m mil.* ammunition carrier, dolly. — **~ˌka·sten** *m* ammunition (*od.* cartridge) box (*od.* chest), caisson. — **~ˌla·ger** *n*, **~ˌla·gerˌplatz** *m cf.* Munitionsdepot. — **~per·soˌnal** *n* armorers *pl*, *bes. Br.* armourers *pl*. — **~ˌta·sche** *f* ammunition pouch. — **~ˌtech·ni·ker** *m* ammunition technician, artificer. — **~verˌbrauch** *m* ammunition expenditures *pl* (*od.* consumption). — **~ˌvorˌrat** *m* supply of ammunition. — **~ˌwa·gen** *m* ammunition waggon (*bes. Am.* wagon) (*od.* car). — **~ˌwer·teˌta·fel** *f* ammunition data chart. — **~ˌzug** *m* (*railway*) ammunition train. — **~ˌzuˌwei·sungsˌanˌtrag** *m mil.* ammunition request.

mu·ni·zi·pal [munitsiˈpaːl] *adj obs.* **1.** municipal. – **2.** administrative. — **M~beˌam·te** *m obs.* municipal officer, local government official.

Mu·ni·zi·pa·li·tät [munitsipaliˈtɛːt] *f* ⟨-; -en⟩ *obs.* municipality.

Mu·ni·zi·pi·um [muniˈtsiːpɪʊm] *n* ⟨-s; -pien⟩ **1.** *antiq.* municipium. – **2.** *obs.* municipality.

Munk [mʊŋk] *m* ⟨-s; -e⟩ *zo. cf.* Alpenmurmeltier.

Mun·ke'lei *f* ⟨-; -en⟩ *colloq.* whisper(s *pl*), rumor(s *pl*), *bes. Br.* rumour(s *pl*), gossip. — **mun·keln** [ˈmʊŋkəln] **I** *v/i* ⟨h⟩ whisper, rumor, *bes. Br.* rumour: **man munkelt schon lange davon** people have been whispering about it for a long time; **im Dunkeln ist gut ~** (*Sprichwort*) *etwa* night is the friend of lovers (*od.* thieves). – **II** *v/t* whisper, rumor, *bes. Br.* rumour: **man munkelt so allerlei** people have been whispering all sorts of things; **man munkelt, daß** it is whispered (*od.* rumo[u]red) that.

Mün·ster [ˈmʏnstər] *n* ⟨-s; -⟩ cathedral, *bes. Br.* minster. — **~ˌkä·se** *m gastr.* münster (cheese), *auch* munster.

Munt [mʊnt] *f* ⟨-; *no pl*⟩ *jur. hist. cf.* Mundium.

mun·ter [ˈmʊntər] **I** *adj* ⟨-er; -st⟩ **1.** (*lebhaft, frisch*) lively, sprightly, vivacious, spirited, brisk, frisky: **ein ~es Kind** a lively child; **eine ~e Unterhaltung** a spirited conversation; **~e Augen** lively eyes; **mit ~em Schritt** at a brisk (*od.* smart) pace; **ein ~es Lied singen** to sing a lively (*od.* cheerful) tune; **endlich wird er ~** at last he is beginning to liven up; **~!** look alive! (*colloq.*). – **2.** (*vergnügt, heiter, fröhlich*) merry, gay, cheerful, jolly, *Am. colloq.* chipper, blithe (*poet.*): **ein ~es** (*auch* **muntres**) **Lächeln** a cheerful smile; **~e Farben** gay (*od.* lively, bright) colo(u)rs; **ein ~er Knabe** *colloq.* a jolly fellow (*colloq.*); **wir waren in ~er Laune** we were in a cheerful mood (*od.* in high spirits, [as] merry as a cricket). – **3.** (*wach*) awake: **~ bleiben** to stay awake; **ist er schon ~?** is he awake already? has he waked (*od.* woke[n], wakened) (up) yet? **ich werde morgens leicht ~** I wake up easily in the morning; **Kaffee hält mich ~** coffee keeps me awake (*od.* alert); **du bist ja schon früh ~ heute morgen** you're awake (*od.* astir) early this morning; **die frische Luft hat mich wieder ~ gemacht** the fresh air woke me [up] again. – **4.** (*gesund, rüstig*) vigorous, lively, *Am. colloq.* chipper: **der Patient ist heute schon ~er** the patient is a little livelier today; **gesund und ~** hale and hearty, alive and kicking (*colloq.*); **bleib gesund und ~** take (good) care of yourself; **~ wie ein Fisch im Wasser** (as) fit as a fiddle. – **5.** *mus.* allegro, spiritoso. – **II** *adv* **6.** in a lively way (*od.* manner), friskily, merrily: **der junge Hund sprang ~ umher** the puppy jumped about merrily (*od.* frisked about). – **7.** *mus.* allegro, spiritoso. — **'Mun·ter·keit** *f* ⟨-; *no pl*⟩ **1.** (*Frische*) liveliness, sprightliness, vivaciousness, spiritedness, briskness, friskiness. – **2.** (*Heiterkeit*) merriness, gaiety, gayety, cheerfulness, blitheness (*poet.*). – **3.** (*Gesundheit*) vigorousness, liveliness.

Munt·jak [ˈmʊntjak] *m* ⟨-s; -s⟩, **~ˌhirsch** *m zo. cf.* Bellhirsch.

'Muntz·meˌtall [ˈmʊnts-] *n metall.* beta brass, Muntz metal.

'Münz|ˌamt *n econ.* mint office. — **~ˌan-**

ˌstalt *f* mint. — ~au·toˌmat *m* penny-in--the-slot (*od.* coin-operated, vending) machine.

Mün·ze ['mʏntsə] *f* ⟨-; -n⟩ **1.** coin: falsche [abgegriffene] ~n false (*od.* counterfeit) [worn] coins; ~n prägen to stamp coins; in klingender (*od.* barer) ~ bezahlen to pay in hard (*od.* ready) cash; neue ~n in Umlauf setzen to put (*od.* place) new coins into circulation; ~n aus dem Verkehr ziehen to withdraw coins from circulation; j-m mit gleicher ~ heimzahlen *fig.* to pay s.o. back in his own coin, to pay s.o. in kind, to give s.o. tit for tat; etwas für bare ~ nehmen *fig.* to take s.th. at its face value (*od.* for gospel truth). – **2.** (*Münzstätte*) mint. – **3.** (*Gedenkmünze*) commemorative medal.

'**Münz|ˌein·heit** *f econ.* monetary unit, standard of currency. — ~ˌeinˌwurf *m* **1.** insertion of a coin. – **2.** (coin) slot.

mün·zen ['mʏntsən] *v/t* ⟨h⟩ **1.** mint, stamp, coin. – **2.** die Bemerkung war auf ihn gemünzt *fig.* the remark was meant for (*od.* aimed at) him.

'**Mün·zen|ˌsamm·ler** *m* collector of coins, numismatist (*scient.*). — ~ˌsamm·lung *f* collection of coins, numismatic collection (*scient.*).

'**Mün·zer** *m* ⟨-s; -⟩ *obs.* minter, coiner, moneyer.

'**Münz|ˌfäl·scher** *m* counterfeiter. — ~ˌfäl·schung *f* counterfeiting of coins. — ~ˌfernˌse·hen *n* pay television. — ~ˌfernˌspre·cher *m* **1.** public telephone (*od. colloq.* phone), *Am. auch* pay telephone, pay station, *Br. auch* coin-box telephone. – **2.** (*Telephonzelle*) telephone booth, *Br.* telephone (*od.* call) box, telephone kiosk, phone booth (*colloq.*). — ~ˌfrei·heit *f* privilege of minting coins, mintage, coinage prerogative. — ~ˌfuß *m* standard (of coinage). — ~geˌhalt *m* standard of alloy. — ~ˌgeld *n* coins *pl*, coinage. — ~geˌsetz *n* Coinage Act. — ~ˌgold *n* coinage (*od.* mint, standard) gold. — ~ˌherr *m hist. ruler who has the prerogative of minting coins.* — ~ˌkun·de *f* numismatics *pl* (*construed as sg*). — ~leˌgie·rung *f metall.* alloyage. — ~ˌmei·ster *m* mintmaster. — ~meˌtall *n metall.* coinage, alloyage. — ~mo·noˌpol *n econ.* coinage monopoly. — ~pa·riˌtät *f* mint par of exchange. — ~ˌprä·gung *f* minting. — ~ˌpro·be *f* assay of coins. — ~ˌrecht *n* right of minting coins, coinage right. — ~reˌgal *n hist.* sovereign's right of minting coins. — ~ˌsamm·ler *m cf.* Münzensammler. — ~ˌsil·ber *n* coinage (*od.* standard) silver. — ~ˌstät·te *f* mint. — ~ˌstein *m geol.* nummulite. — ~ˌstem·pel *m* coinage die. — ~ˌsteu·er *f hist.* brassage. — ~syˌstem *n cf.* Münzwesen. — ~ˌtank-(au·toˌmat) *m tech.* coin-operated (filling station) pump. — ~verˌbre·chen, ~verˌge·hen *n* coinage offence (*Am.* offense), counterfeiting. — ~ˌwechs·ler *m* change giver. — ~ˌwertˌzei·chenˌge·ber *m* (*postal service*) *cf.* Wertzeichengeber. — ~ˌwe·sen *n* coinage (system). — ~ˌwis·sen·schaft *f cf.* Münzkunde. — ~ˌzei·chen *n* mint mark.

Mur [muːr] *f* ⟨-; -en⟩ *Austrian dial. for* Mure.

mu·ral [mu'raːl] *adj med.* mural.

Mu·rä·ne [mu'rɛːnə] *f* ⟨-; -n⟩ *zo.* moray, mur(a)ena (*Fam. Muraenidae*).

mür·be ['mʏrbə] *adj* ⟨-r; mürbst⟩ **1.** (*Gebäck, Teig etc*) short, crisp, friable. – **2.** (*Fleisch etc*) tender, well-cooked (*od.* -done) (*attrib*). – **3.** (*Holz etc*) rotten, decayed. – **4.** (*Gestein etc*) friable, crumbly. – **5.** (*Stoff etc*) tender, friable. – **6.** *med.* (*Knochen*) brittle. – **7.** ⟨*pred*⟩ *fig. colloq.* (*entnervt*) unnerved, dispirited, demoralized: j-n ~ machen to break s.o.'s resistance, to wear s.o. down; ~ werden to give way, to give in. – **8.** ⟨*pred*⟩ *fig. colloq.* (*erschöpft*) worn down, weary, down and out (*colloq.*). – **9.** ~ machen *mil.* to soften up.

Mür·be ['mʏrbə] *f* ⟨-; *no pl*⟩ *cf.* Mürbheit.

'**Mür·be|ˌbra·ten** *m gastr.* **1.** sirloin, *Am. auch* tenderloin. – **2.** (*von Wild*) undermeat, undercut of venison. — ~ˌku·chen *m gastr.* shortbread, shortcake.

'**Mür·beˌteig** *m gastr.* short pastry (*od.* dough). — ~geˌbäck *n* short pastry.

'**Mürb·heit** *f* ⟨-; *no pl*⟩ **1.** (*des Kuchens etc*) crispness, friableness, friability. – **2.** (*des Fleisches etc*) tenderness. – **3.** (*des Holzes etc*) rottenness. – **4.** (*des Gesteins etc*) crumbliness, friableness, friability.

'**Murˌbruch** *m geol.* cold lahar, mudflow, rock stream, debacle, *auch* débâcle, stone river (*od.* run), torrential wash.

Mu·re ['muːrə] *f* ⟨-; -n⟩ *geol.* mudflow.

mu·ren ['muːrən] *v/t* ⟨h⟩ *mar.* moor.

'**Murˌgang** *m geol. cf.* Murbruch.

mu·ria·tisch [mu'ria:tɪʃ] *adj* (*Quelle etc*) muriated.

Mu·ring ['muːrɪŋ] *f* ⟨-; -e⟩ *mar.* mooring. — ~ˌschä·kel *m* mooring shackle.

Mur·kel ['murkəl] *m* ⟨-s; -⟩ *colloq.* baby (in swaddling clothes).

Murks [murks] *m* ⟨-es; *no pl*⟩ *colloq. contempt.* botched-up job (*od.* piece of work), bungle, botch. — '**murk·sen** *v/i* ⟨h⟩ bungle, botch. — '**Murk·ser** *m* ⟨-s; -⟩ bungler, botcher.

Mur·mel ['murməl] *f* ⟨-; -n⟩ *dial.* marble, *Am.* mib, mig(g), *Br.* bonce: (mit) ~n spielen to play (*od.* shoot) (at) marbles.

'**Mur·melˌlaut** *m ling.* neutral vowel, murmur (vowel), schwa, *auch* shwa.

mur·meln ['murməln] **I** *v/i* ⟨h⟩ **1.** murmur, mutter, mumble. – **2.** (*von Menschenmenge*) hum, buzz. – **3.** *poet.* (*von Bach etc*) murmur, mutter, babble, prattle, purl, burble. – **II** *v/t* **4.** murmur, mutter, mumble: etwas in seinen Bart ~ *colloq.* to mutter s.th. in(to) one's beard, to mumble s.th. under one's breath. – **III M~** *n* ⟨-s⟩ **5.** *verbal noun.* – **6.** murmur, mutter, mumble: durch die Menge ging ein beifälliges M~ a murmur of approval ran through the crowd. – **7.** *poet.* (*eines Baches etc*) murmur, babble, prattle, purl.

'**Mur·mel|ˌspiel** *n dial.* marbles *pl* (*construed as sg*), game of marbles, *Br.* bonce, *Am.* mibs *pl* (*construed as sg*). — ~ˌtier *n zo.* marmot (*Gattg Marmota*), *bes.* a) *cf.* Alpenmurmeltier, b) Eisgraues ~ hoary marmot (*M. caligata*): wie ein ~ schlafen *fig. colloq.* to sleep like a top (*od.* log, dormouse).

Mur·ner ['murnər] *m* ⟨-s; *no pl*⟩ (*in Fabeln*) tomcat.

mur·ren ['murən] **I** *v/i* ⟨h⟩ **1.** (über *acc*) grumble (over, at, about); grouse (about), grouch (at), gripe (about, at) (*colloq.*): die Arbeiter murrten über ihren niedrigen Lohn the workers grumbled at their low wages; ohne zu ~ without a murmur, unmurmuringly, uncomplainingly. – **II M~** *n* ⟨-s⟩ **2.** *verbal noun.* – **3.** grumble; grouse, gripe (*colloq.*): ohne M~ without a murmur, unmurmuringly, uncomplainingly.

mur·ri·nisch [mu'riːnɪʃ] *adj antiq.* (*Vase etc*) murrhine, *auch* myrrhine.

mür·risch ['mʏrɪʃ] **I** *adj* ⟨-er; -st⟩ **1.** (*Veranlagung etc*) morose, sullen, glum, dour: ein ~es Wesen a morose nature (*od.* disposition). – **2.** (*Verhalten, Ton, Gesicht etc*) morose, glum, sullen, ill-humored, *bes. Br.* ill-humoured, surly, fretful, peevish, sulky, grumpy, gruff, grouchy (*colloq.*): er ist heute wieder ~ he is in a sullen mood (*od.* in the sulks) again today. – **II** *adv* **3.** ~ antworten to answer sulkily; ~ dreinschauen to have a sullen (*od.* sulky) look on one's face, to look sullen. — '**Mür·risch·keit** *f* ⟨-; *no pl*⟩ **1.** moroseness, sullenness. – **2.** surliness, grumpiness, gruffness, gruffiness, grouchiness (*colloq.*).

Mus [muːs] *n* ⟨-es; -e⟩ *gastr.* **1.** pulp, mash, mush: etwas zu ~ kochen (lassen) to overcook s.th.; j-n zu ~ hauen *fig. colloq.* to beat s.o. to a pulp (*od.* jelly). – **2.** (*Fruchtmus*) stewed fruit, jam: ~ kochen to make jam, to boil fruit. – **3.** (*von Kartoffeln, Hülsenfrüchten etc*) purée, *auch* puree, mash. – **4.** (*für Babys, Kranke*) pap. – **5.** *Swiss for* Nahrung 4, Lebensunterhalt.

Mu·sa ['muːza] *f* ⟨-; -(s)⟩ *bot. cf.* Banane.

Mus·aget [muza'geːt] **I** *npr m* ⟨-en; *no pl*⟩ *myth.* (*Beiname Apolls*) Musagetes. – **II** *m* ⟨-en; -en⟩ *obs.* patron, Maecenas.

Mu·sang ['muːzaŋ] *m* ⟨-s; -s⟩ *zo.* musang (*Paradoxurus hermaphroditus*).

'**Musˌap·fel** *m* cooking apple.

Mu·sche ['muʃə] *f* ⟨-; -n⟩ **1.** (*Schönheitspflästerchen*) patch. – **2.** *dial. for* Schlampe.

Mu·schel ['muʃəl] *f* ⟨-; -n⟩ **1.** (*Schale*) shell, conch. – **2.** *zo.* shell, mussel, muscle, clam; lamellibranch, acephal, bivalve (*scient.*). – **3.** *gastr.* mussel, clam, scallop. – **4.** (*des Telephonhörers*) earpiece. – **5.** *med. cf.* a) Nasenmuschel, b) Ohrmuschel. – **6.** *metall.* (*einer Gießpfanne*) nozzle. — **m~ˌar·tig** *adj zo.* shell-like, conchylious (*scient.*). — ~ˌbank *f* shell bank (*od.* bed). — ~ˌblu·me *f bot.* tropical duckweed, water lettuce (*Pistia stratiotes*). — ~ˌer·de *f geol.* faluns *pl.* — ~ˌfleisch *n* **1.** flesh of a mussel (*od.* clam). – **2.** *gastr.* clams *pl.* — **m~ˌför·mig** *adj* **1.** shell-(*od.* mussel-)shaped, shelly. – **2.** *med. zo.* tubinate: ~es Organ concha. – **3.** *metall.* conchoidal. — ~ˌgeld *n* shell money, (*der nordamer. Indianer*) *auch* plag, *auch* plage, peak, wampum, (*auf den Südseeinseln*) *auch* wakiki. — ~geˌricht *n gastr.* dish of mussels. — ~ˌgift *n zo.* mytilotoxin. — ~ˌgold *n* (*paints*) ormolu. — ~ˌhau·fen *pl archeol. cf.* Kökkenmöddinger. — ~ˌhorn *n zo. cf.* Tritonshorn 2.

'**mu·sche·lig** *adj min.* conchoidal.

'**Mu·schel|ˌkalk** *m* ⟨-(e)s; *no pl*⟩ **1.** *geol.* (*Triasformation*) Muschelkalk. – **2.** *zo.* shell lime(stone). – **3.** *geol. min. cf.* Muschelkalkstein. — ~ˌkalkˌstein *m geol. min.* shell(y) lime(stone), Bath stone, coquina. — ~ˌklap·pe *f zo.* valve. — ~ˌknacker (*getr.* -k·k-) *m* biskop, *auch* musselcracker, musselcrasher (*Cymatoceps nasutus*). — ~ˌkrebs *m meist pl* ostracod (*Ordng Ostracoda*): zu den ~en gehörig ostracodan. — ~ˌkun·de *f* conchology. — ~ˌla·ger *n geol.* mussel bed, stratum of shells. — ~ˌlaich *m zo.* spat. — ~ˌsandˌstein *m geol.* shell sandstone. — ~ˌscha·le *f zo.* shell, conch, scallop, *auch* scallop shell, cockleshell, clamshell. — ~ˌsil·ber *n tech.* silver for decorating porcelain. — ~spiˌra·le *f zo.* conchospiral. — ~ˌtier *n* shell(fish), mollusk, mollusc, conchifer: die ~e *pl* (*als Gattung*) conchylia. — ~verˌgif·tung *f med.* mussel (*od.* clam) poisoning, mytilotoxism (*scient.*). — ~ˌwäch·ter *m zo.* a) oyster crab, pinnotherid (*scient.*) (*Gattg Pinnotheres*), b) pea crab (*P. pisum*). — ~ˌwerk *n* (*art*) shellwork, rocaille.

Mu·schik ['muʃɪk; -'ʃɪk] *m* ⟨-s; -s⟩ *obs.* (*russ. Bauer*) mushik, muzjik, mujik, moujik.

Musch·ko·te [muʃ'koːtə] *m* ⟨-n; -n⟩ *mil. colloq. contempt.* private, *Am.* GI.

'**musch·lig** *adj min. cf.* muschelig.

Mu·se ['muːzə] *f* ⟨-; -n⟩ **1.** *myth.* Muse: die neun ~n the nine Muses, the Nine; die ~ der Dichtkunst the Muse of poetry, Calliope; der Sitz der ~n the abode of the Muses, Helicon (*poet*). – **2.** *fig.* muse, *auch* Muse: von der ~ geküßt werden *poet. od. humor.* to be inspired by the muses; die ~n anrufen to invoke the muses; die leichte ~ *fig.* light entertainment.

mu·se·al [muze'aːl] *adj* **1.** (*Museums...*) museum (*attrib*). – **2.** *fig.* antiquated: ein ~er Ausdruck an obsolete expression; ein ~es Auto *colloq.* an antediluvian car.

Mu·sel·man ['muːzəlman] *m* ⟨-en [-maːnən]; -en [-maːnən]⟩, '**Mu·sel·ma·nin** [-maːnɪn] *f* ⟨-; -nen⟩ *colloq. od. archaic* Mussulman, *auch* Musulman, Mussalman, *auch* Musalman, Moslem. — '**mu·sel·ma·nisch** [-maːnɪʃ] *adj* Mussulman, *auch* Musulman (*attrib*), Moslem.

'**Mu·selˌmann** ['muːzəl-] *m* ⟨-(e)s; ⸚er⟩ *colloq. cf.* Muselman.

'**Mu·sen|ˌal·ma·nach** *m* (*literature*) Musenalmanach. — ~ˌroß *n poet.* Pegasus. — ~ˌsohn *m obs.* son (*od.* favorite, *bes. Br.* favourite) of the Muses, poet. — ~ˌtem·pel *m lit.* temple of the Muses.

Mu·sette [my'zɛt] (*Fr.*) *f* ⟨-; -s⟩ *mus.* musette.

Mu·se·um [mu'zeːum] *n* ⟨-s; Museen⟩ museum.

Mu'se·ums|ˌbau *m* museum (building). — ~ˌdie·ner *m cf.* Museumswärter. — ~diˌrek·tor *m* museum director, conservator. — ~ˌfüh·rer *m* museum guide. — ~ˌkä·fer *m zo.* museum beetle (*Anthrenus museorum*). — ~ˌwär·ter *m* museum attendant.

Mu·si·cal ['mjuːzɪkəl] (*Engl.*) *n* ⟨-s; -s⟩ musical.

mu·siert [mu'ziːrt] *adj* (*Arbeit*) inlaid.

Mu·sik [mu'ziːk] *f* ⟨-; *no pl*⟩ **1.** music: klassische [leichte] ~ classical [light] music; schräge ~ *colloq.* hot music; atonale [elektronische] ~ atonal [electronic] music; ~ hören to listen to music; ~ machen to make (*od.* play) music; einen Text in ~ setzen to set a text to music; Sinn für ~ haben to have a feeling for music, to be musically inclined; die ~ des 18. Jh.s 18th century music, the music of the 18th century; die ~ der Italiener Italian music; deine Worte sind (*od.* klingen wie) ~ in meinen Ohren *fig. colloq.* your words are music to my ears; der Ton macht die ~ (*Sprichwort*) *etwa* it is not so much what you say but the way you say it. – **2.** *colloq.* (*Musikkapelle*) band, (*Militärkapelle*) *auch* music: die ~ marschierte an der Spitze the band marched in front. — ~**ˌabend** *m* musicale. — ~**aka·deˌmie** *f* academy of music, *bes. Br.* conservatoire, *Am.* conservatory.

Mu·si·ka·li·en [muziˈkaːliən] *pl* printed (*od.* written) music *sg.* — ~**ˌhänd·ler** *m* music dealer. — ~**ˌhand·lung** *f* music shop (*bes. Am.* store).

mu·si·ka·lisch [muziˈkaːlɪʃ] **I** *adj* **1.** (*Mensch, Verständnis, Veranlagung etc*) musical: ~es Wunder(kind) musical prodigy; ~es Talent talent for music; er ist außergewöhnlich ~ he is very musical, he has a great talent for music. – **2.** (*Einlage, Zwischenspiel etc*) musical: ~e Komödie musical comedy. – **3.** *ling.* tonic: ~er Tonakzent tonic (*od.* pitch) accent. – **II** *adv* **4.** ~ geschult werden to have musical training, to be trained in music.

Mu·si·ka·li·tät [muzikaliˈtɛːt] *f* ⟨-; *no pl*⟩ musicality, musicianship.

Mu·si·kant [muziˈkant] *m* ⟨-en; -en⟩ *dial. u. colloq., auch contempt.* musician: fahrender ~ vagrant musician.

Mu·siˈkan·tenˌˌkno·chen *m colloq.* funny (*bes. Am.* crazy) bone. — ~**ˌtrup·pe** *f hist.* group of musicians, minstrelsy.

mu·siˈkan·tisch *adj cf.* musikfreudig.

MuˈsikˌauˑtoˌmatMuˈsik|au·toˌmat *m cf.* Musikbox. — ~**be·ˌglei·tung** *f* (musical) accompaniment. — ~**bi·blioˌthek** *f* music library. — ~**ˌbo·gen** musical bow. — ~**ˌbox** *f* juke(box), *Br.* juke-box, *Am.* music box. — ~**ˌclown** *m* musical clown. — ~**diˌrek·tor** *m* musical director, head conductor. — ~**ˌdra·ma** *n* music (*od.* lyric) drama.

Mu·si·ker [ˈmuːzikər] *m* ⟨-s; -⟩ **1.** (*in einem Orchester*) musician, (*in einer Kapelle*) *auch* bandsman. – **2.** (*Komponist*) musician: tonaler ~ tonalist.

Muˈsik|erˌzie·hung *f* musical education. — ~**ˌfest** *n* music(al) festival. — ~**ˌfilm** *m* musical (film). — **m~ˌfreu·dig** *adj* fond of music, music-loving. — ~**ˌfreund** *m,* ~**ˌfreun·din** *f* lover of music, music lover. — ~**ˌfüh·rer** *m* musical guide. — ~**geˌlehr·te** *m* musicologist, music scholar. — ~**ge·ˌschich·te** *f* history of music, music(al) history. — ~**geˌsell·schaft** *f* music(al) society. — ~**ˌhal·le** *f* concert hall. — ~**hiˌsto·ri·ker** *m* historian of music, music historian. — ~**ˌhochˌschu·le** *f bes. Br.* conservatoire, *Am.* conservatory. — ~**in·struˌment** *n* musical instrument. — ~**kaˌpel·le** *f cf.* Musik 2. — ~**kasˌset·te** *f* musicassette. — ~**ˌken·ner** *m,* ~**ˌken·ne·rin** *f* ⟨-; -nen⟩ expert on music. — ~**kon·ˌser·ve** *f* recorded (*od. colloq.* canned) music. — ~**ˌkorps** *n mil.* band. — ~**kriˌtik** *f* music criticism, (*Zeitungsartikel etc*) *auch* music(al) review (*od.* critique). — ~**ˌkri·ti·ker** *m,* ~**ˌkri·ti·ke·rin** *f* ⟨-; -nen⟩ music critic. — ~**ˌle·ben** *n* musical life. — ~**ˌleh·re** *f* theory of music. — ~**ˌleh·rer** *m,* ~**ˌleh·re·rin** *f* music teacher. — ~**ˌle·xi·kon** *n* dictionary of music. — **m~ˌlie·bend** *adj* fond of music, music-loving. — ~**ˌliebˌha·ber** *m* **1.** lover of music, music lover (*od. colloq.* fan). – **2.** amateur (musician). — ~**ˌmei·ster** *m mil.* bandmaster. — ~**ˌnarr** *m* devotee of music; music fan, music fiend (*colloq.*), melomaniac (*scient.*).

Mu·si·ko·lo·ge [muzikoˈloːgə] *m* ⟨-n; -n⟩ *cf.* Musikwissenschaftler. — **Mu·si·ko·loˈgie** [-loˈgiː] *f* ⟨-; *no pl*⟩ *cf.* Musikwissenschaft.

Muˈsik|ˌpa·vil·lon *m* bandstand, music pavillion, (*muschelförmiger*) band shell. — ~**ˌpreis** *m* music award, prize for music. — ~**ˌsaal** *m* **1.** concert hall. – **2.** (*einer Schule*) music room. — ~**ˌschrank** *m cf.* Musiktruhe. — ~**ˌschu·le** *f* school of music, music school. — ~**ˌstück** *n* **1.** piece of music, composition. – **2.** (*als Programmpunkt*) (musical) number. — ~**stuˌdent** *m,* ~**stuˌden·tin** *f* student of music, music student. — ~**ˌstun·de** *f* music lesson. — ~**theoˌrie** *f cf.* Musiklehre. — ~**the·raˌpie** *f med. psych.* musicotherapy. — ~**ˌtru·he** *f Am.* radio-phonograph, *Br.* radiogram(ophone) (*with radio*), cabinet gramophone (*without radio*). — ~**ˌüberˌtra·gung** *f* music transmission. — ~**ˌun·terˌricht** *m* music instruction (*od.* classes *pl*): j-m ~ geben to teach s.o. music.

Mu·si·kus [ˈmuːzikʊs] *m* ⟨-; -sizi [-tsi]⟩ *humor.* musician.

Muˈsik|verˌanˌstal·tung *f* musical event (*od.* performance). — ~**verˌein** *m* musical society. — ~**verˌlag** *m* music publishers *pl*, music publishing house (*od.* company). — ~**verˌle·ger** *m* music publisher. — **m~ver·ˌstän·dig** *adj* appreciative of music. — ~**ˌwerk** *n* **1.** *mus.* (musical) composition (*od.* work). – **2.** mechanical musical device (*od.* instrument). — ~**ˌwettˌstreit** *m* music(al) competition (*od.* contest). — ~**ˌwis·sen·schaft** *f* musicology. — ~**ˌwis·sen·schaft·ler** *m* musicologist. — ~**ˌzeitˌschrift** *f* music magazine. — ~**ˌzug** *m mil.* band.

mu·sisch [ˈmuːzɪʃ] **I** *adj* relating (*od.* pertaining) to the fine arts: ~e Erziehung (*od.* Bildung) education in the fine arts; ein ~er Mensch a person appreciative of the fine arts; ~es Gymnasium *ped. secondary school emphasizing modern languages and, above all, music*; ~e Fächer fine-arts subjects. – **II** *adv* er ist ~ veranlagt he has an artistic (*od.* [a]esthetic) vein.

Muˈsiv|ˌar·beit [muˈziːf-] *f* inlaid work, marquetry. — ~**ˌgold** *n* **1.** *chem.* stannic sulfide (*bes. Br.* -ph-) (SnS_2). – **2.** *metall.* mosaic gold.

mu·si·visch [muˈziːvɪʃ] *adj* **1.** (*Arbeit etc*) inlaid. – **2.** *zo.* mosaic.

MuˈsivˌsiI·ber *n chem.* mosaic silver.

mu·si·zie·ren [muziˈtsiːrən] *v/i* ⟨*no* ge-, h⟩ make (*od.* play) music.

Mus·ka·lun·ge [mʊskaˈlʊŋə] *m* ⟨-n; -n⟩ *zo.* (*Fisch*) muskellunge (*Esox masquinongy*).

Mus·ka·rin [mʊskaˈriːn] *n* ⟨-s; *no pl*⟩ *chem.* (*Gift des Fliegenpilzes*) muscarine ($C_8H_{19}NO_3$).

Mus·kat [mʊsˈkaːt] *m* ⟨-(e)s; -e⟩ **1.** *gastr.* (*Gewürz*) nutmeg. – **2.** *bot. cf.* Muskatbaum. — ~**ˌbaum** *m bot.* nutmeg (tree) (*Myristica fragrans*). — ~**ˌblü·te** *f* **1.** *bot.* flower of the nutmeg tree. – **2.** *med. pharm. econ.* (*Samenmantel der Muskatnuß*) mace. — ~**ˌbut·ter** *f* nutmeg butter.

Mus·ka·tel·ler [mʊskaˈtɛlər] *m* ⟨-s; -⟩ **1.** (*Wein*) muscatel, *auch* muscadel, muscadell(e), muscat, *auch* muskat. – **2.** (*Traube*) muscat, *auch* muskat, muscatel. — ~**ˌbir·ne** *f bot.* musk pear, muscadel, muscadine, supreme pear. — ~**ˌkraut** *n,* ~**salˌbei** *m* clary (*Salvia sclarea*). — ~**ˌtrau·be** *f cf.* Muskateller 2. — ~**ˌwein** *m cf.* Muskateller 1.

MusˈkatˌfinkMusˈkatˌfink *m zo.* spotted munea (*Lonchura punctulata*).

MusˈkatˌnußMusˈkatˌnuß *f bot.* nutmeg apple. — ~**ˌbaum** *m cf.* Muskatbaum.

MusˈkatˌweinMusˈkatˌwein *m cf.* Muskateller 1.

Mus·kel [ˈmʊskəl] *m* ⟨-s; -n⟩ *med.* muscle: willkürlicher ~ voluntary muscle, striated (*od.* striped) muscle; glatter ~ smooth (*od.* unstriped) muscle; einen ~ zerren to strain a muscle; seine ~n spielen lassen to flex one's muscles. — ~**ˌanˌstren·gung** *f* muscular effort. — ~**ˌar·beit** *f* muscle work. — ~**atroˌphie** *f med.* muscular atrophy; amyotrophia, amyotrophy (*scient.*). — ~**ˌbau** *m* muscular structure (*od.* contexture). — **m~ˌbil·dend** *adj* muscle-forming (*od.* -building), myoblastic (*scient.*). — ~**ˌbil·dung** *f* forming (*od.* building) of muscles, musculation. — ~**ˌbruch** *m* myocele. — ~**ˌbün·del** *n* muscle bundle, fascicle of muscles. — ~**ˌdurchˌblu·tung** *f* circulation of blood in the muscles. — ~**dys·troˌphie** *f* muscular dystrophy, Erb's atrophy. — ~**ˌeiˌweiß** *n biol. chem.* myosin. — ~**ent·ˌzün·dung** *f* inflammation of a muscle, myositis (*scient.*). — ~**erˌwei·chung** *f* myomalacia. — ~**ˌfa·ser** *f* muscle fiber (*bes. Br.* fibre). — ~**ˌfa·serˌriß** *m* rupture of a muscle fiber (*bes. Br.* fibre). — ~**funk·tio·nen** [-fʊŋkˌtsioːnən] *pl* muscular functions. — ~**geˌfühl** *n* muscular sense; kin(a)esthesia, kin(a)esthesis (*scient.*). — ~**geˌschwulst** *f* muscular tumor (*bes. Br.* tumour), myoma (*scient.*). — ~**geˌwe·be** *n* muscular tissue. — ~**ˌhaut,** ~**ˌhül·le** *f* muscular coat (*od.* sheath); myolemma, sarcolemma, perimysium (*scient.*).

ˈmus·ke·lig *adj u. adv cf.* muskulös.

ˈMus·kel|ˌka·ter *m colloq.* muscle ache (from exercise), muscular strain (*od.* soreness), *Am. colloq.* Charley horse: ~ haben to be muscle-bound. — ~**ˌkraft** *f* muscular power (*od.* force, strength), muscle, brawn, sinews *pl*, thews *pl*, beef (*colloq.*). — ~**ˌkrampf** *m med.* muscle cramp (*od.* spasm), crick, myospasm (*scient.*). — ~**ˌläh·mung** *f* muscular (*od.* motor) paralysis; myoparalysis, amyosthenia (*scient.*). — ~**ˌma·gen** *m zo.* muscular stomach, gizzard. — ~**ˌmensch,** ~**ˌprotz** *m colloq.* muscleman, *Am. sl.* 'muscle'. — ~**ˌquet·schung** *f med.* contusion (*od.* bruise) of a muscle. — ~**rheu·maˌtis·mus** *m* muscular rheumatism, rheumatoid myositis (*scient.*). — ~**ˌriß** *m* rupture of a muscle. — ~**ˌschmerz** *m* muscular pain, myalgia (*scient.*). — ~**ˌschwä·che** *f* muscular weakness (*od.* debility), myasthenia (*scient.*). — ~**ˌschwund** *m cf.* Muskelatrophie. — ~**ˌsinn** *m cf.* Muskelgefühl. — ~**ˌspan·nung** *f* tension of a muscle, muscle tone. — ~**ˌspiel** *n* play of muscles. — ~**ˌstar·re** *f* muscular rigidity. — ~**ˌtä·tig·keit** *f* muscle activity. — ~**verˌhär·tung** *f* myogelosis. — ~**ˌzer·rung** *f* muscle strain: sich (*dat*) eine ~ zuziehen to pull a muscle. — ~**ˌzucken** (*getr.* -k·k-) *n* muscular twitching, (*leichtes*) crispation. — ~**zu·ˌsam·menˌzie·hung** *f* muscular contraction.

Mus·ke·te [mʊsˈkeːtə] *f* ⟨-; -n⟩ *mil. hist.* musket. — **Mus·keˈtier** [-keˈtiːr] *m* ⟨-s; -e⟩ *hist.* musketeer: die ~e *pl* the musketry *sg.*

Mus·ko·gi [mʊsˈkoːgi] ⟨*generally undeclined*⟩, **das Musˈko·gi** ⟨-⟩ *ling.* Muskogee.

Mus·ko·vit [muskoˈviːt; -ˈvɪt] *m* ⟨-s; -e⟩ *min.* muscovite.

Mus·ku·la·tur [mʊskulaˈtuːr] *f* ⟨-; -en⟩ *med.* muscular apparatus (*od.* system), musculature, muscles *pl.*

mus·ku·lös [mʊskuˈløːs] **I** *adj* muscular, brawny, beefy (*colloq.*): er ist ~ he has muscles. – **II** *adv* er ist ~ gebaut he is a muscular man.

Müs·li [ˈmyːsli] *n* ⟨-s; *no pl*⟩ *Swiss gastr.* Muesli.

Mus·lim [ˈmʊslɪm] *m* ⟨-; -e⟩ *cf.* Moslem.

ˈMus·pelˌheim [ˈmuːspəl-] *npr n* ⟨-(e)s; *no pl*⟩ *myth.* Muspellsheim, *auch* Muspelheim.

muß [mʊs] *1 u. 3 sg pres of* müssen[1].

Muß [mʊs] *n* ⟨-; *no pl*⟩ must, necessity: wenn nicht das harte ~ dahinterstünde if grim necessity were not behind it, if one didn't have to; ~ ist eine harte Nuß (*Sprichwort*) must is a difficult word to take, necessity is a hard master.

Mu·ße [ˈmuːsə] *f* ⟨-; *no pl*⟩ leisure, leisure (*od.* spare) time; otiosity, otioseness (*lit.*): er las das Buch in aller ~ he read the book at his leisure; dazu fehlt mir die nötige ~ I don't have the spare time for that; etwas in (*od.* mit) (aller) ~ betrachten to look at s.th. leisurely (*od.* in a leisurely way).

Mus·se·lin [mʊsəˈliːn] *m* ⟨-s; -e⟩ (*textile*) muslin: einfacher ~ plain muslin; glasierter ~ paper muslin. — ~**ˌkleid** *n* muslin dress.

müs·sen[1] [ˈmʏsən] **I** *v/aux* ⟨muß, mußte, müssen, h⟩ **1.** have to, have got to (*colloq.*): ich muß ihn einfach sprechen I simply have to talk to him; ich muß jetzt gehen I must be going (*od.* off) now, I have to go now; es muß sich (doch) machen lassen! it must be possible to have (*od.* get) it done, it must be possible to do it; es muß (einfach) gehen! it will have to be managed somehow! eine Frau, wie sie sein muß a model woman; sie ~ heiraten *colloq.* they have to get married; er hat abreisen ~ he had to leave; ich muß gestehen I have to admit; wir ~ Ihnen leider mitteilen, daß we regret to inform you that; eines muß man ihm ja lassen, er ist ein guter Mensch one thing has to be admitted — he is a good fellow (*colloq.*); was habe ich da (von dir) hören ~! really, what did I hear (*od.* what did I have to learn) about you! wir ~ alle einmal sterben we all must die one day; ich muß schon sagen! *colloq.* (well,) I say! sie mußte sich übergeben she had to vomit, she was sick; warum ~ sie ausgerechnet heute kommen! why must they (*od.* do they have to) come today of all days! ich mußte ausgerechnet schlafen, als as chance would have it, I was sleeping when; warum mußtest du das (auch) sagen! why (on earth) did you have to say that! whatever made you say that! jetzt muß ich dir mal was sagen now I have (*od.* want) to have a word with you (*od.* to tell you s.th.), let me tell you s.th.; es muß einfach richtig sein it has (*od. colloq.* it's got) to be right; wie schön muß [müßte] es sein, jetzt zu verreisen how nice (*od.* what a pleasure) it must [would] be to go on a journey now; das muß erst noch kommen that is yet to come. – **2.** (*gezwungen sein*) be forced (*od.* compelled) to, have to: er muß außer Landes gehen he is forced to leave the country; er mußte gegen seine Überzeugung handeln he was forced to act against his convictions; kein Mensch muß ~ *colloq.* a) who says you must (*od.* have to)? b) who says I must (*od.* have to)? – **3.** (*nötig sein*) be necessary, have to: es muß sein it is necessary (*od.* inevitable); wenn es unbedingt sein muß if it can't be helped, if it is absolutely necessary, if it must needs be; muß das (wirklich) sein? does that have to be? is that really necessary? das muß sein that is necessary, that has to be, that must be (done); was sein muß, muß sein *colloq.* what must be must be; müßt ihr dauernd streiten? do you have to quarrel all the time? – **4.** (*brauchen*) need (to), have to: das ist alles, was du tun mußt that's all you need (to) do; das muß nicht wahr sein that need not (necessarily) be true; er muß es nicht unbedingt erfahren he need not (*od.* he doesn't necessarily have to) hear about it; Kinder ~ nicht alles haben children need not have everything; du mußt es nicht sagen you need not say it; Sie ~ es nicht tun you need not (*od.* you don't have to, there is no need for you to) do it. – **5.** (*sollen*) du hättest pünktlicher sein ~ you ought to have been more punctual; Sie ~ nämlich wissen you ought to know; er hätte es besser wissen ~ he should have known better; das muß noch heute erledigt werden that ought to be (*stärker* must be) done today; der Zug müßte längst hier sein the train is long overdue. – **6.** (*verpflichtet sein*) be obliged to, have to: du mußt die Einladung annehmen you have to (*od.* you cannot but) accept the invitation; Sie ~ es nicht tun you are not obliged (*od.* you are under no obligation) to do it. – **7.** (*moralisch verpflichtet sein*) be bound to: du mußt helfen you are bound to help; du mußt ihn einfach gern haben you have to like him. – **8.** (*zwangsläufig geschehen*) be bound to, have to: das mußte mißlingen that was bound to fail; das mußte ja so kommen that was bound to happen (*od.* be) this way, that was to be expected; diese Bemerkung mußte ja kommen this remark was bound to come; der Krieg mußte kommen the war was bound to come. – **9.** (*nicht umhinkönnen*) er mußte weinen he could not help crying, he could not help but cry; ich muß lachen, wenn I cannot help laughing when. – **10.** (*bei Vermutung*) sie ~ vergessen haben, uns Bescheid zu geben they must have forgotten to inform us, apparently they forgot to inform us; sie muß (wohl) krank sein she must be ill, presumably she is ill; er muß es gewesen sein it must have been he (*od. colloq.* him); es muß geregnet haben it must have rained; wie ~ sie gelitten haben! how they must have suffered! meiner Ansicht nach ~ sie bald kommen to my mind (*od.* in my opinion) they ought to arrive soon; es muß etwas dran sein there must be s.th. to it (*od.* some truth in it); du mußt es ja wissen *colloq.* you know best. – **11.** (*konjunktivisch*) (*bei Möglichkeit*) es müßte schon sehr regnen it would have to rain hard; ich müßte schon sehr hungrig sein, um das zu essen I would have to be terribly hungry to eat that; ich müßte mich schon sehr irren, wenn er es nicht war if I am not badly mistaken it was he (*od. colloq.* him); er müßte denn krank sein unless he were ill. – **12.** (*konjunktivisch*) (*wünschenswert sein*) das müßte immer so sein that should always be the case; man müßte noch einmal 20 (Jahre alt) sein one ought to be twenty once more; du hättest pünktlicher sein ~ you ought to have been more punctual. – **13.** *colloq.* das mußt du nicht tun you mustn't do that, don't do that, you are not to do that; du mußt nicht mit vollem Munde sprechen you musn't speak with your mouth full; Sie ~ es mir nicht übelnehmen you must not take it amiss, you mustn't be annoyed at me; Sie ~ sich von ihr nicht herumkommandieren lassen don't let her order you about. – **14.** (*wollen*) want to: er muß immer alles wissen he always wants (*od.* has) to know everything; sie muß den ganzen Tag das Radio laufen haben she wants (*od.* has to have) the radio on all day long. – **15.** (*die Gewohnheit haben*) be given (*od.* prone) to: sie muß immer streiten she is always (given to) quarrelling. – **II** *v/i* ⟨*pp* gemußt⟩ **16.** morgen muß ich in die Stadt tomorrow I have to go (in)to town; er muß morgens sehr früh aus dem Haus he has to leave very early in the morning; der Brief muß zur Post the letter must be mailed (*bes. Br.* posted); ich muß nach Berlin I must go to Berlin; vor Gericht ~ to be summoned (to appear) before a court, to have to go to court; ich muß mal *colloq.* I have to go to the bathroom (*Br. colloq.* loo), *Br. colloq.* I have to spend a penny.

ˈmüs·sen[2] *pp of* müssen[1] I.

ˈMu·ßeˌstun·de *f* leisure (*od.* spare, idle) hour.

ˈMußˌhei·rat *f colloq.* shotgun marriage (*od.* wedding) (*colloq.*).

mü·ßig [ˈmyːsɪç] **I** *adj* **1.** idle: ~e Stunden idle hours; ~e Hände idle (*od.* unemployed) hands; ~ sein to (be) idle. – **2.** (*untätig*) leisurely, leisured, inactive. – **3.** (*unnütz*) idle, useless, vain, futile, superfluous, otiose (*lit.*): ~es Gerede idle talk; es ist ~, das zu tun doing that is futile. – **4.** (*sinnlos*) pointless, senseless: es ist ~, darüber zu reden it is pointless to talk about it. – **II** *adv* **5.** ~ gehen to (be) idle; ~ dabeistehen to stand idly by; die Pferde stehen ~ im Stall the horses stand idly in the stable.

ˈMü·ßigˌgang *m* ⟨-(e)s; *no pl*⟩ idleness, idling, laziness: ~ ist aller Laster Anfang (*Sprichwort*) idleness is the root (*od.* mother) of all evil (*od.* sin, vice) (*proverb*). — **ˈMü·ßigˌgän·ger** *m* ⟨-s; -⟩ **1.** idler, idling person, loafer. – **2.** (*Faulpelz*) lazybones *pl* (*construed as sg or pl*).

Mus·sit [muˈsiːt; -ˈsɪt] *m* ⟨-s; -e⟩ *min.* diopside, white augite.

ˈMußˌkaufˌmann *m* automatically constituted trader.

ˈMusˌsprit·ze *f colloq.* gamp (*colloq.*).

mußt [mʊst] *2 sg pres*, **ˈmuß·te** *1 u. 3 sg pret*, **müß·te** [ˈmʏstə] *1 u. 3 sg pret subj of* müssen[1].

ˈMuß-ˌVorˌschrift *f jur.* obligatory disposition.

Mu·stak [ˈmʊstak] *m* ⟨-s; -e⟩ *zo.* moustache (monkey) (*Cercopithecus cephus*).

Mu·stang [ˈmʊstaŋ] *m* ⟨-s; -s⟩ *zo.* mustang, (*in den westl. USA*) *auch* pony.

ˈMusˌteil [ˈmuːs-] *m obs. for* Witwenteil.

Mu·ster [ˈmʊstər] *n* ⟨-s; -⟩ **1.** (*auf Stoff, Tapete etc*) pattern, design, *auch* ornament: ein fortlaufendes ~ a continuous design, a consecutive pattern; ein wiederkehrendes ~ a recurrent (*od.* repeated) pattern, a motif. – **2.** (*Figur*) figure: ~ in den Sand malen to draw figures in the sand. – **3.** (*für einen Brief etc*) specimen, model, sample, example: als ~ dienen to serve as a model. – **4.** (*Schnittmuster, Vorlage*) pattern: nach (einem) ~ sticken to embroider from a pattern. – **5.** (*Modell*) model. – **6.** *fig.* (*Vorbild*) model (example), example, exemplar, paragon: sie ist das ~ einer guten Hausfrau she is the model of a good housewife; she is an ideal (*od.* a model) housewife; er ist ein ~ an Höflichkeit he is a model (*od.* the pink, essence) of politeness; ein ~ an Sauberkeit a model (*od.* pattern) of neatness. – **7.** *fig.* (*Ideal*) ideal. – **8.** *econ.* (*Warenprobe*) sample, (*Stoffmuster etc*) *auch* pattern, (*Einzelstück*) *auch* specimen, model: ungeschütztes ~ *jur.* open pattern; unverkäufliches ~ a) free sample, b) (*Arznei*) professional sample — not to be sold; etwas nach ~ bestellen to order s.th. according to sample(s); dem ~ entsprechen to correspond to (*od.* with) the sample, to match the sample, to be up to sample. – **9.** *print.* specimen. – **10.** *tech.* a) (*einer Oberfläche*) pattern, b) (*zum Kopierfräsen*) master, c) (*Prüfstück*) specimen, sample. – **11.** (*in der Verhaltensforschung*) pattern.

ˈMu·sterǀˌbeiˌspiel *n* **1.** (typical) example, model, representative. – **2.** (*Person*) model (example), example, exemplar, paragon. – **3.** *cf.* Musterfall 1. — **~beˌtrieb** *m* **1.** (*gewerblicher, industrieller*) model plant (*od.* factory). – **2.** (*landwirtschaftlicher*) model (*od.* pilot) farm. — **~ˌbeu·tel** *m* mailing bag. — **~ˌbild** *n* **1.** (*Probe*) sample. – **2.** *cf.* Muster 1. – **3.** *fig. cf.* Musterbeispiel 1, 2. — **~ˌbrief** *m* specimen (*od.* model) letter. — **~ˌbuch** *n econ.* (*mit Stoffproben etc*) pattern book. — **~ex·emˌplar** *n* **1.** *bes. tech.* type specimen, prototype, model. – **2.** *print.* specimen copy, sample. – **3.** *fig. meist iron. cf.* Musterbeispiel 2. — **~ˌfall** *m bes. jur.* **1.** model (*od.* typical) case. – **2.** (*Präzedenzfall*) precedent. — **~ˌgat·te** *m colloq.* model (*od.* perfect) husband. — **m~geˌmäß** *adj u. adv econ.* up (*od.* according) to sample. — **m~geˌprüft** *adj mil.* (*Gerät*) type-tested. — **m~geˌtreu** *adj* (*textile*) true to shade. — **m~ˌgül·tig** *adj u. adv cf.* musterhaft. — **~ˌgül·tig·keit** *f* ⟨-; *no pl*⟩ *cf.* Musterhaftigkeit. — **~ˌgut** *n agr. cf.* Musterbetrieb 2.

ˈmu·ster·haft I *adj* **1.** (*vorbildlich*) exemplary, model (*attrib*): ein ~es Benehmen an exemplary behavio(u)r. – **2.** (*perfekt*) perfect, excellent, *auch* ideal: in ~er Ordnung in perfect order. – **II** *adv* **3.** sich ~ benehmen to behave perfectly, to be on one's best behavio(u)r. — **ˈMu·ster·haf·tig·keit** *f* ⟨-; *no pl*⟩ **1.** exemplariness. – **2.** perfectness, perfection.

ˈMu·sterǀˌkar·te *f* (*textile*) sample (*od.* pattern, show) card. — **~ˌkind** *n bes. iron.* model child. — **~ˌklam·mer** *f* paper fastener. — **~ˌkna·be** *m bes. iron.* model boy. — **~ˌkof·fer** *m econ.* sample case (*od.* bag, box, trunk). — **~kol·lek·tiˌon** *f* **1.** *econ.* a) collection of samples, (*von Stoffen etc*) *auch* collection of patterns, b) (*Sortiment*) assortment. – **2.** (*fashion*) collection of models: die ~ für das Frühjahr the collection of new spring models. — **~ˌla·ger** *n* **1.** *econ.* stock (*od.* storage, store, depot) of samples: ein ~ unterhalten to keep a stock of samples. – **2.** *mil.* model camp. — **~ˌmes·se** *f econ.* samples exhibition (*od.* fair).

mu·stern [ˈmʊstərn] **I** *v/t* ⟨h⟩ **1.** (*Stoff etc*) pattern, figure, make a design on. – **2.** *fig.* (*genau betrachten*) examine (*s.th.*) (critically), survey, look over, inspect (*od.* scrutinize) (*s.th.*) closely: er musterte sie von oben bis unten (*od.* von Kopf bis Fuß) he eyed her up and down (*od.* from head to foot), he took her in from top to toe, he sized her up. – **3.** *mil.* (*Truppe*) a) review, inspect, b) (*antreten lassen*) muster. – **4.** *mil.* (*Rekruten*) call up (*s.o.*) for physical examination. – **5.** *mar. cf.* a) abmustern 1, b) anheuern. – **II M~** *n* ⟨-s⟩ **6.** *verbal noun.* – **7.** *cf.* Musterung.

ˈMu·sterǀproˌzeß *m jur.* test case. — **~ˌrei·sen·de** *m, f* ⟨-n; -n⟩ *econ.* commercial traveler (*bes. Br.* traveller). — **~ˌrol·le** *f mar.* ship's articles *pl*, articles *pl* of agreement. — **~ˌsamm·lung** *f* **1.** *bes. print.* specimen collection. – **2.** *econ. cf.* Musterkollektion 1. — **~ˌschu·le** *f ped.* model school. — **~ˌschü·ler** *m*, **~ˌschü·le·rin** *f auch iron.* model (*od.* star) pupil. — **~ˌschutz** *m* **1.** *jur. econ.* a) registration of design(s), b) (*bei Gebrauchsmustern*) protection of (*od.* copyright in) designs, protection of patterns and designs, c) (*bei Geschmacksmustern*) protection of design patents. – **2.** (*textile*) registered pattern. — **~ˌsen·dung** *f econ.* supply of samples. — **~ˌstück** *n* **1.** *econ. cf.* Muster 8. – **2.** *fig. meist iron. cf.* Musterbeispiel 1.

ˈMu·ste·rung *f* ⟨-; -en⟩ **1.** *cf.* Mustern. – **2.** (*eines Stoffes etc*) pattern, design. – **3.** *fig.* (*genaue Betrachtung*) examination, survey, close inspection (*od.* scrutiny). – **4.** *mil.* a) (*der Truppe*) review, inspection, survey, muster, b) (*der Rekruten*) registration for the draft (*Br.* call-up), (*ärztliche*) physical inspection (for military service). – **5.** *mar. cf.* a) Abmusterung 2, b) Anheuerung. – **6.** *bot. zo.* (*eines Blattes, eines Tieres etc*) maculation.

ˈMu·ste·rungsǀbeˌscheid *m mil.* conscription (*Am.* draft) notice, *Br.* call-up, *Am. colloq.* greetings *pl* from the President. — **~kom·mis·siˌon** *f* conscription (*Am.* draft) board.

ˈMu·sterǀˌwerk *n* standard (*od.* classic[al]) work. — **~ˌwirt·schaft** *f agr. cf.* Musterbetrieb 2. — **~ˌzeich·ner** *m* draftsman, designer, pattern-drawer. — **~ˌzeich·nung** *f* design, pattern.

Mut [muːt] *m* ⟨-(e)s; *no pl*⟩ **1.** courage, mettle, spirit: ~ beweisen [bekommen,

fassen, haben] to show [to get, to pluck up, to have] courage; **das gibt uns neuen ~** it gives us new spirit (*od.* heart); **j-m (wieder) ~ machen** a) to encourage s.o., b) (*trösten*) to comfort s.o.; **j-m ~ zusprechen** to talk (*od.* instil[l]) courage into s.o.; **nur ~!** don't give up! never say die! cheer up! *Br. sl.* keep your pecker up! **nur ~, es wird schon schiefgehen!** *iron.* cheer up, things will get worse! **sich** (*dat*) **~ antrinken** to get up Dutch courage; **ich habe nicht den ~, das zu tun** a) I don't have the courage (*od.* nerve) to do that, b) (*Herz*) I don't have the heart to do that; **wenn du nur ein bißchen ~ hättest** if you only had the spirit of a mouse; **dieser Vorfall nahm ihm allen ~** this event discouraged him (*od.* deprived him of his courage); **ihm sank der ~** his spirits sank, his courage quailed (*od.* fell, failed him); **laß den ~ nicht sinken** don't let your courage fail you; **den ~ nicht verlieren** to bear (*od.* keep) up one's courage; **den ~ verlieren** to lose courage (*od.* heart, one's nerve), to despond, to despair, to quail; **all seinen ~ zusammennehmen** to pluck up all one's courage; **~ zum Leben [Sterben]** courage to live [die]; **mit dem ~e der Verzweiflung (etwas tun)** (to do s.th.) with the courage born of desperation. – **2.** (*Tapferkeit, Beherztheit*) bravery, braveness, valor, *bes. Br.* valour, valiancy, courageousness, heart. – **3.** (*Schneid*) pluck, grit, guts *pl* (*sl.*). – **4.** (*Seelenstärke*) fortitude. – **5.** (*Kühnheit, Verwegenheit*) daring(ness), boldness. – **6.** (*Heldenmut*) heroism, prowess, gallantry. – **7.** *lit.* (*Gemütszustand, Stimmung*) mood, state (of mind), spirit(s *pl*), humor, *bes. Br.* humour: **guten ~es sein** to be of good cheer; **frohen ~es sein** to be in a happy mood.

Mu·ta [ˈmuːta] *f* ⟨-; -tä [-tɛ]⟩ *ling. obs. for* Explosivlaut.

mu·ta·bel [muˈtaːbəl] *adj* **1.** (*veränderlich*) mutable. – **2.** (*wandelbar*) inconstant, fickle. — **Mu·ta·bi·li'tät** [-tabiliˈtɛːt] *f* ⟨-; *no pl*⟩ mutability.

mu·ta·gen [mutaˈgeːn] *adj biol.* mutagenic.

Mu·tant [muˈtant] *m* ⟨-en; -en⟩, *auch* **Mu'tan·te** *f* ⟨-; -n⟩ *biol.* mutant.

Mu·ta·ti·on [mutaˈtsi̯oːn] *f* ⟨-; -en⟩ **1.** *biol.* mutation, saltation, (*unerwartete*) sport: **zu ~en neigend** sportive. – **2.** *med.* (*Stimmbruch*) mutation, change of (*od.* breaking of the) voice. – **3.** *mus.* mutation.

Mu·ta·ti'ons|ˌart *f biol.* kind of mutation. — **~ˌchi·mä·re** *f* mosaic hybrid. — **m~ˌfä·hig** *adj* mutable. — **~ˌfä·hig·keit** *f* mutability. — **~theoˌrie** *f* mutation theory.

'mut·beˌseelt *adj lit.* courageous, high-spirited.

'Mut·beˌweis *m cf.* Mutprobe.

Müt·chen [ˈmyːtçən] *n* ⟨-s; *no pl*⟩ *only in* **sein ~ an j-m kühlen** *colloq.* to vent one's anger on s.o., to take it out on s.o.

mu·ten [ˈmuːtən] *v/i* ⟨h⟩ (*mining*) take up claims: **um eine Grube ~** to apply for permission to work a mine, to claim a mining concession. — **'Mu·ter** *m* ⟨-s; -⟩ claimant.

'mut·erˌfüllt *adj* courageous, full of courage, high-spirited.

mu·tie·ren [muˈtiːrən] **I** *v/i* ⟨*no* ge-, h⟩ **1.** *biol.* mutate. – **2.** *med.* (*von Stimme*) change, break. – **II M~** *n* ⟨-s⟩ **3.** *verbal noun.* – **4.** *cf.* Mutation. — **mu'tie·rend I** *pres p.* – **II** *adj biol.* mutant.

'mu·tig I *adj* **1.** (*beherzt*) courageous, stouthearted, plucky, spirited, game (*colloq.*). – **2.** (*tapfer*) gallant, brave, valiant, *auch* valorous: **ein ~er Idealist** a valiant idealist. – **3.** (*verwegen*) daring, bold, audacious: **ein ~es Eingeständnis** a daring (*od.* bold) admission. – **II** *adv* **4. etwas ~ anpacken** to begin s.th. courageously; **j-n ~ verteidigen** to defend s.o. valiantly. — **'Mu·ti·ge** *m, f* ⟨-n; -n⟩ courageous (*od.* brave, valiant, daring, bold, spirited) person: **dem ~n gehört die Welt** (*Sprichwort*) fortune favo(u)rs the bold (*od.* brave) (*proverb*).

Mu·ti·la·ti·on [mutilaˈtsi̯oːn] *f* ⟨-; -en⟩ *med.* mutilation.

Mu·tis·mus [muˈtɪsmʊs] *m* ⟨-; *no pl*⟩ *psych.* mutism.

'mut·los *adj* **1.** discouraged, disheartened: **~ sein** to be disheartened; **j-n ~ machen** to discourage (*od.* dishearten) s.o., to break s.o.'s spirit. – **2.** (*niedergeschlagen*) despondent, dejected, dispirited, spiritless, low-spirited, downcast, crestfallen. – **3.** (*furchtsam*) fainthearted, *Br.* faint-hearted, timid, afraid (*pred*): **das seltsame Erlebnis hatte ihn ~ gemacht** the strange adventure had rendered him faint(-)hearted. — **'Mut·lo·sig·keit** *f* ⟨-; *no pl*⟩ **1.** discouragement, disheartenment. – **2.** (*Niedergeschlagenheit*) despondence, despondency, dejectedness, dispiritedness, spiritlessness, low-spiritedness, crestfallenness. – **3.** (*Furchtsamkeit*) faintheartedness, *Br.* faint-heartedness, timidity.

'mutˌma·ßen *v/t* ⟨h⟩ **1.** surmise, conjecture, guess. – **2.** (*annehmen*) presume, assume, suppose, suspect.

'mutˌmaß·lich I *adj* ⟨*attrib*⟩ **1.** presumed, presumable, assumed, supposed, conjectural: **der ~e Täter** *jur.* the presumed perpetrator; **der ~e Erbe** *jur.* (*gen* to) the heir presumptive; **der ~e Vater** *jur.* the putative father. – **2.** (*wahrscheinlich*) probable. – **II** *adv* **3. es waren ~ fünf Leute** there were supposedly five people; **das wird ~ stimmen** that's probably true.

'Mutˌma·ßung *f* ⟨-; -en⟩ **1.** (**über** *acc* about) surmise, conjecture, guess: **das sind alles nur (bloße) ~en** that is all (mere) guesswork (*od.* speculation); **~en anstellen** to form conjectures, to conjecture. – **2.** (*Annahme*) presumption, assumption, supposition. – **3.** (*Verdacht*) suspicion.

'Mutˌpro·be *f* test (*od.* trial) of courage.

'Mutˌschein *m* (*mining*) licence (*Am.* license) (*od.* permit) to work a mine.

Mutt·chen [ˈmʊtçən] *n* ⟨-s; -⟩ *colloq.* **1.** *dim. of* Mutter[1] 1. – **2.** (*Kosewort*) *cf.* Mutti. – **3.** *cf.* Mütterchen 2.

Mut·ter[1] [ˈmʊtər] *f* ⟨-; ⸚⟩ **1.** mother: **die leibliche ~** one's own (*od.* real) mother; **werdende ~** expectant mother, mother-to-be; **~ werden** to become a mother; **sie ist ~ von 3 Kindern** she is mother of 3 children; **sich ~ fühlen** to feel oneself (*od.* to be) with child; (**einem Kind**) **die ~ ersetzen** to take the mother's place (with a child); **dem Kind fehlt die ~** the child needs a mother; **sich wie bei ~(n) fühlen** *colloq.* to feel (just like) at home; **sie wird wie ihre ~** she takes after her mother; **an ~s Rockschoß hängen** *fig.* to be tied to (one's) mother's apron strings, to be dependent on (one's) mother; **die ~ Gottes** *relig.* the Virgin Mary, the Holy Virgin, Our Blessed Lady, the Madonna; **~ Oberin** (*Anrede*) mother superior; **~ Erde** *poet.* mother earth; **bei ~ Grün übernachten** *fig. humor.* to sleep (*od.* rest) in the open (air); **~ der Kompanie** *mil. humor. Am.* company sarge, topkick (*sl.*), *Br.* company sergeant-major; → **Vorsicht** 1. – **2.** *zo. cf.* Muttertier. – **3.** *jur.* (*Mutterleib*) venter.

'Mut·ter[2] *f* ⟨-; -n⟩ *tech.* nut: **etwas mit einer ~ befestigen** to tighten s.th. with a nut; **Schraube mit ~** bolt, screw with nut; **halbblanke [niedrige, rohe] ~** semi-finished [thin, unfinished] nut.

'Mut·terˌband *n med.* uterine ligament.

'Müt·ter·beˌra·tung *f med.* **1.** *cf.* Mütterberatungsdienst. – **2.** *colloq. for* Mütterberatungsstelle.

'Müt·ter·beˌra·tungs|ˌdienst *m med.* infant welfare service. — **~ˌstel·le** *f* child health clinic.

'Mut·ter|ˌbin·dung *f psych.* mother fixation. — **~ˌbo·den** *m* **1.** *agr.* surface (*od.* tilled) soil, topsoil. – **2.** *med.* parent tissue, matrix (*scient.*). – **3.** *fig.* native soil (*od.* ground). — **~ˌbrust** *f* mother's breast.

'Müt·ter·chen *n* ⟨-s; -⟩ **1.** *dim. of* Mutter[1] 1: **~ Rußland** Mother Russia. – **2.** (*alte Frau*) old woman, (little) mother.

'Mut·ter|ˌer·de *f cf.* Mutterboden 1, 3. — **~ˌfreu·den** *pl* joys of motherhood: **~ entgegensehen** to look forward to (the joys of) motherhood.

'Müt·ter|ˌfürˌsor·ge *f* **1.** maternal welfare (work). – **2.** *cf.* Mutterschutz 1. — **~geˌne·sungsˌheim** *n* *home for mothers in need of a rest.* — **~geˌne·sungsˌwerk** *n* *welfare service for mothers in need of a rest.*

'Mut·ter|geˌsell·schaft *f econ.* parent company (*od.* house). — **~geˌstein** *n geol.* parent rock (*od.* material), bedrock. — **~geˌwin·de** *n tech.* nut (*od.* female) thread, internal screw thread. — **~'got·tes** [ˌmʊtər-] *f* ⟨-; *no pl*⟩ *relig.* (the) Virgin Mary, (the) Holy Virgin, Our Blessed Lady, (the) Madonna. — **~'got·tesˌbild** [ˌmʊtər-] *n* image of the Holy Virgin, Madonna. — **~ˌharz** *n med. pharm.* galbanum. — **~ˌhaus** *n* **1.** (*eines röm.kath. Ordens*) motherhouse. – **2.** (*der evang. Kirche*) school of nursing.

'Müt·terˌheim *n* maternity home.

'Mut·ter|ˌherz *n* mother's (*od.* maternal) heart. — **~inˌstinkt** *m psych.* maternal instinct. — **~ˌkalb** *n agr.* heifer calf. — **~ˌkind** *n* **1.** *child who is excessively attached to its mother.* – **2.** *contempt.* pet (*od.* spoiled, spoilt) child, mother's favorite (*bes. Br.* favourite), sissy (*colloq.*). — **~ˌkir·che** *f relig.* mother church. — **~ˌkom·paß** *m mar.* master gyrocompass. — **~komˌplex** *m psych. cf.* Mutterbindung.

'Mut·terˌkorn *n* ⟨-(e)s; -e⟩ *bot. med. pharm.* ergot (of rye). — **~verˌgif·tung** *f med.* ergotism, ergot poisoning, St. Anthony's fire.

'Mut·ter|ˌkraut *n bot.* feverfew, pellitory (*Chrysanthemum parthenium*). — **~ˌku·chen** *m med.* placenta. — **~ˌlamm** *n agr.* ewe lamb. — **~ˌland** *n* ⟨-(e)s; ⸚er⟩ **1.** mother country, motherland, homeland. – **2.** (*eines Produktes*) land of origin. — **~ˌlau·ge** *f chem.* a) mother liquor (*auch* liquid), b) (*aus Salzwasser*) bittern, bittering. — **~ˌleib** *m* womb, *bes. jur.* venter: **vom ~e an** *fig.* from (one's) birth.

müt·ter·lich [ˈmʏtərlɪç] **I** *adj* **1.** motherly, maternal: **eine ~e Frau** a motherly woman; **~e Liebe** maternal love; **~e Pflichten** the duties of a mother, mothercraft *sg.* – **2.** (*von der Mutter her*) maternal: **die ~e Seite (einer Familie)** the maternal (*od.* spindle, distaff) side (of a family); **eine Tante ~er Seite** a maternal aunt; **~es Erbteil** maternal inheritance. – **II** *adv* **3. j-n ~ umsorgen** to mother s.o.

'müt·ter·li·cher'seits *adv* on (*od.* from) the (*od.* one's) mother's side: **die Verwandten** (*od.* **Verwandtschaft**) **~** the relatives (*od.* kinship) on the mother's side, the enation (*jur.*); **ein Vorfahr ~** a maternal ancestor.

'Müt·ter·lich·keit *f* ⟨-; *no pl*⟩ motherliness.

'Mut·terˌlie·be *f* mother(ly) (*od.* maternal) love.

'mut·ter·los *adj* motherless.

'Mut·ter|ˌmal *n med.* birthmark, (*kleines*) mole, n(a)evus (*scient.*). — **~ˌmilch** *f* mother's (*od.* breast) milk: **erste ~** *med.* colostrum; **etwas mit der ~ einsaugen** *fig. colloq.* to imbibe s.th. from (one's) (earliest) infancy. — **~ˌmord** *m* matricide, *auch* parricide. — **~ˌmör·der** *m* matricide, *auch* parricide. — **~ˌmund** *m med.* mouth of the womb, uterine orifice, orifice of the uterus, os uteri (*scient.*): **äußerer [innerer] ~** external [internal] os of (the) uterus. — **~ˌpferd** *n agr.* mare. — **~ˌpflan·ze** *f hort.* stool. — **~ˌpflicht** *f* maternal (*od.* mother's) duty. — **~ˌrecht** *n jur.* matriarchy. — **~ˌring** *m med.* (ring) pessary, contraceptive diaphragm. — **~ˌschaf** *n agr.* ewe.

'Mut·ter·schaft *f* ⟨-; *no pl*⟩ motherhood, maternity.

'Mut·ter|ˌschiff *n mar.* **1.** mother (*od.* parent) ship. – **2.** (*für Reparatur u. Versorgung*) tender. — **~ˌschlüs·sel** *m tech. cf.* Schraubenschlüssel 2. — **~ˌschoß** *m* **1.** mother's lap. – **2.** (*Mutterleib*) womb.

'Mut·terˌschutz *m jur.* **1.** protection of motherhood. – **2.** *cf.* Mutterschutzgesetz. — **~geˌsetz** *n jur.* *law protecting mothers-to-be and nursing mothers.*

'Mut·ter|ˌschwein *n agr.* sow: **trächtiges ~** sow in pig. — **m~'see·len·al'lein** *adj* ⟨*pred*⟩ *u. adv* utterly alone (*od.* forlorn): **plötzlich war sie ~** all of a sudden she was utterly forlorn; **er ging ~ im Walde spazieren** utterly alone he walked through the wood(s). — **~ˌsöhn·chen** *n* **1.** mother's boy (*od.* pet, darling). – **2.** *contempt.* (*Weichling*) milksop, mollycoddle, *Am. auch* mam(m)a's boy. — **~ˌso·le** *f chem.* bittern, bittering. — **~ˌspie·gel** *m med.* uterine (*od.* vaginal) speculum. — **~ˌspra·che** *f* **1.** mother tongue, native language. – **2.** (*Landessprache*) vernacular. — **~ˌstel·le** *f* mother's place: **~ bei** (*od.* **an**) **j-m vertreten** to be like a (second) mother to s.o.

'Müt·terˌsterb·lich·keit *f* maternal mortality.

'Mut·ter|subˌstanz *f nucl.* source material. — **~ˌtag** *m* Mother's Day. — **~ˌteil** *n* maternal portion. — **~ˌtier** *n zo.* (*bes. bei Säugern*) dam, brood animal. — **~trom-**

ˌ**pe·te** *f med.* oviduct, Fallopian tube. — ~ˌ**witz** *m* ⟨-es; *no pl*⟩ mother wit, natural (*od.* native) wit (*od.* intelligence). — ~ˌ**wurz** *f bot.* lovage (*Gattg Ligusticum*). — ~ˌ**zel·le** *f biol.* mother (*od.* parent) cell.

Mut·ti [ˈmuti] *f* ⟨-; -s⟩ *colloq.* mam(m)a, *bes. Am.* mom(my), *bes. Br.* mum(my).

Mu·tua·lis·mus [mutŭaˈlɪsmʊs] *m* ⟨-; *no pl*⟩ mutualism.

ˈ**Mu·tung** *f* ⟨-; -en⟩ (*mining*) claim, application for a (mining) concession.

ˈ**mutˌvoll** *adj* courageous, brave, valiant.

ˈ**Mutˌwil·le** *m* ⟨-ns; *no pl*⟩ **1.** playfulness, sportiveness, frolicsomeness, (*stärker*) devilry: **er ist voller ~n** he is full of frolic. – **2.** (*Schelmerei*) mischief, mischievousness, waggery, waggishness: **er hat es aus reinem ~n getan** he did it out of mere mischief. – **3.** (*Bosheit*) malice, spite, wickedness. — ˈ**mutˌwil·lig I** *adj* **1.** playful, sportive, frolicsome. – **2.** (*schelmisch*) mischievous, waggish. – **3.** (*böswillig*) malicious, spiteful, wicked. – **4.** (*absichtlich*) wil(l)ful, deliberate: **~e Zerstörung** deliberate destruction. – **II** *adv* **5. etwas ~ zerstören** a) to destroy s.th. mischievously (*od.* out of mischief), b) (*absichtlich*) to destroy s.th. deliberately (*od.* on purpose).

Mutz [mʊts] *m* ⟨-es; -e⟩ *dial.* **1.** bear. – **2.** cropped (*od.* docked) animal, bobtail. – **3.** (*Tabakspfeife*) (short) pipe.

Müt·ze [ˈmʏtsə] *f* ⟨-; -n⟩ **1.** cap: **eine ~ aufsetzen [abnehmen]** to put on [to take off, to doff] a cap; **~ und Talar** (*Universitätstracht*) cap and gown; **etwas auf die ~ bekommen** (*od.* **kriegen**) *fig. colloq.* to be on the carpet (*colloq.*); **der Berg trägt eine (weiße) ~** *fig.* the mountain is snow-capped; **eine ~ Wind** *fig.* a capful of wind. – **2.** (*Baskenmütze*) beret. – **3.** (*Kaffeemütze*) cozy, cosy. – **4.** *bot.* (*der Moose*) calyptra. – **5.** *zo. cf.* Haube 11. – **6.** *cf.* Narrenkappe.

ˈ**Müt·zen|ˌschirm** *m* (cap) peak, visor (of a cap), cap visor. — ~ˌ**schnecke** (*getr.* -k·k-) *f zo.* Hungarian cap (*Caputus hungaricus*).

My [myː] *n* ⟨-(s); -s⟩ **1.** *ling.* mu (*12th letter of the Greek alphabet*). – **2.** *phys.* micron (*a unit of length equal to a millionth of a millimeter*).

My·al·gie [myˀalˈgiː] *f* ⟨-; -n [-ən]⟩ *med.* muscular pain, myalgia (*scient.*).

My·asthe·nie [myˀasteˈniː] *f* ⟨-; -n [-ən]⟩ *med.* muscular weakness (*od.* debility), myasthenia (*scient.*).

My·dria·sis [myˈdriːazɪs] *f* ⟨-; -sen [-driˈaːzən]⟩ *med.* mydriasis. — **my·dria·tisch** [-driˈaːtɪʃ] *adj* mydriatic.

My·dria·ti·kum [mydriˈaːtikʊm] *n* ⟨-s; -ka [-ka]⟩ *med. pharm.* mydriatic.

Myia·sis [myˈiːazɪs] *f* ⟨-; -ses [-zɛs]⟩ *med.* myiasis.

my·ke·nisch [myˈkeːnɪʃ] *adj* Mycenaean, *auch* Mycenian.

My·ko..., my·ko... *combining form denoting* myco...

My·ko·bak·te·rie [mykobakˈteːrĭə] *f biol.* mycobacterium.

My·ko·lo·ge [mykoˈloːgə] *m* ⟨-n; -n⟩ *bot.* mycologist. — **My·ko·loˈgie** [-loˈgiː] *f* ⟨-; *no pl*⟩ (*Pilzkunde*) mycology. — **my·ko·ˈlo·gisch** *adj* mycologic(al).

My·ko·se [myˈkoːzə] *f* ⟨-; -n⟩ *med.* fungus infection, mycosis (*scient.*).

My·lo·nit [myloˈniːt; -ˈnɪt] *m* ⟨-s; -e⟩ *geol.* mylonite.

Myo..., myo... *combining form denoting* myo...

Myo·kard [myoˈkart] *n* ⟨-s; *no pl*⟩ *med.* (*Herzmuskel*) myocardium. — **~inˌfarkt** *m* myocardial infarction.

Myo·kar·di·tis [myokarˈdiːtɪs] *f* ⟨-; -tiden [-diˈtiːdən]⟩ myocarditis, inflammation of the myocardium.

Myo·lo·gie [myoloˈgiː] *f* ⟨-; *no pl*⟩ *med.* myology, sarcology.

My·om [myˈoːm] *n* ⟨-s; -e⟩ *med.* myoma: **sarkomatös entartetes ~** myosarcoma. — **myo·maˈtös** [-omaˈtøːs] *adj* myomatous.

my·op [myˈˀoːp] *med.* **I** *adj* myopic, nearsighted, shortsighted. – **II M~** *m* ⟨-en; -en⟩ myope, myopic (*od.* shortsighted) person. — **My·opie** [-ˀoˈpiː] *f* ⟨-; *no pl*⟩ myopia, nearsightedness, shortsightedness. — **myˈopisch** *adj cf.* myop I.

My·or·rhe·xis [myoˈrɛksɪs] *f* ⟨-; *no pl*⟩ *med.* torn muscle, myorrhexis (*scient.*).

Myo·sin [myoˈziːn] *n* ⟨-s; *no pl*⟩ *biol. chem.* myosin.

Myo·si·tis [myoˈziːtɪs] *f* ⟨-; -tiden [-ziˈtiːdən]⟩ *med.* myositis, myitis.

Myo·tom [myoˈtoːm] *n* ⟨-s; -e⟩ *med.* muscular segment; myotome, myomere (*scient.*).

Myo·to·nie [myotoˈniː] *f* ⟨-; -n [-ən]⟩ *med.* tonic spasm of muscle, myotonia (*scient.*).

My·ria·de [myˈrĭaːdə] *f* ⟨-; -n⟩ **1.** myriad. – **2.** *meist pl fig.* (*von Sternen, Insekten etc*) myriad.

My·ria|gramm [myrĭaˈgram] *n* myriagram(me). — **~ˈme·ter** [-ˈmeːtər] *m, n, Swiss only m* myriameter, *bes. Br.* myriametre.

My·ria·po·de [myrĭaˈpoːdə], **My·rioˈpo·de** [-rĭoˈpoːdə] *m* ⟨-n; -n⟩ *meist pl zo.* myriopod, myriapod, milliped(e), millepede (*Gruppe Myriopoda*).

Myr·me·ko·lo·gie [mʏrmekoloˈgiː] *f* ⟨-; *no pl*⟩ *zo.* myrmecology.

My·ro·sin [myroˈziːn] *n* ⟨-s; *no pl*⟩ *biol.* myrosin.

Myr·rhe [ˈmʏrə] *f* ⟨-; -n⟩ myrrh.

ˈ**Myr·rhen|ˌbaum** *m bot.* myrrh (tree) (*Balsamodendron myrrha*). — **~tinkˌtur** *f med. pharm.* tincture of myrrh.

Myr·te [ˈmʏrtə] *f* ⟨-; -n⟩ *bot.* myrtle (*Gattg Myrtus, bes. M. communis*).

ˈ**Myr·ten|ˌbaum** *m bot.* myrtle (*Fam. Myrtaceae*): **Weidenblätt(e)riger ~** willow myrtle (*Agonis flexuosa*). — **~ge,wäch·se** *pl* myrtaceae (*Fam. Myrtaceae*). — **~ˌhei·de** *f* **1.** paper bark (*Gattg Melaleuca*). – **2.** (sweet) gale, sweet willow (*Myrica gale*). — ~ˌ**kranz** *m* (*einer Braut*) myrtle wreath (*od.* crown).

Myˈste·ri·en|ˌkult *m antiq. relig.* mystery (cult *od.* religion), mysteries *pl.* — ~ˌ**spiel** *n* (*literature*) *hist.* mystery (play).

my·ste·ri·ös [mʏsteˈrĭøːs] *adj* **1.** mysterious: **ein ~er Vorfall** a mysterious incident; **seine ~en Worte** his mysterious words. – **2.** (*rätselhaft*) cryptic(al), enigmatic.

My·ste·ri·um [mʏsˈteːrĭʊm] *n* ⟨-s; -rien⟩ **1.** (*Geheimnis*) mystery, arcanum (*lit.*). – **2.** (*Geheimlehre*) esoteric doctrine. – **3.** *relig.* (*Wunder, Sakrament*) (holy) mysteries *pl.* – **4.** *pl antiq. relig. cf.* Mysterienkult. – **5.** (*literature*) *hist. cf.* Mysterienspiel.

My·sti·fi·ka·ti·on [mʏstifikaˈtsĭoːn] *f* ⟨-; -en⟩ mystification. — **my·sti·fiˈzie·ren** [-ˈtsiːrən] **I** *v/t* ⟨*no* ge-, h⟩ mystify, hoax. – **II M~** *n* ⟨-s⟩ *verbal noun.* — **My·sti·fiˈzie·rung** *f* ⟨-; -en⟩ **1.** *cf.* Mystifizieren. – **2.** mystification.

My·stik [ˈmʏstɪk] *f* ⟨-; *no pl*⟩ *relig. philos.* mysticism. — ˈ**My·sti·ker** [-tikər] *m* ⟨-s; -⟩, ˈ**My·sti·ke·rin** *f* ⟨-; -nen⟩ mystic. — ˈ**my·stisch** [-tɪʃ] *adj* **1.** mystic(al): **~es Dunkel** mystical dark(ness). – **2.** *antiq. relig.* mystic, relating to the mysteries. – **3.** *relig. philos.* a) mystic, b) (*bes. jüd.*) cabalistic. – **4.** *colloq.* (*Person, Geschichte etc*) mystic(al), enigmatic, *auch* enigmatical. — **My·stiˈzis·mus** [-tiˈtsɪsmʊs] *m* ⟨-; -men⟩ *relig. philos.* mysticism.

My·the [ˈmyːtə] *f* ⟨-; -n⟩ *cf.* Mythos 1.

ˈ**My·then|ˌbil·dung** *f* formation of myths, mythogenesis (*scient.*). — **m~haft** *adj cf.* mythisch.

ˈ**my·thisch** *adj* **1.** (*Gestalt, Vorzeit etc*) mythical, mythological, *auch* mythologic. – **2.** (*sagenhaft*) fabulous, legendary.

My·tho·lo·ge [mytoˈloːgə] *m* ⟨-n; -n⟩ mythologist, mythicist. — **My·tho·loˈgie** [-loˈgiː] *f* ⟨-; -n [-ən]⟩ mythology. — **my·thoˈlo·gisch** *adj* mythological, *auch* mythologic. — **my·tho·lo·giˈsie·ren** [-logiˈziːrən] *v/t* ⟨*no* ge-, h⟩ mythologize *Br. auch* -s-.

My·tho·ma·nie [mytomaˈniː] *f* ⟨-; *no pl*⟩ *psych.* mythomania.

My·thos [ˈmyːtɔs], ˈ**My·thus** [-tʊs] *m* ⟨-; -then⟩ **1.** myth, fable: **er ist von einem ~ umgeben** he is surrounded by myth; **Mythen bilden** to mythologize (*Br. auch* -s-). – **2.** *pol. sociol.* myth.

My·xo·bak·te·ri·en [mʏksobakˈteːrĭən] *pl biol.* myxobacteriales, myxobacteria.

Myx·ödem [mʏksøˈdeːm] *n* ⟨-s; -e⟩ *med.* myx(o)edema. — **myx·öde·maˈtös** [-demaˈtøːs] *adj* myx(o)edematous, myx(o)edemic.

My·xom [mʏˈksoːm] *n* ⟨-s; -e⟩ *med.* myxoma. — **my·xo·maˈtös** [-ksomaˈtøːs] *adj* myxomatous. — **My·xo·maˈto·se** [-ksomaˈtoːzə] *f* ⟨-; -n⟩ *med. vet.* myxomatosis.

My·xo·my·zet [mʏksomyˈtseːt] *m* ⟨-en; -en⟩ *bot. cf.* Schleimpilz.

My·zel [myˈtseːl] *n* ⟨-s; -ien⟩ *biol.* mycelium. — ~ˌ**fä·den** *pl* spawn *sg.*

My·ze·li·um [myˈtseːlĭʊm] *n* ⟨-s; -lien⟩ *biol.* mycelium.

My·ze·tom [mytseˈtoːm] *n* ⟨-s; -e⟩ *med.* Madura foot, mycetoma (*scient.*).

N

N, n [ɛn] *n* ⟨-; -⟩ **1.** N, n (*fourteenth letter of the German alphabet; eleventh consonant*): **ein großes N** a capital (*od.* large) N; **ein kleines N** a small (*od.* little) n. – **2.** n *math.* (*beliebige ganze Zahl*) n. – **3.** N *chem.* (*Stickstoff*) N. – **4.** *phys.* a) N (*Newton*) N, b) n (*Neutron*) n. – **5.** N *geogr.* (*Norden*) N, n. – **6.** n *econ.* (*netto*) n, nt.

na [na] *interj colloq.* **1.** (*Ausdruck des Ärgers, der Ungeduld*) now! then! well!: ~ **endlich!** well, at last! ~, **wird's bald!** well, get on! ~, **beeil dich doch!** (well,) do hurry up! ~, **was soll denn das!** well, what's that now! well, why are you doing that! ~ **und?** so what! what of it? – **2.** (*Ausdruck der zögernden Zustimmung*) ~ **ja!** ~ **gut!** ~ **schön!** well, all right (*od.* okay)! ~, **warum (denn) eigentlich nicht!** well, why not! ~, **mal sehen (,was sich machen läßt)** well, we'll see (what can be done about it); ~ **ja, ich weiß (ja) schon!** oh well, I know. – **3.** (*Ausdruck der Beschwichtigung*) ~, ~! well, well! there, there! now, now! ~, **doch nicht gleich weinen!** well, don't cry (now)! ~, **nur nicht so stürmisch** (*od.* **hitzig**)! take it easy! calm down! – **4.** (*Ausdruck des Unglaubens, des Zweifels*) ~, ~! a) really! is that so? honestly! (*colloq.*), come on! (*sl.*), b) (*bei Übertreibungen etc*) steady! ~, **das wollen wir doch erst mal sehen!** well, that remains to be seen! ~, **wer das glaubt!** well, who is to believe that! – **5.** (*Ausdruck des Erstaunens, der Verwunderung*) ~, **so (et)was!** well, I never! I say! ~, **das ist ja eine schöne Geschichte!** well, that's a pretty mess! ~, **wer kommt denn da?** well, who is that coming along? – **6.** (*Ausdruck des Verzichts*) ~, **dann eben nicht!** well, forget it! ~, **dann laß es (eben) bleiben!** okay then, leave it! ~, **ich danke!** well, of all things! that's nice! fancy that! ~, **dann kann ich ja gehen!** well, then I may as well go! – **7.** (*Ausdruck der Bestätigung*) ~ **also!** there! there you are! ~, **und ob!** well, indeed! well, I should say so! well, for sure (*od.* certainly)! ~, **wenn schon!** well, what does it matter! ~, **hatte ich nicht recht?** well, wasn't I right? didn't I say so? ~, **da haben wir ja die Bescherung!** well, there is a mess now! now we're in for it! ~ **ja, dann wären wir soweit!** well, there we go! ~, **da staunst du!** surprised, aren't you? ~, **das wär' sowas!** that would be s.th.! ~, **das könnte dir wohl so passen!** well, that would suit you (just) fine, wouldn't it? – **8.** (*Ankündigung einer Überraschung*) ~, **die werden staunen** (*od.* **Augen machen**)! well, they'll be surprised! ~, **das wird eine Überraschung [Freude] werden!** well, that will be a (real) surprise [joy]! ~, **wenn das deine Frau erfährt!** well (*od.* I say), if your wife finds out about that! – **9.** (*Ausdruck der Drohung*) ~ **warte!** a) (well,) you just wait! b) don't you dare! ~, **komm du erst mal nach Hause!** just wait till you get home! – **10.** (*zur Einleitung einer Unterhaltung*) ~, **wie geht's?** well, how are you? ~, **was darf's sein?** well, what can I do for you? ~, **mein Kind, was möchtest du denn?** now then (*od.* well), my dear, what is it you want? – **11.** (*zur Beendigung einer Unterhaltung*) ~ **ja, wir werden (schon) sehen** well (*od.* all right), we'll see; ~, **denn auf Wiedersehen!** well, good-by(e) then! ~, **dann bis morgen!** well, see you tomorrow.

Na·ba·tä·er [naba'tɛːər] *m* ⟨-s; -⟩ *antiq.* Nabataean, *auch* Nabatean.

Na·be ['naːbə] *f* ⟨-; -n⟩ *tech.* **1.** (*eines Rades*) hub. – **2.** (*einer Schiffs-, Luftschraube*) boss. – **3.** (*einer Keilwelle*) splineway. – **4.** (*eines Kolbenbolzens*) boss.

Na·bel ['naːbəl] *m* ⟨-s; -⟩ **1.** *med. zo.* navel; umbilicus, omphalos, *auch* omphalus (*scient.*): **mit einem ~ (versehen)** navel(l)ed; **den ~ betreffend** omphalic. – **2.** *med.* (*des Trommelfells*) umbo. – **3.** *zo.* a) (*der Schneckenschale*) summit, b) (*Schalenwirbel der Muscheln*) umbo. – **4.** *bot.* umbilicus, hilum. – **5.** *her.* (*des Wappenschilds*) nombril. – **6.** *fig.* (*Mittelpunkt*) navel, omphalos (*lit.*): **der ~ der Welt** the navel of the world. — **~ˌband** *n med.* round ligament, ligamentum teres (*scient.*). — **~ˌbin·de** *f* (*für Säuglinge*) umbilical band(age). — **~ˌbruch** *m* umbilical hernia (*od.* rupture), omphalocele. — **n~ˌför·mig** *adj* navel-shaped; umbilicate, umbilicated, umbiliform (*scient.*). — **~ge·ˌfä·ße** *pl* umbilical vessels, vasa umbilicalia (*scient.*). — **~ˌge·gend** *f* umbilical region. — **~geˌschwür** *n* umbilical ulcer. — **~ˌgru·be** *f* umbilical fossa. — **~ˌher·nie** *f cf.* Nabelbruch. — **~ˌkraut** *n bot.* navelwort (*Gattg Umbilicus*). — **n~los** *adj med.* having no navel, anomphalous (*scient.*). — **~ˌmie·re** *f* ⟨-; -n⟩ *bot.* sandwort (*Gattg Moehringia*).

na·beln ['naːbəln] *v/t* ⟨h⟩ *med. cf.* abnabeln.

'**Na·bel|ˌöff·nung** *f* **1.** *med.* umbilical orifice. – **2.** *arch.* (*eines Kuppelgewölbes*) eye. — **~o·ran·ge** [-ʔoˌrɑ̃ːʒə] *f bot.* navel (*od.* naval) orange, *auch* navel, naval. — **~ˌpunkt** *m math.* umbilic(al) point, umbilicus. — **~ˌsche·re** *f med.* naval (*od.* umbilical) scissors *pl* (*sometimes construed as sg*). — **~ˌschlagˌader** *f* umbilical artery. — **~ˌschnecke** (*getr.* -k·k-) *f zo.* **1.** moon shell (*od.* snail) (*Fam. Naticidae, bes. Natica heros*). – **2.** velvet shell (*Gattg Velutina*).

'**Na·belˌschnur** *f* **1.** *med.* navel string, umbilical cord; funis, funicle, funiculus, funiculus umbilicalis (*scient.*). – **2.** (*space*) umbilical cable. — **~ˌbruch** *m med.* hernia of the umbilical cord, hernia funiculi umbilicalis (*scient.*). — **~geˌräusch** *n* murmur in the umbilical cord, funic (*od.* umbilical) souffle. — **~ˌsche·re** *f cf.* Nabelschere. — **~ˌum·ˌschlin·gung** *f* encircling of the f(o)etus by the umbilical cord. — **~ˌvorˌfall** *m* prolapse of the umbilical cord, prolapsus funiculi umbilicalis (*scient.*).

'**Na·bel|ˌschwein** *n zo.* peccary, *auch* pecari, pecary, razorback (hog), tayassu (*Fam. Tayassuidae*). — **~ˌstel·le** *f her.* nombril (point), *auch* navel. — **~ˌstrang** *m med. cf.* Nabelschnur 1. — **~ˌstreif, ~ˌstrei·fen** *m bot.* (*der Samenknospe*) raphe, rhaphe. — **~ˌve·ne** *f med.* umbilical vein. — **~ˌwas·ser·ˌbruch** *m* hydromphalus.

'**Na·ben|ˌach·se** *f tech.* hub spindle. — **~ˌboh·rer** *m* hub (*od.* nave) borer. — **~ˌbohr·maˌschi·ne** *f* hub-boring machine. — **~ˌbrem·se** *f* hub brake. — **~ˌhau·be** *f aer.* spinner. — **~ˌkap·pe** *f auto.* hub cap. — **~ˌloch** *n tech.* eye (*od.* bore) of the wheel hub. — **~ˌmu·schel** *f zo.* horse mussel (*Modiolus modiolus*). — **~ˌstern** *m tech.* hub spider.

Na·bob ['naːbɔp] *m* ⟨-s; -s⟩ **1.** *pol.* nabob, nawab. – **2.** *fig.* (*reicher Mann*) nabob, Croesus.

nach [naːx] **I** *prep* ⟨*dat*⟩ **1.** (*zu einem Punkt hin*) to, (*in Verbindung mit bestimmten Verben*) for, *auch* into: **der Zug ~ London** the train to (*od.* for) London; **~ Amerika fahren [abreisen]** to go to [to depart for, to leave for, to set out for] America; **wie weit ist es von Berlin ~ Köln?** how far is it from Berlin to Cologne? **~ Hause** home; **~ Hause gehen [schreiben]** to go [to write] home; **das Schiff fährt ~ Australien** the ship is bound for Australia. – **2.** (*in Richtung*) toward(s), to: **den Blick ~ Osten wenden** to turn one's eyes (*od.* glance) toward(s) (*od.* to) the east, to look eastward(s); **die Arme ~ j-m ausstrecken** to stretch out one's arms toward(s) s.o.; **die Vögel fliegen ~ Süden** the birds are flying (to the) south; **~ der Straße** facing the street; **immer der Nase ~** straight ahead; **~ oben** a) upward(s), b) (*im Hause*) upstairs; **~ oben zu** toward(s) the top; **~ unten** a) downward(s), b) (*im Hause*) downstairs; **~ unten zu** toward(s) the bottom; **~ vorn(e)** a) forward(s), ahead, b) to the front; **~ vorn(e) zu** toward(s) the front; **~ hinten** a) backward(s), back, rearward(s), b) to the rear; **~ hinten zu** toward(s) the back; **~ rechts [links]** to the right [left], rightward(s) [leftward(s)]; **~ außen [innen]** toward(s) the outside [inside], outside [inside]; **ein ~ außen [innen] gelegenes Zimmer** an outside [inside] room; **ein ~ hinten hinaus gelegenes Zimmer** a back room; **~ der Mitte zu** toward(s) the middle; **~ jeder Richtung, ~ allen Richtungen** in every direction, in all directions. – **3.** (*hinter*) after: **er verließ den Raum ~ mir** he left the room after me; **einer ~ dem ander(e)n** one after the other, one after another, one at a time, one by one; **bitte ~ Ihnen!** after you, please. – **4.** (*der Reihenfolge nach später*) after, next to: **wer kommt ~ Ihnen dran?** who is next after you? **das Subjekt steht ~ dem Verb** the subject comes after (*od.* follows) the verb; **er war der Mächtigste ~ dem König** next to the king he was the most powerful man. – **5.** (*zeitlich später*) after: **~ dem Essen, ~ Tisch** after dinner; **~ einer Weile** after a while; **~ langer Zeit** after a long time; **drei Jahre ~ seinem Tod** three years after his death; **~ drei Jahren** after three years, three years later; **~ Jahren** after many years; **~ einer Stunde** after an hour, an hour later; **~ allem, was vorgefallen ist** after all that happened; **~ Christi Geburt, ~ Christus** anno (*od.* Anno) Domini, A.D. – **6.** (*von jetzt od. heute an*) in, within: **~ 20 Minuten** in 20 minutes; **~ 30 Jahren** 30 years from now; **~ einem halben Jahr** within six months; **~ 10 Jahren zahlbar** *econ.* payable in 10 years. – **7.** (*unmittelbar später*) after, at: **~ Ablauf der Frist** *econ.* at the expiration of the term; **~ Überwindung der Gegner** at the enemy's defeat; ~ Ablauf von at the end of; ~ Sicht *econ.* at sight. – **8.** (*bei Uhrzeitangaben*) past, *bes. Am.* after: zwanzig Minuten ~ drei twenty minutes past three; ein Viertel ~ neun a quarter past nine. – **9.** (*auf Grund, gemäß*) according to, by, from: der Kandidat wurde ~ dem Gesagten beurteilt the candidate was judged by what he said; ~ dem Gehör singen to sing by ear; ~ den neuesten Methoden according to the latest methods; ~ dem, was Sie sagen from what you say; meiner Ansicht ~ in my opinion (*od.* view); ~ Ansicht vieler according to the opinions of many people; allem Anschein ~ to all appearances; ~ seinem Aussehen according to (*od.* from, judged by) his appearance; ~ Ihrem Befehl by your order; dem Beruf ~ by profession; diesem Brief ~ zu urteilen according to this letter, it seems by (*od.* from) this letter; dem Schein ~ urteilen to judge by (*od.* from) appearances; die Uhr ~ dem Radio stellen to set the clock by the radio; aller Wahrscheinlichkeit ~ in all probability. – **10.** (*in Anlehnung an*) after: ~ der neuesten Mode gekleidet sein to dress after (*od.* in, according to) the latest fashion; ~ wem ist diese Straße benannt? who is this street named after? ~ Art von in the manner of; Gott schuf den Menschen ~ seinem Bild und Gleichnis God created man in his own image. – **11.** (*nach Vorbild*) after, from: ~ einem Roman von Balzac after a novel by Balzac; ~ der Natur malen to paint from nature; ein Porträt ~ einem Gemälde Goyas a portrait after a painting by Goya; frei ~ Schiller a) free paraphrase of Schiller, b) *humor.* with apologies to Schiller. – **12.** (*entsprechend*) according to: ~ j-s Beispiel handeln to act according to s.o.'s example; etwas ~ dem Alphabet ordnen to arrange s.th. alphabetically; (je) ~ den (gegebenen) Umständen according to the (given) circumstances; ~ dem Einkommen besteuern to tax according to income; ~ Vorschrift handeln to act according to instructions; ~ dem Gesetz according to the law. – **13.** (*im Einklang mit*) according to, in accordance (*od.* consonance) with, consonant with: das ist nicht ganz ~ meinem Geschmack this is not quite to my taste; seinen Grundsätzen ~ handeln to act in accordance with one's principles; ~ Belieben handeln to do as one likes (*od.* pleases), to act according to one's liking; wenn es ~ mir ginge a) if I had my way, b) if I had to choose. – **14.** (*mit einer bestimmten Absicht*) for, *auch* after: ~ Gold graben to dig for gold; ~ dem Arzt schikken to send for the doctor; das Verlangen ~ Ruhe the longing for peace; er strebt ~ Vollkommenheit he aims for (*od.* at) perfection; ~ einer Sache greifen to grab for (*od.* after) a thing. – **15.** (*zielend auf*) at: ~ j-m [etwas] schießen to shoot at s.o. [s.th.]; einen Stein ~ einem Hund werfen to throw a stone at a dog. – **16.** (*bezüglich*) about, *auch* after: ~ etwas sehen to see about s.th.; sich ~ etwas erkundigen to inquire about s.th.; ~ etwas fragen to ask about s.th.; ~ dem Rechten sehen to look after things, to see if everything is all right. – **17.** (*Maß*) in, by: ~ deutschem Geld in German money; etwas ~ Sekunden messen to measure s.th. by seconds; ~ dem Gewicht by the weight; in der Chemie werden Gase ~ Litern gemessen in chemistry gases are measured in liters (*od.* by the liter). – **18.** riechen ~ to smell of. – **19.** *jur.* under: ~ dem Gesetz von under the law of. – **II** *adv* **20.** after, *auch* behind: mir ~! after me! follow me! sollen wir ihnen ~? shall we go after them? – **21.** (*zeitlich*) (*in Wendungen wie*) ~ und ~ little by little, bit by bit, by and by, gradually, progressively, by degrees, step by step; ~ wie vor as always, now as ever, now as before, (the same) as usual, still.

'Nachˌach·tung *f only in* einem Gesetz ~ verschaffen to enforce a law.

'nachˌäf·fen I *v/t* ⟨*sep*, -ge-, h⟩ *contempt.* **1.** ape, mimic, imitate, take off, mock, parody: j-n in seinen Bewegungen [Gebärden] ~ to mimic s.o.'s motions [gestures]. – **2.** (*Mode etc*) ape, imitate, copy, copycat (*colloq.*). – **II N~** *n* ⟨-s⟩ **3.** *verbal noun.* — **'Nachˌäf·fer** *m* ⟨-s; -⟩ *contempt.* **1.** aper, mimicker, mimic, mocker. – **2.** (*von Mode etc*) aper, ape, imitator, copier, copycat (*colloq.*). — **ˌNach·äf·fe'rei** *f* ⟨-; *no pl*⟩ *colloq.* **1.** mockery, takeoff, apery. – **2.** aping, apery, imitation.

'nachˌah·men [-ˌʔaːmən] **I** *v/t* ⟨*sep*, -ge-, h⟩ **1.** (*Stil, Vogelruf etc*) imitate, copy. – **2.** (*zum Vorbild nehmen*) follow (the example of), follow in the (foot)steps of, emulate. – **3.** *cf.* nachäffen. – **4.** *jur.* a) (*fälschen*) counterfeit, (*Schecks etc*) forge, b) (*plagiieren*) plagiarize *Br. auch* -s-, c) (*Patente*) pirate. – **5.** *bes. mil.* simulate. – **II N~** *n* ⟨-s⟩ **6.** *verbal noun.* – **7.** *cf.* Nachahmung. — **'nachˌah·mensˌwert** *adj* (*Tat, Beispiel etc*) worthy of imitation, worth imitating, exemplary. — **'Nachˌah·mer** *m* ⟨-s; -⟩ **1.** imitator, copier, copyist. – **2.** (*Anhänger*) follower, emulator. – **3.** *contempt. cf.* Nachäffer. – **4.** *jur.* a) (*Plagiator*) plagiarist, b) *cf.* Fälscher 1, 2. — **ˌNach·ah·me'rei** *f* ⟨-; *no pl*⟩ *colloq.* **1.** imitation. – **2.** *cf.* Nachäfferei. — **'Nachˌah·me·rin** *f* ⟨-; -nen⟩ **1.** imitator, copyist, imitatress, *auch* imitatrix. – **2.** *cf.* Nachahmer 2, 3, 4. — **'Nachˌah·mung** *f* ⟨-; -en⟩ **1.** *cf.* Nachahmen: j-m etwas zur ~ empfehlen to recommend s.th. to s.o. as worth emulating. – **2.** (*Vorgang*) imitation: ~ verboten! *jur.* imitation prohibited! patent registered! – **3.** (*Imitation*) imitation. – **4.** *jur.* a) (*Fälschung*) counterfeit, b) (*Plagiat*) plagiarism, c) (*eines Patents*) piracy.

'Nachˌah·mungs|ˌtrieb *m* imitative instinct (*od.* impulse). — **n~ˌwert, n~ˌwür·dig** *adj cf.* nachahmenswert.

'Nach|ˌanˌmel·der *m* (*patents*) subsequent applicant. — **~ˌanˌmel·dung** *f* subsequent application.

'nach·apoˌsto·lisch *adj relig.* subapostolic, postapostolic.

'Nachˌar·beit *f tech.* **1.** refinishing operation, extra work. – **2.** *cf.* Nachbearbeitung. — **'nachˌar·bei·ten I** *v/t* ⟨*sep*, -ge-, h⟩ **1.** (*nachholen*) make up for: er mußte abends eine Stunde ~ he had to make up for one hour (of lost time) in the evening. – **2.** (*Muster etc*) copy. – **3.** (*überarbeiten*) redo, do (*s.th.*) over again, touch up. – **4.** *tech.* a) (*spanlos*) rework, finish, b) (*zerspanend*) remachine, finish-machine, (*beim Kopierfräsen*) retouch, c) (*Werkzeuge*) dress. – **II** *v/i* **5.** do extra work. – **III N~** *n* ⟨-s⟩ **6.** *verbal noun.* – **7.** *tech. cf.* Nachbearbeitung.

'nachˌar·ten *v/i* ⟨*sep*, -ge-, sein⟩ j-m ~ to take after s.o.

'nach·au·guˌste·isch *adj hist.* post-Augustan.

Nach·bar ['naxbaːr] *m* ⟨-n, *auch* -s; -n⟩ neighbor, *bes. Br.* neighbour: unsere westlichen ~n our western neighbo(u)rs; Herr ~, einen Augenblick, bitte! *colloq.* (I) say, neighbo(u)r! mit den ~n (*od. colloq.* mit ~s) verkehren to associate with the neighbo(u)rs (*od.* neighbo[u]rhood); bei den ~n, *colloq.* bei ~s at the neighbo(u)rs'; die lieben ~n *iron.* our dear neighbo(u)rs; ~s Garten the neighbo(u)r's garden; es kann der Frömmste nicht in Frieden leben, wenn es dem bösen ~n nicht gefällt *etwa* no man can live longer in peace than his neighbo(u)r pleases, ask your neighbo(u)r if you shall live in peace (*proverb*); was werden die ~n dazu sagen? what will Mrs. Grundy say? (*colloq.*). — **~beˌzirk** *m pol.* neighboring (*bes. Br.* neighbouring) (*od.* adjacent) district, purlieu. — **~di·vi·siˌon** *f mil.* neighbo(u)ring (*od.* adjacent) division. — **~ˌdorf** *n* neighbo(u)ring village. — **~ˌein·heit** *f mil.* neighbo(u)ring (*od.* adjacent) unit. — **~ˌgar·ten** *m* neighbo(u)r's garden. — **~geˌbiet** *n* **1.** *pol.* neighbo(u)ring (*od.* adjacent) territory. – **2.** (*bes. in der Wissenschaft*) neighbo(u)ring (*od.* adjacent) field. — **~geˌmein·de** *f pol.* neighbo(u)ring (*od.* adjacent) community. — **~ˌgrundˌstück** *n* neighbo(u)ring (*od.* adjacent) property (*od.* plot).

'Nach·barˌgrup·pe *f chem.* neighboring (*bes. Br.* neighbouring) group.

'Nach·barˌgrup·pen|beˌtei·li·gung *f chem.* neighboring (*bes. Br.* neighbouring) group participation. — **~efˌfekt** *m* neighbo(u)ring group effect.

'Nach·barˌhaus *n* neighbor's (*bes. Br.* neighbour's) house, house next door, adjoining (*od.* adjacent) house: sie wohnen im ~ they live next door.

'Nach·ba·rin *f* ⟨-; -nen⟩ neighbor, *bes. Br.* neighbour.

'Nach·bar·kaˌnal *m* (*radio*) *telev.* adjacent channel. — **~-Se·lek·tiˌon, ~-ˌTrenn·ˌschär·fe** *f* adjacent-channel selectivity.

'Nach·barˌland *n* neighboring (*bes. Br.* neighbouring) (*od.* adjoining) country (*od.* state).

'nach·bar·lich I *adj* **1.** (*Gesinnung etc*) neighborly, *bes. Br.* neighbourly: gute ~e Beziehungen (good) neighbo(u)rly (*od.* amicable) relations. – **2.** (*benachbart*) neighboring, *bes. Br.* neighbouring, adjacent, adjoining, next-door (*attrib*). – **II** *adv* **3.** mit j-m ~ verkehren to live on neighbo(u)rly terms with s.o.

'Nach·bar|ˌort *m* **1.** neighboring (*bes. Br.* neighbouring) place (*od.* locality). – **2.** *cf.* Nachbardorf. — **~ˌrecht** *n jur.* law of neighbors (*bes. Br.* neighbours).

'Nach·bar·schaft *f* ⟨-; *no pl*⟩ **1.** (*Nähe*) neighborhood, *bes. Br.* neighbourhood, vicinity: er wohnt in der ~ he lives in the neighbo(u)rhood; in j-s ~ ziehen to move into s.o.'s neighbo(u)rhood. – **2.** (*unmittelbare Nähe*) vicinity, proximity, contiguity: unsere Gärten liegen in unmittelbarer ~ our gardens neighbo(u)r on (*od.* adjoin) each other. – **3.** *collect.* neighborhood, *bes. Br.* neighbourhood, neighbo(u)rs *pl*: die ganze ~ spricht davon the whole neighbo(u)rhood is talking about it. – **4.** (*Verhältnis*) neighborliness, *bes. Br.* neighbourliness, neighbo(u)rly relations *pl*: gute ~ halten to maintain (good) neighbo(u)rly relations. – **5.** *civ. eng.* (*bei Städteplanung*) neighborhood, *bes. Br.* neighbourhood. – **6.** *med.* relationship.

'Nach·bar·schaftsˌhil·fe *f* ⟨-; *no pl*⟩ neighborly (*bes. Br.* neighbourly) help.

'Nach·bars|ˌfrau *f* neighbor, *bes. Br.* neighbour, lady next door, neighbo(u)r's wife. — **~ˌkind** *n* neighbo(u)r's child, child next door: die ~er *pl* the children of the neighbo(u)rhood. — **~ˌleu·te** *pl* neighbo(u)rs, people next door.

'Nach·bar|ˌstaat *m* neighbor(ing) (*bes. Br.* neighbour[ing]) (*od.* adjoining, adjacent) state (*od.* country). — **~ˌstadt** *f* **1.** neighbo(u)ring town (*od.* city): München und seine Nachbarstädte Munich and vicinity. – **2.** (*bei gemeinsamer Stadtgrenze*) adjoining (*od.* adjacent) town (*od.* city). — **~ˌstu·fe** *f mus.* adjacent degree. — **~ˌtisch** *m* neighbo(u)ring (*od.* adjacent) table. — **~ˌvolk** *n* neighbo(u)ring (*od.* adjacent, adjoining) nation (*od.* people). — **~ˌzim·mer** *n* adjoining (*od.* adjacent) room.

'Nachˌbau *m* **1.** *cf.* Nachbauen. – **2.** *tech.* reproduction: ~ unter Lizenz construction (*od.* manufacturing) on licence (*Am.* license). — **'nachˌbau·en I** *v/t* ⟨*sep*, -ge-, h⟩ **1.** reproduce, copy. – **2.** build (*od.* construct) (*s.th.*) after a model. – **3.** etwas ~ *tech.* to construct (*od.* manufacture) s.th. on licence (*Am.* license). – **II N~** *n* ⟨-s⟩ **4.** *verbal noun.* – **5.** *cf.* Nachbau.

'nach·beˌar·bei·ten I *v/t* ⟨*sep*, *no* -ge-, h⟩ **1.** work (*s.th.*) over again, rework. – **2.** *tech.* a) (*spanlos*) rework, finish, b) (*zerspanend*) remachine, finish-machine, (*beim Kopierfräsen*) retouch, c) (*Werkzeuge*) dress. – **II N~** *n* ⟨-s⟩ **3.** *verbal noun.* – **4.** *cf.* Nachbearbeitung. — **'Nach·beˌar·bei·tung** *f* **1.** *cf.* Nachbearbeiten. – **2.** *tech.* (*spanlose*) rework.

'nachˌbe·ben *geol.* **I** *v/i* ⟨*sep*, -ge-, h⟩ die Erde bebte nach there were aftershocks. – **II N~** *n* ⟨-s⟩ aftershock.

'nach·beˌhan·deln *v/t* ⟨*sep*, *no* -ge-, h⟩ **1.** etwas ~ to give s.th. subsequent (*od.* further) treatment. – **2.** j-n ~ *med.* a) to give s.o. follow-up treatment (*od.* aftercare), b) (*nach der Operation*) to give s.o. postoperative (*Br.* post-operative) treatment. — **'Nach·beˌhand·lung** *f* **1.** subsequent (*od.* further) treatment, re-treatment. – **2.** *med.* a) follow-up treatment, aftercare, *Br.* after-care, b) (*nach der Operation*) postoperative (*Br.* post-operative) treatment.

'nach·beˌkom·men *v/t* ⟨*irr*, *sep*, *no* -ge-, h⟩ **1.** (*später*) receive (*od.* get, obtain) (*s.th.*) afterward(s) (*od.* subsequently, later): Sie bekommen noch eine bestellte Tasse nach you are to receive another cup you ordered. – **2.** (*zusätzlich*) receive (*od.* get, obtain) (*s.th.*) in addition (*od.* additionally): kann ich bitte noch etwas ~? (*Essen etc*) may I have a second helping, please? may I have some more, please?

'nach·beˌla·sten *v/t* ⟨*sep*, *no* -ge-, h⟩ *econ. cf.* nachberechnen.

'nach·be,rech·nen v/t ⟨sep, no -ge-, h⟩ econ. charge (s.o., s.th.) subsequently (od. additionally): wir müssen Ihnen die zusätzlichen Verpackungskosten ~ we must charge you subsequently for the extra packing. — **'Nach·be,rech·nung** f recalculation, subsequent (od. additional) calculation (od. charge).

'nach·be,rei·ten v/t ⟨sep, no -ge-, h⟩ 1. gastr. (Salat etc) prepare some more (of). – 2. ped. cf. vertiefen 4.

'nach,bes·sern I v/t ⟨sep, -ge-, h⟩ 1. improve (up)on, touch up. – 2. (ausbessern) repair, mend. – 3. phot. retouch. – II N~ n ⟨-s⟩ 4. verbal noun. — **'Nach,bes·se·rung** f 1. cf. Nachbessern. – 2. subsequent improvement. – 3. phot. retouch.

'nach·be,stel·len I v/t ⟨sep, no -ge-, h⟩ 1. (zusätzlich) order some more (of), order (s.th.) additionally (od. in addition): er bestellte Brot nach he ordered some more bread. – 2. econ. a) (zusätzlich) order (s.th.) additionally (od. in addition), b) (erneut) reorder, order (s.th.) again, renew (od. repeat) an order for, order a fresh supply of: sie bestellten 2 Dutzend Blusen nach they reordered 2 dozen blouses. – II N~ n ⟨-s⟩ 3. verbal noun. — **'Nach·be,stel·lung** f 1. cf. Nachbestellen. – 2. econ. a) (Zusatzbestellung) additional (od. supplementary, subsequent) order, b) (Zweitbestellung) renewal (od. second, repeat) order, reorder.

'nach·be,steu·ern v/t ⟨sep, no -ge-, h⟩ j-n [etwas] ~ econ. to levy a subsequent tax on s.o. [s.th.]. — **'Nach·be,steue·rung** f subsequent taxation, additional tax.

'nach,be·ten I v/t ⟨sep, -ge-, h⟩ 1. relig. (Gebet etc) repeat, recite: das Gebet des Priesters ~ to repeat the prayer after the priest. – 2. fig. colloq. repeat (s.th.) blindly (od. mechanically), parrot, echo: er betet alles nach, was sie sagt he parrots her every word, he repeats blindly everything she says. – II N~ n ⟨-s⟩ 3. verbal noun. – 4. fig. colloq. blind (od. mechanical) repetition. — **'Nach,be·ter** m fig. colloq. repeater, parrot, echo(er). — **,Nach·be·te'rei** f ⟨-; no pl⟩ fig. colloq. cf. Nachbeten.

'Nach·be,trach·tung f second consideration (od. thought), afterthought.

'nach·be,wil·li·gen v/t ⟨sep, no -ge-, h⟩ econ. pol. 1. (nachträglich) grant (od. vote) (s.th.) subsequently (od. afterward[s]). – 2. (zusätzlich) grant (od. vote) (s.th.) additionally (od. in addition): das Parlament bewilligte Gelder nach the parliament granted (od. voted) additional funds. — **'Nach·be,wil·li·gung** f 1. (nachträgliche) subsequent grant (od. appropriation). – 2. (zusätzliche) additional (od. supplementary) grant (od. appropriation).

'nach·be,zah·len v/i u. v/t ⟨sep, no -ge-, h⟩ cf. nachzahlen. — **'Nach·be,zah·lung** f cf. Nachzahlung 1, 3.

'nach·be,zeich·net adj listed (od. stated, mentioned) below, aftermentioned.

'Nach·be,zugs,recht n econ. (eines Aktionärs) right to cumulative dividend.

'Nach,bier n brew. (Dünnbier) weak beer, small beer.

'Nach,bild n med. psych. afterimage, aftersensation, aftereffect, Br. after-effect. — **'nach,bil·den I** v/t ⟨sep, -ge-, h⟩ 1. (kopieren) copy, reproduce, imitate, duplicate: etwas genau (od. getreu) ~ to make a facsimile of s.th. – 2. (nachmodellieren) model, pattern, copy: etwas der Natur ~ to model (od. pattern) s.th. after nature, to copy s.th. from nature; etwas in Ton ~ to model s.th. in clay. – 3. (rekonstruieren) reconstruct, rebuild. – 4. (fälschen) counterfeit, forge. – 5. electr. (Schalteranordnung) imitate, simulate. – II v/reflex ⟨h⟩ sich ~ 6. bes. zo. regenerate, rebuild. – III N~ n ⟨-s⟩ 7. verbal noun.

'Nach|,bil·der m ⟨-s; -⟩, **~,bild·ner** m imitator, copier, reproducer.

'Nach,bil·dung f ⟨-; -en⟩ 1. cf. Nachbilden. – 2. (Kopie) copy, reproduction, imitation: genaue (od. getreue) ~ facsimile, replica. – 3. (Rekonstruktion) reconstruction. – 4. (Attrappe) dummy, sham. – 5. (Fälschung) counterfeit, forgery. – 6. bes. zo. regeneration. – 7. electr. (eines Netzwerkes) equivalent (od. balancing) network. – 8. tech. a) (in natürlicher Größe) mock-up, b) (eines Werkstückes) reproduction.

'nach,bla·sen v/t ⟨irr, sep, -ge-, h⟩ metall. (im Bessemerbetrieb) after-blow.

'nach,blät·tern I v/t ⟨sep, -ge-, h⟩ look (s.th.) up, search (od. look) for. – II v/i er blätterte in seinen Aufzeichnungen nach he turned over the leaves of (od. thumbed, leafed through) his notes.

'nach,blei·ben v/i ⟨irr, sep, -ge-, sein⟩ 1. cf. übrigbleiben. – 2. cf. nachsitzen.

'nach,blicken (getr. -k·k-) v/i ⟨sep, -ge-, h⟩ j-m ~ to look after s.o., to follow s.o. with one's eyes.

'Nach,blü·te f 1. second blossom(ing) (od. bloom). – 2. agr. aftergrowth, afterbloom.

'nach,blu·ten v/i ⟨sep, -ge-, h⟩ med. bleed again (od. a second time). — **'Nach,blu·tung** f ⟨-; -en⟩ secondary h(a)emorrhage (od. bleeding), (nach Operation) auch postoperative (Br. post-operative) h(a)emorrhage (od. bleeding).

'nach,boh·ren I v/t ⟨sep, -ge-, h⟩ 1. tech. a) (tiefer bohren) drill (s.th.) deeper, b) (mit Spiralbohrer) re-drill, c) (mit Bohrmeißel) re-bore, d) (mit Gewindebohrer) re-tap, e) (ein Bohrloch aufweiten) enlarge, widen, f) (fertigbohren) finish-bore. – II v/i fig. colloq. 2. keep (on) asking questions. – 3. inquire, auch enquire.

'Nach,bör·se f econ. unlisted securities market. — **'nach,börs·lich** adj only in ~er Kurs free-market quotation, rate in the outside market, prices after official (stock exchange) hours.

'Nach,brand m tech. (in der Ziegelei) second baking.

'nach,brau·sen v/i ⟨sep, -ge-, sein⟩ j-m ~ colloq. (mit dem Auto etc) to tear (od. to rush) after s.o.

'nach,bren·nen I v/i ⟨irr, sep, -ge-, h⟩ 1. smolder, bes. Br. smoulder. – 2. mil. (von Schuß) hang fire. – II v/t 3. (Kaffee etc) roast (s.th.) again (od. a second time). – III N~ n ⟨-s⟩ 4. verbal noun. – 5. mil. (von Munition) hangfire. – 6. aer. (von Rückstoßtriebwerken) afterburning.

'Nach,bren·ner m ⟨-s; -⟩ 1. mil. hangfire shell (od. cartridge). – 2. aer. afterburner. — **~,schub·ver,hält·nis** n (space) augmented thrust ratio. — **~-Tur,bi·nen,strahl,werk** n aer. afterburner (od. reheat) turbojet engine.

'nach,brin·gen v/t ⟨irr, sep, -ge-, h⟩ (Fehlendes) bring (s.th.) later: j-m etwas ~ to bring (od. take) s.th. to s.o. (later).

'nach,brül·len I v/i ⟨sep, -ge-, h⟩ j-m ~ to bellow (od. shout, howl) after s.o. – II v/t j-m etwas ~ to bellow (od. shout, howl) s.th. after s.o.

'nach,brum·men I v/i ⟨sep, -ge-, h⟩ colloq. for nachsitzen. – II v/t j-m etwas ~ to growl (od. grumble, grunt) s.th. after s.o.

'Nach,brust f gastr. hind brisket, plate.

'Nach,brut f zo. later (od. second) brood. — **'nach,brü·ten** v/i ⟨sep, -ge-, h⟩ über (acc) etwas ~ fig. to brood (od. ponder) over s.th., to ruminate on (od. over) s.th., to meditate on s.th.

'nach·buch·sta,bie·ren v/t ⟨sep, no -ge-, h⟩ respell, spell (s.th.) again (od. anew).

'Nach,bür·ge m jur. collateral (auch second) bail (od. bailsman, surety, security, guarantor). — **'Nach,bürg·schaft** f collateral (auch second) surety (od. security, guarantee).

'nach,christ·lich adj post-Christian.

'nach·da,tie·ren v/t ⟨sep, no -ge-, h⟩ 1. postdate, Br. post-date. – 2. cf. rückdatieren. — **'Nach·da,tie·rung** f ⟨-; -en⟩ 1. postdating, Br. post-dating. – 2. postdate, Br. post-date. – 3. cf. Rückdatierung.

,nach'dem I conj 1. (zeitlich) after, when: ~ er uns begrüßt hatte, ging er weg after greeting us he left (od. went away), having greeted us he left; ~ der Wind nachgelassen hatte, gingen wir hinaus when the wind had abated we went out; unmittelbar ~ directly (od. immediately) after, as soon as. – 2. je ~ according to, depending on: er kommt, oder er kommt nicht, je ~ he comes or he does not come, according to (the) circumstances; kommst du? — je ~ do you come? — it (all) depends; je ~ (,wie) der Versuch ausfällt, wird die Entscheidung getroffen the decision depends on the result of the experiment; je ~ (,wie) die Sache ausfällt according to the way (od. depending on how) the matter is resolved. – 3. obs. od. Southern G. (da, weil) since, as. – II adv 4. obs. for danach 1, 2.

'nach,den·ken I v/i ⟨irr, sep, -ge-, h⟩ 1. (über acc) think (about, over), reflect (on), consider (acc), deliberate (on, upon): denk mal nach! think about it! stör mich nicht, ich denke gerade nach! don't disturb me, I am thinking! laß mich (mal) ~! let me think! sie dachte angestrengt (od. scharf) nach she thought hard; über ein Problem ~ to deliberate on a problem, to turn a problem over in one's mind; ich habe viel darüber nachgedacht I have given much thought to the matter. – 2. (nachsinnen) (über acc) meditate (on, upon), muse (on, upon), ponder (on, over), speculate (on, over), cogitate (on, upon): über ein Gedicht ~ to meditate on a poem. – 3. (nachgrübeln) (über acc) brood (over, on, upon), ponder (over, on, upon), ruminate (over, on, upon), pore (over), mull (over): er dachte lange über das Ergebnis nach he brooded for a long while over the result; er dachte viel über den Tod seiner Frau nach his thoughts dwelt on the death of his wife. – II N~ n ⟨-s⟩ 4. verbal noun. – 5. (Überlegung) thought, reflection, Br. auch reflexion, consideration, deliberation: nach langem N~ zu einem Entschluß kommen to come to a decision after long consideration; nach kurzem N~ after a pause for thought (od. a thoughtful pause). – 6. (Nachsinnen) thought, reflection, Br. auch reflexion, meditation, cogitation: in tiefes N~ versunken sein to be lost in deep thought, to be in a brown study. – 7. (Nachgrübeln) rumination. — **'nach,denk·lich I** adj 1. (gedankenvoll) thoughtful, reflective, contemplative: ein ~er Mensch a reflective person. – 2. (in Gedanken versunken) thoughtful, pensive, meditative: mit ~er Miene with a thoughtful expression; ~e Stimmung pensive mood; das stimmte mich ~ this caused me to ponder, this made me reflect. – 3. ~ werden (stutzen) to start wondering. – 4. obs. lit. (Geschichte, Worte etc) thought-provoking, thoughtful. – II adv 5. er blickte sie ~ an he looked at her thoughtfully; ~ schweigen to keep a meditative silence. — **'Nach,denk·lich·keit** f ⟨-; no pl⟩ 1. (Bedachtsamkeit) thoughtfulness, reflectiveness, contemplativeness. – 2. (Versonnenheit) thoughtfulness, pensiveness, meditativeness.

'nach,dich·ten I v/t ⟨sep, -ge-, h⟩ (literarisches Werk) paraphrase, render (s.th.) freely (od. loosely). – II N~ n ⟨-s⟩ verbal noun.

'Nach,dich·tung f ⟨-; -en⟩ 1. cf. Nachdichten. – 2. paraphrase, free version.

'nach,dop·peln v/t ⟨sep, -ge-, h⟩ Swiss 1. cf. nachbessern. – 2. set about (s.th.) once more.

'nach,drän·gen v/i ⟨sep, -ge-, h⟩ 1. press (od. crowd, push) after (od. from behind). – 2. mil. pursue (closely).

'nach,drin·gen v/i ⟨irr, sep, -ge-, sein⟩ 1. j-m ~ to pursue s.o. (closely), to press after s.o. – 2. mil. pursue (closely).

'nach,dro·hen v/i ⟨sep, -ge-, h⟩ j-m ~ to call (od. fling) threats after s.o.

'Nach,druck[1] m ⟨-(e)s; no pl⟩ 1. (Betonung, Gewicht) emphasis, stress, auch weight: seinen Worten ~ verleihen to give weight to one's words, to speak emphatically; ~ auf (acc) etwas legen to lay stress (up)on s.th., to lay (od. place) emphasis on s.th., to emphasize (Br. auch -s-) (od. accentuate, stress) s.th.; zu großen ~ auf (acc) etwas legen to overemphasize (Br. auch -s-) s.th.; einer Forderung ~ verleihen to give emphasis to a demand; mit ~ emphatically; etwas mit ~ zurückweisen to reject s.th. emphatically (od. firmly, flatly). – 2. (Tatkraft, Energie) energy, vigor, bes. Br. vigour: ein Ziel mit ~ verfolgen to pursue an aim with vigo(u)r; etwas mit ~ betreiben to carry on s.th. with energy. – 3. metr. (Betonung) stress. – 4. agr. second pressure.

'Nach,druck[2] m ⟨-(e)s; -e⟩ print. 1. ⟨only sg⟩ (Vorgang) reprinting. – 2. a) (eines Buches, einer Briefmarke etc) reprint, reissue, reimpression, reproduction, b) (unerlaubter) piracy, pirated edition: ~ verboten! copyright, all rights reserved! reproduction not permitted! ~ nur unter Quellenangabe reproduction must include credit (od. mention of the source).

'nach,drucken (getr. -k·k-) I v/t ⟨sep, -ge-, h⟩ print. 1. reprint, reissue. – 2. (unerlaubt) pirate. – II N~ n ⟨-s⟩ 3. verbal noun.

ˈ**Nachˌdrucker** (*getr.* -k·k-) *m print.* **1.** reprinter. – **2.** (*betrügerischer*) piratical (*auch* piratic) printer, pirate.

ˈ**Nachˌdruck·erˌlaub·nis** *f print.* permission to reprint, right of reproduction.

ˈ**nachˌdrück·lich I** *adj* **1.** (*betont*) emphatic, pointed: in einem ~en Ton sprechen to speak emphatically. – **2.** (*ausdrücklich*) explicit, express, strict. – **3.** (*energisch*) energetic(al), vigorous, serious: ~e Einwände erheben to raise energetic objections. – **4.** (*streng*) strong. – **II** *adv* **5.** ich möchte ~ darauf hinweisen I would like to point out emphatically; etwas ~ betonen to lay special emphasis on s.th.; j-m etwas ~ befehlen to give s.o. strict orders; j-n ~ ermahnen to warn (*od.* to admonish) s.o. seriously; etwas ~ verlangen to insist (emphatically) on s.th., to make a point of s.th.; er riet ~ davon ab he strongly advised against it. — ˈ**Nachˌdrück·lich·keit** *f* ⟨-; *no pl*⟩ *cf.* Nachdruck[1] 1.

ˈ**Nachˌdrucksˌrecht** *n print.* right of reproduction.

ˈ**nachˌdrucksˌvoll** *adj u. adv cf.* nachdrücklich.

ˈ**Nachˌdruck·verˌfah·ren** *n print.* reprinting process.

ˈ**nachˌdun·keln I** *v/i* ⟨*sep*, -ge-, h *u.* sein⟩ darken, deepen, become (*od.* grow, get) darker. – **II** *v/t* ⟨h⟩ (*Haar etc*) darken.

ˈ**nachˌdür·fen** *v/i* ⟨*irr*, *sep*, -ge-, h⟩ *colloq.* be allowed (*od.* permitted) to follow, have permission to go after.

ˈ**Nachˌdurst** *m* dry mouth.

ˈ**Nachˌei** *n zo.* after-egg, metovum (*scient.*).

ˈ**Nachˌei·fe·rer** *m* emulator. — ˈ**nachˌei·fern I** *v/i* ⟨*sep*, -ge-, h⟩ **1.** j-m ~ to emulate s.o., to strive to equal s.o., to vie with s.o.: einem Vorbild ~ to emulate an example. – **II N~** *n* ⟨-s⟩ **2.** *verbal noun.* – **3.** *cf.* Nacheiferung. — ˈ**nachˌei·fernsˌwert** *adj* worthy of emulation, worth emulating. — ˈ**Nachˌei·fe·rung** *f* ⟨-; *no pl*⟩ **1.** *cf.* Nacheifern. – **2.** emulation: j-n zur ~ reizen to spur s.o. on to emulation; etwas zur ~ empfehlen to recommend s.th. for emulation.

ˈ**nachˌei·len** *v/i* ⟨*sep*, -ge-, sein⟩ **1.** j-m ~ to hasten (*od.* hurry, run, rush) after s.o., to hotfoot it after s.o. (*colloq.*). – **2.** *electr.* lag in phase. – **3.** *metall.* (*von Walzen*) creep.

ˌ**nachˌeinˈan·der** *adv* **1.** one after another (*od.* the other): die Flugzeuge starten ~ the planes take off one after the other. – **2.** (*folgend*) successively, consecutively, one by one, in succession: drei Tage ~ three days in succession (*od.* in a row, running), for three successive days. – **3.** (*abwechselnd*) by turns, in turn, alternately. – **4.** sie wollen ~ schauen they want to look after one another (*od.* each other).

ˈ**Nachˌeisˌzeit** *f geol.* postglacial (*od.* postdiluvian, *auch* postdiluvial) age. — ˈ**nachˌeisˌzeit·lich** *adj* postdiluvian, *auch* postdiluvial, postglacial.

ˈ**Nach·empˌfäng·nis** *f med.* superfecundation.

ˈ**nach·empˌfin·den I** *v/t* ⟨*irr*, *sep*, *no* -ge-, h⟩ **1.** (*nachfühlen*) feel, *auch* sympathize (*Br. auch* -s-) with: ich kann Ihren Schmerz ~ I can really feel for you in your sorrow; ich kann Ihnen das lebhaft ~ I can imagine how you feel, I can understand your feelings (*od.* what you feel). – **2.** (*Dichtung, Lied etc*) have a feeling (*od.* an empathy) for. – **3.** appropriate: das hatte der Autor nachempfunden the author had recreated that in his imagination. – **II N~** *n* ⟨-s⟩ **4.** *verbal noun.* — ˈ**Nach·empˌfin·dung** *f* ⟨-; -en⟩ **1.** *cf.* Nachempfinden. – **2.** (*gen*) sympathy (*od.* empathy) (with), sympathetic participation (in). — ˈ**nach·empˌfun·den I** *pp of* nachempfinden. – **II** *adj* (*dat* with) shared (*od.* felt in common).

Na·chen [ˈnaxən] *m* ⟨-s; -⟩ *dial. poet.* **1.** boat, skiff. – **2.** (*Barke*) barge, bark (*poet.*): Charons ~ *myth.* Charon's bark. — **~ˌschnecke** (*getr.* -k·k-) *f* sea snail, bleeding tooth (*Fam. Neritidae*).

ˈ**nach·entˌwickeln** (*getr.* -k·k-) **I** *v/t* ⟨*sep*, *no* -ge-, h⟩ *phot.* redevelop. – **II N~** *n* ⟨-s⟩ *verbal noun.* — ˈ**Nach·entˌwick·lung** *f* ⟨-; -en⟩ **1.** *cf.* Nachentwickeln. – **2.** redevelopment.

ˈ**Nach·entˌzer·rung** *f electr.* de-emphasis.

ˈ**Nachˌer·be** *m jur.* **1.** reversion(ary) heir, reversioner, remainderman. – **2.** (*Nachvermächtnisnehmer*) residuary legatee, (*bes. im röm. Recht*) substitute. — ˈ**Nachˌer·benˌrecht** *n* (right of) reversion, remainder. — ˈ**Nachˌerb·schaft** *f* inheritance by substitution (*od.* surrogation, subrogation).

ˈ**Nachˌern·te** *f* **1.** aftercrop. – **2.** (*Heu*) aftermath.

ˈ**nach·erˌzäh·len** *v/t* ⟨*sep*, *no* -ge-, h⟩ **1.** (*mündlich*) retell: etwas mit eigenen Worten ~ to retell s.th. in one's own words. – **2.** (*schriftlich*) rewrite, reproduce, reconstruct: etwas in gekürzter Form ~ to give a précis of s.th. – **3.** (*wiederholen*) repeat, retell. – **4.** (*bearbeiten*) adapt: die Geschichte wurde (aus) dem Englischen nacherzählt the story was adapted from the English. — ˈ**Nach·erˌzäh·lung** *f* ⟨-; -en⟩ *bes. ped.* **1.** ⟨*only sg*⟩ (*mündliche*) retelling. – **2.** (*schriftliche*) reproduction. – **3.** (*als Prüfung*) comprehension test.

ˈ**nachˌes·sen** *v/i* ⟨*irr*, *sep*, *pp* nachgegessen, h⟩ eat (*od.* dine) later (*od.* after the others): wer zu spät kommt, muß ~ he who is late must eat alone (*od.* by himself).

ˈ**nach·ex·erˌzie·ren I** *v/i* ⟨*sep*, *no* -ge-, h⟩ *mil.* **1.** (*zur Strafe*) do extra drill. – **II N~** *n* ⟨-s⟩ **2.** *verbal noun.* – **3.** extra drill.

ˈ**Nachˌfahr** [-ˌfaːr] *m* ⟨-s; -en⟩, ˈ**Nachˌfah·re** *m* ⟨-n; -n⟩ *cf.* Nachkomme.

ˈ**nachˌfah·ren I** *v/i* ⟨*irr*, *sep*, -ge-, sein⟩ (*dat*) **1.** (*folgend*) drive behind, follow. – **2.** (*verfolgend*) drive after, follow. – **3.** (*später*) follow later (*od.* afterward[s]): j-m mit dem Zug [Auto] ~ to follow s.o. by train [in a car]. – **4.** *hunt.* a) keep the gun on the moving game, b) (*von Hunden*) chase: einen zweiten Dachshund ~ lassen to send to earth (*od.* put in) a second dachshund. – **II** *v/t* ⟨h⟩ **5.** j-m etwas ~ to bring (*od.* transport) s.th. after s.o. (by car).

ˈ**Nachˌfähr·te** *f hunt.* **1.** print of the hind foot. – **2.** doubling back on the same trail.

ˈ**Nachˌfall** *m* ⟨-(e)s; *no pl*⟩ **1.** (*mining*) following. – **2.** *civ.eng.* (*Einsturz*) cave-in, caving. — **~ˌbank** *f* (*mining*) ramble.

ˈ**nachˌfal·len** *v/i* ⟨*irr*, *sep*, -ge-, sein⟩ **1.** (*von Erde etc*) fall after. – **2.** (*mining*) subside, cave (in), fall (in).

ˈ**NachˌfallˌPacken** (*getr.* -k·k-) *m* (*mining*) draw roof.

ˈ**nachˌfär·ben** *v/t* ⟨*sep*, -ge-, h⟩ (*textile*) redye, redip.

ˈ**nachˌfas·sen I** *v/i* ⟨*sep*, -ge-, h⟩ **1.** grasp (*od.* grab) again. – **2.** (*beim Essen*) have some more, get a second helping. – **3.** *econ.* (*in der Werbung*) follow up. – **II** *v/t* **4.** (*Essen*) have some more of, get a second helping of. – **III N~** *n* ⟨-s⟩ **5.** *verbal noun.* – **6.** *econ.* (*in der Werbung*) follow-up.

ˈ**Nachˌfaßˌwer·bung** *f econ.* follow-up advertising.

ˈ**Nachˌfei·er** *f* **1.** after-celebration, subsequent (*od.* later, extra) celebration (*od.* fête). – **2.** *relig.* octave. — ˈ**nachˌfei·ern I** *v/i* ⟨*sep*, -ge-, h⟩ have (*od.* hold) a subsequent (*od.* a later, an extra) celebration. – **II** *v/t* celebrate (*s.th.*) later (*od.* afterward[s]).

ˈ**nachˌfei·len** *v/t* ⟨*sep*, -ge-, h⟩ re-file, touch (*s.th.*) up with a file, retouch.

ˈ**nachˌfeu·ern I** *v/i* ⟨*sep*, -ge-, h⟩ **1.** j-m ~ to fire after s.o. – **2.** *cf.* nachheizen. – **II** *v/t* **3.** j-m etwas ~ a) to fire s.th. after s.o., b) *fig. colloq.* to fire (*od.* hurl) s.th. after (*od.* at) s.o.: j-m eine Kugel ~ to fire (*od.* send) a bullet after (*od.* at) s.o.

ˈ**nachˌflie·gen** *v/i* ⟨*irr*, *sep*, -ge-, sein⟩ (*dat*) **1.** (*folgend*) fly behind. – **2.** (*verfolgend*) fly after. – **3.** (*später*) fly later (*od.* afterward[s]): j-m im Flugzeug ~ to follow s.o. by plane.

ˈ**nachˌflie·ßen** *v/i* ⟨*irr*, *sep*, -ge-, sein⟩ flow, continue flowing: es fließt ständig frisches Wasser nach there is a continual flow of fresh water.

ˈ**nachˌflu·chen** *v/i* ⟨*sep*, -ge-, h⟩ j-m ~ to swear (*od.* curse) after s.o., to hurl curses after s.o.

ˈ**nach·fo·kusˌsie·ren** *v/t* ⟨*sep*, *no* -ge-, h⟩ (*optics*) refocus. — ˈ**Nach·fo·kusˌsie·rung** *f* refocussing, focus correction (*od.* control).

ˈ**Nachˌfol·ge** *f* ⟨-; *no pl*⟩ **1.** succession: j-s ~ antreten to succeed s.o., to become s.o.'s successor; die ~ regeln to establish the right of succession; ~ in gerader Linie lineal succession; die weibliche ~ female succession; rechtmäßige ~ legitimacy; apostolische ~ *röm.kath.* apostolic succession. – **2.** (*spätere Folge*) subsequence. – **3.** (*Reihenfolge*) sequence. – **4.** *bes. relig.* emulation, imitation: die ~ Christi the Imitation of Christ. — **n~be,rech·tigt** *adj* entitled to succession. — **~geˌsell·schaft** *f econ.* successor company.

ˈ**nachˌfol·gen** *v/i* ⟨*sep*, -ge-, sein⟩ (*dat*) **1.** *lit.* follow, come after: wir werden euch ~ we will come after you; folge mir nach! follow me! j-m (im Tode) bald ~ *fig.* to die soon after s.o., to follow s.o. (in death). – **2.** j-m (im Amt) ~ to succeed s.o. (in [his] office): der Kronprinz folgte dem König nach the crown prince succeeded the king (to the throne). – **3.** (*später stattfinden*) follow (*od.* take place) later. – **4.** *fig.* (*nachstreben*) emulate, ensue, take after. — ˈ**nachˌfol·gend I** *pres p.* – **II** *adj* **1.** subsequent, following: die ~e Beschreibung the following description; im ~en in the following, below, *bes. jur.* hereinafter. – **2.** (*im Amt etc*) succeeding, succedent: der ~e Präsident the succeeding (*od.* incoming) president. – **3.** (*resultierend*) consequent: die ~e Reaktion the ensuing (*od.* resulting, consequent) reaction. – **4.** *med.* consecutive. — ˈ**Nachˌfol·gen·de** *m, f* ⟨-n; -n⟩ **1.** follower. – **2.** *econ. jur.* person named below (*od.* subsequently).

ˈ**Nachˌfol·ge|ˌord·nung** *f* system of succession: vorherbestimmte ~ (*im Amt etc*) *jur.* entail. — **~or·ga·ni·sa·tiˌon** *f* successor organization (*Br. auch* -s-).

ˈ**Nachˌfol·ger** *m* ⟨-s; -⟩ **1.** (*im Amt etc*) successor, superseder: j-s ~, der ~ für j-n the successor to s.o., s.o.'s successor; j-s ~ werden to succeed (*od.* supersede) s.o.; W. Müller, J. Schmidts ~ *econ.* W. Müller, successor to J. Schmidt; als ~ von in succession to. – **2.** *bes. relig.* emulator, imitator: ~ Christi imitator of Christ. – **3.** *jur.* (*Rechtsnachfolger*) (real *od.* natural) representative.

ˈ**Nachˌfol·geˌrecht** *n jur.* right of succession.

ˈ**Nachˌfol·ge·rin** *f* ⟨-; -nen⟩ *cf.* Nachfolger.

ˈ**Nachˌfol·ger·schaft** *f* ⟨-; *no pl*⟩ successorship.

ˈ**Nachˌfol·geˌstaat** *m meist pl* succession state.

ˈ**nachˌfor·dern** *bes. econ.* **I** *v/t* ⟨*sep*, -ge-, h⟩ **1.** demand (*od.* charge, claim) (*s.th.*) extra (*od.* additionally, in addition). – **2.** demand (*od.* charge, claim) (*s.th.*) later (*od.* subsequently, afterward[s]). – **II N~** *n* ⟨-s⟩ **3.** *verbal noun.* — ˈ**Nachˌfor·de·rung** *f* ⟨-; -en⟩ **1.** *cf.* Nachfordern. – **2.** extra (*od.* additional, supplementary) charge (*od.* claim, demand). – **3.** subsequent (*od.* later) charge (*od.* claim, demand). – **4.** (*von Steuern*) additional demand (for a past period).

ˈ**Nachˌfor·de·rungsˌvorˌla·ge** *f pol.* bill for a supplementary vote.

ˈ**nachˌfor·men** *v/t* ⟨*sep*, -ge-, h⟩ **1.** form (*s.th.*) after a model. – **2.** *tech.* (*Zerspanung*) a) reproduce, duplicate, *bes. Br.* copy, b) (*zweidimensional*) contour, profile.

ˈ**nachˌform|ˌfrä·sen** *v/t* ⟨*insep*, -ge-, h⟩ *tech.* **1.** copy-mill. – **2.** (*Gesenke*) die-sink. — **N~ˌfräs·maˌschi·ne** *f* **1.** copy-milling machine, copying miller. – **2.** (*für zweidimensionale Profile*) profiling machine, profile miller. – **3.** (*für Gesenke*) die-sinking machine.

ˈ**nachˌfor·schen I** *v/i* ⟨*sep*, -ge-, h⟩ **1.** investigate, inquire, *auch* enquire, check (up): dem Verbleib der Karten ~ to investigate where the cards are; ich werde in der Sache ~ I will look (*od.* inquire) into the matter, I will investigate the matter. – **2.** (*offiziell untersuchen*) make (*od.* hold, conduct) an investigation (*od.* inquiry, *auch* enquiry, inquest). – **3.** j-m ~ to search (*od.* inquire) for s.o., to try to trace s.o. – **4.** (*wissenschaftlich*) (in *dat* in) research, do (*od.* carry on) research. – **II** *v/t* **5.** investigate: wir forschen nach, wo er ist we are investigating where he is. – **III N~** *n* ⟨-s⟩ **6.** *verbal noun.* — ˈ**Nachˌfor·schung** *f* **1.** *cf.* Nachforschen. – **2.** investigation, inquiry, *auch* enquiry, inquest: ~en anstellen to make (*od.* hold) investigations, to conduct inquiries; die ~en über die Affäre verliefen ergebnislos the investigations of (*od.* the inquiry into, the inquest of) the affair yielded no results. – **3.** (*wissenschaftliche*) research, investigation. – **4.** (*Suche*) (nach after, for) (re)search.

'Nach,fra·ge *f* ⟨-; -n⟩ **1.** *econ.* demand, need, requirements *pl*: Angebot und ~ supply and demand; große [lebhafte, elastische] ~ great [brisk, elastic] demand; die gesamtwirtschaftliche ~ overall demand; die ~ nach Zucker the demand for sugar; dafür besteht keine ~ there is no market for that; eine ~ befriedigen (*od.* decken) to meet (*od.* supply) a demand; die ~ nach Öl stieg the need for oil rose, oil met with increased demand. – **2.** (*zweite Anfrage*) second (*od.* repeated) inquiry (*auch* enquiry). – **3.** *lit.* (*Erkundigung*) inquiry, *auch* enquiry: danke der (gütigen) (*od.* für die [gütige]) ~ *colloq.* thank you for the kind inquiry. — **~,boom** *m econ.* surge of (*od.* boom in, wave of) demand. — **~,druck** *m* ⟨-(e)s; *no pl*⟩ pressure of demand. — **~er,mäch·ti·gung** *f jur.* inquirendo. — **~funk·ti,on** *f econ.* demand curve: individuelle ~ individual demand curve. — **~,lücke** (*getr.* -k·k-) *f* demand gap, hiatus in demand (*scient.*).

'nach,fra·gen *v/i* ⟨*sep*, -ge-, h⟩ (*sich erkundigen*) (nach after) inquire, *auch* enquire, ask: ich werde erst einmal ~ I'll go and inquire first; fragen Sie morgen wieder nach call again tomorrow.

'Nach,fra·ge,stoß *m econ.* surge of demand, sudden impact of demand.

'Nach,frist *f econ. jur.* respite, period of grace.

'nach,füh·len I *v/t* ⟨*sep*, -ge-, h⟩ **1.** *cf.* nachempfinden 1. – **2.** (*verstehen*) understand: ich kann dir deine Enttäuschung ~ I can understand your disappointment. – **II** *v/i* **3.** *fig.* (*einer Sache auf den Grund gehen*) probe: als sie näher nachfühlte, stellte sich heraus, daß er schon verheiratet war when she probed more deeply it turned out that he was married already. – **4.** *mil.* probe: der Feind fühlte an mehreren Stellen nach the enemy probed at various points. — **'nach,füh·lend I** *pres p.* – **II** *adj* understanding, sympathizing *Br. auch* -s-.

'Nach,führ|,mo·tor *m* (*space*) slaving torque motor. — **~sy,stem** *n* slaving system.

'nach,füll·bar *adj* refillable.

'nach,fül·len I *v/t* ⟨*sep*, -ge-, h⟩ **1.** (*Tasse, Tank etc*) refill, fill up, top up, replenish: j-s Glas ~ to fill up s.o.'s glass. – **2.** (*Flüssigkeit etc*) add: Benzin ~ to refuel; Öl ~ to add oil. – **3.** (*Kissen*) restuff. – **II** *v/reflex* sich ~ **4.** *tech.* refill itself, be self-feeding. – **III N~** *n* ⟨-s⟩ **5.** *verbal noun.* — **'Nach,fül·lung** *f* **1.** *cf.* Nachfüllen. – **2.** refill.

'nach,gaf·fen *v/i* ⟨*sep*, -ge-, h⟩ j-m ~ *contempt.* to stare (*od.* gape) after s.o.

'Nach,gang *m only in* im ~ zu unserem Schreiben *econ.* further to our letter.

'nach,gän·gig *adj gastr.* (*Wein*) tasting of the cask.

'nach,gä·ren *brew.* **I** *v/i* ⟨*irr, sep*, -ge-, h⟩ ferment again: Bier ~ lassen to cleanse beer. – **II N~** ⟨-s⟩ *verbal noun.* — **'Nach,gä·rung** *f* **1.** *cf.* Nachgären. – **2.** after-fermentation, *Br.* after-fermentation, secondary fermentation.

'nach,ge·ben I *v/i* ⟨*irr, sep*, -ge-, h⟩ **1.** (*von Erde, Grund etc*) yield, give (way): der Moorboden gab (unter seinen Füßen) nach the marshy soil gave (way) (under his feet). – **2.** (*von Balken, Fußboden etc*) yield, give (way), sag, buckle: das Dach gab unter der Last des Schnees nach the roof sagged under the weight of the snow. – **3.** *cf.* dehnen 12—14. – **4.** (*schlaff werden*) relax, slacken. – **5.** *fig.* (*Widerstand aufgeben*) (*dat* to) yield, give in, give way, submit, succumb, surrender: nicht ~ wollen to die hard; nur nicht ~ never say die; der Klügere gibt nach (*Sprichwort*) *etwa* the wiser head gives in. – **6.** *fig.* (*unter Druck nachgeben*) concede, relent: stillschweigend ~ to acquiesce; auf ihre dringenden Bitten hin gab er nach at her urgent requests he relented. – **7.** *fig.* (*klein beigeben*) knuckle under, cave in, come round, climb down. – **8.** j-m ~ *fig.* a) (*nachsichtig*) to indulge s.o., to humor (*bes. Br.* humour) s.o., to comply with s.o., to let s.o. have his way, b) (*aus Respekt*) to submit to s.o.: die Mutter gab ihrem kranken Kinde nach the mother indulged (*od.* pampered) her sick child; der Sohn gibt dem Vater nach the son submits to the father. – **9.** *fig.* (*in Wendungen wie*) j-s Bitten (*od.* Drängen) ~ to grant (*od.* give in to) s.o.'s requests; einem Impuls ~ to succumb to an impulse; er gab all ihren Launen nach he indulged (in) (*od.* complied with) all her humo(u)rs; er gab seinem Verlangen nach einer Zigarette nach he indulged (himself) (in) his craving for a cigarette. – **10.** in seinen Forderungen ~ *fig.* to moderate one's demands. – **11.** j-m in nichts ~ *fig.* to be by no means inferior to s.o.: er gibt ihm an (*od.* im) Wissen nichts nach he is not inferior to him in knowledge. – **12.** *econ.* (*von Kurs, Preis etc*) decline, give way, go down, fall. – **13.** *hunt.* (*von Hunden*) lag on the scent. – **II** *v/t* **14.** (*zusätzlich geben*) give more: sich (*dat*) etwas Gemüse ~ lassen to ask for another helping of vegetables; geben Sie mir bitte noch etwas Suppe nach please give me some more soup. – **III N~** *n* ⟨-s⟩ **15.** *verbal noun*: j-n zum N~ veranlassen to cause s.o. to relent.

'nach·ge,bil·det I *pp.* – **II** *adj* imitated, imitative, ectypal (*lit.*).

'nach·ge,bo·ren *adj* **1.** born after one's father's death, posthumous, after-born. – **2.** born after one's parents' divorce. – **3.** (*jünger*) born later, after-born, junior, younger.

'Nach·ge,bühr *f* (*postal service*) postage due, *Br. auch* excess postage.

'Nach·ge,burt *f* **1.** *med. zo.* afterbirth, *Br.* after-birth; placenta, secundines *pl*, secondines *pl* (*scient.*). – **2.** *vet.* afterbirth, cleansings *pl*, *bes. Br.* cleanings *pl*.

'Nach·ge,burts|,blu·tung *f med.* postpartum h(a)emorrhage. — **~,vor,fall** *m* placental prolapse.

'nach,ge·hen *v/i* ⟨*irr, sep*, -ge-, sein⟩ **1.** j-m ~ to follow (*od.* go after) s.o.: j-m auf Schritt und Tritt ~ to be at s.o.'s heels, to dog s.o. – **2.** (*einem Geräusch etc*) follow. – **3.** (*einer Spur etc*) pursue, trace, trail, track: der Detektiv ging den Spuren des Verbrechers nach the detective was trailing the criminal (*od.* was on the criminal's tracks). – **4.** *fig.* (*einem Problem, Vorfall etc*) investigate, inquire (*auch* enquire) into, trace, look (*od.* go) into, follow up, check up on: einer Sache ~ to check up on a matter; einem Gerücht ~ to follow up a rumo(u)r. – **5.** (*einem Geschäft, Beruf etc*) attend to, pursue: seiner Arbeit ~ to pursue one's work. – **6.** (*einer Neigung etc*) follow, pursue, indulge in, seek: seinem Vergnügen ~ to follow one's pleasure, to be out for a good time. – **7.** (*von Uhr*) lose (time), be (*od.* go) slow: die Uhr geht nach the watch is slow; meine Uhr geht fünf Minuten nach my watch is five minutes slow (*od.* has lost five minutes). – **8.** *colloq.* (*fortwirken*) affect: dieses Ereignis ging ihm lange nach this affair affected him for a long time. — **'nach,ge·hend I** *pres p.* – **II** *adj* (*Uhr*) slow.

'nach·ge,las·sen I *pp of* nachlassen. – **II** *adj* (*Werke etc*) posthumous.

'nach·ge,macht I *pp.* – **II** *adj* **1.** (*Handschrift, Dokumente etc*) false, spurious, sham, fake, phon(e)y (*attrib*) (*colloq.*). – **2.** (*Leder etc*) artificial, imitated, imitation (*attrib*). – **3.** (*Münzen, Papiergeld etc*) counterfeit, forged, bogus (*attrib*).

'nach·ge,nannt *adj* mentioned below, *bes. Br.* undermentioned.

'nach·ge,ord·net *adj* **1.** *jur. pol.* subordinate(d), lower, junior, puisne (*scient.*): die ~en Behörden [Dienststellen] the lower authorities [offices]. – **2.** *mil.* subordinate, subsidiary.

'nach·ge'ra·de *adv colloq.* **1.** (*schließlich*) after all, by now, by this time: das müßtest du ~ wissen you should know that by now. – **2.** (*allmählich*) gradually, little by little, by degrees: dein ewiges Jammern wird mir ~ zuviel your constant complaining is slowly getting under my skin. – **3.** (*geradezu*) really, positively: er ist ~ unerträglich he is really unbearable.

'nach·ge,ra·ten *v/i* ⟨*irr, sep, pp* nachgeraten, sein⟩ j-m ~ to take after s.o.

'Nach·ge,richt *n gastr.* dessert.

'Nach·ge,sang *m* (*im griech. Drama*) epode.

'Nach·ge,schmack *m* aftertaste, *Br.* after-taste, lingering taste: scharfer ~ tang; einen üblen ~ hinterlassen *auch fig.* to leave a bad taste in one's mouth.

'nach·ge,stellt I *pp.* – **II** *adj ling.* postpositive: ~e Präposition postposition.

'nach·ge,wie·se·ner'ma·ßen *adv* evidently, as has been proved (*od.* shown).

'nach,gie·big [-,giːbɪç] *adj* **1.** (*Erde, Grund etc*) yielding, unresisting, soft. – **2.** *fig.* (*leicht umzustimmen*) yielding, flexible, pliable, compliant, acquiescent, consenting, relenting, placable: seine Bitten machten mich ~ his entreaties made me give in. – **3.** *fig.* (*nachsichtig*) yielding, forbearing, indulging, indulgent, lenient, soft, easy(-going): du bist ihm gegenüber zu ~ you are too forbearing with him; sich ~ zeigen to be indulgent. – **4.** *metall.* a) (*biegsam*) pliable, b) (*federnd*) flexible, c) (*verformbar*) ductile. — **'Nach,gie·big·keit** *f* ⟨-; *no pl*⟩ **1.** yieldingness, softness. – **2.** *fig.* yieldingness, flexibility, pliability, acquiescence, compliance, compliancy, placability. – **3.** *fig.* forbearance, indulgence, leniency. – **4.** *metall.* a) pliability, b) flexibility, c) ductility.

'nach,gie·ßen I *v/t* ⟨*irr, sep*, -ge-, h⟩ **1.** add, pour in more: soll ich Ihnen noch etwas ~? may I fill up your cup? – **2.** (*art*) take a cast of (*od.* from), cast from. – **II** *v/i* **3.** fill up.

'Nach,glanz *m* afterglow, reflection, *Br. auch* reflexion.

'nach,gra·ben *v/i* ⟨*irr, sep*, -ge-, h⟩ (*einem Schatz etc*) dig for.

'nach,grü·beln *v/i* ⟨*sep*, -ge-, h⟩ (über *acc*) ponder ([up]on, over), muse ([up]on), brood (over, [up]on), revolve (*s.th.*) in one's mind, mull (over): einer (*od.* über eine) Äußerung ~ to ponder over an utterance; der (*od.* über die) Vergangenheit ~ to brood over the past.

'nach,gucken (*getr.* -k·k-) *v/i* ⟨*sep*, -ge-, h⟩ j-m ~ *colloq.* to follow s.o. with one's eyes.

'Nach,guß *m* (*art*) second cast, cast (*od.* copy) from another one.

'Nach,hall *m* **1.** *phys.* a) reverberation, artificial echo, b) echo, resonance, reflected sound. – **2.** *fig.* echo, response: seine Rede fand starken ~ im Publikum his speech met with a strong response in the audience. — **'nach,hal·len** *v/i* ⟨*sep*, -ge-, h⟩ **1.** *phys.* reverberate, resound, (re-)echo: einen Ton ~ lassen to reflect (*od.* re-echo) a sound. – **2.** *fig. lit.* (*von Ruhm etc*) last (*od.* endure) for a long time.

'nach,hal·ten ⟨*irr, sep*, -ge-, h⟩ **I** *v/t* eine Stunde ~ to make up for an omitted lesson, to give an omitted lesson later. – **II** *v/i* hold out, last, make a lasting impression: das hält nach that lasts.

'nach,hal·tig I *adj* **1.** (*andauernd*) lasting, durable, permanent, enduring, persistent: eine ~e Wirkung a lasting effect; ein ~er Eindruck an enduring impression; eine ~e Besserung a durable improvement. – **2.** (*stark*) vigorous, forcible, strong: ein ~er Widerstand a vigorous resistance. – **3.** (*forestry*) *only in* ~e Nutzung *cf.* Nachhaltigkeit 3. – **II** *adv* **4.** (*andauernd*) lastingly, for a long time: j-n ~ beeinflussen to have a lasting influence on s.o. – **5.** (*wiederholt*) persistently, repeatedly, again and again, over and over: den Hausfrieden ~ stören *jur.* to invade the privacy of a home persistently. — **'Nach,hal·tig·keit** *f* ⟨-; *no pl*⟩ **1.** lastingness, durableness. – **2.** vigor, *bes. Br.* vigour. – **3.** (*forestry*) sustained yield method.

'Nach,hand *f* ⟨-; *no pl*⟩ *cf.* Hinterhand 1. — **~,läh·mung** *f vet.* paralysis of the hind legs.

'nach,hän·gen *v/i* ⟨*irr, sep*, -ge-, h⟩ **1.** (*dat*) indulge (in), give one's self (*od.* oneself) up (to), give free play (*od.* way) (to), be lost (in): seinen Gedanken ~ to give way to one's thoughts; seinen Erinnerungen ~ to be lost in remembrances. – **2.** *colloq.* (*zurückbleiben*) hang back, lag (*od.* tag, trail) behind. – **3.** auf der Fährte ~ *hunt.* to go after, to follow a trail with dogs.

,Nach'hau·se|,ge·hen *n only in* beim ~ on the way home. — **~,weg** *m* way home.

'nach,hei·zen *v/i u. v/t* ⟨*sep*, -ge-, h⟩ put more fuel on the fire.

'nach,hel·fen *v/i* ⟨*irr, sep*, -ge-, h⟩ **1.** j-m ~ a) to help s.o. on, to assist s.o., to give s.o. assistance, b) (*j-n fördern*) to boost s.o., to give s.o. a leg up, c) *ped.* to coach (*od.* tutor) s.o., to give private tuition to s.o., d) *colloq.* (*j-n antreiben*) to push (*od.* prod) s.o.: j-m in Französisch (*od.* im Französischen) ~ to coach s.o. in French.

– **2.** einer Sache ~ a) to push s.th. forward (*od.* on), b) (*etwas fördern*) to boost s.th., to give s.th. a leg up, c) (*dem Aussehen etc*) to touch s.th. up: **seinem Glück etwas** ~ to help one's luck along a bit; **seiner Schönheit durch Schminke** ~ to improve (*od.* touch up) one's beauty with make-up.

nach·her [ˌnaːxˈheːr; ˈnaːxˌheːr] *adv* **1.** (*darauf*) after that, afterward(s), subsequently: **vorher und** ~ before and since. – **2.** (*später*) later (on): **bis** ~! see you later! so long! – **3.** *Bavarian dial.* thus, so, then: ~ **stimmt's** well then, it's right.

ˈNachˌherbst *m cf.* Spätherbst.

ˌnachˈhe·rig *adj* ⟨*attrib*⟩ *rare for* **folgend** 3, 4, **später** 1, 2.

ˈnachˌhet·zen I *v/t* ⟨*sep*, -ge-, h⟩ **1.** j-m **einen Hund** ~ to set a dog on s.o. – **2. Hunde dem Wild** ~ *hunt.* to send dogs after game. – **II** *v/i* ⟨sein⟩ **3.** j-m ~ *fig. colloq.* to hasten (*od.* hurry, *colloq.* hotfoot it) after s.o. – **4.** *hunt.* (*dat* after) rush.

ˈNachˌhieb *m* **1.** (*beim Fechten*) remise, cut after parrying. – **2.** (*forestry*) removal cutting (*od.* felling), *Am.* relogging, *Br.* secondary felling.

ˈNachˌhil·fe *f* **1.** aid, assistance, help. – **2.** (*Förderung*) boost. – **3.** *ped. colloq. for* Nachhilfeunterricht. — **~ˌleh·rer** *m ped.* tutor, coach. — **~ˌleh·re·rin** *f* tutoress, coach. — **~ˌstun·de** *f ped.* **1.** private lesson. – **2.** *pl cf.* Nachhilfeunterricht. — **~ˌun·terˌricht** *m* private lessons *pl*, coaching: j-m ~ **geben** to coach (*od.* tutor) s.o.; ~ **nehmen** to take private lessons; **er hatte** ~ **in Französisch** he had some coaching in French.

ˈnachˌhinˌein *adv only in* **im** ~ afterward(s), after the event, in retrospect.

ˈnachˌhin·ken *v/i* ⟨*sep*, -ge-, sein⟩ **1.** (*dat*) limp (*od.* hobble) after: j-m ~ to limp after s.o. – **2.** *fig.* (*nicht Schritt halten*) lag behind, draggle, trail.

ˈNachˌhol·beˌdarf *m* ⟨-(e)s; *no pl*⟩ *bes. econ.* pent-up (*od.* backlog) demand.

ˈnachˌho·len *v/t* ⟨*sep*, -ge-, h⟩ **1.** (*wettmachen*) make up for, catch up on, retrieve, recover, make good, overtake: **rückständige Korrespondenz** ~ to overtake arrears of correspondence; **Schlaf** ~ to catch up on one's sleep; **eine Stunde** ~ *ped.* to give (*od.* take) a lesson later on; **etwas Versäumtes** ~ to recover lost ground; **das ist nicht mehr nachzuholen** that is beyond recovery (*od.* irretrievable); **er hat viel nachzuholen** he has a lot to catch up on. – **2.** (*später holen*) collect (*od.* fetch, get, pick up) later (*od.* afterward[s]): **wenn du nicht fertig bist, holen wir dich nach** if you are not ready we'll pick you up later.

ˈNachˌhut *f* ⟨-; -en⟩ *mil.* rear (guard), arrière-garde: **die** ~ **bilden [heranführen]** to form [to bring up] the rear. — **~geˌfecht** *n* rearguard action.

ˈnachˌimp·fen I *v/t* ⟨*sep*, -ge-, h⟩ *med.* a) reinoculate, b) (*gegen Pocken*) revaccinate. – **II N~** *n* ⟨-s⟩ *verbal noun.* — **ˈNachˌimp·fung** *f* **1.** *cf.* Nachimpfen. – **2.** a) reinoculation, b) (*gegen Pocken*) revaccination.

ˈnachˌja·gen I *v/i* ⟨*sep*, -ge-, sein⟩ (*dat*) **1.** *hunt.* (*nachhetzen*) chase (*od.* hunt) (after), give chase (to): **die Hunde jagen dem Hirsch nach** the dogs chase (after) the stag. – **2.** (*nacheilen*) chase (after), give chase (to), be in pursuit (of), run (after), pursue (*s.o.*) in hot haste, *Am. colloq.* shag (*acc*): **die Polizei jagte den Verbrechern nach** the police followed the criminals in hot pursuit. – **3.** *fig.* (*zu erreichen suchen*) hunt (for, after), pursue (*acc*), scramble (for): **einer Einbildung** (*od.* **Phantomen**) ~ to catch at shadows; **dem Erfolg** ~ to hunt for success; **dem Reichtum [Geld]** ~ to scramble for wealth [money]; **Vergnügungen** ~ to seek pleasure, to racket about. – **II** *v/t* **4.** j-m **Hunde** ~ to send dogs in pursuit of s.o. – **5.** *fig.* send after, send in pursuit of: j-m **eine Kugel** ~ to send a bullet after s.o., to fire a shot after s.o.; j-m **ein Telegramm** ~ to send a telegram after s.o.

ˈnachˌjam·mern *v/i* ⟨*sep*, -ge-, h⟩ j-m [**einer Sache**] ~ *cf.* nachweinen.

ˈnach·juˌstie·ren I *v/t* ⟨*sep*, *no* -ge-, h⟩ readjust, correct, reset, true up. – **II N~** *n* ⟨-s⟩ *verbal noun.* — **ˈNach·juˌstie·rung** *f* ⟨-; -en⟩ **1.** *cf.* Nachjustieren. – **2.** readjustment.

ˈnachˌkau·en *v/t* ⟨*sep*, -ge-, h⟩ **1.** chew again. – **2.** j-m **alles** ~ *fig. colloq.* to repeat mechanically everything s.o. says.

ˈnachˌkau·fen *v/t* ⟨*sep*, -ge-, h⟩ **1.** buy afterward(s) (*od.* later). – **2.** buy (*s.th.*) in addition. – **3.** buy replacement(s) for.

ˈnachˌkeu·chen *v/i* ⟨*sep*, -ge-, sein⟩ (*dat* after) pant, gasp.

ˈNachˌkind *n* **1.** child born after its father's death. – **2.** child of a second marriage.

ˈNachˌklang *m* **1.** resonance, reverberation, echo. – **2.** *fig.* (*Erinnerung*) reminiscence, recollection: **ein** ~ **der Jugend** a recollection of youth. – **3.** *fig.* (*Nachwirkung*) aftereffect, *Br.* after-effect, repercussion: **seine Rede hatte einen starken** ~ his speech had a strong aftereffect.

ˈNachˌklas·sik *f* postclassicism, *Br.* post-classicism. — **ˈnachˌklas·sisch** *adj* postclassic(al), *Br.* post-classic(al).

ˈnachˌklin·gen *v/i* ⟨*irr*, *sep*, -ge-, h⟩ **1.** (re)echo, resound, resonate, reverberate. – **2.** *fig.* linger in one's mind (*od.* memory): **seine Worte klingen noch immer in mir nach** his words still linger in my mind.

ˈNachˌkom·me [-ˌkɔmə] *m* ⟨-n; -n⟩ **1.** (direct) descendant (*auch* descendent), offspring, issue: **die** ~**n** the descendants, the issue *sg*, the progeny *sg*; **zwei** ~**n** two offspring; **ohne** ~**n** without issue, issueless; **ohne männliche** ~**n** without male issue. – **2.** *jur.* child, issue. – **3.** *zo.* offspring, descendant.

ˈnachˌkom·men *v/i* ⟨*irr*, *sep*, -ge-, sein⟩ **1.** (*später kommen*) follow, come later: **geht schon voraus, ich werde gleich** ~ you go ahead, I'll come after (*od.* be with, join) you presently. – **2.** (*folgen*) follow (*od.* come, go, walk) after: j-n ~ **lassen** to let s.o. follow; **ist dir jemand nachgekommen?** did anyone follow you? → **Ende** 1. – **3.** (*Schritt halten*) keep up (*od.* pace) with: **gehen wir dir zu schnell, oder kannst du** ~? are we walking too fast for you, or can you keep up? **nicht** ~ to drag behind. – **4.** *fig.* (*folgen können*) be able to follow, keep up: **bitte diktieren Sie nicht so schnell, ich komme nicht nach** please don't dictate so fast, I cannot keep up. – **5.** (*einer Pflicht etc*) meet, satisfy, fulfil, *Am. auch* fulfill, correspond (*od.* comply) with: **seinen Verbindlichkeiten** ~ a) to meet one's obligations (*od.* engagements), b) (*finanziellen*) to pay one's dues (*od.* one's way), to cover (*od.* discharge) one's liabilities; **seinen Zahlungsverpflichtungen nicht** ~ to default on one's payments. – **6.** (*einem Versprechen, einer Verpflichtung etc*) redeem, keep. – **7.** (*einem Wunsch, Befehl etc*) comply with, follow, obey: **einer Vorschrift** ~ to follow a direction; **einer Vorladung** ~ to comply with a summons; **einer Bitte** ~ to grant (*od.* accede to) a request. – **8.** (*einem Gesetz etc*) observe, adhere (*od.* submit) to. — **ˈnachˌkom·mend I** *pres p*: **Ihrer Bitte** ~ in compliance with your request. – **II** *adj* subsequent, later, posterior.

ˈNachˌkom·men·schaft *f* ⟨-; *no pl*⟩ **1.** offspring (*construed as sg or pl*), descendants, *auch* descendents *pl*, descent, progeniture, issue; progeny, posterity (*collect.*): **zahlreiche** ~ **haben** to have many descendants. – **2.** *jur.* issue, proles *pl*. – **3.** *Bibl.* fruit, seed.

ˈNachˌkömm·ling [-ˌkœmlɪŋ] *m* ⟨-s; -e⟩ **1.** *cf.* Nachkomme 1. – **2.** child born late, late arrival in the family.

ˈnachˌkön·nen *v/i* ⟨*irr*, *sep*, -ge-, h⟩ *colloq.* (*mithalten können*) be able to keep up.

ˈNach·konˌtrol·le *f tech.* control, check(ing), inspection. — **ˈnach·kon·trolˌlie·ren** *v/t* ⟨*sep*, *no* -ge-, h⟩ check (up), inspect, control.

ˈNachˌkriegs|erˌschei·nung *f* postwar (*Br.* post-war) phenomenon, aftereffects (*Br.* after-effects) *pl* of the war. — **~ˌjah·re** *pl* postwar (*Br.* post-war) years. — **~verˌhält·nis·se** *pl* postwar (*Br.* post-war) conditions. — **~ˌzeit** *f* postwar (*Br.* post-war) (*od.* postbellum) period (*od.* era).

ˈNachˌkur *f med.* aftertreatment, *Br.* after-treatment, follow-up treatment.

ˈnachˌla·den I *v/t* ⟨*irr*, *sep*, -ge-, h⟩ **1.** (*Batterie*) boost, recharge, *Br.* re-charge. – **2.** (*Motor*) boost, supercharge. – **3.** *mil.* reload. – **II N~** *n* ⟨-s⟩ **4.** *verbal noun.* — **ˈNachˌla·dung** *f cf.* Nachladen.

ˈNachˌlaß *m* ⟨-sses; -sse *u.* ⸚sse⟩ **1.** *jur.* (*Erbschaft etc*) inheritance, estate, left property: **der aktive** ~ the assets *pl*; **einen** ~ **ordnen** (*od.* **verwalten**) to execute a will, to be executor of (*od.* to administer) an estate; **Klage auf Herausgabe des Nachlasses** action for recovery of the inheritance; **den** ~ **veräußern** to dispose of (*od.* to sell) the estate. – **2.** *jur.* (*einer Strafe etc*) remission. – **3.** *econ.* (*von Preis etc*) deduction, reduction, allowance, abatement, rebate, discount, remission: **einen** ~ **gewähren** to grant (*od.* allow) a reduction; **einen** ~ **fordern** to demand an allowance. – **4.** *econ.* (*von Steuern, Schulden etc*) reduction, remission, abatement. – **5.** *fig.* remains *pl*: **der literarische** ~ the literary bequest (*od.* remains *pl*), the posthumous works *pl*. – **6.** *relig.* (*der Sünden*) remission.

ˈnachˌlas·sen I *v/i* ⟨*irr*, *sep*, -ge-, h⟩ **1.** (*von Hitze, Kälte etc*) abate. – **2.** (*von Regen, Sturm etc*) abate, subside, (*von Sturm, Zorn*) *auch* calm (*od.* die, settle) down. – **3.** (*von Lärm etc*) abate. – **4.** (*von Eifer, Interesse etc*) slack off, slacken, fall off, wane, fade away, weaken, diminish, grow less. – **5.** (*von Leistung, Qualität etc*) fall off: **er hat in seiner Arbeit sehr nachgelassen** he fell off considerably in his work. – **6.** (*von Kraft, Gesundheit etc*) weaken, wane, fail, wither away. – **7.** (*von Gehör, Sehschärfe etc*) fail, weaken. – **8.** (*von Druck, Spannung etc*) slacken, relax, lessen. – **9.** (*von Widerstand*) weaken, slacken. – **10.** (*von Schmerz, Bedrängnis etc*) ease off. – **11.** (*von Gefahr*) diminish. – **12.** (*von Fieber*) abate, go down, decline. – **13.** (*von Gefühlen*) cool (down). – **14.** **an Geschwindigkeit** ~ to lose speed, to slow down, to slacken. – **15.** *econ.* a) (*von Absatz, Nachfrage etc*) fall off, decline, recede, slacken, lessen, b) (*von Preisen*) drop, decline: **die Geschäfte lassen nach** business is slackening. – **16.** (*aufgeben, aufhören*) give up, cease, leave off, stop: **ich werde nicht** ~, **bis ich mein Ziel erreicht habe** I won't give up until I have reached my goal; **nicht** ~! don't give up! keep it up! → **Schreck**. – **II** *v/t* **17.** *jur.* (*vermachen*) leave, bequeath, transmit. – **18.** *jur.* (*Strafe*) mitigate, remit part of. – **19.** *econ.* (*Preis, Steuern etc*) take off, allow, abate, remit, deduct, make an allowance on; **zehn Prozent vom Preis** ~ to deduct ten per cent from the price; **wir können von unserer Forderung nichts** ~ we cannot make any allowances on our demand, we cannot recede from our terms; **ich werde keinen Pfennig** ~ I'll not knock off a single cent (*Br.* halfpenny). – **20.** (*Seil etc*) slacken, slack (off), relax, ease (off), loosen, let go: **die Zügel ein wenig** ~ *auch fig.* to slacken the reins a bit. – **21.** (*Schraube etc*) loosen, slacken. – **22.** *metall. cf.* **tempern**. – **23.** (*textile*) (*Kette*) loosen. – **III N~** *n* ⟨-s⟩ **24.** *verbal noun.* – **25.** (*von Hitze, Lärm etc*) abatement, (*von Regen, Sturm*) *auch* subsidence. – **26.** (*von Eifer, Interesse, Leistung, Qualität etc*) diminution, decrease. – **27.** (*von Kraft, Gesundheit etc*) failure, decline. – **28.** (*von Druck, Spannung etc*) relaxation. – **29.** (*von Fieber*) abatement, decline. – **30.** *econ.* decline. – **31.** *jur.* mitigation, remission. — **ˈnachˌlas·send I** *pres. p.* – **II** *adj* **1.** (*rückläufig*) regressive. – **2.** (*Fieber*) remittent.

ˈNachˌlas·sen·schaft *f* ⟨-; -en⟩ *jur. obs. for* Nachlaß 1.

ˈNachˌlas·ser *m* ⟨-s; -⟩ *obs. for* **Erblasser**.

ˈNachˌlaß|ˌge·genˌstand *m meist pl jur.* asset (*od.* object forming part) of an estate. — **~geˌricht** *n* probate court, *Am.* register's court, *auch* ordinary's (*od.* surrogate's) court. — **~ˌgläu·bi·ger** *m* creditor to (*od.* of) an estate, *Am. auch* creditor to a decedent's estate.

ˈnachˌläs·sig I *adj* **1.** (*ohne Sorgfalt*) careless, negligent, neglectful, slack, remiss, sloppy (*colloq.*), *Am. auch* derelict: **in seiner Arbeit** ~ **werden** to become neglectful of (*od.* slacken in) one's work; **bei der Arbeit** ~ **sein** to slack (*od.* be negligent) in one's work; **er schreibt einen** ~**en Stil** he writes (in) a sloppy (*od.* slipshod) style. – **2.** (*unaufmerksam*) inattentive, heedless, unheeding, regardless, inadvertent. – **3.** (*ungenau*) inexact, inaccurate. – **4.** (*schlampig*) careless, slovenly, slipshod, dowdy, dowdyish, sloppy (*colloq.*), *Am. colloq.* tacky: ~**e Kleidung** sloppy dress. – **5.** (*lässig*) careless, lax, nonchalant, casual. – **II** *adv* **6.** ~ **arbeiten** to work carelessly (*od.* in a careless manner); **er tat es nur** ~ he only did it in (*od.* after) a fashion; **sie war sehr** ~ **gekleidet** she was dressed very sloppily; **er lehnte sich ~ zurück** he leant back nonchalantly.

'nachˌläs·si·ger'wei·se *adv* carelessly enough.

'Nachˌläs·sig·keit *f* ⟨-; -en⟩ **1.** (*mangelnde Sorgfalt*) carelessness, negligence, neglect, neglectfulness, slackness, sloppiness (*colloq.*). – **2.** (*Unaufmerksamkeit*) inattentiveness, heedlessness, inadvertence. – **3.** (*Ungenauigkeit*) inexactitude, inexactness, inaccuracy. – **4.** (*Schlampigkeit*) carelessness, slovenliness, sloppiness (*colloq.*). – **5.** (*Lässigkeit*) carelessness, laxity, nonchalance, casualness.

'NachˌlaßǀinˑvenˌtarB *n jur.* inventory of an estate. — **~konˌkurs** *m* insolvency (*od.* bankruptcy) of an estate (*bes. Am.* of a decedent's estate). — **~ˌmas·se** *f* bulk (*od.* mass) of an inheritance, property to be divided (*od.* distributed) among the heirs, estate. — **~ˌpfle·ger** *m* curator (*od.* administrator) of an estate, personal representative, curator cujus (*scient.*). — **~ˌrich·ter** *m* probate court judge, judge of (*od.* in) probate, *Am.* register of wills, judge of register's court, *auch* surrogate, ordinary. — **~ˌschuld** *f meist pl* debts *pl* of an estate. — **~ˌsteu·er** *f econ. cf.* Erbschaftssteuer. — **~verˌbind·lich·keit** *f meist pl jur.* liabilities *pl* (*od.* debts *pl*) of an estate. — **~verˌfah·ren** *n* probate procedure (*od.* proceedings *pl*). — **~verˌwal·ter** *m cf.* Nachlaßpfleger. — **~verˌwal·tung** *f* administration of an estate. — **~verˌzeich·nis** *n cf.* Nachlaßinventar.

'Nachˌlauf *m* **1.** *tech.* caster (*bes. Br.* castor) (action, length), camber-and-pivot inclination, backward cant. – **2.** *chem.* afterrun, *Br.* last (*od.* second) runnings *pl*, (*des Zuckers*) drips *pl*, singlings *pl*. – **3.** *electr.* automatic control. – **4.** *aer.* wake. – **5.** *auto.* (*des Motors*) after-running. – **6.** ~ **spielen** (*od. colloq.* **machen**) *Western G.* to play tag.

'nachˌlau·fen I *v/i* ⟨*irr, sep,* -ge-, sein⟩ (*dat*) **1.** (*verfolgend*) follow, run after: **einem Ball ~** to run after (*Am. colloq.* shag) a ball. – **2.** *fig.* (*aufdringlich, werbend*) run (*od.* tail, tag) after: **einem Mädchen ~** to run (*od.* dangle) after a girl; **wir laufen niemandem nach** *colloq.* we won't force ourselves (up)on anybody. – **3.** *fig.* (*einer Sache*) follow, pursue: **einem Trugbild ~** to pursue a phantom. – **4.** *tech.* a) (*beim Formdrehen*) follow, b) (*von Motoren*) slow down. – **5.** *electr.* lag (*od.* go) behind: **der Strom läuft der Spannung nach** the current lags behind the voltage. – **6.** (*beim Billard*) **mit einem Ball ~, seinen Ball ~ lassen** to do a running-through stroke, to run a ball through. – **II N~** *n* ⟨-s⟩ **7.** *verbal noun.*

'Nachˌlaufˌwinˑkel *m auto.* caster (*bes. Br.* castor) angle.

'Nachˌlaut *m ling.* transitional sound, off-glide.

'nachˌle·ben I *v/i* ⟨*sep,* -ge-, h⟩ (*dat*) **1.** (*einem Vorbild etc*) live according (*od.* up) to, emulate, follow. – **II N~** *n* ⟨-s⟩ **2.** (*nach dem Tode*) afterlife. – **3.** (*von Ideen etc*) aftereffect, *Br.* after-effect: **das N~ seiner Theorien** the after(-)effect (*od.* impact) of his theories.

'nachˌle·gen I *v/t* ⟨*sep,* -ge-, h⟩ (*Holz, Kohlen etc*) put on, add: **noch etwas Holz ~** to put on (*od.* add) some more wood, to replenish a fire (with some more wood), *Br. auch* to mend the fire. – **II** *v/i* put on some more wood (*od.* coal), *Br. auch* mend the fire.

'nachˌlei·ern *v/t* ⟨*sep,* -ge-, h⟩ echo, repeat (*s.th.*) automatically, parrot.

'nachˌler·nen *v/t* ⟨*sep,* -ge-, h⟩ learn (*s.th.*) afterward(s) (*od.* later).

'Nachˌle·se *f* **1.** *agr.* a) (*Tätigkeit*) gleaning, b) (*Ertrag*) gleanings *pl*, pickings *pl*: **~ halten** to glean. – **2.** *fig.* (*Nachtrag*) second (*od.* last) selection (*od.* publication) of poems.

'nachˌle·sen I *v/t* ⟨*irr, sep,* -ge-, h⟩ **1.** *agr.* (*Ähren etc*) glean. – **2.** (*sich über etwas informieren*) read (about), look (*s.th.*) up: **du kannst es bei Goethe ~** you may look it up in Goethe's works; **ich habe es** (*od.* **darüber**) **im Lexikon nachgelesen** I read about it in the encyclop(a)edia, I consulted the encyclop(a)edia on the subject. – **3.** (*noch einmal lesen*) reread, go over (*s.th.*) again. – **4.** *print.* revise. – **II** *v/i* **5.** *agr.* glean, have a gleaning. – **6. über** (*acc*) **etwas ~** to read about s.th., to look s.th. up. – **III N~** *n* ⟨-s⟩ **7.** *verbal noun.* – **8.** *print.* revision.

'nachˌleuch·ten I *v/i* ⟨*sep,* -ge-, h⟩ **1.** continue to glow (*od.* shine). – **2.** *phys.* phosphoresce, remain fluorescent (*od.* luminescent). – **II N~** *n* ⟨-s⟩ **3.** *verbal noun.* – **4.** afterglow, *Br.* after-glow. – **5.** *phys.* phosphorescence, after(-)glow. – **6.** *telev.* persistence.

'nachˌlie·fern I *v/t* ⟨*sep,* -ge-, h⟩ *econ.* **1.** (*später liefern*) supply (*od.* deliver) (*s.th.*) subsequently (*od.* later): **das fehlende Teil wird schnellstens nachgeliefert** the missing part will be supplied (*od.* delivered) at once. – **2.** (*ergänzend liefern*) supply (*od.* deliver) (*s.th.*) in addition, repeat the supply of, complete the delivery of: **können Sie uns diesen Artikel ~?** can you repeat the supply of this article? – **II N~** *n* ⟨-s⟩ **3.** *verbal noun.* — **'Nachˌlie·fe·rung** *f* **1.** *cf.* Nachliefern. – **2.** (*spätere Lieferung*) subsequent (*od.* later) delivery (*od.* supply). – **3.** (*ergänzende Lieferung*) supplementary (*od.* additional, repeated) delivery (*od.* supply).

'nachˌlocken (*getr.* -k·k-) *v/t* ⟨*sep,* -ge-, h⟩ allure (*s.o., a dog*) to follow.

'nachˌlö·sen I *v/i u. v/t* ⟨*sep,* -ge-, h⟩ (**eine Fahrkarte**) ~ a) (*nach Fahrtantritt*) to buy (*od.* take) a ticket en route, b) (*zur Weiterfahrt*) to buy (*od.* take) a supplementary ticket, to pay the additional fare. – **II N~** *n* ⟨-s⟩ *verbal noun.*

'Nachˌlö·seˌschal·ter *m* (*railway*) excess-fare office (*od.* window), supplementary ticket office.

'Nachˌlö·sung *f* **1.** *cf.* Nachlösen. – **2.** (*nach Fahrtantritt*) purchase of a ticket en route. – **3.** (*zur Weiterfahrt*) purchase of an additional (*od.* supplementary) ticket.

'nachˌma·chen *v/t* ⟨*sep,* -ge-, h⟩ **1.** (*erneut anfertigen*) copy, duplicate: **der Schlüssel kann nicht nachgemacht werden** the key cannot be duplicated. – **2.** (*Vogelstimmen etc*) imitate, reproduce. – **3.** *colloq.* (*nachahmen*) imitate, copy, (im)personate: **j-m etwas ~** to imitate s.o. in s.th.; **er macht mir immer alles nach!** he always does as I do! **das soll mir erst (mal) einer ~** I'd like to see anyone equal that (*od.* do as well), I challenge anyone to do that. – **4.** *colloq.* (*nachäffen*) mimic, ape, mock, take off: **j-s Stimme ~** to mimic s.o.'s voice. – **5.** (*Geld, Unterschrift etc*) counterfeit, forge, fake. – **6.** (*künstlich herstellen*) imitate, copy, counterfeit. – **7.** (*später machen*) do (*od.* make) (*s.th.*) afterward(s) (*od.* later): **er mußte die Prüfung ~** he had to take a make-up examination.

'Nachˌmahd *f agr.* **1.** aftermath, second-growth mowing. – **2.** (*nachwachsendes Gras*) aftergrass.

'nachˌma·len *v/t* ⟨*sep,* -ge-, h⟩ copy, paint (*od.* draw) a copy of.

'nachˌma·lig *adj* ⟨*attrib*⟩ *rare* subsequent, later: **Prinz Friedrich, der ~e Kaiser** Prince Frederick, the subsequent emperor.

'nachˌmals *adv cf.* später 5.

'Nachˌmann *m econ.* subsequent endorser (*od.* holder).

'Nachˌmast *f agr.* second pasture.

'Nachˌmehl *n agr.* pollard, coarse flour.

'nachˌmes·sen I *v/t* ⟨*irr, sep,* -ge-, h⟩ **1.** measure (*s.th.*) again (*od.* a second time), remeasure, check the measurements of, control the size (*od.* dimension) of. – **2.** (*im Vermessungswesen*) resurvey. – **II N~** *n* ⟨-s⟩ **3.** *verbal noun.* — **'Nachˌmes·sung** *f* **1.** *cf.* Nachmessen. – **2.** check, verification. – **3.** resurvey.

'Nachˌmilch *f agr.* strippings *pl.*

'Nachˌmit·tag *m* afternoon: **später ~** late afternoon, early evening; **an einem sonnigen ~** on a sunny afternoon; **früh am ~** early in the afternoon; **an diesem ~** this afternoon; **heute n~** this afternoon, today in the afternoon; **morgen [gestern] n~** tomorrow [yesterday] (in the) afternoon; **er kommt (am) Freitag n~** he'll come (*od.* arrive) (on) Friday afternoon; **am ~ des 20. April** on (*od.* in) the afternoon of April 20th; **jeden ~ zwischen 3 und 4 (Uhr)** (on) every afternoon (*od.* in the afternoon) between 3 and 4; **sich** (*dat*) **den ~ freihalten** to keep one's afternoon free; **er wird erst am ~ ankommen** he'll arrive only in the afternoon, he'll not arrive until afternoon; **des ~s** *lit.* in the afternoon; **es war schon später** (*od.* **noch**) **~, als er kam** it was in the late afternoon when he came; **drei ~e hindurch haben wir daran gearbeitet** we have worked on it (for) three whole afternoons; **bis in den späten** (*od.* **spät in den**) **~ (hinein) schlafen** to sleep far into the afternoon; **im Laufe des ~s anrufen** to call (*Br.* ring up) some time in the afternoon.

'nachˌmit·tä·gig [-ˌmɪtɛːgɪç] *adj* ⟨*attrib*⟩ (happening in the) afternoon.

'nachˌmit·täg·lich [-ˌmɪtɛːklɪç] *adj* ⟨*attrib*⟩ (happening every) afternoon: **unsere ~en Spaziergänge** our afternoon walks.

'nachˌmit·tags *adv* **1.** (*an einem bestimmten Nachmittag*) in the afternoon. – **2.** (*jeden Nachmittag*) every afternoon, *bes. Am.* afternoons: **das Museum ist nur ~ geöffnet** the museum is open(ed) only in the afternoon; **er hat Dienstag ~ Sprechstunde** he has office hours (*od.* consulting hours) (on) every Tuesday afternoon; **wir haben zweimal die Woche ~ Englischkurs** we have 2 afternoon sessions in English a week. – **3.** (*bei genauen Zeitangaben*) in the afternoon, post meridiem, p.m., *Br. sl.* pip emma: **(um) 4 (Uhr) ~, ~ um 4 (Uhr)** (at) 4 o'clock in the afternoon, (at) 4 p.m.

'Nachˌmit·tagsǀempˌfang *m* afternoon reception, matinee, *bes. Br.* matinée. — **~ˌkaf·fee** *m* afternoon coffee: **sie saßen gerade beim ~** they were having their afternoon coffee. — **~ˌkleid** *n* (*fashion*) afternoon (*bes. Am.* cocktail) dress, tea gown. — **~ˌschläf·chen** *n* afternoon nap. — **~ˌun·terˌricht** *m ped.* afternoon instruction (*od.* classes *pl*). — **~ˌvorˌstel·lung** *f* afternoon performance, matinee, *bes. Br.* matinée.

'nachˌmit·terˌnächt·lich *adj* ⟨*attrib*⟩ (happening) after midnight.

'nachˌmu·stern I *v/t* ⟨*sep,* -ge-, h⟩ *mil.* (*Wehrpflichtige*) reexamine, *Br.* re-examine, reinspect. – **II N~** *n* ⟨-s⟩ *verbal noun.* — **'Nachˌmu·ste·rung** *f* **1.** *cf.* Nachmustern. – **2.** reexamination, *Br.* re-examination, reinspection.

'Nachˌnah·me *f* ⟨-; -n⟩ (*postal service*) **1. etwas als** (*od.* **mit, per, unter**) **~ schicken** to send s.th. cash (*bes. Am.* collect) on delivery (*od.* C.O.D.); **(Zahlung) gegen** (*od.* **per**) **~** cash (*bes. Am.* collect) on delivery, C.O.D., to be paid for on delivery; **unter ~ ihrer Spesen** carrying your charges forward; **etwas durch ~ erheben** to collect s.th. on delivery. – **2.** *colloq. for* Nachnahmesendung. — **~beˌtrag** *m* amount to be collected on delivery. — **~geˌbühr** *f* collection fee. — **~ˌkar·te** *f* cash- (*bes. Am.* collect-)on-delivery (*od.* C.O.D.) form: **~ mit anhängender Zahlkarte** cash- (*bes. Am.* collect-)on-delivery (*od.* C.O.D.) form with attached paying-in form. — **~paˌket** *n* cash- (*bes. Am.* collect-)on-delivery (*od.* C.O.D.) parcel. — **~ˌsen·dung** *f* cash- (*bes. Am.* collect-)on-delivery (*od.* C.O.D.) item. — **~verˌfah·ren** *n* C.O.D. system.

'Nachˌna·me *m* surname, last (*Am. auch* family) name.

'nachˌneh·men *v/t* ⟨*irr, sep,* -ge-, h⟩ **1. sich** (*dat*) **etwas ~** (*bei Tisch*) to take another helping of s.th. – **2.** (*postal service*) (*Betrag*) charge forward, collect on delivery.

'Nachˌnen·nung *f* (*sport*) post entry.

'Nachˌnie·re *f med.* hind kidney, metanephros (*scient.*).

'nachˌpfei·fen ⟨*irr, sep,* -ge-, h⟩ **I** *v/t* whistle (*s.th.*) by ear. – **II** *v/i* **j-m ~** to whistle after s.o.

'nachˌpflan·zen I *v/t* ⟨*sep,* -ge-, h⟩ (*Bäume, Blumen etc*) replant. – **II N~** *n* ⟨-s⟩ *verbal noun.* — **'Nachˌpflan·zung** *f* **1.** *cf.* Nachpflanzen. – **2.** replant, replantation.

'nachˌplap·pern *v/t* ⟨*sep,* -ge-, h⟩ *colloq.* repeat (*s.th.*) mechanically (*od.* automatically), parrot: **das Kind plappert alles nach, was es hört** the child repeats everything it hears.

'nach·poˌlie·ren *v/t* ⟨*sep, no* -ge-, h⟩ **1.** polish (*s.th.*) again (*od.* a second time), polish (*s.th.*) up, repolish, buff. – **2.** *bes. tech.* repolish, redress, finish-polish.

'Nachˌpor·to *n* (*postal service*) surcharge, additional charge. — **~ˌmar·ke** *f* (*in USA u. Großbritannien*) postage-due stamp.

'nachˌprä·gen I *v/t* ⟨*sep,* -ge-, h⟩ **1.** (*wieder prägen*) coin (*s.th.*) (over) again, recoin. – **2.** (*unerlaubt prägen*) counterfeit, forge. – **II N~** *n* ⟨-s⟩ **3.** *verbal noun.* — **'Nachˌprä·gung** *f* **1.** *cf.* Nachprägen. – **2.** recoinage. – **3.** (*Fälschung*) counterfeit, forgery.

'nachˌprel·len *v/i* ⟨*sep,* -ge-, h *u.* sein⟩

hunt. (*von Vorstehhund*) break point and chase.

'nachˌprüf·bar *adj* verifiable, controllable, checkable. — **'Nachˌprüf·bar·keit** *f* ⟨-; *no pl*⟩ verifiability, controllability.

'nachˌprü·fen I *v/t* ⟨*sep*, -ge-, h⟩ **1.** (*Richtigkeit etc*) check (up), make sure (of), verify, control, examine, test: **etwas genau ~** to check s.th. thoroughly (*od.* carefully), to scrutinize (*Br. auch* -s-) s.th.; **j-s Angaben ~** to check (up on) s.o.'s statements; **prüfe nach, ob die Ergebnisse stimmen!** make sure whether (*od.* if) the results are correct; **das läßt sich schwer** (*od.* **schlecht**) **~** this is hard to verify. – **2.** (*Bremsen, Reifendruck etc*) check (up), inspect. – **3.** (*erneut prüfen*) reexamine, *Br.* re-examine, recheck, review, reconsider, rejudge. – **4. j-n ~** *ped.* to examine s.o. later (*od.* afterward[s]). – **5.** *jur.* (*Gerichtsurteile etc*) review, reexamine, *Br.* re-examine. – **II N~** *n* ⟨-s⟩ **6.** *verbal noun.* — **'Nachˌprü·fung** *f* **1.** *cf.* Nachprüfen. – **2.** verification, check, examination, test: **die ~ der vorliegenden Unterlagen** the verification of (*od.* check on) the present documents (*od.* records); **genaue ~** thorough (*od.* careful) examination, scrutiny. – **3.** (*von Bremsen, Reifendruck etc*) check, inspection. – **4.** (*erneute Prüfung*) reexamination, *Br.* re-examination, recheck, review, reconsideration, rejudg(e)ment. – **5.** *ped.* second (*od.* later, additional) examination, reexamination, *Br.* re-examination. – **6.** *jur.* review, reexamination, *Br.* re-examination.

'nachˌput·zen *v/t* ⟨*sep*, -ge-, h⟩ polish (*s.th.*) again (*od.* a second time), polish (*s.th.*) up.

'nachˌra·sen *v/i* ⟨*sep*, -ge-, sein⟩ **j-m ~** *colloq.* to rush (*od.* tear) after s.o.

'nachˌrech·nen I *v/i* ⟨*sep*, -ge-, h⟩ **1.** go over the figures again, check the calculation, recalculate: **hier muß ich noch einmal ~** I have to check the figures again here. – **2.** *econ.* go over the figures again, recalculate, revise, recompute. – **II** *v/t* **3.** check, verify, reckon (*s.th.*) over again, (re)examine, *Br.* (re-)examine. – **4.** *econ.* recalculate, revise, recompute. – **III N~** *n* ⟨-s⟩ **5.** *verbal noun.* — **'Nachˌrech·nung** *f* **1.** *cf.* Nachrechnen. – **2.** reexamination, *Br.* re-examination. – **3.** *econ.* (*Ergänzungsrechnung*) supplementary invoice (*od.* bill, account).

'Nachˌre·de *f* ⟨-; *no pl*⟩ **1. üble ~** a) evil (*od.* ill) report, (foul) aspersion, detraction; backbiting, stone-throwing (*colloq.*), b) *bes. jur.* (*mündlich*) slander, defamation, (*schriftlich*) libel: **j-n in üble** (*od.* **schlechte**) **~ bringen** to cast (a foul) aspersion on s.o., to defame (*od.* slander, calumniate, *colloq.* backbite) s.o.; **üble ~ über j-n verbreiten** (*od.* **gegen j-n führen**) a) (*mündlich*) to defame (*od.* slander) s.o., b) (*schriftlich*) to libel (against *od.* on) s.o. – **2.** *jur.* (*Duplik*) rejoinder. – **3.** epilog(ue). — **'nachˌre·den** *v/t* ⟨*sep*, -ge-, h⟩ **1.** repeat (*s.th.*) (mechanically), echo, parrot: **er redet ihr alles nach** he repeats (mechanically) everything (that) she says, he parrots her every word. – **2. j-m Übles [Böses] ~** to cast (foul) aspersions on s.o., to calumniate (*od.* defame, *colloq.* backbite) s.o. – **3.** *cf.* nachsagen 1.

'nachˌrei·chen *v/t* ⟨*sep*, -ge-, h⟩ **1.** (*Unterlagen etc*) hand in (*od.* over) (*s.th.*) later (*od.* subsequently), supply (*od.* file) (*s.th.*) later (*od.* subsequently). – **2.** (*Speisen*) serve second helpings (*od.* more) of: **darf ich Ihnen noch etwas Lachs ~?** may I serve you some more salmon?

'Nachˌrei·fe *f* ⟨-; *no pl*⟩ *agr.* afterripening, *Br.* after-ripening, ripening in storage. — **'nachˌrei·fen** *v/i* ⟨*sep*, -ge-, sein⟩ ripen in storage (*od.* later).

'nachˌrei·sen *v/i* ⟨*sep*, -ge-, sein⟩ **j-m ~** to travel after s.o., to follow s.o. (on his journey).

'nachˌrei·ten *v/i* ⟨*irr*, *sep*, -ge-, sein⟩ **j-m ~** to ride after s.o., to follow s.o. on horseback.

'nachˌren·nen *v/i* ⟨*irr*, *sep*, -ge-, sein⟩ **j-m ~** to run (*od.* make) after s.o.

'Nachˌricht [-ˌrɪçt] *f* ⟨-; -en⟩ **1.** (*Kunde*) news *pl* (*construed as sg or pl*), tiding(s *pl*) (*lit.*): **eine gute [schlechte] ~** (a piece of) good [bad] news; **von j-m ~ haben** to have news from s.o.; **~ von j-m bekommen** (*od.* **erhalten**) a) (*direkt*) to hear (*od.* have word) from s.o., b) (*indirekt*) to hear of (*od.* about) s.o.; **~ bringen von j-m** a) (*direkt*) to bring (*od.* bear) news (*od.* a message) from s.o., b) (*indirekt*) to bring (*od.* bear) news about s.o.; **~ geben** a) (*mündlich*) to send word, b) (*schriftlich*) to write word; **geben Sie uns bitte bald ~** please let us hear from you soon; **haben Sie schon ~(en) erhalten?** have you had any news yet? **ich habe schon lange keine ~ mehr von ihm** I haven't heard from him for a long time now; **die ~ kommt zu spät** the tidings come too late; **schlimme ~ kommt stets zu früh** (*Sprichwort*) ill news flies apace (*proverb*); **eine gute ~ kommt stets gelegen** (*Sprichwort*) good news may be told at any time (*proverb*). – **2.** (*Bericht*) news *pl* (*construed as sg or pl*), report, account, communication: **nach den letzten ~en zu schließen** to judge from the latest news (*od.* accounts). – **3.** *pl* (*im Radio u. Fernsehen*) news *pl* (*construed as sg or pl*), news report *sg*, communications, newscast *sg*: **~en hören** to listen to the news (*od.* newscast); **Sie hören (die) ~en** here is the news; **die neuesten ~en** the latest (*od.* last) news; **~en aus dem Ausland** news (*od.* reports, intelligence *sg*) from abroad; **~en über solche Vorkommnisse werden oft aufgebauscht** news about (*od.* of, concerning) such events are often exaggerated; **~en vom Kriegsschauplatz** war news; **vermischte ~en** miscellaneous news (*od.* items), miscellanies; **~en verbreiten** to spread (*od.* circulate) news. – **4.** (*Mitteilung*) information, notice, intelligence, advice: **j-m von etwas ~ geben** to notify (*od.* inform, advise) s.o. of s.th.; **~en für Seeleute** notices to sailors (*od.* mariners); **Ihnen zur ~** *econ.* for your guidance (*od.* information); **hiermit geben wir Ihnen ~, daß** herewith we advise you that. – **5.** (*schriftliche od. mündliche Botschaft*) message, communication, (*schriftliche*) *auch* note: **er hinterließ keine ~** he didn't leave a message; **eine telephonische ~** a telephone message.

'nachˌrich·ten *v/t* ⟨*sep*, -ge-, h⟩ *tech.* **1.** (*mittels Wasserwaage*) relevel, realign. – **2.** (*geraderichten*) restraighten. – **3.** (*mit Stellschraube*) readjust.

'Nachˌrich·ten|ˌabˌtei·lung *f* **1.** *mil.* a) intelligence department (*od.* division), b) (*bis einschließlich 2. Weltkrieg*) communications (*od.* signal) section (*od.* battalion). – **2.** *pol. cf.* Nachrichtendienst 4. — **~agenˌtur** *f* **1.** news (*od.* press) agency, press bureau. – **2.** *tel.* telegraph office. — **~ˌausˌtausch** *m* exchange of information. — **~ˌausˌwer·tung** *f mil.* evaluation of information. — **~beˌschaf·fung** *f* collection of information. — **~ˌblatt** *n* **1.** newspaper, news sheet (*od.* bulletin), *auch* tabloid. – **2.** *cf.* Mitteilungsblatt. — **~büˌro** *n cf.* Nachrichtenagentur. — **~ˌdienst** *m* **1.** (*bei Rundfunk, Presse etc*) news (*od.* information) service (*od.* agency). – **2.** *tel.* communication service, (the) communications *pl.* – **3.** *mil.* a) (military) intelligence (service), b) *cf.* Nachrichtentruppe: **technischer ~** technical intelligence. – **4.** *pol.* intelligence service (*od.* department), *bes. Br.* secret service. — **~ˌfrei·heit** *f jur.* free communications *pl.* — **~ˌhel·fe·rin** *f mil. hist.* (*im 2. Weltkrieg*) signal-communication woman auxiliary. — **~kom·menˌta·tor** *m* (*radio*) (news) commentator, *bes. Am.* newscaster. — **~kom·paˌnie** *f mil. hist.* (*bis einschließlich 2. Weltkrieg*) signal company. — **~ma·gaˌzin** *n* news magazine (*od.* journal). — **~ma·te·riˌal** *n* news material, information. — **~ˌmit·tel** *n* **1.** means (*od.* channel) of communication. – **2.** *mil.* signal equipment. — **~ˌnetz** *n* **1.** communications network. – **2.** *mil.* intelligence net(work). — **~of·fiˌzier** *m mil.* **1.** (*in einem Generalstab*) intelligence officer. – **2.** (*einer Fernmeldetruppe*) signal (*od.* communications) officer. — **~ˌquel·le** *f* source of information. — **~ˌraum** *m* newsroom. — **~sa·telˌlit** *m* communications satellite. — **~ˌsen·dung** *f* **1.** (*im Radio*) news broadcast, newscast. – **2.** (*im Fernsehen*) news telecast, newscast. — **~ˌsper·re** *f pol.* news blackout (*od.* ban), ban on news. — **~ˌspre·cher** *m* news announcer, *bes. Am.* newscaster. — **~syˌstem** *n* communication service (*od.* network), communications *pl.* — **~ˌtech·nik** *f electr.* communication engineering. — **~theoˌrie** *f math. tech.* communication theory. — **~ˌtrup·pe** *f meist pl mil.* (*Fernmeldetruppe*) signals *pl*, *Am. auch* Signal Corps, *Br.* Corps of Signals. — **~ˌüberˌbrin·ger** *m* intelligencer. — **~ˌüberˌmitt·lung** *f cf.* Nachrichtenübertragung. — **~ˌüberˌsicht** *f* summary of the news, news summary. — **~ˌüberˌtra·gung** *f* **1.** transmission of news (*od.* intelligence): **~ mittels Satelliten** satellite communication. – **2.** *mil.* message transmission. — **~verˌbin·dung** *f* communications *pl.* — **~verˌbrei·tung** *f* diffusion of news. — **~verˌkehr** *m* news exchange, exchange of news (*od.* signals, signaling, *bes. Br.* signalling, information, intelligence), signal-communication activities *pl.* — **~ˌwe·sen** *n* communications *pl*, communication activities *pl.* — **~ˌzeitˌschrift** *f cf.* Nachrichtenmagazin. — **~zenˌtra·le** *f* communications (*od.* message) center (*bes. Br.* centre).

'nachˌricht·lich *adj only in* **~e Ausfertigung** *mil.* information (*od.* info) copy.

'nachˌrol·len I *v/i* ⟨*sep*, -ge-, sein⟩ roll after (*od.* behind). – **II** *v/t* ⟨h⟩ roll (*od.* send) (*s.th.*) after.

'nachˌrö·sten *v/t* ⟨*sep*, -ge-, h⟩ roast (*od.* broil, brown) (*s.th.*) (over) again.

'nachˌrücken (*getr.* -k·k-) *v/i* ⟨*sep*, -ge-, sein⟩ **1.** (*aufrücken*) move up, advance. – **2.** (*befördert werden*) be promoted (*od.* advanced), move up (*colloq.*): **dem** (*od.* **für den**) **versetzten Beamten rückte ein anderer nach** another official was promoted to the transferred official's post; **in eine höhere Stelle ~** to be advanced to a higher post. – **3.** *mil.* a) (*folgen*) march after, follow, b) (*verfolgen*) pursue, follow up, move up to, close in (up)on.

'Nachˌruf *m* ⟨-(e)s; -e⟩ **1.** (*schriftlich*) obituary (notice *od.* note); necrologue, necrology (*lit.*): **j-m einen ~ widmen** to write a necrologue on s.o.; **in der Zeitung steht ein ~ auf ihn** there is an obituary note on him in the paper. – **2.** (*mündlich*) obituary (speech): **j-m einen ~ widmen** (*od.* **halten**) to make (*od.* deliver) an obituary (speech) in hono(u)r of s.o.

'nachˌru·fen *v/t* ⟨*irr*, *sep*, -ge-, h⟩ **j-m etwas ~** to call (*od.* shout, cry) s.th. after s.o.: **er rief mir nach, daß** he called after me that; **sie rief mir einen Gruß an dich nach** she called to me to give you her kind regards.

'Nachˌruhm *m* posthumous fame, renown after death, lasting renown (*od.* celebrity). — **'nachˌrüh·men** *v/t* ⟨*sep*, -ge-, h⟩ **j-m etwas ~** to praise s.o. for s.th.: **ihm wird nachgerühmt, daß er ein besonnener Politiker sei** he is praised for being a circumspect politician.

'Nachˌsaat *f agr.* second sowing.

'nachˌsa·gen *v/t* ⟨*sep*, -ge-, h⟩ **1. j-m etwas ~** to say (*od.* speak) s.th. of s.o., to talk s.th. about s.o.: **j-m Schlechtes** (*od.* **Übles**) **~** to speak badly of s.o., to cast a slur on s.o.; **man kann ihm nichts Gutes ~** one can't say anything good about him, you can't say a good word for him; **man kann ihm nichts Schlechtes ~** one (*od.* you) can't say anything bad about him; **man kann ihm nur Gutes ~** one cannot but speak well of him; **man sagt ihm nach, daß er ein Lügner sei** he is said to be a liar, he has a reputation of being a liar; **das würde ich mir nicht ~ lassen** I wouldn't let that be said of (*od.* about) me, I wouldn't let anybody say that of (*od.* about) me; **ihm wird Stolz [Hochmut] nachgesagt** he is said to be proud [arrogant]. – **2.** (*wiederholen*) repeat (mechanically), echo: **er sagt mir immer alles nach** he always repeats what I'm saying, he parrots my every word.

'Nach·saiˌson *f* off-season.

'nachˌsal·zen *v/t* ⟨*irr*, *sep*, -ge-, h⟩ *gastr.* add more salt to, salt (*s.th.*) (over) again.

'Nachˌsatz *m* **1.** (*in einer Rede etc*) addition, additional (*od.* supplementary) sentence (*od.* remark). – **2.** *ling.* secondary clause following the main clause. – **3.** *philos.* minor proposition. – **4.** *mus.* consequent phrase. – **5.** (*games*) additional stake. – **6.** *cf.* Nachschrift 1.

'nachˌschaf·fen *v/t* ⟨*irr*, *sep*, -ge-, h⟩ (*art*) (*kopieren*) create (*od.* produce) (*s.th.*) after a model, model, copy, imitate, reproduce: **der Künstler schuf den Kopf in Marmor**

nach the artist reproduced the head in marble. — **'nach,schaf·fend I** *pres p.* – **II** *adj* (*Künstler etc*) reproductive.

'nach,schär·fen *v/t* ⟨*sep*, -ge-, h⟩ *tech.* **1.** resharpen. – **2.** (*Werkzeuge*) (re)dress. – **3.** (*durch Schleifen*) regrind.

'nach,schau·en *v/i u. v/t* ⟨*sep*, -ge-, h⟩ *cf.* nachsehen 1—9.

'nach,schen·ken I *v/t* ⟨*sep*, -ge-, h⟩ **j-m etwas** ~ to give s.o. more of s.th.: **schenk mir bitte noch etwas Tee nach** give me some more tea, please; **j-m Wein** ~ to pour (some) more wine into s.o.'s glass, to refill (*od.* fill up) s.o.'s glass with wine. – **II** *v/i* **j-m** ~ to refill (*od.* fill up) s.o.'s glass (*od.* cup).

'nach,schicken (*getr.* -k·k-) *v/t* ⟨*sep*, -ge-, h⟩ *cf.* nachsenden.

'nach,schie·ben I *v/t* ⟨*irr, sep*, -ge-, h⟩ **1.** push (*od.* shove) (*s.th.*) from behind. – **2. einen Ball** ~ (*im Billard*) to make a foul stroke. – **II** *v/i* **3.** (**von hinten**) ~ (*im Gedränge*) push (*od.* press) from behind.

'nach,schie·ßen I *v/i* ⟨*irr, sep*, -ge-, h *u.* sein⟩ **1.** ⟨h⟩ **j-m** ~ to shoot (*od.* fire, send a bullet) after s.o. – **2.** ⟨sein⟩ **j-m** ~ *fig.* to rush (*od.* dash, dart, tear) after s.o.: **er schoß ihm nach wie ein geölter Blitz** *colloq.* he shot (*od.* dashed) after him like a bat out of hell. – **3.** ⟨sein⟩ (*von Pflanzen*) shoot (*od.* spring up) afterward(s) (*od.* later). – **II** *v/t* ⟨h⟩ **4. j-m eine Kugel** ~ *colloq.* to shoot (*od.* fire, send a bullet) after s.o. – **5.** (**j-m**) **etwas** ~ *fig.* (*Gelder etc*) to pay (*od.* give, grant) (s.o.) s.th. additionally (*od.* in addition): **den Rest einer Summe** ~ to pay the balance of a sum.

'Nach,schim·mer *m* reflection, *Br. auch* reflexion, afterglow.

'nach,schimp·fen *v/i* ⟨*sep*, -ge-, h⟩ **j-m** ~ to curse after s.o.

'Nach,schlag *m* **1.** (*beim Boxen*) counter(-blow). – **2.** *mus.* termination (of a trill). – **3.** *colloq.* (*beim Essen*) seconds *pl* (*colloq.*), second (*od.* extra) helping: **einen** ~ **fassen** to go up for a second helping.

'Nach,schla·ge,buch *n cf.* Nachschlagewerk.

'nach,schla·gen I *v/t* ⟨*irr, sep*, -ge-, h⟩ **1.** (*Stelle, Wort etc*) look up: **eine Stelle bei Goethe** ~ to look up a passage in Goethe; **etwas in einem Buch** ~ to look s.th. up in a book. – **II** *v/i* ⟨h *u.* sein⟩ **2.** ⟨h⟩ **im Lexikon** ~ to consult (*od.* refer to) a dictionary. – **3.** ⟨h⟩ (*sport*) a) (*beim Boxen*) counter, b) (*beim Fußball*) retaliate. – **4.** ⟨sein⟩ **j-m** ~ *fig. colloq.* to take after s.o. – **III N~** *n* ⟨-s⟩ **5.** *verbal noun.* – **6.** consultation, reference: **beim N~ im Wörterbuch** (up)on consultation of a dictionary.

'Nach,schla·ge,werk *n* work (*od.* book) of reference, reference book (*od.* work).

'nach,schlei·chen *v/i* ⟨*irr, sep*, -ge-, sein⟩ **j-m** ~ a) to sneak (*od.* steal, skulk) after s.o., b) (*j-n beschatten*) to shadow s.o.

'nach,schlei·fen[1] *v/t* ⟨*irr, sep*, -ge-, h⟩ *tech.* **1.** regrind. – **2.** (*auf genaues Maß*) finish-grind. – **3.** (*nachschärfen*) resharpen.

'nach,schlei·fen[2] **I** *v/t* ⟨*sep*, -ge-, h⟩ *cf.* nachschleppen 2. – **II** *v/i cf.* nachschleppen 3.

'nach,schlep·pen I *v/t* ⟨*sep*, -ge-, h⟩ **1. j-m etwas** ~ to lug (*od.* carry) s.th. after s.o.: **der Träger schleppte ihr 2 schwere Koffer nach** the porter lugged two heavy suitcases after her. – **2.** (*verletzten Fuß*) drag: **seine Füße** ~ to drag one's feet. – **II** *v/i* **3.** (*von Kleid etc*) trail (along). – **III** *v/reflex* **sich** ~ **4.** drag oneself (along) after: **der Verwundete schleppte sich den anderen nach** the wounded man dragged himself along after the others.

'Nach,schliff *m tech.* **1.** regrinding. – **2.** (*Nachschärfen*) resharpening.

'Nach,schlüs·sel *m* **1.** skeleton key, passkey. – **2.** (*Hauptschlüssel*) master key, passkey. – **3.** *cf.* Dietrich 1. – **4.** extra (*od.* duplicate) key.

'nach,schmecken (*getr.* -k·k-) *v/i* ⟨*sep*, -ge-, h⟩ leave a taste (in the mouth).

'Nach,schmer·zen *pl med.* afterpains, *Br.* after-pains.

'nach,schmie·ren *v/i u. v/t* ⟨*sep*, -ge-, h⟩ relubricate.

'nach,schnei·den *v/t* ⟨*irr, sep*, -ge-, h⟩ **1.** (*Brot etc*) cut some more. – **2.** *tech.* a) (*Gewinde etc*) finish-cut, b) (*Gewindeloch*) resize, c) (*Innengewinde*) retap.

'Nach,schöp·fung *f* **1.** (*art*) reproduction. – **2.** *cf.* Nachdichtung 2.

'nach,schrei·ben I *v/t* ⟨*irr, sep*, -ge-, h⟩ **1.** *ped.* a) copy (*s.th.*) out, b) (*Buchstaben etc*) copy, c) (*versäumte Klassenarbeit etc*) write (*s.th.*) later, d) (*nach Diktat*) take (*s.th.*) down. – **2.** (*Rede, Vorlesung etc*) write (*od.* take) down, take notes of, (*nachträglich*) copy, make (*od.* write) a copy of, transcribe. – **II** *v/i* **3.** take notes: **er hat fleißig nachgeschrieben** he took copious notes. – **4. j-m** ~ to copy s.o.'s writing (*od.* style).

'nach,schrei·en I *v/i* ⟨*irr, sep*, -ge-, h⟩ **j-m** ~ to call (*od.* cry) after s.o. – **II** *v/t* **j-m etwas** ~ to cry s.th. to s.o., to shout s.th. after s.o.

'Nach,schrift *f* **1.** (*im Brief etc*) postscript. – **2.** (*Abschrift*) copy, transcript(ion). – **3.** (*Notizen*) writing, notes *pl*, record. – **4.** (*Diktat*) dictation.

'Nach,schub *m mil.* **1.** supply, supplies *pl*: ~ **auf dem Luftweg** air supply. – **2.** (*Verstärkungen*) reinforcements *pl.* — **~,ba·sis** *f* supply base. — **~ko,lon·ne** *f* supply column (*od.* train). — **~,la·ger** *n* supply depot (*od.* dump), magazine. — **~,li·nie** *f*, **~,weg** *m* line of communication (*od.* supply).

'nach,schu·lisch *adj* ⟨*attrib*⟩ *ped.* post-school, after-school.

'Nach,schur *f agr.* subsequent (*od.* second) shearing (*od.* clipping).

'Nach,schuß *m* **1.** (*sport*) follow-up shot. – **2.** *econ. cf.* Nachschußzahlung. — **~,pflicht** *f econ.* **1.** (*im Versicherungswesen*) obligation to pay supplementary contribution. – **2.** (*von Vorschußschuldnern*) obligation to provide additional security. – **3.** (*bei Aktienemission*) obligation to make supplementary payment. — **~,zah·lung** *f* **1.** additional (*od.* fresh, supplementary) payment. – **2.** (*bei Darlehen, Effekten etc*) additional margin (*od.* cover).

'nach,schüt·ten *v/t* ⟨*sep*, -ge-, h⟩ **1.** (*Kohlen etc*) put on more, add. – **2.** *colloq. cf.* nachgießen 1.

'Nach,schwa·den *pl* (*mining*) **1.** (*nach einer Explosion*) afterdamp *sg.* – **2.** (*nach einer Sprengung*) shotfiring fumes. – **3.** (*in ihrer Wirkung auf die Atemwege*) choke (*od.* black) damp *sg.*

'Nach,schwarm *m zo.* afterswarm, *Br.* [after-swarm.]

'nach,schwat·zen *v/t* ⟨*sep*, -ge-, h⟩ repeat (*s.th.*) mechanically (*od.* by rote), echo, parrot.

'nach,schwim·men *v/i* ⟨*irr, sep*, -ge-, sein⟩ **j-m** ~ to swim after s.o.: **er schwamm voraus und ich schwamm nach** he swam ahead and I followed.

'Nach,schwin·dung *f* ⟨-; *no pl*⟩ *synth.* after-contraction.

'nach,schwin·gen *v/i* ⟨*irr, sep*, -ge-, h⟩ *phys.* **1.** (*in der Akustik*) resound. – **2.** (*in der Mechanik*) continue to vibrate.

'nach,se·hen I *v/i* ⟨*irr, sep*, -ge-, h⟩ **1.** look (*od.* gaze) after, follow (*s.o., s.th.*) with the eyes: **er sah ihr [dem Zug] nach** he looked after her [the train]. – **2.** (*nach etwas od. j-m suchen*) look (*od.* go) and see, look, see, have a look: **ich werde** ~**, ob ich das Buch habe** I shall look and see whether I have (got) the book; **sieh einmal nach, wer draußen ist** look and see who's at the door (*od.* outside). – **3.** *cf.* nachschlagen 2. – **II** *v/t* **4.** look up: **ein Wort im Wörterbuch** ~ to look up a word in the dictionary. – **5.** (*auf Fehler od. Schäden hin untersuchen*) look (*od.* go) over (*od.* through), examine, check. – **6.** (*Hausaufgaben etc*) correct, go through. – **7.** (*Rechnungsbücher etc*) revise, audit. – **8.** (*überholen*) overhaul. – **9.** *auto.* a) (*Wagen*) inspect, b) (*Öl*) check. – **10.** let pass, overlook, condone, excuse, shut one's eyes to: **ich werde es dir diesmal** ~ I will overlook it (*od.* pass it over) this time; **sie sieht ihren Kindern alles nach** she indulges her children in everything, she lets her children get away with anything. – **III N~** *n* ⟨-s⟩ **11.** *verbal noun.* – **12.** (*in Wendungen wie*) **das N~ haben** *fig.* to be left behind (*od.* out in the cold), to come off badly, to have one's trouble for nothing, to be left holding the baby (*colloq.*); **j-m das N~ geben** to beat s.o. to s.th. (*od.* to it), to leave s.o. behind (*od. colloq.* holding the baby). – **13.** examination. – **14.** correction. – **15.** revision, auditing. – **16.** overhauling. – **17.** inspection.

'Nach,sen·de|,an,schrift *f* (*postal service*) forwarding address. — **~,an,trag** *m* application to have one's mail forwarded.

'nach,sen·den I *v/t* ⟨*bes. irr, sep*, -ge-, h⟩ **1.** forward, readdress, redirect: **j-m einen Brief** ~ to forward a letter to s.o., to send a letter after (*od.* on to) s.o.; **bitte** ~! please forward. – **2.** (*später schicken*) send (*s.th.*) later (*od.* afterward[s]). – **II N~** *n* ⟨-s⟩ **3.** *verbal noun.* — **'Nach,sen·dung** *f* **1.** *cf.* Nachsenden. – **2.** *econ.* following (*od.* later) consignment.

'nach,set·zen I *v/t* ⟨*sep*, -ge-, h⟩ **1.** *cf.* nachstellen 1. – **2.** *fig.* (*Interessen etc*) put (*od.* consider) (*s.th.*) last, set aside. – **II** *v/i* ⟨sein *u.* h⟩ **3.** ⟨sein⟩ **j-m** ~ to run (*od.* make, speed) after s.o., to give chase to s.o., to pursue s.o. – **4.** ⟨h⟩ (*games*) increase one's stake.

'Nach,sicht *f* **1.** indulgence, forbearance: **mit j-m** ~ **haben** to be indulgent toward(s) (*od.* lenient with) s.o.; **j-n mit** ~ **behandeln** to treat s.o. with indulgence; **gegenseitig** ~ **üben** to bear and forbear; **mit j-s Schwächen** ~ **haben** to make allowance(s) for s.o.'s frailties; **j-n um** ~ **bitten** to ask s.o.'s indulgence. – **2.** (*Geduld*) patience: **haben Sie** ~ **mit mir** be patient with me, bear with me, I ask your indulgence. – **3.** (*Milde*) leniency, clemency: **seinen Kindern gegenüber zuviel** ~ **walten lassen** to be too lenient with one's children. – **4.** (*Rücksicht*) mercy: **ohne** ~ **vorgehen** to proceed without mercy (*od.* indulgence); **keine** ~ **kennen** to give no pardon; → Vorsicht.

'nach,sich·tig I *adj* **1.** indulgent, forbearing: ~ **gegenüber** (*od.* **mit**) **j-m** [**etwas**] **sein** to indulge s.o. [s.th.], to make allowances for s.o. [s.th.]. – **2.** (*geduldig*) patient. – **3.** (*milde*) lenient, clement: ~**e Eltern** lenient (*od.* indulgent) parents. – **II** *adv* **4. j-n** ~ **behandeln** to treat s.o. with indulgence. — **'Nach,sich·tig·keit** *f* ⟨-; *no pl*⟩ *cf.* Nachsicht.

'nach,sichts|los *adj u. adv cf.* unnachsichtig. — **~,voll** *adj u. adv cf.* nachsichtig.

,Nach'sicht,wech·sel *m econ.* after-sight bill (*od.* draft).

'Nach,sil·be *f ling.* suffix (*of one syllable*).

'nach,sin·gen *v/t* ⟨*irr, sep*, -ge-, h⟩ (*Lied*) repeat.

'nach,sin·nen I *v/i* ⟨*irr, sep*, -ge-, h⟩ **1.** (*nachdenken*) (**über** *acc*) reflect (upon), ponder (*acc od.* on, over), meditate (on, upon), chew (on, upon, over) (*colloq.*): **er sann darüber nach, wie er ihr helfen könnte** he reflected how he could help her. – **2.** (*in Gedanken versunken sein*) (*dat od.* **über** *acc*) meditate (on, upon), muse (on, upon, over), ruminate (over, about, on), speculate (on, upon): **den glücklichen Tagen der Vergangenheit** ~ to muse over the happy days of the past; **über sein Unglück** ~ to brood (*od.* meditate) over one's misfortune. – **II N~** *n* ⟨-s⟩ **3.** *verbal noun.* – **4.** reflection, *Br. auch* reflexion, meditation, speculation. – **5.** meditation, rumination: **in tiefes N~ versunken sein** to be in a brown study, to be lost in thought.

'nach,sint,flut·lich *adj* postdiluvian, *Br.* post-diluvian.

'nach,sit·zen *colloq.* **I** *v/i* ⟨*irr, sep*, -ge-, h *u.* sein⟩ ~ (**müssen**) to stay in (*od.* overtime), to be kept in, to be detained; **einen Schüler** ~ **lassen** to make a pupil stay in, to keep in (*od.* detain) a pupil. – **II N~** *n* ⟨-s⟩ detention, extra school.

'Nach,som·mer *m* **1.** late (*bes. Am.* Indian) summer, *auch* St. Luke's summer, St. Martin's summer. – **2.** *fig. poet.* Indian summer.

'nach,spä·hen *v/i* ⟨*sep*, -ge-, h⟩ **j-m** ~ to follow s.o. closely (*od.* carefully) with one's eyes.

'Nach,spei·se *f gastr. cf.* Nachtisch.

'Nach,spiel *n* **1.** *mus.* postlude, (*bes. nach Gottesdienst, oft improvisiert*) voluntary. – **2.** (*theater*) epilog(ue), afterpiece. – **3.** *fig.* sequel, consequence, aftermath: **die Sache wird ein gerichtliches** ~ **haben** the affair will have legal consequences; **das wird noch ein** ~ **haben** we haven't heard the last of it.

'nach,spie·len I *v/t* ⟨*sep*, -ge-, h⟩ **1.** *mus.* (*Melodie etc*) replay (*s.th.*) (by ear). – **2.** (*Ereignis, Theaterstück etc*) reenact, *Br.* re-enact, perform. – **3.** (*games*) **dieselbe Farbe** ~ to return (*od.* follow) the lead, to follow suit; **eine andere Farbe** ~ to lead another suit. – **II** *v/i* **4.** (*sport*) ~ **lassen** to extend time, to allow injury time: **der**

Schiedsrichter ließ ~ the referee allowed injury time; er ließ 10 Minuten ~ he allowed an extra 10 minutes.

ˈnach·spioˌnie·ren *v/i* ⟨*sep, no* -ge-, h⟩ j-m ~ to spy (up)on s.o.

ˈnachˌspre·chen *v/t* ⟨*irr, sep*, -ge-, h⟩ repeat: j-m etwas ~ to say (*od.* repeat) s.th. after s.o.; sprecht mir die Worte nach say the words after me; etwas gedankenlos ~ to repeat s.th. mechanically, to parrot s.th.

ˈnachˌspren·gen *v/i* ⟨*sep*, -ge-, sein⟩ canter (*od.* gallop) after.

ˈnachˌsprin·gen *v/i* ⟨*irr, sep*, -ge-, sein⟩ **1.** jump after: einem Ertrinkenden ~ to jump after a drowning man. – **2.** *Southern G., Austrian and Swiss for* nachrennen.

ˈnachˌspü·len I *v/t* ⟨*sep*, -ge-, h⟩ **1.** (*Wäsche etc*) rinse (*s.th.*) again. – **2.** rinse (*s.th.*) down: eine Pille nehmen und mit Wasser ~ to take a pill and rinse it down with water. – **3.** (*Abflußrohr etc*) rinse out. – **4.** *tech.* reflush. – **II** *v/i* **5.** rinse out one's mouth.

ˈnachˌspü·ren *v/i* ⟨*sep*, -ge-, h⟩ **1.** *hunt.* track: einem Tier ~ to track an animal. – **2.** j-m ~ *fig.* to trace s.o., to spy (up)on s.o. – **3.** einem Geheimnis ~ to try to find out about a secret, to trace a secret.

nächst [nɛːçst] **I** *sup of* nahe. – **II** *adj* **1.** (*örtlich*) a) nearest, immediate, proximate, b) (*kürzest*) nearest, shortest, c) (*in einer Reihenfolge*) next: im ~en Haus next door; meine ~en Nachbarn my next-door neighbo(u)rs; die ~e Umgebung the immediate vicinity; aus ~er Nähe betrachtet viewed close-up (*od.* at close range, at close quarters); der ~e Ort ist 3 Kilometer entfernt the nearest town (*od.* village) is three kilometers distant; der ~e Weg the nearest way, the shortest way. – **2.** (*zeitlich*) next, coming, following, proximate: am ~en Tag (on) the next day, the day after; in den ~en Tagen in the next few days, one of these days; ~e Woche um diese Zeit by this time next week; Mittwoch ~er Woche Wednesday week, a week from Wednesday; ~en Dienstag next Tuesday, on Tuesday next; in den ~en Jahren in the years to come; in ~er Zeit in the near future, shortly, soon. – **3.** (*Reihenfolge*) next, following, proximate: die ~e Seite the next page; das ~e Kapitel the following chapter; ~es Mal (the) next time; die ~e Generation the next (*od.* coming) generation; die ~e Straße rechts the next street to the right. – **4.** der [die, das] ~e beste the next best. – **5.** *fig.* nearest, closest: meine ~en Verwandten my nearest relatives, my next of kin; meine ~en Freunde my closest (*od.* intimate) friends. – **III N~e, das** ⟨-n⟩ **6.** the next (thing): das N~e, was ihm in die Finger kam the next (best) thing he could get hold of. – **7.** (*mit Kleinschreibung*) the next thing: das n~e, was sie kaufen wollen, ist ein Auto the next thing they are going to buy is a car; was kommt als n~es? what comes next? – **IV** *adv* **8.** am ~en (*dat* to) next, nearest, closest: er sitzt mir am ~en he sits next to me; er ist mir im Alter am ~en he is closest to me in age. – **9.** *fig.* (*in Wendungen wie*) er kommt ihm an Intelligenz am ~en he is closer to him in intelligence than anyone else; er kommt seinem Vater in der äußeren Erscheinung am ~en he resembles his father most, he is most like his father in looks; diese Erklärung liegt am ~en this explanation is the most obvious (*od.* most likely) one; sie steht mir (innerlich) am ~en she is most akin to me. – **10.** fürs ~e for the time being, for some time to come. – **V** *prep* ⟨*dat*⟩ **11.** next (to): sie saß ~ dem Gastgeber she was placed next to the host; ~ dem Haus ist ein Garten there is a garden next to the house; ~ seinen Kindern bist du ihm am liebsten next to (*od.* after) his children he likes you best.

ˈnachˌstar·ren *v/i* ⟨*sep*, -ge-, h⟩ j-m ~ to stare after s.o.

ˈnächstˈbest I *adj* ⟨*attrib*⟩ **1.** (*beliebig*) next best: ich werde den ~en Zug nehmen I shall take the next best train. – **2.** (*in Qualität*) second-best: mein ~es Paar Schuhe my second-best pair of shoes. – **II N~e, das** ⟨-n⟩ **3.** the next best (thing): das N~e ist, ins Kino zu gehen the next best thing to do is to go to the pictures (*Am. colloq.* movies). — **ˈNächstˈbe·ste** *m, f* ⟨-n -n⟩ the next best (person): sie fragte den ~n she asked the next best person (*od.* the first person she came across).

ˌnächstˈdem *adv rare* **1.** next to (*od.* after) that. – **2.** (*darauf*) thereupon.

ˈNäch·ste *m* ⟨-n; -n⟩ **1.** (*Mitmensch*) fellow-man, fellow creature, neighbor, *bes. Br.* neighbour: jeder ist sich selbst der ~ (*Sprichwort*) charity begins at home, every man is his own best friend (*proverb*); liebe deinen ~n wie dich selbst *Bibl.* love thy neighbo(u)r as thyself. – **2.** (*mit Kleinschreibung*) next person: der n~, bitte next, please; er kam als n~r an he was the next to arrive; er war als n~r an der Reihe it was his turn next, he was next in turn.

ˈnachˌste·hen *v/i* ⟨*irr, sep*, -ge-, h *u.* sein⟩ **1.** stand (*od.* come) after, be placed at the end: diese Partikel steht immer nach this particle is always placed at the end, this is a postpositive (*od.* postpositional) particle. – **2.** j-m ~ *fig.* (in, an *dat* in) to be inferior to s.o., to be s.o.'s inferior, to be behind s.o.: er steht seinem Bruder an (*od.* in) Intelligenz kaum nach he is hardly inferior to his brother in intelligence; keinem in etwas ~ to be second to none in s.th., to yield to none in s.th.; j-m in nichts ~ to be in no way inferior to s.o. – **3.** play a secondary role, take a back seat (*colloq.*): sie mußte immer ihrer jüngeren Schwester ~ she always had to play a secondary role to her younger sister. — **ˈnachˌste·hend I** *pres p.* – **II** *adj* **1.** (*Bemerkung etc*) following. – **III** *adv* **2.** in the following, in what follows, *bes. jur.* hereinafter: ~ finden Sie die Preise für in the following you will find the prices for. – **3.** die ~ verzeichneten (*od.* aufgeführten) Preise the prices mentioned (*od.* listed, specified) below. – **IV N~e, das** ⟨-n⟩ **4.** the following. – **5.** (*mit Kleinschreibung*) ich möchte Ihnen n~es zur Kenntnis bringen I want to inform you of the following; im n~en in the following, in what follows; im n~en Verkäufer genannt *econ. jur.* (*in Verträgen*) hereinafter called seller.

ˈnachˌstei·gen *v/i* ⟨*irr, sep*, -ge-, sein⟩ einem Mädchen ~ *colloq. humor.* to be after a girl, to chase (after) a girl.

ˈnachˌstell·bar *adj tech.* adjustable: ~e Reibahle expansion reamer.

ˈnachˌstel·len I *v/t* ⟨*sep*, -ge-, h⟩ **1.** place (*od.* put) (*s.th.*) behind (*od.* after): das Prädikat dem Subjekt ~ to place the predicate after the subject; das Verb wird nachgestellt the verb is placed after (*od.* postponed), the verb follows; er stellte ihm all seine andern Freunde nach *fig.* he placed all his other friends after him, he preferred him to all his other friends. – **2.** (*Uhr etc*) put back. – **3.** *tech.* a) (*Meßgeräte, Kupplung etc*) (re)adjust, b) (*Schneidmeißel*) reset. – **II** *v/i* **4.** j-m ~ a) to persecute (*od.* hound) s.o., to lay snares (*od.* set traps) for s.o., to lie in wait for s.o., to waylay s.o., b) *colloq.* (*einem Mädchen*) *cf.* nachsteigen. – **5.** *hunt.* dem Wild ~ to pursue (*od.* hunt) the game; den Vögeln ~ to ensnare (*od.* trap) birds. – **III N~** *n* ⟨-s⟩ **6.** *verbal noun.* – **7.** *cf.* Nachstellung.

ˈNachˌstellˌschrau·be *f tech. cf.* Stellschraube.

ˈNachˌstel·lung *f* ⟨-; -en⟩ **1.** *cf.* Nachstellen. – **2.** *meist pl fig.* persecution: er war nie sicher vor den ~en seiner Feinde he was never safe from the persecution of his enemies. – **3.** *tech.* a) (*von Meßgeräten*) (re)adjustment, b) (*von Schneidmeißel*) resetting. – **4.** *ling.* postposition.

ˈNachˌstellˌvorˌrich·tung *f tech.* (re)adjusting device.

ˈNäch·stenˌlie·be *f* ⟨-; *no pl*⟩ charity, altruism: ~ predigen to preach charity; ~ üben to practice charity, to carry out philanthropic activities; etwas mit dem Mantel christlicher ~ bedecken to cover s.th. with the cloak of charity.

ˈnach·ste·no·graˌphie·ren *v/t* ⟨*sep, no* -ge-, h⟩ etwas ~ to take s.th. down in shorthand.

ˈnäch·stens *adv* **1.** (*bald einmal, demnächst*) before long, (very) soon, in the near future: ich werde dich ~ besuchen kommen I'll come to see you before long. – **2.** (*bald*) (very) soon, shortly. – **3.** one of these days: ~ fängt er auch noch zu trinken an! one of these days he might even take to drink(ing)! – **4.** (*nächstes Mal*) next time: ~ paßt du (aber) besser auf! a) next time you should pay more attention! b) next time you should be more careful!

ˈNachˌsteu·er *f econ.* additional tax.

ˈnächstˌfol·gend *adj* ⟨*attrib*⟩ **1.** next (in order), (next) following: das ~e Kapitel the next chapter. – **2.** (*untergeordnet*) secondary. — **ˈNächstˌfol·gen·de** *m, f* ⟨-n; -n⟩ next (*od.* following) person, next person in order.

ˈnächst·geˌle·gen *adj* ⟨*attrib*⟩ nearest, next: im ~en Dorf in the nearest village.

ˈnächstˈgrö·ßer *adj* ⟨*attrib*⟩ next in size.

ˈnächstˈhö·her *adj* ⟨*attrib*⟩ (*Rangstufe, Vorgesetzter etc*) next higher. — **ˈNächstˈhö·he·re** *m, f* ⟨-n; -n⟩ **1.** next higher (person). – **2.** (*Vorgesetzter*) one's immediate superior.

ˈnächstˌjäh·rig *adj* ⟨*attrib*⟩ of next year, of the year to come.

ˈnächstˌlie·gend *adj* ⟨*attrib*⟩ nearest (at hand). — **ˈNächstˌlie·gen·de, das** ⟨-n⟩ the thing nearest at hand, the (most) obvious thing: das ~ wäre nachzufragen the next thing to do would be to inquire; an das ~ denkt man meist nicht one doesn't usually think of the nearest (*od.* most obvious) thing.

ˈnächstˌmög·lich *adj* ⟨*attrib*⟩ next possible: zum ~en Termin at the next possible date.

ˈNachˌstoß *m* **1.** second thrust (*od.* kick). – **2.** (*beim Fechten*) remise, riposte, *auch* repost, return. — **ˈnachˌsto·ßen I** *v/i* ⟨*irr, sep*, -ge-, h *u.* sein⟩ **1.** ⟨h⟩ thrust (*od.* kick) again. – **2.** ⟨h⟩ (*beim Fechten*) remise, riposte, *auch* repost, return. – **3.** ⟨sein⟩ *mil.* follow up, pursue. – **II** *v/t* **4.** ⟨h⟩ push (*s.th.*) forward, thrust (*s.th.*) after.

ˈnachˌstre·ben *v/i* ⟨*sep*, -ge-, h⟩ (*dat*) strive (for *od.* after), aspire (to): j-m ~ to emulate s.o.; einem höheren Ziel ~ to strive for (*od.* pursue) a higher goal.

ˈnachˌströ·men *v/i* ⟨*sep*, -ge-, sein⟩ **1.** (*von Wasser etc*) stream (*od.* flow, rush, surge) after. – **2.** *fig.* stream (*od.* crowd) after, follow in masses.

ˈnächstˌste·hend *adj* ⟨*attrib*⟩ next.

ˈnachˌstür·men *v/i* ⟨*sep*, -ge-, sein⟩ j-m ~ *cf.* nachstürzen 2.

ˈnachˌstür·zen *v/i* ⟨*sep*, -ge-, sein⟩ **1.** (*von Mauerwerk, Erdmassen etc*) fall (*od.* cave in, tumble, precipitate) after, plunge down. – **2.** j-m ~ to rush after s.o.

ˈnachˌsu·chen I *v/t* ⟨*sep*, -ge-, h⟩ (*nachsehen, nachschlagen*) search for (*od.* after), look for, (*bes. im Wörterbuch etc*) look up. – **II** *v/i* um etwas ~ to apply (*od.* sue, petition) for s.th., to seek (*od.* request, solicit, petition) s.th.: um Vergebung [Privataudienz] ~ to apply for (*od.* ask, seek) forgiveness [private audience]. – **III N~** *n* ⟨-s⟩ *verbal noun.* — **ˈNachˌsu·chung** *f* ⟨-; -en⟩ **1.** *cf.* Nachsuchen. – **2.** (*Antrag*) application, suit, petition, request.

ˈnach·syn·chro·niˌsie·ren *v/t* ⟨*sep, no* -ge-, h⟩ (*film*) postsynchronize, *Br.* post-synchronise, dub.

Nacht [naxt] *f* ⟨-; ⸚e⟩ **1.** night: gute ~! *auch iron.* good night! eine sternklare [mondhelle] ~ a starlit [moonlit] night; nach durchwachter [durchtanzter, durchzechter] ~ gingen sie nach Hause after staying up [dancing, carousing] all night they went home; der Patient hatte eine unruhige ~ the patient had a restless night; j-m eine gute ~ wünschen to wish (*od.* bid) s.o. good night; ich habe eine schlaflose ~ verbracht I had a sleepless night; j-m schlaflose Nächte bereiten *auch fig.* to cause s.o. to have sleepless nights; die ~ zum Tag machen to turn night into day; es wird ~ it is growing (*od.* getting) dark, night is coming on; sich (*dat*) die ~ um die Ohren schlagen *fig.* to make a night of it; häßlich wie die ~ (as) ugly as night (*od.* sin); schwarz wie die ~ (as) black as night (*od.* coal, ink, the devil, Styx), (as) dark as Hades; verschieden wie Tag und ~ (as) different as chalk and cheese; für ~, jede ~ every night; bei ~ at night; Tag und ~ day and night; während der ~, *lit.* des ~s in (*od.* during) the night, at night; eines ~s one night; bis spät (*od.* tief) in die ~, bis in die späte ~ (hinein) until late in the (*od.* at) night; er arbeitet bis in die späte ~ hinein he is burning the midnight oil; bis in die sinkende ~ (hinein) to the last of daylight, till nightfall; bei Einbruch der ~, mit einbrechender ~ at nightfall; mitten in der ~ in the middle of night; zu ~ essen to have supper, to sup; **in finstrer** ~ in the dark of night; **in tief(st)er** ~ at dead of night; **die** ~ **über** (*od.* **über** ~) **bleiben** to stay overnight, to stay (*od.* spend) the night; **er wurde über** ~ **berühmt** *fig.* he became famous overnight (*od.* from one day to the other, all of a sudden); **diese** (*od.* **in dieser**) ~ this night; **letzte** (*od.* **in der letzten**) ~, **vergangene** (*od.* **in der vergangenen, verflossenen**) ~ last night; **in der** ~ **vom 5. zum** (*od.* **auf den**) **6. Januar** in the night of (*od.* from) the 5th to the 6th of January; **während** (*od.* **im Laufe**) **der** ~ during the night; **drei Nächte lang** (*od.* **hindurch**) three nights long (*od.* in succession); **die ganze** ~ (**hindurch** *od.* **lang**) all night (long), the entire night; **die Heilige** ~ Holy Night; **„Tausendundeine** ~**"** (*literature*) "The Arabian Nights" *pl*, "The Thousand and One Nights" *pl* (*a collection of Arabian fairy tales*); **die Zwölf Nächte** the Twelve Nights (*between Christmas and Epiphany*); **das Recht der ersten** ~ *jur. hist.* jus primae noctis, the right of the first night; →Katze 2; Königin 3. – **2.** (*mit Kleinschreibung in Wendungen wie*) **heute** [**gestern, morgen, Dienstag**] **n**~ tonight [last night, tomorrow night, Tuesday night]. – **3.** *fig.* (*Dunkelheit*) night, darkness: **sie fuhren durch die** ~ they drove through the darkness; **ringsum war schwarze** ~ all around it was pitch-dark; **er entkam unerkannt im Schutze** (*od.* **Dunkel**) **der** ~ he escaped unrecognized under the cover of night; **er machte sich bei** ~ **und Nebel davon** he made off under the cover of night (*od.* furtively); **es wurde** ~ **vor ihren Augen** she fainted, she swooned (away). – **4.** *fig.* (*Verhängnis*) night: **die** ~ **des Wahnsinns senkte sich über ihn** the night of insanity descended on him; **mit dem 2. Weltkrieg brach die** ~ **über Europa herein** at the outbreak of the Second World War the dark shadow of night (*od.* a total blackout) settled down over Europe.

ˈNacht|ˌaf·fe *m meist pl zo.* night ape (*od.* monkey), owl monkey, (red-footed) douroucouli (*auch* dourocouli, durukuli) (*Gattg Aotes*). — **~ˌanˌgriff** *m aer. mil.* night attack.

ˈnachˌtan·ken *v/i u. v/t* ⟨*sep*, -ge-, h⟩ refuel.

ˈNacht|ˌar·beit *f* nightwork, *Br.* night-work. — **~asyl** [-ʔaˌzyːl] *n* night shelter: „~" "The Lower Depths" (*by Gorki*). — **~ˌaufˌklä·rung** *f aer. mil.* night reconnaissance. — **~ˌaufˌnah·me** *f phot.* night photo(graph) (*od.* exposure). — **~ˌausˌga·be** *f* (*einer Zeitung*) late night edition. — **~ˌbaumˌnat·ter** *f zo.* brown tree-snake (*Boiga irregularis*). — **~beˌleuch·tung** *f* dimmed (*od.* night) light (*od.* illumination). — **n~ˌblau** *adj* midnight-blue. — **n~ˌblind** *adj med.* night-(*od.* moon-)blind; nyctalopic, hemeralopic (*scient.*). — **~ˌblind·heit** *f* night blindness, day sight; nyctalopia, nocturnal amblyopia (*scient.*). — **~ˌblu·me** *f bot.* **1.** Arabian jasmine (*Jasminum sambac*). – **2.** *pl* nocturnal flowers. — **~ˌbom·benˌanˌgriff** *m aer. mil.* night bombing attack. — **~ˌbom·ber** *m* night bomber. — **~ˌcreme** *f* (*cosmetics*) night cream. — **~ˌdienst** *m* **1.** (*von Arzt, Krankenschwester etc*) night duty: **Dr. X hat morgen** ~ Dr. X is on night duty tomorrow. – **2.** (*einer Apotheke etc*) night service. — **~ˌech·se** *f meist pl* night lizard (*Fam. Xantusiidae*).

ˈNachˌteil *m* **1.** (*Beeinträchtigung*) disadvantage: **er mußte viele** ~**e in Kauf nehmen** he had to put up with many disadvantages; **wegen seines Alters befand er sich im** ~ **gegenüber den andern** compared with the others he was at a disadvantage (*od.* handicapped) because of his age; **wir befinden uns im** ~ the odds are against us. – **2.** (*Mangel*) disadvantage, drawback, shortcoming: **die** ~**e des Landlebens** the drawbacks of country living; **dieser Plan hat einen** ~ this plan has one disadvantage. – **3.** (*Schaden*) disadvantage, detriment, damage: **diese Entwicklung kann für uns** ~**e bringen, aus dieser Entwicklung können für uns** ~**e erwachsen** (*od.* **entstehen**) this development can bring us disadvantages (*od.* can be disadvantageous, detrimental to us); **ihre Handlungsweise gereichte ihnen zum** ~ their action was detrimental (*od.* damaging) (*od.* proved a disadvantage, handicap) to them; **er hat sich zu seinem** ~ **verändert** he has changed to his disadvantage. – **4.** *jur.* detriment, prejudice, injury, (*Verlust, Schaden*) damnum: **zum** ~ **von j-m** to the detriment of s.o.; **ohne** ~ **für j-n** without prejudice to s.o. – **5.** (*sport*) handicap. – **6.** *econ.* (*Verlust*) loss, disadvantage: **etwas mit** ~ **verkaufen** to sell s.th. at a loss. — **ˈnachˌtei·lig I** *adj* **1.** (*ungünstig*) disadvantageous, unfavorable, *bes. Br.* unfavourable, adverse. – **2.** (*schädlich*) disadvantageous, detrimental, damaging: **seine Handlungsweise hatte** ~**e Folgen** his action had damaging consequences. – **3.** (*abträglich*) derogatory. – **4.** *jur.* prejudicial, detrimental, injurious. – **II** *adv* **5.** **j-n** ~ **behandeln** to discriminate against s.o.; **sich** ~ **auswirken für** to be prejudicial to; **j-n** ~ **beeinflussen** a) to prejudice s.o., b) to affect s.o. adversely. – **III N~e, das 6.** *only in* **über ihn ist nichts N~es bekannt** nothing is known to his detriment (*od.* against him).

ˈNachtˌeinˌsatz *m aer. mil.* night mission (*od.* operation).

ˈnäch·teˌlang I *adj* nightlong: **durch** ~**e Arbeit konnte er sein Werk vollenden** through nightlong work he was able to finish his task. – **II** *adv* for nights (together), night after night, whole nights together, for whole nights: **er arbeitete** ~ he worked for nights.

nach·ten [ˈnaxtən] *v/impers* ⟨h⟩ **es nachtet** *poet.* night is falling.

näch·tens [ˈnɛçtəns] *adv poet. for* nachts.

ˈNacht|ˌes·sen *n Southern G. and Swiss* supper, evening meal. — **~ˌeu·le** *f* **1.** *zo.* screech owl (*Ordng Striges*). – **2.** *fig. humor. cf.* Nachtschwärmer 2. — **~ˌfal·ter** *m zo.* moth, miller (*Unterordng Heterocera*). — **n~ˌfar·ben, n~ˌfar·big** *adj cf.* nachtblau.

ˈNachtˌflug *m aer.* night flight. — **~ˌausˌbil·dung** *f* night flight training, night flying instruction. — **~ˌausˌrü·stung** *f* night flying equipment.

ˈNacht|ˌfrost *m meteor.* night frost. — **~geˌbet** *n* evening prayer. — **~geˌbühr** *f econ.* night rate. — **~geˌfecht** *n mil.* night combat (*od.* engagement, operation). — **~geˌschirr** *n cf.* Nachttopf. — **~geˌspenst** *n* night phantom (*od.* spook), ghost, specter, *bes. Br.* spectre. — **~geˌwand** *n humor.* nightdress, nightgown. — **~ˌglas** *n* (*optics*) night glass. — **~ˌglei·che** *f* ⟨-; -n⟩ *cf.* Tagundnachtgleiche. — **~ˌglocke** (*getr.* -k·k-) *f* night bell. — **~ˌhau·be** *f* nightcap. — **~ˌhemd** *n* nightgown, (*bes. für Männer*) nightshirt, (*bes. für Frauen u. Kinder*) nightdress, nightie, *auch* nighty (*colloq.*). — **~ˌhim·mel** *m* night skies *pl*, nocturnal heavens *pl*. — **~ˌhim·melsˌlicht** *n* ⟨-(e)s; *no pl*⟩ *astr.* night-sky glow, night-airglow. — **~ˌhorn** *n mus.* (*bei Orgeln*) nachthorn, cor de nuit. — **~ˌhund** *m zo.* fruit bat (*Gattg Rousettus*).

näch·tig [ˈnɛçtɪç] *adj* **1.** *obs. for* nächtlich. – **2.** *hunt.* (*Fährte etc*) made the previous evening.

Nach·ti·gall [ˈnaxtɪgal] *f* ⟨-; -en⟩ *zo.* nightingale (*Gattg Luscinia, bes. L. megarhynchus*): **Chinesische** ~ *cf.* Sonnenvogel; **Polnische** ~ *cf.* Sprosser; **Virginische** ~ (red) cardinal (*Richmondena cardinalis*); **er will die** ~ **singen lehren** *fig.* he wants to teach the nightingale how to sing; **was dem einen sin Uhl, ist dem andern sin** ~ (*Sprichwort*) one man's food is another man's poison (*proverb*); ~, **ich** (*od.* **ick**) **hör' dir trapsen** *colloq. humor.* aha, I can see what you're leading up to (*od.* driving at).

ˈNach·ti·gal·lenˌschlag *m* song of the nightingale, *auch* jug.

näch·ti·gen [ˈnɛçtɪgən] *v/i* ⟨h⟩ *lit.* pass (*od.* spend) the night, stay overnight.

ˈNachˌtisch *m* ⟨-(e)s; -e⟩ *gastr.* dessert, *Br. colloq.* afters *pl*, (*Süßspeise*) *Br. auch* sweet: **sie sitzen beim** ~ they are having their dessert; **zum** ~ **gab es Erdbeeren und Schlagsahne** for dessert we had strawberries with whipped cream.

ˈNacht|ˌjagd *f mil. aer.* night fighting (*od.* interception). — **~ˌjä·ger** *m* night fighter (*od.* interceptor). — **~ˌkäst·chen** *n Southern G. and Austrian for* Nachttisch. — **~ˌkat·ze** *f zo.* kodkod (*Noctifelis guigna*). — **~ˌker·ze, Geˈmei·ne** *f bot.* evening (*od.* night, tree) primrose (*Oenothera biennis*). — **~ˌklub** *m* nightclub. — **~ˌla·ger** *n* ⟨-s; -⟩ **1.** night's lodging. – **2.** bed(stead). – **3.** *mil.* night camp (*od.* encampment). — **~ˌlan·dung** *f aer.* night landing. — **~ˌle·ben** *n* night life.

nächt·lich [ˈnɛçtlɪç] **I** *adj* nightly, nocturnal: ~**e Ruhestörung** nocturnal disturbance, disorder by night; ~**es Dunkel** (the) darkness of night. – **II** *adv* every night. — **ˈnächt·li·cherˈwei·le** *adv* at nighttime, in the night.

ˈNacht|ˌlicht *n* night-light. — **~loˌkal** *n* nightclub, night spot (*colloq.*). — **~ˌluft** *f* night air. — **~ˌmahl** *n bes. Austrian for* Abendessen. — **n~ˌmah·len** *v/i* ⟨*insep*, ge-, h⟩ *bes. Austrian* have supper, sup. — **~ˌmahr** *m* nightmare. — **~ˌmarsch** *m mil.* night march. — **~ˌmet·te** *f relig.* nocturn (*a part of matins*). — **~muˌsik** *f* serenade. — **~ˌmüt·ze** *f* **1.** nightcap. – **2.** *fig. cf.* Schlafmütze 2—4. — **~ˌnat·ter** *f zo.* spotted night snake (*Hypsiglena ochrorhyncha*). — **~ˌnel·ke** *f bot.* a) **Weiße** ~ white bachelor's-button, white campion (*od.* lychnis) (*Melandrium album*), b) **Rote** ~ red bachelor's-button, red campion (*M. rubrum*).

ˈnachˌtö·nen I *v/i* ⟨*sep*, -ge-, h⟩ *cf.* nachklingen. – **II** *v/t* (*Haare etc*) (re)tint, tint (*od.* tinge) again.

ˈNacht|pa·paˌgei *m zo.* kakapo, *auch* owl parrot (*Strigops habroptilus*). — **~ˌpfau·enˌau·ge** *n* a) **Kleines** ~ emperor moth (*Saturnia pavonia*), b) **Großes** (*od.* **Wiener**) ~ Viennese emperor moth (*S. pyri*). — **~porˌtier** *m* night porter (*od.* clerk). — **~proˌgramm** *n* (*radio*) night program (*bes. Br.* programme). — **~quarˌtier** *n* night lodgings *pl* (*od.* quarters *pl*, accommodation): **j-m** ~ **geben** to put s.o. up for the night.

ˈNachˌtrab *m* ⟨-(e)s; -e⟩ *mil. obs.* rear (guard).

ˈNachˌtrag [-ˌtraːk] *m* ⟨-(e)s; ⸚e⟩ **1.** supplement, addendum. – **2.** (*Anhang*) appendix, annex. – **3.** *meist pl* (*in einem Buch*) addendum, addenda *pl*. – **4.** (*zu einem Brief*) postscript. – **5.** *jur.* (*zu einem Testament*) codicil. – **6.** *econ.* a) (*zu einer Versicherungspolice*) additional clause, rider, b) (*zum Etat*) supplementary estimate.

ˈnachˌtra·gen *v/t* ⟨*irr, sep*, -ge-, h⟩ **1.** **j-m etwas** ~ to carry s.th. after s.o. – **2.** *fig.* (*Beispiel etc*) add (to), append. – **3.** *econ.* a) (*Posten etc*) book, enter (*s.th.*) (as additional item), make a supplementary entry of, b) (*Bücher*) post up, bring (*s.th.*) up to date: **ich habe den Betrag nachgetragen** I booked (*od.* entered) the omitted (*od.* missing) amount (afterward[s]). – **4.** **j-m etwas** ~ *fig.* to bear s.o. a grudge, to bear (*od.* hold) a grudge against s.o.: **er trägt es ihr nicht nach** he bears her no ranco(u)r; **ich will es dir nicht** ~ no hard feelings, I won't hold it against you, let bygones be bygones. — **ˈnachˌtra·gend I** *pres p.* – **II** *adj* resentful, vindictive, rancorous, unforgiving, vengeful. — **ˈnachˌträ·ge·risch** [-ˌtrɛːgərɪʃ] *adj cf.* nachtragend II.

ˈnachˌträg·lich [-ˌtrɛːklɪç] **I** *adj* **1.** (*Eintrag etc*) supplementary, additional. – **2.** (*Kurskorrektur etc*) additional, second. – **3.** (*später*) subsequent, later. – **4.** (*verspätet*) belated. – **5.** *rare for* nachtragend II. – **II** *adv* **6.** further, by way of addition. – **7.** (*hinterher*) later, subsequently, afterward(s): **j-m** ~ **gratulieren** to congratulate s.o. after the event; ~ **noch alles Gute!** belated best wishes. – **8.** (*nach gemachter Erfahrung*) with hindsight.

ˈNachˌtrags·budˌget *n pol.* additional (*od.* supplementary) budget.

ˈNachtˌraubˌvo·gel *m meist pl zo. cf.* Eule 1.

ˈnachˌtrau·ern *v/i* ⟨*sep*, -ge-, h⟩ **j-m** ~ to mourn (*od.* grieve) after s.o.

ˈNacht|ˌrei·her *m zo.* night heron (*Nycticorax nycticorax*). — **~ˌruf** *m tel.* night call. — **~ˌru·he** *f* night's rest (*od.* sleep): **die Aufregung hat mich um meine** ~ **gebracht** the excitement robbed me of my night's sleep (*od.* prevented me from sleeping).

ˈNachˌtrupp *m mil. cf.* Nachhut.

nachts *adv* **1.** at night, by night, in the night, nights (*colloq.*): **spät** ~ late at night; (**um**) **2 Uhr** ~, ~ **um 2 Uhr**, ~ **um 2** at 2 (o'clock) in the morning; **tags und** ~ **unterwegs sein** to be on the move day and night; ~ **arbeiten** to work at night (*od. colloq.* nights). – **2.** (*während der Nacht*) during the night, in the nighttime (*Br.* night-time): **der Bahnhof ist** ~ **geschlossen** the station is closed during the night.

ˈNachtˌschat·ten *m bot.* nightshade, solanum (*scient.*) (*Gattg Solanum*): **Bittersüßer** ~ bittersweet, woody nightshade (*S. dul-*

camara); Schwarzer ~ black (*od.* common) nightshade, morel (*S. nigrum*). — **~geˌwäch·se** *pl* nightshade family *sg*, Solanaceae (*Fam. Solanaceae*).

ˈ**Nacht|ˌschicht** *f* night shift: ~ haben to be on night shift. — **n~ˌschla·fend** *adj colloq.* (*in Wendungen wie*) zu (*od.* bei) ~er Zeit (*od.* Stunde) in the middle of the night. — **~ˌschnellˌzug** *m* night express (train). — **~ˌschränk·chen** *n cf.* Nachttisch. — **~ˌschwal·be** *f zo. cf.* Ziegenmelker. — **~ˌschwär·mer** *m* **1.** *zo. cf.* Schwärmer 7. – **2.** *fig. humor.* night bird, nighthawk, night-reveler (*bes. Br.* -reveller), night owl (*colloq.*). — **~schwär·meˈrei** [ˌnaxt-] *f fig. humor.* night-reveling (*bes. Br.* -revelling). — **~ˌschweiß** *m med.* night sweat. — **~ˌschwe·ster** *f* night nurse. — **~ˌse·hen** *n med.* hemeralopia, *auch* day blindness. — **~ˌsei·te** *f fig.* seamy side: die ~ des Lebens the seamy side of life. — **~ˌsich·tig·keit** *f med. cf.* Nachtsehen. — **~ˌsit·zung** *f* all-night sitting. — **~ˌstart** *m aer.* night takeoff. — **~ˌstrom** *m electr.* night current. — **~ˌstück** *n* **1.** (*art*) night piece, nocturne. – **2.** *mus.* nocturne. — **~ˌstuhl** *m med.* closestool, *bes. Br.* night-stool, night chair, commode. — **~ˌstun·de** *f* hour of the night, night hour: in den späten ~n in the wee (*od.* small) hours.

ˈ**nachtsˌüber** *adv cf.* nachts 2.

ˈ**Nacht|taˌrif** *m electr. tel.* night tariff. — **~tier** *n meist pl zo.* nocturnal animal.

ˈ**Nacht|ˌtisch** *m*, **~ˌtisch·chen** *n* bedside table, *bes. Am.* night table, nightstand.

ˈ**Nachtˌtischˌlam·pe** *f* bedside lamp.

ˈ**Nacht|ˌtopf** *m* chamber pot. — **~treˌsor** *m econ. bes. Am.* night depository, *bes. Br.* night safe. — **~ˌübung** *f mil.* night training exercise.

ˈ**nachˌtun** *v/t* ⟨*irr, sep,* -ge-, h⟩ *colloq.* **1.** es j-m ~ (*nachahmen*) to imitate (*od.* copy) s.o.: sie möchte es mir in allem ~ she wants to imitate me in everything. – **2.** keiner kann es ihm ~ (*gleichkommen*) nobody can match him; es j-m ~ wollen (*nacheifern*) to emulate (*od.* vie with) s.o.

ˈ**Nacht|ˌurˌlaub** *m mil.* overnight (*od.* night) pass. — **~vio·le** [-ˌvĭoːlə] *f bot.* a) rocket (*Gattg Hesperis*), b) dame's violet (*od.* gillyflower, rocket), damewort, winter gillyflower (*H. matronalis*). — **~ˌvo·gel** *m meist pl zo.* night (*od.* nocturnal) bird. — **~ˌvorˌstel·lung** *f* night performance. — **~ˌwa·che** *f* **1.** night watch. – **2.** (*bei Kranken etc*) night watch, vigil: ~ halten bei to keep vigil over. — **~ˌwäch·ter** *m* **1.** (night) watchman. – **2.** *fig. colloq. contempt.* slow coach, *bes. Am.* slowpoke. — **~ˌwäch·terˌstaat** *m pol. colloq. welfare state which imposes a minimum of duties on its citizens.* — **n~ˌwan·deln I** *v/i* ⟨*insep,* ge-, sein *u.* h⟩ **1.** sleepwalk, *Br.* sleep-walk, walk in one's sleep, somnambulate (*scient.*). – **II N~** *n* ⟨-s⟩ **2.** *verbal noun.* – **3.** somnambulism, somnambulation, noctambulation, noctambulism. — **n~ˌwan·delnd I** *pres p.* – **II** *adj* sleepwalking, *Br.* sleep-walking; somnambulant, noctambulant, noctambulous (*scient.*). — **~ˌwand·ler** *m* ⟨-s; -⟩ sleepwalker, *Br.* sleep-walker; somnambulist, noctambulist (*scient.*). — **n~ˌwand·le·risch** *adj* sleepwalking, *Br.* sleep-walking; somnambulistic, noctambulic, *auch* noctambulistic (*scient.*): mit ~er Sicherheit *fig.* with instinctive certainty. — **~ˌwind** *m* night wind. — **~ˌwol·ke** *f meist pl* night cloud: leuchtende ~n noctilucent clouds, luminous night clouds. — **~ˌzeit** *f* nighttime, *Br.* night-time, nighttide, *Br.* night-tide. — **~ˌzeug** *n* **1.** nightclothes, *Br.* night-clothes *pl*, nightwear, nightgear. – **2.** (*Nachthemd, Seife etc*) night things *pl.* — **~ˌzug** *m* (*railway*) night train. — **~ˌzuˌschlag** *m* additional (*od.* extra) pay for nightwork.

ˈ**Nachˌunˌterˌsuˌchung** *f* **1.** *med.* reexamination, *Br.* re-examination: postoperative ~ postoperative (*Br.* post-operative) checking. – **2.** *tech.* reinvestigation, reexamination, *Br.* re-examination.

ˈ**NachˌurˌIaub** *m* additional (*od.* extended) leave.

ˈ**nach·verˌanˌla·gen** *v/t* ⟨*sep, no* -ge-, h⟩ *econ.* make a subsequent assessment of. — ˈ**Nach·verˌanˌla·gung** *f* subsequent assessment.

ˈ**Nach·verˌbren·nung** *f tech. aer.* afterburning, reheat, *auch* thrust augmentation.

ˈ**nach·verˌlan·gen** *v/t* ⟨*sep, no* -ge-, h⟩ etwas ~ to demand s.th. in addition (*od.* extra).

ˈ**Nach·verˌmächt·nis** *n jur.* residuary (*od.* reversionary) legacy. — **~ˌneh·mer** *m* residuary (*od.* reversionary) legatee.

ˈ**nach·verˌsi·chern** *v/t* ⟨*sep, no* -ge-, h⟩ *econ.* insure (*s.th.*) for a larger amount, increase the insurance of (*od.* on), take out subsequent insurance on. — ˈ**Nach·verˌsi·che·rung** *f* additional (*od.* subsequent) insurance.

ˈ**nachˌvollˌzie·hen** *v/t* ⟨*irr, sep, no* -ge-, h⟩ (*Gedankengang etc*) reconstruct.

ˈ**nachˌwach·sen I** *v/i* ⟨*irr, sep,* -ge-, sein⟩ **1.** (wieder) ~ regrow, grow again (*od.* back). – **2.** *med. biol.* (*von Organen*) grow again (*od.* back), regrow, regenerate. – **II N~** *n* ⟨-s⟩ **3.** *verbal noun.* – **4.** regrowth. – **5.** *med. biol.* (*der Organe*) regeneration, regrowth.

ˈ**Nachˌwahl** *f pol. Br.* by-election, *auch* bye-election, *Am.* special election, run-off primary.

ˈ**Nachˌwähr·schaft** *f* ⟨-; -en⟩ *Swiss liability of the seller for serious deficiency* (*od. fault*) *in goods sold.*

ˈ**Nachˌwe·hen** *pl* **1.** *med.* afterpains. – **2.** *fig.* painful consequences (*od.* aftermath *sg*, aftereffects, *Br.* after-effects).

ˈ**Nachˌwein** *m agr.* press wine.

ˈ**nachˌwei·nen I** *v/t* ⟨*sep,* -ge-, h⟩ **1.** shed tears over: wir weinen ihm [dem Verlust] keine Träne nach we won't shed tears over him [the loss]. – **II** *v/i* **2.** shed tears: wir weinen ihm nicht nach we shan't be sorry to see the last of him. – **3.** *cf.* nachtrauern.

Nach·weis [ˈnaːxˌvaɪs] *m* ⟨-es; -e⟩ **1.** proof, evidence: den ~ erbringen (*od.* führen) to furnish (*od.* give) proof; ~ der Echtheit proof of authenticity. – **2.** (*urkundlicher*) document, voucher. – **3.** *chem.* detection, test: Gifte, die sich dem chemischen ~ entziehen poisons which elude chemical detection.

ˈ**nachˌweis·bar** *adj* **1.** provable. – **2.** (*feststellbar*) ascertainable. – **3.** *chem.* testable, detectable.

ˈ**nachˌwei·sen** *v/t* ⟨*irr, sep,* -ge-, h⟩ **1.** prove, establish (proof of), furnish proof (*od.* evidence) of: er konnte seine Unschuld nicht ~ he could not prove his innocence; man konnte ihm die Tat nicht ~ he could not be proved guilty of the deed (*od.* crime); er wies seine Staatsangehörigkeit nach he established proof of his nationality; ich konnte ihm seinen Fehler ~ I gave him proof of his mistake. – **2.** (*angeben, vermitteln*) direct to, inform of: j-m ein Zimmer ~ to direct s.o. to a room. – **3.** *chem.* detect, test.

ˈ**nachˌweis·lich I** *adj cf.* nachweisbar. – **II** *adv* as can be proved.

ˈ**Nachˌweis|ˌli·nie** *f* (*optics*) reference line. — **~ˌpflicht** *f* accountability.

ˈ**nachˌwei·ßen** *v/t* ⟨*sep,* -ge-, h⟩ whitewash (*s.th.*) (over) again.

ˈ**Nachˌwelt** *f* ⟨-; *no pl*⟩ posterity, future generations *pl*: der ~ überliefern to hand (*s.th.*) down to posterity.

ˈ**nachˌwer·fen** *v/t* ⟨*irr, sep,* -ge-, h⟩ j-m etwas ~ to throw s.th. after s.o.: etwas nachgeworfen kriegen *colloq.* to get s.th. a dime a dozen (*colloq.*).

ˈ**nachˌwie·gen** *v/t* ⟨*irr, sep,* -ge-, h⟩ reweigh, weigh (*s.th.*) again.

ˈ**nachˌwin·ken** *v/i* ⟨*sep,* -ge-, h⟩ j-m ~ to wave (good-by[e]) to s.o.

ˈ**Nachˌwin·ter** *m* late (*od.* second) winter. — ˈ**nachˌwin·ter·lich** *adj* late-winter, second-winter (*beide attrib*).

ˈ**nachˌwir·ken I** *v/i* ⟨*sep,* -ge-, h⟩ **1.** (*von Arznei, Speise etc*) have an aftereffect (*Br.* after-effect), be felt afterward(s). – **2.** (*von Erlebnis etc*) have a lasting effect. – **II N~** *n* ⟨-s⟩ **3.** *verbal noun.* — ˈ**Nachˌwir·kung** *f* ⟨-; -en⟩ **1.** *cf.* Nachwirken. – **2.** aftereffect, *Br.* after-effect. – **3.** *meist pl* (*Folgen*) repercussions *pl*, aftermath(s *pl*), backwash, consequences *pl*: die ~en der Weltwirtschaftskrise the repercussions of the Great Depression; die ~en des Krieges the aftermath *sg* of war.

ˈ**nachˌwol·len** *v/i* ⟨*irr, sep,* -ge-, h⟩ *colloq.* want to follow: er wollte ihr nach he wanted to follow her.

ˈ**Nachˌwort** *n* ⟨-(e)s; -e⟩ epilogue, *Am. auch* epilog, *Am.* afterword.

ˈ**Nachˌwuchs** *m* ⟨-es; *no pl*⟩ **1.** rising (*od.* new, younger) generation. – **2.** *humor.* (*Nachkommen, Erben*) offspring, progeny: hat sich schon ~ eingestellt? have you got any offspring yet? – **3.** *econ.* (*im Betrieb etc*) junior staff, trainees *pl*, recruits *pl.* – **4.** (*theater*) young talents *pl.* – **5.** *agr.* second growth, aftergrowth, *Br.* after-growth. — **~ˌau·tor** *m* up-and-coming (*od.* promising) author. — **~beˌdarf** *m* **1.** need for young personnel. – **2.** (*im Handwerk*) need for young craftsmen. — **~ˌfah·rer** *m* (*sport*) a) (*Autorennfahrer*) up-and-coming driver, b) ([*Motor*]*Radrennfahrer*) up-and-coming rider. — **~ˌför·de·rung** *f* promotion of young people. — **~ˌkraft** *f* **1.** *econ.* junior member of staff, trainee. – **2.** (*theater*) young talent. — **~ˌman·gel** *m econ.* lack of recruits. — **~proˌblem** *n* (*bes. in Wissenschaft u. Industrie*) problem of recruitment. — **~ˌschauˌspie·ler** *m* talented young actor. — **~ˌschauˌspie·le·rin** *f* talented young actress.

ˈ**nachˌzah·len I** *v/t* ⟨*sep,* -ge-, h⟩ **1.** pay (*s.th.*) in addition (*od.* extra). – **2.** pay (*s.th.*) later. – **3.** *econ.* make a subsequent (*od.* supplementary) payment of, pay (*s.th.*) in (*od.* as) arrears. – **4.** *cf.* nachlösen. – **II N~** *n* ⟨-s⟩ **5.** *verbal noun.*

ˈ**nachˌzäh·len I** *v/t* ⟨*sep,* -ge-, h⟩ recount, count (*s.th.*) over again. – **II N~** *n* ⟨-s⟩ *verbal noun.*

ˈ**Nachˌzah·lung** *f* ⟨-; -en⟩ **1.** *cf.* Nachzahlen. – **2.** additional (*od.* extra) payment. – **3.** *econ.* subsequent (*od.* supplementary) payment, payment of arrears.

ˈ**Nachˌzäh·lung** *f* **1.** *cf.* Nachzählen. – **2.** recount.

ˈ**nachˌzeich·nen I** *v/t* ⟨*sep,* -ge-, h⟩ **1.** draw (*s.th.*) from a model. – **2.** (*kopieren*) copy. – **3.** (*pausen*) trace. – **4.** (*schildern*) describe. – **5.** *econ.* (*Anleihe etc*) subscribe to (*s.th.*) subsequently. – **II N~** *n* ⟨-s⟩ **6.** *verbal noun.* — ˈ**Nachˌzeich·nung** *f* **1.** *cf.* Nachzeichnen. – **2.** (*Kopie*) copy. – **3.** (*Pause*) tracing. – **4.** (*Schilderung*) description. – **5.** *econ.* (*gen* to) subsequent subscription.

ˈ**nachˌzei·tig** *adj ling.* posterior. — ˈ**Nachˌzei·tig·keit** *f* ⟨-; *no pl*⟩ posteriority.

ˈ**nachˌzie·hen I** *v/t* ⟨*irr, sep,* -ge-, h⟩ **1.** (*Linie etc*) (re)trace. – **2.** (*Fuß*) drag. – **3.** *tech.* a) (*Schraube etc*) retighten, b) (*Profile beim Schleifen*) retrue, c) (*weiterziehen beim Pressen*) redraw. – **4.** (*cosmetics*) a) (*Augenbrauen*) pencil, b) (*Lippen*) touch up, freshen up. – **5.** *hort.* a) (*Blumen, Pflanzen*) plant (*s.th.*) in addition, plant more, b) (*vermehren*) propagate. – **6.** (*games*) (*beim Schach*) (*Figur*) move, make a move with. – **II** *v/i* ⟨sein⟩ **7.** (*hinterherumziehen*) move to the same place: sie zog ihrer Tochter nach Berlin nach she moved to Berlin to live in the same place as her daughter. – **8.** (*verfolgen*) follow (after). – **9.** (*einem Beispiel folgen*) follow suit: die Industrie zog mit Preiserhöhungen nach industry followed suit by raising their prices. – **10.** (*games*) (*beim Schach*) make the next move.

ˈ**Nachˌzoll** *m* additional duty.

ˈ**nachˌzot·teln** *v/i* ⟨*sep,* -ge-, sein⟩ j-m ~ *colloq.* to lag (*od.* tag along) behind s.o., to trail after s.o.

ˈ**Nachˌzucht** *f zo.* late breed.

ˈ**nachˌzuckeln** (*getr.* -k·k-) *v/i* ⟨*sep,* -ge-, sein⟩ *colloq. cf.* nachzotteln.

ˈ**Nachˌzug** *m* (*railway*) additional (*od.* relief) train.

ˈ**Nachˌzüg·ler** [-ˌtsyːklər] *m* ⟨-s; -⟩ **1.** *auch mil.* straggler. – **2.** latecomer, *Br.* late-comer. – **3.** *colloq. cf.* Nachkömmling 2. — ˈ**nachˌzüg·le·risch** *adj* straggling.

ˈ**Nachˌzugsˌakˌtie** *f meist pl econ.* deferred share (*bes. Am.* stock).

ˈ**Nachˌzün·dung** *f auto.* retarded ignition.

Nacke·dei (*getr.* -k·k-) [ˈnakədaɪ] *m* ⟨-(e)s; -e *u.* -s⟩ *colloq. humor.* **1.** naked child. – **2.** naked person. – **3.** nudist.

Nacken (*getr.* -k·k-) [ˈnakən] *m* ⟨-s; -⟩ **1.** nape, (back of the) neck, nucha (*scient.*): ein steifer ~ a stiff neck; sie warf stolz den Kopf in den ~ she threw her head back proudly. – **2.** *fig.* (*in Wendungen wie*) ein Mann mit einem starren (*od.* störrischen, unbeugsamen) ~ a stiff-necked (*od.* stubborn, an obstinate, headstrong) man; den ~ beugen to knuckle down (*od.* under), to submit, to yield; j-m den ~ beugen to bend s.o. to one's will; den Feind im ~ haben to have the enemy hard at (*od.* on, upon) one's heels, to be closely followed (*od.* to be trailed) by the enemy; **j-m den Fuß auf den ~ setzen** (*od.* **stellen**) to force s.o. to obey, to bend s.o. to one's will; **j-m auf dem** (*od.* **im**) **~ sitzen** to be on s.o.'s back, to press s.o. hard; **die Furcht sitzt ihr im ~** fear chills her spine; **die Verfolger saßen ihm im ~** the pursuers followed him (*od.* were) at his heels; **j-m den ~ steifen** to back s.o. up, to give s.o. moral support; **den ~ steifhalten** *colloq.* to keep a stiff upper lip; → Schalk 3. – **3.** *zo.* (*bei Insekten*) nucha. — **~ˌband** *n* **1.** *med.* nuchal ligament. – **2.** *cf.* Nackenriemen.

ˈNacken|ˌhaar (*getr.* -k·k-) *n* hair on the nape of the neck. — **~ˌhe·bel** *m* (*sport*) (*beim Ringen*) neck lever (*od.* hold), nelson: **doppelter [einfacher] ~** full (*od.* double) [half] nelson. — **~ˌkip·pe** *f* (*beim Turnen*) neckspring. — **~ˌkis·sen** *n* bolster, neck cushion. — **~ˌle·der** *n* (*bes. am Feuerwehrhelm*) neck flap (*od.* guard). — **~ˌmus·kel** *m med.* posterior cervical muscle. — **~mus·ku·laˌtur** *f* musculature in the back of the neck. — **~ˌrie·men** *m* (*beim Zaumzeug*) headpiece. — **~ˌschlag** *m fig.* (severe) setback, reverse: **schwere geschäftliche [politische] Nackenschläge erleiden** (*od.* **erhalten**) to suffer (*od.* meet with) a severe business [political] setback. — **~ˌschutz** *m cf.* Nackenleder. — **~ˌstar·re** *f med. cf.* Genickstarre. — **~ˌstüt·ze** *f* neck support. — **~ˌwir·bel** *m med.* cervical vertebra.

ˈNackˌfrosch [ˈnak-] *m colloq. humor. cf.* Nackedei 1.

ˈnackig (*getr.* -k·k-) *adj colloq. for* nackt I.

nackt [nakt] **I** *adj* **1.** naked, (*ausgezogen*) stripped, (*bes. art*) nude: **das Kind war ~** the child was naked; **sich ~ ausziehen** to take off all one's clothes, to strip; **~ baden** to swim in the nude; **der Künstler malte sie ~** the artist painted her (in the) nude; **er gibt an wie zehn ~e Neger** *colloq.* he is a terrible show-off (*colloq.*). – **2.** (*Arm, Fuß etc*) bare: **lauf nicht mit ~en Füßen herum!** don't run about with bare feet (*od.* barefoot, barefooted); **mit ~em Oberkörper** with a bare chest, bare-chested, bare to the waist. – **3.** *fig.* (*leer, kahl*) bare: **~e Bäume** bare trees, trees stripped of their leaves; **~e Felsen [Wände]** bare rocks [walls]; **ein ~er Hügel** a barren (*od.* bald) hill; **wir mußten auf dem ~en Boden schlafen** we had to sleep on the bare (*od.* naked) floor. – **4.** *fig.* (*Schwert*) naked, bare. – **5.** *fig.* (*in Wendungen wie*) **er sah nur die ~en Tatsachen** he saw nothing but the bare (*od.* unvarnished, cold) facts; **er verschließt die Augen vor der ~en Wirklichkeit** he closes his eyes to (stark) reality; **das ist die ~e Wahrheit** that is the plain truth; **wir sahen die ~e Armut** we saw utter (*od.* sheer) poverty; **nur das ~e Leben retten** to escape with one's (bare) life; **seine Augen verrieten die ~e Gier** his eyes betrayed sheer greed. – **6.** *electr.* (*Draht*) bare, naked. – **7.** *zo.* a) naked, b) (*Vogel*) callow, unfledged, deplumate (*scient.*). – **II N~e, das** ⟨-n⟩ **8.** the nude: **die Darstellung des N~en in der Kunst** the presentation of the nude in art.

ˈNackt|ˌba·deˌstrand *m* nudist (bathing) beach. — **~ˌfarn** *m bot.* silver fern (*Gattg Gymnogramma*). — **~ˌfin·ger** *m zo.* naked-fingered gecko (*Gattg Gymnodactylus*). — **~ˌfle·derˌmaus** *f cf.* Halsbandfledermaus. — **~ˌflie·ge** *f meist pl* psilid (*Fam. Psilidae*), *bes.* carrot rust fly (*Psila rosae*). — **~ˌfrosch** *m colloq. humor. cf.* Nackedei 1.

ˈNackt·heit *f* ⟨-; *no pl*⟩ **1.** nakedness, nudity, nudeness: **völlige [paradiesische] ~** complete [paradisiacal] nakedness. – **2.** *fig.* (*Kahlheit*) bareness, nakedness: **die ~ des Bodens** the bareness of the ground. – **3.** *fig.* (*Mangel an Vegetation*) bareness, baldness: **die ~ der Landschaft** the baldness of the landscape. – **4.** *fig.* (*Ungeschminktheit etc*) nakedness, plainness.

ˈNackt|ˌhund *m zo.* (*Haushundrasse*) Mexican hairless. — **~kulˌtur** *f* nudism: **Anhänger der ~** nudist. — **~ˌmull** *m zo.* naked mole-rat (*Heterocephalus glaber*). — **~ˌsa·mer** [-ˌzaːmər] *m* ⟨-s; -⟩ *meist pl bot.* gymnosperm. — **n~ˌsa·mig** [-ˌzaːmɪç] *adj* gymnospermous, *auch* gymnospermic, gymnospermal: **~e Pflanze** gymnosperm. — **~ˌschnecke** (*getr.* -k·k-) *f meist pl zo.* slug (*Fam. Limacidae*). — **~ˌtanz** *m* **1.** dance in the nude. – **2.** (*Striptease*) striptease (dance *od.* display). — **~ˌtän·ze·rin** *f* **1.** nude dancer. – **2.** stripteaser.

Na·del [ˈnaːdəl] *f* ⟨-; -n⟩ **1.** needle: **eine ~ einfädeln** to thread a needle; **ich habe mich mit einer ~ gestochen** I have pricked myself with a needle; **eine Masche von der ~ fallen lassen** to drop a stitch from the needle; **das ist mit einer heißen ~ genäht** *Northern G. colloq.* that was sewn very carelessly; (**wie**) **auf ~n sitzen** *fig.* to be on tenterhooks, to sit (*od.* be) on pins and needles; **keine ~ konnte zur Erde fallen** *fig.* people were packed like sardines. – **2.** (*Steck-, Haar-, Hutnadel*) pin: **etwas mit einer ~ feststecken** to fasten s.th. with a pin, to pin s.th. – **3.** (*Schmuck-, Anstecknadel*) pin, (*Brosche*) brooch. – **4.** (*Abzeichen*) pin, badge, button. – **5.** (*Krawattennadel*) tiepin, scarfpin. – **6.** *tech.* a) (*Kompaß-, Magnetnadel*) needle, b) (*des Plattenspielers*) needle, stylus, c) (*Ätz-, Radiernadel*) needle, stylus, d) *cf.* **Anreißnadel**, e) (*Räumnadel*) broach, f) (*eines Rollenlagers*) needle, g) (*eines Ventils*) pin: **trockene ~** drypoint. – **7.** *med.* needle, (*zum Nähen*) surgical needle: **eine ~ legen** to put in a stitch. – **8.** *bot.* needle: **die Lärche wirft ihre ~n ab** the larch sheds its needles. – **9.** *zo.* (*eines Schwammes etc*) spicule. – **10.** *fig.* (*Bergspitze etc*) needle. — **~ˌabˌwei·chung** *f* (*des Kompasses*) magnetic declination (*od.* deviation). — **~ˌar·beit** *f* needlework, stitchwork. — **~ˌausˌschlag** *m* (*des Kompasses*) deflection (*Br. auch* deflexion) of the needle. — **~ˌbaum** *m bot.* coniferous tree, conifer (*Ordng Coniferae*). — **~ˌbrief** *m* packet (*od.* paper) of needles. — **~ˌbüch·se** *f* needlecase, pincase. — **~ˌdü·se** *f auto.* needle jet. — **~ˌeinˌfäd·ler** *m* needle threader. — **~ˌei·senˌerz** *n min.* needle iron ore, *Am.* goethite. — **~faˌbrik** *f* needle factory. — **n~ˌfer·tig** *adj* (*Stoff*) ready-cut. — **~ˌfisch** *m zo.* needlefish, pipefish (*Fam. Syngnathidae*). — **n~ˌför·mig** *adj* **1.** needle-shaped. – **2.** *bot. biol.* acicular, acerose, acerate, aciform. – **3.** *zo.* spicular, spiculiform. – **4.** *med.* needle-shaped, belonoid (*scient.*). — **~ˌgeld** *n obs.* pin money. — **~ˌhal·ter** *m* (*einer Nähmaschine*) needle bar. — **~ˌholz** *n* ⟨-es; ⸗er⟩ **1.** coniferous wood, softwood. – **2.** *pl* (*forestry*) coniferous trees, conifers. — **~ˌker·bel** *m bot.* lady's- (*od.* Venus's-)comb, needle chervil, Adam's needle, shepherd's needle (*Scandix pectenveneris*). — **~ˌkis·sen** *n* pincushion, *Am. auch* cushion, (*kugelförmiges*) *Am.* pinball. — **~ˌkopf** *m* pinhead, *Br.* pin-head. — **n~ˌkopfˌgroß** *adj* of a pin's head size. — **~ˌla·ger** *n tech.* needle (roller) bearing, *Am. auch* Hyatt (*od.* flexible) roller bearing. — **~ˌloch** *n cf.* Nadelöhr.

na·deln [ˈnaːdəln] *v/i* ⟨h⟩ (*von Koniferen, Adventskranz etc*) lose (*od.* shed) needles.

ˈNa·del|ˌöhr *n* eye of a needle. — **~ˌspat** *m min.* needle (*od.* Aragon) spar, aragonite. — **~ˌspit·ze** *f* **1.** point of a needle, pinpoint, *Br.* pin-point. – **2.** (*textile*) needle lace. — **~ˌstär·ke** *f* (needle) ga(u)ge. — **~ˌstich** *m* **1.** pinprick, prick of a pin (*od.* needle). – **2.** (*beim Nähen*) stitch. – **3.** *fig.* pinprick: **j-m dauernd ~e versetzen** to pinprick (*od.* needle) s.o. continually; **eine Politik der ~e** *pol.* a policy of pinpricks. — **~ˌstrei·fen** *m* (*Stoffmuster*) pinstripe: **mit ~** pinstripe(d). — **~ˌwald** *m* coniferous wood(s *pl*) (*od.* forest). — **~ˌwehr** *n civ.eng.* (*im Wasserbau*) needle weir. — **~ˌwurm** *m zo.* needle worm (*Ascaris acus*).

Na·dir [naˈdiːr] *m* ⟨-s; *no pl*⟩ *astr.* nadir.

Na·do·wes·sier [nadoˈvɛsiər] *m* ⟨-s; -⟩ (*nordamer. Indianer*) Natchez. — **na·do·ˈwes·sisch** [-sɪʃ] *adj* Natchez.

Na·gai·ka [naˈgaɪka] *f* ⟨-; -s⟩ (*Peitsche*) nagaika.

Na·ga·na [naˈgaːna] *f* ⟨-; *no pl*⟩ *vet.* (*afrik. Tierseuche*) nagana, n'gana.

ˈNa·geˌkä·fer *m zo.* anobium (*Fam. Anobiidae*).

Na·gel [ˈnaːgəl] *m* ⟨-s; ⸗⟩ **1.** nail, (*Fingernagel*) fingernail, (*Zehennagel*) toenail: **saubere [lackierte] Nägel** clean [varnished, enameled, *bes. Br.* enamelled] nails; **an den Nägeln kauen** to bite one's nails; **ich habe mir das Buch unter den ~ gerissen** *fig. colloq.* I have walked off with (*od. colloq.* swiped, pinched) the book; **auf den Nägeln brennen** *fig. colloq.* to be urgent; **die Arbeit brennt mir auf den Nägeln** *fig. colloq.* I am hard pressed, the work is very pressing; **er gönnt mir nicht das Schwarze unter den Nägeln** *fig. colloq.* he begrudges me everything. – **2.** *tech.* a) (*aus Eisen*) nail, b) (*Stiftnagel*) pin, c) (*Polsternagel*) tack, d) (*Schienennagel*) spike: **einen ~ in die Wand schlagen** to drive (*od.* hammer) a nail into the wall; **einen ~ herausziehen [krumm schlagen]** to draw (*od.* pull) out [to bend] a nail; **einen ~ vernieten** to clinch a nail; **etwas an einem ~ aufhängen** to hang s.th. up on a nail; **Schuhe mit Nägeln beschlagen** to nail shoes, to stud shoes; **er hängte seinen Beruf an den ~** *fig. colloq.* he gave (*od.* threw, chucked) up his profession; **den ~ auf den Kopf treffen** *fig. colloq.* to hit the nail on the head; **er ist ein ~ zu meinem Sarg** *fig. colloq.* he is a nail in (*od.* drives a nail into) my coffin, he causes me a lot of worry. – **3.** (*Holznagel*) peg, nog, dowel, treenail, *auch* trenail, *auch* trunnel. – **4.** (*railway*) spike. – **5.** *bot.* claw; unguis, ungula (*scient.*). – **6.** *zo.* nail, ungula (*scient.*).

ˈNa·gelˌbett *n* ⟨-(e)s; -en, *auch* -e⟩ *med.* nail bed; hyponychium, matrix (*scient.*). — **~ˌei·te·rung** *f* paronychia. — **~entˌzün·dung** *f* onychitis.

ˈNa·gel|ˌboh·rer *m tech.* gimlet. — **~ˌbür·ste** *f* (*cosmetics*) nail brush.

Nä·ge·lein [ˈnɛːgəlaɪn] *n* ⟨-s; -⟩ **1.** *dim. of* Nagel. – **2.** *bot. Southern G. dial. for* Nelke 1a. – **3.** *obs. od. dial.* (aromatic) clove.

ˈNa·gel|ˌei·sen *n tech.* nail puller. — **~ˌfei·le** *f* (*cosmetics*) (nail) file. — **n~ˌfest** *adj* → niet- und nagelfest. — **~ˌfe·sti·ger** *m* ⟨-s; -⟩ (*cosmetics*) nail hardener. — **~ˌfleck** *m* **1.** *zo.* tau (*Aglia tau*). – **2.** *med.* (*weißer*) leuconychia, onychopacity. — **~ˌfluh** *f geol.* (*Gesteinskonglomerat*) nagelfluh. — **~geˌschwür** *n med.* felon, whitlow, paronychia (*scient.*).

ˈNa·gel|ˌhaut *f*, **~ˌhäut·chen** *n med.* cuticle. — **~ˌhaut·entˌfer·ner** *m* ⟨-s; -⟩ (*cosmetics*) cuticle remover.

ˈNa·gel|ˌhe·ber *m tech. cf.* Nageleisen. — **~ˌka·sten** *m* nail box.

ˈNä·gelˌkau·en *n med.* nail-biting, onychophagia (*scient.*).

ˈNa·gel|ˌkopf *m tech.* nailhead, *Br.* nail-head, head of a nail. — **~ˌkraut** *n bot.* nailwort, whitlowwort (*Gattg Paronychia*): **Vierblätt(e)riges ~** allseed (*Polycarpon tetraphyllum*).

ˈNa·gelˌlack *m* (*cosmetics*) nail polish (*od.* enamel, *bes. Br.* varnish). — **~entˌfer·ner** *m* ⟨-s; -⟩ nail polish (*od.* enamel, *bes. Br.* varnish) remover.

ˈNa·gel|ˌmal *n* ⟨-(e)s; -e⟩ *bes. relig.* nail-mark, nailprint: **die ~e Christi** the nail-marks of Christ, the stigmata. — **~maˌschi·ne** *f tech.* nailing machine. — **~ˌmönd·chen** *n med.* half-moon (of a nail); lunule, lunula (*scient.*).

na·geln [ˈnaːgəln] **I** *v/t* ⟨h⟩ **1.** nail: **ein Brett an** (*od.* **auf**) **die Tür ~** to nail a board on (*od.* to) the door. – **2.** *med.* pin, nail: **der Knochen muß genagelt werden** the bone has to be pinned. – **II** *v/i* **3.** (*von Motor*) knock.

ˈNa·gel|ne·cesˌsaire *n* (*cosmetics*) manicure set. — **n~ˈneu** *adj colloq.* brand-new, *auch* bran-new. — **~ˌort** *m, n* (*Schuhmacherwerkzeug*) brad awl.

ˈNa·gelˌpfle·ge *f* (*cosmetics*) care of the nails, (*Maniküre*) manicure, (*Pediküre*) pedicure. — **~beˌsteck** *n* manicure set. — **~ˌka·sten** *m* manicure case (*od.* kit).

ˈNa·gel|ˌplat·te *f med.* nail plate (*od.* body). — **~poˌlie·rer** *m* (*cosmetics*) nail-polisher. — **~po·liˌtur** *f* powder for polishing nails, nail-polishing powder. — **~ˌpro·be** *f* **1.** (*paints*) scratch test. – **2. die ~ machen** *fig.* to leave no heeltaps. — **~ˌrei·ni·ger** *m* (*cosmetics*) nail cleaner, (*aus Holz*) orange stick. — **~ˌro·chen** *m zo.* thornback (ray) (*Raja clavata*). — **~ˌsche·re** *f* (*cosmetics*) nail-scissors *pl* (*sometimes construed as sg*). — **~ˌschmied** *m tech.* nailer, nail maker (*od.* smith). — **~ˌschmie·de** *f* nailery. — **~ˌschuh** *m meist pl* nailed shoe. — **~ˌschwund** *m med.* atrophy of a nail, onychatrophy (*scient.*). — **~ˌtrei·ber** *m tech.* nail set.

ˈ**Na·ge·lung** *f* ⟨-; -en⟩ *bes. med.* nailing, pinning.

ˈ**Na·gel|ˌwall** *m med.* nail wall. — **~ˌwur·zel** *f* **1.** nail root, matrix (*scient.*). – **2.** (*Niednagel*) hangnail. — **~ˌzan·ge** *f* **1.** (*cosmetics*) clippers *pl.* – **2.** *tech.* a) carpenter's pincers *pl* (*sometimes construed as sg*), b) *cf.* Nagelzieher. — **~ˌzie·her** *m tech.* nail puller.

na·gen [ˈnaːgən] **I** *v/i* ⟨h⟩ **1.** gnaw, (*knabbernd*) nibble: **der Hund nagt am Knochen** the dog gnaws (at) (*od.* picks) the bone; **er nagte an der Unterlippe** he was gnawing (at) (*od.* biting) his lower lip; → Hungertuch. – **2.** ~ **an** (*dat*) *bes. geol.* to erode: **das Meer nagt an der Küste** the sea erodes (*od.* gnaws at) the coast(line). – **3.** ~ **an** (*dat*) (*ätzend*) to eat into, to corrode. – **4.** *fig.* (*von Gram, Kummer, Sorge etc*) (**an** *dat*) gnaw (at, on), prey (on, upon), rankle (in): **Kummer nagte an ihr** (*od.* **an ihrem Herzen**) grief was gnawing at her (heart) (*od.* preying upon her mind). – **5.** ~ **an** (*dat*) *fig.* (*von Hitze, Krankheit etc*) to wear down, to undermine: **das Klima nagt an meiner Gesundheit** the climate is wearing down my health. – **II** *v/t* **6. etwas von etwas** ~ to gnaw (*od.* nibble) s.th. off from s.th. — ˈ**na·gend I** *pres p.* – **II** *adj* **1.** *auch fig.* gnawing: **ein ~es Hungergefühl** gnawing hunger pains *pl*; **~e Reue [Zweifel]** gnawing remorse [doubts]. – **2.** *med.* a) (*Schmerz*) gnawing, b) (*Geschwür*) rodent. – **3.** *zo.* rodent.

ˈ**Na·ger** *m* ⟨-s; -⟩ *zo. cf.* Nagetier.

ˈ**Na·ge|ˌtier** *n zo.* rodent, gnawer (*Ordng Rodentia*). — **~ˌzahn** *m* rodent (*od.* chisel) tooth.

Näg·lein [ˈnɛːglaɪn] *n* ⟨-s; -⟩ *cf.* Nägelein.

nah [naː] **I** *adj* ⟨=er; nächst⟩ **1.** near, *bes. Am.* nearby, close, (*benachbart*) neighboring, *bes. Br.* neighbouring: **in der ~en Umgebung** in the near (*od.* immediate) vicinity, in the neighbo(u)rhood; **der N~e Osten** *geogr.* the Near East, *auch* the Middle East; **ich will dir ~(e) sein** I want to be near you. – **2.** (*zeitlich*) near, (*bevorstehend*) imminent, impending: **der Sommer [Weihnachten] ist ~** (the) summer [Christmas] is near; **die ~e Abreise [Ankunft]** the impending departure [arrival]; **er fürchtete den ~en Tod** he was afraid of imminent death; **in ~er Zukunft** in the near future. – **3.** *fig.* near, close: **eine ~e Berührung** close contact; **eine ~e Beziehung** (*od.* **Verbindung**) **[Freundschaft]** a close relationship [friendship]; **ein ~er Freund** a close (*od.* an intimate) friend; **ein ~er Verwandter** a near relation; **er war mir (sehr) ~(e)** he was very close to me; **Hilfe [Rettung] ist ~** help [rescue] is near; **er war einer Ohnmacht ~e** he was nearly unconscious; **er war der Verzweiflung ~** he was close to despair (*od.* nearly desperate); **sie ist dem Tode ~** she is on the point of death, she is near(ing) (*od.* approaching) her end (*od.* death); **den Tränen ~ sein** to be on the verge of tears, to be almost weeping. – **II** *adv* **4.** near, close (to *od.* by), *bes. Am.* nearby: **ein ~(e) gelegenes** (*od.* **liegendes**) **Dorf** a nearby village; **bleib ~(e) bei mir** stay close to me; **geh nicht zu ~(e) heran** don't go (too) near; **er ist dem Ziel sehr ~(e) gekommen** he came near his destination; **wir sind ~(e) am Ziel** we are near our destination; **das Buch hat ~(e) bei der Lampe gelegen** the book was lying near the lamp; **der Wald liegt** (*od.* **ist**) **~(e) bei der Stadt** the forest lies close to the town; **er wohnt ~(e) bei der Post** he lives near the post office; **die Menge strömte von ~ und fern** (*od.* **fern und ~**) **herbei** the crowd flocked together from far and near; **er betrachtete die Blume von ~em** he looked closely at the flower; **die Alpen lagen zum Greifen ~ vor uns** the Alps lay within a stone's throw in front of us; **komm mir nicht zu ~(e)!** don't come too close to me. – **5.** *fig.* near, close(ly): **er ist ~(e) mit mir verwandt** he is a near relative of mine, he is closely related to me; **j-m zu ~e treten** to offend s.o.; **ich war ~(e) daran, ihm alles zu sagen** I was close to telling him everything; **sie ist ~(e) an die Achtzig** she is nearing (*od.* nearly) eighty.

ˈ**Nahˌanˌgriff** *m mil.* close-range attack.

ˈ**Näh|ap·paˌrat** *m* (*für Nähmaschinen*) sewing machine attachment. — **~ˌar·beit** *f* sewing, (*bes. Handarbeit*) needlework.

ˈ**Nah|ˌaufˌklä·rung** *f mil.* close (*od.* tactical) reconnaissance. — **~ˌaufˌnah·me** *f phot.* close-up (photograph *od.* view). — **~ˌbe·ben** *n geol.* near (*od.* neighboring, *bes. Br.* neighbouring) earthquake. — **~be|ob·ˌach·tung** *f mil.* close-range (*od.* local) observation.

ˈ**Nähˌbeu·tel** *m* sewing bag.

ˈ**Nahˌbril·le** *f* (*optics*) near(-vision) glasses *pl* (*od.* spectacles *pl*).

ˈ**na·he I** *prep* ⟨*dat*⟩ near, *bes. Am.* nearby, close to, adjacent to. – **II** *adj u. adv cf.* nah.

Nä·he [ˈnɛːə] *f* ⟨-; *no pl*⟩ **1.** (*räumlich*) nearness, closeness, proximity, propinquity, (*nahe Umgebung*) neighborhood, *bes. Br.* neighbourhood, vicinity: **wir haben den Umzug aus nächster** (*od.* **unmittelbarer**) **~ gesehen** we watched the procession at close range (*od.* quarters) (*od.* from close up); **in nächster** (*od.* **unmittelbarer**) **~ von** in close proximity to, in the immediate vicinity of; **etwas aus der ~ beobachten** (*od.* **betrachten**) **[besichtigen, prüfen]** to watch [to inspect, to examine] s.th. closely; **halten Sie sich bitte in der ~ auf** please stay near by (*bes. Am.* nearby); **komm nicht in meine ~** don't come near me; **das Theater liegt ganz in der ~** the theater (*bes. Br.* theatre) is in the neighbo(u)rhood (*od.* close by); **er wohnt ganz in der ~** he lives nearby; **in der ~ der Stadt** in the neighbo(u)rhood of the town, near the town; **ich bin beruhigt, wenn ich dich in der ~ weiß** I feel at ease when I know that you are near by (*Am. colloq.* around); **es war niemand in der ~** there was no one about; **ich möchte in deiner ~ sein** I want to be near you. – **2.** (*zeitlich*) nearness, propinquity: **das ist jetzt alles in greifbare ~ gerückt** all that has come within easy reach now.

ˈ**na·heˈbei** *adv* near by, *bes. Am.* nearby, close by, *auch* hard by: **er wohnt ~** he lives near by.

ˈ**na·heˌbrin·gen** *v/t* ⟨*irr, sep,* -ge-, h⟩ *fig.* **1. j-m etwas ~** to make s.o. familiar (*od.* acquainted) with s.th., to teach s.o. to appreciate s.th.: **den Schülern eine Dichtung ~** to make pupils acquainted with a poem. – **2. Menschen einander ~** (*von Erlebnis, Arbeit etc*) to bring people close together (*od.* to each other).

ˈ**na·heˌge·hen** *v/i* ⟨*irr, sep,* -ge-, sein⟩ **j-m ~** *fig.* to grieve s.o., to distress s.o., to touch (*od.* affect) s.o. deeply (*od.* closely): **sein Tod [Unglück] geht mir nahe** his death [misfortune] grieves me deeply.

ˈ**na·he·geˌle·gen I** *pp of* naheliegen. – **II** *adj* nearby (*attrib*), neighboring, *bes. Br.* neighbouring.

ˈ**Nah|ˌeinˌstell·geˌrät** *n phot.* close-up focus(s)ing device. — **~ˌeinˌstel·lung** *f* close-up focus(s)ing.

ˈ**na·heˌkom·men** *v/i* ⟨*irr, sep,* -ge-, sein⟩ *fig.* **1.** come near (*od.* close to), approach: **der Wahrheit ~** to come close to the truth. – **2. j-m ~** to come (*od.* get) close to s.o.: **wir sind uns sehr nahegekommen** we have come close to each other (spiritually). – **3.** *bes. math.* approximate.

ˈ**na·heˌle·gen** *v/t* ⟨*sep,* -ge-, h⟩ **j-m etwas ~** *fig.* to suggest s.th. to s.o., to urge s.th. upon s.o.: **ich habe ihm nahegelegt zu kündigen** I have urged him to give notice.

ˈ**na·heˌlie·gen** *v/i* ⟨*irr, sep,* -ge-, h *u.* sein⟩ *fig.* **1.** suggest itself: **dieser Gedanke lag nahe** this idea suggested itself. – **2.** (*von Vermutung etc*) be obvious: **es lag nahe, ein Verbrechen zu vermuten** it was natural to suspect that a crime had been committed, the suspicion that a crime had been committed immediately came into one's mind. — ˈ**na·heˌlie·gend I** *pres p.* – **II** *adj* **1.** suggesting itself: **ein ~er Gedanke** a thought that suggests itself. – **2.** obvious: **ein ~er Schluß** an obvious conclusion; **er ist aus ~en Gründen nicht erschienen** he did not appear for reasons which are obvious (*od.* plain).

ˈ**Nah·empˌfang** *m* ⟨-(e)s; *no pl*⟩ (*radio*) short-distance reception.

na·hen [ˈnaːən] **I** *v/i u. v/impers* ⟨sein⟩ approach, draw near: **es naht Gefahr** danger is approaching; **der Abschied naht** the moment of farewell is approaching; **der Morgen [Winter] naht** morning [winter] is drawing near; **wir sahen das Unglück ~** we saw the accident approaching. – **II** *v/reflex* ⟨h⟩ **sich ~** approach: **ich nahte mich dem Lehrer mit einer Bitte** I approached the teacher with a request.

nä·hen [ˈnɛːən] **I** *v/t* ⟨h⟩ **1.** (*Kleid, Naht etc*) sew, stitch: (**sich** *dat*) **ein Kleid ~** to make a dress (for oneself); **Knöpfe an ein Hemd ~** to sew buttons on a shirt. – **2.** *med.* (*Wunde*) sew (up), stitch, suture. – **II** *v/i* **3.** sew, stitch: **sie hat den ganzen Abend genäht** she has been sewing all evening; **mit der Nähmaschine ~** to sew with the sewing machine; → doppelt 10.

ˈ**na·hend I** *pres p.* – **II** *adj* (*Gewitter, Unheil etc*) approaching.

nä·her [ˈnɛːər] **I** *comp of* nah. – **II** *adj* **1.** nearer, closer: **die ~e Verwandtschaft** *fig.* the close relatives *pl.* – **2.** (*kürzer*) shorter: **dieser Weg ist ~** this way is shorter. – **3.** (*genauer*) further, more detailed (*od.* precise): **~e Angaben** further particulars; **~e Auskünfte** more detailed information *sg*; **bei ~er Betrachtung** on close(r) inspection; **ich möchte gern die ~en Umstände erfahren** I would like to know the exact circumstances (*od.* details). – **III** *adv* **4.** closely: **ich kenne ihn ~** I am closely acquainted with him, I know him fairly well (*od.* intimately); **ich muß mir das Bild etwas ~ ansehen** I have to look at the picture from close up (*od.* range); **etwas ~ ausführen** to point out details (*od.* particulars), to elaborate (up)on s.th.; **ich habe mich ~ damit befaßt** I have studied (*od.* looked into) it in great detail (*od.* very thoroughly). – **5.** (*örtlich*) closer, nearer: **er wohnt ~ am Meer als ich** he is living closer to the seaside than I do; **bitte treten Sie ~!** please come in! this way, please! **~ liegen (bei)** to lie closer (to); **~ stehen (bei)** to stand closer (to); **~ kommen** to approach, to (come) near. – **6. ~ kommen** (*zeitlich*) to approach, to (come) near, to draw near: **Weihnachten kommt ~** Christmas is drawing near.

ˈ**nä·herˌbrin·gen** *v/t* ⟨*irr, sep,* -ge-, h⟩ **1. j-m etwas ~** *fig.* to make s.o. understand (*od.* comprehend) s.th. better, to interpret s.th. to s.o., to give s.o. an understanding of s.th.: **ich konnte ihm die Sache ~** I could make him understand the matter better. – **2. Menschen einander ~** (*von Ereignis etc*) *fig.* to bring people closer (to each other).

ˈ**Nä·he·re** *n* ⟨-n; *no pl*⟩ details *pl*, (further) particulars *pl*: **~s** (*od.* **das ~**) **werden Sie noch erfahren** you'll learn (all) the details later; **ich bin gespannt, ~s zu erfahren** I am anxious to hear more details about it.

Nä·heˈrei *f* ⟨-; -en⟩ **1.** (*das Nähen*) sewing. – **2.** (*Näharbeit*) needlework. – **3.** (*Abteilung*) sewing department.

ˈ**Nah·erˌho·lungs·geˌbiet** *n* recreation area in the immediate vicinity.

ˈ**Nä·he·rin** *f* ⟨-; -nen⟩ sewer, stitcher, seamstress, *auch* sempstress, needlewoman.

ˈ**nä·herˌkom·men** *v/i* ⟨*irr, sep,* -ge-, sein⟩ **1. j-m ~** *fig.* to get closer (to) s.o.: **sich** (*dat*) (*od.* **einander**) (**menschlich**) **~** to get closer to each other. – **2.** *fig.* (*einer Sache*) come (*od.* get) to the point: **jetzt kommen wir der Sache allmählich näher** now we are gradually coming to the point.

ˈ**nä·herˌlie·gen** *v/i* ⟨*irr, sep,* -ge-, h *u.* sein⟩ *fig.* be more obvious: **was lag näher als diese Frage?** what was more obvious (*od.* natural) than this question?

nä·hern [ˈnɛːərn] **I** *v/reflex* ⟨h⟩ **sich ~** (*dat*) **1.** (*örtlich*) approach, near, come near(er) (to), come close(r) (to), draw near (to): **wir ~ uns der Stadt** we are approaching the town; **niemand durfte sich dem Haus ~** nobody was to approach the house; **leise Schritte näherten sich** light steps were heard coming nearer; **sich dem Wild ~** *hunt.* to approach the game; **das Kind hat sich mir nur langsam genähert** *fig.* the child only gradually took to (*od.* confided in) me. – **2.** (*zeitlich*) approach, (come) near: **der Winter näherte sich** (the) winter was approaching; **er nähert sich den Fünfzigern** he is getting (*od.* going) on for fifty; **das Semester nähert sich dem Ende** the term is coming to an end. – **3.** *math.* approach, approximate: **sich dem richtigen Wert unmittelbar ~** to approximate closely the correct value. – **II** *v/t* **4. etwas ~** to bring s.th. nearer (*od.* closer). – **5. sich ~** a) (*von Personen*) to approach each other (*od.* one another), b) (*von*

Auffassungen etc) to approach each other, to become more similar, c) *math.* (*von Parallelen*) to converge toward(s) each other: wir haben uns in unseren Standpunkten genähert we have come closer in our points of view. – **III N~** *n* ⟨-s⟩ **6.** *verbal noun.*

'nä·herˌtre·ten *v/i* ⟨*irr, sep,* -ge-, sein⟩ *fig.* (*einem Projekt etc*) become more familiar (with).

'Nä·he·rung *f* ⟨-; -en⟩ **1.** *cf.* Nähern. – **2.** approach. – **3.** *math.* approximation, approximate value.

'Nä·he·rungs|ˌfor·mel *f math.* approximation (*od.* approximate) formula. — **~ˌrech·nung** *f* approximation calculus, approximate calculation. — **n~ˌwei·se** *adv* approximatively, by approximation. — **~ˌwert** *m* approximate (*od.* approximative) value, approximate, approximation.

'na·heˌste·hen *v/i* ⟨*irr, sep,* -ge-, h *u.* sein⟩ j-m ~ *fig.* a) to be close to s.o., b) to be closely connected (*od.* associated, allied) with s.o. — **'na·heˌste·hend I** *pres p.* – **II** *adj fig.* **1.** close, intimate: ein mir ~er Mensch a) an intimate acquaintance of mine, b) a close associate of mine. – **2.** eine den Konservativen ~e Zeitung a newspaper sympathizing (*Br. auch* -s-) with the conservatives.

'na·heˌtre·ten *v/i* ⟨*irr, sep,* -ge-, sein⟩ j-m ~ *fig.* to become familiar with s.o.: er ist mir in letzter Zeit sehr nahegetreten he has become very familiar with me of late.

'na·he'zu *adv* almost, nearly: das ist ~ unmöglich that is almost (*od.* next to) impossible; das ist eine ~ hoffnungslose Angelegenheit that is an almost (*od.* a well-nigh) hopeless matter.

'Nähˌfa·den *m* needle (*od.* sewing) thread.

'Nahˌfeldˌmes·ser *m* (*optics*) proximity field meter.

'Näh|ˌfuß *m* (*einer Nähmaschine*) presser foot. — **~ˌgarn** *n* sewing cotton.

'Nahˌgü·ter·verˌkehr *m* **1.** (*railway*) local freight (*Br.* goods) traffic. – **2.** *econ.* short-haul traffic, short-distance transport (*od.* carriage, cartage).

'Nahˌkampf *m* **1.** *mil.* close (*od.* hand-to-hand) combat, hand-to-hand fighting. – **2.** (*sport*) (*beim Fechten*) fighting at close quarters (*od.* range), (*beim Boxen*) *auch* infighting. — **~ˌwaf·fe** *f mil.* close-range weapon.

'Näh|ˌkäst·chen *n,* **~ˌka·sten** *m* sewing box, workbox. — **~ˌkis·sen** *n* sewing cushion. — **~ˌkorb** *m,* **~ˌkörb·chen** *n* sewing basket, workbasket, *Br.* work-basket.

'Nah·kreˌpie·rer *m* ⟨-s; -⟩ *mil.* near miss.

'Nähˌkurs *m* sewing course (*od.* classes *pl*).

nahm [naːm] *1 u. 3 sg pret of* nehmen.

'Näh·maˌschi·ne *f tech.* sewing machine: versenkbare ~ collapsible sewing machine. — **'Näh·maˌschi·nenˌtisch** *m* sewing machine bench.

näh·me ['nɛːmə] *1 u. 3 sg pret subj of* nehmen.

'Nahˌmes·sung *f phot.* close-up (exposure) measurement: eine ~ vornehmen to take a close-up reading.

'Nähˌna·del *f* (sewing) needle.

ˌNah'ost ⟨*invariable*⟩ *geogr.* (the) Near East, *auch* (the) Middle East.

'Nahˌpunkt *m* (*optics*) near point.

'Nähr|ˌbier *n brew.* nutrient beer, near beer, *Br.* near-beer. — **~ˌbo·den** *m* **1.** fertile soil; substrate, substratum (*scient.*). – **2.** *fig.* (*für Gerüchte, Verbrechen etc*) fertile soil, breeding ground, hotbed. – **3.** *biol. med.* a) culture (*od.* nutritive) medium, b) (*für Pilze etc*) matrix, substrate. — **~ˌcreme** *f* (*cosmetics*) nourishing (*od.* nutrient) cream.

näh·ren ['nɛːrən] *lit.* **I** *v/t* ⟨h⟩ **1.** feed, nourish, nurture: das Handwerk nährt seinen Mann (*Sprichwort*) handicraft is always a living. – **2.** (*Kind*) nurse, (breast-)feed. – **3.** *fig.* (*hegen*) nurse, nourish, nurture, foster, harbor, *bes. Br.* harbour: eine Hoffnung ~ to nourish a hope; einen Verdacht [Argwohn, Zorn] ~ to foster (*od.* harbo[u]r) suspicion [mistrust, anger]; eine Schlange am Busen ~ *poet.* to nurse (*od.* foster, harbo[u]r) a snake (*od.* viper) in one's bosom; das Feuer seiner Leidenschaft ~ to add fuel to the fire of one's passion. – **II** *v/i* **4.** be nourishing (*od.* nutritious): Milch nährt milk is nutritious; dieses Essen sättigt, aber es nährt nicht this food is filling but not nourishing. – **III** *v/reflex* sich ~ **5.** (von on) live, feed: sich von Fleisch [Obst] ~ to live on meat [fruit]; er nährte sich von Pflanzen he lived on plants; mühsam nährt sich das Eichhörnchen *fig.* life is not all beer and skittles; bleibe im Lande und nähre dich redlich (*Sprichwort*) *etwa* seek an honest living at home. – **6.** sich von seiner Hände Arbeit ~ to earn one's living by the work of one's hands. — **'näh·rend I** *pres p.* – **II** *adj* **1.** *cf.* nahrhaft 1. – **2.** (*Mutter*) nursing.

'Nähr|ˌflüs·sig·keit *f* nutrient (*od.* nutritive) fluid. — **~geˌhalt** *m* nutritional contents *pl.* — **~geˌwe·be** *n bot.* (*des Samens*) endosperm.

'nahr·haft *adj* **1.** nutritious, nourishing, nutritive, nutrient: ~e Kost nutritious (*od.* nourishing) food; Nüsse sind sehr ~ nuts are very nutritious (*od.* of great nutritious value); sie kocht sehr ~ she cooks very nourishing food. – **2.** (*Essen etc*) substantial, (*stärker*) hearty. – **3.** *fig. colloq.* (*Gewerbe etc*) lucrative. – **4.** *agr.* (*Boden*) rich, productive. — **'Nahr·haf·tig·keit** *f* ⟨-; *no pl*⟩ **1.** nutritiousness, nutritiveness. – **2.** *agr.* richness, productivity.

'Nähr|ˌhe·fe *f biol.* nutritive yeast. — **~kliˌstier** *n med.* nutrient (*od.* nutritive) enema, rectal feeding. — **~ˌkraft** *f* nutritive (*od.* nourishing) power. — **~ˌlö·sung** *f* **1.** *biol.* (*zur Bakterienzüchtung*) (bacterial) culture (*od.* nutritive) broth. – **2.** *med.* (*intravenöse*) nutritive solution for intravenous feeding.

'Nährˌmit·tel *pl* **1.** (prepared) cereals. – **2.** (*Teigwaren*) alimentary pastes, pasta *sg* (*collect.*). – **3.** foodstuffs, food *sg.* — **~faˌbrik** *f* cereal- (*od.* food-)processing plant.

'Nähr|ˌmut·ter *f lit.* foster-mother. — **~präpaˌrat** *n* patent food, nutrient (*od.* alimentary) preparation. — **~ˌsalz** *n meist pl* nutrient (*od.* nutritive) salt, mineral nutriment. — **~ˌscha·den** *m med.* nutritional (*od.* dietary) deficiency. — **~ˌstand** *m* ⟨-(e)s; *no pl*⟩ agriculture. — **~ˌstoff** *m* nutritive (*od.* nutritious) substance, nutrient.

Nah·rung ['naːrʊŋ] *f* ⟨-; *no pl*⟩ **1.** food, nourishment, sustenance: menschliche ~ human nourishment; reichliche [fette] ~ plentiful [rich] food; pflanzliche ~ vegetable food; tierische ~ a) animal food, b) (*im engeren Sinne*) meat; ~ und Kleidung food and clothing (*od. poet.* raiment); ~ zu sich nehmen to take food, to eat; sie kann nur flüssige ~ zu sich nehmen she is only able to take liquid nourishment; j-m die ~ entziehen to deprive s.o. of food, to starve s.o.; er verweigert jede ~ he refuses to eat, he is on hunger strike; er lebte eine Woche ohne ~ he lived for a week without food (*od.* taking nourishment); für ~ sorgen to be the breadwinner (*Br.* bread-winner); j-n mit ~ versorgen to feed s.o.; zur ~ gehörig nutritional. – **2.** (*Kost*) diet, fare: leichte ~ light diet. – **3.** *fig.* (*Unterhalt*) livelihood, subsistence. – **4.** *fig.* food: geistige ~ spiritual (*od.* intellectual) food; das gab seinem Zorn neue ~ this served to increase his anger, this added fuel to the flames; einem Gerücht neue ~ zuführen to strengthen (*od.* add support to) a rumo(u)r; einem Verdacht neue ~ geben to give added support to a suspicion, to help nourish a suspicion.

'Nah·rungs|ˌaufˌnah·me *f* **1.** eating. – **2.** *med. biol.* a) ingestion (of food), b) assimilation, resorption. — **~beˌdarf** *m* nutritional requirements *pl.* — **~ˌgut** *n cf.* Nahrungsmittel. — **~ˌman·gel** *m* lack of food, alimentary deficiency, food shortage.

'Nah·rungsˌmit·tel *n* foodstuff, food: ~ *pl* foodstuffs, food *sg,* foods, provisions, victuals; hochwertige ~ food of high nutritive value. — **~beˌdarf** *m* food requirements *pl,* demand for food(stuffs). — **~cheˌmie** *f* food chemistry. — **~ˌfäl·schung** *f* adulteration of food. — **~in·duˌstrie** *f* food(-processing) industry. — **~verˌgif·tung** *f bes. med.* a) food poisoning, b) (*durch zersetzte Eiweißstoffe*) ptomaine poisoning.

'Nah·rungs|ˌpflan·ze *f* food plant. — **~ˌquel·le** *f* source of food. — **~ˌsor·gen** *pl* worries over food (*od.* subsistence). — **~ˌstoff** *m cf.* Nährstoff. — **~ˌsu·che** *f only in* auf (der) ~ in search of food: auf ~ gehen to go in search of food, to search for food.

'Nah·rungs- ˌund Ge'nußˌmit·tel·in·duˌstrie *f econ.* general and luxury food industry (*sometimes including tobaccos and stimulants*).

'Nah·rungs|verˌwei·ge·rung *f* **1.** refusal of food, sit(i)ophobia (*scient.*). – **2.** (*Streik*) hunger strike. — **~zuˌfuhr** *f* taking nourishment, food intake.

'Nähr|ˌva·ter *m lit.* foster-father. — **~ˌwert** *m* nutritional value. — **~ˌzucker** (*getr.* -k·k-) *m* nutritive sugar.

'Nahˌschnell|verˌkehr *m* (*railway*) short-distance express service. — **~verˌkehrsˌzug** *m* short-distance express (train).

'Nähˌschu·le *f* **1.** sewing school. – **2.** (*Lehrbuch*) instruction book in sewing.

'Nahˌse·hen *n* (*optics*) near vision.

'Nähˌsei·de *f* sewing silk.

'Nah|se·lek·tiˌon *f* (*radio*) *telev.* nearby selection. — **~ˌsen·der** *m cf.* Ortssender.

'Näh|ˌstich *m* **1.** stitching. – **2.** stitch size. — **~ˌstu·be** *f* sewing room. — **~ˌstun·de** *f* sewing lesson.

Naht [naːt] *f* ⟨-; ⸚e⟩ **1.** (*textile*) seam: eine eingefaßte [falsche] ~ a bound [mock] seam; eine ~ nähen [auftrennen] to sew [to undo] a seam; die ~ ist geplatzt the seam has split (*od.* burst); aus allen Nähten platzen *fig. colloq.* to burst all seams, to be bursting out of one's clothes; j-m auf den Nähten knien, j-m auf die Nähte rücken (*od.* gehen) *fig. colloq.* to press s.o. hard; eine tüchtige (*od.* kräftige) ~ bekommen *fig. colloq.* to get a (sound) whipping; er lügt (sich *dat*) eine ~ zusammen *fig. colloq.* he is a downright liar; er gibt eine ~ an *fig. colloq.* he puts on airs (*Br. sl.* side); j-m auf die Nähte fühlen to test s.o. – **2.** *metall.* a) (*Gußnaht*) fin, feather, b) (*Walznaht*) lap, seam. – **3.** *tech.* (*Schweißnaht*) seam, weld. – **4.** *mar.* seam: eine ~ verpichen to pitch a seam. – **5.** *med.* a) (*des Knochens, Schädels*) joint, commissure, suture, r(h)aphe (*scient.*), b) (*Wundnaht*) suture: eine ~ legen to (apply a) suture. – **6.** *bot.* suture, commissure, juncture.

'Nähˌtäsch·chen *n* needlecase, housewife.

'Naht'band *n* ⟨-(e)s; ⸚er⟩ (*zum Einnähen*) seam binding.

'Nahˌteil *n* (*optics*) (*im Zweistärkenglas*) near portion (*od.* segment).

'Näh|ˌtisch *m,* **~ˌtisch·chen** *n* sewing table, worktable.

'naht|los I *adj* **1.** seamless, unsewed, unsewn. – **2.** *tech.* (*Rohr etc*) seamless. – **3.** *med.* seamless. – **4.** *fig.* (*Übergang*) smooth. – **II** *adv* **5.** ~ gezogenes Rohr *tech.* seamless drawn tube. — **~ˌschwei·ßen** *v/t* ⟨*insep,* -ge-, h⟩ seam-weld. — **N~ˌschwei·ßung** *f tech.* seam welding. — **~ˌstel·le** *f* **1.** *cf.* Naht. – **2.** *fig.* link: eine ~ zwischen Ost und West a link between East and West. – **3.** (*in einem Schrift- od. Musikwerk*) suture. – **4.** *mil.* boundary, interface.

Na·hum ['naːhʊm] *npr m* ⟨-(s); *no pl*⟩ *Bibl.* (*Prophet*) Nahum.

Na·hur ['naːhʊr] *m* ⟨-s; -s⟩ *zo.* bharal, *auch* barhal, burrhel (*Pseudois nahoor*).

'Nah·verˌkehr *m* ⟨-s; *no pl*⟩ **1.** (*der Bahn, Buslinien*) short-distance traffic, suburban traffic. – **2.** *econ.* (*im Straßentransport*) *cf.* Nahgüterverkehr 2. – **3.** *tel.* local traffic. – **4.** *aer.* a) short-haul flights *pl,* b) *cf.* Zubringerverkehr.

'Nähˌzeug *n* **1.** sewing gear (*od.* things *pl*). – **2.** sewing basket (*od.* kit), workbasket, workbag, housewife.

'Nahˌziel *n* **1.** *mil.* immediate objective. – **2.** *fig.* short-term objective.

'Nähˌzwirn *m cf.* Nähgarn.

na·iv [na'iːf] **I** *adj* **1.** (*unbefangen, treuherzig*) naïve, *auch* naive, ingenuous, innocent: ein ~es Mädchen a naïve girl. – **2.** (*völlig unerfahren*) naïve, *auch* naive, unsophisticated, artless: eine ~e Anschauung [Einstellung] a naïve opinion [attitude]. – **3.** (*arglos*) guileless, innocent. – **4.** (*einfältig*) naïve, *auch* naive, simple: er ist ein ~er Mensch he is a simple person, he is a bit simple; ~e Rolle (*theater*) part of an ingenue; die ~en Rollen spielen (*theater*) to play (*od.* act) the ingenues; bist du aber ~ *colloq.* you really are naïve(, aren't you); das finde ich aber sehr ~ (von dir) *colloq.* that's very naïve (of you); sei doch nicht so ~ *colloq.* don't be so naïve. – **5.** *cf.* gutgläubig 1. – **II** *adv* **6.** tu nicht so ~ *colloq.* don't act the innocent; benimm dich nicht so ~ *colloq.* don't behave so naïvely; das war (aber) sehr ~ gedacht [gehandelt] that was thinking [acting] very naïvely. – **III N~e, das** ⟨-n⟩ **7.** the naïveté (*auch* naiveté, naïvety).

Na·ive[1] [na'iːvə] *m* ⟨-n; -n⟩ naïve (*auch*

naive) person, innocent, ingenue: **er spielte den ~n** he played the innocent.

Nai·ve² [na'iːvə] *f* ⟨-n; -n⟩ **1.** *cf.* Naive¹. – **2.** (*theater*) ingenue: **die ~ spielen** to play (the part of the) ingenue.

Nai·vi·tät [naivi'tɛːt] *f* ⟨-; *no pl*⟩ **1.** (*Unbefangenheit*) naïveté, *auch* naiveté, naïvety, ingenuousness, innocence: **sie sagte das mit der ihr eigenen ~** she said that with the ingenuousness characteristic of her. – **2.** (*völlige Unerfahrenheit*) naïveté, *auch* naiveté, naïvety, lack of sophistication, artlessness. – **3.** (*Arglosigkeit*) guilelessness, innocence. – **4.** (*Einfältigkeit*) naïveté, *auch* naiveté, naïvety, simplicity: **ihre Ansichten zeugen von einer gewissen ~** her views betray (*od.* show) a certain simplicity.

Na'iv·ling *m* ⟨-s; -e⟩ *contempt.* simpleton, simple soul.

Na·ja·de [na'jaːdə] *npr f* ⟨-; -n⟩ *myth.* naiad, water nymph.

Na·ma ['naːma] *m* ⟨-(s); -(s)⟩ *anthrop.* Nama(n), Namaqua(n). — **~ˌrind** *n* (*südwestafrik. Hausrindrasse*) nama cattle.

Na·mas [na'maːs], **Na'maz** [-'maːs] *n* ⟨-; *no pl*⟩ *relig.* (*im Islam*) (*Stundengebet*) namaz.

Na·me ['naːmə] *m* ⟨-ns; -n⟩ **1.** name, moni(c)ker (*colloq.*), handle (*sl.*): **mit ~n** with (*od.* by) the name of; **ohne ~n** without name, unnamed, anonymous; **unter dem ~n** under (*od.* by) the name of; **der ~ Smith** the name of Smith; **ein Mann mit ~n Müller** a man by the name of Müller, a man named Müller; **einen (anderen) ~n annehmen** to assume a(nother) name; **j-n nach dem** (*od.* **seinem**) **~n fragen** to ask s.o. his name; **wie ist Ihr ~?** what is your name? **darf ich (Sie) um Ihren ~n bitten** may I ask your name, please; **sein voller ~** his full name; **ein (voll) ausgeschriebener ~** a name (written) in full; **j-n mit ~n anreden** to address s.o. by name; **er führt den ~n seiner Mutter** he bears (*od.* goes by) the name of his mother; **j-n mit ~n kennen** to know s.o. by name; **j-n nur dem ~n nach kennen** to know s.o. merely by name (*od.* by name only); **ich kenne ihn (nur) unter dem ~n X** I (only) know him by (*od.* under) the name of X; **j-s ~n mißbrauchen** to misuse (*od.* abuse) s.o.'s name; **seinen ~n nennen** a) to give (*od.* tell) one's name, b) to say his name; **j-n bei seinem ~n nennen** to call s.o. by his name; **j-s ~n rufen** to shout (*od.* call) s.o.'s name; **sich** (*dat*) **einen anderen ~n zulegen** to give oneself another (*od.* a different) name; **sein ~ wird fortbestehen** (*od.* **fortleben**) his name will endure; **die ~n verlesen** to call the roll; **der ~ tut nichts zur Sache** the name is not relevant (*od.* important); **seinem Kind einen ~n geben** a) to name one's child, b) (*taufen*) to christen one's child; **der Hund hört auf den ~n ‚Lux'** the dog answers to the name of 'Lux'; **das Geschäft geht auf den ~n der Ehefrau** the business is (*od.* goes, runs) under the wife's name; **die Rechnung geht auf seinen ~n** the bill goes to his account, the bill is made out to him; **auf den ~n lautend** registered (*od.* inscribed, made out) in the name of; **seinen ~n unter ein Schriftstück setzen** to sign a document; **etwas unter falschem ~n veröffentlichen** to publish s.th. under a false (*od.* pen) name (*od.* nom de plume, pseudonym); **unter falschem** (*od.* **fremdem**) **~n reisen** to travel incognito; **der ~ des Herrn sei gelobt** *Bibl.* the name of the Lord be praised; **etwas beim rechten ~n nennen** *fig.* to call s.th. by its proper name; **die Dinge** (*od.* **das Kind**) **beim (rechten) ~n nennen** *fig.* to call a spade a spade; **das Kind muß doch einen ~n haben** *fig. colloq.* the thing (*od.* matter) must have a name; → Hase 2. – **2.** (*Gattungsnamen u. Sachbezeichnungen*) name, species, nomenclature (*scient.*): **die ~n der Bäume [Pflanzen, Tiere]** the names (*od.* species) of trees [plants, animals]; **die ~n der Wochentage [Monate]** the names of the days of the week [months]. – **3.** (*Bezeichnung, Benennung*) name, designation: **er ist nur dem ~n nach der Leiter des Werkes** he is the nominal manager of the factory, he is the manager of the factory in (*od.* by) name only; **er verdient den ~n Vater nicht** he is not worthy to bear the designation 'father'; **er macht dem ~n eines Christen keine Ehre** he does not live up to Christian standards; **Greueltaten ohne ~n** *lit.* unnamed deeds of horror. – **4.** (*Ruf, Ansehen*) name, reputation, repute: **ein ehrlicher ~** an honest name; **einen guten ~n haben** to be of good report (*od.* well reputed); **ihr unbescholtener ~** her irreproachable (*od. lit.* fair) name; **sein guter ~ ist hin** *colloq.* his reputation is gone; **er hat einen ~n zu verlieren** his reputation (*od.* good name) is at stake; **was bedeutet schon ein ~?** what's in a name? **sich** (*dat*) **einen ~n machen** to make one's name, to make oneself a name, to acquire renown, to build up a reputation; **sich** (*dat*) **bei j-m einen ~n machen** to gain s.o.'s respect; **seinem ~n Schande** (*od.* **keine Ehre**) **machen** to do no credit to one's name, not to live up to one's name; **er macht seinem ~n alle Ehre** he does hono(u)r to his name; **ein Mann [Wissenschaftler] von ~n** a man [scientist] of reputation (*od.* repute); **der junge Mann hat schon einen ~n** the young man has made a name for himself (*od.* is renowned) already; **er ist es seinem ~n schuldig** he owes it to his reputation; **~ ist Schall und Rauch** *fig.* what's in a name? **besser die Mittel als ~ und Titel** (*Sprichwort*) *etwa* rather have the means than name and title; **ein guter ~ ist besser als Silber und Gold** (*Sprichwort*) a good name is worth more than silver and gold (*proverb*). – **5.** (*berühmte Person*) (big) name: **die großen ~n unseres Jahrhunderts** the great names of our century. – **6.** (*Auftrag, Bevollmächtigung*) name, behalf: **in j-s ~n (handeln)** (to act) in s.o.'s name (*od.* in behalf of s.o., on behalf of s.o., in the name of s.o.); **ich spreche nur in meinem eigenen ~n** I speak for myself only; **Sie können in meinem ~n handeln** you may act on my behalf (*od.* in my name); **ich gratuliere auch im ~n meines Mannes** I congratulate also on my husband's behalf; **im ~n des Gesetzes [des Volkes, Gottes]** in the name of (the) law [of the people, of God]; **im ~n der Menschlichkeit [Gerechtigkeit, Wissenschaft]** in the name of humanity [justice, science]; **nun geh in Gottes ~n!** *colloq.* go for heaven's sake! **in des** (*od.* **in drei**) **Teufels ~n!** *colloq.* hang it (all)! damn it (all)! – **7.** *ling.* a) (*Gattungsname*) appellative, b) (*Eigenname*) (proper) name.

Na·men ['naːmən] *m* ⟨-s; -⟩ *rare for* Name. — **~ˌbuch** *n* dictionary (*od.* book) of names, onomasticon (*scient.*). — **~ˌfor·schung** *f cf.* Namenkunde. — **~ˌge·bung** *f* **1.** naming. – **2.** (*wissenschaftliche*) nomenclature. – **3.** (*Taufe*) christening. — **~geˌdächt·nis** *n* memory for names. — **~-'Je·su-ˌFest** [ˌnaːmən-] *n relig.* Feast of the Holy Name of Jesus. — **~ˌkun·de** *f* study of (proper) names; onomastics *pl* (*usually construed as sg*), onomatology (*scient.*). — **n~ˌkund·lich** [-ˌkʊntlɪç] *adj* onomastic, onomatological. — **~ˌli·ste** *f* **1.** list (*od.* register) of names, (name) roll: **die ~ verlesen** to call the roll. – **2.** (*von Ärzten, Geschworenen etc*) panel. – **3.** *pol.* a) register of voters, b) list of candidates, *Am.* slate.

'na·men·los *adj* **1.** nameless, unnamed. – **2.** (*unbekannt*) unknown, anonymous, innominate (*lit.*). – **3.** *fig.* (*Leid, Elend etc*) unspeakable, unheard-of (*attrib*), unutterable. — **'Na·men·lo·se** *m, f* ⟨-n; -n⟩ **1.** nameless (*od.* unnamed) person. – **2.** (*Unbekannter, Unbekannte*) unknown (*od.* anonymous) person. — **'Na·men·lo·sig·keit** *f* ⟨-; *no pl*⟩ **1.** namelessness. – **2.** anonymity, anonymousness.

'Na·men|ˌnen·nung *f* calling (*od.* giving) of names: **ohne ~** anonymous(ly). — **~reˌgi·ster** *n* **1.** register (*od.* index) of names. – **2.** nomenclature. — **n~ˌreich** *adj* having (*od.* with) many names, abounding in names.

'na·mens I *adv* by (the) (*od.* of the) name of, named: **ein Mann ~ Müller** a man named (*od.* by the name of) Müller. – **II** *prep* ⟨*gen*⟩ on behalf of, in the name of: **ich frage ~ meiner Mutter** I ask on behalf of my mother; **~ und auftrags** *jur.* in the name and on behalf of.

'Na·mens|ˌak·tie *f econ.* registered share (*bes. Am.* stock). — **~ˌän·de·rung** *f* change of name. — **~ˌaufˌruf** *m* **1.** roll call, calling out of names. – **2.** *pol.* (*im Parlament*) roll call (of the House). — **~ˌbru·der** *m* namesake. — **~ˌfest** *n röm.kath. cf.* Namenstag. — **~ˌnen·nung** *f cf.* Namennennung. — **~paˌpier** *n econ. cf.* Namensaktie. — **~paˌtron** *m* patron saint. — **~ˌschild** *n* **1.** nameplate. – **2.** *tech.* (e)scutcheon, escucheon. – **3.** (*gewebtes*) name tape. — **~ˌschwe·ster** *f* namesake. — **~ˌstem·pel** *m* rubber stamp of a name (*od.* signature). — **~ˌtag** *m röm.kath.* name day, fete (*od.* fête) (day), *Br.* fête-day. — **~ˌun·terˌschrift** *f* signature. — **~verˌwechs·lung** *f* confusion of names. — **~ˌvet·ter** *m* namesake, homonym (*rare*). — **~ˌzei·chen** *n* **1.** name sign. – **2.** *cf.* Namenszug. — **~ˌzug** *m* **1.** signature, mark. – **2.** monogram. – **3.** (*Schnörkel*) flourish, paraph.

'na·ment·lich I *adj* **1.** nominal, by name: **~e Abstimmung** (voting by) call. – **II** *adv* **2.** by name: **j-n ~ kennen [aufrufen, eintragen]** to know [to call upon, to register] s.o. by name. – **3.** *fig.* mainly, especially, particularly, in particular: **Obst, ~ Äpfel, esse ich gern** I like fruit, particularly (*od.* above all) apples; **er kommt, ~ wenn sie kommt** he will come, especially if she comes; **Haustiere, ~ Hunde** domestic animals, dogs in particular.

'Na·men|verˌwechs·lung *f* confusion of names. — **~verˌzeich·nis** *n* **1.** (*von Teilnehmern etc*) list of names. – **2.** *cf.* Namenliste, Namenregister. — **~ˌwech·sel** *m cf.* Namensänderung.

nam·haft ['naːmhaft] *adj* **1.** (*Summe, Spende etc*) considerable, substantial. – **2.** (*Persönlichkeit*) well-known (*attrib*), renowned, noted. – **3. j-n ~ machen** a) to find out s.o.'s name, b) (*beim Namen nennen*) to name s.o., to give the name of s.o., to mention (*od.* identify, specify) s.o. by name.

'Nam·haftˌma·chung *f* ⟨-; -en⟩ naming.

näm·lich ['nɛːmlɪç] **I** *adj* ⟨*attrib*⟩ **1.** (self)-same, very: **der ~e Mann** the same man; **das ~e Kind** the same child; **das ~e Kleid** the very dress. – **II** *adv* **2.** namely, that is (to say), videlicet, viz.: **ich werde Anfang nächster Woche kommen, ~ am Dienstag** I shall come by the beginning of next week, namely on Tuesday; **das ist ~ so** as it happens, matters lie (*od.* the facts are) as follows. – **3.** (*begründend*) for, you see, you know: **er konnte heute nicht kommen, er ist ~ krank** he was not able to come today for he is ill; **sie geht ~ sehr gern ins Kino** she is very fond of going to the pictures (*Am. colloq.* movies), you know.

Na·mur [na'myːr] *n* ⟨-s; *no pl*⟩ *geol.* Namurian.

Nan·du ['nandu] *m* ⟨-s; -s⟩ *zo.* **1. Gewöhnlicher ~** rhea, (American) nandu (*auch* nandow) (*Rhea americana*). – **2. Darwins ~** Darwin's rhea, Patagonian nandu (*Pterocnemia pennata*).

Nä·nie ['nɛːnĭə] *f* ⟨-; -n⟩ *antiq.* (funeral) dirge.

nann·te ['nantə] *1 u. 3 sg pret of* **nennen**.

Na·no|fa·rad [nanofa'raːt] *n electr.* nanofarad. — **~'me·ter** [-'meːtər] *n* nanometer, *bes. Br.* nanometre.

'Nan·sen-ˌPaß ['nanzən-] *m pol. jur.* Nansen passport.

na·nu [na'nuː] *interj colloq.* **1.** well, well! hey! *bes. Am.* wow!: **~, das ist aber eigenartig!** well, isn't that strange! – **2. ~?** well? now then?

Na·palm ['naːpalm] *n* ⟨-s; *no pl*⟩ *mil. chem.* napalm. — **~ˌbom·be** *f mil.* napalm bomb.

Napf [napf] *m* ⟨-(e)s; ⸗e⟩ **1.** (*Schale*) bowl, *auch* basin: **ein ~ voll Reis** a bowl of rice. – **2.** (*Schüsselchen*) dish.

'napfˌför·mig *adj* **1.** bowllike, *Br.* bowl-like, basinlike, *Br.* basin-like. – **2.** *zo.* cotyloid, cotyliform.

'Napf|ˌku·chen *m gastr.* napfkuchen. — **~ˌschnecke** (*getr.* -k·k-) *f zo.* **1.** limpet, shield snail (*Fam. Ancylidae*). – **2.** (old world) limpet, tent shell (*Fam. Patellidae*).

Naph·tha ['nafta] *n* ⟨-s; *no pl*⟩, *f* ⟨-; *no pl*⟩ *min.* naphtha, *bes. Br.* rock oil: **mit ~ sättigen** to naphthalize (*Br. auch* -s-).

Naph·tha·lin [nafta'liːn] *n* ⟨-s; *no pl*⟩ *chem.* naphthalene ($C_{10}H_8$).

Naph·then [naf'teːn] *n* ⟨-s; -e⟩ *meist pl chem.* naphthene (C_nH_{2n}).

Naph·thol [naf'toːl] *n* ⟨-s; -e⟩ *meist pl chem.* naphthol ($C_{10}H_7OH$).

Naph·thyl [naf'tyːl] *n* ⟨-s; -e⟩ *chem.* naphthyl ($C_{10}H_7$).

Naph·thyl·amin [naftyla'miːn] *n* ⟨-s; -e⟩ *chem.* naphthylamine ($C_{10}H_7NH_2$).

Na·po·le·on [na'poːleɔn] *m* ⟨-s; -s⟩, **Na·po·le·on·dor** [napoleɔn'doːr] *m* ⟨-s; -e⟩ (*altfranz. Goldmünze*) napoleon.

Na·po·leo·ni·de [napoleo'ni:də] *m* ⟨-n; -n⟩ *hist.* descendant of Napoleon.
na·po·leo·nisch [napole'o:nıʃ] *adj* Napoleonic.
Na·po·li·tain [napoli'tɛ̃:] *n* ⟨-s; -s⟩ *gastr.* chocolate wafer (biscuit).
Nap·pa ['napa] *n* ⟨-; *no pl*⟩, **~,le·der** *n* (*leather*) Napa (leather).
'Na·ras,pflan·ze ['na:ras-] *f bot.* naras (*Acanthosicyos horrida*).
Nar·be ['narbə] *f* ⟨-; -n⟩ **1.** scar; cicatrix, cicatrice (*scient.*): **sein Gesicht war von ~n bedeckt** (*od.* **voller ~n**) his face was covered with scars (*od.* full of scars, scarred); **die Wunde ließ eine [keine] ~ zurück** the wound left a [no] scar; **die ~ bleibt, auch wenn die Wunde heilt** (*Sprichwort*) the scar remains even when the wound has healed. – **2.** *med.* (*bes. Pockennarbe*) (pock)mark, pit. – **3.** *bot.* a) stigma, b) (*an Zweigen etc*) pitting, scar, callus (*scient.*): **die ~ betreffend** stigmal, stigmatic. – **4.** *agr.* a) topsoil, b) (*Grasdecke*) sward, sod. – **5.** (*leather*) scar. – **6.** *metall.* (*Oberflächenfehler*) pit, scar.
'nar·ben¹ I *v/t* ⟨h⟩ **1.** (*leather*) grain, bruise, board. – **II** *v/i* **2.** *rare for* vernarben. – **III N~** *n* ⟨-s⟩ **3.** *verbal noun.* – **4.** *cf.* Narbung.
'Nar·ben² *m* ⟨-s; -⟩ (*leather*) grain side: **aufgepreßter ~** pebble grain.
'Nar·ben|,bil·dung *f* **1.** *bes. med.* scar formation, formation of a scar, cicatrization *Br. auch* -s- (*scient.*). – **2.** *metall.* pitting. — **~,bruch** *m* **1.** *med.* incisional (*od.* postoperative, *Br.* post-operative) hernia. – **2.** (*leather*) cracking of the grain. — **n~los** *adj* scarless, without a scar, unscarred. — **~,sei·te** *f* (*leather*) grain side.
'nar·big *adj* **1.** *metall.* pitty, pitted. – **2.** (*leather*) scarred. – **3.** *med.* a) scarred, cicatrized *Br. auch* -s- (*scient.*), b) (*pockennarbig*) pockmarked, pitted.
'Nar·bung *f* ⟨-; -en⟩ **1.** *cf.* Narben¹. – **2.** (*leather*) grain.
Nar·de ['nardə] *f* ⟨-; -n⟩ *bot.* nard, spikenard (*Nardus stricta*).
Nar·gi·leh [nargi'le:; -'gi:le] *f* ⟨-; -(s)⟩, *n* ⟨-s; -s⟩ (*orient. Wasserpfeife*) nargileh, *auch* narghile.
Nar·ko·ana·ly·se [narkoˀana'ly:zə] *f med. psych.* narcoanalysis.
Nar·ko·lep·sie [narkolɛ'psi:] *f* ⟨-; -n [-ən]⟩ *med.* narcolepsy, paroxysmal sleep, sleep epilepsy.
Nar·ko·ma·nie [narkoma'ni:] *f* ⟨-; *no pl*⟩ *med.* drug addiction, narcomania (*scient.*).
Nar·ko·se [nar'ko:zə] *f* ⟨-; -n⟩ *med.* narcosis, (general) anesthesia (*bes. Br.* anaesthesia): **aus der ~ erwachen** to come out of (*od.* to wake from *od.* after) the an(a)esthesia; **die ~ betreffend** narcotic; **nach der ~** postan(a)esthetic, *Br.* post-anaesthetic. — **~(,fach),arzt** *m* an(a)esthetist, anesthesiologist. — **~,schwe·ster** *f* an(a)esthetist nurse.
Nar·ko·ti·kum [nar'ko:tikum] *n* ⟨-s; -ka [-ka]⟩ *med. pharm.* an(a)esthetic, *auch* narcotic.
Nar·ko·tin [narko'ti:n] *n* ⟨-s; *no pl*⟩ *med. pharm.* narcotine ($C_{22}H_{23}NO_7$).
nar·ko·tisch [nar'ko:tıʃ] *adj med.* an(a)esthetic, *auch* narcotic: **~es Mittel** *cf.* Narkotikum.
Nar·ko·ti·seur [narkoti'zø:r] *m* ⟨-s; -e⟩ *med.* an(a)esthetist.
nar·ko·ti·sie·ren [narkoti'zi:rən] **I** *v/t* ⟨*no* ge-, h⟩ *med.* (*Patienten*) an(a)esthetize *Br. auch* -s-: **mit Äther ~** to etherize (*Br. auch* -s-). – **II N~** *n* ⟨-s⟩ *verbal noun.* — **Nar·ko·ti'sie·rung** *f* ⟨-; -en⟩ an(a)esthetization *Br. auch* -s-.
Nar·ko·tis·mus [narko'tısmus] *m* ⟨-; *no pl*⟩ *med.* (*Sucht nach Narkotika*) narcotism, narcomania.
Narr [nar] *m* ⟨-en; -en⟩ **1.** fool(ish person), half-wit, tomfool: **ein alter ~** an old fool; **ich bin doch kein ~** I am no fool; **ein gedankenloser ~** a thoughtless fool; **ein verliebter ~** a love-sick fool; **du ~ (du)!** you fool! you idiot! **einen ~en an** (*dat*) **etwas [j-m] gefressen haben** *colloq.* to fall for s.th. [s.o.] (*colloq.*), to take a great fancy to s.th. [s.o.]; **j-n für einen ~en halten** to take s.o. for a fool; **j-n zum ~en halten** (*od.* **haben**) *colloq.* to make a fool (*od.* an ass) of s.o., to pull s.o.'s leg (*colloq.*), to hoax (*od.* fool) s.o.; **sich zum ~en machen** to make a fool of oneself; **j-n einen ~en nennen** to call s.o. a fool; **den ~en spielen** to play the fool, to tomfool (*colloq.*); **ein ~ kann in einer Stunde mehr fragen, als zehn Weise in einem Jahr beantworten können** (*Sprichwort*) a fool may ask more questions in an hour than a wise man can answer in a year (*proverb*); **ein ~ fragt viel, worauf ein Weiser nicht antwortet** (*Sprichwort*) the fool asks much but he is more fool that grants it (*proverb*); **jedem ~en gefällt seine Kappe** (*Sprichwort*) every man thinks his own geese swans (*proverb*); **Kinder und ~en reden die Wahrheit** (*Sprichwort*) *etwa* children and fools speak the truth; **die ~en werden nicht alle** (*Sprichwort*) there is a sucker born every minute (*proverb*). – **2.** (*Possenreißer, Spaßmacher*) fool, buffoon, jester, (*bes. zu Fasching*) *auch* revel(l)er.
Nar·ra·ti·on [nara'tsio:n] *f* ⟨-; -en⟩ *obs.* narration, report.
Närr·chen ['nɛrçən] *n* ⟨-s; -⟩ **1.** *dim. of* Narr. – **2.** (*Dummerchen*) little silly.
nar·ren ['narən] *v/t* ⟨h⟩ **j-n ~** a) to fool (*od.* dupe, hoax) s.o., b) to make a fool of s.o.: **du hast dich ~ lassen** you have been fooled.
'Nar·ren|,fest *n* **1.** All (*od.* April) Fools' Day. – **2.** (kind of) carnival, masked (*od.* fancy dress) ball. — **~,frei·heit** *f* **1.** carnival licence (*Am.* license). – **2.** *fig. iron.* fool's privilege: **~ genießen** to enjoy the privilege of fools. — **n~haft** *adj* foolish. — **~,hän·de** *pl only in* **~ beschmieren Tisch und Wände** (*Sprichwort*) fools when able smear walls and table (*proverb*), a white wall is a fool's writing paper (*proverb*). — **~,haus** *n* **1.** *fig. colloq.* madhouse: **das ist ja das reinste ~ hier** this is a real madhouse here. – **2.** *obs. contempt. for* Irrenanstalt. — **~,kap·pe** *f* foolscap, fool's cap. — **~,kleid** *n* motley. — **~,or·den** *m* fool's badge. — **~,pos·se** *f* (tom)foolery, buffoonery: **das sind ~n!** nonsense! **~n treiben** to fool about. — **~,seil** *n only in* **j-n am ~ führen** (*od.* **haben**) *colloq. archaic* to make a fool of s.o., to ridicule s.o. — **n~,si·cher** *adj colloq.* (*Methode, Maschine etc*) foolproof: **etwas ~ machen** to foolproof s.th.
'Nar·rens,pos·se *f cf.* Narrenposse.
'Nar·ren,streich *m* **1.** foolish trick. – **2.** piece of folly.
'Nar·ren,tei·ding [-,taıdıŋ] *m* ⟨-s; -e⟩ *obs. od. dial. for* Narrenposse.
'Nar·ren·tum *n* ⟨-s; *no pl*⟩ folly, foolishness, foolery.
'Nar·ren,zep·ter *n, auch m* bauble: **Prinz Karneval führt das ~** King Carnival reigns supreme.
Nar·re·tei [narə'taı] *f* ⟨-; -en⟩ *colloq.* **1.** (tom)foolery, buffoonery. – **2.** *cf.* Narrheit 2.
'Narr·heit *f* ⟨-; -en⟩ **1.** (*dummer od. lustiger Streich*) folly, (tom)foolery, buffoonery. – **2.** (*Verrücktheit*) foolishness, madness, idiocy.
När·rin ['nɛrın] *f* ⟨-; -nen⟩ foolish (*od.* silly) woman (*od.* girl).
när·risch ['nɛrıʃ] **I** *adj* **1.** (*Treiben, Zeug etc*) foolish, funny, silly. – **2.** (*Kauz, Geschichte etc*) odd, strange, funny. – **3.** (*Einfälle etc*) eccentric, extravagant. – **4.** (*verrückt*) insane, mad (*auch fig.*): **vor Freude ~ sein** *fig.* to be mad (*od.* wild) with joy. – **5.** **auf** (*acc*) **etwas ~ sein** *fig.* to be crazy about s.th., to be infatuated with s.th. – **II** *adv* **6.** **~ verliebt** *fig.* madly in love.
Nar·thex ['nartɛks] *m* ⟨-; -thizes [-titsɛs]⟩ *arch.* (*einer frühchristlichen Kirche*) narthex.
Nar·wal ['narva(:)l] *m* ⟨-(e)s; -e⟩ *zo.* narwhal, narwal, narwhale (*Monodon monoceros*).
Nar·ziß [nar'tsıs] **I** *npr m* ⟨-; *no pl*⟩ *myth.* Narcissus. – **II** *m* ⟨- *u.* -sses; -sse⟩ narcissist, narcist.
Nar·zis·se [nar'tsısə] *f* ⟨-; -n⟩ *bot.* narcissus (*Gattg Narcissus*): **Gelbe ~** daffodil (*N. pseudo-narcissus*); **Weiße ~** a) poet's narcissus (*auch* daffodil) (*N. poëticus*), b) paper narcissus (*N. tazetta var. papyraceus*); **Zweiblütige ~** primrose peerless (*N. biflorus*).
Nar'zis·sen|,blü·te *f bot.* narcissus blossom. — **~,li·lie** *f* amaryllis (*Amaryllis belladonna*).
Nar·ziß·mus [nar'tsısmus] *m* ⟨-; *no pl*⟩ *psych.* narcissism, narcism.
Nar·zißt [nar'tsıst] *m* ⟨-en; -en⟩ *psych.* narcissist, narcist. — **nar'ziß·tisch** *adj* narcissistic, narcistic, *auch* narcissist.
na·sal [na'za:l] **I** *adj* **1.** *ling.* nasal. – **2.** *med.* nasal. – **II N~** *m* ⟨-s; -e⟩ **3.** *ling.* nasal (sound).
na·sa·lie·ren [naza'li:rən] *v/t* ⟨*no* ge-, h⟩ *ling.* nasalize. — **na·sa'liert I** *pp.* – **II** *adj* (*Laut*) nasal(ized). — **Na·sa'lie·rung** *f* ⟨-; -en⟩ nasalization.
Na·sa·li·tät [nazali'tɛ:t] *f* ⟨-; *no pl*⟩ *ling.* nasality.
Na'sal|,laut *m ling.* nasal (sound). — **~vo,kal** *m* nasal vowel.
Na·sat [na'za:t] *n* ⟨-(e)s; *no pl*⟩ *mus.* (*Orgelregister*) nazard, nasard, nason.
na·schen ['naʃən] **I** *v/i* ⟨h⟩ **1.** (an *dat*, von at) nibble, (von from) eat: **an** (*od.* **von**) **einem Stück Torte ~** to nibble at a piece of cake; **gerne ~** to have a sweet tooth, to be fond of sweets; **wer nascht, stiehlt auch** (*Sprichwort*) he who likes sweets steals them. – **2.** (*heimlich*) eat on the sly, snitch eats: **hat er schon wieder genascht?** has he been eating on the sly again? – **II** *v/t* **3.** eat (a little, some), take (some): **Marmelade ~** to eat some jam; **einen Löffel Zucker ~** to take a spoonful of sugar. — **'Na·scher**, *archaic* **Nä·scher** ['nɛʃər] *m* ⟨-s; -⟩ person fond of (eating) sweet things, sweet tooth. — **Na·sche'rei**, *archaic* **Nä·sche'rei** *f* ⟨-; -en⟩ **1.** ⟨*only sg*⟩ nibbling, eating on the sly: **laß doch die ~ sein!** stop your nibbling! – **2.** sweets *pl*, tidbit, *bes. Br.* titbit, dainty, goody (*colloq.*). — **'Na·sche·rin**, *archaic* **'Nä·sche·rin** *f* ⟨-; -nen⟩ girl (*od.* woman) fond of (eating) sweet things, sweet tooth.
'nasch·haft *adj* fond of sweet things, sweet-toothed. — **'Nasch·haf·tig·keit** *f* ⟨-; *no pl*⟩ fondness of sweet things (*od.* sweets).
'Nasch|,kätz·chen *n*, **~,kat·ze** *f colloq. for* Nascher(in). — **~,maul** *n sl. for* Nascher(in). — **~,sucht** *f* ⟨-; *no pl*⟩ passion (*od.* craving) for (eating) sweets. — **n~,süch·tig** *adj* longing (*od.* craving) for sweet things, sweet-toothed. — **~,werk** *n* ⟨-(e)s; *no pl*⟩ sweets *pl*, tidbits *pl*, *bes. Br.* titbits *pl*, dainties *pl*, goodies *pl* (*colloq.*).
Na·se ['na:zə] *f* ⟨-; -n⟩ **1.** nose: **meine ~ läuft [ist verstopft]** my nose is running [stopped up, stuffed, stuffy, blocked up]; **er blutet aus der ~** his nose is bleeding; **sich** (*dat*) **die ~ putzen** to blow (*od.* wipe) one's nose; **mich friert (es) an der ~, ich friere an der ~, es friert mich an der ~** my nose is freezing (*od.* cold); **seine ~ läuft rot an** his nose is getting red (*od.* reddening); **der Geruch geht mir in die ~** the scent (*od.* smell) goes (*od.* rises) to my nose; **er ist auf die ~ gefallen** (*od.* **geflogen**) a) he fell on his nose, b) *fig. colloq.* he had bad luck, he had a misfortune; **eins auf die ~ kriegen** *colloq.* a) to get a punch on the nose, b) *fig.* to get a good dressing down; **durch die ~ sprechen** *cf.* näseln; **in der ~ bohren** to pick one's nose; **sich** (*dat*) **die ~ an der Fensterscheibe platt drücken** to press one's nose flat against the windowpane; **sich** (*dat*) **die ~ zuhalten** to hold one's nose. – **2.** *fig. colloq.* (*in Wendungen wie*) **du brauchst es ihr ja nicht gerade auf die ~ zu binden** you need not tell (*od.* reveal it to) her; **eine ~ bekommen** (*od.* **kriegen**) to be rebuked (*od.* reprimanded), to get a good dressing down, to be hauled over the coals; **sein Gesichtskreis geht nicht über die eigene ~ hinaus, er sieht nicht weiter als die eigene ~** he doesn't see beyond (the tip of) his nose; **eine (feine)** (*od.* **die richtige**) **~ für etwas haben** to have a scent (*od.* flair, *colloq.* nose) for s.th.; **das beleidigt meine ~** that offends my nose (*od.* sense of smell); **j-n an der ~ herumführen** to lead s.o. up the garden path (*colloq.*), to play a trick on s.o.; **j-m auf der ~ herumtanzen** to do as one pleases with s.o., to do what one likes with s.o.; **die ~ hoch tragen** to stick one's nose (up) in the air (*colloq.*), to be aloof (*od. colloq.* stuck-up); **du bist wohl auf der ~ gelaufen?** did you fall (on your nose)? **auf der ~ liegen** (*krank sein*) to be flat on one's back, to be laid up; **mit langer ~ abziehen** to go away disappointed; **j-m eine (lange) ~ machen, j-m eine ~ drehen** *Am.* to thumb one's nose at s.o., *Br. sl.* to cock (*od.* make) a snook at s.o.; **ich sehe es dir an der ~ an, daß du lügst** I can tell by the expression (*od.* look) on your face that you are lying; **Mund und ~ aufsperren** to

stand gaping, to be flabbergasted (*colloq.*); das ist nicht nach seiner ~ that is not to his taste; immer der ~ nach follow your nose; der ~ nachgehen to follow one's nose; es j-m unter die ~ reiben to rub it in (*sl.*), to bring it home to s.o.; über meine Bemerkungen rümpfte sie die ~ she turned up (*od.* looked down) her nose at my remark, she sneered (*od.* sniffed) at my remark; seine ~ in alles (*od.* jeden Dreck *od.* Quark) stecken (*od.* hängen) to poke (*od.* stick, put) one's nose into everything; seine ~ in anderer Leute Angelegenheiten stecken to stick one's nose into other people's business; du solltest deine ~ lieber in deine Bücher stecken you'd better stick your nose into (*od.* start reading) your books; er hat seine ~ zu tief ins Glas gesteckt he has had one over the eight; sich (*dat*) die ~ begießen a) to have a drink, to wet one's whistle (*colloq.*), b) to get drunk; j-n mit der ~ auf (*acc*) etwas stoßen to stick s.o.'s nose into s.th.; das [die Bemerkung] steigt mir in die ~ that [the remark] makes me angry; das Angebot sticht mir in die ~ the offer smells good to (*od.* entices) me; die ~ voll haben (von etwas) to have had enough (of s.th.), to have one's belly full (of s.th.) (*colloq.*), to be fed up (with s.th.) (*sl.*); j-m etwas aus der ~ ziehen to wheedle (*od.* worm) s.th. out of s.o.; man muß ihm die Antworten (*od.* Wörter, *sl. auch* Würmer) (einzeln) aus der ~ ziehen to get an answer from him is like pulling teeth; sich (*dat*) den Wind um die ~ wehen lassen to see s.th. of the world; zupf (*od.* zieh) dich doch an deiner eigenen ~, faß dich an deine[r] eigene[n] ~ a) think of your own failings, b) mind your own business, you have no room to talk; das Buch liegt (direkt) vor deiner ~ the book is (right) under your nose (*od.* in front of you); sie haben ihm einen Jüngeren vor die ~ gesetzt they put a younger man (*od.* person) above him; j-m die Tür vor der ~ zuschlagen to shut (*od.* slam) the door in s.o.'s face, to shut the door (up)on s.o.; sie haben den Wald direkt vor der ~ a) they have the wood(s) right in front of them, b) they have the wood(s) right at their front door; j-m etwas vor der ~ wegschnappen to take s.th. away from under s.o.'s nose; der Zug fuhr ihm vor der ~ weg the train went off before his very nose. – **3.** *fig. colloq.* (*Kopf*) person, head: fünf Äpfel pro ~ five apples per person; pro ~ gab es zwei Stück Kuchen there were two pieces of cake per person. – **4.** (*des Tieres*) nose, snout: trockene ~ parched nose. – **5.** (*Geruchsinn*) nose, scent: der Hund hat einen Hasen in der ~ the dog has a hare in the wind. – **6.** *tech.* a) nose, b) (*Ansatz, Vorsprung*) projection, lug, c) (*einer Spindel*) nose, d) (*eines Keils*) gib head, e) (*einer Dichtung*) tab, f) (*eines Pleuelkopfes*) splasher. – **7.** (*einer Röhre od. Kanne*) snout, spout, nozzle. – **8.** *agr.* (*eines Pfluges*) beak. – **9.** *mar. mil.* (*eines Schiffes od. Pontons*) nose, head. – **10.** *mil.* (*eines Geschosses*) nose. – **11.** *aer.* a) (*Bug*) nose, b) (*eines Propellers*) spinner. – **12.** *metall.* (*einer Gießpfanne*) lip. – **13.** *arch.* nosing cusp, foil, feathering. – **14.** *civ.eng.* (*eines Dachziegels*) nose, hook, crocket, tongue, knob, nib, stud. – **15.** *meteor.* pressure nose.

'na·seˌlang *adv only in* alle ~ *colloq.* a) repeatedly, again and again, b) (*fortwährend*) continually, constantly, c) (*in kurzen Abständen*) every few steps (*od. zeitlich* minutes).

nä·seln ['nɛːzəln] **I** *v/i* ⟨h⟩ **1.** speak through the nose, (speak with a [nasal]) twang, nasalize. – **II N~** *n* ⟨-s⟩ **2.** *verbal noun.* – **3.** (nasal) twang, nasalization. — **'nä·selnd I** *pres p.* – **II** *adj* nasal, twangy. – **III** *adv* nasally, with a (nasal) twang.

'Na·sen|ˌaf·fe *m zo.* nose ape, proboscis monkey (*Nasalis larvatus*). — **~an·tiˌlo·pe** *f cf.* Saigaantilope. — **~ˌbär** *m* coati (*Gattgen Nasua u. Nasuella*): Roter ~ red coati (*Nasua nasua*). — **~ˌbein** *n med.* nasal bone. — **~ˌbeu·telˌdachs** *n zo.* rat bandicoot (*Perameles nasuta*). — **~ˌbeut·ler** *m zo. cf.* Beuteldachs. — **~ˌbiesˌflie·ge** *f* sheep botfly (*Oestrus ovis*). — **~ˌblatt** *n* (*der Fledermäuse*) nose leaf: mit einem ~ leaf-nosed; phyllorhine, phyllostomine (*scient.*). — **~ˌblu·ten** *n med.* nosebleed, epistaxis (*scient.*). — **~ˌboh·ren** *n* nose picking. — **~ˌbrem·se** *f* **1.** (*für Pferde*) twitch. – **2.** *zo.* nose bot (*od.* fly) (*Unterfam. Oestrinae*). — **~ˌfachˌarzt** *m med.* nose specialist, rhinologist (*scient.*). — **~ˌflö·te** *f mus.* nose flute. — **~ˌflü·gel** *m meist pl* side (*od.* wing) of the nose, nasal ala (*scient.*). — **~ˌfrosch** *m zo.* mouth-breeding frog, bell frog (*Rhinoderma darwinii*). — **~ˌgang** *m med.* nasal meatus, meatus of the nose. — **~ˌhaar** *n* hair in the nostrils, vibrissa (*scient.*). — **~ˌhai** *m zo.* goblin shark (*Scapanorhynchus owstoni*). — **~ˌheilˌkun·de** *f med.* rhinology: die ~ betreffend rhinological. — **~ˌhöh·le** *f* nasal cavity (*od. scient.* fossa). — **~ˌhöh·len·kaˌtarrh** *m* rhinitis. — **~kaˌtarrh** *m* head cold, sniffles *pl*, rhinitis (*scient.*). — **~ˌke·gel** *m* (*space*) (*einer Rakete*) nose cone. — **~ˌkeil** *m tech.* gib-head key. — **~ˌklem·mer, ~ˌknei·fer** *m* (*optics*) pince-nez. — **~kor·rek·ˌtur** *f med.* rhinoplastic surgery, rhinoplasty. — **~ˌkrö·te** *f zo.* bird toad (*Rhinophrynus dorsalis*). — **n~ˌlang** *adv colloq. cf.* naselang. — **~ˌlän·ge** *f fig. colloq.* (length of a) nose: um eine ~ by a nose (*Br.* short head); um eine ~ gewinnen to win by a nose; j-n um eine ~ schlagen to beat s.o. by a nose, to nose s.o. out. — **~ˌlaut** *m ling. cf.* Nasal. — **~ˌloch** *n* **1.** *med. zo.* nostril, naris: die Nasenlöcher betreffend narial, naric. – **2.** *zo.* (*eines Wals*) spout (hole), blowhole. — **~ˌmu·schel** *f med.* turbinate (bone), nasal concha. — **~ˌnat·ter** *f zo.* long-nosed snake (*Gattg Rhinocheilus*). — **~ˌpla·stik** *f med.* rhinoplastic surgery, rhinoplasty. — **n~ˌpla·stisch** *adj* rhinoplastic. — **~poˌlyp** *m* nasal polypus, rhinopolypus (*scient.*).

'Na·sen'ra·chen|kaˌtarrh *m med.* postnasal (*Br.* post-nasal) (*od.* nasopharyngeal) catarrh, rhinopharyngitis, nasopharyngitis. — **~ˌraum** *m* nasopharyngeal cavity, nasopharynx.

'Na·sen|ˌrie·men *m* (*am Zaumzeug*) noseband. — **~ˌring** *m* **1.** *anthrop.* (*bei Naturvölkern*) nose ring. – **2.** *agr.* a) nose ring, b) (*bes. für Rindvieh*) cattle leader. — **~ˌrücken** (*getr.* -k·k-) *m med.* bridge (*od. scient.* dorsum) of the nose. — **~ˌschei·deˌwand** *f* nasal septum.

'Na·senˌschleim *m med.* nasal mucus. — **~ˌhaut** *f* nasal mucous membrane.

'Na·sen|ˌschmuck *m anthrop.* (*bei Naturvölkern*) nose jewelry (*bes. Br.* jewellery). — **~spe·ziaˌlist** *m med. cf.* Nasenfacharzt.

'Na·senˌspie·gel *m med.* nasal speculum. — **~ˌun·ter·ˌsu·chung** *f* rhinoscopy.

'Na·sen|ˌspit·ze *f* tip (*od.* point) of the nose: j-m etwas an der ~ ansehen *fig. colloq.* (to be able) to tell s.th. by the expression on s.o.'s face. — **~ˌspray** *m, n med. pharm.* nose spray. — **~ˌstü·ber** *m colloq.* **1.** fillip (*Am. auch* filip) (on the nose): einen ~ bekommen to get a fil(l)ip on the nose; j-m einen ~ geben to fil(l)ip s.o. – **2.** *fig.* (*Rüge*) reprimand, rebuke. — **~ˌtier** *n zo.* macrosmatic (*auch* macro-osmatic) animal. — **~ˌtrop·fen** *pl med. pharm.* nose drops. — **~ˌwur·zel** *f med.* root of the nose, radix nasi (*scient.*).

'na·seˌweis I *adj* ⟨-er; -est⟩ **1.** (*vorlaut*) pert, saucy, cheeky, *bes. Am. colloq.* smart-alecky. – **2.** (*neugierig*) prying, inquisitive, nos(e)y (*colloq.*). – **II N~** *m* ⟨-es; -e⟩ **3.** pert (*od.* saucy, cheeky) person, *bes. Am. colloq.* smart aleck: Jungfer ~ Miss Pert, *bes. Br. colloq.* Miss Nosy Parker. – **4.** prying (*od.* inquisitive, *colloq.* nos[e]y) person.

'nasˌfüh·ren *v/t* ⟨*insep*, ge-, h⟩ j-n ~ *rare* to fool (*od.* hoax) s.o., to lead s.o. up the garden path (*colloq.*).

'Nasˌhorn *n* ⟨-(e)s; ⸚er⟩ *zo.* rhinoceros, nasicorn (*Fam. Rhinocerotidae*). — **~ˌfisch** *m* unicorn fish (*Gattg Naso*). — **~ˌkä·fer** *m* rhinoceros beetle (*Dynastes tityrus*). — **~le·guˌan** *m* rhinoceros iguana (*Metopoceros cornutus*). — **~ˌvo·gel** *m* rhinoceros bird, (rhinoceros) hornbill (*Buceros rhinoceros*).

'nasˌlang *adv colloq. cf.* naselang.

naß [nas] **I** *adj* ⟨nasser, *auch* nässer; nassest, *auch* nässest⟩ **1.** (*Kleider, Gras etc*) wet: ~ werden to become (*od.* get) wet; nasse Füße bekommen to get one's feet wet; sich [das Bett, die Hose] ~ machen to wet oneself [the bed, one's trousers]; er fand ein nasses Grab *fig. lit.* (*ist ertrunken*) he had a watery grave; er ist ein nasser Bruder *fig. colloq.* he is a tippler (*od.* drunkard); dastehen wie ein nasser Sack *fig.* to cut a sorry figure. – **2.** (*durchnäßt, triefend*) dripping (wet), soaked, soaking (wet), drenched: durch und durch (*od.* bis auf die Haut) ~ sein to be wet through, to be thorougly drenched, to be wet (*od.* soaked) to the skin. – **3.** (*feucht*) damp, moist, humid: nasse Augen moist eyes; die Wäsche ~ machen to damp (*od.* moisten, wet) the washing. – **4.** (*regenreich*) rainy, wet, pluvious (*scient.*): wir hatten einen nassen Sommer we had a rainy summer. – **5.** (*Schnee*) wet, cloggy, slushy. – **6.** *agr.* (*Boden etc*) sour, dank, wet: nasse Stelle slop. – **7.** für ~ hineindürfen *Northern G. colloq.* to be admitted without paying. – **II N~** *n* ⟨Nasses; *no pl*⟩ *poet. od. humor.* **8.** water: das kühle N~ the cool water. – **9.** drink, liquid, wine: wie kannst du dieses edle (*od.* köstliche) N~ verschütten! how can you spill this noble (*od.* precious) liquid!

Nas·sau·er ['nasauər] *m* ⟨-s; -⟩ **1.** (*Einwohner*) Nassovian. – **2.** *fig. colloq.* (*Schmarotzer*) sponge(r), parasite, *Am. colloq.* deadbeat. — **'nas·sau·ern** *v/i* ⟨h⟩ (bei j-m) ~ *colloq.* to sponge ([up]on s.o.).

'Naß|bat·teˌrie *f electr.* wet battery. — **~ˌdampf** *m tech.* wet steam. — **~ˌdreh·einˌrich·tung** *f* wet turning attachment.

Näs·se ['nɛsə] *f* ⟨-; *no pl*⟩ **1.** wet(ness). – **2.** damp(ness), moisture, humidity: vor ~ schützen! keep dry, to be kept dry. – **3.** (*der Straße*) wetness, sloppiness. – **4.** *agr.* sourness, dankness, wetness.

näs·seln ['nɛsəln] *v/i* ⟨h⟩ *colloq.* be (*od.* get) slightly wet.

näs·sen ['nɛsən] **I** *v/t* ⟨näßt, näßte, genäßt, h⟩ **1.** (make) (*s.th.*) wet. – **2.** (*anfeuchten*) moisten. – **II** *v/i* **3.** *med.* (*von Wunde*) discharge, ooze, (*bes. von Ekzem*) weep. – **4.** *hunt.* urinate, make water. – **III** *v/impers* **5.** es näßt it drizzles, it spits.

'Naß|ˌfäu·le *f hort.* wet rot. — **n~ˌforsch** *adj colloq.* brazenfaced, *Br.* brazen-faced. — **~geˌwicht** *n econ.* weight in wet condition. — **~ˌgußˌform** *f metall.* green sand mold (*bes. Br.* mould). — **~ˌgußˌsand** *m* green sand. — **n~ˌkalt** *adj* **1.** (*Wetter etc*) wet (*od.* damp) and cold, raw. – **2.** (*Hand etc*) clammy.

'näß·lich *adj* seemingly wet (*od.* damp), wettish, dampish, somewhat wet (*od.* damp, moist).

'Naß|me·tall·ur·ˌgie *f metall.* hydrometallurgy. — **~raˌsur** *f* wet shave. — **~ˌschleif·maˌschi·ne** *f tech.* wet grinder, wet grinding machine. — **~ˌschnee** *m* wet (*od.* cloggy) snow. — **~spin·neˌrei** *f* (*textile*) wet (*od.* water) spinning mill. — **~ver·ˌbren·nung** *f nucl.* wet combustion method. — **~ˌwä·sche** *f* **1.** *metall.* wet cleaning, washing. – **2.** (*housekeeping*) wet (*od.* rough-dry) wash (*od.* laundry).

Na·stie [nas'tiː] *f* ⟨-; *no pl*⟩ *bot. biol.* nastic movement.

nas·zie·rend [nas'tsiːrənt] *adj chem.* nascent.

Na·ta·li·tät [natali'tɛːt] *f* ⟨-; *no pl*⟩ natality, birthrate.

Na·ti·on [na'tsĭoːn] *f* ⟨-; -en⟩ nation: die befreundeten ~en the friendly nations; die Vereinten ~en the United Nations; die ganze ~ ist dafür the whole country is for it.

na·tio·nal [natsĭo'naːl] **I** *adj* **1.** (*Einheit, Kultur etc*) national. – **2.** nationalist, national, *auch* patriotic: ~e Gesinnung nationalism. – **3.** (*Interesse*) public, national. – **II** *adv* **4.** ~ denken [fühlen] to think [to feel] in national terms (*auch* nationalistically). — **~beˌwußt** *adj* proudly conscious of one's nationality, patriotic. — **N~beˌwußtˌsein** *n* national consciousness (and pride), patriotism. — **N~chaˌrak·ter** *m* national character. — **~chiˌne·sisch** *adj* Nationalist Chinese, of (*od.* belonging to) Nationalist China. — **N~ˌdenkˌmal** *n* national monument.

Na·tio'na·le *n* ⟨-s; -⟩ *Austrian* (*im Paß etc*) personal data *pl* (*od.* particulars *pl*), signalment.

Na·tio'nal|ˌelf *f* (*sport*) national (football) team. — **~ˌfar·ben** *pl* national colors (*bes. Br.* colours). — **~ˌfei·erˌtag** *m* national holiday. — **~ˌflag·ge** *f* **1.** national flag: britische ~ Union Jack; amerikanische ~

Stars and Stripes *pl*. – **2.** *aer. mar.* ensign. — **~ga·le,rie** *f* (*art*) national gallery. — **~,gar·de** *f* **1.** (*in USA*) national guard. – **2.** *hist. French militia after 1789.* — **~ge,fühl** *n* feeling for one's country, national consciousness, *auch* patriotism. — **~ge,richt** *n gastr.* national dish. — **~,held** *m* national hero. — **~,hym·ne** *f* national anthem.

na·tio·na·li·sie·ren [natsĭonali'zi:rən] *v/t* ⟨*no* ge-, h⟩ nationalize *Br. auch* -s-. — **Na·tio·na·li'sie·rung** *f* ⟨-; *no pl*⟩ nationalization *Br. auch* -s-.

Na·tio·na·lis·mus [natsĭona'lɪsmʊs] *m* ⟨-; -men⟩ nationalism. — **Na·tio·na'list** [-'lɪst] *m* ⟨-en; -en⟩ nationalist. — **na·tio·na'li·stisch** *adj* nationalistic, *auch* nationalist.

Na·tio·na·li·tät [natsĭonali'tɛ:t] *f* ⟨-; -en⟩ **1.** nationality. – **2.** ethnic group, nationality.

Na·tio·na·li'tä·ten,staat *m* state made up of different nationalities (*od.* ethnic groups), multination(al) state.

Na·tio·na·li'täts,kenn,zei·chen *n* **1.** *auto.* a) country's identification sign (*od.* letter), b) (*Kennzeichenschild*) nationality plate. – **2.** nationality mark.

Na·tio'nal|,kir·che *f relig.* state church. — **~kon,vent** *m pol.* **1.** (*in USA*) national convention. – **2.** der ~ *hist.* (*in Frankreich*) the National Convention (*1792—95*). — **n~li·be,ral** *adj* national liberal. — **~,li·ga** *f* (*sport*) *Austrian for* Bundesliga. — **~li·te·ra,tur** *f* national literature. — **~,mann·schaft** *f* (*sport*) national team. — **~öko,nom** *m econ.* (political) economist. — **~öko·no,mie** *f* political economy (*od.* economics *pl construed as sg*). — **n~öko·,no·misch** *adj* economic, of political economy (*od.* economics). — **~,park** *m* national park. — **~,preis** *m DDR* national award. — **~,rat** *m Austrian and Swiss pol.* **1.** ⟨*only sg*⟩ National Council (*Lower House of Parliament*). – **2.** member of the National Council. — **~so·zia,lis·mus** *m* National Socialism, Nazism, *auch* Hitlerism (*in Germany 1919—45*). — **~so·zia,list** *m* national socialist, Nazi, *auch* Hitlerite. — **n~so·zia,li·stisch** *adj* national socialist, Nazi (*attrib*), *auch* Hitlerian. — **~,spie·ler** *m* (*sport*) international. — **~,staat** *m pol.* national state, nation-state. — **~,stolz** *m* national pride. — **~,tanz** *m* **1.** folk dance. – **2.** national dance. — **~thea·ter** [-te,a:tər] *n* national theater (*bes. Br.* theatre). — **~,tracht** *f* national costume. — **~ver·,samm·lung** *f* national assembly.

na·tiv [na'ti:f] *adj* native, natural.

Na·tive ['neɪtɪv] (*Engl.*) *m* ⟨-s; -s⟩ (*in britischen Kolonien*) native.

Na·ti·vis·mus [nati'vɪsmʊs] *m* ⟨-; *no pl*⟩ *philos.* nativism. — **Na·ti'vist** [-'vɪst] *m* ⟨-en; -en⟩ nativist. — **na·ti'vi·stisch** *adj* nativistic.

Na·ti·vi·tät [nativi'tɛ:t] *f* ⟨-; -en⟩ **1.** *astrol.* nativity, horoscope, horologue: j-m die ~ stellen to cast s.o.'s horoscope (*od.* nativity), to horoscope s.o. – **2.** *obs. for* Geburt 1.

'NA·TO|-,Län·der ['na:to-] *pl* (the) Nato countries. — **~-,Part·ner** *pl* (the) Nato partners. — **~-,Staa·ten** *pl* (the) Nato states, (the) member states of the Nato.

Na·tri·um ['na:triʊm] *n* ⟨-s; *no pl*⟩ *chem.* sodium, natrium (Na): doppeltkohlensaures ~ *cf.* Natriumbikarbonat; schwefelsaures ~ *cf.* Natriumsulfat. — **~,bi·kar·bo·,nat** *n* sodium bicarbonate, baking soda ($NaHCO_3$). — **~chlo,rid** *n* sodium chloride, kitchen (*od.* common) salt (NaCl). — **~hy·dro,xyd**, *auch* **~hy·dro,xid** *n* sodium hydroxide (NaOH). — **~per·oxyd** [-pero,ksy:t], *auch* **~per·oxid** [-pero,ksi:t] *n* sodium peroxide (Na_2O_2). — **~sul,fat** *n* **1.** *chem.* sodium sulfate (*bes. Br.* -ph-) (Na_2SO_4). – **2.** *min.* thenardite.

Na·tro·lith [natro'li:t; -'lɪt] *m* ⟨-s *u.* -en; -e(n)⟩ *min.* natrolite.

Na·tron ['na:trɔn] *n* ⟨-s; *no pl*⟩ **1.** *chem. cf.* Natriumbikarbonat. – **2.** *gastr.* bicarbonate of soda. – **3.** *chem. obs. for* Natrium. — **~,lau·ge** *f chem.* soda lye, aqueous sodium hydroxide. — **~sal,pe·ter** *m* sodium nitrate, soda (*od.* Chile) niter (*bes. Br.* nitre) (*od.* saltpeter, *bes. Br.* saltpetre) ($NaNO_3$). — **~,sei·fe** *f* soda (*od.* hard) soap.

Nat·ter ['natər] *f* ⟨-; -n⟩ **1.** *zo.* adder (*bes. Gattg Aglypha*), *auch* viper (*Gattgen Vipera, Bitis, Cerastes*): Virginische ~ blowing (*od.* hog) snake, puffing adder (*Heterodon contortrix*); Familie der ~n Colubridae *pl*; wie von einer ~ gebissen *fig. colloq.* as if stung by an adder. – **2.** *zo. cf.* a) Ringelnatter, b) Glattnatter. – **3.** *fig. lit.* viper, serpent, snake: eine ~ am Busen nähren to nurse a viper in one's bosom.

'Nat·tern|,brut *f* **1.** nest of adders (*od.* vipers). – **2.** *fig. contempt.* pack of spiteful (*od.* deceitful) people. — **~ge,zücht** *n Bibl.* brood of vipers. — **~,hemd** *n zo.* slough (*od.* cast-off skin) of a serpent, shed. — **~,kopf** *m bot.* echium (*Gattg Echium*): (Gemeiner) ~ (common) viper's bugloss, blueweed (*E. vulgare*).

'Nat·ter|,wurz *f bot.* bistort (*Polygonum bistorta*). — **~,zun·ge** *f* adder's-tongue, *auch* adder tongue, adder's-fern (*Gattg Ophioglossum, bes. O. vulgatum*).

Na·tur [na'tu:r] *f* ⟨-; -en⟩ **1.** ⟨*only sg*⟩ nature: das Walten [die Wunder] der ~ the working [the wonders] of nature; die freie ~ the open air (*od.* countryside); die erwachende ~ the awakening nature; in Gottes freier ~ in God's untrammel(l)ed (*od.* unspoilt) nature; in der freien ~ leben to live an outdoor life; sie ist von der ~ stiefmütterlich behandelt worden she has been niggardly favo(u)red by nature; nach der ~ zeichnen to draw from nature (*od.* life); Eisen kommt in der ~ vor iron occurs naturally; zurück zur ~! back to nature! *Am. colloq.* let's go native! – **2.** ⟨*only sg*⟩ etwas ist ~ *colloq.* s.th. is not artificial: ihr Haar ist ~ her hair is natural(ly curly) (and has its natural colo[u]r). – **3.** ⟨*only sg*⟩ (*Wesen, Beschaffenheit*) nature, character: es liegt in der ~ der Dinge, daß it is in the nature of things that, it is quite natural that; es handelt sich um Fragen grundsätzlicher ~ these are fundamental questions; die Sache ist ernster ~ the matter is of a grave nature; Eis ist seiner ~ nach kalt ice is cold by nature (*od.* naturally cold). – **4.** ⟨*only sg*⟩ (*Veranlagung*) character, disposition, nature, temperament, frame of mind: die menschliche ~ human nature; er hat eine glückliche ~ he has a happy disposition; das ist nicht seine wahre ~ that is not his true nature; er ist von ~ (aus) schüchtern he is by nature (*od.* naturally, inherently) shy; das geht mir wider die ~ that goes against my nature (*od.* grain); das Lügen ist ihm zur zweiten ~ geworden lying has become his second nature (*od.* second nature with *od.* to him). – **5.** ⟨*only sg*⟩ (*Körperbeschaffenheit*) constitution, nature: er hat eine gesunde [kräftige] ~ he has a healthy [strong] constitution, he is of a healthy [strong] nature. – **6.** (*Person*) character, person, creature: sie sind 2 grundverschiedene ~en they are 2 basically different characters, they are as like as chalk and cheese; sie ist eine schöpferische ~ she is a creative person.

Na·tu'ral·be,zü·ge [natu'ra:l-] *pl* remuneration *sg* (*od.* payment *sg*) in kind.

Na·tu·ra·li·en [natu'ra:liən] *pl* **1.** (*Bodenerzeugnisse*) natural produce *sg*, crops of the soil. – **2.** (*Sachgüter*) material assets: in ~ zahlen to pay in kind. – **3.** (*naturwissenschaftliche Schaustücke*) natural history (*od.* teaching, demonstration) objects (*od.* specimens). — **~ka·bi,nett** *n*, **~,samm·lung** *f* natural history collection.

Na·tu·ra·li·sa·ti·on [naturaliza'tsĭo:n] *f* ⟨-; -en⟩ naturalization *Br. auch* -s-. — **na·tu·ra·li'sie·ren** [-'zi:rən] **I** *v/t* ⟨*no* ge-, h⟩ naturalize *Br. auch* -s-: sich ~ lassen to get (*od.* become) naturalized. – **II** *v/reflex* sich ~ *biol.* (*von Pflanzen, Tieren etc*) become naturalized (*Br. auch* -s-), *auch* naturalize *Br. auch* -s-. — **Na·tu·ra·li·'sie·rung** *f* ⟨-; -en⟩ naturalization *Br. auch* -s-.

Na·tu·ra·lis·mus [natura'lɪsmʊs] *m* ⟨-; *no pl, naturalistische Züge eines Kunstwerks* -men⟩ **1.** naturalism. – **2.** (*naturalistischer Zug*) naturalism, naturalistic trait. – **3.** *relig.* naturalism. — **Na·tu·ra'list** [-'lɪst] *m* ⟨-en; -en⟩ naturalist. — **na·tu·ra·'li·stisch** *adj* **1.** naturalist(ic). – **2.** (*Wiedergabe*) naturalistic, naturalesque, photographic.

Na·tu'ral|,lei·stung *f* payment in kind. — **~,lohn** *m* wage(s *pl*) in kind. — **~ob·li·ga·ti,on** *f jur.* natural (*od.* imperfect) obligation. — **~,steu·er** *f meist pl* tax paid in kind (*od.* in services). — **~ver,pfle·gung** *f mil.* rations *pl* in kind, supply of provisions, sustenance (of troops) by the inhabitants. — **~,wert** *m* value in kind. — **~,wirt·schaft** *f* barter economy. — **~,zins** *m* rent paid in (farm) produce (*od.* in kind).

Na'tur|,an,la·ge *f* (natural) disposition, temper(ament), nature. — **~,arzt** *m med.* naturopath, naturopathic physician. — **~be,ob,ach·tung** *f* observation of nature, nature study. — **~be,schrei·bung** *f* description of nature, physiography. — **~,blu·me** *f* real (*od.* genuine) flower. — **~,bur·sche** *m colloq.* **1.** real (*od.* true) country type, rustic boy (*od. colloq.* fellow). – **2.** unceremonious (*od.* unsophisticated, homespun) person. — **~,but·ter** *f gastr.* real (*od.* genuine) butter. — **~,denk,mal** *n* natural monument (*od.* wonder). — **~,dich·tung** *f* (*literature*) nature poetry. — **~,dün·gung** *f agr.* fertilizing (*Br. auch* -s-) by (natural) manure. — **~,eis** *n* natural ice.

Na·tu·rell [natu'rɛl] *n* ⟨-s; -e⟩ natural disposition, temper(ament), nature: eine Frau von lebhaftem ~ a vivacious kind of woman.

na·tu'rell *adj* ⟨*nachgestellt*⟩ *gastr.* au naturel, prepared without any special ingredients.

Na'tur|er,eig·nis *n* natural occurrence. — **~er,schei·nung** *f* natural phenomenon. — **~er,zeug·nis** *n econ. cf.* Naturprodukt. — **n~,far·ben** *adj* natural-colored (*bes. Br.* -coloured), russet: ~es Leder russet leather. — **~,far·ben,druck** *m print.* natural color (*bes. Br.* colour) printing. — **~,farb,stoff** *m chem.* natural pigment. — **~,fa·ser** *f* (*textile*) natural fiber (*bes. Br.* fibre). — **~,for·scher** *m* (natural) scientist, naturalist, student of (the) natural science(s). — **~,for·schung** *f* **1.** natural science. – **2.** research in the natural sciences. — **~,freund** *m* **1.** nature lover. – **2.** member of a mountaineering club. — **~,ga·be** *f* gift of nature, talent.

Na'tur,gas *n* natural gas. — **~,feue·rung** *f* natural gas firing.

Na'tur|ge,fühl *n* feeling for nature. — **n~ge,ge·ben** *adj* natural, of nature: er hielt es für eine ~e Tatsache he considered it a matter of course. — **n~ge,mäß** **I** *adj* by (*od.* from) nature, natural, according to nature. – **II** *adv* naturally, according to nature. — **~ge,schich·te** *f* natural history. — **n~ge,schicht·lich** *adj* of (*od.* relating to) natural history. — **~ge,setz** *n* law of nature, natural law. — **n~ge,treu** **I** *adj* true to nature (*od.* life), natural, lifelike. – **II** *adv* in a true-to-life manner, in a lifelike way, naturally. — **~ge,walt** *f meist pl* force of nature. — **~,gum·mi** *n*, *auch m cf.* Naturkautschuk. — **n~haft** *adj* native, natural. — **n~,hart** *adj metall.* (*Stahl*) self-hardening, air-hardening. — **~,här·te** *f* (*des Stahls*) temper. — **~,harz** *n* natural resin. — **~,heil,kun·de** *f med.* naturopathy. — **~,heil,kun·di·ge** *m* nature-healer, naturopath (*scient.*). — **~,heil·,schlaf** *m* healing sleep. — **~,heil·ver·,fah·ren** *n* treatment by natural remedies, naturopathy (*scient.*). — **n~hi,sto·risch** *adj cf.* naturgeschichtlich. — **~ka·ta·,stro·phe** *f* natural catastrophe, catastrophe of nature. — **~,kau·tschuk** *m* natural rubber, India rubber. — **~,ken·ner** *m* person well versed in natural history. — **~,kind** *n* child of nature, unsophisticated person. — **~kon,stan·te** *f meist pl phys.* physical constant. — **~,kraft** *f meist pl* natural power (*od.* force).

Na'tur,kun·de *f* biology.

na'tur,kund·lich [-,kʊntlɪç] *adj* of (*od.* relating to) biology.

Na'tur|,land·schaft *f* natural landscape (unspoilt by man). — **~,leh·re** *f* **1.** physics and chemistry. – **2.** (*Lehrfach*) general science.

na·tür·lich [na'ty:rlɪç] **I** *adj* **1.** (*auf der Natur beruhend*) natural, of (*od.* relating to) nature: ~e Auslese natural selection; das Gebirge bildet eine ~e Grenze the mountains form a natural border; ~es Hindernis *geogr.* natural (*od.* topographical) obstacle (*od.* barrier); ~e Funktion des Körpers natural function of the body, bodily function; ein ~es Bedürfnis befriedigen a) to satisfy a natural need, b) *euphem.* to relieve nature; ein ~er Vorzug an asset. – **2.** (*wirklich, echt*) real, natural, actual, genuine: **~e Pflanzen [Zweige]** real (*od.* genuine) plants [branches]; **~e Größe** real (*od.* actual, full) size. – **3.** (*angeboren*) natural, native, innate, (in)born: **~e Anmut** natural charm; **der Vater ist der ~e Beschützer der Familie** the father is the born protector of the family. – **4.** (*üblich, normal*) natural, normal, usual: **der ~e Verlauf der Krankheit** the natural course of the disease; **eine ~e Haltung** a natural position, an unstudied pose; **eines ~en Todes sterben** to die a natural death; **das geht nicht mit ~en Dingen zu** there is something uncanny (*od. colloq.* fishy) about it. – **5.** (*einfach*) natural, artless, simple: **sie hat ein ~es Wesen** she has a natural way of behaving. – **6.** (*ungezwungen*) unaffected, natural: **ein ~er Mensch** an unaffected person. – **7.** (*unverbildet*) natural, unsophisticated. – **8.** (*selbstverständlich*) natural: **das ist die ~ste Sache von der Welt** *colloq.* it is only natural, it's the most natural thing in the world; **es ist ganz ~, daß** it is quite natural that, it stands to reason that. – **9.** (*naturgetreu*) natural, true to nature (*od.* life), lifelike: **das Photo ist sehr ~** the photograph looks (*od.* is) very lifelike. – **10.** *jur.* natural: **~e Person** natural person; **ein ~es Kind** a) one's own (not adopted) child, b) *archaic* a natural (*od.* an illegitimate) child, a child born out of wedlock. – **11.** *ling.* (*Geschlecht*) natural. – **12.** *math.* (*Logarithmus*) natural. – **13.** *tech.* **~er Maßstab** plain scale; **~e Größe** actual (*od.* full) size. – **II** *adv* **14.** (*nicht gekünstelt*) naturally, in a matter-of-course way: **~ reden [spielen]** to talk [to act] naturally; **sich ~ geben** to have a natural manner; **das geht ganz ~ zu** there is nothing strange about it. – **15.** (*selbstverständlich*) naturally, of course, certainly, surely, *Am. colloq.* sure, course (*colloq.*): **er möchte ~ die Welt sehen** he would naturally like to see the world. – **III** *interj* **16.** naturally! of course! certainly!: **gehst du auch zur Versammlung? ~!** are you also attending the meeting? of course! (*od.* certainly! yes, I am! to be sure! (*colloq.*), *Am. colloq.* you bet [I am]! *Br. colloq.* rather!). – **IV N~e, das** ⟨-n⟩ **17.** the naturalness, the unaffectedness: **an ihr ist nichts N~es** there is no naturalness in (*od.* about) her; **es ist nichts N~es in seinem Stil** there is nothing natural in his style.

na'tür·li·cher'wei·se *adv cf.* natürlich 14, 15.

Na'tür·lich·keit *f* ⟨-; *no pl*⟩ **1.** (*Naturgegebenheit*) naturalness. – **2.** (*Einfachheit*) naturalness, artlessness, simplicity. – **3.** (*Ungezwungenheit*) absence of affectation, unaffectedness. – **4.** (*Unverbildetheit*) lack of sophistication. – **5.** (*der Wiedergabe*) faithfulness, realism.

Na'tur|ˌmensch *m* **1.** unsophisticated type (of person), natural person. – **2.** nature lover. – **3.** primitive man. — **n~ˌna·he** *adj* close to nature. — **n~ˌnotˌwen·dig** *adj* absolutely necessary (*od.* essential). — **~ˌnotˌwen·dig·keit** *f* absolute (*od.* physical) necessity. — **~phi·loˌsoph** *m* natural philosopher, philosopher of science. — **~phi·lo·soˌphie** *f* natural philosophy, naturalism, philosophy of science. — **~proˌdukt** *n econ.* produce, natural product. — **~ˌras·se** *f zo.* natural race (*od.* breed). — **~ˌrecht** *n* **1.** *jur.* law of nature, jus naturale (*scient.*). – **2.** natural right. — **~ˌreich** *n* kingdom of nature. — **n~ˌrein** *adj* unadulterated, without (chemical) additives. — **~re·li·giˌon** *f* natural religion. — **~ˌschät·ze** *pl* natural resources. — **~ˌschön·heit** *f meist pl* (*Natur*) beauty of nature, beautiful scenery: **reich an ~en** scenic, abounding in scenic beauty.

Na'turˌschutz *m* nature protection, nature (*od.* wildlife) conservation. — **~geˌbiet** *n* national (*od.* state, provincial) park, wildlife sanctuary, protected area, nature (*od.* wildlife) (p)reserve. — **~ˌpark** *m* national (*od.* state, provincial) park.

Na'tur|ˌschwamm *m* natural sponge. — **~ˌspiel** *n* freak of nature. — **~ˌstein** *m* **1.** (natural) stone. – **2.** *geol.* rocks *pl.* — **~taˌlent** *n colloq.* (*Sportler etc*) 'natural' (*colloq.*). — **~thea·ter** [-teˌaːtər] *n* open-air (*od.* outdoor) theater (*bes. Br.* theatre). — **~ˌtreue** *f* fidelity (*od.* close resemblance) to nature, lifelikeness, realism, reality. — **~ˌtrieb** *m* (natural) urge, instinct, *auch* appetence, appetency. — **~verˌeh·rung** *f relig.* worship of nature, nature worship, physiolatry (*scient.*). — **~verˌjün·gung** *f* (*forestry*) natural regeneration (*od.* reproduction). — **~ˌvolk** *n* **1.** people (still very) close to nature, people living in a natural state. – **2.** primitive race (*od.* tribe). — **n~ˌvoll** *adj* natural. — **n~ˌwahr** *adj u. adv cf.* naturgetreu. — **~ˌwein** *m* pure (*od.* unadulterated) wine. — **n~ˌwid·rig** *adj* **1.** contrary to nature, unnatural. – **2.** abnormal.

Na'tur|ˌwis·sen·schaft *f meist pl* (natural) science. — **~ˌwis·sen·schaft·ler** *m* (natural) scientist, student of (natural) science. — **n~ˌwis·sen·schaft·lich I** *adj* scientific, of (*od.* relating to) (natural) science: **~e Abteilung** department of (natural) science. – **II** *adv* scientifically: **~ ausgerichtet** stressing the (natural) sciences; **ein ~ gebildeter** (*od.* **tätiger**) **Mann** a scientific man, a man of science.

na'turˌwüch·sig [-ˌvyːksɪç] *adj* natural, original.

Na'tur|ˌwun·der *n* **1.** (*Tatsache*) wonder of nature, natural wonder. – **2.** (*Person*) prodigy. — **~ˌzuˌstand** *m* natural (*od.* original) state, state of nature: **im ~** in its original (*od.* primitive) state.

Nau·arch [nau'ˀarç] *m* ⟨-en; -en⟩ *antiq.* admiral.

Naue ['nauə] *f* ⟨-; -n⟩ *obs. od. Southern G. and Swiss, bes. Swiss* **'Nau·en** *m* ⟨-s; -⟩ boat, barge.

'nauf [nauf] *adv colloq. for* **hinauf.**

Nau·ma·chie [nauma'xiː] *f* ⟨-; -n [-ən]⟩ *antiq.* naumachia.

Nau·pli·us ['nauplius] *m* ⟨-; -plien⟩, **~lar·ve** *f zo.* (*Krebslarve*) nauplius.

'naus [naus] *adv colloq. for* **hinaus.**

Nau·tik ['nautɪk] *f* ⟨-; *no pl*⟩ *mar.* navigation, (*Lehrfach*) *auch* nautics *pl* (*construed as sg*), nautical science. — **'Nau·ti·ker** [-tikər] *m* ⟨-s; -⟩ navigator.

Nau·ti·lus ['nautilus] *m* ⟨-; - *u.* -se⟩ *zo. cf.* Papierboot.

nau·tisch ['nautɪʃ] *adj* nautical.

na·var·re·sisch [nava'reːzɪʃ] *adj* Navarrese, Navarrian.

Na·vel·oran·ge ['neːvəlˀoˌrãːʒə] *f bot. cf.* Nabelorange.

Na·vi·cert ['nævɪsəːt] (*Engl.*) *n* ⟨-s; -s⟩ *mar.* (*Geleitschein*) navicert.

Na·vi·ga·ti·on [naviga'tsio:n] *f* ⟨-; *no pl*⟩ *mar. aer.* navigation.

Na·vi·ga·ti'ons|ˌak·te *f* ⟨-; *no pl*⟩ *hist.* Navigation Acts *pl* (*1651*). — **~ˌfeh·ler** *m mar. aer.* navigational error. — **~in·stru·ˌmen·te** *pl* navigation instruments. — **~ˌkar·te** *f* navigation chart. — **~of·fiˌzier** *m mar.* navigation (*od.* navigating) officer, navigator. — **~ˌraum** *m* chart room (*od.* house). — **~sa·telˌlit** *m* (*space*) navigation satellite. — **~ˌschu·le** *f mar.* nautical college, *auch* navigation school.

Na·vi·ga·tor [navi'gaːtɔr] *m* ⟨-s; -en [-ga'toːrən]⟩ *aer.* navigator.

na·vi·gie·ren [navi'giːrən] *aer. mar.* **I** *v/t u. v/i* ⟨*no* ge-, h⟩ **1.** navigate. – **II N~** *n* ⟨-s⟩ **2.** *verbal noun.* – **3.** navigation.

Na·za·rä·er [natsa'rɛːər] *m* ⟨-s; -⟩ **1.** ⟨*only sg*⟩ *cf.* Nazarener 1. – **2.** *meist pl relig.* a) early Christian, b) (*Angehöriger einer judenchristlichen Sekte*) Nazarene.

Na·za·re·ner [natsa'reːnər] *m* ⟨-s; -⟩ **1.** ⟨*only sg*⟩ **der ~** *Bibl.* Jesus of Nazareth, the Nazarene. – **2.** Nazarene, Nazarean. – **3.** *meist pl relig. rare for* **Nazaräer** 2. – **4.** (*art*) Nazarene (*one of a group of 19th century German painters*). — **na·za·'re·nisch** *adj* Nazarene.

Na·zi ['naːtsi] *m* ⟨-s; -s⟩ *pol. hist. contempt.* Nazi, *auch* nazi. — **Na·zis·mus** [na'tsɪsmus] *m* ⟨-; *no pl*⟩ Nazism, *auch* Naziism. — **na·zi·stisch** [na'tsɪstɪʃ] *adj* Nazi (*attrib*).

'Na·ziˌzeit *f pol. hist. contempt.* Nazi period.

ne [neː] *adv dial. and colloq.* no.

'ne [nə] *colloq. for* **eine** I, II.

Ne·an·der·ta·ler [ne'andərˌtaːlər] *m* ⟨-s; -⟩, **Ne'an·derˌtalˌmensch** *m anthrop.* Neandert(h)al Man.

Nea·pe·ler [ne'aːpələr] *m* ⟨-s; -⟩ *rare for* **Neapolitaner.**

Nea·pelˌgelb [ne'aːpəl-] *n* **1.** (*paints*) Naples (*od.* Neapolitan) yellow. – **2.** *chem.* Naples (*od.* antimony) yellow.

Ne·ap·ler [ne'aːplər] *m* ⟨-s; -⟩ *rare for* **Neapolitaner.**

Nea·po·li·ta·ner [neapoli'taːnər] *m* ⟨-s; -⟩ **1.** Neapolitan, native (*od.* inhabitant) of Naples. – **2.** *pl Austrian gastr.* sweet sandwich wafer biscuits. — **nea·po·li'ta·nisch** *adj* Neapolitan, of (*od.* relating to) Naples.

ne·ark·tisch [ne'arktɪʃ] *adj geogr. biol.* Nearctic, Anglogaean: **~e Region** Nearctic Region, Nearctica, Anglogaea.

neb·bich ['nɛbɪç] *interj* **1.** (*thieves' Latin*) too bad! – **2.** *colloq.* so what! who cares!

'Neb·bich *m* ⟨-s; -e⟩ *Austrian* (*unbedeutender Mensch*) nobody.

Ne·bel ['neːbəl] *m* ⟨-s; -⟩ **1.** fog, (*weniger dicht*) mist, brume (*poet.*): **dichter** (*od.* **dicker**) **~** thick (*od.* heavy) fog; **leichter** (*od.* **feiner**) **~** light fog, mist; **mit Rauch vermischter ~** smog; **feuchter ~** damp (*od.* wet) fog; **vom ~ behindert** *mar.* fogbound; **in ~ gehüllte Berge** mountains enshrouded (*od.* wrapped) in fog; **der ~ fällt** (*od.* **senkt sich**) the fog is descending, it is getting foggy; **der ~ hebt sich** (*od.* **steigt**) the fog is rising (*od.* lifting); **der ~ verdichtet sich** the fog thickens (*od.* is thickening); **der ~ löste sich auf** the fog disappeared (*od.* was dissipated); **dichter ~ lag über dem See** the lake was covered by fog; **du wirst dich im ~ verirren** you will get lost in the fog; **der ~ ist so dick, daß man ihn schneiden kann** you can cut the fog with a knife; **er hat sich bei Nacht und ~ davongemacht** *fig.* he stole away under cover of darkness; **die ganze Angelegenheit war in ~ gehüllt** *fig.* the entire matter was enshrouded in fog; **das fällt aus wegen ~** *fig. colloq.* that won't take place, that has to be cancel(l)ed. – **2.** (*Dunst*) haze. – **3.** *bes. mil.* a) (*Tarnnebel*) smoke, b) *cf.* Nebelvorhang. – **4.** *fig.* mist, veil, cloud. – **5.** *astr.* nebula, galaxy. — **~ˌanˌla·ge** *f mil.* smoke generator. — **~ˌaufˌlö·sung** *f meteor.* fog dispersal. — **~ˌbank** *f* fogbank. — **~ˌbil·dung** *f* formation of fog. — **~ˌbo·je** *f mar.* fog buoy. — **~ˌbom·be** *f mil.* smoke bomb. — **~ˌdecke** (*getr.* -k·k-) *f* **1.** *meteor.* fog layer, blanket of fog. – **2.** *mil.* smoke screen. — **~ˌdunst** *m* ⟨-(e)s; *no pl*⟩ *meteor.* mist. — **~ˌdü·se** *f tech.* atomizer nozzle. — **~entˌwick·lung** *f* **1.** *meteor.* formation of fog. – **2.** *mil.* generation of smoke. — **n~ˌfeucht** *adj* wet from fog. — **~ˌfleck** *m astr.* nebula. — **~geˌrät** *n mil.* smoke generator. — **~geˌschoß** *n*, **~ˌgraˌna·te** *f* smoke shell. — **n~ˌgrau** *adj* misty gray (*bes. Br.* grey), mist-gray. — **n~haft** *adj* **1.** *fig.* nebulous, hazy, dim, vague, obscure, foggy (*colloq.*): **das liegt noch in ~er Ferne** that lies still in the dim future; **eine ~e Vorstellung haben** to have a vague idea (*od.* dim notion). – **2.** *rare* foggy, hazy. — **~ˌhau·fen** *m astr.* nebula. — **~ˌhorn** *n mar.* foghorn.

'ne·be·lig *adj cf.* neblig.

'Ne·bel|ˌkam·mer *f phys.* cloud chamber. — **~ˌkap·pe** *f myth. cf.* Tarnkappe. — **~ˌker·ze** *f mil.* smoke candle. — **~ˌkrä·he** *f zo.* hooded (*od.* bunting, dun, gray, *bes. Br.* grey) crow, saddleback (*Corvus cornix*). — **~ˌlam·pe, ~ˌleuch·te** *f auto. cf.* Nebelscheinwerfer. — **~ˌmo·nat, ~ˌmond** *m obs. od. poet.* November. — **~mu·ni·tiˌon** *f mil.* smoke(-generating) ammunition.

ne·beln ['neːbəln] **I** *v/impers* ⟨h⟩ **es nebelt** it is foggy (*od.* misty). – **II** *v/i* spray aerosol to protect plant life.

'Ne·bel|ˌpar·der *m zo.* clouded leopard (*Panthera nebulosa*). — **~ˌre·gen** *m meteor.* **1.** (*Nieselregen*) drizzle, drizzling rain. – **2.** drizzling fog, *Br.* Scotch mist. — **~ˌscheinˌwer·fer** *m auto.* fog headlight (*od.* light, lamp). — **~ˌschlei·er** *m meteor.* misty veil. — **~ˌschutz** *m mil.* smoke screen. — **~ˌschwa·den** *m meist pl meteor.* streak (*od.* swath) of fog, fog in patches, patch of fog. — **~siˌgnal** *n bes. mar.* fog signal. — **~ˌstrei·fen** *m meist pl meteor.* streak of fog, misty cloud, streamer. — **~ˌtopf** *m mil.* smoke generator.

'Ne·be·lung *m* ⟨-s; -e⟩ *obs.* November.

'Ne·bel|ˌvorˌhang *m mil.* smoke screen. — **~ˌwald** *m geogr.* tropical mountain forest. — **~ˌwand** *f* **1.** wall of fog. – **2.** *mil. cf.* Nebelvorhang. — **~ˌwer·fer** *m mil.* **1.** smoke mortar. – **2.** *cf.* Mehrfachraketenwerfer. — **~ˌwet·ter** *n meteor.* foggy weather.

ne·ben ['neːbən] *prep* **1.** ⟨*dat*⟩ (*Lage betreffend*) by, beside, by (*od.* at) the side of, alongside (of), (*ganz dicht*) close to, near (to), (*unmittelbar*) next to: **sie saß ~ mir** she was sitting next to me (*od.* beside me); **mein Mantel hängt rechts ~ der Tür** my coat is hanging to the right of the door; **sein Haus steht dicht ~ dem meinen** his house is right next to mine; **ihr Boot legte ~ dem unseren an** their boat docked alongside ours. – **2.** ⟨*acc*⟩ (*Richtung betreffend*) by, beside, by (*od.* at) the side of, (*ganz dicht*) close to, near (to), (*unmittelbar*) next to: **setzen Sie sich ~ mich** come and sit beside me. – **3.** ⟨*dat*⟩ (*außer*) besides, apart (*Am. auch* aside) from, in addition to, independently of: **~ seinem Beruf ist er abends noch tätig** he does a second job in the evenings; **~ anderen Dingen** among other things. – **4.** ⟨*dat*⟩ (*verglichen mit*) in comparison with, compared with (*od.* to), beside: **~ ihr kannst du nicht bestehen** compared to her you are a cipher. – **5.** ⟨*dat*⟩ (*gleichzeitig mit*) simultaneously with, at the same time as: **~ ihrer Arbeit hörte sie Radio** *colloq.* she did her work listening to the radio at the same time, she listened to the radio whilst doing her work.

'Ne·ben|ˌabˌre·de *f jur.* additional (*od.* collateral) agreement (*od.* clause). — **~ˌabˌschnitt** *m mil.* adjacent sector. — **~ˌabˌsicht** *f* **1.** secondary object(ive) (*od.* motive, purpose). – **2.** (*Hintergedanke*) ulterior motive. — **~akˌzent** *m* **1.** *ling.* secondary accent (*od.* stress). – **2.** *mus.* secondary (*od.* subordinate) accent. — **~ˌamt** *n* **1.** (*Zweigstelle*) branch office, subsidiary office. – **2.** (*zusätzliche Beschäftigung*) additional job, *Am. auch* by-job. – **3.** *tel.* branch (*od.* satellite) exchange. — **n~ˌamt·lich** *adj* in addition to one's regular duties, *Am. auch* as a by-job. — **n~'an** [ˌneːbən-] *adv* **1.** next door, in the next house (*od.* room). – **2.** (*in der Nähe*) near (*od.* close) by. — **~ˌanˌschluß** *m tel.* **1.** (*Nebenstelle*) branch (*od.* telephone) extension. – **2.** (*Nebenstellenanlage*) P.B.X., private branch exchange. — **~ˌanˌtrieb** *m tech.* auxiliary drive. — **~ˌar·beit** *f* **1.** (*zusätzliche Arbeit*) extra (*od.* additional) work, *Am. auch* by-job. – **2.** spare-time work. – **3.** sideline. — **~ˌarm** *m geogr.* (*eines Flusses*) side arm (*od.* branch). — **~ˌausˌga·be** *f* **1.** *pl econ.* extra (*od.* additional, incidental) expenses (*od.* charges), incidentals, extras. – **2.** *print.* extra edition, subedition. — **~ˌausˌgang** *m* side exit (*od.* door). — **~ˌbahn** *f* **1.** (*railway*) branch (*od.* local, secondary) line, *Am.* shortline railroad. – **2.** (*paper*) offcuts *pl.* — **~beˌdeu·tung** *f* secondary (*od.* side) meaning, connotation. — **~beˌgriff** *m* secondary (*od.* accessory, subordinate) notion (*od.* concept). — **n~'bei** [ˌneːbən-] *adv* **1.** (*außerdem*) besides, in addition, moreover, (along) with it, *Am. colloq.* on the side: **er beschäftigt sich ~ mit Psychologie** he is busying himself with psychology besides; **sich ~ mit etwas beschäftigen** (*aus Liebhaberei*) to dabble in s.th. – **2.** (*beiläufig*) by the way, by the by(e), incidentally, in passing: **~ bemerkt** (*od.* **gesagt**) incidentally, by the way; **er hat es nur so ganz ~ erwähnt** he just happened to be mentioning it. – **3.** *Northern G. dial. for* **nebenan.** — **~beˌruf** *m* additional (*od.* extra) occupation (*od.* job), sideline: **im ~** *cf.* **nebenberuflich II.** — **n~beˌruf·lich I** *adj* sideline (*attrib.*). – **II** *adv* (as an occupation) on the side, as a side (*od.* an extra) occupation, as a sideline, *Am. auch* as a by-job. — **~beˌschäf·ti·gung** *f* **1.** *cf.* **Nebenberuf.** – **2.** (*als Freizeitbeschäftigung*) avocation, part- (*od.* spare-)time job, hobby. – **3.** *iron.* additional (*od.* extra) work. — **~beˌstandˌteil** *m* secondary ingredient. — **~beˌtrieb** *m econ.* subsidiary business (*od.* establishment, enterprise). — **~ˌbuch** *n meist pl econ.* subsidiary book. — **~ˌbuh·ler** *m* rival, competitor, (*um eine Frau*) *auch* rival lover. — **~ˌbuh·le·rin** *f* rival. — **~ˌbuh·ler·schaft** *f* ⟨-; *no pl*⟩ rivalry, rivalship. — **~ˌbür·ge** *m* **1.** *jur.* additional (*od.* second) bail. – **2.** *econ.* cosurety *Br.* co-, coguarantor *Br.* co-. — **~ˌbürg·schaft** *f* collateral (security *od.* surety), cosurety *Br.* co-, coguarantee *Br.* co-. — **~ˌdarˌstel·ler** *m* (*film, theater*) supporting actor. — **~ˌding** *n* secondary matter.

ˌne·benˌein'an·der I *adv* **1.** a) side by side, beside (*od.* next to) one another, abreast, b) (*Rennpferde*) neck and neck (*auch fig.*), (*Läufer*) shoulder to shoulder (*auch fig.*): **~ liegen** to lie side by side (*od.* beside one another, together); **~ gehen [stehen]** to walk [to stand] side by side; **~ wohnen** to live next door (to each other); **~ bestehen** to coexist. – **2.** (*gleichzeitig*) together, simultaneously, concurrently. – **II N~** *n* ⟨-s; *no pl*⟩ **3.** (*örtliches*) coexistence. – **4.** (*zeitliches*) simultaneousness. — **~geˌschal·tet** *electr.* **I** *pp.* – **II** *adj* a) (connected) in parallel (*od.* in shunt), b) (*Kraftwerk*) synchronized, parallel. — **~geˌstellt I** *pp.* – **II** *adj* **1.** put (*od.* placed) side by side (*od.* beside one another, together). – **2.** *her.* accosted. — **~'her** [ˌneːbənˌʔaɪˌnandər-] *adv* side by side, abreast. — **N~ˌle·ben** *n* ⟨-s; *no pl*⟩ coexistence. — **~ˌle·gen** ⟨*sep*, -ge-, h⟩ **1.** put (*od.* lay, place) (*things*) side by side (*od.* beside one another), juxtapose: **zwei Gegenstände genau ~** to arrange two things parallel (to each other). – **2. Personen ~** (*im Krankenhaus etc*) to lay persons (*od.* to have persons lie) next to one another (*od.* side by side). — **~ˌlie·gen** *v/i* ⟨*irr, sep*, -ge-, h *u.* sein⟩ lie side by side (*od.* beside one another, together). — **~ˌschal·ten** *v/t* ⟨*sep*, -ge-, h⟩ *electr.* (*Widerstände etc*) connect (*resistances*) in parallel, shunt. — **~ˌset·zen I** *v/t* ⟨*sep*, -ge-, h⟩ **1.** *cf.* **nebeneinanderlegen** 1. – **2. Personen ~** to seat persons (*od.* have persons sit) next to one another (*od.* side by side). – **3.** *cf.* **nebeneinanderstellen** 3. – **II** *v/reflex* **sich ~ 4.** sit down next to one another (*od.* side by side). — **~ˌsit·zen** *v/i* ⟨*irr, sep*, -ge-, h *u.* sein⟩ sit next to one another (*od.* side by side). — **~ˌste·hen** *v/i* ⟨*irr, sep*, -ge-, h *u.* sein⟩ stand side by side. — **~ˌstel·len I** *v/t* ⟨*sep*, -ge-, h⟩ **1.** put (*od.* place) (*things*) side by side (*od.* beside one another), juxtapose. – **2. Personen ~** to place persons (*od.* to have persons stand) next to one another (*od.* side by side). – **3.** *fig.* (*vergleichend*) compare: **zwei Begriffe ~** to compare two notions. – **II N~** *n* ⟨-s⟩ **4.** *verbal noun.* — **N~ˌstel·lung** *f* **1.** *cf.* **Nebeneinanderstellen.** – **2.** juxtaposition. – **3.** *fig.* comparison.

'Ne·ben|ˌeinˌgang *m* side entrance. — **~ˌeinˌkom·men** *n econ.* supplementary income, extra (*od.* additional) income, casual earnings *pl* (*od.* emoluments *pl*). — **~ˌeinˌkünf·te** *pl*, **~ˌeinˌnah·men** *pl cf.* **Nebeneinkommen.** — **~erˌschei·nung** *f* **1.** (*Nebenwirkung*) side effect. – **2.** (*Folgeerscheinung*) subsequent (*od.* secondary) effect. – **3.** *phys.* attendant phenomenon. — **~erˌwerb** *m* **1.** *cf.* **Nebeneinkommen.** – **2.** *cf.* **Nebenberuf.** — **~erˌzeug·nis** *n econ.* by-product. — **~ˌfach** *n ped.* (*bei Prüfungen*) secondary (*od.* subsidiary, *Br.* additional) subject, *Am.* minor (subject): **Philosophie im ~ studieren** to take philosophy as a subsidiary subject, *Am.* to minor in philosophy. — **~fiˌgur** *f* **1.** (*eines Romans etc*) minor (*od.* subordinate) character. – **2.** (*art*) accessory (figure). – **3.** (*beim Schach*) minor piece. – **4.** *fig.* unimportant person. — **~ˌflü·gel** *m arch.* (*eines Gebäudes*) side (*od.* lateral) wing. — **~ˌfluß** *m geogr.* tributary, affluent, confluent, subsidiary stream: **kleiner ~** small tributary, *Am. auch* creek. — **~ˌform** *f* variant. — **~ˌfra·ge** *f* secondary question, side issue. — **~ˌfrau** *f* **1.** lesser wife, concubine. – **2.** *colloq.* mistress, concubine. — **~ˌgas·se** *f* by-lane, side lane. — **~geˌbäu·de** *n* **1.** annex, *Br. auch* annexe, wing (of a building), adjoining (*od.* annexed) building, *bes. Br.* penthouse. – **2.** (*separates*) additional (*od.* adjacent) building, dependency, *bes. Br.* outbuilding, *bes. Br.* outhouse. — **~geˌbüh·ren** *pl econ.* incidental (*od.* additional, extra) charges. — **~geˌdan·ke** *m* **1.** secondary thought. – **2.** *cf.* **Nebenabsicht.** — **~geˌlei·se** *n* (*railway*) *cf.* **Nebengleis.** — **n~geˌord·net I** *pp.* – **II** *adj ling.* (*Satzglieder etc*) coordinated *Br.* co-. — **~geˌräusch** *n* **1.** accompanying noise. – **2.** (*radio*) interference, atmospherics *pl*, static, *bes. Br.* statics *pl* (*construed as sg*), stray, ambient noise, (*durch Störsender*) jamming. – **3.** *tel.* (*radio*) *telev.* crackling, background noise. — **~geˌricht** *n gastr.* side dish, entremets *pl* (*construed as sg or pl*). — **~geˌschmack** *m* slight (*od.* peculiar) flavor (*bes. Br.* flavour), smack, tang. — **~geˌstein** *n* (*mining*) surrounding strata *pl*, (*in Erzbergwerken*) *auch* country rock. — **~geˌwinn** *m econ.* incidental (*od.* extra, casual) profit. — **~ˌgleis** *n* (*railway*) **1.** siding (track), *Am. auch* sidetrack: **einen Zug auf ein ~ schieben** to sidetrack (*od.* shunt) a train; **j-n auf ein ~ schieben** *fig. colloq.* to sidetrack s.o. – **2.** *cf.* **Abstellgleis.** — **~ˌhand·lung** *f* (*im Roman etc*) subplot, secondary plot. — **~ˌhaus** *n* **1.** *cf.* **Nachbarhaus.** – **2.** *cf.* **Nebengebäude.**

ˌne·ben'her *adv* **1.** *cf.* **nebenbei** 1, 2. – **2.** (*begleitend*) by his (*od.* her) side, beside, alongside. – **3.** *colloq. humor.* (*in Wendungen wie*) **eine Freundin ~ haben** to have a bit of fluff on the side (*sl.*). — **~ˌge·hen** *v/i* ⟨*irr, sep*, -ge-, sein⟩ walk beside (*od.* alongside). — **~ˌge·hend I** *pres p.* – **II** *adj* accessory, secondary, additional, extra, minor. — **~ˌlau·fen** *v/i* ⟨*irr, sep*, -ge-, sein⟩ **1.** run beside (*od.* alongside). – **2.** *cf.* **nebenhergehen.**

ˌne·ben'hin *adv* **1.** at (*od.* by) the side. – **2.** *cf.* **nebenbei** 2.

'Ne·ben|ˌho·den *m med.* epididymis, parorchis. — **~ˌhöh·le** *f* **1.** (*der Nase*) (paranasal) sinus. – **2.** (*des Oberkiefers*) antrum, maxillary sinus. – **3.** (*der Stirn*) frontal sinus. — **~in·terˌes·se** *n* side (*od.* private, additional) interest. — **~ˌkla·ge** *f jur.* secondary (*od.* subsidiary) charge, incidental action. — **~ˌklä·ger** *m* coplaintiff *Br.* co-, joint plaintiff. — **~ˌko·sten** *pl econ.* **1.** (*Ausgaben*) additional (*od.* extra, *bes. unvorhergesehene* incidental) expenses, incidentals, extras. – **2.** subsidiary cost(s). — **~ˌkriegsˌschauˌplatz** *m mil.* secondary theater (*bes. Br.* theatre) of war. — **~ˌlei·stung** *f* **1.** *tech.* additional service. – **2.** *econ.* supplementary (*od.* additional) payment (*od.* delivery, output). – **3.** *jur.* accessory consideration. — **~ˌli·nie** *f* **1.** parallel (*od.* collateral) line. – **2.** (*eines Geschlechtes*) collateral line (*od.* branch), branch line, offset, offshoot. – **3.** (*railway*) a) *cf.* **Nebenbahn** 1, b) secondary line (*od.* track), c) branch (*od.* siding) line. — **~ˌmann** *m* ⟨-(e)s; =er *u.* -leute⟩ *bes. mil.* next man: **rechter [linker] ~** right-hand [left-hand] man; **mein ~ bei Tisch** my neighbo(u)r at table. — **~ˌmensch** *m cf.* **Mitmensch.** — **~ˌmond** *m astr.* (*Haloerscheinung*) mock moon, moon dog, paraselene (*scient.*): **zu einem ~ gehörig** paraselenic. — **~ˌnie·re** *f med.* suprarenal body (*od.* gland), adrenal (gland). — **n~ˌord·nen I** *v/t* ⟨*only inf and pp* **nebengeordnet**, h⟩ coordinate *Br.* co-. – **II N~** *n* ⟨-s⟩ *verbal noun.* — **~ˌord·nung** *f* ⟨-; *no pl*⟩ **1.** *cf.* **Nebenordnen.** – **2.** coordination *Br.* co-: **Mangel an ~** lack of co(-)ordination. – **3.** *ling.* coordination *Br.* co-, parataxis (*scient.*). — **~perˌson** *f cf.* **Nebenfigur** 4.

'Ne·ben·proˌdukt *n chem. tech.* by-product, side product.

'Ne·ben·proˌduk·ten|geˌwin·nung *f metall. chem.* by-product recovery. — **~ko·keˌrei** *f* by-product coking practice.

'Ne·ben|ˌpunkt *m* (*einer Tagesordnung etc*) additional item. — **~ˌquan·tenˌzahl** *f math.* subordinate (*od.* subsidiary) quantum number. — **~ˌraum** *m* **1.** *cf.* **Nebenzimmer** 1. – **2.** secondary room, side room. — **~ˌrol·le** *f* (*theater*) subordinate (*od.* secondary, minor) part (*od.* character, role, *auch* rôle): (**die**) **~n spielen** to take (*od.* play) subordinate parts.

'Ne·benˌsa·che *f* **1.** secondary (*od.* minor, accessory) matter (*od.* consideration), unessential, inessential, accessory, accessories *pl*: **das ist ~** that's a minor detail, that's quite unimportant (here); **der Preis ist ~** the price is immaterial (*od.* of minor importance); **ganz ~ sein** to be of no consequence. – **2.** *jur.* incident. — **'ne·benˌsäch·lich I** *adj* **1.** (*unwesentlich*) unimportant, immaterial, insignificant, trivial: **es ist völlig ~, ob** it is of no importance whether, it does not matter whether; **das ist ~** that is unimportant (*od.* not essential); **wir sprachen über die ~sten Dinge** we talked about the most insignificant things, we talked about trifles; **eine Sache als ~ betrachten** to consider a matter as inconsequential. – **2.** (*untergeordnet*) secondary, subordinate, accessory, minor, incidental: **eine ~e Rolle spielen** *fig.* to be of secondary importance. – **II N~e, das** ⟨-n⟩ **3.** *cf.* Nebensächlichkeit. — **'Ne·ben-ˌsäch·lich·keit** *f* ⟨-; -en⟩ **1.** ⟨*only sg*⟩ unimportance, triviality, negligibility. – **2.** matter of secondary importance, unessential matter, trifle, triviality.

'Ne·ben|ˌsatz *m ling.* subordinate (*od.* dependent) clause. — **~ˌscha·le** *f zo.* (*der Bohrmuscheln*) palet(te), pallet. — **n~-ˌschal·ten** *v/t* ⟨*only inf and pp* nebengeschaltet, h⟩ *electr. cf.* nebeneinanderschalten. — **~ˌschal·tung** *f* **1.** parallel (*od.* shunt) connection (*Br. auch* connexion). – **2.** (*von Kraftwerk*) synchronization. — **~-ˌschild ˌdrü·se** *f med.* parathyroid (gland). — **n~ˌschlie·ßen** *v/t* ⟨*insep*, -ge-, h⟩ *electr.* shunt.

'Ne·ben ˌschluß *m electr.* shunt (resistance), bypass: in (*od.* für) ~ (gewickelt) shunt-wound; im ~ *tel.* bridge-connected. — **~ge·neˌra·tor** *m* shunt generator (*od.* dynamo). — **~ˌmo·tor** *m* shunt(-wound) motor. — **~ˌwi·derˌstand** *m electr.* bleeder (*od.* bypass) resistor, shunt resistance.

'Ne·ben|ˌsen·der *m* (*radio*) **1.** relay station: **lokaler ~** regional station. – **2.** outlet (*od.* affiliated) station. — **~ˌsi·cher·heit** *f econ.* collateral (security), secondary (*od.* additional) security. — **~ˌson·ne** *f astr.* mock sun, sun dog, parhelion (*scient.*). — **~-ˌspe·sen** *pl econ.* additional (*od.* extra) expenses (*od.* costs), extras. — **~ˌspre·chen** *n tel.* cross talk. — **n~ˌste·hend I** *adj* **1.** standing by (*od.* near), accompanying. – **2.** (*am Rande*) marginal. – **3.** (*Abbildung*) opposite. – **II** *adv* **4.** in (*od.* on) the margin: **wie ~** as per (*od.* by) margin. — **~ˌstel·le** *f* **1.** (sub)branch (office). – **2.** (*Vertretung*) agency. – **3.** *tel.* (telephone) extension. — **~ˌstel·lenˌanˌla·ge** *f tel. cf.* Nebenanschluß 2. — **~ˌstel·lenˌnum·mer** *f* extension number. — **~ˌstra·fe** *f jur.* secondary punishment, additional penalty. — **~ˌstra·ße** *f* byway, *Br.* by-way, byroad, *Br.* by-road, minor road, bystreet, side (*od.* adjoining, adjacent) street: **eine ~ der Oxford Street** a street off Oxford Street. — **~ˌstrecke** (*getr.* -k·k-) *f* (*railway*) a) *cf.* Nebenbahn 1, b) *cf.* Nebenlinie 3b. — **~ˌtisch** *m* next (*od.* neighboring, *bes. Br.* neighbouring, adjoining) table. — **~ˌti·tel** *m* **1.** *cf.* Untertitel 1. – **2.** *print.* subhead. — **~ˌton** *m* **1.** *mus.* neighboring (*bes. Br.* neighbouring) note (*od.* tone), overtone: **abspringender ~** neighbo(u)ring note (*od.* tone) left by leap, échappé, escape note (*od.* tone); **anspringender ~** neighbo(u)ring note (*od.* tone) approached by leap. – **2.** *pl mus.* secondary notes (*od.* tones), seconds. – **3.** *ling.* secondary accent (*od.* stress). — **~ˌtonˌart** *f mus.* attendant key (*key other than the main key of a composition*). — **n~ˌto·nig** [-ˌtoːnɪç] *adj ling.* (*Silbe*) having (*od.* bearing) secondary stress. — **~ˌtrep·pe** *f arch.* service stairs *pl*, backstairs *pl* (*beide construed as sg or pl*). — **~ˌtür** *f* **1.** side (*od.* back) door, postern (*lit.*). – **2.** (*Nachbartür*) next (*od.* neighboring, *bes. Br.* neighbouring) door. — **~ˌumˌstand** *m* **1.** *jur.* a) (*Begleiterscheinung*) accompanying (*od.* collateral, accessory) circumstance, b) (*Nebensache*) (minor) detail, incident, incidental: **abhängiger ~** adjective. – **2.** *bes. philos.* adjunct. — **~ˌurˌsa·che** *f* secondary (*od.* collateral, incidental) cause. — **~vaˌlenz** *f meist pl chem.* secondary (*od.* supplementary) valence (*od.* valency). — **~ver-ˌdienst** *m econ.* secondary (*od.* additional) income, extra earnings *pl* (*od.* profit, gain). — **~verˌsi·che·rung** *f econ.* collateral insurance (*Br. auch* assurance). — **~ver-ˌtrag** *m* collateral (*od.* supplementary) agreement, (*Untervertrag*) subcontract: **einen ~ abschließen** to subcontract, to draw up a supplementary contract. — **~ˌweg** *m* **1.** side path, bypath, side road, byroad, *Br.* by-road, byway, *Br.* by-way. — **~ˌwi·derˌstand** *m electr.* **1.** shunt (resistance), parallel resistance. – **2.** (*in Meßtechnik*) instrument shunt. — **~ˌwin·kel** *m math.* adjacent (*od.* supplementary) angle. — **~ˌwir·kung** *f* secondary (*od.* side, incidental) effect, by-effect. — **~ˌwoh·nung** *f Am.* adjacent (*od.* neighboring) apartment, apartment next door, *Br.* adjacent (*od.* neighbouring) flat. — **~ˌzeit** *f ling.* secondary tense. — **~ˌzim·mer** *n* **1.** next (*od.* adjoining) room. – **2.** *cf.* Nebenraum 2. — **~ˌzweck** *m* secondary (*od.* subordinate, subsidiary) aim (*od.* purpose, object, intention), by-end. — **~ˌzweig** *m* **1.** *fig.* (*eines Stammbaumes*) lateral branch. – **2.** *econ.* sideline, ancillary line (*od.* organization).

neb·lig ['neːblɪç] *adj* misty, foggy, hazy.

Neb·lung ['neːblʊŋ] *m* ⟨-s; -e⟩ *obs.* November.

nebst [neːpst] *prep* ⟨*dat*⟩ together with, along with: **er kam ~ seinem Sohn** he came along with his son. — **~'bei** [ˌneːpst-] *adv Austrian rare for* nebenbei 1, 2.

Ne·bu·li·um [ne'buːlĭʊm] *n* ⟨-s; *no pl*⟩ *astr.* nebulium.

ne·bu·los [nebu'loːs], **ne·bu'lös** [-'løːs] *adj fig.* (*Ideen, Vorstellungen etc*) nebulous, obscure, hazy, vague, unclear, cloudy, foggy.

Ne·ces·saire [nesɛ'sɛːr] (*Fr.*) *n* ⟨-s; -s⟩ **1.** toilet bag, *Am.* travel kit. – **2.** (*für Kosmetika*) vanity bag (*od.* case). – **3.** (*zur Nagelpflege*) manicure case.

Neck [nɛk] *m* ⟨-en; -en⟩, **'Necken** (*getr.* -k·k-) *m* ⟨-s; -⟩ *myth. cf.* Nix.

necken (*getr.* -k·k-) ['nɛkən] **I** *v/t* ⟨h⟩ tease, banter, chaff (*colloq.*); rag, kid (*sl.*), *Am. sl.* razz: **ihr sollt mich nicht immer damit ~** you're not to tease me about that all the time; **sie ~ einander** (*od.* **sich**) they like to tease each other; → lieben 2. – **II** *v/reflex* **sich ~** *rare* tease: **warum neckst du dich mit ihm?** what are you teasing him for?

Necke'rei (*getr.* -k·k-) *f* ⟨-; -en⟩ teasing, banter(ing), chaff(ing) (*colloq.*), kidding (*sl.*).

'neckisch (*getr.* -k·k-) *adj* **1.** (fond of) teasing (*od.* bantering, *colloq.* chaffing). – **2.** (*drollig*) droll, funny. – **3.** (*verschmitzt*) roguish, impish, mischievous, arch. – **4.** (*Kleid, Hütchen etc*) frivolous.

Neer [neːr] *f* ⟨-; -en⟩, **~ˌstrom** *m mar.* eddy.

Nef·fe ['nɛfə] *m* ⟨-n; -n⟩ nephew.

Ne·ga·ti·on [nega'tsĭoːn] *f* ⟨-; -en⟩ **1.** negation. – **2.** *ling.* negative: **eine doppelte ~** a double negative.

ne·ga·tiv [nega'tiːf; 'neː-] **I** *adj* **1.** (*Einstellung, Ergebnis, Antwort, Haltung etc*) negative. – **2.** (*Kritik etc*) destructive. – **3.** (*Aspekt, Seite etc*) negative, unfavorable, *bes. Br.* unfavourable. – **4.** *math.* (*Vorzeichen, Zahl etc*) negative, minus (*attrib*). – **5.** *electr. phys.* (*Ladung etc*) negative: **~er Pol** negative (*od.* minus) pole. – **6.** *med.* (*Befund*) negative. – **7.** *phot.* negative. – **II** *adv* **8.** negatively: **er antwortete ~** he answered negatively (*od.* in the negative). – **9. ~ geladen** *electr. phys.* negative(ly charged). – **III N~e, das** ⟨-n⟩ **10.** the negative: **er hat nur N~es über dich gesagt** he said only negative things about you.

Ne·ga·tiv [nega'tiːf; 'neː-] *n* ⟨-s; -e⟩, **~ˌbild** *n phot.* negative.

Ne·ga·ti·ve [nega'tiːvə] *f* ⟨-; -n⟩ *obs. for* Verneinung: **sich in der ~ halten** to reply in the negative.

Ne·ga'tivˌfilm *m phot.* negative film.

Ne·ga·tron ['neːgatrɔn] *m* ⟨-s; -en [nega'troːnən]⟩ *electr.* negatron.

Ne·ger ['neːgər] *m* ⟨-s; -⟩ Negro, *auch* negro, colored (*bes. Br.* coloured) person, *Am. auch* black, African. — **~ˌfra·ge** *f cf.* Negerproblem. — **n~haft** *adj* Negrolike, Negroid, *auch* negroid. — **~ˌhäupt·ling** *m* Negro chief. — **~ˌhir·se** *f bot.* a) Indian (*od.* pearl) millet, feterita (*Sorghum vulgare*), b) sorgo, *auch* sorgho (*S. dochna*): **Wilde ~** Johnson grass (*S. halepense*).

'Ne·ge·rin *f* ⟨-; -nen⟩ Negress, *auch* negress (*often contempt.*), colored (*bes. Br.* coloured) woman, *Am. auch* black, African.

'Ne·ger|kaˌpel·le *f mus.* Negro band. — **~ˌkind** *n* Negro child, *auch* pickaninny. — **~ˌkuß** *m gastr.* cream-filled chocolate cake. — **~muˌsik** *f* Negro music. — **~proˌblem** *n* Negro problem (*od.* question). — **~ˌpup·pe** *f* Negro doll. — **~ˌsän·ger** *m* Negro singer (*od.* vocalist). — **~ˌskla·ve** *m hist.* Negro slave. — **~ˌspra·chen** *pl ling.* Negro (*od.* African) languages. — **~ˌtanz** *m* Negro dance.

ne·gie·ren [ne'giːrən] **I** *v/t* ⟨*no* ge-, h⟩ negate, deny. – **II N~** *n* ⟨-s⟩ *verbal noun.* — **Ne'gie·rung** *f* ⟨-; -en⟩ **1.** *cf.* Negieren. – **2.** negation, denial, negative.

Ne·gli·gé [negli'ʒeː] *n* ⟨-s; -s⟩ negligee, negligé(e), néglígé, *auch* neglige, dishabille, (*Morgenrock*) dressing gown, *bes. Am.* house coat, morning gown.

ne·gli·geant [negli'ʒant] *adj obs. for* nachlässig 1, 4.

ne·gli·gie·ren [negli'ʒiːrən] *v/t* ⟨*no* ge-, h⟩ *obs. for* vernachlässigen 1—3.

ne·grid [ne'griːt] *adj anthrop.* Negroid, *auch* negroid. — **Ne'gri·de** *m* ⟨-n; -n⟩ Negroid, *auch* negroid, Negroid individual.

Ne·gri·to [ne'griːto] *m* ⟨-(s); -(s)⟩ *anthrop.* Negrito, *auch* negrito.

ne·gro·id [negro'iːt] *adj anthrop.* (*negerähnlich*) Negroid, *auch* negroid. — **Ne-groi·de** [-'iːdə] *m* ⟨-n; -n⟩ Negroid, *auch* negroid.

Ne·gus ['neːgʊs] *m* ⟨-; - *u.* -se⟩ negus (*title of the sovereign of Ethiopia*).

Ne·he·mia [nehe'miːa] *npr m* ⟨-s; *no pl*⟩ *Bibl.* Nehemiah: **das Buch ~** the book of Nehemiah.

neh·men ['neːmən] **I** *v/t* ⟨nimmt, nahm, genommen, h⟩ **1.** take: **er nahm seinen Mantel und ging** he took his coat and left; **nimm den Schirm** take the umbrella. – **2.** (*ergreifen, in Besitz nehmen*) take, seize, grab, take hold of: **alles ~, was man kriegen kann** to take all that one can get; **er nahm (sich** *dat*) **die besten Stücke** he grabbed the best pieces (for himself). – **3. j-m etwas ~** a) (*wegnehmen*) to take s.th. (away) from s.o., b) *fig.* (*entziehen*) to take s.th. (away) from s.o., to rob (*od.* deprive, divest) s.o. of s.th.: **j-m das Brot ~** *fig.* to take away s.o.'s livelihood, to deprive s.o. of a living; **j-m jede Gelegenheit ~** to rob s.o. of every opportunity; **j-m alle Hoffnung ~** to deprive s.o. of all hope; **j-m jeden Zweifel ~** to relieve s.o.'s mind of all doubt(s); **sich** (*dat*) **das Leben ~** to take one's own life, to commit suicide; **ihr Sohn ist ihnen genommen worden** *lit.* their son was taken (away) from them; **ich lasse es mir nicht ~** *fig.* I won't be talked out of it, I insist (upon it). – **4.** (*Hürde, Hindernis etc*) take, do, negotiate: **zwei Stufen auf einmal ~** to take two steps at a time; **die Hindernisse ~** to take (*od.* clear) the obstacles; **er nahm alle Hürden** *auch fig.* he cleared all the hurdles. – **5.** (*stehlen*) take, rob, steal: **der Einbrecher nahm alles, was er fand** the burglar took everything he found. – **6.** (*bei Tisch*) take, have, help oneself to, partake of (*lit.*): **er nahm keine Suppe** he didn't take any soup; **sie nahm sich** (*dat*) **noch ein Stück Kuchen** she helped herself to another piece of cake; **~ Sie Bier oder Wein?** will you have beer or wine? **eine Probe von etwas ~** to take a taste (*od.* sample) of s.th., to taste (*od.* sample) s.th.; **~ Sie noch ein Stück** have another piece. – **7.** (*einnehmen*) have, take: **wo ~ wir den Kaffee?** where shall we have our coffee? → darauf 1. – **8.** (*benutzen*) take, use: **welche Seife nimmst du?** which soap do you use? **das Auto [ein Taxi, den Zug] ~** to take the car [a taxi, the train]. – **9.** (*auffassen*) take: **alles in allem genommen** all in all, (taken) on the whole; **etwas buchstäblich** (*od.* **wörtlich**) **~** to take s.th. literally; **er nimmt alles [sich] viel zu ernst** he takes everything [himself] much too seriously; **wenn man's recht** (*od.* **genau**) **nimmt** strictly speaking; **wie man's nimmt** that depends (on one's point of view); **~ wir den Fall, daß** (let us) suppose (*od.* assume) that; **etwas persönlich ~** to take s.th. personally; **etwas wichtig ~** to consider s.th. important. – **10.** (*akzeptieren*) take, accept: **die Menschen ~, wie sie sind** to accept people as they are (*od.* as one finds them); **man muß das Leben eben ~, wie das Leben eben ist** (*Sprichwort*) one must take things as they come. – **11.** (*kaufen*) take, buy, purchase: **es ist günstiger, ein großes Paket zu ~** it is more economical to buy a large packet. – **12.** (*wählen*) take, choose: **ich weiß nicht, welches Kleid ich ~ soll** I don't know which dress to take; **die falsche Richtung ~** to choose the wrong direction. – **13.** (*verlangen*) charge, take, ask, demand: **wieviel ~ Sie?** how much do you take (*od.* are you asking)? – **14.** (*behandeln*) deal with, treat, manage, handle: **sie versteht es, ihn zu ~** she knows how to deal with him, she has a way with him; **ich weiß nicht, wie ich ihn ~ soll** I don't know how to take him. – **15.** (*entgegennehmen*) take, accept: **kein Trinkgeld ~** not to accept tips; **~ Sie meinen herzlichen Dank** please accept my sincere thanks (*od.* gratitude); Geld ~ a) to take money, b) (*bestechlich sein*) to take bribes, to be bribable. – **16.** *fig.* (*erleichtern*) take away, relieve: die Tablette nimmt den Schmerz the tablet relieves the pain. – **17.** sich (*dat*) j-n ~ to take (*od.* hire) s.o.: sich einen Diener ~ to hire a servant; sich eine Frau ~ to take a wife, to get married, to marry; sich einen Anwalt ~ *jur.* to retain a solicitor. – **18.** (*Zimmer, Wohnung etc*) take, rent. – **19.** *mil.* (*Stellung etc*) take, capture, seize. – **20.** *gastr.* take: man nehme 3 Eier take 3 eggs. – **II** *v/i* **21.** (*in Wendungen wie*) woher ~ und nicht stehlen? where do you think I'd get that? – **III N~** *n* ⟨-s⟩ **22.** *verbal noun.* – **23.** Geben ist seliger denn N~ *Bibl.* it is more blessed to give than to receive; → hart 1.

Verbindungen mit Präpositionen:
j-n an (*od.* bei) der Hand ~ to take s.o. by the hand; j-n fest an die Kandare ~ *fig. colloq.* to keep s.o. on a tight rein, to put the curb on s.o.; etwas an (*acc*) sich ~ a) to take (*od.* pocket, collect) s.th., b) (*aufbewahren*) to keep (*od.* take care of) s.th., c) (*unrechtmäßig*) to steal (*od.* misappropriate, purloin) s.th.; nimm dir ein Beispiel an ihm let him be an example to you; j-n auf den Arm ~ a) to take s.o. on one's arm, b) *fig. colloq.* to pull s.o.'s leg (*colloq.*); er nahm die Last auf seine Schulter *auch fig.* he took the burden on his shoulder; etwas auf (*acc*) sich ~ to undertake (to do) s.th., to take it upon oneself to do s.th.; die Schuld auf (*acc*) sich ~ *fig.* to take the blame upon oneself, to assume the blame; ich werde die Folgen auf mich ~ I shall take (*od.* bear) the consequences; er mußte die Folgen auf (*acc*) sich ~ he had to face the music (*colloq.*); etwas auf seinen Eid ~ to swear to s.th., to take one's oath on s.th.; das nehme ich auf meine Kappe *fig. colloq.* I shall take the responsibility for that; Waren auf Kredit ~ to buy goods on credit; etwas auf die leichte Schulter ~ *fig.* to take s.th. lightly, to make light of s.th.; j-n auf die Seite ~ to draw (*od.* take) s.o. aside; → Korn[3]; ein Buch aus dem Regal ~ to take a book from the shelf; den Schlüssel aus der Tasche ~ to take the key out of one's pocket; ein Kind aus der Schule ~ to withdraw (*od.* remove) a child from school, to take a child away from school; du nimmst mir das Wort aus dem Mund! *fig.* that's just what I was going (*od.* about) to say! you took the very words from my mouth! eine Gelegenheit beim Schopf(e) ~ *colloq.* to take time by the forelock, to make hay while the sun shines; j-n beim Wort ~ to take s.o. at his word; alles für bare Münze ~ *fig. colloq.* to take everything for gospel truth; etwas für ein günstiges Omen (*od.* Zeichen) ~ to take s.th. to be a good omen (*od.* sign); eine Arbeit in Angriff ~ to start (*od.* begin, set to) work; etwas in Arbeit ~ to take s.th. in hand, to start (*od.* set to) work on s.th.; das nimmt viel Zeit in Anspruch that takes (up) a lot of time; j-n in die Arme ~ to take s.o. in one's arms; das muß ich erst einmal in Augenschein ~ I'll have to have a good look at (*od.* examine) that first; etwas in Besitz ~ to take possession of s.th.; eine Maschine in Betrieb ~ to put a machine into operation; j-n in Dienst ~ to take s.o. into one's service(s) (*od.* employ); j-n in Empfang ~ to receive s.o.; ein Paket in Empfang ~ to accept a parcel; etwas in die Hand ~ a) to take s.th. in one's hand, b) *fig.* to attend to s.th., to take s.th. in hand; etwas in Kauf ~ to put up with (*od.* accept) s.th., to take s.th. into the bargain; wir nahmen sie in die Mitte we took her in the middle (*od.* between us); j-n ins Schlepptau ~ *fig. colloq.* to take s.o. in tow; j-n in Schutz ~ a) to take s.o. under one's protection (*od.* wing), b) (*eintreten für*) to defend s.o., to come to s.o.'s defence (*Am.* defense), to back s.o. up, to speak up for s.o.; eine Festung im Sturm ~ to take a fortress by storm (*od.* assault); j-n ins Verhör ~ *auch fig.* to (cross-)examine s.o., to question s.o. closely; etwas in Zahlung ~ to take s.th. in part payment; → Acht[3] 2; Gebet 1; Haft 1; etwas mit Gewalt ~ to take s.th. by force; ein Mädchen mit Gewalt ~ to violate (*od.* rape, force, ravish) a girl; die Beine unter die Arme ~ *fig. colloq.* to take to one's heels; den Feind unter Feuer ~ *mil.* to bring (*od.* put) the enemy under fire; j-n unter seine Fittiche ~ *fig.* to take s.o. under one's wing; etwas unter die Lupe ~ *fig.* to examine (*od.* scrutinize) s.th. (closely), to take a good (*od.* close) look at s.th.; j-m die Binde von den Augen ~ *fig.* to open s.o.'s eyes, to disillusion s.o.; die Lampe vom Tisch ~ to take the lamp off the table, to remove the lamp from the table; der nimmt's von den Lebendigen *colloq.* he would take your last penny (*od.* the eye out of your head); kein Blatt vor den Mund ~ *fig.* to speak one's mind, not to mince matters (*od.* one's words); er hat sie zur Frau genommen he married her, he took her as his wife, he took her to wife (*lit.*); j-n zum Gehilfen ~ to take (*od.* hire) s.o. as an assistant; etwas zu Hilfe ~ to make use of s.th., to resort to s.th.; etwas (*od.* eine Kleinigkeit) zu sich ~ to have (*od.* take, help oneself to) s.th. to eat; er hat seit Tagen nichts zu sich genommen he hasn't eaten (*od.* taken any food) for days; er hat seine alte Mutter zu sich genommen (*aufgenommen*) he has taken his old mother in, he has received his elderly mother into his household; Gott hat ihn zu sich genommen *lit.* God has taken him unto himself; etwas zum Anlaß ~, j-n zu besuchen to take s.th. as an opportunity (*od.* excuse) to call on s.o.; sich (*dat*) etwas zu Herzen ~ to take s.th. to heart; sich (*dat*) j-n zum Vorbild ~ to take s.o. as an example; sie nahmen ihn zwischen sich they took him between them (*od.* in the middle).

Verbindungen mit Substantiven:
Abschied ~ to take (one's) leave, to say good-bye; von etwas Abstand ~ to refrain (*od.* desist) from s.th.; so nahm alles seinen Anfang that is how it all (*od.* everything) began (*od.* started); einen Anlauf (zu etwas) ~ to take a run (at s.th.), to take off (for s.th.); Anstoß an (*dat*) etwas ~ to take offence (*Am.* offense) (*od.* be scandalized) at s.th., to disapprove of s.th.; (regen) Anteil an (*dat*) etwas ~ to take an (active) interest in s.th.; die Wirtschaft hat einen gewaltigen Aufschwung genommen the economy has taken a mighty turn for the better (*od.* has improved greatly, has boomed); ein Bad ~ to take a bath; Einsicht in (*acc*) etwas ~ to look at s.th.; der Weg [die Diskussion] nahm kein Ende the path [discussion] went on and on; es wird noch ein schlimmes Ende mit dir ~ you will come to a bad end; ich habe mir die Freiheit genommen, Sie aufzusuchen I took the liberty of calling on you; Kenntnis von etwas ~ to take note of s.th.; die Kutte ~ *fig.* to take the cowl, to enter a monastery, to become a monk; Maß ~ to take measurements; sich (*dat*) die Mühe ~, j-n zu benachrichtigen to take the trouble of informing s.o.; keine Notiz von j-m ~ to take no notice of s.o., to ignore s.o.; Platz ~ to take a seat, to sit down; Rache ~ to take revenge; → Reißaus; Rücksicht 1; Schaden ~ to suffer (*od.* sustain) injury, to come to harm, to be injured (*od.* damaged); den Schleier ~ *fig.* to take the veil, to enter a convent, to become a nun; zu etwas Stellung ~ to comment (*od.* give one's opinion) on s.th., to adopt an attitude regarding s.th.; Stunden ~ to take lessons; Urlaub ~ to take one's holidays (*Am.* vacation); das Gespräch hat eine unerwartete Wendung genommen the conversation took an unexpected turn; bei j-m Wohnung ~ to take up (one's) lodgings with s.o.; sich (*dat*) Zeit ~ to take one's time; Zuflucht zu etwas ~ *fig.* to take refuge to s.th., to resort to s.th.

'Neh·mer *m* ⟨-s; -⟩ taker. — **~ˌland** *n econ.* receiving country.

Neh·rung ['ne:rʊŋ] *f* ⟨-; -en⟩ *geogr.* spit, sand bar.

Neid [naɪt] *m* ⟨-(e)s; *no pl*⟩ envy, enviousness, jealousy, *auch* heartburning, *Br.* heart-burning: der blanke (*od.* blasse) ~ *colloq.* pure envy; grün vor ~ green with envy; vor ~ blaß werden (*od.* erblassen) *colloq.* to become pale with envy; an ihm zehrt (*od.* frißt) der ~ he is eaten with (*od.* gnawed by) envy; vor ~ platzen *colloq.* to burst with envy; seine Bibliothek erregt den ~ aller seiner Freunde his library provokes (*od.* is) the envy of all of his friends; das muß ihm der ~ lassen *colloq.* you've got to grant him that (*od.* to hand it to him); das ist nur der ~ der Besitzlosen *colloq.* that's just pure jealousy.

nei·den ['naɪdən] *v/t* ⟨h⟩ j-m etwas ~ a) to envy s.o. s.th., b) (*mißgönnen*) to grudge (*od.* begrudge) s.o. s.th.

'Nei·der *m* ⟨-s; -⟩ **1.** envier, envious (*od.* jealous) person. – **2.** (be)grudger.

'neid·erˌfüllt *adj* (*Blick etc*) filled with envy (*od.* jealousy), envious, jealous.

'NeidˌMham·mel *m*, **'NeidˌMhart** [-ˌhart] *m* ⟨-(e)s; -e⟩ *contempt.* dog in the manger, (be)grudging person.

'nei·dig *adj u. adv dial. for* neidisch.

'nei·disch I *adj* **1.** envious, jealous, green(-eyed): auf j-n [etwas] ~ sein to be jealous of s.o. [s.th.]. – **2.** (be)grudging. – **II** *adv* **3.** enviously, with envy: er blickte ~ auf den neuen Wagen he looked enviously at the new car, he cast an envious glance at the new car.

'neid·los *adj* ungrudging, unenvious, free from envy (*od.* jealousy). — **'Neid·lo·sig·keit** *f* ⟨-; *no pl*⟩ absence of envy (*od.* jealousy).

'Neidˌna·gel *m cf.* Niednagel.

Nei·ge ['naɪgə] *f* ⟨-; -n⟩ **1.** slope: auf der ~ sein to be aslant, (*von Faß*) to be atilt. – **2.** (*Ende, Niedergang*) decline, close, end: an der ~ des Jahrhunderts at the close of the century; an der ~ des Lebens *lit.* at the decline (*od.* sunset, ebb, twilight) of life; bis zur bitteren ~ to the bitter end; auf die (*od.* zur) ~ gehen a) (*von Tag, Jahr etc*) to decline, to draw to a close, to wane, to be on the wane (*od.* decline), b) (*von Geld, Vorräten etc*) to run low. – **3.** (*im Glas etc*) rest, heeltap, dregs *pl*, lees *pl*: den Becher [das Glas] bis zur ~ leeren to drain the cup [glass] to the dregs (*od.* lees).

nei·gen ['naɪgən] **I** *v/t* ⟨h⟩ **1.** bend, incline: die Bäume ~ ihre Zweige zur Erde the trees bend their branches to(ward[s]) the earth. – **2.** (*grüßend*) (*Kopf*) bow, nod: das Haupt zum Gruß ~ to nod one's head in greeting. – **3.** (*kippen*) tilt, tip, cant: das Faß ~ to tilt the barrel. – **II** *v/reflex* sich ~ **4.** (*Neigung haben*) lean, incline, tilt, slant, cant (over), pitch, heel (over), list: der Turm neigt sich um 10° the tower leans (by) (*od.* has a tilt of) 10°. – **5.** (*kippen*) tilt: das brennende Haus neigte sich und fiel in sich zusammen the burning house listed and collapsed. – **6.** (*von Bäumen etc*) sway, bend: die Birke neigte sich im Wind the birch tree swayed in the wind. – **7.** (*sich verbeugen*) bow (down). – **8.** (*von Waage etc*) tip. – **9.** (*von Magnetnadel etc*) swing, dip. – **10.** *fig. lit.* (*von Tag, Jahr etc*) decline, draw to a close, wane, be on the wane (*od.* decline). – **III** *v/i* **11.** zu etwas ~ a) to lean (*od.* tend, be [*od.* feel] inclined) to(ward[s]) s.th., b) (*Veranlagung haben*) to be given to s.th., c) (*zu Krankheit etc*) to be prone (*od.* susceptible, subject) to s.th., to have a propensity for s.th., d) (*Schwäche haben*) to fancy s.th., to have a liking (*od.* weakness) for s.th.: ich neige zu der Ansicht, daß I tend to the opinion that, I am inclined to think that; er neigt zu Übertreibungen he is given to exaggeration; das Kind neigt zu Erkältungen the child is susceptible to colds (*od.* catches cold easily); er neigt zu Bronchitis he is susceptible (*od.* subject) to bronchitis, he is bronchitis-prone; sie neigt mehr zu klassischer Musik she is rather fond of (*od.* keen on) classical music. – **IV N~** *n* ⟨-s⟩ **12.** *verbal noun.* – **13.** *cf.* Neigung.

'Nei·gung *f* ⟨-; -en⟩ **1.** *cf.* Neigen. – **2.** (*geneigte Lage*) inclination, slope, gradient, slant, cant, tilt, pitch, lean, list. – **3.** (*Kipplage*) tilt. – **4.** (*Verbeugung*) bow. – **5.** *civ.eng.* (*der Straße, Schienen etc*) gradient, incline, dip, slope. – **6.** (*einer Waage*) tip. – **7.** *phys.* dip, inclination. – **8.** *geol.* (*einer Landschaft*) slope, versant. – **9.** *fig.* (*Hang*) (zu) inclination (toward[s], to, for), propensity (toward[s], to), leaning (toward[s]), trend (toward[s]), tendency (to): er hat starke künstlerische [politische] ~en he has strong artistic [political] inclinations. – **10.** *fig.* (*Vorliebe*) (zu) liking (for, of), preference (for, toward[s]), penchant (for): sie hat eine ~ zu bunten Kleidern she has a liking for colo(u)rful dresses. – **11.** *fig.* (*Veranlagung*) (zu) (pre)disposition (for, toward[s], to), bent (for): er zeigte schon früh eine ~ zur Musik (already) at an early age he showed a flair for music. – **12.** *fig.* (*Lust*) (zu) liking (for), fancy (for, to), mind (for, to): nur geringe ~ zu etwas verspüren not to fancy (*od.* like) s.th. very much; wenn Sie ~ dazu haben if you feel like it, if you are so inclined. – **13.** *fig.* (*Zuneigung*) (zu) affection (for), liking (for), attachment (to), love (for): eine ~ zu j-m fassen to develop an attachment to s.o.; j-s ~ gewinnen to gain s.o.'s affection; j-s ~ erwidern to return s.o.'s love. – **14.** *pol. econ.* (zu toward[s]) tendency, trend. – **15.** *med.* (zu) disposition (for, toward[s]), tendency (to), proneness (to), susceptiblity (to).

'Nei·gungs|ˌanˌzei·ger *m* **1.** (*railway*) gradient indicator. – **2.** *civ.eng.* clinometer, gradiometer. – **3.** *aer.* inclinometer. — **~ˌebe·ne** *f* **1.** *tech.* plane of inclination. – **2.** (*bes. railway*) gradient, incline(d plane). — **~ˌehe** *f* love match, marriage for affection (*od.* love). — **~ˌflä·che** *f cf.* Neigungsebene. — **~ˌmes·ser** *m geol. civ.eng.* clinometer, inclinometer (*auch aer.*), gradiometer. — **~verˌhält·nis** *n geol.* ratio of inclination. — **~ˌwin·kel** *m* **1.** *tech.* a) angle of inclination (*auch space*), b) (*eines Schneidmeißels*) back rake. – **2.** *civ.eng.* angle of gradient (*od.* slope). – **3.** *aer.* angle of tilt (*od.* dip): ~ in Längsrichtung angle of pitch; ~ in Querrichtung bank angle. – **4.** *geol.* hade, dip.

nein [naɪn] **I** *adv* **1.** (*ablehnend, widersprechend*) no, (*bei Abstimmungen*) *auch* nay, *Am. colloq. auch* nope: ~, ich habe keine Zeit no, I have no time; aber ~! but no! ach ~! a) better not! b) *iron.* you don't say! ~ doch! definitely not! no, indeed! ~ und abermals ~! no and no again! a thousand times no! ~, ich gehe auch nicht nor do I (go); ~, ich habe ihn auch nicht gesehen nor have I seen him; ich glaube, ~ I think not, I don't think so; ~ sagen a) to say no, to refuse, b) (*abstreiten*) to deny s.th.; ich kann weder ja noch ~ sagen I can't say either yes or no, I can't say whether or not (*od.* no); er kann nicht ~ sagen he can't refuse anything. – **2.** (*berichtigend*) no, wait: da kommen 3, ~ 4 Leute there come three, no (*od.* wait), four people. – **3.** (*bekräftigend*) no, no sir: ~, das ist zuviel! no, that's too much! – **4.** (*überrascht*) my (*colloq.*), well: ~, wie schön! my, how beautiful! ~, so etwas! well, I never! bless my soul! I say! ~, was du nicht sagst! well, you don't say! – **II N~** *n* ⟨-s; *no pl*⟩ **5.** no, refusal, denial: j-m ein entschiedenes N~ entgegensetzen to give s.o. a square refusal, to give s.o. a curt no; er blieb bei seinem N~ he persisted in his denial; mit N~ stimmen to vote no (*od.* nay), *Br. pol.* (*im Oberhaus*) to declare oneself not content; ein N~ zur rechten Zeit erspart viel Widerwärtigkeit (*Sprichwort*) *etwa* a no in time may save much unpleasantness later.

'Nein|ˌsa·gen *n* saying no, refusal, denial, contradiction. — **~ˌsa·ger** *m* ⟨-s; -⟩ *contempt.* one who always says no, no-man (*colloq.*). — **~ˌstim·me** *f bes. pol.* no, nay, negative vote, vote to the contrary, vote against, *Br. pol.* (*im Oberhaus*) non-content: die ~n überwiegen the no(e)s have it.

Ne·kro·bio·se [nekrobi'oːzə] *f* ⟨-; *no pl*⟩ *med.* necrobiosis. — **ne·kro·bio·tisch** [-'oːtɪʃ] *adj* necrobiotic.

Ne·kro·log [nekro'loːk] *m* ⟨-(e)s; -e⟩ obituary (notice), necrology, *auch* necrologue. — **Ne·kro'lo·gi·um** [-'loːgium] *n* ⟨-s; -gien⟩ necrology.

Ne·kro·mant [nekro'mant] *m* ⟨-en; -en⟩ necromancer. — **Ne·kro·man'tie** [-'tiː] *f* ⟨-; *no pl*⟩ necromancy. — **ne·kro'man·tisch** *adj* necromantic.

Ne·kro·phi·lie [nekrofi'liː] *f* ⟨-; -n [-ən]⟩ *psych.* necrophilia, necrophilism, necrophily.

Ne·kro·po·le [nekro'poːlə] *f* ⟨-; -n⟩, **Ne'kro·po·lis** [-'kroːpolɪs] *f* ⟨-; -polen [-kro'poːlən]⟩ *archeol. antiq.* necropolis.

Ne·krop·sie [nekrɔ'psiː] *f* ⟨-; -n [-ən]⟩ *med.* necropsy, post-mortem examination, autopsy.

Ne·kro·se [ne'kroːzə] *f* ⟨-; -n⟩ *med. vet.* necrosis, gangrene, necrobiosis. — **ne'kro·tisch** [-tɪʃ] *adj* necrotic.

Nek·tar ['nɛktar] *m* ⟨-s; *no pl*⟩ *bot. auch myth.* nectar. — **~ˌdrü·se** *f bot.* nectary, nectar gland.

Nek·ta·ri·ne [nɛkta'riːnə] *f* ⟨-; -n⟩ *bot.* nectarine (*Prunus persica var. nectarina*).

nek·ta·risch [nɛk'taːrɪʃ] *adj* (*Getränk etc*) nectarous, *auch* nectareous, nectar-sweet.

'Nek·tarˌvo·gel *m zo. cf.* Honigfresser.

Nek·ton ['nɛktɔn] *n* ⟨-s; *no pl*⟩ *biol.* nekton, *auch* necton. — **nek'to·nisch** [-'toːnɪʃ] *adj* nektonic.

Nel·ke ['nɛlkə] *f* ⟨-; -n⟩ *bot.* **1.** a) pink, dianthus (*scient.*) (*Gattg Dianthus*), b) (*Gartennelke*) clove pink, carnation (*D. caryophyllus*). – **2.** *cf.* Gewürznelke.

'nel·ken|ˌähn·lich, ~ˌar·tig *adj bot.* carnationlike, caryophyllaceous (*scient.*).

'Nel·ken|ˌbaum *m bot. cf.* Gewürznelkenbaum. — **~ˌbeet** *n* bed of pinks (*od.* carnations). — **~geˌwäch·se** *pl* caryophyllaceous plants, caryophyllaceae (*Fam. Caryophyllaceae*). — **~ˌholz** *n* (*wood*) *cf.* Nelkenrinde. — **~ˌöl** *n med. pharm.* clove oil, oil of cloves. — **~ˌpfef·fer** *m bot.* allspice, pimento, bayberry, Jamaica pepper (*Pimenta officinalis*). — **~ˌrin·de** *f* (*wood*) clove bark, clove tree wood. — **~ˌstrauß** *m* bouquet of pinks (*od.* carnations). — **~ˌwurz** *f bot.* a) avens (*Gattg Geum*), *bes.* (Echte) ~ herb bennet (*G. urbanum*), b) (mountain) avens (*G. montanum*) c) water avens, cure-call (*G. rivale*).

'Nel·kenˌzimt *m* (*wood*) *cf.* Nelkenrinde. — **~ˌbaum** *m bot. cf.* Gewürznelkenbaum.

Nel·son ['nɛlzɔn] *m* ⟨-(s); -(s)⟩ (*Ringergriff*) nelson.

Ne·ma·to·de [nema'toːdə] *m* ⟨-n; -n⟩ *meist pl zo. cf.* Fadenwurm 1.

ne·me·isch [ne'meːɪʃ] *adj antiq.* Nemean: die N~en Spiele the Nemean games; der N~e Löwe *myth.* the lion of Nemea.

Ne·me·sis ['neːmezɪs] *npr f* ⟨-; *no pl*⟩ *myth.* nemesis.

NE-Meˌtall [ɛn'ʔeː-] *n metall.* nonferrous (*Br.* non-ferrous) metal.

'nenn·bar *adj* mentionable, nameable, *auch* namable: ein nicht ~er Betrag an unmentionable (*od.* unnam[e]able) amount.

'Nenn|beˌla·stung *f tech.* rated load. — **~beˌtrag** *m econ. jur.* nominal amount, face (*od.* par) value. — **~ˌdrall** *m* (*space*) nominal spin. — **~ˌdrehˌzahl** *f electr. tech.* rated speed. — **~ˌdurchˌmes·ser** *m tech.* nominal (*od.* basic) diameter (*od.* size).

nen·nen ['nɛnən] **I** *v/t* ⟨nennt, nannte, genannt, h⟩ **1.** name, call: er wurde nach seinem Vater genannt he was named after his father, he was given his father's name; er heißt Thomas, aber sie ~ ihn Kleiner he is called Tom, but they dub (*od.* nickname) him Shorty (*od.* Tiny). – **2.** (*bezeichnen*) call, name, term, style, designate, denominate, label: das nenne ich Ausdauer [Mut] that's what I (would) call perseverance [courage]; sie nannte ihn einen Lügner she called him a liar; er wurde von seinen Freunden Professor genannt he was styled professor by his friends; etwas sein eigen ~ to designate s.th. as one's own; das Kind beim (rechten) Namen ~ *colloq.* to call a spade a spade, to call things by their right (*od.* proper) names. – **3.** (*betiteln*) call, title, entitle: er nannte den Roman „Diana" he entitled the novel "Diana". – **4.** (*anführen, angeben*) tell, give (the name[s] of), name: kannst du mir seine Adresse ~? can you tell me his address? nenne mir die Hauptdarsteller give me the names of the main (*od.* leading) actors. – **5.** (*schriftlich aufzählen*) list, state: nenne die Nebenflüsse des Rheins list the tributaries of the Rhine. – **6.** (*erwähnen*) mention, name: ein Beispiel ~ to mention an example; j-d, den ich nicht ~ will s.o. who shall remain nameless, s.o. whom I wish to remain anonymous; um nur einen zu ~ to name but one. – **7.** (*Kandidaten etc*) nominate, propose (*s.o.*) for election, *Am. auch* slate. – **8.** (*Film, Pferd etc*) (für for) enter. – **II** *v/reflex* sich ~ **9.** (*heißen*) call oneself, be called (*od.* named): er nennt sich Harry he is called Harry, he goes by the name of Harry. – **10.** give one's name: sich als Verfasser ~ to declare (*od.* acknowledge) oneself (to be) the author; sich nicht ~ to remain anonymous. – **11.** *iron.* call oneself: und so einer (*od.* etwas) nennt sich Freund and he calls (*od.* dubs, terms) himself a friend. – **12.** (*sich ausgeben für, als*) pretend to be, pass oneself off as, style oneself: er nennt sich Doktor he calls (*od.* styles) himself a doctor. – **III N~** *n* ⟨-s⟩ **13.** *verbal noun.* – **14.** *cf.* Nennung.

'nen·nensˌwert *adj* worth mentioning, worth speaking of, considerable, appreciable: er hat keine ~en Einnahmen he has no income to speak of; keine ~en Fortschritte no appreciable progress *sg.*

'Nen·ner *m* ⟨-s; -⟩ *math.* denominator: auf einen gemeinsamen ~ bringen *auch fig.* to reduce (*things*) to a common denominator.

'Nennˌfall *m ling.* nominative (case).

'Nennˌform *f ling.* infinitive. — **~ˌsatz** *m cf.* Infinitivsatz.

'Nenn|freˌquenz *f electr.* rated frequency. — **~geˌbühr** *f*, **~ˌgeld** *n* (*sport*) entry fee. — **~ˌkurs** *m econ. cf.* Nennwert. — **~ˌleistung** *f* **1.** *tech.* (*einer Maschine*) rated output (*od.* capacity). – **2.** *electr.* rated power, (*eines Motors*) rating, rated horsepower. — **~ˌli·ste** *f* (*bei Wettbewerben, Rennen etc*) list of entries, entry list, entry. — **~ˌspan·nung** *f electr.* rated voltage.

'Nen·nung *f* ⟨-; -en⟩ **1.** *cf.* Nennen. – **2.** ⟨*only sg*⟩ (*von Namen etc*) mention, designation, denomination. – **3.** (*bei Wettbewerben, Rennen etc*) entry: die ~ eines Pferdes zurückziehen to scratch (*od.* declare) a horse.

'Nen·nungs|ˌgeld *n* (*sport*) *cf.* Nenngebühr. — **~ˌli·ste** *f cf.* Nennliste. — **~ˌschluß** *m* close of entries.

'Nennˌwert *m econ.* nominal (*od.* face, par) value, (*bei Banknoten u. Briefmarken*) *auch* denomination: Aktie ohne ~ no-par (value) stock (*bes. Br.* share); über dem ~ above par, at a premium; unter dem ~ below par, at a discount; zum ~ at par. — **n~los** *adj* (*Aktien*) no-par (*attrib*).

Neo..., neo... *combining form denoting* neo...

Neo·dym [neo'dyːm] *n* ⟨-s; *no pl*⟩ *chem.* neodymium (Nd).

Neo·fa·schis·mus [neofa'ʃɪsmus] *m pol.* neofascism, *Br.* neo-fascism, *auch* neo-Fascism. — **Neo·fa'schist** [-'ʃɪst] *m* neofascist, *Br.* neo-fascist, *auch* neo-Fascist. — **neo·fa'schi·stisch** *adj* neofascist, *Br.* neo-fascist, *auch* neo-Fascist.

Neo·gäa [neo'gɛːa] *f* ⟨-; *no pl*⟩ *biol.* Neogaea.

Neo·gen [neo'geːn] *n* ⟨-s; *no pl*⟩ *geol.* Neocene (*auch* Neogene) (period).

Neo·im·pres·sio·nis·mus [neoʔɪmprɛsio'nɪsmus] *m* (*art*) Neo-Impressionism. — **Neo·im·pres·sio'nist** [-'nɪst] *m* Neo-Impressionist.

Neo·klas·si·zis·mus [neoklasi'tsɪsmus] *m* neoclassicism, *Br.* neo-classicism. — **neo·klas·si'zi·stisch** [-'tsɪstɪʃ] *adj* neoclassic(al), *Br.* neo-classic(al).

Neo·kom [neo'koːm] *n* ⟨-s; *no pl*⟩ *geol.* Neocomian period.

Neo·li·be·ra·lis·mus [neolibera'lɪsmus] *m* neoliberalism, *Br.* neo-liberalism, *auch* neo-Liberalism.

Neo·li·thi·kum [neo'liːtikum; -'lɪtikum] *n* ⟨-s; *no pl*⟩ *geol.* Neolithic period. — **neo'li·thisch** [-tɪʃ] *adj* Neolithic.

Neo·lo·gis·mus [neolo'gɪsmus] *m* ⟨-; -men⟩ *ling.* neologism.

Ne·on ['neːɔn] *n* ⟨-s; *no pl*⟩ *chem.* neon (Ne).

Neo·na·zis·mus [neona'tsɪsmus] *m pol.* neo-Nazism (*auch* -Naziism). — **neo·na'zi·stisch** [-tɪʃ] *adj pol.* neo-Nazi (*attrib*), neo-Nazist.

'Ne·on|beˌleuch·tung *f electr.* neon light (*od.* lighting, illumination). — **~ˌlam·pe** *f* neon lamp. — **~ˌlicht** *n* neon light. — **~reˌkla·me** *f* neon lights *pl.* — **~ˌröh·re** *f* neon tube, luminous discharge lamp.

Neo·phyt [neo'fyːt] *m* ⟨-en; -en⟩ *relig.* neophyte.

Neo·plas·ma [neo'plasma] *n biol. med.* neoplasm. — **neo'pla·stisch** [-tɪʃ] *adj* neoplastic.

Neo·pren [neo'preːn] *n* ⟨-s; *no pl*⟩ (*rubber*) neoprene.

neo·tro·pisch [neo'troːpɪʃ] *adj geogr.* Neotropical, *auch* Neotropic: die ~e Region the Neotropics *pl.*

Neo·vi·ta·lis·mus [neovita'lɪsmus] *m* ⟨-; *no pl*⟩ *philos.* neovitalism, *Br.* neo-vitalism.

Neo·zoi·kum [neo'tsoːikum] *n* ⟨-s; *no pl*⟩ *geol.* Neozoic period. — **neo'zo·isch** [-ɪʃ] *adj* Neozoic.

Ne·pa·le·se [nepa'leːzə] *m* ⟨-n; -n⟩, **Ne·pa'le·sin** *f* ⟨-; -nen⟩ Nepali, Nepalese. —

ne·pa'le·sisch *adj* Nepal, Nepali (*beide attrib*), Nepalese.
Ne·per ['ne:pər] *n* ⟨-s; -⟩ *electr.* neper.
Ne·phe·lin [nefe'li:n] *m* ⟨-s; -e⟩ *min.* nepheline, nephelite, el(a)eolite.
Ne·phe·lo·me·trie [nefelome'tri:] *f* ⟨-; *no pl*⟩ *chem.* nephelometry, turbidimetry, turbidimetric analysis.
Ne·pho·skop [nefo'sko:p] *n* ⟨-s; -e⟩ *meteor.* (*Wolkenmesser*) nephoscope.
Ne·phral·gie [nefral'gi:] *f* ⟨-; -n [-ən]⟩ *med.* nephralgia.
Ne·phrek·to·mie [nefrɛkto'mi:] *f* ⟨-; -n [-ən]⟩ *med.* nephrectomy.
Ne·phri·di·um [ne'fri:dĭʊm] *n* ⟨-s; -dien⟩ *meist pl zo.* nephridium.
Ne·phrit [ne'fri:t; -'frɪt] *m* ⟨-s; -e⟩ *min.* jade, jadeite, nephrite.
Ne·phri·tis [ne'fri:tɪs] *f* ⟨-; -tiden [-fri'ti:dən]⟩ *med.* nephritis. — **ne'phri·tisch** [-'fri:tɪʃ] *adj* nephritic.
Ne·phro·se [ne'fro:zə] *f* ⟨-; -n⟩ *med.* nephrosis.
Ne·po·tis·mus [nepo'tɪsmʊs] *m* ⟨-; *no pl*⟩ nepotism.
Nepp [nɛp] *m* ⟨-s; *no pl*⟩ *colloq.* swindle, 'clip' (*colloq.*), *bes. Am. colloq.* gyp: das ist ~! this is a gyp!
'nep·pen *v/t* ⟨h⟩ *colloq.* 'fleece', 'clip', *bes. Am.* gyp (*alle colloq.*); diddle, 'sting' (*sl.*); overcharge, cheat.
Nep·pe'rei *f* ⟨-; -en⟩ *colloq. cf.* Nepp.
'Nepp|lo,kal *n*, **~sta·ti,on** *f colloq.* clip (*bes. Am.* gyp, skin) joint (*colloq.*).
Nep·tun [nɛp'tu:n] **I** *npr m* ⟨-; *no pl*⟩ *myth.* Neptune. – **II** *m* ⟨-s; *no pl*⟩ *astr.* Neptune. — **nep'tu·nisch** *adj geol.* neptunian. — **Nep·tu'nis·mus** [-tu'nɪsmʊs] *m* ⟨-; *no pl*⟩ neptunism. — **Nep·tu'nist** [-tu'nɪst] *m* ⟨-en; -en⟩ neptunist, neptunian.
Nep·tu·ni·um [nɛp'tu:nĭʊm] *n* ⟨-s; *no pl*⟩ *chem.* neptunium (Np).
Nep'tun,mond *m astr. cf.* Neptuntrabant.
Nep'tuns,be·cher *m zo.* Neptune's cup (*auch* goblet) (*Poterion neptuni*).
Nep'tun·tra,bant *m astr.* satellite of Neptune, Neptunian satellite (*od.* moon).
Ne·rei·de [nere'i:də] **I** *npr f* ⟨-; -n⟩ *meist pl myth.* Nereid. – **II** *f* ⟨-; -n⟩ *zo.* nereid (*Gattg Nereis*).
Nerf·ling ['nɛrflɪŋ] *m* ⟨-s; -e⟩ *zo. cf.* Aland.
ne·ri·tisch [ne'ri:tɪʃ] *adj geol.* neritic.
'Nernst,lam·pe ['nɛrnst-] *f electr.* Nernst lamp.
'Ne·ro·li,öl ['ne:roli-] *n* (*cosmetics*) neroli oil, orange-flower oil.
ne·ro·nisch [ne'ro:nɪʃ] *adj* Neronian, Neronic, of Nero.
Nerv [nɛrf] *m* ⟨-s; -en [-fən]⟩ **1.** nerve: **motorischer ~** motor nerve; **sympathischer ~** sympathetic (*od.* gangliated) nerve; **auf die ~en wirkend** nervine; **den ~ (im Zahn) abtöten** to kill the nerve (in a tooth); **er hat eiserne [schwache, starke] ~en** *fig.* he has (got) iron [weak, strong] nerves; **ich bin mit den ~en (völlig) herunter** *fig. colloq.* my nerves are (completely) worn out, my nerves are worn to a frazzle; **meine ~en machen nicht mehr mit** *fig.* my nerves won't take it any longer; **die ~en behalten [verlieren]** *fig.* to keep [to lose] one's head; **der hat (vielleicht) ~en!** *fig. colloq.* he's got a nerve! **das geht mir auf die ~en** *fig.* that gets on my nerves, that sets my teeth on edge; **j-m den ~ töten** *fig.* to drive s.o. crazy (*od.* mad); **er hat ~en wie Drahtseile** *fig.* he has (got) nerves of steel; **jeder ~ spannte sich** *fig.* every muscle was tense; **seine ~en waren zum Zerreißen gespannt** *fig.* his nerves were taut as bowstrings (*od.* extremely tense). – **2.** *fig.* (*wunder Punkt*) nerve (center, *bes. Br.* centre), heart, sore point: **die Angriffe trafen den ~ der Stadt** the attacks hit the nerve center of the town (*od.* city). – **3.** *bot.* (*Blattader*) vein, nerve, nervure, nervule: **ein Blatt mit vorstehenden [zusammenlaufenden] ~en** a nervose [convergent-nerved] leaf. – **4.** *zo.* a) (*bei Insektenflügeln*) wing vein, b) (*zur Reizleitung*) nerve.
ner·val [nɛr'va:l] *adj med.* nervous.
Ner·va·tur [nɛrva'tu:r] *f* ⟨-; -en⟩ *bot. zo.* nervation, nervature, venation.
'Ner·ven|,an,fall *m med.* nervous attack (*od.* fit), fit of nerves. — **~,an,span·nung** *f* nervous strain. — **~,arzt** *m*, **~,ärz·tin** *f* nerve specialist, neurologist (*scient.*). — **~,ast** *m* branch of a nerve, ramus (*scient.*). — **n~,auf,peit·schend** *adj* highly exciting, stirring, *auch* excitant, excitative, excitatory. — **n~,auf,rei·bend** *adj* nerve-racking, *auch* nerve-wracking, nerve-shaking (*od.* -trying), grating, jarring. — **~,bahn** *f med.* nerve tract (*od.* path). — **~,bau** *m* nervous structure. — **n~be,ru·hi·gend** *adj* sedative. — **~be,ru·hi·gungs,mit·tel** *n med. pharm.* sedative, nervous depressant, tranquilizer, *bes. Br.* tranquillizer. — **~,bün·del** *n* **1.** *med.* nerve bundle (*od.* fascicle), nerve tract, fasciculus (*scient.*). – **2.** *fig. colloq.* bundle (*od.* bag) of nerves: **er ist ein rechtes ~** he is all nerves. — **~,durch,tren·nung** *f med.* neurotomy. — **~ent,zün·dung** *f* inflammation of a nerve, neuritis (*scient.*). — **~ex·stir·pa·ti,on, ~ex·zi·si,on** *f* excision of a nerve, neurectomy (*scient.*). — **~,fa·ser** *f* nerve fiber (*bes. Br.* fibre). — **~,fie·ber** *n obs. for* Typhus. — **~,gas** *n chem. mil.* nerve gas. — **~ge,flecht** *n med.* nerve (*od.* nervous) plexus, neuroplexus. — **~ge,schwulst** *f* neuroma. — **~ge,we·be** *n* nerve tissue. — **~,gift** *n* neurotoxin. — **~,heil,an,stalt** *f* clinic for nervous diseases, mental hospital (*od.* institute), psychiatric clinic (*od.* institute). — **~,heil,kun·de** *f* neurology. — **~,kit·zel** *m fig.* thrill, sensation, titillation, kick (*colloq.*): **sich** (*dat*) **einen ~ verschaffen** to get (*od.* obtain) an emotional thrill. — **~,kli·nik** *f med. cf.* Nervenheilanstalt. — **~,kno·ten** *m cf.* Ganglion. — **~,kraft** *f* nervous strength (*od.* energy). — **n~,krank** *adj* **1.** *med.* neuropathic. – **2.** *psych.* neurotic. – **3.** *iron.* crazy, insane. — **~,kran·ke** *m, f* **1.** *med.* neuropath. – **2.** *psych.* neurotic. — **~,krank·heit** *f* **1.** *med.* nervous disease (*od.* disorder), neuropathy (*scient.*). – **2.** *psych.* nervous disorder (*od.* illness), neurosis (*scient.*). — **~,krieg** *m fig.* war of nerves. — **~,kri·se** *f med. psych.* nervous attack (*od.* breakdown). — **~,läh·mung** *f med.* neuroparalysis. — **~,lei·den** *n* **1.** *med.* nervous disease (*od.* disorder, affection, complaint), neuropathy (*scient.*). – **2.** *psych.* nervous disorder (*od.* illness), neurosis (*scient.*). — **n~,lei·dend** *adj cf.* nervenkrank 1, 2. — **~,lei·den·de** *m, f cf.* Nervenkranke. — **~,mit·tel** *n med. pharm.* **1.** (*stärkendes*) nerve tonic, stimulant, tonic. – **2.** (*beruhigendes*) sedative, tranquilizer, *bes. Br.* tranquillizer. — **~,pro·be** *f fig.* ordeal, trying affair, test (*od.* trial) of one's nerves. — **~,reiz** *m med.* nervous impulse. — **~,rei·zung** *f* **1.** (*krankhafte*) nerve irritation. – **2.** (*experimentelle*) stimulation of a nerve. — **~,sä·ge** *f fig. colloq.* pain in the neck (*colloq.*): **sie ist eine ~** she puts you on edge. — **~sa·na,to·ri·um** *n med. cf.* Nervenheilanstalt. — **~,schä·di·gung** *f* nervous lesion. — **~,schei·de** *f* nerve sheath. — **~,schmerz** *m* neuralgia, neuralgic (*od.* nerve) pain. — **~,schnitt** *m* neurotomy. — **~,schock** *m* **1.** *med.* nervous shock: **j-m einen ~ versetzen** *auch fig.* to shock s.o. – **2.** *psych.* mental shock, trauma (*scient.*). — **n~,schwach** *adj* nervous, neurasthenic (*scient.*). — **~,schwä·che** *f* nervousness, neurasthenia (*scient.*): **an ~ leiden** to be neurasthenic. — **n~,stark** *adj* strong-nerved, nervy. — **~,stär·ke** *f* **1.** nervous strength. – **2.** *fig.* deliberateness, calmness. — **n~,stär·kend** *adj med.* nerve-strengthening, innervating. — **~,strang** *m* (peripheral) nerve. — **~sy,stem** *n* nervous system: **sympathisches ~** sympathetic nervous system; **vegetatives ~** autonomic (*od.* autonomous) nervous system; **zentrales ~** central nervous system; **Physiologie des ~s** neurophysiology. — **~,über,rei·zung** *f* nervous strain (*od.* irritation). — **~,zel·le** *f* nerve cell; neuron, neurocyte (*scient.*). — **~,zen·trum** *n auch fig.* nerve center (*bes. Br.* centre). — **n~zer,rüt·tend** *adj cf.* nervenaufreibend. — **~zer,rüt·tung** *f* nervous breakdown, shattering of the nerves. — **~,zucken** (*getr.* -k·k-) *n med.* nervous twitching; vellication, neurospasmus (*scient.*). — **~zu,sam·men,bruch** *m* nervous breakdown (*od.* collapse, prostration), crack-up (*colloq.*): **einen ~ erleiden** to have a nervous breakdown, to break down, to crack up (*colloq.*).
ner·vig ['nɛrfɪç] *adj* **1.** *fig.* (*sehnig*) sinewy, wiry: **eine ~e Faust** a sinewy fist. – **2.** *fig.* (*kräftig, muskulös*) strong, muscular, thewy, vigorous, pithy: **seine ~e Gestalt** his brawny figure. – **3.** *bot.* (*Blätter*) ribbed, veined.
'nerv·lich I *adj* nervous, of the nerves: **das ist eine ~e Belastung für sie** this is a strain on her nerves. – **II** *adv* **~ bedingt** neurogenous.
ner·vös [nɛr'vø:s] **I** *adj* **1.** nervous (*auch med.*), restless, restive; fidgety, shaky, nervy (*colloq.*); jittery, jumpy (*sl.*): **~ sein** to be nervous; **er war wegen des Rennens sehr ~** he was very nervous (*od.* keyed up, on edge) over (*od.* about) the race; **j-n ~ machen** to make s.o. nervous (*od.* irritable), to fluster s.o.; **~e Unruhe** restlessness; **~ werden** to become (*od.* get) nervous, to get into a fluster, to get the fidgets (*colloq.*) (*od. sl.* the jitters). – **2.** (*reizbar*) irritable, excitable: **sie ist heute sehr ~** she is very irritable (*od.* touchy, edgy) today. – **3.** (*überempfindlich*) high-strung, hypersensitive. – **4.** (*Pferd*) skittish. – **II** *adv* **5. er ging ~ auf und ab** he nervously walked up and down (*od.* back and forth), he nervously paced the floor; **~ veranlagt sein** to have a nervous temperament. — **Ner·vo·si'tät** [-vozi'tɛ:t] *f* ⟨-; *no pl*⟩ **1.** nervousness, restlessness, restiveness, fidgetiness (*colloq.*); jitters *pl* (*construed as sg or pl*), heebie-jeebies *pl*, jumpiness (*sl.*). – **2.** (*Reizbarkeit*) irritability, excitability. – **3.** (*Überempfindlichkeit*) hypersensitivity. – **4.** (*eines Pferdes*) skittishness. – **5.** *med. cf.* Nervenschwäche.
Ner·vus re·rum ['nɛrvʊs 're:rʊm] *m* ⟨- -; *no pl*⟩ **1.** (*Triebfeder, -kraft*) main (*od.* essential, most important) thing, nerve center (*bes. Br.* centre). – **2.** *fig. humor.* (*Geld*) lucre (*contempt.*), money.
Nerz [nɛrts] *m* ⟨-es; -e⟩ **1.** *zo.* old world mink (*Mustela lutreola*): **Amerikanischer ~** American mink (*M. vison*). – **2.** *cf.* Nerzpelz. – **3.** *colloq. for* Nerzmantel. — **~,farm** *f* mink ranch, *Am. auch* minkery. — **~,fell** *n* mink, minkskin. — **~,frosch** *m zo.* mink (*od.* Northern, Hoosier, Rocky Mountain) frog (*Rana septentrionalis*). — **~,man·tel** *m* mink (coat). — **~mu·ta·ti,on** *f* mutation mink. — **~,pelz** *m* mink (fur). — **~,sto·la** *f* mink stole. — **~,zucht** *f* mink breeding.
Nes·chi ['nɛsçi] *n, f* ⟨-; *no pl*⟩ (*arab. Schrift*) Nesk(h)i, Naskhi.
Nes·sel[1] ['nɛsəl] *f* ⟨-; -n⟩ *bot.* nettle (*Fam. Urticaceae, bes. Gattg Urtica, bes. U. urens*): **die ~ brennt** the nettle stings; **sich in die ~n setzen** *fig. colloq.* to get into trouble (*od.* hot water), to put one's foot in it.
'Nes·sel[2] *m* ⟨-s; -⟩ (*textile*) nettle cloth, gray (*bes. Br.* grey) muslin, *bes. Am.* cheesecloth.
'Nes·sel|,aus,schlag *m med.* nettle rash, (itching) hives *pl* (*construed as sg or pl*); urticaria, urticarial rash (*scient.*). — **~,fa·ser** *f* (*textile*) nettle fiber (*bes. Br.* fibre). — **~,fie·ber** *n med. cf.* Nesselausschlag. — **~ge,wäch·se** *pl bot.* nettle family *sg* (*Fam. Urticaceae*). — **~,haar** *n* sting, stinging hair. — **~,qual·le** *f zo.* stinging jellyfish, sea nettle, scyphozoan (*scient.*) (*Klasse Scyphozoa*). — **~,sucht** *f med. cf.* Nesselausschlag. — **~,tie·re** *pl zo.* cnidaria (*Unterstamm Cnidaria*). — **~,tuch** *n* (*textile*) *cf.* Nessel[2]. — **~,zel·le** *f zo.* a) nettle cell; cnide, cnidocell (*scient.*), b) (*mit Schleuderfaden*) thread cell, nematocyst (*scient.*), c) (*mit Harpunenfaden*) sting(ing) cell, penetrant, stenotele (*scient.*).
'Nes·sus|ge,wand, ~,hemd ['nɛsʊs-] *n* **1.** *myth.* shirt of Nessus. – **2.** *fig.* poisonous (*od.* fatal) gift.
Nest [nɛst] *n* ⟨-(e)s; -er⟩ **1.** *zo.* a) nest, nidus (*scient.*), b) (*eines Eichhörnchens*) nest, drey, *auch* dray, c) (*von Schlangen*) bed: **~er aus Stroh** nests of straw; **die Vögel bauen ihr ~** the birds build their nests; **ein ~ ausnehmen** to rob a nest; **ein ~ mit Eiern** a nest (full) of eggs, a clutch. – **2.** *zo.* (*Horst*) aerie, *auch* aery, eyrie. – **3.** *fig. colloq.* (*Heim*) nest, (sweet) home: → beschmutzen I. – **4.** *fig. colloq.* (*Versteck von Dieben etc*) nest, den, hideout, *Br.* hide-out, lair, hideaway, *Br.* hide-away, *Am.* hang-out: **die Polizei fand das ~ leer** the police found the hide(-)out empty (*od.* deserted) (*od.* that the birds had flown). – **5.** *fig. colloq.* (*Schlupfwinkel für Verliebte etc*) nest, bower. – **6. sich ins warme [gemachte] ~ setzen** *fig. colloq.* to snuggle (*od.* ease) oneself into a snug (*od.* comfortable) position. – **7.** *fig. colloq.* (*Bett*) 'hay'

(*colloq.*), *Am. colloq. auch* 'sack': ins ~ kriechen to hit the hay (*Am. auch* sack). – 8. *fig. colloq.* (*Kleinstadt*) nest, village; hole, dump (*contempt.*): ein stilles [romantisches] ~ a quiet [romantic] little nest; ein elendes ~ a miserable (*od. colloq.* an awful) dump (*od.* hole). – 9. *fig.* (*von Haaren etc*) tangle, knot. – 10. (*Haarknoten*) bun, chignon. – 11. *mil.* machine-gun nest. – 12. (*sport*) (*beim Turnen*) *cf.* Nesthang. – 13. (*textile*) knot, tangle. — ~ˌ**bau** *m zo.* nest-building, nidification (*scient.*). — ~ˌ**bau·er** *m* nest-builder. — ~ˌ**ei** *n* nest egg. — ~**beˌschmut·zer** *m* ⟨-s; -⟩ *fig. colloq.* nest fouler. — ~ˌ**einˌgang** *m* entrance to a nest.

Ne·stel ['nɛstəl] *f* ⟨-; -n⟩ *dial.* lace.

ne·steln ['nɛstəln] **I** *v/t* ⟨h⟩ tie, bind, lace (up), fasten. – **II** *v/i* an (*dat*) etwas ~ to fiddle (*od.* fidget, fuss) on (*od.* with) s.th.

'**Nest|ˌflüch·ter** *m* ⟨-s; -⟩ *meist pl zo.* a) pteropaedic (*od.* precocial, nidifugous) bird, b) nidifugous animal: die ~ the pteropaedes. — **n**~ˌ**för·mig** *adj* nidiform. — ~ˌ**häk·chen** *n* 1. nestling. – 2. *fig.* youngest child, pet. — ~ˌ**hang** *m* (*sport*) (*beim Turnen*) nest hang. — ~ˌ**hocker** (*getr.* -k·k-) *m zo.* 1. insessorial (*od.* altricial, nidicolous) bird. – 2. nidicolous animal. — ~ˌ**küch·lein**, ~ˌ**kü·ken** *n cf.* Nesthäkchen.

'**Nest·ling** *m* ⟨-s; -e⟩ 1. *zo.* nestling, (*Falke*) *auch* eyas, eyess. – 2. *fig. cf.* Nesthäkchen 2.

Ne·stor ['nɛstɔr] **I** *npr m* ⟨-; *no pl*⟩ 1. *myth.* Nestor. – **II** *m* ⟨-s; -en [-'toːrən]⟩ 2. nestor, Nestor: er ist der ~ der Rechtswissenschaft he is the Nestor of legal science. – 3. *obs. for* Greis.

Ne·sto·ria·ner [nɛsto'riaːnər] *m* ⟨-s; -⟩ *relig.* Nestorian. — **ne·sto·ria·nisch** [-'riaːnɪʃ] *adj* Nestorian. — **Ne·sto·ria'nis·mus** [-ria'nɪsmʊs] *m* ⟨-; *no pl*⟩ Nestorianism.

'**Ne·stor·pa·paˌgei** *m meist pl zo.* Nestor (*Gattg Nestor, bes. N. meridionalis*).

'**nestˌwarm** *adj* (*Eier*) nest-warm.

'**Nest|ˌwär·me** *f* 1. warmth of the nest. – 2. *fig.* warmth and shelter of one's home. — ~ˌ**wurz** *f bot.* bird's nest (*Neottia nidus avis*).

nett [nɛt] **I** *adj* ⟨-er; -est⟩ 1. nice: ein ~es Kind [Mädchen] a nice child [girl]; er ist ein ~er Mensch he is a nice person (*od. colloq.* fellow). – 2. (*gefällig, freundlich*) nice, kind: das ist [nicht] ~ von Ihnen that is [not] nice of you; wie ~ von dir! how kind of you; sei so ~ und bring mir das Buch mit be kind enough to bring me the book when you come. – 3. (*niedlich*) pretty, dainty, *Br. colloq.* dinky, *Am. colloq.* cute: ein ~es Kerlchen a pretty (*od.* cute) little boy. – 4. (*schmuck*) neat, tidy: ein ~es Häuschen a tidy little house. – 5. (*angenehm, erfreulich*) pleasant, nice, fine: ein ~es Wochenende verbringen to spend a pleasant (*od.* jolly) weekend; das war gestern eine ~e Party that was a nice party yesterday; es war ein ~er Abend it was a nice evening. – 6. *colloq. iron.* fine, nice: eine ~e Bescherung! a nice mess, a fine business (this); das sind ja ~e Zustände that's a nice state of affairs; du bist (mir) ja ein ~es Früchtchen you are a fine rascal; das kann ja ~ werden! that's going to be just nice. – 7. (*anständig*) decent, nice: sehr ~e Leute very decent people. – 8. *colloq. humor.* (*ansehnlich*) precious, handsome (*beide colloq.*), fair: ein ~es Sümmchen a tidy sum (*colloq.*). – **II** *adv* 9. neatly, prettily: ein ~ ausgestattetes Zimmer a neatly furnished (*od.* appointed) room; ~ gekämmtes Haar neatly combed hair; sie hat sich ~ zurechtgemacht she has made herself up prettily; sie kleidet sich immer ~ she always dresses well (*od.* suitably), she is always well groomed. – 10. *colloq.* (*ziemlich gut*) pretty well: er spielt recht ~ Klavier he plays the piano pretty well (*od.* quite nicely). – 11. *colloq.* (*ziemlich*) fairly, pretty: er ist ganz ~ groß he is pretty tall. – 12. *colloq. humor.* badly, roughly: den haben sie aber ganz ~ zugerichtet they certainly have used him very badly (*od.* handled him very roughly); j-m ganz ~ Bescheid sagen to give s.o. a good piece of one's mind, to give s.o. a good talking-to. — '**Net·tig·keit** *f* ⟨-; -en⟩ 1. niceness. – 2. kindness, friendliness, pleasantness: j-m ein paar ~en sagen to say a few kind words to s.o. – 3. pleasantness.

net·to ['nɛto] *adv econ.* net, clear: ~ Kasse net cash; rein ~ pure net; er verdient 800 DM ~ he earns 800 marks net.

'**Net·to|beˌtrag** *m econ.* net amount. — ~ˌ**einˌkom·men** *n* net income. — ~ˌ**einˌnah·me** *f meist pl* net proceeds *pl* (*od.* receipts *pl*, takings *pl*). — ~**erˌtrag** *m* net proceeds *pl* (*od.* yield, returns *pl*). — ~ˌ**füll·geˌwicht** *n* net weight (of contents). — ~**geˌhalt** *n* net salary, take-home pay. — ~**geˌwicht** *n* net weight. — ~**geˌwinn** *m* net gain (*od.* gains *pl*, profit), clear profit. — ~ˌ**inˌhalt** *m* net contents *pl*. — ~ˌ**lohn** *m* net wages *pl*, take-home pay. — ~ˌ**preis** *m* net price. — ~ˌ**raum·geˌhalt** *m mar.* net tonnage: ~ in Registertonnen net register(ed) tonnage. — ~**reˌgi·sterˌton·ne** *f* net register(ed) ton. — ~**so·ziˌal·proˌdukt** *n econ.* net national product. — ~**verˌdienst** *m* 1. net earnings *pl*. – 2. (*eines Angestellten*) net income (*od.* salary). — ~**verˌkaufsˌpreis** *m* net sales price. — ~ˌ**wert** *m* net value.

Netz [nɛts] *n* ⟨-es; -e⟩ 1. (*Fangnetz*) net, (*Fischnetz*) *auch* fishnet, fishing net, trammel (net), (*Jagdnetz*) *auch* hunting net, toil(s *pl*): Vögel mit dem ~ fangen to catch birds in (*od.* with) a net, to net birds; ~e auslegen (*od.* stellen) to lay (*od.* put, set) out nets; seine ~e auswerfen *auch fig.* to cast (*od.* throw) out one's nets; sich in j-s ~ fangen, in j-s ~e fallen *auch fig.* to be entrapped (*od.* ensnared, caught) in s.o.'s net, to walk into the trap; die Verbrecher gingen der Polizei ins ~ *fig.* the criminals were caught in the police (drag)net; j-n ins ~ locken *fig.* to entice (*od.* ensnare) s.o.; du wirst dich im ~ deiner Lügen selbst verstricken *fig.* you'll be caught in the meshes of your own lies. – 2. (*Einkaufsnetz*) string bag, shopping net (*od.* bag). – 3. (*Haarnetz*) (hair)net: das Haar in einem ~ tragen to wear one's hair in a net. – 4. (*Gepäcknetz*) rack. – 5. (*Spinnennetz*) (cob)web, (spider) web. – 6. (*Sicherheitsnetz*) net: die Artisten arbeiteten ohne ~ the acrobats performed without a net. – 7. *fig.* (*von Verkehrswegen, Stationen etc*) network, system: das Land besitzt ein gutausgebautes ~ von Eisenbahnlinien the country has a well-developed network of railways. – 8. (*sport*) a) (*beim Tennis etc*) net, b) (*eines Tores*) net: er schoß den Ball ins ~ he shot the ball into (the) goal; ans ~ stürmen (*beim Tennis*) to rush to the net; ~! (*beim Tennis etc*) let! – 9. (*textile*) a) netting, b) mesh. – 10. *tech. mil.* (*Fadenkreuz*) reticle, reticule. – 11. *geogr.* (*Gradnetz, Kartengitter*) grid, graticule. – 12. *math.* (*Koordinatennetz*) graticule. – 13. *med.* a) (*Netzwerk von Zellen*) reticulum, b) (*der Nerven*) plexus, c) omentum. – 14. *electr.* a) (*Versorgungsnetz*) power-distribution network, b) (*Lichtnetz*) (supply) mains *pl*, c) (*Verteilungsnetz*) grid: eine Wohnung ans ~ anschließen to connect a house with (*od.* to) the supply (*od.* power) mains. – 15. *tel.* a) telephone network, b) (*Fernmeldenetz*) telecommunication system. – 16. *astr.* Net, reticle.

'**Netz·anˌode** *f* 1. *electr.* battery eliminator. – 2. (*radio*) grid terminal.

'**Netzˌanˌschluß** *m electr.* mains (*od.* power) supply, connection (*Br. auch* connexion) to the mains: mit ~ with mains cable connection. — ~**empˌfän·ger** *m* (*radio*) *cf.* Netzempfänger. — ~**geˌrät** *n cf.* Netzgerät.

'**Netz|anˌten·ne** *f* (*radio*) mains (*od.* socket) antenna (*bes. Br.* aerial), *Am. auch* lightline antenna. — **n**~ˌ**ar·tig** *adj* 1. netlike, reticular (*scient.*). – 2. *bot. min. zo.* reticulate(d): ~e Zeichnung reticulation. — ~ˌ**au·ge** *n zo.* compound (*od.* faceted) eye. — ~ˌ**ausˌfall** *m electr.* mains failure. — ~ˌ**ball** *m* (*beim Tennis etc*) net (*od.* let) (ball). — ~ˌ**blatt** *n*, ~ˌ**blatt·or·chiˌdee** *f bot.* rattlesnake plantain (*Gattg Goodyera*). — ~ˌ**brumm** *m*, ~ˌ**brum·men** *n* (*radio*) mains hum. — ~**empˌfän·ger** *m* mains receiving set.

net·zen ['nɛtsən] *v/t* ⟨h⟩ 1. *lit.* wet, sprinkle: du netz(es)t mein Gesicht mit deinen Tränen you are wetting my face with your tears. – 2. *tech.* (*benetzen*) moisten, wet.

'**Netz|ˌflie·ge** *f meist pl zo.* tangle-veined fly (*Fam. Nemestrinidae*). — ~ˌ**flüg·ler** [-ˌflyːglər] *m* ⟨-s; -⟩ *meist pl* lacewing fly, neuropteron (*scient.*) (*Ordng Neuroptera*). — **n**~ˌ**för·mig** *adj* netlike; reticular, reticulate(d), retial, retiform (*scient.*). — ~**freˌquenz** *f electr.* power (*od.* mains, industrial) frequency. — **n**~ˌ**frisch** *adj* (*Fisch*) fresh(-caught). — ~ˌ**garn** *n* (*für Fischernetze*) fisher's yarn. — ~**geˌrät** *n electr.* (*radio*) power supply unit, power pack. — **n**~**geˌspeist** *adj* mains-fed. — ~**geˌwöl·be** *n arch.* net vault. — ~**giˌraf·fe** *f zo.* reticulated giraffe (*Giraffa camelopardalis reticulata*). — ~ˌ**gleichˌrich·ter** *m electr.* full-wave rectifier. — ~ˌ**grund** *m* (*textile*) (*bei Spitzenstoff*) net ground, reseau, *bes. Br.* réseau.

'**Netzˌhaut** *f med.* retina. — ~ˌ**abˌlö·sung** *f* retina(l) detachment. — ~ˌ**bild** *n* retinal image. — ~**entˌzün·dung** *f* retinitis.

'**Netz|ˌhemd** *n* (*fashion*) cellular shirt. — ~ˌ**ka·bel** *n electr.* mains (*od.* power) cable. — ~ˌ**kar·te** *f* (*railway*) area season ticket. — ~**koˌral·le** *f zo.* retepore (*Gattg Retepora*). — ~ˌ**ma·gen** *m* honeycomb stomach, reticulum (bonnet), (*bei Kamelen*) auch water bag. — ~ˌ**maßˌwerk** *n arch.* reticulated tracery. — ~ˌ**mit·tel** *n tech.* wetting agent. — ~ˌ**mücke** (*getr.* -k·k-) *f meist pl zo.* net-winged midge (*Fam. Blepharoceridae*). — ~ˌ**pfo·sten** *m* (*sport*) (*beim Tennis*) net post. — ~ˌ**plan** *m*, ~ˌ**plan·tech·nik** *f econ.* program (*bes. Br.* programme) evaluation and review technique, critical path method, project planning and control system. — ~ˌ**py·thon** *m zo.* reticulated python (*Python reticulatus*). — ~**sa·laˌman·der** *m* ringed salamander (*Ambystoma cingulatum*). — ~ˌ**schal·ter** *m electr.* mains switch, power supply switch. — ~ˌ**schlan·ge** *f zo. cf.* Netzpython. — ~ˌ**schnur** *f electr. cf.* Geräteanschlußschnur. — ~ˌ**span·nung** *f* mains (*od.* line, supply) voltage. — ~ˌ**spei·sung** *f* power mains supply. — ~ˌ**sper·re** *f mar. mil.* net defence (*Am.* defense) (*od.* barrier), boom defence (*Am.* defense). — ~ˌ**spiel** *n* (*sport*) net play (*od.* game). — ~ˌ**spie·ler** *m* (*sport*) a) (*beim Tennis*) net player, attacker, b) (*beim Volleyball*) front-line player. — ~ˌ**stecker** (*getr.* -k·k-) *m electr.* power (*od.* mains) plug. — ~ˌ**stoff** *m* (*textile*) cellular cloth, netting. — ~ˌ**strom** *m electr.* mains (*od.* line) current. — ~ˌ**strumpf** *m* (*fashion*) net stocking. — ~ˌ**tang** *m bot.* dictyota (*Dictyota dichotoma*). — ~ˌ**teil** *n* (*radio*) power pack (*od.* stage), power supply unit, mains supply. — ~ˌ**werk** *n* 1. network, netting, meshwork, meshes *pl*. – 2. *med.* network, reticulum (*scient.*). – 3. *metall.* network, meshwork. – 4. *electr.* network. – 5. *fig.* network, web, meshes *pl*. — ~ˌ**wüh·le** [-ˌvyːlə] *f* ⟨-; -n⟩ *zo.* ash-colored (*bes. Br.* -coloured) worm lizard, ash-colo(u)red amphisbaena (*scient.*) (*Amphisbaena cinerea*).

neu [nɔy] **I** *adj* ⟨-er; -(e)st⟩ 1. (*nicht alt*) new: ein ~es Haus [Kleid] a new house [dress]; ein ~es Stück (*theater*) a new play; eine ~e Besetzung (*theater*) a new cast; die ~(e)sten Nachrichten the latest news *pl* (*construed as sg or pl*); ein ~es Erzeugnis auf den Markt bringen to introduce a new product on the market; ziemlich ~ fairly (*od.* rather) new, newish; etwas ~ machen to renew (*od.* renovate) s.th.; etwas für ~ verkaufen to sell s.th. for (*od.* as) new. – 2. (*unverbraucht*) new: der Mantel ist noch wie ~ the coat looks like new; ich brauche einen ~en Bleistift I need a new pencil; ~e Truppen an die Front werfen *mil.* to send fresh troops to the front. – 3. (*bisher unbekannt*) new, different: ~e Entdeckungen machen to make new discoveries; Kolumbus entdeckte die N~e Welt Columbus discovered the New World; vor ihm tat sich eine ~e Welt auf a new horizon (*od.* a different world) loomed up before him; er zeigte eine ganz ~e Seite seines Wesens he revealed a very different side of his nature; dadurch bekommt die ganze Sache einen ~en Sinn thus the whole affair takes on a different meaning; das ist mir ~! that is new(s) to me, that's a new one on me, I've never heard of such a thing. – 4. (*erneut*) new, fresh: ein ~er Anfang a fresh start; ~e Hoffnung haben to foster new hope; ~en Mut schöpfen to take fresh courage; mit ~en Kräften ans Werk gehen to go about one's job with fresh (*od.* renewed) strength; das lieferte dem Gerede ~e Nahrung that strengthened (*od.* revived) the rumo(u)rs; ~e Schwierigkeiten new (*od.* more, further) difficulties;

~es Unglück fresh (*od.* additional) misfortune; ~e Unruhen more disturbances; ein ~er Versuch another attempt. – 5. (*anders od. besser als früher*) new, different: eine ~e Methode a new method; eine ~e Auffassung a new concept; eine ~e Frisur a new hairstyle; ~e Sitten new mores (*od.* morals, ethics); ein ~es Leben beginnen to begin a new life, to make a new (*od.* fresh) start in life, to turn over a new leaf; er ist ein ~er Mensch geworden he's become a different man; → Wind 1. – 6. (*modern*) new, recent, modern: ~ere Geschichte recent history; ~(e)ste Geschichte contemporary history, history of our days; die ~ere Theologie modern (*od.* present-day, current) theology; der ~(e)ste Stand der Forschung the most recent (*od.* the latest) state of research; die ~ere Zeit modern times *pl*; in ~erer Zeit of late years, in recent times; die ~eren Sprachen the modern languages; sich nach der ~(e)sten Mode kleiden to dress according to the latest (*od.* newest) fashion; dieser Tanz ist nicht mehr ganz ~ *colloq.* this dance is no longer new. – 7. (*neuartig*) new, novel: eine Kollektion der ~(e)sten Muster a collection of the newest (*od.* latest, most modern) samples; ~e Erfindungen new inventions; ~e Ideen novel (*od.* original) ideas. – 8. (*eben begonnen*) new: das ~e Jahr the new year; die ~e Woche the new week; j-m ein gutes ~es Jahr (*od.* viel Glück im ~en Jahr) wünschen to wish s.o. a Happy New Year. – 9. (*kürzlich geschehen*) new, recent: alle Zeitungen berichten von dem ~en Verbrechen all newspapers report about the new (*od.* latest) crime. – 10. (*im Entstehen begriffen*) new: er schreibt an seinem ~en Roman he is working on his new (*od.* latest) novel; die ~e Generation the new (*od.* rising) generation. – 11. (*unerfahren*) new: ich bin noch ganz ~ in meinem Beruf I am still quite new in my profession. – 12. (*fremd*) new: er ist noch ~ in dieser Stadt he is still new (*od.* a newcomer) to this town. – 13. (*neuaufgenommen od. -eingestellt*) new: ein ~er Mitarbeiter [Lehrer] a new colleague [teacher]; ein ~es Mitglied a new member. – 14. *gastr.* a) (*Äpfel, Kartoffeln, Wein etc*) new, b) (*Heringe*) fresh. – 15. *colloq.* (*wiederverkörpernd*) new, second: sie ist eine ~e Piaf she is a second (*od.* another) Piaf. – 16. *jur.* new, fresh: ~e Beweise fresh evidence *sg.* – 17. *relig.* new: der N~e Bund the New Covenant; das N~e Testament the New Testament, the Gospel. – 18. *geol.* recent. – 19. *econ.* additional, further: ~es Kapital additional capital. – II *adv* 20. (*kürzlich*) newly: er ist ~ angekommen he has just arrived; das Buch ist gerade ~ erschienen the book has just been published (*od.* brought out), the book has just come out; die Zeitschrift ist ~ erschienen the periodical has just appeared. – 21. (*erneut*) afresh, anew: ein Buch ~ bearbeiten to revise (the previous edition of) a book; seinen Glauben ~ bekennen to reaffirm one's faith; einen Beschluß ~ bekräftigen to reiterate a decision; j-n [eine alte Tradition] ~ beleben to revive s.o. [an old tradition], to bring s.o. [an old tradition] to life again; j-s Mut ~ beleben to restore (*od.* revive) s.o.'s courage; ein Stück ~ besetzen (*theater*) to recast a play; seine Möbel ~ beziehen lassen to have one's furniture reupholstered (*Br.* re-upholstered); sich ~ einkleiden to renew (*od.* refurnish) one's wardrobe; einen Krieg ~ entfachen to rekindle a war; ein Haus ~ erbauen to rebuild (*od.* reconstruct) a house; nach dem Winter hat das Hotel ~ eröffnet after the winter the hotel reopened; das Buch ist ~ aufgelegt worden the book has been republished; sich ~ gekräftigt fühlen to feel (oneself) refortified (*od.* restrengthened); etwas auf ~ herrichten to make s.th. look like new again; eine Wohnung ~ herrichten to renovate (*od.* refurbish) an apartment (*bes. Br.* a flat); zwei Schüler sind ~ hinzugekommen two new pupils (*od.* newcomers) have joined the class; ein Stück ~ inszenieren (*theater*) to restage (*od.* put on a new production of) a play, to stage a play anew; etwas ~ ordnen a) to reorganize (*od.* rearrange, reorder) s.th., b) to reform (*od.* re-form) s.th.; einen Aufsatz ~ schreiben to rewrite an essay; etwas ~ verteilen to redistribute s.th. – III N~e, das ⟨-n⟩ 22. the latest: viel N~es erfahren to hear a lot of new things; auf alles N~e erpicht sein to be keen on everything new; was gibt es N~es? what's the news? *Am.* what's new? das ist mir nichts N~es that's nothing new (*od.* no news) to me; es geschieht nichts N~es unter der Sonne *Bibl.* there is nothing new under the sun; das N~(e)ste vom N~en the very latest; etwas ganz N~es something entirely new, the latest novelty; etwas ganz N~es unternehmen to break fresh ground; das N~e setzt sich durch the new will prevail; das N~e an diesem Verfahren the novel feature in this technique; diese Kleider sind jetzt das N~(e)ste these dresses are the latest (*od.* last) word in fashion; weißt du schon das N~(e)ste? have you heard the latest? – 23. (*mit Kleinschreibung*) aufs ~e, von ~em afresh, anew, again; auf ein ~es *colloq.* here we go again; aufs ~e (*od.* von ~em) beginnen to start afresh.

ˈNeu|ˌanˌfer·ti·gung *f* (*textile*) 1. (*Tätigkeit*) manufacture of new articles: wir führen Reparaturen und ~en durch we do alterations and make new (custom-tailored) articles. – 2. dieses Kleid ist eine ~ this is a custom-tailored dress (*od.* model). — **~ˌanˌkömm·ling** *m, auch* **~ˌan·geˌkom·me·ne** *m* ⟨-n; -n⟩ newcomer, new arrival. — **~ˌanˌla·ge** *f* 1. new installation. – 2. *econ.* reinvestment. — **~ˌanˌmel·dung** *f* new application. — **~ˌanˌschaf·fung** *f* 1. new purchase (*od.* acquisition): die ~ von Möbeln kostet eine Menge Geld purchasing (*od.* the purchase of) new furniture is most expensive. – 2. (*für Museum, Bibliothek etc*) (recent) accession, new acquisition. — **n~apoˌsto·lisch** *adj relig.* new-apostolic. — **n~ˌar·tig** *adj* new, novel. — **~ˌaufˌbau** *m* (*eines Landes, einer Partei etc*) reconstruction on new lines. — **~ˌaufˌfüh·rung** *f* 1. (*theater, film*) revival, new performance. – 2. *mus.* (*eines Werkes*) revival, reprise. — **n~ˌauf·geˌlegt** *adj* ⟨*attrib*⟩ *print.* (*Buch etc*) republished, reprinted. — **n~ˌauf·geˌstellt** *adj* ⟨*attrib*⟩ *mil.* newly formed (*od.* activated). — **~ˌaufˌla·ge** *f* 1. *print.* a) new edition, republication, re-edition, b) *cf.* Neudruck. – 2. *fig.* (*einer alten Theorie etc*) reincarnation. – 3. (*sport*) (*eines Endspiels etc*) repetition. — **~ˌaufˌnah·me** *f* 1. (*film*) retake. – 2. (*von Patienten, Mitgliedern*) new admission. — **~ˌausˌga·be** *f* 1. *econ.* (*von Banknoten, Briefmarken etc*) reissue, (*pfandrechtlich gesichert*) junior issue. – 2. *print. cf.* Neuauflage 1. — **n~ˌbacken** (*getr.* -k·k-) *adj cf.* neugebacken 1. — **~baˌrock** *n, auch m* (*art*) neobaroque.

ˈNeuˌbau *m* ⟨-(e)s; -ten⟩ 1. ⟨*only sg*⟩ (*Tätigkeit*) reconstruction, rebuilding. – 2. (*soeben errichtetes Haus*) new house (*od.* building): morgen werden wir unseren ~ beziehen tomorrow we'll move into our new house. – 3. (*im Bau befindliches Haus*) building under construction: auf dem ~ hat sich ein Unfall ereignet there was an accident on the site of the new building. – 4. ⟨*only sg*⟩ *fig.* (*eines Staates etc*) reconstruction. – 5. (*Auto etc*) new model (*od.* type). – 6. *aer.* new version. – 7. *tech.* (*Umbau*) redesign.

ˈNeu|ˌbau·er *m* newly settled farmer, farmer in a recently established holding. — **~ˌbauˌwoh·nung** *f* apartment (*bes. Br.* flat) in a new building. — **n~beˌar·bei·tet** *adj* ⟨*attrib*⟩ (newly) revised (*od.* adapted). — **~beˌar·bei·tung** *f* 1. revision. – 2. (*eines Buchs etc*) revised edition. – 3. (*eines Themas, Stoffes etc*) (re)adaptation. – 4. *mus.* recomposition. — **~beˌginn** *m* new beginning. — **n~beˌkehrt** *adj* ⟨*attrib*⟩ newly converted. — **~beˌkehr·te** *m, f* ⟨-n; -n⟩ 1. *relig.* proselyte, new convert. – 2. *fig.* proselyte, convert. — **~beˌle·bung** *f* revival, regeneration (*auch fig.*): die ~ der Außenpolitik the revival of foreign policy. — **~beˌset·zung** *f* 1. (*theater*) new cast. – 2. (*einer freien Stelle etc*) filling (anew). — **~ˌbil·dung** *f* 1. new formation, reformation, re-formation. – 2. *med.* a) neogenesis, regeneration, b) (*Geschwulst*) neoplasm, new growth, tumor, *bes. Br.* tumour, neoformation. – 3. *biol.* a) epigenesis, b) (*durch Mutation*) neomorphism. – 4. *bot.* innovation. – 5. *ling.* neologism. – 6. *philos.* emergence. — **~budˌdhis·mus** *m relig.* Neo-Buddhism. — **~ˌbür·ger** *m cf.* Umsiedler. — **n~ˌdeutsch I** *adj* modern German. – II *ling.* N~ ⟨*generally undeclined*⟩, das N~e ⟨-n⟩ Modern German. — **~ˌdruck** *m print.* reprint, reimpression.

ˈNeue *m* ⟨-n; -n⟩ *colloq.* 1. new man. – 2. (*in Kunst, Literatur etc*) modernist.

ˈNeu|ˌeinˌrich·tung *f* 1. (*einer Wohnung etc*) a) (*Handlung*) refurnishing, b) (*Möbel etc*) new furniture (*od.* furnishings *pl*). – 2. (*eines Kindergartens etc*) building, construction. – 3. *fig.* new institution. – 4. *tech.* new installation. — **~ˌeinˌstel·lung** *f* 1. taking on (new) labor (*bes. Br.* labour), new employment. – 2. (*Person*) new employee. – 3. *tech.* readjustment. — **~ˌein·stuˌdie·rung** *f* (*theater*) restudy, new production. — **n~ˌeng·lisch I** *adj* modern English. – II *ling.* N~ ⟨*generally undeclined*⟩, das N~e ⟨-n⟩ Modern English. — **n~entˌdeckt** *adj* ⟨*attrib*⟩ 1. recently discovered. – 2. rediscovered. — **~entˌdeckung** (*getr.* -k·k-) *f* 1. recent discovery. – 2. rediscovery. — **n~erˌbaut** *adj* ⟨*attrib*⟩ newly constructed (*od.* built).

ˈneu·erˈdings *adv* 1. (*in letzter Zeit*) lately, recently, of late. – 2. (*abermals*) afresh, anew, (over) again.

ˈNeue·rer *m* ⟨-s; -⟩ 1. innovator. – 2. iconoclast.

ˈneu·er·lich I *adj* ⟨*attrib*⟩ 1. (*kürzlich*) recent, late: ~en Bestimmungen zufolge ist dies nicht mehr erlaubt according to recent regulations this is no longer allowed (*od.* not allowed any more). – 2. (*nochmalig*) repeated, renewed, fresh, new: nach ~en Versuchen after repeated attempts. – II *adv* 3. *cf.* neuerdings.

neu·ern [ˈnɔyərn] *v/t u. v/reflex* ⟨h⟩ *obs. for* erneuern.

ˈneu|erˌöff·net *adj* ⟨*attrib*⟩ (*Geschäft etc*) newly opened. — **N~erˌöff·nung** *f* (*eines Geschäftes*) 1. (*nach Instandsetzung etc*) reopening. – 2. (*Eröffnung*) opening. — **N~erˌschei·nung** *f* new publication, *pl auch* latest arrivals. — **~erˌschie·nen** *adj* ⟨*attrib*⟩ recent(ly published).

ˈNeue·rung *f* ⟨-; -en⟩ 1. innovation, novelty: ~en einführen (bei, an, in *dat* in) to make innovations. – 2. (*Änderung*) change, alteration. – 3. reform.

ˈNeue·rungs|ˌgeist *m* 1. spirit of innovation. – 2. iconoclasm. — **~ˌsucht** *f* mania (*od.* passion) for innovation(s), modernism. — **n~ˌsüch·tig** *adj* bent on (making) (*od. colloq.* crazy to make) innovations.

ˈNeu·erˌwer·bung *f* 1. *cf.* Neuanschaffung. – 2. (*sport*) (new) acquisition.

ˈneue·stens *adv* quite recently, lately, of late.

ˈNeu|ˌfas·sung *f* 1. revised form (*od.* draft, text, version). – 2. *jur.* (*eines Gesetzes*) amendment, amended version. – 3. *pol.* redrafting, new draft, revision. — **~ˌflos·ser** *pl zo.* neopterygians (*Unterklasse Neopterygii*). — **n~franˌzö·sisch I** *adj* modern French. – II *ling.* N~ ⟨*generally undeclined*⟩, das N~e ⟨-n⟩ Modern French. — **~ˈfundˌlän·der** [ˌnɔyˈfʊnt-] *m* ⟨-s; -⟩ 1. *geogr.* Newfoundlander. – 2. *zo.* (*Hunderasse*) Newfoundland (dog), Labrador dog. — **n~geˌbacken** (*getr.* -k·k-) *adj* ⟨*attrib*⟩ 1. (*Brot etc*) freshly (*od.* newly) baked. – 2. *fig. colloq.* (*Eheleute*) newly married. – 3. *fig. colloq.* (*Arzt, Lehrer etc*) newly qualified.

ˈneu·geˌbo·ren I *adj* ⟨*meist attrib*⟩ (*Kind*) newborn: ich fühle mich wie ~ *fig.* I feel like a new person. – II N~e *n* ⟨-n; -n⟩ newborn (child). — **ˈNeu·geˌbo·re·nen·ˌsterb·lich·keit** *f* neonatal mortality.

ˈNeu|geˌburt *f fig.* new birth, regeneration. — **n~geˌgrün·det** *adj* ⟨*attrib*⟩ (*Arbeitskreis, Club, Staat etc*) newly founded. — **n~geˌschaf·fen** *adj* ⟨*attrib*⟩ 1. newly created. – 2. *fig.* reborn. — **~geˌstal·tung** *f* 1. reformation, re-formation, reorganization. – 2. (*Erneuerung*) innovation. – 3. (*eines Themas, Stoffes etc*) (re)adaptation. — **n~geˌwählt** *adj* ⟨*attrib*⟩ (*Vorstand, Regierung etc*) newly elected.

ˈNeuˌgier, *auch* **ˈNeuˌgier·de** [-ˌgiːrdə] *f* ⟨-; *no pl*⟩ curiosity, inquisitiveness: seine ~ befriedigen (*od.* stillen) [bezähmen] to satisfy [to restrain] one's curiosity; ich frage aus reiner ~ I ask out of mere curiosity; ich brannte vor ~, mich plagte (*od.* quälte) die ~ I was dying of (*od.* burning with) curiosity. — **ˈneuˌgie·rig**

I *adj* **1.** (auf *acc*) curious (about, of), inquisitive (after, about): ein ~er Blick an inquisitive look; eine ~e Frage a curious question; ich bin ~ (darauf zu erfahren), ob er es geschafft hat I am anxious to learn (*od.* I wonder) whether (*od.* if) he has been successful; ich bin ~ darauf I am curious about it; ich bin ~ auf ihn I wonder what kind of man he may be; du machst mich ~ you arouse my curiosity (*od.* make me curious). – **2.** (*naseweis*) inquisitive, prying, nos(e)y (*colloq.*): ~e Person *cf.* Neugierige. – **II** *adv* **3.** curiously, inquisitively: j-n ~ ausfragen to ask s.o. inquisitively, to pump s.o. (*colloq.*). — **'Neu,gie·ri·ge** *m, f* ⟨-n; -n⟩ curious person, prier, *auch* pryer, *Am. sl.* rubberneck, snooper, *Br. colloq.* Nosy Parker.

'Neu|,go·tik *f arch.* Gothic Revival. — **n~,go·tisch** *adj* Neo-Gothic, *auch* neo-Gothic. — **~,grad** *m math.* grade (*one hundredth of a right angle*). — **n~,grie·chisch I** *adj* modern Greek. – **II** *ling.* **N~** ⟨*generally undeclined*⟩, **das N~e** ⟨-n⟩ Modern Greek. — **~,grün·dung** *f* **1.** new establishment. – **2.** reestablishment, *Br.* re-establishment. – **3.** *econ.* a) new foundation (*od.* promotion, establishment), b) reincorporation, reorganization. — **~grup,pie·rung** *f* regrouping, reclassification, realignment, *auch* reshuffling. — **~gui'nea-Kro·ko,dil** [,nɔʏgi'neːa-] *n zo.* New Guinean crocodile (*Crocodylus novaeguineae*). — **n~he,brä·isch** *ling.* **I** *adj* modern Hebrew. – **II N~** ⟨*generally undeclined*⟩, **das N~e** ⟨-n⟩ Modern Hebrew.

'Neu|he·ge·lia·ner [-heːgə,liaːnər] *m philos.* Neo-Hegelian, *auch* neo-Hegelian. — **n~he·ge·lia·nisch** [-,liaːnɪʃ] *adj* Neo-Hegelian, *auch* neo-Hegelian. — **~he·ge·lia,nis·mus** *m* Neo-Hegelianism, *auch* neo-Hegelianism.

'Neu|,hei·de *m relig.* neopagan, *Br.* neo-pagan. — **~,hei·den·tum** *n* neopaganism, *Br.* neo-paganism.

'Neu·heit *f* ⟨-; -en⟩ **1.** ⟨*only sg*⟩ newness, freshness: der Reiz der ~ the attraction of novelty. – **2.** ⟨*only sg*⟩ (*Ursprünglichkeit*) originality. – **3.** (*Erfindung, Gegenstand etc*) novelty: auf der letzten Ausstellung wurden viele ~en gezeigt at the last exhibition (*od.* fair) many novelties were on display; die ~en der Frühjahrsmode the latest *sg* in spring fashion; ~en auf dem Büchermarkt the latest (*od.* most recent) publications; die letzte ~ a) the latest novelty, b) (*bes. fashion*) the dernier cri.

'neu,hoch,deutsch *ling.* **I** *adj* New High (*od.* modern) German. – **II N~** ⟨*generally undeclined*⟩, **das N~e** ⟨-n⟩ New High (*od.* Modern) German.

'Neu·hu·ma,nis·mus *m* new humanism, neo-humanism.

'Neu·ig·keit *f* ⟨-; -en⟩ **1.** news *pl* (*construed as sg or pl*), piece of news: j-m eine ~ berichten to tell s.o. a piece of news; weißt du ~en aus der Stadt? do you know any news from the town? eine ~ verbreiten to spread a piece of news. – **2.** *cf.* Neuheit 3. — **'Neu·ig·keits,krä·mer** *m colloq.* newsmonger, retailer of gossip.

'neu,in·disch *ling.* **I** *adj* modern Indic. – **II N~** ⟨*generally undeclined*⟩, **das N~e** ⟨-n⟩ Modern Indic.

'Neu·in·sze,nie·rung *f* (*theater*) new production (*od.* mise-en-scène).

Neu·jahr ['nɔʏ,jaːr; ,nɔʏ'jaːr] *n* **1.** new year, *auch* New Year: Prosit ~! Happy New Year! – **2.** (*Neujahrstag*) New Year, New Year's Day: zu ~ on New Year's Day.

'Neu,jahrs|,abend *m* New Year's Eve. — **~,bot·schaft** *f* New Year's address (*od.* message). — **~,fest** *n* **1.** New Year. – **2.** New Year's festivities *pl* (*od.* celebration). — **~,grü·ße** *pl* New Year's greetings. — **~,kar·te** *f* New Year's card. — **~,nacht** *f* New Year's night. — **~,tag** *m cf.* Neujahr 2. — **~,wunsch** *m meist pl* good wishes *pl* for the New Year, New Year's congratulation (*od.* compliments *pl*).

'Neu|kan·tia·ner [-kan,tiaːnər] *m philos.* Neo-Kantian, *auch* neo-Kantian. — **n~kan·tia·nisch** [-,tiaːnɪʃ] *adj* Neo-Kantian, *auch* neo-Kantian. — **~kan·tia,nis·mus** [-tia,nɪsmʊs] *m* Neo-Kantianism, *auch* neo-Kantianism.

'Neu|,klas·sik *f*, **~klas·si,zis·mus** *m* neoclassicism, *Br.* neo-classicism. — **~kon·fu·zia,nis·mus** *m philos.* Neo-Confucianism, *auch* neo-Confucianism. — **~kon·struk·ti,on** *f tech.* a) reconstruction, redesign, b) (*neuartige Konstruktion*) new (*od.* novel) construction (*od.* design).

'Neu,land *n* ⟨-(e)s; *no pl*⟩ **1.** new land (*od.* country), virgin soil (*od.* land): auf dieser Expedition wurde viel ~ erforscht during this expedition a lot of new country was explored. – **2.** *fig.* new ground, virgin territory: mit diesen Arbeiten hat der Wissenschaftler ~ betreten in the course of these investigations the researcher broke new ground; das ist ~ für mich that's new ground for me. – **3.** *agr. cf.* Umbruch 2. — **~ge,win·nung** *f* reclamation of land.

'Neu|la,tein *n ling.* New Latin, Neo-Latin. — **n~la,tei·nisch** *ling.* **I** *adj* New Latin, Neo-Latin. – **II N~** ⟨*generally undeclined*⟩, **das N~e** ⟨-n⟩ *cf.* Neulatein.

'neu·lich *adv* the other day, recently, lately: ich bin ihm ~ begegnet I met him the other day; wegen der Sache von ~ brauchen Sie sich keine Sorgen zu machen you don't have to worry about the matter that happened the other day.

'Neu·ling *m* ⟨-s; -e⟩ **1.** (*unerfahrener Anfänger*) beginner, newcomer, novice, tyro, *auch* tiro, greenhorn (*colloq.*), rookie (*sl.*), neophyte (*lit.*). – **2.** (*in einem Kreis*) new man (*od.* woman): er ist bei uns ein ~ he is new (*od.* a newcomer) here.

Neu·me ['nɔʏmə] *f* ⟨-; -n⟩ *meist pl mus.* (*mittelalterliches Tonzeichen*) neume.

'neu,mo·disch *adj* **1.** fashionable, modern. – **2.** *contempt.* (*Sitten etc*) newfangled.

'Neu,mond *m* ⟨-(e)s; *no pl*⟩ new moon.

neun [nɔʏn] **I** *adj* ⟨*cardinal number*⟩ **1.** nine: es ist ~ (Uhr) it is nine (o'clock); halb ~ half past eight; sie sind zu ~en, sie sind ihrer ~ there are nine of them; die ~ Musen the Nine Muses; alle ~(e) werfen (*beim Kegeln*) to throw all the ninepins, to have (*od.* get) a strike; alle ~(e)! strike! – **II N~** *f* ⟨-; -en⟩ **2.** (*Ziffer, Spielkarte etc*) nine: eine römische N~ a Roman nine; ach, du grüne N~e! *colloq.* good gracious (*od.* heavens)! my goodness! – **3.** *colloq.* (streetcar, *Br.* tram) number nine: ich steige in die N~ um I change to number nine.

'Neun|,au·ge *n zo.* lamprey (*Fam. Petromyzontidae*). — **n~,bän·dig** [-,bɛndɪç] *adj* nine-volume (*attrib*): ein ~es Lexikon a nine-volume encyclop(a)edia, an encyclop(a)edia in nine volumes. — **~,bin·den-,gür·tel,tier** *n zo.* peba (armadillo), nine-banded armadillo (*Dasypus novemcinctus*). — **~,eck** *n* ⟨-(e)s; -e⟩ *math.* nine-sided figure, nonagon (*scient.*). — **n~,eckig** (*getr.* -k·k-) *adj* nine-cornered (*od.* -sided), nonagonal (*scient.*). — **n~,ein'halb** [,nɔʏn-] *adj* nine and a half.

'Neu·ner *m* ⟨-s; -⟩ **1.** *colloq.* (*Zahl, Ziffer, Spielkarte etc*) nine. – **2.** (*Kegelwurf*) strike: einen ~ schieben *colloq.* to throw all the ninepins, to have (*od.* get) a strike.

'neu·ner'lei *adj* ⟨*invariable*⟩ of nine (different) kinds (*od.* sorts, varieties), nine different kinds of: ~ Zutaten nine kinds of ingredients; das kann ~ bedeuten this can have nine (different) meanings.

'neun,fach I *adj* ninefold; nonuple, nonary (*scient.*): die ~e Menge nine times the amount; in ~er Ausfertigung in nine copies; eine ~e Vergrößerung an enlargement nine times the (original) size. – **II** *adv* ninefold, nine times: sich ~ vermehren to increase ninefold. – **III N~e, das** ⟨-n⟩ the ninefold (amount): der Preis hat sich um das N~e erhöht the price has risen ninefold, the price has gone up nine times as high.

'neun'hun·dert *adj* ⟨*cardinal number*⟩ nine hundred. — **N~'jahr,fei·er** [,nɔʏn,hʊndərt-] *f* ninth centenary.

'neun,jäh·rig I *adj* **1.** of nine years, nine-year-old (*attrib*), nine years old (*pred*): meine ~e Schwester my nine-year-old sister. – **2.** nine-year (*attrib*), lasting nine years, of nine years(' standing): nach ~er Pause after an interval of nine years. – **II N~e** *m, f* ⟨-n; -n⟩ **3.** nine-year-old.

'neun,mal *adv* nine times: ~ soviel Leute nine times the number of people.

'neun,ma·lig *adj* ⟨*attrib*⟩ done (*od.* repeated) nine times: ~e Wiederholung repetition for the ninth time; nach ~em Versuch after nine attempts, after the ninth attempt.

'neun,mal,klug I *adj humor. colloq.* know-it-all, *auch* know-all (*beide attrib*), *bes. Am. colloq.* smart-alecky. – **II N~e** *m, f* ⟨-n; -n⟩ know(-it)-all, wiseacre, wisehead, *bes. Am. colloq.* smart aleck, *Am. sl.* wisenheimer, weisenheimer: Herr N~ Mr. Know-all.

'neun|,mo·na·tig *adj* **1.** of nine months, nine-month-old (*attrib*), nine months old (*pred*). – **2.** of (*od.* lasting) nine months, nine-month (*attrib*): ein ~er Aufenthalt a stay of nine months. — **~,mo·nat·lich I** *adj* every ninth month. – **II** *adv* every nine months. — **~pro,zen·tig** [-pro,tsɛntɪç] *adj* (*Lohnerhöhung etc*) nine-percent (*attrib*), of (*od.* at, bearing) nine percent. — **~,schwän·zig** [-,ʃvɛntsɪç] *adj only in* ~e Katze (*Peitsche*) cat-o'-nine-tails. — **~,sei·tig** *adj* **1.** *math.* nine-sided, nonagonal (*scient.*). – **2.** (*Brief etc*) nine-page (*attrib*), covering nine pages. — **~,sil·big** [-,zɪlbɪç] *adj* of nine syllables, enneasyllabic (*scient.*). — **~,stel·lig** [-ʃtɛlɪç] *adj math.* **1.** (*ganze Zahl*) of nine digits; nine-digit, nine-figure (*attrib*). – **2.** (*Dezimalzahl*) having nine places; nine-figure, nine-place (*attrib*). — **~,stöckig** (*getr.* -k·k-) [-,ʃtœkɪç] *adj* nine-storeyed (*bes. Am.* -storied), nine-storey (*bes. Am.* -story) (*attrib*). — **~,stün·dig** [-,ʃtʏndɪç] *adj* nine-hour (*attrib*), lasting (*od.* of) nine hours. — **~,stünd·lich** *adj u. adv* every nine hours.

neunt *adj* **1.** ⟨*ordinal number*⟩ ninth: an ~er Stelle in the ninth place; am ~en Juli (on) the ninth of July. – **2.** zu ~ (the) nine of us (*od.* you, them): wir sind zu ~ there are nine of us, we are nine.

'neun|,tä·gig *adj* nine-day (*attrib*), lasting (*od.* of) nine days. — **~'tau·send** *adj* ⟨*cardinal number*⟩ nine thousand.

'Neun·te *m, f* ⟨-n; -n⟩, *n* ⟨-n; *no pl*⟩ **1.** ninth: bis zum ~n des Monats by the ninth of this month; „Die ~" *mus.* "The Choral Symphony" (*by Beethoven*). – **2.** (*mit Kleinschreibung*) ninth: der n~ von rechts the ninth from the right. – **3.** Karl IX. (*od.* der ~) von Frankreich *hist.* Charles IX (*od.* the Ninth) of France.

'neun·tel I *adj* ninth (part) of: ein ~ Teil des Geldes a ninth part of the money. – **II N~** *n, Swiss meist m* ⟨-s; -⟩ ninth (part).

'neun·tens *adv* ninth(ly), in the ninth place.

'Neun,tö·ter *m* ⟨-s; -⟩ *zo.* red-backed shrike, flusher (*Lanius collurio*).

'neun,und,ein'halb *adj cf.* neuneinhalb.

'neun|,wer·tig *adj math.* nine-valued. — **~,wö·chig** [-,vœçɪç] *adj* lasting (*od.* of) nine weeks, nine-week (*attrib*).

'neun,zehn I *adj* ⟨*cardinal number*⟩ nineteen. – **II N~** *f* ⟨-; -en⟩ (number) nineteen.

'neun,zehn,jäh·rig *adj* nineteen-year-old (*attrib*): ein ~es Mädchen a nineteen-year-old girl, a girl of (*od.* aged) nineteen.

'neun,zehnt I *adj* ⟨*ordinal number*⟩ nineteenth. – **II N~e, der** ⟨-n⟩ the nineteenth: der N~e des Monats the nineteenth of the month.

'Neun,zehn·tel I *n, Swiss meist m* nineteenth (part). – **II n~** *adj* nineteenth (part) of.

neun·zig ['nɔʏntsɪç] **I** *adj* ⟨*cardinal number*⟩ **1.** ninety: ~ (Jahre alt) sein to be ninety (years old); mit ~ Sachen fahren *colloq.* to drive at a speed of ninety kilometers, to do ninety (*colloq.*). – **II N~** *f* ⟨-; -en⟩ **2.** (number) ninety. – **3.** ⟨*only sg*⟩ nineties *pl*: er ist Anfang der N~ he is in his early nineties.

'neun·zi·ger *adj* ⟨*invariable*⟩ *only in* in den ~ Jahren des 19. Jahrhunderts in the nineties of the 19th century.

Neun·zi·ger[1] ['nɔʏntsɪgər] *m* ⟨-s; -⟩ **1.** man in his nineties. – **2.** man of ninety, nonagenarian (*lit.*). – **3.** die ~ *pl* (*Alter*) the nineties: in den ~n sein to be in one's nineties; Mitte [Ende] der ~ sein to be in one's middle [late] nineties; hoch in den ~n sein to be in one's late nineties.

'Neun·zi·ger[2] *f* ⟨-; -⟩ *colloq.* ninety-pfennig stamp.

'Neun·zi·ge·rin *f* ⟨-; -nen⟩ **1.** woman in her nineties. – **2.** woman of ninety, nonagenarian (*lit.*).

'Neun·zi·ger,jah·re, die the nineties.

'neun·zig,fach *adj* ninetyfold: in ~er Ausfertigung in ninety copies.

'neun·zig|,jäh·rig I *adj* **1.** ninety-year-old

(*attrib*), of ninety (years), nonagenarian (*lit.*). – **2.** ninety-year (*attrib*), lasting (*od.* of) ninety years. – **II N~e** *m, f* ⟨-n; -n⟩ ninety-year-old (person). — **N~'pfen·nig(ˌbrief)ˌmar·ke** [ˌnɔʏntsɪç-] *f* ninety-pfennig stamp.

'neun·zigst I *adj* ⟨*ordinal number*⟩ ninetieth. – **II N~e, der** ⟨-n⟩ the ninetieth.

'Neun·zig·stel I *n, Swiss meist m* ⟨-s; -⟩ ninetieth (part). – **II n~** *adj* ninetieth (part) of.

'NeuˌordÂ·nung *f* reorganization *Br. auch* -s-.

'Neu·ori·enˌtie·rung *f* reorientation.

'Neu·phi·loˌlo·ge *m* **1.** student of modern languages and literatures. – **2.** teacher of modern languages and literatures. – **3.** expert in modern languages and literatures. — **'Neu·phi·lo·loˌgie** *f* modern languages and literatures *pl* (*construed as sg or pl*). — **'neu·phi·loˌlo·gisch** *adj* of (*od.* relating to) modern languages, *auch* modern-language (*attrib*).

'Neu·plaˌto·ni·ker *m philos.* Neoplatonist, *auch* neoplatonist, *Br.* neo-Platonist. — **'neu·plaˌto·nisch** *adj* Neoplatonic, *auch* neoplatonic, *Br.* neo-Platonic. — **'Neu·pla·toˌnis·mus** *m* Neoplatonism, *auch* neoplatonism, *Br.* neo-Platonism.

'Neu·py·tha·goˌre·er *m philos.* Neo-Pythagorean, *bes. Br.* neo-Pythagorean.

Neu'ral·diaˌgno·stik [nɔʏ'raːl-] *f med.* neurodiagnosis.

Neur·al·gie [nɔʏral'giː] *f* ⟨-; -n [-ən]⟩ *med.* neuralgia. — **neur'al·gisch** [-gɪʃ] *adj* **1.** *med.* neuralgic: **~er Schmerz** neuralgic pains *pl*, neuralgia. – **2.** *fig.* sore, touchy: **das ist mein ~er Punkt** that is my sore spot (*od.* point).

Neu'ral·the·raˌpie *f med.* neurotherapy.

Neur·asthe·nie [nɔʏraste'niː] *f* ⟨-; -n [-ən]⟩ *psych.* neurasthenia. — **Neur·asthe·ni·ker** [-'teːnikər] *m* ⟨-s; -⟩ neurasthenic. — **neur·asthe·nisch** [-'teːnɪʃ] *adj* neurasthenic.

'Neu|ˌre·ge·lung, ~ˌreg·lung *f* **1.** new regulation. – **2.** *cf.* Neuordnung.

'neuˌreich I *adj* new-rich, upstart (*attrib*). – **II N~e** *m, f* ⟨-n; -n⟩ new-rich, nouveau riche, parvenu, upstart, *pl collect.* the new rich, the nouveaux riches.

Neur·ek·to·mie [nɔʏrɛkto'miː] *f* ⟨-; *no pl*⟩ *med.* neurectomy.

'Neuˌries *n* ⟨-es; -e⟩ mille thousand (*standard unit for sheets of paper*).

Neu·rin [nɔʏ'riːn] *n* ⟨-s; *no pl*⟩ *biol. chem.* neurine ($CH_2 = CHN(CH_3)_3OH$).

Neu·ri·nom [nɔʏri'noːm] *n* ⟨-s; -e⟩ *med.* neurinoma.

Neu·ri·tis [nɔʏ'riːtɪs] *f* ⟨-; -tiden [-ri'tiːdən]⟩ *med.* (*Nervenentzündung*) neuritis.

Neu·ro..., neu·ro... *combining form denoting* neuro...

Neu·ro|chir·urg [nɔʏroçi'rʊrk] *m med.* neurosurgeon. — **~chir·ur'gie** [-'giː] *f* neurosurgery. — **~fi'bril·le** [-fi'brɪlə] *f meist pl* (neuro)fibril, neurofibrilla.

neu·ro·gen [nɔʏro'geːn] *adj med.* neurogenic, neurogenous.

Neu·ro·lo·ge [nɔʏro'loːgə] *m* ⟨-n; -n⟩ *med.* neurologist. — **Neu·ro·lo'gie** [-lo'giː] *f* ⟨-; *no pl*⟩ neurology. — **neu·ro'lo·gisch** *adj* neurological.

Neu·ro·ly·se [nɔʏro'lyːzə] *f* ⟨-; -n⟩ *med.* neurolysis.

Neu·rom [nɔʏ'roːm] *n* ⟨-s; -e⟩ *med.* neuroma.

'Neu·roˌman·tik *f* (*literature*) *mus.* neoromanticism, *Br.* neo-romanticism. — **'Neu·roˌman·ti·ker** *m* neoromantic, *Br.* neo-romantic. — **'neu·roˌman·tisch** *adj* neoromantic, *Br.* neo-romantic.

Neu·ron ['nɔʏrɔn] *n* ⟨-s; -en [-'roːnən] *u.* Neuren⟩ *med. zo.* neuron, *auch* neurone.

Neu·ro·pa·thie [nɔʏropa'tiː] *f* ⟨-; -n [-ən]⟩ *med.* neuropathy. — **neu·ro'pa·thisch** [-'paːtɪʃ] *adj* neuropathic. — **Neu·ro·pa·tho·lo'gie** [-tolo'giː] *f* neuropathology.

Neu·ro·pte·ren [nɔʏro'pteːrən] *pl zo.* lacewings, Neuroptera (*scient.*) (*Ordng Neuroptera*).

Neu·ro·se [nɔʏ'roːzə] *f* ⟨-; -n⟩ *med.* neurosis. — **Neu'ro·ti·ker** [-tikər] *m* ⟨-s; -⟩ neurotic (person). — **neu'ro·tisch** [-tɪʃ] *adj* neurotic.

Neu·ro·to·mie [nɔʏroto'miː] *f* ⟨-; -n [-ən]⟩ *med.* neurotomy.

'Neu|ˌsatz *m print.* reset, recomposition. — **~ˌschät·zung** *f econ.* **1.** reassessment. – **2.** (*Grobschätzung*) reestimation.

'Neuˌschnee *m* new- (*od.* fresh-)fallen snow. — **~ˌdecke** (*getr.* -k·k-) *f* layer of new- (*od.* fresh-)fallen snow.

'Neu|schoˌla·stik *f philos. relig.* neo-scholasticism, *auch* neo-Scholasticism. — **n~schoˌla·stisch** *adj* neo-scholastic, *auch* neo-Scholastic.

'Neuˌschöp·fung *f* **1.** (*Tätigkeit*) re-creation. – **2.** new creation.

ˌNeu'seeˌlän·der *m* ⟨-s; -⟩ New Zealander.

ˌNeu'seeˌlandˌflachs *m bot.* New Zealand flax (*Phormium tenax*).

ˌneu'seeˌlän·disch *adj* New Zealand (*attrib*).

'Neuˌsied·ler *m agr.* new settler, *Am.* pioneer farmer.

'Neu|ˌsil·ber *n chem.* nickel (*auch* German) silver. — **n~ˌsil·bern** *adj* of nickel (*auch* German) silver.

'Neu|ˌsprach·ler *m* ⟨-s; -⟩ *cf.* Neuphilologe. — **n~ˌsprach·lich** *adj* modern-language (*attrib*): → Gymnasium 1.

'Neuˌstadt *f* new town, new part of the town.

'NeuˌsteinˌZeit *f* New Stone Age, Neolithic period (*scient.*). — **'neuˌsteinˌzeit·lich** *adj* New Stone Age (*attrib*), Neolithic (*scient.*).

'Neu|te·staˌment·ler *m* ⟨-s; -⟩ *relig.* student of the New Testament, New Testament scholar. — **n~te·staˌment·lich** *adj* New Testament (*attrib*): **~e Theologie** New Testament theology.

neu·tral [nɔʏ'traːl] **I** *adj* **1.** neutral: **~ bleiben** to remain neutral; **ich bleibe bei diesem Streit ~** I'll remain neutral in this dispute, I'll sit on (*bes. Am.* ride) the fence; **ein ~er Staat** *pol.* a neutral country; **~er Boden** neutral territory. – **2.** (*Veranlagung, Wesen etc*) neutral, indifferent, middling. – **3.** (*Briefpapier etc*) plain, blank. – **4.** (*Farbe*) neutral. – **5.** *electr.* (*Leitung, Ader etc*) neutral. – **6.** *chem.* (*Flüssigkeit etc*) neutral. – **7.** *phys.* neutral, indifferent: **optisch ~** optically neutral, inactive. – **8.** *electr.* neutral: **der ~e Teil eines Magneten** the neutral part of a magnet. – **9.** *ling.* (*Substantiv*) neuter. – **II** *adv* **10. sich ~ verhalten** to remain neutral.

Neu'tra·le[1] *m* ⟨-n; -n⟩ neutral (state).

Neu'tra·le[2] *f* ⟨-n; -n⟩ *math.* neutral line.

Neu·tra·li·sa·ti·on [nɔʏtraliza'tsi̯oːn] *f* ⟨-; -en⟩ neutralization *Br. auch* -s-.

neu·tra·li·sie·ren [nɔʏtrali'ziːrən] **I** *v/t* ⟨*no* ge-, h⟩ neutralize *Br. auch* -s-. – **II N~** *n* ⟨-s⟩ *verbal noun.* — **Neu·tra·li'sie·rung** *f* ⟨-; -en⟩ **1.** *cf.* Neutralisieren. – **2.** neutralization *Br. auch* -s-.

Neu·tra·li·tät [nɔʏtrali'tɛːt] *f* ⟨-; *no pl*⟩ *bes. pol.* neutrality: **die ~ eines Staates wahren [verletzen]** to preserve (*od.* safeguard) [to violate] the neutrality of a state.

Neu·tra·li'täts|ˌbruch *m pol.* violation of neutrality. — **~erˌklä·rung** *f* declaration of neutrality, neutralization *Br. auch* -s-. — **~verˌlet·zung** *f* violation of neutrality. — **~ˌzei·chen** *n* indication (*od.* sign) of neutrality.

Neu'tralˌsal·ze *pl chem.* neutral (*od.* [normal) salts.

Neu·tri·no [nɔʏ'triːno] *n* ⟨-s; -s⟩ *phys. nucl.* neutrino.

Neu·tro'dynˌschal·tung [nɔʏtro'dyːn-] *f electr.* neutrodyne circuit.

Neu·tron ['nɔʏtrɔn] *n* ⟨-s; -en [-'troːnən]⟩ *phys.* neutron.

Neu'tro·nen|ˌausˌbeu·te *f nucl.* neutron yield. — **~beˌschuß** *m* neutron bombardment. — **~beˌstrah·lung** *f* neutron radiation. — **~ˌbrem·sung** *f* neutron moderation. — **~ˌbün·del** *n* neutron beam. — **~deˌtek·tor** *m* neutron detector. — **~ˌdich·te** *f* neutron density. — **~ˌeinˌfang** *m* neutron capture. — **~ˌfluß** *m* neutron flux. — **~spek·troˌme·ter** *n* neutron spectrometer. — **~ˌstrahl** *m meist pl* neutron ray (*od.* beam). — **~ˌstrah·lung** *f* neutron radiation. — **~ˌstreu·ung** *f* neutron scattering. — **~ˌüberˌschuß** *m* neutron excess. — **~ˌzäh·ler** *m* neutron counter.

Neu·trum ['nɔʏtrʊm] *n* ⟨-s; -tra [-tra], *auch* -tren⟩ *ling.* neuter.

'Neu|verˌanˌla·gung *f econ.* reassessment. — **n~verˌmählt I** *adj* ⟨*meist attrib*⟩ newly married. – **II N~e** *m, f* ⟨-n; -n⟩ newly married person, newlywed: **die N~en** the newlyweds. — **~verˌtei·lung** *f* **1.** redistribution. – **2.** (*Neuvergebung*) reallocation. — **~ˌwahl** *f* **1.** new election. – **2.** (*Wiederwahl*) reelection, *Br.* re-election.

'Neuˌweltˌgei·er *m zo.* new-world (*od.* American) vulture (*Fam. Cathartidae*).

'neuˌwelt·lich *adj* new-world (*attrib*).

'Neuˌwert *m econ.* **1.** original (*od.* new) value. – **2.** (*im Versicherungswesen*) replacement value. — **'neuˌwer·tig** *adj* (as) new, not used.

'Neuˌwert·verˌsi·che·rung *f econ.* replacement (*od.* reinstatement, reconstruction) insurance.

'Neuˌwort *n* ⟨-(e)s; =er⟩ *ling.* new word (*od.* coinage), neologism.

'Neuˌzeit *f* ⟨-; *no pl*⟩ modern times *pl.* — **'neuˌzeit·lich** *adj* modern, up-to-date, neoteric (*lit.*).

'NeuˌzuˌlasÂ·sung *f auto.* new licence (*Am.* license).

New Look ['njuː 'lʊk] (*Engl.*) *m, n* ⟨- -(s); *no pl*⟩ (*bes. fashion*) new look.

New·ton ['njuːtən] *n* ⟨-s; -⟩ *phys. tech.* (*Einheit für Kraft*) newton.

'New·tonsch *adj* ⟨*attrib*⟩ *phys.* Newtonian: **~es Axiom** Newtonianism; **~es Gravitationsgesetz** Newton's law of gravitation; **~e Ringe** Newton's rings; **~e Verbesserung** Newton's method for solving equations.

Ne·xus ['nɛksʊs] *m* ⟨-; -⟩ *rare for* Zusammenhang 1, 3.

NF-ˌMes·sung [ɛn'ʔɛf-] *f electr.* audiometry. — **NF-ˌSpan·nung** [ɛn'ʔɛf-] *f* low-frequency (*od.* l.f.) voltage. — **NF-ˌStu·fe** [ɛn'ʔɛf-] *f* audiostage, audio frequency stage. — **NF-Verˌstär·ker** [ɛn'ʔɛf-] *m* l.f. amplifier.

Ni·be·lung ['niːbəlʊŋ] *npr m* ⟨-en; -en⟩ Nibelung: **die ~en** the Nibelungs; „Der Ring des ~en" *mus.* "the Ring of the Nibelung", "the Ring Cycle" (*by Wagner*).

'Ni·be·lun·gen|ˌhort *m* hoard of the Nibelungs, Nibelungen hoard (*od.* treasure). — **~ˌlied** *n* (*literature*) Nibelungenlied, lay (*od.* song) of the Nibelungs. — **~ˌsa·ge** *f* Nibelungen legend. — **~ˌstro·phe** *f* Nibelungen stanza. — **~ˌtreue** *f fig.* faithfulness until death.

ni·cä·isch [ni'tsɛːɪʃ], **ni'cä·nisch** [-nɪʃ] *adj cf.* nizäisch, nizänisch.

nicht [nɪçt] *adv* **1.** not: **durchaus** (*od.* **überhaupt, ganz und gar, beileibe**) **~** not at all, definitely (*od.* absolutely) not, in no way; **bestimmt ~** certainly not; **wirklich ~** really not; **~ im mindesten** (*od.* **geringsten**), **~ ein bißchen** not in the slightest, by no means, not in the (very) least, on no account; **~ ums (liebe) Leben** not for (*od.* on) one's life, not for dear life; **im Leben ~!** *colloq.* not on your life! → Bohne 6. – **2.** (*als Verneinung von Verben*) not: **hattest du ~ gesagt, du wolltest kommen?** didn't you say you would come? **das kann ich ~ verantworten** I cannot answer for that; **du brauchst ~ auf mich (zu) warten** you don't have to wait for me; **er kam ~** he failed to appear; **ich verstehe ~, warum** I fail to see why; **ich kenne ihn auch ~** I don't know him either; **wäre er nur ~ gekommen!** I wish he had not come; **(es ist) ~ zu glauben, wie faul er ist** you can hardly believe how lazy he is, he is incredibly lazy; **sie sah es ~, und ich auch ~** she did not see it, nor (*od.* neither, no more) did I; **~ füttern!** do not feed (the animals); **bitte ~ berühren!** please do not touch; **damit ~** lest; **wenn ~** unless; **~ stürzen [werfen]!** (fragile,) handle with care! – **3.** (*als Verneinung von nichtverbalen Begriffen*) not, (*vor Adjektiven oft*) *auch* in..., non..., un...: **~ einlösbar** inconvertible; **~ abtrennbar** nondetachable; **~ anziehend** unattractive; **ich habe ~ die geringste Lust dazu** I don't have the slightest desire (*od.* any inclination) to do so; **~ sein Bruder kam, sondern er selbst** it was not his brother who came but he himself; **das ist ~ jedermanns Sache** this is not everybody's cup of tea (*colloq.*) (*od.* to everyone's taste), that's not for everybody; **das ist etwas noch ~ Dagewesenes** this is something entirely unprecedented; **es ist mir ~ früher eingefallen** I didn't think of it earlier, it didn't occur to me before; **~ lange darauf** not long (*od.* shortly) afterward(s); **seine Bemühungen waren ~ umsonst** his efforts were not in vain; **es ist etwas ~ in Ordnung damit** s.th. is wrong with it; **ich werde dies ~ länger dulden!** I won't tolerate this any longer; **dein Plan wird ~ ohne weiteres auszuführen sein** your project can't be carried out just so easily; ~ so schnell! not so fast; er hatte ~ einmal genug zu essen he didn't even have enough to eat; sie war so arm, daß sie ~ einmal ein Paar Schuhe besaß she was so poor that she had not so much as a pair of shoes; er fing mit seiner Arbeit gar ~ erst an he didn't even try (*od.* make an attempt) to start his work; → ohne 1. – **4.** (*im Vergleichssatz*) not: sie ist ~ so schön wie ihre Schwester she is not as beautiful as her sister. – **5.** (*in der Ellipse*) not: alle gehen spazieren, nur er ~ they are all going for a walk except him; ich auch ~ nor I; ~, daß ich wüßte, soviel ich weiß, ~ not to my knowledge, not that I know of, not as far as I know; ~, daß wir überrascht gewesen wären not that we would have been surprised; wie geht es dir? ~ besonders how are you? not too well (*od. colloq.* so-so, *humor.* fair to middling); wer war das? ich ~ who did that? not I (*od. colloq.* me); kannst du ihn leiden? ~ sehr do you like him? not much (*od.* [e]specially); was hältst du von dieser Idee? ~ schlecht (*od. colloq.* übel) what do you think of this idea? not (half) bad; nur das ~! anything but that; natürlich habe ich diesen Film gesehen — du etwa ~? naturally I have seen this film—haven't you? willst du etwa behaupten, das sei wahr? das ~ (gerade), aber do you mean to say this is true? not exactly, but; warum ~? why not? noch ~ not yet; er ist krank, ~ wahr? he is ill, isn't he? er hat keine Zeit, ~ wahr? he hasn't (got any) time, has he? du kaufst das Buch für mich, ~ wahr? you will buy the book for me, won't you? du gehst ~ hin, ~ wahr? you won't go there, will you? du kommst doch, ~ wahr? you are coming after all, aren't you? du kennst ihn ~, ~ wahr? you don't know him, do you? – **6.** (*als Ausdruck der Verneinung, der Abwehr, des Unwillens*) ~! don't! (aber) ~ doch! don't! bitte ~! please don't (*od.* stop)! – **7.** (*vor Komparativ*) no: ~ länger no longer; ~ besser no better; ~ mehr no more. – **8.** ~ nur (*od.* allein) ..., sondern auch ... not only ... but also ... – **9.** (*in der doppelten Verneinung*) es gab keinen, der das ~ geglaubt hätte there was no one who wouldn't have believed it, everyone would have believed it; es gab keinen Grund, ihm ~ zu glauben there was no reason for not believing him; da ist niemand, der das ~ zugibt there is no one who does not admit it (*od.* but admits it). – **10.** (*als Aufhebung einer Verneinung*) er tat es ~ ungern he was not reluctant (*od.* disinclined) to do it; er ist bei dieser Arbeit ~ ungeschickt he is rather clever at this work; ihre Haltung war reserviert, aber ~ unfreundlich her attitude was reserved but not unfriendly; diese Arbeit ist (gar) ~ ungefährlich this work is not without its dangers; er hat das ~ zu Unrecht behauptet he was not entirely unjustified in claiming this; er tat dies ~ ohne Grund he had a good reason for doing this; er hatte seine Rettung ~ zuletzt seinem Arzt zu verdanken it was primarily his doctor to whom he owed his recovery; man sollte seinen Einfluß ~ unterschätzen one shouldn't underestimate his influence; er ist ~ der Schlechteste für die Arbeit (*od. colloq.* Sache) he is not the worst for the job; ~ wenige quite a few. – **11.** (*als Ausdruck der Bekräftigung od. Verwunderung*) was die Einbildung (doch) ~ alles tut! it's extraordinary what imagination does; was er ~ alles weiß! his knowledge is amazing; ist das ~ ungerecht? isn't that unfair? hab ich das ~ gleich gesagt? didn't I say that from the (very) beginning? was man hier ~ alles tun soll! the things they ask of you here! (*colloq.*). – **12.** *lit. od. rare* (*kein u. kein*) neither ... nor: er hat ~ Geld noch Gut he has neither goods nor money.

'nicht|ab·sorˌbie·rend *adj* ⟨*attrib*⟩ nonabsorbing *Br.* non-. — **N~ˌach·tung** *f* **1.** disregard: sie handelten unter völliger ~ der Gefahr they acted under complete disregard of (the) danger. – **2.** (*Geringschätzung*) disrespect, slight. — **~ˌade·lig, ~ˌad·lig I** *adj* ⟨*attrib*⟩ not noble (*od.* nobly born), common. – **II N~e** *m, f* ⟨-n; -n⟩ commoner. — **~ˌamt·lich** *adj* ⟨*attrib*⟩ (*Stellungnahme etc*) unofficial, nonofficial *Br.* non-.

'Nicht|ˌan·erˌken·nung *f* **1.** nonacknowledgement *Br.* non-, disavowal. – **2.** *bes. pol.* nonrecognition *Br.* non-. – **3.** *jur. econ.* (*eines Rechtes, Anspruches etc*) disallowance, rejection, (*bes. einer Staatsschuld*) repudiation. — **n~ˌanˌgrei·fend** *adj* ⟨*attrib*⟩ *chem.* noncorroding *Br.* non-, noncorrosive *Br.* non-. — **~'anˌgriffsˌpakt** [ˌnɪçt-] *m pol.* nonaggression (*Br.* non-aggression) treaty (*od.* pact). — **~ˌanˌnah·me** *f econ.* (*eines Wechsels etc*) nonacceptance *Br.* non-. — **~ˌari·er** *m* (*in NS-Zeit*) non-Aryan (*auch* -Arian). — **n~ˌarisch** *adj* ⟨*attrib*⟩ non-Aryan (*auch* -Arian). — **~ˌausˌfüh·rung** *f* **1.** (*einer Pflicht etc*) nonperformance *Br.* non-, nonfulfil(l)ment *Br.* non-. – **2.** (*eines Planes etc*) nonexecution *Br.* non-, failure to carry out. — **~ˌaus·ˌübung** *f* **1.** failure to exercise, nonuse *Br.* non-, nonusage *Br.* non-. – **2.** *jur.* (*eines Rechts*) nonuser *Br.* non-. — **~beˌach·tung** *f* (von *od. gen*) **1.** disregard (of): die ~ der Gefahr the disregard of (the) danger. – **2.** (*Nichtbefolgung*) nonobservance *Br.* non- (of), failure to observe (*od.* to comply [with]), inobservance (of), *auch* inobservancy (of), noncompliance *Br.* non- (with). — **~beˌantˌwor·tung** *f* nonresponse *Br.* non-. — **~beˌfol·gung** *f cf.* Nichtbeachtung 2. — **~beˌnut·zung** *f* nonuse *Br.* non-, disuse. — **n~beˌrech·tigt I** *adj* ⟨*attrib*⟩ unauthorized *Br. auch* -s-, unqualified. – **II N~e** *m, f* ⟨-n; -n⟩ *bes. jur.* unauthorized (*Br. auch* -s-) person, person without a title. — **n~beˌrufsˌtä·tig I** *adj* ⟨*attrib*⟩ having no occupation, not (occupationally *od.* professionally) employed. – **II N~e** *m, f* ⟨-n; -n⟩ person having no occupation (*od.* profession): die N~en *pl* those having no occupation. — **~beˌste·hen** *n* **1.** nonexistence *Br.* non-. – **2.** *ped.* failure to pass: das ~ der Prüfung failure to pass the examination. — **~beˌtei·li·gung** *f* nonparticipation *Br.* non-. — **n~beˌwirt·schaf·tet** *adj* ⟨*attrib*⟩ *bes. econ.* nonrationed *Br.* non-, noncontrolled *Br.* non-, (*Importe*) liberalized. — **~beˌzah·lung** *f econ.* **1.** nonpayment *Br.* non-. – **2.** (*von Wechseln etc*) dishonoring, *bes. Br.* dishonouring. — **~ˌchrist** *m relig.* non-Christian, infidel. — **n~ˌchrist·lich** *adj* ⟨*attrib*⟩ non-Christian, infidel. — **n~ˌdeutsch I** *adj* ⟨*attrib*⟩ non-German: in einer ~en Währung in a non-German currency, in a currency other than German. – **II N~e** *m, f* ⟨-n; -n⟩ non-German.

Nich·te ['nɪçtə] *f* ⟨-; -n⟩ niece.

'Nicht|ˌeig·nung *f only in* bei ~ in case of nonqualification (*Br.* non-qualification) (*od.* nonsuitability, *Br.* non-suitability). — **~ˌeinˌhal·tung** *f cf.* Nichtbeachtung 2. — **n~ˌeinˌklag·bar** *adj* ⟨*attrib*⟩ unenforceable. — **n~ˌeinˌlös·bar** *adj* ⟨*attrib*⟩ *econ.* **1.** (*Währungen*) inconvertible, nonconvertible *Br.* non-. – **2.** (*Wertpapiere*) irredeemable. — **~ˌeinˌlö·sung** *f* **1.** nonredemption *Br.* non-. – **2.** (*eines Wechsels etc*) dishonoring, *bes. Br.* dishonouring.

'Nichtˌeinˌmi·schung *f* **1.** noninterference *Br.* non-. – **2.** *pol.* nonintervention *Br.* non-.

ˌNicht'einˌmi·schungs|ˌpakt *m pol.* nonintervention (*Br.* non-intervention) pact. — **~po·liˌtik** *f* policy of nonintervention (*Br.* non-intervention).

'Nicht|ˌei·sen·meˌtall *n metall.* nonferrous (*Br.* non-ferrous) metal. — **~erˌfül·lung** *f* **1.** nonfulfil(l)ment *Br.* non-. – **2.** *jur. econ.* nonperformance *Br.* non-, default, failure of performance. — **~erˌschei·nen** *n* **1.** (*zum Dienst, in der Schule etc*) nonattendance *Br.* non- (of), failure to appear, absence (from): bei ~ in case of nonattendance. – **2.** *jur.* (*vor Gericht*) nonappearance *Br.* non-, default, failure to appear: j-n wegen ~s vor Gericht verurteilen to enter a default against s.o. – **3.** *print.* (*eines Buches*) nonpublication *Br.* non-. — **n~euˌkli·disch** *adj* ⟨*attrib*⟩ *math.* non-Euclidean. — **n~exiˌstent** *adj* ⟨*attrib*⟩ nonexistent *Br.* non-. — **~ˌfach·ˌmann** *m* nonprofessional *Br.* non-, layman, amateur. — **n~flekˌtier·bar** *adj* ⟨*attrib*⟩ *ling.* noninflectional, *Br. auch* non-inflexional, uninflected. — **~geˌbrauch** *m* **1.** nonuse *Br.* non-, nonusage *Br.* non-, disuse: bei ~ when not in use. – **2.** *jur.* (*eines Rechts*) nonuser *Br.* non-. — **~geˌfal·len** *n only in* bei ~ (Geld zurück) (cash refunded) if not satisfied. — **~geˌlin·gen** *n* failure, unsuccess. — **~geˌschäftsˌfä·hi·ge** *m, f* ⟨-n; -n⟩ *jur.* person not competent to contract. — **~geˌwünsch·te** *n* ⟨-n; *no pl*⟩ undesired thing. — **~-ˌIch** *n philos.* nonego *Br.* non-, not-self, object.

'nich·tig *adj* **1.** (*wertlos, unbedeutend*) futile, hollow, vain, idle, empty: ~e Dinge futile things; ~e Freuden vain joys; ~e Wahrheiten vain truths; ~e Worte idle (*od.* empty) words; alles ist ~ all things are vain; ein ~er Vorwand a flimsy excuse. – **2.** (*geringfügig, belanglos*) trivial, trifling. – **3.** *relig.* (*Leib*) vile. – **4.** *jur.* void, invalid: null und ~ null and void; etwas für (null und) ~ erklären to declare s.th. null and void; null und ~ machen to nullify, to make null and void, to invalidate. — **'Nich·tig·keit** *f* ⟨-; -en⟩ **1.** ⟨*only sg*⟩ futility, hollowness, vanity, idleness, emptiness: über die ~ der Welt nachdenken to meditate on the vanity of all things. – **2.** futile (*od.* hollow, vain, idle, empty) thing: er legt zu viel Wert auf ~en he attaches too much importance to trifles (*od.* futile things). – **3.** triviality, trifling matter: wie kann man sich über solche ~en nur so aufregen! how can anyone get excited over such trifling matters. – **4.** ⟨*only sg*⟩ *jur.* voidness, nullity, invalidity.

'Nich·tig·keits|beˌschwer·de *f jur.* plea of nullity. — **~erˌklä·rung** *f* declaration of nullity, annulment, defeasance, avoidance, nullification. — **~ˌkla·ge** *f* action for annulment, nullity suit. — **~ˌklau·sel** *f* defeasance (clause). — **~ˌur·teil** *n* judg(e)ment of annulment (*od.* of nullity), decree of nullity.

'Nicht|in·ter·ven·tiˌon *f pol. cf.* Nichteinmischung 2. — **~ˌkämp·fer** *m mil.* noncombatant *Br.* non-. — **~ka·thoˌlik** *m relig.* non-Catholic. — **~ˌkaufˌmann** *m econ.* nonmerchant *Br.* non-. — **~ˌken·ner** *m* nonacquainted (*Br.* non-) person. — **~kom·batˌtant** *m cf.* Nichtkämpfer. — **n~kon·verˌtier·bar** *adj* ⟨*attrib*⟩ *econ.* inconvertible, nonconvertible *Br.* non-. — **~kon·verˌtier·bar·keit** *f* inconvertibility, nonconvertibility *Br.* non-. — **n~ˌkrieg·ˌfüh·rend** *adj* ⟨*attrib*⟩ *pol.* nonbelligerent *Br.* non-. — **~ˌlei·stung** *f bes. jur.* nonperformance *Br.* non-. — **n~ˌlei·tend** *adj* ⟨*attrib*⟩ *electr.* nonconducting *Br.* non-. — **~ˌlei·ter** *m* nonconductor *Br.* non-. — **n~ˌleuch·tend** *adj* ⟨*attrib*⟩ nonluminous *Br.* non-. — **~ˌlie·fe·rung** *f econ.* nondelivery *Br.* non-. — **n~ma·gneˌtisch** *adj* ⟨*attrib*⟩ *electr.* nonmagnetic *Br.* non-. — **~meˌtall** *n metall.* nonmetal *Br.* non-, metalloid. — **n~meˌtal·lisch** *adj* ⟨*attrib*⟩ nonmetallic *Br.* non-. — **~ˌmitˌglied** *n* **1.** nonmember *Br.* non-. – **2.** *econ.* (*einer Gewerkschaft*) nonunionist *Br.* non-. — **n~ˌöf·fent·lich** *adj* ⟨*attrib*⟩ closed, private: in ~er Sitzung in closed session, in chambers, in camera. — **n~or·ga·niˌsiert** *adj* ⟨*attrib*⟩ (*Arbeiter etc*) nonorganized, *Br. auch* non-organised, nonunion *Br.* non-. — **n~oxyˌdie·rend** *adj* ⟨*attrib*⟩ *chem.* **1.** nonoxidizing *Br.* non-. – **2.** (*nichtoxydierbar*) nonoxidizable *Br.* non-. — **n~ˌpakt·geˌbun·den** *adj* ⟨*attrib*⟩ *pol.* (*Staat etc*) not bound by a (*od.* the) treaty.

'Nichtˌrau·cher *m* **1.** nonsmoker *Br.* non-: er ist ~ he doesn't smoke. – **2.** (*bei Bahn etc*) a) (*Aufschrift*) no smoking, b) *cf.* Nichtraucherabteil. — **~ˌabˌteil** *n* nonsmoker *Br.* non-, nonsmoking (*Br.* non-smoking) compartment. — **~ˌrau·che·rin** *f* nonsmoker *Br.* non-. — **n~ˌroˌstend** *adj* ⟨*attrib*⟩ (*Stahl etc*) rustproof, nonrusting *Br.* non-, incorrodible, rust-resisting, stainless, rustless.

nichts *indef pron* **1.** ⟨*adjektivisch*⟩ nothing, naught, nought, not anything: ~ Neues nothing new; ~ anderes als nothing (else) but; er redet von ~ anderem he talks of nothing else; ~ dergleichen nothing of the kind (*od.* sort), no such thing; weißt du ~ Besseres? don't you know anything better? ich weiß ~ Genaues (*od.* Näheres) I don't know any particulars (*od.* details); auf meinen Freund lasse ich ~ Schlechtes kommen *colloq.* I won't have my friend insulted; ich ahnte ~ Böses I didn't suspect anything wrong (*od.* evil). – **2.** ⟨*substantivisch*⟩ nothing, naught, nought, not anything: ~ als Ärger nothing but vexation; ~ da! *colloq.* nothing doing! (*colloq.*); ich habe ~ dagegen (einzuwenden) I have nothing against it, I have no objections (to raise), I don't object (to it), I don't mind; **daran läßt sich ~ ändern** (*od.* **machen**) there is nothing to be done (*od.* that can be done) about it, it can't be helped; **an dem Gerücht ist ~ dran** *colloq.* there is nothing (*od.* no substance) to the rumo(u)r; **es ist ~ daraus geworden** *colloq.* nothing has come of it, it has come to nothing; **~ mehr davon!** no more about that; **ich habe ~ davon gewußt** I didn't know anything about that; **er wußte noch ~ (davon)** he didn't yet know anything (about that); **ich mag ~ mehr davon hören** I don't want to hear any more about that; **(ganz und) gar ~** nothing at all, nothing what(so)ever; **fast gar ~** almost (*od.* next to) nothing, hardly anything; **er hat so gut wie (gar) ~ gegessen** he ate practically nothing; **ich will mit ihm ~ mehr zu tun haben** I don't want to have any(thing) more to do with him (*od.* any more dealings with him); **ein Spaziergang würde dir so gut wie gar ~ schaden** you would be none the worse for a walk; **sonst ~?** nothing else? **weiter ~? ~ weiter?** nothing more? is that all? **wenn es weiter ~ ist** if that is all; **es bleibt ihm weiter ~** (*od.* **~ weiter**) **übrig** there is nothing more he can do; **es blieb uns ~ weiter übrig als zu gehen** there was nothing for us but to go; **~ wie hin!** *colloq.* let's go there; **~ wie raus!** *colloq.* let's get out of here (*colloq.*); **ich lasse mich durch ~ abhalten** nothing will deter me; **für** (*od.* **um**) **~ und wieder ~** *colloq.* to no purpose what(so)ever, in vain; **das ist ~ für mich** that's not for me, that's not (in) my line, *Br. colloq.* that's not my cup of tea; **du bist auch für (gar) ~ zu haben** *colloq.* you are a hard man to get to do s.th., you are a hard man to pin down; **~ für ungut** *colloq.* no offence (*Am.* offense) (*od.* harm) meant, no hard feelings; **ich habe ~ gegen ihn** I have (got) nothing against him; **die Wolke hat sich in ~ aufgelöst** the cloud dissolved into nothing; **die beiden Häuser unterscheiden sich in ~ voneinander** the two houses do not differ in any way (*od.* differ in no way); **sie ist mit ~ zufrieden** she is content with nothing; **dieser Garten sieht nach ~ aus** (*od.* **stellt ~ dar**) *colloq.* this garden looks like nothing; **um ~ spielen** to play for nothing (*od.* love); **um ~ in der Welt** not for anything in the world; **ich weiß von ~** I know of nothing; **er wird es zu ~ bringen** he won't go far, he won't get anywhere; **das ist zu ~ zu gebrauchen** that's no (earthly) good (for anything), that's of no (earthly) use (for anything); **du bist aber auch zu ~ zu gebrauchen** *colloq.* you can turn your hand to nothing, you are no help at all; **er kommt zu ~** he never gets round to (doing) anything; **alles oder ~** it's all or nothing; **du kannst doch nicht so mir ~, dir ~ davonlaufen** *colloq.* you can't run off without so much as a 'by your leave'; **~ zu machen!** nothing doing! can't be helped! *Am. sl.* no soap! **ich werde ~ unversucht lassen** I'll leave no stone unturned; **das** (*od.* **es**) **hat ~ auf sich, das** (*od.* **es**) **tut ~ zur Sache, es ist ~ von Bedeutung** (*od.* **Belang**) that is of no importance (*od.* consequence); **das macht** (*od.* **tut, schadet**) **~** that does not matter, never mind; **er tut ~** he does no work; **der Hund tut dir ja ~** the dog won't do you any harm; **auf meinen Freund lasse ich ~ kommen** *colloq.* I won't have my friend insulted; **~ ahnend ging ich hin** I went there unsuspectingly; **weiter willst du ~?** is that all you want? **mir liegt ~ daran** I am not greatly interested in it; **ich habe ~ davon** I get nothing out of it; **ich konnte ~ erfahren** I couldn't find out anything; **ich will ~ gesagt haben** don't quote me; **er ist um ~ gebessert** he has not improved one bit; **es ist ~ von Bedeutung** it is not of any significance; **es gibt ~, was ihn aus der Ruhe bringen kann** nothing can upset him; **da ist ~ zu wollen** it's no use trying; **~ zu danken!** don't mention it! not at all! *bes. Am.* you're welcome! **zu ~ nütze sein** to be good for nothing; **auf ~ Lust haben** not to care to have anything, to lack any definite desire; **zu ~ Lust haben** not to feel like doing anything; **du hast hier ~ zu suchen** you've (got) no business being (*bes. Br.* to be) here; **~ hören und ~ sehen** to be oblivious to (*od.* of) everything, to be blind and deaf to everything; **aus ~ wird ~, von ~ kommt ~** nothing comes of (*od.* from) nothing; → Lärm 1.

Nichts *n* ⟨-; *no pl*⟩ **1.** nothing, nothingness, naught, nought, nil, (*Leere*) void: **seine Hoffnungen sind in ein ~ zerronnen** his hopes have come to naught; **am Anfang war das ~** in the beginning (there) was void. – **2.** (*Nirgendwo*) nowhere: **aus dem ~ auftauchen** to appear from nowhere. – **3.** (*Geringfügigkeit*) trifle, mere nothing: **wollt ihr euch um ein ~ streiten?** do you want to argue about a trifle (*od.* bagatelle)? **oft entscheidet ein ~** a mere nothing can often decide the issue. – **4.** (*erster Anfang*) scratch: **aus dem ~ anfangen** to start from scratch. – **5.** (*etwas Kleines*) mere (*od.* little) nothing: **ein ~ von einem Bikini** a teeny-weeny (*od.* an apology for a) bikini (*colloq.*). – **6.** (*Person*) nonentity: **er ist beruflich ein ~** he is a nonentity in his profession. – **7.** (*Zusammenbruch, Ruin*) ruin: **nach Aufgabe seines Geschäftes steht er vor dem ~** having closed down his business he is on the brink of (*od.* faced with) ruin. – **8.** *philos.* nothingness, negation of being, nonentity.

'nichts·be,deu·tend *adj* insignificant, unimportant, of no importance.

'Nicht,schwim·mer *m* nonswimmer *Br.* non-: **er ist ~** he can't swim. — **~,becken** (*getr.* -k·k-) *n* non(-)swimmers' pool.

'nichts,de·sto'min·der *adv cf.* nichtsdestoweniger.

'nichts,de·sto'trotz *adv colloq. humor.* nonetheless (*Br.* none the less) and notwithstanding (*humor.*).

'nichts,de·sto'we·ni·ger *adv* nevertheless, nonetheless, *Br.* none the less, notwithstanding.

'Nicht,sein *n* nothingness, nonexistence *Br.* non-.

'nicht,seß·haft *adj* ⟨*attrib*⟩ (*Volksstamm*) nomadic, vagabond.

'Nichts,kön·ner *m* ⟨-s; -⟩ ne'er-do-well, duffer (*colloq.*).

'Nichts,nutz *m* ⟨-es; -e⟩ good-for-nothing, *auch* good-for-naught.

'nichts,nut·zig *adj* good-for-nothing (*attrib*), worthless. — **'Nichts,nut·zig·keit** *f* ⟨-; *no pl*⟩ good-for-nothingness, worthlessness.

'nicht·so·zia,li·stisch *adj* ⟨*attrib*⟩ *pol.* nonsocialist *Br.* non-.

'nichts,sa·gend *adj* **1.** (*ausdruckslos*) inexpressive, vacant, vacuous: **ein ~er Blick [Gesichtsausdruck]** a vacant look [expression]. – **2.** (*bedeutungslos*) insignificant, meaningless, empty, trivial, pointless, shallow: **~e Worte** empty words, words empty of meaning; **die Rede war langweilig und ~** the speech was dull and meaningless. – **3.** (*unbestimmt*) uninformative, vague, noncommittal *Br.* non-: **eine ~e Antwort** a vague answer. – **4.** (*farblos*) colorless, *bes. Br.* colourless, flat.

'nicht|,staat·lich *adj* ⟨*attrib*⟩ **1.** (*Organisation etc*) nongovernmental *Br.* non-. – **2.** (*Schule etc*) private. — **~,stän·dig** *adj* ⟨*attrib*⟩ (*Mitglied etc*) nonpermanent *Br.* non-.

'Nichts,tu·er *m* ⟨-s; -⟩ *colloq.* **1.** do-nothing, idler, loafer. – **2.** (*Faulpelz*) lazybones *pl* (*construed as sg or pl*). — **,Nichts·tue'rei** *f* ⟨-; *no pl*⟩ *cf.* Nichtstun. — **'nichts,tue·risch** *adj* **1.** idle, loafing, inactive. – **2.** (*faul*) lazy. — **'Nichts,tun** *n* idling, idleness, inaction: **süßes ~** dolce far niente; **seine Zeit mit ~ verbringen** to idle away one's time.

'Nichts,wis·ser *m* ⟨-s; -⟩ know-nothing, ignoramus.

'nichts,wür·dig *adj* **1.** worthless, mean, base. – **2.** (*verächtlich*) miserable, contemptible, vile. — **'Nichts,wür·dig·keit** *f* ⟨-; *no pl*⟩ **1.** worthlessness, meanness, baseness. – **2.** contemptibility, vileness.

'Nicht|,tän·zer *m* nondancer *Br.* non-: **ich bin ~** I don't dance. — **~,teil,nah·me** *f* nonparticipation *Br.* non-. — **n~,trop·fend** *adj* ⟨*attrib*⟩ (*Kerze etc*) non-drip. — **~,über,ein,stim·mung** *f* (mit) disagreement (with), dissent (from), discord (with), discordance (with), *auch* discordancy (with). — **n~,über,trag·bar** *adj* ⟨*attrib*⟩ **1.** nontransferable *Br.* non-. – **2.** *econ.* nonnegotiable *Br.* non-, not negotiable. – **3.** *jur.* (*Rechte etc*) inalienable. — **n~,um,wan·del·bar** *adj* ⟨*attrib*⟩ *econ.* inconvertible. — **~,um,wan·del·bar·keit** *f* inconvertibility. — **n~ver,ant,wort·lich** *adj* ⟨*attrib*⟩ *jur.* irresponsible. — **~ver,ant,wort·lich·keit** *f* irresponsibility. — **~ver,füg·bar·keit** *f* unavailability, unavailableness. — **n~ver,si·chert** *adj* ⟨*attrib*⟩ uninsured. — **~,voll,streckung** (*getr.* -k·k-), **~,voll,zie·hung** *f* nonexecution *Br.* non-, inexecution. — **~,vor·be,straf·te** *m, f jur.* person with no police record, person with no previous conviction. — **~,vor,han·den,sein** *n philos.* nonexistence *Br.* non-, inexistence. — **~,wäh·ler** *m*, **~,wäh·le·rin** *f pol.* **1.** abstentionist, nonvoter *Br.* non-. – **2.** (*Nichtwahlberechtigter*) nonvoter *Br.* non-, disenfranchised person. — **~,wei·ter·ver,brei·tung** *f pol.* (*von Atomwaffen etc*) nondiffusion *Br.* non-. — **~,wis·sen** *n* ignorance. — **~,wol·len** *n* unwillingness. — **~,zah·lung** *f econ.* nonpayment *Br.* non-, default of payment: **bei ~** in default of payment. — **n~,zie·lend** *adj* ⟨*attrib*⟩ *ling.* intransitive. — **~,zu,las·sung** *f* nonadmission *Br.* non-. — **~zu,stan·de,kom·men** *n* (*eines Geschäftes, Vertrages etc*) nonconclusion *Br.* non-. — **~,zu,stän·dig·keit** *f jur.* incompetence, *auch* incompetency. — **~,zu,tref·fen·de** *n* ⟨-n; *no pl*⟩ *only in* **~s streichen!** delete (*od.* cross out) what does not apply.

'Nick,ach·se *f* (*space*) pitch axis.

Nickel[1] (*getr.* -k·k-) ['nɪkəl] *n* ⟨-s; *no pl*⟩ *chem., min.* nickel (Ni).

'Nickel[2] (*getr.* -k·k-) *m* ⟨-s; -⟩ **1.** *myth.* nix, water sprite. – **2.** *fig. colloq.* stubborn (*od.* obstinate) person. – **3.** *dial. for* Knirps 1. – **4.** *dial. for* Nikolaus II.

'Nickel[3] (*getr.* -k·k-) *m* ⟨-s; -⟩ *obs.* **1.** (*Nickelgeld*) nickel. – **2.** *cf.* Nickelmünze.

'Nickel|,blü·te (*getr.* -k·k-) *f min.* nickel bloom (*od.* ocher, *bes. Br.* ochre), annabergite. — **~,chrom,stahl** *m* chrome-nickel steel. — **~,ei·sen** *n metall.* nickel-iron. — **~,erz** *n* nickel ore. — **n~,hal·tig** *adj chem. min.* nickelic, nickelous, nickeliferous.

Nicke·lin (*getr.* -k·k-) [nɪkə'liːn] *m* ⟨-s; *no pl*⟩ *min.* nickeline.

'Nickel|le,gie·rung (*getr.* -k·k-) *f metall.* nickel alloy. — **~,mann** *m myth. cf.* Nickel[2] 1. — **~,mün·ze** *f* nickel coin. — **~,stahl** *m metall.* nickel steel. — **~sul,fat** *n chem.* nickel sulfate (*bes. Br.* -ph-) ($NiSO_4$). — **~sul,fid** *n* nickel sulfide (*bes. Br.* -ph-) (NiS). — **~,über,zug** *m metall.* nickel plating.

nicken (*getr.* -k·k-) ['nɪkən] *v/i* ⟨h⟩ **1.** nod: **mit dem Kopf ~** to nod one's head; **zustimmend (mit dem Kopf) ~** to nod one's head in approval, to nod (one's) approval (*od.* agreement). – **2.** (*als Gruß*) bow. – **3.** (*als Wink*) beckon. – **4.** *colloq.* (*schlummern*) snooze (*colloq.*), doze, nap, nod. – **5.** *poet.* (*von Blumen, Schilf etc, bes. im Wind*) nod. – **6.** (*space*) pitch.

'Nicker (*getr.* -k·k-) *m* ⟨-s; -⟩ **1.** *colloq. for* Nickerchen. – **2.** *hunt. cf.* Nickfänger. — **'Nicker·chen, 'Nicker·lein** (*getr.* -k·k-) *n* ⟨-s; -⟩ *only in* **ein ~ machen** *colloq.* to take a nap; to have a snooze (*Am. auch* catnap) (*od.* [one's] forty winks) (*colloq.*).

'Nick|,fän·ger *m hunt.* hunting knife. — **~,haut** *f zo.* nictitating membrane, (*bei Vögeln*) third eyelid. — **~,krampf** *m med.* nodding (*od.* salaam) spasm.

Ni·da·ti·on [nida'tsɪoːn] *f* ⟨-; -en⟩ *med.* nidation, implantation.

Ni·del ['niːdəl] *m* ⟨-s; *no pl*⟩, *f* ⟨-; *no pl*⟩ *Swiss dial. for* Sahne 1.

nie [niː] *adv* never, at no time: **fast ~** hardly ever; **~ mehr** (*od.* **wieder**) never again; **jetzt oder ~** (it's) now or never; **~ und nimmer werde ich das vergessen** I will never forget that, never in my life will I forget that; **so etwas war noch ~ da** a thing like that has never happened before; **es ist noch ~ so gewesen** it has never been like that before; **eine ~ wiederkehrende Gelegenheit** an opportunity that will never come again; **ich habe noch ~ erlebt, daß er gedankt hat** I am yet to see the day when (*od.* that) he would say thank you; **~ im Leben!** never ever! not on your life! **besser spät als ~** (*Sprichwort*) better late than never.

nie·der ['niːdər] **I** *adj* **1.** (*Dienststelle, Rang, Wert etc*) lower: **von ~er Geburt** of low (*od.* mean) birth; **der ~e Adel** the gentry, the lower aristocracy. – **2.** (*Gesinnung etc*) low, base, mean. – **3.** *biol. geogr. jur.* lower:

in den ~en Breiten *geogr.* in the lower latitudes. – **4.** ~e Jagd *hunt. cf.* Niederjagd. – **5.** *cf.* niedrig 1, 9, 10, 12. – **II** *adv* **6.** down: ~ mit ihm! down with him! die Waffen ~! lay down your arms! down with your arms! die Zweige schwanken auf und ~ the twigs wave up and down; er ging im Zimmer auf und ~ he paced (up and down) the room. – **III N~e, das** ⟨-n⟩ **7.** the vulgarity: er hat einen Hang zum N~en he tends to be vulgar. — **N~ˌbay·er** *m* Lower Bavarian. — **~ˌbay(e)·risch** *adj* Lower Bavarian. — **~ˌbeu·gen** *v/t u.* **sich ~** *v/reflex* ⟨*sep*, -ge-, h⟩ bend down, bow. — **~ˌbie·gen** *v/t* ⟨*irr, sep*, -ge-, h⟩ bend down. — **~ˌbla·sen** *v/t* ⟨*irr, sep*, -ge-, h⟩ *metall.* (*Hochofen*) blow down. — **N~ˌbordˌwa·gen** *m* (*railway*) low-sided freight car (*Br.* waggon). — **~ˌbre·chen I** *v/t* ⟨*irr, sep*, -ge-, h⟩ break (*od.* pull) down. – **II** *v/i* ⟨sein⟩ break down. — **~ˌbren·nen I** *v/t* ⟨*irr, sep*, -ge-, h⟩ burn down, burn (*s.th.*) to (*od.* lay [*s.th.*] in) ashes: ein Haus ~ to burn down a house. – **II** *v/i* ⟨sein⟩ burn down: das Haus ist bis auf die Grundmauern niedergebrannt the house burnt down to its very foundations; das Feuer [die Kerze] ist niedergebrannt the fire [the candle] has burned (*od.* burnt) down. — **~ˌbrin·gen** *v/t* ⟨*irr, sep*, -ge-, h⟩ eine Bohrung ~ (*mining*) to drill a hole. — **~ˌbrül·len** *v/t* ⟨*sep*, -ge-, h⟩ **1.** shout (*s.o.*) down. – **2.** (*im Parlament*) boo. — **~ˌdeutsch I** *adj* Low German. – **II** *ling.* **N~** ⟨*generally undeclined*⟩, **das N~e** ⟨-n⟩ Low German. — **N~ˌdeut·sche** *m, f* Low German. — **~ˌdon·nern I** *v/i* ⟨*sep*, -ge-, sein⟩ come down with a crash: die Lawine donnerte ins Tal nieder the avalanche came thundering down into the valley. – **II** *v/t* ⟨h⟩ j-n ~ *fig. colloq.* to shout s.o. down.

ˈNie·derˌdruck *m* ⟨-(e)s; ⸚e⟩ *phys.* low pressure. — **~ˌbren·ner** *m phys.* low-pressure burner. — **~ˌdampf** *m* low-pressure steam. — **~ˌdampfˌkes·sel** *m* low-pressure steam boiler. — **~ˌdampf·maˌschi·ne** *f* low-pressure steam engine.

ˈnie·der|ˌdrücken (*getr.* -k·k-) *v/t* ⟨*sep*, -ge-, h⟩ **1.** (*Hebel etc*) depress, press (*od.* push) down: das Gewicht drückt die Waagschale nieder the weight depresses the scale. – **2.** (*mit starkem Druck*) weigh down: der Schnee drückt die Zweige nieder the snow weighs down the branches. – **3.** *mus.* (*Tasten*) depress. – **4.** *fig.* weigh down, depress, oppress, weigh on (*od.* upon): die Sorge [der Mißerfolg] drückt ihn nieder sorrow [failure] weighs on him. — **~ˌdrückend** (*getr.* -k·k-) **I** *pres p.* – **II** *adj fig.* (*Nachricht, Stimmung etc*) depressing.

ˈNie·derˌdruck|ˌhei·zung *f tech.* low-pressure heating. — **~ˌkraftˌwerk** *n* low-heat hydropower station.

ˈnie·der|ˌfah·ren *v/i* ⟨*irr, sep*, -ge-, sein⟩ **1.** descend: zur Hölle ~ to descend to hell. – **2.** (*von Blitz*) strike. — **~ˌfal·len** *v/i* ⟨*irr, sep*, -ge-, sein⟩ fall down: er fiel auf die Knie nieder und betete he fell down on his knees and prayed; vor j-m ~ to fall (*od.* throw oneself) at s.o.'s feet, to prostrate oneself before s.o. — **N~ˌflurˌwa·gen** *m tech.* low-cradled tramcar (*Am.* streetcar). — **~freˌquent** *adj electr.* low- (*od.* audio)-frequency (*attrib*).

ˈNie·der·freˌquenz *f electr.* low (*od.* audio) frequency. — **~ˌofen** *m* low-frequency furnace.

ˈNie·derˌgang *m* ⟨-(e)s; ⸚e⟩ **1.** ⟨*only sg*⟩ (*der Gestirne*) setting: vom Aufgang bis zum ~ der Sonne from sunrise to sunset. – **2.** ⟨*only sg*⟩ *fig.* (*Untergang*) fall, decline: der ~ des römischen Reiches the fall of the Roman Empire. – **3.** ⟨*only sg*⟩ *fig.* (*sittlich u. kulturell*) decline, descent, decay, decadence, *auch* decadency: der ~ der Mayakultur the decline of the Maya culture; der ~ der Moral the decay of moral principles. – **4.** *mar.* companion (hatchway *od.* ladder), companionway. – **5.** ⟨*only sg*⟩ *metall.* (*einer Gicht*) descent, fall. – **6.** ⟨*only sg*⟩ *tech.* a) (*eines Kolbens*) downstroke, b) (*eines Aufzugkübels*) downward travel, c) (*eines Pressenstößels*) downstroke, downtravel, downward advance.

ˈnie·der·geˌdrückt I *pp.* – **II** *adj cf.* niedergeschlagen II. — **ˈNie·der·geˌdrückt·heit** *f* ⟨-; *no pl*⟩ *cf.* Niedergeschlagenheit.

ˈnie·derˌge·hen *v/i* ⟨*irr, sep*, -ge-, sein⟩ **1.** (*von Regen etc*) fall, come down. – **2.** (*von Gewitter*) break, burst. – **3.** (*theater*) (*von Vorhang*) fall, descend, drop. – **4.** *aer.* (*Notlandung von Flugzeugen*) touch (*od.* come) down, land. – **5.** (*space*) (*von Flugkörpern*) come down, (*auf dem Wasser*) touch (*od.* splash) down.

ˈnie·der·geˌschla·gen I *pp of* niederschlagen. – **II** *adj* **1.** depressed, dejected, downcast, oppressed, downhearted, crestfallen: er ist ganz ~ he is very downcast. – **2.** (*mutlos*) discouraged, disheartened, despondent, low-spirited. — **ˈNie·der·geˌschla·gen·heit** *f* ⟨-; *no pl*⟩ **1.** depression, dejection, dejectedness, downheartedness, crestfallenness, oppression. – **2.** (*Mutlosigkeit*) despondency, low-spiritedness.

ˈnie·der|geˌstreckt I *pp.* – **II** *adj bot. zo.* prostrate. — **~ˌhal·ten** *v/t* ⟨*irr, sep*, -ge-, h⟩ **1.** hold (*od.* keep) down. – **2.** (*Feuersbrunst*) contain, fight back. – **3.** *fig.* (*Aufstand, Empörung etc*) repress, suppress. – **4.** *mil.* neutralize *Br. auch* -s-, pin down: den Feind ~ to pin the enemy down. — **~ˌhau·en** *v/t* ⟨*irr, sep*, -ge-, h⟩ cut down, fell: er hieb den Gegner nieder he cut his opponent down. — **~ˌhocken** (*getr.* -k·k-) *v/reflex* ⟨*sep*, -ge-, h⟩ sich ~ squat (down). — **~ˌho·len** *v/t* ⟨*sep*, -ge-, h⟩ **1.** (*Fahne etc*) lower, haul down. – **2.** *mar.* strike, lower, haul down. — **N~ˌholz** *n* (*forestry*) *cf.* Unterholz. — **N~ˌjagd** *f hunt.* small-game shooting (*Am.* hunting). — **~ˌkämp·fen** *v/t* ⟨*sep*, -ge-, h⟩ **1.** overcome, subdue: einen Gegner ~ to overcome an adversary. – **2.** *mil.* a) neutralize *Br. auch* -s-, put (*s.o.*) out of action, b) (*feindliches Feuer*) silence. – **3.** *fig.* subdue: eine Abneigung gegen j-n ~ to suppress an aversion to s.o.; sie kämpfte die Tränen nieder she suppressed (*od.* fought back) her tears. — **~ˌknal·len** *v/t* ⟨*sep*, -ge-, h⟩ j-n ~ *colloq.* to shoot s.o. down, to bump s.o. off (*sl.*). — **~ˌkni·en** *v/i* ⟨*sep*, -ge-, sein⟩ kneel down. — **~ˌknüp·peln** *v/t* ⟨*sep*, -ge-, h⟩ bludgeon. — **~ˌkom·men** *v/i* ⟨*irr, sep*, -ge-, sein⟩ (mit) be confined (of), be delivered (of), give birth (to): meine Tochter ist mit einem Sohn niedergekommen my daughter has given birth to a son.

ˈNie·derˌkunft *f* ⟨-; ⸚e⟩ *med.* **1.** childbirth, confinement, lying-in, accouchement: sie geht (*od.* sieht) ihrer ~ entgegen she is approaching her confinement; sie ist ihrer ~ nahe she is near(ing) her time. – **2.** (*Entbindung*) delivery, parturition (*scient.*).

ˈNie·derˌla·ge[1] *f* **1.** *mil. auch fig.* defeat, beating: eine schwere ~ erleiden (*od.* einstecken müssen, hinnehmen müssen) to suffer (a) heavy defeat, to take a heavy beating; eine vernichtende ~ a crushing (*od.* devastating) defeat, a rout; j-m eine ~ beibringen to inflict (a) defeat (up)on s.o. – **2.** (*sport*) defeat: eine knappe ~ a narrow defeat; die Mannschaft mußte eine weitere ~ hinnehmen the team was beaten again.

ˈNie·derˌla·ge[2] *f econ.* **1.** (*Zweiggeschäft*) branch (office). – **2.** (*Lager, Aufbewahrungsort*) warehouse, storehouse, depot.

ˈNie·derˌlän·der *m* ⟨-s; -⟩ Dutchman, Netherlander. — **ˈNie·derˌlän·de·rin** *f* ⟨-; -nen⟩ Dutchwoman, Netherlander. — **ˈnie·derˌlän·disch I** *adj* Dutch, Netherlandian, Netherlandic, Netherlandish: die ~e Schule (*art*) the Dutch school (of painting). – **II** *ling.* **N~** ⟨*generally undeclined*⟩, **das N~e** ⟨-n⟩ Dutch, the Dutch language.

ˈnie·derˌlas·sen I *v/t* ⟨*irr, sep*, -ge-, h⟩ **1.** (*herablassen*) lower, let down: eine Flagge ~ to lower a flag. – **2.** (*fallen lassen*) drop: den Vorhang [eine Last] ~ to drop the curtain [a burden]. – **II** *v/reflex* sich ~ **3.** (*sich herunterlassen*) let oneself down, lower oneself: sich an einem Seil ~ to let oneself down by a rope; sich auf die Knie ~ to drop (*od.* fall down) on one's knees, to kneel (down). – **4.** (*sich setzen*) sit down, seat (*od.* settle) oneself, take a seat: sich behaglich ~ to ensconce oneself (comfortably); sich in einem (*od.* einen) Sessel ~ to sink into an armchair; sich auf ein(em) Sofa ~ to sit down on a sofa. – **5.** (*von Vögeln*) (auf *dat od. acc* on) (a)light, settle, perch. – **6.** (*von Schmetterling*) (auf *dat od. acc* on) (a)light, settle. – **7.** (*Wohnsitz nehmen*) settle (down), take up (*od.* establish) (one's) residence (*od. lit.* one's abode, domicile, *auch* domicil), install (*Am. auch* instal) oneself, fix oneself (*od.* one's residence), *bes. Am.* locate: sich häuslich ~ a) to settle (down), b) to stay for a long time as a guest, to move in; ich ließ mich in Hamburg nieder I settled (down) in Hamburg. – **8.** (*Praxis, Geschäft eröffnen*) establish oneself, set (oneself) up: sich als praktischer Arzt ~ to set oneself up as a general practitioner (*od.* G.P.); sich als Rechtsanwalt ~ to settle down in the practice of law, to establish oneself in legal practice. – **III N~** *n* ⟨-s⟩ **9.** *verbal noun.*

ˈNie·derˌlas·sung *f* ⟨-; -en⟩ **1.** *cf.* Niederlassen. – **2.** (*Kolonie*) settlement, colony. – **3.** (*Gründung eines Wohnsitzes*) establishment of one's residence, domiciliation. – **4.** (*Eröffnung einer Praxis*) establishment of a practice: ~ als Arzt [Rechtsanwalt] establishment of a doctor's office (*od.* practice) [a legal practice]. – **5.** *econ.* (*Filiale*) branch (office, establishment), agency: die Firma hat eine ~ in Frankreich the firm has a branch office (*od.* an establishment) in France.

ˈNie·derˌlas·sungs|beˌstim·mun·gen *pl* establishment provisions, provisions (*od.* rules) governing new establishments (*od.* settlements). — **~ˌfrei·heit** *f* freedom to settle (*od.* to establish a residence). — **~ˌrecht** *n* right of domicile (*auch* domicil).

ˈnie·derˌle·gen I *v/t* ⟨*sep*, -ge-, h⟩ **1.** lay (down), put (down), deposit: ein Werkzeug ~ to put down a tool; einen Kranz (am Grabe) ~ to lay a wreath (at the grave); etwas heftig ~ to dump s.th. – **2.** (*Waffen*) lay down. – **3.** *fig.* (*aufgeben*) a) (*Amt etc*) leave, resign, vacate, (*bes. hohes Amt*) abdicate, b) (*Geschäft etc*) retire from, give up: die Arbeit ~ to (go on) strike, to down tools, to walk out (*colloq.*); → Krone 1. – **4.** *jur.* (*Verteidigung*) abandon. – **5.** *fig.* (*aufzeichnen*) lay (*od.* put, set) down, record: schriftlich ~ to put in (*od.* to commit to) writing; Regeln ~ to lay down rules; Gedanken in einem Buche ~ to record thoughts in a book. – **6.** (*zur Ruhe legen*) recline, rest: sein Haupt auf ein(em) Kissen ~ to recline one's head on a pillow. – **7.** (*zu Bett bringen*) put (*s.o.*) to bed. – **8.** *cf.* niederreißen. – **II** *v/reflex* sich ~ **9.** lie down, repose, (*zu Bett gehen*) go (*od.* retire) to bed (*od.* rest), retire. – **10.** da legst dich nieder! *fig. colloq. dial.* that's great (*od.* terrific)! (*colloq.*), *bes. Br. vulg.* blimey! – **III N~** *n* ⟨-s⟩ **11.** *verbal noun.* — **ˈNie·derˌle·gung** *f* ⟨-; *no pl*⟩ **1.** *cf.* Niederlegen. – **2.** *fig.* (*Aufgabe*) a) (*eines Amtes*) resignation, demission, (*bes. eines höheren Amtes*) abdication, b) retirement: ~ der Arbeit strike, walkout (*colloq.*). – **3.** *jur.* (*der Verteidigung*) abandonment.

ˈnie·der|ˌma·chen *v/t* ⟨*sep*, -ge-, h⟩ *cf.* niedermetzeln. — **~ˌmä·hen** *v/t* ⟨*sep*, -ge-, h⟩ *fig.* **1.** mow down: Truppen ~ to mow down troops. – **2.** (*sport*) (*bes. beim Fußball*) scythe down. — **~ˌmet·zeln I** *v/t* ⟨*sep*, -ge-, h⟩ massacre, butcher, slaughter, cut down. – **II N~** *n* ⟨-s⟩ *verbal noun.* — **N~ˌmet·ze·lung, N~ˌmetz·lung** *f* **1.** *cf.* Niedermetzeln. – **2.** massacre, slaughter, battue (*lit.*). — **N~ˌöster·rei·cher** *m* Lower Austrian. — **~ˌöster·rei·chisch** *adj* Lower Austrian. — **~ˌpras·seln** *v/i* ⟨*sep*, -ge-, sein⟩ **1.** (*von Hagel, Regen etc*) lash down, pelt. – **2.** *fig.* (*von Beschimpfungen etc*) hail (*od.* shower) down, rain: eine Flut von Flüchen prasselte auf ihn nieder a torrent of curses showered down upon him. — **~ˌrau·schen** *v/i* ⟨*sep*, -ge-, sein⟩ (*von Regenwasser*) rush down.

ˈnie·derˌrei·ßen I *v/t* ⟨*irr, sep*, -ge-, h⟩ **1.** (*einreißen*) tear (*od.* pull) down, demolish, raze: ein Haus ~ to tear down a house. – **2.** *fig.* (*beseitigen*) tear (*od.* break, pull) down, overthrow, abolish: die Schranken zwischen den Völkern ~ to break down (*od.* abolish) the barriers between (the) nations. – **II N~** *n* ⟨-s⟩ **3.** *verbal noun.* — **ˈNie·derˌrei·ßung** *f* ⟨-; *no pl*⟩ **1.** *cf.* Niederreißen. – **2.** (*Zerstörung*) demolition. – **3.** *fig.* (*Beseitigung*) overthrow, abolition.

ˈnie·der|ˌrei·ten *v/t* ⟨*irr, sep*, -ge-, h⟩ ride down, override. — **~ˌren·nen** *v/t* ⟨*irr, sep*, -ge-, h⟩ run down. — **~ˌrhei·nisch** *adj* *geogr.* of (*od.* relating to) the Lower Rhine. — **~ˌrin·gen** *v/t* ⟨*irr, sep,* -ge-, h⟩ **1.** (*zu Boden werfen*) wrestle (*s.o.*) down, overwhelm, flatten. – **2.** *fig.* (*bezwingen*) overpower, overwhelm, overcome, master, conquer: **eine Leidenschaft ~** to master a passion; **quälende Zweifel ~** to overcome harrowing doubts; **der Feind wurde niedergerungen** the enemy was overpowered. — **~ˌsä·beln** *v/t* ⟨*sep,* -ge-, h⟩ **1.** saber, *bes. Br.* sabre, cut down. – **2.** *cf.* niedermähen 2.

ˈNie·der|ˌsach·se *m* Lower Saxon. — **n~ˌsäch·sisch I** *adj* Lower Saxon. – **II** *ling.* **N~** ⟨*generally undeclined*⟩, **das N~e** ⟨-n⟩ Lower Saxon(ian).

ˈnie·der|ˌsau·sen *v/i* ⟨*sep,* -ge-, sein⟩ whiz down. — **N~ˌschachtˌofen** *m metall.* low shaft furnace. — **~ˌschie·ßen I** *v/t* ⟨*irr, sep,* -ge-, h⟩ j-n ~ to shoot s.o. down. – **II** *v/i* ⟨sein⟩ (auf *acc* [up]on, at) swoop down, pounce: **der Habicht schoß auf seine Beute nieder** the hawk pounced upon his prey.

ˈNie·der|ˌschlag *m* **1.** (*Bodensatz*) dregs *pl,* lees *pl,* sediment, settlings *pl,* deposit: **~ in Weinflaschen** crust; **auf dem Boden der Flasche hat sich ein ~ abgesetzt** sediment settled on the bottom of the bottle. – **2.** (*nach Atomexplosionen*) radioactive dust, fallout, *Br.* fall-out. – **3.** *meteor.* (*Regen*) rain(fall), precipitation (*scient.*): **der Wetterbericht sagte schwere Niederschläge voraus** the weather forecast announced heavy rain(fall). – **4.** *chem.* a) precipitate, precipitation, b) (*Schwitzwasser*) condensation. – **5.** (*sport*) (*beim Boxen*) a) knockdown, *Br.* knock-down, b) (*kampfentscheidender*) knockout, *Br.* knock-out. – **6.** *mus.* downstroke, downbeat, thesis: **der Dirigent bezeichnete die Stelle durch einen deutlichen ~ mit seinem Taktstock** the conductor marked the place by a distinct downstroke of his baton. – **7. seinen ~ in** (*dat*) **etwas finden** *fig.* to be embodied (*od.* reflected) in s.th., to find (its) expression in s.th.: **dieses Ereignis fand seinen ~ in einem berühmten Roman** this event was reflected in a famous novel. — **n~ˌschla·gen I** *v/t* ⟨*irr, sep,* -ge-, h⟩ **1.** j-n ~ a) to knock (*od.* strike) s.o. down, to fell s.o., b) (*sport*) (*beim Boxen*) to knock s.o. down, to floor s.o., (*kampfentscheidend*) to knock s.o. out. – **2.** strike down, beat down: **Hagel hat das Getreide niedergeschlagen** hail beat the corn down. – **3.** lay: **den Staub ~** to lay the dust. – **4.** (*Augen*) cast down, lower: **sie schlug die Augen nieder** she cast her eyes down, she looked down. – **5.** (*Kragen etc*) turn down. – **6.** *fig.* (*Aufstand etc*) put down, suppress, crush, quell, quash: **einen Aufstand blutig ~** to suppress a revolt cruelly. – **7.** *jur.* a) (*Strafprozeß etc*) quash, b) (*Forderung*) waive, c) (*Kosten, Gebühren*) cancel. – **8.** *chem.* precipitate, deposit. – **9.** *fig.* (*bedrücken*) depress, deject, dishearten. – **II** *v/reflex* **sich ~ 10.** *fig.* be reflected, occur. – **11.** *chem.* a) precipitate, deposit, b) (*von Dampf etc*) condense. – **12. der Nebel hat sich als Tau niedergeschlagen** the fog has settled as dew. – **III N~** *n* ⟨-s⟩ **13.** *verbal noun.* – **14.** *cf.* Niederschlagung. — **~ˌschla·gend I** *pres p.* – **II** *adj* disheartening.

ˈnie·derˌschlags|ˌarm *adj meteor.* of light precipitation. — **N~ˌbil·dung** *f* formation of precipitation. — **N~ˌdau·er** *f* duration of precipitation. — **~ˌfrei** *adj* free of precipitation, dry. — **N~ˌhäu·fig·keit** *f* frequency of precipitation (*od.* rainfall). — **N~ˌhö·he, N~ˌmen·ge** *f* amount of precipitation (*od.* rainfall). — **N~ˌmes·ser** *m* rain ga(u)ge. — **~ˌreich** *adj* of heavy precipitation, wet, rainy.

ˈNie·derˌschla·gung *f* ⟨-; *no pl*⟩ **1.** *cf.* Niederschlagen. – **2.** *fig.* (*eines Aufstandes etc*) suppression. – **3.** *chem.* a) precipitation, b) (*Verdunstung*) condensation. – **4.** *jur.* a) (*eines Strafprozesses etc*) quashing, b) (*einer Forderung*) waiver, c) (*von Kosten, Gebühren*) cancellation.

ˈnie·der|ˌschmet·tern *v/t* ⟨*sep,* -ge-, h⟩ **1.** dash (*od.* knock, throw) down (*od.* to the ground), floor: **etwas [j-n] mit der Faust ~** to knock s.th. [s.o.] down with one's fist; **der Wind schmetterte den Baum nieder** the wind dashed the tree to the ground. – **2.** *fig.* (*erschüttern*) shatter, crush, prostrate: **j-n völlig ~** to shatter s.o. completely; **die Nachricht schmetterte ihn nieder** the news shattered him. — **~ˌschmet·ternd I** *pres p.* – **II** *adj* (*Nachricht etc*) shattering, crushing, staggering, devastating. — **~ˌschrei·ben I** *v/t* ⟨*irr, sep,* -ge-, h⟩ **1.** (*aufschreiben*) write down, record, indite (*lit.*): **etwas in ungekürzter Form ~** to write s.th. out. – **2.** *jur.* register. – **II N~** *n* ⟨-s⟩ **3.** *verbal noun.* — **~ˌschrei·en** *v/t* ⟨*irr, sep,* -ge-, h⟩ shout (*s.o.*) down. — **N~ˌschrift** *f* **1.** *cf.* Niederschreiben. – **2.** (*Aufzeichnung*) notes *pl,* writing. – **3.** (*Protokoll*) record, minutes *pl*: **eine ~ von den Ergebnissen einer Konferenz anfertigen** to make a record of the results of a conference. — **~ˌset·zen I** *v/t* ⟨*sep,* -ge-, h⟩ **1.** put (*od.* set) down, deposit: **seine Tasse ~** to put down one's cup; **eine Last ~** to set down a burden. – **II** *v/reflex* **sich ~ 2.** sit down: **sich auf einem** (*od.* **einen**) **Stuhl ~** to sit down on a chair. – **3.** (*von Vögeln etc*) *cf.* niederlassen 5, 6. — **~ˌsin·ken** *v/i* ⟨*irr, sep,* -ge-, sein⟩ sink (*od.* go) down, descend: **auf die Knie ~** to go down on one's knees; **ohnmächtig ~** to collapse. — **N~ˌspan·nung** *f electr.* low voltage (*od.* tension). — **~ˌstamp·fen** *v/t* ⟨*sep,* -ge-, h⟩ stamp (*od.* trample) (*s.o.*) down. — **~ˌste·chen** *v/t* ⟨*irr, sep,* -ge-, h⟩ stab (*s.o.*) (down). — **~ˌstei·gen I** *v/i* ⟨*irr, sep,* -ge-, sein⟩ **1.** step down, descend: **auf- und ~** to ascend and descend; **vom Berge ~** to descend from a mountain. – **II** *v/t* **2.** step down, descend: **eine Leiter ~** to descend (*od.* come down, climb down) a ladder. – **III N~** *n* ⟨-s⟩ **3.** *verbal noun.* – **4.** descent. — **~ˌstim·men** *v/t* ⟨*sep,* -ge-, h⟩ *pol.* **1.** (*Person*) outvote, defeat (*s.o.*) by vote. – **2.** (*Vorlage etc*) vote down. — **~ˌsto·ßen I** *v/t* ⟨*irr, sep,* -ge-, h⟩ **1.** (*herabstoßen*) push (*od.* knock, strike) down, detrude (*lit.*). – **II** *v/i* ⟨sein⟩ **2.** *cf.* niederschießen II. – **III N~** *n* ⟨-s⟩ **3.** *verbal noun.* – **4.** (*Sturzflug*) swoop, stoop. — **~ˌstrecken** (*getr.* -k·k-) **I** *v/t* ⟨*sep,* -ge-, h⟩ **1.** j-n ~ a) (*mit Faustschlag*) to knock (*od.* strike) s.o. down, to floor s.o., b) (*mit Schuß*) to shoot s.o. down. – **2.** (*Waffen*) lay down. – **II** *v/reflex* **sich ~ 3.** (*sich hinlegen*) lie down, stretch out: **sich ermattet auf einem** (*od.* **ein**) **Sofa ~** to stretch out exhausted on a sofa. — **~ˌstür·zen** *v/i* ⟨*sep,* -ge-, sein⟩ **1.** rush down, crash down. – **2.** *cf.* niedersinken. — **~ˌtou·rig** [-ˌtuːrɪç] *adj* (*Motor*) low-speed (*attrib*).

ˈNie·derˌtracht *f* ⟨-; *no pl*⟩ **1.** meanness, lowness, baseness, vileness. – **2.** (*gemeine Handlung*) mean (*od.* base) act, dirty (*od.* scurvy, *sl.* rotten) trick.—**ˈnie·derˌträch·tig I** *adj* **1.** mean, low, base, vile: **eine ~e Gesinnung** a low mind; **ein ~er Mensch** a mean fellow, a wretch; **ein ~er Schurke** (*od.* **Lump**) a rascal, a scoundrel; **ein ~er Streich, eine ~e Gemeinheit** a mean (*od.* dirty, *sl.* rotten, *Am. colloq.* low-down) trick; **das war wirklich ~!** that was really mean! – **2.** (*heimtückisch*) insidious. – **II** *adv* **3. j-n ~ behandeln, mit j-m ~ verfahren** to deal meanly (*od.* in a mean way) with s.o. — **ˈNie·derˌträch·tig·keit** *f* ⟨-; -en⟩ *cf.* Niedertracht.

ˈnie·der|ˌtram·peln *v/t* ⟨*sep,* -ge-, h⟩ tread (*od.* trample, stamp) down: **er wurde von seinem Pferd niedergetrampelt** he was savaged by his horse. — **~ˌtre·ten** *v/t* ⟨*irr, sep,* -ge-, h⟩ **1.** tread (*s.th.*) (down *od.* underfoot). – **2.** (*Schuhabsätze etc*) run (*od.* wear) (*s.th.*) down.

ˈNie·de·rung *f* ⟨-; -en⟩ **1.** *geogr.* a) lowland(s *pl*), b) (*im Gelände*) low plain (*od.* ground), valley: **sumpfige ~** marshy lowlands *pl.* – **2.** *pl lit.* (*des Lebens*) harder side *sg*: **er kannte die ~en des Lebens** he had experienced the harder (*od.* darker) side of life.

ˈNie·der|ˌwald *m* (*forestry*) coppice, copse, brushwood. — **n~ˌwärts** *adv* down, downward(s), netherward(s) (*lit.*). — **n~ˌwer·fen I** *v/t* ⟨*irr, sep,* -ge-, h⟩ **1.** throw (*od.* fling, cast) down, flatten, prostrate (*lit.*). – **2.** (*bes. sport*) bring (*s.o.*) to the ground (*od.* down), flatten (*sl.*). – **3. von einer Krankheit niedergeworfen werden** *fig.* to be prostrated (*od.* stricken) by an illness. – **4.** *fig.* (*Aufstand etc*) *cf.* niederschlagen 6. – **II** *v/reflex* **5. sich ~** throw (*od.* hurl) oneself down, prostrate oneself: **sich flehend vor j-m ~** to throw oneself at s.o.'s feet. – **III N~** *n* ⟨-s⟩ **6.** *verbal noun.* — **~ˌwer·fung** *f* ⟨-; *no pl*⟩ **1.** *cf.* Niederwerfen. – **2.** *fig.* (*eines Aufstandes etc*) suppression. — **~ˌwild** *n hunt.* small game. — **n~ˌzwin·gen** *v/t* ⟨*irr, sep,* -ge-, h⟩ j-n ~ to force s.o. down.

nied·lich [ˈniːtlɪç] **I** *adj* **1.** (*hübsch*) pretty, nice (*colloq.*), sweet (*colloq.*), *Am. colloq.* cute, winsome: **ein ~es Mädchen [Gesicht]** a pretty girl [face]; **sie ist recht ~ geworden** she has become quite cute. – **2.** (*entzückend*) (*bes. Kind*) sweet, ducky (*beide colloq.*), *Am. colloq.* cute, cunning: **ein ~es Kätzchen** a sweet little kitten. – **3.** (*zierlich*) delicate, dainty: **ein ~es Füßchen** a dainty little foot; **eine ~e Frau** a petite woman. – **4.** (*Kleidung*) pretty, nice (*colloq.*): **ein ~es Hütchen** a pretty little hat. – **5.** (*drollig*) droll. – **6. das kann ja ~ werden!** *iron.* that can turn out a pretty state of affairs! – **II** *adv* **7.** prettily, nicely (*colloq.*): **sie ist immer sehr ~ angezogen** she always dresses very nicely. — **ˈNied·lich·keit** *f* ⟨-; *no pl*⟩ **1.** (*des Aussehens*) prettiness, niceness (*colloq.*), sweetness (*colloq.*), *Am. colloq.* cuteness, winsomeness. – **2.** (*des Wesens*) sweetness, duckiness (*beide colloq.*), *Am. colloq.* cuteness, cunningness. – **3.** (*Zierlichkeit*) delicacy, daintiness. – **4.** (*Drolligkeit*) drollness.

ˈNiedˌna·gel [ˈniːt-] *m med.* hangnail, [agnail.]

nie·drig [ˈniːdrɪç] **I** *adj* **1.** low: **eine ~e Hütte** a low(-roofed) hut; **eine ~e Stirn** a low forehead; **ein ~es Zimmer** a low-ceiling(ed) room; **Schuhe mit ~en Absätzen** low-heeled shoes; **bei ~em Wasserstand** *mar.* at low water; **er machte die Mauer ~er** he lowered the wall; **am ~sten Punkt** at the lowest (*od.* nethermost, lowermost) point. – **2.** (*tiefliegend*) low-lying. – **3.** *fig.* (*gering*) low: **ein ~er Gang** *tech.* a low gear; **~e Löhne** low wages; **eine ~e Schätzung** a low estimate; **ein Gebiet ~en Luftdrucks** *meteor.* a low area, a depression, an area of low pressure; **~e Steuern** low tax rate(s); **seine Mittel waren an ihrem ~sten Punkt angelangt** his means had reached their lowest (level). – **4.** *fig.* (*Preise etc*) low, cheap, moderate: **~e Preise berechnen** (*od.* **fordern**) to ask moderate prices; **zu ~erem Preis** at a lower (*od.* reduced) price; **zu ~sten Preisen** at lowest (*od.* [rock-]bottom, minimum) prices. – **5.** *fig.* (*Zahlen etc*) low, small: **~e Karten** (*games*) low cards; **vier ist eine ~ere Zahl als sechs** four is a lower figure than six. – **6.** *fig.* (*Barometerstand, Kurs, Ton etc*) low: **der Devisenkurs hat seinen ~sten Stand erreicht** *econ.* the exchange (rate) is at its lowest; **Es ist einen halben Ton ~er als E** *mus.* E flat is half a tone lower than E. – **7.** *fig.* (*minderwertig*) low, inferior: **~e Qualität** inferior quality. – **8.** *fig.* (*primitiv*) low, primitive, simple, (*schlecht*) bad: **~er Geschmack** bad (*od.* low) taste; **die Diskussion hielt sich auf einem ~en geistigen Niveau** the discussion remained at a low intellectual level. – **9.** *fig.* (*untergeordnet*) low, subordinate, inferior, humble: **ein ~er Dienstgrad** a subordinate rank; **gemäß seiner ~eren Stellung** according to his juniority. – **10.** *fig.* (*nicht vornehm*) low(ly), humble, mean, simple, obscure: **meine ~e Hütte** *humor.* my humble abode; **eine ~e Kaste** a low caste; **~es Volk** low (*od.* common) people; **von ~er Geburt** of low birth; **seine ~e Herkunft bedrückt ihn sehr** his humble origin distresses him greatly. – **11.** *fig.* (*mißachtet*) low, menial, humble: **~e Arbeit** menial work. – **12.** *fig.* (*gemein*) low, base, mean, vile: **ein ~er Charakter** a vile nature; **~e Gedanken** mean thoughts; **~e Gesinnung** low-mindedness. – **13.** *fig.* (*schlecht*) base, low, vulgar, contemptible, groveling, *bes. Br.* grovelling, scurvy: **~e Leidenschaften** vulgar passions; **~e Neigungen** contemptible inclinations; **die ~sten Instinkte** the basest instincts. – **14.** *fig.* (*ungünstig*) low, unfavorable, *bes. Br.* unfavourable: **er hat eine ~e Meinung von ihr** he has a low opinion of her. – **II** *adv* **15.** low: **~ brennen** to burn low; **~ gehen** *hunt.* to have cast the antlers, to be without antlers; **~ sitzen** to sit down low; **das Dorf liegt ~** the village lies low down (*od.* at a low level); **etwas zu ~ angeben** to understate s.th.; **der Patient liegt mit seinem Kopf zu ~** the patient is lying with his head too low; **die Schwalben**

fliegen ~ the swallows are flying low; das Wasser steht ~ the water is low; er wohnt ein Stockwerk ~er he lives one floor lower; etwas ~er setzen [stellen] to set [to place] s.th. lower (down); etwas ~er hängen a) to hang s.th. lower down, b) *fig.* to take s.th. down from its pedestal, to debunk s.th. (*colloq.*). – **16.** *fig.* (*gering*) low, (*mäßig*) moderately: ~ geschätzt werden to be moderately estimated; zu ~ schätzen to underestimate; den Preis ~ berechnen to charge a low price; die Preise stehen ~ the prices are low; die Kurse standen ¼ % ~er the rates of exchange were ¼ % worse. – **17.** *fig.* (*tief*) low. – **18.** *fig.* (*nicht vornehm*) low: ~ geboren of low(ly) (*od.* humble) birth. – **19.** *fig.* (*gemein*) low, meanly, *bes. Am.* mean, basely, (*erbärmlich*) vulgarly: ~ gesinnt sein to be vulgar-minded (*od.* low-minded). – **20.** *fig.* (*ungünstig*) low, unfavorably, *bes. Br.* unfavourably: j-n ~ einschätzen to have a low opinion of s.o.

'nie·drig·ge,sinnt *adj* ⟨*attrib*⟩ vulgar-minded, low-minded.

'Nie·drig·keit *f* ⟨-; *no pl*⟩ **1.** lowness. – **2.** *fig.* (*Gemeinheit*) lowness, baseness, meanness. – **3.** *fig.* (*von Gedanken etc*) vulgarness, vulgarity, contemptibility, scurviness.

'nie·drig|,ste·hend *adj* **1.** (*unkultiviert*) uncultured, underdeveloped, primitive. – **2.** (*untergeordnet*) low, subordinate, inferior, humble. – **3.** (*minderwertig*) low-class (*attrib*), of low standing. — **N~,was·ser** *n* ⟨-s; -⟩ *mar.* low water.

Ni·el'lier,ar·beit *f* (*art*) niello work.

ni·el·lie·ren [niɛ'liːrən] *v/t* ⟨*no* ge-, h⟩ niello, work (*s.th.*) in niello.

Ni·el·lo ['niɛlo] *n* ⟨-(s); -s *u.* Niellen⟩ (*art*) niello (work): mit ~ verzieren to niello.

'nie,mals *adv cf.* nie.

nie·mand ['niːmant] **I** *indef pron* ⟨*gen* -(e)s, *dat* -em, *auch* -, *acc* -en, *auch* -⟩ nobody, no one, none, not ... anybody, not a soul (*colloq.*): ~ als no one but; ~ anders, *auch* sonst (*od.* weiter) ~ nobody else; überhaupt ~ no one at all; ~ Fremdes no stranger; ~ ausgenommen no one excepted, with the exception of no one; ~ da? anybody there? (bietet) ~ mehr? no other bid? ~es Freund sein to be nobody's friend; auf ~ anderen (*od.* ~en anderes) warten to wait for no one else; ich habe es ~(em) erzählt I didn't tell anyone; ich habe ~(en) gesehen I didn't see anybody; ~ will es gewesen sein nobody admits having done it; ~ sprach ein Wort nobody said a word. – **II N~** *m* ⟨-(e)s; *no pl*⟩ nobody, no one: der böse N~ *euphem. for* Teufel 1.

'Nie·mands,land *n* ⟨-(e)s; *no pl*⟩ no-man's-land.

Nie·re ['niːrə] *f* ⟨-; -n⟩ **1.** *med. zo.* kidney: künstliche ~ artificial kidney; die ~n betreffend, zu den ~n gehörig renal; ich habe es mit den ~n (zu tun) *colloq.* I have kidney trouble; das geht mir (mächtig) an die ~n *fig. colloq.* that puts me out; → Herz *Bes. Redewendungen.* – **2.** *gastr.* kidney: saure ~n sour kidneys. – **3.** *geol.* reniform concretion.

'Nie·ren,becken (*getr.* -k·k-) *n med.* renal pelvis, pelvis of the kidney (*od.* ureter), pelvis renalis (*scient.*). — **~ent,zün·dung** *f* pyelitis, pyelonephritis.

'Nie·ren|,bra·ten *m gastr.* roast loin of veal. — **~ent,fer·nung** *f med.* nephrectomy. — **~ent,zün·dung** *f* inflammation of the kidneys, nephritis (*scient.*). — **~,fett** *n gastr.* suet, kidney fat. — **n~,för·mig** *adj* **1.** kidney-shaped, nephroid (*scient.*). – **2.** *min.* reniform: ~er Hämatit kidney ore. — **~,ge·gend** *f med.* renal region. — **~,grieß** *m* renal gravel (*od.* sand). — **~,ko·lik** *f* renal colic. — **n~,krank I** *adj* suffering from the kidney(s). – **II N~e** *m, f* ⟨-n; -n⟩ patient suffering from a kidney disease. — **~,krank·heit** *f*, **~,lei·den** *n* disease of the kidneys, renal disease. — **~,schlag** *m* (*sport*) (*beim Boxen*) kidney blow (*od.* punch). — **~,schwund** *m med.* renal atrophy. — **~,stein** *m* **1.** *meist pl med.* kidney stone; renal calculus, nephrolith (*scient.*). – **2.** *min.* jade, nephrite, spherulite. — **~tu·ber·ku,lo·se** *f med.* tuberculosis of the kidneys, renal tuberculosis; nephrophthisis, nephrotuberculosis (*scient.*).

'nie·rig *adj min. cf.* nierenförmig 2.

'Nies·at,tacke (*getr.* -k·k-) *f med.* sneezing spell.

nie·seln ['niːzəln] *meteor. colloq.* **I** *v/impers* ⟨h⟩ **1.** es nieselt it is drizzling. – **II N~** *n* ⟨-s⟩ **2.** *verbal noun.* – **3.** drizzle.

'Nie·sel|,priem *m Northern G. colloq.* dunce, *Am. sl.* 'dumbbell'. — **~,re·gen** *m meteor.* drizzle.

nie·sen ['niːzən] **I** *v/i* ⟨h⟩ sneeze: laut [kräftig] ~ to sneeze loudly [violently]; sie mußte dreimal ~ she sneezed three times. – **II** *v/t only in* ich werde dir [ihm] was ~! *colloq.* you [he] may whistle for it!

Nie·ser ['niːzər] *m* ⟨-s; -⟩ *colloq.* (*das Niesen*) sneeze.

'Nies|,pul·ver *n* sneezing powder. — **~,reiz** *m* urge to sneeze. — **~,reiz,schwel·le** *f nucl.* nose-blow triggering level.

'Nieß,brauch ['niːs-] *m* ⟨-(e)s; *no pl*⟩ *jur. cf.* Nutznießung. — **'Nieß,brau·cher** *m* ⟨-s; -⟩ *cf.* Nutznießer 3.

'Nieß|,nutz *m* ⟨-(e)s; *no pl*⟩, **~,nut·zung** *f jur. obs. for* Nutznießung.

'Nies,wurz *f* ⟨-; -en⟩ *bot.* hellebore (*Gattg Helleborus*): Stinkende ~ helleboraster, bear's-foot, pegroots *pl* (*construed as sg or pl*) (*H. foetidus*); Grüne ~ green hellebore, boar's-foot (*H. viridis*); Schwarze ~ Christmas rose, (black) hellebore (*H. niger*).

Niet [niːt] *m, auch n* ⟨-(e)s; -e⟩ *tech.* rivet. — **~,bol·zen** *m* riveting bolt.

Nie·te ['niːtə] *f* ⟨-; -n⟩ **1.** (*beim Los*) blank: eine ~ ziehen to draw a blank. – **2.** *fig. colloq.* (*Versager*) failure, 'washout', *Br.* 'wash-out' (*sl.*), dud (*sl.*), *bes. Am. sl.* 'lemon': er ist eine ~ he is a washout. – **3.** *fig. colloq.* (*Reinfall*) failure, 'washout', *Br.* 'wash-out' (*sl.*), 'flop' (*colloq.*): das Buch war eine ~ the book was a flop. – **4.** *colloq. for* Niet.

nie·ten ['niːtən] *tech.* **I** *v/t* ⟨h⟩ **1.** rivet. – **II N~** *n* ⟨-s⟩ **2.** *verbal noun.* – **3.** *cf.* Nietung.

'Nie·ten,ho·se *f* (*fashion*) (blue) jeans *pl.*

'Nie·ter *m* ⟨-s; -⟩ *tech.* riveter.

'Niet|,ham·mer *m tech.* riveting hammer. — **~,kopf** *m* rivet head. — **~,kopf,set·zer** *m* snap die, heading set. — **~,loch,reib,ah·le** *f* taper bridge reamer. — **~ma,schi·ne** *f* **1.** (*durch Schlag*) riveting machine. – **2.** (*durch Druck*) riveter. — **~,na·gel** *m* **1.** *med. cf.* Niednagel. – **2.** *tech. cf.* Niet. — **~,senk,kopf** *m tech.* countersunk rivet head. — **~,stahl** *m* rivet steel (*od.* stock). — **~,stem·pel** *m* snap head die, snap set.

'niet- ,und 'na·gel,fest *adj* ⟨*pred*⟩ *colloq.* nailed (*od.* screwed) down, clinched and riveted: die Diebe nahmen alles mit, was nicht ~ war the thieves took everything that they could carry.

'Nie·tung *f* ⟨-; -en⟩ *tech.* **1.** *cf.* Nieten. – **2.** (*Nietverbindung*) rivet joint.

'Niet|ver,bin·dung *f tech.* rivet joint. — **~,werk,zeug** *n* rivet set and header. — **~,win·de** *f* screw dolly. — **~,wip·pe** *f* dolly bar. — **~,zan·ge** *f* riveting tongs *pl* (*sometimes construed as sg*).

Ni·fe ['niːfə] *n* ⟨-; *no pl*⟩, **~,kern** *m geol.* iron-nickel core, nickel-iron core, nife.

'Nifl,heim ['niːfəl-] *npr n* ⟨-(e)s; *no pl*⟩ *myth.* Niflheim, Nifelheim.

'ni·gel'na·gel'neu ['niːgəl-] *adj Swiss and Austrian colloq. cf.* funkelnagelneu.

Nig·ger ['nɪgər; 'nɪgə] (*Engl.*) *m* ⟨-s; -⟩ *contempt.* nigger.

Ni·gro·sin [nigro'ziːn] *n* ⟨-s; -e⟩ *chem.* (*paints*) nigrosine, *auch* nigrosin, Nigrosin(e).

Ni·hi·lis·mus [nihi'lɪsmus] *m* ⟨-; *no pl*⟩ *philos. pol.* nihilism. — **Ni·hi'list** [-'lɪst] *m* ⟨-en; -en⟩ nihilist, *auch* Nihilist. — **ni·hi'li·stisch** *adj* nihilist(ic).

Ni·ko·laus ['niːkolaus] **I** *npr m* ⟨-; *no pl*⟩ Nicholas: der heilige ~ Saint Nicholas. – **II** *m* ⟨-; -e, *humor. colloq.* ¨e⟩ Santa Claus. — **~,abend** *m* St. Nicholas' Eve. — **~,tag** *m* St. Nicholas' Day.

Ni·ko·lo ['nikolo] *m* ⟨-s; -s⟩ *Austrian for* Nikolaus II.

Ni·ko·tin [niko'tiːn] *n* ⟨-s; *no pl*⟩ *chem.* nicotine ($C_{10}H_{14}N_2$): ~ entziehen to denicotinize (*Br. auch* -s-). — **n~,arm** *adj* with (a) low nicotine content, with little nicotine, denicotinized *Br. auch* -s-. — **n~,frei** *adj* nicotine-free, free of (*od.* from) nicotine, nonnicotinic *Br.* non-, nicotineless. — **~ge,halt** *m* nicotine content. — **n~,hal·tig** *adj* containing nicotine, nicotinic. — **~,säu·re** *f chem.* nicotinic acid, *auch* niacin (C_5H_4NCOOH). — **~ver,gif·tung** *f med.* nicotine poisoning, nicotinism, tobacco (*od.* nicotine) intoxication.

'Nil|,barsch ['niːl-] *m zo.* cockup (*Lates niloticus*). — **~,del·ta** *n geogr.* delta of the Nile. — **~,frosch** *m zo.* heka (*od.* Nile) frog (*Rana mascareniensis*). — **~,gans** *f* Egyptian (*od.* Nile) goose (*Alopochen aegyptiacus*).

Nil·gau ['nɪlgau] *m* ⟨-(e)s; -e⟩, **~an·ti,lo·pe** *f zo.* nilgai, *auch* nylghai(e), nylghau (*Boselaphus tragocamelus*).

'Nil|,hecht *m zo.* gymnarchus (*Gymnarchus niloticus*). — **~kro·ko,dil** *n* Nile crocodile (*Crocodylus niloticus*).

Ni·lo·te [ni'loːtə] *m* ⟨-n; -n⟩ *geogr.* Nilot. — **ni'lo·tisch** *adj* Nilotic.

'Nil,pferd *n zo. cf.* Flußpferd. — **~,peit·sche** *f* sjambok.

'Nil·wa,ran *m zo.* African monitor (*Varanus niloticus*).

Nim·bo·stra·tus [nɪmbo'straːtus] *m* ⟨-; -⟩ *meteor.* nimbostratus (cloud).

Nim·bus ['nɪmbus] *m* ⟨-; *rare* -se⟩ **1.** (*bes. art*) (*Heiligenschein*) nimbus, halo, aureole, glory. – **2.** *fig.* aura, halo, nimbus, prestige: er hat den (*od.* steht im) ~ der Unbesiegbarkeit he has an aura of invincibility about him; j-n seines ~ entkleiden to strip (*od.* divest) s.o. of his prestige, to debunk s.o. (*colloq.*). — **~,wol·ke** *f meteor.* nimbus (cloud).

nimm [nɪm] *imp sg of* nehmen.

nim·mer ['nɪmər] *adv colloq.* **1.** never (again), nevermore (*lit.*): nie und ~! never (ever)! das hat er nie und ~ getan he certainly never did that; ich will ihn ~ wiedersehen I don't want to see him ever again; ich werde ihn ~ wiedersehen I shall never see him again; das ist nun und ~ so that's certainly not so. – **2.** *Southern G. dial.* no longer, no more, not ... anymore (*Br.* any more): ich halt' das ~ aus I can't bear it any longer.

'Nim·mer·leins,tag *m colloq. iron.* Greek calends *pl* (*od.* kalends *pl*): er bezahlt seine Rechnung am ~ he will pay his bill at the Greek calends, he will never pay up.

'nim·mer|,mehr *adv dial.* **1.** never again, nevermore (*lit.*): nun und ~ now and never again. – **2.** (*keinesfalls*) by no means, on no account, never. — **~'mü·de** *adj* untiring, indefatigable. — **~,satt I** *adj* **1.** (*Junge etc*) insatiable. – **2.** *fig.* insatiable, greedy. – **II N~** *m* ⟨- *u.* -(e)s; -e⟩ **3.** glutton. – **4.** *fig.* glutton, greedy (*od.* insatiable) person. – **5.** *zo.* wood ibis (*Ibis ibis*). — **N~'wie·der,se·hen** [,nɪmər-] *n colloq. only in* auf ~ never to meet (*od.* be seen) again; auf ~ verschwinden to disappear never to be seen again, to leave for good.

nimmst [nɪmst] *2 sg*, **nimmt** [nɪmt] *3 sg pres of* nehmen.

Nim·rod ['nɪmrɔt] **I** *npr m* ⟨-; *no pl*⟩ *Bibl.* Nimrod. – **II** *m* ⟨-s; -e⟩ *fig. lit.* (*leidenschaftlicher Jäger*) nimrod, *auch* Nimrod.

Ni·ni·vit [nini'viːt] *m* ⟨-en; -en⟩ *hist.* Ninevite, Ninivite. — **ni·ni'vi·tisch** *adj* Ninevitical, Ninevitish.

Ni·ob [ni'oːp] *n* ⟨-s; *no pl*⟩ *chem.* niobium (Nb).

Nio·bi·de [nio'biːdə] *npr m, f* ⟨-n; -n⟩ *myth.* Niobid. — **Nio'bi·den,grup·pe** *f* (*art*) *myth.* group of Niobe and her children, Niobean group.

Ni·obi·um [ni'oːbium] *n* ⟨-s; *no pl*⟩ *chem. cf.* Niob.

Nip·pel ['nɪpəl] *m* ⟨-s; -⟩ *tech.* nipple: mit ~n versehen to nipple.

nip·pen ['nɪpən] **I** *v/i auch v/t* ⟨h⟩ **1.** (take a) sip: an einem Glas ~ to sip from (*od.* at) a glass; an einem Getränk ~ to take a sip of (*od.* from) a drink, to sip at a drink. – **II N~** *n* ⟨-s⟩ **2.** *verbal noun.* – **3.** sip.

Nip·per ['nɪpər] *m* ⟨-s; -⟩ *Austrian* (*Schleppseilklemme eines Zugschiffes*) towrope stopper.

Nip·pes ['nɪpəs; nɪps; nɪp] *pl* knick-knacks, *Br.* knick-knacks, nicknacks, *Br.* nick-nacks, *bes. Am.* nicnacs, bric-a-brac *sg*, rattletraps, pretty-pretties (*colloq.*), bibelots.

'Nipp,flut *f mar.* neap tide.

'Nipp,sa·chen *pl cf.* Nippes.

nir·gend ['nɪrgənt] *adv rare for* nirgends. — **N~,heim** *n* ⟨-(e)s; *no pl*⟩ *only in* von ~ homeless. — **~,her** *adv cf.* nirgendsher. — **N~,land** *n* ⟨-(e)s; *no pl*⟩ never-never land (*od.* country), neverland, utopia.

'nir·gends *adv* nowhere, not anywhere: sonst ~ nowhere else; das Buch war ~ zu finden the book was nowhere to be found;

er ist überall und ~ zu Hause his home is where he makes it. — **~,her** *adv* from nowhere. — **~,wo** *adv cf.* nirgends. — **~wo,hin** *adv* nowhere, nowhither (*lit.*), not anywhere.

'nir·gend|,wo *adv cf.* nirgends. — **~wo,hin** *adv cf.* nirgendswohin.

Ni·ro·sta [ni'rɔsta] (*TM*) *m* ⟨-(s); *no pl*⟩ *metall.* nirosta (*a chrome-nickel alloy*).

Nir·wa·na [nɪr'vaːna] *n* ⟨-(s); *no pl*⟩ *relig. u. fig.* Nirvana: **ins ~ eingehen** to die.

Ni·sche ['niːʃə] *f* ⟨-; -n⟩ **1.** *arch.* a) niche, b) (*für Statuen*) aedicula: **runde ~** roundel; **in eine ~ stellen** to place (*od.* put) in a niche, to niche. – **2.** *antiq.* (*eines Kolumbariums*) loculus. – **3.** *med.* (*des Magens*) niche, recess. – **4.** (*Koch-, Eßnische*) recess.

Nis·se ['nɪsə] *f* ⟨-; -n⟩ *zo.* nit.

'Nis·sen,hüt·te ['nɪsən-] *f* (*Wellblechbaracke*) Nissen hut, *Am. auch* Quonset (hut).

'nis·sig *adj* nitty, full of (*od.* infested with) nits.

ni·sten ['nɪstən] **I** *v/i* ⟨h⟩ **1.** (*von Vögeln*) nest, build a nest, (*bei Insekten*) nidify, nidificate (*scient.*). – **II N~** ⟨-s⟩ **2.** *verbal noun.* – **3.** nidification.

'Nist|,ka·sten *m* nest(ing) box. — **~,ort·,treue** *f zo.* nest site. — **~,platz** *m* nesting (*od.* breeding) place, (*der Seevögel u. Robben etc*) *auch* rookery. — **~,zeit** *f* breeding time.

Ni·ton ['niːtɔn] *n* ⟨-s; *no pl*⟩ *chem. obs. for* Radiumemanation.

Ni·trat [ni'traːt] *n* ⟨-(e)s; -e⟩ *chem.* nitrate.

Ni·trid [ni'triːt] *n* ⟨-(e)s; -e⟩ *chem.* nitride.

Ni'trier,an,la·ge *f metall.* nitriding equipment.

ni·trie·ren [ni'triːrən] **I** *v/t* ⟨*no* ge-, h⟩ **1.** *metall.* nitride. – **2.** *chem.* nitrate. – **II N~** *n* ⟨-s⟩ **3.** *verbal noun.* – **4.** *cf.* Nitrierung.

ni'trier|,här·ten *v/t* ⟨*insep*, -ge-, h⟩ *metall.* nitride. — **N~,här·tung** *f* nitrogen (*od.* nitride) hardening, nitriding. — **N~,stahl** *m* nitriding steel.

Ni'trie·rung *f* ⟨-; -en⟩ **1.** *cf.* Nitrieren. – **2.** *chem.* nitration. – **3.** *metall.* nitriding, nitrogen case hardening.

Ni·tri·fi·ka·ti·on [nitrifika'tsioːn] *f* ⟨-; -en⟩ *chem.* nitrification. — **ni·tri·fi'zie·ren** [-'tsiːrən] *v/t* ⟨*no* ge-, h⟩ *chem.* nitrify.

Ni·tril [ni'triːl] *n* ⟨-s; -e⟩ *chem.* nitrile.

Ni·trit [ni'triːt; -'trɪt] *n* ⟨-s; -e⟩ *chem.* nitrite.

Ni·tro..., ni·tro... *combining form denoting* nitro...

Ni·tro|bak·te·ri·en [nitrobak'teːrĭən] *pl biol.* nitrobacteria. — **~ben'zol** [-bɛn'tsoːl] *n* ⟨-s; *no pl*⟩ *chem.* nitrobenzene ($C_6H_5NO_2$). — **~,farb,stoff** ['niːtro-] *m* (*paints*) nitro dye.

Ni·tro·gen [nitro'geːn], **Ni·tro'ge·ni·um** [-nĭʊm] *n* ⟨-s; *no pl*⟩ *chem.* nitrogen (N).

Ni·tro|gly·ze·rin [nitroglytse'riːn] *n chem.* nitroglycerin(e) ($C_3H_5(ONO_2)_3$). — **~,grup·pe** ['niːtro-] *f* nitro group.

ni·tros [ni'troːs] *adj chem.* (*Gase*) nitrous.

'Ni·tro,spreng,stoff ['niːtro-] *m chem.* nitroexplosive.

Ni·tro·zel·lu·lo·se [nitrotsɛlu'loːzə] *f chem.* cellulose nitrate, *auch* nitrocellulose. — **~,lack** *m* nitrocellulose (*od.* pyroxylin) lacquer.

Nit·schel ['nɪtʃəl] *f* ⟨-; -n⟩ (*textile*) rubbing device.

Ni·veau [ni'voː] *n* ⟨-s; -s⟩ **1.** (*ebene Fläche*) level, plane: **sie liegen auf gleichem ~, sie haben gleiches ~** they are on the same level; **sie haben ungleiches ~** they are on different levels. – **2.** (*Höhenstufe*) height: **das ~ des Sees ist 500 m über dem Meeresspiegel** this lake lies 500 meters (*bes. Br.* metres) above sea level. – **3.** *fig.* (*Norm, Maßstab*) standard: **seine Leistungen liegen über dem allgemeinen ~** his achievements are above average (*od.* the general standard). – **4.** *fig.* (*geistiges*) level, plane, niveau: **er hat ~** he is a man of culture; **er hat ein hohes geistiges ~** his intellectual niveau is of a high order; **das Buch hat ~** the book is on a high level (*od. colloq.* has class); **unter dem ~** not up to standard, below par. – **5.** *tech.* level. – **6. quasistatisches ~** *nucl.* virtual level. — **~,ein,stell,schrau·be** *f tech.* level adjustment screw. — **~,kur·ve** *f geogr. cf.* Höhenlinie. — **n~los** *adj fig.* indifferent, mediocre. — **~,re·gel·ven,til** *n tech.* level adjustment valve.

Ni·vel·le·ment [nivɛl(ə)'mãː] *n* ⟨-s; -s⟩ *tech.* leveling, *bes. Br.* levelling.

ni·vel·lie·ren [nivɛ'liːrən] **I** *v/t* ⟨*no* ge-, h⟩ **1.** *tech.* level. – **2.** *civ.eng.* level, take (the) level of. – **3.** *fig.* (*Unterschiede etc*) iron out, even, assimilate. – **II N~** *n* ⟨-s⟩ **4.** *verbal noun.*

Ni·vel'lier|ge,rät, ~in·stru,ment *n* (*für Vermessung*) leveling (*bes. Br.* levelling) instrument. — **~,lat·te** *f* level(l)ing rod. — **~,schrau·be** *f* level(l)ing screw.

Ni·vel'lie·rung *f* ⟨-; -en⟩ *tech. civ.eng. auch fig. cf.* Nivellieren.

Ni·vel'lier,waa·ge *f tech.* spirit level.

nix [nɪks] *indef pron colloq.* nothing, *bes. Am. sl.* nix.

Nix *m* ⟨-es; -e⟩ *myth.* water sprite, merman, nicker, nix. — **Ni·xe** ['nɪksə] *f* ⟨-; -n⟩ nix, nixie, water sprite, mermaid. — **'ni·xen·haft** *adj* like a nix.

'Ni·xen,kraut, 'Nix,kraut *n bot.* naiad, water nymph (*Gattg Najas*).

ni·zä·isch [ni'tsɛːɪʃ], **ni'zä·nisch** [-nɪʃ] *adj* Nicene: **das N~e Glaubensbekenntnis** the Nicene Creed.

Noa·chi·de [noa'xiːdə] *m* ⟨-n; -n⟩ *Bibl.* descendant of Noah.

no·bel ['noːbəl] **I** *adj* ⟨nobler; -st⟩ **1.** noble: **er ist ein nobler Mensch** he is a noble (*od.* noble-minded) person. – **2.** (*freigebig*) generous, liberal, free-handed, lavish, munificent (*lit.*). – **3.** (*Handlung, Geschenk etc*) generous, handsome, lavish, munificent (*lit.*). – **4.** ⟨*attrib*⟩ *colloq.* (*elegant, vornehm*) elegant, stylish, fashionable, posh (*sl.*), (k)nobby (*sl.*): **noble Passionen** fashionable foibles (*od.* vices). – **II** *adv* **5. sich ~ zeigen** to show generosity; **~ gekleidet** fashionably dressed; **~ geht die Welt zugrunde** (*Sprichwort*) *etwa* abundance, like want, ruins many (*proverb*).

'No·bel *m* ⟨-s; *no pl*⟩ (*in der Tierfabel*) lion.

'No·bel,gar·de *f* (*des Papstes*) Swiss guard.

No·be·li·um [no'beːlĭʊm] *n* ⟨-s; *no pl*⟩ *chem.* nobelium (No).

No'bel|,preis [no'bɛl-] *m* Nobel prize. — **~,preis,trä·ger** *m* Nobel prize winner. — **~,stif·tung** *f* ⟨-; *no pl*⟩ Nobel foundation.

No·bi·li·tät [nobili'tɛːt] *f* ⟨-; *no pl*⟩ *antiq. u. fig.* nobility. — **no·bi·li'tie·ren** [-'tiːrən] *v/t* ⟨*no* ge-, h⟩ *obs. for* **adeln** 1.

No·bles·se [no'blɛsə] *f* ⟨-; -n⟩ **1.** *obs.* noblesse. – **2.** ⟨*only sg*⟩ *rare fig.* nobility: **ein Mann von wahrer ~** a man of true nobility.

no·bles·se ob·lige [nɔblɛsɔ'bliːʒ] (*Fr.*) noblesse oblige.

noch [nɔx] **I** *adv* **1.** still: **er wohnt ~ hier** he is still living here; **~ habe ich Vertrauen zu ihm** I still have confidence in him; **er hofft immer ~ auf ein Wort von ihr** he still hopes for (a) word from her (*od.* to hear from her). – **2.** (*mit Negation*) yet: **~ nicht [nichts]** not [nothing] yet; **wir haben ~ nichts von ihm gehört** we haven't heard anything from him yet, we have not yet heard anything from him; **ich habe das Buch ~ nicht gefunden** I have not yet found the book; **ich bin ~ nicht dazu gekommen abzuwaschen** I have not got round to washing up yet; **ich gehe ~ lange nicht nach Hause** I'm not going home for a long time yet; **das habe ich ~ lange nicht gesagt** I didn't mean that, not by a long shot (*od.* way); **das ist ~ nie vorgekommen** that has never happened before; **wir haben uns ~ nie gestritten** we have never yet had a row, we have yet to have a row; **ein ~ nie dagewesener Fall** an unprecedented case. – **3.** (*weiterhin*) still, yet: **wird er ~ hier sein, wenn ich zurückkomme?** will he still be here when I get back? **ich habe ~ viel Arbeit** I have a lot of work to do yet, I still have a lot of work to do; **das Fleisch muß ~ kochen** the meat has still (*od.* yet) to be cooked; **solange ~ Zeit ist** while there is still time; **wird es ~ lange dauern?** will it take much longer? **ist ~ etwas übrig?** is there still some(thing) left? is there any(thing) left? **er hat nur ~ 10 Mark** he has only 10 marks left. – **4.** (*außerdem, dazu*) besides, in addition (to that), further: **ich möchte es ~ einmal tun** I want to do it (once) again (*od.* once more); **(sonst) ~ etwas?** anything else? **möchten Sie ~ etwas (Fleisch)?** would you like some more (meat)? **~ dazu** over and above that, (and) what is more, in addition (to that); **~ einer** one more, (yet *od.* still) another; **~ ein solches Unglück** another such disaster; **~ eins will ich dir sagen** I will tell you one more thing; **Herr Ober, ~ ein Bier** waiter, another (*od.* one more) beer; **geben Sie mir ~ ein Pfund Weintrauben** give me another (*od.* one more) pound of grapes, please; **ich wartete ~ zwei Stunden** I waited for another two hours; **~ ein paar Jahre** another year or so; **~ zwei Minuten** two minutes to go (*od.* more); **was sagten Sie ~?** what else did you say? **wer war denn ~ da?** who else was there? **was willst du ~?** what more do you want? **auch das ~!** *colloq.* that's about the limit! that crowns (it) all! **das fehlte uns ~** *colloq.* that's all we need(ed); **und was sonst ~ alles** *colloq.* and all the rest of it, and what else besides; **sonst ~ was?** a) anything else? b) *colloq. iron.* what next? **drei Dollar und ~ ein paar Cents** three dollars and a few odd cents; **es war kalt, und außerdem regnete es ~** it was cold and it was raining into the bargain (*od.* besides); **er ist dumm und dazu ~ faul** he is stupid and lazy into the bargain. – **5.** (*irgendwann*) yet, some time: **er wird schon ~ kommen** I'm sure he will come yet; **sie wird es dir ~ selbst sagen** she will tell you herself some time; **du wirst es ~ bereuen** you will (live to) regret it, you will regret it yet; **das bleibt ~ abzuwarten** that remains to be seen. – **6.** (*steigernd beim Komparativ*) still, even, yet: **es war ~ schlimmer als ich dachte** it was even worse than I imagined (it to be); **das wäre ~ besser** that would be better still; **diese Aufgabe ist ~ schwieriger** this task is still (*od.* yet, even) more difficult; **~ einmal so alt wie er** twice his age; **~ einmal so viel** twice as much, as much again. – **7.** (*vor so kurzer Zeit*) as recently as, only: **ich habe ihn ~ vor zwei Tagen gesehen** I saw him only two days ago; **~ vor einer Woche war er gesund und munter** only a week ago he was hale and hearty; **~ bis vor ganz kurzer Zeit** until very recently. – **8.** (*zur Betonung u. Verstärkung*) even: **~ am gleichen Tag ging er zu ihr** on the very same day he went to see her; **es muß ~ heute gemacht werden** it must be done before the day is out; **~ lange nachher** for a long time after(wards); **er hat Bücher ~ und ~** he has ever so many books (*colloq.*); **er kann reden ~ und ~** he can talk without end; **er hat Geld ~ und ~** he has money to burn; **nur ~ verdächtiger** all the (*od.* even) more suspicious. – **9. ~ so** however, ever so (*colloq.*): **sei es auch ~ so wenig** however (*od.* no matter how) little it may be; **Sie mögen ~ so viel reden** say what you like, however much you may talk; **und wenn er sich ~ so sehr bemüht** no matter how hard he may try. – **10.** (*eben, gerade*) just: **er erreichte den Zug gerade ~** he caught the train just in time; **das mag ~ hingehen** that may just do (*od.* work). – **11.** (*so spät wie*) as late as: **~ im elften Jahrhundert** as late as the eleventh century. – **II** *conj* **12. weder** (*od. lit.* **nicht**) **... ~** neither ... nor, (*nach Verneinung*) either ... or: **weder du weißt es ~ er** neither you nor he knows; **es reicht weder für mich ~ für dich** it is not enough either for you or for me; **sie konnte weder hören ~ sprechen** she could not hear nor speak either (*colloq.*).

'noch,ma·lig *adj* ⟨*attrib*⟩ repeated, reiterated, renewed: **nach ~er Durchsicht** after renewed examination; **~e Überprüfung** countercheck; **~e Zählung** recount, *Br.* re-count; **bei ~er Überlegung** on second thought.

'noch,mals *adv* (over) again, once more (*od.* again), a second time; anew, afresh (*lit.*): **ich muß den Brief ~ schreiben** I must write the letter again; **~ anfangen** to begin anew (*od.* again), to recommence; **etwas ~ tun** to do s.th. again, to redo s.th.; **etwas ~ überdenken** (*od.* **überlegen**) to reconsider s.th.; **etwas ~ prüfen** to reexamine (*Br.* re-examine) (*od.* recheck, countercheck, revise) s.th.

Nock [nɔk] *n* ⟨-(e)s; -e⟩, *auch f* ⟨-; -en⟩ *mar.* (*einer Rahe*) yardarm.

Nocken[1] (*getr.* -k·k-) ['nɔkən] *m* ⟨-s; -⟩ *tech.* **1.** cam. – **2.** (*Anschlagnocken*) (trip)dog.

'Nocken[2] (*getr.* -k·k-) *f* ⟨-; -⟩ *bes. Austrian contempt.* silly goose (*od.* goat).

'Nocken|,an,trieb (*getr.* -k·k-) *m tech.* cam drive. — **~,schei·be** *f* cam disk (*od.* wheel). — **~,wel·le** *f* camshaft.

Nockerl (*getr.* -k·k-) ['nɔkərl] *n* ⟨-s; -n⟩ *Bavarian and Austrian* small (semolina) dumpling: → Salzburger. — ~ˌ**sup·pe** *f* semolina dumpling soup.

Noc·turne [nɔk'tʏrn] *n* ⟨-s; -s⟩, *f* ⟨-; -s⟩ *mus.* nocturne.

Noe·sis ['noːezɪs] *f* ⟨-; *no pl*⟩ *philos.* noesis. — **Noe·tik** [no'eːtɪk] *f* ⟨-; *no pl*⟩ noetic(s *pl*).

No·fre·te·te [nofre'teːtə] *npr f* ⟨-; *no pl*⟩ *hist.* Nefertiti, *auch* Nofretete, *auch* Nefretete.

Nok·tur·ne [nɔk'tʊrnə] *f* ⟨-; -n⟩ *mus. cf.* Nocturne.

nö·len ['nøːlən] *v/i* ⟨h⟩ *Northern G.* dilly-dally, dawdle, shilly-shally, (*im Reden*) drawl.

no·lens vo·lens ['noːlɛns 'voːlɛns] *adv* perforce, willy-nilly, *bes. Br.* nolens volens.

No·li·me·tan·ge·re [nolime'taŋgere] *n* ⟨-; -⟩ *bot. cf.* Rührmichnichtan 1.

'**Nöl|ˌpe·ter** *m* ⟨-s; -⟩, ~ˌ**su·se** *f* ⟨-; -n⟩ *Northern G. colloq.* dawdler, *bes. Am.* slowpoke, *bes. Br.* slow coach.

No·ma·de [no'maːdə] *m* ⟨-n; -n⟩ nomad, *auch* nomade.

no'ma·den·haft *adj* nomadic, nomad (*attrib*), migratory, migrant, vagrant, roving, roaming: ein ~es Leben führen to lead a nomadic life.

No'ma·den|ˌle·ben *n fig.* nomadic (*od.* unsettled) life. — ~ˌ**stamm** *m* nomadic (*od.* wandering) tribe.

No'ma·den·tum *n* ⟨-s; *no pl*⟩ nomadism.

No'ma·denˌvolk *n* nomadic people (*od.* tribe).

no'ma·disch *adj cf.* nomadenhaft.

no·ma·di·sie·ren [nomadi'ziːrən] *v/i* ⟨*no* ge-, h⟩ *auch fig.* nomadize, lead a nomadic (*od.* wandering) life.

No·men ['noːmən] *n* ⟨-s; Nomina [-mina]⟩ *ling.* **1.** (*Hauptwort*) nomen, noun, substantive. – **2.** (*Eigenschaftswort*) adjective.

No·men·kla·tur [nomɛnkla'tuːr] *f* ⟨-; -en⟩ nomenclature.

'**No·men** '**pro·pri·um** ['proːpriʊm] *n* ⟨- -; Nomina propria [-mina -pria]⟩ proper name.

no·mi·nal [nomi'naːl] *adj* nominal. — **N~·beˌtrag** *m econ.* nominal amount. — **N~ˌeinˌkom·men** *n* nominal income.

No·mi·na·lis·mus [nomina'lɪsmʊs] *m* ⟨-; *no pl*⟩ *philos.* nominalism. — **No·mi·na·'list** [-'lɪst] *m* ⟨-en; -en⟩ nominalist. — **no·mi·na'li·stisch** *adj* nominalistic, nominalist (*attrib*).

No·mi'nal|ˌlohn *m econ.* money wage(s *pl*). — ~ˌ**stil** *m* substantival style. — ~ˌ**wert** *m* money (*od.* nominal, face) value, nominal par.

No·mi·na·ti·on [nomina'tsĭoːn] *f* ⟨-; -en⟩ *bes. relig.* nomination.

No·mi·na·tiv ['noːminatiːf; nomina'tiːf] *m* ⟨-s; -e⟩ *ling.* nominative (case).

no·mi·nell [nomi'nɛl] *adj* nominal, by (*od.* in) name, titular.

no·mi·nie·ren [nomi'niːrən] **I** *v/t* ⟨*no* ge-, h⟩ nominate: j-n wieder ~ to renominate s.o. – **II N~** *n* ⟨-s⟩ *verbal noun.* — **No·mi·'nie·rung** *f* ⟨-; -en⟩ **1.** *cf.* Nominieren. – **2.** nomination.

No·mo·gramm [nomo'gram] *n* ⟨-s; -e⟩ *math.* nomogram, *auch* nomograph. — **No·mo·gra'phie** [-gra'fiː] *f* ⟨-; *no pl*⟩ nomography.

no·mo·the·tisch [nomo'teːtɪʃ] *adj jur. pol. obs.* nomothetic.

No·na·gon [nona'goːn] *n* ⟨-s; -e⟩ *math.* nonagon.

Non·cha·lance [nõʃa'lãːs] (*Fr.*) *f* ⟨-; *no pl*⟩ nonchalance: etwas mit ~ tun to do s.th. nonchalantly. — **non·cha'lant** [-'lãː; *flektiert* -e -'lantə] *adj* nonchalant.

No·ne ['noːnə] *f* ⟨-; -n⟩ **1.** *mus.* ninth. – **2.** *relig.* nones *pl* (*construed as sg or pl*). – **3.** *pl antiq.* nones *pl* (*construed as sg or pl*).

No·ni·us ['noːnĭʊs] *m* ⟨-; -nien *u.* -se⟩ *tech.* vernier. — ~ˌ**abˌle·sung** *f* vernier reading. — ~ˌ**tei·lung** *f* vernier scale.

Non·kon·for·mis·mus [nɔnkɔnfɔr'mɪsmʊs] *m* nonconformism. — **Non·kon·for'mist** [-'mɪst] *m* **1.** nonconformist. – **2.** *relig. cf.* Dissenter. — **non·kon·for'mi·stisch** *adj* nonconformist, nonconforming.

non li·quet ['noːn 'liːkvɛt] *bes. jur.* non liquet, it is not clear.

Non·ne ['nɔnə] *f* ⟨-; -n⟩ **1.** *relig.* nun, vestal (*lit.*): ~ werden to become a nun, to take the veil, to enter a convent. – **2.** *arch.* (*Dachziegel*) undertile, tegula. – **3.** *zo.* nun-(moth) (*Lymantria monacha*).

'**Non·nen|ˌhau·be** *f* coif. — ~ˌ**klo·ster** *n relig.* convent, nunnery (*obs.*). — ~ˌ**or·den** *m* order for (*od.* of) nuns.

Non·pa'reilleˌschrift [nõpa'rɛːj-] *f print.* nonpareil.

Non·plus·ul·tra [nɔnplʊs'ʔʊltra] *n* ⟨-; *no pl*⟩ non plus ultra, ne plus ultra, acme, height.

Non-'quo·ta-ˌVi·sum [nɔn'kvoːta-] *n pol.* nonquota visa.

Non·sens ['nɔnzɛns] *m* ⟨- *u.* -es; *no pl*⟩ nonsense.

Non'stop|ˌflug [nɔn'stɔp-] *m aer.* nonstop (*Br.* non-stop) flight. — ~ˌ**vorˌstel·lung** *f* (*im Kino*) continuous (*od.* nonstop, *Br.* non-stop) showing.

Noo·lo·gie [noolo'giː] *f* ⟨-; *no pl*⟩ *philos.* noology. — **noo'lo·gisch** [-'loːgɪʃ] *adj* noological.

Noor [noːr] *n* ⟨-(e)s; -e⟩ *Low G. for* Haff 1.

Nop·pe ['nɔpə] *f* ⟨-; -n⟩ (*textile*) burl, nap, noil.

nop·pen ['nɔpən] **I** *v/t* ⟨h⟩ **1.** nap. – **2.** (*rauhen*) burl. – **II N~** *n* ⟨-s⟩ **3.** *verbal noun.* – **4.** nap finish.

'**Nop·penˌgarn** *n* (*textile*) knop yarn.

Nord[1] [nɔrt] ⟨*invariable*⟩ **1.** (*Himmelsrichtung*) north: sie kamen von ~ und Süd they came from north and south; ~ zu Ost *mar.* north by east. – **2.** (*Landstrich, Gegend*) North: ~ und Süd arbeiten eng zusammen North and South work closely together.

Nord[2] *m* ⟨-(e)s; *rare* -e⟩ *meteor.* (*Nordwind*) north (*od.* northerly) wind, *auch* north: es weht ein eisiger ~ an icy north wind is blowing.

'**Nord|afri'ka·ner** *m*, ~**afri'ka·ne·rin** *f* North African. — **n~afri'ka·nisch** *adj* North African. — ~**ame·ri'ka·ner** *m*, ~**ame·ri'ka·ne·rin** *f* North American. — **n~ame·ri'ka·nisch** *adj* North American: der N~e Unabhängigkeitskrieg the American War of Independence.

'**Nord·at'lan·tik** *m geogr.* North Atlantic.

'**Nord·at'lan·tikˌpakt** *m pol.* North Atlantic Treaty. — ~**or·ga·ni·sa·tiˌon** *f* North Atlantic Treaty Organization, NATO.

'**nord|ˌdeutsch I** *adj* North(ern) German: N~er Bund *hist.* North German Confederation (*1866—70*). – **II** *ling.* **N~** ⟨*generally undeclined*⟩, **das N~e** ⟨-n⟩ North German. — **N~ˌdeut·sche** *m, f* North(ern) German.

Nor·den ['nɔrdən] *m* ⟨-s; *no pl*⟩ **1.** (*Himmelsrichtung*) north: im ~ in the north, up north (*colloq.*); im ~ von to the north of; nach ~ (gerichtet) northward(s); von ~, aus ~ northerly; dies Schiff geht nach ~ this boat is northbound; ein Flug in Richtung ~ a northbound flight; das Fenster geht nach (*od. poet.* gen) ~ the window faces north. – **2.** (*Landstrich, Gegend*) North, *auch* north: der ~ des Landes the North of the country; unseren Urlaub verbringen wir gern im ~ we like to spend our holidays (*Am.* vacation) in the North; der kalte [hohe] ~ the cold [far] North; im ~ von in (*od.* to) the north of.

Nor·der ['nɔrdər] *m* ⟨-s; -⟩ **1.** *Low G. for* Nord[1]. – **2.** *meteor.* (*Wind*) norther.

'**Nord|eu·ro'pä·er** *m*, ~**eu·ro'päe·rin** *f* North European. — **n~eu·ro'pä·isch** *adj* North (*od.* Northern) European.

'**Nordˌflüs** [-ˌflyːs] *n* ⟨-(es); *no pl*⟩ *Low G. for* Nordlicht.

'**Nord·gerˌma·nen** *pl hist.* North Germanic peoples, *auch* Scandinavians (*a group of Germanic peoples in Northern Europe*).

'**nord·gerˌma·nisch I** *adj* North Germanic. – **II** *ling.* **N~** ⟨*generally undeclined*⟩, **das N~e** ⟨-n⟩ North Germanic.

nor·disch ['nɔrdɪʃ] **I** *adj* northern, Northern, northerly, Nordic, Scandinavian: ~er Typ Nordic (*od.* Norse, Scandinavian, Teutonic) type (of person); N~e Kombination (*sport*) Nordic (Combined); ~e Sprachen Scandinavian languages. – **II** *ling.* **N~** ⟨*generally undeclined*⟩, **das N~e** ⟨-n⟩ North Germanic, Scandinavian, Norse.

Nor·dist [nɔr'dɪst] *m* ⟨-en; -en⟩ *ling.* **1.** specialist in Scandinavian languages, literature, and civilization. – **2.** scholar in Nordic (*od.* Scandinavian) studies.

'**Nordˌka·per** *m* ⟨-s; -⟩ *zo. cf.* Biskayawal.

'**Nord|ko·rea·ner** [-kore'aːnər] *m*, ~**ko·rea·ne·rin** [-kore'aːnərɪn] *f* ⟨-; -nen⟩ North Korean. — **n~ko·rea·nisch** [-kore'aːnɪʃ] *adj* North Korean. — ~ˌ**kü·ste** *f* north(ern) coast. — ~ˌ**land** *n poet.* northland, norland.

'**Nordˌlän·der** *m* ⟨-s; -⟩ Nordic, Northman. — '**Nordˌlän·de·rin** *f* ⟨-; -nen⟩ Nordic, Northwoman.

'**NordˌlandˌFahrt** *f* travel (*od.* journey) to the North (*od.* northern countries), northern trip.

'**nordˌlän·disch** *adj cf.* nordisch I.

'**NordˌlandˌFrei·se** *f cf.* Nordlandfahrt.

nördlich ['nœrtlɪç] **I** *adj* **1.** (*Landesteil etc*) north(ern), northerly: ~st northernmost; ~e Breite north(ern) latitude; die ~e Halbkugel the northern hemisphere; mit (*od.* unter) ~em Kurs on a northern course. – **2.** (*Wind, Richtung*) north, norther(n)ly, northwardly: Wind aus ~en Richtungen *meteor.* northerly wind. – **3.** (*arktisch*) arctic, hyperborean (*lit.*): das N~e Eismeer the Arctic Ocean. – **4.** *bes. biol.* boreal. – **5.** northern, northerly. – **II** *adv* **6.** north, northward(s), norther(n)ly: ~ von Berlin (to the) north of Berlin. – **III** *prep* ⟨*gen*⟩ **7.** ~ des Waldes (to the) north of the forest; ~ Berlins (to the) north of Berlin.

'**Nordˌlicht** *n meteor.* aurora borealis, *auch* northern (*od.* polar) lights *pl.* — ~ˌ**schein** *m* radiance of aurora borealis (*auch* of northern lights).

'**Nordˌmeer** *n geogr.* (the) Arctic Ocean.

ˌ**Nordˌnord'ost**[1] ⟨*invariable*⟩ north-northeast.

ˌ**Nordˌnord'ost**[2] *m* ⟨-(e)s; -e⟩ *meteor. cf.* Nordnordostwind.

ˌ**Nord|ˌnord'osten** *m* north-northeast. — **n~ˌnord'öst·lich** *adj* north-northeastern. — ~ˌ**nord'ostˌwind** *m* north-northeast wind, north-northeasterly.

ˌ**Nordˌnord'west**[1] ⟨*invariable*⟩ north-northwest.

ˌ**Nordˌnord'west**[2] *m* ⟨-(e)s; -e⟩ *meteor. cf.* Nordnordwestwind.

ˌ**Nord|ˌnord'we·sten** *m* north-nothwest. — **n~ˌnord'west·lich** *adj* north-northwestern. — ~ˌ**nord'westˌwind** *m* north-northwest wind, north-northwesterly.

ˌ**Nord'ost**[1] ⟨*invariable*⟩ northeast.

ˌ**Nord'ost**[2] *m* ⟨-(e)s; -e⟩ *meteor. cf.* Nordostwind.

ˌ**Nord|'osten** *m* northeast. — **n~'öst·lich I** *adj* **1.** (*Landes-, Stadtteil etc*) northeast(ern). – **2.** (*Wind, Richtung*) northeast(ward), northeasterly. – **II** *adv* **3.** northeast(ward[s]), northeasterly: ~ von dieser Stelle (to the) northeast of that place. – **III** *prep* ⟨*gen*⟩ **4.** (to the) northeast of. — ~'**ost·pasˌsat** *m* northeast trade wind. — **n~'ostˌwärts** *adv* northeastward(s), (to the) northeast, northeasterly. — ~'**ostˌwind** *m* northeast (wind), northeasterly, *bes. mar.* (*stürmischer*) northeaster.

'**Nordˌpol** *m* ⟨-s; *no pl*⟩ *geogr.* north pole, North Pole: magnetischer ~ north magnetic pole.

'**Nord·poˌlar|geˌbiet** *n* (the) Arctic region, (the) Arctic. — ~ˌ**kreis** *m* (the) Arctic Circle. — ~ˌ**län·der** *pl* Arctic countries. — ~ˌ**meer** *n* (the) Arctic Ocean.

'**Nordˌpol|ex·pe·di·tiˌon** *f* arctic expedition. — ~ˌ**fah·rer** *m* explorer of the Arctic. — ~ˌ**fahrt** *f cf.* Nordpolexpedition.

'**Nordˌsee** *f* ⟨-; *no pl*⟩ *geogr.* (the) North (*od.* German) Sea. — ~**garˌne·le** *f zo.* common shrimp (*Crangon crangon*).

'**Nord|ˌsei·te** *f* north side. — ~ˌ**spit·ze** *f geogr.* northern tip. — ~ˌ**staa·ten, die** *pl* (*der USA*) the Northern States, the North *sg*, (*im Sezessionskrieg*) the Union *sg.* — ~ˌ**stern** *m astr.* North Star, polestar.

'**Nord|vi·et·na'me·se** *m*, ~**vi·et·na'me·sin** *f* North Vietnamese. — **n~vi·et·na'me·sisch** *adj* North Vietnamese.

'**nordˌwärts** *adv* northward(s), (to the) north, northerly: die Vögel ziehen ~ the birds migrate to the north.

ˌ**Nord'west**[1] ⟨*invariable*⟩ northwest.

ˌ**Nord'west**[2] *m* ⟨-(e)s; -e⟩ *meteor. cf.* Nordwestwind.

ˌ**Nord|'we·sten** *m* ⟨-s; *no pl*⟩ northwest. — **n~'west·lich I** *adj* **1.** (*Landes-, Stadtteil etc*) northwest(ern). – **2.** (*Wind, Richtung*) northwest(ward), northwesterly. – **II** *adv* **3.** northwest(ward[s]), northwesterly: ~ von Berlin (to the) northwest of Berlin. – **III** *prep* ⟨*gen*⟩ **4.** (to the) northwest of. — **n~'westˌwärts** *adv* northwestward(s), (to the) northwest, northwesterly. — ~'**westˌwind** *m* northwest (wind), northwesterly, *bes.*

mar. (*stürmischer*) northwester. — **~ˌwind** ['nɔrt-] *m* north wind, *auch* north, northerly, Boreas (*poet.*): der stürmische ~ the stormy north wind, the boreal blast (*poet.*).

'Nor·folkˌtan·ne ['nɔːfək-] (*Engl.*) *f bot.* Norfolk Island pine (*Araucaria excelsa*).

Nör·ge'lei *f* ⟨-; -en⟩ **1.** nagging, carping, faultfinding, crabbing (*colloq.*): ihre ständige ~ geht mir auf die Nerven her continuous nagging gets on my nerves. – **2.** (*ständiges Klagen*) *Am.* grouching, crabbing, griping, *Br.* grousing (*alle colloq.*).

'Nör·gelˌfrit·ze *m colloq. for* Nörgler.

'nör·ge·lig *adj* **1.** nagging, naggy, carping, faultfinding, crabbing (*colloq.*). – **2.** (*stets unzufrieden*) *Am.* grouchy, grouching, crabbing, griping, *Br.* grousing (*alle colloq.*), querulous, peevish.

nör·geln ['nœrgəln] **I** *v/i* ⟨h⟩ **1.** nag, carp, find fault, crab (*colloq.*): immer muß er ~ he is always nagging; nörgle doch nicht immer an mir don't always find fault with me. – **2.** (*meckern*) *Am.* grouch, crab, gripe, *Br.* grouse (*alle colloq.*). – **II N~** *n* ⟨-s⟩ **3.** *verbal noun.* – **4.** *cf.* Nörgelei.

'Nörg·ler *m* ⟨-s; -⟩, **'Nörg·le·rin** *f* ⟨-; -nen⟩ **1.** nagger, carper, faultfinder, crab (*colloq.*). – **2.** *Am.* grouch, crab, griper, kicker, *Br.* grouser (*alle colloq.*).

'nörg·lig *adj cf.* nörgelig.

Norm [nɔrm] *f* ⟨-; -en⟩ **1.** (*Regel, Richtschnur*) standard, rule, norm (*auch econ.*): als ~ gelten to serve as a standard; das liegt unter der (gültigen) ~ that is substandard; ~en festsetzen to set up rules, to standardize *Br. auch* -s-; das liegt außerhalb der ~ that is out of the common (*od.* ordinary); auf eine ~ bringen to reduce (*s.th.*) to a standard, to standardize, to normalize. – **2.** (*Maßstab*) measure, yardstick. – **3.** *econ.* (*Leistungssoll*) norm, (production) quota: eine ~ aufstellen to set (*od.* draw) up a norm; die ~ erfüllen to come up to (*od.* meet) the quota; die ~ steigern (*Richtsatz für Akkordarbeit*) to raise the standard. – **4.** *jur.* rule. – **5.** *tech.* a) (*Größenanweisung*) standard, b) (*Normvorschrift*) standard specification. – **6.** *math.* norm. – **7.** *print.* signature title.

nor·mal [nɔr'maːl] **I** *adj* **1.** normal, standard: ~es Gewicht [Maß] standard weight [measure]; eine ~e Größe [Weite] a normal size [width]. – **2.** (*nicht ungewöhnlich, üblich*) normal, usual, regular: er fuhr mit ~er Geschwindigkeit he drove at a normal speed. – **3.** (*geordnet*) normal: bei (*od.* unter) ~en Verhältnissen under normal circumstances, normally; ~e Zustände normal conditions. – **4.** *colloq.* (*geistig gesund*) normal, right: er ist völlig [nicht ganz] ~ he is [not] quite normal; kein ~er Mensch würde das machen nobody in his right mind would do that; sie benahm sich nie wie ein ~er Mensch she never behaved like an ordinary Christian; er war wieder ganz ~ he was quite himself again. – **5.** *math.* normal: ~e Stellung normal position, normality. – **6.** *print.* (*Schriftform*) standard. – **7.** *tech.* regular, plain, standard. – **8.** *biol. med. mus.* normal. – **9.** *auto.* (*Benzin*) non-premium (*Am.* regular) grade. – **10.** *chem.* normal, standard. – **II N~e, das** ⟨-n⟩ **11.** the normal (thing).

Nor'mal *n* ⟨-s; -e⟩ *tech.* comparison standard.

Nor'mal|ˌar·beitsˌtag *m econ.* ordinary working day. — **~ˌausˌfüh·rung** *f* standard design (*od.* model). — **~ˌausˌrü·stung, ~ˌausˌstat·tung** *f* standard equipment. — **~ba·roˌme·ter** *n meteor.* standard barometer. — **~beˌdin·gun·gen** *pl* standard conditions. — **~beˌla·stung** *f* normal (*od.* standard) load. — **~benˌzin** *n* non-premium (*bes. Am.* regular) grade gasoline (*Br.* petrol). — **~beˌstand** *m zo.* natural density. — **~ˌdruck** *m meteor.* standard (*od.* normal) pressure.

Nor'ma·le *f* ⟨-; -n⟩ *math.* (*in Geometrie*) normal (line), perpendicular.

Nor'malˌein·heit *f* **1.** *econ.* regular lot. – **2.** *electr.* standard unit.

'nor·ma·ler'wei·se *adv* normally, as a rule, usually, generally.

Nor'mal|ˌfall *m* normal case, rule: im ~ normally, as a rule. — **~ˌfar·be** *f print.* standard ink. — **~ˌfilm** *m phot.* standard film. — **~forˌmat** *n bes. print.* standard size. — **~freˌquenz** *f phys.* standard frequency. — **~geˌschwin·dig·keit** *f auto.* normal (*od.* proper) speed. — **~geˌwicht** *n* standard weight. — **~ˌgrö·ße** *f* standard (*od.* normal) size: unter ~ undersized, *auch* undersize (*attrib*).

Nor·ma·li·en [nɔr'maːliən] *pl* **1.** standards. – **2.** (*Regeln, Vorschriften*) rules, regulations.

nor·ma·li·sie·ren [nɔrmali'ziːrən] **I** *v/t* ⟨no ge-, h⟩ normalize *Br. auch* -s-. – **II** *v/reflex* sich ~ return to normal(cy). – **III N~** *n* ⟨-s⟩ *verbal noun.* — **nor·ma·li'siert I** *pp.* – **II** *adj* **1.** normalized *Br. auch* -s-. – **2.** *med.* restored to normal. — **Nor·ma·li'sie·rung** *f* ⟨-; *no pl*⟩ **1.** *cf.* Normalisieren. – **2.** *bes. pol.* (*von Beziehungen*) normalization *Br. auch* -s-. – **3.** standardization *Br. auch* -s-.

Nor·ma·li·tät [nɔrmali'tɛːt] *f* ⟨-; *no pl*⟩ normality, normalcy, normalness.

Nor'mal|ˌkurs *m econ. cf.* Normalsatz. — **~ˌlän·ge** *f* standard (*od.* normal) length. — **~ˌleh·re** *f tech.* standard (*od.* reference) ga(u)ge. — **~ˌlei·stung** *f* **1.** *econ.* normal output. – **2.** *tech.* nominal (*od.* standard) capacity. — **~ˌlö·sung** *f chem.* standard (*od.* normal) solution. — **~ˌmaß** *n tech.* **1.** standard size (*od.* dimension). – **2.** (*im Rundpaßsystem*) standard (*od.* nominal) diameter. – **3.** (*als Lehrwerkzeug*) standard (*od.* reference) ga(u)ge. — **~ˌnull** *n* ⟨-s; *no pl*⟩ *phys.* mean sea level: 1000 m über ~ 1,000 meters above sea level. — **~ˌpreis** *m econ.* standard price. — **~proˌfil** *n* **1.** *civ.eng.* standard section. – **2.** *tech.* a) (*beim Stahlbau*) regular section, b) (*bei der Verzahntechnik*) normal profile. — **~ˌsatz** *m econ.* standard rate.

nor'malˌsich·tig *adj med.* having normal sight, normal-sighted, emmetropic (*scient.*). — **Nor'malˌsich·tig·keit** *f* ⟨-; *no pl*⟩ normal sight, emmetropia (*scient.*).

Nor'mal|ˌspur, ~ˌspurˌwei·te *f* (*railway*) standard ga(u)ge. — **~tem·pe·raˌtur** *f med. meteor.* standard temperature. — **~ˌton** *m mus.* standard (*od.* chamber, concert) pitch. — **~ˌtyp** *m* **1.** (*Dinge*) standard type. – **2.** (*Person*) normal. — **~ˌty·pus** *m* normal. — **~ˌuhr** *f* standard clock. — **~verˌbrauch** *m econ.* ordinary consumption. — **~verˌbrau·cher** *m* **1.** (*bei Rationierung*) *person living on normal* (*od. standard*) *rations.* – **2.** *auch colloq. iron.* ordinary consumer: das ist nichts für den ~ that is of no use to the average user; geistiger ~ *humor.* average person, man in the street (*colloq.*). — **~ˌwert** *m* **1.** standard value, norm. – **2.** *med. meteor.* normal value, normal. — **~ˌwi·derˌstand** *m electr.* standard resistance. — **~ˌzeit** *f* standard (*od.* mean) time. — **~ˌzuˌstand** *m* normal condition (*od.* state), normality. — **~ˌzuˌtei·lung** *f* normal (*od.* standard) ration.

Nor·man·ne [nɔr'manə] *m* ⟨-n; -n⟩ *hist.* Norman. — **nor'man·nisch I** *adj* Norman: die N~en Inseln the Channel Islands. – **II** *ling.* **N~** ⟨*generally undeclined*⟩, **das N~e** ⟨-n⟩ Norman, the Norman language.

nor·ma·tiv [nɔrma'tiːf] *adj* normative. — **N~beˌstim·mung** *f* general rule, regulation.

Nor·ma·ti·ve [nɔrma'tiːvə] *f* ⟨-; -n⟩ normative provisions *pl.*

'Normˌblatt *n* **1.** standard sheet. – **2.** (*als Vorschrift*) standard specification.

nor·men ['nɔrmən] **I** *v/t* ⟨h⟩ **1.** *tech.* standardize *Br. auch* -s-, make uniform. – **II N~** *n* ⟨-s⟩ **2.** *verbal noun.* – **3.** *cf.* Normung.

'Nor·men|ˌausˌschuß *m* standardization (*Br. auch* -s-) committee. — **~kol·li·siˌon** *f jur.* collision of legal norms. — **~konˌtrol·le** *f* judicial review of the constitutionality of an act. — **~konˌtrollˌkla·ge** *f* voidance petition.

'norm|entˌspre·chend *adj* standard, in accordance with (*od.* conforming to) the standard. — **~ˌge·bend** *adj* normative. — **~geˌrecht** *adj* conforming to standard.

nor·mie·ren [nɔr'miːrən] *v/t* ⟨no ge-, h⟩ *cf.* normen. — **Nor'mie·rung** *f* ⟨-; -en⟩ *cf.* Normung.

Nor'mie·rungsˌausˌschuß *m* committee for the establishment of (international) norms (*od.* standards).

'Normˌteil *n, m* standardized (*Br. auch* -s-) component (*od.* member, part).

'Nor·mung *f* ⟨-; -en⟩ **1.** *cf.* Normen. – **2.** standardization *Br. auch* -s-.

'Norm|verˌbrauch *m* **1.** *tech.* normal (*od.* standard) consumption. – **2.** *auto.* level-road fuel consumption. — **~ˌvorˌschrift** *f* standard specification. — **~ˌwert** *m* normal value. — **n~ˌwid·rig** *adj* abnormal, anomalous, nonstandard *Br.* non-.

Nor·ne ['nɔrnə] *f* ⟨-; -n⟩ *meist pl myth.* Norn.

nor·thum·brisch [nɔː'θʌmbrɪʃ] (*Engl.*) **I** *adj* Northumbrian. – **II** *ling.* **N~** ⟨*generally undeclined*⟩, **das N~e** *n* ⟨-n⟩ Northumbrian.

Nor·we·ger ['nɔrveːgər] *m* ⟨-s; -⟩ **1.** Norwegian. – **2.** *hist.* Norseman, Northman. — **'Nor·we·ge·rin** *f* ⟨-; -nen⟩ Norwegian (girl *od.* woman).

'nor·we·gisch I *adj* Norwegian. – **II** *ling.* **N~** ⟨*generally undeclined*⟩, **das N~e** ⟨-n⟩ Norwegian, the Norwegian language.

No'se·maˌseu·che [no'zeːma-] *f vet.* (*der Bienen*) nosema (*od.* microsporidia) disease.

No·so..., no·so... *combining form denoting* noso...

No·so·lo·gie [nozolo'giː] *f* ⟨-; *no pl*⟩ *med.* nosology.

'No-ˌSpiel ['noː-] *n* (*theater*) No Play.

Nost·al·gie [nɔstal'giː] *f* ⟨-; *no pl*⟩ *psych.* (*Heimweh, Sehnsucht*) nostalgia. — **nost'al·gisch** [-gɪʃ] *adj* nostalgic.

No·stri·fi·ka·ti·on [nɔstrifika'tsioːn] *f* ⟨-; -en⟩ **1.** *jur. cf.* Einbürgerung 2. – **2.** *ped.* nostrification (*the acceptance of a foreign academic degree as equal to one's own*). — **no·stri·fi'zie·ren** [-'tsiːrən] *v/t* ⟨no ge-, h⟩ **1.** *jur. cf.* einbürgern 1. – **2.** *ped.* nostrificate (*accept a foreign academic degree as equal to one's own*).

'No·stroˌkon·to ['nɔstro-] *n meist pl econ.* (*im Bankverkehr*) nostro account.

not [noːt] *adj* ⟨*pred*⟩ *u. adv* (*in Wendungen wie*) es ist (*od.* tut) ~ it is necessary (*od.* needful); Eile tut ~ speed is essential.

Not *f* ⟨-; =e⟩ **1.** ⟨*only sg*⟩ need: bittere [große] ~ dire [great] need; j-s ~ lindern to alleviate s.o.'s need; j-m in der ~ beistehen (*od.* helfen) to help (*od.* stand by) s.o. in (his) need; in der Stunde der ~ in the hour of need; im Falle der ~ in case of need (*od.* necessity), in an emergency; zur ~ a) *fig.* (*gerade noch*) at (*Am.* in) a pinch, b) if need be, if necessary; zur ~ kann man das sagen you could say so at a pinch; er kann zur ~ bei uns wohnen he can live with us if need be; wenn ~ am Mann ist if the worst comes to the worst, in the last resort; jetzt ist ~ am Mann we are in desperate need of help now; die ~ fernhalten to keep the wolf from the door; Freunde in der ~ gehen hundert (*od.* tausend) auf ein Lot (*Sprichwort*) a friend in need is a friend indeed (*proverb*). – **2.** ⟨*only sg*⟩ (*Notwendigkeit*) necessity: aus der ~ eine Tugend machen to make a virtue of necessity; ~ macht erfinderisch (*Sprichwort*) necessity is the mother of invention (*proverb*); ~ kennt kein Gebot (*Sprichwort*) necessity knows no law (*proverb*); in der ~ frißt der Teufel Fliegen (*Sprichwort*) any port in a storm; ohne ~ a) easily, b) without necessity. – **3.** (*Bedrängnis*) distress, trouble: er steckt (*od.* ist) wieder einmal in tausend Nöten he is up to his neck in trouble again. – **4.** ⟨*only sg*⟩ (*Mühe*) trouble, difficulty, bother: seine liebe ~ mit j-m [etwas] haben *colloq.* to have no end of trouble with s.o. [s.th.], to have a hard time with s.o. [s.th.]; er hatte (seine) ~, mit seinem Geld auszukommen he found it difficult to make both ends meet; mit Mühe und ~ schaffte er es he barely (*od.* just) managed (to do) it, he just made it and no more (*colloq.*); mit knapper ~ davonkommen to escape by the skin of one's teeth. – **5.** ⟨*only sg*⟩ (*Mangel*) want, need, (*an Lebensmitteln*) famine: ~ leiden to suffer want, to suffer (great) privation. – **6.** (*Notlage*) emergency, predicament, plight: → Holland. – **7.** ⟨*only sg*⟩ (*Dringlichkeit*) urgency, exigency. – **8.** (*Sorge*) trouble, anxiety, worry: die Nöte des Alltags [Alters] the troubles of everyday life [of old age]; in Ängsten und Nöten schweben to be hot and bothered, to get hot under the collar (*beide colloq.*); j-m seine Nöte klagen *colloq.* to tell s.o. one's troubles. – **9.** ⟨*only sg*⟩ (*Elend, Leid*) hardship, misery: j-n in ~ bringen to cause s.o. hardship. – **10.** ⟨*only sg*⟩ (*Armut*) poverty, destitution, indigence, extremity: in ~ geraten to fall on hard times, to become destitute; für Zeiten der ~ for a rainy day.

No·ta ['noːta] *f* ⟨-; -s⟩ *econ.* **1.** (*Vormerkung*) note, memorandum, memo (*colloq.*), advance order. – **2.** (*Rechnung*) bill, invoice. – **3.** (*Anzeige des Saldenstandes*) note.

No·ta·beln [no'taːbəln] *pl hist.* Notables *pl.* — **~verˌsamm·lung** *f hist.* Assembly of Notables.

no·ta·be·ne [nota'beːnə] **I** *adv* **1.** (*wohlgemerkt*) nota bene. – **2.** (*übrigens*) by the way. – **II N~** *n* ⟨-(s); -(s)⟩ **3.** (*Merkzeichen*) reminder. – **4.** (*Denkzettel*) lesson.

No·ta·bi·li·tät [notabili'tɛːt] *f* ⟨-; -en⟩ **1.** ⟨*only sg*⟩ *obs. for* Vornehmheit. – **2.** *meist pl obs.* (*berühmte Persönlichkeiten*) notabilities *pl*, notables *pl.*

'Not|ab·itur [-ʔabiˌtuːr] *n ped.* '*Abitur*' *examination sat for under emergency conditions.* — **~ˌabˌwurf** *m aer.* a) (*von Lasten*) emergency drop, jettison(ing), b) (*von Bomben*) emergency release. — **~adres·se** [-ʔaˌdrɛsə] *f, auch* **~adresˌsat** *m econ.* (*bei Wechseln*) address (*od.* reference, direction) in case of need, emergency address, substitute acceptor. — **~ˌan·ker** *m* **1.** *mar.* spare (*od.* sheet) anchor. – **2.** *fig.* (*letzte Rettung*) sheet anchor, last refuge. — **~anˌten·ne** *f electr.* emergency antenna (*bes. Br.* aerial).

No·tar [no'taːr] *m* ⟨-s; -e⟩ *jur.* **1.** *etwa* notary (public). – **2.** (*bei Grundstücksübertragungen*) conveyancer.

No·ta·ri·at [nota'rĭaːt] *n* ⟨-(e)s; -e⟩ *jur.* **1.** (*Büro*) notary's office. – **2.** (*Amt*) profession (*od.* office) of a notary (public), notaryship.

No·ta·ri'ats|ˌan·geˌstell·te *m, f* ⟨-n; -n⟩ notary's clerk. — **~geˌbühr** *f meist pl jur.* notary's fees *pl*, notarial charges (*od.* fees, expenses) *pl.* — **~kanzˌlei** *f cf.* Notariat 1. — **~ˌsie·gel** *n* notary's (*od.* notarial) seal. — **~ˌurˌkun·de** *f* notarial act (*od.* document, deed).

no·ta·ri·ell [nota'rĭɛl] *jur.* **I** *adj* notarial, attested (*od.* authenticated, certified) by a notary (public), *Am.* notarized: **~e Beglaubigung** (*od.* **Beurkundung**) notarial act, *bes. Am.* notarization; **~e Vollmacht** power of attorney (attested by [*od.* drawn up before] a notary). – **II** *adv* **~ beglaubigt** notarially certified, attested (*od.* certified, legalized) by a notary, *bes. Am.* notarized.

Notˌarzt *m med.* surgeon (trained for) treating serious road accidents on the scene. — **~ˌwa·gen** *m* ambulance equipped with operating facilities for serious road accidents.

No·ta·ti·on [nota'tsĭoːn] *f* ⟨-; -en⟩ *mus.* (musical) notation.

'Notˌaufˌnahˌme *f* **1.** *pol.* (*von Flüchtlingen*) provisional (*od.* provisionary) accommodation. – **2.** *med.* (*in Krankenhaus*) a) emergency admission, b) emergency ward. — **~ˌla·ger** *n* (*für Flüchtlinge*) temporary reception camp.

'Not|ˌausˌga·be *f philat.* emergency issue. — **~ˌausˌgang** *m* emergency exit (*od.* door). — **~ˌausˌrü·stung** *f aer.* emergency equipment. — **~ˌausˌstieg** *m* **1.** escape (*od.* emergency) hatch. – **2.** (*in Bussen, U-Bahnen etc*) emergency exit (*od.* window). — **~beˌdarf** *m* **1.** emergency (*od.* minimum) supplies *pl.* – **2.** *jur.* (right to a) competence (*auch* competency), beneficium competentiae (*scient.*). — **~beˌhand·lung** *f med.* emergency treatment. — **~beˌhelf** *m* maskeshift, (emergency) stopgap, (temporary) expedient, *auch* resource, shift, apology: **das ist nur ein unzureichender ~** that is just an inadequate makeshift; **als ~ für etwas dienen** to serve as a stopgap (*od.* an apology) for s.th. — **~beˌleuch·tung** *f electr.* emergency lighting. — **~ˌbett** *n* (*in Hotels, Krankenhäusern etc*) emergency bed. — **~ˌbrem·se** *f* **1.** *tech.* emergency brake. – **2.** (*railway*) emergency brake, communication cord: **die ~ ziehen** a) to pull the emergency brake, b) *fig. colloq.* to take emergency measures, to put on the brakes, c) *colloq.* (*sport*) (*beim Fußball etc*) to bring (s.o.) down as a last resort. — **~ˌbrem·sung** *f* emergency braking. — **~ˌbrü·cke** (*getr.* -k·k-) *f* temporary (*od.* provisional, provisionary) bridge. — **~ˌdienst** *m* **1.** (*Einrichtung*) emergency service (*od.* duty): **er hat heute nacht ~** he is on emergency duty tonight. – **2.** (*Personal*) emergency service (*od.* crew). — **~ˌdurft** [-ˌdʊrft] *f* ⟨-; *no pl*⟩ **1.** call of nature, pressing need: **seine ~ verrichten** to relieve nature (*od.* oneself). – **2.** *archaic* (*Bedarf*) needs *pl*, want, necessity, necessaries *pl*: **des Lebens ~** the necessaries *pl* (*od.* necessities *pl*) of life.

'notˌdürf·tig I *adj* **1.** (*unzureichend*) scanty, needy, poor: **~e Bekleidung** scanty dress (*od.* clothing); **eine ~e Beleuchtung** (a) scanty illumination. – **2.** (*behelfsmäßig*) temporary, provisional, provisionary, makeshift, rough-and-ready (*attrib*): **~e Befestigungen** makeshift fortifications; **~e Behausung** rough-and-ready habitation. – **II** *adv* **3. etwas ~ herstellen (aus)** to improvise s.th. (from); **~ bekleidet sein** to be scantily dressed; **einen Schaden ~ ausbessern** to repair a damage provisionally. — **'Notˌdürf·tig·keit** *f* ⟨-; *no pl*⟩ **1.** scantiness, need, indigence. – **2.** temporary (*od.* provisional, provisionary) character (*od.* aspect), temporariness, provisionalness.

No·te ['noːtə] *f* ⟨-; -n⟩ **1.** *mus.* note: **ganze ~** whole note, *bes. Br.* semibreve; **halbe ~** half note, *bes. Br.* minim; **erhöhte [erniedrigte] ~** sharp [flat] note; **punktierte ~** dotted note; **~n lesen** to read the notes, to read music; **~n abschreiben** to copy notes (*od.* music); **j-n nach ~n verprügeln [schelten]** *fig. colloq.* to give s.o. a sound thrashing [scolding]; **das geht ja (wie) nach ~n!** *fig. colloq.* that works marvel(l)ously (*od.* beautifully, pretty smoothly), it's going without a hitch, it's running like clockwork. – **2.** *pl mus.* music *sg*: **er hat seine ~n vergessen** he left his music at home; **nach ~n singen [spielen]** to sing [to play] from music (*od.* with the music in front of one); **ein Gedicht in ~n setzen** to set a poem to music. – **3.** *ped.* mark, grade: **gute [schlechte] ~n haben [bekommen]** to have got (*Am.* gotten) [to be given, to receive] good [poor *od.* bad] marks; **er bestand die Prüfung mit der ~ 1** he passed the examination with an A; **ganze ~n** full marks. – **4.** *pol.* note, memorandum: **j-m eine ~ überreichen** to hand s.o. a note; **die Regierungen wechselten ~n** (*od.* **tauschten ~n aus**) the governments exchanged notes. – **5.** (*Banknote*) (bank) note, *bes. Am.* bill. – **6.** *fig.* (*Eigenart*) character, touch, note, mark, stamp: **einer Sache eine besondere ~ geben** (*od.* **verleihen**) to give (*od.* lend) a distinctive character to s.th.; **das ist seine persönliche ~** that is his personal note; **eine heitere ~ in** (*acc*) **etwas bringen** to bring a cheerful (*od.* gay) note into s.th. – **7.** *econ. cf.* Nota – **8.** (*sport*) mark(s *pl*): **der Kampfrichter gab ihm die ~ 6** (*beim Eiskunstlauf*) the judge gave him maximum points. – **9.** *print.* (foot)note, annotation.

'No·tenˌaufˌruf *m econ.* calling in of notes, notes *pl* called in.

'No·tenˌausˌga·be *f econ.* issue of (bank) notes, (bank-)note issue. — **~ˌrecht** *n* privilege of (bank-)note issue (*od.* issuing [bank] notes). — **~ˌstel·le** *f* (bank-)note issue department.

'No·ten|ˌausˌtausch *m pol. cf.* Notenwechsel. — **~ˌbal·ken** *m mus.* stroke, note bar, cross-bar, beam. — **~ˌbank** *f econ.* bank of issue, issuing (*od.* central) bank. — **~ˌblatt** *n mus.* (sheet of) music. — **~ˌbuch** *n* (book of) music, (*von Gesangsnoten*) *auch* songbook, book of songs. — **~ˌbüch·lein** *n ped.* mark(s) (*od.* grade[s]) book. — **~ˌdeckung** (*getr.* -k·k-) *f econ.* cover of (bank) notes, note cover. — **~ˌdruck** *m print.* **1.** printing of music. – **2.** (*von Banknoten*) printing of (bank) notes (*bes. Am.* bills). — **~ˌdurchˌschnitt** *m ped.* (*auch sport*) average mark. — **~emis·siˌon** *f econ. cf.* Notenausgabe. — **~ˌfähn·chen** *n mus.* flag, hook. — **~ˌhals** *m mus.* tail, stem (of a note). — **~ˌhal·ter** *m* music lyre. — **~ˌheft** *n* **1.** (*Schulheft*) music notebook. – **2.** *cf.* Notenbuch. — **~ˌinˌha·ber** *m econ.* bearer (*od.* holder) of (bank) notes. — **~kon·feˌrenz** *f ped. cf.* Zeugniskonferenz. — **~kon·tinˌgent** *n econ.* (bank-)note quota, note issue limit. — **~ˌkopf** *m mus.* note head, head of a note. — **~ˌkrieg** *m pol.* war of notes. — **~ˌle·sen** *n mus.* reading of notes (*od.* music), music-reading.

'No·tenˌli·nie *f mus.* staff (*od.* stave) line: **die (5) ~n** the staff *sg*, the stave *sg.*

'No·tenˌli·ni·en|ˌklam·mer *f print.* brace. — **~ˌzie·her** *m mus. cf.* Rastral.

'No·ten|ˌmap·pe *f mus.* **1.** (*aus Leder*) music case (*od.* satchel). – **2.** (*aus Karton*) music folder. — **~paˌpier** *n* music paper (*od.* sheets *pl*). — **~ˌpres·se** *f print.* **1.** (*für Musiknoten*) music press. – **2.** (*für Banknoten*) (bank-)note press. — **~ˌpult** *n mus.* music rest (*od.* rack), music desk (*od.* stand). — **~ˌsatz** *m print.* matter for printed music. — **~ˌschlüs·sel** *m mus.* clef. — **~ˌschrank** *m* music cabinet. — **~ˌschrei·ber** *m* music copyist. — **~ˌschrift** *f* (musical) notation: **gotische [römische] ~** *mus. hist.* Gothic-[Roman-]style notation. — **~ˌstän·der** *m* music stand. — **~ˌste·cher** *m print.* music engraver. — **~ˌstich** *m* engraving of music, music-engraving. — **~ˌstu·fe** *f meist pl ped.* grade (*od.* mark) level. — **~syˌstem** *n mus.* system of notation. — **~ˌumˌlauf** *m econ.* **1.** circulation of (bank) notes, (bank-)note circulation. – **2.** (*Art u. Anzahl*) notes *pl* in circulation. — **~ˌwech·sel** *m pol.* exchange of notes (*od.* memorandums, memoranda). — **~ˌwert** *m mus.* time value (*od.* duration) (of the note), note value.

'Not|ˌfall *m* **1.** (*Ausnahmesituation*) emergency, case of emergency, emergency case: **im (äußersten) ~** in an emergency; **für den ~ haben wir (vor)gesorgt** we are prepared for an emergency. – **2.** (*Notwendigkeit*) case of need (*od.* necessity), exigency: **im ~** in case of need (*od.* necessity), if need be, if necessary, if need arise, at (*Am.* in) a pinch, at a push; **sich** (*dat*) **etwas für den ~ aufbewahren** to keep (*od.* save) s.th. for a rainy day. — **n~ˌfalls** *adv* **1.** in case of emergency, in an emergency. – **2.** *cf.* nötigenfalls. — **~ˌfeu·er** *n* **1.** (*in einer Notlage*) signal fire. – **2.** *myth. anthrop.* exorcistic(al) fire. – **3.** (*bei Seuchengefahr*) *anthrop.* counterplague fire. — **~ˌflag·ge** *f* **1.** *mar.* distress flag, flag of distress. – **2.** (*railway*) red (*od.* bloody) flag. — **~freˌquenz** *f* (*in Nachrichtentechnik*) distress frequency. — **~ˌfrist** *f jur. econ.* final (*od.* latest) date (*od.* term), *bes. Am.* peremptory term. — **~geˌbiet** *n cf.* Notstandsgebiet. — **n~geˌdrun·gen I** *adj* forced, compelled, compulsory. – **II** *adv* (out) of (*od.* driven by) necessity, perforce, enforcedly; needs, willy-nilly (*lit.*): **ich muß es ~ tun** I am driven to it, I have no choice but to do it; I must needs do it (*lit.*); **ich gab mich ~ damit zufrieden** I was compelled to be content with it. — **~ˌgeld** *n econ.* emergency currency. — **~geˌmein·schaft** *f pol.* **1.** emergency association (*od.* organization). – **2.** association for mutual assistance in emergencies. — **~geˌricht** *n hist.* emergency (*od.* ad hoc) court (*od.* tribunal). — **~geˌsetz** *n* **1.** *jur.* emergency law. – **2.** *pol. cf.* a) Notverordnung, b) Notstandsgesetz. — **~geˌsetzˌge·bung** *f* emergency legislation. — **~ˌgro·schen** *m* money saved for an emergency, *auch* nest egg: **(sich** *dat*) **einen ~ zurücklegen** to save money for a rainy day, *auch* to lay aside a nest egg. — **~ˌha·fen** *m mar.* port of refuge (*od.* distress). — **~ˌhalt** *m* **1.** *lit.* support in distress (*od.* an emergency). – **2.** (*railway etc*) emergency stop. — **~ˌhel·fer** *m* helper in time of need (*od.* distress): **die vierzehn ~** *röm.kath.* the fourteen auxiliary saints. — **~ˌhil·fe** *f* **1.** help (*od.* aid) in need (*od.* distress). – **2.** *med.* first aid. – **3.** *jur.* emergency protective measures *pl.* – **4.** *tech.* emergency assistance: **Technische ~** *hist.* Organization for the Maintenance of Supplies, Emergency Men *pl.*

no·tie·ren [no'tiːrən] **I** *v/t* ⟨*no* ge-, h⟩ **1.** (*aufschreiben*) note (down), make a note (*od.* memorandum) of, mark (*od.* put, take) (*s.th.*) down: **(sich** *dat*) **ein Datum ~** to note (down) a date; **er notierte ihn für die Teilnahme am Lehrgang** he noted (down) his name for participation in the course; **(sich** *dat*) **etwas flüchtig** (*od.* **schnell**) **~** to jot s.th. down. – **2.** (*vormerken, buchen*) book, order (*s.th.*) in advance, place an advance order for. – **3.** *econ.* (*Waren, Preise etc*) mark, price, quote. – **4.** *econ.* (*Aktienkurse etc*) quote, note, *bes. Am.* list: **die Börse notiert die Aktien mit 500** the stock exchange is quoting these shares (*Am.* stocks) at 500. – **5.** *mus.* set (*s.th.*) down in notes, record music in writing. – **II** *v/i* **6.** quote, rule: **die Kurse ~ höher** prices quote (*od.* are quoted, listed) higher. – **III N~** *n* ⟨-s⟩ **7.** *verbal noun.* — **no'tiert I** *pp.* – **II** *adj econ.* quoted, noted: **mit 4 % ~e Wertpapiere** securities quoted at (*od.* ruling) 4 p.c.; zum ~en Kurs at the noted quotation (*od.* rate, price); nicht ~ unquoted. — **No'tie·rung** *f* ⟨-; -en⟩ **1.** *cf.* Notieren. – **2.** notation, note, advance order. – **3.** *econ.* (*von Aktienkursen etc*) quotation, listing. – **4.** *mus. cf.* Notation.

No·ti·fi·ka·ti·on [notifika'tsĭoːn] *f* ⟨-; -en⟩ **1.** *pol.* notification. – **2.** *obs.* notice, information. — **no·ti·fi'zie·ren** [-'tsiːrən] *v/t* ⟨*no* ge-, h⟩ **1.** *pol.* notify. – **2.** *obs. for* benachrichtigen. — **No·ti·fi'zie·rung** *f* ⟨-; -en⟩ notification.

'no·tig *adj Bavarian dial. for* a) arm 1, b) knauserig.

nö·tig ['nøːtɪç] **I** *adj* **1.** necessary, required, requisite, needful: die ~en Unterlagen the necessary (*od.* needed) documents; es ist ~, Straßen zu bauen it is necessary to build roads; es ist ~, daß ich es tue it is necessary for me to do it, I must needs do it (*lit.*); du bist hier (sehr) ~ you are (very much) needed here; wenn ~, komme ich sofort if necessary (*od.* need be) I shall come at once; er hielt es nicht für ~, sich zu entschuldigen he did not think (*od.* deem) it necessary to apologize (*Br. auch* -s-); unbedingt ~ very necessary, absolutely essential, indispensable, imperative; sie hatten nicht einmal die nötigsten Dinge zum Leben they did not have the bare necessities of life (*od. lit.* the wherewithal to live). – **2.** etwas (unbedingt, dringend, bitter) ~ haben to need (*od.* want) s.th. (badly *od.* urgently): er hatte es nicht ~ zu arbeiten he didn't need (*od.* have) to work; das habe ich (doch) nicht ~! I don't have to do that! das hast du gerade ~! you can hardly afford to do that! just why did you have to do that? – **II** *adv* **3.** j-n [etwas] ~ brauchen to need s.o. [s.th.] badly (*od.* urgently), to be in (dire) need of s.o. [s.th.]; ich muß [so] ~ *fig. colloq.* I need [am dying] to go to the lavatory (*bes. Br. colloq.* loo), I have to make an urgent call. – **III N~e, das** ⟨-n⟩ **4.** ich werde das N~e tun [veranlassen] I shall do [arrange] what is necessary (*od.* required, needed, requisite); es fehlt am Nötigsten (even) the essentials are lacking.

nö·ti·gen ['nøːtɪɡən] **I** *v/t* ⟨h⟩ **1.** (*zwingen*) coerce, force, compel, constrain: j-n ~, etwas zu tun to force s.o. to do s.th.; ich sah mich genötigt, den Plan aufzugeben I saw myself compelled to give up the plan. – **2.** (*dringend bitten*) urge, press, twist (*s.o.'s*) arm (*colloq.*): er nötigte mich zum Trinken he urged (*od.* pressed) me to drink, he twisted my arm until I consented to drink; er läßt sich gern ~ he likes to be urged; wir ließen uns nicht lange ~ we did not wait to be asked, we did not need much pressing, we didn't stand up(on) ceremony; sie nötigte ihn ins Zimmer she urged him to enter (the room). – **II N~** *n* ⟨-s⟩ **3.** *verbal noun.*

'nö·ti·gen'falls *adv* if necessary, in case of need, if need be, if need arise, should the need arise.

'Nö·ti·gung *f* ⟨-; *no pl*⟩ **1.** *cf.* Nötigen. – **2.** coercion, force, compulsion, constraint. – **3.** *jur.* duress(e): Einwand der ~ plea of duress(e).

No·tiz [no'tiːts] *f* ⟨-; -en⟩ **1.** (*schriftlicher Vermerk*) note, memorandum, memo (*colloq.*), *bes. Br.* minute: flüchtige ~ jotting; er machte sich ~en he made (*od.* took) notes (for himself). – **2.** (*Zeitungsnotiz*) notice, item. – **3.** von j-m [etwas] ~ nehmen *fig.* to take notice of s.o. [s.th.]; sie nahm keine ~ von ihm she took no notice of him, she ignored him. — **~ˌblock** *m* note pad, memorandum (*od. colloq.* memo) pad (*od.* block), tablet, *bes. Am.* scratch pad, *bes. Br.* scribbling block. — **~ˌbuch** *n* notebook, memorandum (*od. colloq.* memo) book, jotter, *bes. Am.* tickler, *bes. Br.* scribbling book.

No'ti·zenˌsamm·lung *f* collection of notes (*od.* memorandums, memoranda), adversaria *pl* (*construed as sg or pl*).

No'tizˌzet·tel *m* note (*od.* memorandum, *colloq.* memo) sheet, *bes. Am.* scratch sheet, *bes. Br.* scribbling sheet.

'Notˌjahr *n* year of scarcity (*od.* distress), lean year. — **~ˌklau·sel** *f jur.* escape (*od.* emergency) clause. — **~ˌla·ge** *f* **1.** (state of) distress, distressed state, (state of) need, emergency, plight, predicament, fix (*colloq.*): die Landwirtschaft war (*od.* befand sich) in einer ~ agriculture was in a state of distress; sie nutzten die ~ der Arbeiter aus they took advantage of the workers' distress (*od.* plight); die ~ der Flüchtlinge beunruhigt uns we are troubled about the distress (*od.* destitution) of the refugees; verzweifelte ~ dire distress, calamity; in eine ~ kommen (*od.* geraten) to get into a state of distress (*od.* an emergency). – **2.** (*Geldmangel*) embarrassment, (financial) difficulty; pinch, fix, tight spot (*colloq.*): können Sie mir aus einer ~ helfen? can you help me out of a fix? — **~ˌla·ger** *n* **1.** shakedown, improvised bed. – **2.** emergency camp (*od.* encampment). — **~ˌlam·pe** *f* emergency lamp. — **n~ˌlan·den** *aer.* **I** *v/i* ⟨*insep*, -ge-, sein⟩ make an emergency (*od.* a forced) landing: auf dem Wasser ~ to make an emergency landing on water, to ditch; ~ müssen to be forced to make an emergency landing. – **II N~** *n* ⟨-s⟩ *verbal noun.* — **~ˌlan·deˌplatz** *m* emergency landing field (*od.* ground). — **~ˌlan·dung** *f* **1.** *cf.* Notlanden. – **2.** emergency (*od.* forced) landing: ~ auf dem Wasser ditching. — **n~ˌlei·dend I** *adj* **1.** (*Bevölkerung etc*) needy, indigent, destitute, necessitous, distressed. – **2.** *econ.* a) (*Industrie etc*) distressed, ailing, b) (*Wechsel*) dishonored, *bes. Br.* dishonoured, c) (*Währung*) depreciated, d) (*Sendung*) unclaimed: ~e Obligationen overdue bonds, *bes. Am.* defaulted bonds; ~e Gesellschaften companies in default. – **II N~e** *m, f* ⟨-n; -n⟩ **3.** needy (*od.* indigent, destitute, distressed) person: die N~en the needy (*construed as pl*). — **~ˌlei·ter** *f cf.* Feuerleiter. — **~ˌlö·sung** *f* **1.** temporary (*od.* provisional, provisionary) solution. – **2.** makeshift, shift, (emergency) stopgap, (temporary) expedient. — **~ˌlü·ge** *f* white lie, fib. — **~ˌmaß·ˌnah·me** *f* emergency (*od.* stopgap) measure. — **~ˌmast** *m mar.* jury mast. — **~·ˌna·gel** *m fig. cf.* Lückenbüßer 1. — **~·o·pe·ra·tiˌon** *f med.* emergency operation. — **~ˌop·fer** *n* **1.** emergency relief tax. – **2.** ~ Berlin *philat.* emergency relief stamp for Berlin.

no·to·risch [no'toːrɪʃ] **I** *adj* **1.** (*Lügner, Trinker etc*) notorious, arrant. – **2.** das ist doch ~, daß er ein Trinker ist it is common knowledge that he is a drinker. – **II** *adv* **3.** er ist ~ faul he is notoriously lazy.

'Not|ˌpfen·nig *m cf.* Notgroschen. — **~·quarˌtier** *n* temporary (*od.* provisional, provisionary) accommodation. — **~ˌrecht** *n jur.* **1.** emergency legislation. – **2.** (*eines Staates*) emergency powers *pl.* — **n~ˌreif** *adj agr.* (*Korn etc*) prematurely ripe. — **~ˌrei·fe** *f* **1.** *ped. cf.* Notabitur. – **2.** *agr.* (*von Korn etc*) premature ripening. — **~ˌru·der** *n mar.* jury rudder. — **~ˌruf** *m* **1.** *cf.* Notschrei 1. – **2.** *tel.* a) emergency (*od.* distress) call, b) emergency number. — **~ˌrufˌsäu·le** *f tel.* call box. — **~ˌrut·sche** *f aer.* (*eines Flugzeugs*) emergency chute. — **~ˌschal·ter** *m electr.* emergency switch. — **n~ˌschlach·ten I** *v/t* ⟨*insep*, -ge-, h⟩ ein Tier ~ to slaughter an animal out of (*od.* by) necessity. – **II N~** *n* ⟨-s⟩ *verbal noun.* — **~ˌschlach·tung** *f* **1.** *cf.* Notschlachten. – **2.** emergency (*od.* forced) slaughter, slaughter (out) of necessity. — **~ˌschrei** *m* **1.** cry of distress, cry for help. – **2.** *zo.* (*bei Tieren*) distress call. — **~ˌse·gel** *n mar.* makeshift sail, jury rig. — **~ˌsen·der** *m* (*radio*) emergency transmitter. — **~·siˌgnal** *n* **1.** distress signal, signal of distress. – **2.** (*railway*) danger signal. – **3.** *mar.* a) (*Flaggenzeichen*) distress signal, b) (*Kanonenschuß*) distress shot. – **4.** (*über Funk*) distress message, SOS, (*im Funksprechverkehr*) mayday. — **~ˌsitz** *m* **1.** spare (*od.* emergency) seat. – **2.** *auto.* emergency (*bes. Am.* rumble) seat, *bes. Br. colloq.* dickey seat (*od.* box).

'Notˌstand *m* **1.** *pol. jur.* state of emergency: den nationalen ~ verkünden (*od.* erklären, ausrufen) to proclaim (*od.* promulgate) the state of national emergency. – **2.** (*Notlage*) (state of) distress (*od.* need), plight, predicament, emergency: der ~ an den Universitäten the plight of the universities; einem ~ abhelfen to meet an emergency. – **3.** *jur.* (state of) necessity.

'Notˌstands|ˌar·bei·ten *pl* relief works. — **~ˌbeiˌhil·fe** *f sociol.* emergency relief. — **~ˌdarˌle·hen** *n econ.* emergency loan. — **~·geˌbiet** *n* distressed (*bes. Br.* depressed) area, (*bei Naturkatastrophen*) *auch* disaster area. — **~·geˌsetz** *n jur. pol.* emergency (powers) act, *Br. auch* Defence of the Realm Act. — **~·geˌsetzˌge·bung** *f* emergency (*od.* crisis) legislation. — **~·kreˌdit** *m econ.* relief loan. — **~ˌmaßˌnah·me** *f jur. pol.* emergency measure.

'Notˌsteue·rungsˌvorˌrich·tung *f* **1.** (*railway*) dead-man control. – **2.** *mar.* emergency steering gear.

'Notˌstrom *m electr.* emergency power. — **~·ag·greˌgat** *n* emergency generator (set), stand-by set.

'Not|ta·keˌla·ge *f mar.* jury rig. — **~ˌtau·fe** *f relig.* emergency (*od.* exigent) baptism (*od.* christening). — **n~ˌtau·fen** *v/t* ⟨*insep*, -ge-, h⟩ ein Kind ~ *relig.* to baptize (*Br. auch* -s-) (*od.* christen) a child in an emergency (*od.* in extremis). — **~ˌtrau·ung** *f* emergency (*od.* exigent) marriage. — **~ˌtrep·pe** *f cf.* Feuertreppe. — **~ˌtür** *f* emergency door (*od.* exit).

Not·tur·no [nɔ'tʊrno] *n* ⟨-s; -s *u.* -ni [-ni]⟩ *mus.* notturno.

'Not|ˌun·terˌkunft *f* emergency accommodation. — **~·verˌband** *m* **1.** *med.* emergency (*od.* first-aid, provisional, provisionary, *mil. auch* field) dressing. – **2.** *pol. cf.* Notgemeinschaft. — **~·verˌkauf** *m econ.* forced sale (*od.* selling). — **~·verˌord·nung** *f pol.* emergency decree: eine ~ erlassen to issue (*od.* promulgate) an emergency decree. — **n~ˌwas·sern** *aer.* **I** *v/i* ⟨*insep*, -ge-, sein *u.* h⟩ ditch. – **II N~** *n* ⟨-s⟩ *verbal noun.* — **~ˌwas·se·rung** *f cf.* Notwassern.

'Notˌwehr *f* self- (*od.* justifiable, necessary) defence (*Am.* defense): aus (*od.* in) ~ handeln to act in self-defence (*od.* in defence of [one's] life, *jur. auch* se defendendo); er hat ihn aus (*od.* in) ~ erschossen he shot him in self-defence (*od.* in defending his life). — **~ˌmit·tel** *n jur.* legitimate means *pl* (*construed as sg or pl*) of defence (*Am.* defense). — **~ˌrecht** *n* right of (self-)defence (*Am.* defense).

'notˌwen·dig I *adj* **1.** necessary, needful, required: die ~en Anschaffungen the necessary (*od.* needed, requisite) acquisitions; eine ~e Voraussetzung (für) a necessary qualification (for), a basic requirement (for), a sine qua non (for); es ist ~, daß du gehst it is necessary for you to go, you must needs go (*lit.*); es war nicht ~, daß es so kam it was not necessary (*od.* requisite) that; etwas ~ machen (*Reparatur etc*) to make s.th. necessary, to necessitate s.th.; er hält es für ~, das Auto zu verkaufen he thinks (*od.* deems) it necessary to sell the car; dringend (*od.* unbedingt) ~ a) (*unerläßlich*) absolutely necessary, essential, imperative, indispensable, b) (*keinen Aufschub duldend*) urgently necessary, extremely urgent; nehmen Sie nur die notwendigsten Dinge mit take only what is indispensable (*od.* take only the absolutely necessary) with you. – **2.** (*wesentlich*) essential, fundamental: ein ~er Bestandteil an essential (part). – **3.** (*unvermeidlich*) necessary, inevitable: diese Maßnahme hat sich als ~ erwiesen this measure proved (*od.* turned out) to be necessary (*od.* unavoidable); ein ~es Übel a necessary evil. – **4.** (*natürlich, folgerichtig*) logical: die ~e Folge the logical consequence. – **5.** ~er Relativsatz *ling.* restrictive clause. – **II** *adv* **6.** ich muß ~ verreisen it is necessary for me to go (*od.* that I go) away; sie braucht ~ einen neuen Mantel she needs a new coat badly (*od.* urgently), she is badly in (*od.* in dire) need of a new coat. – **III N~e, das** ⟨-n⟩ **7.** ich werde alles N~e tun [veranlassen] I shall do [arrange] whatever is necessary (*od.* needed), I shall do [see to] the necessary (*od.* needful); sich auf das N~ste beschränken to confine (*od.* limit) oneself to the (*od.* what is) absolutely necessary (*od.* to [the] essentials); ihnen fehlt es am N~sten they lack the bare necessities.

'notˌwen·di·gen'falls *adv cf.* nötigenfalls.

'notˌwen·di·ger'wei·se *adv* necessarily, as a (*od.* out of) necessity; perforce, needs (*lit.*).

'Notˌwen·dig·keit *f* ⟨-; -en⟩ **1.** necessity, needfulness: es besteht keine ~, meine Ansicht zu ändern there is no need for me to change my opinion, there is no reason why I should change my opinion; unter dem Zwang der ~ handeln to act under the force (*od.* under pressure) of necessity; zwingende ~ pressing (*od.* imperative) necessity, must. – **2.** (*Dringlichkeit*) urgency. – **3.** (*Unvermeidbarkeit*) necessity, inevitability. – **4.** *philos.* necessity.

'Not|ˌwoh·nung *f* temporary (*od.* provisional, provisionary) accommodation. — **~ˌwurf** *m aer. cf.* Notabwurf. — **~ˌzei·chen** *n cf.* Notsignal. — **~ˌzeit** *f* time (*od.* period) of distress (*od.* emergency): in ~en in emergency (*od.* critical) times. — **~ˌzucht** *f* ⟨-; *no pl*⟩ *jur.* rape, violation, ravishment, indecent (*od.* criminal) assault: ~ an j-m begehen to commit rape (up)on s.o. — **n~ˌzüch·ti·gen** *v/t* ⟨*insep*, ge-, h⟩ j-n ~ to rape (*od.* commit rape [up]on) s.o., to violate (*od.* ravish) s.o. — **~ˌzüch·ti·gung** *f cf.* Notzucht. — **~ˌzuˌstand** *m cf.* Notstand 2.

Nou·gat ['nu:gat; nu'ga:] *m, auch n* ⟨-s; -s⟩ *gastr.* nougat.

Nou·me·non [no'u:menɔn] *n* ⟨-s; *no pl*⟩ *philos.* noumenon.

Nou·veau·té [nuvo'te:] *f* ⟨-; -s⟩ (*der Mode* [*etc*) novelty.

No·va¹ ['no:va] *f* ⟨-; -vä [-vɛ]⟩ *astr.* nova.

'No·va² *pl collect. print.* new (*od.* latest) publications (*od.* titles).

No·va·tia·ner [nova'tsĭa:nər] *m* ⟨-s; -⟩ *relig. hist.* Novatian.

No·va·ti·on [nova'tsĭo:n] *f* ⟨-; -en⟩ *jur. econ.* (*einer Schuld*) novation.

No·vel·le [no'vɛlə] *f* ⟨-; -n⟩ **1.** (*literature*) short novel, *auch* (long-)short story, novella, nouvelle, novelet(t)e. – **2.** *pol. jur.* (*Nachtragsgesetz*) amendment, supplementary (*od.* amending) bill, rider.

No'vel·len|ˌband *m* volume (*od.* book) of short stories (*od.* novellas, *auch* novelle, nouvelles, novelet[te]s). — **~ˌform** *f* form of a short story, novella (*od.* nouvelle, novelet[te]) form. — **~ˌsamm·lung** *f* collection of short stories (*od.* novellas, *auch* novelle, nouvelles, novelet[te]s). — **~ˌzy·klus** *m* cycle of short stories, novella (*od.* nouvelle, novelet[te]) cycle.

No·vel·let·te [novɛ'lɛtə] *f* ⟨-; -n⟩ (*literature*) short novella (*od.* nouvelle, novelet[te]).

no·vel·lie·ren [novɛ'li:rən] *v/t* ⟨*no* ge-, h⟩ *jur. pol.* (*Gesetze*) amend.

No·vel·list [novɛ'lɪst] *m* ⟨-en; -en⟩, **No·vel·'li·stin** *f* ⟨-; -nen⟩ (*literature*) writer of short stories (*od.* novellas, *auch* novelle, nouvelles, novelet[te]s). — **No·vel'li·stik** [-tɪk] *f* ⟨-; *no pl*⟩ **1.** (*Kunst*) art of the short story (*od.* novella, nouvelle, novelet[te]). – **2.** die ~ (*Gattung*) the short story, the novella, the nouvelle, the novelet(te), short stories *pl*, novellas, *auch* novelle *pl*, nouvelles *pl*, novelet(te)s *pl*. — **no·vel'li·stisch** *adj* **1.** (*in Novellenform*) in the form of a short story, in novella (*od.* nouvelle, novelet[te]) form. – **2.** (*novellenartig*) novelettish. – **3.** of a short story (*od.* novella, nouvelle, novelet[te]).

No·vem·ber [no'vɛmbər] *m* ⟨-s; *rare* -⟩ November: im (Monat) ~ in (the month of) November: am 1. ~ on 1st November, on November 1st.

No'vem·ber|ˌne·bel *m* November fog. — **~re·vo·lu·tiˌon** *f hist.* November revolution (*1918*). — **~ˌschwarm** *m astr.* **1.** (*atmosphärisches Phänomen*) November meteor shower. – **2.** (*im interplanetarischen Raum*) meteoroid swarm. — **~ˌsturm** *m* November storm. — **~ˌwind** *m* November wind.

No·ve·ne [no've:nə] *f* ⟨-; -n⟩ *röm.kath.* novena.

No·vi·tät [novi'tɛ:t] *f* ⟨-; -en⟩ **1.** (*Neuheit der Mode etc*) novelty, new (*od.* latest) fashion. – **2.** *print.* (*Neuerscheinung*) new (*od.* latest) publication (*od.* title). – **3.** (*theater*) new play.

No·vi·ze¹ [no'vi:tsə] *m* ⟨-n; -n⟩ **1.** *röm.kath.* novice, novitiate, *auch* noviciate, neophyte. – **2.** *fig.* (*Anfänger*) novice, beginner, tyro, novitiate, *auch* noviciate, neophyte.

No'vi·ze² *f* ⟨-; -n⟩ *cf.* Novizin.

No'vi·zenˌhaus *n röm.kath.* novitiate, *auch* noviciate.

No·vi·zi·at [novi'tsĭa:t] *n* ⟨-(e)s; -e⟩ *röm.kath.* novitiate, *auch* noviciate. — **~ˌjahr** *n* novitiate (*auch* noviciate) year.

No'vi·zin *f* ⟨-; -nen⟩ **1.** *röm.kath.* novice, novitiate, *auch* noviciate, neophyte. – **2.** *fig.* (*Anfängerin*) novice, beginner, tyro, novitiate, *auch* noviciate, neophyte.

No·vo·ca·in [novoka'i:n] (*TM*) *n med. pharm.* novocaine.

No·vum ['no:vʊm] *n* ⟨-s; -va [-va]⟩ **1.** (*Neuheit*) novelty. – **2.** (*neuer Gesichtspunkt*) new fact, something (quite) new, unheard-of fact.

No·xe ['nɔksə] *f* ⟨-; -n⟩ *med.* **1.** noxa. – **2.** noxious agent.

NS-ˌZeit [ɛn'ʔɛs-] *f pol. hist.* Nazi period (*1933-1945*).

nu [nu:] *interj colloq. for* nun II.

Nu *m* ⟨-s; *no pl*⟩ *only in* im Nu in an instant, in no time, in the twinkling of an eye, in a split second, in a trice (*od.* flash); before one can say Jack Robinson, in a jiffy (*colloq.*): im Nu war er weg he was gone in an instant (*od.* in a flash).

Nu·an·ce [ny'ã:sə] *f* ⟨-; -n⟩ **1.** *auch fig.* nuance, shade (of difference), subtle distinction, minute variation: sein Haar ist um eine ~ heller als meines his hair is a nuance (*od.* a slight bit) lighter than mine, his hair has a lighter tint (*od.* tinge) than mine; die beiden Wörter unterscheiden sich um eine ~ there is a shade of (*od.* a subtle) difference between the two words. – **2.** *mus.* nuance, shade.

nu'an·cenˌreich *adj* rich in (*od.* full of, filled with) nuances (*od.* subtle distinctions, minute variations).

nu·an·cie·ren [nyã'si:rən] **I** *v/t* ⟨*no* ge-, h⟩ **1.** (*abstufen*) nuance, shade, tinge, tint. – **2.** (*kaum merklich ändern*) modulate (*od.* vary) (*s.th.*) slightly (*od.* subtly, *auch* subtlely). – **3.** *mus.* nuance, modulate, shade. – **II N~** *n* ⟨-s⟩ **4.** *verbal noun.*

Nu·bi·er ['nu:bĭər] *m* ⟨-s; -⟩ Nubian. — **'nu·bisch** [-bɪʃ] **I** *adj* Nubian. – **II** *ling.* **N~** ⟨*generally undeclined*⟩, **das N~e** ⟨-n⟩ Nubian, the Nubian language.

nüch·tern ['nʏçtərn] **I** *adj* ⟨-er; -st⟩ **1.** (*Magen*) empty: ich bin noch ~ I have not eaten yet, I still have had no food (*morgens* breakfast); eine Arznei auf ~en Magen einnehmen to take a medicine on an empty stomach; das war ein Schreck auf ~en Magen! *fig. colloq.* that was a fright (*od.* shock) and a half! that really bowled me over! – **2.** (*nicht betrunken*) sober, not intoxicated, not inebriated: ich muß ~ bleiben I have to stay sober; am Tag danach wurde er wieder ~ he sobered up the day after; ich bin völlig ~ I am quite (*od.* completely, *colloq.* cold) sober; das hat ihn (wieder) ~ gemacht that sobered him up (*od.* steadied him [up]) (again). – **3.** *fig.* (*besonnen*) sober, prudent, level-headed, sensible, circumspect(ive): ein ~es Urteil abgeben to give a sober judg(e)ment; nach dem Begeisterungssturm wurden sie wieder ~ after the frenzy of enthusiasm they sobered (*od.* cooled, calmed) down (*od. colloq.* cooled off, came down to earth) again; → Verstand 1. – **4.** *fig.* (*auf Tatsachen beruhend*) matter-of-fact, straightforward, down-to-earth (*attrib*): er gab einen ~en Bericht he gave a matter-of-fact report; ~e Tatsachen plain (*od.* cold) facts. – **5.** *fig.* (*phantasielos*) unimaginative, dull, dry(asdust [*attrib*]), insipid, vapid. – **6.** *fig.* (*schlicht, schmucklos*) plain, austere: ein ~er Raum a plain room; ein ~er Stil a) (*Bauweise etc*) an austere style, b) (*Schreibweise*) a prosaic style. – **7.** (*von Speisen etc*) tasteless, insipid, flat: die Suppe schmeckt etwas ~ the soup tastes somewhat insipid (*od.* lacks flavo[u]r). – **II** *adv* **8.** etwas ~ betrachten [beurteilen] to consider (*od.* look at) [to judge] s.th. soberly (*od.* matter-of-factly); (ganz) ~ betrachtet verhält sich die Sache so, daß if we look at things quite matter-of-factly (*od.* if we look at the plain facts), the matter is such that.

'Nüch·ternˌblutˌzucker (*getr.* -k·k-) *m med.* fasting blood sugar.

'Nüch·tern·heit *f* ⟨-; *no pl*⟩ **1.** (*des Magens*) emptiness (of the stomach). – **2.** soberness, sobriety. – **3.** *fig.* (*Besonnenheit*) soberness, sobriety, prudence, level-headedness, circumspection, circumspectness: mit ~ handeln to act with prudence (*od.* prudently, level-headedly). – **4.** *fig.* (*Sachlichkeit*) matter-of-factness, straightforwardness: etwas mit aller ~ berichten to report s.th. very matter-of-factly (*od.* straightforwardly). – **5.** *fig.* (*Phantasielosigkeit*) dullness, insipidness, insipidity, vapidness, vapidity. – **6.** *fig.* (*Schlichtheit*) plainness, austerity, austereness.

Nucke (*getr.* -k·k-) ['nʊkə], **Nücke** (*getr.* -k·k-) ['nʏkə] *f* ⟨-; -n⟩ *dial. for* Laune 2, 3, Schrulle 1.

Nuckel (*getr.* -k·k-) ['nʊkəl] *m* ⟨-s; -⟩ *colloq.* pacifier, *bes. Br.* comforter, dummy. — **'nuckeln** (*getr.* -k·k-) *v/i* ⟨h⟩ *colloq.* suck.

'Nuckelˌpin·ne (*getr.* -k·k-) *f* ⟨-; -n⟩ *colloq.* jalopy, *auch* jallopy, jaloppy, jalop, 'crate' (*alle colloq.*).

'nückisch (*getr.* -k·k-) *adj dial.* whimsical, capricious, fanciful.

Nu·del ['nu:dəl] *f* ⟨-; -n⟩ **1.** *gastr.* noodle: ~n (*Fadennudeln*) vermicelli *pl*. – **2.** ⟨*meist sg*⟩ *fig. colloq. contempt.* 'bird' (*colloq.*), 'egg' (*sl.*), 'number' (*sl.*), *Am. sl.* 'duck': das ist eine komische ~ that is a funny bird (*od.* a queer duck); sie ist eine dicke ~ she is a fat one (*od.* a fat number). – **3.** *agr.* (*zum Mästen von Gänsen*) fattening ball. – **4.** *Southern G. dial.* pastry. — **~ˌbrett** *n* pastry-board. — **n~'dick** *adj fig. colloq.* (as) round as a barrel, (as) plump as a partridge. — **~ˌholz** *n* rolling pin.

nu·deln ['nu:dəln] *v/t* ⟨h⟩ **1.** (*Federvieh*) fatten, cram. – **2.** *fig.* cram (*s.o.*) with food, stuff.

'Nu·del|ˌrol·le *f cf.* Nudelholz. — **~ˌsup·pe** *f gastr.* noodle (*od.* vermicelli) soup. — **~ˌteig** *m* noodle paste (*od.* dough). — **~ˌwal·ker** *m Bavarian and Austrian for* Nudelholz.

Nu·dis·mus [nu'dɪsmʊs] *m* ⟨-; *no pl*⟩ nudism, gymnosophy. — **Nu'dist** [-'dɪst] *m* ⟨-en; -en⟩ nudist, gymnosophist. — **nu'di·stisch** *adj* nudist (*attrib*), gymnosophical.

nu·dis ver·bis ['nu:dɪs 'vɛrbɪs] *adv* in plain (*od.* blunt, terse) words (*od.* terms).

Nu·di·tät [nudi'tɛ:t] *f* ⟨-; -en⟩ (*rare*) **1.** nudity, nakedness. – **2.** *meist pl cf.* Schlüpfrigkeit 3.

Nu·do·ma·nie [nudoma'ni:] *f* ⟨-; *no pl*⟩ *med. psych.* nudomania.

Nu·do·phi·lie [nudofi'li:] *f* ⟨-; *no pl*⟩ *med. psych.* nudophilia.

Nu·gat ['nu:gat; nu'ga:] *m, auch n* ⟨-s; -s⟩ *gastr. cf.* Nougat.

Nug·get [nʌgɪt] (*Engl.*) *n* ⟨-(s); -s⟩ (*natürlicher Goldklumpen*) nugget.

nu·kle·ar [nukle'a:r] *adj* (*Gefechtskopf, Waffen etc*) nuclear.

Nu·kle'ar|ˌfor·schung *f* nuclear research. — **~me·diˌzin** *f med.* nuclear (*od.* atomic) medicine. — **~phyˌsik** *f* nuclear physics *pl* (*usually construed as sg*). — **~ˌteil·chen** *n* sub-atomic particle.

Nu·klea·se [nukle'a:zə] *f* ⟨-; -n⟩ *chem.* [nuclease.

Nu·kle·in [nukle'i:n] *n* ⟨-s; -e⟩ *biol. chem. cf.* Nukleoproteid. — **~ˌsäu·re** *f* nucleic acid.

Nu·kleo·lus [nu'kle:olʊs] *m* ⟨-; -li [-li] *u.* -len [-kle'o:lən]⟩ *biol.* (*Kernkörperchen*) nucleolus.

Nu·kle·on ['nu:kleɔn] *n* ⟨-s; -en [nukle'o:nən]⟩ *nucl.* nucleon.

Nu·kleo·nik [nukle'o:nɪk] *f* ⟨-; *no pl*⟩ *nucl.* nucleonics *pl* (*construed as sg or pl*).

Nu·kleo·pro·te·id [nukleoprote'i:t], **Nu·kleo·pro·te'in** [-'i:n] *n* ⟨-(e)s; -e⟩ *biol. chem.* nucleoproteid, nucleoprotein.

Nu·kleo·tid [nukleo'ti:t] *n* ⟨-(e)s; -e⟩ *chem.* nucleotide.

Nu·kle·us ['nu:kleʊs] *m* ⟨-; -klei [-klei]⟩ *biol.* (*Zellkern*) nucleus.

null [nʊl] *adj* **1.** zero: wir haben ~ Grad it is zero; ~ Uhr twelve o'clock midnight; es ist ~ Uhr acht it is eight minutes past (*bes. Am.* after) midnight; ich habe in der Klassenarbeit ~ Fehler I have no mistakes in my class test; es handelt sich um Werte von ~ bis drei we are concerned with values from zero (*od.* naught, nought) to three. – **2.** ~ und nichtig *bes. jur.* null and void: der Vertrag ist ~ und nichtig the contract is null and void; etwas für ~ und nichtig erklären to declare s.th. null and void, to annul s.th., to nullify s.th. – **3.** (*sport*) a) *bes. Am.* nothing, *bes. Br.* nil, b) (*beim Tennis*) love: das Spiel steht eins zu ~ (*od.* 1 : 0) the game stands at (*od.* the score is) 1—0 (*od.* one [to] nothing, *bes. Br.* one [goal to] nil); unsere Mannschaft gewann 3 : 0 our team won (by) 3—0; das Spiel endete 0 : 0 the game ended 0—0 (*od.* in a goalless draw), there was no score; er gewann den Satz mit 6 : 0 (*beim Tennis*) he won the set (with *od.* by) 6 love. – **4.** (*bei Telefonnummern etc*) 0, zero: vier ~ fünf four 0 five; acht ~ ~ zwo sieben eight double 0 two seven.

Null[1] *f* ⟨-; -en⟩ **1.** *math.* a) (*Zahlzeichen*) zero, naught, nought, cipher, *Am. auch* aught, ought, b) (*Zahlenwert*) zero, naught, nought, null, c) (*als Betrag*) nil, nothing: **eine ~ (an eine Zahl) anhängen** to add a zero (*od.* naught, nought, cipher) (to a number); **eine Zahl mit ~ multiplizieren** to multiply a number by zero; **eine Zahl mit mehreren ~en** a number having (*od.* with) several naughts; **sie stellte die Stoppuhr auf ~** she set the stopwatch at zero; **der Zeiger steht auf ~** the hand is at zero; **das Thermometer steht auf ~** the thermometer is at (*od.* registers) zero (degrees centigrade); **(bei) 10° über [unter] ~** (at) 10 degrees (centigrade) above [below] zero; **ihre Stimmung sank unter ~** *fig.* her spirits sank. – **2.** (*bei Telefonnummern etc*) 0, zero: **die erste Ziffer ist eine ~** the first figure is an 0. – **3.** *fig.* (*von Personen*) nobody, nonentity, cipher: **im Geschäftsleben ist er eine (reine) ~** in business life he is a (mere) cipher (*od.* [just] a nobody). – **4.** *fig.* (*von Sachen*) nil, nothing: **das Ergebnis der Verhandlungen ist gleich ~** the result of the negotiations is (*od.* equals) nil (*od.* nothing); **in ~ Komma nichts** (*od.* **nix**) **war er mit seiner Arbeit fertig** *colloq.* he finished his work in no time (*od.* in nothing flat). – **5. die Stunde ~** *bes. mil.* (the) zero hour (*od.* time). – **6.** (*games*) (*im Fußballtoto etc*) zero: **eine ~ tippen** to tip a zero. – **7.** *mus.* zero (*in string instrument notation*).

Null[2] *m, auch n* ⟨-(s); -s⟩ (*im Skatspiel*) null(o).

ˈNull|ˌach·se *f* **1.** *math.* coordinate axis: **mit einer ~** zeroaxial. – **2.** *tech.* neutral axis. — **n~ˌachtˈfuffˌzehn** [ˌnʊlˌʔaxtˈfʊf-] *adj* ⟨*pred*⟩ *colloq.* (*in Wendungen wie*) **das Kleid ist ~** that is a dress one can see on every Tom, Dick and Harry, that is a nondescript dress; **diese Möbel sind alle ~** that's the sort of furniture (that) every Tom, Dick and Harry has, that is such nondescript furniture.

ˈNulla·ge (*getr.* -llˌl-) *f tech.* neutral (*od.* zero) position.

ˈNull|am·pliˌtu·de *f electr.* (*radio*) zero carrier (*od.* amplitude, reading). — **n~di·men·sioˌnal** *adj math.* zero-dimensional.

ˈNull·efˌfekt *m phys.* background counting rate. — **~imˌpuls** *m phys.* back count.

ˈNullˌeinˌstel·lung *f* (*eines Meßgerätes*) zero adjustment (*od.* setting).

ˈNullei·ter (*getr.* -llˌl-) *m electr.* zeroaxial (*od.* identified) conductor, neutral conductor (*od.* wire, line), third (*od.* return, white) wire: **geerdeter ~** power ground wire.

ˈNull·eleˌment *n math.* zero element.

nul·len [ˈnʊlən] **I** *v/t* ⟨h⟩ *electr.* **1.** neutralize *Br. auch* -s-. – **II N~** *n* ⟨-s⟩ **2.** *verbal noun.* – **3.** *cf.* Nullung.

ˈNul·lenˌzir·kel *m math. tech.* bow compass(es *pl*).

ˈNul·ler *m* ⟨-s; -⟩ *colloq. for* Null[1] 1a.

ˈNull·geˌtrie·be *n tech.* gears *pl* without correction, nultransmission, unmodified gearing.

ˈNullˌgrad *m cf.* Nullpunkt 3. — **~ˌgren·ze** *f meteor.* freezing level.

nul·li·fi·zie·ren [nulifiˈtsiːrən] *v/t* ⟨*no* ge-, h⟩ nullify. — **Nul·li·fiˈzie·rung** *f* ⟨-; -en⟩ nullification.

ˈNulli·nie (*getr.* -llˌl-) *f math. phys. tech.* neutral line (*od.* axis), zero (*od.* base) line, center (*bes. Br.* centre) line, (*eines Passungssystems*) reference line.

ˈNull·in·struˌment *n electr.* null detector, zero indicator, balance galvanometer.

Nul·li·pa·ra [nuˈliːpara] *f* ⟨-; -ren [-liˈpaːrən]⟩ *med.* nullipara.

ˈNull|iso,ther·me *f meteor.* zero isotherm. — **~me·ri·diˌan** *m geogr.* prime (*od.* zero) meridian. — **~meˌtho·de** *f electr.* null (*od.* zero) method. — **~morˌphem** *n ling.* zero morpheme.

Null ou·vert [nʊl uˈvɛːr] *m, auch n* ⟨- -; - -s⟩ (*beim Skatspiel*) open null(o).

ˈNull·phoˌnem *n ling.* zero phoneme.

ˈNullˌpunkt *m* **1.** *tech.* a) (*einer Skaleneinteilung*) zero point, b) (*eines Passungssystems*) reference point, c) (*eines Diagramms*) starting (*od.* initial) point. – **2.** *electr.* (*einer Schaltung*) neutral point, earthed terminal. – **3.** *phys.* a) zero point, b) (*Gefrierpunkt*) freezing point: **absoluter ~** absolute zero. – **4.** *fig.* zero level, rock bottom: **unsere Stimmung sank auf den ~** our spirits went down (*od.* dropped) to rock bottom (*od.* zero, the bottom of the scale); **ihre Beziehungen hatten den (absoluten) ~ erreicht** their relations had reached the zero point (*od.* rock bottom). — **~ˌausˌwan·de·rung** *f* (*space*) zero drift. — **~enerˌgie** *f phys.* zero-point energy.

ˈNull|ˌschicht *f meteor.* zero level, level of zero vertical motion. — **~ˌse·rie** *f tech.* pilot lot (*od.* production). — **~ˌspan·nung** *f electr.* zero voltage, no-voltage. — **~ˌspan·nungsˌschal·ter** *m* **1.** (*Schalter im spannungslosen Zustand*) disconnected switch. – **2.** (*Schalter mit Nullspannungsauslöser*) no-voltage circuit breaker. — **~ˌspant** *n mar.* midship frame. — **~ˌspiel** *n* (*beim Skat*) *cf.* Null[2]. — **~ˌstel·le** *f* **1.** *math.* zero coefficient. – **2.** *electr.* (*einer Antenne*) gap. — **~ˌstel·lung** *f tech.* **1.** (*Nulleinstellung*) zero adjustment. – **2.** (*eines Zählwerkes*) zero (*od.* neutral) position. – **3.** (*eines Hebels*) starting position. – **4.** (*Ruhelage eines Einstellgliedes*) resting position, point of rest, *Am.* null position. — **~ˌstrich** *m* zero mark (*od.* line).

nullt *adj* ⟨*attrib*⟩ *math. phys.* zeroth.

ˈNull|taˌrif *m* (*in öffentlichen Verkehrsmitteln*) free fare tariff. — **~ˌta·ste** *f* (*auf der Schreibmaschine*) zero (*od.* naught, nought, cipher) key.

ˈNul·lung *f* ⟨-; -en⟩ **1.** *cf.* Nullen. – **2.** *tech.* neutralization *Br. auch* -s-. – **3.** *electr.* earthed (*bes. Am.* grounded) neutral connection (*Br. auch* connexion), connection (*Br. auch* connexion) to the neutral conductor.

ˈnullˌwer·tig *adj* **1.** *math. phys.* nonvalent, zero-valent. – **2.** *chem.* null valent.

Nul·pe [ˈnʊlpə] *f* ⟨-; -n⟩ *colloq.* **1.** simpleton; boob, simple simon (*sl.*), *Am. sl.* crazy duck. – **2.** *cf.* Null[1] 3.

Nu·me·ra·le [numeˈraːlə] *n* ⟨-s; -lien [-lĭən] *od.* -lia [-lĭa]⟩ *ling. cf.* Zahlwort.

Nu·me·ri [ˈnuːmeri] **I** *pl of* Numerus. – **II** *pl Bibl.* (*4. Buch Mose*) Numbers *pl* (*construed as sg*).

nu·me·rie·ren [numeˈriːrən] **I** *v/t* ⟨*no* ge-, h⟩ number, give (*s.th.*) a number, provide (*s.th.*) with a number, assign a number to: **etwas fortlaufend** (*od.* **durchgehend**) **~** to number s.th. successively (*od.* consecutively, continuously, in sequence). – **II N~** *n* ⟨-s⟩ *verbal noun.* — **nu·meˈriert I** *pp.* – **II** *adj* numbered, supplied with a number: **sind die Plätze ~?** are the seats numbered? **nicht ~** unnumbered. — **Nu·meˈrie·rung** *f* ⟨-; -en⟩ **1.** *cf.* Numerieren. – **2.** assignment of numbers.

Nu·meˈrie·rungsˌstem·pel *m cf.* Nummernstempel.

nu·me·risch [nuˈmeːrɪʃ] **I** *adj* **1.** numeric(al), numeral. – **2.** *math.* (*Gleichung*) numerical. – **3.** *econ.* numerical: **~er Wertkoeffizient** figure of merit. – **4.** *tech.* numerical: **~e Verschlüsselung** numeric coding. – **II** *adv* **5. ~ gesteuerte Werkzeugmaschine** *tech.* numerically controlled machine tool.

Nu·me·ro [ˈnuːmero] *n* ⟨-s; -s⟩ *archaic for* Nummer 1—4.

Nu·me·rus [ˈnuːmerʊs] *m* ⟨-; -ri [-ri]⟩ **1.** *ling.* (*Singular u. Plural*) number. – **2.** *math.* (*von Logarithmen*) antilogarithm, antilog: **den ~ von 2 aufschlagen** to look up (*od.* take) the antilog of 2.

ˈNu·me·rus ˈclau·sus [ˈklaʊzʊs] *m* ⟨- -; *no pl*⟩ *ped.* limitation of admission to a profession (*od.* university, society).

Nu·mi·der [nuˈmiːdər], **Nuˈmi·di·er** [-dĭər] *m* ⟨-s; -⟩ Numidian. — **nuˈmi·disch** [-dɪʃ] *adj* Numidian.

Nu·mis·ma·tik [numɪsˈmaːtɪk] *f* ⟨-; *no pl*⟩ numismatics *pl* (*construed as sg*), numismatology. — **Nu·misˈma·ti·ker** [-tikər] *m* ⟨-s; -⟩ numismat(olog)ist. — **nu·misˈma·tisch** *adj* numismatic, *auch* numismatical.

Num·mer [ˈnʊmər] *f* ⟨-; -n⟩ **1.** (*Kennzahl*) number: **er gab allen Gegenständen eine ~** he gave every object a number, he assigned a number to (*od.* he numbered) every object; **die Kartei ist nach (fort)laufenden ~n geordnet** the card index is arranged in numerical order (*od.* numerically, in consecutive [*od.* successive] numbers). – **2.** (*Hausnummer, Telefonnummer etc*) number: **sie wohnen in ~ 7** they live at number 7; **dieser Gast wohnt auf [hat] Zimmer ~ 18** this guest is staying in [has] room (number) 18; **welche ~ haben Sie?** *tel.* what is your ([tele]phone) number? **unter welcher ~ sind Sie zu erreichen?** *tel.* under what number can you be reached? **das Bild steht im Katalog unter ~ 69** the picture is (listed) in the catalog(ue) under number 69. – **3.** (*von Zeitschriften etc*) number, issue, edition, copy: **in Heft ~ 6** in (issue *od.* edition) number 6, in edition 6; **hast du die ~ vom 9. Mai gelesen?** did you read the edition of May 9th? – **4.** (*Größe, Schuhnummer etc*) size, number: **welche ~ haben Sie?** what size do you wear (*od.* take)? **eine große [kleine] ~** a large [small] size; **er kaufte den Anzug um ein paar ~n zu groß** he bought the suit a few numbers too large. – **5.** *mus.* number, piece: **die zweite ~ im Konzert war eine Symphonie von Brahms** the second number in the concert was a Brahms symphony. – **6.** (*Auftritt*) number, act: **welche ~ ist jetzt dran?** (*im Varieté etc*) what number is on (*od.* is now being performed)? **in der nächsten ~ kommt der Clown Beppo** the next number features Beppo the Clown; **eine (tolle) ~ abziehen** *fig. colloq.* to put on quite an act. – **7.** *fig. colloq.* (*Person*) 'character', 'card', 'case' (*alle colloq.*): **ulkige** (*od.* **komische**) **~** wag, joker, *Am. colloq.* jester: **er ist eine ~ für sich** he is quite a character, he's a real (*od.* an awful) case, he is unique; **er ist eine üble ~** he is a bad egg (*od.* lot) (*colloq.*); **sie ist eine verrückte ~** she is a funny (*od.* queer, crazy) character (*od.* one); **Albert ist eine tolle ~** Albert is a live wire (*bes. Am. sl.* a humdinger, a crackerjack, a wow, *Am. sl.* [just] bully); **sie ist eine tolle ~** a) she is a live wire, b) she is quite a number (*od.* piece), she is a bit of hot stuff. – **8.** *fig. colloq.* (*in Wendungen wie*) **er hat eine gute ~ bei ihm** he rates high with him, he stands high in his books (*od.* esteem), he is highly esteemed by him, he is in high favo(u)r with him; **er ist dort nur eine kleine ~** he has only a minor (*od.* petty) position there, he is one of the small fry there, *Am. colloq.* he is only a small potato there; **Herr X ist der deutsche Fernsehstar ~ eins** (*od.* **Nr. 1**) Mr. X is Germany's No. 1 TV star. – **9.** *fig. colloq.* **er geht auf ~ Sicher** he plays (it) safe, he stays on the safe side; **wir haben den Dieb auf ~ Sicher gebracht** we brought the thief behind bars (*od.* into the lockup [*bes. Am. sl.* hoos(e)gow], *bes. Br. sl.* in jug). – **10. eine ~ machen** (*od.* **schieben**) *vulg.* to score, *bes. Am.* to have a (little) nooky (*beide vulg.*).

ˈnum·me·risch *adj u. adv cf.* numerisch.

num·mern [ˈnʊmərn] *v/t* ⟨h⟩ *rare for* numerieren.

ˈNum·mern|beˌzeich·nung *f* numbering, assignment of numbers. — **~ˌfol·ge** *f* numerical order (*od.* succession). — **~ˌgirl** *n* (*im Varieté etc*) number girl (*od.* announcer). — **~ˌschei·be** *f tel.* calling dial, telephone (*od.* number) dial, (finger) disk (*od.* disc). — **~ˌschild** *n* **1.** (*eines Autos*) number (*od.* licence, *Am.* license) plate, *Am. colloq. auch* car tag. – **2.** (*eines Motorrads etc*) identity plate. — **~ˌstem·pel** *m* numbering machine (*od.* stamp). — **~ˌta·fel** *f* (*beim Pferderennen*) number-board. — **n~ˌwei·se** *adv* by numbers.

nun [nuːn] **I** *adv* **1.** (*jetzt*) now, at present: **~ muß ich gehen** I must (*od.* have to) go now; **~ ist es (aber) genug!** it's enough now! that's the limit now! that's the last of it! **~ habe ich aber genug davon!** I'm fed up with it now! I'll have no more of it! **bist du ~ zufrieden?** are you satisfied now? **von ~ an soll alles anders werden** from now on (*od.* from this time on, *lit.* henceforth) everything is going to be different (*od.* changed); **wir kommen ~ zu Kapitel V** we are coming now to chapter V; **was ist ~ zu tun?** what is to be done now (*od.* next)? **~ sag bloß, du hättest es vergessen** you don't mean to say that you have forgotten it; **~ erst gestand er seine Tat** only now he confessed his deed; **~ und immerdar [nimmermehr]** *poet.* for now and evermore [nevermore]; **was ~?** what (*od.* how) now? what next? – **2.** (*seitdem*) from then on, (since) then, from that time on, henceforth (*lit.*): **~ ging er nicht mehr zu ihr** from then on he no longer went to her. – **3.** (*unter den Umständen*) as things now stand, as things are (now), as it is (now): **~ denke ich nicht**

mehr daran as it is now I shall not think of it any more; ~ erst recht (nicht)! now (*od.* as things now stand) all the more (not)! now just for that (not)! now positively (not)! – **4.** (*zur Fortsetzung der Rede*) well, well now (*od.* yes), why. – **5.** (*also*) now, well (now), so: ~, warum antwortest du nicht? well, why don't you answer? du hast A gesagt, ~ mußt du auch B sagen well, in for a penny, in for a pound; ~, wird's bald? *colloq.* for the last time! ~, meinetwegen! a) well, on my account (*od.* for my sake)! b) well, for all I care! ~ so sprich doch! well, then speak up! ~ gut, ich will es glauben all right, I'll believe it; er mag ~ kommen well, he may come now. – **6.** (*eben*) well, just: das ist ~ einmal so that's just the way it is; da es ~ einmal so ist well, since that's the way it is; ich habe es ~ einmal getan I just happen to have done it; es mag ~ kommen, wie es will it may happen (just) as it will. – **7.** (*fragend*) well? how (*od.* what) now? ~, was schadet es? well (*od.* so, why), what is the harm? – **8.** (*aber*) what, but: wenn es ~ regnet? what (*od.* but) if it rains? (but) suppose it rains; wenn ich ~ recht habe? what if I am right? – **II** *interj* **9.** now! well!: ~ los! now, off (with you)! ~ ja! a) well! all right! b) (*einschränkend*) so, so! ~ denn! well then! ~, ~! now, now! – **III** *conj rare* **10.** now that, since: ~ du mich kennst now that you know me.

'nun'mehr *adv u. conj* **1.** (*von jetzt ab*) from now on, from this time on, henceforth (*lit.*). – **2.** (*von dann ab*) from then on, since then, from that time on, henceforth (*lit.*).

'nun'meh·rig *adj cf.* jetzig.

'nun·ter ['nuntər] *adv Southern G. dial. colloq. for* hinunter.

Nun·tia·tur [nuntsĭa'tu:r] *f* ⟨-; -en⟩ *röm.kath.* nunciature.

Nun·ti·us ['nuntsĭus], *Austrian obs.* **'Nun·zi·us** [-tsĭus] *m* ⟨-; -ien⟩ *röm.kath.* nuncio: päpstlicher ~ papal legate; → apostolisch.

nup·ti·al [nup'tsĭa:l] *adj archaic* nuptial.

nur [nu:r] **I** *adv* **1.** (*bloß*) only, just: ich habe ~ 5 Mark I have only 5 marks; es war ~ ein Traum it was just a dream; er tut ~ so he just pretends (to); ~ der Form halber just for form's sake; ich wollte dir ~ sagen, daß I only wanted to tell you that; ~ noch (*Southern G. and Austrian* ~ mehr) zwei Jahre just two more years; ~ einmal just (*lit.* but) once; mit ~ wenigen Ausnahmen with only (*lit.* but) few exceptions; das ist ~ allzu wahr that is only (all) too true; ich gehe ~ eben zum Bäcker I'll just run over to the baker's; es waren ~ etwa 10 Leute dort there were only about 10 people there; es sind ~ noch zwei Photos auf dem Film there are only two photos left on the film; er ißt fast ~ noch Fleisch he hardly eats anything but meat now; ohne auch ~ zu lächeln without so much as a smile; ~ ein wenig (*od.* bißchen) Geduld just (*lit.* but) a little patience; nicht ~, sondern auch not only but also. – **2.** (*allein*) alone: ~ ich I alone, no one but me; er liebt ~ dich he loves only you, you are the only one he loves. – **3.** (*lediglich*) only, solely, merely, simply: das beweist ~, daß that solely proves that; das ist ~ eine Frage des Geldes that is merely a question of money; er ist ~ ein kleiner Angestellter he is simply a petty official; er beweist seine Freundschaft nicht ~ mit Worten he shows his friendship not merely with words; ich kann im Moment ~ sagen, daß at the moment I can merely say that. – **4.** (*ausschließlich*) only, exclusively: diese Veranstaltung ist ~ für Mitglieder this event is for members only. – **5.** (*nichts als*) nothing but: ich höre ~ Gutes über ihn I hear nothing but good about him; er hat ~ Schulden he has nothing but debts; sie haben ~ diese eine Tochter they have no one but (*od.* they have only) this one daughter; ich will ~ meine Ruhe I want nothing (else) but peace (and quiet); tu das ~ ja nicht! don't do that on any account! – **6.** wenn ~ if only: wenn du ~ hier wärest! if only you were here! wenn (sich) ~ das Wetter hält! if only the weather stays (*od.* would stay) fine! wenn sie mich ~ in Ruhe lassen! if only they leave me in peace! – **7.** (*bewilligend*) er mag ~ gehen he may go if he pleases, let him go; mögen sie ~ lachen let them laugh. – **8.** (*verstärkend*) just: geh ~! just (you) go! ~ weiter! just go on! mach ~ weiter so! (you) just go on like that! stell dir ~ vor! just imagine! ~ zu! go on! more power to you! (*colloq.*); ~ sachte! come, come! come now! take it easy! laß mich ~ machen! just let me do it! sieh ~! just look (at that)! warte ~! just (you) wait! – **9.** (*fragend, zweifelnd*) just: wie ist er ~ hereingekommen? just how (*od. colloq.* how on earth) did he get in here? how did he ever get in here? was soll ich ~ dazu sagen? just what (*od.* whatever) am I to say to that? was meint sie ~? whatever (*od.* just what) does she mean? – **10.** (*verallgemeinernd*) ever: du kannst einladen, wen du ~ magst you may invite whomever (*od. colloq.* whoever) you like; er kauft, was er ~ kriegen kann he buys whatever he can get; wo sie ~ eine Bank sah, wollte sie sich setzen she wanted to sit down wherever (*od.* whenever) she saw a bench; du kannst essen, soviel du ~ willst you may eat as much as you like; ich helfe dir, soviel ich ~ kann I shall help you as much as I possibly (*od.* as ever I) can; die Prüfung war so schwer, wie sie ~ sein konnte the examination was as difficult as it could (possibly) be (*od.* was ever so difficult). – **11.** etwas ~ aus Spaß [Bosheit, Liebe] tun to do s.th. out of sheer fun [spite, love]. – **II** *conj* **12.** (*allerdings*) but, however, only: ein guter Aufsatz, ~ ist er sehr unleserlich geschrieben a good essay but it is written very illegibly; ich möchte wohl, ~ traue ich mich nicht I'd like to but I don't dare; alles, ~ das nicht! anything but that! alle kamen, ~ er nicht they all came but (*od.* except) (for) him.

'Nur,flü·gel,flug,zeug *n aer.* flying wing, tailless (*od.* allwing[-type]) airplane (*Br.* aeroplane).

'Nur,haus,frau *f* full-time housewife.

Nürn·ber·ger ['nʏrn,bɛrgər] **I** *m* ⟨-s; -⟩ native (*od.* inhabitant) of Nürnberg (*od.* Nuremberg). – **II** *adj* (of) Nuremberg, (of) Nürnberg, (of) Nurnberg, (of) Nuernberg: das ~ Ei the Nuremberg egg; die ~ Gesetze *hist.* the Nuremberg Laws; die ~ Prozesse *hist.* the Nuremberg trials; → Trichter 2.

Nusch [nuʃ] *m* ⟨-es; *no pl*⟩ *bes. Northern G. dial.* rubbish, trash.

nu·scheln ['nuʃəln] *v/i* ⟨h⟩ *colloq.* mumble, mutter.

'nu·sche·lig, 'nusch·lig *adj bes. Northern G. dial.* **1.** (*Redeweise*) indistinct. – **2.** *cf.* unordentlich 1—6, unsauber 1—5.

Nuß [nus] *f* ⟨-; Nüsse⟩ **1.** nut: eine hohle (*od.* leere, taube) ~ a hollow (*od.* empty, *Br. auch* deaf) nut; eine bittere ~ a bitter nut; Nüsse knacken (*od.* aufmachen) to crack (*od.* open) nuts. – **2.** (*Walnuß*) walnut. – **3.** (*Haselnuß*) hazelnut. – **4.** *fig.* nut, task, problem: diese Mathematikaufgabe ist eine harte ~ this mathematical problem is a hard nut (to crack) (*od. colloq.* a tough job); j-m eine harte ~ zu knacken geben to give s.o. a hard nut to crack; Muß ist eine harte ~ (*Sprichwort*) necessity is a hard master (*proverb*). – **5.** du (bist eine) doofe ~! *colloq.* you (are a) stupid (*od. colloq.* fathead, *Am. sl. auch* nut)! – **6.** *fig. colloq.* 'noggin' (*colloq.*), 'nut' (*sl.*), *Am. sl.* 'bean', head. – **7.** *fig. colloq. cf.* Kopfnuß 1. – **8.** *fig.* nut(-sized piece). – **9.** *gastr.* (*Fleischstück*) tender piece of leg of veal. – **10.** *hunt. cf.* Schnalle 4. – **11.** *tech.* (*Werkzeug*) button die.

'Nuß,baum *m* **1.** *bot.* (wal)nut tree, *Am. auch* nogal (*Juglans regia*): Amerikanischer ~ *cf.* Hickory. – **2.** *cf.* Nußbaumholz. — **~,holz** *n* walnut, nutwood.

'Nuß|,bei·ze *f* nut mordant. — **~,boh·rer** *m zo. cf.* Haselnußbohrer. — **n~,braun** *adj* **1.** nut-brown. – **2.** (*bes. Haar*) auburn. – **3.** (*bes. Augen*) hazel. — **~,but·ter** *f gastr.* nut butter.

Nüß·chen ['nʏsçən] *n* **1.** *dim. of* Nuß. – **2.** *cf.* Nußkohle.

'Nuß|,ei·be, Ka·li'for·ni·sche *f bot.* stinking cedar (*Torreya californica*). — **n~,far·ben** *adj cf.* nußbraun 1. — **~,frucht** *f* nut. — **~ge,bäck** *n gastr. Br.* nut biscuits *pl*, *Am.* nut cookies *pl*. — **~ge,schmack** *m* nutty taste, nuttiness: mit (einem) ~ nutty. — **~,kern** *m* nut kernel, kernel of a nut. — **~,knacker** (*getr.* -k·k-) *m* **1.** nutcracker. – **2.** *fig. colloq.* so ein ~! (*komischer Kauz*) what a funny old bird! (*colloq.*). — **~,koh·le** *f econ.* nut coal, nuts *pl*. — **~,ku·chen** *m gastr.* nutcake.

'Nüß·li·sa,lat ['nʏsli-] *m Swiss for* Feldsalat.

'Nuß|,mu·schel *f zo.* nut shell, nucula (*Nucula margaritacea*). — **~,öl** *n* (wal)nut oil. — **~,scha·le** *f* **1.** *bot.* (nut)shell: grüne ~ green walnut shell, walnut husk; etwas wie eine ~ wegwerfen to throw s.th. away carelessly; das Boot tanzte auf den Wellen wie eine ~ the boat danced on the waves like a nutshell. – **2.** *fig. iron.* (*kleines Boot*) nutshell, cockleshell. — **~,tor·te** *f gastr.* layer cake made with a nut dough.

Nü·ster ['nʏstər; 'ny:stər] *f* ⟨-; -n⟩ *meist pl zo.* nostril: die ~n des Stieres blähten sich the nostrils of the bull became distended (*od.* dilated).

Nut [nu:t] *f* ⟨-; -en⟩ *tech.* **1.** a) groove, b) (*Langnut*) slot, c) (*Kerbnut*) V-notch, d) (*Spann-Nut*) T-slot, work-holding slot, e) (*Keilnut*) keyway, keyseat, f) (*eines Gewindes*) groove: ~ und Feder tongue and groove, slot and key. – **2.** (*in der Zimmerei*) a) groove, slot, notch, housing, b) (*einer Schwalbenschwanzverbindung*) mortise, c) (*eines Schiebefensters*) window stile: ~ und Zapfen mortise and tenon; Bretter fügt man mit (Hilfe von) Feder und ~ boards are joined by (means of) tongue and groove.

Nu·ta·ti·on [nuta'tsĭo:n] *f* ⟨-; -en⟩ *astr. bot.* (*space*) nutation.

Nu·te ['nu:tə] *f* ⟨-; -n⟩ *tech. cf.* Nut.

nu·ten ['nu:tən] *v/t* ⟨h⟩ *tech.* **1.** a) groove, b) (*Spiralbohrer etc*) flute, c) (*Vielkeilwellen*) spline, d) (*Wellen*) keyway, keyseat. – **2.** (*in der Zimmerei*) groove, slot, notch: etwas ~ und spunden to match s.th.

'Nu·ten|,frä·ser *m*, **~,fräs·ma,schi·ne** *f tech.* keyway milling machine. — **~,mei·ßel** *m* slotting (*od.* grooving) tool.

'Nut|,ho·bel *m*, **~,ho·bel·ma,schi·ne** *f tech.* fluting (*od.* matching) plane. — **~,kreis,sä·ge** *f* circular slitting saw. — **~,mut·ter** *f* slotted (*od.* ring) nut.

Nu·tria ['nu:tria] *f* ⟨-; -s⟩ **1.** *zo.* coyp(o)u, nutria (*Myocastor coypus*). – **2.** (*Fell*) nutria, coyp(o)u.

nu·trie·ren [nu'tri:rən] *v/t* ⟨*no* ge-, h⟩ *obs. for* ernähren I. — **Nu·tri'ment** [-tri'mɛnt] *n* ⟨-(e)s; -e⟩ *med.* nutriment, nutritive substance. — **nu·tri'tiv** [-tri'ti:f] *adj* nutritive, nourishing.

Nut·sche ['nu:tʃə] *f* ⟨-; -n⟩ *chem. tech.* suction (*od.* vacuum) filter. — **'nut·schen I** *v/i* ⟨h⟩ *colloq. dial. for* lutschen II. – **II** *v/t chem.* filter, filtrate (*s.th.*) by suction.

Nut·te ['nutə] *f* ⟨-; -n⟩ *vulg.* 'tart' (*sl.*), floozy (*sl.*), whore, prostitute, strumpet, slut.

'Nut|-,und-'Spund,ho·bel *m tech.* match plane. — **~,wel·le** *f* spline(d) shaft.

nutz [nuts] *adj* ⟨*pred*⟩ *cf.* nütze.

Nutz *m* ⟨-es; *no pl*⟩ *obs. for* Nutzen[1]: → Fromme[2].

'Nutz,an,wen·dung *f* **1.** (practical) application, utilization *Br. auch* -s-. – **2.** (*einer Fabel*) moral (application).

'nutz·bar *adj* **1.** usable, utilizable *Br. auch* -s-, useful: sich (*dat*) etwas ~ machen a) to utilize (*Br. auch* -s-) s.th., to turn s.th. to account, to take advantage of s.th., b) (*Naturkräfte etc*) to harness s.th. – **2.** (*gewinnbringend*) profitable, productive, lucrative, exploitable. – **3.** *tech.* (*Kraft etc*) effective. – **4.** ~er Kofferraum usable luggage space; ~er Laderaum payload space. — **'Nutz·bar·keit** *f* ⟨-; *no pl*⟩ **1.** usableness, usefulness. – **2.** profitableness, productiveness, lucrativeness, exploitability. – **3.** *tech.* effectiveness, usability, practicability.

'Nutz·bar,ma·chung *f* ⟨-; *no pl*⟩ **1.** utilization *Br. auch* -s-, (*von Naturkräften etc*) *auch* harnessing. – **2.** exploitation.

'Nutz|be,an,spru·chung *f tech.* working stress. — **~,brem·sung** *f* (*bei Elektromotoren*) regenerative braking. — **n~,brin·gend I** *adj econ.* **1.** (*gewinnbringend*) profitable, useful, lucrative, advantageous: ~ sein to be profitable, to yield a profit. – **2.** (*Kapital*) productive. – **II** *adv* **3.** etwas ~ anwenden to turn s.th. to good account.

nüt·ze ['nʏtsə] *adj* ⟨*pred*⟩ useful, of use: das ist zu nichts ~ that's good for nothing, that's useless (*od.* [of] no use); so war die Reise doch wenigstens zu etwas ~ thus the journey was at least good for s.th.; er ist zu weiter nichts ~ als he is fit only for, he is only fit for.

'Nutz·ef,fekt *m* useful effect.

Nut·zen[1] ['nʊtsən] *m* ⟨-s; *no pl*⟩ **1.** use, utility, service: **[nicht] von ~ sein** to be of [no] use, [not] to be useful; **persönlicher ~** subjective utility; **ohne ~** useless; **~ aus etwas ziehen** to make use of s.th.; **j-m zum ~ sein** (*od.* **gereichen**) to be of use to s.o. – **2.** (*Gewinn*) profit, gain: **ohne ~** profitless; **~ bringen** to yield (*od.* show) a profit; **mit ~ verkaufen** *obs.* to sell (*s.th.*) at a profit. – **3.** (*Vorteil*) advantage, benefit: **diese Situation kann für uns nur von ~ sein** this situation can only be of advantage (*od.* advantageous) for us; **sich** (*dat*) **von etwas ~ versprechen** to see an advantage in s.th.; **in** (*dat*) **etwas seinen ~ suchen** to seek one's advantage in s.th.; **ich habe dieses Buch mit großem ~ gelesen** I have read this book to great advantage. – **4.** (*Ertrag*) yield, returns *pl.*

'Nut·zen[2] *pl print.* number *sg* of copies.

'nut·zen[3], **nüt·zen** ['nʏtsən] **I** *v/i* ⟨h⟩ **1.** be of use (*od.* help), be useful, be helpful, avail: **das nützt nichts** that's useless, that's of no use (*od.* avail, help); **was nützt es, daß du dir Sorgen machst?** what is the good (*od.* use) of your worrying? **was nützt das?** what is the good of that? what good will that do? what avails it? **das würde dir nicht viel ~** that would be of little use to you; **es nützt nichts, wir müssen weiter** it's no use (*od.* good), we have to go on. – **2.** (*vorteilhaft sein*) be of advantage (*od.* benefit): **es würde dir mehr ~, wenn** it would be more advantageous for you if, you would benefit more if; **das wird ihr eines Tages sehr ~** that will be of great advantage to her one day. – **3.** (*Gewinn bringen*) yield (*od.* show) profit: **wem nützt das?** who will profit by that? – **II** *v/t* **4.** use, make use of, utilize *Br. auch* -s-: **die Zeit ~** to utilize the time; **den Augenblick ~** to use the moment; **die Gelegenheit ~** to make use of (*od.* to seize, to avail oneself of) the opportunity (*od.* chance). – **5.** (*nutzbringend anwenden*) turn (*od.* put) (*s.th.*) to account (*od.* good use, profit): **er hat das Geld [seine Begabung] gut genützt** he has turned the money [his talent] to good account. – **6.** (*ausnutzen*) exploit. – **III N~** *n* ⟨-s⟩ **7.** *verbal noun.* – **8.** *cf.* Nutzung.

'Nutz|ˌfahrˌzeug *n auto.* commercial (*od.* utility) vehicle. — **~ˌfak·tor** *m econ.* **1.** (*Ausnutzung*) utilization (*Br. auch* -s-) factor (*od.* coefficient). – **2.** (*Nützlichkeit*) utility factor. — **~ˌflä·che** *f* **1.** useful (*od.* usable, effective) area. – **2.** *agr.* agricultural acreage. — **~ˌgar·ten** *m* kitchen (*od.* vegetable) garden. — **~geˌwächs** *n cf.* Nutzpflanze. — **~ˌholz** *n* (commercial) timber, *bes. Am.* lumber. — **~ˌinˌhalt** *m* working contents *pl*, useful capacity. — **~ˌla·deˌfä·hig·keit** *f econ.* useful load. — **~ˌlast** *f* **1.** *aer. econ.* payload: **zahlende ~** revenue payload. – **2.** (*space*) payload. – **3.** *mar. cf.* Tragfähigkeit 3. — **~ˌlei·stung** *f tech.* **1.** (*einer Maschine*) effective capacity. – **2.** (*eines Motors*) useful power (*od.* horsepower). – **3.** (*einer Hydraulikpumpe*) hydraulic efficiency.

'nütz·lich I *adj* **1.** useful, of use (*pred*): **ein ~es Geschenk** a useful present; **j-m zu** (*od.* **bei, in** *dat*) **etwas ~ sein** to be useful to s.o. in s.th.; **sich (j-m) ~ machen** to make oneself useful (to s.o.); **ein ~es Glied der Gesellschaft** a useful member of society; **das Fahrrad erwies sich dort als sehr ~** the bicycle proved (to be) very useful (*od.* of great use) there. – **2.** (*dienlich*) useful, serviceable, helpful, handy: **ein Hammer wäre jetzt sehr ~** a hammer would be very helpful (*od.* of great help) now. – **3.** (*vorteilhaft*) advantageous, beneficial, of advantage (*pred*): **gute Beziehungen sind oft recht ~** good connections (*Br. auch* connexions) are often rather advantageous. – **4.** (*gewinnbringend*) profitable, beneficial, lucrative, rewarding. – **II** *adv* **5. sich ~ betätigen** to make oneself useful. – **III N~e, das** ⟨-n⟩ **6. das Angenehme mit dem N~en verbinden** to combine business with pleasure. — **'Nütz·lich·keit** *f* ⟨-; *no pl*⟩ **1.** usefulness, use, utility. – **2.** (*Dienlichkeit*) usefulness, serviceableness, helpfulness, handiness. – **3.** (*Vorteil*) advantage, benefit. – **4.** (*finanzielle*) profitableness, benefit, beneficialness, lucrativeness.

'Nütz·lich·keits|ˌleh·re, ~phi·lo·soˌphie *f philos.* utilitarianism. — **~prinˌzip** *n* utilitarian principle: **Anhänger des ~s** utilitarian. — **~ˌstandˌpunkt** *m* utilitarian point of view.

'Nütz·ling [-lɪŋ] *m* ⟨-s; -e⟩ *zo.* beneficial animal.

'nutz·los I *adj* **1.** useless, unavailing, futile, of no use (*pred*): **ein ~es Beginnen** (*od.* **Unternehmen, Unterfangen**) a useless undertaking; **es ist ~ zu reden** it is (of) no use talking (*od.* to talk). – **2.** (*unnötig*) needless, unnecessary, unneeded: **~e Zerstörung** needless destruction. – **3.** (*müßig*) idle, vain, ineffective, ineffectual, fruitless, otiose (*lit.*): **es ist ~, nach dem Grund zu fragen** it is idle to ask for the reason; **es war alles ~** it was all in vain. – **4.** (*verschwendet*) wasted: **eine ~e Geldausgabe** a wasted expense; **Schmeicheleien sind bei ihm völlig ~** flattery is completely wasted on him (*bes. Am. colloq.* gets you nowhere with him). – **5.** *bes. econ.* (*nichts einbringend*) unprofitable, profitless, unproductive: **~es Kapital** unproductive (*od.* dead) capital. – **II** *adv* **6.** uselessly: **er hat sein Leben ~ aufs Spiel gesetzt** he has uselessly risked his life. — **'Nutz·lo·sig·keit** *f* ⟨-; *no pl*⟩ **1.** uselessness, futility. – **2.** needlessness. – **3.** idleness, vanity, ineffectiveness, fruitlessness. – **4.** waste. – **5.** *bes. econ.* unprofitableness, profitlessness, unproductiveness.

'Nutzˌmas·se *f* (*space*) payload. — **~ˌkör·per** *m* payload section.

'nutzˌnie·ßen [-ˌniːsən] *v/t* ⟨*insep*, ge-, h⟩ *rare* enjoy the benefit (*od.* profit, *jur.* usufruct) of.

'Nutzˌnie·ßer *m* ⟨-s; -⟩, **'Nutzˌnie·ße·rin** *f* ⟨-; -nen⟩ **1.** beneficiary. – **2.** *contempt.* profiteer. – **3.** *jur.* usufructuary. — **'nutzˌnie·ße·risch** *adj jur.* usufructuary. — **'Nutzˌnie·ßung** *f* ⟨-; *no pl*⟩ usufruct: **~ auf Lebenszeit** life interest; **die ~ von etwas haben** to enjoy the usufruct of s.th.

'Nutz|ˌpflan·ze *f bot.* useful (*od.* economic) plant. — **~siˌgnal** *n* (*computer*) information signal. — **~ˌspan·nung** *f electr.* useful voltage. — **~ˌstrom** *m* useful (*od.* active) current.

'Nut·zung *f* ⟨-; *no pl*⟩ **1.** *cf.* Nutzen[3]. – **2.** (*der Zeit, Gelegenheit etc*) use, utilization *Br. auch* -s-: **friedliche ~ der Atomenergie, ~ der Atomenergie zu friedlichen Zwecken** peaceful use of atomic energy, use of atomic energy for peaceful purposes. – **3.** (*des Geldes, der Begabung etc*) putting (*od.* turning) to account (*od.* good use, profit). – **4.** (*des Bodens etc*) exploitation. – **5.** (*Ertrag*) yield, produce, revenue. – **6.** (*Benutzung*) utilization *Br. auch* -s-. – **7.** *jur. cf.* Nutznießung.

'Nut·zungs|ˌdau·er *f* **1.** *jur.* period of usufruct. – **2.** *tech.* service (*od.* useful) life. — **~entˌgelt** *n econ.* rental fee, compensation for use. — **~erˌtrag** *m* revenue, return, yield. — **~ˌgü·ter** *pl* productive goods, income-yielding assets. — **~ˌrecht** *n* **1.** *jur.* usufructuary right, (right of) usufruct, perfect usufruct. – **2.** *agr.* right of use. — **~ˌwert** *m econ.* value in use, utility (value).

'Nutz|ˌvieh *n agr.* domestic cattle. — **~ˌwas·ser** *n* water for industrial purposes. — **~ˌwert** *m econ.* economic value. — **~ˌwild** *n hunt.* useful game.

Ny [nyː] *n* ⟨-s; -s⟩ nu (*13th letter of the Greek alphabet*).

Nya·la(-An·tiˌlo·pe) ['njaːla-] *f zo.* inyala (*Nyala angasi*).

Nykt·al·opie [nʏktalo'piː] *f* ⟨-; *no pl*⟩ *med.* day blindness, nyctalopia (*scient.*).

Nykt·urie [nʏktu'riː] *f* ⟨-; -n [-ən]⟩ *med.* nycturia.

Ny·lon ['naɪlən] (*TM*) *n* ⟨-s; -s⟩ **1.** ⟨*only sg*⟩ *chem.* nylon. – **2.** *pl* nylon stockings, nylons. — **~ˌstrumpf** *m* nylon stocking: **ein Paar Nylonstrümpfe** a pair of nylon stockings (*od.* nylons). — **n~verˌstärkt** *adj* reinforced (*od.* fortified) with nylon, nylon-reinforced.

Nym·phä·um [nʏm'fɛːʊm] *n* ⟨-s; -phäen⟩ *antiq.* nymphaeum, *auch* nympheum.

Nym·phe ['nʏmfə] *f* ⟨-; -n⟩ *myth. zo.* nymph. — **'nym·phen·haft** *adj* nymphish, nymphlike, nymphean.

nym·pho·man [nʏmfo'maːn] *adj psych.* nymphomaniac, *auch* nymphomaniacal, nymphomanic. — **Nym·pho·ma'nie** [-ma'niː] *f* ⟨-; *no pl*⟩ nymphomania. — **Nym·pho'ma·nin** *f* ⟨-; -nen⟩ nymphomaniac.

ny·stag·misch [nʏs'tagmɪʃ] *adj med.* nystagmic. — **Ny'stag·mus** [-mʊs] *m* ⟨-; *no pl*⟩ (*Augenzittern*) nystagmus, nystaxis.

O

O, o[1] [oː] *n* ⟨-; -⟩ **1.** O, o (*fifteenth letter of the German alphabet; fourth vowel*): **ein großes O** a capital (*od.* large) O; **ein kleines O** a small (*od.* little) o; **das o in (dem Wort) ‚so'** the o in the word 'so'. – **2. O** *chem.* (*Sauerstoff*) O. – **3. O** *geogr.* (*Osten*) O, east. – **4. O** (*s.th. having the shape of the capital letter O*) O.

o[2] *interj* O, oh: **o ja!** O yes! yes indeed! **o nein!** O no! no indeed! certainly not! not by any means! **o doch!** O certainly! **o weh!** oh dear (me)! alas! (*lit.*); **o Gott, wie konntest du nur!** oh goodness (*od.* good heavens), how could you! **o wie schön!** oh how beautiful! **o welche Freude!** oh, what happiness! **o dieser dumme Kerl!** O this stupid fellow! **o ich Unglückliche!** poor me! **o daß er doch käme!** oh, if he would only come! (how) I wish (that) he would come!

Ö, ö [øː] *n* ⟨-; -⟩ O (*od.* o) modified, O (*od.* o) umlaut.

Oa·se [o'aːzə] *f* ⟨-; -n⟩ *geogr.* *auch fig.* oasis: **eine ~ des Friedens [der Stille]** *fig.* an oasis of peace [quietness].

Oa·sen|be,woh·ner [o'aːzən-] *m* inhabitant of an oasis. — **~,land·schaft** *f* region of (fertile) oases.

ob[1] [ɔp] **I** *conj* **1.** (*mit indirektem Fragesatz*) whether, if, (*zweifelnd*) *auch* that: **die Frage, ~** the question as to whether; **hast du gehört, ~ er gekommen ist?** have you heard whether he has arrived? **er fragte mich, ~ ich nicht wüßte, wie he asked me whether** (*od.* if) I knew how; **ich bin nicht sicher, ~ es dort sein wird** I'm not sure that it will be there; **wer weiß, ~ es wahr ist** who is to know (*od.* say) that it's true, who knows if it's true; **~ er nun kommt oder nicht, wir müssen jetzt anfangen** we must start now, whether he comes or not; **~ …, ~ nicht** whether … or not. – **2.** (*mit direktem Fragesatz*) **~ er wohl kommt?** will he come? I wonder if he'll come; **~ er noch rechtzeitig fertig wird?** I wonder if he will be ready in time. – **3. als ~** as if (*od.* though), *Am. colloq. od. dial.* like: **es sieht so aus, als ~ es regnen wollte** it looks as if it would (*od.* is going to) rain; **er tat, als ~ er nicht bis drei zählen könnte** he looked as if butter wouldn't melt in his mouth; **mir war, als ~ mich j-d berührte** it seemed to me as if s.o. were touching me. – **4. ~ …, ~ …** whether … or …: **alle wollen mitmachen, ~ jung, ~ alt** everyone wants to participate, whether (*od.* be he) young or old (*od.* regardless of age). – **5.** *colloq.* (*in Wendungen wie*) **(na) und ~!** of course! certainly! rather! and how! you bet! (*colloq.*); **(na,) hat sie dir gefallen? Und ~!** (well,) did you like her? And how (*od.* I certainly [*Am. colloq.* sure] did)! **kennst du das Theaterstück? Und ~ ich es kenne!** do you know the play? I should think I do! – **6. und ~ ich lange gewandert bin, bin ich nicht müde** *poet. obs.* although I have walked for quite some time I am not tired. – **II Ob** *n* ⟨*undeclined*⟩ **7. das Ob und das Wann** the if and the when.

ob[2] *prep* **I** ⟨*gen, auch dat*⟩ *lit.* (*wegen*) because of, on account of: **ich schalt ihn ~ seiner Faulheit** I scolded him on account of (*od.* for) his laziness. – **II** ⟨*dat*⟩ *obs.* (*oberhalb*) (up)on: **Rothenburg ~ der Tauber** Rothenburg on the Tauber.

Ob·acht ['oː,baxt] *f* ⟨-; *no pl*⟩ *bes. Southern G.* heed, attention: **auf** (*acc*) **etwas [j-n] ~ geben** (*od.* **haben**) to pay attention to s.th. [s.o.], to take heed of s.th. [s.o.]; **(gib) ~!** look out! be careful! watch it (*od.* out)!

Obad·ja [o'batja] *npr m* ⟨-s; *no pl*⟩ *Bibl.* (*Prophet*) Obadiah.

'Ob,dach *n* ⟨-(e)s; *no pl*⟩ **1.** (*Unterkunft*) shelter, lodging, harborage, *bes. Br.* harbourage: **kein ~ haben** to be homeless, to have no shelter; **j-m ~ gewähren** to shelter (*od.* to give shelter to) s.o. – **2.** *fig.* (*Wohnstätte*) house, housing, dwelling, lodging.

'ob,dach·los *adj* without shelter, unsheltered, homeless, roofless, unhoused: **~ machen** to unhouse. — **'Ob,dach·lo·se** *m, f* ⟨-n; -n⟩ homeless person.

'Ob,dach·lo·sen|asyl [-ʔa,zyːl] *n* house of refuge, night shelter. — **~,für,sor·ge** *f* relief for the homeless. — **~,heim** *n* shelter for the homeless.

'Ob,dach·lo·sig·keit *f* ⟨-; *no pl*⟩ homelessness, houselessness.

Ob·duk·ti·on [ɔpdʊk'tsĭoːn] *f* ⟨-; -en⟩ *med. jur.* autopsy, postmortem (*Br.* post-mortem) (examination). — **Ob·duk·ti'ons·be,fund** *m* autopsy result, postmortem (*Br.* post-mortem) findings *pl.*

ob·du·zie·ren [ɔpdu'tsiːrən] *v/t* ⟨*no* ge-, h⟩ **eine Leiche** (*od.* **einen Leichnam**) **~** to perform an autopsy, to do a postmortem (*Br.* post-mortem) (examination).

Ob·edi·enz [obe'dĭɛnts] *f* ⟨-; *no pl*⟩ *relig.* **1.** obedience. – **2.** *hist.* support for a candidate for the papacy.

'O-,bei·ne *pl* bandy legs, *Am.* bandy-legs, bowlegs, genuavara (*scient.*). — **'O-,bei·nig** *adj* bowlegged, *Br.* bow-legged, bandy(-legged).

Obe·lisk [obe'lɪsk] *m* ⟨-en; -en⟩ *arch.* [obelisk.]

oben ['oːbən] *adv* **1.** above, overhead, (*in der Höhe*) up: **da** (*od.* **dort**) **~** up there; **ganz ~** uppermost, right up above; **hoch** (*od.* **weit**) **~** high (*od.* far) above; **nach ~** upward(s); **er kam von ~ herab** he came down from above; **j-n von ~ herab behandeln** *fig.* to treat s.o. haughtily (*od.* condescendingly); **weiter ~** further (*od.* higher) up; **~ in der Luft** up in the air; **~ und unten** above and below; **bis ~ (hin) zugeknöpft** a) buttoned all the way up, b) *fig.* very reserved (*od.* standoffish, *Br.* stand-offish); **nach ~ gerichtet** level(l)ed (*od.* pointed) upward(s); **~ bleiben** a) to stay up (there) (*od.* upstairs, *auf dem Wasser* afloat), b) *fig.* to have (*od.* keep) the upper hand; **~ im Kasten liegen** to lie uppermost in the box; **mir steht die Sache bis hier ~** *fig. colloq.* I am sick (and tired) of the matter; **man wußte kaum noch, wo** (*od.* **was**) **~ und unten war** *fig. colloq.* one couldn't tell up from down (*od.* heads from tails); **von hier ~ (aus) haben wir eine schöne Aussicht** we have a beautiful view from up here; → **Gute**[2]. – **2.** (*an einem Gegenstand*) at the top: **von ~ bis unten** a) from top to bottom, b) (*bei Personen*) from head to foot (*od.* toe), from top to toe; **die Schublade links ~** the top drawer on the left; **etwas ~ anfassen** to grasp s.th. at the top; **~ am Tisch sitzen** to sit at the top (*od.* head) of the table; **j-s Glas bis ~ füllen** to fill s.o.'s glass brimful (*auch* brimfull) (*od.* to the brim). – **3.** (*auf einem Gegenstand*) on (the) top: **hoch ~ auf dem Berge** high up on top of the mountain; **nun sind wir ~** now we've reached the top. – **4.** (*im Himmelsraum*) above, aloft, on high, overhead. – **5.** (*im Hause*) upstairs, *Am. auch* abovestairs, (*im obersten Stockwerk*) at the top: **ich gehe nach ~** I'm going upstairs; **das Haus wurde von ~ bis unten durchsucht** the house was searched from top to bottom; **ich bleibe heute abend ~** I'll remain (*od.* stay) upstairs this evening; **wir wohnen ganz ~** we live right at the top (*od.* on the top floor). – **6. ~ ohne** *colloq.* (*fashion*) topless. – **7.** (*an der Oberfläche*) on the surface: **~ schwimmen, sich ~ halten** to float (on the surface), to keep oneself afloat; **Fett schwimmt ~** a) fat floats, b) *colloq.* fat people don't drown; **den Kopf ~ behalten** *fig.* a) to keep one's head (*od.* presence of mind), b) to keep one's heart up, not to lose heart; **~ hui, unten pfui** (*Sprichwort*) nothing but (outside) show. – **8.** (*in einiger Entfernung*) up there: **er lebt schon einige Zeit dort ~** he has been living up there for some time. – **9. er ist ~ herum recht mollig** he is rather full-chested (*od.* stout above the waist). – **10.** *fig.* (*an leitender Stelle*) in high quarters, high(er) up: **er scheint ~ beliebt zu sein** he seems to be popular in higher quarters; **die Anordnung kommt von ~** the order comes from higher up. – **11. Tendenz nach ~** *econ.* upward tendency (*od.* trend). – **12.** *mar.* (*in der Takelage*) aloft. – **13.** *print.* a) (*auf einer Seite*) at the top, above, b) (*im vorhergehenden Text*) above, hereinabove, hereinbefore, supra: **~ auf der Liste** at the top of the list; **das Bild links ~** the picture at (*od.* on) the upper left (*od.* left above); **weiter ~** above; **wie ~ angeführt** (*od.* **angegeben**) as stated above, ut supra; **siehe ~** see above, ut supra, vide ante; **~ auf Seite 10** at the top of page 10, page 10 at the top; **Paragraph 24 ~** section 24 above; **das ~ Erwähnte** the above-mentioned, the aforementioned, the aforesaid, the above-quoted, *jur.* the premises *pl.* – **14.** *econ.* (*Aufschrift auf Versandkisten etc*) **~!** this side up!

'oben'an *adv* **1.** at the top: **sein Name steht ganz ~ (auf der Liste)** his name is at the top of the list (*od.* first on the list). – **2.** at the head: **er sitzt ~** he sits at the head of the table. – **3.** *fig.* in first place: **~ stehen** to hold (the) first place.

'oben'auf *adv* **1.** (*zuoberst*) on top, uppermost: **das Buch liegt ganz ~** the book is lying right on (the) top. – **2.** (*auf der Oberfläche*) on the surface. – **3.** *fig. colloq.* (*in guter Verfassung*) in good health and high spirits, going strong (*colloq.*): **~ sein** to be on top of the world (*colloq.*); er ist wieder ~ he has recovered, he is well again.

'oben'drauf *adv colloq.* **1.** *cf.* obenauf. – **2.** j-m eins ~ geben a) to hit s.o. on (*od.* over) the head, b) *fig.* to give s.o. a warning.

'oben'drein *adv colloq.* over and above, besides, in addition; into the bargain, at that, to boot (*nachgestellt*).

'oben·erˌwähnt I *adj* ⟨*attrib*⟩ **1.** above-mentioned, aforementioned. – **II O~e, das** ⟨-n⟩ **2.** the above-mentioned, the aforementioned. – **3.** *jur.* the premises *pl.* — **'Oben·erˌwähn·te** *m, f* ⟨-n; -n⟩ above-mentioned person.

'oben·geˌnannt *adj* ⟨*attrib*⟩ above-said, aforesaid. — **'Oben·geˌnann·te** *m, f* ⟨-n; -n⟩ above-said person.

'oben·geˌsteu·ert *adj* ⟨*attrib*⟩ *tech.* overhead: ~er Motor valve-in-head engine, overhead-valve engine; ~es Ventil overhead (*od.* drop) valve, *bes. Am.* valve-in-head.

'oben'hin *adv* superficially, perfunctorily, casually, in a cursory manner: ~ bemerken to say (*s.th.*) casually (*od.* lightly); so ~ antworten to answer absently (*od.* unheedingly); etwas ~ abtun to pass over s.th. (lightly).

'oben·hin'aus *adv only in* ~ wollen *fig. colloq.* to be ambitious, to have high notions.

'Oben-'oh·ne-|ˌBa·de·anˌzug *m* (*fashion*) topless (bathing suit [*bes. Br.* dress]). — **~ˌMo·de** *f* topless fashion.

'obenˌste·hend *adj* ⟨*attrib*⟩ *cf.* obenerwähnt I, obengenannt.

ober ['o:bər] **I** *adj* ⟨*attrib*⟩ ⟨*sup* -st⟩ **1.** upper: das ~e Ende the upper end; die ~e Kreide *geol.* the upper cretaceous layer; der ~e Rhein *geogr.* the Upper Rhine; die rechte ~e Schublade the right upper drawer, the top drawer on the right; die ~e Seite the top (*od.* upper) side, the top, the upside; wir wohnen im ~en Stockwerk we live on the upper (*od.* top) floor; ein Zimmer im ~en Stockwerk an upstairs room; ich habe das ~e Buch genommen I took the top book. – **2.** *fig.* (*ranghöher*) upper, superior, higher: eine ~e Behörde a higher authority; die ~en Ränge the higher ranks. – **3.** *fig.* (*Schulklasse*) upper, higher. – **4.** *fig.* (*sozial höherstehend*) upper, higher: die ~en Zehntausend the upper classes, the upper ten (thousand), *Am. auch* the four hundred. – **5.** *mus.* (*Töne, Lagen etc*) higher, upper. – **II** *prep* ⟨*dat*⟩ **6.** *Austrian for* über 1, oberhalb I. – **III O~e, das** ⟨-n⟩ **7.** the upper part.

'Ober *m* ⟨-s; -⟩ **1.** (head)waiter: (Herr) ~, bitte zahlen! waiter, the bill (*Am.* check), please! – **2.** (*Spielkarte*) queen.

'OberˌArm *m med.* upper (part of the) arm. — **~ˌkno·chen** *m* bone of the upper arm, humerus (*scient.*).

'Ober|ˌarzt *m*, **~ˌärz·tin** *f med.* **1.** senior consultant (*od.* physician), assistant medical director. – **2.** (*für Chirurgie*) senior surgeon. — **~ˌaufˌse·her** *m* **1.** a) (*Aufsichtsbeamte*) superintendent, chief (*od.* senior) inspector (*od.* supervisor), b) (*in der Fabrik etc*) chief (*od.* senior) overseer, c) (*Generalinspektor*) inspector general. – **2.** *jur.* (*in Gefängnissen*) master warden. — **~ˌaufˌsicht** *f* superintendence, presidence, presidency, (general) inspection (*od.* control, supervision): die ~ haben über (*acc*) etwas to superintend s.th., to supervise s.th., to preside over s.th. — **~ˌbau** *m* **1.** *civ.eng.* a) building above ground, b) (*einer Brücke*) superstructure, overhead construction, c) (*einer Straße*) surface, d) (*eines Bahnkörpers*) permanent way. – **2.** *electr.* overhead structure. – **3.** *geol. philos.* superstructure. — **~ˌbauch** *m med.* epigastric region, epigastrium. — **~ˌbay·er** *m* Upper Bavarian. — **o~ˌbay(e)·risch** *adj* Upper Bavarian. — **~beˌfehl** *m mil.* high (*od.* supreme) command: den ~ führen (*od.* haben) to be commander in chief; die Truppen standen unter dem ~ von the troops were commanded by. — **~beˌfehlsˌha·ber** *m* commander in chief. — **~beˌgriff** *m* **1.** *philos. ling.* general (*od.* generic) term, *auch* head(ing). – **2.** *zo.* superimposed concept. — **~beˌklei·dung** *f* outer garments *pl* (*od.* clothing), outerwear, *Am. auch* overclothes *pl.* — **~ˌbergˌamt** *n* (*mining*) *BRD* regional Mines Inspectorate. — **~ˌbett** *n* **1.** (*eines Etagenbetts*) upper (*od.* top) bed. – **2.** (*mit Daunen gefülltes*) eiderdown, quilt. — **~ˌbuchˌhal·ter** *m econ.* chief (*od.* senior, head) bookkeeper (*od.* accountant). — **~ˌbür·gerˌmei·ster** *m* chief burgomaster (*auch* burghermaster), *Br.* Lord Mayor. — **~ˌdeck** *n mar.* **1.** upper deck. – **2.** (*Hauptdeck*) main deck.

'oberˌdeutsch I *adj* Southern German. – **II** *ling.* **O~** ⟨*generally undeclined*⟩, **das O~e** ⟨-n⟩ Upper (*od.* Southern) German. — **'Oberˌdeut·sche** *m, f* South German.

'obe·re *adj* ⟨*attrib*⟩ *cf.* ober I.

'Obe·re *m* ⟨-n; -n⟩ *röm.kath.* superior, (*eines Klosters*) Father Superior.

'Ober|ˌfa·den *m* (*einer Nähmaschine*) upper (*od.* needle) thread. — **o~ˌfaul** *adj u. adv colloq.* (very) fishy (*colloq.*), queer: die Sache ist (*od.* steht) ~ it's a very fishy affair. — **~ˌfeld** *n med.* (*der Lunge*) upper lung field, apical region. — **~ˌfeldˌarzt** *m mil.* lieutenant colonel (Medical Corps). — **~ˌfeldˌwe·bel** *m mil.* **1.** *Am.* sergeant 1st class, *Br.* staff sergeant. – **2.** *aer.* technical (*Br.* flight) sergeant.

'Oberˌflä·che *f* **1.** surface: eine rauhe [glatte] ~ a rough [smooth] surface; die ~ der Erde [eines Würfels] the surface (*od.* face, *scient.* superficies) of the earth [a cube]; er kam nicht wieder an die ~ he did not (come to the) surface again, he did not reappear (at the surface); auf (*od.* an) der ~ schwimmen a) to float (on the surface), b) *fig.* to be superficial; das U-Boot kam an die ~ the submarine surfaced (*od.* rose to the surface); er bleibt viel zu sehr an der ~ *fig.* he doesn't get to the heart of the problem; alles, was er sagt, bleibt an der ~ *fig.* nothing he says goes below the surface, everything he says is shallow. – **2.** (*Flächeninhalt*) (superficial) area, surface, superficies (*scient.*). – **3.** *tech.* surface finish: ein Stoff mit einer wasserundurchlässigen ~ a fabric with a water-resistant finish; geätzte ~ a) (*bei Metall*) etched surface, b) (*bei Glas*) frosted surface.

'Oberˌflä·chen|ˌabˌlei·tung *f electr.* surface leakage. — **o~akˌtiv** *adj phys.* surface-active. — **~beˌar·bei·tung** *f tech.* surface finishing. — **~beˌhand·lung** *f* surface treatment. — **~beˌschaf·fen·heit** *f* surface quality (*od.* finish). — **~entˌla·dung** *f electr.* surface discharge. — **~geˌstalt** *f* shape of surface. — **~ˌhär·te** *f tech.* surface hardness. — **~ˌhär·tung** *f metall.* (sur)face hardening. — **~kon·den·sa·tiˌon** *f tech.* (*bei Dampfmaschinen*) surface condensation. — **~kon·denˌsa·tor** *m* (*an Dampfmaschinen*) surface condenser. — **~ˌküh·lung** *f tech.* surface cooling. — **~ˌrau·heit** *f* surface roughness. — **~ˌspan·nung** *f phys. metall.* surface tension. — **~strukˌtur** *f ling.* surface structure. — **~verˌede·lung, ~verˌed·lung** *f tech.* surface refinement (*od.* finishing).

'oberˌfläch·lich I *adj* **1.** *rare* (*äußerlich*) superficial, external, outward. – **2.** *fig.* (*nachlässig*) superficial, cursory, perfunctory, (*stärker*) slapdash: ~e Arbeit slapdash work; ~e Nachforschungen superficial investigations; bei ~er Prüfung on superficial (*od.* surface) inspection. – **3.** *fig.* (*flüchtig*) superficial, hasty: ein ~er Blick a quick (*od.* hasty) glance; eine ~e Schätzung a rough estimate. – **4.** *fig.* (*nicht tiefgehend*) superficial, slight: eine ~e Bekanntschaft a casual (*od.* nodding) acquaintance; ~e Kenntnisse haben to have a slight knowledge, to have a (mere) smattering. – **5.** *fig.* (*seicht*) superficial, shallow, trivial, trifling: ein ~er Mensch a superficial person, a shallow character, a trifler, a superficialist. – **6.** *fig.* (*äußerlich*) superficial, external. – **7.** *med.* a) superficial, surface (*attrib*), b) (*Atmung, Geschwür*) shallow. – **II** *adv* **8.** *fig.* superficially, cursorily: ~ arbeiten to work superficially; etwas ~ durchgehen to go over (*od.* through) s.th. in a cursory manner, to run over s.th.; ich kenne ihn nur ~ I know him only slightly; ein Buch nur ~ lesen to skim over (*od.* skip through) a book. — **'Oberˌfläch·lich·keit** *f* ⟨-; -en⟩ *fig.* (*bes. einer Person*) **1.** (*Nachlässigkeit*) superficiality, cursoriness, perfunctoriness. – **2.** (*Flüchtigkeit*) hastiness, slapdash (manner), slapdashness. – **3.** (*Seichtheit*) shallowness, triviality.

'Ober|ˌför·ster *m etwa* head forester, forest officer, *Am.* head forest ranger. — **~för·steˌrei** *f* office of head forester. — **~ˌforstˌmei·ster** *m etwa Br.* head forest officer, *Am.* (chief) forest officer (*academically trained*). — **~ˌfran·ke** *m* Upper Franconian. — **o~ˌfrän·kisch** *adj* Upper Franconian. — **o~ˌgä·rig** [-ˌgɛːrɪç] *adj* **1.** *brew.* top-fermented. – **2.** *biol.* top-fermenting. — **~geˌfrei·te** *m mil.* **1.** *Am.* private 1st class, (*bei der Marineinfanterie*) corporal, *Br.* lance corporal (*od.* bombardier). – **2.** *aer. Am.* airman 2nd class, *Br.* junior technician, leading (*od.* senior) aircraftman. — **~geˌricht** *n Swiss cf.* Kantonsgericht. — **~geˌschoß** *n arch.* upper floor, upper storey (*bes. Am.* story): er wohnt im ~ he lives on the upper floor. — **~geˌsenk** *n tech.* **1.** (*einer Schmiedemaschine*) top (*od.* upper) die. – **2.** (*als Schmiedegerät*) top swage. — **~geˌwalt** *f* supreme power (*od.* authority), supremacy. — **~geˌwicht** *n* top weight. — **~ˌgren·ze** *f* upper limit. — **~ˌgutˌach·ten** *n* resurvey, countervaluation, counterexpertise, opinion of a chief consultant (*od.* assessor, expert, valuer). — **~ˌgutˌach·ter** *m* chief consultant (*od.* assessor, expert, valuer).

'oberˌhalb I *prep* ⟨*gen*⟩ **1.** (*über*) above: das Flugzeug flog ~ der Wolken the plane flew above the clouds. – **2.** (*an einem Berg*) above: die Straße verläuft ~ des Dorfes the road runs above the village. – **3.** (*am Oberlauf eines Flusses*) above, (upstream) beyond (*od.* from): ~ Hamburg(s) upstream beyond Hamburg; die Themse ~ London(s) the Thames upstream beyond London, the upper Thames. – **II** *adv* **4.** weiter ~ higher (*od.* further) up.

'Ober|ˌhand *f* ⟨-; *no pl*⟩ *fig.* upper (*od.* whip) hand, predominance, predomination: die ~ behalten (*od.* behaupten) to keep the upper hand, to carry the day; die ~ über j-n gewinnen (*od.* bekommen, erringen, erhalten) to get the better (*od.* the best) of (*od.* the whip hand over) s.o.; die ~ haben (über j-n) to have the upper hand (over s.o.), to dominate (s.o.). — **~ˌhaupt** *n* **1.** head, chief, (*bes. einer Partei*) leader. – **2.** *tech.* (*einer Schleuse*) head bay (*od.* crown), upper chamber (*od.* head). — **~ˌhaus** *n pol.* **1.** upper (*od.* second) chamber. – **2.** (*in USA*) Senate. – **3.** (*in Großbritannien*) House of Lords, Upper House, (the) Lords *pl*, *auch* Gilded Chamber. — **~ˌhaut** *f med.* cuticle, epiderm(is) (*scient.*): die ~ betreffend cuticular, epidermal (*scient.*). — **~ˌhäut·chen** *n* **1.** *med.* cuticle. – **2.** (*auf Flüssigkeit*) film. — **~ˌhemd** *n* shirt. — **~ˌherr** *m pol.* **1.** sovereign, overlord, supreme lord. – **2.** *hist.* a) (*Lehnsherr*) liege (lord), lord paramount, overlord, b) (*Suzerän*) suzerain. — **o~ˌherr·lich** *adj pol.* **1.** sovereign. – **2.** *hist.* a) (*lehnsherrlich*) seigniorial, b) (*suzerän*) suzerain. — **~ˌherr·schaft** *f* **1.** *pol. hist.* a) sovereignty, supremacy, b) (*Suzeränität*) suzerainty, c) (*Hegemonie*) hegemony: ~ zur See naval supremacy, sovereignty of the seas. – **2.** *fig.* (*Überlegenheit*) upper (*od.* whip) hand, superiority, supremacy. — **~ˌhes·se** *m* Upper Hessian. — **o~ˌhes·sisch** *adj* Upper Hessian. — **~ˌhir·te** *m relig.* **1.** bishop, prelate. – **2.** (*Papst*) pope. — **~'hofˌmar·schall** *m* Lord Marshal. — **~'hofˌmei·ster** *m hist.* (Lord) Steward of the Household, palatine, Mayor of the Palace. — **~ˌho·heit** *f* **1.** *cf.* Obergewalt. – **2.** sovereignty. — **~ˌholz** *n* (*forestry*) overhead trees *pl*, overstorey, *bes. Am.* overstory, uppercrop.

'Obe·rin *f* ⟨-; -nen⟩ **1.** *röm.kath.* mother superior, superioress: Schwester ~ Lady (*od.* Mother) Superior (*od.* Superintendent); (die) Frau ~ (the) Mother Superior; Frau ~ (*Anrede*) Matron. – **2.** *med.* supervisor.

'Ober|in·ge·niˌeur *m tech.* chief (*od.* head) engineer, engineer in chief. — **~inˌspek·tor** *m* chief inspector. — **o~ˌir·disch** *adj* **1.** *tech.* (*Keller etc*) surface, aboveground, overground (*alle attrib*): ~e Leitung *electr.* overhead (*od.* aerial) line. – **2.** *bot.* epigeous. — **o~ita·lie·nisch** [-ʔitaˌlǐeːnɪʃ] *adj* Upper Italian. — **~ˌjä·ger** *m* **1.** *hunt.* chief hunter, first huntsman. – **2.** *mil. hist.* (*Unteroffizier bei den Gebirgsjägern*) corporal. — **~ˌkan·te** *f* upper edge. — **~ˌkell·ner** *m* headwaiter, maître d'hôtel. — **~ˌkell·ne·rin** *f* headwaitress.

'Oberˌkie·fer *m med.* upper jaw, maxilla (*scient.*): den ~ betreffend maxillary. — **~ˌhöh·le** *f* maxillary sinus, antrum (of Highmore). — ~ˌ**kno·chen** *m* upper jawbone, (superior) maxilla (*scient.*).

'**Ober**|'**kir·chenˌrat** *m relig.* (*der evang. Kirche*) **1.** (*Versammlung*) High Consistory. – **2.** (*Mitglied*) member of the High Consistory. — ~ˌ**klas·se** *f meist pl ped.* (*einer Schule*) *Br.* top (*od.* upper) form, *bes. Am.* senior class. — ~ˌ**kleid** *n*, ~ˌ**klei·dung** *f cf.* Oberbekleidung. — ~**kom·manˌdie·ren·de** *m* ⟨-n; -n⟩ *mil.* commander in chief. — ~**komˌman·do** *n cf.* Oberbefehl. — ~**kom·misˌsar** *m* high commissioner. — ~ˌ**kör·per** *m* upper (part of the) body (*od.* trunk): den ~ freimachen to strip to the waist. — ~ˌ**la·bi·um** *n mus.* (*der Orgelpfeifen*) upper lip.

Oberˌland *n* ⟨-(e)s; *no pl*⟩ *geogr.* upland, highland. — '**Oberˌlän·der** *m* ⟨-s; -⟩ inhabitant of an upland (*od.* a mountainous) country, uplander, highlander.

'**Ober**|'**lan·des·geˌricht** *n jur.* Higher Regional Court. — ~'**lan·des·geˌrichtsˌrat** *m* councillor of a Higher Regional Court. — ~ˌ**län·ge** *f print.* (*eines Buchstabens*) ascender. — **o**~ˌ**la·stig** [-ˌlastɪç] *adj bes. mar.* top-heavy. — ~ˌ**lauf** *m* (*eines Flusses*) upper part (*od.* course), headwaters *pl.* — ~ˌ**le·der** *n* (*der Schuhe*) upper leather, (*Blatt*) vamp. — ~ˌ**leh·rer** *m ped.* (*an einer Volksschule*) senior teacher (*bes. Br.* master). — ~ˌ**leh·re·rin** *f* senior teacher (*bes. Br.* mistress). — ~ˌ**leib** *m cf.* Oberkörper.

'**Oberˌlei·tung** *f* **1.** chief (*od.* top) management, supreme direction: j-m die ~ übertragen to transfer the chief management to s.o. – **2.** *electr. tech.* a) (*eines Zuges etc*) overhead (*od.* aerial) line (*od.* conductor), b) (*des Obusses*) trolley wire.

'**Oberˌlei·tungs**|ˌ**bus** *m* trolleybus. — ~ˌ**netz** *n* overhead system. — ~ˌ**om·ni·bus** *m cf.* Oberleitungsbus.

'**Ober**|ˌ**leut·nant** *m mil. Am.* first lieutenant, *Br.* lieutenant: ~ zur See *Am.* lieutenant (junior grade), *Br.* sub-lieutenant, senior commissioned branch officer. — ~ˌ**licht** *n* ⟨-(e)s; -er *u.* -e⟩ **1.** ⟨*only sg*⟩ (*von oben einfallendes Licht*) light from above, *Am.* top light, *auch* toplighting. – **2.** *arch.* a) skylight (in a roof), b) (*Oberhälfte des Fensters*) transom window, *Am. colloq.* transom, c) (*Fenster über einer Tür*) fanlight, *auch* transom window. – **3.** ⟨*only sg*⟩ (*film*) headlight. — ~ˌ**lid** *n* upper eyelid (*od. scient.* palpebra). — ~ˌ**lip·pe** *f* **1.** upper lip. – **2.** *zo.* (*bei Insekten*) labrum. – **3.** *mus. cf.* Oberlabium. — ~ˌ**maat** *m mar.* chief petty officer, warrant (officer), *Am. sl.* broken striper. — ~**me·di·zi'nalˌrat** *m med. etwa* senior medical officer. — ~ˌ**mei·ster** *m econ.* (*einer Innung*) master of a guild (*od.* corporation).

Obe·ron ['oːbərɔn] *npr m* ⟨-s; *no pl*⟩ *myth.* (*König der Elfen*) Oberon.

'**Ober**|ˌ**öster·rei·cher** *m* Upper Austrian. — **o**~ˌ**öster·rei·chisch** *adj* Upper Austrian. — ~ˌ**pfäl·zer** *m* Upper Palatine. — **o**~ˌ**pfäl·zisch** *adj* Upper Palatinate (*attrib*). — ~'**post·di·rek·tiˌon** *f* Regional Postal Directorate. — ~ˌ**prie·ster** *m relig.* high priest, pontiff, pontifex. — ~ˌ**pri·ma** *f ped. ninth and final year of a German secondary school.* — ~**priˌma·ner** *m*, ~**priˌma·ne·rin** *f pupil of an* '*Oberprima*'. — ~**reˌalˌschu·le** *f ped. obs. secondary school emphasizing mathematics and science.* — ~**reˌalˌschü·ler** *m student of an* '*Oberrealschule*'. — ~ˌ**rech·nungsˌkam·mer** *f hist.* audit office, senior (*od.* supreme) audit department. — ~**re'gie·rungsˌrat** *m etwa* senior executive officer. — **o**~ˌ**rhei·nisch** *adj geogr.* of (*od.* relating to) the Upper Rhine. — ~ˌ**rich·ter** *m jur.* chief justice, *Br.* (*Lordoberrichter*) Lord Chief Justice, *Am.* Chief Justice of the United States.

'**Obers** *n* ⟨-; *no pl*⟩ *Bavarian and Austrian for* Sahne 1.

'**Oberˌsatz** *m philos.* a) major premise, b) (*im Syllogismus*) sumption.

'**Oberˌschen·kel** *m med.* **1.** thigh. – **2.** *cf.* Oberschenkelknochen. — ~ˌ**bruch** *m* fracture of the thigh, femoral fracture (*scient.*). — ~ˌ**hals** *m* neck of the femur. — ~ˌ**kno·chen** *m* thigh(bone), femur (*scient.*). — ~ˌ**nerv** *m* femoral nerve. — ~ˌ**schlagˌader** *f* femoral artery.

'**Ober**|ˌ**schicht** *f* **1.** *sociol.* upper class (*od.* stratum), top drawer (*colloq.*): die Lebensweise der ~ the upper-class way of life; die geistige ~ the intelligentsia, the eggheads *pl* (*colloq.*). – **2.** *geol.* upper stratum, top layer, superstratum. – **3.** *med.* upper layer, top. — **o**~ˌ**schläch·tig** [-ˌʃlɛçtɪç] *adj tech.* (*Wasser-*, *Mühlrad etc*) overshot. — **o**~**schlau** *adj colloq. iron.* overwise. — ~ˌ**schle·si·er** *m* ⟨-s; -⟩ inhabitant of Upper Silesia, Upper Silesian. — **o**~ˌ**schle·sisch** *adj* Upper Silesian. — ~ˌ**schu·le** *f ped. any school between higher primary school and university.* — ~ˌ**schü·ler** *m*, ~ˌ**schü·le·rin** *f pupil* (*od. student*) *in an* '*Oberschule*'. — ~ˌ**schulˌrat** *m Br.* (school) inspector, *Am.* (school) superintendent. — ~ˌ**schwa·be** *m* Upper Swabian. — **o**~ˌ**schwä·bisch** *adj* Upper Swabian. — ~ˌ**schwel·le** *f arch.* (*einer Fenster- od. Türöffnung*) lintel. — ~ˌ**schwe·ster** *f med. Am.* head (*od.* chief) nurse, *Br.* sister, *auch* matron. — ~ˌ**schwin·gung** *f phys.* (*in Akustik*) harmonic (oscillation *od.* vibration). — ~ˌ**sei·te** *f* **1.** upside, upper side (*od.* surface). – **2.** (*des Stoffes etc*) face, right side. — ~**seˌkun·da** *f ped. seventh year of a German secondary school.* — ~**se·kunˌda·ner** *m*, ~**se·kunˌda·ne·rin** *f pupil of an* '*Obersekunda*'.

'**oberst I** *sup of* ober I. – **II** *adj* ⟨*attrib*⟩ **1.** (*ganz oben befindlich*) uppermost, top(most): die ~e Schublade the top drawer. – **2.** (*höchst*) highest: die ~e Stufe a) the highest step, b) *fig.* the last stage. – **3.** (*rangmäßig*) highest, supreme: O~es Gericht a) *cf.* Bundesverfassungsgericht, b) (*in England u. Wales*) Supreme Court of Judicature, c) (*in USA*) Supreme Court; ~e Gewalt supreme power; ~e Aufsichtsbehörde supreme board of control, supervisory authority. – **4.** (*maximal*) highest, maximum: ~e Gehaltsstufe maximum salary level. – **5.** (*wichtigst*) chief, principal, leading, first: ~er Grundsatz, ~es Gesetz leading principle. – **6.** O~e Heeresleitung *mil. hist.* General Headquarters *pl* (*often construed as sg*). – **III O~e, das** ⟨-n⟩ **7.** the uppermost part, the top: das O~e zuunterst kehren *colloq.* to turn everything upside down (*od.* topsy-turvy).

'**Oberst** *m* ⟨-en *u.* -s; -en, *rare* -e⟩ *mil.* colonel, *Br. aer.* group captain: Rang eines ~en colonelcy; die Frau ~ the Colonel's wife; Herr und Frau ~ N Colonel and Mrs N.

'**Ober**|'**staatsˌanˌwalt** *m jur.* director of public prosecution(s), senior public prosecutor. — ~'**stabsˌarzt** *m mil.* major (Medical Corps). — ~ˌ**stadt** *f* uptown. — ~'**stadt·diˌrek·tor** *m jur.* chief official of a town (*od.* municipal) administration. — **o**~ˌ**stän·dig** *adj bot.* superior.

'**Oberstˌarzt** *m mil.* colonel (Medical Corps).

'**Ober·ste** *m, f* ⟨-n; -n⟩ *colloq.* (big) boss (*colloq.*), chief.

'**Ober**|ˌ**stei·ger** *m* (*mining*) senior overman. — ~ˌ**steu·erˌmann** *m mar.* first mate. — ~ˌ**stim·me** *f mus.* a) upper (*od.* top) part, treble, descant, discant(us), cantus superius (*lit.*), b) (*Sopran*) soprano.

'**Oberst'leut·nant** *m mil.* lieutenant colonel, (*in der Royal Air Force*) wing commander.

'**Ober**|ˌ**stock** *m* ⟨-(e)s; *no pl*⟩ upper floor (*od.* storey, *bes. Am.* story). — ~ˌ**strö·mung** *f* **1.** *mar.* surface current. – **2.** *meteor.* (*Höhenwind*) upper wind (*od.* air current). — ~ˌ**stüb·chen** *n only in* nicht richtig im ~ sein *colloq. humor.* to be not quite right in the head (*colloq.*), to be cracked (in the noddle) (*colloq.*), to have bats in the belfry (*sl.*), *bes. Br. sl.* to be off one's chump.

'**Ober'stu·di·en**|**diˌrek·tor** *m ped.* (*an einer höheren Schule*) *Br.* headmaster, *Am.* principal. — ~**di·rekˌto·rin** *f Br.* headmistress, *Am.* (woman) principal. — ~ˌ**rat** *m*, ~ˌ**rä·tin** *f teacher at a secondary school having served for five years as a* '*Studienrat*'.

'**Ober**|ˌ**stu·fe** *f* **1.** *ped.* upper school, *bes. Am.* upper (*od.* higher) grades *pl* (*od.* classes *pl*), *bes. Br.* senior forms *pl.* – **2.** (*space*) upper stage. — ~ˌ**tas·se** *f* cup. — ~ˌ**ta·ste** *f mus.* upper (*od.* chromatic) key: schwarze ~ black key. — ~ˌ**teil** *n, m* **1.** upper (*od.* top) part (*od.* side), top. – **2.** (*eines Kleidungsstückes*) top. — ~ˌ**ter·tia** *f ped. fifth year of a German secondary school.* — ~**ter·tia·ner** [-tɛrˌtsĭaːnər] *m*, ~**ter·tia·ne·rin** [-tɛrˌtsĭaːnərɪn] *f pupil of an* '*Obertertia*'.

'**Oberˌton** *m meist pl mus.* upper partial, overtone, harmonic (tone): ohne Obertöne *cf.* obertonfrei. — **o**~ˌ**frei** *adj* free of overtones, simple, pure. — ~ˌ**rei·he** *f* overtone series (*od.* row), harmonic series.

'**Ober**|**ver'wal·tungs·geˌricht** *n jur.* Higher Administrative Court. — ~ˌ**was·ser** *n* ⟨-s; *no pl*⟩ **1.** (*einer Mühle*) overshot water. – **2.** (*einer Schleuse*) upper water. – **3.** *fig. colloq.* (*in Wendungen wie*) ~ bekommen to get the advantage (*od.* upper hand); ~ haben to be top dog (*colloq.*). — ~ˌ**wei·te** *f* (*Maß*) bust size. — ~ˌ**wel·le** *f phys.* harmonic (wave). — ~ˌ**welt** *f* upper world. — ~ˌ**werk** *n mus.* swell organ, oberwerk. — ~ˌ**zahn** *m meist pl med.* upper (tooth), maxillary tooth (*scient.*).

Ob·esi·tät [obeziˈtɛːt] *f* ⟨-; *no pl*⟩ *med.* obesity.

'**ob·geˌnannt** *adj archaic Austrian officialese for* obengenannt.

ˌ**ob'gleich** *conj* (al)though, *Am. auch* altho, notwithstanding that, in spite of the fact that: ~ sie fleißig ist, macht sie kaum Fortschritte although she is hardworking (*od.* hardworking as she is), she does not make much progress.

'**Obˌhut** *f* ⟨-; *no pl*⟩ **1.** (*Fürsorge*) care, charge, guardianship, protection: sich j-s ~ anvertrauen, sich in j-s ~ begeben to entrust oneself to s.o.'s care, to commit (*od.* consign) oneself to s.o.'s care (*od.* to the charge of s.o.); das Unternehmen wurde seiner ~ übergeben he was put in charge of the enterprise; er nahm die Kinder in ~ he took care of the children. – **2.** (*Verwahrung*) keeping, custody, trust: in j-s ~ sein to be in s.o.'s custody.

obig ['oːbɪç] *adj* ⟨*attrib*⟩ above(-said, -mentioned), foregoing: bitte senden Sie die Blumen an die ~e Anschrift please send the flowers to the address mentioned above (*od.* to the aforementioned address).

'**Obi·ge, der, die** ⟨-n; -n⟩ **1.** the above(-mentioned), the foregoing. – **2.** (*unter einer Nachschrift im Brief*) the above-signed.

Ob·jekt [ɔp'jɛkt] *n* ⟨-(e)s; -e⟩ **1.** object, thing: auf dem Radarschirm zeigen sich ~e unbekannter Herkunft there are unidentified objects on the radar screen; die Tücke des ~s the malice of things. – **2.** (*zu behandelnder Gegenstand*) subject (matter): das ~ einer Untersuchung the subject of an investigation. – **3.** *philos.* object: subjektives ~ (der Erkenntnis) subject-object; reales ~ transcendental object. – **4.** *ling.* object: direktes (*od.* näheres) ~ direct (*od.* accusative) object; indirektes ~ indirect (*od.* dative) object; ~ des Inhalts cognate object. – **5.** *econ.* (*Vermögensgegenstand*) property: der Verkauf eines größeren ~es the sale of a major property. – **6.** *econ.* (*Transaktion*) transaction: bei diesem Geschäft handelt es sich um ein lohnendes ~ this business deal is a profitable transaction. – **7.** *civ.eng.* (building) property. – **8.** *mil.* target: ein zu sprengendes ~ a demolition target. – **9.** *colloq.* sum, amount, item: das ist doch gar kein ~ für dich! that's nothing for you!

Ob'jekt|**beˌset·zung** *f psych.* object cathexis. — ~ˌ**bin·dung** *f* fixation (to a person *od.* object). — ~**ero·tik** [-ˀeˌroːtɪk] *f* object libido (*od.* love), alloerotism (*scient.*). — ~ˌ**glas** *n* (*optics*) *cf.* Objektträger. — ~ˌ**hal·ter** *m* specimen (*od.* slide) holder.

ob·jek·tiv [ɔpjɛk'tiːf] **I** *adj* ⟨*colloq.* -er; -st⟩ **1.** (*sachlich, unbeeinflußt*) objective, (*bes. unparteiisch*) impartial, unbias(s)ed, detached, dispassionate: eine ~e Untersuchung des Falles an objective investigation of the case; ein ~er Bericht an unbias(s)ed account, a factual report. – **2.** (*tatsächlich*) objective, actual, factual: der ~e Tatbestand *jur.* the material facts *pl*, (*offenkundige Handlung*) the overt act; ~es Recht law. – **II** *adv* **3.** etwas ~ betrachten to view s.th. dispassionately; sich ~ in einer Sache verhalten to be impartial (*od.* to conduct oneself impartially) in a matter.

Ob·jek'tiv *n* ⟨-s; -e⟩ **1.** (*optics*) objective, object glass, object lens. – **2.** *phot.* lens.

Ob·jek·ti·va·ti·on [ɔpjɛktiva'tsĭoːn] *f* ⟨-; -en⟩ *cf.* Objektivierung.

Ob·jek'tiv|ˌ**deckel** (*getr.* -k·k-) *m* (*optics*) *phot.* lens cap (*od.* cover). — ~ˌ**fas·sung** *f* lens mount.

ob·jek·ti·vie·ren [ɔpjɛkti'viːrən] *v/t* ⟨*no* ge-, h⟩ **1.** (*konkretisieren*) objectify, objectivize. – **2.** *bes. philos.* externalize. — **Ob·jek·ti'vie·rung** *f* ⟨-; *no pl*⟩ **1.** objectification. – **2.** *bes. philos.* externalization.

Ob·jek·ti·vis·mus [ɔpjɛkti'vɪsmʊs] *m* ⟨-; *no pl*⟩ *philos.* objectivism. — **Ob·jek·ti'vist** [-'vɪst] *m* ⟨-en; -en⟩ objectivist. — **ob·jek·ti'vi·stisch** *adj* objectivistic.

Ob·jek·ti·vi·tät [ɔpjɛktivi'tɛːt] *f* ⟨-; *no pl*⟩ **1.** (*Sachlichkeit*) objectivity, objectiveness, (*bes. Unparteilichkeit*) impartiality, disinterestedness, detachment, detachedness. – **2.** (*Tatsächlichkeit*) factuality, factualness, facticity.

Ob·jek'tivˌlin·se *f phot.* objective (lens). — ~**ˌöff·nung** *f* lens aperture: bei voller ~ at full aperture. — ~**reˌvol·ver** *m* (*film*) lens turret.

Ob'jektˌmes·sung *f phot.* reflected light reading, measuring reflected light. — ~**ˌsatz** *m ling.* objective clause. — ~**ˌtisch** *m* (*optics*) microscope (*od.* object) stage. — ~**ˌträ·ger** *m* (*des Mikroskops*) microscopic(al) (*od.* object) slide, mount, specimen holder. — ~**ˌtrieb** *m psych.* sexual drive (*od.* instinct). — ~**ˌwahl** *f* object (*od.* mate) selection.

ob·ji·zie·ren [ɔpji'tsiːrən] *v/t* ⟨*no* ge-, h⟩ *obs. for* einwenden 1, entgegnen.

Ob·la·te[1] [o'blaːtə] *f* ⟨-; -n⟩ **1.** *gastr.* a) (*für Lebkuchen etc*) wafer, b) (*Gebäck*) wafer cake: Karlsbader ~n Karlsbad wafers. – **2.** *med. pharm.* (*Arzneikapsel*) wafer. – **3.** *relig.* wafer: geweihte ~ consecrated wafer, host.

Ob'la·te[2] *m* ⟨-n; -n⟩ *relig.* oblate.

Ob·la·ti·on [obla'tsi̯oːn] *f* ⟨-; -en⟩ *relig.* oblation.

'obˌlie·gen[1] *v/i* ⟨*irr, insep, auch sep,* -ge-, h⟩ *lit.* **1.** ⟨*often impers*⟩ etwas obliegt j-m (*od.* liegt j-m ob) a) s.th. is incumbent (up)on s.o., s.th. is s.o.'s duty, s.th. devolves on (*od.* falls to) s.o., b) *jur.* s.th. is incumbent (up)on s.o.: diese Aufgabe obliegt Herrn X this task is Mr X's duty; es obliegt der Personalabteilung zu prüfen, ob it is incumbent on the staff (*od.* personnel) department to check whether; die Beweislast obliegt dem Kläger *jur.* the onus of proof is incumbent on (*od.* lies on, rests with) the plaintiff. – **2.** j-d obliegt einer Sache (*od.* liegt einer Sache ob) *archaic* s.o. applies (*od.* devotes) himself to s.th., s.o. attends to s.th., s.o. occupies himself with s.th.: er obliegt seinem Beruf mit großer Hingabe he applies himself devotedly to his profession.

ˌob'lie·gen[2] *v/i* ⟨*irr, insep,* -ge-, h⟩ *lit. cf.* obliegen[1].

ob·lie·gend ['ɔpˌliːgənt; ˌɔp'liːgənt] **I** *pres p of* obliegen[1] *u.* [2]. – **II** *adj* incumbent: die ihm ~en Angelegenheiten the affairs incumbent (up)on him; die mir ~e Pflicht my bounden duty (*lit.*). — **Ob·lie·gen·heit** ['ɔpˌliːgən-; ˌɔp'liːgən-] *f* ⟨-; -en⟩ *lit.* obligation, duty, function, incumbency: es gehört zu seinen (täglichen) ~en, die Post zu holen one of his (daily) duties is to fetch the mail (*bes. Br.* post).

ob·li·gat [obli'gaːt] *adj* ⟨*attrib*⟩ **1.** *bes. Austrian for* obligatorisch. – **2.** (*unerläßlich*) indispensable, *auch* indispensible. – **3.** (*unvermeidlich*) inevitable. – **4.** *mus.* obbligato, *auch* obligato: mit ~er Violine with violin obbligato.

Ob·li·ga·ti·on [obliga'tsi̯oːn] *f* ⟨-; -en⟩ **1.** *jur.* obligation, liability. – **2.** *econ.* bond, debenture (bond), obligation (*rare*): prolongierte ~ continued (*od.* renewed) bond; unkündbare ~en irredeemable bonds; ~en mit Kaufoption bonds with warrants.

Ob·li·ga·tio·när [obligatsi̯o'nɛːr] *m* ⟨-s; -e⟩ *econ.* bondholder.

Ob·li·ga·tio·nenˌausˌga·be [obliga'tsi̯oːnən-] *f econ.* issue of debenture bonds. — ~**ˌrecht** *n Swiss jur. for* Schuldrecht 1.

Ob·li·ga·ti'onsˌeinˌlö·sung *f econ.* redemption of bonds. — ~**ˌgläu·bi·ger** *m* bondholder, debenture holder. — ~**ˌinˌha·ber** *m* bondholder. — ~**ˌschuld** *f* bond debt. — ~**ˌschuld·ner** *m* bond debtor, *bes. Am.* obligor.

ob·li·ga·to·risch [obliga'toːrɪʃ] *adj* (*Vorlesung, Lehrfach etc*) (für) obligatory (on, upon), compulsory (for), mandatory (for), of obligation (for).

Ob·li·ga·to·ri·um [obliga'toːri̯ʊm] *n* ⟨-s; -rien⟩ *Swiss* **1.** obligation. – **2.** compulsory subject.

ob·li·geant [obli'ʒant] *adj obs. for* a) gefällig 1—3, b) verbindlich 1.

Ob·li·go ['oːbligo] *n* ⟨-s; -s⟩ **1.** engagement, commitment. – **2.** *econ.* financial obligation (*od.* liability): ohne ~, *bes. Austrian* außer ~ (*ohne Gewähr*) free from liability.

ob·lique [o'bliːk] *adj* **1.** *ling.* oblique: ~r Kasus [-kvər] oblique case. – **2.** *obs.* oblique. — **Ob·li·qui·tät** [oblikvi'tɛːt] *f* ⟨-; *no pl*⟩ obliquity.

Ob·li·te·ra·ti·on [oblitera'tsi̯oːn] *f* ⟨-; -en⟩ **1.** *med.* obliteration. – **2.** *econ. cf.* Tilgung 6. — **ob·li·te'rie·ren** [-'riːrən] *v/t* ⟨*no* ge-, h⟩ *med.* obliterate.

ob·long [ɔp'lɔŋ] *adj obs. for* länglich.

'Obˌmann *m* ⟨-(e)s; ⸗er *u.* Obleute⟩ **1.** (*Vorsitzender*) chief, chairman, president, presiding officer. – **2.** (*Vertrauensmann*) a) shop steward, b) (*Sprecher*) spokesman. – **3.** *jur.* a) (*eines Schiedsgerichts*) umpire, b) (*der Geschworenen*) foreman.

Oboe [o'boːə] *f* ⟨-; -n⟩ *mus.* oboe; hautbois, hautboy (*hist.*). — **Obo·ist** [obo'ɪst] *m* ⟨-en; -en⟩ oboe player, oboist.

Obo·lus ['oːbolʊs] *m* ⟨-; - *u.* -se⟩ **1.** *antiq.* (*Münze*) obol. – **2.** *fig.* mite, contribution: seinen ~ entrichten (*od.* beisteuern) *humor.* to pay one's mite.

Ob·rig·keit ['oːbrɪçkaɪt] *f* ⟨-; -en⟩ authorities *pl*, magistracy, government: die weltliche ~ the temporal authorities *pl*, the secular arm; die geistliche ~ the spiritual authorities *pl*. — **'ob·rig·keit·lich I** *adj* magisterial, official, governmental: ~es Denken *contempt.* submissiveness to officialdom; ~e Verordnung regulation (*od.* decree) issued by the authorities. – **II** *adv* by authority.

'Ob·rig·keitsˌstaat *m pol.* authoritarian (*od.* totalitarian) state.

Ob·rist [o'brɪst] *m* ⟨-en; -en⟩ *mil. pol. for* Oberst.

ˌob'schon *conj cf.* obgleich.

Ob·se·qui·en [ɔp'zeːkvi̯ən] *pl röm.kath. cf.* Exequien.

Ob·ser·vant [ɔpzɛr'vant] *m* ⟨-en; -en⟩ *röm.kath.* observant.

Ob·ser·vanz [ɔpzɛr'vants] *f* ⟨-; -en⟩ **1.** *relig.* observance, custom, rule: strenge ~ strict observance. – **2.** *jur.* (*Gewohnheitsrecht*) customary law. – **3.** verschiedener ~ of different sorts.

Ob·ser·va·ti·on [ɔpzɛrva'tsi̯oːn] *f* ⟨-; -en⟩ observation.

Ob·ser·va·tor [ɔpzɛr'vaːtər] *m* ⟨-s; -en [-va'toːrən]⟩ (astronomical) observer. — **Ob·ser·va'to·ri·um** [-va'toːri̯ʊm] *n* ⟨-s; -rien⟩ observatory.

'obˌsie·gen[1] *v/i* ⟨*insep, auch sep,* -ge-, h⟩ *lit.* (über *acc* over) prevail, be victorious, triumph: sie siegten ob they carried (*od.* won) the day.

ˌob'sie·gen[2] *v/i* ⟨*insep, no* -ge-, h⟩ *lit. cf.* obsiegen[1].

ob·sie·gend ['ɔpˌziːgənt; ˌɔp'ziːgənt] **I** *pres p of* obsiegen[1] *u.* [2]. – **II** *adj* **1.** victorious. – **2.** *jur.* a) (*Urteil*) affirmative, in s.o.'s favor (*bes. Br.* favour), b) (*Partei*) successful.

ob·skur [ɔps'kuːr] *adj* ⟨-er; -st⟩ *contempt.* **1.** (*zweifelhaft*) suspicious, doubtful, dubious, fishy (*sl.*): die Sache scheint mir etwas ~ zu sein the affair looks somewhat suspicious to me. – **2.** (*anrüchig*) disreputable, notorious, discreditable. – **3.** (*unbekannt*) obscure, nameless, humble. – **4.** (*dunkel*) obscure, abstruse.

Ob·sku·ran·tis·mus [ɔpskuran'tɪsmʊs] *m* ⟨-; *no pl*⟩ *archaic* obscurantism.

Ob·sku·ri·tät [ɔpskuri'tɛːt] *f* ⟨-; *no pl*⟩ obscurity.

ob·so·let [ɔpzo'leːt] *adj archaic* obsolete, antiquated.

'Obˌsor·ge *f* ⟨-; *no pl*⟩ *Austrian* (*sorgende Aufsicht*) care, supervision.

Obst [oːpst] *n* ⟨-(e)s; *no pl*⟩ **1.** fruit: eingemachtes [frisches, gedörrtes] ~ preserved [fresh, dried] fruit; ~ züchten to grow (*od.* cultivate) fruit; ~ pflücken to pick (*od.* gather) fruit; (ich) danke für ~ (und Südfrüchte)! *fig. colloq. iron.* thank you for nothing, I am not taking any; no thank you, you can have it. – **2.** fruit trees *pl*: er hat viel ~ in seinem Garten he has many fruit trees in his garden.

Ob·sta·kel [ɔp'staːkəl] *n* ⟨-s; -⟩ *obs. for* Hindernis 1—5.

'Obstˌbau *m* fruit growing (*od.* farming, culture), cultivation of fruit, orcharding; pomiculture, pomology (*scient.*). — ~**ˌbau·er** *m* fruit farmer (*od.* grower, cultivator); pomologist, pomiculturist (*scient.*).

'Obstˌbauˌkunˌde *f* pomology.

'Obstˌbaum *m* fruit tree, *pl collect.* orchard (*collect.*): tragender ~ fruiter. — ~**ˌzucht** *f cf.* Obstbau. — ~**ˌzüch·ter** *m cf.* Obstbauer.

'Obst·beˌsteck *n* fruit knife and fork.

'Obstˌblattˌmiˌnierˌmot·te *f zo.* apple leaf miner (*Lyonetia clerkella*). — ~**ˌblü·te** *f* **1.** (*einzelne*) (fruit) blossom, bloom. – **2.** *collect.* (fruit) blossom, bloom, blossoming fruit trees *pl*: die ~ war dieses Jahr sehr schön the (fruit) blossom was very beautiful this year. — ~**ˌbranntˌwein** *m gastr.* spirits *pl* distilled from fruit. — ~**ˌbu·de** *f cf.* Obststand. — ~**ˌdar·re** *f agr.* fruit kiln. — ~**diˌät** *f* fruit diet.

ob·sten ['oːpstən] *v/i* ⟨h⟩ gather (*od.* pick) fruit.

'Obstˌern·te *f* **1.** (*Tätigkeit*) gathering (*od.* picking) of fruit, fruit gathering (*od.* picking). – **2.** (*Ertrag*) fruit crop. — ~**ˌes·sig** *m gastr.* fruit vinegar.

Ob·ste·trik [ɔp'steːtrɪk] *f* ⟨-; *no pl*⟩ *med.* obstetrics *pl* (*construed as sg or pl*).

'Obstˌfarm *f agr.* fruit farm (*Am. auch* ranch). — ~**ˌfäu·le** *f* fruit rot. — ~**ˌfleck** *m* fruit stain. — ~**ˌfrau** *f colloq. for* Obsthändlerin. — ~**ˌgar·ten** *m* orchard, *auch* fruit garden. — ~**geˌlee** *n gastr.* fruit jelly. — ~**ˌglas** *n* preserve jar. — ~**ˌhan·del** *m econ.* fruit trade. — ~**ˌhänd·ler** *m*, ~**ˌhänd·le·rin** *f* fruit dealer, *bes. Br.* fruiterer, *Br.* (*bes. mit Wagen*) coster(monger). — ~**ˌhand·lung** *f Am.* fruit store, *bes. Br.* fruiterer's (*od.* greengrocer's) (shop).

ob·sti·nat [ɔpsti'naːt] *adj obs.* obstinate.

Ob·sti·pans [ɔp'stiːpans] *n* ⟨-; -tien [-sti'pantsi̯ən] *od.* -tia [-sti'pantsi̯a]⟩ *med. pharm.* constipating drug.

Ob·sti·pa·ti·on [ɔpstipa'tsi̯oːn] *f* ⟨-; -en⟩ *med.* (severe) constipation, obstipation.

'Obstˌjahr *n* fruit harvest: ein gutes ~ a good year for fruit. — ~**ˌkel·ler** *m* fruit cellar. — ~**ˌkel·ter** *f* fruit press. — ~**ˌkern** *m* **1.** (*des Steinobstes*) stone, *Am. auch* pit. – **2.** (*des Kernobstes*) pip, seed. – **3.** *pl* (*des Beerenobstes*) seeds, *auch* pips. — ~**konˌser·ve** *f meist pl* canned (*bes. Br.* tinned) fruit, (*im weiteren Sinne*) preserved fruit. — ~**ˌkorb** *m* fruit basket. — ~**ˌku·chen** *m gastr.* fruit cake. — ~**kulˌtur** *f* **1.** *cf.* Obstbau. – **2.** *pl* fruit plantations. — ~**ˌkun·de** *f* pomology. — ~**ˌla·den** *m colloq. for* Obsthandlung.

'Obst·ler, *bes. Austrian* **Öbst·ler** ['øːpstlər] *m* ⟨-s; -⟩ *dial. for* Obstschnaps.

'Obstˌle·se *f cf.* Obsternte 1. — ~**ˌmann** *m colloq. for* Obsthändler. — ~**ˌmarkt** *m* fruit market. — ~**ˌmes·ser** *n* fruit knife. — ~**ˌmost** *m gastr.* cider, (*von Birnen*) *bes. Br.* perry: gegorener ~ hard cider; ungegorener ~ sweet cider, must. — ~**ˌpflan·zung** *f cf.* Obstplantage. — ~**ˌpflücker** (*getr.* -k·k-) *m*, ~**ˌpflücke·rin** (*getr.* -k·k-) *f* fruit picker (*od.* gatherer). — ~**planˌta·ge** *f* fruit plantation. — ~**ˌpres·se** *f* fruit press. — **o**~**ˌreich** *adj* abounding in fruit.

ob·stru·ie·ren [ɔpstru'iːrən] *v/t* ⟨*no* ge-, h⟩ **1.** obstruct. – **2.** *pol.* obstruct, *bes. Am.* filibuster, *bes. Br.* stonewall. — **Ob·struk·ti'on** [-strʊk'tsi̯oːn] *f* ⟨-; -en⟩ **1.** obstruction. – **2.** *pol.* obstructiveness, obstructionism, *bes. Am.* filibuster(ing), *bes. Br.* stonewalling: ~ treiben to obstruct, *bes. Am.* to filibuster, *bes. Br.* to stonewall. – **3.** (*in Fabriken*) slowdown, *bes. Br.* ca' canny, work to rule.

Ob·struk·tio·nist [ɔpstrʊktsi̯o'nɪst] *m* ⟨-en; -en⟩ *pol. cf.* Obstruktionspolitiker.

Ob·struk·ti'onsˌpo·liˌtik *f pol.* obstructionism. — ~**poˌli·ti·ker** *m* obstructionist, *bes. Am.* filibuster(er), *bes. Br.* stonewaller.

ob·struk·tiv [ɔpstrʊk'tiːf] *adj* **1.** obstructive, hindering. – **2.** *med.* obstructive.

'Obstˌsaft *m gastr.* (fruit) juice. — ~**saˌlat** *m* fruit salad. — ~**ˌschäd·ling** *m* fruit pest. — ~**ˌscha·le** *f* **1.** (*Gefäß*) fruit bowl (*od.* dish). – **2.** *meist pl* (*das Abgeschälte*) peel (*od.* skin) of fruit, peeling(s *pl*). – **3.** *cf.* Kaltschale. — ~**ˌschaumˌwein** *m gastr. cf.* Obstsekt. — ~**ˌschnaps** *m gastr.* (alcoholic) fruit liquor, (*aus Äpfeln*) apple brandy, *Am.* applejack, (*aus Aprikosen*) apricot brandy, (*aus Pflaumen*) plum brandy, slivowitz. — ~**ˌschwem·me** *f colloq.* glut of fruit. — ~**ˌsekt** *m gastr.* (*aus Äpfeln*) champagne cider, (*aus Birnen*) *bes. Br.* champagne perry. — ~**ˌsi·rup** *m* fruit syrup. — ~**ˌsor·te** *f* kind (*od.* sort) of fruit, fruit variety. — ~**sorˌtie·rer** *m*, ~**sorˌtie·re·rin** *f* fruit grader (*od.* sorter, separator). — **~spa,lier** *n hort.* espalier, trellis. — **~,stand** *m* fruit stand (*od.* stall). — **~,stein** *m cf.* Obstkern 1. — **~,tag** *m* fruit diet day. — **~,tört·chen** *n gastr.* fruit tart(let). — **~,tor·te** *f* fruit flan (*od.* tart), *Am.* fruit pie. — **o~,tra·gend** *adj* fruit-bearing. — **~ver,käu·fer** *m*, **~ver,käu·fe·rin** *f cf.* Obsthändler(in). — **~ver,wer·tungs·be,trieb** *m* fruit-processing plant. — **~,wein** *m gastr.* fruit wine, (*aus Äpfeln*) cider, (*aus Birnen*) *bes. Br.* perry. — **~,zeit** *f* fruit season. — **~,zucht** *f cf.* Obstbau. — **~,züch·ter** *m cf.* Obstbauer.

ob·szön [ɔps'tsøːn] *adj* ⟨-er; -st⟩ obscene, pornographic, lewd, foul, dirty, smutty, filthy, bawdy: **~e Rede** *psych.* utterance of obscene words, coprolalia (*scient.*); **ein ~er Roman** a smutty novel. — **Ob·szö·ni'tät** [-tsøni'tɛːt] *f* ⟨-; -en⟩ **1.** ⟨*only sg*⟩ (*obszöne Art*) obscenity, smut(tiness), lewdness. – **2.** (*obszöne Bemerkung*) obscene (*od.* dirty, smutty) remark, obscenity: **er ergeht sich gern in ~en** he likes to indulge in obscenities.

Ob·tu·ra·ti·on [ɔptura'tsi̯oːn] *f* ⟨-; -en⟩ *med.* obturation. — **Ob·tu'ra·tor** [-'raːtɔr] *m* ⟨-s; -en [-ra'toːrən]⟩ obturator.

Obus ['oː,bʊs] *m* ⟨-ses; -se⟩ troll(e)y bus.

'ob,wal·ten[1] *v/i* ⟨*sep*, -ge-, h⟩ *lit.* **1.** (*von Gefahr, Zuständen etc*) exist. – **2.** (*vorherrschen*) prevail, dominate, rule (over).

,ob'wal·ten[2] *v/i* ⟨*insep*, -ge-, h⟩ *lit. cf.* obwalten[1].

ob·wal·tend ['ɔp,valtənt; ,ɔp'valtənt] **I** *pres p* of **obwalten**[1] *u.* [2]. – **II** *adj* existing, present, given: **unter** (*od.* **bei**) **den ~en Umständen** under (*od.* in) the given (*od.* prevailing) circumstances, as things are, as matters stand.

,ob'wohl *conj* (al)though, *Am. auch* altho.

,ob'zwar *conj cf.* obgleich, obwohl.

och [ɔx] *interj colloq.* **1.** oh: **~, das ist nicht so schlimm** oh, that's not as bad as all that. – **2.** (*vor Überraschung*) ha! hah!

Ochlo·kra·tie [ɔxlokra'tiː] *f* ⟨-; -n [-ən]⟩ *pol.* (*Pöbelherrschaft*) ochlocracy, mob rule, mobocracy. — **ochlo'kra·tisch** [-'kraːtɪʃ] *adj* ochlocratic(al), mobocratic.

Ochro·it [ɔxro'iːt; -'ɪt] *m* ⟨-s; -e⟩ *min.* ochroite.

Ochs [ɔks] *m* ⟨-en; -en⟩ *Austrian, colloq. and dial. for* Ochse.

Och·se ['ɔksə] *m* ⟨-n; -n⟩ **1.** *agr.* ox, bullock: **junger ~** steer, bullock; **der ~ brüllt** the ox bellows; **~n vor den Pflug spannen** to yoke oxen to the plough (*bes. Am.* plow). – **2.** *fig.* (*in Wendungen wie*) **er steht da wie der ~ am** (*od.* **vorm**) **Berg** (*od.* **neuen Tor, Scheunentor**) *colloq.* he stands there like a bull at the gate, he is all at sea; **ich komme mir vor wie der ~ vorm Berg** (*od.* **neuen Tor, Scheunentor**) *colloq.* I am at my wit's end, I am all at sea; **der taugt dazu gerade so gut wie der ~ zum Seiltanzen** *colloq.* he is no use at all, he is good for nothing; **den ~n hinter den Pflug spannen** to put the cart before the horse; **der ~ stößt sich nur einmal am Scheunentor** (*Sprichwort*) once bitten, twice shy (*proverb*); **du sollst dem ~n, der da drischt, das Maul nicht verbinden** *Bibl.* thou shalt not muzzle the ox when he treadeth out the corn. – **3.** *fig. contempt.* donkey, blockhead, duffer, *Am. colloq.* lummox: **du ~!** you damn fool!

och·sen ['ɔksən] *colloq.* **I** *v/i* ⟨h⟩ **1.** study hard, 'cram' (*colloq.*), 'grind' (*colloq.*), *Br. sl.* swot, *Br. sl.* mug, *bes. Am. sl.* 'bone': **er ochst unentwegt** he is spending all his time cramming. – **II** *v/t* **2.** 'cram' (*colloq.*), grind away at (*colloq.*) *Br. sl.* swot (up), *Br. sl.* mug (up), *bes. Am. sl.* bone up on: **Latein ~** to cram Latin. – **III O~** *n* ⟨-s⟩ **3.** *verbal noun*: **trotz allem O~ hatte er keinen Erfolg** in spite of his swotting he did not succeed. – **4.** *cf.* Ochserei.

'Och·sen|,au·ge *n* **1.** *gastr. colloq.* fried egg. – **2.** *arch.* a) (*rundes od. ovales Fenster*) oeil-de-boeuf, *bes. Br.* œil-de-bœuf, oxeye, *Br.* ox-eye, bull's-eye, b) *cf.* Butzenscheibe. – **3.** *bot.* a) oxeye, *Br.* ox-eye (*Anthemis arvensis*), b) dyer's camomile (*A. tinctoria*). – **4.** *zo.* peacock butterfly (*Nymphalis io*). – **5.** *min.* oxeye (*Br.* ox-eye) feldspar. – **6.** *mar. cf.* Bullauge. — **o~,äu·gig** *adj* ox-eyed. — **~,fie·sel** [-,fiːzəl] *m* ⟨-s; -⟩ *dial. for* Ochsenziemer. — **~,fleisch** *n gastr.* beef. — **~,frosch** *m zo.* **1.** Nordamerikanischer ~ (North American) bullfrog, bloodnoun, jug-o'-rum, bully (*Rana catesbeiana*). – **2.** Südamerikanischer ~ South American bullfrog, piping frog (*Leptodactylus pentadactylus*). — **~,fuhr,werk** *n* oxcart, ox-drawn cart. — **~,gal·le** *f bes. med.* oxgall, ox bile. — **~ge,spann** *n* team (*bes. Am.* span) of oxen, oxteam. — **~,haut** *f* oxhide. — **~,her·de** *f* herd (*od.* drove) of oxen. — **~,herz** *n* **1.** heart of an ox. – **2.** *med.* bovine heart, cor taurinum (*od.* bovinum) (*scient.*). – **3.** *bot.* custard apple, bullock's-heart (*Annona reticulata*). – **4.** *zo.* heart shell, oxhorn cockle, foolscap (*Isocardia cor*). — **~,joch** *n agr.* ox yoke. — **~,kar·ren** *m* oxcart, ox-drawn cart, ox wagon (*bes. Br.* waggon): **im ~ ziehen** (*od.* **reisen**) to travel by oxcart, to trek. — **~,knie** *n vet.* (*der Pferde*) knock-knee. — **~,kraut** *n bot. cf.* Hauhechel. — **~,le·der** *n* neat's leather, oxhide. — **~,maul·sa,lat** *m gastr.* ox-muzzle salad. — **~,schlepp** *m* ⟨-(e)s; -e⟩ *Austrian for* Ochsenschwanz.

'Och·sen,schwanz *m* oxtail. — **~,sup·pe** *f gastr.* oxtail soup.

'Och·sen|,stall *m agr.* ox stable. — **~,trei·ber** *m* drover, oxman, driver of oxen. — **~,wa·gen** *m cf.* Ochsenkarren. — **~,wur·zel, 'Ro·te** *f bot.* redroot (*Alkanna tinctoria*). — **~,zie·mer** *m agr.* (horse)whip, cowhide. — **~,zun·ge** *f* **1.** tongue of an ox. – **2.** *civ.eng.* flat tile. – **3.** *bot.* a) **Gemeine ~** oxtongue, bugloss (*Anchusa officinalis*), b) **Gelbe ~** meadow sorrel (*Rumex pratensis*).

Och·se'rei *f* ⟨-; *no pl*⟩ *colloq.* cram(ming), grind(ing) (*beide colloq.*), *bes. Am. sl.* boning, *Br. sl.* swot(ting), 'sap'.

Öchs·le ['œkslə] *n* ⟨-s; -⟩ *chem.* (*Maßeinheit des Mostgewichts*) Oechsle degree: **Burgunder hat 75—95 Grad ~** Burgundy has 75—95 Oechsle degrees. — **~,grad** *m cf.* Öchsle.

Ocker (*getr.* -k·k-) ['ɔkər] *m, n* ⟨-s; -⟩ **1.** *min.* ocher, *bes. Br.* ochre: **dunkelroter ~** almagra; **roter ~** ruddle, red ochre. – **2.** (*paints*) (yellow) ocher (*bes. Br.* ochre). — **o~,ar·tig** *adj* ocherous, *bes. Br.* ochr(e)ous. — **~,far·be** *f* ocher, *bes. Br.* ochre. — **o~,far·ben, o~,far·big** *adj* ocher, *bes. Br.* ochre (*attrib*), ocherous, *bes. Br.* ochr(e)ous. — **o~,gelb I** *adj* yellow-ocher (*bes. Br.* -ochre), ocher-yellow. – **II O~** *n* yellow ocher (*bes. Br.* ochre), ocher yellow. — **o~,hal·tig** *adj* ochery, ochr(e)y, ocherous, *bes. Br.* ochr(e)ous.

'ocke·rig (*getr.* -k·k-) *adj cf.* ockerartig.

Ock·ha·mis·mus [ɔka'mɪsmʊs] *m* ⟨-; *no pl*⟩ *philos.* Ockhamism, Occamism.

Od [oːt] *n* ⟨-(e)s; *no pl*⟩ *phys. hist.* od.

öd [øːt] *adj u. adv cf.* öde.

Odal ['oːdaːl] *n* ⟨-s; -e⟩ *hist.* odal.

Oda·lis·ke [oda'lɪskə] *f* ⟨-; -n⟩ *hist.* (*weiße türk. Haremssklavin*) odalisque, *auch* odalisk.

Odds [ɔdz] (*Engl.*) *pl* (*sport*) odds *pl* (*sometimes construed as sg*).

Ode ['oːdə] *f* ⟨-; -n⟩ (*literature*) ode: **pindarische ~** Pindaric ode; **Schlußgesang einer ~** epode.

öde ['øːdə] **I** *adj* ⟨-r; -st⟩ **1.** (*verlassen*) deserted, desolate, solitary: **ringsherum war alles öd(e) und leer** roundabout everything was deserted and bare. – **2.** (*unfruchtbar*) barren, waste, desert, bleak. – **3.** (*unbebaut*) uncultivated, waste, unproductive: **das Land liegt ~** the land lies waste. – **4.** *fig.* (*eintönig*) monotonous, tedious, humdrum, dull: **das ~ Einerlei des Alltags** the tedious monotony of everyday life. – **5.** *fig.* (*langweilig*) boring, tedious, dull, dreary, drab: **~ Büroarbeit** boring office work, business routine. – **6.** (*flau*) empty, hollow: **ein ~s Gefühl im Magen haben** to have a hollow feeling in the stomach. – **7.** *hunt.* gameless, lacking game. – **II** *adv* **8.** in a dull (*od.* boring) way.

'Öde *f* ⟨-; -n⟩ **1.** (*Einöde*) waste(land), desert, wilderness. – **2.** *fig.* (*Trostlosigkeit*) desolation, desolateness, dreariness. – **3.** *fig.* (*Eintönigkeit*) monotony, dullness. – **4.** *fig.* (*Langeweile*) boredom, tedium.

Odem ['oːdəm] *m* ⟨-s; *no pl*⟩ *lit. u. poet. for* Atem 1, 3.

Ödem [ø'deːm] *n* ⟨-s; -e⟩ *med.* (o)edema, dropsy. — **ö~,ar·tig** *adj cf.* ödematös.

öde·ma·tös [ødema'tøːs] *adj med.* (o)edematous, *auch* (o)edematose.

'oden|,ar·tig *adj* (*Gedicht etc*) odic. — **O~,dich·ter** *m* writer of odes, odist. — **O~,dich·tung** *f* a) ode, b) *collect.* odes *pl.*

Ode·on [o'deːɔn] *n* ⟨-s; -s⟩ *cf.* Odeum.

oder ['oːdər] *conj* **1.** (*beiordnend*) or: **kommen Sie Montag ~ Dienstag, wann Sie wollen** come on Monday, or on Tuesday, whenever you like. – **2.** (*ausschließend*) either ... or: **ich komme (entweder) Montag ~ Dienstag** I shall come (either) on Monday or on Tuesday. – **3.** (*verstärkend*) **~ aber, ~ sonst** or else: **in 14 Tagen ~ aber erst in 4 Wochen** in a fortnight or else in a month; **morgen mache ich einen Spaziergang, ~ aber ich gehe ins Kino(, falls es regnen sollte)** tomorrow I'll take a walk or else I'll go to the cinema (*Am. colloq.* movies) (if it should rain). – **4.** (*sonst*) or (else), else, otherwise: **man muß sich an die Instruktionen halten, ~ man hat Unannehmlichkeiten** you have to comply with the instructions or else you are in trouble. – **5.** (*korrigierend*) **~ (vielmehr)** or rather: **das ist falsch ~ übertrieben** that's wrong or rather exaggerated. – **6.** (*ungefähr*) **~ so** *colloq.* or so: **vor 300 Jahren ~ so** 300 years ago or so. – **7.** *colloq.* (*fragend*) or am I mistaken? **da hast du dich nicht sehr angestrengt, ~?** you haven't exactly strained yourself, have you? – **8.** *colloq.* (*drohend*) **~ (wehe)!** or else!

'Oder,men·nig [-,mɛnɪç] *m* ⟨-(e)s; -e⟩ *bot.* agrimony, liverwort (*Agrimonia eupatoria*).

Ode·um [o'deːʊm] *n* ⟨-s; Odeen⟩ odeum, *auch* odeon.

Odeur [o'døːr] *n* ⟨-s; -s *u.* -e⟩ scent, perfume, odor, *bes. Br.* odour.

'Öd,feld *n agr.* barren (*od.* untilled) field.

'Öd·heit, 'Ödig·keit *f* ⟨-; *no pl*⟩ *fig. cf.* Öde 2—4.

Odin ['oːdɪn] *npr m* ⟨-s; *no pl*⟩ *myth.* Odin, *auch* Othin (*chief Norse god*).

odi·ös [odi̯øːs] *adj* odious, hateful.

Ödi·pus ['øːdipʊs] *npr m* ⟨-; *no pl*⟩ *myth.* Oedipus: „**König ~**" "Oedipus Rex" (*tragedy by Sophocles*). — **~kom,plex** *m psych.* Oedipus complex.

'odisch *adj* **1.** *phys.* of (*od.* relating to) od. – **2.** *metr.* relating to (*od.* forming) an ode.

Odi·um ['oːdi̯ʊm] *n* ⟨-s; *no pl*⟩ **1.** (*Haß*) odium, hatred, dislike. – **2.** (*Makel*) odium, stigma, infamy.

'Öd,land *n* ⟨-(e)s; -ländereien⟩ *agr.* waste(land), wild, desert.

odo·nisch [o'doːnɪʃ] *adj mus.* (*Notation*) Odonic, Odoistic.

Odont·al·gie [odɔntal'giː] *f* ⟨-; -n [-ən]⟩ *med.* odontalgia, toothache.

Odon·to·blast [odɔnto'blast] *m* ⟨-en; -en⟩ *meist pl med.* odontoblast, dentin(e) cell.

odon·to·gen [odɔnto'geːn] *adj med.* odontogenic.

Odon·to·lo·ge [odɔnto'loːgə] *m* ⟨-n; -n⟩ *med.* odontologist. — **Odon·to·lo'gie** [-lo'giː] *f* ⟨-; *no pl*⟩ odontology, dentistry. — **odon·to'lo·gisch** *adj* odontological.

Odys·see [odʏ'seː] *f* ⟨-; -n [-ən]⟩ **1.** ⟨*only sg*⟩ (*literature*) Odyssey. – **2.** *fig.* (*abenteuerliche Irrfahrt*) odyssey. — **odys'se·isch** [-ɪʃ] *adj* Odyssean.

Odys·seus [o'dʏsɔʏs] *npr m* ⟨-; *no pl*⟩ *myth.* Odysseus, Ulysses.

Oe·ko·sy·stem [økozʏs'teːm] *n biol.* ecosystem.

Oer·sted ['øːrstɛt] *n* ⟨-(s); -⟩ *phys.* oersted.

Öf·chen ['øːfçən] *n* ⟨-s; -⟩ *dim. of* Ofen.

Ofen ['oːfən] *m* ⟨-s; ⸚⟩ **1.** (*Heizofen*) stove: **~ mit Ölfeuerung** oil burner (*od.* heater); **einen ~ anheizen** to light a stove; **den ~ heizen** to heat the stove; **einen ~ setzen** to put in (*od.* fit) a stove; **dieser ~ heizt gut** this stove heats well; **der ~ läßt sich gut heizen** the stove is easily heated; **am** (*od.* **beim**) [**vor dem**] **~ sitzen** to sit by (*od.* near) [in front of] the stove; **nach dem ~ sehen** to see to the stove; **hinterm ~ hokken, nicht hinterm ~ vorkommen** *fig.* to be a stay-at-home (*od.* homebody); **jetzt ist der ~ aber aus** *fig.* a) that's enough, b) that's the limit; → Hund 2. – **2.** (*Heizkörper*) heater. – **3.** (*Kochofen*) cookstove, cooker. – **4.** (*Backofen*) oven. – **5.** *tech.* a) (*großer, gemauerter*) oven, b) (*Schmelz-, Hochofen*) furnace, c) (*Darr-, Brennofen*) kiln: **~ mit Wassermantel** water oven; **den ~ beschicken** to charge the furnace; **den ~ entleeren** to draw (*od.* discharge) the furnace. — **~,aus,klei·dung**

f metall. furnace lining. — ~ˌ**bank** *f* bench by the stove. — ~ˌ**blech** *n* **1.** oven tin. – **2.** *plate of metal in front of a stove for protection of the floor.* — ~ˌ**dar·re,** ~ˌ**darrˌkam·mer** *f tech.* (drying) kiln. — ~ˌ**ecke** (*getr.* -k·k-) *f* stove corner. — ~**fa·briˌkant** *m* stove maker (*od.* manufacturer). — ~**fa·bri·ka·tiˌon** *f* **1.** (*für Heizzwecke*) stove manufacture. – **2.** (*für industrielle Zwecke*) furnace manufacture. — ~ˌ**far·be** *f cf.* Ofenschwärze. — **o**~ˌ**frisch** *adj gastr.* fresh from the oven. — ~ˌ**fül·lung** *f* oven charge, (*eines Schmelzofens*) furnace charge. — ~ˌ**fut·ter** *n tech. metall.* furnace lining. — ~**geˌrät** *n meist pl* fire irons *pl.* — ~ˌ**gicht** *f metall.* **1.** (*Gichtöffnung*) furnace throat (*od.* top). – **2.** (*Schmelzgut*) furnace charge. — ~ˌ**guß** *m metall.* stove castings *pl.* — ~ˌ**hei·zer** *m tech.* stoker, fireman. — ~ˌ**hei·zung** *f* heating by stove. — ~ˌ**hocker** (*getr.* -k·k-) *m*, ~ˌ**hocke·rin** (*getr.* -k·k-) *f* ⟨-; -nen⟩ *fig. contempt.* stay-at-home, homebody. — ~ˌ**ka·chel** *f* stove tile. — ~ˌ**lack** *m* stove enamel (*od.* varnish). — ~ˌ**loch** *n tech.* oven (*od.* stove) mouth, stokehole. — ~ˌ**man·tel** *m* kiln shell, furnace shell (*od.* jacket). — ~ˌ**mau·erˌwerk** *n metall.* furnace brickwork. — ~ˌ**plat·te** *f* stove plate. — ~ˌ**put·zer** *m* stove cleaner. — ~ˌ**rei·se** *f metall.* furnace campaign. — ~ˌ**rohr** *n* stovepipe. — ~ˌ**röh·re** *f* (*Backröhre*) (kitchen) oven. — ~ˌ**rost** *m* stove grate, (*eines Industrieofens*) furnace grate. — ~ˌ**ruß** *m* oven soot. — ~ˌ**sau** *f metall.* salamander, *auch* shadrach, sow. — ~ˌ**schacht** *m* furnace shaft (*od.* stack). — ~ˌ**schau·fel**, *bes. Northern and Eastern G.* ~ˌ**schip·pe** *f* coal (*od.* fire) shovel. — ~ˌ**schirm** *m* fire screen. — ~ˌ**schlacke** (*getr.* -k·k-) *f metall.* furnace cinder (*od.* slag). — ~ˌ**schwär·ze** *f* black lead, stove polish. — ~ˌ**set·zer** *m* stove fitter. — **o**~ˌ**trocken** (*getr.* -k·k-) *adj* oven- (*od.* kiln-)dried. — ~ˌ**trock·nung** *f* oven- (*od.* kiln-)drying, kilning. — ~ˌ**tür** *f* oven (*od.* stove) door, fire door, (*eines Industrieofens*) furnace door. — ~ˌ**vorˌset·zer** *m* (stove) fender. — ~ˌ**wär·ter** *m metall.* furnace operator (*od.* attendant). — ~ˌ**zie·gel** *m* firebrick, stove tile. — ~ˌ**zug** *m* a) furnace draft (*bes. Br.* draught), b) (*als Bauteil*) flue.

of·fen [ˈɔfən] **I** *adj* ⟨off(e)ner; -st⟩ **1.** open, (*nicht ge- od. verschlossen*) unshut, unclosed: halb ~ sein to be half open (*od.* ajar); weit ~ sein to be wide open; die Tür war sperrangelweit ~ the door was wide open; bei (*od.* mit) ~em Fenster schlafen to sleep with the window open; mit ~em Mund atmen to breathe through the mouth; er starrte ihn mit ~em Mund an he stared at him with his mouth open, he gaped at him; deine Bluse ist ~ your blouse is open; im ~en Wagen fahren to drive in an open car; Fleisch auf ~em Feuer braten to fry meat over an open fire; ~er Güterwagen *Am.* gondola (car), *Br.* open goods truck (*od.* waggon). – **2.** (*unverhüllt*) bare, naked: mit ~er Brust with one's chest bare (*od.* exposed). – **3.** (*aufgeschlagen*) open: ein ~es Buch *auch fig.* an open book; eine ~e Landkarte an open (*od.* unfolded) map. – **4.** (*frei, weit, öffentlich*) open: auf die ~e See hinausfahren to sail (out) into the open (sea); auf ~er See on the open sea; auf ~er Strecke a) on the open road, b) (*railway*) on the open track, between stations; auf ~er Straße überfallen werden to be assaulted in the open street (*od.* in public). – **5.** (*eisfrei*) open, clear, unblocked. – **6.** (*unbesetzt, leer*) open, vacant: eine ~e Stelle a vacant situation (*od.* post), a vacancy, an opening. – **7.** *fig.* (*ungeklärt*) open, unsettled: es blieben noch einige ~e Fragen some questions were left open (*od.* unsettled). – **8.** *fig.* (*frei, zugänglich*) open: ein ~es Geheimnis an open secret, everybody's (*od.* nobody's) secret; einen offenen Brief an j-n richten to address an open letter to s.o. – **9.** (*Geschäft, Museum etc*) open. – **10.** *fig.* (*gastfreundlich, freigebig*) open: ein ~es Haus halten (*od.* haben, führen) to keep open house; eine ~e Hand haben to be open(-)handed (*od.* generous). – **11.** *fig.* (*aufgeschlossen, aufmerksam*) open: mit ~en Augen (*od.* Sinnen) durch die Welt gehen to go through life with one's eyes open; → Arm 1; Ohr 3. – **12.** *fig.* (*offenkundig, klar zutage tretend*) open, overt: da kam es zwischen ihnen zum ~en Bruch it came to an open breach between them; in ~er Feindschaft mit j-m leben to be at open enmity with s.o.; in ~er Feldschlacht in pitched (*od.* open) battle. – **13.** *fig.* (*ehrlich, aufrichtig*) open, frank, sincere, plain, straightforward, candid: eine ~e Antwort a straightforward answer; ein ehrlicher und ~er Kerl *colloq.* a straight, honest fellow (*colloq.*); ein ~es Wort mit j-m sprechen to speak openly (*od.* frankly) with s.o.; darf ich dir meine ~e Meinung sagen? may I tell you my candid opinion? ein ~es Wesen an open manner; ich will ~ (und ehrlich) mit dir sein I'll be frank (and honest) with you; → Visier 1. – **14.** *gastr.* (*Wein etc*) open: in diesem Restaurant serviert man auch ~en Wein in this restaurant wine is also obtainable (*od.* served) by the glass. – **15.** Beifall auf (*od.* bei) ~er Szene (*od.* Bühne) (*theater*) applause during the action. – **16.** *med.* open, (*Wunde*) *auch* raw: ~e Beine *colloq.* varicose ulcers; ~er Leib open bowels *pl*; ~e Tuberkulose open tuberculosis. – **17.** *bot.* lax. – **18.** *zo.* pervious. – **19.** *ling.* a) (*Silbe*) open, b) (*Vokal*) open, low. – **20.** *sociol.* (*Fürsorge etc*) open. – **21.** *mil.* open, undefended: ~e Stadt open (*od.* unfortified) city (*od.* town). – **22.** *econ.* a) (*Kredit, Konto etc*) open, b) (*Rechnung*) outstanding, unsettled, c) (*Versicherungspolice*) floating: O~e Handelsgesellschaft general (*od.* ordinary) partnership. – **23.** *jur.* open, overt: ein ~er Akt an overt act; → Arrest 2. – **24.** *hunt.* (*Zeit*) open. – **25.** *electr.* (*Stromkreis etc*) open: ~e Leitung open-ended line; ~e Wicklung open-coil armature winding; ~e Verlegung open installation. – **26.** *arch.* detached: ~e Bauweise detached building. – **27.** (*sport*) a) (*Spielweise*) open, *bes. Br.* loose, b) (*ausgeglichen*) (*Runde etc*) even: wir konnten das Spiel ~ gestalten we could hold our own in the match. – **28.** *her.* false. – **II** *adv* **29.** *fig.* (*ehrlich*) openly, frankly, freely: ~ antworten to answer freely (*od.* point-blank); etwas ~ bekennen (*od.* gestehen) to confess s.th. frankly; ~ gesagt (*od.* gestanden) frankly speaking; darf ich ~ meine Meinung sagen? may I speak my mind freely? ich will ganz ~ sprechen I'll speak quite openly; sie hat ihre Mitschuld ~ zugegeben she has freely admitted her complicity. – **30.** (*unverhüllt*) openly: seine Seele lag ~ vor mir his soul lay open before me; etwas ~ vor j-m tun to do s.th. in front of s.o. (*od.* under s.o.'s nose).

ˈ**of·fenˈbar I** *adj* **1.** (*offensichtlich, deutlich*) obvious, manifest, evident, apparent, overt: eine ~e Absicht an obvious intention; ein ~er Irrtum an obvious mistake; ~ werden a) to become apparent, b) to become known in public; es ist ~, daß er gelogen hat it is quite obvious that he was lying. – **2.** (*klar*) clear. – **II** *adv* **3.** (*anscheinend*) obviously, apparently, evidently: das ist ~ ein Fehler that is obviously a mistake; er kommt ~ später he is apparently coming later, it looks as if he'll be coming later; er hat ~ angenommen, daß he obviously supposed that; ~ ist (ihm) etwas dazwischengekommen s.th. evidently crossed (*od.* interfered with) his plans.

ˌ**of·fenˈba·ren** ⟨*insep, pp* offenbart, *relig. obs.* geoffenbart, h⟩ **I** *v/t* **1.** (*bekennen*) manifest, reveal, disclose: damit offenbarst du nur deine Schwäche [Ungeduld] thus you only reveal your weakness [impatience]. – **2.** (*enthüllen*) reveal, divulge, make (*s.th.*) known, unveil: er offenbarte ihnen das Geheimnis he disclosed the secret to them. – **II** *v/reflex* sich ~ **3.** open one's heart, unbosom oneself (*lit.*): ich habe mich ihm offenbart I opened my heart to him. – **4.** (*von Dingen*) become evident, manifest itself: jetzt offenbart sich, welche Fehler früher begangen wurden the mistakes of the past are now becoming evident (*od.* manifest); hier offenbart sich sein wahres Wesen his true nature manifests itself here. – **5.** *relig.* reveal oneself: Gott offenbarte sich den Menschen durch Christus God revealed himself to man through Christ. – **III O**~ *n* ⟨-s⟩ **6.** *verbal noun.* – **7.** *cf.* Offenbarung. — ˌ**Of·fenˈbart I** *pp.* – **II** *adj* revealed. — ˌ**Of·fenˈba·rung** *f* ⟨-; -en⟩ **1.** *cf.* Offenbaren. – **2.** revelation, disclosure, divulgence, manifestation. – **3.** *relig.* die (Geheime) ~ des Johannes *Bibl.* the Revelation of St. John the Divine; göttliche ~ (divine) revelation.

ˌ**Of·fenˈba·rungsˌeid** *m jur. econ.* insolvent debtor's oath, oath of manifestation (*od.* disclosure): den ~ leisten to swear an insolvent debtor's oath.

ˈ**of·fenˌblei·ben** *v/i* ⟨*irr, sep,* -ge-, sein⟩ **1.** remain (*od.* be kept) open: das Fenster muß ~ the window must (*od.* has to) remain open. – **2.** *fig.* (*von Frage etc*) remain (*od.* be left) undecided (*od.* open).

ˈ**Of·fenˌblitz·meˌtho·de** *f phot.* open flash technique.

ˈ**of·fenˌhal·ten I** *v/t* ⟨*irr, sep,* -ge-, h⟩ **1.** (*aufhalten*) hold (*s.th.*) open: er hielt die Tür für mich offen he held the door open for me. – **2.** (*offenlassen*) keep (*s.th.*) open: er konnte kaum die Augen ~ he could hardly keep his eyes open. – **3.** *fig.* keep (*s.th.*) open: du mußt die Ohren [Augen] ~ you have to keep your ears [eyes] open; er will die Tür zu weiteren Verhandlungen ~ he wants to keep (*od.* leave) the door open for further negotiations. – **4.** (*vorbehalten*) leave (*s.th.*) open, reserve: ich muß mir diese Möglichkeit [Entscheidung] ~ I have to leave this possibility [decision] open, I have to reserve this possibility [decision] for myself; sie wollen sich (*dat*) den Rückzug ~ they want to leave open the possibility of retreat(ing). – **II** *v/i* **5.** *rare* be open: dieses Gasthaus hält bis fünf Uhr morgens offen this inn (*Br. colloq.* pub) is open until five o'clock in the morning.

ˈ**Of·fen·heit** *f* ⟨-; *no pl*⟩ (*Ehrlichkeit*) openness, frankness, sincerity, plainness, straightforwardness, candor, *bes. Br.* candour, candidness.

ˈ**of·fenˌher·zig** *adj* **1.** openhearted, *Br.* open-hearted, frank, candid, outspoken: du bist viel zu ~ you are much too openhearted, you really wear your heart (up)on your sleeve. – **2.** *colloq.* (*Kleid etc*) low-neck(ed), revealing. — ˈ**Of·fenˌher·zig·keit** *f* ⟨-; *no pl*⟩ openheartedness, *Br.* open-heartedness, frankness, candor, *bes. Br.* candour, candidness, outspokenness.

ˈ**of·fenˌkun·dig I** *adj* **1.** (*Irrtum, Lüge, Mißverständnis etc*) obvious, manifest, evident, apparent, overt, patent: ~e Beweise overt evidence *sg*; es ist ~, daß it is obvious (*od.* plain) that. – **2.** (*allseits bekannt*) notorious, commonly known, well-known (*attrib*), flagrant: ein ~er Betrüger a notorious swindler. – **3.** *jur.* (*Handlung*) overt. – **II** *adv* **4.** die Geschichte ist ~ erfunden the story is obviously an invention. — ˈ**Of·fenˌkun·dig·keit** *f* ⟨-; *no pl*⟩ **1.** obviousness, manifestness. – **2.** (*Bekanntsein*) notoriousness, notoriety, flagrancy.

ˈ**of·fenˌlas·sen** *v/t* ⟨*irr, sep,* -ge-, h⟩ **1.** leave (*s.th.*) open: du sollst die Tür nicht immer ~ don't leave the door open all the time. – **2.** *fig.* leave (*s.th.*) undecided (*od.* open): die Frage wurde zunächst offengelassen the question was left undecided for the time being.

ˈ**of·fenˌle·gen** *v/t* ⟨*sep,* -ge-, h⟩ *fig. lit.* (*Geheimnis etc*) reveal, disclose, lay (*s.th.*) bare.

ˈ**Of·fenˈmarkt·po·liˌtik** *f econ.* (*zwischen Noten- u. Geschäftsbanken*) open-market policy (*od.* operations *pl*).

ˈ**of·fenˈsicht·lich** *adj u. adv cf.* offenbar.

of·fen·siv [ɔfɛnˈziːf] **I** *adj bes. mil.* (*sport*) offensive: ~ werden to become offensive. – **II** *adv* ~ spielen (*sport*) to play on the offensive.

Of·fenˈsiv|al·liˌanz *f*, ~ˌ**bünd·nis** *n pol. jur.* offensive alliance.

Of·fen·si·ve [ɔfɛnˈziːvə] *f* ⟨-; -n⟩ *bes. mil.* (*sport*) offensive: die ~ ergreifen to take the offensive; in der ~ sein to be on the offensive; zur ~ übergehen a) *mil.* to switch over to offensive operations, b) (*sport*) to switch over to the offensive.

Of·fenˈsiv|ˌkampf *m mil.* offensive combat (*od.* battle). — ~ˌ**krieg** *m* offensive war. — ~ˌ**spiel** *n* (*sport*) offensive play, (*beim Fußball*) attacking football.

ˈ**of·fenˌste·hen** *v/i* ⟨*irr, sep,* -ge-, h *u.* sein⟩ **1.** be open: sein Kragen [ihre Bluse] stand offen his collar [her blouse] was open (*od.* unbuttoned); das Fenster steht offen the window is (*od.* stands) open; ihr Mund stand offen her mouth was (*od.*

stood) open. – **2.** *fig.* be open: **dir stehen alle Wege offen** all roads are open to you; **mir steht die ganze Welt offen** the whole world lies open before me; **es steht Ihnen offen zu gehen** you are free (*od.* at liberty) to go. – **3.** *econ.* be due (*od.* unsettled, outstanding, unpaid): **zwei Rechnungen stehen noch offen** two bills are still unsettled; **auf Ihrem Konto steht noch ein Betrag offen** one item on your account is still due. — **'of·fen,ste·hend I** *pres p.* – **II** *adj econ.* a) (*Forderung etc*) outstanding, b) (*Konto*) unsettled.

öf·fent·lich ['œfəntlɪç] **I** *adj* **1.** (*Aufruf, Bekanntmachung, Veranstaltung etc*) public: **~e Anlagen** public gardens; **~e Ausschreibung** public invitation of tenders, *bes. Am.* public announcement of bids (for supplies *etc*); **~e Bedürfnisanstalt** public lavatory (*bes. Br.* convenience), *Am. auch* comfort station; **~e Betriebe** public utilities and services; **~e Einrichtungen** public facilities; **~er Fernsprecher, ~e Fernsprechstelle** telephone booth, *Br.* telephone (*od.* call box), telephone kiosk, *Am.* phone booth; **~es Haus** brothel; **im ~en Leben** in public life; **im Brennpunkt des ~en Lebens stehen** to be very much in the public eye; **~e Schulen** state schools, *Am.* public schools; **~e Verkehrsmittel** public transport (*bes. Am.* transportation) *sg.* – **2.** (*staatlich, städtisch*) public: **~e Abgaben** rates and taxes, taxes and dues, dues; **~e Ämter [Anstalten]** public appointments (*od.* offices) [institutions]; **er ist im ~en Dienst** a) he is in the public service, he is a public servant, b) (*Staatsdienst*) he is in the civil service, he is a civil servant; **~e Gebäude** public buildings; **~e Gelder** (*od.* **Mittel**) public funds (*auch* moneys); **die ~e Hand** *pol.* the public (authorities *pl*), the state; **~er Notar** *etwa* notary public; **die ~e Ordnung wahren** to maintain public order (*od.* law and order); **gegen die ~e Ordnung verstoßen** to violate law and order, to break the peace, *bes. Am.* to offend against order and decency; **das ~e Wohl, die ~e Wohlfahrt** *sociol.* public welfare. – **3.** *jur.* (*Ankläger, Urkunde etc*) public: **~es Register** public (*od.* official) register; **in ~er Sitzung** (*od.* **Verhandlung**) in open court; **~es Ärgernis erregen** to cause (*od.* commit) a public nuisance, to give public offence (*Am.* offense). – **II** *adv* **4.** publicly, in public: **~ auftreten [reden]** to appear [to talk] in public, to make a public appearance; **etwas ~ bekanntgeben** (*od.* **bekanntmachen**) to announce s.th. in public, to make s.th. public, to give public notice of s.th.; **~ bekannt sein** a) to be known to the public, to be a matter of common knowledge, b) (*berüchtigt sein*) to be notorious; **etwas ~ versteigern** to sell s.th. by public auction; **ein Gesetz ~ bekanntmachen** to promulgate a law; **über eine Sache ~ verhandeln** *jur.* to try a case in open court. — **'Öf·fent·lich·keit** *f* ⟨-; *no pl*⟩ **1.** (*die Allgemeinheit*) public: **im Lichte der ~** in the public eye, in the limelight; **die ~ ausschließen** a) to exclude the public, b) *jur.* to hear a case behind closed doors (*od.* in camera), to clear the court, c) (*im Parlament*) to clear the galleries; **etwas in aller** (*od.* **vor aller**) **~ tun [sagen]** to do [to say] s.th. in public (*od.* publicly, openly); **es ist bereits an** (*od.* **in**) **die ~ gedrungen** (*od.* **gekommen**) it has leaked out already; **mit etwas vor** (*od.* **an**) **die ~ treten** to come forward (*od.* out into the open) with s.th.; **unter Ausschluß der ~** *jur.* behind closed doors, in camera. – **2.** (*Zugänglichkeit*) public character, publicity: **die ~ der Gerichtsbarkeit [Rechtsprechung]** the publicity of jurisprudence [jurisdiction]; **die ~ einer Diskussion** the public character of a debate.

'öf·fent·lich-'recht·lich *adj jur.* under public law: **~e Anstalt** public institution; → **Körperschaft 1.**

of·fe·rie·ren [ɔfe'riːrən] *v/t* ⟨*no* ge-, h⟩ offer, (*bes. bei einer Ausschreibung*) tender, *bes. Am.* bid.

Of·fert [ɔ'fɛrt] *n* ⟨-(e)s; -e⟩ *Austrian for* **Offerte.** — **Of·fer·te** [ɔ'fɛrtə] *f* ⟨-; -n⟩ *econ.* offer, (*bes. bei einer Ausschreibung*) tender, *bes. Am.* bid: **eine ~ machen** to offer, to quote, to make an offer (*od.* a tender, *bes. Am.* a bid). — **Of'fer·ten-,ab,ga·be** *f* making (*od.* tendering, submission) of an offer.

Of·fer·to·ri·um [ɔfɛr'toːrĭum] *n* ⟨-s; -rien⟩ *relig.* offertory.

Of·fice[1] ['ɔfɪs] (*Engl.*) *n* ⟨-; -s [-fɪs]⟩ (*Büro, Dienststelle*) office.

Of·fice[2] [ɔ'fis] (*Fr.*) *n* ⟨-; -s [-'fis]⟩ *Swiss* (*in Gaststätten*) pantry.

Of·fi·ci·um [ɔ'fiːtsĭum] *n* ⟨-s; -cia [-tsĭa]⟩ *obs. for* **Obliegenheit, Pflicht 1.**

Of·fi·zi·al [ɔfi'tsĭaːl] *m* ⟨-s; -e⟩ **1.** *röm.kath.* official. – **2.** *Austrian* (*senior*) *clerk in the lower grade of the Austrian civil service.* — **~,an,kla·ge** *f jur.* public prosecution.

Of·fi·zia·lat [ɔfitsĭa'laːt] *n* ⟨-(e)s; -e⟩ *röm. kath.* officiality.

Of·fi·zi'al|de,likt *n jur. cf.* **Offizialvergehen.** — **~ma,xi·me** *f*, **~prin,zip** *n* principle of judicial (*od.* public) investigation. — **~ver,fah·ren** *n* official proceedings *pl.* — **~ver,ge·hen** *n* offence (*Am.* offense) dealt with officially (*od.* ex officio). — **~ver,tei·di·ger** *m* counsel (*bes. Am.* attorney) for the defence (*Am.* defense) appointed by the court, assigned counsel (*bes. Am.* attorney) for the defense (*od.* defendant).

Of·fi·zi·ant [ɔfi'tsĭant] *m* ⟨-en; -en⟩ **1.** *obs. for* **Unterbeamte, Bedienstete 2.** – **2.** *röm. kath.* officiant.

of·fi·zi·ell [ɔfi'tsĭɛl] **I** *adj* **1.** (*Meldung, Nachricht, Vertreter etc*) official: **die Rede hatte** (*od.* **trug**) **~en Charakter** the speech had an official character; **eine ~e Erklärung abgeben** to make an official statement. – **2.** (*formell, förmlich*) official: **j-m einen ~en Besuch abstatten** to pay s.o. an official visit; **an einem ~en Empfang teilnehmen** to take part in an official reception; **danach wurde die Feier wieder sehr ~** afterward(s) the celebration reassumed a very official character; **nicht ~** not official, unofficial. – **II** *adv* **3.** officially: **ist Ihnen ~ etwas davon bekannt?** do you know anything about that officially? **sich ~ bei j-m entschuldigen** to apologize (*Br. auch* -s-) formally to s.o., to make s.o. a formal apology.

Of·fi·zier [ɔfi'tsiːr] *m* ⟨-s; -e⟩ **1.** *mil. mar.* (commissioned) officer: **erster ~** *mar.* a) second-in-command, b) (*bei der Handelsmarine*) first mate (*od.* officer); **aktiver ~** active officer; **hoher ~** high-ranking officer; **höherer** (*od.* **vorgesetzter**) **~** senior officer; **wachhabender ~** a) *mar.* watch officer, officer of the watch, b) *mil.* commander of the guard, guard commander; **zum ~ ernannt werden** to receive one's commission, to be commissioned. – **2.** (*beim Schach*) piece, *pl auch* noblemen. – **3.** (*eines Ordens*) officer.

Of·fi'zier(s)|,an,wär·ter *m mil. mar.* officer cadet. — **~,aus,bil·dung** *f* officers' training. — **~be,wer·ber** *m cf.* **Offizier(s)anwärter.** — **~,bur·sche** *m obs.* orderly, *Br. auch* batman, *Am. colloq.* striker. — **~,eh·re** *f* honor (*bes. Br.* honour) of an officer: **bei meiner ~** (up)on my hono(u)r as an officer. — **~ka,si·no** *n mil.* officers' mess (*od.* club). — **~,korps** *n mil. mar.* (the) officers *pl.* — **~,lauf,bahn** *f* officer's career, career as an officer: **die ~ einschlagen** to enter upon an officer's career. — **~,mes·se** *f* officers' messroom, *mar. auch* wardroom. — **~,nach,wuchs** *m* future officers *pl*, coming generation of officers. — **~pa,tent** *n mar.* **1.** commission: **j-m ein ~ verleihen** to commission s.o. – **2.** (*in der Handelsmarine*) certificate of competency. — **~,rang** *m mil. mar.* officer's rank, officership. — **~,schu·le** *f* officers' school. — **~,un·ter,künf·te** *pl mil.* officers' quarters.

of·fi·zi·nal [ɔfitsi'naːl], **of·fi·zi'nell** [-'nɛl] *adj med.* medicinal, officinal.

of·fi·zi·ös [ɔfi'tsĭøːs] *adj* (*Meldung etc*) semiofficial, *Br.* semi-official, officious.

Of·fi·zi·um [ɔ'fiːtsĭum] *n* ⟨-s; -zien⟩ *obs. for* **Obliegenheit, Pflicht 1.**

öff·nen ['œfnən] **I** *v/t* ⟨h⟩ **1.** open: **die Augen [Lippen] ~** to open one's eyes [lips]; **das Fenster ~** to open the window; **j-m die Tür ~** to open the door for s.o.; **die Faust ~** to open (*od.* unclench) one's fist; **ein Grab ~** to open (*od.* unseal) a tomb; **der Laden wird um acht Uhr geöffnet** the shop will be opened at eight o'clock; **etwas halb ~** to half-open s.th., to open s.th. halfway. – **2.** (*Mantel, Bluse etc*) open, undo, unbutton. – **3.** (*Knoten, Päckchen etc*) open, untie, unlace, unfasten, undo. – **4.** (*Türschloß etc*) open, unlock, undo: **der Dieb öffnete das Schloß mit einem Dietrich** the thief picked the lock. – **5.** (*Flaschen etc*) open, uncork. – **6.** *gastr.* (*Austern etc*) open, prize (*od.* pry) (*s.th.*) open. – **7.** *med.* a) (*Leib*) open (up), b) (*Geschwür, Abszeß etc*) open, lance, break, c) (*Blase*) open, cut, d) (*Leiche*) perform an autopsy, do a postmortem (*Br.* post-mortem) (examination). – **8.** *fig.* open (up): **er hat mir (über dich) die Augen geöffnet** he opened my eyes (*od.* he gave me an eye-opener) (as far as you are concerned); **sie hat mir den Blick** (*od.* **das Verständnis**) **dafür geöffnet** she has made me aware of things like that; **sie öffneten der Korruption Tür und Tor** they opened the door to corruption. – **II** *v/reflex* **sich ~** **9.** open: **das Tor öffnete sich** the gate opened; → **Sesam**[2]. – **10.** *aer.* (*von Fallschirm*) open, release. – **11.** *bot.* (*von Blüten*) open, unfold. – **III** *v/i* **12.** open, (*nach Klingeln*) answer the door: **hier ~!** open here! please open this side! **der Pförtner öffnete mir** the doorman opened for me; **ich klingelte, aber niemand öffnete** I rang the bell but nobody answered (the door). – **IV Ö~** *n* ⟨-s⟩ **13.** *verbal noun.* — **'öff·nend I** *pres p.* – **II** *adj med.* aperient, aperitive.

'Öff·ner *m* ⟨-s; -⟩ **1.** opener. – **2.** (*textile*) opener, willow. – **3.** *cf.* a) **Büchsenöffner,** b) **Flaschenöffner.**

'Öff·nung *f* ⟨-; -en⟩ **1.** *cf.* **Öffnen.** – **2.** (*Loch*) opening, hole, (*bes. kleine*) loophole: **die ~en für Türen und Fenster** the openings for doors and windows. – **3.** (*für den Abzug von Rauch und Gasen etc*) vent. – **4.** (*Schlitz*) slit, aperture, slot. – **5.** (*Eingang*) entrance: **die ~ einer Höhle** the mouth (*od.* orifice) of a cave. – **6.** (*Spalte, Kluft*) gap, aperture, cleft, break: **eine ~ in der Mauer** a gap in the wall. – **7.** *tech.* a) (*Mündung*) mouth, b) (*einer Düse*) orifice, c) (*eines Hochofens*) throat, d) (*eines Schmelzofens*) port, e) (*Auslaß*) outlet, f) (*Einlaß*) inlet. – **8.** *med.* a) (*einer Leiche*) *cf.* **Obduktion,** b) (*Leibesöffnung*) orifice, aperture, c) (*Verbindungsöffnung*) foramen, ostium: **ringförmige ~** annulus; **warzenartige ~** (*einer Fettdrüse*) nipple. – **9.** *zo.* foramen, ostium, (*bei Insekten*) stoma. – **10.** *bot.* a) foramen, b) (*von Blüten*) opening. – **11.** *mar.* (*Seegatt, Passage*) gat.

'Öff·nungs,zei·ten *pl* **1.** hours of opening. – **2.** (*Geschäftszeit*) business hours.

'Off·set|,druck ['ɔfset-] *m* ⟨-(e)s; -e⟩ *print.* offset (printing): **photographischer ~** photo-offset. — **~,drucker** (*getr.* -k·k-) *m* offset printer. — **~drucke,rei** (*getr.* -k·k-) *f* **1.** ⟨*only sg*⟩ (*Verfahren*) offset printing. – **2.** (*Gebäude*) offset printing office.

'Off·set,druck|,far·be *f print.* offset printing ink. — **~ma,schi·ne** *f* offset printing machine. — **~ver,fah·ren** *n* offset printing process.

'Off·set|ma,schi·ne *f print. cf.* **Offsetdruckmaschine.** — **~pa,pier** *n* offset paper.

'O-,för·mig *adj* o-shaped.

oft [ɔft] *adv* ⟨=er; =est⟩ often, frequently, many a time, many times: **er war ~ bei uns zu Besuch** he often paid us a visit; **wir haben diesen Film sehr ~ gesehen** we have seen this film very (*od. colloq.* ever so) often; **ich habe es dir ~ genug gesagt** I have told you often enough; **ich habe ihn schon so ~ gewarnt** I have warned him so often (*od.* many a time); **wie ~ bist du dort gewesen?** how often have you been there? how frequently did you go there? **ich habe ihm nur zu ~ geglaubt** I believed him much too often; **er wird noch ~ warten müssen** he'll have to wait many a time yet; **ich habe dir schon soundso ~ gesagt** *colloq.* I told you time and (time) again (*od. colloq.* ever so often).

öf·ter ['œftər] **I** *comp of* **oft.** – **II** *adv* **1.** (*häufiger*) more frequently, more often: **wir werden dich noch ~ sehen** we'll see more of you; **je ~ ich das Stück sehe, desto mehr gefällt es mir** the more (often) I see the play the more I like it; **ich bin ~ als du dort gewesen** I have been there more often than you (have). – **2.** (*mehrmalig, wiederholt, gelegentlich*) repeatedly, time and again, reiteratedly: **sie ist schon ~ bei uns gewesen** she has stayed with us several times. – **III** *adj* **3.** *colloq.* (*Besuche etc*) repeated, (more) frequent: bei ~em Hinschauen merkte er after looking at it repeatedly he noticed.

'öf·ters *adv colloq. for* öfter II.

'öf·test I *sup of* oft. – **II** *adv only in* am ~en most frequently, most often: etwas [j-n] am ~en erwähnen to mention s.th. [s.o.] most frequently.

'oft,ma·lig *adj ⟨attrib⟩* repeated, frequent, reiterated.

'oft,mals *adv cf.* oft.

ogi·val [ogi'vaːl; oʒi-] *adj arch.* (*spitzbogig*) ogival.

oh [oː] *interj* a) oh, ho, b) (*bei Langeweile*) heigh-ho: ~, wie schön! oh, isn't it beautiful? how lovely! ~, Pardon! oh, I'm sorry!

oha [o'ha] *interj* ho! oho! aha! soho! *Am. auch* gee (whiz[z] *od.* whillikers, whillikins)! boy!

Oheim ['oːhaɪm] *m* ⟨-s; -e⟩ *obs. for* Onkel 1.

Ohm[1] [oːm] *n* ⟨-(s); -⟩ *electr.* ohm.

Ohm[2] *n* ⟨-(e)s; -e, *bei Maßangaben* -⟩ (*früheres Flüssigkeitsmaß*) aam, awm.

Ohm[3] *m* ⟨-(e)s; -e⟩ *obs. od. poet. for* Onkel 1.

'Ohm,me·ter *n* ⟨-s; -⟩ *electr.* ohmmeter.

ohmsch *adj ⟨attrib⟩ electr.* ohmic: der ~e Widerstand ohmic resistance; das O~e Gesetz Ohm's law.

'Ohm,zahl *f electr.* ohmage.

oh·ne ['oːnə] **I** *prep ⟨acc⟩* **1.** without: Töpfe ~ Henkel pots without handles; du sollst nicht ~ Hut gehen you are not to go without your hat (*od.* bareheaded); eine Flasche Sprudel ~ Geschmack a bottle of soda (water) without flavor (*bes. Br.* flavour); ich habe es ~ Absicht getan I did not do it intentionally (*od.* on purpose); er ist ~ Arbeit he is without work (*od.* a job), he is jobless (*od.* out of work); (alle) ~ Ausnahme (all) without exception; Fragen ~ Bedeutung questions lacking in importance, unimportant (*od.* insignificant, minor) questions; ich bin ~ Geld [Mittel] I have no money [means], I am lacking (*od.* I am devoid of, I am out of) money (*od.* funds) [means]; sei (nur) ~ Sorge! never fear! don't worry! das alles geschah ~ mein Wissen all of that happened without my knowledge; ~ (jeden *od.* allen) Zweifel, ~ (jede) Frage without (*od.* beyond) (all) doubt (*od.* question), doubtlessly, undoubtedly, unquestionably; er sagte mir ~ Umschweife seine Meinung he told me his opinion point-blank (*od.* straightforwardly, plainly, bluntly), he told me his opinion without beating about the bush; ~ weiteres a) (*ohne Zögern*) without further ado, without ceremony (*od.* hesitation), at once, without any fuss (*colloq.*), b) (*mühelos*) easily, hands down (*colloq.*), c) (*ohne Bedenken*) readily, easily; das geht nicht so ~ weiteres *colloq.* it's not such an easy matter, that can't be managed so easily; ~ mich! count me out! das (*od.* die Sache) ist nicht (ganz) ~ *colloq.* a) (*nicht ohne Grund*) the matter is not without cause, b) (*nicht übel*) it's not a bad thing, it's not without advantages, there is a great deal to be said for it, that's not half bad (*colloq.*), c) (*nicht ohne Gefahr*) it's not without its pitfalls (*od.* risks), that's not to be trifled with (*od. colloq.* sneezed at); er ist (gar) nicht (so) ~ *colloq.* a) (*nicht übel*) he's not so bad, b) (*nicht dumm*) he knows a thing or two, he knows which side his bread is buttered (on), there are no flies on him (*colloq.*), c) (*zäh, mutig*) he is not to be trifled with, he is a tough customer (*colloq.*). – **2.** (*wenn etwas od. j-d nicht gewesen wäre*) but for, without: was hätte ich ~ ihn getan? what would I have done without him? ~ seine Verletzung wäre er Sieger geworden but for his injury he would have been the winner. – **3.** (*abzüglich*) without, minus: ~ die laufenden Kosten minus the running expenses. – **4.** *mil.* → marsch 3. – **5.** (*fashion*) → oben 6. – **II** *conj* **6.** without: er ging, ~ ein Wort zu sagen he went away without saying a word; er hat mich besucht, ~ daß ich ihn eingeladen hatte he came to visit me without my having invited him; er bot mir seine Hilfe an, ~ daß ich ihn erst bitten mußte he offered me his help without my having to ask him first.

,oh·ne|'dem, ~'dies *adv obs. for* ohnehin.

,oh·ne,ein'an·der *adv* without each other: sie können ~ nicht leben they can't live without each other.

,oh·ne'glei·chen *adj ⟨nachgestellt u. pred⟩* **1.** unequaled, *bes. Br.* unequalled, matchless, unrivaled, *bes. Br.* unrivalled, peerless, nonpareil (*lit.*): Unwissenheit ~ unequal(l)ed ignorance; im Fechten ist er ~ in fencing he is without a rival. – **2.** (*beispiellos*) unexampled, without (a) parallel, unparalleled, unprecedented: ein Ereignis ~ an event without a parallel. – **3.** (*einzigartig*) unique.

,oh·ne'hin *adv* anyhow, anyway, at any rate, in any case: du brauchst dich nicht (zu) beeilen, es ist jetzt ~ zu spät you need not hurry, it's too late now anyhow; das ist ~ wenig that's little enough, anyhow.

,oh·ne'wei·ters *adv Austrian* **1.** (*ohne Zögern*) without further ado, without ceremony (*od.* hesitation), at once, without any fuss (*colloq.*). – **2.** a) (*mühelos*) easily, hands down (*colloq.*), b) (*ohne Bedenken*) readily, easily.

'Ohn,horn ['oːn-] *n bot.* man orchis (*Aceras anthropophora*).

'Ohn,macht *f* ⟨-; -en⟩ **1.** (*Bewußtlosigkeit*) faint(ing), swoon, unconsciousness, lipothymy, lipothymia (*scient.*): tiefe (*od.* schwere) ~ deep faint, unconsciousness, coma (*scient.*); kurze ~ blackout, *Br.* black-out; in ~ fallen to faint, to swoon (away), to pass out (*colloq.*); von einer ~ befallen werden to be seized with a fainting spell; sie lag in schwerer ~ she was lying in a deep coma (*od.* deeply unconscious); sie kam aus ihrer ~ wieder zu sich, sie erwachte aus ihrer ~ she came round (*od.* to [herself]) after her faint, she regained consciousness after being in a coma; ich wäre beinahe in ~ gefallen, als ich das hörte *fig.* I nearly fainted (on the spot) when I heard that. – **2.** ⟨*only sg*⟩ *fig.* (*Machtlosigkeit*) powerlessness, helplessness, impotence: ein Gefühl der ~ wandelte sie an a feeling of helplessness came over her; seine ~ kam ihm zum Bewußtsein he became conscious of his powerlessness. — **'ohn,mäch·tig I** *adj* **1.** (*bewußtlos*) unconscious, in a faint (*od.* swoon), fainting, swooning: tief ~ comatose; ~ werden to faint, to swoon (away), to pass out (*colloq.*); vor Schmerzen ~ werden to black out with pain. – **2.** *fig.* (*machtlos*) powerless, helpless, impotent: ~e Anstrengungen machen to make helpless (*od.* impotent) efforts; ~e Wut ergriff ihn he was seized by (*od.* with) impotent rage. – **II** *adv* **3.** helplessly, impotently: ~ zusehen müssen to have to look on helplessly.

'Ohn,machts,an,fall *m med.* fainting spell, swoon; syncopal attack, syncope (*scient.*).

oho [o'hoː] *interj* oho, *Br. vulg.* coo: klein aber ~! *colloq. Br. colloq.* small but a bit of all right! *Am. colloq.* small but oh boy!

Ohr [oːr] *n* ⟨-(e)s; -en⟩ **1.** (*Gehörsinn*) ear: sie hat gute [schlechte] ~en she has good [bad] ears (*od.* hearing); die ~en sausen [schmerzen] mir my ears are singing (*od.* buzzing) [aching]; ein scharfes (*od.* ein feines) ~ haben to have a sharp (*od.* keen) ear, to have keen hearing; meine ~en sind zu my ears are deaf; dem ~ wehtun to grate on the ear; Musik schlug an sein ~ music caught his ear; auf einem ~ [beiden ~en] taub sein to be deaf in one ear [both ears]; → klingen 1. – **2.** (*Ohrmuschel*) ear: äußeres ~ external (*od.* outer) ear, ear conch, auricle (*scient.*); große [abstehende, hängende] ~en large (*od.* big) [protruding, lop] ears; ohne ~en earless; mit zwei ~en with two ears, binaural (*scient.*); der Hund spitzte die ~en the dog pricked up (*od.* cocked) his ears; die ~en stutzen to crop the ears; sich (*dat*) die ~en zuhalten a) to hold (one's fingers over) one's ears, b) *fig.* to refuse to listen; meine ~en brennen mir vor Kälte my ears are burning (*od.* tingling) with cold; den Hut aufs ~ setzen to cock one's hat (over one ear), to wear one's hat cocked over one ear (*od.* at an angle); j-n am ~ (*od.* an, bei den ~en) ziehen, *colloq.* j-m die ~en langziehen a) to pull s.o.'s ear(s), to pull s.o. by the ear(s), b) *fig.* to teach s.o. manners; j-m eins (*od.* ein paar) hinter die ~en geben *colloq.* to box s.o.'s ears; eins hinter die ~en bekommen *colloq.* to get a box on the ears; sich hinter den ~en kratzen to scratch one's head; j-m etwas ins ~ flüstern [sagen] to whisper [to say] s.th. in(to) s.o.'s ear; der Wind pfiff uns um die ~en the wind whistled (a)round our ears; die Kugeln pfiffen uns um die ~en the bullets whistled past our ears. – **3.** *fig.* ear: er hat ein ~ für Musik he has an ear for music; diese Melodie geht leicht ins ~ this is a catchy tune, the tune is easy to remember; er hatte dafür kein ~ he was not interested in the slightest; ich traute meinen ~en nicht I could hardly believe my ears; die ~en spitzen *colloq.* to prick up one's ears, to listen intently; die ~en hängenlassen *colloq.* to be downcast (*od. colloq.* down in the mouth), to look crestfallen (*od. lit.* woebegone); die ~en steifhalten *colloq.* to keep a stiff upper lip, to keep one's chin (*od. sl.* pecker) up; die ~en offenhalten to have one's ear to the ground; tauben ~en predigen to talk (*od.* preach) to deaf ears; seine Worte stießen auf taube ~en his words fell on deaf ears; lange ~en haben *colloq.* to be nos(e)y (*colloq.*) (*od.* inquisitive, curious); ich bin ganz ~ I am all ears; ich bin ganz Auge und ~ I'm all eyes and ears, I'm (very much) on the qui vive; er fand bei dem Richter ein offenes ~ the judge was ready to listen to all his complaints; ich habe es mit eigenen ~en gehört I heard it with my own ears (*od.* myself); die Wände haben ~en *colloq.* the walls have ears; j-m ein geneigtes (*od.* williges) ~ leihen to lend s.o. a willing ear; er fand bei ihr ein williges ~ she was ready to listen to him, she listened to him understandingly; j-m sein ~ verschließen to refuse to listen to s.o.; das schmeichelt seinem ~ that is music in his ear, he likes to hear that; taube ~en für j-n [etwas] haben to turn a deaf ear to s.o. [s.th.]; nur mit halbem ~ hinhören to listen with half an ear, to half-listen; bis über die ~en in Arbeit [Schulden] stecken *colloq.* to be up to one's ears in work [debt]; bis über die ~en (*od.* beide ~en) verliebt sein *colloq.* to be head over heels in love; bis über die ~en rot werden to blush to the roots of one's hair; es ist mir zu ~en gekommen it has come to my knowledge (*od.* attention); das ist nichts für zarte ~en that's for men's ears only; j-m die ~en volljammern *colloq.* to give s.o. no peace with one's complaining (*od.* moaning); er sitzt auf seinen ~en *colloq.* he is (as) deaf as a post; haben dir nicht die ~en geklungen? *colloq.* were your ears (not) burning? didn't your ears burn? didn't you sense that we were talking about you? noch feucht (*od.* naß, nicht trocken) hinter den ~en sein *colloq.* to be (still) wet behind the ears, to be (still) rather a greenhorn, to be a fledg(e)ling, to be (like) an unlicked cub; schreib dir das hinter die ~en *colloq.* now don't you forget that; es faustdick (*od.* knüppeldick) hinter den ~en haben *colloq.* to be (as) cute as a fox, to be a sly (old) fox, to know all the dodges, to be up to all the tricks, *Am.* to know one's way around; j-m in den ~en liegen *colloq.* a) to pester (*od.* plague) s.o., b) to nag (at) s.o.; sperr die ~en auf! *colloq.* listen carefully, pay good attention, take the wax out of your ears (*colloq.*); wasch dir die ~en! *colloq.* you should give your ears a wash (*od.* wash your ears), pay attention; sich aufs ~ legen *colloq.* to take (*od.* have) a nap (*od.* [one's] forty winks); j-n übers ~ hauen *colloq.* to do s.o. (in the eye) (*sl.*), to swindle (*od.* cheat, *Am. sl.* gyp) s.o.; zu einem ~ hinein und zum anderen wieder hinaus *colloq.* in one ear and out the other; dieser Ratschlag geht bei ihm bei einem ~ hinein, beim anderen hinaus *colloq.* the advice runs off him like water off a duck's back; auf diesem ~ hört er schlecht *colloq. humor.* he's deaf to that, he doesn't want to hear anything about that; → Fell 7; Floh 2; Mann 2; schlackern I.

Öhr [øːr] *n* ⟨-(e)s; -e⟩ **1.** (*Nadelöhr*) eye. – **2.** *tech.* eye, ear.

'Ohr|,boh·rer *m zo. colloq. for* Ohrwurm 1. — **~,bü·schel** *n zo.* **1.** ear. – **2.** (*der Eulen*) plumicorn.

Öhr·chen ['øːrçən] *n* ⟨-s; -⟩ **1.** *dim. of* Ohr. – **2.** *dim. of* Öhr. – **3.** *bot.* (*am Blattgrund*) auricle.

'Ohr,drü·se *f zo.* (*der Kröte*) parotoid gland.

öh·ren [ˈøːrən] *v/t* ⟨h⟩ (*Nadeln etc*) eye, provide (*s.th.*) with an eye (*od.* eyelet).

ˈOh·ren|ˌarzt *m*, **~ˌärz·tin** *f med.* ear specialist; tologist, aurist (*scient.*). — **~ˌausˌspü·lung** *f* syringing (*od.* irrigation) of the ear canal. — **~ˌbeich·te** *f röm.kath.* auricular confession. — **o~beˌtäu·bend** *adj* (*Lärm etc*) deafening, earsplitting, *Br.* ear-splitting, ear-piercing, ear-rending: ein ~es Geschrei erheben (*od.* anstimmen) to scream the place down (*colloq.*). — **~ˌblä·ser** *m colloq.* talebearer, telltale, scandalmonger. — **~blä·seˈrei** [ˌoːrən-] *f* ⟨-; *no pl*⟩ *colloq.* talebearing, scandalmongering. — **~ˌblu·ten** *n med.* otorrhagia. — **~ˌbrau·sen** *n cf.* Ohrensausen. — **~chir·urˌgie** *f* aural surgery. — **~entˌzün·dung** *f* inflammation of the ear(s), otitis (*scient.*). — **~ˌfle·der·ˌmaus** *f* long-eared bat (*Plecotus auritus*). — **~ˌfluß** *m med.* discharge from an ear, running ear (*colloq.*), otorrh(o)ea (*scient.*). — **~ˌheilˌkun·de** *f* otology, otiatry. — **~ˌhöh·ler** [-ˌhøːlər] *m* ⟨-s; -⟩ *zo. colloq. for* Ohrwurm 1. — **~ˌklap·pe** *f* (*an Mütze etc*) earflap, *Am. auch* earlap, *bes. Br.* tab. — **~ˌklin·gen** *n med.* ringing in (*od.* of) one's ears, tinnitus (aurium) (*scient.*). — **~ˌkrank·heit** *f med.* ear disease. — **~ˌkrie·cher** *m zo. colloq. for* Ohrwurm 1. — **~ˌlei·den** *n med.* ear complaint (*od.* trouble). — **~ˌma·ki** *m zo.* galago (*Fam. Lorisidae*). — **~ˌqual·le** *f zo.* aurelia (*Aurelia aurita*). — **~ˌrat·te** *f* vlei rat (*Otomys irroratus*). — **~ˌrei·ßen** *n med. dial. cf.* Ohrenschmerz. — **~ˌrob·be** *f zo.* eared seal (*Fam. Otariidae*): zu den ~n gehörig otarian, otarine. — **~ˌsau·sen** *n med.* noises *pl* (*od.* buzzing) in one's ears, tinnitus (aurium) (*scient.*).

ˈOh·renˌschmalz *n med.* earwax, *Br.* ear-wax, cerumen (*scient.*). — **~ˌdrü·se** *f* ear-wax gland, ceruminal gland (*scient.*).

ˈOh·ren|ˌschmaus *m colloq.* feast (*od.* treat) for the ears: die Musik war ein ~ the music was a feast for the ears. — **~ˌschmerz** *m meist pl* earache, *Br.* ear-ache; otalgia, otodynia (*scient.*): ich habe ~en I have an ear(-)ache. — **~ˌschnecke** (*getr.* -k·k-) *f med.* cochlea. — **~ˌschüt·zer** *m* ear muff(s *pl*), earflap(s *pl*), *Am. auch* earlap(s *pl*). — **~ˌschwamm** *m bot. cf.* Judasohr 1. — **~ˌses·sel** *m* wing chair. — **~spe·ziaˌlist** *m med. cf.* Ohrenarzt. — **~ˌspie·gel** *m* ear speculum, otoscope: Untersuchung mit dem ~ ear examination, otoscopy (*scient.*). — **~ˌsprit·ze** *f* ear syringe. — **o~zerˌrei·ßend** *adj* (*Schrei etc*) earsplitting, *Br.* ear-splitting, ear-rending. — **~ˌzeu·ge** *m jur.* earwitness, auricular witness.

ˈOhr|er,öff·nung *f med.* ototomy. — **~ˌeu·le** *f zo. cf.* Waldohreule 1. — **~faˌsan** eared pheasant (*Gattg Crossoptilon*).

ˈOhrˌfei·ge *f* **1.** slap (in the face), box on the ear: j-m eine ~ geben to slap s.o.'s face, to box s.o.'s ears. – **2.** *fig.* slap in the face. — **ˈohrˌfei·gen** *v/t* ⟨h⟩ j-n ~ to slap s.o., to slap s.o. in (*od.* on) the face, to box (*od.* cuff) s.o.'s ears.

ˈOhrˌfei·gen·geˌsicht *n colloq.* provoking face, face that invites to be slapped.

ˈohrˌför·mig *adj med. zo.* ear-shaped; auriform, auriculate, *auch* auriculated, auricular (*scient.*).

ˈOhr|geˌhän·ge *n* eardrop, *Br.* ear-drop, earring, *Br.* ear-ring, (ear) pendant. — **~ˌkä·fer** *m zo. colloq. for* Ohrwurm 1. — **~kaˌnal** *m med.* ear canal. — **~ˌklap·pe** *f cf.* Ohrenklappe. — **~ˌklips** *m* earclip, *Br.* ear-clip. — **~ˌknö·chel·chen** *n med.* (auditory) ossicle. — **~ˌläpp·chen** *n* lobe (of the ear), earlobe, *Br.* ear-lobe, tip (*od.* lobule) of the ear, lappet (*auch zo.*). — **~ˌlei·ste** *f med.* helix. — **~ˌloch** *n* **1.** *med.* auditory meatus. – **2.** (*für Ohrring*) ear-hole, *Br.* ear-hole. — **~ˌlöf·fel** *m med.* ear curette (*od.* scoop). — **o~los** *adj* earless, anotous (*scient.*). — **~ˌmar·ke** *f* (*für Tiere*) earmark, *Am.* halfpenny. — **~ˌmu·schel** *f* ear conch, auricle, concha, pinna. — **~ˌring** *m* earring, *Br.* ear-ring. — **~ˌschmuck** *m cf.* Ohrgehänge, Ohrring. — **~ˌschnecke** (*getr.* -k·k-) *f* **1.** *med. cf.* Ohrenschnecke. – **2.** *zo.* a) sea-ear, abalone, ear shell (*Gattg Haliotis*), b) ear snail, auricle (*scient.*) (*Gattg Auricula*). — **~ˌson·de** *f med.* ear probe. — **~ˌspei·chelˌdrü·se** *f* parotid gland. — **~ˌspie·gel** *m cf.* Ohrenspiegel. — **~ˌspü·lung** *f cf.* Ohrenausspülung. — **~ˌsteinˌfisch** *m zo.* (*Fossil*) cynoscion (*Gattg Otolithus*). — **~ˌtau·be** *f zo. cf.* Haubentaube. — **~ˌtrom·mel** *f med.* eardrum, tympanic membrane (*scient.*). — **~tromˌpe·te** *f* Eustachian tube, tuba auditiva (*scient.*). — **~ˌwa·schel** [-ˌvaʃəl], **~ˌwaschl** [-ˌvaʃəl] *n* ⟨-s; -n⟩ *Bavarian and Austrian colloq.* ear. — **~ˌwurm** *m* **1.** *zo.* a) earwig (*Ordng Dermaptera*), b) Gemeiner ~ European earwig, forficula (*scient.*) (*Forficula auricularia*). – **2.** *vet.* otitis. – **3.** *fig. colloq.* haunting tune.

oi [ɔʏ] *interj* **1.** (*Ausruf freudiger Überraschung*) yow! bully! (*beide colloq.*); (it's) great! – **2.** (*Ausruf des Bedauerns*) *cf.* oje(mine).

Oie [ˈɔʏə] *f* ⟨-; -n⟩ *Low G.* small island.

oje(·mi·ne) [oˈjeː(mine)], **oje·rum** [oˈjeːrum] *interj colloq.* dear me! good gracious!

o.k., O.K. [oˈkeː] *interj short for* okay.

Oka·pi [oˈkaːpi] *n* ⟨-s; -s⟩ *zo.* okapi (*Okapia johnstoni*).

Oka·ri·na [okaˈriːna] *f* ⟨-; -s *u.* -rinen⟩ *mus.* ocarina, *Am. colloq.* sweet potato.

okay [oˈkeː; ˈoʊˈkeɪ] (*Engl.*) *interj* OK, okay, *auch* okey, okeh.

Okea·ni·de [okeaˈniːdə] *f* ⟨-; -n⟩ *myth. cf.* Ozeanide.

Ok·ka·si·on [ɔkaˈzioːn] *f* ⟨-; -en⟩ **1.** *obs. for* a) Gelegenheit 1, b) Anlaß 2. – **2.** *econ.* bargain.

Ok·ka·sio·na·lis·mus [ɔkazionaˈlɪsmʊs] *m* ⟨-; *no pl*⟩ *philos.* occasionalism. — **Ok·ka·sio·naˈlist** [-ˈlɪst] *m* ⟨-en; -en⟩ occasionalist. — **ok·ka·sio·naˈli·stisch** *adj* occasionalistic.

ok·ka·sio·nell [ɔkazioˈnɛl] *adj obs. for* gelegentlich I.

ok·klu·die·ren [ɔkluˈdiːrən] *v/t* ⟨*no* ge-, h⟩ **1.** *med.* occlude. – **2.** *chem.* (*adsorbieren*) occlude, sorb. – **3.** *meteor.* occlude. — **Ok·klu·siˈon** [-ˈzioːn] *f* ⟨-; -en⟩ occlusion.

ok·klu·siv [ɔkluˈziːf] **I** *adj* occlusive. – **II O~** *m* ⟨-s; -e⟩ *ling. cf.* Verschlußlaut.

Ok·kluˈsiv|pesˌsar *n med.* occlusive pessary. — **~verˌband** *m* occlusive dressing.

ok·kult [ɔˈkʊlt] *adj* **1.** occult, cryptic, *auch* cryptical: ~e Wissenschaften occult sciences. – **2.** *med.* occult, obscure. — **Ok·kulˈtis·mus** [-ˈtɪsmʊs] *m* ⟨-; *no pl*⟩ occultism. — **Ok·kulˈtist** [-ˈtɪst] *m* ⟨-en; -en⟩ occultist. — **ok·kulˈti·stisch** *adj* occultist.

Ok·ku·pant [ɔkuˈpant] *m* ⟨-en; -en⟩ *mil. pol.* **1.** occupier. – **2.** occupying power. — **Ok·ku·pa·tiˈon** [-paˈtsioːn] *f* ⟨-; -en⟩ *mil. pol.* occupation. — **ok·kuˈpie·ren** [-ˈpiːrən] *v/t* ⟨*no* ge-, h⟩ occupy.

Öko·lo·ge [økoˈloːgə] *m* ⟨-n; -n⟩ ecologist, *auch* oecologist, ecological expert. — **Öko·loˈgie** [-loˈgiː] *f* ⟨-; *no pl*⟩ **1.** *biol.* (*Umweltlehre*) ecology, *auch* oecology, aecology, bionomics *pl* (*construed as sg or pl*). – **2.** *sociol.* (human) ecology. — **öko·loˈgisch** *adj* ecological, *auch* ecologic, bionomic(al).

Öko·nom [økoˈnoːm] *m* ⟨-en; -en⟩ *bes. Austrian* (*Landwirt*) farmer, agriculturist.

Öko·no·me·trie [økonomeˈtriː] *f* ⟨-; *no pl*⟩ *econ.* econometrics *pl* (*construed as sg*).

Öko·no·mie [økonoˈmiː] *f* ⟨-; -n [-ən]⟩ **1.** ⟨*only sg*⟩ (*sparsame Wirtschaftsführung*) economy, thrift. – **2.** *bes. Austrian obs.* a) agricultural undertaking, farm, b) agriculture, farming. – **3.** ⟨*only sg*⟩ *obs. econ.* economics *pl* (*construed as sg*). — **~ˌrat** *m honorary title conferred upon a deserving agriculturist.*

Öko·no·mik [økoˈnoːmɪk] *f* ⟨-; *no pl*⟩ *econ. cf.* Ökonomie 3.

öko·no·misch [økoˈnoːmɪʃ] **I** *adj* **1.** economical, thrifty. – **2.** *econ.* economic: die ~e Theorie the economic theory. – **II** *adv* **3.** economically: mit seinen Kräften ~ umgehen to use one's strength economically (*od.* sparingly), to economize (on) (*od.* to husband) one's strength.

Ok·ta·chord [oktaˈkɔrt] *n* ⟨-(e)s; -e⟩ *mus.* octachord.

Ok·ta·eder [oktaˈʔeːdər] *n* ⟨-s; -⟩ *math. min.* octahedron. — **ok·taˈedrisch** [-ˈʔeːdrɪʃ] *adj* octahedral.

Ok·ta·gon [oktaˈgoːn] *n* ⟨-s; -e⟩ *math. cf.* Oktogon.

Ok·tan [ɔkˈtaːn] *n* ⟨-s; *no pl*⟩ *chem.* octane ($CH_3(CH_2)_6CH_3$).

Ok·tant [ɔkˈtant] *m* ⟨-en; -en⟩ **1.** *math.* octant. – **2.** *mar.* (*Winkelmeßgerät*) octant.

Okˈtanˌzahl *f chem.* (*eines Kraftstoffes*) octane number (*od.* rating), (anti)knock value.

O·ktav[1] [ɔkˈtaːf] *n* ⟨-s; -e⟩ *print.* octavo: in ~ in octavo.

Okˈtav[2] *f* ⟨-; -en⟩ **1.** *Austrian for* Oktave 1. – **2.** *relig. cf.* Oktave 3.

Okˈtav|ˌband *m print.* octavo (volume). — **~ˌbo·gen** *m* octavo.

Ok·ta·ve [ɔkˈtaːvə] *f* ⟨-; -n⟩ **1.** *mus.* a) eighth note of the diatonic scale, b) octave: eine reine ~ a perfect octave; eine ~ höher [tiefer] an octave higher [lower]. – **2.** *metr.* octave, ottava rima. – **3.** *relig.* octave.

Okˈtav·forˌmat *n print.* octavo.

ok·ta·vie·ren [ɔktaˈviːrən] *v/i* ⟨*no* ge-, h⟩ *mus.* transpose (*od.* double) a part in an octave above (*od.* below).

Ok·tett [ɔkˈtɛt] *n* ⟨-(e)s; -e⟩ **1.** *mus.* octet. – **2.** *phys.* octet, *auch* octette.

Ok·to·ber [ɔkˈtoːbər] *m* ⟨-(s); -⟩ October: im (Monat) ~ in (the month of) October; am 3. ~ on 3rd October, on October 3rd. — **~ˌfest** *n* October festival (*big fun fair held in Munich in late September and early October*). — **~re·vo·lu·tiˌon** *f hist.* October Revolution (*1917*). — **~ˌtag** *m* **1.** October day, day in October. – **2.** *pl hist. cf.* Oktoberrevolution.

Okt·ode [ɔkˈtoːdə] *f* ⟨-; -n⟩ *electr.* octode.

Ok·to·de·ka·gon [ɔktodekaˈgoːn] *n* ⟨-s; -e⟩ *math.* octodecagon.

Ok·to·gon [ɔktoˈgoːn] *n* ⟨-s; -e⟩ *math.* octagon. — **ok·to·goˈnal** [-goˈnaːl] *adj* octagonal.

Ok·to·po·de [ɔktoˈpoːdə] *m* ⟨-n; -n⟩ *zo.* octopod, octopus (*Octopus vulgaris*).

Ok·troi [ɔkˈtrŏa] *m, n* ⟨-s; -s⟩ *jur. obs.* octroi.

Oku·lar [okuˈlaːr] **I** *n* ⟨-s; -e⟩ (*optics*) eyepiece, eyeglass, *Br.* eye-glass, ocular: umkehrendes [nichtumkehrendes] ~ inverting [erecting] eyepiece. – **II o~** *adj* ocular. — **~ˌlin·se** *f* ocular (*od.* eyepiece) lens. — **~ˌtu·bus** *m* eyepiece tube. [*cf.* Okulieren.]

Oku·la·ti·on [okulaˈtsioːn] *f* ⟨-; -en⟩ *hort.*

Oku·li [ˈoːkuli] *m* ⟨*undeclined*⟩ (der Sonntag) ~ *relig.* the third Sunday in Lent.

oku·lie·ren [okuˈliːrən] *hort.* **I** *v/t* ⟨*no* ge-, h⟩ **1.** inoculate, graft, bud, (*ein Edelreis*) *auch* inlay. – **II O~** *n* ⟨-s⟩ **2.** *verbal noun.* – **3.** inoculation.

Okuˈlier|ˌmes·ser *n hort.* grafting (*od.* budding) knife, grafter. — **~ˌreis** *n* graft, grafting twig.

Okuˈlie·rung *f* ⟨-; -en⟩ *hort. cf.* Okulieren.

Öku·me·ne [økuˈmeːnə] *f* ⟨-; *no pl*⟩ ecumene, *auch* oecumene. — **öku'me·nisch** *adj bes. relig.* ecumenical, *auch* oecumenical: ~es Konzil (o)ecumenical council.

Ok·zi·dent [ˈɔktsidɛnt; -ˈdɛnt] *m* ⟨-s; *no pl*⟩ (the) Occident, (the) West. — **ok·zi·denˈtal** [-ˈtaːl], **ok·zi·denˈta·lisch** *adj* occidental, western.

ok·zi·pi·tal [ɔktsipiˈtaːl] *adj med.* occipital.

Öl [øːl] *n* ⟨-(e)s; -e⟩ **1.** oil: ätherische ~e essential (*od.* volatile) oils; fette ~e fatty (*od.* fixed) oils; gehärtetes ~ fixed (*od.* hydrogenated) oil; trocknende ~e drying (*od.* siccative) oils; viskoses (*od.* dickflüssiges) ~ *tech.* viscous (*od.* thick) oil; kaltgepreßtes ~ cold-drawn (*od.* virgin) oil; mit ~ tränken to soak in (*od.* impregnate with) oil; Stahl in ~ härten *metall.* to oil-harden steel; ~ wechseln *auto.* to change oil; ~ mit Zusätzen *tech.* doped oil; ~ ohne Zusätze *tech.* straight oil; ~ verbindet sich nicht mit Wasser oil and water don't mix; ~ ins Feuer gießen *fig.* to add fuel to the fire (*od.* the flame), to fan the flame, to blow the coals, to pour oil on the flames; ~ auf die Wogen gießen (*od.* schütten) *fig.* to pour oil on the (troubled) waters; ~ auf die Lampe gießen *fig. colloq.* to wet one's whistle (*colloq.*). – **2.** (*Erdöl*) oil, petroleum, mineral oil: auf ~ stoßen to strike oil. – **3.** (*Heizöl*) fuel oil. – **4.** *gastr.* oil: pflanzliches [tierisches] ~ vegetable [animal] oil; mit ~ kochen to cook with oil; Salat mit Essig und ~ anmachen to dress salad with vinegar and oil. – **5.** (*art*) oil(s *pl*): in ~ malen to paint in oils (*od.* oil colo[u]rs). – **6.** *relig.* geweihtes ~ consecrated oil, (*Salböl*) chrism, unction; mit ~ salben to anoint (*s.o.*) (with oil). — **~ˌab·ˌdich·tungsˌring** *m tech.* oil retainer. — **~ˌabˌlaß** *m* **1.** oil drain. – **2.** (*Ablaßöffnung*) oil outlet. — **~ˌabˌlaßˌschrau·be** *f* oil drain plug. — **~ˌabˌschei·der** *m* oil separator (*od.* trap). — **~ˌabˌschreckung** (*getr.* -k·k-) *f* oil hardening (*od.* quenching). — **~ˌab·ˌstreifˌring** *m auto.* oil scraper ring.

ola·la [olaˈlaː] *interj* vow! whew! (*beide colloq.*).

'Öl|alarm [-ʔaˌlarm] *m* oil alarm. — **~ˌan·ˌlas·ser** *m tech.* oil(-immersed) starter. — **~ˌanˌstrich** *m* (*paints*) (coat of) oil paint: erster ~ first coat, oil primer; letzter ~ flat coat of oil paint. — **~ˌanˌzug** *m* oilskins *pl.* — **ö~ˌar·tig** *adj* oily, oleaginous. — **~ˌaus·ˌbiß** *m* oil outcrop. — **~ˌbad** *n metall.* oil bath. — **~ˌbadˌschmie·rung** *f tech.* oil-bath lubrication. — **~ˌbaum** *m bot.* olive (tree) (*Olea europaea*): Wilder ~ wild olive, oleaster (*scient.*) (*Olea europaea var. oleaster*). — **~beˌhäl·ter** *m* **1.** oil container (*od.* tank, reservoir). – **2.** *tech.* a) (*Ölkanne*) oilcan, b) (*einer Maschine*) oil tank (*od.* reservoir), c) (*in Hydraulik*) hydraulic fluid reservoir. — **~ˌberg, der** *Bibl.* the Mount of Olives. — **~ˌbild** *n cf.* Ölgemälde. — **~ˌboh·rung** *f* (*mining*) oil drilling. — **~·ˌbren·ner** *m tech.* oil burner. — **ö~ˌdicht** *adj* oiltight, oilproof. — **~ˌdich·tungsˌfilz** *m* oil seal felt.

'Ölˌdruck¹ *m* ⟨-(e)s; *no pl*⟩ *tech. auto.* oil pressure.

'Ölˌdruck² *m* ⟨-(e)s; -e⟩ *print.* **1.** (*Bild*) oleograph, chromo(lithograph). – **2.** *cf.* Öldruckverfahren.

'Ölˌdruck|ˌanˌzei·ger *m* oil-pressure ga(u)ge. — **~ˌbrem·se** *f auto.* (oil-)hydraulic brake. — **~ˌlei·tung** *f* (*in Hydraulik*) oil-pressure pipe. — **~ˌmes·ser** *m cf.* Öldruckanzeiger. — **~ˌpum·pe** *f* oil (*od.* hydraulic) pump. — **~ˌschal·ter** *m* oil-pressure switch. — **~ˌschmie·rung** *f* oil-pressure lubrication. — **~ˌstoßˌdämp·fer** *m auto.* hydraulic shock absorber. — **~·verˌfah·ren** *n print.* oleography, chromolithography, lithochrom(at)ics *pl* (*construed as sg*).

Old·ti·mer ['ouldˌtaımə] (*Engl.*) *m* ⟨-s; -⟩ *colloq. humor.* **1.** (*sport*) old-timer. – **2.** automobile (*od.* plane) of the early days.

Ole·an·der [ole'andər] *m* ⟨-s; -⟩ *bot.* oleander, rosebay, rose laurel, nerium (*scient.*) (*Nerium oleander*). — **~ˌschwär·mer** *m zo.* oleander hawkmoth (*Daphnis nerii*).

Olea·ster [ole'astər] *m* ⟨-s; -⟩ *bot.* **1.** oleaster, wild olive (*Olea europaea var. oleaster*). – **2.** *cf.* Ölweide.

Ole·at [ole'a:t] *n* ⟨-(e)s; -e⟩ *chem.* (*Salz der Ölsäure*) oleate.

Ole·fin [ole'fi:n] *n* ⟨-s; -e⟩ *chem.* olefin, *auch* olefine, alkene.

Ole·in [ole'i:n] *n* ⟨-s; -e⟩ *chem.* olein, *auch* oleine.

'Ölˌeinˌfüll|ˌschrau·be *f tech.* oil-filler plug. — **~ˌstut·zen** *m* oil-filler neck.

'Öl·emˌbar·go *n econ. pol.* oil embargo.

ölen ['ø:lən] **I** *v/t* ⟨h⟩ **1.** oil: sich (*dat*) die Haut ~ to oil one's skin. – **2.** (*schmieren*) oil, lubricate. – **3.** *relig.* (*salben*) anoint (*s.o.*) with oil. – **II Ö~** *n* ⟨-s⟩ **4.** *verbal noun.* – **5.** *cf.* Ölung.

'Öler *m* ⟨-s; -⟩ *tech.* oiler, lubricator.

Ole·um ['o:leum] *n* ⟨-s; -lea [-a]⟩ **1.** *pharm. cf.* Öl 1. – **2.** *chem.* fuming sulfuric (*bes. Br.* -ph-) acid.

ol·fak·to·risch [ɔlfak'to:rıʃ] *adj med.* olfactory. — **Ol·fak'to·ri·us** [-rıus] *m* ⟨-; *no pl*⟩ (*Riechnerv*) olfactory nerve.

'Öl|ˌfän·ger *m tech.* oil collector (*od.* tray). — **~ˌfangˌring** *m auto.* oil-retainer ring. — **~ˌfar·be** *f* **1.** (*paints*) oil paint, *Br.* oil-paint. – **2.** (*art*) oil color, *Br.* oil-colour: mit ~n malen to paint in oil(s) (*od.* in oil-colo[u]rs). — **~ˌfar·benˌdruck** *m* ⟨-(e)s; *no pl*⟩ *print. cf.* Öldruckverfahren. — **~ˌfeld** *n meist pl* oil field. — **~ˌfern·ther·moˌme·ter** *n auto.* oil temperature ga(u)ge. — **~ˌfeue·rung** *f tech.* **1.** oil firing. – **2.** oil (-fired) furnace. — **~ˌfilm** *m* **1.** oil film. – **2.** (*Schmiermittelschicht*) layer of oil, oil layer. — **~ˌfil·ter** *n, m* oil filter (*od.* strainer). — **~ˌfisch** *m zo.* oilfish, escolar (*Ruvettus pretiosus*). — **~ˌfläsch·chen** *n* **1.** (*am Tisch*) oil cruet. – **2.** *relig.* holy vial. — **~ˌfleck, ~ˌflecken** (*getr.* -k·k-) *m* **1.** oil stain. – **2.** (*auf dem Wasser*) (oil) slick. — **~ˌfrucht** *f bot.* **1.** oil-producing (*od.* oleaginous) fruit (*od.* plant). – **2.** olive. — **ö~·ˌfüh·rend** *adj geol.* oil-bearing. — **~ˌfund** *m* oil find. — **ö~ˌfün·dig** *adj* die Bohrung ist ~ the drilling has struck oil (*od.* has been successful). — **~ˌgas** *n* oil gas. — **ö~·geˌhär·tet** *adj metall.* oil-hardened. — **ö~geˌheizt** *adj* oil-heated. — **ö~geˌkühlt** *adj* oil-cooled. — **~geˌmäl·de** *n* (*art*) oil painting, *Br.* oil-painting, picture in oil, canvas, oil (*colloq.*). — **~geˌsell·schaft** *f econ.* petroleum (*od.* oil) company. — **ö~·geˌtränkt** *adj* oil-impregnated, oiled, oil-soaked. — **~geˌtrie·be** *n tech.* oil hydraulic transmission. — **~geˌwin·nung** *f* **1.** (*von Erdöl*) oil production. – **2.** (*aus Samen etc*) oil extraction. — **~ˌgöt·ze** *m only in* wie ein ~ dastehen *colloq.* to stand there like a stuffed dummy. — **~ˌhahn** *m* oil tap: j-m den ~ zudrehen a) to turn off the oil tap, b) *fig.* to turn off the oil tap, to starve (*s.o.*) of oil (for political reasons). — **ö~ˌhal·tig** *adj* **1.** containing oil, oily. – **2.** *geol.* oil-bearing. – **3.** *bot.* oily, oleiferous, oleaginous: ~er Same oilseed. — **~·ˌhan·del** *m econ.* oil trade. — **~ˌhänd·ler** *m* **1.** oil merchant. – **2.** (*im Einzelhandel*) oilman. — **~ˌhär·tung** *f* **1.** *metall.* oil hardening. – **2.** *chem.* hydrogenation. — **~ˌhär·tungsˌstahl** *m* oil-hardening steel. — **~ˌhei·zung** *f tech.* oil heating. — **ö~·ˌhöf·fig** [-ˌhœfıç] *adj* (*mining*) promising rich oil deposits.

Oli·ba·num [o'li:banum] *n* ⟨-s; *no pl*⟩ (*Gummiharz, Weihrauch*) olibanum.

'ölig *adj* **1.** oily. – **2.** (*schmierig*) oleaginous, greasy, unctuous. – **3.** *gastr.* (*Wein*) oily, silky. – **4.** *fig.* (*salbungsvoll*) oily, unctuous, smooth in manner (*od.* speech).

Olig·arch [oli'garç] *m* ⟨-en; -en⟩ oligarch. — **Olig·ar'chie** [-'çi:] *f* ⟨-; -n [-ən]⟩ oligarchy. — **olig'ar·chisch** *adj* oligarchic, oligarchical, oligarchal.

Oli·go·chä·ten [oligo'çɛ:tən] *pl zo.* oligoch(a)eta (*Ordng Oligochaeta*).

oli·go·phag [oligo'fa:k] *adj zo.* oligophagous.

Oli·go·phre·nie [oligofre'ni:] *f* ⟨-; *no pl*⟩ *med.* mental defect, oligophrenia (*scient.*).

Oli·go·pol [oligo'po:l] *n* ⟨-s; -e⟩ *econ.* oligopoly.

oli·go·troph [oligo'tro:f] *adj agr.* (*nährstoffarm*) oligotrophic.

Oli·go·zän [oligo'tsɛ:n] *geol.* **I** *n* ⟨-s; *no pl*⟩ Oligocene. – **II o~** *adj* Oligocene.

Olig·urie [oligu'ri:] *f* ⟨-; *no pl*⟩ *med.* (*Harnmangel*) oliguria.

Olim ['o:lım] *only in* zu [seit] ~s Zeiten *humor.* in [since] the olden days, in [since] the days of yore, in [since] the year dot (*bes. Am.* one) (*colloq.*).

'Öl·in·duˌstrie *f econ.* oil (*od.* petroleum) industry.

Olin·go [o'lıŋgo] *m* ⟨-s; -s⟩ *zo. cf.* Schlankbär.

oliv [o'li:f] **I** *adj cf.* olivenfarbig: ein ~ (*od. colloq.* ~es) Kleid an olive-colo(u)red dress. – **II O~** *n* ⟨-s; -, *colloq.* -s⟩ *cf.* Olivenfarbe.

Oli·ve [o'li:və] *f* ⟨-; -n⟩ **1.** *bot.* a) (*Frucht*) olive, b) *cf.* Ölbaum. – **2.** *med.* (*des Gehirns*) olivary body, olive, oliva. – **3.** *zo.* olive (shell), oliva (*scient.*) (*Gattg Oliva*).

Oli·ven|ˌbaum [o'li:vən-] *m bot. cf.* Ölbaum. — **~ˌern·te** *f* olive harvest (*od.* season). — **~ˌfar·be** *f* olive color (*bes. Br.* colour). — **o~ˌfar·ben, o~ˌfar·big** *adj* olive-colored (*bes. Br.* -coloured), olive-green (*od.* -drab), olive, olivaceous. — **o~·ˌför·mig** *adj* **1.** olive-shaped, olivary, oliviform. – **2.** *med.* olivary, olive-shaped. — **~ˌhain** *m* olive grove. — **~ˌholz** *n* olive wood. — **~ˌkern** *m* olive kernel. — **~ˌlaus** *f zo.* olive white fly (*Aleurolobus olivinus*). — **~ˌöl** *n gastr.* olive oil, sweet oil, Provence (*od.* Florence) oil: ~ erster Sorte virgin oil, oil of the first pressing. — **~·ˌpflan·zung** *f* olive plantation.

olivˌgrün [o'li:f-] *adj* olive (-green *od.* -drab), olivaceous: ~es Uniformtuch olive drab.

Oli·vin [oli'vi:n] *m* ⟨-s; -e⟩ *min.* olivine, chrysolite, peridot.

'Öl|ˌka·bel *n electr.* oil-filled cable. — **~ˌkä·fer** *m zo.* oil beetle (*Gattg Meloe*): Gemeiner ~ buttercup oil beetle (*M. angusticollis*). — **~kaˌni·ster** *m* oil can. — **~ˌkänn·chen** *n* bench (*od.* hand) oiler. — **~ˌkan·ne** *f* **1.** oiler, bench oiler, hand oiler. – **2.** (*Vorratskanne*) oilcan. — **~ˌkoh·le** *f* oil coal, stellarite. — **~kon·denˌsa·tor** *m electr.* oil capacitor. — **~ˌkri·se** *f* oil crisis. — **~ˌku·chen** *m tech.* (*auch als Viehfutter*) oil (*od.* linseed, rape) cake. — **~ˌküh·ler** *m tech.* oil cooler. — **~ˌla·che** *f* (*auf Flüssen etc*) oil slick. — **~ˌlack** *m* oil varnish. — **~ˌlam·pe** *f* oil lamp.

Ol·le¹ ['ɔlə] *m* ⟨-n; -n⟩ *Northern G. colloq.* **1.** (*Vater*) 'governor' (*colloq.*). – **2.** (*Ehemann*) (the) old man (*colloq.*).

'Ol·le² *f* ⟨-n; -n⟩ *Northern G. colloq.* **1.** (*Mutter*) mother. – **2.** (*Ehefrau*) missus, (the) old woman (*beide colloq.*).

'Öl|ˌle·der *n tech.* chamois, chammy, shammy, shamoy. — **~ˌlein** *m bot.* linseed flax. — **~ˌlei·tung** *f tech.* **1.** (*über Land*) oil pipeline, oil line. – **2.** oil pipe (*od.* duct). — **~ˌlie·fe·rung** *f econ.* oil supply.

Olm [ɔlm] *m* ⟨-(e)s; -e⟩ *zo.* proteus, olm (*Proteus anguinus*).

'Öl|ma·leˌrei *f* oil painting, *Br.* oil-painting, painting in oil(s). — **~ˌmeßˌstab** *m auto.* oil level dipstick, oil dipper (rod). — **~moˌrin·gie** [-moˌrıŋgiə] *f* ⟨-; -n⟩ *bot.* ben, horseradish tree (*Moringa oleifera*). — **~ˌmüh·le** *f tech.* oil mill. — **~ˌne·bel** *m* oil mist. — **~ˌne·belˌschmie·rung** *f* oil-mist lubrication. — **~ˌnuß** *f bot.* **1.** oil nut. – **2.** buffalo nut (*Pyrularia oleifera*). – **3.** castor-oil nut (*Ricinus communis*). — **~ˌnußˌbaum** *m bot.* Ölmoringie. — **~·ˌofen** *m* **1.** *tech.* oil-fired furnace. – **2.** (*im Haushalt*) oil stove. — **~ˌpal·me** *f bot.* oil palm (*od.* tree), palm oil tree (*Elaeis guineensis*). — **~ˌpal·menˌhörn·chen** *n zo.* cry squirrel (*Protoxerus stangeri*). — **~paˌpier** *n* (*Packpapier*) oiled paper, oil-paper. — **~ˌpe·gel** *m auto.* oil level. — **~ˌpest** *f mar.* oil pollution. — **~ˌpflan·ze** *f bot.* oil plant, benne (*Sesamum indicum*): ~n *pl* oleiferous plants. — **~ˌpres·se** *f tech.* oil press. — **~ˌpum·pe** *f* oil (circulation) pump, (*in Hydraulik*) hydraulic pump. — **~ˌquel·le** *f* **1.** oil well. – **2.** (*reichlich fließende*) gusher. – **3.** (*nicht unter Kontrolle gebrachte*) spouter. — **~raf·fi·neˌrie** *f* oil refinery. — **~ˌring** *m tech.* oil ring. — **~ˌringˌschmie·rung** *f* oil ring lubrication. — **~ˌrückˌstand** *m* oil residue. — **~ˌsaa·ten** *pl agr.* oil (*od.* oleiferous) seeds, oil-bearing seeds. — **~ˌsa·me(n)** *m* oilseed, *Br.* oil-seed, linseed, rapeseed, *Br.* rape-seed. — **~sarˌdi·ne** *f gastr.* sardine in oil. — **~ˌsaugˌpum·pe** *f auto.* scavenger pump. — **~ˌsäu·re** *f chem.* oleic acid ($CH_3(CH_2)_7CH{=}CH(CH_2)_7COOH$): technische ~ impure oleic acid, red oil. — **~·ˌschal·ter** *m tech.* oil switch, oil circuit-breaker, oil-break switch. — **~ˌscheich** *m* oil sheik(h). — **~ˌschicht** *f tech. cf.* Ölfilm. — **~ˌschie·fer** *m geol.* oil shale. — **~ˌschlä·ger** *m tech.* oil-presser. — **~·ˌschmierˌpum·pe** *f* lubricating oil pump. — **~ˌschmie·rung** *f* oil lubrication. — **~·ˌschrau·be** *f* oil plug. — **~ˌsei·fe** *f* **1.** oil (*od.* yellow) soap. – **2.** Castile (*od.* castile) (soap), olive-oil castile soap. — **~ˌsieb** *n tech.* oil strainer. — **~ˌsper·re** *f econ.* oil embargo. — **~ˌspritzˌkan·ne** *f* force-feed oiler, squirt oiler. — **~ˌstab** *m cf.* Ölmeßstab. — **~ˌstand** *m* oil level. — **~ˌstand·ˌanˌzei·ger** *m* oil level ga(u)ge, oil sight ga(u)ge. — **~ˌstel·le** *f* oiling point. — **~ˌstoßˌdämp·fer** *m* hydraulic shock absorber. — **~ˌsüß** *n* ⟨-es; *no pl*⟩ *chem. obs. for* Glyzerin. — **~ˌtank** *m* oil tank. — **~·ˌtan·ker** *m mar.* (oil) tanker, oiler. — **~ˌtuch** *n* oilcloth. — **~ˌumˌlauf** *m* oil circulation. — **~ˌumˌlaufˌschmie·rung** *f* circulation oiling, oil-circulating lubrication.

'Ölung *f* ⟨-; -en⟩ **1.** *cf.* Ölen. – **2.** (*Schmierung*) oiling, lubrication. – **3.** *röm.kath.* anointment, unction: die Letzte ~ the Extreme Unction; er empfing die Letzte ~ he received the last sacrament; dem Sterbenden die Letzte ~ erteilen to administer the last sacrament to a dying person. – **4.** *hist.* (*Salbung*) anointment.

'Öl|verˌbrauch *m* oil consumption: der Wagen hat einen großen ~ the car has a high oil consumption, the car consumes (*od.* uses) a great deal of oil. — **~ˌvor·ˌkom·men** *n* (*mining*) oil reserves *pl* (*od.* resources *pl*). – **2.** *cf.* Ölfeld. — **~ˌwan·ne** *f tech.* (*einer Maschine*) oil sump (*od.* trough, pan). — **~ˌwech·sel** *m auto.* oil change: den ~ machen lassen to have an oil change done (*od.* carried out), to have the oil changed. — **~ˌwei·de** *f bot.* oleaster (*Gattg Elaeagnus*): Schmalblättrige ~ oleaster (*E. angustifolia*); Silberbeerige ~ silverberry (*E. argentea*).

Olymp [o'lʏmp] **I** *npr m* ⟨-s; *no pl*⟩ *geogr. myth.* Olympus. – **II** *m* ⟨-s; *no pl*⟩ (*theater*) *colloq. humor.* (the) Gods *pl*, *Am. sl.* Ethiopian paradise, nigger heaven: der Beifall des ~s applause from the (upper) gallery.

Olym·pia·de [olʏm'pia:də] *f* ⟨-; -n⟩ **1.** Olympiad. – **2.** (*die Olympischen Spiele*) Olympic Games *pl*, Olympics *pl*, Olympiad. – **3.** *fig.* (*Wettbewerb*) competition.

Olym·pia|ˌfahrˌkar·te [o'lʏmpia-] *f* (*sport*)

colloq. permission to participate in the Olympic Games. — **~ˌmann·schaft** *f* Olympic team. — **~meˌdail·le** *f* Olympic medal. — **~ˌnorm** *f* Olympic qualifying standard. — **~qua·li·fi·ka·tiˌon** *f* qualification for the Olympic Games. — **~ˌsieg** *m* Olympic victory. — **~ˌsie·ger** *m* Olympic champion. — **~ˌsta·di·on** *n* Olympic stadium. — **~ˌteilˌneh·mer** *m* Olympic competitor.

Olym·pi·er [o'lʏmpĭər] *m* ⟨-s; -⟩ **1.** *myth.* Olympian. – **2.** *fig.* (*hervorragende Persönlichkeit*) Olympian: Goethe, der ~ Goethe, the Olympian.

Olym·pio·ni·ke [olʏmpĭo'niːkə] *m* ⟨-n; -n⟩, **Olym·pio'ni·kin** *f* ⟨-; -nen⟩ (*sport*) **1.** Olympic champion. – **2.** Olympic competitor.

olym·pisch [o'lʏmpɪʃ] *adj* **1.** Olympian: die ~en Götter *myth.* the Olympian gods. – **2.** (*sport*) Olympic: die O~en Spiele a) the Olympic Games, the Olympics, b) *antiq.* the Olympian (*od.* Olympic) Games; ~en Lorbeer erringen to win Olympic laurels; ~es Dorf [Feuer, Gelöbnis, Komitee] Olympic village [flame, oath, Committee]. – **3.** *fig.* (*erhaben, majestätisch*) Olympian: ~e Ruhe Olympian composure.

'Öl|ˌzeug *n mar.* oilskin(s *pl*), oil clothes *pl.* — **~ˌzuˌfuhr**, **~ˌzuˌfüh·rung** *f tech.* oil feed. — **~ˌzweig** *m bot.* olive branch.

Oma ['oːma] *f* ⟨-; -s⟩ **1.** granny, grannie, grandma (*alle colloq.*), grandmother. – **2.** *colloq. humor.* (*ältere Frau*) granny, grannie (*beide colloq.*) — **'Oma·ma** [-ma] *f* ⟨-; -s⟩ *cf.* Oma 1.

Om·bro·graph [ɔmbro'graːf] *m* ⟨-en; -en⟩ *meteor.* (*Regenmesser*) ombrograph.

'Om·budsˌmann ['ɔmbʊts-] *m pol.* ombudsman.

Ome·ga ['oːmega] *n* ⟨-(s); -s⟩ omega (*24th letter of the Greek alphabet*): → Alpha 1.

Ome·lett [ɔm(ə)'lɛt] *n* ⟨-(e)s; -e *u.* -s⟩, **Ome'let·te** *f* ⟨-; -n⟩ *gastr.* omelet(te): süßes Omelett, süße Omelette sweet omelet(te), French pancake.

Omen ['oːmən] *n* ⟨-s; - *u.* Omina [-mina]⟩ (*Vorzeichen, Vorbedeutung*) omen, augury, foretoken, presage, portent, prognostic, foreboding: ein gutes [schlechtes] ~ a good [bad] omen; ein gutes [schlechtes] ~ sein (für) to augur well [ill] (for); das ist ein gutes ~ für unseren Plan that's a good omen for our plan; nomen est omen nomen est omen, the name says everything.

Omi ['oːmi] *f* ⟨-; -s⟩ *colloq. for* Oma 1.

Omi·kron ['oːmikrɔn] *n* ⟨-s; -s⟩ omicron (*15th letter of the Greek alphabet*).

omi·nös [omi'nøːs] *adj* **1.** (*unheilvoll*) ominous, presageful, foreboding, portentous, fateful. – **2.** (*bedenklich, verdächtig*) suspicious. – **3.** (*anrüchig*) shady.

Om·ni·bus ['ɔmnibʊs] *m* ⟨-ses; -se⟩ (omni)bus, motor bus (*od.* coach): ~ mit elektrischer Oberleitung *cf.* Obus; den ~ erreichen to catch the bus; mit dem ~ fahren to go by bus, to take a bus, to ride on a bus. — **~ˌbahnˌhof** *m* **1.** bus station (*Am. auch* depot). – **2.** (*großer*) bus terminal (*bes. Br.* terminus). — **~ˌfah·rer** *m* bus driver, busman. — **~ˌfahrt** *f* **1.** (*vom Fahrer aus gesehen*) bus drive. – **2.** (*Reise*) bus ride, journey by bus. — **~ˌhal·teˌstel·le** *f* bus stop. — **~ˌli·nie** *f* bus line. — **~ˌschaff·ner** *m* bus conductor. — **~verˌbin·dung** *f* bus connection (*Br. auch* connexion). — **~verˌkehr** *m* bus service.

om·ni·la·te·ral [ɔmnilate'raːl] *adj econ.* omnilateral.

om·ni·po·tent [ɔmnipo'tɛnt] *adj rare for* allmächtig. — **Om·ni·po'tenz** [-'tɛnts] *f* ⟨-; *no pl*⟩ *rare for* Allmacht.

Om·ni·um ['ɔmniʊm] *n* ⟨-s; -nien⟩ **1.** *econ.* omnium (*aggregate value of different stocks in public funds*). – **2.** (*sport*) (*beim Radrennen*) track competition consisting of several events. — **~ver·si·che·rung** *f econ.* omnium (*od.* combined) insurance.

Om·ni·vo·re [ɔmni'voːrə] *m* ⟨-n; -n⟩ *meist pl zo. cf.* Allesfresser.

Om·pha·li·tis [ɔmfa'liːtɪs] *f* ⟨-; -tiden [-li'tiːdən]⟩ *med.* (*Nabelentzündung*) omphalitis.

Ona·ger ['oːnagər] *m* ⟨-s; -⟩ *zo.* onager (*Equus hemionus onager*).

Ona·nie [ona'niː] *f* ⟨-; *no pl*⟩ *med. psych.* masturbation, onanism, self-abuse. — **ona'nie·ren** [-rən] *v/i* ⟨*no* ge-, h⟩ masturbate. — **Ona'nist** [-'nɪst] *m* ⟨-en; -en⟩ masturbator, onanist.

Ön·anthˌsäu·re [ø'nant-] *f chem.* (o)enanthic (*od.* heptanoic) acid ($CH_3(CH_2)_5COOH$).

On·dit [õ'diː] *n* ⟨-; -s⟩ on-dit, rumor, *bes. Br.* rumour: einem ~ zufolge according to a rumo(u)r.

On·du·la·ti·on [ɔndula'tsĭoːn] *f* ⟨-; -en⟩ **1.** *cf.* Ondulieren. – **2.** (*onduliertes Haar*) marcel (wave). – **3.** *mus. cf.* Tremolieren. — **on·du'lie·ren** [-'liːrən] **I** *v/t* ⟨*no* ge-, h⟩ wave, marcel. – **II** *v/i mus. cf.* tremolieren. – **III O~** *n* ⟨-s⟩ *verbal noun.* — **On·du'lie·rung** *f* ⟨-; -en⟩ **1.** *cf.* Ondulieren. – **2.** marcel (wave).

One·step ['wʌnstɛp] (*Engl.*) *m* ⟨-s; -s⟩ (*Gesellschaftstanz*) one-step.

On·kel[1] ['ɔŋkəl] *m* ⟨-s; -⟩ **1.** uncle: angeheirateter ~ uncle by marriage, uncle-in-law; Rat eines ~s an uncle's (*od.* avuncular) advice. – **2.** (*children's language*) (*bekannter Erwachsener*) uncle.

'On·kel[2] *m only in* über den großen ~ gehen (*od.* laufen) *fig. colloq.* to walk pigeon-toed (*colloq.*).

'On·kel|ˌehe *f colloq. for* Rentenkonkubinat. — **o~haft** *adj* **1.** avuncular, like an uncle. – **2.** *meist iron.* (*gönnerhaft*) patronizing *Br. auch* -s-.

'On·kel Sam [zam; zɛm; sæm] (*Engl.*) *m humor.* (*für USA*) Uncle Sam.

On·ko·lo·gie [ɔŋkolo'giː] *f* ⟨-; *no pl*⟩ *med.* (*Geschwulstlehre*) oncology.

Öno·lo·gie [ønolo'giː] *f* ⟨-; *no pl*⟩ (*Wein[bau]kunde*) (o)enology. — **öno'lo·gisch** [-'loːgɪʃ] *adj* (o)enological.

Ono·ma·sio·lo·gie [onomazĭolo'giː] *f* ⟨-; *no pl*⟩ *ling.* (*Bezeichnungslehre*) onomasiology.

Ono·ma·stik [ono'mastɪk] *f* ⟨-; *no pl*⟩ *ling.* (*Namenkunde*) onomatology, onomastics *pl* (*usually construed as sg*).

Ono·ma·to·lo·gie [onomatolo'giː] *f* ⟨-; *no pl*⟩ *ling. cf.* Onomastik.

ono·ma·to·poe·tisch [onomatopo'eːtɪʃ] *adj ling. cf.* lautmalend.

Ono·ma·to·pö'ie [-pø'iː] *f* ⟨-; -n [-ən]⟩ *ling. cf.* Lautmalerei.

Öno·me·ter [øno'meːtər] *n* ⟨-s; -⟩ (*Weinalkoholmesser*) oenometer.

on·tisch ['ɔntɪʃ] *adj philos.* (*dem Sein nach*) ontic, *auch* ontal (*with regard to being*).

On·to·ge·ne·se [ɔntoge'neːzə] *f* ⟨-; *no pl*⟩ *biol.* ontogeny, ontogenesis. — **on·to·ge'ne·tisch** [-tɪʃ] *adj* ontogenetic, ontogenic. — **On·to·ge'nie** [-'niː] *f* ⟨-; *no pl*⟩ *cf.* Ontogenese.

On·to·lo·ge [ɔnto'loːgə] *m* ⟨-n; -n⟩ *philos.* ontologist. — **On·to·lo'gie** [-lo'giː] *f* ⟨-; *no pl*⟩ ontology. — **on·to'lo·gisch** *adj* ontological: ~er Gottesbeweis ontological argument.

Onyx ['oːnʏks] *m* ⟨-(es); -e⟩ *min.* onyx.

Oo·ge·ne·se [ooge'neːzə] *f biol.* oogenesis.

Oo·zyt [oo'tsyːt] *m* ⟨-en; -en⟩ *biol.* oocyte.

Opa ['oːpa] *m* ⟨-s; -s⟩ **1.** grandpa, gran(d)dad, granddaddy, *auch* grandaddy (*alle colloq.*), grandfather. – **2.** *colloq. humor.* (*älterer Mann*) grandpa, gran(d)dad (*beide colloq.*).

opak [o'paːk] *adj* (*Glas*) opaque.

Opal [o'paːl] *m* ⟨-s; -e⟩ *min.* opal. — **~ˌblau** *n* opal blue.

Opa·les·zenz [opalɛs'tsɛnts] *f* ⟨-; *no pl*⟩ opalescence. — **opa·les'zie·ren** [-'tsiːrən] *v/i* ⟨*no* ge-, h⟩ *cf.* opalisieren.

Opalˌglas [o'paːl-] *n* (*optics*) opal (*od.* frosted, light-diffusing) glass.

opa·li·sie·ren [opali'ziːrən] **I** *v/i* ⟨*no* ge-, h⟩ **1.** (*Glas*) opalize, opalesce. – **II O~** *n* ⟨-s⟩ **2.** *verbal noun.* – **3.** opalescence. — **opa·li'sie·rend I** *pres p.* – **II** *adj* opalescent, opalesque, cymophanous.

Opa·pa ['oːpapa] *m* ⟨-s; -s⟩ *colloq. for* Opa 1.

Opa·zi·tät [opatsi'tɛːt] *f* ⟨-; *no pl*⟩ (*optics*) opacity.

Oper ['oːpər] *f* ⟨-; -n⟩ **1.** (*Musikwerk*) opera: dramatische ~ dramatic opera; große ~ grand opera; komische ~ comic opera; heute wird eine ~ gegeben (*od.* gespielt) an opera will be performed (*od.* is on) today. – **2.** (*Vorstellung*) opera (performance): in die ~ gehen to go to the opera. – **3.** (*Gebäude*) opera (house): zur ~ gehen *fig. colloq.* to become an opera singer.

'Ope·ra *f* ⟨-; -re [-re]⟩ *mus.* **1.** opera. – **2.** opera (house).

ope·ra·bel [ope'raːbəl] *adj med.* operable.

'Ope·ra| 'buf·fa ['bʊfa] *f* ⟨- -; -re -fe [-fe]⟩ opera buffa, comic opera. — **~ 'se·ria** ['zeːrĭa] *f* ⟨- -; -re -rie [-rĭe]⟩ opera seria, serious (*od.* tragic) opera.

Ope·ra·teur [opera'tøːr] *m* ⟨-s; -e⟩ **1.** *med.* operating surgeon. – **2.** *obs.* projectionist.

Ope·ra·ti·on [opera'tsĭoːn] *f* ⟨-; -en⟩ **1.** *med.* operation: eine größere ~ a major operation; ~ eines Patienten (*od.* bei einem Patienten) operation on a patient; kosmetische ~ cosmetic operation; sich einer ~ unterziehen to undergo (*od.* submit to) an operation, to undergo surgery, to go under the knife (*colloq.*); eine schwierige [harmlose] ~ vornehmen to perform (*od.* carry out) a difficult [simple] operation. – **2.** *mil.* (*auch Deckname*) operation: die ~en einer Division [eines Flottenverbandes] the operations of a division [of a fleet]; ~ verbundener Waffen combined arms operation; ~ Tiger Operation Tiger. – **3.** *math.* operation: eine ~ erster [zweiter] Stufe an operation of the first [second] order; die ~ auf eine Funktion anwenden to apply the operation to a function. – **4.** *fig.* (*Arbeitsvorgang*) operation: das wird eine schwierige ~ sein that will be a difficult thing to do.

Ope·ra·ti'ons|as·siˌstent *m med.* assistant surgeon. — **~ˌba·sis** *f mil.* base of operations, base. — **~beˌfund** *m med.* operation report. — **~beˌreich** *m cf.* Operationsgebiet. — **~beˌsteck** *n* surgical kit. — **o~ˌfä·hig** *adj cf.* operierbar. — **~ˌfeld** *n* **1.** *mil. cf.* Operationsgebiet. – **2.** *med.* operative field, operating area. — **~geˌbiet** *n mil.* area (*od.* zone) of operation(s), theater (*bes. Br.* theatre) of operations, front. — **~ˌhandˌschuh** *m meist pl med.* surgical glove. — **~ˌkit·tel** *m* sterile gown, operating-room gown. — **~ˌko·sten** *pl* operation charges (*od.* costs). — **~ˌmas·ke** *f med.* surgeon's face mask. — **~ˌmes·ser** *n* scalpel, (*zum Amputieren*) amputating knife. — **~ˌnar·be** *f* postoperative (*Br.* post-operative) scar. — **~ˌplan** *m mil.* operation(s) plan, plan of operations. — **~ˌsaal** *m med.* a) operating room, b) (*mit Hörsaal*) operating theater (*bes. Br.* theatre). — **~ˌschür·ze** *f* surgeon's apron. — **~ˌschwe·ster** *f* surgical nurse (*bes. Br.* sister), *Am.* operating-room nurse. — **~ˌstuhl** *m* **1.** operating chair. – **2.** (*beim Zahnarzt*) dental operating chair. — **~ˌtisch** *m* operating table. — **~ˌziel** *n mil.* objective, operational (*od.* tactical) objective.

ope·ra·tiv [opera'tiːf] **I** *adj* **1.** *med.* operative, surgical: ~er Eingriff operation. – **2.** *mil.* a) operational, b) (*strategisch*) strategic. – **II** *adv* **3.** etwas ~ entfernen *med.* to remove s.th. surgically.

Ope·ra·tor [ope'raːtɔr] *m* ⟨-s; -en [-ra'toːrən]⟩ *ling.* function word, operator.

Ope·ret·te [ope'rɛtə] *f* ⟨-; -n⟩ *mus.* operetta, operette, comic opera: die klassische ~ (the) classic(al) operetta.

ope'ret·ten|haft *adj* operettalike. — **O~ˌsän·ger** *m*, **O~ˌsän·ge·rin** *f* operetta singer. — **O~teˌnor** *m* operetta tenor.

ope'rier·bar *adj med.* operable.

ope·rie·ren [ope'riːrən] **I** *v/t* ⟨*no* ge-, h⟩ **1.** j-n ~ to operate (*od.* perform an operation) on s.o. ich muß mich (am Fuß) ~ lassen I have to be operated (on my foot), I have to undergo an operation (on my foot); der Star muß operiert werden the cataract must be operated on (*od.* be removed); er ist am Blinddarm operiert worden he had an appendectomy, he had his appendix removed; er operiert ihn selbst he operates on him himself. – **II** *v/i* **2.** *mil.* operate: die Flotte operiert im Mittelmeer the fleet is operating in the Mediterranean (Sea). – **3.** *fig.* (*handeln*) proceed: vorsichtig ~ to proceed carefully. – **4.** *fig.* (*Gebrauch machen von*) (mit) operate (with), work (with), use (*acc*): gern mit Fremdwörtern [philosophischen Begriffen] ~ to be fond of using foreign words [philosophical terms].

'Opern|ˌarie *f mus.* operatic aria, aria from an opera. — **~ˌaufˌfüh·rung** *f* opera performance. — **~ˌball** *m* opera ball. — **~ˌbuch** *n cf.* Operntext. — **~ˌdich·ter** *m* libretto writer, librettist. — **~enˌsem·ble** *n* opera ensemble. — **~ˌfüh·rer** *m* opera guidebook. — **~ˌglas** *n*, **~ˌgucker** (*getr.* -k·k-) *m* opera glass(es *pl*), binoculars *pl* (*sometimes construed as sg*). — **o~haft** *adj* operalike, operatic. — **~ˌhaus** *n* opera (house). — **~kom·poˌnist** *m* opera composer, composer of operas. — **~muˌsik** *f* opera (*od.* operatic) music. — **~ˌsän·ger** *m*, **~ˌsän·ge·rin** *f* opera (*od.* operatic) singer. — **~teˌnor** *m* operatic tenor. — **~ˌtext** *m* **1.** words *pl* (*od.* text) of an opera, libretto. – **2.** *cf.* Operntextbuch. — **~ˌtextˌbuch** *n* (opera) libretto. — **~thea·ter** [-teˌaːtər] *n* opera (house). — **~ˌüberˌtra·gung** *f* (*radio*) opera broadcast, broadcast(ing) of an opera.

Op·fer ['ɔpfər] *n* ⟨-s; -⟩ **1.** *relig.* a) sacrifice, offering, oblation, b) (*geopfertes Tier*) victim, immolation (*lit.*): Gott ein ~ (dar)bringen to make an offering (*od.* a sacrifice) to God; ~ des Leibes Christi offering of the body of Jesus Christ. – **2.** *fig.* (*Verzicht, Entbehrung*) sacrifice: ich habe viele ~ an Geld [Zeit] dafür gebracht I have sacrificed a good deal of money [time] in the interest of this cause; er scheute kein ~ für sie he spared (*od.* shunned) no sacrifice for her, there was no sacrifice he wouldn't make for her; ich mußte so manches ~ auf mich nehmen, ich mußte mir manche ~ auferlegen I had to submit to (*od.* to undergo) many a sacrifice; unter schweren ~n at a great sacrifice, at a burdensome cost; das war ein vergebliches ~ that was a futile sacrifice (*od.* a wasted effort). – **3.** *fig.* victim, prey: er fiel einem Verbrechen zum ~ he fell a victim (*od.* a prey) to a crime; sie fiel einem Schwindler zum ~ she became the victim of a swindler; das Haus wurde ein ~ der Flammen the house was destroyed by fire; das Erdbeben forderte zahlreiche ~ the earthquake caused a high death toll (*od.* heavy casualties); er war das ~ eines Betrügers he was the dupe of an impostor; ein ~ der Wissenschaft sein to die a martyr to science. – **4.** (*Beute eines Raubtiers*) prey. – **5.** (*Menschenopfer, Opfertier*) (immolated) victim, sacrifice.

'Op·fer|alˌtar *m* sacrificial altar. — **o~beˌreit** *adj* **1.** willing (*od.* ready) to make sacrifices. – **2.** devoted. — **~beˌreit·schaft** *f* willingness (*od.* readiness) to make sacrifices. — **~ˌbräu·che** *pl* sacrificial rites. — **~ˌbüch·se** *f* **1.** alms box, collecting (*od.* offering) box. – **2.** (*für Armenspenden*) poor box. — **~ˌflam·me** *f* sacrificial flame. — **o~ˌfreu·dig** *adj* eager to make sacrifices. — **~ˌfreu·dig·keit** *f* eagerness to make sacrifices. — **~ˌga·be** *f* offering, oblation. — **~ˌgang** *m* **1.** *relig.* a) offertory, b) (*der Gläubigen*) (the) presentation of the offering. – **2.** *fig.* self-sacrifice. — **~geˌfäß** *n* sacrificial vessel. — **~ˌgeld** *n* offertory, money offering. — **~ˌgru·be** *f antiq. relig.* sacrificial pit. — **~ˌka·sten** *m cf.* Opferstock. — **~ˌlamm** *n* **1.** *relig.* a) sacrificial lamb, b) (*Jesus Christus*) (the) Lamb (of God). – **2.** *fig.* innocent victim. — **~ˌmahl** *n* sacrificial feast (*od.* meal, repast). — **~ˌmes·ser** *n* sacrificial knife. — **~ˌmut** *m* spirit of sacrifice.

op·fern ['ɔpfərn] **I** *v/t* ⟨h⟩ **1.** *relig.* sacrifice, offer, (*bes. Tier*) immolate (*lit.*). – **2.** *fig.* (*hingeben*) sacrifice: seine Gesundheit ~ to sacrifice one's health; er hat seine ganze Zeit [sein ganzes Geld] dafür geopfert he spent (*od.* sacrificed) all his time [all his money] for it; sein Leben für die Freiheit ~ to sacrifice (*od.* lay down, give) one's life for (the sake of) freedom; er opferte sie unbarmherzig für seine Ziele he sacrificed her without mercy for his purposes; eine Figur ~ (*games*) to sacrifice a man. – **II** *v/i* **3.** sacrifice, offer, make a sacrifice. – **4.** j-m ~ *lit.* to make sacrifices (*od.* offerings) to s.o., to sacrifice to s.o.: (dem) Neptun ~ *fig. humor.* to make one's sacrifice to Neptune, to get (*od.* become) seasick. – **III** *v/reflex* sich ~ **5.** sacrifice (*od. lit.* immolate) oneself: er opferte sich für seine Familie he sacrificed himself for his family. – **IV O~** *n* ⟨-s⟩ **6.** *verbal noun.* – **7.** *auch fig.* sacrifice, immolation (*lit.*). – **8.** *relig.* (*von Brot und Wein*) offertory. — **'Op·fern·de** *m, f* ⟨-n; -n⟩ *bes. relig.* one who offers (*od.* sacrifices) s.th., offerer, *auch* offeror, sacrificator, immolator (*lit.*).

'Op·fer|ˌprie·ster *m* sacrificing priest, sacrificer, sacrificator. — **~ˌscha·le** *f* **1.** offering cup. – **2.** basin (*od.* dish) for receiving the blood of the victim. – **3.** *bes. antiq.* patera. — **~ˌschau** *f antiq.* inspection of the entrails of sacrificial animals (*for the purpose of making predictions*). — **~ˌstät·te** *f* place of sacrifice. — **~ˌstein** *m cf.* Opferaltar. — **~ˌstock** *m* offertory (*od.* poor) box. — **~ˌtag** *m Am.* tag day, *Br.* flag day. — **~ˌtier** *n relig.* victim, sacrificial animal, animal to be immolated (*lit.*). — **~ˌtod** *m* **1.** *relig.* sacrificial (*od.* sacrificatory) death: ~ am Kreuze sacrifice (*od.* expiation) on the cross; den ~ sterben a) to die a sacrificial death, b) (*von Christus*) to die the expiatory death. – **2.** *fig.* sacrifice of one's life. — **~ˌtrank** *m* libation.

'Op·fe·rung *f* ⟨-; *no pl*⟩ *cf.* Opfern.

'Op·fer|ˌwein *m* sacramental wine. — **~ˌwil·le** *m cf.* Opferbereitschaft. — **o~ˌwil·lig** *adj cf.* opferbereit. — **~ˌwil·lig·keit** *f* ⟨-; *no pl*⟩ *cf.* Opferbereitschaft.

Ophi·kal·zit [ofikal'tsiːt; -'tsɪt] *m* ⟨-s; -e⟩ *geol.* ophicalcite.

Ophi·klei·de [ofikle'iːdə] *f* ⟨-; -n⟩ *mus.* ophicleide.

Ophio·la·trie [ofĭola'triː] *f* ⟨-; *no pl*⟩ *relig.* (*Schlangenkult*) ophiolatry.

Ophit[1] [o'fiːt] *m* ⟨-en; -en⟩ *relig.* (*Schlangenanbeter*) ophite.

Ophit[2] [o'fiːt; o'fɪt] *m* ⟨-s; -e⟩ *min.* ophite, serpentine stone.

Oph·thal·mie [ɔftal'miː] *f* ⟨-; -n [-ən]⟩ *med.* (*Augenentzündung*) ophthalmia. — **Oph·thal·mo'lo·ge** [-mo'loːgə] *m* ⟨-n; -n⟩ ophthalmologist. — **Oph·thal·mo·lo'gie** [-molo'giː] *f* ⟨-; *no pl*⟩ ophthalmology. — **oph·thal·mo'lo·gisch** [-mo'loːgɪʃ] *adj* ophthalmologic, *auch* ophthalmological. — **Oph·thal·mo'me·ter** [-mo'meːtər] *n* ⟨-s; -⟩ ophthalmometer. — **Oph·thal·mo'skop** [-mo'skoːp] *n* ⟨-(e)s; -e⟩ ophthalmoscope. — **Oph·thal·mo·sko'pie** [-mosko'piː] *f* ⟨-; *no pl*⟩ ophthalmoscopy.

Opi·at [o'pĭaːt] *n* ⟨-(e)s; -e⟩ *med. pharm.* opiate. — **opia·tisch** [o'pĭaːtɪʃ] *adj* opiatic.

Opi·um ['oːpĭʊm] *n* ⟨-s; *no pl*⟩ **1.** *med. pharm.* opium, *Am. sl.* hop, dope (*sl.*): weißes ~ Egyptian opium. – **2.** *fig.* opiate: die Religion ist ~ für das Volk religion is opiate for the people. — **~ˌes·sen** *n* opium eating; opiophagy, opiophagism (*scient.*). — **~ˌes·ser** *m* opium eater. — **o~ˌhal·tig** *adj* containing opium, opiate(d): ~es Mittel opiate. — **~ˌhan·del** *m* opium trade. — **~ˌhöh·le** *f contempt.* opium den. — **~ˌkrieg** *m hist.* Opium War (*1840—42*). — **~ˌpfei·fe** *f* opium pipe. — **~prä·paˌrat** *n meist pl med. pharm.* opiate. — **~ˌrau·cher** *m* opium smoker. — **~ˌrausch** *m* opium intoxication. — **~ˌsaft** *m* poppy juice. — **~ˌsucht** *f* addiction to opium, opiumism, opiomania, opium habit. — **o~ˌsüch·tig** *adj* addicted to opium. — **~ˌsüch·ti·ge** *m, f* opium addict, opiomaniac. — **~tinkˌtur** *f med. pharm.* tincture of opium, opium tincture, laudanum (*scient.*). — **~verˌgif·tung** *f med.* opium poisoning.

Opo·del·dok [opo'dɛldɔk] *m, n* ⟨-s; *no pl*⟩ *med. pharm.* camphorated soap liniment.

Opos·sum [o'pɔsʊm] *n* ⟨-s; -s⟩ **1.** *zo.* (common) opossum, possum (*colloq.*) (*Didelphys virginiana*). – **2.** (*Pelz*) opossum (fur).

Op·po·nent [ɔpo'nɛnt] *m* ⟨-en; -en⟩ **1.** (*Gegner*) opponent, adversary. – **2.** (*bes. in Wortgefechten*) opponent, opposer, objector. — **op·po'nie·ren** [-'niːrən] *v/i* ⟨*no* ge-, h⟩ **1.** be in (*od.* offer) opposition, object. – **2.** (*gegen*) oppose (*s.th., s.o.*), resist (*s.th., s.o.*), offer opposition (*od.* resistance) (to), object (to).

op·por·tun [ɔpɔr'tuːn] *adj* ⟨-er; -st⟩ **1.** (*passend, angebracht*) opportune, suitable, expedient: ein Eingreifen schien uns zu diesem Zeitpunkt nicht ~ (zu sein) it did not seem to us to be opportune to become involved at this time. – **2.** (*bequem*) convenient. – **3.** (*nützlich*) useful. — **Op·por·tu'nis·mus** [-tu'nɪsmʊs] *m* ⟨-; *no pl*⟩ opportunism: j-m ~ vorwerfen to accuse s.o. of opportunism. — **Op·por·tu'nist** [-tu'nɪst] *m* ⟨-en; -en⟩ opportunist, timeserver, *Br.* time-server. — **op·por·tu'ni·stisch** *adj* opportunistic, timeserving, *Br.* time-serving. — **Op·por·tu·ni'tät** [-tuni'tɛːt] *f* ⟨-; -en⟩ opportunity, expedience, expediency.

Op·po·si·ti·on [ɔpozi'tsĭoːn] *f* ⟨-; -en⟩ **1.** (*Gegensatz, Widerstand*) opposition, resistance: in ~ stehen (zu) to be in opposition (to); in ~ treten to go into opposition; ~ gegen j-n [etwas] machen (*od.* treiben) to oppose s.o. [s.th.] actively. – **2.** *pol.* opposition (party): in die ~ gehen to go into opposition. – **3.** *astr.* (zu to) opposition. – **4.** (*beim Schach*) opposition. — **op·po·si·tio'nell** [-tsĭo'nɛl] *adj* **1.** (*gegensätzlich*) opposing, oppositional. – **2.** (*gegnerisch*) oppositional, adversary. – **3.** (*zum Widerspruch neigend*) contradictory, contradictious. – **4.** *pol.* oppositional.

Op·po·si·ti'ons|ˌfüh·rer *m pol.* opposition leader, leader of the opposition. — **~ˌgeist** *m* ⟨-(e)s; *no pl*⟩ **1.** spirit of contradiction. – **2.** *sociol.* mentality of dissent. — **~parˌtei** *f pol.* opposition (party).

Op·pres·si·on [ɔprɛ'sĭoːn] *f* ⟨-; -en⟩ **1.** *obs. for* Unterdrückung. – **2.** *med.* (*Bedrückung*) oppression.

Op·so·ni·ne [ɔpso'niːnə] *pl med.* (*bakterienschädigende Stoffe im Blutserum*) opsonines.

Op·tant [ɔp'tant] *m* ⟨-en; -en⟩ *pol.* optant.

Op·ta·tiv ['ɔptatiːf; -'tiːf] *ling.* **I** *m* ⟨-s; -e⟩ optative (mood). – **II o~** *adj* optative.

op·tie·ren [ɔp'tiːrən] **I** *v/i* ⟨*no* ge-, h⟩ *pol.* (für) opt (for), decide (for), choose (*acc*). – **II O~** *n* ⟨-s⟩ *verbal noun.* — **Op'tie·rung** *f* ⟨-; -en⟩ **1.** *cf.* Optieren. – **2.** *cf.* Option.

Op·tik ['ɔptɪk] *f* ⟨-; *rare* -en⟩ **1.** ⟨*only sg*⟩ (*Lehre*) optics *pl* (*usually construed as sg*). – **2.** (*optisches System*) optics *pl*, optical system: die ~ eines Photoapparates the optics *pl* of a camera. – **3.** ⟨*only sg*⟩ *fig.* (*optischer Eindruck*) optical effect: der besseren ~ halber for a better optical effect.

'Op·ti·ker [-tikər] *m* ⟨-s; -⟩ optician.

op·ti·ma fi·de ['ɔptima 'fiːde] *adv* (*im besten Glauben*) in best faith.

'op·ti·ma 'for·ma ['fɔrma] *adv* (*in bester Form*) in the best possible form.

op·ti·mal [ɔpti'maːl] **I** *adj* **1.** optimum (*attrib*), optimal, best, highest (*od.* best) possible: unter ~en Voraussetzungen under optimum conditions. – **2.** (*computer*) (*Programm*) optimally coded. – **II** *adv* **3.** ~ gerechnet calculated in the best possible way. — **O~ˌkost** *f med.* optimal diet. — **O~ˌlei·stung** *f tech.* **1.** (*einer Maschine*) optimum capacity. – **2.** (*eines Motors*) optimum power output.

Op·ti·mat [ɔpti'maːt] *m* ⟨-en; -en⟩ *antiq.* optimate.

op·ti·mie·ren [ɔpti'miːrən] (*computer*) **I** *v/t* ⟨*no* ge-, h⟩ optimize *Br. auch* -s-, optimalize *Br. auch* -s-. – **II O~** *n* ⟨-s⟩ *verbal noun.* — **op·ti'miert I** *pp.* – **II** *adj* ~es Programm optimally coded (*od.* optimalized *Br. auch* -s-) program(me).

Op·ti·mis·mus [ɔpti'mɪsmʊs] *m* ⟨-; *no pl*⟩ *auch philos.* optimism. — **Op·ti'mist** [-'mɪst] *m* ⟨-en; -en⟩ optimist: unverbesserlicher ~ confirmed optimist. — **op·ti'mi·stisch I** *adj* optimistic, *auch* optimistical, optimist (*attrib*): er sieht alles mit ~en Augen he views everything with rose-colo(u)red spectacles. – **II** *adv* optimistically: er äußerte sich ~ über die Lage he gave an optimistic view of the situation.

Op·ti·mum ['ɔptimʊm] *n* ⟨-s; -ma [-ma]⟩ optimum, best.

Op·ti·on [ɔp'tsĭoːn] *f* ⟨-; -en⟩ **1.** *pol.* option for (*od.* right to choose) a particular citizenship. – **2.** *bes. econ.* option.

Op·ti'ons|beˌrech·tig·te *m, f* holder (*od.* owner) of an option. — **~erˌklä·rung** *f* declaration (*od.* exercise) of an option. — **~geˌschäft** *n econ.* option business. — **~ˌklau·sel** *f* **1.** *econ.* option(al) clause. – **2.** *jur.* optional clause. — **~ˌrecht** *n* right of option, optional right, option. — **~ˌur·ˌkun·de** *f* deed of option. — **~verˌtrag** *m* option agreement.

op·tisch ['ɔptɪʃ] **I** *adj* **1.** (*das Sehen betreffend*) optic, optical: ~e Achse optic axis; ~e Brechung refraction; ~e Täuschung optical illusion, pseudopsia (*scient.*); ~e Hilfsmittel, ~e Lehrhilfen *ped.* visual aids. – **2.** (*optics*) optical: ~e Erzeugnisse products of the optical industry; ~e Geräte optical instruments; ~e Industrie optical industry; ~e Telegraphie (visual) signal(l)ing. – **3.** *fig.* (*äußerlich betrachtet*) optical: aus ~en Gründen for the optical effect. – **II** *adv* **4.** etwas ~ wahrnehmen to perceive s.th. optically (*od.* with the eye, visually). – **5.** etwas wirkt ~ gut *fig.* s.th. has a good optical effect.

Op·to·me·ter [ɔpto'meːtər] *n* ⟨-s; -⟩ *med.* (*Sehweitenmesser*) optometer. — **Op·to·me'trie** [-me'triː] *f* ⟨-; *no pl*⟩ optometry.

— **Op·to·me'trist** [-me'trɪst] *m* ⟨-en; -en⟩ optometrist.

opu·lent [opu'lɛnt] *adj* opulent, wealthy, abundant, sumptuous, luxurious: ein ~es Mahl a luxurious (*od.* sumptuous) meal. — **Opu'lenz** [-'lɛnts] *f* ⟨-; *no pl*⟩ opulence, wealth, sumptuousness.

Opun·tie [o'pʊntsǐə] *f* ⟨-; -n⟩ *bot.* (*Feigenkaktus*) tuna, cholla, Indian fig (*Gattg Opuntia*).

Opus ['oːpʊs] *n* ⟨-; Opera [-pera]⟩ **1.** *mus.* opus, composition: ~ 12 (*abbr.* op. 12) opus 12. – **2.** work (of art), production: ~ postumum (*auch* posthumum) posthumous work. – **3.** *arch. antiq.* opus: ~ alexandrinum opus Alexandrinum.

ora et la·bo·ra ['oːra ˌɛt la'boːra] (*Benediktinerregel*) pray and work.

Ora·kel [o'raːkəl] *n* ⟨-s; -⟩ *antiq.* **1.** (*Ort*) oracle: das Delphische ~ the Delphic (*od.* Delphian) Oracle; das ~ befragen to consult the oracle. – **2.** (*Weissagung*) a) oracle, prophecy, b) ambiguous statement: er spricht in ~n *fig.* he speaks in riddles (*od.* oracles), he utters ambiguities. — **o~haft I** *adj* **1.** (*wie ein Orakel*) oracular, pythonic. – **2.** *fig.* (*rätselhaft, mehrdeutig*) oracular, obscure, enigmatic, ambiguous. – **II** *adv* **3.** ~ sprechen to speak oracularly (*od.* in oracles, in riddles).

ora·keln [o'raːkəln] *v/i* ⟨*no* ge-, h⟩ **1.** oracle, prophesy. – **2.** *fig.* speak in riddles (*od.* oracles).

Ora·kel‚spruch [o'raːkəl-] *m* oracle, oracular utterance.

oral [o'raːl] *med.* **I** *adj* oral: auf ~em Wege by mouth, orally. – **II** *adv* orally, by mouth.

Oran·ge[1] [o'rãːʒə] **I** *n* ⟨-s; *no pl*⟩ red yellow, orange (color, *bes. Br.* colour). – **II o~** *adj cf.* orangefarben.

Oran·ge[2] [o'rãːʒə] *f* ⟨-; -n⟩ *bot.* orange (*Citrus sinensis*): Bittere ~ sour (*od.* bitter, Seville) orange (*C. aurantium*); Süße ~ sweet (*od.* China) orange (*C. sinensis*).

Oran·gea·de [orã'ʒaːdə] *f* ⟨-; -n⟩ *gastr.* orangeade.

Oran·geat [orã'ʒaːt] *n* ⟨-s; -e⟩ *gastr.* candied orange peel.

oran·ge|‚far·ben [o'rãːʒə-], **~‚far·big** *adj* orange(-colored, *bes. Br.* -coloured), red-yellow.

Oran·gen|‚baum [o'rãːʒən-] *m bot.* orange (tree) (*Citrus aurantium u. C. sinensis*): Holz des ~s orangewood. — **~‚blü·te** *f* orange blossom (*od.* flower). — **~‚blü·ten‚öl** *n* neroli oil, auch orange-flower oil. — **o~‚far·ben, o~‚far·big** *adj cf.* orangefarben. — **~mar·me‚la·de** *f gastr.* (bitter) orange marmalade, *Br.* marmalade. — **~‚öl** *n* orange oil, oil of orange peel. — **~‚saft** *m* orange juice. — **~‚scha·le** *f* orange peel.

Oran·ge·rie [orãʒə'riː] *f* ⟨-; -n [-ən]⟩ *n hist.* orangery, orangerie.

Orang-Utan ['oːraŋ'ʔuːtan] *m* ⟨-s; -s⟩ *zo.* orang(o)utan, o(u)rangoutang, oranutan, satyr, pongo (*Pongo pygmaeus*).

Ora·ni·en [o'raːnǐən] *npr n* ⟨-s; *no pl*⟩ *hist.* (*Fürstengeschlecht*) Orange: Prinz von ~ Prince of Orange.

Orant [o'rant] *m* ⟨-en; -en⟩ (*art*) orant, *auch* orans.

Ora·to·ria·ner [orato'rǐaːnər] *m* ⟨-s; -⟩ *röm.kath.* oratorian, priest (*od.* father) of the Oratory.

ora·to·risch [ora'toːrɪʃ] *adj* oratorical, *auch* oratoric, oratorial, rhetorical.

Ora·to·ri·um [ora'toːrǐʊm] *n* ⟨-s; -rien⟩ **1.** *mus.* oratorio. – **2.** *relig.* a) (*Betraum*) oratory, b) (*Haus der Oratorianer*) Oratory.

Or·bis ['ɔrbɪs] *m* ⟨-; *no pl*⟩ world.

Or·bit ['ɔrbɪt] *m* ⟨-s; -s⟩ *phys.* (*space*) orbit.

Or·bi·ta ['ɔrbita] *f* ⟨-; -tae [-tɛ]⟩ *med.* (*Augenhöhle*) eye socket; orbit, orbita (*scient.*).

Or·bi'tal·sta·ti‚on [ɔrbi'taːl-] *f* (*space*) orbital station: bemannte ~ manned orbital station.

Or·che·ster [ɔr'kɛstər] *n* ⟨-s; -⟩ *mus.* **1.** orchestra: großes ~ full orchestra; ein schwachbesetztes ~ an undermanned orchestra. – **2.** (*Kapelle*) band. – **3.** *cf.* Orchesterraum. — **~be‚glei·tung** *f* orchestral accompaniment. — **~‚gra·ben** *m colloq. for* Orchesterraum. — **~‚klang** *m* orchestral sound. — **~kon‚zert** *n* orchestra(l) concert. — **~‚lo·ge** *f* (*theater*) box (*od.* loge) next to the orchestra (*od.* stage). — **~‚mit‚glied** *n* **1.** member of an orchestra, orchestra member. – **2.** (*einer Kapelle*) member of a band. — **~mu‚sik** *f* music for orchestra (*od.* a band), orchestral music. — **~‚pa·vil·lon** *m* bandstand. — **~‚pro·be** *f* orchestral rehearsal. — **~‚raum** *m* orchestra (pit), pit. — **~‚ses·sel** *m* (*theater*) orchestra seat, *Br.* stall. — **~‚wart** *m* orchestral librarian.

or·che·stral [ɔrkɛs'traːl] *adj mus.* **1.** orchestral. – **2.** orchestra-like.

or·che·strie·ren [ɔrkɛs'triːrən] **I** *v/t* ⟨*no* ge-, h⟩ *mus.* orchestrate, instrument, score. – **II O~** *n* ⟨-s⟩ *verbal noun.* — **Or·che'strie·rung** *f* ⟨-; -en⟩ **1.** *cf.* Orchestrieren. – **2.** orchestration, instrumentation, scoring.

Or·che·stri·on [ɔr'çɛstrǐɔn] *n* ⟨-s; -strien⟩ *mus. hist.* orchestrion.

Or·chi·dee [ɔrçi'deːə] *f* ⟨-; -n⟩ *bot.* orchid, orchis (*Fam. Orchidaceae*).

or·chi'de·en|‚ar·tig *adj* like an orchid, orchidaceous, orchidacean. — **O~ge‚wäch·se** *pl* orchids, orchidaceae (*scient.*) (*Fam. Orchidaceae*).

Or·chis[1] ['ɔrçɪs] *m* ⟨-; -⟩ *med.* (*Hoden*) orchis, testicle.

'**Or·chis**[2] *f* ⟨-; -⟩ *bot. cf.* Knabenkraut.

Or·dal [ɔr'daːl] *n* ⟨-s; -ien [-lǐən]⟩ *hist. relig.* (*Gottesurteil*) ordeal.

Or·den[1] ['ɔrdən] *m* ⟨-s; -⟩ **1.** *relig.* a) (religious) order, b) *cf.* Mönchsorden, c) *cf.* Nonnenorden: ein ~ strengster Observanz an order of strictest rule; in einen ~ eintreten a) (*von Mönch*) to take one's holy orders, b) (*von Nonne*) to take the veil; aus einem ~ austreten to secede (*od.* withdraw) from an order; einem ~ angehören to be a member of a religious order (*od.* an order); aus einem ~ ausgeschlossen werden to be expelled from an order. – **2.** *hist.* (*Ritterorden*) order: der ~ vom Goldenen Vlies the Order of the Golden Fleece; Ritter eines ~s knight of an order; → deutsch I.

'**Or·den**[2] *m* ⟨-s; -⟩ (*Auszeichnung*) order, decoration, badge, medal, distinction: einen ~ erhalten to receive a distinction; j-m einen ~ verleihen to confer (*od.* bestow) an order on s.o., to award s.o. an order; j-m einen ~ anheften to pin an order on s.o.; seine ~ anlegen to put on one's decorations; seine Brust war mit vielen ~ geschmückt his chest was covered with many medals.

'**or·den·ge‚schmückt** *adj* decorated with orders, bemedaled, *bes. Br.* bemedalled, *Am. sl.* laden with chest hardware.

'**Or·dens|‚band** *n* ⟨-(e)s; ⸚er⟩ **1.** *relig.* cordon. – **2.** (*Band zum Tragen des Ordens*) a) ribbon (of an order), medal ribbon, b) (*Schärpe*) sash (*od.* belt) of an order. – **3.** *zo.* (*Schmetterlingsart*) underwing, Catocala (*scient.*) (*Gattg Catocala*): Blaues ~ blue underwing (*C. fraxini*); Rotes ~ red underwing (*C. nupta*); Gelbes ~ yellow underwing (*C. fulminea*). — **~‚bru·der** *m relig.* member of an order, friar, monk. — **~‚burg** *f hist. relig.* castle of the Teutonic Order. — **~‚frau** *f relig. cf.* Ordensschwester. — **~‚geist·li·che** *m* member of an order (*od.* of the regular clergy), regular, ecclesiastic. — **~‚geist·lich·keit** *f* regular clergy, religious *pl.* — **~ge‚lüb·de** *n* (monastic) vow, profession: die ~ ablegen to take the vows, to profess. — **~ge‚sell·schaft** *f* congregation. — **~ka‚pi·tel** *n* (*Ordensversammlung*) chapter of an order. — **~‚ket·te** *f* neckchain (*od.* neckband) of an order. — **~‚kleid** *n relig.* dress (*od.* habit) of an order, frock, monastic garb (*od.* gown): das ~ anlegen a) to become a monk, to take the hood, b) to become a nun, to take the veil. — **~‚kreuz** *n* cross of an order. — **~‚leu·te** *pl* a) (*allgemein*) religious (*collect.*), b) (*Mönche*) monks, friars, c) (*Nonnen*) nuns. — **~‚mann** *m* monk, friar. — **~‚mei·ster** *m hist.* (*eines Ritterordens*) master (*od.* head) of an order. — **~‚mit‚glied** *n relig.* member of an order. — **~‚re·gel** *f* rule (*od.* statute) of an order, observance: Verzeichnis der ~n canon. — **~‚rit·ter** *m hist.* knight of an order. — **~‚schlei·fe** *f cf.* Ordensband 2. — **~‚schmuck** *m* orders *pl*, decorations *pl*, medals *pl*, fruit salad (*sl.*). — **~‚schnal·le** *f* (decoration) clasp (*od.* pin). — **~‚schwe·ster** *f relig.* nun, sister. — **~‚span·ge** *f cf.* Ordensschnalle. — **~‚staat** *m hist.* state of an order of knights. — **~‚stern** *m* star-shaped order: ein mit ~en geschmückter General a star-bemedal(l)ed general. — **~‚tracht** *f relig. cf.* Ordenskleid. — **~‚trä·ger** *m* holder of an order. — **~ver‚lei·hung** *f* conferring (*od.* bestowal) of an order. — **~‚we·sen** *n relig.* institution of (religious) orders, (religious) orders *pl.* — **~‚zei·chen** *n cf.* Orden[2]. — **~‚zucht** *f relig.* monastic discipline.

or·dent·lich ['ɔrdəntlɪç] **I** *adj* **1.** (*aufgeräumt, sauber*) tidy, neat, shipshape, trim: ein ~es Zimmer a tidy room. – **2.** (*geordnet*) orderly, well-kept (*od.* -managed) (*attrib*): ein ~er Haushalt an orderly household. – **3.** (*ordnungsliebend*) orderly, fond of order, tidy(-minded): er ist ein ~er Mensch he is an orderly person. – **4.** (*exakt, gewissenhaft*) thorough, accurate, diligent. – **5.** (*vernünftig, geregelt*) orderly, proper: ein ~es Leben führen to lead an orderly life. – **6.** (*achtbar*) decent, honest, respectable: ~e Leute decent (*od.* respectable) people; sie ist ~er Leute Kind she comes from an honest family. – **7.** (*planmäßig*) regular, expected: die Sache geht ihren ~en Gang the matter is taking its regular course. – **8.** *jur.* ordinary, regular: durch ein ~es Gerichtsverfahren by due process (*rare* course) of law; ~er Richter ordinary judge, judge in ordinary; ~es Gericht regular court of law, ordinary court, court of record. – **9.** *ped.* ordinary, full: ~er Professor full professor; ~e Professur full professorship. – **10.** (*ständig, regelmäßig*) regular, stationary, *bes. Am.* stated: eine ~e Sitzung a regular session (*od.* meeting); eine ~e Versammlung a statutory meeting; ein ~es Mitglied eines Vereins a regular member of an association. – **11.** *colloq.* (*richtig, zünftig*) proper: ohne ein Gläschen Wein ist das keine ~e Geburtstagsfeier without a glass of wine it's not a proper birthday celebration. – **12.** *colloq.* (*tüchtig, kräftig, gehörig*) good, sound, real, *bes. Br. colloq.* proper: ein ~er Schluck aus der Flasche a good pull at the bottle; das war ein ~er Schrecken für mich that was a real (*od.* quite a) scare for me; ein ~er Schlag one in the eye; eine ~e Tracht Prügel a sound thrashing, a proper licking. – **13.** ganz (*od.* recht) ~ *colloq.* quite good. – **II** *adv* **14.** die Bücher standen ~ im Regal the books stood in order on the shelf; ~ angezogene Kinder neatly dressed children; er macht seine Arbeit ~ he does his work properly (*od.* thoroughly, diligently); sitz ~ bei Tisch! sit properly (*od.* decently) at table! greif nur ~ zu take a proper helping; ich hab's ihm ~ gegeben I gave it to him hot and strong, I served him out; ich war ~ froh I was awfully glad (*colloq.*); es ist ~ kalt it is pretty (*od.* fairly, really) cold. – **III O~e, das** ⟨-n⟩ **15.** etwas [nichts] O~es zu essen bekommen to get s.th. [nothing] decent to eat, to get (*od.* have) [no] proper (*od.* regular) meals; er hat nichts O~es gelernt he has learnt nothing much (*od.* of real value); er wollte etwas O~es für sein Geld haben he wanted his money's worth. — '**Or·dent·lich·keit** *f* ⟨-; *no pl*⟩ **1.** (*Sauberkeit*) tidiness, neatness. – **2.** (*eines Haushalts etc*) orderliness, good (*od.* proper) order. – **3.** (*Ordnungsliebe*) orderliness, love of order, tidy-mindedness, tidiness. – **4.** (*der Arbeitsweise*) orderliness. – **5.** (*Genauigkeit*) thoroughness, accurateness, method(icalness).

Or·der ['ɔrdər] *f* ⟨-; -s *u.* -n⟩ **1.** *obs. od. dial.* (*Befehl, Anweisung*) order(s *pl*), command, injunction, direction: ~ erteilen to give orders; ~ parieren a) to carry out (*od.* execute) an order, b) *colloq.* to obey orders; bis auf weitere ~ until further orders. – **2.** *econ.* order: unbefristete ~ open order; an die ~ von to the order of; auf ~ von by order of; Ihrer ~ gemäß in obedience to (*od.* in conformity with) your commission. – **3.** versiegelte ~ *mar.* sealed orders *pl.* — **~‚buch** *n econ.* order book. — **~‚ha·fen** *m mar.* **1.** port of order. – **2.** (*Anlaufhafen*) port of call. — **~‚klau·sel** *f* order clause. — **~kon·nos·se‚ment** *n* order bill of lading. — **~pa‚pier** *n* order paper (*od.* instrument), negotiable instrument. — **~‚scheck** *m* order check (*Br.* cheque), check to order.

Or·di'nal‚zahl [ɔrdi'naːl-] *f math.* ordinal (number, *auch* numeral).

or·di·när [ɔrdi'nɛːr] **I** *adj* **1.** (*gewöhnlich, alltäglich*) common, ordinary. – **2.** (*gemein, unanständig*) vulgar, common, coarse, low: sie ist sehr ~ she is very common; ein ~er

Witz a vulgar joke; ~es Benehmen vulgar behavio(u)r. – **3.** *econ.* (*geringwertig*) inferior; ~er Wein wine of inferior quality. – **II** *adv* **4.** vulgarly, in a vulgar manner (*od.* way): er benimmt sich sehr ~ he behaves in a rather vulgar manner.

Or·di·na·ria [ɔrdiˈnaːrĭa] *f* ⟨-; -rien⟩ (*weiblicher Ordinarius*) (*an einer Universität*) full professor.

Or·di·na·ri·at [ɔrdinaˈrĭaːt] *n* ⟨-(e)s; -e⟩ **1.** (*an einer Universität*) (full) professorship, university (professorial) chair. – **2.** *röm. kath.* diocesan authorities *pl.*

Or·di·na·ri·um [ɔrdiˈnaːrĭʊm] *n* ⟨-s; -rien⟩ **1.** *relig.* (*Gottesdienstordnung*) Ordinal. – **2.** *pol.* regular (*od.* ordinary) budget. — ~**ˈmis·sae** [ˈmɪsɛ] *röm.kath.* ordinary, *auch* Ordinary.

Or·di·na·ri·us [ɔrdiˈnaːrĭʊs] *m* ⟨-; -rien⟩ **1.** (*an einer Universität*) full professor. – **2.** *röm.kath.* ordinary, *auch* Ordinary.

Or·diˈnär,preis *m* (*im Buchhandel*) publisher's price.

Or·di·na·te [ɔrdiˈnaːtə] *f* ⟨-; -n⟩ *math.* ordinate, y-coordinate. — **Or·diˈna·ten,ach·se** *f* axis of ordinates, y-axis.

Or·di·na·ti·on [ɔrdinaˈtsĭoːn] *f* ⟨-; -en⟩ **1.** *relig.* ordination. – **2.** *med.* a) (*Verordnung*) prescription, b) (*Sprechstunde*) consulting (*od.* consultation, *bes. Br.* surgery, *Am.* office) hour(s *pl*), c) *Austrian for* Sprechzimmer 2.

Or·di·na·tiˈons|,raum *m Austrian med. for* Sprechzimmer 2. — ~**,stun·de** *f cf.* Ordination 2 b. — ~**,zim·mer** *n Austrian for* Sprechzimmer 2.

or·di·nie·ren [ɔrdiˈniːrən] **I** *v/t* ⟨*no* ge-, h⟩ **1.** *relig.* ordain, confer (holy) orders upon: j-n zum Priester ~ to ordain s.o. (as) priest, to priest s.o.; sich ~ lassen to take (*od.* enter into) holy orders. – **2.** *med.* (*verordnen*) prescribe. – **II** *v/i* **3.** *med.* have consulting (*od.* consultation, *bes. Br.* surgery, *Am.* office) hours. – **III O~** *n* ⟨-s⟩ **4.** *verbal noun.* — **or·diˈniert I** *pp.* – **II** *adj relig.* in (holy) orders, ordained. — **Or·diˈnie·rung** *f* ⟨-; -en⟩ *relig.* **1.** *cf.* Ordinieren. – **2.** *cf.* Ordination 1.

ord·nen [ˈɔrdnən] **I** *v/t* ⟨h⟩ **1.** (*in Ordnung bringen*) put (*od.* set) (*s.th.*) in order, tidy (up), straighten (up), put (*s.th.*) straight: das Nähkästchen ~ to tidy up the workbox. – **2.** (*Kleidung, Blumen etc*) arrange: sich (*dat*) das Haar ~ to tidy (*od.* arrange, do, dress, smooth) one's hair; Blumen zu einem hübschen Strauß ~ to arrange flowers in a pretty bouquet. – **3.** (*nach bestimmten Gesichtspunkten*) arrange, grade, sort (out): etwas nach Klassen ~ to arrange s.th. in classes, to classify s.th.; etwas systematisch ~ to arrange s.th. systematically, to systematize s.th.; etwas nach der Größe ~ to arrange s.th. according to size; etwas alphabetisch (*od.* nach dem Alphabet) ~ to arrange s.th. alphabetically (*od.* in alphabetical order). – **4.** (*entwirren*) disentangle. – **5.** *fig.* (*Gedanken etc*) sort (*s.th.*) out, get (*s.th.*) into shape, arrange, marshal, *Am. auch* marshall. – **6.** (*regeln*) settle, regulate, adjust, dispose, *Am.* fix (up), arrange, set (*s.th.*) right (*od.* to rights): seine Angelegenheiten ~ *auch jur.* to settle one's affairs; bei gutem Willen ließe sich alles ~ with a bit of goodwill everything could be settled easily. – **7.** (*Papiere*) file. – **II** *v/reflex* sich ~ **8.** (*sich formieren*) (zu into) form: die Leute ordneten sich zu einem Festzug people formed (into) (*od.* took their places for) a procession. – **9.** *mil.* rally, array, marshal, *Am. auch* marshall. – **III O~** *n* ⟨-s⟩ **10.** *verbal noun.*

ˈOrd·ner *m* ⟨-s; -⟩ **1.** (*bei Festen, Versammlungen etc*) supervisor, *Br. auch* steward, (*bei akademischen Prozessionen*) marshal. – **2.** (*für Akten*) file. – **3.** (*Klassenordner*) monitor.

ˈOrd·nung *f* ⟨-; -en⟩ **1.** *cf.* Ordnen. – **2.** order: bürgerliche [göttliche, soziale] ~ civil [divine, social] order; ~ schaffen, die ~ herstellen to establish order; ~ wahren to keep order; die ~ wiederherstellen to restore order; die ~ in der Welt aufrechterhalten to maintain order in the world; hier herrscht ~! we must have some order here! alles muß seine ~ haben! there's a time and place for everything! auf ~ halten (*od.* sehen, achten) to stand (up)on order; (das ist) in ~! (that's) all right (*bes. Am. colloq.* alright) (*od. colloq.* okay, O.K.)! die Maschine ist [nicht] in ~ the machine is in working [out of] order; dein Freund ist in ~! *colloq.* your friend is all right (*bes. Am. colloq.* alright) (*od. colloq.* a good sort); eine Angelegenheit in ~ bringen to settle a matter; die Haare in ~ bringen to do (*od.* arrange) one's hair; etwas in ~ halten to keep s.th. in order; es wird schon alles wieder in ~ kommen things will turn out all right; es ist alles in ~ everything is all right; alles in schönster ~ vorfinden to find everything in perfect order; ich finde das in ~ I think it quite right (*od.* proper); soweit wäre alles in ~ so far so good; hier ist etwas nicht in ~ s.th. is wrong here; nicht in ~ sein *colloq.* (*gesundheitlich*) to be out of sorts, not to be quite up to the mark (*colloq.*); j-n zur ~ rufen a) (*im Parlament, etc*) to call s.o. to order, b) (*in der Schule, bei Tisch etc*) to tick s.o. off (*colloq.*); ~ ist das halbe Leben (*Sprichwort*) *etwa* a place for everything, and everything in its place, order is heaven's first law (*lit.*). – **3.** (*Sauberkeit*) neatness, tidiness, cleanliness, order(liness): peinliche ~ scrupulous cleanliness; ~ machen to tidy up; sein Zimmer in ~ bringen to tidy up one's room; er ist die ~ selbst he is extremely tidy, he is orderliness personified. – **4.** (*Anordnung*) arrangement, array(al), disposition, regulation. – **5.** (*Reihenfolge*) order, sequence, succession: alphabetische ~ alphabetical order; das kehrt in regelmäßiger ~ wieder that keeps recurring in the same order (*od.* pattern). – **6.** (*System*) system, frame, *Am.* setup. – **7.** (*geregelte Lebensweise*) order(liness), steadiness: in seinem Leben herrscht ~ he leads an orderly (*od.* steady) life; aus seiner ~ herausgerissen werden to be uprooted, to be taken out of the ordered pattern of life. – **8.** (*Zucht*) discipline. – **9.** (*Gesetz, Vorschrift*) law, order, regulations *pl*, rules *pl*: öffentliche ~ public order; die öffentliche ~ stören to disturb the peace (*od.* public order); gegen die ~ verstoßen to offend against order. – **10.** (*Rang, Klasse*) class, order, rank: Straßen erster ~ primary (*od.* main, first-class) roads; er will kein Bürger zweiter ~ sein he does not want to be a second-class citizen. – **11.** *math.* order: Kurven erster ~ curves of first order; zweiter ~ quadric; sechster ~ sextic. – **12.** *biol.* order, (*Überordnung*) superorder: zu einer höheren ~ gehörig belonging to a higher category; Tiere und Pflanzen werden in ~en eingeteilt animals and plants are divided into orders. – **13.** *mil.* order, formation, array: geöffnete [geschlossene, aufgelockerte] ~ open (*od.* extended) [closed, dispersed] order.

ˈOrd·nungs|,dienst *m* organization (*Br. auch* -s-) for the maintenance of public order. — **o~ge,mäß I** *adj* **1.** orderly, regular. – **2.** (*gesetzlich vorgeschrieben*) regular, lawful, legal. – **II** *adv* **3.** in (due) order, according to order, orderly, duly, regularly: er hat sich ~ bei der Polizei angemeldet he has duly registered with the police. — **o~,hal·ber** *adv* for regularity's sake, for the sake of order (*od.* form). — ~**,lie·be** *f* love (*od.* sense) of order, orderliness, tidiness. — **o~,lie·bend** *adj* orderly, tidy, fond of order. — **o~,mä·ßig** *adj u. adv cf.* ordnungsgemäß. — ~**po·li,zei** *f* **1.** regular police, constabulary. – **2.** (*Sicherheitspolizei*) security police. — ~**prin,zip** *n* principle of order (*od.* arrangement, disposition). — ~**,ruf** *m* (*im Parlament*) call to order: j-m einen ~ erteilen to call a person to order; einen ~ erhalten to be called to order. — ~**,sinn** *m* sense of order. — ~**,stra·fe** *f jur.* **1.** fine, penalty: j-n mit einer ~ belegen to fine s.o. – **2.** (*Disziplinarstrafe*) disciplinary penalty. – **3.** (*zur Durchsetzung*) exacting penalty. — **o~,wid·rig** *adj* **1.** unlawful, illegal, disorderly, against the rules (*od.* regulations): ~es Verhalten disorderly conduct. – **2.** (*regelwidrig*) contrary to (*od.* against) the rules, irregular. — ~**,wid·rig·keit** *f* **1.** breach of the rules (*od.* regulations), irregularity. – **2.** minor breach (*od.* infringement) of the rules (*od.* regulations). — ~**,zahl** *f* **1.** *math.* ordinal (number, *auch* numeral). – **2.** *phys.* atomic number.

Or·don·nanz [ɔrdɔˈnants] *f* ⟨-; -en⟩ **1.** *mil.* orderly: auf ~ on orderly duty. – **2.** *obs.* (*Befehl*) order, ordinance. — ~**,dienst** *m mil.* orderly duty: ~ haben to be on orderly duty. — ~**of·fi,zier** *m* assistant adjutant.

Or·do·vi·zi·um [ɔrdoˈviːtsĭʊm] *n* ⟨-s; *no pl*⟩ *geol.* Ordovician (period).

Öre [ˈøːrə] *n* ⟨-s; -⟩, *auch f* ⟨-; -⟩ (*skandinav. Münze*) öre.

ˈOre·gon|-,Ei·che [ˈoːregən-] *f bot.* white oak (*Quercus barryana*). — ~**-,Esche** *f* Oregon ash (*Fraxinus oregona*).

Orest [oˈrɛst], **Ore·stes** [oˈrɛstɛs] *npr m* ⟨-; *no pl*⟩ *myth.* Orestes.

Ore·stie [orɛsˈtiː] *f* ⟨-; *no pl*⟩ (*literature*) Oresteia.

Or·fe [ˈɔrfə] *f* ⟨-; -n⟩ *zo. cf.* Aland.

Or·gan [ɔrˈgaːn] *n* ⟨-s; -e⟩ **1.** *med. biol.* organ: innere [lebenswichtige] ~e internal [vital] organs. – **2.** (*Stimme*) voice, organ: klangvolles [starkes, schwaches] ~ sonorous [strong, weak] voice; er hat ein lautes ~ he has a loud voice. – **3.** *fig.* (*Verständnis etc*) sense, feeling, understanding, *bes. Am. colloq.* bump: dafür hat er kein ~ he has no feeling for that kind of thing. – **4.** (*Zeitung, Zeitschrift etc als Kommunikationsmittel*) organ, mouthpiece: das ~ einer Partei the organ of a party. – **5.** (*Amt, Stelle*) institution, organ, authority: die ~e des Staates [der Justiz] the organs of state [of justice]; ausführendes ~ executive body. – **6.** (*Beauftragter*) agent. – **7.** *tech.* agent, element, component, member. — **o~,ähn·lich** *adj med.* organoid. — ~**,bank** *f* ⟨-; -en⟩ organ bank. — ~**be,hand·lung** *f* organotherapy. — ~**,bil·dung** *f* organogenesis.

Or·gan·dy [ɔrˈgandi] *m* ⟨-s; *no pl*⟩ (*textile*) organdy, *auch* organdie.

Or·ga·nell [ɔrgaˈnɛl] *n* ⟨-s; -en⟩, **Or·gaˈnel·le** *f* ⟨-; -n⟩ *biol.* organelle, *auch* organella.

Orˈgan|emp,fän·ger *m med.* organ receiver. — ~**er,kran·kung** *f* organic disease, organopathy (*scient.*). — ~**ge,sell·schaft** *f jur.* (controlled) subsidiary company, *bes. Am.* organ company.

Or·ga·ni·sa·ti·on [ɔrganizaˈtsĭoːn] *f* ⟨-; -en⟩ **1.** *cf.* Organisieren. – **2.** ⟨*only sg*⟩ (*Gestaltung*) organization *Br. auch* -s-; ein Fehler in der ~ a defect (*od.* fault) in (the) organization. – **3.** ⟨*only sg*⟩ (*Gliederung, Aufbau*) organization *Br. auch* -s-, structure. – **4.** (*Verband, Zusammenschluß*) organization *Br. auch* -s-: ~ der Amerikanischen Staaten *pol.* Organization of American States; ~ für europäische wirtschaftliche Zusammenarbeit *econ.* Organization for European Economic Cooperation (*Br. auch* Co-operation). – **5.** *biol.* organization *Br. auch* -s-, organic structure.

Or·ga·ni·sa·tiˈons|,feh·ler *m* faulty organization (*Br. auch* -s-). — ~**ge,walt** *f jur.* *right of the state to set up, modify or abolish public corporations.* — ~**ko·mi,tee** *n* organizing (*Br. auch* -s-) committee. — ~**,plan** *m* plan of organization (*Br. auch* -s-). — ~**ta,lent** *n* talent for organization (*Br. auch* -s-), organizing (*Br. auch* -s-) talent.

Or·ga·ni·sa·tor [ɔrganiˈzaːtɔr] *m* ⟨-s; -en [-zaˈtoːrən]⟩ organizer *Br. auch* -s-. — **or·ga·ni·saˈto·risch** [-zaˈtoːrɪʃ] *adj* (*Fähigkeiten, Probleme etc*) organizational *Br. auch* -s-.

orˈga·nisch I *adj* organic: ~e Krankheit organic (*od.* structural) disease; ~e Chemie organic chemistry; ~e Verbindungen organic compounds; ~er Zusammenhang *fig.* organic connection (*Br. auch* connexion). – **II** *adv* organically: ~ miteinander verbunden sein *fig.* to be connected organically with one another; ein ~ gewachsenes System a system resulting from natural growth.

or·ga·ni·sie·ren [ɔrganiˈziːrən] **I** *v/t* ⟨*no* ge-, h⟩ **1.** organize *Br. auch* -s-: wer organisiert das Klassentreffen? who is organizing the class reunion? – **2.** *colloq. bes. Am. colloq.* finagle, *Br. sl.* 'organize', procure (*s.th.*) (in devious ways): Zigaretten und Alkohol auf dem schwarzen Markt ~ to procure cigarettes and alcohol on the black market. – **II** *v/reflex* **3.** sich (gewerkschaftlich) ~ to organize *Br. auch* -s-, to unionize *Br. auch* -s-. – **III O~** *n* ⟨-s⟩ **4.** *verbal noun.* – **5.** organization *Br. auch* -s-. — **or·ga·niˈsiert I** *pp.* – **II** *adj* **1.** organized *Br. auch* -s-. – **2.** (*gewerkschaftlich*) organized *Br. auch* -s-,

unionized *Br. auch* -s-: ~e Arbeiterschaft organized labo(u)r; nicht ~ unorganized, nonunion *Br.* non- (*attrib*); ~e Arbeiter unionists.
or·ga·nis·misch [ɔrga'nɪsmɪʃ] *adj* organic, relating to an organism.
Or·ga·nis·mus [ɔrga'nɪsmʊs] *m* ⟨-; -nismen⟩ **1.** *biol.* (*Lebewesen*) organism. – **2.** *fig.* organism, system, structure.
Or·ga·nist [ɔrga'nɪst] *m* ⟨-en; -en⟩, **Or·ga·'ni·stin** *f* ⟨-; -nen⟩ *mus.* organist.
Or'gan|kon,ser·ve *f med.* banked (*od.* stored) organ. — **~kon·ser,vie·rung** *f* banking (*od.* storing) of organs.
Or'gan·man,dat *n Austrian* fine, penalty.
or·ga·no·gen [ɔrgano'ge:n] *adj* **1.** *biol.* a) (*Organe bildend*) organogenetic, b) (*von Organen gebildet*) organogenic. – **2.** *chem.* organic.
Or·ga·no|ge'ne·se [ɔrganoge'ne:zə] *f* ⟨-; *no pl*⟩ *biol.* organ formation; organogenesis, organogeny (*scient.*). — **o~ge'ne·tisch** [-tɪʃ] *adj* organogenetic.
Or·ga·no·gra·phie [ɔrganogra'fi:] *f* ⟨-; -n [-ən]⟩ *med.* organography.
or·ga·no·id [ɔrgano'i:t] *adj med.* organoid.
Or·ga·no·lo·gie [ɔrganolo'gi:] *f* ⟨-; *no pl*⟩ *biol.* organology.
Or·ga·non ['ɔrganɔn] *n* ⟨-s; *no pl*⟩ *philos.* organon, organum.
Or·ga·no·the·ra·pie [ɔrganotera'pi:] *f med.* organotherapy.
or·ga·no·trop [ɔrgano'tro:p] *adj med.* organotropic. — **Or·ga·no·tro'pie** [-tro'pi:] *f* ⟨-; *no pl*⟩ organotropism, organotropy.
Or·gan'sin [ɔrgan'zi:n] *m, n* ⟨-s; *no pl*⟩ (*textile*) organzine (silk).
Or'gan|,spen·der *m med.* organ donor. — **~,über,tra·gung** *f* transplantation of an organ.
Or·ga·num ['ɔrganʊm] *n* ⟨-s; -gana [-na]⟩ *mus.* **1.** *obs. for* Orgel. – **2.** *hist.* organum.
Or'gan·ver,pflan·zung *f med. cf.* Organübertragung.
Or·gan·za [ɔr'gantsa] *m* ⟨-s; *no pl*⟩ (*textile*) organza.
Or·gas·mus [ɔr'gasmʊs] *m* ⟨-; -gasmen⟩ *med. psych.* orgasm. — **or'ga·stisch** [-tɪʃ] *adj* orgastic.
Or·gel ['ɔrgəl] *f* ⟨-; -n⟩ *mus.* (pipe) organ: volle ~, ~ mit vollem Werk full (*od.* grand) organ; (die) ~ spielen to play the organ. — **~,balg** *m* organ bellows *pl* (*construed as sg or pl*). — **~,bank** *f* organ bench (*od.* seat). — **~,bau** *m* ⟨-(e)s; *no pl*⟩ organ building. — **~,bau·er** *m* organ builder. — **~,chor** *m cf.* Orgelempore. — **~cho,ral** *m* organ chorale. — **~em,po·re** *f* organ loft (*od.* gallery). — **~ge,häu·se** *n* (organ) case. — **~kon,zert** *n* **1.** (*Musikwerk*) organ concerto. – **2.** (*Aufführung*) organ recital. — **~ko,ral·le** *f zo.* organ-pipe coral (*Gattg Tubipora*). — **~mu,sik** *f* organ music.
or·geln ['ɔrgəln] *v/i* ⟨h⟩ **1.** *mus.* play (on) the organ. – **2.** *hunt.* (*vom Hirsch*) bell, roar, bugle. – **3.** *fig. lit.* (*von Sturm, Wind*) roar, howl. – **4.** *vulg.* fuck (*vulg.*).
'Or·gel|,pfei·fe *f mus.* organ pipe: tremulierende ~ tremolant; ungedeckte ~ open organ pipe; die ~n the pipework *sg*; die Kinder stehen da wie die ~n *colloq. humor.* the children stand lined up according to their size; → Kind 4. — **~pro,spekt** *m* organ front. — **~,punkt** *m* pedal (*od.* organ) point, pedal note. — **~re,gi·ster** *n* organ stop, register, voice. — **~,spie·ler** *m* organ player. — **~,spiel,tisch** *m* console (of an organ). — **~,stim·me** *f* **1.** (*Register*) organ stop. – **2.** (*Noten*) part for an organ, organ part. — **~,wal·ze** *f* (*eines Leierkastens*) barrel.
Or·gi·as·mus [ɔr'gi̯asmʊs] *m* ⟨-; -asmen⟩ *antiq.* orgy, *auch* orgie. — **or·gia·stisch** [-'gi̯astɪʃ] *adj* (*Verzückung etc*) orgiastic.
Or·gie ['ɔrgi̯ə] *f* ⟨-; -n⟩ **1.** (*ausschweifendes Gelage*) orgy, *auch* orgie, carousal, bacchanal(ia): wilde ~n feiern to celebrate (*od.* indulge in) wild orgies. – **2.** *antiq.* orgy, *auch* orgie. – **3.** *fig. lit.* orgy, *auch* orgie: sein Haß feiert wahre ~n his hate knows no bounds.
Ori·ent ['o:riɛnt; o'riɛnt] *m* ⟨-s; *no pl*⟩ East, Orient: der Vordere ~ (*kulturell meist*) the Near East, (*politisch oft*) the Middle East.
Ori·en·ta·le [oriɛn'ta:lə] *m* ⟨-n; -n⟩, **Ori·en'ta·lin** *f* ⟨-; -nen⟩ Oriental, Eastern.
ori·en'ta·lisch *adj* oriental, *auch* Oriental, eastern.
Ori·en·ta·list [oriɛnta'lɪst] *m* ⟨-en; -en⟩ orientalist, *auch* Orientalist. — **Ori·en·ta·'li·stik** [-tɪk] *f* ⟨-; *no pl*⟩ (*Orientkunde*) orientalism, *auch* Orientalism. — **ori·en·ta'li·stisch** *adj* relating to orientalism.
'Ori·ent|,beu·le *f med. cf.* Aleppobeule. — **~ex,preß** *m* (*railway*) Orient express.
ori·en·tie·ren [oriɛn'ti:rən] **I** *v/t* ⟨*no* ge-, h⟩ **1.** (*informieren*) inform, instruct: j-n über (*acc*) etwas ~ to inform s.o. about s.th. – **2.** etwas nach etwas ~ (*ausrichten*) to orient(ate) s.th. according to s.th.: er hat seine Taktik nach den neuesten Verhältnissen orientiert he has oriented his tactics according to the latest conditions. – **3.** *mil.* (*einweisen*) brief, instruct. – **II** *v/reflex* sich ~ **4.** orient(ate) oneself, take (*od.* get) one's bearings, find one's way: sich nach der Sonne ~ to orient oneself by the sun; er kann sich in jeder Stadt ~ he can find his way about (easily) in any town; ich muß mich erst ~ I must first see where I am; sich nicht mehr ~ können to have lost one's way (*od.* bearings), to be (all) at sea (*colloq.*). – **5.** (*sich erkundigen*) inform oneself, gather information, inquire, *auch* enquire, make inquiries, find out: sich über j-s Verhältnisse ~ to inquire about (*od.* into) s.o.'s circumstances. – **6.** *aer.* take one's bearings. – **III O~** *n* ⟨-s⟩ **7.** *verbal noun.* — **ori·en'tiert I** *pp.* – **II** *adj* **1.** (*ausgerichtet*) orient(at)ed: dieses Werk ist stark religiös ~ this work is very religiously orientated. – **2.** (*informiert*) informed: er ist schlecht ~ he is badly informed; ~ sein über (*acc*) to be informed about, to be familiar with. — **Ori·en'tie·rung** *f* ⟨-; *no pl*⟩ **1.** *cf.* Orientieren. – **2.** orientation, bearing(s *pl*): j-m die ~ nehmen to disorient(ate) s.o.; die ~ verlieren to lose one's bearing(s). – **3.** (*Information*) information, instruction, orientation, guidance: zu Ihrer ~ for your guidance. – **4.** (*Ausrichtung*) orientation, tendency, bearing.
Ori·en'tie·rungs|,da·ten *pl econ.* guidance data, guidelines. — **~,hil·fe** *f* guideline assistance. — **~,li·nie** *f* **1.** orienting line. – **2.** (*Bezugslinie*) datum line. — **~,punkt** *m* **1.** *mil. aer. mar.* check point, landmark. – **2.** (*Bezugspunkt*) reference point. – **3.** (*eines Luftbildes*) aiming point. — **~,schild** *n* (*im Straßenverkehr*) direction sign. — **~,sinn** *m* orientation, sense of direction. — **~,stu·fe** *f ped. term used to denote the 5th and 6th years at German secondary schools, in which pupils are promoted according to their individual ability.* — **~sy,stem** *n* (*space*) attitude reference system. — **~,ta·fel** *f* orientation chart (*od.* map), reference table, (*Verkehrsschild*) signboard. — **~ver,mö·gen** *n cf.* Orientierungssinn.
'Ori·ent,tep·pich *m* Oriental carpet (*od.* rug), *bes. Br.* Turkey (*od.* Turkish) carpet.
ori·gi·nal [origi'na:l] *adj* **1.** (*ursprünglich, echt*) original: nicht ~ unoriginal. – **2.** (*urschriftlich*) authentic, original.
Ori'gi·nal *n* ⟨-s; -e⟩ **1.** (*Urstück*) original: das ~ befindet sich in Berlin the original is in Berlin. – **2.** (*Urschrift*) autograph, original, manuscript (*od.* autograph) version. – **3.** (*Urtext*) original (text): ~ und Übersetzung original and translation; ein Buch im ~ lesen to read a book in the original. – **4.** *colloq.* (*Sonderling*) eccentric, odd fellow (*od.* character), queer (*od.* peculiar) person, oddity: er ist ein wahres ~ he is quite a character (*colloq.*). — **~,ab,fül·lung** *f* ~ (*Aufschrift auf Flaschenetiketten*) a) (*von Wein*) estate-bottled, b) (*von Bier*) brewery-bottled. — **~,auf,nah·me** *f* (*auf Tonträger*) original recording. — **~,aus,ga·be** *f print.* original (*od.* first, princeps) edition, princeps. — **~,fas·sung** *f* (*art, literature*) original version. — **~,fla·sche** *f* original bottle. — **o~-fran'zö·sisch** *adj* (*Parfüm etc*) genuine French. — **~ge,mäl·de** *n* original (painting). — **o~ge,treu** *adj* (*Wiedergabe etc*) true, in accordance with the original. — **~,hand,schrift** *f* original manuscript, *auch* autograph.
Ori·gi·na·li·tät [originali'tɛ:t] *f* ⟨-; *no pl*⟩ **1.** originality. – **2.** (*einer Person*) peculiarity, eccentricity, oddity, queerness, singularity.
Ori·gi'nal|ko,pie *f* **1.** (*art*) replica. – **2.** (*von Dokumenten, Filmen etc*) master copy. — **~ma·nu,skript** *n cf.* Originalhandschrift. — **~,packung** (*getr.* -k·k-) *f cf.* Originalverpackung. — **~,rech·nung** *f econ.* original invoice (*Am. auch* bill). — **~,sen·dung** *f* (*radio*) *cf.* Originalübertragung. — **~,text** *m* original text. — **~,über,tra·gung** *f* live broadcast (*od.* program, *bes. Br.* programme). — **~,ur,kun·de** *f jur.* original document, authentic deed. — **~ver,packung** (*getr.* -k·k-) *f econ.* original packing (*od.* packaging): in ~ in original packing, factory-packed. — **~,zeich·nung** *f* (*art*) original drawing (*od.* draft). — **~,zeug·nis** *n* original testimonial.
ori·gi·när [origi'nɛ:r] *adj* (*ursprünglich*) original, initial, primary: nicht ~ *jur.* derivative.
ori·gi·nell [origi'nɛl] *adj* **1.** (*ursprünglich*) original. – **2.** (*einfallsreich, erfinderisch*) original, ingenious, novel: ein ~er Gedanke an original (*od.* ingenious) idea; ein ~es Muster an original (*od.* novel) design. – **3.** (*sonderbar*) peculiar, odd, strange, bizarre. – **4.** (*komisch*) funny, amusing.
Or·kan [ɔr'ka:n] *m* ⟨-(e)s; -e⟩ **1.** hurricane, (whole) gale, violent storm: der ~ tobte die ganze Nacht the gale raged all night. – **2.** *fig.* (*der Begeisterung, Entrüstung etc*) storm, tempest. — **o~,ar·tig** *adj* **1.** (*Sturm etc*) violent. – **2.** *fig.* (*Beifall etc*) thunderous, tempestuous, frenzied. — **~,stär·ke** *f* gale force.
Or·kus ['ɔrkʊs] *myth.* **I** *npr m* ⟨-; *no pl*⟩ (*Gott der Unterwelt*) Orcus, Hades. – **II** *m* ⟨-; *no pl*⟩ (*Reich der Toten*) Orcus, Hades, underworld, infernal regions *pl*, realm of the dead: zum ~ hinabfahren *poet.* to descend to the underworld.
Or·le·an [ɔrle'a:n] *m* ⟨-s; *no pl*⟩ *chem.* (orlean) bixin ($HOOCC_{22}H_{26}COOCH_3$).
Or·lea·nist [ɔrlea'nɪst] *m* ⟨-en; -en⟩ *hist.* Orleanist.
Or·le·ans [ɔrle'ã:; 'ɔrleã], **Or·lé·ans** [ɔrle'ã] (*Fr.*) *m* ⟨-; -⟩ Orleans: das Haus ~ the House of Orleans.
Or·le'an,strauch *m bot.* annatto (tree), roucou, *auch* rocou (*Bixa orellana*).
Or·na·ment [ɔrna'mɛnt] *n* ⟨-(e)s; -e⟩ **1.** ornament, decoration: mit ~en verziert ornamented. – **2.** *meist pl arch.* ornament (*only sg*): sechsblätt(e)riges ~ sexfoil, *auch* sixfoil. – **3.** (*Blumenornament*) floral ornament. – **4.** *mus.* ornament, embellishment, grace (note).
or·na·men·tal [ɔrnamɛn'ta:l] *adj* ornamental, decorative.
Or·na'men·ten,stil *m* ⟨-(e)s; *no pl*⟩ ornamental style.
or·na·men·tie·ren [ɔrnamɛn'ti:rən] *v/t* ⟨*no* ge-, h⟩ ornament, decorate.
Or·na·men·tik [ɔrna'mɛntɪk] *f* ⟨-; *no pl*⟩ **1.** (*Zierkunst*) ornamental (*od.* decorating) art. – **2.** *collect.* ornament, ornamentation, decoration.
Or·nat [ɔr'na:t] *m* ⟨-(e)s; -e⟩ **1.** (*für Priester etc*) vestments *pl*, clerical costume (*od.* vestments *pl*, robes *pl*), canonicals *pl*, (*bes. für Bischof, Papst*) pontificals *pl*. – **2.** (*für Richter etc*) gown, (official, judiciary) robes *pl*. – **3.** (*für Professoren etc*) gown, (academic) robes *pl*, academic costume, academicals *pl*: in vollem ~ a) in full academicals, with cap and gown, capped and gowned, in full array(ment), in full fig (*sl.*), b) *fig. colloq.* all dressed (*od.* smartened, spruced) up, dolled up (to the gills) (*colloq.*).
Or·nis ['ɔrnɪs] *f* ⟨-; *no pl*⟩ *zo.* (*Vogelwelt einer Gegend*) ornis.
Or·ni·tho·lo·ge [ɔrnito'lo:gə] *m* ⟨-n; -n⟩ ornithologist. — **Or·ni·tho·lo'gie** [-lo'gi:] *f* ⟨-; *no pl*⟩ ornithology. — **or·ni·tho'lo·gisch** *adj* ornithologic(al).
Or·ni·tho·phi·lie [ɔrnitofi'li:] *f* ⟨-; *no pl*⟩ *bot.* ornithophily.
Or·ni·tho·se [ɔrni'to:zə] *f* ⟨-; -n⟩ *med.* ornithosis, psittacosis.
oro·gen [oro'ge:n] *adj geol.* orogenic. — **Oro·ge'ne·se** [-ge'ne:zə] *f* ⟨-; -n⟩ orogeny, orogenesis.
Oro·gra·phie [orogra'fi:] *f* ⟨-; -n [-ən]⟩ *geol.* orography. — **oro'gra·phisch** [-'gra:fɪʃ] *adj* orographic, *auch* orographical.
Oro·hy·dro·gra·phie [orohydrogra'fi:] *f* ⟨-; *no pl*⟩ *geol.* orohydrography. — **oro·hy·dro'gra·phisch** [-'gra:fɪʃ] *adj* orohydrographic(al).
Oro·me·trie [orome'tri:] *f* ⟨-; *no pl*⟩ *geol.* orometry. — **oro'me·trisch** [-'me:trɪʃ] *adj* orometric.

Oron·go-An·ti,lo·pe [o'rɔŋgo-] *f zo.* chiru (*Pantholops hodgsoni*).

Or·phe·um [ɔr'fe:ʊm] *n* ⟨-s; -pheen⟩ music hall, *Am. auch* orpheum.

Or·pheus ['ɔrfɔʏs] *npr m* ⟨-; *no pl*⟩ *myth.* Orpheus: „~ **und Eurydike**" "Orpheus and Euridice" (*opera by Gluck*); „~ **in der Unterwelt**" "Orpheus in the Underworld (*od.* Underground)" (*operetta by Offenbach*). — ~,**spöt·ter** *m zo.* melodious warbler (*Hippolais polyglotta*).

Or·phik ['ɔrfɪk] *f* ⟨-; *no pl*⟩ *antiq. relig.* Orphism, Orphicism. — '**Or·phi·ker** [-fikər] *m* ⟨-s; -⟩ Orphic. — '**or·phisch** [-fɪʃ] *adj* **1.** *antiq. relig.* Orphic, *auch* Orphical: **O~e Mysterien** Orphic Rites; ~**es Gedicht** Orphic (hymn). – **2.** *fig.* (*Worte etc*) orphic, *auch* orphical, Orphic(al), esoteric, mystic, oracular. – **3.** *fig.* (*Musik etc*) orphic, *auch* orphical, Orphean, entrancing.

Ör·sted ['ø:rstɛt] *n* ⟨-(s); -⟩ *phys. cf.* **Oersted.**

Ort[1] [ɔrt] *m* ⟨-(e)s; -e *u. astr. mar. math.* Örter⟩ **1.** (*Platz, Stelle*) place, locality, spot: **geweihter** ~ consecrated place (*od.* ground); **ein gewisser** ~ *euphem.* lavatory, toilet, *bes. Am. colloq.* john; *bes. Br. colloq.* (the) Houses *pl* of Parliament, loo; **öffentliche** ~**e** public places; **schattiger** ~ shady place, shade; **ein sicherer** ~ a safe place; **ein stiller** ~ a quiet spot; **an allen** ~**en** in every place, everywhere; **an keinem** ~ nowhere; **am angegebenen** ~ (*in Büchern*) in the place cited, loco citato; **kein** ~ **war vor ihm sicher** no place was safe from him; **man kann nicht an zwei** ~**en gleichzeitig sein** one cannot be in two places at once (*od.* at the same time); **an einem dritten** ~ **zusammenkommen** to meet somewhere else (*od.* on neutral ground); **bin ich hier recht am** ~ (*od.* **am rechten** ~)? am I in the right place (*od.* spot) here? **an** ~ **und Stelle** a) on the spot, b) *bes. jur. econ.* on the premises, in situ; **er war pünktlich an** ~ **und Stelle** he was punctually on the spot; **etwas an** ~ **und Stelle bringen** to put s.th. where it belongs (*od.* into position); **an** ~ **und Stelle (nach)forschen** to make investigations on the (very) spot; ~ **und Zeit** (*od.* **Stunde**) time and place; **etwas an seinem** ~ **lassen** to leave s.th. in its place; **hier ist nicht der** ~ **für solche Betrachtungen** this is not the proper place (*od.* this is no place) for considerations like that. – **2.** (*Szene, Schauplatz*) scene, site, locale: **an den** ~ **des Verbrechens zurückkehren** to go back to the scene (*od.* locale) of the crime; **ein** ~ **des Grauens** a scene of horror. – **3.** (*Ortschaft*) place, (*Stadt*) *auch* town, (*Dorf*) *auch* village: **ein berühmter [verrufener]** ~ a celebrated (*od.* famous) [an ill-reputed] place; **ein vielbesuchter** ~ a much-frequented place; **von** ~ **zu** ~ **reisen** (*od.* **ziehen**) to travel from place to place; **hier am** ~ here in this place; **der** ~, **wo du geboren bist** the place where you were born, your birthplace, your native place (*od.* town), *bes. Am.* your hometown; **sich an einem** ~ **niederlassen** to settle (down) in a place, to fix one's abode in a place (*lit.*); **am** ~**e wohnend** resident; **er kommt aus meinem** ~ he comes from the same place I do (*bes. Am.* from my hometown); **der ganze** ~ **spricht davon** *fig.* the whole place (*od.* all the town, all the village) talks of it; **niemand kannte den** ~, **wo er sich aufhielt** nobody knew his whereabouts (*auch* whereabout). – **4.** (*Behörde*) authority: **etwas gehörigen** ~**es melden** to notify the (proper) authorities of s.th.; **es ist höheren** ~**(e)s genehmigt** it is approved by a higher authority (*od.* at high quarters); **ich werde Sie geeigneten** ~**es empfehlen** I shall recommend you to the proper persons. – **5.** (*theater*) scene, place: ~ **der Handlung** scene of action; **Einheit des** ~**es und der Zeit** unity of time and place. – **6.** *econ. jur.* place: ~ **der Ausstellung** (*eines Wertpapieres*) place of issue; ~ **der Ausfertigung** (*od.* **Errichtung**) (*einer Urkunde*) place of execution; **am** ~ loco. – **7.** ⟨-(e)s; Örter⟩ (**geometrischer**) ~ *math.* (geometric) locus. – **8.** ⟨-(e)s; Örter⟩ *astr. mar.* position.

Ort[2] *n* ⟨-(e)s; "er⟩ (*mining*) a) (*Ende einer Strecke*) head of a road, roadhead, b) (*als Betriebspunkt*) face (coal), drift (stone): **vor** ~ **arbeiten** to work at the face, to work at (*od.* in) the drift.

Ort[3] *m, n* ⟨-(e)s; -e⟩ *Swiss obs.* canton: **die 8 Alten** ~**e** the 8 original cantons.

Ort[4] *m, n* ⟨-(e)s; -e⟩ *obs.* fourth part (*of a measure, coin*), quarter.

Ort[5] *m, n* ⟨-(e)s; -e⟩ **1.** *geogr.* (*Landspitze, meist an der Ostseeküste*) point, head, (*in Eire*) ceann. – **2.** *obs. dial. for* **Ahle.**

Ört·chen ['œrtçən] *n* ⟨-s; -⟩ **1.** *dim. of* **Ort.** – **2.** (**stilles, verschwiegenes**) ~ *colloq. euphem.* lavatory, toilet, *bes. Am. colloq.* john; *bes. Br. colloq.* (the) Houses *pl* of Parliament, loo: **aufs** ~ **gehen** to go to the john, *bes. Br. colloq.* to spend a penny, to powder one's nose.

or·ten ['ɔrtən] **I** *v/t* ⟨h⟩ **1.** *aer. mar.* (*Flugzeug, U-Boot etc*) locate, find (*od.* fix) the position of, get a fix on, (*mit Funk*) radiolocate. – **2.** *tech. math.* find the direction (*od.* position) of. – **II** *v/i* **3.** *aer. mar.* take a fix (*od.* bearing), take (the) bearings. – **III O~** *n* ⟨-s⟩ **4.** *verbal noun.* – **5.** *cf.* **Ortung.** — '**Or·ter** *m* ⟨-s; -⟩ *aer. mar.* navigator, (*am Funkpeilgerät*) radiolocator, (*am Radar*) observer.

Or·thit [ɔr'ti:t; -'tɪt] *m* ⟨-(e)s; -e⟩ *min.* allanite, orthite.

Or·tho..., or·tho... *combining form denoting* ortho...

or·tho·chro·ma·tisch [ɔrtokro'ma:tɪʃ] *adj phot.* orthochromatic.

Orth·odon·tie [ɔrtodɔn'ti:] *f* ⟨-; *no pl*⟩ (*Zahnregulierung*) orthodontics *pl* (*construed as sg or pl*).

or·tho·dox [ɔrto'dɔks] *adj* **1.** *relig.* orthodox: **die O~e Kirche** the Orthodox Church. – **2.** (*strenggläubig*) orthodox: **ein** ~**er Christ** an orthodox (*od.* a good) Christian. – **3.** *fig.* (*unnachgiebig, engstirnig*) orthodox, *Am. colloq.* hard-shell (*attrib*). — **Or·tho'do·xe** *m* ⟨-n; -n⟩ *relig.* Orthodox. — **Or·tho·do'xie** [-'ksi] *f* ⟨-; *no pl*⟩ *relig. auch fig.* orthodoxy.

or·tho·drom [ɔrto'dro:m] *adj mar.* (*in der Nautik*) orthodromic. — **Or·tho'dro·me** *f* ⟨-; -n⟩ orthodrome, orthodromic line.

Or·tho·epie [ɔrtoˀe'pi:] *f* ⟨-; *no pl*⟩ *ling.* (*richtige Lautung*) orthoepy, standard (German) pronunciation.

Or·tho|ge·ne·se [ɔrtoge'ne:zə], ~'**ge·ne·sis** [-'ge:nezɪs] *f biol.* orthogenesis. — **o~ge'ne·tisch** [-ge'ne:tɪʃ] *adj* orthogenetic.

Or·tho·gon [ɔrto'go:n] *n* ⟨-s; -e⟩ *math.* rectangle. — **or·tho·go'nal** [-go'na:l] *adj* orthogonal, rectangular.

Or·tho·gra·phie [ɔrtogra'fi:] *f* ⟨-; -n [-ən]⟩ *ling.* orthography, (correct) spelling. — **or·tho'gra·phisch** [-'gra:fɪʃ] **I** *adj ling. math.* orthographic, *auch* orthographical: **ein** ~**er Fehler** an orthographic mistake; ~**e Projektion** orthographic projection. – **II** *adv ling.* orthographically: ~ **richtig schreiben** to spell correctly.

Or·tho·klas [ɔrto'kla:s] *m* ⟨-es; -e⟩ *min.* orthoclase.

Or·tho·pä·de [ɔrto'pɛ:də] *m* ⟨-n; -n⟩ *med.* orthop(a)edist.

Or·tho·pä·die [ɔrtopɛ'di:] *f* ⟨-; *no pl*⟩ orthop(a)edics *pl* (*construed as sg or pl*). — ~**me,cha·ni·ker** *m* orthop(a)edic technician (*od.* mechanic).

or·tho'pä·disch *adj* (*Schuhe etc*) orthop(a)edic.

Or·tho·pte·re [ɔrto'pte:rə] *f* ⟨-; -n⟩, **Or'tho·pte·ron** [-'tɔpterən] *n* ⟨-s; -pteren [-to'pte:rən]⟩ *meist pl zo.* orthopteron (*Ordng Orthoptera*).

Or·tho·skop [ɔrto'sko:p] *n* ⟨-s; -e⟩ *med.* orthoscope. — **Or·tho·sko'pie** [-sko'pi:] *f* ⟨-; *no pl*⟩ orthoscopy. — **or·tho'sko·pisch** *adj* orthoscopic.

or·tho·ze·phal [ɔrtotse'fa:l] *adj anthrop.* orthocephalic, orthocephalous. — **Or·tho·ze'pha·le** *m* ⟨-n; -n⟩ orthocephalic. — **Or·tho·ze·pha'lie** [-fa'li:] *f* ⟨-; *no pl*⟩ orthocephaly.

ört·lich ['œrtlɪç] **I** *adj* **1.** (*auf einen Ort bezogen*) local, regional: ~**e Besonderheiten** local (*od.* regional) peculiarities (*od.* characteristics); ~**e Nachrichten** local news (*construed as sg or pl*); ~**e Selbstverwaltung** *pol.* local self-government; ~**e Sitten und Gebräuche** local (*od.* vicinal) mores and customs. – **2.** *med.* local, topical: ~**e Begrenzung** localization *Br. auch* -s-; ~**e Betäubung** local (*od.* topical) an(a)esthetic (*od.* an[a]esthesia); ~**e Entzündung** local inflammation. – **II** *adv* **3.** locally: **das ist** ~ **verschieden** that varies from place to place (*od.* locally); ~ **begrenzen** *bes. med.* to localize *Br. auch* -s-; ~ **betäuben** to an(a)esthetize (*Br. auch* -s-) locally, to give a local an(a)esthetic (*od.* an[a]esthesia); ~ **verbreitete Krankheit** endemic disease; ~ **angewandtes Heilmittel** topical remedy. — '**Ört·lich·keit** *f* ⟨-; -en⟩ **1.** place, locality. – **2.** (*Schauplatz*) locality, locale. – **3. eine gewisse** ~ *euphem. cf.* **Örtchen** 2. – **4.** *philos.* ubiety, locality.

Or·to·lan [ɔrto'la:n] *m* ⟨-s; -e⟩, ~,**am·mer** *f zo.* ortolan (bunting) (*Emberiza hortulana*).

'**Ort,pfahl** *m civ.eng.* bored (*od.* drilled) pile, cast-in-place pile.

'**Orts|ad,verb** *n ling.* adverb of place. — ~,**amt** *n tel.* local exchange, local control office. — ~,**an,ga·be** *f* **1.** indication (*od.* statement) of place. – **2.** (*Adresse*) address, name of place: **ohne** ~ without (an) address. – **3.** (*auf der Landkarte*) (map) reference. — **o~,an,säs·sig** *adj* local, resident. — ~,**an,säs·si·ge** *m, f* local, resident, residentiary. — ~,**an,säs·sig·keit** *f* ⟨-; *no pl*⟩ residence. — **o~,an,we·send** *adj* present. — ~,**aus,gang** *m* exit of a town (*od.* village). — ~,**aus,schuß** *m* local committee. — ~,**be·ben** *n geol.* local earthquake. — ~**be,hör·de** *f* local authorities *pl.* — ~**be,schaf·fen·heit** *f* nature (*od.* peculiarities *pl*) of a place (*od.* a locality). — ~**be,schrei·bung** *f geogr.* topography. — ~**be,sich·ti·gung** *f* **1.** inspection of a locality. – **2.** *jur.* (*Lokaltermin*) local inspection. — ~**be,stim·mung** *f* **1.** (*Lokalisierung*) localization *Br. auch* -s-. – **2.** *geogr.* determination (*od.* fixing) of the geographical position. – **3.** *aer. mar.* (*Peilung*) a) (*als Ergebnis*) fix, bearing, location, b) (*als Fähigkeit*) fixing of position, position-finding. – **4.** *ling.* adverb (*od.* adverbial phrase) of place. — **o~be,weg·lich** *adj tech.* (*Maschine etc*) mobile, movable, (*kleinere Maschinen*) *auch* portable. — ~**be,woh·ner** *m* inhabitant, local, resident, *pl* local people, inhabitants. — ~**be,zeich·nung** *f* name of a place (*od.* village, town).

'**Ort·schaft** *f* ⟨-; -en⟩ **1.** small town, place: **geschlossene** ~ (*Verkehrszeichen*) built-up area. – **2.** (*Dorf*) village.

'**Ort,scheit** *n tech.* (*beim Wagenbau*) swingletree, *Br.* swingle-tree, singletree, *Br.* single-tree, *Br.* splinter bar, *Am.* whiffletree.

'**Orts|emp,fang** *m* (*radio*) *telev.* local (*od.* short-distance) reception. — ~,**fern,sprech,netz** *n tel.* local exchange network. — **o~,fest** *adj* **1.** (*unbeweglich*) stationary. – **2.** *tech.* stationary, fixed, rigidly mounted. – **3.** *mil.* (*Stellung*) permanent. — **o~,fremd** *adj* nonlocal, nonresident, from outside: **ich bin hier** ~ I am a stranger to this locality. — ~**ge,brauch** *m* **1.** local custom. – **2.** *econ.* local usage (*od.* custom). — **o~ge,bun·den** *adj* **1.** (*Person*) attached (*od.* tied) to a certain place. – **2.** (*Sache*) stationary, permanent: **nicht** ~ mobile. – **3.** *econ.* (*Industrie*) resources-bound. – **4.** *med.* (*Typhus etc*) localized *Br. auch* -s-. — ~**ge,dächt·nis** *n* (good *od.* retentive) memory for places. — ~,**geist·li·che** *m relig.* local clergyman (*od.* minister, parson), *bes. Br.* local. — ~**ge,schich·te** *f* local history. — ~**ge,spräch** *n tel.* local call. — ~,**grup·pe** *f* (*einer Partei, eines Vereins etc*) local branch, *Am. auch* chapter. — ~,**kennt·nis** *f* knowledge of (*od.* familiarity with) a place, local knowledge: ~ **besitzen** (*od.* **haben**) to know a place. — ~,**kenn,zahl** *f tel. cf.* Ortsnetz-Kennzahl. — ~,**klas·se** *f* locality class, classification of a residential area (*according to living costs*). — ~**kom·man,dant** *m mil.* town commander, *bes. Br.* town major. — ~**kom·man·dan,tur** *f* army post, local headquarters *pl* (*often construed as sg*). — ~,**kran·ken,kas·se**, '**All·ge,mei·ne** *f med. German form of compulsory health insurance.* — **o~,kun·dig** *adj* familiar with a place (*od.* locality): ~ **sein** to know a place. — ~,**na·me** *m* place name, toponym (*scient.*). — ~,**na·men,for·schung** *f* study of place names; toponymy, *auch* toponomy (*scient.*).

'**Orts,netz** *n* **1.** *tel.* local exchange (*od.* telephone) network. – **2.** *electr.* local network. — ~**be,reich** *m tel.* local service area. — ~-,**Kenn,zahl** *f* trunk (dial[l]ing) code, preselection number, prefix.

'**Orts|,pfar·rer** *m relig. cf.* **Ortsgeistliche.**

— **~po·liˌzei(·beˌhör·de)** *f* local police (authorities *pl*). — **~ˌschild** *n* signpost indicating name of town. — **~ˌsen·der** *m* (*radio*) *telev.* local transmitter. — **~ˌsinn** *m* sense of location (*od.* orientation), sense (*od.* bump) of locality. — **~staˌtut** *n* by(e)-law, *Br.* by(e)-law, *bes. Am.* town ordinance. — **~ˌta·fel** *f cf.* Ortsschild. — **~ˌteilˌneh·mer** *m tel.* local subscriber.
'Ortˌstein *m agr.* hardpan.
'ortsˌüb·lich *adj* customary at (*od.* in) a place.
'Orts|ˌun·terˌkunft *f mil.* billet(s *pl*), cantonment. — **~verˌän·de·rung** *f* change of place (*od.* scenery), locomotion (*scient.*). — **~verˌkehr** *m* **1.** local traffic. **– 2.** (*von öffentlichen Verkehrsmitteln*) local traffic (*od.* communication). **– 3.** *tel.* local telephone traffic. **– 4.** (*postal service*) local service. — **~verˌzeich·nis** *n* gazetteer. — **~ˌvorˌste·her** *m* chief magistrate of a (small) community, *Br. etwa* chairman of the parish council. — **~ˌwech·sel** *m cf.* Ortsveränderung. — **~ˌzeit** *f* local time: **mittlere ~** local mean time. — **~ˌzuˌla·ge** *f*, **~ˌzuˌschlag** *m econ.* local bonus. — **~ˌzuˌstel·lung** *f* (*postal service*) local delivery.
'Or·tung *f* ⟨-; -en⟩ **1.** *cf.* Orten. **– 2.** *aer. mar.* a) (*als Oberbegriff*) navigation, direction-finding, detection, b) (*Funkortung*) radiolocation. **– 3.** *tech. math.* direction (*od.* position) finding, location.
'Or·tungs|ˌba·ke *f aer.* beacon. — **~geˌrät** *n* **1.** *aer. mar.* position fixer (*od.* finder), localizer *Br. auch* -s-. **– 2.** *mar. mil.* (*gegen U-Boote*) detection equipment, locator. — **~ˌpunkt** *m* location (*od.* reference) point. — **~sta·tiˌon** *f* (*Peilstation*) direction-finder (*od.* -finding) station.
Os·car ['ɔskar] *m* ⟨-(s); -(s)⟩ (*amer. Filmpreis*) Oscar.
Öse ['øːzə] *f* ⟨-; -n⟩ **1.** (*an Kleidern etc*) eye: **Haken und ~n** hooks and eyes; **sie spielten mit Haken und ~n** (*sport*) *colloq.* they used every trick in the book (*colloq.*). **– 2.** (*am Schuh*) eyelet: **durch eine ~ ziehen** to lace (*s.th.*) through an eyelet. **– 3.** *tech.* (*kleiner Metallring*) ring, eye, eyelet, loop. **– 4.** (*einer Nadel*) eye(let). **– 5.** (*eines Knopfes*) shank. **– 6.** (*Schleife eines Taues etc*) loop, bend.
'Ösen|ˌha·ken *m* eyehook. — **~ˌschrau·be** *f tech.* eye bolt. — **~ˌzan·ge** *f* eyelet pliers *pl* (*construed as sg or pl*).
Osi·ris [o'ziːrɪs] *npr m* ⟨-; *no pl*⟩ *myth.* Osiris (*Egyptian god of the lower world*).
Os·kar ['ɔskar] *npr m* ⟨-s; *no pl*⟩ Oscar: **er ist frech wie ~** *colloq.* he is (as) bold as brass, he is a cheeky (*od.* saucy) fellow (*colloq.*), *Br. colloq.* he is a proper cheeky Charlie.
Os·ker ['ɔskər] *m* ⟨-s; -⟩ *antiq.* Oscan. — **'os·kisch I** *adj* Oscan. **– II** *ling.* **O~** ⟨*generally undeclined*⟩, **das O~e** ⟨-n⟩ Oscan. — **'Os·kisch-'Um·brisch** *ling.* ⟨*generally undeclined*⟩, **das ~e** ⟨-n⟩ Osco-Umbrian.
Os'ma·ne [-'maːnə] *m* ⟨-n; -n⟩ Ottoman, Osmanli, *auch* Osman. — **os'ma·nisch I** *adj* Osmanli, *auch* Osman, Ottoman: **das O~e Reich** the Ottoman Empire. **– II** *ling.* **O~** ⟨*generally undeclined*⟩, **das O~e** ⟨-n⟩ Osmanli, *auch* Osman, Turkish.
Os·mi·um ['ɔsmĭum] *n* ⟨-s; *no pl*⟩ *chem.* osmium (Os). — **~ˌsäu·re** *f* osmic acid (H_2OsO_4).
Os·mo·lo·gie [ɔsmolo'giː] *f* ⟨-; *no pl*⟩ *med.* osmology.
Os·mo·se [ɔs'moːzə] *f* ⟨-; *no pl*⟩ *chem.* osmosis. — **os'mo·tisch** [-tɪʃ] *adj* (*Druck, Wert etc*) osmotic.
Öso·pha·go·sko·pie [øzofagosko'piː] *f* ⟨-; *no pl*⟩ *med.* (*Speiseröhrenspiegelung*) (o)esophagoscopy.
Öso·pha·gus [ø'zoːfagus] *m* ⟨-; -gi [-gi]⟩ *med.* (*Speiseröhre*) (o)esophagus.
Os·sa·ri·um [ɔ'saːrĭum] *n* ⟨-s; -rien⟩ (*Beinhaus*) ossuary.
Os·se·in [ɔse'iːn] *n* ⟨-s; *no pl*⟩ *biol.* ossein.
Os·se·te [ɔ'seːtə] *m* ⟨-n; -n⟩ (*im Kaukasus*) Osset, *auch* Os(s)ete, Osseta, Ossetine.
Os·si·fi·ka·ti·on [ɔsifika'tsĭoːn] *f* ⟨-; -en⟩ *med.* (*Verknöcherung*) ossification.
Os·sua·ri·um [ɔ'sŭaːrĭum] *n* ⟨-s; -rien⟩ *cf.* Ossarium.
Ost[1] [ɔst] ⟨*invariable*⟩ **1.** (*Himmelsrichtung*) east: **von ~ nach West verlaufen** to run from east to west; **~ zu Nord** *mar.* east by north; **Süd zu ~** *mar.* south by east. **– 2.** *pol.* **eine Konferenz mit Teilnehmern aus ~ und West** a conference with participants from East and West; **die Spannungen zwischen ~ und West abbauen** to reduce the tension(s) between East and West.
Ost[2] *m* ⟨-(e)s; *rare* -e⟩ *meteor.* (*Ostwind*) east wind, *auch* east, easterly.
'ost|afri'ka·nisch *adj* East African. — **O~asia·te** [-ˀa'zĭaːtə] *m* East Asian, Oriental. — **~asia·tisch** [-ˀa'zĭaːtɪʃ] *adj* East Asian, Oriental. — **O~-Berˌlin** *n* ⟨-s⟩ **1.** East Berlin. **– 2.** *colloq.* East Berlin, (the) German Democratic Republic. — **O~berˌli·ner** *m* East Berliner.
'Ostˌblock *m pol.* Eastern Bloc. — **~ˌstaat** *m* state of the Eastern Bloc, Eastern Bloc state.
'ost|ˌdeutsch *adj* **1.** *geogr.* Eastern German. **– 2.** *pol.* East German. — **O~ˌdeut·sche** *m, f* inhabitant of Eastern Germany.
Osten ['ɔstən] *m* ⟨-s; *no pl*⟩ **1.** (*Himmelsrichtung*) east: **im ~** in the east; **im ~ von** to the east of; **nach ~** east; **in Richtung ~** eastward(s); **von ~, aus ~** easterly; **genau nach ~** due east; **der Wind kommt von ~** the wind is in the east; **die Sonne geht im ~ auf** the sun rises in the east; **dieses Schiff geht nach ~** this boat is eastbound; **ein Flug in Richtung ~** an eastbound flight; **das Zimmer geht** (*od.* **liegt**) **nach** (*od. poet.* **gen**) **~** the room faces east. **– 2.** (*Landstrich, Gegend*) East, *auch* east: **der ~ spricht eine andere Mundart als der Süden** in the East they speak a dialect different from that in the South; **im ~ einer Stadt** in the East End (*Am.* Side) of a town. **– 3.** *geogr. pol.* East, Orient: **wir reisen nach dem ~** we are going to travel to the East (*od.* Orient); → **fern** 1; **mittler** 1; **nah** 1. **– 4.** *colloq. for* **Ostblock**. **– 5.** *colloq.* (the) German Democratic Republic.
'osten *v/t* ⟨h⟩ *arch.* (*Kirche*) orient.
osten·si·bel [ɔstɛn'ziːbəl] *adj obs.* **1.** presentable. **– 2.** conspicuous.
osten·siv [ɔstɛn'ziːf] *adj u. adv obs. for* **ostentativ**.
Osten·so·ri·um [ɔstɛn'zoːrĭum] *n* ⟨-s; -rien⟩ *röm.kath. cf.* **Monstranz**.
osten·ta·tiv [ɔstɛnta'tiːf] **I** *adj* **1.** (*Maßnahme, Erscheinen etc*) ostentatious. **– 2.** (*herausfordernd*) ostentatious, challenging, defiant. **– 3.** (*prahlend*) boasting, ostentatious. **– II** *adv* **4. er verließ ~ den Raum** he ostentatiously left the room.
Osteo·ar·thri·tis [ɔsteoˀar'triːtɪs] *f med.* osteoarthritis.
Osteo·blast [ɔsteo'blast] *m* ⟨-en; -en⟩ *med.* osteoblast.
osteo·gen [ɔsteo'geːn] *adj med.* osteogenetic, osteogenic, osteogenous. — **Osteo·ge'ne·se** [-ge'neːzə] *f* osteogenesis.
Osteo·klast [ɔsteo'klast] *m* ⟨-en; -en⟩ *med.* osteoclast.
Osteo·ly·se [ɔsteo'lyːzə] *f* ⟨-; *no pl*⟩ *med.* [osteolysis.]
Oste·om [ɔste'oːm] *n* ⟨-s; -e⟩ *med.* osteoma, bone tumor (*bes. Br.* tumour).
Osteo·ma·la·zie [ɔsteomala'tsiː] *f* ⟨-; -n [-ən]⟩ *med.* osteomalacia.
Osteo·mye·li·tis [ɔsteomye'liːtɪs] *f* ⟨-; *no pl*⟩ *med.* osteomyelitis.
Osteo·path [ɔsteo'paːt] *m* ⟨-en; -en⟩ *med.* osteopath, osteopathic physician. — **Osteo·pa'thie** [-pa'tiː] *f* ⟨-; -n [-ən]⟩ osteopathy.
Osteo·tom [ɔsteo'toːm] *n* ⟨-s; -e⟩ *med.* (*Instrument*) osteotome. — **Osteo·to'mie** [-to'miː] *f* ⟨-; -n [-ən]⟩ osteotomy.
'Oster|ˌbeich·te ['oːstər-] *f röm.kath.* confession made at Easter. — **~ˌblu·me** *f bot.* **1.** (*gelbe*) daffodil, Easter lily, bastard narcissus (*Narcissus pseudonarcissus*). **– 2.** (*weiße*) wood anemone (*Anemona nemorosa*). — **~ˌbrauch** *m* Easter custom. — **~ˌei** *n* Easter egg: **~er suchen** to search for Easter eggs. — **~ˌfei·erˌtag** *m* Easter (holi)day. — **~ˌfe·ri·en** *pl* Easter holidays (*Am.* vacation *sg*). — **~ˌfest** *n relig. cf.* Ostern 2. — **~ˌfeu·er** *n* **1.** bonfire made on Easter Eve. **– 2.** *röm.kath. fire kindled outside the church by means of flint and steel.* — **~ˌfla·den** *m gastr.* Easter cake. — **~ˌglocke** (*getr.* -k·k-) *f bot. cf.* Narzisse. — **~ˌha·se** *m* **1.** Easter rabbit (*od.* bunny). **– 2.** (*Geschenk*) Easter present. — **~ˌkar·te** *f* Easter card. — **~ˌker·ze** *f röm.kath.* (*geweihte*) paschal (*od.* Easter) candle. — **~ˌlamm** *n* **1.** paschal lamb. **– 2.** (*der Juden*) paschal (lamb), passover.
öster·lich ['øːstərlɪç] *adj* Easter (*attrib*), paschal: **~e Zeit** Easter time.
'Oster·luˌzei [-luˌtsaɪ] *f* ⟨-; -en⟩ *bot.* hollowroot, birthwort (*Gattg Aristolochia*): **Gemeine ~** common birthwort (*A. clematitis*).
'Oster|ˌmahl *n relig.* paschal (supper). — **~ˌmarsch** *m pol.* Easter protest march. — **~ˌmes·se** *f relig.* Easter mass. — **~ˌmo·nat, ~ˌmond** *m obs.* Easter month, April. — **~'monˌtag** *m* Easter Monday.
Ostern ['oːstərn] *n* ⟨-; *dial.* (*in Wunschformeln od. Austrian and Swiss only*) -⟩ **1.** Easter: **zu** (*Southern G.* **an**) **~** at Easter; **weiße ~** (*mit Schnee*) white Easter *sg*; **frohe** (*od.* **fröhliche**) **~!** Happy Easter! **~ fällt diesmal** (*od. dial.* **diese ~ fallen**) **spät** Easter is late this year; **~ steht vor der Tür** Easter is just round the corner; **wenn ~ und Pfingsten auf einen Tag fallen** *fig. colloq.* when Good Friday falls on a Thursday, when two Sundays come together (*od.* in a week), not in a month of Sundays, when Dover and Calais meet. **– 2.** *relig.* (*Osterfest*) a) Easter, b) (*der Juden*) Pasch(a), Passover: **Samstag vor ~** Holy Saturday; **zweiter Sonntag vor ~** Passion Sunday; **Sonntag nach ~** Low Sunday, Quasimodo (geniti).
'Oster|ˌnacht *f* Easter Eve. — **~ˌnest** *n* nest for Easter eggs. — **~ˌop·fer** *n relig.* passover.
Öster·rei·cher ['øːstəraɪçər] *m* ⟨-s; -⟩, **'Öster·rei·che·rin** *f* ⟨-; -nen⟩ Austrian. — **'öster·rei·chisch** *adj* Austrian.
'öster·rei·chisch-'un·ga·risch *adj hist.* Austro-Hungarian. — **'Öster·reich-'Un·garn** *n* ⟨-s; *no pl*⟩ *hist.* Austria-Hungary.
'Oster|'samsˌtag *m* Easter Eve, Holy Saturday. — **~ˌschel·le** *f bot. cf.* Küchenschelle. — **~'sonnˌtag** *m* Easter Sunday, Easter day. — **~ˌspiel** *n* (*literature*) Easter play. — **~ˌwas·ser** *n röm.kath.* Easter water. — **~ˌwo·che** *f* **1.** Easter week. **– 2.** *relig.* Holy Week. — **~ˌzeit** *f* Easter tide, *auch* Easter time (*od.* season).
'Ost|eu·ro'pä·er *m* East European. — **o~eu·ro'pä·isch** *adj* East (*od.* Eastern) European: **~e Zeit** Eastern Time.
'Ost'fa·le [-'faːlə] *m* ⟨-n; -n⟩ *hist.* Ostphalian.
'Ost|ˌflücht·ling *m pol.* refugee from the German Democratic Republic. — **~ˌfran·ke** *m meist pl hist.* East Franconian. — **o~ˌfrän·kisch I** *adj* East Franconian. **– II** *ling.* **O~** ⟨*generally undeclined*⟩, **das O~e** ⟨-n⟩ East Franconian. — **~'frie·se** *m* East Frisian. — **o~'frie·sisch I** *adj* East Frisian. **– II** *ling.* **O~** ⟨*generally undeclined*⟩, **das O~e** ⟨-n⟩ East Frisian. — **~ˌfront** *f mil. hist.* east(ern) front. — **~geˌbie·te** *pl pol.* Eastern territories (of Germany). — **~ˌgeld** *n econ. cf.* Ostmark[2]. — **o~gerˌma·nisch** *hist.* **I** *adj* East Germanic. **– II** *ling.* **O~** ⟨*generally undeclined*⟩, **das O~e** ⟨-n⟩ East Germanic. — **~ˌgo·te** *m hist.* East Goth, Ostrogoth. — **~ˌgo·tenˌreich** *n* East Gothic Empire. — **o~ˌgo·tisch** *adj* East Gothic, Ostrogothic, Ostrogothian. — **~ˌgren·ze** *f pol.* Eastern frontier (*od.* border).
Ostia·ri·us [ɔs'tĭaːrĭus] *m* ⟨-; -rier⟩ *röm. kath.* ostiary, doorkeeper, porter.
osti·nat [ɔsti'naːt], **osti'na·to** [-to] *adv u. adj mus.* ostinato.
'Ost|'in·der *m* East Indian. — **o~'in·disch** *adj* (East) Indian: **O~e Gesellschaft** *hist.* East India Company.
'ostisch *adj anthrop.* (*Rasse*) Alpine.
Osti·tis [ɔs'tiːtɪs] *f* ⟨-; -tiden [-ti'tiːdən]⟩ *med.* osteitis.
Osti·um ['ɔstĭum] *n* ⟨-s; Ostia [-tĭa]⟩ *med.* ostium, mouth, opening, orifice.
Ostja·ke [ɔs'tjaːkə] *m* ⟨-n; -n⟩ Ostyak, *auch* Ostiak. — **ostja·kisch** [-'tjaːkɪʃ] *adj* Ostyak, *auch* Ostiak.
'Ost|ˌju·de *m* Eastern Jew, Ashkenazi. — **~ˌkir·che** *f relig.* Orthodox Church.
'Ostˌlän·der *pl pol.* Eastern Countries.
öst·lich ['œstlɪç] **I** *adj* **1.** (*Landesteil etc*) east(ern), easterly: **~st** easternmost; **~e Länge** east longitude; **in ~er Richtung** (toward[s] the) east, eastward(s); **der ~e Teil Bayerns** the eastern part of Bavaria. **– 2.** (*Wind, Richtung*) east, easter(n)ly, eastwardly: **Wind aus ~en Richtungen** *meteor.* easterly wind. **– 3.** (*morgenländisch*) Oriental, *auch* oriental, orient (*poet.*). **– II** *adv* **4.** east, eastward(s), easter(n)ly: **~ von Berlin** (to the) east of Berlin. **– III** *prep* ⟨*gen*⟩ **5.** (to the) east of: **~ des Waldes** (to the) east of the forest; **~ Berlins** (to the) east of Berlin.

'**Ostˌmark**[1] *f hist.* a) Austria, b) Eastern march (*od.* borderland), c) Ostmark.
'**Ostˌmark**[2] *f econ.* East German mark.
'**Ostˌmit·telˌdeutsch** *ling.* ⟨*generally undeclined*⟩, **das ~e** ⟨-n⟩ East Middle German.
ˌ**Ostˌnord'ost**[1] ⟨*invariable*⟩ (*Himmelsrichtung*) east-northeast.
ˌ**Ostˌnord'ost**[2] *m* ⟨-(e)s; -e⟩ (*Wind*) east-northeast wind.
ˌ**Ostˌnord'osten** *m cf.* Ostnordost[1].
'**Ost|po·liˌtik** *f pol.* Eastern policy, *auch* Ostpolitik. — **~ˌpreu·ße** *m* **~ˌpreu·ßin** *f* East Prussian. — **o~ˌpreu·ßisch I** *adj* East Prussian. – **II** *ling.* **O~** ⟨*generally undeclined*⟩, **das O~e** ⟨-n⟩ East Prussian. — **~ˌpunkt** *m astr.* east point, due east.
Östra·di·ol [œstra'dĭo:l] *n* ⟨-s; *no pl*⟩ *biol.* (o)estradiol.
Ostra·kis·mos [ɔstrakɪs'mɔs] *m* ⟨-; *no pl*⟩ *antiq. cf.* Ostrazismus.
Ostra·ko·de [ɔstra'ko:də] *m* ⟨-n; -n⟩ *zo. cf.* Muschelkrebs.
Ostra·kon ['ɔstrakɔn] *n* ⟨-s; -ka [-ka]⟩ *antiq.* ostracon, ostrakon.
Ostra·zis·mus [ɔstra'tsɪsmʊs] *m* ⟨-; *no pl*⟩ *antiq.* ostracism.
Östri·ol [œstri'o:l] *n* ⟨-s; *no pl*⟩ *biol.* (o)estriol.
Östro·gen [œstro'ge:n] *n* ⟨-s; -e⟩ *biol.* (o)estrogen.
'**Ostˌrom** *n* ⟨-s; *no pl*⟩ *hist.* the Eastern Roman (*od.* Byzantine) Empire, the Empire of the East. — '**Ostˌrö·mer** *m* Eastern Roman. — '**ostˌrö·misch** *adj* Eastern Roman, Byzantine: das O~e Reich *cf.* Ostrom.
Östron ['œstrɔn] *n* ⟨-(s); *no pl*⟩ *biol.* (o)estrone, folliculin.
Östrus ['œstrʊs] *m* ⟨-; *no pl*⟩ *med. zo.* (o)estrus, *auch* (o)estrum.
'**Ost|ˌsei·te** *f* east side. — **~ˌsek·tor** *m pol.* (*von Berlin*) East Sector. — **~ˌsla·wen** *pl* Eastern Slavs.
ˌ**Ostˌsüd'ost**[1] ⟨*invariable*⟩ (*Himmelsrichtung*) east-southeast.
ˌ**Ostˌsüd'ost**[2] *m* ⟨-(e)s; -e⟩ (*Wind*) east-southeast wind.
ˌ**Ostˌsüd'osten** *m cf.* Ostsüdost[1].
'**Ostung** *f* ⟨-; *no pl*⟩ *arch.* orientation.
'**Ost·verˌträ·ge** *pl pol.* treaties with Eastern Bloc (*od.* Warsaw Pact) states.
'**ostˌwärts** *adv* eastward(s), (to the) east, easterly.
'**Ost-'West|-Beˌzie·hun·gen** *pl pol.* East-West relations, relations between East and West. — **~-ˌHan·del** *m econ.* East-West trade.
'**Ostˌwind** *m* east wind, *auch* east, easterly.
'**ost|zoˌnal** *adj* relating to the Eastern Zone. — **O~ˌzo·ne** *f obs.* Eastern Zone, Soviet-occupied Zone.
Os·zil·la·ti·on [ɔstsɪla'tsĭo:n] *f* ⟨-; -en⟩ *phys.* oscillation, swing.
Os·zil·la·tor [ɔstsɪ'la:tɔr] *m* ⟨-s; -en [-la'to:rən]⟩ *phys. electr.* oscillator. — **~ˌröh·re** *f electr.* oscillator tube (*bes. Br.* valve).
os·zil·lie·ren [ɔstsɪ'li:rən] *v/i* ⟨*no* ge-, h⟩ oscillate, swing.
Os·zil·lo·gramm [ɔstsɪlo'gram] *n* ⟨-s; -e⟩ *electr. phys. tech.* oscillogram: ~ einer Schallwelle visible sound.
Os·zil·lo·graph [ɔstsɪlo'gra:f] *m* ⟨-en; -en⟩ *phys.* oscillograph, *auch* oscilloscope.
Ot·al·gie [otal'gi:] *f* ⟨-; -n [-ən]⟩ *med.* (*Ohrenschmerz*) otalgia.
Oti·tis [o'ti:tɪs] *f* ⟨-; -tiden [oti'ti:dən]⟩ *med.* otitis, inflammation of the ear.
Oto·lith [oto'li:t; -'lɪt] *m* ⟨-s; -e⟩ *med.* (*Hörstein*) statolith, otolith.
Oto·lo·gie [otolo'gi:] *f* ⟨-; *no pl*⟩ *med.* otology.
Oto·skop [oto'sko:p] *n* ⟨-s; -e⟩ *med.* (*Ohrspiegel*) otoscope.
Ot·ta·ve·ri·me [ɔˌta:ve'ri:me] *pl metr.* ottava rima *sg.*
Ot·ter[1] ['ɔtər] *m* ⟨-s; -⟩ *zo.* otter (*Unterfam. Lutrinae*).
'**Ot·ter**[2] *f* ⟨-; -n⟩ *zo.* adder, viper (*Fam. Viperidae*).
'**Ot·ter|ˌfell** *n* otter('s skin). — **~ˌhund** *m* (*Hunderasse*) otter hound (*od.* dog).
Ot·tern... *cf.* Otter...
'**Ot·ter|ˌspitzˌmaus** *f zo.* otter shrew (*Potamogale velox*). — **~ˌzun·ge** *f* **1.** *bot. cf.* Natterzunge. – **2.** *geol.* fossilized (*Br. auch* -s-) shark's tooth.
Ot·to·ma·ne[1] [ɔto'ma:nə] *m* ⟨-n; -n⟩ *cf.* Osmane.
Ot·to'ma·ne[2] *f* ⟨-; -n⟩ *obs. for* Sofa.
ot·to'ma·nisch *adj cf.* osmanisch.
'**Ot·toˌmo·tor** ['ɔto-] *m auto.* Otto (internal-combustion) engine, Otto carburetor (*bes. Br.* carburettor) engine, gasoline (*Br.* petrol) (*od.* spark-ignition) engine.
Ot·to·ne [ɔ'to:nə] *m* ⟨-n; -n⟩ *hist.* Ottonian. — **ot'to·nisch** *adj* Ottonian.
Ott·re·lith [ɔtre'li:t; -'lɪt] *m* ⟨-s; -e⟩ *min.* ottrelite.
out [aʊt] (*Engl.*) *bes. Austrian and Swiss* (*sport*) **I** *adj only in* ~ sein (*vom Ball*) to be out. – **II O~** *n* ⟨-(s); -(s)⟩ out.
Out·cast ['aʊtˌka:st] (*Engl.*) *m* ⟨-s; -s⟩ outcast, pariah.
Out·put ['aʊtˌpʊt] (*Engl.*) *m* ⟨-; *no pl*⟩ **1.** *electr.* output. – **2.** *econ.* (*auch in der Statistik*) output.
ou·trie·ren [u'tri:rən] *v/t u. v/i* ⟨*no* ge-, h⟩ *obs. for* übertreiben.
Out·si·der ['aʊtsaɪdər; 'aʊt'saɪdə] (*Engl.*) *m* ⟨-s; -⟩ (*sport*) *econ.* outsider.
Ou·ver·tü·re [uvɛr'ty:rə] *f* ⟨-; -n⟩ **1.** *mus.* overture, prelude. – **2.** *fig.* overture, prelude, commencement.
oval [o'va:l] **I** *adj* **1.** oval(-shaped), oviform, egg-shaped, ovate (*scient.*). – **II O~** *n* ⟨-s; -e⟩ **2.** oval, egg form (*od.* shape). – **3.** (*sport*) (*Stadion, Rennbahn etc*) oval.
Ov·al·bu·min [ovalbu'mi:n] *n* ⟨-s; *no pl*⟩ *chem. biol.* ovalbumin, egg albumin.
ova·ri·al [ova'rĭa:l] *adj med.* ovarian.
Ova·ri·ek·to·mie [ovarĭɛkto'mi:] *f* ⟨-; -n [-ən]⟩ *med.* removal of an ovary; ovariectomy, *bes. Am.* oophorectomy (*scient.*). — **ova·ri·ek·to'miert** [-'mi:rt] *adj* ovariectomized *Br. auch* -s-.
Ova·rio·to·mie [ovarĭoto'mi:] *f* ⟨-; -n [-ən]⟩ *med.* ovariotomy.
Ova·ri·um [o'va:rĭʊm] *n* ⟨-s; -rien⟩ *med. biol.* (*Eierstock*) ovary.
Ova·ti·on [ova'tsĭo:n] *f* ⟨-; -en⟩ ovation: j-m eine ~ darbringen (*od.* bereiten) to give s.o. an ovation, to give s.o. an enthusiastic applause, to cheer s.o.
Over·all ['o:vəro:l; 'oʊvərɔ:l] (*Engl.*) *m* ⟨-s; -s⟩ overalls *pl*, boiler suit, dungarees *pl*, *Am.* coverall(s *pl*).
Ovi·disch [o'vi:dɪʃ] *adj* (*von Ovid stammend*) of (*od.* by) Ovid, Ovidian.
ovi·disch [o'vi:dɪʃ] *adj* (*in der Art Ovids*) Ovidian.
Ovi·dukt [ovi'dʊkt] *m* ⟨-(e)s; -e⟩ *med.* oviduct.
ovi·par [ovi'pa:r] *adj biol. zo.* oviparous.
ovo·id [ovo'i:t], **ovoi·disch** [-'i:dɪʃ] *adj* ovoid, egg-shaped.
ovo·vi·vi·par [ovovivi'pa:r] *adj zo.* ovoviviparous.
Ovu·la·ti·on [ovula'tsĭo:n] *f* ⟨-; -en⟩ *biol.* ovulation. — **Ovu·la·ti'onsˌhem·mer** *m* ⟨-s; -⟩ *meist pl* ovulation inhibitor.
Ovu·lum ['o:vulʊm] *n* ⟨-s; Ovula [-la]⟩ *biol.* ovule, ovulum.
Ovum ['o:vʊm] *n* ⟨-s; Ova [-va]⟩ *biol.* ovum.
Oxa·lat [ɔksa'la:t] *n* ⟨-s; -e⟩ *meist pl chem.* oxalate.
Oxa·lit [ɔksa'li:t; -'lɪt] *m* ⟨-s; -e⟩ *min.* oxalite, humboldtine.
Oxalˌsäu·re [ɔ'ksa:l-] *f* ⟨-; *no pl*⟩ *chem.* oxalic acid. [$(COOH)_2$].
Oxer ['ɔksər; 'ɔksə] (*Engl.*) *m* ⟨-s; -⟩ (*sport*) (*beim Springreiten*) oxer.
'**Ox·ford-Beˌwe·gung** ['ɔksfɔrt-] *f relig.* Oxford movement, *auch* Oxford Movement, Tractarianism.
Ox·for·der ['ɔksfɔrdər] **I** *m* ⟨-s; -⟩ **1.** Oxonian, Oxfordian, inhabitant of Oxford. – **2.** *ped.* Oxonian, Oxfordian, Oxford man, student (*od.* graduate) of Oxford University. – **II** *adj* ⟨*attrib*⟩ **3.** Oxonian, Oxfordian, (of) Oxford.
Ox·hoft ['ɔkshɔft] *n* ⟨-(e)s; -e⟩ (*altes Flüssigkeitsmaß*) hogshead.
Oxid [ɔ'ksi:t] *n* ⟨-(e)s; -e⟩ *chem.* oxide, *auch* oxyde.
Oxim [ɔ'ksi:m] *n* ⟨-s; -e⟩ *meist pl chem.* oxime.
Oxy·bio·se [ɔksybi'o:zə] *f* ⟨-; -n⟩ *biol.* oxybiosis, aerobiosis.
Oxyd [ɔ'ksy:t] *n* ⟨-(e)s; -e⟩ *chem. cf.* Oxid.
Oxy·da·se [ɔksy'da:zə] *f* ⟨-; -n⟩ *biol.* oxidase.
Oxy·da·ti·on [ɔksyda'tsĭo:n] *f* ⟨-; -en⟩ *chem.* oxidation.
oxy·da·ti'ons|ˌfä·hig *adj* oxidizable. — **~ˌfest** *adj* nonoxidizable *Br.* non-. — **O~ˌflam·me** *f* oxidizing (*od.* oxidation) flame, outer flame. — **O~ˌmit·tel** *n* oxidizing agent, oxidizer, oxidant. — **O~ˌvorˌgang** *m* oxidation process.
Oxy·da·tor [ɔksy'da:tɔr] *m* ⟨-s; -en [-da'to:rən]⟩ (*space*) oxidizer.
oxy'dier·bar *adj chem.* oxidizable, *auch* oxidable: nicht ~ unoxidizable, nonoxidizable *Br.* non-.
oxy·die·ren [ɔksy'di:rən] **I** *v/t u. v/i* ⟨*no* ge-, h⟩ *chem.* oxidize. – **II O~** *n* ⟨-s⟩ *verbal noun.* — **Oxy'die·rung** *f* ⟨-; -en⟩ **1.** *cf.* Oxydieren. – **2.** oxidation.
Oxy·di·me·trie [ɔksydime'tri:] *f* ⟨-; *no pl*⟩ *chem.* oxidimetry.
Oxy·dul [ɔksy'du:l] *n* ⟨-s; -e⟩ *chem.* suboxide, lower oxide, protoxide.
Oxy·gen [ɔksy'ge:n] *n* ⟨-s; *no pl*⟩ *chem.* oxygen (O). — **~ˌgas** *n* oxygen gas.
Oxy·ge·ni·um [ɔksy'ge:nĭʊm] *n* ⟨-s; *no pl*⟩ *chem. cf.* Oxygen.
Oxy·hä·mo·glo·bin [ɔksyhɛmoglo'bi:n] *n biol. chem.* oxyhemoglobin (HbO_2).
Oxy·mo·ron [ɔ'ksy:morɔn] *n* ⟨-s; -ra [-ra]⟩ *ling.* oxymoron.
Oxy·to·non [ɔ'ksy:tonɔn] *n* ⟨-s; -na [-na]⟩ *ling.* oxytone.
Oxy·ure [ɔksy'ˀu:rə] *m* ⟨-n; -n⟩ *zo. cf.* Madenwurm 1.
Oza'lid|ˌlichtˌpau·se [otsa'li:t-] *f tech.* Ozalid print. — **~verˌfah·ren** *n* Ozalid printing process.
Oze·an ['o:tsea:n; otse'a:n] *m* ⟨-s; -e⟩ ocean, sea: Großer (*od.* Stiller, Pazifischer) ~ Pacific (Ocean); Atlantischer [Indischer] ~ Atlantic [Indian] Ocean.
Ozea·na·ri·um [otsea'na:rĭʊm] *n* ⟨-s; -rien⟩ (*für Seetiere*) oceanarium.
'**Oze·an|ˌdamp·fer** *m* (ocean) liner, ocean-going (*od.* transoceanic) steamer, (*bes. schneller*) *auch* (ocean) grayhound (*bes. Br.* greyhound). — **~ˌflug** *m* transoceanic flight.
Ozea·ni·de [otsea'ni:də] *f* ⟨-; -n⟩ *myth.* (*Meernymphe*) Oceanid.
Ozea·ni·er [otse'a:nĭər] *m* ⟨-s; -⟩ *geogr.* Oceanian, inhabitant of Oceania.
ozea·nisch [otse'a:nɪʃ] *adj* **1.** oceanic. – **2.** *geogr.* Oceanian, oceanic. – **3.** *meteor.* (*Klima*) maritime.
Ozea·no·gra·phie [otseanogra'fi:] *f* ⟨-; *no pl*⟩ *geogr.* oceanography. — **ozea·no'gra·phisch** [-'gra:fɪʃ] *adj* oceanographic(al).
'**Oze·anˌrie·se** *m colloq.* huge ocean liner.
Oze·lot ['o:tsəlɔt] *m* ⟨-s; -e⟩ **1.** *zo.* ocelot (*Leopardus pardalis*). – **2.** (*Pelz*) ocelot (fur): ein Mantel aus ~ an ocelot coat.
Ozo·ke·rit [otsoke'ri:t; -'rɪt] *m* ⟨-s; *no pl*⟩ *min.* ozokerite, earth wax.
Ozon [o'tso:n] *n*, *colloq.* *m* ⟨-s; *no pl*⟩ *chem.* ozone (O_3). — **~geˌhalt** *m* ⟨-(e)s; *no pl*⟩ concentration of ozone, ozone concentration. — **o~ˌhal·tig** *adj* ozonic, ozonous, ozoniferous.
Ozo·nid [otso'ni:t] *n* ⟨-(e)s; -e⟩ *chem.* ozonide.
Ozo·ni·sa·tor [otsoni'za:tɔr] *m* ⟨-s; -en [-za'to:rən]⟩ *chem.* ozonizer. — **ozo·ni'sie·ren** [-'zi:rən] *v/t* ⟨*no* ge-, h⟩ ozonize, ozonate.
Ozo·no·sphä·re [otsono'sfɛ:rə] *f meteor.* ozonosphere.
ozon|ˌreich [o'tso:n-] *adj* rich in ozone, with a high ozone content. — **O~ˌschicht** *f meteor.* ozone layer, ozonosphere.

P

P, p [peː] *n* ⟨-; -⟩ **1.** P, p (*sixteenth letter of the German alphabet; twelfth consonant*): ein großes P a capital (*od.* large) P; ein kleines P a small (*od.* little) p. – **2.** P *chem.* (*Phosphor*) P. – **3.** P *phys.* (*Kraft*) F. – **4.** P *econ.* (*Pesete; span. Währungseinheit*) PTA. – **5.** P *ling.* (*Prädikat*) P.

Pä·an [pɛˈaːn] *m* ⟨-s; -e⟩ *antiq.* paean, *auch* pean, song of victory (*od.* gratitude).

paar [paːr] **I** *indef pron* ⟨*undeclined*⟩ **1.** ein ~ (*einige*) a few, some, a couple of (*colloq.*): sind viele von deinen Freunden gekommen? nur ein ~ did many of your friends come? only a few; ich war mit ein ~ Freunden dort I was there with some friends; ein ~ hundert several (*od.* a few) hundred; die ~ Mark! the couple of marks! the odd mark or two! mit ein ~ Mark in der Tasche with a few marks in one's pocket; warte doch die ~ Minuten! just wait a few minutes (*od.* a minute or two)! er machte ein ~ Schritte he took a few steps; die Umrisse mit ein ~ groben Strichen andeuten to sketch the outlines with a few rough strokes; auf ein ~ Tage for a few days, for a day or two; vor ein ~ Jahren a few years ago; vor ein ~ Tagen a few days ago, the other day; wir kommen in ein ~ Tagen zurück we will be back in (*od.* within) a few days (*od.* in a day or two); in den nächsten ~ Tagen in the next few days; mit ein ~ Worten in a few words, in a nutshell; kann ich Sie auf ein ~ Worte sprechen? may I have a word (*od.* a few words) with you? schreiben Sie mir ein ~ Zeilen! drop me a line! sich mit ein ~ Zeilen bedanken to write a few words of thanks; du kriegst gleich ein ~! *colloq.* I'll land you one in a minute (*colloq.*); ein ~ Dutzend Male a few dozen times; ich habe es dir schon ein ~ dutzendmal gesagt! I have told you that dozens (and dozens) of times (*od.* time and again)! ein ~ Male *cf.* paarmal. – **II** *adj* **2.** *bot. zo.* (*Blätter, Flossen*) paired. – **3.** *math.* (*Zahl*) even: ~ oder unpaar even or odd (*od.* uneven).

Paar *n* ⟨-(e)s; -e, *nach Zahlenangabe* -⟩ **1.** (*zwei gleiche, zusammengehörige Dinge*) pair: ein ~ neue (*rare* neuer) Schuhe a pair of new shoes; mit einem ~ Schuhe(n) with one pair of shoes; mit etlichen ~ Schuhen with several pairs of shoes; ein ~ Schuhe kostete(n) 50 Mark a pair of shoes cost 50 marks; mit zwei ~ gestrickten Strümpfen (*rare* gestrickter Strümpfe) with two pairs of knitted stockings; ein ~ Hosen (*eine Hose*) a pair of trousers; ein ~ Würstchen a pair of sausages; Insekten haben drei ~ Beine insects have three pairs of legs; ein ~ Augen hat die im Kopf! *colloq.* she has (a pair of) wonderful eyes. – **2.** (*Mann und Frau*) pair, couple, two, twain (*poet.*): zum Tanzen stellten sie sich in (*od.* zu) ~en auf they arranged themselves in pairs (*od.* couples) (*od.* two by two, in twos) to dance, they paired off to dance; ein neuvermähltes ~ a newly-wed(ded) couple; ein unzertrennliches [verliebtes] ~ an inseparable [a loving] pair (*od.* couple); sie sind (*od.* bilden) ein ungleiches ~ they are (*od.* make) a poorly matched couple; ein ~ zusammenbringen to pair a couple off, to bring a couple together; ein ~ werden to make a match, to become man and wife; aus denen wird bestimmt bald ein ~ they will surely soon be man and wife (*od.* married); sie sind ein würdiges ~! *iron.* they are a fine pair! there's a pair of them! – **3.** (*Zweigespann*) a) (*von Zugtieren*) pair, couple, yoke, b) (*von Hunden*) brace, pair, couple: zwei ~ Ochsen two yoke (*od.* pairs) of oxen. – **4.** *hunt.* (*von Wild, Geflügel*) brace, pair, couple. – **5.** (*beim Kartenspiel*) pair. – **6.** *phys. tech.* (*Kräftepaar*) pair, couple. – **7.** zu ~en treiben *fig. obs.* to scatter, to rout, to put (*people*) to flight.

ˈPaar‚bil·dung *f nucl.* pair production.

paa·ren [ˈpaːrən] **I** *v/t* ⟨h⟩ **1.** *zo.* pair, mate, couple, match: Tiere (miteinander) ~ to pair animals. – **2.** (*Mannschaften etc*) match. – **3.** *fig.* (*vereinigen*) join, unite, combine, associate: er paart Bosheit mit Verschlagenheit he combines malice with slyness. – **4.** *tech.* a) (*Teile*) mate, b) (*Zahnräder*) mount (*s.th.*) in pairs, pair. – **II** *v/reflex* sich ~ **5.** *biol. zo.* (*bes. von Tieren*) a) (*von höheren Tieren*) mate, pair, b) (*von Einzellern, niederen Tieren*) copulate, couple, (*bes. von Zellen*) conjugate. – **6.** *phys. math.* conjugate, unite. – **7.** *fig.* (*sich vereinigen*) join, unite, combine, associate: bei ihm paart sich das Liebenswürdige mit dem Schroffen he combines charm and gruffness. – **III P~** *n* ⟨-s⟩ **8.** *verbal noun.* – **9.** *cf.* Paarung.

ˈPaar‚hu·fer [-ˌhuːfər] *m* ⟨-s; -⟩ *zo.* artiad, even-toed ungulate: die ~ the even-toed ungulates, the artiodactyla (*scient.*) (*Ordng Artiodactyla*).

ˈpaa·rig *adj* **1.** *bot.* in pairs, paired, double; conjugate, geminate, binate (*scient.*): ~ gefiedert with paired leaflets, paripinnate (*scient.*). – **2.** *zo. med.* a) (*gepaart*) paired, b) (*doppelt*) jugate, geminate: ~e Zeugung true (*od.* sexual) generation.

ˈPaar|‚lauf *m*, **~‚lau·fen** *n* (*sport*) (*beim Eis- und Rollkunstlauf*) pair skating. — **~‚läu·fer** *m*, **~‚läu·fe·rin** *f* pair skater.

ˈpaar‚mal *adv* ein ~, *colloq.* ~ a few (*od.* several) times, once or twice, a couple of times (*colloq.*): ich mußte ihn (ein) ~ ermahnen I had to warn him several times; du hast dich (ein) ~ geirrt you have made one or two mistakes; das glaube ich dir nicht! du hast dich schon (ein) ~ geirrt! I don't believe that! you've been wrong before! das wiederholte sich noch ein ~ that was repeated (*od.* repeated itself) another few times (*od.* a few more times).

ˈPaar‚reim *m metr.* consecutive (*od.* adjacent) rhyme.

ˈPaa·rung *f* ⟨-; -en⟩ **1.** *cf.* Paaren. – **2.** *zo.* a) (*Hochzeit*) mating, b) (*Akt*) copulation. – **3.** (*sport*) (*von Gegnern*) matching. – **4.** *telev.* (line) pairing. – **5.** *tech.* (*Austauschbau*) mating assembly, assembly of mating parts.

ˈPaa·rungs|‚meß·ge‚rät *n tech.* sizing and mating device. — **~‚trieb** *m biol. zo.* mating urge. — **~‚zeit** *f zo. hunt.* mating (*od.* pairing, rutting) season (*od.* time).

ˈPaar|ver‚nich·tung *f nucl. cf.* Zerstrahlung 2. — **~ver‚zah·nung** *f tech.* intermating tooth system.

ˈpaar‚wei·se I *adv* **1.** in pairs, in couples, in (*od.* by) twos, two by two, two at a time: ~ antreten a) to line up two by two, b) *bes. mil.* to draw up in double file; ~ ordnen (*od.* gruppieren) to pair (*od.* arrange in pairs); ~ weggehen to pair off; ~ zusammenfügen to put (*things*) together in pairs (*od.* couples), to couple, to pair. – **2.** *bot.* conjugate: ~ stehend conjugate; ~ verbunden conjugational. – **II** *adj* **3.** *zo.* as a couple, in couples: ~s Zusammenleben a) (*in Einehe*) monogamy, b) (*in ökologischen Gruppen*) living in couples.

Pace [peːs; peɪs] (*Engl.*) *f* ⟨-; *no pl*⟩ (*sport*) (*Tempo*) pace. — **Pacer** [ˈpeːsər; ˈpeɪsə] (*Engl.*) *m* ⟨-s; -⟩ (*beim Reitsport*) pacer.

Pacht [paxt] *f* ⟨-; -en⟩ *econ.* **1.** lease: die ~ aufheben (*od.* kündigen) to cancel the lease, to give notice; auf ~ by (*od.* on) lease; in ~ geben to let (*od.* put out) (*s.th.*) on lease; in ~ haben a) to have (*s.th.*) on lease, to hold (*s.th.*) under lease, to rent, b) *jur.* to tenant; die ~ läuft ab the lease is running out; in ~ nehmen to take (*s.th.*) on lease, to take a lease of; die ~ verlängern (*od.* erneuern) to renew (*od.* extend) the lease. – **2.** (*Pachtbesitz*) leasehold (property), tenure by lease, tenement, tenancy, *bes. Br.* holding, *auch* take: ~ einer Jagd tenancy of a hunting ground (*od.* shoot, shooting). – **3.** (*Pachtgeld*) rent, rental: wucherische ~ rack rent; das Gut bringt x Mark ~ ein the estate brings in (*od.* yields) a rent of x marks. — **~be‚din·gun·gen** *pl* terms of lease, leasehold conditions. — **~be‚sitz** *m cf.* Pacht 2. — **~be‚trieb** *m* **1.** *agr.* farm under (*od.* on) lease, leasehold estate (*od.* farm), tenant farm. – **2.** *econ.* enterprise (*od.* plant) under lease. — **~‚brief** *m cf.* Pachtvertrag. — **~‚dau·er** *f* tenancy, term (of lease), lease.

pach·ten [ˈpaxtən] **I** *v/t* ⟨h⟩ **1.** *jur. econ.* (*Grundstück, Bauernhof etc*) (take [*s.th.*] on) lease, take a lease of, rent: wieder ~ to re-lease. – **2.** *fig. colloq.* (*in Wendungen wie*) sie tut, als ob sie dich gepachtet hätte she acts (*od.* behaves) as if she had a monopoly on (*od.* of) you; er tut, als ob er die Weisheit (allein) gepachtet hätte he thinks he knows everything, *Am. colloq.* he is playing the wise guy. – **II P~** *n* ⟨-s⟩ **3.** *verbal noun.* – **4.** *cf.* Pachtung.

Päch·ter [ˈpɛçtər] *m* ⟨-s; -⟩ *jur. econ.* (*eines Grundstückes, Hofes etc*) tenant (farmer), leaseholder, lessee, renter: Verpächter und ~ a) landlord and tenant, b) lessor and lessee.

ˈPacht|er‚trag *m jur. econ.* **1.** rental (received). – **2.** (*Summe verschiedener Pachterträge*) rent-roll. — **p~‚frei** *adj* rent-free. — **~ge·gen‚stand** *m* object of lease (contract). — **~‚geld** *n cf.* Pacht 3. — **~‚grund‚stück** *n* leasehold (property), (lease-)holding (of land): kleines landwirtschaftliches ~ small holding (of land), *Br.* allotment, croft. — ~ˌ**gut** *n* leasehold property (*od.* estate), holding, (rented) farm, *pl auch* tenemental lands. — ~ˌ**herr** *m* 1. lessor. – 2. (*eines Hofes etc*) landlord, owner (of a farm). — ~ˌ**hof** *m* leased (*od.* rented, tenant) farm. — ~ˌ**jahr** *n* leasehold (*od.* tenancy) year. — ~ˌ**land** *n* leasehold land: teures ~ high-rental land. — ~ˌ**schein** *m cf.* Pachturkunde. — ~ˌ**sum·me** *f* amount of lease, rent, rental. — ~-ˌ**und-'Leih·ge·ˌsetz** *n jur. pol.* U.S. Lend-Lease Act (*1941*). — ~-ˌ**und-'Leih·ver**ˌ**trag** *m jur. econ.* lend-lease (contract).

'Pach·tung *f* ⟨-; -en⟩ *jur. econ.* 1. *cf.* Pachten. – 2. (taking on) lease. – 3. *cf.* Pacht 2.

'Pacht|ˌurˌ**kun·de** *f jur.* (instrument of) lease. — ~**ver**ˌ**hält·nis** *n jur. econ.* tenancy. — ~**ver**ˌ**trag** *m* (contract *od.* indenture of) lease. — **p**~ˌ**wei·se** *adv* on lease, by (way of) lease. — ~ˌ**wert** *m* rental value. — ~ˌ**wirt·schaft** *f agr.* tenant (*od.* leased) farm. — ~ˌ**zeit** *f* (term of) lease, tenure. — ~ˌ**zins** *m* rent, rental, (*anstelle von Dienstleistungen*) quit rent: zu hohen ~ verlangen to demand excessive rent.

Pack[1] [pak] *m* ⟨-(e)s; -e *u.* ⸚e⟩ 1. (*Bücher, Wäsche etc*) pack, packet, package, bundle. – 2. (*Zeitungen, Karten etc*) pile, stack, heap: zwei ~(e) alter Briefe two piles of old letters. – 3. (*Gepäck*) luggage, *bes. Am.* baggage: mit Sack und ~ *fig.* bag and baggage, with all one's goods and chattels. – 4. (*Ballen*) bale. – 5. (*Papiergeld*) sheaf, wad.

Pack[2] *n* ⟨-(e)s; *no pl*⟩ *colloq. contempt.* (*Gesindel*) rabble, riffraff, pack, mob: so ein ~! what a pack of cads! mit solchem ~ darfst du dich nicht abgeben! I don't want you to mix with such riffraff! ~ schlägt sich, ~ verträgt sich (*Sprichwort*) *etwa* the rabble are foes one minute, friends the next.

Päck·chen ['pɛkçən] *n* ⟨-s; -⟩ 1. (*kleines Paket*) (small) parcel. – 2. (*Zigaretten etc*) pack, package. – 3. (*Kartenspiel*) pack, *bes. Am.* deck: ein ~ Spielkarten a pack of cards. – 4. *fig.* (*Bürde*) burden, worries *pl*, troubles *pl*: jeder hat sein ~ zu tragen everyone has his burden to bear (*od.* carry), each of us has his own troubles. – 5. *mar. colloq.* overall.

'Packˌ**eis** *n mar.* 1. pack (ice): im ~ festsitzen to be icebound. – 2. (*Eisbank*) ice pack.

packeln (*getr.* -k·k-) ['pakəln] *v/i* ⟨h⟩ mit j-m ~ *Austrian colloq. contempt.* to make secret arrangements with s.o.

packen (*getr.* -k·k-) ['pakən] I *v/t* ⟨h⟩ 1. (*einpacken*) pack (up): Kleider [Bücher] in eine Tasche ~ to pack clothes [books] into a bag; die Tasche voll(er) Bücher ~ to pack the bag full of books; seine Koffer ~ a) to pack one's suitcases (*od.* trunks), b) *fig. colloq.* to clear out (*colloq.*), to be off, to leave; ich muß jetzt meine Sachen ~ now I must pack (my things); Sachen aus dem Koffer ~ to unpack one's suitcase, to take things out of one's suitcase; du kannst deine Siebensachen ~ *fig. colloq.* (you can) pack up your things and go. – 2. (*einwickeln*) wrap (up): etwas in (*acc*) etwas ~ to wrap s.th. (up) in s.th., to pack s.th. in s.th.; Zeitungen zu einem Bündel ~ to wrap (*od.* tie) newspapers up in a bundle, to bundle newspapers; die Bücher zu einem Paket ~ to make a parcel of the books, to do the books up in a parcel, *Am. auch* to package the books; sie packte ihn fest in die Decke *colloq.* she wrapped him up well in a blanket; j-n in Watte ~ *fig.* to handle s.o. with kid gloves; j-n ins Bett ~ *colloq.* to pack s.o. off to bed. – 3. (*ergreifen*) grab, seize, grip, get hold of, grasp, clutch: j-n ~ to grab s.o.; j-n an der Gurgel [am Arm] ~ to grab s.o. by the throat [arm], to grab s.o.'s throat [arm]; j-n am Kragen ~ to collar s.o., to seize s.o. by the scruff of the neck; j-n bei der Ehre ~ *fig.* to appeal to s.o.'s hono(u)r, to put s.o. on his hono(u)r (*od.* mettle); das Entsetzen [die Wut, Liebe] packte ihn *fig.* he was seized (*od.* smitten) with (*od.* overcome by) horror [wrath, love]; diesmal hat es mich gepackt *fig. colloq.* a) (*ich bin krank*) I've got (*od.* caught) it now, this time I've got sick, b) (*ich bin verliebt*) it's got me this time, I've fallen (in love) this time; → Gelegenheit 1; Stier 1; Übel 2. – 4. *fig.* (*erschüttern*) seize, get (hold of), grip, shake (*s.o.*) (up), upset: das Buch [der Film] hat mich gepackt the book [film] gripped (*od.* captivated) me; diese rührende Szene packte ihn he was touched (*od.* very much affected) by this moving scene. – 5. (*spannen*) thrill, hold (*s.o.*) (spellbound): er versteht es, seine Zuhörer zu ~ he knows how to hold (*od.* fascinate) his audience. – 6. *fig. colloq.* (*bewältigen*) manage: das packe ich nicht I cannot manage that; ~ wir's noch? can we make it in time? – II *v/i* 7. pack: ich muß jetzt ~ now I must pack (my things). – III *v/reflex* sich ~ 8. *fig. colloq.* make (*od.* be) off, decamp, clear out (*colloq.*); beat it, scram (*sl.*): pack dich! packt euch! be off! off with you! out you go! endlich hat er sich zum Teufel gepackt he's finally gone to the devil (*od.* to blazes, to hell).

'Packen (*getr.* -k·k-) *m* ⟨-s; -⟩ 1. (*Geldscheine, Fotos etc*) pack, pile, bundle. – 2. (*Bücher etc*) pack, stack, pile.

'packend (*getr.* -k·k-) I *pres p.* – II *adj* 1. (*fesselnd*) gripping, enthralling, impressive, (intensely) absorbing: eine ~e Rede a gripping speech. – 2. (*spannend*) thrilling, exciting, breathtaking, fascinating: ein ~es Stück a thrilling play. – 3. (*ergreifend*) moving, stirring, touching: eine ~e Szene a touching scene.

'Packer (*getr.* -k·k-) *m* ⟨-s; -⟩ 1. *econ.* packer. – 2. (*Möbelpacker*) moving (*bes. Br.* removal) man. – 3. *hunt.* (*Hetzhund*) boar hound, coursing dog.

Packe'rei (*getr.* -k·k-) *f* ⟨-; -en⟩ 1. *colloq.* packing: das ist eine elende ~ this (constant) packing is really annoying. – 2. *econ.* packing room (*od.* department).

'Packe·rin (*getr.* -k·k-) *f* ⟨-; -nen⟩ *econ.* woman packer.

'Packerˌ**lohn** (*getr.* -k·k-) *m econ.* (*des Pakkers*) packer's wage(s *pl sometimes construed as sg*).

'Pack|ˌ**esel** *m* 1. pack mule, *Br.* pack-mule, sumpter mule, *Br.* sumpter-mule: wie ein ~ beladen (*Person*) laden from head to foot. – 2. *fig. contempt.* drudge, fag, slave. — ~ˌ**film** *m phot.* film pack.

Pack·fong ['pakfɔŋ] *n* ⟨-s; *no pl*⟩ *chem.* paktong, *auch* packfong.

'Pack|ˌ**korb** *m* 1. basket, hamper. – 2. (*für Lasttiere*) pannier. — ~ˌ**la·ge** *f civ.eng.* (*beim Straßenbau*) base, subbase, bottoming, stone pitching. — ~ˌ**lei·nen** *n*, ~ˌ**lein·ˌwand** *f* packcloth, sackcloth, packing cloth (*od.* sheet, canvas), sacking, bagging. — ~ˌ**li·ste** *f* packing list. — ~**ma**ˌ**schi·ne** *f* 1. *econ.* packing (*od.* casing) machine, packer. – 2. *tech. cf.* Packpresse. — ~**ma·te·ri**ˌ**al** *n cf.* Verpackungsmaterial. — ~ˌ**mei·ster** *m* 1. *econ.* head (*od.* supervisor) of the packing department (*od.* room), packmaster. – 2. (*railway*) packmaster. — ~**pa**ˌ**pier** *n* 1. wrapping (*od.* packing) paper, (parcel) wrapper, (*bes. festes, braunes*) kraft (paper). – 2. (*als Papiersorte*) brown paper. — ~ˌ**pferd** *n* pack horse, *Br.* pack-horse, sumpter horse, *Br.* sumpter-horse. — ~ˌ**pres·se** *f tech.* packing (*od.* bundle) press, scrap baling press, baler. — ~ˌ**raum** *m econ.* packing room (*od.* department). — ~ˌ**sat·tel** *m* (*für Muli, Esel etc*) packsaddle, *Br.* pack-saddle, sumpter saddle, *Br.* sumpter-saddle. — ~-ˌ**schnur** *f* (packing) cord, pack twine, packthread. — ~ˌ**tisch** *m* packing table.

'Packung (*getr.* -k·k-) *f* ⟨-; -en⟩ 1. *econ.* (*Verpacktes*) packet, package, pack: eine ~ Zigaretten *bes. Am.* a pack (*bes. Br.* a packet) of cigarettes; die kleinen ~en haben wir nicht vorrätig we don't have the small packages (*od.* size) in stock. – 2. (*Pralinen etc*) box. – 3. *econ.* (*Verpakkung*) package, wrapping, wrapper: bitte den Tee in der grünen ~ the tea in the green wrapping, please. – 4. *med.* (*Umschlag*) pack, packing, compress, (*Breiumschlag*) poultice, *auch* cataplasm, (*heißer*) fomentation: j-m heiße [kalte] ~en machen to give s.o. hot [cold] packs. – 5. (*cosmetics*) (*Gesichtspackung*) pack. – 6. *tech.* (*Dichtung*) packing, gasket. – 7. *civ.eng. cf.* Packlage. – 8. *fig. colloq.* beating: eine tüchtige ~ kriegen to take an awful beating (*colloq.*).

'Packungsˌ**an**ˌ**teil** (*getr.* -k·k-) *m nucl.* packing fraction.

'Pack|ˌ**wa·gen** *m* 1. *mil.* baggage van. – 2. (*railway*) *cf.* Gepäckwagen. — ~ˌ**werk** *n civ.eng.* 1. (*Steingrund*) pitched work, pitching, stone packing. – 2. (*Ufereinbau*) fascine mattresses weighted with rubble, water fence. — ~ˌ**zet·tel** *m econ.* 1. (*Packliste*) packing list, list of goods contained. – 2. (*Kontrollschein*) packing label (*od.* slip), *Br. auch* docket.

Päd·ago·ge [pɛda'goːgə] *m* ⟨-n; -n⟩ *ped.* 1. (*Lehrer*) p(a)edagogue, *Am. auch* pedagog, schoolmaster, teacher, educator. – 2. (*Erziehungswissenschaftler*) education(al)ist, educator, p(a)edagogue, *Am. auch* pedagog. — **Päd·ago·gik** [-'goːgɪk] *f* ⟨-; *no pl*⟩ pedagogigs *pl* (*construed as sg*), p(a)edagogy, (theory of) education. — **Päd·ago·gin** [-'goːgɪn] *f* ⟨-; -nen⟩ 1. (*Lehrerin*) p(a)edagogue, *Am. auch* pedagog, (school)mistress, teacher, educator. – 2. *cf.* Pädagoge 2. — **päd·ago·gisch** [-'goːgɪʃ] *adj* p(a)edagogic(al), educational: ~e Hochschule college of education.

Pad·del ['padəl] *n* ⟨-s; -⟩ 1. paddle. – 2. (*Doppelpaddel*) double-bladed paddle.

'Pad·delˌ**boot** *n* (*sport*) 1. canoe, paddling boat, boat for paddling. – 2. (*Faltboot*) folding boat (*od.* canoe), *Am.* faltboat, foldboat. — ~ˌ**fah·rer** *m* canoeist, paddler.

pad·deln[1] ['padəln] *v/i* ⟨sein⟩ *u.* *v/t* ⟨h⟩ paddle, (*in einem Kanu*) canoe.

'pad·deln[2] *v/i* ⟨h⟩ *colloq.* (*im Wasser planschen*) paddle.

'Padd·ler *m* ⟨-s; -⟩ canoeist, paddler.

Pad·dock ['pɛdɔk; 'pædək] (*Engl.*) *m* ⟨-s; -s⟩ paddock.

Pad·dy ['pɛdi; 'pædɪ] (*Engl.*) *m* ⟨-s; *no pl*⟩ *gastr.* paddy (rice), *auch* padi.

Päd·erast [pɛde'rast] *m* ⟨-en; -en⟩ p(a)ederast. — **Päd·era'stie** [-'tiː] *f* ⟨-; *no pl*⟩ p(a)ederasty. — **päd·era·stisch** [pɛde'rastɪʃ] *adj* p(a)ederastic.

Päd·ia·ter [pɛdi'aːtər] *m* ⟨-s; -⟩ *med.* p(a)ediatrician, *auch* p(a)ediatrist, specialist in children's diseases. — **Päd·ia'trie** [-a'triː] *f* ⟨-; *no pl*⟩ (*Kinderheilkunde*) p(a)ediatrics *pl* (*construed as sg or pl*), p(a)ediatry, *auch* p(a)edonosology. — **päd·ia·trisch** [-'aːtrɪʃ] *adj* p(a)ediatric.

Pa·di·schah [padi'ʃaː] *m* ⟨-s; -s⟩ *hist.* (*Sultanstitel*) padishah, *auch* Padisha.

Pä·do|ge·ne·se [pɛdoge'neːzə], ~'**ge·ne·sis** [-'geːnezɪs] *f* ⟨-; *no pl*⟩ *zo.* p(a)edogenesis.

Pä·do·lo·gie [pɛdolo'giː] *f* ⟨-; *no pl*⟩ *psych. obs.* (*Kinder- u. Jugendpsychologie*) pedology.

Pä·do·phi·lie [pɛdofi'liː] *f* ⟨-; *no pl*⟩ *med. psych.* p(a)edophilia.

Pa·dre ['paːdre] (*Ital.*) *m* ⟨-; -dri [-dri]⟩ *röm.kath.* padre.

Pa·duk ['paːduk] *m* ⟨-s; *no pl*⟩ padauk (wood), padouk (wood).

paff [paf] I *interj* bang! crack! pop!: piff, ~(, puff)! pop, bang! ~! ging der Schuß los bang! off went the gun. – II *adj fig. colloq. cf.* baff.

paf·fen ['pafən] I *v/t* ⟨h⟩ *colloq. oft contempt.* smoke, (*bes. Pfeife*) puff (away) at. – II *v/i* smoke, puff (away) at a pipe.

Pa·gaie [pa'gaɪə] *f* ⟨-; -n⟩ (*sport*) (*Stechpaddel*) single-bladed paddle.

Pa·ga·nis·mus [paga'nɪsmus] *m* ⟨-; *no pl*⟩ *relig.* paganism.

Pa·ge ['paːʒə] *m* ⟨-n; -n⟩ 1. *hist.* page. – 2. page (boy), boy, footboy, foot page, *Am.* bellboy, *bes. Br. colloq.* buttons *pl* (*construed as sg*): j-n durch einen ~n suchen lassen to page s.o., to have s.o. paged.

'Pa·gen|ˌ**dienst** *m* page's service, duties *pl* of a page. — ~**fri**ˌ**sur** *f*, ~ˌ**kopf** *m* (*Frisur*) pageboy (bob, *auch* coiffure).

Pa·gi·na ['paːgina] *f* ⟨-; -s⟩ *print. obs.* page, folio. — **pa·gi·nie·ren** [pagi'niːrən] I *v/t* ⟨*no* ge-, h⟩ *print.* 1. paginate, page, number, folio. – II **P**~ *n* ⟨-s⟩ 2. *verbal noun.* – 3. *cf.* Paginierung. — **Pa·gi'nier·ma·ˌschi·ne** *f* paging machine. — **Pa·gi'nie·rung** *f* ⟨-; -en⟩ 1. *cf.* Paginieren. – 2. pagination, folio.

Pa·go·de[1] [pa'goːdə] *f* ⟨-; -n⟩ (*ostasiatischer Tempel*) pagoda.

Pa'go·de[2] *f* ⟨-; -n⟩, *obs. od. Austrian m* ⟨-n; -n⟩ 1. (*ostasiatisches Götterbild*) pagod, idol. – 2. *small sitting china figure with movable head.*

pah! [paː] *interj contempt.* pah! pooh! pshaw!: ~ sagen to pooh-pooh.

Pai·deia [paɪ'daɪa] *f* ⟨-; *no pl*⟩ *antiq.* paideia.

Pail·let·te [pa'jɛtə] *f* ⟨-; -n⟩ *meist pl* paillette, *auch* paillette, sequin, tinsel: mit ~n verziert ornamented with paillettes, pailletted, sequined.

Pair [pɛːr] (*Fr.*) *m* ⟨-s; -s⟩ *hist.* peer, noble(man).

Pai·rie [pɛˈriː] *f* ⟨-; -n [-ən]⟩ *hist.* peerage, peerdom, rank of a peer.

'**Pairs**|ˌ**kam·mer** *f hist.* (*in Frankreich*) Chambre des Pairs, Upper House (*1814 — 1848*). — ~ˌ**schub** *m pol.* **1.** creation of new peers. – **2.** batch of new peers. — ~ˌ**wür·de** *f hist.* peerage, peerdom, rank of a peer.

Pak [pak] *f* ⟨-; -(s)⟩ *mil. short for* Panzerabwehrkanone.

Pa·ka [ˈpaːka] *n* ⟨-s; -s⟩ *zo.* paca (*Agouti paca*).

Pa·ket [paˈkeːt] *n* ⟨-(e)s; -e⟩ **1.** package, parcel, pack, (*kleines*) packet: ein ~ Waschmittel a package of detergent; soll ich daraus ein ~ machen? shall I make it up into a parcel? ein ~ Aktien *econ.* a parcel (*od.* block) of shares. – **2.** (*postal service*) a) (*Paketsendung*) parcel, *Am. auch* package, b) (*gewöhnliches*) ordinary parcel, c) (*Wertpaket*) insured parcel, parcel with value declared: ~ mit Eilzustellung express parcel. – **3.** *pol.* package. – **4.** *tech.* fag(g)ot, pile, truss, bundle. – **5.** *print.* (*von Bogen*) packet: ~ setzen to compose in companionship (*od.* in packets, slips). — ~**adres·se** [-ˀaˌdrɛsə] *f* (*postal service*) *cf.* Paketaufschrift. — ~ˌ**an**ˌ**nah·me** *f* parcel acceptance service. — ~ˌ**an**ˌ**nah·me**ˌ**stel·le** *f* **1.** parcel acceptance counter. – **2.** *cf.* Paketannahme. — ~ˌ**auf**ˌ**schrift** *f* parcel address. — ~ˌ**aus**ˌ**ga·be** *f* parcel delivery service. — ~ˌ**aus**ˌ**ga·be**ˌ**stel·le** *f* **1.** parcel delivery counter. – **2.** *cf.* Paketausgabe. — ~**be**ˌ**för·de·rung** *f* conveyance (*od.* transport) of parcels.

pa·ke·tie·ren [pakeˈtiːrən] *v/t* ⟨*no* ge-, h⟩ **1.** *econ.* package, pack(et), make (*s.th.*) up into a parcel. – **2.** *metall.* pile, fag(g)ot, briquet(te). – **3.** *tech.* (*Werkstücke*) stack.

Pa·ke'tier·maˌ**schi·ne** *f tech.* packing (*od.* baling, bundling) press, (*bes. für Schrott*) cabbaging press.

Pa'ket|ˌ**kar·te** *f* (*postal service*) dispatch (*od.* despatch) note, parcel bill. — ~ˌ**post** *f* parcel mail (*bes. Br.* post), *Am. auch* fourth-class mail. — ~ˌ**schal·ter** *m* **1.** (*postal service*) parcel counter. – **2.** *electr.* multi-section-type rotary switch, gang switch. — ~ˌ**sen·dung** *f* (*postal service*) *cf.* Paket 2a. — ~ˌ**sprung** *m* (*sport*) (*beim Schwimmen*) cowering (*od.* squat) plunge. — ~**ver**ˌ**si·che·rung** *f econ.* parcel-post insurance. — ~ˌ**wa·gen** *m* **1.** (*postal service*) parcel truck (*Br.* van). – **2.** (*railway*) express car (*Br.* waggon), parcels express. — ~**zu**ˌ**stel·lung** *f* (*postal service*) parcel delivery, delivery of parcels. — ~ˌ**zu**ˌ**stell**ˌ**wa·gen** *m* parcel delivery truck (*Br.* van).

'**Pak·ge**ˌ**schütz** *n mil.* antitank (*Br.* anti-tank) gun.

Pa·ki·sta·ner [pakɪsˈtaːnər] *m* ⟨-s; -⟩ Pakistani, inhabitant (*od.* native) of Pakistan.

Pa·ki·sta·ni [pakɪsˈtaːni] *m* ⟨-s; -⟩ *cf.* Pakistaner.

pa·ki·sta·nisch [pakɪsˈtaːnɪʃ] *adj* Pakistan, Pakistani.

Pa·ko [ˈpako] *m* ⟨-s; -s⟩ *zo. cf.* Alpaka 1.

Pakt [pakt] *m* ⟨-(e)s; -e⟩ *bes. pol.* pact, agreement, compact: Warschauer ~ *pol.* Warsaw Pact; einen ~ zur gegenseitigen Hilfeleistung (ab)schließen to make a mutual assistance pact.

pak·tie·ren [pakˈtiːrən] *v/i* ⟨*no* ge-, h⟩ mit j-m ~ to make a pact (*od.* a deal, an agreement) with s.o., to come to terms with s.o.

Pa·lä·an·thro·po·lo·gie [palɛˀantropoloˈgiː] *f anthrop.* pal(a)eoanthropology.

pa·lä·ark·tisch [palɛˈˀarktɪʃ] *adj biol. geogr.* Pal(a)earctic: ~e Region Pal(a)earctic region.

Pa·lä·asi·at [palɛˀaˈziaːt] *m anthrop.* Pal(a)eo-Asiatic.

Pa·la·din [palaˈdiːn] *m* ⟨-s; -e⟩ **1.** *hist.* paladin: die ~e Karls des Großen the paladins (*od.* peers) of Charlemagne. – **2.** *hist.* (*Hofritter*) paladin, peer. – **3.** *fig.* paladin, faithful companion, protagonist.

Pa·lä|**eth·no·lo·ge** [palɛˀetnoˈloːgə] *m* pal(a)eethnologist. — ~**eth·no·lo'gie** [-loˈgiː] *f* pal(a)eethnology. — **p**~**eth·no'lo·gisch** *adj* pal(a)eethnologic(al).

Pa·lais [paˈlɛː] *n* ⟨- [-ˈlɛː(s)]; - [-ˈlɛːs]⟩ palais, palace.

Pa·lan·kin [palaŋˈkiːn] *m* ⟨-s; -e *u.* -s⟩ (*indische Sänfte*) palanquin, *auch* palankeen, palkee, palki.

Pa·läo..., **pa·läo...** *combining form denoting* pal(a)eo...

Pa·läo·an·thro·po·lo·gie [palɛoˀantropoloˈgiː] *f* ⟨-; *no pl*⟩ *anthrop. cf.* Paläanthropologie.

pa·läo·ark·tisch [palɛoˈˀarktɪʃ] *adj biol. geogr. cf.* paläarktisch.

Pa·läo·bio·lo·gie [palɛobioloˈgiː] *f* pal(a)eobiology.

Pa·läo|**bo·ta·nik** [palɛoboˈtaːnɪk] *f* pal(a)eobotany, pal(a)eophytology. — ~**bo'ta·ni·ker** [-nikər] *m* pal(a)eobotanist, pal(a)eophytologist. — **p**~**bo'ta·nisch** [-nɪʃ] *adj* pal(a)eobotanic, pal(a)eobotanical, pal(a)eophytic.

Pa·läo·gen [palɛoˈgeːn] *n* ⟨-s; *no pl*⟩ *geol.* [Pal(a)eogene.]

Pa·läo|**geo·gra·phie** [palɛogeograˈfiː] *f* pal(a)eogeography. — **p**~**geo'gra·phisch** [-ˈgraːfɪʃ] *adj* pal(a)eogeographic, *auch* pal(a)eogeographical. — ~**geo·lo'gie** [-loˈgiː] *f* pal(a)eogeology. — **p**~**geo'lo·gisch** [-ˈloːgɪʃ] *adj* pal(a)eogeologic.

Pa·läo·graph [palɛoˈgraːf] *m* ⟨-en; -en⟩ (*Kenner alter Handschriften*) pal(a)eographer, pal(a)eographist. — **Pa·läo·gra'phie** [-graˈfiː] *f* ⟨-; *no pl*⟩ pal(a)eography. — **pa·läo'gra·phisch** *adj* pal(a)eographic, *auch* pal(a)eographical.

pa·läo·kry·stisch [palɛoˈkrʏstɪʃ] *adj geogr.* (*Eis*) pal(a)eocrystic.

Pa·läo·lith [palɛoˈliːt; -ˈlɪt] *m* ⟨-en; -en⟩ *archeol.* pal(a)eolith.

Pa·läo·li·thi·ker [palɛoˈliːtikər; -ˈlɪtikər] *m* ⟨-s; -⟩ *anthrop.* Pal(a)eolithic man.

Pa·läo·li·thi·kum [palɛoˈliːtikʊm; -ˈlɪtikʊm] *n* ⟨-s; *no pl*⟩ *geol. cf.* Altsteinzeit. — **pa·läo'li·thisch** [-tɪʃ] *adj cf.* altsteinzeitlich.

Pa·läo·lo·ge [palɛoˈloːgə] *m* ⟨-n; -n⟩ **1.** *rare* pal(a)eologist. – **2.** *pl* die ~n *hist.* (*letzte byzantinische Dynastie*) the Pal(a)eologi.

Pa·läo·lo'gie [-loˈgiː] *f* ⟨-; *no pl*⟩ pal(a)eology.

Pa·lä·on·to·gra·phie [palɛɔntograˈfiː] *f* ⟨-; *no pl*⟩ pal(a)eontography. — **pa·lä·on·to'gra·phisch** [-ˈgraːfɪʃ] *adj* pal(a)eontographic(al).

Pa·lä|**on·to·lo·ge** [palɛɔntoˈloːgə] *m* ⟨-n; -n⟩ pal(a)eontologist. — ~**on·to·lo'gie** [-loˈgiː] *f* ⟨-; *no pl*⟩ pal(a)eontology. — **p**~**on·to'lo·gisch** *adj* pal(a)eontological, *auch* pal(a)eontologic.

Pa·läo·phy·ti·kum [palɛoˈfyːtikʊm] *n* ⟨-s; *no pl*⟩ *geol.* pal(a)eophytic period.

Pa·lä|**or·ni·tho·lo·gie** [palɛˀɔrnitoloˈgiː] *f* pal(a)eornithology. — **p**~**or·ni·tho'lo·gisch** [-ˈloːgɪʃ] *adj* pal(a)eornithological.

Pa·läo·zoi·kum [palɛoˈtsoːikʊm] *n* ⟨-s; *no pl*⟩ *geol.* Pal(a)eozoic (age *od.* era). — **pa·läo'zo·isch** [-ɪʃ] *adj* Pal(a)eozoic.

Pa·läo|**zoo·lo·ge** [palɛotsooˈloːgə] *m* pal(a)eozoologist. — ~**zoo·lo'gie** [-loˈgiː] *f* pal(a)eozoology. — **p**~**zoo'lo·gisch** *adj* pal(a)eozoological.

Pa·las [ˈpalas] *m* ⟨-; -se⟩ *arch. hist.* main residential tract (of a medi[a]eval castle), (great) hall.

Pa·last [paˈlast] *m* ⟨-(e)s; Paläste⟩ palace: er hat sich einen ganz schönen ~ hingesetzt *colloq.* he has built himself quite a palace. — **p**~ˌ**ar·tig** *adj* palacelike, like a palace, palatial. — ~ˌ**da·me** *f obs.* (*in Frankreich*) lady in attendance. — ~ˌ**hund**, **Chi'ne·si·scher** *m zo. cf.* Pekinese.

Pa·lä·sti·nen·ser [palɛstiˈnɛnzər] *m* ⟨-s; -⟩ *pol.* Palestinian. — **pa·lä·sti·nen·sisch** [palɛstiˈnɛnzɪʃ], **pa·lä'sti·nisch** [-ˈtiːnɪʃ] *adj* Palestinian.

Pa·lä·stra [paˈlɛstra] *f* ⟨-; -stren⟩ *antiq.* palaestra, *auch* palestra, palaistra, wrestling school, gymnasium.

Pa'last·re·vo·lu·tiˌ**on** *f auch fig.* palace (*od.* court) revolution.

pa·la·tal [palaˈtaːl] *ling.* **I** *adj* palatal. – **II P**~ *m* ⟨-s; -e⟩ *cf.* Palatallaut.

pa·la·ta·li·sie·ren [palataliˈziːrən] *v/t* ⟨*no* ge-, h⟩ *ling.* palatalize.

Pa·la'talˌ**laut** *m ling.* palatal (sound).

Pa·la·tin[1] [palaˈtiːn], **der** ⟨-s⟩ the Palatine (Hill) (*in Rome*).

Pa·la'tin[2] *m* ⟨-s; -e⟩ *hist.* **1.** *cf.* Pfalzgraf. – **2.** (*in Ungarn*) palatine.

Pa·la·ti·nat [palatiˈnaːt] *n* ⟨-(e)s; -e⟩ *hist. cf.* Pfalzgrafschaft.

pa·la'ti·nisch *adj* **1.** *hist.* (*pfälzisch*) palatine. – **2.** der P~e Hügel (*in Rom*) the Palatine (Hill).

Pa·la·tschin·ke [palaˈtʃɪŋkə] *f* ⟨-; -n⟩ *meist pl gastr. Austrian* thin pancake filled with jam.

Pa·la·tum [paˈlaːtʊm] *n* ⟨-s; -ta [-ta]⟩ *med. cf.* Gaumen.

Pa·la·ver [paˈlaːvər] *n* ⟨-s; -⟩ **1.** *fig. colloq.* palaver, idle talk, endless (small) talk, 'jaw' (*sl.*): bei dem ganzen ~ kommt nichts heraus the whole palaver leads to nothing. – **2.** palaver. — **pa'la·vern** *v/i* ⟨*no* ge-, h⟩ palaver, blather, chatter.

pa·len [ˈpaːlən] *v/t* ⟨h⟩ *Northern G.* (*Erbsen*) shell.

Pal·eo·zän [paleoˈtsɛːn] *n* ⟨-s; *no pl*⟩ *geol.* Paleocene.

Pa·le·tot [ˈpaləto; paləˈtoː] *m* ⟨-s; -s⟩ (*fashion*) *obs.* paletot, overcoat, greatcoat, topcoat.

Pa·let·te [paˈlɛtə] *f* ⟨-; -n⟩ **1.** (*art*) palette, pallet: die Farben auf die ~ setzen to set the palette, to lay out the colo(u)rs on the palette; eine bunte ~ von Varietédarbietungen *fig.* a colo(u)rful selection of variety acts. – **2.** *tech. econ.* pallet.

pa·let·tie·ren [palɛˈtiːrən] *v/t* ⟨*no* ge-, h⟩ *tech. econ.* palletize.

Pa·lim·psest [palɪmˈpsɛst] *m, n* ⟨-(e)s; -e⟩ (*von neuem beschriebene Handschrift*) palimpsest, rescript.

Pa·lin·drom [palɪnˈdroːm] *n* ⟨-s; -e⟩ palindrome.

Pa·lin·ge·ne·se [palɪngeˈneːzə] *f* ⟨-; -n⟩ *biol. geol. relig.* palingenesis.

Pa·lin·odie [palinoˈdiː] *f* ⟨-; -n [-ən]⟩ *metr.* palinode.

Pa·li·sa·de [paliˈzaːdə] *f* ⟨-; -n⟩ *mil. hist.* palisade, *auch* pallisade, stockade.

Pa·li'sa·den|**ge**ˌ**we·be** *n bot.* palisade tissue (*od. scient.* parenchyma). — ~ˌ**wurm** *m zo.* palisade (*od.* kidney) worm (*Eustrongylus gigas*). — ~ˌ**zaun** *m mil. hist.* stockade.

Pa·li·san·der [paliˈzandər] *m* ⟨-s; -⟩, ~ˌ**holz** *n* (Brazilian) rosewood, palisander, *auch* palis(s)andre, *auch* jacaranda, purple wood. — **pa·li'san·dern** *adj* (of) rosewood (*od.* palisander).

Pal·la·di·um[1] [paˈlaːdiʊm] *n* ⟨-s; -dien⟩ **1.** *antiq.* (*Statue der Pallas Athene*) palladium. – **2.** *fig.* palladium, safeguard.

Pal'la·di·um[2] *n* ⟨-s; *no pl*⟩ *chem.* palladium (Pd).

Pal·lasch [ˈpalaʃ] *m* ⟨-(e)s; -e⟩ *mil. hist.* broadsword, cut-and-thrust sword.

Pal·la·watsch [ˈpalavatʃ] *m* ⟨-; *no pl*⟩ *Austrian colloq. for* Durcheinander.

Pal·le [ˈpalə] *f* ⟨-; -n⟩ *mar.* block.

Pal·lia·tiv [paliaˈtiːf] *n* ⟨-s; -e⟩, ~ˌ**mit·tel** *n med.* palliative (agent).

Pal·lia·ti·vum [paliaˈtiːvʊm] *n* ⟨-s; -va [-va]⟩ *med. cf.* Palliativ.

Pal·li·um [ˈpaliʊm] *n* ⟨-s; -lien⟩ **1.** *relig.* pallium, pall. – **2.** *hist.* (*Königs-, Krönungsmantel*) pallium, pall, royal robe. – **3.** *antiq.* pallium.

Pal·lot·ti·ner [paləˈtiːnər] *m* ⟨-s; -⟩, **Pal·lot'ti·ne·rin** *f* ⟨-; -nen⟩ *röm.kath.* Pallottine.

Palm [palm] *m* ⟨-s; -e⟩ *relig.* (*Palmzweig*) (consecrated) palm.

Pal·ma·rum [palˈmaːrʊm] *n* ⟨*undeclined*⟩ *relig. cf.* Palmsonntag.

'**Palm**|ˌ**baum** *m bot.* palm tree. — ~ˌ**blatt** *n* **1.** *bot.* palm (leaf). – **2.** (*textile*) shawl pattern. — ~ˌ**bu·schen** *m röm.kath. bes. Bavarian and Austrian branches of pussy willow which are bound together, decorated and consecrated on the Feast of Palm Sunday.* — ~ˌ**but·ter** *f cf.* Palmfett.

Pal·me [ˈpalmə] *f* ⟨-; -n⟩ **1.** *bot.* palm (*Fam. Palmae*): j-n auf die ~ bringen *fig. colloq.* to make s.o. see red, to drive s.o. to distraction (*od. sl.* up the wall[s]), to infuriate s.o.; er war (ganz schön) auf der ~ *fig. colloq.* he was raving mad, he was beside himself with rage; er ist schnell auf der ~ *fig. colloq.* he has a quick temper. – **2.** *fig.* (*Palmzweig als Siegeszeichen*) palm: die ~ erringen to carry off (*od.* win) the palm, to be victorious; j-m die ~ zuerkennen to give s.o. the palm, to award the palm to s.o., to pronounce s.o. victor.

'**Pal·men**|ˌ**blatt·ka·pi**ˌ**tell** *n arch.* palm capital. — ~ˌ**boh·rer** *m zo.* palm weevil (*Rhynchophorus ferrugineus*). — ~ˌ**dieb** *m* robber crab (*Birgus latro*). — ~ˌ**gar·ten** *m* palm garden, palmery, palmetum. — ~ˌ**hain** *m* palm grove, grove of palms (*od.* palm trees). — ~ˌ**haus** *n* palm house, palmery. — ~ˌ**rol·ler** *m zo.* palm civet

(*Gattg Paradoxurus*). — **~,we·del** *m cf.* Palmwedel. — **~,zweig** *m cf.* Palmzweig.
'Palm,esel *m röm.kath. life-size carved statue of Christ sitting on a female donkey, carried in procession on Palm Sunday.*
Pal·met·te [pal'mɛtə] *f* ⟨-; -n⟩ *arch.* palmette.
'Palm,fett *n* palm butter.
Pal·mi·tin [palmi'ti:n] *n* ⟨-s; *no pl*⟩ *chem.* palmitin. — **~,säu·re** *f* palmitic acid ($(CH_3(CH_2)_{14}COOH)$).
'Palm|,kätz·chen *n meist pl bot.* (willow) catkin. — **~,kern** *m* palm kernel (*od.* nut). — **~,kohl** *m bot. gastr.* (palm) cabbage. — **~,öl** *n* palm oil. — **~,schwät·zer** *m zo.* palmchat (*Dulus dominicus*). — **~,sonn,tag** *m relig.* Palm Sunday. — **~,we·del** *m* palm branch (*od.* leaf, frond). — **~,wein** *m gastr.* palm wine.
Pal'my·ra,pal·me [pal'my:ra-] *f bot.* palmyra (palm) (*Borassus flabelliformis*).
'Palm|,zucker (*getr.* -k·k-) *m* palm sugar. — **~,zweig** *m* palm branch.
Pa'lo·lo,wurm [pa'lo:lo-] *m zo.* palolo (worm) (*Eunice viridis*).
pal·pa·bel [pal'pa:bəl] *adj med.* palpable. — **Pal·pa·ti'on** [-pa'tsio:n] *f* ⟨-; -en⟩ palpation.
Pal·pe ['palpə] *f* ⟨-; -n⟩ *zo.* (*Taster, Fühler*) palp(us).
'Pal·pen,kä·fer *m zo.* pselaphid (*Fam. Pselaphidae*).
pal·pie·ren [pal'pi:rən] *v/t* ⟨*no* ge-, h⟩ *med.* feel, palpate (*scient.*).
Pal·pi·ta·ti·on [palpita'tsio:n] *f* ⟨-; -en⟩ *med.* (*Herzklopfen*) palpitation. — **pal·pi·'tie·ren** [-'ti:rən] *v/i* ⟨*no* ge-, h⟩ palpitate.
'Pa·mir,schaf ['pa:mi:r-] *n zo.* Pamir argali (*Ovis ammon poli*).
Pam·pa ['pampa] *f* ⟨-; -s⟩ *geogr.* pampas *pl*, *rare* pampa.
'Pam·pas|,gras *n bot.* pampas grass (*Cortaderia selloana*). — **~,ha·se** *m zo.* a) Großer ~ Patagonian cavy, mara (*Dolichotis patagona*), b) Kleiner ~ dwarf Patagonian cavy (*D. salinicola*). — **~,hirsch** *m* pampas deer (*Odocoileus bezoarticus*). — **~,kat·ze** *f* pampas cat (*Lynchailurus pampanus*).
Pam·pe ['pampə] *f* ⟨-; *no pl*⟩ *Eastern Middle G. colloq.* **1.** (thick) mud. – **2.** (thick) pap.
Pam·pel·mu·se ['pampəl,mu:zə; ,pampəl'mu:zə] *f* ⟨-; -n⟩ *bot.* **1.** a) (*Frucht*) grapefruit, pomelo, *auch* pum(m)elo, b) (*Baum*) grapefruit (tree) (*Citrus paradisi*). – **2.** (*Pampelmusenart*) a) (*Frucht*) shaddock, pompelmous, *auch* pompelmoose, pomelo, *auch* pum(m)elo, b) (*Baum*) shaddock (tree) (*Citrus grandis od. maxima*).
Pampf [pampf] *m* ⟨-s; *no pl*⟩ *colloq. dial.* (thick) pap.
Pam·phlet [pam'fle:t] *n* ⟨-(e)s; -e⟩ lampoon, (*bes. Flugblatt*) (defamatory) pamphlet. — **Pam·phle'tist** [-fle'tɪst] *m* ⟨-en; -en⟩ lampooner, lampoonist, pamphleteer.
pam·pig ['pampɪç] *adj* **1.** *colloq.* cheeky, insolent, *Am. colloq.* 'fresh'. – **2.** *dial.* pappy, pulpy.
Pamps [pamps] *m* ⟨-(es); *no pl*⟩ *colloq.* (thick) pap.
Pam·pu·sche [pam'pʊʃə] *f* ⟨-; -n⟩ *meist pl Low G. for* Babusche.
Pan[1] [pa:n] *npr m* ⟨-s; *no pl*⟩ *myth.* Pan.
Pan[2] [pa:n] (*TM*) *n* ⟨-s; *no pl*⟩ *synth.* polyacrylnitrile fiber (*bes. Br.* fibre).
Pan..., pan... *combining form denoting* pan...
Pa·na·de [pa'na:də] *f* ⟨-; -n⟩ *gastr.* panada, *auch* panade.
Pa'na·del,sup·pe [pa'na:dəl-] *f Austrian gastr. clear soup with slices of white bread dipped in egg and lightly fried.*
pan·afri·ka·nisch [pan?afri'ka:nɪʃ] *adj pol.* Pan-African.
Pa·na·ma·er [pana'ma:ər; 'pa(:)namaər] *m* ⟨-s; -⟩ *geogr.* Panamanian, *auch* Panaman.
'Pa·na·ma,hut ['pa(:)nama-] *m* panama (*od.* Panama) hat, panama.
pa·na·ma·isch [pana'ma:ɪʃ] *adj* Panamanian, Panaman, *auch* Panamaian.
'Pa·na·ma,rin·de *f med. pharm.* soap bark.
pan·ame·ri·ka·nisch [pan?ameri'ka:nɪʃ] *adj pol.* Pan-American. — **Pan·ame·ri·ka'nis·mus** [-ka'nɪsmʊs] *m* ⟨-; *no pl*⟩ Pan-Americanism.
Pa·na·ri·ti·um [pana'ri:tsiʊm] *n* ⟨-s; -tien⟩ *med.* (*Nagelgeschwür*) felon, whitlow, panaritium (*scient.*).
Pa·nasch [pa'naʃ] *m* ⟨-(e)s; -e⟩ (*Helmbusch*) panache.
pa·na·schie·ren [pana'ʃi:rən] **I** *v/i* ⟨*no* ge-, h⟩ **1.** variegate with stripes of color (*bes. Br.* colour), mottle. – **2.** *pol.* (*bei der Wahl*) split one's vote (*Am. auch* ticket). – **II P~** *n* ⟨-s⟩ **3.** *verbal noun.* – **4.** *pol.* preferential (*bes. Am.* split) voting. — **Pa·na'schie·rung** *f* ⟨-; -en⟩ **1.** *cf.* Panaschieren. – **2.** *bot.* (*auf Blättern*) mottling, panachure.
Pan·athe·nä·en [pan?ate'nɛ:ən] *pl antiq.* Panathenaea.
Pan·azee [pana'tse:(ə)] *f* ⟨-; -n [-'tse:ən]⟩ *med. pharm.* (*Allheilmittel*) panacea, cure-all.
pan·chro·ma·tisch [pankro'ma:tɪʃ] *adj phot.* panchromatic.
Pan·da ['panda] *m* ⟨-s; -⟩ *zo.* **1.** Kleiner ~ panda (*Ailurus fulgens*). – **2.** Großer ~ *cf.* Bambusbär.
Pan·dai·mo·ni·um [pandaɪ'mo:nĭʊm], **Pan·dä'mo·ni·um** [pandɛ-] *n* ⟨-s; -nien⟩ *myth.* Pand(a)emonium.
Pan·dek·ten [pan'dɛktən] *pl jur. hist.* pandects, (*Digesten*) digests.
Pan·de·mie [pande'mi:] *f* ⟨-; -n [-ən]⟩ *med.* (*Seuche*) pandemia, pandemic. — **pan'de·misch** [-'de:mɪʃ] *adj* pandemic.
Pan·dit ['pandɪt] *m* ⟨-s; -e⟩ (*indischer Titel*) pandit, pundit.
Pan·do·ra [pan'do:ra] *npr f* ⟨-; *no pl*⟩ *myth.* Pandora: die Büchse der ~ Pandora's box.
Pan·dur [pan'du:r] *m* ⟨-en; -en⟩ *hist.* pandour.
Pa·neel [pa'ne:l] *n* ⟨-s; -e⟩ *arch.* **1.** (*Täfelung*) panel, panel(l)ing, wainscot, wainscoting, *auch* wainscotting. – **2.** (*einzelnes Fach*) panel. — **pa·nee'lie·ren** [-ne'li:rən] *v/t* ⟨*no* ge-, h⟩ panel, wainscot.
Pan·egy·ri·ker [pane'gy:rikər] *m* ⟨-s; -⟩ panegyrist, eulogist. — **Pan·egy·ri·kos** [-'gy:rikɔs] *m* ⟨-; -rikoi [-kɔʏ]⟩, **Pan·egy·ri·kus** [-'gy:rikʊs] *m* ⟨-; -riken *u.* -rizi [-tsi]⟩ panegyric, eulogy. — **pan·egy·risch** [-'gy:rɪʃ] *adj* panegyric(al).
Pa·nel ['pɛnəl; pænl] (*Engl.*) *n* ⟨-s; -s⟩ *sociol.* panel.
Pan·en·the·is·mus [panɛnte'ɪsmʊs] *m* ⟨-; *no pl*⟩ *philos.* panentheism. — **pan·en·thei·stisch** [-'ɪstɪʃ] *adj* panentheistic.
Pan·eu·ro·pa [pan?ɔʏ'ro:pa] *n* ⟨-s; *no pl*⟩ *pol.* Pan-Europe, Pan-Europa. — **pan·eu·ro'pä·isch** [-ro'pɛ:ɪʃ] *adj* Pan-European.
'Pan,flö·te *f mus.* panpipe, panpipes *pl* (*construed as sg or pl*), Pandean pipes *pl*, *auch* mouth organ, syrinx.
päng [pɛŋ] *interj* bang!
Pan·ger·ma·nis·mus [pangɛrma'nɪsmʊs] *m* ⟨-; *no pl*⟩ *pol.* Pan-Germanism.
Pan·has ['pan,ha:s] *m* ⟨-es; -e⟩ *dial. gastr. buckwheat cooked in a savory* (*bes. Br. savoury*) *stock until thick, sliced and fried when cold, Am. etwa* scrapple.
Pan·hel·le·nis·mus [panhɛle'nɪsmʊs] *m* ⟨-; *no pl*⟩ *pol.* Panhellenism.
Pa·ni ['pa:ni] *m* ⟨-; -⟩ (*Indianer*) Pawnee (Indian).
Pa·nier[1] [pa'ni:r] *n* ⟨-s; -e⟩ **1.** *archaic for* Banner. – **2.** *fig.* (*Wahlspruch*) banner, standard, motto.
Pa'nier[2] *f* ⟨-; *no pl*⟩ *Austrian gastr.* cover of egg and bread crumbs.
pa·nie·ren [pa'ni:rən] *v/t* ⟨*no* ge-, h⟩ *gastr.* bread, crumb, cover (*s.th.*) with (egg and) bread crumbs.
Pa'nier,mehl *n gastr.* bread crumbs *pl.*
Pa·nik ['pa:nɪk] *f* ⟨-; -en⟩ **1.** panic: j-n in ~ versetzen to panic s.o.; von (einer) ~ ergriffen werden to be seized with panic; es brach eine ~ aus panic broke out. – **2.** (*Schrecken*) scare. – **3.** (*wilde Flucht*) stampede. — **p~,ar·tig I** *adj* panic-like. – **II** *adv* ~ fliehen to flee in panic-like fear. — **~,ma·che** *f* ⟨-; *no pl*⟩ *colloq. contempt.* scaremongering. — **~,stim·mung** *f* **1.** atmosphere of panic. – **2.** panic: in (eine) ~ geraten to get into a panic.
'pa·nisch *adj* ⟨*attrib*⟩ panic, panicky: in ~em Schrecken in panic (fear); von ~er Angst ergriffen panic-stricken (*od.* -struck), seized with panic.
Pan·is·la·mis·mus [pan?ɪsla'mɪsmʊs] *m* ⟨-; *no pl*⟩ *pol.* Pan-Islam, Pan-Islamism.
Pan·je ['panjə] *m* ⟨-s; -s⟩ *humor.* **1.** Polack. – **2.** Russki, *auch* Rusky, Russky. — **~,pferd** *n small Russian farm horse*, konik. — **~,wa·gen** *m small Russian one-horse cart.*
pan·kra·tisch [pan'kra:tɪʃ] *adj* (*optics*) pancratic: ~es Fernrohr [Okular] pancratic telescope [eyepiece *od.* ocular].
Pan·kre·as ['pankreas] *n* ⟨-; -kreaten [-'a:tən]⟩ *med.* pancreas.
Pan·lo·gis·mus [panlo'gɪsmʊs] *m* ⟨-; *no pl*⟩ *philos.* panlogism.
Pan·mi·xie [panmɪ'ksi:] *f* ⟨-; -n [-ən]⟩ *biol.* panmixia, panmixis, *auch* panmixy, panmixie.
Pan·ne ['panə] *f* ⟨-; -n⟩ *colloq.* **1.** breakdown: eine ~ haben to have a breakdown, to break down. – **2.** (*Motorschaden*) engine trouble (*od.* failure). – **3.** (*Reifenschaden*) puncture, flat tire (*bes. Br.* tyre), blowout, *Br.* blow-out. – **4.** *fig.* (*Mißgeschick*) mishap, technical hitch (*colloq. humor.*): es passierte eine kleine ~ there was a slight mishap. – **5.** *fig.* (*Schnitzer*) blunder, faux pas.
'Pan·nen,hil·fe *f auto.* road patrol.
Pan·op·ti·kum [pa'nɔptikʊm] *n* ⟨-s; -tiken⟩ waxworks *pl* (*construed as sg or pl*).
pan·op·tisch [pa'nɔptɪʃ] *adj* panoptic, *auch* panoptical.
Pan·ora·ma [pano'ra:ma] *n* ⟨-s; -ramen⟩ panorama. — **~,auf,nah·me** *f phot.* panorama, panorama (*od.* panoramic) photograph. — **~,bild** *n* panoramic picture (*od.* view). — **~,fern,rohr** *n* **1.** (*optics*) panoramic telescope. – **2.** *mil.* (*Richtmittel am Geschütz*) panoramic sight. — **~,ka·me·ra** *f phot.* panoramic camera. — **~,kar·te** *f geogr.* panoramic map. — **~,kopf** *m* (*film*) (cine) panoramic head, panhead. — **~,schei·be** *f* **1.** panorama (*od.* wrap-around) window. – **2.** *auto.* (*Windschutzscheibe*) panoramic windshield (*bes. Br.* windscreen). — **~,schlit·ten** *m* (*film*) *cf.* Panoramakopf. — **~,schwenk** *m* pan(orama) shot, movie panning. — **~,spie·gel** *m auto.* panoramic rear-view mirror. — **~,stra·ße** *f* scenic road.
pan·ora·mie·ren [panora'mi:rən] *v/i* ⟨*no* ge-, h⟩ *phot.* (*film*) pan.
Pan·ple·gie [panple'gi:] *f* ⟨-; *no pl*⟩ *med.* panplegia.
Pan·psy·chis·mus [panpsy'çɪsmʊs] *m* ⟨-; *no pl*⟩ *philos.* panpsychism.
pan·schen ['panʃən] *colloq.* **I** *v/t* ⟨h⟩ *contempt.* (*Wein, Milch etc*) water (down), adulterate. – **II** *v/i cf.* planschen. – **III P~** *n* ⟨-s⟩ *verbal noun.* — **'Pan·scher** *m* ⟨-s; -⟩ *colloq. contempt.* (*von Wein, Milch etc*) adulterator. — **Pan·sche'rei** *f* ⟨-; -en⟩ *colloq. contempt.* **1.** *cf.* Panschen. – **2.** adulteration.
Pan·sen ['panzən] *m* ⟨-s; -⟩ *zo.* paunch, rumen (*scient.*).
'Pans,flö·te *f mus. cf.* Panflöte.
Pan·sla·wis·mus [pansla'vɪsmʊs] *m* ⟨-; *no pl*⟩ *pol.* Pan-Slavism. — **Pan·sla'wist** [-'vɪst] *m* ⟨-en; -en⟩ Pan-Slavist. — **pan·sla'wi·stisch** *adj* Pan-Slav.
Pan·so·phie [panzo'fi:] *f* ⟨-; *no pl*⟩ pansophy.
Pan·sper·mie [panspɛr'mi:] *f* ⟨-; *no pl*⟩ *biol. obs.* panspermia, *auch* panspermatism.
Pan·ta·lo·ne [panta'lo:nə] *m* ⟨-s; -s *u.* -loni [-ni]⟩ (*literature*) Pantaloon, Pantalone (*commedia dell'arte character*).
Pan·ta·lons ['pantalɔ̃s; pãta'lõ:s] *pl* (*lange Hose*) pantaloons.
Pan·the·is·mus [pante'ɪsmʊs] *m* ⟨-; *no pl*⟩ *philos.* pantheism, cosmotheism. — **Pan·the'ist** [-'ɪst] *m* ⟨-en; -en⟩ pantheist, cosmotheist. — **pan·the'istisch** *adj* pantheistic, *auch* pantheistical, cosmotheistic.
Pan·the·on ['panteɔn] *n* ⟨-s; -s⟩ *antiq. auch fig.* pantheon.
Pan·ther ['pantər] *m* ⟨-s; -⟩ *zo.* (*Leopard*) panther, leopard (*Panthera pardus*): Schwarzer ~ black panther. — **~cha,mä·le·on** *n* spotted chameleon (*Chamaeleo pardalis*). — **~,nat·ter** *f* green-spotted snake (*Drymobius bifossatus*). — **~,schild,krö·te** *f* leopard tortoise (*Testudo pardalis*).
Pan·ti·ne [pan'ti:nə] *f* ⟨-; -n⟩ *meist pl Northern G. for* Pantoffel: → kippen 2.
Pan·tof·fel [pan'tɔfəl] *m* ⟨-s; -n⟩ slipper, mule, pantofle, *auch* pantoufle, pantoffle: unter dem ~ stehen *fig. colloq.* to be henpecked, to let one's wife wear the pants (*Br.* trousers), to be under petticoat government; sie hat ihn unter dem ~ *fig. colloq.* she has him under her thumb, she wears the pants (*Br.* trousers), she henpecks him, she rules the roost. — **~,blu·me** *f bot.* slipperwort, calceolaria (*scient.*) (*Gattg Calceolaria*). — **~,held** *m colloq. contempt.* henpecked husband. — **~,schnecke** (*getr.* -k·k-) *f zo.* arched slipper

shell (*Crepidula fornicata*). — ~ˌ**tier·chen** *n zo.* slipper animalcule, param(o)ecium (*scient.*) (*Gattg Paramecium*).

Pan·to·graph [panto'gra:f] *m* ⟨-en; -en⟩ *tech.* pantograph. — ~**geˌsenkˌfräs·maˌschi·ne** *f tech.* pantograph die-sinking machine.

Pan·to·gra·phie [pantogra'fi:] *f* ⟨-; -n [-ən]⟩ *tech.* pantography. — **pan·to'gra·phisch** [-'gra:fɪʃ] *adj* pantographic.

Pan·to·kra·tor [panto'kra:tər] *m* ⟨-s; *no pl*⟩ (*art*) *relig.* Pantocrator.

Pan·to·me·ter [panto'me:tər] *n* ⟨-s; -⟩ *tech.* pantometer.

Pan·to·mi·me[1] [panto'mi:mə] *f* ⟨-; -n⟩ (*theater*) dumb show, pantomime.

Pan·to'mi·me[2] *m* ⟨-n; -n⟩ (*theater*) pantomime, pantomimist.

Pan·to·mi·mik [panto'mi:mɪk] *f* ⟨-; *no pl*⟩ (*theater*) pantomime. — **pan·to'mi·misch** *adj* pantomimic, pantomime (*attrib*).

pan·to·sko·pisch [panto'sko:pɪʃ] *adj* (*optics*) pantoscopic: ~e Form (*eines Brillenglases*) pantoscopic shape.

Pan·try ['pɛntri; 'pæntrɪ] (*Engl.*) *f* ⟨-; -s⟩ *mar.* pantry.

pant·schen ['pantʃən] *v/t u. v/i* ⟨h⟩ *cf.* panschen.

Pän·ul·ti·ma [pɛ'nʊltima] *f* ⟨-; -mä [-mɛ] *u.* -men⟩ *metr.* (*vorletzte Silbe*) penult, *auch* penultimate (syllable), penultima.

Pan·zen ['pantsən] *m* ⟨-s; -⟩ *dial. contempt.* paunch, potbelly: sich (*dat*) einen ~ anfressen to develop a paunch (from overeating).

Pan·zer ['pantsər] *m* ⟨-s; -⟩ **1.** *mil.* (battle) tank. – **2.** *mil. hist.* a) (*Rüstung*) (suit of) armor (*bes. Br.* armour), b) (*Kettenpanzer*) (coat of) mail, c) (*Harnisch*) corslet, cuirass, d) (*eines Pferds*) bard(e)s *pl*: er umgab sich mit einem ~ aus Gleichgültigkeit *fig.* he surrounded himself with an armo(u)r (*od.* a wall) of indifference. – **3.** *tech.* a) (*Gehäuse, Ummantelung*) casing, b) (*eines Hochofens*) steel jacket, c) (*Ausfütterung*) steel-plate lining. – **4.** *zo.* a) (*der Schildkröten, Insekten*) shell, shield, b) (*der Krokodile*) cuirass. — ~ˌ**abˌwehr** *f mil. Br.* anti-tank defence, *Am.* antitank defense. — ~ˌ**abˌwehr·geˌschütz** *n*, ~ˌ**abˌwehr·kaˌno·ne** *f* anti(-)tank gun. — ~ˌ**abˌwehr·raˌke·te** *f* anti(-)tank rocket. — ~ˌ**anˌgriff** *m* armored (*bes. Br.* armoured) (*od.* tank) attack. — ~**ar·til·leˌrie** *f* armo(u)red artillery. — ~ˌ**au·to** *n* armo(u)red car. — ~**ba·tailˌlon** *n* armo(u)red (*od.* tank) battalion, *Br. auch* tank squadron. — ~**beˌkämp·fung** *f cf.* Panzerabwehr. — ~**beˌsat·zung** *f* tank crew. — **p~ˌbre·chend** *adj* (*Munition etc*) armo(u)r-piercing. — ~ˌ**deckungsˌstel·lung** (*getr.* -k·k-) *f* hull defilade. — ~**di·vi·siˌon** *f* armo(u)red division. — ~ˌ**dreh·ˌturm** *m* revolving armo(u)red turret. — ~ˌ**ech·se** *f zo. cf.* Krokodil 1. — ~ˌ**fah·rer** *m mil.* tank driver. — ~ˌ**fahrˌzeug** *n* armo(u)red vehicle. — ~ˌ**fal·le** *f* tank trap. — ~ˌ**faust** *f* (recoilless) anti(-)tank rocket launcher. — ~ˌ**fi·sche** *pl zo.* (fossile) placoderms (*Klasse Placodermi*). — ~**för·de·rer** *m* (*mining*) armo(u)red conveyor (*od.* conveyer), *auch* panzer. — ~**geˌfecht** *n mil.* tank battle. — ~**geˌschoß** *n* armo(u)r-piercing projectile. — ~**geˌwöl·be** *n* (*einer Bank*) strong room. — ~ˌ**glas** *n* bulletproof (*Br.* bullet-proof) glass. — ~ˌ**gra·ben** *m mil.* (anti[-])tank ditch. — ~**gre·naˌdier** *m* armo(u)red infantryman: ~e *pl* armo(u)red (*od.* mechanized) infantry *sg.* — ~ˌ**handˌschuh** *m mil. hist.* ga(u)ntlet. — ~ˌ**hemd** *n* shirt (*od.* coat) of mail, ha(u)bergeon, hauberk. — ~ˌ**jä·ger** *m mil.* anti(-)tank gunner: ~ *pl* tank destroyer troops. — ~ˌ**ka·bel** *n tech.* armo(u)red (*od.* shielded) cable. — ~ˌ**kampfˌwa·gen** *m mil.* tank, armo(u)red fighting vehicle. — ~**ka·ˌno·ne** *f* tank gun. — ~ˌ**ket·te** *f* tank track. — ~ˌ**knacker** (*getr.* -k·k-) *m mil. colloq.* tank buster (*od.* killer). — ~**kom·manˌdant** *m* tank commander. — ~ˌ**korps** *n* armo(u)red corps. — ~ˌ**kräf·te** *pl* armo(u)red forces (*od.* units). — ~ˌ**krebs** *m zo.* sea crayfish (*Fam. Palinuridae*). — ~ˌ**kreu·zer** *m mar. mil.* battle cruiser. — ~ˌ**kup·pel** *f mil.* armo(u)red cupola. — ~ˌ**lan·dungs·ˌboot** *n* tank landing craft. — ~ˌ**mi·ne** *f* anti(-)tank mine. — ~**mu·ni·tiˌon** *f* armo(u)r-piercing ammunition.

pan·zern ['pantsərn] **I** *v/t* ⟨h⟩ **1.** *mil.* armor, *bes. Br.* armour. – **2.** *mil. hist.* (*ein Pferd*) bard(e). – **3.** *tech.* armor, *bes. Br.* armour, metal-sheathe, encase. – **II** *v/reflex* **4.** sich gegen j-s Bosheit ~ *fig.* to arm oneself against s.o.'s malice. – **III P~** *n* ⟨-s⟩ **5.** *verbal noun.*

'Pan·zer|ˌnasˌhorn, 'In·di·sches *n zo.* Indian rhinoceros (*Rhinoceros unicornis*). — ~ˌ**plat·te** *f mil. tech.* armor (*bes. Br.* armour) plate. — ~**re·giˌment** *n mil.* armo(u)red regiment, *Br.* tank regiment. — ~ˌ**schiff** *n mar. mil.* armo(u)red naval vessel, ironclad. — ~ˌ**schlacht** *f mil.* tank battle. — ~ˌ**schott** *n mar.* armo(u)red bulkhead. — ~ˌ**schrank** *m* safe. — ~ˌ**schutz** *m mil.* **1.** unter ~ protected by tanks. – **2.** *hist.* armo(u)r protection. — ~ˌ**schüt·ze** *m* tank gunner. — ~ˌ**spähˌwa·gen** *m* armo(u)red (reconnaissance) car, scout (*od.* patrol) car. — ~ˌ**sper·re** *f* anti(-)tank obstacle. — ~ˌ**spit·ze** *f* armo(u)red spearhead. — ~ˌ**trup·pen** *pl mil.* armo(u)red troops (*od.* forces), tank corps *sg.* — ~ˌ**turm** *m* **1.** armo(u)red turret. – **2.** (*eines Panzers*) tank turret.

'Pan·ze·rung *f* ⟨-; -en⟩ **1.** *cf.* Panzern. – **2.** *mil.* armor, *bes. Br.* armour, armoring, *bes. Br.* armouring, armo(u)r-plating. – **3.** *mil. hist.* a) (coat of) mail, b) (*eines Pferdes*) bard(e)s *pl.* – **4.** *tech.* metal sheathing, armoring, *bes. Br.* armouring. – **5.** *zo.* armor, *bes. Br.* armour.

'Pan·zer|ˌun·terˌstüt·zung *f mil.* armored (*bes. Br.* armoured) (*od.* tank) support. — ~**verˌbän·de** *pl* armo(u)red units (*od.* forces). — ~ˌ**waf·fe** *f* armo(u)red (*od.* tank) force. — ~ˌ**wa·gen** *m* armo(u)red car. — ~ˌ**we·ste** *f* bulletproof (*Br.* bullet-proof) (*od.* shotproof) jacket, body armo(u)r, armo(u)red vest. — ~ˌ**zug** *m mil.* **1.** (*railway*) armo(u)red train. – **2.** (*Einheit*) tank platoon.

Päo·nie [pɛ'o:nĭə] *f* ⟨-; -n⟩ *bot. cf.* Pfingstrose.

Pa·pa [pa'pa:; *colloq. auch* 'papa] *m* ⟨-s; -s⟩ father; papa, daddy, dad, pa, *Am. auch* pop, poppa (*child's language*).

Pa·pa·gei [papa'gaɪ] *m* ⟨-s *u.* -en; -en, *rare* -e⟩ *zo.* parrot (*Fam. Psittacidae*): Grauer ~ common gray (*bes. Br.* grey) parrot (*Psittacus erithacus*); Kleiner ~ parrakeet, parakeet, *auch* paroquet, parroquet; sie plappert alles nach wie ein ~ *fig.* she repeats everything (you say) like a parrot, she poll-parrots.

pa·pa·gei·en·haft I *adj* parrot-like, psittacine (*scient.*). – **II** *adv* ~ nachplappern to repeat (*s.th.*) like a parrot.

Pa·pa'gei·en|ˌkrank·heit *f* **1.** *med.* parrot disease (*od.* fever), psittacosis (*scient.*). – **2.** *vet.* ornithosis. — ~ˌ**weib·chen** *n zo.* hen-parrot.

Pa·pa'geiˌfisch *m zo.* parrot fish, scaroid (*scient.*) (*Fam. Scaridae*).

pa·pal [pa'pa:l] *adj röm.kath.* papal. — **P~syˌstem** *n* papalism, papal system.

Pa·pat [pa'pa:t] *m, auch n* ⟨-(e)s; *no pl*⟩ *röm.kath.* papacy.

Pa·pa·ve·rin [papave'ri:n] *n* ⟨-s; *no pl*⟩ *med. pharm.* papaverine ($C_{20}H_{21}NO_4$).

Pa·pel ['pa:pəl] *f* ⟨-; -n⟩ *med.* papule, papula.

Pa·per·back ['peɪpəˌbæk] (*Engl.*) *n* ⟨-s; -s⟩ *print.* paperback.

Pa·pe·te·rie [papɛtə'ri:] *f* ⟨-; -n [-ən]⟩ *Swiss for* a) Schreibwarenhandlung, b) Schreibwaren.

Pa·pi ['papi] *m* ⟨-s; -s⟩ *cf.* Papa.

Pa·pier [pa'pi:r] *n* ⟨-s; -e⟩ **1.** ⟨*only sg*⟩ paper: kariertes [lini(i)ertes] ~ squared (*Am.* checkered) [ruled] paper; satiniertes [holzfreies, gummiertes] ~ glazed [wood-free, gummed] paper; ~ mit Wasserzeichen filigreed (*od.* watermarked) paper; etwas zu ~ bringen to write s.th. down, to commit s.th. to paper, to reduce s.th. to writing; das steht nur auf dem ~ that exists on paper only; ~ ist geduldig *fig. colloq.* paper won't blush (*colloq.*). – **2.** *meist pl* (*Ausweis*) (identity *od.* identification) paper: er reiste ohne ~e he travel(l)ed without any identification (*od.* identity) papers; Ihre ~e, bitte! papers (*od.* documents), please! – **3.** *meist pl jur. econ.* (*Urkunde*) paper, document, instrument. – **4.** *pl econ.* (*Wertpapiere, Kupons etc*) a) security documents, securities, stocks, effects, b) (*Dividendenpapiere*) *bes. Br.* shares, *bes. Am.* stocks: festverzinsliche ~e fixed-interest(-bearing) securities, bonds; ~e mit kurzer [mittlerer, langer] Laufzeit short- [medium-, long-]term stocks; mündelsichere ~e gilt-edged securities, gilts. – **5.** *pl econ.* (*Arbeitspapiere*) working papers *pl*: holen Sie sich Ihre ~e, Sie sind entlassen take your working papers (*Br.* your cards), you are sacked (*od.* fired) (*colloq.*).

Pa'pier|ˌabˌfäl·le *pl* waste paper *sg.* — **p~ˌar·tig** *adj* paperlike, papery; papyraceous, chartaceous (*scient.*). — ~ˌ**bahn** *f* (paper)-web, paper strip, length of paper. — ~ˌ**band** *n* ⟨-(e)s; ⸚er⟩ paper tape. — ~ˌ**beu·tel** *m* paper bag. — ~ˌ**blatt** *n cf.* Papierbogen. — ~ˌ**block** *m* paper (*od.* note-)block. — ~ˌ**blu·me** *f* **1.** artificial paper flower. – **2.** *bot.* a) xeranthemum (*Gattg Xeranthemum*), b) *cf.* Katzenpfötchen 2. — ~ˌ**bo·gen** *m* leaf (*od.* sheet) of paper. — ~ˌ**boot** *n zo.* (paper) nautilus, argonaut (*Argonauta argo*). — ~ˌ**brei** *m tech.* (paper) pulp. — ~ˌ**deutsch** *n ling.* bookish (*od.* lifeless, dryasdust, stilted) German. — ~ˌ**dra·chen** *m* paper kite. — ~ˌ**einˌband** *m print.* paper cover.

pa'pie·ren *adj* **1.** paper (*attrib*): papier(e)ne Umhüllung paper wrapping. – **2.** *cf.* papierartig. – **3.** *fig.* bookish, lifeless, stiff, stilted, vapid: papier(e)ner Stil bookish style.

Pa'pier|faˌbrik *f* paper mill (*od.* factory). — ~**fa·bri·ka·tiˌon** *f tech.* paper manufacture, papermaking. — ~ˌ**falz·maˌschi·ne** *f print.* folding machine, folder. — ~ˌ**fet·zen** *m* scrap of paper. — ~ˌ**fil·ter** *n, m* paper filter. — ~**forˌmat** *n* size (of paper), paper (*od.* sheet) size. — ~ˌ**garn** *n* pulp yarn.

Pa'pierˌgeld *n* ⟨-(e)s; *no pl*⟩ *econ.* paper money (*od.* currency), *Am. auch* bills *pl*, *Br.* (bank-)notes *pl*, *Am. sl.* folding money. — ~ˌ**wäh·rung** *f* paper currency.

Pa'pier|geˌschäft *n econ.* **1.** stationer's (*od.* stationery) shop (*bes. Am.* store). – **2.** *cf.* Papierhandel. — ~**girˌlan·de** *f* paper garland. — ~**gra·da·tiˌon** *f phot.* paper grades *pl.* — ~ˌ**han·del** *m econ.* paper trade. — ~ˌ**händ·ler** *m* stationer. — ~ˌ**hand·lung** *f cf.* Papiergeschäft 1. — ~ˌ**herˌstel·lung** *f tech. cf.* Papierfabrikation. — ~ˌ**holz** *n* pulpwood. — ~ˌ**hül·le** *f* paper envelope. — ~**in·duˌstrie** *f* paper industry. — ~ˌ**kle·ber** *m synth.* adhesive for paper, paste. — ~ˌ**korb** *m* wastepaper basket, *bes. Am.* wastebasket: etwas in den ~ werfen to throw s.th. in(to) the wastepaper basket, to basket s.th.; das gehört in den ~ *auch fig. colloq.* that's ready for the wastepaper basket, that is rubbish; → landen 4. — ~ˌ**kram** *m colloq.* red tape. — ~ˌ**krieg** *m colloq. u. contempt.* red tape, paper war(fare), bureaucratic labyrinth. — ~**laˌter·ne** *f* paper lampion, Chinese lantern.

Pa·pi·er·ma·ché [papĭema'ʃe:] *n* ⟨-s; -s⟩ (*paper*) papier-mâché, *auch* papier mache, papier-maché.

Pa'pier|manˌschet·te *f* (*eines Blumentopfes*) paper frill. — ~**maˌschi·ne** *f tech.* paper machine. — ~ˌ**maß** *n* paper size, size of paper. — ~ˌ**mas·se** *f tech. cf.* Papierstoff. — ~ˌ**mes·ser** *n tech.* **1.** paper knife. – **2.** (*Schaber*) doctor. – **3.** (*des Kalanders, Holländers*) bar, blade. — ~ˌ**müh·le** *f* paper mill. — ~ˌ**rol·le** *f* roll of paper. — ~ˌ**sack** *m* paper bag. — ~ˌ**sche·re** *f* paper scissors *pl* (*sometimes construed as sg*). — ~ˌ**schlan·ge** *f* (paper) streamer, coiled-up paper. — ~**schnei·de·maˌschi·ne** *f tech.* paper cutter, (*Formatschneider*) guillotine cutting machine (*od.* cutter). — ~ˌ**schnit·zel** *n, m meist pl* paper shred (*od.* scrap, shaving). — ~ˌ**schnur** *f* paper string (*od.* twine). — ~**ser·vi·et·te** *f* paper napkin. — ~ˌ**sor·te** *f* type (*od.* grade) of paper. — ~ˌ**stau·de** *f bot.* papyrus (*Cyperus papyrus*). — ~ˌ**stoff** *m tech.* stuff, (*Stoffbrei*) pulp. — ~ˌ**strei·fen** *m* **1.** paper strip. – **2.** (*Lochstreifen*) paper tape. — ~ˌ**ta·schenˌtuch** *n* tissue (handkerchief), *bes. Am.* kleenex (*TM*). — ~ˌ**ti·ger** *m colloq.* paper tiger. — ~ˌ**tisch·ˌtuch** *n* paper tablecloth. — ~ˌ**tü·te** *f* paper bag, (*spitze*) cornet. — **p~verˌar·bei·tend** *adj* ~e Industrie *econ.* paper-processing industry. — ~**verˌar·bei·tung** *f* paper processing. — ~ˌ**wäh·rung** *f econ. cf.* Papiergeldwährung.

Pa'pierˌwa·ren *pl* **1.** paper goods. – **2.** (*Schreibwaren*) stationery *sg.* — ~ˌ**händ·ler** *m* stationer. — ~ˌ**hand·lung** *f* stationer's (*od.* stationery) shop (*bes. Am.* store).

Pa'pier|ˌwes·pe *f zo.* paper hornet (*Vespa maculata*). — **~ˌwin·del** *f* paper diaper (*bes. Br.* napkin, *colloq.* nappy). — **~ˌwisch** *m* scrap of paper. — **~ˌwolf** *m tech.* paper shredder (*od.* shredding machine). — **~ˌzei·chen** *n print.* watermark.

Pa·pi·lio·ni·den [papilio'niːdən] *pl zo. cf.* Ritterfalter.

pa·pil·lär [papɪ'lɛːr] *adj med.* papillar(y).

Pa·pil·le [pa'pɪlə] *f* ⟨-; -n⟩ **1.** *med.* papilla. – **2.** *meist pl bot.* papilla.

Pa·pil·lom [papɪ'loːm] *n* ⟨-s; -e⟩ *med.* papilloma.

Pa·pil·lon [papi'jõː] *m* ⟨-s; -s⟩ *zo.* (*Kleinhund*) papillon.

Pa'pil·lo·te [papi'joːtə] *f* ⟨-; -n⟩ (*Haar-, Lockenwickel*) (hair) curler, (hair) roller.

Pa'pin·scher 'Topf [pa'pɛ̃ːʃər] *m phys.* Papin's digester (*od.* pot).

Pa·pis·mus [pa'pɪsmʊs] *m* ⟨-; *no pl*⟩ *contempt.* papistry, papism, popery. — **Pa'pist** [-'pɪst] *m* ⟨-en; -en⟩ *contempt.* papist, papalist, Roman. — **pa'pi·stisch** *adj contempt.* popish, Romanish, papistic(al).

papp [pap] *interj colloq. only in* nicht mehr ~ sagen können to be so full one can hardly move, to be stuffed to the gills.

Papp *m* ⟨-(e)s; -e⟩ *colloq. dial.* **1.** (*Brei*) pap, mash, mush, gruel. – **2.** (*Kleister*) paste. — **~ˌar·beit** *f* cardboard (*od.* pasteboard) work. — **~ˌband** *m* ⟨-(e)s; ⸚e⟩ *print.* (book in) boards, (hard) paperback. — **~ˌbe·cher** *m* paper cup. — **~ˌdach** *n* felt roof. — **~ˌdeckel** (*getr.* -k·k-) *m* (card)board, millboard, paperboard, pasteboard.

Pap·pe ['papə] *f* ⟨-; -n⟩ pasteboard, paperboard, (*dünne*) cardboard, (*starke*) millboard: das Buch ist in ~ gebunden the book is bound in boards; das ist nicht von ~ *fig. colloq.* a) that's not to be trifled with, b) that's not to be sneezed at (*colloq.*); er ist nicht aus ~ *fig. colloq.* he is not to be trifled with, he's pretty tough, *bes. Am.* he is no jellyfish.

'Pappˌeinˌband *m print.* pasteboard (*od.* cardboard) cover (*od.* binding), boards *pl.*

Pap·pel ['papəl] *f* ⟨-; -n⟩ *bot.* a) poplar (tree), *Am. dial.* alamo (*Gattg Populus*), b) *Am.* cottonwood (*P. deltoides*). — **~alˌlee** *f* avenue of poplars, *Am. auch* alameda. — **~ˌblattˌkä·fer** *m zo.* poplar leaf beetle (*Melasoma populi*). — **~ˌbock** *m* a) Großer ~ poplar borer (*Saperda carcharias*), b) Kleiner ~ lesser poplar borer (*S. populnea*). — **~ˌholz** *n* poplar (wood), (*bes. von Populus deltoides*) cottonwood.

pap·peln[1] ['papəln] *v/t* ⟨h⟩ *cf.* päppeln.

'pap·peln[2] *adj* poplar, of poplar wood.

päp·peln ['pɛpəln] *v/t* ⟨h⟩ **1.** *colloq.* (feed with) pap. – **2.** *fig.* pamper, cosset, coddle.

'Pap·pel|ˌschwär·mer *m zo.* poplar hawk moth (*Amorpha populi*). — **~ˌwei·de** *f bot.* **1.** black poplar (*Populus nigra*). – **2.** *cf.* Silberpappel.

pap·pen ['papən] **I** *v/t* ⟨h⟩ **1.** *colloq.* paste. – **II** *v/i* **2.** *colloq.* stick. – **3.** (*von Schnee etc*) stick, clog.

Pap·pen·hei·mer ['papənˌhaɪmər] *m* ⟨-s; -⟩ *only in* ich kenne meine ~ *colloq.* I know my customers (*od.* men), I know who I'm dealing with (*colloq.*).

'Pap·penˌstiel *m* ⟨-(e)s; *no pl*⟩ *fig. colloq.* straw, trifle: etwas für einen ~ verkaufen to sell s.th. for a (mere) song (*od.* dirt cheap); das ist keinen ~ wert that's not worth a sou (*od.* bean); das ist kein ~ a) that is not easy (*od.* to be trifled with), b) (*von Geld*) that is quite a nice sum (*od.* pretty penny).

pap·per·la·papp [ˌpapərla'pap] *interj colloq.* rubbish! fiddlesticks! nonsense! bosh! blether! blather! *Am. auch* blatherskite!

'pap·pig *adj* **1.** (*Brei etc*) pulpy, pappy, pasty, sticky, stodgy, goo(e)y (*sl.*). – **2.** *colloq.* (*Hände etc*) goo(e)y (*sl.*), sticky. – **3.** (*Schnee etc*) sticky, cloggy. – **4.** *colloq.* (*Brot etc*) goo(e)y (*sl.*), stodgy, doughy, gluey, sticky.

'Papp|ka·meˌrad *m mil. auch fig. colloq.* (aiming) silhouette, silhouette target. — **~karˌton** *m cf.* Pappschachtel.

Papp·ma·ché [papma'ʃeː] *n* ⟨-s; -s⟩ (*paper*) *cf.* Papiermaché.

'Papp|ˌna·se *f* false nose. — **~ˌschach·tel** *f* carton, cardboard (*od.* paper) box. — **~ˌschnee** *m* sticky (*od.* cloggy) snow. — **~ˌtel·ler** *m* paper plate.

Pa·pri·ka ['paprika] *m* ⟨-s; -s⟩ **1.** *bot.* a) paprika, red pepper, chili, chile, *bes. Br.* chilli, chilly (*Capsicum frutescens*), b) paprika, pod pepper (*C. annuum*), c) pepper (*C. tetragonum*). – **2.** (*Gewürz*) paprika. – **3.** *gastr.* (*Paprikaschote*) paprika: gefüllter ~ stuffed paprika (*od.* peppers *pl*). — **~ˌgu·lasch** *n, auch m gastr.* (Hungarian) goulash. — **~ˌschnit·zel** *n* paprika cutlet. — **~ˌscho·te** *f bot.* pepper pod, peppers *pl.* — **~ˌso·ße** *f* chili sauce.

Papst [paːpst] *m* ⟨-es; ⸚e⟩ **1.** *röm.kath.* Pope, pontiff, pontifex, Holy Father: → päpstlich 2. – **2.** *fig.* authority; er ist der ~ der Medizin he is the authority in the world of medicine. — **~faˌmi·lie** *f röm.-kath.* papal household. — **p~ˌfeind·lich** *adj* antipapal. — **~ˌkro·ne** *f* papal (*od.* triple) crown, tiara.

päpst·lich ['pɛːpstlɪç] *adj* **1.** papal, apostolic, pontifical: ~er Gesandter nuntius; ~e Würde papal dignity, popehood, popedom, pontificate, papacy; P~er Stuhl Apostolic (*od.* Holy) See. – **2.** papistic(al): ~er als der Papst sein *fig.* to want to outpope the pope, to be more royal than the king (*to be more intolerant in one's judg[e]ments than established authority*).

'Papst·tum *n* ⟨-s; *no pl*⟩ *röm.kath.* popedom, popehood, papacy, papalism, pontificality.

'Papst|ˌwahl *f röm.kath.* election of a pope. — **~ˌwür·de** *f* papal dignity, popehood, popedom, pontificate, papacy.

Pa·pua ['paːpŭa; pa'puːa] *m* ⟨-(s); -(s)⟩, **~ˌne·ger** *m* Papuan. — **pa·pua·nisch** [pa'pŭaːnɪʃ] *adj* Papuan.

'Pa·puaˌschwein *n zo.* Papuan wild pig (*Sus papuensis*). — **~ˌspra·chen, die** *pl ling.* Papuan *sg*, the Papuan languages.

Pa·py·rin [papy'riːn] *n* ⟨-s; *no pl*⟩ (*paper*) papyrin(e).

Pa·py·ro·lo·ge [papyro'loːgə] *m* ⟨-n; -n⟩ papyrologist. — **Pa·py·ro·lo'gie** [-lo'giː] *f* ⟨-; *no pl*⟩ papyrology. — **pa·py·ro'lo·gisch** *adj* papyrological.

Pa·py·rus [pa'pyːrʊs] *m* ⟨-; -ri [-ri]⟩ **1.** *bot.* papyrus, *auch* paper reed (*od.* rush) (*Cyperus papyrus*). – **2.** *antiq.* papyrus, biblus, *auch* biblos. — **~ˌkun·de** *f* ⟨-; *no pl*⟩ *cf.* Papyrologie. — **~ˌrol·le** *f* papyrus (roll *od.* scroll). — **~ˌstau·de** *f bot. cf.* Papyrus 1. — **~ˌtext** *m* papyrus text.

Pa·ra ['paːra] *m* ⟨-; -⟩ *econ.* para (*small Turkish and Yugoslav monetary unit*).

Pa·ra·ba·se [para'baːzə] ⟨-; -n⟩ *f* (*literature*) (*in der griech. Komödie*) parabasis.

Pa·ra·bel [pa'raːbəl] *f* ⟨-; -n⟩ **1.** (*literature*) parable. – **2.** *math.* parabola. — **~ˌkur·ve** *f math.* parabolic curve.

Pa·ra·bio·se [parabi'oːzə] *f* ⟨-; -n⟩ *biol.* parabiosis.

Pa·ra'bol·anˌten·ne [para'boːl-] *f electr.* parabolic-reflector antenna, dish antenna (*bes. Br.* aerial).

pa·ra'bo·lisch *adj* **1.** (*literature*) parabolic(al), allegorical, *auch* allegoric, symbolic. – **2.** *math.* parabolic(al).

Pa·ra·bo·lo·id [parabolo'iːt] *n* ⟨-(e)s; -e⟩ *math.* paraboloid. — **~konˌden·sor** *m* (*für Mikroskop*) paraboloidal condenser.

Pa·ra'bolˌspie·gel *m* **1.** *tech.* projector. – **2.** (*optics*) *tech.* parabolic reflector (*od.* mirror).

Pa·ra·de [pa'raːdə] *f* ⟨-; -n⟩ **1.** *mil.* parade, review, (*von Fahrzeugen*) drive-past, (*von Flugzeugen*) flypast: ~ abnehmen to hold a review. – **2.** (*sport*) a) (*beim Fechten, Boxen etc*) parry, parade, b) (*des Tormanns*) save, c) (*beim Reiten*) halt. – **3.** j-m in die ~ fahren *fig. colloq.* a) to upset (*od.* interfere with) s.o.'s plans, b) to interrupt s.o. — **~ˌanˌzug** *m bes. mil. cf.* Paradeuniform. — **~ˌaufˌstel·lung** *f* review order. — **~ˌbeiˌspiel** *n* outstanding example. — **~ˌbett** *n* bed of state. — **~ˌflug** *m aer. mil.* flypast.

Pa·ra·deis [para'daɪs] *n* ⟨-es; *no pl*⟩ *obs. poet. for* Paradies 1, 2, 4.

Pa·ra·dei·ser [para'daɪzər] *m* ⟨-s; -⟩ *Austrian for* Tomate.

Pa'ra·de|ˌkis·sen *n colloq.* best pillow. — **~ˌmarsch** *m mil.* march in review.

Pa·ra·den·ti·tis [paradɛn'tiːtɪs] *f* ⟨-; -titiden [-ti'tiːdən]⟩ *med.* Parodontitis.

Pa·ra·den·to·se [paradɛn'toːzə] *f* ⟨-; -n⟩ *med. archaic for* Parodontose.

Pa'ra·de|ˌpferd *n* **1.** parade horse. – **2.** *fig. colloq.* showpiece, star. — **~ˌplatz** *m mil.* parade ground. — **~ˌrol·le** *f* (*theater*) star part (*od.* role, *auch* rôle). — **~ˌschritt** *m mil.* parade (*od.* drill) step, goose step. — **~ˌstück** *n* showpiece. — **~uniˌform** *f mil.* dress uniform, full dress.

pa·ra·die·ren [para'diːrən] *v/i* ⟨*no* ge-, h⟩ **1.** *mil.* parade: ~ lassen to parade. – **2.** *fig.* parade, flaunt, prance: mit etwas ~ to make a show of s.th.

Pa·ra·dies [para'diːs] *n* ⟨-es; -e⟩ **1.** das ~ *Bibl.* Paradise, Eden: die Vertreibung aus dem ~ the expulsion from Paradise. – **2.** ⟨*only sg*⟩ *relig.* paradise, heaven, Heavenly City. – **3.** *arch. hist.* paradise, parvis, *auch* parvise, atrium, ceremonial forecourt. – **4.** *fig.* paradise, heaven, Eldorado, Shangri-la: ins ~ versetzen to put (*s.o.*) in paradise, to imparadise; das ~ auf Erden heaven on earth. — **~ˌap·fel** *m* **1.** *bot.* Paradise (apple) (*Malus sylvestris paradisiaca*). – **2.** *dial. obs. for* Tomate. — **~ˌel·ster** *f zo.* paradise grackle (*od.* pie) (*Astrapia nigra*). — **~ˌfei·ge** *f bot.* plantain (*Musa paradisiaca*). — **~ˌfisch** *m zo.* paradise fish, polynemid (*Polynemus paradiseus*). — **~ˌgar·ten** *m* (the) Garden of Eden, Paradise.

pa·ra·die·sisch [para'diːzɪʃ] *adj* **1.** paradisiacal, *auch* paradisiac, paradisal, paradisaic(al), paradisial, *auch* paradisian, paradisic(al), Edenic: ~e Unschuld paradisiacal innocence. – **2.** *fig.* paradisiacal, heavenly, delightful: ein ~es Plätzchen a heavenly spot; eine Zeit ~en Glücks a period (*od.* an age) of paradisiacal happiness.

Pa·ra'dies|ˌkör·ner *pl bot.* grains of Paradise, guinea grains, melegueta (*od.* malaguet[t]a, *auch* malagetta) pepper *sg* (*seed of Aframomum melegueta*). — **~ˌvo·gel** *m zo.* **1.** bird of paradise, paradise bird (*Fam. Paradisaeidae*): Großer ~ *cf.* Göttervogel. – **2.** lesser superb bird of paradise (*Lophorina superba*). — **~ˌwit·we** *f* whydah, whidah, widow bird (*od.* finch) (*Steganura paradisea*).

Pa·ra·dig·ma [para'dɪgma] *n* ⟨-s; -men, *auch* -mata [-ta]⟩ *ling.* paradigm. — **pa·ra·dig'ma·tisch** [-'maːtɪʃ] *adj* paradigmatic, *auch* paradigmatical.

pa·ra·dox [para'dɔks] **I** *adj* paradoxical, paradoxial, paradoxal, paradoxic. – **II P~** *n* ⟨-es; -e⟩ *cf.* Paradoxon.

pa·ra'do·xer'wei·se *adv* paradoxically.

Pa·ra·do·xie [paradɔ'ksiː] *f* ⟨-; -n [-ən]⟩ paradoxy, paradoxicalness, paradoxicality.

Pa·ra·do·xon [pa'ra(ː)dɔksɔn] *n* ⟨-s; -xa [-ksa]⟩ *philos. ling.* paradox.

Pa·raf·fin [para'fiːn] *n* ⟨-s; -e⟩ **1.** *chem.* paraffin, *auch* paraffine, alkane. – **2.** *cf.* Paraffinwachs. — **~beˌhand·lung** *f med.* medical treatment with paraffin.

pa·raf·fi·nie·ren [parafi'niːrən] *v/t* ⟨*no* ge-, h⟩ paraffin.

Pa·raf'fin|ˌker·ze *f* paraffin candle. — **~ˌkrebs** *m* ⟨-es; *no pl*⟩ *med.* paraffin cancer, paraffinoma (*scient.*). — **~ˌöl** *n* **1.** *chem.* paraffin oil, liquid paraffin, (white) mineral oil. – **2.** *med.* (liquid) paraffin, paraffin oil. — **~paˌpier** *n* paraffin paper. — **~ˌsal·be** *f med. pharm.* vaseline, petrolatum, paraffin ointment. — **~ˌwachs** *n* paraffin (wax).

Pa·ra·ge·ne·se [parage'neːzə] *f* ⟨-; *no pl*⟩ *geol.* paragenesis.

'Pa·ra|geˌstein ['paːra-] *n meist pl geol.* para-rock. — **~ˌglei·ter** *m* (*space*) hypersonic glider.

Pa·ra·graph [para'graːf] *m* ⟨-en, *auch* -s; -en⟩ **1.** (*Textabschnitt*) article, paragraph. – **2.** *jur.* section, article. – **3.** *print.* paragraph.

Pa·ra'gra·phenˌrei·ter *m* ⟨-s; -⟩ *colloq. contempt.* red-tapist, stickler, legalist, pedant, pettifogger.

Pa·ra·gra·phie [paragra'fiː] *f* ⟨-; *no pl*⟩ *psych.* paragraphia.

pa·ra·gra·phie·ren [paragra'fiːrən] *v/t* ⟨*no* ge-, h⟩ paragraph.

Pa·ra'graphˌzei·chen *n* section (mark).

'Pa·ra|ˌgum·mi *n, m,* **~ˌkau·tschuk** *m* Pará (*od.* Para, para) rubber.

Pa·ra·kla·se [para'klaːzə] *f* ⟨-; -n⟩ *geol.* paraclase.

Pa·ra·klet [para'kleːt] *relig.* **I** *npr m* ⟨-(e)s *u.* -en; *no pl*⟩ Paraclete, Comforter. – **II** *m* ⟨-(e)s *u.* -en; -e(n)⟩ paraclete, advocate, intercessor.

Pa·ra·la·lie [parala'liː] *f* ⟨-; *no pl*⟩ *med. psych.* paralalia, speech defect.

Par·al·de·hyd [paralde'hyːt] *n* ⟨-(e)s; -e⟩ *chem.* paraldehyde, paraacetaldehyde ($C_6H_{12}O_3$).

Pa·ra·lip·se [paraˈlɪpsə] *f* ⟨-; -n⟩ *ling.* (*in der Rhetorik*) paralipsis.

par·al·lak·tisch [paraˈlaktɪʃ] *adj astr. phys.* parallactic: ~e Montierung (*eines Teleskops*) equatorial mount; ~e Verschiebung parallactic motion, parallax.

Par·al·la·xe [paraˈlaksə] *f* ⟨-; -n⟩ *phys. astr. phot. mil.* parallax: tägliche ~ diurnal (*od.* geocentric) parallax; jährliche ~ annual (*od.* heliocentric) parallax. — **Par·alˈla·xenˌausˌgleich** *m* (*optics*) *phot.* parallax (*od.* parallactic) compensation.

par·al·lel [paraˈleːl] **I** *adj* **1.** parallel: ~e Lage parallelism; ~ machen to parallelize. – **2.** *math.* parallel, *auch* equidistant (from): ~e Linien parallels; etwas ~ machen to parallel s.th. – **3.** *electr.* parallel: ~ schalten to connect in parallel, to shunt; ~ (geschaltet) shunt, connected across. – **4.** (*optics*) parallel: ~e Lichtstrahlen collimated light *sg.* – **5.** *mus.* consecutive, *Am. auch* parallel. – **6.** *fig.* parallel, similar: das ist eine ganz ~e Entwicklung that is a very analogous development. – **II** *adv* **7.** der Weg (ver)läuft ~ zur Hauptstraße the path runs parallel with (*od.* to) the main road, *bes. Am. colloq.* the path parallels the main road. – **8.** ~ verschieben *math.* to translate. – **9.** ~ gespeiste Antenne *electr.* shunt-fed antenna (*bes. Br.* aerial). — **P~ˌausˌga·be** *f print.* parallel edition. — **P~beˌwe·gung** *f* parallel motion.

Par·alˈle·le *f* ⟨-; -n⟩ **1.** *math.* parallel (line): eine ~ ziehen (zu) to draw a parallel (to). – **2.** *fig.* parallel: eine ~ bilden to form a parallel (case); eine ~ ziehen (zu, zwischen *dat*) to draw (*od.* establish) a comparison (*od.* parallel) (with, between). – **3.** *mil.* parallel, trenchwork: eine ~ ausheben to dig out a parallel. – **4.** *pl mus.* consecutives, consecutive intervals, *Am. auch* parallels. – **5.** *pl* (*Orgelbau*) sliders.

Par·alˈlel·epiˌped [-ˀepiˌpeːt] *n* ⟨-(e)s; -e⟩, **Par·al·lel·epi·pe·don** [paraleleˈpiːpedɔn] *n* ⟨-s; -peda [-da] *u.* -peden [-piˈpeːdən]⟩ *math. cf.* Parallelflach.

Par·alˈlel|ˌfall *m* parallel case: mir fällt kein ~ ein I cannot think of a parallel case. — **~ˌfe·der** *f tech.* double pointed pen. — **~ˌflach** *n* ⟨-(e)s; -e⟩ *math.* parallelepiped.

par·al·le·li·sie·ren [paraleliˈziːrən] *v/t* ⟨*no* ge-, h⟩ parallelize.

Par·al·le·lis·mus [paraleˈlɪsmʊs] *m* ⟨-; -lismen⟩ parallelism: psychophysischer ~ psychophysical parallelism.

Par·al·le·li·tät [paraleliˈtɛːt] *f* ⟨-; *no pl*⟩ **1.** *math.* parallelism. – **2.** (*Gleichlauf*) parallelism, correspondence: die ~ der Ereignisse the parallel course of events.

Par·alˈlel|ˌklas·se *f ped.* parallel class (*od.* grade). — **~ˌkreis** *m astr.* parallel (of latitude). — **p~ˌlau·fend** *adj* (running) parallel. — **~ˌli·nie** *f* parallel (line).

Par·al·le·lo·gramm [paraleloˈgram] *n* ⟨-s; -e⟩ *math. phys. tech.* parallelogram.

Pa·ralˈlel|ˌschal·tung *f electr.* parallel (*od.* shunt) connection (*Br. auch* connexion) (*od.* circuit), paralleling. — **~ˌsche·re** *f tech.* guillotine shears *pl.* — **~ˌschwung** *m* (*beim Skilauf*) parallel turn (*od.* swing). — **~ˌstra·ße** *f* parallel street. — **~ˌtonˌart** *f mus.* parallel key. — **~verˌlauf** *m* parallelism, parallel process (*od.* course). — **~verˌsamm·lung** *f* overflow meeting. — **~verˌschie·bung** *f math.* parallel translation (*od.* displacement, shift). — **~ˌwäh·rung** *f econ.* parallel currency. — **~ˌwick·lung** *f electr.* parallel (*od.* shunt) winding. — **~ˌwi·derˌstand** *m* parallel (*od.* shunt) resistance.

Pa·ra·lo·gie [paraloˈgiː] *f* ⟨-; -n [-ən]⟩ *philos.* paralogia.

Pa·ra·lo·gis·mus [paraloˈgɪsmʊs] *m* ⟨-; -gismen⟩ *philos.* paralogism.

Pa·ra·ly·se [paraˈlyːzə] *f* ⟨-; -n⟩ *med.* paralysis, palsy: progressive ~ general paralysis of the insane, G.P.I., paralytic dementia. — **pa·ra·lyˈsie·ren** [-lyˈziːrən] *v/t* ⟨*no* ge-, h⟩ **1.** *med.* paralyze *Br. auch* -s-. – **2.** *fig.* paralyze *Br. auch* -s-, cripple.

Pa·ra·ly·ti·ker [paraˈlyːtikər] *m* ⟨-s; -⟩ *med.* paralytic (patient). — **pa·raˈly·tisch** [-tɪʃ] *adj* paralytic, paralyzed *Br. auch* -s-.

pa·ra|ma·gne·tisch [paramaˈgneːtɪʃ] *adj phys.* paramagnetic: ~e Substanz paramagnet. — **P~ma·gneˈtis·mus** [-gneˈtɪsmʊs] *m* paramagnetism.

Pa·ra·ment [paraˈmɛnt] *n* ⟨-(e)s; -e⟩ *meist pl relig.* parament.

Pa·ra·me·ter [paˈra(ː)metər] *m* ⟨-s; -⟩ *math.* parameter.

Pa·ra·me·tri·tis [parameˈtriːtɪs] *f* ⟨-; *no pl*⟩ *med.* parametritis, pelvic cellulitis.

ˈpa·ra·mi·liˌtä·risch *adj* paramilitary.

Par·amne·sie [paramneˈziː] *f* ⟨-; -n [-ən]⟩ paramnesia, retrospective falsification.

Pa·ra·noia [paraˈnɔʏa] *f* ⟨-; *no pl*⟩ *psych.* paranoia, paranoid reaction. — **pa·ra·noˈid** [-noˈiːt] *adj* paranoid, *auch* paranoidal. — **Pa·raˈnoi·ker** [-ˈnoːikər] *m* ⟨-s; -⟩ paranoiac (*auch* paranoic) (patient). — **pa·raˈno·isch** [-ˈnoːɪʃ] *adj* paranoiac, *auch* paranoic.

ˈPa·raˌnuß *f bot.* **1.** Brazil nut (tree) (*Bertholletia excelsa*). – **2.** (*Frucht*) Brazil (*od.* Para, cream) nut, *Am. colloq.* niggertoe.

Pa·ra·pha·sie [parafaˈziː] *f* ⟨-; *no pl*⟩ *psych.* (*Sprechstörung*) paraphasia.

Pa·ra·phe [paˈraːfə] *f* ⟨-; -n⟩ **1.** paraph. – **2.** initials *pl.* – **3.** stamp bearing a signature. — **pa·raˈphie·ren** [-raˈfiːrən] **I** *v/t* ⟨*no* ge-, h⟩ *pol.* (*Vertrag etc*) initial. – **II P~** *n* ⟨-s⟩ *verbal noun.* — **Pa·raˈphie·rung** *f* ⟨-; -en⟩ *cf.* Paraphieren.

Pa·ra·phi·mo·se [parafiˈmoːzə] *f* ⟨-; -n⟩ *med.* paraphimosis.

Pa·ra·phra·se [paraˈfraːzə] *f* ⟨-; -n⟩ (*literature*) *mus.* paraphrase. — **pa·ra·phraˈsie·ren** [-fraˈziːrən] *v/t* ⟨*no* ge-, h⟩ paraphrase. — **pa·raˈphra·stisch** [-ˈfrastɪʃ] *adj* paraphrastic.

Pa·ra·plas·ma [paraˈplasma] *n biol.* paraplasm.

Pa·ra·ple·gie [parapleˈgiː] *f* ⟨-; -n [-ən]⟩ *med.* paraplegia.

Pa·ra·pluie [paraˈplyː] *m, n* ⟨-s; -s⟩ *obs. for* Regenschirm.

Pa·ra|psy·cho·lo·gie [parapsyçoloˈgiː] *f psych.* parapsychology. — **p~psy·choˈlo·gisch** [-ˈloːgɪʃ] *adj* parapsychological, parapsychical, *auch* parapsychic.

Pa·ra·sit [paraˈziːt] *m* ⟨-en; -en⟩ **1.** *biol. med. zo.* parasite: mit ~en infizieren to parasitize *Br. auch* -s-. – **2.** *fig.* parasite, leech, sponge(r) (*colloq.*), bleeder (*sl.*). – **3.** *antiq.* parasite (*character in ancient comedy*). – **4.** *geol.* parasitic crater. — **pa·ra·siˈtär** [-ziˈtɛːr] *adj cf.* parasitisch.

Pa·raˈsi·ten|beˌfall *m med.* parasitic infestation. — **p~beˌfal·len** *adj* parasitized *Br. auch* -s-.

Pa·raˈsi·ten·tum *n* ⟨-s; *no pl*⟩ parasitism.

pa·raˈsi·tisch *adj biol. med. zo. auch fig.* parasitic, *auch* parasitical, parasital, parasitary: er führt ein ~es Leben *fig.* he leads a parasitic life. — **Pa·ra·siˈtis·mus** [-ziˈtɪsmʊs] *m* ⟨-; *no pl*⟩ **1.** *biol. med. zo.* parasitism. – **2.** *fig.* parasitism, parasiticalness.

Pa·ra·si·to·lo·ge [parazitoˈloːgə] *m* ⟨-n; -n⟩ *biol.* parasitologist. — **Pa·ra·si·to·loˈgie** [-loˈgiː] *f* ⟨-; *no pl*⟩ parasitology.

Pa·ra·sol[1] [paraˈzoːl] *m, n* ⟨-s; -s⟩ *obs. for* Sonnenschirm.

Pa·raˈsol[2] *m* ⟨-s; -e *u.* -s⟩, **~ˌpilz** *m bot.* parasol mushroom (*Lepiota procera*).

Par·äs·the·sie [parɛsteˈziː] *f* ⟨-; -n [-ən]⟩ *med.* par(a)esthesia.

Pa·ra|sym·pa·thi·kus [parazʏmˈpaːtikʊs] *m* ⟨-; *no pl*⟩ *med.* parasympathetic ([nervous] system). — **p~symˈpa·thisch** [-tɪʃ] *adj* parasympathetic.

pa·rat [paˈraːt] *adj* ⟨*pred*⟩ **1.** ready, prepared: er hatte die Antwort ~ he had his answer pat. – **2.** ready to use, on hand: ich habe keinen Bleistift ~ I have no pencil on hand.

pa·ra·tak·tisch [paraˈtaktɪʃ] *adj* **1.** *ling.* (*nebenordnend*) paratactic, *auch* paratactical. – **2.** *psych.* parataxic. — **Pa·raˈta·xe** [-ˈtaksə] *f* ⟨-; -n⟩ *ling. psych.* parataxis. — **Pa·ra·taˈxie** [-taˈksiː] *f* ⟨-; *no pl*⟩ *psych.* parataxis.

Pa·ra·ta·xis [paˈra(ː)taksɪs] *f* ⟨-; -taxen [-raˈtaksən]⟩ *ling. rare for* Parataxe.

Pa·ra·thor·mon [paratɔrˈmoːn] *n* ⟨-s; *no pl*⟩ *med.* Para-thor-mone (*TM*).

ˈPa·raˌty·phus *m* ⟨-; *no pl*⟩ *med.* paratyphoid (fever). — **~baˌzil·lus** *m* salmonella paratyphi.

pa·ra·ve·nös [paraveˈnøːs] *adj med.* paravenous.

Pa·ra·zen·te·se [paratsɛnˈteːzə] *f* ⟨-; -n⟩ *med.* (*Einstich*) paracentesis.

pa·ra·zen·trisch [paraˈtsɛntrɪʃ] *adj math.* paracentral.

par·bleu [parˈbløː; parˈblø] (*Fr.*) *interj obs. od. dial.* Good Lord yes! gosh! (*colloq.*).

Pär·chen [ˈpɛːrçən] *n* ⟨-s; -⟩ **1.** couple, pair. – **2.** (*Liebespaar*) young couple, couple in love. – **3.** *zo.* pair.

Par·cours [parˈkuːr] *m* ⟨- [-ˈkuːr(s)]; - [-ˈkuːrs]⟩ (*beim Springreiten*) course.

Pard [part] *m* ⟨-en; -en⟩ *zo. cf.* Leopard 1.

par·dauz [parˈdaʊts] *interj archaic* (w)oopsadaisy! whoops! (*beide colloq.*).

Par·del [ˈpardəl] *m* ⟨-s; -⟩ *zo. cf.* Leopard 1. — **~ˌkat·ze** *f cf.* Ozelot 1.

ˈPar·delˌrol·ler *m zo.* African palm civet (*Nandinia binotata*).

Par·der [ˈpardər] *m* ⟨-s; -⟩ *zo. cf.* Leopard 1.

par di·stance [pardisˈtãːs] (*Fr.*) *adv* from a distance: mit j-m ~ verkehren to maintain a certain reserve in one's relations with s.o.

par·don [parˈdõː] *interj archaic* (I) beg your pardon, pardon (me), *bes. Br.* (I'm) sorry, *bes. Am.* excuse me.

Par·don [parˈdõː; parˈdoːn] *m* ⟨-s; *no pl*⟩ **1.** *obs. od. dial.* (*Gnade*) pardon: (j-n) um ~ bitten to ask (s.o.) for pardon; ~ geben to grant pardon. – **2.** *obs. mil.* quarter: keinen ~ geben to give no quarter; Kampf ohne ~ no-quarter struggle. — **par·doˈnie·ren** [-doˈniːrən] *v/t* ⟨*no* ge-, h⟩ j-n ~ *obs. od. dial.* to pardon s.o.

Par·dun [parˈduːn] *n* ⟨-(e)s; -s⟩, **Parˈdu·ne** *f* ⟨-; -n⟩ *mar.* backstay.

Par·en·chym [parɛnˈçyːm] *n* ⟨-s; -e⟩ *bot. med.* (*Grundgewebe*) parenchyma, *auch* parenchym(e).

pa·ren·tal [parɛnˈtaːl] *adj biol.* parental.

Pa·ren·tel [parɛnˈteːl] *f* ⟨-; -en⟩ *jur.* parentela.

par·en·te·ral [parɛnteˈraːl] *med.* parenteral.

Par·en·the·se [parɛnˈteːzə] *f* ⟨-; -n⟩ **1.** *ling.* parenthesis. – **2.** *math. print.* parenthesis, parentheses *pl*, brackets *pl*: runde ~ round (*od.* curved) brackets *pl*; in ~ setzen to put (*od.* place) in parenthesis (*od.* in parentheses, between brackets). – **3.** *print.* (*Gedankenstriche*) dashes *pl.* — **par·enˈthe·tisch** [-tɪʃ] **I** *adj* parenthetic(al). – **II** *adv* by way of parenthesis, in parentheses.

Pa·re·se [paˈreːzə] *f* ⟨-; -n⟩ *med.* paresis, partial paralysis. — **paˈre·tisch** [-tɪʃ] *adj* paretic.

par ex·cel·lence [parɛksɛˈlãːs] (*Fr.*) *adv* par excellence: er ist ein Weinkenner ~ he is a superb connoisseur of wine.

par force [parˈfɔrs] (*Fr.*) *adv obs. od. dial.* **1.** perforce, violently. – **2.** *cf.* unbedingt 6.

Parˈforce|ˌjagd *f hunt.* course, coursing, riding to hounds: an einer ~ teilnehmen to ride to (*od.* to follow) the hounds. — **~ˌlei·stung** *f* tour de force. — **~ˌmarsch** *m* forced march. — **~ˌritt** *m hunt.* ride at full speed, forced (*od.* mad) ride.

Par·fum [parˈfœ̃ː] *n* ⟨-s; -s⟩ *cf.* Parfüm.

Par·füm [parˈfyːm] *n* ⟨-s; -e *u.* -s⟩ perfume, *bes. Br.* scent, *auch* essence: sie benutzt starkes ~ she uses (*od.* wears) strong perfume. — **Par·fü·meˈrie** [-fyməˈriː] *f* ⟨-; -n [-ən]⟩ **1.** scent shop, perfumery, *Am.* cosmetics store. – **2.** *pl* perfumes, scents.

ParˈfümˌfläschRchen *n* perfume (*bes. Br.* scent) bottle.

par·fü·mie·ren [parfyˈmiːrən] **I** *v/t* ⟨*no* ge-, h⟩ perfume, scent: sie parfümiert ihre Taschentücher she perfumes her handkerchiefs. – **II** *v/reflex* sich ~ perfume oneself: sie parfümiert sich a) she puts on perfume, b) she wears (*od.* uses) perfume.

Parˈfüm|ˌstoff *m* scent. — **~zerˌstäu·ber** *m* (hand-)spray(er), atomizer.

Pa·ri [ˈpaːri] *n* ⟨-s; *no pl*⟩ **1.** par (value), face value. – **2.** (*mit Kleinschreibung*) über p~ at a premium, above par; unter p~ at a discount, below par; auf p~ at par; (al) p~ stehen to be at par.

Pa·ria [ˈpaːrĭa] *m* ⟨-s; -s⟩ **1.** (*kastenloser Inder*) pariah. – **2.** *fig.* (*Ausgestoßener*) pariah, outcast.

pa·rie·ren[1] [paˈriːrən] **I** *v/i* ⟨*no* ge-, h⟩ **1.** (*beim Fechten*) parry: er parierte mit der einfachen Terz he parried in tierce. – **2.** *fig.* (mit with) counter. – **II** *v/t* **3.** (*beim Boxen, Fechten*) parry, ward off: er pariert den Schlag he wards off the blow. – **4.** (*Pferd*) halt. – **5.** (*Schuß, Wurf*) save. – **6.** *fig.* (*Einwand etc*) parry, turn aside. – **III P~** *n* ⟨-s⟩ **7.** *verbal noun.* – **8.** parade, parry.

paˈrie·ren[2] *v/i* ⟨*no* ge-, h⟩ *colloq.* **1.** obey, knuckle under. – **2.** fall in line, toe the mark (*od.* line).

pa·rie·tal [parieˈtaːl] *adj med. zo. bot.* parietal. — **P~ˌau·ge, P~orˌgan** *n zo.* pineal

organ (od. body, eye, gland), epiphysis (scient.).
Pa·ri·fi·ka·ti·on [parifika'tsĭoːn] f ⟨-; -en⟩ obs. for Gleichstellung 2, Ausgleich 1.
'Pa·riˌkurs m econ. 1. (Währungen) par (of exchange). – 2. (Wertpapiere) parity.
Pa·ri·ser [pa'riːzər] I m ⟨-s; -⟩ 1. Parisian. – 2. colloq. Br. colloq. French letter, Am. sl. 'rubber', condom. – II adj ⟨invariable⟩ 3. Parisian, (of) Paris: die ~ Mode Paris fashions pl; während meines ~ Aufenthaltes during my stay (od. while I was staying) in Paris; ~ Schrift print. Am. agate, Br. ruby; ~ Rot Paris red, rouge; ~ Blau Paris blue, pure Prussian blue, Chinese blue.
pa'ri·se·risch adj Parisian, Lutetian (poet.).
Pa·ri·si·enne [pari'zjɛn] (Fr.) f ⟨-; no pl⟩ hist. a French song of freedom.
'Pa·risˌur·teil ['paːrɪs-] n myth. judg(e)ment of Paris.
pa·ri·syl·la·bisch [parizy'laːbɪʃ] adj ling. parisyllabic.
Pa·ri·tät [pari'tɛːt] f ⟨-; no pl⟩ 1. parity, equality. – 2. econ. parity. — **pa·ri'tä·tisch** I adj 1. in equal numbers, on equal terms: ~e Lohn- und Preiskommission Joint Commission on Wages and Prices; ~e Mitbestimmung co(-)determination on the basis of parity (of representation). – 2. relig. nonsectarian Br. non-, nondenominational Br. non-: ~e Schule nondenominational (od. nonsectarian) school. – 3. econ. at par, at parity. – II adv 4. on an equal footing, in equal numbers: ~ besetzt with representation on the principle of parity, with both parties having equal voting strength.
'Pa·ri|ˌwech·sel m econ. bill at par. — ~ˌwert m value at par, par value.
Park [park] m ⟨-s; -s, auch -e⟩ 1. park. – 2. mil. park, (base) depot.
Par·ka ['parka] f ⟨-; -s⟩ u. m ⟨-(s); -s⟩ (fashion) parka.
'Park-ˌand-'ride-Syˌstem ['paːkˌænd-'raɪd-] (Engl.) n park-and-ride system.
'Park|ˌanˌla·ge f park (grounds pl). — p~ˌar·tig adj parklike. — ~ˌaufˌse·her m park-keeper. — ~au·toˌmat m cf. Parkuhr. — ~ˌbahn f (space) parking orbit.
par·ken ['parkən] I v/t u. v/i ⟨h⟩ 1. (Auto etc) park: in zweiter Reihe ~ to double-park; schräg ~ to angle-park. – II P~ n ⟨-s⟩ 2. verbal noun. – 3. P~ verboten! no parking; wildes P~ unauthorized parking. — 'par·kend I pres p. – II adj (Auto) parked.
par·ke·ri·sie·ren [parkeri'ziːrən] v/t ⟨no ge-, h⟩ tech. parkerize.
Par·kett [par'kɛt] n ⟨-s; -e⟩ 1. (Fußboden) parquet, parquetry, inlaid (od. parqueted) floor: mit ~ auslegen cf. parkettieren; sich auf dem ~ bewegen können fig. to be perfectly at ease in the best society. – 2. (im Theater-, Konzertsaal etc) Am. orchestra, Br. stalls pl: vorderes ~ Am. parquet, Br. front stalls pl; hinteres ~ Am. rear orchestra section, (orchestra) circle, Br. back stalls pl. – 3. (Tanzparkett) dance floor: → Sohle 2. – 4. econ. (der Pariser Börse) floor. — ~ˌbo·den m cf. Parkett 1.
Par·ket·te [par'kɛtə] f ⟨-; -n⟩ Austrian (Einzelbrett des Parkettfußbodens) parquet block.
Par'kettˌfußˌbo·den m cf. Parkett 1.
par·ket·tie·ren [parkɛ'tiːrən] v/t ⟨no ge-, h⟩ parquet, inlay (a floor) with parquetry.
Par'kett|ˌle·ger m floorer. — ~ˌlo·ge f (theater) orchestra (Br. stalls) loge (od. box). — ~ˌplatz, ~ˌsitz m Am. orchestra seat, Br. seat in the stalls. — ~ˌstab m (Einzelbrett des Parkettfußbodens) parquet block. — ~ˌwachs n floor wax.
'Park|gaˌra·ge f cf. Parkhaus. — ~geˌbüh·ren pl parking rates (od. fees, charges). — ~geˌle·gen·heit f opportunity to park: haben wir dort eine ~? will we be able to park there? es gab überhaupt keine ~ there was simply no place to park. — ~ˌhaus, ~ˌhochˌhaus n Am. parking garage, Br. multi-storey car park.
par·kie·ren [par'kiːrən] v/t u. v/i ⟨no ge-, h⟩ Swiss for parken.
Par·kin·so·nis·mus [parkɪnzo'nɪsmʊs] m ⟨-; no pl⟩ med. Parkinson's disease, parkinsonism, shaking palsy, paralysis agitans (scient.).
'Par·kin·son·sche 'Krank·heit ['parkɪnzənʃə] f med. cf. Parkinsonismus.
'Park|ˌki·no n drive-in (cinema). — ~ˌleuch·te f auto. parking lamp. — ~ˌlicht n parking light. — ~ˌlücke (getr. -k·k-) f parking space (od. gap) (for one car).
Par·ko·me·ter [parko'meːtər] n ⟨-s; -⟩ cf. Parkuhr.
'Parkˌplatz m 1. bes. Br. car park, parking place (od. space), Am. parking lot: bewachter [unbewachter] ~ Br. car park with [without] an attendant, Am. supervised [unsupervised] parking lot. – 2. (freie Parkstelle) parking place. – 3. (Autobahnrastplatz etc) parking area, roadside park, bes. Br. lay-by. – 4. (für Wohnwagen) Br. caravan park, Am. trailer parking lot. — ~ˌnot f lack of parking space. — ~ˌwäch·ter m parking (od. car-park) attendant (od. warden).
'Park|ˌraum m parking area. — ~ˌschei·be f parking dial. — ~ˌstrei·fen m parking line. — ~ˌsün·der m parking offender. — ~ˌuhr f parking meter, bes. Am. parkometer. — ~verˌbot n 1. prohibition of parking: hier ist ~ it is prohibited to park here, parking is prohibited here, no parking. – 2. (räumliche Fläche) "no parking" area, clearway zone. — ~verˌbotsˌschild, ~verˌbotsˌzei·chen n "no parking" sign. — ~ˌwäch·ter m 1. cf. Parkplatzwächter. – 2. park-guard. — ~ˌzeitˌuhr f cf. Parkuhr.
Par·la·ment [parla'mɛnt] n ⟨-(e)s; -e⟩ pol. a) parliament, b) (Bezeichnung einiger ausländischer Parlamente) diet, c) (in den USA) Congress: das ~ einberufen to convoke (od. convene) parliament; das ~ auflösen to dissolve parliament; im ~ sitzen to be (od. sit) in parliament; das ~ vertagt sich Parliament is adjourning, bes. Br. Parliament is up; nicht im ~ vertreten unrepresented.
Par·la·men·tär [parlamɛn'tɛːr] m ⟨-s; -e⟩ mil. parlementaire, parley (od. truce) delegate. — ~ˌflag·ge f mil. white flag of truce.
Par·la·men·ta·ri·er [parlamɛn'taːrĭər] m ⟨-s; -⟩ pol. parliamentarian, member of parliament, bes. Br. Member of Parliament, MP, (in den USA) Congressman. — **par·la·men'ta·risch** [-rɪʃ] I adj pol. parliamentary: ~er Ausschuß parliamentary committee, Am. congressional committee; ~e Geschäftsordnung parliamentary rules pl of procedure; ~er Rat Parliamentary Council; ~e Regierung(sform) (system of) representative government. – II adv parliamentarily: ~ regiert ruled by parliamentary procedures. — **Par·la·men·ta'ris·mus** [-ta'rɪsmʊs] m ⟨-; no pl⟩ pol. parliamentary system, parliamentarism, parliamentarianism. — **par·la·men'tie·ren** [-'tiːrən] v/i ⟨no ge-, h⟩ 1. obs. (mit with) parley. – 2. fig. colloq. od. dial. converse enthusiastically.
Par·la'ments|ˌak·te f 1. pol. act of parliament. – 2. jur. pol. statute. — ~ˌaufˌlö·sung f dissolution of parliament. — ~ˌausˌschuß m parliamentary committee, Am. congressional committee. — ~beˌricht m parliamentary report. — ~beˌschluß m 1. act of parliament, parliamentary act. – 2. decision by vote of parliament. — ~ˌdau·er f (length od. duration of) parliamentary session, (duration of the) session (of parliament). — ~deˌbat·te f parliamentary debate. — ~ˌfe·ri·en pl parliamentary recess sg, recess sg of parliament: in die ~ gehen to rise for the recess. — ~frak·tiˌon f parliamentary group (od. faction). — ~geˌbäu·de n a) parliament (building[s pl]), b) (in Großbritannien) Houses pl of Parliament, c) (in den USA) national Capitol, d) (in den US-Bundesstaaten) state Capitol, statehouse. — ~geˌsetz n cf. Parlamentsakte. — ~ˌmitˌglied n cf. Parlamentarier. — ~ˌre·de f parliamentary speech. — ~ˌsit·zung f 1. (Zusammentreten) sitting of parliament. – 2. (Sitzungsperiode) session of parliament. — ~ˌwah·len pl parliamentary elections.
par·lie·ren [par'liːrən] v/i u. v/t ⟨no ge-, h⟩ bes. dial. chatter, parley, parley-voo (sl.): er parliert gern Französisch he likes to parley French.
Par·mä·ne [par'mɛːnə] f ⟨-; -n⟩ hort. (Apfelsorte) pearmain.
Par·me·san [parme'zaːn] m ⟨-(s); no pl⟩, ~ˌkä·se m gastr. Parmesan (cheese).
Par·naß [par'nas] m ⟨-sses; no pl⟩ 1. antiq. geogr. myth. (Mount) Parnassus. – 2. fig. (literature) Parnassus. — **par'nas·sisch** adj (literature) Parnassian.
par·ochi·al [parɔ'xĭaːl] adj relig. parochial, parish (attrib). — P~ˌkir·che f parochial (od. parish) church.
Par·odie [paro'diː] f ⟨-; -n [-ən]⟩ 1. (literature) (auf acc on, of) parody, skit. – 2. parody, ridiculous imitation. – 3. mus. parody. — **par·odie·ren** [-'diːrən] I v/t ⟨no ge-, h⟩ 1. parody, burlesque. – II P~ n ⟨-s⟩ 2. verbal noun. – 3. parody. — **Par·odist** [-'dɪst] m ⟨-en; -en⟩ parodist. — **par·odi·stisch** [-'dɪstɪʃ] adj parodistic, parodic, auch parodical, burlesque.
Par·odon·ti·tis [parodɔn'tiːtɪs] f ⟨-; -titiden [-ti'tiːdən]⟩ med. parodontitis.
Par·odon·to·se [parodɔn'toːzə] f ⟨-; -n⟩ med. parodontosis.
Pa·ro·le [pa'roːlə] f ⟨-; -n⟩ 1. mil. a) password, watchword, auch word, b) (Anruf) challenge, c) (Antwort) countersign: eine ~ ausgeben to give out a password. – 2. fig. motto. – 3. pol. catchword, catchphrase, slogan, rallying cry.
Pa·ro·li ['paːroli; pa'roːli] n ⟨-s; -s⟩ (games) (double) stakes pl: j-m ~ bieten fig. to defy (od. stand up to, stick up to) s.o.
Par·ono·ma·sie [paronoma'ziː] f ⟨-; -n [-ən]⟩ (in der Rhetorik) paronomasia, auch pun.
Par·ony·chie [parony'çiː] f ⟨-; -n [-ən]⟩ med. paronychia, felon, auch whitlow.
Par·os·mie [parɔs'miː] f ⟨-; -n [-ən]⟩ med. parosmia.
Par·otis [pa'roːtɪs] f ⟨-; -tiden [-ro'tiːdən]⟩ med. parotid (gland).
Par·oti·tis [paro'tiːtɪs] f ⟨-; -tiden [-ti'tiːdən]⟩ med. parotitis.
Par·oxys·mus [parɔ'ksʏsmʊs] m ⟨-; -men⟩ 1. med. paroxysm, convulsion. – 2. geol. paroxysm.
Par·se ['parzə] m ⟨-n; -n⟩ relig. Parsi, auch Parsee, Guebre, Gabar.
Par·sec [par'zɛk], **Par'sek** [-'zɛk] n ⟨-; -⟩ astr. parsec.
'par·sisch adj relig. Parsic (relating to the Parsi and their religion). — **Par'sis·mus** [-'zɪsmʊs] m ⟨-; no pl⟩ relig. Parsiism, Parseeism, Parsism.
Pars pro to·to ['pars ˌproː 'toːto] n ⟨- - -; no pl⟩ (in der Rhetorik) pars pro toto (substitution), metonymy through pars pro toto.
Part [part] m ⟨-s; -e⟩ 1. part, portion. – 2. mus. (theater) part, role, auch rôle. – 3. mar. part.
Par·te ['partə] f ⟨-; -n⟩ Austrian for Todesanzeige.
Par·tei [par'taɪ] f ⟨-; -en⟩ 1. pol. party: die konservative [liberale] ~ the conservative [liberal] party; die oppositionelle ~ the opposition (party), the outs pl; sich einer ~ anschließen, einer ~ beitreten, in eine ~ eintreten to join a party; einer ~ angehören to be a member of a party; sie gehören derselben ~ an they are members of the same party; einer ~ nahestehen to favo(u)r (od. support) a party; aus der ~ austreten to resign from the party; seine ~ im Stich lassen to desert one's party, to rat (sl.); eine ~ spalten to split a party; sich zu einer ~ zusammenschließen to team up; die ~ wechseln to change sides (od. one's party), to go over to the other side; eine Außenpolitik, die die Unterstützung beider ~en findet a bipartisan foreign policy; er steht über den ~en he is above party politics. – 2. jur. litigator, litigant, side, contestant, party (to a [law] suit [od. litigation]): die streitenden ~en the contending parties; beklagte ~ defendant, defending party; klagende ~ plaintiff; obsiegende ~ successful (od. winning) party; unterliegende ~ unsuccessful (od. losing) party; abgewiesene ~ dismissed (od. rejected) party; geladene ~ summoned party; nicht erschienene ~, säumige (od. ausgebliebene) ~ party in default; gegnerische ~ adverse (od. opposing) party; vertragschließende ~en contracting parties; Antrag einer ~ ex parte application. – 3. fig. side, camp: er ergreift ~ für seinen Freund he takes his friend's part; für [gegen] j-n ~ nehmen to take sides with [against] s.o., to side with [against] s.o.; es mit keiner ~ halten to remain neutral, to sit (od. be) on the fence; du bist hier ~ you are an interested party, you are bias(s)ed in this matter. – 4. (Mietspartei)

party (*colloq.*), household, tenant(s *pl*): in diesem Haus wohnen drei ~en there are three parties living in this house. – **5.** (*sport*) team, *bes. Br.* side: gegnerische ~ opposite side. — ~ˌ**abˌzei·chen** *n pol.* party badge. — ~**akˌtiv** *n DDR pol.* collective of party activists. — ~ˌ**amt** *n* party office (*od.* post). — **p**~ˌ**amt·lich** *adj* of (*od.* pertaining to) the official party policy: die ~e Zeitung „Prawda" the official party organ "Prawda". — ~ˌ**anˌhän·ger** *m* party man (*od.* follower): treuer ~ faithful party man, *Am.* regular, party-liner. — ~**ap·paˌrat** *m* party (*od.* political) machine. — ~ˌ**ar·beit** *f* party work. — ~ˌ**ausˌschluß** *m* expulsion from a (*od.* the) party. — ~ˌ**ausˌschuß** *m* steering committee of a party. — ~ˌ**bon·ze** *m contempt.* party boss. — ~ˌ**buch** *n pol.* party book, membership book (*od.* card) of a party. — ~**chiˌne·sisch** *n* ⟨*generally undeclined*⟩ *pol. colloq. contempt.* party lingo. — ~**dis·ziˌplin** *f* party discipline: sich der ~ beugen to follow the party line, to toe the line. — ~ˌ**fä·hig·keit** *f jur.* admissibility as a party in court (*od.* to legal proceedings). — ~ˌ**flü·gel** *m pol.* wing of a party. — ~ˌ**freund** *m* party colleague. — ~ˌ**füh·rer** *m* party leader, *Am.* (*im Kongreß*) floor leader. — ~ˌ**füh·rung** *f* **1.** party leadership. – **2.** *collect.* party leaders *pl.* — ~**funk·tioˌnär** *m* party official (*od.* functionary). — ~ˌ**gän·ger** *m* ⟨-s; -⟩ **1.** partisan, fellow party member. – **2.** party man, *Am.* party-liner. — **p**~**geˌbun·den** *adj* determined (*od.* conditioned) by party policy: nicht ~e Wählerschaft floating voters *pl*, (the) floating vote. — ~ˌ**geist** *m* **1.** party spirit. – **2.** *contempt.* factious spirit, factionalism. — ~**geˌnos·se** *m*, ~**geˌnos·sin** *f* (*bes. in NS-Zeit*) (party) comrade, fellow party member. — ~ˌ**gre·mi·um** *n* body (*od.* group) of party leaders. — ~ˌ**grundˌsatz** *m* party principle: die Parteigrundsätze the party plank *sg.* — ~ˌ**grup·pe** *f* **1.** party group. – **2.** (*Splitterpartei*) faction, clique (*contempt.*). — ~ˌ**hän·del** *pl* party disputes. — ~ˌ**herrˌschaft** *f* party rule. — **p**~**inˌtern** *adj* within the party.

par'tei·isch I *adj* **1.** (für to) partial. – **2.** (*befangen*) (gegen against) bias(s)ed, prejudiced, prepossessed. – **II** *adv* **3.** sich ~ verhalten to take sides.

Par'tei|ˌklün·gel *m pol. contempt.* party machine. — ~**konˌgreß** *m cf.* Parteitag. — ~**konˌvent** *m* party convention: ~ der Republikaner (*in USA*) Republican National Convention. — ~ˌ**lei·tung** *f* **1.** party leadership. – **2.** *collect.* party leaders *pl.*

par'tei·lich *adj pol.* **1.** (*eine Partei betreffend*) party (*attrib*): ~e Arbeit party work. – **2.** (*Einstellung etc*) party-line (*attrib*). – **3.** *cf.* parteiisch I. — **Par'tei·lich·keit** *f* ⟨-; *no pl*⟩ **1.** partiality. – **2.** (*Voreingenommenheit*) bias, prejudice, prepossession. – **3.** *pol.* adherence to a party line.

Par'teiˌli·nie *f pol.* party line.

par'tei·los *adj* **1.** *pol.* independent, nonparty *Br.* non- (*attrib*), *Br.* cross-bench (*attrib*). – **2.** impartial, neutral. — **Par'tei·lo·se** *m, f* ⟨-n; -n⟩ independent, nonparty (*Br.* non-party) member, *Br.* cross-bencher. — **Par'tei·lo·sig·keit** *f* ⟨-; *no pl*⟩ **1.** independence. – **2.** impartiality, neutrality.

Par'tei|ˌmann *m pol.* party politician. — ~ˌ**mitˌglied** *n* party member. — ~ˌ**nah·me** *f* (für) partisanship, *auch* partizanship (for), siding (with), support (of). — ~**orˌgan** *n* party organ. — ~**or·ga·ni·sa·tiˌon** *f* party organization (*Br. auch* -s-), *Am.* party machine (*od.* machinery). — ~**po·liˌtik** *f* party politics *pl* (*usually construed as sg*). — ~**poˌli·ti·ker** *m* party politician. — **p**~**poˌli·tisch** *adj* party-political. — ~**proˌgramm** *n* party program (*bes. Br.* programme), (party) platform. — ~**proˌzeß** *m jur. civil proceedings pl with no obligation of the parties to be represented by a lawyer* (*od. attorney*). — ~ˌ**sat·zung** *f pol.* statutes *pl* of the party. — **p**~ˌ**schä·di·gend** *adj* (*Verhalten*) detrimental to the party. — ~**se·kreˌtär** *m* party secretary: Erster ~ First Secretary of the Party. — ~ˌ**spal·tung** *f* party split (*od.* rift). — ~ˌ**sucht** *f* factiousness. — **p**~ˌ**süch·tig** *adj* factious. — ~ˌ**tag** *m* party congress (*od.* convention). — ~**verˌkehr** *m* office hours *pl.* — ~**verˌsamm·lung** *f pol.* party meeting (*od.* rally): jährliche ~ annual party congress. — ~ˌ**vorˌsit·zen·de** *m* chairman of the party. — ~ˌ**vorˌstand** *m* executive committee of the party. — ~ˌ**we·sen** *n* party system, partyism. — ~ˌ**wirt·schaft** *f oft contempt.* **1.** partisanship. – **2.** manipulation of affairs to the advantage of the party. — ~ˌ**zu·geˌhö·rig·keit** *f* party membership (*od.* affiliation).

'Par·ten·ree·deˌrei *f mar.* part (*od.* joint) owners *pl.*

Par·ter·re [par'tɛr; -'tɛrə] **I** *n* ⟨-s; -s⟩ **1.** *Am.* first floor, *Br.* ground floor, *Am. auch* English basement: im ~ wohnen to live on the first (*Br.* ground) floor. – **2.** (*theater*) *Am.* parterre, orchestra (*od.* parquet) circle, *Br.* pit, (*vorderes*) stalls *pl*, (*Stehparterre*) standing room. – **3.** *hort.* (*Zierbeet etc*) parterre. – **II p**~ *adv* **4.** ~ wohnen to live on the first (*Br.* ground) floor. — ~**akroˌbat** *m* (*im Zirkus*) (floor) acrobat. — ~**akroˌba·tik** *f* (floor) acrobatics *pl* (*construed as pl or sg*). — ~ˌ**lo·ge** *f* baignoire, *Am. auch* parterre box (*od.* loge), *Br.* pit box. — ~ˌ**woh·nung** *f Am.* first-floor apartment, *Br.* ground-floor flat.

'Par·teˌzet·tel *m Austrian* obituary (notice).

Par·the·no·ge·ne·se [partenoge'neːzə], **Par·the·no'ge·ne·sis** [-'geːnezɪs] *f* ⟨-; *no pl*⟩ *biol. relig.* parthenogenesis, virgin birth. — **par·the·no·ge'ne·tisch** [-ge'neːtɪʃ] *adj biol.* parthenogenetic, parthenogenic, parthenogenitive, parthenogenous.

Par·the·no·kar·pie [partenokar'piː] *f* ⟨-; *no pl*⟩ *bot.* parthenocarpy.

Par·the·non, der ['partenɔn] ⟨-s⟩ *antiq.* the Parthenon.

Par·ther ['partər] *m* ⟨-s; -⟩ *hist.* Parthian.

par·ti·al [par'tsĭaːl] *adj obs.* partial.

Par·ti'al|ˌdruck *m* ⟨-(e)s; ⸗e⟩ *phys.* partial pressure. — ~**ob·li·ga·tiˌon** *f econ. cf.* Teilschuldverschreibung. — ~ˌ**scha·den** *m bes. mar.* partial loss.

Par·tie [par'tiː] *f* ⟨-; -n [-ən]⟩ **1.** (*Teil, Abschnitt*) part, section: die schönsten ~n eines Parks [Gemäldes] the most beautiful parts of a park [painting]. – **2.** (*literature*) *mus.* part, passage: die lyrischen ~n eines Dramas the lyric passages of a drama. – **3.** (*games*) game, (*sport*) *auch* match, (*beim Tennis*) set: eine ~ Schach [Whist] spielen to play (*od.* have) a game of chess [whist]; er wußte, daß die ~ bereits verloren war *auch fig.* he knew that he had lost the game. – **4.** (*theater*) part, rôle, role: sie übernahm die ~ der Aida she took over the part of Aida. – **5.** *econ.* (*Posten*) parcel, lot, shipment, (*Teil eines Ganzen*) instal(l)ment, part shipment: in ~n von 6 bis 12 Stück in lots of 6 to 12; in großen ~n in large lots; ~ 11/10 (*im Buchhandel*) one free with ten. – **6.** *med.* area, region. – **7.** *colloq.* (*Heirat, Heiratsmöglichkeit*) match, parti: sie ist eine gute ~ she is a good match (*od. colloq.* catch), she is quite a parti; er hat eine gute ~ gemacht he has made a good match, he has married a fortune. – **8.** *dial.* (*Ausflug*) outing, excursion, trip: mit von der ~ sein *colloq.* to be (*od.* make) one of the party (*od. colloq.* crowd); ich bin mit von der ~ count me in, I am on (*colloq.*). – **9.** *Austrian* gang, crew. — ~ˌ**füh·rer** *m Austrian* (*Vorarbeiter*) foreman.

par·ti·ell [par'tsĭɛl] **I** *adj* partial: ~e Finsternis *astr.* partial eclipse. – **II** *adv* partially, *auch* partly.

par'ti·enˌwei·se *adv econ.* in lots, in parcels.

Par'tieˌwa·re *f econ.* job lot, goods *pl* bought in one lot, sub-standard goods *pl.*

Par·ti·kel [par'tiːkəl] *f* ⟨-; -n⟩ **1.** *ling. phys.* particle. – **2.** *relig.* (*der Hostie, einer Reliquie etc*) particle.

par·ti·ku·lar [partiku'laːr], **par·ti·ku'lär** [-'lɛːr] *adj* individual, single, separate.

Par·ti·ku'lar·be·ˌstre·bun·gen *pl pol.* particularist tendencies.

Par·ti·ku·la·ris·mus [partikula'rɪsmus] *m* ⟨-; *no pl*⟩ particularism. — **Par·ti·ku·la'rist** [-'rɪst] *m* ⟨-en; -en⟩ particularist. — **par·ti·ku·la'ri·stisch** *adj* particularist(ic).

Par·ti·ku·lier [partiku'liːr] *m* ⟨-s; -e⟩ (*in der Binnenschiffahrt*) master (*od.* captain and owner) (of a ship).

Par·ti·san [parti'zaːn] *m* ⟨-s *u.* -en; -en⟩ *mil.* partisan, *auch* partizan, guerilla, irregular.

Par·ti'sa·ne *f* ⟨-; -n⟩ *mil. hist.* partisan, *auch* partizan.

Par·ti'sa·nenˌkrieg *m mil.* partisan (*od.* guerilla) warfare.

Par·ti·ta [par'tiːta] *f* ⟨-; -titen⟩ *mus.* partita.

Par·ti·ti·on [parti'tsĭoːn] *f* ⟨-; -en⟩ (*in der Logik*) *math.* partition.

par·ti·tiv [parti'tiːf] *adj ling.* partitive.

Par·ti·tur [parti'tuːr] *f* ⟨-; -en⟩ *mus.* score: in ~ (gesetzt *od.* herausgegeben) in score. — ~ˌ**le·sen** *n* score reading.

Par·ti·zip [parti'tsiːp] *n* ⟨-s; -ien [-pĭən]⟩ *ling.* participle: ~ Präsens present participle; ~ Perfekt past (*auch* perfect) participle.

Par·ti·zi·pa·ti·on [partitsipa'tsĭoːn] *f* ⟨-; *no pl*⟩ participation.

Par·ti·zi·pa·ti'ons·geˌschäft *n econ.* **1.** (*Gemeinschaftsgeschäft*) business for (*od.* on) joint account, joint business (*od.* undertaking) on a temporary basis. – **2.** (*Bank-Konsortialgeschäft*) syndicate transaction (*e.g. for the joint issue of securities*).

par·ti·zi·pi·al [partitsi'pĭaːl] *adj ling.* participial, participle (*attrib*). — **P**~**kon·strukˌti·on** *f* participle construction.

par·ti·zi·pie·ren [partitsi'piːrən] *v/i* ⟨*no* ge-, h⟩ *lit.* **1.** (an *dat* in) take part, participate. – **2.** (an *dat* in, of) have a share (*od.* part).

Par·ti·zi·pi·um [parti'tsiːpĭum] *n* ⟨-s; -pia [-pĭa]⟩ *ling. cf.* Partizip.

Part·ner ['partnər] *m* ⟨-s; -⟩, **'Part·ne·rin** *f* ⟨-; -nen⟩ **1.** partner, *Am. sl.* pard: ebenbürtiger ~ *econ. pol.* equal partner; die ~ unserer Firma *econ.* the partners of our firm. – **2.** (*film, theater*) partner, *auch* costar, colleague: ~ von X sein, als ~ von X spielen to play opposite X.

'Part·ner·schaft *f* ⟨-; *no pl*⟩ partnership.

'Part·ner|ˌstadt *f* twin city. — ~ˌ**tausch** *m* (*zwischen mehreren Paaren*) exchange of partner.

par·tout [par'tuː; par'tu] (*Fr.*) *adv colloq.* absolutely, entirely, by all means.

Par·tus ['partus] *m* ⟨-; -⟩ *med.* (*Geburt*) delivery; parturition, partus (*scient.*).

Par·ty ['paːrti; 'pɑːtɪ] (*Engl.*) *f* ⟨-; -s *u.* Parties [-tiːs]⟩ party: auf eine ~ gehen to go to a party. — ~ˌ**girl** *n* party girl.

Par·usie [paru'ziː] *f* ⟨-; *no pl*⟩ *relig. philos.* parousia.

Par·ve·nü [parvə'nyː] *m* ⟨-s; -s⟩ **1.** parvenu, upstart. – **2.** new-rich, nouveau riche.

Par·ze ['partsə] *npr f* ⟨-; -n⟩ *myth.* Fatal Sister: die ~n the Three Fates, the Destinies.

Par·zel·le [par'tsɛlə] *f* ⟨-; -n⟩ plot (of land), lot, parcel, allotment: in ~n teilen to plot, to lot (out), to parcel (out). — **par·zel'lie·ren** [-'liːrən] **I** *v/t* ⟨*no* ge-, h⟩ (*Land*) lot (out), parcel (out), divide into lots. – **II P**~ *n* ⟨-s⟩ *verbal noun.* — **Par·zel'lie·rung** *f* ⟨-; -en⟩ *cf.* Parzellieren.

Par·zi·val ['partsifal] *npr m* ⟨-s; *no pl*⟩ *myth.* Percival, *auch* Percivale, Perceval.

Pas [pa] *m* ⟨- [pa(s)]; - [pas]⟩ *choreogr.* pas.

Pas·cal [pas'kal] *n* ⟨-s; -s⟩ *phys. tech.* (*Einheit des Druckes*) pascal.

Pasch [paʃ] *m* ⟨-es; -e *u.* Päsche⟩ **1.** (*beim Würfelspiel*) doublets *pl*: einen ~ werfen to throw doublets. – **2.** einen ~ setzen (*beim Dominospiel*) to lay doubles.

Pa·scha ['paʃa] *m* ⟨-s; -s⟩ pasha, *auch* bashaw: sich wie ein ~ bedienen lassen *fig.* to let oneself be waited on hand and foot. — ~**alˌlü·ren** *pl* pampered (*od.* spoilt) behavior (*bes. Br.* behaviour) *sg.* — **p**~ˌ**mä·ßig** *adj* pashalike, pashalic.

pa·schen[1] ['paʃən] *v/t u. v/i* ⟨h⟩ *colloq.* smuggle, run.

'pa·schen[2] *v/i* ⟨h⟩ **1.** play (at) dice, throw dice, (*im engeren Sinne*) throw doublets. – **2.** *Bavarian and Austrian cf.* patschen 2.

'Pa·scher *m* ⟨-s; -⟩ *colloq.* smuggler, runner.

Pas de deux [padə'døː; pad'dø] (*Fr.*) *m* ⟨- - -; - - -⟩ *choreogr.* pas de deux.

Pa·so do·ble ['paːzo 'doːblə] *m* ⟨- - -; - -⟩ (*Tanz*) paso doble.

Pas·pel ['paspəl] *f* ⟨-; -n⟩, *selten m* ⟨-s; -⟩ piping, edging, braid. — **pas·pe'lie·ren** [-'liːrən] *v/t* ⟨*no* ge-, h⟩, **'pas·peln** *v/t* ⟨h⟩ pipe, trim (*s.th.*) with piping, edge, braid.

Pas·quill [pas'kvɪl] *n* ⟨-s; -e⟩ (*Spottschrift*) pasquinade, lampoon, pasquil, pasquin. — **Pas·quil'lant** [-'lant] *m* ⟨-en; -en⟩ pasquinader, author of a pasquinade, lampooner.

Pas·qui·na·de [paskvi'naːdə] *f* ⟨-; -n⟩ *rare for* Pasquill.

Paß [pas] *m* ⟨Passes; Pässe⟩ **1.** (*Reisepaß*) passport: mein ~ ist abgelaufen my passport has expired; sich (*dat*) einen

~ ausstellen lassen to have a passport issued; seinen ~ verlängern lassen to have one's passport renewed; die Pässe kontrollieren to inspect the passports. – 2. (*Gebirgspaß*) pass, col, defile, (wind) gap, notch, gorge: einen ~ überqueren to cross a pass. – 3. (*Paßgang*) amble: im ~ at an amble, *Br.* at a jog; schneller ~ rack. – 4. (*sport*) pass. – 5. *hunt.* run. – 6. *electr.* (*frequenzfähiger Vierpol*) pass.

pas·sa·bel [pa'sa:bəl] I *adj* ⟨-bler; -st⟩ passable, tolerable, decent, fair; so-so, middling (*colloq.*): das Essen war (ganz) ~ the food was fair; sein Angebot war recht ~ he made a fairly decent offer. – II *adv* passably, fairly well, decently, tolerably, so-so (*colloq.*): es geht ihm ganz ~ he is getting along fairly well.

'Paß,ab,fer·ti·gung *f* inspection of passports.

Pas·sa·ca·glia [pasa'kalja] *f* ⟨-; -caglien [-ljən]⟩ *mus.* passacaglia.

Pas·sa·de [pa'sa:də] *f* ⟨-; -n⟩ (*sport*) (*in der Hohen Schule*) passade.

Pas·sa·ge [pa'sa:ʒə] *f* ⟨-; -n⟩ 1. (*Durchgang*) passage(way). – 2. (*Überfahrt mit Schiff*) crossing, passage. – 3. *mus.* passage. – 4. (*eines Buches, einer Rede etc*) passage, strain. – 5. (*film*) sequence. – 6. (*sport*) (*in der Hohen Schule*) passage.

Pas·sa·gier [pasa'ʒi:r] *m* ⟨-s; -e⟩ passenger: blinder ~ *mar. aer.* stowaway.

Pas·sa'gier|,dampf·fer *m mar.* passenger steamer (*od.* liner). — **~,flug,zeug** *n aer.* passenger plane (*od.* aircraft). — **~,gut** *n* (*railway*) passengers' luggage (*bes. Am.* baggage) (checked [through] [*Br.* carried] on same train). — **~,li·ste** *f aer. mar.* passenger list, waybill. — **~,schiff** *n mar.* passenger ship: Fracht- und ~ cargo-passenger ship, combined ship.

Pas·sah ['pasa] *n* ⟨-s; *no pl*⟩, **~,fest** *n relig.* Passover, Passah, Pesach, Pesah.

'Paß,amt *n* passport office.

Pas·sant [pa'sant] *m* ⟨-en; -en⟩, **Pas'san·tin** *f* ⟨-; -nen⟩ 1. passer-by: einige Passanten some passers-by. – 2. *rare for* Durchreisende 1.

Pas·sat [pa'sa:t] *m* ⟨-(e)s; -e⟩, **~,wind** *m meteor.* trade wind.

'Paß,bild *n* passport(-size) photograph.

Pas·se ['pasə] *f* ⟨-; -n⟩ (*fashion*) yoke.

pas·sé [pa'se:] *adj* ⟨*pred*⟩ das ist ~ *colloq.* a) (*vorbei*) that's over (and done with), b) (*überlebt*) that's out of date (*od.* fashion), that's obsolete; diese Mode ist längst ~ this fashion has had its day long ago.

pas·sen ['pasən] I *v/i* ⟨h⟩ 1. (*die richtigen Maße haben*) fit: die Schuhe ~ mir gut the shoes fit (me) well (*od.* nicely); dieser Anzug paßt mir nicht this suit does not fit me, this suit is a misfit (*od.* poor fit); wie angegossen ~ to fit like a glove; das Bild paßt genau in den Rahmen the picture just fits into the frame (*od.* fits the frame exactly); das Rohr muß in die Öffnung ~ the pipe has to fit (into) (*od.* go into) the opening. – 2. ~ zu (*in Art od. Farbe abgestimmt sein*) to match, to go with, to suit: der Teppich paßt gut zu der Tapete the carpet matches (*od.* goes well with) the wallpaper; Grün und Blau ~ schlecht zueinander blue does not go well with green, blue and green do not go well together (*od.* do not harmonize). – 3. (*genehm sein*) suit, be suitable (*od.* convenient), fit in: dieses Datum paßt mir nicht this date does not suit me (*od.* is not convenient for me); das paßt in meinen (*od.* zu meinem) Plan that fits in with my plan; das paßt mir gar nicht in den Kram *colloq.* a) I don't feel like it at all, b) that doesn't suit me at all; es paßt ihm gar nicht, so viel zu arbeiten he is not at all keen on working so hard; das würde dir so ~ what next? das paßt mir großartig that suits me to perfection (*od.* to a T, *Br.* down to the ground, fine). – 4. (*harmonieren, in Einklang stehen mit*) suit, fit, match, tally: er paßt in jede Gesellschaft he fits into any company; die Beschreibung paßt haargenau auf ihn the description fits him perfectly (*od.* to a T); Eitelkeit paßt schlecht zu Frömmigkeit vanity does not befit piety; der Stil paßt nicht zum Thema the style is not appropriate for (*od.* does not fit) the subject; die beiden Berichte ~ nicht zueinander the two reports do not tally; das paßt wie die Faust aufs Auge that is (*od.* fits) like a square peg in a round hole; das paßt nicht hierher that is entirely out of place here. – 5. zueinander ~ (*von Personen*) to be suited (to each other): die beiden ~ gut zueinander the two are well suited (*od.* matched), the two make a good pair; die beiden ~ schlecht zueinander the two are not suited (to each other). – 6. (*geeignet sein*) suit, be suited, be fit: er paßt nicht für diese Arbeit he is not suited (*od.* cut out, the man) for this job. – 7. (*schicklich sein*) be fit (*od.* proper, appropriate, seemly): die Kleider, die für ihr Alter ~ würden, gefallen ihr nicht she does not like the clothes that would be proper (*od.* appropriate, suitable) for her age. – 8. (*beim Kartenspiel, Sport*) pass: nicht ~ to stand. – 9. auf j-n [etwas] ~ *bes. Austrian dial.* to wait (*od.* watch, lie in wait) for s.o. [s.th.]. – II *v/reflex* sich ~ 10. be fit (*od.* proper, seemly, becoming): das paßt sich nicht that is not the proper thing to do, it is not done, it is not good form; das paßt sich nicht für dich that is not becoming (*od.* proper) for you, it ill becomes you. – III *v/t* 11. *tech. cf.* einpassen 1. — **'pas·send** I *pres p.* – II *adj* 1. (*Kleidung, Schlüssel etc*) fitting: ein (gut) ~er Schuh a (well-)fitting shoe, a shoe that fits; etwas ~ machen to make s.th. fit. – 2. (*in Farbe etc*) matching, to match (*nachgestellt*). – 3. (*kleidsam*) becoming. – 4. (*Bemerkung, Wort etc*) fit(ting), suitable, appropriate, apt: er findet immer ein ~es Wort he always finds fitting words; sie gab ihm eine ~e Antwort she gave him a good answer; bei ~er Gelegenheit on an appropriate (*od.* a suitable) occasion; er erwähnt diese Sache bei (*od.* zu) jeder ~en und unpassenden Gelegenheit he persists in mentioning this matter in season and out of season, he is always on about this (*colloq.*). – 5. (*Zeit*) suitable, timely, seasonable, opportune. – 6. (*Augenblick etc*) suitable, convenient. – 7. (*Geschenk etc*) suitable. – 8. (*entsprechend*) corresponding. – 9. (*geziemend, angemessen*) fit, befitting, becoming, seemly, proper: für ~ halten to think (*s.th.*) fit (*od.* proper). – 10. *tech.* suitable, fit, appropriate. – III P~e, das ⟨-n⟩ 11. haben Sie schon etwas P~s gefunden? have you found anything suitable?

Passe·par·tout [paspar'tu:] *n, Swiss m* ⟨-s; -s⟩ 1. *phot.* mount, passe-partout. – 2. (*Hauptschlüssel*) master key. – 3. *obs. od. Swiss* (*Dauerkarte*) season ticket.

Passe·poil [pas'pŏal] *m* ⟨-s; -s⟩ *bes. Austrian for* Paspel. — **passe·poi'lie·ren** [-'li:rən] *v/t* ⟨*no* ge-, h⟩ *bes. Austrian for* paspelieren.

'Paß|er,leich·te·run·gen *pl pol.* facilitation *sg* of passport control, passport-control concessions. — **~,form** *f* (*von Kleidung*) fit. — **~,fo·to** *n cf.* Paßbild. — **~,gang** *m* (*des Pferdes etc*) *cf.* Paß 3: im ~ gehen to amble. — **~,gän·ger** *m* ⟨-s; -⟩ *zo.* ambler. — **~ge,setz** *n jur.* passport law. — **~,hö·he** *f geogr.* 1. height of a pass. – 2. head of a pass.

pas'sier·bar *adj* (*Fluß, Weg, Brücke etc*) passable, traversable, trafficable, practicable. — **Pas'sier·bar·keit** *f* ⟨-; *no pl*⟩ passableness, traversability, trafficability, practicability.

pas·sie·ren [pa'si:rən] I *v/t* ⟨*no* ge-, h⟩ 1. (*kommen durch*) pass (through), go through: einen Ort ~ to pass through a town. – 2. (*hinter sich lassen*) pass: der Zug hatte gerade den Bahnübergang passiert, als the train had just passed the level crossing when. – 3. den Zoll ~ a) to pass through (the) customs, b) *econ.* to clear (the) customs. – 4. (*überqueren*) cross, traverse, pass. – 5. *gastr.* strain, sieve: Erbsen durch ein Sieb ~ to pass peas through a sieve. – II *v/i* ⟨sein⟩ 6. *colloq.* (*geschehen*) happen, occur: es soll nicht wieder ~ it won't happen again; das mußte mir ja ~! just my luck! wie ist das passiert? how did that happen (*od.* come about)? das kann jedem mal ~ that can happen to anyone; jetzt ist es passiert! *colloq.* the fat is in the fire now! das kann in den besten Familien ~ *iron.* it happens in the best of families; das kann auch nur ihm ~ *colloq.* that can really only happen to him; wenn mir etwas ~ sollte should anything happen to me, if I should have (*od.* meet with) an accident.

Pas'sier·ma,schi·ne *f* food mill.

Pas'sier,schein *m auch econ.* (*für Waren*) pass, permit. — **~,ab,kom·men** *n pol.* agreement on the issue of frontier-crossing permits.

Pas'sier,sieb *n* strainer, sieve.

pas·sim ['pasɪm] *adv* passim, throughout.

Pas·si·on [pa'sǐo:n] *f* ⟨-; -en⟩ 1. (*Leidenschaft*) passion: Jäger aus (*od.* von) ~ sein to be passionately fond of hunting. – 2. (*Steckenpferd*) hobby: Golfspielen ist seine ~ golf is his hobby. – 3. (*Hang, Vorliebe*) craze. – 4. *relig. auch mus.* (*art, theater*) Passion.

pas·sio·nie·ren [pasǐo'ni:rən] *v/reflex* ⟨*no* ge-, h⟩ sich ~ *obs. for* begeistern 2. — **pas·sio'niert** I *pp.* – II *adj* ⟨*attrib*⟩ (*Jäger, Rennfahrer, Sammler etc*) ardent, enthusiastic, impassioned, passionate.

Pas·si'ons|,blu·me *f bot.* passionflower (*Gattg Passiflora*): Blaue ~ common blue passionflower (*P. coerulea*); Lorbeerblättrige ~ water lemon, bell apple, Jamaica honeysuckle (*P. laurifolia*); Eßbare ~ purple grenadilla (*P. edulis*); Fleischfarbene ~ maypop, apricot vine (*P. incarnata*); Frucht der ~ passion fruit. — **~ge,schich·te** *f relig.* (account of the) Passion. — **~mu,sik** *f mus.* Passion music. — **~,pre·digt** *f relig.* Passion sermon. — **~,sonn,tag** *m* Passion Sunday. — **~,spiel** *n relig.* Passion (play). — **~,weg** *m* Stations *pl* of the Cross, stations *pl* of the cross. — **~wo·che** *f* Passion Week. — **~,zeit** *f* Passiontide.

pas·siv ['pasi:f; -'si:f] *adj* 1. passive: ~e Resistenz, ~er Widerstand passive resistance; ~es Wahlrecht eligibility; ~e Bestechung *jur.* receiving (*od.* taking) of a bribe; ~er Wortschatz *ling.* passive vocabulary, reading knowledge; sich ~ verhalten to remain passive, to maintain a passive attitude. – 2. (*teilnahmslos*) passive, apathetic, impassive. – 3. *ling. cf.* passivisch. – 4. *econ.* unfavorable, *bes. Br.* unfavourable: eine ~e Bilanz a debit balance; eine ~e Handelsbilanz an unfavo(u)rable (*od.* adverse) balance of trade (*od.* trade balance). – 5. ⟨*meist attrib*⟩ (*Clubmitglied*) supernumerary.

Pas·siv ['pasi:f; -'si:f] *n* ⟨-s; *rare* -e⟩ *ling.* passive (voice): dieses Verb steht im ~ this verb is in the passive (voice); dieses Verb kann kein ~ bilden (*od.* kann nicht ins ~ gesetzt werden) this verb has no passive (voice).

Pas·si·va [pa'si:va] *pl econ.* liabilities: Aktiva und ~ assets and liabilities.

'Pas·siv|bi,lanz *f econ.* unfavorable (*bes. Br.* unfavourable) (*od.* adverse, deficitary) balance. — **~,bil·dung** *f ling.* forming of the passive (voice).

Pas·si·ven [pa'si:vən] *pl econ.* liabilities.

'Pas·siv|ge,schäft *n econ.* credit operation involving liabilities. — **~,han·del** *m* 1. foreign trade operations *pl* of nonresidents. – 2. foreign trade deficit.

pas·si·vie·ren [pasi'vi:rən] I *v/t* ⟨*no* ge-, h⟩ 1. einen Betrag ~ *econ.* to enter an amount on the passive (*od.* liabilities) side of the balance sheet. – 2. *chem.* (*Metalle*) passivate. – II *v/reflex* sich ~ 3. *econ.* become adverse.

pas·si·visch ['pasi:vɪʃ; -'si:vɪʃ] *adj ling.* (*Konstruktion etc*) passive.

Pas·si·vi·tät [pasivi'tɛ:t] *f* ⟨-; *no pl*⟩ 1. passivity, passiveness. – 2. (*Teilnahmslosigkeit*) passivity, apathy, impassivity. – 3. *chem.* passivity.

'Pas·siv|,mas·se *f econ.* liabilities *pl.* — **~,po·sten** *m* debit (*od.* deficit) item. — **~,sal·do** *m, n* 1. debit balance. – 2. (*der Handelsbilanz*) deficit (*od.* adverse) balance. — **~,sei·te** *f* (*einer Bilanz etc*) debit (*od.* liabilities) side.

Pas·si·vum [pa'si:vʊm] *n* ⟨-s; *rare* -siva [-va]⟩ *ling. cf.* Passiv.

'Pas·siv,wech·sel *m econ.* bill payable.

'Paß·kon,trol·le *f* passport inspection (*od.* control).

paß·lich ['paslɪç] *adj obs.* suitable, proper, fit.

'Paß|,pho·to *n cf.* Paßbild. — **~,schrau·be** *f tech.* body-fit bolt. — **~,stel·le** *f* passport office. — **~,stra·ße** *f* pass. — **~,stück** *n tech.* adapter, *auch* adaptor. — **~,teil** *n, auch m* fitting (*od.* mating) part (*od.* member). — **~to·le,ranz** *f* fit tolerance.

'Pas·sung *f* ⟨-; -en⟩ *tech.* (machine) fit.

Pas·sus ['pasʊs] *m* ⟨-; -⟩ (*Schriftstelle*) passage, passus (*lit.*).

'**Paß|,we·sen** *n pol.* passport matters *pl* (*od.* regulations *pl*). — **~,wort** *n* ⟨-(e)s; =er⟩ *mil.* password. — **~,zwang** *m* obligation to hold (*od.* present) a (valid) passport.

Pa·sta ['pasta] *f* ⟨-; Pasten⟩ *cf.* Paste.

Pa·ste ['pastə] *f* ⟨-; -n⟩ **1.** *gastr.* a) (*streichbare Masse*) paste, b) (*fetter Teig*) paste, dough. – **2.** *med. pharm.* (*cosmetics*) paste. – **3.** (*art*) (*Abdruck*) plaster cast.

Pa·stell [pas'tɛl] *n* ⟨-(e)s; -e⟩ (*art*) **1.** pastel: in ~ malen to paint in pastel. – **2.** *cf.* Pastellzeichnung. — **~,far·be** *f* **1.** (*Pigment*) pastel. – **2.** (*Farbton*) pastel color (*bes. Br.* colour). — **~,ma·ler** *m* pastel(l)ist. — **~ma·le,rei** *f* pastel (painting). — **~,stift** *m* pastel pencil (*od.* crayon), pastel. — **~,zeich·nung** *f* pastel (drawing).

Pa'stet·chen *n* ⟨-s; -⟩ *gastr.* **1.** pie, pasty, patty, bouchée. – **2.** (*mit süßer Füllung*) tartlet, pastry.

Pa·ste·te [pas'te:tə] *f* ⟨-; -n⟩ *gastr.* **1.** *cf.* Pastetchen. – **2.** (*aus Kalbs-, Gänseleber etc*) paste, pâté. – **3.** (*aus Blätterteig*) vol-au-vent.

Pa'ste·ten,bäcker (*getr.* -k·k-) *m* pastry-cook.

Pa·steu·ri·sa·ti·on [pastøriza'tsĭo:n] *f* ⟨-; -en⟩ pasteurization *Br. auch* -s-.

Pa·steu·ri'sier·ap·pa,rat *m tech.* pasteurizer *Br. auch* -s-.

pa·steu·ri·sie·ren [pastøri'zi:rən] *v/t* ⟨*no* ge-, h⟩ pasteurize *Br. auch* -s-. — **pa·steu·ri'siert I** *pp.* – **II** *adj* pasteurized *Br. auch* -s-: ~e Milch pasteurized milk. — **Pa·steu·ri'sie·rung** *f* ⟨-; -en⟩ *cf.* Pasteurisation.

Pa·stil·le [pas'tɪlə] *f* ⟨-; -n⟩ *med. pharm.* **1.** (*gegen Husten etc*) lozenge, cough drop, pastille, pastil, *bes. Am.* pastile, troche. – **2.** (*Tablette*) tablet.

Pa·sti·nak ['pastinak] *m* ⟨-s; -e⟩, **Pa·sti'na·ke** [-'na:kə] *f* ⟨-; -n⟩ *bot.* parsnip (*Pastinaca sativa*).

'**Past,milch** ['past-] *f Swiss* pasteurized (*Br. auch* -s-) milk.

Pa·stor ['pastɔr; pas'to:r] *m* ⟨-s; -en [-'to:rən], *Northern G. auch* -e [-'to:rə], *dial. auch* =e [-'tø:rə]⟩ *relig.* **1.** clergyman, minister, pastor, (*bes. anglikanischer*) vicar, rector, curate. – **2.** *rare for* Pfarrer 1.

pa·sto·ral [pasto'ra:l] *adj* **1.** *relig.* (*seelsorgerisch*) pastoral. – **2.** (*feierlich*) solemn. — **P~,brief** *m Bibl.* Pastoral (Epistle *od.* epistle).

Pa·sto'ra·le[1] *n* ⟨-s; -s⟩, *f* ⟨-; -n⟩ **1.** *mus.* pastorale. – **2.** (*art*) pastoral.

Pa·sto'ra·le"[2], „**die** ⟨-; *no pl*⟩ *mus.* "The Pastoral Symphony" (*Beethoven's Sixth Symphony*).

Pa·sto·ra·li·en [pasto'ra:lĭən] *pl relig.* pastoral matters.

Pa·sto'ral·theo·lo,gie *f relig.* pastoral theology.

Pa·sto·rat [pasto'ra:t] *n* ⟨-(e)s; -e⟩ *relig.* **1.** pastorate, ministry, (*bes. anglikanisches*) vicarage, rectorate, curacy, *röm.kath. auch* priesthood. – **2.** *rare for* Pfarrei.

Pa·sto·rel·le [pasto'rɛlə] *f* ⟨-; -n⟩ *mus.* pastoral song.

Pa·sto·rin [pas'to:rɪn] *f* ⟨-; -nen⟩ *relig.* **1.** (woman) minister (*od.* pastor). – **2.** *cf.* Pastorsfrau.

'**Pa·stors,frau** *f* clergyman's wife.

pa·stos [pas'to:s] *adj* **1.** (*art*) pastose, impasto (*attrib*). – **2.** *gastr. cf.* a) teigig, b) dickflüssig 2.

pa·stös [pas'tø:s] *adj med.* swollen, puffy, pasty.

Pa·te[1] ['pa:tə] *m* ⟨-n; -n⟩ **1.** (*Taufzeuge*) godfather, godparent, godpapa (*colloq.*), sponsor: bei einem Kinde ~ stehen (*od.* sein) to stand sponsor (*od.* godfather) to a child; ich bin sein ~ I am his godfather. – **2.** ich habe dabei ~ gestanden *fig.* I sponsored (*od.* patronized) it. – **3.** godson, godchild.

'**Pa·te**[2] *f* ⟨-; -n⟩ **1.** (*Taufzeugin*) godmother, godparent, godmamma (*colloq.*), sponsor. – **2.** goddaughter, godchild.

Pa·tel·la [pa'tɛla] *f* ⟨-; -tellen⟩ *med.* kneecap, kneepan, patella (*scient.*).

pa·tel·lar [patɛ'la:r] *adj med.* patellar. — **P~re,flex** *m* knee jerk, patellar reflex (*scient.*).

Pa·te·ne [pa'te:nə] *f* ⟨-; -n⟩ *relig.* (*Hostienteller*) paten.

'**Pa·ten|ge,schenk** *n* godparent's (*od.* sponsor's) present. — **~,kind** *n* godchild. — **~,on·kel** *m cf.* Pate[1] 1.

'**Pa·ten·schaft** *f* ⟨-; -en⟩ *relig.* sponsorship, godparenthood: die ~ für eine Stadt übernehmen *fig.* to adopt a town as a twin town, to enter into twinning arrangements with another town.

'**Pa·ten|,sohn** *m* godson. — **~,stadt** *f pol.* twin town. — **~,stel·le** *f* sponsorship: bei einem Kind ~ vertreten to act as godfather to a child.

pa·tent [pa'tɛnt] *adj colloq.* capital, splendid, fine, great, grand: er ist wirklich ein ~er Kerl he really is a great fellow (*bes. Am.* a good scout); das ist ein ~er Einfall that's a great idea.

Pa'tent *n* ⟨-(e)s; -e⟩ **1.** *jur. econ.* patent: ein ~ anmelden to apply for a patent; ein ~ erteilen to grant (*od.* issue) a patent; zum ~ angemeldet patent applied for, patent pending. – **2.** (*Ernennungsurkunde*) (letters *pl*) patent. – **3.** *mil.* (*für Offiziere*) commission: sein ~ als Kapitän erhalten to obtain one's captain's commission. — **~,amt** *n* patent office. — **~,an,mel·der** *m* patent applicant. — **~,an,mel·dung** *f* application for a patent, patent application. — **~,an,spruch** *m* patent claim.

'**Pa·ten,tan·te** *f cf.* Pate[2] 1.

Pa'tent|,an,walt *m jur.* patent lawyer, *Br.* patent agent, *Am. auch* patent attorney. — **~be,schrei·bung** *f* patent specification (*od.* description). — **~,dieb,stahl** *m* piracy (*od.* infringement) of a patent. — **~,ein,spruch** *m* opposition to the granting of a patent. — **~,ein,tra·gung** *f* registration of a patent. — **~er,tei·lung** *f* grant (*od.* granting, issue, issuing) of a patent. — **p~,fä·hig** *adj* patentable. — **~,fä·hig·keit** *f* patentability. — **~,ge·ber** *m* patentor. — **~ge,bühr** *f* **1.** (*Anmeldungsgebühr*) patent (*od.* filing) fee. – **2.** (*Erteilungsgebühr*) patent fee, fee for issue of a patent. – **3.** (*Jahresgebühr*) patent (*od.* renewal) fee, patent annuity. — **~,ge·gen,stand** *m* object (*od.* subject matter) of a patent. — **~ge,setz** *n* patent law (act), Patent (*Br.* Patents) Act. — **~ge,setz,ge·bung** *f* patent legislation. — **~ge,such** *n cf.* Patentanmeldung.

pa·ten'tier·bar *adj jur.* patentable.

pa·ten·tie·ren [patɛn'ti:rən] **I** *v/t* ⟨*no* ge-, h⟩ **1.** *jur.* patent, protect (*s.th.*) by patent, secure (*s.th.*) by letters patent, issue (*od.* grant) a patent for (*od.* on): (sich *dat*) etwas ~ lassen to apply for a patent for (*od.* on) s.th. – **2.** *metall.* (*Draht*) patent. – **II P~** *n* ⟨-s⟩ **3.** *verbal noun.* — **Pa·ten'tie·rung** *f* ⟨-; -en⟩ *cf.* Patentieren.

Pa'tent|in·ge·ni,eur *m* patent engineer. — **~,in,ha·ber** *m jur.* patentee, patent holder. — **~,kla·ge** *f* patent action (*od.* suit). — **~,lö·schung** *f* expiry (*od.* expiration, lapse) of a patent. — **~,lö·sung** *f colloq.* ingenious solution. — **~ob,jekt** *n jur. cf.* Patentgegenstand. — **~,recht** *n* **1.** patent law (act). – **2.** patent right(s *pl*). — **p~,recht·lich** *adv* ~ geschützt patented, protected by (letters) patent. — **~re,gi·ster** *n* patent register (*Br. auch* rolls *pl*). — **~,sa·che** *f* patent matter. — **~,schrift** *f* (printed) patent specification (*od.* description). — **~,schutz** *m* patent protection, protection by (letters) patent. — **~,schutz·ge,setz** *n* patent law (act), Patent (*Br.* Patents) Act. — **~,über,tra·gung** *f* assignment of a patent. — **~,ur,kun·de** *f* (letters *pl*) patent. — **~ver,let·zung** *f* patent infringement. — **~ver,schluß** *m tech.* patent stopper (*od.* closure). — **~ver,wer·tung** *f jur.* patent exploitation.

Pa·ter ['pa:tər] *m* ⟨-s; - *u.* Patres [-trɛs]⟩ *röm.kath.* father, padre.

Pa·ter·ni·tät [patɛrni'tɛ:t] *f* ⟨-; *no pl*⟩ *obs. for* Vaterschaft.

Pa·ter·no·ster[1] [patər'nɔstər] *n* ⟨-s; -⟩ *relig.* (*Gebet*) pater, paternoster, Our Father, Lord's Prayer.

Pa·ter'no·ster[2] *m* ⟨-s; -⟩ *tech. cf.* Paternosteraufzug.

Pa·ter'no·ster|,auf,zug *m tech. Am.* paternoster elevator, *Br.* paternoster (lift). — **~,werk** *n* (*Becherwerk*) bucket-type elevator.

Pa·ter·pec·ca·vi [patərpɛ'ka:vi] *n* ⟨-; -⟩ remorseful confession.

pa·the·tisch [pa'te:tɪʃ] *adj* **1.** full of pathos, pathetic, *auch* pathetical. – **2.** pompous, bombastic, grandiloquent. – **3.** (*feierlich*) solemn. – **4.** *contempt.* (*salbungsvoll*) unctuous.

pa·tho·gen [pato'ge:n] *adj med.* pathogenic, pathogenous, pathogenetic. — **Pa·tho·ge'ne·se** [-ge'ne:zə] *f* ⟨-; -n⟩ pathogenesis, (a)etiopathology. — **Pa·tho·ge·ni'tät** [-geni'tɛ:t] *f* ⟨-; *no pl*⟩ pathogenicity.

Pa·tho·lo·ge [pato'lo:gə] *m* ⟨-n; -n⟩ *med.* pathologist, pathological anatomist. — **Pa·tho·lo'gie** [-lo'gi:] *f* ⟨-; *no pl*⟩ pathology. — **pa·tho'lo·gisch** *adj* pathologic(al).

Pa·thos ['pa:tɔs] *n* ⟨-; *no pl*⟩ **1.** pathos: falsches ~ bathos, insincere pathos. – **2.** (*Feierlichkeit*) solemnity. – **3.** *contempt.* great pathos, pomposity.

Pa·ti·ence [pa'sĭã:s] *f* ⟨-; -n [-sən]⟩ (*games*) *bes. Br.* patience, *bes. Am.* solitaire: eine ~ legen to play patience.

Pa·ti·ent [pa'tsĭɛnt] *m* ⟨-en; -en⟩, **Pa·ti'en·tin** *f* ⟨-; -nen⟩ *med.* patient: ambulanter ~ outpatient, *Br. auch* out-patient; stationärer ~ inpatient, *Br. auch* in-patient; die ~en eines Arztes the clientele *sg* of a doctor.

'**Pa·tin** *f* ⟨-; -nen⟩ *relig. cf.* Pate[2] 1.

Pa·ti·na[1] ['pa:tina] *f* ⟨-; *no pl*⟩ **1.** *chem.* patina, patine, (*auf Kupfer*) *auch* aerugo, verdigris: ~ ansetzen to become covered with patina. – **2.** *fig.* patina.

'**Pa·ti·na**[2] *f* ⟨-; -tinen [pa'ti:nən]⟩, **Pa·ti·ne** [pa'ti:nə] *f* ⟨-; -n⟩ *bes. relig.* patina.

pa·ti·nie·ren [pati'ni:rən] *v/t* ⟨*no* ge-, h⟩ *chem.* patinate.

Pa·tis·se·rie [patɪsə'ri:] *f* ⟨-; -n [-ən]⟩ *Swiss and Austrian for* a) Feingebäck, b) Konditorei 1. — **Pa·tis·si'er** [-'sĭe:] *m* ⟨-s; -s⟩ *Swiss and Austrian for* Konditor.

Pa·tois [pa'tŏa] *n* ⟨- [-'tŏa(s)]; *no pl*⟩ *ling.* patois.

Pa·tri·arch [patri'arç] *m* ⟨-en; -en⟩ *relig.* patriarch. — **pa·tri·ar'cha·lisch** [-'ça:lɪʃ] *adj* patriarchal. — **Pa·tri·ar'chat** [-'ça:t] *n* ⟨-(e)s; -e⟩ **1.** *relig.* patriarchate. – **2.** *sociol.* patriarchy, patriarchate.

Pa·tri'ar·chen,wür·de *f relig.* patriarchate, patriarchal dignity.

pa·tri'ar·chisch *adj cf.* patriarchalisch.

pa·tri·mo·ni·al [patrimo'nĭa:l] *adj jur.* patrimonial. — **P~ge,richts·bar·keit** *f* patrimonial jurisdiction. — **P~,staat** *m* patrimonial state.

Pa·tri·mo·ni·um [patri'mo:nĭʊm] *n* ⟨-s; -nien⟩ *jur.* patrimony. — ~ **'Pe·tri** ['pe:tri] *n* ⟨- -; *no pl*⟩ *relig. hist. cf.* Kirchenstaat 1.

Pa·tri·ot [patri'o:t] *m* ⟨-en; -en⟩, **Pa·tri'o·tin** *f* ⟨-; -nen⟩ patriot. — **pa·trio·tisch** [-'o:tɪʃ] *adj* patriotic, *auch* patriotical. — **Pa·trio'tis·mus** [-o'tɪsmʊs] *m* ⟨-; *no pl*⟩ patriotism.

Pa·tri·stik [pa'trɪstɪk] *f* ⟨-; *no pl*⟩ *relig.* patrology, *auch* patristics *pl* (*construed as sg*). — **Pa'tri·sti·ker** [-tikər] *m* ⟨-s; -⟩ patrologist. — **pa'tri·stisch** [-tɪʃ] *adj* patristic(al).

Pa·tri·ze [pa'tri:tsə] *f* ⟨-; -n⟩ *tech. print.* counter (*od.* upper, top) die, punch.

Pa·tri·zi·at [patri'tsĭa:t] *n* ⟨-(e)s; -e⟩ patriciate, patricians *pl.*

Pa·tri·zi·er [pa'tri:tsĭər] *m* ⟨-s; -⟩ **1.** *antiq.* (*im alten Rom*) patrician, aristocrat. – **2.** (*wohlhabender Bürger*) patrician. — **~fa,mi·lie** *f* patrician family. — **~,haus** *n* patrician house, mansion. — **~,herr·schaft** *f hist.* patrician rule.

pa·tri·zisch [pa'tri:tsɪʃ] *adj* **1.** *hist.* patrician. – **2.** *fig.* a) noble, b) wealthy.

Pa·tro·lo·ge [patro'lo:gə] *m* ⟨-n; -n⟩ *relig.* patrologist. — **Pa·tro·lo'gie** [-lo'gi:] *f* ⟨-; *no pl*⟩ *cf.* Patristik. — **pa·tro'lo·gisch** *adj* patrologic(al), patristic(al).

Pa·tron [pa'tro:n] *m* ⟨-s; -e⟩ **1.** (*Schirmherr*) patron, protector. – **2.** *relig.* (*Schutzheiliger*) patron (saint). – **3.** *obs.* (*Gönner*) patron. – **4.** *colloq. contempt.* (*Bursche*) fellow (*colloq.*), *bes. Br. sl.* bloke, *bes. Am.* customer: ein unverschämter ~ an impudent fellow; das ist mir ja ein sauberer ~! *iron.* a fine customer he is!

Pa·tro·na [pa'tro:na] *f* ⟨-; -tronä [-nɛ]⟩ *relig.* patroness, patron (saint).

Pa·tro·na·ge [patro'na:ʒə] *f* ⟨-; -n⟩ *cf.* Günstlingswirtschaft.

Pa·tro·nanz [patro'nants] *f* ⟨-; *no pl*⟩ *Austrian for* Patronat 1.

Pa·tro·nat [patro'na:t] *n* ⟨-(e)s; -e⟩ **1.** (*Schirmherrschaft*) patronage, patronate: unter dem ~ von under the patronage (*od.* auspices) of. – **2.** *relig.* patronage, patronate, *bes. Br.* advowson. – **3.** *antiq.* patronage.

Pa·tro'nats|,fest *n relig.* feast of the patron saint of a church. — **~,herr** *m* advowee, patron.

Pa·tro·ne [pa'troːnə] *f* ⟨-; -n⟩ **1.** *mil.* cartridge: **panzerbrechende ~** armo(u)r-piercing cartridge; **~ mit Brandgeschoß [Leuchtspur]** incendiary [tracer] cartridge. – **2.** *phot.* cartridge, *auch* cassette. – **3.** (*im Füllfederhalter*) cartridge. – **4.** (*textile*) point paper design. – **5.** *tech.* a) (*eines Spannfutters*) spring collet, b) (*eines Leitapparats*) leader. – **6.** *metall.* die. – **7.** *electr.* (*einer Schmelzsicherung*) cartridge fuse link.

Pa'tro·nen|ˌaus·wer·fer *m mil.* ejector. — **~ˌfüllˌfe·der·hal·ter** *m* cartridge pen. — **~ˌgurt, ~ˌgür·tel** *m mil.* **1.** cartridge (*od.* ammunition) belt. – **2.** (*Bandelier*) bandoleer. — **~ˌhül·se** *f* cartridge case (*od.* shell). — **~ma·gaˌzin** *n* cartridge magazine. — **~ˌrah·men** *m* charger, clip. — **~ˌsi·che·rung** *f electr.* cartridge fuse. — **~ˌta·sche** *f mil.* ammunition pocket, pouch. — **~ˌtrom·mel** *f* cartridge drum. — **~ˌzu·ˌfüh·rung** *f* cartridge feed.

Pa'tro·nin *f* ⟨-; -nen⟩ patroness, protectress.

pa·tro·ni·sie·ren [patroni'ziːrən] *v/t* ⟨*no* ge-, h⟩ *obs.* protect, patronize *Br. auch* -s-.

Pa·tro·ny·mi·kon [patro'nyːmikɔn], **Pa·tro'ny·mi·kum** [-kum] *n* ⟨-s; -mika [-ka]⟩ *ling.* patronymic. — **pa·tro'ny·misch** [-mɪʃ] *adj* patronymic, *auch* patronymical.

Pa·trouil·le [pa'truljə] *f* ⟨-; -n⟩ *bes. mil.* patrol: **~ gehen** to patrol.

Pa'trouil·len|ˌboot *n mar. mil.* patrol vessel (*od.* boat). — **~ˌfüh·rer** *m mil.* leader of a patrol.

pa·trouil·lie·ren [patrul'jiːrən] *v/i* ⟨*no* ge-, sein *u.* h⟩ **1.** *bes. mil.* patrol. – **2. vor etwas (auf und ab) ~** *fig.* to walk (*od.* pace) up and down in front of s.th.

Pa·tro·zi·ni·um [patro'tsiːnium] *n* ⟨-s; -nien⟩ **1.** *jur. hist.* patronage, patronate. – **2.** *relig.* a) patron saint's patronage of a church, b) *cf.* **Patronatsfest.**

patsch [patʃ] **I** *interj* slap! smack! – **II P~** *m* ⟨-es; -e⟩ (*klatschender Schlag*) slap, smack.

Pat·sche ['patʃə] *f* ⟨-; -n⟩ *colloq.* **1.** (*Händchen*) paw, little hand. – **2.** (*zum Schlagen*) swat(ter), (*bes. Fliegenklappe*) flyswat(ter). – **3.** ⟨*only sg*⟩ *fig.* scrape, fix, spot, pickle, jam (*colloq.*): **in der ~ sitzen** to be in a fix (*od.* spot), to be in the soup; **in die ~ geraten** to get into hot water (*od.* a jam); **j-m aus der ~ helfen** to get (*od.* help) s.o. out of a scrape; **sich aus der ~ ziehen** to get oneself out of the fix (*od.* mess); **er sitzt ganz schön in der ~** he is in a nice (*od.* pretty) pickle, he is in a nice mess, he is in for it now.

pat·schen ['patʃən] *v/i* ⟨h *u.* sein⟩ *colloq.* **1.** ⟨h⟩ splash, plash: **mit den Händen ins Wasser ~** to splash one's hands in the water. – **2.** ⟨h⟩ **in die Hände ~** (*von Kindern*) to clap one's hands. – **3.** ⟨sein⟩ splash, plash: **durch die Pfützen ~** to splash through the puddles.

'Pat·schen *m* ⟨-s; -⟩ *Austrian colloq.* **1.** *cf.* **Hausschuh.** – **2.** *cf.* **Plattfuß** 2.

'pat·sche'naß *adj colloq. cf.* **patschnaß.**

'Patsch|ˌhand *f*, **~ˌhänd·chen** *n colloq.* chubby (little) hand.

'patsch'naß *adj* (*Kleidung etc*) sopping (*od.* soaking, dripping, wringing) wet: **ich war ~ vom Regen** I was soaking wet (*od.* wet through, soaked to the skin) from the rain.

Pat·schu·li ['patʃuli] *n* ⟨-s; -s⟩ **1.** *bot.* patchouli, patchouly, *auch* pachouli (*Pogostemon patchouli od. cablin*). – **2.** (*Duftstoff*) patchouli, patchouly, *auch* pachouli. — **~ˌöl** *n* patchouli, *auch* patchouly oil.

patt [pat] (*beim Schach*) **I** *adj* stalemate: **~ sein** to be stalemated; **j-n ~ machen** (*od.* **setzen**) to stalemate s.o. – **II P~** *n* ⟨-s; -s⟩ stalemate.

Pat·te ['patə] *f* ⟨-; -n⟩ **1.** (*Taschenklappe*) flap. – **2.** (*Ärmelaufschlag*) cuff facing. – **3.** (*doppelter Stoffstreifen*) facing.

'Pat·ten·verˌschluß *m* (*fashion*) lapel.

pat·tie·ren [pa'tiːrən] *v/t* ⟨*no* ge-, h⟩ **1.** *print.* (*rastern*) screen. – **2.** *mus.* rule.

pat·zen ['patsən] *v/i* ⟨h⟩ *colloq.* **1.** blunder, bungle, make mistakes. – **2.** (*klecksen*) blot, make blots. – **3.** *mus.* make a boner (*colloq.*).

'Pat·zen *m* ⟨-s; -⟩ *Bavarian and Austrian dial. for* **Klecks.**

'Pat·zer *m* ⟨-s; -⟩ *colloq.* **1.** (*Person*) blunderer, bungler. – **2.** (*Fehler*) blunder, howler (*colloq.*), *bes. Br. colloq.* bloomer, botch.

Pat·ze'rei *f* ⟨-; -en⟩ *colloq.* blundering, bungling.

'pat·zig *adj colloq.* **1.** (*frech*) saucy, insolent, impudent: **~e Antwort** saucy answer, back talk (*colloq.*): **eine ~e Antwort geben** to give a saucy (*od.* an insolent) answer. – **2.** (*schroff, abweisend*) unfriendly, harsh, brusque, curt, sharp, snappish. — **'Pat·zig·keit** *f* ⟨-; *no pl*⟩ **1.** (*Frechheit*) insolence, impudence, sauciness. – **2.** (*Schroffheit*) unfriendliness, harshness, brusqueness, curtness, sharpness, snappishness.

Pau·kant [pau'kant] *m* ⟨-en; -en⟩ *colloq.* participant in a (German) students' duel.

'Pauk|ˌarzt *m* surgeon present at (German) students' duels. — **~ˌbo·den** *m* (German) students' duel(l)ing loft.

Pau·ke ['paukə] *f* ⟨-; -n⟩ **1.** *mus.* a) bass drum, tamburone, b) (*Kesselpauke*) kettledrum: **die ~n** the kettledrums, the timpani; **mit ~n und Trompeten** with drums beating and trumpets sounding. – **2.** *fig. colloq.* (*in Wendungen wie*) **mit ~n und Trompeten durchfallen** to flunk (*od.* fail) ingloriously; **j-n mit ~n und Trompeten empfangen** to receive s.o. with full hono(u)rs; → **hauen** 12. – **3.** *med. cf.* **Paukenhöhle.**

pau·ken ['paukən] **I** *v/i* ⟨h⟩ **1.** *mus.* play (*od.* beat) the (kettle)drum. – **2.** *colloq.* (*büffeln*) cram, grind, stew (*sl.*), *Am. auch* bone, *Br. auch* swot: **er paukt noch tüchtig für seine Prüfung** he is still grinding hard for his exam. – **3.** *colloq.* (fight a) duel: **mit j-m ~** to (fight a) duel with s.o. – **II** *v/t* **4.** *colloq.* (*Mathematik, Vokabeln etc*) cram, grind, stew (*sl.*), *Am. auch* bone (up on), *Br. auch* swot (up). – **III P~** *n* ⟨-s⟩ **5.** *verbal noun.*

'Pau·ken|ˌfell *n* **1.** *mus.* drum head (*od.* skin), vellum. – **2.** *med.* tympanic membrane. — **~ˌhöh·le** *f med.* middle ear; tympanic cavity, tympanum (*scient.*). — **~ˌschlag** *m mus.* beat of the (kettle)drum: „**Symphonie mit dem ~**" "Surprise Symphony" (*by Haydn*). — **~ˌschlä·ger** *m cf.* **Pauker** 1. — **~ˌschle·gel** *m meist pl* kettledrum (*od.* timpani) stick. — **~ˌwir·bel** *m* (kettle)drum roll: „**Symphonie mit dem ~**" "Drum-roll Symphony" (*by Haydn*).

'Pau·ker *m* ⟨-s; -⟩ **1.** *mus.* timpanist, (kettle)drummer. – **2.** *ped. colloq.* crammer, teacher.

Pau·ke'rei *f* ⟨-; *no pl*⟩ *colloq.* **1.** *cf.* **Pauken.** – **2.** grind, *Br.* swot.

pau·li·nisch [pau'liːnɪʃ] *adj Bibl.* Pauline, of (*od.* relating to) (St.) Paul.

Pau·li·nis·mus [pauli'nɪsmus] *m* ⟨-; *no pl*⟩ *relig.* Paulinism, Paulism.

Pau·low·nie [pau'lɔvnɪə] *f* ⟨-; -n⟩ *bot.* blue catalpa, kiri, paulownia (*scient.*) (*Paulownia imperialis*).

Pau·pe·ris·mus [paupe'rɪsmus] *m* ⟨-; *no pl*⟩ pauperism.

'Pausˌback ['paus-] *m* ⟨-(e)s; -e⟩ *colloq.* (*bes. Kind*) chubby face. — **'Pausˌbacken** (*getr.* -k·k-) *pl* chubby cheeks. — **'pausˌbackig, 'pausˌbäckig** [-ˌbɛkɪç] (*getr.* -k·k-) *adj* chubby-faced (*od.* -cheeked).

pau·schal [pau'ʃaːl] *econ.* **I** *adj* **1.** lump-sum (*attrib*), global, overall, *Br.* over-all (*attrib*), all-inclusive (*attrib*), all-in (*attrib*). – **II** *adv* **2.** all included: **300 Mark ~** 300 marks all (cost) included. – **3.** *fig.* as a whole, in (*od.* by) the lump.

Pau'schal|abˌfin·dung *f econ.* lump-sum (*od.* overall, *Br.* over-all) compensation. — **~beˌsteue·rung** *f* lump-sum taxation (*od.* assessment), taxation at the comprehensive rate. — **~beˌtrag** *m cf.* **Pauschale.**

Pau'scha·le *f* ⟨-; -n⟩, *auch n* ⟨-s; -lien [-liən]⟩ *econ.* **1.** lump sum, global amount, flat charge (rate). – **2.** (*im Hotel etc*) all-inclusive price.

Pau'schal|entˌschä·di·gung *f econ. cf.* **Pauschalabfindung.** — **~geˌbühr** *f* flat fee (rate), flat rate, charge (duty).

pau·scha·lie·ren [pauʃa'liːrən] *v/t* ⟨*no* ge-, h⟩ *econ.* express (*s.th.*) as a round amount.

Pau'schal|ˌkauf *m econ.* purchase in bulk, bulk purchase. — **~ˌpreis** *m* lump-sum (*od.* comprehensive) price. — **~ˌrei·se** *f* all-inclusive tour. — **~ˌsatz** *m* flat (*od.* blanket) rate. — **~ˌsteu·er** *f* comprehensive tax. — **~ˌsum·me** *f cf.* **Pauschale.** — **~taˌrif** *m* flat-rate tariff. — **~ˌur·teil** *n* sweeping judg(e)ment. — **~verˌsi·che·rung** *f econ.* blanket-cover (*od.* lump-sum) insurance. — **~ˌwert** *m* lump-sum value. — **~ˌzah·lung** *f* lump-sum payment.

Pau·sche ['pauʃə] *f* ⟨-; -n⟩ **1.** (*am Sattel*) (knee) roll, (crupper) dock loop. – **2.** (*sport*) (*am Seitpferd*) pommel.

Pau·se[1] ['pauzə] *f* ⟨-; -n⟩ **1.** (*Frühstückspause, Mittagspause etc*) break. – **2.** (*Unterbrechung*) stop: **wir machten eine lange ~, um das Schloß zu besichtigen** we made a long stop to visit the castle. – **3.** (*im Gespräch*) pause. – **4.** (*Ruhepause*) rest: **sich** (*dat*) **eine ~ gönnen** to allow (*od. colloq.* give) oneself a rest; **eine ~ machen** (*od.* **einlegen**) to have (*od.* take) a rest, to rest. – **5.** (*in der Schule*) break, *Am. auch* recess: **die große ~** the long (*od.* mid-morning) break, recreation time. – **6.** (*Atempause*) breather. – **7.** (*bei Veranstaltungen*) intermission, interval. – **8.** *mus.* rest: **die ganze [halbe] ~** the semibreve (*Am.* whole-note) [minim, *Am.* half-note] rest; **5 Takte ~** a five measures' rest. – **9.** *ling.* pause, break.

'Pau·se[2] *f* ⟨-; -n⟩ *tech.* **1.** tracing, traced design, trace, copy: **eine ~ anfertigen** to make a copy. – **2.** (*Blaupause*) blueprint.

'pau·sen *v/t* ⟨h⟩ **1.** (*durchzeichnen*) trace. – **2.** (*lichtpausen*) print, photostat.

'pau·sen·los I *adj* uninterrupted, incessant, ceaseless, nonstop *Br.* non- (*attrib*). – **II** *adv* **es hat ~ geregnet** it rained incessantly.

'Pau·senˌzei·chen *n* **1.** (*radio*) station (identification) signal, interval signal. – **2.** *mus.* rest (mark). – **3.** (*in der Schule*) bell.

pau·sie·ren [pau'ziːrən] *v/i* ⟨*no* ge-, h⟩ **1.** (*ausspannen*) (take a) rest, relax. – **2.** (*vorübergehend aufhören*) (make a) pause, (make a) stop.

'Paus·paˌpier *n* tracing paper.

Pa·vi·an ['paːviaːn] *m* ⟨-s; -e⟩ *zo.* baboon (*Gattg Papio*): **Roter ~** *cf.* **Sphinxpavian.**

Pa·vil·lon ['pavɪljõ] *m* ⟨-s; -s⟩ **1.** (*Musikpavillon etc*) pavilion, bandstand. – **2.** (*Sommerhaus*) pavilion, summerhouse, pleasure-house. – **3.** (*Kiosk*) pavilion, kiosk. – **4.** (*Vorbau eines Schlosses*) facade, *bes. Br.* façade, pavilion. – **5.** *cf.* **Messehalle.**

Pax [paks] *relig.* **I** *f* ⟨-; *no pl*⟩ (*Friedenskuß*) pax, kiss of peace. – **II** *interj* (*Friedensgruß*) pax!

pa·zi·fisch [pa'tsiːfɪʃ] *adj geogr.* Pacific: **der P~e Ozean** the Pacific (Ocean).

Pa·zi·fis·mus [patsi'fɪsmus] *m* ⟨-; *no pl*⟩ *pol.* pacifism. — **Pa·zi'fist** [-'fɪst] *m* ⟨-en; -en⟩, **Pa·zi'fi·stin** *f* ⟨-; -nen⟩ pacifist. — **pa·zi'fi·stisch I** *adj* pacifist, pacifistic. – **II** *adv* pacifistically.

pa·zi·fi·zie·ren [patsifi'tsiːrən] *pol.* **I** *v/t* ⟨*no* ge-, h⟩ pacify. – **II P~** *n* ⟨-s⟩ *verbal noun.* — **Pa·zi·fi'zie·rung** *f* ⟨-; *no pl*⟩ **1.** *cf.* **Pazifizieren.** – **2.** pacification.

Pech [pɛç] *n* ⟨-s, *rare* -es; -e⟩ **1.** *tech.* a) pitch, b) (*Schusterpech*) cobbler's wax: **schwarz wie ~** pitch-black; **zusammenhalten wie ~ und Schwefel** *fig. colloq.* to stick together, to be inseparable, to be as thick as thieves (*colloq.*). – **2.** ⟨*only sg*⟩ *colloq.* (*Mißgeschick*) bad (*od.* hard, ill, tough) luck, bad break (*colloq.*), *bes. Br.* hard lines *pl*: **ich hatte ~** I was unlucky, I was out of luck; **ich habe auch immer ~** I have no luck; **~ im Spiel haben** to be unlucky in games of chance, to have hard luck in gambling; **er hatte ~ bei der Prüfung** he had bad luck in the exam; **so ein ~!** hard luck! **(das ist eben) ~!** *iron.* (that's just) too bad! — **~ˌblen·de** *f min.* pitchblende, uraninite. — **~ˌdraht** *m tech.* pitch(ed) (*od.* shoemaker's, cobbler's) thread. — **~ˌfackel** (*getr.* -k·k-) *f* (pitch) torch. — **~ˌfa·den** *m tech. cf.* **Pechdraht.** — **p~'fin·ster** *adj colloq. cf.* **pech(raben)schwarz.** — **~ˌharz** *n* pitch resin.

'pe·chig *adj* pitchy.

'Pech|ˌkie·fer *f bot.* pitch (*od.* torch, sap) pine (*Pinus rigida*). — **~ˌkoh·le** *f min.* pitch (*od.* bituminous, brown) coal. — **~ˌna·se** *f mil. hist.* machicolation, machicoulis. — **~ˌnel·ke** *f bot.* catchfly, rock lychnis (*Viscaria vulgaris*). — **p~('ra·ben)'schwarz** *adj colloq.* **1.** jet(-black). – **2.** (*Nacht*) pitch-black (*od.* -dark). — **~ˌstein** *m min.* pitchstone. — **~ˌsträh·ne** *f colloq.* spell (*od.* bout, run, *Am. auch* streak) of bad luck: **eine ~ haben** to strike a bad patch; **seine ~ riß nicht ab** his run of bad luck never ended. — **~ˌvo·gel** *m colloq.* unlucky fellow (*colloq.*): **er ist wirklich ein ~** he really is out of luck, he really has no luck.

Pe·dal [pe'daːl] *n* ⟨-s; -e⟩ **1.** *mus.* pedal: **rechtes ~** (*des Klaviers*) right (*od.* forte, sustaining, damper, *colloq.* loud) pedal; **linkes ~** (*des Klaviers*) left (*od.* piano, shifting, *colloq.* soft) pedal; **das ~ treten** (*od.* **spielen**) to pedal, to use (*od.* work) the pedal. – **2.** (*am Fahrrad etc*) (foot) pedal: **sie traten kräftig in die ~e** they pedal(l)ed away (*od.* off) vigorously. – **3.** a) (*Gaspedal*) accelerator (*od.* gas) pedal, b) (*Bremspedal*) braking pedal: **auf das ~ treten** to step on the pedal (*Am. auch* on the gas). – **4.** *pl colloq.* trotters (*colloq.*), pedals (*humor.*), feet. — **~ˌach·se** *f* **1.** (*eines Fahrrads*) pedal pin (*od.* spindle). – **2.** (*eines Motorrads*) accelerator (*od.* gas) pedal shaft. — **~ˌhar·fe** *f mus.* pedal (*od.* double-action) harp. — **~kla·viaˌtur** *f* pedal (key)board. — **~reˌgi·ster** *n* (*der Orgel*) pedal organ.

Pe·dant [pe'dant] **I** *m* ⟨-en; -en⟩ pedant, precisionist, stickler, niggler, *Am. colloq.* fussbudget, *Br. colloq.* fuss-pot. – **II p~** *adj u. adv Austrian for* **pedantisch.** — **Pe·dan·te'rie** [-tə'riː] *f* ⟨-; -n [-ən]⟩ pedantry, punctiliousness, meticulousness, meticulosity, fastidiousness, fussiness, pernicketiness (*colloq.*). — **Pe'dan·tin** *f* ⟨-; -nen⟩ *cf.* Pedant. — **pe'dan·tisch I** *adj* punctilious, meticulous, fastidious, fussy, pernickety (*colloq.*): **sie ist in** (*od.* **mit, bei**) **ihrer Arbeit sehr ~** she is very meticulous in (*od.* pernickety about) her work. – **II** *adv* **er hält seine Kleidung ~ sauber** he keeps his clothing meticulously clean.

'Ped·digˌrohr ['pɛdɪç-] *n* rat(t)an reed, cane (*collect.*).

Pe·dell [pe'dɛl] *m* ⟨-s, *bes. Austrian* -en; -e, *bes. Austrian* -en⟩ **1.** *ped. colloq.* a) (*einer Schule*) janitor, caretaker, *bes. Br.* porter, b) (*einer Hochschule*) warden, *bes. Am.* warder, *bes. Br.* porter. – **2.** *obs. for* Gerichtsdiener.

Pe·di·gree ['pɛdigri; 'pɛdɪgriː] (*Engl.*) *m* ⟨-s; -s⟩ *biol.* (*Stammbaum*) pedigree.

Pe·di·kü·re [pedi'kyːrə] *f* ⟨-; -n⟩ **1.** ⟨*only sg*⟩ chiropody, pedicure. – **2.** (*Fußpflegerin*) chiropodist, pedicure, *Br. auch* pedicurist. — **pe·di'kü·ren** *v/t* ⟨h⟩ give (*s.o.*) a pedicure, pedicure; **sich ~ lassen** to have a pedicure.

Pe·do·lo·ge [pedo'loːgə] *m* ⟨-n; -n⟩ pedologist. — **Pe·do·lo'gie** [-lo'giː] *f* ⟨-; *no pl*⟩ pedology. — **pe·do'lo·gisch** *adj* pedologic(al).

Pe·do·me·ter [pedo'meːtər] *n* ⟨-s; -⟩ *phys.* pedometer.

Peer [piːr; pɪə] (*Engl.*) *m* ⟨-s; -s⟩ peer: **j-n zum ~ machen** to create (*od.* make) s.o. a peer. — **Pee·rage** ['piːrɪtʃ; 'pɪərɪdʒ] (*Engl.*) *f* ⟨-; *no pl*⟩, **'Peersˌwür·de** *f* peerage.

Pe·ga·sus ['peːgazus] **I** *npr m* ⟨-; *no pl*⟩ **1.** *myth.* Pegasus. – **II** *m* ⟨-; *no pl*⟩ **2.** *poet.* (*Musenroß*) Pegasus: **den ~ satteln** (*od.* **besteigen, reiten**), **sich auf den ~ schwingen** *humor.* to mount Pegasus. – **3.** *astr.* (*Sternbild*) Pegasus.

Pe·gel ['peːgəl] *m* ⟨-s; -⟩ **1.** (water *od.* tide) ga(u)ge. – **2.** *tech.* (*des Öls*) level. – **3.** *tel.* (*radio*) level. – **4.** *mar.* tide pole. — **~ˌanˌzei·ger** *m tel.* level indicator. — **~ˌausˌgleich** *m* level equalization. — **~ˌbild·geˌrät** *n electr.* level tracer. — **~ˌhaus** *n* ga(u)ging station. — **~ˌhö·he** *f mar. cf.* Pegelstand. — **~ˌschrei·ber** *m electr.* level recorder (*od.* indicator). — **~ˌsen·der** *m* level oscillator. — **~ˌstab** *m tech.* level rod, dipstick. — **~ˌstand** *m mar.* water mark (*od.* level).

Peg·ma·tit [pɛgma'tiːt; -'tɪt] *m* ⟨-s; -e⟩ *geol.* pegmatite.

'Peg·nitzˌor·den ['peːgnɪts-] *m* ⟨-s; *no pl*⟩ Order of the Pegnitz Shepherds (*17th century literary society*).

Peh·le·wi ['peçlevi] *n* ⟨-; *no pl*⟩ *ling.* Pahlavi, *auch* Pehlevi, Middle Persian.

Pei·es ['paɪəs] *pl* orthodox Jews' ringlets.

Pei·gneur [pɛn'jøːr] *m* ⟨-s; -e⟩ (*textile*) doffer.

'Peil|ˌanˌla·ge *f* **1.** *mar.* direction-finder installation. – **2.** *aer.* direction-finding equipment (*od.* system). — **~anˌten·ne** *f* (*radio*) direction-finding antenna (*bes. Br.* aerial), turning frame (*od.* loop), cross frame (*od.* loop). — **~ˌba·ke** *f aer. mar.* radio beacon. — **~ˌboot** *n mar.* surveying (*od.* sounding) boat. — **~empˌfän·ger** *m* (*radio*) direction-finding receiver.

pei·len ['paɪlən] **I** *v/t* ⟨h⟩ **1.** *aer. mar.* (*radio*) (*Richtung*) take a bearing of, take (the) bearings of, fix (*colloq.*). – **2.** *mar.* (*Wassertiefe*) sound. – **3.** *fig.* (*in Wendungen wie*) **die Lage ~** *colloq.* to see how the land lies, to see which way the wind blows; **etwas über den Daumen ~** *colloq.* to estimate s.th. roughly, to make a rough (*Am.* horseback) estimate of s.th. – **II P~** *n* ⟨-s⟩ **4.** *verbal noun.* – **5.** *cf.* Peilung.

'Pei·ler *m* ⟨-s; -⟩ (*radio*) **1.** direction finder. – **2.** (*Person*) direction-finding operator.

'Peil|ˌfa·den *m* **1.** (*beim Radar*) *cf.* Peillinie 2. – **2.** (*optics*) bearing string. — **~ˌfeh·ler** *m* bearing error. — **~ˌfunk** *m* (wireless) direction finding. — **~ˌfunk·geˌrät** *n* (wireless *od.* radio) direction finder. — **~ˌfunk·sta·tiˌon, ~ˌfunkˌstel·le** *f* radio bearing station. — **~geˌrät** *n* **1.** radar (*od.* direction-finding) equipment, direction finder. – **2.** *mar.* a) *cf.* Echolot, b) (*beim Kompaß*) azimuth mirror. — **~ˌkom·paß** *m mar.* **1.** bearing compass. – **2.** azimuth compass. — **~ˌli·nie** *f* **1.** *aer. mar.* bearing line. – **2.** (*beim Radar*) cursor, line of bearing. — **~ˌlot** *n mar.* (sounding) lead. — **~ˌrah·men** *m* loop antenna (*bes. Br.* aerial), direction-finding loop (*od.* aerial). — **~ˌrich·tung** *f* bearing (direction). — **~ˌschei·be** *f mar.* pelorus, bearing disk (*od.* disc), dumb (*od.* dummy) compass. — **~ˌsen·der** *m* (*radio*) bearing transmitter. — **~sta·tiˌon** *f cf.* Peilfunkstation. — **~ˌstock** *m mar.* sounding rod. — **~ˌstrahl** *m* (*radio*) (direction-finding) beam, beacon course.

'Pei·lung *f* ⟨-; -en⟩ **1.** *cf.* Peilen. – **2.** (*Ortsbestimmung*) bearing, fixing: **magnetische ~** *mar.* magnetic bearing. – **3.** *cf.* Funkpeilung. – **4.** *mar.* (*Lotung*) sounding.

'Peilˌzei·chen *n* (*radio*) directional (*od.* direction-finding, bearing) signal.

Pein [paɪn] *f* ⟨-; *no pl*⟩ *lit.* **1.** (*körperliche Schmerzen*) pain, suffering, agony, anguish, affliction, torment, torture: **j-m ~ verursachen** a) to cause s.o. pain, b) (*durch Personen*) to inflict pain on s.o. – **2.** (*seelische Qual*) pain, suffering, affliction, distress, torment, torture: **der Gedanke daran bereitete** (*od.* **machte**) **ihm viel ~** the thought of it distressed him greatly (*od.* caused him much distress), the thought of it tormented (*od.* tortured) him. – **3. die ewige ~** *relig.* everlasting punishment (*od.* torments *pl*).

pei·ni·gen ['paɪnɪgən] **I** *v/t* ⟨h⟩ **1.** (*körperlich quälen*) pain, afflict, (*foltern*) torment, torture, rack. – **2.** *fig.* (*seelisch*) afflict, distress, pain, excruciate, torment, torture: **er wurde von Furcht gepeinigt** he was tormented by (*od.* with) fear. – **3.** *fig.* (*ständig*) pester, torment, plague, harass, harry: **j-n bis aufs Blut ~** to torment the life out of s.o. – **II P~** *n* ⟨-s⟩ **4.** *verbal noun.* — **'Pei·ni·ger** *m* ⟨-s; -⟩ tormentor. — **'Pei·ni·ge·rin** *f* ⟨-; -nen⟩ tormentress. — **'Pei·ni·gung** *f* ⟨-; -en⟩ **1.** *cf.* Peinigen. – **2.** torment, torture, excruciation. – **3.** *fig.* torment, torture, affliction.

'pein·lich I *adj* **1.** (*unangenehm*) awkward, embarrassing, disconcerting, *auch* painful: **in eine ~e Lage geraten** to get in an awkward situation, to be caught in a tight corner; **sein Benehmen war allen** (*od.* **für alle**) **sehr ~** his behavio(u)r was embarrassing to everybody; **es ist mir höchst ~, Ihnen sagen zu müssen** I hate to have to tell you. – **2.** (*übergenau*) punctilious, meticulous, scrupulous, painstaking: **mit ~er Sorgfalt [Genauigkeit]** with meticulous (*od.* the utmost) care [accuracy]; **~e Sauberkeit** scrupulous (*od.* utmost) cleanliness, spit and polish (*auch mar. mil.*) (*colloq.*). – **3.** *hist. jur.* (*Leib und Leben betreffend*) penal, criminal, capital: **~e Gerichtsbarkeit** *obs.* criminal jurisdiction; **~e Befragung** *hist.* torture, (the) question. – **II** *adv* **4.** painfully: **der Vorfall hat mich ~ berührt** the incident embarrassed me greatly. – **5.** punctiliously: **das Zimmer war ~ sauber** the room was scrupulously clean; **er vermied es ~(st), davon zu sprechen** he carefully avoided talking about it. — **'Pein·lich·keit** *f* ⟨-; -en⟩ **1.** ⟨*only sg*⟩ awkwardness, embarrassment, painfulness. – **2.** ⟨*only sg*⟩ scrupulousness, scrupulous care, punctiliousness, meticulousness, *auch* meticulosity, painstakingness. – **3.** awkward remark.

'pein·sam *adj humor. colloq. for* **peinlich** 1.

Peit·sche ['paɪtʃə] *f* ⟨-; -n⟩ **1.** whip, lash, (*aus Lederstreifen*) rawhide, *Br.* raw hide: **die ~ schwingen** to flourish (*od.* swing) the whip; **mit der ~ knallen** to crack (*od.* snap) the whip; → **Zuckerbrot** 3. – **2.** (*Reitpeitsche*) (horse)whip, switch: **die Pferde mit der ~ antreiben** to whip up the horses, to whip the horses on. – **3.** (*eines Dompteurs*) long (*od.* lunging) whip. – **4.** *fig.* scourge.

'peit·schen I *v/t* ⟨h⟩ **1.** whip, lash, flog, *Am. colloq.* whale. – **2.** *fig.* (*Regen, Wellen etc*) whip, lash, beat: **der Wind peitschte den Regen ans Fenster** the wind whipped the rain against the window. – **II** *v/i* **3.** *fig.* (*von Regen*) lash, pelt, beat: **der Regen peitschte ans Fenster** the rain lashed against the window. – **4.** *fig.* (*von Wind*) (um around) lash. – **5.** *fig.* (*von Segel etc*) whip. – **III P~** *n* ⟨-s⟩ **6.** *verbal noun.*

'Peit·schen|anˌten·ne *f electr.* whip antenna (*bes. Br.* aerial). — **~ˌfa·den** *m bot.* flimmer, mastigoneme (*scient.*) (*Gattg Mastigonema*). — **p~ˌför·mig** *adj biol.* flagelliform. — **~geˌknall** *n* cracking of a whip (*od.* of whips). — **~ˌgriff** *m cf.* Peitschenstiel. — **~ˌhieb** *m* cut (*od.* stroke, blow, flick) (of *od.* with a whip), stripe, swish, lash: **dem Pferd einen ~ versetzen** to lash the horse with a whip; **die Worte trafen ihn wie ein ~** *fig.* the words cut him to the bone. — **~ˌknall** *m* crack (*od.* snap) of a whip, whipcrack. — **~ˌmast** *m* (*für Straßenbeleuchtung*) whip-shaped lamppost. — **~ˌrie·men** *m* (whip)lash, *Br.* (whip)-lash, thong of a whip. — **~ˌschlan·ge** *f zo.* whip snake (*Ahaetulla nasuta, A. prasina*). — **~ˌschmit·ze** *f dial. for* Peitschenriemen. — **~ˌschnur** *f* (whip)lash, *Br.* (whip-)lash, whipcord. — **~ˌstiel, ~ˌstock** *m* whipsocket, whipstock, handle of a whip. — **~ˌwurm** *m med. zo.* whipworm; trichocephalus, trichuris (*scient.*) (*Gattg Trichuris*).

'Peit·schung *f* ⟨-; -en⟩ *cf.* Peitschen.

Pe·jo·ra·ti·on [pejora'tsi̯oːn] *f* ⟨-; -en⟩ *ling.* pejoration. — **pe·jo·ra'tiv** [-'tiːf] *adj* pejorative. — **Pe·jo·ra'ti·vum** [-'tiːvum] *n* ⟨-s; -tiva [-va]⟩ pejorative.

Pe·ka·ri [pe'kaːri] *n* ⟨-s; -s⟩ *zo. cf.* Nabelschwein.

Pe·ki·ne·se [peki'neːzə] *m* ⟨-n; -n⟩ *zo.* (*Hunderasse*) Pekingese, *auch* Pekinese.

Pe·koe ['peːko] *m* ⟨-(s); *no pl*⟩, **~ˌtee** *m gastr.* pekoe.

Pek·tin [pɛk'tiːn] *n* ⟨-s; -e⟩ *bot. chem.* pectin.

pek·to·ral [pɛkto'raːl] *adj med.* pectoral, thoracic.

Pek·to'ra·le *n* ⟨-(s); -s *u.* -lien [-li̯ən]⟩ **1.** *röm.kath.* (*Brustkreuz*) pectoral cross. – **2.** (*im Mittelalter*) a) (*Gewandschließe*) pectoral, b) (*am Harnisch*) pectoral.

Pe·ku·li'ar·beˌwe·gung [peku'li̯aːr-] *f astr.* (*eines Fixsterns*) peculiar motion.

pe·ku·ni·är [peku'ni̯ɛːr] **I** *adj* pecuniary, financial: **er hat ~e Schwierigkeiten** he is in pecuniary straits (*od.* difficulties); **aus ~en Gründen** for financial reasons. – **II** *adv* **~ geht es ihm gut** *colloq.* he is well off (financially).

pek·zie·ren [pɛk'tsiːrən] *v/t* ⟨*no* ge-, h⟩ *dial.* (*Böses, Dummheit*) commit, be up to.

pe·la·gi·al [pela'gi̯aːl] *biol.* **I** *adj* (*Pflanze, Tier*) pelagic, pelagial.

Pe·la·gi·al [pela'gi̯aːl] *n* ⟨-s; *no pl*⟩ *biol.* pelagic (*od.* pelagial) habitat. — **~ˌfau·na** *f zo.* pelagic fauna.

Pe·la·gia·ner [pela'gi̯aːnər] *m* ⟨-s; -⟩ *relig.* Pelagian. — **Pe·la·gia'nis·mus** [-gi̯a'nɪsmus] *m* ⟨-; *no pl*⟩ Pelagianism.

pe·la·gisch [pe'laːgɪʃ] *adj biol. cf.* pelagial.

Pe·lar·go·nie [pelar'goːni̯ə] *f* ⟨-; -n⟩ *bot.* pelargonium, storksbill, geranium (*Gattg Pelargonium*).

Pe·las·ger [pe'lasgər] *m* ⟨-s; -⟩ *antiq. hist.* Pelasgian. — **pe'las·gisch** *adj* Pelasgian, Pelasgic.

Pele·mele [pɛl'mɛl] *n* ⟨-; *no pl*⟩ **1.** hodgepodge, *bes. Br.* hotchpotch, medley. – **2.** *gastr. kind of sundae.*

Pe·le·ri·ne [pelə'riːnə] *f* ⟨-; -n⟩ (*Umhang*) cape, pelerine.

Pe·li·kan ['peːlikaːn] *m* ⟨-s; -e⟩ *zo.* pelican (*Fam. Pelecanidae*): **Brauner ~** brown pelican (*Pelecanus occidentalis*). — **~ˌaal** *m* pelican fish (*od.* eel) (*Eurypharynx pelecanoides*). — **~ˌfuß** *m* (*Schnecke*) pelican's-foot (*Aporrhais pespelicani*).

Pe·lit [pe'liːt; -'lɪt] *m* ⟨-s; -e⟩ *meist pl min.* pelite, pelitic rock.

Pel·la·gra ['pɛlagra] *n* ⟨-; *no pl*⟩ *med.*

pellagra. — ~ˌ**kran·ke** *m, f* pellagrous patient, pellagrin.

pel·la·grös [pɛla'grøːs] *adj med.* pellagrous.

Pel·le ['pɛlə] *f* ⟨-; -n⟩ *bes. Northern G.* **1.** (*Wursthaut etc*) skin, casing. – **2.** (*Kartoffelschale etc*) peel, skin, (*abgepellte*) peeling: Kartoffeln in der ~ kochen to boil potatoes in their jackets. – **3.** *fig. colloq.* (*in Wendungen wie*) j-m auf die ~ rücken to importune (*od.* pester) s.o., to impose (*od.* force) oneself on s.o.; rück mir nicht zu nah auf die ~! don't come too close! j-m nicht von der ~ rücken (*od.* gehen), j-m (dauernd) auf der ~ sitzen to give s.o. no peace, to pester (*od.* plague, harass) s.o., to dog s.o.'s footsteps; der Raum war so eng, daß wir uns gegenseitig auf der ~ saßen the place was so narrow that we were sitting on top of one another.

pel·len ['pɛlən] *bes. Northern G.* **I** *v/t* ⟨h⟩ (*bes. Kartoffel etc*) peel, skin. – **II** *v/reflex* sich ~ *colloq.* (*von Haut etc*) peel (off), come off.

'**Pell·karˌtof·feln** *pl gastr.* potatoes (boiled) in their skins (*od.* jackets).

pel·lu·zid [pɛlu'tsiːt] *adj min.* pellucid.

Pe·lo·pon·ne·si·er [pelopɔ'neːzĭər] *m* ⟨-s; -⟩ Peloponnesian. — **pe·lo·pon'ne·sisch** [-zɪʃ] *adj* Peloponnesian.

Pe·lo·rie [pe'loːrĭə] *f* ⟨-; -n⟩ *bot.* peloria.

Pe·lo·ta [pe'loːta] *f* ⟨-; *no pl*⟩ (*baskisches Ballspiel*) pelota.

Pe·lot·te [pe'lɔtə] *f* ⟨-; -n⟩ *med.* (*für Bruchband*) truss pad.

Pel·tast [pɛl'tast] *m* ⟨-en; -en⟩ *antiq. mil.* peltast.

'**Pel·tonˌrad** ['pɛltən-] *n tech.* (*einer Hochdruckturbine*) Pelton wheel.

Pel·vio·pla·stik [pɛlvĭo'plastɪk] *f med.* pelvioplasty.

Pel·vis ['pɛlvɪs] *f* ⟨-; -ves [-vɛs]⟩ *med.* pelvis.

Pelz [pɛlts] *m* ⟨-es; -e⟩ **1.** (*des lebenden Tieres*) fur, coat, *auch* jacket: er brannte dem Hasen eins auf den ~ *colloq.* he hit (*od.* scorched) the rabbit with a shot. – **2.** (*des toten Tieres*) pelt, skin. – **3.** (*der Insekten, bes. Raupen*) wool. – **4.** (*fashion*) a) fur, b) (*Pelzmantel*) fur (coat), c) (*Pelzjacke*) fur (jacket): etwas mit ~ besetzen (*od.* verbrämen) to trim s.th. with fur, to fur s.th.; einen Mantel mit ~ füttern to line a coat with fur, to fur a coat. – **5.** *fig. colloq.* (*in Wendungen wie*) j-m auf den ~ rücken to press s.o. hard; er ließ sich die Sonne auf den ~ brennen (*od.* scheinen) he let himself be burned by the sun, he basked in the sun; → Laus 1. – **6.** (*textile*) (*in der Spinnerei*) fleece. — ~ˌ**art** *f* sort (*od.* species) of fur. — ~**beˌsatz** *m* fur (trimming). — **p**~**beˌsetzt** *adj* furred, trimmed with fur. — ~ˌ**bie·ne** *f zo.* mason bee, potter flower beetle (*Gattg Anthophora*).

pel·zen[1] ['pɛltsən] *v/t* ⟨h⟩ **1.** *hort.* (*pfropfen*) graft. – **2.** *obs. for* abbalgen I.

'**pel·zen**[2] *v/reflex* ⟨h⟩ sich ~ *Bavarian colloq. for* faulenzen 1, 2.

'**Pel·zer**[1] *m* ⟨-s; -⟩ *hort.* layer.

'**Pel·zer**[2] *m* ⟨-s; -⟩ *Bavarian colloq. for* Faulenzer 1.

'**Pelz|ˌfarn** *m bot.* cloak (*od.* gold, silver) fern (*Gattg Notholaena*). — ~ˌ**flat·te·rer** *m* ⟨-s; -⟩ *zo. cf.* Flattermaki. — ~ˌ**fres·ser** *m meist pl zo. cf.* Federling. — ~ˌ**fut·ter** *n* (*fashion*) fur lining. — ~**gar·niˌtur** *f* fur accessories *pl* (*od.* trimming, garniture). — **p**~**geˌfüt·tert** *adj* fur-lined. — ~**geˌschäft** *n* **1.** fur (*od.* furrier's) shop (*bes. Am.* store). – **2.** *cf.* Pelzhandel. — ~ˌ**han·del** *m* fur trade (*od.* business), trade in furs, furriery. — ~ˌ**händ·ler** *m* **1.** (*für bearbeitete Pelze*) furrier, fur dealer (*od.* merchant). – **2.** (*für Rohpelze*) pelterer, skinner. — ~ˌ**hand·lung** *f cf.* Pelzgeschäft 1. — ~ˌ**handˌschuh** *m meist pl* fur(red) glove.

'**pel·zig** *adj* **1.** (*haarig*) furry, furred, covered with fur. – **2.** *med.* a) (*Zunge*) furred, coated, b) (*Glieder etc*) numb, asleep (*pred*), c) (*Gefühl*) furry. – **3.** *bot.* a) (*flaumig*) cottony, downy, nappy, b) (*Rettich*) stringy, c) (*schwammig*) spongy.

'**Pelz|ˌjacke** (*getr.* -k·k-) *f* fur jacket. — ~ˌ**jä·ger** *m* (fur) trapper, *Am. auch* hide hunter. — ~ˌ**kä·fer** *m zo.* larder beetle (*Attagenus pellio*). — ~ˌ**kap·pe** *f* fur cap. — ~**kol·liˌer** *n* fur cape (*od.* tippet). — ~ˌ**kra·gen** *m* fur cape (*od.* collar, neckpiece, tippet). — ~ˌ**man·tel** *m* fur (coat). — ~ˌ**müt·ze** *f* **1.** fur cap. – **2.** *mil.* bearskin, fur cap. — ~ˌ**rob·be** *f zo.* fur seal (*Fam. Otariidae*): Nördliche [Südliche] ~ *cf.* Seebär 1. — ~ˌ**stie·fel** *m* fur boot. — ~ˌ**sto·la** *f* fur stole.

'**Pelzˌtier** *n* fur-bearing (*od.* furred) animal, furbearer: die ~e *collect.* fur(s). — ~ˌ**farm** *f* fur farm. — ~ˌ**jä·ger** *m cf.* Pelzjäger. — ~ˌ**zucht** *f* fur farming.

'**pelz|verˌbrämt** *adj cf.* pelzbesetzt. — **P**~ˌ**wa·re** *f*, **P**~ˌ**werk** *n* ⟨-(e)s; *no pl*⟩ furs *pl*, skins *pl*, (*bes. unverarbeitet*) peltry, pelts *pl*.

Pem·mi·kan ['pɛmikaːn] *m* ⟨-s; *no pl*⟩ *gastr.* (*der Indianer*) pemmican, *auch* pemican.

Pem·phi·gus ['pɛmfigus; -'fiːgus] *m* ⟨-; *no pl*⟩ *med.* (*Blasenausschlag*) pemphigus.

Pe·nal·ty ['pɛnəlti; *Austrian, Swiss* pe'nalti; 'pɛnəltɪ] (*Engl.*) *m* ⟨-(s); -s⟩ *bes. Austrian and Swiss* (*sport*) penalty.

Pe·na·ten [pe'naːtən] *npr pl myth.* penates, *auch* Penates.

Pen·dant [pã'dãː] *n* ⟨-s; -s⟩ **1.** (*Gegenstück*) pendant, counterpart, parallel. – **2.** (*Seitenstück, Ergänzung*) pendant, companion piece, complement.

Pen·del ['pɛndəl] *n* ⟨-s; -⟩ pendulum: das ~ anstoßen to set the pendulum going (*od.* in motion); das ~ schlägt nach der anderen Seite aus *fig.* the pendulum swings (back) to the other side. — ~ˌ**ach·se** *f* **1.** *tech.* pivoted axle. – **2.** *auto.* swing (*od.* floating) axle. — ~ˌ**an·ker** *m phys.* swinging lever. — **p**~ˌ**ar·tig** *adj* like a pendulum, pendulous. — ~ˌ**ausˌschlag** *m* (amplitude of) pendulum swing. — ~ˌ**be·cherˌwerk** *n tech.* pivoted bucket conveyor (*od.* conveyer). — ~**beˌwe·gung** *f* **1.** pendulum (*od.* oscillating, swinging) movement (*od.* motion). – **2.** *fig.* pendulum. — ~ˌ**dienst** *m cf.* Pendelverkehr 1. — ~ˌ**druckˌknopfˌta·fel** *f electr.* pendant push-button station, pendant control station. — ~ˌ**frä·sen** *n tech.* cycle (*od.* reciprocal) milling. — ~ˌ**kreisˌsä·ge** *f* swing saw. — ~ˌ**ku·gelˌla·ger** *n* self-aligning ball bearing. — ~ˌ**la·ger** *n* self-aligning (*od.* swivel) bearing. — ~ˌ**leuch·te** *f electr.* droplight, pendant (lamp), hanging lamp, pendant lighting fitting.

pen·deln ['pɛndəln] **I** *v/i* ⟨h *u.* sein⟩ **1.** ⟨h⟩ swing to and fro (*od.* back and forth), pendulate, oscillate, librate (*lit.*): etwas ~ lassen to swing (*od.* oscillate) s.th. – **2.** ⟨sein⟩ *fig.* sway, oscillate: zwischen zwei Möglichkeiten ~ to oscillate between two possibilities. – **3.** ⟨h⟩ *math. phys.* oscillate, swing. – **4.** ⟨h⟩ *tech.* a) (*von Lagern*) self-align, b) (*von Maschinentischen etc*) reciprocate, cycle, c) (*von Werkzeug*) float. – **5.** ⟨h⟩ (*sport*) a) (*bes. beim Boxen*) weave, sway, b) (*bes. beim Turnen*) swing: mit dem Oberkörper ~ to sway, to weave. – **6.** ⟨sein⟩ (*von Verkehrsmitteln*) shuttle. – **7.** ⟨sein⟩ (*von Personen*) commute. – **II P**~ *n* ⟨-s⟩ **8.** *verbal noun.* – **9.** *cf.* Pendelung.

'**Pen·del|ˌschleif·maˌschi·ne** *f tech.* swing frame grinder. — ~ˌ**schwin·gung** *f* **1.** *phys.* swing (*od.* oscillation) of the pendulum. – **2.** (*beim Radar*) hunt. — ~ˌ**tisch** *m tech.* shuttle-type table, reciprocating table. — ~ˌ**tür** *f* swinging door. — ~ˌ**uhr** *f* pendulum clock.

'**Pen·de·lung** *f* ⟨-; -en⟩ **1.** *cf.* Pendeln. – **2.** *phys.* oscillation, swing.

'**Pen·del|verˌkehr** *m* **1.** (*von Bussen, Eisenbahn etc*) shuttle (service). – **2.** (*von Menschen*) commuting. — ~ˌ**werkˌzeugˌhal·ter** *m tech.* floating toolholder. — ~ˌ**zug** *m* (*railway*) commuter train.

Pen·den·tif [pãdã'tiːf] *n* ⟨-s; -s⟩ *arch.* pendentive (arch).

Pend·ler ['pɛndlər] *m* ⟨-s; -⟩ commuter.

Pen·du·le [pã'dyːlə], **Pen·dü·le** [pɛn'dyːlə] *f* ⟨-; -n⟩ *obs. for* Pendel-, Stutzuhr.

pe·ne·trant [pene'trant] **I** *adj* **1.** (*Geruch etc*) penetrating, penetrant, pervasive. – **2.** (*Geräusch, Stimme etc*) piercing, penetrating. – **3.** (*Art, Kerl etc*) intrusive, obtrusive, importunate. – **II** *adv* **4.** es riecht hier ~ nach Fisch there is a strong smell of fish here. — **Pe·ne'tranz** [-'trants] *f* ⟨-; -en⟩ **1.** penetratingness, penetrativeness, pervasiveness. – **2.** piercingness, penetratingness. – **3.** intrusiveness, obtrusiveness, importunateness. – **4.** *biol.* (*in der Erblehre*) penetrance.

Pe·ne·tra·ti·on [penetra'tsĭoːn] *f* ⟨-; -en⟩ **1.** (*Durchdringung*) penetration, permeation, pervasion. – **2.** (*Eindringtiefe*) depth of penetration. — **pe·ne'trie·ren** [-'triːrən] *v/t* ⟨*no* ge-, h⟩ penetrate, permeate, pervade.

peng [pɛŋ] *interj* ping! bang!

pe·ni·bel [pe'niːbəl] *adj* **1.** *colloq.* (*äußerst sorgfältig, genau*) fastidious, finicky, *auch* finnicky, meticulous, (over)particular, punctilious, pernickety (*colloq.*). – **2.** (*mühevoll*) exacting, tedious, tiresome, wearisome: eine penible Arbeit an exacting task. – **3.** *dial. for* peinlich 1.

Pe·ni·cil·lin [penitsɪ'liːn] *n* ⟨-s; -e⟩ *med. pharm. cf.* Penizillin.

Pe·ni·cil·li·um [peni'tsɪlĭum] *n* ⟨-s; *no pl*⟩ *bot.* penicillium.

Pen·in·su·la [pe'nɪnzula] *f* ⟨-; -suln [-zuln]⟩ *geogr.* peninsula.

Pe·nis ['peːnɪs] *m* ⟨-; -se *u.* Penes [-nɛs]⟩ *med.* penis.

Pe·ni·zil·lin [penitsɪ'liːn] *n* ⟨-s; -e⟩ *med. pharm.* penicillin. — ~**beˌhand·lung** *f* penicillin therapy (*od.* treatment). — ~**re·siˌstenz** *f* (*der Bakterien*) penicillin-resistance. — ~ˌ**sprit·ze** *f* penicillin injection.

Pen·nal [pɛ'naːl] *n* ⟨-s; -e⟩ **1.** *Austrian* pen case – **2.** *obs.* secondary school.

Pen·nä·ler [pɛ'nɛːlər] *m* ⟨-s; -⟩ *colloq. for* Oberschüler, Gymnasiast. — ~ˌ**lie·be** *f colloq.* calf (*od.* puppy) love.

'**Pennˌbru·der** *m* **1.** *colloq. contempt.* tramp, vagabond, vagrant, knight of the road (*humor.*), *Am.* hobo, *Am. sl.* vag, bum(mer), bo. – **2.** *colloq. humor. for* Langschläfer.

Pen·ne[1] ['pɛnə] *f* ⟨-; -n⟩ *colloq.* secondary school.

'**Pen·ne**[2] *f* ⟨-; -n⟩ (*thieves' Latin*) (*einfache Herberge*) kip (*sl.*), *bes. Br. sl.* doss house, *Am. sl.* flophouse.

pen·nen ['pɛnən] *v/i* ⟨h⟩ *colloq.* sleep, kip (*sl.*), *bes. Br. sl.* doss, (*kurze Zeit*) snooze (*colloq.*). — '**Pen·ner** *m* ⟨-s; -⟩ *colloq. cf.* Pennbruder.

penn·syl·va·nisch [pɛnzɪl'vaːnɪʃ] *adj* Pennsylvanian.

Pen·ny ['pɛni; 'pɛnɪ] (*Engl.*) *m* ⟨-s; Pennies [-niːs] *u.* Pence [pɛns]⟩ penny.

pen·see [pã'seː], *Swiss* **pen'sée** [-'seː] *adj* ⟨*undeclined*⟩ pansy-colored (*bes. Br.* -coloured).

Pen·see [pã'seː] *n* ⟨-s; -s⟩ *bot. cf.* Stiefmütterchen.

Pen·si·on [pã'zĭoːn; pã'sĭoːn; pɛn'zĭoːn] *f* ⟨-; -en⟩ **1.** ⟨*only sg*⟩ (*Ruhestand*) retirement, superannuation: in ~ gehen to retire; er ist seit Jahren in ~ he has been retired for years. – **2.** (*Ruhegeld*) (old-age) pension, superannuation, retirement allowance (*od.* pension), (*bes. beim Militärdienst*) retired pay: eine ~ beziehen to draw a pension; mit ~ verabschiedet pensioned-off (*attrib*); sie steht ohne ~ da she has been left without a pension. – **3.** (*Fremdenheim*) boardinghouse, *Br.* boarding-house, private hotel, guesthouse, *Br.* guest-house, (*bes. auf dem Kontinent*) pension, *auch* pensione, (*ohne Verpflegung*) lodging (*Am.* rooming) house. – **4.** (*Unterkunft u. Verpflegung*) room and board, board and lodging, (*bes. auf dem Kontinent*) pension: bei j-m in ~ sein to board with s.o.; j-n in ~ nehmen to take s.o. in to board (*od.* as a boarder); halbe ~ half-pension; volle ~ full board (*od.* pension).

Pen·sio·när [pãzĭo'nɛːr; pãsĭo-; pɛnzĭo-] *m* ⟨-s; -e⟩, **Pen·sio'nä·rin** *f* ⟨-; -nen⟩ **1.** (*Ruhegehaltsempfänger*) pensioner, *auch* pensionary, superannuate. – **2.** *bes. Swiss for* Kostgänger.

Pen·sio·nat [pãzĭo'naːt; pãsĭo-; pɛnzĭo-] *n* ⟨-(e)s; -e⟩ *ped.* **1.** *cf.* Internat. – **2.** *cf.* Mädchenpensionat.

pen·sio·nie·ren [pãzĭo'niːrən; pãsĭo-; pɛnzĭo-] **I** *v/t* ⟨*no* ge-, h⟩ **1.** pension (off), retire, (*aus Altersgründen*) superannuate, *bes. mil.* put (*s.o.*) on the retired list: er läßt sich ~ he is retiring (on a pension); pensioniert werden to go into retirement, to go on a pension. – **II P**~ *n* ⟨-s⟩ **2.** *verbal noun.* – **3.** *cf.* Pensionierung. — **pen·sio'niert I** *pp.* – **II** *adj* pensioned(-off *attrib*), retired, on the retired list, in retirement, superannuated, pensionary. — **Pen·sio'nie·rung** *f* ⟨-; -en⟩ **1.** *cf.* Pensionieren. – **2.** retirement: ~ wegen Erreichung der Altersgrenze superannuation; vorzeitige ~ early retirement.

Pen·sio·nist [pãzĭo'nɪst; pãsĭo-; pɛnzĭo-] *m* ⟨-en; -en⟩, **Pen·sio'ni·stin** *f* ⟨-; -nen⟩ *Austrian for* Pensionär(in) 1.

Pen·si'ons|,al·ter *n* retirement (*od.* retiring, pension, pensionable) age. — **~,an,spruch** *m cf.* Pensionsberechtigung. — **~,bei·,trag** *m* contribution to the pension scheme. — **p~be,rech·tigt** *adj* pensionable, entitled to (*od.* eligible for) a pension. — **~be,rech·tig·te** *m, f* person entitled to (*od.* eligible for) a pension. — **~be,rech·ti·gung** *f* right to a pension, expectation of (*od.* claim to) a pension. — **~emp,fän·ger** *m*, **~emp,fän·ge·rin** *f cf.* Pensionär(in) 1. — **~,fonds** *m cf.* Pensionskasse. — **~,gast** *m* boarder. — **~ge,setz** *n* law on pensions, Pensions Act. — **~,kas·se** *f* pension (*od.* retirement, superannuation) fund. — **~,preis** *m* (charge for) board and lodging, *bes. Am.* room and board, pension. — **p~,reif** *adj colloq.* ripe for retirement. — **~,satz** *m* pension rate. — **~ver,si·che·rung** *f* old-age insurance.

Pen·sum ['pɛnzʊm] *n* ⟨-s; Pensen *u.* Pensa [-za]⟩ **1.** allotted task (*od.* work), stint, quota: **sie erledigt ihr tägliches ~** she does her daily task. – **2.** *ped.* a) (assigned) task, lesson, subject, *auch* pensum, b) (*Jahres-, Klassenpensum*) syllabus, curriculum: **das ~ erfüllen** to complete (*od.* cover) the syllabus; **wir haben noch ein großes ~ zu erledigen** we still have a great amount of work to do.

Pen·ta·de [pɛn'ta:də] *f* ⟨-; -n⟩ *meteor.* pentad.

Pen·ta·eder [pɛnta'ʔe:dər] *n* ⟨-s; -⟩ *math. obs.* pentahedron.

Pen·ta·gon[1] [pɛnta'go:n] *n* ⟨-s; -e⟩ *math.* pentagon.

Pen·ta·gon[2], **das** ['pɛntagɔn] ⟨-s⟩ (*amer. Verteidigungsministerium*) the Pentagon.

Pen·ta·go'nal,pris·ma [pɛntago'na:l-] *n* (*optics*) pentagonal prism.

Pen·ta|gramm [pɛnta'gram] *n* ⟨-s; -e⟩ pentacle, pentagram, pentalpha, pentangle. — **~me·ter** [-'ta:metər] *m* ⟨-s; -⟩ *metr.* pentameter.

Pen·tan [pɛn'ta:n] *n* ⟨-s; -e⟩ *chem.* pentane (C_5H_{12}).

Pen·ta·teuch [pɛnta'tɔʏç] *m* ⟨-s; *no pl*⟩ *Bibl.* Pentateuch, Law of Moses, *auch* Tora, Torah.

Pent·ath·lon ['pɛntatlɔn; pɛnt'ʔa:tlɔn] *n* ⟨-s; *no pl*⟩ *antiq.* (*Fünfkampf*) pentathlon.

Pen·ta·to·nik [pɛnta'to:nɪk] *f* ⟨-; *no pl*⟩ *mus.* pentatonic scale, pentatone. — **pen·ta'to·nisch** *adj* pentatonic.

Pen·te·ko·ste [pɛntekɔs'te:] *f* ⟨-; *no pl*⟩ Pentecost, *auch* Whitsunday.

Pent·house ['pɛnt,haʊs] (*Engl.*) *n* ⟨-; -s [-zɪz]⟩ penthouse.

Pent·lan·dit [pɛntlan'di:t; -'dɪt] *m* ⟨-s; *no pl*⟩ *min.* pentlandite.

Pent·ode [pɛn'to:də] *f* ⟨-; -n⟩ *electr.* (*Fünfpolröhre*) pentode, five-electrode tube (*bes. Br.* valve).

pen·zen ['pɛntsən] *v/t* ⟨h⟩ *Austrian colloq.* pester.

Pe·pe·ro·ni [pepe'ro:ni] *pl gastr.* red (*od.* hot) peppers.

Pe·pi·ta [pe'pi:ta] *m, n* ⟨-s; -s⟩ (*textile*) pepita, small houndstooth (*od.* hound's--tooth) check.

Pe·plon ['pe:plɔn] *n* ⟨-s; Peplen *u.* -s⟩, **'Pe·plos** [-plɔs] *m* ⟨-; Peplen *u.* -⟩ (*altgriech. Frauengewand*) peplos, *auch* peplus, peplum.

Pep·sin [pɛ'psi:n] *n* ⟨-s; -e⟩ *chem. med.* pepsin. — **~,drü·se** *f med.* peptic gland.

Pep·tid [pɛp'ti:t] *n* ⟨-(e)s; -e⟩ *chem.* peptide.

'pep·tisch [-tɪʃ] *adj med.* peptic, pepsic.

pep·ti·sie·ren [pɛpti'zi:rən] *v/t* ⟨*no* ge-, h⟩ *chem. med.* pept(on)ize.

Pep·ton [pɛp'to:n] *n* ⟨-s; -e⟩ *chem.* peptone.

per [pɛr] *prep* ⟨*acc*⟩ **1.** (*durch, mittels*) per, by: **~ Adresse** (**des**) **Herrn N** care of Mr. N; **~ Achse** a) by road, b) *colloq.* by car; **~ Anhalter fahren** *colloq.* to hitchhike, to thumb a lift (*od.* ride); **~ Bahn** [**Schiff**] by rail (*od.* train) [boat]; **~ Post** by mail, *bes. Br.* by (*od.* per) post; **~ Luftpost** via (*od.* by) air mail, by air; **~ Eilboten** by express (*Am.* special) delivery. – **2.** (*pro*) per: **~ Jahr** per year (*od.* annum); **~ Pfund** per pound; **~ Stück** apiece. – **3.** *econ.* (*für, zu*) per, (due) on: **~ sofort gesucht** required (*od.* wanted) immediately; **~ 1. 1. fällig** due (*od.* payable) on January 1st; **~ Saldo** a) per balance, b) (*pauschal*) on balance. – **4.** *econ.* (*durch, in*) per, by: **~ procura** by (*od.* per) procuration, by proxy. – **5.** *econ.* (*gegen*) for, against, in: **~ cassa** for (*od.* against, in) cash. – **6. sie sind ~ du** they are on familiar terms, they are very friendly and on Christian- (*od.* first-)name terms; **j-n ~ Sie anreden** to be on formal terms with s.o.

Per·bo·rat [pɛrbo'ra:t] *n* ⟨-(e)s; -e⟩ *meist pl chem.* perborate.

Per·chlo·rat [pɛrklo'ra:t] *n* ⟨-(e)s; -e⟩ *chem.* perchlorate.

Perch·ten ['pɛrçtən] *pl bes. Austrian dial. young men who wander about between Christmas and Epiphany wearing masks.* — **~,lau·fen** *n the wandering about of the 'Perchten'.*

per·em(p)·to·risch [perɛm(p)'to:rɪʃ] *adj jur.* (*Einrede, Frist etc*) peremptory.

per·en·nie·rend [perɛ'ni:rənt] *adj bot.* perennial.

per·fekt [pɛr'fɛkt] **I** *adj* ⟨-er; -est⟩ **1.** (*vollkommen, vollendet*) perfect, excellent, accomplished, consummate: **eine ~e Hausfrau** a perfect housewife; **sie ist ~ in Stenographie und Schreibmaschine** she is an accomplished stenographer and typist (*od.* shorthand-typist). – **2.** (*abgeschlossen*) settled, concluded: **die Sache ist ~** the matter is settled; **der Vertrag ist ~** the contract is concluded; **einen Handel ~ machen** to clinch a deal. – **3.** (*Mord*) perfect. – **II** *adv* **4.** perfectly, excellently: **er spricht ~ Französisch** he speaks a perfect French, he has an excellent command of French.

Per·fekt ['pɛrfɛkt; -'fɛkt] *n* ⟨-(e)s; -e⟩ *ling.* perfect (tense), present perfect.

per·fek·ti·bel [pɛrfɛk'ti:bəl] *adj* perfectible, perfectable, improvable. — **Per·fek·ti·bi·'lis·mus** [-tibi'lɪsmʊs] *m* ⟨-; *no pl*⟩ *philos. cf.* Perfektionismus. — **Per·fek·ti·bi·li'tät** [-tibili'tɛ:t] *f* ⟨-; *no pl*⟩ perfectibility, perfectability.

Per·fek·ti·on [pɛrfɛk'tsĭo:n] *f* ⟨-; -en⟩ **1.** perfection, excellence: **er hat es zur ~ gebracht** he has attained perfection. – **2.** *jur. obs.* consummation (of a legal transaction). — **per·fek·tio'nie·ren** [-tsĭo-'ni:rən] **I** *v/t* ⟨*no* ge-, h⟩ **1.** (*vervollkommnen*) perfect. – **2.** (*verbessern*) improve. – **II** *v/reflex* **sich ~ 3.** (in *dat* in) perfect oneself. – **4.** improve one's knowledge (*od.* oneself): **ich möchte mich in Französisch ~** I want to improve my French.

Per·fek·tio·nis·mus [pɛrfɛktsĭo'nɪsmʊs] *m* ⟨-; *no pl*⟩ *auch philos.* perfectionism, perfectibilism. — **Per·fek·tio'nist** [-'nɪst] *m* ⟨-en; -en⟩ **1.** perfectionist. – **2.** *relig.* Perfectionist. — **per·fek·tio'ni·stisch** *adj* perfectionist, *auch* perfectionistic.

per·fek·tiv ['pɛrfɛkti:f; -'ti:f] *adj only in* **~e Aktionsart** *ling.* perfective (aspect).

per·fek·ti·visch [pɛrfɛk'ti:vɪʃ] *adj ling.* **1.** relating to the perfect. – **2.** *cf.* **perfektiv.**

Per·fek·tum [pɛr'fɛktʊm] *n* ⟨-s; -fekta [-ta]⟩ *ling. cf.* **Perfekt.**

per·fid [pɛr'fi:t], **per'fi·de** [-də] *adj* **1.** (*treulos*) perfidious, disloyal, faithless. – **2.** (*heimtückisch*) perfidious, insidious, treacherous, deceitful. — **Per·fi'die** [-fi'di:] *f* ⟨-; -n [-ən]⟩ **1.** (*Treulosigkeit*) perfidy, disloyalty, faithlessness. – **2.** (*Heimtücke*) perfidy, insidiousness, deceitfulness, treacherousness. – **3.** (*perfide Tat*) perfidious act, treachery. — **Per·fi·di'tät** [-fidi'tɛ:t] *f* ⟨-; -en⟩ *rare for* **Perfidie.**

Per·fo·ra·ti·on [pɛrfora'tsĭo:n] *f* ⟨-; -en⟩ perforation. — **per·fo'rie·ren** [-'ri:rən] **I** *v/t* ⟨*no* ge-, h⟩ **1.** perforate. – **II P~** *n* ⟨-s⟩ **2.** *verbal noun.* – **3.** *cf.* Perforierung.

Per·fo'rier·ma,schi·ne *f tech.* perforating machine, perforator.

per·fo'riert I *pp.* – **II** *adj* perforated.

Per·fo'rie·rung *f* ⟨-; -en⟩ **1.** *cf.* Perforieren. – **2.** perforation.

per·ga·me·nisch [pɛrga'me:nɪʃ] *adj* **1.** Trojan. – **2.** Pergamene, of (*od.* relating to) Pergamum.

Per·ga·ment [pɛrga'mɛnt] *n* ⟨-(e)s; -e⟩ **1.** (*bearbeitete Tierhaut zum Beschreiben*) parchment, (*aus Kalbfell*) vellum, (*aus Schafleder*) sheepskin. – **2.** (*Dokument, Handschrift*) (document on) parchment, scroll. – **3.** *print.* (*zum Binden*) for(r)el. — **p~,ähn·lich, p~,ar·tig** *adj* parchmentlike, *Br.* parchment-like, parchmenty; pergameneous, vellum (*attrib*) (*scient.*). — **~,band** *m* parchment (*od.* vellum) volume. — **~,blatt** *n* leaf of parchment.

per·ga'men·ten *adj* (made of) parchment.

per·ga·men·tie·ren [pɛrgamɛn'ti:rən] *v/t* ⟨*no* ge-, h⟩ parchmentize *Br. auch* -s-.

Per·ga'ment|pa,pier *n* **1.** (*Butterbrotpapier*) greaseproof paper, wax paper, *Br.* wax-paper. – **2.** (*paper*) a) parchment (paper), vegetable parchment, b) (*echtes*) cotton parchment, c) (*Ersatz*) imitation (*od.* artificial) parchment, parchmoid. — **~,rol·le** *f* roll (*od.* scroll) of parchment.

Per·ga·min [pɛrga'mi:n] *n* ⟨-s; *no pl*⟩ (*paper*) *Am.* parchmyn, *Br.* pergamyn, glassine (paper).

Per·go·la ['pɛrgola] *f* ⟨-; -golen [-'go:lən]⟩ *arch.* pergola, bower, arbor, *bes. Br.* arbour.

Pe·ri..., pe·ri... *combining form denoting* peri...

Pe·ri·anth [pe'rĭant] *n* ⟨-s; -e⟩, **Pe·ri·'an·thi·um** [-tĭʊm] *n* ⟨-s; -thien⟩ *bot.* floral envelope; perianth, perianthium (*scient.*).

Pe·ri·astron [peri'ʔastrɔn], **Pe·ri'astrum** [-trʊm] *n* ⟨-s; -astren⟩ *astr.* periastron.

Pe·ri·derm [peri'dɛrm] *n* ⟨-s; -e⟩ *bot.* cork, periderm (*scient.*).

Pe·ri·dot [peri'do:t] *m* ⟨-s; *no pl*⟩ *min.* peridot, *auch* peridote. — **Pe·ri·do'tit** [-do'ti:t; -do'tɪt] *m* ⟨-s; -e⟩ *min.* peridotite.

Pe·ri·gä·um [peri'gɛ:ʊm] *n* ⟨-s; -gäen⟩ *astr.* perigee.

Pe·ri·gon [peri'go:n] *n* ⟨-s; -e⟩, **Pe·ri·'go·ni·um** [-nĭʊm] *n* ⟨-s; -gonien⟩ *bot.* perigonium, perigone.

Pe·ri·hel [peri'he:l] *n* ⟨-s; -e⟩, **Pe·ri·'he·li·um** [-lĭʊm] *n* ⟨-s; -lien⟩ *astr.* perihelium.

Pe·ri·kard [peri'kart] *n* ⟨-(e)s; -e⟩, **Pe·ri·'kar·di·um** [-dĭʊm] *n* ⟨-s; -dien⟩ *med.* pericardium.

Pe·ri·karp [peri'karp] *n* ⟨-(e)s; -e⟩ *bot.* pericarp.

Pe·ri·klas [peri'kla:s] *m* ⟨- *u.* -es; -e⟩ *min.* periclase, periclasite.

pe·ri·kle·isch [peri'kle:ɪʃ] *adj* Periclean.

Pe·ri·klin [peri'kli:n] *m* ⟨-s; -e⟩ *min.* pericline.

Pe·ri·ko·pe [peri'ko:pə] *f* ⟨-; -n⟩ *relig. metr.* pericope.

Pe·ri·me·ter [pe'ri:metər] *n* ⟨-s; -⟩ *med.* perimeter.

Pe·ri·ne·um [peri'ne:ʊm] *n* ⟨-s; -neen⟩ [*med.* perineum.]

Pe·ri·ode [pe'rĭo:də] *f* ⟨-; -n⟩ **1.** (*Zeitabschnitt*) period, spell: **eine ~ von drei Monaten** a period of three months, a trimester. – **2.** *geol. hist. archeol.* period, epoch, era, age, date: **Skulpturen aus einer frühen ~** sculptures (dating) from an early age. – **3.** *med.* a) periods *pl*, (monthly) courses *pl*; menstruation, menses *pl* (*construed as sg or pl*), catamenia *pl* (*construed as sg or pl*) (*scient.*), b) (*einzelnes Auftreten*) (menstrual) period, menstruation. – **4.** *meteor.* period, spell. – **5.** *electr.* (complete) cycle: **~n je Sekunde** cycles (per second). – **6.** *math.* (*eines Dezimalbruches*) repetend, period, repeating (*od.* circulating) figure(s *pl*) (of a decimal): **einzifferige** [**mehrzifferige**] **~** simple [compound] repetend; **der Dezimalbruch bildet eine ~ von 5 Ziffern** the decimal circulates in a period of 5 figures. – **7.** *mus.* sentence, period. – **8.** *astr.* (*Kreislauf, Umlaufzeit*) period. – **9.** *ling* (*Satzgefüge*) period.

Pe·ri'oden|,bau *m* **1.** *ling.* structure of periods. – **2.** *mus. cf.* Periodizität 2. — **~sy,stem** *n chem.* periodic system (*od.* table), Mendeleev's classification. — **~,um,for·mer** *m electr.* frequency changer (*od.* converter). — **~,zahl** *f* frequency, number of cycles, periodicity.

pe·ri'odisch I *adj* **1.** periodic(al), recurrent, recurring, cyclic(al). – **2.** *print.* periodical: **~e Veröffentlichung** a) periodical publication, serialization, b) periodical, serial. – **3. ~es System der Elemente** *chem.* periodic table. – **4.** *math.* recurring, circulating, repeating: **~er Dezimalbruch** recurring decimal; **~e Reihe** recurring series. – **5.** *mus.* periodic. – **6.** *meteor.* (*Winde etc*) periodic(al). – **7.** *zo.* (*Wanderung*) seasonal. – **II** *adv* **8.** periodically, recurrently, at regular intervals of time: **~ wiederkehren** (*od.* vorkommen) to recur (periodically), to cycle; **~ veröffentlichen** to serialize; **~ erscheinende Zeitschrift** periodical (magazine), serial.

pe·ri·odi·sie·ren [periodiˈziːrən] *v/t* ⟨*no* ge-, h⟩ divide (*s.th.*) into periods.

Pe·ri·odi·zi·tät [perĭoditsiˈtɛːt] *f* ⟨-; *no pl*⟩ **1.** (*regelmäßige Wiederkehr*) periodicity. – **2.** *mus.* meter, *bes. Br.* metre, metrics *pl* (*construed as sg*).

Pe·ri·odon·ti·tis [periˀodɔnˈtiːtɪs] *f* ⟨-; -titiden [-tiˈtiːdən]⟩ *med.* periodontitis.

Pe·ri·öke [periˈˀøːkə] *m* ⟨-n; -n⟩ *antiq.* (*in Sparta*) Perioecian.

Pe·ri·ost [periˈˀɔst] *n* ⟨-(e)s; -e⟩ *med.* periosteum. — **pe·ri·ostal** [-ˈtaːl] *adj* periosteal.

Pe·ri·pa·te·ti·ker [peripaˈteːtikər] *m* ⟨-s; -⟩ *philos.* Peripatetic, Aristotelian. — **pe·ri·pa'te·tisch** [-ˈteːtɪʃ] *adj* Peripatetic, Aristotelian: ~e Philosophie Peripateticism.

Pe·ri·pe·tie [peripeˈtiː] *f* ⟨-; -n [-ən]⟩ (*Wendepunkt im Drama etc*) peripeteia, *auch* peripetia.

pe·ri·pher [periˈfeːr] *adj* **1.** (*am Rande, außen*) peripheral, *auch* peripheric: ~e **Verteidigung** *mil.* perimeter defence (*Am.* defense). – **2.** *fig.* (*Fragen, Probleme etc*) subordinate, secondary.

Pe·ri·phe·rie [perifeˈriː] *f* ⟨-; -n [-ən]⟩ **1.** *math.* circumference, periphery. – **2.** (*Stadtrand*) outskirts *pl*, periphery: **er wohnt an der ~ der Stadt** he lives on the outskirts of the town. – **3.** *fig.* (*Oberfläche*) surface, outskirts *pl*: **er bleibt immer an der ~ des Problems** he never goes to the heart of the problem. — **~,win·kel** *m math.* inscribed (*od.* circumferential) angle, angle at the circumference.

pe·ri'phe·risch *adj rare for* **peripher.**

Pe·ri·phra·se [periˈfraːzə] *f* ⟨-; -n⟩ *ling.* (*Umschreibung*) periphrasis, periphrase. — **pe·ri·phra'sie·ren** [-fraˈziːrən] *v/t* ⟨*no* ge-, h⟩ periphrase. — **pe·ri'phra·stisch** [-ˈfrastɪʃ] *adj* periphrastic.

Pe·ri·pte'ral,tem·pel [peripteˈraːl-] *m arch. antiq.* peripteral temple. — **Pe'ri·pte·ros** [-ˈrɪpterɔs] *m* ⟨-; - *od.* -pteren [-riˈpteːrən]⟩ peripteros.

Pe·ri·skop [periˈskoːp] *n* ⟨-s; -e⟩ (*optics*) *mar.* periscope. — **pe·ri'sko·pisch** *adj* periscopic, *auch* periscopical.

Pe·ri·stal·tik [periˈstaltɪk] *f* ⟨-; *no pl*⟩ *med.* **1.** (*des Darmes*) peristalsis. – **2.** (*des Magens*) peristole. — **pe·ri'stal·tisch** *adj* peristaltic.

Pe·ri·sta·se [periˈstaːzə], **Pe·ri·sta·sis** [peˈrɪstazɪs] *f* ⟨-; -sen⟩ *med.* peristasis, environment. — **pe·ri·sta·sisch** [periˈstaːzɪʃ] *adj* environmental.

Pe·ri·styl [periˈstyːl] *n* ⟨-s; -e⟩, **Pe·ri'sty·li·um** [-lĭum] *n* ⟨-s; -lien⟩ *antiq. arch.* peristyle.

Pe·ri·the·zi·um [periˈteːtsĭum] *n* ⟨-s; -zien⟩ *bot.* (*der Schlauchpilze*) perithece, perithecium.

Pe·ri·to·ni·tis [peritoˈniːtɪs] *f* ⟨-; -nitiden [-niˈtiːdən]⟩ *med.* peritonitis, inflammation of the peritoneum.

Per·kal [pɛrˈkaːl] *m* ⟨-s; -e⟩ (*textile*) percale.

Per·ko·lat [pɛrkoˈlaːt] *n* ⟨-(e)s; -e⟩ *med. pharm.* percolate. — **Per·ko·la·ti'on** [-laˈtsĭoːn] *f* ⟨-; -en⟩ percolation. — **Per·ko'la·tor** [-tɔr] *m* ⟨-s; -en [-laˈtoːrən]⟩ percolator. — **per·ko'lie·ren** [-ˈliːrən] *v/t* ⟨*no* ge-, h⟩ percolate.

Per·kus·si·on [pɛrkuˈsĭoːn] *f* ⟨-; -en⟩ *mil. med. mus.* percussion.

Per·kus·si'ons|ge,wehr *n mil. hist.* percussion gun (*od.* musket). — **~,ham·mer** *m med.* plexor, percussor. — **~,zün·der** *m mil. tech.* percussion fuse.

per·kus·so·risch [pɛrkuˈsoːrɪʃ] **I** *adj med.* percussion (*attrib*), percussory. – **II** *adv* by percussion.

per·ku·tan [pɛrkuˈtaːn] *adj med.* percutaneous, transcutaneous.

per·ku·tie·ren [pɛrkuˈtiːrən] *v/t u. v/i* ⟨*no* ge-, h⟩ *med.* tap, percuss.

Perl [pɛrl] *f* ⟨-; *no pl*⟩ *print.* (*kleiner Schriftgrad*) pearl. — **~,boot** *n zo.* (pearly) nautilus (*Nautilus pompilius*).

Per·le [ˈpɛrlə] *f* ⟨-; -n⟩ **1.** (*jewelry*) a) (*echte Perle*) pearl, b) (*aus Glas etc*) bead, c) *cf.* **Zuchtperle: eine Kette aus echten ~n tragen** to wear a necklace of real (*od.* genuine, natural) pearls; **der Juwelier faßt die ~ in einen Ring** the jewel(l)er mounts (*od.* sets, enchases) the pearl in a ring; **unechte** (*od.* **nachgemachte**) **~n** imitation (*od.* false, sham) pearls; **sie hat Zähne wie ~n** her teeth are like pearls; **~n bedeuten Tränen** pearls mean tears; **es wird dir keine ~ aus der Krone fallen** *fig. colloq.* it won't hurt you; **~n vor die Säue werfen** *fig.* to cast (one's) pearls before swine. – **2.** *fig.* gem, jewel: **eine ~ unter den deutschen Städten** a gem amongst Germany's cities; **die ~ der Antillen** the queen of the Antilles. – **3.** *fig. colloq.* jewel, gem, treasure: **sie ist eine ~** a) (*Gattin, Hausfrau*) she is a jewel (of a wife), b) (*Hausangestellte*) she is a treasure (of a housekeeper). – **4.** *fig. humor.* servant, maid. – **5.** (*Tropfen*) bead, drop: **der Schweiß stand ihm in ~n auf der Stirn** beads of sweat stood on his forehead. – **6.** (*Bläschen im Wein etc*) bubble, bead. – **7.** *med. pharm.* perle.

'Perl,ei·dech·se *f zo.* eyed lizard (*Lacerta lepida*).

'per·len[1] *adj* pearl, (made) of pearls, pearly.

'per·len[2] **I** *v/i* ⟨h⟩ **1.** (*von Getränken*) sparkle, bubble, rise in pearls, effervesce. – **2.** (*von Wasser, Tau etc*) pearl, bead: **Schweiß perlte ihm auf der Stirn, seine Stirne perlte von Schweiß** sweat beaded (on) his forehead, sweat pearled his forehead (*lit.*). – **3.** glisten, glitter: **Tränen ~ in ihren Augen** tears glisten in her eyes. – **4.** *mus.* drop like pearls, pearl. – **5.** (*von Lachen*) bubble, ripple. – **II P~** *n* ⟨-s⟩ **6.** *verbal noun.* – **7.** (*eines Getränkes*) effervescence.

'Per·len|,au·ster *f zo. cf.* Perlmuschel. — **~,fi·scher** *m* pearl fisher. — **~fi·sche,rei** *f* pearl fishery (*od.* fishing). — **~(,hals)-,ket·te** *f* (*jewelry*) string (*od.* strand) of pearls (*od.* beads), pearl necklace, pearls *pl*: **eine enganliegende ~** a pearl necklet. — **~,kro·ne** *f* crown of pearls. — **~,schmuck** *m* (*jewelry*) pearl jewelry (*bes. Br.* jewellery). — **~,schnur** *f cf.* Perlenkette. — **~sticke,rei** (*getr.* -k·k-) *f* embroidery in pearls, beadwork, beading. — **~,tau·cher** *m* pearler, pearl diver.

'Perl|,fisch *m zo.* lantern fish (*Myctophum phengodes*). — **p~,för·mig** *adj* pearl-shaped, pearly, margaritaceous (*scient.*). — **~,garn** *n* (*textile*) bead yarn. — **~,gras** *n bot.* melic grass, *auch* melic(k) (*Gattg Melica*). — **p~,grau** *adj* pearl-gray (*bes. Br.* -grey), griseous. — **~,grau·pen** *pl gastr.* pearl barley *sg.* — **~,huhn** *n zo.* guinea fowl, (*bes. männliches*) guinea cock, (*bes. weibliches*) guinea hen (*Unterfam. Numidinae*).

'per·lig *adj* **1.** *cf.* perlförmig. – **2.** (*mattglänzend*) pearly, pearlescent, nacreous.

Per·lit [pɛrˈliːt; -ˈlɪt] *m* ⟨-s; -e⟩ **1.** *min.* pearlstone, perlite, *auch* pearlite. – **2.** *chem.* pearlite.

'Perl|,moos *n bot.* carrag(h)een (*auch* carageen) moss, (Irish) pearl moss (*Sphaerococcus crispus*). — **~,mu·schel** *f zo.* **1.** (*des Meeres*) pearl oyster, oriental pearl mussel (*Pinctada margaritifera*). – **2.** (*des Süßwassers*) pearl mussel (*Unio margaritifera*).

'Perl,mutt [-,mʊt] *n* ⟨-s; *no pl*⟩ *cf.* Perlmutter.

'Perl,mut·ter *f* ⟨-; *no pl*⟩, *n* ⟨-s; *no pl*⟩ mother-of-pearl, pearl, nacre (*scient.*). — **p~,ar·tig** *adj* like mother-of-pearl, pearly; nacreous, *auch* nacrous, margaritaceous (*scient.*). — **~,fal·ter** *m zo.* silverspot, fritillary (*Gattg Argynnis*): **Großer ~** dark-green fritillary (*A. aglaia*); **Kleiner ~** Queen of Spain fritillary (*A. latonia*). — **~,glanz** *m* pearly (*od.* iridescent, *scient.* nacreous) luster (*bes. Br.* lustre). — **~-,knopf** *m cf.* Perlmuttknopf.

'perl,mut·tern *adj* mother-of-pearl (*attrib*); nacreous, *auch* nacrous, nacred (*scient.*).

'Perl,mut·ter|,schicht *f* layer of mother-of-pearl, nacreous layer (*scient.*). — **~-,wol·ke** *f meteor.* iridescent cloud.

'Perl,mutt,knopf *m* mother-of-pearl (*od.* iridescent) button.

Per·lon [ˈpɛrlɔn] (*TM*) *n* ⟨-s; *no pl*⟩ (*Kunstfaser*) Perlon (*TM*). — **~,strumpf** *m* Perlon stocking. — **p~ver,stärkt** *adj* Perlon-reinforced.

'Perl|,schrift *f print.* pearl. — **~,stich** *m* (*beim Sticken*) pearl (*od.* tent) stitch. — **~,sucht** *f vet.* pearl disease, tuberculosis.

per·lu·strie·ren [pɛrlusˈtriːrən] *v/t* ⟨*no* ge-, h⟩ *obs. and Austrian for* a) **durchsuchen** 1, b) **untersuchen** 6. — **Per·lu'strie·rung** *f* ⟨-; -en⟩ *obs. and Austrian for* a) **Durchsuchung**, b) **Untersuchung** 9.

'Perl|,wein *m gastr.* sparkling wine. — **p~,weiß** *adj* pearl-white. — **~,zwie·bel** *f bot. gastr.* pearl onion (*Allium ophioscorodon*).

Perm [pɛrm] *n* ⟨-s; *no pl*⟩ *geol.* Permian (period), (*in Europa*) *auch* Dyas.

per·ma·nent [pɛrmaˈnɛnt] **I** *adj* (*Mehrheit etc*) permanent, perpetual, constant. – **II** *adv* **sich ~ weigern** to refuse obstinately. — **Per·ma'nenz** [-ˈnɛnts] *f* ⟨-; *no pl*⟩ **1.** permanence, permanency, perpetuity, perpetualness, perpetuality, constancy, constantness: **sich in ~ erklären** *pol.* (*von Ausschuß etc*) to declare oneself (to be) in permanent session, to declare a meeting to be in session without a time limit (*od.* open-ended). – **2.** *phys.* (*bes. des Magnetismus*) permanence.

Per·man·ga·nat [pɛrmaŋgaˈnaːt] *n* ⟨-(e)s; -e⟩ *chem.* permanganate. — **~,lö·sung** *f* permanganate solution.

per·mea·bel [pɛrmeˈaːbəl] *adj phys.* permeable, penetrable, pervious: **permeable Körper** permeable bodies. — **Per·mea·bi·li'tät** [-abiliˈtɛːt] *f* ⟨-; *no pl*⟩ permeability, perviousness.

per·misch [ˈpɛrmɪʃ] *adj geol.* Permian.

per·mu·ta·bel [pɛrmuˈtaːbəl] *adj math.* permutable: **permutable Größen** permutable quantities.

Per·mu·ta·ti·on [pɛrmutaˈtsĭoːn] *f* ⟨-; -en⟩ *math.* permutation. — **per·mu'tie·ren** [-ˈtiːrən] *v/t* ⟨*no* ge-, h⟩ permute, permutate.

Per·mu·tit [pɛrmuˈtiːt; -ˈtɪt] *n* ⟨-s; -e⟩ [*chem.* permutit.]

Per·nam'bu·co,holz [pɛrnamˈbuːko-], **Per·nam'buk,holz** [pɛrnamˈbuːk-] *n* Pernambuco (*od.* Brazil) wood.

per·ni·zi·ös [pɛrniˈtsĭøːs] *adj med.* pernicious.

per·oral [pɛrˀoˈraːl] *med.* **I** *adj* peroral. – **II** *adv* perorally, per os (*scient.*).

Pe·row·skit [perɔfˈskiːt; -ˈskɪt] *m* ⟨-s; -e⟩ *min.* perovskite.

Per·oxid [pɛrˀɔˈksiːt; ˈpɛr-], **Per·oxyd** [pɛrˀɔˈksyːt; ˈpɛr-] *n* ⟨-(e)s; -e⟩ *chem.* peroxide.

per pe·des (apo·sto·lo·rum) [pɛr ˈpeːdɛs (apɔstoˈloːrʊm)] *adv humor.* on shanks' (*auch* shank's) mare (*od.* pony): **ich gehe ~** I'll go by (*od.* take, ride) shanks' mare, I'll foot (*od.* leg, hoof) it (*colloq.*).

Per·pen·di·kel [pɛrpɛnˈdiːkəl] *n, m* ⟨-s; -⟩ **1.** (*einer Uhr*) pendulum. – **2.** *math.* (*Senkrechte*) perpendicular (line), vertical (line). – **3.** *pl mar. tech.* (*beim Schiffsbau*) perpendicular (line) *sg.* — **per·pen·di·ku'lar** [-dikuˈlaːr], **per·pen·di·ku'lär** [-ˈlɛːr] *adj* **1.** *bes. math.* (*senkrecht*) perpendicular, vertical, normal. – **2.** *arch.* (*bes. in der englischen Spätgotik*) perpendicular.

Per·pe·tu·um mo·bi·le [pɛrˈpeːtuum ˈmoːbile] *n* ⟨- -; - -(s) *u.* -tua -bilia [-tŭa moˈbiːlĭa]⟩ **1.** *phys.* perpetuum mobile, perpetual motion machine. – **2.** *mus.* perpetuum mobile, moto perpetuo.

per·plex [pɛrˈplɛks] *adj* ⟨-er; -est⟩ **1.** (*verblüfft*) perplexed, bewildered, baffled, puzzled, confounded, flummoxed (*colloq.*). – **2.** (*bestürzt*) stunned, astounded, dum(b)-founded, stupefied, flabbergasted (*colloq.*). — **Per·ple·xi'tät** [-ksiˈtɛːt] *f* ⟨-; *no pl*⟩ **1.** perplexity, bewilderment, bafflement, puzzlement, confoundedness. – **2.** astoundment, stupefaction.

Per·ron [pɛˈrõː] *m* ⟨-s; -s⟩ *obs. and Swiss for* a) **Bahnsteig**, b) **Plattform** 1.

per se [pɛr ˈzeː] *adv* per se, by (*od.* of, in) itself: **das versteht sich ~** that goes without saying.

Per·sei·tät [pɛrzeiˈtɛːt] *f* ⟨-; *no pl*⟩ *philos.* perseity.

Per·sen·ning [pɛrˈzɛnɪŋ] *f* ⟨-; -e(n)⟩ *bes. mar.* tarpaulin.

Per·se·pho·ne [pɛrˈzeːfone] *npr f* ⟨-; *no pl*⟩ *myth.* Persephone (*Greek goddess of the underworld*).

Per·ser [ˈpɛrzər] *m* ⟨-s; -⟩ **1.** Persian, Iranian. – **2.** *cf.* Perserteppich. — **'Per·se·rin** *f* ⟨-; -nen⟩ Persian (woman *od.* girl), Iranian (woman *od.* girl).

'Per·ser|,kat·ze *f zo.* **1.** Persian cat. – **2.** *cf.* Angorakatze. — **~,krie·ge** *pl hist.* Persian Wars. — **~,tep·pich** *m* Persian carpet.

Per·se·ve·ranz [pɛrzeveˈrants] *f* ⟨-; *no pl*⟩ *obs. for* **Ausdauer.**

Per·se·ve·ra·ti·on [pɛrzeveraˈtsĭoːn] *f* ⟨-; -en⟩ *psych.* perseveration.

Per·sia·ner [pɛrˈzĭaːnər] *m* ⟨-s; -⟩ **1.** (*Pelz*) Persian lamb(skin). – **2.** (*Mantel*) Persian lamb coat. — **~,man·tel** *m cf.* Persianer 2.

Per·si·fla·ge [pɛrzi'flaːʒə] *f* ⟨-; -n⟩ persiflage. — **per·si'flie·ren** [-'fliːrən] *v/t* ⟨*no* ge-, h⟩ ridicule, deride, satirize *Br. auch* -s-, burlesque.

Per·si·ko ['pɛrziko] *m* ⟨-s; -s⟩ (*ein Likör*) persico, *auch* persicot.

Per·si·mo·ne [pɛrzi'moːnə] *f* ⟨-; -n⟩ *bot.* (*Frucht u. Baum*) persimmon (*Gattg Diospyros*).

'per·sisch I *adj* Persian, Iranian. – **II** *ling.* **P⁓** ⟨*generally undeclined*⟩, **das P⁓e** ⟨-n⟩ Persian, the Persian language.

per·si·stent [pɛrzɪs'tɛnt] *adj auch med. biol.* persistent. — **Per·si'stenz** [-'tɛnts] *f* ⟨-; -en⟩ persistence.

Per·son [pɛr'zoːn] *f* ⟨-; -en⟩ **1.** (*Einzelwesen*) person, individual: eine bestimmte [unbekannte] ⁓ a certain [an unknown] person; die Familie besteht aus 5 ⁓en the family consists of 5 persons (*od.* members, people); der Eintritt kostet 3 Mark pro ⁓ admission (*od.* the entrance fee) is 3 marks per person (*od.* each, apiece, a head, per capita); er ist Chauffeur und Gärtner in einer ⁓ he is a chauffeur as well as (*od.* and also) a gardener, he is a chauffeur and a gardener in one (person); ⁓en sind bei dem Brand nicht umgekommen no lives were lost in the fire; das Boot faßt 20 ⁓en the boat has room for (*od.* a capacity of) 20 persons (*od.* people); der christliche Glaube unterscheidet in Gott 3 ⁓en Christian faith distinguishes 3 divine beings (*od.* recognizes the trinity) in God. – **2.** (*das Ich, das Selbst*) person, self: die eigene ⁓ one's self; ich für meine ⁓ (I) for my part, I for one (*od.* myself), as for me, as far as I am concerned, personally; er war in (höchst)eigener ⁓ anwesend he was personally present, he was present in person; er hält viel auf seine ⁓ he thinks a lot of himself, he is conceited; sie stellt ihre ⁓ stets in den Vordergrund she always puts herself in the foreground. – **3.** (*Inkarnation*) der Teufel in ⁓ the devil incarnate, the incarnation of the devil; sie ist die Gutmütigkeit [Bosheit] in ⁓ she is good nature [wickedness] personified (*od.* itself). – **4.** (*Persönlichkeit*) person (of importance), personality, somebody, figure, personage: eine bedeutende [hochgestellte] ⁓ an important [a high-ranking] person (*od.* personality, figure); dies betraf nicht die ⁓ des Kanzlers the chancellor was not concerned personally, this did not concern the chancellor's person; ohne Ansehen der ⁓ without regard to (the) rank (*od.* position, importance); die ⁓ des Künstlers wurde kaum erwähnt the artist himself was hardly mentioned. – **5.** (*Identität*) identity: sich in der ⁓ irren to mistake the identity of s.o.; von ⁓ bekannt *jur.* of known identity; j-n zur ⁓ vernehmen *jur.* to interrogate (*od.* question) s.o. concerning his personal data (*od.* particulars). – **6.** *meist pl* (*in Romanen, Theaterstücken etc*) person, character, personage, *pl auch* personae: in diesem Stück treten die Tugenden als ⁓en auf in this play the virtues appear as persons (*od.* are personified). – **7.** *meist pl* (*Akteur auf der Bühne*) person, character, actor, performer, player: die ⁓en und ihre Darsteller the characters and performers, the cast *sg*, dramatis personae. – **8.** (*der Mensch in seiner Eigenart*) person: er ist die wichtigste ⁓ in unserer Firma he is the most important person (*od.* figure) in our firm; sie ist eine hübsche [gescheite] ⁓ she is a pretty [clever] person; so eine (ordinäre) ⁓! *contempt.* what an ordinary creature! – **9.** *rare* (*Äußeres*) person, personal appearance: er ist von ⁓ ein stattlicher Mann he has an imposing appearance, he is an impressive figure; der Anblick meiner ⁓ the sight of me. – **10.** *jur.* person: juristische ⁓ a) juridical (*od.* juristic, legal, artificial) person, legal entity, b) (*Körperschaft*) body corporate; natürliche ⁓ natural (*od.* physical) person. – **11.** *ling.* person: die erste [zweite, dritte] ⁓ the first [second, third] person; j-n in der dritten ⁓ anreden to address s.o. in the third person.

Per·so·na| gra·ta [pɛr'zoːna 'graːta] *f* ⟨- -; *no pl*⟩ *pol.* persona grata. — **⁓ in'gra·ta** [ɪn'graːta] *f* ⟨- -; *no pl*⟩ persona non grata.

Per·so·nal [pɛrzo'naːl] *n* ⟨-s; *no pl*⟩ **1.** (*Angestellte, Arbeiter*) personnel, employees, *auch* employes, employés *pl*, staff: ständiges ⁓ permanent staff; geschultes [technisches] ⁓ skilled (*od.* trained) [technical] personnel (*od.* staff); leitendes ⁓ leading (*od.* executive) personnel, executives *pl*; ⁓ einstellen to engage (*od.* hire) personnel; ⁓ abbauen to reduce the personnel (*od.* number of employees); unser ⁓ reicht nicht aus we are understaffed (*od.* short-staffed); wir haben zuviel ⁓ we are overstaffed, we have a surplus of staff. – **2.** (*Dienerschaft*) domestic staff, servants *pl*, attendants *pl*. – **3.** *aer.* a) fliegendes ⁓ flying personnel, (air) crew, b) (*Bodenpersonal*) ground (*od.* nonflying) personnel, c) (*Bodenbesatzung*) ground crew. – **4.** *med.* (*in Kliniken*) staff: pflegerisches ⁓ nursing staff. — **⁓ˌabˌbau** *m* personnel (*od.* staff) reduction. — **⁓ˌabˌtei·lung** *f* personnel department (*od.* division), staff department. — **⁓ˌak·te** *f* personal file, personal record (*od.* conduct) sheet. — **⁓ˌanˌga·ben** *pl* personal data, personalia. — **⁓ˌan·geˌle·gen·hei·ten** *pl* personnel (*od.* staff) matters (*od.* affairs). — **⁓ˌaufˌwen·dun·gen, ⁓ˌausˌga·ben** *pl* personnel expenditure *sg*. — **⁓ˌausˌweis** *m* identity (*od.* identification) card. — **⁓beˌschrei·bung** *f* personal description (*od.* particulars *pl*), description (of a person). — **⁓beˌstand** *m* **1.** *econ.* (number of) personnel (*od.* persons *pl* employed), manpower. – **2.** *mil.* personnel (*od.* effective) strength. — **⁓ˌbo·gen** *m econ.* **1.** *cf.* Personalakte. – **2.** (*behördlicher*) registration card. – **3.** (*Fragebogen*) personal questionnaire. — **⁓büˌro** *n* personnel office. — **⁓ˌchef** *m* personnel (*od.* staff) manager (*od.* director), director of personnel, head of the personnel department. — **⁓ˌeinˌspa·rung** *f* reduction in the number of employe(e)s. — **⁓ˌen·dung** *f ling.* personal suffix. — **⁓geˌsell·schaft** *f econ.* partnership. — **⁓ˌho·heit** *f jur.* (*im Völkerrecht*) personal sovereignty.

Per·so·na·li·en [pɛrzo'naːlɪən] *pl* personal data: j-s ⁓ aufnehmen to note (*od.* write) down s.o.'s personal data (*od.* particulars); die ⁓ angeben to give (*od.* furnish) one's personal data.

Per·so·na·lis·mus [pɛrzona'lɪsmʊs] *m* ⟨-; *no pl*⟩ *philos.* personalism. — **Per·so·na'list** [-'lɪst] *m* ⟨-en; -en⟩ personalist.

Per·so·na·li·tät [pɛrzonali'tɛːt] *f* ⟨-; -en⟩ *cf.* Persönlichkeit. — **Per·so·na·li'täts·prinˌzip** *n jur.* principle of personality.

Per·so'nal|karˌtei *f* personal file (*od.* record) index, personal files *pl* (*od.* records *pl*). — **⁓ˌko·sten** *pl cf.* Personalaufwendungen. — **⁓kreˌdit** *m econ.* personal loan (*od.* credit). — **⁓ˌlei·ter** *m cf.* Personalchef. — **⁓ˌman·gel** *m* shortage of personnel (*od.* staff, employe[e]s, manpower): wir haben ⁓ we are short of staff. — **⁓po·liˌtik** *f* personnel policy. — **⁓proˌno·men** *n ling.* personal pronoun. — **⁓ˌstär·ke** *f bes. mil.* personnel strength. — **⁓staˌtut** *n* staff regulations *pl*. — **⁓ˌsteu·er** *f econ.* personal tax. — **⁓uniˌon** *f pol.* personal union. — **⁓verˌtre·ter** *m* representative (*od.* delegate) of the personnel (*od.* staff), employe(e)s' representative (*od.* delegate). — **⁓verˌtre·tung** *f* representation of the personnel (*od.* staff). — **⁓verˌtre·tungs·geˌsetz** *n jur.* law governing the status of the Civil Service Association. — **⁓verˌzeich·nis** *n* staff list, list (*od.* register) of employe(e)s. — **⁓ˌwech·sel** *m* turnover (*od.* change, shift) in the personnel (*od.* staff).

Per·sön·chen [pɛr'zøːnçən] *n* ⟨-s; -⟩ **1.** *dim. of* Person. – **2.** little thing: sie ist ein hübsches [reizendes, zierliches] ⁓ she's a pretty [charming, tiny] little thing (*od.* body).

per·so·nell [pɛrzo'nɛl] *adj* **1.** *cf.* persönlich 1. – **2.** (*das Personal betreffend*) of (*od.* relating to) the personnel (*od.* staff): ⁓e Veränderungen personnel (*od.* staff) changes, changes in personnel.

Per'so·nen|ˌaufˌzug *m* (passenger) elevator (*bes. Br.* lift). — **⁓ˌauto** *n cf.* Personenkraftwagen. — **⁓beˌför·de·rung** *f* conveyance (*od.* transport) of passengers, passenger service. — **⁓beˌschrei·bung** *f* personal (*od.* physical) description, description (of a person), (*bei der Polizei*) *auch* signalment, prosopography (*scient.*). — **⁓ˌdo·sen** *pl only in* Überwachung der ⁓ *nucl.* personnel monitoring. — **⁓geˌdächt·nis** *n* memory for faces (*od.* names). — **⁓geˌsell·schaft** *f econ.* unincorporated firm. — **⁓ˌkraftˌwa·gen** *m* passenger (*od.* private) car, (motor)car, *bes. Am.* automobile. — **⁓ˌkreis** *m* **1.** (*Kategorie*) set (of persons), group (*od.* category, class) of persons. – **2.** (*mit gleichen Interessen*) circle (*od.* set, group) (of persons). — **⁓ˌkult** *m* cult (*od.* worship, idolatry, idolization *Br. auch* -s-) of a person (*od.* an individual), personality cult. — **⁓ˌna·me** *m* (personal) name. — **⁓ˌscha·den** *m* injury to persons, casualties *pl*.

Per'so·nenˌstand *m* personal (*od.* civil) status.

Per'so·nenˌstands|ˌbuch *n jur. cf.* Personenstandsregister. — **⁓ˌfäl·schung** *f* falsification of the personal status. — **⁓ˌkla·ge** *f action of an illegitimate child to claim its status.* — **⁓reˌgi·ster** *n Am.* register of births, marriages and burials, *Br.* register of births, deaths and marriages.

Per'so·nen|taˌrif *m* passenger tariff (*od.* fares *pl*). — **⁓verˌei·ni·gung** *f* association. — **⁓verˌkehr** *m* passenger traffic (*od.* service). — **⁓verˌsi·che·rung** *f* insurance of persons. — **⁓verˌwechs·lung** *f* mistake in the person (*od.* in identity), mistaken identity. — **⁓verˌzeich·nis** *n* **1.** list (*od.* register) of persons. – **2.** (*theater*) list of characters, dramatis personae *pl*, cast. — **⁓ˌwaa·ge** *f* **1.** (*auf Straßen, Plätzen etc*) scale(s *pl*), weighing machine. – **2.** (*mit Laufgewicht*) lever scale(s *pl*), steelyard. – **3.** (*Badezimmerwaage*) bathroom scale(s *pl*). — **⁓ˌwa·gen** *m* **1.** *cf.* Personenkraftwagen. – **2.** (*railway*) passenger car (*bes. Br.* coach), coach, *Br.* railway carriage, (*im Gegensatz zum Schlafwagen*) *Am.* day car (*od.* coach): ⁓ erster Klasse first-class car (*od.* coach). — **⁓ˌzahl** *f* number of persons. — **⁓ˌzug** *m* (*railway*) **1.** (*Gegensatz zu Güterzug*) passenger train. – **2.** (*Gegensatz zu Schnellzug*) slow (*od.* local, *bes. Br.* stopping) train.

Per·so·ni·fi·ka·ti·on [pɛrzonifika'tsɪoːn] *f* ⟨-; -en⟩ personification, personation, embodiment, incarnation, prosopopeia (*scient.*).

per·so·ni·fi·zie·ren [pɛrzonifi'tsiːrən] **I** *v/t* ⟨*no* ge-, h⟩ personify, (im)personate, embody, incarnate. – **II P⁓** *n* ⟨-s⟩ *verbal noun.* — **per·so·ni·fi'ziert I** *pp.* – **II** *adj* personified, incarnate, impersonate, embodied (*alle nachgestellt*): sie ist die ⁓e Unschuld she is the personification (*od.* incarnation) of innocence, she is innocence incarnate (*od.* itself, personified). — **Per·so·ni·fi'zie·rung** *f* ⟨-; -en⟩ **1.** *cf.* Personifizieren. – **2.** *cf.* Personifikation.

per·sön·lich [pɛr'zøːnlɪç] **I** *adj* **1.** (*eine Person betreffend, privat*) personal, private: ⁓es Eigentum private property; ⁓e Sachen things personal; ⁓e Ausgaben personal expenses (*od.* expenditure *sg*); ⁓e Freiheit personal (*od.* individual) freedom; das ist meine (ganz) ⁓e Meinung this is my (strictly) personal opinion; ⁓er Referent *pol.* personal (*od.* private) assistant; er hat ein ⁓es Interesse an der Sache he has a personal (*od.* particular) interest in the matter; nehmen Sie das nicht als ⁓e Beleidigung! don't take that as a personal insult! aus ⁓en Gründen for personal reasons; darf ich mir eine ⁓e Bemerkung erlauben? might I venture a personal remark? ⁓! (*auf Briefen*) confidential! personal! ein ⁓er Gott *philos. relig.* a personal God. – **2.** (*in Person*) personal: ich habe seine ⁓e Bekanntschaft gemacht I made his (personal) acquaintance. – **3.** (*auf private Dinge anspielend*) personal: er wird immer gleich ⁓ *colloq.* he is always bringing in personalities (*od.* becoming personal, making personal remarks); diese Frage ist mir zu ⁓ this is too personal a question; ⁓e Anspielungen machen to make personal insinuations, to indulge in personalities. – **4.** (*individuell*) individual, personal: sie schreibt einen sehr ⁓en Stil she has an individual (*od.* a very particular) style (of writing). – **5.** ⁓es Fürwort *ling.* personal pronoun. – **6.** ⁓er Fehler *astr.* personal error. – **II** *adv* **7.** (*in Person, selbst*) personally, in person: ich kenne ihn ⁓ I know him personally; er kam [erschien] ⁓ he came [appeared] in person; ich mache dich ⁓ dafür verantwortlich I hold you personally responsible for it; du haftest (mir) ~ dafür! you are personally responsible for it! you'll have to answer for it personally! gegen Sie ~ habe ich nichts I have nothing against you personally; ich ~ bin nicht davon betroffen I am not concerned personally. – **8.** (*vertraulich*) er sprach sehr nett und ~ mit mir he spoke to me in a very friendly and personal way (*od.* manner). – **9.** (*als Angriff auf j-s Person*) du darfst nicht alles ~ nehmen! don't take everything personally! ich habe diese Bemerkung nicht ~ gemeint I didn't mean that remark personally (*od.* to be taken personally). – **III P~e, das** ⟨-n⟩ **10.** (the) personal (*od.* private) things *pl* (*od.* belongings *pl*): er entfernte alles P~e aus seinem Zimmer he removed all his personal belongings from his room; das P~e interessiert mich nicht I am not interested in personal matters.

Per'sön·lich·keit *f* ⟨-; -en⟩ **1.** ⟨*only sg*⟩ (*persönliche Wesensart*) personality: die freie Entfaltung der ~ the free development of (the) personality; die menschliche ~ achten to respect the human person (*od.* individual). – **2.** (*Mensch eigener Prägung*) personality: er ist eine ~ he has personality, he is quite a personality; er ist ein netter Kerl, aber keine ~ *colloq.* he is a nice fellow but he lacks individuality (*od.* personality) (*colloq.*); sie ist die richtige ~ dazu she is the right person for it. – **3.** (*herausragende Person*) (leading) personality, personage, figure, notoriety: bekannte [prominente] ~en well-known [prominent] personalities (*od.* persons); ~en des öffentlichen Lebens personalities of public life, notables; es waren keine hohen ~en anwesend there were no eminent (*od.* high-ranking) persons (*od.* personages) present; er ist eine führende ~ unserer Stadt he is a leading figure in our town. – **4.** *philos.* personality.

per'sön·lich·keits·be,wußt *adj* conscious of one's personality.

Per'sön·lich·keits|,bil·dung *f* personality (*od.* character) formation. — **~ent,fal·tung** *f* development of personality. — **~,kult** *m* personality cult. — **~,recht** *n jur.* personal (*od.* individual) right. — **~,spal·tung** *f psych.* dual (*od.* split) personality, schizophrenia. — **~,wahl** *f pol.* uninominal voting, voting for one member only.

Per·spek·tiv [pɛrspɛk'tiːf] *n* ⟨-s; -e⟩ (*optics*) field glass, spyglass.

Per·spek·ti·ve [pɛrspɛk'tiːvə] *f* ⟨-; -n⟩ **1.** (*art, optics*) *math.* perspective: die ~ des Bildes stimmt nicht the perspective of the picture is wrong (*od.* incorrect), the picture is perspectively (*od.* scenographically) wrong; in richtiger ~ gezeichnet sein to be drawn in true (*od.* correct) perspective. – **2.** *fig.* (*Ausblick, Zukunftsaussicht*) perspective, prospect, aspect, vista: das eröffnet neue [verblüffende, ungeahnte] ~n that opens up new [startling, unforeseen] perspectives. – **3.** *fig.* (*Standpunkt*) point of view: aus deiner ~ from your point of view.

per·spek·ti·visch [pɛrspɛk'tiːvɪʃ] **I** *adj* perspective, scenographic. – **II** *adv* perspectively, in perspective: eine Strecke ~ verkürzen to foreshorten a line.

Per·spek·ti·vis·mus [pɛrspɛkti'vɪsmʊs] *m* ⟨-; *no pl*⟩ *philos.* perspectivism.

Per·spek·to·graph [pɛrspɛkto'graːf] *m* ⟨-en; -en⟩ *tech.* perspectograph.

Per·spi·ra·ti·on [pɛrspira'tsĭoːn] *f* ⟨-; *no pl*⟩ *med.* perspiration. — **per·spi·ra·'to·risch** [-'toːrɪʃ] *adj* perspiratory.

Per·sua·si·on [pɛrzŭa'zĭoːn] *f* ⟨-; *no pl*⟩ *psych.* persuasion.

Per·tus·sis [pɛr'tʊsɪs] *f* ⟨-; *no pl*⟩ *med.* (*Keuchhusten*) pertussis, whooping cough.

Pe·rua·ner [pe'rŭaːnər] *m* ⟨-s; -⟩, **Pe·rua·ne·rin** [-'rŭaːnərɪn] *f* ⟨-; -nen⟩ Peruvian. — **pe·rua·nisch** [-'rŭaːnɪʃ] *adj* Peruvian.

Pe'ru,bal·sam [pe'ruː-] *m* ⟨-s; *no pl*⟩ *med. pharm.* Peruvian balsam, balsam of Peru. — **~,baum** *m bot.* balsam of Peru, Peru balsam (*Myroxylon pereirae*).

Pe·rü·cke (*getr.* -k·k-) [pe'rʏkə] *f* ⟨-; -n⟩ **1.** wig: eine ~ tragen to wear a wig. – **2.** (*fashion*) *hist.* a) (*Allongeperücke*) full-bottomed wig, b) (*Stutzperücke*) bob wig, c) (*Zopfperücke*) pigtail wig. – **3.** *hunt. a pathological growth on horn* (*od. antler*) *caused by an injury to the male genitalia.*

Pe'rücken|,baum (*getr.* -k·k-) *m bot.* smoke (*od.* wig) tree, fustet, Venus's (*od.* Venetian) sumac (*Cotinus coggygria od. C. americana*). — **~,ma·cher** *m*, **~,ma·che·rin** *f* ⟨-; -nen⟩ wigmaker, wigger.

Pe'ru,rin·de *f med. pharm.* Peruvian bark, Jesuits' (*auch* Jesuit) bark, cinchona.

per·vers [pɛr'vɛrs] *adj* ⟨-er; -est⟩ *med. psych.* **1.** perverted, perverse, abnormal: ein ~er Mensch a pervert. – **2.** (*homosexuell*) homosexual. — **Per·ver·si'on** [-'zĭoːn] *f* ⟨-; -en⟩ *med. psych.* perversion, abnormality. — **Per·ver·si'tät** [-zi'tɛːt] *f* ⟨-; *no pl*⟩ perversity, (sexual) perversion, perverseness.

per·ver·tie·ren [pɛrvɛr'tiːrən] *v/t* ⟨h⟩ (*verderben*) pervert, corrupt, spoil, deprave.

Per·zent [pɛr'tsɛnt] *n* ⟨-(e)s; -e⟩ *Austrian rare* percent, *Br.* per cent.

per·zep·ti·bel [pɛrtsɛp'tiːbəl] *adj philos.* perceptible, discernible, recognizable: perzeptible Geräusche perceptible noises.

Per·zep·ti·bi·li·tät [pɛrtsɛptibili'tɛːt] *f* ⟨-; -en⟩ *philos.* perceptibility.

Per·zep·ti·on [pɛrtsɛp'tsĭoːn] *f* ⟨-; -en⟩ *philos. psych.* (*Wahrnehmung*) perception.

Per·zep·tio·na·lis·mus [pɛrtsɛptsĭona'lɪsmʊs] *m* ⟨-; *no pl*⟩ *philos.* perceptionism.

per·zep·tiv [pɛrtsɛp'tiːf] *adj psych.* perceptive. — **Per·zep·ti·vi'tät** [-tivi'tɛːt] *f* ⟨-; *no pl*⟩ perceptivity.

per·zep·to·risch [pɛrtsɛp'toːrɪʃ] *adj philos.* perceptual, perceptional.

Pe·sa·de [pe'zaːdə] *f* ⟨-; -n⟩ (*in der Hohen Schule*) pesade.

pe·sen ['peːzən] *v/i* ⟨sein⟩ *colloq.* tear, rush, hurry, hasten.

Pe·se·ta [pe'zeːta] *f* ⟨-; -seten⟩ (*span. Münzeinheit*) peseta.

Pe·so ['peːzo] *m* ⟨-(s); -(s)⟩ (*südamer. Münzeinheit*) peso.

Pes·sar [pɛ'saːr] *n* ⟨-s; -e⟩ *med.* pessary.

Pes·si·mis·mus [pɛsi'mɪsmʊs] *m* ⟨-; *no pl*⟩ pessimism. — **Pes·si'mist** [-'mɪst] *m* ⟨-en; -en⟩, **Pes·si'mi·stin** *f* ⟨-; -nen⟩ pessimist. — **pes·si'mi·stisch I** *adj* pessimistic, *auch* pessimistical. – **II** *adv* pessimistically.

Pes·si·mum ['pɛsimʊm] *n* ⟨-s; -sima [-ma]⟩ *biol.* (*schlechteste Umweltbedingungen*) pessimum.

Pest [pɛst] *f* ⟨-; *no pl*⟩ **1.** *med.* plague, pestilence, pest: indische ~ mahamari; an der ~ sterben to die from the plague; der ~ zum Opfer fallen to fall a victim to the plague; er hat die ~ he is infected with the plague; j-m die ~ an den Hals wünschen *fig. colloq.* to wish a plague on s.o. (*colloq.*); er meidet Arbeit wie die ~ *fig. colloq.* he avoids (*od.* shuns) work like the plague (*colloq.*); j-n [etwas] wie die ~ hassen *fig. colloq.* to hate s.o. [s.th.] like poison (*colloq.*), to loathe (*od.* detest) s.o. [s.th.]; das stinkt (ja) wie die ~! *fig. colloq.* that stinks to high heaven! – **2.** *med.* (*Seuche*) epidemic, pestilence, plague. – **3.** *vet.* (*Rinderpest*) cattle plague, rinderpest. — **p~,ar·tig** *adj med.* pestiferous, pestilential. — **~ba,zil·lus** *m* plague bacillus, bacillus pestis (*scient.*). — **~,beu·le** *f* **1.** *med.* plague (*od.* malignant) bubo, plague spot. – **2.** *fig.* (*Schandfleck*) plague spot, canker. — **~ge,ruch, ~ge,stank, ~,hauch** *m* pestilential (*od.* pestilent, pestiferous, mephitic) smell (*od.* stench), miasma, *auch* miasm.

Pe·sti·lenz [pɛsti'lɛnts] *f* ⟨-; -en⟩ *cf.* Pest 1, 2. — **pe·sti·len·zia·lisch** [-'tsĭaːlɪʃ] *adj* pestilential, pestilent, pestiferous.

Pe·sti'lenz,wurz *f bot.* pestilence weed (*od.* wort), (common) butterbur(r) (*Petasites officinalis*).

'pest|,krank *adj med.* plague-infected (*od.* -stricken), suffering from the plague. — **P~,kran·ke** *m, f* ⟨-n; -n⟩ plague-infected (*od.* -stricken) person: die ~n the plague-infected (*od.* -stricken). Spital für ~ pesthouse. — **P~,rat·te** *f zo.* Indian mole rat (*Nesocia bandicuta*). — **P~,säu·le** *f* plague monument (*od.* column). — **P~,wurz** *f bot.* **1.** Indian plantain (*Gattg Adenostyles*). – **2.** *cf.* Pestilenzwurz.

Pe·tar·de [pe'tardə] *f* ⟨-; -n⟩ *mil. hist.* (*Sprengkörper*) petard.

Pe·te·chie [pe'tɛçĭə] *f* ⟨-; -n⟩ *meist pl med.* petechia.

Pe·tent [pe'tɛnt] *m* ⟨-en; -en⟩ *obs. for* Bittsteller.

Pe·ter ['peːtər] *m* ⟨-s; -⟩ **1.** Schwarzer ~ spielen (*games*) *etwa* to play 'old maid'; j-m den Schwarzen ~ zuschieben (*od.* zuspielen) *fig.* a) (*die Schuld*) to lay (*od.* put) the blame for s.th. on s.o., to blame s.o. for s.th., to pass the buck to s.o. (*sl.*), b) (*eine unangenehme Aufgabe*) to let s.o. do the dirty work. – **2.** Blauer ~ *mar.* (*Fahrtflagge*) Blue Peter. — **~,männ·chen, 'Gro·ßes** *n zo.* stingbull, stingfish, greater weever, weever fish (*Trachinus draco*).

'Pe·ters|,fisch *m zo.* (Saint) Peter's fish, John Dory (*Fam. Zeidae*). — **~,gro·schen** *m röm.kath. cf.* Peterspfennig.

Pe·ter·si·lie [petər'ziːlĭə] *f* ⟨-; -n⟩ *bot.* parsley (*Petroselinum hortense*): Wilde ~ corn parsley (*P. segetum*); ihm ist die ~ verhagelt *fig. colloq.* he is down in the dumps (*colloq.*), the bottom has fallen (*od.* dropped) out of his world.

'Pe·ters|,kir·che, die ⟨-⟩ (*in Rom*) St. Peter's (Church). — **~,pfen·nig** *m röm. kath.* Peter's pence (*od.* penny), Romescot.

'Pe·ter,wa·gen *m Northern G.* (*Streifenwagen*) radio patrol car.

Pe·tit [pə'tiː; -'tɪt] *f* ⟨-; *no pl*⟩ *print.* brevier.

Pe·ti·ti·on [peti'tsĭoːn] *f* ⟨-; -en⟩ petition: eine ~ aufsetzen [einreichen] to draw up [to present *od.* submit] a petition.

pe·ti·tio·nie·ren [petitsĭo'niːrən] *v/i* ⟨*no* ge-, h⟩ (um for) petition, make (*od.* present, submit) a petition.

Pe·ti·ti'ons|,recht *n* right of petition. — **~,weg** *m only in* auf dem ~(e) by way of (*od.* through a) petition.

Pe·tit point [pəti'pwɛ̃] (*Fr.*) *n* ⟨- -; *no pl*⟩ (*textile*) petit point.

Pe'tit,schrift *f print. cf.* Petit.

Pe·ti·tum [pe'tiːtʊm] *n* ⟨-s; -tita [-ta]⟩ *obs. for* Antrag 3, Gesuch 1, 2.

Pe·tre·fakt [petre'fakt] *n* ⟨-(e)s; -e(n)⟩ *geol. cf.* Versteinerung 3.

Pe·tri·fi·ka·ti·on [petrifika'tsĭoːn] *f* ⟨-; -en⟩ *geol.* petrification. — **pe·tri·fi·'zie·ren** [-'tsiːrən] *v/t* ⟨*no* ge-, h⟩ petrify.

'Pe·tri,jün·ger ['peːtri-] *m humor.* angler.

Pe·tro·che·mie [petroçe'miː] *f* ⟨-; *no pl*⟩ *chem.* petrochemistry.

Pe·tro·graph [petro'graːf] *m* ⟨-en; -en⟩ petrographer. — **Pe·tro·gra'phie** [-gra'fiː] *f* ⟨-; *no pl*⟩ petrography, petrology. — **pe·tro'gra·phisch** *adj* petrographic(al).

Pe·trol [pe'troːl] *n* ⟨-s; *no pl*⟩ *Swiss for* Petroleum. — **~,äther** *m* petroleum ether, naphtha, light petroleum.

Pe·tro·le·um [pe'troːleʊm] *n* ⟨-s; *no pl*⟩ **1.** (*Erdöl*) petroleum, (mineral, crude, rock, stone, coal, fossil) oil. – **2.** (*für Heiz- u. Leuchtzwecke*) *Am.* kerosine, kerosene, *Br.* paraffin (oil), lighting (*od.* illuminating) oil. — **~,fla·sche** *f* kerosene (*Br.* paraffin) bottle. — **~ge,sell·schaft** *f econ.* oil (*od.* petroleum) company. — **p~,hal·tig** *adj* oil-bearing, containing petroleum, petroliferous. — **~,kan·ne** *f* kerosene (*Br.* paraffin) can. — **~,ko·cher** *m* oilstove, petroleum stove. — **~,lam·pe** *f* oil (*od.* petroleum, *Am.* kerosene, *Br.* paraffin) lamp. — **~,quel·le** *f* oil well, petroleum spring.

Pe·trus [pe:trʊs] *npr m* ⟨-; *no pl*⟩ *Bibl.* Peter: (Brief des) ~ *cf.* Petrusbrief. — **~,brief** *m* Epistle of St. Peter.

Pet·schaft ['pɛtʃaft] *n* ⟨-s; -e⟩ seal, signet, cachet.

pet·schie·ren [pɛ'tʃiːrən] *v/t* ⟨*no* ge-, h⟩ (*Briefe etc*) seal, signet, cachet. — **pet'schiert I** *pp.* – **II** *adj* petschiert sein *Austrian colloq.* to be the sucker (*colloq.*). — **Pet'schier·te** *m, f* ⟨-n; -n⟩ *only in* der [die] ~ sein *Austrian colloq.* to be the sucker (*colloq.*).

Pet·ti·coat ['pɛtikoːt; 'pɛtɪkout] (*Engl.*) *m* ⟨-s; -s⟩ (*steifer Halbrock*) stiff petticoat.

Pet·ting ['pɛtɪŋ] (*Engl.*) *n* ⟨-s; -s⟩ petting.

Pe·tu·nie [pe'tuːnĭə] *f* ⟨-; -n⟩ *bot.* petunia (*Gattg Petunia*).

Petz [pɛts] *m* ⟨-es; -e⟩ Meister ~ (*in der Fabel*) (Master) Bruin.

Pet·ze[1] ['pɛtsə] *f* ⟨-; -n⟩ **1.** *cf.* Hündin. – **2.** *cf.* Bärin.

'Pet·ze[2] *f* ⟨-; -n⟩ *colloq. cf.* Petzer(in).

pet·zen ['pɛtsən] **I** *v/i colloq.* ⟨h⟩ (gegen) 'squeal' (on), 'squeak' (on), 'tell' (on) (*alle colloq.*), (*gegen einen Mitschüler*) *auch* tell tales (about), peach (on *od.* against) (*sl.*), *Br. sl.* 'sneak' (on). – **II** *v/t* blab.

'Pet·zer *m* ⟨-s; -⟩, **'Pet·ze·rin** *f* ⟨-; -nen⟩ *colloq.* telltale; 'squealer', 'squeaker' (*colloq.*), *Br. sl.* 'sneak'.

peu à peu [pøa'pø] (*Fr.*) *adv colloq.* little by little, gradually, by degrees.

pe·xie·ren [pɛ'ksiːrən] *v/t* ⟨*no* ge-, h⟩ *cf.* pekzieren.

Pfad [pfaːt] *m* ⟨-(e)s; -e⟩ **1.** path(way), footpath: ein ausgetretener ~ a well-worn (*od. lit.* much-trodden) path; auf ausgetretenen ~en wandeln *fig.* to keep to the beaten track; ein steiler ~ a steep path; ein dorniger (*od.* dornenreicher) ~ *fig.* a stony path, a path beset with difficulties (*od.* thorns); vom ~ der Tugend abweichen *fig. poet. od. iron.* to stray from the path of virtue; vom rechten ~ abkommen *fig.* to stray from the straight and narrow. – **2.** (*bes. durch Wildnis etc*) trail, track. – **3.** (*bes. zwischen Hecken, Mauern etc*) lane.

Pfa·der [ˈpfaːdər] *m* ⟨-s; -⟩ *Swiss colloq. for* Pfadfinder 1, 2.

ˈPfadˌfin·der *m* **1.** (*Mitglied*) boy scout. – **2.** *pl* (*Bewegung*) Boy Scouts. – **3.** *aer.* pathfinder. — **~beˌwe·gung** *f* Boy Scout movement.

ˈPfadˌfin·de·rin *f* **1.** (*Mitglied*) *Br.* girl guide, *Am.* girl scout, camp fire girl. – **2.** *pl* (*Bewegung*) *Br.* Girl Guides, *Am.* Girl Scouts.

ˈpfad·los *adj* (*Wildnis etc*) pathless, wayless, trackless.

Pfaf·fe [ˈpfafə] *m* ⟨-n; -n⟩ **1.** *contempt.* cleric(al), priest, parson, shaveling (*contempt.*), *bes. Am. contempt.* sky pilot. – **2.** *metall.* (*in Gießerei*) hob.

ˈPfaf·fen|ˌherr·schaft *f contempt.* priestly power (*od.* rule), government (*od.* domination) of priests, popery, popeism: unter ~ stehen to be priest-ridden. — **~ˌhüt·chen** *n bot.* spindle tree (*Euonymus europaeus*): Rotblütiges ~ wahoo (*E. atropurpureus*). — **~ˌknecht** *m contempt.* priest-ridden person, slave of priests. — **~ˌstück** *n gastr.* pope's (*od.* parson's) nose.

ˈPfaf·fen·tum *n* ⟨-s; *no pl*⟩ *contempt.* **1.** *cf.* Pfaffenherrschaft. – **2.** *collect.* (*Priesterschaft*) priesthood, parsons *pl*, priests *pl*.

ˈPfaf·fenˌwirt·schaft *f contempt.* misrule (*od.* negative influence) of the priesthood, priestly (*od.* clerical) misrule (*od.* machinations *pl*), clericalism.

pfäf·fisch [ˈpfɛfɪʃ] *adj contempt.* priestish, priestlike, clerical.

Pfahl [pfaːl] *m* ⟨-(e)s; ⸚e⟩ **1.** stake, pile, pole, post, pale: einen ~ (in die Erde) einschlagen (*od.* eintreiben, einrammen) to drive a stake in(to the ground); in (*od.* zwischen) seinen vier Pfählen *fig. colloq.* within one's own four walls; ein ~ im Fleisch *fig.* a thorn in the flesh. – **2.** (*Pfosten*) post. – **3.** (*Zaunpfahl*) pale, paling, picket, stake, post. – **4.** (*Stütze*) prop, support, spile, pier: einen Ast mit einem ~ stützen to prop (*od.* stake) a branch (up). – **5.** (*Stange*) pole, *Br.* standard. – **6.** (*im Vermessungswesen*) picket, marking pole, stake: etwas mit Pfählen abstecken to picket s.th. – **7.** *arch.* stilt, pillar, pier. – **8.** *jur. hist.* (*Schandpfahl*) pillory. — **~ˌbau** *m* ⟨-(e)s; -ten⟩ **1.** *meist pl archeol.* lake dwelling, pile dwelling (*od.* house), lacustrine (*od.* lacustral) dwelling, palafitte. – **2.** *civ.eng.* a) pilework, piling, b) pile foundation structure. — **~ˌbau·er** *m archeol.* lake (*od.* pile) dweller, lacustrian, inhabitant of a lake dwelling (*od.* village). — **~ˌbür·ger** *m* **1.** *contempt.* (*Spießbürger*) bourgeois, Philistine, square (*sl.*). – **2.** *archeol. cf.* Pfahlbauer. — **~ˌdorf** *n archeol.* pile village, lake village (*od.* settlement).

pfäh·len [ˈpfɛːlən] **I** *v/t* ⟨h⟩ **1.** (*Bäume*) prop (up), support, train. – **2.** (*Reben etc*) stake. – **3.** j-n ~ *jur. hist.* to impale (*od.* stake) s.o. – **II P~** *n* ⟨-s⟩ **4.** *verbal noun.* – **5.** *cf.* Pfählung.

ˈPfahl|fun·daˌment *n*, **~ˌgrün·dung** *f civ.eng.* pile foundation. — **~ˌjochˌbrücke** (*getr.* -k·k-) *f civ.eng.* pile bridge, bridge (resting) on piles. — **~ˌmu·schel** *f zo. cf.* Miesmuschel 2. — **~ˌram·me** *f civ.eng.* pile driver (*od.* engine), pile-driving machine. — **~ˌrost** *m* pile grating (*od.* frame, framing). — **~ˌschuh** *m* pile point (*od.* shoe).

ˈPfäh·lung *f* ⟨-; -en⟩ **1.** *cf.* Pfählen. – **2.** *jur. hist.* (*Folterstrafe*) impalement.

ˈPfahl|ˌwerk *n* **1.** *civ.eng.* paling, pale work, piling, pilework, spiling. – **2.** *mil. hist.* a) palisade, stockade, fraise, b) (*Pfahlsperre*) picket obstacle. — **~ˌwur·zel** *f bot.* tap root. — **~ˌzaun** *m* paling, fence of pales.

Pfalz [pfalts] *f* ⟨-; -en⟩ *hist.* **1.** (*Schloß*) (imperial) palace. – **2.** (*Lehensland*) palatinate, county palatine: Kurfürst von der ~ Elector Palatine.

Pfäl·zer [ˈpfɛltsər] **I** *m* ⟨-s; -⟩ *geogr.* (inhabitant of the) Palatinate, Palatine. – **II** *adj* ⟨*attrib*⟩ Palatine, (of the) Palatinate: ~ Wein Palatinate wine.

ˈPfäl·ze·rin *f* ⟨-; -nen⟩ *geogr. cf.* Pfälzer I.

ˈPfalz|ˌgraf *m hist.* count palatine, pal(s)grave. — **~ˌgrä·fin** *f* countess palatine, palsgravine. — **p~ˌgrä·fisch** [-ˌgrɛːfɪʃ], **p~ˌgräf·lich** *adj* of (*od.* pertaining to) a count palatine. — **~ˌgraf·schaft** *f* palatinate, county palatine.

ˈpfäl·zisch *adj cf.* Pfälzer II.

Pfand [pfant] *n* ⟨-(e)s; ⸚er⟩ **1.** *jur. econ.* a) pledge, pawn, gage, b) (*Bürgschaft*) security, surety, c) (*auf Immobilien*) mortgage, d) (*Kaution*) bail, e) (*gepfändeter Gegenstand*) distress: als ~ für in pledge of; j-m etwas als (*od.* zum) ~ geben to give s.o. s.th. as a pledge (*od.* as security); etwas als ~ haben (*od.* halten) to hold s.th. in pledge; etwas als ~ geben to give (*od.* put) s.th. in pledge; ein ~ einlösen (*od.* auslösen) to redeem a pledge, to take s.th. out of pawn; Geld gegen (*od.* auf) ~ (aus)leihen (*od.* geben) to lend money against security (*od.* on pawn); etwas als (*od.* in) ~ nehmen to accept s.th. as pledge, to take s.th. as security (*od.* in pawn); ich gebe (*od.* setze) mein Wort [meine Ehre] dafür zum ~ *fig.* I'll pledge my word [hono(u)r] on that; dafür setze ich mein Leben zum ~ *fig.* I'll stake my life on it. – **2.** *econ.* (*Hinterlegungsbetrag*) deposit: auf dieser Flasche ist (*od.* steht) ~ there is a deposit on this bottle. – **3.** (*beim Pfänderspiel*) forfeit: ein ~ zahlen (*od.* hergeben) to pay a forfeit. – **4.** *fig.* (*Unterpfand, Beweis*) token, pledge: als (ein) ~ seiner Liebe as a token of one's love. — **~ˌanˌstalt** *f cf.* Leihhaus.

ˈpfänd·bar *adj jur.* distrainable, seizable, attachable. — **ˈPfänd·bar·keit** *f* ⟨-; *no pl*⟩ capability of being distrained, liability to distraint (*od.* attachment).

ˈPfandˌbrief *m econ.* mortgage debenture (*od.* bond). — **~ˌanˌlei·he** *f* loan on mortgage. — **~ˌanˌstalt**, **~ˌbank** *f* mortgage bank.

ˈPfand|ˌbruch *m jur.* tampering with goods under attachment. — **~ˌdarˌle·hen** *n econ.* loan on security (*od.* pledge, pawn). — **~ˌeinˌlö·sung** *f* redemption of a pledge.

pfän·den [ˈpfɛndən] *jur.* **I** *v/t* ⟨h⟩ **1.** etwas ~ to seize s.th. (as a pledge *od.* security), to distrain (upon) s.th., to take s.th. in execution, to attach s.th., (*Forderungen beim Drittschuldner*) to garnish s.th.: ein Konto ~ to garnish an account; j-s Eigentum ~ to have s.o.'s property seized (*od.* attached); einem säumigen Zahler die Möbel ~ (lassen) to levy (a) distress (*od.* to levy execution) upon a debtor's furniture. – **2.** j-n ~ to distrain upon s.o. – **II P~** *n* ⟨-s⟩ **3.** *verbal noun.* – **4.** *cf.* Pfändung.

ˈPfän·der *m* ⟨-s; -⟩ *Southern G. for* Gerichtsvollzieher. — **~ˌspiel** *n* (game of) forfeits *pl* (*construed as sg*).

ˈPfand|ˌfreiˌga·be *f jur.* replevin. — **~ˌge·ber** *m* **1.** (*von beweglichen Sachen*) pledger, pawner, debtor on pawn. – **2.** (*von Immobilien*) mortgagor, *auch* mortgager, debtor on mortgage. — **~ˌge·genˌstand** *m cf.* Pfand 1. — **~ˌgläu·bi·ger** *m* **1.** (*von beweglichen Sachen*) holder (*od.* receiver) of a pledge, pledgee, pawnee, (*Partei, die Forderungspfändung erwirkt hat*) garnisher. – **2.** (*von Immobilien*) mortgagee, lienor, encumbrancer. — **~ˌhaus** *n* pawnshop, pawnbroker's shop: etwas ins ~ tragen to put s.th. in pawn, to pawn (*od. sl.* to hock) s.th. — **~ˌhin·terˌle·gung** *f econ.* deposit (as a pledge, a security *od.* in pawn). — **~ˌleihˌanˌstalt** *f cf.* Leihhaus. — **~ˌlei·he** *f econ.* pawnbroking. — **~ˌlei·her** *m* ⟨-s; -⟩ pawnbroker, pawner, pawnor: ihr Ring ist beim ~ her ring is in pawn. — **~ˌlö·sung** *f cf.* Pfandeinlösung. — **~ˌneh·mer** *m cf.* Pfandgläubiger. — **~obˌjekt** *n cf.* Pfand 1. — **~ˌrecht** *n jur.* **1.** hypothecary law, (law of distraint and) mortgage. – **2.** (*subjektives*) lien. – **3.** (*vertragliches*) pledge. — **~ˌrückˌga·be** *f* restitution of a pledge(d object). — **~ˌsa·che** *f cf.* Pfand 1. — **~ˌschein** *m* **1.** (*vom Pfandhaus etc*) pawn ticket. – **2.** *econ.* (*von Kreditbanken*) certificate of pledge. — **~ˌschuld** *f jur.* **1.** (*bei beweglichen Sachen*) debt on pawn (*od.* pledged articles). – **2.** (*bei Immobilien*) (debt on) mortgage, mortgage debt, hypothecary debt. — **~ˌschuld·ner** *m cf.* Pfandgeber. — **~ˌsi·cher·heit** *f* **1.** security in the form of a pawn (*od.* pledge). – **2.** hypothecary security, mortgage security.

ˈPfän·dung *f* ⟨-; -en⟩ *jur.* **1.** *cf.* Pfänden. – **2.** seizure, distraint, attachment, distress: ~ einer Geldforderung garnishment; eine ~ vornehmen lassen (bei) to levy a distress (on), to distrain (on *od.* upon); Aufhebung der ~ replevin; ~ der Ernte auf dem Halm distraint by seizure of crops.

ˈPfän·dungs|beˌfehl *m jur.* warrant of attachment (*od.* distress), *Am.* writ of attachment, *Br.* distringas. — **~beˌschluß** *m* order of attachment. — **~pro·toˌkoll** *n* report of the proceedings of distress (*od.* attachment proceedings). — **~ˌrecht** *n* right to attach (*od.* to seize). — **~verˌfah·ren** *n* attachment proceedings *pl*.

ˈPfand|verˌkauf *m jur.* realization (*od.* sale) of a pledge. — **~verˌschrei·bung** *f* bill of sale (by way of security), mortgage deed. — **~verˌstei·ge·rung** *f* auction of the pledge. — **~verˌtrag** *m* deed of security. — **~verˌwah·rung** *f* keeping of the pledge. — **~verˌwer·tung** *f cf.* Pfandverkauf. — **p~ˌwei·se** *adv* by way of a pledge (*od.* of security), by pawn, by mortgage. — **~ˌzet·tel** *m cf.* Pfandschein 1.

Pfänn·chen [ˈpfɛnçən] *n* ⟨-s; -⟩ *dim. of* Pfanne.

Pfan·ne [ˈpfanə] *f* ⟨-; -n⟩ **1.** (*Bratpfanne*) (frying) pan, *Am. auch* skillet, spider: Eier in die ~ schlagen to break eggs into the pan; eine ~ (voll) Bratkartoffeln a panful of fried potatoes; j-n in die ~ hauen *fig. colloq.* a) (*vernichtend schlagen*) to beat s.o. hollow, to beat the boots off s.o., to make mincemeat of s.o. (*alle colloq.*), to flatten (*od.* lick) s.o. (*sl.*), b) (*verraten*) to betray s.o.; da wird doch der Hund in der ~ verrückt! *fig. colloq.* well, I never (did)! did you ever! blow me down! etwas auf der ~ haben *fig. colloq.* to have s.th. up one's sleeve (*od.* in stock). – **2.** (*im Backofen*) roasting pan. – **3.** (*zum Grillen*) broiling pan, broiler. – **4.** (*einer Waagschale*) scale(pan), pan, tray. – **5.** *civ.eng.* (*Dachpfanne*) pantile. – **6.** *tech.* (*Siedekessel*) pan, copper. – **7.** *tech.* a) pan, b) (*einer Schneide*) seat. – **8.** *metall.* (*Gießpfanne*) ladle. – **9.** *brew.* (brewing) copper. – **10.** *med.* a) pan, b) (*beim Gelenk*) socket, c) (*beim Hüftgelenk*) acetabulum, d) (*an der Schulter*) glenoid cavity: der Knochen ist aus der ~ gesprungen the bone has slipped out of joint (*od.* out of its socket). – **11.** *mil. hist.* (*eines Gewehrs*) (powder) pan.

ˈPfan·nen|ˌausˌguß *m metall.* ladle lip, nozzle of a ladle. — **~ˌbär** *m* ladle skull. — **~ˌflicker** (*getr.* -k·k-) *m* tinker. — **~ˌstiel** *m* handle of a pan, panhandle.

ˈPfannˌku·chen *m* ⟨-s; -⟩ *gastr.* **1.** pancake, *bes. Am.* wheat (*od.* griddle, hot) cake, flapjack: platt wie ein ~ *fig.* (as) flat as a pancake; aufgehen (*od.* auseinandergehen) wie ein ~ *fig. colloq.* to swell up like a balloon. – **2.** (Berliner) ~ *bes. Northern G.* (Berlin) doughnut.

ˈPfarr|ˌamt *n relig.* **1.** clergyman's office. – **2.** *cf.* Pfarrstelle. — **p~ˌamt·lich** *adj* parochial, pastoral. — **~beˌzirk** *m* parish, cure. — **~ˌbuch** *n* parish register.

Pfar·re [ˈpfarə] *f* ⟨-; -n⟩ *relig. cf.* Pfarrbezirk.

Pfarˈrei *f* ⟨-; -en⟩ *relig.* **1.** parish. – **2.** *cf.* Pfarramt 1. — **pfarˈrei·lich** *adj* parochial, pastoral.

Pfar·rer [ˈpfarər] *m* ⟨-s; -⟩ *relig.* **1.** (*katholischer*) (parish) priest, *bes. Am.* pastor. – **2.** (*protestantischer*) *cf.* Pastor 1. – **3.** (*anglikanischer*) clergyman, vicar, rector, curate. – **4.** (*der engl. Hochkirche*) priest.

ˈPfar·re·rin *f* ⟨-; -nen⟩ (*in evangelischer Kirche*) woman pastor.

ˈPfar·rersˌtoch·ter *f* clergyman's (*od.* parson's) daughter: unter uns (katholischen) Pfarrerstöchtern *colloq. humor.* between you and me and the lamppost.

ˈPfarr|ˌfrau *f* clergyman's (*od.* parson's) wife. — **~geˌhil·fe** *m relig.* curate: Stelle des ~n curacy. — **~geˌhil·fin** *f* **1.** clergyman's assistant, deaconess. – **2.** *cf.* Pfarrvikarin. — **~geˌmein·de** *f* parish. — **~ˌhaus** *n* clergyman's house, parish house, (*Amtswohnung*) parsonage, (*eines anglika-*

nischen Pfarrers) rectory, *auch* vicarage, *(freikirchliches)* manse, *(römisch-katholisches)* presbytery, *auch* presbytere. — **~,hel·fer** *m* curate intern. — **~,hof** *m* **1.** *cf.* Pfarrhaus. – **2.** courtyard of a parsonage. — **~,kind** *n* parishioner. — **~,kir·che** *f* parish church. — **~,schu·le** *f* parish *(od.* parochial) school. — **~,stel·le** *f* pastorate, ecclesiastical *(od.* clerical) benefice, *(anglikanische) auch* rectorate, incumbency: **er hat eine ~ bekommen** he has been appointed to a parish. — **~ver,we·ser** *m* curate in charge of a parish, curate in charge. — **~vi,kar** *m cf.* Pfarrhelfer. — **~vi,ka·rin** *f* woman assistant minister.

Pfau [pfaʊ] *m* ⟨-(e)s *od.* -en; -(e)n, *Austrian auch* -e⟩ **1.** *zo.* (Blauer *od.* Gemeiner) ~ *zo.* Indian peacock, peafowl, pavo *(scient.)* *(Pavo cristatus)*; **junger ~** peachick; **der ~ schlägt ein Rad** the peacock spreads his feathers *(od.* his train, tail), the peacock fans (out) his tail. – **2.** *fig. colloq.* *(in Wendungen wie)* **einherstolzieren wie ein ~** to strut like a peacock; **stolz wie ein ~** (as) proud *(od.* vain) as a peacock; **sich spreizen wie ein ~** to plume oneself, to swell *(od.* be puffed up) with pride; **sich aufputzen wie ein ~** to doll oneself up *(colloq.)*. – **3.** *her.* pawn, *auch* peacock.

pfau·chen ['pfaʊxən] *v/i u. v/t* ⟨h⟩ *obs. od. Southern G. and Austrian for* fauchen.

'Pfau·en|,au·ge *n* **1.** a) peacock's eye, b) eye in a peacock's feather. – **2.** *zo.* a) *cf.* Tagpfauenauge, b) *cf.* Abendpfauenauge, c) *cf.* Nachtpfauenauge. — **~,au·gen-,Bunt,barsch** *m zo.* velvet cichlid, oscar *(Gattg Astronotus)*. — **~,au·gen-,Kamm-,barsch** *m* pike cichlid *(Crenicichla lepidota)*. — **p~,blau** *adj* peacock-blue, pavonian, pavonine. — **~,fe·der** *f* peacock's feather. — **~,kra·nich** *m zo. cf.* Kronenkranich. — **~,rad** *n* peacock's fan. — **~,thron** *m (in Persien)* Peacock Throne.

'Pfau|,hahn *m zo.* peacock. — **~,hen·ne** *f* peahen.

Pfef·fer ['pfɛfər] *m* ⟨-s; -⟩ **1.** *(Gewürz)* pepper: **gemahlener [weißer] ~** ground [white] pepper; **mit ~ würzen** to season with pepper, to pepper; **das ist starker ~** *fig. colloq.* that's a bit thick *(od.* much); **j-n dahin wünschen, wo der ~ wächst** *fig.* to wish s.o. at the bottom of the sea *(od.* at the other end of the world, a thousand miles away); → **Hase** 2. – **2.** *bot.* pepper *(Gattg Piper, bes. P. nigrum)*. – **3.** *bot.* *(Pfefferstaude)* pepper *(Gattg Capsicum)*: **Spanischer ~** (Spanish) paprika, capsicum, (Spanish) pepper *(C. annuum)*; **Roter ~** red *(od.* Cayenne, hot) pepper, *auch* chil(l)i, chile, *bes. Br.* chilli, chilly *(C. frutescens)*. – **4. ~ und Salz** *(textile) (Muster)* pepper-and-salt. — **~,baum** *m bot.* pepper shrub *(od.* tree) *(Schinus molle)*. — **~,büch·se** *f cf.* Pfefferstreuer. — **~,fres·ser** *m zo.* pepper bird, toucan *(Fam. Rhamphastidae)*. — **~ge,wäch·se** *pl bot.* piperaceae *(Fam. Piperaceae)*. — **~,gur·ke** *f gastr.* gherkin.

'pfef·fe·rig *adj* peppery, piperaceous *(scient.)*.

'Pfef·fer|,korn *n bot.* peppercorn, grain of pepper. — **~,kraut** *n cf.* Bohnenkraut.

'Pfef·fer,ku·chen *m gastr.* gingerbread (cake), parkin. — **~,häus·chen** *n* gingerbread house.

'Pfef·fer,milch·ling *m bot.* pepper mushroom *(od.* toadstool) *(Lactarius piperitus)*.

'Pfef·fer,minz[1] [-,mɪnts] *m* ⟨-es; -e⟩ *cf.* Pfefferminzlikör.

'Pfef·fer,minz[2] *n* ⟨-es; -e⟩ *gastr. cf.* a) Pfefferminzplätzchen, b) Pfefferminzbonbon.

'Pfef·fer,minz·bon,bon *m, n* peppermint drop *(od.* lozenge), *Am.* peppermint candy, *Br.* humbug.

'Pfef·fer,min·ze *f* ⟨-; *no pl*⟩ *bot.* peppermint, bergamot, brandy mint *(Mentha piperita)*.

'Pfef·fer,minz|li,kör *m* peppermint liqueur, crème de menthe. — **~,öl** *n med. pharm.* peppermint oil, peppermint. — **~,plätz·chen** *n* **1.** peppermint drop. – **2.** biscuit with peppermint flavor *(bes. Br.* flavour), peppermint biscuit *(Am.* cookie). — **~,tee** *m* peppermint tea.

'Pfef·fer|,müh·le *f* pepper mill. — **~,mu·schel** *f zo.* scrobicularia *(Scrobicularia piperata)*.

'pfef·fern *v/t* ⟨h⟩ **1.** *gastr.* pepper: **sie hat die Soße zu stark gepfeffert** there is too much pepper in the sauce; **er pfefferte seine Rede mit spitzen Bemerkungen** *fig.* he peppered *(od.* salted) his speech with pungent remarks. – **2.** *colloq.* fling, chuck *(colloq.)*: **er pfefferte seine Tasche in die Ecke** he flung his bag into the corner.

'Pfef·fer,nuß *f gastr.* ginger(bread) nut, *auch* spice nut.

Pfef·fe·ro·ni [pfɛfə'roːni] *m* ⟨-; -⟩ *bes. Austrian* hot peppers *pl.*

'Pfef·fer|,sack *m* **1.** pepper bag. – **2.** *fig. contempt.* moneybags *pl* *(construed as sg or pl)*. — **~,scho·te** *f bot.* pepper pod. — **~,stau·de** *f cf.* Pfeffer 3. — **~,strauch** *m* pepper bush *(Piper nigrum)*. — **~,streu·er** *m* pepper shaker, *auch* pepper caster *(od.* pot), *bes. Br.* pepper-box. — **~,vo·gel** *m zo. cf.* Pfefferfresser.

Pfei·fe ['pfaɪfə] *f* ⟨-; -n⟩ **1.** whistle, *(Trillerpfeife)* alarm whistle: **eine schrille ~ ertönte** a shrill whistle sounded; **es muß alles nach seiner ~ tanzen** *fig. colloq.* everybody has to dance to his tune. – **2.** *mus.* a) *(Querpfeife)* fife, b) *(der Orgel)* (organ) pipe: → **gedackt.** – **3.** *(Tabakpfeife)* (tobacco) pipe: **kurze ~** short pipe, *bes. Br.* cutty; **(sich** *dat***) eine ~ stopfen** to stuff *(od.* fill) a pipe; **er sog** *(od.* **zog) an seiner ~** he sucked *(od.* pulled) at his pipe; **er klopfte seine ~ aus** he knocked the ashes out of his pipe. – **4.** *tech.* a) pipe, b) *(bei der Glasbläserei)* blowpipe, blowing tube. – **5.** *fig. sl. cf.* Niete 2. – **6.** *hunt.* birdcall.

pfei·fen ['pfaɪfən] **I** *v/t* ⟨pfeift, pfiff, gepfiffen, h⟩ **1.** *(Melodie etc)* whistle. – **2.** *fig. colloq.* *(in Wendungen wie)* **ich pfeife ihm was** he can whistle for it; **ich werde dir was ~** I'll do nothing of the sort; **er pfiff sich eins** he pretended not to care; → **Spatz** 1. – **3.** *(sport) (Spiel)* be the referee *(od.* umpire) of: **Schiedsrichter X wird morgen das Spiel ~** tomorrow's match will be refereed *(od.* umpired) by Mr. X. – **II** *v/i* **4.** *(von Personen)* whistle: **j-m ~** to whistle to s.o.; **als sie vorbeiging, pfiff er bewundernd** as she passed he gave a wolf whistle; **er pfiff leise vor sich hin** he whistled softly to himself. – **5.** *(aus Mißfallen)* hiss, hoot, catcall. – **6.** *fig. colloq.* *(in Wendungen wie)* **ich pfeife auf seine Einladung** I don't give *(od.* care) a damn *(od.* two hoots) about his invitation *(colloq.)*; **also daher pfeift der Wind?** so that's the way the wind blows? → **Loch** 1. – **7.** *(von Wasserkessel)* whistle. – **8.** *(von Lokomotive etc)* whistle, hoot, scream, screech. – **9.** *(vom Wind)* whistle, shrill, pipe: **der Wind pfiff ihm um die Ohren** the wind whistled round his ears; **der Wind pfeift ums Haus** the wind shrills round the house. – **10.** *mus.* pipe, whistle: **auf der Querpfeife ~** to fife; **auf dem Dudelsack ~** to skirl. – **11.** *(sport)* a) whistle, blow *(od.* give) a whistle, b) *(Schiedsrichter sein)* be the referee *(od.* umpire), referee, umpire. – **12.** *mar.* *(mit Bootsmannspfeife)* pipe. – **13.** *mil.* *(von Geschoß, Kugel)* whistle, pipe, sing, ping, whiz(z), zip: → **Kugel** 2. – **14.** *(beim Atmen)* a) *med.* wheeze, whistle, b) *vet.* roar. – **15.** *zo.* a) *(von Vögeln)* sing, pipe, b) *(vom Murmeltier)* whistle. – **16.** *hunt.* call, give a warning call. – **17.** *(von Radio etc)* squeal, whistle, sing. – **18.** *(thieves' Latin)* *(alles verraten)* 'squeal', 'squeak', 'sing' *(alle colloq.)*: **er hat bei der Polizei gepfiffen** he sang to the police. – **III P~** *n* ⟨-s⟩ **19.** *verbal noun*: **er spitzte seine Lippen zum P~** he pursed (up) his lips to whistle. – **20.** whistle. – **21.** *(aus Mißfallen)* hiss, hoot, catcall, *Am. sl.* Bronx cheer. – **22.** *(einer Lokomotive, eines Schiffes etc)* whistle, hoot, scream, shrill. – **23.** *mil.* *(von Geschoß, Kugel)* whistle, pipe, sing, ping, whiz(z), zip. – **24.** *med.* *(der Lunge)* sibilant rhonchi *pl.*

'Pfei·fen,an,zün·der *m* pipe light(er).

'pfei·fend I *pres p.* – **II** *adj* **1.** *(Geräusch etc)* whistling. – **2.** *med.* *(Atmen)* wheezing, sibilant.

'Pfei·fen|,deckel *(getr.* -k·k-) **I** *m* **1.** lid of a pipe bowl, pipe lid. – **2.** *Austrian mil. colloq. for* Offizier(s)bursche. – **II** *interj* **3. ~!** *colloq.* nothing doing! *(colloq.)*, no go! — **~,fisch** *m zo. cf.* Tabakspfeife 2. — **~ge,stell** *n* pipe rack. — **~,gras** *n bot.* (purple) moor grass *(Molinia coerulea)*. — **~,hal·ter** *m cf.* Pfeifengestell. — **~,kopf** *m* **1.** (pipe) bowl. – **2.** *colloq. for* Dummkopf. — **~,kraut** *n bot. cf.* Pfeifenstrauch. — **~,rau·cher** *m* pipe smoker. — **~,rei·ni·ger** *m* (tobacco) pipe cleaner *(od.* cleanser, picker). — **~,rohr** *n* pipe tube, pipestem. — **~,stän·der** *m* pipe rack. — **~,stop·fer** *m* tobacco *(od.* pipe) stopper. — **~,strauch** *m bot.* hogweed, *Am.* Dutchman's pipe, pipe shrub *(od.* vine) *(Aristolochia sipho)*. — **~,ta·bak** *m* pipe tobacco.

'Pfeif,en·te *f zo.* European widgeon, whistling duck *(Anas penelope)*.

'Pfei·fen|,ton *m min.* pipe clay, bolus, *auch* bole, terra alba. — **~,werk** *n mus.* *(einer Orgel)* pipework.

'Pfei·fer *m* ⟨-s; -⟩ **1.** whistler. – **2.** *mus.* a) piper, b) fife player, *auch* fifer.

Pfei·fe'rei *f* ⟨-; *no pl*⟩ *contempt.* (continuous) whistling.

'Pfeif|,frosch *m meist pl zo.* white-lipped *(od.* white-jawed robber) frog *(Fam. Leptodactylidae)*. — **~,ha·se** *m* calling hare, *auch* mouse hare, pika *(Fam. Ochotonidae)*. — **~,kes·sel** *m* whistling kettle. — **~kon,zert** *n fig.* chorus of whistles *(od.* boos), catcalling. — **~si,gnal** *n* whistle (signal). — **~,ton** *m* **1.** *electr.* whistling *(od.* feedback) tone. – **2.** whistle. – **3.** *med.* *(beim Atmen)* wheezing sound. — **~,topf** *m* pressure cooker.

Pfeil [pfaɪl] *m* ⟨-(e)s; -e⟩ **1.** *(Bogengeschoß)* arrow, bolt: **ein gefiederter [vergifteter] ~** a feathered [poisoned] arrow; **einen ~ schnitzen** to cut an arrow; **mit ~ und Bogen** with bow and arrow; **er schoß wie ein ~ davon** *fig.* he darted off; **alle seine ~e verschossen haben** *fig.* to be at the end of one's resources, to have shot one's bolt; **von Amors ~ getroffen werden** *fig.* to be hit by Cupid's shaft. – **2.** *(games)* dart. – **3.** *(Richtungsweiser u. Zeichen)* arrow. – **4.** *tech.* arrow. – **5.** *astr.* Arrow, Sagitta. – **6.** *arch. cf.* Pfeilhöhe. — **p~,ähn·lich, p~,ar·tig** *adj* arrowlike, sagittal *(lit.)*.

'Pfei·ler *m* ⟨-s; -⟩ **1.** *arch.* a) pillar, b) *(einer Brücke)* pier. – **2.** *fig.* pillar, foundation. – **3.** *(mining)* pillar: **einen ~ abbauen** to rob a pillar. — **~,bo·gen** *m arch.* pilaster arch. — **~,brücke** *(getr.* -k·k-) *f civ.eng.* pier bridge, bridge resting on piers. — **p~,för·mig** *adj* pillar-shaped. — **~,schaft** *m* **1.** pier shaft. – **2.** pillar shaft. — **~,spie·gel** *m* pier glass.

'Pfeil|,flü·gel *m aer.* swept-back wing. — **~,form** *f* **1.** *aer.* *(der Tragflächen)* sweepback, *Br.* sweep-back. – **2.** *mil.* wedge formation. — **p~,för·mig** *adj* **1.** arrow-shaped, arrowy. – **2.** *bes. bot.* sagittate, sagittated, sagittiform. – **3.** *aer.* swept-back *(attrib)*. — **p~ge'ra·de** *adj* (as) straight as an arrow *(od.* a die). — **p~ge'schwind** *adj* (as) swift as an arrow. — **~,gift** *n* arrow poison, curare. — **~,ha·gel** *m* shower of arrows. — **~,hecht** *m zo. cf.* Barrakuda. — **~,hö·he** *f arch.* *(eines Bogens, Gewölbes)* rise. — **~,kraut** *n bot.* arrowhead, arrowleaf *(Gattg Sagittaria)*: **Gemeines ~** common arrowhead *(S. sagittifolia)*. — **~,rad** *n tech. cf.* Pfeilzahnrad. — **~,re·gen** *m* shower of arrows. — **~,schaft** *m* arrow shaft, stele. — **~,schnäb·ler** [-,ʃnɛːblər] *m* ⟨-s; -⟩ *zo.* spiny eel *(Fam. Mastocembelidae)*. — **p~'schnell** *adj cf.* pfeilgeschwind. — **~,schuß** *m* bowshot, arrowshot. — **~,schüt·ze** *m* bowman, archer. — **~,schwanz,krebs** *m zo.* horseshoe crab, *auch* king crab *(Limulus polyphemus)*. — **~,spit·ze** *f* **1.** arrowhead, arrow tip, pike. – **2.** *her.* pheon. — **~,stel·lung** *f aer.* *(der Tragflächen)* sweepback, *Br.* sweep-back.

'Pfei·lung *f* ⟨-; *no pl*⟩ *aer.* *(des Flügels)* sweep.

'Pfeil|ver,zah·nung *f tech.* herringbone *(Br.* herring-bone) tooth system, double helical gearing. — **~,wurf,spiel** *n* darts *pl* *(construed as sg)*. — **~,wurm** *m zo.* **1.** chaetognath *(Klasse Chaetognatha)*. – **2.** arrowworm, sagitta *(scient.)* *(Sagitta hexaptera)*.

'Pfeil,wurz *f bot.* arrowroot (plant), maranta *(scient.)* *(Gattg Maranta, bes. M. arundinacea)*. — **~,mehl** *n* arrowroot, maranta, tous-les-mois.

'Pfeil,zahn,rad *n tech.* herringbone *(Br.* herring-bone) gear, double helical gear.

Pfen·nig ['pfɛnɪç] *m* ⟨-(e)s; -e⟩ **1.** pfennig: **eine Briefmarke zu 20 ~** a 20-pfennig stamp. – **2.** *fig.* penny, *Br. auch* farthing, bean *(sl.)*, *Am.* cent: **er hat keinen ~** he hasn't a penny; **ohne einen ~** stone-broke, *bes. Br.* stony-broke (*beide sl.*); sie muß mit dem ~ rechnen, sie muß jeden ~ umdrehen she has to count every penny, she has to scrimp and save; er dreht jeden ~ zehnmal um *fig.* (*ist geizig*) he counts every penny, he is a scrimp; das ist nicht einen ~ wert that's not worth a penny (*Am. colloq.* red cent, plugged nickel); er hat nicht für fünf ~ Lust he doesn't care two cents (*od.* a rap) for that; wer den ~ nicht ehrt, ist des Talers nicht wert (*Sprichwort*) who needs not a penny will never have many (*proverb*), penny and penny laid up will be many (*proverb*), look after the pennies and the pounds will look after themselves (*proverb*); → Heller 2. — **~ˌabˌsatz** *m* (*eines Damenschuhes*) stiletto heel. — **~ˌfuch·ser** *m* <-s; -> *colloq. contempt.* skinflint, miser, niggard; penny pincher, *bes. Br.* pinchpenny (*colloq.*). — **~fuch·se'rei** [ˌpfɛnɪç-] *f* <-; -en> *colloq. contempt.* stinginess, niggardliness. — **p~ˌgroß** *adj* of the size of a pfennig. — **~ˌkraut** *n bot.* **1.** moneywort, twopenny grass, creeping Jenny (*od.* loosestrife) (*Lysimachia nummularia*). – **2.** pennycress, *auch* fanweed, field pennycress, French weed, penny grass (*Thlaspi arvense*). — **~ˌstück** *n* pfennig piece (*od.* coin). — **~ˌwa·re** *f* trinkets *pl*, odds and ends *pl*, bits and pieces *pl*. — **p~ˌwei·se** *adv* by pennyworths, in driblets.

Pferch [pfɛrç] *m* <-(e)s; -e> *agr.* pen, fold, pinfold, *auch* penfold, *bes. Am.* corral: die Schafe in den ~ bringen to pen the sheep. — **'pfer·chen** *v/t* <h> **1.** *agr.* pen, fold, *Am.* corral. – **2.** *fig.* cram, pack (*s.th.*) closely.

Pferd [pfeːrt] *n* <-(e)s; -e> **1.** horse, equine (*scient.*): ein edles ~ a well-bred horse; ein feuriges ~ a fiery (*od.* spirited, high-mettled) horse; sich aufs ~ setzen to mount a horse; vom ~ steigen to dismount (from one's horse), to alight (from horseback); auf ein ~ wetten (*od.* setzen) to back a horse; zu ~e on horseback, (*Truppen etc*) mounted; ein Polizist zu ~e a mounted policeman; stark wie ein ~ (as) strong as a horse; schuften (*od.* arbeiten) wie ein ~ *fig.* to work like a Trojan (*od.* black); einem ~ die Zügel schießen lassen to give a horse the bridle (*od.* his head); er kann mit ~en umgehen he has a hand with horses. – **2.** *fig. colloq.* (*in Wendungen wie*) auf das falsche ~ setzen to back the wrong horse; sich aufs hohe ~ setzen to get on (*od.* be on, ride) the high horse; er ist das beste ~ im Stall he is the best horse in the stable; das ~ beim Schwanz aufzäumen to put the cart before the horse; mich brächten keine zehn ~e dazu wild horses would not drag me to it, no one could persuade me to do it; keine zehn ~e bringen mich dahin wild horses would not drag me there, I would not go there for love or money; mit ihr kann man ~e stehlen she is a good sport, she is game for anything; ihm gingen die ~e durch he flew off the handle (*colloq.*); das hält kein ~ aus that's beyond endurance, nobody would stand that; mach mir nicht die ~e scheu! don't put me off! don't try to frighten me! immer sachte mit den jungen ~en! not so fast! steady, steady! – **3.** (*Turngerät*) a) (box) horse, b) (*Längspferd*) vaulting (*bes. Am.* long) horse, c) (*Seitpferd*) side (*od.* pommeled, *bes. Br.* pommelled) horse. – **4.** (*games*) (*Schachfigur*) knight.

'Pfer·de|ˌap·fel *m colloq.* (ball of) horse dung, horse droppings *pl*. — **~ˌbahn** *f hist.* horse streetcar (*bes. Br.* tram), horsecar. — **p~beˌspannt** *adj* horse-drawn. — **~beˌstand** *m* stock of horses. — **~ˌboh·ne** *f bot.* horsebean, tickbean, broad bean (*Vicia faba*). — **~ˌbox** *f* horse box. — **~ˌbrem·se** *f zo.* horse botfly (*Gastrophilus intestinalis*). — **~ˌbur·sche** *m* groom, stableboy, stableman, (h)ostler, *Br.* horseboy. — **~ˌdecke** (*getr.* -k·k-) *f* horse blanket (*od.* rug), horsecloth, *Br.* horse-cloth. — **~ˌdieb** *m* horse thief. — **~dresˌsur** *f* dressage. — **~ˌdrosch·ke** *f* horse cab. — **~ˌegel** *m zo.* horseleech (*Haemopis vorax u. H. sanguisuga*). — **~ˌfleisch** *n* horseflesh, horsemeat. — **~ˌflie·ge** *f zo. cf.* Pferdebremse. — **~ˌfuhrˌwerk** *n* horse-drawn vehicle. — **~ˌfuß** *m* **1.** *cf.* Klumpfuß. – **2.** *fig. colloq.* cloven hoof (*od.* foot): die Sache hat einen ~ there's a fly in the ointment; da schaut der ~ hervor there's (*od.* that's) the nigger in the woodpile (*sl.*). — **~ˌfut·ter** *n* (horse's) fodder (*od.* provender, feed). — **~geˌbiß** *n colloq.* teeth *pl* like a horse. — **~geˌschirr** *n* (horse's) harness (*od.* gear), tackle. — **~geˌspann** *n* **1.** team of horses. – **2.** *cf.* Pferdewagen. — **~geˌtrap·pel** *n* horses' hoofbeats *pl*, (the) trot of horses, (the) sound of horses' hooves. — **~ˌgurt** *m* (horse) girth, surcingle, circingle. — **~ˌhaar** *n meist pl cf.* Roßhaar. — **~ˌhal·ter** *m* keeper of horses, stablekeeper. — **~ˌhan·del** *m* trade in horses, horse dealing (*bes. Am.* trading). — **~ˌhänd·ler** *m Br.* (horse-)coper, horse-dealer, *bes. Am.* horse trader (*od.* dealer). — **~ˌhirsch** *m zo. cf.* Sambarhirsch. — **~ˌhuf** *m* horse's hoof. — **~ˌjun·ge** *m cf.* Pferdebursche. — **~ˌken·ner** *m* good judge of horses, horseman, hippologist (*scient.*). — **~ˌknecht** *m cf.* Pferdebursche. — **~ˌkop·pel** *f* paddock, *Am. auch* corral. — **~ˌkraft** *f phys. cf.* Pferdestärke. — **~ˌkur** *f colloq. cf.* Roßkur. — **~ˌlän·ge** *f* (*sport*) horse length: er gewann um 2 ~n he won by 2 lengths. — **~ˌlausˌflie·ge** *f zo.* forest fly (*Hippobosca equina*). — **~ˌlen·ker** *m antiq.* charioteer. — **~ˌlieb·ha·ber** *m* horse lover, hippophile (*scient.*). — **~ˌlieb·ha·beˌrei** *f* fondness of horses, horsiness. — **~ˌmäh·ne** *f* mane of a horse. — **~ˌmarkt** *m* horse fair (*od.* market). — **~ˌmetz·ger** *m Southern G. for* Pferdeschlachter. — **~metz·geˌrei** *f Southern G. for* Pferdeschlachterei. — **~ˌmist** *m* horse dung (*od.* droppings *pl*). — **~ˌnarr** *m colloq. for* Pferdeliebhaber. — **p~ˌnär·risch** *adj* horsey, *auch* horsy, crazy about horses. — **~naˌtur** *f only in* eine ~ haben *fig. colloq.* to have a robust constitution. — **~ˌpeit·sche** *f* horsewhip. — **~ˌras·se** *f* breed of horses, equine race. — **~ˌrennˌbahn** *f* (*sport*) racecourse, turf, flat, *Am. auch* racetrack. — **~ˌren·nen** *n* a) horse racing, (the) races *pl*, b) horse race: bei ~ wetten to play the races. — **~ˌrennˌsport** *m* (horse) racing, (the) turf: sein ganzes Interesse gilt dem ~ the turf is his only interest. — **~ˌrücken** (*getr.* -k·k-) *m* horseback. — **~ˌsat·tel** *m* saddle. — **~ˌschlach·ter** *m* horsemeat butcher. — **~schlach·teˌrei** *f* horsemeat butcher's (shop). — **~ˌschlit·ten** *m* (horse) sleigh (*bes. Br.* sledge). — **~ˌschwanz** *m* **1.** horsetail, horse's tail: gestutzter ~ bobbed tail, bob. – **2.** *bot. cf.* Schachtelhalm. – **3.** (*Frisur*) ponytail. — **~ˌschweif** *m cf.* Pferdeschwanz 1. — **~ˌschwem·me** *f* horsepond, *Br.* horse-pond. — **~ˌsport** *m* equestrian sport. — **~ˌsprin·ger** *m zo.* five-toed jerboa (*Allactaga maior*). — **~ˌstall** *m* (horse) stable. — **~ˌstär·ke** *f phys.* horsepower: dies ist ein Auto mit 50 ~n this is a 50-horsepower car. — **~ˌstrie·gel** *m* horse comb, currycomb. — **~ˌträn·ke** *f cf.* Pferdeschwemme. — **~verˌstand** *m fig. colloq.* horse sense. — **~ˌwa·gen** *m* horse-drawn carriage (*od.* wagon, *bes. Br.* waggon). — **~ˌwurm** *m zo.* bot, *auch* bott (*Gasterophilus equi*). — **~ˌzaum** *m* bridle. — **~ˌzucht** *f* horse breeding, horse husbandry. — **~ˌzüch·ter** *m* horse breeder. — **~ˌzun·ge** *f* **1.** tongue of a horse. – **2.** *zo. cf.* Heilbutt.

'Pferdˌsprung *m* <-(e)s; *no pl*> (*sport*) (*beim Turnen*) (horse) vault.

Pfet·te ['pfɛtə] *f* <-; -n> *arch.* purlin, *auch* purline.

pfiff [pfɪf] *1 u. 3 sg pret of* pfeifen.

Pfiff *m* <-(e)s; -e> **1.** whistle: er rief den Hund mit einem ~ herbei he whistled for his dog. – **2.** *fig. colloq.* trick: er kannte den ~, er hatte den ~ heraus he knew the trick, he had the knack of it; mit allerlei Kniffen und ~en with all sorts of tricks and dodges. – **3.** *fig. colloq.* style, swank (*colloq.*): das Kleid hat ~ that's a chic (*bes. Am.* neat) dress. – **4.** sie ist ein Mädchen mit ~ *fig. colloq.* she has that certain something, she's got what it takes.

Pfif·fer·ling ['pfɪfərlɪŋ] *m* <-s; -e> **1.** *bot.* chanterelle, *auch* chantarelle, chantarella (*Cantharellus cibarius*). – **2.** *fig. colloq.* straw, fig, *bes. Br.* penny, *bes. Am.* rap, red cent (*colloq.*), *Am. colloq.* 'whoop', tinker's dam(n): ich gebe keinen ~ dafür (*od.* darum) I wouldn't give (you) a penny for it; ich mache mir keinen ~ daraus I don't care a fig (*Am. colloq.* whoop) for it; das ist keinen ~ wert that's not worth a penny (*od.* brass farthing); → kümmern 3.

'pfif·fig *colloq.* **I** *adj* **1.** smart, sharp, shrewd, clever, adroit, cunning, crafty: ein ~er Bursche a smart lad (*od.* boy). – **2.** (*spitzbübisch*) roguish, impish. – **II** *adv* **3.** er hat sich ~ angestellt he acted pretty sharply. — **'Pfif·fig·keit** *f* <-; *no pl*> **1.** sharpness, cunning(ness). – **2.** roguishness, impishness.

Pfif·fi·kus ['pfɪfikʊs] *m* <- *u.* -ses; -se> *colloq.* cunning fellow (*colloq.*), slyboots *pl* (*construed as sg*) (*humor.*), dodger.

'Pfingst|ˌabend *m* eve of Whitsunday, Whitsun Eve. — **~ˌblu·me** *f bot. cf.* Pfingstrose.

Pfing·sten ['pfɪŋstən] *n* <-; *dial.* (*in Wunschformeln od. Austrian and Swiss only*) -> **1.** Whitsun(tide), Whit, *bes. Am.* Pentecost: ~ fällt (*bes. Austrian and Swiss dial.* fallen) dieses Jahr früh Whit(sun) is early this year; wir verbrachten ~ zu Hause we spent Whit(sun) at home; zu (*Southern G.* an) ~ at Whitsun; → Ostern 1. – **2.** *relig.* Pentecost.

'Pfingst|ˌfe·ri·en *pl* Whitsun(tide) (*od.* Whit) holidays (*Am.* vacation *sg*). — **~ˌfest** *n* Whitsun(tide), Whit, *bes. Am.* (feast of) Pentecost.

'pfingst·lich *adj* Whit(sun) (*attrib*), *bes. Am.* Pentecostal.

'Pfingst|'monˌtag *m* Whitmonday, *Br. auch* Whit Monday. — **~ˌoch·se** *m only in* er war geputzt (*od.* geschmückt) wie ein ~, er sah aus wie ein ~ *colloq.* he was dressed up to the nines (*od.* nineties, gills) (*colloq.*), *bes. Br.* he was dressed up like a dog's dinner (*colloq.*). — **~ˌro·se** *f bot.* peony, *Br. auch* paeony (*Gattg Paeonia*): Echte ~ common peony (*P. officinalis*). — **~'sonnˌtag** *m* Whitsunday, *Br. auch* Whit Sunday, *bes. Am.* Pentecost. — **~ˌvo·gel** *m zo. cf.* Pirol. — **~ˌwo·che** *f relig.* Whit Week, *auch* Whit week, Whit-week. — **~ˌzeit** *f* Whitsun(tide), Whit, *bes. Am.* (season of) Pentecost.

Pfir·sich ['pfɪrzɪç] *m* <-s; -e> **1.** (*Frucht*) peach: ~ Melba *gastr. cf.* Pfirsicheis. – **2.** *bot. cf.* Pfirsichbaum. — **~ˌbaum** *m bot.* peach (tree) (*Prunus persica*). — **~ˌblü·te** *f* peach blossom. — **~ˌbow·le** *f gastr.* peach punch (*od.* cup). — **~ˌeis** *n* peach ice (cream), pêche (*od.* peach) Melba. — **~ˌfar·be** *f* peach (color, *bes. Br.* colour). — **p~ˌfar·ben, p~ˌfar·big** *adj* peach(-colored, *bes. Br.* -coloured). — **~ˌhaut** *f* **1.** skin (*od.* peel) of a peach. – **2.** *fig.* skin like peaches and cream, peachy skin. — **~ˌkern** *m* peach kernel (*od.* stone), *Am. auch* peach pit.

Pflanz [pflants] *m* <-es; *no pl*> *Bavarian and Austrian dial. for* a) Angeberei 1, b) Schwindel 3.

Pflänz·chen ['pflɛntsçən] *n* <-s; -> **1.** *dim. of* Pflanze. – **2.** *bot.* young plant, seedling, plantlet. – **3.** ein nettes ~ *fig. colloq. iron.* a brat, an ill-bred young girl (*od.* boy).

Pflan·ze ['pflantsə] *f* <-; -n> **1.** *bot.* a) plant, b) (*bes. Topfpflanze*) wort, c) (*bes. Gemüsepflanze*) vegetable: fleischfressende ~ carnivorous (*od.* insectivorous) plant; junge ~ *cf.* Pflänzchen 2; schmarotzende ~ parasitic plant, parasite; ~n ziehen to cultivate plants; ~n sammeln to collect plants, to botanize, to herborize (*scient.*). – **2.** *fig. colloq.* (*in Wendungen wie*) das ist vielleicht eine ~ *contempt.* that's a pert (*od. colloq.* cocky, *Am. sl.* gally) one (*od.* article); eine echte Berliner ~ *humor.* a trueborn Berlin girl (*od.* boy).

pflan·zen[1] ['pflantsən] **I** *v/t* <h> **1.** (*Bäume, Blumen etc*) plant: in einen Topf ~ to pot. – **2.** (*Setzlinge etc*) set (out), plant: mit einem Setzholz ~ to dibble. – **3.** *agr.* (*Kartoffeln etc*) grow, plant. – **4.** *poet.* (*Haß, Liebe etc*) (im)plant: j-m etwas ins Herz ~, etwas in j-s Herz ~ to implant s.th. in s.o. – **5.** (*Banner etc*) (auf *acc* on) plant. – **II** *v/reflex* sich ~ **6.** *fig. colloq.* (*sich hinlümmeln*) plant oneself: er pflanzte sich auf den Stuhl he planted himself (down) on the chair. – **III P~** *n* <-s> **7.** *verbal noun.*

'pflan·zen[2] *v/t* <h> j-n ~ *Bavarian and Austrian dial.* to kid s.o. (*sl.*).

'Pflan·zen|ana·toˌmie *f bot.* plant anatomy. — **~ˌart** *f* species of plant. — **p~ˌar·tig** plantlike, herby, phytoid (*scient.*). — **~ˌasche** *f* vegetable (*od.* plant) ashes *pl*. — **~ˌbau** *m* <-(e)s; *no pl*> (plant) cultivation, crop farming. — **~beˌschrei·bung** *f bot.* descriptive botany, description of plants, phytography (*scient.*). — **~beˌstim·mung** *f* determination (*od.* identification, definition) of a plant. — **~ˌbut·ter** *f gastr.* vegetable butter. — **~cheˌmie** *f* chemistry of plants, phytochemistry (*scient.*). — **~ˌdecke** (*getr.* -k·k-) *f bot.* cover(ing) of vegetation, plant cover(ing) (*od.* soil). — **~ˌdün·ger** *m agr.* **1.** (*organischer*) manure. – **2.** (*mineralischer*) fertilizer. — **~ˌeiˌweiß** *n bot.* vegetable albumin, phytoalbumin (*scient.*). — **~ˌer·de** *f agr.* garden mold (*bes. Br.* mould), vegetable mo(u)ld (*od.* soil). — **~exˌtrakt** *m med. pharm.* plant (*od.* vegetable) extract. — **~ˌfarbˌstoff** *m* plant pigment. — **~ˌfa·ser** *f* vegetable (*od.* plant) fiber (*bes. Br.* fibre). — **~ˌfett** *n* **1.** vegetable fat, *Am.* shortening. – **2.** *chem. biol.* vegetable fat. — **~for·ma·tiˌon** *f bot.* plant formation. — **p~ˌfres·send** *adj zo.* **1.** (*bes. Säugetiere*) herbivorous. – **2.** (*bes. Insekten*) phytophagous, phytophagic. – **3.** (*bes. Schädlinge*) plantivorous. — **~ˌfres·ser** *m* **1.** (*bes. Säugetiere*) herbivore. – **2.** (*bes. Insekten*) phytophagan. — **~ˌgat·tung** *f bot.* genus of plants. — **~geo·graˌphie** *f* botanic(al) geography, geobotany, phytogeography (*scient.*). — **~ˌgift** *n* vegetable poison, phytotoxin (*scient.*). — **~ˌgrün** *n bot. cf.* Chlorophyll. — **~ˌheil·ˌkun·de** *f med.* phytotherapy. — **~ˌken·ner** *m* herbalist, botanist, phytologist (*scient.*). — **~ˌkost** *f* vegetarian (*od.* vegetable) diet, vegetable food. — **~ˌkrank·heit** *f bot.* plant disease. — **~ˌkun·de** *f* botany, phytology (*scient.*). — **~ˌlaus** *f zo. cf.* Blattlaus. — **~ˌle·ben** *n bot.* plant (*od.* vegetable) life, vegetation. — **~ˌleh·re** *f cf.* Pflanzenkunde. — **~ˌleim** *m chem.* vegetable glue, gliadin (*scient.*). — **~ˌmilch** *f chem. bot.* (vegetable) milk. — **~ˌöl** *n gastr.* vegetable oil. — **~phy·sio·loˌgie** *f bot.* plant physiology. — **~ˌreich** *n* vegetable kingdom (*od.* world), flora, vegetation. — **~ˌsaft** *m* sap, juice of plants. — **~ˌsam·meln** *n* botanizing, herborization (*scient.*). — **~ˌsamm·ler** *m* collector of plants, botanist, herbalist (*scient.*). — **~ˌsamm·lung** *f* botanic(al) collection; hortus siccus, herbarium (*scient.*). — **~ˌschäd·ling** *m bot.* plant pest. — **~ˌschleim** *m* mucilage.

ˈPflan·zenˌschutz *m* plant protection. — **~ˌdienst** *m* plant (*od.* crop) protection service, phytopathologic(al) service (*scient.*). — **~ˌmit·tel** *n agr. chem.* (plant) protectant, pesticide, plant-protective agent.

ˈPflan·zen|syˌstem *n bot.* (botanical) plant system, classification of plants: **das Linnésche ~** the Linn(a)ean system (of botany). — **~ver·stei·ne·rung** *f geol.* fossil plant. — **~ˌwachs** *n bot.* vegetable (*od.* plant) wax. — **~ˌwachs·tum** *n* vegetable growth, vegetation, growth of plants. — **~ˌwelt** *f cf.* Pflanzenreich. — **~ˌwes·pe** *f zo. cf.* Blattwespe. — **~ˌwuchs** *m bot.* vegetation: **überwuchernder ~** overgrowth. — **~ˌzel·le** *f* plant cell. — **~ˌzell·ˌstoff** *m* cellulose. — **~ˌzucht** *f hort. cf.* Pflanzenzüchtung. — **~ˌzüch·ter** *m* plant breeder, nurseryman. — **~ˌzüch·tung** *f* cultivation of plants, plant breeding.

ˈPflan·zer *m* ⟨-s; -⟩ **1.** planter, cultivator, grower. – **2.** (*Besitzer einer Pflanzung*) planter, owner of a plantation. – **3.** *cf.* Pflanzholz.

ˈPflanz|ˌgar·ten *m* (*forestry*) *hort.* nursery, seedbed, seed-plot. — **~ˌholz** *n* planter, dibble, planting pin (*od.* peg, stick). — **~karˌtof·fel** *f meist pl* seed potato.

ˈpflanz·lich *adj bes. bot.* vegetable (*attrib*): **~en Ursprungs** of plant (*od.* vegetable) origin; phytogenic, phytogenous (*scient.*).

Pflänz·ling [ˈpflɛntslɪŋ] *m* ⟨-s; -e⟩ *agr.* seedling, young plant.

ˈPflanz|maˌschi·ne *f agr.* planting machine, planter. — **~ˌreis** *n* scion, *auch* cion. — **~ˌschu·le** *f* **1.** *agr.* nursery. – **2.** *fig. cf.* Pflanzstätte. — **~ˌstät·te** *f fig.* nursery, seminary. — **~ˌstock** *m agr. cf.* Pflanzholz.

ˈPflan·zung *f* ⟨-; -en⟩ **1.** *cf.* Pflanzen[1]. – **2.** *agr.* (*Plantage*) plantation. – **3.** (*forestry*) planted (*od.* forest) stand, forest plantation.

Pfla·ster [ˈpflastər] *n* ⟨-s; -⟩ **1.** *med. pharm.* a) (*Heftpflaster*) (adhesive) plaster, b) (*Leukoplast*) adhesive tape: **ein ~ auflegen** to apply a plaster. – **2.** *fig. colloq.* plaster, salve, sop: **ein großzügiges Geschenk als ~ für erlittenes Unrecht** a generous present as a salve for injustice suffered. – **3.** *civ.eng.* a) *cf.* Pflasterstein 1, b) (*Pflasterung*) pavement, paving, paved surface, stone set(t): **gutes [schlechtes, holpriges] ~** good [bad, bumpy] pavement; **das ~ einer Straße aufreißen** to tear up the pavement of a street; **das ~ legen** to sett pave, to lay the pavement; **~ treten** *fig. colloq.* to walk through a town for hours on end. – **4.** (*im Haus*) pavement, flagging. – **5.** *fig. colloq.* place, spot: **München ist ein teures ~** Munich is an expensive place (to live in). — **~ˌar·beit** *f civ.eng.* paving. — **~beˌlag** *m* block pavement.

ˈPfla·ste·rer *m* ⟨-s; -⟩ paver, pavio(u)r, pavier.

ˈPfla·ster|ˌka·sten *m* **1.** *colloq.* plaster box. – **2.** *mil. humor.* ambulance man. — **~ˌma·ler** *m* pavement artist. — **p~ˌmü·de** *adj colloq.* foot-weary, weary from walking on asphalt.

pfla·stern [ˈpflastərn] **I** *v/t* ⟨h⟩ **1.** (*Straße etc*) pave: → Hölle. – **II P~** *n* ⟨-s⟩ **2.** *verbal noun.* – **3.** pavage.

pflä·stern [ˈpflɛstərn] *v/t* ⟨h⟩ *Swiss u. dial. for* pflastern.

ˈPfla·ster|ˌna·senˌnat·ter *f zo.* patch-nosed snake (*Gattg Salvadora*). — **~ˌset·zer** *m cf.* Pflasterer. — **~ˌstein** *m* **1.** *civ.eng.* a) paving stone, (paving) set(t), b) (*Kopfstein*) cobble(stone). – **2.** *gastr.* (*Gebäck*) (*a variety of*) gingerbread. — **~ˌstra·ße** *f* paved road (*od.* street). — **~ˌtest** *m med.* patch test.

ˈPfla·ste·rung, *bes. Swiss u. dial.* **ˈPflä·ste·rung** *f* ⟨-; -en⟩ *civ.eng.* **1.** *cf.* Pflastern. – **2.** *cf.* Pflaster 3b.

ˈPfla·sterˌzie·gel *m civ.eng.* paving brick.

Pflatsch [pflatʃ] *m* ⟨-(e)s; -e⟩, **ˈPflat·schen** *m* ⟨-s; -⟩ *colloq. u. dial.* **1.** sudden downpour. – **2.** (*nasser Fleck*) spatter, stain, spot. — **ˈpflat·schen** *v/i* ⟨h⟩ *colloq. u. dial.* splash.

Pflau·me [ˈpflaumə] *f* ⟨-; -n⟩ **1.** *bot.* a) plum, b) *cf.* Pflaumenbaum: **gedörrte** (*od.* **getrocknete**) **~** dried plum, prune. – **2.** *fig. colloq.* pointed remark. – **3. du ~!** *fig. colloq.* a) (*Dummkopf*) you nitwit! (*colloq.*), *bes. Am. sl.* you prune! b) (*Versager*) you washout (*Br.* wash-out)! (*colloq.*), c) (*Feigling*) you coward!

pflau·men [ˈpflaumən] *v/i u. v/t* ⟨h⟩ *colloq.* chaff.

ˈPflau·men|ˌbaum *m bot.* plum (tree) (*Gattg Prunus, bes. P. domestica*). — **~ˌboh·rer** *m zo.* plum borer (*Rhynchites cupreus*). — **~ˌkern** *m* plum stone. — **~ˌku·chen** *m gastr.* plum cake. — **~ˌmus** *n* plum jam, (*steifes*) damson cheese. — **~ˌschle·he** *f bot.* bullace (plum), damson plum (*Prunus insititia*). — **~ˌspan·ner** *m zo.* orange moth (*Angerona prunaria*). — **~ˌste·cher** *m* **1.** plum gouger (*Anthonomus scutellaris*). – **2.** plum curculio (*Conotrachelus nenuphar*). — **~ˌstein** *m* plum stone. — **p~ˈweich** *adj* **1.** (as) soft as a plum: **~ gekochte Eier** *gastr.* lightly boiled eggs. – **2.** *fig.* (*charakterschwach*) of weak character, weak(-kneed). — **~ˌwick·ler** *m zo.* red plum maggot, plum fruit moth (*Laspeyresia funebrana*).

ˈpflaumˈweich *adj cf.* pflaumenweich.

Pfle·ge [ˈpfleːgə] *f* ⟨-; -n⟩ **1.** (*bes. von Kranken, Kleinkindern*) nursing, care: **aufopfernde [liebevolle] ~** devoted [loving] care; **j-m gute ~ angedeihen lassen** to take good care of s.o.; **er braucht** (*od.* **erfordert, verlangt**) **~, er bedarf der ~** he is in need of care, he needs to be cared for (*od.* taken care of); **eine gute ~ haben** to be well looked after (*od.* cared for); **wir haben das Kind in ~ gegeben** we have put the child out to nurse; **das Baby ist bei uns in ~** the baby is at nurse with us, we are nursing the baby; **unter ihrer** (*od.* **durch ihre**) **~ wurde er rasch wieder gesund** he recovered quickly under her care. – **2.** (*Obhut*) charge, care: **j-n [etwas] in ~ haben** to have charge of s.o. [s.th.], to have s.o. [s.th.] in (one's) charge; **ein Kind [einen Hund] bei j-m in ~ geben** to put a child [a dog] in s.o.'s charge, to board a child [a dog] with s.o.; **bei j-m in ~ sein** to be under s.o.'s care, to be in s.o.'s charge. – **3.** (*des Haares, der Hände, des Körpers etc*) care, grooming. – **4.** (*von Pflanzen, Rasen etc*) care, attention: **die ~ des Gartens nimmt viel Zeit in Anspruch** attending to (*od.* tending) the garden takes a lot of time. – **5.** *tech.* care, maintenance, upkeep: **~ und Wartung** upkeep and maintenance, auch servicing. – **6.** *fig.* (*der Kunst, Wissenschaft etc*) cultivation. — **~ˌan·ˌlei·tung** *f* (*für Textilien etc*) caring. — **~ˌanˌstalt** *f med.* home, asylum. — **p~ˌarm** *adj cf.* pflegeleicht. — **p~be·ˌdürf·tig** *adj* in need of (*od.* needing) care. — **~beˌfoh·le·ne** *m, f* ⟨-n; -n⟩ **1.** charge. – **2.** (*Mündel*) ward. — **~ˌdienst** *m* **1.** *med.* hospital (*od.* nursing) service. – **2.** *auto.* service, servicing. — **~ˌel·tern** *pl* foster parents. — **~ˌfall** *m* person in need of care. — **~ˌgeld** *n* nursing allowance. — **~ˌheim** *n med.* nursing home. — **~ˌkind** *n* foster child, fosterling. — **p~ˌleicht** *adj* **1.** (*Kleidung*) drip-dry, wash-and-wear, (*bügelfrei*) non-iron (*alle attrib*). – **2.** (*Teppich, Schonbezug etc*) easy-to-keep (*attrib*). — **~ˌmit·tel** *n* **1.** cosmetic. – **2.** (*für Auto, Fußboden etc*) preservative (agent). — **~ˌmut·ter** *f* foster mother.

pfle·gen [ˈpfleːgən] **I** *v/t* ⟨h⟩ **1.** (*Kranke, Kinder etc*) nurse, take care of: **j-n gesund ~** to nurse s.o. back to health; → hegen 3. – **2.** (*Haar, Hände, Nägel, Zähne etc*) take care of, look after, groom. – **3.** (*Pflanzen, Rasen etc*) take care of, attend to, tend. – **4.** (*Tiere*) groom. – **5.** (*erhalten*) conserve, preserve. – **6.** (*Maschinen etc*) maintain, take care of. – **7.** (*Kunst, Wissenschaft, Geselligkeit, Sprache, Musik etc*) cultivate. – **8.** (*Freundschaft, Beziehungen etc*) cultivate, keep up, maintain, entertain: **Umgang mit j-m ~** to associate (*od.* cultivate relations) with s.o. – **9.** (*in Ehren halten*) cherish. – **10.** *fig. colloq.* (*in Wendungen wie*) **seinen Bauch ~** to gormandize, to do oneself proud (*colloq.*). – **11. etwas zu tun ~** to be in the habit of doing s.th., to be wont to do s.th. (*lit.*): **er pflegt mittags eine Stunde zu schlafen** he usually sleeps for an hour in the afternoon; **wie sein Vater zu sagen pflegte** as his father used to (*od.* would) say; **wie es so zu geschehen pflegt** as (it) usually happens, as is usually the case; **so pflegt es zu gehen** that's the way it goes; **wie man zu sagen pflegt** as the saying goes. – **II** *v/reflex* **sich ~ 12.** care for one's appearance, groom oneself: **du solltest dich ein bißchen besser** (*od.* **mehr**) **~** you should care a little more for your appearance. – **III** *v/i* ⟨pflegt, pflog, gepflogen, h⟩ **13.** *archaic* (*in Wendungen wie*) **der Ruhe ~** to take a rest; **Rat(s) ~** to deliberate, to confer.

ˈPfle·ge·per·soˌnal *n med.* nursing staff.

ˈPfle·ger *m* ⟨-s; -⟩ **1.** (*von Kranken*) (male) nurse, ward attendant. – **2.** *jur.* a) (*Vormund*) guardian, *Am. auch* conservator, b) (*für das Vermögen Entmündigter*) *Am.* committee, *Br.* receiver, c) (*Vermögensverwalter*) curator, trustee. – **3.** (*Denkmalspfleger*) conservator. – **4.** *fig.* (*Förderer*) fosterer. — **ˈPfle·ge·rin** *f* ⟨-; -nen⟩ **1.** (*von Kranken*) (sick) nurse. – **2.** *jur.* (*Vermögensverwalterin*) curatrix. – **3.** *cf.* Pfleger 2 a—b, 4.

ˈpfle·ge·risch *adj* ⟨*attrib*⟩ (*Berufe, Neigungen etc*) nursing.

ˈPfle·ge|ˌsatz *m* (*der Krankenversicherung*) hospital allowance. — **~ˌschwe·ster** *f med.* visiting (*od.* attending) nurse. — **~ˌsohn** *m* foster son. — **~sta·tiˌon** *f* (*im Altenheim etc*) sick ward. — **~ˌstel·le** *f* (*für Kleinkinder*) nursing place. — **~ˌtoch·ter** *f* foster daughter. — **~ˌva·ter** *m* foster father.

pfleg·lich [ˈpfleːklɪç] **I** *adj* (*Behandlung etc*) careful. – **II** *adv* **~ mit etwas umgehen, etwas ~ behandeln** to handle s.th. carefully, to take good care of s.th.

Pfleg·ling [ˈpfleːklɪŋ] *m* ⟨-s; -e⟩ **1.** *cf.* Pflegekind. – **2.** (*Mündel*) ward, charge.

ˈpfleg·sam *adj u. adv cf.* pfleglich.

ˈPfleg·schaft *f* ⟨-; -en⟩ *jur.* **1.** (*für Personen*) guardianship. – **2.** (*für Vermögen*) curatorship, trust, trusteeship.

Pflicht [pflɪçt] *f* ⟨-; -en⟩ **1.** duty: **berufliche [gesellschaftliche, häusliche, eheliche] ~en** professional [social, domestic, conjugal] duties; **ich halte es für** (*od.* **betrachte es als**) **meine ~** (*od.* **ich sehe es als meine ~ an**), **ihn zu informieren** I think (*od.* consider) it my duty to inform him; **j-m eine ~ auferlegen** to impose a duty on s.o.; **die ~ befiehlt** (*od.* **fordert, gebietet, verlangt, will**), **daß ich dorthin**

gehe duty demands that I go there; **seine ~en erfüllen** (*od. lit.* **beobachten**), **seinen ~en genügen** to fulfil(l) one's duties; **ich habe es mir zur ~ gemacht, jeden Tag spazierenzugehen** I have made it my duty (*od.* have resolved) to go for a walk every day; **seine ~ (und Schuldigkeit) tun, seiner ~ nachkommen** to do one's duty; **seine ~ tun** to do one's bit, to pull one's weight; **die ~ ruft** *colloq.* duty calls; **seine ~en vernachlässigen, es mit seinen ~en nicht (so) genau nehmen** to be remiss (*od.* slack) in (*od.* about) one's duties; **es ist seine** (*colloq.* **verdammte**) **~ und Schuldigkeit** it is his bounden duty; **Mathe ist ~ in der Prüfung** *colloq.* math(s) is compulsory in the exam (*colloq.*); **gleiche Rechte, gleiche ~en** equal rights, equal duties. – **2.** *auch econ.* (*Verpflichtung*) obligation: **j-n seiner ~ entbinden** (*od.* **entheben**) to release s.o. from his obligations. – **3.** (*sport*) a) (*beim Eis- u. Rollkunstlauf*) compulsory (*od.* school) figures *pl*, b) (*beim Wasserspringen*) compulsory dives *pl*, c) (*beim Turnen*) compulsory exercises *pl*: **sie führt nach der ~** she is in the lead after completing the compulsory figures (*od.* dives, exercises).

ˈPflicht|ˌab|lie·fe·rung *f econ.* obligatory delivery. — **~ˌak·tie** *f* qualifying share. — **~ˌan|teil** *m jur. cf.* Pflichtteil. — **~ˌan|walt** *m cf.* Pflichtverteidiger. — **~ˌauf|fas·sung** *f* sense of duty. — **~ˌbei|trag** *m* (*zu Vereinen, Gewerkschaften etc*) obligatory (*od.* compulsory) contribution. — **p~be|wußt** *adj* **1.** dutiful, duteous. – **2.** (*gewissenhaft*) conscientious. — **~be|wußt|sein** *n* **1.** sense of duty, dutifulness, duteousness. – **2.** conscientiousness. — **~ˌei·fer** *m* zeal. — **p~ˌeif·rig** *adj* zealous. — **~ˌein|la·ge** *f econ.* compulsory contribution to a firm's capital.

ˈPflich·ten|ˌkreis *m* duties *pl*, responsibilities *pl*, sphere of responsibility. — **~ˌleh·re** *f* ethics *pl* (*construed as sg or pl*) of duty, deontology (*scient.*).

ˈPflicht|er|ˌfül·lung *f* performance of one's duties. — **~ex·em|plar** *n print.* presentation copy. — **~ˌfach** *n ped.* compulsory subject. — **~ˌfi|gur** *f* (*sport*) (*beim Eis- u. Rollkunstlauf*) compulsory (*od.* school) figure. — **~ge|fühl** *n* sense of duty. — **p~ge|mäß I** *adj* ⟨*attrib*⟩ dutiful, due. – **II** *adv* **~ erschien er um acht Uhr zur Arbeit** he dutifully appeared for work at eight o'clock; **~ teile ich Ihnen mit, daß** I duly inform you that, as is my duty I inform you that. — **p~ge|treu I** *adj cf.* a) pflichtgemäß I, b) pflichttreu. – **II** *adv cf.* pflichtgemäß II. — **~ˌgren·ze** *f econ.* (*für die Krankenversicherung*) income limit for compulsory (insurance) contribution. — **~ˌjahr** *n* compulsory one-year service. — **~ˌkür** *f* (*sport*) (*beim Eiskunstlauf*) short program (*bes. Br.* programme). — **~ˌlauf** *m* (*beim Eis- u. Rollkunstlauf*) compulsory (*od.* school) figures *pl*. — **~lek|tü·re** *f ped.* required reading, set book(s) *pl*). — **p~ˌmä·ßig** *adj* ⟨*attrib*⟩ *u. adv cf.* pflichtgemäß. — **~re|ser·ve** *f* **1.** (*der Kapitalgesellschaften*) legal reserve. – **2.** *cf.* Mindestreserve. — **~ˌschul|al·ter** *n ped.* statutory school age. — **p~ˌschul·dig** *adj* ⟨*attrib*⟩ *u. adv cf.* pflichtgemäß. — **~ˌspiel** *n* (*sport*) *bes. Austrian for* Punktspiel. — **~ˌsprin·gen** *n* (*beim Wasserspringen*) compulsory dives *pl*. — **~ˌsprung** *m* compulsory dive. — **~ˌstun·den|zahl** *f ped.* (*eines Lehrers*) obligatory number of lessons, teaching load. — **~ˌteil** *m, n jur.* statutory (*od.* legal, hereditary) portion, legitim. — **~ˌtor** *n* (*sport*) (*beim Abfahrtslauf*) (compulsory) gate. — **p~ˌtreu** *adj* dutiful, duteous. — **~ˌtreue** *f* dutifulness, duteousness. — **~ˌtur·nen** *n* (*sport*) compulsory exercises *pl*. — **~ˌübung** *f* **1.** (*beim Turnen*) compulsory exercise. – **2.** *fig.* compulsory exercise. – **3.** *ped.* (*an der Universität*) compulsory (*od.* required) practical. — **~ˌun·ter|su·chung** *f med.* compulsory physical (*od.* medical) examination. — **p~ver|ges·sen I** *adj* undutiful, unduteous, remiss, neglectful, *auch* derelict. – **II** *adv* **~ handeln** to neglect one's duty. — **~ver|ges·sen·heit** *f* dereliction of duty, neglectfulness, undutifulness, unduteousness. — **~ver|let·zung** *f* violation of one's duty, breach of duty: **grobe ~** gross dereliction of duty. — **~ver|säum·nis** *n* dereliction of duty, neglect (*od.* lapse) of duty. — **p~ver|si·chert** *adj econ.* compulsorily insured, subject to compulsory insurance. — **~ver|si·cher·te** *m, f* ⟨-n; -n⟩ compulsorily insured person. — **~ver|si·che·rung** *f* compulsory (*od.* obligatory) insurance. — **~ver|tei·di·ger** *m jur.* assigned (*od.* court-appointed) counsel, *Am. auch* public defender. — **~ver|tei·di·gung** *f* defence (*Am.* defense) ordered by the court, court-appointed defence (*Am.* defense). — **~ˌvor|le·sung** *f ped.* compulsory lecture. — **p~ˌwi·drig I** *adj* undutiful, unduteous, disloyal, contrary to (one's) duty. – **II** *adv* **~ handeln** to act contrary to (one's) duty.

Pflock [pflɔk] *m* ⟨-(e)s; ⸚e⟩ **1.** peg, picket, *auch* piquet, stake, pole, post: **einen ~ einschlagen** to drive in a peg; **Weidevieh an Pflöcken festbinden** (*od.* **an Pflöcke binden**) to stake cattle; **er steht wie ein ~ da** *colloq.* he is standing there as stiff as a ramrod; **einen ~** (*od.* **einige, ein paar Pflöcke**) **zurückstecken müssen** *fig. colloq.* to have to come down a peg or two. – **2.** (*Stöpsel, Zapfen*) plug. – **3.** *tech.* (*Dübel, Bolzen*) pin.

pflöcken (*getr.* -k·k-) [ˈpflœkən] *v/t* ⟨h⟩ **1.** fasten (*s.th.*) with (*od.* to) a peg, peg, picket. – **2.** (*Stöpsel, Zapfen etc*) plug.

pflog [pfloːk] *1 u. 3 sg pret*, **pflö·ge** [ˈpfløːgə] *1 u. 3 sg pret subj of* **pflegen** III.

Pflotsch [pflɔtʃ] *m* ⟨-(e)s; *no pl*⟩ *Swiss dial. for* Schneematsch.

Pflücke (*getr.* -k·k-) [ˈpflʏkə] *f* ⟨-; -n⟩ **die ~ des Hopfens** *agr.* the hop crop.

pflücken (*getr.* -k·k-) [ˈpflʏkən] *v/t* ⟨h⟩ (*Hopfen, Obst etc*) pick, gather, (*bes. Blumen*) pluck: **hier sind Lorbeeren zu ~** *fig. colloq.* you can win (*od.* reap) laurels here. — **ˈPflücker** (*getr.* -k·k-) *m* ⟨-s; -⟩, **ˈPflücke·rin** (*getr.* -k·k-) *f* ⟨-; -nen⟩ picker.

ˈPflück|ma|schi·ne *f agr.* picker. — **~sa|lat** *m* leaf lettuce.

Pflug [pfluːk] *m* ⟨-(e)s; ⸚e⟩ plough, *bes. Am.* plow: **ein Feld unter dem ~ haben** to have a field under the plough; **Felder unter den ~ nehmen** to put fields to the plough, to bring fields into cultivation; **die Hand an den ~ legen** *Bibl. auch fig.* to put one's hands to the plough. — **~ˌar·beit** *f* ploughing, *bes. Am.* plowing. — **~ˌbal·ken** *m* plough beam.

ˈpflüg·bar *adj* ploughable, *bes. Am.* plowable.

pflü·gen [ˈpflyːgən] **I** *v/t* ⟨h⟩ **1.** *agr.* (*Acker, Feld etc*) plough, *bes. Am.* plow, cut. – **2.** *fig.* (*durchfurchen*) plough, *bes. Am.* plow, furrow: **das Schiff pflügt die Wellen** *poet.* the ship ploughs the waves. – **II** *v/i* **3.** *agr.* plough, *bes. Am.* plow: **mit dem Traktor ~** to plough with the tractor.

ˈPflü·ger *m* ⟨-s; -⟩ ploughman, *bes. Am.* plowman, plougher, *bes. Am.* plower.

ˈPflug|ˌland *n agr.* ploughland, *bes. Am.* plowland, arable land. — **~ˌmes·ser** *n* colter, *auch* coulter.

ˈPflug|schar *f* ⟨-; -en⟩, *agr. auch n* ⟨-(e)s; -e⟩ ploughshare, *bes. Am.* plowshare, plough (*bes. Am.* plow) iron. — **~ˌbein** *n med.* vomer, ploughshare bone.

ˈPflug|ˌstel·lung *f* (*beim Skilaufen*) snowplough (*bes. Am.* snowplow) position, double-stem position. — **~ˌsterz** *m* ⟨-es; -e⟩, *Austrian auch* **~ˌster·ze** *f* ⟨-; -n⟩ ploughtail, *bes. Am.* plowtail, plough (*bes. Am.* plow) handles *pl*.

Pfnü·sel [ˈpfnyːzəl] *m* ⟨-s; -⟩ *Swiss dial. for* Schnupfen.

ˈPfort|ader *f med.* portal (vein), vena portae (*scient.*).

Pfört·chen [ˈpfœrtçən] *n* ⟨-s; -⟩ **1.** *dim. of* Pforte. – **2.** (*in einem großen Tor*) wicket.

Pfor·te [ˈpfɔrtə] *f* ⟨-; -n⟩ **1.** gate, door, entrance: **die hintere ~ (zum Garten)** the back gate (to the garden); **die Ausstellung hat gestern ihre ~n geöffnet [geschlossen]** *fig.* the exhibition opened [closed] its doors yesterday; **die ~ des Himmels [Lebens, Todes]** *poet.* the gate (*od. poet.* portal) of heaven [life, death]; **an der ~ des Jenseits stehen** *lit.* to be at the gate of the great beyond. – **2.** (*in Krankenhäusern etc*) reception (office): **sich an der ~ melden** to report at the reception. – **3.** *med.* a) orifice, entrance, b) (*Öffnung*) opening, c) (*Gefäß*) hilum, hilus. – **4.** *zo.* (*Eintrittspforte bei Bakterien u. Insekten*) gateway. – **5. die Hohe ~** *hist.* (*türk. Regierung bis 1918*) the Sublime Porte. – **6.** *mar.* port.

Pfört·ner [ˈpfœrtnər] *m* ⟨-s; -⟩ **1.** (*in Banken, Großbetrieben etc*) doorkeeper, *Am. auch* doorman, *bes. Br.* porter. – **2.** (*in Parks, auf Gütern etc*) gatekeeper. – **3.** (*Hausmeister*) janitor, caretaker. – **4.** (*eines Klosters*) porter. – **5.** (*einer Kirche*) ostiary. – **6.** *med.* (*Magenausgang*) pylorus. — **~ˌhaus** *n* gatehouse, (gatekeeper's, *bes. Br.* porter's) lodge.

ˈPfört·ne·rin *f* ⟨-; -nen⟩ **1.** doorkeeper, *bes. Br.* port(e)ress. – **2.** gatekeeper. – **3.** (*Hausmeisterin*) janitress. – **4.** *relig.* (*in Klöstern*) port(e)ress.

ˈPfört·ner|ˌklap·pe *f med.* pyloric valve. — **~ˌlo·ge** *f* **1.** (gatekeeper's, *bes. Br.* porter's) lodge. – **2.** (*in Bürohäusern etc*) reception. — **~ˌwoh·nung** *f cf.* Pförtnerhaus.

Pfo·sten [ˈpfɔstən] *m* ⟨-s; -⟩ **1.** post. – **2.** *tech. arch.* a) (*Tür-, Fensterpfosten*) jamb, b) (*Ständer*) standard, c) (*eines Drehtores*) swinging (*od.* hinging) post, gatepost. – **3.** (*sport*) (*eines Tores*) post, upright: **X steht zwischen den ~** X is under the crossbar (*od.* in goal); **X schoß am ~ vorbei** X's shot went wide, X shot wide. — **~ˌschuß** *m* (*sport*) (*beim Fußball, Hockey*) shot against (*od.* that hits) the post.

Pföt·chen [ˈpføːtçən] *n* ⟨-s; -⟩ **1.** *dim. of* Pfote. – **2. gib ~!** *colloq.* give your (*od.* a) paw! (*colloq.*).

Pfo·te [ˈpfoːtə] *f* ⟨-; -n⟩ **1.** paw, (*bes. des Hasen, Fuchses*) pad: **der Hund gibt (die) ~** the dog gives his paw; **mit weißen ~n** white-pawed (*od.* -handed). – **2.** *fig. colloq.* 'paw' (*colloq.*), fist (*humor.*), fingers *pl*: **j-m etwas** (*od.* **eins**) **auf die ~n geben, j-m auf die ~n klopfen** to give s.o. a rap on (*od.* over) the knuckles, to rap s.o.'s fingers (*od.* knuckles); **schmutzige ~n haben** to have dirty hands (*od.* paws); **er hat sich dabei die ~n verbrannt** *bes. fig.* he burnt his fingers there; **~n weg!** paws off! – **3.** *fig. colloq.* (*schlechte Handschrift*) scrawl, scribble: **der Junge hat eine fürchterliche ~** the boy has a terrible scrawl (*colloq.*). [Ahle 1.]

Pfriem [pfriːm] *m* ⟨-(e)s; -e⟩ *tech. obs. for*

ˈPfrie·men|ˌgras *n bot.* esparto (grass), (h)alfa (grass), matweed (*Stipa tenacissima*). — **~ˌmücke** (*getr.* -k·k-) *f zo.* fruit (*od.* window) midge (*Fam. Ryphidae*). — **~ˌschwanz** *m cf.* Madenwurm 1.

Pfril·le [ˈpfrɪlə] *f* ⟨-; -n⟩ *zo. cf.* Elritze.

Pfropf [pfrɔpf] *m* ⟨-(e)s; -e⟩ *cf.* Pfropfen. — **~ˌba·stard** *m hort. bot.* graft hybrid.

Pfrop·fen [ˈpfrɔpfən] *m* ⟨-s; -⟩ **1.** (*Korken*) cork: **den ~ (heraus)ziehen** to draw the cork; **eine Flasche mit einem ~ verschließen** to cork (up) a bottle; **die ~ knallen** (*od.* **springen**) **lassen** *fig. colloq.* to make the (champagne) corks fly. – **2.** (*Stöpsel, Spund*) plug, stop(per), stopple. – **3.** (*in einem verstopften Rohr etc*) clump, lump. – **4.** *hort.* (*Veredelungsreis*) graft, scion. – **5.** *med.* a) (*im Furunkel*) core, b) (*in einem Gefäß*) embolus, blood clot, c) (*Thrombus*) thrombus, d) (*aus Watte, Gaze*) plug, tampon, e) (*Ohrenschmalz*) ceruminal plug. – **6.** *mil. hist.* (*Ladepfropfen*) wad. – **7. ein dicker ~** *fig. colloq.* a fatty (*colloq.*).

ˈpfrop·fen *v/t* ⟨h⟩ **1.** (*mit Korken versehen*) cork. – **2.** (*zustöpseln*) plug, stop(per), stopple. – **3.** *hort.* a) graft, engraft, *auch* ingraft, b) (*in den Spalt*) splice, graft (*s.th.*) in the slit, c) (*in der Krone*) top-graft, topwork, d) (*mit dem Zünglein*) whipgraft: **ein Reis auf einen Baum ~** to graft a twig on a tree. – **4.** *med. cf.* **verpflanzen** 2. – **5.** *colloq.* (*stopfen, zwängen*) cram, stuff.

Pfröpf·ling [ˈpfrœpflɪŋ] *m* ⟨-s; -e⟩ *hort. cf.* Pfropfreis.

ˈPfropf|ˌmes·ser *n hort.* grafter, grafting knife. — **~ˌreis** *n* graft, scion, slip. — **~ˌschild** *n agr.* (e)scutcheon, escucheon. — **~ˌspalt** *m* slit for grafting. — **~ˌwachs** *n* grafting wax.

Pfrün·de [ˈpfrʏndə] *f* ⟨-; -n⟩ **1.** *röm.kath.* prebend, benefice, *Br. auch* (church) living: **von einer mageren ~ leben müssen** to have to live on a mere pittance; **~ ohne Seelsorge** *hist.* sinecure; **Verleihung einer ~** collation. – **2.** (*Platz in einem Altersheim*) place in a home for the aged. – **3.** *fig.* sinecure: **fette ~** fat living, profitable source (of income).

'Pfrün·den·er,trag *m röm.kath.* prebendal income.

Pfründ·ner ['pfrʏndnər] *m* ⟨-s; -⟩ **1.** *röm. kath.* prebendary, beneficiary, incumbent. – **2.** inmate of a home for the aged. — **'Pfründ·ne·rin** *f* ⟨-; -nen⟩ *cf.* Pfründner 2.

Pfuhl [pfuːl] *m* ⟨-(e)s; -e⟩ **1.** mudhole, (quag)mire, sink: **ein stinkender ~** a fetid sink. – **2.** (*Pfütze*) pool, puddle. – **3.** *fig.* sink, cesspool, sty, *auch* stye, slough: **der ~ der Sünde** the cesspool (*od.* slough) of sin (*od.* iniquity). – **4.** *dial. for* Jauche 1.

Pfühl [pfyːl] *m, n* ⟨-(e)s; -e⟩ *obs. u. poet.* **1.** *cf.* Kissen 1, 2. – **2.** *cf.* Lagerstatt 1.

pfui [pfʊɪ] **I** *interj* **1.** pugh! pew! ugh! *bes. Am.* phooey!: **~, welch ein Gestank!** pew, what a nasty smell! **~ Teufel!** bah! **~, wie konntest du nur!** how could you — shame on you! **~ über ihn!** shame on him! – **2. ~ rufen** to boo. – **II P~** *n* ⟨-s; -s⟩ **3.** boo.

'Pfui,ruf *m meist pl* boo.

Pful·men ['pfʊlmən] *m* ⟨-s; -⟩ *Swiss* broad pillow.

Pfund [pfʊnt] *n* ⟨-(e)s; -e, *nach Zahlen* -⟩ **1.** pound: **zwei ~ Fleisch** two pounds of meat; **ein halbes ~** half a pound; **ein ~ Äpfel ist** (*od.* **sind**) **zuwenig** one pound of apples is not enough; **drei ~ Äpfel sind zuviel** three pounds of apples are too much. – **2.** *econ.* (*brit. Währungseinheit*) pound: **10 ~ (Sterling)** 10 pounds (sterling), 10 quid (*od.* smackers) (*beide sl.*); **Zahlung erfolgt in ~** payment is in sterling. – **3.** *Bibl.* talent: **mit seinen ~en wuchern** *fig.* to make the most of one's talents, to turn one's talents to good account. — **~ge,wicht** *n* pound weight.

pfun·dig ['pfʊndɪç] *adj colloq.* 'great', 'grand' (*beide colloq.*), *Am. sl.* swell, *bes. Br. sl.* smashing, 'ripping': **ein ~er Kerl** *cf.* Pfundskerl; **(das ist ja) ~!** (that's) great! *Br. colloq.* (jolly) good show! jolly good!

'Pfund|,kurs *m econ.* sterling exchange rate. — **~,no·te** *f* pound note.

'Pfunds|idee [-ʔiˈdeː] *f colloq.* capital idea, 'brain wave' (*colloq.*), *bes. Am. colloq.* 'brainstorm'. — **~'kerl** *m colloq.* (good) sport, 'trump' (*colloq.*), 'brick' (*sl.*), *bes. Am. sl.* crackerjack. — **~'sa·che** *f colloq.* stunner (*colloq.*): **das war eine ~!** that was really (*od.* quite) something!

'pfund,wei·se *adj u. adv* by the pound.

Pfusch [pfʊʃ] *m* ⟨-(e)s; *no pl*⟩, **~,ar·beit** *f cf.* Pfuscherei 1.

pfu·schen ['pfʊʃən] **I** *v/i* ⟨h⟩ *colloq.* **1.** work superficially (*od.* carelessly, perfunctorily), botch things, bungle: **heute hat er ein bißchen (bei seiner Arbeit) gepfuscht** today he bungled his work a little; **j-m ins Handwerk ~** *fig.* to interfere in s.o.'s business, to meddle in s.o.'s affairs. – **2.** (*mogeln*) cheat, crib. – **II P~** *n* ⟨-s⟩ **3.** *verbal noun.* — **'Pfu·scher** *m* ⟨-s; -⟩ superficial (*od.* careless, slipshod, perfunctory) worker, botcher, bungler. — **Pfu·sche'rei** *f* ⟨-; -en⟩ **1.** (*Pfuscharbeit*) botch, careless (*od.* slipshod, scamped, bungled) work. – **2.** *cf.* Pfuschen. — **'pfu·scher·haft** *adj* (*Arbeit etc*) botchy, superficial, careless, slipshod, perfunctory, scamped, bungling. — **'Pfu·sche·rin** *f* ⟨-; -nen⟩ *cf.* Pfuscher. — **'pfu·schig** *adj cf.* pfuscherhaft.

Pfüt·ze ['pfʏtsə] *f* ⟨-; -n⟩ puddle, pool, plash: **in eine ~ treten** to step into a puddle; **voller ~n** puddly, full of puddles (*od.* plashes).

Phä·ake [fɛ'aːkə] *m* ⟨-n; -n⟩ *myth.* Phaeacian.

Phae·thon ['faːetɔn] *npr m* ⟨-; *no pl*⟩ *myth.* Phaëthon (*the son of Helios, the sun-god*).

Pha·ge ['faːgə] *m* ⟨-n; -n⟩ *med.* (*Bakteriophage*) phage.

Pha·ge·dä·na [fage'dɛːna] *f* ⟨-; -dänen⟩ *med.* (*Geschwür*) phaged(a)ena. — **pha·ge·'dä·nisch** [-nɪʃ] *adj* phaged(a)enic.

Pha·go·zy·te [fago'tsyːtə] *f* ⟨-; -n⟩ *meist pl biol. med.* phagocyte. — **pha·go·zy'tär** [-tsy'tɛːr] *adj* phagocytic, cytophagous.

Pha·go·zy·to·se [fagotsy'toːzə] *f* ⟨-; *no pl*⟩ *med.* phagocytosis.

Pha·ko·lit [fako'liːt; -'lɪt] *m* ⟨-s; -e⟩ *min.* phacolite.

pha·lä·kisch [fa'lɛːkɪʃ] *adj metr.* Phalaecean: **~er Vers** Phalaecean.

Pha·lan·ge [fa'laŋə] *f* ⟨-; -n⟩ *med.* (*Fingerglied*) phalanx.

Pha·lanx ['faːlaŋks] *f* ⟨-; -langen [fa'laŋən]⟩ **1.** *mil. hist. auch fig.* phalanx: **die Opposition bildete eine geschlossene ~** *fig.* the opposition formed a closed phalanx. – **2.** *med. cf.* Phalange.

phal·lisch ['falɪʃ] *adj* phallic.

Phal·lus ['falʊs] *m* ⟨-; Phalli [-li], Phallen, *auch* -se⟩ **1.** *antiq.* phallus, priapus. – **2.** *med.* phallus. — **~,kult** *m*, **~ver,eh·rung** *f antiq.* phallic cult, phallicism, phallism.

Pha·ne·ro·ga·me [fanero'gaːmə] *f* ⟨-; -n⟩ *meist pl bot.* phanerogam.

Phä·no·lo·gie [fɛnolo'giː] *f* ⟨-; *no pl*⟩ *biol.* phenology.

Phä·no·men [fɛno'meːn] *n* ⟨-s; -e⟩ **1.** (*Erscheinung*) phenomenon, appearance. – **2.** *colloq.* (*Wunderding, Wunder*) phenomenon, prodigy: **er ist ein (wahres) ~!** he is a real prodigy! he's quite phenomenal!

phä·no·me·nal [fɛnome'naːl] *adj* **1.** *colloq.* phenomenal, extraordinary. – **2.** *philos.* phenomenal.

Phä·no·me·na·lis·mus [fɛnomena'lɪsmʊs] *m* ⟨-; *no pl*⟩ *philos.* phenomenalism.

Phä·no·me·no·lo·gie [fɛnomenolo'giː] *f* ⟨-; *no pl*⟩ *philos.* phenomenology. — **phä·no·me·no'lo·gisch** [-'loːgɪʃ] *adj* phenomenological, *auch* phenomenologic.

Phä·no·me·non [fɛ'noːmenɔn] *n* ⟨-s; -mena [-na]⟩ *cf.* Phänomen 1.

phä·no·ty·pisch [fɛno'tyːpɪʃ] *adj biol.* phenotypic. — **Phä·no'ty·pus** [-pʊs] *m* ⟨-; -typen⟩ phenotype.

Phan·ta·sie [fanta'ziː] *f* ⟨-; -n [-ən]⟩ **1.** ⟨*only sg*⟩ imagination: **blühende** (*od.* **lebhafte**) **[krankhafte, wilde] ~** vivid [morbid, wild *od.* wanton] imagination; **eine schmutzige ~** a dirty mind; **das beflügelt die ~** that fires the imagination; **j-s ~ anregen** to stir s.o.'s imagination; **du hast aber ~!** you certainly have imagination! **seiner ~ freien Lauf** (*od.* **die Zügel schießen**) **lassen** to give free rein(s) to one's imagination; **die ~ geht mit ihm durch** his imagination runs wild (*od.* gets the better of him); **ein Gebilde** (*od.* **Erzeugnis, Produkt**) **seiner ~** a product of his imagination. – **2.** (*bloße Einbildung, Hirngespinst*) fancy, fantasy, phantasy: **das ist reine ~** that is pure phantasy (*od.* mere fancy). – **3.** (*Wahngebilde*) hallucination, vision, fantasy, phantasy: **fieberhafte ~n** feverish hallucinations. – **4.** *pl* daydreams, reverie *sg*, revery *sg*. – **5.** *mus.* fantasia, *auch* fantasie, fantasy, phantasy. — **p~,arm** *adj* lacking (in) imagination. — **~,bild** *n* vision. — **~,blu·me** *f* fanciful flower. — **~ge,bil·de** *n* fantasy, phantasy, creation of fancy. — **~ko,stüm** *n* fancy dress.

phan·ta'sie·los *adj* unimaginative, fanciless, dull. — **Phan·ta'sie·lo·sig·keit** *f* ⟨-; *no pl*⟩ unimaginativeness, dul(l)ness.

Phan·ta'sie|,na·me *m* fancy name. — **~,preis** *m* fantastic price (*colloq.*). — **p~,reich** *adj* imaginative, fanciful. — **~,reich·tum** *m* imaginativeness.

phan·ta·sie·ren [fanta'ziːrən] *v/i* ⟨*no* ge-, h⟩ **1.** indulge in fancies (*od.* daydreams, reveries), daydream, dream, fantasy, phantasy, fancy, imagine. – **2.** *med.* be delirious, rave, have delusions (*od.* phantasies), wander. – **3.** (*Unsinn reden*) ramble, rave, talk incoherently, talk nonsense. – **4.** *mus.* improvise, extemporize *Br. auch* -s-, play extempore.

phan·ta'sie,voll *adj cf.* phantasiereich.

Phan·tas·ma [fan'tasma] *n* ⟨-s; -men⟩ *med.* fantasm, phantasm(a), phantom.

Phan·tas·ma·go·rie [fantasmago'riː] *f* ⟨-; -n [-ən]⟩ (*theater*) phantasmagoria, *auch* phantasmagory.

Phan·tast [fan'tast] *m* ⟨-en; -en⟩ visionary, dreamer, castle-builder, fantast, phantast, romancer.

Phan·ta·ste'rei *f* ⟨-; -en⟩ **1.** (*Träumerei*) daydream, romance, chim(a)era. – **2.** ⟨*only sg*⟩ (*Überspanntheit*) fantastic ideas *pl*, fantasy, wild fancy, imagination run wild. – **3.** *pl* nonsense *sg*, crazy ideas.

phan'ta·stisch *adj* **1.** (*verstiegen, überspannt*) fantastic, *auch* fantastical, fanciful, visionary, whimsical, absurd, eccentric: **~e Pläne** eccentric (*od.* wild) plans. – **2.** (*schwärmerisch*) romantic, idealistic, visionary, high-flown, romancing, chimeric(al), chimeral: **seine Ideen sind etwas ~** his ideas are somewhat high-flown. – **3.** (*seltsam, merkwürdig*) strange, weird, odd, fantastic: **das war ein ~es Erlebnis** that was a weird experience. – **4.** *colloq.* (*großartig*) 'fantastic', 'fabulous', 'magnificent', 'marvellous', *Am. auch* 'marvelous', 'terrific' (*alle colloq.*). – **5.** *colloq.* (*unglaublich*) 'fantastic', 'incredible', 'fabulous' (*alle colloq.*): **~e Preise** fantastic (*od.* incredibly high) prices.

Phan·tom [fan'toːm] *n* ⟨-s; -e⟩ **1.** *bes. psych.* (*Trugbild*) phantom, shadow, fantasm, phantasm: **er jagt einem ~ nach** *fig.* he's chasing after a dream. – **2.** (*Gespenst*) ghost, specter, *bes. Br.* spectre. – **3.** *med.* manikin, manakin, model. — **~,salm·ler** *m* ⟨-s; -⟩ *zo.* phantom tetra (*Megalamphodus megalopterus*).

Pha·rao ['faːrao] *m* ⟨-s; -nen [fara'oːnən]⟩ *hist.* Pharaoh, *auch* pharaoh. — **~,amei·se** *f zo.* Pharaoh('s) ant (*Monomorium pharaonis*).

Pha·rao·nen|,grab [fara'oːnən-] *n* Pharaonic grave. — **~,rat·te** *f zo. cf.* Ichneumon. — **~,reich** *n hist.* realm (*od.* empire) of the Pharaohs.

pha·rao·nisch [fara'oːnɪʃ] *adj* Pharaonic.

Pha·ri·sä·er [fari'zɛːər] *m* ⟨-s; -⟩ **1.** *Bibl.* Pharisee. – **2.** *fig.* pharisee, *auch* Pharisee, hypocrite. — **Pha·ri'sä·er·tum** *n* ⟨-s; *no pl*⟩ **1.** *relig.* Pharisaism. – **2.** *fig.* pharisaism, *auch* Pharisaism, hypocrisy, sanctimoniousness. — **pha·ri'sä·isch** *adj* **1.** *relig.* pharisaical, *auch* Pharisaical, Pharisaic. – **2.** *fig.* pharisaic(al), *auch* Pharisaic(al), sanctimonious, self-righteous, hypocritical. — **Pha·ri·sä'is·mus** [-zɛ'ɪsmʊs] *m* ⟨-; *no pl*⟩ *cf.* Pharisäertum.

Phar·ma·ko·lo·ge [farmako'loːgə] *m* ⟨-n; -n⟩ *med. pharm.* pharmacologist. — **Phar·ma·ko·lo'gie** [-lo'giː] *f* ⟨-; *no pl*⟩ pharmacology. — **phar·ma·ko'lo·gisch** *adj* pharmacologic(al).

Phar·ma·kon ['farmakɔn] *n* ⟨-s; -ka [-ka]⟩ *med. pharm.* medicine, drug, remedy, pharmarcon.

Phar·ma·ko·pöe [farmako'pøː] *f* ⟨-; -n [-ən]⟩ *med. pharm.* pharmacop(o)eia.

Phar·ma·zeut [farma'tsɔʏt] *m* ⟨-en; -en⟩ **1.** *med. pharm.* pharmacist, *Am.* druggist, *Br.* chemist, apothecary. – **2.** *ped.* pharmacology (*od.* pharmacy) student, student of pharmacy. — **Phar·ma'zeu·tik** [-tɪk] *f* ⟨-; *no pl*⟩ **1.** (*Wissenschaft*) pharmaceutics *pl* (*construed as sg*). – **2.** (*Heilmittelbereitung*) pharmacy. — **phar·ma'zeu·tisch** *adj* pharmaceutic(al).

Phar·ma·zie [farma'tsiː] *f* ⟨-; *no pl*⟩ *med.* [*pharm.* pharmacy.]

Pha·ryn·gi·tis [farʏŋ'giːtɪs] *f* ⟨-; -tiden [-gi'tiːdən]⟩ *med.* pharyngitis.

Pha·ryn·go·skop [farʏŋgo'skoːp] *n* ⟨-s; -e⟩ *med.* pharyngoscope. — **Pha·ryn·go·sko'pie** [-sko'piː] *f* ⟨-; -n [-ən]⟩ pharyngoscopy.

Pha·rynx ['faːrʏŋks] *m* ⟨-; -ryngen [fa'rʏŋən]⟩ *med.* **1.** (*Schlund*) pharynx. – **2.** (*Mundteil*) oropharynx.

Pha·se ['faːzə] *f* ⟨-; -n⟩ **1.** phase, stadium, stage: **die Verhandlungen sind in eine entscheidende ~ getreten** the negotiations have entered a decisive stage; **die Krankheit befindet sich in der zweiten ~** the illness is now in its second phase (*od.* stadium). – **2.** *astr. electr. phys.* phase.

'Pha·sen|,an,zei·ger *m electr.* phase indicator. — **~dia,gramm** *n* phase pattern. — **p~,gleich** *adj* (coincident) in phase. — **~,gleich·heit** *f* phase balance (*od.* coincidence).

'Pha·sen·kon,trast|kon,den·sor *m* (*optics*) (*am Mikroskop*) phase-contrast condenser. — **~mi·kro,skop** *n* phase-difference microscope.

'Pha·sen|,mes·ser *m electr.* phase meter, power-factor indicator. — **~,schie·ber** *m* phase converter (*od.* changer, shifter), rotary phase converter. — **~,span·nung** *f* star (*od.* "Y") voltage, phase(-to-neutral) voltage. — **~,sprung** *m* phase jump, rapid phase change. — **~ver,schie·bung** *f* phase displacement (*od.* shift[ing]). — **~ver,zö·ge·rung** *f* phase lag(ging). — **~,zahl** *f* number of phases.

'pha·sisch *adj electr.* phasic.

Phe·nol [fe'noːl] *n* ⟨-s; *no pl*⟩ *chem.* phenol, carbolic (*od.* phenic) acid (C_6H_5OH). — **~,harz** *n synth.* phenolic resin, phenoplast. — **~phtha·le,in** *n* ⟨-s; *no pl*⟩ *chem.* phenolphthalein ($C_{20}H_{14}O_4$).

Phe·no·plast [feno'plast] *m* ⟨-(e)s; -e⟩ *synth. cf.* Phenolharz. — **~-,Preß,mas·se** *f* phenoplastic compression molding (*bes. Br.* moulding) material, phenolic mo(u)lding material.

Phe·nyl [fe'ny:l] *n* ⟨-s; *no pl*⟩ *chem.* phenyl (group) (C_6H_5).

Phi [fi:] *n* ⟨-(s); -s⟩ phi (*21st letter of the Greek alphabet*).

Phil·an·throp [filan'tro:p] *m* ⟨-en; -en⟩ philanthropist, altruist, humanitarian. — **Phil·an·thro'pie** [-tro'pi:] *f* ⟨-; *no pl*⟩ philanthropy, philanthropism. — **phil·an·'thro·pisch** *adj* philanthropic.

Phil·ate·lie [filate'li:] *f* ⟨-; *no pl*⟩ philately. — **Phil·ate'list** [-'lɪst] *m* ⟨-en; -en⟩ philatelist, stamp collector. — **phil·ate·'li·stisch** *adj* philatelic.

Phi·le·mon [fi'le:mɔn] *npr m* ⟨-s; *no pl*⟩ Philemon: (der Brief des Paulus an) ~ *cf.* Philemonbrief. — **~,brief, der** the Epistle (of St. Paul) to Philemon.

Phil·har·mo·nie [fɪlharmo'ni:] *f* ⟨-; -n [-ən]⟩ *mus.* **1.** philharmonic (*auch* Philharmonic) (society). – **2.** (Berliner) ~ (Berlin) Philharmonic Hall. – **3.** philharmonic (*auch* Philharmonic) (orchestra). — **Phil·har·'mo·ni·ker** [-'mo:nikər] *m* ⟨-s; -⟩ **1.** member of a philharmonic orchestra. – **2.** *pl* philharmonic orchestra *sg*: die Berliner [Wiener] ~ the Berlin [Vienna] Philharmonic Orchestra. — **phil·har'mo·nisch** [-'mo:nɪʃ] *adj* philharmonic.

Phil·hel·le·ne [fɪlhɛ'le:nə] *m* ⟨-n; -n⟩ philhellene, *auch* Philhellene, philhellenist. — **Phil·hel·le'nis·mus** [-le'nɪsmus] *m* ⟨-; *no pl*⟩ philhellenism.

Phil·ip·per [fi'lɪpər] *m* ⟨-s; -⟩ Philippian: (der Brief des Paulus an die) ~ *Bibl. cf.* Philipperbrief. — **~,brief, der** *Bibl.* the Epistle (of St. Paul) to the Philippians, Philippians *pl* (*construed as sg*).

Phil·ip·pi·ka [fi'lɪpika] *f* ⟨-; -ken⟩ **1.** *antiq.* Philippic. – **2.** *fig.* (*Straf-, Kampfrede*) philippic (tirade).

Phi·li·ster [fi'lɪstər] *m* ⟨-s; -⟩ **1.** *relig. hist.* Philistine, inhabitant of Philistia. – **2.** *fig. contempt.* Philistine, *auch* philistine, bourgeois, square (*sl.*), *Am.* Babbitt, *auch* Babbit, *Br.* gigman. – **3.** *colloq.* (*Nichtstudent*) towny (*sl.*), local, outsider. – **4.** *colloq.* (*Altakademiker*) alumnus, *Am.* old grad. — **Phi·li·ste'rei** *f* ⟨-; *no pl*⟩ *fig. contempt.* Philistinism, *auch* philistinism, narrow-mindedness, prosaic (*od.* unimaginative) outlook. — **phi'li·ster·haft** *adj fig. contempt.* Philistine, *auch* philistine, bourgeois, narrow-minded, square (*sl.*).

Phi·li·ste·ri·um [filɪs'te:rĭum] *n* ⟨-s; *no pl*⟩ (*students' sl.*) **1.** humdrum (*od.* bourgeois, routine) life (*od.* existence), very ordinary life. – **2.** *cf.* Altherrenschaft.

Phi'li·ster·tum *n* ⟨-s; *no pl*⟩ *cf.* Philisterei.

phi·li·strös [filɪs'trø:s] *adj cf.* philisterhaft.

Phi·lo·den·dron [filo'dɛndrɔn] *n, auch m* ⟨-s; -dren⟩ *bot.* philodendron (*Fam. Araceae*).

Phi·lo·lo·ge [filo'lo:gə] *m* ⟨-n; -n⟩ a) teacher (*od.* student) of languages and literatures, b) *ling.* philologist, philologian, *auch* philologer. — **Phi·lo·lo'gie** [-lo'gi:] *f* ⟨-; -n [-ən]⟩ a) study (*od.* science) of languages and literatures, b) *ling.* philology: neuere [klassische] ~ modern [classical] philology. — **Phi·lo'lo·gin** *f* ⟨-; -nen⟩ *cf.* Philologe. — **phi·lo'lo·gisch** *adj* a) of (*od.* relating to) languages and literatures, b) *ling.* philological, *auch* philologic.

Phi·lo·se·mit [filoze'mi:t] *m* ⟨-en; -en⟩ pro-Semite.

Phi·lo·soph [filo'zo:f] *m* ⟨-en; -en⟩ philosopher.

Phi·lo·so·pha·ster [filozo'fastər] *m* ⟨-s; -⟩ philosophaster, dabbler in philosophy.

Phi·lo·so·phem [filozo'fe:m] *n* ⟨-s; -e⟩ **1.** philosopheme, philosophical problem, proposition. – **2.** (*Ausspruch*) philosophical dictum.

Phi·lo·so·phie [filozo'fi:] *f* ⟨-; -n [-ən]⟩ *philos.* philosophy. — **phi·lo·so'phie·ren** [-rən] *v/i* ⟨*no* ge-, h⟩ (über *acc* on) philosophize *Br. auch* -s-, reflect, theorize. — **phi·lo'so·phisch** [-'zo:fɪʃ] **I** *adj* philosophic(al): ~e Fakultät *ped.* faculty of arts (*od.* humanities), arts faculty (*Am. auch* department). – **II** *adv* philosophically.

Phi·mo·se [fi'mo:zə] *f* ⟨-; -n⟩ *med.* phimosis, capistration.

Phio·le ['fĭo:lə] *f* ⟨-; -n⟩ vial, phial, ampulla.

Phle·bi·tis [fle'bi:tɪs] *f* ⟨-; -tiden [-bi'ti:dən]⟩ *med.* phlebitis.

Phleg·ma ['flɛgma] *n* ⟨-s; *no pl*⟩ **1.** stolidness, phlegm, equanimity, *bes. contempt.* indifference: sein ~ ist durch nichts zu erschüttern his stolidness is not to be shaken. – **2.** (*Trägheit*) sluggishness, indolence. – **3.** *med.* (*Schleim*) phlegm. — **Phleg'ma·ti·ker** [-'gma:tikər] *m* ⟨-s; -⟩, **Phleg'ma·ti·ke·rin** *f* ⟨-; -nen⟩ phlegmatic person. — **Phleg'ma·ti·kus** [-'gma:tikus] *m* ⟨-; -se⟩ *colloq. humor. for* Phlegmatiker. — **phleg'ma·tisch** [-'gma:tɪʃ] *adj* **1.** stolid, phlegmatic, *bes. contempt.* indifferent. – **2.** sluggish, indolent.

Phleg·mo·ne [flɛ'gmo:nə] *f* ⟨-; -n⟩ *med.* phlegmon.

Phlox [flɔks] *m* ⟨-es; -e⟩, *auch f* ⟨-; -e⟩ *bot.* phlox (*Gattg Phlox*).

Pho·bie [fo'bi:] *f* ⟨-; -n [-ən]⟩ *med. psych.* phobia, morbid dread (*od.* fear).

Phö·bus ['fø:bus] *npr m* ⟨-; *no pl*⟩ *myth.* Phoebus.

Phon [fo:n] *n* ⟨-s; -s⟩ **1.** *phys.* phon, decibel: dieser Motor entwickelt ein Geräusch von 50 ~ this engine produces a sound with a volume of 50 phons. – **2.** *ling.* phone.

Pho·nem [fo'ne:m] *n* ⟨-s; -e⟩ *ling. psych.* phoneme. — **Pho·ne'ma·tik** [-ne'ma:tɪk] *f* ⟨-; *no pl*⟩ *ling.* phonematics *pl*, phonemics *pl* (*beide construed as sg*). — **pho·ne·'ma·tisch** [-ne'ma:tɪʃ] *adj* phonematic, phonemic. — **pho'ne·misch** *adj* phonemic. — **pho·ne·mi'sie·ren** [-nemi'zi:rən] *v/t* ⟨*no* ge-, h⟩ phonemicize.

Pho·ne·tik [fo'ne:tɪk] *f* ⟨-; *no pl*⟩ *ling.* phonetics *pl* (*construed as sg*). — **Pho·'ne·ti·ker** [-tikər] *m* ⟨-s; -⟩ phonetician, phoneti(ci)st. — **pho'ne·tisch** [-tɪʃ] **I** *adj* phonetic, *auch* phonetical: ~e Umschrift phonetic transcription. – **II** *adv* phonetically: ~ darstellen to phoneticize, *Am. auch* to transcribe.

'pho·nisch *adj phys.* phonic.

Phö·nix ['fø:nɪks] *m* ⟨-(es); -e⟩ *myth.* phoenix: → Asche 1.

Phö·ni·zi·er [fø'ni:tsĭər] *m* ⟨-s; -⟩ *antiq.* Phoenician, *auch* Phenician. — **phö·'ni·zisch** [-tsɪʃ] *adj* Phoenician, *auch* Phenician.

'Pho·no·ge,rät ['fo:no-] *n electr.* phono equipment.

Pho·no·gramm [fono'gram] *n* ⟨-s; -e⟩ *electr.* phonogram.

Pho·no·graph [fono'gra:f] *m* ⟨-en; -en⟩ *electr.* phonograph. — **pho·no'gra·phisch** *adj* phonographic.

'Pho·no,kof·fer *m electr.* portable record player, phono box.

Pho·no·la [fo'no:la] *n* ⟨-s; -s⟩, *f* ⟨-; -s⟩ *mus.* player piano.

Pho·no·lith [fono'li:t; -'lɪt] *m* ⟨-s; -e⟩ *min.* phonolite.

Pho·no·lo·ge [fono'lo:gə] *m* ⟨-n; -n⟩ *ling.* phonemicist. — **Pho·no·lo·gie** [fonolo'gi:] *f* ⟨-; *no pl*⟩ *ling.* **1.** (*Lehre von den Phonemen*) phonemics *pl* (*construed as sg*). – **2.** (*Lautlehre*) phonology. — **pho·no·'lo·gisch** [-'lo:gɪʃ] *adj* **1.** (*Phoneme betreffend*) phonemic. – **2.** (*allgemeine Lautlehre betreffend*) phonologic.

Pho·no·me·ter [fono'me:tər] *n* ⟨-s; -⟩ *phys.* phonometer.

Pho·no·thek [fono'te:k] *f* ⟨-; -en⟩ *auch ling.* phonotheque.

Pho·no·ty·pi·stin [fonoty'pɪstɪn] *f* ⟨-; -nen⟩ phonotypist.

'Phon,zahl *f phys.* number of phons, volume.

Pho·ro·me·ter [foro'me:tər] *n* ⟨-s; -⟩ (*optics*) phorometer.

Phor·op·ter [fo'rɔptər] (*TM*) *m* ⟨-s; -⟩, **~ge,rät** *n* (*optics*) Phoropter (*TM*).

Phos·phat [fɔs'fa:t] *n* ⟨-(e)s; -e⟩ *chem.* phosphate. — **~,dün·ger** *m* phosphate fertilizer. — **p~,hal·tig** *adj* phosphatic.

Phos·phor ['fɔsfər] *m* ⟨-s; *no pl*⟩ *chem.* phosphorus (P). — **p~,ar·tig** *adj* phosphorous, phosphorlike. — **~(,brand)·,bom·be** *f mil.* phosphorus (incendiary) bomb.

Phos·pho·res·zenz [fɔsforɛs'tsɛnts] *f* ⟨-; *no pl*⟩ *phys. chem.* phosphorescence.

phos·pho·res·zie·ren [fɔsforɛs'tsi:rən] *v/i* ⟨*no* ge-, h⟩ *chem. phys.* phosphoresce. — **phos·pho·res'zie·rend I** *pres p.* – **II** *adj chem. phys.* phosphorescent, phosphorous, phosphoric.

'phos·phor,hal·tig *adj chem.* phosphoric, phosphorous.

phos·pho·rig ['fɔsforɪç] *adj chem.* phosphorous.

'phos·phor|,sau·er *adj chem.* phosphoric. — **P~,säu·re** *f* phosphoric acid (H_3PO_4). — **P~ver,gif·tung** *f med.* phosphorus poisoning, phosphorism. — **P~,was·ser,stoff** *m chem.* phosphine, hydrogen phosphide (PH_3).

Phot [fo:t] *n* ⟨-s; -⟩ *phys.* phot.

Pho·to[1] ['fo:to] *n* ⟨-s; -s⟩, *Swiss only f* ⟨-; -s⟩ *colloq.* photo (*colloq.*).

'Pho·to[2] *m* ⟨-s; -s⟩ *colloq. for* Photoapparat.

'Pho·to|,al·bum *n* photo album. — **~·ap·pa,rat** *m phot.* camera. — **~,aus·,rü·stung** *f* photographic equipment (*od.* outfit). — **~che·mie** [fotoçe'mi:] *f chem.* photochemistry. — **p~che·misch** [foto'çe:mɪʃ] *adj* photochemical. — **p~chro·ma·tisch** [fotokro'ma:tɪʃ] *adj phot.* photochromatic. — **~chro·mie** [fotokro'mi:] *f* ⟨-; *no pl*⟩ photochromism. — **p~elek·trisch** [foto'ʔe'lɛktrɪʃ] *adj electr.* photoelectric. — **~ele,ment** *n cf.* Photozelle.

pho·to·gen [foto'ge:n] *adj* ⟨-er; -st⟩ *phot.* photogenic, photographable.

Pho·to·gramm [foto'gram] *n* ⟨-s; -e⟩ *phot.* photogram. — **Pho·to·gramme'trie** (*getr.* -mm·m-) [-grame'tri:] *f* ⟨-; *no pl*⟩ photogrammetry. — **pho·to·gramme·trisch** (*getr.* -mm'm-) [-gra'me:trɪʃ] *adj* photogrammetric, *auch* photogrammetrical.

Pho·to·graph [foto'gra:f] *m* ⟨-en; -en⟩ *phot.* photographer.

Pho·to·gra·phie [fotogra'fi:] *f* ⟨-; -n [-ən]⟩ **1.** (*Kunst, Verfahren*) photography, photographic art. – **2.** (*Bild*) photograph, picture, shot, photo (*colloq.*): eine ~ machen to take a picture. – **3.** (*Schnappschuß*) snapshot.

pho·to·gra·phie·ren [fotogra'fi:rən] **I** *v/t* ⟨*no* ge-, h⟩ *phot.* photograph, take a picture (*od.* shot) of, shoot: ich habe mich ~ lassen I have had my picture taken. – **II** *v/i* photograph, take pictures (*od.* a picture).

Pho·to·gra'phier·ge,sicht *n colloq.* Sunday-go-to-meeting expression.

pho·to'gra·phisch I *adj* photographic. – **II** *adv* photographically.

Pho·to|gra·vü·re [fotogra'vy:rə] *f print. cf.* Heliogravüre. — **~,händ·ler** ['fo:to-] *m* photo(graphic) dealer. — **~kon·duk·ti·vi·'tät** [-kɔndʊktivi'tɛ:t] *f electr.* photoconductivity. — **~ko'pie** [-ko'pi:] *f phot.* Photostat (*TM*), photographic copy, photoprint. — **p~ko'pie·ren** [-ko'pi:rən] *v/t* ⟨*no* ge-, h⟩ photostat, make a Photostat of, copy. — **~la,bor** ['fo:to-] *n* photographic laboratory.

Pho·to·ly·se [foto'ly:zə] *f* ⟨-; -n⟩ *chem.* photolysis.

pho·to·me·cha·nisch [fotome'ça:nɪʃ] *adj print.* photomechanical.

Pho·to·me·ter [foto'me:tər] *n* ⟨-s; -⟩ *phys.* photometer, light meter. — **Pho·to·me'trie** [-me'tri:] *f* ⟨-; *no pl*⟩ photometry. — **pho·to'me·trisch** [-'me:trɪʃ] *adj* photometric, *auch* photometrical.

'Pho·to|mo,dell *n* (photographer's) model. — **~mon,ta·ge** *f phot.* photomontage, cut-and-paste montage.

Pho·ton ['fo:tɔn; fo'to:n] *n* ⟨-s; -en [fo'to:nən]⟩ *phys.* photon, light quantum.

Pho'to·nen,an,trieb *m* (*space*) photon engine (*od.* propulsion).

'Pho·to|pa,pier *n phot.* photographic paper. — **~re·por,ta·ge** *f* photographic reportage. — **p~sen·si·tiv** [fotozɛnzi'ti:f] *adj* photosensitive. — **~sen·si·ti·vi·tät** [fotozɛnzitivi'tɛ:t] *f* photosensitivity. — **~sphä·re** [foto'sfɛ:rə] *f* ⟨-; *no pl*⟩ *astr.* photosphere. — **~syn·the·se** [fotozyn'te:zə] *f biol.* photosynthesis.

Pho·to·thek [foto'te:k] *f* ⟨-; -en⟩ *phot.* **1.** (*Bilder*) photograph collection. – **2.** (*Bücher*) photo library. – **3.** (*Dokumente*) photographic record.

Pho·to·the·ra·pie [fototera'pi:] *f* ⟨-; *no pl*⟩ *med.* phototherapy.

pho·to·trop [foto'tro:p], **pho·to'tro·pisch** *adj bot.* phototropic. — **Pho·to·tro'pis·mus** [-tro'pɪsmus] *m* ⟨-; -men⟩ phototropism.

'Pho·to|ver,viel,fa·cher *m nucl.* photomultiplier, electron multiplier. — **~,zel·le** *f electr.* photocell, photoelectric (*od.* selenium) cell, electric eye. — **~zin·ko·gra·phie** [fototsɪŋkogra'fi:] *f print.* photozincography. — **~,zu·be,hör** *n phot.* photographic accessories *pl.*

Phra·se ['fra:zə] *f* ⟨-; -n⟩ **1.** (*Redewendung etc*) (set) phrase. – **2.** *contempt.* empty talk, hot air, claptrap, idle chatter: **das sind alles nur (leere) ~n** *colloq.* that is a lot of empty talk; → **dreschen** 1. – **3.** *contempt.* (*Klischee*) cliché, *Am. sl.* bromide. – **4.** *mus.* phrase, figure.

'Phra·sen|,dre·scher *m* ⟨-s; -⟩ *contempt.* phrasemonger, phraseman, phrasemaker, phraseologist, gasbag (*colloq.*). — **~dre·sche'rei** [,fraːzən-] *f* ⟨-; -en⟩ phrasemongering. — **p~haft** *adj* empty, meaningless, windy, phrasey, *auch* phrasy. — **~,held, ~,ma·cher** *m* ⟨-s; -⟩ *cf.* Phrasendrescher.

Phra·seo·lo·gie [frazeolo'giː] *f* ⟨-; -n [-ən]⟩ *ling.* phraseology, (idiomatic) phrasing. — **phra·seo'lo·gisch** [-'loːgɪʃ] *adj* phraseological.

phra·sie·ren [fra'ziːrən] *v/t* ⟨*no* ge-, h⟩ *mus.* phrase. — **Phra'sie·rung** *f* ⟨-; -en⟩ phrasing.

Phre·ne·sie [frene'ziː] *f* ⟨-; *no pl*⟩ *psych.* (*Wahnsinn*) phrenitis, phrenesia, phrenesis, insanity. — **phre'ne·tisch** [-'neːtɪʃ] *adj* phrenetic, insane, mentally ill.

Phre·no·lo·ge [freno'loːgə] *m* ⟨-n; -n⟩ *med.* phrenologist. — **Phre·no·lo'gie** [-lo'giː] *f* ⟨-; *no pl*⟩ phrenology. — **phre·no'lo·gisch** *adj* phrenological, *auch* phrenologic.

Phry·ger ['fryːgər], **'Phry·gi·er** [-gǐər] *m* ⟨-s; -⟩ *antiq.* Phrygian, inhabitant of Phrygia. — **'phry·gisch** [-gɪʃ] *adj* Phrygian.

Phtha·lat [fta'laːt] *n* ⟨-(e)s; -e⟩ *chem.* phthalate.

Phtha·le·in [ftale'iːn] *n* ⟨-s; -e⟩ *chem.* phthalein.

'Phthal,säu·re ['ftaːl-] *f chem.* phthalic acid ($C_6H_4(COOH)_2$).

Phthi·se ['ftiːzə] *f* ⟨-; -n⟩, **'Phthi·sis** [-zɪs] *f* ⟨-; -sen⟩ *med.* phthisis, consumption, pulmonary tuberculosis. — **'phthi·sisch** *adj* phthisic, consumptive, tuberculous.

pH-,Wert [peː'haː-] *m chem.* pH (value).

Phy·ko·lo·gie [fykolo'giː] *f* ⟨-; *no pl*⟩ *obs.* algology.

Phy·le ['fyːlə] *f* ⟨-; -n⟩ *antiq. pol.* phyle.

Phyl·lit [fʏ'liːt; -'lɪt] *m* ⟨-s; -e⟩ *min.* phyllite.

Phyl·lo·di·um [fʏ'loːdǐʊm] *n* ⟨-s; -dien⟩ *bot.* phyllode, phyllodium.

Phyl·lo·kla·di·um [fylo'klaːdǐʊm] *n* ⟨-s; -dien⟩ *bot.* phylloclade.

Phyl·lo·pha·ge [fylo'faːgə] *m* ⟨-n; -n⟩ *zo.* phyllophagan.

Phyl·lo·po·de [fylo'poːdə] *m* ⟨-n; -n⟩ *meist pl zo.* phyllopod, *auch* phyllopodan.

Phy·lo·ge·ne·se [fyloge'neːzə] *f* ⟨-; -n⟩ *biol.* phylogenesis, phylogeny, philogeny. — **phy·lo·ge'ne·tisch** [-tɪʃ] *adj* phylogenetic.

Phy·lo·ge·nie [fyloge'niː] *f* ⟨-; -n [-ən]⟩ *biol. cf.* Phylogenese.

Phy·sik [fy'ziːk] *f* ⟨-; *no pl*⟩ *phys.* physics *pl* (*usually construed as sg*).

phy·si·ka·lisch [fyzi'kaːlɪʃ] *adj* physical. — **~-'che·misch** *adj* physiochemical.

Phy·si·ker ['fyːzikər] *m* ⟨-s; -⟩, **'Phy·si·ke·rin** *f* ⟨-; -nen⟩ physicist.

Phy·si·kum ['fyːzikum] *n* ⟨-s; -ka [-ka]⟩ *ped. intermediary preclinical examination for students of medicine.*

Phy'sik,un·ter,richt *m ped.* **1.** physics lesson. – **2.** physics instruction, teaching of physics.

Phy·sio·gno·mie [fyzǐogno'miː] *f* ⟨-; -n [-ən]⟩ physiognomy. — **Phy·sio'gno·mik** [-'gnoːmɪk] *f* ⟨-; *no pl*⟩ physiognomy, physiognomics *pl* (*usually construed as sg*). — **phy·sio'gno·misch** [-'gnoːmɪʃ] *adj* physiognomic, *auch* physiognomical.

Phy·sio·krat [fyzǐo'kraːt] *m* ⟨-en; -en⟩ *econ. hist.* physiocrat. — **Phy·sio·kra'tie** [-kra'tiː] *f* ⟨-; *no pl*⟩ physiocracy. — **phy·sio'kra·tisch** *adj* physiocratic: **~es System** physiocracy. — **Phy·sio·kra'tis·mus** [-kra'tɪsmʊs] *m* ⟨-; *no pl*⟩ physiocracy, physiocratism.

Phy·sio·lo·ge [fyzǐo'loːgə] *m* ⟨-n; -n⟩ *med.* physiologist. — **Phy·sio·lo'gie** [-lo'giː] *f* ⟨-; *no pl*⟩ physiology. — **phy·sio'lo·gisch** *adj* physiologic(al).

Phy·sio·the·ra·pie [fyzǐotera'piː] *f med.* physical therapy, physiotherapy.

Phy·sis ['fyːzɪs] *f* ⟨-; *no pl*⟩ *philos. biol.* physis.

phy·sisch ['fyːzɪʃ] *adj* physical, somatic.

Phy·to|geo·gra·phie [fytogeogra'fiː] *f bot.* phytogeography. — **~pa·tho·lo'gie** [-patolo'giː] *f* phytopathology. — **p~pa·tho'lo·gisch** [-pato'loːgɪʃ] *adj* phytopathologic(al).

Phy·to·pha·ge [fyto'faːgə] *m* ⟨-n; -n⟩ *meist pl zo.* phytophagan, *auch* phytophage.

Phy·to·the·ra·pie [fytotera'piː] *f med.* phytotherapy.

Pi [piː] *n* ⟨-(s); -s⟩ pi (*16th letter of the Greek alphabet*).

Pi·af·fe ['pǐafə] *f* ⟨-; -n⟩ (*sport*) (*bei der Dressur*) piaffe. — **pi·af'fie·ren** [-'fiːrən] *v/i* ⟨*no* ge-, h⟩ piaffe.

Pia·ni·no [pǐa'niːno] *n* ⟨-s; -s⟩ *mus.* upright (piano), pianino, cottage piano.

pia·nis·si·mo [pǐa'nɪsimo] *mus.* **I** *adv u. adj* pianissimo. – **II P~** *n* ⟨-s; -s *u.* -nissimi [-mi]⟩ pianissimo.

Pia·nist [pǐa'nɪst] *m* ⟨-en; -en⟩, **Pia'ni·stin** *f* ⟨-; -nen⟩ *mus.* pianist. — **pia'ni·stisch** *adj* pianistic.

pia·no ['pǐaːno] *adv u. adj mus.* piano.

Pia·no[1] ['pǐaːno] *n* ⟨-s; -s *u.* -ni⟩ *mus.* (*leises Spielen*) piano.

Pia·no[2] ['pǐaːno] *n* ⟨-s; -s⟩ *mus. cf.* Pianoforte.

Pia·no·for·te [pǐano'fɔrtə] *n* ⟨-s; -s⟩ *mus.* piano, pianoforte.

Pia·no·la [pǐa'noːla] (*TM*) *n* ⟨-s; -s⟩ *mus.* Pianola (*TM*).

Pia·rist [pǐa'rɪst] *m* ⟨-en; -en⟩ *röm.kath.* Piarist.

Pi·as·sa·va [pǐa'saːva] *f* ⟨-; -ven⟩ *bot.* **1.** *cf.* Piassavapalme. – **2.** *cf.* Piassavafaser. — **~,fa·ser** *f bot.* piassava (*od.* Tampico) fiber (*bes. Br.* fibre) (*od.* hemp), monkey grass. — **~,pal·me** *f* **1.** piassava, *auch* pias(s)aba, piasava, (Bahia) bast palm (*Attalea funifera*). – **2.** (Pará) piassava (palm) (*Leopoldinia piassaba*).

Pia·ster ['pǐastər] *m* ⟨-s; -⟩ *econ.* piaster, piastre.

Pi·az·za ['pǐatsa] *f* ⟨-; -azze⟩ piazza, (town) square.

Pi·ca ['piːka] *f* ⟨-; *no pl*⟩ *med.* (*der Schwangeren*) pica.

Pi'cas·so,fisch [pi'kaso-] *m zo.* black-barred triggerfish, picasso fish (*Rhinecanthus aculeatus*).

Pi·che'lei *f* ⟨-; -en⟩ *colloq.* tippling (*od. colloq.* boozing) session (*od.* bout), booze, *auch* boose (*colloq.*). — **'Pi·che·ler** *m* ⟨-s; -⟩ *colloq.* tippler, boozer (*colloq.*). — **pi·cheln** ['pɪçəln] *v/i* ⟨h⟩ *colloq.* tipple, booze, *auch* boose (*colloq.*).

Pi·chel·stei·ner ['pɪçəl,ʃtaɪnər] *n* ⟨-; *no pl*⟩, **~ 'Fleisch** *n gastr.* meat and vegetable stew.

pi·chen ['pɪçən] *v/t* ⟨h⟩ *dial.* pitch, tar, (*Schuhe*) wax.

'Pich·ler *m* ⟨-s; -⟩ *colloq. cf.* Picheler.

Pick [pɪk] *m* ⟨-s; *no pl*⟩ *Austrian colloq. for* Klebstoff 1—3.

Picke (*getr.* -k·k-) ['pɪkə] *f* ⟨-; -n⟩ **1.** *tech.* pick(point). – **2.** (*mining*) pick: **Wasserbedüsung durch die ~n** pick flushing; **Schnittiefe der ~n** pick penetration.

Pickel[1] (*getr.* -k·k-) ['pɪkəl] *m* ⟨-s; -⟩ **1.** *tech. cf.* Kreuzspitzhacke. – **2.** *cf.* Eispickel.

'Pickel[2] (*getr.* -k·k-) *m* ⟨-s; -⟩ *med.* pimple, pustule.

'Pickel|,hau·be (*getr.* -k·k-) *f colloq.* spiked helmet, pickelhaube. — **~,he·ring** *m* **1.** *gastr. obs.* pickled herring. – **2.** (*literature*) clown, buffoon, harlequin, Tomfool, Merry-Andrew, merry-andrew.

'picke·lig (*getr.* -k·k-) *adj med.* pimpled, pimply.

picken[1] (*getr.* -k·k-) ['pɪkən] **I** *v/t* ⟨h⟩ pick, peck. – **II** *v/i* j-m in den Finger ~ to peck s.o.'s finger.

'picken[2] (*getr.* -k·k-) *v/i* ⟨h *u.* sein⟩ **1.** ⟨h⟩ *Austrian colloq. for* haften 1, kleben 6. – **2.** ⟨sein⟩ **~ bleiben** *Austrian colloq. for* klebenbleiben 1, 3.

'Pick,ham·mer *m* (*mining*) *cf.* Abbauhammer.

Pick·les ['pɪkəls; pɪklz] (*Engl.*) *pl gastr. cf.* Mixed Pickles.

'pick·lig *adj med. cf.* pickelig.

Pick·nick ['pɪknɪk] *n* ⟨-s; -e *u.* -s⟩ picnic, *Am. auch* picknick: **ein ~ machen** *cf.* picknicken. — **'pick·nicken** (*getr.* -k·k-) *v/i* ⟨h⟩ picnic, have (*od.* go on) a picnic.

'Pick·nick,kof·fer *m* picnic basket (*od.* hamper).

Pick-up [pɪk'ʔap; 'pɪkʌp] (*Engl.*) *m* ⟨-s; -s⟩ *electr. cf.* Tonabnehmer, Tonarm.

pi·co·bel·lo [piːko'bɛlo] *adj* ⟨*pred*⟩ *colloq.* fantabulous (*sl.*), *Am. sl.* snazzy.

Pi·co·fa·rad [pikofa'raːt] *n electr.* picofarad.

Pi·cot [pi'koː] *m* ⟨-s; -s⟩ (*textile*) (*an Spitzen*) picot.

'Pid·gin-,Eng·lisch ['pɪdʒɪn-] *n* ⟨-(s); *no pl*⟩ *ling.* pidgin (*auch* pigeon, pidgeon) English.

Pie·ce ['pǐɛːs(ə)] *f* ⟨-; -n [-sən]⟩ *mus.* piece.

Pie·de·stal [pǐedɛs'taːl] *n* ⟨-s; -e⟩ *arch.* pedestal.

Piek [piːk] *f* ⟨-; -en⟩ *mar.* (*einer Gaffel*) peak.

pie·ken ['piːkən] *colloq.* **I** *v/t* ⟨h⟩ (in *acc* into) stick, poke. – **II** *v/i* prick. – **III** *v/reflex* **sich in den Finger ~** to prick one's finger.

'piek|'fein *adj colloq.* smart, spruce, dapper, nifty (*sl.*), *Am. sl.* snazzy. — **~'sau·ber** *adj* spotlessly clean, spic(k)-and-span.

piep [piːp] **I** *interj* **1.** cheep, tweet, chirp, peep: **~, ~!** tweet-tweet! – **II P~** *m* ⟨-s; *no pl*⟩ **2.** *cf.* Pieps 1. – **3.** *fig. colloq.* (*in Wendungen wie*) **sie sagte keinen P~** she didn't say (*od.* utter) a word, she didn't say boo; **er tat keinen P~ mehr** he was out for the count; **einen P~ haben** to have a screw loose (*colloq.*).

pie·pe ['piːpə] *adj only in* **es ist mir völlig ~** *colloq.* I couldn't care less, I don't give a damn, I don't care a hoot (*od.* two hoots) (*sl.*).

'piep·egal [-ʔe'gaːl] *adj colloq. cf.* piepe.

pie·pen ['piːpən] **I** *v/i* ⟨h⟩ **1.** (*von Küken, Vögeln*) cheep, chirp, tweet: **bei dir piept's wohl?** *fig. colloq.* you must be crazy, are you daft (*colloq.*) (*od. sl.* nuts)? – **2.** (*von Funksignal*) bleep. – **II P~** *n* ⟨-s⟩ **3.** *verbal noun*: **das ist ja wirklich zum P~** *fig. colloq.* that's a perfect (*od.* an absolute) scream (*colloq.*).

'Pie·pen *pl colloq.* 'dough' *sg* (*sl.*), cash *sg*, money *sg*: **100 ~** 100 marks.

'Pie·per *m* ⟨-s; -⟩ *zo.* pipit, *auch* titlark (*Gattg Anthus*).

'Piep,matz *m* ⟨-es; -e *u.* ≈e⟩ *colloq.* dickey, *auch* dicky, dick(e)y bird: **du hast wohl einen ~?** *fig. colloq.* you must be crazy, are you daft (*colloq.*) (*od. sl.* nuts)?

Pieps [piːps] *m* ⟨-es; -e⟩ **1.** cheep, chirp, tweet. – **2.** *fig. colloq. cf.* Piep 3.

piep·sen ['piːpsən] *v/i* ⟨h⟩ **1.** (*von Maus*) squeak. – **2.** *cf.* piepen. – **3.** *colloq.* (*bes. von Kindern*) squeak.

'piep·sig *adj colloq.* (*Stimme*) squeaky, thin, reedy.

'Piep,vo·gel *m colloq. cf.* Piepmatz.

Pier[1] [piːr] *m* ⟨-s; -e *u.* -s⟩, *mar. auch f* ⟨-; -s⟩ pier, wharf, quay.

Pier[2] *m* ⟨-(e)s; -e⟩ *zo.* lobworm, lugworm (*Arenicola marina*).

Pi·er·ret·te [pǐɛ'rɛt(ə)] *f* ⟨-; -n [-tən]⟩ (*theater*) Pierrette, pierrette.

Pi·er·rot [pǐe'roː] *m* ⟨-s; -s⟩ (*theater*) Pierrot, pierrot.

pie·sacken (*getr.* -k·k-) ['piːzakən] *v/t* ⟨h⟩ *colloq.* torment, pester, badger, plague, harass, *bes. Am. sl.* bug.

Pie·ta [pie'ta(ː)] *f* ⟨-; -s⟩ (*art*) Pietà, pietà.

Pie·tät [pie'tɛːt] *f* ⟨-; *no pl*⟩ **1.** (*Frömmigkeit*) piety, piousness. – **2.** (*Ehrfurcht*) reverence. – **3.** (*kindliche Liebe*) filial love.

pie'tät·los *adj* **1.** impious, irreverent. – **2.** irreverent, disrespectful. — **Pie'tät·lo·sig·keit** *f* ⟨-; *no pl*⟩ **1.** impiety, impiousness, irreverence, lack of reverence. – **2.** irreverence, disrespect.

pie'tät,voll *adj* **1.** pious, reverent. – **2.** reverent, respectful, regardful.

Pie·tis·mus [pie'tɪsmʊs] *m* ⟨-; *no pl*⟩ *relig. hist.* Pietism. — **Pie'tist** [-'tɪst] *m* ⟨-en; -en⟩ Pietist. — **pie'ti·stisch** *adj* pietistic(al).

Pie·zo|ef,fekt ['pǐeːtso-] *m electr.* piezoelectric effect. — **p~elek·trisch** [pǐetsoʔe'lɛktrɪʃ] *adj* piezoelectric. — **~elek·tri·zi·tät** [pǐetsoʔelɛktritsi'tɛːt] *f* piezoelectricity. — **~me·ter** [pǐetso'meːtər] *n* ⟨-s; -⟩ piezometer.

piff, paff(, puff) ['pɪf'paf('pʊf)] *interj* (*von Gewehr*) bang! bang! bang!

'Pi·geon-,Eng·lisch ['pɪdʒɪn-] *n ling. cf.* Pidgin-Englisch.

Pig·ment [pɪ'gmɛnt] *n* ⟨-(e)s; -e⟩ *biol.* (*paints*) pigment.

Pig·men·ta·ti·on [pɪgmɛnta'tsǐoːn] *f* ⟨-; -en⟩ *biol.* pigmentation.

Pig'ment|,bil·dung *f biol.* formation of pigment, chromogenesis (*scient.*). — **~,druck** *m* ⟨-(e)s; -e⟩ *print.* **1.** ⟨*only sg*⟩ (*Verfahren*) pigment printing. – **2.** carbon print. — **~,farb,stoff** *m chem.* pigment, toner. — **~,fleck** *m med.* stain, pigmental mole, soft n(a)evus.

pig·men·tie·ren [pɪgmɛn'tiːrən] **I** *v/t* ⟨*no* ge-, h⟩ pigment, color, *bes. Br.* colour. – **II** *v/reflex* sich ~ become pigmented. – **III P~** *n* ⟨-s⟩ *verbal noun.* — **pig·men'tiert I** *pp.* – **II** *adj* **1.** pigmented. – **2.** (*Geschwulst*) melanotic. — **Pig·men'tie·rung** *f* ⟨-; -en⟩ **1.** *cf.* Pigmentieren. – **2.** pigmentation.

Pig'ment|,mal *n med.* soft n(a)evus, pigmental mole. — **~,man·gel** *m* (*der Haut*) hypochromia. — **~ver,lust** *m* loss of pigment, parachroma (*scient.*).

Pi·gno·le [pɪn'joːlə], *Austrian* **Pi'gno·lie** [-liə] *f* ⟨-; -n⟩ (*Pinienfrucht*) pignolia, pignoli.

Pik[1] [piːk] *m* ⟨-s; -e⟩ *colloq.* pique, (secret) grudge, rancor, *bes. Br.* rancour (*lit.*): sie hat einen ~ auf ihn she has a grudge against (*od.* a down on) him.

Pik[2] *m* ⟨-s; -e *u.* -s⟩ (mountain) peak.

Pik[3] *n* ⟨-s; -s⟩, *Austrian auch f* ⟨-; -⟩ (*Spielkartenfarbe*) spades *pl*: ~ ist Trumpf spades are trump(s).

Pi·ka ['piːka] *m* ⟨-(s); -(s)⟩ *zo.* calling hare, pika (*Ochotona princeps*).

pi·kant [pi'kant] **I** *adj* **1.** *gastr.* (*gutgewürzt*) piquant, spicy, highly seasoned, (*Fleisch, bes. Wild*) high, racy: eine ~e Soße a piquant sauce; ~e Vorspeise appetizer; ~e Nachspeise savory, *bes. Br.* savoury. – **2.** ⟨*attrib*⟩ *fig.* (*Abenteuer*) amorous, gallant. – **3.** *fig.* (*anzüglich*) piquant, spicy, off-color, *bes. Br.* off-colour (*attrib*), racy: ein ~er Witz a spicy (*od.* suggestive, risqué) joke. – **II** *adv* **4.** ~ gewürzt *gastr.* spicily flavo(u)red, highly seasoned; ~ schmecken to taste spicy.

Pi·kan·te·rie [pikantə'riː] *f* ⟨-; -n [-ən]⟩ piquant (*od.* spicy, risqué, racy) remark.

pi·ka·resk [pika'rɛsk] *adj* (*Roman*) picaresque.

,Pik-'As *n* (*Spielkarte*) ace of spades.

Pi·ke ['piːkə] *f* ⟨-; -n⟩ **1.** *mil. hist.* pike: von der ~ auf dienen *fig. colloq.* to rise from the ranks, to start at the bottom. – **2.** *colloq. cf.* Pik[1].

Pi·kee [pi'keː] *m*, *Austrian auch n* ⟨-s; -s⟩ (*textile*) piqué, pique. — **~,we·ste** *f* piqué vest (*Br.* waistcoat).

pi·ken ['piːkən] *v/t*, *v/i u. v/reflex* ⟨h⟩ *colloq. cf.* pieken.

Pi·kett [pi'kɛt] *n* ⟨-(e)s; -e⟩ **1.** (*games*) piquet, *auch* picquet. – **2.** *Swiss* inlying picket (*auch* piquet): auf ~ stehen to be on picket duty. – **3.** *mil.* picket, *auch* piquet.

pi·kie·ren [pi'kiːrən] *v/t* ⟨*no* ge-, h⟩ *hort.* (*junge Pflanzen*) transplant.

pi'kiert I *pp.* – **II** *adj* **1.** *hort.* transplanted. – **2.** *fig.* piqued, nettled, peeved (*colloq.*), irritated, huffed: ich war ziemlich ~ I was peeved to say the least; sie machte einen ~en Eindruck she seemed (to be) rather piqued.

Pik·ko·lo[1] ['pɪkolo] *m* ⟨-s; -s⟩ **1.** apprentice waiter. – **2.** *gastr.* small bottle of champagne.

'Pik·ko·lo[2] *m*, *auch n* ⟨-s; -s⟩ *mus. cf.* Pikkoloflöte.

'Pik·ko·lo,flö·te *f mus.* piccolo (flute), octave flute.

Pi·kör [pi'køːr] *m* ⟨-s; -e⟩ *hunt.* piqueur, whipper-in, huntsman's assistant.

Pi·krat [pi'kraːt] *n* ⟨-(e)s; -e⟩ *chem.* picrate.

Pi'krin,säu·re [pi'kriːn-] *f* ⟨-; *no pl*⟩ *chem.* picric acid ($C_6H_2(NO_2)_3OH$).

pik·sen ['piːksən] *v/t*, *v/i u. v/reflex* ⟨h⟩ *colloq. cf.* pieken.

Pik·te ['pɪktə] *m* ⟨-n; -n⟩ *hist.* Pict.

Pi·lar [pi'laːr] *m* ⟨-en; -en⟩ pillar, post.

Pi·la·ster [pi'lastər] *m* ⟨-s; -⟩ *arch.* pilaster.

Pi·la·tus [pi'laːtʊs] **I** *npr m* ⟨-; *no pl*⟩ *Bibl.* Pilate. – **II** *m* ⟨-; *no pl*⟩ *fig. colloq.* (*in Wendungen wie*) j-n von Pontius zu ~ schicken to send s.o. on a wild-goose chase, *bes. Am. colloq.* to give s.o. the runaround; von Pontius zu ~ laufen (*od.* rennen) to go on a wild-goose chase, to run from pillar to post.

Pi·lau [pi'laʊ; 'piː-], **Pi·law** [pi'laf; 'piː-] *m* ⟨-s; *no pl*⟩ *gastr.* pilaf(f), pilau, *auch* pilav, pilaw.

Pil·chard ['pɪltʃərt; 'pɪltʃəd] (*Engl.*) *m* ⟨-s; -s⟩ *zo.* pilchard (*Sardina pilchardus*).

Pil·ger ['pɪlgər] *m* ⟨-s; -⟩ *relig.* pilgrim. — **~,fahrt** *f* pilgrimage. — **~ge,wand** *n cf.* Pilgerkleid. — **~,hut** *m* pilgrim's (*od.* cockle) hat.

'Pil·ge·rin *f* ⟨-; -nen⟩ (woman) pilgrim.

'Pil·ger|,kleid *n* pilgrim's dress (*od.* garb). — **~,mu·schel** *f zo. cf.* Kammuschel 1.

pil·gern ['pɪlgərn] *v/i* ⟨sein⟩ **1.** make (*od.* go on) a pilgrimage, pilgrimage, pilgrim, pilgrimize. – **2.** *fig. cf.* wandern 1, 3.

'Pil·ger·schaft *f* ⟨-; *no pl*⟩ pilgrimage.

'Pil·ger,schar *f* group (*od.* troop) of pilgrims.

'Pil·gers,mann *m* ⟨-(e)s; ¨er *u.* -leute⟩ *obs. for* Pilger.

'Pil·ger|,stab *m* pilgrim's staff. — **~,stra·ße** *f* pilgrim route. — **~,vä·ter, die** *pl hist.* the Pilgrim Fathers, the Pilgrims. — **~,zug** *m* **1.** (*Sonderzug*) pilgrim train. – **2.** *cf.* Pilgerschar.

Pil·grim ['pɪlgrɪm] *m* ⟨-s; -e⟩ *obs. poet. for* Pilger.

Pil·le ['pɪlə] *f* ⟨-; -n⟩ *med. pharm.* **1.** pill: ~n drehen to make pills; ~n schlucken to take pills; eine (*od.* die) bittere ~ schlucken müssen *fig. colloq.* to have to swallow a (*od.* the) bitter pill; j-m die bittere ~ versüßen *fig. colloq.* to sugar the pill (*od.* to soften the blow) for s.o. – **2.** die ~ *colloq.* the (contraceptive *od.* birth-control) pill: die ~ nehmen to be on (*od.* take) the pill.

'Pil·len|,dre·her *m* **1.** *zo.* tumblebug, bullcomber (*Gattg Scarabaeus*): Heiliger ~ sacred beetle, scarabaeus (*scient.*) (*S. sacer*). – **2.** *humor. for* Apotheker. — **~,farn** *m bot.* pillwort, pepper grass (*Pilularia globulifera*). — **p~,för·mig** *adj* pill-shaped, pilular (*scient.*). — **~,kraut** *n bot. cf.* Pillenfarn. — **~,schach·tel** *f* pill box.

Pi·lot [pi'loːt] *m* ⟨-en; -en⟩ **1.** *aer.* pilot, (*Flieger*) aviator: zweiter ~ second pilot, copilot *Br.* co-; automatischer ~ automatic pilot. – **2.** *mar.* (*Lotse*) pilot. – **3.** (*textile*) pilot cloth. — **~bal,lon** *m aer.* pilot (*od.* sounding) balloon.

Pi·lo·te [pi'loːtə] *f* ⟨-; -n⟩ *civ.eng.* pile.

Pi'lo·ten|,kan·zel *f aer.* cockpit. — **~,kap·sel** *f* (*space*) command capsule.

Pi'lot|,film *m* pilot film. — **~,fisch** *m zo. cf.* Lotsenfisch.

pi·lo·tie·ren [pilo'tiːrən] *v/t* ⟨*no* ge-, h⟩ *civ.eng.* (*Pfahl*) drive (in).

Pi'lot,ton *m* (*film*) (*bei der Synchronisation*) pilot tone.

Pils [pɪls] *n* ⟨-; -⟩ *brew. a* (*German*) *kind of beer similar to Pilsner.*

Pil·se·ner ['pɪlzənər], **Pils·ner** ['pɪlznər] *n* ⟨-s; -⟩ *brew.* **1.** Pilsner, *auch* Pilsener. – **2.** *cf.* Pils.

Pilz [pɪlts] *m* ⟨-es; -e⟩ **1.** *bot.* mushroom, fungus: eßbarer ~ mushroom; giftiger ~ toadstool; in die ~e gehen *colloq.* to go mushrooming; die Häuser schießen wie ~e aus dem Boden (*od.* der Erde) *fig.* the houses shoot up like mushrooms, the houses mushroom (up). – **2.** pathogener ~ *med.* disease fungus. – **3.** *fig.* (*von Rauch*) mushroom. — **~,an·ker** *m mar.* mushroom anchor. — **~,bir·ne** *f electr.* mushroom bulb. — **p~,för·mig** *adj* mushroom-shaped, mushroom (*attrib*), mushroomy; fungiform, fungoid (*scient.*). — **~ge,flecht** *n bot.* mycelium.

'pil·zig *adj* mushroomlike; fungous, fungal, *auch* fungus (*attrib*) (*scient.*).

'Pilz|iso,la·tor *m electr.* mushroom insulator. — **~kon·struk·ti,on** *f arch.* mushroom construction. — **~ko,ral·le** *f zo.* mushroom coral (*Gattg Fungia*). — **~,krank·heit** *f med.* mycosis. — **~,kun·de** *f bot.* mycology, fungology. — **~,laut,spre·cher** *m electr.* mushroom loudspeaker. — **~,mü·cke** (*getr.* -k·k-) *f zo.* fungus (*od.* agaric) gnat (*od.* midge) (*Fam. Fungivoridae*). — **p~,tö·tend** *adj* fungicidal: ~es Mittel fungicide. — **~ver,gif·tung** *f med.* mushroom poisoning; mycetismus, mycetism (*scient.*). — **~,wol·ke** *f mil.* mushroom cloud.

Pi·ment [pi'mɛnt] *m*, *n* ⟨-(e)s; -e⟩ *gastr.* (*Küchengewürz*) allspice. — **~,baum, ~,strauch** *m bot. cf.* Jamaika-Pfeffer.

Pim·mel ['pɪməl] *m* ⟨-s; -⟩ *colloq.* 'prick', 'cock' (*beide vulg.*), penis.

Pim·pe'lei *f* ⟨-; -en⟩ *colloq.* **1.** continual whimpering (*od.* whining). – **2.** (*Verweichlichung*) pampering, effemination. — **'pim·pe·lig** *adj* **1.** (*wehleidig*) whimpering, whining, whiny, *Am. auch* whiney, puling. – **2.** (*kränklich*) sickly, peaked, peaky, delicate. – **3.** (*verweichlicht*) coddled, pampered, (*Erwachsener*) effeminate.

'Pim·pel,lie·se *f* ⟨-; -n⟩ *colloq.* peaky (*od.* puling) girl.

pim·peln ['pɪmpəln] *v/i* ⟨h⟩ *dial.* (*weinerlich, wehleidig tun*) whimper, whine, pule.

'Pim·pel,nuß *f bot. cf.* Pimpernuß.

pim·pern ['pɪmpərn] *v/t u. v/i* ⟨h⟩ *vulg. cf.* vögeln.

Pim·per·nell [pɪmpər'nɛl] *m* ⟨-(e)s; -e⟩ *bot. cf.* Pimpinelle.

'Pim·per,nuß *f bot.* bladdernut (*Gattg Staphylea*).

Pimpf [pɪmpf] *m* ⟨-(e)s; -e⟩ **1.** *colloq. oft contempt.* imp, squirt, scamp. – **2.** *hist.* (*in NS-Zeit*) *member of the Hitler Youth.*

Pim·pi·nel·le [pɪmpi'nɛlə] *f* ⟨-; -n⟩ *bot.* **1.** burnet saxifrage (*Pimpinella saxifraga*). – **2.** *cf.* Wiesenknopf.

'pimp·lig *adj colloq. cf.* pimpelig.

Pi·na·ko·id [pinako'iːt] *n* ⟨-(e)s; -e⟩ *min.* pinacoid, *auch* pinakoid.

Pi·na·ko·thek [pinako'teːk] *f* ⟨-; -en⟩ picture gallery, pinacotheca.

Pi·nas·se [pi'nasə] *f* ⟨-; -n⟩ *mar. mil.* pinnace.

Pince·nez [pɛ̃s'neː] *n* ⟨- [-'neː(s)]; - [-'neːs]⟩ *obs.* (*Klemmer, Kneifer*) pince-nez.

'Pinch-Ef,fekt *m* ['pɪntʃ-] *m nucl.* pinch effect (*constriction of plasma in thermonuclear reaction*).

pin·da·risch [pɪn'daːrɪʃ] *adj* Pindaric.

Pi·ne'al·or,gan [pine'aːl-] *n med. zo.* pineal body.

pin·ge·lig ['pɪŋəlɪç] *adj colloq.* **1.** (*empfindlich, wehleidig*) squeamish. – **2.** (*übergenau*) fussy, fastidious, pernickety (*colloq.*): ~ tun to be fussy.

Ping·pong ['pɪŋ,pɔŋ] *n* ⟨-s; -s⟩ *colloq.* ping-pong, table tennis.

Pin·gu·in ['pɪŋguiːn; *rare* pɪŋgu'iːn] *m* ⟨-s; -e⟩ *zo.* penguin (*Ordng Sphenisciformes*).

Pi·nie ['piːniə] *f* ⟨-; -n⟩ *bot.* stone (*od.* nut, parasol) pine (*Pinus pinea*).

'Pi·ni·en|,kern *m*, **~,nuß** *f bot.* pine nut, piñon, pignon. — **~,wald** *m* stone pine forest, pinewood(s *pl*). — **~,zap·fen** *m* stone pine cone.

Pi·nio·le [pi'nioːlə] *f* ⟨-; -n⟩ *bot. cf.* Pinienkern.

Pin·ke ['pɪŋkə] *f* ⟨-; *no pl*⟩ *colloq.* (*Geld*) 'dough' (*sl.*), *Br. sl.* 'brass', lolly: er hat keine ~ mehr he has not dough left, he hasn't a bean left (*sl.*).

Pin·kel ['pɪŋkəl] *m* ⟨-s; -⟩ *only in* feiner (*od.* vornehmer) ~ *colloq.* dandy, *Br. colloq.* swank, *Am. sl.* dude.

pin·keln ['pɪŋkəln] *v/i* ⟨h⟩ *colloq.* 'piddle', pee (*beide colloq.*); piss, 'tinkle' (*vulg.*): er pinkelte an (*od.* gegen) die Wand he pissed the wall.

'Pin·ke'pin·ke *f* ⟨-; *no pl*⟩ *cf.* Pinke.

Pin·ne ['pɪnə] *f* ⟨-; -n⟩ **1.** (*Zwecke*) pin. – **2.** (*Stift*) peg, plug, (*spitzer*) tack. – **3.** (*eines Hammers*) pane, peen. – **4.** (*eines Kompasses*) dab. – **5.** *mar.* (*Ruderpinne*) tiller, helm.

pin·nen ['pɪnən] *v/t* ⟨h⟩ *dial.* pin.

Pi·no·le [pi'noːlə] *f* ⟨-; -n⟩ *tech.* **1.** (*einer Drehmaschine*) (center, *bes. Br.* centre) sleeve. – **2.** (*einer Fräsmaschine*) quill.

Pin·scher ['pɪnʃər] *m* ⟨-s; -⟩ (*Haushundrasse*) pinscher.

Pin·sel[1] ['pɪnzəl] *m* ⟨-s; -⟩ **1.** (paint)brush. – **2.** (*Staubpinsel*) dusting brush. – **3.** *vulg.* 'prick', 'cock' (*beide vulg.*), penis.

'Pin·sel[2] *m* ⟨-s; -⟩ *colloq. contempt.* nincompoop, noodle, blockhead, ninny, fool, simpleton, fathead.

'Pin·sel,äff·chen *n zo.* true marmoset (*Gattg Callithrix*).

Pin·se'lei *f* ⟨-; -en⟩ *contempt.* **1.** ⟨*only sg*⟩ daubing. – **2.** (*schlechtes Gemälde*) daub, (piece of) daubing.

'Pin·se·ler *m* ⟨-s; -⟩ *contempt.* dauber.

'pin·sel|,för·mig *adj bot.* penicillate(d), penicilliform. — **P~,füh·rung** *f* (*art*) touch, brushwork.

'pin·se·lig *adj u. adv colloq. for* pedantisch.

'Pin·sel,kä·fer *m zo.* brushed flower beetle (*Trichius fasciatus*).

pin·seln ['pɪnzəln] **I** *v/i* ⟨h⟩ *colloq.* **1.** paint, daub: die Kinder pinselten eifrig in ihren Malbüchern the children were painting away industriously in their painting books. – **II** *v/t* **2.** etwas auf (*acc*) etwas ~ (*mit einem Pinsel malen*) to paint s.th. on s.th. – **3.** j-m den Hals ~ *med.* to paint s.o.'s throat. – **III P~** *n* ⟨-s⟩ **4.** *verbal noun.*

'Pin·sel|,schim·mel *m bot.* brown (*od.* blue, green) mold (*bes. Br.* mould), penicillium (*scient.*) (*Gattg Penicillium*). — **~,stiel** *m* brush handle. — **~,strich** *m* (*art*)

a) brushstroke, b) *cf.* Pinselführung. — **~ˌzun·gen·pa·paˌgei** *m zo. cf.* Lori 1.

Pin·te ['pɪntə] *f* ⟨-; -n⟩ **1.** *colloq. cf.* Kneipe 1. – **2.** *Swiss for* Blechkanne.

Pin-'up-ˌgirl [pɪn'ʔap-] *n* ⟨-s; -s⟩ pinup (girl).

Pin·zet·te [pɪn'tsɛtə] *f* ⟨-; -n⟩ tweezers *pl*, pincers *pl* (*beide sometimes construed as sg*), thumb (*od.* pick-up) forceps.

Pio·nier [pĭo'niːr] *m* ⟨-s; -e⟩ **1.** *mil.* a) engineer, b) (*als Dienstgrad*) sapper. – **2.** (*Erstsiedler*) pioneer. – **3.** *fig.* (*Wegbereiter*) pioneer, *Am. auch* trailblazer: **ein ~ (in) der Krebsforschung** a pioneer in cancer research. – **4. er ist bei den Jungen ~en** *DDR* he is a member of the Young Pioneers. — **~ˌar·beit** *f* **1.** *mil.* pioneer work. – **2.** *fig.* spadework, pioneer work. — **~ba·tailˌlon** *n mil.* engineer battalion: **leichtes ~** *Am.* engineer combat battalion, *Br.* field engineer battalion; **schweres ~** engineer construction battalion. — **~deˌpot** *n* engineer depot. — **~ˌkorps** *n* corps of engineers: **Britisches ~** Royal Engineers *pl.* — **~ˌtrup·pe** *f* engineers *pl*, engineer troops *pl.*

Pipe[1] [paɪp] *n, f* ⟨-; -s⟩ (*engl. u. amer. Hohlmaß*) pipe.

Pi·pe[2] ['piːpə] *f* ⟨-; -n⟩ **1.** *Northern G.* (tobacco) pipe. – **2.** *geol.* pipe.

Pi·pe[3] ['piːpə] *f* ⟨-; -n⟩ *Austrian* (*Faßhahn*) tap.

Pipe·line ['paɪplaɪn] (*Engl.*) *f* ⟨-; -s⟩ (*für Öl etc*) pipeline.

Pi·pet·te [pi'pɛtə] *f* ⟨-; -n⟩ **1.** *chem.* pipette, *auch* pipet, *Am. auch* dropper. – **2.** (*für Wein*) wine taster, sampling tube. — **pi·pet'tie·ren** [-'tiːrən] *v/t* ⟨*no* ge-, h⟩ pipette, *auch* pipet.

Pi·pi [pi'piː] *n* ⟨-s; *no pl*⟩ (*child's language*) wee-wee, *Am. auch* pee-pee (*beide colloq.*): **~ machen** to (do) wee-wee, to do number one (*colloq.*).

Pip·pau ['pɪpau] *m* ⟨-(e)s; *no pl*⟩ *bot.* hawk's-beard (*Gattg Crepis*).

Pips [pɪps] *m* ⟨-es; *no pl*⟩ *vet.* (*des Geflügels*) pip, roup.

Pi·ran·ha [pi'ranja] *m* ⟨-(s); -s⟩ *zo.* piranha, *auch* piraña, caribe, piraya (*Serrasalmus piraya*).

Pi·rat [pi'raːt] *m* ⟨-en; -en⟩ pirate, buccaneer, sea robber (*od.* wolf, rover), marooner.

Pi'ra·tenˌˌbarsch *m zo.* pirate perch (*Aphredoderus sayanus*). — **~ˌflag·ge** *f* Jolly Roger. — **~ˌschiff** *n hist.* pirate (ship), pic(k)aroon. — **~ˌsen·der** *m*, **~sta·tiˌon** *f* pirate radio station.

Pi·ra·te·rie [piratə'riː] *f* ⟨-; -n [-ən]⟩ piracy.

Pi·ra·ya [pi'raːja] *m* ⟨-(s); -s⟩ *zo. cf.* Piranha.

Pi·ro·ge [pi'roːgə] *f* ⟨-; -n⟩ (*südamer. Boot*) piragua, pirogue.

Pi·rog·gen [pi'rɔgən] *pl gastr.* pirogen, pirogi, piroshki, *auch* pirojki.

Pi·rol [pi'roːl] *m* ⟨-s; -e⟩ *zo.* (golden) oriole, loriot (*Oriolus oriolus*).

Pi·ro·plas·men [piro'plasmən] *pl vet. zo.* piroplasms, piroplasmata (*Fam. Babesiidae*).

Pi·rou·et·te [pi'rŭɛtə] *f* ⟨-; -n⟩ (*sport*) a) (*bei der Dressur*) pirouette, b) (*beim Eiskunst- u. Rollkunstlauf*) spin. — **pi·rou·et'tie·ren** [-'tiːrən] *v/i* ⟨*no* ge-, h⟩ a) (do *od.* perform a) pirouette, b) (do *od.* perform a) spin.

Pirsch [pɪrʃ] *f* ⟨-; *no pl*⟩ *hunt.* stalk (hunt), (deer)stalking, still-hunting: **auf die ~ gehen** to go (deer)stalking.

pir·schen ['pɪrʃən] *v/i* ⟨h⟩ *hunt.* stalk (deer), still-hunt.

'Pirsch|ˌgang *m*, **~ˌjagd** *f hunt. cf.* Pirsch. — **~ˌjä·ger** *m* deer stalker, still-hunter.

Pi·sang ['piːzaŋ] *m* ⟨-s; -e⟩ *bot.* **1.** *cf.* Bananenstaude 2. – **2.** (*Frucht*) plantain, pisang.

Pi'see,bau [pi'zeː-] *m* ⟨-(e)s; *no pl*⟩ *arch.* pisé de terre.

pis·pern ['pɪspərn] *v/i* ⟨h⟩ *dial. for* wispern II.

Piß [pɪs] *m* ⟨-sses; *no pl*⟩, **'Pis·se** *f* ⟨-; *no pl*⟩ *vulg.* pee (*colloq.*), piss (*vulg.*).

pis·sen ['pɪsən] *v/i* ⟨h⟩ *vulg. cf.* pinkeln.

Pis·soir [pɪ'sŏaːr] *n* ⟨-s; -e *u.* -s⟩ public urinal, *Am. auch* pissoir.

Pi·sta·zie [pɪs'taːtsĭə] *f* ⟨-; -n⟩ *bot.* **1.** (*Baum*) pistachio (tree), pistache (*Pistacia vera*). – **2.** (*Frucht*) pistachio nut. — **Pi'sta·zi·enˌnuß** *f cf.* Pistazie 2.

Pi·ste ['pɪstə] *f* ⟨-; -n⟩ **1.** (*sport*) a) (*Skipiste*) course, piste, b) (*Radrennpiste*) track. – **2.** *aer.* runway. – **3.** (*im Zirkus*) ring fence.

Pi·still [pɪs'tɪl] *n* ⟨-s; -e⟩ **1.** (*eines Mörsers*) pestle. – **2.** *bot.* (*Stempel*) pistil.

Pi·stol [pɪs'toːl] *n* ⟨-s; -en⟩ *obs. for* Pistole[1].

Pi·sto·le[1] [pɪs'toːlə] *f* ⟨-; -n⟩ pistol, revolver, gun; *Am. sl.* shooting iron, rod: **mit vorgehaltener ~** at gunpoint, at the point of a gun; **j-n auf ~n fordern** to challenge s.o. to a pistol duel; **seine Antwort kam wie aus der ~ geschossen** *fig.* his answer came like a shot (*od.* in a flash); → Brust 1.

Pi'sto·le[2] *f* ⟨-; -n⟩ (*alte Münze*) pistole.

Pi'sto·len|duˌell *n* duel (fought) with pistols, pistol duel. — **~ˌgriff** *m* pistol grip (*od.* handle), handle of a pistol. — **~ˌschuß** *m* pistol shot. — **~ˌschußˌwei·te** *f* in (*od.* auf) (*acc*) **~** within pistol shot. — **~ˌschüt·ze** *m* pistoleer, *Am.* pistol shot. — **~ˌta·sche** *f* (pistol) holster.

Pi·ston [pɪs'tõː] *n* ⟨-s; -s⟩ **1.** *mus.* cornet (à pistons). – **2.** *tech.* (*Kolben, Pumpenventil etc*) piston (valve). — **~ˌblä·ser** *m mus.* cornet player, cornet(t)ist. — **~korˌnett** *n cf.* Piston 1.

Pi·ta ['piːta] *f* ⟨-; *no pl*⟩, **~ˌhanf** *m* pita, Mauritius hemp (*Furcraea gigantea*).

Pi·ta·val [pita'val] *m* ⟨-(s); -s⟩ *jur. a collection of criminal cases (named after the famous French lawyer Pitaval 1643—1743).*

Pi·thek·an·thro·pus [pite'kantropus] *m* ⟨-; -thropi [-pi]⟩ *anthrop.* Pithecanthropus, pithecanthrope (*Gattg Pithecanthropus*). — **pi·the·ko'id** [-ko'iːt] *adj* pithecoid.

'pitsch'naß ['pɪtʃ-] *adj colloq.* soaking wet, drenched, wet (*od.* soaked) to the skin.

pitsch, patsch ['pɪtʃ'patʃ] *interj* splash! plash!

pit·to·resk [pɪto'rɛsk] *adj* picturesque.

Piz·za ['pɪtsa] *f* ⟨-; -s⟩ *gastr.* pizza (pie). — **Piz·ze'ria** [-tse'riːa] *f* ⟨-; -s⟩ pizzeria.

piz·zi·ca·to [pɪtsi'kaːto] *adv u. adj mus.* pizzicato.

Piz·zi·ka·to [pɪtsi'kaːto] *n* ⟨-s; -s *u.* -kati [-ti]⟩ pizzicato.

Pla·ce·bo [pla'tseːbo] *n* ⟨-s; -s⟩ *med. pharm.* placebo.

Pla·ce·ment [plas(ə)'mãː] *n* ⟨-s; -s⟩ **1.** *econ.* (*von Wertpapieren*) placement. – **2.** *rare for* Placierung 2, 4.

Pla·che ['plaxə] *f* ⟨-; -n⟩ *bes. Austrian for* Blache.

pla·cie·ren [pla'tsiːrən; -'siːrən] **I** *v/t* ⟨*no* ge-, h⟩ **1.** place: **wir wurden in eine dunkle Ecke placiert** we were placed in a dark corner. – **2.** *econ.* a) (*Wertpapiere*) place, issue, b) (*Wechsel etc*) place, negotiate. – **3.** (*sport*) a) (*Bälle etc*) place, spot, b) (*Boxschläge*) land. – **II** *v/reflex* **sich ~ 4.** (*sich setzen*) take one's seat. – **5.** (*sport*) be placed: **er hat sich hervorragend placiert** he was placed (*od.* came off, finished) very well. – **III P~** *n* ⟨-s⟩ **6.** *verbal noun.* — **pla'ciert I** *pp.* – **II** *adj* (*Schuß, Wurf*) well-placed (*attrib*), angled. — **Pla'cie·rung** *f* ⟨-; -en⟩ **1.** *cf.* Placieren. – **2.** placement. – **3.** *econ.* placement, issue, sale. – **4.** (*sport*) placing.

placken (*getr.* -k·k-) ['plakən] *v/reflex* ⟨h⟩ **sich ~** *colloq.* drudge, slave.

'Placken (*getr.* -k·k-) *m* ⟨-s; -⟩ *Northern G. colloq. for* Fleck 1, 13.

Placke'rei (*getr.* -k·k-) *f* ⟨-; -en⟩ *colloq.* drudgery, slavery, *bes. Br.* fag; 'sweat', grind (*colloq.*).

plad·dern ['pladərn] *v/i* ⟨h⟩ *Low G.* (*vom Regen*) pelt, patter.

plä·die·ren [plɛ'diːrən] *v/i* ⟨*no* ge-, h⟩ *jur.* **1. für** (*od.* **auf** *acc*) **etwas ~** to plead for (*od.* in) s.th.: **für Strafmilderung ~** to plead in mitigation of sentence, to plead mitigating circumstances; **für schuldig [auf Freispruch] ~** to plead for guilty [acquittal]; **wir ~ für die Gleichberechtigung** *fig.* we plead for equality of rights. – **2.** (*Plädoyer halten*) plead, sum up.

Plä·doy·er [plɛdŏa'jeː] *n* ⟨-s; -s⟩ *jur.* pleading, summing-up.

Pla·fond [pla'fõː] *m* ⟨-s; -s⟩ **1.** *obs. od. Austrian and Swiss for* Zimmerdecke. – **2.** *econ.* a) ceiling, upper limit, b) (*Kreditplafond*) credit ceiling, borrowing limit, credit line.

pla·gal [pla'gaːl] *adj mus.* plagal: **~e Kirchentonarten** plagal modes.

Pla·ge ['plaːgə] *f* ⟨-; -n⟩ **1.** (*Mühsal, Qual*) trouble, (*stärker*) affliction, torment, torture: **sie ertrug alle ~n geduldig** (*od.* **mit Geduld**) she bore all her troubles patiently. – **2.** (*Last, Bürde*) burden, infliction: **dies alles macht ihm das Leben zur ~** all these things make his life a heavy burden. – **3.** (*Landplage*) plague, disaster, calamity. – **4.** (*Geißel, Strafe*) plague, scourge: **die Ägyptischen ~n** *Bibl.* the Egyptian plagues. – **5.** *colloq.* (*Ärgernis*) nuisance, annoyance, bother, vexation, (*stärker*) pest, plague: **es ist schon eine rechte ~ mit ihm, er ist schon eine rechte ~** he is a perfect nuisance (*od.* pest), he is a pain in the neck (*sl.*).

'Pla·geˌgeist *m* ⟨-(e)s; -er⟩ tease, *Am. auch* teaze, (*stärker*) plague, pest(er), torment(or).

pla·gen ['plaːgən] **I** *v/t* ⟨h⟩ **1.** trouble, (*stärker*) afflict, torment, torture: **die Hitze plagte sie** they were tormented by the heat; **von Kopfschmerzen geplagt werden** to be troubled with a headache. – **2.** (*von Gedanken, Zweifeln, Sorgen etc*) torment, haunt, prey (up)on: **ihn plagte der Gedanke, daß er versagt hatte** the thought that he had failed preyed upon his mind. – **3.** (*ärgern*) annoy, bother, harass, vex, pester, (*stärker*) plague, scourge: **die Kinder plagten sie den ganzen Tag** the children bothered her all day. – **II** *v/reflex* **sich ~ 4.** struggle hard, slave, drudge, toil (*lit.*): **er hat sich in seinem Leben viel ~ müssen** he had to struggle hard through life. – **5.** (*sich abmühen*) take pains: **der Lehrer plagte sich redlich mit dem Jungen** the teacher took great pains with the boy. – **III P~** *n* ⟨-s⟩ **6.** *verbal noun.* – **7.** annoyance, bother, trouble.

Plag·ge ['plagə] *f* ⟨-; -n⟩ *Low G. agr.* sod (of turf), facing sod.

Pla·gi·at [pla'gĭaːt] *n* ⟨-(e)s; -e⟩ plagiarism, (literary) piracy, cribbage: **ein ~ begehen** to plagiarize (*Br. auch* -s-).

Pla·gia·tor [pla'gĭaːtɔr] *m* ⟨-s; -en [-gĭa'toːrən]⟩ plagiarist, (literary) pirate, cribber.

pla·gi·ie·ren [plagi'iːrən] *v/t u. v/i* ⟨*no* ge-, h⟩ plagiarize *Br. auch* -s-, crib.

Pla·gio·klas [plagĭo'klaːs] *m* ⟨-es; -e⟩ *min.* plagioclase.

Plaid [pleːt; pleɪd] (*Engl.*) *m, n* ⟨-s; -s⟩ **1.** (*Reisedecke*) travel(l)ing rug. – **2.** (*Umhangtuch*) plaid, tartan.

Pla·kat [pla'kaːt] *n* ⟨-(e)s; -e⟩ placard, bill, poster, *bes. Am.* affiche: **ein ~ ankleben** (*od.* **anbringen**) to post (*od.* stick) a bill; **~e ankleben verboten!** post (*od.* stick) no bills. — **~ˌanˌkle·ber** *m* billposter, *Br.* bill-poster, *Br.* bill-sticker. — **~ˌanˌschlag** *m cf.* Plakat. — **~ˌanˌschlä·ger** *m cf.* Plakatankleber. — **~ˌfar·be** *f* lithographic (*od.* poster, placard) color (*bes. Br.* colour), poster paint.

pla·ka·tie·ren [plaka'tiːrən] **I** *v/t* ⟨*no* ge-, h⟩ (*öffentlich anschlagen*) placard. – **II** *v/i* (*Plakate ankleben*) post (*od.* stick) bills.

Pla'kat|ˌma·ler *m* poster artist (*od.* designer). — **~ma·leˌrei** *f* poster-painting (*od.* -designing). — **~ˌsäu·le** *f* placard (*od.* advertisement, *auch* advertizement, advertising, *auch* advertizing) pillar, bill post. — **~ˌschrift** *f* script, poster type. — **~ˌträ·ger** *m* sandwich man, *bes. Am.* boardman. — **~ˌwer·bung** *f* poster publicity. — **~ˌzeich·ner** *m cf.* Plakatmaler.

Pla·ket·te [pla'kɛtə] *f* ⟨-; -n⟩ **1.** (*Reliefplatte*) plaque, *auch* placque, plaquette. – **2.** (*Abzeichen*) plaque, *auch* placque, badge, *bes. Br.* plateau. – **3.** (*Medaille*) medal.

Pla·ko·der·men [plako'dɛrmən] *pl zo. cf.* Panzerfische.

plan [plaːn] *adj* ⟨-er; -st⟩ **1.** (*eben, flach*) level, even, plane, horizontal. – **2.** *tech.* a) (*eben*) plane, b) (*flach*) flat, c) (*glatt*) smooth.

Plan[1] *m* ⟨-(e)s; =e⟩ **1.** plan: **Pläne machen** (*od.* **schmieden, fassen**) to make (*od.* hatch) plans, to scheme; **einen ~ aufstellen** to make (out) a plan; **sich** (*dat*) **einen ~ zurechtlegen** to work out a plan; **er ist** (*od.* **steckt**) **voller Pläne** he is full of plans; **das paßt nicht in meine Pläne** that does not suit my plans; **ich habe noch keine festen Pläne** I have no definite plans yet. – **2.** (*Absicht*) plan, intention, design: **j-s Pläne durchkreuzen** to thwart s.o.'s intentions. – **3.** (*Vorhaben*) project, scheme: **dieser ~ wird sich nicht verwirklichen lassen** this project won't materialize. – **4.** (*Entwurf*) plan, design, layout. – **5.** (*Skizze*) draft, design, blueprint, scheme, plot. – **6.** (*Grundriß*) ground plan. –

7. (*Stadtplan*) street map. – 8. (*Zeitplan*) timetable, schedule. – 9. (*graphische Darstellung*) diagram. – 10. *pol. econ.* plan, project: der Grüne ~ the Green Plan.

Plan² *m* ⟨-(e)s; ⁼e⟩ *obs. for* a) Ebene 1, b) Kampfplatz 3: auf den ~ treten, auf dem ~ erscheinen *fig.* to appear on the scene, to make one's appearance, to turn up; j-n auf den ~ rufen *fig.* to call s.o. to the scene (*od.* into action); auf dem ~ sein *fig.* to be present.

Pla·na·rie [pla'naːrĭə] *f* ⟨-; -n⟩ *zo.* planaria(n), *bes.* black planaria(n) (*Planaria lugubris*).

Plan·chet·te [plɑ̃'ʃɛt(ə)] *f* ⟨-; -n [-tən]⟩ (*Miederstäbchen*) busk.

'plan|ˌdre·hen *v/t* ⟨*sep*, -ge-, h⟩ *tech.* 1. face (down), surface. – 2. (*Ansätze*) square (out). – 3. (*Stirnfläche*) end-face. — **P~ˌdreh·maˌschi·ne** *f* face (*od.* facing) lathe, facing (*od.* surfacing) machine.

Pla·ne ['plaːnə] *f* ⟨-; -n⟩ 1. awning, tilt, canvas (cover). – 2. *mar.* (*Persenning*) tarpaulin. – 3. *tech.* hood. – 4. *auto.* canvas cover, tarpaulin, *Am. auch* tarp.

'Plä·ne,ma·cher *m* ⟨-s; -⟩ schemer, projector, plotter.

pla·nen ['plaːnən] **I** *v/t* ⟨h⟩ 1. plan. – 2. (*vorhaben*) plan, intend, design, purpose. – 3. (*im Auge haben*) envisage. – 4. (*entwerfen*) plan, design, project. – 5. (*zeichnerisch*) draft, design. – 6. (*zeitlich*) schedule, time, phase. – 7. einen Anschlag auf (*od.* gegen) j-n ~ to plan (*od.* plot, scheme) an attack against s.o., to plot (*od.* scheme) against s.o. – 8. *tech.* face, surface. – 9. *econ.* a) plan, project, b) (*im Etat*) budget. – **II P~** *n* ⟨-s⟩ 10. *verbal noun.*

'Pla·ner *m* ⟨-s; -⟩ 1. *cf.* Plänemacher. – 2. (*Entwerfer*) designer, planner. – 3. *econ. colloq.* planner.

Plä·ner ['plɛːnər] *m* ⟨-s; *no pl*⟩ *min.* rag(stone).

'Plan·er,fül·lung *f DDR econ.* fulfil(l)ment of quotas (*od.* targets, objectives).

'Plä·ne,schmied *m cf.* Plänemacher.

Pla·net [pla'neːt] *m* ⟨-en; -en⟩ *astr.* a) planet, b) (*kleiner*) asteroid, c) (*bes. Erde*) globe: unser ~ the planet.

pla·ne·tar [plane'taːr], **pla·ne'ta·risch** [-rɪʃ] *adj astr.* planetary.

Pla·ne·ta·ri·um [plane'taːrĭum] *n* ⟨-s; -rien⟩ *astr.* 1. (*Instrument*) planetarium (instrument *od.* projector). – 2. (*Gebäude*) planetarium.

Pla'ne·ten|ˌbahn *f astr.* orbit of a planet, planetary orbit. — **~geˌtrie·be** *n tech.* planet(ary) (*od.* epicyclic) gear, planetary gearing system. — **~ˌjahr** *n astr.* period of revolution of a planet. — **~ˌlauf** *m* orbit of a planet. — **~ˌson·de** *f* (*space*) planetary probe. — **~ˌstand** *m* 1. *astr.* position of (the) planets, configuration. – 2. *astrol.* aspect. — **~syˌstem** *n* planetary system.

Pla·ne·to·id [planeto'iːd] *m* ⟨-en; -en⟩ *astr.* planetoid, asteroid, minor planet.

'Plan|ˌfilm *m phot.* cut (*od.* flat, sheet) film. — **~ˌfrä·sen** *n tech.* face milling. — **~ˌfrä·ser** *m* face mill(ing cutter). — **~ˌfräs·maˌschi·ne** *f* 1. (*Langfräsmaschine*) *Am.* fixed-bed (*od.* manufacturing) type miller, *Br.* bench (*od.* bed-type) milling machine. – 2. face milling machine. — **p~geˌmäß I** *adj cf.* planmäßig 1, 3. – **II** *adv cf.* planmäßig II. — **~ˌglas** *n* optical flat, plane glass disk (*od.* disc).

pla·nie·ren [pla'niːrən] **I** *v/t* ⟨*no* ge-, h⟩ 1. *civ.eng.* level, plane, grade, (*durch Planierraupen*) *auch* bulldoze. – 2. *metall.* planish, spin out the wrinkles of. – **II P~** *n* ⟨-s⟩ 3. *verbal noun.*

Pla'nier|maˌschi·ne, ~ˌrau·pe *f civ.eng.* a) (*Straßenpflug*) (crawler-type) grader, b) (*Fronträumer*) bulldozer, c) (*mit Seitenräumschild*) angledozer.

Pla'nie·rung *f* ⟨-; -en⟩ *cf.* Planieren.

Pla·ni·fi·ka·ti·on [planifika'tsĭoːn] *f* ⟨-; -en⟩ *econ.* (national [economic]) planning.

Pla·ni·glob [plani'gloːp] *n* ⟨-s; -en⟩, **Pla·ni'glo·bi·um** [-'gloːbĭum] *n* ⟨-s; -bien⟩ *geogr. astr.* planisphere.

Pla·ni·me·ter [plani'meːtər] *n* ⟨-s; -⟩ *tech.* (*Flächenmesser*) planimeter. — **Pla·ni·me'trie** [-me'triː] *f* ⟨-; *no pl*⟩ *math.* plane geometry, planimetry. — **pla·ni'me·trisch** [-'meːtrɪʃ] *adj* planimetric.

Plan·ke ['plaŋkə] *f* ⟨-; -n⟩ plank, (thick) board.

Plän·ke'lei *f* ⟨-; -en⟩ *mil. auch fig.* skirmish(ing).

plän·keln ['plɛŋkəln] *v/i* ⟨h⟩ *mil. auch fig.* skirmish.

'Plan·ken,gang *m mar.* strake.

'Plänk·ler *m* ⟨-s; -⟩ skirmisher.

'Plan·kom·mis·siˌon *f DDR econ.* state commission for economic planning and control.

'plan·kon'kav *adj* (*optics*) plano-concave.

'Plan·konˌtrol·le *f DDR econ.* constant control of the plan.

'plan·kon'vex *adj* plano-convex.

'Planˌko·sten *pl econ.* 1. budgeted expenses. – 2. standard costs (worked out as a target with which actual costs are compared). — **~ˌrech·nung** *f* standard cost accounting.

Plank·ter ['plaŋktər] *m* ⟨-s; -⟩ *biol. cf.* Planktont.

Plank·ton ['plaŋktɔn] *n* ⟨-s; *no pl*⟩ *biol.* plankton. — **plank'to·nisch** [-'toːnɪʃ] *adj* planktonic, *auch* planctonic. — **Plank'tont** [-'tɔnt] *m* ⟨-en; -en⟩ plankter, planktont.

'plan·los I *adj* 1. (*Vorgehen etc*) planless. – 2. (*ziellos, aufs Geratewohl*) aimless, haphazard, random (*attrib*). – 3. (*ohne Methode*) unmethodical, unsystematic, *auch* unsystematical, methodless, desultory. – **II** *adv* 4. without a plan: ~ umherlaufen to wander about aimlessly; völlig ~ vorgehen to proceed without any plan (*od.* unmethodically). — **'Plan·lo·sig·keit** *f* ⟨-; *no pl*⟩ 1. planlessness. – 2. aimlessness, haphazardness. – 3. lack of method (*od.* system), desultoriness.

'planˌmä·ßig I *adj* 1. (*nach Plan*) planned. – 2. (*Ankunft, Zug etc*) scheduled, normal. – 3. (*methodisch*) methodical, systematic, *auch* systematical. – 4. (*Dienststelle etc*) regular. – **II** *adv* 5. as planned, according to plan (*od.* schedule): alles verlief ~ everything went off according to plan.

pla·no ['plaːno] *adv print.* unfolded.

'plan|par·al'lel *adj math.* (*optics*) plane-parallel. — **P~ˌpau·se** *f print.* 1. overlay, traced map. – 2. (*Blaupause*) blueprint. — **P~quaˌdrat** *n* (*bes. auf Landkarten*) grid (*od.* map) square.

'Planschˌbecken (*getr.* -k·k-) *n* paddling (*bes. Am.* paddle) pond (*od.* pool), children's pool.

'Planˌschei·be *f tech.* 1. (*einer Drehmaschine*) faceplate. – 2. (*eines Karussells*) table.

plan·schen ['planʃən] **I** *v/i* ⟨h⟩ paddle, splash. – **II P~** *n* ⟨-s⟩ *verbal noun.*

Plan·sche'rei *f* ⟨-; *no pl*⟩ *colloq. for* Planschen.

'Plan|ˌschie·ßen *n mil.* (unobserved) map fire, scheduled (*od.* prearranged) fire. — **~ˌschlei·fen** *n tech.* face grinding. — **~ˌschlit·ten** *m* cross slide rest, facing slide. — **~ˌschnei·der** *m print.* guillotine. — **~ˌskiz·ze** *f* sketch. — **~ˌsoll** *n DDR econ.* target, quota, goal (scheduled): das ~ übererfüllen to exceed the quota.

'Plan|ˌspie·gel *m tech.* plane mirror. — **~ˌspiel** *n* 1. *mil.* map exercise. – 2. *econ.* planning game. — **~ˌstär·ke** *f* authorized strength. — **~ˌstel·le** *f* permanent (*od.* established) office (*od.* post, appointment), *Br. auch* place within the (*od.* authorized by) establishment: freie ~ vacant permanent post.

Plan·ta·ge [plan'taːʒə] *f* ⟨-; -n⟩ plantation. — **Plan'ta·gen·beˌsit·zer** *m* planter.

'Plantschˌbecken (*getr.* -k·k-) ['plantʃ-] *n cf.* Planschbecken.

plant·schen ['plantʃən] *v/i* ⟨h⟩ *cf.* planschen.

Pla·num ['plaːnum] *n* ⟨-s; *no pl*⟩ *civ.eng.* 1. level plane, formation level, prepared track. – 2. (*Untergrund*) subsoil, foundation soil.

'Pla·nung *f* ⟨-; -en⟩ *cf.* Planen.

'Pla·nungs|ˌamt *n* planning board. — **~in·ge·niˌeur** *m* production (*od.* planning) engineer, planner. — **~kom·mis·siˌon** *f* planning commission. — **~ˌsta·di·um** *n* planning stage.

'planˌvoll *adj* 1. well-planned (*attrib*), carefully planned. – 2. methodical, systematic, *auch* systematical.

'Plan|ˌvorˌschub *m tech.* cross (*od.* surfacing) feed. — **~ˌwa·gen** *m* covered (*od.* tilt) waggon (*bes. Am.* wagon). — **~ˌwirt·schaft** *f econ.* planned (*od.* centrally managed) economy. — **~ˌzeich·nen** *n tech.* plan drawing.

'Planˌziel *n econ.* target, planned output (quota), objective: das ~ nicht erreichen to remain below plan. — **~ˌma·na·ge·ment** *n* management by objectives.

'plan-zy'lin·drisch *adj* (*optics*) plano-cylindrical.

Plap·pe'rei *f* ⟨-; *no pl*⟩ *colloq.* 1. *cf.* Plappern. – 2. twaddle, blather, prattle, chatter, gab (*colloq.*). – 3. (*von Kleinkindern*) babble, gibber(ish), jibber, gabble.

'Plap·per|ˌmaul, ~ˌmäul·chen *n colloq.* little chatterbox.

plap·pern ['plapərn] *colloq.* **I** *v/i* ⟨h⟩ 1. twaddle, blather, prattle, chatter, gab (*colloq.*). – 2. (*von Kleinkindern*) babble, gibber, jibber, gabble. – **II P~** *n* ⟨-s⟩ 3. *verbal noun.* – 4. *cf.* Plapperei.

'Plap·perˌta·sche *f colloq.* chatterbox.

plär·ren ['plɛrən] *colloq.* **I** *v/i* ⟨h⟩ 1. cry, bawl, blubber. – 2. (*laut und unschön schreien*) bawl. – **II** *v/t* 3. (*Lied etc*) bellow, bawl out. – **III P~** *n* ⟨-s⟩ 4. *verbal noun.*

Plä·san·te·rie [plɛzantə'riː] *f* ⟨-; -n [-ən]⟩ *obs. for* Scherz.

Plä·sier [plɛ'ziːr] *n* ⟨-s; -e⟩ *obs. u. humor.* 1. (*Vergnügen, Spaß*) pleasure, amusement. – 2. (*Unterhaltung*) entertainment.

Plä'sier·chen *n* ⟨-s; -⟩ 1. *dim. of* Pläsier. – 2. jedem Tierchen sein ~ every man to his taste, to each his own.

plä'sier·lich *adj obs. od. dial.* amusing, enjoyable, delightful.

Plas·ma ['plasma] *n* ⟨-s; Plasmen⟩ 1. *biol. cf.* Protoplasma. – 2. *med. phys. min.* plasm, plasma. – 3. *tech.* plasma. — **~ˌanˌtrieb** *m* (*space*) plasma propulsion. — **~ˌbren·ner** *m tech.* plasma welding torch. — **~ˌflam·me** *f* plasma flame. — **~phyˌsik** *f* plasma physics *pl* (*usually construed as sg*). — **~ˌüberˌtra·gung** *f med.* transfusion of plasm(a).

Plas·mo·di·um [plas'moːdĭum] *n* ⟨-s; -dien⟩ *biol. med.* plasmodium.

Plast [plast] *m* ⟨-(e)s; -e⟩ *meist pl synth.* plastic(s *pl construed as sg*).

Pla·sti·de [plas'tiːdə] *f* ⟨-; -n⟩ *meist pl biol.* plastid, *auch* plastide.

Pla·stik¹ ['plastɪk] *f* ⟨-; -en⟩ 1. ⟨*only sg*⟩ (*art*) plastic (art), plastics *pl* (*construed as sg or pl*). – 2. (*art*) (*Bildwerk*) sculpture, statue, effigy. – 3. *med.* plastics *pl* (*construed as sg or pl*), plastic surgery. – 4. ⟨*only sg*⟩ *fig. cf.* Plastizität 2.

'Pla·stik² *n* ⟨-s; -s⟩, *auch f* ⟨-; -en⟩ *synth.* plastic.

'Pla·stikˌbom·be *f mil.* plastic bomb.

Pla·sti·ker ['plastikər] *m* ⟨-s; -⟩ (*Bildhauer*) sculptor, statuary.

Pla·sti·lin [plasti'liːn] *n* ⟨-s; *no pl*⟩ (*Knetmasse*) Plasticine (*TM*).

'pla·stisch I *adj* 1. (*Kunst etc*) plastic. – 2. (*Figur etc*) three-dimensional, solid. – 3. (*Masse, Werkstoff etc*) plastic. – 4. *fig.* (*anschaulich*) graphic, vivid, (highly) descriptive: er schreibt einen sehr ~en Stil he writes a highly descriptive style. – 5. *metall.* plastic: ~e Verformung plastic deformation. – 6. ~e Chirurgie *med.* plastic surgery. – **II** *adv* 7. Dinge ~ sehen (*dreidimensional*) to see things as solids. – 8. etwas ~ darstellen *fig.* (*anschaulich*) to describe s.th. vividly.

Pla·sti·zi·tät [plastitsi'tɛːt] *f* ⟨-; *no pl*⟩ 1. plasticity. – 2. *fig.* (*Anschaulichkeit*) vividness, descriptiveness, descriptive power.

Pla·stron [plas'trõː] *m, n* ⟨-s; -s⟩ 1. (*fashion*) ascot (tie). – 2. (*sport*) (*beim Fechten*) plastron.

Pla·ta·ne [pla'taːnə] *f* ⟨-; -n⟩ *bot.* plane (tree) (*Gattg Platanus*): Abendländische (*od.* Amerikanische) ~ occidental (*od.* North American) plane (tree), *Am.* (North) American sycamore, buttonwood, cotton tree (*P. occidentalis*); Morgenländische ~ oriental plane tree, chenar (*P. orientalis*).

Pla·teau [pla'toː] *n* ⟨-s; -s⟩ *geogr.* plateau, tableland.

Pla·tin ['plaːtiːn; pla'tiːn] *n* ⟨-s; *no pl*⟩ *chem.* platinum, *auch* platina (Pt): mit ~ überzogen (*od.* belegt) platinized *Br. auch* -s-. — **~ˌblech** *n metall.* platinum sheet. — **p~ˌblond** *adj* platinum-blonde. — **~ˌblon·de** *f* platinum blonde. — **~ˌdraht** *m metall.* platinum wire. — **~ˌdruck** *m* ⟨-(e)s; -e⟩ *phot.* 1. platinotype. – 2. (*mit Palladium*) palladiotype.

Pla·ti·ne [pla'tiːnə] *f* ⟨-; -n⟩ 1. *metall.* (*Ausgangsstück*) mill (*od.* rough, sheet) bar. – 2. (*textile*) a) (*in Weberei*) hook, lifter, b) (*in Wirkerei*) sinker.

'pla·tin,hal·tig *adj chem.* platinous, platinic.

pla·ti·nie·ren [plati'niːrən] *v/t* ⟨*no* ge-, h⟩ *metall.* platinize *Br. auch* -s-, platinate, platinum-plate.

'Pla·tin|kon,takt *m electr.* platinum contact. — **~,mohr** *m*, **~,schwamm** *m chem.* platinum black (*od.* mohr).

Pla·ti·tü·de [plati'tyːdə] *f* ⟨-; -n⟩ *contempt.* platitude: **er erging sich in ~n** he indulged in platitudes.

Pla·to·ni·ker [pla'toːnikər] *m* ⟨-s; -⟩ *philos.* Platonist, follower of Plato. — **pla'to·nisch** [-nɪʃ] **I** *adj* Platonic: **P~e Schriften** Platonic (*od.* platonian, *auch* Platonian) works; **~e Liebe** Platonic Love, *auch* platonic love. – **II** *adv* platonically, *auch* Platonically. — **Pla·to'nis·mus** [-to'nɪsmʊs] *m* ⟨-; *no pl*⟩ *philos.* Platonism.

platsch [platʃ] *interj* splash! flop! plash!

plat·schen ['platʃən] *v/i* ⟨h⟩ **1.** splash, plash. – **2.** (*klatschen*) swash. – **3.** (*von Regen*) pelt, patter.

plät·schern ['plɛtʃərn] **I** *v/i* ⟨h⟩ **1.** (*von Quelle, Brunnen etc*) bubble, ripple, bicker, (*vom Bach*) *auch* murmur, babble: **ihre Rede plätscherte ununterbrochen** *fig. colloq.* the murmur of her talk went on and on. – **2.** (*vom Regen*) (pitter-)patter. – **3.** *cf.* **planschen.** – **II P~** *n* ⟨-s⟩ **4.** *verbal noun.* – **5.** ripple, (*vom Bach*) *auch* murmur, babble. – **6.** (*vom Regen*) (pitter-)patter.

platt [plat] **I** *adj* ⟨-er; -est⟩ **1.** (*Nase, Stirn, Reifen etc*) flat: **etwas ~ drücken** to flatten s.th. out, to press s.th. flat; **die Kinder drückten sich an der Scheibe die Nase ~** the children pressed their noses (flat) against the window; **~ auf dem Boden liegen** to lie flat on the ground; **sie ist so ~ wie ein Bügelbrett** *fig. colloq.* she is (as) flat as a board (*od.* pancake) (*colloq.*); **auf dem ~en Lande leben** to live in the provinces; **~ machen** *colloq.* to (have a) puncture. – **2.** (*abgeplattet*) flattened. – **3.** (*eben*) even, level. – **4.** *fig.* (*Redensarten etc*) trivial, trite, commonplace, shallow. – **5.** ⟨*pred*⟩ *fig. colloq.* (*erstaunt*) dum(b)founded, flabbergasted (*colloq.*): **ich war einfach ~** I was simply flabbergasted, you could have knocked me down (with a feather); **da bin ich ~!** (well,) blow me down (*colloq.*). – **II P~e** *m* ⟨-n; *no pl*⟩ **6.** *colloq. cf.* **Plattfuß 2.**

Platt *n* ⟨-(s); *no pl*⟩ *ling.* Low German.

'Plätt|,an,stalt *f cf.* **Bügelanstalt.** — **~,brett** *n* ironing board.

Plätt·chen ['plɛtçən] *n* ⟨-s; -⟩ **1.** *dim. of* **Platte.** – **2.** *tech.* a) (*aus Glas, Holz*) panel, b) small plate (*od.* sheet), lamina, c) (*längliches*) (metal) strip, d) (*Aufschweißplättchen*) tip. – **3.** (*Zündplättchen*) cap. – **4.** *bot.* lamella. – **5.** *zo.* a) lamina, leaf, b) (*Knochen- od. Schuppenplättchen*) scale. – **6.** *med. zo.* (*Blutplättchen*) platelet.

'platt,deutsch *ling.* **I** *adj* Low German, Plattdeutsch. – **II P~** ⟨*generally undeclined*⟩, **das P~e** ⟨-n⟩ Low German, Plattdeutsch.

Plat·te ['platə] *f* ⟨-; -n⟩ **1.** (*aus Metall, Blech, Glas etc*) plate, sheet, slab: **dünne ~** sheet, leaf, foil; **kleine ~** panel; **runde ~** round plate, disk, disc; **eine ~ gießen [bearbeiten, polieren]** to cast [to finish, to polish] a plate. – **2.** (*aus Holz*) board, slab. – **3.** (*aus Stein, Marmor, Beton etc*) plate, slab, flag. – **4.** (*Tischplatte*) (table)top, (table-)board, (*bei Tapeziertischen etc*) *auch* trestle board. – **5.** (*Ausziehplatte*) leaf (of a table), (pullout) slide. – **6.** (*Fliese*) flag(stone), tile: **~n legen** to lay flags; **die Terrasse mit ~n auslegen** to lay (*od.* pave) the terrace with flags, to flag the terrace; **die ~ putzen** *fig. colloq.* to take to one's heels, to make off, to turn tail, to clear out (*od.* off) (*colloq.*). – **7.** (*Kachel*) tile. – **8.** (*der Täfelung*) panel. – **9.** (*Felsplatte*) ledge, shelf. – **10.** (*Plateau*) plateau, tableland. – **11.** (*großer Teller*) platter, dish, plate: **kalte ~** *gastr.* dish of assorted cold sliced meats and sausages, *Am.* cold cuts *pl.* – **12.** (*Schallplatte*) record, disk, disc: **eine ~ auflegen [abspielen]** to put on [to play] a record; **er läßt ständig die alte** (*od.* **gleiche**) **~ ablaufen** *fig. colloq.* he is always harping on the same old thing (*od.* tune), he is always on (*od.* about) the same old thing; **leg mal eine neue ~ auf!** *fig. colloq.* tell us something new! the record's stuck! (*colloq.*); **die ~ kenne ich schon!** *fig. colloq.* not that again! **jetzt legt er wieder die pathetische ~ auf** *fig. colloq.* he is turning on the pathos (*od. colloq.* the tear taps) again. – **13.** *colloq.* (*Glatze*) bald head (*od. colloq.* patch, pate, spot): **gib** (*od.* **hau**) **ihm eins auf die ~!** *fig.* bash him one over the head! crown him one! (*colloq.*). – **14.** *phot.* (photographic) plate: **lichtempfindliche ~** sensitized plate. – **15.** *print.* a) (*Druckplatte*) (stereotype *od.* printing) plate, stereotype, b) (*Gegendruckplatte*) platen. – **16.** (*art*) (*Schmuckplatte*) plaque, *auch* placque, plaquette. – **17.** *med.* (*Gebiß-, Gaumenplatte*) (dental) plate. – **18.** *zo.* a) (*Schild*) scute, scutum (*scient.*), b) (*Knochenplatte*) scale, lamina.

Plät·te ['plɛtə] *f* ⟨-; -n⟩ *dial. for* **Bügeleisen 1, 2.**

'Plätt,ei·sen *n cf.* **Bügeleisen 1, 2.**

plät·ten ['plɛtən] **I** *v/t* ⟨h⟩ **1.** *Northern G. for* **bügeln I.** – **2.** (*platt machen, einebnen*) make (*s.th.*) flat (*od.* level, even), flatten, level, plane, surface. – **II** *v/i* **3.** *Northern G. for* **bügeln II.**

'Plat·ten|,ab,zug *m print.* stereotype(d) proof. — **~ar,chiv** *n* record archives *pl* (*od.* library). — **~,bau,wei·se** *f civ.eng.* (large)-panel construction (*od.* system). — **~be,lag** *m* flagging. — **~,druck** *m* ⟨-(e)s; *no pl*⟩ **1.** *print.* a) stereotype printing, stereotypy, stereotypography, b) (*in der Kupferstecherei*) copperplate printing. – **2.** (*textile*) plate printing. — **~,fett** *n econ.* solid vegetable fat. — **~,fuß,bo·den** *m* flagged (*od.* tiled) floor. — **~,jockei** (*getr.* -k·k-) *m* disk (*od.* disc) jockey. — **~,ka·me·ra** *f phot.* plate-back camera. — **~kas,set·te** *f* **1.** (record) album. – **2.** *phot.* (photographic) plateholder, *auch* dark slide. — **~kon·den,sa·tor** *m electr.* plate condenser (*od.* capacitor). — **~,le·ger** *m* (*für Fußbodenbelag*) paver, (floor) tiler. — **~,spei·cher** *m* (*computer*) disk (*od.* disc) memory (*od.* storage). — **~,spie·ler** *m* record player, gramophone, *bes. Am.* phonograph: **Radio mit eingebautem ~** *Br.* radiogram(ophone), *Am.* combined radio and record player. — **~,tel·ler** *m* turntable. — **~,wechs·ler** *m* (automatic) record changer. — **~,weg** *m* (*im Garten etc*) flagged path (*od.* walk). — **~,wen·der** *m cf.* **Plattenwechsler.**

'Platt,erb·se *f bot.* vetchling, meadow pea (*Gattg Lathyrus, bes. L. pratensis*).

'plat·ter'dings *adv archaic* absolutely, entirely, utterly: **es ist ~ unmöglich** it is absolutely (*od.* downright) impossible.

Plät·te'rei *f* ⟨-; -en⟩ *cf.* **Bügelanstalt.**

'Plät·te·rin *f* ⟨-; -nen⟩ *cf.* **Büglerin.**

'Platt|,fisch *m zo.* **1.** flatfish, plaice, butt, dab, pleuronectid (*scient.*) (*Ordng Pleuronectiformes*). – **2.** fluke (*Platichthys flesus*). – **3.** flatfish (*Unterordng Heterosomata*). — **~,form** *f* **1.** (*bes. in der Straßen- u. Eisenbahn*) platform. – **2.** (*Treppenabsatz*) landing. – **3.** *fig.* (*Basis, Ausgangspunkt*) platform, basis: **nach einer gemeinsamen ~ suchen** to look for a common basis. — **~,form,bir·ne** *f* (*sport*) (*beim Boxen*) platform ball.

'Platt,fuß *m* **1.** *med.* flatfoot; pes valgus, talipes planus (*scient.*). – **2.** *fig. colloq.* flat (tire, *bes. Br.* tyre). — **~,ein,la·ge** *f med.* arch support, instep raiser.

'platt,fü·ßig *adj* flat-footed.

'Platt·heit *f* ⟨-; -en⟩ **1.** ⟨*only sg*⟩ flatness. – **2.** ⟨*only sg*⟩ (*Geistlosigkeit*) triviality, triteness, shallowness. – **3.** (*Floskel*) platitude, banality, (vapid) phrase, *Am. colloq.* bromide, insipidity.

plat·tie·ren [pla'tiːrən] **I** *v/t* ⟨*no* ge-, h⟩ **1.** *metall.* clad: **etwas galvanisch ~** to plate (*od.* electroplate) s.th. – **2.** (*textile*) plate, plait. – **II P~** *n* ⟨-s⟩ **3.** *verbal noun.* — **plat'tiert I** *pp.* – **II** *adj* **1.** (*Metall*) a) clad, b) (*galvanisch*) plated: **~er Stahl** clad steel. – **2.** (*Textilien*) plated, plaited. — **Plat'tie·rung** *f* ⟨-; -en⟩ **1.** *cf.* **Plattieren.** – **2.** (*Metallüberzug*) cladding.

'platt,na·sig [-,naːzɪç] *adj* flat-nosed.

'Platt|,schie·ne *f* (*railway*) flat (*bes. Br.* plate) rail. — **~,stich** *m* (*in der Stickerei*) satin stitch. — **~sticke,rei** (*getr.* -k·k-) *f* couching, satin stitch embroidery.

'Plättuch (*getr.* -tt,t-) *n* ⟨-(e)s; ⸗er⟩ *cf.* **Bügeltuch.**

'Platt,wan·ze *f zo.* cimex, flat bug (*Fam. Cimicidae*).

'Plätt,wä·sche *f cf.* **Bügelwäsche.**

'Platt,wurm *m zo.* flatworm, platyhelminth (*scient.*) (*Stamm Platyhelminthes*).

Platz [plats] *m* ⟨-es; ⸗e⟩ **1.** (*Ort, Stelle*) place, spot: **ein stiller [schattiger] ~** a quiet [shady] spot; **die Bücher stehen nicht an ihrem ~** the books are not in their (proper) (*od.* the right) place; **geh auf deinen ~** go to your place; **hier ist mein ~** this is where I belong; **ein ~ an der Sonne** *auch fig.* a place in the sun; **hier ist nicht der ~ für Scherze** *fig.* this is not the place for jokes. – **2. etwas ist am ~(e) [nicht** *od.* **fehl am ~(e)]** s.th. is in place [out of place]. – **3.** (*Lage, Standort*) site, place, spot, location, locality: **das Haus steht an einem schönen ~** the house stands on a beautiful site (*od.* is beautifully situated). – **4.** (*Bauplatz*) (building) site, (building) plot. – **5.** ⟨*only sg*⟩ (*verfügbarer Raum*) room: **im Wagen ist noch (genügend) ~** there is still room (enough) in the car; **in der Wohnung ist viel ~** there is plenty (*od. colloq.* lots) of room in the apartment (*bes. Br.* flat); **der Saal bietet 90 Personen bequem ~** the hall can easily accommodate 90 persons, the hall has ample room for 90 persons; **j-m ~ machen** a) to make room for s.o., b) *fig.* to give way to s.o.; **lassen Sie ~ für meine Unterschrift frei** please leave room (*od.* a space) for my signature; **die Couch nimmt zuviel ~ weg** the couch takes up too much room (*od.* space); **wir müssen ~ schaffen** we have to make room; **~ da! ~ (frei)!** make room (*od.* way)! get (*od.* stand) out of the way! **~ greifen** *fig.* a) to be gaining ground, b) to take place. – **6.** (*Sitzplatz*) seat: **bitte nehmen Sie ~** please take (*bes. Am.* have) a seat, please sit down; **ist an diesem Tisch noch ein ~ frei?** is there a seat free at this table? **ich möchte zwei Plätze vorbestellen** (*od.* **reservieren lassen**) I'd like to book (*od.* reserve) two seats; **j-m einen ~ anweisen** to show (*od.* direct) s.o. to a seat; **würdest du mir einen ~ freihalten?** would you keep a seat for me? would you keep me a seat? **der ~ ist besetzt** (*od.* **belegt**) the seat is occupied (*od.* taken, reserved); **die Halle war bis auf den letzten ~ besetzt** (*od.* **gefüllt**) the hall was filled to capacity (*od. colloq.* packed to the door); **er bot der Dame seinen ~ an** he offered the lady his seat; **wollen wir den ~** (*od.* **die Plätze**) **tauschen?** shall we change (*od. colloq.* swap) seats (*od.* places)? **er sprach vom ~ aus** he spoke from his seat (*od.* from the hall); **behalten Sie doch ~** please keep your seat; **~!** (*zum Hund*) sit! down! – **7.** (*in einer Stadt*) square, place, *bes. Am.* plaza: **ein großer [verkehrsreicher] ~** a large [busy] square; **ein runder ~** a circus. – **8.** (*Rang, Stellung*) place: **den ersten ~ einnehmen** to take the first place, to rank first; **seinen ~ behaupten** to hold one's own, to stand one's ground, to keep one's place, to maintain one's position. – **9.** (*Amt, Position*) place, position, post, job: **er füllt seinen ~ gut aus** he fills his post well; **er ist der rechte Mann am rechten ~** he is the right (*od. colloq.* very) man for the job. – **10.** (*Posten*) post, place, station: **seinen ~ einnehmen** to take (up) one's place (*od.* position); **jeder Mann auf seinen ~!** every man to his station! – **11. fester ~** *mil.* fortified place, stronghold. – **12.** *econ.* place: **auf ausländischen Plätzen** on places abroad; **die wichtigsten Plätze für Baumwollhandel** the most important cotton trading centers (*bes. Br.* centres), the most important markets for cotton; → **Haus 1.** – **13. erster [zweiter, dritter] ~** (*im Kino, Theater etc*) third [second, first] tier (*od.* section of the front stalls, row). – **14.** (*sport*) a) (*für Feldspiele*) ground, field, b) (*für Tennis, Badminton, Basketball, Volleyball*) court, c) (*für Golf*) course, d) (*für Eishockey*) rink: **es wurden zwei Spieler vom ~ gestellt** (*od.* **des ~es verwiesen**) two players were sent off (the field) (*od. colloq.* got their marching orders); **ein Spiel auf eigenem [gegnerischem] ~ austragen** to play a match on one's own (*od.* home) [on the opponent's] ground, to have a home [an away] match. – **15.** (*sport*) (*Rang, Reihenfolge*) place: **der Läufer kam auf** (*od.* **belegte**) **den zweiten ~** the runner was (*od.* came [in], was placed) second; **unsere Mannschaft ist** (*od.* **steht**) **auf dem ersten ~** our team is first, our team is in first (*od.* top) place; **er verwies die übrigen Teilnehmer auf die**

Plätze he outranked the other competitors. – **16.** Auf die Plätze! Fertig! Los! (*sport*) on your marks! get set! go! *bes. Am.* ready! set! go! *Br.* ready! steady! go! – **17.** auf ~ setzen (*od.* wetten) (*sport*) (*beim Pferderennen*) to back a horse for a place.

'**Platz|agent** [-ʔaˌgɛnt] *m econ.* local (commission) agent. — **~ˌangst** *f* **1.** *med. psych.* agoraphobia. – **2.** *colloq.* (*in überfüllten Räumen*) claustrophobia, closed-in feeling: hier kann man ja (die) ~ kriegen this place gives you claustrophobia. — **~ˌanˌwei·ser** *m* ⟨-s; -⟩ usher, attendant. — **~ˌanˌwei·se·rin** *f* ⟨-; -nen⟩ usherette, female usher (*od.* attendant). — **~beˌdarf** *m* **1.** floor space required. – **2.** *econ.* local requirements *pl* (*od.* needs *pl*). — **~beˌstel·lung** *f* reservation of a seat (*od.* seats).

Plätz·chen ['plɛtsçən] *n* ⟨-s; -⟩ **1.** *dim. of* Platz: ein hübsches ~ für ein Picknick a nice (*od.* cosy) little place (*od.* spot) for a picnic. – **2.** (*Gebäck*) *Br.* biscuit, snap, *Am.* cookie.

Plat·ze ['platsə] *f only in* da kann man ja die ~ kriegen! *colloq.* it is driving me crazy (*od.* mad, *sl.* nuts, *Br. sl.* scatty)! I'm at the end of my tether!

plat·zen[1] ['platsən] **I** *v/i* ⟨sein⟩ **1.** (*bersten, zerspringen*) burst, bust (*colloq.*): mir ist ein Reifen geplatzt I had a flat (tire, *bes. Br.* tyre) (*od.* a puncture), one of my tires (*bes. Br.* tyres) burst; die Flasche wird gleich ~ the bottle will go pop any moment (*colloq.*); sie ist vor Lachen [Neid, Neugierde] fast geplatzt *fig. colloq.* she was bursting with laughter [envy, curiosity]; vor Wut ~ *fig. colloq.* to blow up, to explode (*beide colloq.*); to blow one's top, to hit the roof (*sl.*); ich bin fast geplatzt I could hardly contain myself; → Kragen 1. – **2.** (*reißen*) burst, rip, split: mir ist der Rock geplatzt my skirt burst at the seam; die Stadt platzt aus allen Nähten *fig.* the city is bursting at the seams. – **3.** (*explodieren*) explode, detonate: gleich platzt die Bombe! *fig.* the bomb will go off any minute! any minute now! – **4.** ins Haus [in eine Versammlung] ~ *fig. colloq.* to burst (*od. colloq.* barge) into a room [meeting]. – **5.** *fig. colloq.* (*scheitern*) fail, come to nothing. – **6.** *fig. colloq.* (*von Veranstaltungen etc*) dissolve, split up. – **7.** *fig. colloq.* (*auffliegen*) be disbanded: der Spionagering ist geplatzt the espionage ring was disbanded. – **8.** *med.* (*von Gefäßen, Trommelfell etc*) break, burst, rupture, perforate (*scient.*): ihm ist eine Ader geplatzt he ruptured a blood vessel. – **9.** *fig. colloq.* (*von Wechseln u. Schecks*) be dishonored (*bes. Br.* dishonoured), 'bounce' (*colloq.*). – **10.** *tech.* (*von Schweißnähten*) crack. **II P~** *n* ⟨-s⟩ **11.** *verbal noun:* zum P~ voll full to burst. – **12.** (*Explodieren*) explosion, detonation: die Bombe zum P~ bringen *fig.* to spark (*od.* trigger) off the explosion. – **13.** *med.* rupture, perforation.

'**plat·zen**[2] *v/reflex* ⟨h⟩ sich ~ *colloq. humor.* sit down, seat oneself.

plät·zen ['plɛtsən] *v/i* ⟨h⟩ **1.** *dial.* bang, pop. – **2.** (*forestry*) bark in patches (*od.* in strips). – **3.** *hunt.* (*von Rehwild, Rotwild*) scrape the surface of the ground (with the front hoofs).

'**Platz|erˌspar·nis** *f* saving (in) space: aus Gründen der ~ in order to save space. — **~ˌfeu·er** *n aer.* airport (*od.* airfield, *Br. auch* aerodrome) lighting (*od.* lights *pl*). — **~ˌflug** *m* local flight. — **~geˌdeck** *n cf.* Set[1] 2. — **~geˌschäft** *n econ.* local transaction (*od.* dealings *pl*). — **~ˌhänd·ler** *m* dealer engaged in local transactions. — **~ˌher·ren** *pl* (*sport*) home team (*od.* side) *sg.* — **~ˌhirsch** *m hunt. strongest stag of a rutting place.* — **~ˌkar·te** *f* (*railway*) reservation ticket (for a certain seat). — **~kom·manˌdant** *m mil. hist.* commandant. — **~konˌzert** *n* bandstand concert (*od.* music). — **~maˌjor** *m mil. hist.* town major. — **~ˌman·gel** *m* lack of room (*od.* space). — **~ˌmann·schaft** *f* (*sport*) home team (*od.* side). — **~ˌmie·te** *f* (*theater*) subscription (for a season). — **~ˌnum·mer** *f* **1.** (*im Kino, Theater etc*) seat number. – **2.** (*in der Bücherei*) shelf number. — **~paˌtro·ne** *f* blank cartridge: mit ~n schießen to fire blank. — **p~ˌrau·bend** *adj* taking up too much room, bulky. — **~ˌre·gen** *m meteor.* **1.** downpour, pelting rain. – **2.** (*Wolkenbruch*) cloudburst. — **~re·serˌvie·rung** *f* booking (*od.* reservation) of a seat (*od.* seats). — **~ˌrun·de** *f aer.* **1.** airport (*od.* airfield) traffic circuit. – **2.** (*für die Flugsicherung*) circling: eine ~ fliegen to circle the airport. — **p~ˌspa·rend** *adj* space-saving. — **~verˌhält·nis·se** *pl* (*sport*) field conditions. — **~verˌtre·ter** *m econ. cf.* Platzagent. — **~verˌweis** *m* (*sport*) sending off: der Spieler bekam (*od.* erhielt) ~ the player was sent off (the field) (*od. colloq.* got his marching orders). — **~ˌvorˌteil** *m* home (*od.* ground) advantage. — **~ˌwahl** *f* choice of ends. — **~ˌwart** *m* groundkeeper, groundsman, *auch* groundman. — **~ˌwech·sel** *m* **1.** change of place (*od.* seat). – **2.** *econ.* local (*od.* town) bill. – **3.** (*sport*) *cf.* Seitenwechsel. — **~ˌwet·te** *f* (*sport*) (*beim Pferderennen*) betting on place. — **~ˌwun·de** *f med.* laceration. — **~ˌzahl, ~ˌzif·fer** *f* (*sport*) (*beim Eiskunst- u. Rollkunstlauf*) place number.

Plau·de'rei *f* ⟨-; -en⟩ chat, gossip, chin-wag (*sl.*), confabulation, confab (*colloq.*), coze, (*im Radio, in einer Zeitung*) *auch* causerie.

'**Plau·de·rer** *m* ⟨-s; -⟩ **1.** conversationalist, conversationist, causeur: ein amüsanter ~ an entertaining conversationalist. – **2.** (*Ausplauderer*) gossip(er), talebearer, blab(ber), babbler, tattler.

'**plau·der·haft** *adj* **1.** (*geschwätzig*) talkative, chatty, loquacious, garrulous, talky. – **2.** (*klatschsüchtig*) gossipy.

'**Plau·de·rin** *f* ⟨-; -nen⟩ *cf.* Plauderer.

plau·dern ['plaʊdərn] *v/i* ⟨h⟩ **1.** chat, gossip, chin-wag (*sl.*), confabulate, confab (*colloq.*), coze: mit j-m ~ to chat with (*od.* talk to) s.o.; wir wollen ein wenig ~! let's have a chat! – **2.** (*Geheimnisse weitererzählen*) gossip, blab, babble, tattle: j-d muß geplaudert haben somebody must have blabbed, somebody must have let (*od.* blurted) it out; → Schule 8.

'**Plau·der|ˌstünd·chen** *n* chat, coze. — **~ˌta·sche** *f humor.* **1.** chatterer, chatterbox, gabbler, babbler. – **2.** (*Klatschbase*) gossip(er), gossipmonger, scandalmonger, talebearer. — **~ˌton** *m* casual (*od.* chatty) tone.

Plausch [plaʊʃ] *m* ⟨-(e)s; -e⟩ *cf.* Plauderei.

plau·schen ['plaʊʃən] *v/i* ⟨h⟩ *Southern G., Austrian and Swiss for* plaudern 1.

plau·si·bel [plaʊ'ziːbəl] *adj* plausible, comprehensible: plausible Gründe plausible reasons; j-m etwas ~ machen to make s.th. clear to s.o., to explain s.th. to s.o.

plauz [plaʊts] *interj cf.* bauz.

Plau·ze ['plaʊtsə] *f* ⟨-; -n⟩ *dial. for* Lunge.

Play|-back, *auch* **~back** ['pleːˌbɛk; 'pleɪˌbæk] (*Engl.*) *n* ⟨-s; *no pl*⟩ (*film*) *telev.* playback.

Play·boy ['pleːˌbɔʏ; 'pleɪˌbɔɪ] (*Engl.*) *m* ⟨-s; -s⟩ playboy. — **Play·girl** ['pleːˌgørl; -ˌgœrl; 'pleɪˌgəːl] (*Engl.*) *n* ⟨-s; -s⟩ playgirl.

Pla·zen·ta [pla'tsɛnta] *f* ⟨-; -s *u.* -zenten⟩ *med. zo.* placenta, afterbirth. — **pla·zen'tal** [-'taːl], **pla·zen'tar** [-'taːr] *adj* placental, placentary.

Pla·zet ['plaːtsɛt] *n* ⟨-s; -s⟩ placet, assent: er wird zu diesem Plan niemals sein ~ geben he will never give his placet to this plan.

pla·zie·ren [pla'tsiːrən] *v/t u.* sich ~ *v/reflex* ⟨*no* ge-, h⟩ *cf.* placieren. — **Pla'ziert** **I** *pp.* – **II** *adj cf.* placiert II. — **Pla'zie·rung** *f* ⟨-; -en⟩ *cf.* Placierung.

Ple·be·jer [ple'beːjər] *m* ⟨-s; -⟩ **1.** *antiq.* plebeian, *auch* plebian. – **2.** *fig. contempt.* pleb (*sl.*). — **ple'be·jisch** *adj* plebeian, *auch* plebian.

Ple·bis·zit [plebɪs'tsiːt] *n* ⟨-(e)s; -e⟩ *pol.* plebiscite, plebiscite, referendum. — **ple·bis·zi'tär** [-tsi'tɛːr] *adj* plebiscitary, *auch* plebiscitarian.

Plebs[1] [plɛps] *f* ⟨-; *no pl*⟩ **1.** *antiq.* plebs. – **2.** *cf.* Plebs[2].

Plebs[2] *m* ⟨-es; *no pl*⟩ *contempt.* (*niederes Volk, Pöbel*) plebs, rabble, mob, populace.

Plei·sto·zän [plaɪsto'tsɛːn] *geol.* **I** *n* ⟨-s; *no pl*⟩ Pleistocene. – **II p~** *adj* Pleistocene.

plei·te ['plaɪtə] *adj* ⟨*pred*⟩ *colloq.* broke (*colloq.*), bust (*sl.*), bankrupt, insolvent: ich bin ~ I'm broke (*od.* on the rocks) (*colloq.*), I am on my beam-ends; völlig ~ sein to be stone- (*od.* stony-)broke (*sl.*), *Am. sl.* to be flat (*od.* dead) broke; ~ gehen to go bankrupt (*od. colloq.* broke, *sl.* bust).

'**Plei·te** *f* ⟨-; -n⟩ *colloq.* **1.** (*Bankrott*) bankruptcy, failure, 'smash' (*colloq.*), *Am. sl.* bust: er hat ~ gemacht he has gone bankrupt (*od. colloq.* broke, *sl.* bust), he has smashed (*colloq.*), he has become insolvent (*od.* bankrupt, a bankrupt). – **2.** (*Reinfall, Mißerfolg*) fiasco, failure; 'flop', 'washout', *Br.* 'wash-out', fizzle (*colloq.*).

'**Plei·teˌgei·er** *m colloq.* **1.** threat of bankruptcy: über der Firma X schwebt der ~ the firm X is on the brink of disaster. – **2.** (*Bankrotteur*) bankrupt, *Br. sl. auch* businessman in Queer street.

Ple·ja·den [ple'jaːdən] **I** *npr pl myth.* Pleiades. – **II** *pl astr.* Pleiades, *auch* Atlantides.

Plek·tron ['plɛktrɔn] *n* ⟨-s; Plektren *u.* Plektra [-tra]⟩ *mus.* plectrum, plectron, quill.

Plem·pe ['plɛmpə] *f* ⟨-; -n⟩ **1.** *mil. sl.* a) side arm, b) saber, *bes. Br.* sabre. – **2.** *colloq.* (*schales Getränk*) swill, dishwater.

plem·pern ['plɛmpərn] *v/i* ⟨h⟩ *colloq.* fritter away one's time.

plem·plem [plɛm'plɛm] *adj* ⟨*pred*⟩ *colloq.* 'cracked' (*colloq.*); nuts, bats, batty (*sl.*), crazy: er ist völlig ~ *Am. colloq.* he is plumb crazy.

Ple'nar|ˌsit·zung [ple'naːr-] *f pol.* plenary session. — **~verˌsamm·lung** *f* plenary (*od.* general) assembly.

ple·ni·po·tent [plenipo'tɛnt] *adj jur. obs.* plenipotentiary, *auch* plenipotent, plenipotential. — **Ple·ni·po'tenz** [-'tɛnts] *f* ⟨-; *no pl*⟩ plenipotence.

Ple·num ['pleːnʊm] *n* ⟨-s; *no pl*⟩ *jur. pol.* plenum, general assembly.

Pleo·chro·is·mus [pleokro'ɪsmʊs] *m* ⟨-; *no pl*⟩ (*optics*) pleochroism.

pleo·morph [pleo'mɔrf] *adj cf.* polymorph.

Pleo·nas·mus [pleo'nasmʊs] *m* ⟨-; -nasmen⟩ *ling.* pleonasm, *auch* tautology. — **pleo'na·stisch** [-tɪʃ] *adj* pleonastic, *auch* tautological.

Ple·sio·sau·ri·er [plezio'zaʊrĭər] *m* ⟨-s; -⟩, **Ple·sio'sau·rus** [-rʊs] *m* ⟨-; -saurier [-rĭər]⟩ *zo.* plesiosaurus.

Ple·thi ['pleːti] → Krethi und Plethi.

Pleu·el ['plɔʏəl] *m* ⟨-s; -⟩, **~ˌstan·ge** *f tech.* connecting (*od.* piston) rod.

Pleu·ra ['plɔʏra] *f* ⟨-; Pleuren⟩ *med. zo.* (*Brust-, Rippenfell*) pleura.

Pleu'ralˌsack [plɔʏ'raːl-] *m med.* pleural space.

Pleu·reu·se [plø'røːzə] *f* ⟨-; -n⟩ (*fashion*) **1.** ostrich plume. – **2.** *obs. for* a) Trauerflor, b) Trauerbesatz.

Pleu·ri·tis [plɔʏ'riːtɪs] *f* ⟨-; -ritiden [-ri'tiːdən]⟩ *med.* pleurisy, pleuritis.

Ple·xus ['plɛksʊs] *m* ⟨-; -⟩ *med. zo.* plexus.

Pli [pliː] *m* ⟨-s; *no pl*⟩ *Western G. dial. for* Gewandtheit 5, Schliff 8.

Plicht [plɪçt] *f* ⟨-; -en⟩ *mar.* **1.** cockpit. – **2.** cuddy.

plie·ren ['pliːrən] *v/i* ⟨h⟩ *Northern G.* peer, squint one's eyes.

pli·ie·ren [pli'iːrən] *v/t* ⟨*no* ge-, h⟩ *obs. for* a) falten 1—3, b) biegen 1.

plin·kern ['plɪŋkərn] *v/i* ⟨h⟩ *Northern G. for* blinzeln.

Plin·se ['plɪnzə] *f* ⟨-; -n⟩ *Eastern Middle G. gastr.* pancake.

plin·sen ['plɪnzən] *v/i* ⟨h⟩ *Northern G. for* weinen 1.

Plin·the ['plɪntə] *f* ⟨-; -n⟩ *arch.* (*Sockel*) plinth.

Plio·zän [plio'tsɛːn] *n* ⟨-s; *no pl*⟩ *geol.* Pliocene.

Plis·see [plɪ'seː] *n* ⟨-s; -s⟩ plissé, plissee, pleating, plaiting, kilting. — **~ˌrock** *m* pleated skirt.

plis·sie·ren [plɪ'siːrən] *v/t* ⟨*no* ge-, h⟩ pleat, plait.

'**Plockˌwurst** ['plɔk-] *f gastr. a kind of saveloy.*

Plom·be ['plɔmbə] *f* ⟨-; -n⟩ **1.** seal, lead seal. – **2.** *med.* (*Zahnfüllung*) filling, *bes. Br.* stopping. – **3.** *tech.* (*am Motor*) lead seal.

plom·bie·ren [plɔm'biːrən] *v/t* ⟨*no* ge-, h⟩ **1.** seal, lead. – **2.** *med.* (*Zähne*) fill, *bes. Br.* stop, plug.

Plöt·ze ['plœtsə] *f* ⟨-; -n⟩ *zo.* European roach (*Rutilus rutilus*).

plötz·lich ['plœtslɪç] **I** *adj* **1.** sudden: eines ~en Todes sterben to die a sudden death. – **2.** (*unerwartet*) unexpected: das Spiel nahm eine ~e Wendung the game took an unexpected turn. – **3.** (*jäh, abrupt*) sharp, abrupt. – **II** *adv* **4.** suddenly, (*auf einmal*) all of a sudden: ~ fiel es ihm wieder ein it suddenly came back to him; ~ war das Geld weg bang went the money (*colloq.*); es kommt mir so ~ *colloq.* it is all so sudden; er hielt ~ in seiner Rede inne he stopped short; etwas (*od.* ein bißchen) ~! *colloq.* get a move on! (*sl.*), look sharp! get going! nicht so ~! *colloq.* hang on! *Am. colloq.* hold your horses! — **'Plötz·lich·keit** *f* ⟨-; *no pl*⟩ **1.** suddenness. – **2.** unexpectedness. – **3.** abruptness.

'Plu·der,ho·se *f* wide breeches *pl.*

plu·dern ['plu:dərn] *v/i* ⟨h⟩ (*sich bauschen*) puff (*od.* swell) out.

Plum·bum ['plʊmbʊm] *n* ⟨-s; *no pl*⟩ *chem. cf.* Blei[1] 1.

Plu·meau [ply'mo:] *n* ⟨-s; -s⟩ eiderdown, *Am.* comforter.

plump [plʊmp] *adj* ⟨-er; -st⟩ **1.** plump, plumpy: eine ~e Gestalt a plump figure. – **2.** (*dicklich*) chubby, podgy, pudgy. – **3.** (*ungeschickt*) ungainly, clumsy, awkward, wooden. – **4.** (*unfein*) coarse, crude. – **5.** (*taktlos*) blunt, tactless. – **6.** (*dreist*) impudent, forward, bold: ~e Vertraulichkeiten bold familiarities. – **7.** (*Gang etc*) heavy, ungainly. – **8.** (*Lüge, Schmeichelei etc*) gross. – **9.** (*Stil*) ponderous, clumsy.

Plum·pe ['plʊmpə] *f* ⟨-; -n⟩ *bes. Eastern Middle G. for* Pumpe.

'Plump·heit *f* ⟨-; *no pl*⟩ **1.** plumpness. – **2.** (*Dicklichkeit*) chubbiness, podginess, pudginess. – **3.** (*Ungeschicklichkeit*) ungainliness, clumsiness, awkwardness, woodenness. – **4.** (*Unfeinheit*) coarseness, crudeness. – **5.** (*Taktlosigkeit*) bluntness, tactlessness. – **6.** (*Dreistigkeit*) impudence, forwardness, boldness. – **7.** (*des Ganges etc*) heaviness, ungainliness. – **8.** (*einer Lüge etc*) grossness. – **9.** (*des Stils*) ponderousness, clumsiness, ponderosity.

'Plump,lo·ri *m zo.* loris, *auch* slow loris (*Nycticebus coucang*).

plumps [plʊmps] *interj colloq.* **1.** (*beim Hinfallen*) thud! bump! – **2.** (*bes. im Wasser*) plop! flop!

Plumps *m* ⟨-es; -e⟩ *colloq.* **1.** (*beim Hinfallen*) thud, bump, plump. – **2.** (*bes. im Wasser*) plop, flop.

'Plump,sack *m* **1.** (*im Kinderspiel*) knotted handkerchief. – **2.** *fig. colloq.* bumpkin.

plump·sen ['plʊmpsən] *v/i* ⟨sein⟩ *colloq.* **1.** (*schwerfällig hinfallen*) plump. – **2.** (*bes. in Wasser*) flop, plop.

Plum·pud·ding ['plʌm'pʊdɪŋ] (*Engl.*) *m gastr.* plum (*od.* Christmas) pudding.

Plun·der ['plʊndər] *m* ⟨-s; *no pl*⟩ *colloq.* **1.** trash, rubbish, junk, stuff: wirf den ganzen ~ weg! throw out the whole lot! – **2.** (*Lumpen*) rags *pl.*

Plün·de'rei *f* ⟨-; -en⟩ *cf.* Plünderung.

'Plün·de·rer *m* ⟨-s; -⟩ *bes. mil.* plunderer, pillager, sacker, looter, depredator, despoiler, marauder.

'Plun·der·ge,bäck *n gastr.* puff pastry.

plün·dern ['plʏndərn] **I** *v/t* ⟨h⟩ **1.** *bes. mil.* plunder, pillage, sack, loot, depredate, despoil, maraud. – **2.** (*Laden etc*) ransack, raid, rifle. – **3.** *fig.* (*leer machen*) raid, clear: die Speisekammer ~ to raid the pantry. – **4.** *fig.* strip: den Weihnachtsbaum ~ to strip the Christmas tree. – **II P~** *n* ⟨-s⟩ **5.** *verbal noun.*

'Plün·de·rung *f* ⟨-; -en⟩ **1.** *cf.* Plündern. – **2.** *bes. mil.* plunder, plunderage, pillage, loot, sack, depredation, despoilment, despoliation: eine Stadt zur ~ freigeben to give a town up to pillage, to allow a town to be sacked.

'Plün·drer *m* ⟨-s; -⟩ *bes. mil. cf.* Plünderer.

Plun·ger ['plʌndʒə] (*Engl.*) *m* ⟨-s; -⟩, **~,kol·ben** *m tech.* plunger (piston).

Plün·nen ['plʏnən] *pl Northern G. dial.* **1.** rags, togs. – **2.** stuff *sg*, things.

Plun·ze ['plʊntsə] *f* ⟨-; -n⟩ *Eastern Middle G. gastr.* (*Blutwurst*) black pudding, blood sausage.

Plun·zen ['plʊntsən] *f* ⟨-; -⟩ *Bavarian* **1.** *gastr. cf.* Plunze. – **2.** *humor.* lump of a woman.

Plu·ral ['plu:ra:l; plu'ra:l] *m* ⟨-s; -e⟩ *ling.* plural. — **Plu·ra·le·tan·tum** [plurale'tantʊm] *n* ⟨-s; -s *u.* Pluraliatantum [pluralia-]⟩ word existing only in the plural. — **plu·ra·lisch** [plu'ra:lɪʃ] *adj* plural (*attrib*).

Plu·ra·lis ma·je·sta·tis [plu'ra:lɪs majɛs'ta:tɪs] *m* ⟨- -; -rales - [-lɛs]⟩ *ling.* royal plural.

Plu·ra·lis·mus [plura'lɪsmʊs] *m* ⟨-; *no pl*⟩ *philos. sociol.* pluralism. — **Plu·ra'list** [-'lɪst] *m* ⟨-en; -en⟩ pluralist. — **plu·ra'li·stisch** *adj* pluralist(ic).

Plu·ra·li·tät [plurali'tɛ:t] *f* ⟨-; *no pl*⟩ plurality.

Plu'ral,wahl,recht *n pol.* plural vote (*od.* voting).

plus [plʊs] **I** *adv* **1.** *math.* plus: 2 ~ 2 ist (*od.* macht, gibt) 4 2 plus 2 are 4. – **2.** *meteor.* plus, above: das Thermometer zeigt drei Grad ~ the thermometer shows three degress above zero. – **3.** *electr.* plus. – **II** *prep* ⟨*gen*⟩ **4.** *bes. econ.* (*zuzüglich*) plus.

Plus *n* ⟨-; -⟩ **1.** *math.* (*Pluszeichen*) plus sign. – **2.** *econ.* (*Überschuß*) a) surplus, increment, b) (*Zuwachs*) increase. – **3.** *fig.* (*Vorteil*) plus, asset, advantage: etwas als ~ für sich buchen to count s.th. to one's credit.

Plüsch [ply:ʃ; plʏʃ] *m* ⟨-(e)s; -e⟩ (*textile*) plush, pile. — **p~,ar·tig** *adj* plushy, plushlike.

'Plus|,lei·tung *f electr.* plus wire. — **~,lin·se** *f* (*optics*) plus lens. — **~,pol** *m electr. phys.* positive (*od.* plus) pole, anode. — **~,punkt** *m* **1.** (*bei Spielen etc*) point won (*od.* gained). – **2.** *fig. cf.* Plus 3.

Plus·quam·per·fekt ['plʊskvampɛrfɛkt; -'fɛkt] *n* ⟨-s; -e⟩, *archaic* **Plus·quam·per·'fek·tum** [-tʊm] *n* ⟨-s; -fekta [-ta]⟩ *ling.* pluperfect (tense), *auch* past perfect.

plu·stern ['plu:stərn] *v/t u.* sich ~ *v/reflex* ⟨h⟩ *cf.* aufplustern.

'Plus,zei·chen *n math. cf.* Plus 1.

Plu·to ['plu:to] **I** *npr m* ⟨-; *no pl*⟩ *myth.* Pluto (*god of the dead and the nether world*). – **II** *m* ⟨-; *no pl*⟩ *astr.* Pluto.

Plu·to·krat [pluto'kra:t] *m* ⟨-en; -en⟩ *pol.* plutocrat. — **Plu·to·kra'tie** [-kra'ti:] *f* ⟨-; -n [-ən]⟩ plutocracy. — **plu·to'kra·tisch** *adj* plutocratic, *auch* plutocratical.

plu·to·nisch [plu'to:nɪʃ] *adj* **1.** *myth.* plutonian, Plutonian, plutonic, Plutonic. – **2.** *geol.* (*Gesteine*) plutonic, Huttonian.

Plu·to·nis·mus [pluto'nɪsmʊs] *m* ⟨-; *no pl*⟩ *geol.* plutonic theory, Huttonianism. — **Plu·to'nist** [-'nɪst] *m* ⟨-en; -en⟩ plutonist.

Plu·to·ni·um [plu'to:niʊm] *n* ⟨-s; *no pl*⟩ *chem.* plutonium (Pu). — **~re,ak·tor** *m* plutonium(-producing) reactor.

Plut·zer ['plʊtsər] *m* ⟨-s; -⟩ *Austrian dial.* **1.** *bot. cf.* Kürbis 1. – **2.** earthenware bottle. – **3.** *cf.* Rübe 2.

Plu·via·le [plu'vĭa:lə] *n* ⟨-s; -(s)⟩ *bes. relig.* pluvial.

Plu·vi'al,zeit [plu'vĭa:l-] *f geogr.* pluvial (*od.* pluviose, pluvious) period.

Plu·vio·graph [pluvĭo'gra:f] *m* ⟨-en; -en⟩ *meteor.* pluviograph. — **Plu·vio'me·ter** [-'me:tər] *n* ⟨-s; -⟩ pluviometer, rain ga(u)ge.

Pneu [pnɔʏ] *m* ⟨-s; -s⟩ *short for* a) Pneumatik[2], b) Pneumothorax.

Pneu·ma ['pnɔʏma] *n* ⟨-s; *no pl*⟩ **1.** *bes. philos. relig.* (*Seele*) pneuma, soul, spirit. – **2.** *relig.* (the) Holy Spirit.

Pneu·ma·tik[1] [pnɔʏ'ma:tɪk] *f* ⟨-; *no pl*⟩ *phys.* pneumatics *pl* (*construed as sg*), pneumatic system.

Pneu'ma·tik[2] *m* ⟨-s; -s⟩, *Austrian f* ⟨-; -en⟩ pneumatic (tire, *bes. Br.* tyre).

Pneu'ma·tik[3] *f* ⟨-; -en⟩ *mus.* pneumatic action.

pneu·ma·tisch [pnɔʏ'ma:tɪʃ] *adj* pneumatic(al).

Pneu·mo·graph [pnɔʏmo'gra:f] *m* ⟨-en; -en⟩ *med.* pneumograph, pneumatograph.

Pneu·mo·kok·kus [pnɔʏmo'kɔkʊs] *m* ⟨-; -kokken⟩ *med.* pneumococcus.

Pneu·mo·ko·nio·se [pnɔʏmoko'nĭo:zə] *f* ⟨-; *no pl*⟩ *med.* pneumoconiosis, pneumoniosis.

Pneu·mo·nie [pnɔʏmo'ni:] *f* ⟨-; -n [-ən]⟩ *med.* pneumonia.

Pneu·mo·tho·rax [pnɔʏmo'to:raks] *m* ⟨-(es); -e⟩ *med.* pneumothorax.

Po [po:] *m* ⟨-s; -s⟩ *colloq. humor. for* Popo.

Pö·bel ['pø:bəl] *m* ⟨-s; *no pl*⟩ rabble, riffraff, mob. — **Pö·be'lei** *f* ⟨-; -en⟩ vulgar ways *pl* (*od.* behavior, *bes. Br.* behaviour).

'pö·bel·haft *adj* vulgar, common, coarse, low, plebeian. — **'Pö·bel·haf·tig·keit** *f* ⟨-; *no pl*⟩ vulgarity, commonness, coarseness, lowness.

'Pö·bel,herr·schaft *f* mob rule, ochlocracy, mobocracy.

pö·beln ['pø:bəln] *v/i* ⟨h⟩ use coarse (*od.* bad) language.

Poch [pɔx] *n, auch m* ⟨-(e)s; *no pl*⟩ *an old German card game.* — **~,brett** *n a round board used at 'Poch'.*

po·chen ['pɔxən] **I** *v/i* ⟨h⟩ **1.** (an *acc* at) knock, rap, (*leicht*) tap. – **2.** (*vom Herz*) pound, throb, thump, palpitate (*scient.*): ihm pochte das Herz bis zum Hals his heart was in his mouth. – **3.** auf (*acc*) etwas ~ *fig.* a) (*bestehen*) to insist (*od.* stand) (up)on s.th., b) (*prahlen*) to boast (*od.* brag) about (*od.* of) s.th.: auf sein (gutes) Recht ~ to stand (*od.* insist) on one's rights; er pocht auf seine Verdienste [seinen Adel] he boasts of his merits [his noble lineage]. – **II** *v/impers* **4.** es pocht there is a knock at the door. – **III** *v/t* **5.** (*mining*) (*Erze*) stamp, pound, crush. – **IV P~** *n* ⟨-s⟩ **6.** *verbal noun.* – **7.** (*an der Tür etc*) knock, rap, (*leichtes*) tap. – **8.** (*des Herzens*) palpitation. – **9.** (*games*) *cf.* Poch.

'Poch,erz *n* (*mining*) milling ore.

po·chie·ren [pɔ'ʃi:rən] *v/t* ⟨*no* ge-, h⟩ *gastr.* (*Eier*) poach. — **po'chiert I** *pp.* – **II** *adj* poached: ~e Eier poached eggs.

'Poch|,kä·fer *m zo. cf.* Klopfkäfer. — **~,spiel** *n* (*games*) *cf.* Poch. — **~,werk** *n tech.* stamp mill, steam stamp.

Pocke (*getr.* -k·k-) ['pɔkə] *f* ⟨-; -n⟩ **1.** (*Hautunreinheit*) pimple, spot, pustule (*scient.*). – **2.** (*Pockennarbe*) pockmark.

Pocken (*getr.* -k·k-) ['pɔkən] *pl med.* smallpox *sg*, variola *sg* (*scient.*). — **p~,ar·tig** *adj* resembling smallpox, variolous (*scient.*). — **~epi·de,mie** *f* smallpox epidemic. — **~er,re·ger** *m* smallpox virus. — **~,gift** *n* smallpox poison (*od.* virus). — **~,imp·fung** *f* smallpox vaccination. — **~,nar·be** *f* pockmark, pit. — **p~,nar·big** *adj* pockmarked, pitted (by smallpox). — **~,schutz,imp·fung** *f cf.* Pockenimpfung.

'Pock,holz *n cf.* Guajakholz.

'pockig (*getr.* -k·k-) *adj cf.* pockennarbig.

po·co ['po:ko] *adv mus.* poco: ~ a ~ poco a poco, little by little, gradually.

Pod·agra ['po:dagra] *n* ⟨-s; *no pl*⟩ *med.* (*Fußgicht*) podagra, gout in the feet. — **~,kraut** *n bot.* goutweed, acheweed (*Aegopodium podagraria*).

pod·agrisch [po'da:grɪʃ] *adj med.* podagral, gouty.

Po·dest [po'dɛst] *n, m* ⟨-(e)s; -e⟩ **1.** (*Treppenabsatz*) landing. – **2.** (*Sockel*) pedestal, base: j-n von seinem ~ stoßen *fig.* to take s.o. down from his pedestal, to debunk s.o. (*colloq.*). – **3.** small podium.

Po·dex ['po:dɛks] *m* ⟨-(es); -e⟩ *colloq. humor.* bottom.

Po·di·um ['po:dĭʊm] *n* ⟨-s; -dien⟩ **1.** (*für Orchester etc*) podium, (raised) platform, dais. – **2.** (*eines Redners*) podium, platform, rostrum. – **3.** (*Bühne*) stage. – **4.** *arch.* (*eines Tempels*) podium.

'Po·di·ums|dis·kus·si,on *f*, **~ge,spräch** *n* panel (discussion).

Po·do·me·ter [podo'me:tər] *n* ⟨-s; -⟩ (*Schrittzähler*) pedometer.

Pod·sol [pɔ'tso:l] *m* ⟨-s; *no pl*⟩ *geol.* podzol (*auch* podsol) (soil).

Po·em [po'e:m] *n* ⟨-s; -e⟩ *bes. contempt.* [poem.]

Poe·sie [poe'zi:] *f* ⟨-; -n [-ən]⟩ **1.** poetry. – **2.** *fig.* (*poetischer Zauber*) poetry, poetic charm. — **~,al·bum** *n an album for* (*edifying*) *poems from friends and relatives.*

poe'sie·los *adj* **1.** unpoetic(al). – **2.** *fig.* (*nüchtern*) prosy, prosaic(al), pedestrian, matter-of-fact (*attrib*). — **Poe'sie·lo·sig·keit** *f* ⟨-; *no pl*⟩ **1.** unpoeticalness. – **2.** *fig.* prosiness, prosaic(al)ness, pedestrianism, matter-of-factness.

Po·et [po'e:t] *m* ⟨-en; -en⟩ *bes. iron. for* Dichter.

Poe·ta lau·rea·tus [po'e:ta laure'a:tʊs] *m* ⟨- -; Poetae laureati [-tɛ -ti]⟩ poet laureate.

Poe·ta·ster [poe'tastər] *m* ⟨-s; -⟩ *contempt.* poetaster, rhymester, rimester, versifier, versemonger.

Poe·tik [po'e:tɪk] *f* ⟨-; -en⟩ poetics *pl* (*usually construed as sg*), *auch* poetic, poetic theory.

Poe·tin [po'e:tɪn] *f* ⟨-; -nen⟩ *bes. iron. for* Dichterin.

poe·tisch [po'e:tɪʃ] *adj* **1.** (*Sprache, Ausdrucksweise etc*) poetic(al): er hat eine ~e Ader *colloq.* he has a poetical vein, he is of a poetical turn of mind. – **2.** *fig.* (*stimmungsvoll*) idyllic.

poe·ti·sie·ren [poeti'ziːrən] *v/t* ⟨*no* ge-, h⟩ poeticize *Br. auch* -s-.

Po·fel ['poːfəl] *m* ⟨-s; *no pl*⟩ *Southern G. and Austrian colloq. for* a) Bafel, b) Schund.

Po·grom [po'groːm] *m* ⟨-s; -e⟩ *pol.* pogrom.

poi·ki·lo·therm [pɔʏkilo'tɛrm] *adj zo. cf.* wechselwarm.

Poi·lu [pŏa'lyː] *m* ⟨-(s); -s⟩ *mil. sl.* (*Spitzname des franz. Soldaten*) poilu.

Point [pŏɛ̃ː] *m* ⟨-s; -s⟩ **1.** (*games*) a) (*beim Kartenspiel*) (*Stich*) trick, b) (*beim Würfelspiel*) (*Auge*) point, c) (*beim Billard*) spot. – **2.** *econ.* (*an der Börse*) point.

Poin·te ['pŏɛ̃ːtə] *f* ⟨-; -n⟩ **1.** (*eines Witzes*) point, punch line, *Am. colloq.* nub: ein Witz ohne ~ a witless joke; wo bleibt denn die ~? where's the joke? – **2.** (*witzige Bemerkung*) piece of wit, witticism.

Poin·ter ['pɔʏntər] *m* ⟨-s; -⟩ *zo.* (*Vorstehhund*) pointer, tracking dog.

poin·tie·ren [pŏɛ̃'tiːrən] **I** *v/t* ⟨*no* ge-, h⟩ (*unterstreichen, betonen*) point (up), express (*s.th.*) pointedly. – **II** *v/i* (*games*) punt. — **poin'tiert I** *pp.* – **II** *adj* (*Bemerkung, Satz etc*) pointed. – **III** *adv* eine Geschichte ~ erzählen to tell a story pointedly.

Poin·til·lis·mus [pŏɛ̃ti'jɪsmʊs; -'lɪsmʊs] *m* ⟨-; *no pl*⟩ (*art*) pointillism, *auch* pointillisme. — **Poin·til'list** [-'jɪst; -'lɪst] *m* ⟨-en; -en⟩ pointillist, *auch* pointilliste. — **poin·til'li·stisch** *adj* pointillistic.

Poi·se ['pŏaːzə] *n* ⟨-; -⟩ *phys.* (*Maßeinheit der Viskosität*) poise.

Po·kal [po'kaːl] *m* ⟨-s; -e⟩ **1.** (*Trinkgefäß*) goblet, rummer. – **2.** (*sport*) cup, plate, pot (*sl.*). — ~ˌ**end**ˌ**spiel** *n* (*sport*) cup final. — ~ˌ**paa·rung** *f cf.* Pokalspiel. — ~ˌ**sie·ger** *m* cup winner. — ~ˌ**spiel** *n* cup tie.

Pö·kel ['pøːkəl] *m* ⟨-s; -⟩ *gastr.* **1.** (*mit Essig u. Gewürzen*) pickle, souse. – **2.** (*mit Salz*) brine. — ~ˌ**faß** *n* salt(ing) (*od.* pickling) tub. — ~ˌ**fleisch** *n* **1.** salted meat. – **2.** (*vom Rind*) corned (*od.* salt[ed]) beef. – **3.** (*vom Schwein*) pickled pork. – **4.** (*bes. von Schweineohren etc*) souse: getrocknetes ~ dried salt(ed) beef, *mar. auch* salt horse (*od.* junk). — ~ˌ**he·ring** *m* pickled (*od.* soused, red) herring. — ~ˌ**la·ke** *f cf.* Pökel.

pö·keln ['pøːkəln] *v/t* ⟨h⟩ *gastr.* **1.** (*in Essig u. Gewürzen*) pickle, souse. – **2.** (*in Salz*) salt, corn. – **3.** (*in Rauch*) cure.

Po·ker ['poːkər] *n* ⟨-s; *no pl*⟩ (*Glücksspiel*) poker. — ~**ge**ˌ**sicht** *n* poker face.

'po·kern *v/i* ⟨h⟩ (*games*) play poker.

'Po·kerˌ**spiel** *n* (*games*) *cf.* Poker.

Pök·ling ['pøːklɪŋ] *m* ⟨-s; -e⟩ *obs. for* Bückling 1.

po·ku·lie·ren [poku'liːrən] *v/i* ⟨*no* ge-, h⟩ *obs. od. dial. for* bechern, zechen.

Pol¹ [poːl] *m* ⟨-s; -e⟩ **1.** *geogr.* Pole: Flug über den ~ *aer.* transpolar flight; der ruhende ~ *fig.* a source of tranquil(l)ity. – **2.** *phys.* pole: positiver ~ positive pole (*od.* element), anode; negativer ~ negative pole (*od.* element), cathode; ungleiche (*od.* entgegengesetzte) ~e unlike (*od.* opposite) poles. – **3.** *electr.* pole, terminal.

Pol² *m* ⟨-s; -e⟩ (*textile*) (*Haardecke*) pile.

Po·lack [po'lak] *m* ⟨-en; -en⟩, **Po·lacke** (*getr.* -k·k-) [po'lakə] *m* ⟨-n; -n⟩ *contempt.* Pola(c)k.

po·lar [po'laːr] **I** *adj* ⟨*attrib*⟩ **1.** polar: ~e Kaltluft polar air (masses *pl*). – **2.** *fig.* polar, diametric(al): ~e Gegensätze trennen uns we are poles apart. – **II** *adv* **3.** *fig.* directly, diametrically.

Po'lar|ˌ**bahn** *f* (*space*) polar orbit. — ~ˌ**bär** *m zo. cf.* Eisbär. — ~ˌ**eis** *n* polar ice. — ~**ex·pe·di·ti**ˌ**on**, ~ˌ**fahrt** *f* polar expedition. — ~ˌ**fau·na** *f zo.* fauna of the polar regions. — ~ˌ**fil·ter** *n, m phot. cf.* Polarisationsfilter. — ~ˌ**flo·ra** *f bot.* flora of the polar regions. — ~ˌ**flug** *m aer.* transpolar flight. — ~ˌ**for·scher** *m* polar explorer. — ~ˌ**for·schung** *f* exploration of the polar regions. — ~ˌ**front** *f meteor.* polar front. — ~ˌ**fuchs** *m zo.* arctic (*od.* ice, polar, stone) fox (*Alopex lagopus*). — ~**ge**ˌ**biet** *n*, ~ˌ**ge·gend** *f* polar region(s *pl*): diese Tierart findet sich in den beiden ~en this animal species has a bipolar distribution. — ~ˌ**hund** *m zo.* Eskimo dog, husky.

Po·la·ri·me·ter [polari'meːtər] *n* ⟨-s; -⟩ (*optics*) polarimeter.

Po·la·ri·sa·ti·on [polariza'tsĭoːn] *f* ⟨-; -en⟩ *phys. electr.* polarization *Br. auch* -s-.

Po·la·ri·sa·ti'ons|ˌ**bril·le** *f* (*optics*) polarization (*Br. auch* -s-) (*od.* antidazzle, *Br.* anti-dazzle) spectacles *pl.* — ~ˌ**ebe·ne** *f phys. electr.* polarization plane, plane of polarization. — ~ˌ**fil·ter** *n, m phot.* polarizing filter, *auch* polarizer. — ~**mi·kro**ˌ**skop** *n* (*optics*) polarizing microscope. — ~ˌ**strom** *m phys. electr.* polarizing current, polarization current.

Po·la·ri·sa·tor [polari'zaːtɔr] *m* ⟨-s; -en [-za'toːrən]⟩ (*optics*) polarizer *Br. auch* -s-.

po·la·ri'sier·bar *adj phys. electr.* polarizable *Br. auch* -s-.

po·la·ri·sie·ren [polari'ziːrən] **I** *v/t* ⟨*no* ge-, h⟩ *phys. electr.* polarize *Br. auch* -s-. – **II P~** *n* ⟨-s⟩ *verbal noun.* — **po·la·ri'sie·rend I** *pres p.* – **II** *adj* ~es Brillenglas (*optics*) polarizing (*Br. auch* -s-) (*od.* antidazzle, *Br.* anti-dazzle) lens. — **Po·la·ri'sie·rung** *f* ⟨-; -en⟩ **1.** *cf.* Polarisieren. – **2.** polarization *Br. auch* -s-.

Po·la·ri·tät [polari'tɛːt] *f* ⟨-; -en⟩ **1.** *phys. electr.* polarity: Aufhebung der ~ depolarization *Br. auch* -s-. – **2.** *fig.* (*Gegensätzlichkeit*) polarity.

Po'lar|ˌ**kap·pe** *f geogr.* (polar) icecap. — ~ˌ**kreis** *m* polar circle: nördlicher [südlicher] ~ Arctic [Antarctic] Circle. — ~ˌ**län·der** *pl* countries of the polar regions, polar countries. — ~ˌ**licht** *n meteor.* **1.** polar lights *pl*, aurora (*scient.*). – **2.** (*in der nördlichen Hemisphäre*) northern lights *pl*, aurora borealis (*scient.*). – **3.** (*in der südlichen Hemisphäre*) southern lights *pl*, aurora australis (*scient.*). — ~ˌ**luft** *f* polar air. — ~ˌ**meer** *n geogr.* polar sea (*od.* ocean): Nördliches [Südliches] ~ Arctic [Antarctic] Ocean. — ~ˌ**nacht** *f* polar night. — ~ˌ**rou·te** *f aer.* transpolar route. — ~ˌ**stern** *m astr.* polestar, North Star. — ~ˌ**tag** *m* polar day. — ~ˌ**zo·ne** *f geogr.* frigid zone.

Pol·der ['pɔldər] *m* ⟨-s; -⟩ (*eingedeichtes Land*) polder.

Po·le ['poːlə] *m* ⟨-n; -n⟩ Pole.

Po·lei [po'laɪ] *m* ⟨-(e)s; -e⟩ *bot.* pennyroyal (*Mentha pulegium*).

Po·le·mik [po'leːmɪk] *f* ⟨-; -en⟩ (*Meinungsstreit*) polemic, controversy, controversial argument. — **Po'le·mi·ker** [-mikər] *m* ⟨-s; -⟩ polemic, polemist, polemicist, controversialist, argumentative person. — **po'le·misch** [-mɪʃ] *adj* polemic(al), controversial, argumentative. — **po·le·mi'sie·ren** [-mi'ziːrən] *v/i* ⟨*no* ge-, h⟩ polemize, carry on a controversy.

po·len ['poːlən] *v/t* ⟨h⟩ *electr.* polarize *Br. auch* -s-.

Po·len·ta [po'lɛnta] *f* ⟨-; Polenten *u.* -s⟩ *gastr.* polenta.

Po·len·te [po'lɛntə] *f* ⟨-; *no pl*⟩ *colloq. contempt.* cop(per)s *pl* (*sl.*), police.

'Polˌ**hö·he** *f* **1.** *astr. geogr.* altitude (*od.* elevation) of the pole, latitude. – **2.** *geogr.* angle at which the polestar is visible.

Po·li·ce [po'liːsə] *f* ⟨-; -n⟩ *econ.* (insurance) policy: ~ für eine Lebensversicherung life insurance (*bes. Br.* assurance) policy; ~ ohne [mit] Wertangabe open [valued] policy; Inhaber einer ~ policyholder.

Po·lier [po'liːr] *m* ⟨-s; -e⟩ *civ.eng.* foreman.

Po'lier|ˌ**bür·ste** *f* polishing brush, polisher. — **p~**ˌ**drücken** (*getr.* -k·k-) *v/t* ⟨*insep*, -ge-, h⟩ *tech.* burnish.

po·lie·ren [po'liːrən] *v/t* ⟨*no* ge-, h⟩ **1.** (*Schuhe, Möbel etc*) polish, burnish, furbish, rub (up). – **2.** *tech.* a) polish, b) (*schwabbeln*) buff, c) (*polierdrücken*) burnish, d) (*glätten*) smooth, e) (*läppen*) lap, f) (*blank polieren*) give (*s.th.*) a bright finish. – **3.** *metall.* (*Walzgut*) planish. – **4.** *fig.* polish (up), perfect, add the finishing touches to: diesen Aufsatz mußt du noch etwas ~ you must polish this essay up a bit.

Po'lie·rer *m* ⟨-s; -⟩ *tech.* polisher, burnisher.

Po'lier|ˌ**fei·le** *f tech.* polishing file. — ~ˌ**le·der** *n* **1.** (*housekeeping*) chamois (leather), *auch* chammy, shammy, shamoy. – **2.** *tech.* polishing leather, buffing (leather). — ~ˌ**mit·tel** *n* polish, polishing material (*od.* agent, compound). — ~ˌ**rot** *n* (lapping) rouge, crocus. — ~ˌ**schei·be** *f tech.* polishing wheel (*od.* pad, disk, disc). — ~ˌ**stahl** *m* burnishing tool. — ~ˌ**tuch** *n* ⟨-(e)s; =er⟩ polishing cloth, rubber. — ~ˌ**wachs** *n* **1.** polishing (*od.* rubbing) wax. – **2.** (*in der Schuhmacherei*) heelball.

'Po·liˌ**kli·nik** ['poːli-] *f* outpatient department (*od.* clinic), *Am. auch* dispensary.

'Po·lin *f* ⟨-; -nen⟩ Pole, Polish woman (*od.* girl).

Po·lio ['poːlĭo] *f* ⟨-; *no pl*⟩ *med.* polio(myelitis). — ~ˌ**impf**ˌ**stoff** *m* poliomyelitis vaccine. — ~ˌ**imp·fung** *f* polio inoculation.

Po·lio·mye·li·tis [polĭomye'liːtɪs] *f* ⟨-; -litiden [-li'tiːdən]⟩ *med.* poliomyelitis.

Po'lit·büˌ**ro** [po'liːt-; po'lɪt-] *n pol.* politburo, *auch* politbureau.

Po·li·tes·se¹ [poli'tɛs(ə)] *f* ⟨-; *no pl*⟩ *obs. for* Höflichkeit 1.

Po·li·tes·se² [poli'tɛsə] *f* ⟨-; -n⟩ *Am.* park-meter attendant, metermaid (*colloq.*), *Br.* traffic warden.

po·li·tie·ren [poli'tiːrən] *v/t* ⟨*no* ge-, h⟩ *Austrian for* polieren 1.

Po·li·tik [poli'tiːk] *f* ⟨-; *rare* -en⟩ **1.** (*Staatsangelegenheiten*) politics *pl* (*construed as sg or pl*): in der ~ in politics; über (*acc*) ~ sprechen to talk politics, to politick. – **2.** (*Taktik*) policy: ~ der starken Hand show of strength, *Am. colloq.* get-tough policy; ~ der offenen Tür open-door policy; ~ der friedlichen Koexistenz policy of peaceful coexistence; die auswärtige ~ foreign policy; eine ~ auf lange Sicht a long-range policy; eine abwartende ~ einschlagen to adopt a wait-and-see policy; eine erfolgreiche [kurzsichtige, gewissenlose] ~ a successful [a shortsighted, an unscrupulous] policy; eine ~ verfolgen to pursue a policy.

Po·li·ti·ka·ster [politi'kastər] *m* ⟨-s; -⟩ *contempt.* **1.** politicaster. – **2.** coffeehouse politician.

Po·li·ti·ker [po'liːtikər] *m* ⟨-s; -⟩ **1.** politician. – **2.** (*in führender Rolle*) statesman.

Po'li·ti·ke·rin *f* ⟨-; -nen⟩ **1.** politician. – **2.** (*in führender Rolle*) stateswoman.

Po·li·ti·kum [po'liːtikʊm] *n* ⟨-s; -tika [-ka]⟩ *pol.* political affair (*od.* matter).

Po·li·ti·kus [po'liːtikʊs] *m* ⟨-; -se⟩ *colloq. humor. for* Schlauberger.

Po·li'tikˌ**wis·sen·schaft** *f* political science, politics *pl* (*construed as sg or pl*), political theory.

po·li·tisch [po'liːtɪʃ] **I** *adj* **1.** (*Partei, Prozeß, Verbrechen etc*) political: die ~e Laufbahn einschlagen to go into politics. – **2.** (*staatsmännisch*) politic, judicious. – **II** *adv* **3.** politically: er ist ~ tätig he is in politics; ~ denken to consider things from a political point of view; ~ interessiert politically minded.

po·li·ti·sie·ren [politi'ziːrən] **I** *v/i* ⟨*no* ge-, h⟩ **1.** talk politics, politicize *Br. auch* -s-, politick. – **II** *v/t* **2.** (*politisch behandeln*) politicize *Br. auch* -s-. – **3.** (*politisch ausschlachten*) politicalize *Br. auch* -s-. – **III P~** *n* ⟨-s⟩ **4.** *verbal noun.* — **Po·li·ti'sie·rung** *f* ⟨-; *no pl*⟩ **1.** *cf.* Politisieren. – **2.** politicalization *Br. auch* -s-.

Po·li·to·lo·ge [polito'loːgə] *m* ⟨-n; -n⟩ student of political science. — **Po·li·to·lo'gie** [-lo'giː] *f* ⟨-; *no pl*⟩ *cf.* Politikwissenschaft. — **po·li·to'lo·gisch** *adj* concerning political science.

Po·li·tur [poli'tuːr] *f* ⟨-; -en⟩ **1.** (*Glanz*) polish, gloss, luster, *bes. Br.* lustre, bright finish. – **2.** *cf.* Poliermittel. – **3.** ⟨*only sg*⟩ *fig.* (*Schliff*) polish, finish, refinement.

Po·li·zei [poli'tsaɪ] *f* ⟨-; *rare* -en⟩ **1.** (*Behörde*) police: sich bei der ~ anmelden to register with the police; j-n bei der ~ anzeigen to report s.o. to the police; er ist dümmer, als es die ~ erlaubt *fig. colloq.* he is incredibly stupid. – **2.** (*die Polizisten*) police (*construed as pl*): die ~, dein Freund und Helfer the police, your friends and advisers; er wird von der ~ gesucht he is wanted by the police, the police are after him (*colloq.*); sich der ~ stellen to give oneself up to the police; die ~ (an)rufen (*od.* verständigen, holen) to call the police. – **3.** (*Polizeitruppe*) police (force), constabulary (force), force: er ist bei der berittenen ~ he is with the mounted police (force). – **4.** *cf.* Polizeirevier 1. — ~**ak·ti**ˌ**on** *f* **1.** (*Einsatz*) police operation. – **2.** (*Razzia*) (police) raid. — ~ˌ**amt** *n cf.* Polizeirevier 1. — ~ˌ**auf·ge**ˌ**bot** *n* police detachment, detachment of police, posse, *Am. auch* platoon. — ~ˌ**auf**ˌ**sicht** *f* **1.** police supervision (*od.* surveillance): j-n unter ~ stellen to put s.o. under police supervision. – **2.** (*bei bedingter Entlassung*) probation, parole supervision. — ~**be**ˌ**am·te** *m* **1.** (police) officer. – **2.** *cf.* Polizist. — ~**be**ˌ**hör·de** *f* police (authorities *pl*). — **~beˌricht** *m* (official) police report. — **~büˌro** *n cf.* Polizeirevier 1. — **~ˌchef** *m cf.* Polizeipräsident. — **~ˌdienst** *m* police service. — **~di·rek·tiˌon** *f* police headquarters *pl* (*often construed as sg*). — **~ˌein·hei·ten** *pl* police squads. — **~ˌfunk** *m* police radio. — **~geˌwahr·sam** *m* police custody: **j-n in ~ halten** to hold s.o. in police custody. — **~geˌwalt** *f* police power: **unter ~ halten** to police. — **~ˌhaft** *f* police custody. — **~ˌhund** *m* police dog. — **~kom·misˌsar** *m* police superintendent. — **~korˌdon** *m* police cordon.

po·li'zei·lich I *adj* (of the) police: **~e Meldepflicht** obligatory registration with the police; **~e Anmeldung** registration with the police; **~e Abmeldung** report of change of address to the police; **~e Vorschriften** police regulations; **unter ~er Bewachung** under police surveillance (*od.* supervision); **~e Vernehmung** police interrogation; → **Führungszeugnis**. – **II** *adv* by the police: **das ist ~ verboten** that is prohibited by the police, that is against the law.

Po·li'zei|ˌmacht *f* police force. — **~ˌord·nung** *f* police regulations *pl*. — **~ˌpo·sten** *m* police picket. — **~prä·siˌdent** *m* chief (commissioner) of the police, *Br.* chief constable. — **~präˌsi·di·um** *n* police headquarters *pl* (*often construed as sg*). — **~reˌvier** *n* **1.** police station (*Br. auch* office), *Am. auch* station house. – **2.** (*Bereich*) (police) precinct (*od.* district). — **~ˌschutz** *m* police protection (*od.* guard). — **~spiˌon, ~ˌspit·zel** *m* police informer (*od.* spy), stool pigeon, *Am. sl.* setter, *Br. sl.* nark, split. — **~ˌstaat** *m* police state. — **~ˌstra·fe** *f* police penalty. — **~ˌstrei·fe** *f* **1.** police patrol. – **2.** (*Trupp*) police squad. – **3.** (*einzelner Polizist*) (police) patrolman. – **4.** (*Razzia*) (police) raid. — **~ˌstrei·fenˌwa·gen** *m cf.* Streifenwagen. — **~ˌstun·de** *f* (legal) closing time (*od.* hour), *auch* curfew: **~, meine Herren!** time, gentlemen, please! — **~ˌtrupp** *m* police squad (*od.* detachment). — **~ˌtrup·pe** *f mil.* police (force), constabulary (force), force. — **~verˌord·nung** *f* police regulation(s *pl*). — **~ˌwa·che** *f cf.* Polizeirevier. — **~ˌwachtˌmei·ster** *m Br.* constable, *Am.* patrolman. — **~ˌwe·sen** *n* police system. — **p~ˌwid·rig** *jur.* **I** *adj* (*Verhalten etc*) illegal, contrary to police regulations. – **II** *adv* contrary to police regulations: **er fährt ~ schnell** he is exceeding the speed limit; **er ist ~ dumm** *fig. colloq.* he is incredibly stupid.

Po·li·zist [poli'tsɪst] *m* ⟨-en; -en⟩ policeman, (police) officer, *Br.* constable, cop(per) (*sl.*), *Br. colloq.* bobby: **ein ~ in Zivil** a policeman in plain clothes, *bes. Am.* a plainclothesman.

Po·li'zi·stin *f* ⟨-; -nen⟩ policewoman.

Po·liz·ze [po'lɪtsə] *f* ⟨-; -n⟩ *Austrian for* Police.

Pol·ka ['pɔlka] *f* ⟨-; -s⟩ *mus.* polka: **~ tanzen** to (dance the) polka.

'Polˌklem·me *f electr.* pole terminal, terminal post.

Pol·lack ['pɔlak] *m* ⟨-s; -s⟩ *zo.* (*Fisch*) green pollack, pollock (*Pollachius pollachius*).

Pol·len ['pɔlən] *m* ⟨-s; -⟩ *bot.* pollen. — **~anaˌly·se** *f* pollen analysis. — **~ˌkorn** *n* ⟨-(e)s; =er⟩ pollen, pollen grain. — **~ˌschlauch** *m* pollen (*od.* fertilization *Br. auch* -s-) tube.

Pol·ler ['pɔlər] *m* ⟨-s; -⟩ *mar.* **1.** (*am Kai*) bollard. – **2.** (*an Bord*) bitt.

Pol·lu·ti·on [pɔlu'tsi̯oːn] *f* ⟨-; -en⟩ *med.* nocturnal emission, wet dream (*colloq.*).

pol·nisch ['pɔlnɪʃ] **I** *adj* Polish: **~e Wirtschaft** *fig. colloq.* topsy-turvydom, awful mess (*colloq.*). – **II** *ling.* **P~** ⟨*generally undeclined*⟩, **das P~e** ⟨-n⟩ Polish, the Polish language.

Po·lo ['poːlo] *n* ⟨-s; -s⟩ (*sport*) polo. — **~ˌfeld** *n* polo ground. — **~ˌhemd** *n* (*fashion*) polo shirt.

Po·lo·nai·se [polo'nɛːzə], **Po·lo'nä·se** [-'nɛːzə] *f* ⟨-; -n⟩ *mus.* polonaise: **eine ~ tanzen** to (dance a) polonaise.

Po·lo·ni·um [po'loːni̯ʊm] *n* ⟨-s; *no pl*⟩ *chem.* polonium (Po).

'Po·lo|ˌschlä·ger *m* (*sport*) mallet. — **~ˌspiel** *n* **1.** ⟨*only sg*⟩ *cf.* Polo. – **2.** polo match. — **~ˌspie·ler** *m* poloist, polo player.

'Pol|ˌrad *n tech.* magnet wheel, pole spider. — **~ˌschuh** *m electr.* pole shoe (*od.* piece). — **~ˌstär·ke** *f electr.* pole strength.

Pol·ster ['pɔlstər] *n*, *Austrian m* ⟨-s; -, *Austrian auch* =⟩ **1.** (*für Stühle, Sessel, Sofas etc*) cushion: **ein Sessel mit herausnehmbaren ~n** an armchair with removable cushions. – **2.** (*Kopfpolster*) bolster. – **3.** *Austrian for* Kissen 1, 2, Kopfkissen 1. – **4.** *tech. cf.* Polstermaterial. – **5.** *fig. cf.* Fettpolster. — **~ˌar·beit** *f* upholstery.

'Pol·ste·rer *m* ⟨-s; -⟩ upholsterer.

'Pol·ster|gar·niˌtur *f* living-room (*od.* three-piece) suite. — **~ˌklas·se** *f* (*railway*) *obs.* first (and second) class. — **~ma·te·riˌal** *n tech.* **1.** upholstery (material), stuffing. – **2.** (*Wattierung*) pad(ding). – **3.** (*Füllung*) filling, wadding. — **~ˌmö·bel** *pl* upholstered furniture *sg*.

pol·stern ['pɔlstərn] **I** *v/t* ⟨h⟩ (*Sessel etc*) upholster, pad, cushion. – **II P~** *n* ⟨-s⟩ *verbal noun*.

'Pol·ster|ˌpflan·zen *pl bot.* cushion plants. — **~ˌschon·beˌzug** *m bes. auto.* slipcover, car seat cover. — **~ˌses·sel** *m* easy chair, armchair. — **~ˌstuhl** *m* upholstered chair. — **~ˌtür** *f* padded door. — **~ˌüberˌzug** *m Austrian for* Kissenbezug.

'Pol·ste·rung *f* ⟨-; -en⟩ **1.** *cf.* Polstern. – **2.** *cf.* Polstermaterial.

'Pol·ter·abend *m party held traditionally on the eve of a wedding, when dishes are smashed.*

'Pol·te·rer *m* ⟨-s; -⟩ blusterer.

'Pol·terˌgeist *m* ⟨-(e)s; -er⟩ poltergeist.

'pol·te·rig *adj cf.* polternd II, III.

pol·tern ['pɔltərn] *v/i* ⟨h *u.* sein⟩ **1.** ⟨sein⟩ rumble (along): **die Steine polterten vom Wagen** the stones rumbled off the cart. – **2.** ⟨h⟩ rumble, grumble, make a racket (*od.* din), *Am.* lumber: **er polterte auf dem Dachboden** he made a racket in the attic. – **3.** ⟨h⟩ *fig.* (*gutmütig schelten*) bluster. – **4.** ⟨h⟩ *colloq.* celebrate a 'Polterabend'. —

'pol·ternd I *pres p.* – **II** *adj fig.* (*schimpfend*) blustering, blusterous, blustery. – **III** *adv* **~ kam er die Treppe herab** he came thundering down the stairs.

'pol·trig *adj cf.* polternd II, III.

Pol·tron [pɔl'trõː] *m* ⟨-s; -s⟩ *obs.* (*Feigling, Maulheld*) poltroon.

'Polˌwechs·ler *m electr.* pole changer, pole-changing switch.

Po·ly..., po·ly... *combining form denoting* poly...

Po·ly·amid [polyʔa'miːt] *n synth.* polyamide.

Po·ly·an·drie [polyʔan'driː] *f* ⟨-; *no pl*⟩ (*Vielmännerei*) polyandry. — **po·ly'an·drisch** [-drɪʃ] *adj* polyandrous.

Po·ly·ar·thri·tis [polyʔar'triːtɪs] *f* ⟨-; -thritiden [-tri'tiːdən]⟩ *med.* rheumatoid arthritis.

Po·ly·äs·the·sie [polyʔɛste'ziː] *f* ⟨-; *no pl*⟩ *med.* poly(a)esthesia.

Po·ly·äthy·len [polyʔɛty'leːn] *n chem.* polyethylene $(\text{-}CH_2CH_2\text{-})_x$.

po·ly·chrom [poly'kroːm] *adj* polychrome, polychrom(at)ic. — **Po·ly·chro'mie** [-kro'miː] *f* ⟨-; -n [-ən]⟩ (*art*) polychromy.

Po·ly·dip·sie [polydɪ'psiː] *f* ⟨-; *no pl*⟩ *med.* excessive thirst; polydipsia, *auch* polydypsia (*scient.*).

Po·ly·eder [poly'ʔeːdər] *n* ⟨-s; -⟩ *math.* polyhedron. — **~ˌkrank·heit** *f zo.* (*der Raupen*) polyhedral disease, polyhedrosis (*scient.*).

po·ly·edrisch [poly'ʔeːdrɪʃ] *adj math.* polyhedral, polyhedric, *auch* polyhedrical.

Po·ly·ester [poly'ʔɛstər] *m* ⟨-s; -⟩ *chem.* polyester.

po·ly·gam [poly'gaːm] *adj* polygamous, polygamic, *bot. auch* polygamian. — **Po·ly·ga'mie** [-ga'miː] *f* ⟨-; *no pl*⟩ **1.** *auch bot. zo.* polygamy. – **2.** (*Vielehe*) polygamy, plural marriage. — **Po·ly·ga'mist** [-ga'mɪst] *m* ⟨-en; -en⟩ polygamist.

po·ly·gen [poly'geːn] *adj* **1.** *biol.* polygen(e)ic. – **2.** *geol.* polygen(et)ic, polygene.

Po·ly|ge·ne·se [polyge'neːzə], **~'ge·ne·sis** [-'geːnezɪs] *f biol. geol.* polygenesis. — **p~ge'ne·tisch** [-'neːtɪʃ] *adj* polygen(et)ic.

po·ly·glott [poly'glɔt] *adj ling.* polyglot(tal), multilingual.

Po·ly'glot·te[1] *m, f* ⟨-n; -n⟩ *ling.* polyglot.

Po·ly'glot·te[2] *f* ⟨-; -n⟩ (*Buch*) polyglot.

Po·ly'glot·tenˌbi·bel *f* polyglot Bible.

Po·ly·gon [poly'goːn] *n* ⟨-s; -e⟩ *math.* polygon. — **po·ly·go'nal** [-go'naːl] *adj* polygonal, polygonic, polygonous.

Po·ly·graph [poly'graːf] *m* ⟨-en; -en⟩ *DDR print.* printer. — **Po·ly·gra'phie** [-gra'fiː] *f* ⟨-; *no pl*⟩ printing trade. — **po·ly'gra·phisch** *adj* of (*od.* relating to) the printing trade.

Po·ly·gy·nie [polygy'niː] *f* ⟨-; *no pl*⟩ (*Vielweiberei*) polygyny.

Po·ly·hi·stor [poly'hɪstər] *m* ⟨-s; -storen [-'toːrən]⟩ polyhistor, *auch* polyhistorian, polymath.

po·ly·hy·brid [polyhy'briːt] *adj biol.* polyhybrid. — **Po·ly·hy'bri·de** *m* ⟨-n; -n⟩ polyhybrid.

Po·ly·hym·nia [poly'hʏmnia] *npr f* ⟨-; *no pl*⟩ *myth.* Polyhymnia, *auch* Polymnia (*Greek Muse of the sacred lyric*).

po·ly·karp [poly'karp], **po·ly'kar·pisch** *adj bot.* polycarpic, polycarpous.

Po·ly·kon·den·sa·ti·on [polykɔndɛnza'tsi̯oːn] *f synth.* polycondensation.

Po·ly·ma·thie [polyma'tiː] *f* ⟨-; *no pl*⟩ *obs.* polymathy.

po·ly·mer [poly'meːr] *adj chem.* polymeric: **~er Körper** polymer.

Po·ly'mer *n* ⟨-s; -e⟩ *meist pl chem.* polymer, *bes. Br.* polymeride. — **~benˌzin** *n* polymerization gasoline (*Br.* petrol).

Po·ly'me·re *n* ⟨-n; -n⟩ *meist pl chem. cf.* Polymer.

Po·ly·me'rie [-me'riː] *f* ⟨-; -n [-ən]⟩ *chem. biol.* polymerism.

Po·ly·me·ri'sat [-meri'zaːt] *n* ⟨-(e)s; -e⟩ *chem. cf.* Polymer.

Po·ly·me·ri·sa·ti'on [-meriza'tsi̯oːn] *f* ⟨-; -en⟩ polymerization.

Po·ly·me·ri·sa·ti'ons|ˌanˌla·ge *f chem.* polymerization reactor, polymerizer. — **~inˌhi·bi·tor** *m* polymerization inhibitor. — **~ka·ta·lyˌsa·tor** *m* polymerization catalyst.

po·ly·me·ri·sie·ren [polymeri'ziːrən] *v/t* ⟨*no* ge-, h⟩ *chem.* polymerize. — **Po·ly·me·ri'sie·rung** *f* ⟨-; *no pl*⟩ *cf.* Polymerisation.

Po·ly·me·ter [poly'meːtər] *n* ⟨-s; -⟩ *meteor.* polymeter.

Po·ly·me'trie [-me'triː] *f* ⟨-; -n [-ən]⟩ *metr.* polymetry.

po·ly·morph [poly'mɔrf] *adj bes. biol. min.* polymorphic, polymorphous: **~er Körper** polymorph. — **Po·ly·mor'phie** [-'fiː] *f* ⟨-; *no pl*⟩, **Po·ly·mor'phis·mus** [-'fɪsmʊs] *m* ⟨-; *no pl*⟩ polymorphism, polymorphy.

Po·ly·ne·si·er [poly'neːzi̯ər] *m* ⟨-s; -⟩ Polynesian. — **po·ly'ne·sisch** [-zɪʃ] **I** *adj* Polynesian, (*in der Biogeographie*) *auch* Nesog(a)ean. – **II** *ling.* **P~** ⟨*generally undeclined*⟩, **das P~e** ⟨-n⟩ Polynesian, the Polynesian language.

Po·ly·neu·ri·tis [polynɔy'riːtɪs] *f med.* polyneuritis, multiple neuritis.

Po·ly·nom [poly'noːm] *n* ⟨-s; -e⟩ *math.* polynomial, multinomial. — **po·ly'no·misch** *adj* polynomial, multinomial.

Po·lyp [po'lyːp] *m* ⟨-en; -en⟩ **1.** *zo.* polyp: **versteinerter ~** *geol.* polypite. – **2.** *meist pl med.* polyp, polypus. – **3.** *colloq. humor.* (*Polizist*) cop(per) (*sl.*), *Br. colloq.* bobby, *Am. sl.* 'bull', 'flatfoot'. – **4.** *obs. od. colloq. for* Tintenfisch.

Po'ly·penˌarm *m zo.* feeler (*od.* tentacle, tentaculum [*scient.*]) (of a polyp).

po'ly·penˌar·tig *adj zo.* polypean, polypous, polypoid(al).

po·ly·phag [poly'faːk] *adj biol.* polyphagous, polyphagic. — **Po·ly'pha·ge** [-'faːgə] *m* ⟨-n; -n⟩ *meist pl* polyphage. — **Po·ly·pha'gie** [-fa'giː] *f* ⟨-; *no pl*⟩ polyphagia, *auch* polyphagy.

po·ly·phon [poly'foːn] *adj mus.* polyphonic: **~er Satz** polyphony. — **Po·ly·pho'nie** [-fo'niː] *f* ⟨-; *no pl*⟩ polyphony.

Po·ly·pty·chon [po'lʏptʏçɔn] *n* ⟨-s; -ptychen *u.* -ptycha [-ça]⟩ (*art*) *relig.* polyptych.

Po·ly·rhyth·mik [poly'rʏtmɪk] *f mus.* polyrhythm. — **po·ly'rhyth·misch** *adj* polyrhythmic.

Po·ly·sac·cha·rid [polyzaxa'riːt] *n* ⟨-(e)s; -e⟩ *chem.* polysaccharide $[(C_6H_{10}O_5)_x]$.

Po·ly·se·mie [polyze'miː] *f* ⟨-; *no pl*⟩ *ling.* polysemy.

Po·ly·sty·rol [polysty'roːl] *n* ⟨-s; -e⟩ *chem.* polystyrene, styrene resin.

po·ly·syn·de·tisch [polyzʏn'deːtɪʃ] *adj ling.* polysyndetic. — **Po·ly'syn·de·ton** [-'zʏndetɔn] *n* ⟨-s; -deta [-ta]⟩ polysyndeton.

Po·ly·syn·the·se [polyzʏn'teːzə] *f ling.* polysynthesism, polysynthetism, *auch* polysynthesis. — **po·ly·syn'the·tisch** [-tɪʃ] *adj* polysynthetic, *auch* polysynthetical, incorporating. — **Po·ly·syn·the'tis·mus** [-te'tɪsmʊs] *m* ⟨-; *no pl*⟩ *cf.* **Polysynthese**.

Po·ly·tech·ni·ker [poly'tɛçnikər] *m* polytechnician. — **Po·ly'tech·ni·kum** [-nikʊm] *n* polytechnic (school). — **po·ly'tech·nisch** [-nɪʃ] *adj* polytechnic, *auch* polytechnical.

Po·ly·the·is·mus [polyte'ɪsmʊs] *m relig.* polytheism. — **Po·ly·the'ist** [-'ɪst] *m* polytheist. — **po·ly·thei·stisch** [-'ɪstɪʃ] *adj* polytheistic, *auch* polytheistical.

po·ly·to·nal [polyto'naːl] *adj mus.* polytonal. — **Po·ly·to·na·li'tät** [-nali'tɛːt] *f* ⟨-; *no pl*⟩ polytonality, polytonalism.

po·ly·trop [poly'troːp] *adj biol.* polytropic. — **Po·ly·tro'pis·mus** [-tro'pɪsmʊs] *m* ⟨-; *no pl*⟩ polytropism.

Po·ly·vi'nyl|ace,tal [polyvi'nyːl-] *n chem.* polyvinyl acetal. — **~ace,tat** *n* polyvinyl acetate [$(\text{-CH}_2\text{CH(OOCCH}_3\text{)-})_x$]. — **~-,al·ko·hol** *m* polyvinyl alcohol [$\text{-CH}_2\text{-CH(OH)-})_x$]. — **~,äther** *m* polyvinyl ether. — **~chlo,rid** *n* polyvinyl chloride [$(\text{-CH}_2\text{CHCl-})_x$].

pöl·zen ['pœltsən] *v/t* ⟨h⟩ *Austrian tech.* support (*s.th.*) by beams (*od.* props), prop (up).

Po·ma·de [po'maːdə] *f* ⟨-; -n⟩ (*cosmetics*) pomade, pomatum.

po'ma·dig *adj* **1.** (*Haar*) greasy. – **2.** *colloq.* (*träge*) sluggish, indolent: ein ~er Mensch a sluggard.

po·ma·di·sie·ren [pomadi'ziːrən] *v/t* ⟨*no* ge-, h⟩ (*cosmetics*) pomade.

Po·me·ran·ze [poma'rantsə] *f* ⟨-; -n⟩ *bot.* **1.** (*Frucht*) sour (*od.* bitter, Seville) orange, bigarade. – **2.** (*Baum*) sour orange (tree) (*Citrus aurantium amara*).

Po·me'ran·zen|,baum *m bot. cf.* Pomeranze 2. — **~,öl** *n* (*cosmetics*) *gastr.* orange oil, oil of oranges (*od.* orange peel).

Pom·mer[1] ['pɔmər] *m* ⟨-n; -n⟩ Pomeranian.

'Pom·mer[2] *m* ⟨-s; -⟩ *mus. hist. cf.* Bomhart.

'pom·me·risch *adj*, **'pom·mersch** *adj* ⟨*attrib*⟩ *geogr.* Pomeranian.

Pommes chips [pɔm'ʃɪp(s)] *pl gastr.* potato chips (*bes. Br.* crisps).

Pommes frites [pɔm'frɪt(s)] *pl gastr.* chips, *Am.* French fried potatoes, French fries (*auch* frieds).

Po·mo·lo·ge [pomo'loːgə] *m* ⟨-n; -n⟩ *hort.* pomologist. — **Po·mo·lo'gie** [-lo'giː] *f* ⟨-; *no pl*⟩ pomology. — **po·mo'lo·gisch** *adj* pomological.

Pomp [pɔmp] *m* ⟨-(e)s; *no pl*⟩ **1.** (*Prunk*) pomp(ousness), splendor, *bes. Br.* splendour, (brilliant) display, show, ostentation. – **2.** (*bes. bei Staatsfeierlichkeiten*) state, pageant(ry), heraldry. – **3.** (*großartiges Auftreten*) pomp(osity), grandeur, ostentation.

Pom·pa·dour [pɔmpa'duːr; 'pɔm-] *m* ⟨-s; -e *u.* -s⟩ *obs.* (*beutelartige Handtasche*) reticule.

Pom·pe·ja·ner [pɔmpe'jaːnər] *m* ⟨-s; -⟩ *bes. antiq.* Pompeian, *auch* Pompeiian. — **pom·pe'ja·nisch, pom'pe·jisch** [-'peːjɪʃ] *adj* Pompeian, *auch* Pompeiian.

'pomp·haft *adj* **1.** (*prunkvoll*) pompous, showy, grandiose, ostentatious. – **2.** (*bes. bei Staatsfeierlichkeiten*) stately, heraldic. – **3.** (*Auftreten etc*) pompous, grand, ostentatious. — **'Pomp·haf·tig·keit** *f* ⟨-; *no pl*⟩ *cf.* Pomp.

Pom·pon [põ'põː; pɔm-] *m* ⟨-s; -s⟩ (*Quaste*) pompon, *Am. auch* pom-pom.

pom·pös [pɔm'pøːs] *adj* (*Ausstattung, Einrichtung etc*) pompous, splendid, gorgeous, *auch* spectacular.

pö·nal [pø'naːl] *adj jur. obs.* penal. — **Pö'na·le** *n* ⟨-s; -nalien [-liən], *Austrian* -⟩ *jur. obs. od. Austrian for* Strafe 3.

Pon·cho ['pɔntʃo] *m* ⟨-s; -s⟩ (*Umhang*) poncho.

pon·cie·ren [põ'siːrən] *v/t* ⟨*no* ge-, h⟩ **1.** *print.* pounce. – **2.** *tech.* rub (*od.* polish) (*s.th.*) with pumice.

Pond [pɔnt] *n* ⟨-s; -⟩ *phys.* gram(me) force.

pon·de·ra·bel [pɔnde'raːbəl] *adj obs.* ponderable. — **Pon·de·ra'bi·li·en** [-ra'biːliən] *pl obs.* ponderables.

Pö·ni·tent [pøni'tɛnt] *m* ⟨-en; -en⟩ *röm. kath.* penitent. — **Pö·ni·ten·ti'ar** [-'tsiaːr] *m* ⟨-s; -e⟩ father confessor. — **Pö·ni'tenz** [-'tɛnts] *f* ⟨-; -en⟩ penance.

Pon·ti·cel·lo [pɔnti'tʃɛlo] *m* ⟨-s; -s *u.* -celli [-li]⟩ *mus.* ponticello, bridge.

Pon·ti·fex ['pɔntifɛks] *m* ⟨-; -tifizes [-'tiːfitsɛs]⟩ *antiq. relig.* pontifex, pontiff. — **~ 'ma·xi·mus** ['maksimʊs] *m* ⟨- -; -tifices -ximi [-'tiːfitsɛs -mi]⟩ **1.** *antiq.* (*im alten Rom*) Pontifex maximus. – **2.** *röm.kath.* (*Titel des Papstes*) Pontifex maximus, Summus Pontifex.

pon·ti·fi·kal [pɔntifi'kaːl] *adj röm.kath.* pontifical, episcopal. — **P~,amt** *n* Pontifical Mass: ein ~ halten to pontificate.

Pon·ti·fi·ka·li·en [pɔntifi'kaːliən] *pl röm. kath.* **1.** pontificals, pontificalia. – **2.** liturgical service *sg* of a bishop.

Pon·ti·fi'kal,mes·se *f röm.kath. cf.* Pontifikalamt.

Pon·ti·fi·kat [pɔntifi'kaːt] *n, m* ⟨-(e)s; -e⟩ *röm.kath.* pontificate.

Pon·ti·us ['pɔntsĭʊs] **I** *npr m* ⟨-; *no pl*⟩ *Bibl.* Pontius. – **II** *m* ⟨-; *no pl*⟩ *fig. colloq.* → Pilatus II.

Pon·ton [põ'tõː; pɔn-] *m* ⟨-s; -s⟩ *civ.eng.* pontoon. — **~,brücke** (*getr.* -k·k-) *f bes. mil.* pontoon (*od.* boat) bridge. — **~,form** *f auto.* boxy (*od.* ponton) shape. — **~,kran** *m* floating crane.

Po·ny[1] ['pɔni; *rare* 'poːni] *n* ⟨-s; -s⟩ *zo.* pony.

'Po·ny[2] *m* ⟨-s; -s⟩ (*Frisur*) *Am.* bang(s *pl*), *Br.* fringe.

'Po·ny·fri,sur *f cf.* Pony[2].

Pool [puːl] (*Engl.*) *m* ⟨-s; -s⟩ **1.** (*games*) pool. – **2.** *econ.* pool. — **~,ab,kom·men** *n econ.* pooling agreement.

Po·panz ['poːpants] *m* ⟨-es; -e⟩ **1.** (*Schreckgespenst*) bugbear, bugaboo, bog(e)y, bogie, bogeyman. – **2.** (*Marionette*) puppet.

Pop-art ['pɔp,ʔaːrt; 'pɔp'ɑːt] (*Engl.*) *f* ⟨-; *no pl*⟩ (*art*) pop art.

Pop·corn ['pɔp,kɔrn; 'pɔp,kɔːn] (*Engl.*) *n* ⟨-s; *no pl*⟩ *gastr.* popcorn.

Po·pe ['poːpə] *m* ⟨-n; -n⟩ *colloq.* Russian (*od.* Greek) Orthodox priest.

Po·pel ['poːpəl] *m* ⟨-s; -⟩ *colloq. od. dial.* **1.** hardened snot (*vulg.*). – **2.** snot, snotty child (*beide vulg.*). – **3.** *contempt.* paltry fellow.

'po·pe·lig *adj colloq.* **1.** (*armselig, dürftig*) miserable, meager, *bes. Br.* meagre. – **2.** stingy.

Po·pe·lin [popə'liːn] *m* ⟨-s; -e⟩, **Po·pe·'li·ne** *f* ⟨-; -⟩ (*textile*) poplin.

po·peln ['poːpəln] *v/i* ⟨h⟩ *colloq.* pick one's nose.

'pop·lig *adj colloq. cf.* popelig.

Po·po [po'poː] *m* ⟨-s; -s⟩ *colloq.* bottom, *Br. sl.* botty, *Am. colloq.* fanny.

po·pu·lär [popu'lɛːr] *adj* **1.** (*volkstümlich, beliebt*) popular: ein ~er Künstler [Politiker] a popular artist [politician]; etwas ~ machen to make s.th. popular, to popularize (*Br. auch* -s-) s.th.; das Lied wurde rasch ~ the song became popular (*od.* caught on) quickly; sich ~ machen to make oneself popular, to win popularity. – **2.** (*gemeinverständlich*) popular, exoteric (*lit.*): eine ~e Darstellung [Schreibweise] a popular presentation [style].

po·pu·la·ri·sie·ren [populari'ziːrən] *v/t* ⟨*no* ge-, h⟩ popularize *Br. auch* -s-, make (*s.th.*) popular, vulgarize *Br. auch* -s-. — **Po·pu·la·ri'sie·rung** *f* ⟨-; *no pl*⟩ popularization *Br. auch* -s-, vulgarization *Br. auch* -s-.

Po·pu·la·ri·tät [populari'tɛːt] *f* ⟨-; *no pl*⟩ popularity, vogue: große ~ genießen to enjoy great popularity; dieser Roman erfreute sich nur einer kurzen ~ this novel enjoyed (*od.* had) only a short-lived vogue.

Po·pu·la·ri'täts,sucht *f* craving (*od.* thirst, mania) for popularity.

Po·pu'lar·phi·lo·so,phie [popu'laːr-] *f philos.* popular philosophy.

Po·pu'lär|,wis·sen·schaft *f* popular science. — **p~,wis·sen·schaft·lich** *adj* popular-science (*attrib*), popularized *Br. auch* -s-.

Po·pu·la·ti·on [popula'tsĭoːn] *f* ⟨-; *no pl*⟩ **1.** *obs. for* Bevölkerung. – **2.** *biol. astr.* population.

Po·re ['poːrə] *f* ⟨-; -n⟩ pore.

'po·rig *adj cf.* porös 1.

Po·ris·ma [po'rɪsma] *n* ⟨-s; -rismen⟩ *math.* porism. — **po·ris'ma·tisch** [-'maːtɪʃ] *adj* porismatic, porismic.

Pör·kel(t) ['pœrkəl(t)], **'Pör·költ** [-kœlt] *n* ⟨-s; *no pl*⟩ *gastr.* (Hungarian) goulash.

Por·no ['pɔrno] *m* ⟨-s; -s⟩ *cf.* a) Pornofilm, b) Pornoroman. — **~,film** *m colloq.* pornographic film (*Am. colloq.* movie).

Por·no·graph [pɔrno'graːf] *m* ⟨-en; -en⟩ pornographer. — **Por·no·gra'phie** [-gra'fiː] *f* ⟨-; *no pl*⟩ pornography. — **por·no·'gra·phisch** *adj* pornographic, obscene.

'Por·no|ro,man *m colloq.* pornographic novel. — **~,wel·le** *f colloq.* pornographic wave.

po·rös [po'røːs] *adj* ⟨-er; -est⟩ **1.** porous, porose. – **2.** (*durchlässig*) permeable, pervious. — **Po·ro·si'tät** [-rozi'tɛːt] *f* ⟨-; *no pl*⟩ **1.** porosity. – **2.** permeability, perviousness.

Por·phyr ['pɔrfyr; -'fyːr] *m* ⟨-s; -e⟩ *min.* porphyry: quarzfreier ~ quartz-free porphyry, porphyrite. — **p~,ar·tig** *adj* porphyritic. — **~ge,stein** *n* porphyritic rock.

por·phy·risch [pɔr'fyːrɪʃ] *adj min. cf.* porphyrartig.

Por·phy·rit [pɔrfy'riːt; -'rɪt] *m* ⟨-s; -e⟩ *min.* porphyrite.

Por·ree ['pɔre] *m* ⟨-s; -s⟩ *bot. gastr.* leek (*Allium porrum*).

Por·ridge ['pɔrɪtʃ; 'pɔrɪdʒ] (*Engl.*) *n, m* ⟨-s; *no pl*⟩ *gastr.* porridge.

Porst [pɔrst] *m* ⟨-(e)s; -e⟩ *bot.* wild rosemary, cankerroot, ledum (*scient.*) (*Gattg Ledum*).

Port [pɔrt] *m* ⟨-(e)s; -e⟩ *obs. od. poet.* port, harbor, *bes. Br.* harbour.

Por·ta·ble ['pɔːtəbl] (*Engl.*) *n* ⟨-s; -s⟩ portable (television set).

por·tal [pɔr'taːl] *adj med.* portal.

Por'tal *n* ⟨-s; -e⟩ **1.** *arch.* portal. – **2.** *tech.* a) (*eines Krans*) gantry, b) (*einer Maschine*) portal, c) (*eines Karussellbohrwerkes*) frame. — **~au·to,mat** *m tech.* portal automatic (machine). — **~,kran** *m mar.* gantry crane.

Por·ta·ment [pɔrta'mɛnt] *n* ⟨-(e)s; -e⟩, **Por·ta'men·to** [-to] *n* ⟨-s; -menti [-ti]⟩ *mus.* portamento.

Por·ta·tiv [pɔrta'tiːf] *n* ⟨-s; -e⟩ *mus.* portative organ.

por·ta·to [pɔr'taːto] *adv u. adj mus.* portato.

Porte·chai·se [pɔrt'ʃɛːzə] *f* ⟨-; -n⟩ *obs.* (*Sänfte*) sedan chair.

Porte·feuille [pɔrt'føːj] *n* ⟨-s; -s⟩ **1.** *obs.* (*Aktentasche*) portfolio. – **2.** *pol.* portfolio: Minister ohne ~ minister without portfolio.

Porte·mon·naie [pɔrtmɔ'nɛː; -'neː] *n* ⟨-s; -s⟩ purse, wallet, *auch* porte-monnaie.

Port·epee [pɔrte'peː] *n* ⟨-s; -s⟩ *mil.* sword knot.

Por·ter ['pɔrtər] *m, auch n* ⟨-s; -⟩, **~,bier** *n gastr.* porter.

Por·ti·er [pɔr'tĭeː; *Austrian auch* -'tiːr] *m* ⟨-s; -s, *Austrian auch* -e [-'tiːrə]⟩ **1.** (*im Hotel etc*) a) doorman, commissionaire, *bes. Br.* porter, b) (*an der Rezeption*) receptionist, desk clerk. – **2.** (*im Theater etc*) doorman, commissionaire. – **3.** *cf.* Pförtner 1.

Por·tie·re [pɔr'tĭɛːrə] *f* ⟨-; -n⟩ portiere, *bes. Br.* portière.

por·tie·ren [pɔr'tiːrən] *v/t* ⟨*no* ge-, h⟩ *Swiss* (*zur Wahl vorschlagen*) nominate.

Por·ti'er,lo·ge *f* (porter's) lodge.

Por·ti'ers,frau *f cf.* Pförtnerin 1.

Por·ti·kus ['pɔrtikʊs] *m, auch f* ⟨-; - *od.* -ken⟩ *arch.* portico.

Por·ti·on [pɔr'tsĭoːn] *f* ⟨-; -en⟩ **1.** (*bei Tisch*) portion, helping, serving: große ~en ample helpings; eine doppelte ~ Gemüse a double portion of vegetables. – **2.** (*beim Bestellen*) portion: drei ~en Eis ice cream for three, three ice creams. – **3.** (*Kaffee, Tee etc*) pot: zwei ~en Kaffee coffee for two. – **4.** (*Anteil*) share, portion, part. – **5.** *mil.* ration. – **6.** eine große (*od.* tüchtige, gehörige) ~ Frechheit [Mut, Geduld] *colloq.* a good dose (*od.* deal) of impudence [courage, patience]. – **7.** eine halbe ~ *fig. contempt.* a shrimp, a half-pint.

por·tio·nen,wei·se [pɔr'tsĭoːnən-] *adv cf.* portionsweise.

por·tio·nie·ren [pɔrtsĭo'niːrən] *v/t* ⟨*no* ge-, h⟩ portion.

por·ti'ons,wei·se *adv* in portions, by the portion.

'Port,land|,va·se ['pɔrt-] *f antiq.* Portland vase. — **~ze,ment** *m civ.eng.* Portland cement.

Por·to ['pɔrto] *n* ⟨-s; -s *u.* Porti [-ti]⟩ postage, postal rate: das ~ beträgt 40 Pfennige the postage is 40 pfennigs. — **~,aus,la·gen** *pl econ.* postage expenses. — **~,buch** *n* postage book. — **~er,mä·ßi·gung** *f* reduction of postage (*od.* charges). — **p~,frei** *adj cf.* postgebührenfrei. — **~,kas·se** *f econ.* stamp money, postage fund, stamp cash till. — **~,ko·sten** *pl* postage costs, postage *sg.* — **~,mar·ke** *f* (*im Ausland*) postage due stamp. — **p~,pflich·tig** *adj cf.* gebührenpflichtig 2. — **~,spe·sen** *pl econ. cf.* Portoauslagen.

Por·trait [pɔr'trɛː] *n* ⟨-s; -s⟩ *cf.* Porträt.

Por·trät [pɔr'trɛː; -'trɛːt] *n* ⟨-s [-'trɛːs];

-'trɛːts] *od.* -es [-'trɛːtəs]; -s [-'trɛːs] *od.* -e [-'trɛːtə]⟩ portrait, portrayal, likeness: ein ~ von j-m machen a) (*art*) to paint s.o.'s portrait, b) *phot.* to take s.o.'s portrait; ~ sitzen to sit (for one's [*od.* a] portrait); ~ in ganzer [halber] Figur full-length [half-length] portrait; ~ in Lebensgröße life-size (*auch* life-sized) portrait.

por·trä·tie·ren [pɔrtrɛ'tiːrən] *v/t* ⟨*no* ge-, h⟩ 1. (*art*) paint a portrait of. – 2. *phot.* take a portrait of: j-n ~ to take s.o.'s portrait.

Por·trä·tist [pɔrtrɛ'tɪst] *m* ⟨-en; -en⟩ (*art*) *phot.* portraitist.

Por'trät|,ma·ler *m* (*art*) portraitist, portrait painter. — **~ma·le,rei** *f* portrait painting, portraiture. — **~pho·to,graph** *m* portrait photographer.

Por·tu·gie·se [pɔrtu'giːzə] *m* ⟨-n; -n⟩ Portuguese. — **por·tu'gie·sisch** I *adj* Portuguese. – II *ling.* **P~** ⟨*generally undeclined*⟩, **das P~e** ⟨-n⟩ Portuguese, the Portuguese language.

Por·tu·lak ['pɔrtulak] *m* ⟨-s; -e *u.* -s⟩ *bot.* a) purslane (*Portulaca oleracea*), b) wax pink (*P. grandiflora*).

'Port,wein *m gastr.* port (wine).

Por·zel·lan [pɔrtsɛ'laːn] *n* ⟨-s; -e⟩ porcelain, china(ware): gutes [feines, dünnes] ~ good [fine, delicate *od.* eggshell] china; chinesisches ~ Chinese porcelain; ~ brennen [bemalen] to bake [to paint] china; sie ist wie ~ she's (as) delicate as porcelain; unechtes ~ common china, delft(ware), *auch* delph(ware), *auch* delf, earthenware; unnötig ~ zerschlagen *fig. colloq.* to cause unnecessary trouble; durch diese Äußerung ist viel ~ zerschlagen worden *fig. colloq.* a great deal of damage has been done by this statement; zerschlagenes ~ (wieder) kitten *fig. colloq.* to mend the damage; → Meißner. — **~,blüm·chen** *n bot.* London pride, none-so-pretty (*Saxifraga umbrosa*). — **~email·le** [-ʔe,maljə] *f* vitreous (*od.* porcelain) enamel.

por·zel'la·nen *adj* made of porcelain (*od.* china).

Por·zel'lan|,er·de *f min. cf.* Kaolin. — **~fa,brik** *f* china (*od.* porcelain) factory (*od.* works *pl construed as sg or pl*). — **~fi,gur** *f* china (*od.* porcelain) figure. — **~,fül·lung** *f med.* (*Zahnfüllung*) porcelain filling. — **~ge,schirr** *n* china(ware), porcelain. — **~in·du,strie** *f* porcelain (*od.* china) industry. — **~,ki·ste** *f* crate of porcelain (*od.* china): → Vorsicht 1. — **~,la·den** *m* china (*od.* porcelain) shop (*bes. Am.* store): → Elefant 1. — **~,ma·ler** *m* china (*od.* porcelain) painter. — **~ma·le,rei** *f* painting on china (*od.* porcelain). — **~ma·nu·fak,tur** *f* manufacture of porcelain (*od.* china). — **~,mas·se** *f tech.* porcelain paste. — **~,schnecke** (*getr.* -k·k-) *f zo.* cowry (*Fam. Cypraeidae*). — **~ser,vice** *n* set (*od.* service) of china (*od.* porcelain). — **~,tas·se** *f* china (*od.* porcelain) cup. — **~,tel·ler** *m* china (*od.* porcelain) plate. — **~,wa·ren** *pl* chinaware *sg*, porcelain ware *sg*.

Po·sa·ment [poza'mɛnt] *n* ⟨-(e)s; -en⟩ *meist pl* (*textile*) trimming, passement, *auch* passament, passementerie.

Po·sa·men·ter [poza'mɛntər] *m* ⟨-s; -⟩ (*textile*) 1. trimmings manufacturer. – 2. dealer in passementerie.

Po·sa·men·tier [pozamɛn'tiːr] *m* ⟨-s; -e⟩ (*textile*) *cf.* Posamenter. — **~,ar·beit** *f* passementerie work.

Po·sa·men'tie·rer *m* ⟨-s; -⟩ (*textile*) *cf.* Posamenter.

Po·sa·men'tier,wa·ren *pl* (*textile*) passementerie *sg*, trimmings.

Po·sau·ne [po'zaunə] *f* ⟨-; -n⟩ 1. *mus.* trombone: (die) ~ blasen to blow (*od.* play) the trombone. – 2. *fig.* trumpet: sie machten einen Lärm wie die ~n von Jericho they raised the roof (*colloq.*); die ~n des Jüngsten Gerichts *Bibl.* the last trumpet *sg*, the trump *sg* of doom.

po·sau·nen [po'zaunən] I *v/i* ⟨*no* ge-, h⟩ *mus.* blow (*od.* play) the trombone. – II *v/t* etwas in die Welt ~ *colloq.* to broadcast s.th., to advertise (*auch* advertize) s.th.

Po'sau·nen|,blä·ser *m mus. cf.* Posaunist. — **~,chor** *m* trombone choir. — **~,ruf** *m* call of the trombone (*od. poet.* of the trump). — **~,schall, ~,ton** *m* sound (*od.* blast) of the trombone, trombone blast.

Po·sau·nist [pozau'nɪst] *m* ⟨-en; -en⟩ *mus.* trombonist, trombone player.

Po·se[1] ['poːzə] *f* ⟨-; -n⟩ 1. pose, attitude, posture: eine ~ annehmen (*od.* einnehmen) to strike a pose. – 2. *fig.* pose, front, *Br.* pretence, *Am.* pretense: seine Kunstbegeisterung ist nur eine ~ his love of art is nothing but a pose.

'Po·se[2] *f* ⟨-; -n⟩ quill (pen).

Po·sei·don [po'zaɪdɔn] *npr m* ⟨-s; *no pl*⟩ *myth.* Poseidon (*Greek god of the sea*).

Po·se·muckel (*getr.* -k·k-) [poːzə'mʊkəl], **Po·se·mu·kel** ['poːzəmʊkəl] *only in* in ~ wohnen (*od.* leben) *colloq.* to live at the back of beyond.

Po·seur [po'zøːr] *m* ⟨-s; -e⟩ poseur.

po·sie·ren [po'ziːrən] *v/i* ⟨*no* ge-, h⟩ 1. pose. – 2. *fig.* (*sich gekünstelt benehmen*) pose, attitudinize *Br. auch* -s-.

Po·si·ti·on [pozi'tsïoːn] *f* ⟨-; -en⟩ 1. *auch fig.* (*Stellung, Lage*) position: die ~ eines Geschützes the position of a gun; sich j-m gegenüber in einer starken [schwachen] ~ befinden to be in a strong [weak] position with regard to s.o. – 2. (*berufliche Stellung*) position, post, job: eine einträgliche ~ a lucrative position. – 3. (*Rang*) position, status, standing, station: das kann ich mir in meiner ~ nicht erlauben I cannot afford that in my position. – 4. *econ.* item: einige ~en wurden gestrichen several items were cancel(l)ed. – 5. *math.* (*Stelle*) position. – 6. *mar. aer.* (*Standort*) position, bearing. – 7. *astr.* position. – 8. *philos.* (*Bejahung*) position, affirmation.

Po·si·ti'ons|,an,zei·ger *m mar. aer.* position indicator. — **~,lam·pe** *f* 1. *mar.* a) running (*od.* navigation, position) light (*od.* lamp), b) (*am Mast*) top light. – 2. *aer. auto. cf.* Positionsleuchte 2, 3. — **~,län·ge** *f metr.* positional length. — **~la,ter·ne** *f mar. cf.* Positionslampe 1. — **~,leuch·te** *f*, **~,licht** *n* 1. *mar. cf.* Positionslampe 1. – 2. *auto.* side parking (*od.* side-marker, side, clearance, *Am. auch* fender) light. – 3. *aer.* navigation light. — **~,mel·dung** *f mar. aer.* position report.

po·si·tiv ['poːzitiːf; pozi'tiːf] I *adj* 1. (*Einstellung, Ergebnis, Haltung etc*) positive. – 2. (*Antwort etc*) positive, affirmative. – 3. (*Kritik, Vorschlag etc*) positive, constructive. – 4. (*Aspekt, Seite etc*) positive, favorable, *bes. Br.* favourable. – 5. *colloq.* (*bestimmt, gewiß*) positive, certain, definite: ist es schon ~, daß du gehst? is it now definite that you leave? – 6. *math.* (*Vorzeichen, Zahl etc*) positive, plus (*attrib*). – 7. *electr. phys.* positive, plus (*attrib*): ~er Pol positive (*od.* plus) pole, anode. – 8. ~es Recht *jur.* positive law. – 9. *med.* (*Befund*) positive. – 10. *phot.* (*optics*) positive. – II *adv* 11. positively, affirmatively: er antwortete ~ he answered affirmatively (*od.* in the affirmative); er hat sich ~ geäußert he expressed a positive opinion. – 12. (*bestimmt, gewiß*) positively, certainly, for certain, definitely: das weiß ich ~ I know that for certain. – 13. ~ geladen *electr. phys.* positive(ly charged). – III **P~e, das** ⟨-n⟩ 14. the positive thing: das P~e an der Sache ist the positive thing about (*od.* the positive side of) it is; sie wissen nichts P~es they know nothing positive.

Po·si·tiv[1] ['poːzitiːf; pozi'tiːf] *n* ⟨-s; -e⟩ 1. *phot.* positive (print), print. – 2. *mus.* choir (*od.* positive) organ, positive.

Po·si·tiv[2] ['poːzitiːf; pozi'tiːf] *m* ⟨-s; -e⟩ *ling.* positive (degree).

'Po·si·tiv|,bild *n phot. cf.* Positiv[1] 1. — **p~elek·trisch** [-ʔe,lɛktrɪʃ] *adj* positively electric(al).

Po·si·ti·vis·mus [poziti'vɪsmʊs] *m* ⟨-; *no pl*⟩ *philos.* positivism, Comtism, *auch* comtism. — **Po·si·ti'vist** [-'vɪst] *m* ⟨-en; -en⟩ positivist, comtist. — **po·si·ti'vi·stisch** *adj* positivist(ic), comtist.

Po·si·tron ['poːzitrɔn] *n* ⟨-s; -en [pozi'troːnən]⟩ *phys.* positron.

Po·si·tur [pozi'tuːr] *f* ⟨-; -en⟩ 1. posture, pose, position, attitude: sich in ~ stellen (*od.* setzen, werfen) to posture, to pose, to attitudinize *Br. auch* -s-. – 2. (*bes. sport*) position: die Boxer stellten sich in ~ the boxers took up their positions.

Pos·se ['pɔsə] *f* ⟨-; -n⟩ 1. buffoonery, tomfoolery, clownery, antics *pl*, drollery: ~n reißen to fool about (*bes. Am.* around), to play the fool, to clown (about, *bes. Am.* around). – 2. *cf.* Possen. – 3. (*theater*) farce(-comedy), burlesque, harlequinade.

Pos·sen ['pɔsən] *m* ⟨-s; -⟩ 1. trick, prank, (practical) joke: j-m einen ~ spielen to play a trick on s.o.; j-m etwas zum ~ tun to do s.th. to spite (*od.* annoy) s.o. – 2. *cf.* Posse 1.

'Pos·sen,dich·ter *m* writer of farces (*od.* burlesques, harlequinades).

'pos·sen·haft *adj* 1. farcical, buffoonish, clownish, burlesque. – 2. (*theater*) farcical, burlesque. — **'Pos·sen·haf·tig·keit** *f* ⟨-; *no pl*⟩ 1. farcicality, clownishness. – 2. (*theater*) farcicality, burlesque character.

'Pos·sen|,ma·cher, **~,rei·ßer** *m* ⟨-s; -⟩ farceur, buffoon, clown. — **~rei·ße'rei** [,pɔsən-] *f* ⟨-; -en⟩ 1. buffoonery. – 2. *cf.* Posse 1. — **~,spiel** *n cf.* Posse 3.

pos·ses·siv ['pɔsɛsiːf; -'siːf] *adj ling.* possessive.

Pos·ses·siv ['pɔsɛsiːf; -'siːf] *n* ⟨-s; -e⟩, **'Pos·ses·siv·pro,no·men** *n*, **Pos·ses·si·vum** [pɔsɛ'siːvʊm] *n* ⟨-s; -siva [-va]⟩ *ling.* possessive pronoun (*od.* adjective).

pos·ses·so·risch [pɔsɛ'soːrɪʃ] *adj jur.* possessory.

pos·sier·lich [pɔ'siːrlɪç] *adj* droll, funny: ein ~es Tierchen an amusing (*od.* a droll) little animal. — **Pos'sier·lich·keit** *f* ⟨-; *no pl*⟩ drollness, funniness.

Post [pɔst] *f* ⟨-; *no pl*⟩ 1. post office, postal service, *bes. Br.* post, *bes. Am.* (the) mails *pl*: er arbeitet (*od. colloq.* ist) bei der ~ he works for the post office. – 2. (*Postbeförderung*) mail (service), postal service, *bes. Br.* post: per (*od.* durch die) ~ by mail, *bes. Br.* by (*od.* per) post; etwas mit der (*od.* durch die) ~ schicken (*od.* senden) to send (*od.* forward) s.th. by (*od.* through the) mail, to mail (*bes. Br.* to post) s.th.; etwas durch die ~ bestellen to order s.th. by mail; mit umgehender ~ by return (of post), *Am.* by return mail; mit getrennter ~ under separate cover; mit gewöhnlicher ~ by surface mail. – 3. (*Postsendung*) mail, *bes. Br.* post, letters *pl*: die ~ ist noch nicht da the mail is not in yet; ist ~ für mich da? are there any letters for me? die ~ abholen to pick up the mail; die ~ erledigen [durchsehen] to see to [to look through] the mail. – 4. (*Austragung*) delivery, mail, *bes. Br.* post: mit der ersten ~ by the first delivery; die ~ kommt heute nicht there is no delivery today. – 5. (*Postamt*) post (office): zur (*od.* auf die) ~ gehen to go to the post office; die ~ ist geschlossen the post office is closed. – 6. (*Postauto*) post bus: mit der ~ fahren to travel by post bus. – 7. *archaic* (*Nachricht*) news *pl* (*construed as sg or pl*): gute [schlechte] ~ good [bad] news. – 8. *obs.* (*Postkutsche*) mail coach, stage(coach): ab geht die ~ *fig. colloq.* off we go.

Post..., post... *combining form denoting* post...

'Post|,ab,fer·ti·gung *f* mail dispatch (*auch* despatch). — **~,ab,ho·ler** *m* caller (for mail at the post office). — **~,ab,ho·lung** *f* 1. (*vom Empfänger aus gesehen*) calling for mail (items) at the post office. – 2. (*von der Post aus gesehen*) delivery at the post office. — **~abon·ne,ment** *n* postal subscription. — **~,ab,schnitt** *m* (*einer Postanweisung etc*) coupon, *Am. auch* stub, *Br.* counterfoil. — **~agen,tur** *f* postal agency, *Am. auch* postal substation, *Br. auch* sub-post office, agency post office.

po·sta·lisch [pɔs'taːlɪʃ] *adj* postal: ~e Anschrift postal (*od.* mailing) address.

Po·sta·ment [pɔsta'mɛnt] *n* ⟨-(e)s; -e⟩ *arch.* pedestal.

'Post|,amt *n* post (office): ~ mit Verwaltungsdienst post office with administrative service. — **~,amts,lei·ter** *m* 1. (*Amtsvorsteher*) head (postmaster). – 2. (*Betriebsleiter*) postmaster. — **~,an·ge,stell·te** *m, f* post-office (*od.* postal) employee (*od.* clerk). — **~,an,nah·me,stem·pel** *m* date stamp. — **~,an,schrift** *f* postal (*od.* mailing) address. — **~,an,stalt** *f cf.* Postamt. — **~,ant,wort,schein** *m bes.* internationaler ~ international reply coupon. — **~,an,wei·sung** *f* 1. postal money order. – 2. (*in Großbritannien*) postal order, money order. — **~,an,wei·sungs-,Te·le,gramm** *n* money order telegram. — **~,auf,trag** *m* postal collection order. — **~,aus,ga·be** *f* (mail) delivery at the counter. — **~,au·to** *n* 1. mail truck (*Br.* van). –

2. *cf.* Postbus. — **~ˌbarˌscheck** *m* open (*od.* uncrossed) postal check (*Br.* cheque), uncrossed postal order. — **~beˌam·te** *m* post-office official. — **~beˌför·de·rung** *f* conveyance of mail, postal (*od.* mail) transport. — **~beˌhör·de** *f* postal authorities *pl.* — **~ˌbeu·tel** *m* mailbag, postbag, pouch. — **~beˌzirk** *m* postal district. — **~beˌzug** *m* **1.** (*für Zeitungen etc*) postal subscription. – **2.** *econ.* mail ordering. — **~beˌzugsˌpreis** *m* postal subscription rate (*od.* charges *pl*). — **~ˌboot** *n cf.* Postdampfer. — **~ˌbo·te** *m* mailman, *bes. Br.* postman, *Am.* letter (*od.* mail) carrier. — **~ˌbus** *m* post (omni)bus, postal (motor) bus.

Pöst·chen [ˈpœstçən] *n* ⟨-s; -⟩ **1.** *dim. of* Posten. – **2.** cushy (*od.* soft) job.

post Chri·stum (na·tum) [pɔst ˈkrɪstʊm (ˈnaːtʊm)] *adv obs.* after Christ, A.D.

ˈPostˌdampf·er *m* mail steamer (*od.* boat).

post·da·tie·ren [pɔstdaˈtiːrən] *v/t* ⟨*no* ge-, h⟩ *econ. obs.* **1.** postdate. – **2.** antedate.

ˈPost|ˌdienst *m* postal service. — **~di·rek·tiˌon** *f short for* Oberpostdirektion. — **~ˌeinˌgang** *m* incoming mail. — **~ˌein·ˌlie·fe·rungsˌschein** *m* receipt, certificate of posting.

post·em·bryo·nal [pɔstʔɛmbryoˈnaːl] *adj med.* postembryonic, *auch* postembryonal.

po·sten [ˈpɔstən] *v/i* ⟨h⟩ *Swiss dial.* run errands.

ˈPo·sten *m* ⟨-s; -⟩ **1.** (*Stellung*) post, position, situation, job, berth (*colloq.*): einen guten [einträglichen] ~ haben to have a good [lucrative] position. – **2.** (*Amt*) office. – **3.** *mil.* a) (*Wachtposten*) post, station, guard, b) (*Soldat auf Wache*) sentinel, sentry: vorgeschobener ~ outpost, advanced post, picket; ~ vor Gewehr arms sentry; (auf) ~ stehen to stand sentinel, to guard, to keep watch; den ~ ablösen to relieve the guard; auf seinem ~ ausharren *auch fig.* to stick to one's guns; auf verlorenem ~ kämpfen *auch fig.* to fight a losing battle, to fight for a lost cause; auf dem ~ sein *fig. colloq.* to be alert (*od.* on one's toes); sie ist heute nicht ganz auf dem ~ *fig. colloq.* she doesn't feel well today, she doesn't feel quite up to par (*od.* to the mark) today (*colloq.*); na, wieder auf dem ~? *colloq.* well, feeling up to it again? (*colloq.*). – **4.** (*Streikposten*) picket. – **5.** *mar.* watch, quarter: ~ stehen to stand (*od.* have the) watch. – **6.** *econ.* a) (*Rechnungsposten*) item, b) (*Betrag*) amount, sum, c) (*Eintrag*) entry: ein ~ ist noch offen one item is still uncovered; einen ~ begleichen to settle an amount. – **7.** *econ.* (*Partie*) lot, parcel, installment, *bes. Br.* instalment: einen ~ Hemden bestellen to order a lot of shirts. – **8.** *tech.* (*Schub*) batch. – **9.** *hunt.* a) (*bei der Treibjagd*) position, stand, b) (*Schrot*) buckshot.

ˈPo·sten|ˌabˌlö·sung *f mil.* changing of the guards. — **~ˌaufˌstel·lung** *f* disposition of guards. — **~ˌdienst** *m* guard (duty), sentry duty. — **~ˌjä·ger** *m contempt.* job hunter, job-jockey (*sl.*). — **~ˌket·te**, **~ˌli·nie** *f* chain of posts, line of sentries, cordon. — **p~ˌwei·se** *adv econ.* in (*od.* by) lots (*od.* parcels, instal[l]ments).

poste re·stante [ˈpɔst rɛsˈtãːt] *adv* poste restante, *bes. Am.* general delivery.

Po·ste·ri·tät [pɔsteriˈtɛːt] *f* ⟨-; *no pl*⟩ *obs. for* Nachkommenschaft 1, Nachwelt.

ˈPostˌfach *n* (*postal service*) post-office (*od.* private, locked) box, P.O. box. — **~ˌnum·mer** *f* post-office (*od.* private, locked) box number.

post fe·stum [pɔst ˈfɛstʊm] *adv* **1.** afterward(s). – **2.** too late, belatedly.

ˈPost|ˌflag·ge *f* postal flag. — **~ˌflugˌzeug** *n* mail plane. — **~ˌformˌblatt**, **~for·muˌlar** *n* postal form (*Am. auch* blank). — **p~ˌfrisch** *adj philat.* mint (*attrib*). — **~geˌbäu·de** *n* post-office (*od.* postal) building.

ˈPost·geˌbühr *f* **1.** postage, postal tariff. – **2.** (*Gebührensatz*) postal charge (*od.* fee, duty, rate).

ˈPost·geˌbüh·ren|er·mä·ßi·gung *f* reduction of postage (*od.* charges). — **p~ˌfrei** *adj* postage-free, exempted from (*od.* free of) charge(s). — **~ˌfrei·heit** *f* ⟨-; *no pl*⟩ free postage, exemption from charge(s).

ˈPost|geˌheim·nis *n* **1.** postal secrecy, secrecy of posts. – **2.** postal secret. — **~geˌhil·fe** *m* post-office assistant (*od.* helper). — **~ˌgut** *n* parcels *pl* transmitted at reduced rates. — **~ˌhal·ter** *m* **1.** *hist.* keeper of post-horses. – **2.** *archaic* holder of a postal agency, *Br.* (scale-payment) sub-postmaster. — **~hal·teˈrei** [ˌpɔst-] *f* ⟨-; -en⟩ **1.** *hist.* posthouse. – **2.** *archaic for* Posthilfsstelle. — **~ˌhilfsˌstel·le** *f* auxiliary (sub)office (*od.* substation). — **~ˌhorn** *n* ⟨-(e)s; ¨er⟩ *auch mus.* post (*od.* coach) horn.

post·hum [pɔsˈtuːm] *adj u. adv cf.* postum.

po·stie·ren [pɔsˈtiːrən] **I** *v/t* ⟨*no* ge-, h⟩ *bes. mil.* post, place, set up, station, position. – **II** *v/reflex* sich ~ post (*od.* place, station) oneself. – **III P~** *n* ⟨-s⟩ *verbal noun.* — **Poˈstie·rung** *f* ⟨-; *no pl*⟩ *cf.* Postieren.

Po·stil·le [pɔsˈtɪlə] *f* ⟨-; -n⟩ *relig.* postil.

Po·stil·li·on [pɔstɪlˈjoːn; ˈpɔs-] *m* ⟨-s; -e⟩ *hist.* stagecoach driver.

ˈPostˌkar·te *f* **1.** postcard, *bes. Am.* postal card: ~ mit Antwortkarte reply-paid postcard. – **2.** (*Ansichtskarte*) picture postcard.

ˈPostˌkar·ten|forˌmat *n*, **~ˌgrö·ße** *f* postcard size.

ˈPost|ˌka·sten *m* mailbox, postbox, letter box, (*in Großbritannien*) *auch* pillar-box. — **~ˌkraftˌfahrˌdienst** *m* **1.** postal omnibus service. – **2.** postal road service. — **~ˌkun·de** *m* post office customer. — **~ˌkut·sche** *f hist.* mail coach, stagecoach, post (chaise). — **~ˌkut·scher** *m cf.* Postillion.

ˈPostˌla·gerˌkar·te *f* poste restante card.

ˈpostˌla·gernd *adj* poste restante: ~e Sendungen poste restante mail *sg* (*od.* items).

ˈPostˌleitˌzahl *f* (*postal service*) *Br.* postal (*od.* post) code, *Am.* zip code number.

ˈPost·ler *Bavarian and Austrian colloq., Swiss colloq.* **ˈPöst·ler** [ˈpœst-] *m* ⟨-s; -⟩ *cf.* a) Postbeamte, b) Postangestellte.

Post·lu·di·um [pɔstˈluːdiʊm] *n* ⟨-s; -dien⟩ *mus.* postlude.

ˈPost|ˌmei·ster *m* postmaster. — **~ˌmei·ste·rin** *f* postmistress. — **~mi·ˌni·ster** *m* Postmaster General. — **~mo·noˌpol** *n* postal monopoly.

post·mor·tal [pɔstmɔrˈtaːl] **I** *adj* postmortal, postmortem, *Br.* post-mortem (*attrib*). – **II** *adv* postmortally, post-mortem, *Br.* post mortem.

post mor·tem [pɔst ˈmɔrtɛm] *adv cf.* postmortal II.

post·nu·me·ran·do [pɔstnumeˈrando] *adv* etwas ~ bezahlen *econ.* a) to pay s.th. after receipt, b) to pay (*od.* settle) s.th. at the end of an accounting period.

Po·sto [ˈpɔsto] *only in* ~ fassen *archaic* to get into position, to take up one's station.

ˈPostˌom·ni·bus *m cf.* Postbus.

post·ope·ra·tiv [pɔstʔoperaˈtiːf] *med.* **I** *adj* postoperative. – **II** *adv* postoperatively, after the operation.

ˈPost|ˌord·nung *f* postal regulations *pl.* — **~paˌket** *n* (postal) parcel. — **~paˌketˌsack** *m cf.* Postsack 2. — **~ˌpferd** *n hist.* post-horse. — **~proˌtestˌaufˌtrag** *m* postal protest order (for nonpayment *Br.* non-). — **~ˌrecht** *n* **1.** postal law, Law of Posts. – **2.** (*Postregal*) sovereign right of posts, postal privilege (*od.* monopoly). — **~reˌgal** *n cf.* Postrecht 2. — **~ˌsa·che** *f meist pl cf.* Postsendung. — **~ˌsack** *m* **1.** mailbag, *bes. Br.* postbag. – **2.** (*für Pakete*) (postal parcel) sack. — **~ˌschal·ter** *m* post-office counter (*od.* window).

ˈPostˌscheck *m econ.* postal check (*Br.* cheque). — **~ˌamt** *n* giro center (*bes. Br.* centre), *Am.* postal check office, *Br.* Post Office Giro Office. — **~ˌdienst** *m Am.* postal check service, *Br.* postal giro service. — **~ˌkon·to** *n Am.* postal check account, *Br.* postal giro account. — **~-Te·le·ˌgramm** *n* postal check (*Br.* cheque) telegram. — **~verˌkehr** *m Am.* postal check service, *Br.* postal giro service.

ˈPost|ˌschiff *n cf.* Postdampfer. — **~ˌschließˌfach** *n cf.* Postfach. — **~ˌsen·dung** *f* postal item (*od.* article), mail matter.

Post·skript [pɔstˈskrɪpt] *n* ⟨-(e)s; -e⟩, **Postˈskrip·tum** [-tʊm] *n* ⟨-s; -skripta [-ta]⟩ postscript(um).

ˈPost|ˌsparˌbuch *n Am.* postal savings bank book, *Br.* post-office savings book. — **~ˌspa·rer** *m* postal saver, *Am.* holder of a postal savings account, *Br.* holder of a post-office savings account. — **~ˌspar·ˌgutˌha·ben** *n Am.* postal savings *pl* (*od.* deposit), *Br.* post-office savings *pl*, deposit in the post office. — **~ˌsparˌkas·se** *f* postal (*Br.* post-office) savings bank. — **~ˌsparˌkas·senˌdienst** *m* postal (*Br.* post-office) savings bank service. — **~ˌspar·ˌkon·to** *n* postal (*Br.* post-office) savings account. — **~ˌstel·le** *f cf.* Posthilfsstelle. — **~ˌstem·pel** *m* postmark, (postal) date stamp. — **~ˌtag** *m* mail day. — **~taˌrif** *m cf.* Postgebühr 1. — **~ˌta·sche** *f* (*des Briefträgers*) delivery pouch (*od.* bag).

post·trau·ma·tisch [pɔsttraʊˈmaːtɪʃ] *adj med.* posttraumatic.

ˈPost|ˌüberˌwa·chung *f* postal control. — **~ˌüberˌwei·sung** *f* **1.** postal check (*Br.* cheque) (*od.* giro) transfer. – **2.** (*Formblatt*) postal giro transfer form.

Po·stu·lant [pɔstuˈlant] *m* ⟨-en; -en⟩, **Po·stuˈlan·tin** *f* ⟨-; -nen⟩ postulant.

Po·stu·lat [pɔstuˈlaːt] *n* ⟨-(e)s; -e⟩ **1.** demand, claim. – **2.** *philos.* postulate, assumption, thesis. – **3.** *röm.kath.* (*Probezeit*) postulancy.

po·stu·lie·ren [pɔstuˈliːrən] *v/t* ⟨*no* ge-, h⟩ **1.** demand, claim. – **2.** *philos.* postulate, assume, posit. – **3.** *röm.kath.* postulate.

po·stum [pɔsˈtuːm] **I** *adj* posthumous. – **II** *adv* posthumously.

Po·stu·mus [ˈpɔstumʊs] *m* ⟨-; -stumi [-mi]⟩ *jur.* posthumous person.

ˈPost- ˌund ˈFernˌmel·de|geˌheim·nis *n* secrecy of posts and telecommunications. — **~ˌwe·sen** *n* ⟨-s; *no pl*⟩ posts and telecommunications *pl.*

Po·stur [pɔsˈtuːr] *f* ⟨-; -en⟩ *Swiss* shape, stature, build.

ˈPost|verˌbin·dung *f* postal connection (*Br. auch* connexion) (*od.* communication). — **~verˌein** *m* postal union. — **~verˌkehr** *m* postal traffic (*od.* service), mail service. — **~verˌsand** *m* conveyance by mail. — **~verˌsand·geˌschäft**, **~verˌsandˌhaus** *n* mail-order house (*od.* firm). — **~ver·ˌtei·lung** *f* mail distribution. — **~verˌtrag** *m* postal convention. — **~verˌtriebs·ˌstück** *n* newspaper to be delivered by the Deutsche Bundespost. — **~verˌwal·tung** *f* post-office (*od.* postal) administration. — **~ˌvollˌmacht** *f* postal procuration (*od.* proxy, power of attorney). — **~ˌwa·gen** *m* (*railway*) mail carriage.

ˈpostˌwen·dend *adv* **1.** by return (of post), *Am.* by return mail. – **2.** *fig. colloq.* at once, immediately.

ˈPost|ˌwertˌsen·dung *f* insured item. — **~ˌwertˌzei·chen** *n* **1.** (postage) stamp. – **2.** *pl* (*Dauerserie*) permanent (postage) stamp series *sg.* — **~ˌwe·sen** *n* ⟨-s; *no pl*⟩ post, postal matters *pl* (*od.* affairs *pl*). — **~ˌwurfˌsen·dung** *f cf.* Wurfsendung. — **~ˌzei·tungsˌdienst** *m* postal newspaper service. — **~ˌzei·tungs·verˌtrieb** *m* postal newspaper service. — **~zenˌsur** *f* postal (*od.* mail) censorship. — **~ˌzug** *m* mail train. — **~ˌzuˌstell·beˌzirk** *m* postal (delivery) area (*od.* zone). — **~ˌzuˌstel·ler** *m cf.* Postbote. — **~ˌzuˌstel·lung** *f* postal (*od.* mail) delivery. — **~ˌzwang** *m* postal monopoly.

Poˈtem·kin·sche ˈDör·fer [poˈtɛmkiːnʃə] *pl fig.* (*Trugbilder*) Potemkin villages.

po·tent [poˈtɛnt] *adj* **1.** *med.* potent. – **2.** *fig.* potent, powerful. – **3.** *econ.* solvent.

Po·ten·tat [potɛnˈtaːt] *m* ⟨-en; -en⟩ potentate, ruler.

po·ten·ti·al [potɛnˈtsi̯aːl] **I** *adj* **1.** *bes. philos.* potential, possible, latent. – **2.** *ling.* potential. – **II P~** *n* ⟨-s; -e⟩ **3.** (*wirtschaftliches etc*) potential. – **4.** *phys.* (electric) potential.

Po·ten·tiˈal|dif·feˌrenz *f electr. phys.* potential difference, difference in potential. — **~geˌfäl·le** *n electr.* potential drop.

Po·ten·tia·lis [potɛnˈtsi̯aːlɪs] *m* ⟨-; -tiales [-lɛs]⟩ *ling.* potential.

Po·ten·tia·li·tät [potɛntsi̯aliˈtɛːt] *f* ⟨-; -en⟩ potentiality.

Po·ten·tiˈalˌreg·ler *m electr.* voltage (*od.* potential) regulator.

po·ten·ti·ell [potɛnˈtsi̯ɛl] *adj* potential, possible: ~e Energie *phys.* potential energy; eine ~e Gefahr a possible danger.

Po·ten·tio·me·ter [potɛntsi̯oˈmeːtər] *n* ⟨-s; -⟩ *electr.* potentiometer. — **po·ten·tio·ˈme·trisch** [-ˈmeːtrɪʃ] *adj* potentiometric.

Po·tenz [poˈtɛnts] *f* ⟨-; -en⟩ **1.** ⟨*only sg*⟩ *med.* (sexual) potency, virile power, (sexual) potence. – **2.** *math.* power: zweite ~ square; dritte ~ cube; zehn zur vierten ~

ten to the power of four; etwas zur zweiten ~ erheben to raise s.th. to the second power; er ist ein Taugenichts in höchster ~ *fig. colloq.* he is a good-for-nothing par excellence (*od.* of the first order, of the first water). – **3.** *med. pharm.* (*Grad der Verdünnung*) potency. — **~ex·po,nent** *m math.* power exponent (*od.* index). — **~funk·ti,on** *f* power function.

po·ten·zie·ren [potɛn'tsiːrən] *v/t* ⟨*no* ge-, h⟩ **1.** strengthen, intensify, increase the strength (*od.* potency, potential) of, potentize. – **2.** *math.* raise (*s.th.*) to a higher power. – **3.** *med. pharm.* potentiate.

Po'tenz|,schwä·che *f med.* impaired potency. — **~,stö·rung** *f* disturbance of potency.

Po·te·rie [potə'riː] *f* ⟨-; -n [-ən]⟩ *obs. for* a) Töpferware, b) Töpferwerkstatt.

Pot·pour·ri ['pɔtpuri] *n* ⟨-s; -s⟩ **1.** *mus.* potpourri, medley: ein ~ aus a potpourri on (*od.* of). – **2.** *fig.* (*Kunterbunt*) potpourri, hodgepodge, *bes. Br.* hotchpotch, salmagundi, *auch* salmagundy.

Pots·da·mer ['pɔts,damər] **I** *m* ⟨-s; -⟩ native (*od.* inhabitant) of Potsdam. – **II** *adj* ~ Vertrag (*od.* Abkommen) Potsdam Agreement (*1945*).

Pott [pɔt] *m* ⟨-(e)s; ¨e⟩ *Low G.* **1.** (*Topf*) pot. – **2.** *colloq. contempt.* (*altes Schiff*) (old) tub (*sl.*). — **~,asche** *f chem.* potash, potassium carbonate (K_2CO_3). — **~,lot** *n* ⟨-(e)s; *no pl*⟩ *min.* graphite, *auch* black lead. — **~,wal** *m zo.* sperm whale, cachalot (*Physeter catodon*).

potz [pɔts] *interj* ~ Blitz! ~ Wetter! goodness! heavens! good gracious (me)! — **~'tau·send** *interj cf.* potz.

Pou·lard [pu'laːr] *n* ⟨-s; -s⟩, **Pou'lar·de** [-'lardə] *f* ⟨-; -n⟩ *gastr.* poularde, *auch* poulard.

Pou·let [pu'leː] *n* ⟨-s; -s⟩ young chicken, *Br.* chicken, pullet.

Pous·sa·de [pu'saːdə], **Pous'sa·ge** [-ʒə] *f* ⟨-; -n⟩ *archaic colloq. for* a) Geliebte[1] 1, Geliebte[2] 1, b) Liebelei.

pous·sie·ren [pu'siːrən] *colloq.* **I** *v/i* ⟨*no* ge-, h⟩ **1.** flirt, court: er poussiert mit ihr he is flirting with her, he is courting her. – **II** *v/t* **2.** flirt with, court. – **3.** (*schmeicheln*) flatter, butter (*s.o.*) up, soft-soap.

Pous'sier,sten·gel *m colloq. humor.* flirt, flirtatious person.

po·wer ['poːvər] *adj dial. od. colloq. for* armselig 3.

Po·widl ['pɔvidəl] *m* ⟨-s; -⟩ *Austrian for* Pflaumenmus.

Poz·z(u)o'lan,er·de [pɔts(ŭ)o'laːn-] *f min.* pozzolan(a), *auch* pozzuolana, puzzolan(a).

Prä [prɛː] *n only in* das ~ haben *colloq.* to come first, to have priority.

Prä..., prä... *combining form denoting* pre...

Prä·am·bel [prɛ'ˀambəl] *f* ⟨-; -n⟩ *jur. pol.* (*Einleitung*) preamble.

Prä·ben·dar [prɛbɛn'daːr] *m* ⟨-s; -e⟩, *auch* **Prä·ben'da·ri·us** [-rĭus] *m* ⟨-; -darien⟩ *relig.* prebendary.

Prä·ben·de [prɛ'bɛndə] *f* ⟨-; -n⟩ *relig.* prebend.

Pra·cher ['praxər] *m* ⟨-s; -⟩ *bes. Northern G. dial.* importunate beggar. — **'pra·chern** *v/i* ⟨h⟩ *bes. Northern G. dial. for* a) betteln 1, b) prahlen, großtun.

Pracht [praxt] *f* ⟨-; *no pl*⟩ **1.** magnificence, splendor, *bes. Br.* splendour: ein Raum von unvergleichlicher ~ a room of incomparable splendo(u)r; ~ entfalten to display splendo(u)r. – **2.** (*verschwenderische*) luxury, sumptuousness, sumptuosity. – **3.** (*feierliche*) pomp, state. – **4.** (*übertriebene*) display, pomp, ostentation: kalte ~ cold ostentation. – **5.** (*Glanz*) glitter, brilliance. – **6.** es war eine (wahre) ~, wie er Klavier spielte *fig. colloq.* it was a real treat (*od.* joy) to hear him play the piano; es war eine wahre ~, wie sie ihn abfertigte *fig. colloq. iron.* it was a treat (to see) the way she dealt with him. — **~,aus,ga·be** *f print.* deluxe edition, edition de luxe. — **~,bau** *m* ⟨-(e)s; -ten⟩ *arch.* magnificent (*od.* splendid) building. — **~ent,fal·tung** *f* display of magnificence (*od.* splendor, *bes. Br.* splendour). — **~ex·em,plar** *n* splendid (*od.* excellent) specimen, showpiece: er ist ein ~ von einem Menschen *fig.* he's a splendid person.

präch·tig ['prɛçtɪç] **I** *adj* **1.** (*Ausstattung, Raum etc*) magnificent, splendid, gorgeous. – **2.** (*kostbar*) luxurious, sumptuous. – **3.** (*prunkvoll*) pompous. – **4.** (*glänzend*) glittering, brilliant. – **5.** *colloq.* (*vortrefflich, großartig*) magnificent, splendid, superb, marvel(l)ous, 'grand' (*colloq.*): das ist ja ~! that's marvellous! er ist ein ~er Kerl he is a splendid fellow (*bes. Am.* a great guy) (*colloq.*); ~es Wetter glorious weather. – **II** *adv* **6.** *colloq.* splendidly, magnificently: das hast du ~ gemacht you did that splendidly.

'Pracht|,kä·fer *m zo.* metallic beetle, buprestid (*scient.*) (*Fam. Buprestidae*). — **~,kerl** *m colloq.* splendid fellow, 'trump' (*beide colloq.*), *bes. Am. colloq.* great guy, 'brick' (*sl.*), *bes. Am. sl.* crackerjack. — **~,lie·be** *f* love of splendo(u)r (*od.* magnificence, sumptuousness). — **p~,lie·bend** *adj* loving (*od.* fond of) splendo(u)r (*od.* magnificence, sumptuousness). — **~,mäd·chen, ~,mä·del** *n colloq.* splendid girl, brick (*od.* peach) (of a girl) (*sl.*). — **~,mensch** *m colloq. cf.* Prachtkerl. — **~,stra·ße** *f* boulevard, *bes. Am.* avenue. — **~,stück** *n cf.* Prachtexemplar. — **p~,voll** *adj u. adv cf.* prächtig.

Pracker (*getr.* -k·k-) ['prakər] *m* ⟨-s; -⟩ *Austrian dial. for* Teppichklopfer.

Prä·de·sti·na·ti·on [prɛdɛstina'tsĭoːn] *f* ⟨-; *no pl*⟩ *relig. philos.* (*Vorherbestimmung*) predestination, foreordination, predetermination, preordination.

Prä·de·sti·na·ti'ons,leh·re *f relig.* doctrine of predestination, predestinarianism: Anhänger der ~ predestinarian.

prä·de·sti·nie·ren [prɛdɛsti'niːrən] *v/t* ⟨*no* ge-, h⟩ *relig. philos.* (*vorherbestimmen*) predestinate, (pre)destine, foreordain, predetermine, preordain. — **prä·de·sti'niert** **I** *pp.* – **II** *adj* **1.** *relig. philos.* predetermined, predestinate(d), *auch* predestined, foreordained. – **2.** zu (*od.* für) etwas ~ sein *fig.* to be destined (*od.* cut out, made) for s.th. — **Prä·de·sti'nie·rung** *f* ⟨-; *no pl*⟩ *cf.* Prädestination.

Prä·di·kant [prɛdi'kant] *m* ⟨-en; -en⟩ *relig.* **1.** predicant, preacher. – **2.** (*Hilfsprediger*) assistant preacher.

Prä·di'kan·ten,or·den *m röm.kath.* predicant (*od.* preaching) order.

Prä·di·kat [prɛdi'kaːt] *n* ⟨-(e)s; -e⟩ **1.** *ling.* predicate, *auch* verb. – **2.** (*Bewertung, Beurteilung*) rating, grading, marks *pl*: sie bekam das beste ~ she got the best rating, she was rated best; der Film erhielt das ~ „(besonders) wertvoll" the film was (highly) commended, the film was rated "(highly) commendable". – **3.** eine Prüfung (*od.* ein Examen) mit ~ bestehen *ped.* to pass an examination with distinction (*od.* hono[u]rs). – **4.** (*Titel, Rangbezeichnung*) title, predicate. – **5.** *cf.* Adelstitel.

prä·di·ka·tiv [prɛdika'tiːf] *ling.* **I** *adj* predicative. – **II** *adv* ~ konstruiert construed predicatively (*od.* as a predicative clause). – **III P~** *n* ⟨-s; -e⟩ predicative (component *od.* part).

Prä·di'kats|ex,amen *n ped.* honors (*bes. Br.* honours) degree: ein ~ ablegen to pass an examination with hono(u)rs. — **~,no·men** *n ling.* complement. — **~,wein** *m agr.* vintage wine.

Prä·di·lek·ti·on [prɛdilɛk'tsĭoːn] *f* ⟨-; -en⟩ *obs. for* Vorliebe 1.

prä·dis·po·nie·ren [prɛdɪspo'niːrən] *v/t* ⟨*no* ge-, h⟩ *bes. med.* (für to) predispose. — **prä·dis·po'niert** **I** *pp.* – **II** *adj bes. med.* (für to) predisposed. — **Prä·dis·po·si·ti'on** [-zi'tsĭoːn] *f* ⟨-; -en⟩ (für to) predisposition.

Prä·do·mi·na·ti·on [prɛdomina'tsĭoːn] *f* ⟨-; *no pl*⟩ (über *acc* over) predominance, *auch* predomination, predominancy, prevalence, ascendancy. — **prä·do·mi'nie·ren** [-'niːrən] *v/i* ⟨*no* ge-, h⟩ (über *acc* over) predominate, prevail, preponderate.

Prä·exi·stenz [prɛˀɛksɪs'tɛnts] *f* ⟨-; *no pl*⟩ *relig. philos.* preexistence, *Br.* pre-existence.

Prä·fa·ti·on [prɛfa'tsĭoːn] *f* ⟨-; -en⟩ *relig.* preface, *auch* Preface.

Prä·fekt [prɛ'fɛkt] *m* ⟨-en; -en⟩ **1.** *hist.* (*im alten Rom*) prefect, *auch* praefect. – **2.** *pol.* (*in Frankreich u. Italien*) prefect, *auch* praefect. – **3.** *relig.* prefect: Apostolischer ~ prefect apostolic. – **4.** *ped.* (*in Internaten*) tutor. — **Prä·fek'tur** [-'tuːr] *f* ⟨-; -en⟩ prefecture.

Prä·fe·renz [prɛfe'rɛnts] *f* ⟨-; -en⟩ **1.** *econ.* a) preference, b) (*im Außenhandel*) preference, c) (*in der Besteuerung*) preferential treatment: ~ genießen to be accorded preferential tariffs. – **2.** *obs. for* Vorrang 1. – **3.** (*games*) *obs. for* Trumpffarbe. — **~,span·ne** *f econ.* preference margin. — **~sy,stem** *n* preferential system, preferentialism. — **~ta,rif** *m* preferential tariff. — **~,zoll** *m* preferential duty (*od.* tariff).

Prä·fi·gu·ra·ti·on [prɛfigura'tsĭoːn] *f* ⟨-; -en⟩ *philos.* **1.** (*vorausdeutende Darstellung*) prefiguration. – **2.** (*Urbild*) prototype, archetype, prefiguration.

Prä·fix [prɛ'fɪks; 'prɛːfɪks] *n* ⟨-es; -e⟩ *ling.* prefix.

Prä·for·ma·ti·on [prɛfɔrma'tsĭoːn] *f* ⟨-; -en⟩ *biol.* preformation. — **Prä·for·ma·ti'ons·theo,rie** *f biol.* theory of preformation.

prä·for·mie·ren [prɛfɔr'miːrən] *v/t* ⟨*no* ge-, h⟩ *biol.* preform. — **Prä·for'mie·rung** *f* ⟨-; -en⟩ *cf.* Präformation.

Prä·ge ['prɛːgə] *f* ⟨-; -n⟩, **~,an,stalt** *f* mint.

'Prä·ge|,bild *n* coining picture (*od.* pattern). — **~,druck** *m* ⟨-(e)s; -e⟩ **1.** *print.* a) letterpress, relief (*od.* typographical) print(ing), b) (*Hohldruck*) embossing, raised print(ing) (*od.* impression). – **2.** (*textile*) embossed print. — **~,ei·sen** *n tech. cf.* Prägestempel 1. — **~,form** *f* **1.** (*für Massivprägungen*) coining die. – **2.** (*für Hohlprägungen*) embossing die. — **~ma,schi·ne** *f* **1.** (*leather*) embossing machine. – **2.** (*paper*) die-stamping machine. – **3.** *tech. cf.* Prägepresse.

prä·gen ['prɛːgən] **I** *v/t* ⟨h⟩ **1.** (*Münzen*) coin, mint, strike: Falschgeld ~ to coin counterfeit money, to forge (*od.* counterfeit) money; Gold [Silber] zu Münzen ~ to mint gold [silver] into coins; die Münze wurde neu geprägt the coin was newly struck (*od.* was restruck). – **2.** etwas auf (*acc*) etwas ~ to stamp (*od.* impress, incuse) s.th. on s.th.: einen Namen auf eine Medaille ~ to stamp a name on a medal. – **3.** *fig.* (*Wörter, Begriffe etc*) coin, mint. – **4.** *fig.* (*formen, gestalten*) shape, form, mold, *bes. Br.* mould: diese Jahre haben seinen Charakter geprägt these years have mo(u)lded his character. – **5.** *tech.* a) (*hohlprägen*) emboss, b) (*massivprägen*) coin, c) (*Bleche*) stamp, d) (*kalibrieren*) size, e) (*Leder*) emboss, f) (*Pappe*) die-stamp. – **6.** *print.* (*Matern etc*) press, cut. – **II** *v/reflex* sich ~ **7.** *fig.* be impressed (*od.* imprinted, engraved): das Erlebnis hat sich mir tief ins Gedächtnis geprägt the experience is deeply impressed (*od.* imprinted) on my memory, the experience has left a deep impression on my memory. – **III P~** *n* ⟨-s⟩ **8.** *verbal noun.* – **9.** *auch fig.* coinage, mintage.

'Prä·ge,pres·se *f tech. print.* **1.** (*für Hohlprägungen*) embossing press. – **2.** (*für Massivprägungen*) coining press. – **3.** (*für Blechmarkierungen*) stamping press.

'Prä·ger *m* ⟨-s; -⟩ **1.** (*von Münzen*) coiner, minter. – **2.** *fig.* (*eines Wortes, Begriffes etc*) coiner.

'Prä·ge|,stan·ze *f tech. print. cf.* Prägepresse. — **~,stem·pel** *m* **1.** *tech.* a) (*für Münzen etc*) coining (*od.* coinage) stamp (*od.* die), b) (*für Hohlprägungen*) embossing die. – **2.** *print.* block. – **3.** (*auf Urkunden*) raised seal. — **~,stock** *m* ⟨-(e)s; ¨e⟩ *tech.* matrix, die.

prä·gla·zi·al [prɛgla'tsĭaːl] *adj geol.* preglacial.

Prag·ma·tik [pra'gmaːtɪk] *f* ⟨-; -en⟩ *Austrian for* Dienstordnung.

Prag·ma·ti·ker [pra'gmaːtikər] *m* ⟨-s -⟩ pragmatist, pragmaticist.

prag·ma·tisch [pra'gmaːtɪʃ] **I** *adj* **1.** pragmatic(al): ~e Geschichtsschreibung pragmatic historiography; P~e Sanktion *hist.* Pragmatic Sanction. – **2.** *philos.* pragmatic(al), pragmatist(ic). – **II** *adv* **3.** pragmatically, *philos. auch* pragmatistically.

Prag·ma'tis·mus [-gma'tɪsmʊs] *m* ⟨-; *no pl*⟩ pragmatism, pragmaticism.

prä·gnant [prɛ'gnant] *adj* **1.** (*kurz u. treffend*) concise, terse, pithy: ein ~er Stil a pithy (*od.* succinct) style; seine Ausdrucksweise ist sehr ~ he has a terse manner of expression. – **2.** (*genau*) exact, precise. – **3.** (*scharf u. klar*) incisive, trenchant.

Prä·gnanz [prɛ'gnants] *f* ⟨-; *no pl*⟩ **1.** conciseness, terseness, pithiness. – **2.** (*Genauig-

keit) exactness, exactitude, preciseness, precision. – **3.** (*Schärfe*) incisiveness, trenchancy.

'Präg,stock *m* ⟨-(e)s; =e⟩ *tech. cf.* Prägestock.

'Prä·gung *f* ⟨-; -en⟩ **1.** *cf.* Prägen. – **2.** (*Münzbild*) stamp, impress, incuse. – **3.** *auch fig.* (*Geprägtes*) coinage, mintage. – **4.** *fig.* (*Gepräge, Eigenart*) character, stamp (*lit.*): **ein Mensch (von) eigener ~** a person of (an) individual (*od.* a singular) character; **eine Demokratie englischer ~** a democracy of the English type (*od.* pattern).

Prä·hi·sto·rie [prɛhɪs'toːrɪə; 'prɛː-] *f* ⟨-; *no pl*⟩ prehistory. — **Prä·hi·sto·ri·ker** [prɛhɪs'toːrikər; 'prɛː-] *m* prehistorian. — **prä·hi·sto·risch** [prɛhɪs'toːrɪʃ; 'prɛː-] *adj* prehistoric(al).

prah·len ['praːlən] **I** *v/i* ⟨h⟩ **1.** (mit) boast (about, of), brag (about), vaunt (*acc*), talk big (*Br. auch* tall) (about), *Am. colloq.* blow (about): **er prahlt mit seinen Erfolgen** he boasts about his successes, he vaunts his successes. – **2.** (*prunken*) (mit) parade (with), show off (with), make a show (of) (*colloq.*): **er prahlt gern mit seinem Wagen** he likes to parade (*od.* show off) (with) his car, he likes to show his car off. – **II P~** *n* ⟨-s⟩ **3.** *verbal noun.* – **4.** *cf.* Prahlerei. — **'Prah·ler** *m* ⟨-s; -⟩ **1.** (*Großsprecher*) boaster, brag(gart), *Am. colloq.* blower, *Am. sl.* blow. – **2.** (*Protz*) ostentatious person, exhibitionist, show-off. — **Prah·le'rei** *f* ⟨-; -en⟩ **1.** *cf.* Prahlen. – **2.** (*Großsprecherei*) boast, brag, vaunt, big (*Br. auch* tall) talk. – **3.** (*Prunken*) ostentation, exhibitionism, showing off. — **'prah·le·risch** *adj* **1.** (*großsprecherisch*) boastful, boasting, bragging, vauntful, vaunting. – **2.** (*prunkend*) ostentatious, exhibitionist(ic), showy.

'Prahl|,hans [-,hans] *m* ⟨-es; =e⟩ *contempt. cf.* Prahler. — **~,sucht** *f* ⟨-; *no pl*⟩ **1.** (*Großsprecherei*) boastfulness, braggartism, passion for boasting (*od.* bragging). – **2.** (*Prunksucht*) ostentatiousness, passion for showing off.

Prahm [praːm] *m* ⟨-(e)s; -e⟩ *mar.* pram, *auch* praam, lighter, float, pontoon, *Am.* flatboat.

Prä·ju·diz [prɛju'diːts] *n* ⟨-es; -e *u.* -ien [-tsɪən]⟩ **1.** *jur.* a) (*Präzedenzfall*) (judicial) precedent, b) (*vorher gefälltes Urteil*) prejudication. – **2.** *obs.* (*Vorurteil*) prejudice. — **prä·ju·di·zi'ell** [-di'tsɪɛl] *adj* precedential.

prä·ju·di·zie·ren [prɛjudi'tsiːrən] *v/t* ⟨*no* ge-, h⟩ (*Entscheidungen etc*) prejudge, judge (*s.th.*) beforehand: **ich möchte diese Frage nicht ~** I don't want to prejudge this matter, I don't want to anticipate a decision on this matter. — **prä·ju·di·'ziert I** *pp.* – **II** *adj* **~er Wechsel** *econ.* bill of exchange invalidated on account of belated presentment.

prä·kam·brisch [prɛ'kambrɪʃ] *adj geol.* Precambrian, *Br.* Pre-Cambrian. — **Prä·'kam·bri·um** [-brɪum] *n* ⟨-s; *no pl*⟩ Precambrian, *Br.* Pre-Cambrian.

prä·kar·bo·nisch [prɛkar'boːnɪʃ] *adj geol.* Precarboniferous, *Br.* Pre-Carboniferous, *Am.* Premississippian.

prä·kar·di·al [prɛkar'dɪaːl] *adj med.* precordial, *Br.* pre-cordial, precardiac.

Prä·kau·ti·on [prɛkau'tsɪoːn] *f* ⟨-; -en⟩ *obs. for* a) Vorkehrung 1, b) Vorsicht 1.

prä·klu·die·ren [prɛklu'diːrən] *v/t* ⟨*no* ge-, h⟩ *jur.* foreclose. — **Prä·klu·si'on** [-'zɪoːn] *f* ⟨-; -en⟩ foreclosure.

prä·klu·siv [prɛklu'ziːf] *adj jur.* foreclosable, subject to foreclosure. — **P~,frist** *f* term of foreclosure, time allowed for proving claims.

prä·ko·lum·bisch [prɛko'lumbɪʃ] *adj* (*Zeit*) pre-Columbian.

Prä·ko·ni·sa·ti·on [prɛkoniza'tsɪoːn] *f* ⟨-; -en⟩ *röm.kath.* preconization *Br. auch* -s-. — **prä·ko·ni'sie·ren** [-'ziːrən] *v/t* ⟨*no* ge-, h⟩ preconize *Br. auch* -s-.

prä·kor·di·al [prɛkɔr'dɪaːl] *adj med. cf.* präkardial. — **P~,angst** *f* precordial anxiety; stenocardia, angina pectoris (*scient.*).

Pra·krit ['praːkrɪt] *n* ⟨-s; *no pl*⟩ *ling.* (*mittelind. Volkssprachen*) Prakrit.

Prak·tik ['praktɪk] *f* ⟨-; -en⟩ **1.** (*Verfahrensweise*) practice, method, procedure. – **2.** *meist pl* (*Gepflogenheit*) practice, habit, custom, convention. – **3.** *meist pl contempt.* (*Kniff, Trick*) trick, dodge (*colloq.*), machination (*lit.*): **unsaubere** (*od.* **dunkle**) **~en** underhand (*od.* illicit) practices. – **4.** *econ. jur.* practice: **restriktive ~en** restrictive practices.

prak·ti·ka·bel [prakti'kaːbəl] *adj* **1.** (*durchführbar*) practicable, feasible, *auch* practical. – **2.** (*theater*) (*Dekorationsteile*) practicable, practical: **eine praktikable Tür** a practicable door.

Prak·ti·kant [prakti'kant] *m* ⟨-en; -en⟩ **1.** trainee. – **2.** (*während des Studiums*) student participating in a practical course. – **3.** *med.* (*an einer Klinik*) junior intern(e), *Br.* houseman, house officer.

Prak·ti'kan·ten,stel·le *f* trainee post, post (*od.* place) for a trainee: **bei uns ist eine ~ frei geworden** we have a vacancy for a trainee.

Prak·ti'kan·tin *f* ⟨-; -nen⟩ **1.** *cf.* Praktikant 1, 2. – **2.** *med.* (*an einer Klinik*) junior intern(e), *Br.* house officer.

Prak·ti·ker ['praktikər] *m* ⟨-s; -⟩ practician, practical man, *auch* practitioner: **er ist ein alter ~** *colloq.* he is an old hand, he is an experienced practician, he is an old hand, he knows the ropes (*od.* all the ins and outs).

Prak·ti·kum ['praktikum] *n* ⟨-s; -tika [-ka] *u.* -tiken⟩ **1.** practical training (course), practical (*colloq.*): **sein ~ machen** (*od.* **absolvieren**) to do one's practical (training); **ein halbjähriges [zweijähriges] ~** a six-month [two-year] practical. – **2.** (*Hochschulübung*) practical course, practical (*colloq.*).

Prak·ti·kus ['praktikus] *m* ⟨-; -se⟩ **1.** *colloq. humor.* handyman, Jack-of-all-trades. – **2.** *med. colloq.* (general) practitioner.

prak·tisch ['praktɪʃ] **I** *adj* **1.** practical: **~e Ausbildung [Anwendung]** practical training [application]; **~er Arzt** *med.* (general) practitioner; **~er Versuch** a) practical test, b) *bes. tech.* field (*od.* service) test, (trial) test; **~es Jahr** one year's practical (*colloq.*); **~e Erfahrung in** (*dat*) **etwas haben** to have practical experience of (*od.* in) s.th.; **etwas hat sich im ~en Leben bewährt** s.th. has proved efficient in practice; **ein ~es Beispiel** a practical (*od.* working) example; **~e Gebrauchseigenschaften** *tech.* service properties; **~es Christentum** a) practical christianity, b) (*Bewegung*) Life and Work. – **2.** (*manuell*) practical, manual. – **3.** (*zweckmäßig*) practical, useful, handy, serviceable, expedient: **eine ~e Einrichtung** a) a handy gadget (*colloq.*), b) a practical institution. – **4.** (*geschickt, findig*) practical, skil(l)ful, handy, dexterous, adroit: **~e Veranlagung** practical talent, practicality, handiness; **er ist ein ~er Mensch** he is practical, he can turn his hand to anything. – **5.** (*sachlich, nüchtern*) practical(-minded); matter-of-fact, down-to-earth (*attrib*): **er hat eine ~e Art zu denken** he is realistic in his thinking, he is practical-minded. – **6.** (*angewandt*) applied: **~e Psychologie** applied psychology. – **II** *adv* **7.** practically, in practice: **das läßt sich ~ nicht durchführen** that cannot be put into practice, that is not practicable (*od.* feasible); **du machst das sehr ~** you are doing it very cleverly, that is very practical of you; **er ist ~ veranlagt** he is practical, he can turn his hand to anything. – **8.** (*so gut wie*) virtually, practically, almost: **das ist ~ wertlos** this is virtually worthless. – **III P~e, das** ⟨-n⟩ **9. j-m etwas P~es schenken** to give s.o. a useful present.

prak·ti·zie·ren [prakti'tsiːrən] **I** *v/i* ⟨*no* ge-, h⟩ **1.** practice, *bes. Br.* practise: **als Arzt [in einer Klinik] ~** to practice medicine [in a clinic]; **als Rechtsanwalt ~** to practice at the bar, to practice law, *Br. auch* to practise as a barrister (*od.* solicitor). – **2.** *med.* have one's consultation hours (*Am.* office hours, *Br.* surgery): **er praktiziert nur morgens** he has his consultation hours only in the morning. – **II** *v/t* **3.** practice, *bes. Br.* practise, exercise, employ, apply, use: **neue Methoden ~** to employ new methods. – **4. etwas in [auf, unter]** (*acc*) **etwas ~** *colloq.* to slip s.th. in(to) [on, under] s.th.: **sie praktizierte ihm einen Brief in die Tasche** she slipped a letter into his pocket. — **prak·ti'zie·rend I** *pres p.* – **II** *adj* **~er Arzt** practicing physician.

Prä·lat [prɛ'laːt] *m* ⟨-en; -en⟩ *bes. röm. kath.* prelate. — **Prä·la'tur** [-la'tuːr] *f* ⟨-; -en⟩ prelacy.

Prä·le·gat [prɛle'gaːt] *n* ⟨-(e)s; -e⟩ *jur. obs. for* Vorausvermächtnis.

Prä·li·mi·na·re [prɛlimi'naːrə] *n* ⟨-s; -narien [-rɪən]⟩ *pol.* **1.** *pl* (*Vorverhandlungen*) preliminary talks, preliminaries. – **2.** *jur.* (*einleitender Vertragsartikel*) preliminary article. – **3.** *pl fig.* (*Vorbereitungen*) preliminaries.

Prä·li·mi'nar,frie·de(n) [prɛlimi'naːr-] *m pol.* peace preliminaries *pl.*

prä·li·mi·nie·ren [prɛlimi'niːrən] *v/t* ⟨*no* ge-, h⟩ *rare* make a preliminary arrangement for.

Pra·li·ne [pra'liːnə] *f* ⟨-; -n⟩ chocolate (cream): **eine Schachtel ~n** a box of chocolates (*od. colloq.* chocs); **gemischte ~n** assorted chocolates.

Pra·li·né [prali'neː], **Pra·li'nee** [-'neː] *n* ⟨-s; -s⟩ *obs. od. Austrian and Swiss for* Praline.

prall [pral] **I** *adj* ⟨-er; -st⟩ **1.** (*Schenkel, Arme, Brüste etc*) stout, sturdy, firm. – **2.** (*straff gespannt*) taut: **mit ~en Segeln** with taut sails. – **3.** (*angefüllt*) plump: **ein ~er Beutel** a plump (*od.* tightly filled) bag. – **4.** (*Backen*) chubby. – **5. in der ~en Sonne** in the blazing sun. – **II** *adv* **6.** tightly: **der Sack war ~ gefüllt** the sack was full (*od.* filled) to bursting, the sack was tightly filled (*od.* was crammed full, was cram-full); **ihr Pullover saß ~** her pullover was tightly fitting (*od.* was rather revealing), her pullover clung to her figure.

Prall *m* ⟨-(e)s; -e⟩ impingement, percussion. — **~,blech** *n* baffle plate.

pral·len ['pralən] *v/i* ⟨h *u.* sein⟩ **1.** ⟨sein⟩ **gegen** (*od.* **an**) *acc* **etwas ~** a) to bounce (*od.* [re]bound) against s.th., b) (*stoßen*) to bump (*od.* knock) against s.th., c) (*kollidieren*) to crash (*od.* smash, bump) into s.th.: **der Ball prallt gegen die Wand** the ball bounces against (*od.* rebounds from) the wall; **er prallte mit dem Kopf gegen die Wand** his head bumped against the wall; **das Auto prallte gegen einen Baum** the car crashed into (*od.* hit) a tree. – **2.** ⟨sein⟩ **gegen j-n ~** to bump (*od.* knock, run) into s.o. – **3. auf** (*acc*) **etwas ~** a) ⟨sein⟩ to bounce (*od.* [re]bound) (up)on (*od.* against) s.th., b) ⟨h⟩ to beat down on s.th.: **der Ball prallte auf den Boden** the ball bounced on (*od.* hit) the floor; **die Sonne prallte auf die Felder** the sun beat down on the fields.

'Prall,hang *m geol. cf.* Hang 2b.

'Prall·heit *f* ⟨-; *no pl*⟩ **1.** (*der Arme, Schenkel etc*) stoutness, sturdiness, firmness. – **2.** (*Straffheit*) tautness. – **3.** (*eines Beutels etc*) plumpness. – **4.** (*der Backen*) chubbiness.

'Prall|,tril·ler *m mus.* inverted (*od.* upper) mordent, pralltriller. — **p~'voll** *adj* tightly filled, full (*od.* filled) to bursting, crammed full, cram-full.

prä·lu·die·ren [prɛlu'diːrən] *v/i* ⟨*no* ge-, h⟩ *mus.* prelude, preludize.

Prä·lu·di·um [prɛ'luːdɪum] *n* ⟨-s; -dien⟩ **1.** *mus.* prelude. – **2.** *fig.* (*Einleitung*) prelude, prelusion, introduction.

Prä·me·di·ta·ti·on [prɛmedita'tsɪoːn] *f philos.* premeditation. — **prä·me·di'tie·ren** [-'tiːrən] *v/t* ⟨*no* ge-, h⟩ premeditate.

prä·men·stru·ell [prɛmɛnstru'ɛl] *adj med.* premenstrual.

Prä·mie ['prɛːmɪə] *f* ⟨-; -n⟩ **1.** (*Belohnung, Ehrenpreis*) premium, prize, award, reward, bonus: **eine ~ auf** (*acc*) **etwas aussetzen** to put a premium (up)on s.th. – **2.** (*Versicherungsbeitrag*) (insurance) premium, (*für die Sozialversicherung*) (insurance) contribution: **die ~ auf 100 DM festsetzen** to assess (*od.* put) the premium at 100 marks. – **3.** (*Zusatzlohn*) bonus, premium, extra (*Am.* premium) pay. – **4.** (*zur Förderung der Wirtschaft*) bounty. – **5.** (*beim Prämiensparen*) premium. – **6.** *econ.* (*im Börsenwesen*) a) (*Reugeld*) premium, forfeit (money), b) (*Stellgeld*) option money, *Br. auch* option, bonus, c) (*Agio*) agio, premium, d) (*Extradividende*) bonus.

'Prä·mi·en|,an,lei·he *f econ.* premium (*od.* lottery) loan. — **p~be,gün·stigt** *adj* bonus-linked, eligible for bonuses (*od.* premiums): **~es Sparen** *cf.* Prämiensparen. — **~,ein,zie·hung** *f* collection of premium. — **p~,frei** *adj* free of premium, without premium (*od.* bonus). — **~ge,schäft** *n* premium (transaction), optional bargain, *Am.* privilege. — **~ˌlohn** *m* payment by result (*od.* by premium, bonus). — **~ˌlos** *n cf.* Prämienschein. — **~ˌrück·geˌwähr** *f* return of premium(s), no-claim bonus. — **~ˌsatz** *m* **1.** (*im Börsenwesen*) option rate. – **2.** (*bei Versicherungen*) rate (of premium *od.* contribution). — **~ˌschein** *m* premium bond. — **~ˌspa·ren** *n* saving with benefit of premiums, premium saving. — **~ˌspar·verˌtrag** *m* premium-linked savings agreement. — **~syˌstem** *n* **1.** (*im Börsenwesen*) bonus system. – **2.** (*zur Leistungssteigerung*) incentive pay (*od.* premium, bonus) system. — **~ˌzuˌschlag** *m* (*im Versicherungswesen*) loading, extra premium.

prä·mie·ren [prɛˈmiːrən] *v/t* ⟨*no* ge-, h⟩ *cf.* prämiieren. — **Prä'mie·rung** *f* ⟨-; -en⟩ *cf.* Prämiierung.

prä·mi·ie·ren [prɛmiˈiːrən] **I** *v/t* ⟨*no* ge-, h⟩ give (*od.* grant) a premium (*od.* prize, reward, an award) to, award a prize (*od.* premium) to. – **II P~** *n* ⟨-s⟩ *verbal noun.* — **prä·mi'iert I** *pp.* – **II** *adj* prize (*attrib*): ein **~er Roman** a prize novel. — **Prä·mi·'ie·rung** *f* ⟨-; -en⟩ **1.** *cf.* Prämiieren. – **2.** presentation of a prize (*od.* an award).

Prä·mis·se [prɛˈmɪsə] *f* ⟨-; -n⟩ *philos.* premise, *auch* premiss, sumption, reason, antecedent: **von einer falschen ~ ausgehen** to start from a wrong premise.

Prä·mon·stra·ten·ser [prɛmɔnstraˈtɛnzər] *m* ⟨-s; -⟩ *röm.kath.* Premonstratensian.

prä·na·tal [prɛnaˈtaːl] *adj med.* prenatal.

pran·gen [ˈpraŋən] *v/i* ⟨h⟩ be resplendent, make a magnificent show (*colloq.*): **die Wiesen prangten in frischem Grün** *lit.* the meadows were resplendent in a fresh green; **er prangte in** (*od.* **mit**) **einem neuen Anzug** he was resplendent (*od.* shone forth, paraded) in a new suit; **auf seinem Hemd prangte ein großer Tintenfleck** *humor.* a big blot of ink shone (forth) on his shirt.

Pran·ger [ˈpraŋər] *m* ⟨-s; -⟩ *hist.* pillory, little-ease: **j-n an den ~ stellen** *auch fig.* to put s.o. into the pillory, to pillory s.o.

'Prangˌtag *m Bavarian and Austrian röm. kath. for* Fronleichnamstag.

Pran·ke [ˈpraŋkə] *f* ⟨-; -n⟩ *cf.* Pratze.

Prä·no·men [prɛˈnoːmən] *n* ⟨-s; -nomina [-mina]⟩ *antiq.* (*Vorname*) pr(a)enomen.

prä·no·tie·ren [prɛnoˈtiːrən] *v/t* ⟨*no* ge-, h⟩ *obs. for* vormerken.

prä·nu·me·ran·do [prɛnumeˈrando] *adv econ.* in advance, beforehand: **(etwas) ~ zahlen** to pay (s.th.) in advance, to prepay (s.th.).

Prä·ok·ku·pa·ti·on [prɛʔɔkupaˈtsi̯oːn] *f* ⟨-; -en⟩ *obs.* preoccupation. — **prä·ok·ku·'pie·ren** [-ˈpiːrən] *v/t* ⟨*no* ge-, h⟩ *obs.* preoccupy.

Prä·pa·rand [prɛpaˈrant] *m* ⟨-en; -en⟩ *ped. obs.* applicant for a normal school.

Prä·pa·rat [prɛpaˈraːt] *n* ⟨-(e)s; -e⟩ **1.** *med. pharm.* preparation, medicament. – **2.** *chem.* preparation, compound. – **3.** *bot. med. zo.* a) (*zu Lehrzwecken*) dissection, specimen, model, preparation, b) (*zum Mikroskopieren*) (microscopic) slide. – **4.** (*ausgestopftes Tier*) taxidermal specimen.

Prä·pa·ra·ti·on [prɛparaˈtsi̯oːn] *f* ⟨-; -en⟩ **1.** *cf.* Präparieren. – **2.** *obs. for* Vorbereitung 2.

Prä·pa·ra·tor [prɛpaˈraːtɔr] *m* ⟨-s; -en [-raˈtoːrən]⟩ **1.** (*Tierausstopfer*) taxidermist. – **2.** dissector. – **3.** (*Hersteller von Präparaten*) preparator.

Prä·pa'rier·beˌsteck *n med. bot. zo.* dissecting instruments *pl* (*od.* case).

prä·pa·rie·ren [prɛpaˈriːrən] **I** *v/t* ⟨*no* ge-, h⟩ **1.** (*Lesestück etc*) prepare. – **2.** (*Arzneimittel etc*) prepare. – **3.** *bot. med. zo.* a) (*zerlegen*) dissect, b) (*konservieren*) preserve, c) (*mikroskopisch*) mount, fix. – **4.** (*ausstopfen*) stuff. – **5.** (*Skelett etc*) mount. – **6.** *phot.* (*lichtempfindlich machen*) sensitize *Br. auch* -s-. – **II** *v/reflex* **sich ~ 7.** do one's preparation, prepare: **ich habe mich für diese Stunde nicht präpariert** I have not prepared (for) this lesson. – **III P~** *n* ⟨-s⟩ **8.** *verbal noun.* – **9.** preparation. – **10.** *bot. med. zo.* a) dissection, b) preservation. – **11.** (*von Tieren*) taxidermy. – **12.** *phot.* sensitization *Br. auch* -s-.

Prä·pa'rier|ˌkurs *m* (*an der Hochschule*) dissecting (*od.* dissection) course. — **~ˌna·del** *f med.* dissecting needle. — **~ˌsaal** *m* dissecting (*od.* pathological) room.

prä·pa'riert I *pp.* – **II** *adj ped.* prepared: **gut ~ sein** to be well prepared; **ein nicht ~er Text** an unprepared (*od.* unseen) text.

Prä·pon·de·ranz [prɛpɔndeˈrants] *f* ⟨-; *no pl*⟩ *obs.* preponderance. — **prä·pon·de·'rie·ren** [-ˈriːrən] *v/i* ⟨*no* ge-, h⟩ preponderate.

Prä·po·si·ti·on [prɛpoziˈtsi̯oːn] *f* ⟨-; -en⟩ *ling.* preposition.

prä·po·si·tio·nal [prɛpozitsi̯oˈnaːl] *adj ling.* prepositional. — **P~ˌausˌdruck** *m* prepositional phrase.

Prä·po·si·tur [prɛpoziˈtuːr] *f* ⟨-; -en⟩ *röm. kath.* provostry, provostship.

Prä·po·si·tus [prɛˈpoːzitʊs] *m* ⟨-; -siti [-ti]⟩ *röm.kath.* provost.

prä·po·tent [prɛpoˈtɛnt] *adj obs. for* übermächtig 1. — **Prä·po'tenz** [-ˈtɛnts] *f* ⟨-; *no pl*⟩ *obs. for* Übermacht 1.

Prä·pu·ti·um [prɛˈpuːtsi̯ʊm] *n* ⟨-s; -tien⟩ *med.* preputium, prepuce, foreskin.

Prä·raf·fae·lit [prɛrafaɛˈliːt] *m* ⟨-en; -en⟩ (*art*) Pre-Raphaelite.

Prä·rie [prɛˈriː] *f* ⟨-; -n [-ən]⟩ prairie. — **~ˌau·ster** *f gastr.* prairie oyster. — **~ˌgras** *n bot.* **1.** prairie grass (*Sporobolus cryptandrus u. Sphenopholis obtusata*). – **2.** prairie cordgrass (*Spartina pectinata*). — **~ˌha·se** *m zo.* white-tailed jackrabbit (*Lepus townsendi*). — **~ˌhuhn** *n* a) pinnated grouse, prairie chicken (*od.* fowl, grouse, hen), *auch* greater prairie chicken (*Tympanuchus cupido pinnatus*), b) **Kleines ~** prairie chicken, *auch* lesser prairie chicken (*T. pallidicinctus*). — **~ˌhund** *m* prairie dog, *auch* prairie marmot (*Cynomys ludovicianus*). — **~ˌklap·perˌschlan·ge** *f* prairie rattler (*od.* rattlesnake) (*Crotalus viridis*). — **~ˌmal·ve** *f bot.* sidalcea (*Fam. Malvaceae*). — **~ˌro·se** *f* prairie rose (*Rosa setigera*). — **~ˌwolf** *m zo.* coyote, *auch* prairie wolf (*Canis latrans*).

Prä·ro·ga·tiv [prɛrogaˈtiːf] *n* ⟨-s; -e⟩, **Prä·ro·ga'ti·ve** [-və] *f* ⟨-; -n⟩ *pol.* prerogative, peculiar (right).

Prä·sens [ˈprɛːzɛns] *n* ⟨-; -sentia [prɛˈzɛntsi̯a] *u.* -senzien [prɛˈzɛntsi̯ən]⟩ *ling.* present (tense).

prä·sent [prɛˈzɛnt] *adj* ⟨*pred*⟩ **1.** (*anwesend*) present: **es war gerade niemand ~** there was nobody present (*od.* around) at that moment. – **2. das ist mir im Augenblick nicht ~** I don't remember (*od.* I can't think of) it at the moment. – **3.** (*zur Hand*) on hand: **ich habe das Buch nicht ~** I haven't (got) the book on hand (*od.* here).

Prä'sent *n* ⟨-s; -e⟩ gift, present, token.

Prä·sen·tant [prɛzɛnˈtant] *m* ⟨-en; -en⟩ *econ.* (*eines Wechsels, Schecks etc*) presenter, *auch* presentor, presenting party.

Prä·sen·ta·ti·on [prɛzɛntaˈtsi̯oːn] *f* ⟨-; -en⟩ **1.** *cf.* Präsentieren. – **2.** *econ.* (*eines Wechsels, Schecks etc*) presentation, presentment: **bei ~** on presentation. – **3.** *bes. relig.* (*für ein Amt*) presentation, nomination.

Prä·sen·ta·ti'onsˌrecht *n bes. relig.* right of presentation (*od.* nomination).

prä·sen·tie·ren [prɛzɛnˈtiːrən] **I** *v/t* ⟨*no* ge-, h⟩ **1.** offer, present: **er präsentierte ihr eine Schachtel Pralinen** he presented her (with) a box of chocolates. – **2.** (*darbieten, vorzeigen*) present, produce, show. – **3.** (*vorlegen*) present, submit: **er präsentierte uns die Rechnung** a) he presented us with the bill, b) *fig.* he made us pay for it. – **4.** *econ.* (*Wechsel, Scheck etc*) present. – **5. präsentiert das Gewehr!** *mil.* present arms! – **II** *v/reflex* **sich ~ 6.** present oneself, appear: **er präsentierte sich in einem modischen Anzug** he presented himself in a fashionable suit. – **III P~** *n* ⟨-s⟩ **7.** *verbal noun.* – **8.** presentation, (*für Dokumente etc*) *auch* submission.

Prä·sen'tierˌtel·ler *m only in* **auf dem ~ sitzen** *fig. colloq.* to be in full view, to be exposed to view, *bes. Br.* to be (exposed) to the view of all and sundry.

Prä·sen'tie·rung *f* ⟨-; *no pl*⟩ *cf.* Präsentieren.

prä·sen·tisch [prɛˈzɛntɪʃ] *ling.* **I** *adj* present. – **II** *adv* in the present tense.

Prä·senz [prɛˈzɛns] *f* ⟨-; *no pl*⟩ presence. — **~bi·blioˌthek, ~bü·cheˌrei** *f* reference library. — **~ˌdienst** *m Austrian mil.* military service. — **~ˌgel·der** *pl econ.* **1.** (*zu zahlende*) attendance fee *sg.* – **2.** (*empfangene*) attendance allowance *sg.* — **~ˌli·ste** *f cf.* Anwesenheitsliste. — **~ˌstär·ke** *f mil.* actual (*od.* effective) strength.

Pra·seo·dym [prazeoˈdyːm] *n* ⟨-s; *no pl*⟩ *chem.* praseo(di)dymium (Pr).

Prä·ser·va·tiv [prɛzɛrvaˈtiːf] *n* ⟨-s; -e, *rare* -s⟩, **~ˌmit·tel** *n* condom, sheath.

Prä·ser·ve [prɛˈzɛrvə] *f* ⟨-; -n⟩ *meist pl* (*Halbkonserve*) preserve.

prä·ser·vie·ren [prɛzɛrˈviːrən] **I** *v/t* ⟨*no* ge-, h⟩ **1.** *cf.* a) bewahren 1, b) erhalten[1] 3, 5, 6. – **2.** *gastr.* preserve. – **II P~** *n* ⟨-s⟩ **3.** *verbal noun.* – **4.** preservation. — **Prä·ser'vie·rung** *f* ⟨-; *no pl*⟩ *cf.* Präservieren.

Prä·ses [ˈprɛːzɛs] *m* ⟨-; Präsides [-zidɛs] *u.* Präsiden [prɛˈziːdən]⟩ *relig.* **1.** *röm. kath.* head of a church assembly. – **2.** (*in der evangelischen Kirche*) head of a synod.

Prä·si·de [prɛˈziːdə] *m* ⟨-n; -n⟩ (*eines Studentenkommers*) chairman.

Prä·si·dent [prɛziˈdɛnt] *m* ⟨-en; -en⟩ **1.** *pol.* a) president, (*im Präsidialsystem*) *auch* chief executive, b) (*eines Parlaments*) speaker, chairman, chair: **sie wählten ihn zum ~en** they elected him president; **er wurde zum ~en des Parlaments ernannt** he was appointed (as) chairman (*od.* to the chair) of the parliament. – **2.** (*einer Organisation, Behörde etc*) president, chairman. – **3.** (*einer Versammlung etc*) chairman, president. – **4.** *econ.* (*einer Bank*) governor, *bes. Am.* president, *auch* chairman.

Prä·si'den·ten|ˌamt *n* **1.** *pol.* a) office of president, presidency, presidentship, b) (*im Parlament*) office of speaker, chairmanship, chair. – **2.** (*in Organisationen, Behörden, Versammlungen*) presidency, presidentship, chairmanship, chair. – **3.** *econ.* (*in einer Bank*) governorship, *bes. Am.* presidency, presidentship, *auch* chairmanship. — **~ˌstuhl** *m* presidential chair: **den ~ besteigen** *fig.* to take the chair. — **~ˌwahl** *f* **1.** *pol.* a) presidential election(s *pl*), election of a president, b) (*im Parlament*) election of a speaker (*od.* chairman). – **2.** (*bei Organisationen, in Versammlungen etc*) election of a chairman (*od.* president).

Prä·si'den·tin *f* ⟨-; -nen⟩ **1.** (lady *od.* woman) president, presidentess. – **2.** chairwoman.

Prä·si'dent·schaft *f* ⟨-; *no pl*⟩ **1.** *cf.* Präsidentenamt. – **2.** (*Amtsperiode*) presidential term (*od.* period), presidency, presidentship. – **3.** speakership, chairmanship. – **4.** governorship.

Prä·si'dent·schafts·kan·diˌdat *m pol.* presidential candidate, candidate for the presidency (*od.* presidentship).

Prä·si·di'al|geˌwalt [prɛziˈdi̯aːl-] *f pol.* presidential power (*od.* authority). — **~syˌstem** *n* presidential system.

prä·si·die·ren [prɛziˈdiːrən] **I** *v/i* ⟨*no* ge-, h⟩ preside, be in (*od.* hold) the chair, officiate (*od.* act) as chairman: **(in) einer Versammlung ~** to preside over (*od.* at) a meeting. – **II** *v/t Swiss* preside over (*od.* at): **einen Ausschuß ~** to preside over a committee.

Prä·si·di·um [prɛˈziːdi̯ʊm] *n* ⟨-s; -dien⟩ **1.** (*Amt, Vorsitz*) presidency, chairmanship: **das ~ übernehmen** to assume the chairmanship, to take the chair. – **2.** (*Vorstand*) executive (*od.* managing) committee, directorate: **er wurde in das ~ gewählt** he was elected to the executive committee, he was elected a member of the executive committee; **das ~ trat zusammen** the committee met. – **3.** *cf.* Polizeipräsidium.

prä·skri·bie·ren [prɛskriˈbiːrən] *v/t* ⟨*no* ge-, h⟩ **1.** *obs. for* vorschreiben 4, 5, verordnen. – **2.** *jur. obs.* declare (*s.th.*) void under statute of limitation (*od.* barred by limitation). — **Prä·skrip·ti'on** [-skrɪpˈtsi̯oːn] *f* ⟨-; -en⟩ **1.** *obs. for* Vorschrift, Verordnung 1, 2. – **2.** *jur. obs.* (*Verjährung*) limitation, (*Am.* extinctive) prescription.

Praß [pras] *m* ⟨-sses; *no pl*⟩ *obs. for* Plunder 1.

pras·seln [ˈprasəln] **I** *v/i* ⟨h *u.* sein⟩ **1.** ⟨h *u.* sein⟩ (*von Regen etc*) patter, (*stärker*) pelt(er), pepper: **der Regen prasselt auf das Dach** the rain patters (down) (up)on the roof. – **2.** ⟨h⟩ (*von Feuer*) crackle, crepitate (*lit.*). – **3.** ⟨sein⟩ (*von Geschossen etc*) (auf *acc* on) hail, shower, rain, pelt (*od.* pepper) down: **Schimpfworte prasselten nur so auf uns** *fig.* we were showered with curses. – **II P~** *n* ⟨-s⟩ **4.** *verbal noun.* – **5.** (*des Regens etc*) patter, (*stärker*) pelt. – **6.** (*des Feuers*) crackle, crepitation (*lit.*). – **7.** (*von Geschossen etc*) hail, pelt. —

'pras·selnd I *pres p.* – **II** *adj* ~er Beifall *fig.* thunderous (*od.* thundering) applause.

pras·sen ['prasən] **I** *v/i* ⟨h⟩ **1.** live it up, have a splurge (*od.* splash) (*colloq.*). – **2.** (*mit Geld*) squander one's money, throw one's money away. – **II P~** *n* ⟨-s⟩ **3.** *verbal noun.* — **'Pras·ser** *m* ⟨-s; -⟩ **1.** person who lives it up. – **2.** (*Verschwender*) spendthrift, squanderer, *bes. Am.* spend-all. — **Pras·se'rei** *f* ⟨-; *no pl*⟩ *cf.* Prassen.

prä·sta·bi·lie·ren [prɛstabi'li:rən] *v/t* ⟨*no* ge-, h⟩ *obs.* preestablish, *Br.* pre-establish.

prä·su·mie·ren [prɛzu'mi:rən] *v/t* ⟨*no* ge-, h⟩ *bes. jur. philos.* presume, assume. — **Prä·sum·ti'on** [-zum'tsĭo:n] *f* ⟨-; -en⟩ presumption, assumption. — **prä·sum'tiv** [-zum'ti:f] *adj* presumptive: ~er Testamentserbe heir presumptive, *auch* presumptive heir.

Prä·ten·dent [prɛtɛn'dɛnt] *m* ⟨-en; -en⟩ (*bes. Thronanwärter*) (auf *acc* to) pretender, claimant. — **prä·ten'die·ren** [-'di:rən] *v/t* ⟨*no* ge-, h⟩ *rare for* beanspruchen 1. — **Prä·ten·ti'on** [-'tsĭo:n] *f* ⟨-; -en⟩ *rare for* Anspruch, Anmaßung. — **prä·ten·ti'ös** [-'tsĭø:s] *adj* pretentious.

Prä·ter·ito·prä·sens [prɛterito'prɛ:zɛns] *n* ⟨-; -tia [-prɛ'zɛntsĭa] *u.* -zien [-prɛ'zɛntsĭən]⟩ *ling.* preterit-present.

Prä·te·ri·tum [prɛ'te:ritum] *n* ⟨-s; -rita [-ta]⟩ *ling.* preterit(e) (tense).

Prä·text [prɛ'tɛkst] *m* ⟨-(e)s; -e⟩ *obs. for* Vorwand.

Prä·tor ['prɛ:tɔr] *m* ⟨-s; -en [prɛ'to:rən]⟩ *antiq.* praetor, *auch* pretor.

Prä·to·ria·ner [prɛto'rĭa:nər] *m* ⟨-s; -⟩ *antiq.* Praetorian, *auch* Pretorian.

Prä·tur [prɛ'tu:r] *f* ⟨-; -en⟩ *antiq.* praetorship, *auch* pretorship.

Prat·ze ['pratsə] *f* ⟨-; -n⟩ *bes. Southern G. and Austrian* **1.** *cf.* Tatze 1, Pfote 1. – **2.** *fig. contempt.* (*große Hand*) paw (*colloq.*).

prä·va·lent [prɛva'lɛnt] *adj rare* prevailing, prevalent, predominant, preponderant. — **Prä·va'lenz** [-'lɛnts] *f* ⟨-; *no pl*⟩ prevalence, predominance, preponderance.

prä·ve·nie·ren [prɛve'ni:rən] *v/i* ⟨*no* ge-, sein⟩ *obs. for* zuvorkommen.

Prä·ven·ti·on [prɛvɛn'tsĭo:n] *f* ⟨-; *no pl*⟩ *bes. jur.* **1.** (*Vorbeugung*) prevention. – **2.** (*Abschreckung*) deterrence.

prä·ven·tiv [prɛvɛn'ti:f] *adj bes. med.* **1.** preventive, prophylactic (*scient.*). – **2.** (*empfängnisverhütend*) contraceptive. — **P~be,hand·lung** *f med.* preventive treatment; prophylactic treatment, prophylaxis, *auch* prophylaxy (*scient.*). — **P~,krieg** *m mil.* preventive war. — **P~,maß,nah·me** *f* preventive measure. — **P~,mit·tel** *n med.* **1.** preventive, prophylactic (*scient.*). – **2.** (*zur Empfängnisverhütung*) contraceptive.

Pra·xis ['praksɪs] *f* ⟨-; Praxen⟩ **1.** ⟨*only sg*⟩ practice: in (der) ~ a) in (general) practice, b) *tech.* in action, in practical operation; etwas in die ~ umsetzen to put s.th. into practice; die ~ sieht meist anders aus als die Theorie more often than not practice differs from theory; das wird die ~ lehren practice will show. – **2.** ⟨*only sg*⟩ (*praktische Erfahrung*) (practical) experience, practice, practical knowledge: das lernt man erst durch die (*od.* in der) ~ this can only be learned by practice; er besitzt auf diesem Gebiet eine langjährige ~ he has long years of experience in this field; Bewerber mit entsprechender beruflicher ~ applicants with adequate professional experience; ein Mann der ~ a practical man. – **3.** ⟨*only sg*⟩ (*Geschick, Fertigkeit*) skill, practical knowledge: er hat sich darin eine gewisse ~ angeeignet he has acquired a certain skill in it. – **4.** ⟨*only sg*⟩ (*Brauch, Sitte*) practice, custom, usage, praxis (*lit.*). – **5.** (*Berufsausübung*) practice: ärztliche ~ medical practice; juristische ~ legal (*od.* law) practice. – **6.** (*Praxisräume eines Arztes*) practice, consulting (*od.* consultation) rooms *pl*, *Am.* office, *Br.* surgery. – **7.** (*Praxisräume eines Anwalts etc*) office, practice, (*eines Barristers*) *Br.* chamber. – **8.** ⟨*only sg*⟩ *colloq.* (*Sprechstunde eines Arztes*) consulting (*od.* consultation) hours *pl*, *Br.* surgery, *Am.* office hours *pl.* – **9.** (*Patienten eines Arztes*) clientele, practice, patients *pl*: eine gutgehende ~ a large practice, a large number of patients. – **10.** (*Klienten eines Anwalts*) practice, clientele, clients *pl.* – **11.** *psych. sociol.* (*Realität*) field.

'pra·xis|be,zo·gen *adj* relating to practice: ~er Unterricht *ped.* practical training. — **P~ver,tre·ter** *m med.* locum tenens. — **P~ver,tre·tung** *f* locum-tenency.

Prä·ze·dens [prɛ'tse:dɛns] *n* ⟨-; -denzien [-tse'dɛntsĭən]⟩ *bes. jur.* precedent.

Prä·ze'denz|,fall [prɛtse'dɛnts-] *m auch fig.* precedent, precedential (*od.* leading, test) case: einen ~ schaffen to set (*od.* create) a precedent; sich über einen ~ hinwegsetzen to overrule a precedent; es gibt hierfür noch keinen ~ this is quite unprecedented. — **~,strei·tig·keit** *f* dispute on (*od.* about) precedence.

Prä·zep·tor [prɛ'tsɛptɔr] *m* ⟨-s; -en [-'to:rən]⟩ *obs. for* Lehrer 1, Erzieher 1.

prä·zes·sie·ren [prɛtsɛ'si:rən] *v/i* ⟨*no* ge-, h⟩ *astr.* precess.

Prä·zes·si·on [prɛtsɛ'sĭo:n] *f* ⟨-; *no pl*⟩ *astr.* precession. — **Prä·zes·si'ons,ach·se** *f* (*space*) precession axis.

Prä·zi·pi·tat [prɛtsipi'ta:t] *n* ⟨-(e)s; -e⟩ *chem.* **1.** precipitate. – **2.** ammonia complex of mercuric chloride.

Prä·zi·pi·ta·ti·on [prɛtsipita'tsĭo:n] *f* ⟨-; *no pl*⟩ *chem.* precipitation.

Prä·zi·pi·tin [prɛtsipi'ti:n] *n* ⟨-s; -e⟩ *med. pharm.* precipitin.

prä·zis [prɛ'tsi:s], **prä'zi·se** [-zə] **I** *adj* **1.** (*unzweideutig, klar*) precise. – **2.** (*genau, exakt*) exact, accurate, precise. – **3.** (*pünktlich*) punctual. – **4.** (*gewissenhaft*) precise, meticulous, scrupulous. – **II** *adv* **5.** um 3 Uhr ~ at exactly 3 o'clock; das Uhrwerk arbeitet sehr ~ the clock is working very accurately.

prä·zi·sie·ren [prɛtsi'zi:rən] **I** *v/t* ⟨*no* ge-, h⟩ **1.** specify, put (*s.th.*) more precisely (*od.* exactly): würden Sie das bitte ~! would you please put it more precisely! would you please be more specific! – **II P~** *n* ⟨-s⟩ **2.** *verbal noun.* – **3.** specification, (clear *od.* exact) definition. — **Prä·zi'sie·rung** *f* ⟨-; *no pl*⟩ *cf.* Präzisieren.

Prä·zi·si·on [prɛtsi'zĭo:n] *f* ⟨-; *no pl*⟩ **1.** precision, preciseness. – **2.** (*Genauigkeit, Exaktheit*) exactness, exactitude, accuracy, precision: er arbeitet mit der ~ eines Uhrwerks he works with clocklike precision. – **3.** (*Pünktlichkeit*) punctuality. – **4.** (*Gewissenhaftigkeit*) preciseness, meticulousness, meticulosity, scrupulousness, scrupulosity. – **5.** (*optics*) definition.

Prä·zi·si'ons|,ar·beit *f* precision work. — **~bom·bar,die·rung** *f mil.* precision bombing, pinpoint bombardment. — **~in·stru,ment** *n tech.* precision instrument. — **~,meß,uhr** *f* precision dial (*od.* indicator). — **~,schie·ßen** *n mil.* precision fire. — **~,uhr** *f* chronometer. — **~,waa·ge** *f* precision balance.

Pre·del·la [pre'dɛla] *f* ⟨-; -s *u.* -dellen⟩, **Pre'del·le** *f* ⟨-; -n⟩ (*Altarstaffel*) predella.

pre·di·gen ['pre:dɪgən] **I** *v/i* ⟨h⟩ **1.** *relig.* (zu to, über *acc* on, about) preach, sermonize, homilize: er predigte gegen den Materialismus *fig.* he preached against materialism, he ran down materialism; tauben Ohren ~ *fig.* to preach (*od.* talk) to deaf ears (*od.* to the winds). – **2.** *fig. colloq.* (*lange reden*) preach, preachify. – **3.** *fig. colloq.* (*mahnen*) preach, sermonize, moralize *Br. auch* -s-. – **II** *v/t* **4.** *relig. auch fig.* preach: das Wort Gottes ~ to preach the Word of God; willst du mir Moral ~? do you want to preach (morals) at me? do you want to give me a lecture on morals? – **III P~** *n* ⟨-s⟩ **5.** *verbal noun.*

'Pre·di·ger *m* ⟨-s; -⟩ **1.** *relig.* preacher, homilist, pulpiteer: der ~ in der Wüste *fig.* the voice in the wilderness. – **2.** *fig.* (*Mahner*) sermonizer, moralizer *Br. auch* -s-. – **3.** *fig.* (*Verfechter*) preacher. — **~,mönch** *m relig.* preaching friar, predicant, (*in England*) *auch* Black Friar. — **~,or·den** *m* predicant order. — **~se·mi,nar** *n* theological training college, seminary.

Pre·digt ['pre:dɪçt] *f* ⟨-; -en⟩ **1.** *relig.* sermon, homily: eine ~ halten to deliver (*od.* preach) a sermon. – **2.** *fig.* (*ermahnende Rede*) lecture, sermon, talking-to: j-m eine ~ halten to give s.o. a lecture, to lecture (*od.* preach at) s.o. — **~,amt** *n relig.* ministry, clerical profession. — **~,sammlung** *f* collection of sermons, homiliary, book of homilies. — **~,stuhl** *m obs.* pulpit.

prei·en ['praɪən] *v/t* ⟨h⟩ *mar.* hail.

Preis [praɪs] *m* ⟨-es; -e⟩ **1.** (*für Waren*) price: hohe [niedrige] ~e high [low *od.* cheap, moderate] prices; stabile [feste] ~e stable (*od.* steady, stationary) [fixed] prices; äußerster ~ *econ.* lowest (*Br. auch* keenest) price, rock-bottom (*Am. auch* bedrock) price; gegenwärtiger ~ *econ.* ruling price; wie hoch ist der ~? what (is the) price? um jeden ~ *fig.* at any price (*od.* cost), at all costs, by all means, cost what it may; um keinen ~ *fig.* not at any price, not for (anything in) the world, not for all the tea in China (*colloq.*); kostendeckende ~e prices covering production costs; gebundener [empfohlener] ~ controlled (*od.* fixed, *bes. Am.* firm) [recommended *od.* suggested] price; konkurrenzlose [konkurrenzfähige] ~e unrival(l)ed [competitive] prices; gleitende ~e sliding (*od.* gliding) prices; zum ~e von 200 Mark at a price of 200 marks; zu erschwinglichen [unerschwinglichen] ~en at prices within [beyond] one's means; j-m etwas zum halben ~ verkaufen to sell s.th. to s.o. at half price; zum amtlich festgesetzten ~ at an officially fixed price, at a controlled price; die ~e steigen prices are going up (*od.* rising, moving up); die ~e fallen (*od.* sinken, gehen zurück) prices are going down (*od.* are falling, slackening, declining, dropping); einen guten ~ erzielen to get (*od.* obtain) a good price; der ~ des Mantels beträgt the price of the coat is; ich habe ihm 20 Mark vom ~ abgehandelt I got him to reduce the price by 20 marks, I brought (*od.* beat) him down 20 marks (*colloq.*); dieser Artikel ist im ~(e) gestiegen [gefallen] this article has gone up (*od.* moved up, risen) [gone down] in price; du mußt mit dem ~ heruntergehen *colloq.* you have to lower (*od.* reduce) the price; etwas um einen bestimmten ~ verkaufen to sell s.th. at a certain price. – **2.** (*für Dienstleistungen etc*) charge(s *pl*), price: einen hohen ~ für etwas verlangen to demand (*od.* charge, ask) a high price for s.th. – **3.** (*Gebühr, Honorar*) fee, charge, price. – **4.** (*Fahrpreis*) fare. – **5.** (*Betrag, Summe*) price, sum, amount. – **6.** (*Kosten*) cost, price, expense: es kommt nicht auf den ~ an! der ~ spielt keine Rolle! it's not a matter of cost! it's not a question of price (*od.* money)! money is no object! – **7.** (*Tarif*) rate, tariff, price, charge: der ~ für Stromverbrauch ist gestiegen the electricity rate has gone up. – **8.** *econ.* a) (*Notierung, Preisangabe*) quotation, price, b) (*Wert*) value, price, worth. – **9.** (*Ehrenpreis*) prize, award: ihm wurde der erste ~ zugesprochen (*od.* zuerkannt) he was awarded (the) first prize; sie errang (*od.* gewann) einen ~ she won (*od.* received) a prize; das Buch [der Film] erzielte einen ~ the book [film] fetched (*od.* was awarded) a prize; → Fleiß 2. – **10.** (*Geldpreis*) (money *od.* cash) prize, premium, award. – **11.** (*Prämie, Kopfpreis*) reward, price: auf den Kopf des Mörders wurde ein ~ ausgesetzt a price was put on the head of the murderer. – **12.** (*sport*) a) prize, b) (*Trophäe*) trophy, c) (*Pokal*) cup, plate: um einen ~ ringen (*od.* kämpfen) to compete for a prize. – **13.** (*sport*) (*Veranstaltung*) Prize, Prix: ~ der Nationen Prix des Nations, Nations Cup. – **14.** *lit.* praise, laudation, eulogy: j-m Lob und ~ singen to sing s.o.'s praise(s). – **15.** *relig.* praise, glory: Gott sei Ehr' und ~! hono(u)r and glory be to God!

'Preis|,ab,bau *m econ.* abatement (*od.* reduction) of prices, cut(back) (*Br.* cut[-back]) in prices. — **~,ab,kom·men** *n*, **~,ab,ma·chung** *f*, **~,ab,re·de** *f* price agreement (*od.* arrangement, settlement), agreement on prices. — **~,ab,schlag** *m* reduction in price, price reduction (*od.* allowance). — **~,ab,spra·che** *f cf.* Preisabkommen. — **~,ab,stu·fung** *f* price gradation, gradation of prices. — **~,ab,wei·chung** *f* divergence from the price, price difference. — **~,amt** *n cf.* Preisbehörde. — **~,än·de·rung** *f* change in price(s): ~en vorbehalten prices are subject to change without notice. — **~,an,ga·be** *f* quotation (of prices): ohne ~ unmarked, unpriced, unlabel(l)ed, not marked (*od.* priced, label[l]ed). — **~,an·ge,bot** *n* **1.** (*Verkaufsangebot*) quotation (of price): ein ~ machen to quote a price. – **2.** (*Kaufangebot*) bid: das höchste ~ machen to make the highest bid. — **~,an,stieg** *m* rise in prices, upward price movement, up (in prices): plötzlicher ~ sudden rise in prices, spurt (*auch* spirt) (in prices). — **~ˌaufˌga·be** *f* (subject set for a) competition, prize question. — **~ˌaufˌschlag** *m econ.* addition to the price, price markup, additional (*od.* extra, supplementary) charge, surcharge. — **~ˌaufˌtrieb** *m* upward trend in prices: jäher ~ (sudden *od.* unexpected, abrupt) upward thrust in prices, *Am. auch* price-hike. — **~ˌausˌgleich** *m* price equalization. — **~ˌausˌschrei·ben** *n* (prize) competition. — **~ˌausˌzeich·nung** *f econ.* **1.** pricing, price-marking (*od.* -label[l]ing). – **2.** *cf.* Preisschild 1. — **p~beˌdingt** *adj* price-conditioned (*od.* -determined). — **~beˌhör·de** *f* price(-control) board (*od.* authority). — **~beˌru·hi·gung** *f* price steadying. — **p~beˌstim·mend** *adj* price-determining: ~e Faktoren price determinants. — **~beˌwe·gung** *f* price movement, movement of prices. — **~beˌwer·ber** *m*, **~beˌwer·be·rin** *f* competitor, *Am. auch* contestant. — **~ˌbil·dung** *f econ.* price formation (*od.* setting). — **~ˌbin·dung** *f* **1.** price fixing. – **2.** ~ der zweiten Hand resale price maintenance. — **~ˌbo·xen** *n* (*sport*) prizefighting. — **~ˌbo·xer** *m* prizefighter. — **~ˌbre·cher** *m econ.* price-cutter. — **~dif·feˌrenz** *f* difference in prices, price difference. — **~ˌdruck** *m* ⟨-(e)s; *no pl*⟩ downward pressure on prices. — **~ˌdrücker** (*getr.* -k·k-) *m* **1.** *cf.* Preisbrecher. – **2.** (*Feilscher*) close bargainer, haggler. — **~drü·cke'rei** (*getr.* -k·k-) [ˌpraɪs-] *f* ⟨-; *no pl*⟩ **1.** price-cutting. – **2.** (*Feilschen*) close bargaining, haggling.

'Preisˌeinˌbruch *m cf.* Preissturz.

'Prei·selˌbee·re ['praɪzəl-] *f bot.* (mountain) cranberry, red whortleberry (*od.* bilberry), *auch* cowberry, foxberry (*Vaccinium vitis idaea*).

prei·sen ['praɪzən] **I** *v/t* ⟨preist, pries, gepriesen, h⟩ **1.** praise, laud, glorify, extol, *auch* extoll, exalt, magnify; eulogize *Br. auch* -s-, panegyrize *Br. auch* -s- (*lit.*): man pries ihn als den größten deutschen Dichter he was praised (*od.* celebrated) as the greatest German poet; j-n glücklich ~ to call s.o. lucky. – **2.** *bes. relig.* praise, laud, glorify: Gott sei gepriesen! God (*od.* Heaven) be praised! Glory be to God! – **II** *v/reflex* **3.** sich glücklich ~ to call oneself lucky, to thank (*od.* bless) one's lucky stars.

'Preis|entˌwick·lung *f econ.* price trend, trend in (*od.* of) prices: die ~ geht nach oben there is an upward trend in prices. — **~erˌhö·hung** *f* **1.** (*unbeabsichtigte*) rise (*od.* increase) in prices. – **2.** (*beabsichtigte*) raising of prices. — **~erˌmä·ßi·gung** *f* **1.** price cut, reduction in (*od.* of) prices. – **2.** (*Rabatt*) discount, abatement: j-m eine ~ von 10 Mark geben to give s.o. a discount of 10 marks, to allow s.o. 10 marks. — **~ˌfra·ge** *f* **1.** *cf.* Preisaufgabe. – **2.** *fig. colloq. humor.* (*schwierige Frage*) puzzler, *bes. Am. colloq.* 64-dollar question. – **3.** *colloq.* matter (*od.* question) of price: der Kauf des Autos ist eine ~ the purchase of the car is a matter of (the) price.

'Preisˌga·be *f* **1.** *cf.* Preisgeben. – **2.** (*Aufgabe*) abandonment, relinquishment, surrender. – **3.** (*Verzicht*) abandonment, renunciation, renouncement. – **4.** (*Opfern*) sacrifice. – **5.** (*von Geheimnissen etc*) disclosure, divulgence, divulgement, revelation.

'preisˌge·ben I *v/t* ⟨*irr, sep,* -ge-, h⟩ **1.** (*aufgeben*) abandon, give up, relinquish, surrender: lebenswichtige Interessen ~ to give up vital interests. – **2.** (*verzichten auf*) abandon, renounce. – **3.** *fig.* (*aussetzen*) expose: j-n der Schande ~ to expose s.o. to shame (*od.* disgrace); j-n [etwas] der Lächerlichkeit ~ to expose s.o. [s.th.] (*od.* hold s.o. [s.th.] up) to ridicule. – **4.** (*opfern*) sacrifice: sein Leben ~ to sacrifice (*od.* give) one's life. – **5.** (*Geheimnisse etc*) disclose, give (*s.th.*) away, divulge, reveal, let (*s.th.*) out (*colloq.*). – **II** *v/reflex* sich ~ **6.** (*sich ausliefern*) abandon (*od.* surrender, yield) oneself, give oneself up. – **7.** *fig.* (*sich aussetzen*) expose oneself. – **III P~** *n* ⟨-s⟩ **8.** *verbal noun.* – **9.** *cf.* Preisgabe.

'preis·geˌbun·den *adj econ.* at fixed (*bes. Am.* firm) price, fixed-price (*attrib*).

'Preis|geˌfäl·le *n econ.* price differential, disparity in prices. — **~geˌfü·ge** *n* price structure.

'preis·geˌge·ben I *pp of* preisgeben. – **II** *adj* j-m [etwas] ~ sein to be exposed to (*od.* a prey to, at the mercy of, in the hands of) s.o. [s.th.].

'preis·geˌkrönt I *pp.* – **II** *adj* ⟨*attrib*⟩ (*Film, Roman etc*) prize(winning).

'Preis|geˌricht *n* jury. — **~geˌstal·tung** *f econ.* **1.** *cf.* Preispolitik. – **2.** *cf.* Preisbildung. — **~ˌgleitˌklau·sel** *f* sliding-price clause. — **~ˌgren·ze** *f* price limit: obere ~ price ceiling; untere ~ minimum (price), bottom price. — **p~ˌgün·stig** *adj cf.* preiswert 2. — **~ˌhaus·se** *f* price boom. — **~herˌabˌset·zung** *f cf.* Preissenkung. — **~ˌhö·he** *f* price (level), level of prices. — **~ˌin·dex** *m* price index. — **~kal·ku·la·tiˌon** *f* price calculation, calculation of prices. — **~karˌtell** *n* price cartel, cartel to enforce minimum price charging. — **~ˌklas·se** *f* price category (*od.* class, range): ein Hotel mittlerer ~ a medium-priced hotel. — **~ˌklem·me** *f* squeeze in prices, price squeeze. — **~kom·misˌsar** *m* price commissioner (*od.* administrator). — **~konˌtrol·le** *f* price control. — **~kor·rekˌtur** *f* adjustment of prices.

'preisˌkrö·nen *v/t* ⟨*only pp*⟩ preisgekrönt werden (*Film, Buch etc*) to be awarded (*od.* to win) a prize.

'Preis|ˌla·ge *f* price range (*od.* level, category), range of prices: in dieser ~ at this price (level), in this price range; in jeder ~ at all prices. — **~ˌlen·kung** *f* control of prices.

'preis·lich I *adj* **1.** ⟨*attrib*⟩ *econ.* concerning (*od.* regarding, with regard to, relating to) the price, in price: ein ~er Unterschied a price difference, a difference in (*od.* of) price. – **2.** *obs. for* löblich. – **II** *adv* **3.** ~ verschieden sein to vary in price; ~ gesehen (*od.* betrachtet) besteht (*od.* ist) kein Unterschied there is no difference as regards (the) price.

'Preis|ˌli·ste *f econ.* **1.** price list. – **2.** (*im Handel*) trade list. — **~ˌnachˌlaß** *m* **1.** price reduction (*od.* deduction), reduction in (*od.* of) price(s), discount. – **2.** (*bei Mängelrügen*) allowance. — **~niˌveau** *n* price level. — **~noˌtie·rung** *f* (*an der Börse*) (price) quotation, quotation of prices. — **~po·liˌtik** *f* price policy. — **~ˌrät·sel** *n* **1.** puzzle competition. – **2.** (*Kreuzworträtsel*) crossword (puzzle) competition. — **p~reaˌgi·bel** [-reˀaˌgiːbəl] *adj econ.* sensitive to price changes. — **~re·guˌla·tor** *m* price regulator.

'Preisˌrich·ter *m* (competition) judge, juror, adjudicator: die ~ the jurors, the jury *sg.* — **~kolˌle·gi·um** *n* jury.

'Preis|ˌrückˌgang *m econ.* fall (*od.* decline, drop, recession) in prices, price recession (*od.* decline), (*an der Börse*) *auch* reaction in prices. — **~ˌsche·re** *f* price scissors *pl* (*sometimes construed as sg*), price gap. — **~ˌschie·ßen** *n* (*sport*) rifle (*od.* shooting) competition (*od.* match). — **~ˌschild** *n econ.* **1.** (*an Waren*) price tag (*od.* ticket). – **2.** *cf.* Preistafel. — **~ˌschla·ger** *m* (price) sensation. — **~schleu·de'rei** [ˌpraɪs-] *f* ⟨-; -en⟩ reckless undercutting (of prices), price cutting (*od.* slashing). — **~ˌschrau·be** *f* upward price pressure: die ~ anziehen to exert an upward price pressure. — **~ˌschrift** *f* (*literature*) prize essay. — **~ˌschwan·kung** *f meist pl econ.* price fluctuation. — **~ˌsen·kung** *f* reduction in (*od.* of) price(s), price reduction, cut in price(s), price cut(ting), markdown. — **~ˌska·la** *f* price scale: gleitende ~ sliding scale of prices. — **~ˌspan·ne** *f* price margin, (price) spread, (price) span (*od.* range). — **~spiˌra·le** *f* price spiral. — **~sta·bi·liˌtät** *f* price stability. — **~ˌstei·ge·rung** *f* rise (*od.* increase, advance) in (*od.* of) prices, price increase (*od.* advance). — **~ˌstopp** *m* price stop (*od.* freeze), freeze of prices: einen ~ durchführen to freeze prices. — **~strukˌtur** *f cf.* Preisgefüge. — **~ˌsturz** *m* (sharp *od.* sudden) fall (*od.* decline) in (*od.* of) prices, slump (in prices), collapse of prices, *bes. Am.* break, (*an der Börse*) *auch* (stock)-market decline, *Am. colloq.* double bottom. — **~ˌstüt·zung** *f* price support(ing) (*od.* pegging, supports *pl*), support (*od.* pegging) of prices. — **~ˌta·fel** *f* **1.** (*vor Geschäften etc*) price board. – **2.** *cf.* Preisliste. — **~ˌträ·ger** *m*, **~ˌträ·ge·rin** *f* ⟨-; -nen⟩ prizewinner. — **p~ˌtrei·bend** *adj* price-raising. — **~ˌtrei·ber** *m econ.* **1.** profiteer, racketeer, inflator, inflater, *Am. colloq.* booster. – **2.** (*bei Auktionen*) puffer. — **~trei·be'rei** [ˌpraɪs-] *f* ⟨-; -en⟩ **1.** profiteering, forcing up of prices (*od.* the market), inflating (*od.* bulling) of prices, rigging the market (corner), *Am. colloq.* boost. – **2.** (*bei Auktionen*) puffing. — **~ˌüberˌhö·hung** *f* excessive prices *pl.* — **~ˌüberˌwa·chung** *f* price control. — **~ˌüberˌwa·chungsˌstel·le** *f cf.* Preisbehörde. — **~ˌun·terˌbie·tung** *f* **1.** price cutting, undercutting, underselling. – **2.** (*auf Auslandsmärkten*) dumping. — **~ˌun·terˌschied** *m* price difference (*od.* differential, spread), difference in (*od.* of) price(s). — **~verˌän·de·rung** *f* change in (*od.* of) price(s). — **~verˌband** *m* price combine, cartel. — **~verˌein·ba·rung** *f cf.* Preisabkommen. — **~verˌlei·hung** *f* presentation of a prize. — **~verˌtei·lung** *f* **1.** distribution of prizes. – **2.** (*Feier*) prize distribution. — **~verˌzeich·nis** *n econ. cf.* Preisliste.

'preisˌwert I *adj* **1.** good value (for the money), worth the money (*od.* price). – **2.** (*billig*) reasonably (*od.* low-)priced, economy-priced, moderate in price, inexpensive, cheap: ein ~es Angebot a reasonable offer, a bargain; das ist sehr ~ that is very reasonable (*od.* good value), that is a good buy (*od.* bargain). – **II** *adv* **3.** at a fair (*od.* reasonable) price, reasonably, cheap, cheaply: etwas ~ kaufen to buy s.th. at a fair price.

'Preis|ˌwu·cher *m econ.* charging exorbitant prices. — **p~ˌwür·dig** *adj cf.* lobenswert. — **~ˌwür·dig·keit** *f* **1.** (*Angemessenheit*) fairness of price. – **2.** (*Billigkeit*) reasonable (*od.* moderate) price, good value, cheapness. — **~ˌzuˌschlag** *m* addition to the price, additional (*od.* extra, supplementary) charge, surcharge.

pre·kär [preˈkɛːr] *adj* ⟨-er; -st⟩ precarious, delicate, critical: es war eine ~e Situation (*od.* Lage) it was a precarious situation, it was touch and go.

'Prellˌbock *m* **1.** (*railway*) *Am.* bumping (*od.* bumper) post, *Br.* buffer (stop), buffers *pl*, track end bumper. – **2.** immer ist er der ~ *fig. colloq.* he always has to bear (*od.* take) the blame (*od.* he is always blamed) for everything.

prel·len ['prɛlən] **I** *v/t* ⟨h⟩ **1.** *fig. colloq.* j-n (um etwas) ~ to swindle (*od.* cheat) s.o. (out of s.th.), to defraud s.o. (of s.th.), to bilk (*od.* trick, do) s.o. (out of s.th.), to stick s.o. (for s.th.) (*sl.*): sie prellten ihn um 10 Mark they swindled him out of 10 marks; → Zeche[1]. – **2.** sich (*dat*) etwas ~ (*Knie, Ellbogen etc*) to bruise (*od. scient.* contuse) s.th. – **3.** j-n ~ (*hochschnellen lassen*) to toss s.o. (up) (in a blanket). – **4.** (*sport*) (*Ball*) bounce, make (*a ball*) rebound. – **II** *v/i* ⟨sein⟩ **5.** nach vorn ~ (*bes. sport*) to dash (*od.* rush) forward. – **6.** *hunt.* (*vom Wild u. Jagdhund*) dash wildly. — **'Prel·ler** *m* ⟨-s; -⟩ **1.** (*Betrüger*) swindler, fraud, cheat, bilk. – **2.** *cf.* Prellschuß. — **Prel·le'rei** *f* ⟨-; -en⟩ swindle, fraud, cheating, cheat.

'Prell|ˌschuß *m hunt.* rebounding shot, ricochet (shot). — **~ˌstein** *m* (*an Häusern, Toren etc*) curb(stone), *bes. Br.* kerb(-stone), *Am.* edgestone.

'Prel·lung *f* ⟨-; -en⟩ *med.* bruise, contusion (*scient.*).

Pre·mi·er [prəˈmieː; pre-] *m* ⟨-s; -s⟩ *pol. cf.* Premierminister.

Pre·mie·re [prəˈmieːrə; pre-] *f* ⟨-; -n⟩ (*theater, film*) **1.** (*Erstaufführung*) first night, premiere, *bes. Br.* première, (*eines Films*) *auch* first run. – **2.** (*Uraufführung*) (world) premiere, *bes. Br.* (world) première.

Pre·mie·ren|ˌabend [prəˈmieːrən-; pre-] *m* **1.** (*einer Uraufführung*) world premiere (*bes. Br.* première) performance. – **2.** (*einer Erstaufführung*) first night performance. — **~beˌsu·cher** *m* first-nighter. — **~ˌki·no** *n* first-run cinema (*bes. Am. colloq.* movie).

Pre·mi'er·miˌni·ster *m pol.* prime minister, premier.

Pres·by·op [prɛsbyˈʔoːp] *m* ⟨-s; -e⟩ (*optics*) (*Alterssichtige*) presbyope. — **Pres·by·opie** [-ʔoˈpiː] *f* ⟨-; *no pl*⟩ old-age sight, presbyopia (*scient.*). — **pres·by'opisch** *adj* presbyopic.

Pres·by·ter ['prɛsbytər] *m* ⟨-s; -⟩ *relig.* **1.** *hist.* presbyter, elder. – **2.** *röm.kath.* priest. – **3.** (*in der evangelischen Kirche*)

presbyter. — **Pres·by·te·riˈal·verˌfas·sung** [-teˈri̯aːl-] *f* presbyterial constitution.
Pres·by·te·ria·ner [prɛsbyteˈri̯aːnər] *m* ⟨-s; -⟩ *relig.* Presbyterian. — **pres·by·te·ria·nisch** [-ˈri̯aːnɪʃ] *adj* Presbyterian: die ~e Kirche the Presbyterian Church.
Pres·byˈte·ri·um [-ˈteːrɪʊm] *n* ⟨-s; -rien⟩ **1.** *relig.* a) (*evangelischer Kirchenvorstand*) presbytery, presbyterate, consistory, b) (*Versammlungsraum*) presbytery. – **2.** *röm. kath.* (*Priesterkollegium*) college of priests. – **3.** *arch.* (*Chorraum*) presbytery.
pre·schen [ˈprɛʃən] *v/i* ⟨sein⟩ *colloq.* rush, dash, shoot, tear.
Pre·sen·ning [preˈzɛnɪŋ] *f* ⟨-; -e(n)⟩ *mar. cf.* Persenning.
pres·sant [prɛˈsant] *adj obs. od. dial. for* a) dringlich 1, b) eilig I.
ˈPreß|ˌbrett *n print.* (*in der Buchbinderei*) (press)board, (pressing) board. — **~ˌdeckung** (*getr.* -k·k-) *f* (*sport*) (*beim Basketball*) pressing.
Pres·se[1] [ˈprɛsə] *f* ⟨-; -n⟩ **1.** *tech.* (power) press: hydraulische [pneumatische, mechanische] ~ hydraulic [pneumatic, mechanical] press. – **2.** (*Weinpresse*) (wine)-press, crusher. – **3.** *print.* (*Druckerpresse*) (printing) press: autographische [lithographische] ~ autographic [lithographic] press; die Zeitung kommt frisch (*od.* eben) aus (*od.* von) der ~ the newspaper comes fresh from the press; das Buch ist noch in der ~ the book is still in press; in die ~ gehen to go to press. – **4.** (*housekeeping*) (*Fruchtpresse*) (fruit)press, fruit-juice extractor, squeezer, juicer. – **5.** ⟨*only sg*⟩ (*textile*) (*Appretur*) press, calender. – **6.** *colloq. contempt.* (*Schule*) cram school.
Pres·se[2] *f* ⟨-; *no pl*⟩ *print.* **1.** (*Zeitungswesen*) press, journalism: die Freiheit der ~ the freedom of the press; er ist bei der ~ he works for the press, he is with the press, he is a journalist. – **2.** (*Gesamtheit der Zeitungen*) press, newspapers *pl*: die inländische [ausländische] ~ the national (*od.* home) [the foreign] press; die ~ ist sich darüber einig, daß the press agrees that, there is a consensus in the press that. – **3.** (*Vertreter der Presse*) press, (news) reporters *pl*, newspapermen *pl*, *Br.* pressmen *pl*, journalists *pl*: die ~ war auch anwesend the press was also represented. – **4.** (*Pressekritik*) press, critique, (*lobende*) *auch* write-up (*colloq.*): der Film hatte eine gute [schlechte] ~ the film had a good (*od.* favo[u]rable) [bad *od.* poor, an unfavo(u)rable] press. – **5.** eine gute [schlechte] ~ haben *fig. colloq.* (*von Politiker etc*) to enjoy a good press [to have a bad press].
ˈPres·se|agent [-ˀaˌgɛnt] *m* press agent. — **~agenˌtur** *f* press agency. — **~ˌamt** *n pol.* press and information office, press office (*od.* bureau), *Br.* Central Office of Information. — **~at·taˌché** *m* press attaché. — **~ˌausˌweis** *m* press card. — **~beˌricht** *m* press (*od.* newspaper) report. — **~beˌricht·erˌstat·ter** *m* press (*od.* news) correspondent. — **~büˌro** *n cf.* Presseagentur. — **~ˌchef** *m pol.* press secretary, *Am. auch* press chief. — **~deˌlikt** *n cf.* Pressevergehen. — **~ˌdienst** *m* **1.** news (*od.* press) service. – **2.** public information service. — **~empˌfang** *m* reception for the press, press reception. — **~ˌfeldˌzug** *m* press campaign. — **~ˌfo·to** *n cf.* Pressephoto. — **~ˌfrei·heit** *f* freedom of the press. — **~geˌsetz** *n jur.* press law, *Am. auch* journalists' law. — **~kamˌpa·gne** *f cf.* Pressefeldzug. — **~kom·menˌtar** *m* press comment (*od.* commentary). — **~kon·feˌrenz** *f* press (*od.* news) conference. — **~kon·zen·tra·tiˌon** *f* press concentration. — **~kor·re·sponˌdent** *m* press correspondent. — **~ˌkrieg** *m* (news)paper (*od.* press) war (*od.* warfare, feud). — **~kriˌtik** *f* press, (press) critique, (*lobende*) *auch* write-up (*colloq.*). — **~ˌmel·dung** *f* **1.** press report (*od.* communication). – **2.** *cf.* Pressenotiz. — **~ˌmitˌtei·lung** *f* **1.** *cf.* Pressemeldung. – **2.** (*an die Presse*) press release: eine amtliche ~ an official press release, a (press) handout.
pres·sen [ˈprɛsən] **I** *v/t* ⟨h⟩ **1.** (*ausdrücken, ausquetschen*) press, squeeze, express (*obs.*): den Saft aus den Trauben ~ to press the juice out of the grapes. – **2.** (*stark drücken*) press, squeeze: j-m die Hand ~ to press s.o.'s hand. – **3.** (*zusammendrücken*) (com)press, squeeze. – **4.** (*Pflanzen etc*) press. – **5.** (*seihen*) strain: Saft durch ein Tuch ~ to strain juice through a cloth. – **6.** press: j-n an (*od.* gegen) die Wand ~ to press s.o. against the wall; sie preßte das Kind an ihre Brust she pressed the child to her breast, she hugged the child closely; er preßte sie an sich he pressed her close to him. – **7.** (*zwängen*) press, squeeze, jam, stuff, cram, force. – **8.** j-n zu etwas ~ *fig.* to force (*od.* urge) s.o. to (doing) s.th. – **9.** *mil. obs.* (*gewaltsam anwerben*) (im)press, crimp, (*bei Matrosen*) *auch* shanghai (*sl.*). – **10.** *tech.* a) (*bei der Kaltarbeit*) press, squeeze, b) (*bei der Warmarbeit*) die-press, die-form, c) (*prägen*) coin, emboss, d) (*Radscheiben*) cone, disk, *auch* disc, e) (*Glas*) mold, *bes. Br.* mould, press, f) (*Leder*) emboss, g) (*Blech etc*) press, (*zusammenpressen*) compress: etwas in eine Form ~ to press s.th. into a form; in Würfel ~ a) to cube, b) (*Kohlenstaub*) to briquette. – **11.** *metall.* (*strangpressen*) extrude. – **12.** *synth.* compression-mold (*bes. Br.* -mould), mo(u)ld. – **13.** (*textile*) a) (*glanzpressen*) press, gloss, dress, b) (*Hüte etc*) form, block: in Falten ~ to goffer, to crimp. – **14.** (*paper*) press, calender. – **15.** *agr.* (*Stroh etc*) bale, bundle. – **16.** *mar.* Segel ~ to press (*od.* crowd) sail (*od.* all sails), to carry a press of sail; den Wind ~ to sail (*od.* haul) close to the wind. – **II** *v/i* **17.** *med.* (*beim Stuhlgang*) strain. – **18.** *med.* (*bei der Geburt*) bear down. – **III** *v/reflex* sich ~ **19.** press oneself: ich preßte mich gegen (*od.* an) die Hauswand I pressed myself against the wall (of the house). – **20.** (*sich zwängen*) squeeze (*od.* cram, press) oneself: 20 Personen hatten sich in den Fahrstuhl gepreßt 20 people had squeezed (themselves) into the elevator (*bes. Br.* lift). – **IV P~** *n* ⟨-s⟩ **21.** *verbal noun.* – **22.** *cf.* Pressung. – **23.** (*Drücken, Quetschen*) pressing, squeezing, jam(ming). – **24.** (*Ausquetschen*) expression. – **25.** *hist.* (*gewaltsames Anwerben*) impressment. – **26.** (*Zusammendrücken*) compression. – **27.** *metall.* extrusion. – **28.** *synth.* compression molding (*bes. Br.* moulding).
ˈPres·se|noˌtiz *f* news (*od.* press) item, (press) notice. — **~orˌgan** *n* (press) organ. — **~ˌpho·to** *n* news picture. — **~pho·toˌgraph** *m* press photographer. — **~re·feˌrent** *m* press and public relations officer. — **~ˌschau** *f* (press *od.* newspaper) review. — **~ˌspie·gel** *m* press review. — **~ˌstel·le** *f cf.* Presseamt. — **~ˌstim·men** *pl* **1.** press comment *sg* (*od.* commentary *sg*). – **2.** (*als Zeitungsüberschrift*) opinion *sg* of the press. — **~triˌbü·ne** *f* press gallery, (*bes. sport*) press box.
Pres·seur [prɛˈsøːr] *m* ⟨-s; -e⟩ *print.* press.
ˈPres·se|verˌband *m* press association. — **~verˌgehen** *n* offence (*Am.* offense) against the press laws. — **~verˌlaut·ba·rung** *f cf.* Pressemeldung 1. — **~verˌtre·ter** *m* representative of the press, (news) reporter, newspaperman, *bes. Br.* pressman, journalist. — **~ˌwe·sen** *n* press, journalism. — **~zenˌsur** *f* censorship of the press, press censorship (*od.* curb).
ˈPreß|ˌform *f* **1.** *tech.* stamping (*od.* pressing) die. – **2.** *metall.* (*beim Strangpressen*) extrusion die. – **3.** *synth.* a) impression die, b) (*beim Formpressen*) compression mold (*bes. Br.* mould). – **4.** *print.* (*Prägestempel*) die, matrix. — **~ˌfut·ter** *n agr.* (com)pressed forage, pressed fodder. — **~ˌgas** *n tech.* pressure (*od.* compressed) gas. — **~ˌglas** *n* press glass. — **~ˌguß** *m* press (*od.* pressure) casting, pressure die casting. — **~ˌgußˌteil** *n* press (*od.* die) casting. — **~ˌhe·fe** *f brew.* press (*od.* compressed) yeast.
pres·sie·ren [prɛˈsiːrən] *v/impers* ⟨*no* ge-, h⟩ es pressiert *bes. Southern G. colloq.* it is urgent, time is running short (*od.* is pressing); es pressiert mir I am in a hurry; es pressiert nicht it is not urgent, there is no hurry.
Pres·si·on [prɛˈsi̯oːn] *f* ⟨-; -en⟩ **1.** (*Druck*) pressure. – **2.** *fig.* (*Nötigung, Zwang*) compulsion.
ˈPreß|ˌkoh·le *f tech.* briquette, *auch* briquet, briquetted coal, compressed fuel. — **~ˌkopf** *m gastr.* brawn, *bes. Am.* headcheese.
ˈPreß·ling *m* ⟨-s; -e⟩ **1.** *tech.* (*gepreßtes Stück*) pressed part (*od.* piece), die-pressed (*od.* die-formed) part. – **2.** *metall.* (*in der Pulvermetallurgie*) compact. – **3.** *synth.* molding, *bes. Br.* moulding. – **4.** *cf.* Brikett.
ˈPreß|ˌluft *f tech.* **1.** compressed air. – **2.** *cf.* Druckluft. — **p~beˌtä·tigt** *adj* air-operated. — **~ˌboh·rer** *m* pneumatic (*od.* air) drill. — **~ˌfla·sche** *f* compressed-air cylinder. — **~ˌham·mer** *m* pneumatic (*od.* air) hammer, compressed-air hammer. — **~ˌstamp·fer** *m* compressed-air rammer.
ˈPreß|ˌmas·se *f* **1.** *tech.* molding (*bes. Br.* moulding) compound (*od.* composition). – **2.** *synth. cf.* Formmasse. — **~maˌtri·ze** *f* (*in der Schallplattenherstellung*) stamper. — **~ˌmus·kel** *m med.* compressor. — **~ˌöler** *m tech.* pressure (*od.* force-feed) oiler. — **~ˌölˌschmie·rung** *f* pressure (*od.* force-feed) lubrication. — **~ˌpas·sung** *f* interference (*od.* press) fit. — **~poˌlie·ren** *n* die-burnishing. — **~ˌpul·ver** *n synth.* molding (*bes. Br.* moulding) powder. — **~ˌsack** *m gastr. cf.* Preßkopf. — **~ˌschichtˌholz** *n* (*wood*) compressed (*bes. Br.* densified) laminated wood. — **~ˌschmierˌpum·pe** *f tech.* grease gun. — **~ˌschwei·ßung** *f* pressure welding (process). — **~ˌsitz** *m* **1.** (*einer Bohrung*) heavy drive fit, light force fit. – **2.** (*der Welle*) (heavy) force fit. — **~ˌspan** *m* laminated fiber (*bes. Br.* fibre) sheet. — **~ˌspritzˌwerkˌzeug** *n bes. Am.* plunger mold, *bes. Br.* transfer mould. — **~ˌstan·ge** *f metall.* extruded bar. — **~ˌstoff** *m synth.* plastic material, (plastic) molding (*bes. Br.* moulding) compound, mo(u)lded plastic compound, plastic(s *pl construed as sg*): geschichteter ~ laminated material. — **~ˌstroh** *n agr.* baled (pressed) straw. — **~ˌstück**, **~ˌteil** *n tech. cf.* Preßling 1—3. — **~ˌtorf** *m* pressed peat.
ˈPres·sung *f* ⟨-; -en⟩ **1.** *cf.* Pressen. – **2.** *synth.* (*Schub*) shot.
Pres·sure-group [ˈprɛʃəˌɡruːp] (*Engl.*) *f* ⟨-; -s⟩ *meist pl pol.* pressure group.
ˈPreß|verˌfah·ren *n* **1.** *tech.* pressing (*od.* stamping, squeezing) process (*od.* method). – **2.** *synth.* molding (*bes. Br.* moulding) process (*od.* method). — **~ˌwe·hen** *pl med.* final stage of labor (*bes. Br.* labour) causing the woman to bear down.
Pre·sti·ge [prɛsˈtiːʒə] *n* ⟨-s; *no pl*⟩ prestige: sein ~ verlieren [retten] to lose [save] one's prestige, to lose [save] face. — **~ˌfra·ge** *f* question of prestige. — **~geˌwinn** *m* gain in prestige. — **~ˌgrün·de** *pl only in* aus ~n for prestige reasons, for reasons of prestige. — **~verˌlust** *m* loss of prestige (*od.* face).
pre·stis·si·mo [prɛsˈtɪsimo] *mus.* **I** *adv u. adj* prestissimo. – **II P~** *n* ⟨-s; -s *u.* -simi [-mi]⟩ prestissimo.
pre·sto [ˈprɛsto] *mus.* **I** *adv u. adj* presto. – **II P~** *n* ⟨-s; -s *u.* Presti [-ti]⟩ presto.
Pre·tio·sen [preˈtsi̯oːzən] *pl obs. for* Kostbarkeit 5, Geschmeide.
Preu·ße [ˈprɔʏsə] *m* ⟨-n; -n⟩ Prussian: so schnell schießen die ~n nicht! *fig. colloq.* things don't go as quickly as (all) that! — **ˈPreu·ßen·tum** *n* ⟨-s; *no pl*⟩ Prussianism. — **ˈPreu·ßin** *f* ⟨-; -nen⟩ Prussian (woman).
ˈpreu·ßisch *adj* Prussian. — **P~ˌblau** *n* Prussian (*od.* Berlin, Paris) blue.
pre·zi·ös [preˈtsi̯øːs] *adj obs. for* a) kostbar 1, geziert II, b) geschraubt II.
Pre·zio·sen [preˈtsi̯oːzən] *pl obs. for* Kostbarkeit 5, Geschmeide.
pria·pe·isch [priaˈpeːɪʃ] *adj* **1.** *obs. for* obszön. – **2.** ~er Vers *metr.* Priapean (meter, *bes. Br.* metre). — **Priaˈpe·us** [-ˈpeːʊs] *m* ⟨-; -pei [-ˈpeːi]⟩ *metr.* Priapean (meter, *bes. Br.* metre). — **pria·pisch** [priˈaːpɪʃ] *adj obs. for* obszön.
Pria·pis·mus [priaˈpɪsmʊs] *m* ⟨-; *no pl*⟩ *med.* priapism.
Pricke (*getr.* -k·k-) [ˈprɪkə] *f* ⟨-; -n⟩ **1.** *mar.* perch. – **2.** *zo. cf.* Flußneunauge.
Prickeˈlei (*getr.* -k·k-) *f* ⟨-; *no pl*⟩ *colloq. for* Prickeln.
ˈpricke·lig (*getr.* -k·k-) *adj cf.* prickelnd 1.
prickeln (*getr.* -k·k-) [ˈprɪkəln] **I** *v/i* ⟨h⟩ **1.** tingle: als ich ins Warme kam, prickelten meine Füße my feet tingled when I came into the warmth. – **2.** (*von Sekt, Selterswasser etc*) prickle, tickle: der Sekt prickelte auf der Zunge the champagne prickled on the tongue (*od.* tickled the tongue). – **3.** (*jucken*) itch. – **4.** (*brennen, beißen*) sting, prickle. – **5.** (*perlen, schäumen*) sparkle. – **II** *v/impers* **6.** es prickelt

mir in der Nase I have a tickle in my nose; es prickelt mir in allen Fingerspitzen a) my fingers are tingling, I have pins and needles in my fingers, b) *fig.* I'm itching to do s.th. – **III P~** *n* ⟨-s⟩ **7.** *verbal noun.* – **8.** (*in Händen u. Füßen*) tingle, tingling sensation, pins and needles *pl.* – **9.** (*von Sekt, Selterswasser etc*) prickle, tickle. – **10.** (*Perlen, Schäumen*) sparkle, briskness. — **'prickelnd** (*getr.* -k·k-) **I** *pres p.* – **II** *adj* **1.** (*Gefühl etc*) tingling, tingly, prickling, prickly. – **2.** (*perlend, schäumend*) sparkling, brisk. – **3.** *fig.* (*von Witzen etc*) spicy, piquant. – **4.** *fig.* (*aufregend*) exciting, thrilling.

pricken (*getr.* -k·k-) ['prɪkən] *v/t* ⟨h⟩ **1.** *mar.* (*Fahrwasser etc*) mark (*s.th.*) with perches. – **2.** *dial.* a) ausstechen 1, b) abstecken 1, c) stechen.

'prick·lig *adj cf.* prickelnd 1.

Priel [priːl] *m* ⟨-(e)s; -e⟩ *Northern G.* tideway, tidal gully.

Priem [priːm] *m* ⟨-(e)s; -e⟩ plug, quid, chew, *Am. colloq.* cud. — **'prie·men** *v/i* ⟨h⟩ chew tobacco. — **'Priem,ta·bak** *m* chewing tobacco.

pries [priːs] *1 u. 3 sg pret of* preisen.

Prie·ster ['priːstər] *m* ⟨-s; -⟩ **1.** *relig.* a) priest, clergyman, cleric(al), b) *röm.kath.* priest: j-n zum ~ weihen to ordain s.o. priest. – **2.** *relig. antiq.* priest. — **~,amt** *n* priesthood, priestly office, ministry. — **~,ehe** *f* marriage of priests (*od.* of the clergy). — **~ge,wand** *n* **1.** priestly (*od.* clerical) vestment (*od.* robes *pl*, dress), clericals *pl* (*colloq.*). – **2.** (*Soutane*) cassock, soutane. — **~,herr·schaft** *f* government by ecclesiastics, clerical government, (ecclesiastical) hierarchy, hierocracy (*lit.*).

'Prie·ste·rin *f* ⟨-; -nen⟩ *relig. antiq.* priestess.

'Prie·ster,kö·nig *m antiq. hist.* priest-king.

'prie·ster·lich *adj relig.* priestly, sacerdotal, hieratic, *auch* hieratical.

'Prie·ster,rock *m cf.* Priestergewand 2.

'Prie·ster·schaft *f* ⟨-; *no pl*⟩ *relig.* **1.** (body of) priests *pl*, priesthood, clergy, sacerdocy, hierarchy, ministry. – **2.** *cf.* Priesteramt.

'Prie·ster·se·mi,nar *n* college (*od.* seminary) for Roman Catholic priests.

'Prie·ster·tum *n* ⟨-s; *no pl*⟩ **1.** *cf.* Priesterwürde 1. – **2.** *cf.* Priesteramt.

'Prie·ster|,vo·gel *m zo. cf.* Honigfresser. — **~,wei·he** *f relig.* **1.** ordination, consecration. – **2.** *bes. röm.kath.* Holy Orders *pl*, orders *pl*: die ~ empfangen to take Holy Orders. — **~,wür·de** *f* **1.** priestly (*od.* sacerdotal) dignity. – **2.** *cf.* Priesteramt.

Prim [priːm] *f* ⟨-; -en⟩ **1.** *mus.* prime: reine ~ perfect unison. – **2.** (*sport*) (*beim Fechten*) prime. – **3.** *relig.* a) (*erste Gebetsstunde*) prime, b) (*erstes Stundengebet*) Prime, *auch* prime, Prime Song.

Pri·ma ['priːma] *f* ⟨-; Primen⟩ *ped. eighth and ninth year of a German secondary school.*

'pri·ma I *adj* ⟨*invariable*⟩ **1.** *colloq.* (*prächtig, fabelhaft*) marvel(l)ous; 'great', 'grand', 'capital', 'tremendous', super, 'terrific' (*colloq.*), 'smashing' (*sl.*), *Am. sl.* swell: er ist ein ~ Kerl he is a grand fellow, he is a good sort (*od.* type), *Am. sl.* he is a swell guy; (das ist ja) ~! (that's) great! *Br. colloq.* (jolly) good show! jolly good! – **2.** *colloq.* (*außergewöhnlich gut*) excellent, outstanding, first-class (*od.* -rate); top-notch, tip-top, *bes. Br.* topping (*colloq.*). – **3.** *econ. archaic* a) of prime (*od.* best, first) quality, prime, first-class (*od.* -rate), b) (*bes. von Wertpapieren*) gilt-edge(d). – **II** *adv colloq.* **4.** marvel(l)ously, 'fantastically' (*colloq.*): er kann ~ tanzen he is a marvellous dancer; es ist alles ~ gegangen everything went off very well (*od.* without a hitch, *colloq.* fine), everything was just hunky-dory (*colloq.*); wir verstehen uns ~ we get on (*od.* along) very well together.

Pri·ma·bal·le·ri·na [primabale'riːna] *f* ⟨-; -rinen⟩ *choreogr.* prima ballerina, premiere danseuse.

Pri·ma·don·na [prima'dɔna] *f* ⟨-; -donnen⟩ **1.** (*theater*) prima donna, diva, star. – **2.** sie [er] hat Allüren wie eine ~ *contempt.* she [he] gives herself [himself] (great) airs.

Pri·ma·ge [pri'maːʒə] *f* ⟨-; -n⟩ *mar. cf.* Primgeld.

Pri·ma·ner [pri'maːnər] *m* ⟨-s; -⟩, **Pri'ma·ne·rin** *f* ⟨-; -nen⟩ *pupil of a 'Prima'.*

Pri'ma·ner,lie·be *f* schoolboy romance.

Pri·mar [pri'maːr] *m* ⟨-s; -e⟩ *Austrian med. cf.* Primararzt.

pri·mär [pri'mɛːr] **I** *adj* **1.** (*vorrangig, vordringlich*) primary, principal, chief, prime: von ~er Bedeutung sein to be of primary significance (*od.* first importance). – **2.** (*grundlegend*) primary, basic, fundamental. – **3.** (*ursprünglich*) primary, original, primitive, prime. – **4.** (*anfänglich*) primary, initial. – **5.** *geol.* (*Gesteine etc*) primary. – **6.** *biol.* (*in der Urform*) primitive, protomorphic (*scient.*). – **7.** *electr.* primary. – **II** *adv* **8.** (*in erster Linie*) primarily, principally, chiefly, mainly.

Pri'mar,arzt *m Austrian med.* chief physician, head of a department (*od.* clinic).

Pri'mär·ge,stein *n geol.* primary rock.

Pri·ma·ri·us [pri'maːrius] *m* ⟨-; -rien⟩ **1.** *mus. cf.* Primgeiger. – **2.** *Austrian med. cf.* Primararzt.

Pri'mär,kreis *m electr.* primary circuit.

Pri'mar,leh·rer *m*, **Pri'mar,leh·re·rin** *f Swiss ped.* preparatory (*od.* primary, *bes. Am.* elementary) school teacher.

Pri'mär·li·te·ra,tur *f* primary literature, sources *pl.*

Pri'mar,schu·le *f Swiss ped.* preparatory (*od.* primary, *bes. Am.* elementary) school.

Pri'mär|,span·nung *f electr.* primary voltage. — **~,sta·di·um** *n med.* primary stage. — **~,strom** *m electr.* primary current. — **~,wick·lung** *f* primary winding.

Pri·mas[1] ['priːmas] *m* ⟨-; -se, *auch* -maten [pri'maːtən]⟩ *relig.* (*oberster Landesbischof*) primate, *auch* Primate.

'Pri·mas[2] *m* ⟨-; -se⟩ (*einer Zigeunerkapelle*) primas.

Pri·mat[1] [pri'maːt] *m, n* ⟨-(e)s; -e⟩ **1.** (*Vorrang, Vorzugsstellung*) primacy, preeminence, *Br.* pre-eminence, precedence. – **2.** *relig.* (*bes. des Papstes*) primacy, primateship. – **3.** *jur.* (*Erstgeburtsrecht*) primogeniture(ship).

Pri'mat[2] *m* ⟨-en; -en⟩ *meist pl zo.* Primate.

pri·ma vi·sta ['priːma 'vɪsta] *adv mus.* (*vom Blatt*) at sight.

'Pri·ma|,wa·re *f econ.* goods *pl* of prime (*od.* the best, *colloq.* A 1) quality, *auch* prime ware. — **~,wech·sel** *m* **1.** approved bill of exchange. – **2.** first of exchange.

Pri·me ['priːmə] *f* ⟨-; -n⟩ **1.** *mus. cf.* Prim 1. – **2.** *print.* first form (*od.* page).

Pri·mel ['priːməl] *f* ⟨-; -n⟩ *bot.* a) primrose, primula (*scient.*) (*Gattg Primula*), b) cowslip (*P. veris*). — **~,krank·heit** *f med.* primrose (*od.* primula) dermatitis.

'Prim|,gei·ger *m mus.* first violinist in (*od.* leader of) a string quartet(te). — **~,geld** *n mar.* primage.

pri·mi·tiv [primi'tiːf] **I** *adj* ⟨-er; -st⟩ **1.** (*urzuständlich, urtümlich*) primitive, primary, original, rudimentary, pristine (*lit.*). – **2.** (*Volk, Stamm etc*) primitive, savage, uncivilized *Br. auch* -s-. – **3.** (*Kunst, Musik etc*) primitive. – **4.** (*ungebildet, unkultiviert*) primitive, uncultured, uncultivated. – **5.** (*roh, gemein*) uncouth, rough, crude, coarse: so ein ~er Mensch (*od. colloq.* Kerl)! what an uncouth lout! what a brute! – **6.** (*nieder, niedrig*) primitive: die ~en Bedürfnisse der Massen the primitive needs (*od.* wants) of the masses. – **7.** (*behelfsmäßig*) primitive, rough, rough-and-ready (*attrib*): eine ~e Hütte a primitive (*od.* poor, wretched) hut. – **8.** (*grundlegend*) elementary, fundamental, basic, rudimentary. – **9.** (*einfach, simpel*) simple, elementary: die primitivsten Grundbegriffe the simplest basic facts, the basics. – **10.** *biol.* (*ursprünglich*) primitive, protomorphic (*scient.*). – **11.** *math.* (*Wurzel etc*) primitive. – **II** *adv* **12.** primitively: sie leben sehr ~ they live very primitively (*od.* under very primitive conditions). — **Pri·mi'ti·ve** *m, f* ⟨-n; -n⟩ *meist pl* primitive.

Pri·mi·ti·vis·mus [primiti'vɪsmus] *m* ⟨-; *no pl*⟩ (*art*) primitivism.

Pri·mi·ti·vi·tät [primitivi'tɛːt] *f* ⟨-; *no pl*⟩ **1.** primitiveness, primitivity. – **2.** (*Roheit, Gemeinheit*) uncouthness, roughness, crudeness, coarseness. – **3.** (*Einfachheit*) simplicity, elementariness.

Pri·miz [pri'miːts] *f* ⟨-; -en⟩, **~,fei·er** *f röm.kath.* first mass (of a newly ordained priest).

Pri·mi·zi·ant [primi'tsiant] *m* ⟨-en; -en⟩ *röm.kath.* newly ordained priest celebrating his first mass.

Pri·mi·zi·en [pri'miːtsiən] *pl relig. antiq.* primices, firstfruits.

Pri·mo·ge·ni·tur [primogeni'tuːr] *f* ⟨-; -en⟩ *jur.* (*Erstgeburtsrecht*) primogeniture(ship).

Pri·mus ['priːmus] *m* ⟨-; Primi [-mi] *u.* -se⟩ *ped.* (*Klassenbester*) head (*od.* top) of the class (*bes. Br.* form), *Br.* dux.

'Pri·mus 'in·ter 'pa·res ['ɪntər 'paːrɛs] *m* ⟨- - -; Primi - - [-mi]⟩ primus inter pares, first among equals.

'Prim,zahl *f math.* prime (number).

Prin·te ['prɪntə] *f* ⟨-; -n⟩ *meist pl gastr.* nut biscuit.

Prinz [prɪnts] *m* ⟨-en; -en⟩ prince.

Prin·zeß [prɪn'tsɛs] *f* ⟨-; Prinzessen⟩ princess. — **~,boh·nen** *pl gastr.* bush beans.

Prin'zes·sin *f* ⟨-; -nen⟩ princess.

Prin'zeß,kleid *n* (*fashion*) princess(-line) dress.

'Prinz·ge,mahl *m* prince consort.

Prin·zip [prɪn'tsiːp] *n* ⟨-s; -zipien [-piən]⟩ **1.** principle: etwas aus ~ tun to do s.th. on (*od.* as a matter of) principle; im ~ bin ich dagegen I am against it in principle (*od.* basically); ein ~ aufstellen to lay down a principle; ich habe meine [strengen] ~ien I have my [rigid] principles; nach ~ien handeln to act according to (*od.* on) principles; sich (*dat*) etwas zum ~ machen to make s.th. one's principle, to make a point of s.th.; seinen ~ien treu bleiben to stand (*od.* stick, remain true) to one's principles; er reitet immer auf ~ien herum *fig. colloq.* he is always harping on (*od.* about) his principles; ein ~ zu Tode reiten *fig. colloq.* to flog a principle. – **2.** (*bes. in den Naturwissenschaften*) principle, law: → archimedisch. – **3.** *tech.* principle: diese Maschine beruht auf einem einfachen ~ this machine works on a simple principle.

Prin·zi·pal[1] [prɪntsi'paːl] *m* ⟨-s; -e⟩ *obs. for* a) Geschäftsinhaber, b) Lehrherr.

Prin·zi'pal[2] *n* ⟨-s; -e⟩ *mus.* (*der Orgel*) **1.** ~ 4 Fuß principal. – **2.** ~ 8 Fuß (open) diapason.

Prin·zi'pal,gläu·bi·ger *m econ. cf.* Hauptgläubiger.

prin·zi·pi·ell [prɪntsi'piɛl] **I** *adj* **1.** in (*od.* of) principle: ich habe keine ~en Einwände dagegen I have no objections in (*od.* on grounds of) principle. – **II** *adv* **2.** (*im Prinzip*) in principle: er ist ~ dagegen he is against it in principle; sich ~ voneinander unterscheiden to differ in principle. – **3.** (*aus Prinzip*) on principle: er geht ~ nicht ins Kino he doesn't go to the cinema (*od.* pictures, *bes. Am. colloq.* movies) on (*od.* as a matter of) principle.

prin'zi·pi·en|,fest *adj* firm in one's principle(s). — **P~,fra·ge** *f* question of principle. — **P~,rei·ter** *m colloq. contempt.* stickler for principles, dogmatist. — **P~rei·te'rei** [prɪn,tsiːpiən-] *f* continuous harping on (*od.* obstinate sticking to) principles, dogmatism. — **P~,streit** *m* dispute about principles. — **~,treu** *adj* true (*od.* loyal) to one's principles.

'prinz·lich *adj* princely.

'Prinz·re,gent *m* prince regent.

Pri·or ['priːɔr] *m* ⟨-s; -en [pri'oːrən]⟩ *röm.kath.* **1.** (*Klostervorsteher*) prior. – **2.** (*eines Konvents*) conventual prior. – **3.** (*Stellvertreter des Abts*) claustral prior. — **Prio·rat** [prio'raːt] *n* ⟨-(e)s; -e⟩ priorate, priory, priorship. — **Prio·rin** [pri'oːrɪn] *f* ⟨-; -nen⟩ prioress.

Prio·ri·tät [priori'tɛːt] *f* ⟨-; -en⟩ **1.** (*Vorrecht, Vorrang*) (vor *dat* over, to) priority, precedence, preference: ~en setzen to set priorities. – **2.** *econ. jur.* (*patents*) (*Vorzugsrecht*) priority (right), right of priority. – **3.** *pl econ.* a) (*Obligationen*) priority bonds, b) *Br.* preference shares, *Am.* preferred stocks. – **4.** ⟨*only sg*⟩ (*zeitliches Vorhergehen*) priority, precedence.

Prio·ri'täts|,ak·tie *f econ. cf.* Vorzugsaktie. — **~,an,lei·he** *f* preference bonds *pl*, priority loan. — **~,an,spruch** *m econ. jur.* (*patents*) priority claim, claim to priority. — **~,gläu·bi·ger** *m* preferential (*od.* privileged, preferred) creditor. — **~ob·li·ga·tio·nen** [-ˀobliga,tsioːnən] *pl econ. cf.* Priorität 3a. — **~,recht** *n jur. econ.* priority (right), right of priority, preferential right.

Pri·se ['priːzə] *f* ⟨-; -n⟩ **1.** (*Salz etc*) pinch: eine ~ Schnupftabak a pinch of snuff, a snuff. – **2.** *mar. jur.* (*aufgebrachtes Schiff*) prize (ship), capture: eine ~ machen (*od.* einbringen) to make prize of a ship, to make (*od.* take, secure) a prize, to effect a capture; ein Schiff als gute ~ erklären to condemn a ship as (*od.* declare a ship) a lawful prize.

'Pri·sen|ˌgeld *n meist pl mar.* prize money. — **~geˌricht** *n* prize court. — **~kom-ˌman·do** *n* prize crew. — **~ˌrecht** *n* law of prize, prize law.

Pris·ma ['prɪsma] *n* ⟨-s; Prismen⟩ **1.** *phys.* (*optics*) prism: gerades (*od.* senkrechtes, normales) [schiefes] ~ right [oblique] prism; zusammengesetztes ~ polyprism; Licht durch ein ~ zerlegen to disperse light by a prism. – **2.** *meist pl* (*an Kronleuchtern etc*) drop. — **pris'ma·tisch** [-'maːtɪʃ] *adj* prismatic(al): doppelt ~ doubly prismatic, diprismatic; ~es Brillenglas prismatic (spectacle) lens.

Pris·ma·to·id [prɪsmato'iːt] *n* ⟨-(e)s; -e⟩ *math.* prismatoid.

'Pris·men|ˌbril·le *f* (*optics*) prismatic spectacles *pl.* — **~di·opˌtrie** *f* prism diopter (*od.* dioptre, dioptry). — **~ˌfernˌrohr** *n* prism telescope. — **~ˌform** *f* prismatic form. — **~ˌfüh·rung** *f tech.* prismatic guide, V-(-guide)ways *pl.* — **~ˌglas** *n* (*optics*) **1.** prism. – **2.** (*Fernglas*) prism binocular(s *pl* [*sometimes construed as sg*]). – **3.** (*Teleskop*) prism telescope. — **~ˌlu·pe** *f* prism magnifier (*od.* loupe, magnifying glass). — **~spek·troˌgraph** *m* prism spectrograph. — **~spek·troˌme·ter** *n* prism spectrometer. — **~spek·troˌskop** *n* prism spectroscope. — **~ˌsu·cher** *m phot.* prismatic viewfinder.

Prit·sche ['prɪtʃə] *f* ⟨-; -n⟩ **1.** (*Lagerstatt*) plank bed. – **2.** (*des Harlekins etc*) slapstick. – **3.** *tech.* (*zum Glätten u. Schlagen*) bat. – **4.** *mil.* (*Geschützbank*) barbette. – **5.** *auto.* (*Ladefläche*) platform. – **6.** (*beim Rudersport*) raft.

prit·schen ['prɪtʃən] **I** *v/t* ⟨h⟩ **1.** j-n ~ *obs. od. dial.* to beat s.o. with a slapstick. – **II P~** *n* ⟨-s⟩ **2.** *verbal noun.* – **3.** (*sport*) (*beim Volleyball*) overarm passing.

'Prit·schenˌwa·gen *m auto.* platform van (*Am.* truck), flatbed, pickup, *bes. Br.* lorry with dropside body.

pri·vat [pri'vaːt] **I** *adj* **1.** (*persönlich*) private, personal: das ist meine (ganz) ~e Meinung [Angelegenheit] that is (strictly) my personal opinion [affair]; für meinen ~en Gebrauch for my (own) private use; in j-s ~e Sphäre eindringen to intrude on s.o.'s privacy. – **2.** (*vertraulich*) private, confidential, closet (*lit.*): ein ~es Gespräch a confidential conversation, a talk in private. – **3.** (*nicht öffentlich od. staatlich*) private: das ist mein ~es Eigentum this is my (own) private (*od.* personal) property; ~! private! man ist von ~er Seite an mich herangetreten I have been approached privately; ~e Handelsschule private business (*od.* commercial) school; ~e Einfuhr *econ.* imports *pl* on private account. – **4.** (*Patient, Behandlung etc*) private: ich bin bei Dr. X in ~er Behandlung I am a private patient of Dr. X, I am with Dr. X as a private patient. – **II** *adv* **5.** (*persönlich*) privately, personally. – **6.** (*vertraulich*) privately, confidentially: könnte ich Herrn M. einmal ~ sprechen? may I speak to Mr. M. privately (*od.* in private)? – **7.** (*im Privatleben*) in private life: ~ ist er ganz anders he is quite different in private life. – **8.** ~ wohnen (*nicht im Hotel*) to live in a private house. – **9.** ~ versichert sein to be privately insured. – **III P~** ⟨*invariable*⟩ **10.** *econ. only in* Verkauf auch an ~ we also sell to private customers; Ankauf von ~ private purchase.

Pri'vat|ˌabˌkom·men *n*, **~ˌabˌma·chung** *f* private agreement. — **~adres·se** [-ʔa-ˌdrɛsə] *f* private (*od.* home) address. — **~ˌan·geˌle·gen·heit** *f* private (*od.* personal) affair (*od.* matter, business, concern). — **~ˌanˌschrift** *f cf.* Privatadresse. — **~au·diˌenz** *f pol.* private audience. — **~ˌausˌkunft** *f* private (*od.* confidential, exclusive) information. — **~ˌau·to** *n* private car. — **~ˌbahn** *f* (*railway*) private railroad (*Br.* railway). — **~ˌbank** *f* ⟨-; -en⟩ *econ.* private (*od.* commercial) bank. — **~beˌsitz** *m cf.* Privateigentum. — **~beˌtrieb** *m* private enterprise (*od.* firm, business, concern, undertaking), privately owned enterprise. — **~ˌbrief** *m* personal (*od.* private) letter. — **~ˌbüh·ne** *f* (*theater*) private theater (*bes. Br.* theatre) (*od.* playhouse). — **~büˌro** *n* private office. — **~de·tekˌtiv** *m* private detective (*od.* investigator), *Am. colloq.* spotter, *Am. sl.* private eye. — **~disˌkont** *m econ.* **1.** *cf.* Privatdiskontsatz. – **2.** *pl* prime acceptances, acceptances of first-class bankers. — **~disˌkontˌsatz** *m* prime acceptance (*od.* discount) rate. — **~doˌzent** *m lecturer at German universities eligible for a professorship, Am. etwa* instructor, docent. — **~ˌdruck** *m print.* private publication: im ~ erschienen privately printed. — **~ˌei·gen·tum** *n* private property (*od.* ownership): in ~ in private ownership, privately owned; in ~ übergehen to pass into private hands. — **~ˌeinˌkom·men** *n* private (*od.* personal) income. — **~ˌfah·rer** *m* (*im Rennsport*) private entrant. — **~ˌfahrˌzeug** *n cf.* Privatwagen. — **~flie·geˌrei** *f* private aviation. — **~ˌflugˌzeug** *n* private aircraft (*Br. auch* aeroplane, *Am.* airplane, *colloq.* plane). — **~geˌbrauch** *m* private (*od.* personal, own) use. — **~geˌlehr·te** *m* private scholar. — **~geˌspräch** *n* **1.** private conversation (*od.* talk). – **2.** (*per Telephon*) private call. — **~ˌhaus** *n* private house. — **~ˌhausˌhalt** *m* private household.

Pri·va·ti·er [priva'tieː] *m* ⟨-s; -s⟩ *obs.* **1.** person of private means. – **2.** (*Pensionär*) (old-age) pensioner, pensionary.

pri·va·tim [pri'vaːtɪm] *adv archaic* **1.** privatim, privately, in private. – **2.** (*vertraulich*) confidentially.

Pri'vat|in·duˌstrie *f* private industry. — **~in·itiaˌti·ve** *f* private initiative (*od.* venture). — **~in·terˌes·se** *n* private interest.

pri·va·ti·sie·ren [privati'ziːrən] **I** *v/i* ⟨*no* ge-, h⟩ *obs.* **1.** live on one's own (*od.* private) means. – **2.** (*als Pensionär*) live on one's (old-age) pension. – **II** *v/t* **3.** *econ.* (*staatliche Betriebe etc*) a) put (*od.* pass, transfer) (*s.th.*) into private ownership (*od.* hands), b) (*reprivatisieren*) denationalize *Br. auch* -s-. – **III P~** *n* ⟨-s⟩ **4.** *verbal noun.* — **Pri·va·ti'sie·rung** *f* ⟨-; -en⟩ **1.** *cf.* Privatisieren. – **2.** *econ.* (*von staatlichen Betrieben etc*) a) transfer (*od.* transference) into private ownership (*od.* hands), b) (*Reprivatisierung*) denationalization *Br. auch* -s-.

pri·va·tis·si·me [priva'tɪsime] *adv* strictly confidentially (*od.* privately). — **Pri·va'tis·si·mum** [-mʊm] *n* ⟨-s; -sima [-ma]⟩ (*an der Universität*) *etwa* exclusive tutorial.

Pri'vat|ka·piˌtal *n econ.* private capital (*od.* means *pl*). — **~ˌkas·se** *f* (*Krankenkasse*) private health-insurance fund. — **~ˌkla·ge** *f jur.* private complaint. — **~ˌklä·ger** *m* plaintiff, complainant: als ~ auftreten to lodge a private complaint. — **~ˌkli·nik** *f med.* private clinic (*od.* hospital), *bes. Br.* nursing home. — **~ˌkon·to** *n econ.* private account. — **~konˌtor** *n obs. for* Privatbüro. — **~kor·re·sponˌdenz** *f* personal (*od.* private) correspondence. — **~ˌkun·de** *m* individual customer. — **~ˌle·ben** *n* ⟨-s; *no pl*⟩ private life: im ~ in private (life); das Recht auf ein ~ the right to privacy; er zog sich ins ~ zurück he retired (from public life); in j-s ~ eindringen to intrude (*od.* infringe) on (*od.* to invade) s.o.'s private life (*od.* privacy). — **~ˌleh·rer** *m* private teacher, tutor, coach. — **~ˌleh·re·rin** *f* private teacher, tutoress. — **~lekˌtü·re** *f* private reading. — **~ˌleu·te** *pl* private persons (*od.* people). — **~ˌmann** *m* ⟨-(e)s; ⸚er *od.* Privatleute⟩ **1.** private person. – **2.** *cf.* Privatier. — **~pa·tiˌent** *m*, **~pa·tiˌen·tin** *f med.* private patient. — **~perˌson** *f* private person. — **~quarˌtier** *n* (*für die Ferien*) private lodgings *pl* (*od.* accommodation). — **~ˌrecht** *n jur.* private (*od.* civil) law. — **p~ˌrecht·lich** *adj* under private (*od.* civil) law: ~e Verträge private law contracts. — **~ˌsa·che** *f cf.* Privatangelegenheit. — **~scha·tul·le** *f* (*eines Herrschers*) privy purse. — **~ˌschrei·ben** *n cf.* Privatbrief. — **~ˌschu·le** *f* private (*od.* independent) school. — **~se·kre·tär** *m*, **~se·kre·tä·rin** *f* private secretary. — **~ˌsek·tor** *m* private sector. — **~ˌsphä·re** *f* privacy, private life. — **~ˌspiel** *n* (*sport*) *cf.* Freundschaftsspiel. — **~ˌstra·ße** *f* private road. — **~ˌstun·de** *f* private lesson. — **~ˌun·terˌneh·men** *n* **1.** private enterprise (*od.* undertaking). – **2.** *econ. cf.* Privatbetrieb. — **~ˌun·terˌneh·mer** *m* private contractor. — **~ˌun·terˌricht** *m* private lessons *pl* (*od.* tuition, instruction), coaching: j-m ~ geben to give s.o. private lessons, to tutor (*od.* coach) s.o.; ~ nehmen to have (*od.* take) private lessons, *Am. colloq.* to tutor. — **~verˌbrauch** *m* private (*od.* personal) consumption. — **~verˌgnü·gen** *n* private amusement (*od.* pleasure): das ist mein ~ I'm doing this for my own pleasure. — **~verˌmö·gen** *n econ.* private (*od.* personal) property (*od.* capital, means *pl*, assets *pl*). — **~verˌsi·che·rer** *m* private underwriter (*od.* insurer). — **~verˌsi·che·rung** *f* private insurance. — **~ˌwa·gen** *m* private car (*od.* motor verhicle). — **~ˌweg** *m* private road (*od.* path), *Am. auch* private drive(way). — **~ˌwirt·schaft** *f* private economy, (the) private sector. — **p~ˌwirt·schaft·lich** *adj* private-sector (*od.* -enterprise) (*attrib*). — **~ˌwoh·nung** *f* **1.** private rooms *pl* (*bes. Am.* apartment, *bes. Br.* flat). – **2.** (*Wohnsitz*) private residence. — **~ˌzweck** *m* private (*od.* personal) purpose (*od.* end, object), individual aim.

Pri·vi·leg [privi'leːk] *n* ⟨-(e)s; -ien [-gĭən], *auch* -e⟩ **1.** (*des Adels, der Kirche etc*) privilege, prerogative, *Am. auch* franchise. – **2.** *jur.* (*Sonderrecht*) privilege, immunity, charter, *Am. auch* franchise: Verstoß gegen die ~ien breach of privilege. – **3.** *jur. econ.* (*Konzession*) a) *Br.* licence, *Am.* license, privilege, patent, b) (*einer Bank*) charter. — **pri·vi·le'gie·ren** [-le-'giːrən] *v/t* ⟨*no* ge-, h⟩ **1.** privilege, grant a privilege to. – **2.** (*konzessionieren*) a) license, *Br. auch* licence, b) (*Bank*) charter. — **pri·vi·le'giert I** *pp.* – **II** *adj* privileged: ~e Forderung *jur. econ.* (*bei Konkurs*) privileged (*od.* preferred, preferential) claim (*od.* debt). — **Pri·vi'le·gi·um** [-gĭʊm] *n* ⟨-s; -gien⟩ *archaic for* Privileg 1.

pro [proː] **I** *prep* ⟨*acc*⟩ per: ~ Jahr per year (*od.* annum), annually; ~ Monat per month, monthly; ~ Kopf (*od.* Person) a) per head (*od.* person), each, b) *bes. jur. econ.* per capita (*od.* caput); ~ Nase *colloq.* a head; 2 Mark ~ Stück 2 marks apiece (*od.* each); ~ tausend (*od.* mille) per thousand (*od.* mille); 5 Einwohner ~ qkm 5 inhabitants to the square kilometer (*bes. Br.* kilometre). – **II P~** *n* ⟨-; *no pl*⟩ *only in* das ~ und Kontra the pros and cons *pl.*

pro·ba·bel [pro'baːbəl] *adj* (*wahrscheinlich*) probable. — **Pro·ba·bi'lis·mus** [-babi-'lɪsmʊs] *m* ⟨-; *no pl*⟩ *relig. philos.* probabilism. — **Pro·ba·bi·li'tät** [-babili'tɛːt] *f* ⟨-; *no pl*⟩ probability.

pro·bat [pro'baːt] *adj* (*bewährt*) (ap)proved, proven, established.

Pro·be ['proːbə] *f* ⟨-; -n⟩ **1.** (*Versuch, Erprobung*) trial, test, *Am. colloq.* tryout: ich habe das nur zur ~ gemacht I was only trying it out. – **2.** (*Probezeit*) probation, trial: j-n auf (*od.* zur) ~ einstellen to employ (*od.* engage) s.o. on probation. – **3.** (*Prüfung, Untersuchung*) test, testing, trial. – **4.** (*Nachprüfung*) verification, check(ing): die ~ machen *bes. math.* to check it (*od.* the result, the solution) back (*od.* over), to verify the result; → Exempel 1. – **5.** (*Bewährungsprobe*) test: j-n auf die ~ stellen to put s.o. to the test (*od.* on trial, *lit.* to the proof), to try s.o.'s mettle (*lit.*); j-s Geduld auf eine harte ~ stellen to tax (*od.* try) s.o.'s patience; er hat die ~ nicht bestanden he did not stand (*od. colloq.* make) the test. – **6.** (*von Handschrift, Schriftmustern etc*) specimen. – **7.** *auch fig.* (*Kostprobe*) taste, tasting, sample. – **8.** *fig.* (*Beweis*) proof, evidence: eine ~ seines Könnens [seiner Tapferkeit] ablegen (*od.* liefern) to give proof (*od.* evidence) of one's ability [bravery]. – **9.** (*theater*) *mus.* a) (*eines Stücks etc*) rehearsal, b) (*Gesangs-, Sprechprobe*) audition. – **10.** *econ.* (*Warenprobe*) sample, specimen, (*bei Stoffen*) *auch* pattern: laut ~ as per sample; Kauf nach ~ purchase according to sample; ~ liegt bei a sample is enclosed, enclosed please find a sample. – **11.** *chem. biol.* a) (*Probemenge*) specimen, sample, b) (*Probeexemplar*) assay (sample), sample, specimen, c) (*Prüfung, Analyse*) assay, test: das Resultat der ~ the result of the test, the assay. – **12.** *metall.* a) specimen, sample, b) (*Metall-, Erzprobe*) assay. – **13.** *med.* (*von Urin etc*) specimen, sample.

'**Pro·be|ˌabˌdruck** *m print. cf.* Probeabzug 1. — **~ˌabˌzug** *m* **1.** *print.* proof (impression *od.* sheet), specimen print. – **2.** *phot.* test print. — **~alarm** [-ʔaˌlarm] *m* **1.** practice alarm. – **2.** (*der Feuerwehr*) fire drill. — **~ˌar·beit** *f* **1.** practical test. – **2.** proof work, specimen (of one's work). – **3.** *ped.* test (paper). — **~ˌaufˌnah·me** *f* **1.** (*für einen Film etc*) screen test: **~n von** (*od.* **mit**) **j-m machen** to screen-test s.o. – **2.** (*für eine Schallplatte*) test recording. — **~ˌaufˌtrag** *m econ.* trial order. — **~beˌla·stung** *f tech. cf.* **Prüfbelastung.** — **~beˌstel·lung** *f econ.* trial order. — **~biˌlanz** *f* trial balance. — **~ˌbo·gen** *m print. cf.* Probeabzug 1. — **~ˌboh·rung** *f* (*mining*) trial (*od.* exploratory) boring. — **~ˌdruck** *m print. cf.* Probeabzug 1. — **~entˌnah·me** *f cf.* Probenahme. — **~ex·emˌplar** *n* **1.** *print.* specimen (copy *od.* issue). – **2.** *cf.* Muster 8. — **~ex·zi·siˌon** *f med.* test (*od.* exploratory, sample) excision, biopsy (*scient.*). — **p~ˌfah·ren I** *v/t* ⟨*only inf u. pp* probegefahren, h⟩ (*Wagen*) take (*car*) for a test drive. – **II** *v/i* ⟨sein⟩ take a test drive. — **~ˌfahrt** *f* **1.** (*in Auto*) test drive: **eine ~ machen** to take a test drive. – **2.** (*auf Schiff*) trial run (*od.* trip). — **~ˌfilm** *m* test film, screen test. — **~ˌflug** *m aer.* test (*od.* trial) flight. — **~ˌheft** *n print.* specimen copy (*od.* issue). — **~in·zi·siˌon** *f med.* test (*od.* exploratory, sample) incision. — **~ˌjahr** *n* year of probation, probationary year. — **~kan·diˌdat** *m* probationer. — **~ˌlauf** *m* **1.** *tech.* (*sport*) trial (*od.* test) run. – **2. ~ im Prüfstand** (*eines Raketenmotors*) captive firing. — **~lek·tiˌon** *f ped.* trial lesson.

prö·beln ['prøːbəln] *v/i* ⟨h⟩ *Swiss* experimentalize.

pro·ben ['proːbən] **I** *v/t* ⟨h⟩ **1.** (*Theaterstück etc*) rehearse, go over (*colloq.*). – **2. den Aufstand ~** *pol.* to rehearse the revolt. – **II** *v/i* **3.** rehearse: **wir müssen morgen nochmals ~** we have to rehearse again tomorrow.

'**Pro·beˌnah·me** *f* ⟨-; -n⟩ sampling, drawing of samples.

'**Pro·benˌar·beit** *f* (*theater*) *mus.* rehearsing.

'**Pro·be|ˌnum·mer** *f print. cf.* Probeexemplar 1. — **~ˌpackung** (*getr.* -k·k-) *f* trial package. — **~ˌpfeil** *m* (*beim Bogenschießen*) sighter arrow. — **~ˌschie·ßen** *n mil.* trial (*od.* test) firing. — **~ˌschuß** *m mil.* (*sport*) **1.** trial (*od.* test) shot. – **2.** (*zur Visierkontrolle*) sighting shot. — **~ˌsei·te** *f print.* specimen page. — **~ˌsen·dung** *f econ.* sample sent on approval. — **~ˌse·rie** *f* trial (*od.* test) series. — **~ˌsprung** *m* (*sport*) trial jump. — **~ˌstoß** *m* (*beim Kugelstoßen*) trial put. — **~ˌstrei·fen** *m phot.* test strip. — **~ˌstück** *n* **1.** specimen, sample. – **2.** *tech.* (test) specimen, test piece. — **p~ˌwei·se** *adv* **1.** by way of trial. – **2.** for (a) trial. – **3.** (*auf Probezeit*) on probation. — **~ˌwurf** *m* (*sport*) trial throw. — **~ˌwür·fel** *m civ.eng.* cube test specimen. — **~ˌzeit** *f* **1.** probation, probationary (*od.* trial, qualifying, *Am. colloq.* tryout) period: **nach einer ~ von drei Monaten** after (*od.* at the end of) three months' probation. – **2.** (*der Mönche u. Nonnen*) novitiate, *auch* noviciate.

Pro'bier|ˌbril·le *f* (*optics*) (*Brillenfassung für Sehprüfungen*) test (*od.* trial) frame. — **~ˌbril·lenˌglas** *n* test (*od.* trial, neutralizing *Br. auch* -s-) lens.

pro·bie·ren [pro'biːrən] **I** *v/t* ⟨*no* ge-, h⟩ **1.** (*kosten, schmecken*) taste, sample, try. – **2.** (*versuchen*) try, attempt: **~ wir es doch einmal** let's try it, let's give it a try, let's have a try (*od. colloq.* go at it); **er probiert's nur** *fig. colloq.* he's just chancing his arm (*colloq.*). – **II P~** *n* ⟨-s⟩ **3.** *verbal noun.* – **4.** (*Experimentieren*) experiment: **~ geht über Studieren** (*Sprichwort*) the proof of the pudding is in the eating (*proverb*), an ounce of practice is worth a pound of theory (*proverb*). – **5.** *metall.* assay.

Pro'bier|geˌwicht *n metall.* assay weight. — **~ˌglas** *n* **1.** taster. – **2.** *chem.* test tube. — **~ˌgold** *n metall.* standard gold. — **~ˌkunst** *f* assaying. — **~ˌlöf·fel** *m* assay spoon. — **~ˌstein** *m min.* touchstone, *auch* basanite, Lydian stone. — **~ˌstu·be** *f wineshop where customers can try the wines before ordering.* — **~ˌwaa·ge** *f metall.* assay balance.

Pro·blem [pro'bleːm] *n* ⟨-s; -e⟩ problem: **das sind alles ungelöste ~e** these are all unsolved problems; **ein ~ lösen** to solve a problem; **vor einem ~ stehen** to face (*od.* be confronted with) a problem; **das ist doch kein ~!** *colloq.* that's no problem at all!

Pro·ble·ma·tik [proble'maːtɪk] *f* ⟨-; *no pl*⟩ **1.** (*fragwürdige Beschaffenheit*) problems *pl*, problematic nature: **in diesem Punkt wird die ganze ~ des Vortrags deutlich** this point demonstrates the whole problematic nature of the lecture. – **2.** problems *pl*, difficulties *pl.* — **pro·ble'ma·tisch** *adj* problematic(al).

Pro'blem|ˌkreis *m* complex of problems. — **p~los** *adj u. adv* without any difficulties (*od.* problems). — **~ˌstel·lung** *f* **1.** formulation of a problem. – **2.** problem, task: **die ~ ist folgende** the problem is this. — **~ˌstück** *n* (*theater*) thesis (*od.* problem) play.

'**Pro·deˌkan** *m* (*an deutschen Universitäten*) vice-dean, *bes. Am.* assistant dean.

Pro·di·ga·li·tät [prodigali'tɛːt] *f* ⟨-; *no pl*⟩ *obs.* prodigality.

pro do·mo [proː 'doːmo] *only in* **~ sprechen** *lit.* to speak for one's own benefit (*od.* in one's own interest).

Pro·drom [pro'droːm] *n* ⟨-s; -e⟩, **Pro·dro'mal·symˌptom** [-dro'maːl-] *n med.* prodrome, premonitory symptom.

Pro·dro·mus ['proːdromus] *m* ⟨-; -men [pro'droːmən]⟩ *obs. for* Vorrede, Vorwort[1].

Pro·dukt [pro'dukt] *n* ⟨-(e)s; -e⟩ **1.** product: **ein tierisches [pflanzliches] ~** an animal [a vegetable] product; **landwirtschaftliche ~e** agricultural products (*od.* produce *sg*). – **2.** (*Ergebnis*) product, result: **das Werk ist das ~ jahrelanger Arbeit** the work is the result (*od.* outcome) of several years' work; **er ist ein ~ seiner Zeit** he is a product of his time. – **3.** *math.* product, result: **das ~ von 3 mal 3 ist 9** the product of 3 times 3 is 9.

Pro'duk·ten|ˌbör·se *f econ.* commodity (*od.* goods, produce) exchange. — **~ˌhan·del** *m* produce trade, trade in agricultural produce (*od.* products). — **~ˌhänd·ler** *m* dealer in (agricultural) produce (*od.* products). — **~ˌmarkt** *m* produce market.

Pro·duk·ti·on [produk'tsĭoːn] *f* ⟨-; -en⟩ **1.** (*Herstellung*) production: **maschinelle [handwerkliche] ~** machine [manual] production. – **2.** ⟨*only sg*⟩ (*Menge*) production, output: **die ~ steigern [einschränken]** to increase [limit *od.* cut down] (the) output. – **3.** ⟨*only sg*⟩ (*Ertrag*) yield. – **4.** *colloq.* (*Betrieb*) production end: **in der ~ arbeiten** (*od.* **stehen**) to work in the production end (*od.* on the factory floor).

Pro·duk·ti'ons|ˌabˌnah·me *f econ. cf.* Produktionsrückgang. — **~ˌanˌla·ge** *f* production plant (*od.* facilities *pl*). — **~ˌanˌstieg** *m* increase in production (*od.* output), production (*od.* output) increase. — **~as·siˌstent** *m* (*film*) assistant executive producer. — **~ˌaufˌnah·me** *f econ.* commencement of production. — **~ˌaufˌwand** *m* production expenditure. — **~ˌausˌfall** *m* loss of production. — **~ˌausˌwei·tung** *f* extension (*od.* expansion) of production. — **~beˌreich** *m* producing (*od.* production) line (*od.* sector). — **~beˌschrän·kung** *f* restriction (*od.* curtailment, limitation) of production (*od.* output), output restriction. — **~beˌtrieb** *m* producing firm. — **~ˌeinˌrich·tun·gen** *pl* production (*od.* productive) facilities (*od.* equipment *sg*). — **~ˌeinˌschrän·kung** *f cf.* Produktionsbeschränkung. — **~ˌeinˌstel·lung** *f* stoppage (*od.* termination) of production. — **~erˌgeb·nis** *n* production, output. — **~erˌhö·hung** *f cf.* Produktionssteigerung. — **~ˌfak·tor** *m* production factor. — **p~ˌför·dernd** *adj* **~e Maßnahmen** measures for the promotion of production. — **~ˌgang** *m* process of production, production process, phase of production. — **~geˌnos·sen·schaft** *f* producers' cooperative (*Br. auch* co-operative): → landwirtschaftlich.

Pro·duk·ti'onsˌgü·ter *pl econ.* producer (*od.* capital) goods. — **~in·duˌstrie** *f* producer (*od.* capital) goods industry.

Pro·duk·ti'ons|ˌin·dex *m econ.* production index. — **~ka·pa·ziˌtät** *f* production (*od.* productive) capacity. — **~ˌko·sten** *pl* cost *sg* of production, production cost *sg.* — **~ˌlei·stung** *f* **1.** production capacity. – **2.** productive (*od.* manufacturing) efficiency. – **3.** output. — **~ˌlei·ter** *m* **1.** *econ.* production (*bes. Am.* plant) manager. – **2.** (*film*) executive producer. — **~ˌlei·tung** *f* **1.** *econ.* production (*od.* plant) management. – **2.** (*film*) production, producers *pl.* — **~ˌmen·ge** *f* **1.** production, output. – **2.** (*bes. der Landwirtschaft*) yield, crop. – **3.** (*Durchsatz*) throughput. — **~ˌmit·tel** *pl* capital goods, means of production. — **~proˌzeß** *m* process of production, production process. — **p~ˌreif** *adj* ready for production. — **~ˌrückˌgang** *m* fall (*od.* decline, decrease, setback) in production (*od.* output), falling off of production. — **~ˌsek·tor** *m* production sector, line of production. — **~ˌsen·kung** *f cf.* Produktionsbeschränkung. — **~ˌsoll** *n* production quota (*od.* target). — **~ˌstand** *m* level of production (*od.* output). — **~ˌstät·te** *f* **1.** production center (*bes. Br.* centre). – **2.** manufacturing (*od.* production) plant. — **~ˌstei·ge·rung** *f* increase in (*od.* expansion of) production. — **~ˌüberˌschuß** *m* production surplus. — **~ˌumˌfang** *m*, **~voˌlu·men** *n* volume of production. — **~ˌvorˌgang** *m cf.* Produktionsprozeß. — **~ˌwirt·schaft** *f* producing industry (*od.* industries *pl*). — **~ˌzen·trum** *n cf.* Produktionsstätte 1. — **~ˌzif·fer** *f* production (*od.* output) figure (*od.* rate). — **~ˌzweig** *m* line of production.

pro·duk·tiv [produk'tiːf] *adj* **1.** *econ.* productive. – **2.** *fig.* (*schöpferisch*) productive, prolific, fertile. — **Pro·duk·ti·vi'tät** [-tivi'tɛːt] *f* ⟨-; *no pl*⟩ **1.** *econ.* productivity, productiveness. – **2.** *fig.* productivity, productiveness, *auch* prolificacy, prolificness, prolificity, fertility.

Pro·duk·ti·vi'täts|ˌgren·ze *f econ.* productivity limit (*od.* ceiling). — **~ˌren·te** *f* productivity-linked pension. — **~ˌstei·ge·rung** *f*, **~ˌzuˌwachs** *m* increase in (*od.* rise of) productivity.

Pro·duk'tiv|ˌkräf·te *pl econ.* productive resources. — **~ˌwert** *m* productivity value.

Pro·du·zent [produ'tsɛnt] *m* ⟨-en; -en⟩ **1.** *econ.* a) producer, (*Hersteller*) manufacturer, maker, b) (*von landwirtschaftlichen Erzeugnissen*) grower. – **2.** (*film*) producer.

Pro·du'zen·tenˌpreis *m econ.* producer price.

pro·du·zie·ren [produ'tsiːrən] **I** *v/t* ⟨*no* ge-, h⟩ **1.** *econ.* a) produce, turn out, (*herstellen*) manufacture, make, b) (*landwirtschaftliche Erzeugnisse*) grow. – **2.** (*Film etc*) produce. – **3. Beweismaterial ~** *jur.* to furnish (*od.* produce) evidence. – **II** *v/i* **4. wir ~ viel billiger als unsere Konkurrenz** we manufacture goods much cheaper than our rival firms. – **III** *v/reflex* **sich ~ 5.** (*auftreten*) perform. – **6.** *contempt.* make a big show, show off, make a big show (*od.* an exhibition) of oneself.

pro·fan [pro'faːn] *adj* **1.** (*weltlich*) profane, secular. – **2.** (*alltäglich*) everyday (*attrib*), common, trivial. — **Pro·fa·na·ti'on** [-fana'tsĭoːn] *f* ⟨-; -en⟩ profanation, (*stärker*) sacrilege, desecration, pollution.

Pro'fanˌbau *m* secular (*od.* civic, profane) building.

Pro'fa·ne[1] *m* ⟨-n; -n⟩ *relig.* uninitiated person, layman, outsider.

Pro'fa·ne[2] *f* ⟨-n; -n⟩ *relig.* uninitiated woman, laywoman, outsider.

pro·fa·nie·ren [profa'niːrən] **I** *v/t* ⟨*no* ge-, h⟩ **1.** profane, desecrate, pollute. – **II P~** *n* ⟨-s⟩ **2.** *verbal noun.* – **3.** *cf.* Profanation. — **Pro·fa'nie·rung** *f* ⟨-; -en⟩ *cf.* Profanation. — **Pro·fa·ni'tät** [-ni'tɛːt] *f* ⟨-; *no pl*⟩ profanity, profaneness, secularity.

Pro·feß[1] [pro'fɛs] *m* ⟨-ssen; -ssen⟩ *röm. kath.* professed monk.

Pro'feß[2] *f* ⟨-; -sse⟩ *röm.kath.* profession: **~ leisten** to profess.

Pro·fes·si·on [profɛ'sĭoːn] *f* ⟨-; -en⟩ *obs. for* Beruf 1, 2, Gewerbe 1, 4.

Pro·fes·sio·nal [profɛsĭo'naːl; pro'fɛʃənəl] *m* ⟨-s; -e [profɛsĭo'naːlə], -s [pro'fɛʃənəls]⟩ (*sport*) professional.

Pro·fes·sio·na·lis·mus [profɛsĭona'lɪsmus] *m* ⟨-; *no pl*⟩ professionalism.

pro·fes·sio·nell [profɛsĭo'nɛl] *adj* (*Sport etc*) professional.

Pro·fes·sio·nist [profɛsĭo'nɪst] *m* ⟨-en; -en⟩ *Austrian od. dial. for* a) Facharbeiter 1, b) Handwerker.

Pro·fes·sor [pro'fɛsər] *m* ⟨-s; -en [-'soːrən]⟩ **1.** professor: **ordentlicher ~** professor, *Am. auch* full professor; **außerordentlicher ~**

Br. reader, *Am.* associate professor; ~ **der Medizin** professor of medicine; **ein zerstreuter** ~ *colloq. humor.* an absentminded professor. – **2.** *Bavarian and Austrian for* Gymnasiallehrer.

pro·fes·so·ral [profɛso'raːl], **pro·fes'so·ren·haft** *adj* professorial.

Pro·fes'so·ren·kolˌle·gi·um *n*, **Pro·fes'so·ren·schaft** *f* ⟨-; *no pl*⟩ professoriat(e), professorate, *Am. auch* faculty of (full) professors.

Pro·fes'so·renˌti·tel *m* title of (a) professor.

Pro·fes'so·rin *f* ⟨-; -nen⟩ professor.

Pro·fes·sur [profɛ'suːr] *f* ⟨-; -en⟩ professorship, professor's (*od.* professorial) chair, chair: **ordentliche** ~ (full) professorship; **j-m eine** ~ **übertragen** to appoint s.o. to a professorship; **eine** ~ **innehaben** to hold a (professor's) chair.

Pro·fi ['proːfi] *m* ⟨-s; -s⟩ (*sport*) *colloq.* pro (*colloq.*), professional.

Pro·fil [pro'fiːl] *n* ⟨-s; -e⟩ **1.** profile, side (*od.* half) face: **ein markantes** ~ a striking profile; **j-n im** ~ **malen** to paint s.o. in profile; **verlorenes** ~ (*art*) quarter face. – **2.** (*Umrißlinie*) profile, contour, silhouette. – **3.** (*Kerbung*) profile, (*von Reifen*) *auch* tread: **das** ~ **ist völlig abgefahren** the profile is worn completely thin. – **4.** *tech.* a) (*Querschnitt*) profile, (cross) section, b) (*Umriß*) contour, outline, profile, c) (*Raumform*) shape, form. – **5.** *geol.* profile, section. – **6.** *aer.* wing section. – **7.** *fig.* personality: **ein Mann von** ~ a man with personality (*od.* of character); **der Minister hat kein** ~ the minister lacks personality; ~ **gewinnen** to gain personality. — ~ˌ**draht** *m tech.* section(al) (*od.* shaped) wire. — ~ˌ**ei·sen** *n metall. cf.* Profilstahl. — ~ˌ**form** *f* profile. — ~ˌ**frä·ser** *m tech.* profile cutter.

pro·fi·lie·ren [profi'liːrən] **I** *v/t* ⟨*no* ge-, h⟩ **1.** profile, form, shape. – **2.** (*Reifen etc*) provide (*s.th.*) with a profile (*od.* tread). – **3.** *tech.* profile, form, contour, shape. – **II** *v/reflex* **sich** ~ **4.** gain personality, (*von Politiker*) *auch* gain status. – **III P**~ *n* ⟨-s⟩ **5.** *verbal noun.* — **pro·fi'liert I** *pp.* – **II** *adj* **1.** (*Persönlichkeit etc*) prominent, distinguished, having class: **der Künstler ist für diese Aufgabe nicht** ~ **genug** the artist doesn't have the necessary class for this task. – **2.** (*scharf umrissen*) clear-cut, clearly defined, salient: ~**e politische Zielsetzung** clear-cut political objectives. — **Pro·fi'lie·rung** *f* ⟨-; -en⟩ *cf.* Profilieren.

Pro'fil|neuˌro·se *f fig. colloq.* image neurosis. — ~ˌ**rei·fen** *m* nonskid tire, *bes. Br.* non-skid tyre. — ~ˌ**schlei·fen** *n tech.* profile grinding. — ~ˌ**soh·le** *f* profiled sole. — ~ˌ**stahl** *m metall.* section(al) (*od.* structural) steel. — ~ˌ**tie·fe** *f* (*eines Reifens*) depth of profile. — ~ˌ**trä·ger** *m tech.* structural (*od.* sectional) girder.

Pro·fit [pro'fiːt] *m* ⟨-(e)s; -e⟩ profit, gain: ~ **machen** (*od.* **haben**) to make a profit; **ohne** ~ **arbeiten** to work without profit; **sehr auf** ~ **bedacht sein** (*od. colloq.* **aussein**) to have an eye to (*od.* to be out for) profit; **aus einer Situation** ~ **ziehen** (*od. colloq.* **herausschlagen**) *fig.* to turn a situation to (one's) profit (*od.* advantage, benefit), to take advantage of a situation.

pro·fi·ta·bel [profi'taːbəl], **pro'fitˌbrin·gend** *adj* profitable, (*stärker*) lucrative.

Pro'fit·chen *n* ⟨-s; -⟩ **1.** small profit, cut (*colloq.*), penny on the side (*colloq.*). – **2.** (*für Kerzen*) candlestick point.

Pro'fit|ˌgier *f* avidity, cupidity, moneygrubbing, *Br.* money-grubbing. — **p**~ˌ**gie·rig** *adj* profit-seeking, moneygrubbing, *Br.* money-grubbing.

pro·fi·tie·ren [profi'tiːrən] *v/i u. v/t* ⟨*no* ge-, h⟩ *auch fig.* (von, bei) profit (by, from), gain (by), capitalize ([up]on): **davon kann ich nichts** ~ I won't gain anything by (*od.* get anything out of) it; **dabei kann er nur** ~ he has everything to gain, he only stands to gain.

Pro'fit|ˌjä·ger, ~ˌ**ma·cher** *m contempt.* profit hunter, profiteer.

Proˌfit·ma·che'rei *f* ⟨-; *no pl*⟩ *contempt.* profiteering.

pro for·ma [proː 'fɔrma] *adv* **1.** (*der Form halber*) pro forma, as a matter of form: **er muß nur noch** ~ **zustimmen** he has to assent merely as a matter of form. – **2.** (*nur zum Schein*) pro forma, as a matter of form, for the sake of appearance, for (*od.* to keep up) appearance(s), for appearance's sake, for the look of it (*colloq.*).

Pro'for·ma|ˌrech·nung [pro'fɔrma-] *f econ.* pro forma invoice. — ~**verˌkauf** *m* pro forma sale. — ~ˌ**wech·sel** *m* **1.** pro forma bill. – **2.** (*Gefälligkeitswechsel*) accommodation bill (*od.* draft).

Pro·fos [pro'foːs] *m* ⟨-es *u.* -en; -e(n)⟩ *hist.* provost.

pro·fund [pro'fʊnt] *adj* (*Kenntnisse, Wissen etc*) profound.

pro·fus [pro'fuːs] *adj bes. med.* profuse.

Pro·ge·nie [proge'niː] *f* ⟨-; *no pl*⟩ *med.* prognathous (*od.* prognathic) chin, prognathism, progenia.

Pro·ge·ni·tur [progeni'tuːr] *f* ⟨-; -en⟩ (*Nachkommenschaft*) progeniture.

Pro·glot·tid [proglɔ'tiːt] *m* ⟨-en; -en⟩ *zo.* (*Bandwurmglied*) proglottid, proglottis, segment.

Pro·gna·thie [progna'tiː] *f* ⟨-; *no pl*⟩ *med.* prognathism, *auch* prognathy.

Pro·gno·se [pro'gnoːzə] *f* ⟨-; -n⟩ **1.** prognosis, prediction, prognostication: (**über** *acc* **etwas**) **eine** ~ **stellen** to make a prognosis (of s.th.). – **2.** *med.* prognosis, prognostication. – **3.** *bes. meteor.* forecast.

Pro·gno·sti·kon [pro'gnɔstikɔn], **Pro'gno·sti·kum** [-kʊm] *n* ⟨-s; -stiken *u.* -stika [-ka]⟩ *auch med.* prognostic(ation). — **pro'gno·stisch** [-tɪʃ] *adj* prognostic(al). — **pro·gno·sti'zie·ren** [-ti'tsiːrən] *v/t u. v/i* ⟨*no* ge-, h⟩ prognosticate.

Pro·gramm [pro'gram] *n* ⟨-s; -e⟩ **1.** program, *bes. Br.* programme: **verschiedene Punkte des** ~**s mußten gestrichen werden** various items on the program(me) had to be cancel(l)ed; **olympisches** ~ Olympic program(me); **ein** ~ **aufstellen** to set up a program(me); **das steht nicht auf unserem** ~ *fig. colloq.* that is not on our program(me); **das paßt gar nicht in mein** ~ *fig.* that does not suit me at all; **was steht heute auf dem** ~? *fig. colloq.* what's the program(me) for today? – **2.** (*Programmzettel*) program, *bes. Br.* programme, *Am.* playbill: **das** ~ **kostet 50 Pfennig** the program costs (*od.* is) 50 pfennigs. – **3.** (*Zeitplan*) schedule. – **4.** (*Fernsehkanal*) channel, program, *bes. Br.* programme: **erstes [zweites]** ~ first [second] program(me). – **5.** (*einer Partei*) program, *bes. Br.* programme, *bes. Am.* platform. – **6.** *tech.* (*eines Computers etc*) program, *bes. Br.* programme: ~ **in Maschinensprache** (*computer*) object program(me). – **7.** *tech.* (*einer Waschmaschine etc*) cycle. — ~ˌ**abˌsa·ge** *f* (*radio*) *telev.* back (*od.* closing) announcement. — ~ˌ**än·de·rung** *f* change of program(me). — ~ˌ**anˌsa·ge** *f* (*radio*) *telev.* presentation announcement. — ~ˌ**anˌzei·ger** *m* program(me) announcement (board).

pro'grammä·ßig (*getr.* -mmˌm-) *adv cf.* programmgemäß.

pro·gram·ma·tisch [progra'maːtɪʃ] *adj* programmatic: **eine** ~**e Erklärung abgeben** to make a programmatic statement; **eine** ~**e Rede** a programmatic speech, *Am. pol.* a keynote address (*od.* speech).

Pro'gramm|ˌausˌwahl *f* choice of program(me). — ~ˌ**beiˌrat** *m* (*radio*) *telev.* program(me) committee. — ~**diˌrek·tor** *m* program(me) director. — ~ˌ**durchˌlauf** *m* (*computer*) run. — ~ˌ**einˌblen·dung** *f telev.* program(me) insert. — ~**eleˌment** *n* (*computer*) program(me) item. — **p**~**ge·mäß** *adv* according to plan (*od.* schedule), without a hitch (*colloq.*). — ~**geˌstal·tung** *f* program(m)ing. — **p**~**geˌsteu·ert** *adj tech.* (*computer*) program(me)-controlled. — ~ˌ**heft** *n cf.* Programm 2.

Pro·gram'mierˌeinˌrich·tung *f* (*computer*) program(m)ing device.

pro·gram·mie·ren [progra'miːrən] (*computer*) **I** *v/t* ⟨*no* ge-, h⟩ program, *bes. Br.* programme. – **II P**~ *n* ⟨-s⟩ *verbal noun.*

Pro·gram'mie·rer *m* ⟨-s; -⟩ (*computer*) programmer.

Pro·gram'mier|ˌspra·che *f* (*computer*) program(m)ing language. — ~**syˌstem** *n* program(m)ing system.

pro·gram'miert I *pp.* – **II** *adj* (*computer*) (*Stopp, Prüfung etc*) program(m)ed: ~**er Unterricht** program(m)ed instruction.

Pro·gram'mie·rung *f* ⟨-; -en⟩ (*computer*) *cf.* Programmieren.

Pro·gram'mie·rungs|ˌfeh·ler *m* (*computer*) program(m)ing mistake. — ~**meˌtho·de** *f* program(m)ing method.

Pro'grammˌlei·ter *m* (*radio*) *telev. cf.* Programmdirektor.

Pro'gramm|ˌpunkt *m* **1.** item. – **2.** *pol.* item, plank. — ~ˌ**schritt** *m* (*computer*) program(me) step. — ~ˌ**spei·cher** *m* program(me) store. — ~ˌ**steue·rung** *f* program(me) control. — ~ˌ**ta·ste** *f* **1.** (*eines Fernsehers etc*) channel selector switch (*od.* button). – **2.** (*eines Geschirrspülers etc*) cycle setting button.

Pro'grammuˌsik (*getr.* -mm·m-) *f mus.* program (*bes. Br.* programme) music.

Pro'gramm|ˌvorˌschau *f* **1.** preview of forthcoming program(me)s. – **2.** (*im Fernsehen*) program(me) parade. – **3.** (*im Kino*) trailer. — ~ˌ**wahl** *f* (*eines Fernsehers etc*) choice of program(me). — ~ˌ**wäh·ler** *m* (*radio*) *telev.* program(me) selector. — ~ˌ**wech·sel** *m* change of program(me), program(me) change.

Pro·greß [pro'grɛs] *m* ⟨-sses; -sse⟩ progress.

Pro·gres·si·on [progrɛ'sioːn] *f* ⟨-; -en⟩ *bes. math.* progression: **arithmetische** ~ arithmetic progression; **geometrische** ~ geometric progression (*od.* series).

Pro·gres·sist [progrɛ'sɪst] *m* ⟨-en; -en⟩ *pol.* progressive, progressist.

pro·gres·siv [progrɛ'siːf] *adj auch econ. pol. med.* progressive.

Pro·gres'siv|ˌlohn *m econ.* progressive wage rate. — ~ˌ**steu·er** *f* progressive tax.

'Pro·gymˌna·si·um *n ped.* *six-form secondary school emphasizing the study of Latin and Greek.*

pro·hi·bie·ren [prohi'biːrən] *v/t* ⟨*no* ge-, h⟩ *obs.* prohibit. — **Pro·hi·bi·ti'on** [-bi'tsioːn] *f* ⟨-; -en⟩ **1.** *obs.* prohibition. – **2.** ⟨*only sg*⟩ *pol. hist.* (*Alkoholverbot*) prohibition. — **Pro·hi·bi·tio'nist** [-bitsio'nɪst] *m* ⟨-en; -en⟩ prohibitionist.

pro·hi·bi·tiv [prohibi'tiːf] *adj* prohibitive.

Pro·hi·bi'tiv|ˌmaßˌre·gel *f econ.* prohibitive measure. — ~**syˌstem** *n* prohibitive system. — ~ˌ**zoll** *m* prohibitive duty.

Pro·jekt [pro'jɛkt] *n* ⟨-(e)s; -e⟩ project, scheme: **dieses** ~ **ist nicht durchführbar** this scheme is not feasible.

Pro'jek·tenˌma·cher *m colloq.* planner, projector, designer.

pro·jek·tie·ren [projɛk'tiːrən] **I** *v/t* ⟨*no* ge-, h⟩ project, scheme. – **II P**~ *n* ⟨-s⟩ *verbal noun.* — **Pro·jek'tie·rung** *f* ⟨-; -en⟩ **1.** *cf.* Projektieren. – **2.** *cf.* Projekt.

Pro·jek·til [projɛk'tiːl] *n* ⟨-s; -e⟩ *mil.* projectile.

Pro·jek·ti·on [projɛk'tsioːn] *f* ⟨-; -en⟩ **1.** *math. geogr.* projection. – **2.** *phot.* projection, projected image. – **3.** *psych.* projection; ~ **von Gefühlen** projection of emotions. – **4.** (*bes. in der Statistik*) projection.

Pro·jek·ti'ons|ap·paˌrat *m phot. cf.* Projektor. — ~ˌ**bild** *n* **1.** projection, projected image. – **2.** (*Diapositiv*) lantern slide. — ~ˌ**ebe·ne** *f bes. math.* projection plane. — ~ˌ**flä·che** *f phot.* (*film*) **1.** projection area. – **2.** (*Leinwand*) (projection) screen. — ~ˌ**lam·pe** *f* projection lamp. — ~ˌ**raum** *m* **1.** projection room. – **2.** (*im Kino*) projection booth. — ~ˌ**röh·re** *f telev.* projection tube (*bes. Br.* valve). — ~ˌ**schirm** *m phot. cf.* Projektionsfläche 2. — ~ˌ**tech·nik** *f psych.* projective technique. — ~ˌ**wand** *f* (*film*) (projection) screen, *bes. Am.* silver screen.

Pro·jek·tor [pro'jɛktɔr] *m* ⟨-s; -en [-'toːrən]⟩ *phot.* (*film*) projector.

pro·ji·zie·ren [proji'tsiːrən] **I** *v/t* ⟨*no* ge-, h⟩ **1.** (*Photos, Filme etc*) project (*s.th.*) (onto a screen). – **2.** *math.* project. – **3.** *psych.* (*Gefühle*) (auf *acc* [up]on) project. – **II P**~ *n* ⟨-s⟩ **4.** *verbal noun.* – **5.** projection.

Pro·kla·ma·ti·on [proklama'tsioːn] *f* ⟨-; -en⟩ proclamation.

pro·kla·mie·ren [prokla'miːrən] **I** *v/t* ⟨*no* ge-, h⟩ proclaim. – **II P**~ *n* ⟨-s⟩ *verbal noun.* — **Pro·kla'mie·rung** *f* ⟨-; -en⟩ **1.** *cf.* Proklamieren. – **2.** *cf.* Proklamation.

Pro·kli·se [pro'kliːzə] *f* ⟨-; -n⟩, **Pro·kli·sis** ['proːklizɪs] *f* ⟨-; -klisen [pro'kliːzən]⟩ *ling.* proclisis.

Pro·kli·ti·kon [pro'kliːtikɔn] *n* ⟨-s; -tika [-ka]⟩ *ling.* proclitic (word). — **pro'kli·tisch** [-tɪʃ] *adj* proclitic.

'ProˌkonΣsul *m hist.* proconsul. — **'Pro·kon·suˌlat** *n* proconsulate, proconsulship.

Pro-'Kopf|-ˌEinˌkom·men [pro-] *n econ.* income per head (*od.* person, capita), per capita income. — **~-Ver,brauch** *m* per capita consumption.

Pro'kru·stes,bett [pro'krustɛs-] *n myth. auch fig.* Procrustean (*od.* Procrustes) bed, *auch* procrustean (*od.* procrustes) bed.

Prokt·al·gie [prɔktal'giː] *f* ⟨-; -n [-ən]⟩ *med.* proctalgia, proctodynia.

Prok·ti·tis [prɔk'tiːtɪs] *f* ⟨-; -tiden [-ti'tiːdən]⟩ proctitis.

Prok·to·lo·gie [prɔktolo'giː] *f* ⟨-; *no pl*⟩ *med.* proctology.

Pro·ku·ra [pro'kuːra] *f* ⟨-; -kuren⟩ *jur. econ.* (limited) power of attorney. — **Pro·ku'ra·tor** [-ku'raːtɔr] *m* ⟨-s; -en [-kura'toːrən]⟩ *relig. jur. hist.* procurator.

Pro·ku·rist [proku'rɪst] *m* ⟨-en; -en⟩ *econ.* authorized (*Br. auch* -s-) signatory, proxy.

Pro·laps [pro'laps] *m* ⟨-es; -e⟩, **Pro·'lap·sus** [-psus] *m* ⟨-; -⟩ *med.* prolapse, prolapsus, procidence.

Pro·lep·se [pro'lɛpsə] *f* ⟨-; -n⟩, **Pro·lep·sis** [pro'lɛpsɪs; 'proːlɛpsɪs] *f* ⟨-; -lepsen [pro'lɛpsən]⟩ *ling.* prolepsis. — **pro·'lep·tisch** [-tɪʃ] *adj* proleptic, *auch* proleptical.

Pro·let [pro'leːt] *m* ⟨-en; -en⟩ **1.** *contempt. for* Proletarier. – **2.** *fig. colloq.* pleb (*colloq.*). — **Pro·le·ta·ri'at** [-leta'rĭaːt] *n* ⟨-(e)s; -e⟩ proletariat, *auch* proletariate: das geistige ~ *fig.* the intellectual plebs. — **Pro·le·'ta·ri·er** [-le'taːrĭər] *m* ⟨-s; -⟩ proletarian. — **pro·le'ta·risch** [-le'taːrɪʃ] *adj* proletarian. — **pro·le·ta·ri'sie·ren** [-letari'ziːrən] **I** *v/t* ⟨*no* ge-, h⟩ reduce (*s.o.*) to the status of a proletarian, *auch* proletarianize, proletarize. – **II P~** *n* ⟨-s⟩ *verbal noun.* — **Pro·le·ta·ri'sie·rung** *f* ⟨-; *no pl*⟩ **1.** *cf.* Proletarisieren. – **2.** proletarianization, proletarization.

pro'le·ten·haft *adj colloq.* plebeian, *auch* plebian.

Pro·li·fe·ra·ti·on *f* ⟨-; -en⟩ **1.** [prolifera'tsĭoːn] *med.* (*Wucherung*) proliferation. – **2.** ⟨*only sg*⟩ [proʊlɪfə'reɪʃən] (*Engl.*) *pol.* (*von Atomwaffen*) proliferation.

pro·li·fe·rie·ren [prolife'riːrən] *v/i* ⟨*no* ge-, sein⟩ *med. biol.* proliferate.

Pro·log [pro'loːk] *m* ⟨-(e)s; -e⟩ prologue, *auch* prolog: einen ~ sprechen to prolog(u)ize *Br. auch* -s-.

Pro·lon·ga·ti·on [prolɔŋga'tsĭoːn] *f* ⟨-; -en⟩ **1.** *econ.* a) (*eines Wechsels etc*) prolongation, b) (*beim Termingeschäft*) carry-over, continuation, c) (*Kreditverlängerung*) extension. – **2.** (*eines Films*) extended run.

Pro·lon·ga·ti'ons|ge,bühr *f econ.* continuation (*od.* contango) rate. — **~ge,schäft** *n* prolongation (*od.* contango) business. — **~,wech·sel** *m* prolongation (*od.* renewal) bill.

pro·lon·gie·ren [prolɔŋ'giːrən] **I** *v/t* ⟨*no* ge-, h⟩ *econ.* **1.** (*Wechsel etc*) prolong, renew. – **2.** (*an der Börse*) carry over, continue. – **3.** (*Kredit*) extend. – **II P~** *n* ⟨-s⟩ **4.** *verbal noun.* — **Pro·lon'gie·rung** *f* ⟨-; -en⟩ **1.** *cf.* Prolongieren. – **2.** *cf.* Prolongation.

Pro·me·na·de [prome'naːdə] *f* ⟨-; -n⟩ **1.** (*Spazierweg*) promenade, esplanade, *bes. Br.* parade; *bes. Am.* avenue, alameda. – **2.** (*Spaziergang*) promenade, walk, stroll.

Pro·me'na·den|,deck *n mar.* promenade (deck). — **~kon,zert** *n mus.* promenade (concert). — **~,mi·schung** *f colloq. humor.* mongrel, *bes. Am.* Heinz fifty-seven dog. — **~,weg** *m cf.* Promenade 1.

pro·me·nie·ren [prome'niːrən] *v/i* ⟨*no* ge-, h *u.* sein⟩ *lit.* promenade, (take a) walk, (take a) stroll.

Pro·mes·se [pro'mɛsə] *f* ⟨-; -n⟩ **1.** *econ. jur.* promissory note. – **2.** *econ.* a) (*von Wertpapieren etc*) written promise to effect delivery, b) (*Zwischenlos bei Losanleihen*) interim lot.

Pro·me·theus [pro'meːtɔʏs] *npr m* ⟨-; *no pl*⟩ *myth.* Prometheus.

Pro·me·thi·um [pro'meːtĭum] *n* ⟨-s; *no pl*⟩ *chem.* promethium (Pm).

Pro·mil·le [pro'mɪlə] *n* ⟨-(s); -⟩ **1.** per thousand, per mill, *auch* per mille, per mil, pro mille. – **2.** *colloq.* pro mille content: er hatte 1,3 ~ he had a pro mille content of 1.3. — **~ge,halt** *m* pro mille content. — **~,gren·ze** *f med. jur. blood-alcohol level up to which a person is allowed to drive.* — **~,sün·der** *m colloq.* driver exceeding the 'Promillegrenze'.

pro·mi·nent [promi'nɛnt] *adj* prominent, outstanding, notable: eine ~e Persönlichkeit an outstanding personality. — **Pro·mi'nen·te** *m, f* ⟨-n; -n⟩ prominent person, celebrity, *Am. colloq.* socialite. — **Pro·mi·'nenz** [-'nɛnts] *f* ⟨-; *no pl*⟩ notables *pl*, celebrities *pl*.

Pro·mis·kui·tät [promɪskui'tɛːt] *f* ⟨-; *no pl*⟩ **1.** *cf.* Vermischung. – **2.** *auch zo.* (*regellose Partnerwahl*) promiscuity, promiscuousness.

Pro·mit·tent [promɪ'tɛnt] *m* ⟨-en; -en⟩ *jur. obs.* promisor, promiser. — **pro·mit·'tie·ren** [-'tiːrən] *v/i* ⟨*no* ge-, h⟩ *obs.* promise.

Pro·mon·to·ri·um [promɔn'toːrĭum] *n* ⟨-s; -rien⟩ *med.* promontory.

Pro·mo·ter [pro'moːtər] *m* ⟨-s; -⟩ (*sport*) promoter.

Pro·mo·ti·on [promo'tsĭoːn] *f* ⟨-; -en⟩ awarding (*od.* conferment) of a doctorate.

pro·mo·vie·ren [promo'viːrən] **I** *v/i* ⟨*no* ge-, h⟩ attain (*od.* obtain) a (*od.* one's) doctorate. – **II** *v/t* j-n (zum Doktor) ~ to award a doctorate to s.o., to confer (*od.* bestow) a doctorate on s.o.

prompt [prɔmpt] **I** *adj* ⟨*attrib*⟩ **1.** (*Erledigung, Abfertigung etc*) prompt. – **2.** (*Antwort etc*) quick, ready. – **II** *adv* **3.** promptly: ~ antworten [kommen] to answer [to come] promptly (*od.* like a shot); wir haben ihm eine Falle gestellt, und er ist auch ~ hineingefallen *fig. colloq.* we laid a trap for him and he walked right (*od.* fell straight) into it.

'Prompt·ge,schäft *n econ.* (*an der Warenbörse*) cash dealing, spot transaction.

'Prompt·heit *f* ⟨-; *no pl*⟩ **1.** promptness, promptitude. – **2.** (*einer Antwort*) quickness, readiness.

Pro·mul·ga·ti·on [promulga'tsĭoːn] *f* ⟨-; -en⟩ *pol.* promulgation. — **pro·mul·'gie·ren** [-'giːrən] *v/t* ⟨*no* ge-, h⟩ (*Gesetze etc*) promulgate.

Pro·no·men [pro'noːmən] *n* ⟨-s; - *u.* -nomina [-mina]⟩ *ling.* pronoun.

pro·no·mi·nal [pronomi'naːl] *adj ling.* pronominal. — **P~,ad·jek·tiv** *n* pronominal adjective. — **P~ad,verb** *n* pronominal adverb.

pro·non·cie·ren [pronõ'siːrən] *v/t* ⟨*no* ge-, h⟩ *obs.* pronounce. — **pro·non'ciert I** *pp.* – **II** *adj* pronounced: ~e Eleganz pointed (*od.* pronounced) elegance.

Pro·ömi·um [pro'ˀøːmĭum] *n* ⟨-s; -mien⟩ (*literature*) proem, prooemium, *auch* proemion.

Pro·pä·deu·tik [propɛ'dɔʏtɪk] *f* ⟨-; *no pl*⟩ *ped.* propaedeutic, grounding, preparatory instruction. — **pro·pä'deu·tisch** *adj* propaedeutic.

Pro·pa·gan·da [propa'ganda] *f* ⟨-; *no pl*⟩ **1.** *pol.* propaganda: ~ für etwas machen (*od.* treiben) to propagate (*od.* propagandize, agitate for) s.th. – **2.** *econ.* (*Werbung*) publicity, advertising, *auch* advertizing, sales promotion. — **~,feld,zug** *m* **1.** *pol.* propaganda campaign. – **2.** *econ.* publicity (*od.* advertising, *auch* advertizing) campaign. — **~,film** *m pol.* propaganda film. — **~,lei·ter** *m* publicity director, propaganda manager. — **~,mär·chen** *n* propaganda story. — **~mi·ni,ste·ri·um** *n pol.* ministry of propaganda, propaganda ministry. — **~,mit·tel** *n* means *pl* (*construed as sg or pl*) of propaganda. — **~,schrift** *f* propaganda pamphlet (*od.* sheet).

pro·pa·gan·die·ren [propagan'diːrən] *v/t* ⟨*no* ge-, h⟩ *rare for* propagieren. — **Pro·pa·gan'dist** [-'dɪst] *m* ⟨-en; -en⟩ *bes. pol.* propagandist. — **pro·pa·gan'di·stisch** *adj* propagandist(ic).

Pro·pa·ga·ti·on [propaga'tsĭoːn] *f* ⟨-; *no pl*⟩ *bes. biol.* propagation.

pro·pa·gie·ren [propa'giːrən] *v/t* ⟨*no* ge-, h⟩ **1.** *bes. pol.* propagate, propagandize. – **2.** *bes. econ.* publicize, advertise, *auch* advertize.

Pro·pan [pro'paːn] *n* ⟨-s; *no pl*⟩, **~,gas** *n chem.* propane ($CH_3CH_2CH_3$).

Pro·pel·ler [pro'pɛlər] *m* ⟨-s; -⟩ **1.** *aer.* (*Luftschraube*) propeller, *auch* propellor, *bes. Br.* airscrew, prop (*colloq.*). – **2.** *mar.* (screw) propeller (*auch* propellor), prop (*colloq.*). — **~,an,trieb** *m only in* Maschine mit ~ *cf.* Propellerflugzeug. — **~,blatt** *n*, **~,flü·gel** *m* **1.** *aer.* propeller (*bes. Br.* airscrew) blade. – **2.** *mar.* propeller blade. — **~,flug,zeug** *n*, **~ma,schi·ne** *f aer.* propeller- (*bes. Br.* airscrew-)driven plane. — **~,na·be** *f* propeller hub. — **~,schlit·ten** *m* propeller-driven toboggan *od.* (sled). — **~,schub** *m tech.* propeller thrust. — **~tur,bi·ne** *f*, **~tur,bi·nen,werk** *n aer.* propeller turbine engine, turbo-propeller (*od.* turboprop) engine. — **~,wind** *m* (propeller) slipstream.

pro·per ['prɔpər] *adj colloq.* tidy, neat. — **P~ge,schäft** *n econ.* dealing for one's own account.

Pro·phet [pro'feːt] *m* ⟨-en; -en⟩ prophet: der ~ gilt nichts in seinem Vaterlande (*Sprichwort*) a prophet is not without hono(u)r save in his own country (*Bibl.*); ich bin doch kein ~! *colloq. humor.* I can't prophesy; → Bart 1.

Pro'phe·ten,ga·be *f* gift of prophecy.

Pro·phe·tie [profe'tiː] *f* ⟨-; -n [-ən]⟩ *cf.* Weissagung.

Pro'phe·tin *f* ⟨-; -nen⟩ prophetess.

pro'phe·tisch *adj* prophetic, fatidic(al), vatic, vaticinal.

pro·phe·zei·en [profe'tsaɪən] **I** *v/t* ⟨*no* ge-, h⟩ **1.** prophesy, *auch* prophecy. – **2.** (*voraussagen*) predict, foretell, portend, presage. – **II P~** *n* ⟨-s⟩ **3.** *verbal noun.* — **Pro·phe·'zei·ung** *f* ⟨-; -en⟩ **1.** *cf.* Prophezeien. – **2.** prophecy, *auch* prophesy. – **3.** prediction, presagement.

Pro·phy·lak·ti·kum [profy'laktikum] *n* ⟨-s; -tika [-ka]⟩ *med. pharm.* prophylactic, preventive. — **pro·phy'lak·tisch** [-tɪʃ] *adj* (*Maßnahmen, Mittel etc*) prophylactic, preventive. — **Pro·phy'la·xe** [-'laksə] *f* ⟨-; -n⟩ prophylaxis, prevention.

Pro·po·nent [propo'nɛnt] *m* ⟨-en; -en⟩ *obs. for* Antragsteller 3.

Pro·por·ti·on [propɔr'tsĭoːn] *f* ⟨-; -en⟩ **1.** proportion: gute ~en haben *fig. colloq.* to be well proportioned. – **2.** *math.* proportion, balance. — **pro·por·tio'nal** [-tsĭo'naːl] **I** *adj* proportional: umgekehrt ~ zu inversely proportional to, in inverse ratio to. – **II** *adv* proportionally, in proportions. — **Pro·por·tio'na·le** *f* ⟨-; -n⟩ *math.* proportional: mittlere ~ a) mean proportional, b) (*geometrisches Mittel*) geometric mean. — **Pro·por·tio·na·li'tät** [-tsĭonali'tɛːt] *f* ⟨-; *no pl*⟩ proportionality.

Pro·por·tio'nal|,steu·er *f econ.* proportional tax. — **~,wahl** *f pol. cf.* Verhältniswahl.

pro·por·tio·niert [propɔrtsĭo'niːrt] *adj* proportioned: gut ~ sein to be well proportioned.

Pro·por·ti'ons,glei·chung *f math. cf.* Proportion 2.

Pro·porz [pro'pɔrts] *m* ⟨-es; -e⟩ *bes. Austrian and Swiss pol. for* Verhältniswahlsystem. — **~,wahl** *f bes. Austrian and Swiss pol. for* Verhältniswahl.

Pro·po·si·ti·on [propozi'tsĭoːn] *f* ⟨-; -en⟩ *obs. for* Vorschlag 1, Antrag 4.

'prop·pen'voll ['prɔpən-] *adj colloq.* packed, crammed full.

Pro·prä·tor [pro'prɛːtɔr] *m* ⟨-s; -en [-prɛ'toːrən]⟩ *antiq.* propraetor.

pro·pre ['prɔpər] *adj colloq. cf.* proper.

Pro·pre·tät [prɔpər'tɛːt] *f* ⟨-; *no pl*⟩ *obs. od. dial. for* Reinlichkeit, Sauberkeit.

Pro·pri·um mis·sae ['proːprium 'mɪsɛ] *n* ⟨- -; *no pl*⟩ *röm.kath.* Proper of the Mass.

Propst [proːpst] *m* ⟨-(e)s; ⸚e⟩ *relig.* provost. — **Prop'stei** *f* ⟨-; -en⟩ **1.** (*Amt*) provostry, provostship. – **2.** (*Bezirk*) provost's district.

pro·pul·siv [propul'ziːf] *adj med.* propulsive.

Pro·py·lä·en [propy'lɛːən] *pl arch.* propylaea.

Pro·py·len [propy'leːn] *n* ⟨-s; *no pl*⟩ *chem.* propylene, propene ($CH_3CH = CH_2$).

pro ra·ta (par·te) [proː 'raːta ('partə)] *adv econ.* pro rata, in proportion.

pro 'ra·ta 'tem·po·ris ['tɛmpɔrɪs] *adv econ.* pro rata temporis.

'Pro,rek·tor *m ped.* (*einer Universität*) *Am.* prorector, vice-president, *Br.* vice-chancellor. — **'Pro·rek·to,rat** *n Am.* prorectorate, vice-presidency, *Br.* vice-chancellorship.

Pro·ro·ga·ti·on [proroga'tsĭoːn] *f* ⟨-; -en⟩ *pol. jur.* **1.** (*Aufschub*) prorogation, postponement. – **2.** (*Verlängerung*) extension. — **pro·ro'gie·ren** [-'giːrən] *v/t* ⟨*no* ge-, h⟩ **1.** (*aufschieben*) prorogue, postpone. – **2.** (*verlängern*) extend.

Pro·sa ['proːza] *f* ⟨-; *no pl*⟩ **1.** (*literature*) prose: Poesie und ~ poetry and prose; ~ schreiben to write in prose; gereimte ~ *contempt.* rhyming prose. – **2.** *fig.* (*Nüchternheit*) prose, ordinariness, matter-of--factness. — **Pro·sai·ker** [pro'zaːikər] *m*

⟨-s; -⟩ **1.** *cf.* Prosaist. – **2.** *fig.* prosaic person, prosaist. — **pro·sa·isch** [pro'zaːɪʃ] **I** *adj* **1.** (*in Prosa*) prose (*attrib*). – **2.** *fig.* (*Person*) prosaic(al); down-to-earth, matter-of-fact (*attrib*). – **3.** *fig.* (*Sache*) commonplace, prosy, prosaic(al). – **II** *adv* **4.** prosaically. — **Pro·sa·ist** [proza'ɪst] *m* ⟨-en; -en⟩ prose writer.

Pro·sek·tor [pro'zɛktər] *m* ⟨-s; -en [-'toːrən]⟩ *med.* prosector, demonstrator, dissector.

Pro·se·ku·ti·on [prozeku'tsĭoːn] *f* ⟨-; -en⟩ *jur. rare* prosecution. — **Pro·se'ku·tor** [-'kuːtər] *m* ⟨-s; -en [-ku'toːrən]⟩ *rare* prosecutor.

Pro·se·lyt [proze'lyːt] *m* ⟨-en; -en⟩ *relig.* proselyte, neophyte. — **Pro·se'ly·ten·ˌma·cher** *m contempt.* proselytizer.

'Pro·se·miˌnar *n ped.* proseminar.

Pro·ser·pi·na [pro'zɛrpina] *npr f* ⟨-; *no pl*⟩ *myth.* Proserpina, Proserpine (*Roman goddess of the underworld*).

pro·sit ['proːzɪt] *interj* **1.** (*beim Trinken*) cheers! *bes. Br.* cheerio! your (very good) health! here's luck and here's to you! *Am.* pros(i)t! *Am. sl.* (here's) mud in your eye! ~ **Neujahr!** happy New Year! ~ **Mahlzeit!** *fig. colloq. iron.* that's a fine mess! – **2.** (*beim Niesen*) bless you!

'Pro·sit *n* ⟨-s; -s⟩ toast: **ein ~ dem Gastgeber!** (here's) to the host!

pro·skri·bie·ren [proskri'biːrən] *v/t* ⟨*no* ge-, h⟩ *jur. hist.* (*ächten*) proscribe, outlaw. — **Pro·skrip·ti'on** [-skrɪp'tsĭoːn] *f* ⟨-; -en⟩ proscription.

Pros·odie [prozo'diː] *f* ⟨-; -n [-ən]⟩ *auch ling., rare* **Pros'odik** [-'zoːdɪk] *f* ⟨-; -en⟩ *metr. mus.* prosody. — **pros'odisch** [-'zoːdɪʃ] *adj* prosodic(al), prosodiac(al), prosodial.

Pro·spekt [pro'spɛkt] *m* ⟨-(e)s; -e⟩ **1.** (*Ansicht*) prospect. – **2.** (*Werbeschrift*) brochure, leaflet, pamphlet, prospectus, *bes. Am.* folder, handbill, literature. – **3.** (*Reiseprospekt*) brochure, prospectus, program, *bes. Br.* programme, *Am. colloq.* literature. – **4.** *mus.* (*der Orgel*) front. – **5.** (*theater*) (*Bühnenhintergrund*) backdrop, *bes. Br.* back-cloth.

pro·spek·tie·ren [prospɛk'tiːrən] **I** *v/t* ⟨*no* ge-, h⟩ **1.** *geol.* prospect. – **II P~** *n* ⟨-s⟩ **2.** *verbal noun.* – **3.** prospection. — **Pro·spek'tie·rung** *f* ⟨-; -en⟩ *cf.* Prospektieren. — **Pro·spek·ti'on** [-'tsĭoːn] *f* ⟨-; -en⟩ *geol. cf.* Prospektieren.

pro·spek·tiv [prospɛk'tiːf] *adj* prospective, potential.

Pro'spekt·ma·te·riˌal *n bes. econ.* advertising (*auch* advertizing) (*od.* descriptive) literature.

pro·spe·rie·ren [prospe'riːrən] *v/i* ⟨*no* ge-, h⟩ prosper, flourish, thrive. — **Pro·spe·ri'tät** [-ri'tɛːt] *f* ⟨-; *no pl*⟩ *bes. econ.* prosperity.

Pro·sper·mie [prospɛr'miː] *f* ⟨-; -n [-ən]⟩ *med.* prospermia, premature ejaculation, ejaculatio pr(a)ecox (*scient.*).

prost [proːst] *interj cf.* prosit.

Pro·sta·ta ['prɔstata] *f* ⟨-; *no pl*⟩ *med.* prostate (gland).

Pro·sta·ti·tis [prosta'tiːtɪs] *f* ⟨-; -titiden [-ti'tiːdən]⟩ *med.* prostatitis.

pro·sti·tu·ie·ren [prostitu'iːrən] *lit. obs.* **I** *v/reflex* ⟨*no* ge-, h⟩ **sich ~** prostitute oneself. – **II** *v/t cf.* bloßstellen I.

Pro·sti·tu'ier·te *f* ⟨-n; -n⟩ prostitute, streetwalker, whore, harlot, 'tart' (*sl.*), *Am. sl.* floozie.

Pro·sti·tu·ti·on [prostitu'tsĭoːn] *f* ⟨-; *no pl*⟩ prostitution, streetwalking, harlotry.

Pro·stra·ti·on [prostra'tsĭoːn] *f* ⟨-; -en⟩ **1.** (*Fußfall*) prostration. – **2.** *med.* (extreme) exhaustion, prostration.

Pro·sze·ni·um [pro'stseːnĭum] *n* ⟨-s; -nien⟩ (*theater*) proscenium. — **Pro'sze·ni·ums·ˌlo·ge** *f* proscenium (*od.* stage) box.

Prot·ac·ti·ni·um [protak'tiːnĭum] *n* ⟨-s; *no pl*⟩ *chem.* prot(o)actinium (Pa).

Prot·ago·nist [protago'nɪst] *m* ⟨-en; -en⟩ **1.** (*theater*) *hist.* protagonist, leading actor. – **2.** *fig.* (*Vorkämpfer*) champion, protagonist.

Prot·an·drie [protan'driː] *f* ⟨-; *no pl*⟩ *biol. cf.* Proterandrie. — **prot'an·drisch** [-drɪʃ] *adj cf.* proterandrisch.

Pro·te·gé [prote'ʒeː] *m* ⟨-s; -s⟩ protégé. — **pro·te'gie·ren** [-'ʒiːrən] *v/t* ⟨*no* ge-, h⟩ patronize *Br. auch* -s-, promote, further.

Pro·te·id [prote'iːt] *n* ⟨-(e)s; -e⟩ *biol. chem.* proteid(e), albuminoid.

Pro·te·in [prote'iːn] *n* ⟨-s; -e⟩ *biol. chem.* protein. — **~ˌlücke** (*getr.* -k·k-) *f* protein deficiency.

pro·te·isch [pro'teːɪʃ] *adj lit.* (*wandelbar*) protean, *auch* Protean.

Pro·tek·ti·on [protɛk'tsĭoːn] *f* ⟨-; -en⟩ **1.** (*Gönnerschaft*) patronage, protection. – **2.** (*Schirmherrschaft*) sponsorship, patronage, auspices *pl*; aegis, *auch* egis (*lit.*). – **3.** (*Förderung*) promotion, furtherance. – **4.** *bes. pol. contempt.* favoritism, *bes. Br.* favouritism, *Am. sl.* pull. — **Pro·tek·tio'nis·mus** [-tsĭo'nɪsmus] *m* ⟨-; *no pl*⟩ *econ.* protectionism. — **Pro·tek·tio'nist** [-tsĭo'nɪst] *m* ⟨-en; -en⟩ protectionist. — **pro·tek·tio'ni·stisch** *adj* protectionist.

Pro·tek·ti'ons|ˌkind *n contempt. for* Protegé. — **~ˌwirt·schaft** *f econ. cf.* Protektionismus.

Pro·tek·tor [pro'tɛktər] *m* ⟨-s; -en [-'toːrən]⟩ **1.** (*Beschützer*) protector. – **2.** (*Gönner*) patron, protector. – **3.** (*Schirmherr*) sponsor, patron. – **4.** (*Förderer*) promoter, furtherer. – **5.** (*Ehrenvorsitzender*) honorary president. – **6.** *tech.* (*eines Reifens*) cap. — **Pro·tek·to'rat** [-to'raːt] *n* ⟨-(e)s; -e⟩ **1.** *pol.* a) (*Schutzgebiet*) protectorate, protected territory, b) (*Schutzherrschaft*) protectorate. – **2.** (*Schirmherrschaft*) sponsorship, patronage, auspices *pl*; aegis, *auch* egis (*lit.*): **unter dem ~ der Vereinten Nationen** under the auspices of the United Nations. – **3.** (*Ehrenvorsitz*) honorary presidency.

pro tem·po·re [proː 'tɛmpore] *adv* (*vorläufig*) pro tempore, pro tem (*colloq.*), for the time being.

Pro·ter·an·drie [proteran'driː] *f* ⟨-; *no pl*⟩ *biol.* protandry, proterandry, proterandrousness. — **pro·ter'an·drisch** [-drɪʃ] *adj* protandrous, proterandr(i)ous, proterandric.

Pro·test [pro'tɛst] *m* ⟨-(e)s; -e⟩ **1.** protest, remonstrance, remonstration: **heftiger ~** violent (*od.* vigorous) protest; **bei j-m gegen etwas ~ einlegen** (*od.* **erheben**) to lodge (*od.* enter) a protest with s.o. against (*od.* about) s.th., to (make a) protest to s.o. against (*od.* about) s.th.; **er tut das nur aus ~** he is only doing it in (*od.* as a) protest; **er verließ den Saal unter ~** he left the hall in protest. – **2.** *pol.* (*von Diplomaten etc*) representations *pl*: **bei j-m gegen etwas ~ einlegen** to make representations to s.o. about s.th. – **3.** *econ. jur.* protest: **~ mangels Annahme [Zahlung]** protest for nonacceptance (*Br.* non-) [nonpayment (*Br.* non-)]; **einen Wechsel zu ~ gehen lassen** to protest a bill, to cause a bill to be (*od.* have a bill) protested; **Verzicht auf ~** waiver of protest. — **~ak·tiˌon** *f* protest campaign.

Pro·te·stant [protɛs'tant] *m* ⟨-en; -en⟩, **Pro·te'stan·tin** *f* ⟨-; -nen⟩ *relig.* Protestant. — **pro·te'stan·tisch** *adj* Protestant, evangelic(al), *auch* Evangelic(al): **die ~e Kirche** the Protestant Church. — **Pro·te·stan'tis·mus** [-'tɪsmus] *m* ⟨-; *no pl*⟩ Protestantism.

Pro'test|ˌanˌzei·ge *f econ. jur.* notice of dishonor (*bes. Br.* dishonour). — **~be·ˌzeu·gung** *f* display of protest. — **~ˌbrief** *m cf.* Protestschreiben. — **~de·mon·stra·tiˌon** *f* protest demonstration. — **p~ˌfä·hig** *adj* **1.** (*Inlandswechsel*) eligible for being noted. – **2.** (*Auslandswechsel etc*) protestable. — **~ˌflag·ge** *f* (*beim Segelsport*) protest flag. — **~ˌfrist** *f* **1.** (*sport*) term for protest. – **2.** *econ.* time in which a bill has to be noted (*od., bes. bei Auslandswechseln,* protested). — **~geˌbühr** *f* protest fee.

pro·te·stie·ren [protɛs'tiːrən] **I** *v/i* ⟨*no* ge-, h⟩ (*gegen* against, about) **1.** protest, remonstrate, lodge (*od.* enter, make) a protest. – **2.** *pol.* (*von Diplomaten etc*) (bei to) make representations. – **II** *v/t* **3. einen Wechsel ~** *econ. jur.* a) (*Inlandswechsel*) to note a bill, b) (*Auslandswechsel*) to protest a bill, to cause a bill to be (*od.* have a bill) protested. — **Pro·te'stie·ren·de** *m, f* ⟨-n; -n⟩ protester, protestor, remonstrant.

Pro'test|ˌko·sten *pl econ. jur.* protest charges (*od.* fees). — **~ˌkundˌge·bung** *f* protest rally.

Pro'test·ler *m* ⟨-s; -⟩ *colloq. contempt. for* Demonstrant.

Pro'test|ˌmarsch *m* protest march: **Teilnehmer an einem ~** protest marcher. — **~ˌno·te** *f pol.* note of protest. — **~ˌruf** *m* cry of protest. — **~ˌsän·ger** *m* protest singer. — **~ˌschrei·ben** *n* letter of protest, written protest. — **~ˌsong** *m* protest song. — **~ˌstreik** *m econ.* protest strike. — **~ˌsturm** *m* storm of protest, outcry. — **~ˌurˌkun·de** *f econ. jur.* protest certificate, *Am.* deed (*od.* certificate) of protest. — **~verˌsamm·lung** *f* protest (*od.* indignation) meeting.

Pro·teus ['proːtɔʏs] *npr m* ⟨-; *no pl*⟩ *myth.* Proteus. — **p~ˌar·tig** *adj auch fig.* protean, *auch* Protean.

Prot·evan·ge·li·um [protevaŋ'geːlĭum] *n relig.* protevangelium.

Pro·the·se [pro'teːzə] *f* ⟨-; -n⟩ **1.** *med.* a) prosthesis, artificial limb, b) (*Zahnersatz*) prosthesis, denture, false teeth *pl.* – **2.** *ling.* prosthesis. — **Pro'the·sen·ˌträ·ger** *m* **1.** *person who wears an artifical limb.* – **2.** *person who wears a denture* (*od. false teeth*).

Pro·the·tik [pro'teːtɪk] *f* ⟨-; *no pl*⟩ *med.* **1.** prosthetics *pl* (*construed as sg or pl*), prosthetic surgery. – **2.** dental prosthetics *pl* (*construed as sg or pl*), prosthetic dentistry.

Pro·tist [pro'tɪst] *m* ⟨-en; -en⟩ *meist pl biol.* protist.

Pro·to·evan·ge·li·um [protoˀevaŋ'geːlĭum] *n relig.* protevangelium.

pro·to·gen [proto'geːn] *adj geol.* protogenetic.

Pro·to·koll [proto'kɔl] *n* ⟨-s; -e⟩ **1.** (*von Sitzungen, Verhandlungen etc*) minutes *pl*, proceedings *pl*, register, record: **das ~ führen [verlesen]** to keep (*od.* take) [to read] the minutes; **etwas ins ~ aufnehmen** to enter (*od.* record) s.th. in the minutes. – **2.** *jur.* protocol, record, procès-verbal: **ein ~ aufnehmen** (*od.* **aufsetzen, erstellen**) to draw up (*od.* draft) a record (*od.* the minutes); **etwas zu ~ geben** to give evidence of s.th., to state (*od.* depose) s.th. in evidence; **etwas zu ~ nehmen** to place (*od.* put) s.th. on record, to take s.th. down in evidence, to minute s.th. – **3.** *pol.* (*diplomatisches Zeremoniell*) protocol: **Chef des ~s** Chief of Protocol. – **4.** *pol.* (*kleineres Vertragswerk*) (über *acc* of) protocol.

Pro·to·kol·lant [protokɔ'lant] *m* ⟨-en; -en⟩ *cf.* Protokollführer.

pro·to·kol·la·risch [protokɔ'laːrɪʃ] **I** *adj* **1.** recorded, entered in the minutes. – **2.** *jur.* serving as evidence: **~e Aussage** a statement taken down in evidence. – **3.** *pol.* protocolar(y), *auch* protocolic. – **II** *adv* **4. etwas ~ festhalten** a) to record (*od.* enter) s.th. in the minutes, to minute s.th., b) *jur.* (*bei der Beweisaufnahme*) to take s.th. down in evidence, to put s.th. on record.

Pro·to'koll|ˌaufˌnah·me *f* **1.** recording of the minutes (*od.* proceedings). – **2.** *jur.* (*bei Polizeiverhören*) taking of evidence. — **~ˌchef** *m pol.* Chief of Protocol. — **~ˌeinˌtrag** *m* entry in the minutes, minute. — **~ˌfüh·rer** *m* **1.** (*bei Sitzungen etc*) keeper of the minutes, (*Schriftführer*) secretary. – **2.** *jur.* a) (*bei Polizeiverhören*) recording clerk, b) (*bei Gerichtsverhandlungen*) clerk of the court.

pro·to·kol·lie·ren [protokɔ'liːrən] **I** *v/t* ⟨*no* ge-, h⟩ **1.** record, record (*od.* enter) (*s.th.*) in the minutes (*od.* record), minute. – **2.** *jur.* (*beurkunden*) record, put (*s.th.*) on record. – **II** *v/i* **3.** keep the minutes (*od.* record). – **III P~** *n* ⟨-s⟩ **4.** *verbal noun.* – **5.** *cf.* Protokollierung. — **Pro·to·kol'lie·rung** *f* ⟨-; *no pl*⟩ **1.** *cf.* Protokollieren. – **2.** entry in the minutes (*od.* record).

Pro·ton ['proːtɔn] *n* ⟨-s; -en [pro'toːnən]⟩ *phys.* proton.

Pro'to·nen|ˌbahn *f nucl.* proton path. — **~beˌschleu·ni·ger** *m phys.* proton accelerator. — **~ˌmas·se** *f* mass of protons, proton mass. — **~mi·kroˌskop** *n* (*optics*) proton microscope. — **~-ˌSyn·chro·tron** *n nucl.* proton-synchrotron.

Pro·to·no·tar [protono'taːr] *m röm.kath.* (*des Papstes*) prothonotary, protonotary.

Pro·to·plas·ma [proto'plasma] *n* ⟨-s; *no pl*⟩ *biol.* protoplasm, *auch* protoplasma, plasma.

Pro·to·typ [proto'tyːp] *m* ⟨-s; -en⟩ **1.** *biol.* prototype. – **2.** *fig.* (*Inbegriff*) prototype, archetype, perfect example. – **3.** *tech.* (*eines Autos, Flugzeugs etc*) prototype. — **pro·to-**

'ty·pisch *adj biol.* prototypical, *auch* prototypic, prototypal.

Pro·to·zo·on [proto'tso:ɔn] *n* ⟨-s; -zoen⟩ *meist pl zo.* protozoon, protozoan.

pro·tra·hie·ren [protra'hi:rən] *v/t* ⟨*no* ge-, h⟩ *bes. med.* protract, prolong. — **pro·tra'hie·rend I** *pres p.* – **II** *adj* protracting: ~er Verlauf (*einer Krankheit*) protracted course.

Pro·tu·be·ranz [protube'rants] *f* ⟨-; -en⟩ **1.** *astr.* prominence. – **2.** *med.* (*an Knochen etc*) protuberance.

Protz [prɔts] *m* ⟨-en *u.* -es; -e(n)⟩ *colloq. contempt.* ostentatious person, flaunter, show-off; swank, *bes. Br.* swanker (*colloq.*).

Prot·ze ['prɔtsə] *f* ⟨-; -n⟩ *mil.* (*von Geschützen*) limber.

prot·zen ['prɔtsən] *v/i* ⟨h⟩ *colloq.* flaunt, show off, swank (*colloq.*): **er protzt mit seinem Geld [Auto]** he shows off with his money [car], he shows his money [car] off, he parades (*od.* flaunts) his money [car].

'prot·zen·haft *adj colloq. cf.* protzig. — **'Prot·zen·haf·tig·keit** *f* ⟨-; *no pl*⟩ *colloq. cf.* Protzentum.

'Prot·zen·tum *n* ⟨-s; *no pl*⟩ *colloq.* ostentatiousness, swank(iness) (*colloq.*).

Prot·ze'rei *f* ⟨-; -en⟩ *colloq. contempt.* ostentation, flaunt(ing), showing-off, show, swank (*colloq.*).

'prot·zig *adj colloq.* ostentatious, flaunty, showy, flashy, swank(y) (*colloq.*).

'Protz|,ka·sten *m mil.* limber chest. — **~,wa·gen** *m* limber.

Pro·ve·ni·enz [prove'niɛnts] *f* ⟨-; -en⟩ provenance, provenience, origin (*od.* brand) (of goods).

Pro·ven·za·le [provɛn'tsa:lə] *m* ⟨-n; -n⟩, **Pro·ven'za·lin** *f* ⟨-; -nen⟩ Provençal, inhabitant of the French Provence. — **pro·ven'za·lisch I** *adj* Provençal. – **II** *ling.* **P~** ⟨*generally undeclined*⟩, **das P~e** ⟨-n⟩ Provençal.

Pro·verb [pro'vɛrp] *n* ⟨-s; -en⟩, **Pro·'ver·bi·um** [-bĭum] *n* ⟨-s; -bien⟩ *obs. for* Sprichwort.

Pro·vi·ant [pro'vĭant] *m* ⟨-s; *rare* -e⟩ **1.** provisions *pl*, food, eatables *pl*, eats *pl* (*sl.*): **sich [j-n] mit ~ versorgen** (*od.* **versehen**) a) to supply oneself [s.o.] with provisions, b) *bes. mil.* to provision oneself [s.o.]. – **2.** *mil.* a) (food) supply, supplies *pl*, b) (*Tagesration*) ration. — **~,aus,ga·be** *f* issue of rations.

pro·vi·an·tie·ren [provĭan'ti:rən] *v/t* ⟨*no* ge-, h⟩ *obs. for* **verproviantieren I.**

Pro·vi'ant|,la·ger, ~ma·ga,zin *n* ration depot. — **~,schiff** *n* supply-ship, storeship, victual(l)er. — **~,wa·gen** *m* supply wagon (*bes. Br.* waggon). — **~,zug** *m* supply train.

pro·vi·den·ti·ell [providɛn'tsĭɛl] *adj obs.* providential. — **Pro·vi'denz** [-'dɛnts] *f* ⟨-; -en⟩ *obs.* providence.

Pro·vinz [pro'vɪnts] *f* ⟨-; -en⟩ **1.** (*Verwaltungsbezirk*) province. – **2.** ⟨*only sg*⟩ (*im Gegensatz zu großen Städten*) country, provinces *pl*: **er stammt** (*od.* **kommt**) **aus der ~** he comes from the provinces, he is a provincial, he's up from the country. – **3.** ⟨*only sg*⟩ *fig. contempt.* (*rückständige Gegend*) backwoods *pl* (*construed as sg or pl*), grass roots *pl* (*construed as sg or pl*), *Am. colloq.* (the) sticks *pl*: **tiefste** (*od.* **finsterste, hinterste**) **~** depths *pl* of the backwoods. — **~,aus,ga·be** *f* (*einer Zeitung*) regional edition. — **~,bank** *f* provincial (*od.* country) bank. — **~be,woh·ner** *m* inhabitant of a province, provincial. — **~,blatt** *n* provincial (*od.* backwoods) paper, local rag (*colloq.*). — **~,büh·ne** *f cf.* Provinztheater. — **~,stadt** *f* provincial (*od.* country) town. — **~thea·ter** [-te,a:tər] *n* provincial theater (*bes. Br.* theatre). — **~,zei·tung** *f cf.* Provinzblatt.

Pro·vin·zi·al [provɪn'tsĭa:l] *m* ⟨-s; -e⟩ *röm.kath.* provincial.

Pro·vin·zia·lis·mus [provɪntsĭa'lɪsmus] *m* ⟨-; -lismen⟩ **1.** ⟨*only sg*⟩ provincialism, provinciality. – **2.** *ling.* provincialism.

Pro·vin·zi'al·re,gie·rung *f* provincial government.

pro·vin·zi·ell [provɪn'tsĭɛl] *adj* **1.** provincial. – **2.** *fig. contempt.* (*rückständig*) provincial, backward. – **3.** *ling.* provincial, regional.

Pro'vinz·ler *m* ⟨-s; -⟩ **1.** *cf.* Provinzbewohner. – **2.** *contempt.* provincial, yokel, (country) bumpkin, backwoodsman, clodhopper, hick (*sl.*).

pro'vinz·le·risch *adj contempt.* provincial, yokelish, backwoodsy, hick (*sl.*).

Pro'vinz|,nest *n contempt.* one-horse town, *Am. colloq.* burg, hick town (*sl.*).

Pro·vi·si·on [provi'zĭo:n] *f* ⟨-; -en⟩ *econ.* **1.** a) (*eines Handelsvertreters etc*) commission (on sale), b) (*bei Verkauf im eigenen Namen*) factorage: **Waren gegen ~ verkaufen** to sell goods on commission; **mit einer ~ von 20%** on a 20 percent commission. – **2.** (*Maklergebühr*) brokerage, commission.

Pro·vi·si'ons|,ba·sis *f only in* **auf ~** *econ.* on a commission basis, on commission; **Makler auf ~** (*an der Börse*) commission broker. — **~be,rech·nung** *f* statement of commission, account commission. — **p~,frei** *adj* free of commission. — **p~,pflich·tig** *adj* subject to (a) commission. — **~,rei·sen·de** *m* travel(l)er on commission, commission travel(l)er. — **~,satz** *m* rate of commission, commission rate.

Pro·vi·sor [pro'vi:zər] *m* ⟨-s; -en [-vi'zo:rən]⟩ manager of a chemist's shop (*Am.* pharmacy, drugstore).

pro·vi·so·risch [provi'zo:rɪʃ] **I** *adj* **1.** (*vorläufig*) provisional, provisionary, temporary, provisory; stopgap, interim (*attrib*): **eine ~e Regierung** a provisional (*od.* caretaker) government. – **2.** (*behelfsmäßig*) provisional, provisionary, makeshift, stopgap. – **II** *adv* **3. etwas ~ reparieren** to fix s.th. for the time being.

Pro·vi·so·ri·um [provi'zo:rĭum] *n* ⟨-s; -rien⟩ **1.** provisional (*od.* provisionary, temporary, provisory, stopgap, interim) solution (*od.* arrangement). – **2.** (*Notbehelf*) provisional (*od.* makeshift, stopgap) solution, makeshift, stopgap, (temporary) expedient.

Pro·vit·amin [provita'mi:n] *n biol.* provitamin.

Pro·vo·ka·teur [provoka'tø:r] *m* ⟨-s; -e⟩ provoker.

Pro·vo·ka·ti·on [provoka'tsĭo:n] *f* ⟨-; -en⟩ **1.** *cf.* Provozieren. – **2.** *auch med.* provocation. — **pro·vo·ka'to·risch** [-'to:rɪʃ] *adj* provocative, provoking.

pro·vo·zie·ren [provo'tsi:rən] **I** *v/t* ⟨*no* ge-, h⟩ **1.** provoke: **j-n zu etwas ~** to provoke s.o. to s.th.; **ich lasse mich von Ihnen nicht ~!** I won't let you provoke me! – **2.** (*hervorrufen*) provoke, cause, trigger off: **diese Auseinandersetzung könnte leicht einen Krieg ~** this dispute could easily trigger (*od.* spark) off a war; **einen Streit ~** to provoke (*od.* pick) a quarrel. – **3.** *med.* (*Krankheitserscheinungen etc*) provoke. – **II** *v/i* **4. er will nur ~** he is just trying to provoke people. – **III P~** *n* ⟨-s⟩ **5.** *verbal noun.* – **6.** *auch med.* provocation. — **pro·vo'zie·rend I** *pres p.* – **II** *adj* provocative, provoking. — **Pro·vo'zie·rung** *f* ⟨-; *no pl*⟩ *cf.* Provozieren.

pro·xi·mal [prɔksi'ma:l] *adj med.* (*rumpfwärts*) proximal.

pro·ze·die·ren [protse'di:rən] *v/i* ⟨*no* ge-, sein⟩ *obs. for* **verfahren 1, vorgehen 7.**

Pro·ze·dur [protse'du:r] *f* ⟨-; -en⟩ **1.** (*Verfahren*) procedure, process. – **2.** (*umständliche*) ritual. – **3.** (*unangenehme*) ordeal: **eine ~ über sich ergehen lassen** to suffer an ordeal. – **4.** *jur.* (*Rechts-, Verfahrensgang*) proceedings *pl*, procedure, course of action. – **5.** *tech.* (*Arbeitsvorgang*) process, procedure.

Pro·zent [pro'tsɛnt] *n* ⟨-(e)s; -e, *nach Zahlen* -⟩ **1.** percent, *Br.* per cent: **ein Darlehen zu 5 ~ Zinsen** a loan at 5 percent interest (*od.* at an interest of 5 percent); **zu wieviel ~?** *econ.* at what percentage? at how much percent? **zuzüglich 10 ~ Bedienung** plus 10 percent service charges; **die Steuer wurde um 8 ~ erhöht** the tax was raised by 8 percent; **das Kapital wird mit 4 ~ [zu hohen ~en] verzinst** *econ.* there is an interest of 4 percent [there is a high rate of interest] on the capital; **das Geschäft trägt nur 3 ~** (*od.* **wirft nur 3 ~ ab**) *colloq.* the business yields (*od.* brings in) only 3 percent profits; **80 ~ der Bevölkerung** 80 percent of the population; **zu 50 ~ hast du recht** *colloq.* half of what you say is right. – **2.** *pl econ. colloq.* a) (*Rabatt*) rebate *sg*, discount *sg*, b) (*Gewinnanteil*) share *sg* (*od.* percentage *sg*) of profits, c) (*Vermittlungsgebühr*) commission *sg*, d) (*Tantiemen*) royalty *sg*, percentage *sg*, e) (*Abschlag*) percentage *sg*.

...pro,zen·tig *combining form denoting* percent, *Br.* per cent: **eine 10prozentige Lohnerhöhung** a 10 percent increase in salary (*od.* wages).

Pro'zent|,rech·nen *n math.* percentage calculation. — **~,rech·nung** *f* percentage calculation: **~en machen** to do percentages. — **~,satz** *m* **1.** *bes. econ.* a) percentage, b) (*von Zinsen*) rate of interest, interest rate. – **2.** (*Teil, Anzahl*) percentage, proportion: **ein hoher ~ der Studenten** a high percentage (*od.* a large proportion) of the students.

pro·zen·tu·al [protsɛn'tŭa:l] **I** *adj* proportional: **~er Anteil** percentage; **eine ~e Beteiligung an einem Unternehmen haben** to have a percentage share (*od.* a partnership on percentage) in an enterprise. – **II** *adv* in percent (*Br.* per cent), in terms of percentage: **er ist ~ am Gewinn beteiligt** he receives a percentage of the profit.

pro·zen·tu·ell [protsɛn'tŭɛl] *adj cf.* prozentual I.

Pro'zent,zei·chen *n* percentage sign.

Pro·zeß [pro'tsɛs] *m* ⟨-sses; -sse⟩ **1.** *jur.* (*Rechtsstreit*) lawsuit, suit at (*od.* in) law, (legal) proceedings *pl*, litigation, case, cause: **anhängiger** (*od.* **schwebender**) **~** pending lawsuit; **j-m einen ~ anhängen** to file a suit against s.o., to sue s.o.; **einen ~ gegen j-n führen** a) to carry on a lawsuit against s.o., b) (*vom Rechtsanwalt*) to conduct a lawsuit against s.o., to plead a case against s.o.; **einen ~ gegen j-n anstrengen** (*od.* **anfangen**) to institute (*od.* take) (legal) proceedings against s.o., to proceed (*od.* bring [*od.* file] an action) against s.o., to sue (*od.* have the law of [*od.* on]) s.o.; **einen ~ gewinnen [verlieren]** to win [lose] a lawsuit (*od.* case); **im ~ X gegen Y** in the lawsuit X versus Y; **einen ~ selbst führen** to plead one's own case; **er wird es zum ~ kommen lassen** he will go to law about it, he will take the matter to court, he will bring the matter before the court; **einen ~ wiederaufnehmen** to revive a lawsuit (*od.* an action); **in einen ~ mit j-m verwickelt sein** to be involved (*od.* entangled) in a lawsuit with s.o.; **besser ein magerer Vergleich als ein fetter ~** (*Sprichwort*) a lean compromise is better than a fat lawsuit (*proverb*). – **2.** *jur.* a) (*Strafverfahren*) trial, criminal procedure, (criminal) proceedings *pl*, b) (*Zivilverfahren*) civil procedure, (civil) proceedings *pl*: **j-m den ~ machen** to try s.o., to put s.o. on trial; **kurzen ~ mit j-m [etwas] machen** *fig. colloq.* to make short work of s.o. [s.th.]. – **3.** *jur.* (*Rechts-, Verfahrensgang*) proceedings *pl*, procedure, course of action. – **4.** (*Ablauf, Enwicklungsprozeß*) process, development: **geschichtlicher ~** historical process. – **5.** *bes. biol. chem. phys.* process. – **6.** *tech.* (*Arbeitsvorgang*) operation, process, method, procedure. — **~,ak·ten** *pl jur.* a) case files (*od.* records), minutes of a case, b) (*vorbereitende Schriftsätze*) pleadings: **Einsichtnahme in die ~** consultation of case files. — **~be,voll,mäch·tig·te** *m* agent, *bes. Am.* attorney of record: **klägerischer ~r** agent for the plaintiff; **~r der beklagten Partei** agent for the defendant. — **p~,fä·hig** *adj* capable to sue and be sued, capable of appearing in court. — **~,fä·hig·keit** *f* capacity to sue and be sued, capacity to appear in court: **aktive ~** capacity to sue; **passive ~** capacity to be sued. — **~,füh·rer** *m* **1.** (*für den Beklagten*) counsel (*bes. Am.* attorney) for the defence (*Am.* defense). – **2.** (*für den Kläger*) counsel (*bes. Am.* attorney) for the plaintiff. – **3.** *cf.* Prozeßpartei. — **~,füh·rung** *f* conduct of a case (*od.* litigation). — **~,ge·gen,stand** *m* matter in dispute (*od.* controversy). — **~,geg·ner** *m* opposing party, opponent, adversary: **die ~ einigten sich** the opposing (*od.* litigant) parties (*od.* opponents, adversaries) came to an agreement. — **p~,hin·dernd** *adj* **~e Einrede** plea in bar, demurrer.

pro·zes·sie·ren [protsɛ'si:rən] *v/i* ⟨*no* ge-, h⟩ *jur.* (mit, gegen against) **1.** (*Prozeß führen*) carry on a lawsuit (*od.* legal proceedings), litigate. – **2.** (*Prozeß anstrengen*) institute (*od.* take) legal proceedings, take action, sue.

Pro·zes·si·on [protsɛ'sĭo:n] *f* ⟨-; -en⟩ **1.** *relig.* procession: **in einer ~ durch die**

Stadt ziehen to walk in procession through the town. – 2. *fig.* (*langer Zug*) train, procession, parade.

Pro·zes·si'onsˌspin·ner *m zo.* processionary moth (*Fam. Thaumatopoeidae*).

Pro'zeß|ˌko·sten *pl jur.* cost *sg* of litigation (*od.* of a lawsuit), legal charges, law costs; die ~ tragen to bear (*od.* pay) the costs of the lawsuit. — **~ˌord·nung** *f* rules *pl* (*od.* code) of procedure, court rules *pl*, rules *pl* of (the) court. — **~parˌtei** *f* party (to an action), suitor. — **~ˌrech·ner** *m* (*computer*) process computer. — **~ˌrecht** *n jur.* law of practice (*od.* procedure), procedural (*od.* adjective) law. — **~ˌsa·che** *f* legal matter, case. — **~ˌsucht** *f* litigiousness. — **p~ˌsüch·tig** *adj* litigious.

pro·zes·su·al [protsɛ'sŭa:l] *adj jur.* procedural, processual.

pro'zeß|ˌunˌfä·hig *adj jur.* incapable of suing. — **P~ˌunˌfä·hig·keit** *f* incapacity to sue. — **P~verˌschlep·pung** *f* protraction of a lawsuit. — **P~ˌvollˌmacht** *f* power of attorney, retainer, (legal) mandate.

pro·zöl [pro'tsø:l] *adj biol.* (*Wirbelknochen*) procoelous.

prü·de ['pry:də] *adj* ⟨-r; -st⟩ *contempt.* prudish, strait-laced, prim.

Pru·de'lei *f* ⟨-; -en⟩ *dial. for* Pfuscherei 1. — **'pru·de·lig** *adj dial. for* unordentlich 6. — **pru·deln** ['pru:dəln] *v/i* ⟨h⟩ *dial. for* pfuschen 1.

Prü·de·rie [prydə'ri:] *f* ⟨-; -n [-ən]⟩ *contempt.* prudery, prudishness, primness.

'Prüf|ˌanˌstalt *f tech.* 1. testing institute. – 2. physical laboratory. — **~atˌtest** *n* test certificate. — **~beˌfund** *m* test result. — **~beˌla·stung** *f* test(ing) load. — **~ˌdraht** *m* pilot wire, C-wire. — **~ˌdruck** *m* ⟨-(e)s; =e⟩ test(ing) pressure. — **~ˌeinˌrich·tung** *f* 1. testing outfit (*od.* equipment). – 2. (*Werksabnahme*) inspection facility.

prü·fen ['pry:fən] I *v/t* ⟨h⟩ 1. (*im Examen*) examine: j-n mündlich ~ to examine s.o. orally (*od.* viva voce), *Am. auch* to quiz s.o.; schriftlich geprüft werden to have a written examination, to be examined in writing. – 2. (*untersuchen*) examine, study, look into: etwas flüchtig ~ to examine s.th. superficially, to go (*od.* look) over (*od.* through) s.th.; etwas gründlich (*od.* sorgfältig) ~ to examine s.th. thoroughly (*od.* carefully), to scrutinize s.th.; j-n auf Herz und Nieren ~ *fig.* to put s.o. to the acid test. – 3. (*durch Augenschein*) inspect. – 4. (*durch Nachforschung*) examine (into), look into, inquire (*auch* enquire) (into), investigate, search into (*lit.*). – 5. (*sondieren*) probe, explore, sound out, fathom, plumb-line: Möglichkeiten zu einer Einigung ~ to sound out possibilities for reaching an agreement. – 6. (*erwägen*) consider, weigh (*s.th.*) (up), contemplate, study: der Vorschlag wird geprüft the proposal is under consideration, the proposal is being considered. – 7. (*kontrollieren*) check, control, inspect, prove: die Richtigkeit von etwas ~, etwas auf seine Richtigkeit ~ to check the correctness of s.th., to verify s.th.; die Anwesenheit der Schüler ~ to call (*od.* check) the roll. – 8. (*erproben*) test, try (*s.th.*) out, put (*s.th.*) to the test (*od.* proof): j-n auf seine Tauglichkeit ~ to test s.o.'s fitness; etwas auf seine Reinheit ~ to test s.th. for purity, to test the purity of s.th. – 9. *econ.* (*Rechnung etc*) audit. – 10. *tech.* a) (*testen*) test, b) (*nachprüfen*) check, control, c) (*überprüfen*) inspect, d) (*messen*) ga(u)ge. – 11. *gastr.* (*Kaffee, Tee, Wein etc*) sample, taste. – 12. *chem. metall.* (*Erz*) assay. – 13. *jur.* (*Prozeß, Entscheidung etc*) review. – 14. *fig.* (*forschend betrachten*) scrutinize, examine, size up, eye: sie prüfte ihre Nachbarin von der Seite she sized up her neighbo(u)r from the side. – 15. *fig.* (*heimsuchen*) try, afflict: das Schicksal hatte ihn schwer geprüft he was sorely tried by fate. – II *v/reflex* sich ~ 16. examine oneself, search one's heart (*lit.*). – III P~ *n* ⟨-s⟩ 17. *verbal noun.* – 18. *cf.* Prüfung. — **'prü·fend** I *pres p.* – II *adj* (*Blick etc*) searching.

'Prü·fer *m* ⟨-s; -⟩ 1. (*im Examen*) examiner. – 2. (*Überprüfer*) checker. – 3. (*Untersucher*) examiner, examinant, scrutinizer, investigator, searcher. – 4. (*durch Inaugenscheinnahme*) inspector. – 5. *tech.* inspector. – 6. *econ.* auditor. – 7. *metall.* assayer. – 8. *gastr.* sampler, taster.

'Prüf|erˌgeb·nis *n tech.* test result. — **~ˌfeld** *n* test department (*od.* room, bay, floor, shop, ground), inspection room. — **~ˌfeld·in·ge·niˌeur** *m* test engineer. — **~geˌrät** *n* 1. *tech.* testing apparatus (*od.* equipment, instrument). – 2. *electr.* test set, tester, meter. — **~ˌlam·pe** *f electr.* test lamp. — **~ˌlast** *f tech.* test load. — **~ˌleh·re** *f* master (*od.* check) ga(u)ge.

'Prüf·ling *m* ⟨-s; -e⟩ 1. (*Person*) candidate, examinee. – 2. *tech.* (*Objekt*) (test) specimen, test piece.

'Prüf|maˌschi·ne *f tech.* testing machine. — **~proˌgramm** *n* (*computer*) test routine. — **~ˌspan·nung** *f electr.* test voltage.

'Prüfˌstand *m* 1. *tech.* test bench (*od.* floor), testing bay. – 2. (*für Motoren*) test block. – 3. (*für Laufversuche*) test rig. — **~verˌsuch** *m auto.* bench (*od.* rig) test.

'Prüf|ˌstein *m fig.* touchstone. — **~ˌstel·le** *f* inspection office. — **~ˌstrom** *m electr.* test(ing) current, C-wire current. — **~ˌstück** *n tech. cf.* Probestück 2.

'Prü·fung *f* ⟨-; -en⟩ 1. *cf.* Prüfen. – 2. *ped.* a) (*Examen*) examination, exam (*colloq.*), b) (*Zwischenprüfung, Test*) test: schriftliche [mündliche] ~ written [oral (*od.* viva voce)] examination; sich einer ~ unterziehen to sit for (*Br. auch* to sit) an examination; er macht zur Zeit ~ he is taking (*od.* in for) his examination; in die ~ steigen *colloq.* to take an exam; eine ~ bestehen to pass an examination; in einer ~ durchfallen to fail (in) an examination, *Am. colloq.* to flunk (*Br. colloq.* plough) an examination; eine ~ anberaumen (*od.* ansetzen) to schedule an examination. – 3. (*Untersuchung*) examination, study: gründliche (*od.* sorgfältige) ~ thorough (*od.* careful) examination, scrutiny; flüchtige ~ look-over. – 4. (*Inaugenscheinnahme*) inspection: bei näherer ~ on closer inspection. – 5. (*Nachforschung*) examination, inquiry, *auch* enquiry, investigation: ~ einer Sache inquiry into s.th. – 6. (*Erwägung*) consideration, contemplation, study. – 7. (*Kontrolle*) check(up), control, inspection: eine regelmäßige ~ aller Instrumente a regular check of all instruments. – 8. (*Erprobung*) test, trial, proof: etwas hält jeder ~ stand s.th. will stand any test; etwas einer ~ unterwerfen (*od.* unterziehen) to subject s.th. to a test, to test (*od.* prove) s.th. – 9. *econ.* (*Buchprüfung*) audit. – 10. *tech.* a) (*Test*) test(ing), b) (*Überprüfung*) check, control, c) (*Abnahmeprüfung*) inspection. – 11. *chem. metall.* assay. – 12. *mil.* proving. – 13. *jur.* review. – 14. *fig.* (*Leid*) trial, tribulation, ordeal, calvary (*lit.*): er mußte schwere ~en überstehen he went through a period of trials and tribulations.

'Prü·fungs|ˌamt *n ped.* examination office. — **~ˌanˌfor·de·run·gen** *pl* examination requirements (*od.* standards). — **~ˌangst** *f* fear of examinations, examination phobia. — **~ˌar·beit** *f* examination (*od.* test) paper: schriftliche ~ a) written examination, b) (*geschriebenes Produkt*) examination paper. — **~ˌaufˌga·be** *f* 1. *cf.* Prüfungsarbeit. – 2. topic (*od.* question) set for an examination. — **~ˌausˌschuß** *m* 1. *ped.* board of examiners, examining board. – 2. *pol. cf.* Prüfungskommission 2. — **~beˌdin·gun·gen** *pl cf.* Prüfungsanforderungen. — **~beˌricht** *m* 1. statement of results, test report. – 2. (*analytische Darstellung*) survey, analysis. – 3. *econ.* auditing report. — **~be·schei·ni·gung** *f ped.* examination certificate. — **~ˌbo·gen** *m* examination (*od.* test) paper. — **~erˌgeb·nis** *n* 1. *ped.* examination results *pl*. – 2. *metall.* assay. — **~ˌfach** *n ped.* examination subject. — **~ˌfra·ge** *f* examination question. — **~geˌbühr** *f meist pl* examination fee. — **~kan·di·dat** *m* (examination) candidate, examinee. — **~kom·mis·si·on** *f* 1. *ped. cf.* Prüfungsausschuß 1. – 2. *pol.* commission of inquiry (*od.* investigation). — **~ˌord·nung** *f ped.* examination regulations *pl* (*od.* rules *pl*), regulations *pl* for the conduct of an examination. — **~terˌmin** *m* examination date. — **~verˌfah·ren** *n* examination procedure. — **~ˌzeug·nis** *n* certificate, diploma.

'Prüf|verˌfah·ren *n tech.* 1. test (*od.* testing) method. – 2. test procedure. — **~vorˌrich·tung** *f* testing outfit. — **~ˌzei·chen** *n* test mark. — **~ˌzei·le** *f telev.* test line.

Prü·gel[1] ['pry:gəl] *m* ⟨-s; -⟩ (*Knüttel*) club, cudgel.

'Prü·gel[2] *pl colloq.* thrashing, flogging, hiding, whipping, (*mit dem Rohrstock*) *auch* caning: j-m (eine Tracht) ~ verabreichen to give s.o. a good (*od.* sound) thrashing; (eine Tracht) ~ beziehen to come in for a good hiding (*od. colloq.* licking), to get (*od.* be given) a good beating.

Prü·ge'lei *f* ⟨-; -en⟩ *colloq.* brawl, fight, scrap (*sl.*).

'Prü·gelˌkna·be *m* scapegoat, whipping boy: den ~n für j-n abgeben to be s.o.'s scapegoat.

prü·geln ['pry:gəln] *v/t* ⟨h⟩ *colloq.* 1. beat, thrash, flog, whip, (*mit dem Rohrstock*) *auch* cane: der Vater prügelt seinen Sohn the father gives his son a whipping. – 2. sich ~ to have a fight (*od. sl.* scrap), to come to blows.

'Prü·gel|ˌstra·fe *f* corporal punishment, flogging, (*in der Schule*) *auch* caning. — **~ˌweg** *m cf.* Knüppeldamm.

Prü·nel·le [pry'nɛlə] *f* ⟨-; -n⟩ 1. (*gedörrte Pflaume*) prunelle, prunello. – 2. *gastr.* (*Likör*) prunelle.

Prunk [prʊŋk] *m* ⟨-(e)s; *no pl*⟩ 1. (*Pracht*) magnificence, splendor, *bes. Br.* splendour. – 2. pageantry, splendid (*od.* gorgeous) display. – 3. (*Aufwand*) pomp, state. — **~ˌbett** *n* bed of state.

prun·ken ['prʊŋkən] *v/i* ⟨h⟩ *lit.* 1. (*prangen*) exhibit great splendor (*bes. Br.* splendour). – 2. mit etwas ~ (*prahlen*) to parade (*od.* flaunt) s.th., to show off with s.th.: er prunkt mit seinem Reichtum he flaunts his riches.

'Prunk·geˌmach *n* stateroom, *Br.* state-room.

'prunk·haft *adj* ostentatious, showy, flamboyant.

'Prunk|kaˌros·se *f* state carriage. — **~ˌlie·be** *f* love of show (*od.* display). — **p~ˌlie·bend** *adj* fond of show (*od.* display).

'prunk·los *adj* unostentatious, plain, without pomp.

'Prunk|ˌsaal *m* large stateroom (*Br.* state-room). — **~ˌstück** *n* spectacular piece, showpiece (*colloq.*). — **~ˌsucht** *f cf.* Prunkliebe. — **p~ˌsüch·tig** *adj cf.* prunkliebend. — **p~ˌvoll** *adj* (*Empfang, Ausstattung etc*) gorgeous, sumptuous, splendid, magnificent, pompous. — **~ˌzim·mer** *n* stateroom, *Br.* state-room, apartment of state.

Pru·ri·go [pru'ri:go] *m* ⟨-s; *no pl*⟩ *od. f* ⟨-; *no pl*⟩ *med.* (*Juckflechte*) prurigo.

Pru·ri·tus [pru'ri:tʊs] *m* ⟨-; *no pl*⟩ *med.* (*Hautjucken*) pruritus.

pru·sten ['pru:stən] *v/i* ⟨h⟩ 1. (*keuchen*) puff (and blow), pant. – 2. (*schnauben*) snort, wheeze. – 3. (*Flüssigkeit ausstoßen*) splutter. – 4. vor Lachen ~ to burst out laughing.

Psa·li·gra·phie [psaligra'fi:] *f* ⟨-; *no pl*⟩ art of making silhouettes.

Psalm [psalm] *m* ⟨-s; -en⟩ *Bibl.* psalm, *auch* Psalm.

'Psal·men|ˌdich·ter *m* psalmist, psalmodist. — **~ˌsän·ger** *m* psalmist, psalmodist.

Psal·mist [psal'mɪst] *m* ⟨-en; -en⟩ *relig.* psalmist, psalmodist.

Psalm·odie [psalmo'di:] *f* ⟨-; -n [-ən]⟩ *relig. mus.* psalmody. — **psalm·odie·ren** [-'di:rən] *v/i* ⟨*no* ge-, h⟩ 1. *relig.* sing psalms, psalmodize, chant. – 2. *mus.* (*liturgisch singen*) intone, psalmodize. — **psalm'odisch** [-'mo:dɪʃ] *adj* psalmodic, *auch* psalmodical.

Psal·ter ['psaltər] *m* ⟨-s; -⟩ 1. ⟨*only sg*⟩ *Bibl.* (Book of) Psalms *pl*, Psalter. – 2. *mus.* (*Saiteninstrument*) psaltery, psalterion. – 3. *zo. cf.* Blättermagen.

pscht [pʃt] *interj cf.* pst 1.

Pseud..., pseud... *combining form denoting* pseudo...

Pseud·epi·gra·phen [psɔʏdepi'gra:fən] *pl antiq.* pseudepigrapha, *auch* Pseudepigrapha.

Pseudo..., pseudo... *combining form denoting* pseudo...

pseu·do·isi'do·ri·sche De·kre'ta·len [psɔʏdoˀizi'do:rɪʃə] *pl relig. hist.* Pseudo-Isidorian (*od.* -Isidorean, -Isidoran) decretals.

pseu·do·morph [psɔʏdo'mɔrf] *adj min.*

pseudomorphous, pseudomorphic. — **Pseu·do·mor'pho·se** [-'foːzə] *f* pseudomorphosis.

Pseu·do·nym [psɔydo'nyːm] **I** *n* ⟨-s; -e⟩ pseudonym, *auch* pseudonyme, anonym, (*eines Autors*) *auch* pen name, nom de plume (*lit.*): er schreibt unter einem ~ he writes under a pen name. – **II p~** *adj* pseudonymous, *auch* pseudonymic.

Pseu·do·po·di·um [psɔydo'poːdiʊm] *n* ⟨-s; -dien⟩ *zo.* (*Scheinfüßchen*) pseudopodium, pseudopod, *auch* pseudopode.

'pseu·do,wis·sen·schaft·lich ['psɔydo-] *adj* pseudoscientific, *Br.* pseudo-scientific.

Psi [psiː] *n* ⟨-s; -s⟩ psi (*23rd letter of the Greek alphabet*).

Psi·lo·me·lan [psilome'laːn] *n* ⟨-s; -e⟩ *min.* psilomelane.

Psit·ta·ko·se [psɪta'koːzə] *f* ⟨-; -n⟩ *med. cf.* Papageienkrankheit 1.

Pso·ria·sis [pso'riːazɪs] *f* ⟨-; -riasen [-'rĭaːzən]⟩ *med.* (*Schuppenflechte*) psoriasis.

pst [pst] *interj* **1.** sh! pst! hush! shush! ~ machen to shush. – **2.** (*als Anruf*) pst! hey!

Psych·ago·ge [psyça'goːgə] *m* ⟨-n; -n⟩ psychagogue.

Psych·ago·gik [psyça'goːgɪk] *f* ⟨-; *no pl*⟩ psychagogy.

Psy·che ['psyːçə] *f* ⟨-; -n⟩ **1.** (*Seele*) psyche, soul, mind, self. – **2.** *Austrian* dressing table.

psy·che·de·lisch [psyçe'deːlɪʃ] *adj psych.* psychedelic.

Psych·ia·ter [psyçi'aːtər] *m* ⟨-s; -⟩ psychiatrist, (*bes. in der Gerichtsmedizin*) alienist. — **Psych·ia'trie** [-a'triː] *f* ⟨-; *no pl*⟩ **1.** psychiatry. – **2.** *colloq.* (*Abteilung eines Krankenhauses*) psychiatric ward. — **psych·ia'trie·ren** [-a'triːrən] *v/t* ⟨*no* ge-, h⟩ j-n ~ *Austrian* to examine s.o. psychiatrically: er läßt sich ~ he is having psychiatric treatment. — **psych·ia·trisch** [-'aːtrɪʃ] *adj* (*Klinik, Untersuchung etc*) psychiatric, *auch* psychiatrical.

'psy·chisch *adj* (*Krankheiten, Störungen, Hemmungen etc*) psychic, psychical, *auch* mental.

Psycho..., psycho... *combining form denoting* psycho...

Psy·cho|ana·ly·se [psyçoˀana'lyːzə] *f* psychoanalysis, *Br.* psycho-analysis, *auch* psychanalysis. — **~ana'ly·ti·ker** [-tikər] *m* psychoanalyst, *Br.* psycho-analyst. — **p~ana'ly·tisch** [-tɪʃ] *adj* psychoanalytic(al), *Br.* psycho-analytic(al), *auch* psychanalytic(al). — **~chir·ur'gie** [-çirʊr'giː] *f* psychosurgery, *Br.* psycho-surgery. — **~dia'gno·stik** [-dia'gnɔstɪk] *f* psychodiagnostics, *Br.* psycho-diagnostics *pl* (*construed as sg*). — **~'dra·ma** [-'draːma] *n* psychodrama.

psy·cho·gen [psyço'geːn] *adj* psychogenic.

Psy·cho|ge·ne·se [psyçoge'neːzə], **~'ge·ne·sis** [-'geːnezɪs] *f* psychogenesis, psychogeny.

Psy·cho·gramm [psyço'gram] *n* ⟨-s; -e⟩ psychogram, psychograph, (psychic) profile.

Psy·cho·graph [psyço'graːf] *m* ⟨-en; -en⟩ psychograph.

Psy·cho·id [psyço'iːt] *n* ⟨-(e)s; *no pl*⟩ psychoid.

Psy·cho·lin·gui·stik [psyçolɪŋ'gŭɪstɪk] *f ling.* psycholinguistics *pl* (*usually construed as sg*).

Psy·cho·lo·ge [psyço'loːgə] *m* ⟨-n; -n⟩ **1.** psychologist. – **2.** er ist ein guter ~ (*Menschenkenner*) he is a good psychologist. — **Psy·cho·lo'gie** [-lo'giː] *f* ⟨-; *no pl*⟩ psychology. — **psy·cho'lo·gisch I** *adj* (*Studien, Test, Kampfführung, Roman etc*) psychological, *auch* psychologic. – **II** *adv* das war ~ sehr geschickt that was a clever psychological move. — **Psy·cho·lo'gis·mus** [-lo'gɪsmʊs] *m* psychologism.

Psy·cho·man·tie [psyçoman'tiː] *f* ⟨-; *no pl*⟩ *cf.* Nekromantie.

Psy·cho·me·trie [psyçome'triː] *f* psychometrics *pl* (*construed as sg*), psychometry. — **psy·cho'me·trisch** [-'meːtrɪʃ] *adj* psychometric.

Psy·cho|mo·to·rik [psyçomo'toːrɪk] *f* psychomotility, psychomotion. — **p~mo'to·risch** *adj* psychomotor, ideomotor (*beide attrib*). — **~neu'ro·se** [-nɔy'roːzə] *f* psychoneurosis. — **p~neu'ro·tisch** [-'roːtɪʃ] *adj* psychoneurotic.

Psy·cho·path [psyço'paːt] *m* ⟨-en; -en⟩ psychopath, psychopathic. — **Psy·cho·pa'thie** [-pa'tiː] *f* psychopathy, psychopathia. — **psy·cho'pa·thisch** *adj* psychopathic.

Psy·cho|pa·tho·lo·gie [psyçopatolo'giː] *f* psychopathology, mental pathology. — **p~pa·tho'lo·gisch** [-'loːgɪʃ] *adj* psychopathologic(al). — **~'phar·ma·kon** [-'farmakɔn] *n med.* psychopharmacologic drug. — **~phy'sik** [-fy'ziːk] *f* psychophysics *pl* (*construed as sg*). — **p~'phy·sisch** [-'fyːzɪʃ] *adj* psychophysical.

Psy·cho·se [psy'çoːzə] *f* ⟨-; -n⟩ psychosis.

Psy·cho·so·ma·tik [psyçozo'maːtɪk] *f* ⟨-; *no pl*⟩ psychosomatics *pl* (*construed as sg*), psychosomatic medicine. — **psy·cho·so'ma·tisch** *adj* psychosomatic.

Psy·cho|tech·nik [psyço'tɛçnɪk] *f* psychotechnology, industrial psychology, psychotechnics *pl* (*construed as sg*). — **~the·ra'peut** [-tera'pɔyt] *m* psychotherapist. — **~the·ra'peu·tik** [-tera'pɔytɪk] *f* psychotherapeutics *pl* (*construed as sg*). — **p~the·ra'peu·tisch** *adj* psychotherapeutic. — **~the·ra'pie** [-tera'piː] *f* psychotherapy.

Psy·chro·me·ter [psyçro'meːtər; psykro-] *n meteor.* (*Luftfeuchtigkeitsmesser*) psychrometer.

Pter·an·odon [pte'raːnodɔn] *n* ⟨-s; -donten [-rano'dɔntən]⟩ *zo.* (*großer Flugsaurier*) pteranodon.

Pte·ro·dak·ty·lus [ptero'daktylʊs] *m* ⟨-; -tylen [-'tyːlən]⟩ *zo.* (*kleiner Flugsaurier*) pterodactyl.

Pte·ro·po·de [ptero'poːdə] *f* ⟨-; -n⟩ *zo. cf.* Flügelschnecke.

Pte·ro·sau·ri·er [ptero'zaurĭər] *m* ⟨-s; -⟩ *meist pl zo.* (*Flugechse*) pterosaur.

Pte·ry·gi·um [pte'ryːgiʊm] *n* ⟨-s; -gia [-gĭa]⟩ *med.* pterygium, webeye.

Pto·le·mä·er [ptole'mɛːər] *m* ⟨-s; -⟩ *antiq.* Ptolemy. — **pto·le'mä·isch** *adj* **1.** *antiq.* Ptolemaic, *auch* Ptolemaean. – **2.** *astr.* Ptolemaic: das ~e System the Ptolemaic system.

Pto·ma·in [ptoma'iːn] *n* ⟨-s; -e⟩ *chem.* (*Leichengift*) ptomaine.

'Pto·sis,bril·le ['ptoːzɪs-] *f* (*optics*) (*zur Augenlidhebung*) ptosis spectacles *pl.*

Ptya·lin [ptya'liːn] *n* ⟨-s; *no pl*⟩ *chem.* (*Speichelferment*) ptyalin.

Pu·ber·tät [pubɛr'tɛːt] *f* ⟨-; *no pl*⟩ puberty: in der ~ sein to be in puberty.

Pu·ber'täts|,al·ter *n* puberty, pubescence, age of puberty. — **~,jah·re** *pl* period (*od.* age) *sg* of puberty. — **~,zeit** *f* puberty, pubescence.

pu·ber·tie·ren [pubɛr'tiːrən] *v/i* ⟨*no* ge-, h⟩ reach puberty.

Pu·bes·zenz [pubɛs'tsɛnts] *f* ⟨-; *no pl*⟩ *med.* pubescence.

pu·bli·ce ['puːblitse] *adv obs. for* öffentlich 4.

Pu·bli·ci·ty [pa'blɪsiti; pʌb'lɪsɪtɪ] (*Engl.*) *f* ⟨-; *no pl*⟩ publicity: einem Produkt ~ geben to advertise (for) a product.

Pu·blic Re·la·tions ['pʌblɪk rɪ'leɪʃənz] (*Engl.*) *pl* (*Öffentlichkeitsarbeit*) public relations.

pu·blik [pu'bliːk] *adj* ⟨*pred*⟩ (*öffentlich bekannt*) public, generally known: etwas ~ machen to publicize s.th., to make s.th. generally known; es ist ~ geworden, daß it has become public knowledge that.

Pu·bli·ka·ti·on [publika'tsĭoːn] *f* ⟨-; -en⟩ (*Veröffentlichung*) publication.

Pu·bli·kum ['puːblikʊm] *n* ⟨-s; *no pl*⟩ **1.** (*Öffentlichkeit*) public: das breite ~ the general public, the public at large. – **2.** (*im Theater etc*) audience, house: vor einem großen ~ spielen to play to a large audience; das ~ begeistern to bring down the house. – **3.** (*bes. bei Sportveranstaltungen etc*) crowd, spectators *pl*, onlookers *pl*, watchers *pl*. – **4.** *telev.* audience, (TV) watchers *pl*. – **5.** (*radio*) audience, listeners *pl*. – **6.** (*Leserschaft*) readers *pl*, (reading) public. – **7.** (*Kundschaft*) customers *pl*, clientele, patronage: ein Restaurant mit sehr feinem ~ a restaurant with a very distinguished clientele. – **8.** *rare* (*öffentliche Vorlesung*) public (*od.* open) lecture.

'Pu·bli·kums|er,folg *m* box-office success. — **~ge,schmack** *m* public taste, taste of the majority. — **~in·ter,es·se** *n* (general) interest. — **~,lieb·ling** *m* favorite (*bes. Br.* favourite) of the audience: ~ sein to be very popular with the audience. — **~ver,kehr** (*officialese*) office hours *pl*. — **p~,wirk·sam** *adj* (*Film, Stück*) attractive. — **~,wirk·sam·keit** *f* attractiveness.

pu·bli·zie·ren [publi'tsiːrən] *v/t* ⟨*no* ge-, h⟩ **1.** (*veröffentlichen*) publish, issue. – **2.** *rare* (*publik machen*) publicize, make (*s.th.*) public.

Pu·bli·zist [publi'tsɪst] *m* ⟨-en; -en⟩ publicist, journalist. — **Pu·bli'zi·stik** [-tɪk] *f* ⟨-; *no pl*⟩ publicity. — **pu·bli'zi·stisch** *adj* of (*od.* relating to) publicity.

Pu·bli·zi·tät [publitsi'tɛːt] *f* ⟨-; *no pl*⟩ publicity.

Puck [pʊk; pʌk] (*Engl.*) *m* ⟨-s; -s⟩ **1.** (*Kobold*) puck, imp, (hob)goblin. – **2.** (*sport*) (*beim Eishockey*) puck, rubber: den ~ treiben to dribble; to carry the puck, to stickhandle (*colloq.*).

'Pud·del,ei·sen *n metall. cf.* Puddelstahl.

pud·deln ['pʊdəln] *v/i* ⟨h⟩ *metall.* puddle.

'Pud·del|,ofen *m metall.* puddling furnace. — **~,roh,ei·sen** *n* forge pig (iron). — **~,schlacke** (*getr.* -k·k-) *f* puddle (*od.* puddling) cinder. — **~,stahl** *m* puddled iron. — **~ver,fah·ren** *n* puddling process.

Pud·ding ['pʊdɪŋ] *m* ⟨-s; -e *u.* -s⟩ *gastr.* pudding: er ist hart wie ~ *fig. colloq.* he is very pliable. — **~,form** *f* pudding mold (*bes. Br.* mould) (*od.* shape). — **~,pul·ver** *n* pudding mix.

Pu·del ['puːdəl] *m* ⟨-s; -⟩ **1.** *zo.* (*Hunderasse*) (French) poodle: wie ein begossener ~ dastehen *fig. colloq.* to look crestfallen (*od. colloq.* like a dying duck in a thunderstorm); wie ein begossener ~ abziehen (*od.* davonschleichen) *fig. colloq.* to go (*od.* slink) off with one's tail between one's legs; des ~s Kern *fig.* the essence (*od.* gist) of the matter; das also ist des ~s Kern! *fig.* there's the rub! – **2.** *colloq.* (*Fehler*) blunder. – **3.** *colloq.* (*Kegelfehlwurf*) miss, *Br. sl.* boss: einen ~ schieben *cf.* pudeln 2.

'Pu·del,müt·ze *f* ski-cap.

pu·deln ['puːdəln] *v/i* ⟨h⟩ *colloq.* **1.** (make a) blunder, make a mistake, boob (*sl.*), *Am. sl.* goof. – **2.** (*sport*) (*beim Kegeln*) miss (a shot).

'pu·del|'nackt *adj colloq.* mother- (*od.* stark-)naked. — **~'när·risch** *adj colloq.* crazy (*od.* wild) with joy. — **~'naß** *adj colloq. cf.* patschnaß. — **~'wohl** *adv* sich ~ fühlen *colloq.* to feel snug and cosy (*bes. Am.* cozy), *Am.* to feel like a million dollars, *Br. colloq.* to feel as snug as a bug in a rug.

Pu·der ['puːdər] *m, colloq. n* ⟨-s; -⟩ **1.** (*cosmetics*) a) (*für Gesicht*) (face) powder, b) (*für den Körper*) dusting (*od.* toilet, talcum) powder. – **2.** *med.* powder. — **~,do·se** *f* **1.** powder box. – **2.** (*für Kompaktpuder*) powder compact, *bes. Br.* flapjack.

'pu·de·rig *adj* powdery, powdered.

pu·dern ['puːdərn] **I** *v/t* ⟨h⟩ powder. – **II** *v/reflex* sich ~ powder oneself.

'Pu·der|,qua·ste *f* (powder) puff. — **~,zucker** (*getr.* -k·k-) *m gastr.* powdered (*bes. Am.* confectioners', *bes. Br.* icing) sugar.

Pu·du ['puːdu] *m* ⟨-s; -s⟩ *zo.* pudu (*Pudu pudu*).

pue·ril [pŭe'riːl] *adj* puerile, childish, immature. — **Pue·ri·li'tät** [-rili'tɛːt] *f* ⟨-; *no pl*⟩ puerility, childishness, immaturity, immatureness.

Pu·er·pe·ra ['pŭɛrpera] *f* ⟨-; -perä [-rɛ]⟩ *med.* (*Wöchnerin*) puerpera.

pu·er·pe·ral [pŭɛrpe'raːl] *adj med.* puerperal. — **P~,fie·ber** *n* puerperal fever, lechopyra.

Pu·er·pe·ri·um [pŭɛr'peːrĭʊm] *n* ⟨-s; -rien⟩ (*Wochenbett*) puerperium.

Pu·er·to·ri·ca·ner [pŭɛrtori'kaːnər] *m* ⟨-s; -⟩ Puerto Rican, *auch* Porto Rican. — **pu·er·to·ri'ca·nisch** *adj* Puerto Rican, *auch* Porto Rican, Puerto Rico.

puff [pʊf] *interj* puff! chuff!

Puff[1] *m* ⟨-(e)s; =e, *rare* -e⟩ *colloq.* **1.** thump, punch, knock, blow: er teilte Püffe nach allen Seiten aus he dealt out blows on all sides; er kann (schon) einen ~ vertragen *fig.* he can stand a knock, he can take a lot (*beide colloq.*). – **2.** (*leichter, vertraulicher*) nudge, dig (in the ribs) (*colloq.*).

Puff[2] *m* ⟨-(e)s; -e⟩ **1.** (*für Wäsche*) dirty linen (*od.* laundry) basket (*od.* box). – **2.** (*Hocker*) pouf, *auch* pouff, pouffe. – **3.** *obs. u. dial. for* Bausch 5.

Puff[3] *m, auch n* ⟨-s; -s⟩ *colloq.* (*Bordell*) brothel, whorehouse, *bes. Am. colloq.* 'crib'.

Puff[4] *n* ⟨-(e)s; *no pl*⟩ (*games*) backgammon.

'Puff|,är·mel *m* (*fashion*) puff(ed) sleeve. —

~,boh·ne *f bot.* broad (*od.* Windsor) bean, horsebean, bon (*Vicia faba*).

puf·fen ['pufən] **I** *v/t* ⟨h⟩ **1.** *colloq.* thump, punch, knock: **j-n in die Seite ~** to thump s.o. in the ribs; **zu allem muß man ihn ~** *fig.* he always needs a push, he always has to be egged on. – **2.** *colloq.* (*leicht*) nudge, dig (*colloq.*). – **3.** (*fashion*) *cf.* bauschen 1. – **II** *v/i* **4.** *colloq.* puff, chuff. – **III P~** *n* ⟨-s⟩ **5.** *verbal noun.* – **6.** puff, chuff.

'Puf·fer *m* ⟨-s; -⟩ **1.** buffer, bumper: **sie war der ~ zwischen den beiden Brüdern** *fig.* she was (*od.* acted as) a buffer between the two brothers. – **2.** *auto.* bumper, buffer. – **3.** (*railway*) buffer, *bes. Am.* bumper, *auch* bumper beam. – **4.** *gastr. potato pancake made from grated raw potatoes.* — **~bat·te,rie** *f electr.* floating battery. — **~,fe·der** *f tech.* buffer spring. — **~,lö·sung** *f chem.* buffer solution. — **~,staat** *m pol.* buffer state. — **~,tel·ler** *m* (*railway*) buffer head.

'Puf·fe·rung *f* ⟨-; -en⟩ **1.** *tech.* buffer action (*od.* effect). – **2.** *chem.* buffering, buffer action.

'Puf·fer|,wir·kung *f chem.* buffer effect (*od.* action). — **~,zo·ne** *f pol.* buffer zone.

'puf·fig *adj* puffy, puffed.

'Puff|,mais *m gastr.* popcorn. — **~,mut·ter** *f colloq.* 'madam' (*colloq.*), bawd, procuress. — **~,ot·ter** *f zo.* puff adder (*Britis lachesis*). — **~,reis** *m gastr.* puffed rice. — **~,spiel** *n* (*games*) *cf.* Puff[4].

puh [pu:] *interj* **1.** (*vor Abscheu*) pew! ugh! – **2.** (*vor Erleichterung*) phew! whew!

Pül·cher ['pʏlçər] *m* ⟨-s; -⟩ *Austrian colloq. for* Strolch 2.

pu·len ['pu:lən] *v/i* ⟨h⟩ *Northern G. colloq.* pick: **in der Nase ~** to pick one's nose.

Pulk [pulk] *m* ⟨-(e)s; -s, *rare* -e⟩ **1.** *aer. mil.* flight. – **2.** (*sport*) bunch, (*bei Pferderennen*) *auch* ruck. – **3.** (*größere Ansammlung*) ruck.

Pul·le ['pulə] *f* ⟨-; -n⟩ *colloq.* bottle.

pul·len ['pulən] *v/i* ⟨h⟩ **1.** (*vom Pferd*) pull, bore. – **2.** *mar.* row, pull. – **3.** *vulg.* piddle (*colloq.*), urinate.

Pul·li ['puli] *m* ⟨-s; -s⟩ *colloq.* (*leichter Pullover*) jersey, light sweater.

'Pull·man,wa·gen ['pulman-] *m* (*railway*) pullman (car), Pullman.

Pull·over [pu'lo:vər] *m* ⟨-s; -⟩ pullover, sweater, *bes. Br.* jumper.

pul·mo·nal [pulmo'na:l] *adj med.* pulmonary, pulmonic. — **P~,kreis,lauf** *m* pulmonary circulation.

Pul·mo·na·ten [pulmo'na:tən] *pl zo.* pulmonate molluscs (*Ordng Pulmonata*).

'Pul,mo·tor ['pul-] *m* ⟨-s; -en⟩ (*künstliche Lunge*) pulmotor.

Pulp [pulp] *m* ⟨-s; -en⟩ (*Fruchtmark*) fruit pulp.

Pul·pa ['pulpa] *f* ⟨-; -pae [-pɛ]⟩ *med.* pulp.

Pul·pe ['pulpə], **Pül·pe** ['pʏlpə] *f* ⟨-; -n⟩ *cf.* Pulp.

'Pul·pen,höh·le *f med.* (*des Zahnes*) pulp cavity.

Pul·pi·tis [pul'pi:tɪs] *f* ⟨-; -pitiden [-pi'ti:dən]⟩ *med.* pulpitis.

pul·pös [pul'pø:s] *adj med.* pulpy, pulpous.

Pul·que ['pulkə] *m* ⟨-(s); *no pl*⟩ *gastr.* pulque.

Puls [puls] *m* ⟨-es; -e⟩ *auch fig.* pulse: **j-m den ~ fühlen** *auch fig. colloq.* to feel s.o.'s pulse; **der ~ der Stadt** *fig.* the pulse of the city.

'Puls,ader *f med.* artery. — **~ge,schwulst** *f* aneurysm, *auch* aneurism.

'Puls·am·pli,tu·de *f med.* amplitude of the pulse.

Pul·sar [pul'za:r] *m* ⟨-s; -e⟩ *astr.* pulsar.

Pul·sa·ti·on [pulza'tsĭo:n] *f* ⟨-; *no pl*⟩ *med.* pulsation, beat.

Pul·sa·tor [pul'za:tər] *m* ⟨-s; -en [-za'to:rən]⟩ *tech.* pulsator. — **~,setz·ma,schi·ne** *f metall.* pulsator classifier.

'Puls·be,schleu·ni·gung *f med.* quickened (*od.* accelerated) pulse, tachycardia (*scient.*).

pul·sen ['pulzən] *v/i* ⟨h⟩ *cf.* pulsieren.

'Puls|er,hö·hung *f med.* raised pulse rate. — **~,fol·ge, ~fre,quenz** *f* pulse rate.

pul·sie·ren [pul'zi:rən] *v/i* ⟨*no* ge-, h⟩ **1.** *med.* pulsate, throb, beat. – **2.** *fig.* pulsate, pulse. — **pul'sie·rend I** *pres p.* – **II** *adj* **1.** *med.* a) pulsating, pulsatile, throbbing, b) (*Schmerz*) throbbing. – **2.** *electr.* (*Strom, Spannung etc*) intermittent, pulsating. – **3.** *fig.* pulsating, pulsing: **das ~e Leben einer Großstadt** the pulsating life of a big city.

Pul·si·on [pul'zĭo:n] *f* ⟨-; -en⟩ *phys.* pulse, impulse.

'Puls|ir·re·gu·la·ri,tät *f med.* irregularity of pulse (*od.* of heartbeats); allorhythmia, allodromy (*scient.*). — **~,kur·ve** *f* pulse curve, sphygmotechny (*scient.*). — **~,kur·ven,schrei·ber** *m* sphygmograph. — **p~los** *adj* pulseless.

Pul·so·me·ter [pulzo'me:tər] *n* ⟨-s; -⟩ *tech. obs.* pulsometer, *auch* vacuum pump, aquometer, *auch* aquameter.

'Pul·so,trieb,werk ['pulzo-] *n aer.* pulse-jet engine.

'Puls|,schlag *m* **1.** pulsation, (pulse)beat. – **2.** *fig.* pulsation: **der ~ der Stadt** the pulsation of the city. — **~ver,lang·sa·mung** *f* slowing of the pulse rate, bradysphygmia (*scient.*). — **~,wär·mer** *m* (*fashion*) wristlet. — **~,wel·le** *f med.* pulse wave. — **~,zahl** *f* pulse rate. — **~,zahl,stei·ge·rung** *f* increase in the pulse rate.

Pult [pult] *n* ⟨-(e)s; -e⟩ **1.** desk. – **2.** (*in der Kirche*) lectern. – **3.** *mus.* music desk (*od.* stand): **am ~: XY** XY conducting. — **~,dach** *n arch.* **1.** (*Flugdach*) penthouse roof. – **2.** (*Halbdach*) shed roof. – **3.** (*Schleppdach, einhängiges Dach*) pen roof. — **~,klap·pe** *f* desk flap.

Pul·ver ['pulfər; -vər] *n* ⟨-s; -⟩ **1.** *auch med.* powder. – **2.** (*Schießpulver*) (gun)powder: **er ist keinen Schuß ~ wert** *fig. colloq.* he is not worth his salt, he's not worth powder and shot; **er hat sein ~ schon verschossen** *fig. colloq.* he has shot his bolt; **er kann kein ~ riechen** *fig. colloq.* he is chicken-livered (*od.* chickenhearted, *Br.* chicken-hearted), he is chicken (*sl.*); **sie hat das ~ auch nicht erfunden** *fig. colloq.* she is no great light (*od. sl.* shakes), she won't set the Thames on fire; **er hat schon ~ gerochen** *fig.* he has seen a battle or two. – **3.** *fig. colloq.* (*Geld*) wherewithal (*colloq.*), *bes. Br.* cash, 'dough' (*sl.*); *Br. sl.* 'brass', 'lolly'. — **p~,ar·tig** *adj cf.* pulverig.

Pül·ver·chen ['pʏlfərçən; -vərçən] *n* ⟨-s; -⟩ *dim. of* Pulver: **sie hat für jedes Wehwehchen ein ~** *colloq.* she has powders for every pain and ache.

'Pul·ver|,dampf *m* gun smoke. — **~fa,brik** *f* powder factory (*od.* mill). — **~,faß** *n* powder keg (*od.* barrel): **(wie) auf einem** (*od.* **dem**) **~ sitzen** *fig.* to be sitting on the edge of a powder keg (*od.* volcano); **das war der Funke im ~** *fig.* that was the match in the powder barrel; **der Nahe Osten ist ein** (*od.* **gleicht einem**) **~** the Middle East is a powder keg. — **~,flag·ge** *f mar.* powder flag. — **~,form** *f* **in ~** powdered.

'pul·ve·rig *adj* powdery, pulverous, pulverulent.

Pul·ve·ri·sa·tor [pulveri'za:tər] *m* ⟨-s; -en [-za'to:rən]⟩ *tech.* pulverizer *Br. auch* -s-.

pul·ve·ri·sie·ren [pulveri'zi:rən] **I** *v/t* ⟨*no* ge-, h⟩ **1.** pulverize *Br. auch* -s-, reduce (*s.th.*) to powder. – **2.** *med. pharm.* triturate, levigate. – **II P~** *n* ⟨-s⟩ **3.** *verbal noun.* — **Pul·ve·ri'sie·rung** *f* ⟨-; *no pl*⟩ **1.** *cf.* Pulverisieren. – **2.** pulverization *Br. auch* -s-. – **3.** *med. pharm.* trituration, levigation.

'Pul·ver|,kaf·fee *m gastr.* instant coffee. — **~,kam·mer** *f mil.* **1.** magazine. – **2.** (*im Geschütz*) exploding chamber. – **3.** (*eines Minenstollens*) powder chamber. — **~,korn** *n* grain of gunpowder, powder grain. — **~,la·dung** *f* powder charge. — **~ma·ga,zin** *n cf.* Pulverkammer 1, 3. — **~me·tall·ur,gie** *f* powder metallurgy.

pul·vern ['pulfərn; -vərn] **I** *v/t* ⟨h⟩ *cf.* pulverisieren. – **II** *v/i colloq.* shoot.

'Pul·ver|,rauch *m cf.* Pulverdampf. — **~,rück,stand** *m* powder fouling, residue of powder. — **~,schnee** *m* powdery (*od.* powder) snow. — **~,turm** *m mil. hist.* (powder) magazine.

'pulv·rig *adj cf.* pulverig.

Pu·ma ['pu:ma] *m* ⟨-s; -s⟩ *zo.* puma, cougar, *auch* couguar, mountain lion (*Felis concolor*).

Pum·mel ['puməl] *m* ⟨-s; -⟩, **'Pum·mel·chen** *n* ⟨-s; -⟩ *colloq.* podge, pudge, *Am.* butterball (*alle colloq.*). — **'pum·me·lig** *adj colloq.* podgy, pudgy, tubby (*alle colloq.*).

Pump [pump] *m* ⟨-(e)s; -e⟩ **1.** *colloq.* credit, 'tick' (*colloq.*): **etwas auf ~ kaufen** to buy s.th. on credit. – **2.** *obs. od. dial.* (*dumpfer Schlag od. Schall*) bump. — **~,brun·nen** *m* pump well.

Pum·pe ['pumpə] *f* ⟨-; -n⟩ *tech.* pump.

pum·pen ['pumpən] **I** *v/t* ⟨h⟩ **1.** pump. – **2.** *colloq.* (*entleihen*) borrow: **ich habe mir 20 Mark von ihm gepumpt** I borrowed 20 marks from him, I touched him for 20 marks (*sl.*); **ich habe mir den Regenschirm gepumpt** I borrowed the umbrella. – **3.** *colloq.* (*verleihen*) lend, *bes. Am.* loan: **kannst du mir dein Auto ~?** would you lend me your car? – **II** *v/i* **4.** pump.

'Pum·pen|ag·gre,gat *n tech.* pump unit. — **~,an,la·ge** *f* pumping plant (*od.* installation). — **~,boot** *n mar.* pump engine boat. — **~ge,häu·se** *n tech.* pump casing (*od.* housing). — **~,haus** *n* pump house, pumping station. — **~,hub** *m* pump lift (*od.* stroke). — **~,kol·ben** *m* pump plunger (*od.* piston). — **~,schwen·gel** *m* pump handle. — **~,sod** *m mar.* well. — **~ven,til** *n tech.* pump valve.

pum·pern ['pumpərn] *v/i* ⟨h⟩ *Eastern Middle G.* **1.** (*laut klopfen*) bump. – **2.** (*vom Herzen*) thump, throb, pound. – **3.** (*rumpeln, poltern*) rumble.

'Pum·per,nickel (*getr.* -k·k-) *m* ⟨-s; -⟩ *gastr.* pumpernickel, Westphalian rye bread.

'Pump,ho·se *f* (*fashion*) knickerbockers *pl*, plus fours, *Br.* plus-fours *pl.*

Pumps [pœmps; pʌmps] (*Engl.*) *m* ⟨-; -⟩ *meist pl bes. Br.* court shoe, *bes. Am.* pump.

'Pump|,spei·cher,werk *n tech.* pump storage station. — **~sta·ti,on** *f* pumping station. — **~ven,til** *n mus.* piston valve. — **~,werk** *n tech.* pumping plant.

'Pun·ching,ball ['pantʃɪŋ-] *m* (*sport*) (*beim Boxen*) *cf.* Plattformbirne.

Pu·ni·er ['pu:nĭər] *m* ⟨-s; -⟩ *antiq.* Carthaginian. — **'pu·nisch** [-nɪʃ] *adj* Punic, Carthaginian: **die P~en Kriege** the Punic (*od.* Carthaginian) Wars; **~e Treue** *fig.* faithlessness, treachery.

Punkt [puŋkt] *m* ⟨-(e)s; -e⟩ **1.** (*Tupfen, kleiner Fleck*) dot, spot: **ein Kleid mit ~en** a dress with polka dots, a polka-dot dress. – **2.** (*Satzzeichen*) *bes. Am.* period, *bes. Br.* (full) stop, full point: **einen ~ setzen** to put a period. – **3.** (*I-Tüpfelchen*) dot, tittle. – **4.** (*Ort, Stelle*) point, spot, place: **ein günstiger ~** a vantage point. – **5.** (um) **~** (*Austrian and Swiss* **punkt**) **zehn (Uhr)** on the stroke of ten, at ten o'clock sharp, on the dot of ten (*colloq.*). – **6.** (*Angelegenheit, Frage*) matter, subject, topic, point: **einen ~ besprechen [berühren]** to discuss [to touch on] a point; **ein heikler ~** a delicate matter; **wir sind in einem ~e anderer Meinung** we differ on one point; **wir kommen noch auf diesen ~ zurück** we'll come back (*od.* revert) to this topic later. – **7.** (*Einzelheit*) point, item, detail: **etwas ~ für ~ durchgehen** to go through s.th. point by point (*od.* in detail). – **8.** (*der Tagesordnung*) item (on the agenda). – **9.** (*eines Parteiprogramms*) item, *bes. Am.* plank. – **10.** *fig.* point: **in vielen ~en** on many points, in many respects; **bis zu einem gewissen ~** up to a point; **das ist der springende ~** that's the crux of the matter, that's the crucial (*od. lit.* salient) point, that's the (whole) point (*colloq.*); **ein dunkler ~ in seiner Vergangenheit** a shady (*od.* dark) point in his past; **der strittige ~** the (point at) issue; **ein wunder ~** a sore point; **ein neuralgischer ~** a critical point; **toter ~** a) (*Ermüdungsaugenblick*) lowest point, b) (*Sackgasse*) impasse, deadlock, c) *tech.* dead center (*bes. Br.* centre), dead point; **den toten ~ überwinden** a) to break the deadlock, b) to get one's second wind; **nun mach aber einen ~!** *colloq.* come, come now! that will do! – **11.** (*Bewertungseinheit in der Schule etc*) point. – **12.** (*sport*) (*in der Bewertung*) point, score, (*beim Judo*) full point: **einen ~ machen** to score a point; **~e machen** to score; **nach ~en führen** to lead on points; **nach ~en siegen** (*od.* **gewinnen**) to win on points, to win a decision; **nach ~en verlieren** to lose on points, to be outpointed; **~e sammeln** to pile up points, to score. – **13.** (*sport*) (*Kinnspitze der Boxer*) point, button (*sl.*). – **14.** (*auf Lebensmittelkarten etc*) coupon, point. – **15.** *math.* point. – **16.** *jur.* a) (*einer Anklageschrift*) count, charge, b) (*eines Vertrages*) clause, term. – **17.** (*an der Börse*) point. – **18.** *print.* ⟨-(e)s; -e, *nach Zahlenangaben* -⟩ (*zur Bestimmung der Schrift-*

größe) point. – **19.** *mus.* dot. – **20.** (*im Fernsehbild*) spot. – **21.** (*im Morsealphabet*) dot.

punkt *adv Austrian and Swiss cf.* Punkt 5.

'Punkt‚ab‚zug *m* (*sport*) deduction of points.

Punk'tal‚glas [pʊŋk'taːl-] *n* (*optics*) point focal (spectacle) lens.

Punk·ta·ti·on [pʊŋkta'tsĭoːn] *f* ⟨-; -en⟩ **1.** *jur.* punctation, draft of a contract. – **2.** *pol.* preliminary drafting of a treaty. – **3.** *ling.* punctuation, vowelization *Br. auch* -s-.

'Punkt|‚au·ge *n zo.* ocellus. — **~‚ball** *m* (*sport*) (*beim Boxen*) punch ball.

Pünkt·chen ['pʏŋktçən] *n* ⟨-s; -⟩ **1.** *dim. of* Punkt. – **2.** (*bes. I-Tüpfelchen*) dot, tittle.

'Punk·te‚kampf *m* (*sport*) **1.** fight for points. – **2.** (*beim Pferderennen*) point-to-point race.

punk·ten ['pʊŋktən] **I** *v/t* ⟨h⟩ dot. – **II** *v/i* (*sport*) score.

'Punkt|‚feu·er *n* **1.** *mil.* a) point (*od.* precision) fire, b) (*von Maschinengewehren*) single rounds *pl.* – **2.** *aer.* (*zur Flugsicherung*) point light. — **p~‚för·mig** *adj* formed like a point (*od.* dot); punctual, punctate(d), punctiform (*scient.*). — **p~‚gleich** *adj* (*sport*) equal (*od.* tied) in (*od.* on) points. — **~‚gleich·heit** *f* (*sport*) draw, tie. — **~‚haus** *n arch.* point block (*od.* building).

punk·tie·ren [pʊŋk'tiːrən] **I** *v/t* ⟨*no* ge-, h⟩ **1.** *auch mus.* dot, point. – **2.** (*hebräischen Text*) dot, punctuate. – **3.** *med.* puncture, (*bes. Bauchgegend*) tap, (*Abszeß*) needle. – **4.** (*art*) stipple. – **II P~** *n* ⟨-s⟩ **5.** *verbal noun.* – **6.** *cf.* Punktierung.

Punk'tier|‚kunst *f* geomancy. — **~ma‚nier** *f* ⟨-; *no pl*⟩ (*art*) stipple: in ~ stechen to stipple. — **~‚na·del** *f* **1.** (*art*) stipple graver, stippling tool, stippler. – **2.** *med.* puncture needle.

punk'tiert I *pp.* – **II** *adj* **1.** (*Linie, Note etc*) dotted. – **2.** (*Text*) dotted, punctuated. – **3.** *med.* a) (*Vene*) punctured, b) (*Bauch*) tapped. — **Punk'tie·rung** *f* ⟨-; -en⟩ **1.** *cf.* Punktieren. – **2.** *med. cf.* Punktion. – **3.** (*art*) stipple.

Punk·ti·on [pʊŋk'tsĭoːn] *f* ⟨-; -en⟩ *med.* **1.** puncture, (*bes. in der Bauchgegend*) tapping. – **2.** (*bei Katarakt*) puncture, needling.

'Punkt‚lan·dung *f aer.* (*space*) precision (*od.* point) landing.

pünkt·lich ['pʏŋktlɪç] **I** *adj* **1.** punctual, prompt: er ist ~ wie eine Uhr he is (as) punctual as clockwork. – **2.** (*gewissenhaft, genau*) accurate, precise, exact, conscientious, strict, punctual (*lit.*). – **II** *adv* **3.** punctually, on time (*od.* schedule), *Am. sl.* on the nose, on the button: ~ (da)sein to be on time; ~ um 3 (Uhr) on the stroke (*od.* dot) of three, at three (o'clock) sharp (*od.* prompt). – **4.** (*gewissenhaft, genau*) strictly, conscientiously, exactly: etwas aufs ~ste besorgen a) to execute s.th. to the letter, b) to execute s.th. most promptly. — **'Pünkt·lich·keit** *f* ⟨-; *no pl*⟩ **1.** punctuality, punctualness, promptness, promptitude: ~ ist die Höflichkeit der Könige (*Sprichwort*) punctuality is the politeness of princes (*proverb*). – **2.** (*Gewissenhaftigkeit, Genauigkeit*) exactness, precision, accuracy, conscientiousness, strictness, punctualness (*lit.*).

'Punkt|‚li·nie *f* dotted line. — **~‚nie·der‚la·ge** *f* (*sport*) defeat on points.

punk·to ['pʊŋkto] *prep* **1.** ⟨*gen*⟩ with regard to, as for: ~ klassischer Musik as regards classical music. – **2.** ⟨*nom*⟩ ~ Theater as far as the theater (*bes. Br.* theatre) is concerned.

'Punkt|‚rich·ter *m* (*sport*) judge. — **~‚rol·ler** *m* (*Massagegerät*) massage roller. — **~‚schrift** *f cf.* Blindenschrift. — **p~‚schwei·ßen** *v/t* ⟨*only inf and pp* punktgeschweißt, h⟩ *tech.* spot-weld. — **~‚schwei·ßung** *f* spot welding. — **~‚sieg** *m* (*sport*) win on points, points decision (*od.* victory). — **~‚sie·ger** *m* winner on points. — **~‚spiel** *n* league game (*od.* match). — **~sy‚stem** *n* point system, (*sport*) *auch* scoring system.

punk·tu·ell [pʊŋk'tŭɛl] *adj* punctual: ~e Lichtquelle punctual light source.

Punk·tum ['pʊŋktʊm] *only in* (und damit) ~! *colloq.* and that's the end of it! and that's that! that's flat!

Punk·tur [pʊŋk'tuːr] *f* ⟨-; -en⟩ *med. cf.* Punktion.

'Punkt|ver‚lust *m* (*sport*) loss of a point (*od.* of points). — **~‚vor‚sprung** *m* lead on points. — **p~‚wei·se** *adv* point for (*od.* by) point. — **~‚wer·tung** *f* classification by (*od.* awarding of) points. — **~‚zahl** *f* **1.** number of points. – **2.** (*games, sport*) score, number of points (*od.* marks). — **~‚zet·tel** *m* (*sport*) scorecard. — **~‚ziel** *n mil.* point target.

Punsch [pʊnʃ] *m* ⟨-(e)s; -e⟩ *gastr.* punch: einen ~ ansetzen (*od.* brauen) to brew (*od.* make) a punch. — **~‚bow·le** *f* **1.** (*Getränk*) negus, bowl of punch. – **2.** (*Gefäß*) punch bowl. — **~es‚senz** *f* essence for punch-making. — **~‚glas** *n* punch glass. — **~‚löf·fel** *m* punch ladle. — **~‚schüs·sel** *f cf.* Punschbowle 2.

'Punz‚ar·beit *f* embossing work.

Pun·ze ['pʊntsə] *f* ⟨-; -n⟩ *tech.* **1.** (*Bossierhammer*) embossing hammer. – **2.** (*Graviersticheł*) engraving chisel, burin.

pun·zen ['pʊntsən] **I** *v/t* ⟨h⟩ **1.** *tech.* (*bossieren, treiben*) emboss. – **2.** *metall.* (*ziselieren*) chase, engrave. – **3.** (*jewelry*) engrave. – **II P~** *n* ⟨-s⟩ **4.** *verbal noun.*

'Punz‚ham·mer *m tech.* embossing hammer.

pun·zie·ren [pʊn'tsiːrən] *v/t* ⟨*no* ge-, h⟩ *cf.* punzen.

Pup [puːp] *m* ⟨-(e)s; -e⟩ *colloq.* poop (*colloq.*), fart (*vulg.*). — **'pu·pen** *v/i* ⟨h⟩ *colloq.* poop (*colloq.*), fart (*vulg.*).

pu·pil·lar [pupɪ'laːr] *adj* **1.** *med.* pupillary, *auch* pupilary, pupilar, *auch* pupillar. – **2.** *jur.* pupillary.

pu·pil·la·risch *adj jur.* pupillary.

Pu·pil·le [pu'pɪlə] *f* ⟨-; -n⟩ *med.* pupil: starre [weite, enge] ~ fixed [dilated, contracted *od.* narrow] pupil.

Pu'pil·len|‚ab‚stand *m med.* pupillary distance. — **p~er‚wei·ternd** *adj* mydriatic. — **~er‚wei·te·rung** *f* enlargement (*od.* dil[at]ation) of the pupils, mydriasis (*scient.*): krankhafte ~ corectasis. — **~‚star·re** *f* iridoplegia. — **p~ver‚en·gernd** *adj* miotic, *auch* myotic. — **~ver‚en·ge·rung** *f* contraction of the pupils; miosis, *auch* myosis (*scient.*).

pu·pi·ni·sie·ren [pupini'ziːrən] *electr.* **I** *v/t* ⟨*no* ge-, h⟩ pupinize, coil-load. – **II P~** *n* ⟨-s⟩ *verbal noun.* — **Pu·pi·ni'sie·rung** *f* ⟨-; -en⟩ *cf.* Pupinisieren.

Pu'pin‚spu·le [pu'piːn-] *f electr.* Pupin (*od.* loading) coil.

pu·pi·par [pupi'paːr] *adj zo.* (*Insekten*) pupiparous.

Püpp·chen ['pʏpçən] *n* ⟨-s; -⟩ **1.** *dim. of* Puppe. – **2.** *cf.* Puppe 4. – **3.** *cf.* Puppe 6. – **4.** (*Kosewort*) pet, popsy, poppet.

Pup·pe ['pʊpə] *f* ⟨-; -n⟩ **1.** doll, *Am. auch* baby doll: mit ~n spielen to play (with) dolls. – **2.** *auch fig.* (*Marionette*) puppet, marionette: die ~n tanzen lassen *fig. colloq.* a) (*toll feiern*) to paint the town red (*colloq.*), b) (*Krach schlagen*) to raise hell (*sl.*). – **3.** (*Groteskpuppe*) golliwog(g). – **4.** *colloq.* (*hübsches Mädchen*) 'doll' (*sl.*), *Am. sl.* 'babe': sie ist eine süße (*od.* tolle) ~ she is a peach (*sl.*). – **5.** (*niedliches Kind*) pet, popsy. – **6.** *colloq.* (*als Anrede*) sweetie (*colloq.*), 'baby' (*sl.*). – **7.** *contempt.* a) (*aufgeputztes Mädchen*) 'doll', 'skirt', *bes. Am.* 'dame' (*alle sl.*), b) 'tart' (*sl.*). – **8.** *fig. colloq.* (*in Wendungen wie*) bis in die ~n feiern [zechen] to celebrate [to revel] into the (wee) small hours (of the morning); bis in die ~n schlafen to sleep till all hours. – **9.** (*Schneiderpuppe*) dummy. – **10.** *fig.* (*Strohmann*) dummy, man of straw. – **11.** *zo.* a) nymph, chrysalis, chrysalid, pupa, b) (*bes. von Schmetterlingen*) aurelia, c) (*des Seidenspinners*) cocoon. – **12.** *agr.* (*Getreidepuppe*) shock, *bes. Br.* stook.

'Pup·pen|‚dok·tor *m colloq.* doll mender. — **~‚fee** *f* fairy doll. — **~ge‚sicht** *n auch fig.* doll's face. — **p~haft** *adj* doll-like, dollish. — **~‚haus** *n* doll's house, *Am.* dollhouse. — **~‚herd** *m* doll's cooking stove (*od.* cooker). — **~‚kü·che** *f* doll's kitchen. — **~‚mö·bel** *pl* doll's furniture *sg.* — **~‚spiel** *n* **1.** puppet (*od.* marionette) show. – **2.** Punch-and-Judy show. — **~‚spie·ler** *m*, **~‚spie·le·rin** *f* puppet player, puppeteer, puppet master. — **~‚stu·be** *f* doll's house, *Am.* dollhouse. — **~thea·ter** [-te‚aːtər] *n* puppet (*od.* toy) theater (*bes. Br.* theatre). — **~‚wa·gen** *m Am.* doll carriage (*od. colloq.* buggy), *Br.* doll's pram. — **~‚wie·ge** *f* doll's cradle. — **~‚woh·nung** *f fig.* neat little house (*od.* apartment, *bes. Br.* flat).

pup·pern ['pʊpərn] *v/i* ⟨h⟩ *colloq.* **1.** (*vom Herzen*) thump. – **2.** (*zittern*) tremble, shake.

Pups [puːps] *m* ⟨-es; -e⟩ *colloq. cf.* Pup. — **'pup·sen** *v/i* ⟨h⟩ *colloq. cf.* pupen.

pur [puːr] *adj* ⟨-er; -st⟩ **1.** ⟨*attrib*⟩ (*rein*) pure: ~es Gold pure gold. – **2.** (*Getränk*) straight, neat, undiluted: seinen Whisky ~ trinken to drink one's whisk(e)y straight (*od.* neat); bitte einen Whisky ~! a neat whisk(e)y, please. – **3.** ⟨*attrib*⟩ *fig.* pure, sheer: ~er Unsinn pure (*od.* utter) nonsense; das ist die ~e Wahrheit that's the pure truth, that's nothing but the truth; aus ~em Eigensinn out of sheer obstinacy; ein ~er Zufall a mere coincidence, pure coincidence (*od.* chance).

Pü·ree [py'reː] *n* ⟨-s; -s⟩ *gastr.* puree, *bes. Br.* purée, mash.

Pur·gans ['pʊrgans] *n* ⟨-; -ganzien [-'gantsĭən] *u.* -gantia [-'gantsĭa]⟩ *med. pharm. cf.* Abführmittel 1. — **pur·ga'tiv** [-ga'tiːf] *adj* purgative, aperient, laxative, cathartic.

Pur·ga·to·ri·um [pʊrga'toːrĭʊm] *n* ⟨-s; *no pl*⟩ *röm.kath.* purgatory.

pur·gie·ren [pʊr'giːrən] *v/i* ⟨*no* ge-, h⟩ *med. pharm. cf.* abführen 13.

Pur'gier‚mit·tel *n med. pharm. cf.* Abführmittel 1.

Pu·ri·fi·ka·ti·on [purifika'tsĭoːn] *f* ⟨-; -en⟩ *relig.* purification. — **pu·ri·fi'zie·ren** [-'tsiːrən] *v/t* ⟨*no* ge-, h⟩ *obs.* purge, purify, cleanse.

Pu·rim [pu'riːm; 'puːrɪm] *n* ⟨-s; *no pl*⟩, **~‚fest** *n relig.* Purim, Feast of Lots.

Pu·rin [pu'riːn] *n* ⟨-s; -e⟩ *chem.* purine, imidazo-pyrimidine ($C_5H_4N_4$).

Pu·ris·mus [pu'rɪsmʊs] *m* ⟨-; *no pl*⟩ (*literature, art*) purism. — **Pu'rist** [-'rɪst] *m* ⟨-en; -en⟩ purist. — **pu'ri·stisch** *adj* purist(ic), *auch* puristical.

Pu·ri·ta·ner [puri'taːnər] *m* ⟨-s; -⟩, **Pu·ri'ta·ne·rin** *f* ⟨-; -nen⟩ **1.** *relig. hist.* Puritan, Precisian. – **2.** *fig.* puritan, prude. — **pu·ri'ta·nisch** *adj* **1.** *relig. hist.* Puritan, Puritanical, Puritanic. – **2.** *fig.* (*sittenstreng*) puritan, puritanic(al), straitlaced, straightlaced, *Am. auch* blue, prudish. — **Pu·ri·ta'nis·mus** [-ta'nɪsmʊs] *m* ⟨-; *no pl*⟩ **1.** *relig. hist.* Puritanism. – **2.** *fig.* puritanism.

Pu·ri·tät [puri'tɛːt] *f* ⟨-; *no pl*⟩ *obs.* purity.

Pur·pur ['pʊrpʊr] *m* ⟨-s; *no pl*⟩ **1.** (*paints*) (*Purpurrot*) a) purple (red), b) (*gewonnen aus der Purpurschnecke*) Tyrian purple, crimson, c) (*gewonnen aus der Koschenillelaus*) carmine, d) (*Scharlachrot*) scarlet: ihre Lippen sind rot wie ~ *poet.* her lips are cherry-red. – **2.** (*Gewand*) purple (gown *od.* robe): nach dem ~ streben *fig.* to aspire to the crown; den ~ tragen *röm.kath.* to wear the purple, to have the office of cardinal.

'Pur·pur|‚al·ge *f bot.* slack, sloke (*Porphyra umbilicalis*). — **~‚far·be** *f cf.* Purpur 1. — **p~‚far·ben, p~‚far·big** *adj cf.* Purpurrot II. — **~ge‚wand** *n cf.* Purpur 2.

Pur·pu·rin [pʊrpu'riːn] *n* ⟨-s; *no pl*⟩ *chem.* purpurin ($C_{14}H_5O_2(OH)_3$).

'pur·purn *adj cf.* Purpurrot II.

'Pur·pur|‚rot (*paints*) **I** *n cf.* Purpur 1. – **II p~** *adj* a) purple(-red), b) Tyrian purple, crimson, c) carmine, d) (*scharlachrot*) scarlet. — **~‚schnecke** (*getr.* -k·k-) *f zo.* murex (*od.* rock) shell (*Murex brandaris*).

pur·ren ['pʊrən] **I** *v/t* ⟨h⟩ **1.** *Northern G. dial.* (*Feuer etc*) poke, stir. – **2.** *mar.* (*Wache*) rouse out, call, purr (up). – **II** *v/i* **3.** *dial.* purr.

pu·ru·lent [puru'lɛnt] *adj med.* purulent, suppurative, festering. — **Pu·ru'lenz** [-'lɛnts] *f* ⟨-; -en⟩ purulence, suppuration.

Pur·zel ['pʊrtsəl] *m* ⟨-s; -⟩ *colloq.* (*kleiner Kerl*) little thing, mite.

Pür·zel ['pʏrtsəl] *m* ⟨-s; -⟩ *hunt.* (*vom Bären, Schwarzwild u. Dachs*) tail.

'Pur·zel‚baum *m* somersault, *auch* summersault, somerset, summerset: einen ~ schlagen (*od.* machen, schießen) to (do *od.* turn a) somersault.

pur·zeln ['pʊrtsəln] *v/i* ⟨sein⟩ **1.** (*von Kindern*) tumble (down), fall down. – **2.** über (*acc*) etwas ~ to trip over s.th.

Pu·schel ['pʊʃəl] *f* ⟨-; -n⟩ **1.** *dial. for* Quaste 1—3. – **2.** *dial.* hobby.

Pü·schel ['pʏʃəl] *m* ⟨-s; -⟩ *dial. for* Quaste 1—3.

'Push‚ball ['pʊʃ-] *m* ⟨-s; *no pl*⟩ (*sport*) pushball.

'Pus·sel‚ar·beit *f colloq.* niggling work.

ˈpus·se·lig *adj colloq.* **1.** (*niedlich*) sweet. – **2.** (*Arbeit etc*) niggling.

pus·seln [ˈpʊsəln] *v/i* ⟨h⟩ *colloq.* potter (about).

ˈPus·sel‚spiel *n* (*games*) *auch fig.* puzzle.

Puß·ta [ˈpʊsta] *f* ⟨-; Pußten⟩ *geogr.* puszta.

Pu·ste [ˈpuːstə] *f* ⟨-; *no pl*⟩ *colloq.* breath, wind: mir geht die ~ aus, ich bin aus der ~, ich habe keine ~ mehr I am out of breath, I'm puffed; ihm ist die ~ ausgegangen *fig.* he has overshot his means; halt die ~ an! *fig.* come off it (*colloq.*), *bes. Br.* draw it mild. — **~‚blu·me** *f bot. colloq. for* Löwenzahn. — **~‚ku·chen** *only in* (ja,) ~! a) fiddlesticks! b) (*als Ausdruck der Enttäuschung*) that was (*od.* is) wishful thinking.

Pu·stel [ˈpʊstəl] *f* ⟨-; -n⟩ *med.* **1.** pustule, pimple. – **2.** (*Bläschen*) vesicle.

pu·sten [ˈpuːstən] *colloq.* **I** *v/t* ⟨h⟩ (*blasen*) blow, puff, whiff: ich puste dir was! ich werde dir was ~! *fig.* you may whistle for it! – **II** *v/i* (*keuchen*) pant, puff, blow, huff.

ˈPu·ste‚rohr *n colloq. for* Blasrohr 2.

pu·stu·lös [pʊstuˈløːs] *adj med.* pustular.

pu·ta·tiv [putaˈtiːf] *adj jur.* putative. — **P~de‚likt** *n* putative offence (*Am.* offense). — **P~‚ehe** *f* putative marriage. — **P~‚not‚wehr** *f* putative self-defence (*Am.* -defense). — **P~‚va·ter** *m* putative father.

Pu·te [ˈpuːtə] *f* ⟨-; -n⟩ **1.** *zo.* turkey hen. – **2.** *fig. colloq. contempt.* 'goose' (*colloq.*): eine dumme ~ a silly goose; eine eingebildete ~ a conceited ass. — **ˈPu·ten‚bra·ten** *m gastr.* roast turkey.

Pu·ter [ˈpuːtər] *m* ⟨-s; -⟩ *zo.* turkey(-cock), gobbler (*Meleagris gallopavo*). — **~‚bra·ten** *m gastr.* roast turkey. — **p~ˈrot** *adj* (as) red as a lobster (*od.* beet, *Br.* beetroot): sie wurde ~ she turned (*od.* went) scarlet (*od.* crimson, as red as a beet).

put, put [ˈpʊtˈpʊt] *interj* (*Lockruf für Hühner*) chuckie, chuckie!

Pu·tre·fak·ti·on [putrefakˈtsĭoːn] *f* ⟨-; -en⟩ *med. cf.* Putreszenz.

Pu·tres·zenz [putrɛsˈtsɛnts] *f* ⟨-; -en⟩ *med.* putrescence, putrefaction. — **pu·tresˈzie·ren** [-ˈtsiːrən] *v/i* ⟨sein⟩ putrefy, *auch* putrify.

Putsch [pʊtʃ] *m* ⟨-(e)s; -e⟩ **1.** *pol.* a) (*Handstreich*) coup de main, b) (*Erhebung*) insurrection, uprising, revolt, c) (*Umsturzversuch*) putsch, coup d'état. – **2.** *Swiss dial. for* Stoß 1. — **ˈput·schen** *v/i* ⟨h⟩ (raise a) revolt, make (*od.* organize *Br. auch* -s-) a putsch (*od.* coup d'état).

ˈpüt·sche·rig *adj Low G. colloq. for* pedantisch I. — **püt·schern** [ˈpʏtʃərn] *v/i* ⟨h⟩ potter (about).

Putˈschist [-ˈtʃɪst] *m* ⟨-en; -en⟩ putschist, participant in an uprising.

Pütt [pʏt] *m* ⟨-s; -s, *auch* -e⟩ *dial.* (coal) mine, colliery.

Put·te [ˈpʊtə] *f* ⟨-; -n⟩ (*art*) putto.

put·ten [ˈpʊtən] *v/i u. v/t* ⟨h⟩ (*beim Golf*) putt. — **ˈPut·ter** *m* ⟨-s; -⟩ (*Spezialschläger*) putter.

Püt·ting [ˈpʏtɪŋ] *n* ⟨-s; -s⟩ *mar.* chain plate.

Putz [pʊts] *m* ⟨-es; *no pl*⟩ **1.** *civ.eng.* a) plaster(ing), parget, b) (*Rauhputz*) roughcast, parget: eine Wand mit ~ bewerfen a) to plaster (*od.* parget) a wall, to coat a wall with plaster, b) to roughcast a wall; der ~ bröckelt (*od.* blättert) ab the plaster is flaking (*od.* peeling) off; eine Leitung unter ~ legen to conceal a lead; → hauen 12. – **2.** (*feine Kleidung*) finery, trim, array; getup, *Br.* get-up, turnout, *Br.* turn-out (*colloq.*). – **3.** (*Zierat, Schmuck*) ornaments *pl*, decorations *pl*, trim, finery; frippery, gaudery (*contempt.*). – **4.** (*Besatz*) trimmings *pl*, trappings *pl*, trim. – **5.** (*Hutschmuck*) millinery, trimmings *pl.*

Pütz [pʏts] *f* ⟨-; -en⟩ *mar.* bucket, pail.

ˈPutz·ar‚ti·kel *pl* (*fashion*) millinery *sg*, millinery articles.

Püt·ze [ˈpʏtsə] *f* ⟨-; -n⟩ *mar. cf.* Pütz.

put·zen [ˈpʊtsən] **I** *v/t* ⟨h⟩ **1.** (*Fenster, Wohnung, Gemüse etc*) clean. – **2.** (*Brille, Porzellan etc*) wipe, clean. – **3.** (*Kleid, Rock etc*) brush, clean. – **4.** (*Nase*) blow, wipe: sie putzte dem Kind die Nase she wiped the child's nose, she made the child blow its nose; sich (*dat*) die Nase ~ to blow one's nose. – **5.** (*Zähne*) brush, clean: sich (*dat*) die Zähne ~ to brush one's teeth. – **6.** (*Fingernägel etc*) trim, clean. – **7.** (*Schuhe etc*) polish, shine, clean: sich (*dat*) die Schuhe ~ to polish one's shoes, to give one's shoes a shine. – **8.** (*Silber, Besteck, Leder etc*) polish, clean, burnish, rub (*colloq.*): etwas blank ~ to polish (*od.* shine, *colloq.* rub) s.th. (up); Leder läßt sich (*od.* kann man) gut ~ leather polishes well; Klingeln ~ *fig. colloq.* to ring (door-)bells and run away; →Klinke 1. – **9.** (*Waffen, Musikinstrumente etc*) polish, furbish. – **10.** (*Hüte, Kleidung, Weihnachtsbaum etc*) decorate, adorn, deck, trim, trim (*s.th.*) up. – **11.** j-n ~ *cf.* herausputzen 1. – **12.** (*Pferd*) curry(comb), groom. – **13.** (*Lampe, Docht etc*) trim, (*Kerze*) snuff. – **14.** *gastr.* (*Beeren, Früchte etc*) (top and) tail, pick, clean. – **15.** *hort.* (*Bäume, Hecken etc*) trim, prune, lop. – **16.** *civ.eng. cf.* verputzen 1. – **17.** *metall.* a) (*Gußstücke*) clean, dress, fettle, b) (*Walzblöcke*) deseam, chip. – **18.** *agr.* (*Getreide, Samen etc*) clean. – **19.** *Austrian* (*chemisch reinigen*) dry-clean. – **II** *v/i* **20.** (*zieren*) be decorative (*od.* ornamental). – **21.** work as a cleaner. – **III** *v/reflex* sich ~ **22.** (*sich schmücken*) dress oneself up, deck oneself out, spruce (*od.* rig, smarten) oneself up (*colloq.*). – **23.** (*von Tieren*) preen itself, (*von Vögeln*) *auch* plume itself. – **24.** *Austrian colloq. for* abhauen 4.

ˈPut·zer *m* ⟨-s; -⟩ **1.** cleaner. – **2.** *metall.* a) (*in der Gießerei*) fettler, b) (*im Walzwerk*) chipper. – **3.** *mil.* (*Offiziersbursche*) orderly, *Br. auch* batman. — **Put·zeˈrei** *f* ⟨-; -en⟩ **1.** ⟨*only sg*⟩ *colloq. contempt.* fanatical cleaning. – **2.** *metall.* (*in der Gießerei*) cleaning room, dressing (*od.* fettling) shop. – **3.** *Austrian* dry-cleaning shop, (dry) cleaners *pl.*

ˈPutz|‚frau *f* cleaning woman, cleaner, *Br.* char(woman), *Am. auch* scrubwoman. — **~ge‚schäft** *n* (*fashion*) milliner's shop. — **~‚ho·bel** *m tech.* smoothing plane.

ˈput·zig *adj* **1.** droll, quaint, funny. – **2.** *dial.* small, little.

ˈPutz|‚lap·pen *m* cleaning rag (*od.* cloth). — **~‚le·der** *n* chamois (*od.* chammy, shammy, shamoy) (leather). — **~‚lum·pen** *m Southern G. for* Scheuertuch. — **~‚ma·che·rin** *f* ⟨-; -nen⟩ milliner. — **~‚mit·tel** *n* **1.** cleaning (*od.* cleansing) agent (*od.* material). – **2.** (*flüssiges*) polishing agent, polish. – **3.** (*Paste*) polishing compound (*od.* composition). — **p~ˈmun·ter** *adj colloq. humor. cf.* kreuzfidel. — **~‚öl** *n* cleaning oil. — **~‚pa·ste** *f* cleaning paste. — **~‚pul·ver** *n* polishing (*od.* cleaning) powder. — **~‚sand** *m* **1.** burnishing sand. – **2.** *metall.* (*in der Gießerei*) sandblasting sand. — **~‚sche·re** *f tech.* (*für Kerzen*) snuffers *pl* (*construed as sg or pl*). — **~‚sucht** *f* **1.** passion for finery; dressiness, ultrastylishness (*colloq.*). – **2.** (*einer Hausfrau*) mania for cleanliness. — **p~‚süch·tig** *adj* **1.** overfond of finery; dressy, ultrastylish (*colloq.*). – **2.** excessively house-proud. — **~‚teu·fel** *m colloq. contempt.* **1.** maniac for cleanliness, excessively house-proud woman (*od.* person). – **2.** *cf.* Putzsucht 2. — **~‚trä·ger** *m civ.eng.* ornamental plaster base, base for plaster(ing), back(ground) for plaster. — **~‚trom·mel** *f tech.* tumbling (*od.* rolling, rattle) barrel, tumbler. — **~‚tuch** *n* **1.** polishing cloth, wiper. – **2.** *cf.* Putzlappen. — **~‚wa·ren** *pl cf.* Putz 3, 4, 5. — **~‚wol·le** *f tech.* cotton (waste), waste wool. — **~‚zeug** *n* cleaning utensils *pl.*

Puz·zle [ˈpazəl; ˈpʌzl] (*Engl.*) *n* ⟨-s; -s⟩, **~‚spiel** *n* (*games*) *auch fig.* puzzle.

Puz·zo·lan [pʊtsoˈlaːn] *n* ⟨-s; -e⟩, **~‚er·de** *f civ.eng. cf.* Pozz(u)olanerde. — **~ze‚ment** *m* Puzz(u)olan cement.

Py·ämie [pyˀɛˈmiː] *f* ⟨-; -n [-ən]⟩ *med.* py(a)emia, pyosapr(a)emia. — **pyˈämisch** [-ˈˀɛːmɪʃ] *adj* py(a)emic.

Py·ar·thro·se [pyˀarˈtroːzə] *f* ⟨-; -n⟩ *med.* pyarthrosis.

Pye·li·tis [pyeˈliːtɪs] *f* ⟨-; -litiden [-liˈtiːdən]⟩ *med.* pyelitis, inflammation of the pelvis of the kidney. — **Pye·lo·graˈphie** [-logra'fiː] *f* ⟨-; *no pl*⟩ *med.* pyelography.

Pyg·mäe [pʏˈgmɛːə] *m* ⟨-n; -n⟩ *anthrop.* Pygmy, *auch* Pigmy. — **pygˈmäen·haft, pygˈmä·isch** *adj* **1.** *anthrop.* pygmy (*attrib*), pygm(a)ean. – **2.** *fig.* (*zwergenhaft*) pygmy (*attrib*), pygm(a)ean, dwarfish.

Pyg·ma·li·on [pʏˈgmaːlĭɔn] *npr m* ⟨-(s); *no pl*⟩ *antiq. myth.* Pygmalion.

Py·ja·ma [pyˈdʒaːma; pyˈʒaːma; piˈdʒaːma; piˈʒaːma; pyˈjaːma; piˈjaːma] *m, Austrian and Swiss auch n* ⟨-s; -s⟩ (pair of) pajamas *pl* (*bes. Br.* pyjamas *pl*). — **~‚ho·se** *f* pajama (*bes. Br.* pyjama) bottoms *pl* (*od.* trousers *pl*). — **~‚jacke** (*getr.* -k·k-) *f* pajama (*bes. Br.* pyjama) top (*od.* jacket).

Pyk·ni·die [pʏkˈniːdĭə] *f* ⟨-; -n⟩ *bot.* pycnidium.

Pyk·ni·ker [ˈpʏknikər] *m* ⟨-s; -⟩ *psych.* pyknic, *auch* pycnic. — **ˈpyk·nisch** [-nɪʃ] *adj* pyknic, *auch* pycnic.

Pyk·no·me·ter [pʏknoˈmeːtər] *n* ⟨-s; -⟩ *chem. phys.* pycnometer, *auch* picnometer, pyknometer.

Py·lon [pyˈloːn] *m* ⟨-en; -en⟩, **Pyˈlo·ne** *f* ⟨-; -n⟩ **1.** *antiq.* pylon. – **2.** *civ.eng.* (*einer Hängebrücke*) pylon.

Py·lo·rus [pyˈloːrʊs] *m* ⟨-; -loren⟩ *med.* (*Magenausgang*) pylorus. — **~‚spas·mus** *m* pylorospasm. — **~ste‚no·se** *f* stenosis (*od.* stricture) of the pyloric orifice, pyloristenosis. — **~ver‚en·ge·rung** *f* pyloric stricture.

Pyo·der·mie [pyodɛrˈmiː] *f* ⟨-; -n [-ən]⟩ *med.* pyodermia.

pyo·gen [pyoˈgeːn] *adj med.* pyogenic.

Pyo·me·tra [pyoˈmeːtra] *f* ⟨-; *no pl*⟩ *med.* pyometra.

Pyo·ne·phro·se [pyoneˈfroːzə] *f med.* pyonephrosis.

Pyo·pneu·mo·tho·rax [pyopnɔʏmoˈtoːraks] *m med.* pyopneumothorax.

Pyor·rhö [pyoˈrøː] *f* ⟨-; -en⟩, **Pyorˈrhöe** [-ˈrøː] *f* ⟨-; -n [-ən]⟩ *med.* pyorrhoea, *auch* pyorrhea. — **pyorˈrho·isch** [-ˈroːɪʃ] *adj* pyorrheal, pyorrheic, *auch* pyorrhetic.

py·ra·mi·dal [pyramiˈdaːl] *adj* **1.** *math.* pyramidal, pyramidical, *auch* pyramidic. – **2.** *fig. colloq.* huge, enormous, imposing.

Py·ra·mi·de [pyraˈmiːdə] *f* ⟨-; -n⟩ **1.** *auch math. med. min.* pyramid (*auch fig.*). – **2.** *mil.* stack (of arms): Gewehre in ~n setzen to stack rifles.

Py·raˈmi·den‚bahn *f med.* pyramidal (*od.* corticospinal) tract. — **~‚kreu·zung** *f* pyramidal decussation. — **~sy‚stem** *n* pyramidal system.

Py·raˈmi·den|‚dach *n civ.eng.* pyramidal (*od.* spire) roof, polygonal broach roof. — **~‚form** *f* pyramid(al) form (*od.* shape). — **p~‚för·mig** *adj* pyramid-shaped, pyramidal. — **~‚pap·pel** *f bot.* Lombardy (*od.* pyramidal) poplar (*Populus nigra var. italica*). — **~‚stumpf** *m math.* frustum of a pyramid.

Pyr·ano·me·ter [pyranoˈmeːtər] *n* ⟨-s; -⟩ *meteor.* pyranometer.

Py·ra·zol [pyraˈtsoːl] *n* ⟨-s; *no pl*⟩ *chem.* pyrazole ($C_3H_4N_2$).

Py·ra·zo·lin [pyratsoˈliːn] *n* ⟨-s; *no pl*⟩ *chem.* pyrazoline ($C_3H_6N_2$).

Py·ra·zo·lon [pyratsoˈloːn] *n* ⟨-s; *no pl*⟩ *chem.* pyrazolone ($C_3H_4N_2O$).

Py·ren [pyˈreːn] *n* ⟨-s; *no pl*⟩ *chem.* pyrene ($C_{16}H_{10}$).

Py·reˈnä·en|-‚Bi·sam‚spitz‚maus [pyreˈnɛːən-] *f zo.* desman (*Galemys pyrenaicus*). — **~‚halb‚in·sel** *f geogr.* Iberian Peninsula.

py·reˈnä·isch *adj geogr.* Pyrenean.

Py·re·thrum [pyˈreːtrʊm] *n* ⟨-s; -rethra [-tra]⟩ *bot. chem.* pyrethrum.

Pyr·exie [pyrɛˈksiː] *f* ⟨-; -n [-ən]⟩ *med.* pyrexia, fever.

Py·ri·da·zin [pyridaˈtsiːn] *n* ⟨-s; *no pl*⟩ *chem.* pyridazine ($C_4H_4N_2$).

Py·ri·din [pyriˈdiːn] *n* ⟨-s; *no pl*⟩ *chem.* pyridine (C_5H_5N).

Py·ri·do·xin [pyridɔˈksiːn] *n* ⟨-s; *no pl*⟩ *meist pl biol. chem.* pyridoxine ($C_8H_{11}NO_3$).

Py·ri·mi·din [pyrimiˈdiːn] *n* ⟨-s; *no pl*⟩ *chem.* pyrimidine ($C_4H_4N_2$).

Py·rit [pyˈriːt; -ˈrɪt] *m* ⟨-s; -e⟩ *min.* pyrite, fool's gold, firestone. — **pyˈri·tisch** *adj* pyritic, *auch* pyritical.

py·ro·che·misch [pyroˈçeːmɪʃ] *adj chem.* pyrochemical.

Py·ro·gal·lol [pyrogaˈloːl] *n* ⟨-s; *no pl*⟩, **Py·roˈgal·lus‚säu·re** [-lʊs-] *f chem.* pyrogallol ($C_6H_3(OH)_3$).

py·ro·gen [pyroˈgeːn] *adj med. geol.* pyrogenic, pyrogenous.

Py·ro·graph [pyroˈgraːf] *m* ⟨-en; -en⟩ (*art*) pyrographer. — **Py·ro·graˈphie** [-graˈfiː] *f* ⟨-; -n [-ən]⟩ pyrography. — **py·roˈgra·phisch** *adj* pyrographic.

Py·ro·hy·dro·ly·se [pyrohydroˈlyːzə] *f* ⟨-; -n⟩ *chem.* pyrohydrolysis.

py·ro·kla·stisch [pyro'klastɪʃ] *adj geol.* pyroclastic.

Py·ro·ly·se [pyro'lyːzə] *f* ⟨-; -n⟩ *chem.* pyrolysis. — **py·ro·ly·tisch** [pyro'lyːtɪʃ] *adj* pyrolytic.

Py·ro·ma·ne [pyro'maːnə] *m* ⟨-n; -n⟩ *psych.* pyromaniac. — **Py·ro·ma'nie** [-ma'niː] *f* ⟨-; *no pl*⟩ pyromania, incendiarism.

Py·ro·man·tie [pyroman'tiː] *f* ⟨-; *no pl*⟩ *antiq. relig.* pyromancy.

Py·ro·me·tall·ur·gie [pyrometalʊr'giː] *f* pyrometallurgy.

Py·ro·me·ter [pyro'meːtər] *n* ⟨-s; -⟩ *phys.* pyrometer. — **Py·ro·me'trie** [-me'triː] *f* ⟨-; *no pl*⟩ pyrometry. — **py·ro'me·trisch** [-'meːtrɪʃ] *adj* pyrometric, *auch* pyrometrical.

Py·ro·mor·phit [pyromər'fiːt; -'fɪt] *m* ⟨-s; -e⟩ *min.* pyromorphite, green lead ore.

Py·ron [py'roːn] *n* ⟨-s; -e⟩ *chem.* pyrone ($C_5H_4O_2$).

Py·ro·pho·bie [pyrofo'biː] *f* ⟨-; *no pl*⟩ *psych.* pyrophobia.

py·ro·phor [pyro'foːr] *chem.* **I** *adj* pyrophoric, *auch* pyrophorous. – **II P~** *m* ⟨-s; -e⟩ pyrophorus.

Py·ro·phos·phat [pyrofəs'faːt] *n* ⟨-(e)s; -e⟩ *meist pl chem.* pyrophosphate.

Py·ro'phos·phor,säu·re [pyro'fəsfər-] *f chem.* pyrophosphoric acid ($H_4P_2O_7$).

Py·ro·phyl·lit [pyrofʏ'liːt; -'lɪt] *m* ⟨-s; -e⟩ *min.* pyrophyllite.

'Py·ro,schwe·fel,säu·re *f chem.* pyrosulfuric (*bes. Br.* -ph-) acid ($H_2S_2O_7$).

Py·ro·sis [py'roːzɪs] *f* ⟨-; *no pl*⟩ *med.* (*Sodbrennen*) pyrosis, heartburn.

Py·ro·sul·fat [pyrozʊl'faːt] *n chem.* pyrosulfate *bes. Br.* -ph-.

Py·ro|tech·nik [pyro'tɛçnɪk] *f chem. tech.* pyrotechnics *pl* (*construed as sg or pl*), pyrotechny. — **~'tech·ni·ker** [-nikər] *m* pyrotechnist, pyrotechnician. — **p~'tech·nisch** [-nɪʃ] *adj* pyrotechnic, *auch* pyrotechnical.

Pyr·rho·nis·mus [pʏro'nɪsmʊs] *m* ⟨-; *no pl*⟩ *philos.* Pyrrhonism.

'Pyr·rhus,sieg ['pʏrʊs-] *m fig.* Pyrrhic victory.

Pyr·rol [pʏ'roːl] *n* ⟨-s; *no pl*⟩ *chem.* pyrrole, azole (C_4H_5N).

Py·tha·go·ras [py'taːgoras] **I** *npr m* ⟨-; *no pl*⟩ Pythagoras. – **II** *m* ⟨-; *no pl*⟩ *math.* Pythagorean proposition (*od.* theorem). — **Py·tha·go're·er** [-tago'reːɛr] *m* ⟨-s; -⟩ *philos.* Pythagorean. — **py·tha·go're·isch** [-tago'reːɪʃ] *adj* Pythagorean: **~er Lehrsatz** *math.* Pythagorean proposition (*od.* theorem); **P~e Philosophie** Pythagorean philosophy, Pythagoreanism.

Py·thia ['pyːtĭa] **I** *npr f* ⟨-; *no pl*⟩ *antiq.* Pythia. – **II** *f* ⟨-; *no pl*⟩ *fig.* (*orakelnde Frau*) pythoness. — **'py·thisch** [-tɪʃ] *adj* **1.** *antiq.* Pythian, Pythic: **P~e Spiele** Pythian games. – **2.** *rare fig.* (*orakelhaft*) pythonic, oracular.

Py·thon ['pyːtən] *m* ⟨-s; -s *u.* -en [py'toːnən]⟩, **~,schlan·ge** *f zo.* python (*Gattg Python*).

Py·urie [pyʔu'riː] *f* ⟨-; *no pl*⟩ *med.* (*Eiterharnen*) pyuria.

Py·xis ['pʏksɪs] *f* ⟨-; **Pyxiden** [-'ksiːdən], *auch* **Pyxides** ['pʏksidɛs]⟩ *relig.* (*Hostienbehälter*) pyx.

Q

Q, q [kuː] *n* ⟨-; -⟩ **1.** Q, q (*seventeenth letter of the German alphabet; thirteenth consonant*): ein großes Q a capital (*od.* large) Q; ein kleines Q a small (*od.* little) q. – **2.** Q, q *phys.* (*Ladung des Elektrons*) e. – **3.** Q *electr.* (*Elektrizitätsmenge*) Q.

Q-An,ten·ne [ˈkuː-] *f electr.* Q-aerial, stub-matched antenna (*bes. Br.* aerial).

Quab·be [ˈkvabə] *f* ⟨-; -n⟩ *Low G.* (*Fettwulst*) flab, blubber. — ˈ**quab·be·lig** *adj* **1.** (*fett, weich*) flabby, flaccid, blubbery, wobbly, wobbling. – **2.** (*von moorigem Boden*) quaggy, spongy. — **quab·beln** [ˈkvabəln] *v/i* ⟨h⟩ **1.** (*von Pudding, Gallerte etc*) wobble, quiver, waver, shake. – **2.** (*von fettem Fleisch, Muskeln*) be flabby, be flaccid. – **3.** (*von moorigem Boden*) be quaggy, be spongy. — ˈ**quab·big,** ˈ**quabb·lig** *adj cf.* quabbelig.

Quackeˈlei (*getr.* -k·k-) *f* ⟨-; *no pl*⟩ *dial.* **1.** (*Unentschlossenheit, Schwanken*) wavering, vacillation, irresolution, irresoluteness. – **2.** *contempt.* (*Geschwätz*) silly talk, blab, gab (*colloq.*). — ˈ**Quacke·ler** (*getr.* -k·k-) *m* ⟨-s; -⟩ *cf.* Schwätzer 1—3. — **quackeln** (*getr.* -k·k-) [ˈkvakəln] *v/i* ⟨h⟩ **1.** (*unschlüssig sein, schwanken*) waver, vacillate, be irresolute. – **2.** *contempt.* (*schwatzen*) blab, gab (*colloq.*). — ˈ**Quack·ler** *m* ⟨-s; -⟩ *cf.* Schwätzer 1—3.

ˈ**Quack,sal·ber** [ˈkvak-] *m* ⟨-s; -⟩ *colloq. contempt.* quack (doctor), medicaster, charlatan, mountebank. — **,Quack·sal·beˈrei** *f* ⟨-; -en⟩ quackery, charlatanry, charlatanism, mountebankery. — ˈ**quack,sal·be·risch** *adj* quack(ish), charlatanic(al).

ˈ**Quack,sal·ber,mit·tel** *n colloq. contempt.* quack remedy (*od.* medicine), nostrum.

ˈ**quack,sal·bern** [-,zalbərn] *v/i* ⟨h⟩ *colloq. contempt.* (play the) quack, practice (*bes. Br.* practise) quackery.

Quad·del [ˈkvadəl] *f* ⟨-; -n⟩ *med.* w(h)eal.

Qua·den [ˈkvaːdən] *pl hist.* (*germanischer Volksstamm*) Quadi.

Qua·der [ˈkvaːdər] *m* ⟨-s; -⟩, *auch f* ⟨-; -n⟩, *Austrian only m* ⟨-s; -n⟩ **1.** *math.* right (*od.* rectangular) parallelepiped. – **2.** *civ.eng.* (*Bruchsteinblock*) ashlar, *auch* ashler, freestone, broad (*od.* square) stone. — **~,bau** *m* ⟨-(e)s; -ten⟩ *arch.* squared-stone masonry (work). — **~,stein** *m civ.eng. cf.* Quader 2.

Qua·dra·ge·si·ma [kvadraˈgeːzima] *f* ⟨-; *no pl*⟩ *relig.* **1.** (*Beginn der Fastenzeit*) Quadragesima. – **2.** (*Fastenzeit*) forty days *pl* of Lent.

Qua·dran·gel [kvaˈdraŋəl] *n* ⟨-s; -⟩ *bes. math. cf.* Viereck 1.

Qua·drant [kvaˈdrant] *m* ⟨-en; -en⟩ **1.** *math.* a) quadrant, b) (*eines Koordinatensystems*) square. – **2.** *astr. mar.* (*Meßgerät*) quadrant.

Qua·drat[1] [kvaˈdraːt] *n* ⟨-(e)s; -e⟩ *math.* **1.** (*Figur*) square. – **2.** (*zweite Potenz*) square, power of two: eine Zahl ins ~ erheben to square a number, to raise a number to the power of two (*od.* to the second power), to multiply a number by itself; 5 (im) ~ ist 25 5 squared (*od.* 5 to the power of two) equals 25.

Quaˈdrat[2] *n* ⟨-(e)s; -e(n)⟩ *print.* quad, quadrat.

Quaˈdrat·de·zi,me·ter *m, n* square decimeter (*bes. Br.* decimetre).

Quaˈdrat|,esel *m fig. colloq. contempt.* stupid ass. — **~,fuß** *m* ⟨-es; -⟩ (*Flächenmaß*) square foot: 100 ~ 100 square feet.

quaˈdra·tisch *adj* **1.** (*Platz, Hof etc*) square, quadrate. – **2.** *bes. math.* quadratic, quadriform: eine ~e Gleichung a quadratic (equation); ~er Mittelwert root-mean-square.

Quaˈdrat|ki·lo,me·ter *m* square kilometer (*bes. Br.* kilometre). — **~,lat·schen** *pl colloq. humor.* **1.** (*große Schuhe*) clodhoppers, beetle crushers (*sl.*). – **2.** (*große Füße*) 'hooves', beetle crushers (*beide sl.*). — **~,maß** *n* square measure. — **~,mei·le** *f* square mile. — **~,me·ter** *m, n* square meter (*bes. Br.* metre). — **~mil·li,me·ter** *m, n* square millimeter (*bes. Br.* millimetre). — **~,netz** *n* (*in der Kartographie*) graticule, square grid. — **~,schä·del** *m colloq. humor.* **1.** square head. – **2.** *fig. cf.* Dickkopf 1.

Qua·dra·tur [kvadraˈtuːr] *f* ⟨-; -en⟩ **1.** *math.* quadrature, squaring: die ~ des Kreises *auch fig.* the quadrature of the circle. – **2.** *astr.* quadrature.

Quaˈdrat|,wur·zel *f math.* square root: die ~ ziehen to find (*od.* extract) the square root. — **~,zahl** *f* square (number). — **~zen·ti,me·ter** *m, n* square centimeter (*bes. Br.* centimetre). — **~,zoll** *m* ⟨-(e)s; -⟩ square inch.

Qua·dri·en·ni·um [kvadriˈʔɛnĭum] *n* ⟨-s; -nien⟩ *obs.* quadrennium, quadriennium.

qua·drie·ren [kvaˈdriːrən] *v/t* ⟨*no* ge-, h⟩ *math.* **1.** (*Zahlen*) square, raise (*s.th.*) to the power of two. – **2.** (*eine Fläche*) square.

Qua·dri·ga [kvaˈdriːga] *f* ⟨-; -drigen⟩ *antiq.* (*art*) quadriga.

Qua·dril·le [k(v)aˈdrɪljə] *f* ⟨-; -n⟩ (*Tanz*) quadrille, square dance.

Qua·dril·li·on [kvadrɪˈlĭoːn] *f* ⟨-; -en⟩ *Am.* septillion, *Br.* quadrillion.

Qua·dri·nom [kvadriˈnoːm] *n* ⟨-s; -e⟩ *math.* quadrinom.

Qua·dri·vi·um [kvaˈdriːvĭum] *n* ⟨-s; *no pl*⟩ *ped. hist.* quadrivium.

Qua·dro·pho·nie [kvadrofoˈniː] *f* ⟨-; *no pl*⟩ (*radio*) quadrophony. — **qua·droˈpho·nisch** [-ˈfoːnɪʃ] *adj* quadrophonic.

Qua·dru·pe·de [kvadruˈpeːdə] *m* ⟨-n; -n⟩ *meist pl* (*Vierfüßler*) quadruped.

Qua·dru·pel [kvaˈdruːpəl] *m* ⟨-s; -⟩ *math.* quadruple. — **~al·li,anz** *f hist. pol.* Quadruple Alliance (*1718*).

Quag·ga [ˈkvaga] *n* ⟨-s; -s⟩ *zo.* quagga (*Equus quagga*).

Quai [keː] *m, n* ⟨-s; -s⟩ *cf.* Kai.

quak [kvaːk] *interj* **1.** (*einer Ente*) quack! – **2.** (*eines Frosches*) croak!

Quä·ke [ˈkvɛːkə] *f* ⟨-; -n⟩ *hunt.* hare call.

qua·ken [ˈkvaːkən] **I** *v/i* ⟨h⟩ **1.** (*von Fröschen*) croak. – **2.** (*von Enten*) quack. – **3.** *fig. colloq.* croak: hör auf zu ~! stop croaking! stop your noise! – **II Q~** *n* ⟨-s⟩ **4.** *verbal noun.* – **5.** (*eines Frosches*) croak. – **6.** (*einer Ente*) quack.

quä·ken [ˈkvɛːkən] **I** *v/i* ⟨h⟩ **1.** (*von Stimme*) squawk. – **2.** (*von Säugling*) squall, *auch* squawl. – **3.** (*von Hasen*) squeak, squeal. – **4.** (*von Vögeln*) squawk. – **II** *v/t* **5.** (*Lieder, Schlager etc*) squeak. — ˈ**quä·kend I** *pres p.* – **II** *adj* (*Stimme etc*) squawky, squawking.

ˈ**Quä·ker** *m* ⟨-s; -⟩ *relig.* Quaker, Friend: die ~ the Quakers, the (Society *sg* of) Friends. — **~,bund** *m* ⟨-(e)s; *no pl*⟩, **~ge,mein·de** *f* Society of Friends.

ˈ**Quä·ke·rin** *f* ⟨-; -nen⟩ *relig.* Friend, Quakeress.

ˈ**Quä·ker·tum** *n* ⟨-s; *no pl*⟩ *relig.* Quakerism, Quakerdom.

Qual [kvaːl] *f* ⟨-; -en⟩ **1.** (*körperliche u. seelische*) pain, suffering, (*stärker*) agony, anguish (*lit.*): seelische ~ agony of spirit; ~en erleiden [aushalten *od.* ertragen] to suffer (*od.* go through) [to endure *od.* to bear, to stand] pain; j-s ~en lindern (*od.* erleichtern) to relieve (*od.* alleviate, mitigate) s.o.'s pain; j-m ~en bereiten to inflict pain on s.o.; er wurde von seinen ~en erlöst he was released from his sufferings; er starb unter großen ~en he died in agony; → Wahl. – **2.** (*der Hitze, des Hungers etc*) pain, torment, torture, (*stärker*) excruciation: die Hitze [der Hunger] wurde ihnen zur ~ the heat [hunger] began to torture (*od.* torment) them. – **3.** (*Last, Pein*) pangs *pl*: die ~en des Gewissens [der Reue] the pangs of conscience [remorse]. – **4.** (*Ärger, Verdruß*) vexation. – **5.** (*Nervenprobe, Belastung*) ordeal: sie machte ihm den Aufenthalt zur ~ she made his stay an ordeal. – **6.** (*Bedrückung, Sorge*) distress, tribulation, affliction. – **7.** (*Schufterei, Schinderei*) drudgery, toil, labor, *bes. Br.* labour.

quä·len [ˈkvɛːlən] **I** *v/t* ⟨h⟩ **1.** (*körperlich u. seelisch*) torment, anguish (*lit.*): er wurde von Hunger und Durst gequält he was tormented by (*od.* with) hunger and thirst; ein Tier ~ to torment (*od.* be cruel to) an animal; j-n zu Tode ~ to torment the life out of s.o., to torment s.o. to death. – **2.** (*von Krankheiten etc*) trouble, bother, vex: ein starker Husten quälte ihn he was troubled with a bad cough. – **3.** (*peinigen, martern*) torment, torture, rack, (*stärker*) excruciate: sie quälten ihn bis aufs Blut they tortured him to the utmost. – **4.** (*bedrücken, plagen*) distress, trouble, (*stärker*) haunt, harrow, agonize *Br. auch* -s-, tantalize *Br. auch* -s-: der Gedanke [die Vorstellung] quält mich I am haunted by the thought [idea], the thought [idea] preys on my mind; er wurde von Zweifeln gequält he was agonized (*od.* torn) by doubt(s). – **5.** (*bedrängen, belästigen*) torment, pester, bother, plague, harass: j-n mit Fragen ~ to pester s.o. with questions. – **6.** (*Motor, Auto etc*) overstrain, labor, *bes. Br.* labour, flog. – **7.** er quälte seine Geige *colloq. humor.* he sawed at his violin. – **II** *v/reflex* sich ~ **8.** suffer (*od.* be in) pain: er mußte sich sehr ~, bevor er starb he suffered great pain (*od.* went through agony) before he died. – **9.** (*seelisch*) torment (*od.* distress) oneself, worry (oneself): du quälst dich noch zu Tode! *fig.* you'll worry yourself to death! – **10.** (*sich körperlich anstrengen*) struggle hard, exert (*od.* strain) oneself, toil, labor, *bes. Br.* labour: er mußte sich sehr ~, die Last hinaufzuziehen he had to sweat and strain to pull the weight up (*colloq.*). – **11.** (*sich geistig anstrengen*) struggle hard, labor, *bes. Br.* labour. – **12.** (*sich durcharbeiten*) struggle: ich quälte mich durch die Zaunlücke [das Buch] I struggled through the fence [book]. – **13.** (*sich abplacken*) drudge, slave, toil, labor, *bes. Br.* labour. — **'quä·lend I** *pres p.* – **II** *adj* **1.** (*Schmerz, Husten etc*) agonizing *Br. auch* -s-, racking, (very) painful, (*stärker*) excruciating. – **2.** (*Hunger*) gnawing. – **3.** (*Durst*) raging. – **4.** (*Situation, Ungewißheit*) agonizing *Br. auch* -s-, tantalizing *Br. auch* -s-. – **5.** (*Gedanke, Vorstellung etc*) agonizing *Br. auch* -s-, harrowing, tormenting, torturing.

'Quä·ler *m* ⟨-s; -⟩ tormentor, torturer.

Quä·le'rei *f* ⟨-; -en⟩ **1.** (*körperliche*) torment, torture. – **2.** (*seelische*) torment, worry, *Am. colloq. auch* worriment. – **3.** (*Schufterei, Schinderei*) hard struggle, drudgery, toil, labor, *bes. Br.* labour.

'quä·le·risch *adj cf.* quälend 5.

'Quäl,geist *m* ⟨-(e)s; -er⟩ *colloq.* nuisance; 'pest', 'plague' (*colloq.*): du bist ein alter ~ you're a perfect nuisance, you're an old pest.

Qua·li·fi·ka·ti·on [kvalifika'tsioːn] *f* ⟨-; -en⟩ **1.** (*Befähigung, Eignung*) (für, zu for) qualification, capability, ability, fitness, eligibility. – **2.** (*Befähigungsnachweis*) qualification, certificate (of competency), qualifying certificate. – **3.** (*Beurteilung*) qualification. – **4.** (*sport*) (für for) qualification.

Qua·li·fi·ka·ti'ons|,kampf *m* (*sport*) qualifying contest. — **~,ren·nen** *n* (*beim Radsport*) qualifying heat. — **~,spiel** *n* qualifying match (*od.* game). — **~,wett·be,werb** *m* qualifying event. — **~,wett,kampf** *m* qualifying competition.

qua·li·fi·zie·ren [kvalifi'tsiːrən] **I** *v/t* ⟨*no* ge-, h⟩ **1.** (*befähigen*) (für, zu for) qualify, fit, capacitate. – **2.** (*bezeichnen, beurteilen*) (als as) qualify, describe, designate, characterize *Br. auch* -s-. – **3.** (*als geeignet anerkennen*) qualify. – **4.** (*berechtigen*) (zu for) qualify, entitle. – **II** *v/reflex* sich ~ (für for) **5.** qualify (*od.* fit) oneself. – **6.** (*bei Wettbewerben*) qualify. – **III Q~** *n* ⟨-s⟩ **7.** *verbal noun.* – **8.** *cf.* Qualifikation 3. — **qua·li·fi'ziert I** *pp.* – **II** *adj* **1.** (*geeignet*) (für for) qualified, fit, eligible. – **2.** (*fähig*) qualified, able, capable, competent. – **3.** (*Arbeiter, Techniker etc*) qualified. – **4.** (*Stelle, Tätigkeit etc*) demanding, exacting. – **5.** (*erstklassig*) first-class, first- (*od.* top-)rate, excellent. – **6.** (*bei Wettbewerben*) qualified. – **7.** ~e Mehrheit [Minderheit] *pol.* qualified majority [minority]. – **8.** *jur.* (*Delikte etc*) under aggravating circumstances. — **Qua·li·fi'zie·rung** *f* ⟨-; -en⟩ **1.** *cf.* Qualifizieren 7. – **2.** *rare for* Qualifikation.

Qua·li·tät [kvali'tɛːt] *f* ⟨-; -en⟩ **1.** ⟨*only sg*⟩ (*Art, Beschaffenheit*) quality. – **2.** *meist pl* (*gute Eigenschaft, Fähigkeit*) quality: menschliche [fachliche] ~en humane [professional] qualities; auch er [sie] hat seine [ihre] ~en he [she], too, has his [her] qualities (*od.* good points); seine ~en beweisen to display one's qualities, to show one's good points. – **3.** *bes. econ.* (*Wertstufe, Güteklasse*) quality, grade: Waren erster [zweiter] ~ first-class (*od.* first-rate, grade A, A 1) [second-class (*od.* -rate), grade B] goods; bessere [mindere] ~ superior [inferior] quality; der Kaffee ist von bester [schlechter] ~ the coffee is of the best [a bad, a poor] quality. – **4.** *bes. econ.* (*gute Qualität*) quality: das ist ~! that's quality (for you)! dieser Name bürgt für ~ this name is a guarantee for quality. – **5.** *econ.* (*Sorte*) kind, sort, description. – **6.** *ling.* quality. – **7.** die ~ gewinnen [verlieren] (*beim Schachspiel*) to make an advantageous [disadvantageous] exchange.

qua·li·ta·tiv [kvalita'tiːf] **I** *adj* qualitative: ein ~er Unterschied a qualitative difference, a difference in quality. – **II** *adv* qualitatively, in quality: diese Ware ist ~ besser this article is better in quality (*od.* is of a better quality).

Qua·li'täts|,ar·beit *f* **1.** high-quality work, work of superior craftsmanship (*od.* workmanship). – **2.** *cf.* Qualitätsartikel. — **~ar,ti·kel** *m*, **~er,zeug·nis** *n econ.* article (*od.* product) of (high) quality, high-quality article (*od.* product). — **~kon,trol·le** *f* quality control. — **~,mar·ke** *f* mark of quality, brand. — **~,min·de·rung** *f* reduction in quality. — **~,mu·ster** *n* representative sample. — **~,prü·fung** *f* (*einer Ware*) quality test (*od.* inspection). — **~,stahl** *m metall.* high-grade (*od.* high-quality) steel. — **~,über,wa·chung** *f* quality control. — **~,un·ter,schied** *m* difference in quality. — **~ver,bes·se·rung** *f* improvement in quality. — **~ver,schlech·te·rung** *f* deterioration in quality. — **~,wa·re** *f* high-quality (*od.* high-class) product (*od.* article): wir führen nur ~n we sell only quality (*od.* choice) goods. — **~,wein** *m agr.* vintage wine. — **~zer·ti·fi,kat** *n* certificate of quality.

Quall [kval] *m* ⟨-(e)s; -e⟩ *obs. od. dial.* surge of water.

Qual·le ['kvalə] *f* ⟨-; -n⟩ *zo.* jellyfish, sea nettle; medusa, hydroid (*scient.*) (*Klassen Hydrozoa u. Scyphozoa*). — **'qual·lig** *adj* jellylike.

Qualm [kvalm] *m* ⟨-(e)s; *no pl*⟩ (dense) smoke, smother. — **'qual·men I** *v/i* ⟨h⟩ **1.** smoke, (*stärker*) billow (*od.* belch) smoke: die Lokomotive qualmt the engine is belching (*od.* puffing) smoke. – **2.** *colloq.* (*viel rauchen*) smoke: er qualmt wie ein Schlot he smokes like a chimney (*od.* train). – **II** *v/t* **3.** *colloq.* (*Zigaretten, Pfeife etc*) smoke, puff. – **III** *v/impers* **4.** in der Küche qualmt es the kitchen is full of smoke. — **'qual·mend I** *pres p.* – **II** *adj* smoking, smoky, *auch* smokey. — **'Qual·mer** *m* ⟨-s; -⟩ *colloq. contempt.* heavy (*od.* inveterate) smoker. — **'qual·mig** *adj* smoky, *auch* smokey, full of smoke.

Qual·ster ['kvalstər] *m* ⟨-s; -⟩ *colloq. for* Auswurf 3, Schleim 2.

'qual,voll *adj* **1.** (*Leiden, Schmerzen etc*) agonizing *Br. auch* -s-, racking, (very) painful, tormenting, harrowing, (*stärker*) excruciating: eines ~en Todes sterben to die a painful death. – **2.** (*Situation, Ungewißheit*) agonizing *Br. auch* -s-. – **3.** (*Gedanke, Vorstellung*) agonizing *Br. auch* -s-, torturing.

Quant [kvant] *n* ⟨-s; -en⟩ *phys.* quantum, quant. — **'quan·teln I** *v/t* ⟨h⟩ quantize. – **II Q~** *n* ⟨-s⟩ *verbal noun.* — **'Quan·te·lung** *f* ⟨-; *no pl*⟩ **1.** *cf.* Quanteln. – **2.** quantization.

Quan·ten ['kvantən] *pl colloq.* (*Füße*) trotters (*humor.*), 'hooves' (*sl.*), feet.

'Quan·ten|bio·lo,gie *f biol.* quantum biology. — **~elek·tro·dy,na·mik** *f phys.* quantum electrodynamics *pl* (*usually construed as sg*). — **~me,cha·nik** *f* quantum mechanics *pl* (*construed as sg or pl*). — **~,op·tik** *f* (*optics*) quantum optics *pl* (*usually construed as sg*). — **~theo,rie** *f* ⟨-; *no pl*⟩ *phys.* quantum theory. — **~,zahl** *f* quantum number.

quan·ti·fi·zie·ren [kvantifi'tsiːrən] **I** *v/t* ⟨*no* ge-, h⟩ quantify. – **II Q~** *n* ⟨-s⟩ *verbal noun.* — **Quan·ti·fi'zie·rung** *f* ⟨-; -en⟩ **1.** *cf.* Quantifizieren. – **2.** quantification.

Quan·ti·tät [kvanti'tɛːt] *f* ⟨-; -en⟩ **1.** quantity, amount. – **2.** *ling. metr. philos.* quantity.

quan·ti·ta·tiv [kvantita'tiːf] **I** *adj* quantitative, quantitive: eine ~e Verminderung a quantitative decrease, a decrease in quantity; ~e Analyse *chem.* quantitative analysis. – **II** *adv* sich ~ unterscheiden to differ in quantity.

Quan·ti'täts|be,stim·mung *f* quantification, quantitative determination. — **~theo,rie** *f econ.* quantity theory.

Quan·ti·té né·gli·geable [kãtitenegli'ʒabl] (*Fr.*) *f* ⟨- -; *no pl*⟩ negligible (*auch* negligeable) quantity.

quan·ti·tie·ren [kvanti'tiːrən] *v/t* ⟨*no* ge-, h⟩ *metr.* (*Silben*) measure the length of.

Quan·tum ['kvantum] *n* ⟨-s; Quanten⟩ **1.** quantum, quantity, amount. – **2.** (*Anteil*) quantum, share, portion.

Quap·pe ['kvapə] *f* ⟨-; -n⟩ *zo.* a) burbot (*Lota lota*), b) ling (*L. maculosa*).

Qua·ran·tä·ne [karan'tɛːnə; karã-] *f* ⟨-; -n⟩ quarantine: j-n in ~ legen [halten] to put (*od.* place) s.o. in(to) [to keep s.o. in] quarantine; die ~ aufheben to lift the quarantine; (die) ~ verhängen über (*acc*) to quarantine; in ~ sein (*od.* liegen) to be in (*od.* under) quarantine, (*von Schiffen*) *auch* to ride at quarantine. — **~,flag·ge** *f mar.* yellow (*od.* sick, quarantine) flag, yellow jack. — **~sta·ti,on** *f med.* quarantine ward.

Quar·gel ['kvargəl] *n, m* ⟨-s; -⟩ *Austrian gastr. a small round cheese.*

Quark [kvark] *m* ⟨-s; *no pl*⟩ **1.** *gastr.* curd(s *pl*). – **2.** *gastr.* (*Quarkkäse*) cottage (*auch* curd) cheese, *Am. auch* smearcase, smiercase, *auch* schmierkase. – **3.** *fig. colloq.* (*in Wendungen wie*) red keinen ~! don't talk rubbish! don't talk tripe (*od.* bilge, *bes. Br.* rot)! (*sl.*); das ist doch (alles) ~! that's a load of rubbish! (*colloq.*), *bes. Br. sl.* that's a lot of rot! kümmere dich nicht um jeden ~! don't fuss about trifles (*od.* minor details)! er regt sich über jeden ~ auf he gets excited (*od.* worked up) about the slightest thing; du verstehst einen ~ davon! you know damn all (*Am.* beans) about it! (*sl.*); er mischt sich (*od.* steckt seine Nase) in jeden ~ he pokes his nose into everything; alten ~ aufrühren to rake up the ashes.

'quar·kig *adj* curdy.

'Quark|,kä·se *m gastr. cf.* Quark 2. — **~,ku·chen** *m* cheesecake, curdcake.

Quar·re ['kvarə] *f* ⟨-; -n⟩ *Low G.* **1.** (*weinerliches Kind*) whiner. – **2.** (*zänkische Frau*) scold. — **'quar·ren** *v/i* ⟨h⟩ *cf.* quaken 3, quäken 1, 2, nörgeln, quengeln. — **'quar·rig** *adj* whin(e)y, whining, querulous.

Quart[1] [kvart] *n* ⟨-s; -e, *nach Zahlen* -⟩ **1.** ⟨*only sg*⟩ *print.* quarto. – **2.** *obs.* (*Flüssigkeitsmaß*) quart (*ranging from 0.24 to 1.1 liters*).

Quart[2] *f* ⟨-; -en⟩ **1.** (*sport*) (*beim Fechten*) quarte, *auch* quart. – **2.** *mus.* fourth: reine ~ perfect fourth; übermäßige ~ augmented fourth; verminderte ~ diminished fourth.

Quar·ta ['kvarta] *f* ⟨-; Quarten⟩ *ped. third year of a German secondary school.*

Quar·tal [kvar'taːl] *n* ⟨-s; -e⟩ quarter: angefangenes ~ broken quarter. — **~,ab·,rech·nung** *f cf.* Quartalsabrechnung.

Quar'tals|,ab,rech·nung *f*, **~,ab,schluß** *m econ.* quarterly statement (of accounts), quarterly account (*od.* balance, bill). — **~di·vi,den·de** *f* quarterly dividend. — **~,en·de** *n* end of the quarter: zum ~ kündigen to give notice for the end of the quarter. — **~,kün·di·gung** *f* quarterly notice. — **~,säu·fer** *m* **1.** dipsomaniac. – **2.** *colloq.* habitual drunkard. — **~,tag** *m econ.* quarter day. — **q~,wei·se** *adv* quarterly, by the quarter, every three months. — **~,zah·lung** *f* **1.** quarterly payment. – **2.** (*von Dividenden, Zinsen etc*) quarterly disbursement.

Quar·ta·ner [kvar'taːnər] *m* ⟨-s; -⟩, **Quar·'ta·ne·rin** *f* ⟨-; -nen⟩ *pupil of a 'Quarta'.*

Quar·tant [kvar'tant] *m* ⟨-en; -en⟩ *print. rare for* Quartband.

quar·tär [kvar'tɛːr] *adj* **1.** *geol.* Quaternary. – **2.** *chem.* (*Verbindungen*) quaternary.

Quar'tär *n* ⟨-s; *no pl*⟩ *geol.* Quaternary (period). — **~for·ma·ti,on** *f* Quaternary formation. — **~struk,tur** *f biol. chem.* (*von Proteinen*) quaternary structure.

'Quart|,band *m* ⟨-(e)s; ⸚e⟩ *print.* quarto volume. — **~,blatt** *n* quarter of a sheet.

Quar·te ['kvartə] *f* ⟨-; -n⟩ *mus. cf.* Quart[2] 2.

Quar·tel ['kvartəl] *n* ⟨-s; -⟩ *Bavarian dial.* (*Biermaß*) a quarter liter (*bes. Br.* litre).

'Quar·ten,zir·kel *m mus.* circle of fourths.

'Quar·ter,deck ['kvartər-] *n mar.* quarterdeck.

Quar·tett [kvar'tɛt] *n* ⟨-(e)s; -e⟩ **1.** *mus.* quartet, quartette. – **2.** (*games*) (*children's*) card game, *Br. etwa* Happy Families *pl* (*construed as sg*).

'Quart·for,mat *n print. cf.* Quart[1] 1.

Quar·tier [kvar'tiːr] *n* ⟨-s; -e⟩ **1.** (*Unterkunft*) accommodation, lodging(s *pl*): ein ~ suchen to look for accommodation; wir haben unser ~ bei einem Bauern aufgeschlagen we found lodgings with a farmer (*od.* at a farmer's), we are lodging with a farmer. – **2.** *mil.* a) (*Standort*) quarters *pl*, cantonment, b) (*in Privathäusern*) billet(s *pl*): ~ beziehen [machen] to take up [to prepare] quarters; j-n bei j-m in ~ legen to billet s.o. (up)on (*od.* with) s.o.; bei j-m im ~ liegen to be billeted (*od.* quartered) (up)on (*od.* with) s.o.; ins ~ rücken to move to the quarters. – **3.** (*beim Billard*) balk. – **4.** *her.* quarter, canton. – **5.** *Swiss and Austrian rare for* Stadtviertel. — **~,amt** *n mil.* billeting office.

quar·tie·ren [kvar'tiːrən] *v/t u.* sich ~ *v/reflex* ⟨*no* ge-, h⟩ *obs. for* einquartieren.

Quar'tier|,ma·cher *m mil.* billeting officer. — **~,mei·ster** *m* quartermaster. — **~,schein**, **~,zet·tel** *m* billeting slip.

Quar·to ['kvarto] *n* ⟨-; *no pl*⟩ *print. cf.* Quart[1] 1.

'**Quart|,sei·te** *f print.* quarto page. — **~'sext·ak,kord** [,kvart-] *m mus.* chord of the six-four, six-four chord.

Quarz [kvaːrts] *m* ⟨-es; -e⟩ *min.* quartz. — **~,fa·den** *m electr.* quartz filament. — **~ge,stein** *n min. cf.* Quarzit. — **q~ge,steu·ert** *adj electr.* crystal-controlled. — **~,glas** *n tech.* quartz glass, fused quartz, vitreous silica (*scient.*).

'**quarz,hal·tig,** '**quar·zig** *adj min.* containing quartz; quartzose, quartzous, quartziferous (*scient.*).

Quar·zit [kvar'tsiːt; -'tsɪt] *m* ⟨-s; -e⟩ *min.* quartzite.

'**Quarz|kon,den·sor** *m* (*optics*) quartz condenser. — **~,lam·pe** *f electr.* quartz lamp. — **~,rohr** *n* quartz tube. — **~,steue·rung** *f* crystal control. — **~,uhr** *f* quartz-crystal clock, quartz (*od.* crystal) clock.

Quas [kvaːs] *m* ⟨-es; -e⟩ *Low and Middle G.* feast, banquet, spread (*colloq.*).

Qua·sar [kva'zaːr] *m* ⟨-s; -e⟩ *astr.* quasar.

'**Qua·sen** [-zən] *Low and Middle G.* **I** *v/i* ⟨h⟩ *cf.* schmausen 1, prassen. – **II** *v/t cf.* vergeuden.

qua·si ['kvaːzi] *adv* to a certain extent (*od.* degree), in a way, as it were, quasi.

Qua·si·mo·do·ge·ni·ti [kvazimodo'geːniti] *m* ⟨*undeclined*⟩ (der Sonntag) ~ *relig.* Low Sunday, Quasimodo.

Quas·se'lei *f* ⟨-; -en⟩ *colloq. contempt.* (constant *od.* continuous) blather (*bes. Br.* blether), babble, gabble, *Am. colloq.* blatherskite. — '**Quas·se·ler** *m* ⟨-s; -⟩ blatherer, *bes. Br.* bletherer, *Am. colloq.* blatherskite. — '**Quas·sel,frit·ze,** '**Quas·sel,kopf** *m cf.* Quasseler.

quas·seln ['kvasəln] *colloq. contempt.* **I** *v/i* ⟨h⟩ blather, *bes. Br.* blether, babble, gabble. – **II Q~** *n* ⟨-s⟩ *verbal noun.*

'**Quas·sel|,strip·pe** *f colloq. humor.* **1.** (*Telephon*) phone (*colloq.*), *Br. sl.* 'blower'. – **2.** (*geschwätzige Person*) babbler, gabbler, 'gasbag' (*sl.*). — **~,was·ser** *n only in* du hast wohl ~ getrunken? *colloq.* you are in a very talkative mood.

Quas·sia ['kvasĭa] *f* ⟨-; -sien⟩ **1.** *bot.* a) Quassia (tree) (*Gattg Quassia*), b) bitterwood (*Q. amara u. Q. excelsa*). – **2.** *med. pharm.* (*gegen Spulwürmer*) quassia (wood).

Quas·sie ['kvasĭə] *f* ⟨-; -n⟩ *bot. med. pharm. cf.* Quassia.

Quast [kvast] *m* ⟨-(e)s; -e⟩ **1.** (*des Anstreichers, Tapezierers etc*) flat bristle brush, wall brush. – **2.** *cf.* Quaste 2.

Qua·ste ['kvastə] *f* ⟨-; -n⟩ **1.** (*Troddel*) tassel. – **2.** (*Büschel*) tuft. – **3.** (*Puderquaste*) (powder) puff. – **4.** *cf.* Quast 1. – **5.** *relig. cf.* Weihwedel.

'**Qua·sten|,flos·ser** [-,flɔsər] *m* ⟨-s; -⟩ *zo.* crossopterygian (*Ordng Crossopterygii*). — **q~,för·mig** *adj* (shaped) like a tassel. — **~,stach·ler** [-,ʃtaxlər] *m* ⟨-s; -⟩ *zo.* brush-tail(ed) porcupine (*Gattg Atherurus*).

Quä·sti·on [kvɛs'tĭoːn] *f* ⟨-; -en⟩ *philos.* question, problem.

Quä·stor ['kvɛstɔr] *m* ⟨-s; -en [-'toːrən]⟩ **1.** (*an Hochschulen*) bursar. – **2.** *antiq.* qu(a)estor. – **3.** *Swiss for* Rechnungsführer, Kassenwart.

Quä·stur [kvɛs'tuːr] *f* ⟨-; -en⟩ **1.** (*an Hochschulen*) bursar's office. – **2.** *antiq.* qu(a)estorship.

Qua·tem·ber [kva'tɛmbər] *m* ⟨-s; -⟩ *röm.kath.* ember day. — **~,fa·sten** *n* ember days *pl.*

qua·ter·när [kvatɛr'nɛːr] *adj chem.* quaternary.

Qua·ter·ne [kva'tɛrnə] *f* ⟨-; -n⟩ *obs.* (*Vierergewinn*) quaterne.

Quatsch [kvatʃ] *m* ⟨-es; *no pl*⟩ *colloq.* **1.** (*dummes Gerede*) nonsense, trash, balderdash, rubbish, bosh, bull, *Am. colloq.* blatherskite, *bes. Br. sl.* 'rot'; so ein ~! such tommyrot! (*sl.*); red doch keinen ~! don't talk such nonsense! hör nicht auf ihn! Es ist alles ~ don't listen to him! It's all a lot of bunkum (*od.* rubbish, ballyhoo) (*colloq.*); ~ (mit Soße)! rubbish! nuts! (*sl.*). – **2.** (*dumme Späße*) tomfoolery; fooling around, carrying-on (*colloq.*): die Kinder machten nur ~ the children were fooling around (*od.* carrying on) all the time. – **3.** (*unkluge Handlung*) stupidity, foolishness: mach keinen ~! don't do anything stupid!

quatsch *interj* squelch! squilch!

quat·schen[1] ['kvatʃən] *colloq.* **I** *v/i* ⟨h⟩ **1.** (*Unsinn reden*) talk nonsense, twaddle, drivel, blather, *bes. Br.* blether. – **2.** (*reden*) chat: wir haben lange gequatscht we had a long chat. – **3.** (*Geheimnisse ausplaudern*) blab; 'squeak', 'squeal' (*colloq.*): die Bande flog auf, weil einer gequatscht hatte the gang broke (up) because one of them had squeaked. – **II** *v/t* **4.** dummes Zeug ~ to talk nonsense (*od.* drivel, blather). – **III Q~** *n* ⟨-s⟩ **5.** *verbal noun.*

'**quat·schen**[2] *colloq.* **I** *v/i* ⟨h *u.* sein⟩ **1.** ⟨h⟩ squelch, slush, slosh. – **2.** ⟨sein⟩ über (*acc*) [durch] etwas ~ to slush (*od.* slosh, squelch) over [through] s.th. – **II** *v/impers* ⟨h⟩ **3.** es quatscht bei jedem Schritt there is a squelch with every step.

Quat·sche'rei *f* ⟨-; -en⟩ *colloq. cf.* Quatschen[1].

'**quat·schig** *adj colloq.* (*Geräusch etc*) squelchy, slushy, sloshy.

'**Quatsch|,kopf** *m colloq. contempt.* twaddler, driveler, *bes. Br.* driveller, *Am. colloq.* blatherskite. — **~,lie·se** *f colloq. cf.* Quatschtante.

'**quatsch'naß** *adj colloq. cf.* pitschnaß.

'**Quatsch,tan·te** *f colloq.* chatterbox; 'windbag' (*colloq.*), 'gasbag' (*sl.*).

Quat·tro·cen·tist [kvatrotʃɛn'tɪst] *m* ⟨-en; -en⟩ (*art*) quattrocentist. — **Quat·tro'cen·to** [-'tʃɛnto] *n* ⟨-(s); *no pl*⟩ quattrocento, *auch* Quattrocento.

Que·bra·cho [ke'bratʃo] *n* ⟨-s; *no pl*⟩ **1.** *cf.* Quebrachoholz. – **2.** *cf.* Quebrachorinde. — **~,baum** *m bot.* **1.** (Weißer) ~ (white) quebracho (*Aspidosperma quebracho*). – **2.** (Roter) ~ (red) quebracho (*Schinopsis balansae u. Quebrachia lorentzii*). — **~,holz** *n* quebracho. — **~,le·der** *n* quebracho-tanned leather. — **~,rin·de** *f* **1.** *med. pharm.* quebracho (bark), aspidosperma. – **2.** (*leather*) (*Gerbstoff*) quebracho bark.

Quecke (*getr.* -k·k-) ['kvɛkə] *f* ⟨-; -n⟩ *bot.* couch grass, *auch* couch, quack (*od.* quick, quitch, scutch, twitch, wheat) grass, witchgrass (*Agropyron repens*).

'**Queck,sil·ber** ['kvɛk-] *n chem.* mercury, quicksilver, hydrargyrum (*scient.*) (Hg): etwas mit ~ verbinden to mercurate (*od.* mercurize) s.th., to amalgamate s.th. with mercury; etwas mit ~ überziehen to quicksilver s.th.; sie hat ~ im Leib *fig. colloq.* she has got ants in her pants (*colloq.*); sie ist das reinste ~ *fig. colloq.* she is a real live wire. — **~ba·ro,me·ter** *n* mercury barometer. — **~be,hand·lung** *f* **1.** *chem.* mercuration. – **2.** *med.* treatment with mercurials. – **3.** *phot.* hypersensitizing (*Br. auch* -s-) (of) negative material by exposure to mercury vapor (*bes. Br.* vapour).

'**Queck,sil·ber,dampf** *m phys.* mercury vapor (*bes. Br.* vapour). — **~,gleich,rich·ter** *m electr.* mercury-vapor (*bes. Br.* -vapour) rectifier. — **~,lam·pe** *f* mercury-vapor (*bes. Br.* -vapour) lamp, mercury-arc lamp.

'**queck,sil·ber,hal·tig** *adj chem.* **1.** (*einwertiges Quecksilber enthaltend*) mercurous. – **2.** (*zweiwertiges Quecksilber enthaltend*) mercuric.

'**queck,sil·be·rig** *adj fig. cf.* quecksilbrig.

'**Queck,sil·ber|jo,did** *n chem.* (red) mercury iodide, mercuric iodide (HgI_2). — **~,kur** *f med.* mercurial treatment (*od.* inunction). — **~le,gie·rung** *f chem.* amalgam. — **~oxid** [-ʔɔ,ksiːt] *n* mercuric (*auch* mercury) oxide (HgO). — **~prä·pa,rat** *n med. pharm.* mercurial preparation. — **~,sal·be** *f* mercurial ointment. — **~,säu·le** *f phys. meteor.* mercury column, mercury. — **~sto·ma,ti·tis** *f med.* mercurial stomatitis. — **~ther·mo,me·ter** *n phys.* mercury thermometer. — **~ver,gif·tung** *f med.* mercurial poisoning, mercurialism; hydrargyrism, hydrargyrosis (*scient.*).

'**queck,sil·brig** *adj fig.* (*Kind, Temperament etc*) sprightly, lively, brisk; mercurial, volatile (*lit.*).

Quell [kvɛl] *m* ⟨-(e)s; -e⟩ *poet. for* Quelle 1, 4. — **~,ader** *f* vein of a spring.

Quel·le ['kvɛlə] *f* ⟨-; -n⟩ **1.** spring, source: mineralische [warme] ~n mineral [hot *od.* thermal] springs; eine ~ fassen *civ.eng.* to impound a source. – **2.** *geogr.* (*eines Flusses*) source, head(spring), fountainhead: von der ~ bis zur Mündung from the source to the mouth; die ~n des Nils the sources of the Nile. – **3.** (*Ölquelle*) oil well. – **4.** *fig.* (*Ursprung*) source, origin: die ~ allen Übels the source of all evil; ~ des Lebens source (*od.* fount[ain]) of life. – **5.** *fig.* (*Herkunft*) source: aus guter (*od.* sicherer) ~ from a reliable source, on good authority; eine Nachricht aus erster ~ bekommen to receive firsthand (*od.* inside) information, to hear news straight from the horse's mouth; an der ~ sitzen a) (*für Informationen etc*) to be on the inside, to hear the news straight from the horse's mouth, b) (*für Waren etc*) to be on the spot, to have (direct) access. – **6.** (*Literaturnachweis*) source, authority: die ~n angeben to give one's sources. – **7.** *econ.* (*Hilfsmittel etc*) resource: neue ~n erschließen *auch fig.* to tap new resources.

quel·len[1] ['kvɛlən] **I** *v/i* ⟨quillt, quoll, gequollen, sein⟩ **1.** spring, well, pour, (*stärker*) gush, surge: aus der Wunde quoll Blut blood gushed from the wound; Tränen quollen ihr aus den Augen tears poured (*od.* trickled) from her eyes. – **2.** (*von Rauch etc*) pour, billow. – **3.** (*von Augen*) pop: die Augen quollen ihm fast aus dem Kopf his eyes nearly popped out of his head. – **4.** *fig.* pour: die Menschen quollen aus dem Kino the people poured out of the cinema (*bes. Am.* motion-picture theater). – **5.** (*seinen Ursprung haben*) (in *dat* from) originate, arise, emanate. – **II Q~** *n* ⟨-s⟩ **6.** *verbal noun.*

'**quel·len**[2] **I** *v/t* ⟨quellt, quellte, gequellt, h⟩ (*Erbsen, Gerste, Flachs etc*) soak, steep. – **II** *v/i* ⟨quillt, quoll, gequollen, sein⟩ (*von Erbsen, Reis, Holz, Fasern etc*) swell (up). – **III Q~** *n* ⟨-s⟩ *verbal noun.*

'**Quel·len|,an,ga·be** *f* **1.** (*in der Fußnote*) reference. – **2.** *cf.* Quellenverzeichnis. — **~,for·scher** *m* student (*od.* investigator) of (literary *od.* historical) sources, researcher. — **~,for·schung** *f* study of (*od.* research into) (literary *od.* historical) sources. — **~kri,tik** *f* criticism of sources. — **~,kun·de** *f* source study, research into (historical) sources. — **q~,mä·ßig** *adj* (*literature*) (*Ausgabe*) (directly) based on the sources. — **~ma·te·ri,al** *n* source material. — **~,moos** *n bot.* water moss (*Gattg Fontinalis*). — **~,nach,weis** *m cf.* Quellenangabe. — **~,stu·di·um** *n cf.* Quellenforschung. — **~ver,zeich·nis** *n* bibliography, list of works consulted (*od.* of references), list of authors.

'**Quel·ler** *m* ⟨-s; -⟩ *bot.* glasswort, saltwort, (marsh) samphire, salicornia (*scient.*) (*Gattg Salicornia*).

'**Quell|,fluß** *m geogr.* headstream, source. — **~ge,biet** *n* headwater region. — **~,kraut** *n* ⟨-(e)s; *no pl*⟩ *bot.* blinking (*od.* water-chickweed, Indian) lettuce (*Gattg Montia*). — **~,moos** *n cf.* Quellenmoos. — **~,nym·phe** *f myth.* nereid, naiad. — **~,salz** *n brew.* spring salt.

'**Quel·lung** *f* ⟨-; *no pl*⟩ *cf.* Quellen[1] *u.* [2].

'**Quell|,was·ser** *n* ⟨-s; -⟩ springwater. — **~,wol·ke** *f meteor. cf.* Haufenwolke.

Quen·del ['kvɛndəl] *m* ⟨-s; -⟩ *bot.* wild (*od.* creeping) thyme (*Thymus serpyllum*).

Quen·ge'lei *f* ⟨-; -en⟩ *colloq. cf.* Quengeln.

'**Quen·gel,frit·ze** *m colloq. cf.* Quengler.

'**quen·ge·lig** *adj colloq.* **1.** (*bes. Kind*) whin(e)y, fretful, crabbed, cross (*colloq.*). – **2.** *cf.* nörgelig.

'**Quen·gel,lie·se** *f colloq. cf.* Quenglerin.

quen·geln ['kvɛŋəln] *colloq.* **I** *v/i* ⟨h⟩ **1.** whine, be fretful, be cross (*colloq.*): Kinder ~ leicht, wenn sie müde sind children are inclined to whine when they are tired. – **2.** whine, pester: er quengelte so lange, bis ich nachgab he whined at me (*od.* pestered me) until I gave in. – **3.** *cf.* nörgeln. – **II Q~** *n* ⟨-s⟩ **4.** *verbal noun.*

'**Queng·ler** *m* ⟨-s; -⟩, '**Queng·le·rin** *f* ⟨-; -nen⟩ *colloq.* **1.** (*bes. Kind*) whiner, pester, pesterer. – **2.** *cf.* Nörgler(in).

'**queng·lig** *adj colloq. cf.* quengelig.

Quent·chen ['kvɛntçən] *n* ⟨-s; -⟩ *only in* ein ~ a little bit, a pinch, a knob, a dram, a grain: ein ~ Salz a pinch of salt; du hast kein ~ Verstand *fig.* you haven't got a dram (*od.* an ounce) of wit (*od.* sense). — **q~,wei·se** *adv* in dribs and drabs.

Quent·lein ['kvɛntlaɪn] *n* ⟨-s; -⟩ *cf.* Quentchen.

quer [kveːr] *adv* **1.** crosswise, crossways, athwart (*lit.*): leg das Blatt ~ lay the paper crosswise. – **2.** ~ über (*acc*) (straight) across: ~ über die Straße gehen to go (straight) across the road, to cross the road. – **3.** ~ durch (straight) through: sie ging ~ durch den Wald she went straight through the wood; wir sind ~ durch Deutschland gewandert we have wandered all over Germany; → kreuz und quer. – 4. ~ zu at right angles to. – 5. den Stoff ~ nehmen (*beim Zuschneiden*) to cut the fabric on the weft. — **~ˌab** *adv* (*beim Segeln*) abeam.

'Quer|ˌach·se *f* 1. *math.* transverse (*od.* lateral) axis. – 2. *tech.* transverse axle. — **~ˌbahnˌsteig** *m* (*railway*) underpass. — **~ˌbal·ken** *m* 1. *arch. civ.eng.* crossbeam, collar beam, crosspiece, crossbar, transom, summer(tree), spanner. – 2. *her.* bar, fess, *auch* fesse. – 3. *mus.* bind, crossbar, beam. — **~ˌbaum** *m* 1. *cf.* Querbalken 1. – 2. (*in der Zimmerei*) gibbet. — **~ˌbin·der** *m* bow tie, bow (*colloq.*). — **~ˌbrett** *n* (*in Regalen*) shelf. — **~ˌbruch** *m med.* transverse fracture.

Quer·der ['kvɛrdər] *m* ⟨-s; -⟩ *zo.* (*Larve der Neunaugen*) lamprey larva, ammocoetes, *auch* ammocoete.

ˌquer'durch *adv* right (*od.* straight) across (*od.* through).

'Querˌdurchˌmes·ser *m* transverse diameter.

'Que·re *f* ⟨-; *no pl*⟩ transverse (*od.* cross) direction: der ~ nach, in die ~ crossways, crosswise, across; in die Kreuz und (in die) Quer(e) laufen to run in all directions; es ist ihm etwas in die ~ gekommen *fig. colloq.* things have gone wrong for him; j-m in die ~ kommen *colloq.* a) to cross s.o.'s path, b) *fig.* to thwart (*od.* cross) s.o.'s plans, to put a spoke in s.o.'s wheel.

Que·re·le [kve're:lə] *f* ⟨-; -n⟩ *obs. od. dial.* complaint.

que·ren ['kve:rən] *v/t* ⟨h⟩ 1. (*beim Bergsteigen*) traverse. – 2. *obs. for* a) überschreiten 1, b) überschneiden 1.

'Quer|ˌfa·den *m* (*textile*) *cf.* Schußfaden. — **~ˌfal·te** *f* (*fashion*) transverse (*od.* cross) pleat.

ˌquerˌfeld'ein *adv* across (the) country, cross-country. — **Q~ˌfah·ren** *n* (*beim Radsport*) cyclo-cross. — **Q~ˌfah·rer** *m* cyclo-cross rider. — **Q~ˌlauf** *m* cross-country run. — **Q~ˌren·nen** *n* (*beim Radsport*) cyclo-cross race. — **Q~ˌritt** *m* cross-country ride. — **Q~ˌstrecke** (*getr.* -k·k-) *f* cross-country course.

'Quer|ˌflö·te *f mus.* transverse (*od.* cross, German) flute. — **~forˌmat** *n print.* oblong size, broadside. — **~ˌfortˌsatz** *m med. zo.* (*eines Wirbels*) transverse process, diapophysis. — **~ˌfra·ge** *f* cross-question. — **~ˌfu·ge** *f civ.eng.* transverse (*od.* cross) joint. — **~ˌgang** *m* 1. *geol.* cross lode. – 2. (*beim Bergsport*) traverse. — **~geˌfäl·le** *n civ.eng.* (*einer Straße*) crossfall. — **q~ˌge·hen** *v/i* ⟨*irr, sep,* -ge-, sein⟩ *fig. colloq.* go wrong (*od.* amiss): mir geht alles quer everything is going wrong for me. — **q~geˌstreift** *adj* ⟨*attrib*⟩ 1. horizontally striped. – 2. *med.* (*Muskel*) striped, striated. — **~ˌhieb** *m* (*sport*) (*beim Fechten*) crosscut. — **~ˌholz** *n* 1. *arch. cf.* Querbalken 1. – 2. *mar.* toggle. — **~ˌko·lon** *n med.* transverse colon.

'Querˌkopf *m contempt.* contrary (*od.* wrongheaded) person. — **'querˌköp·fig** [-ˌkœpfɪç] *adj* contrary, wrongheaded. — **'Querˌköp·fig·keit** *f* ⟨-; *no pl*⟩ contrariness, wrongheadedness.

'Quer|ˌla·ge *f* 1. *med.* transverse (*od.* torso) presentation. – 2. *aer.* bank. — **~ˌlat·te** *f* (*sport*) crossbar. — **q~ˌlau·fend** *adj* traverse, transversal, transverse. — **~ˌlei·ste** *f tech.* cross-rib. — **~ˌlen·ker** *m auto.* track (*od.* transverse) control arm, wishbone. — **~ˌli·nie** *f* 1. crossline, transverse line. – 2. *print.* space rule. — **~ˌmau·er** *f arch.* cross wall. — **~mo·du·la·tiˌon** *f* (*radio*) *cf.* Kreuzmodulation. — **~ˌpaß** *m* (*sport*) (*beim Fußball etc*) cross pass. — **~ˌpfei·fe** *f mus.* fife. — **~ˌpfei·fer** *m* fifer. — **~ˌrin·ne** *f* (*auf Straßen*) transverse furrow. — **~ˌru·der** *n aer.* aileron. — **~ˌsä·ge** *f tech. cf.* Schrotsäge. — **~ˌsa·ling** *f mar.* crosstrees *pl.* — **~ˌsat·tel** *m* sidesaddle. — **~ˌschal·tung** *f electr.* cross connection (*Br. auch* connexion). — **q~ˌschie·ßen** *v/i* ⟨*irr, sep,* -ge-, h⟩ *fig. colloq. Am.* throw a monkey wrench in(to) things, *Br.* throw a spanner in(to) the works. — **~ˌschiff** *n arch.* (*einer Kirche*) transept.

'querˌschiffs [-ʃɪfs] *adv mar.* (a)thwartships.

'Quer|ˌschlag *m* (*mining*) crosscut. — **~ˌschlä·ger** *m* 1. *mil.* ricochet. – 2. (*beim Schießsport*) keyhole dipping.

'Querˌschnitt *m* 1. *math. tech.* cross section. – 2. (*Fläche*) sectional area. – 3. *med.* (*in der Chirurgie*) transverse section. – 4. *fig.* cross section, crosscut. – 5. (*in der Holzbearbeitung*) a) (*Arbeitsvorgang*) cutting across the grain, b) (*Arbeitsergebnis*) crosscut. – 6. *mus.* (durch from) medley, potpourri. — **~ˌanˌsicht** *f* side elevation.

'querˌschnitts|geˌlähmt *adj med.* paraplegic. — **Q~geˌläh·mte** *m, f* paraplegic. — **Q~ˌläh·mung** *f* paraplegia. — **Q~lä·siˌon** *f* transverse lesion.

'Quer|ˌschnittˌzeich·nung *f tech. cf.* Schnittzeichnung. — **~ˌschott** *n mar.* cross (*od.* transverse) bulkhead. — **q~ˌschrei·ben** *v/t* ⟨*irr, sep,* -ge-, h⟩ *econ.* (*Wechsel, Scheck etc*) accept. — **~ˌschuß** *m fig. colloq. Am.* monkey wrench, *Br.* spanner in the works. — **~ˌstand** *m* 1. *mus.* cross (*od.* false) relation. – 2. (*sport*) (*beim Turnen*) cross stand. — **~ˌstra·ße** *f* (cross) street, (cross)road, intersecting road (*od.* street): gehen Sie die zweite ~ rechts take the second street on the right, take the second turning right. — **~ˌstre·be** *f tech.* cross-girth, cross-rib. — **~ˌstrei·fen** *m* 1. cross (*od.* horizontal) stripe, crossbar. – 2. *zo.* (*des Zebras etc*) band. — **~ˌstrei·fung** *f med.* (*des Muskels*) transverse striation. — **~ˌstrich** *m* 1. crossline. – 2. (*in Buchstaben*) crossbar. – 3. *print.* dash. — **~ˌstütz** *m* (*sport*) (*beim Turnen*) cross support. — **~ˌsum·me** *f math.* sum of the digits. — **~ˌträ·ger** *m civ.eng.* transverse (*od.* cross) girder, crossbeam. — **~ˌtrei·ber** *m colloq. contempt.* thwarter, (*bes. politischer*) obstructionist. — **~trei·be'rei** [ˌkve:r-] *f* ⟨-; -en⟩ thwarting, (*bes. politische*) obstruction(ism). — **q~'über** [ˌkve:r-] *adv obs.* (right *od.* almost) opposite.

Que·ru·lant [kveru'lant] *m* ⟨-en; -en⟩ querulous person, *Br. colloq.* grouser, *Am. colloq.* grouch, *Am. sl.* griper. — **que·ru'lie·ren** [-'li:rən] *v/i* ⟨*no* ge-, h⟩ grumble, be querulous, *Br. colloq.* grouse, *Am. colloq.* grouch, *Am. sl.* gripe.

'Quer|verˌbin·dung *f* 1. (*zwischen Straßen etc*) cross connection (*Br. auch* connexion). – 2. *meist pl* (*zwischen Interessenverbänden, Lehrfächern etc*) interconnection, *Br. auch* interconnexion. – 3. *tel.* (inter)communication: (System von) ~en intercom(munication system). – 4. *electr.* tie trunk, cross connection (*Br. auch* connexion). — **~verˌstei·fung** *f tech.* transverse (*od.* cross) bracing. — **~verˌstre·bung** *f* cross bracing. — **~verˌweis** *m* cross reference. — **~ˌwall** *m mil.* traverse. — **~ˌwand** *f* transverse (*od.* partition) wall. — **~ˌweg** *m* 1. intersecting lane (*od.* road), crossroad, crossway. – 2. (*Abkürzungsweg*) shortcut. — **~ˌwel·len** *pl* crosswash *sg.* — **~ˌwind** *m mar.* beam wind.

Quer·zi·tron [kvɛrtsi'tro:n] *n* ⟨-s; *no pl*⟩ (*bes. wood*) quercitron. — **~ˌrin·de** *f* (*Gerbmittel*) quercitron bark.

Que·se ['kve:zə] *f* ⟨-; -n⟩ *Low G.* blister.

Quet·sche[1] ['kvɛtʃə] *f* ⟨-; -n⟩ *Middle G. dial. for* Zwetsche.

'Quet·sche[2] *f* ⟨-; -n⟩ 1. *dial.* squeezer, wringer, presser. – 2. *colloq. cf.* Klitsche. – 3. *colloq. cf.* Quetschkommode.

quet·schen ['kvɛtʃən] I *v/t* ⟨h⟩ 1. (*drücken*) squeeze: j-m die Hand ~ to squeeze s.o.'s hand; j-n in die Ecke ~ to squeeze s.o. into the corner. – 2. *med.* a) (*Finger, Hand etc*) jam, (*zerdrücken*) crush, b) (*Haut etc*) bruise, contuse (*scient.*): sich (*dat*) den Finger ~ to get one's finger jammed (*od.* squashed), to jam (*od.* squash) one's finger. – 3. (*zusammenpressen*) (in *acc* into) squeeze, squash, jam, cram: Kleider in einen Koffer ~ to squeeze (*od.* cram) clothes into a suitcase. – 4. *gastr.* (*Kartoffeln etc*) mash. – 5. *dial. for* pressen 1. – II *v/reflex* sich ~ 6. (*verletzen*) bruise (*od. scient.* contuse) oneself, get a bruise. – 7. (*sich zusammendrängen*) (in *acc* into) jam (*od.* squeeze, cram) oneself: wir quetschten uns in den überfüllten Bus we jammed ourselves into the overcrowded bus. – III **Q~** *n* ⟨-s⟩ 8. *verbal noun.*

'Quetsch|ˌfal·te *f* (*fashion*) inverted pleat. — **q~ˌfest** *adj* crushproof. — **~ˌfe·stig·keit** *f* crushing strength. — **~karˌtof·feln** *pl gastr.* mashed (*od.* creamed) potatoes. — **~komˌmo·de** *f colloq. humor.* (*Ziehharmonika*) squeeze-box (*sl.*), *Br. sl.* squiffer. — **~ˌmüh·le** *f agr.* (*Futterpresse*) roller mill, crusher, crushing mill.

'Quet·schung *f* ⟨-; -en⟩ 1. *cf.* Quetschen. – 2. *med.* bruise, crush injury, contusion (*scient.*).

'Quetsch|ˌwal·ze *f* 1. *tech.* crushing cylinder (*od.* roll), squeegee. – 2. *phot.* squeegee (roller). — **~ˌwun·de** *f med.* contused wound.

Queue[1] [kø:] *n, Austrian auch m* ⟨-s; -s⟩ (*Billardstock*) cue.

Queue[2] *f* ⟨-; -s⟩ (*lange Reihe, Schlange*) queue.

quick [kvɪk] *adj dial. for* lebhaft 1, 2, schnell 1, 5.

'Quickˌborn *m obs. for* Jungbrunnen.

quicken (*getr.* -k·k-) ['kvɪkən] *v/t* ⟨h⟩ *metall. obs.* amalgamate (*s.th.*) with mercury.

'quick|le'ben·dig *adj colloq.* lively, vivacious, spirited, full of life (*od. sl.* pep). — **Q~ˌsand** *m cf.* Treibsand.

Qui·dam ['kvi:dam] *m* ⟨-; *no pl*⟩ *obs.* somebody, a certain person.

Quid·pro·quo [kvɪtpro'kvo:] *n* ⟨-s; -s⟩ (*Ersatz*) quid pro quo.

quiek [kvi:k] *interj* squeak!

quie·ken ['kvi:kən] *v/i* ⟨h⟩ squeal, squeak: das Kind quiekte vor Freude the child squealed with delight.

quiek·sen ['kvi:ksən] *v/i* ⟨h⟩ *colloq. for* quieken. — **'Quiek·ser** *m* ⟨-s; -⟩ squeal, squeak.

Quie·tis·mus [kvie'tɪsmus] *m* ⟨-; *no pl*⟩ *relig.* quietism. — **Quie'tist** [-'tɪst] *m* ⟨-en; -en⟩ quietist. — **quie'ti·stisch** *adj* quietist(ic).

quiet·schen ['kvi:tʃən] *v/i* ⟨h⟩ 1. (*von Türen, Schuhen etc*) squeak, creak: die Tür quietscht in den Angeln the door squeaks (*od.* creaks) (up)on its hinges. – 2. (*von Bremsen*) screech, squeak, squeal. – 3. (*von Menschen*) shriek, squeal, squeak: die Kinder quietschten vor Vergnügen the children squealed with delight.

'quietsch·ver'gnügt *adj colloq.* chirpy, (as) pleased as Punch, (as) gay (*od.* merry) as a lark, (as) merry as a cricket (*od.* grig), (as) happy as a sandboy.

quil·len ['kvɪlən] *v/i* ⟨quillt, quoll, gequollen, sein⟩ *poet. for* quellen[1].

quillst [kvɪlst] *2 sg pres,* **quillt** [kvɪlt] *3 sg pres of* quellen[1], quellen[2] II, quillen.

Quin·qua·ge·si·ma [kvɪŋkva'ge:zima] *f* ⟨*undeclined*⟩ (der Sonntag) ~ *relig.* Quinquagesima (Sunday), Shrove Sunday.

Quin·quen·ni·um [kvɪŋ'kvɛnium] *n* ⟨-s; -nien⟩ *obs. for* Jahrfünft.

Quint [kvɪnt] *f* ⟨-; -en⟩ 1. *mus.* fifth: verminderte ~ flatted (*od.* diminished) fifth. – 2. (*sport*) (*beim Fechten*) quinte.

Quin·ta ['kvɪnta] *f* ⟨-; Quinten⟩ *ped. second year of a German secondary school.* — **Quin'ta·ner** [-'ta:nər] *m* ⟨-s; -⟩, **Quin'ta·ne·rin** *f* ⟨-; -nen⟩ *pupil of a 'Quinta'.*

Quin·te ['kvɪntə] *f* ⟨-; -n⟩ *mus. cf.* Quint 1.

'Quin·tenˌzir·kel *m mus.* circle of fifths.

'Quint·esˌsenz *f* ⟨-; -en⟩ 1. (*Wesen, Kern*) quintessence, essence. – 2. *philos.* quintessence.

Quin·tett [kvɪn'tɛt] *n* ⟨-(e)s; -e⟩ *mus.* quintet, *auch* quintette.

Quin·til·li·on [kvɪntɪ'lio:n] *f* ⟨-; -en⟩ *Br.* quintillion, *Am.* nonillion.

Quin·to·le [kvɪn'to:lə] *f* ⟨-; -n⟩ *mus.* quintuplet.

'Quint|ˌsai·te *f mus.* (*einer Geige*) E-string. — **~'sext·akˌkord** [ˌkvɪnt-] *m* first inversion of the seventh chord, six-five chord.

Qui·pro·quo [kvipro'kvo:] *n* ⟨-s; -s⟩ (*bes. theater*) (*Verwechslung*) qui pro quo.

Qui·pu ['kɪpu] *n* ⟨-(s); -(s)⟩ (*der Inkas*) quipu, *auch* quipo.

Quirl [kvɪrl] *m* ⟨-(e)s; -e⟩ 1. (*housekeeping*) *kitchen utensil used for mixing liquid substances with flour, eggs etc.* – 2. *bot.* (*Wirtel*) whorl, verticil. – 3. *fig.* (*unruhiger Mensch*) fidget.

quir·len ['kvɪrlən] I *v/t* ⟨h⟩ (*housekeeping*) mix (*s.th.*) with a 'Quirl'. – II *v/i* ⟨h *u.* sein⟩ (*von Wildwasser*) twirl, whirl (about *od.* round).

'quir·lig *adj fig.* (*Person, Temperament etc*) fidgety, restless.

Quis·ling ['kvɪslɪŋ] *m* ⟨-s; -e⟩ *pol. contempt.* quisling, collaborator (with the enemy).

quitt [kvɪt] *adj* ⟨*pred*⟩ *colloq.* 1. mit j-m ~ sein a) to be quits (*od.* square, even) with s.o., b) to be finished (*bes. Am.* through, done) with s.o.: jetzt sind wir ~ now we are quits (*od.* square), that leaves us even.

– **2.** mit j-m ~ werden to come to terms with s.o. – **3.** etwas [j-n] ~ sein to be (*od.* have got) rid of s.th. [s.o.], to be free of s.th. [s.o.]: den (Kerl) sind wir ~ we have got rid of that fellow.

Quit·te ['kvɪtə] *f* ⟨-; -n⟩ *bot.* **1.** (*Frucht*) quince. – **2.** (*Baum*) quince (tree) (*Cydonia oblonga*): Echte ~ pear quince (*C. oblonga var. pyriformis*); Japanische ~ Japanese quince (*Chaenomeles lagenaria*). — **q~,gelb** *adj cf.* quittengelb.

'Quit·ten|,baum *m bot. cf.* Quitte 2. — **q~,gelb** *adj* quince-yellow, capucine.

quit·tie·ren [kvɪ'tiːrən] **I** *v/t* ⟨*no* ge-, h⟩ **1.** *econ.* receipt, give a receipt of (*od.* for): eine Rechnung ~ to receipt a bill (*od.* an invoice), to give a receipt of a bill; den Empfang von Geld [Waren] ~ to acknowledge receipt of (the) money [goods]. – **2.** den Dienst ~ to quit office (*od.* service), to retire, to resign. – **3.** *fig.* meet, counter (*lit.*): eine Bemerkung mit einem Lächeln ~ to meet a remark with a smile. – **II Q~** *n* ⟨-s⟩ **4.** *verbal noun.* – **5.** *econ.* (*einer Rechnung*) receipt. – **6.** (*von Geld, Waren etc*) acknowledgement (*bes. Am.* acknowledgment) (of receipt). – **7.** (*des Dienstes*) retirement.

Quit·tung ['kvɪtʊŋ] *f* ⟨-; -en⟩ **1.** *econ.* a) (*Empfangsbescheinigung*) receipt, acquittance, discharge, b) (*Rechnungsbeleg*) voucher: j-m eine ~ über einen bestimmten Betrag ausstellen to give s.o. a receipt for a certain amount; gegen ~ against (*od.* on) receipt. – **2.** *fig.* penalty, payment, requital: das ist die ~ für euer Benehmen that is the penalty for your behavio(u)r.

'Quit·tungs|,block *m*, **~,buch** *n econ.* **1.** receipt book. – **2.** book of blank receipts. — **~du·pli,kat** *n* duplicate receipt. — **~for·mu,lar** *n* receipt form. — **~,mar·ke** *f* receipt stamp. — **~,stem·pel** *m* receipt stamp.

Qui·vive [ki'viːv] (*Fr.*) *only in* auf dem ~ sein *colloq.* to be on the qui vive, to be on the alert (*od.* lookout).

Quiz [kvɪs; kwɪz] (*Engl.*) *n* ⟨-; -⟩ (*games*) quiz. — **~,ma·ster** [-,maːstər; -,mɑːstə] (*Engl.*) *m* ⟨-s; -⟩ quizmaster. — **~,sen·dung** *f* (*im Radio, Fernsehen*) quiz program (*bes. Br.* programme).

Quod·li·bet ['kvɔtlibɛt] *n* ⟨-s; -s⟩ **1.** *mus.* quodlibet. – **2.** *fig. cf.* Mischmasch 2.

quoll [kvɔl] *1 u. 3 sg pret*, **quöl·le** ['kvœlə] *1 u. 3 sg pret subj of* quellen[1], quellen[2] II, quillen.

Quo·rum ['kvoːrʊm] *n* ⟨-s; *no pl*⟩ *pol.* quorum.

quo·tal [kvo'taːl] *adj econ.* according to quotas (*od.* ratios, proportions).

Quo·ta·ti·on [kvota'tsĭoːn] *f* ⟨-; -en⟩ *econ.* (*Kursnotierung*) (price *od.* market) quotation.

Quo·te ['kvoːtə] *f* ⟨-; -n⟩ **1.** *econ.* a) (*Verhältniszahl*) ratio, b) (*Kontingent*) quota, c) (*Tranche bei Devisenzuteilung etc*) (foreign exchange) quota, proportion, tranche. – **2.** *jur.* (*einer Konkursmasse*) dividend.

'Quo·ten|,stich,pro·be *f econ.* (*in Statistik*) quota sample. — **~ver,trag** *m* (*bei Versicherungen*) quota-share reinsurance.

Quo·ti·ent [kvo'tsĭɛnt] *m* ⟨-en; -en⟩ **1.** *bes. math.* quotient. – **2.** (*bei Tests etc*) quotient, ratio.

quo·tie·ren [kvo'tiːrən] *econ.* **I** *v/t* ⟨*no* ge-, h⟩ **1.** (*Kurs, Preise*) quote. – **II Q~** *n* ⟨-s⟩ **2.** *verbal noun.* – **3.** *cf.* Quotation. — **Quo'tie·rung** *f* ⟨-; -en⟩ **1.** *cf.* Quotieren. – **2.** quotation.

quo·ti·sie·ren [kvoti'ziːrən] **I** *v/t* ⟨*no* ge-, h⟩ divide (*s.th.*) in(to) quotas (*od.* shares). – **II Q~** *n* ⟨-s⟩ *verbal noun.* — **Quo·ti'sie·rung** *f* ⟨-; -en⟩ *cf.* Quotisieren.

R

R, r [ɛr] *n* ⟨-; -⟩ **1.** R, r (*eighteenth letter of the German alphabet; fourteenth consonant*): **ein großes R** a capital (*od.* large) R; **ein kleines R** a small (*od.* little) r; **das R guttural sprechen** to pronounce the R with a guttural (*od.* uvular) trill, to burr one's r's. – **2.** *math.* a) r, R (*Radius*) r, rad, b) R (*rechter Winkel*) right angle, c) r (*Fakultät*) r. – **3.** *phys.* a) R (*Réaumur*) R, *auch* r, b) R (*allgemeine Gaskonstante*) R, c) r (*Röntgen*) r, *auch* R. – **4.** R *electr.* (*Widerstand*) r, *auch* R.

Raa [raː] *f* ⟨-; -en⟩ *mar. obs. for* Rah.

Ra·batt [raˈbat] *m* ⟨-(e)s; -e⟩ *econ.* **1.** discount, deduction: **einen ~ geben** (*od.* **gewähren**) (**auf** *acc* **etwas**) to give (*od.* allow, grant) a discount (*od.* rebate, reduction) (on s.th.); **etwas mit 3 Prozent ~ verkaufen** to sell s.th. at a 3 percent discount (*od.* at a reduction of 3 percent). – **2.** (*Barzahlungsrabatt*) discount for cash, (cash) discount, abatement. – **3.** (*Mengenrabatt*) quantity discount (*od.* rebate). – **4.** (*Händlerrabatt*) trade (*od.* dealer['s], wholesale) discount. – **5.** (*Treuerabatt*) rebate.

Ra·bat·te [raˈbatə] *f* ⟨-; -n⟩ *hort.* **1.** (*Randbeet*) border. – **2.** (*Beet*) bed.

ra·bat·tie·ren [rabaˈtiːrən] *v/t* ⟨*no* ge-, h⟩ *econ.* discount, deduct: **etwas um 3 Prozent ~** to discount (*od.* deduct) 3 percent from s.th., to abate s.th. by 3 percent, to allow (s.o.) 3 percent on s.th., to allow (s.o.) a discount of 3 percent (*od.* a 3 percent discount) on s.th.

Raˈbatt,mar·ke *f econ.* discount (*od.* trading, trade) stamp.

Ra·batz [raˈbats] *m* ⟨-es; *no pl*⟩ *colloq.* racket, *bes. Br.* row, rowdydow, row-de-dow: **gestern abend haben wir schwer ~ gemacht** we made a hell of a racket (*od.* row) last night (*colloq.*).

Ra·bau·ke [raˈbaukə] *m* ⟨-n; -n⟩ *colloq. cf.* Rüpel, Rohling 1.

Rab·bi [ˈrabi] *m* ⟨-(s); -nen [-ˈbiːnən], *auch* -s⟩ **1.** (*Anrede*) rabbi, rabboni. – **2.** (*jüdischer Schriftgelehrter*) rabbi.

Rab·bi·nat [rabiˈnaːt] *n* ⟨-(e)s; -e⟩ *relig.* rabbinate.

Rab·bi·ner [raˈbiːnər] *m* ⟨-s; -⟩ *relig.* rabbi. — **~,amt** *n cf.* Rabbinat.

rabˈbi·nisch I *adj* **1.** rabbinic(al). – **2.** *ling. hist.* Rabbinic: **~e Sprache** Rabbinic (Hebrew). – **II** *ling.* **R~** ⟨*generally undeclined*⟩, **das R~e** ⟨-n⟩ **3.** *hist.* Rabbinic, Rabbinic Hebrew.

Ra·be [ˈraːbə] *m* ⟨-n; -n⟩ *zo.* raven (*Corvus corax*): **ein weißer ~** *fig.* a black swan; **stehlen wie ein ~** *fig. colloq.* to steal like a magpie; **du bist ja schwarz wie ein ~!** *colloq.* you're (as) black as the pot!

ˈRa·ben|,aas *n fig. colloq. contempt.* (*für Frauen*) 'bitch' (*colloq.*). — **~,el·tern** *pl fig. colloq. contempt.* cruel parents. — **~,gei·er** *m zo.* carrion crow, black vulture (*Coragyps atratus*). — **~,krä·he** *f* carrion (*od.* flesh) crow (*Corvus corone*). — **~,mut·ter** *f fig. colloq. contempt.* cruel mother. — **~,schna·bel,fort,satz** *m med. zo.* coracoid process. — **r~ˈschwarz** *adj colloq.* raven(-black), jet-black, pitch-black: **~es Haar** raven- (*od.* jet-)black hair; **~e Nacht** pitch-black night. — **~,va·ter** *m fig. colloq. contempt.* cruel father. — **~,vö·gel** *pl zo.* crows (*Fam. Corvidae*).

ra·bi·at [raˈbiaːt] *adj* **1.** (*wütend*) rabid, raving mad: **wenn du das noch einmal tust, werde ich ~** *colloq.* I'll be rabid (*od.* go raving mad) if you do this again. – **2.** (*grob, roh*) rough, rude: **ein ~er Bursche** *colloq.* a rough (*od.* rude) fellow (*colloq.*).

Ra·bi·es [ˈraːbiɛs] *f* ⟨-; *no pl*⟩ *med. vet.* (*Tollwut*) rabies, hydrophobia.

Ra·bu·list [rabuˈlɪst] *m* ⟨-en; -en⟩ **1.** (*Rechtsverdreher*) pettifogger, pettifogging lawyer, chicaner. – **2.** (*Haarspalter*) hairsplitter, *Br.* hair-splitter, quibbler, cavil(l)er. – **3.** (*Wortverdreher*) equivocator, prevaricator. — **Ra·bu·li·steˈrei** *f* ⟨-; *no pl*⟩, **Ra·buˈli·stik** [-tɪk] *f* ⟨-; *no pl*⟩ **1.** pettifoggery, pettifogging, chicanery. – **2.** hairsplitting, *Br.* hair-splitting, quibbling, cavil(l)ing. – **3.** equivocation. — **ra·buˈli·stisch** *adj* **1.** pettifogging, chicaning. – **2.** hairsplitting, *Br.* hair-splitting, quibbling, cavil(l)ing. – **3.** equivocating.

Ra·che [ˈraxə] *f* ⟨-; *no pl*⟩ **1.** revenge, (*bes. Strafe*) vengeance: **~ des Schicksals** nemesis; **der Tag der ~** the day of reckoning; **aus ~ [für etwas]** in (*od.* out of) revenge [for s.th.], out of vengeance [for s.th.]; **~ brüten, auf ~ sinnen** to brood revenge, to nurse thoughts of vengeance; **blutige ~** bloody revenge; **an j-m ~ [für etwas] nehmen** (*od.* **üben**) to take revenge (up)on s.o. [for s.th.], to take (*od. lit.* wreak, visit) vengeance (up)on s.o. [for s.th.], to avenge oneself (up)on s.o. [for s.th.]; **nach ~ dürsten** to thirst for revenge; **sein Blut schreit nach ~** his blood cries out for vengeance; **j-m ~ schwören** to swear (*od.* vow) vengeance on s.o.; **der Gott der ~** the God of wrath; **~ ist Blutwurst** *colloq. humor.* you'll live to regret it; **~ ist süß** (*Sprichwort*) revenge is sweet (*proverb*). – **2.** (*Vergeltung*) retaliation. — **~,akt** *m* act of revenge. — **~,durst** *m cf.* Rachgier. — **r~,dur·stig** *adj* thirsting for revenge, (re)vengeful, vindictive. — **~,en·gel** *m* avenging angel. — **~ge,dan·ke** *m* thought of revenge, vindictive thought. — **~ge,fühl** *n* feeling of revenge, vindictive feeling, (re)vengefulness. — **~,göt·tin** *f myth.* avenging goddess; Erinys, Fury (*myth.*): **die ~nen** *pl* the Erinyes, the Furies, the Eumenides.

Ra·chen [ˈraxən] *m* ⟨-s; -⟩ **1.** *med.* throat, (*Rachenhöhle*) pharynx. – **2.** (*Maul*) mouth, maw, jaws *pl*: **der Löwe sperrte den ~ auf** the lion opened (up) its jaws. – **3.** *fig. poet.* (*Abgrund*) jaws *pl*, (yawning) abyss, chasm: **der ~ der Hölle** *lit.* the jaws of hell; **er entriß ihn dem ~ des Todes** *lit.* he rescued him from the jaws of death. – **4.** *fig. colloq.* (*in Wendungen wie*) **er kann den ~ nicht voll genug kriegen** a) (*er ist ungeheuer gefräßig*) he has an ever open door, b) (*er ist unersättlich*) he is never satisfied, he can't get enough; **j-m Geld in den ~ werfen** to waste money on s.o.; **j-m einen Brocken in den ~ werfen** (*damit er eine Weile Ruhe gibt*) to throw s.o. a sop; **j-m den ~ stopfen** to silence (*od.* muzzle, quiet, *bes. Br.* quieten) s.o. – **5.** *tech.* (*einer Presse*) throat.

rä·chen [ˈrɛçən] **I** *v/t* ⟨h⟩ **1.** avenge, (*bes. Person*) revenge: **j-s Tod ~** to avenge s.o.'s death, to take revenge for s.o.'s death; **etwas an j-m ~** to revenge s.th. (up)on s.o. – **II** *v/reflex* **sich ~ 2.** (**an j-m** [up]on s.o.; **für** *od.* **wegen etwas ~** for s.th.) avenge (*od.* revenge) oneself, take revenge (*od.* vengeance), retaliate, wreak one's vengeance (*lit.*): **es rächte sich an ihm** he suffered for it, it came home to him, he had to pay (the penalty) for it; **es wird sich (noch) bitter ~, daß du so leichtsinnig bist** you'll have to pay dearly for being so reckless; **alle Schuld rächt sich auf Erden** *poet.* all guilt comes home on earth. – **3.** (*sich revanchieren*) get one's own back, get quits (*od.* even) with s.o., get back at s.o. – **III R~** *n* ⟨-s⟩ **4.** *verbal noun.*

ˈRa·chen|,ab,strich *m med.* throat swab. — **~be,schwer·den** *pl* sore throat *sg.* — **~,brem·se** *f zo.* botfly, horzel (*Fam. Oestridae*). — **~ent,zün·dung** *f med. cf.* Rachenkatarrh. — **~,höh·le** *f* (cavity of the) pharynx. — **~ka,tarrh** *m* pharyngitis, pharyngeal catarrh. — **~,leh·re** *f tech.* (snap) ga(u)ge. — **~,man·del** *f med.* pharyngeal (*od.* third, faucial, palatine) tonsil. — **~,put·zer** *m colloq.* **1.** inferior sour wine. – **2.** (*Schnaps*) raw spirits *pl*, rotgut. – **3.** (*Pastille*) lozenge. — **~,reiz,stoff** *m mil. chem.* throat irritant, sternutator (*scient.*). — **~,ring** *m med.* Waldeyer's tonsillar ring, lymphatic ring. — **~,spie·gel** *m* pharyngoscope. — **~ton,sil·le** *f cf.* Rachenmandel. — **~,wand** *f* pharyngeal wall.

ˈRä·cher *m* ⟨-s; -⟩, **ˈRä·che·rin** *f* ⟨-; -nen⟩ avenger, (re)venger.

ˈra·che,schnau·bend *adj u. adv* breathing revenge.

ˈRach|,gier *f* thirst for revenge, (re)vengefulness, vindictiveness. — **r~,gie·rig** *adj* vindictive, (re)vengeful.

Ra·chi·tis [raˈxiːtɪs] *f* ⟨-; *no pl*⟩ *med.* rickets *pl* (*construed as sg*), rachitis, *auch* rhachitis. — **raˈchi·tisch** *adj* rickety, rachitic.

ˈRach|,sucht *f* ⟨-; *no pl*⟩ *cf.* Rachgier. — **r~,süch·tig** *adj cf.* rachgierig.

rackeln (*getr.* -k·k-) [ˈrakəln] *v/i* ⟨h⟩ *hunt.* call.

ˈRackel,wild (*getr.* -k·k-) *n hunt. hybrid* (*od. cross*) *between male heath cock and female wood grouse.*

Racker (*getr.* -k·k-) [ˈrakər] *m* ⟨-s; -⟩ *colloq. humor.* (little) rascal (*od.* rogue, devil).

Rackeˈrei (*getr.* -k·k-) *f* ⟨-; *no pl*⟩ *colloq.* hard work, drudgery. — **ˈrackern** (*getr.* -k·k-) *v/i u.* **sich ~** *v/reflex* ⟨h⟩ *colloq.* toil, drudge, slave.

Racket (*getr.* -k·k-) [ˈrɛkət; raˈkɛt] *n* ⟨-s; -s⟩ *cf.* Rakett.

Rad [raːt] *n* ⟨-(e)s; =er⟩ **1.** (*Laufrad*) wheel: **die rechten [linken] Räder** the wheels on the right, *Br.* the off wheels, [the wheels on the left, *Br.* the near wheels];

Räder untereinander vertauschen *auto.* to change round (*od.* reposition) the wheels; das fünfte ~ am Wagen sein *fig.* to be the odd man out, to be the fifth wheel; er ist unter die Räder gekommen *fig. colloq.* he has gone to the dogs; man kann das ~ der Geschichte nicht zurückdrehen *fig.* you cannot alter the course of history. – **2.** *tech.* a) wheel, b) (*Zahnrad*) gear (wheel), (*kleines, treibendes Zahnrad, Triebling*) pinion, c) (*eines Gebläses*) impeller: die Räder (einer Maschine) the gearing *sg*, the gear mechanism *sg*; alle Räder stehen still *fig.* the entire machinery is at a standstill. – **3.** *colloq.* (*Fahrrad*) bicycle, bike (*colloq.*), *Br. colloq.* push-bike, *Am. colloq.* 'wheel': mit dem ~ fahren *cf.* radfahren 1; sich aufs ~ setzen (*od. humor.* schwingen) to mount (*od.* get on) one's bicycle. – **4.** j-n aufs ~ flechten (*od.* binden) *hist.* to break s.o. (up)on the wheel. – **5.** (*eines Pfaues*) fan, spread tail: der Pfau schlägt ein ~ the peacock fans (*od.* spreads) its tail. – **6.** (*Turnübung*) cartwheel, Catherine wheel: ein ~ schlagen to turn a cartwheel. – **7.** *cf.* Mühlrad.

'Rad|ˌabˌstand *m tech.* wheelbase. — **~ˌabˌzie·her** *m auto.* wheel puller. — **~ˌach·se** *f* **1.** (*eines Fahrzeugs*) axle(tree), wheel axle. – **2.** (*eines Zahnrads*) gear axis. — **~ˌanˌtrieb** *m* **1.** wheel drive. – **2.** (*eines Zahnrads*) gear drive.

Ra·dar [ra'daːr; 'raːdar] *m, n* ⟨-s; *no pl*⟩ *electr.* radar, radiolocation: mit ~ ausgerüstet radar-equipped. — **~ˌanˌflug** *m aer.* radar approach. — **~ˌanˌla·ge** *f* radar installation. — **~anˌten·ne** *f* radar antenna (*bes. Br.* aerial). — **~ˌantˌwortˌba·ke** *f cf.* Radarbake. — **~ˌaufˌklä·rer** *m mil.* radar reconnaissance aircraft. — **~ˌaufˌklä·rung** *f* radar reconnaissance. — **~ˌba·ke** *f aer.* (*u. in Navigation*) radar beacon. — **~beˌob·ach·ter** *m bes. mil.* radarman, radar operator. — **~beˌob·ach·tung** *f* radar interception. — **~beˌob·ach·tungsˌturm** *m cf.* Radarturm. — **~beˌreich** *m* radar coverage. — **~ˌbild** *n* (plan position indicator) prediction, blip. — **~ˌbildˌschirm** *m electr.* (*einer Funkmeßanlage*) radar screen (*od.* scope). — **~ˌecho** *n* radar echo (*od.* response). — **~empˌfän·ger** *m* receiver radar, radar receiver. — **~entˌfer·nungsˌmeß·geˌrät** *n* radar ranging equipment, range-finding radar. — **~erˌfas·sung** *f* radar detection. — **~erˌken·nung** *f* radar identification (*od.* recognition). — **~ˌfal·le** *f auto.* (*der Polizei*) radar trap. — **~ˌfeu·erˌleit·syˌstem** *n mil.* radar fire control system. — **~ˌfrühˌwarn·geˌrät** *n aer. mil.* early warning radar. — **r~geˌlenkt** *adj* (*Auto, Rakete etc*) radar-guided (*od.* -controlled). — **~geˌrät** *n electr.* radar (equipment): was ist im ~ zu sehen? what is on the radar? ein Flugzeug mit dem ~ erfassen to pick up an aircraft (by radar); tragbares ~ portable radar. — **r~geˌrich·tet, r~geˌsteu·ert** *adj cf.* radargelenkt. — **~ˌhö·henˌmes·ser** *m aer.* radar altimeter. — **~konˌtrol·le** *f auto.* police radar control. — **~ˌlan·deˌhil·fe** *f aer.* radar landing aid. — **~ˌlot·se** *m* radar controller. — **~ˌmast** *m mar.* radar mast. — **~ˌmeßˌwa·gen** *m electr.* radar control trailer, tracking station trailer. — **~me·teo·ro·loˌgie** *f* radar meteorology. — **~ˌna·se** *f aer.* radome. — **~na·vi·ga·tiˌon** *f aer. mar.* radar navigation. — **~na·vi·ga·tiˌons·geˌrät** *n* radar navigation device. — **~ˌor·tung** *f* radiolocation. — **~ˌor·tungs·empˌfän·ger** *m* radar locator. — **~ˌreich·ˌwei·te** *f* range of radar. — **~ˌschat·ten** *m* radar shadow. — **~ˌschirm** *m aer. electr.* radar screen. — **~ˌsen·der** *m* radar transmitter unit. — **r~ˌsi·cher** *adj* radarproof, *Br.* radar-proof. — **~ˌsicht** *f aer. mar.* radar visibility. — **~sta·tiˌon** *f* radar station. — **~sta·tiˌonsˌschiff** *n mar.* ocean radar station ship. — **~ˌsteue·rung** *f aer. mil.* (*von Geschossen*) radar guidance, radar control. — **~ˌstörˌflugˌzeug** *n* jammer aircraft. — **~ˌstör·geˌrät** *n electr.* radar jamming equipment. — **~ˌstö·rung** *f* radar jamming (*od.* interference). — **~ˌstrahl** *m* radar beam. — **~ˌsu·cher** *m*, **~ˌsuch·geˌrät** *n* search-radar set. — **~ˌtar·nung** *f mil.* radar camouflage. — **~ˌtech·nik** *f* radar engineering. — **~ˌtech·ni·ker** *m* radar operator, radarman. — **~ˌturm** *m* radar tower. — **~ˌüber·ˌwa·chungsˌnetz** *n aer. mil.* radar surveillance network. — **~viˌsier** *n* radar (gun)sight. — **~ˌwarnˌnetz** *n mil.* radar warning network. — **~ˌwarn·syˌstem** *n* radar warning system. — **~ˌwet·terˌmel·dung** *f meteor.* radar weather report. — **~ˌwindˌmes·sung** *f* radar wind observation. — **~ˌzei·chen** *n electr.* (*auf dem Schirm*) radar trace, blip. — **~ˌzeich·nung** *f electr.* radar plotting. — **~ˌziel** *n aer. mil.* (*u. in Navigation*) radar target. — **~ˌzielˌpunkt** *m mil.* radar spot, director point. — **~ˌziel·verˌfol·gung** *f aer. mil.* radar tracking.

Ra·dau [ra'daʊ] *m* ⟨-s; *no pl*⟩ *colloq.* racket, *bes. Br.* row; rumpus, shindy (*colloq.*): ein wilder ~ a hell of a racket (*colloq.*); (einen) ~ machen to kick up a racket (*od.* row, shindy), to raise the roof (*alle colloq.*). — **~ˌbru·der** *m colloq.* rowdy, tough (*colloq.*).

'Radˌaufˌhän·gung *f auto.* wheel suspension.

Ra'dauˌma·cher *m colloq. cf.* Radaubruder.

'Radˌausˌflug *m* bicycle tour (*od.* excursion).

'Radˌbrem·se *f auto.* wheel brake (*od.* lock).

Räd·chen ['rɛːtçən] *n* ⟨-s; - *u.* Räderchen⟩ **1.** *dim. of* Rad: er ist nur ein ~ im Getriebe *fig. colloq.* he is just a cog in the machine. – **2.** *tech.* a) (*eines Glasschneiders*) cutting wheel, b) (*eines Kordelwerkzeugs*) knurl. – **3.** (*in der Schneiderei*) dot-wheel, pricker. – **4.** (*am Feuerzeug*) ignition wheel.

'Radˌdamp·fer *m mar.* paddle steamer, *Am. auch* side-wheeler.

Ra·de ['raːdə] *f* ⟨-; -n⟩ *bot.* corn cockle (*od.* campion) (*Agrostemma githago*).

'ra·deˌbre·chen *v/t* ⟨radebrecht, radebrechte, geradebrecht, h⟩ (*eine Sprache*) murder, mangle: englisch ~ to speak broken English, to murder the English language, to fumble around in English.

ra·deln ['raːdəln] *v/i* ⟨sein⟩ *colloq. for* radfahren.

rä·deln ['rɛːdəln] *v/t* ⟨h⟩ **1.** (*Schnittmuster*) mark out. – **2.** *gastr.* (*Teig*) flute, cut (dough) with a fluted pastry wheel.

'Rä·dels|ˌfüh·rer ['rɛːdəls-] *m*, **~ˌfüh·re·rin** *f* ⟨-; -nen⟩ ringleader, instigator.

'Rä·der|ˌfahrˌzeug *n tech.* wheeled vehicle. — **~geˌtrie·be** *n* **1.** wheel gear. – **2.** gear train. — **~ˌka·sten** *m* **1.** (*einer Werkzeugmaschine*) gearbox. – **2.** (*Räderkastengehäuse*) gearbox compartment. – **3.** (*Schloßkasten*) feedbox. — **~ˌka·sten·geˌhäu·se** *n* gearbox compartment. — **~ˌket·tenˌfahr·ˌzeug** *n* track-laying (*od.* tracked, crawler-type) vehicle. — **r~los** *adj* without wheels, wheelless.

rä·dern ['rɛːdərn] *v/t* ⟨h⟩ j-n ~ *hist.* to break s.o. (up)on the wheel.

'Rä·der|ˌtier·chen *pl zo.* wheel animals (*od.* animalcules, *auch* bearers), rotifers (*scient.*) (*Klasse Rotifera*). — **~ˌüberˌset·zung** *f tech.* **1.** (*Zahnradübertragung*) gear transmission. – **2.** (*Übersetzungsverhältnis*) gear ratio. – **3.** (*beim Gewindeschneiden von Zoll- in Modulteilung*) gear translation. — **~ˌun·terˌset·zung** *f* gear reduction. — **~ˌvor·geˌle·ge** *n* back gears *pl*, back gear mechanism. — **~ˌwerk** *n* **1.** *tech.* (*Getriebe*) gear train (*od.* unit). – **2.** (*watchmaking*) watchwork, clockwork, gear mechanism. – **3.** *fig.* machinery, wheels *pl*: er ist in das ~ der Bürokratie geraten he has been caught (up) in the machinery of bureaucracy.

'radˌfah·ren *v/i* ⟨fährt Rad, fuhr Rad, radgefahren, sein⟩ **1.** (bi)cycle, ride a bicycle, go by bicycle, pedal (a bicycle), bike (*colloq.*), *Am. colloq.* wheel: bist du radgefahren? have you been riding your bicycle? es ist gefährlich, bei diesem Wetter radzufahren it is dangerous to cycle in this kind of weather; ich weiß, daß er radfährt I know that he can ride a bicycle. – **2.** *fig. colloq.* toady, *Am. sl.* bootlick, apple-polish, *Am. vulg.* brownnose: bei j-m ~ to toady (*od.* bootlick) s.o.; er ist immer radgefahren he has always been a toady (*Am. sl.* a bootlicker).

'Rad|ˌfah·rer *m*, **~ˌfah·re·rin** *f* **1.** cyclist, bicycle rider, *bes. Am.* cycler. – **2.** *fig. colloq.* toady, *Am. sl.* bootlicker, apple-polisher, *Am. vulg.* brownnose(r). — **~ˌfahrˌweg** *m* cycle path (*od.* track). — **~ˌfel·ge** *f tech.* wheel rim, felloe. — **~ˌfen·ster** *n arch.* wheel window. — **~ˌflansch** *m* wheel flange. — **r~ˌför·mig** *adj* **1.** wheel-shaped, wheel-like, radial; cycloidal, rotular (*scient.*). – **2.** *bot.* rotate, rotiform. — **~ˌga·bel** *f tech.* wheel fork. — **~geˌstell** *n* **1.** *tech.* wheel frame. – **2.** (*railway*) *cf.* Drehgestell.

Ra·di ['raːdi] *m* ⟨-s; -⟩ *Bavarian and Austrian for* Rettich.

ra·di·al [ra'di̯aːl] *adj* **1.** (*strahlenförmig*) radial, radiate. – **2.** (*den Radius betreffend*) radial.

Ra·di'al|arˌte·rie *f med.* radial artery. — **~beˌwe·gung** *f astr.* radial motion. — **~ˌbohr·maˌschi·ne** *f tech.* radial drill, radial drilling machine.

Ra·dia·lis [ra'di̯aːlɪs] *m* ⟨-; *no pl*⟩ *med.* **1.** (*Nerv*) radial nerve. – **2.** *cf.* Radialarterie. — **~ˌläh·mung** *f* paralysis of the radial nerve, wristdrop. — **~ˌpulsˌkur·ve** *f* brachiogram.

Ra·di'al|ˌkraft *f tech.* radial force. — **~ˌli·nie** *f Austrian* radial route. — **~ˌspan·nung** *f electr.* radial potential. — **~turˌbi·ne** *f tech.* radial-flow turbine.

Ra·di·ant [ra'di̯ant] *m* ⟨-en; -en⟩ **1.** *astr.* radiant. – **2.** *math.* radian.

ra·di·är [ra'di̯ɛːr] *adj biol. bot. zo.* radial, radiate; actinomorphic, *auch* actinomorphous (*scient.*).

Ra·dia·ti·on [radi̯a'tsi̯oːn] *f* ⟨-; -en⟩ radiation.

ra·die·ren [ra'diːrən] **I** *v/i* ⟨*no* ge-, h⟩ **1.** (*mit Gummi*) erase, rub (s.th.) out. – **2.** (*mit Federmesser*) scratch (s.th.) out. – **3.** (*scheuern*) rub, graze. – **II** *v/t* **4.** *cf.* ausradieren. – **5.** (*art*) etch. – **6.** (*scheuern*) (gegen against) rub. – **III R~** *n* ⟨-s⟩ **7.** *verbal noun.* – **8.** (e)rasure.

Ra'die·rer *m* ⟨-s; -⟩ **1.** (*art*) etcher. – **2.** *cf.* Radiergummi.

Ra'dier|ˌgum·mi *m* eraser, *bes. Br.* (India)-rubber, india-rubber. — **~ˌkunst** *f* (*art*) (art of) etching. — **~ˌmes·ser** *n* eraser, desk (*od.* erasing) knife. — **~ˌna·del** *f* (*art*) **1.** (etching) needle, point(er), stylus. – **2.** (*Punktiernadel*) drypoint, dry (*od.* engraving) needle.

Ra'die·rung *f* ⟨-; -en⟩ (*art*) **1.** ⟨*only sg*⟩ (*Vorgang*) etching, (*Kaltnadelradierung*) drypoint. – **2.** (*Bild*) etching, etched plate, drypoint (print).

Ra·dies·chen [ra'diːsçən] *n* ⟨-s; -⟩ **1.** *bot.* radish (*Raphanus sativus*): (sich *dat*) die ~ von unten ansehen (*od.* begucken) *fig. colloq. humor.* to be under the daisies, to push up (the) daisies (*beide sl.*). – **2.** *mil.* signal (*od.* illuminating) flare.

ra·di·kal [radi'kaːl] **I** *adj* **1.** (*bis auf die Wurzel*) *auch philos.* radical, essential, fundamental. – **2.** (*gründlich, rücksichtslos*) radical, extreme, thoroughgoing, drastic. – **3.** *pol.* radical, extreme, extremist. – **4.** *math.* radical. – **5.** *med.* radical. – **II** *adv* **6.** radically: wir müssen unsere Taktik ~ ändern we have to make a drastic change in our tactics; etwas ~ beseitigen to eradicate (*od.* eliminate) s.th.

Ra·di'kal *n* ⟨-s; -e⟩ **1.** *math.* radical. – **2.** *chem.* a) radical group, b) free radical.

Ra·di'ka·le *m* ⟨-n; -n⟩ *pol.* radical, extremist, ultra(ist).

Ra·di·ka·lin·ski [radika'lɪnski] *m* ⟨-s; -s⟩ *pol. colloq. contempt.* unreasonable extremist, rabble-rouser.

ra·di·ka·li·sie·ren [radikali'ziːrən] **I** *v/t* ⟨*no* ge-, h⟩ *bes. pol.* radicalize. – **II R~** *n* ⟨-s⟩ *verbal noun.* — **Ra·di·ka·li'sie·rung** *f* ⟨-; -en⟩ **1.** *cf.* Radikalisieren. – **2.** radicalization.

Ra·di·ka·lis·mus [radika'lɪsmʊs] *m* ⟨-; -lismen⟩ *bes. pol.* radicalism, extremism, ultraism.

Ra·di'kal|ˌkur *f med. colloq.* radical (*od.* drastic) cure (*auch fig.*). — **~ope·ra·tiˌon** *f* radical operation.

Ra·di·kand [radi'kant] *m* ⟨-en; -en⟩ *math.* radicand.

ra·di·ku·lär [radiku'lɛːr] *adj med.* radicular.

Ra·dio ['raːdi̯o] *n*, *colloq., bes. Swiss, auch m* ⟨-s; -s⟩ **1.** (*Rundfunkgerät*) radio, *bes. Br.* wireless (set): das ~ einschalten (*od.* anstellen) [ausschalten *od.* abstellen] to turn on [to turn off] the radio; das ~ einstellen to tune in the radio; das ~ leiser drehen to turn the radio down; das ~ auf Zimmerlautstärke stellen to turn the radio down to a moderate volume; das ~ den ganzen Tag laufen lassen to leave the radio on all day (long); das ~ spielt the radio is on. – **2.** (*Rundfunk*) broadcasting (service *od.* system), radio, *bes. Br.* wireless: im ~ on the air (*od.* radio, *bes. Br.* wireless); im ~

sprechen to speak over the radio, to go on the air, to broadcast; ~ hören to listen to the radio, to listen in (to a broadcast); ~ Madrid Radio Madrid, the Madrid broadcasting service; das Konzert wird im ~ übertragen the concert will be broadcast (*auch* broadcasted).

ra·dio·ak·tiv [radĭoˀak'tiːf] *adj phys.* radioactive, *Br. auch* radio-active, hot (*sl.*): ~er Niederschlag radioactive deposit, fallout, *Br.* fall-out; ~er Abfall radioactive debris, hot waste (*sl.*); ~es Produkt radioactive metabolon; ~e Strahlung radioactive radiation; ~e Verseuchung radioactive contamination; ~er Zerfall, ~e Spaltung radioactive decay (*od.* disintegration); ~e Zerfallsreihe radioactive series (*od.* chain); ~ machen to radioactivate, to make (*od.* render) (*s.th.*) radioactive. — **Ra·dio·ak·ti·vi'tät** [-tivi'tɛːt] *f* radioactivity, *Br. auch* radio-activity: haftende [induzierte, künstliche] ~ residual [induced, artificial] radio(-)activity.

'Ra·dio|ama,teur *m* radio amateur, amateur radio operator, ham (*sl.*). — **~ˌan·ˌla·ge** *f electr.* **1.** radio system. – **2.** radio outfit. — **~ap·pa,rat** *m* radio, *bes. Br.* wireless (set): ~ mit Plattenspieler *Br.* radiogramophone, radiogram, *Am.* radio-phonograph (combination). — **~astro·no'mie** [radioˀastrono'miː] *f astr.* radio astronomy. — **~ˌbast·ler** *m* radio amateur. — **r~bio'lo·gisch** [radĭobio'loːgɪʃ] *adj* radiobiologic(al). — **~che'mie** [radĭoçe'miː] *f* radiochemistry. — **r~'che·misch** [radĭo'çeːmɪʃ] *adj chem.* radiochemical. — **~ˌdurch,sa·ge** radio (*bes. Br.* wireless) information. — **r~elek·trisch** [radĭoˀe'lɛktrɪʃ] *adj* radioelectric(al), *Br.* radio-electric(al). — **~elek·tri·zi'tät** [radĭoˀelɛktritsi'tɛːt] *f* radio electricity. — **~emp,fän·ger** *m cf.* Radio 1. — **~ge·ˌhäu·se** *n* radio (*od.* receiver) cabinet (*od.* housing, box). — **~ge,rät** *n cf.* Radioapparat. — **~ge,schäft** *n* radio shop (*bes. Am.* store).

Ra·dio·gramm [radĭo'gram] *n* ⟨-s; -e⟩ **1.** *med.* radiograph: ein ~ machen to radiograph, to take an X-ray plate. – **2.** *tel.* radiogram.

Ra·dio·gra·phie [radĭogra'fiː] *f* ⟨-; *no pl*⟩ *med. tech.* radiography.

'Ra·dio|ˌhänd·ler *m* radio dealer. — **~in·di'ka·tor** [radĭoˀɪndi'kaːtɔr] *m med.* (radioactive) tracer. — **~iso'top** [radĭoˀizo'toːp] *n phys.* radioisotope, *Br.* radio-isotope.

Ra·dio·kar'bon·me,tho·de [radĭokar'boːn-], **'Ra·dio,koh·len,stoff-Da,tie·rung** ['raːdĭo-] *f chem. anthrop. archeol.* radiocarbon dating.

'Ra·dio,kom·paß *m aer.* radio compass: automatischer ~ automatic direction finder.

Ra·dio·la·rie [radĭo'laːrĭə] *f* ⟨-; -n⟩ *meist pl zo.* radiolarian (*Ordng Radiolaria*).

Ra·dio'la·ri·en,schlamm *m zo. geol.* radiolarian ooze.

Ra·dio·la·rit [radĭola'riːt; -'rɪt] *m* ⟨-s; *no pl*⟩ *zo. geol. cf.* Radiolarienschlamm.

Ra·dio·lo·ge [radĭo'loːgə] *m* ⟨-n; -n⟩ *med.* radiologist, roentgenologist. — **Ra·dio·lo'gie** [-lo'giː] *f* ⟨-; *no pl*⟩ radiology, roentgenology. — **ra·dio'lo·gisch** *adj* radiologic(al).

'Ra·dio|me,cha·ni·ker *m* radio mechanic (*od.* technician), *bes. Am.* radiotrician. — **~me·teo·ro·lo'gie** [radĭometeorolo'giː] *f* radio meteorology.

Ra·dio·me·ter [radĭo'meːtər] *n* ⟨-s; -⟩ *phys.* radiometer. — **Ra·dio·me'trie** [-me'triː] *f* ⟨-; *no pl*⟩ radiometry.

Ra·dio|na·vi·ga·ti·on [radĭonaviga'tsĭoːn] *f* (*radio*) radio navigation. — **~ˌpeil·ge,rät** ['raːdĭo-] *n aer. mar. cf.* Funkpeiler. — **~ˌpei·lung** ['raːdĭo-] *f* radio bearing.

Ra·dio·pho·nie [radĭofo'niː] *f* ⟨-; *no pl*⟩ radiophony, radiotelephony.

'Ra·dio|re,kla·me *f* radio advertising, commercials *pl.* — **~ˌröh·re** *f electr.* radio tube (*bes. Br.* valve). — **~ˌsen·de·fre,quenz** *f* radio frequency. — **~ˌsen·der** *m* **1.** (*Gerät*) radio transmitter. – **2.** (*Rundfunkstation*) radio (*od.* broadcasting, transmitting) station. — **~ˌsen·dung** *f* **1.** radio transmission. – **2.** (*als Programm*) broadcast.

Ra·dio·skop [radĭo'skoːp] *n* ⟨-s; -e⟩ *phys.* radioscope.

'Ra·dio,son·de *f meteor.* radiosonde, radio-[meteorograph.]

'Ra·dio,son·den·be,ob·ach·tung *f* radiosonde observation.

'Ra·dio|sta·ti,on *f cf.* Radiosender 2. — **~ˌstern** *m astr.* radio star. — **~ˌstrah·lung** *f* **1.** radio emission (*od.* radiation). – **2.** radiation in the radio spectrum. — **~ˌtech·nik** *f* radio engineering. — **~ˌtech·ni·ker** *m* **1.** radio technician (*od.* engineer), radioman. – **2.** (*Funkingenieur*) radioman. — **~te·le·'fon** [radĭotele'foːn] *n cf.* Radiotelephon. — **~te·le·fo'nie** [radĭotelefo'niː] *f cf.* Radiotelephonie. — **~te·le·gra'fie** [radĭotelegra'fiː] *f cf.* Radiotelegraphie. — **~te·le'gramm** [radĭotele'gram] *n* radiotelegram, radiogram. — **~te·le·gra'phie** [radĭotelegra'fiː] *f* radiotelegraphy, *bes. Br.* wireless telegraphy. — **~te·le'phon** [radĭotele'foːn] *n* radio(tele)phone: tragbares ~ walkie-talkie, *auch* walky-talky (*colloq.*). — **~te·le·pho'nie** [radĭotelefo'niː] *f* radiotelephony. — **~te·le'skop** [radĭotele'skoːp] *n astr.* radio telescope. — **~the·ra'pie** [radĭotera'piː] *f med.* radiotherapy. — **~ˌtru·he** *f cf.* Musiktruhe. — **~ˌüber,tra·gung** *f cf.* Radiosendung 2. — **~ˌwel·len** *pl* radio waves. — **~ˌwind,mes·sung** *f meteor.* radio wind observation. — **~ˌzei·tung** *f* radio magazine (*od.* periodical).

Ra·di·um ['raːdĭʊm] *n* ⟨-s; *no pl*⟩ *chem.* radium (Ra). — **~be,hand·lung** *f med.* radiotherapy, radium therapy. — **~be,strah·lung** *f cf.* Radiumbehandlung. — **~ema·na·ti,on** *f chem.* radium emanation, niton, radon (Rn): Einheit der ~ curie. — **r~ˌhal·tig** *adj* containing radium. — **~ˌheil·ver,fah·ren** *n med. cf.* Radiumbehandlung. — **r~re·si,stent** *adj* radium-resistant. — **~ˌstrah·len** *pl* radium rays, radium radiation *sg.*

Ra·di·us ['raːdĭʊs] *m* ⟨-; -dien⟩ **1.** *math.* radius, semidiameter: ~ des eingeschriebenen Kreises midradius. – **2.** *med.* radius, spoke bone. – **3.** *tech.* a) radius, b) (*eines Formfräsers*) diameter of circle. — **~frak,tur** *f med.* fracture of the radius, chauffeur's fracture. — **~ˌvek·tor** *m math.* radius vector.

Ra·dix ['raːdɪks] *f* ⟨-; Radizes [ra'diːtsɛs]⟩ **1.** *cf.* Wurzel. – **2.** *math.* radix. — **ra·di·zie·ren** [radi'tsiːrən] *v/t* ⟨*no* ge-, h⟩ *math.* extract the root of.

'Rad|ˌkap·pe *f auto.* hubcap. — **~ˌka·sten** *m* **1.** *mar. auto.* wheel housing, paddlebox, *Am.* wheelhouse. – **2.** *tech. cf.* Räderkasten. — **~ˌkör·per** *m auto.* **1.** wheel body. – **2.** *tech.* a) (*eines Laufrads*) wheel body, b) (*eines Zahnrads*) gear blank. — **~ˌkranz** *m tech.* **1.** (*eines Laufrads*) wheel rim. – **2.** (*eines Zahnrads*) gear rim. — **~ˌlän·ge** *f only in* um (eine) ~ gewinnen (*beim Radsport*) to win by a wheel's length. — **~ˌlast** *f auto.* wheel load.

'Rad·ler *m* ⟨-s; -⟩, **'Rad·le·rin** *f* ⟨-; -nen⟩ *colloq. for* Radfahrer(in) 1.

'Rad·ler,maß *f bes. Bavarian* shandy.

'Rad|ˌli·nie *f math.* (epi)cycloid, epicycle, trochoid, roulette. — **~ˌman·tel** *m* **1.** *tech. cf.* Reifendecke. – **2.** (*fashion*) cape. — **~ˌmut·ter,steck,schlüs·sel** *m tech.* rim wrench. — **~ˌna·be** *f* wheel hub (*od.* boss). — **~ˌna·ben,kap·pe** *f cf.* Radkappe. — **~ˌnetz,spin·nen** *pl zo.* round-web spiders, orb weavers (*Fam. Araneidae*).

Ra·don ['raːdɔn; ra'doːn] *n* ⟨-s; *no pl*⟩ *chem. cf.* Radiumemanation.

'Rad|ˌrei·fen *m tech.* (wheel) tire (*bes. Br.* tyre). — **~ˌrenn,bahn** *f* (*sport*) cycling track, cycle racing track, velodrome. — **~ˌren·nen** *n* (bi)cycle race, cycling race. — **~ˌrenn,fah·rer** *m* racing cyclist. — **~ˌrenn·ˌschuh** *m meist pl* cycling shoe. — **~ˌsatz** *m* **1.** *tech.* (*Getriebe*) gear assembly, set of gears. – **2.** *auto.* wheel set.

Ra·dscha ['raːdʒa] *m* ⟨-s; -s⟩ Raja(h), Raia, *auch* raja(h), raia.

'Rad|ˌschal·ter *m electr.* (*Drehschalter*) rotary switch. — **~ˌschau·fel** *f* **1.** *mar.* float, paddle board. – **2.** *tech.* (*einer Pumpe, Turbine*) wheel blade. – **3.** (*eines Mühlrads*) sweep, sail.

'rad,schla·gen *v/i* ⟨schlägt Rad, schlug Rad, radgeschlagen, h⟩ (*sport*) turn (*od.* do) cartwheels, cartwheel.

'Rad|ˌschlüs·sel *m tech. cf.* Radmuttersteckschlüssel. — **~ˌspei·che** *f* (wheel) spoke, arm of a wheel. — **~ˌsport** *m* cycling. — **~ˌsport·ler** *m* cyclist. — **~ˌspur** *f* **1.** print (*od.* track, mark) of a wheel. – **2.** (*auf längerer Strecke*) rut. — **~ˌstand** *m auto.* (*railway*) wheelbase. — **~ˌsturz** *m* wheel camber. — **~ˌtour** *f* bicycle tour (*od.* excursion). — **~ˌwech·sel** *m auto.* change (*od.* changing) of a wheel. — **~ˌweg** *m* cycle path (*od.* track). — **~ˌwel·le** *f* **1.** *tech.* gear shaft. – **2.** *mar.* (*am Raddampfer*) paddle shaft. — **~ˌwen·de** *f* (*sport*) (*beim Kunstturnen*) roundoff. — **~ˌzahn** *m tech.* gear tooth.

raf·fae·lisch [rafa'eːlɪʃ] *adj* Raphaelesque, Raffaelesque: die R~e Madonna the Raphael (*auch* Raffael) Madonna, Raphael's Madonna, the Madonna by Raphael.

Raf·fel ['rafəl] *f* ⟨-; -n⟩ **1.** (*textile*) hackle, flax comb. – **2.** (*Klapper*) rattle. – **3.** *dial.* blueberry (*od.* bilberry) stripper. – **4.** (*Reibeisen*) grater. – **5.** *contempt.* a) loose tongue, b) old hag, termagant. — **'raf·feln** *v/t* ⟨h⟩ **1.** (*Flachs*) comb. – **2.** (*Äpfel etc*) grate.

raf·fen ['rafən] **I** *v/t* ⟨h⟩ **1.** (*hastig od. gierig fassen*) snatch (*s.th.*) up, gather (*s.th.*) up quickly, grab. – **2.** (*Geld etc*) amass, hoard. – **3.** (*beim Nähen*) a) gather, full, b) (*Vorhänge*) drape. – **4.** (*Kleid etc*) take (*od.* gather) (*s.th.*) up, *auch* tuck (*s.th.*) up. – **5.** *tech.* gather (*s.th.*) in. – **6.** *fig.* (*Handlung*) concentrate. – **II R~** *n* ⟨-s⟩ **7.** *verbal noun.* – **8.** *cf.* Raffung.

'Raff|ˌgier *f* greed, rapacity. — **r~ˌgie·rig** *adj* greedy, grasping, rapacious.

Raf·fi·na·de [rafi'naːdə] *f* ⟨-; -n⟩, **~ˌzucker** (*getr.* -k·k-) *m gastr.* refined (*od.* white) sugar.

Raf·fi·nat [rafi'naːt] *n* ⟨-s; -e⟩ *metall. chem.* refined product, raffinate.

Raf·fi·na·ti·on [rafina'tsĭoːn] *f* ⟨-; -en⟩ *chem. tech.* refinement, refining.

Raf·fi·ne·ment [rafinə'mãː, *Swiss auch* -'mɛnt] *n* ⟨-s; -s, *Swiss auch* -e [-'mɛntə]⟩ **1.** (*Ver-, Überfeinerung*) refinement. – **2.** *cf.* Raffinesse 1, 2. – **3.** *Swiss for* Raffinerie.

Raf·fi·ne·rie [rafinə'riː] *f* ⟨-; -n [-ən]⟩ *chem. metall.* refinery, finery.

Raf·fi·nes·se [rafi'nɛsə] *f* ⟨-; -n⟩ **1.** (*Durchtriebenheit, Schlauheit*) shrewdness, cunning, craftiness, slyness, guile, smartness, subtlety, *bes. Am.* slickness. – **2.** (*Berechnung*) design, artfulness. – **3.** (*des Geschmacks etc*) finesse, subtlety, *bes. Am.* smartness. – **4.** mit allen ~n ausgestattet sein (*von Auto etc*) to be fitted with all the trappings (*od.* with every technical refinement).

Raf·fi·neur [rafi'nøːr] *m* ⟨-s; -e⟩ *tech.* refiner.

raf·fi·nie·ren [rafi'niːrən] *v/t* ⟨*no* ge-, h⟩ *chem. metall.* refine, purify.

Raf·fi'nier|ˌofen *m metall.* refining furnace. — **~ˌstahl** *m* refined steel.

raf·fi'niert I *pp.* – **II** *adj* **1.** *chem. metall.* refined, purified: ~er Zucker refined sugar; nicht ~ unrefined. – **2.** *fig.* (*durchtrieben, schlau*) shrewd, cunning, crafty, sly, wily, smart, subtle, *bes. Am.* slick. – **3.** *fig.* (*berechnend*) designing, artful, wily. – **4.** *fig.* (*ausgeklügelt*) clever, ingenious, well-devised (*attrib*): ein ~er Einbruch [Plan] a well-devised burglary [plan]. – **5.** *fig.* (*verfeinert, übersteigert*) subtle, refined, sophisticated: ~er Luxus subtle extravagance. – **III** *adv* **6.** das hat er ~ ausgedacht he has plotted that craftily (*od.* subtly); das hat sie ~ eingefädelt that was a very clever move on her part, she managed that (one) artfully. — **Raf·fi'niert·heit** *f* ⟨-; *no pl*⟩ *cf.* Raffinesse 1—3.

Raf·fi·no·se [rafi'noːzə] *f* ⟨-; *no pl*⟩ *chem.* raffinose, melitose ($C_{18}H_{32}O_{16}$).

Raff·ke ['rafkə] *m* ⟨-s; -s⟩ *colloq. contempt. for* neureich II.

'Raf·fung *f* ⟨-; -en⟩ **1.** *cf.* Raffen. – **2.** (*beim Nähen*) gather(s *pl*). – **3.** *fig.* (*der Handlung*) concentration.

'Raff,zahn *m zo. cf.* Fangzahn.

Ra·ge ['raːʒə] *f* ⟨-; *no pl*⟩ *colloq.* rage, fury: er ist in ~ gekommen he flew into a rage; j-n in ~ bringen to enrage s.o.

ra·gen ['raːgən] *v/i* ⟨h⟩ tower (up), rise up: ringsherum ragten gefährliche Klippen aus dem Wasser perilous cliffs rose (*od.* loomed) (up) out of the water on all sides.

Ra·gio·nen,buch [ra'dʒoːnən-] *n Swiss econ.* register of commercial companies.

Ra·glan ['raglan; 'rɛglən] *m* ⟨-s; -s⟩ (*fashion*) raglan. — **~ˌär·mel** *m* raglan sleeve. — **~ˌschnitt** *m* **1.** raglan cut. – **2.** (*Schnittmuster*) raglan pattern.

Ra·gout [ra'guː] *n* ⟨-s; -s⟩ *gastr.* ragout, stew, hodgepodge, *bes. Br.* hotchpotch:

weißes ~ white veal stew; ich mach dich zu ~ *fig. colloq.* I'll make mincemeat of you (*colloq.*).

Rag·time ['rægˌtaɪm] (*Engl.*) *m* ⟨-; *no pl*⟩ rag(time) (music).

'**Ragˌwurz** ['raːk-] *f bot.* insect orchis (*od.* orchid) (*Gattg Ophrys*): Einknollige ~ musk orchis (*Herminium monorchis*); Kleine ~ cuckooflower, dead-man's-fingers *pl* (*construed as sg or pl*) (*O. mascula*).

Rah [raː] *f* ⟨-; -en⟩, '**Ra·he** *f* ⟨-; -n⟩ *mar.* yard: Große ~ main yard; die ~ brassen (*od.* heißen) to brace (*od.* hoist) the yard.

Rahm [raːm] *m* ⟨-s, *auch* -es; *no pl*⟩ cream, *auch* head: den ~ abschöpfen a) to take the cream off the milk, to skim the milk, b) *fig. colloq.* to take (*od.* cream off) the best for oneself, to take the pickings; ~ ansetzen to form cream. — ~**bonˌbon** *m, n Br.* toffee, *auch* toffy, *Am.* toffee (*auch* toffy) candy, taffy. — ~ˌ**but·ter** *f* farm (*od.* dairy) butter.

rah·men[1] ['raːmən] *v/t* ⟨h⟩ (*Milch*) skim (off), cream.

'**rah·men**[2] *v/t* ⟨h⟩ **1.** (put *s.th.* into a) frame: wir ließen das Bild ~ we had the picture framed; wir ließen das Bild hell [dunkel] ~ we had the picture put into a light [dark] frame. – **2.** *phot.* (*Dia*) mount.

'**Rah·men** *m* ⟨-s; -⟩ **1.** (*eines Bildes etc*) (picture) frame: in einen ~ stecken [fassen] *cf.* rahmen[2]; ein Bild aus dem ~ nehmen to take a painting out of its frame. – **2.** (*Gestell*) rack. – **3.** *civ.eng.* a) window frame, (*schiebbarer*) sash, b) doorframe, *Br.* door-frame. – **4.** *tech.* a) (*einer Maschine etc*) frame(work), b) (*eines Autos*) chassis (frame), c) (*eines Scheinwerfers*) rim, d) (*eines Kühlers*) box, case, e) (*eines Fahrrads*) frame, f) (*eines Waggons*) underframe, *Br.* under-frame, forecarriage, g) (*Mitnehmer*) carrier. – **5.** (*eines Siebes*) rim. – **6.** (*eines Schuhes*) welt: einen Schuh auf ~ arbeiten to welt a shoe. – **7.** (*Spannrahmen*) a) (*für Tuch*) tenter (frame), b) (*für Stickerei*) tambour (frame). – **8.** *print.* (form) chase. – **9.** (*literature*) frame. – **10.** *fig.* (*Umgebung*) environment, situation, circumstance: sich in einen ~ einfügen to adjust to a situation (*od.* to circumstance). – **11.** *fig.* (*Gefüge*) framework, structure. – **12.** ⟨*only sg*⟩ *fig.* (*Hintergrund*) setting, background: eine bewegte Zeit bildet den ~ dieses Werkes a period of turmoil forms the setting for this work, the work is set in a period of turmoil; die Rezitationen gaben der Feier einen würdigen ~ the recitations lent the festivity a dignified atmosphere. – **13.** ⟨*only sg*⟩ *fig.* (*Grenze*) limit(s *pl*): im ~ des Möglichen within the bounds of possibility; den ~ des Üblichen sprengen to go beyond the limits of established practice. – **14.** ⟨*only sg*⟩ *fig.* (*Bereich*) scope: in engem ~ within a close compass; im ~ von within the scope (*od.* framework, limits) of. – **15.** *fig.* (*in Wendungen wie*) im ~ des Festes in the course of the celebration; im ~ der Ausstellung werden einige mittelalterliche Gemälde gezeigt the exhibition includes a few medi(a)eval paintings; im ~ des üblichen Geschäftsverkehrs in the ordinary course of business; so etwas ist nur in kleinerem [größerem] ~ möglich such a thing can only be done on a small [large] scale; die Darbietung fiel ganz aus dem ~ the performance was entirely out of the ordinary; mußt du immer aus dem ~ fallen? do you always have to be different?

'**Rah·men|ˌabˌkom·men** *n econ. jur.* skeleton (*od.* basic) agreement. — ~**anˌten·ne** *f electr.* frame antenna (*bes. Br.* aerial). — ~**beˌstim·mung** *f* basic rule (*od.* regulation). — ~ˌ**bruch** *m tech.* fracture (*od.* failure) of the frame. — ~**erˌzäh·lung** *f* frame story (*od.* tale), 'link and frame' story, *auch* framework novella. — **r~geˌnäht** *adj* (*Schuh*) welted. — ~**geˌschich·te** *f* (*literature*) frame story (*od.* tale). — ~**geˌsetz** *n jur. econ.* skeleton law. — ~ˌ**hand·lung** *f* frame story (*od.* tale). — ~ˌ**kampf** *m* (*sport*) (*beim Boxen*) supporting (*od.* preliminary) bout (*od.* fight). — ~ˌ**kämp·fer** *m* preliminary fighter. — ~ˌ**schuh** *m* welted shoe. — ~ˌ**soh·le** *f* (*eines Schuhes*) welted sole. — ~**stickeˌrei** (*getr.* -k·k-) *f* (*textile*) frame embroidery, tambour work. — ~ˌ**su·cher** *m phot.* frame finder. — ~**taˌrif** *m econ.* framework (*od.* skeleton) wage scale. — ~**taˌrif·verˌtrag** *m* skeleton wage agreement. — ~**verˌtrag** *m econ. jur.* skeleton (*od.* basic) contract.

'**rah·mig** *adj* creamy.

'**Rahm|ˌkä·se** *m gastr.* cream cheese. — ~ˌ**sau·ce** *f gastr.* cream sauce. — ~ˌ**schnit·zel** *n cutlet prepared in a cream sauce.*

Rah·ne ['raːnə] *f* ⟨-; -n⟩ *obs. od. Southern G. dial.* beet, *bes. Br.* beetroot.

'**Rahˌse·gel** *n mar.* square sail.

'**Raiffˌei·sen|ˌbank** ['raɪf-], ~ˌ**kas·se** *f econ.* agricultural credit cooperative (*Br. auch* co-operative), farmers' co(-)operative bank.

'**Raiˌgras** ['raɪ-] *n* ⟨-es; *no pl*⟩ *bot.* rye grass, *Br.* rye-grass, red darnel (*Lolium perenne*).

Rain [raɪn] *m* ⟨-(e)s; -e⟩ **1.** *lit. for* Ackerrain. – **2.** *dial. for* Grenze 1.

rai·nen ['raɪnən] **I** *v/i* ⟨h⟩ *lit. for* aneinandergrenzen 1. – **II** *v/t cf.* abgrenzen 1.

'**Rain|ˌfarn** *m bot.* a) parsley fern (*Gattg Tanacetum*), b) tansy (*T. vulgare*). — ~ˌ**wei·de** *f* privet (*Ligustrum vulgare*).

Rai·son [rɛ'zõː] *f* ⟨-; *no pl*⟩ *cf.* Räson.

Ra·ja(h) ['raːdʒa] *m* ⟨-s; -s⟩ *cf.* Radscha.

ra·jo·len [ra'joːlən] *v/t* ⟨*no* ge-, h⟩ *cf.* rigolen.

Ra·ke ['raːkə] *m* ⟨-(s); *no pl*⟩ *gastr. cf.* Raki.

Ra·kel ['raːkəl] *f* ⟨-; -n⟩ *print.* (doctor) blade.

rä·keln ['rɛːkəln] *v/reflex* ⟨h⟩ sich ~ *cf.* rekeln I.

'**Ra·kelˌtiefˌdruck** *m print.* photogravure, rotogravure.

Ra·ke·te [ra'keːtə] *f* ⟨-; -n⟩ **1.** (*space*) a) rocket, b) (*Träger*) launcher: eine zweistufige [mehrstufige] ~ a two-stage [multistage] rocket; eine ~ abschießen (*od.* abfeuern) to launch a rocket. – **2.** *mil.* a) (*für Erdziele*) rocket, b) (*Flugkörper*) missile: eine ferngelenkte ~ a guided missile; eine ~ mit rasanter Flugbahn a flat-trajectory rocket; eine interkontinentale ballistische ~ an intercontinental ballistic missile; ein mit ~n ausgerüsteter Düsenjäger a missile-carrying jet fighter, a jet fighter equipped with rockets; mit ~n beschießen to rocket. – **3.** (*Feuerwerkskörper*) (sky)rocket, shell, (*kleinerer Feuerwerkskörper*) (fire)cracker, squib: eine ~ abbrennen to let off a rocket; sie ging wie eine ~ in die Luft *fig. colloq.* she exploded, she flew off the handle (*colloq.*).

Ra'ke·tenˌabˌschuß *m* (*space*) launching of a rocket.

Ra'ke·tenˌabˌschuß|ˌba·sis, *auch* ~ˌ**ba·se** *f* **1.** (*space*) (rocket-)launching site (*od.* pad, ramp). – **2.** *mil. cf.* Raketenstellung. — ~ˌ**ram·pe** *f* (*space*) launch pad. — ~ˌ**vorˌrich·tung** *f* rocket launcher, rocket-launching platform.

Ra'ke·tenˌabˌwehr *f mil.* **1.** (*Abwehr mit Raketen*) missile defence (*Am.* defense). – **2.** (*Abwehr von ballistischen Raketen*) antiballistic missile defence (*Am.* defense). — ~**raˌke·te** *f* antimissile missile.

Ra'ke·ten|ˌanˌtrieb *m* rocket propulsion, (*als physikalische Antriebseinheit*) reaction propulsion: mit ~ rocket-propelled (*od.* -powered). — ~**ap·paˌrat** *m mar.* rocket apparatus. — ~ˌ**au·to** *n tech.* rocket(-propelled) car. — ~**bat·teˌrie** *f mil.* rocket battery. — ~**beˌschuß** *m* (application of) rocket fire: unter ~ liegen to be under rocket fire. — ~ˌ**bom·be** *f mil.* rocket(-propelled) bomb. — ~ˌ**brennˌkam·mer** *f tech.* rocket combustion chamber. — ~ˌ**flug** *m* **1.** (*space*) flight of a rocket. – **2.** *mil.* flight of a missile. — ~ˌ**flugˌbahn** *f* trajectory of a rocket. — ~ˌ**flugˌzeug** *n aer.* rocket(-propelled) aircraft. — ~ˌ**for·scher** *m* rockete(e)r, scientist specializing in rocketry. — ~ˌ**for·schung** *f* rocketry, rocket research. — ~ˌ**grundˌglei·chung** *f* fundamental equation of rocket motion. — ~ˌ**kopf** *m tech.* rocket head. — ~ˌ**kör·per** *m* rocket body. — ~ˌ**kreu·zer** *m mar. mil.* guided missile cruiser. — ~ˌ**la·dung** *f* **1.** *mil.* rocket charge. – **2.** *cf.* Raketentreibstoff. — ~ˌ**mo·tor** *m* (*space*) *cf.* Raketentriebwerk. — ~ˌ**prüfˌstand** *m* rocket test stand. — ~ˌ**schlit·ten** *m* rocket(-propelled) sled. — ~ˌ**son·de** *f* high-altitude probe, (*Wetterrakete*) rocket sonde. — ~ˌ**start** *m* **1.** launching (*od.* blast-off, takeoff, *Br.* take-off) (of a rocket). – **2.** (*eines Flugzeugs etc*) jet-assisted takeoff (*Br.* take-off), jato. — ~ˌ**startˌhil·fe** *f* jato unit. — ~ˌ**startˌram·pe** *f* (*fahrbare*) ~ *bes. mil.* (mobile) rocket-firing ramp. — ~ˌ**stel·lung** *f mil.* missile site. — ~ˌ**stu·fe** *f* (*space*) rocket stage: ausgebrannte ~ spent rocket stage. — ~ˌ**stützˌpunkt** *m mil.* missile site. — ~ˌ**tech·nik** *f* **1.** (*Oberbegriff*) rocket technology, rocketry. – **2.** *mil.* (*Entwurf u. Bau von Lenkwaffen*) missilery, *auch* missilry. — ~ˌ**trä·ger** *m mil.* missile carrier. — ~ˌ**treibˌstoff** *m* rocket propellant (*od.* fuel, *auch* propellent). — ~ˌ**triebˌwerk** *n* (*space*) rocket, *auch* rocket engine (*od.* motor). — ~ˌ**trup·pe** *f mil.* missile unit. — ~**-ˌU-ˌBoot** *n mar. mil.* missile submarine. — ~**verˌsuchs·geˌlän·de** *n* (*space*) rocket range. — ~ˌ**waf·fen** *pl mil.* (rocket) missiles, *Am. auch* missilery *sg.* — ~ˌ**wa·gen** *m tech. cf.* Raketenauto. — ~ˌ**wer·fer** *m mil.* launcher, rocket launcher (*od.* projector): mehrfacher ~ multiple rocket launcher. — ~ˌ**werkˌstof·fe** *pl* (*space*) space rocket and vehicle materials. — ~ˌ**we·sen** *n* ⟨-s; *no pl*⟩ rocketry.

Ra·kett [ra'kɛt] *n* ⟨-(e)s; -e *u.* -s⟩ *obs. for* Schläger 4a, d.

Ra·ki ['raːki] *m* ⟨-(s); *no pl*⟩ *gastr.* raki.

Ral·le ['ralə] *f* ⟨-; -n⟩ *zo.* **1.** rail (*Fam. Rallidae*). – **2.** *cf.* Wasserralle.

ral·len·tan·do [ralɛn'tando] *adv u. adj mus.* rallentando, decreasing in tempo.

Ral·lye ['rali; 'rælɪ] (*Engl.*) *f* ⟨-; -s⟩, *Swiss n* ⟨-s; -s⟩ (*sport*) rally, *auch* rallye. — ~ˌ**fah·rer** *m* rally (*auch* rallye) driver.

Ra·ma·dan [rama'daːn] *m* ⟨-(s); *no pl*⟩ *relig.* (*im Islam*) Ramadan, Ramazan, *auch* Ramadhan.

Ra·ma·ja·na [ra'maːjana] *n* ⟨-; *no pl*⟩ (*literature*) Ramayana.

'**Ra·man·efˌfekt** ['raːman-] *m phys.* Raman effect.

Ra·ma·su·ri [rama'zuːri] *f* ⟨-; *no pl*⟩ *Bavarian and Austrian colloq.* racket, hullabaloo, *auch* hullaballoo, hellaballoo.

Ra·mie [ra'miː] *f* ⟨-; -n [-ən]⟩ *bot.* China (*od.* cambric) grass, ramie (*Boehmeria nivea*). — ~ˌ**fa·ser** *f econ.* ramie fiber (*bes. Br.* fibre).

Ramm [ram] *m* ⟨-(e)s; -e⟩ *dial. for* Widder 1. — ~ˌ**bär** *m* ⟨-s; -en, *tech. auch* -e⟩ *civ.eng.* ram, pile driver. — **r~ˌdö·sig** *adj colloq.* **1.** (*benommen*) dazed. – **2.** (*überreizt*) overwrought.

Ram·me ['ramə] *f* ⟨-; -n⟩ *civ.eng.* **1.** ram(mer). – **2.** (*für Pfähle*) pile driver. – **3.** (*zum Pflastern*) paving beetle (*od.* hammer).

Ram·mel[1] ['raməl] *m* ⟨-s; -⟩ **1.** *dial. contempt.* cheeky brat. – **2.** *zo. cf.* Rammler 2.

'**Ram·mel**[2] *f* ⟨-; -n⟩ *civ.eng. obs. for* Ramme.

Ram·me'lei *f* ⟨-; *no pl*⟩ *colloq.* jostle, hustle.

ram·meln ['raməln] **I** *v/t* ⟨h⟩ **1.** *colloq. for* rammen 1. – **II** *v/i* **2.** an der Tür ~ *colloq.* to rattle at the door. – **3.** *zo.* (*von Hasen, Kaninchen*) mate, copulate, buck, rut. – **4.** *colloq.* (*von Kindern*) tumble about, romp, fight. – **III** *v/reflex* sich ~ **5.** *colloq. cf.* rammeln 4. – **IV R~** *n* ⟨-s⟩ **6.** *verbal noun.* – **7.** *zo.* (*von Hasen, Kaninchen*) copulation.

ram·men ['ramən] *v/t* ⟨h⟩ **1.** etwas in (*acc*) etwas ~ to ram s.th. into s.th.: Pfähle in die Erde ~ to drive piles into the ground, to pile the ground. – **2.** *civ.eng.* (*Beton etc*) tamp, ram. – **3.** (*Auto, Schiff etc*) ram, collide with: er hat mich von der Seite gerammt he rammed me from the side.

'**Ramm|ˌham·mer** *m tech.* ram hammer. — ~ˌ**hau·be** *f civ.eng.* (*für Stangen*) (rod) driving cap. — ~ˌ**klotz** *m civ.eng. cf.* Rammbär.

'**Ramm·ler** *m* ⟨-s; -⟩ *zo.* **1.** (*männlicher Hase, männliches Kaninchen*) buck. – **2.** (*Schafbock*) ram, *bes. Br.* tup.

'**Rammˌpfahl·fun·daˌment** *n civ.eng.* piled foundation.

'**Ramm|ˌspit·ze** *f civ.eng.* (*für Pfähle*) woodpile shoe. — ~ˌ**ste·ven** *m mar. hist.* ram bow.

Ram·pe ['rampə] *f* ⟨-; -n⟩ **1.** (*Auffahrt*) ramp, elevated approach, ascent. – **2.** (*Verladerampe*) loading ramp. – **3.** (*railway*) platform. – **4.** *metall.* (*für Koks*) wharf. – **5.** (*theater*) apron (of the stage). – **6.** *civ.eng. cf.* Böschung 1. – **7.** (*beim Bergsport*) ledge. – **8.** (*space*) *cf.* Raketenabschußrampe.

'**Ram·penˌlicht** *n* **1.** (*theater*) footlights *pl*, floats *pl*. – **2.** *fig.* limelight, publicity: im ~ der Öffentlichkeit stehen to be in the limelight; das ~ der Öffentlichkeit scheuen to avoid (*od.* shun) the limelight.

ram·po·nie·ren [rampo'ni:rən] *v/t* ⟨*no* ge-, h⟩ *colloq.* **1.** (*beschädigen*) damage. – **2.** (*zerknittern*) crease, crumple, crush. — **ram·po'niert I** *pp.* – **II** *adj colloq.* **1.** (*Wagen etc*) damaged: **schwer ~ sein** to be battered. – **2.** marred, spoiled, spoilt: **ihre Frisur war etwas ~** her hairdo was somewhat spoiled, her hair was slightly dishevel(l)ed. – **3.** crumpled, creased, crushed. – **III** *adv* **4. ~ aussehen** *colloq. humor.* (*auch von Personen*) to look the worse for wear.

Ramsch[1] [ramʃ] *m* ⟨-(e)s; *rare* -e⟩ **1.** (*Plunder*) junk, trash, rubbish, rummage, *Br.* jumble. – **2.** *econ.* job goods *pl*, job lot: **im ~ kaufen** a) to buy in bulk (*od.* in lots, in the lump), b) to buy dirt cheap; **im ~ verkaufen** a) to sell as a job lot, b) to sell dirt cheap.

Ramsch[2] *m* ⟨-(e)s; -e⟩ **1.** (*games*) *round of skat in which the largest number of points loses.* – **2.** (*students' slang*) *student quarrel resulting in a challenge* (*to a duel*).

ram·schen[1] ['ramʃən] *v/t* ⟨h⟩ *econ.* buy (*s.th.*) in bulk (*od.* in lots, in the lump), buy (*s.th.*) dirt cheap.

'ram·schen[2] **I** *v/i* ⟨h⟩ (*games*) play a 'Ramsch'. – **II** *v/t* (*students' slang*) challenge (*s.o.*) (to a duel).

'Ram·scher *m* ⟨-s; -⟩ *colloq. for* Ramschhändler.

'Ramsch|,händ·ler *m*, **~,händ·le·rin** *f* junk dealer, junkman. — **~,la·den** *m colloq. contempt.* junk (*Br.* jumble) shop. — **~ver,kauf** *m* rummage (*Br.* jumble) sale. — **~,wa·re** *f colloq. contempt. econ.* **1.** reject, junk article. – **2.** *pl* job lot *sg*, trash *sg*, refuse *sg*, job goods, cheap stuff *sg*. — **r~,wei·se** *adv colloq.* in job lots.

'Rams|,kopf ['rams-] *m*, **~,na·se** *f* (*eines Pferdes*) Roman nose, arched muzzle.

ran [ran] *interj colloq.* **1.** go it! (*colloq.*). – **2.** (*gib's ihm*) let him have it! (*sl.*). – **3.** (*los*) let's go!

ran... ['ran-] *cf.* heran...

Ranch [rɛntʃ; ra:ntʃ] *f* ⟨-; -(e)s⟩ ranch. — **'Ran·cher** *m* ⟨-s; -(s)⟩ rancher, *auch* ranchero, ranchman.

Rand [rant] *m* ⟨-(e)s; =er⟩ **1.** (*äußerste Grenze*) edge. – **2.** (*eines Waldes etc*) edge, fringe, outskirts *pl*: **am ~e der Stadt** on the outskirts (*od.* periphery) of the town. – **3.** (*eines Abgrunds*) brink. – **4.** (*vorspringender Rand*) shoulder, ledge, flange. – **5.** (*eines Tellers, einer Brille etc*) rim. – **6.** (*eines Hutes, Glases*) brim: **bis an den ~, voll bis zum ~** full to the brim, brimful, *auch* brimfull; **ein Glas bis an den ~ füllen** to fill a glass to the brim. – **7.** *bes. print.* (*eines Buches etc*) margin: **der obere [rechte] ~** the top [right-hand] margin; **der untere ~** a) the bottom margin, b) *print.* the tail margin; **einen Fehler am ~ anstreichen** to mark a mistake in the margin. – **8.** (*kreisförmige Spur*) mark: **die Wassertropfen hatten Ränder auf dem Kleid hinterlassen** the drops of water had left marks on the dress. – **9.** (*Umrandung, Saum*) border, edging, fringe: **Briefpapier mit schwarzem ~** notepaper with black edging, black-edged notepaper. – **10.** *fig.* (*in Wendungen wie*) **halt deinen ~!** *sl.* shut your mouth! shut up! (*sl.*); **er kommt damit nicht zu ~e** he can't manage it; **das versteht sich am ~e** that goes without saying, that's understood (*od.* a matter of course); **am ~e bemerken** to remark in passing; **am ~e bemerkt** by the way, incidentally; **am ~e seiner Kräfte sein** to be near exhaustion; **am ~e der Verzweiflung sein** to be on the verge (*od.* brink) of despair; **er hat mich an den ~ der Verzweiflung gebracht** (*od.* **getrieben**) he nearly drove me to distraction; **am ~e des Grabes stehen** to be at death's door, to be near one's end; **j-n an den ~ des Abgrunds [Ruins] bringen** to bring s.o. to the verge (*od.* brink) of destruction [ruin]; **[vor Freude] außer ~ und Band geraten** *colloq.* to be beside oneself [with joy], to go wild (*od.* crazy) [with joy] (*colloq.*); **wegen etwas außer ~ und Band geraten** *colloq.* to go wild (*od.* crazy) over s.th. (*colloq.*); **die Kinder waren außer ~ und Band** *colloq.* the children were completely out of hand; **das interessiert mich nur am ~e** that's not what I am mainly interested in; **etwas (nur) am ~e miterleben** to be a bystander to s.th. – **11.** *med.* a) (*einer Wunde*) edge, b) (*dunkle*) **Ränder um die Augen** (livid) rings (*od.* circles). – **12.** *tech.* edge, rim, border.

Ran·dal [ran'da:l] *m* ⟨-s; -e⟩ *dial. for* Lärm 1, 3, 4, 5, Gejohl(e).

ran·da·lie·ren [randa'li:rən] *v/i* ⟨*no* ge-, h⟩ kick up a racket (*od.* shindy, *bes. Br.* row), raise the roof (*alle colloq.*). — **Ran·da'lie·rer** *m* ⟨-s; -⟩ *colloq.* rowdy, roisterer.

'Rand|,aus,gleich *m*, **~,aus,lö·sung** *f* (*einer Schreibmaschine*) margin(al) release. — **~be,mer·kung** *f* **1.** marginal note, sidenote, *Br.* side-note: **~en** marginal notes, marginalia; **~en machen** (*od.* **anbringen**) to make notes in the margin. – **2.** *fig.* gloss, comment: **~en zu etwas machen** to comment (up)on s.th. — **~be,satz** *m* (*fashion*) trimming. — **~be,völ·ke·rung** *f* fringe population. — **~be,zirk** *m cf.* Randgebiet 1. — **~,ein,stel·ler** *m* (*einer Schreibmaschine*) margin stop.

Rän·del ['rɛndəl] *n* ⟨-s; -⟩, **~,ei·sen** *n tech.* **1.** knurling tool. – **2.** (*für Holzwerk*) punching iron. – **3.** (*in Münzerei*) check. — **~ma,schi·ne** *f print.* bordering machine. — **~,mut·ter** *f tech.* straight-knurled nut.

rän·deln ['rɛndəln] *v/t* ⟨h⟩ **1.** rim, border. – **2.** (*Muttern etc*) (straight-)knurl. – **3.** (*Münzen*) mill, engrail. – **4.** *print.* border.

'Rän·del|,rad *n tech.* straight-knurling roll (*od.* disc), straight knurl. — **~,schrau·be** *f* knurled-head screw.

'Rän·de·lung *f* ⟨-; -en⟩ *tech.* **1.** a) (*Vorgang*) straight knurling, b) (*Ergebnis*) straight-knurled portion. – **2.** (*bei Münzen*) milled edge, engrailment.

rän·dern ['rɛndərn] *v/t* ⟨h⟩ *cf.* rändeln.

'Rand|er,schei·nung *f* side issue. — **~fi,gur** *f cf.* Nebenfigur 4. — **~ge,biet** *n* **1.** *geogr.* a) (*eines Staates*) peripheral area, fringe(s *pl*), b) (*einer Stadt*) outskirts *pl*. – **2.** *fig.* peripheral subject: **~ der Wissenschaft** borderland of science. — **r~ge,näht** *adj cf.* rahmengenäht. — **~,glos·se** *f cf.* Randbemerkung 2. — **~gum,mie·rung** *f print.* edge gumming. — **~,lei·ste** *f* **1.** *tech.* ledge, end strip. – **2.** *print.* a) galley flange, b) border. — **~,loch,kar·te** *f* (*computer*) edge-notched card. — **r~los** *adj* (*Brille*) rimless. — **~no,tiz** *f cf.* Randbemerkung 1. — **~pro,blem** *n* side issue. — **~,schär·fe** *f* (*optics*) *phot.* marginal sharpness. — **~,sied·lung** *f* suburban housing development (*Br.* estate), *Am. auch* suburban settlement. — **~,spur** *f* (*einer Autobahn*) **1.** side verge. – **2.** (*Ausweichstelle, Parkstreifen*) turnout, *Br.* lay-by. — **~,staat** *m pol.* border state. — **~,stein** *m* (*eines Gehsteigs*) curb(stone), edgestone, *Br.* kerb(stone): **mit ~en einfassen** to curb, *Br.* to kerb. — **~,stel·ler** *m* (*einer Schreibmaschine*) margin stop. — **~,stel·lung** *f mil.* perimeter position. — **~,strei·fen** *m* (*einer Straße*) shoulder: **„~ nicht befahrbar“** "Do not drive on hard shoulder". — **~,stück** *n* **1.** *gastr.* a) (*eines Brotes*) heel, end piece, b) (*eines Kuchens*) crusty edge. – **2.** *tech.* bordage. — **~ver,merk** *m cf.* Randbemerkung 1. — **r~,voll** *adj* **1.** (*Gefäß*) brimful, *auch* brimfull, brimming, topful(l), flush (*pred.*). – **2.** (*Maß*) stricken. — **~,zeich·nung** *f* marginal (*od.* border) drawing (*od.* sketch), vignette. — **~,zo·ne** *f geogr. cf.* Randgebiet 1.

rang [raŋ] *1 u. 3 sg pret of* ringen.

Rang *m* ⟨-(e)s; =e⟩ **1.** (*Stellung*) position, station, rank: **einen hohen ~ bekleiden** (*od.* **innehaben**) to hold a high position, to occupy a high rank; **j-m den ~ streitig machen** to compete (*od.* vie) with s.o.; **j-m den ~ ablaufen** to get the better of s.o., to outstrip s.o., to steal a march on s.o.; **ein Problem zweiten ~es** *fig.* a problem of secondary importance. – **2.** (*eines Beamten, Offiziers etc*) rank, status, (*bei der Marine*) *auch* ranking, rating, *Am.* (*besoldungsmäßig*) grade, rating: **den ~ eines Generals haben** to hold the rank of a general; **j-m einen ~ verleihen** to bestow a rank upon s.o.; **j-n j-m im ~ gleichstellen** to put s.o. on the same footing as s.o. else; **j-m unmittelbar im ~ folgen** to rank next to s.o.; **eine Persönlichkeit von hohem ~e** a personality of high rank, a high-ranking personality; **er nimmt den ersten ~ unter den zeitgenössischen Malern ein** *fig.* he holds the foremost rank (*od.* ranks foremost) among contemporary painters. – **3.** (*Stand*) class, (social) status: **er ist ein Mann ohne ~ und Namen** he is of the rank and file, he is an ordinary man; **alles, was ~ und Namen hatte, war da** all the notables (*od. colloq.* V.I.P.'s) were there. – **4.** (*Würde*) dignity. – **5.** (*Güte*) quality, rate, class, order: **ersten ~es** first-rate, first-class, of the first order; **ein gesellschaftliches Ereignis ersten ~es** a social event of the first order; **ein Hotel ersten ~es** a first-class hotel; **er ist ein Arzt [Sänger] von ~** he is a first-class (*od.* first-rate) doctor [singer]. – **6.** (*theater*) a) (*im Parkett*) row, b) (*einer Loge*) tier: **erster ~** dress circle, *bes. Am.* first balcony; **zweiter ~** *bes. Br.* upper circle, *bes. Am.* second balcony, *bes. Am. colloq.* peanut gallery. – **7.** *pl* (*sport*) (*Zuschauerränge*) terraces: **die Ränge waren dicht besetzt** the terraces were closely packed. – **8.** (*bei Lotterie etc*) *cf.* Gewinnklasse.

'Rang|,ab,zei·chen *n mil.* badge of rank, *pl auch* insignia(s) of rank. — **r~,äl·test** *adj* ⟨*attrib*⟩ senior, superior, premier. — **~,äl·te·ste** *m* **1.** superior, senior. – **2.** *mil.* senior (officer). — **~be,zeich·nung** *f* designation of rank.

Ran·ge ['raŋə] *m* ⟨-n; -n⟩, *f* ⟨-; -n⟩ *dial.* (young) rascal (*od.* scamp), brat, (*Junge*) cub, urchin, *bes. Am. colloq.* hellion.

rän·ge ['rɛŋə] *1 u. 3 sg pret subj of* ringen.

'ran,ge·hen *v/i* ⟨*irr, sep,* -ge-, sein⟩ *colloq.* (*in Wendungen wie*) **an die Arbeit ~** to get going, to go it (*colloq.*), *bes. Br. colloq.* to get stuck in; **~ wie Blücher** to go really hard at it; **an die Sache mußt du ganz anders ~** you must tackle it differently; **Mensch, geht der [die] ran!** he [she] fairly gives her [him] the glad eye (*sl.*).

ran·geln ['raŋəln] *dial.* **I** *v/i* ⟨h⟩ (*von Kindern*) scuffle, wrestle, tussle. – **II** *v/reflex* **sich ~** stretch (oneself).

'Rang|er,hö·hung *f* advancement in rank (*od.* position), promotion, step up the ladder (*colloq.*). — **~,fol·ge** *f* order of rank (*od.* priority). — **r~,gleich** *adj* of equal rank (*od.* position). — **r~,höchst** *adj* ⟨*attrib*⟩ highest-ranking. — **r~,hö·her** *adj* senior.

Ran'gier,bahn,hof *m* (*railway*) shunting station (*od.* yard), railroad (*Br.* railway) yard, marshaling (*bes. Br.* marshalling) yard, *bes. Am.* switchyard.

ran·gie·ren [rã'ʒi:rən] *v/i* **I** ⟨*no* ge-, h⟩ **1.** rank, be classed: **vor [hinter] j-m ~** to rank before [behind] s.o.; **an erster Stelle ~** to rank foremost. – **II** *v/t* **2.** (*railway*) a) (*verschieben*) shunt, *bes. Am.* switch, b) (*zusammensetzen*) marshal, *auch* marshall: **~ vom Ablaufberg** to hump. – **3.** *auto.* man(o)euver, *bes. Br.* manœuvre.

Ran'gie·rer *m* ⟨-s; -⟩ (*railway*) shunter, *bes. Am.* switchman.

Ran'gier|,gleis *n* (*railway*) siding (track), shunting (*bes. Am.* switching) track. — **~lo·ko·mo,ti·ve, ~ma,schi·ne** *f* shunting (*bes. Am.* switch, switching, [*kleine*] pony) engine (*od.* locomotive), shunter engine, *bes. Am.* switcher (engine). — **~,mei·ster** *m* shunting inspector, yardmaster.

'Rang|,klas·se *f* **1.** class, degree of quality. – **2.** *mil. cf.* Rang 2. — **~,li·ste** *f* **1.** list of ranks. – **2.** (*sport*) ranking list. – **3.** *mil.* a) army list (*bes. Am.* register), b) (*bei der Marine*) navy list (*bes. Am.* register), c) (*bei der Luftwaffe*) air force list (*bes. Am.* register). — **~,lo·ge** *f* (*theater*) dress circle (*bes. Am.* first-balcony) box. — **r~,mä·ßig** *adj u. adv* according to rank. — **r~,nied·rigst** *adj* ⟨*attrib*⟩ lowest-ranking. — **~,ord·nung** *f* **1.** *auch mil.* order of precedence (*od.* rank), hierarchy. – **2.** *econ. jur.* standing. — **~,platz** *m* (*theater*) seat in the dress circle (*bes. Am.* first balcony), dress circle (*bes. Am.* first-balcony) seat. — **~,streit** *m*, **~,strei·tig·keit** *f* dispute (*od.* quarrel) about rank (*od.* precedence). — **~,stu·fe** *f* (degree of) rank: **eine ~ höher** one step further (*od.* up). — **~ver,lust** *m bes. mil.* loss of rank, (*strafweise*) degradation, demotion.

'ran,hal·ten *v/reflex* ⟨*irr, sep,* -ge-, h⟩ **sich ~** *colloq.* **1.** hurry up. – **2.** (*beim Essen*) dig in. – **3.** (*beim Arbeiten*) work hard, get going, go it (*colloq.*).

rank [raŋk] *adj* ⟨-er; -est⟩ *lit.* **1.** (*schlank*) slim, slender: **~ und schlank** slim and slender. – **2.** (*geschmeidig*) lithe, lissome, *auch* lissom, limber.

Ran·ke ['raŋkə] *f* ⟨-; -n⟩ *bot.* **1.** tendril, string, (*bes. der Rebe*) (vine) shoot, (*bes.*

des Hopfens) bine, cirrus, *auch* cirrhus (*scient.*). – **2.** *cf.* Rankengewächs.

Rän·ke ['rɛŋkə] *pl* intrigues, schemes, machinations, plots: ~ **schmieden** to intrigue, to contrive, to plot and scheme.

ran·ken ['raŋkən] **I** *v/reflex* ⟨h⟩ **sich** ~ **1.** creep, run, climb: **sich an** (*dat*) **etwas in die Höhe** ~ to climb up s.th. – **2. sich um etwas** ~ a) to climb (a)round s.th., b) (*sich winden*) to wind (*od.* twist, entwine) (itself) (a)round s.th., c) *fig.* to be centered (*bes. Br.* centred) (a)round s.th.: **Rosen** ~ **sich um den Balkon** roses climb around the balcony; **Efeu rankt sich um den Baum** ivy winds round the tree; **um dieses Ereignis** ~ **sich viele Geschichten** *fig.* many stories are centered around this event. – **II** *v/i* ⟨*h u.* **sein**⟩ **3.** creep, run, climb.

'Ran·ken *m* ⟨-s; -⟩ **ein** ~ **Brot** *bes. Southern G. and Austrian dial.* a hunk of bread.

'ran·ken,ar·tig *adj bot.* tendril-shaped; cirriform, cirr(h)ous (*scient.*).

'Ran·ken|,fü·ßer *m* ⟨-s; -⟩ *zo.* barnacle, cirriped(e) (*scient.*) (*Ordng Cirripedia*). — ~**ge,wächs** *n bot.* creeper, climber, vine runner.

'Rän·ke|,schmied *m contempt.* (*Intrigant*) intriguer, plotter, schemer, contriver. — ~**,spiel** *n* intrigue(s *pl*). — **r~,süch·tig, r~,voll** *adj* intriguing, plotting, scheming, contriving.

'ran·kig *adj bot.* **1.** creeping, with tendrils. – **2.** tendril-shaped.

rann [ran] *3 sg pret*, **rän·ne** ['rɛnə] *3 sg pret subj of* **rinnen.**

rann·te ['rantə] *1 u. 3 sg pret of* **rennen.**

Ra·nu·la ['ra:nula] *f* ⟨-; -lae [-lɛ]⟩ *med.* frog tongue; ranine tumor (*bes. Br.* tumour), ranula (*scient.*).

Ra·nun·kel [ra'nuŋkəl] *f* ⟨-; -n⟩ *bot.* buttercup, ranunculus (*scient.*) (*Gattg Ranunculus*).

Ränz·chen ['rɛntsçən] *n* ⟨-s; -⟩ *dim. of* Ranzen.

Rän·zel ['rɛntsəl] *n, Northern G. auch m* ⟨-s; -⟩ *cf.* Ranzen 1, 2.

Ran·zen ['rantsən] *m* ⟨-s; -⟩ **1.** knapsack, (travel[l]ing) bag: **seinen** ~ **schnüren** *fig. colloq.* to pack one's bag (and be off). – **2.** (*Schulranzen*) satchel. – **3.** *colloq.* (*Bauch*) paunch, potbelly: **sich** (*dat*) **den** ~ **vollschlagen** *vulg.* to fill one's belly, to eat one's fill. – **4.** *colloq.* (*Buckel*) hump, hunch.

'ran·zen *v/i* ⟨h⟩ *hunt.* (*von Haarraubwild*) copulate, mate.

'ran·zig *adj* (*Butter etc*) rancid, rank: ~ **werden** to turn rancid. — **'Ran·zig·keit** *f* ⟨-; *no pl*⟩ rancidity, rancidness.

'Ranz,zeit *f hunt.* (*des Haarraubwilds*) rut, rutting time.

Rap·fen ['rapfən] *m* ⟨-s; -⟩ *zo. a rapacious carp* (*Aspius aspius*).

Ra·phia ['ra:fia] *f* ⟨-; Raphien⟩ *bot.* raffia (palm) (*Raphia pedunculata*). — ~**,bast** *m* raffia, raphia. — ~**,pal·me** *f bot. cf.* Raphia.

Ra·phi·den [ra'fi:dən] *pl bot.* raphides.

ra·pid [ra'pi:t], **ra'pi·de** [-də] **I** *adj* (*Tempo, Abbau, Wachstum etc*) rapid. – **II** *adv* rapidly: **mit der Wirtschaft geht es** ~ **abwärts** the economy is declining rapidly (*od.* is in rapid decline); **mit ihm geht es** ~ **abwärts** *fig. colloq.* he is going downhill rapidly.

Ra'pid·ent,wick·ler *m phot.* high-speed developer.

Ra·pi·di'tät [-pidi'tɛ:t] *f* ⟨-; *no pl*⟩ rapidity, rapidness.

Ra·pier [ra'pi:r] *n* ⟨-s; -e⟩ (*sport*) (*beim Fechten*) rapier.

Rap·pe ['rapə] *m* ⟨-n; -n⟩ black (horse): **auf Schusters** ~**n reiten** *fig. colloq.* to go on foot, to go on (*od.* by) Shank's mare, to foot (*od.* hoof) it (*colloq.*).

Rap·pel ['rapəl] *m* ⟨-s; -⟩ *colloq.* **1.** tantrum, fit of madness (*od.* rage): **er hat wieder einmal seinen** ~ he is having another of his tantrums, he is in another tantrum. – **2.** (*Verrücktheit, Fimmel*) mad whim (*od.* freak, notion) (*colloq.*), craze, fad, mania: **du hast wohl einen** ~ you must be crazy (*od.* off your head, out of your mind, *sl.* nuts, *Br. sl.* crackers). — **'rap·pe·lig** *colloq.* **I** *adj* **1.** irritable, nervous: **der Lärm machte mich ganz** ~ the noise made me irritable (*od.* put me on edge). – **2.** (*aufgedreht*) wound-up, worked-up (*beide attrib*). – **3.** (*Sprechweise*) flustered. – **II** *adv* **4.** ~ **reden** to talk in a fluster.

'Rap·pel,kopf *m colloq.* (*aufbrausender Mensch*) hothead, irritable person. — **'rap·pel,köp·fisch** [-,kœpfɪʃ] *adj colloq.* hotheaded.

rap·peln ['rapəln] **I** *v/i* ⟨h⟩ (*leise klappern, rasseln*) rattle, clatter. – **II** *v/reflex* **sich** (**wieder**) **in die Höhe** ~ *auch fig.* to get back on to one's feet (again); **sich aus dem Schnee** ~ to pick oneself up out of the snow. – **III** *v/impers* **es hat an der Tür gerappelt** there was a rattle at the door; **bei dir rappelt's wohl** *fig. colloq.* you must be off your head (*od. sl.* rocker, nut, onion), you must have a screw loose, you must be nuts (*sl.*).

Rap·pen ['rapən] *m* ⟨-s; -⟩ (*schweizerische Münze*) rappen. — ~**an·ti,lo·pe** *f zo.* sable antelope (*Hippotragus niger*).

'rapp·lig *adj u. adv colloq. cf.* rappelig.

Rap·port [ra'pɔrt] *m* ⟨-(e)s; -e⟩ **1.** *mil. econ.* report: **sich bei j-m zum** ~ **melden** *bes. mil.* to report to s.o. – **2.** *econ.* report(s *pl*) to the central management. – **3.** (*textile*) pattern repeat. — **rap·por'tie·ren** [-'ti:rən] *v/i* ⟨*no* **ge-, h**⟩ *obs.* report.

Raps [raps] *m* ⟨-es; *Arten* -e⟩ **1.** *bot.* rape, colza (*Brassica napus*). – **2.** *cf.* Rapssamen.

rap·schen ['rapʃən], **rap·sen** ['rapsən] *v/t* ⟨h⟩ *dial.* snatch.

'Raps|,feld *n agr.* field of rape. — ~**,ku·chen** *m* (*Viehfutter*) rape cake. — ~**,öl** *n* rape (*od.* colza, rape[-]seed) oil. — ~**,saat** *f*, ~**,sa·men** *m agr.* rapeseed, *Br.* rape-seed, colzaseed, *Br.* colza-seed.

Rap·tus[1] ['raptus] *m* ⟨-; -⟩ *med. psych.* raptus.

'Rap·tus[2] *m* ⟨-; -se⟩ *colloq. cf.* Rappel.

Ra·pünz·chen [ra'pʏntsçən] *n* ⟨-s; -⟩ *bot. cf.* Rapunzel.

Ra·pun·zel [ra'puntsəl] *f* ⟨-; -n⟩ *bot.* lamb's-lettuce, corn salad (*Valerianella locusta*).

rar [ra:r] *adj* ⟨-er; -st⟩ **1.** rare, scarce: **Gold ist ein** ~**es Metall** gold is a rare metal; **sich** ~ **machen** *colloq.* a) (*selten kommen*) to make oneself scarce, b) (*bes. von einem Mädchen*) to play hard to get. – **2.** (*Marke, Münze etc*) rare.

Ra·ri·tät [rari'tɛ:t] *f* ⟨-; -en⟩ **1.** rarity, scarcity. – **2.** rarity, curio, curiosity: **seine Bibliothek birgt viele** ~**en** his library contains many curios (*od.* curiosa).

Ra·ri'tä·ten|,händ·ler *m* curio dealer. — ~**ka·bi,nett** *n* curio cabinet, cabinet of curiosities. — ~**,samm·ler** *m* collector of curios (*od.* rarities).

ra·sant [ra'zant] **I** *adj* **1.** *colloq.* (*Tempo etc*) breakneck (*attrib*), headlong, wild. – **2.** *colloq.* (*Wagen, Beschleunigung*) fast. – **3.** *colloq.* (*rassig*) 'smashing', snazzy (*beide sl.*): **eine** ~**e Frau** a smashing woman, a smasher (*sl.*). – **4.** *colloq.* (*Arbeiter etc*) energetic, vigorous. – **5.** *mil.* (*in der Ballistik*) flat: ~**e Flugbahn** flat trajectory. – **II** *adv* **6. er fährt** ~ *colloq.* he drives at (a) breakneck speed. – **7.** *mil.* on a flat trajectory. — **Ra'sanz** [-'zants] *f* ⟨-; *no pl*⟩ **1.** *colloq.* breakneck (*od.* headlong, wild, high) speed. – **2.** *mil.* (*einer Flugbahn*) flatness.

rasch [raʃ] **I** *adj* ⟨-er; -est⟩ **1.** quick: **eine** ~**e Auffassungsgabe haben** to have quick (*od.* keen) perception; **in** ~**er Folge** in quick (*od.* close) succession; ~! hurry up! quick! make it snappy! (*colloq.*). – **2.** (*Bewegung, Schritte etc*) brisk. – **3.** (*vorschnell*) hasty, rash. – **4.** (*Aktion, Handlung*) speedy, swift. – **5.** (*Erledigung, Antwort etc*) prompt. – **6.** (*schnippisch, heftig*) brusque, *auch* brusk, snappish, snappy. – **II** *adv* **7. komm** ~ come quickly; **zu** ~ **entschlossen sein** to make rash decisions; **einen Auftrag** ~ **erledigen** to meet an order promptly; ~ **herbeieilen** to hurry to the scene; ~ **vorwärtskommen** to make (good) time (*colloq.*); ~ **vorankommen** to make good (*od.* quick) progress; **wer** ~ **gibt, gibt doppelt** (*Sprichwort*) *etwa* prompt help is the best help.

ra·scheln ['raʃəln] **I** *v/i* ⟨h⟩ **1.** rustle: **die Blätter** ~ **im Wind** the leaves rustle in the wind; **Mäuse** ~ **im Stroh** mice are rustling in the straw; **was raschelt da?** what's that rustle? – **2.** (*von Seide etc*) swish, crinkle. – **II R**~ *n* ⟨-s⟩ **3.** *verbal noun.* – **4.** rustle. – **5.** (*von Seide etc*) swish, crinkle, froufrou.

'Rasch·heit *f* ⟨-; *no pl*⟩ **1.** quickness. – **2.** (*der Bewegung*) briskness. – **3.** (*Vorschnellheit*) hastiness, rashness. – **4.** (*im Handeln*) speediness, swiftness. – **5.** (*einer Erledigung*) promptness. – **6.** (*Heftigkeit*) brusqueness, snappishness, snappiness.

ra·sen[1] ['ra:zən] **I** *v/i* ⟨*h u.* **sein**⟩ **1.** ⟨sein⟩ (*schnell fahren od. laufen*) race, shoot, speed, tear, scorch (*colloq.*): **das Auto raste um die Ecke** the car shot (*od.* whizzed) round the corner. – **2.** ⟨sein⟩ **über** (*acc*) **etwas** ~ *fig.* (*vom Sturm etc*) to sweep over s.th. – **3.** ⟨h⟩ (*in Wendungen wie*) **vor Begeisterung** ~ to be wild (*od.* beside oneself) with enthusiasm; **vor Wut** ~ to be beside oneself (*od.* to fume) with rage, to be raging; **im Wahnsinn** ~ to rave, to be frantic, to be out of one's mind (*od.* senses); **der Sturm raste** the storm raged. – **II R**~ *n* ⟨-s⟩ **4.** *verbal noun.* – **5.** *cf.* Raserei.

'Ra·sen[2] *m* ⟨-s; -⟩ **1.** lawn, grass: **einen** ~ **anlegen** to lay a lawn, to plant grass; **er ruht schon lange unterm grünen** ~, **ihn deckt schon lange der grüne** ~ *poet.* he has been long since under the sward. – **2.** *cf.* Rasenplatz 1.

'ra·sen|be,deckt, ~**be,wach·sen** *adj* lawn-covered. — **R~,blei·che** *f* **1.** bleaching on grass, grass bleach(ing). – **2.** (*Platz*) bleaching ground.

'ra·send I *pres p of* rasen[1]. – **II** *adj* **1.** ⟨*attrib*⟩ breakneck, scorching (*colloq.*): **mit** ~**er Geschwindigkeit** at a scorching speed. – **2.** (*wütend*) mad, raging, frenzied (*od.* frantic) with rage: **in** ~**er Wut** mad with rage, in a towering rage; **mach mich nicht** ~! don't drive me mad (*od.* frantic)! ~ **werden** to go mad, to see red. – **3.** (*Schmerz*) agonizing, searing, (*bes. Kopfschmerzen*) splitting. – **4.** (*Angst etc*) desperate. – **5.** (*Hunger*) ravenous. – **6.** (*Durst*) raging. – **7.** (*Eifersucht*) mad (*colloq.*). – **8.** (*Beifall*) roaring, thunderous. – **III** *adv* **9.** (*sehr*) very, extremely, terribly (*colloq.*): **das tu ich** ~ **gern** *colloq.* I love to do (*od.* doing) that, I adore that; **er ist** ~ **verliebt** *colloq.* he is madly in love (*colloq.*); **der Hut war** ~ **teuer** *colloq.* the hat was terribly expensive.

'Ra·sen·de[1] *m* ⟨-n; -n⟩ madman.

'Ra·sen·de[2] *f* ⟨-n; -n⟩ madwoman.

'Ra·sen,decke (*getr.* -k·k-) *f* grass(y) cover, turf.

'Ra·send,wer·den *n only in* **es ist zum** ~ it's enough to drive you mad (*od. sl.* round the bend).

'Ra·sen,ei·sen|,erz *n*, ~**,stein** *m min.* bog iron ore, swamp ore, limonite.

'Ra·sen|,flä·che *f* lawn, grassplot, *Am. auch* grassplat. — ~**,hän·ge,bank** *f* ⟨-; ¨e⟩ (*mining*) pit bank. — ~**,hockey** (*getr.* -k·k-) *n* (*sport*) field hockey. — ~**,mä·her** *m*, ~**,mäh·ma,schi·ne** *f* lawn mower. — ~**,platz** *m* **1.** grassplot, *Am. auch* grassplat, lawn. – **2.** (*sport*) a) (*beim Tennis*) lawn (*od.* grass) court, b) (*beim Fußball etc*) lawn (*od.* grass) ground. — ~**,sche·re** *f* edging shears *pl.* — ~**,spie·le** *pl* (*sport*) lawn games. — ~**,sport** *m* lawn sport. — ~**,spren·ger** *m* (lawn) sprinkler. — ~**,ste·cher** *m* turf (*od.* sod) cutter. — ~**,stück** *n* **1.** sod, turf. – **2.** *cf.* Rasenfläche. — ~**,ten·nis** *n* (*sport*) lawn tennis. — ~**,tep·pich** *m* velvet lawn, carpet of grass (*od.* lawn).

Ra·se'rei *f* ⟨-; *no pl*⟩ **1.** *cf.* Rasen[1]. – **2.** (*wildes Fahren*) reckless driving, racing. – **3.** (*Wüten*) tantrum, frenzied (*od.* towering) rage: **in** ~ **geraten** to fly into a rage; **das bringt ihn zur** ~ that drives him mad. – **4.** (*Wahnsinn*) frenzy, madness.

Ra'sier|ap·pa,rat *m* safety razor: **elektrischer** ~ electric (*od.* dry) razor (*od.* shaver). — ~**,creme** *f* shaving cream.

ra·sie·ren [ra'zi:rən] **I** *v/reflex* ⟨*no* **ge-, h**⟩ **sich** ~ **1.** (have a) shave: **er hat sich noch nicht rasiert** he hasn't shaved yet; **sich naß** [**trocken**] ~ to shave with a safety razor [dry]. – **II** *v/t* **2.** shave: **sich** ~ **lassen** to get shaved, to get (*od.* have) a shave; ~, **bitte!** (*beim Friseur*) a shave, please! **sich** (*dat*) **die Beine** ~ to shave one's legs. – **3.** *fig. colloq. cf.* abrasieren 2. – **4.** *fig. colloq.* cheat, trick. – **III R**~ *n* ⟨-s⟩ **5.** *verbal noun.* – **6.** shave: **was kostet das R~?** how much is a shave?

Ra'sier|,klin·ge *f* razor blade. — ~**,krem** *f* shaving cream. — ~**,mes·ser** *n* (straight) razor, *Br. colloq. auch* cut-throat razor. — ~**,napf** *m* shaving mug. — ~**,pin·sel** *m* shaving brush. — ~**,schaum** *m* (*in der Tube*) shaving lather. — ~**,sei·fe** *f* shaving soap (*od.* stick). — ~**,spie·gel** *m* shaving mirror. — ~**,was·ser** *n* ⟨-s; - *od.* ¨⟩ **1.**

a) (*vor der elektrischen Rasur*) pre-shave lotion, b) (*nach der Rasur*) shaving (*od.* after-shave) lotion. – **2.** (hot) water for shaving. — **~ˌzeug** *n* shaving things *pl* (*od.* utensils *pl*, tackle).

'ra·sig *adj* grassy, turfy, lawn-covered.

Rä·son [rɛ'zõː] *f* ⟨-; *no pl*⟩ *obs.* reason: **j-n zur ~ bringen** to talk sense into s.o.; **~ annehmen** to listen to reason. — **rä·so·'nie·ren** [-zo'niːrən] *v/i* ⟨*no* **ge-**, **h**⟩ **1.** *obs.* reason. – **2.** *colloq. for* a) meckern 2, b) nörgeln, c) schimpfen 2.

Ras·pel ['raspəl] *f* ⟨-; -n⟩ **1.** *tech.* rasp. – **2.** (*housekeeping*) grater. — **~ˌbrot** *n* bread crumbs *pl*.

ras·peln ['raspəln] *v/t* ⟨h⟩ **1.** *tech.* rasp. – **2.** *gastr.* grate: → Süßholz 2.

raß [ras] *adj* ⟨-sser; -ssest⟩ *Bavarian and Austrian dial.* **1.** (*Speise*) hot, spicy. – **2.** (*Pferd*) fiery. – **3.** (*Frau*) brusque, sharp.

räß [rɛːs] *adj* ⟨-sser; -ssest⟩ *Swiss dial. for* raß 1.

Ras·se ['rasə] *f* ⟨-; -n⟩ **1.** *anthrop.* race: **die weiße [gelbe] ~** the white [yellow] race. – **2.** *zo.* (*Zucht*) breed, stock, blood, strain, subspecies: **gekreuzte ~** crossbreed; **dieses Pferd hat ~** this horse is well bred (*od.* has a good pedigree). – **3.** *colloq.* 'class' (*colloq.*): **diese Frau hat ~** this woman has class. — **~ˌhund** *m zo.* pedigree (*od.* thoroughbred, purebred) dog.

Ras·sel ['rasəl] *f* ⟨-; -n⟩ rattle, (*für Kinder*) baby's rattle. — **~ˌban·de** *f colloq. humor.* band (*od.* pack) of rascals (*od.* ruffians), noisy lot (*Am.* gang) (*colloq.*). — **~geˌräusch** *n meist pl med.* a) rattling, rale, rhonchus (*scient.*), b) (*bei Pleuritis*) crackle.

ras·seln ['rasəln] **I** *v/i* ⟨h *u.* sein⟩ **1.** ⟨h⟩ rattle, *auch* clank, clatter: **mit den Ketten ~** to rattle the chains; **mit dem Säbel ~** *fig. colloq.* to rattle the saber (*bes. Br.* sabre). – **2.** ⟨sein⟩ **durch eine Prüfung** (*od.* **ein Examen**) **~** *fig. colloq. Am. sl.* to flunk an exam, *Br. sl.* to get ploughed in an exam. – **3.** *med.* a) (*bei Asthma*) wheeze, b) (*trocken*) crackle. – **II R~** *n* ⟨-s⟩ **4.** *verbal noun.*

'Ras·sen|be·wußtˌsein *n* **1.** racial consciousness (*od.* awareness), awareness of one's race. – **2.** (*übertriebenes*) racialism, racism. — **~bio·loˌgie** *f* study of animal breeds. — **~dis·kri·miˌnie·rung** *f* racial discrimination. — **~faˌna·ti·ker** *m* racialist, racist. — **~faˌnaˌtis·mus** *m* racialism. — **~ˌfor·schung** *f* racial research. — **~ˌfra·ge** *f* racial issue. — **~geˌmisch** *n anthrop. cf.* Rassenmischung. — **~geˌsetz** *n pol.* racial law. — **~geˌsetzˌge·bung** *f* racial legislation (*od.* jurisdiction). — **~ˌhaß** *m* racial hatred, racism, racialism. — **~hy·gie·ne** [-hyˌgieːnə] *f biol.* eugenics *pl* (*usually construed as sg*). — **r~hy·gie·nisch** [-hyˌgieːnɪʃ] *adj* eugenic, *auch* eugenical. — **~ˌkampf** *m pol.* racial conflict. — **~konˌflikt** *m* race (*od.* racial) conflict. — **~kraˌwall** *m* race riot. — **~ˌkreu·zung** *f zo.* crossbreeding. — **~ˌkun·de** *f* ⟨-; *no pl*⟩ *anthrop.* study of race(s), ethnology (*scient.*). — **~ˌleh·re** *f* racial theory (*od.* doctrine). — **~ˌmerkˌmal** *n* racial characteristic. — **~ˌmi·schung** *f* racial mixture, miscegenation, *Am.* (racial) amalgamation. — **~po·liˌtik** *f* racial policy, racism, racialism. — **~ˌschan·de** *f* racial disgrace. — **~ˌschran·ke** *f* racial barrier, color (*bes. Br.* colour) bar (*bes. Am.* line). — **~ˌstolz** *m* **1.** racial pride. – **2.** racism, racialism. — **~theoˌrie** *f anthrop.* racial theory (*od.* doctrine). — **~ˌtren·nung** *f* racial segregation, (*in Südafrika*) apartheid. — **~ˌunˌru·hen** *pl* racial unrest *sg.* — **~verˌfol·gung** *f* racial persecution. — **r~verˌwandt** *adj* racially related, related by race. — **~ˌvorˌur·teil** *n* racial prejudice, racialism, racism.

'Ras·se|ˌpferd *n* thoroughbred (*od.* purebred, pureblood, pedigree) horse. — **r~ˌrein** *adj zo. cf.* reinrassig 2. — **~ˌrein·heit** *f* pedigree. — **~ˌvieh** *n agr.* registered (*od.* pedigree) cattle.

'ras·sig *adj* **1.** *zo. cf.* reinrassig 2. – **2.** (*Wein*) aromatic, fragrant. – **3.** (*feurig, temperamentvoll*) fiery. – **4.** (*Profil, Gesicht etc*) noble. – **5.** (*Auto etc*) streamlined, snazzy (*sl.*). – **6.** (*Frau*) classy (*colloq.*): **sie ist ~** she has class (*colloq.*).

'ras·sisch *adj biol.* (*Merkmal etc*) racial.

Ras'sis·mus *m* ⟨-; *no pl*⟩ *pol. sociol.* racism, racialism.

Rast [rast] *f* ⟨-; *rare* -en⟩ **1.** (*Ausruhen, Muße etc*) rest, repose: **er ist ohne ~ und (ohne) Ruh(e)** he is never at peace (*od.* rest); **eine Bank lud zur ~ (ein)** *lit.* a bench invited us to take a rest. – **2.** (*Pause*) break, pause, *bes. mil.* halt: **eine kurze ~ einlegen** (*od.* **machen**) a) to have (*od.* take) a short break, b) *mil.* to make a short halt; **er arbeitet ohne ~ und Ruh** he works without a letup (*Br.* let-up) (*colloq.*). – **3. ~ des Hochofens** *metall.* bosh. — **~ˌblen·de** *f phot.* click stop.

Ra·ste ['rastə] *f* ⟨-; -n⟩ *tech.* **1.** (*einer Rastenscheibe*) notch, slot, recess. – **2.** (*einer Lochscheibe*) hole. – **3.** (*einer Sperrvorrichtung*) catch.

Ra·stel ['rastəl] *n* ⟨-s; -⟩ *Austrian for* a) Schutzgitter 3, b) Drahtgeflecht. — **~ˌbin·der** *m Austrian obs.* itinerant tinker (*od.* sieve-maker).

ra·sten ['rastən] *v/i* ⟨h⟩ **1.** (*müßig sein*) rest, repose: **er ruhte und rastete nicht, ehe er sein Ziel erreicht hatte** *lit.* he did not rest until he had reached his goal; **wer rastet, der rostet** (*Sprichwort*) *etwa* he who is idle stagnates. – **2.** (*Pause machen*) (have *od.* take a) break, (have a) pause, *bes. mil.* (make a) halt.

Ra·ster ['rastər] *m, telev. n* ⟨-s; -⟩ **1.** *print.* screen. – **2.** *telev.* screen, raster. – **3.** *phot.* screen. – **4.** a) (*in der Reproduktionstechnik*) regular pattern of dots and lines, b) (*beim Siebdruck*) silk screen. – **5.** *med.* (*beim Röntgen*) (*Gitter*) grid. — **~ˌät·zung** *f print.* **1.** autotype. – **2.** *phot.* halftone etching. – **3.** (*Vorgang*) autotypy, autotype. — **~ˌbild** *n telev.* **1.** frame. – **2.** (*Halbbild bei Zeilensprung*) field. — **~ˌdruck** *m* ⟨-(e)s; -e⟩ **1.** *print. cf.* Rasterätzung. – **2.** *photo.* halftone printing (*od.* process). — **~freˌquenz** *f telev.* scanning frequency. — **~mi·kroˌskop** *n* (*optics*) screen (*od.* raster, electron) scan microscope.

ra·stern ['rastərn] *v/t* ⟨h⟩ **1.** *phot. print.* screen. – **2.** *telev.* scan.

'Ra·ster|ˌschirm *m telev.* scanning (*od.* mosaic) screen. — **~ˌtiefˌdruck** *m* ⟨-(e)s; -e⟩ *print.* photogravure.

'Rastˌhaus *n* (*bes. an Autobahnen*) **1.** roadhouse, rest house, *Br. auch* (motorway) service area. – **2.** (*mit Hotelbetrieb*) motel.

'rast·los *adj* **1.** restless. – **2.** (*unermüdlich*) indefatigable. – **3.** (*unablässig*) incessant, ceaseless, restless (*lit.*). – **4.** (*zappelig*) restless, fidgety. — **'Rast·lo·sig·keit** *f* ⟨-; *no pl*⟩ **1.** restlessness. – **2.** indefatigability. – **3.** incessantness, ceaselessness, restlessness (*lit.*). – **4.** restlessness, fidgetiness.

'Rastˌplatz *m* picnic area, stopping place, (*an der Autobahn*) *Br.* lay-by.

Ra·stral [ras'traːl] *n* ⟨-s; -e⟩ *mus.* pen with five points for ruling staff.

'Rast|ˌstät·te *f* **1.** *cf.* Rasthaus. – **2.** *cf.* Rastplatz. — **~ˌtag** *m* day of rest, rest day.

Ra·sur [ra'zuːr] *f* ⟨-; -en⟩ **1.** *cf.* Rasieren. – **2.** shave. – **3.** *cf.* Radieren. – **4.** (*ausradierte Stelle*) erasure.

Rat[1] [raːt] *m* ⟨-(e)s; Ratschläge⟩ **1.** advice, counsel: **ein ~** a piece (*od.* word) of advice; **guter [wohlgemeinter] ~** good [well-meant] advice; **auf j-s ~ (hin)** on s.o.'s advice; **ich gebe dir einen ~** let me give you some (*od.* a piece of) advice; **ich holte mir ~ bei ihm, ich fragte ihn um ~** I asked him for advice; **hör auf meinen ~** heed (*od.* listen to) my advice; **bei j-m ~ suchen** to seek advice from s.o.; **ärztlichen ~ in Anspruch nehmen** to take (*od.* get) medical advice; **befolge meinen ~!** take my advice! **j-m mit ~ und Tat zur Seite stehen** to stand by s.o. with help and advice, to support s.o. by word and deed; **nun ist guter ~ teuer** now we are really in a fix (*od. sl.* jam); **kommt Zeit, kommt ~** (*Sprichwort*) time will bring an answer; **guter ~ kommt über Nacht** (*Sprichwort*) night is the mother of counsel (*proverb*). – **2.** (*Vorschlag*) suggestion, proposal. – **3.** (*Empfehlung*) recommendation. – **4.** ⟨*only sg*⟩ (*Beratung*) deliberation, consultation: **(über** *acc* **etwas) ~ halten** to deliberate (*od.* confer) (on s.th.); **mit sich (selbst) zu ~e gehen, ob** to deliberate (*od.* to contemplate seriously) whether, to go into a huddle with oneself about (*colloq.*). – **5.** ⟨*only sg*⟩ **j-n [etwas] zu ~e ziehen** to consult s.o. [s.th.]. – **6.** (*Ausweg, Abhilfe*) way out, means *pl*, remedy, expedient: **~ schaffen** to find a way out (*od.* ways and means); **er weiß sich immer ~** he is never at a loss; **ich weiß mir keinen ~ mehr** I am at my wit's end.

Rat[2] *m* ⟨-(e)s; ⸚e⟩ **1.** (*Ratsversammlung*) a) council, board, b) (*in kommunistischen Ländern*) soviet: **den ~ einberufen** to call a council meeting; **der Hohe ~** (*in Jerusalem*) the Council; **~ der Außenminister** *hist. pol.* Council of Foreign Ministers. – **2.** (*Person*) councillor, *auch* councilor, counsel(l)or, (*im Stadtrat*) *auch* alderman. – **3. der Große ~** *Swiss cf.* Kantonsrat.

rät [rɛːt] *3 sg pres of* raten.

Rät *n* ⟨-s; *no pl*⟩ *geol.* uppermost layer of Triassic formation, (the) Rhaetic.

Ra·te ['raːtə] *f* ⟨-; -n⟩ *econ.* **1.** installment, *bes. Br.* instalment: **die erste [monatliche] ~** the first [monthly] instal(l)ment; **eine ~ ist fällig** an instal(l)ment is due; **(etwas) auf ~n kaufen** to buy (s.th.) by instal(l)ments; **eine ~ zahlen** to pay an instal(l)ment; **in ~n zahlen** to pay by (*od.* in) instal(l)ments; **mit einer ~ im Rückstand** (*od.* **Verzug**) **sein** to be one payment behind, to be behind (*od.* in arrears) with a payment. – **2.** (*Verhältniszahl*) proportion, ratio. – **3.** (*Zuwachsrate*) rate (of growth). – **4.** (*Frachtrate*) freight rate.

Ra·tel ['raːtəl] *m* ⟨-s; -⟩ *zo. cf.* Honigdachs.

ra·ten ['raːtən] **I** *v/i* ⟨rät, riet, geraten, h⟩ **1.** j-m **(zu etwas) ~** a) to advise (*od.* counsel) s.o. (to do s.th.), b) to recommend s.th. to s.o.: **sich** (*dat*) **[nicht] ~ lassen** [not] to take advice, [not] to listen to reason; **man hat ihm dazu geraten** he was advised to do it; **laß dir (von mir) ~** take my advice; **tu es nicht, ich rate dir gut!** don't do it, that's well-meant advice! **zu diesem Mantel kann ich Ihnen nur ~** I can really recommend this coat to you; **wem nicht zu ~ ist, dem ist auch nicht zu helfen** (*Sprichwort*) those who will not listen to reason cannot be helped. – **2. ~ Sie mal!** have a guess! – **II** *v/t* **3.** j-m **etwas ~** to advise (*od.* counsel) s.o. to do s.th.: **das würde ich dir nicht ~** I wouldn't advise you to do that; **laß dir das geraten sein!** let that be a warning to you! **das will ich dir auch [nicht] geraten haben** you had better [not], it's well (*od.* a good thing, *bes. Br.* a good job) you did [didn't]. – **4.** (*erraten*) guess: **rat(e) mal, wie alt sie ist** guess how old she is; **das ist ja nur geraten!** that's only guesswork! – **5.** (*lösen*) solve: **ein Rätsel [Kreuzworträtsel] ~** to solve a riddle [crossword (puzzle)]. – **III R~** *n* ⟨-s⟩ **6.** *verbal noun*: **ich gebe das R~ auf** I'll stop guessing.

'Ra·tenˌkauf *m bes. Br.* hire purchase, *Am.* installment purchase (*od.* buying).

'ra·tenˌwei·se *adv* by (*od.* in) installments (*bes. Br.* instalments).

'Ra·tenˌzah·lung *f* payment by installments (*bes. Br.* instalments): **etwas auf ~ kaufen** *Br.* to buy s.th. on the hire purchase system (*od. colloq.* on the HP, *colloq. humor.* on the never-never), *Am.* to buy s.th. on the installment plan.

'Ra·tenˌzah·lungs·sy·stem *n Br.* hire purchase system, *Am.* installment plan.

'Rä·te|reˌgie·rung *f pol.* **1.** government by commissars. – **2.** (*in kommunistischen Ländern*) soviet government. — **~re·puˌblik** *f* republic governed by commissars.

'Ra·teˌspiel *n* guessing game.

'Rat|ˌge·ber *m* **1.** adviser, *auch* advisor, counsel(l)or. – **2.** (*Buch etc*) guide. — **~ˌhaus** *n* town (*od.* city) hall, guildhall.

Ra·ti·fi·ka·ti·on [ratifika'tsioːn] *f* ⟨-; -en⟩ *pol.* ratification.

Ra·ti·fi·ka·ti'onsˌurˌkun·de *f pol.* instrument of ratification.

ra·ti·fi·zie·ren [ratifi'tsiːrən] *pol.* **I** *v/t* ⟨*no* **ge-**, **h**⟩ ratify. – **II R~** *n* ⟨-s⟩ *verbal noun.* — **Ra·ti·fi'zie·rung** *f* ⟨-; -en⟩ **1.** *cf.* Ratifizieren. – **2.** *cf.* Ratifikation.

Ra·tio ['raːtsio] *f* ⟨-; *no pl*⟩ *philos.* **1.** (*Vernunft*) reason. – **2.** (*Seinsursache*) ratio essendi, basic cause (*od.* reason).

Ra·ti·on [ra'tsioːn] *f* ⟨-; -en⟩ **1.** ration: **eine ~ Reis** a ration of rice; **eiserne ~** *mil.* emergency (*od.* iron) ration, individual reserves *pl.* – **2.** (*Anteil*) portion, share, allowance.

ra·tio·nal [ratsio'naːl] *adj* (*vernünftig*) rational.

ra·tio·na·li·sie·ren [ratsionali'ziːrən] *econ.* **I** *v/t* ⟨*no* **ge-**, **h**⟩ rationalize *Br. auch* -s-, streamline. – **II** *v/i* rationalize *Br. auch* -s-.

– III **R~** *n* ⟨-s⟩ *verbal noun.* — **Ra·tio·na·li'sie·rung** *f* ⟨-; -en⟩ **1.** *cf.* Rationalisieren. – **2.** rationalization *Br. auch -s-.*

Ra·tio·na·li'sie·rungs|ˌfachˌmann *m econ.* efficiency (*od.* rationalization) expert. — **~ˌmaßˌnah·me** *f* rationalization measure.

Ra·tio·na·lis·mus [ratsĭona'lɪsmʊs] *m* ⟨-; *no pl*⟩ *philos.* rationalism. — **Ra·tio·na'list** [-'lɪst] *m* ⟨-en; -en⟩ rationalist. — **ra·tio·na'li·stisch I** *adj* rationalist(ic). – **II** *adv* rationalistically.

ra·tio·nell [ratsĭo'nɛl] *adj* **1.** (*wirtschaftlich, produktiv*) efficient. – **2.** (*zweckmäßig*) streamlined. – **3.** (*sparsam*) economical, thrifty. – **4.** *cf.* rational.

ra·tio·nenˌwei·se [ra'tsĭoːnən-] *adv* in (*od.* by) rations.

ra·tio·nie·ren [ratsĭo'niːrən] *v/t* ⟨*no* ge-, h⟩ ration. — **Ra·tio'nie·rung** *f* ⟨-; -en⟩ rationing: die ~ von etwas aufheben to lift the rationing of s.th., to deration s.th., to decontrol s.th.

Ra·tio'nie·rungs|ˌsät·ze *pl econ.* ration scales (*od.* rates). — **~syˌstem** *n* ration(ing) system.

ra·ti'onsˌwei·se *adv* in rations.

rät·lich ['rɛːtlɪç] *adj obs. for* ratsam, empfehlenswert 1.

'rat·los *adj* (completely) at a loss, helpless, perplexed. — **'Rat·lo·sig·keit** *f* ⟨-; *no pl*⟩ helplessness, perplexity.

Rä·to·ro·ma·ne [rɛtoro'maːnə] *m* ⟨-n; -n⟩ *geogr.* Rhaeto-Roman. — **rä·to·ro'ma·nisch I** *adj* Rhaeto-Romanic (*od.* -Romansh), Rheto-Romanic (*od.* -Romansh). – **II** *ling.* **R~** ⟨*generally undeclined*⟩, **das R~e** ⟨-n⟩ Rhaeto-Romanic (*od.* -Romansh), Rheto-Romanic (*od.* -Romansh).

'rat·sam *adj* ⟨*pred*⟩ **1.** advisable, expedient: das halte ich für ~ I think it advisable; ich halte es nicht für ~, das zu tun I do not think it advisable (*od.* I think it ill-advised) to do that; etwas für ~ erscheinen lassen to make s.th. seem advisable. – **2.** (*klug*) wise, prudent. – **3.** (*zu empfehlen*) recommendable.

'Rats·beˌschluß *m* decree (*od.* decision) of the (town *od.* city) council.

ratsch [ratʃ] *interj cf.* ritsch.

Rat·sche ['raːtʃə; 'ratʃə], **Rät·sche** ['rɛːtʃə; 'rɛtʃə] *f* ⟨-; -n⟩ *Southern G. u. Austrian dial.* **1.** rattle, ratchet. – **2.** *fig. colloq.* chatterbox, gossip. – **3.** *tech.* a) ratchet, b) (*einer Schraublehre*) ratchet stop.

rat·schen[1] ['raːtʃən; 'ratʃən] *v/i* ⟨h⟩ **1.** rattle. – **2.** *Southern G. and Austrian* chatter, gab (*colloq.*).

'rat·schen[2] *v/reflex* ⟨h⟩ sich ~ *dial.* (*an einem Nagel etc*) graze oneself.

rät·schen ['rɛːtʃən; 'rɛtʃən] *v/i* ⟨h⟩ *cf.* ratschen[1] 1.

'Ratˌschlag *m* (piece of) advice, counsel: er hat mir einige gute Ratschläge erteilt (*od.* gegeben) he gave me some good (pieces of) advice. — **'ratˌschla·gen** *v/i* ⟨ratschlagt, ratschlagte, geratschlagt, h⟩ (über *acc*) confer (about), deliberate ([up]on, over), take counsel (on).

'Ratˌschluß *m* resolution, decision, decree: nach Gottes unerforschlichem ~ *relig.* according to God's inscrutable ways.

'Ratsˌdie·ner *m* beadle, apparitor (*lit.*).

Rät·sel ['rɛːtsəl] *n* ⟨-s; -⟩ **1.** riddle, puzzle: ein ~ lösen [raten] to solve [to guess] a riddle; j-m ein ~ aufgeben a) to ask s.o. a riddle, b) *fig.* to be a mystery to s.o. – **2.** (*scherzhaftes*) conundrum. – **3.** *fig.* (*Geheimnis*) mystery, puzzle, enigma, riddle: in ~n sprechen to speak in riddles; wir standen vor einem ~ we were confronted with a mystery; des ~s Lösung the answer to the riddle; das ist mir ein ~ it's a mystery to me, it puzzles (*od.* beats) me; es ist mir ein ~, wie das geschehen konnte it is a mystery to me how that could happen; sie ist mir ein ~ she is an enigma to me, she is a puzzler for me, she puzzles me, I can't make her out. — **~ˌaufˌga·be** *f cf.* Rätsel 1. — **~ˌecke** (*getr.* -k·k-) *f* (*einer Zeitung*) puzzle corner (*od.* column). — **~ˌfra·ge** *f* **1.** puzzling question. – **2.** (*Scherzrätsel*) conundrum.

'rät·sel·haft I *adj* **1.** (*unerklärlich*) puzzling, baffling: es ist mir ~, wie so etwas geschehen konnte it baffles me (*od.* it is a complete mystery to me) how such a thing could happen. – **2.** (*geheimnisvoll*) cryptic, mysterious, enigmatic, *auch* enigmatical: das ~e Geschehen auf Schloß Fenimore the mysterious events at Fenimore Castle. – **II** *adv* **3.** j-m ~ vorkommen to be a mystery to s.o. — **'rät·sel·haf·ter'wei·se** *adv* mysteriously.

'Rät·sel|ˌheft *n* book of riddles (*od.* puzzles), puzzle book. — **~ˌlö·sung** *f* solution (*od.* answer) to a problem (*od.* riddle, mystery).

rät·seln ['rɛːtsəln] *v/i* ⟨h⟩ (über *acc* over, about) puzzle, rack one's brains: er hat lange gerätselt, woran es gelegen haben könnte he puzzled for a long time about what might have been the reason.

'Rät·sel|ˌra·ten *n* **1.** guessing (at) riddles. – **2.** *fig.* (*Vermutungen*) speculation, guesswork: die Rede des Ministers löste großes ~ aus the minister's speech caused wild speculations. — **~ˌra·ter** *m* ⟨-s; -⟩ (passionierter) ~ puzzler, solutionist. — **~ˌreim** *m* riddle in rhyme (*od.* rime). — **~ˌzei·tung** *f* puzzle magazine.

'Rats|ˌherr *m hist.* councillor, *auch* councilor, alderman. — **~ˌkel·ler** *m* cellar (*od.* restaurant) of a town (*od.* city) hall, *Am.* rathskeller. — **~ˌschrei·ber** *m hist.* town clerk. — **~ˌsit·zung** *f* council meeting (*od.* session). — **~ˌstu·be** *f* council chamber.

rätst [rɛːtst] *2 sg pres of* raten.

'Rats·verˌsamm·lung *f hist. cf.* Ratssitzung.

Rat·te ['ratə] *f* ⟨-; -n⟩ *zo.* rat (*Gattg Rattus*): ~n fangen to rat, to catch rats; er schwimmt wie eine ~ he swims like a fish; die ~n verlassen das sinkende Schiff *fig.* the rats desert the sinking ship.

'Rat·ten|beˌkämp·fung *f cf.* Rattenvertilgung. — **~ˌfal·le** *f* rattrap, *Br.* rat-trap. — **~ˌfän·ger** *m* **1.** (*bes. Hund, Katze*) ratcatcher, *Br.* rat-catcher, ratter. – **2.** *fig. colloq.* enticer, Pied Piper: der ~ von Hameln the Pied Piper of Hamelin. — **~ˌfraß** *m* loss (*od.* damage) caused by rats. — **~ˌgift** *n* rat poison, raticide (*scient.*). — **~ˌkö·nig** *m* **1.** litter of rats joined together at the tails. – **2.** *fig. colloq.* tangle, entanglement. — **~ˌnest** *n* **1.** rat's nest. – **2.** *fig. colloq. contempt.* (*Verbrecherschlupfwinkel*) den, hideout (*colloq.*).

'Rat·tenˌschwanz *m* **1.** *zo.* rattail, *Br.* rat-tail, rat's tail. – **2.** *tech.* (*Feile*) rattail (*Br.* rat-tail) file. – **3.** *fig. humor.* (*dünner Haarzopf*) pigtail. – **4.** *fig. colloq.* string, succession, series: diese Maßnahme zog einen ganzen ~ von Folgen nach sich this measure had a whole string of consequences. — **~ˌlar·ve** *f zo.* rat-tailed larva (*od.* maggot) (*larva of Eristalis tenax*).

'Rat·ten|verˌtil·gung *f* extermination of rats, *bes. Am.* deratization. — **~verˌtil·gungsˌmit·tel** *n* rat poison, raticide (*scient.*).

Rät·ter ['rɛtər] *m* ⟨-s; -⟩, *auch f* ⟨-; -n⟩ (*mining*) coal (*od.* ore) screen, *auch* riddle.

rat·tern ['ratərn] **I** *v/i* ⟨h *u.* sein⟩ **1.** ⟨sein⟩ (*von Zügen, Wagen etc*) rattle, clatter: der Zug ratterte über die Brücke the train rattled (*od.* went rattling) over the bridge. – **2.** ⟨h⟩ (*von Maschinengewehr, Nähmaschine etc*) rattle, clatter. – **3.** ⟨h⟩ *tech.* (*von Maschinen*) chatter. – **II R~** *n* ⟨-s⟩ **4.** *verbal noun.* – **5.** (*von Zügen etc*) rattle, clatter.

rät·tern ['rɛtərn] *v/t* ⟨h⟩ (*mining*) screen, sift.

Ratz [rats] *m* ⟨-es; -e⟩ *zo.* **1.** *Southern G. and Austrian for* Ratte: → schlafen 1. – **2.** *hunt. cf.* Iltis.

Rat·ze ['ratsə] *f* ⟨-; -n⟩ *zo. colloq. for* Ratte.

'rat·ze'kahl *adv* alles ~ aufessen *colloq.* to finish everything up, to lick the platter clean (*colloq.*).

rat·zen ['ratsən] *v/i* ⟨h⟩ *colloq. for* schlafen 1.

Raub [raʊp] *m* ⟨-(e)s; *no pl*⟩ **1.** (*von materiellem Eigentum*) robbery, robbing: schwerer ~ *jur.* aggravated robbery; bewaffneter ~ armed robbery; einen ~ begehen to commit robbery. – **2.** (*Menschenraub*) kidnap(p)ing, rape (*poet.*), *Am. auch* hijacking, high-jacking, *jur. auch* abduction: der ~ der Sabinerinnen *myth.* the rape of the Sabine women; der ~ der Helena *myth.* the abduction of Helen. – **3.** *jur.* (*von geistigem Eigentum*) plagiarism, piracy. – **4.** (*Straßenraub*) highway robbery, hijacking, high-jacking. – **5.** *cf.* Plünderung. – **6.** (*Diebesbeute*) loot, booty: den ~ aufteilen to divide the loot; auf ~ ausgehen (*auch bei Tieren*) to go on the prowl, to prowl about. – **7.** (*Kriegsbeute*) plunder, pillage, booty, spoil(s *pl*). – **8.** (*bei Tieren*) prey. – **9.** *fig.* (*Opfer*) prey: das Haus wurde ein ~ der Flammen the house fell a prey to (*od.* was destroyed by) the flames. — **~ˌaal** *m zo.* freshwater eel (*Anguilla anguilla*). — **~ˌadel** *m hist.* robber barons *pl.* — **~ˌad·ler** *m zo.* tawny eagle (*Aquila rapax*). — **~ˌbau** *m* ⟨-(e)s; *no pl*⟩ **1.** *econ.* wasteful (*od.* destructive, predatory) exploitation: mit seiner Gesundheit ~ treiben *fig.* to ruin one's health, to burn the candle at both ends. – **2.** *agr.* exhaustion of the soil, overcropping, robber farming: ~ treiben to exhaust the soil, to overcrop. – **3.** ~ am Wald (*forestry*) destructive lumbering. — **~ˌbeut·ler** *pl zo.* dasyurids (*Überfam. Dasyuroidea*). — **~ˌdruck** *m* ⟨-(e)s; -e⟩ *print.* piracy, pirated (*od.* piratical, *auch* piratic) edition.

rau·ben ['raʊbən] **I** *v/t* ⟨h⟩ **1.** (*Geld etc*) rob, take (*s.th.*) (by force): j-m etwas ~ to rob (*od.* deprive) s.o. of s.th. – **2.** *fig.* rob: die Sorge raubte ihm allen Schlaf the worry robbed him of his sleep; j-m die Ehre ~, j-m seinen guten Namen ~ to defame s.o.; ~ Sie ihm nicht die letzte Hoffnung! don't take his last hope! es raubt mir den Atem it takes my breath away; es raubt mir zu viel Zeit it takes up too much of my time; (j-m) einen Kuß ~ to steal (s.o.) a kiss; → Unschuld 4. – **3.** (*Menschen*) kidnap, abduct. – **II** *v/i* **4.** ~ (und morden) to rob (and murder). – **III R~** *n* ⟨-s⟩ **5.** *verbal noun.* – **6.** *cf.* Raub 1—4.

Räu·ber ['rɔʏbər] *m* ⟨-s; -⟩ **1.** robber: von ~n überfallen werden to be waylaid by robbers; unter die ~ fallen to fall among thieves; du siehst aus, als wärst du unter die ~ gefallen *fig. colloq.* you are looking the worse for wear; er ist der ~ meiner Ehre *lit.* he has robbed me of my hono(u)r; „Ali Baba und die vierzig ~" "Ali Baba and the Forty Thieves" (*Oriental fairy tale*); „Die ~" "The Robbers" (*drama by Schiller*). – **2.** (*Straßenräuber*) highwayman, brigand, hijacker, high-jacker, holdup man; stickup man, *auch* stickup (*sl.*). – **3.** (*games*) robber: ~ und Gendarm spielen to play cops and robbers. – **4.** *cf.* Plünderer. — **~ˌban·de** *f* band of robbers (*od.* thieves, brigands), *Am.* holdup gang. — **~ˌbraut** *f* (gangster's *od.* gun) moll (*sl.*).

Räu·be'rei *f* ⟨-; -en⟩ *colloq. for* Raub 1, 4.

'Räu·ber|geˌschich·te *f* **1.** tale of robbers. – **2.** *fig. colloq.* cock-and-bull story, tall tale (*colloq.*). — **~ˌhauptˌmann** *m* gangleader, robber (*od.* bandit) chief. — **~ˌhöh·le** *f* robbers' (*od.* thieves') den: dein Zimmer ist die reinste ~ *fig. colloq.* your room looks like a pigsty.

'räu·be·risch *adj* **1.** (*Stämme etc*) predatory: ~e Methoden *jur.* predatory actions (*Am.* practices); ~er Überfall *jur.* (armed) robbery, raid. – **2.** (*Tiere*) rapacious, predacious, *Am. auch* predaceous.

räu·bern ['rɔʏbərn] *v/i* ⟨h⟩ **1.** *colloq.* (*plündern*) raid, maraud: in der Speisekammer ~ to raid (in) the pantry. – **2.** (*games*) (*beim Schach etc*) accept any possible exchange.

'Räu·ber|piˌsto·le *f* **1.** robber's pistol. – **2.** *fig. colloq. cf.* Räubergeschichte 2. — **~roˌman** *m* (*literature*) novel on (*od.* of) bandit life. — **~ziˌvil** *n fig. colloq.* casual dress.

'Raub|ˌfisch *m zo.* predatory fish, fish of prey. — **~ˌflie·ge** *f* robber (*od.* hornet, wasp) fly, asilid (*scient.*) (*Fam. Asilidae*): Schwarze ~ black murder fly (*Laphria gibbosa*). — **~geˌsin·del** *n contempt.* pack of robbers (*od.* thieves). — **~ˌgier** *f* (*bes. bei Tieren*) rapacity, rapaciousness, wolfishness, predaciousness, *Am. auch* predaceousness. — **r~ˌgie·rig** *adj* (*bes. Tiere*) rapacious, wolfish, predacious, *Am. auch* predaceous. — **~ˌgut** *n jur.* **1.** stolen goods *pl* (*od.* property). – **2.** (*Beute*) booty. — **~ˌkä·fer** *m zo.* hunting beetle, carabid (*scient.*) (*Fam. Carabidae*). — **~ˌkat·ze** *f meist pl* cat (of prey) (*Fam. Felidae*). — **~ˌkrieg** *m mil.* predatory war. — **~ˌlust** *f cf.* Raubgier. — **~ˌmord** *m jur.* murder (attended) with robbery. — **~ˌmör·der** *m person committing murder (attended) with robbery.* — **~ˌmö·we** *f zo.* skua, robber gull, boatswain, teaser, marline spike (*Gattg Catharacta*): Große ~ skua (*C. skua*); Mittlere ~ pomatorhine skua (*C. pomarinus*); Kleine ~ long-tailed skua (*C. longicaudus*).

'Raubˌrit·ter *m hist.* robber knight (*od.* baron). — **~ˌburg** *f* castle of a robber baron.

'Raubˌseeˌschwal·be *f zo.* Caspian tern (*Hydroprogne caspia*).

'Raubˌtier *n* beast of prey, predatory animal, *auch* wild animal (*od.* beast); carnivore, predacena (*scient.*). — **~ˌhaus** *n* house for beasts of prey. — **~ˌkä·fig** *m* wild animal cage. — **~ˌschau** *f* wild animal show.

'Raub|ˌüberˌfall *m jur.* robbery, raid, holdup: **bewaffneter ~** armed robbery. — **~ˌvo·gel** *m zo.* bird of prey, predatory bird, raptorial (bird) (*scient.*). — **~ˌwan·ze** *f* masked hunter, reduviid (*scient.*) (*Fam. Reduviidae*). — **~ˌwild** *n hunt. wild animals protected by game laws.* — **~ˌzeug** *n* ⟨-(e)s; *no pl*⟩ *hunt.* predatory animals *pl, Am. auch* varmints *pl* (*wild animals not protected by game laws*). — **~ˌzug** *m* gang robbery, raid.

Rauch [raʊx] *m* ⟨-(e)s; *no pl*⟩ **1.** (*eines Feuers, einer Zigarette etc*) smoke: **der ~ beißt in den Augen** the smoke bites (*od.* stings) the eyes; (*Fleisch*) **in den ~ hängen** to smoke; **nach ~ schmecken** to have a smoky flavo(u)r; **das Haus ging in ~ und Flammen auf** the house went up in smoke (*od.* flames); **sich in ~ auflösen** *fig.* to come to nothing; **kein ~ ohne Feuer** (*Sprichwort*) there's no smoke without a fire (*proverb*); → **Name** 4. – **2.** *chem.* (*einer Säure etc*) fume. — **~ˌabˌzug** *m* chimney, smoke outlet, flue. — **~ˌabˌzugs·kaˌnal** *m* flue. — **~alˌtar** *m relig.* incense altar. — **r~bar** *adj* smok(e)able. — **~beˌkämp·fung** *f* smoke abatement. — **~beˌlä·sti·gung** *f* (*der Industrie*) smoke nuisance. — **~ˌbil·dung** *f cf.* Rauchentwicklung. — **~ˌbom·be** *f mil.* smoke bomb.

rau·chen ['raʊxən] **I** *v/i* ⟨h⟩ **1.** smoke: **der Ofen [Schornstein] raucht** the stove [chimney] smokes (*od.* fumes); **darf ich ~?** may I smoke (*od.* have a smoke)? **~ wie ein Schlot** *colloq.* to smoke like a chimney; **er raucht kalt** a) he sucks a cold pipe, b) he draws on an unlit cigarette; **mir raucht der Kopf** *fig. colloq.* my head is spinning. – **2.** *chem.* (*von Säuren etc*) fume. – **II** *v/t* **3.** (*Zigaretten etc*) smoke: **eine leichte [schwere] Marke ~** to smoke a mild [strong] brand. – **III** *v/impers* **4.** (*in Wendungen wie*) **paß auf oder es raucht** *fig. colloq.* stop it or there'll be feathers flying; **wir arbeiteten, daß es nur so rauchte** *fig. colloq.* we worked with a vengeance (*Am. colloq.* to beat the band). – **IV R~** *n* ⟨-s⟩ **5.** *verbal noun*: **R~ verboten** no smoking; **das R~ aufgeben** to stop smoking; **das übermäßige R~ bekommt ihm nicht** excessive smoking does not agree with him.

'Rauch|entˌwick·ler *m* smoke generator (*od.* producer). — **~entˌwick·lung** *f* formation of smoke.

'Rau·cher *m* ⟨-s; -⟩ **1.** smoker: **ein starker ~** a heavy smoker. – **2.** (*railway*) (*Raucherabteil*) smoking car (*od.* carriage, compartment), smoker: **~** (*Aufschrift*) smoking.

'Räu·cherˌaal *m gastr.* smoked eel.

'Rau·cherˌabˌteil *n* (*railway*) *cf.* Raucher 2.

'Räu·cher|ˌfaß *n cf.* Rauchfaß. — **~ˌfisch** *m gastr.* smoked fish. — **~ˌhe·ring** *m* red (*od.* smoked) herring, kipper, bloater.

'Rau·cherˌhu·sten *m med.* smoker's cough.

'Räu·cherˌkam·mer *f* smoking chamber, *Am. auch* smokehouse.

'Rau·cher·kaˌtarrh *m med.* smoker's catarrh.

'Räu·cher|ˌker·ze *f* pastille, *auch* pastil(e), fumigating candle. — **~ˌmit·tel** *n* **1.** *cf.* Räucherwerk. – **2.** *chem.* fumigant.

räu·chern ['rɔʏçərn] **I** *v/t* ⟨h⟩ **1.** (*Fleisch, Fisch etc*) smoke(-dry), cure: **Heringe ~** to smoke (*od.* cure, bloat[er]) herrings. – **II** *v/i* **2.** burn incense. – **3.** fumigate. – **III R~** *n* ⟨-s⟩ **4.** *verbal noun.* – **5.** *relig.* (*mit Weihrauch*) thurification.

'Räu·cher|ˌpfan·ne *f relig. cf.* Rauchfaß. — **~ˌschin·ken** *m gastr.* smoked (*od.* cured) ham. — **~ˌspeck** *m* smoked (*od.* cured) bacon. — **~ˌstab** *m*, **~ˌstäb·chen** *n*, **~ˌstock** *m* joss stick.

'Räu·che·rung *f* ⟨-; -en⟩ **1.** *cf.* Räuchern. – **2.** *med.* (*Desinfektion*) fumigation, suffumigation.

'Räu·cher|ˌwa·re *f meist pl gastr.* smoked meat (*od.* fish). — **~ˌwerk** *n* **1.** perfumes *pl*, *bes. Br.* scents *pl*, perfumery. – **2.** (*Weihrauch*) incense.

'Rauchˌfah·ne *f* trail (*od.* plume) of smoke, smoke trail.

'Rauchˌfang *m* **1.** (*bei Kaminen etc*) chimney (hood). – **2.** *bes. Austrian* chimney: **etwas in den ~ schreiben** *fig. colloq.* to write s.th. off (as a dead loss), to say good-by(e) to s.th., to whistle for s.th. (*colloq.*). – **3.** *tech.* flue, uptake, stack. — **~ˌkeh·rer** *m* ⟨-s; -⟩ *bes. Austrian for* Schornsteinfeger.

'rauch|ˌfar·ben, ~ˌfar·big *adj* smoke-colored (*bes. Br.* -coloured).

'Rauch|ˌfaß *n relig.* censer, thurible. — **~ˌfleisch** *n gastr.* smoked (*od.* buccaned) meat, buc(c)an, boucan. — **~ˌgas** *n meist pl tech.* flue (*od.* stack) gas, fumes *pl.* — **r~geˌschwärzt** *adj* smoke-stained, blackened with smoke. — **~ˌglas** *n* smoke-tinted glass. — **~graˌna·te** *f mil.* smoke bomb. — **r~ˌgrau** *adj* smoke-gray (*bes. Br.* -grey), smoky, *auch* smokey, dun.

'rau·chig *adj* **1.** smoky, *auch* smokey, full of (*od.* filled with) smoke, fumy. – **2.** (*Stimme*) smoky, *auch* smokey, hoarse.

'Rauch|ˌkam·mer *f* **1.** *cf.* Räucherkammer. – **2.** *tech.* (*einer Lokomotive*) smoke arch. — **~kaˌnal** *m tech.* chimney (*od.* smoke, waste-gas, stack-gas) flue. — **~ˌklap·pe** *f* (*eines Ofens*) damper. — **r~los** *adj* (*Pulver etc*) smokeless. — **~ˌmas·ke** *f* smoke mask. — **~ˌnäch·te, die** *pl cf.* Rauhnächte. — **~ˌop·fer** *n relig.* incense offering. — **~paˌtro·ne** *f mil.* smoke cartridge. — **~ˌpla·ge** *f* smoke nuisance. — **~ˌquarz** *m min.* cairngorm (stone), *auch* smoky quartz. — **~saˌlon** *m* (*auf Schiffen, in Hotels etc*) smoking room. — **~ˌsäu·le** *f* column (*od.* pillar) of smoke. — **~ˌschicht** *f* layer of smoke, weft. — **~ˌschirm, ~ˌschlei·er** *m mil.* (smoke) screen: **mit einem ~ einhüllen** to smokescreen. — **r~ˌschwach** *adj* (*Pulver etc*) smokeless. — **~ˌschwa·den** *pl* vapors (*bes. Br.* vapours) of smoke. — **~ˌschwal·be** *f zo.* common (*od.* chimney) swallow (*Hirundo rustica*). — **~serˌvice** *n* smoking set. — **~siˌgnal** *n cf.* Rauchzeichen. — **~ˌspur·geˌschoß** *n mil.* smoke tracer. — **~ˌta·bak** *m* smoking tobacco. — **~ˌtisch** *m* smoking table. — **~toˌpas** *m min.* smoky topaz. — **~verˌbot** *n* ban on smoking, prohibition of smoking: **~!** (*Aufschrift*) no smoking. — **~verˌgif·tung** *f med.* poisoning by smoke inhalation, smoke poisoning. — **r~verˌzeh·rend** *adj* smoke-consuming. — **~verˌzeh·rer** *m* smoke consumer. — **~ˌvorˌhang** *m mil.* smoke screen (*od.* curtain).

'Rauchˌwa·ren[1] *pl* tobacco products.

'Rauchˌwa·ren[2] *pl* (*Pelze*) furs, peltry *sg.*

'Rauchˌwa·renˌhänd·ler[1] *m* tobacconist.

'Rauchˌwa·renˌhänd·ler[2] *m* fur dealer (*od.* trader), furrier.

'Rauchˌwa·renˌzuˌrich·ter *m* fur dresser.

'Rauch|ˌwerk *n* ⟨-(e)s; *no pl*⟩ *cf.* Rauchwaren[2]. — **~ˌwol·ke** *f* smoke cloud, cloud (*od.* pall) of smoke. — **~ˌzei·chen** *n* smoke signal. — **~ˌzim·mer** *n* smoking room.

Räu·de ['rɔʏdə] *f* ⟨-; -n⟩ **1.** *vet.* (*bei Tieren*) mange, scabies. – **2.** *Southern G. dial. for* Schorf 1.

'räu·dig *adj* **1.** *vet.* mangy, scabby, scabbed, scabious, scabietic. – **2. ein ~es Schaf** *fig.* a black sheep.

rauf... ['raʊf-] *colloq. for* herauf..., hinauf...

'Raufˌbold [-ˌbɔlt] *m* ⟨-(e)s; -e⟩ *contempt.* rough, rowdy, tough (*colloq.*).

Rau·fe ['raʊfə] *f* ⟨-; -n⟩ *agr.* (*Futtergestell*) (hay)rack, hack, crib.

rau·fen ['raʊfən] **I** *v/t* ⟨h⟩ **1.** (*Flachs, Unkraut etc*) *cf.* **rupfen** 2. – **2. sich** (*dat*) **die Haare ~** to tear one's hair. – **II** *v/i* **3.** (*von Kindern, Hunden etc*) tussle, scuffle, fight, scrap (*sl.*). – **III** *v/reflex* **4. sich [mit j-m um etwas] ~** to tussle (*od.* scuffle, fight, *sl.* scrap) [with s.o. for s.th.]. – **IV R~** *n* ⟨-s⟩ **5.** *verbal noun.* – **6.** *cf.* Rauferei.

'Rau·fer *m* ⟨-s; -⟩ *contempt. cf.* Raufbold.

Rau·fe'rei *f* ⟨-; -en⟩ scuffle, tussle, fight, brawl, scrap (*sl.*): **er wurde in eine ~ verwickelt** he got involved in a tussle.

'Rauf|ˌhan·del *m* **1.** *cf.* Rauferei. – **2.** *jur.* brawl. — **~ˌlust** *f* ⟨-; *no pl*⟩ pugnacity. — **r~ˌlu·stig** *adj* pugnacious, combative, scrappy (*sl.*).

'Rauˌgraf ['raʊ-] *m hist.* (*im Mittelalter*) raugrave.

rauh [raʊ] **I** *adj* ⟨-er; -(e)st⟩ **1.** (*Oberfläche, bei Holz etc*) rough, coarse, uneven. – **2.** (*Material*) rough, coarse, unsmooth. – **3.** (*Haut*) rough, coarse, chapped. – **4.** (*Stimme*) harsh, raucous, (*bes. heiser*) husky, rough, hoarse. – **5.** (*Gegend*) rough, bleak, wild, rugged: **eine ~e und unwirtliche Landschaft** a wild and uninviting (*od.* inhospitable) region. – **6.** (*Gelände, Weg etc*) rough, uneven, rugged: **der ~e Pfad der Tugend** *fig.* the rugged (*od.* difficult) path of virtue. – **7.** *fig.* (*hart*) harsh: (**die**) **~e Wirklichkeit** harsh (*od.* stark) reality, hard facts *pl.* – **8.** *fig.* (*ungehobelt*) coarse(-grained), churlish, rude, uncouth: **er ist ein ~er Patron** *colloq.* he is a coarse-grained fellow (*colloq.*). – **9.** *fig.* (*schroff*) rough, harsh, blunt, gruff, crusty: **~e Behandlung** rough handling (*od.* treatment); **~e Worte** harsh words; **eine ~e Sprache sprechen** to have a sharp (*od.* rough) tongue; **es herrscht ein ~er Umgangston** they have a gruff manner with each other; **hier herrschen ~e Sitten** *colloq.* you have pretty rough practices here; **~ aber herzlich** with rugged kindness. – **10.** *fig. colloq.* → **Menge** 9. – **11.** *med.* (*Hals etc*) sore, hoarse, raw. – **12.** *meteor.* a) (*Klima etc*) harsh, bleak, raw, inclement, b) (*Wind*) harsh, bleak, raw, biting: **ein ~er Winter** a severe (*od.* hard) winter. – **13.** *mar.* (*See*) rough, stormy, boisterous. – **14.** *bot.* a) (*Pflanzen etc*) scabrous, hispid (*scient.*), b) (*Rinde*) rough, harsh: **~e Schale, weicher Kern** *fig.* a rough exterior may hide a heart of gold. – **15.** *tech.* a) (*Oberfläche*) rough, b) (*Blechrand*) ragged, c) (*mattiert*) frosted. – **II** *adv* **16. der Stoff fühlt sich ~ an** the cloth is rough to the touch. – **17. j-n ~ anpacken** *fig. colloq.* to treat s.o. roughly, to manhandle s.o. (*colloq.*).

'Rauhˌbank *f* ⟨-; ⸚e⟩ *tech.* jack (*od.* adjustable iron fore) plane.

'Rauhˌbauz [-ˌbaʊts] *m* ⟨-es; -e⟩ *colloq.* rough, boisterous person. — **'rauhˌbau·zig** *adj* boisterous.

'Rauhˌbein *n colloq.* **1.** (*rauher, aber herzensguter Mensch*) rough diamond, diamond in the rough. – **2.** (*Grobian*) crusty (*od.* bluff, gruff, rude) person, rough customer (*colloq.*). – **3.** (*roher, streitsüchtiger Mensch*) rowdy, brawler, *Am. sl.* roughneck. — **'rauhˌbei·nig** *adj* **1.** (*grob*) crusty, bluff, gruff. – **2.** (*streitsüchtig*) rowdy, rough.

'Rauh|ˌbir·ke *f bot.* verrucose birch (*Betula verrucosa*). — **r~ˌblät·te·rig, r~ˌblätt·rig** *adj* asperifoliate, asperifolious. — **r~ˌbor·stig** *adj colloq. cf.* rauhbeinig. — **~ˌbrand** *m chem. cf.* Lutter. — **~ˌdi·stel** *f bot.* teasel (*Gattg Dipsacus*).

Rau·heit ['raʊhaɪt] *f* ⟨-; *no pl*⟩ **1.** (*einer Oberfläche*) roughness, coarseness, unevenness. – **2.** (*eines Materials*) roughness, coarseness, unsmoothness. – **3.** (*der Haut*) roughness, coarseness. – **4.** (*der Stimme*) harshness, raucousness, huskiness, roughness, hoarseness. – **5.** (*einer Gegend*) roughness, bleakness, wildness. – **6.** (*eines Geländes*) roughness, unevenness, ruggedness. – **7.** (*des Klimas etc*) harshness, bleakness, rawness, inclemency. – **8.** *fig.* (*Ungeschliffenheit*) churlishness, rudeness, coarseness, uncouthness. – **9.** *fig.* (*Schroffheit*) roughness, harshness, bluntness, gruffness, crustiness.

rau·hen ['raʊən] **I** *v/t* ⟨h⟩ **1.** make (*s.th.*) rough, roughen. – **2.** (*textile*) nap, raise, teasel, tease, *auch* teaze. – **II R~** *n* ⟨-s⟩ **3.** *verbal noun.* – **4.** (*textile*) tease, *auch* teaze. — **Rau·he'rei** *f* ⟨-; -en⟩ napping (*od.* raising, teaseling) workshop.

'Rauhˌfa·ser *f* **1.** (*textile*) raised fabric. – **2.** *civ.eng.* roughed fiber (*bes. Br.* fibre). — **~taˌpe·te** *f* rough-textured plain wallpaper.

'Rauhˌfrost *m meteor. cf.* Rauhreif.

'Rauhˌfuß|ˌhuhn *n meist pl zo.* grouse (*Fam. Tetraonidae*). — **~ˌkauz** *m* Tengmalm's owl (*Aegolius funereus*).

'Rauh|ˌfut·ter *n agr.* roughage, coarse fodder. — **~ˌhaarˌdackel** (*getr.* -k·k-) *m zo.* wire-haired (*od.* rough-haired) dachshund. — **r~ˌhaa·rig** *adj* (*Hunde, Pflanzen etc*) wire-haired, shaggy, hirsute (*scient.*). — **~ˌhai** *m zo. cf.* Walhai.

'Rau·hig·keit *f* ⟨-; *no pl*⟩ *cf.* Rauheit.

'Rauh|ˌkar·de *f* (*textile*) teasel, breaker card. — **~maˌschi·ne** *f* napping mill, raising machine (*od.* gig). — **~ˌnäch·te, die** *pl* Christmastide *sg*, the twelve nights of Christmas. — **~ˌnat·ter** *f zo.* rough earth snake (*Haldea striatula*). — **~ˌputz** *m civ.eng.* roughcast plastering.

'Rauhˌreif *m meteor.* white frost, hoar(frost), rime(frost). — **~ˌbil·dung** *f* formation of hoarfrost (*od.* white frost).

ˈ**Rauh|verˌputz** *m civ.eng. cf.* Rauhputz. — ~ˌ**wacke** (*getr.* -k·k-) *f* ⟨-; *no pl*⟩ *min.* crystallized dolomite, rau(c)hwacke. — ~ˌ**was·ser** *n* (*beim Segelsport*) choppy water.

Rau·ke [ˈraʊkə] *f* ⟨-; -n⟩ *bot.* **1.** garden rocket (*Eruca sativa*). – **2.** hedge mustard (*Gattg Sisymbrium*).

Raum [raʊm] *m* ⟨-(e)s; ⸗e⟩ **1.** (*Zimmer etc*) room: **einige Räume des Hauses werden vermietet** several rooms of the house are let. – **2.** ⟨*only sg*⟩ space, room: **nur über beschränkten ~ verfügen** to have only limited space at one's disposal; **die Möbel nehmen zuviel ~ ein** the furniture takes up too much room; **in Ihrem Referat nimmt dieser Aspekt einen zu breiten ~ ein** *fig.* this point has been given too much attention in your paper; **diese Anordnung spart ~** this arrangement saves space; **auf engstem ~ zusammenleben** to live on top of one another; **~ ist in der kleinsten Hütte** *colloq.* there's room for all and room to spare; **~ am Rande eines Bogens (frei) lassen** to leave space at the margin of a sheet, to leave a margin; **~ für die Unterschrift lassen** to leave room (*od.* a blank) for the signature; **der Hoffnung ~ geben** *fig.* to entertain the (*od.* indulge in a) hope; **einer Bitte ~ gewähren** *lit.* to grant (*od.* yield to) a request; **hier ist kein ~ für Zweifel** *fig.* there is no room for doubt here. – **3.** ⟨*only sg*⟩ scope, opportunity: **seine Arbeit läßt ihm ~ zur geistigen Entfaltung** his work allows latitude for his intellectual development. – **4.** (*Gegend*) area, region, zone, territory: **im ~ (von) Berlin** in the Berlin area; **der mitteleuropäische ~** the Central European region. – **5.** (*Gebiet*) space, area, expanse, expansion: **gewaltige Räume unerschlossenen Landes** a tremendous expanse of unexplored territory; **der weite ~ des Pazifischen Ozeans** the broad expanse of the Pacific Ocean; **durch Bewässerung wurde zusätzlicher ~ für die Landwirtschaft gewonnen** additional space for farming has been provided by means of (*od.* through) irrigation. – **6.** (*Ausdehnung*) expanse, expansion: **der unendliche ~ des Himmels** the infinite expanse (*od.* the infinity) of heaven; **eine Bemerkung in den ~ stellen** *fig.* to make a statement. – **7.** ⟨*only sg*⟩ realm, domain, region, sphere: **im politischen ~** in the realm of politics. – **8.** (*Weltraum*) (outer) space: **ein Satellit ist zum Flug in den ~ gestartet** a satellite has been launched into space. – **9.** *phys.* space: **ebener [gekrümmter] ~** straight-line [curved] space; **(luft)leerer ~** vacuous space, vacuum. – **10.** *math.* a) space, b) (*Rauminhalt*) volume, capacity, c) (*Fläche*) area: **dreidimensionaler ~** three-dimensional (*od.* tridimensional) space; **vierdimensionaler ~** four-dimensional space, hyperspace. – **11.** ⟨*only sg*⟩ *philos.* space: **Zeit und ~** time and space. – **12.** *tech.* a) room, space, b) (*für Getriebe etc*) compartment, c) (*einer Pumpe, eines Kolbens*) chamber: **schädlicher ~** (*eines Zylinders*) dead space. – **13.** *mar.* a) (*Laderaum*) (cargo) hold, b) (*Freiraum*) free space: **unten im ~** down in the hold. – **14.** *mil.* zone: **bestrichener ~** beaten zone; **unbestrichener** (*od.* **gedeckter**) **~, ~ im toten Winkel** dead space. – **15.** **den Ball in den freien ~ spielen** (*sport*) (*beim Fußball, Hockey etc*) to pass the ball into space. – **16.** (*sport*) (*Segelkommando*) lee oh!

raum *adj mar.* a) (*See*) open, main, b) (*bes. Wind*) quartering, large, free, favorable, *bes. Br.* favourable: **die ~e See haben** to have a good offing, to have offing ahead; **~er Kurs** easy (*od.* broad) reach.

ˈ**Raum|aku·stik** [-ʔaˌkʊstɪk] *f phys.* **1.** (*Forschungsgebiet*) room (*od.* architectural) acoustics *pl*, stereoacoustics *pl* (*alle construed as sg*). – **2.** (*eines Saales etc*) acoustics *pl* (*construed as pl*), *auch* acoustic (properties *pl*). — ~ˌ**anˌord·nung** *f arch.* layout of rooms. — ~ˌ**anˌzug** *m* (*der Astronauten*) space suit. — ~ˌ**aufˌtei·lung** *f cf.* Raumanordnung. — ~ˌ**ausˌnut·zung** *f* economy of space. — ~**beˌdarf** *m* **1.** space requirement (*od.* required). – **2.** *tech.* (*einer Maschine*) floor space occupied. – **3.** *mar.* cubic contents *pl*, shipping volume. — ~**beˌgriff** *m philos.* conception of space. — ~**beˌleuch·tung** *f electr.* room lighting (*od.* illumination). — ~**beˌrech·nung** *f math.* cubature, determination of cubic contents (*od.* volume capacity). — **r~beˌstän·dig** *adj chem. phys.* constant-volume (*attrib*).

ˈ**Raumˌbild** *n* (*optics*) **1.** stereoscopic picture. – **2.** space diagram, panorama picture. — ~**entˌfer·nungsˌmes·ser** *m phys.* stereocomparator, stereoscopic telemeter (*od.* range finder).

ˈ**Räumˌboot** *n mar. mil.* (mine)sweeper.

ˈ**Raum|ˌdeckung** (*getr.* -k·k-) *f* (*sport*) zone defence (*Am.* defense). — ~ˌ**dich·te** *f phys.* volume (*od.* volumetric) density. — ~**efˌfekt** *m cf.* Raumwirkung. — ~ˌ**einˌheit** *f phys.* unit of space (*od.* volume), spatial unit.

räu·men [ˈrɔʏmən] **I** *v/t* ⟨h⟩ **1.** (*verlassen*) vacate, quit, leave: **das Zimmer muß bis 12 Uhr geräumt werden** the room has to be vacated by 12 o'clock; **~ Sie den Saal!** leave the (meeting) room! **j-m das Feld ~** *fig.* to give way to s.o., to quit the field in favo(u)r of s.o. – **2.** (*Straße, Gleis etc*) clear. – **3.** (*entfernen*) clear, remove: **sie räumte das Geschirr vom Tisch** she cleared the table; **etwas aus dem Weg ~** to clear s.th. away, to remove (*od.* dispose of) s.th.; **j-n aus dem Weg ~** *fig. colloq.* a) (*ausschalten*) to get rid of s.o., to eliminate s.o., b) (*töten*) to finish s.o. off (*colloq.*). – **4.** (*Kanäle, Flüsse etc*) dredge, clean (up). – **5.** *mil.* evacuate, abandon: **die Stadt wurde von der Zivilbevölkerung geräumt** the civilian population of the city was evacuated; **das Lager ~** to decamp. – **6.** *mil. mar.* (*Minen*) clear, sweep. – **7.** *econ.* (*Lager*) sell off, clear (out). – **8.** *tech.* (*Bohrungen*) broach. – **9.** *civ.eng.* (*mit Planierraupen*) bulldoze. – **II** *v/i* **10.** *cf.* aufräumen 4, umräumen 3. – **III R~** *n* ⟨-s⟩ **11.** *verbal noun.* – **12.** *cf.* Räumung.

ˈ**Räu·mer** *m* ⟨-s; -⟩ **1.** *tech.* a) (*Maschine*) broaching machine, b) (*Arbeiter*) broaching operator. – **2.** *civ.eng.* bulldozer.

ˈ**Raum|erˌspar·nis** *f* saving (in) space: **der ~ wegen, zwecks ~** in order to save space. — ~ˌ**fah·rer** *m* (*space*) astronaut, spaceman.

ˈ**Raumˌfahrt** *f* (*space*) **1.** (*Wissenschaft*) astronautics *pl*, (*in Ostblockländern*) cosmonautics *pl* (*beide usually construed as sg*). – **2.** space travel (*od.* navigation), interplanetary aviation: **bemannte ~** manned space travel. — ~ˌ**anˌtrieb** *m* space propulsion (system). — ~**me·diˌzin** *f* space medicine. — ~ˌ**tech·nik** *f* space technology. — ~ˌ**un·ter,neh·men** *n* space venture. — ~ˌ**zen·trum** *n* space center (*bes. Br.* centre).

ˈ**Raum|ˌfahrˌzeug** *n* (*space*) spacecraft, spaceship. — **r~ˌfest** *adj* (*Antenne*) despun. — ~ˌ**film** *m phot.* three-dimensional (*od.* stereoscopic) film.

ˈ**Raumˌflug** *m* (*space*) space flight. — ~ˌ**ha·fen** *m* spaceport. — ~ˌ**kör·per** *m* space vehicle, (*mit experimenteller Ausrüstung*) space capsule. — ~**na·vi·ga·tiˌon** *f* space navigation. — ~**si·muˌla·tor** *m* space simulator. — ~ˌ**tech·nik** *f* space technology. — **r~ˌtüch·tig** *adj* spaceworthy. — ~ˌ**tüch·tig·keit** *f* spaceworthiness.

ˈ**Raum|ˌfor·scher** *m* (*space*) space research expert. — ~ˌ**for·schung** *f* **1.** (*space*) space research. – **2.** *pol. cf.* Raumplanung. — ~**geˌhalt** *m* **1.** *math. cf.* Rauminhalt 1. – **2.** (*eines Schiffes*) tonnage, capacity. — ~**geˌstal·ter** *m arch.* interior designer (*od.* decorator). — ~**geˌstal·tung** *f* interior design (*od.* decoration). — ~**geˌwicht** *n phys.* **1.** apparent specific gravity. – **2.** (*spezifisches Gewicht*) specific gravity, volumetric weight. — ~ˌ**git·ter** *n min.* crystal (*od.* space) lattice. — ~ˌ**glei·ter** *m* (*space*) space shuttle, hypersonic glider. — ~ˌ**inˌhalt** *m* **1.** *math. phys.* cubic contents *pl*, volume, cubic capacity. – **2.** *mar.* (*des Laderaums*) hold capacity, tonnage. — ~**kaˌbi·ne** *f* (*space*) space cabin. — ~**kapˌsel** *f* capsule (of spacecraft). — ~ˌ**krüm·mung** *f phys.* space curvature, curvature of space. — ~ˌ**kunst** *f arch. cf.* Innenarchitektur. — ~**laˌbor** *n* (*space*) space laboratory, skylab, spacelab. — ~ˌ**la·deˌgit·ter** *n electr.* space charge grid. — ~ˌ**la·dung** *f* space charge. — ~ˌ**leh·re** *f math.* geometry.

ˈ**räum·lich I** *adj* **1.** spatial, (of *od.* relating to) space, three-dimensional: **~ und zeitlich** temporal and spatial. – **2.** (*optics*) (*stereoskopisch*) stereoscopic, *auch* stereoscopical. – **3.** *chem.* (*Atomanordnung*) steric, spatial. – **4.** *math.* three-dimensional, cubic. – **II** *adv* **5.** spatially: **~ beengt** close-quartered; **wir wohnen ~ sehr beengt** we are cramped for space; **Wohnung und Praxis sind ~ getrennt** residence and practice (*od.* consultation room) are separate. — ˈ**Räum·lich·keit** *f* ⟨-; -en⟩ **1.** spatiality, three-dimensional character. – **2.** *pl* (*eines Hauses*) rooms, (*bes. einer Firma*) premises, *auch* premisses.

ˈ**Raum|ˌman·gel** *m* lack of room (*od.* space). — ~ˌ**maß** *n* measure of capacity, dimensions *pl.* — ~ˌ**mes·sung** *f* stereometry. — ~ˌ**me·ter** *m, n* **1.** *math.* cubic meter (*bes. Br.* metre). – **2.** (*forestry*) stacked cubic meter (*bes. Br.* metre), cubic meter of piled wood.

ˈ**Räumˌna·del** *f tech.* broach.

ˈ**Raumˌord·nung** *f pol. cf.* Raumplanung.

ˈ**Räumˌot·ter** *f mar.* paravane.

ˈ**Raumˌpfle·ge·rin** *f cf.* Reinemachefrau.

ˈ**Räumˌpflug** *m tech.* **1.** (*beim Straßenbau etc*) bulldozer. – **2.** *cf.* Schneepflug.

ˈ**Raum|piˌlot** *m* (*space*) space pilot, astronaut. — ~ˌ**pla·nung** *f pol.* area planning. — ~**proˌgramm** *n* (*space*) space program (*bes. Br.* programme). — ~ˌ**schiff** *n* spaceship, spacecraft. — ~ˌ**schiffahrt** (*getr.* -ffˌf-) *f cf.* Raumfahrt. — ~ˌ**son·de** *f* space probe. — **r~ˌspa·rend** *adj* space-saving. — ~**sta·tiˌon** *f* (*space*) space station (*od.* platform). — ~ˌ**strah·lung** *f phys.* space radiation. — ~**tem·pe·raˌtur** *f* **1.** room (*od.* ambient) temperature. – **2.** space temperature. — ~ˌ**tie·fe** *f* depth. — ~ˌ**ton** *m* (*radio*) stereophonic sound. — ~**transˌpor·ter** *m* (*space*) space transport.

ˈ**Räumˌtrupp** *m civ.eng.* demolition squad (*od.* party).

ˈ**Räu·mung** *f* ⟨-; -en⟩ **1.** *cf.* Räumen. – **2.** (*einer Straße, eines Saales etc*) clearance. – **3.** (*von Kanälen, Flüssen etc*) cleaning (up), dredging. – **4.** *econ.* (*des Lagers*) clearance, selling off. – **5.** *jur.* (*zwangsweise*) eviction, ejection, ejectment: **Befehl auf ~** *cf.* Räumungsbefehl 1; **auf ~ klagen** to sue for eviction, *Am.* to take legal proceedings for ejectment. – **6.** *mil.* (*einer Stadt etc*) evacuation: **~ des Lagers** decampment. – **7.** *mil.* (*von Landminen*) clearing. – **8.** *mar.* (*von Minen*) sweeping.

ˈ**Räu·mungs|ˌaufˌschub** *m jur.* delay of eviction. — ~**beˌfehl** *m* **1.** *jur.* eviction notice, *Am.* writ of ejectment. – **2.** *mil.* evacuation order. — ~ˌ**frist** *f jur.* term of vacation. — ~**geˌbiet** *n* **1.** *jur.* clearance area. – **2.** *mil.* evacuation area. — ~ˌ**kla·ge** *f jur.* action for ejection (*od.* possession, eviction), *Am. auch* action of ejectment. — ~**verˌfah·ren** *n* ejection (*od.* possession, eviction, *Am. auch* ejectment) proceedings *pl.* — ~**verˌkauf** *m econ.* **1.** clearance sale. – **2.** (*bei Geschäftsauflösung*) closing-down sale.

ˈ**Raum|verˌschwen·dung** *f* waste of space. — ~**verˌtei·lung** **1.** disposition of space. – **2.** *arch.* layout of rooms. – **3.** *print.* spacing. — ~ˌ**wel·le** *f electr.* sky (*od.* indirect, space) wave. — ~ˌ**wir·kung** *f* **1.** three-dimensional (*od.* plastic) effect. – **2.** (*optics*) stereoscopic (*od.* spatial) effect. – **3.** *mus.* stereophonic effect. — ~ˌ**zeitˌal·ter** *n* space age. — **r~ˌzeit·lich** *adj* spatiotemporal.

rau·nen [ˈraʊnən] **I** *v/t* ⟨h⟩ **1.** whisper, murmur: **j-m etwas ins Ohr ~** to whisper s.th. in s.o.'s ear; **man raunt, daß** there is a rumo(u)r (*od.* rumo[u]r has it, it is whispered) that. – **II** *v/i* **2.** *poet.* (*von Wäldern, Wind etc*) whisper, murmur. – **III R~** *n* ⟨-s⟩ **3.** *verbal noun.* – **4.** (*des Waldes etc*) whisper(ing), murmur(ing).

raun·zen [ˈraʊntsən] *v/i* ⟨h⟩ *bes. Austrian dial.* **1.** *cf.* nörgeln 2. – **2.** (*von Kind*) whimper fretfully, *Br.* grizzle.

Rau·pe [ˈraʊpə] *f* ⟨-; -n⟩ **1.** *zo.* a) caterpillar, b) (*von Käferlarve*) grub: **schädliche ~** canker, cankerworm; **von ~n zerfressen** cankered. – **2.** **~n im Kopf haben** *fig. colloq.* to have maggots in one's head, to have eccentric notions; **j-m ~n in den Kopf setzen** to put ideas into s.o.'s head, *Am. colloq.* to put a bug into s.o.'s ear. – **3.** *tech.* a) crawler-type (*od.* tracklaying) vehicle, b) (*beim Schweißen*) bead. – **4.** *civ.eng. cf.* Planiermaschine.

ˈ**Rau·pen|ˌanˌtrieb** *m tech.* tracklaying drive. — ~ˌ**band** *n tech. cf.* Raupenkette. — ~ˌ**fahrˌzeug** *n* full-track (*od.* tracked) vehicle. — ~ˌ**flie·ge** *f meist pl zo.* tachina fly (*Fam. Tachinidae*). — **~ˌfraß** *m* damage done by caterpillars. — **~ˌket·te** *f tech.* (*eines Tanks, Traktors etc*) creeper (*od.* endless, track) chain. — **~ˌklee** *m bot.* scorpion's-tail (*Gattg Scorpiurus*). — **~ˌleim** *m hort.* insect lime. — **~ˌle·sen** *n agr.* clearing of caterpillars. — **~ˌnest** *n* nest of caterpillars. — **~ˌschlep·per** *m tech.* tracklaying (*od.* crawler-type) tractor, tractor.

ˈrau·pig *adj* infested (*od.* teeming) with caterpillars.

raus... [ˈraʊs-] *colloq. for* **heraus...**, **hinaus...**

raus [raʊs] *interj* get out! scram! (*sl.*), beat it! (*sl.*).

Rausch [raʊʃ] *m* ⟨-(e)s; ⸚e⟩ **1.** (*Betrunkenheit*) drunkenness, intoxication, inebriation, inebriety: **kleiner** (*od.* **leichter**) ~ tipsiness (*colloq.*); **schwerer** ~ dead drunkenness; **einen** ~ **haben** to be drunk, to have had one over the eight, to be in one's cups; to be half-seas over, to be boozed (up) (*colloq.*), to be stewed (*sl.*); **einen gehörigen** (*od.* **ordentlichen**) ~ **haben** to be dead (*od. sl.* blind) drunk, to be tight (*od. sl.* sloshed, smashed), to be (as) drunk as a lord (*od.* fiddler); **sich** (*dat*) **einen** ~ **antrinken** (*od.* **holen**) to (go and) get drunk (*od. sl.* sloshed); **j-m einen** ~ **anhängen** *colloq.* to make s.o. drunk; **er trank sich einen** ~ **an, um seinen Kummer zu vergessen** he drowned his sorrows (in drink); **seinen** ~ **ausschlafen** to sleep oneself sober, to sleep it off; **im** ~ in a state of drunkenness, under the influence of alcohol. – **2.** *fig.* rapture, ecstasy, frenzy, transport, intoxication: ~ **der Begeisterung** frenzy of enthusiasm; **im** ~ **des Entzückens** in a transport of delight; **im ersten** ~ in a fit of enthusiasm. – **3.** *med.* a) intoxication, b) (*kurze Narkose*) light ether an(a)esthesia, rausch. — **r~ˌarm** *adj tech.* low-noise (*attrib*). — **~ˌbee·re** *f bot.* **1.** bog bilberry (*od.* whortleberry) (*Vaccinium uliginosum*). – **2.** *cf.* **Krähenbeere, Schwarze.** — **~ˌbrand** *m* ⟨-(e)s; *no pl*⟩ *vet.* quarter ill.

rau·schen [ˈraʊʃən] **I** *v/i* ⟨h *u.* sein⟩ **1.** ⟨h⟩ (*vom Wind*) rush. – **2.** ⟨h⟩ (*von Wasser*) rush, brawl. – **3.** ⟨h⟩ (*von kleineren Bächen*) burble, bubble, gurgle, murmur. – **4.** ⟨h⟩ (*von Brandung u. Sturm*) roar, thunder, brawl. – **5.** ⟨h⟩ (*von Blättern*) rustle, whisper. – **6.** ⟨h⟩ (*von Seide*) rustle, swish. – **7.** ⟨h⟩ (*von Gefieder*) whir, *auch* whirr. – **8.** ⟨h⟩ (*radio*) *telev.* (*von Mikrophon, Radar, Schallplatte etc*) noise. – **9.** ⟨sein⟩ *fig. colloq.* sweep, sail: **sie rauschte aus dem Zimmer** she swept out of the room. – **10.** ⟨h⟩ *hunt.* (*beim Schwarzwild*) rut. – **II R~** *n* ⟨-s⟩ **11.** *verbal noun.* – **12.** (*des Windes*) rush. – **13.** (*des Wassers*) rush, brawl. – **14.** (*von kleineren Bächen*) burble, bubble, gurgle, murmur. – **15.** (*der Brandung, des Sturms*) roar, thunder, brawl. – **16.** (*der Blätter*) rustle, whisper. – **17.** (*der Seide etc*) rustle, swish, froufrou. – **18.** (*des Gefieders*) whir, *auch* whirr. – **19.** (*radio*) a) noise, b) (*der Schallplatte*) surface noise, needle scratch. – **20.** *hunt.* (*Blasen*) *beginning of the mating call of the heathcock.* – **21.** (*des Beifalls*) thunder. — **ˈrau·schend I** *pres p.* – **II** *adj* **1.** (*Beifall*) thunderous, thundering. – **2.** *fig.* (*Fest etc*) sumptuous.

ˈRau·scher *m* ⟨-s; *no pl*⟩ *gastr.* strongly fermenting must.

ˈRausch|ˌfak·tor *m* (*radio*) noise ratio. — **~ˌgelb** *n min.* orpiment.

ˈRauschˌgift *n* narcotic, drug, dope (*sl.*), *Am. sl.* hop: **j-n unter** ~ **setzen** to drug s.o., to dope s.o. (*sl.*); **mit** ~ **betäubt** drugged. — **~ˌhan·del** *m* drug traffic (*od.* trafficking). — **~ˌhänd·ler** *m* narcotics (*od. sl.* dope) trafficker, dealer (*sl.*), *Am. sl.* pusher. — **~ˌschmug·gel** *m cf.* **Rauschgifthandel.** — **~ˌschmugg·ler** *m* drug trafficker, dope smuggler (*sl.*). — **~ˌsucht** *f med.* drug addiction (*od.* habit); narcoticism, narcomania (*scient.*). — **r~ˌsüch·tig** *adj* drug-addicted, addicted to drugs. — **~ˌsüch·ti·ge** *m, f* drug (*od.* narcotic) addict, dope addict (*sl.*), *Am. sl.* hop fiend.

ˈRauschˌgold *n* tinsel, Dutch foil (*od.* gold). — **~ˌen·gel** *m* tinsel angel.

ˈrausch·haft *adj fig.* ecstatic, frenzied, rapturous.

ˈRausch|ˌlei·stung *f* (*eines Satelliten*) noise power. — **~narˌko·se** *f med. cf.* **Rausch** 3b. — **~ˌrot** *n min. cf.* **Realgar.** — **~ˌsil·ber** *n* tinsel. — **~ˌzeit** *f hunt.* (*des Schwarzwildes*) rut(ting time).

ˈRäus·pe·rer *m* ⟨-s; -⟩ hem.

räus·pern [ˈrɔʏspərn] *v/reflex* ⟨h⟩ **sich** ~ **1.** clear one's throat, hawk. – **2.** (*aus Verlegenheit*) hem: **sich wiederholt** ~ to hem and haw. – **3.** (*sich bemerkbar machen*) cough.

ˈraus|ˌschmei·ßen I *v/t* ⟨*irr, sep,* -ge-, h⟩ *colloq.* **1.** throw (*od. sl.* kick) (*s.o.*) out; *Am. sl.* 'bounce', give (*s.o.*) the bounce (*od.* bum's rush). – **2.** (*entlassen*) 'fire', 'sack' (*beide colloq.*), give (*s.o.*) the sack (*colloq.*) (*od. sl.* boot, push), kick (*s.o.*) out (*sl.*). – **II R~** *n* ⟨-s⟩ **3.** *verbal noun.* – **4.** *cf.* **Rausschmiß.** — **R~ˌschmei·ßer** *m* **1.** (*in Lokalen*) *Am. sl.* bouncer, *bes. Br. sl.* chucker-out. – **2.** (*letzter Tanz*) last dance, *Am. colloq.* 'chaser'. — **R~ˌschmiß** *m* ⟨-sses; -sse⟩ **1.** *Br. sl.* 'chuck', *Am. sl.* bum's rush. – **2.** (*Entlassung*) dismissal, discharge, 'sack' (*colloq.*); 'boot', 'push' (*sl.*).

Rau·te[1] [ˈraʊtə] *f* ⟨-; -n⟩ **1.** diamond, lozenge. – **2.** *math.* rhombus, rhomb, diamond, lozenge. – **3.** *her.* fusil, lozenge. – **4.** (*Diamantenschliff*) facet. – **5.** (*im Walzwesen*) diamond. – **6.** (*games*) *rare for* **Karo** 2.

ˈRau·te[2] *f* ⟨-; -n⟩ *bot.* ruewort, rue (*Ruta graveolens*).

ˈRau·ten|anˌten·ne *f* (*radio*) rhombic antenna (*bes. Br.* aerial). — **~ˌflä·che** *f* (*von Glas, Steinen*) facet. — **r~ˌför·mig** *adj* **1.** *math.* rhombic, rhomboid(al). – **2.** lozenged, lozenge-shaped, diamond-shaped. — **~geˌwäch·se** *pl bot.* rutaceous plants, rutaceae (*scient.*) (*Fam. Rutaceae*). — **~ˌglas** *n tech.* (*in der Glaserei*) rhombic pane. — **~ˌgru·be** *f med.* (*des Hirns*) rhomboid fossa. — **~kaˌli·ber** *n metall.* diamond pass. — **~ˌkranz** *m her.* lozenged chaplet (*od.* wreath). — **~ˌschlan·ge** *f zo.* Australian python (*Morelia argus*).

Ra·vio·li [raˈvi̯oːli] *pl gastr.* ravioli.

Ray·on [rɛˈjõː] *m* ⟨-s; -s⟩ **1.** *Austrian for* **Dienstbereich.** – **2.** *mil. archaic* rayon (of a fortress). – **3.** (*im Warenhaus*) department. — **~ˌchef** *m* (*im Warenhaus*) head of department.

Ra·ze·mat [ratseˈmaːt] *n* ⟨-s; -e⟩ *chem.* racemate, racemic compound (*od.* mixture). — **raˈze·misch** [-ˈtseːmɪʃ] *adj* racemic.

Raz·zia [ˈratsi̯a] *f* ⟨-; Razzien, *auch* -s⟩ (police) raid (*od.* roundup, *Br.* round-up, swoop): **eine** ~ **[auf Verbrecher] machen** (*od.* **veranstalten**) to make a raid [on criminals], to raid [criminals].

re [reː] **I** *adv* ~ **geben** (*od.* **sagen**) (*games*) to redouble. – **II R~** *n* ⟨-s; -s⟩ **j-m** ~ **geben** (*games*) to redouble.

Rea·gens [reˈʔaːgɛns; reʔaˈgɛns] *n* ⟨-; -genzien [-ʔaˈgɛntsi̯ən]⟩ *chem. cf.* **Reagenz.**

Rea·genz [reʔaˈgɛnts] *n* ⟨-es; -ien [-tsi̯ən]⟩ *chem.* reagent. — **~ˌglas** *n* test tube. — **~ˌlö·sung** *f* test solution. — **~paˌpier** *n* **1.** test paper. – **2.** indicator paper. – **3.** (*Lackmuspapier*) litmus paper.

rea·gi·bel [reʔaˈgiːbəl] *adj econ.* sensitive, responsive.

rea·gie·ren [reʔaˈgiːrən] **I** *v/i* ⟨*no* ge-, h⟩ **1.** *chem.* (auf *acc,* mit on) react: **basisch [sauer]** ~ to show an alkaline [acid] reaction. – **2.** *tech.* (**auf** *acc* to) react (with), respond (to), answer (to), answer. – **3.** *auch med.* (*auf einen Reiz ansprechen*) (**auf** *acc* to) react, respond, be responsive. – **4.** *fig.* (**auf** *acc* to) react, respond: **auf etwas nicht** ~ a) to take no notice of s.th., to ignore s.th., b) *med.* (*auf Reize, Impfung etc*) to be unresponsive to s.th.; **er reagierte darauf mit einem Lächeln** he answered with a smile; **auf etwas sauer** ~ *colloq.* to take s.th. in bad part, to be peeved at s.th. (*colloq.*). – **II R~** *n* ⟨-s⟩ **5.** *verbal noun.* – **6.** *cf.* **Reaktion** 1, 2, 3, 5.

Re·ak·tanz [reʔakˈtants] *f* ⟨-; -en⟩ *electr.* (inductive and capacitive) reactance: **strombegrenzende** ~ reactor.

Re·ak·ti·on [reʔakˈtsi̯oːn] *f* ⟨-; -en⟩ **1.** *chem.* reaction. – **2.** *tech.* (**auf** *acc* to) reaction, response. – **3.** *med.* a) reaction, b) (*Reflex*) response, reflex, c) (*auf Behandlung*) (**auf** *acc* to) response. – **4.** ⟨*only sg*⟩ *pol.* reaction. – **5.** *fig.* (**auf** *acc* to) reaction, response.

re·ak·tio·när [reʔaktsi̯oˈnɛːr] **I** *adj* **1.** (*rückschrittlich*) reactionary. – **2.** *pol. contempt.* reactionary, unprogressive, rightist, right-wing (*attrib*), *Br.* Tory, *auch* tory, hidebound, stick-in-the-mud (*attrib*). – **II R~** *m* ⟨-s; -e⟩ **3.** *pol. contempt.* reactionary, reactionist, rightist, *Br.* Tory, *auch* tory, stick-in-the-mud, *Am. sl.* mossback, Hunker.

Re·ak·tiˈons·diˌstanz *f* (*Verkehrswesen*) reaction (*od.* thinking) distance.

re·ak·tiˈonsˌfä·hig *adj* **1.** responsive, reactive, capable of reaction. – **2.** *chem.* reactive: **~e Gruppe** reactive (*od.* functional) group. — **Re·ak·tiˈonsˌfä·hig·keit** *f* **1.** responsiveness, reactivity. – **2.** *chem.* reactivity.

Re·ak·tiˈons|geˌschwin·dig·keit *f* **1.** *chem.* rate of reaction, reaction velocity, chemical reaction rate. – **2.** speed of response. — **~ˌket·te** *f* reaction chain (*od.* series), chain of reactions. — **~ˌmit·tel** *n* reagent, reactant. — **~ˌmo·tor** *m* (*space*) *cf.* **Reaktionstriebwerk.** — **~prinˌzip** *n* (principle of) reaction. — **r~ˌschnell** *adj* quickly reacting (*od.* responding) (*attrib*), quick, quick-off-the-mark (*attrib*) (*colloq.*). — **~ˌträg·heit** *f* **1.** *phys.* inactivity, inertness. – **2.** *chem.* a) inertia, inertness, b) (*auf Grund von Sättigung*) saturation. — **~ˌtriebˌwerk** *n* (*space*) reaction engine (*od.* motor). — **~verˌmö·gen** *n cf.* **Reaktionsfähigkeit.** — **~ˌwär·me** *f chem.* heat of reaction. — **~ˌzeit** *f* reaction time.

re·ak·tiv [reʔakˈtiːf] *adj* **1.** (*rückwirkend*) reactive. – **2.** **~er Antrieb** (*space*) (principle of) reaction (propulsion).

re·ak·ti·vie·ren [reʔaktiˈviːrən] **I** *v/t* ⟨*no* ge-, h⟩ **1.** *auch chem.* reactivate. – **2.** *mil.* recommission. – **II R~** *n* ⟨-s⟩ **3.** *verbal noun.* — **Re·ak·ti·ˈvie·rung** *f* ⟨-; -en⟩ **1.** *cf.* **Reaktivieren.** – **2.** reactivation. – **3.** *mil.* recommission(ing).

Re·ak·ti·vi·tät [reʔaktiviˈtɛːt] *f* ⟨-; -en⟩ *obs.* reactivity.

Re·ak·tor [reˈʔaktər] *m* ⟨-s; -en [-ˈtoːrən]⟩ *nucl.* (nuclear *od.* atomic) reactor: **der** ~ **ist kritisch geworden** the reactor has gone (*od.* become) critical. — **~ˌkern** *m* core (of a reactor). — **~phyˌsik** *f* reactor physics *pl* (*usually construed as sg*). — **~ˌtank** *m* reactor vessel. — **~ˌtech·nik** *f* reactor technology.

re·al [reˈaːl] **I** *adj* **1.** (*wirklich*) real, actual. – **2.** (*dinglich*) material, substantial, corporeal. – **3.** (*konkret*) concrete, tangible, palpable. – **4.** *jur. econ.* corporeal, tangible: **~e Vermögensgüter** tangible assets; **~es Wachstum** increase in real terms. – **II** *adv* **5.** ~ **denken** to think realistically.

Reˈal|ˌakt *m* **1.** real (*od.* factual) action. – **2.** *jur.* judicial act concerning a piece of land (*od.* real estate). — **~beˌsteue·rung** *f* taxation of landed property (*od.* real estate). — **~ˌeinˌkom·men** *n* real income (*od.* revenue). — **~en·zy·klo·päˌdie** *f cf.* **Reallexikon.**

Re·al·gar [realˈgaːr] *m* ⟨-s; -e⟩ *min.* realgar, ruby sulphur.

Reˈal·gymˌna·si·um *n ped. obs. and Swiss German secondary school emphasizing modern languages.*

Rea·li·en [reˈaːli̯ən] *pl* **1.** real (*od.* actual) facts, realities. – **2.** (*wissenschaftliche Fächer*) humanities and natural sciences. – **3.** (*Sachkenntnisse*) expert knowledge *sg.*

Reˈal·inˌju·rie *f* ⟨-; -n⟩ *jur.* (*tätliche Beleidigung*) assault and battery.

rea·liˈsier·bar *adj* **1.** realizable *Br. auch* -s-. – **2.** *econ.* realizable *Br. auch* -s-, convertible into money: **nicht** ~ unrealizable, frozen, unmarketable; **nicht ~e Werte** frozen assets. — **Rea·liˈsier·bar·keit** *f* ⟨-; *no pl*⟩ **1.** realizability *Br. auch* -s-. – **2.** *econ.* realizability *Br. auch* -s-, marketability.

rea·li·sie·ren [realiˈziːrən] **I** *v/t* ⟨*no* ge-, h⟩ **1.** (*verwirklichen*) realize *Br. auch* -s-: **ich konnte meine Pläne** ~ I was able to realize my plans, my plans materialized. – **2.** *econ.* a) (*flüssigmachen*) realize *Br. auch* -s-, convert (*s.th.*) into money (*od.* cash), b) (*abstoßen*) dispose of, sell (*s.th.*) out. – **II R~** *n* ⟨-s⟩ **3.** *verbal noun.* — **Rea·liˈsie·rung** *f* ⟨-; *no pl*⟩ **1.** *cf.* **Realisieren.** – **2.** (*Verwirklichung*) realization *Br. auch* -s-. – **3.** *econ.* a) realization *Br. auch* -s-, conversion into money (*od.* cash), b) selling out.

Rea·lis·mus [reaˈlɪsmʊs] *m* ⟨-; *no pl*⟩ **1.** *philos.* realism: **Anhänger** (*od.* **Vertreter**) **des** ~ realist. – **2.** (*art*) realism, objectivism. – **3.** (**poetischer**) ~ (*literature*) poetic realism.

Rea·list [reaˈlɪst] *m* ⟨-en; -en⟩, **Reaˈli·stin** *f* ⟨-; -nen⟩ **1.** realist. – **2.** (*art*) realist, objectivist.

rea'li·stisch I *adj* **1.** (*sachlich-nüchtern*) realistic, matter-of-fact, down-to-earth (*attrib*). – **2.** (*wirklichkeitsgetreu*) realistic. – **3.** *philos.* realistic, realist. – **4.** (*art*) realistic, objectivistic. – **II** *adv* **5.** realistically: **ein Thema ~ gestalten** to present a subject realistically; **ein ~ denkender Mensch** a down-to-earth person.

Rea·li·tät [reali'tɛːt] *f* ⟨-; -en⟩ **1.** (*Wirklichkeit*) reality. – **2.** (*Gegebenheit*) fact. – **3.** *pl bes. Austrian econ. for* Immobilien 2.

Rea·li'tä·ten|bü,ro *n Austrian econ. for* Immobilienbüro. — **~ˌhänd·ler** *m Austrian for* Immobilienhändler.

rea·li·ter [re'aːlitər] *adv* in reality, in actual fact.

Re'al|ka·pi,tal *n econ.* real capital, sum total of operating resources. — **~ka·ta,log** *m* (*in Bibliotheken*) subject-matter catalog (*bes. Br.* catalogue). — **~kon·kur,renz** *f jur.* cumulation: **in ~** cumulative. — **~kon,trakt** *m* real contract. — **~kre,dit** *m jur. econ.* **1.** credit on real estate (*od.* property). – **2.** credit against tangible securities. — **~ˌla·sten** *pl* recurrent charges on real estate. — **~ˌle·xi·kon** *n* encyclopedia, *auch* encyclopaedia cyclopedia, *auch* cyclopaedia. — **~ˌlohn** *m econ.* real wages *pl*, wages *pl* in real terms. — **~po·li,tik** *f* practical politics *pl* (*construed as sg or pl*), politics *pl* (*construed as sg or pl*) of realism, realpolitik. — **~ˌschu·le** *f school leading to the General Certificate of Education Ordinary Level* (*Am. etwa junior high school diploma*). — **~ˌschü·ler** *m*, **~ˌschü·le·rin** *f* pupil (*od.* student) at a 'Realschule'. — **~ˌschul,leh·rer** *m*, **~ˌschul·ˌleh·re·rin** *f* teacher at a 'Realschule'. — **~ˌsteu·er** *f econ.* tax on real estate and trading capital. — **~uni,on** *f pol.* real union. — **~ˌwert** *m econ.* real value. — **~ˌwör·ter,buch** *n cf.* Reallexikon.

re·ama·teu·ri·sie·ren [reˀamatøri'ziːrən] *v/t* ⟨*no* ge-, h⟩ (*sport*) reinstate (*s.o.*) as an amateur. — **Re·ama·teu·ri'sie·rung** *f* ⟨-; *no pl*⟩ reinstatement as an amateur.

Re·as·se·ku·ranz [reˀaseku'rants] *f* ⟨-; -en⟩ *econ. cf.* Rückversicherung 1.

Reb·bach ['rɛbax] *m* ⟨-s; *no pl*⟩ *colloq.* (*Gewinn*) profit(s *pl*): **seinen ~ machen** to make one's pile (*colloq.*).

'Reb|ˌbau *m* ⟨-(e)s; *no pl*⟩ vine cultivation, viticulture. — **~ˌberg** *m cf.* Weinberg.

Re·be ['reːbə] *f* ⟨-; -n⟩ **1.** (*Weinstock*) vine: **junge ~** (*Steckling*) plant. – **2.** (*Weinranke*) tendril, shoot. – **3.** *fig. poet.* grape: **Saft der ~** juice of the grape.

Re·bell [re'bɛl] *m* ⟨-en; -en⟩ **1.** (*Aufrührer*) rebel, revolutionary. – **2.** (*Aufständischer*) insurgent, insurrectionist. – **3.** (*Meuterer*) mutineer. — **re·bel'lie·ren** [-'liːrən] *v/i* ⟨*no* ge-, h⟩ (gegen against) **1.** (*sich auflehnen*) rebel, revolt. – **2.** (*einen Aufstand machen*) insurrect, rise (in rebellion *od.* up in arms). – **3.** (*meutern*) mutiny. – **4.** *fig.* (*protestieren*) rebel, protest strongly. — **Re'bel·lin** *f* ⟨-; -nen⟩ *cf.* Rebell.

Re·bel·li·on [rebɛ'lioːn] *f* ⟨-; -en⟩ **1.** (*Aufruhr*) rebellion, revolt. – **2.** (*Aufstand*) insurrection, uprising, *Br. auch* rising, insurgence, insurgency. – **3.** (*Meuterei*) mutiny. – **4.** *fig.* rebellion, protest.

re'bel·lisch *adj* **1.** (*aufrührerisch*) rebellious, rebel (*attrib*), rebelly (*colloq.*). – **2.** (*aufständisch*) insurgent, insurrectionary, insurrectional. – **3.** (*meuternd*) mutinous. – **4.** *fig. colloq.* up in arms, wild: **die Steuererhöhung machte das ganze Land ~** the whole country was up in arms about the tax increase, the tax increase caused a nation-wide uproar.

re·beln ['reːbəln] *v/t* ⟨h⟩ *dial. for* abbeeren.

'Re·ben|ˌblatt *n bot.* vine leaf. — **~ˌblut** *n poet.* blood of the grape. — **~ˌhü·gel** *m* vine-covered hill. — **~ˌlaub** *n* vine leaves *pl* (*od.* foliage): **mit ~** *arch.* vined. — **~ˌmes·ser** *n* pruning knife. — **~ˌsaft** *m* ⟨-(e)s; *no pl*⟩ *humor. poet.* juice of the grape. — **~spa,lier** *n* vine trellis. — **~ˌste·cher** *m zo.* (*Rüsselkäfer*) grape curculio (*Byctiscus betulae*). — **r~ˌum,spon·nen** *adj* vine-clad.

'Reb|ˌhuhn *n zo.* gray (*bes. Br.* grey) partridge (*Perdix perdix*): **eine Kette Rebhühner** a covey of partridges; **Rebhühner aufjagen** to spring partridges. — **~ˌlaus** *f zo.* vine fretter, *auch* vine louse (*od.* pest), phylloxera (*scient.*) (*Phylloxera vitifoliae*).

Reb·ling ['reːplɪŋ] *m* ⟨-s; -e⟩ *bot.* vine shoot (*od.* branch).

'Reb|ˌpfahl *m* vine prop. — **~ˌste·cher** *m zo. cf.* Rebenstecher. — **~ˌstock** *m bot.* vine.

Re·bus ['reːbʊs] *m, n* ⟨-; -se⟩ (*Bilderrätsel*) rebus.

re·bus sic stan·ti·bus ['reːbʊs 'ziːk 'stantibʊs] **1.** as things stand. – **2.** *jur. pol.* rebus sic stantibus.

Re·cei·ver [ri'siːvər; rɪ'siːvə] (*Engl.*) *m* ⟨-s; -⟩ (*radio*) receiver.

Re·chaud [re'ʃoː] *m, n* ⟨-s; -s⟩ *Southern G. and Austrian* **1.** *cf.* Gasherd, Gaskocher. – **2.** *cf.* Wärmeplatte.

re·chen ['rɛçən] *v/t* ⟨h⟩ rake.

'Re·chen *m* ⟨-s; -⟩ **1.** rake. – **2.** (*an einer Mähmaschine*) rake. – **3.** (*an Abwässeranlagen etc*) grid, *Am. auch* thrashrake, screen.

'Re·chen|ˌan,la·ge *f tech.* computer, *Am. auch* computor. — **~ˌauf,ga·be** *f math.* a) (*einfache*) sum, b) (*schwierige*) (arithmetical) problem: **~n** *pl* a) (*einfache*) sums, b) maths (*Am.* math) homework *sg*; **eine ~ lösen** a) to do a sum, b) to work out a problem; **das ist eine simple ~** *fig.* it's a matter of simple arithmetic. — **~au·to,mat** *m cf.* Rechenmaschine 2. — **~ˌbrett** *n math.* abacus. — **~ˌbuch** *n* arithmetic book. — **~bü,ro** *n* (*bei Sportwettkämpfen*) scoring office. — **~ex,em·pel** *n cf.* Rechenaufgabe: **das ist ein ganz einfaches ~** *fig.* that's a matter of simple arithmetic. — **~ˌfeh·ler** *m* **1.** *bes. math.* miscalculation, error in calculation, arithmetical error (*auch* mistake), miscount. – **2.** *bes. tech.* computational mistake (*od.* error). — **~ge·ˌrät** *n* **1.** calculator. – **2.** (*computer*) (*programmgesteuertes*) computer (*Am. auch* computor) (machine *od.* unit). — **~ˌheft** *n* sum book, arithmethic book. — **~ˌkniff** *m* arithmetical shortcut. — **~ˌkunst** *f* arithmetic, numeration. — **~ˌkünst·ler** *m*, **~ˌkünst·le·rin** *f* arithmetical genius. — **~ˌleh·rer** *m*, **~ˌleh·re·rin** *f* arithmetic teacher. — **~ma,schi·ne** *f* **1.** *tech.* calculating machine, calculator. – **2. elektronische ~** *electr.* computer, *Am. auch* computor, computing machine. – **3.** (*Addiermaschine*) adding machine, calculating machine, counting machine, comptometer (*scient.*). – **4.** (*Rechenbrett*) abacus.

'Re·chen·schaft *f* ⟨-; *no pl*⟩ account: **~ ablegen** (*od.* **geben**) **von** (*od.* **über** *acc*) **etwas** a) to account (*od.* answer) for s.th., b) to give (*od.* render) (an) account of s.th.; **darüber habe ich mir nie ~ gegeben** I have never tried to find a personal justification for that; **j-n für etwas zur ~ ziehen** a) to call (*od.* bring) s.o. to account (*od.* to book) for s.th., b) (*ermahnen*) to take s.o. to task for s.th.; **j-m ~ schuldig sein** (*od.* **schulden, geben müssen**) **über** (*acc*) **etwas** to be accountable (*od.* answerable) to s.o. for s.th.; **ich bin dir darüber keine ~ schuldig** I am not answerable to you for that, I owe you no explanation for that; **von j-m ~ fordern** (*od.* **verlangen**) to demand an explanation from s.o.; **sich der ~ entziehen** a) to shirk one's responsibility, b) to evade the consequences.

'Re·chen·schafts|be,richt *m* **1.** account, statement of accounts. – **2.** (*Auskunft über Tun u. Lassen*) report (of activities). – **3.** *econ.* (director's) report, report and accounts *pl*, accounts *pl* rendered. — **~ˌle·gung** *f* rendering of an account: **Verpflichtung zur ~** accountability, answerability. — **r~ˌpflich·tig** *adj* liable to account, accountable.

'Re·chen|ˌschie·ber, **~ˌstab** *m tech.* slide rule. — **~ˌstun·de** *f* arithmetic lesson. — **~ta,bel·le** *f* **1.** *tech. math. cf.* Rechentafel 2. – **2.** (*für Währungen etc*) ready reckoner, calculator, calculation chart. — **~ˌta·fel** *f* **1.** counting frame (*od.* rail), abacus. – **2.** *tech. math.* a) multiplication tables *pl*, b) alignment chart; nomogram, nomograph (*scient.*). — **~ˌun·ter,richt** *m* arithmetic lesson(s *pl*): **~ geben** to teach (*od.* give lessons in) arithmetic. — **~ˌzen·trum** *n math.* computing center (*bes. Br.* centre).

Re·cher·che [re'ʃɛrʃə] *f* ⟨-; -n⟩ *meist pl cf.* Nachforschung. — **re·cher'chie·ren** [-'ʃiːrən] *v/i* ⟨*no* ge-, h⟩ *cf.* nachforschen I.

rech·nen ['rɛçnən] **I** *v/i* ⟨h⟩ **1.** calculate, reckon: **im Kopf ~** to reckon in one's head; **falsch ~** to miscalculate; **er rechnet an einer Aufgabe** a) (*bei leichten Aufgaben*) he does a sum, b) (*bei schwierigen Aufgaben*) he works out a problem; **maschinell [elektronisch] ~** to compute; **mit Zahlen ~** to reckon in figures; **in Schillingen ~** to calculate in shillings; **gut ~ können** to be good at figures. – **2.** (*zählen*) count: **nach Stunden [Einheiten] ~** to count by the hour [unit]; **von heute an gerechnet** (as) from today; **wir ~ von Christi Geburt an** we count from the year of the birth of Jesus Christ. – **3.** *colloq.* (*berechnen*) charge: **Sie haben zuviel gerechnet** you charged too much. – **4.** (*kalkulieren, schätzen*) calculate, reckon, estimate: **für Lebensmittel rechne ich 20 Mark pro Tag** I reckon 20 marks a day for food; **rechne nicht zu knapp** don't cut it too fine; **der Verlust beträgt knapp gerechnet 1 000 Mark** the loss is estimated at a minimum of 1,000 marks, the loss is estimated at 1,000 marks at the lowest; **gut gerechnet 150 km** a good 150 kilometers. – **5. ~ zu** to be counted as, to rank as (*od.* among), to number among: **sie rechnet zu seinen Freunden** she is counted as one of his friends, she numbers among his friends. – **6. mit etwas [j-m] ~** a) (*erwarten*) to expect s.th. [s.o.], to reckon with s.th. [s.o.], b) (*bauen auf*) to count (*od.* rely) on s.th. [s.o.], c) (*berücksichtigen*) to take s.th. [s.o.] into account, to reckon with s.th. [s.o.]: **mit dem Schlimmsten ~** to reckon with (*od.* be prepared for) the worst; **mit Erfolg ~** to expect (*od.* hope for) success; **es ist damit zu ~, daß er die Wahl gewinnt** he is expected (*od.* likely) to win the election; **damit hatte ich nicht gerechnet** I didn't reckon with that, I didn't bargain for that; **ich rechne mit deiner Hilfe** I am counting on your help; **mit ihm hätte ich am allerwenigsten gerechnet** he is the last person I expected to see; **mit ihm muß man ~** he is a man to be reckoned with. – **7. auf etwas [j-n] ~** to count (*od.* rely) on s.th. [s.o.]. – **8.** *fig.* (*sparsam sein*) economize, be economical, be careful with one's money: **ich muß diesen Monat sehr ~** I have to be very careful with my money this month; **mit jedem Pfennig ~** to count every penny. – **II** *v/t* **9.** (*Aufgabe, Gleichung etc*) work out, calculate, reckon, do: **eine einfache Aufgabe ~** to do a sum. – **10.** (*zählen*) calculate: **wir ~ die Entfernung nach** (*od.* **in**) **Lichtjahren** we calculate the distance in light-years; **eins zum andern ~** a) to add one thing to another, b) *fig.* to put two and two together; **alles in allem gerechnet** *fig.* (taken) all in all, (taken) as a whole. – **11. j-n [etwas] ~ zu** to count s.o. [s.th.] as, to number (*od.* rate, rank) s.o. [s.th.] among: **man rechnet ihn zu unseren besten Schriftstellern** he ranks among our best writers. – **12.** (*berücksichtigen*) count, take (*s.th.*) into account, allow for: **sie müssen auch den ideellen Wert ~** you have to take the intrinsic value into account; **die Nebenkosten nicht gerechnet** not counting (*od.* allowing for) the incidentals. – **13. es sich** (*dat*) **zur Ehre ~, j-m zu helfen** to count (*od.* consider, *lit.* deem) it an hono(u)r to help s.o. – **III** *v/reflex* **14. sich ~ zu** to count (*od.* reckon, rank) oneself among: **er rechnet sich zur Elite** he counts himself among the elite. – **IV R~** *n* ⟨-s⟩ **15.** *verbal noun.* – **16.** (*als Schulfach*) arithmetic: **er ist gut im ~** he is good in arithmetic (*od.* at figures); **kaufmännisches ~** commercial arithmetic. – **17.** calculation: **elektronisches ~** electronic calculation (*od.* computation).

'Rech·ner *m* ⟨-s; -⟩ **1.** calculator, reckoner, arithmetician: **er ist ein guter ~** a) he is a good reckoner, he is good at figures, b) *fig.* he is very economical (*od.* thrifty); → kühl 5. – **2.** *tech.* computer, *Am. auch* computor.

'rech·ne·risch I *adj* arithmetic, arithmetical, mathematical, *auch* mathematic. – **II** *adv* mathematically, by way of calculation: **etwas ~ ermitteln** to work s.th. out mathematically.

'Rech·nung *f* ⟨-; -en⟩ **1.** calculation, reckoning, computation: **seine ~ geht nicht auf** a) his calculation doesn't work out, b) *fig. colloq.* things are not working out for him, things are not working out as he had planned. – **2.** (*Rechenaufgabe*) problem. – **3.** (*Kalkulation*) calculation, plan: **nach meiner ~ müßte er längst hier sein** according to my calculation (*od.*

as far as I can make out) he should have been here hours ago; die ~ ohne den Wirt machen *fig. colloq.* to reckon without one's host; j-m einen Strich durch die ~ machen *fig. colloq.* to upset (*od.* thwart, foil) s.o.'s plans. – **4.** bill, account: bezahlte [unbezahlte] ~en paid [unpaid] bills; eine ~ bezahlen (*od.* begleichen) to pay (*od.* settle, square [up]) a bill; die ~ macht (*od.* beträgt, beläuft sich auf) 20 Mark the bill is for (*od.* comes to, amounts to) 20 marks; mit j-m eine alte ~ zu begleichen haben *fig. colloq.* to have an old account (*od.* score) to settle (*od.* pay off) with s.o.; j-m die ~ präsentieren a) to present s.o. with the bill, b) *fig.* to make s.o. pay for it. – **5.** (*im Lokal*) bill, *bes. Am.* check: die ~, bitte may I have the bill, please; setzen Sie das auf meine ~ put it on my bill; die nächste Runde geht auf meine ~ the next round is on me; trinken Sie ein Bier auf meine ~ let me stand you (*od.* treat you to) a beer. – **6.** *econ.* a) invoice, *Am. meist* bill, b) (*bes. laufende*) account: eine laufende ~ a current (*od.* running, open) account; eine ~ über 500 Mark ausstellen to make out an invoice for 500 marks; laut ~ as per invoice; auf ~ on account; auf Ihre ~ und Gefahr for your account and risk; für gemeinschaftliche ~ for (*od.* on) joint account; eine ~ ausgleichen to balance (*od.* settle) an account; ~ führen (über *acc*) to keep accounts (of); über (*acc*) etwas ~ legen to render (an) account of (*od.* for) s.th.; j-m etwas in ~ stellen to charge (*od.* put, debit) s.th. to s.o.'s account; j-m zuviel in ~ stellen to overcharge s.o.; auf seine ~ kommen a) to cover one's expenses (*od.* oneself), b) *fig. colloq.* to get one's money's worth. – **7.** (etwas) auf ~ kaufen *econ.* to buy (s.th.) on credit. – **8.** *fig.* account: etwas in ~ ziehen (*od.* stellen), einer Sache ~ tragen to take s.th. into account (*od.* consideration); etwas außer ~ lassen not to take s.th. into account.

'Rech·nungs|ˌabˌgren·zung *f econ.* apportionment between (*od.* of) accounting periods, accounting apportionment. — **~ˌabˌgren·zungsˌpo·sten** *m* accounting apportionment item. — **~ˌabˌschluß** *m* **1.** statement of account: vierteljährlicher ~ quarterly account. – **2.** closing of accounts. — **~ˌabˌschrift** *f* invoice duplicate. — **~ˌart** *f math.* calculus, method of calculation, arithmetical (*od.* mathematical) operation, *auch* rule: die vier ~en the four operations of arithmetic, the four rules. — **~ˌaufˌstel·lung** *f* accounting statement. — **~ˌausˌschuß** *m* board of audit, audit committee. — **~ˌausˌzug** *m cf.* Kontoauszug. — **~beˌtrag** *m* amount of invoice, invoice amount (*od.* total), invoiced price. — **~ˌbuch** *n* invoice book, book of accounts. — **~ˌdurchˌschlag** *m* invoice copy (*od.* duplicate). — **~ˌein·heit** *f* **1.** *econ.* unit of account. – **2.** *math.* unit of calculation. — **~ˌfüh·rer** *m econ.* **1.** (*Buchhalter*) accountant, bookkeeper, *Br.* book-keeper, invoice clerk. – **2.** (*bei Zahlungsabkommen*) accounting agent. — **~ˌfüh·rung** *f* accountancy, *bes. Am.* accounting, keeping of accounts. — **~ˌhof** *m* audit office. — **~ˌjahr** *n* accounting (*od.* fiscal, financial) year. — **~ˌkam·mer** *f cf.* Rechnungshof. — **~ˌle·gung** *f* rendering (of) accounts, accounting. — **~ˌnum·mer** *f* invoice number. — **~pe·riˌode** *f* accounting period. — **~ˌpo·sten** *m* item of (a) bill, invoice item. — **~ˌprü·fer** *m* auditor, certified public (*Br.* chartered) accountant, comptroller. — **~ˌprü·fung** *f* auditing (of accounts), audit: eine ~ vornehmen to audit (an account). — **~ˌsal·do** *m* balance (of an invoice). — **~ˌstel·le** *f* accountancy (*bes. Am.* accounting) department. — **~ˌüberˌschlag** *m* accounts estimate. — **~ˌvorˌla·ge** *f* submission of accounts, presentation of invoice. — **~ˌwe·sen** *n* ⟨-s; *no pl*⟩ accountancy, *bes. Am.* accounting.

recht [rɛçt] **I** *adj* **1.** ⟨*attrib*⟩ right, right-hand: die ~e Hand the right hand; ~er Hand steht ein Haus there is a house on the right(-hand side); die ~e Seite eines Stoffes the right side (*od.* face) of a material; ein ~er Haken (*beim Boxen*) a right hook; → Hand[1] *Verbindungen mit Adjektiven.* – **2.** ⟨*attrib*⟩ *pol.* (*Politiker, Partei etc*) right(-wing): dem ~en Flügel angehören to be a right-wing politician. – **3.** ⟨*attrib*⟩ (*Maschen*) plain. – **4.** ein ~er Winkel *math.* a right angle. – **5.** (*richtig*) right: ganz ~ quite (*od.* dead) right; zur ~en Zeit ankommen to arrive in (*od.* on) time; ich bin gerade im ~en Augenblick gekommen I just arrived in the nick of time; der ~e Mann am ~en Ort the right man in the right place, the right man for the job; an den ~en Mann kommen (*od.* geraten) *auch iron.* to come (*od.* get) to the right (*od.* very) person (*od.* man); bin ich hier ~ nach München? *colloq.* am I right for Munich (here), is this the right way to Munich? das Kind beim ~en Namen nennen *fig.* to call things by their right (*od.* proper) name, to call a spade a spade; sich [etwas] ins ~e Licht setzen (*od.* rücken) *fig.* to show oneself [s.th.] off to (one's [its]) best advantage; wir wollen mal die Dinge ins ~e Licht rücken let's put things in their right perspective; auf dem ~en Weg sein *auch fig.* to be on the right road; das ist nicht ~ von dir that is not right (*od.* fair) (of you), you are not being fair; → Herz *Bes. Redewendungen*; Zeit 4. – **6.** (*passend, gelegen, geeignet*) right, suitable, proper, fitting: den ~en Augenblick abwarten to wait for the right (*od.* a suitable) moment; wir werden zur ~en Zeit aufhören we shall stop in good time (*od.* due course); alles zur ~en Zeit there is a time (and place) for everything; mir ist es (schon) ~ I don't mind, it's all right (*bes. Am. colloq.* okay) with me; ist es dir ~, wenn would you mind if, is it all right with you if; wenn es Ihnen ~ ist if you please; mir ist alles ~ a) that's (all) fine with me, b) it's all the same to me, it doesn't matter to me; ihm ist jedes Mittel ~ *fig. colloq.* he stops at nothing; das ist mir nur zu ~ that suits me perfectly, that just fits my book. – **7.** (*gerecht*) right, just, fair: das ist nur ~ und billig it's only (right and) fair, it's only right; was dem einen ~ ist, ist dem andern billig (what is) sauce for the goose is sauce for the gander; alles was ~ ist, aber das geht zu weit! *colloq.* fair is fair, but that's too much; → Ding[1] 3. – **8.** (*gut*) good, all right, *bes. Am. colloq.* OK, okay, ok, *auch* okey: (das ist) ~, ~ so a) that's the stuff (*sl.*), b) (*zu Kindern*) that's it, that's a good boy (*od.* girl); es ist schon ~ so that will do; ist alles ~ so? is everything satisfactory (*od.* all right, okay, to your liking)? – **9.** ⟨*attrib*⟩ (*wirklich*) real, regular: er ist ein ~er Narr he is a regular (*od.* downright) fool; ich habe keine ~e Lust zum Arbeiten I don't really feel like working; das Buch hatte keinen ~en Erfolg the book was not much of a (*od.* not a great) success. – **10.** (*substantiviert mit Kleinschreibung*) ~ behalten to be right in the end; j-m ~ geben to agree with s.o., to admit (*od.* concede) that s.o. is right; ~ haben to be right. – **II** *adv* **11.** (*ganz, ziemlich*) quite, rather: ~ herzlichen Dank thank you so (*od.* very) much; ein ~ tüchtiger Arzt quite a good doctor; (das ist) alles ~ schön und gut, aber that's all very fine (*od.* well) but; du bist (wohl) nicht ~ gescheit (*od.* bei Trost) *colloq.* you are not in your right mind; ich habe ihn ~ gern I rather (*od.* quite) like him, I like him quite well; ~ gern gladly, with pleasure; du weißt ~ gut, daß you know very (*od.* right) well that; ich weiß nicht ~ I don't really know, I'm not so sure; → schlecht 20. – **12.** (*passend, gelegen*) right(ly): du kommst mir gerade ~ *auch iron.* you are (just) the very person I was looking for. – **13.** (*richtig*) right: gehe ich ~ in der Annahme, daß am I right in thinking that; das geschieht ihm ganz ~ that serves him right; ~ handeln to do right; ich höre wohl nicht ~! *colloq.* I beg your pardon! pardon me! j-m etwas ~ machen to comply with s.o.'s wishes; man kann ihm nichts ~ machen he is impossible to please; es allen ~ machen wollen to want to please everybody; ~ daran tun, etwas zu verschweigen to do right to keep s.th. a secret; wenn ich es ~ überlege (*od.* bedenke) when I come to think about it, now that I think of it; wenn ich Sie ~ verstehe if I understand (*od. colloq.* get) you right. – **14.** (nun) erst ~ all the more, more than ever (*od.* before); jetzt erst ~ nicht! now even less! so geht es erst ~ nicht! that's even less help! – **III R~e, das** ⟨-n⟩ **15.** the right thing: er hat das R~e getroffen he chose the right thing, he has hit it; das ist mal endlich was R~es *colloq.* that's the very thing; das wird schon so was R~es sein *iron.* that'll be nothing to brag about; nichts R~es gelernt haben to have had no proper training; nach dem R~en sehen to see to (*od.* look after) things.

Recht *n* ⟨-(e)s; -e⟩ **1.** (*Berechtigung*) right: angestammtes ~ birthright; erworbene ~e acquired rights; von ~s wegen by right; ~ auf Arbeit right to work; ~ auf Selbstbestimmung right of self-determination; ~ über Leben und Tod right over life and death; gleiches ~ für alle equal rights for all, *Am.* equal justice under law; gleiche ~e, gleiche Pflichten equal rights, equal duties; alle ~e vorbehalten all rights reserved; ~e und Pflichten aus einem Vertrag rights and obligations arising under a contract; auf seinem ~ bestehen, sein ~ geltend machen to assert (*od.* insist on, stand on) one's right; j-m sein ~ streitig machen to dispute (*od.* contest) s.o.'s right; j-m zu seinem ~ verhelfen to see s.o. righted, to right s.o.; das ~ zu klagen und angeklagt zu werden the right to sue and to be sued; von einem ~ Gebrauch machen to avail oneself of a right; sein ~ fordern to claim one's right; seine ~e mißbrauchen to abuse one's rights; sich (*dat*) ein ~ anmaßen to assume a right; auf seine ~e verzichten to renounce one's rights; seine ~e übertragen to transfer one's rights; in j-s ~e eingreifen to intrude (*od.* encroach upon, infringe [upon]) s.o.'s rights; er verlangt nur sein ~ he only demands his right; der müde Körper verlangt sein ~ *fig.* the tired body demands its due; j-m sein ~ verweigern (*od.* absprechen) to refuse (*od.* deny) s.o. his right; sein ~ bekommen to be given (*od.* obtain) one's right; ein ~ verwirken to forfeit a right; j-m ein ~ einräumen [verleihen] to concede [to grant] s.o. a right; ein ~ herleiten von to derive a right from; auch die Erholung muß zu ihrem ~ kommen *fig.* recreation must also be given its due; ~ muß ~ bleiben fair is fair; das ist mein gutes ~ that's my due; er hat ältere ~e he has senior (*od.* prior) rights; mit ~ justly, with good reason; mit welchem ~ tust du das? what right have you to do that? mit dem gleichen ~ könnte ich behaupten, daß I would have as much right to maintain that; und mit ~! and rightly so! mit um so mehr (*od.* größerem) ~ kann ich verlangen, daß there's even more reason for me to demand that; diese Forderung besteht zu ~ this claim is legally founded (*od.* valid, justified); zu seinem ~ kommen to come into one's own; er ist im ~ he is right; → Fug; Gnade 1. – **2.** (*Gesetz*) law: formelles [materielles] ~ adjective [substantive] law; bürgerliches [öffentliches, bestehendes, zwingendes] ~ civil [public *od.* constitutional, established, binding] law; nach geltendem ~ under law in force; nach deutschem ~ under German law; nach ~ und Billigkeit according to law and equity; von ~s wegen by operation of law, de jure; Doktor der ~e Doktor of Laws; Student der ~e student of law, law student; ~ des Stärkeren law of the strongest; ~ brechen to violate (*od.* infringe [upon]) the law; ~ sprechen to administer the law, to administer justice; die ~e studieren to study (*bes. Br.* read) law; sich (*dat*) selbst ~ verschaffen to take the law into one's own hands; das ~ mit Füßen treten to fly in the face of law; das Gericht erkennt für ~ the court adjudges, decrees and determines. – **3.** (*Anspruch*) right: ~ des Erstgeborenen right (*od.* claim) of the firstborn; unabdingbares (*od.* wohlerworbenes) ~ vested interest; das ~ der ersten Nacht *hist.* jus primae noctis, droit du seigneur; ein ~ auf (*acc*) etwas haben to have a right (*od.* claim) to s.th.; das ~ haben, etwas zu tun to have the right (*od.* to be entitled) to do s.th.; er hat ein ~ auf Belohnung he is entitled to a reward. – **4.** (*Gerechtigkeit*) justice: das ~ auf seiner Seite haben to have justice on one's side. – **5.** (*Vollmacht*) power, authority: ein ~ ausüben to exercise a power. – **6.** (*Vorrecht*) privilege. – **7.** (*rechtliches Gehör*) due process.

'Rech·te[1] *m* ⟨-n; -n⟩ right (*od.* very) person (*od.* man): **du bist mir der ~!** *colloq. iron.* you are a right (*od.* good, fine, nice) one! a fine fellow you are! (*colloq.*); **an den ~n kommen** (*od.* **geraten**) *iron.* to go to the wrong person (*od. colloq.* shop).

'Rech·te[2] *f* ⟨-n; -n⟩ **1.** right (*od.* very) person (*od.* woman). – **2.** (*rechte Seite*) right, right hand (*od.* side): **zur ~n** on (*od.* at, to) the right; **zu** (*od.* **an**) **seiner ~n** at (*od.* on, to) his right(-hand side). – **3.** *pol.* Right, right wing: **die äußerste ~** the extreme right wing, the right-wing extremists *pl.* – **4.** (*sport*) (*beim Boxen*) right: **Schlag mit der ~n** right-hander.

'Recht|ˌeck *n math.* rectangle. — **r~ˌeckig** (*getr.* -k·k-) *adj* rectangular, orthogonal (*scient.*).

'Rech·teˌhandˌre·gel *f phys.* right-hand rule.

rech·ten ['rɛçtən] *v/i* ⟨h⟩ argue, dispute: **mit j-m (um etwas) ~** to argue (*od.* dispute) with s.o. (about s.th.).

'Rech·tens *only in* **das** (*od.* **es**) **ist ~** it is lawful (*od.* legitimate, legal).

'rech·ter'seits *adv* on (*od.* at, to) the right-hand side, on (*od.* to) the right hand.

'rechtˌfer·ti·gen I *v/t* ⟨h⟩ **1.** justify, warrant: **der Erfolg rechtfertigte seine Politik** success justified his policy; **ist das zu ~?** is that justifiable? – **2.** (*verteidigen*) vindicate, exculpate, justify, exonerate, defend. – **3.** (*von einem Verdacht befreien*) clear. – **II** *v/reflex* **sich ~ 4.** justify oneself. – **5.** (*sich verteidigen*) vindicate (*od.* exculpate, justify) oneself: **sich vor j-m wegen etwas ~** to vindicate one's action to s.o. – **6.** (*sich von einem Verdacht befreien*) clear oneself. – **III R~** *n* ⟨-s⟩ **7.** *verbal noun.* — **'Recht-ˌfer·ti·gung** *f* ⟨-; -en⟩ **1.** *cf.* Rechtfertigen. – **2.** justification, warrant, warranty. – **3.** (*Verteidigung*) vindication, exculpation, justification, exoneration, *Br.* defence, *Am.* defense: **zu meiner ~** in my defence, to my justification, in justice to myself.

'Rechtˌfer·ti·gungs|ˌgrund *m jur.* excuse, (legal) justification, *Br.* defence, *Am.* defense. — **~ˌschrift** *f* apology, apologia, letter of justification.

'rechtˌgläu·big *adj relig.* orthodox, orthodoxical, sound: **nicht ~** unorthodox, *auch* infidel. — **'Rechtˌgläu·bi·ge** *m, f* ⟨-n; -n⟩ orthodox (person). — **'Rechtˌgläu·big·keit** *f* ⟨-; *no pl*⟩ orthodoxy.

'Rechtˌha·ber [-ˌhaːbər] *m* ⟨-s; -⟩ **1.** dogmatic person, dogmatist. – **2.** (*Besserwisser*) know-it-all, *auch* know-all. — **ˌRecht·ha·be'rei** *f* ⟨-; *no pl*⟩ **1.** dogmatism. – **2.** know-it-all (*auch* know-all) attitude (*od.* behavior, *bes. Br.* behaviour). — **'recht-ˌha·be·risch I** *adj* **1.** dogmatic, *auch* dogmatical: **er ist ein ~er Mensch** he always insists that he is right. – **2.** know-it-all, *auch* know-all. – **3.** (*stur*) stubborn, opinionated. – **II** *adv* **4.** dogmatically.

'rechtˌläu·fig *adj astr.* in direct motion.

'Rechtˌlau·tung *f* ⟨-; *no pl*⟩ *ling. cf.* Orthoepie.

'recht·lich I *adj* **1.** *jur.* (*Anspruch, Grundlage, Mittel etc*) legal, jural, juristic, *auch* juristical: **~es Gehör** due process of law. – **2.** *jur.* (*rechtmäßig*) lawful, legitimate. – **3.** *cf.* rechtschaffen 1. – **II** *adv* **4.** legally: **seine Stellung ist ~ unanfechtbar** his position is juristically unimpeachable; **etwas ist ~ begründet** s.th. is legally founded; **~ erheblich sein** to be relevant in law (*od.* to the legal issue); **er ist ~ verpflichtet** he is bound by law. – **5. ~ denkend** honest, upright. — **'Recht·lich·keit** *f* ⟨-; *no pl*⟩ **1.** legality. – **2.** lawfulness, legitimacy, legitimateness. – **3.** *rare for* Rechtschaffenheit.

'recht·los *adj* **1.** *jur.* without rights, deprived of rights, rightless. – **2.** *jur.* (*vogelfrei*) outlawed, outcast. – **3.** *fig.* outcast. — **'Recht·lo·se** *m, f* ⟨-n; -n⟩ **1.** *jur.* outlaw, outcast. – **2.** *fig.* (*sozial Ausgestoßener*) outcast, pariah. — **'Recht·lo·sig·keit** *f* ⟨-; *no pl*⟩ *jur.* **1.** rightlessness. – **2.** (*Vogelfreiheit*) outlawry.

'rechtˌmä·ßig *jur.* **I** *adj* lawful, legitimate, rightful, (*gesetzmäßig*) legal: **ein ~er Anspruch** a rightful (*od.* legitimate) claim; **der ~e Erbe** the lawful (*od.* true) heir, the heir apparent; **etwas für ~ erklären** to legitimate (*od.* legitimize, legalize) s.th. – **II** *adv* **~ erworben** rightfully obtained. — **'Rechtˌmä·ßig·keit** *f* ⟨-; *no pl*⟩ lawfulness, rightfulness, legality, legitimacy, legitimateness.

rechts I *adv* **1.** on (*od.* at) the right(-hand side), right: **von ~ (her)** from the right; **nach ~ (hin)** to the right, rightward(s); **von ~ nach links** from (the) right to (the) left; **~ abbiegen** to turn (off) (to the) right, to take a right turn; **~ heranfahren** to draw in to the right, *Am.* to pull to the right; **~ fahren, sich ~ halten** to keep (to the) right; **das Auto kam von ~** the car came from the right; **halten Sie sich halb ~** take the fork to the right; **dritter Stock ~** third floor on the right; **die erste Straße ~** the first turn(ing) to the right; **lassen Sie das Dorf ~ liegen** pass the village on your right; **nach ~ und links schauen** to look right and left; **~ oben** on the upper right; **er saß ~ von mir** he sat on my right. – **2. etwas von ~ bügeln** to iron s.th. on the right side; **den Ärmel nach ~ drehen** to turn the sleeve to the right side. – **3. ~ stehen** *pol.* to be on the right, to be a conservative (*od.* rightist, Rightist). – **4. ~ stricken** to knit (plain): **zwei ~, zwei links** two plain, two purl. – **5.** *mil.* **~ schwenkt, marsch!** column right, march (*Br.* wheel)! **(die) Augen ~!** eyes right! – **6. ~ umspringen** *mar.* (*vom Wind*) to veer. – **II** *prep* ⟨*gen*⟩ **7.** on (*od.* at) the right(-hand side) of: **~ des Rheins** on the right bank of the Rhine.

'Rechts|ˌabˌbie·gen *n* (*im Verkehr*) turning to the right: **~ verboten** no right turn. — **~ˌabˌbie·ger** *m* **1.** vehicle turning right. – **2.** *pl traffic sg* turning right. — **~ˌab-ˌtei·lung** *f* (*eines Unternehmens*) law department (*od.* division). — **~ˌan·ge-ˌle·gen·heit** *f jur.* legal matter. — **~ˌan-ˌspruch** *m* legal (*od.* legitimate) claim, (*bes. auf Liegenschaften*) title.

'Rechts|ˌanˌwalt *m* **1.** (*in Großbritannien*) lawyer, solicitor, (*plädierender*) barrister(-at-law), counsel, (*nur vor niederen Gerichten plädierender*) solicitor. – **2.** (*in den USA etc*) lawyer, (*plädierender*) attorney(-at-law), counsel(l)or(-at-law). — **~ˌan-ˌwalt·schaft** *f* bar: **Zulassung zur ~** call(ing) to the bar.

'Rechtsˌanˌwaltsˌgeˌbüh·ren *pl jur.* lawyer's fees. — **~ˌkam·mer** *f Am.* Bar Association, *Br.* (*für Barristers*) General Council of the Bar, Bar Council, (*für Solicitors*) Law Society. — **~kanzˌlei** *f* lawyer's (*Br. auch* solicitor's) office. — **~ˌpra·xis** *f* **1.** *cf.* Rechtsanwaltskanzlei. – **2.** (*Kundenkreis*) lawyer's practice.

'Rechts|ˌaufˌfas·sung *f* **1.** legal conception. – **2.** (*rechtliche Interpretation, Rechtsauslegung*) legal interpretation, interpretation of the law. — **~ˌausˌdruck** *m* legal term. — **~ˌausˌfüh·run·gen** *pl* **1.** legal arguments. – **2.** (*Parteivorbringen*) pleadings. — **~ˌausˌkunft** *f* legal advice.

'Rechtsˌausˌle·ger *m* (*sport*) (*beim Boxen*) southpaw.

'Rechts|ˌausˌle·gung *f* interpretation of the law, legal interpretation. — **~ˌaus-ˌschuß** *m jur. pol.* legal committee.

ˌRechts'au·ßen *m* ⟨-; -⟩ **1.** (*sport*) outside right. – **2.** *pol. colloq.* (*einer Partei*) extreme rightist.

'Rechts|be·fug·nis *f jur.* competence. — **~beˌgeh·ren** *n* relief sought, petition, *Br.* statement of claim. — **~beˌgriff** *m* legal term. — **~beˌhelf** *m* **1.** (legal) remedy, relief. – **2.** (*prozessuales Vorbringen*) plea. — **~ˌbeiˌstand** *m* **1.** legal adviser. – **2.** (*vor Gericht*) counsel, counsel(l)or. — **~be-ˌleh·rung** *f* **1.** legal instruction (*od.* information). – **2.** (*des Richters an die Geschworenen*) directions *pl*, charge. — **~beˌra·ter** *m* legal adviser (*auch* advisor), *Am.* counsel. — **~beˌra·tung** *f* legal advice: **unentgeltliche ~** *Br.* legal advice, *Am.* legal aid. — **~beˌra·tungsˌstel·le** *f* legal advisory board, *auch* legal aid office. — **~ˌbeu·gung** *f* perversion of justice. — **~-ˌbre·cher** *m* lawbreaker, transgressor. — **~ˌbruch** *m* infringement, breach (*od.* violation) of the law.

'rechtˌschaf·fen I *adj* **1.** (*Person*) honest, upright, straight, righteous. – **2.** *colloq.* 'awful', 'mighty', 'pretty', *bes. Br.* 'jolly' (*alle colloq.*): **ich habe einen ~en Hunger** I am awfully hungry. – **II** *adv* **3. ~ leben** to live honestly (*od.* straight), to lead an honest life. – **4.** *colloq.* 'awfully' (*colloq.*): **~ müde sein** to be pretty (*od.* awfully, mighty, *bes. Br.* jolly) tired; **er mußte sich sein Leben lang ~ plagen** he had to struggle hard all his life. — **'Rechtˌschaf·fen·heit** *f* ⟨-; *no pl*⟩ honesty, uprightness, straightness, probity, righteousness.

'Recht|ˌschreibˌbuch, ~ˌschrei·beˌbuch *n* **1.** spelling book, speller. – **2.** orthographic dictionary.

'rechtˌschrei·ben I *v/i* ⟨*only inf*⟩ **1.** spell (correctly). – **II R~** *n* ⟨-s⟩ **2.** *verbal noun.* – **3.** *cf.* Rechtschreibung.

'Rechtˌschreib|ˌfeh·ler *m* spelling mistake. — **~reˌform** *f* spelling reform.

'Rechtˌschrei·bung *f* ⟨-; *no pl*⟩ orthography, spelling.

'Rechts|ˌdrall *m* **1.** *tech.* a) right-hand twist, b) (*eines Fräsers*) right-hand helix (*od.* spiral). – **2.** *fig.* tendency to the right, list to the right (*od.* to starboard) (*colloq. humor.*): **er hat einen ~** *colloq.* he always keeps going over to the right. – **3.** *pol.* rightward tendency, rightist sympathy. — **r~ˌdre·hend** *adj* **1.** *chem. phys.* dextrorotatory, *auch* dextrorotary, dextrogyrate, dextrogyre. – **2.** *tech.* rotating right-hand (*od.* clockwise). — **~ˌdre·hung** *f* **1.** right turn. – **2.** *tech.* right-hand (*od.* clockwise) rotation (*od.* revolution).

'Rechts|ˌeinˌwand *m jur.* **1.** (*im Zivilrecht*) a) demurrer, objection, plea in bar, b) (*Fristgesuch*) dilatory plea (*od.* defence, *Am.* defense). – **2.** (*im Strafrecht*) plea. — **~empˌfin·den** *n* sense of justice.

'Recht·ser *m* ⟨-s; -⟩ *colloq. for* Rechtshänder(in).

'rechts|er,fah·ren *adj jur.* **1.** versed in (the) law. – **2.** (*rechtskundig*) learned in the law. — **~erˌheb·lich** *adj* relevant in law (*od.* to the legal issue).

'Rechts|ex·treˌmist *m pol.* right-extremist. — **r~ex·treˌmi·stisch** *adj* right-extremist, ultraright.

'rechts|ˌfä·hig *adj jur.* having legal capacity (*od.* status): **~er Verein** incorporated society. — **R~ˌfä·hig·keit** *f* ⟨-; *no pl*⟩ legal capacity (*od.* status). — **R~ˌfall** *m* (law) case, cause. — **R~ˌfol·ge** *f* legal consequence (*od.* effect). — **R~ˌform** *f* legal form. — **R~ˌfra·ge** *f* legal problem (*od.* question), (*strittige*) issue of law. — **~-ˌfü·ßig** *adj* (*beim Fußball*) right-footed. — **R~gaˌlopp** *m* (*beim Dressurreiten*) canter right: **im ~ enden** to finish on the right leg.

'Rechtsˌgang[1] *m jur.* course of law, (legal) procedure (*od.* process, practice): **ordnungsgemäßer ~** due course (*Am. auch* process) of law.

'Rechtsˌgang[2] *m tech.* (*einer Schraube etc*) right-hand(ed) rotation (*od.* movement, motion).

'rechtsˌgän·gig *adj tech.* right-hand(ed), clockwise.

'Rechts|geˌfühl *n jur. cf.* Rechtsempfinden. — **~geˌlehr·sam·keit** *f* jurisprudence. — **r~geˌlehrt** *adj* learned in the law. — **~geˌlehr·te** *m* lawyer, jurist, jurisconsult, jurisprudent. — **~geˌschäft** *n* legal transaction, legal (*od.* juristic) act. — **~ge-ˌschich·te** *f* legal history, history of law.

'Rechts·geˌwin·de *n tech.* right-hand thread.

'Rechts|ˌgrund *m jur.* **1.** cause, legal argument. – **2.** (*Anspruch*) title. — **~-ˌgrundˌla·ge** *f* legal basis (*od.* grounds *pl*). — **~ˌgrundˌsatz** *m* legal maxim (*od.* principle, rule). — **r~ˌgül·tig** *adj* **1.** (legally) valid, legal, authentic, good in law, (*in den USA*) entitled to full faith and credit. – **2.** *cf.* rechtskräftig. — **~ˌgül·tig·keit** *f* (legal) validity, legality, authenticity. — **~-ˌgutˌach·ten** *n* (legal) opinion, counsel's opinion: **ein ~ einholen** to obtain (*od.* take) counsel's opinion.

'Rechtsˌha·ken *m* (*sport*) (*beim Boxen*) right hook.

'Rechtsˌhan·del *m jur.* lawsuit, litigation, action, cause.

'Rechtsˌhän·der [-ˌhɛndər] *m* ⟨-s; -⟩, **'Rechtsˌhän·de·rin** *f* ⟨-; -nen⟩ right-handed person, right-hander: **er ist Rechtshänder** he is right-handed.

'rechtsˌhän·dig I *adj* right-handed; dext(e)rous, dextral (*scient.*). – **II** *adv* right-handed(ly), with the (*od.* one's) right hand. — **'Rechtsˌhän·dig·keit** *f* ⟨-; *no pl*⟩ right-handedness; dextrality, dexterity (*scient.*).

'Rechtsˌhand·lung *f jur.* legal (*od.* juristic) act.

'rechtsˌhän·gig *adj jur.* pending, sub judice.

— '**Rechts,hän·gig·keit** *f* ⟨-; *no pl*⟩ pendency, litispendence.

'**rechts|,her** *adv* from the right. — **~her,um** *adv* to the right, clockwise: sich [etwas] ~ drehen to turn [s.th.] (round) to the right.

'**Rechts,hil·fe** *f jur.* judicial assistance, legal aid: ~ in Strafsachen assistance in criminal matters. — **~er,su·chen** *n Am.* letters *pl* rogatory, *Br.* letters *pl* of request, request for legal aid.

'**rechts,hin** *adv* (to the) right.

'**Rechts|hi,sto·ri·ker** *m jur.* legal historian. — **~,irr·tum** *m* error in law. — **~koa·li·ti,on** *f pol.* right-wing coalition. — **~,kraft** *f* ⟨-; *no pl*⟩ *jur.* legal force, (legal) validity: ~ erlangen to become effective (*od.* final), to enter into effect. — **r~,kräf·tig** *adj* **1.** absolute, valid, legal(ly binding): ~ werden to become final (*od.* effective), to enter into effect. – **2.** (*Urteil*) final, non-appealable: ~es Scheidungsurteil decree absolute. — **r~,kun·dig** *adj cf.* rechtsgelehrt. — **~,kun·di·ge** *m cf.* Rechtsgelehrte.

'**Rechts,kur·ve** *f* **1.** right turn. – **2.** (*einer Straße*) right-hand curve (*od.* bend). – **3.** *aer.* (*mit Schräglage*) right bank.

'**Rechts,la·ge** *f jur.* legal position.

'**rechts,läu·fig** *adj* **1.** (*Schrift*) left-to-right. – **2.** *tech.* clockwise.

'**Rechts|,leh·re** *f jur.* jurisprudence, legal science, (science of) law. — **~,leh·rer** *m* teacher (*od.* professor) of law. — **~,len·ker** *m auto.* right-hand drive vehicle, vehicle with right-hand steering. — **~,man·gel** *m* defect (*od.* deficiency) in title. — **~,miß·,brauch** *m* abuse of rights.

'**Rechts,mit·tel** *n jur.* legal remedy (*od.* redress), relief, appeal: ~ einlegen to appeal, to enter (*od.* lodge, file, make) an appeal. — **~be,leh·rung** *f* instructions *pl* on s.o.'s right to appeal, caution.

'**Rechts|,nach,fol·ge** *f jur.* succession. — **~,nach,fol·ger** *m* assignee, assign, (legal) successor, successor in title. — **~,norm** *f* legal norm. — **~op·po·si·ti,on** *f pol.* opposition from the right (*od.* Right), right-wing opposition. — **~,ord·nung** *f jur.* legal system.

'**rechts|ori·en,tiert** *adj pol.* rightist, right-wing (*attrib*), conservative. — **R~ori·en·,tie·rung** *f* rightism, *auch* Rightism. — **R~par,tei** *f* right-wing party.

'**Rechts|per,son** *f jur.* legal person (*od.* entity), body corporate. — **~per,sön·lich·keit** *f* legal (*od.* juridical) personality, body corporate. — **~,pfle·ge** *f* (administration of) justice, judicature. — **~,pfle·ger** *m* judicial administrator. — **~phi·lo·so,phie** *f* philosophy of law, legal philosophy.

'**Rechts-Pi·rou,et·te** *f* (*beim Dressurreiten*) pirouette to the right.

'**Recht,spre·chung** [-,ʃprɛçʊŋ] *f* ⟨-; -en⟩ *jur.* jurisdiction, administration of justice.

'**rechts|ra·di,kal** *adj pol.* right-extremist. — **R~ra·di,ka·le** *m, f* ⟨-n; -n⟩ right (*auch* Right) extremist, extremist of the Right. — **R~re,gie·rung** *f* rightist (*od.* right-wing) government. — **~,rhei·nisch** *geogr.* **I** *adj* on (*od.* pertaining to) the right bank of the Rhine. – **II** *adv* ~ gelegen on the right bank of the Rhine. — **~,ruck** *m pol.* swing to the right.

'**Rechts,sa·che** *f jur.* **1.** legal matter. – **2.** (*Streitsache*) case.

'**Rechts,schutz** *m* legal protection, relief. — **~ver,si·che·rung** *f* insurance covering legal (*od.* lawyer's) charges.

'**Rechts|,schwen·kung** *f* **1.** right wheeling: eine ~ machen *mil.* to turn (*Br.* wheel) to the right. – **2.** *pol. cf.* Rechtsruck. — **r~,sei·tig** *adj u. adv* on the right(-hand side).

'**Rechts|,si·cher·heit** *f jur.* legal security (*od.* guaranty), confidence of the public in the legal system. — **~,spra·che** *f* legal terminology (*od.* parlance). — **~,spruch** *m* **1.** (*bes. im Strafrecht*) sentence. – **2.** (*bes. im Zivilrecht*) judg(e)ment. – **3.** (*bes. bei Konkurs- u. Jugendstrafsachen, auch im Völkerrecht*) adjudication. — **~,staat** *m pol.* constitutionally governed state, constitutional state. — **r~,staat·lich** *adj* constitutional. — **~,staat·lich·keit** *f* ⟨-; *no pl*⟩ constitutionality. — **~,stand,punkt** *m jur.* legal point of view. — **~,stel·lung** *f* (legal) status.

'**Rechts,steue·rung** *f auto.* right-hand drive (*od.* steering).

'**Rechts|,streit** *m jur. cf.* Rechtshandel. — **~,ti·tel** *m* legal title. — **~,trä·ger** *m* legal entity.

,**rechts'um** *adv* ~! *mil.* a) *Am.* right face! *Br.* right turn! b) (*im Marsch*) by the right flank, march!

'**rechts|,un,gül·tig** *adj jur.* invalid. — **~,un·,kun·dig** *adj* not versed in the law, without (a) legal training. — **~,un,wirk·sam** *adj* ineffective, without legal force, invalid. — **R~,un,wirk·sam·keit** *f* ineffectiveness. — **~ver,bind·lich** *adj* legally binding, binding in law, obligatory. — **R~ver,bind·lich·keit** *f* (legal) obligation. — **R~ver,dre·her** *m* ⟨-s; -⟩ *contempt.* pettifogger, *Am. sl.* shyster. — **R~ver,dre·hung** *f* ⟨-; -en⟩ *contempt.* pettifogging, chicanery, chicane. — **R~ver,fah·ren** *n* **1.** legal procedure. – **2.** (*Prozeß*) legal action (*od.* proceedings *pl*). — **R~ver,fas·sung** *f* judicial system, judiciary. — **R~ver,glei·chung** *f* comparative law. — **R~ver,hält·nis** *n cf.* Rechtslage.

'**Rechts·ver,kehr** *m* right-hand traffic.

'**Rechts|ver,let·zung** *f jur.* injury, infringement (*od.* violation, breaking) of a (*od.* the) law. — **~ver,ord·nung** *f* rule, regulation, *Br.* statutory instrument. — **~ver,tre·ter** *m* legal representative, authorized agent. — **~ver,tre·tung** *f* legal representation. — **~ver,wei·ge·rung** *f* denial of justice.

'**Rechts,vol·te** *f* (*beim Dressurreiten*) volte to the right.

'**Rechts|,vor·be,halt** *m* (legal) reservation, reserve, reservation of a right. — **~,weg** *m* course of law: auf dem ~ in court; den ~ beschreiten to take legal action (*od.* steps, measures), to go to law (*od.* court); unter Ausschluß des ~es excluding the right to take legal action.

'**Rechts,wen·dung** *f* right turn, turn to the right.

'**rechts|,wid·rig** *adj jur.* illegal, unlawful, illegitimate, illicit, wrongful. — **R~,wid·rig·keit** *f* illegality, unlawfulness, illegitimacy, illegitimateness, wrongfulness, wrong. — **~,wirk·sam** *adj cf.* rechtskräftig. — **R~,wirk·sam·keit** *f cf.* Rechtskraft. — **R~,wis·sen·schaft** *f* jurisprudence, legal science, (science of) law: vergleichende ~ comparative jurisprudence.

'**recht,wei·send** *adj bes. mar.* (*Kompaß, Kurs etc*) true.

'**recht|,win·ke·lig, ~,wink·lig I** *adj* **1.** *bes. math.* right-angled, *auch* right-angle (*attrib*), rectangular; orthogonal, orthographic, *auch* orthographical (*scient.*): ein ~es Dreieck a right-angled triangle. – **2.** *tech.* rectangular: ~ schneiden to square (off), to cut square. – **II** *adv* **3.** ~ zueinander stehen, ~ angeordnet sein to be at right angles (*od.* to be perpendicular) to each other.

'**recht,zei·tig I** *adj* **1.** punctual: um ~es Erscheinen wird gebeten you are requested to be punctual. – **II** *adv* **2.** in (*od.* on) time: ich kam gerade noch ~ I was just in time; die Krankheit muß ~ behandelt werden the disease must be treated in time. – **3.** (*pünktlich*) on time, punctually. – **4.** (*früh genug*) in good time: wir müssen ~ dasein, um Platz zu bekommen we must be there in good time to get seats. — '**Recht,zei·tig·keit** *f* ⟨-; *no pl*⟩ punctuality.

Reck [rɛk] *n* ⟨-(e)s; -e⟩ (*sport*) horizontal bar.

Recke (*getr.* -k·k-) ['rɛkə] *m* ⟨-n; -n⟩ **1.** *archaic for* Held 1, Krieger 2. – **2.** *fig.* (*Hüne*) giant.

recken (*getr.* -k·k-) ['rɛkən] **I** *v/t* ⟨h⟩ **1.** (*Glieder*) stretch. – **2.** den Hals (nach etwas) ~ to crane one's neck (to see s.th.). – **3.** *dial.* (*Wäsche*) pull. – **4.** *tech.* stretch, strain, extend. – **5.** *metall.* hammer-forge. – **II** *v/reflex* **6.** sich ~ (und strecken) stretch oneself, have a good stretch (*colloq.*).

'**Reck|,stan·ge** *f* (*sport*) (horizontal) bar. — **~,tur·nen** *n* gymnastics *pl* at the bar. — **~,übung** *f* exercise on the bar.

Re·cor·der [re'kɔrdər] *m* ⟨-s; -⟩ (*radio*) recorder.

Re·dak·teur [redak'tøːr] *m* ⟨-s; -e⟩ (sub)-editor, redactor, (*des lokalen Teils*) local news editor, *Am.* city editor, (*des Finanzteils*) city (*Am.* financial) editor. — **Re·dak'teu·rin** *f* ⟨-; -nen⟩ (woman) (sub)-editor, (sub)editress.

Re·dak·ti·on [redak'tsioːn] *f* ⟨-; -en⟩ **1.** (*Tätigkeit*) editorship, editing. – **2.** (*Personal*) editors *pl*, editorial staff. – **3.** (*Büro*) editorial office (*od.* department). — **re·dak·tio'nell** [-tsio'nɛl] *adj* editorial.

Re·dak·ti'ons|,aus,schuß *m* editorial committee. — **~,lei·ter** *m* head of editorial staff, (managing) editor. — **~,lei·tung** *f* editorial management. — **~,schluß** *m print.* copy deadline (*od.* date): nach ~ eingegangene Nachrichten stop-press news.

Re·dak·tor [re'daktɔr] *m* ⟨-s; -en [-'toːrən]⟩ **1.** scientific editor. – **2.** *Swiss for* Redakteur.

Re·de ['reːdə] *f* ⟨-; -n⟩ **1.** speech, address: eine feierliche ~ a solemn speech, an oration (*lit.*); eine ~ halten to make (*od.* deliver) a speech; eine ~ ausarbeiten to draft (*od.* work on) a speech; eine ~ an die Nation an address to the nation; er schwingt gern große ~n *colloq.* he likes to talk big; j-m in die ~ fallen to cut s.o. short, to interrupt s.o.; in der ~ steckenbleiben to falter (*od.* get stuck) during a speech; halt nicht so lange ~n (, sondern tu etwas)! *fig.* stop talking (and get on with it)! – **2.** (*Unterhaltung*) conversation, (*längere*) discourse: die ~ kam auf ihn the conversation turned to him; wenn die ~ darauf kommen sollte should the conversation turn to it, if the subject should come up; die ~ auf (*acc*) etwas bringen to bring the conversation round to s.th. – **3.** (*Gespräch*) talk: es ist die ~ davon, daß er kommt there is talk about his coming; wovon ist die ~? what are you (*od.* they) talking about? – **4.** (*Redeweise*) language: gehobene ~ elevated language. – **5.** *pl* (*Äußerungen*) remarks, utterances: seinen ~n nach according to what he says; er führt recht seltsame ~n he makes the oddest remarks; er führt immer lose ~n he is always making loose remarks. – **6.** (*Gerücht*) rumor, *bes. Br.* rumour: es geht die ~, daß er trinkt it is rumo(u)red (*od.* they say) that he drinks; es gehen schlimme ~n über ihn there is a lot of evil (*od.* nasty) talk about him going round; ich gebe nichts auf die ~n der Leute I don't give twopence (*bes. Am.* a nickel) for what people say. – **7.** (*Ansprache*) address, (*bes. feierliche od. ermahnende*) allocution. – **8.** *ling.* direkte [indirekte] ~ direct [indirect *od.* reported] speech; gebundene [ungebundene] ~ verse, poetry [prose]. – **9.** *fig.* (*in Wendungen wie*) ~ und Gegenrede arguments *pl* for and against; keine ~! nothing of the sort (*od.* kind)! j-n zur ~ stellen to call s.o. to account, to take s.o. to task; davon ist nicht die ~ that's not the point; davon kann keine ~ sein that's out of (the) question; die in ~ stehende Person the person in question; es ist nicht der ~ wert a) it is not worth talking about, b) (*macht nichts*) don't mention it! that's all right! das war schon immer meine ~ that's what I always said, I was always telling you that; → Antwort 1; lang 4.

'**Re·de|du,ell** *n* battle of words. — **~fi,gur** *f ling.* figure of speech. — **~,fluß** *m* ⟨-sses; *no pl*⟩ flow of words (*od.* speech). — **~,frei·heit** *f* ⟨-; *no pl*⟩ freedom of speech, free speech. — **~,ga·be** *f* ⟨-; *no pl*⟩ eloquence, gift of speech (*od. colloq.* the gab). — **r~ge·,wandt** *adj* **1.** eloquent, fluent. – **2.** *bes. contempt.* glib. — **~ge,wandt·heit** *f* ⟨-; *no pl*⟩ **1.** eloquence, fluency. – **2.** *bes. contempt.* glibness. — **~,kunst** *f* rhetoric, oratory, art of speaking (*od.* speech), elocution.

Red·emp·to·rist [redɛmpto'rɪst] *m* ⟨-en; -en⟩ *röm.kath.* Redemptorist.

re·den ['reːdən] **I** *v/i* ⟨h⟩ **1.** talk: mit j-m über (*acc*) etwas ~ to talk to s.o. about s.th.; über Politik ~ to talk politics; du hast gut ~! it's easy (*od.* all very well) for you to talk; rede (mir) nicht mehr davon! stop talking about it! ~ wir nicht mehr davon! let's forget about it! ~ wir von etwas anderem! let's change the subject! let's talk about s.th. else! laß ihn doch ~! let him talk! er hört sich gern ~ he likes the sound of his own voice; mit sich selbst ~ to talk to oneself; sie redet im Schlaf she talks in her sleep; sie redet immer vernünftig she always talks sense; → fusselig; Hand[1] *Verbindungen mit Präpositionen*; Wand 1; Wasserfall 1; Wind 1. – **2.** (*sprechen*) speak: sie ~ nicht mehr miteinander they are not speaking to each other, they are not on speaking terms any longer; offen ~ to speak out (*od.* one's mind); nicht zu ~ von to say nothing of. – **3.** (*plaudern*) chat: wir haben von diesem und jenem geredet we chatted about this and that. – **4.** (*sich unterhalten*) (über *acc*) converse (about, on), (*ausführlich*) discourse (on), discuss (*acc*). – **5.** (*in Wendungen wie*) **darüber läßt sich ~** that sounds reasonable, that could be done; **heute redet er ganz anders** he changed his tune today; **j-m ins Gewissen ~** to appeal to s.o.'s conscience; **j-m nach dem Munde ~** to butter s.o. up; **er läßt mit sich ~** a) he will listen (*od.* is open) to reason, b) you can come to terms with him; **sie läßt nicht mit sich ~** she won't listen to reason. – **II** *v/reflex* **6. sich heiser ~** to talk oneself hoarse; **sich in Hitze ~** to get (all) worked up; **er hat sich in Wut geredet** he talked himself into a rage. – **III** *v/t* **7.** speak: **Gutes [Böses] über j-n ~** to speak well [ill] of s.o.; **ein paar Worte mit j-m ~** to speak a word or two with s.o.; **er hat den ganzen Abend kein Wort geredet** he didn't speak (*od.* say) a word all evening; **ich habe ein Wörtchen mit dir zu ~** *colloq.* I want to have a word with you. – **8.** talk: **Unsinn ~** to talk nonsense; **rede nicht soviel!** don't talk so much! **Leute ~ viel, wenn der Tag lang ist** people talk a lot (*colloq.*); **j-m das Wort ~** to talk in favo(u)r of s.o.; **viel von sich ~ machen** to be very much in the news, to get oneself much talked about; → Kohl 2. – **IV R~** *n* ⟨-s⟩ **9.** *verbal noun*: **j-n zum R~ bringen** to get s.o. to talk; **das R~ wird ihm schwer** he finds it difficult to talk; **all mein R~ war umsonst** all my talk was to no purpose; **viel R~s von etwas machen** to make a fuss about s.th.; **~ ist Silber, Schweigen ist Gold** (*Sprichwort*) speech is silver(n), (but) silence is gold(en) (*proverb*). — **'re·dend I** *pres p.* – **II** *adj* **~e Künste** rhetorical arts.

'Re·dens,art *f* **1.** phrase, expression: **allgemeine ~** common saying (*od.* phrase); **eine leere ~** an empty phrase; **das ist nur eine schöne ~** that's merely a nice phrase, that's just flowery talk; **nichts als ~en** pure (*od.* empty) talk, mere words; **nur keine ~en!** please don't fuss (*od.* stand on ceremony)! – **2.** (*sprichwörtliche*) saying, *auch* saw.

Re·de'rei *f* ⟨-; -en⟩ *colloq.* **1.** (*Geschwätz*) chatter, idle talk, prattle. – **2.** *cf.* Gerede 1, 2.

Re·de·ri·tis [redə'ri:tɪs] *f* ⟨-; *no pl*⟩ *only in* **die ~ haben** *colloq. humor.* to be in a talkative mood, to suffer from verbal diarrh(o)ea (*colloq. humor.*).

're·de,scheu *adj* shy of speaking, tongue-tied.

'Re·de|,schwall *m* torrent (*od.* exuberance, flood) of words. — **~,strom** *m cf.* Redefluß. — **~,teil** *m ling.* part of speech. — **~,übung** *f* exercise in oratory (*od.* rhetoric). — **~ver,bot** *n* prohibition of speech. — **~,wei·se** *f* manner of speech (*od.* speaking), mode of expression, language. — **~,wen·dung** *f ling.* **1.** figure (*od.* turn, term) of speech, expression, phrase: **eine feststehende ~** a fixed expression, a set phrase. – **2.** (*idiomatische*) idiom. — **~,zeit** *f* speaking time: **die ~ begrenzen** to limit the speaking time, to impose time limits on individual speakers.

re·di·gie·ren [redi'gi:rən] *v/t* ⟨*no* **ge-**, **h**⟩ *print.* **1.** redact, edit. – **2.** (*überarbeiten*) revise, *Am. auch* copyread, *Br. auch* subedit.

Re·dis·kont [redɪs'kɔnt] *m econ.* rediscount. — **r~,fä·hig** *adj* eligible for rediscount.

re·dis·kon·tie·ren [redɪskɔn'ti:rən] *v/t* ⟨*no* **ge-**, **h**⟩ *econ.* rediscount.

Re·dis'kont,satz *m econ.* rediscount rate.

red·lich ['re:tlɪç] **I** *adj* **1.** upright, honest, square, fair. – **2.** (*aufrichtig*) sincere, candid. – **3. sich** (*dat*) **~e Mühe geben** to take great pains, to do one's (very) best (*od.* utmost). – **II** *adv* **4.** *cf.* rechtschaffen 4. – **5. sich ~ bemühen** to take great pains, to do one's level best; **etwas ~ teilen** to divide s.th. fairly; **du hast das ~ verdient** you thoroughly deserve it. — **'Red·lich·keit** *f* ⟨-; *no pl*⟩ **1.** uprightness, honesty, probity, squareness, fairness. – **2.** sincerity, candidness, candor, *bes. Br.* candour.

Red·ner ['re:dnər] *m* ⟨-s; -⟩ **1.** speaker, (*sehr guter*) orator: **er ist ein faszinierender ~** he is a fascinating speaker (*od.* a spellbinder). – **2.** *pol.* (platform) speaker, platformer. — **~,büh·ne** *f* platform, rostrum, speaker's stand, (*improvisierte*) soapbox, *Br.* soap-box: **die ~ besteigen** to take the floor, to mount the rostrum. — **~,ga·be** *f* gift of oratory (*od.* speech), oratorical (*od.* rhetorical) gift, eloquence.

'Red·ne·rin *f* ⟨-; -nen⟩ speaker, (*sehr gute*) oratrix.

'red·ne·risch *adj* rhetorical, *auch* rhetoric, oratorical, *auch* oratoric.

'Red·ner|,li·ste *f* list of speakers. — **~,po·di·um** *n cf.* Rednerbühne. — **~,pult** *n* speaker's desk. — **~tri,bü·ne** *f cf.* Rednerbühne.

Re·dou·te [re'du:tə] *f* ⟨-; -n⟩ **1.** *mil. archaic* redoubt. – **2.** *obs. and Austrian for* Maskenball.

'red,se·lig *adj* talkative, loquacious, garrulous, chatty. — **'Red,se·lig·keit** *f* ⟨-; *no pl*⟩ talkativeness, loquaciousness, loquacity, garrulousness, garrulity, chattiness.

Re·duk·ti·on [redʊk'tsĭo:n] *f* ⟨-; -en⟩ **1.** reduction. – **2.** (*von Preisen etc*) reduction, cut. – **3.** (*von Arbeitsaufwand*) cut, reduction. – **4.** *biol. chem. ling. philos.* reduction.

Re·duk·ti'ons|ge,trie·be *n tech. cf.* Reduziergetriebe. — **~,kraft** *f chem.* reducing power. — **~,mit·tel** *n* reducing agent. — **~,ofen** *m metall.* reduction furnace. — **~,stu·fe** *f ling.* reduced grade. — **~,tei·lung** *f* **1.** *biol.* reduction (*od.* maturation) division, meiosis. – **2.** *phys.* (*eines Nonius*) reduction graduation.

Re·duk·tor [re'dʊktɔr] *m* ⟨-s; -en [-'to:rən]⟩ *electr.* reductor.

red·un·dant [redʊn'dant] *adj* redundant. — **Red·un'danz** [-'dants] *f* ⟨-; *no pl*⟩ (*bes. einer Information etc*) redundancy.

Re·du·pli·ka·ti·on [reduplika'tsĭo:n] *f* ⟨-; -en⟩ *ling.* reduplication. — **re·du·pli'zie·ren** [-'tsi:rən] *v/t* ⟨*no* **ge-**, **h**⟩ reduplicate.

re·du'zier·bar *adj* reducible. — **Re·du'zier·bar·keit** *f* ⟨-; *no pl*⟩ reducibility.

re·du·zie·ren [redu'tsi:rən] **I** *v/t* ⟨*no* **ge-**, **h**⟩ **1.** reduce. – **2.** (*Preise, Ausgaben etc*) (*auf acc* to) reduce, lower, cut. – **3.** (*Personal etc*) reduce, cut. – **4.** (*Aufwand, Arbeit etc*) limit, cut, reduce. – **5.** *chem.* reduce, deoxidize (*Br. auch* -s-) and hydrogenate. – **II** *v/reflex* **sich ~ 6.** diminish, recede, decrease: **die Zahl der Mitglieder reduzierte sich ständig** the number of members diminished (*od.* dwindled) constantly. – **III R~** *n* ⟨-s⟩ **7.** *verbal noun.* – **8.** *cf.* Reduktion.

Re·du'zier|ge,trie·be *n tech.* speed reduction gear. — **~,stück** *n* (*Verbindungsstück bei Radio, Tonband*) reducing coupling (*od.* piece).

re·du'ziert I *pp.* – **II** *adj* **~ aussehen** *fig. colloq.* to look worn.

Re·du'zie·rung *f* ⟨-; -en⟩ **1.** *cf.* Reduzieren. – **2.** *cf.* Reduktion.

Re·du'zier·ven,til *n tech.* reducing valve.

Ree·de ['re:də] *f* ⟨-; -n⟩ *mar.* road(s *pl*), *auch* roadstead: **auf der ~ liegen** to lie in the roads; **geschlossene [offene] ~** shut [open] anchorage.

ree·den ['re:dən] *v/t* ⟨**h**⟩ *mar.* (*Schiff*) fit out.

'Ree·der *m* ⟨-s; -⟩ *mar.* shipowner.

Ree·de'rei *f* ⟨-; -en⟩ *mar.* **1.** shipping company (*od.* firm, house), *bes. Br.* shipping office, shipowner's office. – **2.** shipping line. – **3.** (*Branche*) shipping business (*od.* trade): **~ betreiben** to be in the shipping trade. — **~be,trieb** *m cf.* Reederei 1. — **~,flag·ge** *f* house flag. — **~ver,tre·ter** *m* shipping agent.

ree·fen ['re:fən] *v/t* ⟨**h**⟩ *mar.* reef.

re·ell [re'ɛl] **I** *adj* ⟨-er; -st⟩ **1.** (*Person*) honest, solid, straight. – **2.** (*Preis, Angebot etc*) fair. – **3.** (*Geschäft, Firma*) solid, respectable, straight, honest. – **4.** (*Ware*) good, sound. – **5.** (*Gewinn*) clear, solid. – **6.** (*echt*) (*Chance etc*) real, genuine. – **7.** *math.* (*Zahl*) real. – **II** *adv* **8. ~ bedient werden** to get (good) value for one's money. – **III R~e, das** ⟨-n⟩ **9.** (*in Wendungen wie*) **da hast du doch etwas R~es** there you have something decent; **das ist nichts R~es** that's not up to much, that's nothing of lasting value.

Reep [re:p] *n* ⟨-(e)s; -e⟩ *mar.* rope.

Reet [re:t] *n* ⟨-s; *no pl*⟩ *Low G. for* Ried 1.

re·ex·pe·die·ren [reʔɛkspe'di:rən] *v/t* ⟨*no* **ge-**, **h**⟩ *econ.* reforward.

Re·ex·port [reʔɛks'pɔrt] *m econ.* reexport.

Re·fak·tie [re'faktsĭə] *f* ⟨-; -n⟩ *econ.* allowance (for unfit [*od.* damaged] goods). — **re·fak'tie·ren** [-'ti:rən] *v/i* ⟨*no* **ge-**, **h**⟩ grant an allowance.

Re·fek·to·ri·um [refɛk'to:rĭʊm] *n* ⟨-s; -rien⟩ (*in Klöstern*) refectory.

Re·fe·rat [refe'ra:t] *n* ⟨-(e)s; -e⟩ **1.** report. – **2.** (*Vortrag*) lecture, paper: **ein ~ halten** (**über** *acc* on) a) to give a lecture, b) (*bes. an der Universität*) to read a paper. – **3.** (*Besprechung, Kritik*) review. – **4.** (*Dienststelle*) (departmental) section.

Re·fe·ren·dar [referɛn'da:r] *m* ⟨-s; -e⟩ **1.** *candidate for higher civil service after passing his first state examination.* – **2.** *ped. cf.* Studienreferendar.

Re·fe·ren·dum [refe'rɛndʊm] *n* ⟨-s; -renda [-da] *u.* -renden⟩ *pol.* referendum, plebiscite, *auch* plebescite.

Re·fe·rent [refe'rɛnt] *m* ⟨-en; -en⟩ **1.** reporter, speaker. – **2.** (*Sachverständiger*) expert, consultant, official adviser (*auch* advisor), *auch* referee. – **3.** (*Ressortchef*) departmental chief. – **4.** (*Kritiker*) reviewer.

Re·fe·renz [refe'rɛnts] *f* ⟨-; -en⟩ **1.** reference, information: **~en über j-n einholen** to ask for references on s.o. – **2.** (*Empfehlung*) recommendation, reference: **gute ~en haben** to have good references (*od.* credentials). – **3.** (*Firma, Institution etc*) reference: **j-n als ~ angeben** to give s.o. as a reference.

re·fe·rie·ren [refe'ri:rən] *v/i* ⟨*no* **ge-**, **h**⟩ (**über** *acc*) **1.** report (on). – **2.** (*Vortrag halten*) give a lecture (on). – **3.** *ped.* read a paper (on).

Reff[1] [rɛf] *n* ⟨-(e)s; -e⟩ *mar.* reef.

Reff[2] *n* ⟨-(e)s; -e⟩ *colloq. contempt.* old hag (*od.* bag).

ref·fen ['rɛfən] *v/t* ⟨**h**⟩ *mar.* (*Segel*) reef.

'Reff,kno·ten *m mar.* reef knot.

re·fi·nan·zie·ren [refinan'tsi:rən] **I** *v/t* ⟨*no* **ge-**, **h**⟩ *econ.* **1.** refinance. – **2.** (*rediskontieren*) rediscount. – **II R~** *n* ⟨-s⟩ **3.** *verbal noun.* — **Re·fi·nan'zie·rung** *f* ⟨-; *no pl*⟩ *cf.* Refinanzieren.

Re·flek·tant [reflɛk'tant] *m* ⟨-en; -en⟩ *econ.* prospective buyer, prospect, intending purchaser.

re·flek·tie·ren [reflɛk'ti:rɛn] **I** *v/t* ⟨*no* **ge-**, **h**⟩ **1.** *phys.* (*Licht, Strahlen etc*) reflect, reverberate. – **II** *v/i* **2. auf** (*acc*) **etwas ~** *fig. colloq.* to be interested in (*od.* to have one's eye on) s.th.: **er reflektiert schon lange auf diesen Posten** he has had his eye on this position for a long time. – **3. über** (*acc*) **etwas ~** *fig.* (*nachsinnen*) to reflect (up)on s.th. — **re·flek'tie·rend I** *pres p.* – **II** *adj* **~es Kennzeichen** *auto.* reflectorizing sign (*od.* marking). — **re·flek'tiert I** *pp.* – **II** *adj* (*Licht, Strahlen etc*) reflected, reverberated.

Re·flek·tor [re'flɛktɔr] *m* ⟨-s; -en [-'to:rən]⟩ **1.** *phys. electr. med.* reflector, reverberator. – **2.** (*optics*) a) (*Spiegelfernrohr*) reflector, b) (*Parabolspiegel*) parabolic mirror (*od.* reflector). – **3.** *auto.* reflector.

re·flek·to·risch [reflɛk'to:rɪʃ] *adj med.* reflex (*attrib*).

Re·flex [re'flɛks] *m* ⟨-es; -e⟩ **1.** *phys.* reflex, reflection, *Br. auch* reflexion. – **2.** *med.* reflex, response: **unbedingter [bedingter] ~** unconditional [conditional] reflex. — **~,bahn** *f med.* reflex path (*od.* tract, pathway). — **~be,lag** *m tech.* reflective sheeting. — **~be,we·gung** *f* reflex movement (*od.* action). — **~,bo·gen** *m med.* reflex arc. — **~,hand·lung** *f* reflex action. — **~her,ab,set·zung** *f* hyporeflexia.

Re·fle·xi·on [reflɛ'ksĭo:n] *f* ⟨-; -en⟩ **1.** *phys.* reflection, *Br. auch* reflexion, reverberation. – **2.** *med. psych.* reflection, *Br. auch* reflexion. – **3.** *fig. lit.* (*Betrachtung, Überlegung*) reflection, *Br. auch* reflexion.

Re·fle·xi'ons|mi·kro,skop *n* (*optics*) reflecting microscope. — **~,ne·bel** *m astr.* reflection (*Br. auch* reflexion) nebula. — **~,pris·ma** *n* (*optics*) reflecting prism. — **~ver,mö·gen** *n phys.* reflecting power: **spezifisches ~** reflectivity. — **~,win·kel** *m* angle of reflection (*Br. auch* reflexion).

re·fle·xiv [reflɛ'ksi:f] *ling.* **I** *adj* (*Verbum*) reflexive. – **II R~** *n* ⟨-s; -e⟩ *ling. cf.* Reflexivpronomen. — **R~pro,no·men** *n* reflexive pronoun.

Re·fle·xi·vum [reflɛ'ksi:vʊm] *n* ⟨-s; -xiva [-va]⟩ *ling. cf.* Reflexivpronomen.

Re'flex|,licht *n* ⟨-(e)s; -er⟩ *phys.* reflected light, flare. — **~,schal·tung** *f electr.* reflex circuit. — **~,schmerz** *m med.* reflex (*od.* referred) pain. — **~,stei·ge·rung** *f* hyperreflexia. — **~ver,min·de·rung** *f* hyporeflexia.

Re·form [re'fɔrm] *f* ⟨-; -en⟩ reform: **eine durchgreifende ~** a sweeping reform.

Re·for·ma·ti·on [refɔrma'tsĭo:n] *f* ⟨-; -en⟩ **1.** ⟨*only sg*⟩ **die ~** *relig. hist.* the Reformation. – **2.** reformation.

Re·for·ma·ti'ons|,fest *n* ⟨-es; *no pl*⟩ *relig.* celebration of the Reformation. — **~,tag** *m* ⟨-(e)s; *no pl*⟩ Reformation Day. — **~,zeit** *f*,

~ˌzeitˌal·ter *n relig. hist.* time of the Reformation, Reformation period.

Re·for·ma·tor [refɔr'maːtɔr] *m* ⟨-s; -en [-ma'toːrən]⟩ **1.** *relig. hist.* Reformer. – **2.** *bes. pol. cf.* Reformer. — **re·for·ma'to·risch** [-ma'toːrɪʃ] *adj* **1.** reformatory, reformative. – **2.** *relig.* reformational.

re'form|beˌdürf·tig *adj* needing (*od.* in need of) reform(s). — **R~beˌstre·bun·gen** *pl* reformatory efforts (*od.* endeavors, *bes. Br.* endeavours).

Re'for·mer *m* ⟨-s; -⟩ *bes. pol.* reformer, reformist.

Re'formˌhaus *n* health (food) shop (*bes. Am.* store).

re·for·mie·ren [refɔr'miːrən] **I** *v/t* ⟨*no* ge-, h⟩ **1.** reform: **etwas gründlich ~** to make a fundamental reform of s.th. – **II R~** *n* ⟨-s⟩ **2.** *verbal noun.* – **3.** reform, reformation. — **re·for'miert I** *pp.* – **II** *adj* **1.** reformed. – **2. die ~e Kirche** *relig.* the Reformed Church. — **Re·for'mier·te** *m, f* ⟨-n; -n⟩ *relig.* member of the Reformed Church, Reformed, reformist: **die ~n** the Reformed. — **Re·for'mie·rung** *f* ⟨-; *no pl*⟩ *cf.* Reformieren.

Re·for·mis·mus [refɔr'mɪsmus] *m* ⟨-; *no pl*⟩ *pol.* reformism. — **Re·for'mist** [-'mɪst] *m* ⟨-en; -en⟩ reformist, reformer. — **re·for'mi·stisch** *adj* reformist(ic).

Re'form|ka·tho·liˌzis·mus *m* reform Catholicism. — **~ˌkost** *f* health food. — **~ˌmaß,nah·men** *pl bes. pol.* reformatory measures.

Re·frain [rə'frɛ̃ː; re-] *m* ⟨-s; -s⟩ **1.** *mus.* refrain, burden, chorus, repetend: **den ~ mitsingen** to join in the refrain (*od.* chorus). – **2.** *metr. cf.* Kehrreim 1.

re·frak·tär [refrak'tɛːr] *adj med.* refractory: **gegen Reize ~ bleiben** not to respond to stimuli. — **R~ˌpha·se** *f* (*des Herzens*) rest period.

Re·frak·ti·on [refrak'tsĭoːn] *f* ⟨-; -en⟩ (*optics*) *phys.* refraction.

Re·frak·ti'ons·ano·maˌlie *f med.* refractive abnormality, ametropia (*scient.*).

Re·frak·to·me·ter [refrakto'meːtər] *n* ⟨-s; -⟩ (*optics*) refractometer.

Re·frak·tor [re'fraktɔr] *m* ⟨-s; -en [-'toːrən]⟩ (*optics*) *astr.* refractor, refracting telescope. — **re·frak'to·risch** [-'toːrɪʃ] *adj med.* refractory.

Re·fu·gi·um [re'fuːgĭum] *n* ⟨-s; -gien [-gĭən]⟩ *cf.* **Zufluchtsort.**

Re·gal[1] [re'gaːl] *n* ⟨-s; -e⟩ **1.** (*Warenregal*) shelves *pl*, shelf unit, stand, rack. – **2.** (*Bücherregal*) (book)shelves *pl*, bookcase, (*in einer Bibliothek*) stack. – **3.** (*Bücherbrett*) (book)shelf. – **4.** (*Küchenregal*) rack, dresser. – **5.** (*Flaschenregal*) rack. – **6.** *print.* (*Schriftkastengestell*) (case) stand, (composing) frame (*od.* stand), rack. – **7.** *mus.* regal.

Re'gal[2] *n* ⟨-s; -galien [-lĭən]⟩ *meist pl jur. hist.* (*Hoheitsrecht*) regale, regality, royal prerogative, royalty.

Re·ga·le [re'gaːlə] *n* ⟨-s; -galien⟩ *cf.* Regal[2].

re·ga·lie·ren [rega'liːrən] *v/t* ⟨*no* ge-, h⟩ **j-n ~** *obs.* to regale s.o.

Re·ga·li·tät [regali'tɛːt] *f* ⟨-; -en⟩ *jur. hist.* claim for regalia (*od.* royalties).

Re'galˌwand *f* wall lined with shelf units.

Re·gat·ta [re'gata] *f* ⟨-; -gatten⟩ (*sport*) regatta. — **~ˌlei·ter** *m* competition organizer (*Br. auch* -s-). — **~ˌstrecke** (*getr.* -k·k-) *f* (regatta) course.

re·ge ['reːgə] **I** *adj* ⟨-r; regst⟩ **1.** (*geistig u. körperlich frisch*) active, alert: **er ist für sein Alter noch sehr ~** he is still very active despite his (old) age. – **2.** (*aktiv*) busy, active: **sie ist immer ~** she is always busy (*od.* busying about, *colloq.* on the go); **eine ~ Tätigkeit entfalten** to display great activity. – **3.** (*lebhaft*) lively, keen: **wir rechnen mit einer ~n Beteiligung** we expect lively (*od.* good, an active) participation; **es besteht eine ~ Nachfrage nach Schmuck** there is a keen (*od.* brisk) demand for jewelry, jewelry is in great demand. – **4.** (*angeregt*) animated, lively: **~r Briefwechsel** animated correspondence; **eine ~ Diskussion** a lively discussion. – **5.** (*geschäftig, betriebsam*) busy: **auf dem Platz herrscht ~s Leben** the square is very busy, the square bustles (*od.* is astir) with activity. – **6.** (*munter, flink*) nimble, sprightly, lively, agile. – **7.** (*wach*) quick, alert: **sie hat einen ~n Geist** she is very alert, she has a keen (*od.* nimble) mind, she is very sharp-witted; **der Kaffee hat mich ~ gemacht** the coffee perked (*od.* stirred, roused) me up; **der Wunsch wurde in ihm ~** the desire arose (*od. lit.* welled up) in him (*od.* in his heart). – **II** *adv* **8.** actively, busily, lively: **das Bad wurde ~ besucht** the swimming pool attracted a great many visitors.

Re·gel ['reːgəl] *f* ⟨-; -n⟩ **1.** (*Vorschrift, Bestimmung*) rule: **gegen die ~n verstoßen** to offend (against) (*od.* violate) the rules; **das ist gegen die ~!** that is against the rules! **sich streng an die ~n halten** to stick (*od.* keep, adhere) closely to the rules; **du hast die ~ nicht beachtet** you ignored (*od.* didn't observe) the rule; **nach allen ~n der Kunst** with a vengeance; **eine unumstößliche ~** an ironclad rule; **keine ~ ohne Ausnahme** (*Sprichwort*) there is an exception to every rule (*proverb*); **die Ausnahme bestätigt die ~** (*Sprichwort*) the exception proves the rule (*proverb*). – **2.** (*Richtlinie, Richtschnur*) (guiding) rule (*od.* principle), precept, guide: **hierfür läßt sich keine ~ aufstellen** you cannot lay down (*od.* set up) a rule here (*od.* about this). – **3.** (*das Übliche, Norm*) standard, norm, rule: **in der ~** as a rule, usually, normally, ordinarily. – **4.** (*Gewohnheit*) habit, rule: **es ist ihm zur ~ geworden** it has become a habit (*od.* the rule) with him; **ich habe es mir zur ~ gemacht, früh schlafen zu gehen** I have made it a rule to go to bed early, I have made a habit (*od.* point) of going to bed early. – **5.** *med.* (*Menstruation*) (menstrual) period(s *pl*), menstruation, course(s *pl*) (*colloq.*); menses *pl* (*construed as sg or pl*), catamenia *pl* (*construed as sg or pl*) (*scient.*): **sie hat die ~** she has her period; **ihre ~ ist ausgeblieben** she has missed a period. – **6.** *röm.kath.* (*Ordensregel*) observance. – **7.** *math.* rule.

'Re·gel|ˌanˌlas·ser *m electr.* rheostat starter. — **~ˌausˌfüh·rung** *f tech.* standard design (*od.* type).

're·gel·bar *adj* **1.** adjustable, controllable. – **2.** *tech.* a) (*einstellbar*) adjustable, b) (*variabel*) variable, c) (*steuerbar*) controllable: **~es Getriebe** variable- (*od.* adjustable-)speed transmission; **~er Motor** variable-speed motor. — **'Re·gel·bar·keit** *f* ⟨-; *no pl*⟩ *bes. tech.* a) adjustability, b) variability, c) controllability.

'Re·gel|ˌblu·tung *f med. cf.* Regel 5. — **~ˌbuch** *n* (*sport*) rule book.

ˌRe·gel·de'tri [-de'triː] *f* ⟨-; *no pl*⟩ *math. obs. for* **Dreisatz.**

'Re·gel|ˌfall *m* normal case: **im ~** as a rule, normally. — **~geˌtrie·be** *n tech.* variable- (*od.* adjustable-)speed transmission: **stufenloses ~** infinitely variable speed transmission. — **~ˌkreis** *m* (*in der Kybernetik*) feedback control system.

're·gel·los *adj* **1.** ruleless. – **2.** (*unregelmäßig, ungleichförmig*) irregular, erratic. – **3.** (*ungeregelt, unordentlich*) disorderly: **ein ~es Leben führen** to lead a disorderly (*od.* disordered) life; **in ~er Flucht** in panic, in a stampede. — **'Re·gel·lo·sig·keit** *f* ⟨-; *no pl*⟩ **1.** lack of rules. – **2.** (*Unregelmäßigkeit*) irregularity. – **3.** (*Unordentlichkeit*) disorder(liness).

're·gelˌmä·ßig I *adj* **1.** (*Briefwechsel, Bauweise, Puls, Schwingung etc*) regular: **in ~en Zeitabständen** at regular intervals, periodically; **eine ~e Beschäftigung** a regular (*od.* steady) occupation; **~e Körper** *math.* regular bodies; **~ machen** to regularize (*Br. auch* -s-). – **2.** (*ebenmäßig, gleichmäßig*) regular, even: **ein ~es Gesicht** regular features *pl*. – **3.** (*geordnet, geregelt*) regular, regulated, orderly: **ein ~es Leben führen** to lead a regular life. – **4.** *ling.* (*Verben etc*) regular. – **II** *adv* **5.** regularly: **sein Puls geht ~** his pulse is regular; **etwas ~ tun** to do s.th. regularly; **er kommt ~ zu spät** he is always (*od.* generally) late. — **'Re·gelˌmä·ßig·keit** *f* ⟨-; *no pl*⟩ **1.** regularity: **mit schöner ~** *iron.* with infallible regularity. – **2.** (*Ebenmaß, Gleichmaß*) regularity, evenness. – **3.** (*Geregeltsein*) regularity, orderliness.

re·geln ['reːgəln] **I** *v/t* ⟨h⟩ **1.** (*Verkehr, Verdauung etc*) regulate. – **2.** (*Unstimmigkeiten, Finanzen, Schulden etc*) settle: **seine Angelegenheiten ~** to settle one's affairs, to put one's affairs in order; **ich werde das mit ihm schon ~** I'll settle that with him, I'll fix it up with him (*colloq.*). – **3.** (*durch Gesetze, Verordnungen etc*) regulate, provide for, settle, regularize *Br. auch* -s-. – **4.** (*Rechtschreibung, Sprache etc*) determine, lay down (the) rules for. – **5.** *tech.* (*Geschwindigkeit, Wärme etc*) a) (*einstellen*) adjust, vary, regulate, b) (*steuern*) regulate, govern. – **6.** *electr.* control. – **II** *v/reflex* **sich ~ 7.** be regulated: **das wird sich von selbst ~** that will take care of itself (*colloq.*). – **III R~** *n* ⟨-s⟩ **8.** *verbal noun.* – **9.** *cf.* Regelung.

're·gelˌrecht I *adj* **1.** (*korrekt, vorschriftsmäßig*) proper, correct. – **2.** (*normal, üblich*) regular, normal, usual. – **3.** *fig. colloq.* (*ausgesprochen, wahrhaftig*) 'real', 'proper', 'positive' (*alle colloq.*), downright. – **4.** *fig. colloq.* (*faktisch*) virtual. – **II** *adv* **5.** (*korrekt, vorschriftsmäßig*) properly, correctly. – **6.** (*normal, wie üblich*) regularly. – **7.** *fig. colloq.* (*ausgesprochen*) downright, positively: **er war ~ unverschämt zu mir** he was downright (*od. colloq.* plain) rude to me. – **8.** *fig. colloq.* (*sozusagen, gewissermaßen*) virtually, more or less.

'Re·gel|ˌschal·ter *m electr.* regulating switch. — **~ˌschal·tung** *f* control circuit. — **~ˌspan·nung** *f* control voltage. — **~ˌspur** *f* (*railway*) normal ga(u)ge. — **~ˌstö·rung** *f med.* menstrual irregularity (*od.* disorder). — **~ˌtech·nik** *f cf.* Regelungstechnik. — **~trans·forˌma·tor** *m electr.* variable (ratio *od.* voltage) transformer. — **~ˌüber·ˌtre·tung** *f* (*sport*) *cf.* Regelverstoß.

'Re·ge·lung *f* ⟨-; -en⟩ **1.** *cf.* Regeln. – **2.** (*des Verkehrs, der Verdauung etc*) regulation. – **3.** (*von Unstimmigkeiten, Schulden etc*) settlement. – **4.** (*gesetzliche*) regulation, provision, regularization *Br. auch* -s-. – **5.** (*von Rechtschreibung, Sprache etc*) determination. – **6.** *tech.* (*von Geschwindigkeit, Wärme etc*) adjustment, regulation. – **7.** *electr.* (*Steuerung*) control.

'Re·ge·lungsˌtech·nik *f* automatic control technology.

'Re·gel|venˌtil *n tech.* regulating valve. — **~verˌlet·zung** *f* (*bes. sport*) violation of a rule (*od.* the rules). — **~verˌstoß** *m* infraction of a rule (*od.* of the rules), rule infringement, irregularity. — **~ˌvorˌrich·tung** *f tech.* **1.** (*zum Einstellen*) adjusting (*od.* regulating) device. – **2.** (*Steuerung*) control element. — **~ˌwi·derˌstand** *m electr.* **1.** regulating (*od.* variable) resistance. – **2.** (*Rheostat*) rheostat.

're·gelˌwid·rig (*bes. sport*) **I** *adj* **1.** against (*od.* contrary to) the rule(s), irregular. – **2.** (*unfair*) foul, unfair. – **II** *adv* **3. einen Spieler ~ angreifen** to tackle (*od.* charge) a player in foul (*od. colloq.* dirty) play. — **'Re·gelˌwid·rig·keit** *f* ⟨-; -en⟩ (*bes. sport*) **1.** *cf.* Regelverstoß. – **2.** (*Foulspiel*) foul, unfair (*od.* foul, *colloq.* dirty) play.

re·gen ['reːgən] **I** *v/t* ⟨h⟩ **1.** move, stir: **ich konnte vor Kälte kaum noch die Finger ~** it was so cold that I could hardly move a finger, my fingers were numb with cold. – **II** *v/reflex* **sich ~ 2.** (*sich bewegen*) move, stir, budge, be astir (*lit.*): **er regt (und rührt) sich nicht** *colloq.* he doesn't stir; **es regte sich kein Lüftchen** (*od.* **Blatt**) there was not a breath of air, there was not the slightest breeze astir (*lit.*). – **3.** (*tätig sein*) be active (*od.* busy): **reg dich!** get up and do something! move! stir yourself! (*colloq.*); **sich ~ bringt Segen** (*Sprichwort*) of idleness comes no good(ness) (*proverb*). – **4.** (*von Gefühl, Zweifel etc*) arise, be roused, well up (*lit.*): **Mitleid regte sich in ihm** (a feeling of) pity arose in him, he was stirred to pity. – **5.** (*von Gewissen*) be stirred, be roused. – **6.** (*von Hunger, Durst*) make itself felt. – **7.** *fig. colloq.* (*in Wendungen wie*) **du hast dich ja nicht geregt** you did not make a move; **ich kann mich nicht ~** *fig.* I can't do a thing.

'Re·gen *m* ⟨-s; -⟩ **1.** rain: **feiner ~** drizzle; **starker ~** heavy rain, downpour; **bei ~ fahren wir nicht** we won't go if it rains; **bei** (*od.* **in**) **strömendem ~** in (the) pouring rain; **strichweise ~** occasional rain(s *pl*), scattered showers *pl*; **der ~ fällt** (*od.* **geht nieder**) the rain comes down; **sie sind in den ~ gekommen** they met with rain; **es gibt** (*od.* **kommt**) **heute noch ~** we shall have (*od.* we are in for) rain today; **es sieht nach ~ aus** it looks like rain; **vom ~ in die Traufe kommen** *colloq.* to jump out of the frying pan into the fire, to go from bad to worse; auf ~ folgt Sonnenschein (Sprichwort) sunshine follows the rain, after black clouds, clear weather (proverb), every cloud has a silver lining (proverb). – 2. fig. (von Blüten, Geschenken etc) shower, rain. – 3. fig. (von Steinen, Schimpfwörtern etc) hail, volley: ein ~ von Vorwürfen prasselte auf ihn herab reproaches hailed down on him, he was showered with reproaches. — **r~ˌarm** adj of low (od. little) rainfall (od. precipitation). — **~beˌklei·dung** f (fashion) rainwear. — **~ˌbö** f rainsquall, line squall.

'Re·genˌbo·gen m rainbow. — **~-ˌErd-ˌschlan·ge** f zo. iridescent earth snake (Xenopeltis unicolor). — **~ˌfar·ben** pl 1. colors (bes. Br. colours) (od. tints) of the rainbow: in allen ~ schillern to shine in all (the) colo(u)rs of the rainbow, to iridesce. – 2. bes. phys. spectral (od. prismatic) colors (bes. Br. colours), iris sg. — **r~ˌfar·ben, r~ˌfar·big** adj rainbow-colored (bes. Br. -coloured), in the colors (bes. Br. colours) of the rainbow, iridescent. — **~foˌrel·le** f zo. rainbow trout (Salmo irideus). — **~ˌhaut** f med. iris. — **~ˌpres·se** f rainbow press.

'Re·gen|ˌcape n (fashion) rain cape. — **~ˌdach** n penthouse. — **r~ˌdicht** adj rainproof, raintight.

Re·ge·ne·ra·ti·on [regenera'tsĭoːn] f ⟨-; -en⟩ 1. (Erneuerung, Umgestaltung) regeneration, renewal. – 2. biol. (von Körperteilen) regeneration, reproduction, (von Gewebe) auch anagenesis. – 3. chem. phys. tech. regeneration. — **Re·ge·ne·ra·ti'ons-ˌfä·hig·keit** f biol. regenerative power, power of reproduction.

Re·ge·ne·ra'tiv|ˌküh·lung [regenera'tiːf-] f (space) regenerative cooling. — **~ˌofen** m metall. regenerative furnace.

Re·ge·ne·ra·tor [regene'raːtɔr] m ⟨-s; -en [-ra'toːrən]⟩ tech. metall. regenerator.

re·ge·ne·rie·ren [regene'riːrən] I v/t ⟨no ge-, h⟩ 1. regenerate, renew. – 2. biol. (Körperteile, Gewebe etc) regenerate, reproduce. – 3. chem. phys. regenerate, reclaim. – 4. metall. a) regenerate, recover, b) (Stahlschmelze) refine, c) (Formsand) reclaim. – II v/reflex sich ~ 5. (sich erneuern) regenerate, become regenerate. – 6. (sich erholen, wiederaufleben) regenerate, recreate, recover. – 7. biol. (von Körperteilen) regenerate, be reproduced. – III R~ n ⟨-s⟩ 8. verbal noun. – 9. cf. Regeneration. — **Re·ge·ne'rie·rung** f ⟨-; no pl⟩ 1. cf. Regenerieren. – 2. cf. Regeneration.

'Re·gen|ˌfall m meteor. rainfall: heftige Regenfälle heavy rain(fall) sg, rainstorms. — **~ˌfallˌrohr** n downspout, downcomer, downpipe. — **~ˌfaß** n cf. Regentonne. — **~-ˌflut** f flood of rain, deluge. — **r~ˌfrei** adj without (od. free from) rain, rainless, dry. — **~ˌfront** f meteor. belt of rain. — **r~ˌglatt** adj (Straße) slippery with rain. — **~ˌguß** m 1. (heavy) shower. – 2. (Platzregen) downpour. — **~ˌhaut** (TM) f (fashion) plastic raincoat. — **~ˌjahr** n rainy (od. scient. pluvial) year. — **~ˌkar·te** f meteor. rain chart (od. map), hyetograph(ic map) (scient.). — **~ˌklei·dung** f (fashion) rainwear. — **r~los** adj rainless, without rain, dry. — **~ˌma·cher** m rainmaker, rain doctor. — **~ˌman·gel** m lack of rain, dryness. — **~ˌman·tel** m (fashion) raincoat, rainproof, bes. Br. waterproof, bes. Br. mackintosh, auch macintosh, Br. colloq. mac. — **~ˌmen·ge** f meteor. amount of rain, precipitation, rainfall. — **~ˌmes·ser** m ⟨-s; -⟩ rain ga(u)ge; hyetometer, ombrometer, pluviometer (scient.). — **~ˌmes·sung** f rainfall (od. precipitation) measurement, pluviometry (scient.). — **r~ˌnaß** adj 1. wet with rain. – 2. (Straße) slippery with rain. — **~pe·riˌode** f rainy period (od. spell). — **~ˌpfei·fer** m zo. plover (Gattgen Charadrius, Pluvialis, Endromina). — **r~ˌreich** adj with high rainfall, rainy, wet, pluvial (scient.). — **~ˌrin·ne** f (eaves) gutter, eaves (auch eave) trough.

Re·gens ['reːgɛns] m ⟨-; Regentes [re'gɛntɛs] u. Regenten [re'gɛntən]⟩ röm.kath. (bes. eines Priesterseminars) regent.

'Re·gen|ˌschat·ten m meteor. (eines Gebirges) rain shadow. — **~ˌschau·er** m shower (of rain), flurry. — **~ˌschirm** m umbrella, Br. colloq. brolly, Am. sl. bumbershoot, (großer) Br. colloq. gamp: den ~ aufspannen to put up (od. open) the umbrella; ich bin gespannt wie ein ~ fig. colloq. I'm on tenterhooks (od. on edge), bes. Am. I'm (as) taut as bowstrings (od. as a kettledrum).

'Re·gens 'cho·ri ['koːri] m ⟨- -; Regentes - [re'gɛntɛs]⟩, Austrian auch **Re·gens·cho·ri** [ˌreːgɛns'koːri] m ⟨-; -⟩ röm.kath. conductor (of a choir).

're·gen|ˌschwer adj (Wolken) heavy (with rain). — **R~ˌsturm** m rainstorm.

Re·gent [re'gɛnt] m ⟨-en; -en⟩ pol. 1. (Herrscher) sovereign, ruler, regent. – 2. (stellvertretender Herrscher) regent.

'Re·genˌtag m rainy (od. wet) day.

Re'gen·tin f ⟨-; -nen⟩ pol. cf. Regent.

'Re·gen|ˌton·ne f rain barrel, water butt. — **~ˌtrop·fen** m raindrop.

Re'gent·schaft f ⟨-; -en⟩ regency, regentship. — **Re'gent·schaftsˌrat** m ⟨-(e)s; =e⟩ pol. regency council.

'Re·gen|ver,si·che·rung f rain insurance. — **~ˌvo·gel** m zo. cf. Brachvogel 1. — **~ˌwald** m geogr. rain forest. — **~ˌwas·ser** n rainwater. — **~ˌwet·ter** n rainy weather: bei ~ bleiben wir zu Hause we'll stay at home if it rains; er macht ein Gesicht wie drei (od. sieben, zehn, vierzehn) Tage ~ fig. colloq. he has a face as long as a wet week (colloq.). — **~ˌwol·ke** f rain cloud. — **~ˌwurm** m zo. 1. earthworm, rainworm, Br. rain-worm, (als Angelköder) auch angleworm (Lumbricus terrestris). – 2. Großer [Rötlicher] ~ dew [red] worm (Gattg Allolobophora). – 3. brandling (Eisenia foetida). — **~ˌzeit** f rainy (od. wet) season, (the) rains pl: kurze ~ rain spell.

Re·gie [re'ʒiː] f ⟨-; -n [-ən]⟩ 1. (bei Filmen, Hörspielen, Fernsehstücken etc) direction, (bei Theaterstücken) production, auch stage direction: bei einem Film (die) ~ führen to direct a film, to have the direction of a film; zu Hause führt seine Frau die ~ fig. at home his wife rules the roost; unter der ~ von directed by, under the direction of. – 2. telev. (Bildregie) master control. – 3. (Leitung, Verwaltung) administration, management: etwas in eigener ~ führen a) to manage s.th. (by) oneself (od. on one's own), b) (auf eigene Kosten) to manage s.th. at one's own expense (od. on one's own account). – 4. (Staatsmonopol) state (od. government) monopoly, regie. — **~-ˌanˌwei·sung** f producer's direction, (bei Theaterstücken) auch stage direction. — **~as·siˌstent** m a) (film) assistant director, b) (theater) assistant producer. — **~be-ˌtrieb** m econ. publicly (od. state-)owned (od. state-controlled) industrial (od. commercial) enterprise. — **~ˌbuch** n (theater) prompt book (od. copy). — **~ˌfeh·ler** m 1. (bei Filmen, Theaterstücken etc) flaw in (the) production. – 2. fig. mistake in the arrangement(s). — **~ˌko·sten** pl econ. overhead sg, overhead expenses (od. costs). — **~ˌpult** n (radio) control (od. mixing) table (od. desk). — **~ˌraum** m (radio) telev. control room.

re·gie·ren [re'giːrən] I v/t ⟨no ge-, h⟩ 1. govern, rule (over), (von Königen etc) auch reign over: ein Land schlecht ~ to govern a country badly, to misrule (od. misgovern) a country; Geld regiert die Welt (Sprichwort) money rules the world (proverb). – 2. ling. (einen Kasus) govern, take. – 3. (Pferd etc) manage. – II v/i 4. (über acc over) rule, govern, (von Königen etc) auch reign. – 5. fig. (von Korruption, Unvernunft etc) reign, rule, prevail, predominate. – III R~ n ⟨-s⟩ 6. verbal noun. – 7. cf. Regierung 2. — **re'gie·rend** I pres p. – II adj 1. governing, ruling, (von Königen etc) auch reigning, regnant. – 2. (amtierend) officiating: der ~e Bürgermeister von Berlin the officiating burgomaster (od. the mayor in office) of Berlin. — **Re'gie·ren·de** m, f ⟨-n; -n⟩ ruler.

Re'gie·rung f ⟨-; -en⟩ 1. government, rule, (von Königen etc) auch reign: unter der ~ (gen) a) under the government of, b) in (od. under) the reign of; an der ~ sein a) (von Präsidenten etc) to be in office, to be at the helm, b) (von Parteien) to be in power, c) (von Königen etc) to be on the throne; an die ~ kommen, zur ~ gelangen a) (von Kanzler etc) to take office, b) (von Parteien) to come into power, c) (von Königen etc) to come to the throne. – 2. (Amtszeit des Präsidenten, Kabinetts etc) government, administration. – 3. (Kabinett, die Minister) government: in die ~ eintreten to enter (od. join) the government; eine ~ bilden to form a government; die ~ stürzen to overthrow the government. – 4. (Staatsverwaltung) (public) administration.

Re'gie·rungs|ˌabˌkom·men n pol. intergovernmental agreement. — **~ˌanˌlei·he** f econ. government loan (od. security, paper). — **~ˌanˌtritt** m pol. 1. entry (up)on office. – 2. (eines Königs) accession to the throne. — **~ap·paˌrat** m machine of government. — **~ˌbank** f ⟨-; =e⟩ government bench, Br. auch Treasury Bench. — **~beˌam·te** m government official, civil servant, Am. auch governmental officer. — **~beˌzirk** m administrative district. — **~ˌbil·dung** f formation of the government: mit der ~ beauftragt werden to be called (up)on to form a government. — **~ˌblatt** n official gazette (od. newspaper). — **~ˌchef** m head of the government. — **~diˌrek·tor** m etwa chief executive officer: Leitender ~ etwa assistant executive officer. — **~erˌklä·rung** f governmental declaration. — **r~-ˌfä·hig** adj (Mehrheit, Koalition etc) working (attrib). — **r~ˌfeind·lich** adj against the government, oppositional, anti-government(al). — **~ˌform** f (form of) government, regime, auch régime. — **r~ˌfreund·lich** adj for (od. in favor of, bes. Br. in favour of) the government, pro-government. — **~geˌbäu·de** n government building (od. offices pl). — **~geˌwalt** f governmental power, governance. — **~ko·ali·tiˌon** f governmental coalition. — **~kon·feˌrenz** f intergovernmental conference. — **~ˌkrei·se** pl government(al) (od. official) circles. — **~ˌkri·se** f government(al) crisis. — **~parˌtei** f party in power, governing party. — **~prä·siˌdent** m president of an administrative district. — **~proˌgramm** n program (bes. Br. programme) of the government. — **~ˌrat** m ⟨-(e)s; =e⟩ 1. (in Deutschland) etwa senior executive officer. – 2. Swiss (member of the) cantonal government. — **~ˌsitz** m seat of the government. — **~ˌspre·cher** m government spokesman. — **~ˌstel·le** f government agency. — **~syˌstem** n political system, system of government. — **~ˌtrup·pen** pl government forces. — **~ˌum-ˌbil·dung** f governmen reshuffle, reshuffle (od. reconstruction) of the government. — **~ˌvorˌla·ge** f government bill (od. paper). — **~ˌwech·sel** m change of government. — **~ˌzeit** f 1. government, rule, (von Königen) auch reign. – 2. (Amtszeit) tenure (od. term) of office (od. power).

Re·gi·me [re'ʒiːm(ə)] n ⟨-(s); - [-mə], rare -s [-'ʒiːms]⟩ 1. (Herrschaft) regime, auch régime. – 2. (Regierungsform) regime, auch régime, (form of) government, polity.

Re·gi·ment [regi'mɛnt] n ⟨-(e)s; -e, mil. -er⟩ 1. (Herrschaft) rule, government, bes. fig. reign: ein strenges ~ führen to keep a strict rule, to have a strict hand; sie führt das ~ im Hause she rules the roost, she wears the trousers (od. breeches, Am. pants); der Winter führt ein strenges ~ winter's sway is severe. – 2. mil. regiment.

re·gi'men·terˌwei·se adv mil. in regiments.

Re·gi'ments|ˌabˌschnitt m mil. regimental sector. — **~beˌfehl** m regimental order. — **~kaˌpel·le** f regimental band. — **~-kom·manˌdeur** m commander of a regiment, regimental commander. — **~ˌstab** m regimental headquarters pl (often construed as sg).

Re·gi·on [re'gĭoːn] f ⟨-; -en⟩ region: in den ~en des ewigen Schnees in the regions of eternal snow; in höheren ~en hört die Vegetation auf vegetation stops in higher regions; in höheren ~en schweben fig. to live in the clouds.

re·gio·nal [regĭo'naːl] adj regional, regionary.

Re·gio·na·lis·mus [regĭona'lɪsmʊs] m ⟨-; no pl⟩ regionalism. — **Re·gio·na'list** [-'lɪst] m ⟨-en; -en⟩ regionalist.

Re·gio'nal|ˌli·ga f (sport) second division (od. league). — **~proˌgramm** n (radio) telev. regional program (bes. Br. programme).

Re·gis·seur [reʒɪ'søːr] m ⟨-s; -e⟩ a) (film) director, b) (theater) Br. stage manager, producer, Am. (stage) director.

Re·gi·ster [re'gɪstər] n ⟨-s; -⟩ 1. (Ver-

zeichnis) register, record, lists *pl*, *auch* roster: ins ~ eintragen to (enter [*s.th.*] in the) register. – 2. (*Aufzählung*) catalog, *bes. Br.* catalogue. – 3. (*in Büchern*) (alphabetical) index, (*Inhaltsverzeichnis*) table of contents. – 4. (*Daumenregister*) (thumb) index. – 5. *mus.* register, stop: ein ~ ziehen to pull a stop; alle ~ ziehen *fig.* to pull all the stops, to go all out (*colloq.*); andere ~ ziehen *fig.* to adopt sharper measures. – 6. *print.* register. — **~ˌausˌzug** *m* extract from a register. — **~ˌeinˌtra·gung** *f* entry in a register, registration. — **~ˌha·fen** *m mar.* port of registry, *Am.* home port. — **~ˌknopf** *m mus.* (*der Orgel*) stop knob, draw knob (*od.* stop), button. — **~ˌton·ne** *f mar.* register ton. — **~ˌzug** *m mus.* (*einer Orgel*) back fall, lever, stop knob: blinder ~ accessory stop.

Re·gi·stra·ti·on [regɪstraˈtsĭoːn] *f* ⟨-; -en⟩ 1. *cf.* Registrieren. – 2. *auch mus.* registration. – 3. (*Eintrag*) entry, registration.

Re·gi·stra·tor [regɪsˈtraːtɔr] *m* ⟨-s; -en [-traˈtoːrən]⟩ 1. *archaic* registrar, recorder. – 2. *archaic jur.* (*bei Gericht*) actuary, greffier. – 3. (*Ordnermappe*) file.

Re·gi·stra·tur [regɪstraˈtuːr] *f* ⟨-; -en⟩ 1. *cf.* Registrieren. – 2. (*Büro*) filing department, registry, (*für Urkunden*) record office. – 3. (*Aktenschrank*) filing (*od.* file) cabinet. – 4. *mus.* (*an der Orgel*) stop-key board.

Re·giˈstrier|ap·paˌrat *m cf.* Registriergerät. — **~balˌlon** *m meteor.* 1. meteorological (*od.* sounding) balloon. – 2. (*zur Windmessung*) pilot balloon.

re·giˈstrier·bar *adj* registrable, *auch* registerable.

re·gi·strie·ren [regɪsˈtriːrən] I *v/t* ⟨*no* ge-, h⟩ 1. (*Schiff, Verein etc*) register, record. – 2. (*eintragen*) enter, (*in einem Inhaltsverzeichnis etc*) index. – 3. (*durch Meßinstrumente*) register, record. – 4. *fig.* (*Dinge, Tatsache etc*) register: sie ~ jetzt mit Befriedigung, daß they now register with satisfaction that. – II *v/i* 5. *fig.* (*von Person*) take things in. – 6. *mus.* register. – III R~ *n* ⟨-s⟩ 7. *verbal noun.* – 8. registration.

Re·giˈstrier|geˌrät *n tech.* registering instrument, (*schreibendes*) recording instrument, recorder. — **~ˌkas·se** *f* cash register. — **~ˌnum·mer** *f* registration number. — **~paˌpier** *n* recording paper (*od.* chart). — **~ˌpflicht** *f* obligation to keep a register. — **~ˌstel·le** *f* register office, registry.

re·giˈstriert I *pp.* – II *adj* 1. registered, on record. – 2. *jur. econ.* registered.

Re·giˈstrie·rung *f* ⟨-; -en⟩ 1. *cf.* Registrieren. – 2. *cf.* Registration.

Re·gle·ment [regləˈmãː; *Swiss* -ˈmɛnt] *n* ⟨-s; -s [-ˈmãːs] *u. Swiss* -e [-ˈmɛntə]⟩ rules *pl*, regulations *pl*. — **re·gle·menˈta·risch** [-glemɛnˈtaːrɪʃ] *adj* according to rules (*od.* regulations). — **re·gle·menˈtie·ren** [-glemɛnˈtiːrən] I *v/t* ⟨*no* ge-, h⟩ 1. (*Dienst, Arbeit etc*) regularize *Br. auch* -s-, regiment. – 2. (*Personen*) regiment. – II R~ *n* ⟨-s⟩ 3. *verbal noun.* — **Re·gle·menˈtie·rung** *f* ⟨-; -en⟩ 1. *cf.* Reglementieren. – 2. *jur.* a) (*bes. von Prostituierten*) regimentation, b) (*Regelung*) regularization *Br. auch* -s-.

Reg·ler [ˈreːglər] *m* ⟨-s; -⟩ 1. *tech.* a) regulator, b) (*zur Drehzahleinstellung*) speed-setting device, c) (*zur Drehzahlverstellung*) (speed) governor, d) (*Ventilstellungsregler*) valve positioner, e) (*Fliehkraftregler*) centrifugal governor, f) (*zur Stellgrößenänderung*) automatic controller (*od.* regulator), g) (*Reglerventil*) governor valve, h) (*Anlasser*) governor, i) (*in der Wärmetechnik*) thermostat. – 2. *electr.* a) regulator, controller, b) (*Spannungsregler*) voltage regulator, c) (*Anlaßregler*) starting rheostat. – 3. *phys.* (*in der Akustik*) tone controller. — **~(ˌbü·gel)ˌei·sen** *n* (regulatable) electric iron, thermostatic iron. — **~venˌtil** *n tech.* 1. governor valve. – 2. (*Regulierventil*) control valve.

Re·glet·te [reˈglɛtə] *f* ⟨-; -n⟩ *meist pl print.* reglet, slug, lead.

ˈreg·los *adj cf.* regungslos.

ˈReg·lung *f* ⟨-; -en⟩ *cf.* Regelung.

reg·nen [ˈreːgnən] I *v/impers* ⟨h⟩ 1. rain, (*fein*) drizzle: es regnet it is raining; es regnete stark (*od.* in Strömen) it poured (with rain); es hat den ganzen Tag geregnet it rained all day (long); es regnet dicke Tropfen it is raining heavy drops; es regnet Bindfäden *fig. colloq.* it is raining cats and dogs; es regnete Steine *fig.* there was a shower of stones; es regnete Anfragen [Beschwerden] *fig.* there was a deluge of inquiries [complaints], they were snowed under with inquiries [complaints]. – II *v/i* ⟨sein⟩ 2. *fig.* rain: Blüten regneten von den Bäumen blossoms rained (down) from the trees. – III R~ *n* ⟨-s⟩ 3. *verbal noun.* – 4. rain.

ˈReg·ner *m* ⟨-s; -⟩ (*Gartengerät*) sprinkler.

ˈreg·ne·risch *adj* (*Sommer, Tag etc*) rainy, wet, showery, soppy, pluvious (*scient.*).

Re·greß [reˈgrɛs] *m* ⟨-sses; -sse⟩ 1. *econ. jur.* a) redress, recourse, b) (*Schadenersatz*) recovery of damages, c) (*Sprungregreß bei Wechseln*) selective recourse: gegen j-n ~ nehmen to have recourse to s.o. – 2. *philos.* a) recourse, b) (*unendlicher*) (infinite) regress. — **~ˌanˌspruch** *m econ. jur.* right of recourse, claim to damages: mit [ohne] ~ with [without] recourse.

Re·gres·si·on [regrɛˈsĭoːn] *f* ⟨-; -en⟩ regression. — **re·gresˈsiv** [-ˈsiːf] *adj* regressive.

Reˈgreß|ˌkla·ge *f econ. jur.* action for recourse. — **~ˌneh·mer** *m* recoveror, *auch* recoverer, person seeking recourse (*od.* redress). — **~ˌpflicht** *f* liability to recourse. — **r~ˌpflich·tig** *adj* liable to recourse. — **~ˌrecht** *n* right of recourse.

ˈreg·sam *adj* 1. active: sein Geist ist noch immer sehr ~ he still has a very active mind (*od.* a keen intellect). – 2. (*aufgeweckt*) alert, quick. – 3. (*behend*) agile. — **ˈReg·sam·keit** *f* ⟨-; *no pl*⟩ 1. activity. – 2. alertness, quickness. – 3. agility.

re·gu·lär [reguˈlɛːr] *adj* 1. (*Markt, Preis, Truppen etc*) regular. – 2. (*üblich*) usual. – 3. (*gewöhnlich*) ordinary.

Re·guˈlar|ˌgeist·li·che [reguˈlaːr-], **~ˌkle·ri·ker** *m röm.kath.* regular.

Re·gu·la·ti·on [regulaˈtsĭoːn] *f* ⟨-; -en⟩ *med. biol.* regulation, regulatory process.

re·gu·la·tiv [regulaˈtiːf] I *adj* regulative, regulating. – II R~ *n* ⟨-s; -e⟩ regulative, regulation.

Re·gu·la·tor [reguˈlaːtər] *m* ⟨-s; -en [-laˈtoːrən]⟩ 1. *cf.* Regler. – 2. (*watchmaking*) regulator, wall clock.

re·guˈlier·bar *adj bes. tech. cf.* regelbar. — **Re·guˈlier·bar·keit** *f* ⟨-; *no pl*⟩ *cf.* Regelbarkeit.

re·gu·lie·ren [reguˈliːrən] I *v/t* ⟨*no* ge-, h⟩ 1. (*Entwicklung, Fluß, Preise etc*) regulate, control. – 2. *econ.* (*Forderung etc*) settle. – 3. *tech. cf.* regeln 5. – II R~ *n* ⟨-s⟩ 4. *verbal noun.* – 5. *cf.* Regulierung.

Re·guˈlier|ˌhahn *m tech.* regulating valve. — **~ˌschrau·be** *f* 1. adjusting screw. – 2. (*Stellschraube*) set screw. — **~ˌspu·le** *f electr.* regulating coil.

Re·guˈlie·rung *f* ⟨-; -en⟩ 1. *cf.* Regulieren. – 2. regulation. – 3. *econ.* settlement. – 4. *tech. cf.* Regelung 6.

Re·guˈlie·rungsˌar·bei·ten *pl civ.eng.* (*an Flüssen*) regulation (*od.* regulating) work *sg.*

Re·guˈlier|venˌtil *n tech.* 1. control valve. – 2. (*Reglerventil*) governor valve. — **~ˌwi·derˌstand** *m electr.* 1. regulating resistance. – 2. rheostat.

Re·gu·lus [ˈreːgulʊs] *m* ⟨-; -se⟩ *metall.* [regulus.]

ˈRe·gung *f* ⟨-; -en⟩ 1. movement, motion, stir: jede ~ seines Gesichtes every movement of his face; ohne jede ~ daliegen to lie there motionless. – 2. *fig.* (*Gefühlsregung*) emotion, feeling, sentiment, (*plötzliche*) impulse: er ist keiner menschlichen ~ fähig he is void of all humane feeling(s); einer plötzlichen ~ folgen to follow an (*od.* a sudden) impulse.

ˈre·gungs·los *adj* motionless, (stock-)still, stirless (*lit.*), moveless (*poet.*). — **ˈRe·gungs·lo·sig·keit** *f* ⟨-; *no pl*⟩ motionlessness, stillness.

Re·gur·gi·ta·ti·on [regurgitaˈtsĭoːn] *f* ⟨-; -en⟩ *med.* regurgitation. — **re·gur·giˈtie·ren** [-ˈtiːrən] *v/t* ⟨*no* ge-, h⟩ *u. v/i* ⟨sein⟩ regurgitate.

Reh [reː] *n* ⟨-(e)s; -e⟩ *zo.* roe deer (*Capreolus capreolus*): junges ~ fawn; männliches ~ *cf.* Rehbock; weibliches ~ doe, roe: scheu wie ein ~ *fig.* (as) timid as a mouse; sie ist schlank wie ein ~ *fig.* she is (as) slender as a willow.

Re·ha·bi·li·tand [rehabiliˈtant] *m* ⟨-en; -en⟩ *med.* rehabilitant. — **Re·ha·bi·li·ta·ti·on** [rehabilitaˈtsĭoːn] *f* ⟨-; -en⟩ 1. *auch med.* rehabilitation. – 2. (*Wiedereinsetzung*) rehabilitation, reinstatement. — **Re·ha·bi·li·ta·tiˈonsˌzen·trum** *n* rehabilitation center (*bes. Br.* centre). — **re·ha·bi·liˈtie·ren** [-ˈtiːrən] I *v/t* ⟨*no* ge-, h⟩ 1. rehabilitate. – 2. (*wiedereinsetzen*) rehabilitate, reinstate. – 3. (*Gemeinschuldner*) discharge. – II *v/reflex* sich ~ 4. rehabilitate oneself, recover one's reputation. – III R~ *n* ⟨-s⟩ 5. *verbal noun.* — **Re·ha·bi·liˈtie·rung** *f* ⟨-; -en⟩ 1. *cf.* Rehabilitieren. – 2. *cf.* Rehabilitation.

ˈReh|ˌbein *n vet.* (*eines Pferdes*) bone spavin. — **~ˌbock** *m zo.* roebuck, buck. — **~ˌbra·ten** *m gastr.* roast venison. — **r~ˌbraun** *adj* fawn(-brown), fawn-colored, *bes. Br.* fawn-coloured. — **~ˌbrunft** *f hunt.* rutting (time) of roe deer, rut.

Re·he [ˈreːə] *f* ⟨-; *no pl*⟩ *vet.* founder, laminitis (*scient.*).

ˈreh|ˌfar·ben, ~ˌfar·big *adj cf.* rehbraun.

ˈReh|ˌgeiß *f hunt.* doe. — **~ˌkalb** *n* roe, fawn. — **~ˌkeu·le** *f gastr.* leg (*od.* haunch) of venison. — **~ˌkitz** *n* fawn.

Reh·ling [ˈreːlɪŋ] *m* ⟨-s; -e⟩ *bot. cf.* Pfifferling 1.

ˈReh|ˌpo·sten *m hunt. obs. cf.* Rehschrot. — **~ˌrücken** (*getr.* -k·k-) *m gastr.* loin (*od.* saddle) of venison. — **~ˌschle·gel** *m cf.* Rehkeule. — **~ˌschrot** *m, n hunt. obs.* buckshot. — **~ˌspie·ßer** *m* brocket, *Am.* spike buck. — **~ˌsprung** *m* (*sport*) (*beim Kunstturnen etc*) stag leap. — **~ˌwild** *n hunt.* (roe) deer. — **~ˌzie·mer** *m gastr. cf.* Rehrücken.

Rei·bach [ˈraɪbax] *m* ⟨-s; *no pl*⟩ (*thieves' Latin*) *cf.* Rebbach.

ˈReib|ˌah·le *f tech.* 1. (*Handreibahle*) hand reamer. – 2. (*Maschinenreibahle*) chucking reamer. — **~ˌanˌtrieb** *m tech.* friction drive.

ˈRei·be *f* ⟨-; -n⟩ *cf.* Reibeisen. — **~ˌbrett** *n* (*der Maurer*) (hand) float, (*langes*) darby, (*zum Glätten der Ecken*) quirk float. — **~geˌräusch** *n med.* friction murmur.

ˈReibˌei·sen *n* grater, (vegetable) shredder, rasp: Käse [Kartoffeln] auf dem ~ reiben to grate cheese [potatoes]; Hände wie ein ~ haben *fig. colloq.* to have hands like a rasp; sie hat eine Stimme wie ein ~ *fig. colloq.* she has a voice like a corncrake (*Am.* buzz saw) (*colloq.*).

ˈRei·be|ˌku·chen *m Western G. gastr.* for Kartoffelpuffer. — **~ˌlaut** *m ling.* fricative, spirant.

rei·ben [ˈraɪbən] I *v/t* ⟨reibt, rieb, gerieben, h⟩ 1. rub, give (*s.th.*) a rub: sich (*dat*) die Augen [Hände] ~ to rub one's eyes [hands]; sich (*dat*) vergnügt die Hände ~ to rub one's hands in glee; der Kragen reibt mich the collar is rubbing, the collar is chafing (my neck); den Tisch blank ~ to rub (*od.* scour) the table till it shines; sich (*dat*) den Schlaf aus den Augen ~ *fig.* to rub the sleep out of one's eyes; sich (*dat*) den Fuß wund ~ to get sores on one's foot; j-m etwas unter die Nase ~ *fig. colloq.* to bring s.th. home to s.o., to rub s.th. in. – 2. (*kratzen*) scratch, rub: sich (*dat*) den Rücken ~ to scratch one's back; er rieb sich (nachdenklich) die Stirn he scratched his head (thoughtfully). – 3. (*Brot, Käse, Kartoffeln etc*) grate. – 4. etwas fein (*od.* zu Pulver) ~ to pulverize (*Br. auch* -s-) s.th., *bes. med. pharm.* to triturate s.th. – 5. (*Zündholz*) strike. – 6. (*Farben*) grind. – 7. (*massieren*) rub, massage. – 8. *tech.* (*mit Reibahle*) ream. – 9. *Austrian* a) (*Kaffee*) grind, b) (*scheuern*) scrub. – II *v/i u. v/impers* 10. (*scheuern*) chafe, scratch, rub: es reibt it rubs, it is scratching; der Schuh reibt the shoe chafes (*od.* pinches). – 11. *tech.* a) (*mit der Hand*) rub, b) (*mittels Reibahle*) ream. – III *v/reflex* sich ~ 12. (*sich kratzen*) rub (*od.* scratch) oneself: das Pferd reibt sich an einem Baum the horse rubs itself against a tree. – 13. sich am Fuß wund ~ to chafe one's foot. – 14. sich an j-m ~ *fig. colloq.* to pick a quarrel with s.o. – IV R~ *n* ⟨-s⟩ 15. *verbal noun.* – 16. *cf.* Reibung.

ˈRei·ber *m* ⟨-s; -⟩ 1. grater. – 2. *print.* a) (*Farbreiber*) brayer, muller, distributor, b) (*an der Steindruckpresse*) grinder, rubber. — **~ˌdruck** *m* ⟨-(e)s; -e⟩ *print.* rubbing.

Rei·beˈrei *f* ⟨-; -en⟩ *meist pl fig. colloq.* (constant) friction, tiff: zwischen ihnen gab es dauernd ~en there was constant friction between them.

ˈReib|ˌfe·stig·keit *f tech.* resistance to friction. — **~ˌflä·che** *f* 1. rubbing (*od.*

friction) surface. – **2.** (*für Zündhölzer*) striking (*od.* rough) surface. — **~ˌkeu·le** *f tech.* (*eines Mörsers*) pestle. — **~ˌlö·ten** *n tech.* tinning. — **~ˌrad** *n tech.* friction roller (*od.* wheel). — **~ˌradˌanˌtrieb** *m* friction drive.

ˈRei·bung *f* ⟨-; -en⟩ **1.** *cf.* Reiben. – **2.** *tech.* friction: gleitende ~ sliding friction; rollende ~ rolling friction; ~ der Bewegung kinetic friction; ~ der Ruhe static friction. – **3.** *med.* friction. – **4.** *fig. cf.* Reiberei.

ˈRei·bungs|ˌbahn *f* (*railway*) adhesion railway. — **~ˌbrem·se** *f tech.* friction brake. — **~elek·tri·ziˌtät** *f phys. electr.* frictional electricity. — **~ˌflä·che** *f* **1.** frictional surface. – **2.** *electr.* a) striking surface, b) (*Kontaktfläche*) surface of contact. – **3.** *fig. cf.* Reibungspunkt 2. — **r~ˌfrei** *adj tech.* frictionless. — **~geˌtrie·be** *n cf.* Reibradantrieb. — **~ko·ef·fi·ziˌent** *m phys.* coefficient of friction. — **~ˌkraft** *f tech.* frictional force. — **~ˌkupp·lung** *f* **1.** (*railway*) friction coupling. – **2.** *tech.* friction clutch.

ˈrei·bungs·los I *adj* **1.** frictionless. – **2.** *fig.* smooth. – **II** *adv* **3.** *fig.* smoothly, without a hitch.

ˈRei·bungs|ˌpunkt *m* **1.** *tech.* center (*bes. Br.* centre) of friction. – **2.** *fig.* cause of friction. — **~ˌrad** *n tech. cf.* Reibrad. — **~ˌschicht** *f meteor.* friction layer. — **~verˌlust** *m tech.* frictional loss. — **~ˌwär·me** *f* frictional heat. — **~ˌwi·derˌstand** *m* **1.** frictional resistance. – **2.** (*eines Motors*) engine drag. – **3.** (*eines Ruderboots*) skin friction. – **4.** (*space*) skin friction drag.

ˈReibˌzün·der *m tech.* friction fuse.

reich [raɪç] **I** *adj* ⟨-er; -st⟩ **1.** (*wohlhabend*) rich, wealthy, (very) well-off (*attrib*), well-to-do, moneyed, *auch* monied; affluent, opulent (*lit.*): arm und ~ rich and poor; ~e Leute rich (*od.* moneyed) people; aus ~em Hause stammen (*od.* kommen) to come from a rich (*od.* wealthy) house; eine ~e Erbschaft machen to inherit a fortune; ~ heiraten, eine ~e Partie machen to marry money; j-n ~ machen to make s.o. rich, to enrich s.o.; sie ist ein Kind ~er Eltern she was born with a silver spoon in her mouth; er ist über Nacht ~ geworden he became rich overnight; er ist sehr schnell ~ geworden he became rich (*od.* he made money) very quickly. – **2.** (*reichlich*) rich, abundant, plentiful, copious, (*bes. Mahlzeit*) sumptuous: ~e Ernte rich (*od.* abundant) crop, plentiful (*od.* bounteous) harvest; ~e Jahre years of plenty, fat years; ~e schwarze Haare full black hair *sg*; in ~em Maß richly, abundantly, copiously. – **3.** ~ an (*dat*) rich in, abounding in, abundant in, wealthy in: er ist ~ an Ideen he is rich in ideas, he has a wealth of ideas; ~ an Wild rich (*od.* abounding) in game; das Land ist ~ an Mineralquellen the country is rich (*od.* abounds) in mineral resources. – **4.** (*Sammlung, Schmuck*) rich, precious. – **5.** (*Geschenk, Kleider etc*) expensive, rich. – **6.** (*Beute, Fang etc*) rich, large, great. – **7.** (*umfangreich*) wide, rich: ~e Auswahl von Büchern wide (*od.* good) selection of books; aus ~er Erfahrung from wide (*od.* rich) experience; um eine Erfahrung ~er having learned s.th. new; ~es Wissen haben to have (a) wide knowledge. – **8.** *geol. min.* rich: ~es Erz rich (*od.* high-grade) ore; ~e Ölquellen rich oil wells. – **9.** *auto.* (*Kraftstoffgemisch*) rich. – **10.** *agr.* (*Boden*) fertile, mellow, rich. – **II** *adv* **11.** richly: die Wohnung ist ~ ausgestattet the apartment (*bes. Br.* flat) is richly furnished; ~ beladen mit Geschenken richly laden with presents; j-n ~ beschenken to shower presents on s.o.; ~ illustriert sein to be richly (*od.* copiously) illustrated.

Reich *n* ⟨-(e)s; -e⟩ **1.** *pol. hist.* a) (*Großstaat*) empire, b) (*Königreich*) kingdom: das Britische ~ *hist.* the British Empire; das (Deutsche) ~ *hist.* the German Reich (*od.* Empire); das Heilige Römische ~ Deutscher Nation *hist.* the Holy Roman Empire of the German Nation, the Empire; das ~ der Mitte China (*the Middle od. Central Kingdom*); das Weströmische ~ *hist.* the Western Empire; das Dritte ~ *hist.* the Third Reich. – **2.** *fig.* (*Bereich*) kingdom: das ~ der Pflanzen [Tiere] the vegetable [animal] kingdom. – **3.** *fig.* (*Gebiet*) realm, world, domain, *auch* region: das ~ der Frau the domain (*od.* world, realm) of women; das ~ der Kunst the realm (*od.* world) of art; diese Nachricht gehört in das ~ der Fabel this report belongs in the realm of fantasy; im ~ der Schatten (*od.* Toten) *poet.* in the realm of shades, in the lower regions, in Hades; das ~ der Träume the realm of dreams, dreamland. – **4.** *relig.* kingdom, empire, realm: das himmlische ~ the celestial empire; das ~ Gottes the kingdom of God; zu uns komme Dein ~! Dein ~ komme! Thy kingdom come! mein ~ ist nicht von dieser Welt *Bibl.* my kingdom is not of this world.

ˈreich|beˌbil·dert *adj* ⟨*attrib*⟩ richly (*od.* copiously) illustrated. — **~beˌgü·tert** *adj* ⟨*attrib*⟩ wealthy, rich. — **~ˌblü·hend** *adj* ⟨*attrib*⟩ *hort.* free-flowering.

ˈRei·che[1] *m* ⟨-n; -n⟩ rich man (*od.* person): die ~n the rich; er spielt den ~n he pretends to be rich, *bes. Am.* he acts rich.

ˈRei·che[2] *f* ⟨-n; -n⟩ rich woman.

rei·chen [ˈraɪçən] **I** *v/t* ⟨h⟩ **1.** reach, pass, hand, give: sie reichte ihm etwas zu trinken she gave him s.th. to drink; würden Sie mir bitte das Salz ~? would you pass (*od.* hand) me the salt, please? may I trouble you for the salt? → Hand[1] *Verbindungen mit Verben*; Wasser 3. – **2.** (*hinhalten*) present, offer: j-m den Arm ~ to offer (*od.* hold out, reach out) one's arm to s.o.; j-m die Wange [den Mund] zum Kusse ~ to offer s.o. one's cheek [lips] for a kiss; einem Säugling die Brust (zum Trinken) ~ to suckle a baby. – **3.** (*anbieten*) offer, serve: man reichte Erfrischungen cold snacks (*od.* drinks) were served (*od.* passed around); Kaffee wird im Nebenzimmer gereicht coffee is being served in the next room. – **4.** *relig.* (*das Abendmahl*) administer. – **II** *v/i* **5.** (*genügen*) suffice, do: das Brot muß für uns beide ~ the bread has to do for both of us; die Butter muß bis morgen ~ the butter will have to do (*od.* last) till tomorrow; reicht das? is that enough? will that do? solange der Vorrat reicht till stocks are exhausted; bei ihnen reicht es hinten und vorne nicht *colloq.* they can't make both ends meet; das reicht nicht hin und nicht her *colloq.* that won't get us very far; jetzt reicht mir's! *fig. colloq.* I have had enough, I am fed up (*colloq.*); jetzt reicht es aber! *fig. colloq.* that will do! that's enough! – **6.** (*sich ausdehnen*) stretch, extend, reach: unser Grundstück reicht bis zum Wald our property stretches as far as the wood; soweit das Auge reicht as far as the eye can see. – **7.** (*herankommen*) come up: die Zweige ~ bis an mein Fenster the branches come right up to my window; das Wasser reicht ihm schon bis zum Hals *fig. colloq.* he is up to his neck in trouble, he is in hot water (*colloq.*). – **8.** mit etwas ~ *colloq.* to manage on s.th., to make do with s.th.

ˈreichˌhal·tig *adj* **1.** (*Mahl*) rich, sumptuous. – **2.** (*Bibliothek etc*) extensive. – **3.** (*Auswahl etc*) wide, tremendous (*colloq.*). — **ˈReichˌhal·tig·keit** *f* ⟨-; *no pl*⟩ **1.** richness, sumptuousness. – **2.** extensiveness, extensivity. – **3.** wide (*od. colloq.* tremendous) variety.

ˈreich·lich I *adj* **1.** *cf.* reich 2. – **2.** (*mehr als genug*) plenty (of): wir haben ~ Zeit [Platz] we have plenty of time [room]; ich habe ~ davon I have plenty (*od.* enough and to spare). – **3.** (*großzügig*) generous, ample. – **4.** (*gut*) good: eine ~e Stunde a good (*od.* more than an) hour. – **II** *adv* **5.** (*ziemlich*) rather: ~ viel [groß, nervös] rather a lot [large, nervous]; der Film war ~ langweilig the film was rather boring. – **6.** (*gut*) a good: ~ zwei Pfund a good two pounds; ich habe noch ~ 100 Mark I still have a good 100 marks; ~ die Hälfte davon a good half of it. – **7.** (*mehr als*) well over, more than: ich kenne sie seit ~ einem Jahr I have known her for well over a year; wir sind ~ eine Stunde gelaufen we walked for more than an hour; wir haben ~ zu essen we have food galore; aufs ~ste mit etwas versorgt sein to have plenty of s.th. and to spare. – **8.** (*genug*) ample: mehr als ~ more than ample; ~ zu tun haben to have a great deal to do. – **9.** (*größer als nötig*) larger than necessary: ich habe den Anzug etwas ~ genommen I took the suit a size larger than necessary, I took the suit rather on the large side (*colloq.*). – **10.** (*großzügig*) generously: ~ schenken to give generously. — **ˈReich·lich·keit** *f* ⟨-; *no pl*⟩ abundance, copiousness, plentifulness.

ˈReichs|ˌacht *f hist.* ban of the Empire: über j-n die ~ verhängen to put s.o. under the ban of the Empire. — **~ˌadel** *m* nobility of the Empire. — **~ˌad·ler** *m* (*des alten dt. Reichs*) Imperial eagle. — **~ˌan·geˌhö·ri·ge** *m, f meist in* deutscher ~r German citizen (*od.* subject, national), citizen (*od.* subject, national) of the (German) Reich. — **~ˌap·fel** *m* Imperial orb (*od.* mound, globe, pome). — **~ˌar·beitsˌdienst** *m hist.* (*in NS-Zeit*) National Labor (*bes. Br.* Labour) Service. — **~ˌbahn** *f* ⟨-; *no pl*⟩ *hist. u. DDR* German State Railroad (*Br.* Railway). — **~ˌbank** *f* National Bank of the (German) Reich. — **~ˌban·ner** *n* Imperial banner. — **~de·pu·ta·tiˌonsˌhauptˌschluß** *m decision of the Deputation of the German Estates in 1803 compensating German sovereign princes for losses of territories ceded to France.* — **~ˌdeut·sche** *m, f hist.* (*vor 1938*) person under the jurisdiction of the (German) Reich. — **~ˌfar·ben** *pl hist.* Imperial (*od.* national) colors (*bes. Br.* colours). — **~ˌflag·ge** *f* National (*od.* Imperial) flag (*od.* colors *pl, bes. Br.* colours). — **~geˌbiet** *n* **1.** national territory. – **2.** *hist.* territory of the (German) Reich. — **~geˌricht** *n* supreme court of the (German) Reich, Reichsgericht. — **~ˌgren·ze** *f* **1.** national frontier (*od.* boundary). – **2.** *hist.* frontier of the (German) Reich. — **~ˌhauptˌstadt** *f* **1.** national capital. – **2.** *hist.* capital of the (German) Reich, German capital. — **~ˌheer** *n hist.* Imperial army. — **~idee** [-ʔiˌdeː] *f* Imperial idea. — **~inˌsi·gni·en** *pl* Imperial crown jewels. — **~kanzˌlei** *f* Chancellery (*od.* Chancellory) of the (German) Reich. — **~ˌkanz·ler** *m* Chancellor of the (German) Reich. — **~ˌklein·odi·en** *pl cf.* Reichsinsignien. — **~kon·korˌdat** *n jur. concordat between the Third Reich and the Holy See* (*1933*). — **~ˌmark** *f* reichsmark, *auch* Reichsmark. — **r~ˌmit·tel·bar** *adj hist.* mediatized *Br. auch* -s-, mediate. — **~ˌpfen·nig** *m* reichspfennig, *auch* Reichspfennig. — **~prä·siˌdent** *m* President of the (German) Reich. — **~reˌgie·rung** *f* government of the (German) Reich. — **~ˌrit·ter·schaft** *f hist.* knighthood of the (Holy Roman) Empire. — **~ˌstadt** *f* (freie) ~ free imperial town (*od.* city). — **~ˌstand** *m meist pl* estate of the Empire. — **~ˌtag** *m hist.* **1.** (*im alten deutschen Reich*) Imperial Diet: ~ zu Worms Diet of Worms. – **2.** (German) Reichstag (*1871–1945*).

ˈReichsˌtagsˌbrand *m* Reichstag fire (*1933*).

ˈreichsˌunˌmit·tel·bar *adj hist.* immediate. — **ˈReichsˌunˌmit·tel·bar·keit** *f* ⟨-; *no pl*⟩ immediacy: die ~ verlieren to be mediatized.

ˈReichs|verˌfas·sung *f hist.* constitution of the (German) Reich. — **~verˌwe·ser** *m* (*im alten deutschen Reich*) regent, protector. — **~ˌwehr** *f* Reichswehr.

ˈReich·tum *m* ⟨-s; =er⟩ **1.** (*an Geld, Sachwerten etc*) riches *pl*, wealth, opulence, fortune, affluence: ~ erwerben to acquire riches; sagenhafter ~ *colloq.* fabulous wealth; damit lassen sich keine großen Reichtümer erwerben *colloq.* you won't get far that way. – **2.** *fig.* (*an geistigen u. materiellen Gütern*) (an *dat* of) richness, riches *pl*, wealth, *auch* resources *pl*: Reichtümer eines Landes resources of a country; ~ an Ideen wealth (*od.* fertility) of ideas (*od.* of mind), fecundity (*lit.*). – **3.** *fig.* (*an Möglichkeiten*) (an *dat* of) variety, multiplicity. – **4.** (*Überfluß*) (an *dat* of) abundance, plenty, profusion, affluence.

ˈreich·verˌziert *adj* ⟨*attrib*⟩ rich, richly decorated (*od.* ornamented).

ˈReichˌwei·te *f* ⟨-; -n⟩ **1.** (*Armlänge*) reach: in ~ sein to be within reach, to be (near) at hand; das ist außerhalb meiner ~ a) that's out of my reach (*od.* range), b) *fig. colloq.* that's beyond my reach. – **2.** (*Hör-, Sichtweite*) range: die ~ einer Stimme the range of a voice. – **3.** *mil.* (*von Geschütz, Rakete etc*) (firing) range: große [mittlere] ~ long [medium] range; etwas an (*dat*) ~ übertreffen to outrange s.th. – **4.** *mar.* (*Aktionsradius*) cruising radius (*od.* range), radius of action. – **5.** *aer.* (*Aktionsradius*) (flying) range. – **6.** (*radio*) range, coverage. – **7.** (*beim Boxsport*) reach.

reif [raɪf] *adj* ⟨-er; -st⟩ **1.** (*voll entwickelt*) ripe, mature: **~ werden** to ripen, to become ripe (*od.* mature), to mature; **~es Obst [~er Wein]** ripe (*od.* mature, mellow) fruit [wine]; **~er Käse** ripe (*od.* mature) cheese; **eine ~e Schönheit** *fig.* a mature beauty; **eine ~e Leistung** *fig.* a mature performance. – **2.** (*seelisch gefestigt*) mature: **eine ~e Persönlichkeit** a mature personality; **ein ~es Urteil** a mature judg(e)ment. – **3.** (*älter*) mature, older: **die ~ere Jugend** *humor.* the older set; **ein Mann in den ~en** (*od.* **~eren**) **Jahren** a middle-aged man, a man of mature (*od.* ripe) years, a man in his ripe years. – **4.** (*fällig, geeignet*) ripe, ready: **die Zeit ist noch nicht ~** time is not yet ripe; **ich bin bald ~ für die Irrenanstalt** *colloq.* I'll soon be ripe (*od.* ready) for the lunatic asylum; **du bist bald ~ für eine Tracht Prügel** *colloq.* go on like this and you're in for a sound thrashing. – **5.** *med.* (*Abszeß etc*) ripe, mature: **~ werden** to mature, to come to a head.

Reif[1] *m* ⟨-(e)s; *no pl*⟩ hoar(frost), (white) frost, silver thaw (*od.* storm), rime (frost) (*lit.*): **mit ~ überziehen** to (cover with) frost.

Reif[2] *m* ⟨-(e)s; -e⟩ **1.** *poet.* a) (*Ring*) ring, b) (*Stirnreif*) circlet, coronet, c) (*Armreif*) bracelet. – **2.** *cf.* Reifen 1, 3.

ˈRei·fe *f* ⟨-; *no pl*⟩ **1.** (*von Obst, Wein, Käse etc*) ripeness, maturity, matureness: **zur ~ bringen** to bring to maturity; **zur ~ kommen** to ripen, to mature, (*von Obst*) *auch* to mellow. – **2.** *med.* (*Geschlechtsreife*) puberty. – **3.** (*des Alters, eines Urteils etc*) maturity, matureness: **er hat noch nicht die sittliche ~** he is morally immature. – **4.** *cf.* Abitur: **mittlere ~** *Am. etwa* junior high school diploma, *Br.* General Certificate of Education Ordinary Level. — **~ˌgrad** *m* degree of ripeness (*od.* maturity).

rei·feln [ˈraɪfəln] **I** *v/t* ⟨h⟩ *cf.* riefeln, riffeln 1. – **II** *v/i Southwestern G. and Swiss* (*mit dem Reifen spielen*) play with the hoop. — **ˈRei·fe·lung** *f* ⟨-; -en⟩ *cf.* Riefelung, Riffelung.

rei·fen[1] [ˈraɪfən] **I** *v/i* ⟨sein⟩ **1.** (*von Obst, Wein, Käse etc*) ripen, mature, grow ripe: **Wein reift durch langes Lagern** wine matures with age; **das Getreide ~ lassen** to mature the grain. – **2.** (*von Menschen*) mature, ripen: **zum Mann ~** to attain manhood, to grow to man's estate (*lit.*). – **3.** (*von Gedanken, Plänen etc*) mature, take shape: **in ihm reifte der Entschluß** the decision gradually took shape in his mind; **einen Plan ~ lassen** to mature a plan. – **4.** *med.* (*von Abszessen etc*) mature, come to a head, gather. – **II** *v/t* ⟨h⟩ **5.** (*Obst, Wein, Käse etc*) ripen, mature, mellow, bring (*s.th.*) to maturity: **die Sonne reift Obst und Wein** the sun matures (*od.* mellows) fruits and wine. – **III R~** *n* ⟨-s⟩ **6.** *verbal noun*: **Erdbeeren brauchen viel Sonne zum R~** strawberries need much sun to ripen. – **7.** *med. biol.* maturation.

ˈrei·fen[2] *v/impers* ⟨h⟩ **es reift** there is a hoarfrost (*od.* white frost).

ˈRei·fen[3] *m* ⟨-s; -⟩ **1.** (*Faßreifen*) (gathering) hoop: **Fässer mit ~ beschlagen** to hoop casks. – **2.** (*Auto-, Fahrradreifen etc*) tire, *bes. Br.* tyre: **einen ~ aufziehen** to put a tire on a wheel; **einen ~ montieren** to mount a tire; **die ~ wechseln** to change (*od.* switch) (the) tires; **abgefahrene ~** worn tires; **ein geplatzter ~** a burst (*od.* punctured, *Am. colloq.* bursted) tire; **~ mit Matsch- und Schneeprofil** *Am.* mud-and--snow tire, *Br.* town-and-country tyre. – **3.** (*Spielzeug-, Zirkusreifen*) hoop: **durch den ~ springen** to jump through the hoop; **einen ~ schlagen** (*od.* **treiben**) to trundle (*od.* roll) a hoop. – **4.** (*Armreif*) bracelet. — **~ˌbrem·se** *f* (*des Fahrrads*) tire (*bes. Br.* tyre) brake(s *pl*). — **~ˌdecke** (*getr.* -k·k-) *f auto.* outer cover casing, pneumatic tire (*bes. Br.* tyre) cover. — **~deˌfekt** *m* puncture, blowout, *bes. Am.* flat.

ˈRei·fenˌdruck *m* tire (*bes. Br.* tyre) pressure. — **~ˌmes·ser, ~ˌprü·fer** *m* tire (*bes. Br.* tyre) ga(u)ge.

ˈRei·fen|ˌhe·ber *m auto.* tire (*bes. Br.* tyre) lever (*od.* remover). — **~ˌman·tel** *m cf.* Reifendecke. — **~ˌpan·ne** *f cf.* Reifendefekt. — **~proˌfil** *n* **1.** (tire) tread. – **2.** tire tread pattern, tire engraving (*od.* sculpture). — **~ˌscha·den** *m* tire trouble. — **~ˌspur** *f* tire track. — **~ˌstär·ke** *f only in* **um ~ gewinnen** (*beim Radsport*) to win by a tire's width. — **~ˌwech·sel** *m* change of tires, tire change. — **~ˌwulst** *m, f* bead (of a tire).

ˈRei·fe|ˌprü·fung *f ped. cf.* Abitur. — **~ˌtei·lung** *f biol.* maturation division, meiosis (*scient.*). — **~ˌzeit** *f* **1.** time of maturity. – **2.** (*Pubertät*) puberty. – **3.** (*geistige*) age of maturity. — **~ˌzeug·nis** *n ped. cf.* Abiturzeugnis.

ˈReifˌgrau·peln *pl meteor.* soft hail *sg.*

ˈreif·lich I *adj* mature, careful: **nach ~er Überlegung** after (*od.* upon) careful (*od.* mature) deliberation (*od.* consideration, reflection, *Br. auch* reflexion). – **II** *adv* **das würde ich mir ~ überlegen** I'd think it over (very) carefully.

ˈReifˌrock *m* (*fashion*) *hist.* farthingale, crinoline.

ˈRei·fung *f* ⟨-; -en⟩ *cf.* Reifen[1].

Rei·gen [ˈraɪgən] *m* ⟨-s; -⟩ **1.** *mus.* a) (*Tanz*) round (dance), roundelay, roundel, *auch* roundle, b) (*Musikstück*) round: **den ~ (an)führen [eröffnen]** *auch fig.* to lead [to open] the dance (*od.* ball); **einen ~ tanzen** to dance a round; **den ~ beschließen** *auch fig.* to conclude (*od.* end) the dance. – **2.** *fig.* (*Reihe, Folge*) sequence. — **~ˌtanz** *m mus. cf.* Reigen 1.

Rei·he [ˈraɪə] *f* ⟨-; -n⟩ **1.** (*von Personen*) line, row: **sich in eine ~ stellen** to come (*od.* fall) into a line; **in einer ~ zu vieren gehen** to walk four abreast; **das kommt schon wieder in die ~** *fig. colloq.* that will turn out all right; **er muß immer aus der ~ tanzen** *fig. colloq.* he always wants to have it his own way; → bunt 6. – **2.** *pl* (*Personengruppe*) ranks: **wie aus den ~n der Partei verlautet** as heard from among the ranks of the party; **Verräter in den eigenen ~n haben** to have traitors in one's own ranks (*od.* among one's own friends). – **3.** (*von Häusern, Bäumen, Sitzen, Knöpfen etc*) row, line: **etwas in eine ~ stellen** to put s.th. in a line, to line s.th. up; **nimm dir ein Buch aus der obersten ~** take a book from the top row (*od.* shelf); **in der ersten ~ sitzen** to have a seat in the first (*od.* front) row (*od.* tier); **gegen Ende der Versammlung lichteten sich die ~n** toward(s) the end of the meeting the rows began to empty (*od.* the audience was beginning to thin out). – **4.** (*beim Stricken*) row (of stitches). – **5.** (*Tastenreihe bei Schreibmaschinen*) bank. – **6.** (*Folge*) line, succession: **eine lange ~ großer Könige** a long line of great kings; **er eröffnete die ~ der Ansprachen** he made the first speech. – **7.** (*Zeitschriften-, Buchreihe*) series, serial, run, set. – **8.** (*Reihenfolge*) turn: **ich bin an der ~, ich komme an die ~** it's my turn (now); **der ~ nach** a) one after the other, in sequence, in turn, by turns, b) from the beginning; **außer der ~** out of turn; **warten, bis man an die ~ kommt** to wait one's turn. – **9.** (*Anzahl*) number: **eine ~ von Jahren** a number of years; **eine ganze ~ von Unfällen ist in diesem Jahr schon passiert** there has already been a whole series of accidents this year. – **10.** (*von Hügeln*) range. – **11.** (*von Zimmern*) suite. – **12.** *mil.* a) (*hintereinander*) file, b) (*nebeneinander*) rank, range: **in Reih und Glied antreten** to line up in rank and file; **in ~, angetreten!** in single file, fall in! **in geschlossenen [offenen] ~n marschieren** to march in close [open] order (*od.* ranks); **die ~n der Kompanie abschreiten** to pass down the ranks of the company. – **13.** *tech.* a) (*von Maschinen, Öfen etc*) bank, b) (*von Drehzahlen*) range, c) (*von Passungen*) group. – **14.** *math.* a) (*Anzahl*) number, b) series, c) (*Ordnung*) order: **geometrische [arithmetische] ~** geometric [arithmetic] progression; **eine endliche [unendliche] ~** a finite [an infinite] series; **Umkehrung von ~n** reversion of series. – **15.** *phys.* a) (*von Stromstößen, Wellen etc*) train, b) (*von Versuchen*) series, c) (*Folge*) sequence, succession, d) (*Zeile*) line. – **16.** *biol.* (*Kategorie, Ordnung*) order. – **17.** (*optics*) (*Linsen- u. Prismensatz*) battery. – **18.** *chem.* series. – **19.** *electr.* series: **etwas in ~ schalten** to connect (*od.* join) s.th. in series. – **20.** *print.* row.

rei·hen [ˈraɪən] **I** *v/t* ⟨h⟩ **1.** put (*s.th.*) in a row (*od.* line). – **2.** (*aufreihen*) string: **Perlen auf eine Schnur ~** to string pearls. – **3.** (*heften*) baste, tack. – **II** *v/reflex* **sich ~ 4.** form a row, line up: **eins reiht sich ans andere** *fig.* one thing follows the other.

ˈRei·hen *m* ⟨-s; -⟩ *mus. cf.* Reigen 1.

ˈRei·hen|ˌabˌwurf *m* ~ (von Bomben) *aer. mil.* salvo (*od.* stick) bombing. — **~ˌanˌord·nung** *f tech.* tandem arrangement, bank. — **~ˌaufˌnah·me** *f* **1.** *phot.* sequence shot. – **2.** *pl med.* (*Röntgenaufnahmen*) serial radiographs. — **~ˌbau** *m* ⟨-(e)s; -ten⟩ **1.** *civ.eng.* serial house: **~ längs der Landstraße** ribbon development, *bes. Br.* ribbon building. – **2.** ⟨*only sg*⟩ *tech.* series production.

ˈRei·henˌbild *n* **1.** *phot.* serial (*od.* sequence) photographs *pl.* – **2.** *aer.* aerial mosaic. — **~ˌka·me·ra** *f* **1.** *phot.* serial (*od.* mosaic) camera. – **2.** *aer.* mapping camera.

ˈRei·hen|ˌdorf *n* linear village. — **~ˌfer·ti·gung** *f tech.* series (*od.* duplicate, small-lot) production. — **~ˌfol·ge** *f* **1.** order, succession, sequence: **in alphabetischer [zeitlicher] ~** in alphabetical [chronological] order; **in umgekehrter ~** in reverse (*od.* retrograde) order; **in der richtigen ~** in the right order, in due (*od.* proper) succession; **die ~ der Ereignisse** the order (*od.* sequence) of events; **der ~ nach erzählen** to start from the beginning, to tell (s.th.) in the right order. – **2.** *math.* (*Folge von Reihen*) ordinal succession, sequence, order. — **~ˌhaus** *n* terraced house. — **~ˌherˌstel·lung** *f cf.* Reihenfertigung. — **~ˌmo·tor** *m* **1.** *tech.* in-line (*od.* straight) engine. – **2.** *electr.* series-wound motor. — **~ˌschal·tung** *f electr.* series (connection, *Br. auch* connexion). — **~ˌschlußˌmo·tor** *m electr.* series-wound motor. — **~ˌschnit·te** *pl biol.* serial sections. — **~ˌsehˌprü·fung** *f* (*optics*) sight screening test. — **~ˌun·terˌsu·chung** *f med.* **1.** mass (*od.* serial) examination. – **2.** (*beim Röntgen*) mass radiology. — **r~ˌwei·se** *adv* **1.** (*in Reihen*) in rows. – **2.** (*Reihe für Reihe*) by the row. – **3.** *colloq.* (*in großer Zahl*) in dozens, by the dozen.

Rei·her [ˈraɪər] *m* ⟨-s; -⟩ *zo.* heron (*Fam. Ardeidae*): → kotzen 1. — **~ˌbei·ze** *f hunt.* heron hawking. — **~ˌfe·der** *f* **1.** heron's feather. – **2.** (*als Hutschmuck*) osprey. — **~ˌhorst** *m* heronry. — **~ˌjagd** *f cf.* Reiherbeize.

rei·hern [ˈraɪərn] *v/i* ⟨h⟩ *vulg. cf.* **kotzen** 1.

ˈReih|ˌgarn *n* basting (thread). — **~ˌlei·ne** *f mar.* lace, lacing (line), jack rope.

ˌreihˈum *adj* in turn, by turns: **mit dem Hut ~ gehen** to go round with the hat; **etwas ~ gehen lassen** to pass s.th. round; **es geht ~** we'll take it in succession, we'll take it in turns.

Reim [raɪm] *m* ⟨-(e)s; -e⟩ *metr.* rhyme, rime: **klingender** (*od.* **weiblicher**) **~** female (*od.* feminine, double) rhyme; **stumpfer** (*od.* **männlicher**) **~** male (*od.* masculine) rhyme; **gleitender** (*od.* **reicher**) **~** treple (*od.* triple, rich) rhyme; **reiner [unreiner] ~** pure [impure] rhyme; **~e bilden** (*od. colloq.* **schmieden**) to make rhymes, to rhyme, to rime; **einen ~ auf ‚Schmerz' suchen** to look for (*od.* need) a rhyme for 'Schmerz'; **ich kann mir darauf keinen ~ machen** *fig. colloq.* it doesn't make sense to me, I can't make head or tail of it, I can make neither head nor tail of it; **sich** (*dat*) **seinen ~ auf** (*acc*) **etwas machen** *fig. colloq.* to know what to think (*od.* make) of s.th.

ˈReim|ˌanˌord·nung *f metr.* rhyme (*od.* rime) scheme. — **~ˌart** *f* kind (*od.* form) of rhyme. — **~ˌchro·nik** *f* rhymed (*od.* rhyming) chronicle.

rei·men [ˈraɪmən] *metr.* **I** *v/t* ⟨h⟩ (**auf** *acc* with, to; **mit** with) rhyme, rime. – **II** *v/i* rhyme, rime, make rhymes. – **III** *v/reflex* **sich ~** rhyme, rime: **‚mein' reimt sich auf ‚dein'** 'mein' rhymes with 'dein'; **reim dich, oder ich freß dich** *etwa* that's what I would call a forced rhyme, I call that a forced rhyme; **wie reimt sich das?** *fig.* what's the sense of that?

ˈRei·mer *m* ⟨-s; -⟩ *cf.* Reimschmied.

Rei·meˈrei *f* ⟨-; -en⟩ *meist contempt.* rhyming, versification.

ˈreim·los *adj* rhymeless, rimeless, unrhymed: **~e Verse** unrhymed verse *sg.*

ˈReim|ˌpaar *n metr.* rhyming (*od.* riming) couplet. — **~ˌpro·sa** *f* rhymed prose. — **~ˌsche·ma** *n metr.* rhyme pattern (*od.* scheme). — **~ˌschmied** *m contempt.* rhymester, rimester, versemonger, versifier, rhymer, rimer, poetaster. — **~ˌsil·be** *f metr.* rhyming syllable. — **~ˌwort** *n* ⟨-(e)s; ⸗er⟩ rhyme (word). — **~ˌwör·terˌbuch** *n* rhyming dictionary.

rein [raɪn] **I** *adj* ⟨-er; -st⟩ **1.** (*Wohnung, Wäsche, Hände etc*) clean: **sein Zimmer ~ halten** to keep one's room clean; **die Wohnung ~ machen** to clean the apartment (*bes. Br.* flat); **~en Tisch machen** *fig. colloq.* to make a clean sweep; **ein ~es Gewissen haben** *fig.* to have a clear conscience; **keine ~e Weste haben** *fig. colloq.* to have a bad record, to have a shady reputation; **~en Mund halten** *fig.* to hold one's tongue, to keep mum (*colloq.*). – **2.** (*Wasser, Luft, Abstammung etc*) pure: **die Luft ist ~** a) the air is pure, b) the air is clear (*od.* fresh), c) *fig. colloq.* the coast is clear; **ein Pferd von ~(st)er Abstammung** a horse of pure (*od.* of purest) race, a thoroughbred; **~es Gold** pure (*od.* unalloyed) gold; **ein ~er Diamant** a pure diamond; **ein Diamant ~sten Wassers** (*od.* **von ~stem Wasser**) a diamond of the first water; **er ist ein Pedant ~sten Wassers** *fig.* he is a fusspot of the first water (*colloq.*); **die ~e Wahrheit sagen** *fig.* to tell the plain (*od.* unvarnished) truth; **es war mir eine ~e Freude** *fig.* it was an unadulterated pleasure to me. – **3.** (*Wein etc*) pure, unadulterated, natural: → Wein 1. – **4.** (*Klang, Form etc*) clear, pure: **der ~e Klang einer Geige [Stimme]** the clear (*od.* pure) sound of a violin [voice]. – **5.** (*Sprache etc*) pure, (*im weiteren Sinne*) correct: **~es Deutsch sprechen** to speak pure German. – **6.** (*Haut etc*) clear, immaculate. – **7.** (*theoretisch*) pure: **die ~e und die angewandte Mathematik** pure and applied mathematics *pl* (*usually construed as sg*). – **8.** *fig.* (*unschuldig*) pure, innocent, undefiled: **~e Liebe** pure (*od.* innocent) love; **~en Herzens sein** to be pure in heart. – **9.** *fig.* (*unberührt*) chaste, virginal, pure. – **10.** (*textile*) (*Seide, Wolle etc*) pure. – **11.** *chem.* pure: **ein chemisch ~er Stoff** a chemically pure (*od.* homogenous) matter (*od.* substance); **~er Alkohol** pure (*od.* undiluted, absolute) alcohol. – **12.** *ling.* (*Vokal etc*) pure. – **13.** *relig. jüd.* (*Speise*) kosher. – **14.** *econ.* (*nach Abzügen*) net, clear: **der ~e Gewinn beträgt** the net (*od.* clear) profit amounts to. – **15.** *colloq.* (*in Wendungen wie*) **es war ~es Glück, daß du nicht verletzt worden bist** it was pure luck that you were not injured; **~er Wahnsinn** pure (*od.* sheer) madness; **das ist ~er Blödsinn** that's pure (*od.* utter, downright) nonsense; **seine Worte waren der ~e Hohn** his words were pure (*od.* sheer) mockery; **aus ~em Mitleid habe ich ihn aufgenommen** I took him in out of sheer (*od.* mere) pity; **~e Lüge** downright lie; **eine ~e Formalität** a mere formality; **das ist ein ~es Vorurteil** this is nothing but prejudice; **das ist (ja) der ~ste Roman!** that's a regular novel! – **II** *adv* **16.** *colloq.* (*völlig, ganz*) quite, wholly, completely, entirely, totally, absolutely: **er ist ~ toll** he is completely (*od. colloq.* plumb) crazy; **das ist ~ unmöglich** that's quite impossible; **ich war ~ weg von ihm** I was absolutely mad about him (*colloq.*). – **17.** (*nur*) purely, merely: **ich traf ihn ~ zufällig** I met him purely by accident (*od.* by pure coincidence). – **18.** (*ausschließlich*) purely, strictly: **ein ~ mathematisches Problem** a purely mathematical problem; **eine ~ persönliche Angelegenheit** a purely personal matter. – **III R~e, das** ⟨-n⟩ **19.** the pure thing. – **20.** (*mit Kleinschreibung*) **etwas ins ~e bringen** to settle s.th., to put s.th. in order, to straighten s.th. out; **seine Angelegenheiten ins ~e bringen** to settle one's affairs; **mit j-m ins ~e kommen** to come to terms (*od.* an understanding) with s.o.; **mit sich über** (*acc*) **etwas ins ~e kommen** to make up one's mind about s.th.; **etwas ins ~e schreiben** a) to make a fair copy of s.th., b) *jur.* to engross s.th. – **21.** (*mit Kleinschreibung*) **mit j-m im ~en sein** a) to be on good terms (again) with s.o., b) (*quitt sein*) to be even (*od.* square) with s.o.; **mit sich selbst im ~en sein** a) to be clear (on *od.* about s.th.), b) (*mit sich einverstanden*) to be at peace with oneself.

rein... [ˈraɪn-] *colloq. for* herein..., hinein...

Rein [raɪn] *f* ⟨-; -en⟩ *Bavarian and Austrian colloq.* shallow saucepan.

Rein·del [ˈraɪndəl], **ˈReindl** [-dəl] *n* ⟨-s; -n⟩ *Bavarian and Austrian colloq.* small (shallow) saucepan.

ˈReinˌdruck *m print.* fair proof, clean print (*od.* impression), final proof (*od.* impression).

Rei·ne·clau·de [rɛːnəˈkloːdə] *f* ⟨-; -n⟩ *hort. cf.* Reneklode.

ˈReinˌeinˌnah·me *f econ. meist pl cf.* Reinertrag.

ˈRei·ne·ke ˈFuchs [ˈraɪnəkə] *npr m* ⟨- -; *no pl*⟩ (*in der Tierfabel*) Reynard the Fox.

ˈRei·neˌma·cheˌfrau *f* **1.** (*in einem Privathaus*) cleaning woman, charwoman, *Br.* charlady, *Br. colloq.* char, daily. – **2.** (*in einer Firma etc*) *Am.* charwoman, *Br.* cleaner.

ˈRei·neˌma·chen *n* **1.** spring-cleaning, *bes. Br.* spring-clean: **diese Woche ist großes ~** we are going to spring-clean this week. – **2.** *fig.* purge, *Am. colloq.* cleanout: **er veranstaltete ein großes ~ innerhalb seiner Partei** he carried out an extensive purge within his party.

ˈreinˌer·big [-ˌʔɛrbɪç] *adj biol.* homozygote, homozygous.

ˈRein|erˌhal·tung *f* **1.** ~ **der Luft [des Wassers]** prevention of air [water] pollution. – **2.** (*der Sprache, Art etc*) preclusion of impure elements. — **~erˌlös** *m econ.* net proceeds *pl.* — **~erˌtrag** *m* (net) profit(s *pl*), clear profit.

ˈReinˌfall *m colloq.* **1.** (*Mißerfolg*) failure, fiasco, fizzle; washout, frost (*colloq.*), flop (*sl.*): **die Premiere war ein ~** the premiere was a flop (*od. colloq.* dead loss). – **2.** (*Enttäuschung*) letdown, *Br.* let-down, disappointment. – **3.** (*Betrug*) hoax; take-in, sell (*colloq.*): **einen bösen ~ erleben** to be taken in badly. — **ˈreinˌfal·len** *v/i* ⟨*irr, sep,* -ge-, *sein*⟩ *colloq.* **1.** fall in. – **2.** *fig.* (*enttäuscht werden*) (**mit** with) be let down, be disappointed: **mit dem Wetter sind wir letztes Jahr ziemlich reingefallen** we were let down (*od.* rather unlucky) with the weather last year. – **3.** *fig.* (*betrogen werden*) be taken in, *Br.* be done; be diddled, be sold (*colloq.*): **wir sind bei dem Handel schwer reingefallen** we have been taken in (*od.* sold, diddled) badly in this deal; **auf j-n [etwas] ~** to be taken in (*od.* be gulled, be duped) by s.o. [s.th.]; **er fällt leicht auf Schmeicheleien rein** he is easily taken in by (*od. colloq.* he readily falls for) flattery (*od.* soft talk); **ich falle auf diesen Schwindel nicht mehr rein** I don't fall for this trick (*od.* ruse) any more (*colloq.*), I don't swallow the bait any more.

Re·in·fek·ti·on [reʔɪnfɛkˈtsioːn] *f* ⟨-; -en⟩ *med.* reinfection, second infection, superinfection.

ˈRein|geˌwicht *n econ.* net (weight). — **~geˌwinn** *m cf.* Reinertrag. — **~ˌhal·tung** *f* **1.** (*Sauberhaltung*) keeping clean: **für die ~ Ihres Zimmers sind Sie selbst verantwortlich** you are responsible for keeping your own room clean (*od.* tidy), you are expected to clean your (own) room. – **2.** *cf.* Reinerhaltung.

ˈreinˌhau·en *colloq.* **I** *v/i* ⟨*irr, sep,* -ge-, h⟩ (*beim Essen*) (in *acc* in[to]) tuck in: **er haute ordentlich (in sein Essen) rein** a) he tucked (*od.* dug) in(to his food), b) he stuffed himself, he ate like a horse. – **II** *v/t* **j-m eine ~** to give s.o. a box on the ear, to slap s.o.'s face, to land (*od.* swipe) s.o. one (*colloq.*).

ˈRein·heit *f* ⟨-; *no pl*⟩ **1.** (*von Wohnung, Händen etc*) cleanness, cleanliness. – **2.** (*von Luft, Abstammung, Metallen etc*) purity, pureness: **die ~ des Goldes** the pureness (*od.* fineness) of the gold; **die ~ der Luft** a) the purity of the air, b) the clearness (*od.* freshness) of the air. – **3.** (*des Weines*) pureness. – **4.** (*von Klang, Form etc*) clearness, clarity, purity, pureness. – **5.** (*von Sprache, Stil etc*) purity, pureness, (*im weiteren Sinne*) correctness. – **6.** (*der Haut etc*) clearness, immaculateness: **die ~ des Teints** the clearness of the complexion. – **7.** *fig.* (*Unschuld*) purity, pureness, innocence: **~ des Herzens** purity (*od.* innocence) of heart. – **8.** (*Unberührtheit*) chastity, chasteness, virginity, *auch* purity, pureness. – **9.** *chem.* pureness, purity. – **10.** *ling.* (*eines Vokals etc*) purity. – **11.** (*textile*) (*von Wolle, Seide etc*) purity. – **12.** **die ~ der Gänge** (*sport*) (*beim Dressurreiten*) the purity of strides.

ˈRein·heitsˌgrad *m* ⟨-(e)s; -e⟩ *chem.* degree of purity (*od.* fineness).

rei·ni·gen [ˈraɪnɪgən] **I** *v/t* ⟨h⟩ **1.** (*Wohnung, Kleider, Schuhe etc*) clean: **den Fußboden ~** a) to clean (*od.* sweep) the floor, b) (*schrubben*) to scrub the floor, c) (*wischen*) to wipe (*od.* mop) the floor; **Kleider chemisch ~ lassen** to have clothes (dry-)cleaned. – **2.** (*Luft, Abwässer etc*) purify: **ein Gewitter reinigt die Luft** *auch fig.* a thunderstorm clears the air. – **3.** (*Kanal, Brunnen etc*) clear, clean. – **4.** *chem.* a) refine, b) (*durch Destillation*) rectify, c) (*Gase*) purify. – **5.** (*Sprache, Texte etc*) purge, purify, refine. – **6.** *med.* a) (*Blut*) purify, (*entgiften*) detoxify, b) (*Wunden*) clean, cleanse, disinfect, c) (*Darm*) purge, cleanse. – **7.** *mil.* (*Lager, Ausrüstung etc*) make (*s.th.*) clean, clean out. – **8.** **etwas von etwas ~** *fig.* to purge s.th. of (*od.* from) s.th.: **eine Stadt von Verbrechern ~** to purge a town of (*od.* from) criminals; **eine Partei von unerwünschten Mitgliedern ~** to purge a party of undesirable members. – **9.** **j-n von etwas ~** *relig.* to cleanse (*od.* purify, purge) s.o. of (*od.* from) s.th.: **seine Seele von Schuld [Sünden] ~** to cleanse (*od.* purify, purge) one's soul of (*od.* from) guilt [sins]. – **II** *v/reflex* **sich ~** **10.** clean (*od.* wash) oneself. – **11.** *fig.* (*von Verdacht, Schuld etc*) purge (*od.* clear, exculpate) oneself. – **III R~** *n* ⟨-s⟩ **12.** *verbal noun.* – **13.** *cf.* Reinigung 3—8. — **ˈrei·ni·gend I** *pres p.* – **II** *adj* **1.** (*säubernd*) cleansing, detergent, abstergent: **ein ~es Mittel** a cleansing agent, a detergent (*od.* an abstergent) (agent). – **2.** purifying: **ein ~es Gewitter** *auch fig.* a storm which clears the air. – **3.** *med.* a) (*säubernd*) depurative, b) (*der Wundreinigung dienend*) detergent, cleansing, c) (*abführend*) purgative, cathartic. – **4.** *relig.* (*läuternd*) purgatorial.

ˈRei·ni·gung *f* ⟨-; -en⟩ **1.** *cf.* Reinigen. – **2.** a) dry cleaning, b) *colloq.* (dry) cleaners *pl*: **Kleider zur** (*od.* **in die**) **~ geben** to take (*od.* send) clothes to the cleaners. – **3.** (*von Kanälen etc*) clearance. – **4.** *chem.* a) refinement, b) rectification, c) purification. – **5.** (*von Sprache, Texten etc*) purge, (ex)purgation, purification, refinement. – **6.** *med.* a) (*von Blut*) purification, (*Entgiftung*) detoxification, b) (*von Wunden*) disinfection, c) (*von Darm*) purge, purgation, catharsis. – **7.** *fig.* purge: **die ~ einer Stadt von unerwünschten Elementen** the ridding of a town of undesirable elements (*od.* people). – **8.** *relig.* (*von Sünden, Schuld etc*) purification, purgation.

ˈRei·ni·gungs|ˌanˌla·ge *f tech.* purification plant. — **~ˌanˌstalt** *f* (dry) cleaners *pl.* — **~ˌbad** *n* cleaning solution. — **~benˌzin** *n* benzine, *auch* benzin. — **~ˌcreme** *f* (*cosmetics*) cleansing cream. — **~ˌmilch** *f* cleansing milk. — **~ˌmit·tel** *n* **1.** detergent, cleaning (*od.* cleansing) agent, *auch* cleaner, cleanser. – **2.** (*Fleckenentferner*) stain remover. – **3.** *med. pharm. cf.* Abführmittel 1. — **~ˌop·fer** *n relig. antiq.* lustration. — **~proˌzeß** *m tech.* cleansing process.

Re·in·kar·na·ti·on [reʔɪnkarnaˈtsioːn] *f* ⟨-; -en⟩ *relig.* reincarnation.

ˈRein·kulˌtur *f* ⟨-; -en⟩ **1.** *biol.* (*von Bazillen etc*) pure culture. – **2.** *only in* **in ~** *fig. colloq.* unadulterated, *auch* unadulterate: **Kitsch in ~** unadulterated trash.

ˈreinˌle·gen *v/t* ⟨*sep,* -ge-, h⟩ *colloq. for* hereinlegen, hineinlegen.

ˈreinˌlei·nen *adj* (*Kleid etc*) pure-linen (*attrib*), of pure linen.

ˈrein·lich I *adj* **1.** (*sauber*) clean, immaculate, spotless. – **2.** (*die Sauberkeit liebend*) clean, cleanly. – **3.** *fig.* (*deutlich*) clear. – **II** *adv* **4.** **sie ist ~ gekleidet** she is immaculately dressed. — **ˈRein·lich·keit** *f* ⟨-; *no pl*⟩ **1.** cleanness, immaculateness, spotlessness. – **2.** cleanliness. – **3.** *fig.* clearness.

ˈReinˌma·cheˌfrau *f cf.* Reinemachefrau.

ˈReinˌma·chen *n cf.* Reinemachen.

ˈRein|ˌnickel (*getr.* -k·k-) *n chem.* pure (*od.* fine) nickel. — **r~ˌras·sig** *adj* **1.** (*Mensch*) pureblood (*attrib*), pure- (*od.* full-)blooded: **ein ~er Indianer** a pure-blooded (*od.* pure) Indian. – **2.** (*Tier*) purebred, truebred, thoroughbred, pureblood (*attrib*), (pure)-blooded, pedigreed: **nicht ~** underbred, unblooded, mongrel (*attrib*). — **~ˌschrift** *f* **1.** fair (*od.* clean) copy. – **2.** *jur. econ.* (*von*

Urkunden etc) engrossment: **Anfertigung einer ~** engrossment. — **r~,schrift·lich** *adj* **1.** in fair (*od.* clean) copy. – **2.** *jur. econ.* engrossed: **ein ~es Dokument** an engrossed document, the engrossment of a document. —**r~,sei·den** *adj* all-silk (*attrib*), of pure silk. — **~ver,lust** *m econ.* net loss. — **~ver,mö·gen** *n* net assets *pl.*

'rein,wa·schen *fig.* **I** *v/t* ⟨*irr, sep,* -ge-, h⟩ **1.** (*entlasten*) (**von etwas**) exculpate (from s.th.), exonerate (from s.th.), clear (of s.th.), absolve (from *od.* of s.th.): **j-n von einem Verdacht ~** to exonerate s.o. from (*od.* clear s.o. of) a suspicion. – **2.** *relig.* (*befreien*) (**von etwas** of *od.* from s.th.) cleanse, wash (*lit.*): **wasche mich von Sünden rein** cleanse me of (*od.* wash me from) (my) sin. – **II** *v/reflex* **sich ~ 3.** (**von etwas**) exculpate oneself (from s.th.), exonerate oneself (from s.th.), clear oneself (of s.th.), absolve oneself (from *od.* of s.th.).

'rein'weg [-'vɛk] *adv colloq.* **1.** absolutely, altogether: **das ist ~ zum Wahnsinnigwerden [Heulen, Totlachen]** that's enough to drive you crazy (*od.* mad, *Br. sl.* round the bend) [to make you cry, to make you die with laughter]. – **2.** (*rundweg*) flatly, point-blank: **etwas [j-n] ~ ablehnen** to turn s.th. [s.o.] down point-blank (*od.* flatly).

'rein,wol·len *adj* all-wool (*attrib*), of pure wool.

'Rein,zucht *f zo.* line breeding.

Reis[1] [raɪs] *m* ⟨-es; *no pl*⟩ **1.** *bot.* rice (plant) (*Oryza sativa*). – **2.** *gastr.* a) rice, b) (*in Hülsen*) paddy (*auch* padi) (rice), unhusked rice: **polierter ~** polished rice; **unpolierter** (*od.* **ungeschälter**) **~** unpolished (*od.* whole) rice, paddy; **Huhn mit ~** chicken and rice.

Reis[2] *n* ⟨-es; -er⟩ **1.** *bot.* (*junger Zweig*) sprig, (small) shoot, twig, spray, virgultum (*scient.*). – **2.** *hort.* (*Pfropfreis*) scion, *auch* cion: **ein junges ~ auf einen Wildling pfropfen** to graft a scion on a wild shoot. – **3.** *pl cf.* Reisig. – **4.** *fig.* (*Sproß*) scion, *auch* cion.

'Reis|,auf,lauf *m gastr.* (*a kind of*) rice pudding made with eggs. — **~,bau** *m* ⟨-(e)s; *no pl*⟩ *agr.* rice cultivation. — **~,be·sen** *m cf.* Reisigbesen. — **~,brannt,wein** *m* rice wine, samshu, arrack, *auch* ar(r)ak. — **~,brei** *m* rice pudding. — **~,bün·del** *n cf.* Reisigbündel.

Rei·se ['raɪzə] *f* ⟨-; -n⟩ **1.** (*zu Lande*) journey, trip: **eine kurze [lange** *od.* **weite] ~** a short [long] journey (*od.* trip); **eine ~ nach Rom** a trip to Rome; **eine ~ ins Ausland** a journey (*od.* trip, travel) abroad; **eine ~ im Auto** a journey by car, a motoring tour; **eine ~ um die Welt** a trip (*od.* tour) (a)round the world, a (round-the-)world trip; **eine ~ in die Berge** (*od.* **ins Gebirge**) **[an die See]** a trip to the mountains [to the seaside]; **eine ~ antreten** to start (*od.* set out, set off) on a journey; **die letzte ~ antreten** *euphem.* to begin one's last sleep; **sich auf ~n begeben, auf ~n gehen** to go travel(l)ing, to go on a journey; **eine ~ machen** (*od.* **unternehmen**) to make a journey, to take a trip, to travel, *bes. Am.* to voyage; **auf ~n sein** to be travel(l)ing, to be on a journey; **j-n auf die ~ schicken** a) to send s.o. on a journey, b) *colloq.* (*bes. beim Fußball*) to send s.o. away; **j-m (eine) gute** (*od.* **glückliche**) **~ wünschen** to wish s.o. a good journey (*od.* bon voyage); **glückliche ~!** have a good journey! have a nice trip! bon voyage! **wohin geht die ~?** where are you going (to) (*od.* bound for, off to)? **„Italienische ~"** "Italian Journey" (*by Goethe*). – **2.** (*zu Wasser*) voyage: **eine ~ durch die Südsee** a) a voyage through the South Sea, b) (*Kreuzfahrt*) a cruise through the South Sea. – **3.** (*Rundreise*) tour, *Br.* round trip. – **4.** *pl* (*bes. längere Auslandsreisen*) travels, journeys: **seine ~n durch Tibet** his travels through Tibet. – **5.** *fig. colloq.* (*unter Rauschgifteinfluß*) trip.

'Rei·se|,aben·teu·er *n* **1.** travel (*od.* travel[l]er's) adventure. – **2.** (*Erzählung*) travel(l)er's tale. — **~,an,den·ken** *n* travel (*od.* travel[l]ing) souvenir, souvenir of a trip. — **~apo,the·ke** *f* portable medicine case. — **~be,darf** *m* travel (*od.* travel[l]ing) necessaries *pl.* — **~be,glei·ter** *m,* **~be,glei·te·rin** *f* **1.** tourist guide, *bes. Br.* courier. – **2.** travel(l)ing companion. — **~be,kannt·schaft** *f* travel (*od.* travel[l]ing) acquaintance. — **~be,richt** *m* **1.** report (*od.* account) of a journey. – **2.** (*als Buch etc*) *cf.* Reisebeschreibung 2. – **3.** (*als Vortrag, Film etc*) travelogue, *auch* travelog. — **~be,schrei·bung** *f* **1.** description of a journey. – **2.** (*als Buch etc*) travel book, book of travels, travels *pl*, itinerary. — **~,bü·gel,ei·sen** *n* travel(l)ing iron. — **~bü,ro** *n* travel agency (*od.* bureau), tourist office (*od.* agency). — **~,decke** (*getr.* -k·k-) *f* travel(l)ing rug, *Am.* lap robe. — **~,ein,drücke** (*getr.* -k·k-) *pl* impressions of a (*od.* one's) journey (*od.* of [one's] travels). — **~er,in·ne·run·gen** *pl* reminiscences of one's travels. — **r~,fer·tig** *adj* ready to start (*od.* leave, depart): **sich ~ machen** a) to prepare for a journey, b) to get ready to leave. — **~,fie·ber** *n* **1.** travel nerves *pl.* – **2.** *cf.* Reiselust. — **~,fla·sche** *f* pocket (*od.* hip) flask. — **~,füh·rer** *m* **1.** (*Buch*) (travel[l]er's) guide, guidebook, handbook, itinerary, *auch* Baedeker: **ein ~ von Irland** a guide to (*od.* an itinerary of) Ireland. – **2.** *cf.* Reiseleiter, Reisebegleiter 1. — **~ge,fähr·te** *m,* **~ge,fähr·tin** *f* **1.** *cf.* Reisebegleiter(in) 2. – **2.** (*Mitreisender*) fellow travel(l)er. — **~,geld** *n* money for travel(l)ing. — **~ge,neh·mi·gung** *f* travel permit.

'Rei·se·ge,päck *n* luggage, *bes. Am.* baggage. — **~ver,si·che·rung** *f* luggage (*bes. Am.* baggage) insurance.

'Rei·se|ge,schwin·dig·keit *f aer. auto. mar.* cruising speed. — **~ge,sell·schaft** *f* **1.** tourist (*od.* travel) party, *Am. colloq. auch* outfit. – **2.** (*Unternehmen*) tourist company. — **~,kleid** *n* travel(l)ing dress. — **~,klei·dung** *f* travel(l)ing clothes *pl.* — **~,kof·fer** *m* **1.** (*kleiner*) suitcase. – **2.** (*großer*) travel(l)ing case, trunk, *Br.* box. — **~,korb** *m* (trunk) hamper.

'Rei·se,ko·sten *pl* travel(l)ing (*od.* travel) expenses. — **~ver,gü·tung** *f* reimbursement of travel(l)ing (*od.* travel) expenses.

'Rei·se|,krank·heit *f med.* travel sickness, cinesia (*scient.*). — **~kre,dit,brief** *m econ.* (circular *od.* travel[l]er's) letter of credit. — **~,land** *n* tourist country. — **~,lei·ter** *m* travel supervisor, tour manager (*od.* conductor), *bes. Br.* courier. — **~lek,tü·re** *f* reading matter for a journey. — **~li·te·ra,tur** *f* **1.** books *pl* on travel, travel books *pl.* – **2.** *cf.* Reiselektüre. — **~,lust** *f* fondness of travel(l)ing, itchy feet *pl* (*colloq.*). — **r~,lu·stig** *adj* fond of travel(l)ing. — **r~,mü·de** *adj* tired (*od.* weary) of travel(l)ing.

rei·sen ['raɪzən] **I** *v/i* ⟨sein⟩ **1.** travel, (make a) journey, make a trip: **dienstlich [geschäftlich] ~** to travel in an official capacity [on business]; **bequem ~** to travel in comfort; **inkognito ~** to travel incognito; **allein [zu zweit] ~** to travel alone [with a partner]; **mit einer Reisegesellschaft ~** to join (*od.* travel with) a tourist party; **er ist viel gereist** he has travel(l)ed a lot (*colloq.*); **erster [zweiter] Klasse ~** to travel first [second] class; **mit der Bahn ~** to travel by train; **per Schiff ~** to travel by ship, to voyage; **ins Ausland ~** to travel (*od.* go, take a trip) abroad; **in die Schweiz ~** to travel (*od.* go, make a journey [*od.* trip]) to Switzerland; **an die See [ins Gebirge] ~** to travel (*od.* go) to the seaside [mountains]; **von Hamburg über Köln nach München ~** to travel (*od.* go) from Hamburg to Munich via (*od.* by way of) Cologne; **durch Europa ~** to travel (*od.* make a journey [*od.* tour, trip]) through Europe; **um die Welt ~** to travel (a)round the world, to make a (round-the-)world trip; **zu Land [Wasser] ~** to travel by land [sea]; **zum Vergnügen ~** to go for (*od.* on) (*od.* make) a pleasure trip (*od.* tour); **zu Forschungszwecken ~** to go on a research expedition. – **2.** (*abreisen*) leave, set out, start, depart: **~ nach** leave (*od.* set out, start, depart, be bound) for; **wir ~ morgen früh nach Paris** we leave for Paris tomorrow morning; **wann ~ Sie?** when do you leave? – **3.** (*per Anhalter fahren*) hitchhike. – **4.** *fig. colloq.* (*unter Rauschgifteinfluß*) make (*od.* take, have) a trip. – **5.** *fig. colloq.* (*in Wendungen wie*) **auf die dumme Tour ~** to play the innocent; **auf die sanfte Tour ~** to try the soft approach. – **6.** *econ.* (**in** *dat* **etwas** in s.th.) travel: **er reist in Staubsaugern** he travels in vacuum cleaners; **für eine Firma ~** to travel for a firm. – **II R~** *n* ⟨-s⟩ **7.** *verbal noun.* – **8.** travel.

'Rei·sen·de *m, f* ⟨-n; -n⟩ **1.** travel(l)er, *auch* journeyer. – **2.** (*Tourist*) tourist. – **3.** (*Fahrgast*) passenger: **~r erster [zweiter] Klasse** first- [second-]class passenger. – **4.** (*Seereisende*) voyager. – **5.** (*Handlungsreisende*) (travel[l]ing) salesman, commercial travel(l)er, *Am. colloq.* drummer, *bes. Br.* traveller: **~r in** (*dat*) **etwas sein** to travel in s.th.; **~r für eine Firma sein** to travel for a firm.

'Rei·se|ne·ces,saire *n* toilet (*od.* dressing) case. — **~,om·ni·bus** *m* (motor) coach. — **~,on·kel** *m colloq. humor.* **1.** globe-trotter. – **2.** commercial travel(l)er, travel(l)ing salesman, *Am. colloq.* drummer. — **~,paß** *m* passport. — **~,plan** *m* **1.** (*Reiseroute*) itinerary. – **2.** *pl* plans for a journey: **Reisepläne schmieden** to make plans for a journey. — **~pro,spekt** *m* (travel) brochure (*od.* folder). — **~pro·vi,ant** *m* provisions *pl* for travel(l)ing. — **~ro,man** *m* novel of travel. — **~,rou·te** *f* (travel) route, itinerary. — **~,scheck** *m econ.* travel(l)er's check (*bes. Br.* cheque). — **~,schreib·ma,schi·ne** *f* portable (typewriter). — **~,spe·sen** *pl* travel(l)ing expenses (*od.* charges). — **~,tag** *m* **1.** (*Abfahrtstag*) day of departure. – **2.** (*Tag einer Reise*) day (of a journey). — **~,ta·ge,buch** *n* travel diary. — **~,tan·te** *f colloq. humor.* globe-trotter. — **~,ta·sche** *f* travel(l)ing bag, holdall, *Am.* grip(sack), carryall. — **~,un,fall·ver,si·che·rung** *f* insurance against accidents on travel. — **~,un·ter,bre·chung** *f* break in (*od.* interruption of) a journey, stopover. — **~ver,kehr** *m* **1.** travel(l)ing: **der ~ hat in diesem Jahr erheblich zugenommen** travel(l)ing has greatly increased this year. – **2.** tourist traffic: **starker ~ auf den Straßen** heavy tourist traffic on the roads. – **3.** (*Tourismus*) tourism. — **~ver,pfle·gung** *f cf.* Reiseproviant. — **~,wa·gen** *m* **1.** *auto.* touring car. – **2.** *hist.* (*Kutsche*) travel(l)ing coach (*od.* carriage). — **~,wecker** (*getr.* -k·k-) *m* travel(l)ing alarm (clock), travel(l)ing clock. — **~,weg** *m* route, itinerary.

'Rei·se,wet·ter *n* weather for travel(l)ing. — **~ver,si·che·rung** *f cf.* Regenversicherung.

'Rei·se|,zeit *f* **1.** season for travel(l)ing, travel(l)ing season. – **2.** (*Dauer*) travel(l)ing time. — **~,ziel** *n* destination, goal: **mein ~ ist London** my destination is (*od.* I am bound for) London. — **~,zug** *m* excursion train.

'Reis|,feld *n* rice field, paddy (field), *auch* rice paddy. — **~,fink** *m zo.* Java sparrow (*Padda oryzivora*). — **~ge,richt** *n gastr.* rice dish. — **~,holz** *n* ⟨-es; *no pl*⟩ *cf.* Reisig.

Rei·sig ['raɪzɪç] *n* ⟨-s; *no pl*⟩ brushwood, brush. — **~,be·sen** *m* besom, birch broom. — **~,bün·del** *n* **1.** bundle of brushwood, fag(g)ot. – **2.** *civ.eng. mil.* fascine.

Rei·si·ge ['raɪzɪɡə] *m* ⟨-n; -n⟩ *mil. hist.* horse soldier, mounted mercenary.

'Rei·sig,holz *n* ⟨-es; *no pl*⟩ *cf.* Reisig.

'Reis|,kä·fer *m zo.* rice weevil (*Calandra oryzae*). — **~,korn** *n* ⟨-(e)s; ⸚er⟩ grain of rice, rice grain. — **~,lauf** *m* ⟨-(e)s; *no pl*⟩ *Swiss hist.* (military) service in a foreign army. — **~,läu·fer** *m* mercenary. — **~,mehl** *n* **1.** *gastr.* rice flour, *Br. auch* corn flour. – **2.** *agr.* (*Futtermittel*) rice meal. — **~pa,pier** *n* rice paper. — **~,pud·ding** *m gastr.* rice pudding. — **~,pu·der** *m* **1.** *cf.* Reismehl 1. – **2.** (*cosmetics*) rice powder.

,Reiß'aus *m only in* **~ nehmen** *colloq.* to take to one's heels, to make (*od.* clear) off; to make oneself scarce, to skedaddle (*colloq.*), to beat (*od.* hop) it (*sl.*).

'Reiß|,bahn *f aer.* (*eines Ballons*) rip panel. — **~,blei** *n min. obs. for* Graphit 2, Molybdänglanz.

'Reiß,brett *n* drawing board. — **~,stadt** *f* housing development. — **~,stift** *m Br.* drawing pin, *Am.* thumbtack, *auch* thumb pin.

'Reis,schleim *m* rice gruel.

rei·ßen ['raɪsən] **I** *v/t* ⟨reißt, riß, gerissen, h⟩ **1.** tear, rip, rend (*lit.*): **sie riß sich** (*dat*) **ein Loch in den Strumpf** she tore a hole in her stocking, she ripped her stocking; **etwas in Stücke ~** to tear s.th. to (*od.* into) pieces (*od.* shreds, bits); **er wurde von der Presse förmlich in**

Stücke gerissen *fig.* he was practically torn to pieces (*od.* shreds, bits) by the press; **ich lasse mich lieber in Stücke ~, als** *fig.* I'd sooner die a thousand deaths than, I'd sooner be hanged than; **sein Tod riß eine Lücke in ihre Gemeinschaft** *fig.* his death left a gap in their fellowship; **die Reise riß ein großes Loch in seine Kasse** *fig.* the journey made a large hole in his purse (*od.* pocket). – **2. etwas [j-n] von etwas ~** a) (*ab-, herunterreißen*) to tear (*od.* pull, rip) s.th. [s.o.] off (*od.* from) s.th., b) (*wegreißen*) to snatch s.th. [s.o.] off (*od.* from) s.th.: **die Tapete von der Wand ~** to strip the wall; **j-m die Kleider vom Leib ~** to rip the clothes off s.o.'s body, to strip s.o. of his clothes; **die Rede riß die Zuhörer von den Sitzen** *fig.* the speech swept the audience off their feet; → Maske 2. – **3. j-n aus etwas ~** a) to snatch (*od.* extricate, pull) s.o. out of (*od.* from) s.th., b) *fig.* to rouse s.o. out of (*od.* from) s.th.: **er wurde aus seinen Illusionen gerissen** *fig.* he was roused out of his illusions, he was disillusioned, he came back to reality with a jolt; **er wurde aus seiner gewohnten Umgebung gerissen** *fig.* he was taken out of (*od.* torn away from) his accustomed environment. – **4. etwas aus etwas ~** a) (*Buchseite etc*) to tear (*od.* rip) s.th. out of s.th., b) (*Nagel, Haken etc*) to pull (*od.* wrench) s.th. out of s.th.: **etwas aus dem Zusammenhang ~** *fig.* to take (*od. lit.* wrest) s.th. out of its context. – **5. j-m etwas aus den Händen ~** to snatch (*od.* wrest) s.th. out of (*od.* from) s.o.'s hands. – **6. j-n [etwas] an** (*acc*) **sich ~** to grasp (*od.* lay hold of, seize, snatch) s.o. [s.th.]. – **7. etwas an** (*acc*) **sich ~** *fig.* (*Macht etc*) to seize (*od.* usurp) s.th.: **die Führung an sich ~** (*sport*) to take (*od.* snatch) the lead; **das Gespräch an sich ~** to monopolize (*Br. auch* -s-) the conversation. – **8.** (*in Wendungen wie*) **j-n [etwas] mit sich [zu Boden, in die Tiefe] ~** to drag (*od.* pull) s.o. [s.th.] along [to the ground, down]; **er riß sie mit sich ins Verderben** *fig.* he dragged her with him into ruin; **sich** (*dat*) **etwas unter den Nagel ~** *fig. colloq.* to walk off with (*od.* pinch, swipe) s.th. (*colloq.*); **j-n [etwas] nach rechts [links] ~** to pull s.o. [s.th.] to the right [left]; **er riß das Steuer scharf nach rechts** he jerked (*Am. sl.* yanked) the wheel to the right. – **9.** (*Federn*) pluck. – **10.** *colloq.* (*Witze*) crack. – **11. Possen ~** *colloq.* to play tricks, to act the fool. – **12.** *hunt.* (*Wild*) attack (*od.* pull down) and rend. – **13.** (*textile*) a) tear, b) (*Lumpen*) pull. – **14.** (*sport*) a) (*Latte, Hindernis etc*) knock down, dislodge, b) (*beim Gewichtheben*) snatch. – **15.** *vet.* (*Hengst etc*) geld, castrate. – **II** *v/i* ⟨sein *u.* h⟩ **16.** ⟨sein⟩ (*von Stoff, Papier etc*) tear. – **17.** ⟨sein⟩ (*von Faden, Kette, Saite etc*) snap, break: **mir reißt die Geduld** (*od.* **der Geduldsfaden**) *fig. colloq.* my patience is stretched to the limit, I'm losing my patience; **wenn alle Stricke** (*od.* **Stränge**) **~** *fig. colloq.* if the worst comes to the worst, if all else fails, if it comes to the push. – **18.** ⟨sein⟩ (*von Kleidungsstücken etc*) rip (open), split, get torn, come apart. – **19.** ⟨sein⟩ (*von Haut, Lippen etc*) chap. – **20.** ⟨sein⟩ (*von Funk-, Telephonverbindungen etc*) be cut off, be disconnected. – **21.** ⟨h⟩ **an** (*dat*) **etwas ~** to tug (*od.* pull) at s.th., (*stärker*) to strain at s.th.: **der Hund riß wütend an der Leine** the dog strained furiously at the leash. – **22.** ⟨h⟩ **ins Geld ~** *fig. colloq.* to make a hole in one's purse (*od.* pocket). – **23.** ⟨sein⟩ *tech.* a) (*von Guß, Stahl, Mauerwerk etc*) crack, fracture, rupture, disrupt, burst, b) (*von Holz*) check. – **24.** ⟨sein⟩ *med.* (*von Sehnen etc*) tear, rupture. – **III** *v/reflex* ⟨h⟩ **sich ~ 25.** (*sich verletzen*) (**an** *dat* **etwas** on s.th.) scratch oneself. – **26. sich aus j-s Armen [aus der Umklammerung] ~** to tear oneself out of s.o.'s arms [out of the clinch]. – **27. sich ~ um** *fig.* a) (*billige Waren etc*) to scramble for, b) (*Arbeitskräfte, Vergünstigungen etc*) to vie (*od.* compete) eagerly for, to be very keen (*od.* eager) to get, c) (*eine schöne Frau etc*) to flock round; to scramble for, to be mad about (*colloq.*): **man riß sich um die billigen Kleider** there was a scramble (*od.* rush, charge) for (*od.* run on) the cheap dresses; **ich reiße mich nicht darum** *colloq.* I'm not especially keen on it. – **IV** *v/impers* ⟨h⟩ **28. es reißt mir in allen Gliedern** *colloq.* I have pains and aches in every bone. – **V R~** *n* ⟨-s⟩ **29.** *verbal noun.* – **30.** (*von Stoff, Papier etc*) tear. – **31.** (*von Faden, Kette, Saite etc*) snap, break. – **32.** *med.* a) (*von Sehnen etc*) rupture, b) *colloq.* (*in den Gliedern*) rheumatism, rheumatic pains *pl.* – **33.** (*sport*) (*beim Gewichtheben*) snatch: **beidarmiges ~** two-hand snatch. — **'rei·ßend I** *pres p.* – **II** *adj* **1.** (*Tier*) rapacious. – **2.** (*Fluß, Strömung etc*) racing, raging, torrential: **ein ~er Strom [Gebirgsbach]** a torrent [a mountain (*od.* hill) torrent]. – **3.** (*Schmerz*) racking, violent. – **4.** (*Warenabsatz*) rapid, quick: **die Ware fand ~en Absatz** the article sold like hot cakes. – **III** *adv* **5. die Karten gingen ~ weg** (*od.* **ab**) the tickets sold rapidly (*od.* like hot cakes), there was a run on the tickets.

'Rei·ßer *m* ⟨-s; -⟩ **1.** *colloq. contempt.* (*spannender Film, Roman etc*) thriller. – **2.** *colloq.* (*Erfolgsbuch, Verkaufsschlager etc*) best seller, hit. – **3.** *colloq.* (*Erfolgsstück, -film etc*) hit, box-office success, big draw.

'rei·ße·risch *colloq. contempt.* **I** *adj* sensational, sensationalistic. – **II** *adv* sensationally, sensationalistically: **etwas ~ anpreisen** to advertise (*seltener* -z-) s.th. in glowing terms.

'Reiß|ˌfe·der *f* drawing pen. — **r~ˌfest** *adj* tear-resistant (*auch* -resistent), rupture-(*od.* tear-)proof. — **~ˌfe·stig·keit** *f* **1.** resistance to tearing. – **2.** *tech.* rupture (*od.* tear, breaking) strength. — **~ˌgren·ze** *f tech.* **1.** (*eines Seiles etc*) tearing limit. – **2.** (*Zerreißfestigkeit*) tensile strength. – **3.** *cf.* Reißfestigkeit 2. — **~ˌkoh·le** *f* **1.** charcoal. – **2.** (*Stift*) charcoal crayon. — **~ˌlei·ne** *f aer.* (*eines Fallschirms, Ballons*) rip cord. — **~ˌli·nie** *f tech.* **1.** perforated line. – **2.** (*einer Zeichnung*) lay-out line, line marking. — **~ˌna·del** *f* **1.** scriber, (*einfache*) pocket scriber. – **2.** (*des Graveurs*) draw point. – **3.** (*Reißnadelspitze*) scriber point. — **~ˌna·gel** *m cf.* Reißzwecke.

'Reisˌspei·se *f gastr.* **1.** rice dish. – **2.** *cf.* Reispudding.

'Reiß|ˌschie·ne *f tech.* T (*auch* tee) square. — **~ˌspan** *m* fragmental (*od.* segmental, tear) chip. — **~ˌstift** *m cf.* Reißbrettstift.

'Reis|ˌstär·ke *f* rice starch. — **~ˌstär·ling** *m zo.* rice bunting, bobolink, *Am.* ricebird (*Dolichonyx oryzivora*). — **~ˌstroh** *n* rice straw. — **~ˌsup·pe** *f gastr.* rice soup. — **~ˌtan·rek** *m zo. cf.* Reiswühler.

'Reiß·verˌschluß *m bes. Am.* zipper, *Am. auch* slide fastener, *bes. Br.* zip-fastener, *bes. Br.* zip: **verdeckter ~** sunken zipper; **den ~ einer Jacke zumachen** (*od.* **schließen**) **[aufmachen** *od.* **öffnen]** to close (*od.* fasten) [to open *od.* to unfasten] the zipper of a jacket, to zip up [to unzip] a jacket. — **~ˌglied** *n* zipper (*bes. Br.* zip-fastener) link.

'Reiß|verˌsuch *m* **1.** *metall.* (*bei der Drahtherstellung*) hanging test. – **2.** (*sport*) (*beim Gewichtheben*) (attempt to) snatch. — **~ˌwolf** *m* **1.** (*textile*) a) (*in der Spinnerei*) willow, *auch* willower, willy, teaser, devil, b) (*für Pelz*) plucker, devil. – **2.** *tech.* (*für Papier etc*) shredder, devil, willowing machine. — **~ˌwol·le** *f* (*textile*) reprocessed (*od.* reclaimed) wool, shoddy. — **~ˌzahn** *m* **1.** *zo.* (*von Raubtieren*) fang, scissor tooth; carnassial, sectorial (*scient.*). – **2.** *tech.* (*am Bagger*) bucket tooth. — **~ˌzeug** *n* ⟨-(e)s; -e⟩ *tech.* drawing instruments *pl* (*od.* set). — **~ˌzir·kel** *m tech.* (*Nullenzirkel*) bow compasses *pl.* — **~ˌzwecke** (*getr.* -k·k-) *f Br.* drawing pin, *Am.* thumbtack, *auch* thumb pin.

'Reisˌwas·serˌstuhl *m med.* rice-water stool.

'Reis|ˌwein *m gastr.* rice wine: **japanischer ~** sake, saké, saki. — **~ˌwüh·ler** *m zo.* rice tenrec (*Gattg Orizorictes*).

'Reit|ˌanˌzug *m cf.* Reitdreß. — **~ˌbahn** *f* **1.** riding course. – **2.** (*sport*) racetrack. – **3.** riding school, *Am.* riding academy. — **~ˌdreß** *m* riding habit (*od.* costume).

rei·ten ['raɪtən] **I** *v/i* ⟨reitet, ritt, geritten, sein, *auch* h⟩ **1.** ride: **auf einem Pferd ~** to ride on a horse (*od.* on horseback), to ride a horse; **scharf ~** to ride whip and spur; **ich bin** (*od.* **habe**) **früher viel geritten** I used to ride a lot, I used to do a lot of riding; **im Schritt [Trab, Galopp] ~** to ride at a walking pace (*od.* an amble) [to trot, to gallop]; **ohne Sattel ~** to ride bareback(ed); **im Herrensitz [Damensattel] ~** to ride astride [sidesaddle, *Br.* side-saddle]; (**bei j-m**) **~ lernen** to take riding lessons (with [*od.* from] s.o.); **sie kamen über die Felder geritten** they came riding across the fields, they came across the fields on horseback; **auf die Jagd ~** to ride to the hunt; **querfeldein ~** to ride cross-country (*od.* over hedge and ditch); **das Kind reitet auf dem Rücken seines Vaters** the child is riding piggyback (*od.* pickaback, *auch* pig-a-back) on its father (*od.* is riding its father piggyback) (*colloq.*); **Hexen ~ auf einem Besen** witches ride (on) a broomstick; **er ist** (*od.* **hat**) **krumme Touren geritten** *fig. colloq.* he made crooked deals. – **2.** *mar.* (*von Schiffen*) ride: **vor Anker ~** to ride (*od.* lie) at anchor. – **3. auf j-m ~** *vulg.* to ride s.o. – **II** *v/t* ⟨h⟩ **4.** ride: **welches Pferd reitet er?** which horse does he ride (*bei Rennen auch* jockey)? **ein Pferd in die Schwemme ~** to ride a horse to water (*od.* to the horsepond); **ein Pferd zuschanden ~** to wreck a horse; **j-n über den Haufen ~** to ride s.o. down, to override s.o.; **Hohe Schule ~** to ride high school (*od.* haute école); **ihn reitet der Teufel** *fig.* the devil has got hold of him (*od.* is at his reins), he is out of his mind; **Prinzipien ~** *fig. colloq.* a) to stick blindly to one's principles, b) (*predigen*) to harp on one's principles; **sein Steckenpferd ~** *fig.* to be on (*od.* ride) one's hobbyhorse, to be at one's hobby; → **Pegasus** 2. – **5.** *zo.* (*bespringen*) cover, serve. – **III** *v/reflex* ⟨h⟩ **6. sich müde ~** to tire oneself (at) riding; **sich wund ~** to become (*od.* get) saddlesore. – **IV R~** *n* ⟨-s⟩ **7.** *verbal noun.* – **8.** (*sport*) (*als Disziplin*) riding, equestrianism, equitation. – **9.** *mar.* (*vor Anker*) surge, ride at anchor. — **'rei·tend I** *pres p.* – **II** *adj* **1.** riding, mounted, on horseback: **~e Artillerie** *mil. hist.* mounted (*od.* horse) artillery. – **2.** *bot.* (*Blatt*) equitant.

'Rei·ter[1] *m* ⟨-s; -⟩ **1.** rider, horseman, (*Jockei*) jockey: **den ~ abwerfen** to throw the rider; **die Apokalyptischen ~** *Bibl.* the Four Horsemen of the Apocalypse. – **2.** *mil. hist. cf.* Kavallerist. – **3.** (*auf Karteikarten*) tab, rider. – **4.** *tech.* a) (*einer Skalenscheibe*) pointer, b) (*einer Laufgewichtswaage*) jockey, c) (*eines Maßstabes*) index finger. – **5.** *electr. tel.* (*einer Wählscheibe*) indicator. – **6. Blauer ~** (*art*) Blue Rider. – **7.** *agr.* (*zum Trocknen von Heu*) drying rack. – **8.** *obs.* (*im Festungsbau*) a) **spanischer ~** cheval-de-frise, b) (*erhöhte Bastion*) cavalier, mount.

'Rei·ter[2] *f* ⟨-; -n⟩ *dial.* (*Getreidesieb*) riddle.

'Rei·terˌanˌgriff *m mil. hist.* cavalry attack.

Rei·te'rei *f* ⟨-; -en⟩ *mil. hist. cf.* **Kavallerie.**

'Rei·te·rin *f* ⟨-; -nen⟩ rider, horsewoman.

'Rei·ter·re·giˌment *n mil. hist.* cavalry regiment.

'Rei·tersˌmann *m* ⟨-(e)s; ⸚er⟩ horseman, rider.

'Rei·ter|ˌspiel *n* **1.** *hist.* car(r)ousel. – **2.** *pl* (*sport*) equestrian games: **Olympische ~e** Olympic Equestrian Games. — **~ˌstandˌbild** *n*, **~ˌsta·tue** *f* (*art*) equestrian statue.

'Reit|ˌfrack *m* riding tails *pl.* — **~ˌger·te** *f* riding whip. — **~ˌgurt** *m cf.* Sattelgurt. — **~ˌhal·le** *f* indoor riding arena. — **~ˌhandˌschuh** *m* riding glove. — **~ˌho·se** *f* riding breeches *pl*, (*lange enganliegende*) jodhpurs *pl*, *auch* jodhpur breeches *pl.* — **~ˌjagd** *f* **1.** hunt (*od.* chase) (on horseback). – **2.** (*Schleppjagd*) drag (hunt *od.* hunting). — **~ˌkleid** *n* (riding) habit. — **~ˌklei·dung** *f* riding dress (*bes. Br.* kit). — **~ˌklub** *m* riding club. — **~ˌknecht** *m* groom. — **~ˌkunst** *f* **1.** art of riding, horsemanship, equitation. – **2.** (*beim Dressurreiten*) art of riding, manege, *auch* manège, haute école. — **~ˌleh·rer** *m* riding master (*od.* instructor). — **~ˌpeit·sche** *f* **1.** riding whip, horsewhip: **j-n mit der ~ schlagen** to strike s.o. with a horsewhip, to horsewhip s.o. – **2.** (*mit Schlaufe*) crop. — **~ˌpferd** *n* saddle (*od.* riding) horse, *Am. colloq.* saddler. — **~ˌplatz** *m* riding ground: **offener ~** outdoor riding ground. — **~ˌsat·tel** *m* riding saddle. — **~ˌschu·le** *f* **1.** riding school (*Am.* academy), manege, *auch* manège. – **2.** *Swiss for* Karussell 1. — **~ˌsitz** *m* **1.** position on horseback. – **2.** (*sport*) (*bes. beim Turnen*) riding position, cross riding (*od.* straddle) seat: im ~ astride, astraddle. — ~ˌ**sport** *m* riding, equestrian sport, equitation. — ~ˌ**stall** *m* riding stable, stable (for saddle horses). — ~ˌ**stie·fel** *m meist pl* riding (*od.* top) boot.

'**Reitˌstock** *m* **1.** riding stick. – **2.** *tech.* a) (*einer Drehmaschine*) tailstock, b) (*einer Schleifmaschine*) footstock. — ~ˌ**spit·ze** *f tech.* **1.** (*einer Drehmaschine*) tailstock center (*bes. Br.* centre). – **2.** (*einer Schleifmaschine*) footstock center (*bes. Br.* centre).

'**Reit|ˌstun·de** *f* riding lesson. — ~ˌ**tier** *n* animal used for riding. — ~- ˌ**und** '**Fahr·turˌnier** *n* horse show. — ~- ˌ**und** '**Spring·turˌnier** *n* show-jumping tournament, horse show. — ~ˌ**un·terˌricht** *m* instruction in riding, riding lesson(s *pl*). — ~**verˌein** *m cf.* Reitklub. — ~ˌ**wech·sel** *m econ.* kite (*colloq.*), *Br.* fictitious (*od.* accommodation) bill: einen ~ ausstellen to fly a kite (*colloq.*). — ~ˌ**weg** *m* bridle path (*od.* trail, road, way), (*durch einen Wald*) *auch* riding, ride. — ~ˌ**zeug** *n* ⟨-(e)s; *no pl*⟩ **1.** (*sport*) riding equipment (*od.* outfit, things *pl*). – **2.** *mil. hist.* harness (*od.* equipment) (of a saddle horse).

Reiz [raɪts] *m* ⟨-es; -e⟩ **1.** (*Zauber*) charm, fascination: der ~ exotischer Länder the fascination of exotic countries; das erhöht den ~ that makes it all the more (*od.* ever so) fascinating. – **2.** (*Anziehung*) appeal, attraction: der ~ der Neuheit the attraction of novelty; das hat keinen [wenig] ~ für mich that does not appeal to me [greatly]; diese Beschäftigung übt einen großen ~ auf ihn aus this activity appeals to him greatly; für j-n den ~ verlieren to lose its attraction (*od.* attractiveness, appeal) for s.o., to pall on s.o.; ich kann der Sache keinen ~ abgewinnen I cannot work up any enthusiasm for it. – **3.** (*Verlockung*) temptation, enticement, lure, allurement: einem ~ erliegen to succumb to a temptation. – **4.** (*Kitzel*) tickle. – **5.** (*Anreiz*) incentive, encouragement, stimulus, impulse. – **6.** (*Anmut*) charm, grace(fulness), graciousness. – **7.** *pl* charms: weibliche ~e feminine charms; sie zeigt ihre ~e sehr offen she displays her charms quite openly. – **8.** *med. psych.* stimulus: ~ und Reaktion stimulus and response. — '**reiz·bar** *adj* **1.** (*leicht erregbar*) irritable, fretful, peevish, cranky, raspish, raspy: übermäßig ~ hyperirritable; nicht ~ even-tempered, inirritable. – **2.** (*jähzornig*) irascible, testy, short- (*od.* quick-, hot-)tempered. – **3.** (*empfindlich*) sensitive, touchy, tetchy, techy, thin-skinned: übermäßig ~ oversensitive. – **4.** (*nervös*) nervous, *bes. Br. colloq.* nervy, excitable, highly (*Am.* high-)strung. – **5.** *med.* a) irritable, excitable, b) (*nervös*) nervous, c) (*von der Haut*) oversensitive. — '**Reiz·bar·keit** *f* ⟨-; *no pl*⟩ **1.** (*leichte Erregbarkeit*) irritability, irritableness, fretfulness, peevishness, crankiness: übermäßige ~ hyperirritability. – **2.** (*Jähzorn*) irascibility, irascibleness, testiness, short (*od.* quick, hot) temper. – **3.** (*Empfindlichkeit*) sensitivity, sensitiveness, touchiness, tetchiness, techiness: übergroße ~ oversensitiveness. – **4.** (*Nervosität*) nervousness, *bes. Br. colloq.* nerviness, excitability. – **5.** *med.* a) irritability, excitability, b) (*Nervosität*) nervousness, c) (*von der Haut*) oversensitiveness.

'**Reiz|beˌhand·lung** *f med. cf.* Reiztherapie. — ~**beˌwe·gung** *f bot.* tropism. — **r**~**empˌfind·lich** *adj bes. med.* susceptible to stimuli.

rei·zen ['raɪtsən] **I** *v/t* ⟨h⟩ **1.** (*ärgerlich machen*) irritate, annoy, nettle, rile; peeve, aggravate, rub (*s.o.*) the wrong way (*colloq.*). – **2.** (*erregen*) excite, rouse, stir: j-n zum Zorn [Widerspruch] ~ to rouse s.o. to anger [contradict(ion)]. – **3.** (*herausfordern*) provoke, pique, needle (*colloq.*): ~ Sie mich nicht! don't provoke me; j-n bis aufs äußerste ~ to try s.o. to the limit; er reizte ihn bis aufs Blut (*od. colloq.* zur Weißglut) he made his blood boil, *Br.* he made him livid; einen Hund ~ to tease a dog. – **4.** (*verlocken*) tempt, entice, (al)lure: j-n zu etwas ~ to tempt s.o. to (do) s.th. – **5.** (*anregen*) stimulate: den Appetit ~ to stimulate (*od.* whet, sharpen) the appetite; den Gaumen ~ to tickle the palate. – **6.** (*anziehen*) attract, fascinate: alles Neue reizt ihn he is attracted by anything (that is) new; die Aufgabe reizte ihn the task was a challenge to him, he was itching (*od.* eager) to do the job; das reizt mich nicht that does not appeal to me, I'm not awfully keen (on that) (*colloq.*). – **7.** *med.* a) (*erregen*) excite, b) (*irritieren*) irritate, c) (*anregen*) stimulate. – **II** *v/i* **8.** (*beim Skat*) bid. – **III** *v/impers* **9.** es reizt j-n, etwas zu tun s.o. is (*od.* feels) tempted to do s.th., s.o. is itching to do s.th. – **IV R**~ *n* ⟨-s⟩ **10.** *verbal noun.* – **11.** *cf.* Reizung. — '**rei·zend I** *pres p.* – **II** *adj* **1.** (*nett, freundlich*) nice, sweet: das war wirklich ~ von Ihnen that was really nice of you. – **2.** (*gewinnend*) charming, delightful, attractive, engaging, lovely. – **3.** (*hübsch*) attractive, pretty, lovely(-looking). – **4.** (*von Dingen*) fetching, lovely. – **5.** (*allerliebst*) sweet, *Am. colloq.* cute. – **6.** *iron.* (*in Wendungen wie*) (das) ist ja ~! that's (really) charming! *Am. colloq.* isn't that (just) dandy? das ist ja eine ~e Bescherung! that's a pretty (*od.* fine) kettle of fish! – **7.** *med.* a) (*Reizung verursachend*) irritant, b) (*anregend*) stimulating.

'**reiz|er,re·gend** *adj med.* irritative. — **R**~ˌ**gas** *n mil.* irritant gas. — **R**~ˌ**hu·sten** *m med.* dry cough. — **R**~ˌ**kampfˌstoff** *m mil.* irritating agent, irritant (agent).

Reiz·ker ['raɪtskər] *m* ⟨-s; -⟩ *bot.* lactarius (*Gattg Lactarius*): Echter ~ orange agaric (*L. deliciosus*); Giftiger ~ poisonous lactarius (*L. torminosus*).

'**Reizˌkli·ma** *n* stimulating climate.

'**Reizˌkör·per** *m med.* stimulator. — ~**the·raˌpie** *f med.* irritation (*od.* stimulation, protein) therapy.

'**Reizˌlei·tung** *f med.* **1.** conduction of impulses. – **2.** path(way) of an impulse. – **3.** (*des Herzens*) conduction system.

'**Reizˌlei·tungs|ˌstö·rung** *f med.* conduction defect. — ~**syˌstem** *n* conduction system.

'**reizˌlin·dernd** *adj med. cf.* reizmildernd.

'**reiz·los** *adj* **1.** (*Ding*) unattractive, uninviting. – **2.** (*Person*) unattractive, lacking (*od.* devoid of) charm. – **3.** (*fade*) insipid. – **4.** *colloq.* (*uninteressant*) uninteresting, unexciting. – **5.** *med.* nonirritating *Br.* non-, bland. — '**Reiz·lo·sig·keit** *f* ⟨-; *no pl*⟩ **1.** (*mangelnder Reiz*) unattractiveness. – **2.** (*mangelnder Charme*) unattractiveness, lack of charm. – **3.** (*Fadheit*) insipidness, insipidity. – **4.** *colloq.* (*Uninteressantheit*) uninterestingness.

'**reiz|ˌmil·dernd** *adj med.* soothing, lessening irritation. — **R**~ˌ**mit·tel** *n* **1.** *med.* a) (*zur Erregung*) excitant, b) (*zur Anregung*) stimulant, c) (*zur Reizung*) irritant. – **2.** *fig.* incentive, stimulus. — **R**~ˌ**punkt** *m* (*des Muskels*) motor point. — **R**~ˌ**schwel·le** *f psych.* absolute (*od.* stimulus) threshold. — **R**~ˌ**stoff** *m* **1.** *med.* a) (*zur Anregung*) stimulating substance, adjuvant, b) (*störender*) irritating substance. – **2.** *mil.* irritant (agent). — **R**~**symˌptom** *n med.* irritative symptom (*od.* sign). — **R**~**the·raˌpie** *f* **1.** irritation therapy. – **2.** stimulation therapy. — **R**~ˌ**überˌflu·tung** *f* ⟨-; *no pl*⟩ constant exposure to stimuli, subjection to continuous stimuli.

'**Rei·zung** *f* ⟨-; -en⟩ **1.** *cf.* Reizen. – **2.** (*Verärgerung*) irritation, annoyance, aggravation (*colloq.*). – **3.** (*Erregung*) excitement, excitation. – **4.** (*Herausforderung*) provocation. – **5.** (*Verlockung*) temptation, enticement, lure, allurement. – **6.** (*Anregung*) stimulation. – **7.** *med.* a) irritation, b) (*Erregung*) excitation, c) (*Anregung*) stimulation, d) (*Provokation*) provocation, e) (*bei Hautentzündung*) irritation.

'**reizˌvoll** *adj* **1.** (*anziehend*) attractive, charming. – **2.** (*Landschaft etc*) lovely, delightful. – **3.** (*Aufgabe etc*) interesting, fascinating, exciting: es wäre ~, sich damit zu beschäftigen it would be fascinating to work on that. – **4.** (*anmutig*) graceful. – **5.** (*verlockend*) tempting, enticing.

'**Reiz|ˌwä·sche** *f colloq.* French lingerie; sexy underwear, flimsies *pl* (*colloq.*). — ~ˌ**wir·kung** *f med.* irritant (*od.* stimulating) effect, effect of irritation (*od.* stimulation).

Re·ka·pi·tu·la·ti·on [rekapitula'tsǐoːn] *f* ⟨-; -en⟩ recapitulation, summing-up, (brief) summary. — **re·ka·pi·tu'lie·ren** [-'liːrən] **I** *v/t* ⟨*no* ge-, h⟩ recapitulate, sum up. – **II R**~ *n* ⟨-s⟩ *verbal noun.* — **Re·ka·pi·tu'lie·rung** *f* ⟨-; -en⟩ *cf.* Rekapitulation.

Re·kel ['reːkəl] *m* ⟨-s; -⟩ *Northern G. for* Flegel 2.

Re·ke'lei *f* ⟨-; *no pl*⟩ *colloq. contempt.* **1.** constant stretching. – **2.** constant lounging (*od.* sprawling, lolling). — **re·keln** ['reːkəln] *colloq.* **I** *v/reflex* ⟨h⟩ sich ~ **1.** (*sich strecken*) stretch (oneself), stretch one's limbs. – **2.** (*sich hinlümmeln*) lounge (around), sprawl (around), loll (about). – **II** *v/t* **3.** seine Glieder ~ to stretch one's limbs. – **III R**~ *n* ⟨-s⟩ **4.** *verbal noun.* – **5.** *cf.* Rekelei.

Re·kla·mant [rekla'mant] *m* ⟨-en; -en⟩, **Re·kla'man·tin** *f* ⟨-; -nen⟩ *jur. econ.* reclaimant.

Re·kla·ma·ti·on [reklama'tsǐoːn] *f* ⟨-; -en⟩ **1.** *econ.* (*Beanstandung*) complaint, claim: ~en werden nur innerhalb von 8 Tagen nach Empfang der Ware angenommen claims will be considered only if raised within a week after receipt of goods. – **2.** *jur.* a) (*Einspruch*) protest, objection, reclamation, b) (*Beschwerde*) complaint, c) (*Forderung*) claim, reclamation.

Re·kla·me [re'klaːmə] *f* ⟨-; -n⟩ *econ.* **1.** (*Werbung*) advertising (*seltener* -z-), advertisement (*seltener* -z-), sales promotion, publicity, propaganda: marktschreierische (*od.* aufdringliche) ~ a) loud (*bes. Am.* high-pressure) advertising, *Br. colloq.* puff, *Am. colloq.* ballyhoo, b) (*Anzeige*) puffing advertisement; *Am. sl.* blurb, plug; für etwas ~ machen to advertise (*od.* promote, *Am.* style) s.th.; für j-n ~ machen a) to promote s.o., to advertise (*od.* canvass, *auch* canvas) for s.o., b) *colloq.* to recommend s.o.; für etwas [j-n] groß(e) ~ machen to push (*od.* puff, boom, boost) s.th. [s.o.] (*colloq.*), *Am. sl.* to plug s.th. [s.o.]; gute ~ für etwas machen to give s.th. good publicity (*od.* a good boost); das ist keine gute ~ für ihn that's not going to help his reputation. – **2.** (*Anzeige*) advertisement (*seltener* -z-), ad (*colloq.*), *Br. colloq. auch* advert. – **3.** (*radio*) *telev. colloq.* commercial, *bes. Am.* spot. – **4.** *colloq.* (*Lichtreklame*) lights *pl.* — ~**arˌtiˌkel** *m econ.* advertising article. — ~ˌ**beiˌla·ge** *f* advertising supplement, *Am. colloq.* stuffer. — ~**beˌra·ter** *m* advertising (*od.* publicity) consultant. — ~ˌ**bild** *n* advertising picture. — ~ˌ**chef** *m* (*einer Firma*) advertising (*od.* publicity) manager. — ~ˌ**druckˌsa·che** *f* advertising circular. — ~ˌ**fachˌmann** *m* advertising (*od.* publicity) expert (*od.* man), adman (*colloq.*), *Am. auch* promotion expert (*od.* man). — ~ˌ**feldˌzug** *m* advertising campaign, (publicity) drive. — ~ˌ**film** *m* advertising (*od.* publicity) film. — ~ˌ**flä·che** *f* **1.** advertising space. – **2.** (*an Hauswänden etc*) billboard, *Br. auch* hoarding(s *pl*). — ~ˌ**fonds** *m* advertising (*od.* publicity) fund. — ~ˌ**ko·sten** *pl* advertising (*od.* publicity) cost *sg* (*od.* expenses). — ~**ma·te·riˌal** *n* advertising (*Am.* promotion) material (*od.* matter). — ~**plaˌkat** *n cf.* Werbeplakat. — ~ˌ**preis** *m cf.* Werbepreis. — ~ˌ**rum·mel** *m colloq.* **1.** *econ.* buildup, *Br.* build-up, *Am. colloq.* ballyhoo. – **2.** *pol.* (*um einen Wahlkandidaten*) boom, build-up, image-building, *Br. colloq. auch* puffing-up. — ~ˌ**schild** *n econ.* **1.** advertising board (*od.* sign), signboard. – **2.** (*zum Umhängen*) sandwich board. – **3.** (*in Auslagen*) show card. — ~ˌ**sen·dung** *f* (*radio*) *telev.* commercial. — ~ˌ**trick** *m* advertising (*od.* publicity, *Am.* promotional) stunt (*colloq.*) (*od. sl.* gimmick). — ~ˌ**trom·mel** *f only in* die ~ für j-n [etwas] rühren *colloq.* to push (*od. colloq.* boom, boost, *Am. sl.* plug) s.o. [s.th.], *Am. colloq.* to make a ballyhoo about s.o. [s.th.]. — ~ˌ**wa·gen** *m* advertising van. — ~ˌ**we·sen** *n* ⟨-s; *no pl*⟩ *cf.* Werbewesen. — ~ˌ**zeich·ner** *m*, ~ˌ**zeich·ne·rin** *f* advertisement (*od.* advertising) designer, commercial artist. — ~ˌ**zet·tel** *m* advertising circular, handbill, throwaway, *Br.* throw-away, *bes. Am.* flyer, flier, *Am. auch* dodger.

re·kla·mie·ren [rekla'miːrən] **I** *v/i* ⟨*no* ge-, h⟩ **1.** *econ.* (wegen etwas *of od.* about s.th.) complain, lodge a complaint (*od.* claim): bei j-m (schriftlich) ~ to lodge (*od.* file) a claim with s.o. – **2.** *jur.* (gegen etwas) object (to s.th.), protest (against s.th.). – **3.** (*sport*) (*beim Schiedsrichter*) complain. – **II** *v/t* **4.** *econ.* (*Ware etc*) complain of (*od.* about), lodge a complaint (*od.* claim) about. – 5. (*zurückfordern*) reclaim, claim back (*colloq.*). – 6. (*sport*) (*Hand, Elfmeter etc*) (make an) appeal for. – **III R~** *n* ⟨-s⟩ 7. *verbal noun.* – 8. *cf.* Reklamation.

re·ko·gnos·zie·ren [rekɔgnɔsˈtsiːrən] *v/t* ⟨*no* ge-, h⟩ 1. *obs. for* anerkennen 1. – 2. *mil. obs. for* erkunden 3. — **Re·ko·gnosˈzie·rung** *f* ⟨-; -en⟩ *mil. obs. for* Erkundung 3.

Re·kom·bi·na·ti·on [rekɔmbinaˈtsĭoːn] *f* ⟨-; -en⟩ *chem.* recombination, dimerisation, *Am.* dimerization.

Re·kom·man·da·ti·on [rekɔmandaˈtsĭoːn] *f* ⟨-; -en⟩ *obs. for* Empfehlung. — **Re·kom·man·da·tiˈons‚schrei·ben** *n obs. for* Empfehlungsschreiben.

re·kom·man·die·ren [rekɔmanˈdiːrən] *v/t* ⟨*no* ge-, h⟩ 1. *obs. for* empfehlen 1. – 2. *bes. Austrian* (*Brief etc*) register. — **re·kom·manˈdiert I** *pp.* – **II** *adj bes. Austrian* (*Brief etc*) registered.

re·kom·pen·sie·ren [rekɔmpɛnˈziːrən] *v/t* ⟨*no* ge-, h⟩ (*entschädigen*) compensate, recompense.

re·kon·stru·ie·ren [rekɔnstruˈiːrən] **I** *v/t* ⟨*no* ge-, h⟩ 1. (*Bauten etc*) reconstruct, rebuild, restore. – 2. (*rückblickend wiedergeben*) reconstruct, retrace. – 3. *jur.* (*Tathergang*) reconstruct. – 4. *DDR econ.* (*Maschinen, Betrieb etc*) reconstruct, reorganize. – **II R~** *n* ⟨-s⟩ 5. *verbal noun.* — **Re·kon·struˈie·rung** *f* ⟨-; -en⟩ 1. *cf.* Rekonstruieren. – 2. *cf.* Rekonstruktion.

Re·kon·struk·ti·on [rekɔnstrʊkˈtsĭoːn] *f* ⟨-; -en⟩ 1. (*Wiederherstellung*) reconstruction, restoration. – 2. (*rückblickende Wiedergabe*) reconstruction, retracement. – 3. *jur.* reconstruction. – 4. *DDR econ.* reconstruction, reorganization.

re·kon·va·les·zent [rekɔnvalɛsˈtsɛnt] *adj med.* (*genesend*) convalescent. — **Re·kon·va·lesˈzent** *m* ⟨-en; -en⟩, **Re·kon·va·lesˈzen·tin** *f* ⟨-; -nen⟩ convalescent. — **Re·kon·va·lesˈzenz** [-ˈtsɛnts] *f* ⟨-; *no pl*⟩ 1. convalescence, recuperation. – 2. convalescent period.

Re·kon·zi·lia·ti·on [rekɔntsiliaˈtsĭoːn] *f* ⟨-; -en⟩ *röm.kath.* 1. (*Lossprechung*) reconciliation. – 2. (*Neuweihung*) reconciliation, reconsecration.

Re·kord [reˈkɔrt] *m* ⟨-(e)s; -e⟩ 1. (*sport*) (*Höchstleistung*) record: einen ~ aufstellen [erzielen] to set (up) (*od.* establish) [to achieve] a record; einen ~ brechen (*od.* unterbieten) to break (*od.* beat, smash) a record; einen ~ halten (*od.* innehaben) to hold a record; einen ~ verbessern [einstellen] to improve (*od.* better) [to equal *od.* tie] a record. – 2. *fig.* record, *bes. Am.* all-time high: die Verkaufsergebnisse des letzten Jahres schlugen alle ~e last year's sales figures beat all records (*od.* reached an all-time high). — **~be‚such** *m* record attendance. — **~‚bre·cher** *m* (*sport*) record breaker (*od.* smasher). — **~‚ern·te** *f* record (*od. colloq.* bumper) crop. — **~‚flug** *m* record-breaking flight. — **~‚hal·ter** *m*, **~‚hal·te·rin** *f* ⟨-; -nen⟩, **~‚in‚ha·ber** *m*, **~‚in‚ha·be·rin** *f* record holder. — **~‚lauf** *m* record run. — **~‚sprit·ze** *f med.* record syringe. — **~ver‚such** *m* (*sport*) attempt upon a record, record-breaking attempt: einen ~ unternehmen to attempt to break a record. — **~‚zeit** *f* record time.

Re·krea·ti·on [rekreaˈtsĭoːn] *f* ⟨-; *no pl*⟩ *obs. for* Erholung 2, Erfrischung 2.

Re·krut [reˈkruːt] *m* ⟨-en; -en⟩ *mil.* recruit, *Am. auch* inductee, *Am.* trainee; raw recruit, rookie (*sl.*): ~en ausheben to recruit, to levy (*od.* raise, conscript) new soldiers; ~en werben to seek new soldiers.

Reˈkru·ten|‚aus‚bil·dung *f mil.* initial (*od.* basic) training of recruits, recruit training. — **~‚aus‚he·bung** *f mil.* recruitment, levy (*od.* conscription) of recruits (*od.* new soldiers). — **~‚schu·le** *f Swiss mil.* recruit school.

re·kru·tie·ren [rekruˈtiːrən] **I** *v/t* ⟨*no* ge-, h⟩ *mil.* (*ausheben*) (*Soldaten*) recruit, levy, raise. – **II** *v/reflex* sich (aus etwas) ~ *fig.* to be recruited (from s.th.), to be composed (of s.th.): die Partei rekrutierte sich hauptsächlich aus der Arbeiterklasse the party was recruited chiefly from the working class. – **III R~** *n* ⟨-s⟩ *verbal noun.* — **Re·kruˈtie·rung** *f* ⟨-; -en⟩ 1. *cf.* Rekrutieren. – 2. *mil.* recruitment, levy.

ˈRek·ta|in·dos·sa‚ment [ˈrɛkta-] *n econ.* restrictive endorsement (*od.* indorsement). — **~‚klau·sel** *f* (*beim Wechsel*) restrictive clause.

rek·tal [rɛkˈtaːl] *adj med.* rectal. — **R~er‚näh·rung** *f* rectal alimentation. — **R~‚fi·stel** *f* rectal (*od.* anal) fistula. — **R~nar‚ko·se** *f* rectal an(a)esthesia.

ˈRek·ta|pa‚pie·re *pl econ.* 1. (*Wechsel, Scheck*) unendorsable (*od.* not-to-order) instruments. – 2. (*Effekten*) registered securities. — **~‚scheck** *m* unendorsable check (*Br.* cheque), check marked 'not to order'.

Rekt·as·zen·si·on [rɛktastsɛnˈzĭoːn] *f* ⟨-; -en⟩ *astr. math. phys.* right ascension.

ˈRek·ta‚wech·sel *m econ.* unendorsable (*od.* not-to-order) bill (of exchange).

Rek·ti·fi·ka·ti·on [rɛktifikaˈtsĭoːn] *f* ⟨-; -en⟩ 1. *obs. for* a) Berichtigung 2, b) Zurechtweisung. – 2. *chem. math.* rectification.

Rek·ti·fi·ka·tiˈons|ap·pa‚rat *m chem.* rectifier, rectifying apparatus (*od.* column). — **~ko‚lon·ne** *f* rectifying (*od.* fractionating) column.

rek·ti·fi·zie·ren [rɛktifiˈtsiːrən] **I** *v/t* ⟨*no* ge-, h⟩ 1. *obs. for* a) berichtigen 1, b) zurechtweisen. – 2. *chem.* rectify, redistill: Spiritus ~ to alcoholize (*Br. auch* -s-) (*od.* try out) spirit. – 3. *math.* rectify. – **II R~** *n* ⟨-s⟩ 4. *verbal noun.* — **Rek·ti·fiˈzie·rung** *f* ⟨-; -en⟩ 1. *cf.* Rektifizieren. – 2. *cf.* Rektifikation.

Rek·ti·on [rɛkˈtsĭoːn] *f* ⟨-; -en⟩ *ling.* government, *auch* regimen, rection: die ~ eines Verbs the case governed by a verb.

Rek·to [ˈrɛkto] *n* ⟨-s; -s⟩ (*Buch-, Blattvorderseite*) recto, front cover.

Rek·tor [ˈrɛktɔr] *m* ⟨-s; -en [-ˈtoːrən]⟩ 1. (*einer Universität*) rector, *Am.* president, *Br.* vice-chancellor. – 2. *ped.* a) (*einer Volksschule*) *Br.* headmaster, *Am.* superintendent, b) (*einer Mittelschule*) *Br.* headmaster, (*an einigen Privatschulen*) principal, *Am.* principal. – 3. *relig.* rector. — **Rek·to·rat** [rɛktoˈraːt] *n* ⟨-(e)s; -e⟩ 1. *ped.* (*Amt eines Rektors*) a) (*an einer Universität*) rectorship, rectorate, *Am.* presidency, *Br.* vice-chancellorship, b) (*an einer Volksschule*) *Br.* headmastership, *Am.* superintendency, c) (*an einer Mittelschule*) *Br.* headmastership, (*an einigen Privatschulen*) principalship, *Am.* principalship. – 2. *ped.* (*Amtszeit eines Rektors*) a) (*an einer Universität*) rectorate, rector's (*Am.* president's, *Br.* vice-chancellor's) term (of office), b) (*an einer Volksschule*) headmaster's (*Am.* superintendent's) term (of office), c) (*an einer Mittelschule*) headmaster's (*Am.* principal's) term (of office). – 3. *ped.* (*Amtsraum eines Rektors*) a) (*an einer Universität*) rector's office, *Am.* president's office, *Br.* vice-chancellor's office, b) (*an einer Volksschule*) *Br.* headmaster's room (*od.* study), *Am.* superintendent's office, c) (*an einer Mittelschule*) *Br.* headmaster's room (*od.* study), *Am.* principal's office. – 4. *relig.* a) (*Amt od. Amtszeit eines Rektors*) rectorate, b) (*Amtsraum*) rector's office.

Rekˈto·ren·kon·fe‚renz *f ped.* conference of presidents (*Br.* vice-chancellors).

Rek·to·rin [rɛkˈtoːrɪn] *f* ⟨-; -nen⟩ *ped.* a) (*einer Volksschule*) *Br.* headmistress, *Am.* superintendent, b) (*einer Mittelschule*) *Br.* headmistress, (*an einigen Privatschulen*) principal, *Am.* principal.

Rek·to·skop [rɛktoˈskoːp] *n* ⟨-s; -e⟩ *med.* rectoscope, proctoscope. — **Rek·to·skoˈpie** [-skoˈpiː] *f* ⟨-; -n [-ən]⟩ rectoscopy, proctoscopy: hohe ~ proctocolonoscopy, proctosigmoidoscopy.

rek·to·va·gi·nal [rɛktovagiˈnaːl] *adj med.* rectovaginal. — **R~‚fi·stel** *f* rectovaginal fistula.

rek·to·ve·si·kal [rɛktoveziˈkaːl] *adj med.* rectovesical.

Rek·to·ze·le [rɛktoˈtseːlə] *f* ⟨-; -n⟩ *med.* rectozele, rectal hernia.

Rek·tum [ˈrɛktʊm] *n* ⟨-s; Rekta [-ta]⟩ *med.* (*Enddarm*) rectum: das ~ betreffend rectal. — **~kar·zi‚nom** *n* carcinoma (*od.* cancer) of the rectum. — **~re·sek·ti‚on** *f* proctectomy. — **~‚schmerz** *m* rectalgia.

Re·ku·pe·raˈtiv|‚feue·rung [rekuperaˈtiːf-] *f metall.* recuperative furnace (charging). — **~‚ofen** *m tech.* recuperative furnace.

Re·ku·pe·ra·tor [rekupeˈraːtɔr] *m* ⟨-s; -en [-raˈtoːrən]⟩ *metall.* recuperator.

Reˈkur·rens‚läh·mung [reˈkʊrɛns-] *f med.* paralysis of the recurrent laryngeal nerve.

re·kur·rie·ren [rekʊˈriːrən] *v/i* ⟨*no* ge-, h⟩ 1. *obs.* take (*od.* have) recourse (to s.th.). – 2. *jur. rare* appeal.

Re·kurs [reˈkʊrs] *m* ⟨-es; -e⟩ 1. *jur. econ.* (*Regreß*) redress, recourse. – 2. *jur.* (*Berufung*) appeal: ~ anmelden to appeal.

re·kur·siv [rekʊrˈziːf] *adj math.* recurrent.

Re·lais [rəˈlɛː] *n* ⟨- [-ˈlɛː(s)]; - [-ˈlɛːs]⟩ *electr.* relay: durch (*od.* mit) ~ steuern to relay-control; durch ~ übertragen, über ~ senden to relay, to rebroadcast. — **~be‚trieb** *m* relay operation. — **r~ge‚steu·ert** *adj* relay-operated. — **~‚lei·tung** *f* relay circuit line. — **~sa·tel‚lit** *m* (*space*) relay (*od.* communications) satellite. — **~‚schal·tung** *f electr.* relay connection (*Br. auch* connexion). — **~‚sen·der** *m cf.* Relaisstation. — **~‚spu·le** *f* relay (*od.* trip) coil. — **~sta·ti‚on** *f* relay (*od.* repeater) station. — **~‚steue·rung** *f* relay control. — **~‚strecke** (*getr.* -k·k-) *f* relay-controlled distance, relay stage. — **~‚wäh·ler** *m* relay(-type) selector.

Re·laps [reˈlaps] *m* ⟨-es; -e⟩ *med.* relapse.

Re·la·ti·on [relaˈtsĭoːn] *f* ⟨-; -en⟩ 1. (*Beziehung*) relation, relationship: in keiner ~ zueinander stehen to be in no relation to each other. – 2. (*Verhältnis*) proportion, ratio.

re·la·tiv [relaˈtiːf] **I** *adj* 1. (*bezogen*) related, corresponding. – 2. (*verhältnismäßig*) (zu to) relative, comparative. – 3. *bes. philos.* (*bedingt*) conditional. – **II** *adv* 4. (*verhältnismäßig*) relatively, comparatively: es ist ~ gutgegangen it went relatively (*od.* reasonably) well. – **III R~** *n* ⟨-s; -e⟩ 5. *ling. cf.* Relativpronomen. — **R~ad‚verb** *n ling.* relative adverb.

re·la·ti·vie·ren [relatiˈviːrən] *v/t* ⟨*no* ge-, h⟩ 1. (*in eine Beziehung bringen*) relate. – 2. (*einschränken*) modify.

Re·la·ti·vis·mus [relatiˈvɪsmʊs] *m* ⟨-; *no pl*⟩ *philos.* relativism, relativity of knowledge. — **re·la·tiˈvi·stisch** [-tɪʃ] *adj philos. psych. phys.* relativistic.

Re·la·ti·vi·tät [relativiˈtɛːt] *f* ⟨-; *no pl*⟩ 1. relativity, relativeness. – 2. *phys.* relativity.

Re·la·ti·viˈtäts|prin‚zip *n phys.* principle of relativity. — **~theo‚rie** *f* theory (*od.* principle) of relativity, relativity theory.

Re·laˈtiv|pro‚no·men *n ling.* relative (pronoun). — **~‚satz** *m* relative clause.

Re·la·ti·vum [relaˈtiːvʊm] *n* ⟨-s; -tiva [-va]⟩ *cf.* Relativpronomen.

Re·la·xa·tio [relaˈksaːtsĭo] *f* ⟨-; -nes [-ksaˈtsĭoːnɛs]⟩ *med.* (*Erschlaffung*) relaxation.

Re·le·ga·ti·on [relegaˈtsĭoːn] *f* ⟨-; -en⟩ *ped.* expulsion: zeitweilige ~ suspension, *Br.* rustication. — **re·leˈgie·ren** [-ˈgiːrən] *v/t* ⟨*no* ge-, h⟩ *ped.* expel, *Br.* (*Studenten*) *auch* send down: j-n zeitweilig ~ to suspend (*Br.* rusticate) s.o.

re·le·vant [releˈvant] *adj* 1. (*erheblich*) relevant, pertinent, germane. – 2. *jur.* material. — **Re·leˈvanz** [-ˈvants] *f* ⟨-; -en⟩ 1. (*Erheblichkeit*) relevance, *auch* relevancy, pertinence, pertinency, germaneness. – 2. *jur.* materiality.

Re·li·ef [reˈlĭɛf] *n* ⟨-s; -s *u.* -e⟩ 1. (*art*) relievo, relief: versenktes ~ sunk relief. – 2. *geogr.* (*Karte*) relief (map). — **~‚druck** *m* ⟨-(e)s; -e⟩ *print.* relief print, (printing in) relievo, surface printing, relief. — **~‚glo·bus** *m* embossed globe. — **~‚kar·te** *f* relief map. — **~kli‚schee** *n print.* relief cliché. — **~mo‚dell** *n geogr.* (*einer Stadt od. Landschaft*) panstereorama. — **~‚schrift** *f print.* embossed writing.

Re·li·gi·on [reliˈgĭoːn] *f* ⟨-; -en⟩ 1. religion. – 2. (*Glaube*) faith, belief: er hat keine (*od.* ist ohne) ~ he has no religion (*od.* faith). – 3. (*Konfession*) religion, creed, denomination, confession. – 4. (*Gottesverehrung*) worship, religion. – 5. (*Schulfach*) scripture, religious instruction.

Re·li·giˈons|‚aus‚übung *f* worship, religious observance. — **~be‚kennt·nis** *n cf.* Glaubensbekenntnis 1. — **~‚buch** *n ped.* 1. textbook on religion. – 2. scripture book. — **~‚ei·fer** *m* religious zeal. — **r~‚feind·lich** *adj* antireligious, hostile (*od.* opposed) to religion. — **~‚frei·heit** *f* religious freedom (*od.* liberty). — **~‚frie·de(n)** *m* religious peace. — **~ge‚mein·schaft** *f relig.* 1. religion, confession. – 2. religious community. – 3. (*Sekte*) sect. — **~ge‚schich·te** *f* history of religion. — **~ge‚sell·schaft** *f cf.* Religionsgemeinschaft. — **~‚krieg** *m* religious war. — **~‚kun·de** *f ped.* instruction in (the different) religions. — **~‚leh·re** *f* *cf.* Religionsunterricht. — **~ˌleh·rer** *m* **1.** *ped.* teacher of religion, scripture (*od.* divinity) master. – **2.** *relig.* (*Katechet*) catechist.

re·li·gi'ons·los *adj* **1.** (*Person*) unreligious, irreligious. – **2.** (*Erziehung etc*) unreligious, nonreligious *Br.* non-. – **3.** *cf.* konfessionslos. — **Re·li·gi'ons·lo·sig·keit** *f* ⟨-; *no pl*⟩ **1.** (*Ungläubigkeit*) unreligiousness, irreligion, infidelity. – **2.** (*Nichtzugehörigkeit zu einer Religion*) unreligiousness.

Re·li·gi'ons|phi·loˌsoph *m* religious philosopher. — **~phi·lo·soˌphie** *f* philosophy of religion. — **~psy·choˌlo·ge** *m* religious psychologist. — **~psy·cho·loˌgie** *f* psychology of religion. — **~so·zioˌlo·ge** *m* religious sociologist. — **~so·zio·loˌgie** *f* sociology of religion. — **~ˌstif·ter** *m* founder of a religion. — **~ˌstreit** *m* religious dispute (*od.* controversy). — **~ˌstun·de** *f ped.* lesson in religion, scripture (lesson). — **~ˌun·terˌricht** *m* **1.** *ped.* a) religious instruction (*od.* education), b) (*Stunde*) scripture lesson(s *pl*). – **2.** *relig.* (*Katechese*) catechization, catechism. — **~verˌge·hen** *n* religious transgression. — **~ˌwech·sel** *m* change of religion. — **~ˌwis·sen·schaft** *f* **1.** theology, divinity, *Am. auch* religious thought. – **2.** religious science: **vergleichende ~** comparative religious science. — **~ˌzu·geˌhö·rig·keit** *f* religion, religious affiliation, *auch* denomination. — **~ˌzwang** *m* religious compulsion.

re·li·gi·ös [reli'gĭøːs] **I** *adj* **1.** religious: **~e Gesinnung** religious conviction (*od.* outlook); **~e Kunst** religious (*od.* sacred) art. – **2.** (*fromm*) religious, pious, godly: **streng ~** devout; **~er Eiferer** fanatic; **~er Wahnsinn** religious mania. – **II** *adv* **3. sie ist nicht ~ eingestellt** she is not religiously minded (*bes. Am.* religious-minded).

Re·li·gio·sen [reli'gĭoːzən] *pl röm.kath.* (*Klosterleute*) (the) religious, (the) religioners.

Re·li·gio·si·tät [religĭozi'tɛːt] *f* ⟨-; *no pl*⟩ religiousness, piety, piousness, godliness.

Re·likt [re'lɪkt] *n* ⟨-(e)s; -e⟩ **1.** relic. – **2.** *bes. biol.* relict, relic.

Re'lik·ten *pl jur.* **1.** *obs.* survivors, surviving dependants (*od.* dependents). – **2.** *obs. for* Hinterlassenschaft.

Re'likt·geˌbiet *n* (*in der Sprachgeographie*) relic area.

Re·ling ['reːlɪŋ] *f* ⟨-; -s, *rare* -e⟩ *mar.* rail, railing: **mit einer ~ umgeben** to rail.

Re·li·qui·ar [reli'kvĭaːr] *n* ⟨-s; -e⟩ *relig.* reliquary.

Re·li·quie [re'liːkvĭə] *f* ⟨-; -n⟩ *relig.* (holy) relic.

Re'li·qui·en|beˌhäl·ter *m relig.* reliquary, phylactery. — **~ˌkult** *m* worship of relics. — **~ˌschrein** *m* reliquary, feretory, shrine, (*in Form eines Grabes*) sepulcher, *bes. Br.* sepulchre. — **~verˌeh·rung** *f* veneration of relics.

Rem, rem [reːm] *n* ⟨-; -⟩ *nucl.* rem (= *roentgen equivalent man*).

re·ma·nent [rema'nɛnt] *adj phys.* remanent.

Re·ma·nenz [rema'nɛnts] *f* ⟨-; *no pl*⟩ *phys.* (*Restmagnetismus*) remanence, remanent magnetism. — **~ˌspan·nung** *f electr.* residual voltage.

Rem·bours [rã'buːr] *m* ⟨- [-'buːr(s)]; - [-'buːrs]⟩ *econ.* **1.** (*Rückerstattung*) reimbursement. – **2.** payment for goods in foreign trade. — **~geˌschäft** *n* transaction based on a reimbursement credit. — **~kreˌdit** *m* reimbursement credit, (documentary) acceptance credit.

re·me·die·ren [reme'diːrən] *v/t* ⟨*no* ge-, h⟩ *med. rare* (*heilen*) remedy.

Re·me·di·um [re'meːdĭum] *n* ⟨-s; -dia [-dĭa] *u.* -dien⟩ **1.** *med. pharm.* remedy. – **2.** (*im Münzwesen*) *allowed deviation from weight and precious metal content.*

re·mi·li·ta·ri·sie·ren [remilitari'ziːrən] **I** *v/t* ⟨*no* ge-, h⟩ remilitarize, rearm. – **II R~** *n* ⟨-s⟩ *verbal noun.* — **Re·mi·li·ta·ri'sie·rung** *f* ⟨-; *no pl*⟩ remilitarization, rearming.

Re·mi·nis·zenz [reminɪs'tsɛnts] *f* ⟨-; -en⟩ **1.** *lit.* (*Erinnerung*) reminiscence, memory. – **2.** (*Anklang*) reminiscence.

Re·mi·nis·ze·re [remi'nɪstsere] *m* ⟨*undeclined*⟩ (der Sonntag) **~** *relig.* the second Sunday in Lent.

re·mis [rə'miː] (*beim Schach*) **I** *adj* ⟨*pred*⟩ *u. adv* drawn: **das Spiel endete ~** the game ended (*od.* resulted) in a draw, it was a drawn game; **~ spielen** to draw (the game). – **II R~** *n* ⟨- [-'miː(s)]; - [-'miːs] *od.* -en [-'miːzən]⟩ drawn game, draw.

Re·mi·se [rə'miːzə] *f* ⟨-; -n⟩ **1.** *obs.* coach house, carriage house. – **2.** *obs.* (*Geräteschuppen*) shed. – **3.** (*forestry*) (wood serving as) shelter for game.

Re·mis·si·on [remɪ'sĭoːn] *f* ⟨-; -en⟩ *med.* remittence, remission.

Re·mis·si'onsˌrecht *n econ.* (*im Buchhandel*) right to return unsold books.

Re·mit·ten·de [remɪ'tɛndə] *f* ⟨-; -n⟩ *meist pl econ.* (*im Buchhandel*) return (*od.* unsold) copy, return-book, remainder: **~n** *pl* returns.

Re·mit·tent [remɪ'tɛnt] *m* ⟨-en; -en⟩ *econ.* payee of a bill of exchange. — **re·mit'tie·ren** [-'tiːrən] **I** *v/t* ⟨*no* ge-, h⟩ *econ.* **1.** (*im Buchhandel*) send (*s.th.*) back, return. – **2.** *econ. archaic* a) (*Geld*) remit, make a remittance of, b) (*Ware*) return. – **II** *v/i* **3.** *med.* (*von Fieber etc*) (*nachlassen*) remit, become remittent.

Rem·mi·dem·mi [rɛmi'dɛmi] *n* ⟨-s; *no pl*⟩ *colloq.* hullabaloo: **~ machen** to make a hullabaloo.

re·mon·strie·ren [remɔn'striːrən] *v/i* ⟨*no* ge-, h⟩ *obs.* remonstrate, expostulate.

Re·mon·te [re'mɔntə] *f* ⟨-; -n⟩ *mil. obs.* remount.

Re·mo·ti·on [remo'tsĭoːn] *f* ⟨-; -en⟩ *obs. for* a) Entfernung, b) Absetzung 4—6.

Re·mou·la·de [remu'laːdə] *f* ⟨-; -n⟩ *gastr.* (*Kräutermayonnaise*) remoulade, *auch* remolade. — **Re·mou'la·denˌsau·ce** *f* remoulade (*auch* remolade) sauce.

Rem·pe'lei *f* ⟨-; -en⟩ *colloq.* **1.** jostle, push, barging (*colloq.*). – **2.** (*sport*) charge. — **rem·peln** ['rɛmpəln] *colloq.* **I** *v/t* ⟨h⟩ **1.** (*anstoßen*) jostle, push, barge into (*colloq.*): **er hat mich gerempelt** he jostled (against) me. – **2.** (*sport*) charge. – **II R~** *n* ⟨-s⟩ **3.** *verbal noun.* – **4.** *cf.* Rempelei.

Rem(p)·ter ['rɛm(p)tər] *m* ⟨-s; -⟩ (*in Burgen und Klöstern*) refectory, dining hall.

Ren [rɛn; reːn] *n* ⟨-s [rɛns; reːns]; -s [rɛns; reːns], -e ['reːnə]⟩ *zo.* a) (*Eurasiens*) reindeer (*Rangifer tarandus tarandus*), b) (*in Kanada*) caribou (*R. tarandus caribou*): **Skandinavisches ~** Scandinavian reindeer (*R. tarandus tarandus*); **Arktisches ~** barren ground caribou (*R. tarandus arcticus*).

Re·nais·sance [rənɛ'sãːs] *f* ⟨-; -en [-sən]⟩ **1.** *hist.* renaissance, *auch* Renaissance (period), (*in Italien*) *auch* Rinascimento. – **2.** (*art*) Renaissance. – **3.** *fig.* (*Wiedergeburt*) renaissance, renascence, revival, rebirth. — **~ˌmensch** *m* person typical of the Renaissance period. — **~ˌstil** *m arch.* Renaissance architecture (*od.* style). — **~ˌzeit** *f cf.* Renaissance 1, 2.

re·nal [re'naːl] *adj med.* renal.

Ren·dant [rɛn'dant] *m* ⟨-en; -en⟩ accountant.

Ren·de·ment [rãdə'mãː] *n* ⟨-s; -s⟩ (*bes. textile*) yield.

Ren·dez·vous [rãde'vuː] *n* ⟨- [-'vuː(s)]; - [-'vuːs]⟩ **1.** (*Verabredung, bes. von Verliebten*) rendezvous, date (*colloq.*), tryst (*lit.*): **ein ~ mit einem Mädchen verabreden** (*od.* **vereinbaren**) to arrange a rendezvous (*od. colloq.* make a date) with a girl; **ein ~ mit j-m einhalten [haben]** to keep [to have] a date with s.o.; **nicht zum ~ kommen** not to keep one's date, to stand s.o. up (*colloq.*). – **2.** (*Verabredung anderer Art*) appointment: **ein ~ haben mit j-m** to have an appointment with s.o. – **3.** (*space*) rendezvous: **~ im All** rendezvous in space. — **~maˌnö·ver** *n* (*space*) rendezvous man(o)euver (*bes. Br.* manœuvre).

Ren·di·te [rɛn'diːtə] *f* ⟨-; -n⟩ *econ.* (net) yield, effective interest.

Ren'di·tenˌhaus *n Swiss for* **Mietshaus.**

Re·ne·gat [rene'gaːt] *m* ⟨-en; -en⟩, **Re·ne'ga·tin** *f* ⟨-; -nen⟩ *relig. pol.* renegade, apostate, relapser, turncoat.

Re·ne·klo·de [reːnə'kloːdə] *f* ⟨-; -n⟩ *hort.* (*Pflaumenart*) greengage, *auch* gage.

Re·net·te [re'nɛtə] *f* ⟨-; -n⟩ *hort.* (*Apfelsorte*) reinette, *Br.* rennet, queening.

re·ni·tent [reni'tɛnt] *adj* (*widerspenstig*) refractory, intractable, unruly. — **Re·ni'ten·te** *m, f* ⟨-n; -n⟩ refractory (*od.* unruly) person, intractable. — **Re·ni'tenz** [-'tɛnts] *f* ⟨-; *no pl*⟩ refractoriness, unruliness, intractability.

Ren·ke ['rɛŋkə] *f* ⟨-; -n⟩, **'Ren·ken** *m* ⟨-s; -⟩ *zo.* whitefish (*Gattg Coregonus*).

'Renk·verˌschluß *m* **1.** (*eines Tanks etc*) one-turn cap. – **2.** (*einer Birne*) bayonet catch.

'Renn|ˌbahn *f* (*sport*) **1.** (*für Pferderennen*) (race)course, (race)track, turf. – **2.** (*für Autorennen*) racing course, *bes. Am.* speedway. – **3.** (*für Radrennen*) cycling track, velodrome. — **~ˌboot** *n* racing boat, speedboat.

ren·nen ['rɛnən] **I** *v/i* ⟨rennt, rannte, *rare* rennte, gerannt, sein⟩ **1.** (*schnell laufen*) run, rush, dash, tear: **er rannte auf und davon** he took to his heels, he made off; **er rannte so schnell er konnte** he ran as fast as he could, he put his best leg forward; **er rennt schneller als sie** he outruns her; **wir rannten miteinander um die Wette** we raced each other, we ran a race with each other; **mit dem Kopf durch die Wand ~** *fig. colloq.* to knock one's head against a (brick) wall; **du rennst in dein Verderben** *fig.* you are heading (*od.* headed) for disaster; **j-m in die Arme ~** *fig. colloq.* to bump into s.o. – **2.** (*eilen*) rush, hurry, hasten. – **3.** *fig. colloq.* run: **sie rennt wegen jeder Kleinigkeit zum Arzt** she runs to (*od.* consults) a doctor for any minor complaint. – **4.** (gegen against) run, knock, bump, bang: **er rannte mit dem Kopf gegen die Wand** he bumped his head against the wall; **mit dem Kopf gegen die Wand ~** *fig.* to run one's head against a wall. – **5.** *hunt.* (*vom Fuchs*) be ruttish, be in heat. – **II** *v/t* ⟨h⟩ **6.** (*stoßen*) run: **j-m seinen Degen durch den Leib ~** to run one's sword through s.o.('s body); **j-m das Messer in die Brust ~** to run (*od.* stick) a knife into s.o.'s chest, to knife (*od.* stab) s.o. in the chest; **sich** (*dat*) **ein Loch in den Kopf ~** to knock a hole in one's head; **j-n über den Haufen ~** to knock s.o. down (*od.* over). – **7. Eisen ~** *metall.* make wrought iron directly from the ore. – **III R~** *n* ⟨-s⟩ **8.** *verbal noun*: **beim R~ außer Atem kommen** to run oneself out of breath.

'Ren·nen *n* ⟨-s; -⟩ (*sport*) a) race, b) (*Einzelrennen*) heat, c) (*Pferderennen*) (horse) race: **an einem ~ teilnehmen** (*od.* **sich beteiligen**) to run (*od.* participate in) a race; **totes ~** dead heat; **ein ~ besuchen** a) to go to a race, b) (*Pferderennen*) to go to the races; **~ fahren** to race; **aus dem ~ sein** *auch fig.* to be out of the running; **das ~ machen** a) to win the race, to come in first, b) to set the pace, c) *fig.* to make the running, to make one's mark; **das ~ aufgeben** a) to give up the race, b) *fig.* to give up the race, to throw up (*od.* in) the sponge; **er lag hervorragend im ~** a) he was well placed (in the race), b) *fig.* he stood an excellent chance; **beim ~ wetten** to play the races, to bet on races.

'Ren·ner *m* ⟨-s; -⟩ (*sport*) *colloq.* **1.** racehorse, racer, clipper. – **2.** racing car, racer.

Ren·ne'rei *f* ⟨-; -en⟩ *colloq. contempt.* running around, legwork (*colloq.*): **das war eine ~!** such a lot of running around!

'Renn|ˌfah·rer *m*, **~ˌfah·re·rin** *f* **1.** (*im Motorsport*) a) racing (*od.* race) driver, racer, b) racing motorcyclist. – **2.** (*im Radsport*) racing cyclist. – **3.** (*im Skisport*) ski racer. — **~ˌfor·mel** *f* (*im Motorsport*) racing formula. — **~ˌjacht** *f mar.* racing yacht. — **~ˌkuckuck** (*getr.* -k·k-) *m zo.* roadrunner (*Gattg Geococcyx*). — **~ˌlauf** *m* (*sport*) ski racing. — **~ˌläu·fer** *m* ski racer. — **~ˌlei·tung** *f* (*sport*) race committee, stewards *pl.* — **~ˌmann·schaft** *f* (*sport*) **1.** racing (*od.* race) team. – **2.** (*beim Rudersport*) racing (*od.* race) crew. — **~maˌschi·ne** *f* (*beim Motorsport*) racing machine, racer. — **~ˌpferd** *n* racehorse, racer, runner: **~e halten** to keep racehorses, to be on the turf. — **~ˌplatz** *m* **1.** (*sport*) racecourse, (the) turf. – **2.** *antiq.* hippodrome. — **~ˌrad** *n* racing bicycle, racer. — **~ˌro·del** *m* toboggan. — **~ˌro·deln** *n* tobogganing. — **~ˌrod·ler** *m*, **~ˌrod·le·rin** *f* tobogganer, *auch* tobogganist. — **~saiˌson** *f* racing season. — **~ˌschu·he** *pl* (running) spikes, spiked (*od.* running) shoes. — **~ˌski** *m* racing (*od.* race) ski. — **~ˌsport** *m* **1.** racing. – **2.** motor racing. – **3.** *cf.* Pferderennsport. — **~ˌstahl** *m metall.* wrought iron produced by the direct (*od.* bloomery) process, bloomery iron.

'Rennˌstall *m* (*sport*) **1.** (racing) stable. – **2.** *colloq.* (*im Motorsport etc*) a) (racing) stable, b) racing team. — **~beˌsit·zer** *m* racehorse owner, owner of a racing stable.

'Rennˌstrecke (*getr.* -k·k-) *f* (*sport*) **1.** (*für Autorennen etc*) (racing) course, circuit, *bes. Am.* speedway. – **2.** distance (*od.* course) to be covered.

'Renn·verˌfah·ren *n metall.* direct process (for the production of wrought iron), bloomery process.

'Renn|ˌwa·gen *m* (*sport*) racing car, racer. — **~ˌwet·te** *f* (horse) racing bet, pari-mutuel.

Re·nom·mee [renɔ'meː] *n* ⟨-s; -s⟩ **1.** (*Ruf*) reputation, repute, name: **er hat ein gutes ~, er steht in gutem ~** he has a good reputation (*od.* name), he is in good repute. – **2.** (*Ansehen*) fame, renown. — **re·nom·'mie·ren** [-'miːrən] *v/i* ⟨*no* ge-, h⟩ (mit) **1.** boast (of), brag (about), talk big (about), swagger (about). – **2.** show (*s.th.*) off, show off (with), flaunt (*acc*). — **re·nom·'miert I** *pp.* – **II** *adj* (wegen for) noted, renowned, reputed: **eine ~e Firma** a firm of high repute. — **Re·nom'mist** [-'mɪst] *m* ⟨-en; -en⟩ **1.** boaster, bragger, braggart, swaggerer. – **2.** show-off. — **Re·nom·mi·ste'rei** *f* ⟨-; -en⟩ *rare for* **Angeberei, Prahlerei.**

Re·no·va·ti·on [renova'tsĭoːn] *f* ⟨-; -en⟩ *obs. od. Swiss for* **Renovierung.**

re·no·vie·ren [reno'viːrən] **I** *v/t* ⟨*no* ge-, h⟩ **1.** (*Haus etc*) renovate, refurbish, do up. – **2.** (*Innenraum etc*) redecorate. – **II R~** *n* ⟨-s⟩ **3.** *verbal noun.* — **Re·no'vie·rung** *f* ⟨-; -en⟩ **1.** *cf.* **Renovieren.** – **2.** renovation, refurbishment: **wegen ~ geschlossen** closed for renovation. – **3.** (*von Innenräumen*) redecoration.

ren·ta·bel [rɛn'taːbəl] *adj bes. econ.* (*Geschäft etc*) profitable, paying, remunerative, lucrative: **das macht die Sache erst ~** *colloq.* that makes it worthwhile (*od.* pay).

Ren·ta·bi·li·tät [rɛntabili'tɛːt] *f* ⟨-; *no pl*⟩ profitability, profitableness, remunerativeness, lucrativeness.

Ren·ta·bi·li'täts|be,rech·nung *f econ.* **1.** calculation of profitability (*od.* of returns on investment). – **2.** (*bei Wertpapieren*) calculation of net interest (*od.* dividend). — **~ˌgren·ze** *f* limit (*od.* margin) of profitability, break-even point. — **~ˌrech·nung** *f cf.* **Rentabilitätsberechnung.** — **~ˌschwel·le** *f* lower limit of profitability, break-even point.

Ren·te ['rɛntə] *f* ⟨-; -n⟩ *econ.* **1.** (*Altersrente*) (old age *od.* retirement) pension: **eine ~ beziehen** to draw (*od.* receive) a pension; **man geht im allgemeinen mit 65 (Jahren) in (die) ~** employees generally retire at (the age of) 65, employees are usually superannuated at 65. – **2.** (*aus der Sozialversicherung*) (social insurance, *Am.* Social Security) pension: **die ~n der Preisentwicklung anpassen** to adapt pensions to price movements; **dynamische ~** index-linked pension. – **3.** (*Jahresrente, bes. aus Versicherungen*) annuity: **lebenslängliche ~** life annuity. – **4.** *cf.* **Versehrtenrente.** – **5.** (*Kapitalrente*) capital income, unearned annuity. – **6.** (*Ertrag*) yield. – **7.** (*Pacht*) rent. – **8.** (*Zins*) interest. – **9.** *pl* (*Staatsanleihen*) government stocks (*bes. Am.* bonds).

'Ren·ten|ˌabˌlö·sung *f econ.* redemption (*od.* amortization, liquidation) of an annuity. — **~ˌanˌlei·he** *f* perpetual government loan, perpetual bonds *pl.* — **~ˌan·ˌpas·sung** *f econ. pol.* adaptation of pensions to price movements. — **~ˌan·ˌpas·sungs·geˌsetz** *n* pension adjustment act. — **~ˌanˌspruch** *m* right to a pension. — **~ˌanˌtrag** *m* application for a pension. — **~ˌaufˌbes·se·rung** *f* increase (*od.* rise) in pension(s). — **~ˌausˌzah·lung** *f* payment (*od.* disbursement) of pensions. — **~ˌbank** *f* ⟨-; -en⟩ *econ.* **1.** bank under public law (*up to 1928*). – **2.** public mortgage bank. — **~ˌba·sis** *f* basis of annuity payments. — **~beˌmes·sungsˌgrundˌla·ge** *f econ. pol.* pension claim basis, scale for fixing the amount of (retirement) pension(s). — **~beˌzü·ge** *pl* pensions. — **~ˌbrief** *m econ.* land annuity bond (*od.* certificate). — **~empˌfän·ger** *m*, **~empˌfän·ge·rin** *f econ. pol. cf.* **Rentner.** — **~erˌhö·hung** *f cf.* **Rentenaufbesserung.** — **~ˌgut** *n agr. estate held in perpetuity against payment of a fixed rental.* — **~kon·ku·biˌnat** *n jur. concubinage with a widow who does not marry to avoid forgoing her pension.* — **~ˌmark** *f econ. hist.* rentenmark, *auch* **Rentenmark** (*1923—24*). — **~ˌmarkt** *m econ.* bond market. — **~ˌnachˌzah·lung** *f* supplementary pension payment. — **~neuˌro·se** *f psych.* compensation (*od.* pension) neurosis. — **~paˌpie·re** *pl econ.* fixed-interest (bearing) securities, bonds. — **r~ˌpflich·tig** *adj* liable to pay pensions (*od.* a pension). — **~reˌform** *f* reform of old age pensions. — **~ˌschuld** *f econ.* annuity charge (on land). — **~ˌstei·ge·rungs·beˌtrag** *m* pension increment. — **~ˌträ·ger** *m* pension-paying institution. — **~verˌsi·che·rung** *f* social insurance (*od.* security) pension fund. — **~verˌsi·che·rungsˌanˌstalt** *f* social insurance (*od.* security) board (*od.* institute).

'Renˌtier[1] *n zo. cf.* **Ren.**

Ren·ti·er[2] [rɛn'tĭeː] *m* ⟨-s; -s⟩ *econ. archaic* (*Privatier*) man of private (*od.* independent) means, rentier.

ren·tie·ren [rɛn'tiːrən] *v/reflex* ⟨*no* ge-, h⟩ **sich ~** *econ.* pay (its way), yield (*od.* bring) (good) returns (*od.* a profit), be profitable (*od.* remunerative): **es rentiert sich nicht** *colloq.* it doesn't pay, it isn't worthwhile.

'RenˌtierˌflechÂ·te *f bot.* reindeer moss (*od.* lichen) (*Cladonia rangiferina*).

Rent·ner ['rɛntnər] *m* ⟨-s; -⟩, **'Rent·ne·rin** *f* ⟨-; -nen⟩ **1.** pensioner, recipient of a pension, (*einer Jahresrente*) *auch* annuitant. – **2.** *cf.* **Rentier**[2].

Re·nu·me·ra·ti·on [renumera'tsĭoːn] *f* ⟨-; -en⟩ *econ. obs. for* **Rückzahlung.** — **re·nu·me·rie·ren** [renume'riːrən] *v/t* ⟨*no* ge-, h⟩ *obs. for* **zurückzahlen** 1—3.

Re·nun·tia·ti·on [renuntsĭa'tsĭoːn], **Re·nun·zia·ti'on** [-tsĭa'tsĭoːn] *f* ⟨-; -en⟩ *pol.* (*eines Monarchen*) abdication. — **re·nun·'zie·ren** [-'tsiːrən] *v/i* ⟨*no* ge-, h⟩ abdicate.

Re·ok·ku·pa·ti·on [reˀɔkupa'tsĭoːn] *f* ⟨-; -en⟩ *mil.* reoccupation. — **re·ok·ku·'pie·ren** [-'piːrən] *v/t* ⟨*no* ge-, h⟩ reoccupy.

Re·or·ga·ni·sa·ti·on [reˀɔrganiza'tsĭoːn] *f* ⟨-; -en⟩ reorganization *Br. auch* -s-. — **Re·or·ga·ni'sa·tor** [-'zaːtɔr] *m* ⟨-s; -en [-za'toːrən]⟩ reorganizer *Br. auch* -s-. — **re·or·ga·ni'sie·ren** [-'ziːrən] **I** *v/t* ⟨*no* ge-, h⟩ reorganize *Br. auch* -s-. – **II R~** *n* ⟨-s⟩ *verbal noun.* — **Re·or·ga·ni'sie·rung** *f* ⟨-; -en⟩ **1.** *cf.* **Reorganisieren.** – **2.** *cf.* **Reorganisation.**

re·pa·ra·bel [repa'raːbəl] *adj* (*Schaden etc*) reparable, repairable.

Re·pa·ra·tio·nen [repara'tsĭoːnən] *pl pol.* reparations, reparation payments, war indemnity *sg.*

Re·pa·ra·ti'ons|ˌabˌkom·men [repara'tsĭoːns-] *n pol.* reparations agreement, convention on reparations. — **~ˌfor·de·rung** *f* reparation claim(s *pl*). — **~kom·mis·siˌon** *f* Reparations Commission. — **~ˌlei·stung** *f cf.* **Reparationen.** — **~ˌzah·lung** *f* reparation payment.

Re·pa·ra·tur [repara'tuːr] *f* ⟨-; -en⟩ **1.** *cf.* **Reparieren.** – **2.** repair(s *pl*), (*bes. eines Gebäudes*) *auch* reparation: **in ~** under repair; **etwas in ~ geben** to have (*od.* get) s.th. repaired; **was kostet** (*od.* **wie hoch kommt**) **die ~ dieser Uhr?** how much do you charge for the repair of this watch? **laufende ~en** running repairs; **zu Lasten des Mieters gehende ~en** tenant's repairs. — **~ˌar·bei·ten** *pl* repair work *sg*: **wir beschäftigen ihn mit kleinen ~ im Hause** we give him odd jobs (*od.* repairs) to do around the house. — **r~beˌdürf·tig** *adj* in need (*od.* want) of repair, out of repair: **~ sein** to need repair. — **r~ˌfä·hig** *adj* reparable, repairable. — **~ˌko·sten** *pl* (cost *sg* of) repair(s), repairing expenses. — **~ˌwerkˌstatt, ~ˌwerkˌstät·te** *f* **1.** *tech.* repair workshop. – **2.** *auto.* a) repair shop, service station, garage, b) (*für Kundendienst*) service station.

re·pa·rie·ren [repa'riːrən] **I** *v/t* ⟨*no* ge-, h⟩ **1.** repair, mend, *bes. Am. colloq.* fix: **die Uhr kann nicht mehr repariert werden** the watch is beyond repair; **der Schaden läßt sich nicht mehr ~** the damage is irreparable. – **II R~** *n* ⟨-s⟩ **2.** *verbal noun.* – **3.** *cf.* **Reparatur.**

re·par·tie·ren [repar'tiːrən] **I** *v/t* ⟨*no* ge-, h⟩ *econ.* (*bei Überzeichnung von Emissionen*) allot, allocate, scale down. – **II R~** *n* ⟨-s⟩ *verbal noun.* — **Re·par'tie·rung** *f* ⟨-; -en⟩ **1.** *cf.* **Repartieren.** – **2.** allotment.

re·pas·sie·ren [repa'siːrən] *v/t* ⟨*no* ge-, h⟩ (*Laufmaschen*) mend. — **Re·pas'sie·re·rin** *f* ⟨-; -nen⟩ stocking repairer.

re·pa·tri·ie·ren [repatri'iːrən] **I** *v/t* ⟨*no* ge-, h⟩ *pol.* **1.** restore the (original) nationality to. – **2.** (*Kriegsgefangene*) repatriate. – **II R~** *n* ⟨-s⟩ **3.** *verbal noun.* – **4.** *cf.* **Repatriierung.** — **Re·pa·tri'ier·te** *m, f* ⟨-n; -n⟩ **1.** person whose (original) nationality has been restored. – **2.** repatriate. — **Re·pa·tri'ie·rung** *f* ⟨-; -en⟩ **1.** *cf.* **Repatriieren.** – **2.** restoration of the original nationality. – **3.** (*der Kriegsgefangenen*) repatriation.

Re·per·kus·si·on [reperkʊ'sĭoːn] *f* ⟨-; -en⟩ *mus.* repercussion.

Re·per·toire [repɛr'tŏaːr] *n* ⟨-s; -s⟩ (*theater*) *mus. auch fig.* repertoire, repertory. — **~ˌstück** *n* (*theater*) repertory play. — **~thea·ter** [-teˌaːtər] *n* repertory theater (*bes. Br.* theatre), *auch* repertory.

Re·per·to·ri·um [repɛr'toːrĭʊm] *n* ⟨-s; -rien⟩ (*Nachschlagewerk*) repertory.

Re·pe·tent [repe'tɛnt] *m* ⟨-en; -en⟩, **Re·pe'ten·tin** *f* ⟨-; -nen⟩ **1.** *ped.* repeater, *Am.* holdover. – **2.** *obs. for* **Repetitor.** — **re·pe·'tie·ren** [-'tiːrən] *ped.* **I** *v/t* ⟨*no* ge-, h⟩ (*Lehrstoff etc*) repeat, review, *bes. Br.* revise. – **II** *v/i* repeat a year.

Re·pe'tier|geˌwehr *n* magazine (*od.* repeating) rifle, repeater, semiautomatic rifle. — **~ˌuhr** *f* repeating watch, repeater.

Re·pe·ti·ti·on [repeti'tsĭoːn] *f* ⟨-; -en⟩ repetition, reviewal, *bes. Br.* revision. — **Re·pe'ti·tor** [-'tiːtɔr] *m* ⟨-s; -en [-ti'toːrən]⟩ *ped.* coach, tutor. — **Re·pe·ti'to·ri·um** [-'toːrĭʊm] *n* ⟨-s; -rien⟩ *ped.* **1.** refresher course. – **2.** review (*bes. Br.* revision) manual.

Re·plik [re'pliːk] *f* ⟨-; -en⟩ **1.** reply, retort, answer. – **2.** *jur.* replication, counterplea. – **3.** (*art*) replica, facsimile. — **re·pli·'zie·ren** [-pli'tsiːrən] **I** *v/t* ⟨*no* ge-, h⟩ *obs. for* **antworten** 3. – **II** *v/i jur.* make a replication (*od.* counterplea).

re·po·ni·bel [repo'niːbəl] *adj med.* (*Bruch*) reducible. — **re·po'nie·ren** [-'niːrən] *v/t* ⟨*no* ge-, h⟩ **1.** (*Hernie*) reduce. – **2.** (*Knochen*) set, reset, reduce.

Re·port [re'pɔrt] *m* ⟨-(e)s; -e⟩ **1.** report. – **2.** *econ.* (*Zinsaufschlag beim Reportgeschäft*) contango (rate), premium.

Re·por·ta·ge [repɔr'taːʒə] *f* ⟨-; -n⟩ on-the-spot report (*od.* account), report, (*in einer Zeitung*) *auch* reportage, commentary: **~ über ein Fußballspiel** running commentary on a football match; **~ im Rundfunk** radio report (*od.* comment[ary]). — **Re·por·ter** [re'pɔrtər] *m* ⟨-s; -⟩, **Re·'por·te·rin** *f* ⟨-; -nen⟩ **1.** reporter, *Am. colloq.* legman. – **2.** (*am Schauplatz*) commentator.

Re'port|geˌschäft *n econ.* contango business (*od.* transaction), carry-over business. — **~sperrˌfrist** *f*, **~ˌtag** *m* contango day.

Re·po·si·ti·on [repozi'tsĭoːn] *f* ⟨-; -en⟩ *med.* a) (*des Uterus*) reposition, b) (*einer Verrenkung*) taxis, reduction, c) (*einer Hernie*) reduction, d) (*eines Knochenbruches*) setting, resetting, reduction: **blutige ~** open reduction.

re·prä·sen·ta·bel [reprɛzɛn'taːbəl] *adj* **1.** (*stattlich*) imposing, impressive: **er ist eine repräsentable Erscheinung** he has an imposing appearance, he cuts a fine figure. – **2.** (*wirkungsvoll*) effective.

Re·prä·sen·tant [reprɛzɛn'tant] *m* ⟨-en; -en⟩ **1.** (*einer Kunstrichtung etc*) representative, exponent. – **2.** *pol.* a) (*mit Freiheit der Äußerung persönlicher Meinungen*) representative, b) (*nur zur Stimmabgabe nach Auftrag berechtigt*) deputy, delegate. – **3.** *econ.* a) (*Handlungsreisender*) (sales) representative, salesman, b) (*Vertretung*) representative(s *pl*), agent(s *pl*), *Am.* sales agent(s *pl*), c) (*eines Werbeträgers*) special representative.

Re·prä·sen'tan·tenˌhaus *n pol.* house of representatives, *Am.* (*des Kongresses*) House of Representatives, (*in einigen amer. Bundesstaaten*) (General) Assembly.

Re·prä·sen'tan·tin *f* ⟨-; -nen⟩ **1.** *cf.* **Repräsentant** 1, 2. – **2.** *econ.* (sales) representative, saleswoman.

Re·prä·sen·tanz [reprɛzɛn'tants] *f* ⟨-; -en⟩ *obs. od. Austrian econ. for* **Repräsentant** 3b.

Re·prä·sen·ta·ti·on [reprɛzɛnta'tsĭoːn] *f* ⟨-; -en⟩ **1.** (*Vertretung*) representation. – **2.** style of life appropriate to s.o.'s dignity or standing. – **3.** *pol.* (*Volksvertretung*) representation. – **4. dieser Wagen dient nur der ~** this car serves merely for representation (*od.* representative purposes).

Re·prä·sen·ta·ti'ons|ˌbau *m* ⟨-(e)s; -ten⟩

building for representative purposes. — **r~,fä·hig** *adj* able to represent. — **~fi,gur** *f* figurehead. — **~,gel·der** *pl*, **~,ko·sten** *pl econ.* (official) entertainment allowance *sg* (*od.* expenses), expense account *sg* (funds). — **~,pflich·ten** *pl* social duties. — **~-,wa·gen** *m* car for representative purposes.

re·prä·sen·ta·tiv [reprɛzɛnta'ti:f] *adj* **1.** (*würdig, ansehnlich*) imposing, impressive, stately: **das Essen fand in ~em Rahmen statt** the banquet took place in imposing surroundings; **dieser Saal wird nur zu ~en Zwecken gebraucht** this hall is only used on formal occasions. – **2.** (*stellvertretend*) (für of) representative, characteristic, typical, presenting a true picture: **dieses Ergebnis ist nicht ~ für das ganze Land** this result is not representative of the country as a whole; **die Umfrage kann als ~ gelten** the opinion poll can be regarded as representative. – **3.** **~e Demokratie** *pol.* representative democracy. — **R~be,fra·gung** *f* (*in der Meinungsforschung*) sample inquiry (*auch* enquiry). — **R~er,he·bung** *f* statistical sampling. — **R~sta,ti·stik** *f* sample statistics *pl* (*construed as sg or pl*). — **R~,um,fra·ge** *f cf.* Repräsentativbefragung.

re·prä·sen·tie·ren [reprɛzɛn'ti:rən] **I** *v/t* ⟨*no* ge-, h⟩ **1.** (*vertreten*) represent. – **2.** (*darstellen*) stand for, signify, denote, represent. – **3.** *econ.* (*Wert*) represent, constitute. – **II** *v/i* **4.** (*standesgemäß auftreten*) a) uphold dignity (*od.* standing), b) be presentable (*od.* representative).

Re·pres·sa·lie [reprɛ'sa:liə] *f* ⟨-; -n⟩ *meist pl* **1.** (*Vergeltungsmaßnahme*) reprisal, retaliatory measure, (act of) retaliation. – **2.** (*Druckmittel*) coercive measure: **gegen j-n ~n anwenden** (*od.* **ergreifen**) a) to inflict coercive (*od.* repressive) measures on s.o., b) to make reprisals on (*od.* against) s.o.

Re·pres·si·on [reprɛ'sĭo:n] *f* ⟨-; -en⟩ repression.

re·pres·siv [reprɛ'si:f] *adj bes. jur.* repressive.

Re·print [re'prɪnt; 'ri:,prɪnt] (*Engl.*) *m* ⟨-s; -s⟩ reprint.

Re·pri·se [re'pri:zə] *f* ⟨-; -n⟩ **1.** (*theater*) revival. – **2.** (*film*) reissue, rerun. – **3.** *mus.* (*im klassischen Sonatensatz*) recapitulation, restatement. – **4.** *mil. hist.* recapture. – **5.** *econ.* (*Kurserholung*) recovery, rise (in price) to previous level.

re·pri·va·ti·sie·ren [reprivati'zi:rən] *econ.* **I** *v/t* ⟨*no* ge-, h⟩ denationalize *Br. auch* -s-, return (*s.th.*) to private ownership. – **II R~** *n* ⟨-s⟩ *verbal noun.* — **Re·pri·va·ti'sie·rung** *f* ⟨-; -en⟩ denationalization *Br. auch* -s-, return to private enterprise, restoration to private ownership.

re·pro·bie·ren [repro'bi:rən] *v/t* ⟨*no* ge-, h⟩ *obs. for* a) mißbilligen, b) zurückweisen.

Re·pro·duk·ti·on [reproduk'tsĭo:n] *f* ⟨-; -en⟩ **1.** reproduction. – **2.** *print.* reproduction, replica, copy (print).

Re·pro·duk·ti'ons|,fak·tor *m nucl.* multiplication (*od.* reproduction) constant (*od.* factor), *auch* k-factor. — **~,ka·me·ra** *f phot.* process (*od.* copying) camera.

Re·pro·duk·ti'ons,ko·sten *pl econ.* cost *sg* of reproduction (of goods). — **~,wert** *m econ.* total of present value of all assets minus debts.

Re·pro·duk·ti'ons|pho·to·gra,phie *f* document photography. — **~,recht** *n jur.* right of reproduction. — **~,tech·nik** *f print.* reproduction technique. — **~ver,fah·ren** *n* reproduction process.

re·pro·duk·tiv [reproduk'ti:f] *adj* reproductive.

re·pro·du'zier·bar *adj* reproducible.

re·pro·du·zie·ren [reprodu'tsi:rən] **I** *v/t* ⟨*no* ge-, h⟩ **1.** reproduce. – **2.** *print.* a) (*vervielfältigen*) duplicate, copy, b) (*mechanisch vervielfältigen*) process. – **II R~** *n* ⟨-s⟩ **3.** *verbal noun.* – **4.** *cf.* Reproduktion 2.

Re·pro·gra·phie [reprogra'fi:] *f* ⟨-; -n [-ən]⟩ *print.* reprography.

Rep·til [rɛp'ti:l] *n* ⟨-s; -ien [-liən], *rare* -e⟩ *zo.* reptile, reptilian (*Ordng Reptilia*): **zu den ~ien gehörig** reptilian.

Rep'ti·li·en,fonds *m pol. iron.* secret funds *pl* (*government funds not subject to public control*).

Re·pu·blik [repu'bli:k] *f* ⟨-; -en⟩ *pol.* republic: **Deutsche Demokratische ~** German Democratic Republic.

Re·pu·bli·ka·ner [republi'ka:nər] *m* ⟨-s; -⟩, **Re·pu·bli'ka·ne·rin** *f* ⟨-; -nen⟩ *pol.* **1.** republican. – **2.** (*in USA*) Republican.

re·pu·bli'ka·nisch *adj pol.* **1.** republican. – **2.** (*in USA*) Republican: **die R~e Partei** the Republican Party.

Re·pul·si·on [repul'zĭo:n] *f* ⟨-; -en⟩ *tech.* repulsion, repellence, *auch* repellance, repellency, *auch* repellancy. — **Re·pul·si'ons,mo·tor** *m* repulsion motor.

Re·pun·ze [re'puntsə] *f* ⟨-; -n⟩ *tech.* hallmark.

Re·pu·ta·ti·on [reputa'tsĭo:n] *f* ⟨-; *no pl*⟩ (good *od.* high) reputation, (high) repute.

Re·qui·em ['re:kviɛm] *n* ⟨-s; -s *u. Austrian* -quien [-kviən]⟩ *röm.kath. mus.* requiem, *auch* Requiem.

re·qui·rie·ren [rekvi'ri:rən] *meist mil.* **I** *v/t* ⟨*no* ge-, h⟩ requisition, commandeer, seize. – **II R~** *n* ⟨-s⟩ *verbal noun.* — **Re·qui'rie·rung** *f* ⟨-; -en⟩ *mil. jur.* **1.** *cf.* Requirieren. – **2.** *cf.* Requisition.

Re·qui·sit [rekvi'zi:t] *n* ⟨-(e)s; -en⟩ **1.** (*Zubehör*) requisite. – **2.** *meist pl* (*theater*) (stage) property, prop (*colloq.*). — **Re·qui'si·ten,kam·mer** *f* (*theater*) property room. — **Re·qui·si'teur** [-zi'tø:r] *m* ⟨-s; -e⟩ (*theater*) property man (*od.* master).

Re·qui·si·ti·on [rekvizi'tsĭo:n] *f* ⟨-; -en⟩ *mil. jur.* requisition. — **Re·qui·si·ti'ons,schein** *m mil.* requisitioning order.

resch [rɛʃ] *adj* ⟨-er; -est⟩ *Southern G. and Austrian* **1.** (*Brot*) crisp. – **2.** *fig. colloq.* (*Frau*) sharp and crusty.

Re·se·da [re'ze:da] *f* ⟨-; -s⟩, **Re'se·de** *f* ⟨-; -n⟩ *bot.* mignonette (*Gattg Reseda*): **Wohlriechende ~** mignonette (*R. odorata*).

Re·sek·ti·on [rezɛk'tsĭo:n] *f* ⟨-; -en⟩ *med.* a) resection, excision, removal, b) (*mit elektrischem Messer*) electroresection.

Re·ser·vat [rezɛr'va:t] *n* ⟨-(e)s; -e⟩ **1.** *econ. jur.* a) reservation, reserve, b) prerogative. – **2.** (*Schutzbezirk*) reservation, reserve, preserve.

Re·ser·va·ti·on [rezɛrva'tsĭo:n] *f* ⟨-; -en⟩ **1.** (*der Indianer*) reservation. – **2.** *jur. cf.* Reservat 1.

Re·ser'vat,recht *n jur.* prerogative.

Re·ser·ve [re'zɛrvə] *f* ⟨-; -n⟩ **1.** (*Vorrat*) reserve(s *pl*), store(s *pl*), supply, supplies *pl*: **etwas in ~ haben** to have s.th. in reserve; **er hat noch etwas in ~** *fig.* he has s.th. in store (*od.* up his sleeve). – **2.** *mil.* a) (*im Frieden*) reserve (forces *pl od.* components *pl*), b) *meist pl* (*im Krieg*) reserves *pl*, *auch* reserve: **taktische ~n** *cf.* **Reservetruppen**; **Leutnant der ~** reserve lieutenant; **die ~n einsetzen** to bring up (*od.* in) reserves. – **3.** *econ.* a) (*Rücklagen*) (legal) reserve (fund), b) (*Rückstellungen*) provision(s *pl*): **stille ~** hidden (*od.* undisclosed) reserves *pl*; **auf die ~n zurückgreifen, die ~n angreifen** to fall back on one's reserves. – **4.** *pl* (*Leistungsreserve*) reserve *sg* (of energy). – **5.** ⟨*only sg*⟩ (*Zurückhaltung*) reserve, reticence: **sich** (*dat*) **[keine] ~ auferlegen** to be reserved [to be forward]; **er tritt nicht aus seiner ~ heraus** he does not come out of his shell, he does not let his hair down; **j-n aus seiner ~ herauslocken** to bring s.o. out of himself (*od.* his shell, his reserve). — **~,an·ker** *m mar.* spare anchor. — **~,an,la·ge** *f tech.* stand-by plant, spare unit. — **~bat·te,rie** *f electr.* spare battery. — **~,fonds** *m econ.* reserve (*od.* surplus) fund: **einen Betrag dem ~ zuführen** (*od.* **zuweisen**) to transfer (*od.* allocate) an amount to the reserve (fund). — **~ka,ni·ster** *m* jerry can. — **~ka·pi,tal** *n econ.* reserve capital. — **~,kon·to** *n* reserve account. — **~la·za,rett** *n med. mil.* reserve hospital. — **~,lei·tung** *f tel.* reserve circuit. — **~,mann·schaft** *f mil.* (*sport*) reserve team.

Re'ser·ven,bil·dung *f econ.* accumulation (*od.* building up) of reserves.

Re'ser·ve·of·fi,zier *m mil.* reserve officer, officer in the reserve: **~ sein** to hold a commission as a reserve officer. — **~an,wär·ter** *m* reserve officer candidate. — **~be,wer·ber** *m* reserve officer applicant.

Re'ser·ve|pi,lot *m* (*space*) backup pilot. — **~,rad** *n auto.* spare (*od.* extra) wheel. — **~,rei·fen** *m* spare tire (*bes. Br.* tyre). — **~,spei·cher** *m* (*computer*) standby store. — **~,tank** *m tech.* reserve tank. — **~,teil** *m, n* spare (part). — **~,trup·pen** *pl mil.* **1.** reserves, reserve forces. – **2.** (*Ersatztruppen*) replacements. — **~,übung** *f* exercise of the reserves.

re·ser·vie·ren [rezɛr'vi:rən] **I** *v/t* ⟨*no* ge-, h⟩ **1.** (*zurück-, bereitlegen*) reserve, hold. – **2.** (*Karte, Platz etc*) reserve: **Karten [Plätze] ~ lassen** to reserve (*bes. Br.* book) tickets [seats]; **einen Tisch ~ lassen** to reserve a table, to make a reservation for a table; **für j-n einen Platz ~** to keep a seat for s.o., to keep s.o. a seat. – **II R~** *n* ⟨-s⟩ **3.** *verbal noun.* – **4.** *cf.* Reservierung. — **re·ser'viert I** *pp.* – **II** *adj* **1.** (*zurückhaltend*) reserved, withdrawn, retiring, reticent. – **2.** (*abweisend, unnahbar*) distant, aloof, detached, offish, cool: **sie ist ihm gegenüber sehr ~** she keeps him at a distance. – **3.** *econ.* (*Börse*) inactive, dull. — **Re·ser'viert·heit** *f* ⟨-; *no pl*⟩ **1.** reserve, withdrawn (*od.* retiring) manner, reticence. – **2.** aloofness, offishness, detached manner, coolness. — **Re·ser'vie·rung** *f* ⟨-; -en⟩ **1.** *cf.* Reservieren. – **2.** reservation.

Re·ser·vist [rezɛr'vɪst] *m* ⟨-en; -en⟩ *mil.* reservist.

Re·ser·voir [rezɛr'vŏa:r] *n* ⟨-s; -e⟩ **1.** *tech.* a) (*Tank*) reservoir, tank, (*bes. für Wasser*) cistern, pool, b) (*Füllkammer*) fountain. – **2.** *fig.* (an *dat* of) store, resources *pl*.

re·se·zie·ren [reze'tsi:rən] *v/t* ⟨*no* ge-, h⟩ *med.* resect, remove.

Re·si·dent [rezi'dɛnt] *m* ⟨-en; -en⟩ *pol.* **1.** (*Geschäftsträger*) resident. – **2.** (*Statthalter*) governor. — **Re·si'dent·schaft** *f* ⟨-; -en⟩ **1.** (*Amt*) residentship. – **2.** (*Amtsgebäude*) residency.

Re·si·denz [rezi'dɛnts] *f* ⟨-; -en⟩ **1.** residence: **königliche ~** royal residence (*od.* court). – **2.** *cf.* Residenzstadt. — **~,stadt** *f* residency, capital, seat of a court.

re·si·die·ren [rezi'di:rən] *v/i* ⟨*no* ge-, h⟩ (*bes. von König etc*) reside.

re·si·du·al [rezi'dŭa:l] *adj med.* residual, remaining. — **R~,harn** *m* residual urine. — **R~,luft** *f* (*der Lunge*) residual (*od.* stationary) air. — **R~urin** [-ʔu,ri:n] *m cf.* Residualharn.

Re·si·du·um [re'ziduum] *n* ⟨-s; -duen [-dŭən]⟩ *bes. math.* residue, residual, residuum (*scient.*).

Re·si·gna·ti·on [rezɪgna'tsĭo:n] *f* ⟨-; *no pl*⟩ resignation, resignedness, acquiescence.

re·si·gnie·ren [rezɪ'gni:rən] *v/i* ⟨*no* ge-, h⟩ resign (oneself), become resigned, acquiesce: **er resignierte** he resigned (himself to his fate), he submitted to his fate (*od.* to the circumstances), he acquiesced in his fate. — **re·si'gniert I** *pp.* – **II** *adj* **1.** resigned, acquiescent. – **2.** (*entmutigt*) discouraged.

Re·si·nat [rezi'na:t] *n* ⟨-(e)s; -e⟩ *chem.* resinate, abietate.

Ré·si·stance [rezɪs'tã:s] *f* ⟨-; *no pl*⟩ *pol. hist.* resistance (movement), *auch* (the) Resistance.

re·si·stent [rezɪs'tɛnt] *adj bes. med.* (*bes. Erreger*) (gegen to) resistant, *auch* resistent: **~ sein** to resist, to be resistant.

Re·si·stenz [rezɪs'tɛnts] *f* ⟨-; -en⟩ **1.** resistance, opposition: **passive ~ leisten** to offer passive resistance. – **2.** *bes. med.* (gegen to) resistance. — **~be,stim·mung** *f med.* determination of resistance, resistance test.

re·si·stie·ren [rezɪs'ti:rən] *v/i* ⟨*no* ge-, h⟩ resist.

re·so·lut [rezo'lu:t] *adj* ⟨-er; -est⟩ **1.** (*entschlossen*) resolute, determined. – **2.** (*energisch*) energetic, vigorous, active.

Re·so·lu·ti·on [rezolu'tsĭo:n] *f* ⟨-; -en⟩ **1.** *bes. pol.* resolution, *Am.* resolve: **eine ~ annehmen [abfassen]** to pass [to frame *od.* draft] a resolution. – **2.** *med.* (*einer Lungenentzündung etc*) resolution.

Re·sol·ven·te [rezɔl'vɛntə] *f* ⟨-; -n⟩ *math.* (*Hilfsgleichung*) resolvent.

Re·so·nanz [rezo'nants] *f* ⟨-; -en⟩ **1.** *electr. mus. phys.* resonance. – **2.** *fig.* response, echo: **bei j-m ~ finden** (*od.* **auf** *acc* **~ stoßen**) to appeal to s.o. — **~ab·sorp·ti,on** *f phys.* resonance absorption. — **~be,reich** *m* resonance range, width of the resonance curve. — **~,bo·den** *m mus.* soundboard, resoundboard, (re)sounding board, (*eines Streichinstruments*) belly, table, (*einer Harfe*) sound chest. — **~,brei·te** *f phys.* resonance amplitude (*od.* field). — **~,feld** *n* resonant field. — **~,flucht,fak·tor** *m nucl.* resonance escape probability. — **~fre-**

ˌ**quenz** *f phys.* resonance (*od.* resonant) frequency. — ~ˌ**ka·sten**, ~ˌ**kör·per** *m mus.* (*an Instrumenten*) resonator, resonance (*od.* resonant) body, sound (*od.* resonance) box. — ~ˌ**kreis** *m* (*radio*) resonator, resonance (*od.* balanced) circuit. — ~ˌ**sai·te** *f meist pl mus.* aliquot (*od.* sympathetic) string.

Re·so·na·tor [rezo'naːtɔr] *m* ⟨-s; -en [-na'toːrən]⟩ **1.** *phys.* (*Lautverstärker*) resonator: als ~ wirken to resonate. – **2.** *electr.* resonator.

re·sor'bier·bar *adj med.* absorbable: nicht ~ nonabsorbable *Br.* non-.

re·sor·bie·ren [rezɔr'biːrən] *v/t* ⟨*no* ge-, h⟩ *med.* (re)absorb, resorb: nicht resorbiert unabsorbed.

Re·sorp·ti·on [rezɔrp'tsĭoːn] *f* ⟨-; -en⟩ *med.* (re)absorption, resorption.

re·sorp·ti'ons|ˌfä·hig *adj med.* capable of absorption. — **R~ˌfie·ber** *n* traumatic (*od.* resorption) fever.

Re·sor·zin [rezɔr'tsiːn] *n* ⟨-s; -e⟩ *chem.* resorcinol, resorcin ($C_6H_4(OH)_2$).

re·so·zia·li·sie·ren [rezotsĭali'ziːrən] *v/t* ⟨*no* ge-, h⟩ rehabilitate.

Re·so·zia·li'sie·rung *f* rehabilitation.

Re·spekt [re'spɛkt; rɛs'pɛkt] *m* ⟨-(e)s; *no pl*⟩ **1.** (*Achtung*) respect, regard, esteem, consideration, deference: [großen] ~ haben vor j-m to have [high (*od.* great)] respect for s.o., (*stärker*) to stand in awe of s.o.; j-s Leistung ~ zollen to pay tribute to s.o.'s achievement; j-m ~ einflößen to inspire s.o. with respect; sich (*dat*) ~ verschaffen to make oneself respected, to win respect; (allen) ~! (*Anerkennung*) hats off! (allen) ~ vor dieser Leistung! hats off to such an achievement! – **2.** (*Ehrerbietung*) respect: er verweigert mir den schuldigen (*od.* nötigen) ~, er läßt es am nötigen ~ mir gegenüber fehlen he does not pay me the respect due to me; bei allem ~, mit ~ (zu sagen) *colloq.* with all (due) respect.

re·spek·ta·bel [respɛk'taːbəl; rɛs-] *adj* **1.** respectable, honorable, *bes. Br.* honourable, estimable. – **2.** *fig. colloq.* (*beachtlich*) considerable, 'tidy' (*colloq.*).

Re'spekt|ˌblatt *n print.* flyleaf, half-title page. — **r~ˌeinˌflö·ßend** *adj* commanding respect: er ist eine ~e Persönlichkeit his personality commands respect.

re·spek·tie·ren [respɛk'tiːrən; rɛs-] *v/t* ⟨*no* ge-, h⟩ **1.** (*Eltern, Lehrer etc*) respect, have respect for, esteem. – **2.** (*Entscheidung, Gesetz, Meinung etc*) respect.

re·spek'tier·lich *adj archaic for* respektabel.

re·spek·ti·ve [respɛk'tiːve; rɛs-] *conj archaic* or ... respectively: sie kamen mit dem Auto ~ mit der Bahn they came by car or train respectively.

re'spekt·los *adj* (gegenüber to, toward[s]) disrespectful, irreverent, flippant: eine ~e Bemerkung a flippant remark. — **Re'spekt·lo·sig·keit** *f* ⟨-; -en⟩ **1.** ⟨*only sg*⟩ (*respektloses Verhalten*) disrespect, disrespectfulness, irreverence, flippancy. – **2.** (*respektlose Äußerung*) disrespectful (*od.* irreverent, flippant) remark.

Re'spekts·perˌson *f* person commanding respect, respectable person, *auch* respectable, respectability.

Re'spekt|ˌta·ge *pl econ.* (*bei Wechseln*) days of grace (*od.* respite). — **r~ˌvoll** *adj* (gegenüber to, toward[s]) respectful, regardful, deferential. — **r~ˌwid·rig** *adj* (*Betragen etc*) disrespectful.

Re·spi·ra·ti·on [respira'tsĭoːn; rɛs-] *f* ⟨-; *no pl*⟩ *med.* breathing, respiration (*scient.*).

Re·spi·ra·ti'ons|ap·paˌrat *m med.* (*Gerät*) respiratory apparatus, respirator. — ~ˌ**krampf** *m* respiratory spasm. — ~ˌ**luft** *f* tidal air (*od.* volume).

Re·spi·ra·tor [respi'raːtɔr; rɛs-] *m* ⟨-s; -en [-ra'toːrən]⟩ *med. cf.* Respirationsapparat.

re·spi·ra·to·risch [respira'toːrɪʃ; rɛs-] *adj biol. med. ling.* respiratory.

re·spi·rie·ren [respi'riːrən; rɛs-] *v/i* ⟨*no* ge-, h⟩ *med.* breathe, respire (*scient.*).

re·spon·die·ren [respɔn'diːrən; rɛs-] *v/i* ⟨*no* ge-, h⟩ **1.** *relig. mus.* (*von der Gemeinde*) respond, succent. – **2.** *obs. for* a) antworten 1, 2, b) entsprechen.

Re·spon·so·ri·um [respɔn'zoːrĭum; rɛs-] *n* ⟨-s; -rien⟩ *relig. mus.* responsory, *auch* responsary, alternation, respond, response.

Res·sen·ti·ment [rɛsãti'mãː] *n* ⟨-s; -s⟩ (gegen against, at, toward[s]) resentment, resentfulness, hard (*od.* ill) feeling.

Res·sort [rɛ'soːr] *n* ⟨-s; -s⟩ **1.** (*Aufgabengebiet*) province, department, sphere, purview (*lit.*): das ist nicht (*od.* gehört nicht in, fällt nicht in) mein ~ that's not my department, that does not come (*od.* fall) within my purview. – **2.** *pol.* a) (*Ministerium*) department, ministry, b) (*Amtsbereich*) competence, jurisdiction. – **3.** (*Fachgebiet*) field (of study). — ~ˌ**chef** *m* **1.** head of a department. – **2.** (*im Zeitungswesen*) editor. — **r~ˌmä·ßig** *adj jur. pol.* departmental. — ~**miˌni·ster** *m pol.* competent minister (*od.* secretary, *Br.* Secretary [of State]).

Rest [rɛst] *m* ⟨-(e)s; -e⟩ **1.** (*des Abends, des Geldes, der Leute etc*) rest, remainder: das ist der ganze ~ (meines Geldes) that's all (the money) I have left. – **2.** *meist pl* (*eines Mahles etc*) leftover, leavings *pl*, ends *pl*: (unverwertbare) ~e scraps; ein Essen aus lauter ~en a meal of leftovers, a scrap meal; (das ist) der letzte ~ (vom Schützenfest) *colloq. humor.* these are (just) the scrapings (*od.* remains). – **3.** (*im Glas etc*) rest, remainder, dregs *pl*, heeltap. – **4.** *pl* (*einer vergangenen Kultur etc*) relics, remains: die sterblichen ~e the mortal remains (*od. poet.* relics). – **5.** *fig.* (*Spur*) trace, spark, shred, vestige: wenn du nur einen ~ von Anständigkeit besäßest if you only had a spark of decency in you. – **6.** *fig. colloq.* (*in Wendungen wie*) j-m den ~ geben to finish (*od.* polish) s.o. off; das gab ihm den ~ that finished him (off), that did (it) for him, that was the last straw. – **7.** *meist pl* ⟨-e, *econ. auch* -er *u. Swiss* -en⟩ (*einer Ware, bes. eines Stoffes*) remnant: verbilligte ~e im Ausverkauf remnants at a reduced price in a (clearance) sale. – **8.** *math.* remainder, residue: ohne ~ aufgehende Division aliquot division. – **9.** *econ.* a) (*Lieferrückstand*) remainder, balance, b) (*Überschuß*) surplus, balance, c) (*Fehlbetrag*) deficit, d) (*Schuld*) balance due (*od.* owing), remainder, arrears *pl*. – **10.** *jur.* residue, residuum (*scient.*). – **11.** *chem.* a) (*Radikal*) radical, b) (*Rückstand*) residue, residuum (*scient.*).

Re·stant [rɛs'tant] *m* ⟨-en; -en⟩ *econ.* **1.** *meist pl* a) (*in der Buchhaltung*) suspense items *pl*, b) (*an der Börse*) *bonds pl drawn for redemption but not yet presented.* – **2.** *rare* (*säumiger Schuldner*) defaulter. – **3.** *cf.* Ladenhüter.

'**Restˌaufˌla·ge** *f print.* remainder.

Re·stau·rant [rɛsto'rãː] *n* ⟨-s; -s⟩ restaurant, tavern, inn, café, *auch* cafe, (*bes. eines Hotels*) (hotel) dining room: ~ mit Selbstbedienung self-service restaurant, cafeteria.

Re·stau·ra·teur [rɛstora'tøːr] *m* ⟨-s; -e⟩ proprietor (*od.* manager) of a restaurant, restaurateur.

Re·stau·ra·ti·on[1] [restaura'tsĭoːn; rɛs-] *f* ⟨-; -en⟩ **1.** (*art*) restoration, renovation. – **2.** *pol.* restoration. – **3.** ⟨*only sg*⟩ *hist.* (the) Restoration, *auch* (the) Restauration.

Re·stau·ra·ti·on[2] [rɛstora'tsĭoːn] *f* ⟨-; -en⟩ *obs. od. Austrian for* Restaurant.

Re·stau·ra·ti'ons|ˌar·beit [restaura'tsĭoːns-; rɛs-] *f* (*art*) restorative (*od.* restoration) work. — ~**beˌtrieb** [rɛstora'tsĭoːns-] *m gastr.* **1.** *cf.* Restaurant. – **2.** catering business (*od.* firm, establishment), caterers *pl*.

Re·stau·ra·tor [restau'raːtɔr; rɛs-] *m* ⟨-s; -en [-ra'toːrən]⟩ (*art*) restorer (of paintings).

re·stau·rie·ren [restau'riːrən; rɛs-] **I** *v/t* ⟨*no* ge-, h⟩ (*bes. art*) restore, renovate. – **II** *v/reflex* sich ~ *archaic* refresh oneself, have (*od.* take) a rest. – **III R~** *n* ⟨-s⟩ *verbal noun.* — **Re·stau'rie·rung** *f* ⟨-; -en⟩ **1.** *cf.* Restaurieren. – **2.** restoration, renovation.

'**Rest|beˌstand** *m* **1.** (*an Waren*) remaining (*od.* remainder of a) stock, (*an Büchern etc*) remainder. – **2.** (*an Geld*) *cf.* Restbetrag 1. — ~**beˌtrag** *m econ.* **1.** remainder, balance (account). – **2.** (*Zahlungsrückstand*) arrears *pl*, arrearage(s *pl*).

'**Rest·chen** *n* ⟨-s; -⟩ **1.** *dim. of* Rest. – **2.** das letzte ~ Mut the last bit (*od.* shred) of courage.

'**Re·ste|ˌes·sen** *n* meal of leftovers, scrap meal. — ~**verˌkauf** *m econ.* remnant sale.

'**Rest|ˌfor·de·rung** *f econ.* residual claim. — ~ˌ**gutˌha·ben** *n* remaining balance. — ~ˌ**harn** *m med. cf.* Residualharn.

re·sti·tu·ie·ren [restitu'iːrən; rɛs-] *v/t* ⟨*no* ge-, h⟩ **1.** (*zurückerstatten*) restore, make restitution of. – **2.** *jur.* restore, *Am. auch* restitute.

Re·sti·tu·ti·on [restitu'tsĭoːn; rɛs-] *f* ⟨-; -en⟩ (*Rückerstattung*) *auch jur.* restoration, restitution.

Re·sti·tu·ti'ons|edikt [-ʔeˌdɪkt] *n hist.* Edict of Restitution (*1629*). — ~ˌ**kla·ge** *f jur.* action for restitution.

'**Restˌla·ger** *n econ.* stock of remnants.

'**rest·lich** *adj* ⟨*attrib*⟩ **1.** remaining: der ~e Betrag von 50 Dollar the remaining amount (*od.* the balance) of 50 dollars. – **2.** *jur.* remaining: ~er Nachlaß residue. – **3.** *chem.* remaining, residual.

'**rest·los I** *adj* complete, perfect, full: die ~e Aufklärung des Falles the complete clearing up of the case; seine ~e Hingabe an den Beruf his utter (*od.* absolute, *colloq.* all-out) devotion to his profession. – **II** *adv* completely, perfectly, entirely, thoroughly, altogether: ~ glücklich perfectly happy; ich bin ~ erledigt *colloq.* a) I'm all in (*od.* done in, finished), b) (*sport*) I'm fagged out (*od.* done up, *Am. sl.* completely pooped).

'**Restˌpo·sten** *m econ.* **1.** (*in der Buchführung*) residual item. – **2.** (*von Waren*) remaining item.

Re·strik·ti·on [restrɪk'tsĭoːn; rɛs-] *f* ⟨-; -en⟩ **1.** (*Vorbehalt*) reservation, restriction, qualification. – **2.** *econ.* restriction.

re·strik·tiv [restrɪk'tiːf; rɛs-] *adj* restrictive, restrictionist.

re·strin·gie·ren [restrɪŋ'giːrən; rɛs-] *v/t* ⟨*no* ge-, h⟩ *obs.* limit, restrict.

'**Rest|ˌstickˌstoff** *m chem.* residual (*od.* residuary, rest) nitrogen. — ~ˌ**sum·me** *f cf.* Restbetrag. — ~ˌ**wert** *m* **1.** *econ.* residual value. – **2.** *math.* residual amount. — ~ˌ**zah·lung** *f econ.* payment of the balance.

Re·sul·tan·te [rezʊl'tantə] *f* ⟨-; -n⟩ *math. phys.* resultant.

Re·sul·tat [rezʊl'taːt] *n* ⟨-(e)s; -e⟩ **1.** (*Ergebnis*) result, outcome, upshot. – **2.** (*Erfolg*) result, effect: er erzielte gute ~e mit dieser Therapie he obtained good results from this treatment. – **3.** (*sport*) a) (*Ergebnis*) result, b) (*Stand*) score. – **4.** *math.* result, answer, (*bei Addition*) *auch* sum.

re·sul'tat·los *adj* **1.** (*ohne Resultat*) without result, resultless. – **2.** (*erfolglos*) ineffective, fruitless. — **Re·sul'tat·lo·sig·keit** *f* ⟨-; *no pl*⟩ **1.** resultlessness. – **2.** ineffectiveness, fruitlessness.

re·sul·tie·ren [rezʊl'tiːrən] *v/i* ⟨*no* ge-, h⟩ (aus from) result. — **re·sul'tie·rend I** *pres p.* – **II** *adj* resulting, (*bes. aus zwei Gegensätzen*) resultant: ~e Spannung *electr.* resultant voltage. — **Re·sul'tie·ren·de** *f* ⟨-n; -n⟩ *phys.* resultant, resulting force.

Re·sü·mee [rezy'meː], *Austrian and Swiss auch* **Re·su'mé** [-'meː] *n* ⟨-s; -s⟩ **1.** summary, résumé, recapitulation, summation. – **2.** *jur.* summing-up, summation. — **re·sü'mie·ren** [-'miːrən] *v/t* ⟨*no* ge-, h⟩ sum up, summarize *Br. auch* -s-, give (*od.* make) a résumé of, recapitulate.

Ret [reːt] *n* ⟨-s; *no pl*⟩ *Low G. for* Ried.

Re·ta·bel [re'taːbəl] *n* ⟨-s; -⟩ (*art*) retable.

re·ta·blie·ren [reta'bliːrən] *v/t* ⟨*no* ge-, h⟩ *obs. od. Swiss for* wiederherstellen 1.

Re·ta·ke [ri'teːk; 'riːˌteɪk] (*Engl.*) *n* ⟨-(s); -s⟩ *meist pl* (*film*) retake.

Re·tar·da·ti·on [retarda'tsĭoːn] *f* ⟨-; -en⟩ **1.** retardation, retard. – **2.** *mus.* retardation. – **3.** *biol. cf.* Retardierung. — **re·tar'die·ren** [-'diːrən] **I** *v/t* ⟨*no* ge-, h⟩ **1.** *lit.* (*verzögern, hemmen*) retard, decelerate. – **II** *v/i* **2.** *obs. for* nachgehen 7. – **3.** *math. phys.* retard. – **III R~** *n* ⟨-s⟩ **4.** *verbal noun.* – **5.** *cf.* Retardation. — **re·tar'die·rend I** *pres p.* – **II** *adj* (*literature*) retarding, retardative, retardatory: ~es Moment retarding element. — **Re·tar'die·rung** *f* ⟨-; -en⟩ *biol.* retardation.

Re·ten·ti·on [retɛn'tsĭoːn] *f* ⟨-; -en⟩ **1.** *med.* retention, holding back, ischesis (*scient.*). – **2.** *psych.* a) abnormal restraint (*od.* reserve), b) (*Erinnerungsvermögen*) mneme, habit of remembering. – **3.** *jur. obs. for* Vorenthaltung.

Re·ten·ti'ons|ˌrecht *n jur.* right of retention, lien. — ~ˌ**zy·ste** *f med.* retention cyst.

re·ti·ku·lär [retiku'lɛːr] *adj* reticular, reticulate(d), retiform.

re·ti·ku·liert [retiku'liːrt] *adj tech.* (*Glas*) reticulated.

Re·ti·ku·lo·zyt [retikulo'tsyːt] *m* ⟨-en; -en⟩ *meist pl med.* reticulocyte.

Re·ti·ku·lum [re'tiːkulum] *n* ⟨-s; -kula [-la]⟩

1. *med.* (*Bindegewebe*) reticulum. – **2.** *fig.* reticulum, network. – **3.** *zo. cf.* Netzmagen.

Re·ti·na ['re:tina] *f* ⟨-; -nae [-nɛ]⟩ *med.* (*Netzhaut*) retina. — **~,ab,lö·sung** *f* detachment of the retina.

re·ti·nal [reti'na:l] *adj med.* retinal.

Re·ti·ni·tis [reti'ni:tɪs] *f* ⟨-; -nitiden [-ni'ti:dən]⟩ *med.* retinitis.

Re·ti·no·pa·thie [retinopa'ti:] *f* ⟨-; -n [-ən]⟩ *med.* retinopathy.

re·ti·rie·ren [reti'ri:rən] *v/i* ⟨*no* ge-, sein⟩ *u.* sich ~ *v/reflex* ⟨h⟩ *obs. od. humor.* (make a) retreat, retire.

Re·tor·si·on [retɔr'zĭo:n] *f* ⟨-; -en⟩ **1.** *pol.* (*Vergeltungsmaßnahme*) retortion. – **2.** *jur.* requital, retaliation. — **Re·tor·si'ons,zoll** *m econ.* retaliatory tariff (*od.* duty).

Re·tor·te [re'tɔrtə] *f* ⟨-; -n⟩ *chem.* retort, still: ein Produkt aus der ~ *fig.* a laboratory product.

Re'tor·ten|,ba·by *n med. colloq.* test-tube baby. — **~,koh·le** *f chem.* retort (*od.* gas) carbon. — **~,koks** *m* retort coke (*od.* graphite).

re·tour [re'tu:r] *adv Austrian and Swiss, archaic and dial. for* zurück. — **R~bil,let** *n Swiss for* Rückfahrkarte.

Re·tou·re [re'tu:rə] *f* ⟨-; -n⟩ *econ. obs. for* Rücksendung.

Re'tour|,fahr,kar·te *f Austrian and Swiss for* Rückfahrkarte. — **~,gang** *m Austrian and Swiss auto. for* Rückwärtsgang. — **~,kar·te** *f Austrian and Swiss for* Rückfahrkarte.

Re'tour,kut·sche *f fig. colloq.* **1.** retort in the same vein, (quick) repartee in similar words: auf diese freche Bemerkung gab er sofort eine ~ to this impertinent remark he retorted in kind (*od.* in the same vein). – **2.** eine ~ (*Vergeltung einer Handlung*) tit for tat, an eye for an eye: das war eine ~ that was tit for tat.

re·tour·nie·ren [retʊr'ni:rən] *v/t* ⟨*no* ge-, h⟩ *bes. Austrian and Swiss* return, send (*s.th.*) back.

Re'tour,rech·nung *f econ.* return account.

re·tra·hie·ren [retra'hi:rən] *v/t* ⟨*no* ge-, h⟩ *med.* retract.

Re·trak·ti·on [retrak'tsĭo:n] *f* ⟨-; -en⟩ *med.* retraction. — **Re·trak·ti'ons,mus·kel** *m* retractor.

Re·tri·bu·ti·on [retribu'tsĭo:n] *f* ⟨-; -en⟩ **1.** (*Rückgabe*) restitution, return. – **2.** (*Erstattung*) refund, reimbursement, repayment.

Re·tro..., re·tro... *combining form denoting* [retro...]

re·tro·flex [retro'flɛks] *adj ling.* retroflex(ed).

Re·tro·fle·xi·on [retroflɛ'ksĭo:n] *f med.* (*bes. des Uterus*) retroflexion.

re·tro·grad [retro'gra:t] *adj med.* retrograde.

'Re·tro-Ra,ke·te ['re:tro-] *f* (*space*) retro-rocket.

re·tro·spek·tiv [retrospɛk'ti:f] *adj* retrospective.

Re·tro·spek·ti·ve [retrospɛk'ti:və] *f* ⟨-; -n⟩ retrospective.

Re·tro·ver·si·on [retrovɛr'zĭo:n] *f* ⟨-; -en⟩ *med.* (*bes. des Uterus*) retroversion.

re·tro·ze·die·ren [retrotse'di:rən] *v/t* ⟨*no* ge-, h⟩ *econ.* (*rückversichern*) reinsure, retrocede, insure by way of retrocession. — **Re·tro·zes·si'on** [-tsɛ'sĭo:n] *f* ⟨-; -en⟩ retrocession.

'rett·bar *adj* sav(e)able, rescuable, salvable, *bes. mar.* salvageable.

ret·ten ['rɛtən] **I** *v/t* ⟨h⟩ (aus, vor *dat* from) **1.** (*bewahren*) save, rescue: er hat sie vor dem Ertrinken gerettet he saved her from drowning; er wurde durch ärztliche Kunst gerettet he was saved by medical skill; j-m das Leben ~ to save s.o.'s life; er hat kaum das nackte Leben gerettet he just barely saved his skin (*od.* his life); seine Ehre ~ *fig.* to save (*od.* vindicate, retrieve) one's hono(u)r; die ist nicht mehr zu ~ *fig. colloq.* she must be out of her mind, she must have lost her senses. – **2.** (*Güter etc*) retrieve, rescue, recover, salvage. – **3.** *mar. cf.* bergen 3a. – **4.** (*von einem Laster etc*) save; redeem, deliver (*lit.*). – **5.** ein glücklicher Zufall, und der Abend war gerettet *fig. colloq.* the evening was saved by a lucky chance. – **6.** free, liberate. – **II** *v/reflex* sich ~ **7.** (*entkommen*) (vor *dat* from) save oneself, escape, make one's escape: rette sich, wer kann! *auch humor.* every man for himself! run for your lives! er wußte sich vor Telefonanrufen nicht mehr zu ~ he was swamped with (*od.* by) telephone calls. – **8.** (*sich in Sicherheit bringen*) (vor *dat* from) take shelter. – **III R~** *n* ⟨-s⟩ **9.** *verbal noun.* – **10.** *cf.* Rettung. — **'ret·tend I** *pres p.* – **II** *adj* **1.** (*bewahrend*) saving, guarding: ~er Engel good (*od.* guardian) angel, angel in need. – **2.** (*erlösend*) rescuing, relieving: dann kam ihm der ~e Einfall (*od.* Gedanke) then the fortunate idea occurred to him, then he had the fortunate flash of inspiration.

'Ret·ter *m* ⟨-s; -⟩ **1.** rescuer, saver: ein ~ in der Not a friend in need. – **2.** (*Befreier*) deliverer. – **3.** der ~ *relig.* the Savior (*bes. Br.* Saviour), the Redeemer. — **'Ret·te·rin** *f* ⟨-; -nen⟩ **1.** rescuer, saver. – **2.** (*Befreierin*) deliverer.

Ret·tich ['rɛtɪç] *m* ⟨-s; -e⟩ *bot.* (garden) radish (*Raphanus sativus*).

'Ret·tung *f* ⟨-; -en⟩ **1.** *cf.* Retten. – **2.** (aus, vor *dat* from) rescue, recovery: die Schiffbrüchigen hatten die Hoffnung auf ~ aufgegeben the shipwrecked had given up (*od.* abandoned) all hope of rescue (*od.* of being rescued). – **3.** (aus, vor *dat* from) (*von Gütern*) salvage. – **4.** *mar. cf.* Bergung 3. – **5.** saving, deliverance (*lit.*). – **6.** (*Hilfe*) help, succor, *bes. Br.* succour: es gab keine ~ für ihn he was beyond help (*od.* all aid); das war seine ~ that saved him; das war seine letzte ~ that was his last resort (*od.* his sheet anchor). – **7.** ⟨*only sg*⟩ *bes. Austrian short for* a) Rettungsdienst 1, b) Rettungswagen. – **8.** *relig.* salvation, redemption.

'Ret·tungs|ak·ti,on *f* rescue operation. — **~,an·ker** *m* **1.** *mar.* spare (*od.* sheet, waist) anchor. – **2.** *fig.* (sheet) anchor. — **~,ar·bei·ten** *pl* rescue work *sg* (*od.* operation *sg*). — **~,boh·rung** *f* (*mining*) rescue (*od.* escape) shaft. — **~,bo·je** *f mar.* life buoy. — **~,bom·be** *f* (*mining*) rescue torpedo (*od.* cage). — **~,boot** *n* **1.** *mar.* lifeboat. – **2.** *aer.* (*abwerfbares*) life raft. — **~,dienst** *m* **1.** lifesaving (*od.* emergency) service. – **2.** *cf.* a) Bergwacht, b) Seenot(rettungs)dienst. — **~,floß** *n mar.* life raft. — **~ge,rät** *n* lifesaving (*od.* emergency) equipment. — **~,gür·tel** *m mar.* life belt (*od.* preserver). — **~,hub,schrau·ber** *m* rescue helicopter. — **~ko,lon·ne** *f cf.* Rettungsmannschaft. — **~,lei·ne** *f mar.* lifeline.

'ret·tungs·los I *adj* irredeemable, hopeless. – **II** *adv* ~ verloren beyond help (*od.* hope); die Sache ist ~ verfahren *colloq.* the whole affair is in a hopeless mess; er ist ~ verliebt *colloq.* he is hopelessly (*od.* desperately) in love.

'Ret·tungs|,mann·schaft *f* **1.** rescue party (*od.* team, squad). – **2.** (*mining*) mine rescue team (*od.* party). — **~me,dail·le** *f* lifesaving medal. — **~ra,ke·te** *f* (*space*) recovery (*auch* escape) rocket. — **~,ring** *m mar.* life buoy. — **~,schiff** *n* rescue ship. — **~,schwim·men** *n* lifesaving. — **~,schwim·mer** *m* lifeguard, lifesaver. — **~sta·ti,on** *f* **1.** (*am Badestrand etc*) lifeguard station. – **2.** (*bei Massenveranstaltungen*) first-aid post. — **~,stel·le** *f* lifesaving station. — **~,trupp** *m cf.* Rettungsmannschaft. — **~ver,such** *m* rescue attempt, attempted rescue, attempt at rescue. — **~,wa·gen** *m* ambulance. — **~,we·sen** *n* lifesaving (*od.* rescue) service.

Re·tu·sche [re'tʊʃə] *f* ⟨-; -n⟩ *phot.* retouching: ~ mit Bleistiften pencil retouching; ~ durch Ausschaben mit Retuschiermesser knifing; ~ mit Pinsel und Farbstoff [Farblösung] pigment [dye] retouching. — **Re·tu'scheur** [-'ʃø:r] *m* ⟨-s; -e⟩ retoucher. — **re·tu'schie·ren** [-'ʃi:rən] **I** *v/t* ⟨*no* ge-, h⟩ **1.** retouch. – **II R~** *n* ⟨-s⟩ **2.** *verbal noun.* – **3.** *cf.* Retusche.

Re·tu'schier|,mes·ser *n phot.* retouching knife. — **~,pult** *n* retouching desk.

Reue ['rɔʏə] *f* ⟨-; *no pl*⟩ **1.** (über *acc* etwas) repentance (for s.th.), penitence (for s.th.), (*stärker*) remorse (at, for s.th.): bittere [tiefe] ~ empfinden [zeigen] to feel [to show] bitter [deep] remorse (*od.* repentance); tätige ~ *jur.* voluntary averting of the effect of one's own wrongful act. – **2.** (*Gewissensbisse*) compunction. – **3.** *relig.* a) (*Bereuen der Sünden*) contrition, sorrow, b) (*Bußbereitschaft*) repentance, penitance, penance: unvollkommene ~ attrition. — **~ge,fühl** *n* **1.** (feeling of) remorse. – **2.** (feeling of) compunction. – **3.** *relig.* (feeling of) contrition (*od.* sorrow).

reu·en ['rɔʏən] **I** *v/t* ⟨h⟩ etwas reut j-n a) s.o. regrets (*od.* feels remorse at, repents [of]) s.th., b) (*tut j-m leid*) s.o. regrets (*od.* repents [of], is sorry about) s.th.: seine Tat reute ihn he regretted what he had done; seine voreilige Absage reute ihn bald he soon regretted his rash refusal, he soon was sorry that he had refused so rashly; das wird Sie noch ~ you'll live to regret it, some day you'll regret that; das Geld reut ihn he dislikes spending the money. – **II** *v/impers* es reut mich, daß I regret that.

'reue,voll *adj cf.* reumütig.

'Reu,geld *n* **1.** *jur. econ.* a) forfeit (money), forfeiture, penalty, b) (*beim Prämiengeschäft*) option money. – **2.** (*sport*) (*beim Pferderennen*) forfeit (money), forfeiture.

'reu·ig *adj cf.* reumütig.

'Reu,kauf *m jur. econ.* forfeit.

'reu,mü·tig *adj* **1.** repentant, remorseful, full of compunction, compunctious, regretful. – **2.** (*entschuldigend*) apologetic, deprecating, deprecatory: ein ~es Lächeln an apologetic smile. – **3.** *relig.* a) contrite, sorrowful, b) (*bußfertig*) repentant, penitent: ein ~er Sünder a penitent sinner.

Re·uni·on [reʔu'nĭo:n] *f* ⟨-; -en⟩ **1.** *obs.* (*Wiedervereinigung*) reunion. – **2.** *pl hist.* (*unter Ludwig XIV.*) Reunions.

Re·uni'ons,kam·mern *pl hist.* Chambers of Reunion.

Reu·se ['rɔʏzə] *f* ⟨-; -n⟩ **1.** (*zum Fischfang*) a) (fish) trap (*od.* basket), creel, pot, b) (*für Krebse*) bow net, c) *cf.* Aalreuse. – **2.** *electr.* (*radio*) (*Schutzgitter*) basket.

'Reu·sen·an,ten·ne *f* (*radio*) prism (*od.* cage) antenna (*bes. Br.* aerial).

re·üs·sie·ren [reʔʏ'si:rən] *v/i* ⟨*no* ge-, h⟩ *lit.* succeed, have success, be successful.

Re·vak·zi·na·ti·on [revaktsina'tsĭo:n] *f* ⟨-; -en⟩ *med.* revaccination.

re·va·lo·ri·sie·ren [revalori'zi:rən] *v/t* ⟨*no* ge-, h⟩ *econ.* revalorize *Br. auch* -s-. — **Re·va·lo·ri'sie·rung** *f* ⟨-; -en⟩ revalorization *Br. auch* -s-.

Re·van·che [re'vã:ʃə] *f* ⟨-; -n⟩ **1.** (*Vergeltung*) revenge, vengeance. – **2.** (*sport, games*) revenge, return match (*od.* game): j-m ~ geben to give s.o. a return match (*od.* game), to give s.o. a chance to get even. — **r~,lü·stern, r~,lu·stig** *adj* thirsting (*od.* dying) for revenge. — **~par,tie** *f,* **~,spiel** *n* (*sport, games*) return match (*od.* game).

re·van·chie·ren [revã'ʃi:rən] *v/reflex* ⟨*no* ge-, h⟩ sich ~ **1.** (*für eine Beleidigung etc*) take (*od.* have) revenge, revenge (*od.* avenge) oneself: sich an j-m (für etwas) ~ to take revenge (*od.* revenge oneself) (up)on s.o. (for s.th.). – **2.** sich bei j-m ~ (*für eine Einladung, einen Dienst etc*) to return s.o. a favor (*bes. Br.* favour) (*od.* compliment), to reciprocate (*od.* repay) s.o.'s favo(u)r (*od.* compliment): wie kann ich mich bei Ihnen für Ihre Freundlichkeit ~? how can I return your kindness? how can I reciprocate your favo(u)r?

Re·van·chis·mus [revã'ʃɪsmʊs] *m* ⟨-; *no pl*⟩ *pol.* (policy of) retaliation and revenge. — **Re·van'chist** [-'ʃɪst] *m* ⟨-en; -en⟩ revanchist, advocate of (a policy of) retaliation and revenge. — **re·van'chi·stisch** *adj* revanchist, pursuing a policy of retaliation.

Re·ve·renz [reve'rɛnts] *f* ⟨-; -en⟩ *lit.* **1.** (*Ehrerbietung*) reverence, respect: j-m seine ~ erweisen to pay (*od.* do, show) reverence to s.o. – **2.** (*Verbeugung*) reverence, obeisance: seine ~ machen a) to make one's reverence (*od.* bow), b) (*Knicks*) to make (*od.* drop) a (*od.* one's) curts(e)y.

Re·vers[1] [re've:r; rə-] *n, m, Austrian and Swiss m* ⟨- [-'ve:r(s)]; - [-'ve:rs]⟩ (*Rockaufschlag*) lapel, revers.

Re·vers[2] [re'vɛrs] *m* ⟨-es; -e⟩ **1.** *econ.* (*Verpflichtungsschein*) counterindemnity, (reciprocal) bond, b) (*Gegenschein*) letter of guarantee (*auch* guaranty) (*od.* indemnity). – **2.** *jur.* undertaking: einen ~ ausstellen (*od.* unterschreiben) to give a written undertaking.

Re·vers[3] [re'vɛrs; re've:r; rə've:r] *m* ⟨-es [re'vɛrzəs]; -e [re'vɛrzə]; *auch* - [re've:r(s); rə-]; - [re've:rs; rə-]⟩ (*Rückseite einer Münze*) reverse (side), tail.

re·ver·si·bel [revɛr'zi:bəl] *adj* (*umkehrbar*) reversible: reversible Prozesse *phys. chem.* reversible processes.

Re·ver·si·on [revɛr'zi̯oːn] *f* ⟨-; -en⟩ *bes. tech.* reversion.

re·vi·die·ren [revi'diːrən] *v/t* ⟨*no* ge-, h⟩ **1.** (*überprüfen*) check, revise, review, go over: die bisherige Politik ~ to review the previous policy. – **2.** (*ändern*) revise: seine Meinung ~ to revise one's opinion; Grenzen ~ *pol.* to revise boundaries. – **3.** *econ.* (*eine Rechnung, Bücher etc*) audit, (re)examine. – **4.** *jur.* review, revise: eine Entscheidung [ein Urteil] ~ to review (*od.* revise) a decision [judg(e)ment]. — **re·vi'diert I** *pp.* – **II** *adj* (*Ausgabe eines Buchs*) revised.

Re·vier [re'viːr] *n* ⟨-s; -e⟩ **1.** (*Teil eines Gebietes*) district, quarter, area. – **2.** (*eines Kellners, Diebes etc*) area. – **3.** (*Polizeibezirk*) district, ward, *Am. auch* precinct, (*eines Beamten*) *auch* beat. – **4.** (*Polizeiwache*) (police) station, *Am.* station house. – **5.** (*forestry*) (*eines Försters*) ranger's (*od.* forester's) district, forest range, beat. – **6.** *hunt.* (*Jagdrevier*) shooting ground, hunting area, *bes. Br.* preserve. – **7.** *mil.* a) (*Unterkunftsbereich*) quarters *pl*, b) (*Krankenstube*) infirmary, sick quarters *pl*. – **8.** (*mining*) a) (*Abbaugebiet*) exploitation area, *auch* coal-mining area, b) (*Grubenteilgebiet*) district. – **9.** *zo.* (*von Tieren*) territory. – **10.** *fig. colloq.* (*Fachgebiet*) province, line. — **~ˌdienst** *m mil.* light duty.

re·vie·ren [re'viːrən] *v/i* ⟨*no* ge-, h⟩ *hunt.* **1.** (*vom Jäger od. Jagdhund*) search (*od.* beat) for game. – **2.** gut ~ (*von Hunden*) to range well.

Re'vier|ˌför·ster *m* (*forestry*) district ranger (*od.* forester), *Am.* forest ranger. — **r~ˌkrank** *adj mil.* in sick bay. — **~ˌkran·ke** *m* dispensary (*od.* infirmary) case. — **~ˌstu·be** *f mil.* infirmary, dispensary, sickroom.

Re·vi·re·ment [revirə'mãː] *n* ⟨-s; -s⟩ *pol.* **1.** (personnel) shake-up (*od.* changeover). – **2.** (government *od.* cabinet) reshuffle.

Re·vi·si·on [revi'zi̯oːn] *f* ⟨-; -en⟩ **1.** (*Überprüfung*) check, review, going over: eine ~ vornehmen to undertake (*od.* make) a review (*od.* check). – **2.** (*Änderung*) revision: eine ~ seiner Ansichten a revision (*od.* change) of one's opinions; ~ der Grenzen *pol.* revision of the boundaries; ~ eines Vertrages *pol.* revision of a treaty. – **3.** (*beim Zoll*) examination (of baggage, *bes. Br.* luggage). – **4.** *econ.* (*der Bücher, Rechnungen etc*) audit(ing), (re)examination. – **5.** *jur.* appeal: ~ einlegen (*od.* beantragen) (bei) to appeal (to), to file (*od.* give notice of, lodge) an appeal (on a question of law) (with); die ~ verwerfen (*od.* zurückweisen) to reject (*od.* dismiss) the appeal; der ~ stattgeben to allow (*od.* grant, uphold) the appeal. – **6.** *print.* proofreading, *Br.* proof-reading, revision (of a proof).

Re·vi·sio·nis·mus [revizi̯o'nɪsmʊs] *m* ⟨-; *no pl*⟩ *pol.* **1.** revisionism, advocacy of revision (*of an original doctrine or treaty*). – **2.** revisionism (*policy of changing society through democratic means*). — **Re·vi·sio'nist** [-'nɪst] *m* ⟨-en; -en⟩ revisionist. — **re·vi·sio'ni·stisch** *adj* revisionist.

Re·vi·si'ons|ˌab·tei·lung *f econ.* (*einer Bank*) auditing department. — **~be·klag·te** *m, f jur.* respondent. — **~ˌbo·gen** *m print.* revise, revised (*od.* clean) proof. — **~inˌstanz** *f jur.* instance (of appeal). — **~ˌklä·ger** *m* appellant. — **~verˌfah·ren** *n* appeal procedure (*od.* proceedings *pl*).

Re·vi·sor [re'viːzɔr] *m* ⟨-s; -en [-vi'zoːrən]⟩ **1.** *econ.* a) (*staatlicher*) comptroller, b) auditor, examiner, auditing clerk, c) (*Wirtschaftsprüfer*) auditor: amtlich zugelassener ~ *Br.* chartered (*od.* certified) accountant, *Am.* certified public accountant. – **2.** *print.* proofreader, *Br.* proof-reader, reviser (*od.* revisor) (of proofs).

Re·vo·ka·ti·on [revoka'tsi̯oːn] *f* ⟨-; -en⟩ *cf.* Widerruf.

Re·vol·te [re'vɔltə] *f* ⟨-; -n⟩ **1.** (*Aufstand*) revolt, insurrection, insurgency, (armed) (up)rising: eine ~ niederschlagen to crush (*od.* suppress, put down) a revolt. – **2.** (*Meuterei*) mutiny.

re·vol·tie·ren [revɔl'tiːrən] *v/i* ⟨*no* ge-, h⟩ **1.** (gegen against) revolt, rise (up), insurrect. – **2.** *fig.* (*von Magen*) revolt.

Re·vo·lu·ti·on [revolu'tsi̯oːn] *f* ⟨-; -en⟩ **1.** *pol.* revolution: die ~ bricht aus [ist gescheitert, hat gesiegt] the revolution breaks out [has failed (*od.* been suppressed), has suceeded]; die Französische ~ *hist.* the French Revolution. – **2.** (*Umwälzung*) revolution (*auch econ.*): eine ~ in der Mode [Kunst] a revolution in fashion [art]; die industrielle ~ the industrial revolution. – **3.** *astr.* (*Umlauf eines Himmelskörpers*) revolution.

re·vo·lu·tio·när [revolutsi̯o'nɛːr] **I** *adj* **1.** *pol.* revolutionary: eine ~e Bewegung a revolutionary movement. – **2.** (*Bestrebungen, Erfindungen etc*) revolutionary. – **II R~** *m* ⟨-s; -e⟩ **3.** *pol.* revolutionary, revolutionist. – **4.** (*Neuerer*) revolutionist: ein ~ auf dem Gebiet der modernen Filmkunst a revolutionist in the field of modern cinematic art.

re·vo·lu·tio·nie·ren [revolutsi̯o'niːrən] *v/t* ⟨*no* ge-, h⟩ revolutionize.

Re·vo·lu·ti'ons|kaˌlen·der *m hist.* Revolutionary calendar. — **~tri·buˌnal** *n* Revolutionary Tribunal.

Re·vo·luz·zer [revo'lʊtsər] *m* ⟨-s; -⟩ *contempt.* **1.** professional revolutionary, fanatical opponent of the established society. – **2.** would-be revolutionary.

Re·vol·ver [re'vɔlvər] *m* ⟨-s; -⟩ **1.** (*Waffe*) revolver, shooter (*colloq.*), *Am. colloq.* gun; shooting iron, gat (*beide sl.*): den ~ ziehen to draw the revolver. – **2.** (*optics*) (*eines Mikroskops*) (revolving) nosepiece. – **3.** *tech. phot. cf.* Revolverkopf. — **~ˌblatt** *n colloq.* (*Sensationsblatt*) (gutter) rag, scandal sheet, yellow (news)paper. — **~ˌblen·de** *f phot.* rotating stop plate. — **~ˌdrehˌbank** *f tech.* turret lathe. — **~ˌgriff** *m phot.* (*Kamerastütze*) pistol grip, gunstock holder, gunpod. — **~ˌheld** *m contempt.* gunman. — **~ˌkopf** *m* **1.** *tech.* turret(head), turret block: ~ mit Schnellschaltung quick-indexing turret. – **2.** *phot.* lens turret, turret mount. — **~ˌlauf** *m* barrel (of a revolver), revolver barrel. — **~ˌpres·se** *f colloq.* (*Sensationspresse*) scandal (*od.* yellow) press. — **~ˌschnau·ze** *f colloq.* **1.** eine ~ haben (*freches Mundwerk*) to shoot off one's mouth. – **2.** (*Person*) saucy (*od.* cocky) person.

Re'vol·ving·kreˌdit [re'vɔlvɪŋ-] *m econ.* revolving credit.

re·vo·zie·ren [revo'tsiːrən] *v/t* ⟨*no* ge-, h⟩ *cf.* zurücknehmen 3—7, widerrufen 1—3.

Re·vue [rə'vyː] *f* ⟨-; -n [-ən]⟩ **1.** (*Ausstattungsshow*) revue, (musical) show, *bes. Am.* floor show. – **2.** (*Revuetruppe*) show, (revue) troupe (*auch* troop). – **3.** (*Zeitschrift*) magazine, pictorial. – **4.** *mil. obs.* (*Truppenschau*) review: etwas ~ passieren lassen *fig. colloq.* to pass s.th. in review. — **~ˌfilm** *m* revue (*od.* musical) film. — **~ˌgirl** *n* show (*od.* chorus) girl, *Am. sl.* hoofer. — **~thea·ter** [-teˌaːtər] *n* music hall, variety show, vaudeville theater (*bes. Br.* theatre).

Re·zen·sent [retsɛn'zɛnt] *m* ⟨-en; -en⟩ reviewer, critic, review writer. — **re·zen'sie·ren** [-'ziːrən] *v/t* ⟨*no* ge-, h⟩ (*Bücher, Filme etc*) review, criticize. — **Re·zen·si'on** [-'zi̯oːn] *f* ⟨-; -en⟩ **1.** (*von Büchern, Filmen etc*) review, critique, *auch* criticism. – **2.** (*in der Textkritik*) recension.

Re·zen·si'ons·ex·emˌplar *n* (*bei Büchern*) reviewer's (*od.* review) copy.

Re·zept [re'tsɛpt] *n* ⟨-(e)s; -e⟩ **1.** *med. pharm.* a) (*Verordnung*) prescription, b) (*Formular*) prescription blank, c) (*für die Arzneiherstellung*) prescription: ein ~ ausstellen to write out a prescription; ein ~ anfertigen to make up a prescription. – **2.** *gastr.* recipe, receipt: ein neues ~ (aus)probieren to try (out) a new recipe (*od.* receipt). – **3.** *fig. colloq.* (*Mittel*) remedy, recipe, receipt: ein gutes ~ gegen Langeweile a good remedy for boredom. – **4.** *fig.* (*feste Regel*) rule, recipe, formula: dafür gibt es kein allgemeines ~ there's no general rule for that. — **~ˌblock** *m med.* prescription pad. — **~ˌfor·mel** *f* prescription formula.

re·zep·tie·ren [retsɛp'tiːrən] *v/t u. v/i* ⟨*no* ge-, h⟩ *med. pharm.* prescribe.

Re·zep·ti·on [retsɛp'tsi̯oːn] *f* ⟨-; -en⟩ **1.** (*in einem Hotel*) reception (office). – **2.** (*in einem Krankenhaus*) admittance. – **3.** *fig.* (*von Kulturgütern etc*) adoption: die ~ des römischen Rechts in Deutschland the adoption of the Roman Law in Germany. – **4.** (*in eine Studentenverbindung*) admission, reception.

re·zep·tiv [retsɛp'tiːf] *adj* **1.** (*aufnehmend*) receptive, susceptive: eher ~ als schöpferisch veranlagt sein to have a more receptive than creative mind (*od.* disposition). – **2.** (*empfänglich*) susceptible, susceptive, receptive. — **Re·zep·ti·vi'tät** [-tivi'tɛːt] *f* ⟨-; *no pl*⟩ **1.** receptivity, receptiveness, susceptiveness. – **2.** susceptibility, susceptiveness, receptiveness. – **3.** (*bes. für Sinneseindrücke*) sensitiveness, sensibility.

Re·zep·tor [re'tsɛptɔr] *m* ⟨-s; -en [-'toːrən]⟩ *meist pl med.* receptor.

re'zeptˌpflich·tig *adj med. pharm.* requiring a (doctor's) prescription, sold only on prescription.

Re·zep·tur [retsɛp'tuːr] *f* ⟨-; -en⟩ *med. pharm.* dispensing (*od.* making up, preparing) of prescriptions (*od.* medicines).

Re·zes·si·on [retsɛ'si̯oːn] *f* ⟨-; -en⟩ *econ.* recession. — **re·zes'siv** [-'siːf] *adj biol.* recessive.

Re·zi·div [retsi'diːf] *n* ⟨-s; -e⟩ *med.* **1.** (*Rückfall*) relapse. – **2.** (*Wiederkehr*) recurrence. — **re·zi·di'vie·rend** [-di'viːrənt] *adj* recurring, recurrent.

Re·zi·pi·ent [retsi'pi̯ɛnt] *m* ⟨-en; -en⟩ **1.** *phys.* (*einer Vakuumpumpe*) receiver. – **2.** *chem.* (*Sammelgefäß*) receiver, receiving tank. – **3.** *med.* receiver, (*bei Bluttransfusion*) recipient. – **4.** *tech.* (*beim Strangpressen*) receiver, container.

re·zi·pie·ren [retsi'piːrən] *v/t* ⟨*no* ge-, h⟩ **1.** (*übernehmen, annehmen*) adopt, take over. – **2.** (*aufnehmen*) admit.

re·zi·prok [retsi'proːk] *adj* reciprocal: ~er Wert reciprocal value; ~e Geschwindigkeitskurve inverse rate curve; ~es Pronomen *ling.* reciprocal pronoun. — **Re·zi·pro·zi'tät** [-protsi'tɛːt] *f* ⟨-; *no pl*⟩ reciprocity.

Re·zi·ta·ti·on [retsita'tsi̯oːn] *f* ⟨-; -en⟩ **1.** (*Vortrag von Dichtungen*) recitation, recital. – **2.** (*Lesung*) (public) reading.

Re·zi·ta·tiv [retsita'tiːf] *n* ⟨-s; -e⟩ *mus.* recitative, recitativo: begleitetes ~ recitativo accompagnato (*od.* stromentato); unbegleitetes ~ recitativo secco, dry recitative.

Re·zi·ta·tor [retsi'taːtɔr] *m* ⟨-s; -en [-ta'toːrən]⟩ **1.** reciter. – **2.** (*von Lesungen*) reader.

re·zi·tie·ren [retsi'tiːrən] **I** *v/t u. v/i* ⟨*no* ge-, h⟩ **1.** recite. – **2.** (*in einer Lesung*) read. – **II R~** *n* ⟨-s⟩ **3.** *verbal noun.* – **4.** *cf.* Rezitation.

R-Geˌspräch ['ɛr-] *n tel.* reversed (*od.* transferred) charge call, call collect.

Rha·bar·ber [ra'barbər] *m* ⟨-s; *no pl*⟩ **1.** *bot.* rhubarb, rheum (*scient.*) (*Gattg Rheum*). – **2.** ~, ~ (*theater*) *colloq.* (*allgemeines Gemurmel*) rhubarb, rhubarb. — **~komˌpott** *n gastr.* stewed rhubarb. — **~ˌku·chen** *m* rhubarb pie (*bes. Br.* tart).

Rha·ga·den [ra'gaːdən] *pl med.* (*Hautrisse*) cracks, fissures, rhagades (*scient.*).

Rha·phe ['raːfə] *f* ⟨-; -n⟩ *med.* r(h)aphe, suture.

Rhap·so·de [ra'psoːdə; rap'zoːdə] *m* ⟨-n; -n⟩ *antiq.* rhapsode.

Rhap·so·die [rapso'diː; rapzo-] *f* ⟨-; -n [-ən]⟩ (*literature*) *mus.* rhapsody: „Ungarische ~n" "Hungarian Rhapsodies" (*by Liszt*). — **rhap'so·disch** [-'psoːdɪʃ; -'zoːdɪʃ] *adj* rhapsodic, *auch* rhapsodical.

Rhea [reːa] *npr f* ⟨-; *no pl*⟩ *myth.* Rhea (*mother of the Greek gods*).

ˌrhein|'ab(ˌwärts) *adv* down the Rhine: ~ fahren to travel down the Rhine. — **R~ˌan·ke** ['raɪn-] *m* ⟨-n; -n⟩ *zo. cf.* Seeforelle. — **~'auf(ˌwärts)** *adv* up the Rhine. — **R~ˌbrücke** (*getr.* -k·k-) ['raɪn-] *f* bridge over (*od.* across) the Rhine. — **R~ˌbund** ['raɪn-] *m hist.* Rhenish (*od.* Rhine) Confederation, Confederation of the Rhine. — **R~ˌdamp·fer** ['raɪn-] *m* Rhine steamer. — **R~ˌfahrt** ['raɪn-] *f* tour (*od.* trip) on the Rhine. — **R~ˌfall** ['raɪn-] *m* falls *pl* of the Rhine. — **~ˌfrän·kisch** ['raɪn-] *adj* (*Mundart, Gebiet etc*) Rheno-Franconian, Rhine- (*od.* Rhenish-)Franconian. — **R~ˌgold", „das** ['raɪn-] *mus.* "(The) Rhinegold" (*opera by Wagner*).

'rhei·nisch *adj* Rhenish, of (*od.* from, relating to) the Rhine (*od.* Rhineland). — **~-ˌwest'fä·lisch** *adj* Rheno-Westphalian.

'Rhein|ˌlän·der *m* ⟨-s; -⟩ **1.** Rhinelander. – **2.** (*Tanz*) (*sort of*) schottische. — **~ˌlän·de·rin** *f* ⟨-; -nen⟩ Rhinelander, Rhenisch woman (*od.* girl). — **r~ˌlän·disch** *adj cf.* rheinisch. — **~ˌschiffahrt** (*getr.* -ffˌf-) *f* navigation on the Rhine. — **~ˌtal** *n* valley of the Rhine. — **~ˌufer** *n* bank of the Rhine. — **~ˌwein** *m* Rhine wine, (*weißer*) hock, *auch* Hock.

rhe·na·nisch [re'naːnɪʃ] *adj cf.* rheinisch.

Rhe·ni·um ['re:nĭum] *n* ⟨-s; *no pl*⟩ *chem.* rhenium (Re).

Rheo·lo·gie [reolo'gi:] *f* ⟨-; *no pl*⟩ *phys.* rheology.

Rheo·stat [reo'sta:t] *m* ⟨-(e)s; -e⟩ *electr.* rheostat.

Rhe·sus ['re:zus] *m* ⟨-; -⟩, **~ˌaf·fe** *m zo.* rhesus (monkey, *auch* macaque), bandar (*Rhesus mulattus rhesus*). — **~ˌfak·tor** *m med.* rhesus (*od.* Rh) factor. — **~ˌkind** *n* Rhesus baby. — **r~ne·gaˌtiv** *adj* Rh-negative. — **r~po·siˌtiv** *adj* Rh-positive.

Rhe·tor ['re:tɔr] *m* ⟨-s; -en [re'to:rən]⟩ *antiq.* **1.** (*Meister u. Lehrer der Rhetorik*) rhetor, rhetorician. – **2.** (*Redner*) orator, rhetorician.

Rhe·to·rik [re'to:rɪk] *f* ⟨-; *no pl*⟩ **1.** (*Kunst*) rhetoric. – **2.** (*Redegabe*) rhetoric, oratory, eloquence.

Rhe·to·ri·ker [re'to:rikər] *m* ⟨-s; -⟩ **1.** (*Lehrer der Rhetorik*) rhetorician. – **2.** (*guter Redner*) orator, rhetorician.

rhe·to·risch [re'to:rɪʃ] *adj* **1.** (*redekünstlerisch*) rhetorical: eine ~e Figur a (rhetorical) figure of speech. – **2.** (*rednerisch*) rhetorical, oratorical, *auch* oratoric, oratorial. – **3.** *fig.* (*phrasenhaft*) rhetorical: eine ~e Frage a rhetorical question.

Rheu·ma ['rɔʏma] *n* ⟨-s; *no pl*⟩ *med. short for* Rheumatismus. — **~ˌschmerz** *m* rheumatic pain.

Rheu·ma·ti·ker [rɔʏ'ma:tikər] *m* ⟨-s; -⟩ *med.* rheumatic, person afflicted with (*od.* suffering from) rheumatism.

rheu·ma·tisch [rɔʏ'ma:tɪʃ] *adj* (*Schmerzen*) rheumatic: ~er Schmerz rheumatalgia.

Rheu·ma·tis·mus [rɔʏma'tɪsmus] *m* ⟨-; -men⟩ *med.* rheumatism: akuter ~ acute rheumatic fever; chronischer ~ rheumatoid arthritis; an ~ leiden to suffer from (*od.* be afflicted with) rheumatism.

rheu·ma·to·id [rɔʏmato'i:t] *adj med.* rheumatoid.

Rh-ˌFak·tor [ɛr'ha:-] *m med. short for* Rhesusfaktor.

Rhi·ni·tis [ri'ni:tɪs] *f* ⟨-; -tiden [-ni'ti:dən]⟩ *med.* (*Schnupfen*) cold (in the head); rhinitis, coryza (*scient.*).

rhi·no·gen [rino'ge:n] *adj med.* rhinogenous, rhinogenic.

Rhi·no·la·lie [rinola'li:] *f* ⟨-; *no pl*⟩ *med.* (*näselnde Sprache*) rhinolalia, rhinism.

Rhi·no·lo·gie [rinolo'gi:] *f* ⟨-; *no pl*⟩ *med.* rhinology.

Rhi·no·pla·stik [rino'plastɪk] *f med.* rhinoplasty.

Rhi·nor·rhöe [rino'rø:] *f* ⟨-; *no pl*⟩ *med.* discharge from the nose, nasal discharge, rhinorrh(o)ea (*scient.*).

Rhi·no·skop [rino'sko:p] *n* ⟨-s; -e⟩ *med.* nose speculum, rhinoscope (*scient.*). — **Rhi·no·sko'pie** [-sko'pi:] *f* ⟨-; -n [-ən]⟩ rhinoscopy.

Rhi·no·ze·ros [ri'no:tserɔs] *n* ⟨- *u.* -ses; -se⟩ **1.** *zo. cf.* Nashorn. – **2.** *fig. colloq. contempt.* (*Dummkopf*) (donkey) ass, blockhead.

Rhi·zom [ri'tso:m] *n* ⟨-s; -e⟩ *bot.* (*Wurzelstock*) (root)stock; rhizome, rhizoma (*scient.*).

Rhi·zo·po·de [ritso'po:də] *m* ⟨-n; -n⟩ *meist pl zo.* (*Wurzelfüßler*) rhizopod, rhizopodan: die ~n the rhizopoda (*Klasse Rhizopoda*).

Rho [ro:] *n* ⟨-(s); -s⟩ rho (*17th letter of the Greek alphabet*).

Rhod·ami·ne [roda'mi:nə] *pl chem.* rhodamines, *auch* Rhodamines.

Rho·dan [ro'da:n] *n* ⟨-s; *no pl*⟩ *chem.* thiocyanogen [$(SCN)_2$].

Rho·de·si·er [ro'de:zĭər] *m* ⟨-s; -⟩ Rhodesian, native (*od.* inhabitant) of Rhodesia. — **rho'de·sisch** [-zɪʃ] *adj* Rhodesian.

rho·di·nie·ren [rodi'ni:rən] *v/t* ⟨*no* ge-, h⟩ *metall.* rhodanize.

Rho·di·um ['ro:dĭum] *n* ⟨-s; *no pl*⟩ *chem.* rhodium (Rh).

Rho·do·den·dron [rodo'dɛndrɔn] *n, auch m* ⟨-s; -dren⟩ *bot.* rhododendron (*Gattg Rhododendron*).

rhom·bisch ['rɔmbɪʃ] *adj* **1.** *math.* rhombic. – **2.** (*als Kristallform*) orthorhombic, rhombic: ~es Kristallsystem orthorhombic system.

Rhom·bo·eder [rɔmbo'ʔe:dər] *n* ⟨-s; -⟩ *math.* rhombohedron.

Rhom·bo·id [rɔmbo'i:t] *n* ⟨-(e)s; -e⟩ *math.* rhomboid.

Rhom·bus ['rɔmbus] *m* ⟨-; -ben⟩ **1.** *math.* rhomb(us), diamond, lozenge. – **2.** *metall.* (*im Walzwesen*) diamond pass.

Rhon·chus ['rɔnçus] *m* ⟨-; *no pl*⟩ *med.* (*Rasselgeräusch*) rhonchus.

'Rhönˌrad ['rø:n-] *n* (*sport*) (*Turngerät*) gyro-wheel.

Rho·ta·zis·mus [rota'tsɪsmus] *m* ⟨-; -zismen⟩ *ling.* rhotacism.

Rhyth·mik ['rʏtmɪk] *f* ⟨-; *no pl*⟩ **1.** *mus.* rhythmics *pl* (*usually construed as sg*), *auch* rhythmic. – **2.** *ling.* a) (*rhythmische Eigenschaft*) rhythm, b) (*Lehre von Rhythmus*) the science (*od.* study) of rhythm. — **'Rhyth·mi·ker** [-mikər] *m* ⟨-s; -⟩ *mus.* rhythmist: er ist ein guter ~ he has got (a sense of) rhythm. — **'rhyth·misch** [-mɪʃ] **I** *adj* **1.** *bes. mus. metr.* rhythmic(al): ~es Schema rhythmical scheme; ~e Gymnastik (*sport*) rhythmic excercise. – **2.** *bes. med.* (*Puls etc*) rhythmic(al), regular. – **II** *adv* **3.** rhythmically. — **rhyth·mi'sie·ren** [-mi'zi:rən] *v/t* ⟨*no* ge-, h⟩ *bes. mus. metr.* rhythmize *Br. auch* -s-.

Rhyth·mus ['rʏtmus] *m* ⟨-; -men⟩ **1.** *bes. mus.* rhythm: schwingender [stoßender] ~ swinging [pounding] rhythm; ~ haben a) to have a sense of rhythm, b) *colloq.* (*von Tanzenden, Musikern etc*) to be full of rhythm, to know how to swing it (*colloq.*). – **2.** *metr.* rhythm, (*der Sprache*) *auch* cadence: freier ~ free rhythm. – **3.** *fig.* rhythm, cycle: der ~ von Ebbe und Flut the tidal rhythm. — **~ˌgrup·pe** *f mus.* **1.** (*kleine Band*) rhythm band. – **2.** (*einer Tanzkapelle*) rhythm (section). — **~in·struˌment** *n* rhythm instrument.

Ri·as ['ri:as] *f* ⟨-; -⟩, **~ˌkü·ste** *f geogr.* ria coast.

'rib·belˌfest *adj* (*Stoff*) nonravel *Br.* non-(*attrib*), ravel-proof.

rib·beln ['rɪbəln] *v/t* ⟨h⟩ *dial.* **1.** rub (*s.th.*) between one's thumb and forefinger. – **2.** (*mit Lappen etc*) rub (*s.th.*) off. – **3.** *cf.* riffeln 2.

Ri·bi·sel ['ri:bi:zəl], *auch* **'Ri·bisl** [-zəl] *f* ⟨-; -n⟩ *Austrian for* Johannisbeere.

Ri·bo|fla·vin [ribofla'vi:n] *n* ⟨-s; -e⟩ *chem.* riboflavin, lactoflavin, vitamin B_2. — **~nu·kle'inˌsäu·re** [-nukle'i:n-] *f* ribonucleic acid, RNA.

Ri·bo·se [ri'bo:zə] *f* ⟨-; -n⟩ *chem.* ribose ($C_5H_{10}O_5$).

'Richt|anˌten·ne *f* (*radio*) *telev.* directional antenna (*bes. Br.* aerial). — **~ˌaufˌsatz** *m mil.* gun sight. — **~ˌbeil** *n hist.* executioner's ax(e). — **~ˌblei** *n civ.eng.* **1.** plummet, plumb (bob). – **2.** plumb line. — **~ˌblock** *m* ⟨-(e)s; ⸗e⟩ *hist.* (executioner's) block. — **~cha·rak·teˌri·stik** *f electr.* **1.** (*einer Antenne*) directional diagram (*od.* pattern). – **2.** (*von Mikrophonen*) pickup pattern.

rich·ten ['rɪçtən] **I** *v/t* ⟨h⟩ **1.** (*an die richtige Stelle bringen*) fix, adjust, arrange: sich (*dat*) die Krawatte ~ to adjust (*od.* straighten) one's tie. – **2.** (*Uhr*) set, regulate. – **3.** (*vorbereiten, herrichten*) get (*s.th.*) ready (*od. colloq.* fixed up); fix (*s.th.*) up, fix up (*colloq.*): sie hatten alles für den Empfang gerichtet they had got everything ready (*od.* they had prepared everything) for the reception; die Betten für die Gäste ~ to get the beds ready (*od.* make the beds [up]) for the guests; den Tisch für das Essen ~ to get the table ready for the meal, to lay (*od.* set, arrange) the table for the meal; ein Fest ~ to make preparations for a festivity. – **4.** (*in Ordnung bringen*) tidy (*s.th.*) up, tidy, put (*s.th.*) in order, straighten (*s.th.*) up, straighten (up): das Zimmer ~ to tidy the room up; du mußt (dir) deine Haare ~ you have to tidy (*Am. colloq.* fix) your hair. – **5.** (*Mahlzeit*) prepare, make, *Am. colloq.* fix. – **6.** (*reparieren*) repair, mend, *Am. colloq.* fix. – **7.** (*ausbessern, stopfen*) mend, darn. – **8.** (*verurteilen*) pass (*od.* pronounce) sentence on, sentence. – **9.** (*Urteil fällen über*) judge. – **10.** (*bestrafen*) punish. – **11.** *lit.* (*hinrichten*) put (*s.o.*) to death, execute. – **12.** j-n [etwas] zugrunde ~ to ruin (*od.* destroy) s.o. [s.th.]. – **13.** *tech.* a) (*Stangen*) straighten, b) (*Draht*) roller-level, c) (*Blech*) stretcher-level, d) (*Rohre*) reel, e) (*mittels einer Wasserwaage*) level, f) (*fluchteben ausrichten*) align. – **14.** *civ.eng.* (*Gebäude*) put the roof on, roof. – **II** *v/reflex* sich ~ **15.** (*zurechtmachen*) get (oneself) ready. – **16.** sich selbst ~ (*Selbstmord begehen*) *lit.* to take one's (own) life. – **17.** sich nach j-m [etwas] ~ a) to conform (*od.* act according) to s.o. [s.th.], to comply with s.o. [s.th.], b) (*abhängen von*) to depend (*od.* be dependent) on s.o. [s.th.], c) (*geregelt od. bestimmt werden*) to be determined (*od.* guided) by s.o. [s.th.], d) (*sich orientieren*) to take one's bearings from s.o. [s.th.], to orient (*od.* orientate) oneself by s.o. [s.th.]: das Prädikat richtet sich nach dem Subjekt *ling.* the predicate (*od.* verb) agrees with the subject; ich richte mich ganz nach deinen Plänen I'll conform exactly to your plans, I'll fit in exactly with your plans – **18.** richt't euch! *mil. Am.* dress right, dress! *Br.* right dress! – **III** *v/i* **19.** (über *acc* over) judge, sit in judg(e)ment: richtet nicht, auf daß ihr nicht gerichtet werdet! *Bibl.* judge not, that ye be not judged. – **IV R~** *n* ⟨-s⟩ **20.** *verbal noun.* – **21.** adjustment, arrangement. – **22.** regulation. – **23.** (*einer Mahlzeit*) preparation. – **24.** (*einer Festtafel etc*) arrangement. – **25.** (*Reparatur*) repair. – **26.** judg(e)ment.

Verbindungen mit Präpositionen:

rich·ten| an (*acc*) *v/t* ⟨h⟩ etwas an j-n ~ to address s.th. to s.o.: eine Frage an j-n ~ to address (*od.* put) a question to s.o., to ask s.o. a question; das Wort an j-n ~ to address s.o.; eine Bitte an j-n ~ to ask s.o. a favo(u)r, to ask a favo(u)r of (*od.* make a request to) s.o.; einen Aufruf an j-n ~ to make an appeal (*od.* to appeal) to s.o., to call upon s.o. — **~ auf** (*acc*) *v/t* ⟨h⟩ etwas auf j-n [etwas] ~ a) to direct (*od.* turn) s.th. to s.o. [s.th.], (*stärker*) to focus (*od.* concentrate, fix) s.th. on s.o. [s.th.], b) (*Waffe, Fernrohr, Kamera, Angriff etc*) to level (*od.* point, direct) s.th. at s.o. [s.th.], to train s.th. on s.o. [s.th.]: er hatte seinen Blick auf sie [die Berge] gerichtet a) he had turned his eyes (*od.* directed his gaze) to her [toward(s) the mountains], b) (*fest*) he had glued (*od.* riveted) his eyes on her [the mountains]. — **~ ge·gen** *v/t* ⟨h⟩ etwas gegen j-n [etwas] ~ a) to direct (*od.* level) s.th. against (*od.* aim s.th. at) s.o. [s.th.], b) (*Waffe etc*) to level (*od.* point, direct) s.th. at s.o. [s.th.]: den Blick gegen den (*od. lit.* gen) Himmel ~ to cast one's eyes up to heaven. — **~ in** (*acc*) *v/t* ⟨h⟩ **1.** den Blick in die Ferne ~ to gaze into the distance. – **2.** etwas in die Höhe ~ to raise s.th., to lift s.th. up. — **~ nach I** *v/t* ⟨h⟩ **1.** etwas nach etwas [j-m] ~ to arrange s.th. according to s.th. [s.o.]: wir ~ unsere Pläne nach dir we arrange (*od.* make) our plans according to yours (*od.* to suit you); die Segel nach dem Wind ~ *mar.* to trim the sails (to the wind). – **2.** etwas nach etwas ~ (*in Richtung auf*) to direct s.th. toward(s) s.th.: den Kurs nach Norden ~ to direct one's course northward(s). – **II** *v/reflex* sich ~ nach **3.** *cf.* richten 17.

'Rich·ter *m* ⟨-s; -⟩ **1.** *jur.* judge, justice: Oberster ~ supreme judge; Herr ~! *Am.* Your Honor! *Br.* Your Lordship! beauftragter ~ judge delegate; beisitzender ~ associate judge; er ist ~ he is a judge, he is on the bench; einen ~ ablehnen to challenge a judge; j-n zum ~ ernennen (*od.* bestellen) to appoint s.o. judge, to call s.o. to the bench; j-n vor den ~ bringen (*od. colloq.* schleppen) to bring s.o. to justice (*od.* before the court); sich dem irdischen ~ entziehen to commit suicide; sich zum ~ über j-n [etwas] aufwerfen (*od. colloq.* machen) to set oneself up as judge over s.o. [s.th.]; in eigener Sache ~ sein *fig.* to be judge in one's own cause; der höchste (*od.* letzte) ~ *fig.* the Supreme (*od.* Last, Final) Judge; wo kein Kläger ist, (da) ist auch kein ~ (*Sprichwort*) *etwa* no complaint, no redress. – **2.** *pl collect. jur.* (body *sg* of) judges, judiciary *sg*, judicature *sg*, (the) bench *sg*. – **3.** das Buch der ~ *Bibl.* the book of Judges. — **~ˌamt** *n jur.* judicial office, judicature, judgeship, justiceship: ein ~ innehaben (*od.* bekleiden) to hold judicial office.

'Rich·te·rin *f* ⟨-; -nen⟩ *jur.* female judge, judgess.

'Rich·ter·kolˌle·gi·um *n jur.* (body of) judges *pl*, (the) bench.

'rich·ter·lich *adj jur.* judicial, judiciary: ~e Entscheidung judicial (*od.* legal) decision (*od.* ruling); ~e Funktionen ausüben to discharge judicial functions; ~e Gewalt judicial power (*od.* authority), judiciary; ~es Ermessen judicial discretion.

'Rich·ter·schaft *f jur. cf.* Richter 2.

'Rich·ter-ˌSka·la *f* (*zur Messung der Erdbebenstärke*) Richter's scale.

'Rich·ter|ˌspruch *m* **1.** *jur.* a) (*bes. in Zivilsachen*) judg(e)ment, b) (*bes. in Strafsachen*) sentence. – **2.** *cf.* Schiedsspruch. — **~ˌstand** *m cf.* Richter 2. — **~ˌstuhl** *m* **1.** *jur.* judge's seat, bench, tribunal. – **2.** *fig.* judg(e)ment seat, tribunal: **vor Gottes ~ treten** to appear before the judg(e)ment seat of God. — **~ˌturm** *m* (*sport*) (*beim Reiten*) judges' (*auch* judge's) box.

'Richt|ˌfeh·ler *m mil.* aiming error. — **~ˌfernˌrohr** *n bes. mil.* **1.** telescopic (*od.* telescope) sight. – **2.** (*Zielgeber*) tracking telescope, tracker. — **~ˌfest** *n* roofing ceremony, *Br. auch* topping-out (ceremony) (*treat given to construction workers to mark the erection of the roof timbers*). — **~ˌfeu·er** *n mar.* leading (*od.* range) lights *pl.*

'Richtˌfunk *m* (*radio*) directional transmission (*od.* receiving). — **~ˌba·ke** *f* directive radio beacon. — **~ˌfeu·er** *n* directional radio beacon. — **~ˌsen·der** *m* directional transmitter.

'Richt|ˌglas *n mil.* (*am Richtkreis*) sighting collimator. — **~ˌgrö·ße** *f* **1.** *phys.* approximate (*od.* reference) size. – **2.** *fig.* criterion.

'rich·tig I *adj* **1.** (*nicht falsch, korrekt*) right, correct: **sie gab ihm die ~e Antwort** a) she gave him the correct answer, b) *fig. colloq.* she gave him a good answer (*od.* the answer he deserved); **die ~e Aussprache** the correct (*od.* proper) pronunciation; **auf dem ~en Weg sein** a) to be on the right road, b) *fig.* to be on the right track (*od.* road); **das Ergebnis ist [nicht] ~** the result is correct [wrong, not right, incorrect]; **das ist ganz ~, aber** that's quite right but; **so ist's ~!** *colloq.* a) (*ermunternd*) that's the way to do it! that's the way it should be done! b) *iron.* I like that! **er hat auf das ~e Pferd gesetzt** *fig. colloq.* he backed the right horse. – **2.** (*wahr*) true, correct, right: **so viel ist ~, daß** this much is true (*od.* has been proved) that. – **3.** (*passend, geeignet*) right, proper, appropriate, suitable: **er kam gerade im ~en Augenblick** he came at just the right moment; **der ~e Mann am ~en Platz** the right man in the right place; **für mich ist es gerade ~ so!** that suits me fine! I'm quite happy! **du hast den ~en Ton nicht getroffen** *fig.* you did not have the right approach; **er hat das ~e Parteibuch** *fig.* he is siding with the right people; **er stand auf der ~en Seite** *fig.* he was on the right side of the fence; **das ~e Maß** *fig.* the happy medium. – **4.** (*ratsam, angemessen*) right, advisable, appropriate: **etwas für ~ halten** (*od.* **befinden**) to deem s.th. right; **ich glaube, es ist ~, wenn ich gehe** I think it appropriate (*od.* fit) to go, I think I ought to leave; **es ist am richtigsten, wir warten noch** it would be best to wait somewhat longer. – **5.** ⟨*attrib*⟩ (*eigentlich*) actual, real, regular: **der ~e Betriebsleiter ist auf Urlaub** the actual manager (*od.* the manager himself) is on vacation (*Br.* on holiday); **sein ~er Name ist Peter** his real name is Peter, he is actually (*od.* properly) called Peter. – **6.** (*echt, wirklich*) real, genuine: **wir spielen um ~es Geld** we play with (*od.* for) real money; **wir hatten dieses Jahr keinen ~en Sommer [Winter]** we didn't have a real (*od.* proper) summer [winter] this year; **sie ist nicht seine ~e Mutter** she is not his real (*od.* own) mother; **du bist ein ~er Mann!** *colloq.* you're a real man (*od.* he-man)! *Br. sl.* you're a hunk! **das ist ein ~er Kerl!** *colloq.* he is a plucky fellow! (*colloq.*). – **7.** ⟨*attrib*⟩ (*regelrecht*) real: **eine ~e Hexe** a regular (*od.* downright, right) witch (*od. colloq.* bitch); **er ist ein ~er Engländer** he is a real (*old*) (*od.* trueborn) Englishman, he is an Englishman born and bred; **das ist ein ~er Seebär** that is a true sea dog (*od.* a real old salt). – **8.** ⟨*attrib*⟩ *colloq.* (*gehörig*) good: **eine ~e Tracht Prügel** a good hiding (*od.* tanning), a sound thrashing (*od.* flogging); **nimm mal einen ~en Schluck!** take a good mouthful (*od.* gulp, *colloq.* swig). – **9.** ⟨*attrib*⟩ *colloq.* (*ordentlich*) regular, proper: **er hat keinen ~en Beruf** he has no regular occupation. – **10.** *colloq.* (*in Wendungen wie*) **der Junge ist ~!** this fellow is all right! he is a sterling fellow! he is a brick! (*alle colloq.*); **etwas ist zwischen** (*od.* **bei**) **ihnen nicht ~** there's something wrong between them; **mit der Sache ist etwas nicht ganz ~** there's something wrong (*od. colloq.* fishy) about that; **er ist nicht ganz ~ (im Kopf)** he is not quite right (in the head), he is a bit batty (*Am. auch* goofy) (*sl.*). – **11.** (*radio*) *telev.* (*Wiedergabe*) exact, accurate, faithful. – **II** *adv* **12.** (*nicht falsch, korrekt*) correctly, right, in the right way: **du hast ~ gerechnet** you calculated (*od.* figured that out) correctly, your calculation is correct; **etwas nicht ~ aussprechen [schreiben]** to pronounce [to spell] s.th. wrongly (*od.* incorrectly), to mispronounce [to misspell] s.th.; **geht deine Uhr ~?** is your watch right? **die Möbel wieder ~ hinstellen** to put the furniture back in (its correct *od.* proper) place; **du hast mich nicht ~ verstanden** you misunderstood me, you got me wrong (*colloq.*); **habe ich ~ gehört?** did I hear (you) right? do you really mean (to say) that? I beg your pardon; **~er gesagt** to express (*od.* put) it more correctly; **eine Sache ~ anfassen** (*od.* **anpacken**) *fig.* to set (*od.* go) about s.th. the right way, to tackle s.th. the right way. – **13.** (*passend*) properly: **sitzt das Kleid ~?** does the dress fit properly? is the dress a good fit? – **14.** (*rechtzeitig*) at the proper (*od.* right) moment: **du kommst gerade ~!** you have come at just the right moment! – **15.** (*genau*) properly, accurately. – **16.** (*in Wirklichkeit*) really: **wie heißt er ~?** what's his real name? – **17.** (*ordentlich*) properly: **er kann nicht ~ tanzen** he can't dance properly. – **18.** *colloq.* (*tüchtig, gehörig*) soundly, thoroughly. – **19.** *colloq.* (*völlig, ganz u. gar*) completely, really. – **20.** *colloq.* (*ausgesprochen, sehr*) really: **gestern abend war es ~ nett** it was really a nice evening yesterday, we had a really pleasant evening yesterday; **ich habe mich ~ gefreut** I was right glad. – **III** *interj* **21.** correct! quite right! just so! righto! (*colloq.*). – **22. und ~, da kommt sie (ja)!** and, what did I tell you, here she comes! – **IV R~e, das** ⟨-n⟩ **23.** the right thing: **das R~e tun** to do the right thing. – **24.** the right (*od.* very) thing: **du hast das R~e getroffen** you found the very thing. – **25.** (*mit Kleinschreibung*) **das ist [nicht ganz] das ~e für dich** that's the very [not quite the] thing for you; **das ist genau das ~e für mich** that is just up my street (*od.* alley) (*colloq.*).

'Rich·tig·beˌfund *m econ.* verification: **nach ~** after verification, if found correct.

'Rich·ti·ge[1] *m* ⟨-n; -n⟩ **1.** right person: **sie wartet noch auf den ~n** she is still waiting for the right man (to come) (*od. colloq.* for Mr. Right); **an den ~n geraten** *colloq. iron.* to come to the right person; **du bist mir der ~!** *colloq. iron.* you are a good (*od.* the right, a fine) one! – **2.** *pl colloq.* (*games*) (*im Lotto, Toto etc*) right tips: **6 ~ haben** to have 6 right.

'Rich·ti·ge[2] *f* ⟨-n; -n⟩ right woman (*od.* girl): **die ~ ist noch nicht gekommen** the right woman (*od. colloq.* Mrs. Right) has not come yet.

'rich·tigˌge·hend I *adj* ⟨*attrib*⟩ **1.** (*Uhr etc*) keeping good time, accurate. – **2.** *fig. colloq. cf.* richtig 7. – **II** *adv* **3.** *cf.* richtig 18—20.

'Rich·tig·keit *f* ⟨-; *no pl*⟩ **1.** correctness, rightness: **die ~ der Abschrift wird bestätigt** *jur.* copy certified correct, certified true copy. – **2.** (*Wahrheit*) truth, correctness, rightness: **die ~ seiner Angaben beweisen** to prove one's statements to be true (*od.* correct); **die ~ einer Sache nachweisen** to verify s.th.; **damit hat es seine ~** that's correct. – **3.** (*Ratsamkeit*) rightness, advisability, appropriateness, soundness: **ich bezweifle die ~ deiner Entscheidung** I doubt if your decision is right. – **4.** (*Ordnung*) order, regularity: **damit alles seine ~ hat** (*od.* **habe**) for regularity's sake. – **5.** (*Eignung*) appropriateness, properness, suitability. – **6.** (*Korrektheit des Benehmens*) correctness. – **7.** (*eines Anspruchs etc*) legitimacy, rightfulness.

'rich·tig|ˌlie·gen *v/i* ⟨*irr, sep,* -ge-, h *u.* sein⟩ *colloq.* be on the right line: **er liegt immer richtig** he always backs the right horse; **bei mir liegen Sie richtig!** you have come to the right person. — **~ˌma·chen** *v/t* ⟨*sep,* -ge-, h⟩ *colloq.* (*Rechnung etc*) settle, pay (off), straighten (out), put (*s.th.*) in order. — **~ˌstel·len I** *v/t* ⟨*sep,* -ge-, h⟩ (*Irrtum etc*) correct, rectify, right, put (*od.* set, make) (*s.th.*) right. – **II R~** *n* ⟨-s⟩ *verbal noun.* — **R~ˌstel·lung** *f* ⟨-; -en⟩ **1.** *cf.* Richtigstellen. – **2.** correction, rectification.

'Richt|ka·noˌnier *m mil.* gunner, (*für Höhe*) (gun)layer, (*für Seite*) (gun) trainer. — **~ˌkraft** *f phys.* **1.** (*einer Magnetnadel, eines Kreisels etc*) verticity. – **2.** *electr.* directional (*od.* directive, restoring) force. — **~ˌkranz** *m* wreath, *auch* garland with ribbons (*mounted on a house under construction to mark the erection of the roof timbers*). — **~ˌkreis** *m mil.* aiming circle. — **~ˌlat·te** *f mil. civ.eng.* aiming post. – **2.** *cf.* Richtscheit. — **~ˌli·nie** *f meist pl* **1.** (*Grundsatz, Prinzip*) guiding rule (*od.* principle), guide: **der Bundeskanzler bestimmt die ~n der Politik** *pol.* the Federal Chancellor shall determine the general policy guidelines. – **2.** (*Anweisung*) instruction, direction, guideline. – **3.** *bes. econ.* (*Norm*) standard: **~n festlegen** to lay down a code of standards. — **~ˌlot** *n civ.eng.* plumb bob. — **~maˌgnet** *m phys.* control magnet. — **~ˌmaß** *n tech.* standard (of measure). — **~moˌdell** *n* prototype. — **~ˌplat·te** *f* surface plate. — **~ˌplatz** *m* place of execution. — **~ˌpreis** *m econ.* standard (*od.* guiding) price: **empfohlener ~** recommended price. — **~ˌpresse** *f tech.* straightening press. — **~ˌpunkt** *m* **1.** *mil.* a) (*Abstimmzielpunkt*) reference point, b) aiming point. – **2.** *civ.eng.* (*im Vermessungswesen*) bearing point. — **~ˌsatz** *m econ.* standard (*od.* guiding) rate. — **~ˌscheit** *n civ.eng.* level, straightedge. — **~ˌschmaus** *m cf.* Richtfest. — **~ˌschnur** *f* ⟨-; -en⟩ **1.** ⟨*only sg*⟩ *fig.* (*Grundsatz, Prinzip*) guiding rule (*od.* principle), guide, *auch* canon: **sich** (*dat*) **etwas zur ~ machen** (*od.* **nehmen**) to make s.th. one's principle (*od.* guiding rule). – **2.** *civ.eng.* (*des Maurers etc*) plumb line. — **~ˌschüt·ze** *m mil. cf.* Richtkanonier. — **~ˌschwert** *n hist.* executioner's sword. — **~ˌsen·der** *m* (*radio*) directional (*od.* beam) transmitter. — **~ˌsendung** *f* directional transmission. — **~ˌstatt, ~ˌstät·te** *f cf.* Richtplatz. — **~ˌstrahl** *m* (*radio*) *electr.* (directional *od.* radio) beam. — **~ˌstrahl·anˌten·ne** *f cf.* Richtstrahler 1. — **~ˌstrah·ler** *m* **1.** (*Antenne*) directional (*od.* beam) antenna (*bes. Br.* aerial). – **2.** (*Anlage*) beam transmitter (*od.* station): **etwas mit ~ senden** to beam s.th. — **~ˌstrecke** (*getr.* -k·k-) *f* (*mining*) lateral (*road driven parallel to the strike*). — **~ˌund 'Spannˌbett** *n civ.eng.* (*für Spannbeton*) straightening and prestressing bed.

'Rich·tung *f* ⟨-; -en⟩ **1.** direction: **in ~ auf** (*acc*) (*od.* **nach**) in the direction of; **in umgekehrter** (*od.* **entgegengesetzter**) **~** in the opposite direction; **nach [aus] allen ~en in [from] all directions**; **die Züge in [aus] ~ München** the trains to [from] Munich, the trains in [from] the Munich direction; **er fuhr in ~ auf die Berge** he drove toward(s) (*od.* in the direction of) the mountains; **in gerader ~ weitergehen** to go straight on (*od.* ahead); **in welche ~ blickt er?** in which direction is he looking? which way is he looking? **die ~ nach Norden [Süden] einschlagen** to take a northerly [southerly] direction (*od.* course), to turn (*od.* direct one's course) to the north [south], to turn northward(s) [southward(s)]; **die ~ verlieren** to lose one's sense of direction (*od.* one's bearings); **Wind aus wechselnden ~en** *meteor.* variable wind; **alles, was in dieser ~ unternommen wurde** *fig.* everything which has been done in this direction, all steps which have been taken along (*od.* in) that line; **meine Gedanken gehen auch in diese ~** *fig.* I tend to agree with these views, I am inclined to think along the same lines. – **2.** (*einer Straße, Bahnlinie, eines Flusses etc*) course. – **3.** (*des Küstenverlaufs*) trend. – **4.** *fig.* (*in Kunst, Mode, Politik etc*) trend, tendency, drift: **eine neue ~ in der Philosophie** a new trend (*od.* slant) (*od.* new lines *pl* of thought) in philosophy. – **5.** *fig.* (*Einstellung, Ansicht*) orientation, views *pl*, line: **eine bestimmte politische ~ vertreten** to hold certain political views. – **6.** *fig.* (*Entwicklung*) trend, course: **ich weiß nicht, welche ~ die Dinge nehmen** I don't know what the trend of events will be (*od.* which course things will take). – **7.** *mar.* (*Kurs*) course. – **8.** *mil.* (*Ausgerichtetsein*) alignment, dressing: **~ halten**

to keep in line. — r~ˌge·bend adj directive, directory, guiding, showing the way, trend-setting.

'Rich·tungs|ˌän·de·rung f change in direction, turn, shift, veer: plötzliche ~ swerve, swing. — ~ˌanˌzei·ge f indication of direction. — ~ˌanˌzei·ger m bes. auto. direction indicator (od. signal), trafficator. — ~be·ˌstim·mung f 1. determination of direction. – 2. (radio) direction finding. — ~emp·ˌfang m (radio) directional receiving (od. reception). — r~los adj aimless, planless. — ~ˌschal·ter m electr. direction switch. — ~ˌschild n (railway etc) destination board. — ~sta·bi·liˌtät f aer. directional stability. — ~ˌsu·cher m (radio) direction finder. — ~ˌwech·sel m cf. Richtungsänderung.

'rich·tungˌwei·send adj cf. richtunggebend.

'Richt|ˌwaa·ge f tech. (plummet) level. — ~ˌwal·ze f metall. 1. straightening roll. – 2. (für Bleche) leveler (bes. Br. leveller) roll. – 3. (für Universalstahl) nipping roll. — ~ˌwert m econ. 1. (Normwert) standard value. – 2. (Näherungswert) approximate value. — ~ˌwir·kung f electr. (einer Antenne) directional effect, directivity. — ~ˌzahl f index, guiding (od. governing) figure.

Rick [rɪk] n ⟨-(e)s; -e⟩ (sport) (beim Springreiten) post and rails pl.

Ricke (getr. -k·k-) ['rɪkə] f ⟨-; -n⟩ hunt. doe.

Rickett·sia (getr. -k·k-) [rɪ'kɛtsĭa] f ⟨-; -sien⟩ meist pl med. Rickettsia.

rieb [riːp] 1 u. 3 sg pret of reiben.

'riech·bar adj smellable, perceptible to one's sense of smell.

rie·chen ['riːçən] I v/i ⟨riecht, roch, gerochen, h⟩ 1. (nach of) smell, have a smell (od. odor, bes. Br. odour, scent), scent: gut ~ to smell good, to have a good (od. pleasant) smell; übel (od. unangenehm, schlecht) ~ to smell (bad), to have a (bad od. unpleasant) smell, to whiff (colloq.), (stärker) to reek, to stink, to be rank, to be smelly (colloq.); er riecht aus dem Mund (od. colloq. Hals) his breath smells (od. is offensive), he has bad breath; scharf (od. streng) ~ to have a pungent smell; die Suppe riecht angebrannt the soup smells burnt; Rosen ~ süß roses smell sweet (od. have a sweet smell); es riecht nach Gas there is a smell of gas; er roch stark nach Knoblauch he smelled strongly (od. reeked, had a strong smell) of garlic; zu ~ beginnen a) (von Lebensmitteln) to begin to smell (high od. tainted), to get high, b) (von Leichnam, Aas etc) to begin to smell (putrid). – 2. an (dat) etwas [j-m] ~ to smell (od. sniff, take a sniff) at s.th. [s.o.], to smell s.th. [s.o.]: du kannst (od. darfst) mal dran ~! fig. colloq. you can have a sniff of it. – 3. ~ nach fig. to smack (od. reek, scent) of: das riecht nach Verrat! this smacks of treachery. – II v/t 4. smell: ich rieche das Parfüm gern I like (od. colloq. love) the smell of the perfume; ich kann Fisch nicht ~ I cannot bear (od. stand, colloq. I hate) the smell of fish; wegen meines Schnupfens kann ich nichts ~ I can't smell anything (od. have no sense of smell) because of my cold; er kann ihn nicht ~ fig. colloq. he can't stand (od. bear) (the sight of) him; → Braten; Lunte 1; Pulver 2. – 5. (wittern) scent, smell. – 6. fig. colloq. (merken, herausfinden) smell (s.th.) out, get wind of: er hat es direkt gerochen a) he must have smelt it out, b) (Geheimnis, Vorhaben) he got wind of it, he must have smelt a rat; das kann ich doch nicht ~! wie soll ich das ~? how was I to know? how should I know (that)? — 'rie·chend I pres p. – II adj 1. (nach) smelling (of), odorous (of), odoriferous (of), redolent (of, with). – 2. (übelriechend) malodorous, fetid, rank, stinking.

'Rie·cher m ⟨-s; -⟩ colloq. nose: einen guten (od. den richtigen) ~ haben fig. to have a good nose.

'Riech|ˌfläsch·chen n bottle of smelling salts (Br. smelling-salts), smelling (od. scent) bottle, vinaigrette. — ~ˌkis·sen n scent (od. sweet) bag, perfumed (od. scented) cushion, sachet. — ~ˌkol·ben m colloq. conk (sl.), nose. — ~ˌnerv m med. zo. olfactory nerve. — ~orˌgan n 1. med. zo. organ of smell, olfactory organ. – 2. colloq. nose. — ~ˌsalz n med. smelling salts pl, Br. smelling-salts pl, sal volatile. — ~ˌstoff m meist pl chem. olfactory (od. odoriferous) substance, perfume, scent. — ~ˌwerkˌzeug n cf. Riechorgan 1. — ~ˌzen·trum n med. zo. olfactory (od. smell) center (bes. Br. centre).

Ried [riːt] n ⟨-(e)s; -e⟩ 1. (Röhricht, Schilf) reed. – 2. cf. Moor 1. — ~ˌbock m zo. a) Großer ~ reedbuck, rietbok, water antelope (od. buck) (Redunca arundinum), b) Kleiner ~ nagor, Bohor reedbuck (R. redunca). — ~ˌgras n bot. 1. sedge, carex (scient.) (Gattg Carex). – 2. reed (Gattg Calamagrostis).

rief [riːf] 1 u. 3 sg pret of rufen.

Rie·fe ['riːfə] f ⟨-; -n⟩ 1. bes. tech. a) (Rille) groove, b) (Oberflächenfehler) score, c) (Schleiffehler) wheel mark. – 2. arch. (bes. an Säulen) flute.

rie·feln ['riːfəln] I v/t ⟨h⟩ 1. bes. tech. groove, channel, flute, serrate. – 2. arch. (bes. Säulen) flute. – II R~ n ⟨-s⟩ 3. verbal noun. — 'Rie·fe·lung f ⟨-; -en⟩ cf. Riefeln.

rie·fen ['riːfən] v/t ⟨h⟩ cf. riefeln.

'rie·fig adj 1. bes. tech. a) grooved, channel(l)ed, fluted, b) (durch Oberflächenfehler) scored. – 2. arch. (bes. Säulen) fluted.

Rie·ge ['riːgə] f ⟨-; -n⟩ (sport) (Turnabteilung) gym team, section, bes. Am. squad.

Rie·gel ['riːgəl] m ⟨-s; -⟩ 1. (zum Vorschieben) bolt: den ~ vorschieben to shoot the bolt; etwas mit einem ~ verschließen to bolt s.th.; einer Sache einen ~ vorschieben fig. to put a stop (od. an end) to s.th., to knock s.th. on the head (colloq.); → Schloß[1] 1. – 2. (zum Überlegen) latch, (Sperrbolzen) locking bolt. – 3. (Verschlußstange) (cross)bar. – 4. (des Schlosses) (catch od. key) bolt. – 5. gastr. (Schokolade) bar. – 6. (Seife) cake, bar. – 7. arch. a) (Holzriegel) nogging piece, nog, b) (Fachwerkriegel) framework, rail. — ~ˌbau m arch. cf. Fachwerkbau. — r~ˌfest adj bolted and barred, fastened (od. secured) with bolts.

rie·geln ['riːgəln] v/t ⟨h⟩ bar, bolt.

'Rie·gel|ˌschloß n tech. deadlock, bolt (od. stock) lock. — ~ˌstel·lung f mil. blocking position. — ~verˌschluß m cf. Riegel 1, 2, 3. — ~ˌwand f arch. wooden partition. — ~ˌwerk n tech. 1. (in Zimmerei) framework, bay work, railing. – 2. (beim Fachwerk) timber framing.

'Rie·gen|ˌfüh·rer m (sport) gym (team) leader, team (bes. Am. squad) leader. — ~ˌtur·nen n team (bes. Am. squad) gymnastics pl (construed as sg). — r~ˌwei·se adv in rows, bes. Am. in squads.

'Riem·chenˌschuh ['riːmçən-] m meist pl open sandal.

Rie·men[1] ['riːmən] m ⟨-s; -⟩ 1. strap, thong: etwas mit einem ~ festschnallen to strap s.th.; aus fremdem Leder ist gut ~ schneiden (Sprichwort) men cut large thongs of other men's leather (proverb). – 2. (Gürtel) belt: (sich [dat]) den ~ enger schnallen meist fig. colloq. to tighten one's belt; sich am ~ reißen fig. colloq. to pull oneself together. – 3. (Trag-, Schulter-, Gewehrriemen) sling. – 4. (zum Schärfen des Rasiermessers) strop, strap. – 5. (des Geschirrs von Zugtieren) tug, Am. auch checkstrap. – 6. tech. (Treibriemen) (driving) belt. – 7. cf. Schnürsenkel.

'Rie·men[2] m ⟨-s; -⟩ mar. (sport) (Ruder) oar: an die ~! stand to! die ~ senkrecht! oars apeak! klar bei ~! oars ready! ~ ein! way enough! die ~ klarmachen to ship the oars; sich in die ~ legen a) to stand (od. lay) to (one's) oars, b) fig. to put one's nose to the grindstone, to go flat out (colloq.).

'Rie·men|ˌanˌtrieb m tech. belt drive. — ~ˌblatt n mar. (sport) oar blade. — ~ˌbo·den m tech. plank floor(ing). — ~ˌboot n (sport) rowboat, bes. Br. rowing boat. — ~ˌeinˌrücker (getr. -k·k-) [-ˌrʏkər] m ⟨-s; -⟩ tech. belt shifter. — ~ˌfett n belt dressing. — ~ˌga·bel f belt fork. — ~ˌru·de·rer m (sport) oarsman. — ~ˌschei·be f 1. belt (od. band) pulley. – 2. (bei Seilantrieb) sheave. — ~ˌschlag m (bes. sport) stroke (of an oar). — ~ˌschuh m meist pl open (od. thonged) sandal. — ~ˌspan·ner m tech. belt tightener (od. stretcher). — ~ˌtang m bot. 1. (sea) tangle (Laminaria saccharina). – 2. sea thong (Himanthalia lorea). — ~ˌtrieb m tech. 1. belt transmission. – 2. cf. Riemenantrieb. — ~ˌwurm m zo. cf. Bandwurm. — ~ˌzeug n 1. straps pl. – 2. (Pferdegeschirr) harness.

Ries [riːs] n ⟨-es; -e, nach Zahlen -⟩ 10 ~ Papier ten reams of paper.

Rie·se[1] ['riːzə] m ⟨-n; -n⟩ 1. myth. a) giant, b) (böser, menschenfressender) ogre: der ~ Goliath Bibl. the giant Goliath. – 2. fig. (Mensch) giant, Titan, titan, Goliath, goliath, colossus: es ist ein ~ an Gestalt he is a giant of a person, he is gigantic; ein steinerner ~ a stone colossus. – 3. fig. (Tier, Berg etc) giant, colossus. – 4. astr. giant.

'Rie·se[2] f ⟨-; -n⟩ Southern G. and Austrian (forestry) (timber) chute (auch shute).

'Rie·sel|ˌanˌla·ge f 1. civ.eng. a) (Gradierwerk) graduation works pl (construed as sg or pl), cooling stack, b) (Berieselungsanlage) irrigation plant (od. works pl construed as sg or pl). – 2. metall. scrubbing plant. — ~ˌfel·der pl agr. sewage farm sg (od. fields).

rie·seln ['riːzəln] I v/i ⟨sein⟩ 1. (von Quelle, Bach etc) trickle, ripple, rill, distill, auch distil. – 2. (von Blut, Schweiß, Tränen etc) trickle. – 3. (von feinem Regen) drizzle. – 4. (von Schnee) (leise) ~ to fall gently. – 5. (von Sand, Kalk etc) trickle, dribble, run: Sand durch die Finger ~ lassen to let sand run through one's fingers; von den Wänden rieselt der Kalk chalk is trickling off (od. from) the walls; → Kalk 2. – 6. fig. (in Wendungen wie) Angst [ein Schauer] rieselte mir über den Rücken a sensation of fear [a shudder] ran up and down my spine. – II v/impers ⟨h⟩ 7. es rieselt a) (es regnet fein) it is drizzling, b) (es graupelt) there is some slight hail. – III R~ n ⟨-s⟩ 8. verbal noun. – 9. (einer Quelle etc) trickle, ripple. – 10. (des Regens) drizzle.

'Rie·selˌre·gen m meteor. cf. Nieselregen.

rie·sen ['riːzən] v/t ⟨h⟩ (Holz) float, slide down.

'Rie·sen|ˌalk m zo. great auk (Alca impennis). — ~ˌamei·se f great black ant (Camponotus herculeanus). — ~'ar·beit f colloq. gigantic (od. Herculean) task, awful lot of work (colloq.). — ~ˌbar·be f zo. giant barb (Catlocarpio siamensis). — ~ˌbau m ⟨-(e)s; -ten⟩ colloq. colossal (od. gigantic, huge, mammoth) building (od. structure). — ~ˌbo·vist m bot. giant puffball (Calvatia gigantea). — ~chaˌmä·le·on n zo. giant chameleon (Chamaeleo oustaleti). — ~ˌda·me f (auf Jahrmärkten) fat lady (od. colloq. Molly), two-ton Tessie (colloq.). — ~'dumm·heit f colloq. stupid (od. colossal) blunder (od. mistake): das war eine ~ von dir that was an absolutely stupid thing to do. — ~ˌeisˌvo·gel m zo. giant kingfisher (Megaceryle maxima). — ~er'folg m colloq. tremendous (od. sl. smash[ing]) success, (von Schallplatten etc) auch smash hit (colloq.): er hatte mit diesem Film einen ~ he was tremendously successful with this film. — ~ˌeu·le f zo. giant owl moth (Thysania agrippina). — ~ˌfaulˌtier n (fossiles) ground sloth, megathere (scient.) (Gattg Megatherium). — ~ˌfel·ge f (sport) (beim Geräteturnen) giant swing (bes. Am. circle). — ~ˌfle·derˌmaus f zo. cf. Mausohr. — ~ˌflugˌbeut·ler m yellow-bellied flying phalanger (Petaurus australis). — ~ˌflugˌhörn·chen n white-cheeked flying squirrel, taguan (Petaurista petaurista). — ~ˌflugˌzeug n aer. giant airplane (Br. auch aeroplane). — ~geˌschlecht n myth. race (od. family) of giants, titanic race. — ~geˌstalt f 1. gigantic (od. colossal, huge) figure (od. form). – 2. (Person) giant (of a person). r~'groß adj cf. riesig I. — ~ˌgrö·ße f cf. Riesenhaftigkeit. — ~ˌgür·telˌtier n zo. giant armadillo, tat(o)u (Priodontes giganteus).

'rie·sen·haft adj cf. riesig 1. — 'Rie·sen·haf·tig·keit f ⟨-; no pl⟩ enormousness, tremendousness, hugeness, enormous size, extraordinary dimensions pl.

'Rie·sen|ˌhai m zo. basking (Am. auch bone) shark, sailfish (Cetorhinus maximus). — ~ˌhirsch m (fossiler) megaceros, megaloceros (Megaceros giganteus). — ~ˌhül·se f bot. cacoon (Entada scandens). — ~'hun·ger m colloq. enormous appetite: ich habe einen ~ I could eat a horse, I'm starving (od. ravenous, famished) (alle colloq.). — ~ˌkä·fer m zo. cf. Nashornkäfer. — ~ˌkän·gu·ruh n a) Rotes ~ red kangaroo (Macropus rufus), b) Graues ~ great gray (*bes. Br.* grey) kangaroo (*M. giganteus*). — **~ˌkerl** *m colloq.* great big (*od.* huge, enormous) fellow, giant (*od.* whale) of a fellow (*alle colloq.*). — **~konˌzern** *m econ. colloq.* mammoth (*od.* giant) combine (*Am.* trust). — **~ˌkraft** *f meist pl colloq.* tremendous (*od.* Herculean) strength: **er hat Riesenkräfte** he is (as) strong as an ox (*colloq.*). — **~ˌkrö·te** *f zo.* marine (*od.* giant) toad (*Gattg Bufo*): **Südamerikanische ~** agua (toad) (*B. marinus*). — **~ˌkür·bis** *m bot.* giant pumpkin (*Cucurbita maxima*). — **~ˌle·bensˌbaum** *m* (**Amerikanischer**) **~** *bot.* canoe (*od.* red) cedar (*Thuja plicata*). — **~ˌmen·ge** *f* **1.** huge (*od.* mammoth) crowd. – **2.** *fig.* enormous amount, whale of a lot (*colloq.*). — **~ˌmohn** *m* (**Kalifornischer**) **~** matilija poppy (*Rommeya coulteri*). — **~ˌmu·schel** *f zo.* giant tridacna (*Tridacna derasa od. T. gigas*). — **~ˌrad** *n* (*auf Jahrmärkten*) Ferris (*od.* big) wheel. — **~ˌroß** *n colloq.* nincompoop, simpleton, *bes. Br. sl.* big twit. — **~sa·laˌman·der** *m zo.* giant salamander (*Megalobatrachus maximus*). — **~ˌschild·ˌkrö·te** *f* giant (*od.* elephant) tortoise (*Testudo gigantea u. T. elephantopus*). — **~ˌschlan·ge** *f* **1.** *zo.* giant boa, giant python (*Fam. Boidae*). – **2.** *fig. colloq.* enormous (*od.* endless) queue. — **~'schritt** *m fig.* gigantic stride (*od.* step): **einen ~ machen** (*od.* **tun**) to take (*od.* make) a gigantic stride (*od.* step); **sie kamen mit ~en vorwärts** *fig.* they progressed by leaps and bounds. — **~ˌschup·penˌtier** *n zo.* giant pangolin (*Manis gigantea*). — **~ˌschwalm** *m* larger (*od.* great eared) frogmouth (*Podargus papuensis*). — **~ˌschwung** *m* (*sport*) *cf.* Riesenfelge. — **~skan'dal** *m colloq.* tremendous scandal. — **~ˌsla·lom** *m* (*sport*) giant slalom: **~ der Herren** [**Damen**] men's [women's] giant slalom. — **~'spaß** *m colloq.* tremendous fun: **wir hatten einen ~** we had a terrific (*od.* ripping) time (*colloq.*). — **r~'stark** *adj colloq.* tremendously strong. — **~ˌstär·ke** *f cf.* Riesenkraft. — **~ˌstäub·ling** *m bot.* bovista (*Fam. Lycoperdaceae*). — **~ˌsturmˌvo·gel** *m zo.* giant fulmar, bone-breaker, stinker (*Macronectes giganteus*). — **~ˌtan·ne** *f bot.* noble fir (*Abies nobilis*). — **~ˌtorˌlauf** *m* (*sport*) *cf.* Riesenslalom. — **~ˌtu·kan** *m zo.* toco, toucan (*Ramphastus toko*). — **~ˌun·terˌneh·men** *n econ.* mammoth enterprise. — **~ver·grö·ße·rung** *f* (*als Wandschmuck*) photomural. — **~ˌwas·ser·ˌwan·ze** *f zo.* giant water bug, fish killer (*Fam. Belostomatidae*). — **~ˌweib** *n* **1.** *myth. cf.* Riesin 1. – **2.** *colloq. contempt.* enormous (*od.* tremendous, *colloq.* tub of a) woman. — **~ˌwel·le** *f* (*sport*) *cf.* Riesenfelge. — **~ˌwuchs** *m* **1.** *biol.* gi(g)antism. – **2.** *med.* gi(g)antism; macrosomia, somatomegaly (*scient.*). — **~ˌzel·le** *f med.* giant cell.

'rie·sig I *adj* **1.** enormous, tremendous, huge, gigantic, giant, colossal, immense; great big, whacking (*od.* whopping) great (*colloq.*): **von ~er Größe sein** to be of tremendous size, to be gigantic; **seine ~en Kräfte** his enormous (*od.* Herculean) strength *sg*; **~e Ausmaße annehmen** to assume gigantic proportions; **eine ~e Zahl** a tremendous (*od.* fearful) number, an infinity; **ein ~er Unterschied** an enormous (*od. colloq.* a whale of a) difference. – **2.** (*gewaltig, unerhört*) enormous, tremendous, colossal: **ein ~er Schwindel** an enormous swindle; **ein ~es Vergnügen** a tremendous (*od.* rare) pleasure. – **II** *adv colloq.* **3.** enormously, tremendously; 'terribly', 'awfully' (*colloq.*): **das ist ~ nett von Ihnen** that is terribly nice of you; **ich habe mich ~ gefreut, ihn zu sehen** I was terribly pleased (*od.* extremely happy, *colloq.* tickled pink) to see him.

'Rie·sin *f* ⟨-; -nen⟩ **1.** *myth.* a) giantess, b) (*böse, menschenfressende*) ogress. – **2.** *fig.* giantess.

Ries·ling ['riːslɪŋ] *m* ⟨-s; -e⟩ (*Rebensorte*) Riesling.

Rie·ster ['riːstər] *m* ⟨-s; -⟩ (*Lederflicken*) patch.

'riesˌwei·se *adv* (*paper*) by (*od.* in) reams.

riet [riːt] *1 u. 3 sg pret of* raten.

'Riet *n* ⟨-(e)s; -e⟩, **~ˌblatt** *n* (*Weberkamm*) reed, comb.

Riff [rɪf] *n* ⟨-(e)s; -e⟩ **1.** reef, (*unter Wasser*) *auch* ledge: **auf ein ~ auflaufen** to run aground (*od.* be grounded) on a reef. – **2.** (*kleine Felseninsel*) skerry, cay.

Rif·fel ['rɪfəl] *f* ⟨-; -n⟩ (*textile*) *cf.* Riffelkalander. — **~ˌblech** *n tech.* checker(ed) sheet (*od.* plate). — **~ˌfei·le** *f* riffler. — **~ˌglas** *n* ⟨-es; ⸗er⟩ ribbed glass. — **~kaˌlan·der** *m* (*textile*) riffle calender. — **~maˌschi·ne** *f* rippling machine.

rif·feln ['rɪfəln] **I** *v/t* ⟨h⟩ **1.** *tech.* a) (*mit einer Feile*) riffle, b) (*Bleche*) checker, c) (*Zahnscheiben*) serrate, d) (*Gußblöcke*) corrugate, flute, e) *cf.* riefeln 1. – **2.** (*Flachs*) ripple, peel. – **II R~** *n* ⟨-s⟩ **3.** *verbal noun.* — **'Rif·fe·lung** *f* ⟨-; -en⟩ **1.** *cf.* Riffeln. – **2.** *tech.* a) serration, b) corrugation.

'Rif·felˌwal·ze *f tech. metall.* fluted (*od.* corrugated) roll.

'rif·fig *adj* reefy.

'Riff|kaˌnal *m geogr.* lagoon, channel of sea water between reef and mainland. — **~koˌral·le** *f meist pl zo.* reef coral (*od.* builder), reef-building coral, madrepore (*scient.*) (*Ordng Madreporaria*).

'Rif·kaˌby·le ['riːf-] *m* (*berberischer Bewohner einer marokkanischen Gebirgsgegend*) Rif(f), Riffian.

Rig·gung ['rɪgʊŋ] *f* ⟨-; -en⟩ *mar.* rigging.

ri·gid [ri'giːt], **ri'gi·de** [-də] *adj bes. med.* rigid. — **Ri·gi·di'tät** [-gidi'tɛːt] *f* ⟨-; *no pl*⟩ rigidity.

Ri·go·le [ri'goːlə] *f* ⟨-; -n⟩ *agr.* (*Abzugsgraben*) (drainage) ditch. — **ri'go·len** *v/t* ⟨*no* ge-, h⟩ **1.** *agr.* trench(-plough, *bes. Am.* -plow). – **2.** *hort.* (*Boden*) turn up (*ground*) 3 spades deep. — **Ri'golˌpflug** *m* trench plough (*bes. Am.* plow).

Ri·go·ris·mus [rigo'rɪsmus] *m* ⟨-; *no pl*⟩ **1.** rigorism, rigor, *bes. Br.* rigour, austerity, strictness. – **2.** *philos.* (*in der Ethik*) rigorism. — **ri·go'ri·stisch** [-tɪʃ] *adj* **1.** rigorist(ic), austere, strict. – **2.** *philos.* rigorist(ic).

ri·go·ros [rigo'roːs] **I** *adj* **1.** rigorous, strict. – **2.** (*streng, hart*) severe, rigorous, austere: **er verlangte die ~e Bestrafung des Verbrechers** he demanded the rigorous punishment of the criminal (*od.* that the criminal be punished rigorously). – **3.** (*unbarmherzig*) relentless, unbending, inexorable, rigorous. – **4.** (*rücksichtslos*) ruthless, rigorous. – **II** *adv* **5. ~ durchgreifen** to take rigorous action, to act rigorously. — **Ri·go·ro·si'tät** [-rozi'tɛːt] *f* ⟨-; *no pl*⟩ **1.** rigorousness, strictness. – **2.** (*Strenge, Härte*) severity, severeness, rigorousness, austerity. – **3.** (*Unbarmherzigkeit*) relentlessness, unbendingness, inexorability, inexorableness, rigorousness. – **4.** (*Rücksichtslosigkeit*) ruthlessness, rigorousness.

Ri·go·ro·sum [rigo'roːzum] *n* ⟨-s; -rosa [-za]⟩ *oral examination for the doctorate.*

Rig·we·da [rɪk'veːda] *m* ⟨-(s); *no pl*⟩ (*literature*) Rig-Veda.

Ri·kam·bio [ri'kambio] *m* ⟨-s; -kambien⟩ *econ. cf.* Rückwechsel.

Rik·scha ['rɪkʃa] *f* ⟨-; -s⟩ ri(c)ksha(w), rikisha, jinrikisha.

Ril·le ['rɪlə] *f* ⟨-; -n⟩ **1.** (*im Holz, Reifen, in Schallplatten etc*) groove. – **2.** *tech.* a) (*eines Gewindes*) undercut, b) (*eines Kugellagers, einer Schiene*) groove, c) (*einer Walze*) flute, d) (*einer Zahnscheibe*) serration. – **3.** *agr. hort.* a) (small) furrow, b) (*Saatfurche*) drill. – **4.** *min.* (*auf Kristallen etc*) stria. – **5.** *bot. zo.* groove. – **6.** *astr.* (*auf dem Mond*) cleft.

ril·len ['rɪlən] *v/t* ⟨h⟩ **1.** make (*od.* cut) a groove (*od.* grooves) in, groove. – **2.** *tech. cf.* riefeln 1. – **3.** *arch. cf.* riefeln 2.

'Ril·len|ˌku·gelˌla·ger *n tech.* deep-groove ball bearing (*Br.* ball-bearing). — **~ˌpflug** *m agr.* drill plough (*bes. Am.* plow). — **~ˌschie·ne** *f* grooved (*od.* tram) rail.

'ril·lig *adj* **1.** (*Holz, Felsen etc*) grooved. – **2.** *tech.* (*Werkstücke etc*) grooved, fluted, serrated.

Ri·mes·se [ri'mɛsə] *f* ⟨-; -n⟩ *econ.* **1.** (*Scheck-, Wechselüberweisung*) remittance. – **2.** (*gezogener Wechsel*) bill drawn by a buyer and sent to his supplier. — **Ri'mes·senˌwech·sel** *m cf.* Rimesse 2.

'rin [rɪn] *adv Northern G. colloq. short for* herein(...), hinein(...): (**immer**) **~ in die gute Stube!** come right in! **~ ins Vergnügen!** a) (come on,) let's have a ball! b) *iron.* now for some fun! → Kartoffel 2.

Rind [rɪnt] *n* ⟨-(e)s; -er⟩ **1.** ox, cow: **~er** (horned) cattle *sg* (*usually construed as pl*); **50 ~er** 50 (head of) cattle. – **2.** (*als Schlachtvieh*) beef. – **3.** *zo.* bovine animal (*od.* species), bos (*scient.*) (*Gattg Bos*).

Rin·de ['rɪndə] *f* ⟨-; -n⟩ **1.** (*eines Baumes*) bark, rind, cortex (*scient.*): **die oberste ~** the outer bark; **etwas in die ~ (ein)ritzen** (*od.* [**ein**]**schneiden**) to carve s.th. in(to) the bark. – **2.** (*am Brot*) crust: **die ~ abschneiden** (*od.* **entfernen**) to cut off (*od.* remove) the crust. – **3.** (*am Käse, Speck etc*) rind. – **4.** *med. zo.* (*eines Organs*) cortex: **weiße ~** (*des Hirns*) white matter. – **5.** *med. pharm.* bark, cortex (*scient.*). – **6.** *geol.* (*Erdrinde*) crust.

'Rin·den|ˌbil·dung *f bot.* cortication. — **~ˌboot** *n* bark canoe. — **~ˌbrand** *m bot.* (*an Baumstämmen*) bark scorch, sunscald. — **r~los** *adj bes. bot.* barkless; decorticate(d), ecorticate (*scient.*). — **~ˌpo·re** *f cf.* Korkwarze. — **~ˌschäl·maˌschi·ne** *f* (*forestry*) barking machine, (de)barker. — **~ˌschälˌmes·ser** *n* barking (*od.* peeling) iron, bark spud, barker, spudder. — **~ˌzen·trum** *n med.* cortical center (*bes. Br.* centre).

'Rin·der|be·stand *m agr.* number of cattle. — **~ˌbra·ten** *m gastr.* roast beef. — **~ˌbrem·se** *f zo.* **1.** gadfly (*Fam. Tabanidae*). – **2.** warble fly (*Gattg Hypoderma*). — **~ˌdas·selˌflie·ge** *f* ox warble fly (*Hypoderma bovis*). — **~fiˌlet** *n gastr.* fillet (*auch* filet) (of beef). — **~ˌher·de** *f agr.* herd of cattle. — **~ˌhirt** *m* herdsman, cowherd; *Am. auch* cowhand, cowboy, buckaroo, buckeroo, *Am. colloq.* (cow)puncher.

'rin·de·rig *adj* (*Kuh*) in heat.

rin·dern ['rɪndərn] *v/i* ⟨h⟩ (*von Kühen*) be in heat.

'Rin·der|ˌpest *f vet.* rinderpest, cattle plague. — **~ˌras·se** *f agr.* breed of cattle, cattle breed. — **~ˌschmorˌbra·ten** *m gastr.* braised (*auch* braized) beef, pot roast of beef. — **~ˌseu·che** *f vet. cf.* Rinderpest. — **~ˌstall** *m agr.* cowshed, *bes. Br.* cowhouse, byre. — **~ˌtalg** *m gastr.* beef suet (*od.* fat). — **~tu·ber·kuˌlo·se** *f vet.* bovine tuberculosis. — **~ˌzucht** *f agr.* cattle breeding. — **~ˌzun·ge** *f gastr.* ox tongue.

'Rindˌfleisch *n gastr.* beef: **gebratenes** [**gekochtes, geschmortes, gepökeltes**] **~** roast [boiled, braised (*auch* braized), corned *od.* pickled] beef. — **~ˌbrü·he** *f* beef broth (*od.* tea).

'rin·dig *adj bot.* barky, rindy, covered with bark (*od.* rind).

'Rind|ˌle·der *n cf.* Rindsleder. — **r~ˌle·dern** *adj cf.* rindsledern.

'Rinds|ˌbra·ten *m bes. Southern G. and Austrian gastr. for* Rinderbraten. — **~ˌgu·lasch** *n, auch m* beef goulash (*auch* gulash). — **~ˌkeu·le** *f* round of beef. — **~ˌle·der** *n* (*leather*) cowhide, neat leather. — **r~ˌle·dern** *adj* ([made] of) cowhide (*od.* neat leather). — **~ˌlen·de** *f gastr. cf.* Rinderfilet. — **~rouˌla·de** *f* roulade (of beef), collared beef. — **~ˌtalg** *m cf.* Rindertalg.

'Rindˌsup·pe *f Austrian gastr. for* Fleischbrühe.

'Rinds|ˌvö·gerl [-ˌføːgərl] *n* ⟨-s; -⟩ *Austrian gastr. for* Rindsroulade. — **~ˌzun·ge** *f bes. Southern G. and Austrian for* Rinderzunge.

'Rindˌvieh *n* ⟨-(e)s; *colloq. contempt.* -viecher⟩ **1.** ⟨*only sg*⟩ *collect.* cattle *sg* (*usually construed as pl*). – **2.** *colloq. contempt.* (stupid) ass, oaf, halfwit, idiot: **du bist ein ganz großes ~!** you are an awful idiot! (*colloq.*).

Ring [rɪŋ] *m* ⟨-(e)s; -e⟩ **1.** ring: **Zwiebeln in ~e schneiden** to cut onions into rings. – **2.** (*Kreis*) circle, ring: **im Wasser bildeten sich ~e** rings were formed in the water; (**dunkle** *od.* **schwarze**) **~e unter den** [**um die**] **Augen haben** to have dark circles under [(a)round] the eyes; **einen ~ um j-n** [**etwas**] **schließen** (*od.* **bilden**) to form a ring around s.o. [s.th.], to circle s.o. [s.th.]; **damit schließt sich der ~ der Beweise** *fig.* this completes the circle of evidence. – **3.** (*am Finger*) ring: **ein goldener ~** a gold(en) ring; **den ~ abstreifen** (*od.* **abziehen, abnehmen,** *colloq.* **abtun**) to take off a ring, to take (*od.* slip) a ring off; **sie trägt einen ~** she wears a ring; **die ~e wechseln** to exchange rings; **einen Abt mit ~ und Stab belehnen** *röm.kath. hist.* to invest an abbot with ring and staff. – **4.** (*Ohrring*) earring. – **5.** (*Armreif*) bangle, arm ring, circlet. – **6.** (*Fußring*) anklet, bangle, ring. – **7.** (*Halsring*) ring, ring ([to be] worn) round the neck. – **8.** (*Nasenring*) nose ring: **Stieren ~e durch die Nase ziehen** to ring bulls.

– 9. (*Beißring für Babys*) teething ring. – 10. (*Serviettenring*) napkin ring. – 11. (*zum Befestigen von Schnüren, Vorhängen, Schlüsseln etc*) ring. – 12. (*Fußring für Vögel*) ring, (*bei Geflügel*) *auch* poultry ring. – 13. (*als Türklopfer*) knocker ring. – 14. (*Schwimmring*) (life) ring. – 15. (*Herdring*) (stove *od.* cooker) ring. – 16. (*Wurfring*) quoit, (*auf Jahrmärkten*) *auch* hoopla (*od.* houp-la) ring. – 17. (*Rauchring*) smoke ring: **~e blasen** to blow smoke rings. – 18. a) (*einer Schießscheibe*) ring, circle, b) (*erzielter*) point: **er hat 32 ~e geschossen** he shot 32 points. – 19. *fig.* (*Ringstraße*) circular road, ring, (*um eine Stadt*) belt highway, *auch* beltway, *bes. Br.* ring road: **sie wohnt am** (*od.* **auf dem**) **~** she lives in the ring (*od.* on the ring road). – 20. *fig.* (*von Agenten, Spionen, Schmugglern etc*) ring: **ein ~ von Rauschgifthändlern** a dope ring; **der ~ ist geplatzt** the ring has been broken up; **einen ~ zerschlagen** (*od. colloq.* **auffliegen lassen**) to break up a ring. – 21. *fig.* (*Schallplatten-, Theaterring*) circle. – 22. *econ.* a) (*Verband, Interessengemeinschaft*) ring, pool, trust, syndicate, b) (*zu Spekulationen*) corner: **sich zu einem ~ vereinigen** to form a ring, to pool. – 23. *tech.* a) (*Kettenglied*) link, b) (*bei Wellen, Achsen, Walzen etc*) collar, c) (*Draht*) coil, d) (*Öse*) hoop, loop, ring, e) (*Zwinge*) ferrule, f) (*für Dichtungen*) washer, g) (*in der Töpferei*) wad. – 24. *mil.* a) (*am Geschützrohr*) hoop, b) (*an Gewehrmündungen etc*) fillet, muzzle reinforcement, c) (*an Artilleriegeschossen*) bourrelet. – 25. *auto.* (*eines Kolbens*) ring. – 26. (*sport*) (*Boxring*) ring, *auch* prize ring: **~ frei** (**zur ersten Runde**)! seconds out! (round one); **in den ~ steigen** (*od.* **klettern**) to enter the ring, to climb through the ropes; **am ~** at the ringside. – 27. *pl* (*sport*) (*Turngerät*) rings: **an den ~en** on the rings. – 28. **die olympischen ~e** the Olympic rings. – 29. *mar.* a) (*am Anker*) ring, b) (*Fallring*) travel(l)er. – 30. *bot.* a) (*Jahresring*) (annual *od.* growth) ring, b) (*an Pilzen etc*) annulus, (*an Farnen*) *auch* gyroma. – 31. *chem.* ring, cycle, nucleus. – 32. *zo.* a) annulus, b) (*Federring*) ruff. – 33. *med.* a) (*an Bauch, Hals etc*) ring, circle, annulus (*scient.*), b) (*um die Brustwarzen*) areola. – 34. *astr.* a) (*um Gestirne*) halo, corona, b) (*des Saturns etc*) ring, annulus (*scient.*). – 35. *math.* a) (*in der Geometrie*) ring, annulus (*scient.*), b) (*Kreis*) circle. – 36. **„Der ~ des Nibelungen"** *mus.* "The Ring of the Nibelung" (*opera cycle by Wagner*). – 37. *her.* annulet.

'ring,ar·tig *adj* ringlike, circular, annular (*scient.*).

'Ring|,arzt *m* (*beim Boxkampf*) ringside doctor. — **~,bahn** *f* 1. circular railway, *bes. Am.* belt line. – 2. (*Untergrund-, Straßenbahn*) circular line. — **~be,schleu·ni·ger** *m nucl.* cyclic accelerator. — **~,bil·dung** *f chem.* ring formation. — **~,blen·de** *f* (*optics*) (*im Mikroskopkondensor*) circular (*od. scient.* annular) diaphragm. — **~,blitz** *m*, **~,blitz,röh·re** *f phot.* ring-shaped (*od.* circular) flash unit (for shadowless illumination). — **~,buch** *n* ring binder. — **~,dros·sel** *f zo.* ring ouzel (*od.* blackbird, thrush) (*Turdus torquatus*).

Rin·gel ['rɪŋəl] *m* ⟨-s; -⟩ 1. ringlet, circlet. – 2. *cf.* Ringellocke. — **~,blu·me** *f bot.* (pot) marigold, calendula (*scient.*) (*Calendula officinalis*). — **~,ech·se** *f zo.* legless lizard (*Fam. Amphisbaenidae*). — **~,gans** *f* brent goose (*Branta bernicla*). — **~,haar** *n* curled (*od.* curly) hair, ringlets *pl.*

'rin·ge·lig *adj* (*Haar etc*) curly.

'Rin·gel|,löck·chen *n*, **~,locke** (*getr.* -k·k-) *f* ringlet, ring (*lit.*), (*kurz*) curl.

rin·geln ['rɪŋəln] I *v/t* ⟨h⟩ 1. (*Haar, Schwanz etc*) curl. – 2. **etwas um etwas ~** to twine (*od.* entwine, *auch* intwine, twist, coil, *lit.* wreathe) s.th. (a)round s.th. – 3. *hort.* (*Obstbäume etc*) ring(bark), girdle. – II *v/reflex* **sich ~** 4. (*von Locke, Band, Schwanz etc*) curl. – 5. (*von Schlangen*) coil. – 6. (*von Würmern*) wriggle. – 7. (*von Rauch*) wreathe. – 8. (*von Bächen, Flüssen etc*) wind, meander. – 9. **sich um etwas ~** (*von Schlangen, Schlingpflanzen etc*) to twine (*od.* twist, wind, coil, entwine, *auch* intwine, *lit.* wreathe) (a)round s.th.

'Rin·gel,nat·ter *f zo.* ring(ed) (*od.* grass) snake (*Natrix natrix*).

'Rin·gel,pietz [-,piːts] *m* ⟨-es; -e⟩ **~** (*mit Anfassen*) *colloq. humor.* 'hop' (*colloq.*), dance.

'Rin·gel|,pul·li, ~pull,over *m* (*fashion*) striped jersey (*od.* polo shirt). — **~,rei·hen** *m* dance in a ring, (*von Kindern*) ring(-around-)a-rosy: **~ tanzen** to dance in a ring. — **~,rob·be** *f zo.* ringed seal (*Phoca hispida*). — **~,rö·teln** *pl med.* fifth disease *sg*, erythema infectiosum *sg* (*scient.*). — **~,schlüs·sel** *m tech. Br.* box spanner, *Am.* box wrench. — **~,schwanz** *m* curly tail. — **~,socke** (*getr.* -k·k-) *f*, **~,söck·chen** *n meist pl* (*fashion*) striped sock. — **~,spiel** *n Austrian for* Karussell 1, 2. — **~,spin·ner** *m zo.* European lackey moth, tent caterpillar (*Malacosoma neustria*). — **~,tau·be** *f zo.* wood pigeon, ringdove (*Columba palumbus*). — **~,wurm** *m* ringed worm; annelid, annelidan (*scient.*) (*Stamm Annelida*).

rin·gen ['rɪŋən] I *v/i* ⟨ringt, rang, gerungen, h⟩ 1. (*bes. sport*) wrestle: **die Jungen ~ miteinander** the boys are wrestling with each other. – 2. **um etwas ~** *fig.* a) (*Entscheidung, Lösung eines Problems etc*) to struggle (*od.* grapple) with s.th., b) (*wetteifern*) to struggle (*od.* contend, vie, strive) for s.th., c) (*Anerkennung, Zustimmung etc*) to struggle (*od.* strive) for s.th.: **sie rang um einen Entschluß** she struggled to find an answer (*od.* to reach a decision); **mit j-m um die Vorherrschaft ~** to contend (*od.* wrestle) with s.o. for predominance. – 3. **mit sich ~** *fig.* to struggle with oneself: **ich habe lange mit mir gerungen, ob** I had to struggle hard (*od.* I had a long struggle) with myself as to whether. – 4. **mit etwas ~** *fig.* to wrestle (*od.* grapple) with s.th.: **mit einem Problem** [**einer Versuchung**] **~** to wrestle with a problem [temptation]; **er ringt mit dem Tode** he is wrestling with death, he is in the throes (*od.* grip) of death, he is fighting for his life. – 5. **nach etwas ~** *fig.* to struggle for s.th.: **nach Atem** (*od.* **Luft**) **~** to struggle (*od.* gasp, fight) for breath. – II *v/t* 6. (*in Wendungen wie*) **j-n zu Boden ~** to wrestle s.o. to the ground; **die Hände ~** to wring one's hands; **j-m etwas aus der Hand** (*od.* **den Händen**) **~** to wrench (*od. lit.* wrest) s.th. from s.o.'s hands. – 7. *cf.* wringen. – III *v/reflex* 8. **sich ~ aus** *poet.* (*von Seufzer etc*) to escape from. – IV **R~** *n* ⟨-s⟩ 9. *verbal noun.* – 10. wrestle. – 11. *fig.* (*um Anerkennung, Vorherrschaft etc*) struggle, contention. – 12. (*sport*) wrestling: **griechisch-römisches R~** Gr(a)eco-Roman wrestling.

'Rin·ger *m* ⟨-s; -⟩ (*bes. sport*) wrestler.

'Ring·er,fah·rung *f* (*beim Boxsport etc*) ringcraft.

'Rin·ger,griff *m* (*sport*) hold in wrestling.

'Rin·ger,lö·sung *f chem.* Ringer('s) solution (*auch* fluid).

'Ring|,fe·der *f tech.* annular spring. — **~,fin·ger** *m* ring finger, annulary (*scient.*). — **r~,för·mig** *adj* 1. ringlike, circular; annular, orbicular (*scient.*). – 2. *med.* (*Wunde etc*) circinate. — **~,hals,dü·se** *f* (*space*) plug nozzle.

'ring,hö·rig *adj Swiss dial. for* hellhörig 2.

'Ring|,kampf *m* 1. (*Ringen*) wrestling: **der klassische ~** Gr(a)eco-Roman wrestling. – 2. (*Einzelkampf*) wrestling match (*od.* bout). — **~,kämp·fer** *m* wrestler. — **~,käst·chen** *n* ring box (*od.* case). — **~,knor·pel** *m med.* ringlike (*od. scient.* annular, cricoid) cartilage. — **~,leh·re** *f* (*jewelry*) ring ga(u)ge. — **~,lei·tung** *f* 1. (*für Gas, Wasser, Elektrizität etc*) ring main. – 2. *metall.* (*am Hochofen*) bustle pipe.

'ring·lig *adj cf.* ringelig.

Rin·glot·te [rɪŋ'glɔtə] *f* ⟨-; -n⟩ *dial. and Austrian for* Reneklode.

'Ring|,mau·er *f mil.* (*im Festungsbau*) ring (*od.* circular) wall. — **~me,cha·nik** *f* (*für Büroartikel*) ring mechanism. — **~,mus·kel** *m med.* sphincter (muscle). — **~,mut·ter** *f tech.* eye (*od.* ring) nut. — **~,ne·bel** *m astr.* ring (*od. scient.* annular) nebula. — **~pes,sar** *n med.* ring pessary. — **~,platz** *m* 1. *antiq.* wrestling ground, pal(a)estra. – 2. (*sport*) (*beim Boxen*) ringside seat. — **~,rich·ter** *m* (*sport*) (*beim Boxen*) referee.

rings *adv* (all) (a)round, round about: **~ um den Park lief eine Mauer** there was a wall (a)round the park; **das Dorf war ~ von Wald umgeben** the village was entirely surrounded by woods, the village was surrounded by woods on all sides; **sich ~ im Kreis umsehen** to look around.

'Ring|,schä·le *f* ⟨-; -n⟩ (*wood*) cup (*od.* internal angular) shake. — **~,schei·be** *f bes. mil.* ring target, rifle (ring) target. — **~,schlüs·sel** *m Am.* box wrench, *Br.* ring spanner. — **~,schrau·be** *f* eyebolt, *Br.* eye-bolt. — **~,sen·dung** *f* (*radio*) hookup (*Br.* hook-up) (transmission).

'rings·her'um *adv cf.* ringsum.

'Ring|,ska·la *f tech.* ring dial. — **~,sport** *m* wrestling. — **~,spu·le** *f electr.* toroidal coil. — **~,stra·ße** *f cf.* Ring 19.

'rings|'um, ~,um'her *adv* 1. (*rundherum*) all (a)round, all the way round: **~ lief ein Graben** there was a ditch all the way round. – 2. (*überall*) everywhere, on all sides: **~ standen blühende Bäume** there were blossoming trees everywhere; **ich konnte ~ nichts entdecken** I couldn't see anything anywhere.

'Ring|sy,stem *n chem.* ring system. — **~,tausch** *m* multilateral exchange of apartments (*bes. Br.* flats). — **~,ten·nis** *n* (*sport*) deck tennis. — **~ver,bin·dung** *f* 1. *tech.* thimble joint. – 2. *chem.* ring (*od.* cyclic) compound. — **~ver,kehr** *m* 1. *cf.* Kreisverkehr. – 2. (*auf Ringstraßen*) ring(-road) traffic. – 3. (*bei Bahnen, Bussen etc*) circular traffic. — **~,vor,le·sung** *f* (*an Universität*) interdisciplinary course of lectures. — **~,waa·ge** *f metall.* ring balance. — **~,wa·den·fi·sche,rei** *f* fishing with a circular moored net. — **~,wall** *m mil.* (*im Festungsbau*) 1. rampart. – 2. *cf.* Ringmauer.

Rin·ne ['rɪnə] *f* ⟨-; -n⟩ 1. (*bes. von Wasser ausgewaschene*) gull(e)y, gutter, channel, runnel. – 2. (*Abzugsrinne*) drain, gull(e)y, gutter. – 3. (*Rinnstein, Gosse*) gutter, drain. – 4. (*Dachrinne*) gutter, spout(s *pl*). – 5. (*Rutsche, Gleitbahn*) chute, *auch* shute. – 6. *bes. tech.* a) *cf.* Rille 2a, b) (*für Ölschmierung*) trough, channel, c) (*Gießrinne*) spout, d) (*zur Einbettung von Leitungen etc*) duct, trough. – 7. *mar.* (*Fahrrinne*) channel. – 8. *agr.* a) (*zur Be-, Entwässerung*) ditch, channel, b) (*Furche*) furrow. – 9. *geol.* a) (*im Meeresboden*) trench, ocean deep, b) (*Strombett*) channel. – 10. *med. zo.* a) (*Furche*) groove, furrow; sulcus, vallecula (*scient.*), b) (*Kanal*) channel, canal.

rin·nen ['rɪnən] *v/i* ⟨rinnt, rann, geronnen, sein⟩ 1. (*von Wasser, Schweiß, Blut, Tränen etc*) run, (*stärker*) pour, flow, stream: **der Schweiß rann ihm von der Stirn** sweat ran down his forehead; **Tränen rannen ihr übers Gesicht** tears ran down her cheeks; **das Geld rinnt ihm nur so durch die Finger** *fig.* money just slips through his fingers. – 2. (*von Regen*) come down, (*stärker*) pour, stream. – 3. (*lecken*) leak, be leaky: **das Faß rinnt** the barrel is leaking. – 4. *fig.* (*von Zeit*) pass by.

'Rinn·sal *n* ⟨-(e)s; -e⟩ *lit.* trickle; rill, rivulet, streamlet, tricklet, runnel (*alle lit.*).

'Rinn,stein *m* 1. gutter: **du wirst noch im ~ enden** *fig.* you will end (*od.* finish) up in the gutter. – 2. *rare* (*Spülstein*) sink.

'Ripp·chen *n* ⟨-s; -⟩ 1. *dim. of* Rippe. – 2. *gastr.* chop from a cured loin of pork.

Rip·pe ['rɪpə] *f* ⟨-; -n⟩ 1. rib, costa (*scient.*): **falsche ~** *med.* floating rib; **über** [**zwischen, unter**] **den ~n** (**liegend**) *med.* supracostal [intercostal, subcostal]; **sich** (*dat*) [**j-m**] **eine ~ brechen** to break (*od. med.* fracture) a [s.o.'s] rib; **ich breche dir alle ~n** (**im Leibe**)! I'll break every bone in your body! **j-m** (*od.* **j-n**) **in die ~n stoßen** a) (*aufmunternd*) to give s.o. a nudge, b) to give s.o. a punch (*od. colloq.* dig) in the ribs; **er stieß ihm ein Messer in** (*od.* **zwischen**) **die ~n** he stuck a knife in his ribs, he stabbed him in the ribs; **bei dir kann man ja die** (*od.* **alle**) **~n** (**unter der Haut**) **zählen** *colloq.* you are nothing but skin and bone; **er hat nichts auf den ~n** *fig. colloq.* he is as thin as a rake (*colloq.*), he is an absolute skeleton; **ich kann es mir doch nicht aus den ~n schneiden** (*od.* **durch die ~n schwitzen**)! *fig. colloq.* where do you expect me to get it (from)? I can't produce it out of a hat (*od.* thin air)! (*colloq.*); **ich muß jetzt was zwischen die ~n kriegen** *fig. colloq.* I must have a bite (to eat) now. – 2. (*Schokoladerippe*) piece. – 3. (*Seifen-, Wachsrippe etc*) cake, bar. – 4. (*eines Berges*) rib, buttress. – 5. *gastr. cf.* Rippenstück. – 6. *bot.* (*auf Blättern*) rib. – 7. (*tex-

tile) (*eines Stoffes*) rib. – **8.** *arch.* (*eines Gewölbes*) rib: gebogene (*od.* geschwungene) ~ curved (*od.* round) rib. – **9.** *pl* (*Rippenmuster, -werk*) ribbing *sg.* – **10.** *tech.* a) (*eines Heizkörpers*) rib, gill, b) (*am Kühler*) fin, rib, c) (*eines Regenschirms*) rib, stretcher, d) (*Verstärkungsrippe*) feather, e) (*eines Gewindes*) thread. – **11.** *print.* (*am Buchrücken*) cord. – **12.** *aer.* (*der Tragfläche*) rib.

rip·peln [ˈrɪpəln] *v/reflex* ⟨h⟩ sich ~ *dial. colloq.* stir, budge: sich nicht ~ (und rühren) not to budge.

rip·pen [ˈrɪpən] *v/t* ⟨h⟩ **1.** rib. – **2.** *print.* (*Buchrücken*) cord. – **3.** *arch.* rib.

ˈRip·pen|ˌat·mung *f med.* thoracic breathing. — **~ˌblech** *n tech.* ribbed-pattern floor plate. — **~ˌbo·gen** *m med.* costal arch. — **~ˌbruch** *m* fracture of ribs (*od.* a rib), rib fracture.

ˈRip·penˌfell *n* ⟨-(e)s; *no pl*⟩ *bes. med.* (costal) pleura. — **~entˌzün·dung** *f* pleurisy: nasse ~ pleurisy with effusion, wet pleurisy; trockene ~ dry pleurisy. — **~erˌguß** *m* pleural effusion. — **~ˌge·gend** *f* pleural region.

ˈRip·pen|ˌge·gend *f med.* costal region. — **~geˌstell** *n colloq. contempt.* (*sehr magerer Mensch*) skeleton. — **~geˌwöl·be** *n arch.* ribbed vault. — **~ˌgurt** *m civ.eng.* (*eines Förderbands*) grip-face belt. — **~ˌheizˌkör·per** *m tech.* ribbed (*od.* gilled) radiator. — **~ˌknor·pel** *m med.* costal cartilage, costicartilage. — **~ˌmolch** *m zo.* ribbed salamander, pleurodele (salamander) (*scient.*) (*Pleurodeles waltl*). — **~ˌmu·ster** *n* (*fashion*) (*bes. Strickmuster*) ribbing. — **~ˌpul·li, ~pullˌover** *m* ribbed pullover (*od.* jersey). — **~ˌqual·le** *f zo.* comb jelly (*od.* bearer), ctenophore (*scient.*) (*Stamm Ctenophora*). — **~ˌrand** *m med.* costal margin. — **~re·sek·tiˌon** *f* rib resection; costectomy, thoracostomy (*scient.*). — **~ˌrohr** *n* **1.** *auto.* finned (*od.* gilled) tube. – **2.** *tech. metall.* riffled tube. — **~ˌsamt** *m* (*textile*) ribbed velveteen. — **~ˌspeer** *m, n* ⟨-(e)s; *no pl*⟩ *gastr.* boned, pickled loin of pork: → Kasseler 4. — **~ˌstoß** *m* poke (*od. colloq.* dig) in the ribs, nudge, (*stärker*) punch in the ribs: j-m einen ~ geben (*od.* versetzen) to give s.o. a poke (*od.* to dig s.o.) in the ribs, to nudge s.o. — **~ˌstück** *n gastr.* (piece of) rib, rib cut. — **~ˌta·bak** *m* rib tobacco. — **~ˌwerk** *n* ⟨-(e)s; *no pl*⟩ (*eines Gewölbes, Heizkörpers, Blattes etc*) ribbing, ribwork. — **~ˌwin·kel** *m med.* costal angle. — **~ˌzwi·schenˌraum** *m* intercostal space.

ˈRip·peˌspeer *m, n* ⟨-(e)s; *no pl*⟩ *gastr. cf.* Rippenspeer.

Ripp·li [ˈrɪpli] *n* ⟨-s; -⟩ *Swiss for* Schweinerippchen.

Rips [rɪps] *m* ⟨-es; -e⟩ (*textile*) rep(p), rib. — **~ˌbin·dung** *f* rep(p) (*od.* rib) weave.

rips, raps [ˈrɪpsˈraps] *interj* rip, slash!

ri·pua·risch [riˈpŭaːrɪʃ] *adj hist.* Ripuarian: ~e Franken *hist.* Ripuarian Franks, Ripuarians.

ri·ra·rutsch [ˈriːˈraːˈrʊtʃ] *interj* (*children's language*) one, two, three — whoops! slippy, slidy!

Ri·sa·lit [rizaˈliːt] *m* ⟨-s; -e⟩ *arch.* projection.

Ri·si·bi·si [riziˈbiːzi] *n* ⟨-(s); -⟩ *cf.* Risi-Pisi.

Ri·si·ko [ˈriːziko] *n* ⟨-s; -s *u.* -siken, *Austrian auch* Risken [ˈrɪskən]⟩ **1.** risk: auf eigenes ~ at one's own risk; ein ~ eingehen to take (*od.* run, incur) a risk; kein ~ eingehen [scheuen] to take no risks [every risk]; du trägst das größere ~ you take (*od.* bear) the greater risk; Sie können das Eis ohne ~ überqueren you can cross the ice without risk, you can safely cross the ice. – **2.** (*Wagnis*) risk, venture, hazardous enterprise: das Unternehmen ist ein einziges ~ the enterprise is nothing but a risk (*od.* is a pure venture). – **3.** *econ.* a) (*Geschäftsrisiko*) (business *od.* commercial) risk, b) (*Versicherungsrisiko*) risk, hazard: ausgeschlossenes ~ risk excluded, excluded risk, (*bei Versicherungen*) *auch* uncovered hazard (*od.* risk); wir übernehmen kein ~ we do not (under)take (*od.* assume, incur) any risk. — **~ˌausˌgleich** *m econ.* spreading (*od.* distribution) of risks. — **~ˌdeckung** (*getr.* -k·k-) *f* covering of risks: keine ~ nach Entladung no risk cover after discharge. — **~erˌhö·hung** *f* increase (*od.* aggravation) of a risk. — **r~ˌfrei** *adj* free of (*od.* without) risk, riskless, safe. — **r~ˌfreu·dig** *adj* prepared to take a risk, venturesome. — **~geˌschäft** *n* risky (*od.* hazardous) enterprise (*od.* business). — **r~los** *adj cf.* risikofrei. — **~ˌprä·mie** *f* risk premium. — **~ˌsum·me** *f* (amount at) risk. — **~ˌträ·ger** *m* risk bearer (*od.* taker), bearer of a risk. — **~ˌüberˌnah·me** *f* risk-taking, assumption of risk. — **~verˌsi·che·rung** *f* risk insurance. — **~verˌtei·lung** *f* spreading (*od.* distribution) of risk. — **~ˌzuˌschlag** *m* risk surcharge.

Ri·si-Pi·si [riziˈpiːzi], *Austrian* **Ri·siˈpi·si** *n* ⟨-(s); -⟩ *gastr.* (*ital. Reisgericht*) rice and peas cooked in meat stock.

ris·kant [rɪsˈkant] *adj* **1.** risky, chancy (*colloq.*), precarious, (*stärker*) hazardous, dangerous, perilous: das ist sehr ~ that is very risky (*od.* quite a risk), that's a chancy business (*colloq.*); ~e Spekulationen *econ.* risky speculations. – **2.** (*heikel*) delicate, precarious.

ris·kie·ren [rɪsˈkiːrən] *v/t* ⟨*no* ge-, h⟩ **1.** risk, hazard, jeopardize *Br. auch* -s-: sein Leben ~ to risk one's life; viel ~ to risk a lot, to take quite a risk; er riskierte alles he risked everything, he staked everything on one chance; man muß auch einmal etwas ~ you have to take a risk (*od.* chance) sometimes; ein Auge ~ *fig. colloq. humor.* to steal a glance; eine Lippe ~ *fig. colloq.* to be cheeky, *Am. colloq.* to be fresh; → Kopf 2. – **2.** (*wagen*) risk, dare, venture: er riskierte es, näher zu kommen he ventured nearer, he risked coming nearer, he dared to come nearer. – **3.** *colloq.* (*probieren*) chance: wir ~'s! we'll chance it!

Ri·sor·gi·men·to [rizɔrdʒiˈmɛnto] *n* ⟨-(s); *no pl*⟩ *hist.* Risorgimento.

Ri·sot·to [riˈzɔto] *m* ⟨-(s); -s⟩, *Austrian colloq. auch n* ⟨-s; -(s)⟩ *gastr.* risotto, rizotto.

Ris·pe [ˈrɪspə] *f* ⟨-; -n⟩ *bot.* panicle, compound raceme.

ˈRis·pen|ˌäh·re *f bot.* panicled ear. — **r~ˌför·mig** *adj* panicled, paniculate(d) (*scient.*). — **~ˌgras** *n* meadow grass (*Gattg Poa*): Gemeines ~ bird grass (*P. trivialis*); Einjähriges ~ annual bluegrass (*P. annua*). — **~ˌha·fer** *m* (common) oat (*Avena sativa*).

riß [rɪs] *1 u. 3 sg pret of* reißen.

Riß *m* ⟨-sses; -sse⟩ **1.** (*Entzweireißen*) tearing, rending: einen ~ in (*acc*) etwas machen to tear (*od. lit.* rend) s.th. – **2.** (*im Stoff*) tear, rip, split, rent (*lit.*). – **3.** (*im Papier, Karton etc*) tear. – **4.** (*in einer Mauer, Wand etc*) crack, chink, (*offener, durchgehender*) breach, break, gap: Risse bekommen to crack, to open in (*od.* develop) cracks (*od.* chinks). – **5.** (*im Felsen, Gestein*) cleft, split, fissure, (*tiefer*) rift. – **6.** (*im Holz*) crack, split, chink, check, rent (*lit.*). – **7.** (*in der Haut, Lippe*) chap, crack, fissure: Risse bekommen to chap, to crack (open). – **8.** (*im Finger-, Zehennagel*) tear. – **9.** (*in der Erdoberfläche*) cleft, rent (*lit.*), (*sehr tiefer*) rift, chasm, crevasse, *Am. auch* crevass (*scient.*). – **10.** (*im Eis*) crack, split, (*breiter*) rift, crevasse, *Am. auch* crevass (*scient.*). – **11.** (*im Porzellan, Lehmboden, Verputz*) crack. – **12.** (*im Lack, in der Farbe*) crack, check. – **13.** *fig.* (*in einer Freundschaft, einem Bündnis etc*) rift, breach: ihre Freundschaft hat einen ~ bekommen their friendship broke up; durch die Partei geht ein tiefer ~ there is a deep rift in the party. – **14.** *fig.* (*Spaltung, Bruch*) split, schism. – **15.** *fig.* (*Kluft*) gulf: zwischen unseren Anschauungen klafft ein tiefer ~ there is a deep gulf between our views. – **16.** das gab mir [ihm] einen ~ *fig.* that deeply shocked me [him]. – **17.** (*in den Wolken*) break. – **18.** *tech.* (*Zeichnung*) a) elevation, b) projection. – **19.** *tech. metall.* a) (*in Eisen, Stahl etc*) crack, (*als Werkstoffehler*) *auch* flaw, b) (*in Röhren*) crack, burst, c) (*Haarriß*) fissure, d) (*Kratzer*) scratch. – **20.** *med. vet.* a) (*im Muskel, Fleisch*) tear; laceration, rhexis (*scient.*), b) (*in einem Organ*) rupture, rhexis (*scient.*), c) (*im Knochen*) fissure. – **21.** *biol.* (*im Zell-, Bindegewebe etc*) fissure, tear, rent. – **22.** *arch.* (*Vorzeichnung*) trace, tracing. – **23.** *hunt.* (*Beute des Raubwilds*) prey. — **~beˌherr·schung** *f civ.eng.* control of cracking. — **~ˌbil·dung** *f bes. tech.* formation of cracks, cracking: netzartige ~ alligator cracking.

ˈRiß-ˌEisˌzeit *f geol.* Riss.

ˈris·sig *adj* **1.** full of cracks, cracked: ~ werden to crack. – **2.** (*Stoff*) threadbare, worn. – **3.** (*Mauer, Wand, Verputz etc*) cracked, cracky: die Mauer ist sehr ~ the wall is very (*od.* badly) cracked. – **4.** (*Holz, Rinde*) cracked, chinked, chinky; rimose, rimous (*scient.*). – **5.** (*Haut, Lippen*) chappy, chapped, cracked, fissured: damit meine Hände nicht ~ werden so that my hands don't become chapped (*od.* don't chap). – **6.** (*Erdoberfläche*) rifted. – **7.** (*Lehmboden etc*) cracked. – **8.** (*Farbe, Lack*) cracked, checked. – **9.** *tech.* cracked, cracky, (*fehlerhaft*) flawed, *auch* flawy, defective.

ˈRis·sos-DelˌPhin [ˈrɪsoːs-] *m zo.* Risso's dolphin (*Grampus griseus*).

ˈRißˌwun·de *f med.* laceration, lacerated wound.

Rist [rɪst] *m* ⟨-es; -e⟩ **1.** (*Fußrücken*) instep: den Ball mit dem ~ treten (*beim Fußball*) to kick the ball with the instep. – **2.** (*Handrücken*) back of the hand. – **3.** (*Handgelenk*) wrist (joint). – **4.** *zo.* (*beim Pferd etc*) withers *pl.*

Ri·ste [ˈrɪstə] *f* ⟨-; -n⟩ (*in der Flachsspinnerei*) *rare* strick.

ˈRistˌgriff *m* (*beim Geräteturnen*) ordinary grip.

ri·stor·nie·ren [rɪstɔrˈniːrən] *v/t* ⟨*no* ge-, h⟩ *econ. cf.* stornieren 1.

Ri·stor·no [rɪsˈtɔrno] *m, n* ⟨-s; -s⟩ *econ.* (*Rückbuchung*) reverse transfer of accounts.

ri·tar·dan·do [ritarˈdando] *mus.* **I** *adv u. adj* ritardando, rallentando. – **II R~** *n* ⟨-s; -s *u.* -dandi [-di]⟩ ritardando, rallentando.

ri·te [ˈriːte] *adv* eine Doktorprüfung ~ bestehen to get a pass in an examination for the doctorate.

ˈRi·ten·kon·gre·ga·tiˌon *f röm.kath.* Congregation of Rites.

ri·te·nu·to [riteˈnuːto] *mus.* **I** *adv u. adj* ritenuto. – **II R~** *n* ⟨-s; -s *u.* -nuti [-ti]⟩ ritenuto.

Ri·tor·nell [ritɔrˈnɛl] *n* ⟨-s; -e⟩ *mus.* ritornello, ritornel(le).

Ri·trat·te [riˈtratə] *f* ⟨-; -n⟩ *econ. cf.* Rückwechsel.

ritsch, ratsch [ˈrɪtʃˈratʃ] *interj* rip, strip!

ritt [rɪt] *1 u. 3 sg pret of* reiten.

Ritt *m* ⟨-(e)s; -e⟩ ride (on horseback): sie jagten in scharfem ~ über die Felder they rode hard (*od.* at a swift pace) across the fields; einen ~ machen to take (*od.* go for) a ride; er hat die Torte auf einen (*od.* in einem) ~ aufgegessen [verschlungen] *fig. colloq.* he ate the tart [he gulped the tart down] at one go (*colloq.*).

Ritt·ber·ger [ˈrɪtˌbɛrgər] *m* ⟨-s; -⟩ (*sport*) (*beim Eis- u. Rollkunstlauf*) loop jump.

ˈRit·ter *m* ⟨-s; -⟩ **1.** *hist.* knight: ein fahrender ~ a knight-errant; j-n zum ~ schlagen to knight s.o., to dub s.o. a knight; ein ~ ohne Furcht und Tadel *auch fig.* a knight without fear or reproach; die ~ des deutschen Ordens [der Tafelrunde] the Teutonic Knights, the Knights of the Teutonic Order [the Knights of the Round Table]; der ~ von der traurigen Gestalt (*Don Quijote*) the Knight of the rueful countenance. – **2.** (*Ordensträger*) knight, (*von französischen Orden*) *auch* chevalier: ~ des Hosenbandordens Knight of the Garter. – **3.** *fig. archaic* (*Kavalier einer Dame*) cavalier, gallant. – **4.** arme ~ *pl gastr.* → arm 5. – **5.** *antiq.* Roman knight, eques (*Lat.*). — **~ˌburg** *f* (knight's) castle. — **~ˌdienst** *m* **1.** *hist.* knight('s) service. – **2.** *fig.* (*gegenüber einer Frau*) chivalrous act, act of chivalry. — **~ˌfal·ter** *m zo.* swallowtail, papilionid (*scient.*) (*Fam. Papilionidae*). — **~ˌgut** *n hist.* **1.** knight's estate, manor. – **2.** (*bes. in Preußen*) Junker's estate. — **~ˌguts·beˌsit·zer** *m* **1.** owner of a knight's estate (*od.* manor). – **2.** (*bes. in Preußen*) Junker.

ˈrit·ter·haft *adj cf.* ritterlich 1.

ˈRit·terˌkreuz *n mil.* Knight's Cross (of the Iron Cross). — **~ˌträ·ger** *m* Knight of the Iron Cross.

ˈrit·ter·lich I *adj* **1.** *fig.* chivalrous, chivalric, gallant, chivalresque, chevaleresque: ein ~er Mann a chivalrous man, a chevalier. – **2.** *hist.* knightly. – **II** *adv* **3.** *fig.* chivalrously, gallantly: er benahm sich den Damen gegenüber ~ he behaved chivalrously (*od.* he was chivalrous) to(ward[s]) ladies. — **ˈRit·ter·lich·keit** *f* ⟨-; *no pl*⟩ chivalry, chivalrousness, gallantry, gallantness.

ˈRit·ter·ling *m* ⟨-s; -e⟩ *bot. an edible fungus of the genus Tricholoma* (*Tricholoma equestre*).

'Rit·ter|,or·den *m hist.* order (of knighthood), knightly order: Deutscher ~ Teutonic Order. — **~,ro,man** *m (literature)* chivalric romance, romance (*od.* novel) of chivalry. — **~,rü·stung** *f hist.* knight's armor (*bes. Br.* armour), mail. — **~,saal** *m* hall of a knight's castle.

'Rit·ter·schaft *f* ⟨-; -en⟩ **1.** *hist.* knighthood, knightage, knights *pl.* – **2.** ⟨*only sg*⟩ (*Ritterwürde*) knighthood, knightage, rank (*od.* dignity) of a knight.

'Rit·ter|,schlag *m hist.* knighting, dubbing: den ~ empfangen to be knighted, to be dubbed a knight. — **~,sitz** *m cf.* Ritterburg.

'Rit·ters,mann *m* ⟨-(e)s; Rittersleute⟩ *cf.* Ritter 1.

'Rit·ter|,spiel *n meist pl hist.* joust, tournament. — **~,sporn** *m bot.* larkspur, delphinium (*scient.*) (*Gattg Delphinium*): Hoher ~ bee larkspur (*D. elatum*). — **~,stand** *m hist.* knighthood, knightage: j-n in den ~ erheben to confer knighthood (up)on s.o., to elevate s.o. to knighthood. — **~,stern** *m bot.* amaryllis, hippeastrum (*scient.*) (*Gattg Hippeastrum*).

'Rit·ter·tum *n* ⟨-(e)s; *no pl*⟩ *hist.* **1.** knighthood, chivalry. – **2.** *cf.* Ritterschaft 1.

'Rit·ter|,we·sen *n hist.* chivalry. — **~,zeit** *f* age of chivalry.

'ritt·lings *adv* astride, astraddle, *bes. Br.* straddle-legged: ~ auf einem Stuhl sitzen to straddle (*od.* to sit astride) a chair.

'Ritt,mei·ster *m mil. hist.* (cavalry) captain, captain of horse, rit(t)master.

Ri·tu·al [ri'tŭaːl] *n* ⟨-s; -e *u.* -ien [-lĭən]⟩ *relig.* ritual.

Ri·tua·lis·mus [ritŭa'lɪsmʊs] *m* ⟨-; *no pl*⟩ *relig.* (*der anglikanischen Kirche*) ritualism. — **Ri·tua'list** [-'lɪst] *m* ⟨-en; -en⟩ Ritualist.

Ri·tu'al,mord *m* ritual murder.

ri·tu·ell [ri'tŭɛl] *adj relig.* ritual, ceremonious, ceremonial, formulary.

Ri·tus ['riːtʊs] *m* ⟨-; Riten⟩ *relig. auch fig.* rite.

Ritz [rɪts] *m* ⟨-es; -e⟩ *cf.* Ritze.

Rit·ze ['rɪtsə] *f* ⟨-; -n⟩ **1.** (*schmale Spalte*) crack, chink, crevice, cleft: eine ~ in der Wand dichten to stop up a chink in the wall; neugierig durch eine ~ schauen to look curiously (*od.* peep) through a crack. – **2.** (*im Felsen, Gestein etc*) cranny. – **3.** (*Schramme*) scratch. – **4.** *med.* fissure, crack, rima (*scient.*). – **5.** *tech. metall.* a) crack, b) (*Kratzer*) scratch, cut, c) (*zwischen Platten od. Balken*) seam.

Rit·zel ['rɪtsəl] *n* ⟨-s; -⟩ *tech.* pinion. — **~,an,trieb** *m* pinion drive. — **~,wel·le** *f* pinion shaft.

rit·zen ['rɪtsən] **I** *v/t* ⟨h⟩ **1.** (*kratzen*) scratch: der Nagel hat mir die Haut geritzt the nail scratched my skin. – **2.** (*schneiden*) carve, cut: seinen Namen in eine Bank ~ to cut (*od.* carve) one's name on a bench. – **3.** (*eingravieren*) engrave, incise. – **4.** *tech.* cut, scratch: das Glas mit einem Diamanten ~ to cut the glass with a diamond. – **5.** die Sache (*od.* der Fall) ist geritzt *colloq.* everything is all right (*bes. Am. colloq.* alright) (*od. colloq.* okay, O.K.). – **II** *v/reflex* sich ~ **6.** scratch oneself: ich habe mich mit einer Nadel am Arm geritzt I scratched my arm with a needle.

'Rit·zer *m* ⟨-s; -⟩ *colloq.* scratch.

'Ritz,här·te *f metall.* scratch (*od.* abrasive) hardness.

Ri·va·le [ri'vaːlə] *m* ⟨-n; -n⟩, **Ri'va·lin** *f* ⟨-; -nen⟩ **1.** rival: ohne ~n (*od.* Rivalinnen) unrival(l)ed. – **2.** (*sport*) competitor, rival.

ri·va·li·sie·ren [rivali'ziːrən] *v/i* ⟨*no* ge-, h⟩ rival, be rivals, compete: mit j-m ~ to rival s.o., to compete (*od.* vie) with s.o. — **ri·va·li'sie·rend I** *pres p.* – **II** *adj* rival (*attrib*), rivaling, *bes. Br.* rivalling, competing.

Ri·va·li·tät [rivali'tɛːt] *f* ⟨-; -en⟩ rivalry, rivalship, competition: in ~ mit j-m stehen to rival s.o.

ri·ver·so [ri'vɛrzo] *adv mus.* al riverso.

Ri·zi·nus ['riːtsinʊs] *m* ⟨-; - *u.* -se⟩ **1.** *bot.* castor-oil plant, castor(-oil) bean, palma Christi (*Ricinus communis*). – **2.** *colloq. for* Rizinusöl. — **~,öl** *n med. pharm.* castor oil. — **~,pflan·ze** *f bot. cf.* Rizinus 1.

Roast·beef ['roːstbiːf] *n* ⟨-s; -s⟩ *gastr.* roast beef (*od.* sirloin).

Rob·be ['rɔbə] *f* ⟨-; -n⟩ *zo.* seal (*Unterordng Pinnipedia*).

rob·ben ['rɔbən] *v/i* ⟨sein *u.* h⟩ *bes. mil.* move on the belly, *Am. colloq. auch* belly.

'Rob·ben|,fang *m* seal fishery (*od.* hunting), sealery, sealing. — **~,fän·ger** *m* **1.** sealer, seal hunter. – **2.** *mar.* (*Schiff*) sealer. — **~,jagd** *f cf.* Robbenfang. — **~,jä·ger** *m cf.* Robbenfänger 1. — **~,molch** *m zo.* dusky salamander (*Desmognathus monticola*).

Rob·ber ['rɔbər; 'rɔbə] (*Engl.*) *m* ⟨-s; -⟩ (*bei Bridge, Whist*) rubber.

Ro·be ['roːbə] *f* ⟨-; -n⟩ **1.** (*Abendkleid*) robe. – **2.** (*Amtstracht*) robe, gown.

Ro·bi·nie [ro'biːnĭə] *f* ⟨-; -n⟩ *bot.* robinia, bastard (*od.* common, false) acacia, locust (tree) (*Robinia pseudacacia*).

Ro·bin·so·na·de [robɪnzo'naːdə] *f* ⟨-; -n⟩ **1.** robinsonade, Robinsonade. – **2.** (*sport*) (*des Torwarts*) full-length save.

'Ro·bin·son,spiel,platz ['roːbɪnzən-] *m* adventure playground.

Ro·bo·rans ['roːborans] *n* ⟨-; -rantien [robo'rantsĭən]⟩ *med. pharm.* tonic, roborant.

Ro·bot ['rɔbɔt] *f* ⟨-; -en⟩ *obs. for* Frondienst 1, 2.

ro·bo·ten ['rɔbɔtən; ro'bɔtən] *v/i* ⟨*pp* gerobotet [gə'rɔbɔtət], *auch* robotet [ro'bɔtət], h⟩ *colloq.* drudge, toil, slave, fag, sweat.

Ro·bo·ter ['rɔbɔtər; ro'bɔtər] *m* ⟨-s; -⟩ **1.** *tech.* robot, automaton: er arbeitet wie ein ~ he works like a robot. – **2.** *fig. colloq.* robot, drudge, golem.

Ro·bu·rit [robu'riːt; -'rɪt] *m* ⟨-s; *no pl*⟩ *chem.* (*Sprengstoff*) roburite.

ro·bust [ro'bʊst] *adj* **1.** (*Körperbau, Konstruktion etc*) robust, sturdy, strong, stalwart, strapping. – **2.** (*Gesundheit, Natur etc*) robust, hardy, tough. — **Ro'bust·heit** *f* ⟨-; *no pl*⟩ **1.** robustness, sturdiness, strength, stalwartness. – **2.** robustness, hardiness, toughness.

Ro·caille [ro'kaːj] *n, f* ⟨-; -s⟩ (*art*) rocaille.

roch [rɔx] *1 u. 3 sg pret of* riechen.

Ro·cha·de [rɔ'xaːdə; -'ʃaːdə] *f* ⟨-; -n⟩ (*games*) (*beim Schach*) castling (*od.* turning) of the king. — **~,stra·ße** *f mil.* lateral road.

rö·che ['rœçə] *1 u. 3 sg pret subj of* riechen.

rö·cheln ['rœçəln] **I** *v/i* ⟨h⟩ **1.** wheeze. – **2.** *med.* rattle, breathe stertorously: im Tode ~ to give a death rattle. – **II R~** *n* ⟨-s⟩ **3.** *verbal noun.* – **4.** *med.* rattle, stertorous breathing: R~ im Tode death rattle.

Ro·chen ['rɔxən] *m* ⟨-s; -⟩ *zo.* ray, skate (*Fam. Rajidae*): Elektrischer ~ electric ray (*Fam. Torpedinidae*). — **~,egel** *m* ray leech (*Pontobdella maricata*).

Ro·chett [rɔ'ʃɛt] *n* ⟨-s; -s⟩ *röm.kath.* (*Chorhemd*) rochet.

ro·chie·ren [rɔ'xiːrən; -'ʃiːrən] *v/i* ⟨*no* ge-, h⟩ **1.** (*games*) (*beim Schach*) castle. – **2.** (*sport*) (*von Stürmern*) change positions.

Rock [rɔk] *m* ⟨-(e)s; ⸚e⟩ **1.** (*Damenrock*) skirt: ein enger [weiter] ~ a straight [full] skirt. – **2.** (*Herrenjackett*) jacket: der grüne ~ des Jägers the huntsman's jacket. – **3.** (*Gehrock etc*) (frock) coat: den ~ ausziehen (*od.* ablegen) to take off one's coat. – **4.** (*Amtstracht*) robe, gown. – **5.** (*Uniform*) uniform: den bunten (*od.* des Königs) ~ anlegen *fig. hist.* to don the king's uniform, to enlist; → Hemd 1. – **6.** *Bibl.* (*Obergewand*) coat, tunic: der Heilige ~ von Trier the Holy Coat of Trier.

Rock and Roll ['rɔkən(t)'rɔl; -'roːl; 'rɔkn'roul] (*Engl.*) *m* ⟨- - -; *no pl*⟩ *cf.* Rock 'n' Roll.

'Rock|,auf,schlag *m* (*am Jackett*) lapel, facing. — **~,bund** *m* (*am Damenrock*) waistband.

Röck·chen ['rœkçən] *n* ⟨-s; -⟩ *dim. of* Rock 1.

Rocken (*getr.* -k·k-) ['rɔkən] *m* ⟨-s; -⟩ (*Spinngerät*) distaff.

Rocker (*getr.* -k·k-) ['rɔkər] *m* ⟨-s; -⟩ rocker. — **~,ban·de** *f* gang of rockers.

'Rock|,fal·te *f* skirt pleat (*Am. auch* fold). — **~,knopf** *m* coat (*od.* jacket) button.

Rock 'n' Roll ['rɔkən'rɔl; 'rɔkn'roul] (*Engl.*) *m* ⟨- - -; *no pl*⟩ (*Tanz*) rock 'n' roll, rock and roll.

'Rock|,schoß *m* **1.** (*an Herrenjacken*) coattail, *Br.* coat-tail. – **2.** *fig. colloq. cf.* Rockzipfel. — **~,stoff** *m* **1.** skirting. – **2.** (*für Herrenjacketts*) coating. — **~,ta·sche** *f* **1.** coat pocket. – **2.** skirt pocket.

Rock·well ['rɔkvɛl] *f* ⟨-; *no pl*⟩ *print.* Rockwell.

'Rock,zip·fel *m* **1.** dip in the hem of a skirt. – **2.** an Mutters ~ hängen *fig. colloq.* to be tied to one's mother's apron strings.

'Ro·de,hacke (*getr.* -k·k-) *f agr. hort.* grub(bing) hoe, grubber, mattock.

Ro·del[1] ['roːdəl] *m* ⟨-s; -⟩, *Bavarian and Austrian f* ⟨-; -n⟩ *cf.* Rodelschlitten.

'Ro·del[2] *m* ⟨-s; ⸚⟩ *Southern G. for* Aktenrolle, Schriftrolle.

'Ro·de,land *n agr.* grubbed (*od.* cleared, stubbed) land, clearing.

'Ro·del,bahn *f* **1.** sled (*bes. Br.* sledge) run (*od.* course). – **2.** (*sport*) toboggan run (*bes. Am.* slide, chute).

ro·deln ['roːdəln] **I** *v/i* ⟨h *u.* sein⟩ **1.** sled, *bes. Br.* sledge, *Am. auch* coast. – **2.** (*sport*) toboggan. – **II R~** *n* ⟨-s⟩ **3.** *verbal noun.*

'Ro·del|par,tie *f* sled (*bes. Br.* sledge) ride. — **~,schlit·ten** *m* **1.** sled, *bes. Br.* sledge, *Am. auch* coaster. – **2.** (*sport*) *cf.* Rennrodel. — **~,sport** *m cf.* Rennrodeln.

'Ro·de·ma,schi·ne *f agr.* **1.** stump grubber, uprooting machine. – **2.** (*für Kartoffeln*) potato lifter (*od.* spinner).

ro·den ['roːdən] **I** *v/t* ⟨h⟩ **1.** (*Gebiet, Land etc*) make (*s.th.*) arable, cultivate. – **2.** (*Bäume*) grub, uproot, stub (*trees*) (up), clear. – **3.** (*Wurzelstöcke*) extract. – **4.** *agr.* (*Kartoffeln etc*) dig (up), lift, harvest. – **II R~** *n* ⟨-s⟩ **5.** *verbal noun.*

'Ro·de,pflug *m agr.* breaker plough (*bes. Am.* plow).

'Ro·der *m* ⟨-s; -⟩ *agr. cf.* Rodemaschine.

'Rod·ler *m* ⟨-s; -⟩, **'Rod·le·rin** *f* ⟨-; -nen⟩ **1.** sledder, *bes. Br.* sledger, *Am. auch* coaster. – **2.** (*sport*) *cf.* Rennrodler(in).

'Ro·dung *f* ⟨-; -en⟩ **1.** *cf.* Roden. – **2.** *agr. cf.* Rodeland.

Ro·ga·te [ro'gaːtə] *m* ⟨*undeclined*⟩ (der Sonntag) ~ *relig.* Rogate (*od.* Rogation) Sunday.

Ro·gen ['roːgən] *m* ⟨-s; -⟩ *zo.* roe, spawn. — **'Ro·ge·ner** *m* ⟨-s; -⟩, **'Ro·gen,fisch** *m zo.* spawner, seed fish.

Rog·gen ['rɔgən] *m* ⟨-s; *agr.* -⟩ *bot. agr.* (common) rye (*Secale cereale*). — **~(,an)-,bau** *m agr.* rye growing. — **~,brot** *n* rye bread. — **~,feld** *n agr.* rye field. — **~,korn** *n* **1.** grain of rye. – **2.** *collect.* (*Getreide*) rye. — **~,mehl** *n* rye flour. — **~,muh·me** *f myth.* female corn demon (*auch* daemon) (*od.* ghost). — **~,stroh** *n agr.* rye straw. — **~,tres·pe** *f bot.* common brome(grass), rye darnel, ryelike brome, cheat, *bes. Am.* common chess (*Bromus secalinus*).

'Rog·ner *m* ⟨-s; -⟩ *zo. cf.* Rogener.

roh [roː] **I** *adj* **1.** (*Ei, Fleisch, Obst, Gemüse etc*) raw, uncooked, *auch* crude: ~er Schinken raw (*od.* uncooked smoked) ham; → Ei 2. – **2.** (*Öl, Metalle, Erze etc*) crude: ~es Kupfer crude (*od.* native) copper; ~er Zucker crude (*od.* unrefined) sugar; ~es Erz crude (*od.* raw) ore. – **3.** (*Stein etc*) rough, unhewn, in natural state. – **4.** (*Entwurf, Plan etc*) rough: das ist erst ein ~er Entwurf that's only a rough (*od.* rude) draft, that's a draft in (the) rough (*od.* in broad outlines); die ~e Fassung eines Buches the rough (*od.* rude) draft of a book; nach ~er Schätzung according to a rough (*Br. auch* rude, *Am. sl.* horseback) estimate. – **5.** (*Pferde*) unbroken, fresh. – **6.** *fig.* (*Benehmen etc*) rough, rude, gross, (*stärker*) brute, brutal: ein ~er Kerl *colloq.* a rough (*od.* rude) fellow (*colloq.*), (*stärker*) a brute; mit ~er Gewalt kann man da nichts erreichen you can't succeed with brute force. – **7.** (*textile*) a) (*bes. Leinen*) unbleached, b) (*Seide, Wolle etc*) raw, crude, gray, *bes. Br.* grey, natural. – **8.** (*leather*) (*Fell*) untanned, undressed. – **9.** *print.* (*Buch*) in (loose *od.* flat) sheets. – **10.** *econ.* (*brutto*) gross: der ~e Betrag the gross amount. – **11.** (*substantiviert mit Kleinschreibung*) im ~en in (the) rough: die Statue ist im ~en fertig the statue has been finished in the rough. – **II** *adv* **12.** roughly: ein ~ gearbeiteter Tisch a roughly made table; ein ~ behauener Stein a roughhewn stone. – **13.** *fig.* (*ungefähr*) roughly, rudely: ~ geschätzt roughly estimated. – **14.** *fig.* roughly, rudely, grossly, (*stärker*) brutally: j-n ~ behandeln to treat s.o. roughly (*od.* rudely), to manhandle s.o. (*colloq.*), (*stärker*) to treat s.o. brutally.

'Roh|,bau *m* ⟨-(e)s; -ten⟩ (*eines Hauses etc*) shell construction, carcass: das Haus ist im ~ fertig the house is finished in the raw (*od.* in [the] rough). — **~,baum,wol·le** *f* (*textile*) raw (*od.* gray, *bes. Br.* grey) cotton. — **~,bi,lanz** *f econ.* gross (*od.* trial) balance. — **~,block** *m metall.* raw ingot. — **~,dia,mant** *m* (*jewelry*) rough diamond. —

~ˌeinˌkünf·te, ~ˌeinˌnah·men *pl econ.* gross receipts (*od.* revenue *sg*, income *sg*).
'Rohˌei·sen *n metall.* pig iron. — **~ˌpfan·ne** *f* pig-iron ladle.
Ro·heit ['roːhaɪt] *f* <-; -en> **1.** <*only sg*> *fig.* (*des Benehmens etc*) roughness, rudeness, grossness, (*stärker*) brutality. – **2.** *fig.* (*rohe Handlung*) brutal act, brutality: **eine ~ begehen** to commit a brutality. – **3.** *cf.* Rohzustand 1. — **'Ro·heitsˌtä·ter** *m jur. person who commits acts of brutality.*
'Rohǀerˌtrag *m econ.* gross profit (*od.* yield). — **~ˌerz** *n metall.* crude (*od.* raw, mine) ore. — **~erˌzeug·nis** *n econ. cf.* Rohprodukt. — **~ˌfa·ser** *f* (*textile*) crude (*od.* raw) fiber (*bes. Br.* fibre). — **~ˌfilm** *m phot.* raw (*od.* emulsion-coated) film.
'Rohˌgas *n tech.* raw (*od.* crude) gas. — **~ˌlei·tung** *f* raw-gas main.
'Rohǀgeˌwicht *n econ.* **1.** (*Materialgewicht*) weight of unfinished product. – **2.** (*Zoll*) gross weight. — **~geˌwinn** *m* gross profit(s *pl*). — **~ˌglas** *n* roughcast glass. — **~ˌgum·mi** *n, auch m* crude (*od.* raw) india rubber. — **~ˌguß** *m metall.* unfinished (*od.* raw, undressed) castings *pl.* — **~ˌhaut** *f* (*leather*) rawhide. — **~ˌkoh·le** *f* (*mining*) run-of-mine coal.
'Rohˌkost *f gastr.* raw (*od.* uncooked) (vegetarian) food, raw (*od.* green) vegetables *pl.* — **~ˌkur** *f* vegetarian (*od.* vegetable) cure.
'Rohˌköst·ler [-ˌkœstlər] *m* <-s; -> vegetarian.
'Rohˌkostˌplat·te *f gastr.* raw vegetable [salad.]
'Rohǀˌkup·fer *n metall.* crude (*od.* blister) copper. — **~ˌle·der** *n* (*leather*) untanned (*od.* undressed) leather.
'Roh·ling *m* <-s; -e> **1.** *fig.* brute, ruffian, brutal fellow (*colloq.*). – **2.** *metall.* blank, (*in der Schmiede*) rough forging. – **3.** *print.* (*beim Strangpreßverfahren*) slug. – **4.** (*wood*) rough wood.
'Rohǀˌmar·mor *m* rough (*od.* raw) marble. — **~ma·te·riˌal** *n* **1.** *tech. cf.* Rohstoff. – **2.** *fig.* (*für ein Buch etc*) raw material. — **~meˌtall** *n* crude metal.
'Rohˌöl *n* (*petroleum*) crude oil (*od.* petroleum), crude. — **~ˌlie·fe·rung** *f* crude-oil supply (*od.* shipments *pl*). — **~ˌmo·tor** *m tech.* crude-oil engine.
'Rohǀpeˌtro·le·um *n* native naphta. — **~proˌdukt** *n econ.* **1.** raw product. – **2.** *bes. agr.* produce: **die ~e** the raw products (*od.* produce *sg*).
Rohr¹ [roːr] *n* <-(e)s; -e> **1.** *tech.* a) (*aus Gußeisen*) pipe, b) (*aus Stahl od. Metall*) tube, c) (*Leitungsrohr*) line pipe, d) (*Gattungsbegriff*) piping, tubing, e) (*Präzisionsrohr*) precision steel tube, d) (*Gewinderohr*) threaded pipe, g) (*Flaschenrohr*) flanged pipe: **gußeisernes ~** (cast-iron) pipe; **nahtloses ~** seamless tube; **~e (ver)legen** a) to lay pipes, b) to lay tubes, to tube. – **2.** (*Kanalrohr*) duct, channel, canal. – **3.** (*Ofenrohr*) flue. – **4.** *Southern G. and Austrian dial.* (*Backröhre*) oven. – **5.** (*Pfeifenrohr*) stem. – **6.** *mil.* a) (*Geschützrohr*) (gun) barrel, tube, b) (*Torpedorohr*) tube: **gezogenes [glattes] ~** rifled [smooth] bore (of the barrel).
Rohr² *n* <-(e)s; -e> **1.** *bot.* a) reed, b) (*Schilfrohr*) (common *od.* water, ditch, giant) reed (*Phragmites communis*), c) (*Bambusrohr*) cane, bamboo (*Unterfam. Bambuseae*), d) (*Zuckerrohr*) (sugar) cane (*Gattg Saccharum*): **spanisches ~** *cf.* a) Peddigrohr, b) Rohrstock; **er schwankt wie ein ~ im Wind** *fig.* he is like a reed before the wind, he has no mind of his own, he doesn't know his own mind. – **2.** *collect.* (*Schilf, Röhricht*) reed: **ein Haus mit ~ decken** to roof (*od.* thatch) a house with reed, to reed a house.
'Rohrǀˌabˌschnei·der *m tech.* pipe (*od.* tube) cutter. — **~ˌabˌschnitt** *m* pipe section. — **~ˌabˌzweigˌstück** *n tech.* Y-branch. — **~ˌam·mer** *f zo.* reed bunting (*Emberiza schoeniclus*). — **~ˌanˌschluß** *m tech.* pipe (*od.* tube) joint (*od.* connection, *Br. auch* connexion). — **~ˌblatt** *n mus.* (*bes. bei Holzblasinstrumenten*) reed. — **~ˌbo·gen** *m tech.* pipe bend. — **~ˌbruch** *m tech.* pipe burst. — **~ˌbrun·nen** *m* artesian well.
Röhr·chen ['røːrçən] *n* <-s; -> **1.** *dim. of* Rohr¹, Röhre. – **2.** *med.* (*für Abstriche*) a) sterile (*od.* test) tube, tubule, b) culture tube. – **3.** *tech.* (*Haarröhrchen*) capillary tube. – **4.** *chem.* (*kleines Reagenzglas*) test tube.
'Rohrˌdach *n arch.* reed (*od.* thatched) roof.
'Rohrˌdom·mel [-ˌdɔməl] *f* <-; -n> *zo.* **1. Große ~** (common) bittern, bull of the bog (*Botaurus stellaris*). – **2. Kleine ~** little bittern (*Ixobrychus minutus*).
'Rohrǀˌdraht *m* **1.** *tech.* conduit wire. – **2.** *electr.* conduit (*od.* leading-in) wire. — **~ˌdurchˌmes·ser** *m* **1.** *tech.* pipe (*od.* tube) diameter. – **2.** *mil.* bore diameter, caliber, *bes. Br.* calibre.
Röh·re ['røːrə] *f* <-; -n> **1.** *tech.* pipe, tube: **in die ~ gucken** *fig. colloq.* to be left empty-handed. – **2.** *electr.* (*radio*) (radio) tube (*bes. Br.* valve): **zweipolige ~** diode, two-electrode tube; **durchgebrannte ~** fused tube; → **Braunsch.** – **3.** *electr.* (*Leuchtröhre*) gas-discharge (*od.* discharge, neon) lamp, neon tube. – **4.** *phys.* tube: **kommunizierende ~n** communicating tubes. – **5.** *med. phys.* (*Röntgenröhre*) (X-ray *od.* Roentgen) tube. – **6.** *med.* a) duct, canal, b) (*Kanüle*) cannula, *auch* canula. – **7.** *gastr. cf.* Backrohr, Bratröhre. – **8.** *hunt.* subterranean passageway(s *pl*) of a fox's den.
röh·ren ['røːrən] *v/i* <h> *hunt.* (*von Hirschen*) bell(ow), roar.
'Röh·renǀˌblitz·geˌrät *n phot.* electronic flash unit. — **~ˌblü·ten** *pl bot.* (*der Korbblütler*) tubular flowers. — **~ˌbrun·nen** *m civ.eng. cf.* Rohrbrunnen. — **~deˌtek·tor** *m* (*radio*) (thermionic) tube (*bes. Br.* valve) detector, *Am.* audion. — **~ˌdrä·nung** *f civ.eng.* drainage by pipes. — **~elekˌtro·de** *f electr.* electrode of an electron tube. — **~elek·troˌme·ter** *n* tube electrometer. — **~empˌfän·ger** *m* (*radio*) tube (*bes. Br.* valve) receiver (*od.* set). — **~ˌfas·sung** *f* tube (*bes. Br.* valve) socket (*od.* holder). — **r~ˌför·mig** *adj* tubular, tubiform. — **~ˌgleichˌrich·ter** *m* (*radio*) vacuum-tube (*bes. Br.* -valve) rectifier. — **~ˌkno·chen** *m med. zo.* long (*od.* hollow, tubular, cylindrical) bone. — **~ˌküh·ler** *m auto.* tubular radiator. — **~ˌlam·pe** *f electr.* tubular (*od.* tube) lamp. — **~ˌlei·tung** *f tech. cf.* Rohrleitung. — **~ˌmäu·ler** *pl zo.* tubemouth fishes (*Fam. Solenostomidae*). — **~ˌpilz** *m bot. cf.* Röhrling. — **~ˌprüf·geˌrät** *n* (*radio*) tube (*bes. Br.* valve) tester. — **~ˌrau·schen** *n* tube (*bes. Br.* valve) noise. — **~ˌschwamm** *m bot. cf.* Röhrling. — **~ˌsen·der** *m* (*radio*) (thermionic) tube (*bes. Br.* valve) transmitter. — **~ˌsockel** (*getr.* -k·k-) *m* tube (*bes. Br.* valve) socket. — **~ˌstrei·fen** *m metall.* skelp. — **~syˌstem** *n* **1.** *tech.* piping, pip(e)age. – **2.** *electr.* tube (*bes. Br.* valve) system. — **~verˌstär·ker** *m* (*radio*) thermionic (*od.* vacuum-tube, *bes. Br.* -valve) amplifier. — **~wal·zeˌrei** *f,* **~ˌwalzˌwerk** *n metall.* tube-rolling mill (*od.* works *pl construed as sg or pl*). — **~ˌwurm** *m zo.* **1.** sabellariid (worm) (*Unterklasse Chaetopoda*). – **2.** tube-dwelling worm (*Unterklasse Sedentaria*).
'Rohrˌflö·te *f mus.* **1.** reed pipe. – **2.** (*Orgelregister*) chimney flute, rohrflöte.
'rohrˌför·mig *adj cf.* röhrenförmig.
'Rohrǀˌformˌstück *n tech.* pipe fitting. — **~geˌflecht** *n* canework, cane plaiting. — **~geˌwin·de** *n tech.* pipe thread. — **~ˌher·ˌstel·lung** *f tech.* tube manufacture.
'Röh·richt *n* <-s; -e> reed bank, reeds *pl.*
'Rohrǀˌkol·ben *m bot.* cattail, cat's-tail (*Gattg Typha*). — **~kreˌpie·rer** *m* <-s; -> *mil.* burst in the bore, barrel burst, bore premature. — **~ˌkrüm·mer** *m tech.* pipe bend, elbow. — **~ˌle·ger** *m* **1.** pipe layer (*od.* fitter). – **2.** (*Installateur*) plumber. — **~ˌlei·tung** *f* **1.** conduit, duct, pipe, tube. – **2.** (*Anlage*) tubing, piping. – **3.** (*Fernleitung*) pipeline. – **4.** (*Versorgungsnetz*) mains *pl.*
'Röhr·ling *m* <-s; -e> *bot.* (*Röhrenpilz*) boletus (*Fam. Boletaceae*).
'Rohrǀˌman·tel *m mil.* jacket. — **~ˌmast** *m tech.* tubular mast (*od.* pole). — **~ˌmat·te** *f* reed mat. — **~ˌmö·bel** *pl* cane (*od.* wicker) furniture *sg.* — **~ˌmuf·fe** *f tech.* pipe socket. — **~ˌnetz** *n* (*für Wasser, Gas etc*) mains *pl.* — **~ˌnu·deln** *pl gastr. a kind of yeast dumplings baked in the oven.* — **~ˌpal·me** *f bot.* rattan (palm), *auch* ratan, rotan (*Gattg Calamus*).
'Rohrˌpost *f* (*bes. innerbetriebliche*) pneumatic (*od.* tubular) post. — **~ˌbrief** *m* tubular letter. — **~ˌbüch·se** *f* (pneumatic post) carrier. — **~ˌkar·te** *f* tubular postcard, pneumatic tube card. — **~ˌsen·dung** *f* item conveyed by tube.
'Rohrǀˌrah·men *m* (*bei Kraftwagen*) tubular frame. — **~ˌrückˌlauf** *m* <-(e)s; *no pl*> *mil.* (gun *od.* barrel) recoil. — **~ˌsän·ger** *m zo.* reed warbler (*Acrocephalus scirpaceus*). — **~ˌschel·le** *f tech.* pipe clip (*od.* clamp). — **~ˌschilf** *n bot. cf.* Rohr² 2. — **~ˌschneidˌklup·pe** *f tech.* die stock. — **~ˌspatz** *m zo. cf.* Rohrsänger: **schimpfen wie ein ~** *colloq. humor.* to scold like a fishwife. — **~ˌstock** *m* cane, bamboo (stick). — **~ˌstuhl** *m* cane chair. — **~ˌstut·zen** *m tech.* pipe socket (*od.* connection, *Br. auch* connexion, fitting). — **~verˌbin·dung** *f* pipe connection (*Br. auch* connexion), pipe joint (*od.* coupling), pipe fitting. — **~ˌwei·he** *f zo.* moor buzzard, marsh harrier (*Circus aeruginosus*). — **~ˌwei·te** *f tech. mil. cf.* Rohrdurchmesser. — **~ˌzan·ge** *f tech.* pipe wrench. — **~ˌzucker** (*getr.* -k·k-) *m* cane sugar.
'Rohˌsei·de *f* (*textile*) raw silk. — **'rohˌsei·den** *adj* of raw silk.
'Rohˌstahl *m tech.* raw (*od.* crude) steel, (*Flußstahl*) ingot steel.
'Rohˌstoff *m econ.* raw material: **~e** raw products, unwrought goods; **mineralischer ~** *geol.* mineral substance. — **~ˌman·gel** *m econ.* scarcity of raw materials, raw material shortage. — **~ˌmarkt** *m* raw material market. — **~ˌprei·se** *pl* raw material prices. — **~verˌar·bei·tung** *f* processing of raw materials.
'Rohǀˌta·bak *m* leaf (tobacco). — **~ˌwol·le** *f* (*textile*) raw wool. — **~ˌzucker** (*getr.* -k·k-) *m* crude (*od.* unrefined, raw) sugar. — **~ˌzuˌstand** *m* **1.** (*von Metallen, Öl etc*) crude (*od.* raw) state, crudeness: **im ~** in the crude (*od.* raw) state. – **2.** *fig.* (*von Entwürfen etc*) rough (state): **im ~** in (the) rough.
ro·jen ['roːjən] *v/t u. v/i* <h> *mar.* row, pull.
Ro·ko·ko ['rɔkoko; roko'koː] *n* <-s; *no pl*> (*art*) rococo. — **~ˌstil** *m* rococo style.
'Ro·landsˌlied, das ['roːlants-] (*literature*) la Chanson de Roland.
'Rollˌach·se *f* (*space*) roll axis.
'Rolla·den (*getr.* -ll,l-) *m* <-s; Rolläden, *auch* -> **1.** *cf.* Rouleau 1. – **2.** (*am Schreibtisch*) roll-up desk front, roll front.
'Rollǀˌas·sel *f zo.* wood louse, *auch* pill bug (*Unterordng Oniscoidea*). — **~ˌbahn** *f* **1.** *aer.* a) taxi strip, taxiway, b) *cf.* Lande-, Startbahn. – **2.** *tech.* a) gravity roller conveyor, b) (*Gleitbahn*) rollway, roller way, c) (*eines Lagers*) raceway. – **3.** *mil.* track. — **~ˌbandˌmaß** *n tech.* measuring tape, tape rule, (*aus Stahl*) pull-push tape. — **~ˌbett** *n* **1.** wheel bed. – **2.** (*zum Unterschieben*) trundle bed, *auch* truckle bed. — **~ˌbra·ten** *m gastr. a piece of meat rolled up and tied, Br.* collar. — **~ˌdach** *n auto.* roller roof.
Rol·le ['rɔlə] *f* <-; -n> **1.** (*Tapete, Stoff, Geld etc*) roll: **eine ~ Geld** a) (*Münzen*) a roll (*od.* rouleau) of money, b) (*Papiergeld*) a roll (*od.* wad) of money; **eine ~ Tabak** a roll (*od.* twist, prick) of tobacco; **eine ~ Pergament** a scroll (*od.* roll) of parchment. – **2.** (*Garn, Film etc*) spool, *bes. Br.* reel: **eine ~ Garn** a spool of thread, *bes. Br.* a reel of cotton. – **3.** (*Tau, Draht etc*) coil, reel. – **4.** (*unter Möbeln etc*) caster, *bes. Br.* castor. – **5.** (*Walze*) cylinder, roll(er). – **6.** *tech.* (*Seilrolle*) sheave. – **7.** (*im Film, Theater etc*) part, role, *auch* rôle: **die ~ des Hamlet spielen** to play the part of Hamlet; **seine ~ lernen** to learn one's part, to study one's lines; **die ~n besetzen** to cast the parts; **eine ~ spielen** a) to play a part (*od.* role), b) *fig.* (*etwas vorgeben*) to playact, c) *fig.* (**bei, in** *dat* in) to play a part (*od.* role), to be a factor, to be of importance; **eine kleine [unbedeutende] ~ spielen** a) to play a small [secondary] part, b) *fig.* to play a minor [an unimportant] role; **eine führende ~ spielen** *auch fig.* to play a leading role; **er spielt eine große ~ in der Firma** *fig.* he is one of the top men in (*od.* of) the firm; **eine jämmerliche ~ (bei etwas) spielen** *fig.* to play a miserable role (in s.th.); **das spielt keine ~** *fig.* that doesn't matter (a hoot *colloq.*), that makes no difference; **Geld spielt bei ihm keine ~** *fig.* money is no object to him; **es hat auch eine ~ gespielt, daß** *fig.* another reason was that, a contributing (*od.* contributory)

factor was that; **aus der ~ fallen** *fig.* to forget oneself, *Br. colloq.* to drop a brick; **die ~n vertauschen** *fig.* to (ex)change parts. – **8.** *psych. sociol.* (*Verhaltensweise*) role, *auch* rôle. – **9.** (*sport*) a) (*auf dem Boden*) roll, head-over-heels, somersault, *auch* summersault, b) (*an Geräten*) roll, somersault, c) (*beim Hochsprung*) roll: **~ vorwärts [rückwärts]** forward [backward] roll. – **10.** *aer.* (*beim Kunstflug*) roll: **~n drehen** a) (*von Maschine*) to roll, b) (*von Pilot*) to roll the aircraft. – **11.** *obs.* (*Urkunde, Liste etc*) roll. – **12.** *mar.* muster list, station bill.

rol·len ['rɔlən] **I** *v/i* ⟨sein⟩ **1.** (*von Ball, Kugel, Rad etc*) roll: **der Ball ist ins Tor [unter den Tisch] gerollt** the ball rolled into the goal [under the table]. – **2.** roll (along): **der Wagen ist noch ein Stück gerollt** the car rolled along a bit; **im Rollstuhl ~** to wheel (*od.* trundle) (in a wheelchair). – **3.** (*von Lawine, See*) roll. – **4.** (*von Tränen etc*) roll: **Tränen ~ über ihre Wangen** tears roll down her cheeks; **mit den Augen ~** to roll one's eyes. – **5.** *fig.* (*von Donner etc*) roll, rumble, roar. – **6.** *mar.* (*von Schiff etc*) roll, (*schlingern*) *auch* lurch. – **7.** *aer.* a) (*im Flug*) roll, b) **auf die Startbahn ~** to taxi on to the runway. – **8.** *lit.* (*von Blut etc*) run: **in seinen Adern rollt feuriges Blut** fiery blood runs through his veins. – **II** *v/t* ⟨h⟩ **9.** (*Bälle, Fässer etc*) roll: **er hat den Stein zur Seite gerollt** he rolled the stone aside. – **10.** (*Person, im Rollstuhl*) wheel, trundle. – **11.** *gastr.* (*Nudeln, Teig etc*) roll. – **12.** (*Teppich, Papier etc*) roll up. – **13.** (*Locken etc*) curl: **sie rollte ihre Haare auf Lockenwickler** she put her hair on curlers. – **14.** *ling.* roll: **das R ~** to roll (*od.* trill) one's r's. – **15.** *tech.* (*ein Gewinde*) roll. – **III** *v/reflex* **sich ~ 16.** (*von Personen*) roll: **die Kämpfenden rollten sich im Sand** the fighters rolled in the sand. – **17.** (*von Papier, Locken, Film etc*) curl (up). – **18.** (*von Schlange*) coil up. – **IV R~** *n* ⟨-s⟩ **19.** *verbal noun.* – **20.** (*des Balls, Fasses etc*) roll: **der Ball kommt ins R~** a) the ball starts rolling, b) *fig.* the ball starts rolling, the affair gets under way; **etwas [den Stein, die Kugel] ins R~ bringen** a) to set s.th. [the stone, the ball] rolling, b) *fig.* to start (*od.* set) the ball rolling; **die Lawine kommt ins R~** a) the avalanche starts rolling, b) *fig.* this starts off the avalanche. – **21.** *fig.* (*des Donners etc*) roll, rumble, roar. – **22.** (*der See*) heavy swell. – **23.** *mar.* (*des Schiffs etc*) roll(ing), (*Schlingern*) *auch* lurch.

'Rol·len|be,set·zung *f* (*theater, film*) **1.** (*Rollenverteilung*) casting. – **2.** (*Darstellerliste*) cast. — **~,buch** *n* (*theater*) script.

'rol·lend I *pres p.* – **II** *adj* rolling: **~er Angriff** *mil.* relay attack, attack in waves; **in ~em Einsatz** *mil.* in waves; → Material 9.

'Rol·len|,fach *n* (*theater*) type of role (*od.* character). — **r~,för·mig** *adj* roll-shaped, cylindrical. — **r~ge,la·gert** *adj tech.* mounted on roller bearings. — **~,la·ger** *n* roller bearing. — **~pa,pier** *n* counter reel. — **~,stu·di·um** *n* (*theater*) study of one's part. — **~,ta·bak** *m cf.* Rolltabak. — **~ver,tei·lung** *f* (*theater, film*) casting. — **~,zug** *m tech. cf.* Flaschenzug.

'Rol·ler *m* ⟨-s; -⟩ **1.** (*Tretroller*) scooter. – **2.** (*Motorroller*) (motor) scooter. – **3.** *mar.* (*Welle*) roller. – **4.** Harzer ~ *zo.* (*Kanarienvogel*) roller. – **5.** (*sport*) (*beim Fußball, Hockey*) harmless ground shot. – **6.** *tech. cf.* Rolle 6. – **7.** *Austrian for* Rouleau. — **~,fah·rer** *m* scooterist.

'Roll·er,laub·nis *f aer.* taxi clearance.

rol·lern ['rɔlərn] *v/i* ⟨sein⟩ scooter.

'Roll|,feld *n aer. cf.* Rollbahn. — **~,film** *m phot.* roll film. — **~,fleisch** *n gastr.* meat suitable for rolling.

'Roll,fuhr|,dienst *m econ.* cartage service, collection and delivery service. — **~,mann** *m* carter, carrier, *Am. auch* teamster. — **~,un·ter,neh·men** *n* road haulage undertaking (*od.* business). — **~,un·ter,neh·mer** *m* carting agent, cartage contractor.

'Roll|,geld *n econ.* haulage, truckage, cartage, carriage, *bes. Am.* drayage. — **~,ger·ste** *f agr. cf.* Graupe 1. — **~,gut** *n econ.* carted goods *pl.* — **~,hand,tuch** *n* roller (*od.* endless) towel. — **~ja·lou,sie** *f* roller blind. — **~kom,man·do** *n* raiding squad. — **~,kra·gen** *m Br.* roll collar, turtleneck (*Br.* polo neck) (collar). — **~,kunst,lauf** *m* (*sport*) roller-skating. — **~,kunst,läu·fer** *m*, **~,kunst,läu·fe·rin** *f* roller skater. — **~,kur** *f med. a method of treatment in which the patient upon drinking a liquid medication rotates his prone position every few minutes.* — **~,kut·scher** *m cf.* Rollfuhrmann. — **~,mops** *m gastr.* rolled pickled herring, *Am.* rollmops.

Rol·lo ['rɔlo; rɔ'loː] *n* ⟨-s; -s⟩ *cf.* Rouleau.

'Roll|,pult *n* roll-top desk. — **~,sche·mel** *m* (*railway*) trolley, lorry. — **~,schie·ne** *f* (*eines Ruderboots*) runner. — **~,schin·ken** *m gastr.* rolled ham. — **~,schnellauf** (*getr.* -ll,l-) *m* ⟨-(e)s; *no pl*⟩ (*sport*) roller speed skating. — **~,schnelläu·fer** (*getr.* -ll,l-) *m*, **~,schnelläu·fe·rin** (*getr.* -ll,l-) *f* roller speed skater. — **~,schrank** *m* roll-front cabinet.

'Roll,schuh *m* (*sport*) roller skate: **~ fahren** (*od.* laufen) to roller-skate. — **~,bahn** *f* roller-skating rink. — **~,lau·fen** *n* roller-skating. — **~,läu·fer** *m*, **~,läu·fe·rin** *f* roller skater. — **~,sport** *m* roller-skating.

'Roll|,schwanz,af·fe *m meist pl zo. cf.* Greifschwanzaffe. — **~,sitz** *m* (*in Ruderbooten*) sliding seat, slide. — **~,splitt** *m civ.eng.* loose chippings *pl.* — **~,stem·pel** *m* **1.** (*postal service*) roller stamp. – **2.** *tech.* roller dies *pl.* — **~,strecke** (*getr.* -k·k-) *f aer.* ground run distance. — **~,stuhl** *m med.* **1.** wheelchair, rolling (*od.* invalid) chair. – **2.** (*mit Verdeck*) bath chair; *auch* Bath chair, wheelchair. — **~,ta·bak** *m* roll (*od.* twisted) tobacco, twist (of tobacco), pigtail. — **~,tep·pich** *m* (*zum Personentransport*) speedwalk. — **~,trep·pe** *f* escalator, moving staircase (*od.* stairs *pl construed as sg or pl*, stairway). — **~ver,deck** *n auto.* roller roof. — **~,wa·gen** *m* **1.** truck, *bes. Br.* lorry. – **2.** (*bei Sägewerken etc*) katydid. — **~,wand** *f* sash screen.

Rom [roːm] *npr n* ⟨-s; *no pl*⟩ **1.** *geogr.* Rome: **alle Wege führen nach ~** (*Sprichwort*) all roads lead to Rome (*proverb*); **~ ist (auch) nicht an einem Tag erbaut worden** (*Sprichwort*) Rome was not built in a day (*proverb*); **das sind ja Zustände wie im alten ~!** a) (*in moralischer Hinsicht*) that's like Sodom and Gomorrha! b) (*in Wohnung, auch Firma*) that's straight from the ark! that's simply prehistoric! **er war in ~ und hat den Papst nicht gesehen** *fig.* he was in London and didn't see the Queen. – **2.** *antiq.* (*römisches Reich*) Rome, the Roman Empire.

Ro·ma·dur ['roːmaduːr; roma'duːr] *m* ⟨-(s); *no pl*⟩ *gastr.* (*Käse*) Romadur.

Ro·man [ro'maːn] *m* ⟨-s; -e⟩ **1.** novel, (work of) fiction: **ein historischer [satirischer, utopischer] ~** a historical [satirical, utopian] novel; **der ~ erscheint in Fortsetzungen** the novel is published serially (*od.* in instal[l]ments); **erzähl (doch) keinen ~!** *fig. colloq.* a) cut it short! b) tell me another! don't tell (me) lies! – **2.** (*Gattung*) fiction.

ro'man|,ar·tig *adj* novelistic, novellike. — **R~,au·tor** *m cf.* Romanschreiber.

Ro·man·ci·er [romã'sieː] *m* ⟨-s; -s⟩ *cf.* Romanschreiber.

Ro·ma·ne [ro'maːnə] *m* ⟨-n; -n⟩ Neo-Latin: **die ~n** the Neo-Latin (*od.* Romance) nations.

Ro'ma·nen·tum *n* ⟨-s; *no pl*⟩ **1.** Neo-Latin (*od.* Romance) way of life (*od.* characteristics *pl*), Romanic outlook. – **2.** (the) Romance peoples *pl* (*od.* nations *pl*).

Ro'man,fol·ge *f* series (*od.* cycle) of novels.

ro'man·haft *adj* **1.** (*erdacht*) fictitious. – **2.** (*abenteuerlich*) romance (*attrib*), romantic, romanesque.

Ro'man,held *m* hero of a novel.

Ro·ma·nik [ro'maːnɪk] *f* ⟨-; *no pl*⟩ **1.** (*art*) Romanesque (style). – **2.** Romanesque (architecture *od.* style).

ro'ma·nisch *adj* **1.** *ling.* Romance, Romanic: **die ~en Sprachen** the Romance languages, Romance *sg*; **die ~en Völker** the Romance peoples (*od.* nations). – **2.** (*art*) Romanesque. – **3.** *arch.* Romanesque: **~er Stil** Romanesque (style).

ro·ma·ni·sie·ren [romani'ziːrən] **I** *v/t* ⟨*no* ge-, h⟩ romanize, Romanize. – **II R~** *n* ⟨-s⟩ *verbal noun.* — **Ro·ma·ni'sie·rung** *f* ⟨-; *no pl*⟩ Romanization.

Ro·ma·nis·mus [roma'nɪsmus] *m* ⟨-; *no pl*⟩ **1.** (*art*) Romanism. – **2.** *obs. relig.* Romanist outlook, Romanism.

Ro·ma·nist [roma'nɪst] *m* ⟨-en; -en⟩ **1.** *pol. relig.* Romanist, Romanicist. – **2.** *ped.* student of Romance languages and literatures. – **3.** *jur.* specialist in Roman law, Romanist. – **4.** (*art*) Romanist.

Ro·ma·ni·stik [roma'nɪstɪk] *f* ⟨-; *no pl*⟩ **1.** *ped.* study of Romance languages and literatures. – **2.** *jur.* science of Roman law.

ro·ma'ni·stisch *adj* **1.** *ped.* concerning the study of Romance languages and literatures. – **2.** *jur.* concerning the science of Roman law.

Ro'man|,le·ser *m* reader of novels (*od.* fiction), novel reader. — **~li·te·ra,tur** *f* a) (works *pl* of) fiction, b) (genre of the) novel. — **~,schrei·ber**, **~,schrift,stel·ler** *m* novelist, writer of novels (*od.* fiction), novel writer. — **~,tech·nik** *f* technique of a novel, novel-writing technique.

Ro·man·tik [ro'mantɪk] *f* ⟨-; *no pl*⟩ **1.** (*literature*) (*art*) *mus.* a) Romanticism, *auch* romanticism, b) (*Zeit der Romantik*) age (*od.* period) of Romanticism, Romantic era (*od.* period), c) (*die romantische Bewegung*) Romantic movement. – **2.** *fig.* romantic character, romance: **die ~ der ersten Eisenbahnen** the romance of the first railways; **die ~ einer Landschaft** the romantic character (*od.* romance) of a landscape; **er hat keinen Sinn für ~** he has no feeling for the romantic, he has no sense of romance, he has no romanticism.

Ro·man·ti·ker [ro'mantikər] *m* ⟨-s; -⟩ **1.** (*literature*) Romantic(ist), Romantic (*auch* romantic) poet (*od.* writer). – **2.** (*art*) Romantic(ist), Romantic (*auch* romantic) artist. – **3.** *mus.* Romantic(ist), Romantic (*auch* romantic) composer. – **4.** *fig.* (*Schwärmer*) romantic(ist).

ro·man·tisch [ro'mantɪʃ] *adj* **1.** (*literature*) (*art*) *mus.* Romantic, *auch* romantic: **die ~e Bewegung** the Romantic movement; **eine ~e Oper** a Romantic opera; **die ~e Ironie** Romantic irony. – **2.** (*Wesen*) romantic, romantical: **ein ~es Gemüt** a romantic soul. – **3.** (*Landschaft, Kleidung etc*) romantic, romantical, Romanesque.

ro·man·ti·sie·ren [romanti'ziːrən] *v/t* ⟨*no* ge-, h⟩ romanticize.

Ro·man·ti·zis·mus [romanti'tsɪsmus] *m* ⟨-; *no pl*⟩ Romanticism.

ro·mantsch [ro'mantʃ] *ling.* **I** *adj* ⟨*attrib*⟩ *cf.* rätoromanisch I. – **II R~** ⟨*generally undeclined*⟩ *cf.* rätoromanisch II.

Ro·man·ze [ro'mantsə] *f* ⟨-; -n⟩ **1.** (*literature*) romance. – **2.** *mus.* romance. – **3.** *fig.* romance, love affair: **eine kurze ~ mit j-m erleben** to have a brief love affair with s.o.

Ro'man|,zei·tung *f* fiction magazine. — **~,zy·klus** *m* **1.** novel cycle, cycle of novels. – **2.** (*bes. Familienroman*) roman-fleuve.

Rö·mer[1] ['røːmər] *m* ⟨-s; -⟩ Roman: **(der Brief des Paulus an die) ~** *Bibl. cf.* Römerbrief.

'Rö·mer[2] *m* ⟨-s; -⟩ (*Weißweinglas*) rummer.

'Rö·mer,brief, der *Bibl.* the Epistle (of St. Paul) to the Romans, Romans *pl* (*construed as sg*).

'Rö·me·rin *f* ⟨-; -nen⟩ Roman (woman *od.* girl).

'Rö·mer|,stra·ße *f hist.* Roman road. — **~,topf** *m gastr.* (*irdener Schmortopf*) Roman pot.

'Rö·mer·tum *n* ⟨-s; *no pl*⟩ *antiq.* Romanism, Romanity.

'Rom|,fah·rer *m* **1.** traveler (*bes. Br.* traveller) to Rome. – **2.** *röm.kath.* pilgrim to Rome. — **~,fahrt** *f* **1.** expedition (*od.* trip) to Rome. – **2.** *röm.kath.* pilgrimage to Rome.

rö·misch ['røːmɪʃ] *adj* **1.** Roman, of Rome: **die R~e Schule** (*art*) the Roman school. – **2.** *antiq. hist.* Roman: **die ~e Zeitrechnung** Roman chronology (*od.* era); **die ~en Kaiser** the Roman emperors; **~es Bad** Roman (*od.* hot-air) bath; **das R~e Reich** the Roman Empire; **das Heilige R~e Reich (Deutscher Nation)** the Holy Roman Empire; **der R~e Stuhl** *röm.kath.* the Holy See. – **3. ~e Zahl** (*od.* Ziffer) *math.* roman (*od.* Roman) numeral. – **4. ~es Recht** *jur.* Roman law.

'rö·misch-ka'tho·lisch *adj relig.* Roman Catholic, papal, Romish, Romanish (*usually contempt.*): **die ~e Kirche** the Roman Catholic Church, the Church of Rome.

Rom·mé [rɔ'meː; 'rɔme] *n* ⟨-s; -s⟩ (*Kartenspiel*) rummy.

ro·montsch [ro'mɔntʃ] *adj* ⟨*attrib*⟩ *ling. cf.* rätoromanisch I.

'Romˌrei·se *f* journey (*od.* trip) to Rome.

Ro·mu·lus ['roːmulʊs] *npr m* ⟨-; *no pl*⟩ Romulus.

Ron·de¹ ['rɔndə; 'rõːdə] *f* ⟨-; -n⟩ **1.** *tech.* (*in der Stanztechnik*) circular blank (*od.* shape), round blank. – **2.** *mil. obs.* round.

'Ron·de² *f* ⟨-; *no pl*⟩ *print.* (*Schriftart*) ronde, round hand.

Ron·deau¹ [rõ'doː] *n* ⟨-s; -s⟩ *metr.* (*Gedichtform*) rondeau, rondel.

Ron·deau² [rɔn'doː] *n* ⟨-s; -s⟩ *Austrian for* Rondell, Rundplatz.

Ron·dell [rɔn'dɛl] *n* ⟨-s; -e⟩ (*Rundbeet*) circular flower bed.

Ron·do ['rɔndo] *n* ⟨-s; -s⟩ *mus.* rondo.

rön·ne ['rœnə] *1 u. 3 sg pret subj of* rinnen.

rönt·gen ['rœntgən] *med.* **I** *v/t* ⟨h⟩ **1.** X-ray, radiograph, take an X ray of, make a radiograph of. – **2.** (*durchleuchten*) fluoroscope, transilluminate. – **II R~** *n* ⟨-s⟩ **3.** *verbal noun.* – **4.** radiography. – **5.** fluoroscopy, transillumination.

'Rönt·gen|ap·paˌrat *m med.* X-ray apparatus (*od.* unit, *Am. auch* machine). — **~ˌarzt** *m* roentgenologist. — **~as·siˌstent** *m*, **~as·siˌsten·tin** *f* X-ray assistant, assistant radiographer. — **~ˌaufˌnah·me** *f* X ray, X-ray photograph (*od.* picture), radiograph, radiogram. — **~ˌau·gen** *pl colloq.* penetrating eyes. — **~beˌfund** *m* radiological (*od.* X-ray) findings *pl* (*od.* results *pl*). — **~beˌhand·lung** *f* X-ray treatment, roentgen(o)therapy, radiotherapy. — **~ˌbild** *n cf.* Röntgenaufnahme. — **~ˌbrei** *m* contrast (*od.* barium, opaque) meal. — **~ˌbril·le** *f* X-ray (*od.* fluoroscopic) goggles *pl.* — **~diaˌgno·stik** *f* radiodiagnostics *pl*, X-ray diagnostics *pl.* — **~ˌdurchˌleuch·tung** *f* fluoroscopy, transillumination. — **~ˌdurchˌleuch·tungs·geˌrät** *n* fluoroscope. — **~ˌein·heit** *f* roentgen (*auch* röntgen) (unit). — **~eryˌthem** *n* X-ray dermatitis. — **~ˌfilm** *m* X-ray (*od.* radiographic) film.

rönt·ge·ni·sie·ren [rœntgeni'ziːrən] *v/t* ⟨*no* ge-, h⟩ *Austrian med. for* röntgen.

'Rönt·gen|ˌka·ter *m med.* radiation (*od.* X-ray) sickness. — **~ˌmahlˌzeit** *f cf.* Röntgenbrei.

Rönt·ge·no·gramm [rœntgeno'gram] *n* ⟨-s; -e⟩ *med. cf.* Röntgenaufnahme.

Rönt·ge·no·gra·phie [rœntgenogra'fiː] *f* ⟨-; *no pl*⟩ roentgenography, radiography. — **rönt·ge·no'gra·phisch** [-'graːfɪʃ] *adj* roentgenographic, radiographic.

Rönt·ge·no·lo·ge [rœntgeno'loːgə] *m* ⟨-n; -n⟩ *med.* roentgenologist. — **Rönt·ge·no·lo'gie** [-lo'giː] *f* ⟨-; *no pl*⟩ roentgenology, (X-ray) radiology. — **rönt·ge·no'lo·gisch** *adj* roentgenologic(al), radiologic(al).

'Rönt·gen|pho·to·graˌphie *f med.* radiophotography, roentgenography, radiography. — **~ˌrei·henˌun·terˌsu·chung** *f* mass radiography. — **~ˌröh·re** *f phys.* X-ray (*od.* roentgen, *auch* röntgen) tube. — **~ˌschirm** *m* (fluorescent) screen: durch den ~ betrachten to screen. — **~ˌstrah·len** *pl phys.* X rays, roentgen (*auch* röntgen) rays: harte ~ hard X rays; weiche ~ soft X rays. — **~the·raˌpie** *f* X-ray therapy, radiotherapy, roentgen(o)therapy. — **~ˌtie·fen·beˌstrah·lung** *f* deep X-ray therapy. — **~ˌun·terˌsu·chung** *f med. metall.* X-ray examination, radiographic inspection. — **~verˌfah·ren** *n* radiography.

Roof [roːf] *m, n* ⟨-(e)s; -e⟩ *mar.* roof, deckhouse.

Roque·fort [rɔk'fɔːr] (*Fr.*) *m* ⟨-s; -s⟩ *gastr.* (*Käse*) Roquefort.

'Ror·schachˌtest ['rɔrʃax-] *m psych.* Rorschach test, Rorschach.

ro·sa ['roːza] **I** *adj* **1.** pink(-colored, *bes. Br.* -coloured), pinky. – **2.** (*rosenfarbig*) rose(-colo[u]red), rosy, roseate: die Welt durch eine ~ Brille sehen *fig.* to see things through rose-colo(u)red spectacles (*od.* glasses). – **II R~** *n* ⟨-s; -, *colloq.* -s⟩ **3.** pink (color, *bes. Br.* colour), carnation pink. – **4.** rose (color, *bes. Br.* colour). — **~ˌfar·ben, ~ˌfar·big** *adj cf.* rosa I.

Ro·sa·ri·um [ro'zaːrĭʊm] *n* ⟨-s; -rien⟩ **1.** *hort.* (*Rosenpflanzung*) rosary, rosarium. – **2.** *röm.kath.* (*Rosenkranzgebet*) rosary, *auch* Rosary.

'ro·saˌrot I *adj* rose-pink: die Welt durch eine ~e Brille (*od.* in ~em Licht) sehen *fig.* to see things through rose-colo(u)red spectacles (*od.* glasses). – **II R~** *n* ⟨-s; -, *colloq.* -s⟩ rose pink.

rösch [røːʃ] *adj Southern G., auch Swiss cf.* resch 1.

Rös·chen ['røːsçən] *n* ⟨-s; -⟩ *dim. of* Rose.

Ro·se ['roːzə] *f* ⟨-; -n⟩ **1.** *bot.* a) rose (*Gattg Rosa*), b) (*Zaunrose etc*) sweetbrier, *auch* sweetbriar, eglantine, wild brier (*R. eglanteria*), c) (*Heckenrose*) dog rose, wild brier, *auch* eglantine (*R. canina*): wilde ~ wild rose; keine ~ ohne Dornen *fig.* no rose without a thorn; er ist [nicht] auf ~n gebettet *fig.* his life is a [no] bed of roses. – **2.** (*Rosenstock*) rose bush (*od.* shrub, *auch* tree). – **3.** *arch.* (*Fensterrose*) rose (window). – **4.** *mar.* (*eines Kompasses*) compass rose (*od.* card). – **5.** *her.* rose: der Krieg der weißen und der roten ~ *hist. cf.* Rosenkriege. – **6.** *med.* erysipelas, *auch* St. Anthony's fire. – **7.** *hunt.* a) (*Geweihansatz*) bur(r), b) red skin above the eye of a heath cock. – **8.** (*jewelry*) (*Edelsteinschliff*) rose (cut). – **9.** *fig.* (*schönes Mädchen*) rose. – **10.** Goldene ~ *röm.kath.* (*Auszeichnung*) Golden Rose.

ro·sé [ro'zeː] **I** *adj cf.* rosa I. – **II R~** *n* ⟨-s; -, *colloq.* -s⟩ *cf.* rosa II.

Ro'sé *m* ⟨-s; -s⟩ *gastr.* (*Tafelwein*) rosé.

'Ro·sen|ˌbaum *m*, **~ˌbäum·chen** *n hort.* standard rose (tree). — **~ˌbeet** *n hort.* bed of roses, rosary, rosery. — **~ˌblatt** *n* rose leaf. — **~ˌbusch** *m* rose bush (*od.* shrub). — **~ˌduft** *m* rose, fragrance (*od.* perfume) of roses. — **~ˌfar·be** *f* **1.** color (*bes. Br.* colour) of roses. – **2.** *cf.* rosa 4. — **r~ˌfar·ben, r~ˌfar·big** *adj cf.* rosenrot I. — **r~ˌfin·ge·rig** [-ˌfɪŋərɪç], **r~ˌfing·rig** [-ˌfɪŋrɪç] *adj poet.* rosy-fingered: die ~e Eos (*od.* Aurora, Morgenröte) *myth.* rosy-fingered Aurora. — **~ˌgar·ten** *m hort.* rose garden, rosarium, rosary, rosery. — **~geˌwäch·se** *pl bot.* rose family *sg*, rosaceae (*scient.*) (*Fam. Rosaceae*). — **~ˌhecke** (*getr.* -k·k-) *f hort.* hedge of roses, rose hedge. — **~ˌholz** *n collect.* (*wood*) a) (*amer.*) rosewood, citronwood, b) (*brasil.*) tulipwood, c) (*ostind.*) blackwood. — **~ˌkä·fer** *m zo.* rose chafer (*od.* bug) (*Cetonia aurata*). — **~ka·vaˌlier", „Der** *mus.* "Der Rosenkavalier", "The Rose-Bearer" (*opera by R. Strauss*). — **~ˌknos·pe** *f* rosebud. — **~ˌkohl** *m bot.* Brussels (*od.* brussels) sprouts *pl*, thousand-headed cabbage (*Brassica oleracea gemmifera*). — **~ˌkranz** *m* **1.** garland (*od.* wreath) of roses. – **2.** *röm.kath.* a) rosary, prayer beads *pl*, beadroll, b) (*Gebet*) Rosary, *auch* rosary, beads *pl*: freudenreicher ~ joyful Rosary; glorreicher ~ glorious Rosary; schmerzhafter ~ sorrowful Rosary; den ~ beten to tell (*od.* count) one's beads, to tell over (*od.* say) the Rosary. — **~ˌkreu(t)·zer** *m* ⟨-s; -⟩ *relig. hist.* Rosicrucian. — **~ˌkrie·ge** *pl hist.* Wars of the Roses (*1455—85*). — **~ˌlor·beer** *m bot.* oleander (*Nerium oleander*). — **~ˌmo·nat** *m poet.* month of roses, June.

ˌRo·sen'monˌtag *m* Shrove Monday. — **ˌRo·sen'monˌtagsˌzug** *m* Shrove Monday procession.

'Ro·sen|ˌöl *n* rose oil, at(t)ar (*od.* athar, ottar) (of roses). — **~ˌquarz** *m min.* rose quartz. — **r~ˌrot I** *adj* **1.** (*dunkelrosa*) rose-pink. – **2.** (*rot*) ([as] red as a) rose, rose-red, rosy, rose-colored (*bes. Br.* -coloured), rosaceous. – **II R~** *n* ⟨-s; -, *colloq.* -s⟩ **3.** rose pink. – **4.** rose red. — **~ˌsche·re** *f hort.* pruning shears *pl.* — **~ˌstar** *m zo.* rose-colored (*bes. Br.* -coloured) starling (*Pastor roseus*). — **~ˌstock, ~ˌstrauch** *m* rose bush (*od.* shrub, *auch* tree). — **~ˌstrauß** *m* bunch (*od.* bouquet) of roses. — **~ˌwas·ser** *n* ⟨-s; *no pl*⟩ rose water. — **~ˌzucht** *f hort.* rose growing (*od.* cultivation). — **~ˌzüch·ter** *m* **1.** rose grower (*od.* fancier, cultivator), rosarian. – **2.** (*von neuen Sorten*) rose breeder.

Ro·seo·la [ro'zeːola] *f* ⟨-; -s⟩, **Ro·seo·le** [roze'oːlə] *f* ⟨-; -n⟩ *med.* (*Hautausschlag*) roseola, rose rash.

Ro·set·te [ro'zɛtə] *f* ⟨-; -n⟩ **1.** (*Schleife*) rosette, rose. – **2.** (*jewelry*) rose (cut), rosette. – **3.** *arch.* rosette. – **4.** *bot.* rosette (of leaves).

'ro·sig I *adj* **1.** (*leichtgerötet*) rosy, roseate, rose-colored (*bes. Br.* -coloured), blushing, blushful: ~er Teint rosy complexion. – **2.** *fig. colloq.* (*fröhlich*) happy: in der ~sten Laune sein, ~ster Laune sein to be in the happiest mood, to be in high spirits. – **3.** *fig. colloq.* (*verheißungsvoll*) rosy, favorable, *bes. Br.* favourable: (das sind ja) ~e Aussichten! *iron.* (those are) fine prospects! alles andere als ~ anything but rosy (*od.* promising). – **4.** *fig. colloq.* (*optimistisch*) rosy, bright: etwas [die Dinge] in ~em Licht sehen to see the bright side of s.th. [things], to take a rosy view of s.th. [things]; etwas in den ~sten Farben schildern to paint s.th. in its brightest colo(u)rs. – **II** *adv* **5.** die Lage sieht nicht sehr ~ aus things don't look too rosy.

Ro·si·nan·te [rozi'nantə] **I** *npr f* ⟨-; *no pl*⟩ Rosinante. – **II** *f* ⟨-; -n⟩ *rare* (*alter Klepper*) rosinante, hack, nag (*colloq.*).

Ro·si·ne [ro'ziːnə] *f* ⟨-; -n⟩ *gastr.* a) raisin, b) (*kleine*) currant, c) (*kernlose*) sultana: (sich *dat*) die ~n (aus dem Kuchen) herauspicken, (sich *dat*) die ~n aus dem Kuchen picken a) to pick the raisins out of the cake, b) *fig. colloq.* to take the pickings, to take the pick of the bunch; große ~n im Kopf haben *fig. colloq.* to have high-flown ideas, to be overambitious.

Ro'si·nen|ˌbrot *n gastr.* fruit (*od.* currant) bread. — **~ˌku·chen** *m* fruitcake, plumcake.

Rös·lein ['røːslaɪn] *n* ⟨-s; -⟩ *dim. of* Rose.

Ros·ma·rin ['roːsmaˌriːn; ˌroːsma'riːn] *m* ⟨-s; *no pl*⟩ *bot.* rosemary (*Rosmarinus officinalis*). — **~ˌhei·de** *f* cankerroot, wild rosemary, rosemary-moorwort (*Andromeda polifolia*). — **~ˌöl** *n* rosemary oil.

Roß¹ [rɔs] *n* ⟨-sses; -sse, *dial.* Rösser⟩ **1.** *lit. and Southern G. dial.* horse: edles ~ *lit.* noble steed (*od.* charger), courser (*poet.*); hoch zu ~ sitzen to be mounted on horseback; auf dem hohen ~ sitzen *fig. colloq.* to be on one's high horse, to ride the high horse, to give oneself airs; komm von deinem hohen ~ herunter *fig. colloq.* come (*od.* climb) down from your high horse. – **2.** *fig. colloq. contempt.* (*Dummkopf*) ass, fool, blockhead.

Roß² [roːs] *n* ⟨-es; -e⟩ *Middle G. for* Wabe.

'Roß|ˌamei·se *f zo.* black carpenter ant (*Camponatus ligniperda*). — **~ˌap·fel** *m dial. humor. for* Pferdeapfel. — **~ˌbän·di·ger** *m* horsebreaker. — **~ˌbrei·ten** *pl geogr.* horse latitudes.

Ro·ße ['roːsə] *f* ⟨-; -n⟩ *Middle G. for* Wabe.

Rös·sel ['rœsəl] *n* ⟨-s; -⟩ **1.** *Southern G. dial.* little horse. – **2.** *rare and Austrian* (*games*) (*beim Schach*) knight.

'Ros·seˌlen·ker *m poet.* charioteer.

'Rös·selˌsprung *m* (*Rätselart*) problem on the knight's moves (*puzzle which can be solved by finding the right sequence of clues dispersed over an area in random fashion*).

ros·sen ['rɔsən] *v/i* ⟨h⟩ (*von Stute*) be in heat, be horsing.

'Roßˌhaar *n* horsehair. — **~maˌtrat·ze** *f* (horse)hair mattress.

'Roßˌhänd·ler *m* horse dealer.

'ros·sig *adj* (*Stute*) in heat, horsing, ready for the stallion.

'Roß|ˌkamm *m* **1.** (*Pferdestriegel*) currycomb. – **2.** *colloq. contempt. for* Roßhändler. — **~kaˌsta·nie** *f bot.* **1.** (*Baum*) (horse) chestnut, *Am.* buckeye, aesculus (*scient.*) (*Aesculus hippocastanum*). – **2.** (*Frucht*) (horse) chestnut. — **~ˌkur** *f colloq.* drastic treatment (*od.* cure).

'Röß·liˌspiel ['rœsli-] *n Swiss for* Karussell 1.

'Roß|ˌmin·ze *f bot.* horsemint (*Mentha longifolia*). — **~ˌschläch·ter** *m* horse butcher (*od.* slaughterer), *Br.* knacker. — **~schläch·teˌrei** *f* **1.** slaughtering (*od.* butchering) of horses. – **2.** (*Ort*) horse slaughterhouse, *Br.* knackery, knacker's yard. — **~ˌschweif** *m* horse's tail, horsetail. — **~ˌtäu·scher** *m* ⟨-s; -⟩ *obs. contempt. for* Roßhändler.

Rost¹ [rɔst] *m* ⟨-(e)s; -e⟩ **1.** (*zum Braten*) grid(iron), grill: etwas auf dem ~ braten to grill (*od.* roast) s.th.; Fleisch vom ~ grilled meat, grillade. – **2.** (*an Öfen, Kaminen etc*) grate. – **3.** *tech.* a) (*Feuerrost*) (removable) grating, grate, b) (*Siebanlage*) screen, grid. – **4.** (*Bettrost*) (mattress) frame. – **5.** *civ.eng.* (*Pfahlrost*) pilework, (pile) grating. – **6.** (*mining*) (*Stabrost*) grizzly, grisly.

Rost² *m* ⟨-(e)s; *no pl*⟩ **1.** (*auf Eisen*) rust: vom ~ befreien, den ~ entfernen von to remove the rust from, to clean (*s.th.*) of rust; ~ ansetzen to (form) rust, to become (*od.* grow) rusty; seine Englischkenntnisse haben etwas ~ angesetzt *fig. colloq.* his knowledge of English has become somewhat rusty; vom ~ zerfressen rust-eaten. – **2.** *bot. agr.* (*bei Getreide, Pflanzen etc*) rust (disease).

'Röst,an,la·ge *f metall.* (*für Erze*) ore calcination (*od.* roasting) plant.

'Rost|,an,satz *m tech.* (deposit of) rust, first signs *pl* of corrosion. — **r~be,stän·dig** *adj* rustproof, rust- (*od.* corrosion-)resistant (*auch* -resistent): ~er Stahl stainless steel. — **~be,stän·dig·keit** *f* ⟨-; *no pl*⟩ resistance to rust (*od.* corrosion), rust-resisting property. — **~,bil·dung** *f* **1.** rust formation. – **2.** *cf.* Rosten. — **~,bra·ten** *m gastr.* **1.** roast (of beef). – **2.** pan-fried sirloin steak. — **~,brat,wurst** *f* broiled (*od.* grilled) sausage. — **r~,braun I** *adj* rusty, rust-brown, russet, rubiginous, *auch* rubiginose (*scient.*). – **II R~** *n* ⟨-s; -, *colloq.* -s⟩ rust, rust(y) brown.

'Röst,brot *n gastr.* toasted bread, toast.

Rö·ste ['røːstə; 'rœstə] *f* ⟨-; -n⟩ **1.** (*für Kaffee, Nüsse etc*) roasting grid, roaster. – **2.** *metall.* (*von Erz etc*) roasting (*od.* calcining) (process). – **3.** (*textile*) (*Flachsröste*) a) retting, steeping, b) (*Ort*) rettery.

ro·sten ['rɔstən] **I** *v/i* ⟨sein, *auch* h⟩ **1.** rust, corrode, get (*od.* become, grow) rusty: rast' ich, so rost' ich (*Sprichwort*) if I rest, I rust, *etwa* idleness turns the edge of wit (*proverb*); → Liebe[1] 2. – **II R~** *n* ⟨-s⟩ **2.** *verbal noun.* – **3.** corrosion.

rö·sten ['røːstən; 'rœstən] **I** *v/t* ⟨h⟩ **1.** *gastr.* (*Fleisch etc*) a) grill, broil, b) (*am Spieß, im Kamin etc*) roast. – **2.** (*Kartoffeln*) fry. – **3.** (*Brot*) toast. – **4.** (*Kaffee etc*) roast. – **5.** (*Korn etc*) parch: Mais ~ to parch (*od.* pop) corn. – **6.** *metall.* (*Erze etc*) roast, calcine. – **7.** (*textile*) (*Flachs, Hanf etc*) ret, steep. – **8.** sich von der Sonne ~ lassen *fig. colloq.* to lie roasting in the sun. – **II** *v/i* **9.** *fig. colloq.* (*von Menschen*) roast: er röstet in der Sonne he roasts in the sun. – **III R~** *n* ⟨-s⟩ **10.** *verbal noun.* – **11.** *metall.* calcination.

'Rost|ent,fer·ner [-ʔɛnt,fɛrnər] *m* ⟨-s; -⟩, **~ent,fer·nungs,mit·tel** *n* rust remover.

'Rö·ster *m* ⟨-s; -⟩ **1.** (*für Kaffee*) roaster, roasting grid. – **2.** (*für Mais etc*) popper. – **3.** (*für Brot*) toaster. – **4.** *Austrian for* Zwetschenkompott.

Rö·ste'rei *f* ⟨-; -en⟩ **1.** (*für Kaffee etc*) roasting establishment. – **2.** *cf.* Rösten.

'Rost|,far·be *f* rust, rust(y) color (*bes. Br.* colour), colo(u)r of rust. — **r~,far·ben, r~,far·big** *adj* rusty, rust-colored (*bes. Br.* -coloured); rubiginous, ferruginous (*scient.*). — **~,fleck** *m* **1.** rust stain, corrosion pit. – **2.** (*in der Wäsche*) iron mold (*bes. Br.* mould). — **r~,fleckig** (*getr.* -k·k-) *adj* **1.** rust-stained. – **2.** (*Wäsche*) iron-molded (*bes. Br.* -moulded), iron-moldy (*bes. Br.* -mouldy). — **~,fraß** *m* pitting, corrosion. — **r~,frei** *adj* **1.** (*ohne Rost*) rustless, stainless. – **2.** (*rostbeständig*) rustproof, rust-resistant (*auch* -resistent). – **3.** (*korrosionsfest*) stainless: ~er Stahl stainless steel.

'röst,frisch *adj* **1.** (*Kaffee etc*) freshly roasted. – **2.** (*Mais etc*) freshly parched (*od.* popped). – **3.** (*Kartoffeln etc*) freshly fried.

'Rost·ge,fahr *f* danger of rusting (*od.* corrosion).

Rö·sti ['røːsti] *f* ⟨-; *no pl*⟩ *Swiss for* Bratkartoffeln.

'ro·stig *adj* (*Nagel etc*) rusty: ~es Eisen rusty iron; er ist alt und ~ geworden *fig. colloq.* he has grown old and rusty.

'Röst|,kaf·fee *m* roasted coffee. — **~kar,tof·feln** *pl gastr.* fried potatoes. — **~ma,schi·ne** *f cf.* Röster 1, 2. — **~,ofen** *m metall.* roasting (*od.* calcining) kiln. — **~,pfan·ne** *f* frying pan.

'Rost|,pilz *m bot.* rust (fungus), uredo (*scient.*) (*Ordng Uredinales*). — **r~,rot** *adj cf.* rostbraun.

'Rost,schutz *m* rust protection (*od.* prevention). — **~,far·be** *f* anticorrosive (*od.* rust-preventing) paint (*od.* coating, color, *bes. Br.* colour). — **~,mit·tel** *n* anticorrosive composition, rust prevent(at)ive, corrosion (*od.* rust) inhibitor, rust-preventing agent.

'rost,si·cher *adj* rustproof, rust-resistant (*auch* -resistent).

'Rö·stung *f* ⟨-; -en⟩ *cf.* Rösten.

rot [roːt] **I** *adj* ⟨=er; =est; *bes. fig. auch* -er; -est⟩ **1.** (*Kleid, Blut, Erde etc*) red: ~e Rosen red roses; brennend ~ scarlet, bright- (*od.* fiery-)red; leuchtend ~ brilliant- (*od.* luminous-)red; einen Tag im Kalender ~ anstreichen to mark s.th. as a red-letter day in one's calendar, to mark a day (in) red on the calendar; ~ wie ein (gesottener) Krebs (as) red as a boiled lobster; die Äpfel werden ~ the apples turn red (*od.* redden); sie hat ~e Augen vom Weinen her eyes are red from weeping; → Faden 2; Hahn[1] 3; Heller 2; Tuch[2] 8. – **2.** (*Wangen, Lippen etc*) red, ruddy, rubicund (*poet.*): ~e Backen red (*od.* ruddy, rosy) cheeks; ~e Lippen red (*od.* ruby, cherry) lips; einen ~en Kopf bekommen, ~ werden a) (*vor Zorn etc*) to flush, to turn (*od.* go, grow) red, b) (*vor Verlegenheit*) to blush, to go red, to color (*bes. Br.* colour); bis über beide Ohren ~ werden *colloq.* to blush right up to one's ears (*colloq.*), to blush deeply; vor Zorn [Verlegenheit] ~ anlaufen to flush (*od.* turn red) [to blush] with anger [embarrassment]. – **3.** (*Haare*) red, carroty, ginger, rufous: ~es Haar (*od.* ~e Haare) haben to have red (*od.* carroty, rufous) hair, to be red- (*od.* ginger-)haired, to be a redhead; seine Haare ~ färben lassen to have one's hair dyed red. – **4.** (*Hautfarbe*) red: die ~e Hautfarbe der Indianer the red skin of the Indians. – **5.** *pol.* a) (*kommunistisch*) red, *auch* Red, communist, b) (*sozialistisch*) red, *auch* Red, socialist: er war früher ziemlich ~ *colloq.* he used to be quite red (*od. colloq.* pink), he used to have red leanings; die R~e Internationale the International League of Communists, the Communist International; die R~e Armee the Red (*od.* Soviet) Army; die R~e Garde the Red Guards *pl.* – **6.** *med.* red: die ~en Blutkörperchen the red (blood) corpuscles, the erythrocytes (*scient.*); das R~e Kreuz the Red (*auch* Geneva) Cross; der R~e Halbmond the Red Crescent. – **7.** *geogr.* red: das R~e Meer the Red Sea; der R~e Platz Red Square. – **8.** *gastr.* → Bete; Grütze 2. – **II R~** *n* ⟨-s; -, *colloq.* -s⟩ **9.** (*des Blutes, Feuers etc*) (color, *bes. Br.* colour) red: sie ist ganz in R~ gekleidet she is dressed all in red; die Ampel steht auf R~ the (traffic) light is red (*od.* against us); bei R~ ist das Überqueren der Straße verboten the street must not be crossed when the light is red. – **10.** (*cosmetics*) a) rouge, b) (*Lippenstift*) rouge, lipstick: R~ auflegen (*od.* auftragen) to put on (*od.* apply) rouge, to rouge. – **11.** (*games*) a) (*beim Kartenspiel*) red suit (*od.* point, color, *bes. Br.* colour), b) (*beim Roulette*) red: R~ anspielen [ausspielen] to lead [to play] red; auf R~ setzen to put one's money (*od.* chip) on the red.

'Rot,al·ge *f bot.* red alga (*Fam. Rhodophyceae*).

Ro·tang ['roːtaŋ] *m* ⟨-s; -e⟩ *bot.* rattan (*auch* ratan) (palm), rotan (*bes. Gattg Calamus*).

Ro·ta·print [rota'prɪnt] (*TM*) *f* ⟨-; *no pl*⟩ *print.* rotaprint press. — **~,druck** *m* ⟨-(e)s; -e⟩ rotaprint printing.

Ro·ta·ri·er [ro'taːrĭər] *m* ⟨-s; -⟩ Rotarian (*member of a Rotary Club*).

'Rot·ar,mist [-ʔar,mɪst] *m* ⟨-en; -en⟩ *mil.* soldier of the Red (*od.* Soviet) Army, Soviet soldier.

Ro·ta Ro·ma·na ['roːta ro'maːna] *f* ⟨-; *no pl*⟩ *röm.kath.* Sacred Roman Rota.

'Ro·ta·ry ,Club ['roːtari] *m* Rotary Club.

Ro·ta·ti·on [rota'tsĭoːn] *f* ⟨-; -en⟩ **1.** (*um die eigene Achse*) revolution, gyration. – **2.** rotation.

Ro·ta·ti'ons|,ach·se *f tech.* axis of revolution (*od.* rotation). — **~be,we·gung** *f* rotary (*od.* rotatory) motion, rotation. — **~,bruch** *m med.* torsion fracture. — **~,druck** *m* ⟨-(e)s; -e⟩ *print.* rotary press printing. — **~,flä·che** *f phys. math.* surface of rotation (*od.* revolution). — **~ge,lenk** *n med.* pivot (*od.* rotary) joint. — **~kol·la·tio,na·tor** [-kɔlatsĭo,naːtər] *m* ⟨-s; -en [-na,toːrən]⟩ *print.* rotary collator. — **~ma,schi·ne, ~,pres·se** *f* rotary (printing) press (*od.* machine), (*für Bogendruck*) sheet-fed rotary press, (*für Rollendruck*) web-fed (*od.* reel-fed) rotary press. — **~,tief,druck** *m* ⟨-(e)s; -e⟩ rotogravure.

Ro·ta·to·ri·en [rota'toːrĭən] *pl zo. cf.* Rädertierchen.

'Rot|,au·ge *n zo. cf.* Plötze. — **r~,backig** [-,bakɪç], **r~,bäckig** [-,bɛkɪç] (*getr.* -k·k-) *adj* red-cheeked, rosy-cheeked, ruddy: ein ~er Apfel a rosy-cheeked (*od.* red-cheeked) apple. — **~,barsch** *m zo.* rosefish, redfish, *auch* ocean perch, Norway haddock (*Sebastes marinus*): Kleiner ~ little redfish. — **~,bart** *m* (person with a) red beard: Kaiser ~ *hist.* Frederick Barbarossa. — **r~,bär·tig** *adj* red-bearded. — **~,bauch,un·ke** *f zo.* fire-bellied toad (*Bombina bombina*). — **r~,blau I** *adj* reddish-blue. – **II R~** *n* ⟨-s; -, *colloq.* -s⟩ reddish blue. — **~,blei,erz** *n chem. min.* crocoite, chrome yellow ($PbCrO_4$). — **r~,blind** *adj med.* red-blind, protanopic (*scient.*). — **~,blind·heit** *f* red blindness, protanopia (*scient.*). — **r~,blond** *adj* (*Haar etc*) sandy. — **r~,blü·tig** [-,blyːtɪç] *adj med.* polycyth(a)emic. — **~,blü·tig·keit** *f* ⟨-; *no pl*⟩ polycyth(a)emia. — **r~,braun I** *adj* **1.** red(dish)-brown, russet. – **2.** (*Pferd*) bay, sorrel. – **II R~** *n* ⟨-s; -, *colloq.* -s⟩ **3.** red(dish) brown, russet. – **4.** (*von Pferden*) bay, sorrel. — **r~,brü·chig** *adj metall.* red-short, hot-short, brittle when red-hot. — **~,bu·che** *f bot.* red beech (*Fagus grandifolia*). — **~,chi·na** *n pol.* Red (*od.* Communist) China. — **~,dorn** *m bot.* pink (*od.* red-blooming) hawthorn (*Crataegus oxyacantha var. kermesina*). — **~,dros·sel** *f zo.* redwing (*Turdus musicus*).

'Ro·te *m* ⟨-n; -n⟩ **1.** *colloq. cf.* Rotkopf. – **2.** *pol. colloq.* (*Sozialist etc*) red, *auch* Red. – **3.** *colloq.* (*Rotwein*) red: ein Viertel von dem ~n, bitte a quarter of the red, please.

Rö·te ['røːtə] *f* ⟨-; *no pl*⟩ **1.** (*des Himmels*) red, glow: eine sanfte ~ färbte den Abendhimmel the evening sky was tinged with a soft red (*od.* glow). – **2.** (*des Gesichts etc*) red, ruddiness, rubicundity (*lit.*): die frische ~ ihrer Wangen the fresh red (*od.* ruddiness) of her cheeks. – **3.** (*des Zornes etc*) flush: ~ des Ärgers flush of anger; vor Ärger stieg ihm die ~ ins Gesicht he turned red with anger, his face flushed with anger. – **4.** (*der Verlegenheit, Scham etc*) blush. – **5.** *med.* (*bes. der Haut etc*) redness. – **6.** *bot. cf.* Färberröte 1.

'Rot,ei·che *f bot.* red oak (*Quercus falcata*).

'Rot,ei·sen|,erz *n*, **~,stein** *m min.* red iron ore, specular iron, hematite, bloodstone, red feric oxide.

,Ro·te-'Kreuz-,Schwe·ster *f* Red Cross nurse.

Rö·tel ['røːtəl] *m* ⟨-s; -⟩ *min.* (*paints*) **1.** (*Anstrichfarbe*) red chalk (*od.* ocher, *bes. Br.* ochre), raddle, ruddle, *auch* reddle. – **2.** (*Farbstift*) red chalk (*od.* ocher, *bes. Br.* ochre) crayon (*od.* pencil), red chalk, sanguine. — **~,maus** *f zo.* bank vole (*Chlethrionomys glareolus*).

'Rö·teln *pl med.* German measles *pl* (*construed as sg*), rubella (*scient.*).

'Rö·tel|,stift *m cf.* Rötel 2. — **~,zeich·nung** *f* drawing in red chalk, (drawing in) sanguine.

rö·ten ['røːtən] **I** *v/t* ⟨h⟩ **1.** color (*bes. Br.* colour) (*s.th.*) red, turn (*s.th.*) red, redden: die Flammen röteten den Himmel the flames reddened the sky. – **2.** (*Gesicht etc*) redden: die Kälte hatte ihr Gesicht gerötet the cold had reddened her face; der Zorn rötete sein Gesicht his face flushed (*od.* reddened) with anger. – **II** *v/reflex* sich ~ **3.** redden, turn (*od.* go, grow) red: der Himmel rötete sich the sky reddened (*od.* turned red); sein Gesicht rötete sich vor Verlegenheit [Zorn] his face blushed (*od.* reddened, colo[u]red) [flushed] with embarrassment [anger]; ihre Wangen röteten sich her cheeks reddened (*od.* went red). – **III R~** *n* ⟨-s⟩ **4.** *verbal noun.* – **5.** (*des Gesichts*) flush, (*bes. vor Verlegenheit*) blush.

'Rot|,fil·ter *n, m phot.* red filter. — **r~,fleckig** (*getr.* -k·k-) *adj* **1.** (*Gesicht etc*) red-stained, with red spots (*od.* patches). – **2.** (*forestry*) (*Holz*) red-stained, red-spotted, red-rotted. — **~,flü·gel** *m zo.* redwing (*od.* red-winged) blackbird (*Agelaius phoeniceus*). — **~,fuchs** *m* **1.** red fox (*Vulpes vulpes*). – **2.** (*Pferd*) bay (*od.* sorrel, chestnut) (horse). — **r~ge,fleckt** *adj* ⟨*attrib*⟩ red-spotted. — **r~,gelb I** *adj* reddish-yellow, orange-colored (*bes. Br.* -coloured). – **II R~** *n* ⟨-s; -, *colloq.* -s⟩ reddish yellow, orange color (*bes. Br.* colour). — **~,ger·ber** *m* (*leather*) bark tanner. — **~ger·be,rei** *f* bark tannery. — **r~ge,streift** *adj* ⟨*attrib*⟩ red-striped, with red stripes. — **~,gie·ßer** *m metall.* red brass founder, brass and bronze founder. — ~gie·ße,rei f 1. red brass founding. – 2. (Ort) red brass foundry. — r~,glü·hend adj bes. metall. red-hot. — ~,glut f metall. tech. red heat, redness. — ~,grün,blind·heit f med. red-green blindness, xanthocyanopia (scient.). — ~,gül·dig,erz [-,gʏldɪç-], ~,gül·tig,erz n min. 1. (dunkles) pyrargyrite, auch dark red silver ore. – 2. (lichtes) proustite. — ~,guß m metall. red (od. low) brass. — r~,haa·rig adj 1. (Person) red-haired, redheaded, Judas-colored (bes. Br. -coloured), carrot-haired, carroty. – 2. (Tier) red-haired. — ~,haa·ri·ge m, f ⟨-n; -n⟩ red-haired person, redhead.

'Rot,haut f colloq. (Indianer) Red Indian, redskin, Am. auch copperskin. — ~,röhr·ling m bot. cf. Rotkappe.

'Rot|,hirsch m zo. red deer (Cervus elaphus). — ~,hörn·chen n (American) red squirrel, chickaree, mountain boomer (Tamiasciurus hudsonicus). — ~,huhn n Guernsey (od. red-legged) partridge (Alectoris rufa).

ro·tie·ren [ro'tiːrən] v/i ⟨no ge-, h⟩ 1. phys. tech. a) (um die eigene Achse) revolve, gyrate, b) rotate. – 2. fig. colloq. go crazy: wenn das so weitergeht, fange ich an zu ~ if it goes on like this, I'll go crazy (od. my head will start to spin). — ro'tie·rend I pres p. – II adj phys. tech. 1. revolving, gyratory. – 2. rota(to)ry, rotative, rotational.

'Rot|,ka·bis m Swiss for Rotkohl. — „~,käpp·chen" n "(Little) Red Riding Hood" (fairy tale by Grimm). — ~,kap·pe f bot. (Eßpilz) red boletus (Trachypus versipellis). — ~,kehl·chen n ⟨-s; -⟩ zo robin (redbreast), English robin (Erithacus rubecula). — ~,klee m bot. red (od. purple) clover, common purple trefoil (Trifolium pratense). — ~,kohl m red cabbage (Brassica oleracea var. capitata f. rubra). — ~,kopf m colloq. redhead, 'carrot' (colloq.), Am. sl. carrottop. — ~,kraut n ⟨-(e)s; no pl⟩ bot. cf. Rotkohl.

,Rot'kreuz,schwe·ster f cf. Rote-Kreuz-Schwester.

'Rot|,kup·fer,erz n min. cuprite, auch red (od. ruby) copper (ore). — ~,lauf m ⟨-(e)s; no pl⟩ 1. med. fish-handler's disease, erysipeloid (scient.). – 2. vet. erysipelas, (bes. bei Schweinen) swine erysipelas.

röt·lich ['røːtlɪç] I adj 1. reddish, rufescent (scient.): mit ~em Stich with a reddish tint, with a dash of red. – 2. (Gesichtsfarbe) ruddy, rubicund (lit.). – 3. (Haarfarbe) reddish, ginger. – 4. med. reddish, erythroid (scient.). – II R~e, das ⟨-n⟩ 5. the reddishness: ins R~e spielend reddish, rufescent (scient.).

'Rot,licht n 1. auch phot. red light: bei ~ (im Verkehr) when the traffic (od. signal) lights are red. – 2. cf. Infrarotlicht. — ~,lam·pe f med. cf. Infrarotlampe.

'Rot,lie·gen·de n ⟨-n; no pl⟩ geol. lower strata pl of new red sandstone.

Röt·ling ['røːtlɪŋ] m ⟨-s; -e⟩ 1. bot. (Pilz) orange agaric (Agaricus deliciosus). – 2. zo. (nordamer. Weißfisch) southern redbelly dace (Chrosomus erythrogaster).

'rot,na·sig [-,naːzɪç] adj red-nosed, copper-nosed.

'Rot,nickel,kies (getr. -k·k-) m min. niccolite.

Ro·tor ['roːtɔr] m ⟨-s; -en [ro'toːrən]⟩ 1. tech. rotor. – 2. auto. (Verteilerfinger) rotor arm. — ~,blatt n aer. aerofoil. — ~,flug,zeug n cf. Drehflügelflugzeug. — ~,werk,zeug n tech. flexible drive tool.

'Rot,rücken,wür·ger (getr. -k·k-) m zo. cf. Neuntöter.

'Rot|,schen·kel m zo. redshank (Tringa totanus). — ~,schim·mel m roan (horse). — ~,schlan·ge f red-tailed pipe snake (Cylindrophis rufus). — ~,schwanz m 1. (Vogel) redstart, auch redtail (Gattg Phoenicurus). – 2. (Schmetterling) tussock moth (Dasychira pudibunda). — ~,schwänz·chen n cf. a) Gartenrotschwanz, b) Hausrotschwanz. — r~,se·hen v/i ⟨irr, sep, -ge-, h⟩ colloq. see red. — ~,spieß,glanz m min. red antimony, kermesite, kermes (mineral). — ~,stein m cf. Rötel. — ~,steiß·pa·pa,gei m zo. white-crowned parrot (Gattg Pionus). — ~,stift m 1. red pencil, (bes. Fettstift) red crayon. – 2. (Kreide) red chalk. — ~,tan·ne f bot. common spruce (Picea abies).

Rot·te ['rɔtə] f ⟨-; -n⟩ 1. (von Arbeitern) gang, crew. – 2. (railway) (von Gleisarbeitern) gang. – 3. (von Pöbel) mob, crowd, bes. Am. bunch: die ~ Korah Bibl. the Korahites pl; sie tobten wie die ~ Korah they made an infernal row. – 4. (von Räubern) band, pack. – 5. contempt. gang, horde, lot. – 6. mil. (Trupp) party, team. – 7. aer. mil. (Verbandsflug) two-ship formation (od. element), group of two aircraft, subflight. – 8. hunt. (von Wölfen etc) pack.

rot·ten[1] ['rɔtən] v/reflex ⟨h⟩ sich ~ obs. for zusammenrotten.

'rot·ten[2], **röt·ten** ['rœtən] v/t ⟨h⟩ (Flachs) cf. rösten 7.

'Rot·ten|,ar·bei·ter m (railway) tracklayer, Am. trackman, Br. platelayer. — ~,feu·er n mil. obs. file-firing, volley. — ~,füh·rer m (railway) (Vorarbeiter) gang foreman (bes. Am. sl. boss), bes. Br. ganger. — ~,mei·ster m cf. Rottenführer. — r~,wei·se adv in gangs (od. crews).

'Rot,tier n zo. hind, (red-deer) doe.

Rott·wei·ler ['rɔt,vailər] m ⟨-s; -⟩ zo. (Hunderasse) Rottweiler (dog).

Ro·tun·de [ro'tʊndə] f ⟨-; -n⟩ arch. rotunda.

'Rö·tung f ⟨-; -en⟩ 1. redness, reddening. – 2. (im Gesicht) blush, (vor Wut) flush. – 3. med. redness, reddening, (durch Entzündung) rubor.

'Rot|ver,schie·bung f phys. astr. (von Spektrallinien) red shift (of the spectrum). — r~,wan·gig [-,vaŋɪç] adj cf. rotbackig.

'Rot,warm,här·te f metall. red-hardness.

'Rot|,wein m gastr. red wine. — r~,welsch ling. I adj (Ausdruck) thieves' Latin (od. cant, slang) (pred). – II R~ ⟨generally undeclined⟩, das R~e ⟨-n⟩ thieves' Latin (od. cant, slang). — ~,wer·den n med. (der Haut) reddening, rubescence (scient.). — ~,wild n hunt. (red) deer. — ~,wurst f gastr. dial. for Blutwurst.

Rotz [rɔts] m ⟨-es; no pl⟩ 1. vulg. snot (vulg.), mucous discharge: ~ und Wasser heulen fig. colloq. to cry bucketfuls, to weep barrels (beide colloq.); frech wie ~ sein colloq. to be (as) bold as brass. – 2. vet. farcy, glanders pl (construed as sg or pl), equinia (scient.).

'Rotz|,ben·gel, ~,bu·be m colloq. contempt. cheeky brat, saucy (Am. colloq. fresh) youngster.

rot·zen ['rɔtsən] v/i ⟨h⟩ vulg. snot one's nose.

'Rotz|,fah·ne f vulg. snot-rag (vulg.), bes. Br. sl. nose-rag. — ~,gö·re f colloq. contempt. cheeky (od. saucy, Am. colloq. fresh) young miss.

'rot·zig adj 1. vulg. (Nase etc) snotty (vulg.). – 2. vulg. (Person) snotty(-nosed), auch snot-nosed (beide vulg.). – 3. fig. colloq. (frech) saucy, cheeky, Am. colloq. fresh. – 4. vet. glanderous, glandered.

'Rot,zink,erz n min. zincite; auch red zinc ore, red oxide of zinc.

'Rotz|,jun·ge m colloq. contempt. cf. Rotzbengel. — r~,krank adj vet. cf. rotzig 4. — ~,krank·heit f vet. cf. Rotz 2. — ~,löf·fel m colloq. contempt. cf. Rotzbengel. — ~,na·se f 1. vulg. running (od. runny, vulg. snotty) nose. – 2. fig. colloq. contempt. cf. a) Rotzbengel, b) Rotzgöre. — r~,nä·sig [-,nɛːzɪç] adj 1. vulg. cf. rotzig 2. – 2. fig. colloq. cf. rotzig 3.

'Rot,zun·ge f zo. witch (Glyptocephalus cynoglossus).

Roué [rüeː] m ⟨-s; -s⟩ obs. (Wüstling) roué.

Rouge [ruːʒ] (Fr.) n ⟨-s [ruːʒ]; -s [ruːʒ]⟩ (cosmetics) rouge: ~ auflegen (od. auftragen) to put on (od. apply) rouge.

Rouge et noir [ruʒe'nwaːr] (Fr.) n ⟨- - -; no pl⟩ (ein Glücksspiel) rouge et noir.

Rou·la·de [ru'laːdə] f ⟨-; -n⟩ 1. gastr. a) (aus Fleisch, Fisch) roulade, roll, b) (Gebäck) jelly roll, bes. Br. Swiss roll. – 2. mus. roulade: ~n singen to roulade.

Rou·leau [ru'loː] n ⟨-s; -s⟩ tech. 1. (roller) blind, Am. auch (window) shade: das ~ herunterlassen (od. niederlassen) [hochziehen] to let down (od. lower) [to pull up od. to raise] the blinds. – 2. (Jalousetten) venetian (od. Venetian) blind.

Rou·lett [ru'lɛt] n ⟨-(e)s; -e u. -s⟩ (ein Glücksspiel) roulette: russisches ~ Russian roulette; ~ spielen to play roulette.

Rou·let·te [ru'lɛtə] f ⟨-; -n⟩ 1. rare for Roulett. – 2. tech. roulette, ring-roll mill. – 3. (in der Sattlerei) tracing wheel, roulette.

Rou'lett,spiel n (game of) roulette.

'Round-,table-Kon·fe,renz ['raʊnd,teɪbl-] (Engl.) f round-table conference, round table.

Rou·te ['ruːtə] f ⟨-; -n⟩ 1. (Reiseweg) route, itinerary: die ~ ermitteln to fix (od. plan) the route, to route the itinerary. – 2. mar. a) route, b) track, lane.

Rou·ti·ne [ru'tiːnə] f ⟨-; no pl⟩ 1. routine: eine gewisse ~ erlangen to acquire (od. develop) a certain routine; eine Arbeit wird zur ~ a job becomes routine. – 2. (Praxis) practice, (bes. handwerksmäßige) skill, craft. – 3. (Erfahrung) experience. – 4. mar. mil. routine. — r~,mä·ßig I adj (Überprüfung etc) routine (attrib). – II adv as a matter of routine. — ~,sit·zung f routine session.

Rou·ti·ni·er [ruti'nïeː] m ⟨-s; -s⟩ experienced person, old hand.

rou·ti·niert [ruti'niːrt] adj 1. experienced, practiced, bes. Br. practised: er ist ein ~er Boxer he is a crafty (od. an experienced) boxer. – 2. (geschickt) smart, clever, adroit.

Row·dy ['raudi] m ⟨-s; -s, auch -dies [-diːs]⟩ contempt. rowdy, rough, hooligan; tough, toughie (colloq.), hoodlum (sl.), Am. colloq. roughneck, plug-ugly. — 'Row·dy·tum n ⟨-s; no pl⟩ rowdyism, hooliganism, hoodlumism (sl.).

roy·al [rŏa'jaːl] adj pol. 1. (königlich) royal. – 2. cf. royalistisch. — Roya'lis·mus [-ja'lɪsmʊs] m ⟨-; no pl⟩ royalism. — Roya'list [-ja'lɪst] m ⟨-en; -en⟩, Roya'li·stin f ⟨-; -nen⟩ royalist. — roya'li·stisch adj royalist, royalistic.

ru·ba·to [ru'baːto] mus. I adv u. adj rubato. – II R~ n ⟨-s; -s u. -bati [-ti]⟩ (tempo) rubato.

'rub·be·lig adj dial. for a) rauh 1—3, b) polternd II.

rub·beln ['rʊbəln] v/t ⟨h⟩ dial. rub (s.o.) dry (od. down) (with a towel).

Rü·be ['ryːbə] f ⟨-; -n⟩ 1. bot. agr. a) (Zuckerrübe) (sugar) beet, b) (Futterrübe) turnip: Gelbe ~ carrot (Daucus carota); Rote ~ beet, bes. Br. beetroot, beetrave (rare) (Beta vulgaris); Schwedische ~ rutabaga, auch swede, Swedish (od. Russian) turnip (Brassica napobrassica); Weiße ~ turnip, white beet (Brassica rapa); die ~n stehen gut the beet crop looks promising; ~n ausnehmen (od. ausmachen) colloq. to harvest turnips; → Kraut 1. – 2. fig. colloq. (Kopf) pate (colloq.); noddle, 'noodle', 'nut' (sl.): er hat eins auf die ~ bekommen (od. gekriegt) he was hit one on the pate. – 3. fig. colloq. (Frechdachs) cheeky fellow (colloq.), saucy brat.

Ru·bel ['ruːbəl] m ⟨-s; -⟩ (russische Währungseinheit) ruble, auch rouble: der ~ muß rollen fig. colloq. money is for spending.

'Rü·ben|,acker (getr. -k·k-) m agr. beet (od. turnip) field. — ~,an,bau m cultivation of beets (od. turnips), beet (od. turnip) growing. — r~,ar·tig adj turnipy. — ~,ern·te·ma,schi·ne f tech. beet (od. turnip) harvester, beet combine harvester. — ~,feld n cf. Rübenacker. — ~,flie·ge f zo. turnip fly (Pegomyia hyoscyami). — ~kom,bi·ne f agr. cf. Rübenerntemaschine. — ~,kraut n bot. beet (od. turnip) tops pl (od. greens pl). — ~,ro·de·ge,rät n beet (od. turnip) lifter. — ~,saft m beet juice. — ~,schlag m cf. Rübenacker. — ~,schnit·zel pl dried beet pulp sg. — ~,zucker (getr. -k·k-) m beet sugar.

Ru·beo·la [ru'beːola] f ⟨-; -lae [-lɛ]⟩ meist pl med. cf. Röteln.

rü·ber ['ryːbər] adv colloq. for herüber, hinüber.

'Rü·be,zahl npr m ⟨-s; no pl⟩ myth. (Berggeist im Riesengebirge) Sprite of the Mountains, Rübezahl.

Ru·bi·di·um [ru'biːdïʊm] n ⟨-s; no pl⟩ chem. rubidium (Rb).

Ru·bi·kon ['ruːbikɔn] npr m ⟨-(s); no pl⟩ geogr. Rubicon: den ~ überschreiten fig. to cross (od. pass) the Rubicon.

Ru·bin [ru'biːn] m ⟨-s; -e⟩ min. (jewelry) (true) ruby: eine Uhr mit 15 ~en a watch with 15 rubies (od. stones). — ~,glas n tech. ruby(-colored, bes. Br. -coloured) glass, artificial (od. mock) ruby. — r~,rot adj ruby(-red), ruby-colored (bes. Br. -coloured), rubious (poet.): ~er Granat rock ruby.

'Rüb|,kohl m Swiss gastr. kohlrabi. — ~,öl n rape(-seed) (od. colza) oil.

Ru·bor ['ruːbɔr] m ⟨-s; -es [ru'boːrɛs]⟩ med. redness, rubor (scient.).

Ru·brik [ru'bri:k] *f* ⟨-; -en⟩ **1.** *print.* (*auch in mittelalterlichen Handschriften*) rubric, rubrication. – **2.** (*Überschrift*) head, headline, title, (subject) heading, *bes. Am.* caption. – **3.** (*Spalte*) column. – **4.** *fig.* (*Klasse*) rubric, class, category. – **5.** *econ.* item, category, column, title. – **6.** *relig.* (*Liturgievorschrift*) rubric.

ru·bri·zie·ren [rubri'tsi:rən] *v/t* ⟨*no* ge-, h⟩ **1.** (*einordnen*) (unter *dat od. acc* under) file, classify. – **2.** (*in Spalten*) arrange (*s.th.*) in columns. – **3.** (*tabellarisch*) tabulate. – **4.** (*mit Titeln versehen*) head, provide (*s.th.*) with headings. – **5.** (*art*) *hist.* rubricate. – **6.** *econ.* include (*od.* insert) (*s.th.*) in the letter heading.

Ru·brum ['ru:brum] *n* ⟨-s; Rubra [-bra] *u.* Rubren⟩ *obs.* short summary.

'**Rüb|ˌsaat** *f agr.* beet (*od.* turnip) seed. — **~ˌsa·me(n)** *m* ⟨-mens; -samen⟩ **1.** *cf.* Rübsaat. – **2.** *cf.* Rübsen.

Rüb·sen ['ry:psən] *m* ⟨-s; *no pl*⟩ *bot.* **1.** turnip (*Brassica rapa var. oleifera*). – **2.** *cf.* Raps.

Ruch [ru:x; rux] *m* ⟨-(e)s; *rare* "e⟩ **1.** *poet. for* Geruch 1—3. – **2.** *rare* bad reputation.

'**ruch·bar** ['ru:x-] *adj* (*in Wendungen wie*) ~ werden to become known, to transpire, to come out, to get around; etwas ~ machen to make s.th. known; das Verbrechen wurde ~ the news of the crime became known (*od.* got around); es wurde ~, daß it transpired that.

'**Ruchˌgras** ['rux-] *n bot.* sweet vernal (grass), vernal grass (*Anthoxanthum odoratum*).

'**ruch·los** ['ru:x-] *adj* **1.** (*Person*) wicked, reprobate (*lit.*): ein ~er Mensch a wicked person, a reprobate (*lit.*). – **2.** (*Handlung*) wicked, foul, nefarious (*lit.*). — '**Ruch·lo·sig·keit** *f* ⟨-; -en⟩ **1.** ⟨*only sg*⟩ (*von Personen*) wickedness, reprobacy (*lit.*). – **2.** ⟨*only sg*⟩ (*von Handlungen*) wickedness, foulness, nefariousness (*lit.*). – **3.** (*Handlung*) wicked act.

ruck [ruk] *interj* (*in Wendungen wie*) hau (*od.* ho) ~! heave (ho)! ~ zuck *colloq.* in a jiffy (*colloq.*); aber ~ zuck! *colloq.* (*nach einem Befehl*) be quick about it! make it snappy! (*colloq.*).

Ruck *m* ⟨-(e)s; -e⟩ **1.** (*plötzliche Bewegung*) jerk, jolt, start, *auch* jounce, flounce: ein jäher (*od.* plötzlicher) ~ a sudden start; mit einem ~ with a jerk (*od.* start); die Wahlen brachten einen starken ~ nach links *fig.* the elections brought a strong swing to the left. – **2.** (*starker Stoß*) push, jerk, shove (*colloq.*): er gab sich einen ~ *fig. colloq.* he pulled himself together. – **3.** (*eines Fahrzeugs*) jolt. – **4.** (*angestrengter Zug*) pull, tug, jerk, hitch, *bes. Am. colloq.* yank: mit einem (*od.* auf einen) ~ at one go; ein ~ am Zügel a pull on the reins.

'**Rück|ˌanˌsicht** *f* **1.** back (*od.* rear) view. – **2.** *geol.* backsight. — **~ˌanˌspruch** *m econ. jur.* counter claim (*od.* demand), recourse. — **~ˌantˌwort** *f* reply.

'**ruckˌar·tig I** *adj* **1.** (*Bewegung etc*) jerky, jolting, *auch* jouncing, flouncy. – **II** *adv* **2.** jerkily, joltingly. – **3.** (*plötzlich*) all of a sudden, suddenly.

'**Rück|ˌäu·ße·rung** *f* reply. — **~ˌbau** *m* (*mining*) retreat, longwall retreating method. — **~beˌru·fung** *f* recall. — **~beˌwe·gung** *f* **1.** backward (*od.* return) movement (*od.* motion). – **2.** *tech.* a) (*eines Maschinentisches*) receding motion, b) (*eines Stößels*) *cf.* Rückgang 5b. — **r~beˌzüg·lich** *adj ling.* reflexive: ein ~es Pronomen [Verb] a reflexive pronoun [verb]. — **~ˌbil·dung** *f* **1.** *biol. med.* a) retrogression, retrogressive metamorphosis, retromorphosis, catagenesis, b) (*altersbedingte*) involution, c) (*Gewebeatrophie*) cataplasia, d) (*Degeneration*) degeneration, e) (*einer Krankheit*) regression, f) (*eines Tumors etc*) reversion, reversal, regression, g) (*bes. von Gewebe*) retroplasia. – **2.** *ling.* back formation. — **r~ˌbil·dungsˌfä·hig** *adj med.* reversible.

'**Rück|ˌbleib·sel** [-ˌblaipsəl] *n* ⟨-s; -⟩ *obs.* rest, remnant, residue, remainder. — **~ˌblen·de** *f bes.* (*film*) *telev.* flashback. — **r~ˌblen·den I** *v/i* ⟨*only inf u. pp* rückgeblendet, h⟩ flash back. – **II R~** *n* ⟨-s⟩ *verbal noun.* — **~ˌblen·dung** *f cf.* Rückblende. — **~ˌblick** *m fig.* **1.** retrospect(ive glance), review: ein ~ auf die 20er Jahre a retrospect of (*od.* on) the twenties; im ~ in retrospect; im ~ auf das vergangene Jahr looking back on (*od.* over) the past year. – **2.** (*Bericht*) survey.

'**rückˌblickend** (*getr.* -k·k-) **I** *adj* retrospective. – **II** *adv* in retrospect, retrospectively.

'**Rückˌblickˌspie·gel** *m auto. cf.* Rückspiegel.

'**rück|ˌbu·chen** *econ.* **I** *v/t* ⟨*only inf u. pp* rückgebucht, h⟩ reverse, contra, transfer, carry back. – **II R~** *n* ⟨-s⟩ *verbal noun.* — **R~ˌbu·chung** *f* **1.** *cf.* Rückbuchen. – **2.** reverse transfer of accounts, carry-back.

'**Rück|ˌbür·ge** *m econ.* counterguarantor, countersecurity, *Br.* countersurety (*main debtor's guarantor vis-à-vis main guarantor*). — **~ˌbürg·schaft** *f* countersecurity, *Br.* countersurety: ~ leisten für to act as counterguarantor for.

'**rück|daˌtie·ren** *econ.* **I** *v/t* ⟨*only inf u. pp* rückdatiert, h⟩ antedate, predate, backdate. – **II R~** *n* ⟨-s⟩ *verbal noun.* — **R~daˌtie·rung** *f* **1.** *cf.* Rückdatieren. – **2.** (*Datum*) antedate.

rucke·di·gu (*getr.* -k·k-) ['rukədi'gu:] *interj* (*von Tauben*) coo coo!

'**Rückˌeinˌfuhr** *f econ.* reimportation, *Br.* re-importation.

rucken (*getr.* -k·k-) ['rukən] *v/i* ⟨h⟩ **1.** (*vom Zug etc*) (give a) jerk, (give a) jolt. – **2.** (*von Tauben*) coo.

rücken (*getr.* -k·k-) ['rykən] **I** *v/t* ⟨h⟩ **1.** (*Möbel etc*) move, shift, push: etwas näher ~ to move (*od.* bring) s.th. nearer; den Topf vom Feuer ~ to take the pot from the heat; etwas in ein günstiges Licht ~ *fig.* to show s.th. in a good light, to display the advantage of s.th.; den Zeiger (der Uhr) ~ to move the hand (of the clock) (round). – **2.** (*ziehen*) pull, draw, hitch: rück deinen Sessel näher pull up your chair. – **II** *v/i* ⟨sein⟩ **3.** (*Platz machen*) move (along *od.* up, over), make room: bitte könnten Sie etwas zur Seite ~ could you move over (*od.* to the side) a bit, please; kannst du ein bißchen ~? can you move (*od. colloq.* shove) up a bit? – **4.** (*rutschen*) move, hunch: dicht aneinander ~ to move (*od.* huddle) up together; er rückte ihr immer näher he edged up to her. – **5.** *mil.* march, move: ins Feld ~ to march into the field (*od.* into battle), to take the field. – **6.** (*in Wendungen wie*) näher ~ a) (*örtlich*) to draw close(r) (*od.* near[er]), to approach, b) (*zeitlich*) to draw near, to approach; nicht von der Stelle ~ not to budge (*od.* stir) an inch; höher ~ *fig.* to rise in rank; an j-s Stelle ~ *fig.* to take s.o.'s place; → Bude 3; Leib 1; Pelle 3; Pelz 5.

'**Rücken** (*getr.* -k·k-) *m* ⟨-s; -⟩ **1.** back, dorsum (*scient.*): zum ~ gehörig, auf dem ~ befindlich *bes. biol.* dorsal; ~ an ~ back to back; ein gebeugter (*od.* krummer) ~ a bent (*od.* hunched) back; der verlängerte ~ *humor.* the posterior; sich auf den ~ legen a) to lie down on one's back, b) (*wenn bereits liegend*) to turn over on one's back; auf dem ~ schwimmen to swim on one's back, to backstroke; sich auf dem ~ im Wasser treiben lassen to float on one's back; die Hände auf dem ~ with one's hands behind one's back; er hat einen breiten ~ a) he has a broad back (*od.* broad shoulders), b) *fig. colloq.* he can take a lot (*colloq.*); den Wind im ~ haben a) to have the wind in one's back, b) *mar.* to have a favo(u)rable wind (*od.* favo[u]rable winds); auf den ~ fallen a) to fall on one's back, b) *fig. colloq.* to be taken aback, to be dum(b)founded (*od.* speechless); es lief (*od.* rieselte) ihr kalt [eiskalt] über den ~ (*od.* den ~ hinunter) a shiver [a cold shudder] ran down her spine; j-m [einer Sache] den ~ kehren *fig.* to turn one's back on s.o. [s.th.]; einen krummen ~ machen vor j-m *fig.* to cringe to (*od.* fawn upon) s.o.; j-m den ~ steifen (*od.* stärken) *fig.* to back s.o. (up), to stay (*od.* support) s.o.; ich brauche nur den ~ zu wenden (*od.* sobald ich den ~ wende, kaum habe ich den ~ gewendet), schon läuft alles verkehrt I only have (*od.* need) to turn my back and everything goes wrong; j-m hinter dem ~ Böses nachsagen to talk about s.o. behind his back; hinter seinem ~ verhandelten sie mit einer anderen Firma they negotiated with another firm behind his back; j-m in den ~ fallen a) to attack s.o. from (*od.* in) the rear, b) *fig.* to stab s.o. in the back; j-m den ~ decken *fig. colloq.* to take s.o. under one's wing(s); sich (*dat*) den ~ decken *fig. colloq.* to play (it) safe; sich (*dat*) den ~ freihalten a) to secure one's (line of) retreat, b) *fig.* to make sure of a way out; mit dem ~ zur Wand *auch fig.* with one's back to the wall; er sieht schon zu, daß er mit dem ~ an die Wand kommt *fig. colloq.* he fairly feathers his own nest. – **2.** (*einer Hand, eines Kleides, eines Messers, eines Sessels*) back. – **3.** (*eines Berges, Hügels*) ridge, crest. – **4.** (*eines Buches*) back(bone), backstrip, shelfback, spine. – **5.** (*des Fußes*) instep, dorsum of the foot (*scient.*). – **6.** (*der Nase*) bridge, dorsum (*scient.*). – **7.** *zo.* a) back; dorsum, tergum (*scient.*), b) (*vom Pferd, vom Hammel*) saddle. – **8.** *gastr.* saddle, chine: ~ mit Keulen (*vom Lamm*) saddle with legs.

'**Rücken|ˌbrei·te** (*getr.* -k·k-) *f* (*in der Schneiderei*) width of the back. — **~ˌdeckung** (*getr.* -k·k-) *f* ⟨-; *no pl*⟩ *fig.* backing, support: sich (*dat*) ~ bei j-m verschaffen to make sure of support from s.o. — **~ˌflos·se** *f zo.* back fin, dorsal (fin) (*scient.*). — **~ˌflug** *m aer.* inverted flight (*od.* flying). — **r~ˌfrei** *adj* (*fashion*) (*Kleid*) backless, low-backed. — **~ˌgurt** *m* (*an einem Mantel*) half-belt. — **~ˌkraul** *m* (*sport*) (*beim Schwimmen*) back (*od.* dorsal) crawl. — **~ˌla·ge** *f* **1.** in der ~ lying on the (*od.* one's) back. – **2.** *med.* a) dorsal (*od.* supine) position, b) (*des Fetus*) dorsal presentation. – **3.** (*sport*) a) (*beim Schwimmen*) swimming on one's back, b) (*beim Skilauf*) backward lean. — **~ˌleh·ne** *f* back of a chair, backrest: Sitz mit verstellbarer ~ seat with adjustable backrest, lean-back seat.

'**Rückenˌmark** (*getr.* -k·k-) *n med.* spinal cord, (spinal) marrow: verlängertes ~ medulla oblongata.

'**Rückenˌmarks|an·äs·theˌsie** (*getr.* -k·k-) *f med.* spinal an(a)esthesia. — **~entˌzün·dung** *f* spinitis, myelitis. — **~ˌhaut** *f* spinal meninx. — **~kaˌnal** *m* central (*od.* spinal) canal. — **~ˌläh·mung** *f* spinal paralysis. — **~lä·siˌon** *f* spinal cord lesion. — **~ˌnerv** *m* spinal nerve. — **~ˌschwindˌsucht** *f cf.* Tabes. — **~verˌlet·zung** *f* spinal cord injury, injury to the spinal marrow.

'**Rücken|ˌmus·kel** (*getr.* -k·k-) *m med.* back muscle. — **~ˌnum·mer** *f* (*sport*) (player's) number. — **~ˌsä·ge** *f tech.* backsaw. — **~ˌschild** *m zo.* **1.** (*des Insekts*) clypeus. – **2.** (*der Schildkröte, des Krebses etc*) (back) shield, shell, carapace (*scient.*). – **3.** (*der Infusorien*) lorica. — **~ˌschmerz** *m meist pl med.* backache, pain in the back, lumbago (*scient.*). — **~ˌschwim·men** *n* backstroke. — **~ˌschwim·mer** *m* **1.** (*sport*) backstroker. – **2.** *zo.* back swimmer (*Fam. Notonectidae*). — **~ˌstär·kung** *f fig.* moral support, encouragement, backing up: j-m ~ geben to give s.o. moral support, to back s.o. up, to support s.o. — **~ˌstoß** *m* blow from behind. — **~ˌstück** *n gastr.* chine, (*vom Wild, Hammel*) saddle, (*vom Rind*) piece from rump (*od.* sirloin, ribs). — **~ˌti·tel** *m print.* (*eines Buches*) title on the spine (*od.* back), lettering. — **~ˌtra·ge** *f* carrier frame (*worn on the back*). — **~ˌtru·deln** *n aer.* inverted spin.

'**Rück·entˌwick·lung** *f biol. cf.* Rückbildung 1.

'**Rücken|verˌgol·dung** (*getr.* -k·k-) *f print.* gilding (*od.* finishing) (of the back of a book). — **~ˌwen·de** *f* (*sport*) (*beim Rückenschwimmen*) backstroke turn. — **~ˌwind** *m* **1.** (*auch sport*) tail (*od.* following) wind: er lief mit ~ he ran with the wind behind him (*od.* in his back). – **2.** *mar.* wind (blowing) from the stern. — **~ˌwir·bel** *m med.* dorsal vertebra. — **~ˌwol·le** *f* (*textile*) back wool.

'**Rück|erˌbit·tung** *f* (*officialese*) request for return: wir senden Ihnen die anliegenden Dokumente unter ~ we are sending you the enclosed documents with the request that you return them. — **~erˌin·ne·rung** *f* reminiscence, anamnesis (*lit.*). — **~erˌobe·rung** *f mil.* reconquest, recapture. — **r~erˌstat·ten I** *v/t* ⟨*only inf u. pp* rückerstattet, h⟩ *econ.* **1.** (*Gegenstände*) return, restore. – **2.** (*Kosten*) reimburse. – **3.** (*Geld*) repay, pay (*s.th.*) back, refund, restitute, reimburse. – **II R~** *n* ⟨-s⟩ **4.** *verbal noun.* — **~erˌstat·tung** *f econ.* **1.** *cf.* Rückerstatten. – **2.** (*Rückgabe*) restitution, restoration, return, *auch* redelivery: Klage auf ~ *jur.* action for restitution. – **3.** (*Rückzahlung*) refund(ment), repayment, reimbursement, compensation (*jur.*). — **~erˌwerb** *m jur.* **1.** recovery (of title). – **2.** recovery of (lost) property.

ˈRückˌfahr|ˌkar·te *f*, **~ˌschein** *m Am.* round-trip ticket, *Br.* return ticket. — **~ˌscheinˌwer·fer** *m auto.* reversing light (*od.* lamp), *Am.* backup light.

ˈRückˌfahrt *f* return journey (*od.* trip): auf der ~ on the return journey, on the way back.

ˈRückˌfall *m* **1.** *med.* a) relapse, recurrence, palindromia (*scient.*), b) (*Rückbildung*) regression: einen ~ (von Grippe) erleiden (*od.* haben) to have a relapse (of influenza); einen ~ verhindern to prevent a recurrence. – **2.** *jur.* a) (*Heimfall*) reversion, b) (*in ein Verbrechen*) relapse, recidivism: Diebstahl im ~ relapse into larceny. – **3.** (*in alte Gewohnheiten etc*) (in *acc*) relapse (into), backslide (into), *bes. Am.* throwback (to). — **~ˌfie·ber** *n med.* relapsing (*od.* recurrent) fever.

ˈrückˌfäl·lig *adj* **1.** *jur.* a) (*Verbrecher*) recidivous, b) (*heimfallend*) revertible: ~ **werden** a) to relapse, to backslide, to become recidivous, b) to revert. – **2.** ⟨*attrib*⟩ *med.* (*Kranker*) relapsing. — **ˈRückˌfäl·li·ge** *m, f* ⟨-n; -n⟩ **1.** relapser, backslider, recidivist. – **2.** *med.* relapsing patient.

ˈRück|ˌfen·ster *n* (*eines Autos etc*) rear window. — **r~ˌflie·ßen** *v/i* ⟨*only inf u. pp* rückgeflossen, sein⟩ *auch med.* flow backward(s), regurgitate (*scient.*). — **~ˌflug** *m aer.* return (*od.* homing) (flight), homeward flight. — **~ˌfluß** *m* **1.** *auch med.* reflux, backward flow, *Am. auch* backflow, regurgitation (*scient.*). – **2.** *econ.* a) (*von Kapital etc*) reflux, backflow, b) (*von Papieren*) repurchases *pl* of securities, c) (*aus liquidiertem Vermögen*) recoveries *pl* from assets. — **~ˌfor·de·rung** *f econ.* claiming back, reclaim(ing), redemand, reclamation. — **~ˌfracht** *f econ.* **1.** (*Kosten*) return carriage (*od.* freight). – **2.** return (*od.* inward) consignment (*od.* shipment), return cargo. — **~ˌfra·ge** *f* further inquiry (*od.* enquiry), request for more detailed instructions (*od.* for further particulars): ~ halten *cf.* rückfragen. — **r~ˌfra·gen** *v/i* ⟨*only inf u. pp* rückgefragt, h⟩ make a query, inquire (*od.* enquire) (again): wegen dieser Angelegenheit muß ich bei ihm ~ I have to inquire of him (*od.* check with him) (again) about this matter.

ˈrückˌfüh·ren I *v/t* ⟨*only inf u. pp* rückgeführt, h⟩ **1.** *pol.* (*repatriieren*) repatriate. – **2.** *econ.* (*Güter*) return. – **3.** (*space*) (*bergen*) recover. – **II R~** *n* ⟨-s⟩ **4.** *verbal noun.* — **ˈRückˌfüh·rung** *f* **1.** *cf.* Rückführen. – **2.** *pol.* repatriation. – **3.** *econ.* (*von Gütern*) return. – **4.** (*space*) recovery.

ˈRückˌfüh·rungsˌtech·nik *f* (*space*) recovery technique.

ˈRückˌga·be *f* **1.** *cf.* Zurückgeben. – **2.** return, restitution, restoration, redelivery: bei der ~ when returning (*s.th.*); gegen ~ der Eintrittskarte on return of the ticket; mit der Bitte um ~ with the request to return (*s.th.*); Klage auf ~ *jur.* action for restitution; ~ von Fundgegenständen *jur.* restoration of lost property; ~ von Eigentum gegen Sicherheitsleistung *jur.* replevin. – **3.** (*sport*) (*bes. beim Fußball*) pass back, back pass. — **~ˌpflicht** *f jur.* obligation to (make) return. — **~ˌrecht** *n* right of return.

ˈRückˌgang *m* **1.** (*Abnahme*) decrease, decline: ein ~ der Geburtenziffer a decline in birthrate. – **2.** *econ.* a) (*der Preise*) drop, decline, b) (*der Kurse*) decline, fall, going down, downward movement, c) (*des Umsatzes*) decline, drop, letdown, *Br.* let-down, d) (*der Produktion*) decrease, falling off, falloff, *Br.* fall-off, downward movement, e) (*der Wirtschaft*) recession. – **3.** *med.* (*des Fiebers etc*) decrease, regression, recession. – **4.** *fig.* regress(ion), retrocession, retrogression. – **5.** *tech.* a) (*eines Maschinenbauteils*) return motion (*od.* travel), b) (*eines Kolbens*) backstroke. – **6.** *metall.* (*beim Walzgut*) return pass.

ˈrückˌgän·gig *adj* **1.** *cf.* rückläufig I. – **2.** (*in Wendungen wie*) einen Kauf ~ machen to cancel (*od.* to go back on) a purchase; eine Bestellung (*od.* einen Auftrag) ~ machen to withdraw (*od.* cancel, rescind, countermand, annul) an order; einen Vertrag ~ machen to annul (*od.* rescind, revoke, countermand, quash) a contract; eine Verlobung ~ machen to break off an engagement, to call an engagement off. — **ˈRückˌgän·gigˌma·chung** *f* ⟨-; -en⟩ **1.** *econ.* (*einer Bestellung etc*) withdrawal, cancel(lation), *Am. auch* cancelation, rescission, annulment. – **2.** *jur.* (*eines Vertrags*) annulment, rescission, countermand(ing), quashing. – **3.** (*einer Verlobung*) breaking off, calling off.

ˈrück·geˌführt I *pp.* – **II** *adj pol.* repatriated. — **ˈRück·geˌführ·te** *m, f* ⟨-n; -n⟩ repatriate(d person).

ˈrück|geˌwin·nen I *v/t* ⟨*only inf u. pp* rückgewonnen, h⟩ recover, reclaim. – **II R~** *n* ⟨-s⟩ *verbal noun.* — **R~geˌwin·nung** *f* **1.** *cf.* Rückgewinnen. – **2.** *tech.* recovery, reclamation. – **3.** (*rubber*) recuperation. – **4.** *agr.* (*Urbarmachung*) reclamation. — **~ˌglie·dern I** *v/t* ⟨*only inf u. pp* rückgegliedert, h⟩ reincorporate, reintegrate. – **II R~** *n* ⟨-s⟩ *verbal noun.* — **R~ˌglie·de·rung** *f* **1.** *cf.* Rückgliedern. – **2.** reincorporation, reintegration.

ˈRückˌgrat *n, Swiss auch m* ⟨-(e)s; -e⟩ **1.** *med. zo.* vertebral (*od.* spinal) column, spine, backbone, rachis (*scient.*): **sich** (*dat*) **das ~ verletzen, sich am ~ verletzen** to injure one's spine. – **2.** *fig. colloq.* backbone, spine: **j-m das ~ brechen** to break s.o.'s back; **j-m das ~ stärken** (*od.* **steifen**) to back s.o. up, to give s.o. moral support; **er hat ~** he's got (plenty of) backbone; **er hat** (*od.* **besitzt**) **kein ~** he is spineless (*od.* weak-kneed), he has no backbone (*od.* spine); **~ zeigen** to show (plenty of) backbone. – **3.** *fig.* (*der Wirtschaft etc*) backbone, mainstay. — **~verˌkrüm·mung** *f med. cf.* Rückgratverkrümmung 1. — **~ope·raˌtiˌon** *f* operation on the spine.

ˈRückˌgrat·verˌkrüm·mung *f med.* **1.** spinal curvature. – **2.** (*krankhafte*) deformity of the spine.

ˈRückˌgrat·verˌstei·fung *f med.* stiff back, stiffness of the spine.

ˈRückˌgriff *m* **1.** *jur.* (gegen against) recourse. – **2.** (auf *acc* to) resort.

ˈRückˌgriffs|ˌanˌspruch *m jur.* right of recourse: mit [ohne] ~ with [without] recourse. — **~ˌrecht** *n* right of recourse.

ˈRückˌhalt *m* **1.** (*Unterstützung*) support, backing, stay: **einen ~ an** (*od.* in) j-m haben a) to have s.o. to fall back (up)on, b) (*unterstützt werden*) to find support in s.o., to be backed (up) by s.o.; **ich habe an ihm keinen ~** he gives me no support; **er hat keinerlei finanziellen ~** he has no resources to fall back on. – **2.** ohne ~ *cf.* rückhaltlos. — **r~los I** *adj* **1.** (*vorbehaltlos*) unreserved, wholehearted, without reserve (*od.* restraint). – **2.** (*freimütig*) open, frank, straight(forward), straight-out (*attrib*). – **II** *adv* **3.** without reserve (*od.* restraint): **er sprach dies ~ aus** he said this without reserve; **etwas ~ zugeben** to admit s.th. freely; **sich einer Bewegung ~ anschließen** to join a movement wholeheartedly.

ˈRückˌhand *f* ⟨-; *no pl*⟩ (*sport*) (*beim Tennis etc*) backhand. — **~ˌschlag** *m* **1.** (*beim Badminton, Tennis*) backhand (stroke), backhander. – **2.** (*beim Tischtennis*) backhand (flick).

ˈRück|ˌhub *m tech.* return stroke, backstroke. — **~ˌkampf** *m* (*sport*) **1.** *cf.* Rückspiel. – **2.** (*beim Boxen*) return bout (*od.* fight, match). — **~ˌkauf** *m econ.* **1.** *cf.* Rückkaufen. – **2.** repurchase. – **3.** (*Einlösung*) redemption. – **4.** (*von Papieren durch Emittenten*) buying in. — **r~ˌkau·fen I** *v/t* ⟨*only inf u. pp* rückgekauft, h⟩ **1.** repurchase, buy (*s.th.*) back (*od.* in). – **2.** (*einlösen*) redeem. – **II R~** *n* ⟨-s⟩ **3.** *verbal noun.* – **4.** *cf.* Rückkauf. — **r~ˌkäuf·lich** *adj* **1.** repurchasable. – **2.** redeemable: nicht ~ irredeemable.

ˈRückˌkaufs|ˌrecht *n econ. jur.* right (*od.* option) of repurchase (*od.* redemption). — **~verˌtrag** *m* covenant of redemption. — **~ˌwert** *m* **1.** repurchase (*od.* redemption) value. – **2.** (*einer Versicherungspolice*) surrender (*od.* cash) value.

ˈRückˌkehr *f* ⟨-; *no pl*⟩ **1.** *cf.* Zurückkehren. – **2.** (nach, zu to) return (*auch fig.*): **bei meiner ~** a) on my return, b) (*nach Hause*) on my return home, on returning home; **nach ihrer ~ in die Heimat** after returning home, after their homecoming; **wann dürfen** (*od.* **können**) **wir deine ~ erwarten** (*od. colloq.* **mit deiner ~ rechnen**)? when may we expect you back? – **3.** ([*erfolgreiches*] *Wiederauftreten*) comeback, *Br.* come-back (*colloq.*). — **~ˌbahn** *f* (*space*) reentry (*Br.* re-entry) flight path.

ˈrück|ˌkop·peln *electr.* (*radio*) **I** *v/t* ⟨*insep*, -ge-, h⟩ couple (*od.* feed) (*s.th.*) back, regenerate. – **II R~** *n* ⟨-s⟩ *verbal noun.* — **R~ˌkop·pe·lung, R~ˌkopp·lung** *f* **1.** *cf.* Rückkoppeln. – **2.** (*radio*) positive feedback, retroaction, reaction (coupling), regeneration.

ˈRückˌkreu·zung *f biol.* backcross.

ˈRück|ˌkunft *f* ⟨-; *no pl*⟩ *cf.* Rückkehr. — **~ˌla·dung** *f econ.* return (*od.* homeward) shipment (*od.* cargo).

ˈRückˌla·ge *f* **1.** *meist pl econ.* reserve fund, reserve(s *pl*): **freie ~n** free (*od.* voluntary, contingency) reserves; **gesetzliche ~n** legal (*od.* statutory) reserves; **offene ~n** open (*od.* declared, general, published) reserves; **stille ~n** undisclosed (*od.* hidden, secret) reserve *sg*; **~n schaffen** to create (*od.* build up) reserves; **der ~ zuführen** to transfer to the reserve fund; **~n angreifen** to draw on reserves; **~ für laufende Risiken** loss reserve. – **2.** (*sport*) (*beim Skilauf*) *cf.* Rückenlage 3b.

ˈRückˌlauf *m* **1.** (*von Gewässern*) flowing back, reflux. – **2.** *tech.* a) return (*od.* reverse) movement (*od.* motion, travel), reverse action, backward travel, b) (*eines Kolbens*) return, return (*od.* reversing) stroke, backstroke, c) (*eines Heizkörpers*) secondary return, d) (*in der Schmiertechnik*) recirculation. – **3.** (*bei Kamera, Tonbandgerät*) rewind. – **4.** *electr. telev.* (*bei Kathodenstrahlgeräten*) retrace, return trace, *bes. Am.* kickback, flyback. – **5.** *electr. tel.* (*eines Wählers*) homing. – **6.** *mil.* (*eines Geschützes*) recoil(ing). – **7.** *astr.* retrograde motion. – **8.** (*einer Kegelbahn*) return chute. — **~ˌbrem·se** *f mil.* (*eines Geschützes*) recoil mechanism.

ˈrückˌläu·fig I *adj* **1.** *auch med.* retrograde, retrogressive. – **2.** *econ.* (*Preise*) retrograde, dropping, declining, falling, receding: **eine ~e Bewegung** a recessive (*od.* retrograde, downward) movement; **~e Konjunktur** declining economy (*od.* economic activity); **eine ~e Tendenz zeigen** to show a downward tendency (*od.* trend). – **II** *adv* **3. sich ~ bewegen** *econ.* to retrograde.

ˈRückˌlauf|-ˌSer·vo-ˌAnˌtrieb *m auto.* reverse servo unit. — **~ˌta·ste** *f* (*eines Tonbandgeräts*) rewind key.

ˈRück|ˌleh·ne *f auto.* backrest. — **~ˌlei·ter** *m electr. cf.* Rückleitung 1. — **~ˌlei·tung** *f* **1.** *electr.* return line (*od.* cable, circuit, wire). – **2.** *tech.* return pipe.

ˈRückˌlicht *n* ⟨-(e)s; -er⟩ *auto.* taillight, *Br.* tail-light, rear lamp (*od.* light), tail lamp. — **~ˌschal·ter** *m* taillight (*Br.* tail-light) (*od.* rear-lamp, rear-light) switch.

ˈRückˌlie·fe·rung *f econ.* **1.** return delivery, *Br.* redelivery. – **2.** (*zurückgesandte Ware*) returns *pl*, returned goods *pl*.

ˈrück·lings *adv* **1.** (*nach hinten*) backward(s): **~ niederfallen** to fall (over) backward(s); **Liegehang ~** (*beim Turnen am Stufenbarren*) back hang. – **2.** (*von hinten*) from behind: **j-n ~ angreifen** to attack s.o. from behind (*auch fig.*). – **3.** (*in Wendungen wie*) **~ liegen** to lie on one's back.

ˈRück|ˌmarsch *m mil.* march back (*od.* home), countermarch: **den ~ antreten** to start on the march home. — **~ˌmel·dung** *f* **1.** reporting back (*auch mil.*). – **2.** *tel.* reply, back signal. – **3.** *electr.* electrical position indication. – **4.** *mar.* repeating.

ˈRückˌnah·me *f* ⟨-; *no pl*⟩ **1.** taking back, repurchase. – **2.** *jur.* (*einer Klage etc*) abandonment, withdrawal.

ˈRück|ˌpor·to *n* (*postal service*) return postage. — **~ˌprall** *m* **1.** *metall.* (*bei der Werkstoffprüfung*) rebound. – **2.** *mil.* (*von Feuerwaffen*) recoil. — **~ˌprä·mie** *f econ.* (*Prämiengeschäft*) put (premium *od.* option), seller's option (money), premium for the put: **die ~ kaufen** to take for the put. — **~ˌrei·se** *f* return journey (*od.* trip), journey (*od.* trip) home (*od.* back), (*zur See*) return voyage, voyage back (*od.* home): **er befand sich** (*od.* **war**) **auf der ~** he was on his way home; **auf der ~ befindlich** (*od.* **begriffen**) *mar.* homeward(s) bound, homebound, bound for home. — **~ˌruf** *m bes. tel.* recall,

ring-back. — ~,run·de f (*sport*) second half of the season.
'Ruck,sack m knapsack, rucksack.
'Rück|,schalt,he·bel m *tech.* downshift (*od.* kickdown, change-back) lever. — **~,schau** f retrospect(ion), review: ~ halten to go back over the past, to go over things in retrospect. — **r~,schau·end** *adv* in retrospect. — **~,schei·be** f *auto.* rear window.
'Rück,schlag m **1.** backstroke, rebound, backkick. – **2.** (*einer Schußwaffe*) kick. – **3.** *fig.* setback, backset, reverse, throwback (*colloq.*): sein Geschäft erlitt (*od.* erfuhr) einen schweren ~ his business suffered a severe setback; es ging nicht ohne Rückschläge ab it did not come off without setbacks. – **4.** *econ.* (*an der Börse etc*) setback, reaction. – **5.** *tech.* a) (*eines Motors*) backfire, kickback, b) (*einer Flamme*) backflash. – **6.** *biol.* atavism. – **7.** *med.* (*Krise*) setback, relapse: er erlitt einen schweren ~ he had a serious setback. – **8.** (*sport*) (*beim Tennis, Tischtennis*) return.
'Rück,schlä·ger m (*sport*) (*beim Badminton, Tennis, Tischtennis*) receiver, striker-out.
'Rück,schlag,git·ter n *aer.* backfire screen.
'Rück|,schluß m conclusion, inference: seine Rückschlüsse aus etwas ziehen to draw one's conclusions from s.th.; er zog den ~ daraus, daß he gathered (*od.* inferred) from it that. — **~,schrei·ben** n reply (letter), answer. — **r~,schrei·tend** *adj bes. med.* retrogressive, retrograde.
'Rück,schritt m **1.** step backward(s), retrogressive (*od.* retrograde) step, regression, regress, retrogression: die Verwirklichung seines Planes würde einen ~ bedeuten the realization of his plan would mean a step backward(s). – **2.** *pol.* reaction. — **'rück,schritt·lich** *adj pol.* reactionary.
'Rück,sei·te f **1.** (*eines Gebäudes etc*) back, rear. – **2.** (*der Hand*) back. – **3.** (*eines Blattes*) back, reverse (side), verso: siehe ~ please turn over, p.t.o., see overleaf. – **4.** (*einer Münze*) tail, reverse (side), verso. – **5.** (*eines Kleiderstoffes etc*) reverse side, back.
ruck·sen ['rʊksən] v/i ⟨h⟩ (*von Tauben*) coo.
'rück|,sen·den I v/t ⟨*only inf u. pp* rückgesandt, rückgesendet, h⟩ (*postal service*) send (*s.th.*) back, return. – **II R~** n ⟨-s⟩ *verbal noun.* — **R~,sen·dung** f **1.** *cf.* Rücksenden. – **2.** (*Rückgesandtes*) return(s *pl*), redelivery, reconsignment.
'Rück,sicht f ⟨-; -en⟩ **1.** ⟨*only sg*⟩ consideration, considerateness, thoughtfulness, regard, (*Ehrerbietung*) deference: mit (*od.* aus) ~ auf (*acc*) etwas [j-n] out of consideration (*od.* regard) for s.th. [s.o.]; mit ~ auf (*acc*) etwas in (*od.* with) regard (*od.* respect) to s.th., in consideration of s.th., in the light of s.th., considering s.th., in view of s.th., taking s.th. into account; ohne ~ auf (*acc*) etwas without regard to (*od.* for) s.th., regardless (*od.* irrespective, *lit.* unmindful) of s.th.; ohne ~ auf seine Frau unternahm er diese Reise he went on the trip without consideration (*od.* regard) for his wife (*od.* without taking his wife into consideration); ohne ~ auf Verluste *fig. colloq.* regardless of (*od.* without regard to) loss(es), at all costs; er geht ohne ~ auf andere vor, er handelt ohne ~ auf andere he shows no consideration for others; auf (*acc*) etwas ~ nehmen a) to have regard for s.th., to show consideration for s.th., b) (*in Betracht ziehen*) to pay (*od.* show) regard to (*od.* for) s.th., to take s.th. into account, c) (*Nachsicht üben*) to allow for s.th., to make allowances for s.th.; er nimmt auf seine Mutter ~ he takes his mother's feelings into consideration; er nahm wenig ~ auf sie he had little consideration for her; mit ~ darauf, daß considering that; keine ~ nehmen auf (*acc*) etwas to pay no heed to s.th., to disregard s.th.; darauf kann ich keine ~ nehmen I can't take this into consideration. – **2.** (*Grund*) consideration, reason: dies geschah aus geschäftlichen ~en this happened for business reasons. – **3.** ⟨*only sg*⟩ *auto.* a) (*im Verkehr*) (auf *acc* for) (reasonable) consideration, b) (*Sicht nach hinten*) rear view.
'Rück,sicht,nah·me f ⟨-; *no pl*⟩ *cf.* Rücksicht 1, 3a.
'rück,sichts·los I *adj* **1.** (gegen) inconsiderate (of), without consideration (for), regardless (of): sei nicht so ~! don't be so inconsiderate! show more consideration! ein ~er Mensch an inconsiderate (*od.* a thoughtless) person. – **2.** (*unbekümmert*) reckless, devil-may-care: ~es Fahren reckless driving; ein ~er Fahrer a reckless driver, a road hog. – **3.** (*erbarmungslos*) ruthless, relentless: ~e Ausbeutung ruthless exploitation. – **4.** (*roh*) unfeeling, callous: ~es Benehmen callous behavio(u)r. – **II** *adv* **5.** inconsiderately, without consideration, regardless(ly): ~ fahren to drive recklessly (*od.* without reasonable consideration for other persons); ~ vorgehen (*od.* handeln) to act inconsiderately; ~ einschreiten to intervene ruthlessly. — **'Rück,sichts·lo·sig·keit** f ⟨-; -en⟩ **1.** ⟨*only sg*⟩ inconsiderateness, inconsideration, lack of consideration, thoughtlessness. – **2.** ⟨*only sg*⟩ (*Unbekümmertheit*) recklessness, devil-may-care attitude. – **3.** ⟨*only sg*⟩ (*Erbarmungslosigkeit*) ruthlessness, relentlessness. – **4.** inconsiderate act.
'rück,sichts,voll I *adj* (gegen) considerate (to, toward[s]), regardful (of), full of consideration (*od.* regard) (for), (*ehrerbietig*) deferential (to): er ist ihr gegenüber immer sehr ~ gewesen, er ist gegen sie immer sehr ~ gewesen he has always been very considerate to her; ~es Verhalten consideration, thoughtfulness. – **II** *adv* j-n sehr ~ behandeln to treat s.o. very considerately (*od.* with utmost consideration).
'Rück|,sied·ler m *pol.* returning (*od.* repatriated) settler. — **~,sitz** m *auto.* back (*od.* rear) seat. — **~,spie·gel** m rearview (*od.* rear-vision, driving, driver's) mirror. — **~,spiel** n (*sport*) return match (*od.* game). — **~,spra·che** f consultation, discussion: nach ~ mit on consultation with; mit j-m ~ nehmen (*od.* halten) über (*acc*) etwas to talk s.th. over with s.o., to discuss s.th. with s.o., to confer with s.o. about s.th., to consult s.o. about s.th.
'rück,spu·len v/t ⟨*only inf u. pp* rückgespult, h⟩ (*Film, Tonband*) rewind.
'Rück,spul|,knopf m *phot.* (film) rewind knob. — **~,ta·ste** f (*am Tonbandgerät*) rewind key.
'Rück,stand m ⟨-(e)s; =e⟩ **1.** remainder. – **2.** *chem.* a) residue, residuum, residual, b) *cf.* Bodensatz 7, c) (*bei der Verbrennung*) ash. – **3.** (*Abfall*) waste, refuse. – **4.** *econ.* a) (*bei Zahlungen*) arrears *pl*, b) (*bei Lieferungen*) arrears *pl*, backlog: mit seiner Miete im ~ sein to be behind (*od.* back) with one's rent; ich bin mit der Arbeit immer im ~ I am always in arrears (*od.* behind[hand]) with (*od.* in) my work, I always have a backlog of work; einen ~ (*od.* Rückstände) in seiner Arbeit aufholen (*od.* aufarbeiten) to make up arrears in (*od.* to get up-to-date with) one's work, to catch up on a backlog of work; Rückstände eintreiben to collect outstandings (*od.* arrears, outstanding debts). – **5.** (*sport*) (*in Wendungen wie*) in ~ geraten to fall behind; mit einem Tor in ~ liegen to be one goal down, to trail one goal; nach Punkten im ~ liegen (*beim Boxen, Ringen*) to be behind on points; ein ~ von zwei Toren ist schwer wettzumachen it's difficult to pull back two goals.
'rück,stän·dig *adj* **1.** (*unzeitgemäß*) antiquated, out-of-date (*attrib*), fusty, old-hat (*attrib*) (*colloq.*), behind the times: ~ sein to be a back number (*colloq.*). – **2.** (*Land etc*) backward, underdeveloped. – **3.** *econ.* a) (*Person*) in arrears, behind with payment, b) (*Gelder etc*) in arrear(s), outstanding, (over)due: ~e Beträge sums (*od.* amounts) in arrears, amounts outstanding; ~e Lieferung outstanding delivery; ~e Miete rent in arrear, arrears *pl* of rent. — **'Rück,stän·dig·keit** f ⟨-; *no pl*⟩ **1.** antiquation, out-of-dateness, fustiness. – **2.** (*von Land etc*) backwardness, underdevelopment.
'Rück,stau m **1.** *mar.* backwater. – **2.** (*bes. auf Autobahn, nach Unfall*) congestion of (waiting) vehicles. – **3.** (*railway*) rail congestion. – **4.** *mil.* backlog.
'Rück,stell|,fe·der f *tel.* restoring spring. — **~,kraft** f (*space*) restoring force. — **~,ta·ste** f *cf.* Rücktaste.
'Rück,stel·lung f **1.** *econ.* a) transfer to reserve (fund), provision(s *pl*), b) (*Rückstellungsbetrag*) reserve, sum reserved, amount placed in reserve (*od.* transferred to reserve fund): ~en machen to make provisions; ~ für Pensionsverpflichtungen provision for pensions; ~en für ungewisse Verbindlichkeiten contingency reserves. – **2.** *tech.* (*eines Zeigers*) resetting, reset. — **'Rück,stel·lungs,fonds** m *econ.* reserve fund.
'Rück|,steue·rung f *electr.* revertive control. — **~,stich** m (*beim Nähen*) backstitch, turn stitch.
'Rück,stoß m **1.** (*von elastischen Körpern*) repulse, repulsion, rebound. – **2.** (*von Schußwaffen*) kick. – **3.** *auto.* (*von Motor*) kickback: ohne ~ dead-stroke (*attrib*). – **4.** *nucl.* recoil. – **5.** (*space*) reaction. — **~,an,trieb** m *aer.* (*space*) reaction propulsion. — **~,elek·tron** n *nucl.* recoil electron. — **r~,frei** *adj* **1.** *tech.* dead-stroke (*attrib*). – **2.** *nucl.* nonrecoiling *Br.* non-. – **3.** (*Schußwaffe*) recoilless. — **~,kern** m *nucl.* recoil nucleus. — **~,kraft** f **1.** *nucl.* power (*od.* energy) of recoil. – **2.** *phys.* power of reaction, repulsive force. — **~-,Trieb,werk** n *aer.* reaction engine.
'Rück|,strah·ler m (*eines Fahrrades etc*) **1.** rear (*od.* reflex) reflector. – **2.** (*Katzenauge*) cat's-eye. — **~,strah·lung** f *phys.* reflection, *Br. auch* reflexion, reverberation.
'Rück,strom m **1.** (*von Menschen*) backflow. – **2.** *electr.* a) return (*od.* reverse) current, b) (*einer Hochvakuumröhre*) stray emission current. – **3.** *tech.* (*von Flüssigkeiten*) reflux, return flow. — **~,schal·ter** m *electr.* directional circuit-breaker, reverse-current switch.
'Rück|,strö·mung f *electr.* (*in der Hochvakuumröhre*) stray emission current. — **~,stu·fung** f (*bei Gehalt, Steuer etc*) retrogression, downward adjustment. — **~,ta·ste** f **1.** (*an der Schreibmaschine*) backspacer, *auch* backspace key. – **2.** (*am Tonbandgerät*) rewind key. — **~trans,port** m *econ.* return transport(ation).
'Rück,tritt m **1.** (*Ausscheiden*) resignation, retirement from office: seinen ~ erklären to announce one's resignation; seinen ~ einreichen to submit (*od.* to turn in, to hand in, to tender) one's resignation. – **2.** (*Abdankung*) abdication. – **3.** *jur.* (*von einen Vertrag*) rescission (of), annulment (of), withdrawal (from). – **4.** *colloq. for* Rücktrittbremse. — **~,brem·se** f (*eines Fahrrades*) backpedal (*od.* backpedal[l]ing, *Am. auch* coaster) brake.
'Rück,tritts|,ab,sicht f intention to resign (*od.* to retire). — **~,dro·hung** f threat to resign. — **~er,klä·rung** f **1.** (letter of) resignation. – **2.** *jur.* (*von einem Vertrag*) declaration of rescission. — **~ge,such** n resignation, letter (*od.* tender) of resignation. — **~,recht** n *jur.* (*von einem Vertrag*) right of rescission.
'rück|,über,set·zen I v/t ⟨*only inf u. pp* rückübersetzt, h⟩ translate (*s.th.*) back, retranslate. – **II R~** n ⟨-s⟩ *verbal noun.* — **R~,über,set·zung** f **1.** *cf.* Rückübersetzen. – **2.** retranslation. — **~,über,tra·gen** *jur.* **I** v/t ⟨*only inf u. pp* rückübertragen, h⟩ retransfer. – **II R~** n ⟨-s⟩ *verbal noun.* — **R~,über,tra·gung** f **1.** *cf.* Rückübertragen. – **2.** retransfer, reassignment, (*im Hypothekenrecht*) *auch* reconveyance. — **R~,um,schlag** m return envelope. — **~ver,gü·ten** *econ.* **I** v/t ⟨*only inf u. pp* rückvergütet, h⟩ reimburse, repay, refund. – **II R~** n ⟨-s⟩ *verbal noun.* — **R~ver,gü·tung** f **1.** *cf.* Rückvergüten. – **2.** reimbursement, repayment, refund(ment), (*bes. Zoll*) drawback.
'Rück|ver,si·che·rer 1. *econ.* reinsurer, reassurer. – **2.** *fig. colloq.* cautious old fox: er ist ein (alter) ~ he always plays (it) safe. — **r~ver,si·chern I** v/t ⟨*insep, no -ge-,* h⟩ **1.** *econ.* reinsure, reassure. – **II** v/reflex sich ~ **2.** *econ.* reinsure (*od.* reassure) oneself. – **3.** *fig.* reassure oneself. – **4.** *fig. colloq.* play (it) safe. — **~ver,si·che·rung** f **1.** *econ.* reinsurance, reassurance. – **2.** *fig.* reassurance.
'Rück·ver,si·che·rungs|ge,sell·schaft f reinsurance (*od.* reassurance) company. — **~ver,trag** m **1.** reinsurance (*od.* reassurance) contract. – **2.** *hist.* Reinsurance Treaty (*1887*).
'Rück|ver,wei·sung f **1.** cross-reference. – **2.** *pol.* (*an einen Ausschuß*) recommitment,

recommittal. – 3. *jur.* (*an die Vorinstanz*) remand, remittal. — ~ˌ**wand** *f* back (*od.* rear) wall. — ~ˌ**wan·de·rer** *m* returning emigrant, remigrant. — ~ˌ**wan·de·rung** *f* remigration.

'**rückˌwär·tig** [-ˌvɛrtɪç] *adj* ⟨*attrib*⟩ **1.** back, at the back: ~e Zimmer rooms at the back. – **2.** *mil.* rear(ward): ~e Dienste services behind the lines; ~es Gebiet rear area; seine ~en Verbindungen sichern to secure one's lines of communication.

'**rückˌwärts** *adv* **1.** backward(s), rearward(s), tailfirst, retrograde (*scient.*): ~ gehen to go backward(s); drei Schritte ~ tun (*od.* machen, gehen) to take three steps backward(s); ~ aus der Garage fahren to back out of the garage; weder vorwärts noch ~ können *auch fig.* not to be able to move backward(s) or forward(s); etwas vorwärts und ~ aufsagen können *fig.* to know s.th. (off) backward(s) (*od.* inside out); Salto ~ (*sport*) back somersault. – **2.** *fig.* backward(s), downhill: das bedeutet einen Schritt ~ that's a step backward(s). – **3.** *fig.* (*zurück*) backward(s), back, in retrospect: ein Blick ~ a look back(ward[s]); ~ betrachtet regarded in retrospect, when one looks back on it. – **4.** *colloq.* (*hinten*) at the back (*od.* rear): ~ am Hause at the back of the house; von ~ from behind, from (*od.* in) the rear.

'**Rückˌwärts|ˌbeu·gung** *f bes. med.* **1.** retroflexion, retroflection, retroversion. – **2.** (*des Kopfes*) head retraction. — ~**beˌwe·gung** *f* **1.** backward (*od.* retrograde) movement (*od.* motion). – **2.** *tech.* (*von Maschinentischen*) return motion (*od.* movement, traverse). — ~ˌ**fahrt** *f* **1.** *auto.* reverse movement, reversing. – **2.** *mar.* sternway. — ~ˌ**gang** *m* **1.** *auto.* reverse (gear): im ~ fahren to reverse; den ~ einschalten to shift (*Br.* change) into reverse (gear). – **2.** *tech.* reverse (motion). — **r**~**geˌbeugt** *adj med.* (*bes. Uterus*) retroverted, retroflexed. — **r**~ˌ**ge·hen** *v/i u. v/impers* ⟨*irr, sep,* -ge-, sein⟩ *fig.* deteriorate, go downhill, decline: mit seinem Geschäft soll es ~ his business is said to be going downhill; mit seiner Gesundheit geht es rückwärts his health is deteriorating. — ~ˌ**hub** *m tech.* backstroke, return stroke (*od.* travel). — ~ˌ**kip·per** *m auto.* rear (*Am.* rear dump) tipper. — ~ˌ**lauf** *m mar.* (*der Schiffsschraube, des Schiffes*) running astern. — **r**~**verˌla·gert** *adj med.* retroposed. — ~**verˌla·ge·rung** *f* retrodeviation, retrodisplacement, retroposition.

'**Rück|ˌwech·sel** *m econ.* redraft, return draft, reexchange, *Br.* re-exchange: einen protestierten ~ auf einen Vorgänger ausstellen to draw (*od.* redraw) a protested bill on a previous endorser. — ~ˌ**weg** *m* way back (*od.* home), return, (*bei größeren Entfernungen*) return route: den ~ antreten, sich auf den ~ begeben (*od.* machen) to start back, to set out for home, to return; auf dem ~ sein, sich auf dem ~ befinden to be on the (*od.* one's) way back.

'**ruckˌwei·se I** *adj* (*Bewegung etc*) jerky. – **II** *adv* jerkily, jerkingly, joltingly, by fits (and starts): sich ~ fortbewegen to move along by fits and starts.

'**rückˌwir·ken** *v/i* ⟨*only inf u. pp* rückgewirkt, h⟩ **1.** (*sich auswirken*) (auf *acc* [up]on) react, have repercussions. – **2.** *jur.* have a retroactive effect (*od.* force). — '**rückˌwir·kend I** *pres p.* – **II** *adj* **1.** (*sich auswirkend*) (auf *acc* [up]on) reacting, reactive. – **2.** *jur.* retroactive, retrospective, having retrospective effect: mit ~er Kraft with (a) retroactive effect (*od.* force), retroactive. – **III** *adv* **3.** retroactively: dieses Gesetz tritt ~ vom 1. 1. 1970 in Kraft, dieses Gesetz gilt ~ vom 1. 1. 1970 this law comes into force (*Am.* goes into effect) retroactively as from 1-1-1970. — '**Rückˌwir·kung** *f* **1.** (*Auswirkung*) (auf *acc* [up]on) reaction, repercussion: diese Entscheidung hatte ~en auf die gesamte Wirtschaft this decision had repercussions on (*od.* reacted on) the entire economy. – **2.** *jur.* retroactivity, retroactive effect, retrospectiveness: mit ~ vom with retroactive effect (*od.* retroactively) from.

'**rückˌzahl·bar** *adj econ.* **1.** (*Schulden etc*) repayable, returnable. – **2.** (*bes. Auslagen etc*) reimbursable. – **3.** (*Darlehen etc*) redeemable.

'**Rückˌzah·lung** *f econ.* **1.** (*von Schulden etc*) repayment, return. – **2.** (*bes. von Auslagen etc*) reimbursement, refund. – **3.** (*bes. von Darlehen etc*) redemption.

'**Rückˌzah·lungs|ˌanˌwei·sung** *f* (*postal service*) (*beim Sparkassendienst*) repayment order. — ~**beˌdin·gun·gen** *pl econ.* conditions of repayment. — ~ˌ**frist** *f* period of repayment. — **r**~ˌ**pflich·tig** *adj* liable to repayment. — ~ˌ**schein** *m* (*beim Sparkassendienst*) reimbursement slip, demand withdrawal form. — ~**te·leˌgramm** *n* telegraphic repayment order, telegram containing the repayment order. — ~**terˌmin** *m* date of repayment.

'**Rückˌzie·her** *m* ⟨-s; -⟩ **1.** einen ~ machen *colloq.* to back (*od.* climb) down, to backpedal, to flinch. – **2.** (*sport*) (*beim Fußball*) overhead kick.

'**Rückˌzoll** *m econ. cf.* Zollrückerstattung.

'**ruck'zuck** *adv colloq.* in a flash, in a jiff(y) (*colloq.*), *bes. Br.* before one can say Jack Robinson: das ist ~ geschehen that is done in a jiffy (*od.* in no time).

'**Rückˌzug** *m* **1.** *bes. mil.* retreat, withdrawal, retirement: ein geordneter [überstürzter] ~ an orderly [a hasty] retreat; den ~ antreten *auch fig.* to (make a) retreat, to beat a retreat; sich (*dat*) den ~ decken (*od.* sichern) *auch fig.* to secure (*od.* cover) one's retreat; zum ~ blasen to sound the retreat. – **2.** (*railway*) return (*od.* back) train.

'**Rückˌzugs|geˌfecht** *n mil.* running fight. — ~ˌ**li·nie** *f* line of retreat. — ~**maˌnö·ver** *n* **1.** *mil.* retreat man(o)euver (*bes. Br.* manœuvre). – **2.** *fig.* (elegant) way out. — ~ˌ**stra·ße** *f* retreat route.

'**Rückˌzün·dung** *f* **1.** *tech.* (*einer Verbrennungsmaschine*) backfire, backfiring. – **2.** *electr.* back arc, arc-back, flashback, (*einer Elektronenröhre*) kick.

Rud·beckie (*getr.* -k·k-) [ruːt'bɛkĭə] *f* ⟨-; -n⟩ *bot.* rudbeckia, coneflower, *Am. auch* thimbleweed (*Gattg Rudbeckia*): Rauhe ~ poor man's daisy, coneflower (*R. hirta*); Rote ~ purple coneflower (*Echinacea purpurea*).

rü·de ['ryːdə] *adj* (*Benehmen etc*) rude, rough, coarse.

'**Rü·de** *m* ⟨-n; -n⟩ **1.** *zo.* a) male dog, b) male wolf, c) male fox, d) male marten. – **2.** *hunt.* (*Hetzhund*) large hound, boarhound.

Ru·del ['ruːdəl] *n* ⟨-s; -⟩ **1.** *zo.* a) (*von Hunden, Wölfen etc*) pack, b) (*bes. von Wildschweinen*) party, c) (*bes. von Löwen*) pride, d) (*bes. von Rehen*) herd, e) (*von Schafen, Ziegen etc*) flock: in ~n gehen (*od.* auftreten) to be gregarious. – **2.** *fig. humor.* swarm, pack, troop: er hat ein ganzes ~ Kinder he has a whole swarm (*od.* pack, troop) of kids (*colloq.*). – **3.** *fig.* (*Bande*) gang. – **4.** *mil.* a) (*von U-Booten*) (wolf) pack, b) (*von Flugzeugen*) swarm. — **r**~ˌ**wei·se** *adv* **1.** *zo.* a) in packs, b) in parties, c) in prides, d) in herds, e) in flocks. – **2.** *fig.* in gangs. – **3.** *fig. humor.* in swarms (*od.* packs, troops). – **4.** *mil.* a) in (wolf) packs, b) in swarms.

Ru·der ['ruːdər] *n* ⟨-s; -⟩ **1.** *mar.* a) (*Blatt*) rudder, b) (*Steuerung*) helm, wheel: ohne ~ rudderless; das ~ führen (*od.* halten), am ~ stehen (*od.* sitzen) to be at the helm. – **2.** *fig. colloq.* helm, wheel, power, control: j-n ans ~ bringen to put s.o. into power; ans ~ kommen (*od.* gelangen) to take over, to take charge, to take the lead (*od.* the wheel), to come into power; das ~ fest in der Hand haben to be well in command (*od.* control) of the situation, to be master of the situation; am ~ (des Staates) sein, das ~ (des Staates) führen (*od.* halten) to be at the helm (*od.* the wheel), to be in control; die Konservativen sind [nicht mehr] am ~ the Conservatives are in (power) [out (of power)] now. – **3.** (*Riemen*) a) oar, white ash (*colloq.*), b) (*langes*) sweep: die ~ auslegen to put out the oars; die ~ einziehen to take in the oars; sich kräftig ins ~ legen *fig. colloq.* to go at it. – **4.** *aer.* a) (*Seitenruder*) rudder, b) (*Höhenruder*) elevator (surface), c) (*Querruder*) aileron. – **5.** (*sport*) a) (*Riemen*) oar, b) (*Skull*) scull, *auch* skull. – **6.** *hunt.* (*Fuß des Schwanes*) palmate(d) (*od.* webbed) foot.

Ru·de'ralˌpflan·ze [rude'raːl-] *f bot.* ruderal plant.

'**Ru·der|ˌbank** *f* ⟨-; ¨e⟩ **1.** *mar.* rower's seat, (*Ducht*) thwart. – **2.** oarsman's (*od.* rower's) seat. — ~ˌ**blatt** *n* **1.** oar blade. – **2.** (*sport*) a) (*Riemenblatt*) oar blade, b) (*Skullblatt*) scull blade. — ~ˌ**boot** *n* **1.** *Am.* rowboat, pulling (*bes. Br.* rowing) boat. – **2.** (*sport*) a) (*Riemenboot*) *Am.* rowboat, *bes. Br.* rowing boat, b) (*Skullboot*) sculler. — ~ˌ**en·te** *f zo.* ruddy duck, stifftail (*Oxyra jamaicensis rubida*).

'**Ru·de·rer** *m* ⟨-s; -⟩ **1.** oarsman, rower. – **2.** (*sport*) a) (*Riemenruderer*) oarsman, b) (*Skuller*) sculler.

'**Ru·der|ˌfahrt** *f* row, pull (*colloq.*): eine ~ machen to go for a row. — ~ˌ**flos·se** *f zo.* steering fin. — ~ˌ**frosch** *m* aogaeru (*Gattg Rhacophorus*).

'**Ru·derˌfü·ßer** *m* ⟨-s; -⟩ *zo.* **1.** (*Vogel*) steganopod, *auch* steganopodan. – **2.** *cf.* Ruderfußkrebs. – **3.** (*Walroß etc*) pinniped, (*Fam. Pinnipedia*).

'**Ru·der|ˌfuß,krebs** *m* **1.** copepod (*Ordng Copepoda*). – **2.** (*parasitischer*) fish louse (*bes. Gattg Lernaea*). — ~ˌ**gän·ger** *m* ⟨-s; -⟩, ~ˌ**gast** *m mar.* helmsman, steersman. — ~ˌ**haus** *n* pilothouse, *Br.* pilot-house, wheelhouse, *Br.* wheel-house. — ~ˌ**klub** *m* (*sport*) rowing club. — ~**komˌman·do** *n mar.* helm (*od.* steering) order. — **r**~**los** *adj* (*hilflos*) rudderless, without a helm. — ~**maˌschi·ne** *f* steering gear (*od.* engine).

ru·dern ['ruːdərn] **I** *v/i* ⟨h *u.* sein⟩ **1.** ⟨h *u.* sein⟩ (*auch sport*) a) row, b) (*skullen*) scull: kannst du ~? can you row (a boat)? ich bin (*od.* habe) früher viel gerudert I used to do a lot of rowing (*colloq.*); ~ gehen to go rowing (*od.* for a row); Oxford rudert morgen gegen Cambridge Oxford rows Cambridge tomorrow. – **2.** ⟨h⟩ *fig.* paddle: die Ente rudert mit den Füßen the duck paddles with its feet. – **3.** ⟨h⟩ mit den Armen ~ *fig.* a) to flail one's arms, b) to wave one's arms, to gesticulate. – **II** *v/t* ⟨h⟩ **4.** row: ein Boot [Rennen] ~ to row a boat [race]; j-n über den Fluß ~ to row s.o. across the river.

'**Ru·der|ˌpin·ne** *f mar.* tiller. — ~**quaˌdrant** *m* rudder quadrant. — ~**reˌgat·ta** *f* (*sport*) rowing regatta. — ~ˌ**schaft** *m mar.* rudder stock, rudder main piece. — ~ˌ**schlag** *m* stroke with the oars, oar stroke. — ~ˌ**schlan·ge** *f zo.* sea snake (*Gattg Hydrophis*). — ~ˌ**schnecke** (*getr.* -k·k-) *f* wing snail, pteropod (*scient.*) (*Ordng Pteropoda*). — ~ˌ**sport** *m* rowing, boating. — ~**verˌein** *m cf.* Ruderklub. — ~ˌ**wan·ze** *f zo.* water boatman, boat bug (*Fam. Corixidae*).

Ru·di·ment [rudi'mɛnt] *n* ⟨-(e)s; -e⟩ **1.** (*Rest*) rest, remainder. – **2.** *pl* (*Grundlagen*) rudiments, elements, principles. – **3.** *biol.* (*verkümmertes Organ*) rudiment, vestige. — **ru·di·men'tär** [-'tɛːr] *adj* **1.** (*unentwickelt*) rudimentary, rudimental, inchoate, embryonic. – **2.** *biol.* (*verkümmert*) rudimentary, rudimental, vestigial, obsolescent: ~es Organ rudiment, vestige.

Ru·dol'fi·ni·sche 'Ta·feln [rudɔl'fiːnɪʃə] *pl astr.* Rudolphine tables.

'**Rud·rer** *m* ⟨-s; -⟩ *cf.* Ruderer.

Ruf [ruːf] *m* ⟨-(e)s; -e⟩ **1.** call: der ~ des Wächters [Kuckucks, Uhus] the call of the watchman [cuckoo, eagle owl]; auf seinen ~ (hin) wurde die Tür geöffnet the door was opened at his call. – **2.** (*Schrei*) shout, cry: ein anfeuernder ~ a shout of encouragement, a cheer; ein ~ ertönt (*od.* erschallt) a shout rings out; „Halt!" ertönte ein ~ "Stop!" a voice shouted; ein ~ nach etwas *auch fig.* a cry (*od.* call) for s.th. – **3.** ⟨*only sg*⟩ *fig.* call, summons: der ~ der Natur [Wildnis] the call of nature [of the wild]; der ~ zu den Waffen (*od.* zur Fahne) the call to arms; der ~ der Glocke zum Gebet the call of the bell to prayer; der ~ des Muezzins the call of the muezzin. – **4.** ⟨*only sg*⟩ *fig.* voice, calling: dem ~ des Gewissens [Herzens] folgen (*od.* gehorchen) to obey the voice of one's conscience [heart]. – **5.** ⟨*only sg*⟩ reputation, repute, name, odor, *bes. Br.* odour: einen guten ~ haben (*od.* genießen), sich eines guten ~es erfreuen to enjoy (*od.* have) a good reputation; schlechter ~ bad reputation, disrepute, disreputability, notoriety; von schlechtem ~ of evil (*od.* ill) repute, disreputable; sich (*dat*) einen ~ als Chirurg schaffen (*od.* erwerben) to build up a reputation (*od.* to make oneself a name) as a surgeon; auf seinen ~ halten to set store by one's reputation; **das schadete seinem ~, das war seinem ~ abträglich** that marred (*od.* damaged) his reputation; **in schlechtem** (*od.* **üblem**) **~ stehen** to be in evil repute (*od.* report); **sie ist besser als ihr ~** she is better than she is reputed (*od.* said) to be; **bei j-m in schlechtem ~ stehen** to be in bad odo(u)r with s.o.; **j-n bei j-m in schlechten ~ bringen** to bring s.o. into bad repute (*od.* disrepute) with s.o., to discredit s.o. with s.o.; **im ~ eines guten Arbeiters stehen** to enjoy the reputation of a good worker; **ihm geht der ~ eines guten Arztes voraus** he is said to be a good doctor; **ein Wissenschaftler von ~** a scientist of repute (*od.* renown); **der ~ einer Firma** *econ.* the credit (*od.* standing, goodwill) of a firm. – **6.** *ped.* call, invitation: **Professor S. erhielt einen** (*od.* **an Professor S. erging ein**) **~ an die Universität Berlin** Professor S. received a call to (*od.* was offered a professorship at) the university of Berlin; **den ~ annehmen** to accept (*od.* follow) the call. – **7.** ⟨*only sg*⟩ (*Fernsprechnummer*) telephone (*od. colloq.* phone) number. – **8.** (*Signal, bes. von Blasinstrumenten*) signal, call, sound: **der ~ des Jagdhorns** the call of the bugle. – **9.** *hunt.* a) call (*of game birds and fawns*), b) *instrument for calling game animals and birds*, c) hunting signal, d) hunting horn. — **~ˌanˌla·ge** *f* staff locator (system).

Ru·fe ['ru:fə], **Rü·fe** ['ry:fə] *f* ⟨-; -n⟩ *Swiss for* a) Erdrutsch 1, b) Steinlawine, c) Mure.

ru·fen ['ru:fən] **I** *v/i* ⟨ruft, rief, gerufen, h⟩ **1.** call: **laut [leise] ~** to call loudly [softly]; **der Kuckuck ruft** the cuckoo calls. – **2.** (*schreien*) call, (*stärker*) shout, cry: **nach j-m ~** to call (*od.* shout) for s.o., to call s.o.; **das Kind ruft nach der Mutter** the child cries for its mother; **der Gast ruft nach der Bedienung** the customer calls for the waitress; **um Hilfe ~** to call for help; **ich habe j-n ~ hören** I heard somebody call(ing). – **3.** *fig.* (*aufrufen*) call, summon: **die Glocken ~ zum Gebet** the church bells call (*od.* summon) to prayer; **die Glocke ruft zum Essen** the bell calls to (*od.* rings for) dinner; **das Horn ruft zur Jagd** the bugle summons the hunters (*od.* sounds for the hunt); **die Pflicht ruft** duty calls; **das Vaterland ruft!** your country needs you. – **II** *v/t* **4.** call (for): **j-n ~** to call (for) (*od.* summon) s.o.; **j-n zu Hilfe ~** to call s.o. to help, to call for s.o.'s assistance; **einen Arzt ~** to call (*od.* send for) a doctor. – **5.** (*ausrufen*) exclaim, cry: **„Nein!" rief er** "No!" he exclaimed; **„ich komme mit!" rief sie begeistert** "I'll come with you!" she cried enthusiastically. – **6.** *fig.* (*beordern*) summon, call: **j-n vor Gericht ~** to summon s.o. to appear in court; **Gott hat ihn zu sich gerufen** God has called (*od.* summoned) him; **ein Volk zu den Waffen** (*od.* **Fahnen**) **~** to call a people to arms; **wichtige Geschäfte riefen ihn nach Berlin** important business affairs called him to Berlin. – **7.** (*nennen*) call: **j-n bei seinem Namen ~** to call s.o. by his name; **man ruft ihn Hans** they call him Jack. – **8.** *fig.* (*in Wendungen wie*) **j-m etwas ins Gedächtnis ~** to remind s.o. of s.th.; **sich** (*dat*) **etwas ins Gedächtnis ~** to call s.th. to mind; **j-n wieder ins Leben ~** to bring s.o. to life again; **etwas ins Leben ~** to call s.th. into being, to found (*od.* establish) s.th.; **j-n zur Ordnung ~** to call s.o. to order; **j-n auf den Plan ~** to bring s.o. to the scene, to make s.o. appear on the scene; **j-n zur Sache ~** to ask s.o. to come to the point. – **9.** *hunt.* (*Hunde*) hark.

'**Ru·fer** *m* ⟨-s; -⟩ **1.** caller: **der ~ in der Wüste** *fig.* the voice crying in the wilderness. – **2.** *cf.* Zwischenrufer.

Rüf·fel ['ryfəl] *m* ⟨-s; -⟩ *colloq.* (*Zurechtweisung*) (**wegen, für** for) reproof; (*stärker*) reprimand, rebuke, *bes. Br. colloq.* wigging: **einen gehörigen ~ bekommen** (*od.* **einstecken**) to be given a severe rebuke; **j-m einen ~ erteilen** to reprove s.o. — '**rüf·feln** *v/t* ⟨h⟩ **j-n ~** *colloq.* to reprove (*od.* reprimand, rebuke) s.o., *bes. Br. colloq.* to give s.o. a wigging.

'**Ruf|ˌglocke** (*getr.* -k·k-) *f* call bell. — **~ˌmord** *m* slander, defamation (of character), character assassination. — **~ˌna·me** *m* **1.** name by which a person is called. – **2.** Christian name, first name, *bes. Am.* forename. — **~ˌnum·mer** *f* telephone (*od. colloq.* phone) number. — **~ˌsäu·le** *f* (*für Taxifahrer*) telephone. — **~ˌta·ste** *f* (*am Telefon*) ringing key. — **~ˌwei·te** *f* call, earshot, hail: **in [außer] ~** within [out of] earshot (*od. colloq.* shouting distance). — **~ˌzei·chen** *n* **1.** *electr.* ringing tone, call signal. – **2.** *mar.* (*eines Schiffes*) wireless call sign (*od.* call letters *pl*). – **3.** (*einer Funkstelle, eines Fahrzeugs etc*) call sign. – **4.** *ling.* exclamation mark. – **5.** (*radio*) (*Erkennungsfunkzeichen*) identification (signal), call letter.

Rug·by ['rakbi; 'rʌgbɪ] (*Engl.*) *n* ⟨-; *no pl*⟩ (*sport*) Rugby (*auch* rugby) (football), *Br.* rugger. — **~ˌmann·schaft** *f* Rugby (*auch* rugby) team. — **~ˌspiel** *n* **1.** ⟨*only sg*⟩ *cf.* Rugby. – **2.** Rugby (*auch* rugby) match (*od.* game). — **~ˌspie·ler** *m* Rugby (*auch* rugby) player.

Rü·ge ['ry:gə] *f* ⟨-; -n⟩ **1.** (**wegen, für** for) reproof, reproach; (*stärker*) reprimand, rebuke: **j-m eine ~ erteilen** (*od.* **aussprechen**) to reprove (*od.* rebuke, reprimand, reproach) s.o.; **eine ~ erhalten, sich** (*dat*) **eine ~ zuziehen** to be reproved (*od.* rebuked, reprimanded, reproached); **öffentliche ~** censure. – **2.** *econ. cf.* Mängelrüge.

'**rü·gen** *v/t* ⟨h⟩ (**für, wegen** for) reprove, reproach, (*stärker*) reprimand, rebuke: **j-n wegen seiner Nachlässigkeit ~, j-s Nachlässigkeit ~** to rebuke s.o. for his carelessness.

'**Ruhˌbett** *n Swiss for* Sofa 2.

Ru·he ['ru:ə] *f* ⟨-; *no pl*⟩ **1.** rest, repose, requiescence (*lit.*): **~ brauchen,** *lit.* **der ~ bedürfen** to need (a) rest, to need repose; **er gönnt sich keine Minute ~** he doesn't allow himself a minute's rest (*od.* respite); **~ suchen** to seek repose; **sich der ~ hingeben, der ~ pflegen** *lit.* to repose, to take one's ease; **ohne Ruh und Rast** (*od.* **Rast und Ruh**) **leben** *poet.* to lead a restless life, to be never at rest (*od.* peace); **in ~ und Frieden leben** to live in peace and quiet; **ein Vulkan in ~** a volcano at rest (*od.* in repose), an inactive (*od.* a dormant) volcano. – **2.** (*Bettruhe, Schlaf*) sleep, *auch* repose: **sich zur ~ begeben** (*od.* **legen**), **zur ~ gehen** to go to bed, to retire, to go to roost (*colloq.*); **zur ~ gegangen sein** to have gone to bed, to have retired, to be at roost (*colloq.*); **die Kinder zur ~ bringen** a) to put the children to bed (*od. colloq.* down), b) to quiet(en) the children; **angenehme ~!** good night and sleep well! – **3.** (*Frieden*) peace, quiet, rest: **j-n in ~ lassen** to leave s.o. in peace (*od.* alone), to let s.o. alone, to let s.o. be; **dieser Gedanke ließ mir keine ~** the thought bothered (*od.* worried, haunted) me perpetually; **das Kind ließ mir keine ~, bis** the child gave me no peace (*od.* kept on and on at me) until; **laß mich in ~!** leave me alone (*od.* in peace)! stop bothering me! **ich möchte meine ~ haben** I want to be left in peace (and quiet); **ich habe vor ihm keine ~** I am (absolutely) persecuted by him, he never leaves me in peace; **gib ~!** keep quiet! give me a bit of peace! (**Störung der öffentlichen**) **~ und Ordnung** (disturbance [*od.* disturbing] of the) public peace and order; **j-s ~ stören** to disturb s.o.'s peace; **in aller ~** *colloq.* very calmly, quietly; **überlege es dir in aller ~** take your time about it, think it over calmly; **ich werde es zu Hause in ~ ansehen** I shall look at it in my own time (*od.* at my leisure) at home; **j-n in ~ wiegen** *fig.* to lull s.o. into a (false) sense of security; → **Bürgerpflicht; Seele** 4. – **4.** (*Stille*) silence, tranquil(l)ity, peacefulness, calm, stillness, quiet(ude), still (*poet.*): **die nächtliche ~** the tranquil(l)ity of the night; **die ~ in der Natur** the stillness of nature; **die ~ vor dem Sturm** *auch fig.* the calm (*od.* lull) before the storm. – **5.** (*Stillschweigen*) silence: **~ nach einem Lärm** hush following a noise; **~, bitte!** silence (*od.* quiet), please! **gebt ~! ~ halten!** (be) quiet! silence! **jetzt muß wieder ~ herrschen!** quiet again, please! **die Kinder zur ~ ermahnen** to tell the children to be quiet. – **6.** (*Gemütsruhe*) calmness, composure, composedness, imperturbability, coolness: **er hat** (*od.* **besitzt**) **eine unerschütterliche ~** he has (*od.* possesses) an imperturbable composure; **er ist die ~ selbst** he is calmness itself; **er strahlt ~ aus** he radiates calmness; **seine ~ bewahren [verlieren, wiederfinden]** to maintain [to lose, to regain] one's composure; **sich durch nichts aus der ~ bringen lassen** to maintain one's composure no matter what happens, to remain unperturbed (*od.* imperturbed); **sich leicht aus der ~ bringen lassen** to lose one's composure easily, to lack repose, to be easily disconcerted (*od.* perturbed, ruffled); **immer mit der ~!** *colloq.* a) take it easy! don't hurry! hold your horses! b) (*reg dich nicht auf*) keep your hair on! (*sl.*); **er hat die ~ weg** *colloq.* he is imperturbable, he is (as) cool as a cucumber (*colloq.*); **nur die ~ kann es bringen** *colloq.* slowly (*od.* easy, gently) does it (*colloq.*). – **7.** (*Seelenfrieden*) peace of mind (*od.* heart): **keine ~ finden** to find no peace of mind. – **8.** (*Geduld*) patience: **ich bewundere deine ~** I admire your patience. – **9.** (*Ruhestand*) retirement: **sich zur ~ setzen** to go into retirement, to retire (from business). – **10.** *fig.* (*Sterben, Tod*) rest, repose, peace: **letzte** (*od.* **ewige**) **~** eternal peace; **die ewige ~ finden** to find eternal peace; **er ist zur (ewigen) ~ (ein)gegangen** he has passed to a better world; **j-n zur letzten ~ betten** to lay s.o. to eternal rest, to bury s.o. – **11.** (*Beschaulichkeit*) ease, leisureliness.

'**Ru·he|ˌbank** *f* bench, settle. — **r~beˌdürf·tig** *adj* in need of (a) rest. — **~beˌla·stung** *f tech. phys.* static (*od.* dead) load. — **~ˌbett** *n obs.* couch, sofa, daybed. — **~enerˌgie** *f phys.* static energy.

'**Ru·he·geˌhalt** *n econ.* retirement allowance (*od.* pension), retired pay (*od.* pension), (old-age) pension, superannuation. — '**Ru·he·geˌhalts·empˌfän·ger** *m* (old-age) pensioner. — '**ru·he·geˌhaltsˌfä·hig** *adj* pensionable: **~es Einkommen** pensionable income.

'**Ru·he|ˌgeld** *n econ. cf.* Ruhegehalt. — **~ˌkis·sen** *n* pillow: → **Gewissen.** — **~ˌla·ge** *f* **1.** (*eines Menschen*) reclining (*od.* resting) position, rest. – **2.** *tech.* a) rest(ing) position, b) (*Ruhezustand*) position at rest, c) (*Nullage eines Zeigers*) neutral position. – **3.** *phys.* (position of) rest. – **4.** *mar.* (*eines Schiffes*) neutral position. – **5.** *mil.* (*eines Geschützrohrs*) battery position. — **r~ˌlie·bend** *adj cf.* friedfertig.

'**ru·he·los I** *adj* **1.** restless, without rest: **eine ~e Nacht verbringen** to spend a restless night. – **2.** (*Hände etc*) restless, fidgety. – **3.** (*hektisch*) restless, hectic, feverish, bustling: **in unserer ~en Zeit** in this hectic age. – **II** *adv* **4.** restlessly: **~ wanderte er im Zimmer auf und ab** he wandered restlessly up and down the room; **seine Augen blickten ~ von einem zum andern** his eyes strayed restlessly from one to the other. — '**Ru·he·lo·sig·keit** *f* ⟨-; *no pl*⟩ **1.** restlessness. – **2.** (*der Hände etc*) restlessness, fidgetiness. – **3.** (*Hektik*) restlessness, hecticness, feverishness, fever, bustle.

ru·hen ['ru:ən] **I** *v/i* ⟨h⟩ **1.** rest, repose: **nach der Arbeit ~** to (take a) rest after work; **die Glieder [den Körper] ~ lassen** to rest one's limbs [body]; **ich werde nicht eher ~, bis** I shall not rest until; **das Kind ruhte friedlich in seinem Bett** the child was lying peacefully in its bed; (**ich**) **wünsche, wohl zu ~!** I wish you a good night's rest; (**ich**) **wünsche, wohl geruht zu haben!** I trust you've had a good night's rest (*od.* a pleasant repose); → **Arbeit** 1; **Essen**[2] 2. – **2.** (*schlafen*) sleep. – **3.** *lit.* (*lehnen*) rest, recline, repose: **ihr Kopf ruhte an seiner Schulter** her head was resting (*od.* reclining) on his shoulder. – **4.** *fig.* (*begraben sein*) be buried, rest, repose, lie, be at rest, *auch* sleep: **im Grabe ~** to lie in the grave; **die Toten ~ lassen** to let the dead rest in peace; **hier ruht (in Gott) ...** (*Aufschrift auf Grabsteinen*) here lies ..., here sleeps in Jesus ..., here reposes the mortal frame of ...; **er ruhe sanft** (*od.* **in Frieden**)! may he rest (*od.* sleep) in peace! may God rest his soul. – **5.** (*stehen, gebaut sein*) (**auf** *dat*) rest (on), be supported (by): **das Denkmal ruht auf einem Sockel** the monument rests on a pedestal; **das Gebäude ruht auf vier Pfeilern** the building is supported by four pillars. – **6.** *fig.* (*liegen*) (**auf** *dat* on) rest, lie: **die ganze Last [Verantwortung] ruht auf ihm [seinen Schultern]** the whole burden [responsibility] rests on him [his shoulders]; Gottes Segen ruht auf ihm God's blessing rests on him (*od.* is with him). – 7. *fig.* (*verweilen*) (auf *dat*) rest (on), linger (over, upon): seine Augen ruhten auf ihr his eyes rested on her. – 8. *auch jur.* (*unterbrochen sein, in der Schwebe sein*) be in abeyance, be suspended: das Verfahren [der Prozeß, die Mitgliedschaft] ruht the case [lawsuit, membership] is suspended; die Verhandlungen ~ the negotiations are in abeyance. – 9. (*aufgehört haben*) have ceased, have been ended (*od.* terminated): die Feindseligkeiten (*od.* Waffen) ~ hostilities have ceased. – 10. (*eingestellt worden sein*) have been stopped (*od.* interrupted, stayed): die Arbeit ruht work has been stopped; die Produktion ruht production has been interrupted. – 11. (*nicht vorwärtsgehen*) be at a standstill (*od.* deadlock), be stagnant: der Verkehr [das Geschäft] ruht traffic [business] has come to a standstill. – 12. *agr.* (*brachliegen*) lie fallow, rest. – II *v/impers* 13. auf diesem Sofa ruht es sich gut this sofa is good to rest on; nach der Arbeit ruht es sich gut when work is over, rest is sweet. – III R~ *n* ⟨-s⟩ 14. *verbal noun.* – 15. rest, repose. – 16. *auch jur.* (*Unterbrechung*) suspension, abeyance. – 17. (*Stagnation*) stagnation, stagnancy. — **'ru·hend** I *pres p.* – II *adj* 1. *econ.* (*Kapital*) uninvested, dormant. – 2. *phys.* (*Druck etc*) static. – 3. *electr.* (*Transformator*) stationary. – 4. *civ.eng.* (*Last*) dead: ~e Belastung steady load. – 5. ~er Verkehr stationary vehicles *pl.* – 6. ~e Venus (*art*) Venus reposing. – 7. → Pol¹ 1.

'ru·henˌlas·sen *v/t* ⟨*irr, sep, bes. no* -ge-, h⟩ 1. die Vergangenheit ~ to let bygones be bygones. – 2. *gastr.* (*Teig*) allow (*dough*) to rest. – 3. *jur.* (*Prozeß etc*) rest, stay.

'Ru·he|ˌpau·se *f* 1. pause (for rest), respite (*lit.*), (*kürzere*) break, breather: eine ~ machen (*od.* einlegen, einschalten) to make a pause, to take (*od.* have) a break. – 2. (*ruhige Zeit*) lull, slack. — **~ˌplatz** *m*, **~ˌplätz·chen** *n* resting-place, place of rest. — **~ˌpo·sten** *m* (*müheloses Amt*) sinecure. — **~ˌpunkt** *m* 1. resting-point, point of rest. – 2. (*Schwerpunkt*) center (*bes. Br.* centre) of gravity. – 3. *mus.* pause. — **~ˌses·sel** *m* easy (*od.* lounge) chair. — **~ˌsitz** *m* retirement residence. — **~ˌsta·di·um** *n med.* quiescent (*od.* dormant) period. — **~ˌstand** *m* ⟨-(e)s; *no pl*⟩ retirement: Versetzung in den ~ retirement, superannuation, pensioning (off); in den ~ gehen (*od.* treten) to go into retirement, to retire (on a pension); in den ~ versetzt werden to be superannuated (*od.* pensioned [off], retired), *bes. mar. mil.* to be put on the retired list; Professor im ~ retired professor, professor emeritus. — **~ˌständ·ler** [-ˌʃtɛntlər] *m* ⟨-s; -⟩ retired person, (old-age) pensioner. — **~ˌstät·te** *f*, *auch* **~ˌstatt** *f* ⟨-; ¨en⟩ *lit.* 1. (*Grab*) (last) resting-place, last home: er fand die letzte ~ in seinem Heimatort he was laid to rest in his home town. – 2. (*Ruheplatz*) place of rest, resting-place. – 3. (*Zufluchtsort*) place (*od.* harbor, *bes. Br.* harbour) of refuge, retreat. — **~ˌstel·lung** *f* 1. (*des Körpers*) resting (*od.* relaxed) position. – 2. *tech. cf.* Ruhelage 2. – 3. *electr.* neutral (*od.* off) position. — **~ˌstif·ter** *m* peacemaker, *bes. Am.* troubleshooter. — **r~ˌstö·rend** *adj* disturbing the peace: ~er Lärm *jur.* disturbing noise. — **~ˌstö·rer** *m* 1. (*Lärmer*) noisy person, noisemaker, (*stärker*) brawler, rioter. – 2. (*Unruhestifter*) troublemaker. – 3. *bes. jur.* disturber of the peace, peacebreaker, disorderly person. — **~ˌstö·rung** *f* 1. (*Lärmen*) noisemaking, (*stärker*) brawling, riot(ing). – 2. (*Unruhestiften*) troublemaking. – 3. *bes. jur.* disturbance (of the peace), breach of (the) peace, disorder: nächtliche ~ disturbance of the peace at night, disorder by night. — **~ˌstrom** *m electr.* closed-circuit (*od.* steady) current. — **~ˌstun·de** *f* hour of rest (*od.* recreation, leisure). — **~ˌtag** *m* 1. (*arbeitsfreier Tag*) rest day, holiday, day off, off day. – 2. (*auf einer Tour etc*) rest day: einen ~ einlegen (*od.* einschalten) to have a day's rest. – 3. (*eines Lokals, Geschäfts etc*) closing day. — **r~ˌvoll** *adj* quiet, peaceful, restful. — **~ˌwert** *m med.* resting value. — **~ˌzei·chen** *n mus.* a) rest, b) fermata, *auch* pause. — **~ˌzeit** *f* 1. time of rest (*od.* repose). – 2. (*stille Saison*) off-season. — **~ˌzuˌstand** *m* state of rest: im ~ *phys.* when at rest.

'ru·hig I *adj* 1. (*still*) quiet: eine ~e Gegend a quiet area; ein ~es Plätzchen a quiet little corner; ~e Mieter [Nachbarn] quiet lodgers (*od.* tenants) [neighbo(u)rs]; sei(d) ~! be (*od.* keep) quiet! – 2. (*lautlos, leise*) silent, quiet, still, noiseless: es war ganz ~ im Wald it was absolutely silent in the forest; bleibt ganz ~ in eurem Versteck! keep still in your hiding place (*od. colloq.* hideout)! – 3. (*friedlich, ungestört*) peaceful, tranquil: ~e Tage peaceful (*od. poet.* halcyon) days; ein ~es Leben führen to lead a peaceful life; keine ~e Minute haben not to have a moment's peace. – 4. (*geruhsam*) quiet, restful, leisurely: einen ~en Urlaub verbringen to spend a quiet holiday (*Am.* vacation). – 5. (*frei von Erregung*) quiet, placid, calm: ein ~es Gemüt a calm (*od.* an even) temper; ein ~es Wort mit j-m reden to speak calmly to s.o., to have a quiet word with s.o.; bei ~er Überlegung upon calm consideration. – 6. (*gelassen*) calm, even-tempered, (*stärker*) unruffled, imperturbable, cool: ~ bleiben to remain calm, to keep one's temper; ~ werden to calm (*od.* simmer) down; völlig ~ sein to be (as) cool as a cucumber (*colloq.*); er bleibt in jeder Situation ~ he is always even-tempered, he never loses his temper; ~(es) Blut bewahren to keep calm (*od.* cool); (nur) ~ Blut! a) keep your temper! b) don't worry! – 7. (*heiter*) serene: ein ~es Lächeln lag auf seinem Gesicht a serene smile lit up his face. – 8. (*schweigsam*) quiet, silent, taciturn (*lit.*): du bist heute abend sehr ~ you are very quiet tonight. – 9. (*glatt, störungsfrei*) smooth: eine ~e Überfahrt a smooth passage; die Verhandlungen nahmen einen ~en Verlauf the negotiations went off smoothly. – 10. (*Wasser, Meer*) quiet, calm, smooth, placid, serene. – 11. (*fest, nicht zitternd*) steady: er hat eine ~e Hand he has a steady hand. – 12. *colloq.* (*gemütlich, bequem*) easy, comfortable: sich ~e Tage machen to have an easy time; → Kugel 9. – 13. *med.* a) (*Atem*) regular, calm, b) (*bewegungslos*) motionless. – 14. (*Farben*) quiet, staid, sober. – 15. (*Muster etc*) quiet. – 16. *econ.* (*Markt, Börse*) quiet, dull, (*stärker*) lifeless, dead. – 17. *tech.* a) (*geräuschlos*) silent, noiseless, quiet, b) (*reibungslos*) smooth, c) (*gleichmäßig*) steady: der ~e Gang einer Maschine the silent running of a machine. – II *adv* 18. (*still*) quiet(ly): ~ warten to wait quietly; das Haus liegt ~ the house is in a quiet area. – 19. (*ohne Bewegung*) quiet(ly), still: er kann nicht ~ sitzen he cannot sit quietly (*od. colloq.* quiet). – 20. (*ohne Erregung*) calmly: überlege es dir ~ think it over calmly; der Gefahr ~ ins Auge sehen to meet a danger calmly. – 21. *colloq.* safely: du kannst ~ hereinkommen a) you can safely come in, b) I don't mind if you come in; das können Sie ~ tun you are (perfectly) free to do that; man kann ~ über diese Dinge sprechen why shouldn't one talk about these things; du könntest ~ ein bißchen helfen! you might help me! you might (as well) give me a hand!

'ru·higˌstel·len *v/t* ⟨*sep*, -ge-, h⟩ *med.* (*Glied*) fix, immobilize *Br. auch* -s-, fasten (*s.th.*) (in splints). — **'Ru·higˌstel·lung** *f* ⟨-; *no pl*⟩ immobilization *Br. auch* -s-, fixation.

Ruhm [ruːm] *m* ⟨-(e)s; *no pl*⟩ 1. fame, renown, glory: unsterblicher ~ undying (*od.* eternal, everlasting) fame; ~ erlangen (*od.* erwerben, ernten) to win fame (*od.* celebrity, glory), to acquire renown; sich mit ~ bedecken to cover oneself with glory; er hat sich nicht gerade mit ~ bekleckert *colloq. iron.* he hasn't exactly covered himself with glory; zu ~ und Ehre gelangen to attain fame and hono(u)r; er ist auf der Höhe (*od.* dem Gipfel) seines ~es angelangt he has reached the peak of his fame. – 2. (*Preis, Lob*) praise: die Zeitungen sind seines ~es voll the press is full of praise for him. — **r~beˌdeckt** *adj u. adv* covered with fame (*od.* glory). — **~beˌgier(·de)** *f* desire for (*od.* love of) glory (*od.* fame), thirst (*od.* longing) for glory (*od.* fame). — **r~beˌgie·rig** *adj* desirous of glory (*od.* fame), thirsting (*od.* longing) for fame, eager (*od.* anxious) for glory (*od.* fame).

rüh·men ['ryːmən] I *v/t* ⟨h⟩ 1. praise, speak highly of, commend, laud (*lit.*): man rühmt (an ihm) seine (*od.* man rühmt ihn wegen seiner) Zuverlässigkeit people speak highly of his reliability; man rühmt ihn als sehr mutig he is praised for being very courageous. – 2. (*preisen*) praise, sing the praise of, eulogize, *auch* eulogise, extol, exalt. – 3. (*verherrlichen*) glorify. – II *v/reflex* sich ~ (*gen*) 4. (*stolz sein*) pride oneself, be proud: ich rühme mich, sein Freund zu sein I am proud to call myself his friend; er kann sich dieser Tat ~ he can be proud of this deed. – 5. (*prahlen*) boast, brag, vaunt: sich einer Sache ~ to boast about (*od.* of) s.th., to brag about s.th., to vaunt s.th.; ohne mich ~ zu wollen, kann ich sagen, daß I can say without boasting that. – 6. *iron.* (*aufzuweisen haben*) boast: die Stadt rühmt sich sogar eines Theaters the town even boasts a theater (*bes. Br.* theatre). – III R~ *n* ⟨-s⟩ 7. *verbal noun.* – 8. praise(s *pl*): viel R~s von etwas machen to sing the praises of s.th., to speak in the highest terms of s.th.; er macht nicht viel R~s davon he doesn't make much fuss about it. — **'rüh·mend** I *pres p.* – II *adj* ~e Worte words of praise. – III *adv* etwas ~ erwähnen (*od.* hervorheben) to make hono(u)rable mention of s.th., to speak in high terms of s.th., to mention s.th. with praise.

'rüh·mensˌwert *adj* praiseworthy, commendable, laudable.

'Ruh·mes|ˌblatt *n fig.* page of glory: ein ~ in der Geschichte eines Volkes a page of glory in the history of a people; das ist kein ~ für ihn that doesn't do him credit, that's not to his credit. — **~ˌglanz** *m lit.* luster (*bes. Br.* lustre) of glory, brilliancy (*od.* blaze) of fame. — **~ˌhal·le** *f* pantheon, *bes. Am.* Hall of Fame. — **~ˌtag** *m* glorious day. — **~ˌtat** *f* glorious deed.

'ruhm·geˌkrönt *adj u. adv lit.* crowned with glory (*od.* fame).

'rühm·lich *adj* 1. (*lobenswert*) laudable, praiseworthy, commendable: er ist (*od.* bildet) eine ~e Ausnahme he is a laudable (*od.* noteworthy) exception. – 2. (*ruhmvoll*) glorious: ein ~es Ende nehmen (*od.* finden) a) to die a glorious death, b) *fig.* to come to a glorious end. – 3. (*Ruhm einbringend*) creditable, honorable, *bes. Br.* honourable: das war nicht sehr ~ für ihn that was not very creditable to him, that was not to his credit.

'ruhm·los *adj* inglorious: ein ~es Ende nehmen (*od.* finden) a) to die an inglorious death, b) *fig.* to come to an inglorious end; das ~e Ende einer Ära the inglorious end of an era. — **'Ruhm·lo·sig·keit** *f* ⟨-; *no pl*⟩ ingloriousness.

'ruhm|ˌre·dig [-ˌreːdɪç] *adj* 1. vainglorious. – 2. *cf.* prahlerisch 1. — **~ˌreich** *adj cf.* ruhmvoll.

'Ruhmˌsucht *f* ⟨-; *no pl*⟩ passion (*od.* thirst) for glory (*od.* fame). — **'ruhmˌsüch·tig** *adj* greedy of (*od.* thirsting for) glory (*od.* fame), eager (*od.* anxious) for glory (*od.* fame).

'ruhm|ˌvoll *adj* (*Sieg, Epoche, Tat etc*) glorious. — **~ˌwür·dig** *adj cf.* rühmenswert.

Ruhr [ruːr] *f* ⟨-; *rare* -en⟩ 1. *med.* dysentery, (*Amöbenruhr*) amo(e)bic dysentery, (*Bazillenruhr*) bacillary dysentery. – 2. *vet.* scour(s *pl construed as sg or pl*).

'Rühr|ap·paˌrat *m tech.* stirring apparatus, agitator. — **~ˌarm** *m* (*einer Haushaltsmaschine*) (food) mixer arm.

'ruhrˌar·tig *adj med.* dysenteriform.

'Rührˌbüt·te *f* (*paper*) machine (*od.* stuff, service) chest, mixing box (*od.* chest).

'Rührˌei *n gastr.* 1. *meist pl* scrambled egg. – 2. ⟨*only sg*⟩ (*Gericht*) scrambled eggs *pl.*

rüh·ren ['ryːrən] I *v/t* ⟨h⟩ 1. (*Brei, Suppe, Teig etc*) stir. – 2. (*bewegen*) stir, move: kein Glied mehr ~ können to be unable to move a limb; er hat keinen Finger gerührt he did not lift a finger (*od.* hand), *bes. Br.* he did not do a hand's turn; er rührte keinen Finger, um zu helfen he would not stir (*od.* lift) a finger to help. – 3. *fig.* (*innerlich*) move, touch, affect, stir: j-m **das Herz** ~ to stir s.o.'s heart; **j-n zu Tränen** ~ to move s.o. to tears; **es hat ihn tief gerührt** he was deeply moved; **das rührt ihn gar nicht** (*od.* **wenig**) that leaves him cold. – **4.** *colloq.* strike: **ihn hat der Schlag gerührt** a) he has had a stroke, b) *fig.* he was dumbfounded (*od.* stunned); **ich dachte** (*od.* **glaubte**), **mich rührt(e) der Schlag, als ich die Rechnung sah** I thought I would die (*od.* drop dead) when I saw the bill; → Donner 1. – **5.** *mus.* a) (*Trommel*) beat, strike, b) *poet.* (*Leier, Harfe*) touch, strike, sweep, sound: → Reklame-, Werbetrommel. – **6.** (*Gips*) stir wet. – **7.** *metall.* (*eine Schmelze*) stir, rabble. – **8.** *tech.* (*Farben etc*) stir, agitate. – **II** *v/i* **9.** (*umrühren*) stir: **man rühre, bis** stir until, keep stirring until. – **10. an** (*acc*) **etwas** ~ a) to touch s.th., b) *fig.* (*erwähnen*) to touch on s.th.: **rühre nicht daran!** a) don't touch (it)! b) *fig.* let sleeping dogs lie! **an schmerzliche Dinge [einen wunden Punkt]** ~ *fig.* to touch on painful matters [on a sore point]. – **11. von etwas** ~ (*herrühren*) to come (*od.* originate, spring) from s.th.: **das rührt noch vom Krieg** that stems from the war; **das rührt daher, daß** that comes from (*od.* is due to) the fact that. – **III** *v/reflex* **sich** ~ **12.** (*sich bewegen*) move, stir: **sich nicht** ~ **können** a) to be unable to move (a muscle), b) *fig.* to be in financial straits; **sich nicht von der Stelle** ~ not to move from the spot, not to budge an inch; **ich habe mich den ganzen Tag nicht aus dem Haus gerührt** I haven't put a foot outside the door all day; **nach dem dritten Schlag rührte er sich nicht mehr** there was no more sign of life in him after the third blow; **nichts rührte sich** everything was quiet. – **13.** (*emsig sein*) do something, be active (*od.* busy), *bes. Br.* be up and doing: **er könnte es weiter bringen, aber er rührt sich nicht genug** he could be more successful but he isn't active enough (*od.* he lacks initiative); **rühr dich ein bißchen!** do something! get a move on! (*sl.*). – **14.** (*sich bemerkbar machen*) say something: **du mußt dich** ~, **wenn du Hilfe brauchst** you must say something if you want help; **warum hast du dich denn nicht gerührt?** why on earth didn't you say something? **ich habe ihr vor 3 Wochen geschrieben, aber sie hat sich noch nicht gerührt** I wrote to her 3 weeks ago but she hasn't written a word yet. – **15.** *colloq.* (*sich ereignen*) be going on: **auf der Party gestern hat sich nicht viel gerührt** there wasn't much going on at the party yesterday. – **16.** *fig.* (*vom Gewissen*) be awakened (*od.* roused). – **17. rührt euch!** *mil.* (stand) at ease! *Br. auch* stand easy! – **IV** *v/impers* **18. es rührte sich kein Lüftchen** there wasn't a breath of air (*od.* wind). – **V R~** *n* ⟨-s⟩ **19.** *verbal noun.* – **20. ein menschliches R~ fühlen** a) to feel a touch of sympathy, b) *colloq. humor.* to feel the call of nature, c) *colloq. humor.* to feel a little hungry. — **'rüh·rend I** *pres p.* – **II** *adj* **1.** (*Bild, Szene, Geschichte, Abschied etc*) touching, moving, affecting, (*stärker*) heartrending, *Br.* heart-rending. – **2.** (*liebevoll*) touching, kind: **in ~er Weise um j-n besorgt sein** to be concerned about s.o. in a touching way. – **III** *adv* **3.** ~ **um j-n besorgt sein** to be touching in one's concern about s.o.

'rüh·rig *adj* **1.** (*tätig, emsig*) busy, active. – **2.** (*geschäftig*) bustling, brisk, energetic. – **3.** (*beweglich, flink*) agile, nimble. – **4.** (*unternehmend*) enterprising, go-ahead. — **'Rüh·rig·keit** *f* ⟨-; *no pl*⟩ **1.** (busy) activity. – **2.** bustle, briskness, energy. – **3.** agility, nimbleness. – **4.** enterprising spirit, go-ahead.

'ruhr,krank *med. adj* suffering from dysentery, dysenteric. — **'Ruhr,kran·ke** *m, f* dysenteric patient.

'Ruhr,kraut *n bot.* cudweed, chafeweed (*Gattg Gnaphalium*).

'Rühr|,löf·fel *m* **1.** (*Kochlöffel*) stirring (*od.* mixing) spoon. – **2.** (*bes. für Mixgetränke*) stirrer. — **~ma,schi·ne** *f* **1.** stirring (*od.* agitating) machine. – **2.** *gastr.* (food) mixer.

'Rühr,mich,nicht,an *n* ⟨-; -⟩ **1.** *bot.* a) touch-me-not (*Impatiens noli-tangere*), b) lady's- (*od.* ladies'-)eardrop(s *pl construed as sg or pl*) (*I. biflora*). – **2.** *fig. cf.* Kräutlein Rührmichnichtan.

'Rühr|,schau·fel *f metall.* paddle. — **~,schüs·sel** *f* mixing bowl.

'rühr,se·lig *adj* (*Person, Film etc*) sentimental, melodramatic, maudlin, lachrymose: **eine ~e Geschichte** a sentimental (*od. colloq.* sob) story; a tearjerker, sob stuff (*colloq.*). — **'Rühr,se·lig·keit** *f* ⟨-; *no pl*⟩ sentimentality, melodramatic effect, maudlinism, lachrymosity.

'Rühr,stück *n* (*theater*) melodramatic (*od.* sentimental) play, tearjerker (*colloq.*).

'Rüh·rung *f* ⟨-; *no pl*⟩ **1.** emotion: **ohne** ~ without emotion, unmoved; **aus** (*od.* **vor**) ~ **weinen** to cry with emotion; **Tränen der** ~ **vergießen** to shed tears of emotion; **er wurde von** ~ **ergriffen, ihn überkam** (*od.* **übermannte**) **die** ~ he was seized with (*od.* overcome by) emotion; **er konnte vor** ~ **nicht sprechen** he was too deeply moved to speak, he was choked with emotion; **seine** ~ **verbergen** to hide one's feelings. – **2.** (*Mitgefühl*) sympathy, compassion: ~ **erwecken [empfinden]** to rouse [to feel] sympathy.

'rüh·rungs·los *adj* unmoved.

'Rühr,werk *n* (*einer Haushaltsmaschine etc*) agitator, stirrer.

Ru·in [ru'iːn] *m* ⟨-s; *no pl*⟩ **1.** ruin: **vor dem** ~ **stehen** to be on the brink (*od.* verge) of ruin; **das Land geht dem** ~ **entgegen** the country is on the way to (wreck and) ruin; **sein Vermögen vor dem** ~ **retten** to save one's fortune from ruin. – **2.** *colloq.* (*Verderben*) ruin, undoing, destruction, 'ruination' (*colloq.*): **das Auto ist noch sein** ~ the car will be his undoing; **du bist noch mein** ~ you'll be the ruin (*od.* death) of me.

Rui·ne [ru'iːnə] *f* ⟨-; -n⟩ **1.** ruin. – **2.** (*Trümmer*) ruins *pl*, debris: **von dem Haus steht nur noch eine** ~ a ruin is all that is left of the house. – **3.** *fig. colloq.* wreck, ruin: **sie ist nur noch eine** ~ she is a mere shadow of her former self (*od.* a total wreck).

Rui·nen|,stadt [ru'iːnən-] *f* ruined city (*od.* town). — **~,stät·te** *f* site of (the) ruins.

rui·nie·ren [rui'niːrən] **I** *v/t* ⟨*no* ge-, h⟩ **1.** ruin: **j-n** ~ to ruin s.o., to cause s.o.'s ruin; **sein Leben** ~ to ruin (*od.* wreck) one's life; **seine Gesundheit** ~ to ruin (*od.* undermine) one's health; **seinen Ruf** ~ to ruin (*od.* mar) one's reputation. – **2.** (*zerstören, demolieren*) ruin, destroy, wreck. – **3.** (*Kleidung*) ruin, spoil. – **4.** (*verwüsten*) devastate. – **II** *v/reflex* **sich** ~ **5.** ruin oneself. — **rui'niert I** *pp.* – **II** *adj* **1.** (*Leben, Existenz etc*) ruined: **er ist ein ~er Mann** he is a ruined man. – **2.** (*bankrott*) ruined, bankrupt, broken, broke (*colloq.*).

rui·nös [rui'nøːs] *adj* destructive, ruinous, pernicious (*lit.*).

Rülps [rʏlps] *m* ⟨-es; -e⟩ **1.** *colloq. cf.* Rülpser. – **2.** *dial. for* Flegel 2. — **'rülp·sen** *colloq.* **I** *v/i* ⟨h⟩ **1.** belch, (*bes. von Säugling*) burp (*colloq.*), eruct(ate) (*scient.*). – **II R~** *n* ⟨-s⟩ **2.** *verbal noun.* – **3.** *cf.* Rülpser. — **'Rülp·ser** *m* ⟨-s; -⟩ *colloq.* belch, burp (*colloq.*), eructation (*scient.*).

rum [rʊm] *adv colloq. for* herum.

Rum [rʊm; *Southern G. and Austrian auch* ruːm] *m* ⟨-s; -s⟩ rum.

Ru·mä·ne [ru'mɛːnə] *m* ⟨-n; -n⟩, **Ru'mä·nin** *f* ⟨-; -nen⟩ Romanian, R(o)umanian. — **ru'mä·nisch I** *adj* Romanian, R(o)umanian. – **II** *ling.* **R~** ⟨*generally undeclined*⟩, **das R~e** ⟨-n⟩ Romanian, R(o)umanian.

Rum·ba ['rʊmba] *f* ⟨-; -s⟩, *colloq. auch m* ⟨-s; -s⟩ (*Tanz*) rumba, *auch* rhumba. — **~,ras·sel** *f meist pl mus.* maraca, rumba shaker.

Rum·mel ['rʊməl] *m* ⟨-s; *no pl*⟩ *colloq.* **1.** (*geschäftiges Treiben*) (hustle and) bustle: **in den Vorweihnachtstagen herrscht auf den Straßen (ein) großer** ~ there is a (hustle and) bustle in the streets (during) the days before Christmas. – **2.** (*Trubel*) commotion, fuss: **ich bin froh, daß der** ~ **der letzten Tage vorbei ist** I'm glad that the commotion (*od.* fuss, turmoil, bustle) of the last few days is over; **ich habe den ganzen** ~ **satt** I'm fed up with all this fuss (*od.* commotion) (*sl.*). – **3.** (*Aufsehen*) stir, to-do, whoopee (*sl.*): **um ihn wird ein großer** ~ **gemacht** people are making a big fuss (*od.* to-do) about him. – **4.** (*Reklamerummel*) ballyhoo (*colloq.*). – **5.** (*Jahrmarktsrummel*) hubbub. – **6.** *cf.* Rummelplatz. – **7.** (*Plunder*) stuff, lumber, junk: **ich nehme den ganzen** ~ **für 10 Mark** I'll take all this stuff (*od. colloq.* the whole lot) for 10 marks. – **8.** *econ.* **im** ~ in the lump (*od.* bulk): **etwas im** ~ **kaufen** to buy s.th. in the lump (*od.* bulk). – **9. den** ~ **kenne ich** *fig. colloq.* a) I know the ropes, I know the ins and outs of it, I know what's what, b) there are no flies on me (*sl.*), *Am. auch* I'm no dozer.

rum·meln ['rʊməln] *v/i u. v/impers* ⟨h⟩ *dial. for* rumpeln.

'Rum·mel,platz *m colloq.* amusement park, fairground, *auch* fairgrounds *pl* (*construed as sg*), *bes. Br.* fun fair: **auf den** ~ **gehen** to go to the fair.

Rum·my ['rœmi; 'rʌmi] (*Engl.*) *n* ⟨-s; -s⟩ *Austrian for* Rommé.

Ru·mor[1] [ru'moːr] *m* ⟨-s; *no pl*⟩ *obs. od. dial. for* Lärm 3, 6, Unruhe 5, 6.

Ru·mor[2] ['ruːmər] *m* ⟨-s; -es [ru'moːrɛs]⟩ *med.* (*Geräusch*) noise, murmur.

ru·mo·ren [ru'moːrən] *colloq.* **I** *v/i u. v/impers* ⟨*no* ge-, h⟩ **1.** rumble (*od.* fumble) around: **ich hörte sie in der Küche** ~ I heard her rumbling (*od.* fumbling) around in the kitchen. – **2.** (*im Magen etc*) rumble: **es rumort in meinem Bauch** my stomach is rumbling. – **3.** *fig.* (*von Ideen etc*) simmer, be present: **der Gedanke der Gleichheit hatte lange in den Köpfen der Menschen rumort** the idea of equality had been present (*od.* had simmered) in the people's minds for a long time. – **4.** *fig.* (*gären*) be in (a state of) ferment (*od.* unrest): **es rumorte im Volk** there was (a) growing unrest among the people. – **II R~** *n* ⟨-s⟩ **5.** *verbal noun.* – **6.** rumble.

'rum·pe·lig *adj dial. for* holperig 1, 2.

'Rum·pel|,kam·mer *f colloq.* lumber room, storeroom, *Br. auch* boxroom. — **~,ka·sten** *m colloq.* rattletrap.

rum·peln ['rʊmpəln] *colloq.* **I** *v/i* ⟨h *u.* sein⟩ **1.** ⟨h⟩ (*Geräusch machen*) rumble, *Am. auch* lumber. – **2.** ⟨sein⟩ rumble, jolt, lumber: **die Kutsche rumpelt über die Brücke** the coach rumbles (*od.* jolts) across the bridge. – **II** *v/impers* ⟨h⟩ **3. es rumpelt** it is rumbling (*od.* thundering). – **III R~** *n* ⟨-s⟩ **4.** *verbal noun.* – **5.** rumble.

„'Rum·pel,stilz·chen" [-,ʃtɪltsçən] *n* "Rumpelstilzchen", *auch* "Rumpelstiltskin" (*fairy tale by Grimm*).

Rumpf [rʊmpf] *m* ⟨-(e)s; =e⟩ **1.** (*des Menschen*) trunk, body. – **2.** (*einer Statue*) torso. – **3.** (*eines Pferdes, Ochsen etc*) barrel. – **4.** (*eines ausgeweideten Tieres*) carcass. – **5.** *mar.* (*Schiffskörper*) hull. – **6.** *aer.* a) (*eines Flugzeuges*) fuselage, b) (*eines Flugboots*) hull. — **~be,span·nung** *f aer.* fuselage-covering fabric. — **~,beu·ge** *f* (*sport*) trunk bend(ing). — **~,elek·tron** *n phys.* inner electron.

rümp·fen ['rʏmpfən] *v/t* ⟨h⟩ *only in* **die Nase (über etwas [j-n])** ~ a) to turn up one's nose (at s.th. [s.o.]), b) *fig.* (*verächtlich reden etc*) to sneer (at s.th. [s.o.]).

'Rumpf|,en·de *n aer.* (*eines Flugzeugs*) end (*od.* tail) of fuselage. — **~,flä·che** *f geol.* peneplain, peneplane, *auch* endrumpf. — **~,heck** *n aer.* aft (fuselage) section. — **~par·la,ment** *n* **1.** *pol.* rump. – **2.** *hist.* (*unter Cromwell*) Rump Parliament, (the) Rump. — **~,stück** *n gastr. cf.* Rumpsteak.

'Rump,steak ['rʊmp-] *n* ⟨-s; -s⟩ *gastr.* rump steak.

'Rum|,topf *m* **1.** *gastr. layers of fresh fruits and sugar preserved in rum.* – **2.** *earthenware pot for fruit, sugar and rum mixture.* — **~ver,schnitt** *m* rum blended and diluted.

Run [ran; rʌn] (*Engl.*) *m* ⟨-s; -s⟩ *econ.* (auf *acc* on) run.

rund [rʊnt] **I** *adj* **1.** (*Beet, Platz etc*) round, circular: **Gespräche am ~en Tisch** *fig.* round-table conferences; **das Kind machte ~e Augen vor Erstaunen** the child made big eyes (*od.* opened its eyes wide) with astonishment. – **2.** (*Säule*) round(ed), cylindrical. – **3.** (*Ball, Globus etc*) round; spherical, globular, globose, orbicular (*scient.*): **etwas** ~ **machen** to round s.th. (off), to make s.th. round. – **4.** (*gebogen*) round, curved: **eine ~e Klammer** a round (*od.* curved) bracket, a parenthesis. – **5.** (*Gesicht, Arme etc*) round, plump: **~(er) werden** to grow plump(er) (*od.* stout[er]), to fill out; **sich dick und** ~ **essen** to eat one's fill (and put on weight). – **6.** (*voll*) good, round, full: **ein (gutes) ~es Dutzend** a round (*od.* good, full) dozen; **ich war ein ~es Jahr in England** I was a good (*od.* full, round) year in England; **er hat eine**

~e Million verdient he has earned a good million. – **7.** (*aufgerundet*) round: **nennen Sie mir eine ~e Zahl [Summe]** name me a round figure [sum]. – **8.** *colloq.* (*vollkommen*) perfect: **eine ~e Leistung** a perfect (*od.* finished, round) performance; **das war ein ~es Fest** that was a perfect party. – **9.** *fig.* (*Geschmack*) rich: **der Wein hat einen ~en Geschmack** this wine has a rich taste (*od.* full flavo[u]r). – **10.** *fig.* (*Klang, Stimme etc*) rich, round, mellow, sonorous. – **11.** *ling.* (*Vokal*) round. – **12.** **~es Fenster** *med.* (*im Ohr*) fenestra rotunda. – **II** *adv* **13.** ~ um (a)round: **~ um den Platz stehen Bäume** there are trees all way round (*od.* all [a]round) the square; **~ um etwas herum** around s.th.; **~ um die Welt fahren** to travel (a)round the world; **seine Gedanken kreisten immer nur ~ um das eine Problem** his thoughts always revolved around this one problem. – **14.** (*ungefähr*) about, approximately, roughly: **das wird mich ~ 10 Mark kosten** that will cost me about (*od.* approximately) 10 marks; **eine Summe von ~ gerechnet 1 000 Mark** a sum of about 1,000 marks; **ich wartete ~ eine Stunde** I waited for about an hour. – **15.** **~ gehen** *fig. colloq.* to go full tilt: **heute geht es wieder einmal ~** things are going full tilt today. – **III R~e, das** ⟨-n⟩ **16.** *cf.* Rundheit.

Rund *n* ⟨-(e)s; -e⟩ *lit.* (*der Erde, des Himmels*) round.

'rundˌbäckig (*getr.* -k·k-) [-ˌbɛkɪç] *adj* chubby-cheeked.

'Rund|ˌbank *f* ⟨-; ⸗e⟩ round bench. — **~ˌbau** *m* ⟨-(e)s; -ten⟩ *civ.eng.* circular building, rotunda. — **~ˌbeet** *n hort.* round bed. — **r~ˌblät·te·rig, r~ˌblätt·rig** *adj bot.* round-leaved, rotundifolious (*scient.*). — **~ˌblech,sche·re** *f tech.* circular blade tinner's snips *pl* (*construed as sg or pl*).

'Rundˌblick *m* panorama, panoramic view, all-round view. — **~ˌfernˌrohr** *n* panoramic sight (*od.* telescope).

'Rundˌblock *m metall.* round ingot.

'Rundˌbo·gen *m arch.* round (*od.* semicircular) arch. — **~ˌstil** *m* Roman(esque) (*od.* Norman) style.

'Rund|ˌbren·ner *m tech.* (*für Gas*) round (*od.* ring, annular) burner. — **~ˌbrief** *m cf.* Rundschreiben. — **~ˌdorf** *n cf.* Rundling. — **~ˌdrehˌmei·ßel** *m tech.* round nose turning tool.

Run·de ['rʊndə] *f* ⟨-; -n⟩ **1.** (*Rundgang, Rundfahrt etc*) round: **eine ~ (im) Karussel fahren** to have a round (*od.* ride) on the roundabout (*od.* merry-go-round); **der Polizist macht** (*od.* **geht**) **seine ~** the policeman goes on (*od.* does) his round (*od.* beat); **der Arzt [Postbote] macht täglich seine ~** the doctor [postman] goes on (*od.* does) his round(s) every day; **er macht** (*od.* **dreht**) **eine ~ durch den Garten** he takes a stroll round (*od.* walks round, does a round of) the garden; **eine ~ durch die Lokale machen** to do a round of the pubs, to go on a pub crawl; **der Pokal machte die ~** the cup was passed (a)round; **die Gastgeberin macht die ~ unter den Gästen** the hostess goes round (*od.* does the round[s] of, circulates among) the guests; **bei den neuen Nachbarn die ~ machen** to go round the new neighbo(u)rs; **diese Mode machte die ~ um die Welt** this fashion spread all over (*od.* throughout) the world; **der Brief [die Nachricht] macht die ~ durch die ganze Verwandtschaft** the letter [news] does the round(s) of (*od.* circulates round, is passed round) the relatives; **ein Gerücht macht die ~** a rumo(u)r is going (a)round. – **2.** (*Gesellschaft*) group, round: **in fröhlicher ~ beisammensitzen** to sit in a circle of merry friends, to sit in merry company. – **3.** (*Stammtischrunde*) group of regulars. – **4.** *bes. pol.* (*Gesprächsrunde*) round: **die dritte ~ der Sondierungsgespräche hat begonnen** the third round of (the) exploratory talks has started. – **5.** (*Lage*) round: **eine ~ Bier ausgeben** (*od.* **spendieren**, *colloq.* **schmeißen**) to stand (*od.* pay for) a round of beer. – **6.** (*beim Kartenspiel etc*) round. – **7.** (*sport*) a) (*beim Boxen, Golf etc*) round, b) (*beim Laufen, Rennsport etc*) lap, c) (*eines Turniers etc*) round: **Sieg durch K. o. in der dritten ~** (victory by a) knockout in the third round; **nur noch zwei ~n zu laufen** only two laps to go; **er schied in der letzten ~ wegen Verletzung aus** he dropped out in the last lap on account of an injury; **die Rennfahrer drehen** (*od.* **ziehen**) **ihre ~n** the racing drivers do their laps; **eine ~ weiterkommen, die nächste ~ erreichen** to reach the next round. – **8.** **in die ~, in der ~** around: **es gibt kein Dorf in der ganzen ~** there is no village (for miles) around; **weit in die ~ schauen** to look (far) around. – **9.** (*in Wendungen wie*) **das haben wir noch einmal gut über die ~n gebracht** *fig. colloq.* we've finally managed it; **in diesem Monat werden wir gerade noch über die ~n kommen** *fig. colloq.* we'll just about make (*od.* manage) it (*od.* make ends meet) this month (*colloq.*); **eine ~ schlafen** *fig. colloq.* to have forty winks (*od.* a nap). – **10.** *mil.* a) round(s *pl*), patrol, b) *obs. for* Streife 2: **die ~ machen** to go on the round(s), to do (*od.* make) the round(s).

'Rundˌei·sen *n metall. cf.* Rundstahl.

Run·dell [rʊn'dɛl] *n* ⟨-s; -e⟩ *cf.* Rondell.

run·den ['rʊndən] **I** *v/t* ⟨h⟩ **1.** round (off), make (*s.th.*) round. – **II** *v/reflex* **sich ~** **2.** (*rund werden*) (grow) round. – **3.** *fig.* (*sich abrunden*) develop, round: **seine Eindrücke rundeten sich zu einem Gesamtbild** his impressions developed (*od.* rounded) into a total picture. – **III R~** *n* ⟨-s⟩ **4.** *verbal noun.* – **5.** *cf.* Rundung.

'Run·den|reˌkord *m* (*sport*) lap record. — **~ˌrich·ter** *m cf.* Rundenzähler. — **~ˌzahl** *f* number of laps. — **~ˌzäh·ler** *m* lap scorer. — **~ˌzeit** *f* lap time, time of a lap.

'Rund|erˌlaß *m* circular (order *od.* regulation). — **r~erˌneu·ern** *v/t* ⟨*only inf u. pp* runderneuert, h⟩ (*Reifen*) retread, recap, rebuild. — **~erˌneue·rung** *f* (*von Reifen*) retread(ing), recapping, *Am.* treading, *Br.* tyre reconditioning. — **~ˌfahrˌkar·te** *f cf.* Rundreisebillet. — **~ˌfahrt** *f* **1.** drive (around a town), (sight-seeing) tour: **eine ~ durch die Stadt machen** to drive round the city, to do a tour of a city. – **2.** *cf.* Rundreise. — **~ˌfahrtˌwa·gen** *m auto.* sight-seeing car, *Am. colloq.* rubberneck bus. — **~ˌfei·le** *f tech.* round file. — **~ˌfen·ster** *n* round window. — **~ˌflug** *m aer.* **1.** sight-seeing (*od.* local) flight. – **2.** (*als Streckenverlauf*) circuit flight, round voyage. — **~ˌformˌmei·ßel** *m tech.* circular forming tool. — **~ˌfra·ge** *f* (general) inquiry (*auch* enquiry), *auch* questionnaire. — **~ˌfräs·maˌschi·ne** *f tech.* **1.** plain milling machine. – **2.** (*Rundtischfräsmaschine*) rotary-table miller.

'Rundˌfunk *m* ⟨-(e)s; *no pl*⟩ **1.** radio, *Br.* wireless, broadcast(ing): **die Sendung wird im ~ übertragen** (*od.* **durch den ~ verbreitet**) the program(me) (*od.* transmission) will be on the radio (*od.* air, *Br.* wireless), the program(me) will be broadcast; **im ~ sprechen** (*od.* **auftreten**) to speak over the radio, to go (*od.* be) on the air; **eine Meldung über den ~ durchgeben** to give a message (*od.* to speak) over (*od.* on) the radio. – **2.** (*technische Einrichtung*) radio network, broadcasting (system). – **3.** (*Gesellschaft*) broadcasting corporation (*od.* company): **der Bayerische ~** the Bavarian Broadcasting Corporation; **beim ~ (angestellt) sein** to be in broadcasting, to be employed by a broadcasting corporation. — **~amaˌteur** *m* radio amateur, ham (*sl.*). — **~ˌanˌsa·ger** *m* (radio) announcer, broadcaster. — **~ˌanˌspra·che** *f* radio (*Br. auch* wireless) address. — **~ˌanˌstalt** *f* broadcasting (*od.* radio) corporation (*od.* company, station). — **~ap·paˌrat** *m cf.* Rundfunkgerät. — **~beˌricht·erˌstat·ter** *m* (radio) commentator (*od.* reporter). — **~beˌricht·erˌstat·tung** *f* **1.** radio reporting. – **2.** (*Berichte*) radio reports *pl.* — **~ˌbot·schaft** *f* radio message. — **~ˌdurchˌsa·ge** *f* special announcement. — **~empˌfang** *m* radio (*od.* broadcast, *Br. auch* wireless) reception. — **~empˌfän·ger** *m* **1.** radio (*Br. auch* wireless) receiver. – **2.** *cf.* Rundfunkgerät. — **~entˌstö·rungsˌdienst** *m* radio distortion (*od.* interference suppression) service. — **~geˌbühr** *f* radio (*Br. auch* wireless) licence (*Am.* license) fees *pl.* — **~geˌneh·mi·gung** *f* radio (*Br. auch* wireless) licence (*Am.* license). — **~geˌrät** *n* radio (*Br. auch* wireless) (receiving) set (*od.* equipment). — **~geˌsell·schaft** *f* broadcasting (*od.* radio) company (*od.* corporation). — **~ˌhö·rer** *m* (radio, *Br. auch* wireless) listener: **die ~** the radio listeners, the radio audience *sg.* — **~ˌhö·rerˌkreis** *m*, **~ˌhö·rer·schaft** *f* listening (*od.* radio) audience. — **~in·duˌstrie** *f* radio industry, radio. — **~kom·menˌtar** *m* radio (*Br. auch* wireless) commentary. — **~kom·menˌta·tor** *m* radio (*Br. auch* wireless) commentator. — **~ˌmel·dung** *f* radio news *pl* (*construed as sg or pl*). — **~ˌnachˌrich·ten** *pl* **1.** radio (*Br. auch* wireless) news, news bulletin *sg.* – **2.** (*Sendung*) newscast *sg*, news broadcast *sg.* — **~ˌnetz** *n* radio network. — **~proˌgramm** *n* (radio *od.* broadcast, *Br. auch* wireless) program(me), broadcast. — **~reˌkla·me** *f* **1.** radio advertisement (*od.* advertising). – **2.** (*Sendung*) (radio) advertisement broadcast, commercials *pl.* — **~ˌsen·der** *m* radio (*od.* broadcast[ing], *Br. auch* wireless) transmitter, broadcasting (*od.* radio) station, sender, broadcaster. — **~ˌsen·dung** *f* radio (*Br. auch* wireless) broadcast, radio (*Br. auch* wireless) program(me), *Am.* radiocast. — **~ˌspre·cher** *m* (radio) announcer, broadcaster. — **~sta·tiˌon** *f* radio (*od.* broadcasting, *Br. auch* wireless) station. — **~ˌtech·nik** *f* **1.** radio (*Br. auch* wireless) engineering. – **2.** (*vom Studio aus*) broadcasting technique. — **~ˌtech·ni·ker** *m* radio (*Br. auch* wireless) engineer. — **~ˌteilˌneh·mer** *m* radio (*Br. auch* wireless) listener. — **~ˌüberˌtra·gung** *f* broadcast (*od.* program[me]) transmission, broadcasting, transmission by radio. — **~ˌwel·le** *f* radio (*od.* broadcast) wave. — **~ˌwerˌbung** *f cf.* Rundfunkreklame. — **~ˌzeitˌschrift, ~ˌzei·tung** *f* radio journal.

'Rund|ˌgang *m* **1.** *arch.* circular corridor. – **2.** (*Prüfgang*) round, tour: **jeden Abend macht er einen ~ durch das Haus** every night he does a round of the house. – **3.** *cf.* Runde 1. – **4.** *mil. cf.* Runde 10. — **~geˌsang** *m mus.* round, catch. — **~geˌsenk** *n tech.* blacksmith's swage. — **~geˌspräch** *n* panel. — **~geˌwin·de** *n tech.* round (*od.* knuckle) thread.

'Rund·heit *f* ⟨-; *no pl*⟩ roundness.

'rund|her'aus *adv* plainly, in plain terms, bluntly, roundly, flatly, point-blank: **etwas ~ sagen [verweigern]** to say [to refuse] s.th. bluntly (*od.* plainly, flatly, roundly). — **~her'um** *adv* **1.** round: **immer ~** round and round. – **2.** (*ringsum*) all around. – **3.** *colloq.* (*ganz, völlig*) absolutely, completely.

'Rund|ˌho·belˌeinˌrich·tung *f tech.* radial planing attachment. — **~ˌholz** *n* **1.** (*wood*) round wood, log timber. – **2.** *mar.* (*bes. der Takelung*) spar. — **~ho·riˌzont** *m* (*theater*) cyclorama, cyke (*sl.*). — **~ˌknüp·pel** *m metall.* round billet. — **~ˌkopf** *m* **1.** *anthrop.* roundhead. – **2.** *pl hist.* (the) Roundheads. — **~ˌkopfˌschrau·be** *f tech.* roundhead screw, (*mit zylindrischem Kopf*) fillister head screw. — **~ˌkurs** *m* (*sport*) circuit. — **~ˌlauf** *m* **1.** run round. – **2.** (*sport*) (*Turngerät*) giant stride. – **3.** *tech.* (*von Rädern*) a) concentric (*od.* true) running, b) (*eines Maschinenteiles*) rotation.

rund·lich ['rʊntlɪç] *adj* **1.** roundish. – **2.** (*Menschen*) plump, chubby, well-rounded (*attrib*), *auch* tubby: **ein ~es Kinn** a plump chin; **sie ist etwas ~er geworden** she has become a little plumper. — **'Rund·lich·keit** *f* ⟨-; *no pl*⟩ **1.** roundishness. – **2.** (*von Menschen*) plumpness, chubbiness.

Rund·ling ['rʊntlɪŋ] *m* ⟨-s; -e⟩ (*Runddorf*) radial village.

'Rund|ˌmäu·ler *pl zo.* hagfishes, lampreys, cyclostomi (*scient.*) (*Ordng Cyclostomata*). — **~ˌmei·ßel** *m tech.* round-nose tool. — **~ˌnaht** *f* (*in der Schweißtechnik*) circumferential weld (*od.* seam). — **~ˌräum·maˌschi·ne** *f* rotary broaching machine.

'Rundˌrei·se *f* **1.** (*Rundfahrt*) circular tour. – **2.** *aer. mar.* round voyage. — **~bilˌlet** *n*, **~ˌkar·te** *f* circular-tour ticket.

'rund|ˌrückig (*getr.* -k·k-) [-ˌrʏkɪç] *adj* hump-backed. — **~ˌschä·de·lig** [-ˌʃɛːdəlɪç] *adj bes. anthrop.* roundheaded, shortheaded, bullet-headed, brachycephalic (*scient.*).

'Rund|ˌschau *f* ⟨-; -en⟩ **1.** *cf.* Rundblick. – **2.** (*Zeitungsartikel u. -titel*) review, survey. — **~ˌschiff·chen** *n* (*einer Nähmaschine*) rotating shuttle. — **~ˌschild** *m hist.* (*eines Ritters*) round buckler (*od.* shield).

'rundˌschlei·fen I *v/t* ⟨*irr, sep,* -ge-, h⟩ **1.** grind (*s.th.*) cylindrical. – **II R~** *n* ⟨-s⟩

2. *verbal noun.* – 3. cylindrical (*od.* plain) grinding. — **'Rund,schleif·ma,schi·ne** *f* cylindrical grinding machine.

'Rund|,schrei·ben *n* 1. circular (letter): ein ~ versenden to send out a circular. – 2. *röm.kath.* (*des Papstes*) encyclical (letter), *auch* encyclic (letter). — **~,schrift** *f* 1. (*Handschrift*) round hand. – 2. *bes. print.* ronde.

'Rund,sicht *f cf.* Rundblick. — **~,an,zei·ge·ge,rät** *n aer. mar.* plan position indicator. — **~,schei·be** *f auto. cf.* Panoramascheibe 2.

'Rund|,sieb·ma,schi·ne *f* (*bei der Papierherstellung*) cylinder (*od.* mold, *bes. Br.* mould) machine. — **~,spitz,fe·der** *f* circular-nib pen. — **~,spruch** *m* ⟨-(e)s; *no pl*⟩ *Swiss officialese for* Rundfunk. — **~,stab** *m metall.* round bar, rod, rounds *pl.* — **~,stahl** *m metall.* round bar steel. — **~,strahl·an,ten·ne** *f*, **~,strah·ler** *m electr.* omnidirectional antenna (*bes. Br.* aerial). — **~,strecken,ren·nen** (*getr.* -k·k-) *n* circuit race. — **~,strick·ma,schi·ne** *f tech.* circular knitting machine. — **~,strick,na·del** *f* circular knitting needle. — **~,stück** *n Northern G. for* Brötchen. — **~,stuhl** *m tech.* circular loom. — **~,tanz** *m mus.* 1. round (dance). – 2. *hist.* roundelay, roundel, roundle. — **~,tisch,räum·ma,schi·ne** *f tech.* rotary-table broaching machine. — **~,törn** *m mar.* round turn. — **r~'um** *adv cf.* rundumher. — **~-um-die-'Welt-,Flug** *m* round-the-world trip. — **r~um'her** *adv* round (about), all (a)round.

'Rund'um|,licht *n auto.* rotating (warning) light. — **~,sicht** *f* (*der Wagenverglasung*) panoramic (*od.* all[-]round) visibility, all(-)round view (*od.* vision). — **~ver,gla·sung** *f* panorama windshield (*od.* windscreen).

'Run·dung *f* ⟨-; -en⟩ 1. *cf.* Runden. – 2. (*bei Vasen, Säulen etc*) round form, roundness, rondure (*lit.*). – 3. (*eines Gewölbes, Bogens etc*) curvature, round form. – 4. (*des Körpers*) curve. – 5. *tech.* a) (*Arbeitsvorgang*) rounding, radiusing, b) (*Zustand*) roundness, radius.

'Rund·ver,kehr *m* roundabout (traffic).

'rund'weg [-'vɛk] *adv* point-blank, flatly, bluntly: etwas ~ ablehnen to refuse s.th. point-blank.

'Rund|,wurm *m zo. cf.* Fadenwurm. — **~,zan·ge** *f tech.* (a pair of) roundnose(d) pliers *pl* (*construed as sg or pl*). — **~,zel·len·sar,kom** *n med.* round-cell (*od. scient.* encephaloid, globucellular) sarcoma.

Ru·ne ['ruːnə] *f* ⟨-; -n⟩ (*Schriftzeichen*) rune, runic character.

'Ru·nen|al·pha,bet *n* runic alphabet, futhark, *auch* futhorc, futhork. — **~,in,schrift** *f* runic inscription. — **~,kun·de** *f* runology. — **~,schrift** *f* runic characters *pl* (*od.* writing). — **~,stab** *m* runic staff. — **~,stein** *m* rune stone, stone with a runic inscription. — **~,zei·chen** *n cf.* Rune.

Run·ge ['rʊŋə] *f* ⟨-; -n⟩ *auto.* (*railway*) (*eines Transportfahrzeugs*) stake, stanchion. — **'Run·gen,wa·gen** *m* (*railway*) side stanchion waggon (*bes. Am.* wagon), dolly truck, *Am.* flatcar.

'Run·kel,rü·be ['rʊŋkəl-] *f bot.* beet(root), butter leaves *pl* (*Beta vulgaris*).

Run·ken ['rʊŋkən] *m* ⟨-s; -⟩ *Middle G.* hunk (of bread).

Runks [rʊŋks] *m* ⟨-es; -e⟩ *colloq. for* Rüpel.

run·ter ['rʊntər] *adv colloq. for* herunter, hinunter.

Run·zel ['rʊntsəl] *f* ⟨-; -n⟩ 1. wrinkle, line, furrow: im Alter ~n bekommen to get wrinkles in one's old age; der Apfel bekommt ~n the apple becomes wrinkled (*od.* develops wrinkles). – 2. *med.* (*bes. der Schleimhaut*) wrinkle, fold, ruga (*scient.*). — **'run·ze·lig** *adj* 1. (*Haut*) wrinkled, wrinkly, lined, furrowed: die Haut wird im Alter ~ the skin wrinkles (*od.* becomes wrinkled) with age. – 2. (*Apfel etc*) wrinkled.

'Run·zel,lack *m* (*paints*) wrinkle finish.

run·zeln ['rʊntsəln] I *v/t* ⟨h⟩ 1. die Stirn (*od.* Brauen) ~ to frown, to knit one's brow, to pucker (up) one's brows. – II *v/reflex* sich ~ 2. (*von Haut, Obstschale etc*) wrinkle, become wrinkled, develop wrinkles. – III R~ *n* ⟨-s⟩ 3. *verbal noun.* – 4. (*Stirnrunzeln*) frown. — **'runz·lig** *adj cf.* runzelig.

Rü·pel ['ryːpəl] *m* ⟨-s; -⟩ *contempt.* insolent fellow (*colloq.*), lout, boor, rough. — **Rü·pe·'lei** *f* ⟨-; -en⟩ insolence, loutishness, boorishness, roughness. — **'rü·pel·haft** *adj* insolent, loutish, boorish, rough: ~es Benehmen rough (*od.* boorish) manners *pl.* — **'Rü·pel·haf·tig·keit** *f* ⟨-; *no pl*⟩ *cf.* Rüpelei.

rup·fen ['rʊpfən] I *v/t* ⟨h⟩ 1. (*Geflügel etc*) pluck: ich habe noch ein Hühnchen mit ihm zu ~ *fig. colloq.* I have a bone to pick with him. – 2. (*Unkraut etc*) weed, pull (out). – 3. j-n ~ *fig. colloq.* to fleece (*od. colloq.* skin, *sl.* pluck) s.o. – II R~ *n* ⟨-s⟩ 4. *verbal noun.* – 5. (*von Geflügel*) pluck.

'Rup·fen *m* ⟨-s; -⟩ (*textile*) burlap, sackcloth.

Ru·pie ['ruːpiə] *f* ⟨-; -n⟩ *econ.* (*indische u. pakistanische Währungseinheit*) rupee.

rup·pig ['rʊpɪç] *adj* 1. (*Antworten, Benehmen etc*) gruff, abrupt, sharp. – 2. (*Aussehen*) shaggy, ragged, scrubby, scruffy: ein ~er Hund a shaggy dog. – 3. (*Kleidung*) shabby, scrubby, scruffy. – 4. *Northern G.* (*Wetter, Klima*) rough. — **'Rup·pig·keit** *f* ⟨-; -en⟩ 1. (*von Benehmen etc*) gruffness, abruptness, sharpness. – 2. ⟨*only sg*⟩ (*von Aussehen*) shagginess, raggedness, scrubbiness, scruffiness. – 3. ⟨*only sg*⟩ (*von Kleidung*) shabbiness, scrubbiness, scruffiness.

'Rupp,sack ['rʊp-] *m colloq.* crusty (*od.* gruff) fellow (*colloq.*).

Ru·precht ['ruːprɛçt] *npr m* ⟨-(e)s; -e⟩ Knecht ~ *Southern G. and Austrian an attendant of Santa Claus or Father Christmas.*

Rup·tur [rʊp'tuːr] *f* ⟨-; -en⟩ *med.* (*Zerreißung*) rupture.

Rü·sche ['ryːʃə] *f* ⟨-; -n⟩ (*fashion*) ruche, ruching, frill, ruffle.

ru·sche·lig ['rʊʃəlɪç] *adj dial.* (*hastig, schlampig*) slapdash.

Ruß [ruːs] *m* ⟨-es; *no pl*⟩ 1. (*im Kamin etc*) soot, carbon black. – 2. (*Lampenruß*) lampblack. — **r~be,schmutzt** *adj cf.* rußig.

Rus·se[1] ['rʊsə] *m* ⟨-n; -n⟩ Russian, native (*od.* inhabitant) of Russia.

'Rus·se[2] *m* ⟨-n; -n⟩ *zo. dial. for* Schabe[1] 1.

Rüs·sel ['rʏsəl] *m* ⟨-s; -⟩ 1. *zo.* a) (*des Elefanten*) trunk, proboscis (*scient.*), b) (*des Schweins*) snout, c) (*der Insekten*) rostrum, proboscis (*scient.*). – 2. *fig. colloq.* snitch (*sl.*), *Br. sl.* 'hooter', nose. — **~an·ti,lo·pe** *f zo. cf.* Saigaantilope. — **~,bär** *m cf.* Nasenbär. — **~,beut·ler** *m* tait (*Tarsipes spenserae*). — **r~,för·mig** *adj* trunklike, trunk-shaped; proboscidian, proboscidean (*scient.*). — **~,kä·fer** *m zo.* weevil, curculio(nid) (*scient.*) (*Fam. Curculionidae*). — **~,rob·ben** *pl* sea elephants (*Unterfam. Cystophorinae*). — **~,sprin·ger** *m* elephant shrew (*Fam. Macroscelidae*). — **~,tier** *n meist pl* proboscidian (*Ordng Proboscidea*). — **~,wol·ke** *f meteor.* funnel cloud. — **~,züns·ler** *m zo.* grass (*od.* veneer) moth, blue-grass webworm (*Gattg Crambus*).

ru·ßen ['ruːsən] *v/i* ⟨h⟩ 1. (*von Kerze etc*) smoke. – 2. (*von Öfen etc*) form soot. — **'ru·ßend** I *pres p.* – II *adj* sooty.

'Rus·sen|,freund *m* Russophil(e). — **r~,freund·lich** *adj* Russophil(e). — **~,kit·tel** *m* (*fashion*) Russian smock frock (*od.* blouse). — **~,stie·fel** *m meist pl* Russian boot.

'ruß|,far·ben, ~,far·big *adj* soot-colored (*bes. Br.* -coloured).

'Ruß|,fleck *m* soot stain (*od.* mark). — **~,flocke** (*getr.* -k·k-) *f* (*bes. in der Luft*) smut, soot particle. — **r~ge,schwärzt** *adj* blackened with soot, sooty, sootied.

rus·si·fi·zie·ren [rʊsifi'tsiːrən] *v/t* ⟨*no* ge-, h⟩ russianize, *auch* Russianize, russify, *auch* Russify. — **Rus·si·fi'zie·rung** *f* ⟨-; *no pl*⟩ Russianization, russification, *auch* Russification.

'ru·ßig *adj* sooty, smutty, fuliginous (*scient.*): sich ~ machen to make oneself sooty, to blacken oneself with soot.

'Rus·sin *f* ⟨-; -nen⟩ Russian (woman *od.* girl).

'rus·sisch I *adj* Russian, of Russia: auf (*od.* in) ~ in Russian; die ~e Sprache Russian, the Russian language; ~e Eier *gastr.* Russian eggs; ~es Bad (*Art Sauna*) Russian bath. – II *ling.* R~ ⟨*generally undeclined*⟩, das R~e ⟨-n⟩ Russian, the Russian language.

'Rus·sisch 'Brot *n* ⟨- -(e)s; *no pl*⟩ *gastr.* sweet alphabet biscuits *pl.*

'rus·sisch-'deutsch *adj bes. pol.* (*Beziehungen etc*) Russo-German.

Rüß·ler ['rʏslər] *m* ⟨-s; -⟩ *zo. cf.* Rüsselkäfer.

'ruß,schwarz *adj* sooty black, soot.

'Rüst|,an·ker *m mar.* a) sheet (*od.* waist) anchor, b) (*heute*) spare (*od.* best) bower. — **~,bal·ken, ~,baum** *m civ.eng.* (*eines Gerüsts*) scaffold pole (*od.* beam). — **~,bock** *m* (scaffolding) trestle. — **~,brett** *n* scaffold board.

Rü·ste[1] ['rʏstə] *f* ⟨-; *no pl*⟩ 1. *dial.* rest, repose. – 2. zur ~ gehen *poet.* a) (*von Tag etc*) to decline, b) (*von Sonne*) to set.

'Rü·ste[2] *f* ⟨-; -n⟩ *mar.* (*Außenbordplanke*) chains *pl*, channels *pl.*

'Rüst,ei·sen *n mar.* chain plate.

rü·sten ['rʏstən] I *v/t* ⟨h⟩ 1. (*Fest, Mahl, Nachtlager etc*) prepare, make (*s.th.*) (ready). – 2. *civ.eng.* (*Haus*) scaffold, support (*s.th.*) by (*od.* furnish [*s.th.*] with) a scaffold. – 3. *tech.* set (*s.th.*) up. – 4. *aer.* (*Flugzeug*) rig. – II *v/i* 5. *mil.* (*aufrüsten*) arm: die Mächte ~ zum Krieg the nations arm for war; um die Wette ~ to compete in an (*od.* the) arms race. – 6. (zu, für for) prepare, get ready: zum Aufbruch ~ to get ready to leave. – III *v/reflex* sich ~ 7. (*sich vorbereiten*) (zu, für for) prepare: die Stadt rüstet sich zum Fest the town prepares for the festival; er rüstet sich zur Abreise he gets ready to leave; sich zum Kampf ~ *bes. mil.* to prepare (*od.* make ready) for action; sie hatte sich für ihre künftigen Aufgaben gut gerüstet she had well prepared for her future tasks. – 8. (*sich wappnen*) (gegen for) arm oneself, prepare (oneself): er hatte sich gegen die Angriffe gerüstet he had armed himself (*od.* had prepared) for the attacks. – IV R~ *n* ⟨-s⟩ 9. *verbal noun.* – 10. *mil.* armament. – 11. (*eines Festes, Mahls etc*) preparation. – 12. *bes. mil. cf.* Rüstung 1.

Rü·ster ['ryːstər] *f* ⟨-; -n⟩ 1. *bot.* (*Ulme*) elm (*Gattg Ulmus*). – 2. (*wood*) *cf.* Rüsterholz. — **~,holz** *n* elm(wood).

'rü·stern *adj* ⟨*attrib*⟩ (made of) elm(wood).

'Rüst|ge,wicht *n aer.* empty (*od.* structural, construction) weight. — **~,holz** *n civ.eng.* scaffold timber.

rü·stig ['rʏstɪç] I *adj* 1. (*körperlich u. geistig*) hale and hearty, sprightly: eine ~e alte Dame a sprightly old lady; er ist für sein Alter noch sehr ~ he is exceptionally fit for his age. – II *adv* 2. (*kräftig, schnell*) sprightly: er schritt ~ aus he walked with a sprightly step. – 3. (*mit voller Kraft*) vigorously, energetically: sie arbeitet ~ weiter she works on vigorously (*od.* energetically). — **'Rü·stig·keit** *f* ⟨-; *no pl*⟩ (*körperliche u. geistige*) haleness (and heartiness), sprightliness.

Ru·sti·ka ['rʊstika] *f* ⟨-; *no pl*⟩ *arch.* rustication.

ru·sti·kal [rʊsti'kaːl] *adj* ⟨-er; -st⟩ 1. (*ländlich, bäuerlich*) rural, rustic. – 2. (*Einrichtung, Mode etc*) rustic: wir haben uns in ~em Stil eingerichtet we've furnished our home in rustic (*od.* country) style.

'Rüst|,kam·mer *f mil. hist.* armory, *bes. Br.* armoury, arsenal. — **~,loch** *n civ.eng.* scaffolding (*od.* putlog) hole. — **~ma·te·ri,al** *n* scaffolding equipment. — **~,satz** *m tech.* standard set of equipment. — **~,stan·ge** *f civ.eng.* a) scaffold(ing) pole, b) (*kurze*) putlog, *auch* putlock, c) (*lange*) ledger. — **~,tag** *m relig.* 1. (*bei den Juden*) eve (of a feast). – 2. *pl* (*in der protestantischen Kirche*) days of preparation.

'Rü·stung *f* ⟨-; -en⟩ 1. ⟨*only sg*⟩ *mil. pol.* armament, arms *pl*, rearmament: die ~ beschränken [kontrollieren] to limit (*od.* cut down) [to control] armament(s). – 2. *mil. hist.* (*Ritterrüstung*) (knight's) armor (*bes. Br.* armour), armature, mail: die ~ anlegen to put on one's armo(u)r. – 3. *rare* (*Vorbereitung*) preparation.

'Rü·stungs|,ab,kom·men *n pol.* armament agreement, agreement on armament(s). — **~,amt** *n mil.* Defense Production Agency, *Br. etwa* department of armaments. — **~,auf,trag** *m* armament order (*od.* contract). — **~,aus,ga·ben** *pl* defence (*Am.* defense) expenditure *sg.* — **~be,schrän·kung** *f* limitation (*od.* restriction) of armaments. — **~be,trieb** *m cf.* Rüstungsfabrik. — **~dis·po·si·ti,on** *f psych.* potential of abilities. — **~fa,brik** *f* armament (*od.* munition, arms, war) plant (*od.* factory, works *pl construed as sg or pl*). — **~fa·bri,kant** *m* manufacturer of armament(s) (*od.*

arms), owner of an armament factory. — **~in·duˌstrie** *f* armament (*od.* munition[s]) industry. — **~konˌtrol·le** *f pol.* control of armaments, armament control. — **~ma·te·riˌal** *n* munitions *pl*, armaments *pl*, war material. — **~mo·noˌpol** *n* armament(s) monopoly. — **~ˌstand** *m* level of armaments. — **~ˌwettˌlauf** *m* arms (*od.* armament) race. — **~ˌzen·trum** *n* armament (*od.* war) production center (*bes. Br.* centre).

'Rüst|ˌzeit *f* **1.** *tech.* setting-up time. – **2.** *pl relig. cf.* Rüsttag 2. — **~ˌzeug** *n* **1.** (*Handwerkszeug*) (set of) tools *pl*, implements *pl*. – **2.** (*Ausstattung, Ausrüstung*) equipment, outfit. – **3.** *fig.* (*geistiges*) capacity: **er hat nicht das nötige ~ für diesen Posten** he hasn't the necessary capacity (*od.* preparation, he isn't equipped) for the job.

Ru·te ['ruːtə] *f* ⟨-; -n⟩ **1.** (*Gerte*) rod, switch. – **2.** (*Zuchtrute*) rod, switch, birch (rod), cane: **die ~** (*od.* **etwas mit der ~**) **bekommen** to get the rod, to be given the cane; **j-m die ~ (zu spüren) geben** to give s.o. the rod (*od.* a switch), to cane s.o. – **3.** (*Wünschelrute*) divining (*od.* dowsing) rod, dowser, twig: **die ~ schlägt aus** the divining rod deflects. – **4.** (*Angelrute*) fishing rod. – **5.** *hunt.* (*Schwanz*) tail. – **6.** *zo.* (*männliches Glied*) penis, (*bei größeren Tieren*) pizzle, (*bes. bei wirbellosen*) verge. – **7.** (*altes Längenmaß*) perch, pole.

'Ru·ten|ˌbe·sen *m cf.* Reisigbesen. — **~ˌbün·del** *n* **1.** bundle of rods (*od.* switches). – **2.** *antiq.* (*der Liktoren*) fasces *pl* (*often construed as sg*). — **~ˌgän·ger** *m* ⟨-s; -⟩ diviner, dowser, rhabdomancer (*scient.*). — **~ˌhieb** *m* stroke (*od.* lash) with a rod (*od.* switch). — **~ˌstreich** *m cf.* Rutenhieb.

Ruth [ruːt] *npr f* ⟨-; *no pl*⟩ *Bibl.* Ruth: **das Buch ~** the book of Ruth.

Ru·the·ne [ru'teːnə] *m* ⟨-n; -n⟩ (*Ukrainer*) Ruthenian, Ruthene. — **ru'the·nisch** *adj* Ruthenian.

Ru·the·ni·um [ru'teːnĭʊm] *n* ⟨-s; *no pl*⟩ *chem.* ruthenium (Ru).

Ru·til [ru'tiːl] *n* ⟨-s; -e⟩ *min.* rutile, titanium (*od.* titanic) dioxide.

Ru·ti·ne [ru'tiːnə] *f* ⟨-; *no pl*⟩ *cf.* Routine.

'Rüt·liˌschwur ['ryːtli-] *m* ⟨-s; *no pl*⟩ *hist.* Oath on the Rütli (*legendary birthplace of the Swiss Confederacy*).

Rutsch [rʊtʃ] *m* ⟨-(e)s; -e⟩ **1.** (*Abwärtsrutschen*) slide, slip: **guten ~ (ins neue Jahr)!** *fig. colloq.* Happy New Year! – **2.** (*Erd-, Steinrutsch*) landslide, landslip. – **3.** *fig. colloq.* (*Spritztour*) (short) trip, run: **er ist auf einen ~ nach Salzburg gefahren** he went for a (short) trip (*od.* he paid a flying visit) to Salzburg. – **4. in einem ~** *fig. colloq.* at (*od.* in) one go (*colloq.*): **wir sind in einem ~ bis Köln durchgefahren** we went to Cologne at (*od.* in) one go. — **~ˌbahn** *f* **1.** (*auf dem Eis etc*) slide. – **2.** (*auf Kinderspielplätzen*) (playground) slide, chute. – **3.** (*in Vergnügungsparks*) toboggan slide, *Am.* chute-the-chute(s). – **4.** (*in Schwimmbädern*) water chute, slide.

Rut·sche ['rʊtʃə] *f* ⟨-; -n⟩ **1.** *cf.* Rutschbahn. – **2.** *tech.* (*Gleitbahn*) chute, *auch* shute, slide(way), shoot, (*bes. für Holzstämme*) rollway.

rut·schen ['rʊtʃən] **I** *v/i* ⟨sein⟩ **1.** (*von Personen*) slip, skid. – **2.** (*von Fahrzeugen*) skid: **seitwärts ~** to sideslip, *Br.* to side-slip. – **3.** (*entgleiten*) slip: **die Pakete rutschten mir aus den Armen** the parcels slipped out of my arms. – **4.** (*von Kleidung, Brille etc*) slip: **die Brille rutscht ihr von der Nase** the glasses slip down her nose. – **5.** (*von Erdmassen etc*) slide, slip. – **6.** *colloq.* (*von Essen etc*) go down: **das Essen will nicht ~** the meal won't go down; **trink Wasser, damit es besser rutscht** have some water to help it down. – **7. ~ von** to slide from: **das Kind rutscht vom Stuhl** the child slides from the chair. – **8.** *colloq.* (*rücken*) move up (*od.* over): **soll ich eins weiter ~?** shall I move up (*od.* over)? – **9.** (*auf der Rutschbahn etc*) chute (the chutes), slide. – **10.** (*auf dem Eis etc*) slide. – **11.** (*auf dem Boden etc*) crawl: **die Kinder ~ (auf den Knien) durchs Zimmer** the children crawl through the room; **auf den Knien vor j-m ~** a) to crawl on one's knees before s.o., b) *fig. colloq.* (*umschmeicheln*) to crawl (*od.* fawn) round s.o.; **auf den Knien gerutscht kommen** *fig. colloq.* to go down on bended knee(s). – **12.** *colloq.* (*eine Spritztour machen*) run over (*od.* up): **wir sind mal eben nach Salzburg gerutscht** we've just run over (*od.* up, down) to Salzburg. – **13.** *econ.* (*von Preisen*) slip, run down, yield, decline. – **14.** *auto.* a) (*von der Kupplung*) slip, b) (*von Reifen*) skid, slide. – **15.** *aer.* (*in der Kurve*) sideslip. – **II R~** *n* ⟨-s⟩ **16.** *verbal noun.* – **17.** (*Ausrutschen*) slip: **ins R~ kommen** (*od.* **geraten**) to start slipping, to begin to slip, to slip. – **18.** (*von Fahrzeug*) skid: **der Wagen kam ins R~** the car started skidding, the car skidded. – **19.** (*von Erdmassen etc*) slide, slip.

'rutsch|ˌfest *adj cf.* rutschsicher. — **R~ˌfes·tig·keit** *f cf.* Rutschsicherheit. — **R~geˌfahr** *f* **1.** danger of skidding. – **2. ~!** (*als Verkehrszeichen*) danger! slippery when wet! slippery road!

'rut·schig *adj* (*Straße etc*) slippery, slippy.

'Rutsch|parˌtie *f colloq.* **1.** (*auf dem Eis*) slide. – **2.** (*auf der Rutschbahn*) chute, *auch* shute, slide. – **3.** (*unfreiwillige*) slip: **eine ~ machen** a) to slip, b) (*mit dem Auto*) to have a skid, to skid. – **4.** *cf.* Rutsch 3. — **r~ˌsi·cher** *adj* (*Reifen etc*) nonskid *Br.* non-, antiskid (*beide attrib*). — **~ˌsi·cher·heit** *f* ⟨-; *no pl*⟩ antiskid (*od.* nonskid, *Br.* non-skid) property, skidding safety, resistance to skidding.

Rut·te ['rʊtə] *f* ⟨-; -n⟩ *zo. cf.* Aalputte.

'Rüt·tel|beˌton *m civ.eng.* vibrated concrete. — **~ˌform·maˌschi·ne** *f metall.* jar-ram molding (*bes. Br.* moulding) machine. — **~maˌschi·ne** *f print.* jogging machine.

rüt·teln ['rʏtəln] **I** *v/t* ⟨h⟩ **1.** shake: **j-n an der Schulter ~** to shake s.o. by the shoulder; **j-n aus dem Schlaf ~** to shake s.o. out of his sleep. – **2.** *tech.* shake. – **3.** (*Getreide etc*) winnow, sift. – **4.** *metall.* a) shake, jolt, b) (*Formsand*) jar, jolt. – **II** *v/i* **5.** (*von Fahrzeugen*) jolt, jounce, joggle, shake: **der Wagen rüttelt stark** the car jolts (*od.* jounces, shakes) a great deal. – **6.** (*an Türen etc*) (**an** *dat* at) rattle: **an der Haustür ~** to rattle at the front door; **der Sturm rüttelt an den Fensterläden** the storm rattles at the (window) shutters. – **7. ~ an** (*dat*) *fig.* (*an Grundsätzen etc*) shake: **das rüttelt an den Grundfesten der Demokratie** this shakes the foundations of democracy. – **8. daran ist nichts** (*od.* **gibt es nichts**) **(mehr) zu ~** *fig. colloq.* there's nothing we can do about it, that's an unalterable fact. – **9.** *hunt.* (*von Raubvögeln*) hover. – **III R~** *n* ⟨-s⟩ **10.** *verbal noun.* – **11.** (*an einer Schulter etc*) shake. – **12.** (*an Türen etc*) rattle.

'Rüt·tel|ˌpreßˌform·maˌschi·ne *f metall.* jar squeezer. — **~ˌsieb** *n tech.* shaking screen, oscillating riddle. — **~ˌtisch** *m metall.* jarring (*od.* jolting) table. — **~verˌfah·ren** *n* (*in der Formtechnik*) jar-ramming method. — **~ˌwen·deˌform·maˌschi·ne** *f* turnover-table jolter.

'Rütt·ler *m* ⟨-s; -⟩ *tech.* vibrator.

S

S, s [ɛs] *n* ⟨-; -⟩ **1.** S, s (*nineteenth letter of the German alphabet; fifteenth consonant*): **ein großes S** a capital (*od.* large) S; **ein kleines S** a small (*od.* little) s; **stimmloses** (*od.* **scharfes**) **S** voiceless (*od.* surd, hard) s; **stimmhaftes** (*od.* **weiches, sanftes**) **S** voiced (*od.* soft) s. – **2.** S *chem.* (*Schwefel*) S. – **3.** S *phys.* (*Siemens*) mho. – **4.** S *geogr.* (*Süden*) S, s. – **5.** S *econ.* (*Schilling; österr. Währungseinheit*) S. – **6.** *ling.* a) S (*Subjekt*) S, b) s (*sächlich*) n, nt. – **7.** S (*something having the shape of the capital letter S*) S.

Saal [zaːl] *m* ⟨-(e)s; Säle⟩ **1.** (assembly) hall. – **2.** (*Konzertsaal*) (concert) hall, auditorium. – **3.** (*Lesesaal*) reading room. – **4.** *med. cf.* **Operationssaal.** — **~ˌbau** *m* ⟨-(e)s; -ten⟩ **1.** ⟨*only sg*⟩ (*Vorgang*) construction of a hall. – **2.** (*Gebäude*) hall (structure). — **~ˌord·ner** *m* (hall) usher (*od.* steward). — **~ˌschlacht** *f* fighting (*od.* brawl) in a (public) hall. — **~ˌtoch·ter** *f Swiss* (*Kellnerin*) waitress.

ˈ**Saarˌabˌkom·men** [ˈzaːr-] *n hist.* Saar Agreement (*1956*).

ˈ**Saarˌlän·der** *m* ⟨-s; -⟩ Saarlander, native (*od.* inhabitant) of (the) Saarland. — ˈ**saarˌlän·disch** *adj* of (*od.* relating to) (the) Saarland.

Saat [zaːt] *f* ⟨-; -en⟩ *agr.* **1.** ⟨*only sg*⟩ (*Säen*) sowing, seeding: **die ~ bestellen** to sow (seed), to seed. – **2.** (*Saatgut*) seed(s *pl*), seed (corn, *bes. Am.* grain): **die Saat geht auf** a) the seed comes (*od.* sprouts) up, b) *fig.* the seed is bearing fruit, the results are beginning to show. – **3.** crops *pl*: **auflaufende ~** a) germinating (*od.* shooting) crops *pl*, b) (*im späteren Stadium*) growing crops *pl*: **die ~ steht gut** the crops are promising (*od.* looking well). — **~ˌbeet** *n hort.* seedbed, seed-plot. — **~beˌstel·lung** *f agr.* sowing, seeding. — **~ˌbett** *n* seedbed. — **~ˌboh·ne** *f* seed bean. — **~ˌbrand** *m bot.* smut, ustilago (*scient.*).

ˈ**Saa·tenˌstand** *m agr.* state (*od.* condition) of the crops.

ˈ**Saat|ˌeu·le** *f zo.* common dart moth (*Euxoa segetum*). — **~ˌfeld** *n agr.* cornfield, *bes. Am.* grainfield. — **~ˌgans** *f zo.* bean goose (*Anser fabalis*). — **~geˌtrei·de** *n agr.* seed corn (*bes. Am.* grain), cereal seed. — **~ˌgut** *n cf.* Saat 2. — **~karˌtof·fel** *f* seed potato. — **~ˌkorn** *n* seed corn (*bes. Am.* grain). — **~ˌkrä·he** *f zo.* rook (*Corvus frugilegus*). — **~ˌland** *n agr.* **1.** land for sowing. – **2.** sowed field (*od.* land). — **~ˌwicke** (*getr.* -k·k-) *f bot.* vetch, tare (*Vicia sativa*). — **~ˌwu·cher·ˌblu·me** *f* corn marigold (*Chrysanthemum segetum*). — **~ˌzeit** *f agr.* seedtime, *Br.* seed-time, sowing season (*od.* time).

ˈ**Saatˌzucht** *f agr.* seed growing (*od.* cultivation, production). — **~ˌanˌstalt** *f*, **~beˌtrieb** *m* seed growing station, (seed) nursery.

ˈ**Saatˌzüch·ter** *m agr.* seed grower.

Sa·ba·dil·le [zabaˈdɪlə] *f* ⟨-; -n⟩ *bot.* sabadilla, *auch* cebadilla, cevadilla (*Schoenocaulon officinale*).

Sab·bat [ˈzabat] *m* ⟨-s; -e⟩ *relig.* sabbath, *auch* Sabbath.

Sab·ba·ta·ri·er [zabaˈtaːrĭər] *m* ⟨-s; -⟩ *relig.* sabbatarian, *auch* Sabbatarian.

ˈ**Sab·batˌfei·er** *f relig.* observance of the Sabbath.

Sab·ba·tist [zabaˈtɪst] *m* ⟨-en; -en⟩ *f relig.* sabbatarian, *auch* Sabbatarian.

ˈ**Sab·bat|ˌjahr** *n relig.* sabbatical (*auch* Sabbatical) (year). — **~ˌru·he** *f* sabbatical (*od.* Sabbatical) rest. — **~ˌschän·der** *m* Sabbath-breaker, breaker (*od.* desecrater, desecrator) of the Sabbath. — **~ˌschän·dung** *f* breaking (*od.* desecration) of the Sabbath. — **~ˌstil·le** *f cf.* Sabbatruhe.

Sab·bel [ˈzabəl] *m* ⟨-s; *no pl*⟩ *Low G. and Eastern Middle G. cf.* Sabber. — ˈ**sab·beln** *v/i* ⟨h⟩ *colloq. cf.* sabbern.

Sab·ber [ˈzabər] *m* ⟨-s; *no pl*⟩ *Low G. and Eastern Middle G.* slobber, slaver, drivel, *Am.* drool. — **~ˌlätz·chen** *n colloq.* bib.

sab·bern [ˈzabərn] *v/i* ⟨h⟩ *colloq.* **1.** slobber, drivel, slaver, *Am.* drool. – **2.** *fig. contempt.* (*schwatzen*) drivel, *Am. auch* drool.

Sä·bel [ˈzɛːbəl] *m* ⟨-s; -⟩ **1.** (*auch sport*) saber, *bes. Br.* sabre: **den ~ schwingen** to brandish the saber; **j-n auf ~ fordern** to challenge s.o. to a duel with sabers; **mit dem ~ rasseln** *fig.* to rattle the saber. – **2.** (*Krummsäbel*) scimitar, *auch* scimiter, curved saber (*bes. Br.* sabre). — **~an·ti·ˌlo·pe** *f zo.* gemsbok (*Oryx gazella*). — **~ˌbei·ne** *pl colloq.* bowlegs, bandy-legs. — **s~ˌbei·nig** *adj colloq.* bowlegged, bandy(-legged). — **~ˌfech·ten** *n* (*sport*) saber (*bes. Br.* sabre) fencing. — **~ˌfech·ter** *m* saber (*bes. Br.* sabre) fencer. — **s~ˌför·mig** *adj* **1.** saber- (*bes. Br.* sabre-)shaped, scimitared. – **2.** *bot.* (*Blatt*) acinaciform. — **~ge·ˌras·sel** *n cf.* Säbelrasseln. — **~ˌhieb** *m* **1.** saber (*bes. Br.* sabre) stroke, stroke with a saber (*bes. Br.* sabre). – **2.** (*sport*) saber (*bes. Br.* sabre) cut.

Sa·bel·ler [zaˈbɛlər] *pl antiq.* Sabellians.

sä·beln [ˈzɛːbəln] *v/t u. v/i* ⟨h⟩ *fig. colloq.* hack, hash, cut.

ˈ**Sä·bel|ˌras·seln** *n fig.* saber (*bes. Br.* sabre) rattling. — **~ˌraß·ler** *m* ⟨-s; -s⟩ *fig.* saber (*bes. Br.* sabre) rattler. — **~ˌschei·de** *f* saber (*bes. Br.* sabre) scabbard (*od.* sheath). — **~ˌschnäb·ler** [-ˌʃnɛːblər] *m* ⟨-s; -⟩ *zo.* avocet, scooper (*Recurvirostra avosetta*). — **~(ˌzahn)ˌti·ger** *m* saber- (*bes. Br.* sabre-)toothed tiger (*Gattg Smilodon*).

Sa·bi·ner [zaˈbiːnər] *m* ⟨-s; -⟩ *antiq.* Sabine. — **Saˈbi·ne·rin** *f* ⟨-; -nen⟩ Sabine: **der Raub der ~nen** the rape of the Sabines (*od.* Sabine women). — **saˈbi·nisch** *adj* Sabine.

Sa·bo·ta·ge [zaboˈtaːʒə] *f* ⟨-; -n⟩ sabotage: **~ treiben** to practice (*bes. Br.* practise) sabotage. — **~ˌakt** *m* act of sabotage.

Sa·bo·teur [zaboˈtøːr] *m* ⟨-s; -e⟩ saboteur. — **sa·boˈtie·ren** [-ˈtiːrən] *v/t* ⟨*no* ge-, h⟩ sabotage.

Sac·cha·ra·se [zaxaˈraːzə] *f* ⟨-; *no pl*⟩ *chem.* saccharase, zymase, invertase, invertin, *auch* sucrase. — **Sac·cha·riˈme·ter** [-riˈmeːtər] *n* ⟨-s; -⟩ saccharimeter. — **Sac·cha·ri·meˈtrie** [-rimeˈtriː] *f* ⟨-; *no pl*⟩ saccharimetry.

Sac·cha·rin [zaxaˈriːn] *n* ⟨-s; *no pl*⟩ *chem.* saccharin, gluside, benzosulfimide *bes. Br.* -ph-.

Sac·cha·ro·se [zaxaˈroːzə] *f* ⟨-; *no pl*⟩ *chem.* saccharose, sucrose, cane sugar.

ˈ**Sachˌanˌla·ge** *f econ.* material assets *pl*, fixed (tangible) assets *pl*. — **~verˌmö·gen** *n* tangible (fixed) assets *pl* (*od.* property).

Sa·cha·rin [zaxaˈriːn] *n* ⟨-s; *no pl*⟩ *chem. cf.* Saccharin.

Sa·char·ja [zaˈxarja] *npr m* ⟨-s; *no pl*⟩ *Bibl.* (*Prophet*) Zachariah.

ˈ**Sach|be·ar·bei·ter** *m* senior clerk: **er ist ~ für** he is an (*od.* the) official in charge of. — **~beˌschä·di·gung** *f bes. jur.* damage to property, property damage: **vorsätzliche ~** wil(l)ful damage. — **~beˌweis** *m jur.* material evidence. — **s~beˌzo·gen** *adj* (*Diskussion, Bemerkung etc*) pertinent, pertaining to the matter on hand, *auch* pragmatic. — **~beˌzü·ge** *pl econ.* receipts (*od.* payment *sg*, remuneration *sg*) in kind. — **~ˌbuch** *n* nonfiction (*Br.* non-fiction) (book): **unser Angebot an Sachbüchern** our offer in nonfiction. — **~ˌdarˌstel·lung** *f jur.* statement of facts. — **s~ˌdien·lich** *adj* relevant, pertinent: **~e Hinweise** relevant information, information relevant to (*od.* bearing on) the case.

Sa·che [ˈzaxə] *f* ⟨-; -n⟩ **1.** (*Gegenstand, Ding*) thing, object, article: **~n, die auf dem Tisch liegen** objects lying on the table; **all die ~n (da) auf dem Regal** all those things (*od.* all the stuff) on the shelf; **in dem Geschäft gibt es die tollsten ~n** *colloq.* they have terrific things in this shop (*colloq.*); **das ist das Beste an der ~** that is the best (thing) about it; **das ist eine größere ~** *colloq.* this is no mean affair (*colloq.*); **dieses Geschenk ist keine große ~** *colloq.* this present is nothing much (*colloq.*); **~n gibt's, die gibt's gar nicht** *colloq.* there are some things you would hardly believe exist; **ich bin mir meiner ~ sicher** (*od.* **gewiß**) I am sure of my ground (*od.* of myself); **ich weiß noch ganz andere ~n** I know even better things than that; **mach keine ~n!** *colloq.* a) (*erstaunt*) don't tell me (that)! b) (*ermahnend*) don't do anything stupid! **du machst (aber) ~n!** *colloq.* the things you get up to! (*colloq.*); **das ist nicht jedermanns ~** a) (*Geschmack*) that is not everybody's taste (*Br. colloq.* cup of tea), b) (*das kann nicht jeder*) that is not everybody's line; **ich muß wissen, was an der ~ ist** I must find out the truth (about the matter), I must find out what's up (*colloq.*); **tun Sie es der ~ zuliebe** do it for the love of it (*od. colloq.* of the thing); **ich mache keine halben ~n** I don't do things by halves (*od.* by half measures); **keine halben ~n!** no half measures! don't do things by halves! – **2.** (*Angelegenheit*) affair, matter, business: **das ist meine ~!** that is my affair (*bes. Am. colloq.* baby)! **das ist dann deine ~!** that is your affair (*od. colloq.* funeral)! **das ist (doch) nicht seine ~** that is not his business (*od.* no business of his, none of his business); **in welcher ~ wollten Sie mich sprechen?** what (business) did you want to speak to me about?

misch dich nicht in ~n, die dich nichts angehen don't interfere in matters (*od.* things) which don't concern you; **die ~ schwebt noch** (*od.* **ist noch in der Schwebe**) the matter is still unsettled (*od.* pending); **es ist mir viel an dieser ~ gelegen** this affair matters a great deal (*od. colloq.* a lot) to me, this matter is of great importance to me; **was ist bei der ~ zu tun?** what is to be done here (*od.* in this matter)? – **3.** (*Frage, Problem*) matter, question, problem, things *pl*: **eine heikle [wichtige, zweifelhafte] ~** a ticklish [an important, a doubtful] matter; **das ist eine ~ des Benehmens [Vertrauens, Geschmacks]** that is a question of behavio(u)r [confidence, taste]; **ich sehe die ~ anders** I see the matter differently, I have a different view on the matter; **eine ~ beschlafen** *colloq.* to sleep on a matter; **einer ~ auf den Grund gehen** to get to the bottom of a matter, to look into a matter thoroughly (*od.* well); **eine ~ auf sich beruhen lassen** to let a matter rest, to leave things as they are; **das ist eine ~ für sich** that is a chapter in itself (*od.* a matter apart); **in der Natur** (*od.* **im Wesen**) **der ~ liegen** to be in the nature of things; **versuch du, die ~ zu deichseln!** *colloq.* you try to fix the matter up! (*colloq.*), see if you can work it! (*colloq.*); **jede ~ hat zwei Seiten** there are two sides to everything; **das ist so eine ~, das sind so ~n** *colloq.* that's quite a problem; **das trifft den Kern der ~** that touches on the core of the problem. – **4.** (*Aufgabe, Arbeit*) task, job: **er macht seine ~ gut [schlecht]** he does his job well [badly]; **er versteht seine** (*od.* **die, etwas von der**) **~** he knows his job (*od.* the ropes, *colloq.* what he is about); **es ist ~ des Gerichts [der Eltern] zu entscheiden, ob** it is for the court [the parents] to decide whether, it is the task (*od.* duty, part) of the court [parents] to decide whether. – **5.** (*Anliegen*) cause: **für eine gute [gerechte] ~ kämpfen** to fight for a good [just] cause; **sich** (*acc*) **in den Dienst einer ~ stellen** to devote oneself to (the service of) a cause; **er wird sich meiner ~ annehmen** he will attend to (*od.* look after) my cause (*od.* matter); **in eigener ~ sprechen** to speak on one's own behalf; **seine ~ vorbringen** to state one's cause (*od.* case); **j-n für seine ~ gewinnen** to win s.o. to one's (own) cause; **mit j-m gemeinsame ~ machen** to make common cause with s.o.; **die Person von der ~ trennen** to distinguish between the person and the cause (*od.* the matter on hand); **man kann in eigener ~ nicht Richter sein** (*Sprichwort*) no man ought to be judge in his own cause (*proverb*). – **6.** (*Unternehmen, Vorhaben*) matter, plan, enterprise: **eine ~ fallenlassen [verfolgen]** to drop (*od.* discard) [to pursue] a plan; **das war beschlossene** [*colloq.* **eine abgekartete**] **~** that was a foregone conclusion [a prearranged (*od. colloq.* put-up) job]; **wir haben eine große ~ vor** *colloq.* we have big plans, we have planned a big affair; **die ~ macht sich [nicht] bezahlt** the enterprise pays [doesn't pay] (its way); **die ~ soll morgen steigen** *fig. colloq.* things will start rolling (*od.* will get going) tomorrow (*colloq.*), tomorrow is D-day (*colloq.*); → faul 11. – **7.** (*Handlung, Tat*) deed, act, thing: **das war eine dumme ~ [von dir]** that was a stupid (*od.* foolish) thing [for you] to do. – **8.** (*Begebenheit, Ereignis*) event, things *pl*: **erzähl doch einmal den Hergang der ~** tell me the course of events, tell me what happened. – **9.** *pl colloq.* (*Geschichten, Vorkommnisse*) things, stories: **das sind ja schöne** (*od.* **nette**) **~n, die ich da über dich höre** *iron.* I have been hearing fine (*od.* nice) things about you; **was sind das für ~n?** what sort of (a) mess is that? (*colloq.*). – **10.** (*Affäre*) affair, matter: **er ist in eine unangenehme ~ verwickelt** he has got mixed up (*od.* involved, implicated) in an unpleasant affair. – **11.** (*Sachlage, Situation*) state of affairs (*od.* things), things *pl*, situation: **die ~ steht gut [schlecht]** things are in good [bad] shape, things are going well [badly]; **die ~ verhält sich** (*od.* **liegt**) **so** (*od.* **folgendermaßen**) things are (*od.* the situation is) as follows; **nach Lage der ~** as things stand. – **12.** (*Punkt*) point, matter: **in dieser ~ stimmen wir überein** we agree on this point. – **13.** (*Streitfrage*) issue: **es geht in dieser ~ um folgendes** what is at issue is this. – **14.** (*Thema*) point, subject: **zur ~!** a) keep to the point! b) (*bes. in Parlamentsdebatten*) (the) question! to the subject! **zur ~ kommen** to come to the point, to get down to business (*od. sl.* brass tacks); **das gehört [nicht] zur ~** this is [ir]relevant, this is to [off] the point; **sich zur ~ äußern** a) to express one's views on the subject (*od.* point), b) *jur.* to refer to the merits (of the case); **er bleibt nie bei der ~** he never keeps (*od.* sticks) to the point; **sie ist [nicht] bei der ~** she is [in]attentive, her mind is [not] on her work; **mit ganzer** (*od.* **mit Leib und**) **Seele bei der ~ sein** to be in it with heart and soul. – **15.** (*Umstand, Seite*) point, circumstance: **man muß dabei verschiedene ~n berücksichtigen** one has to take various points into consideration. – **16.** (*das Wesentliche, der Kern*) essence (*od.* core) of things (*od.* the matter, the problem), matter (*od.* problem) itself: **in der ~ hat sich jedoch nichts geändert** the essentials of the matter (*od.* issue) are unchanged; **das [der Name] tut nichts zur ~** this [the name] is irrelevant (*od.* of no account); **um die ~ herumreden** to beat about the bush. – **17.** (*Tatsache*) fact: **die ~ ist die, daß** the fact is that. – **18.** *jur.* (*im Gegensatz zur Person*) thing: **bewegliche [unbewegliche] ~n** things personal [real], movable [immovable] property *sg*, movables (*od.* chattels) [immovables]. – **19.** *jur.* (*Rechtsstreit*) matter, case, cause, action, lawsuit: **in ~n A gegen B** in the matter of (*od.* in re) A versus B; **eine anhängige ~** a pending action; **er wurde vom Richter zur ~ vernommen** he was interrogated by the judge with regard to the matter (itself). – **20.** *pl* (*Habseligkeiten*) property *sg*, belongings, things, goods and chattels, traps (*colloq.*). – **21.** *pl* (*Gepäck*) luggage *sg*, *bes. Am.* baggage *sg*, things, stuff *sg*. – **22.** *pl* (*Kleidungsstücke*) (articles of) clothing *sg*, things. – **23.** *pl* (*Möbel*) furniture *sg*, things, stuff *sg*. – **24.** *pl* (*Speisen, Getränke*) things, stuff *sg*: **es gab viele gute** (*od.* **feine**) **~n zu essen** there were lots of good things (*od.* delicacies, goodies) (to eat) (*colloq.*); **scharfe ~n** a) *colloq.* (*Getränke*) potent (*od.* strong) drinks, hot stuff *sg* (*colloq.*), b) (*Speisen*) spicy (*od.* hot) food *sg*, c) *colloq.* (*Aktfotos etc*) spicy (*od.* racy) affairs, hot stuff *sg* (*alle colloq.*). – **25.** *pl colloq.* (*Stundenkilometer*) **er brauste mit 120 ~n um die Kurve** he came round the bend at 120.

'Sachˌeinˌla·ge *f econ.* contribution in kind.

Sä·chel·chen ['zɛçəlçən] *n* ⟨-s; -⟩ *colloq.* **1.** *dim. of* Sache. – **2.** *meist pl* (*nette Kleinigkeiten*) pretty little thing. – **3.** *meist pl* (*pikante Angelegenheiten*) intimacy, matter of some delicacy.

'Sa·chenˌrecht *n jur.* law of things (*od.* property).

'Sach|entˌschei·dung *f jur.* decision on the merits. — **~erˌklä·rung** *f* definition (of a subject).

'Sa·cherˌtor·te ['zaxər-] *f gastr.* Sacher torte.

'Sach|ˌfeld *n ling.* field of subject matter. — **~ˌfor·schung** *f* (*in Ethnologie, Volkskunde*) material-culture studies *pl.* — **~geˌbiet** *n* **1.** (*Fach-, Studiengebiet*) subject, field, area. – **2.** (*Materie*) subject (matter). – **3.** (*Aufgabenbereich*) department, domain, field (of duties), functions *pl*, purview. — **s~geˌmäß, s~geˌrecht I** *adj* **1.** (*Verpackung, Behandlung etc*) proper, adequate. – **2.** (*Darstellung etc*) objective, proper, factual, true-to-fact (*attrib*). – **II** *adv* **3.** properly, in a proper way. — **~ˌgrün·dung** *f econ.* (*bei Aktiengesellschaften*) company promotion based on noncash capital contributions. — **~ˌgü·ter** *pl jur.* material goods. — **~ka·taˌlog** *m* subject(-matter) catalog (*bes. Br.* catalogue). — **~ˌken·ner** *m* **1.** expert, knowledgeable person, person with special knowledge, *auch* proficient, adept. – **2.** (*auf einem Wissensgebiet*) expert, authority. — **~ˌkennt·nis** *f* **1.** expert knowledge, expertness, expertise, proficiency, adeptness. – **2.** (*Kenntnis der Sachlage*) factual knowledge, knowledge of facts: **sein Vortrag war von keiner(lei) ~ getrübt** *iron.* his talk was not burdened with any factual knowledge. — **~ˌkon·to** *n econ.* ledger (*od.* consolidating) account. — **~ˌko·sten** *pl* (*in der Buchhaltung*) nonpersonnel costs. — **~ˌkun·de** *f* ⟨-; *no pl*⟩ *cf.* Sachkenntnis 1. — **s~ˌkun·dig** *adj* expert, knowledgeable, *auch* proficient, adept: **ein ~es Urteil** an expert (*od.* an expert's) judg(e)ment. — **~ˌkun·di·ge** *m, f* ⟨-n; -n⟩ *cf.* Sachkenner. — **~ˌla·ge** *f* **1.** state of affairs (*od.* things), situation, circumstances *pl*: **das ist eine völlige Verkennung der ~** that is a complete misconception of the actual state of affairs; **bei der gegenwärtigen ~** under (the) present circumstances, as matters stand. – **2.** (*Umstand*) fact, circumstance. – **3.** *jur.* state of affairs (*od.* facts). — **~ˌlei·stung** *f econ.* **1.** payment (*od.* contribution) in kind. – **2.** (*einer Versicherung*) benefit in kind.

'sach·lich I *adj* **1.** (*zur Sache gehörend*) relevant, pertinent: **~e Angaben [Einwände]** pertinent statements [objections]. – **2.** (*wesens-, inhaltsmäßig*) substantial, material: **es besteht ein ~er Unterschied** there is a substantial difference, there is a difference in substance (*od.* essence); **aus ~en Gründen** for material (*od.* technical) reasons, on material grounds. – **3.** (*vorurteilsfrei, objektiv*) objective, unbias(s)ed: **bleiben Sie ~!** please remain (*od.* be) objective! don't show your bias! **eine streng ~e Kritik** a strictly objective criticism. – **4.** (*geschäftsmäßig*) matter-of-fact, businesslike, down-to-earth (*attrib*): **etwas in ~em Ton sagen** to say s.th. in a matter-of-fact manner. – **5.** (*nüchtern*) prosaic(al), matter-of-fact, down-to-earth (*attrib*), sober, businesslike. – **6.** (*Möbel, Gebäude etc*) functional, practical. – **II** *adv* **7.** (*sachbezogen*) relevantly, pertinently: **er berichtet sehr ~** his report is very much to the point. – **8.** (*der Sache nach*) essentially: **der Einwand ist ~ richtig** the objection is essentially correct, the objection is correct in essence (*od.* substance). – **9.** (*objektiv*) objectively. – **10.** (*nüchtern*) matter-of-factly, prosaically.

säch·lich ['zɛçlɪç] *adj ling.* neuter: **das ~e Geschlecht** the neuter (gender).

'Sach·lich·keit *f* ⟨-; *no pl*⟩ **1.** (*Sachbezogenheit*) relevance, *auch* relevancy, pertinency, pertinence. – **2.** (*Objektivität*) objectivity, objectiveness: **er ist von unbestechlicher ~** he displays unwavering objectivity (*od.* total absence of bias). – **3.** (*Geschäftsmäßigkeit*) matter-of-factness. – **4.** (*Nüchternheit, Phantasielosigkeit*) prosaism, prosaic(al)ness, matter-of-factness, sobriety. – **5.** (*von Möbeln, Gebäuden etc*) functionality, functional character, practicality: **die neue ~** *arch.* the modern functionality, contemporary functionalism; **die Neue ~** (*art*) (*literature*) new realism, neorealism.

'Sachˌmän·gel *pl econ. jur.* material defects (*od.* deficiencies). — **~ˌhaf·tung** *f* liability for material defects (*od.* deficiencies).

'Sach·reˌgi·ster *n* subject(-matter) index.

'Sachˌscha·den *m econ.* damage to property, property (*od.* material) damage: **es entstand nur geringer ~** only slight damage to property was caused. — **~verˌsi·che·rung** *f* property damage (liability) insurance.

Sach·se ['zaksə] *m* ⟨-n; -n⟩ Saxon.

säch·seln ['zɛksəln] *v/i* ⟨h⟩ speak with a Saxon(ian) (*od.* Saxony) accent.

'Sach·senˌspie·gel *m* ⟨-s; *no pl*⟩ *jur. hist.* (*Rechtssammlung*) Code of the Saxons.

Säch·sin ['zɛksɪn] *f* ⟨-; -nen⟩ Saxon (woman *od.* girl).

säch·sisch ['zɛksɪʃ] **I** *adj* Saxon. – **II** *ling.* **S~** ⟨*generally undeclined*⟩, **das S~e** ⟨-n⟩ Saxon, the Saxon dialect.

'Sachˌspen·de *f* gift in kind.

sacht [zaxt] **I** *adj* ⟨-er; -est⟩ **1.** gentle: **etwas [j-n] mit ~er Hand berühren** to touch s.th. [s.o.] with a gentle hand (*od.* gently). – **2.** (*vorsichtig, zögernd*) cautious, gingerly. – **II** *adv* **3.** *cf.* sachte.

'sach·te *adv* **1.** gently, softly: **er berührte sie ganz ~** he touched her ever so gently. – **2.** (*vorsichtig, zögernd*) gently, cautiously, gingerly: **er ging ~ zu Werke** he proceeded (*od.* set about it) cautiously; **ich drückte mich ~ an ihr vorbei** I squeezed past her gingerly, I stole (*od.* slipped) past her. – **3.** (*allmählich*) gently, gradually, by degrees, little by little. – **4.** (*leicht u. leise*) gently: **der Kahn glitt ~ über das Wasser** the boat glided gently over the water. – **5.** **~, ~! immer** (*od.* **man**) **~!** *colloq.* easy, easy! steady, steady! easy does it! (*alle colloq.*).

'Sach|ver,halt *m* ⟨-(e)s; -e⟩ **1.** (*Umstand*) circumstance(s *pl*). – **2.** *bes. jur.* (*Tatbestand*) state of affairs, circumstances *pl*, facts *pl* (of the case): **den ~ darlegen** to state (*od.* give) the facts. — **~ver,mö·gen** *n econ.* tangible property, tangibles *pl*. — **~ver,si·che·rung** *f* property insurance. — **~ver,stand** *m cf.* Sachkenntnis 1. — **s~ver,stän·dig** *adj cf.* sachkundig.

'Sach·ver,stän·di·ge *m, f* ⟨-n; -n⟩ (in *dat*, für) expert (on, in), authority (on), specialist (in, for): **drei ~ hatten ein Gutachten vorgelegt** three experts had given their opinion.

'Sach·ver,stän·di·gen|,aus,schuß *m* committee of experts. — **~,gut,ach·ten** *n* expert opinion, report by a specialist (*od.* by specialists), expertise: **ein ~ abgeben [einholen]** to give [to obtain] an expert opinion. — **~,rat** *m* board of experts.

'Sach|ver,zeich·nis *n cf.* Sachregister. — **~,wal·ter** [-,valtər] *m* ⟨-s; -⟩ **1.** *fig.* (*Fürsprecher, Verteidiger*) advocate, defender: **sich zum ~ für etwas machen** to act as advocate for s.th. – **2.** *bes. jur. archaic* a) (*Rechtsberater*) legal adviser (*auch* advisor), b) (*Treuhänder, Vermögensverwalter*) trustee, c) (*Vertreter, Bevollmächtigter*) agent, attorney, d) (*Verwalter*) administrator, e) (*Anwalt*) counsel. — **~,wert** *m econ.* **1.** real (*od.* actual) value. – **2.** *pl* tangible (*od.* material) goods, tangible property *sg* (*od.* assets), tangibles. — **~,wör·ter,buch** *n* technical (*od.* specialized *Br. auch* -s-) dictionary, encyclopedia, *auch* encyclopaedia.

Sack [zak] *m* ⟨-(e)s; ⸚e, *nach Zahlenangaben* -⟩ **1.** sack, bag: **3 ~ Kaffee [Mehl, Kartoffeln]** 3 sacks of coffee [flour, potatoes]; **hier stehen noch zwei Säcke (mit) Kohlen** here are still two sacks of coal; **Getreide in Säcke füllen** to put grain in(to) sacks, to sack (*od.* bag [up]) grain; **ein ~ voll** a) (*Äpfel, Geld etc*) a sackful (*od.* bagful) of, b) *fig. colloq.* (*Neuigkeiten, etc*) plenty (*od. colloq.* lots *pl*) of; **er brachte einen ganzen ~ voller Nüsse mit** he brought a sack full of nuts (along) with him; **mit ~ und Pack** *fig.* with bag and baggage; **j-n in den ~ stecken** a) to slip a sack over s.o., b) *fig. colloq.* (*überlegen, klüger sein*) to outwit (*od.* get the better of) s.o., to knock spots off s.o. (*colloq.*); **er schläft wie ein ~** *fig. colloq.* he sleeps like a lump of lead (*colloq.*); **er fiel um wie ein (nasser) ~** *fig. colloq.* he slumped to the ground; **er ist voll wie ein ~** *fig. colloq.* he is (as) drunk as a lord (*od.* fiddler), he is dead (*od. colloq.* blind) drunk, he is (as) full as a fiddler's bitch (*sl.*); **es ist leichter, einen ~ Flöhe zu hüten, als** *fig. colloq.* it is easier to hold a pack of wild horses in check than, I would rather keep an elephant in the back garden than (*colloq.*); **habt ihr (bei euch zu Hause) Säcke vor den Türen?** *fig. colloq.* were you born in a field? (*colloq.*); **den ~ schlägt man, den Esel meint man** (*Sprichwort*) *etwa* one blames one person and means another; → hauen 12; Katze 2. – **2.** (*Beutel*) bag. – **3.** (*grober Stoff, Sackleinen*) sackcloth, sacking: → Asche 1. – **4.** *colloq.* (*Hosentasche*) pocket. – **5.** *archaic* (*Geldbeutel*) moneybag. – **6.** *fig. colloq. contempt.* (*Kerl*) bastard: **steht auf, ihr faulen Säcke!** get up, you lazy bastards (*od.* brutes)! **du (blöder) ~!** you darned fool (*od.* bastard)! (*sl.*); **trauriger ~** sad sack (*colloq.*). – **7.** *vulg.* (*Hodensack*) 'balls' *pl*, *Am.* 'nuts' *pl* (*beide vulg.*). – **8.** *med.* a) (*Hautfalte unter dem Auge*) sac, bag, b) (*Schleimbeutel*) bursa. – **9.** *zo.* (*Tintensack etc*) sac, pouch, bursa (*scient.*). – **10.** *bot.* sac, pouch. – **11.** (*in der Fischerei*) bag net. — **s~,ar·tig** *adj bes. med. zo. bot.* pouchlike, saccular (*scient.*). — **~,bahn,hof** *m* (*railway*) *cf.* Kopfbahnhof. — **~,band** *n* sack string (*od.* tie).

Säck·chen ['zɛkçən] *n* ⟨-s; -⟩ **1.** *dim. of* Sack. – **2.** pouch. – **3.** *bes. med.* saccule. – **4.** *zo.* a) sac, pouch, b) (*bes. des Moschustiers*) (musk) pod.

Säckel (*getr.* -k·k-) ['zɛkəl] *m* ⟨-s; -⟩ **1.** *dial. for* Säckchen 1, 2. – **2.** *dial. colloq.* (*Geldbeutel*) moneybag. – **3.** *fig. cf.* Staatssäckel. — **~,blu·me** *f bot.* a) New Jersey tea, redroot (*Ceanothus americanus*), b) blueblossom, *auch* blue myrtle, California lilac (*C. thyrsiflorus*). — **~,mei·ster** *m Southern G., Austrian and Swiss colloq. for* Kassenwart, Schatzmeister.

säckeln (*getr.* -k·k-) ['zɛkəln] *v/t* ⟨h⟩ *dial. cf.* sacken².

sacken¹ (*getr.* -k·k-) ['zakən] *v/i* ⟨sein⟩ **1.** (*von Erdreich, Gebäude etc*) (**nach unten**) **~** to sink (*od.* sag, lower, subside): **das Haus sackte um etwa 30 cm** the house sank about 1 foot. – **2.** (*in Wendungen wie*) **er sackte in die Knie** he sagged to his knees, his knees gave way; **zu Boden [in einen Sessel] ~** to sink (*od.* slump) to the ground [into an easy chair]; **immer tiefer ~** *auch fig.* to sink lower and lower. – **3.** *aer. mar. cf.* absacken 2, 3.

'sacken² (*getr.* -k·k-) *v/t* ⟨h⟩ *dial.* (*Getreide etc*) sack, bag (up), put (*s.th.*) in(to) a sack (*od.* bag), put (*s.th.*) in(to) sacks (*od.* bags).

säcken (*getr.* -k·k-) ['zɛkən] *v/t* ⟨h⟩ *obs.* drown (*s.o.*) in a sack.

sacker·lot (*getr.* -k·k-) [,zakər'lo:t] *interj dial. for* sapperlot. — **,sacker'ment** (*getr.* -k·k-) [-'mɛnt] *interj dial. for* sapperment.

'Sack|,flug *m aer.* stall, stalled (*od.* stalling) flight. — **~,för·der,an,la·ge** *f tech.* sack (*od.* bag) conveying plant. — **s~,för·mig** *adj* **1.** sack- (*od.* bag-)shaped, baggy. – **2.** *med. zo. bot.* saclike, bag-shaped; saccular, saccate(d) (*scient.*). — **~,garn** *n* (*textile*) sack thread (*od.* twine). — **~,gas·se** *f* **1.** cul-de-sac, blind alley, impasse, *bes. Am.* dead end, dead-end street. – **2.** *fig.* (*ausweglose Lage*) deadlock, stalemate, blind alley, impasse, dead end (*colloq.*): **die Verhandlungen sind in eine ~ geraten** the negotiations have come to (a) deadlock (*od.* have reached an impasse); **beruflich steckt er in einer ~** his job is a dead end, he has a dead-end job; **einen Ausweg aus der ~ finden** to find a way out of the deadlock. — **s~'grob** *adj fig. colloq.* as rude as can be. — **~,hüp·fen** *n* (*Kinderspiel*) sack race. — **~,kar·re** *f*, **~,kar·ren** *m* (sack) barrow. — **~,kleid** *n* (*fashion*) sack (dress). — **~,krebs** *m zo.* sacculina (*Sacculina carcini*). — **~,lei·nen** *n*, **~,lein,wand** *f* (*textile*) sackcloth, sacking, (*gröber*) burlap. — **~,na·del** *f* pack(ing) needle. — **~,nie·re** *f med.* sacciform (*od.* cystic) kidney, hydronephrosis, cystonephrosis. — **~pa,pier** *n* bag paper. — **~,pfei·fe** *f mus.* bagpipe. — **~,rut·sche** *f tech.* sack chute. — **~,spin·ner** *m zo. cf.* Sackträgermotte. — **~,stra·ße** *f cf.* Sackgasse 1.

'Sack,trä·ger *m* **1.** person who carries a sack, sack carrier. – **2.** *zo.* (*Motte*) psychid (*Fam. Psychidae*). — **~,mot·te** *f zo.* coleophorid (*Fam. Coleophoridae*).

'Sack,tuch¹ *n* ⟨-(e)s; -e⟩ *cf.* Sackleinen.

'Sack,tuch² *n* ⟨-(e)s; ⸚er⟩ *Southwestern G. and Austrian colloq.* handkerchief.

'Sackung (*getr.* -k·k-) *f* ⟨-; -en⟩ *civ.eng.* sinking, lowering, subsiding.

'sack,wei·se *adv* by the sack (*od.* bag), in sackfuls (*od.* bagfuls).

'Sack,zeug *n* (*textile*) *cf.* Sackleinen.

Sad·du·zä·er [zadu'tsɛ:ər] *m* ⟨-s; -⟩ *relig.* Sadducee. — **sad·du'zä·isch** *adj* Sadducean, Sadducaean. — **Sad·du·zä'is·mus** [-tsɛ'ɪsmus] *m* ⟨-; *no pl*⟩ Sadduceeism.

'Sa·de,baum ['za:də-] *m bot.* savin(e), creeping juniper (*Juniperus sabina*). — **~,spit·zen** *pl med. pharm.* savin(e) tops.

Sa·dis·mus [za'dɪsmus] *m* ⟨-; *no pl*⟩ *bes. psych.* sadism. — **Sa'dist** [-'dɪst] *m* ⟨-en; -en⟩, **Sa'di·stin** *f* ⟨-; -nen⟩ sadist. — **sa'di·stisch I** *adj* sadistic. – **II** *adv* sadistically: **~ veranlagt sein** to have sadistic tendencies.

Sa·do·ma·so·chis·mus [zadomazɔ'xɪsmus] *m psych.* sadomasochism. — **sa·do·ma·so'chi·stisch** [-tɪʃ] *adj* sadomasochistic.

SAE-Klas·si·fi·ka·ti,on [ɛsˀa:'ˀe:-] *f tech.* (*des Schmieröls*) S.A.E. classification.

sä·en ['zɛ:ən] **I** *v/t* ⟨h⟩ **1.** *agr.* sow, seed: **Getreide in Furchen ~** to sow corn (*bes. Am.* grain) in drills, to drill corn (*bes. Am.* grain). – **2.** *fig.* (*Mißtrauen, Haß etc*) sow: **wer Wind sät, wird Sturm ernten** (*Sprichwort*) sow the wind and reap the whirlwind; **Haß ~** to sow the seed of hatred. – **II** *v/i* **3.** *agr.* sow, seed: **sie ~ nicht, sie ernten nicht** *Bibl.* they sow not, neither do they reap.

'Sä·er *m* ⟨-s; -⟩ *agr. cf.* Sämann.

Sa·fa·ri [za'fa:ri] *f* ⟨-; -s⟩ **1.** safari. – **2.** (*Gesellschaftsreise*) safari (trip).

Safe [ze:f; seɪf] (*Engl.*) *m, auch n* ⟨-s; -s⟩ safe(-deposit box), (*kleiner*) *auch* strongbox.

Saf·fi·an ['zafĭa(:)n] *m* ⟨-s; *no pl*⟩ morocco (leather), saffian leather. — **~,ein,band** *m print.* morocco binding. — **~,le·der** *n cf.* Saffian.

Sa·flor [za'flo:r] *m* ⟨-s; -e⟩ **1.** *bot.* safflower, *auch* safflor (*Carthamus tinctorius*): **Wilder ~** distaff (*od.* saffron) thistle (*C. lanatus*). – **2.** ⟨*only sg*⟩ (*Farbstoff*) safflower, *auch* safflor. — **~,gelb** *n* safflower, safflor.

Sa·fran ['zafra(:)n] *m* ⟨-s; -e⟩ **1.** (**Echter**) **~** *bot.* saffron (crocus) (*Crocus sativus*); **Wilder** (*od.* **Falscher**) **~** *cf.* Saflor 1. – **2.** ⟨*only sg*⟩ (*Gewürz etc*) saffron. — **s~,gelb** *adj* saffron(-yellow).

Saft [zaft] *m* ⟨-(e)s; ⸚e⟩ **1.** (*in Bäumen, Pflanzen etc*) sap: **der ~ steigt in die Bäume** the sap rises into the trees; **im ~ stehen** (*von Baum etc*) to be in sap; **ohne ~ und Kraft sein** *fig.* to be sapless (*od.* pithless), (*von Theaterstücken etc*) *auch* to be insipid. – **2.** (*des Obstes, Gemüses etc*) juice: **~ einer Zitrone** lemon juice; **eingedickter ~** concentrated juice, syrup, sirup; **~ unreifer Früchte** juice of unripe fruits, verjuice; **den ~ einer Zitrone auspressen** to press (*od.* squeeze) the juice out of a lemon; **voll(er) ~** *cf.* saftig 1; **der ~ der Reben** *poet.* the juice of the grape, wine. – **3.** (*Braten-, Fleischsaft*) juice, essence: **Fleisch im eigenen ~ schmoren** to stew meat in its own juice; **j-n im** (*od.* **in seinem**) **eigenen ~ schmoren lassen** *fig. colloq.* to let s.o. stew in his own juice. – **4.** (*Flüssigkeit*) liquid, fluid: **süßer [klebriger] ~** sweet [sticky] fluid. – **5.** *colloq.* (*Strom etc*) 'juice' (*colloq.*): **auf der Leitung ist kein ~** there is no juice in the line; **der Wagen hat keinen ~ mehr** the car has run out of juice. – **6.** *pl med.* (*Körpersaft*) humors, *bes. Br.* humours: **der rote ~** *fig.* blood. – **7.** *med. pharm.* a) (*Heiltrank*) (medicinal) liquor, b) (*Hustensaft*) cough syrup (*od.* sirup, mixture). — **~,bra·ten** *m gastr.* braised beef.

Säft·chen ['zɛftçən] *n* ⟨-s; -⟩ **1.** *dim. of* Saft. – **2.** *contempt.* (*Arznei*) elixir, cure-all, peculiar mixture.

saf·ten ['zaftən] **I** *v/t* ⟨h⟩ **1.** *cf.* entsaften. – **II** *v/i* **2.** (*von Apfelsinen etc*) be very juicy, contain a large quantity of juice. – **3.** (*von Bäumen*) be sappy, emit sap: **die Bäume ~** the trees are in sap (*od.* becoming sappy).

'saft,grün *adj* sap-green.

'saf·tig *adj* **1.** (*Obst, Fleisch etc*) juicy, succulent. – **2.** (*Wiese, Gras etc*) lush, succulent, juicy. – **3.** *fig.* (*kraftvoll, frisch*) lush, luxuriant, juicy: **~es Grün** lush green. – **4.** *fig. colloq.* (*Witz etc*) 'juicy' (*colloq.*), spicy, racy. – **5.** *fig. colloq.* (*Rechnung*) 'steep' (*colloq.*), exorbitant. – **6.** *fig. colloq.* (*in Wendungen wie*) **er gab ihm eine ~e Ohrfeige** he gave him a resounding smack on the ear; **ein ~er Brief** a snorter (*colloq.*); **die bekommen einen ~en Brief [eine ~e Antwort] von mir!** they'll get a letter [an answer] from me which will strike home (*od.* that has teeth in it). — **'Saf·tig·keit** *f* ⟨-; *no pl*⟩ **1.** (*des Obstes, Fleisches*) juiciness, succulence, succulency. – **2.** (*der Wiesen, des Grases etc*) lushness, succulence, succulency. – **3.** *fig. colloq.* (*von Witzen etc*) 'juiciness' (*colloq.*), spiciness, raciness.

'Saft|,kur *f* juice diet. — **~,la·den** *m fig. colloq. contempt.* crummy place (*Am.* joint), *Br.* broken-down dump (*alle colloq.*).

'saft·los *adj* **1.** (*Obst, Fleisch etc*) juiceless. – **2.** (*ausgedörrt*) parched, dry.

'Saft|oran·ge [-ˀo,rã:ʒə] *f* juicy orange. — **~,pres·se** *f* (fruit) juice extractor (*od.* squeezer). — **s~,reich** *adj cf.* saftig 1, 2. — **~,tag** *m* (*einer Saftkur*) juice day. — **s~- und 'kraft·los** *adj fig.* sapless, pithless, lacking vigor (*bes. Br.* vigour) (*od.* vitality), (*Stil, Theaterstück etc*) *auch* insipid: **er ist ein saft- und kraftloser Mensch** he is a spineless (*od.* an unenterprising) person, he lacks enterprise, he is a person without vim and vigo(u)r (*colloq.*), he doesn't have much pep (*sl.*).

Sa·ga ['za(:)ga] *f* ⟨-; -s⟩ (*literature*) saga.

Sa·ga·zi·tät [zagatsi'tɛ:t] *f* ⟨-; *no pl*⟩ *obs. for* Scharfsinn.

Sa·ge ['za:gə] *f* ⟨-; -n⟩ **1.** (*Götter- u. Heldensage*) myth, legend: **die ~ von den Nibelungen** the myth (*od.* legend) of the Nibelungen (*od.* Nibelungs); **die ~n des klassischen Altertums** the myths of classical antiquity. – **2.** (*um Personen, Familien*) legend, saga: **es geht die ~, daß** there is a legend that, legend has it (*od.* the story goes) that; **der**

~ nach according to legend; um diesen See ranken sich viele ~n this lake is wreathed in legends, many legends are associated with this lake. – **3.** (*Gerücht*) rumor, *bes. Br.* rumour: die ~ geht, daß rumo(u)r has it that.

Sä·ge ['zɛːgə] *f* ⟨-; -n⟩ **1.** saw: ~ mit Schnitteinstellung ga(u)ge saw. – **2.** (*Handsäge*) handsaw, *Br.* hand-saw. – **3.** (*Fuchsschwanz*) handsaw, *Br.* hand-saw, pad saw: ~ mit Rücken *cf.* Rückensäge. – **4.** (*Bügelsäge*) hand hacksaw (*Br.* hack-saw). – **5.** (*Maschinensäge*) machine (*od.* power) saw, sawing machine. – **6.** *cf.* Sägeblatt. – **7.** (*auf der Messerschneide*) sawteeth *pl.* – **8.** (*Sägemesser*) saw(tooth) knife. – **9.** *zo.* (*des Sägefisches etc*) saw, serra (*scient.*). – **10.** Singende ~ *mus.* musical (*od.* singing) saw. — **~ˌbarsch** *m zo.* sea bass (*Fam. Serranidae*). — **~ˌblatt** *n tech.* **1.** saw blade, *Br.* saw-blade, saw. – **2.** (*einer Kreissäge*) (saw) web. – **3.** (*einer Bandsäge*) band. — **~ˌbock** *m* **1.** sawhorse, *Br.* saw-horse, sawbuck, *Br.* saw-buck, saw trestle. – **2.** *zo.* (*ein Bockkäfer*) tile-horned prionus (*Prionus coriarius*). — **~ˌbü·gel** *m tech.* **1.** (*einer Handsäge*) saw frame, bow of a saw. – **2.** (*einer Bügelsäge*) hacksaw (*Br.* hack-saw) frame. — **~ˌdach** *n arch.* sawtooth roof, *auch* sawtooth, north-light roof. — **~ˌfisch** *m zo.* sawfish (*Fam. Pristidae*): Gemeiner ~ common sawfish (*Pristis pristis*); Westatlantischer ~ western sawfish (*P. pectinatus*). — **s~ˌför·mig** *adj* sawlike, saw-shaped (*od.* -toothed, -edged), serrate(d), (*bes. Muschel*) *auch* denticulate (*scient.*). — **~fur,nier** *n* (*wood*) sawn veneer. — **~ˌgat·ter** *n tech.* **1.** (*Gestell*) saw frame. – **2.** (*Maschine*) saw mill. — **s~geˌstreift** *adj* (*wood*) saw-striped. — **~ˌgriff** *m* saw handle. — **~ˌhai** *m zo.* saw shark (*Fam. Pristiophoridae*). — **~maˌschi·ne** *f tech.* machine (*od.* power) saw, sawing machine. — **~ˌmehl** *n* sawdust. — **~ˌmes·ser** *n* serrated knife, saw(tooth) knife. — **~ˌmüh·le** *f cf.* Sägewerk.

sa·gen ['zaːgən] *v/t* ⟨h⟩ **1.** say: **mit wenigen Worten viel** ~ to say much with few words; **das wäre zuviel gesagt** that would be saying too much, that would be pushing it rather (*colloq.*); **was werden die Leute** ~? what will people say? *Br. auch* what will Mrs. Grundy say? **das ~ Sie** (*od.* **das sagt sich**) **so (leicht), aber** you can talk, but; **das sagst du doch nur so** *colloq.* you are only saying that, you don't mean it; **das mußte (ja) einmal gesagt werden** this had (*od.* needed) to be said (*od.* brought out) sometime; **damit wäre alles gesagt** there is no more to be said; **haben Sie noch etwas zu** ~? have you any(thing) more to say? **ich hätte beinahe** (*od.* **bald**) **etwas gesagt** I nearly said something; **er sagte kein Wort** a) he did not say (*od.* utter, speak) a word, b) (*plauderte nichts aus*) he did not say (*od.* let out) a word, he did not give anything away; **sag doch was** (*od.* **ein Wort**)! say something, can't you? **so etwas** (*od.* **das**) **sagt man nicht** a) (*gehört sich nicht*) one doesn't say things like that, that is not said, b) (*ist unpassend*) that is not the proper thing to say; **denken kannst du dir dein Teil, nur ~ darfst du es nicht** you may think what you like (about it), but you must not say it; **ja [nein]** ~ to say yes [no]; **hat er aufgeräumt? er sagt ja [nein]** did he tidy up? he says he did [not]; **guten Morgen [Abend]** ~ to say (*od.* bid) good morning [evening]; **da kann man wohl ~: „Herzlichen Glückwunsch!"** *colloq.* in that case one must congratulate you; **ich weiß nicht, was ich ~ soll** a) (*vor Erstaunen*) I don't know what to think of it, I'm quite speechless, b) (*aus Verlegenheit*) I don't know what to say, I'm lost (*od.* at a loss) for words; **etwas gegen j-n [etwas]** ~ to say s.th. against s.o. [s.th.]; **haben Sie etwas dagegen zu** ~? do you have anything to say against it? do you have any objection to make (*od.* raise)? **dagegen ist nichts zu** (*od.* **läßt sich nichts**) ~ there is nothing one could say against it; **etwas über j-n [etwas]** ~ to say s.th. about s.o. [s.th.]; **etwas vor sich hin** ~ to say (*od.* mutter, mumble) s.th. to oneself; **dasselbe kann ich von meinem Sohn [meinem Auto, von mir]** ~ the same goes for (*od.* applies to) my son [my car, me]; **wir können noch von Glück ~, daß [wenn]** we can count ourselves lucky that [if]; **etwas im Zorn [Ernst]** ~ to say s.th. in anger [in earnest]; **ich habe das nur im Scherz gesagt** I just said it as a joke, I was only joking; **er weiß auf alles etwas zu** ~ he has an answer for everything, he is never at a loss for words (*od.* an answer); **etwas zu etwas** ~ to say s.th. to s.th.; **was sagen Sie zur Wahl?** what do you say to the result of the polls? **tja, was soll man dazu** ~? *colloq. auch iron.* well, what can one (*od.* what is there to) say (to that)? **wie sagt man (das) auf Englisch?** what is the English for that? how does one say that in English? **ich ging, wie gesagt, spazieren** I went for a walk, as I said; **er ist — offen gesagt — ein Spitzbube** he is a rogue, frankly speaking (*od.* to tell you the truth); **unter uns gesagt** between you and me (*humor.* and the bedpost [*od.* gatepost]); **richtiger gesagt** (to put it) more correctly; **kurz gesagt** in a word, in short, to put it in a nutshell; **nebenbei** (*od.* **beiläufig**) **gesagt** by the way, incidentally; **im Vertrauen gesagt** confidentially; **gesagt, getan** no sooner said than done; **das ist leichter gesagt als getan** it is easier said than done; **wie soll ich** ~? how should I say (*od.* put it)? **es ist nicht zu** ~! it is incredible (*od.* unbelievable), it is too dreadful for words; **um es ganz klar zu** ~ to put it quite clearly; **wenn ich so ~ darf** if I may say so; **das ist, mit Verlaub zu ~, eine Unverschämtheit!** this is, if you will pardon my saying so (*od.* if you will pardon the expression), an impertinence; **ich muß schon** ~ *colloq.* well, really, well, I say; **wie man so schön sagt** *colloq.* as the saying goes, as one likes to put it (*colloq.*); **was ich noch ~ wollte** by the way, apropos; **wann treffen wir uns? ~ wir (um) 3 Uhr** *colloq.* when shall we meet? let's say (at) 3 o'clock (*colloq.*); **(ja) sag mal, was hast du denn gemacht?** *colloq.* really! what on earth (*od.* ever) have you been doing? – **2.** **j-m etwas** ~ to tell s.o. s.th., to say s.th. to s.o.: **~ Sie ihm, er soll kommen [daß ich nicht kommen kann]** tell him to come [that I shall not be able to come]; **er hat zu mir gesagt, er bleibe hier** he told me he would stay here; **j-m Bosheiten [Grobheiten, etwas Nettes]** ~ to say unkind [rude, nice *od.* pleasant] things to s.o., to make malicious (*od.* unkind) [rude, pleasant] remarks to s.o.; **mein Gefühl sagt mir, daß** my feelings tell me that; **er sagte ihr Lebewohl** he said (*od.* bade) her good-bye (*od.* farewell); **wir haben uns nichts mehr zu** ~ we have nothing more to say to each other; **sie ~ du zueinander** they are on familiar terms with each other; **j-m Dank** ~ to give (*od. lit.* render) thanks to s.o., to express one's thanks to s.o.; **sag ihr einen schönen Gruß von mir** give (*od.* send) her my kindest regards; **sie läßt dir ~, daß** she asked me to tell you that, she sends you word that; **ich habe mir ~ lassen, daß** I have been told that; **das ließ er sich nicht zweimal** ~ he did not need to be told (that) twice; **ich muß mir immer viel ~ lassen** I have to put up with much nagging; **er läßt sich (ja) nichts** ~! he won't listen to reason! **laß dir von mir ~, daß** (you can) take it from me that, let me tell you that; **laß dir das (ein für allemal) gesagt sein!** *colloq.* a) let that be a warning to you (once and for all), b) (*finde dich damit ab*) put that in your pipe and smoke it (*colloq.*); **ich habe es dir ja** (*od.* **habe ich es dir nicht**) **gleich gesagt!** I told you right from the start (*od.* at the beginning); **das mußt du mir gerade** ~ *colloq.* you have no reason to pipe up (*colloq.*); **wem sagst du das?** you are telling me! don't talk — I know! **ich kann dir nur** (*od.* **bloß**) **~: nimm dich in acht!** *colloq.* I'm telling you you'd better watch out! (*colloq.*); **es wurde mir nicht leicht gemacht, das kann ich dir** ~! *colloq.* it certainly wasn't easy for me, I can tell you! (*colloq.*); **ich habe es ihm ins Gesicht gesagt** I told him (right) to his face; **j-m etwas ins Ohr** ~ to whisper (*od.* say) s.th. in s.o.'s ear. – **3.** **sich** (*dat*) **etwas** ~ to tell oneself s.th., to say s.th. to oneself: **ich sagte mir, daß** I told myself that; **das hättest du dir selbst ~ können** you should have thought of that yourself. – **4.** (*darlegen, kundtun*) give, state, make (*s.th.*) known, express: ~ **Sie ihre Meinung [Gründe]** give your opinion [reasons]; **er sagt, wie es ist** he speaks his mind (freely), he calls a spade a spade. – **5.** (*behaupten*) say, claim, declare, assert: **er sagt, er sei unschuldig** he says (*od.* declares, asserts) that he is innocent, he claims to be innocent; **ich würde das nicht so leicht** ~ I should not be so quick to say that; **wie du nur so etwas ~ kannst!** how can you say such a thing! **man sagt, er sei tot** they say he is dead, he is said (*od.* alleged) to be dead; **sag das nicht!** I'm not so sure! don't say that! **das ~ Sie (, nicht ich)!** that's what you say! that's your opinion (, not mine)! **was Sie nicht** ~! you don't say! is that so? **das kann man wohl** ~! you can say that again! you've said it! you're telling me! **da kann einer ~, was er will** no matter what people say, people can say what they like; **da soll noch einer ~, da sage noch einer** let no one try to tell me; **ich möchte fast** ~ I would almost say; **dann will ich nichts gesagt haben!** (if that is so,) I did not say a thing (*od.* word). – **6.** (*besagen, bedeuten*) mean, say: **das Gemälde [das Buch] sagt mir gar nichts** the picture [the book] doesn't mean (*od.* say) anything to me; **damit ist noch nicht gesagt, daß** this does not necessarily mean that; **was wollen Sie damit** ~? what do you mean (to say) by that? **das will [nicht] ~, daß** this means [doesn't mean] that, this is [not] to say that; **das will schon etwas** ~ that is saying something (*od. colloq.* a lot); **das hat nichts zu** ~ it doesn't matter, it makes no difference, never mind. – **7.** (*befehlen*) order, command, say: **er hat hier etwas [allerhand, nichts] zu** ~ he has a [quite a, no] say here; **du hast mir gar nichts zu** ~ *colloq.* I won't be ordered about (*od. colloq.* pushed around) by you. – **8.** (*ausplaudern, verraten etc*) say, let (*od.* blab, blurt) (*s.th.*) out: **ich habe nichts (davon) gesagt** I did not say a word (about it), I did not let out anything, I did not breathe a word (of it). – **9.** (*gestehen, zugeben*) admit, say: **sag doch, daß du es warst** admit that you did it (*od.* that it was you); **die Wahrheit** ~ to say (*od.* tell, speak) the truth; **ich habe nicht viel gegessen, um nicht zu ~ gar nichts** I haven't had much to eat, in fact, I've had nothing at all. – **10.** (*voraussagen*) say, (fore)tell: **wer kann ~, was die Zukunft bringt** who can tell what the future will bring (*od.* has in store). – **11.** (*in Wendungen wie*) **das Buch kostet sage und schreibe 100 Mark** the book costs 100 marks, no less, the book costs no less than (*od.* costs all of) 100 marks; **ich mußte sage und schreibe 1 Stunde warten** I had to wait for a solid hour; **sag bloß!** *colloq.* you don't say!

sä·gen ['zɛːgən] **I** *v/t* ⟨h⟩ **1.** saw, (*längs*) rip, (*quer*) crosscut, *Br.* cross-cut: **das Holz läßt sich gut** ~ the timber saws well. – **II** *v/i* **2.** saw. – **3.** *fig. colloq.* (*schnarchen*) saw wood (*colloq.*). – **3.** *fig. colloq.* (*auf einem Streichinstrument*) scrape (away).

'Sa·gen|ˌbuch *n* book of legends. — **~ˌdich·tung** *f* legend(s *pl*), legendary poetry. — **~ˌfor·scher** *m* researcher into legend(s), mythologist. — **~ˌfor·schung** *f* research into (*od.* study of) legendary lore, mythology.

'Sä·gen·geˌwin·de *n tech.* buttress thread.

'sa·gen·haft I *adj* **1.** legendary, mythological, *auch* mythologic, fabled. – **2.** *colloq.* (*Reichtum etc*) incredible, fabulous. – **3.** *colloq.* (*Durcheinander etc*) incredible, 'awful' (*colloq.*): **das ist (ja)** ~ it is beyond description. – **4.** *colloq.* (*Kleid etc*) marvellous; 'terrific', 'stunning' (*colloq.*). – **5.** ~**es Pech** *colloq.* incredible (*od. colloq.* awful) bad luck. – **II** *adv* **6.** *colloq.* (*äußerst*) incredibly, extremely, 'awfully' (*colloq.*): **er ist ~ reich** he is fabulously rich.

'Sa·gen|ˌkreis *m* legendary (*od.* epic) cycle, cycle of legends. — **s~ˌreich** *adj* rich in legend(s). — **~ˌschatz** *m* store (*od.* treasury) of legends. — **s~ˌumˌwo·ben** *adj* wrapped (*od.* steeped) in legends, storied. — **~ˌwelt** *f* realm of legend (*od.* myth).

'Sä·ger *m* ⟨-s; -⟩ **1.** sawyer, sawer. – **2.** *zo.* merganser, goosander, sawbill, fish duck (*Gattg Mergus*).

'Sä·ge|ˌsalm·ler *m zo. cf.* Piranha. — **~ˌschränkˌzan·ge** *f tech.* saw set plier. — **~ˌspä·ne** *pl* (*wood*) sawdust *sg*, sawmill waste *sg.* — ~ˌ**wel·le** *f* saw arbor (*bes. Br.* arbour).

'Sä·geˌwerk *n tech.* sawmill, *bes. Am.* lumbermill. — ~ˌ**ar·bei·ter** *m* sawmill worker.

'Sä·geˌzahn *m tech.* sawtooth. — ~**anˌten·ne** *f* (*radio*) zigzag antenna (*bes. Br.* aerial). — ~ˌ**strom** *m electr.* sawtooth current.

sa·git·tal [zagɪ'ta:l] *adj med. biol.* sagittal. — **S**~ˌ**ebe·ne** *f med.* sagittal plane. — **S**~ˌ**naht** *f* sagittal suture. — **S**~ˌ**schnitt** *m* sagittal section.

Sa·go ['za:gɔ] *m*, *Austrian meist n* ⟨-s; *no pl*⟩ sago. — ~ˌ**baum** *m*, ~ˌ**pal·me** *f bot.* sago (palm) (*Gattg Metroxylon*). — ~ˌ**sup·pe** *f gastr.* sago soup.

Sa'gra·daˌrin·de [za'gra:da-] *f med. pharm.* cascara sagrada.

Sa·gum ['za:gʊm] *n* ⟨-s; -ga [-ga]⟩ *antiq.* sagum (*cloak worn by Roman soldiers*).

sah [za:] *1 u. 3 sg pret of* sehen.

sä·he ['zɛ:ə] *1 u. 3 sg pret subj of* sehen.

Sa·hib ['za:hɪp] *m* ⟨-(s); -⟩ **1.** sahib (*title among Hindus and Muslims*). – **2.** Sahib, *auch* sahib (*traditional Indian address for male Europeans*).

Sah·ne ['za:nə] *f* ⟨-; *no pl*⟩ *gastr.* **1.** cream: **süße** ~ cream; **saure** ~ sour cream; ~ (*zum Schlagen*) cream for whipping; ~ (*auf der Milch*) head (of cream); **sie bereitet dieses Gericht mit** ~ **zu** she uses cream in this dish; **die** ~ **schlagen** to whip the cream. – **2.** (*geschlagene*) whipped cream: ~ (*auf dem Kaffee*) topping (of cream). — **s**~ˌ**ar·tig** *adj* creamy. — ~**bonˌbon** *m*, *n* cream, cream toffee (*od.* caramel), toffy, *Am. auch* taffy. — ~ˌ**but·ter** *f* creamery butter. — ~ˌ**eis** *n* ice cream. — **s**~ˌ**för·mig** *adj* creamy. — ~ˌ**gie·ßer** *m*, ~ˌ**känn·chen** *n* cream jug (*bes. Am.* pitcher), *Am.* creamer. — ~ˌ**kä·se** *m gastr.* cream cheese. — ~ˌ**quark** *m* junket. — ~ˌ**rol·le** *f* cream roll. — ~ˌ**tor·te** *f* (whipped-)cream gateau.

'sah·nig *adj* creamy.

Saib·ling ['zaɪplɪŋ] *m* ⟨-s; -e⟩ *zo.* **1.** *cf.* Bachsaibling. – **2.** *cf.* Seesaibling.

'Sai·ga·an·tiˌlo·pe ['zaɪga-] *f zo.* saiga (*Saiga tatarica*).

Sai·mi·ri [zaɪ'mi:ri] *m* ⟨-; -s⟩ *zo. cf.* Totenkopfäffchen.

Sai·son [zɛ'zõ:] *f* ⟨-; -s⟩ season: **die** ~ **in London** the London season; **die tote** (*od.* **stille**) ~ the dead season, the off-season; **außerhalb der** ~ in (*od.* during) the off-season; **die** ~ **ist eröffnet** the season has begun; **es ist jetzt keine [die]** ~ **für Erdbeeren** strawberries are out of [in] season now.

sai·so·nal [zɛzo'na:l] *adj* seasonal.

Sai'son|ˌar·beit *f* seasonal work. — ~ˌ**ar·bei·ter** *m*, ~ˌ**ar·bei·te·rin** *f* seasonal worker. — ~ˌ**aus·verˌkauf** *m econ.* seasonal clearance sale, end-of-season sale. — **s**~**beˌdingt** *adj* (*Arbeitslosigkeit etc*) seasonal. — ~**beˌschäf·ti·gung** *f* seasonal employment. — ~**erˌöff·nung** *f* commencement of the season. — ~**geˌwer·be** *n econ.* seasonal trade. — ~ˌ**krank·heit** *f med.* seasonal illness. — **s**~ˌ**mä·ßig** *adj* seasonal. — ~ˌ**schluß·verˌkauf** *m econ. cf.* Saisonausverkauf. — ~ˌ**schwan·kun·gen** *pl econ.* seasonal fluctuations (*od.* variations).

Sai·te ['zaɪtə] *f* ⟨-; -n⟩ (*einer Geige, eines Tennisschlägers etc*) string: **gerissene** (*od.* **geplatzte, gesprungene**) ~ broken (*od.* snapped) string; **übersponnene** (*od.* **besponnene**) ~ covered (*od.* spun) string; **ein Instrument mit** ~**n bespannen** (*od.* **beziehen**) to string an instrument; **er greift in die** ~**n** *poet.* he touches (*od.* strikes) the chords; **eine** ~ **bei j-m** (*od.* **in j-s Herz**) **anschlagen** *fig.* to strike (*od.* touch) a sympathetic chord in s.o. (*od.* in s.o.'s heart); → **aufziehen** 8.

'Sai·ten|beˌzug *m mus.* set of strings. — ~**gal·va·noˌme·ter** *n electr.* string galvanometer. — ~ˌ**hal·ter** *m mus.* **1.** (*bei Streichinstrumenten*) tailpiece. – **2.** (*bei Zupfinstrumenten*) bridge. — ~**in·struˌment** *n* string(ed) instrument. — ~ˌ**klang** *m* sound of strings, string music. — ~ˌ**spiel** *n* **1.** string music. – **2.** *poet. for* a) Leierspiel, b) Lautenspiel, c) Harfenspiel.

sai·tisch [za'i:tɪʃ] *adj* of Sais.

Sa·ke ['za:kə] *m* ⟨-; *no pl*⟩ (*jap. Reiswein*) sake, saké, saki.

Sa·ki ['za:ki] *m* ⟨-; -s⟩ *zo. cf.* Schweifaffe.

sak·ka·diert [zaka'di:rt] *adj med.* (*Atmen*) interrupted, cogwheel (*attrib*).

Sak·ko ['zako] *m*, *Austrian only n* ⟨-s; -s⟩ **1.** *Br.* (lounge) jacket, *Am.* sack coat: **einreihiger [zweireihiger]** ~ single-[double-]breasted jacket. – **2.** (*bes. sportlicher*) sport(s) coat (*od.* jacket).

sa·kra ['zakra] *interj colloq.* damn!

sa·kral[1] [za'kra:l] *adj relig.* sacral, holy, sacred, ecclesiastical.

sa'kral[2] *adj med.* sacral.

Sa'kral|an·äs·theˌsie *f med.* sacral an(a)esthesia, caudal analgesia. — ~ˌ**bau** *m arch.* ecclesiastical (*od.* church, sacred) building. — ~ˌ**ge·gend** *f med.* sacral region. — ~ˌ**nerv** *m* sacral nerve. — ~ˌ**ple·xus** *m* sacral plexus, sacriplex. — ~ˌ**wir·bel** *m* sacral vertebra. — ~ˌ**wir·belˌsäu·le** *f* sacral part of the spine.

Sa·kra·ment [zakra'mɛnt] *n* ⟨-(e)s; -e⟩ **1.** *relig.* sacrament: **das heilige** ~, **das** ~ **des Abendmahls** the Holy Sacrament, the Eucharist, the Lord's Supper; ~ **des Altar(e)s** *cf.* Altarssakrament; **die** ~**e spenden** (*od.* **austeilen**) **[empfangen]** to administer [to receive] the sacraments; **zu den** ~**en gehen** *röm.kath.* to go to confession and to Communion. – **2.** ~! (*als Fluch*) damn! *Br. sl.* 's blood!

sa·kra·men·tal [zakramɛn'ta:l] *adj* **1.** *relig.* (*zum Sakrament gehörig*) sacramental. – **2.** (*heilig*) sacramental, holy, sacred.

Sa·kra·men·ta·li·en [zakramɛn'ta:lĭən] *pl röm.kath.* sacramentals.

sa·kra'ment·lich *adj relig. cf.* sakramental 1.

Sa·kra'ments|ˌhäus·chen *n röm.kath. cf.* Tabernakel. — ~ˌ**streit** *m* dispute about the sacraments (*during the Reformation*).

Sa·kri·fi·zi·um [zakri'fi:tsĭʊm] *n* ⟨-s; -fizien⟩ **1.** *röm.kath.* (sacrifice of the) mass. – **2.** (*Opfer*) sacrifice.

Sa·kri·leg [zakri'le:k] *n* ⟨-s; -e⟩ *relig.* sacrilege: **ein** ~ **begehen** *auch fig.* to commit a sacrilege; **etwas als** ~ **empfinden** to regard s.th. as sacrilege. — **sa·kri'le·gisch** [-gɪʃ] *adj* sacrilegious. — **Sa·kri'le·gi·um** [-gĭʊm] *n* ⟨-s; -gien⟩ *cf.* Sakrileg.

sa·krisch ['zakrɪʃ] *dial. colloq.* **I** *adj* damned (*colloq.*). – **II** *adv* **es ist** ~ **kalt!** it is damned cold! (*colloq.*).

Sa·kri·stan [zakrɪs'ta:n] *m* ⟨-s; -e⟩ *relig.* sacristan, sacrist, sexton, *bes. Br.* vesturer.

Sa·kri·stei [zakrɪs'taɪ] *f* ⟨-; -en⟩ *relig.* vestry, sacristy.

Sa·kro·ilia'kal·geˌlenk [zakroˀilĭa'ka:l-] *n med.* sacroiliacal joint.

sa·kro·sankt [zakro'zaŋkt] *adj* (*unantastbar*) sacrosanct, sacred, inviolable.

sä·ku·lar [zɛku'la:r] *adj* **1.** (*weltlich*) secular. – **2.** (*alle hundert Jahre wiederkehrend*) centenary, centennial.

Sä·ku'larˌfei·er *f* centenary (celebration), centennial (celebration).

Sä·ku·la·ri·sa·ti·on [zɛkularizaˈtsĭo:n] *f* ⟨-; -en⟩ *relig.* secularization. — **sä·ku·la·ri'sie·ren** [-'zi:rən] **I** *v/t* ⟨*no* ge-, h⟩ secularize. – **II S**~ *n* ⟨-s⟩ *verbal noun.* — **Sä·ku·la·ri'sie·rung** *f* ⟨-; -en⟩ **1.** *cf.* Säkularisieren. – **2.** secularization.

Sä·ku'lar|ˌschwan·kung *f meteor.* secular trend. — ~**va·ria·tiˌon** *f geol.* secular variation.

Sä·ku·lum ['zɛ:kulʊm] *n* ⟨-s; -kula [-la]⟩ **1.** century. – **2.** (*Zeitalter*) age, epoch.

Sa·la·man·der [zala'mandər] *m* ⟨-s; -⟩ **1.** *zo.* salamander, water lizard (*Fam. Salamandridae*). – **2. einen** ~ **reiben** (*Studentensprache*) *to hono(u)r s.o. in a special kind of toast by rubbing the base of the filled glass on the table.*

Sa·la·mi [za'la:mi] *f* ⟨-; -(s)⟩, *Swiss auch m* ⟨-s; -⟩ *gastr.* (*Wurst*) salami. — ~ˌ**tak·tik** *f bes. pol. way of achieving one's goal* (*od. gaining one's end*) *little by little, way of advancing step by step.* — ~ˌ**wurst** *f gastr. cf.* Salami.

Sa·lan·ga·ne [zalaŋ'ga:nə] *f* ⟨-; -n⟩ *zo.* salangane, swiftlet (*Gattg Collocalia*).

Sa·lär [za'lɛ:r] *n* ⟨-s; -e⟩ *Swiss for* Gehalt[1] 1, Lohn 1—4. — **sa·la'rie·ren** [-la'ri:rən] *v/t* ⟨*no* ge-, h⟩ *Swiss for* **besolden, entlohnen.**

Sa·lat [za'la:t] *m* ⟨-(e)s; -e⟩ **1.** ⟨*only sg*⟩ *hort.* lettuce, *auch* salad (*Lactuca sativa*): ~ **pflanzen** to plant (*od.* set [out]) lettuce; **der** ~ **schießt** the lettuce is bolting. – **2.** *gastr.* a) (*Pflanze*) lettuce, b) (*angemachter*) salad: **gemischter** ~ mixed salad; **grüner** ~ green (*od.* lettuce) salad; **italienischer** ~ Italian salad; **den** ~ **verlesen** to clean the lettuce; **den** ~ **anmachen** to dress the salad; **den** ~ **[mit Essig und Öl] abschmecken** to dress the salad [with vinegar and oil]. – **3.** *fig. colloq.* (*in Wendungen wie*) **da haben wir den** ~ there's a pretty kettle of fish, now we're in the soup (*colloq.*); **ich habe den ganzen** ~ **satt** I'm fed up with the whole show (*od.* thing) (*sl.*). — ~ˌ**beet** *n* lettuce bed. — ~**beˌsteck** *n* salad servers *pl.* — ~ˌ**häup·tel** *n Austrian for* Salatkopf.

Sa·la·tie·re [zala'tĭɛ:rə] *f* ⟨-; -n⟩ *obs. for* Salatschüssel.

Sa'lat|ˌkopf *m* head of lettuce. — ~ˌ**öl** *n* salad oil. — ~ˌ**pflan·ze** *f bot.* salad, acetarious plant (*scient.*). — ~ˌ**plat·te** *f* **1.** (*Geschirr*) salad platter. – **2.** *gastr.* dish of mixed salads. — ~ˌ**sau·ce** *f cf.* Salatsoße. — ~ˌ**schüs·sel** *f* salad bowl. — ~ˌ**so·ße** *f* salad dressing. — ~ˌ**stau·de** *f hort.* salad plant.

Sal·ba·der [zal'ba:dər] *m* ⟨-s; -⟩ *contempt.* (sanctimonious) bore. — **Sal·ba·de'rei** *f* ⟨-; -en⟩ boring (sanctimonious) talk. — **sal'ba·dern** *v/i* ⟨*no* ge-, h⟩ bore people with sanctimonious talk.

'Salˌband ['za:l-] *n* ⟨-(e)s; ⸚er⟩ **1.** (*mining*) flucan, selvage, selvedge, pug. – **2.** *geol.* selvage, selvedge, salband, wall (of a lode). – **3.** (*textile*) *cf.* Salkante.

Sal·be ['zalbə] *f* ⟨-; -n⟩ *med. pharm.* **1.** ointment: **die Wunde mit** ~ **einreiben,** ~ **auf die Wunde streichen** to put (*od.* rub) ointment on the wound. – **2.** *cf.* Heilsalbe.

Sal·bei [zal'baɪ; 'zalbaɪ] *m* ⟨-s; *no pl*⟩, *f* ⟨-; *no pl*⟩ *bot.* sage, salvia (*Gattg Salvia*): **Echter** ~ garden sage (*S. officinalis*). — ~**gaˌman·der** *m* abrose (*Teucrium scorodonia*). — ~ˌ**öl** *n med. pharm.* sage oil. — ~ˌ**tee** *m* sage tea.

sal·ben ['zalbən] **I** *v/t* ⟨h⟩ **1.** (*durch Salbung weihen*) anoint, *auch* annoint: **er wurde zum Priester [König] gesalbt** he was anointed priest [king]. – **2.** rub (*s.o., s.th.*) with ointment, apply ointment to. – **3.** (*einbalsamieren*) embalm: **einen Toten** ~ to embalm a dead body. – **II** *v/reflex* **sich** ~ **4.** rub oneself with ointment, anoint oneself. – **III S**~ *n* ⟨-s⟩ **5.** *verbal noun.* – **6.** anointment. – **7.** *cf.* Salbung.

'sal·benˌar·tig *adj med. pharm.* ointmentlike, of unguent consistency.

'Sal·ben|ˌba·sis *f med. pharm.* ointment base, vehicle. — ~ˌ**büch·se** *f* ointment box (*od.* tin). — ~**verˌband** *m* ointment dressing.

Salb·ling ['zalplɪŋ] *m* ⟨-s; -e⟩ *zo.* **1.** *cf.* Bachsaibling. – **2.** *cf.* Seesaibling.

'Salbˌöl *n relig.* chrism, consecrated oil.

'Sal·bung *f* ⟨-; *no pl*⟩ **1.** *cf.* Salben. – **2.** (*zum Priester, zum Herrscher*) unction. – **3.** *fig.* (*beim Reden*) unction, unctuousness, unctuosity. — **'sal·bungsˌvoll I** *adj* (*Reden*) unctuous, oily, oleaginous (*lit.*). – **II** *adv* unctuously, with unction.

sal·die·ren [zal'di:rən] **I** *v/t* ⟨*no* ge-, h⟩ *econ.* **1.** a) (*ausgleichen*) balance, settle, square, (*im Clearingverkehr*) clear, b) (*Überschuß ausbezahlen*) pay the balance of: **etwas durch Gegenrechnung** ~ to balance s.th. in account, to offset (*od.* counterbalance) s.th.; **A mit B** ~ to set off A against B. – **2.** *Austrian for* quittieren 1. – **II S**~ *n* ⟨-s⟩ **3.** *verbal noun.* — **Sal'die·rung** *f* ⟨-; -en⟩ *econ.* **1.** *cf.* Saldieren. – **2.** settlement. – **3.** clearance.

Sal·do ['zaldo] *m* ⟨-s; Salden, -s, Saldi [-di]⟩ *econ.* balance: **einen** ~ **abdecken** (*od.* **ausgleichen**) to balance an account; **einen** ~ **ausweisen** to show a balance; **einen** ~ **auf neue Rechnung vortragen** to carry (*od.* bring) forward a balance to a new (*od.* next) account; **einen** ~ **ziehen** (*od.* **aufstellen**) to strike (*od.* draw) a balance, to cast accounts; **als** ~ **ergibt sich 32** a balance of 32 is shown; **ein** ~ **von 25 Mark zu unseren [Ihren] Gunsten** a balance of 25 marks in our [your] favo(u)r; **ein** ~ **zu unseren Lasten** our debit balance; **per** ~ a) per balance, b) (*pauschal*) on balance, c) *colloq.* (*letzten Endes*) in the final (*od.* last) analysis; **per** ~ **quittieren** to receipt in full; **per** ~ **remittieren** to remit in full (*od.* as balance); **im** ~ **bleiben** (*od.* **sein**) to be in debt. — ~ˌ**ausˌgleich** *m* payment of (the) balance. — ~**beˌtrag** *m* amount of (the) balance. — ~ˌ**über**ˌ**trag** *m* **1.** carrying forward a balance. – **2.** balance carried forward. — ~ˌ**vor**ˌ**trag** *m* balance carried (*od.* brought) forward from last (*od.* to new) account. — ~ˌ**wech·sel** *m* draft for the balance.

ˈ**Sa·lep-**ˌ**Or·chis** [ˈzaːlɛp-] *f bot.* green-winged orchis (*Orchis morio*).

Sa·le·sia·ner [zaleˈzi̯aːnər] *m* ⟨-s; -⟩ *röm.kath.* Salesian.

Sales·pro·mo·ter [ˈseɪlzprəˌmoʊtə] (*Engl.*) *m* ⟨-s; -⟩ *econ.* sales promoter. — ˈ**Sales-pro**ˌ**mo·tion** [-prəˌmoʊʃən] (*Engl.*) *f* ⟨-; *no pl*⟩ sales promotion.

Sa·let·tel [zaˈlɛtəl], **Saˈlettl** [-ˈlɛtəl] *n* ⟨-s; -n⟩ *Bavarian and Austrian dial. for* Laube 1.

Sa·li·er [ˈzaːli̯ər] *m* ⟨-s; -⟩ *hist.* Salian.

Sa·li·ne [zaˈliːnə] *f* ⟨-; -n⟩ *tech.* (*Salzwerk*) saltworks *pl* (*construed as sg or pl*), saltern, saltery.

Saˈli·nen|ˌ**ar·bei·ter** *m* worker in a saltworks. — ~ˌ**krebs·chen** *n* ⟨-s; -⟩ *zo.* brine shrimp (*Artemia salina*). — ~ˌ**salz** *n* saline salt.

Sa·ling [ˈzaːlɪŋ] *f* ⟨-; -e⟩ *mar. cf.* a) Längssaling, b) Quersaling.

sa·li·nisch [zaˈliːnɪʃ] *adj* **1.** (*salzartig*) salty, saline (*scient.*). – **2.** *min.* (*Marmor etc*) saline.

sa·lisch [ˈzaːlɪʃ] *adj hist.* Salian, Salic, *auch* Salique: die ~en Kaiser the Salic emperors.

Sa·li·va [zaˈliːva] *f* ⟨-; *no pl*⟩ *med.* (*Speichel*) saliva. — **Sa·li·va·tiˈon** [-livaˈtsi̯oːn] *f* ⟨-; *no pl*⟩ (*Speichelfluß*) salivation.

Sa·li·zin [zaliˈtsiːn] *n* ⟨-s; *no pl*⟩ *chem. pharm.* (*Fiebermittel*) salicin ($C_{13}H_{18}O_7$).

Sa·li·zy·lat [zalitsyˈlaːt] *n* ⟨-s; -e⟩ *chem.* salicylate.

sa·liˈzyl|ˌ**sau·er** [zaliˈtsyːl-] *adj chem.* salicylic. — **S**~ˌ**säu·re** *f* salicylic acid, ortho-hydroxybenzoic acid (HOC_6H_4COOH).

ˈ**Sal**|ˌ**kan·te**, ~ˌ**lei·ste** *f* (*textile*) border, selvage, selvedge, list.

Salm[1] [zalm] *m* ⟨-(e)s; -e⟩ *zo. cf.* Lachs.

Salm[2] *m* ⟨-s; *rare* -e⟩ *colloq.* (*Gerede*) rig(a)marole: mach keinen langen ~ don't relate (me) such a rigmarole (*od.* long-winded palaver).

Sal·mi·ak [zalˈmi̯ak; ˈzal-] *m, auch n* ⟨-s; *no pl*⟩ *chem.* sal ammoniac, ammonium chloride (NH_4Cl). — ~ˌ**geist** *m* ammonia solution (*od.* water), aqua (*od.* aqueous) ammonia, ammonium hydroxide (NH_4OH). — ~ˌ**lö·sung** *f* ammonium chloride solution. — ~**pa**ˌ**stil·le** *f med. pharm.* sal ammoniac pastille, ammonium chloride lozenge.

Salm·ler [ˈzalmlər] *m* ⟨-s; -⟩ *zo.* characine (*Gattg Characidae*).

Sal·mo·nel·la [zalmoˈnɛla] *f* ⟨-; -lae [-lɛ]⟩ *biol. for* Salmonelle.

Sal·mo·nel·le [zalmoˈnɛlə] *f* ⟨-; -n⟩ *meist pl med. biol.* (*Darmbakterie*) salmonella, *auch* Salmonella. — **Sal·moˈnel·len·er**ˌ**kran·kung** *f* salmonellosis.

Sal·mo·nel·lo·se [zalmonɛˈloːzə] *f* ⟨-; -n⟩ *med. cf.* Salmonellenerkrankung.

Sal·mo·ni·den [zalmoˈniːdən] *pl zo.* (*Lachsfische*) salmonids, trouts (*Fam. Salmonidae*).

Sa·lo·mo(n) [ˈzaːlomo (-mɔn)] *npr m* ⟨-s *u.* -monis [zaloˈmoːnɪs]; *no pl*⟩ *Bibl.* Solomon: das Hohelied Salomo(ni)s the Song of Solomon. — **sa·lo·mo·nisch** [zaloˈmoːnɪʃ] *adj auch fig.* Solomonic, Solomonian: die S~en Schriften the writings of Solomon; ein ~es Urteil *fig.* a Solomonic judg(e)ment.

ˈ**Sa·lo·mon**ˌ**sie·gel** *n bot.* Solomon's seal (*Polygonatum multiflorum*).

Sa·lon [zaˈlõː] *m* ⟨-s; -s⟩ **1.** (*Gesellschaftszimmer*) drawing room, *Am.* parlor, *auch* salon. – **2.** *mar.* (*auf Schiffen*) saloon. – **3.** (*cosmetics*) (*Schönheitssalon*) beauty shop (*od.* salon), *bes. Am.* beauty parlor. – **4.** (*Friseursalon*) hairdressing salon. – **5.** (*fashion*) (*Modesalon*) a) (fashion) boutique, b) (*mit Modenschau etc*) fashion house. – **6.** (*Autosalon*) car salon (*od.* showroom). – **7.** (*art*) (*Ausstellung*) salon. – **8.** *hist.* (*literarischer Zirkel*) salon, *auch* saloon: literarischer ~ literary salon; einen ~ halten to hold (*od.* arrange) a salon. — ~**bol·sche**ˌ**wik**, ~**bol·sche**ˌ**wist** *m pol.* drawing-room Bolshevik (*od.* red), *Am.* parlor radical, *Am. colloq.* pink. — ~ˌ**da·me** *f* (*theater*) (*Rollenfach*) grand dame. — **s**~ˌ**fä·hig** *adj humor.* **1.** (*Aussehen etc*) presentable, reputable, respectable. – **2.** (*Benehmen*) befitting high society, respectable. – **3.** nicht ~ (*Witz*) blue, risqué, off-colo(u)r (*attrib*) (*colloq.*). — ~**kom·mu**ˌ**nist** *m pol.* arm-chair communist. — ~**ko**ˌ**mö·die** *f* (*theater*) drawing-room comedy. — ~ˌ**lö·we** *m colloq.* social lion, *bes. Am.* carpet knight. — ~**mu**ˌ**sik** *f* salon music, *auch* drawing-room music. — ~ˌ**stück** *n* **1.** *mus.* salon (*auch* drawing-room) piece. – **2.** (*theater*) *cf.* Salonkomödie. — ~ˌ**wa·gen** *m* (*railway*) **1.** *Am.* parlor (*od.* chair, palace) car, *Br.* saloon car. – **2.** (*Salon- und Schlafwagen*) Pullman (*auch* pullman) (car).

sa·lopp [zaˈlɔp] **I** *adj* **1.** (*Kleidung, Mode etc*) casual. – **2.** (*Ausdrucksweise, Benehmen etc*) sloppy, careless, slipshod, casual. – **II** *adv* **3.** ~ gekleidet casually dressed.

Sal·pe [ˈzalpə] *f* ⟨-; -n⟩ *zo.* (*Manteltier*) salpa (*Fam. Salpidae*).

Sal·pe·ter [zalˈpeːtər] *m* ⟨-s; *no pl*⟩ *chem.* saltpeter, *bes. Br.* saltpetre, niter, *bes. Br.* nitre, potassium nitrate (KNO_3). — **s**~ˌ**ar·tig** *adj* saltpetrous, nitrous. — ~ˌ**bil·dung** *f* nitrification. — ~ˌ**dün·ger** *m* nitrate fertilizer (*Br. auch* -s-). — ~ˌ**gru·be** *f* saltpeter (*bes. Br.* saltpetre) mine.

salˈpe·te·rig *adj chem. cf.* salpetrig.

salˈpe·ter|ˌ**sau·er** *adj* nitric: salpetersaures Salz nitrate; salpetersaurer Aufschluß (*paper*) nitrate pulping. — **S**~ˌ**säu·re** *f* nitric acid, aquafortis (HNO_3).

sal·pe·trig [zalˈpeːtrɪç] *adj chem.* nitrous: ~e Säure nitrous acid (HNO_2).

Sal·pin·gi·tis [zalpɪŋˈgiːtɪs] *f* ⟨-; *no pl*⟩ *med.* (*Tubenentzündung*) salpingitis.

Sal·pin·go·gra·phie [zalpɪŋgograˈfiː] *f* ⟨-; *no pl*⟩ *med.* salpingography.

Sal·pin·go·oo·pho·rek·to·mie [zalpɪŋgo-ʔooforektoˈmiː] *f* ⟨-; -n [-ən]⟩ *med.* (*Entfernung des Eierstocks*) salpingo-oophorectomy.

Sal·pinx [ˈzalpɪŋks] *f* ⟨-; -pingen [-ˈpɪŋən]⟩ *med.* tube, salpinx.

Sal·se [ˈzalzə] *f* ⟨-; -n⟩ *geol.* (*Schlammvulkan*) salse, mud volcano.

Sal·ta [ˈzalta] *n* ⟨-s; *no pl*⟩ (*Brettspiel*) salta.

sal·ta·to [zalˈtaːto] *mus.* **I** *adv u. adj* (*mit springendem Bogen*) saltato, arco saltando, spiccato. – **II S**~ *n* ⟨-s; -s *u.* -ti [-ti]⟩ saltato, arco saltando.

Sal·to [ˈzalto] *m* ⟨-s; -s *u.* -ti [-ti]⟩ (*sport*) somersault, *auch* summersault, somerset, flip (*colloq.*): fliegender ~ flying somersault. — ~ **morˈta·le** [mɔrˈtaːlə] *m* ⟨- -; - - *u.* -ti -li [-ti -li]⟩ **1.** (*im Zirkus*) breakneck leap. – **2.** *aer. cf.* Looping.

sa·lu·ber [zaˈluːbər] *adj* (*heilsam, gesund*) salubrious. — **Sa·lu·briˈtät** [-lubriˈtɛːt] *f* ⟨-; *no pl*⟩ salubrity.

Sa·lu·ki [zaˈluːki] *m* ⟨-; -s⟩ *zo.* (*Windhund*) Saluki, *auch* gazelle hound.

Sa·lut [zaˈluːt] *m* ⟨-(e)s; -e⟩ *mil. mar.* salute: ~ schießen to fire a salute.

sa·lu·tie·ren [zaluˈtiːrən] *bes. mil.* **I** *v/i* ⟨*no* ge-, h⟩ **1.** (give a) salute. – **II S**~ *n* ⟨-s⟩ **2.** *verbal noun.* – **3.** salute.

Saˈlutˌ**schuß** *m mil.* gun, salute.

Sal·va·ti·on [zalvaˈtsi̯oːn] *f* ⟨-; *no pl*⟩ *obs. for* a) Rettung 2, 8, b) Verteidigung 2—5.

Sal·va·tor [zalˈvaːtər] *m* ⟨-s; *no pl*⟩ *relig. cf.* Erlöser, Heiland.

Sal·ve [ˈzalvə] *f* ⟨-; -n⟩ **1.** *mil.* volley, salvo: eine ~ abgeben to fire a volley. – **2.** *mar.* broadside, salvo: eine ~ abgeben to deliver a broadside. – **3.** *mil. mar.* (*Ehrensalve*) salute, salvo. – **4.** *fig.* (*von Gelächter, Applaus etc*) outburst, salvo, round.

sal·ve [ˈzalve] **I** *interj* hail! – **II S**~ *n* ⟨-; *no pl*⟩ *röm.kath.* (*Grußgebet an die Jungfrau*) hail, holy Queen.

ˈ**Sal·ven**|ˌ**feu·er** *n* **1.** *mil.* volley fire. – **2.** *mar.* salvo fire. — ~**ge**ˌ**schütz** *n mil. mar.* salvo gun.

ˈ**Sal**ˌ**wei·de** *f* ⟨-; -n⟩ *bot.* sallow, goat willow (*Salix caprea*).

Salz [zalts] *n* ⟨-es; -e⟩ **1.** (*Kochsalz*) (common) salt: eine Prise ~ a pinch of salt; etwas in ~ legen to salt s.th. down (*od.* away), to pickle s.th.; wir haben nicht (einmal) das ~ zur Suppe (*od.* zum Brot) *fig.* we are in dire need, we aren't able to make (both) ends meet, we have next to nothing; ~ und Brot macht Wangen rot (*Sprichwort*) *etwa* salt and bread make cheeks red; ihr seid das ~ der Erde *Bibl.* ye are the salt of the earth. – **2.** (*Riechsalz*) smelling salts *pl.* – **3.** *chem.* salt, sal (NaCl): ~(e) bilden to salify. – **4.** *fig.* (*der Ironie etc*) salt. — ~ˌ**ab**ˌ**la·ge·rung** *f* saline deposit. — ~ˌ**ader** *f* (*mining*) salt vein. — **s**~-ˌ**ähn·lich** *adj chem.* saltlike. — ~ˌ**an**ˌ**zei·ge** *f* (*eines Geschirrspülers*) salt indication. — **s**~ˌ**arm I** *adj* (*Kost*) low-salt (*attrib*). – **II** *adv* sich ~ ernähren to live on a low-salt diet. — **s**~ˌ**ar·tig** *adj* (*Geschmack etc*) salty, saline.

ˈ**Salz**ˌ**bad** *n* **1.** salt bath. – **2.** sea-water (*od.* brine) bath. – **3.** *tech. metall.* salt bath. — ~ˌ**här·tung** *f metall.* salt bath hardening. — ~ˌ**ofen** *m* salt bath furnace.

ˈ**Salz**|**be**ˌ**darf** *m* salt requirement. — ~ˌ**berg**ˌ**werk** *n* salt mine. — **s**~ˌ**bil·dend** *adj chem.* forming salts, salifying. — ~ˌ**bild·ner** *m* salt former. — ~ˌ**bil·dung** *f* salt formation, salification (*scient.*). — ~ˌ**bin·se** *f bot.* arrow grass (*Gattg Triglochin*). — ~ˌ**blu·men** *pl chem.* efflorescence *sg* of salt. — ~ˌ**bo·den** *m* saline soil. — ~ˌ**bre·zel** *f gastr.* (salt) pretzel. — ~ˌ**brü·he** *f cf.* Salzlake. — ~ˌ**brun·nen** *m* (*Heilquelle*) salt (*od.* saline) spring. — ~ˌ**büch·se** *f cf.* Salzfaß 2.

ˈ**Salz**ˌ**bur·ger** [-ˌbʊrgər] **I** *m* ⟨-s; -⟩ native (*od.* inhabitant) of Salzburg. – **II** *adj* ⟨*invariable*⟩ (of) Salzburg: ~ Festspiele Salzburg Festival *sg*; ~ Nockerln *gastr.* sweet soufflé *sg* Salzburg style.

ˈ**Salz**ˌ**dom** *m geol. cf.* Salzstock.

sal·zen [ˈzaltsən] *v/t* ⟨*pp* gesalzen, *rare* gesalzt, h⟩ **1.** (*Speisen etc*) salt, season (*s.th.*) with salt: er hat die Suppe zu stark gesalzen he has salted the soup too highly. – **2.** *fig.* (*eine Rede etc*) salt.

ˈ**Salz**|ˌ**faß** *n* **1.** salt barrel. – **2.** (*auf dem Tisch*) saltcellar, *Br.* salt-cellar. – **3.** *med.* saltcellar, *Br.* salt-cellar, clavicular fossa (*scient.*). — ~ˌ**fäß·chen** *n* **1.** *dim. of* Salzfaß. – **2.** *cf.* Salzfaß 2, 3. — ~ˌ**fisch** *m gastr.* salt fish, fish in brine. — ~ˌ**fleisch** *n* salt (*od.* salted, corned) meat, salt beef, (*auf Schiffen*) *auch* salt horse (*od.* junk) (*colloq.*). — **s**~ˌ**frei** *adj* (*Kost*) saltless, salt-free. — ~ˌ**gar·ten** *m* saltern, salt garden. — ~**ge**ˌ**bäck** *n gastr.* savory (*bes. Br.* savoury) biscuits *pl.* — ~**ge**ˌ**halt** *m* salinity, salt content, proportion of salt. — ~**ge**ˌ**schmack** *m* salt(y) (*od.* briny) taste. — ~**ge**ˌ**win·nung** *f* salt production (*od.* manufacture). — ~ˌ**gras** *n bot. cf.* Salzbinse. — ~ˌ**gur·ke** *f gastr.* pickled g(h)erkin. — ~ˌ**hah·nen**ˌ**fuß** *m bot.* salt crowfoot (*Ranunculus salsuginosus*).

ˈ**salz**ˌ**hal·tig** *adj* **1.** (*Wasser etc*) salty, briny, saline: leicht ~ *geol.* brackish. – **2.** *chem.* saline, saliferous (*scient.*). — ˈ**Salz**ˌ**hal·tig·keit** *f* ⟨-; *no pl*⟩ *cf.* Salzgehalt.

ˈ**Salz**|ˌ**han·del** *m econ.* salt trade. — ~ˌ**händ·ler** *m* salt dealer, salter. — ~ˌ**he·ring** *m gastr.* salted (*od.* pickled) herring.

ˈ**sal·zig** *adj* **1.** (*Geschmack, Geruch etc*) salty, briny. – **2.** (*gesalzen*) salted, salty: die Suppe ist zu ~ the soup is too highly salted (*od.* is too salty). – **3.** *cf.* salzhaltig 1. — ˈ**Sal·zig·keit** *f* ⟨-; *no pl*⟩ saltiness, salinity, brininess.

ˈ**Salz**|**kar**ˌ**tof·fel** *f meist pl gastr.* boiled potato. — ~ˌ**klum·pen** *m* lump of salt, saltcat, *Br.* salt-cat. — ~ˌ**korn** *n* grain of salt. — ~ˌ**kraut** *n bot.* saltwort (*Gattg Salsola*). — ~ˌ**kru·ste** *f* crust of salt. — ~ˌ**la·ger**ˌ**stät·te** *f* (*mining*) salt (*od.* saline) deposit. — ~ˌ**la·ke**, ~ˌ**lau·ge** *f* pickle, brine, souse. — ~ˌ**lecke** (*getr.* -k·k-) *f* ⟨-; -n⟩ *hunt.* (*für Wild*) salt lick. — **s**~**los** *adj* (*Kost etc*) saltless. — ~ˌ**lö·sung** *f* saline (solution), brine. — ~ˌ**man·del** *f gastr.* salted almond. — ~ˌ**mel·de** *f bot.* sea purslane (*Halmione portulacoides*). — ~ˌ**napf** *m cf.* Salzfaß 2. — ~ˌ**nie·der**ˌ**schlag** *m chem.* saline deposit. — ~ˌ**pa·sten·ver**ˌ**fah·ren** *n* (*mining*) salt paste method (*od.* application). — ~-ˌ**pfan·ne** *f* **1.** *geol.* (*salzhaltige Bodenmulde*) salt pan. – **2.** *tech.* (*bei der Salzgewinnung*) salt pan. — ~ˌ**pflan·ze** *f bot.* saline plant, halophyte (*scient.*). — ~ˌ**quel·le** *f* salt spring, saline. — ~**re·ten·ti**ˌ**on** *f med.* salt retention. — **s**~ˌ**sau·er** *adj chem.* hydrochloric, muriatic: salzsaures Salz hydrochloride. — ~ˌ**säu·le** *f only in* zur ~ erstarren *fig.* to stand rooted to the spot, to stand there petrified. — ~ˌ**säu·re** *f chem.* hydrochloric (*od.* muriatic) acid (HCl). — ~ˌ**see** *m geogr.* salt lake. — ~ˌ**sie·de**ˌ**haus** *n* salt(-making) works *pl* (*construed as sg or pl*). — ~ˌ**sie·der** *m* brineman, saltmaker. — ~**sie·de**ˌ**rei** *f* saltworks *pl* (*construed as sg or pl*). — ~ˌ**so·le** *f* **1.** salt water, brine. – **2.** *cf.* Salzquelle. — ~ˌ**stan·ge** *f* salt(ed) stick (*od.* straw). — ~ˌ**step·pe** *f geogr.* salt steppe. — **~ˌsteu·er** *f* salt duty (*od.* tax). — **~ˌstock** *m geol.* salt plug (*od.* dome). — **~ˌstra·ßen** *pl hist.* salt roads. — **~ˌstrauch** *m bot.* salt tree (*Halimodendron halodendron*). — **~ˌstreu·er** *m* saltshaker, saltcellar, *Br.* salt-cellar. — **~ˌsumpf** *m* salt marsh, salina. — **~ˌvorˌrats·beˌhäl·ter** *m* (*im Geschirrspüler*) salt supply receptacle.

'Salzˌwas·ser *n* **1.** salt water, brine. – **2.** (*Meerwasser*) sea (*od.* salt) water, brine. — **~ˌfisch** *m meist pl zo.* saltwater fish.

'Salz|ˌwerk *n tech. cf.* Saline. — **~ˌwer·ker** *m* ⟨-s; -⟩ salt maker. — **~ˌwü·ste** *f geol.* salt desert.

Sa'manˌbaum [za'maːn-] *m bot.* rain tree (*Pithecolobium saman*).

SA-ˌMann [ɛs'ʔaː-] *m hist.* (*in NS-Zeit*) storm trooper, brownshirt (*a member of a German Sturmabteilung*).

'Säˌmann *m* ⟨-(e)s; ¨er⟩ *agr.* sower.

Sa·ma·ri·ter [zama'riːtər] *m* ⟨-s; -⟩ **1.** *relig.* Samaritan: der barmherzige ~ *Bibl.* the Good Samaritan; ein barmherziger ~ half ihr *fig.* a Good Samaritan helped her. – **2.** first-aid volunteer. — **~ˌdienst** *m fig.* compassionate deed, Samaritanism, *auch* samaritanism: ~e leisten to help out of compassion.

Sa·ma'ri·ter·tum *n* ⟨-s; *no pl*⟩ *fig.* (*Barmherzigkeit*) Samaritanism, *auch* samaritanism.

Sa·ma·ri·um [za'maːrɪum] *n* ⟨-s; *no pl*⟩ *chem.* samarium (Sm).

'Säˌmaˌschi·ne *f agr.* **1.** seeding (*od.* planting) machine, seeder, planter, sower. – **2.** (*Drillmaschine*) seed drill(ing machine).

Sa·ma·we·da [zama'veːda] *m* (*literature*) Sama-Veda.

Sam·ba ['zamba] *f* ⟨-; -s⟩, *colloq. and Austrian m* ⟨-s; -s⟩ (*ein Tanz*) samba. — **~ˌras·pel** *f mus.* reso-reso, reco-reco, bamboo scraper.

'Sam·barˌhirsch ['zambar-] *m zo.* sambar, sambur, *auch* sambhar, sambhur, ruse (*Rusa unicolor*).

Sam·bi·er ['zambiər] *m* ⟨-s; -⟩ native (*od.* inhabitant) of Zambia. — **'sam·bisch** [-bɪʃ] *adj* of (*od.* relating to) Zambia.

Sa·me ['zaːmə] *m* ⟨-ns; -n⟩ *lit. for* Samen.

Sa·men ['zaːmən] *m* ⟨-s; -⟩ **1.** *bot.* a) seed, semen (*scient.*), b) (*des Apfels etc*) *auch* kernel, c) (*der Erdbeere etc*) *auch* achene, akene: die ~ the seed(s *pl*); aus ~ gezogene Pflanze seedling; der ~ der Kastanie chestnut. – **2.** *agr.* seed: ~ streuen to seed, to sow; in ~ schießen to go (*od.* run) to seed. – **3.** *med. zo.* seed; sperm(a), semen (*scient.*): der ~ ergießt sich the semen flows. – **4.** *fig.* (*Keim*) seed, germ: den ~ des Hasses [des Neides, der Zwietracht] säen to sow the seed(s) of hatred [envy, discord]. – **5.** *Bibl.* (*Nachkommenschaft*) seed, progeny, offspring. — **~ˌabˌgang** *m med.* **1.** discharge of semen. – **2.** *cf.* Samenfluß. — **s~ˌabˌtö·tend** *adj cf.* samentötend. — **~ˌanˌla·ge** *f bot.* ovule, ovulum. — **~ˌbank** *f biol.* sperm bank. — **~ˌbau** *m* ⟨-(e)s; *no pl*⟩ *agr. hort. cf.* Samenzucht. — **~ˌbeet** *n hort.* seedbed, seed-plot. — **~beˌhäl·ter** *m zo.* **1.** seminal vesicle, spermatheca (*scient.*). – **2.** (*außerhalb des Körpers*) spermatophore. — **~ˌbil·dung** *f biol.* spermatogenesis. — **~ˌbla·se** *f, auch* **~ˌbläs·chen** *n med. zo.* seminal vesicle, spermatocyst (*scient.*). — **~ˌbla·sen·entˌzün·dung** *f* (seminal) vesiculitis, cystospermitis, spermatocystitis, gonecystitis. — **~ˌblatt**, **~ˌblätt·chen** *n bot. cf.* Keimblatt 2. — **~ˌdrü·se** *f med. zo.* spermatic gland, testicle, testis. — **~erˌgie·ßung** *f* ⟨-; -en⟩, **~erˌguß** *m* emission of semen, seminal discharge (*od.* emission), ejaculation, spermatism: nächtlicher ~ nocturnal emission. — **s~erˌzeu·gend** *adj biol. bot. med. zo.* seminiferous, seminiferal. — **~erˌzeu·gung** *f biol. cf.* Samenbildung. — **~ˌfa·den** *m* spermatic filament, spermatozoon, spermatozoid. — **~ˌfluß** *m med.* spermatorrh(o)ea. — **~ˌflüs·sig·keit** *f* seminal fluid. — **~ˌgang** *m* seminal (*od.* spermatic) duct, spermaduct, spermiduct, spermoduct, vas deferens (*scient.*). — **~geˌfäß** *n* spermatic (*od.* seminal) vessel. — **~ˌhan·del** *m econ.* seed trade. — **~ˌhänd·ler** *m* seedsman, *Br. auch* corn chandler. — **~ˌhand·lung** *f* seed store (*bes. Br.* shop). — **~ˌhaut** *f bot.* seed coat, tunic; integument (of a seed), episperm (*scient.*): innere ~ inner integument of a seed, endopleura, tegmen (*scient.*). — **~ˌhül·le** *f* episperm, spermoderm, perisperm, testa. — **~ˌhül·se** *f* pod, husk, shell, hull. — **~ˌkä·fer** *m zo.* pulse (*od.* seed) beetle, seed weevil (*Fam. Bruchidae*). — **~kaˌnal** *m med. zo.* spermatic (canal) duct. — **~ˌkap·sel** *f bot.* seed (*od.* seminal) capsule, seedcase. — **~ˌkern** *m biol.* sperm nucleus. — **~ˌknos·pe** *f bot. cf.* Samenanlage. — **~ˌkorn** *n* grain of seed, (seed) corn, (seed) grain. — **~ˌkör·per·chen** *n biol.* spermatozoid, *auch* spermatozooid, sperm. — **~ˌlap·pen** *m* cotyledon. — **~ˌlei·ter** *m med. zo. cf.* Samengang. — **s~los** *adj bot.* seedless, aspermous (*scient.*). — **~ˌman·tel** *m* seedcover, aril(lus) (*scient.*). — **~ˌpflan·ze** *f* **1.** *bot.* seed plant; spermatophyte, phanerogam (*scient.*). – **2.** *agr.* seedling. — **~planˌta·ge** *f* (*forestry*) seed orchard. — **~ˌscha·le** *f bot.* seed coat, testa (*scient.*): innere ~ tegmen.

'Sa·menˌstrang *m med. zo.* spermatic cord, funiculus. — **~entˌzün·dung** *f med.* chorditis, corditis, funiculitis. — **~ˌun·terˌbin·dung** *f* vasoligature, vasectomy.

'Sa·men|ˌtier·chen *n biol. cf.* Spermatozoon. — **s~ˌtö·tend** *adj* spermatocidal, spermicidal. — **s~ˌtra·gend** *adj bot.* seed-bearing, seedy; seminiferous, seminiferal (*scient.*). — **~ˌträ·ger** *m* **1.** *bot.* placenta, spermatophore, spermatiophore: mit einem ~ (versehen) placentiferous. – **2.** *zo.* spermatophore. — **~ˌüberˌtra·gung** *f* **1.** *biol.* insemination. – **2.** *bot.* pollination. — **~ˌwol·le** *f bot.* coma. — **~ˌzel·le** *f biol.* sperm (*od.* spermatozoal, spermatic) cell, spermatozoon, sperm. — **~ˌzucht** *f agr. hort.* seed cultivation. — **~ˌzwie·bel** *f bot.* **1.** seed onion. – **2.** (*für Blumen*) seed bulb.

Sä·me·rei [zɛːmə'raɪ] *f* ⟨-; -en⟩ **1.** *cf.* Samenhandlung. – **2.** *pl* seeds, grains.

Sa·mi·el ['zaːmiɛl] *npr m* ⟨-s; *no pl*⟩ *myth.* (*böser Geist*) Samiel.

sä·mig ['zɛːmɪç] *adj* (*Suppe etc*) creamy.

sa·misch ['zaːmɪʃ] *adj* (*von Samos*) Samian.

'sä·misch|ˌgar ['zɛːmɪʃ-] *adj* (*leather*) chamois, oil-tanned. — **~geˌgerbt** *adj* chamois-dressed. — **S~ˌger·ben** *n cf.* Sämischgerbung. — **S~ˌger·ber** *m* chamois-dresser, oil-tanner. — **S~ˌger·bung** *f* ⟨-; *no pl*⟩ oil tanning, chamois dressing, chamoising. — **S~ˌle·der** *n* oil-dressed leather, chamois (leather), *auch* chammy, shammy, shamoy.

Säm·ling ['zɛːmlɪŋ] *m* ⟨-s; -e⟩ *bot.* seedling: ~e ins Freie pflanzen to prick out seedlings.

'Sam·mel|ak·tiˌon *f* **1.** (*für Geld*) fund-raising campaign (*od.* drive). – **2.** (*für Kleidung, Material etc*) house-to-house collection. — **~ˌal·bum** *n* collector's album. — **~ˌanˌlei·he** *f econ.* joint loan.

'Sam·melˌanˌschluß *m tel.* private branch exchange (*PBX system with several central office trunks*). — **~ˌteilˌneh·mer** *m* subscriber set with several central office trunks.

'Sam·mel|ˌaufˌtrag *m* (*postal service*) *cf.* Sammeldauerauftrag. — **~ˌband** *m* miscellany, anthology. — **~ˌbecken** (*getr.* -k·k-) *n* **1.** *geol.* catchment area (*od.* basin). – **2.** *tech.* collecting basin (*od.* tank, vessel, sump). – **3.** *med.* reservoir. – **4.** *fig.* reservoir: die Partei ist ein ~ für radikale Elemente the party is a reservoir for radical elements. — **~beˌgriff** *m* comprehensive term. — **~beˌhäl·ter** *m* **1.** *tech.* (*Ölwanne*) collecting receptacle (*od.* tank), reservoir, sump. – **2.** *metall.* (*für Erz*) collecting bin. — **~beˌstel·lung** *f econ.* collective order. — **~beˌzeich·nung** *f* collective name (*od.* word, term). — **~ˌbrun·nen** *m* (*für Regenwasser*) cistern. — **~ˌbüch·se** *f* collecting (*od.* charity) box. — **~ˌbun·ker** *m metall.* storage bin. — **~ˌdau·erˌaufˌtrag** *m econ.* collective Giro (*od.* bank) standing order. — **~deˌpot** *n econ.* (*für Wertpapiere*) collective security deposit. — **~ˌei·fer** *m cf.* Sammelfleiß. — **~elekˌtro·de** *f electr.* collector. — **~ˌfahrˌschein** *m* group ticket. — **~ˌfleiß** *m* industriousness in collecting. — **~ˌfrucht** *f bot.* **1.** multiple (*od.* collective) fruit; syconium, syncarp (*scient.*). – **2.** aggregate fruit. — **~geˌbiet** *n* **1.** *geol.* catchment area (*od.* basin). – **2.** (*eines Sammlers*) collector's field of interest. — **~geˌspräch** *n tel.* conference talk (*od.* call). — **~ˌglas** *n chem.* preparation (*od.* specimen) tube. — **~ˌgut** *n econ.* collective (*od.* consolidated) consignment (*od.* shipment). — **~ˌhaa·re** *pl zo.* (*der Bienen*) brush *sg.* — **~ˌhef·ter** *m print.* gatherer stitcher. — **~ˌhei·zung** *f* district heating system. — **~ˌkas·se** *f econ.* (*bes. in Warenhäusern*) general pay office (*Br.* desk). — **~ˌkon·to** *n* collective account. — **~ˌla·dung** *f* collective (*od.* consolidated) consignment (*od.* shipment). — **~ˌla·ger** *n* **1.** (*für Flüchtlinge etc*) assembly (refugee) camp (*od.* center, *bes. Br.* centre). – **2.** *mil.* depot. — **~ˌlei·den·schaft** *f* passion (*od.* craze) for collecting, collecting mania. — **~ˌlei·tung** *f* **1.** *electr.* omnibus circuit, distributing (*od.* collecting) main. – **2.** *tech.* (*der Schmierung*) (lubrication) header. – **3.** *auto.* (*Verteilungskrümmer*) manifold. — **~ˌlin·se** *f* (*optics*) (*Konvexlinse, Brennglas*) convex (*od.* condensing, condenser, converging, positive, collecting) lens. — **~ˌli·ste** *f* aggregate (*od.* collective, consolidated) list. — **~ˌmap·pe** *f* (*für Zeitschriften etc*) binder.

sam·meln ['zaməln] **I** *v/t* ⟨h⟩ **1.** (*Holz, Beeren etc*) gather: Pilze ~ gehen to go mushroom-picking, to go to gather (*od.* pick) mushrooms, to go mushrooming (*colloq.*); Brombeeren ~ gehen to go blackberrying (*colloq.*); Kräuter ~ to gather herbs, to botanize *Br. auch* -s-, to herborize *Br. auch* -s-. – **2.** (*Briefmarken, Münzen, Autogramme etc*) collect: Stoff (*od.* Material) für einen Roman ~ to collect material for a novel. – **3.** (*Geld, Spenden, Kleidung, Lumpen etc*) collect. – **4.** (*für einen Sammelband*) (*Aufsätze etc*) compile. – **5.** (*speichern*) store, hive. – **6.** (*Regenwasser*) impound, store. – **7.** (*horten*) hoard (up). – **8.** (*anhäufen*) accumulate, amass, heap (*od.* pile), treasure) up: Schätze [Reichtümer] ~ to accumulate treasures [riches]. – **9.** (*Erfahrung, Kenntnisse etc*) gain, acquire. – **10.** (*Kräfte etc*) gather, rally. – **11.** (*Mut etc*) summon (up), muster (up), gather. – **12.** (*Stimmen etc*) canvass for, muster. – **13.** (*scharen*) gather, assemble: er sammelte das Volk um sich he gathered the people (a)round him. – **14.** (*Gedanken*) collect, concentrate. – **15.** *mil.* assemble, concentrate: zerstreute Truppen wieder ~ to rally scattered troops. – **16.** (*optics*) (*Lichtstrahlen*) concentrate. – **II** *v/i* **17.** collect money, make (*od.* take up) a collection: für wohltätige Zwecke ~ to collect money for charitable purposes; für j-n ~ a) to collect money for s.o., b) to organize a collection for s.o.'s benefit, to send (*od.* pass) round the hat for s.o. – **18.** collect: er sammelt leidenschaftlich gern he is a passionate collector. – **III** *v/reflex* sich ~ **19.** (*sich versammeln*) assemble, gather, collect: eine Menschenmenge sammelte sich um ihn a crowd gathered (*od.* clustered) round him; sich wieder ~ to reassemble, to rally. – **20.** (*zusammenkommen*) gather, assemble, meet: die Teilnehmer der Kundgebung sammelten sich vor dem Rathaus the participants of the manifestation gathered in front of the townhall. – **21.** (*sich anhäufen*) accumulate, amass, heap (*od.* pile) up, treasure (up). – **22.** (*optics*) (*von Lichtstrahlen*) converge, focus. – **23.** *fig.* (*sich konzentrieren*) concentrate, collect one's thoughts. – **24.** *fig.* (*sich fassen*) compose oneself. – **IV S~** *n* ⟨-s⟩ **25.** *verbal noun.* – **26.** collection. – **27.** (*Zusammenstellung*) compilation. – **28.** (*Speicherung*) storage, (*bes. von Regenwasser*) impoundment. – **29.** (*Anhäufung*) accumulation, amassment. – **30.** (*von Erfahrung etc*) acquisition, acquirement. – **31.** (*Konzentration*) concentration. – **32.** *mil.* assembly: Signal zum S~ recall, rally, rallying sign, banner cry; S~ zerstreuter Truppen reassembly of scattered troops, rally; zum S~ blasen to sound the recall.

'Sam·mel|ˌna·me *m* **1.** *ling.* collective (noun). – **2.** *zo. bot.* collective name. — **~ˌnum·mer** *f tel.* collective number. — **~ˌpaß** *m* collective passport. — **~ˌplatz** *m* **1.** (*Treffpunkt*) meeting place, rendezvous, *auch* place of assembly (*od.* rendezvous). – **2.** (*Lager*) collecting point, depot. – **3.** *fig. contempt.* cesspit, cesspool: ein ~ des Lasters a cesspit of vice. – **4.** *mil.* rallying point, rendezvous. — **~ˌpunkt** *m cf.* Sammelplatz 1. — **~ˌrohr** *n tech.* collecting pipe. — **~ˌruf** *m* **1.** (*im Sprachlabor*) collective call. – **2.** *tel. cf.* Sammelnummer. — **~ˌschal·tung** *f electr.* omnibus circuit.

— ~ˌ**schie·ne** *f electr.* bus (*od.* omnibus) bar, current collector. — ~ˌ**schmie·rung** *f tech.* centralized (*Br. auch* -s-) oiling. — ~ˌ**sen·dung** *f econ. cf.* Sammelladung. — ~ˌ**spie·gel** *m* (*optics*) (*Hohl-, Konkavspiegel*) concave mirror. — ~ˌ**stel·le** *f cf.* Sammelplatz 1, 2.

Sam·mel·su·ri·um [zaməl'zuːrĭʊm] *n* ⟨-s; -surien⟩ *colloq.* (*Mischmasch*) hodgepodge, *bes. Br.* hotchpotch, conglomeration, medley, omnium-gatherum (*colloq. humor.*).

'**Sam·mel**|ˌ**tas·se** *f* fancy cup. — ~ˌ**tel·ler** *m* fancy plate. — ~**trans**ˌ**port** *m econ.* collective transport (*od.* shipment). — ~ˌ**vi·sum** *n* group visa. — ~ˌ**werk** *n* (*Buch*) compilation, (*über ein Thema*) symposium. — ~ˌ**wort** *n ling.* collective (noun). — ~ˌ**wut** *f colloq.* craze for collecting, collecting mania.

Sam·met ['zamət] *m* ⟨-s; -e⟩ *obs. for* Samt.

'**Samm·ler** *m* ⟨-s; -⟩ **1.** (*von Briefmarken etc*) collector: ~ **von etwas sein** to be a collector of (*od.* to collect) s.th. – **2.** (*von Holz, Pilzen etc*) gatherer, picker. – **3.** (*Einsammler*) collector. – **4.** (*Kompilator*) compiler. – **5.** *electr.* (*Akkumulator*) storage battery, accumulator. – **6.** *tech.* (*Auffangkanal*) interceptor, *Am. auch* intercepter. — ~**bat·te**ˌ**rie** *f electr.* accumulator, storage battery. — ~ˌ**fleiß** *m cf.* Sammelfleiß.

'**Samm·le·rin** *f* ⟨-; -nen⟩ *cf.* Sammler 1—4.

'**Samm·ler**ˌ**la·de**|ˌ**ein**ˌ**rich·tung** *f*, ~**ge**ˌ**rät** *n electr.* battery charger.

'**Samm·ler**|ˌ**stück** *n* collector's piece (*od.* item). — ~ˌ**zel·le** *f electr.* accumulator (*od.* battery) cell (*od.* element).

'**Samm·lung** *f* ⟨-; -en⟩ **1.** *cf.* Sammeln. – **2.** (*von Geld, Kleidung etc*) collection, *auch* gathering: **eine** ~ **veranstalten** (*od.* **durchführen**) to organize (*Br. auch* -s-) (*od.* institute, hold) a collection; **die** ~ **ergab** (*od.* **brachte**) **tausend Mark** the collection brought in (*od.* yielded) a thousand marks. – **3.** (*von Kunstschätzen, Marken etc*) collection. – **4.** (*Zusammenstellung*) compilation. – **5.** (*von Gedichten, ausgewählten Texten etc*) anthology, chrestomathy, compilation. – **6.** (*Auslese, Auswahl*) selection, digest. – **7.** (*Sammelband vermischter Schriften*) miscellany, book of miscellanies. – **8.** (*Kunstgalerie*) (art) gallery. – **9.** ⟨*only sg*⟩ *fig.* (*Ruhe, Gefaßtheit*) composure, collectedness, calm(ness). – **10.** ⟨*only sg*⟩ *fig.* (*Konzentration*) concentration.

Sa·mo·je·de [zamo'jeːdə] *m* ⟨-n; -n⟩ Samoyed, *auch* Samoyede, N(i)entsi, Nentsy.

Sa·mo'je·denˌ**spitz** *m zo.* (*Hunderasse*) Samoyed, Samoyede.

sa·mo'je·disch I *adj* Samoyed(e), *auch* Samoyedic. – **II** *ling.* **S~** ⟨*generally undeclined*⟩, **das S~e** ⟨-n⟩ Samoyed(e), *auch* Samoyedic.

Sa·mos ['zaːmɔs] *m* ⟨-; -⟩ (*Weinsorte*) Samian wine, (wine from) Samos.

Sa·mo·war [zamo'vaːr] *m* ⟨-s; -e⟩ (*russ. Teemaschine*) samovar.

'**Sams**ˌ**tag** ['zams-] *m* ⟨-(e)s; -e⟩ *bes. Southern G., Austrian, Swiss* Saturday: **am** ~ on Saturday; (**am**) ~ **morgen** (*od.* **früh**) (on) Saturday morning, early on Saturday; ~ **vormittag** [**mittag, nachmittag**] (on) Saturday morning [noon (*od.* midday), afternoon]; ~ **abends ist er nie zu Haus** he is never at home on Saturday evenings (*od.* nights); **heute ist langer** ~ *econ.* today the shops (*bes. Am.* stores) are open longer than on other Saturdays. — ~'**abend** *m* Saturday evening (*od.* night). — ~'**mor·gen** *m* Saturday morning.

'**sams**ˌ**tags** *adv* on Saturdays, every (*od.* each) Saturday, *bes. Am.* Saturdays: ~ **abends** (on) Saturday evenings (*od.* nights).

samt [zamt] **I** *adv only in* ~ **und sonders** each and all (*od.* every one) (of them), all (of them), all and sundry, without exception, the whole lot (*colloq.*) (*Am. sl.* [bang] shoot): **sie wurden** ~ **und sonders verhaftet** all of them were arrested. – **II** *prep* ⟨*dat*⟩ (together) with, along with, including: **der Vater** ~ **seinen fünf Kindern** the father together with (*od.* along with, and) his five children.

Samt *m* ⟨-(e)s; -e⟩ (*textile*) velvet, pile fabric: **baumwollener** ~ velveteen; **ein Kleid aus** ~ a dress of velvet, a velvet dress; **wie** ~ velvety, velvet (*attrib*); **sie hat eine Haut so weich wie** ~ she has a velvety skin, she has skin like velvet; **in** ~ **und Seide gekleidet sein, sich in** ~ **und Seide kleiden** *poet.* to be dressed (*od. lit.* clad) in silks and satins. — **s~**ˌ**ar·tig** *adj* velvety, velvetlike. — ~ˌ**au·gen** *pl fig.* (*eines Hundes etc*) melting eyes. — ~ˌ**band** *n* velvet ribbon (*od.* band). — ~ˌ**blu·me** *f bot.* **1.** a) tagetes (*Gattg Tagetes*), b) French marigold (*T. patula*). – **2.** amaranth (*Gattg Amaranthus*): Geschwänzte ~ love-lies-bleeding (*A. caudatus*).

'**sam·ten** *adj* **1.** (*aus Samt*) velvet (*attrib*). – **2.** *fig.* (*samtartig, samtweich*) velvety, velvet (*attrib*).

'**Samt**|ˌ**en·te** *f zo.* velvet scoter (*od.* duck) (*Oidemia fusca*). — ~ˌ**glanz** *m* velvet gloss. — ~ˌ**gras** *n bot.* hare's-tail (grass) (*Lagurus ovatus*). — ~ˌ**hand**ˌ**schuh** *m* velvet glove: **j-n mit** ~**en anfassen** *fig. colloq.* to handle (*od.* treat) s.o. with kid gloves, to give s.o. kid-glove(d) treatment.

'**sam·tig** *adj* velvet (*attrib*), velvety.

'**Samt**|ˌ**kleid** *n* velvet dress. — ~ˌ**kra·gen** *m* velvet collar.

sämt·lich ['zɛmtlɪç] *indef pron* (*adjektivisch*) **1.** ~**e** *pl* (*alle*) all: ~**e Anwesende(n)** all persons present; **die Anschriften** ~**er neuen** (*rare* **neuer**) **Mitglieder** the addresses of all new members. – **2.** ~**e** *pl* (*vollständig*) complete: **Shakespeares** ~**e Werke** the complete works of Shakespeare. – **3.** (*ganz*) whole, entire: **sie haben** ~**en Besitz verloren** they lost their entire (*od.* all their) property; ~**er Schmuck war gestohlen** the whole jewel(le)ry had been stolen. – **4.** ⟨*invariable*⟩ all, without exception: **sie sind** ~ **ertrunken** they were all drowned, all of them were (*od.* every one of them was) drowned, they were drowned to a man.

'**Samt**|**-**ˌ**Licht**ˌ**nel·ke** *f bot.* mullein pink, dusty miller, *auch* gardener's-delight, rose campion (*Lychnis coronaria*). — ~ˌ**mal·ve** *f bot.* a) flowering maple (*Gattg Abutilon*), b) Indian mallow, cottonweed, *auch* velvetleaf (*A. theophrasti*). — ~ˌ**mil·be** *f zo.* scarlet mite (*Trombidium holosericeum*). — ~ˌ**pföt·chen** *n fig.* (*bes. von Katzen*) velvet paw: ~ **machen** to draw in the claws. — **s~**ˌ**schwarz** *adj* ivory-black. — ~ˌ**stof·fe** *pl* (*textile*) pile fabric *sg.* — ~ˌ**we·ber** *m* velvet weaver, velvet maker. — ~**we·be**ˌ**rei** *f* velvet (*od.* pile) weaving. — **s~'weich** *adj* (as) soft as velvet, velvety. — ~ˌ**we·ste** *f* velvet vest (*bes. Br.* waistcoat).

Sa·mu·el ['zaːmŭɛl] *npr m* ⟨-s; *no pl*⟩ *Bibl.* Samuel: **das erste** [**zweite**] **Buch** ~ the first [second] book of Samuel.

Sa·mum [za'muːm] *m* ⟨-s; -s *u.* -e⟩ (*heißer Wüstenwind*) simoom, *auch* simoon, samum, samiel.

Sa·mu·rai [zamu'raɪ] *m* ⟨-(s); -(s)⟩ (*Angehöriger des jap. Adels*) samurai.

San [zan] *cf.* Sankt.

Sa·na·to·ri·um [zana'toːrĭʊm] *n* ⟨-s; -rien⟩ sanatorium, *bes. Am.* sanitarium, *Am. auch* sanatarium. — **Sa·na'to·ri·ums**ˌ**auf·ent**ˌ**halt** *m* stay at a sanatorium.

Sand [zant] *m* ⟨-(e)s; -e⟩ **1.** sand: **feiner** ~ fine sand; **grober** ~ coarse sand, grit; **etwas mit** ~ **bestreuen** to strew s.th. with sand, to sand s.th.; **der Fluß verliert sich** (*od.* **verläuft**) **im** ~ the river disappears (*od. colloq.* peters out) in the sand(s); **die Angelegenheit ist im** ~**(e) verlaufen** *fig.* the matter came to nothing (*od.* went up in smoke); **sein Eifer hat sich bald im** ~**(e) verlaufen** *fig.* his zeal soon petered (*od.* fizzled) out (*colloq.*); **diese Blumen gibt es dort wie** ~ **am Meer** *fig. colloq.* these flowers are two a penny there (*colloq.*); **er hat Schulden wie** ~ **am Meer** *fig. colloq.* he is up to his neck in debt; **auf** ~ **bauen** *fig.* to build on sand; **j-n auf den** ~ **setzen** *fig.* to floor (*od.* nonplus) s.o.; **j-m** ~ **in die Augen streuen** *fig.* to throw dust in s.o.'s eyes; ~ **ins Getriebe streuen** *fig.* to throw a monkey wrench into the works, *Br.* to throw a spanner in the works; **den** ~ **pflügen** (*od.* **ackern**) *fig.* to sow the sand; **wer Gott vertraut, hat nicht auf** ~ **gebaut** (*Sprichwort*) God provides for him that trusteth (*proverb*); → Kopf 1. – **2.** (*Scheuersand*) scouring powder. – **3.** *mar.* (*Sandbank*) sands *pl*, sandbank: **auf** ~ **laufen** (*od.* **geraten**) to strike the sands, to run aground, to ground; **j-d sitzt auf dem** ~ *fig. colloq.* s.o. is at the end of his tether. — ~ˌ**aal** *m zo.* sand launce (*od.* lance), sand eel (*Fam. Ammodytidae*): **Großer** ~ greater sand launce (*Ammodytes lanceolatus*); **Kleiner** ~ lesser sand launce (*A. tobianus*).

San·da·le [zan'daːlə] *f* ⟨-; -n⟩ *meist pl* sandal.

San·da·let·te [zanda'lɛtə] *f* ⟨-; -n⟩ *meist pl* high-heeled sandal.

San·da·rak ['zandarak] *m* ⟨-s; *no pl*⟩ *tech.* sandarac, *auch* sandarach.

'**sand**ˌ**ar·tig** *adj* sandlike, arenaceous (*scient.*).

'**Sand**|ˌ**au·ster** *f zo. cf.* Klaffmuschel. — ~ˌ**bad** *n chem. med.* sand bath. — ~ˌ**bahn** *f* (*beim Motorradsport*) dirt-track. — ~ˌ**bahn**ˌ**ren·nen** *n* dirt-track race. — ~ˌ**bank** *f* ⟨-; ⸚e⟩ *mar.* sandbank, sands *pl*: **auf eine** ~ **geraten** to strike the sands. — ~ˌ**bie·ne** *f zo.* andrena, andrenid, carpenter beetle (*Fam. Andrenidae*). — ~ˌ**blatt** *n* (*der Zigarre*) (lower) shrub leaf. — ~ˌ**boa** *f zo.* **1.** (**Europäische**) ~ Turkish sand boa (*Eryx jaculus*). – **2.** (**Nordamerikanische**) ~ rubber snake (*Charina bottae*). — ~ˌ**bo·den** *m* sandy soil. — ~ˌ**bricke** (*getr.* -k·k-) *f zo. cf.* Bachneunauge. — ~ˌ**büch·se** *f obs.* (*für Streusand*) sandbox. — ~ˌ**burg** *f* (*am Strand*) sand castle. — ~ˌ**butt** *m zo.* turbot (*Scophthalmus aquosus*). — ~ˌ**dol·lar** *m* sand dollar (*Echinarachnius parma*). — ~ˌ**dorn** *m* ⟨-(e)s; *no pl*⟩ *bot.* sea buckthorn, sallow thorn (*Hippophaë rhamnoides*).

'**San·del**ˌ**holz** ['zandəl-] *n* ⟨-es; *no pl*⟩ sandalwood. — ~ˌ**baum** *m bot.* sandalwood (tree) (*Santalum album*). — ~ˌ**öl** *n* (*bes. cosmetics*) sandalwood oil, *auch* East Indian sandalwood oil, santal oil.

san·deln ['zandəln] *v/i* ⟨h⟩ *Southwestern G. and Swiss* play in the sand (*od.* sandbox, sandpit).

san·den ['zandən] *v/t* ⟨h⟩ *obs. and Swiss* (*Geschriebenes*) sand.

'**sand**|ˌ**far·ben**, ~ˌ**far·big** *adj* sand-colored (*bes. Br.* -coloured), sandy.

'**Sand**|ˌ**fisch** *m zo. cf.* Sandskink. — ~ˌ**flä·che** *f* area of sand. — ~ˌ**flie·ge** *f zo.* sand fly (*Gattg Phlebotomus*). — ~ˌ**floh** *m* sand flea, chigoe (*Tunga penetrans*). — ~ˌ**form** *f* **1.** *metall.* (*in der Gießerei*) sand mold (*bes. Br.* mould). – **2.** (*für Kinder*) sand mold (*bes. Br.* mould), sand shape. — ~**ge**ˌ**blä·se** *n tech. cf.* Sandstrahlgebläse. — ~ˌ**gecko** (*getr.* -k·k-) *m zo.* sand gecko (*Ptenopus garrulus*). — ~ˌ**ge·gend** *f* sandy area (*od.* region). — ~ˌ**grä·ber** *m zo.* mole rat (*Fam. Bathyergidae*). — ~ˌ**gras** *n bot. cf.* Strandhafer. — ~ˌ**grieß** *m* coarse sand, grit. — ~ˌ**gru·be** *f* **1.** sandpit. – **2.** (*beim Golf*) (sand) bunker. — ~ˌ**guß** *m metall.* sand casting. — ~ˌ**hai** *m zo.* sand shark (*Carcharias taurus*). — ~ˌ**ha·se** *m colloq.* **1.** (*beim Kegeln*) miss: **einen** ~**n schieben** to miss. – **2.** *mil. humor.* infantryman, *Am. humor. auch* doughboy. — ~ˌ**hau·fen** *m* heap (*od.* pile) of sand. — ~ˌ**ho·se** *f meteor.* dust devil, dust (*auch* sand) whirl. — ~ˌ**hü·gel** *m* sand hill. — ~ˌ**hüp·fer** *m zo.* beach flea, sand hopper (*Gattgen Talitrus u. Orchestia*).

san·dig ['zandɪç] *adj* **1.** sandy. – **2.** full of sand. – **3.** (*grobsandig*) gritty.

'**Sand**ˌ**kä·fer** *m zo. cf.* Sandlaufkäfer.

'**Sand**ˌ**ka·sten** *m* **1.** (*für Kinder*) sandbox, sandpit. – **2.** *mil.* sand table. – **3.** (*railway*) sandbox. — ~ˌ**spiel** *n mil.* sand-table exercise.

'**Sand**|ˌ**ki·ste** *f cf.* Sandkasten 1. — ~**ko**ˌ**ral·le** *f zo.* fan sabella (*Gattg Sabellaria*). — ~ˌ**korn**, ~ˌ**körn·chen** *n* grain of sand. — ~ˌ**ku·chen** *m* **1.** *gastr.* plain cake, *Am.* pound cake. – **2.** (*im Sandkasten*) sand (*od.* mud) pie. — ~ˌ**läu·fer** *m zo.* (**Algerischer**) ~ Algerian sand runner (*Psammodromus algirus*). — ~ˌ**lauf**ˌ**kä·fer** *m* tiger beetle (*Fam. Cicindelidae*).

Sand·ler ['zandlər] *m* ⟨-s; -⟩ *Austrian colloq. contempt.* botcher, bungler.

'**Sand**|ˌ**mann** *m* ⟨-(e)s; *no pl*⟩, ~ˌ**männ·chen** *n* ⟨-s; *no pl*⟩ (*Märchengestalt*) sandman. — ~ˌ**meer** *n fig.* sea of sand. — ~ˌ**nat·ter** *f zo.* sand snake (*Gattg Psammophis*). — ~**pa**ˌ**pier** *n tech.* sandpaper: **etwas mit** ~ **abreiben** to sandpaper s.th. — ~ˌ**pilz** *m bot.* yellow boletus (*Boletus variegatus*). — ~ˌ**ras·sel**ˌ**ot·ter** *f zo.* saw-scaled viper (*Echis carinatus*). — ~ˌ**renn-**

ˌ**maus** *f* fat sand rat (*Psammomys obesus*). — **~ˌrennat·ter** (*getr.* -nn,n-) *f cf.* Zischnatter. — **~ˌsack** *m* **1.** sandbag, *Br.* sand-bag. – **2.** (*im Boxsport*) body (*od.* heavy, training) bag. — **~ˌschicht** *f* layer of sand. — **~ˌseg·ge** *f bot.* sea (*od.* sand) sedge (*Carex arenaria*). — **~ˌsieb** *n civ.eng.* sand screen (*od.* sifter). — **~ˌskink** *m zo.* sand skink (*Gattg Scincus*). — **~ˌstein** *m* sandstone, freestone. — **~ˌstrahl** *m tech.* sandblast, *Br.* sand-blast. — **s~ˌstrah·len** *v/t* ⟨*insep,* ge-, *tech.* -ge-, h⟩ sandblast, *Br.* sand-blast. — **~ˌstrahl·geˌblä·se** *n* sandblast (*Br.* sand-blast) unit. — **~ˌstrand** *m* sandy beach. — **~ˌstreu·er** *m,* **~ˌstreu-ˌfahrˌzeug** *n* sander, *Br.* gritting lorry. — **~ˌsturm** *m* sandstorm, *Br.* sand-storm.

sand·te ['zantə] *1 u. 3 sg pret of* senden[1].

'**Sandˌtor·te** *f* **1.** *gastr.* Madeira cake. – **2.** *cf.* Sandkuchen 2.

'**Sandˌuhr** *f* sandglass, *Br.* sand-glass, hourglass, *Br.* hour-glass. — **~ˌma·gen** *m med.* hour(-)glass (*od. scient.* bilocular) stomach.

'**Sand|verˌwe·hung** *f* sand drift. — **~ˌvi·per** *f zo.* sand viper (*Vipera ammodytes*). — **~ˌweg** *m* sandy path. — **~ˌwes·pe** *f zo.* sand wasp (*Ammophila sabulosa*).

Sand·wich ['zɛntvɪtʃ; 'sænwɪdʒ] (*Engl.*) *m, n* ⟨-s *od.* -(es); -s *od.* -es, *auch* -e⟩ sandwich. — **~ˌbauˌwei·se** *f aer.* (*space*) sandwich construction. — **~ˌmann** *m humor.* sandwich man. — **~ˌwecken** (*getr.* -k·k-) *m Austrian gastr.* French roll.

'**Sand|ˌwurm** *m zo.* lugworm, sandworm (*Arenicola marina*). — **~ˌwü·ste** *f* sandy desert.

sanft [zanft] **I** *adj* ⟨-er; -est⟩ **1.** (*Stimme, Augen, Berührung etc*) soft, gentle: **mit ~er Hand** *auch fig.* with a gentle hand, gently. – **2.** (*Farben, Licht etc*) soft. – **3.** (*Wind, Regen etc*) gentle, balmy, soft, mild. – **4.** (*Wesen, Charakter etc*) gentle, mild, lenient, meek, placid. – **5.** (*Druck, Zwang, Gewalt etc*) gentle: **~en Druck ausüben** to apply gentle pressure; **mit ~er Gewalt** with gentle force; **etwas auf die ~e Tour versuchen** *colloq.* to try a gentle approach to s.th. – **6.** (*Schlaf*) gentle, tender: **ein gutes Gewissen ist ein ~es Ruhekissen** (*Sprichwort*) a quiet conscience sleeps in thunder (*proverb*). – **7.** (*Hügel, Anhöhe etc*) gentle. – **8.** (*Fahrt, Bewegung etc*) gentle, smooth. – **II** *adv* **9.** gently: **j-n ~ berühren** to touch s.o. gently. – **10.** (*ruhig*) peacefully: **~ und selig schlafen** to sleep peacefully (*od.* blissfully); **er ist ~ entschlafen** (*gestorben*) he passed away peacefully; **ruhe ~** (*Grabinschrift*) rest in peace.

Sänf·te ['zɛnftə] *f* ⟨-; -n⟩ sedan (chair), litter. — '**Sänf·tenˌträ·ger** *m* sedan bearer.

'**Sanft·heit** *f* ⟨-; *no pl*⟩ **1.** (*der Stimme, Augen, Berührung etc*) softness, gentleness. – **2.** (*der Farben, des Lichts etc*) softness. – **3.** (*des Windes, Regens etc*) gentleness, balminess, softness, mildness. – **4.** (*des Wesens, Charakters etc*) gentleness, mildness, lenience, leniency, meekness, placidity. – **5.** (*des Druckes, Zwangs, der Gewalt etc*) gentleness. – **6.** (*des Schlafs*) gentleness, tenderness. – **7.** (*eines Hügels etc*) gentleness. – **8.** (*der Bewegung*) gentleness, smoothness.

sänf·ti·gen ['zɛnftɪgən] *v/t* ⟨h⟩ *poet. for* besänftigen.

sänf·tig·lich ['zɛnftɪklɪç] *adv obs. for* sanft 9.

'**Sanftˌmut** *f* ⟨-; *no pl*⟩ **1.** gentleness, sweet temper, sweetness. – **2.** (*Demut*) meekness, humility. — '**sanftˌmü·tig** *adj* **1.** gentle, sweet. – **2.** (*demütig*) meek, humble.

sang [zaŋ] *1 u. 3 sg pret of* singen.

Sang *m* ⟨-(e)s; ⸚e⟩ singing, chant, song: **mit ~ und Klang** with singing and bands playing; **mit ~ und Klang durchfallen** *fig. colloq.* to fail ingloriously.

'**San·gaˌrind** ['zaŋga-] *n zo.* (*afrik. Hausrind*) sanga, *auch* sangu.

'**sang·bar** *adj* singable, suitable for singing.

sän·ge ['zɛŋə] *1 u. 3 sg pret subj of* singen.

Sän·ger ['zɛŋər] *m* ⟨-s; -⟩ **1.** singer, vocalist: **die fahrenden ~** *hist.* the (strolling) minstrels, the troubadours. – **2.** (*Vogel*) songster, warbler: **die gefiederten ~** the feathered warblers. – **3.** *poet.* (*Dichter*) poet, bard: **darüber schweigt des ~s Höflichkeit** silence is courtesy. — **~ˌbund** *m* association of singers (*od.* of choirs). — **~ˌfest** *n* singing (*od.* choir) festival.

'**Sän·ge·rin** *f* ⟨-; -nen⟩ (female) singer, vocalist, chanteuse.

'**Sän·gerˌkrieg** *m* singing competition: **der ~ auf der Wartburg** *hist.* the contest of minnesingers at the Wartburg.

'**Sän·ger·schaft** *f* ⟨-; -en⟩ singers *pl,* choir.

'**San·ges|ˌbru·der** *m colloq.* **1.** fellow singer. – **2.** *humor.* songster. — **s~ˌfreu·dig** *adj* fond of singing. — **s~ˌkun·dig** *adj* versed in the art of singing. — **s~ˌlu·stig** *adj* fond of singing.

San·gui·ni·ker [zaŋ'gŭiːnikər] *m* ⟨-s; -⟩ *psych.* sanguine person (*od.* type). — **san·gui·nisch** [-'gŭiːnɪʃ] *adj* (*Temperament etc*) sanguine.

'**sang-** ˌ**und** '**klang·los** *adv fig.* unwept and unsung, without (great) ado: **er ist ~ verschwunden** he disappeared without great ado, he sank without trace.

Sa·ni ['zani] *m* ⟨-s; -s⟩ *mil. colloq. for* Sanitäter 2.

Sa·nia ['zaːnĭa] *f* ⟨-; -s⟩ *zo.* spiny (*od.* hedgehog) rat (*Echimys armatus*).

sa·nie·ren [za'niːrən] **I** *v/t* ⟨*no* ge-, h⟩ **1.** *med.* a) apply sanitary (*od.* hygienic) measures to, b) (*Entzündungsherd etc*) eradicate. – **2.** (*Elendsviertel etc*) redevelop, clean up. – **3.** *econ.* a) reorganize *Br. auch* -s-, reconstruct, b) (*finanziell*) rehabilitate, restore (*s.th.*) to financial soundness. – **II** *v/reflex* **sich ~ 4.** (*von Person*) a) put oneself in the clear (again), b) *iron.* (*auf fragwürdige Art*) line one's pocket. – **5.** (*von Betrieb*) put itself in the clear (again). – **III S~** *n* ⟨-s⟩ **6.** *verbal noun.* — **Sa'nie·rung** *f* ⟨-; *no pl*⟩ **1.** *cf.* Sanieren. – **2.** *econ.* a) reorganization *Br. auch* -s-, reconstruction, b) (*finanzielle*) financial rehabilitation, restoration of the financial soundness. – **3.** (*eines Elendsviertels*) redevelopment.

Sa'nie·rungs|geˌbiet *n* (*einer Stadt etc*) redevelopment area. — **~ˌmaßˌnah·me** *f meist pl* **1.** hygienic (*od.* sanitary) measure. – **2.** *econ.* a) reorganization (*Br. auch* -s-) (*od.* reconstruction) measure, b) (*finanzielle*) rehabilitation (*od.* recuperation) measure. — **~ˌmit·tel** *n med.* prophylactic. — **~ˌvier·tel** *n cf.* Sanierungsgebiet.

sa·ni·tär [zani'tɛːr] *adj* (*Einrichtungen, Maßnahmen etc*) sanitary, hygienic.

Sa·ni·tät [zani'tɛːt] *f* ⟨-; -en⟩ **1.** ⟨*only sg*⟩ *Austrian for* Gesundheitswesen. – **2.** *Swiss for* Sanitätsauto.

Sa·ni'tä·ter *m* ⟨-s; -⟩ **1.** ambulance man. – **2.** *mil.* medical orderly, aidman.

Sa·ni'täts|ˌabˌtei·lung *f mil.* medical detachment. — **~arˌti·kel** *m meist pl* medical article. — **~ˌau·to** *n* ambulance. — **~beˌam·te** *m* sanitary (*od.* health) officer. — **~beˌdarf** *m* medical articles *pl* (*od.* supplies *pl*). — **~beˌhör·de** *f* public health authority. — **~ˌdienst** *m* medical service. — **~ˌein·heit** *f mil.* medical unit. — **~ˌfahrˌzeug** *n* ambulance. — **~ˌflugˌzeug** *n* **1.** (*ziviles*) air ambulance, *Br. auch* flying-doctor's aircraft. – **2.** *mil.* medical aircraft. — **~ˌhund** *m* ambulance dog. — **~ˌka·sten** *m* first-aid kit. — **~kom·paˌnie** *f* medical company. — **~ˌkorps** *n* medical corps. — **~of·fiˌzier** *m* medical officer. — **~per·soˌnal** *n* medical personnel. — **~ˌta·sche** *f* first-aid kit. — **~ˌtrup·pe** *f mil. cf.* Sanitätskorps. — **~ˌwa·che** *f* ambulance station, first-aid post. — **~ˌwa·gen** *m* ambulance. — **~ˌwe·sen** *n* sanitation, sanitary affairs *pl.* — **~ˌzelt** *n* hospital tent. — **~ˌzug** *m mil. cf.* Lazarettzug.

San-Jo'sé-ˌSchildˌlaus [zanxo'zeː-] *f zo.* San Jose scale (*Quadraspidiotus perniciosus*).

sank [zaŋk] *1 u. 3 sg pret,* **sän·ke** ['zɛŋkə] *1 u. 3 sg pret subj of* sinken.

Sankt [zaŋkt] *adj* (*vor Eigennamen, meist abgekürzt St.*) Saint: **~ Nikolaus** *relig.* Saint Nicolas.

Sank·ti·on [zaŋk'tsĭoːn] *f* ⟨-; -en⟩ *bes. pol.* **1.** (*Billigung*) sanction. – **2.** *pl* (*Zwangs-, Strafmaßnahmen*) sanctions: **~en verhängen gegen** to impose sanctions against.

sank·tio·nie·ren [zaŋktsĭo'niːrən] **I** *v/t* ⟨*no* ge-, h⟩ (*billigen*) sanction. – **II S~** *n* ⟨-s⟩ *verbal noun.* — **Sank·tio'nie·rung** *f* ⟨-; *no pl*⟩ **1.** *cf.* Sanktionieren. – **2.** *cf.* Sanktion 1.

Sank·tis·si·mum [zaŋk'tɪsimʊm] *n* ⟨-s; *no pl*⟩ *röm.kath.* sanctuary, sanctum sanctorum.

ˌ**Sankt-'Nim·mer·leins-ˌTag** [-'nɪmərlaɪns-] *m* ⟨-(e)s; *no pl*⟩ *cf.* Nimmerleinstag.

Sank·tua·ri·um [zaŋk'tŭaːrĭʊm] *n* ⟨-s; -rien⟩ *relig.* sanctuary.

Sank·tus ['zaŋktʊs] *n* ⟨-; *no pl*⟩ *röm.kath.* Sanctus, Tersanctus.

sann [zan] *1 u. 3 sg pret,* **sän·ne** ['zɛnə] *1 u. 3 sg pret subj of* sinnen.

Sans·cu·lot·te [sã(s)ky'lɔt(ə)] *m* ⟨-n [-tən]; -n [-tən]⟩ *hist.* (*in der franz. Revolution*) sansculotte.

San·se·vie·ria [zanze'vĭeːrĭa] *f* ⟨-; -rien⟩ *bot.* sansevieria, sanseviera (*Gattg Sansevieria*).

Sans·krit ['zanskrɪt] *n* ⟨-s; *no pl*⟩ (*altind. Gelehrtensprache*) Sanskrit, *auch* Sanscrit. — **~ˌfor·scher** *m* Sanskritist.

sans·kri·tisch [zans'kriːtɪʃ] *adj* Sanskrit, *auch* Sanscrit.

Sans·kri·tist [zanskri'tɪst] *m* ⟨-en; -en⟩ Sanskritist.

Sa·phir ['zaːfɪr; 'zaːfiːr; za'fiːr] *m* ⟨-s; -e ['zaːfiːrə; za'fiːrə]⟩ **1.** *min.* sapphire. – **2.** *cf.* Saphirnadel. — **s~ˌblau** *adj* sapphirine, sapphire.

sa·phi·ren ['zaːfiːrən; za'fiːrən] *adj* **1.** sapphire. – **2.** *cf.* saphirblau.

'**Sa·phirˌna·del** *f* (*eines Tonabnehmers etc*) sapphire stylus (*od.* needle).

Sa·po·nin [zapo'niːn] *n* ⟨-s; -e⟩ *med. pharm.* saponin.

Sap·pe ['zapə] *f* ⟨-; -n⟩ *mil. hist.* (*Laufgraben*) sap. — '**Sap·penˌkopf** *m* saphead, *Br.* sap-head.

sap·per·lot [zapər'loːt], **sap·per'ment** [-'mɛnt] *interj obs. od. dial.* **1.** (*Ausdruck des Erstaunens*) good(ness) gracious! good heavens! *Am.* gee whiz! – **2.** (*Ausdruck des Ärgers*) blast (it)! *Am.* doggone!

sap·phisch ['za(p)fɪʃ] *adj* (*literature*) (*Vers, Strophe etc*) sapphic, *auch* Sapphic.

Sap·phis·mus [za'(p)fɪsmʊs] *m* ⟨-; *no pl*⟩ (*lesbische Liebe*) sapphism, lesbianism, tribadism.

Sa·pro·bie [za'proːbĭə] *f* ⟨-; -n⟩, **Sa·pro·bi'ont** [-'bĭɔnt] *m* ⟨-en; -en⟩ *meist pl biol.* saprobe, saprobiont.

sa·pro·gen [zapro'geːn] *adj* (*fäulniserregend*) saprogenic, saprogenous.

Sa·pro·pel [zapro'peːl] *n* ⟨-s; -e⟩ *geol.* (*Faulschlamm*) sapropel.

sa·pro·phil [zapro'fiːl] *adj biol.* saprophilous, *auch* saprophile.

Sa·pro·phyt [zapro'fyːt] *m* ⟨-en; -en⟩ *biol.* saprophyte, *auch* saprophit.

Sa·ra·ban·de [zara'bandə] *f* ⟨-; -n⟩ *mus.* (*ein Tanz*) saraband(e).

Sa·ra·pis [za'raːpɪs] *npr m* ⟨-; *no pl*⟩ *myth.* Serapis (*Egyptian god of fertility*).

Sa·ra·ze·ne [zara'tseːnə] *m* ⟨-n; -n⟩ Saracen. — **sa·ra'ze·nisch** *adj* Saracen(ic).

Sar·de ['zardə] *m* ⟨-n; -n⟩ *cf.* Sardinier.

Sar·del·le [zar'dɛlə] *f* ⟨-; -n⟩ **1.** *zo.* anchovy, sardel(le) (*Fam. Engraulidae*): (**Europäische**) **~** Northern anchovy (*Engraulis mordax*). – **2.** *gastr.* anchovy.

Sar'del·len|ˌbröt·chen *n gastr.* buttered bread (*od.* toast) with anchovies, anchovy sandwich. — **~ˌbut·ter** *f* anchovy butter. — **~ˌpa·ste** *f* anchovy paste. — **~paˌstet·chen** *n* small anchovy patty (*auch* pattie). — **~saˌlat** *m* anchovy salad.

Sar·di·ne [zar'diːnə] *f* ⟨-; -n⟩ **1.** *zo.* sardine, pilchard (*Sardinia pilchardus*). – **2.** *gastr.* sardine (in oil).

Sar'di·nen|ˌbüch·se *f* sardine can (*Br.* tin): **zusammengepfercht wie in einer ~** *fig. colloq.* (*sehr eng*) packed like sardines, like sardines in a can (*Br.* tin). — **~ˌga·bel** *f* anchovy (*od.* sardine) fork.

Sar·di·ni·er [zar'diːnĭər] *m* ⟨-s; -⟩, **Sar'di·nie·rin** *f* ⟨-; -nen⟩ Sardinian. — **sar'di·nisch** [-nɪʃ] *adj* Sardinian, Sardian.

'**sar·disch I** *adj* Sardinian, Sardian. – **II** *ling.* **S~** ⟨*generally undeclined*⟩, **das S~e** ⟨-n⟩ Sardinian, the Sardinian language.

sar·do·nisch [zar'doːnɪʃ] *adj* **~es Lachen** a) sardonic laugh, sneer, b) *med.* sardonic (*od.* canine) laugh, sardonic grin, risus sardonicus (*scient.*).

Sard·onyx [zar'doːnʏks] *m* ⟨-; -e⟩ *min.* (*Halbedelstein*) sardonyx.

Sarg [zark] *m* ⟨-(e)s; ⸚e⟩ coffin, *Am. auch* casket, (*mit Leiche*) *auch* pall: **einen Toten in den ~ legen** (*od.* **betten**) to lay (*od.* bed) a body in the coffin, to coffin a body; **hinter j-s ~ hergehen** to follow s.o.'s coffin; → Nagel 2.

Sar'gas·soˌfisch [zar'gaso-] *m zo.* frogfish (*Histrio histrio*).

'**Sarg|beˌschlä·ge** *pl* coffin fittings. —

~ˌdeckel (*getr.* -k·k-) *m* coffin lid. — **~geˌburt** *f med. birth of a child after its mother's death.* — **~ma·gaˌzin** *n* coffin store. — **~ˌna·gel** *m* **1.** coffin nail. – **2.** *fig. colloq. contempt.* (*Zigarette*) 'coffin nail' (*sl.*), 'fag' (*sl.*). — **~ˌtisch·ler** *m* coffin maker. — **~ˌtra·ge** *f* coffin litter. — **~ˌträ·ger** *m* pallbearer. — **~ˌtuch** *n* pall.

Sa·ri ['za:ri] *m* ⟨-(s); -s⟩ (*Gewand der Inderin*) sari, saree.

Sar·kas·mus [zar'kasmʊs] *m* ⟨-; -kasmen⟩ **1.** ⟨*only sg*⟩ (*Eigenschaft*) sarcasm, causticity. – **2.** (*Bemerkung*) sarcasm, sarcastic (*od.* caustic) remark. — **sar'ka·stisch** [-tɪʃ] *adj* sarcastic, *auch* sarcastical, caustic, mordant.

Sar·ko·id [zarko'i:t] *n* ⟨-(e)s; -e⟩ *med.* sarcoid.

Sar·kom [zar'ko:m] *n* ⟨-s; -e⟩, **Sar'ko·ma** [-ma] *n* ⟨-s; -ta [-ta]⟩ *med.* sarcoma.

sar'komˌähn·lich *adj med.* sarcomatoid, resembling sarcoma: ~er Tumor sarcoid.

sar·ko·ma·tös [zarkoma'tø:s] *adj med.* sarcomatous.

Sar·ko·ma·to·se [zarkoma'to:zə] *f* ⟨-; *no pl*⟩ *med.* sarcomatosis.

Sar·ko·phag [zarko'fa:k] *m* ⟨-s; -e⟩ sarcophagus.

Sa·rong ['za:rɔŋ] *m* ⟨-(s); -s⟩ (*Gewand der Indonesierin*) sarong.

Sar·raß ['zaras] *m* ⟨-sses; -sse⟩ saber, *bes. Br.* sabre, broadsword.

Sar·ra·ze·nie [zara'tse:nĭə] *f* ⟨-; -n⟩ *bot.* sidesaddle flower, *auch* sidesaddle, pitcher plant, trumpet-leaf (*Gattg Sarracenia, bes. S. purpurea*).

Sar·sa·pa·ril·le [zarzapa'rɪlə] *f* ⟨-; -n⟩ *bot. med. pharm.* sarsaparilla (*Smilax officinalis*).

Sar·se·nett [zarzə'nɛt] *m* ⟨-(e)s; -e⟩ (*textile*) (*Futterstoff*) sarcenet, sarsenet, *auch* sarsnet.

'Sa·rusˌkra·nich ['za:rʊs-] *m zo.* sarus (crane) (*Grus antigone*).

saß [za:s] *1 u. 3 sg pret of* **sitzen.**

Saß [zas] *m* ⟨-ssen; -ssen⟩ *hist. cf.* Hintersasse 1.

Sas·sa ['zasa] *f* ⟨-; Sassen⟩ *zo. cf.* Klippspringer.

Sas·sa·by [za'sa:bi] *m* ⟨-s; -s⟩ *zo. cf.* Halbmondantilope.

Sas·sa·fras ['zasafras] *m* ⟨-; -⟩, **~ˌbaum** *m bot.* sassafras (tree) (*Sassafras albidum*). — **~ˌöl** *n* sassafras oil.

Sas·sa·ni·de [zasa'ni:də] *m* ⟨-n; -n⟩ *hist.* Sas(s)anian, Sassanid, *auch* Sassanide. — **sas·sa'ni·disch** *adj* Sas(s)anian, Sassanid, *auch* Sassanide.

Sas·se¹ ['zasə] *m* ⟨-n; -n⟩ *hist. cf.* Hintersasse 1.

'Sas·se² *f* ⟨-; -n⟩ *hunt.* hare's form, cover.

sä·ße ['zɛ:sə] *1 u. 3 sg pret subj of* **sitzen.**

säs·sig ['zɛsɪç] *adj obs. for* **ansässig.**

Sa·tan ['za:tan] *m* ⟨-s; -e⟩ **1.** *Bibl.* Satan, *auch* Satanas, (the) Devil, (the) Fiend: das Reich des ~s the Kingdom of Satan. – **2.** *fig.* (*teuflischer Mensch*) satan, devil, fiend: er ist ein leibhaftiger ~ he is the devil incarnate; sie ist ein ~ she is a fiend. — **'Sa·ta·nas** [-nas] *m* ⟨-; -se⟩ *cf.* Satan 1. — **sa·ta·nisch** [za'ta:nɪʃ] *adj* (*teuflisch, böse*) satanic, diabolic(al), fiendish, Luciferian.

Sa·ta·nis·mus [zata'nɪsmʊs] *m* ⟨-; *no pl*⟩ satanism, Satanism.

'Sa·tans|ˌaf·fe *m zo.* black saki monkey (*Chiropotes satanas*). — **~ˌbra·ten** *m colloq. humor.* cheeky devil, limb of Satan. — **~ˌbrut** *f contempt.* pack of scoundrels, dirty lot (*colloq.*). — **~ˌkerl** *m colloq.* devil of a fellow (*colloq.*). — **~ˌpilz** *m bot.* Satan's mushroom (*Boletus satanus*). — **~ˌtücke** (*getr.* -k·k-) *f colloq.* fiendish malice (*od.* cunning). — **~ˌweib** *n colloq. contempt.* devil in petticoats.

Sa·tel·lit [zatɛ'li:t] *m* ⟨-en; -en⟩ **1.** *astr.* satellite, moon. – **2.** (*space*) (*künstlicher*) artificial (*od.* man-made) satellite. – **3.** *pol.* satellite. – **4.** *fig. contempt.* (*Gefolgsmann*) satellite; fellow travel(l)er, yes-man (*colloq.*).

Sa·tel'li·ten|ˌbom·be *f mil.* bombardment satellite. — **~ˌfernˌse·hen** *n* television by (*od.* via) satellite, satellite television. — **~ˌrech·ner** *m* satellite computer. — **~ˌstaat** *m pol. contempt.* satellite nation (*od.* state). — **~ˌstadt** *f* satellite town. — **~ˌstart** *m* (*space*) **1.** satellite launching. – **2.** lift-off of a satellite. — **~ˌüberˌtra·gung** *f* (*radio*) *telev.* satellite transmission. — **~ˌüberˌwa·chung** *f mil.* surveillance by satellite.

'Sa·temˌspra·chen ['za:tɛm-] *pl ling.* satem languages.

Sa·tin [za'tɛ̃:] *m* ⟨-s; -s⟩ (*textile*) **1.** (*aus Seide*) satin. – **2.** (*aus Baumwolle*) sateen.

Sa·ti·na·ge [zati'na:ʒə] *f* ⟨-; -n⟩ *cf.* Satinierung.

sa'tin|ˌar·tig *adj* satinlike, satiny. — **S~ˌbin·dung** *f* (*in der Weberei*) satin weave. — **S~ˌblu·se** *f* satin blouse. — **S~ˌholz** *n* satinwood.

sa·ti·nie·ren [zati'ni:rən] **I** *v/t* ⟨*no* ge-, h⟩ **1.** (*paper, textile*) satin(ize), glaze, calender: warm ~ to hot-roll. – **2.** (*leather*) glaze, satin(ize). – **3.** (*Glühbirnen*) satin-frost. – **II S~** *n* ⟨-s⟩ **4.** *verbal noun.* – **5.** *cf.* Satinierung. — **Sa·ti'nie·rer** *m* ⟨-s; -⟩ **1.** (*paper*) calenderer, glazer. – **2.** (*leather*) a) (*Maschine*) glazing (*od.* polishing) machine, pendulum jigger, b) (*Arbeiter*) glazer, polisher.

Sa·ti'nier|kaˌlan·der *m*, **~maˌschi·ne** *f* **1.** (*paper*) (super)calender. – **2.** (*leather*) glazing (*od.* polishing) machine.

sa·ti'niert I *pp.* – **II** *adj* **1.** (*Papier etc*) glazed. – **2.** (*Leder*) glazed, polished.

Sa·ti'nie·rung *f* ⟨-; -en⟩ *tech.* **1.** *cf.* Satinieren. – **2.** glaze.

Sa·ti'nier|ˌwal·ze *f* **1.** (*paper*) glazing roll (*od.* roller), calender roll. – **2.** (*leather*) glazing (*od.* polishing) roll. — **~ˌwalzˌwerk** *n cf.* Satinierkalander. — **~ˌwerk** *n* calender.

Sa'tin·paˌpier *n* glazed paper.

Sa·ti·re [za'ti:rə] *f* ⟨-; -n⟩ (*literature*) satire: eine ~ auf die Gesellschaft schreiben to satirize (*Br auch* -s-) (*od.* write a satire on) society.

Sa'ti·ren|ˌdich·ter, **~ˌschrei·ber** *m cf.* Satiriker.

Sa·ti·ri·ker [za'ti:rikər] *m* ⟨-s; -⟩ satirist, satirizer *Br. auch* -s-.

sa'ti·risch *adj* **1.** (*literature*) satiric(al). – **2.** (*Bemerkung etc*) satiric(al), pungent, biting.

Sa·tis·fak·ti·on [zatɪsfak'tsĭo:n] *f* ⟨-; -en⟩ (*Genugtuung, bes. durch Duell*) satisfaction: er verlangte (*od.* forderte) ~ von ihm he demanded satisfaction of (*od.* from) him; j-m ~ geben to give s.o. satisfaction. — **sa·tis·fak·ti'onsˌfä·hig** *adj* qualified to give satisfaction (*od.* to fight a duel).

Sa·trap [za'tra:p] *m* ⟨-en; -en⟩ *hist.* (*altpers. Statthalter*) satrap.

Sa'tra·penˌwirt·schaft *f fig. contempt.* satrapy.

Sa·tra·pie [zatra'pi:] *f* ⟨-; -n [-ən]⟩ satrapy.

Sat·su·ma ['zatsuma] *f* ⟨-; -s⟩ (*eine Mandarinenart*) satsuma (orange).

satt [zat] **I** *adj* ⟨-er; -est⟩ **1.** (*gesättigt*) replete, full (up *colloq.*), satisfied; satiate(d), sated (*lit.*): ein ~er Magen a full stomach; ich bin ~ I have had sufficient (*od.* enough), I am full (up *colloq.*); sich (an *dat* etwas) ~ essen to eat one's fill (of s.th.); dieses Gericht macht (schnell) ~ this dish is (very) filling; ich bin von der Portion nicht ~ geworden this helping was not enough for me (*od. colloq.* didn't fill me); die Kinder sind immer noch nicht ~ the children still haven't had enough; es fällt ihm schwer, Frau und Kinder ~ zu bekommen he finds it hard to feed his wife and family (*od.* to make ends meet). – **2.** sich an (*dat*) etwas nicht ~ sehen [hören] können *fig.* not to be able to see [to hear] enough of s.th., not to tire of seeing [hearing] s.th.: er konnte sich an den Photos nicht ~ sehen he could not get enough of (*od.* he could not take his eyes off) the photos. – **3.** etwas [j-n] ~ haben (*od.* sein) *fig. colloq.* to be tired (*od.* weary, *colloq.* sick) of s.th. [s.o.], to have had enough of s.th. [s.o.], to be fed up with s.th. [s.o.] (*sl.*): etwas gründlich ~ haben to be sick and tired of s.th., to be sick to death of s.th. (*beide colloq.*), to be fed up to the (back) teeth with s.th. (*sl.*); ich habe es ~, ständig von dir ermahnt zu werden I am tired of always being admonished by you; etwas ~ bekommen (*od. colloq.* kriegen) to grow (*od.* become, get) tired of s.th., to get fed up with s.th. (*sl.*). – **4.** (*Farben etc*) rich, mellow, deep. – **5.** *fig. contempt.* (*selbstzufrieden*) complacent: ein ~es Lächeln a complacent smile; das ~e Bürgertum the complacent (*od.* sated) bourgeoisie. – **6.** *sl.* (*großartig*) 'gorgeous', 'terrific' (*beide colloq.*), 'smashing' (*sl.*). – **II** *adv* **7.** nicht ~ zu essen haben not to have enough to eat; ~ lächeln *fig. contempt.* to smile complacently.

'sattˌblau *adj* deep-blue.

'Sattˌdampf *m tech.* saturated steam.

'Sat·te¹ *m, f* ⟨-n; -n⟩ **1.** full (*od.* satisfied) person. – **2.** die ~n *fig. contempt.* the self-satisfied.

'Sat·te² *f* ⟨-; -n⟩ *Northern G.* (milk)pan, bowl.

Sat·tel ['zatəl] *m* ⟨-s; ⸗⟩ **1.** (*Reitsattel*) saddle, pigskin (*colloq.*): der englische ~ the pad (saddle); sich in den ~ schwingen to leap (*od.* vault, spring) into the saddle; ohne ~ reiten to ride bareback(ed); den ~ abschnallen to take off the saddle, to unsaddle; den ~ auflegen (*od.* anschnallen) to put on the saddle, to saddle; er wurde aus dem ~ geworfen he was thrown from the saddle, he was unseated (*od.* unhorsed, unsaddled); sich im ~ halten *auch fig.* to stay in the saddle; j-n in den ~ heben a) to hoist s.o. into the saddle, b) *fig.* to launch s.o.; j-m in den ~ helfen a) to help s.o. (up) into the saddle, to give s.o. a leg up, b) *fig.* to give s.o. a leg up, to help s.o. to get on (*colloq.*); j-n aus dem ~ heben a) to unsaddle (*od.* unhorse) s.o., b) *fig.* to oust s.o., c) *hist.* (*im Turnier*) to dismount s.o.; er sitzt fest im ~ a) he sits his horse well, he is firmly in the saddle, b) *fig.* he is firmly (*od.* well) established (*od.* entrenched); er ist in allen Sätteln gerecht *fig.* he is an all-round man (*od.* a good all-rounder), he can turn his hand to anything. – **2.** (*des Fahrrads etc*) saddle: er schwang sich in den ~ *colloq.* he jumped on(to) his bike (*colloq.*). – **3.** (*eines Berges*) saddle, col. – **4.** *geol.* (*mining*) a) (*Falte*) anticline, upfold, b) (*eines Flözes*) anticlinal fold. – **5.** *med.* a) saddle, b) (*der Nase*) bridge. – **6.** (*fashion*) (*Passe*) yoke. – **7.** *mus.* (*der Geige etc*) nut. – **8.** *civ.eng.* a) (*Querholz*) transom (bar), crossbar, crossbeam, b) (*einer Brücke*) saddle. – **9.** *tech.* a) (*eines Papierholländers*) backfall, b) (*einer Werkzeugmaschine*) saddle, c) (*der Malzdarre*) kiln vault. – **10.** *print.* a) (*Schriftguß*) bed, b) (*der Handpresse*) gallows.

'Sat·tel|ˌach·se *f geol.* anticlinal axis. — **~ˌanˌhän·ger** *m auto.* semitrailer. — **~ˌbil·dung** *f geol.* anticlinal formation. — **~ˌbo·gen** *m* saddlebow, *Br.* saddle-bow. — **~ˌdach** *n arch.* (*Giebeldach*) saddle (*od.* gable) roof, saddleback (roof). — **~ˌdecke** (*getr.* -k·k-) *f* **1.** saddle blanket. – **2.** (*des Rennpferdes*) saddlecloth, *Br.* saddle-cloth. — **~ˌdruck** *m vet.* sitfast, setfast. — **s~ˌfest** *adj* **1.** firm in the saddle: er ist ~ he sits his horse well, he has a good (*od.* safe) seat; ein ~er Reiter a competent rider. – **2.** in (*dat*) etwas ~ sein *fig. colloq.* to be well versed (*od. colloq.* well up) in s.th.: in Geschichte bin ich noch nicht ganz ~ I'm not too sure of (*od.* still a bit shaky on) my history. — **s~ˌför·mig** *adj* **1.** saddle-shaped. – **2.** *med.* sellar, saddle-shaped. — **~ˌgriff** *m* (*eines Motorradsattels*) saddle grip. — **~ˌgurt** *m* girth, bellyband, *Br.* belly-cloth. — **~ˌholz** *n* **1.** *pl* (*in der Sattlerei*) saddle beams, sleepers. – **2.** *arch.* bolster, corbel piece, head tree, crown plate, saddle. – **3.** *bot. cf.* Balsampappel. — **~ˌkis·sen** *n* **1.** saddle cushion. – **2.** (*Kissen als Sattelersatz*) panel, pad. — **~ˌknopf** *m* **1.** pommel (*auch* pummel) (of a saddle), horn. – **2.** (*am Damensattel*) crutch. — **~ˌkraftˌfahrˌzeug** *n* articulated vehicle. — **~ˌkrö·te** *f zo.* brachycephalic toad (*Brachycephalus ephippium*).

sat·teln ['zatəln] **I** *v/t* ⟨h⟩ saddle, put the saddle on. – **II** *v/reflex* sich (für etwas) ~ *fig.* to prepare oneself (*od.* to get ready) (for s.th.). – **III S~** *n* ⟨-s⟩ *verbal noun.*

'Sat·tel|ˌna·se *f med.* saddlenose, saddleback (*od.* swaybacked, *auch* swayback) nose. — **~ˌpau·sche** *f* (*des Reitsattels*) cantle. — **~ˌpferd** *n* leader, nearsider: hinteres ~ near wheeler; vorderes ~ near leader. — **~ˌplatz** *m* (*auf Rennplätzen*) paddock. — **~ˌrob·be** *f zo.* harp (*od.* saddleback) seal (*Phoca groenlandica*).

'Sat·telˌschlep·per *m auto.* **1.** (*ohne Anhänger*) truck (*od.* semitrailer) tractor. – **2.** (*mit Anhänger*) semitrailer (train), *auch* semi. — **~ˌanˌhän·ger** *m* semitrailer.

'Sat·tel|ˌsitz *m* seat (of a saddle). — **~ˌstall** *m* (*sport*) saddling stall. — **~ˌsteg** *m* sidebar. — **~ˌstüt·ze** *f* (*eines Fahrradsattels*) seat pillar, saddle support. — **~ˌta·sche** *f* saddlebag.

'Sat·te·lung *f* ⟨-; *no pl*⟩ *cf.* Satteln.

'Sat·tel|ˌwun·de *f vet.* saddle wound. — **~ˌzeug** *n* saddlery, saddle and harness, tack. — **~ˌzug·maˌschi·ne** *f auto. cf.* Sattelschlepper 1.

'sattˌgrün *adj* deep- (*od.* lush-)green.

'Satt·heit *f* ⟨-; *no pl*⟩ **1.** repleteness, fullness, *auch* fulness, satisfaction; satiety, satiation (*lit.*). – **2.** *fig.* (*Überdruß*) weariness. – **3.** (*der Farbe etc*) richness, mellowness, deepness. – **4.** *fig. contempt.* (*Selbstzufriedenheit*) complacency.

sät·ti·gen ['zɛtɪgən] **I** *v/t* ⟨h⟩ **1.** satisfy, fill (up) (*colloq.*), satiate: **diese Portion wird uns ~** this helping will fill us up (*colloq.*); **die Kinder sind nicht zu ~** the children are (quite) insatiable. – **2.** *fig.* (*befriedigen*) satisfy, satiate, sate, appease. – **3.** *chem.* (*Lösung*) saturate. – **4.** *econ.* (*Markt*) a) saturate, b) (*überschwemmen*) glut. – **II** *v/i* **5.** be substantial (*od.* filling): **diese Mahlzeit sättigt** this is a substantial meal. – **III** *v/reflex* **sich ~ 6.** (an *dat*, mit, von of) eat one's fill. – **7.** *chem.* get (*od.* become) saturated. – **IV S~** *n* ⟨-s⟩ **8.** *verbal noun.* — **'sät·ti·gend I** *pres p.* – **II** *adj* **1.** (*Mahlzeit etc*) substantial, satiating, filling. – **2.** *chem.* saturating, saturant. — **'Sät·ti·gung** *f* ⟨-; *no pl*⟩ **1.** *cf.* Sättigen. – **2.** repleteness, repletion, fullness, *auch* fulness; satiety, satiation (*lit.*). – **3.** *fig.* (*Befriedigung*) satisfaction, satiation, appeasement. – **4.** *chem.* saturation: **etwas bis zur ~ lösen** to dissolve s.th. to saturation. – **5.** *econ.* (*des Marktes*) saturation.

'Sät·ti·gungs|ˌgrad *m chem.* degree of saturation. — **~ˌpunkt** *m bes. chem. econ.* saturation point. — **~ˌwert** *m* saturation value.

'Satt·ler *m* ⟨-s; -⟩ **1.** saddler. – **2.** (*Geschirrmacher*) harnessmaker. – **3.** (*für allgemeine Lederarbeiten*) cobbler, leatherworker. – **4.** (*Polsterer*) upholsterer. — **~ˌar·beit** *f* saddler's work.

Satt·le'rei *f* ⟨-; -en⟩ **1.** saddlery, saddler's workshop. – **2.** ⟨*only sg*⟩ *cf.* Sattlerhandwerk.

'Satt·ler|ˌhandˌwerk *n* saddlery, saddler's trade. — **~ˌmei·ster** *m* **1.** master saddler. – **2.** master harnessmaker. – **3.** master cobbler. – **4.** master upholsterer. — **~ˌna·del** *f* saddler's needle. — **~ˌwa·ren** *pl* saddlery *sg.* — **~ˌwerkˌstatt** *f* saddlery, saddler's workshop.

'satt·sam *adv* sufficiently, enough, abundantly: **es ist ~ bekannt, daß** it is sufficiently known (*od.* a well-known fact) that; **etwas ist ~ bewiesen** there is abundant proof of s.th.

Sa·tu·ra·ti·on [zatura'tsĭoːn] *f* ⟨-; *no pl*⟩ **1.** *chem.* saturation. – **2.** *tech.* (*bei der Zuckerherstellung*) saturation, carbonation. — **sa·tu·rie·ren** [zatu'riːrən] **I** *v/t* ⟨*no* ge-, h⟩ **1.** *chem.* saturate. – **2.** *tech.* (*bei der Zuckerherstellung*) a) saturate, carbonate, b) (*entkalken*) delime. – **3.** *fig.* (*befriedigen*) saturate, sate. – **II** *v/reflex* **sich ~ 4.** *fig.* sate oneself. – **III S~** *n* ⟨-s⟩ **5.** *verbal noun.* – **6.** *cf.* Saturation. — **sa·tu'riert I** *pp.* – **II** *adj* **das ~e Bürgertum** *fig. contempt.* the complacent (*od.* sated) bourgeoisie.

Sa·turn [za'tʊrn] **I** *npr m* ⟨-s; *no pl*⟩ *myth.* Saturn (*Roman god of agriculture*). – **II** *m* ⟨-s; *no pl*⟩ *astr.* Saturn.

Sa·tur·na·li·en [zatʊr'naːlĭən] *pl antiq.* Saturnalia. — **sa·tur'na·lisch** [-lɪʃ] *adj* Saturnalian.

sa'tur·nisch *adj* Saturnian: **~er Vers** *antiq. metr.* Saturnian verse; **S~es Zeitalter** *fig.* Saturnian (*od.* golden) age.

Sa·tur·nis·mus [zatʊr'nɪsmʊs] *m* ⟨-; *no pl*⟩ *med.* (*Bleivergiftung*) lead poisoning; saturnism, saturnine poisoning, plumbism (*scient.*).

Sa'turn|ˌnä·he *f astr.* perisaturnium. — **~ˌring** *m meist pl* ring of Saturn.

Sa·tyr ['zaːtʏr] *m* ⟨-s *u.* -n; -n *u.* -e⟩ **1.** *myth.* (*Waldgeist*) satyr, Satyr. – **2.** *fig.* (*Lüstling*) satyr. — **s~ˌar·tig** *adj* satyric, satyrlike.

Sa·ty·ria·sis [zaty'riːazɪs] *f* ⟨-; *no pl*⟩ *med.* satyriasis, satyromania.

'Sa·tyrˌspiel *n antiq.* (*theater*) satyr play.

Satz[1] [zats] *m* ⟨-es; ⸚e⟩ **1.** *ling.* a) sentence, b) (*Satzgefüge*) period, c) (*Teil eines Satzgefüges*) clause: **einfacher ~** simple sentence; **zusammengesetzter ~** compound (*od.* complex) sentence, period; **abhängiger [unvollständiger, eingeschobener] ~** subordinate [incomplete, inserted] clause; **Sätze bilden** (*od.* **konstruieren**) to form (*od.* construct) sentences; **in abgerissenen Sätzen reden** to speak in broken sentences. – **2.** *bes. philos.* (*Behauptung*) tenet, principle, doctrine, dogma: **einen ~ aufstellen [anfechten]** to lay down [to challenge *od.* contest] a dogma. – **3.** *bes. math.* proposition, theorem: **der ~ des Euklid** Euclid's theorem. – **4.** *mus.* a) (*einer Sonate, Symphonie etc*) movement, b) (*Periode*) sentence, period, c) (*Technik*) harmony, setting, style, writing, texture: **ein achttaktiger ~** a sentence (of eight bars); **akkordischer [freier, strenger] ~** chordal [free, strict] style. – **5.** *print.* a) (*Vorgang des Setzens*) setting-up, b) (*das Gesetzte*) composition, (type) matter: **das Buch ist im ~** the book is being set (up); **glatter ~** run-on (*od.* common, straight) matter. – **6.** (*Gruppe zusammengehöriger Teile, Instrumente*) set: **ein ~ Teller [Gewichte]** a set of plates [weights]. – **7.** (*Einheit ineinanderpassender Teile*) nest, set: **ein ~ Schüsseln** a nest of bowls. – **8.** *tech.* a) (*von Maschinen*) set, b) (*von Schneidwerkzeugen*) gang. – **9.** *metall.* a) (*von Öfen*) battery, b) (*Beschickung*) charge. – **10.** *econ.* (*Sortiment*) assortment, selection, lot. – **11.** *philat.* set. – **12.** (*optics*) (*von Prismen etc*) battery. – **13.** (*sport*) a) (*beim Tennis etc*) set, b) (*beim Tischtennis*) game. – **14.** (*von Flüssigkeiten*) sediment, settlings *pl*, (*Gärungssatz*) *auch* lees *pl*, dregs *pl.* – **15.** (*Kaffeesatz etc*) grounds *pl*: **der Kaffee hat ~** there are grounds in the coffee. – **16.** *chem.* deposit, sediment. – **17.** *brew.* (seed) yeast, sediment. – **18.** *econ.* (*Tarif*) rate: **j-m einen niedrigen ~ berechnen** to charge s.o. a low rate; **der übliche ~ beträgt** the usual rate is; **zum ~ von** at the rate of. – **19.** (*gewohnte Menge, Norm*) quota: **einen bestimmten ~ an Geld pro Tag haben** to have a fixed quota of money per day. – **20.** *hunt.* a) (*Wurf von Hasen u. Kaninchen*) nest, litter, b) (*eingesetzte Fischbrut im Teich*) fry. – **21.** (*games*) (*Einsatz*) stake.

Satz[2] *m* ⟨-es; ⸚e⟩ **1.** (*Sprung*) leap, bound, jump: **einen ~ machen** to take a leap (*od.* bound), to (make a) jump; **er war mit einem ~ an der Tür** he reached the door with one bound; **der Junge sprang mit einem ~ über den Graben** the boy cleared the ditch with (*od.* in) one leap. – **2.** (*großer Schritt*) stride: **er hatte sie in wenigen Sätzen eingeholt** he had caught up with her in a few strides. – **3.** (*der Katze auf die Maus etc*) pounce.

'Satz|ak,zent *m ling.* stress, sentence (*auch* tonic) accent (*od.* stress). — **~ana,ly·se** *f* sentence analysis: **eine ~ vornehmen** to analyze (*Br. auch* -s-) (*od.* construe, parse) a sentence. — **~ˌanˌord·nung** *f print.* typographical arrangement. — **~ˌanˌwei·sung** *f* instructions *pl* for the compositor. — **~ˌart** *f ling.* type of (main) clause. — **~ˌausˌsa·ge** *f* predicate. — **~ˌball** *m* (*sport*) a) (*beim Tennis etc*) set point, b) (*beim Tischtennis*) game point. — **~ˌband** *n* ⟨-(e)s; ⸚er⟩ *ling.* copula.

'Satzˌbau *m* ⟨-(e)s; *no pl*⟩ *ling.* structure (*od.* construction, formation) of a sentence, *auch* syntax. — **~ˌplan** *m* sentence pattern.

'Satz|beˌto·nung *f ling. cf.* Satzakzent. — **~ˌbett** *n print.* type bed. — **~ˌbild** *n* setting. — **~ˌbrei·te** *f* measure. — **~ˌbrett** *n* letter (*od.* composition, type) board. — **~ˌbruch** *m ling. cf.* Anakoluth. — **~erˌgän·zung** *f* complement. — **~ˌfeh·ler** *m print.* (printer's *od.* typographical) error, misprint. — **~ˌform** *f* **1.** *ling.* form of a sentence. – **2.** *mus.* form. – **3.** *print.* form, *Br.* forma. — **~ˌfrä·sen** *n tech.* gang milling. — **~ˌfrä·ser** *m* gang milling cutter, straddle cutter. — **~geˌfü·ge** *n ling.* period, complex sentence. — **~ˌge·genˌstand** *m* subject. — **~ˌglied** *n* member (*od.* part, constituent) of a sentence. — **~in·to·na·tiˌon** *f ling. cf.* Satzmelodie. — **~ˌkoks** *m metall.* (*in der Gießerei*) coke per charge. — **~ko,lum·ne** *f print.* column of type, (*ganzseitige*) page of type. — **~kon·strukˌtiˌon** *f ling.* construction (*od.* composition, structure) of a sentence. — **~ˌko·sten** *pl print.* cost(s *pl*) of composition. — **~ˌkunst** *f mus.* art of composition. — **~ˌleh·re** *f ling.* syntax. — **~me·loˌdie** *f* intonation (of a sentence). — **s~ˌreif** *adj* (*Manuskript*) ready for setting: **das Manuskript ~ machen** to do copy styling. — **~ˌrei·he** *f ling.* compound sentence, sentence consisting of several main clauses. — **~ˌspie·gel** *m print.* type page, type (*od.* printed) area. — **~ˌteil** *m ling.* **1.** *cf.* Satzglied. – **2.** (*Subjekt u. Prädikat enthaltend*) clause.

'Sat·zung *f* ⟨-; -en⟩ **1.** *jur.* a) statute, (standing) rule(s *pl*), regulation, by(e)law, b) (*einer Körperschaft, Innung, eines Vereins etc*) by(e)law, c) (*einer Gesellschaft*) articles *pl* of association, constitution, statutes and articles *pl.* – **2.** *jur. pol.* covenant.

'Sat·zungs|ˌän·de·rung *f* **1.** *jur.* amendment (*od.* alteration) of the statute. – **2.** *jur. pol.* (*Verfassungsänderung*) constitutional amendment. — **s~geˌmäß I** *adj* statutory, statutable, regular, according to (*od.* in accordance with) the statutes. – **II** *adv* statutorily, statutably, according to (*od.* in accordance with) the statutes. — **~ˌrecht** *n* statute law. — **s~ˌwid·rig I** *adj* unstatutable, against (*od.* in violation of) the statutes. – **II** *adv* against (*od.* in violation of) the statutes.

'Satz|verˌbin·dung, ~verˌknüp·fung *f ling.* compound sentence. — **~ˌvorˌla·ge** *f print.* copy, manuscript. — **s~ˌwei·se** *adv* **1.** sentence by sentence. – **2.** by the set, in sets: **die Briefmarken werden ~ verkauft** the stamps are sold by the set. — **s~ˌwer·tig** *adj ling.* (*Infinitiv, Partizip*) *used in isolation and replacing a whole clause or sentence.* — **~ˌzei·chen** *n ling.* punctuation mark: **~ in einem Satz setzen** to put (the) punctuation (marks) in a sentence, to punctuate a sentence.

Sau [zau] *f* ⟨-; ⸚e, *hunt.* -en⟩ **1.** (*Mutterschwein*) sow: **eine trächtige ~** a sow in pig. – **2.** *cf.* Schwein 1. – **3.** ⟨*pl* -en⟩ *hunt.* (*Bache*) wild sow, hog: **grobe ~** wild sow (*od.* hog) at least 5 years old; **die ~ hetzen** to go hunting for sows. – **4.** *vulg.* (*Schimpfwort*) dirty (*od.* filthy) swine (*vulg.*). – **5.** *fig. colloq.* (*in Wendungen wie*) **er blutet wie eine ~** he bleeds like a pig; **schreien wie eine gestochene ~** to cry blue murder (*colloq.*); **du fährst wie eine gesengte ~** you drive like a lunatic; **diese Arbeit ist unter aller ~** this is a really lousy piece of work (*colloq.*); **j-n zur ~ machen** to give s.o. what for (*colloq.*), to read s.o. the riot act; → Perle 1. – **6.** *colloq. for* Klecks 1. – **7.** *metall.* (furnace) sow, salamander. — **~ˌar·beit** *f colloq.* **1.** (*schmutzige Arbeit*) filthy (*od.* dirty) work. – **2.** (*schwere Arbeit*) tough (*od.* hellish) work, drudgery. – **3.** (*schlechtgeleistete Arbeit*) bad (*od. colloq.* lousy, *sl.* rotten) work. — **~ˌbär** *m bes. Bavarian and Austrian colloq.* (*Schimpfwort*) dirty (*od.* filthy) pig (*colloq.*).

sau·ber ['zaubər] **I** *adj* ⟨saub(e)rer; -st⟩ **1.** (*rein, schmutzfrei*) clean: **~e Wäsche [Hände]** clean linen [hands]; **ein ~es Hemd anziehen** to put on a clean shirt; **eine ~e Weste haben** *fig.* to have a clean slate (*od.* record). – **2.** (*reinlich, sauberkeitsliebend*) clean, cleanly: **sie ist nicht besonders ~** she is not particularly clean; **Katzen sind ~e Tiere** cats are clean animals. – **3.** (*ordentlich, aufgeräumt*) tidy, neat, trim, shipshape, neat and nice: **eine ~e Küche** a tidy kitchen. – **4.** (*genau, sorgfältig*) neat: **der Handwerker hat ~e Arbeit geleistet** the workman has done neat work (*od. colloq.* a decent piece of work); **die ~e Verarbeitung eines Kleides** the neat finishing of a dress. – **5.** (*klar, deutlich*) neat, tidy: **eine ~e Handschrift** neat handwriting, a fair hand (*lit.*). – **6.** (*anständig*) clean, decent: **ein ~er Charakter** a clean character; **~e Geschäftsmethoden** clean business methods. – **7.** (*nicht verunreinigt*) pure, clean, unpolluted. – **8.** *Southern G.* (*hübsch*) pretty, nice, fine. – **9.** *colloq. iron.* 'nice', 'fine' (*beide colloq.*): **du bist mir ja ein ~er Freund!** a nice friend you are! **ein ~es Früchtchen, ein ~er Patron** a bad egg (*colloq.*); **das scheint ja eine ~e Gesellschaft zu sein!** that seems to be a nice set; **du bist ja ~!** you are a nice one! – **10.** *mus.* a) (*Anschlag, Ton*) clean, b) (*Intonation*) just. – **11.** (*sport*) (*Schlag*) clean. – **12.** *nucl.* (*Bombe etc*) clean. – **II** *adv* **13.** neatly: **ein ~ geschriebener Brief** a neatly written letter; **er hat ~ gearbeitet** he worked very neatly, he did very neat work; **sie ist immer ~ gekleidet** she is always neatly (*od.* tidily) dressed. – **14.** *colloq. iron.* 'nicely' (*colloq.*): **dein Freund hat sich ja wirklich ~ benommen!** your friend behaved nicely, I must say! **j-n ~ reinlegen** to play a dirty trick on s.o.

'sau·ber,hal·ten I *v/t* ⟨*irr, sep,* -ge-, h⟩ **1.** (*Wäsche, Gardinen etc*) keep (*s.th.*) clean. – **2.** (*Haus, Wohnung etc*) keep (*s.th.*) tidy (*od.* neat, shipshape). – **II** *v/reflex* **sich ~ 3.** *auch fig.* keep oneself clean.

'Sau·ber·keit *f* ⟨-; *no pl*⟩ **1.** (*Reinheit*) cleanness, cleanliness: **vor ~ glänzen** to be neat and shining; **auf ~ achten** to set great store by cleanliness. – **2.** (*Reinlichkeit, Sauberkeitsliebe*) cleanness, cleanliness. – **3.** (*Ordnung*) tidiness, neatness, trimness: **in ihrem Haus herrscht ~ und Ordnung** she keeps her house neat and tidy (*od.* neat and nice, spic[k]-and-span). – **4.** (*Genauigkeit, Sorgfalt*) neatness. – **5.** (*Klarheit, Deutlichkeit*) neatness, tidiness. – **6.** (*Anständigkeit*) cleanness, decency, decentness. – **7.** (*des Wassers, der Luft etc*) purity, cleanness. – **8.** *mus.* a) (*des Anschlags*) cleanness, b) (*des Tons*) purity, c) (*der Intonation*) justness. – **9.** *nucl.* cleanness.

'säu·ber·lich *adv* (*sorgfältig, gewissenhaft*) carefully, painstakingly, meticulously, with (great) care: **alles war (fein) ~ verpackt** everything was meticulously packed; **das Original (fein) ~ abschreiben** to copy the original painstakingly; **die Kleider (fein) ~ zusammenlegen** to fold up one's clothes carefully.

'sau·ber,ma·chen I *v/i* ⟨*sep,* -ge-, h⟩ clean (*od.* tidy) up. – **II** *v/t* clean (up), tidy (up).

säu·bern ['zɔʏbərn] **I** *v/t* ⟨h⟩ **1.** (*Haus, Boden, Zimmer etc*) clean (up), tidy (up). – **2.** (*Gesicht, Fingernägel, Wunde etc*) clean, cleanse. – **3.** (*befreien*) clear, clean up (*colloq.*): **ein Beet von Unkraut ~** to clear (*od.* rid) a flowerbed of weeds, to weed (*od. colloq.* clean up) a flowerbed. – **4.** *bes. pol.* (*Land, Partei etc*) purge, clean up (*colloq.*). – **5.** *mil.* (*Gegend von Feinden*) mop up. – **6.** (*Artikel, Texte etc*) expurgate bowdlerize. – **II** *v/reflex* **sich ~ 7.** clean (oneself) up, have a wash. – **III S~** *n* ⟨-s⟩ **8.** *verbal noun.* — **'Säu·be·rung** *f* ⟨-; -en⟩ **1.** *cf.* Säubern. – **2.** *bes. pol.* (*einer Partei etc*) purge. – **3.** (*von Artikeln, Texten etc*) expurgation, bowdlerization.

'Säu·be·rungs·ak·ti,on *f* **1.** *pol.* purge. – **2.** *mil.* mopping-up (action).

'sau'blöd, 'sau'blö·de *adj colloq.* **1.** (*Person*) hopelessly (*od. colloq.* damned) stupid, *Am. colloq.* (as) dumb as they come (*od.* make 'em). – **2.** (*Situation etc*) terribly (*od.* damned) awkward (*colloq.*).

'Sau,boh·ne *f bot.* broad (*auch* fava) bean, *auch* fava, faba, horsebean, tickbean, Windsor bean, *auch* Windsor (*Vicia faba*).

Sau·ce ['zo:sə] *f* ⟨-; -n⟩ *gastr. cf.* Soße.

Sau·cen... *cf.* Soßen...

Sau·cie·re [zo'sĭɛ:rə] (*Fr.*) *f* ⟨-; -n⟩ *gastr.* sauceboat, gravy boat.

sau·cie·ren [zo'si:rən] *v/t* ⟨*no* ge-, h⟩ *tech.* (*Tabak*) sauce, water (*tobacco*) with sauce.

Sau·cis·chen [zo'si:sçən] *n* ⟨-s; -⟩ *gastr.* chipolata, cocktail sausage.

'Sau·di|,ara·ber ['zaudi-] *m* Saudi Arabian. — **s~ara·bisch** [-ʔa,ra:bɪʃ] *adj* Saudi Arabian.

'Sau|,di·stel *f bot.* sow thistle (*Sonchus oleraceus*). — **s~'dumm** *adj colloq. cf.* saublöd(e).

sau·en ['zauən] *v/i* ⟨h⟩ **1.** *agr.* (*Junge werfen*) farrow, pig. – **2.** *colloq.* make a mess, mess up the place. – **3.** *vulg.* tell dirty (*od.* filthy) jokes, talk smut. – **4.** *Southwestern G. dial.* run, rush.

sau·er ['zauər] **I** *adj* ⟨saurer; -st⟩ **1.** (*Obst, Essig, Brot etc*) sour, tart, acid: → **Apfel** 1; **Traube** 1. – **2.** (*Milch, Sahne*) sour: **die Milch ist ~ geworden** the milk has turned (sour), the milk has gone sour (*od.* off). – **3.** (*Gurken, Heringe etc*) pickled: **etwas ~ einlegen** to pickle s.th. – **4.** (*Bonbons, Drops*) acid. – **5.** (*Wein etc*) sour, sharp, hard, rough. – **6.** (*vergoren*) sour: **der Wein ist ~ geworden** the wine has turned sour (*od.* has pricked). – **7.** *chem.* acid, sour: **eine Lösung ~ machen** to acidify (*od.* acetify) a solution. – **8.** *agr.* a) (*Boden*) sour, acid, b) (*Grünfutter*) sour. – **9. saures Aufstoßen** *med.* acid indigestion (*od. scient.* eructation): **etwas stößt j-m ~ auf** s.th. repeats on s.o.; **das wird dir noch ~ aufstoßen!** *fig. colloq.* you will pay for (*od.* regret) that. – **10.** *fig.* (*hart, mühselig*) sour, hard, tough: **die Arbeit wird ihm recht ~** he finds the work rather tough; **es ist schon ein saures Brot!** it's a hard life (*od.* grind); **er hat es sich ~ werden lassen** he has chosen the hard way; → **Leben** 1. – **11.** *fig.* (*verdrießlich*) peeked, riled, peeved (*colloq.*): **er ist ~** *colloq.* he is peeved; **~ auf j-n sein** *colloq.* to be angry (*od.* vexed, *colloq.* cross) with s.o.; **ein saures Gesicht** (*od.* **eine saure Miene**) **machen** to put on a peeked (*od.* sour) face; **~ werden** *colloq.* to get mad (*colloq.*). – **II** *adv* **12. ~ reagieren** a) *chem.* to react sour, b) *fig. colloq.* (*verärgert sein*) to be peeked (*od. colloq.* peeved), c) *fig. colloq.* (*auf etwas nicht eingehen*) not to be enthusiastic; **~ verdientes Geld** hard-earned money; **sich** (*dat*) **etwas ~ erworben haben** to have earned (*od.* acquired) s.th. the hard way; **etwas kommt j-n ~ an** s.o. finds s.th. hard.

'Sau·er|,amp·fer *m* **1.** *bot.* sorrel, sour (*od.* sharp) dock (*Rumex acetosa*): **Gemeiner ~** cock sorrel (*R. acetosa*); **Kleiner ~** sheep sorrel, wood sorrel, greensauce (*R. acetosella*). – **2.** *fig. colloq.* sour wine. — **~,bra·ten** *m gastr. oven-* (*od. pot-*)*roasted beef marinated in vinegar, herbs and spices, bes. Am.* sauerbraten. — **~,brun·nen** *m* **1.** mineral spring. – **2.** *cf.* **Mineralwasser.** — **~,dorn** *m bot.* barberry, *auch* berber(r)y (*Berberis vulgaris*).

Saue'rei *f* ⟨-; -en⟩ *vulg.* **1.** *cf.* **Schweinerei.** – **2.** miserable (*od. colloq.* lousy) work.

'Sau·er|,fut·ter *n agr.* (en)silage. — **~,kir·sche** *f* **1.** *bot.* sour cherry (*Prunus cerasus*). – **2.** sour cherry. — **~,klee** *m* common (wood) sorrel, cuckoo sorrel, cuckoo-bread (*Oxalis acetosella*). — **~,kohl** *m bes. Northern G. for* **Sauerkraut.** — **~,kraut** *n gastr.* sauerkraut, *Am. auch* sourcrout, sourkrout.

'säu·er·lich I *adj* **1.** (*Obst, Brot etc*) sourish, slightly sour, tartish, acidy: **der Apfel schmeckt ~** the apple has a sourish taste. – **2.** (*Milch, Sahne*) sourish, slightly sour: **die Milch ist schon leicht ~** the milk is slightly sour (*od.* has slightly turned). – **3.** (*Bonbons etc*) acidy. – **4.** (*Wein etc*) sourish, slightly sour, sharpish, hardish, roughish. – **5.** *bes. chem.* acidulous, acidulent, subacid, acescent. – **6.** *fig.* (*Lächeln, Miene etc*) sourish, slightly sour. – **II** *adv* **7. ~ lächeln** to give a sourish smile.

'Säu·er·ling *m* ⟨-s; -e⟩ **1.** *cf.* **Mineralwasser.** – **2.** *bot.* mountain sorrel (*Oxyria digyna*).

'Sau·er,milch *f gastr.* sour (*od.* curdled) milk.

sau·ern ['zauərn] *v/i* ⟨h⟩ *obs.* turn (*od.* go) sour.

säu·ern ['zɔʏərn] **I** *v/t* ⟨h⟩ **1.** (*Fisch, Fleisch etc*) sour, make (*s.th.*) sour (*od.* acid), verjuice. – **2.** (*Teig, Brot etc*) leaven. – **3.** *chem.* acidify. – **II** *v/i* **4.** turn (*od.* go) sour. – **III S~** *n* ⟨-s⟩ **5.** *verbal noun.* – **6.** *cf.* **Säuerung.**

'Sau·er,stoff *m* ⟨-(e)s; *no pl*⟩ *chem.* oxygen (O): **etwas mit ~ verbinden** to oxidize (*od.* oxygenate, oxygenize) s.th.; **einer Verbindung ~ entziehen** to deoxygenate (*od.* deoxidate) a compound; **die Lunge mit ~ versorgen, der Lunge ~ zuführen** *med.* to ventilate the lung. — **~,an,rei·che·rung** *f* enrichment of oxygen, oxygenization. — **~ap·pa,rat** *m med. cf.* **Sauerstoffgerät.** — **s~,arm** *adj* **1.** (*Luft*) stale. – **2.** *chem.* lacking in oxygen. – **3.** *med.* a) (*Blut*) anox(a)emic, b) (*Organ*) oxygen-starved. — **~,auf,nah·me** *f chem.* oxygen absorption. — **~,bad** *n med.* oxygen bath. — **~be,häl·ter** *m* oxygen container (*od.* tank). — **~ent,zug** *m chem.* deoxygenation. — **~,fla·sche** *f* oxygen cylinder (*od.* flask). — **~,gas** *n* oxygen gas. — **~ge,blä·se** *n metall.* oxygen blower. — **~ge,halt** *m chem.* oxygen content. — **~ge,misch** *n chem. tech.* oxygen mixture. — **~ge,rät** *n med.* a) oxygen (breathing) apparatus, *Am.* oxygen machine, b) (*für künstliche Atmung*) respirator, c) (*für erste Hilfe*) resuscitator. — **s~,hal·tig** *adj chem.* containing oxygen, oxygenic, oxygenous. — **~-Kon,ver·ter,stahl** *m metall.* oxygen-converter steel. — **~-Kon,ver·ter·ver,fah·ren** *n* oxygen steelmaking process. — **~kon·zen·tra·ti,on** *f* oxygen concentration. — **~,lan·ze** *f metall.* oxygen lance. — **~,man·gel** *m* ⟨-s; *no pl*⟩ **1.** *auch chem.* lack of oxygen, oxygen deficiency. – **2.** *med.* (*des Blutes*) anoxia, anox(a)emia. — **~,mas·ke** *f* oxygen mask. — **~pa,tro·ne** *f* oxygen cartridge. — **~,schlauch** *m* oxygen hose. — **~,schutz·ge,rät** *n* oxygen apparatus and respirator. — **~,schwei·ßung** *f tech.* oxyhydrogen welding. — **~,tauch·ge,rät** *n* oxygen diving apparatus. — **~the·ra,pie** *f med.* oxygen therapy. — **~,trä·ger** *m nucl.* oxidizer. — **~,über,trä·ger** *m chem.* oxygen carrier. — **s~,un,ab,hän·gig** *adj biol.* anaerobic, *auch* anerobic. — **~ver,bin·dung** *f chem.* oxide, *auch* oxyde, oxygen (*od.* oxidized) compound. — **~ver,sor·gung** *f* oxygen supply. — **~,vor,rat** *m* oxygen reserve. — **~,zelt** *n med.* oxygen tent. — **~,zu,fuhr** *f* oxygen supply.

'sau·er'süß *adj auch fig.* sour-sweet.

'Sau·er,teig *m* **1.** *gastr.* (*in der Bäckerei*) leaven, sourdough. – **2.** *fig.* (*Gärstoff*) leaven, yeast.

'Sau·er,topf *m fig.* (*Griesgram*) grumpy (*od.* peevish) fellow, crosspatch, sourpuss (*alle colloq.*). — **'sau·er,töp·fisch** [-,tœpfɪʃ] *adj* (*griesgrämig*) grumpy, peevish, crabbed, sour.

'Säue·rung *f* ⟨-; *no pl*⟩ **1.** *cf.* **Säuern.** – **2.** *chem.* acidification, acidulation.

'säue·rungs|,fä·hig *adj chem.* acidifiable. — **S~,grad** *m* degree of acidity. — **S~,mit·tel** *n* acidifier.

'Sau·er,was·ser *n* ⟨-s; =⟩ *cf.* **Mineralwasser.**

'Sauf,abend *m colloq.* booze, boozing bout (*beide colloq.*), evening drinking session.

'Sau,fang *m hunt.* boar trap.

'Sauf|,aus *m* ⟨-; -⟩, **~,bold** [-,bɔlt] *m* ⟨-(e)s; -e⟩, **~,bru·der** *m colloq. contempt.* boozer (*colloq.*), toper, tippler.

'Sau,fe·der *f hunt. hist.* hog spear.

sau·fen ['zaufən] **I** *v/t* ⟨**säuft, soff, gesoffen,** h⟩ **1.** (*bei Tieren*) drink, lap up: **dem Pferd Wasser zu ~ geben** to water the horse. – **2.** *vulg.* (*trinken*) guzzle, swig, swill (*s.th.*) (down), toss (*s.th.*) down (*od.* off), knock (*s.th.*) back (*od.* down) (*alle colloq.*), quaff. – **3.** *colloq.* (*Alkohol*) drink, tipple: **j-n unter den Tisch ~** to drink s.o. under the table; **er hat gestern abend viel gesoffen** he tippled a fair amount last night; **er hat zuviel gesoffen** he has had one too many. – **II** *v/i* **4.** (*von Tieren*) drink. – **5.** *colloq.* (*zechen*) tipple, tope; booze, hit the bottle, go on the bottle (*od.* booze) (*colloq.*): **~ wie ein Loch** (*od.* **Bürstenbinder, Fisch**) to drink like a fish. – **6.** *colloq.* (*gewohnheitsmäßig*) be a drunkard, take to the bottle: **er säuft schon seit Jahren** he has been a drunkard for years. – **7.** *vulg.* (*trinken*) guzzle, swill, swig (*alle colloq.*): **er trinkt nicht, er säuft** he doesn't drink, he guzzles. – **III** *v/reflex* **8.** *colloq.* (*in Wendungen wie*) **er wird sich noch zu Tode ~** he will drink himself to death, drink will be the death (*od.* end) of him; **er säuft sich noch arm** he will drink his last penny away, drink will land him in the gutter.

Säu·fer ['zɔʏfər] *m* ⟨-s; -⟩ *colloq. contempt.* drunkard, tippler, toper; boozer, guzzler (*colloq.*), *Am. colloq.* rummy, souse (*sl.*), *Am. sl.* lush, dipsomaniac (*scient.*): **ein notorischer ~** a notorious drunkard.

Sau·fe'rei *f* ⟨-; -en⟩ *vulg.* **1.** excessive (*od.* hard) drinking. – **2.** *cf.* **Saufgelage.**

'Säu·fe·rin *f* ⟨-; -nen⟩ *colloq. contempt. cf.* Säufer.

'Säu·fer|,le·ber *f med.* gin drinkers' liver, hobnail (*auch* hobnailed) liver. — **~,na·se** *f colloq.* whisky (*od.* brandy, drunkard's) nose, coppernose, grog blossom (*colloq.*). — **~,wahn,sinn** *m med.* (the) horrors *pl* (*colloq.*), (the) jim-jams *pl* (*sl.*), delirium tremens (*od.* alcoholicum) (*scient.*).

'Sauf|ge,la·ge *n colloq.* carousal, drunken spree, drinking bout, booze (*colloq.*); binge, 'soak' (*sl.*). — **~ge,nos·se, ~kum,pan** *m colloq.* drinking mate (*od.* friend), fellow tippler (*od.* toper). — **~lo,kal** *n colloq.* booze joint (*sl.*), *Br. sl.* boozer. — **s~,lu·stig** *adj colloq.* fond of tippling (*od. colloq.* boozing). — **~,or·gie** *f colloq.* drinking orgy.

'Sau,fraß *m colloq. contempt.* 'muck' (*colloq.*), 'grub' (*sl.*).

säufst [zɔʏfst] *2 sg,* **säuft** [zɔʏft] *3 sg pres of* saufen.

'Säug,am·me *f* wet nurse.

'Saug|,an,la·ge *f tech. cf.* **Saugapparat 1.**

— **~ap·paˌrat** *m* **1.** *tech.* a) suction apparatus, sucker, b) (*Lüfter*) exhauster, c) (*Saugpumpe*) aspirator. – **2.** *med.* suction apparatus, aspirator. — **~ˌbag·ger** *m* *civ.eng.* suction dredge(r), (sand-)pump dredge(r), hydraulic (suction) dredge(r). — **~draiˌna·ge** *f* *med.* suction drainage. — **~ˌdü·se** *f* *tech.* suction nozzle.

sau·gen ['zaugən] **I** *v/t* ⟨saugt, sog *od.* saugte, gesogen *od.* gesaugt; *tech.* saugte, gesaugt, h⟩ **1.** suck: **Saft aus einer Orange ~** to suck an orange; **die Bienen ~ Honig aus den Blüten** the bees suck honey from the blossoms; **er hat sich** (*dat*) **die Geschichte nicht aus den Fingern gesogen** *fig. colloq.* he has not fabricated (*od.* invented) the story. – **2.** (*aufsaugen*) soak (*s.th.*) (up *od.* in), absorb, imbibe: **die Wurzeln ~ die Feuchtigkeit aus dem Boden** the roots absorb the moisture from the soil. – **3.** (*Muttermilch*) suck(le): **das hat er schon mit der Muttermilch in** (*dat*) **sich gesogen** *fig.* that was instilled in him from earliest infancy. – **4.** (*Zimmer, Teppich etc*) vacuum-clean, vacuum, *Br. colloq.* hoover: **hast du schon Staub gesaugt?** have you hoovered yet? – **5.** *tech.* suck. – **6.** *phys.* (*absaugen*) siphon, *auch* syphon. – **II** *v/reflex* **7. sich voll Wasser ~** (*von Schwamm etc*) to become soaked with water, to soak. – **III** *v/i* **8. an** (*dat*) **etwas ~** to suck (at) s.th.: **er saugte am Daumen** he sucked his thumb; **er sog an seiner Pfeife** he sucked at his pipe; **das Baby saugte an der Brust** the baby sucked (at) the breast. – **9.** (*mit dem Staubsauger*) vacuum-clean, vacuum, *Br. colloq.* hoover. – **IV S~** *n* ⟨-s⟩ **10.** *verbal noun.* – **11.** *tech.* suction.

säu·gen ['zɔygən] *v/t* ⟨h⟩ **1.** (*Kind*) suckle, breast-feed, nurse, give the breast to, (*als Amme*) *auch* wet-nurse. – **2.** (*Tier*) suckle, give suck to. — **'säu·gend I** *pres p.* – **II** *adj* nursing.

'Sau·ger *m* ⟨-s; -⟩ **1.** (*der Babyflasche*) (rubber) teat, nipple. – **2.** (*Schnuller*) (dummy) teat, *bes. Br.* comforter. – **3.** *agr.* (*saugendes Junges*) suck(l)ing animal (*od.* young). – **4.** *zo.* (*Fisch*) sucker (*Fam. Catostomidae*). – **5.** *tech. cf.* a) Saugapparat, b) Saugkolben.

'Säu·ger *m* ⟨-s; -⟩ *zo.* **1.** *cf.* Säugetier. – **2.** *cf.* Sauger 4.

'Säu·ge|ˌtier *n* *zo.* mammal, suckler, sucking animal, mammalian (*scient.*) (*Klasse Mammalia*). — **~ˌzeit** *f* **1.** (*eines Kindes*) period of suckling, suckling (*od.* nursing) period, lactation (period) (*scient.*). – **2.** (*eines Tieres*) period of suckling, suckling period.

'saugˌfä·hig *adj* (*Material etc*) absorbent, absorptive. — **'Saugˌfä·hig·keit** *f* ⟨-; *no pl*⟩ absorbency, absorptive capacity, absorptivity.

'Saug|ˌfer·kel *n* *agr.* sucking pig. — **~ˌfisch** *m* *zo.* suckfish (*Caularchus maeandricus*). — **~ˌfla·sche** *f* **1.** (*für Kinder*) feeding (*od.* nursing) bottle. – **2.** *chem.* suction (*od.* filter) flask. — **~ˌgas** *n* *tech. cf.* Generatorgas. — **~geˌblä·se** *n* suction fan, exhauster. — **~ˌhe·ber** *m* *phys.* siphon, *auch* syphon, (absorption) pipette. — **~ˌhö·he** *f* *tech.* (*im Verbrennungsmotor*) suction head. — **~ˌhub** *m* suction (*od.* induction, admission, intake) stroke. — **~in·fuˌso·ri·um** *n* *zo.* suctorian (*Klasse Suctoria*). — **~kaˌnal** *m* *tech.* induction port. — **~ˌklap·pe** *f* *cf.* Saugventil. — **~ˌkol·ben** *m* **1.** *chem. cf.* Saugflasche 2. – **2.** *tech.* (*einer Pumpe*) valve piston, sucker. — **~ˌkopf** *m* **1.** *tech.* (*einer Pumpe*) mushroom strainer. – **2.** *metall.* a) (*in einer Gießerei*) shrink bob, b) (*in einem Stahlwerk*) crop end. — **~ˌkorb** *m* *tech.* suction (*od.* intake) strainer. — **~ˌkraft** *f* **1.** *cf.* Saugfähigkeit. – **2.** *tech.* (*Sog*) suction, suck. — **~ˌkreis** *m* **1.** *electr.* (*Wellenfalle*) trap. – **2.** (*radio*) radio absorption (*od.* acceptor) circuit. — **~ˌkrüm·mer** *m* *auto.* air-intake elbow pipe. — **~ˌlei·stung** *f* *tech.* suction power. — **~ˌlei·tung** *f* **1.** *auto.* intake (*od.* inlet) manifold. – **2.** *civ.eng.* (*der Kanalisation*) suction pipe(line).

Säug·ling ['zɔyklɪŋ] *m* ⟨-s; -e⟩ baby, (suckling *od.* nursing) infant, newborn: **er benimmt sich wie ein ~** he behaves like a baby, his behavio(u)r is rather infantile.

'Säug·lings|ˌal·ter *n* (early) infancy, babyhood. — **~ˌausˌstat·tung** *f* layette, baby goods *pl.* — **~beˌra·tung, ~beˌra·tungsˌstel·le** *f* *med. cf.* Mütterberatungsstelle. — **~erˌnäh·rung** *f* infant feeding. — **~ˌfla·sche** *f* nursing (*od.* feeding) bottle. — **~ˌfürˌsor·ge** *f* infant welfare (work). — **~ˌheim** *n* (baby) nursery, crèche. — **~ˌmilch** *f* baby milk. — **~ˌnah·rung** *f* baby food(s *pl*). — **~ˌpfle·ge** *f* baby (*od.* infant) care. — **~ˌpfle·ge·rin, ~ˌschwe·ster** *f* dry (*od.* baby) nurse. — **~ˌsterb·lich·keit** *f* infant(ile) mortality. — **~ˌwaa·ge** *f* baby scales *pl* (*sometimes construed as sg*). — **~ˌwä·sche** *f* baby linen.

'Sau'glück *n* *colloq.* unexpected (*od.* undeserved) good luck.

'SaugˌLuft *f* **1.** *tech. auto.* suction air. – **2.** *aer.* a) induced flow, b) (*Strömung durch Luftschraubenkreis*) inflow, c) (*im Windkanal*) indraft. — **~ˌbrem·se** *f* *auto.* vacuum-operated hydraulic brake. — **~ˌpum·pe** *f* vacuum pump. — **~verˌtei·ler** *m* suction distributor.

'Saug|ˌmal *n* (*Knutschfleck*) love bite, strawberry (*colloq.*). — **~ˌmas·sel** *f* *metall.* sinking head, feeder. — **~ˌnapf** *m* *zo.* sucker, suction cup, acetabulum (*scient.*). — **~ˌöff·nung** *f* *tech.* **1.** (*eines Ventilators*) intake opening. – **2.** (*einer Pumpe*) sucking port. – **3.** *auto.* (*Ansaugöffnung*) intake port. — **~orˌgan** *n* **1.** *zo.* suctorial organ: **Tiere mit ~en** suctorians. – **2.** *bot.* haustorium. — **~paˌpier** *n*, **~ˌpost** *f*, **~ˌpostpaˌpier** *n* absorbent paper. — **~ˌpum·pe** *f* **1.** *tech.* suction pump. – **2.** *med.* a) (*für die Brust*) suction cup, breast pump, b) (*für den Magen*) suction pump. — **~reˌflex** *m* *med.* suction reflex.

'sau'grob *adj* *colloq.* **1.** (*Bemerkung, Witz etc*) damned rude (*colloq.*), *Br. vulg.* bloody rude. – **2.** (*Person*) damned rough (*colloq.*), *Br. vulg.* bloody rough.

'Saug|ˌrohr *n* *tech.* **1.** suction pipe (*od.* tube). – **2.** (*einer Turbine*) draft tube. – **3.** (*einer Pumpe*) tail pipe. – **4.** *auto.* (*der Verbrennungsmaschine*) induction (*od.* intake) manifold (*od.* pipe). — **~ˌröh·re** *f* *zo.* (*der Insekten*) feeding tube. — **~ˌrüs·sel** *m* (*bes. der Insekten*) proboscis, sucker, haustellum (*scient.*). — **~ˌtrich·ter** *m* *metall.* (*im Gußblock*) pipe. — **~- ˌund 'Druckˌpum·pe** *f* *tech.* sucking and forcing pump. — **~venˌtil** *n* suction valve. — **~verˌga·ser** *m* *auto.* suction-type carburetor (*bes. Br.* carburettor). — **~ˌvorˌrich·tung** *f* *tech. cf.* Saugapparat 1. — **~ˌwar·ze** *f* nipple. — **~ˌwels** *m* *zo.* sisorid catfish (*Fam. Sisoridae*). — **~ˌwir·kung** *f* *tech.* sucking (action), suction (effect). — **~ˌwurm** *m* *zo.* trematode (*Klasse Trematoda*). — **~ˌzug** *m* *tech.* induced draft (*bes. Br.* draught).

'Sau|ˌhatz *f* *hunt.* boar (*od.* hog) hunt(ing) with hounds. — **~ˌhau·fen** *m* *colloq. contempt.* pack of bastards, 'swine' *pl* (*vulg.*). — **~ˌhirt** *m* swineherd. — **~ˌhund** *m* *colloq. contempt. cf.* Schweinehund 1.

'Sauˌigel *m* *colloq. contempt. cf.* Schweinigel. — **ˌSau·ige'lei** *f* ⟨-; -en⟩ *meist pl cf.* Schweinerei 1, 2. — **'sauˌigeln** *v/i* ⟨h⟩ *cf.* schweinigeln.

säu·isch ['zɔyɪʃ] *adj* *vulg.* **1.** (*Benehmen etc*) swinish, piggish, hoggish. – **2.** (*Witze etc*) filthy, dirty, nasty, obscene, smutty.

'sau|'kalt *adj* *colloq.* damned cold, (as) cold as hell (*beide colloq.*), *Br. vulg.* bloody cold. — **S~'käl·te** *f* damned cold (*colloq.*). — **S~ˌkerl** *m* *vulg. contempt.* **1.** (*Br. vulg.* bloody) bastard, skunk; 'bugger', 'swine', sod, son of a bitch (*vulg.*). – **2.** *cf.* Sau 4. — **S~ˌla·che** *f* *hunt.* wild boar's wallow.

'Saulˌbaum ['zaul-] *m* *bot.* sal (tree) (*Shorea robusta*).

'Säul·chenˌflech·te ['zɔylçən-] *f* *bot.* cladonia (*Fam. Cladoniaceae*).

Säu·le ['zɔylə] *f* ⟨-; -n⟩ **1.** *arch.* a) (*an Tempeln etc*) column, b) (*Stütze*) pillar, support: **ionische [dorische, korinthische] ~** Ionic [Doric, Corinthian] column; **das Dach wird von ~n gestützt** (*od.* **getragen**), **das Dach ruht auf ~n** the roof is supported by pillars; **er stand da wie eine ~** he stood there like a pillar. – **2.** (*von Rauch, Wasser, Quecksilber etc*) column, pillar. – **3.** *fig.* (*Stütze*) pillar: **er ist eine ~ der Wissenschaft** he is a pillar of science. – **4.** *mil.* (*Heereszug*) column. – **5.** *electr. phys.* pile: **thermoelektrische ~** thermoelectric pile (*od.* battery); **galvanische** (*od.* **Voltasche**) **~** voltaic (*od.* Volta's) pile. – **6.** *med.* column, pillar. – **7.** *math. min.* (*Prisma*) prism. – **8. die ~n des Herkules** *hist.* (*Straße von Gibraltar*) the Pillars of Hercules.

'Säu·len|ˌabˌschluß *m* *arch.* capital. — **~ˌabˌstand** *m* spacing of (the) columns, intercolumniation. — **s~ˌar·tig** *adj* *cf.* säulenförmig. — **~ˌbau** *m* **1.** construction of a column. – **2.** building supported by columns. — **~ˌbohr·maˌschi·ne** *f* *tech.* drill press, column-type drilling machine, upright drill. — **~diaˌgramm** *n* *math.* bar chart (*od.* graph). — **s~ˌför·mig** *adj* column-shaped, columnar, columned. — **~ˌfuß** *m* *arch.* column base. — **~ˌgang** *m* (*mit geradem Gebälk, Kolonnade*) colonnade. — **~ˌhal·le** *f* columned hall. — **~ˌhei·li·ge** *m* *relig. hist.* stylite, *auch* pillar saint, pillarist. — **~ˌhof** *m* *arch.* colonnaded court. — **~ˌknauf, ~ˌknopf** *m* *cf.* Säulenabschluß. — **~ˌord·nung** *f* order (of columns), columniation: **ionische [dorische, korinthische] ~** Ionic [Doric, Corinthian] order. — **~ˌrei·he** *f* row of columns. — **~ˌschaft** *m* column shaft. — **~ˌstän·der** *m* *tech.* (*einer Maschine*) upright, post, pillar. — **~ˌstumpf** *m* truncated column. — **~ˌtem·pel** *m* *antiq.* peristylar temple: **runder ~** monopteron, monopteros. — **~ˌvorˌbau** *m* portico. — **~ˌzel·le** *f* *med.* columnar cell.

Sau·lus ['zaulus] *npr m* ⟨-; *no pl*⟩ *Bibl.* Saul: **aus einem ~ zu einem Paulus werden** *fig.* to change one's ways.

Saum[1] [zaum] *m* ⟨-(e)s; ¨e⟩ **1.** hem: **ein schmaler [breiter] ~** a narrow [wide] hem; **ein falscher ~** a false hem; **den ~ heften [abstecken]** to tack (*od.* baste) [to pin up] the hem. – **2.** (*Naht*) seam. – **3.** (*Rand, Besatz*) edging, border, trimming. – **4.** (*Webkante*) selvage, selvedge. – **5.** *fig. lit.* (*Rand*) border(s *pl*), edge, fringe, margin: **der ~ des Waldes** the borders *pl* (*od.* edge) of the forest; **ein schmaler ~ am Horizont** a narrow margin on the horizon. – **6.** *mar.* (*eines Segels*) boltrope, doubling. – **7.** *bot.* margin, edge, fringe, fimbria (*scient.*): **mit behaartem ~** fimbriate(d). – **8.** *zo.* fimbria.

Saum[2] *m* ⟨-(e)s; ¨e⟩ *obs. for* Last 1.

'Sauˌma·gen *m* **1. er hat einen ~** *fig. colloq.* he can stomach anything, he can eat nails (*colloq.*). – **2.** *gastr.* collared brawn.

'sauˌmä·ßig *colloq.* **I** *adj* **1.** (*sehr schlecht*) 'awful', 'beastly', 'lousy' (*alle colloq.*), 'rotten' (*sl.*): **~es Wetter** rotten weather; **eine ~e Wirtschaft** an awful mess. – **2.** (**ein**) **~es Glück haben** to be damn(ed) lucky (*colloq.*). – **II** *adv* **3.** like dirt, 'rottenly' (*sl.*): **j-n ~ behandeln** to treat s.o. like dirt; **das hat er ~ gemacht** he did a lousy job on it (*colloq.*). – **4.** (*sehr*) 'awfully' (*colloq.*): **~ frieren** to freeze to the marrow.

säu·men[1] ['zɔymən] *v/t* ⟨h⟩ **1.** (*umsäumen*) hem. – **2.** (*besetzen, einfassen*) edge, border, trim, fringe. – **3.** *fig.* line, border, skirt: **viele Menschen säumten die Straßen** crowds of people lined the streets; **ein heller Streifen säumt den Horizont** a bright streak borders the horizon. – **4.** *tech.* (*rohe Bretter*) square. – **5.** *tech. metall.* a) trim, b) *cf.* besäumen 1c, d.

'säu·men[2] *poet.* **I** *v/i* ⟨h⟩ **1.** hesitate, tarry, delay: **säume nicht** (**damit** *od.* **, das zu tun**)**!** don't hesitate (to do that)! **ihr dürft nicht länger ~** you must not hesitate (*od.* delay the matter) any longer; **ohne einen Augenblick zu ~** without a moment's delay. – **II S~** *n* ⟨-s⟩ **2.** *verbal noun.* – **3.** hesitation, delay: **komme ohne S~!** come without delay!

'Säu·mer[1] *m* ⟨-s; -⟩ (*Fuß an der Nähmaschine*) hemmer, seam runner, hemming rule.

'Säu·mer[2] *m* ⟨-s; -⟩ (*Zögerer*) procrastinator.

'Säu·mer[3] *m* ⟨-s; -⟩ *obs. for* Saumtier, Lasttier.

'Saum|ˌesel *m* sumpter (*od.* pack) mule. — **~ˌfarn** *m* *bot.* pteris (*Gattg Pteris*).

'säu·mig *adj* **1.** (*nachlässig*) careless, negligent: **ein ~er Schüler** a careless pupil. – **2.** *jur. econ.* a) (*unpünktlich*) dilatory, tardy, slow, b) (*im Verzug*) in default, in arrears, behind(hand): **ein ~er Zahler** a tardy payer, a defaulter; **~e Schuldner [Steuerzahler]** defaulting (*od.* dilatory) debtors [tax payers]; **er ist mit der Rückzahlung ~** he is in default (*od.* lagging behind) with repayment. – **3.** *cf.* saumselig 1. — 'Säu·mig·keit f <-; no pl> 1. (*Nachlässigkeit*) carelessness, negligence. – 2. *jur. econ.* a) (*Unpünktlichkeit*) dilatoriness, tardiness, slowness, b) (*Verzug*) default, arrear(s *pl*). – 3. *cf.* Saumseligkeit.

'**Saum,naht** f (*fashion*) (seam of the) hem.

'**Säum·nis** f <-; -se>, n <-ses; -se> 1. (*Saumseligkeit*) dilatoriness. – 2. (*Verzug*) delay. – 3. (*Vernachlässigung*) neglect. – 4. *econ. jur.* (*Nichterfüllung*) default: bei ~ des Schuldners in case of default of the debtor. — **~,ur·teil** n *jur.* default judg(e)ment, judg(e)ment by default. — **~,zu·,schlag** m *econ.* extra charge for overdue payment.

'**Saum|,pfad** m mule track, mountain trail, bridle path (*od.* trail, *auch* road, way). — **~,pferd** n packhorse, *Br.* pack-horse. — **~,riff** n *geogr.* fringing reef. — **~,sat·tel** m packsaddle, *Br.* pack-saddle.

'**saum,se·lig** *lit.* I *adj* 1. (*langsam, trödelnd*) tardy, sluggish, dawdling, slow. – 2. (*nachlässig*) negligent, careless, slack. – II *adv* 3. ~ arbeiten to work slowly (*od.* sluggishly, in a dawdling manner). — '**Saum,se·lig·keit** f <-; no pl> 1. tardiness, sluggishness, dawdle, slowness. – 2. negligence, carelessness, slackness.

'**Saum|,stich** m (*beim Nähen*) hemstitch, hemming stitch. — **~,tier** n *archaic* pack animal. — **~,wan·ze** f *zo.* apple bug (*Syromastes marginatus*).

Sau·na ['zaʊna] f <-; -s u. -nen> 1. sauna. – 2. sauna, Finnish bathhouse.

'**Sau·re** n *only in* gib ihm ~s! *fig. colloq.* (*Anfeuerung bei einer Schlägerei*) give him hell! let him have it! (*sl.*).

Säu·re ['zɔʏrə] f <-; -n> 1. (*des Weins, Essigs etc*) sourness, acidity, acidness, roughness. – 2. (*von Früchten etc*) tartness, sourness. – 3. *chem.* acid: eine ätzende [gesättigte, verdünnte] ~ a caustic [saturated, diluted] acid; etwas mit ~ versetzen to treat s.th. with acid, to acidulate s.th.; ~ binden to neutralize acid. – 4. *med.* (*des Magens*) acidity. — **~,an,zug** m *chem. tech.* acidproof clothing. — **~,bad** n *chem.* acid bath. — **~bal,lon** m acid carboy. — **~bat·te,rie** f *electr.* lead-acid battery. — **s~be,stän·dig** *adj* acid-resistant (*od.* -resisting, -fast), acidproof, noncorroding *Br.* non-, noncorrosive *Br.* non-. — **~be·,stän·dig·keit** f <-; no pl> acid resistance, acid fastness. — **s~,bil·dend** *adj* 1. *chem.* acid-forming; acidic, acidifying (*scient.*). – 2. *biol.* (*Drüsen*) oxyntic. — **~,bild·ner** m *chem.* acid former, acidifier (*scient.*). — **~,bil·dung** f acid formation, acidification (*scient.*). — **~,dampf** m acid fume (*od.* vapor, *bes. Br.* vapour). — **s~,echt** *adj* (*Farbe*) acidproof, acid-fast. — **s~emp·,find·lich** *adj* sensitive to acids. — **s~,fest** *adj cf.* säurebeständig. — **s~,frei** *adj* free from acid, nonacid *Br.* non-. — **~ge,halt** m 1. *chem.* acid content, acidity, acidness: prozentualer ~ percentage of acid. – 2. *med.* (*im Blut*) ox(a)emia. — **~,grad** m *chem.* (degree of) acidity.

,Sau·re'gur·ken,zeit f *colloq. humor.* (*in Geschäft, Politik etc*) slack (*od.* dead, dull) season (*od.* period), off-season.

'**säu·re,hal·tig** *adj chem.* (containing) acid; acidic, acidiferous (*scient.*).

'**Säu·re|,he·ber** m *chem.* acid siphon (*auch* syphon). — **s~,lös·lich** *adj chem.* acid-soluble. — **~,man·gel** m *med.* 1. subacidity, hypoacidity. – 2. (*völliger*) anacidity. – 3. (*des Magens*) hypochlorhydria, underacidity, acid deficiency. — **~,mes·ser** m *chem. tech.* acidimeter, acetometer, *auch* acetimeter. — **~,mes·sung** f acidimetry, acetometry, *auch* acetimetry. — **s~,reich** *adj* rich in acid, acidic (*scient.*). — **~,rest** m acid residue (*od.* radical). — **~,schutz,an,zug** m *chem. tech. cf.* Säureanzug. — **~,über,schuß** m 1. excess of acid. – 2. *med.* hyperacidity, overacidity. — **~ver,gif·tung** f *med.* acid intoxication. — **~,wert** m *meist pl chem.* acid value. — **s~,wid·rig** *adj med. chem.* antacid, *auch* antiacid. — **~,zahl** f *chem.* acid number (*od.* value).

Sau·ri·er ['zaʊrĭər] m <-s; -> *meist pl zo.* (*fossiles Reptil*) saurian.

'**Sau,rü·de** m *hunt.* boar hound.

Saus [zaʊs] m <-es; no pl> *only in* in ~ und Braus leben *colloq.* a) (*verschwenderisch*) to live (*od.* be) in the lap of luxury, to live high, b) (*ausschweifend*) to live a wild (*od.* riotous) life, to indulge in riotous living, to live it up.

säu·seln ['zɔʏzəln] I v/i <h> 1. *poet.* (*von Wind*) murmur, sigh. – 2. *poet.* (*von Blättern im Wind*) rustle, whisper, lisp. – 3. *iron.* purr. – 4. *colloq.* (*flüstern*) whisper, murmur. – II v/t 5. *iron.* purr: „Wie reizend von Ihnen", säuselte sie "How sweet of you," she purred. – 6. *colloq.* (*flüstern*) whisper, murmur. – III S~ n <-s> 7. *verbal noun.* – 8. *poet.* (*des Windes*) murmur, sigh. – 9. *poet.* (*der Blätter*) rustle, whisper, lisp.

sau·sen ['zaʊzən] I v/i <h u. sein> 1. <sein> (*von Geschoß etc*) whiz(z), whistle, whir: die Kugeln sausten durch die Luft the bullets whizzed through the air. – 2. <h> (*bes. von Wind*) rush, whistle, (*stärker*) howl, bluster: der Wind sauste in den Bäumen the wind was whistling through the trees. – 3. <h> (*summen*) buzz, sing, hum: die Ohren ~ mir my ears are buzzing. – 4. <sein> *colloq.* (*von Menschen*) rush, dash, shoot, tear, scoot (*colloq.*): der Radfahrer sauste um die Ecke the cyclist shot round the corner; sause mal schnell zum Kaufmann! run (*od.* scoot) over to the grocer('s)! in den Graben ~ (*mit Auto*) to ditch one's car, to be ditched; durch eine Prüfung ~ *fig. Am. sl.* to flunk an exam, *Br. sl.* to get ploughed in an exam. – 5. etwas ~ lassen *fig. colloq.* (*Vorhaben etc*) to drop s.th. – 6. j-n ~ lassen *fig. colloq.* a) (*bei einer Prüfung*) to fail (*Am. sl.* flunk) s.o., b) (*Freundin etc*) to give s.o. the brush-off (*colloq.*). – 7. einen ~ lassen *vulg.* to let (one) off, *Am.* to crack, to fart (*alle vulg.*). – II v/impers 8. es saust mir in den Ohren my ears are buzzing. – III S~ n <-s> 9. *verbal noun.* – 10. (*eines Geschosses*) whiz(z), whistle. – 11. (*des Windes*) rush, whistle, howl, bluster. – 12. (*in den Ohren*) buzz, hum.

'**Sau·se,wind** m 1. (*children's language*) blowy wind. – 2. *fig. colloq.* lively child. – 3. *fig. colloq.* (*unsteter Mensch*) harum-scarum, impetuous (*od.* rash, reckless) young person.

'**Sau,stall** m 1. pigsty, piggery, swinery. – 2. *fig. sl. contempt.* (*unreinliche Stätte*) pigsty, filthy hole. – 3. *fig. sl. contempt.* (*große Unordnung*) awful mess (*colloq.*), shambles *pl* (*usually construed as sg*): einen ~ machen to make an awful mess; in deinem Zimmer ist ein richtiger ~ your room is (in) a shambles, your room is (in) a heck of a mess (*colloq.*). – 4. *fig. sl. contempt. cf.* Sauwirtschaft 1: (so ein) ~! damn it! *Am. sl.* snafu!

sau·tie·ren [zo'tiːrən] v/t <no ge-, h> *gastr.* sauté, *Am. auch* saute, fry (*s.th.*) in very little fat.

'**Sau|,trank** m 1. *agr.* pig's wash, pigwash, hogwash. – 2. *fig. sl. contempt. cf.* Gesöff. — **~,trog** m pig (*od.* hog) trough. — **~,wet·ter** n *colloq.* filthy (*od. colloq.* beastly, lousy, *sl.* rotten) weather: so ein ~! what beastly weather! — **~,wirt·schaft** f *sl. contempt.* 1. (*schlechte Organisation*) lousy management (*colloq.*), complete chaos, topsy-turvydom. – 2. *cf.* Saustall 3. — **s~'wohl** *adj* <pred> u. *adv* mir ist ~, ich fühle mich ~ *colloq.* I am in the pink (*sl.*), I feel (as) snug as a bug in a rug (*colloq.*), *Am. colloq.* I feel like a million dollars. — **~'wut** f *sl. for* Stinkwut.

Sa·van·ne [za'vanə] f <-; -n> *geogr.* savanna(h).

Sa·vo·yar·de [zavo'jardə] m <-n; -n> Savoyard, native (*od.* inhabitant) of Savoy.

Sa'voy·er,kohl [za'vɔʏər-] m *bot.* (*Wirsingkohl*) savoy (cabbage), borecole, kale (*Brassica oleracea*).

sa·voy·isch [za'vɔʏɪʃ] *adj* of (*od.* relating to) Savoy, Savoyard.

'**Sax,horn** ['zaks-] n *mus.* saxhorn.

Sa·xi·fra·ga [za'ksiːfraga] f <-; -fragen [-ksi'fraːgən]> *bot. cf.* Steinbrech.

Sa·xo·ne [za'ksoːnə] m <-n; -n> *hist.* Saxon (*member of a Germanic people*).

Sa·xo·phon [zakso'foːn] n <-s; -e> *mus.* saxophone. — **Sa·xo·pho'nist** [-fo'nɪst] m <-en; -en> saxophonist.

'**Sä,zeit** f *agr.* sowing time (*od.* period).

sa·zer·do·tal [zatsɛrdo'taːl] *adj relig.* sacerdotal, priestly. — **Sa·zer'do·ti·um** [-'doːtsĭʊm] n <-s; no pl> 1. priesthood. – 2. *hist.* sacerdotium (*ecclesiastical power of the pope in the Middle Ages*).

S-,Bahn ['ɛs-] f 1. suburban (*od.* commuter) train. – 2. suburban (*od.* commuter) train system. — **~,hof** m, **~-Sta·ti,on** f suburban train station. — **~-,Zug** m *cf.* S-Bahn 1.

Sca·bi·es ['skaːbĭɛs] f <-; no pl> *med. cf.* Skabies.

Sca·la, die ['skaːla] <-> die (Mailänder) ~ La Scala.

Scam·pi ['skampi] (*Ital.*) *pl gastr.* scampi.

Scan·di·um ['skandĭʊm] n <-s; no pl> *chem.* scandium (Sc).

Scar·la·ti·na [skarla'tiːna] f <-; no pl> *med. cf.* Scharlach[2].

sch [ʃ] *interj* 1. (*zum Schweigen*) (s)sh! hush! 'st! – 2. (*kein Wort darüber!*) mum('s the word)! – 3. (*zum Verscheuchen*) shoo!

Scha·ban [ʃa'baːn] m <-s; no pl> Sha'ban, *auch* Shaaban (*the 8th month of the Muhammadan year*).

Schab·bes ['ʃabəs] m <-; -> *relig.* shabbat, shabbath, shabbos, shabbas (*Jewish Sabbath*).

Scha·be[1] ['ʃaːbə] f <-; -n> *zo.* 1. cockroach, blackbeetle (*Fam. Blattidae*): Amerikanische ~ American cockroach (*Periplaneta americana*); Deutsche ~ German cockroach, Croton bug (*Blattella germanica*). – 2. *Southern G.* moth (*Gattg Tinea*).

'**Scha·be**[2] f <-; -n> *tech.* scraper, scraping tool.

Schä·be ['ʃɛːbə] f <-; -n> (*von Flachs u. Hanf*) shive, boon.

'**Scha·be|,bock** m *tech.* scraping block, leather (*od.* hide) dresser's horse. — **~,fleisch** n *gastr.* minced meat, *Am. auch* mincemeat, *bes. Br.* mince.

'**Schab,ei·sen** n *tech.* 1. (*Werkzeug*) scraper, scraping tool. – 2. (*leather*) *cf.* Schabmesser 2.

'**Scha·be,mes·ser** n 1. *tech. cf.* Schabmesser. – 2. *med. cf.* Schaber 2.

scha·ben ['ʃaːbən] I v/t <h> 1. *gastr.* a) (*Möhren etc*) scrape, (*auf dem Reibeisen*) grate, rasp, b) (*Fleisch*) mince: Äpfel ~ to grate apples. – 2. (*Farbe etc*) (von from) scrape (off). – 3. (*art*) (engrave [*s.th.*] in) mezzotint. – 4. ich muß mir noch den Bart ~ *colloq.* I (still) have to shave. – 5. *tech.* a) (*von Hand*) scrape, b) (*maschinell*) (*Zahnräder*) shave. – 6. (*leather*) (*Felle*) shave, flesh. – II S~ n <-s> 7. *verbal noun.* – 8. scrape, (*mit Reibeisen*) rasp.

'**Scha·ben|,gift** n *zo.* insecticide. — **~,kraut** n <-(e)s; no pl> *bot.* moth mullein (*Verbascum blattaria*).

'**Scha·be·po,lier,stahl** m *tech.* scraper-burnisher.

'**Scha·ber** m <-s; -> 1. *tech.* a) *cf.* Schabeisen 1, b) (*leather*) *cf.* Schabmesser 2, c) (*rotierender*) rotary scraper, *Am.* go-devil. – 2. *med.* scraper, rasp, raspatory. – 3. (*für vereiste Autoscheiben*) scraper. – 4. *antiq.* strigil (*for scraping oil from the skin*).

Scha·ber·nack ['ʃaːbər,nak] m <-(e)s; -e> 1. prank, practical joke, (mischievous *od. colloq.* monkey) trick; *Am. colloq.* monkey business, monkeyshines *pl*: ~ treiben (*od.* machen) to play pranks; j-m einen ~ spielen to play a practical joke on s.o.; zu allerlei ~ bereit up to all kinds of pranks, mischievous; j-m etwas zum ~ tun to do s.th. to tease s.o., to have one's fun at s.o.'s expense. – 2. (*übermütiges Kind*) monkey: er ist ein kleiner ~ he is a little monkey.

'**Schab|,frä·ser** m *tech.* shaving cutter. — **~,ho·bel** m scraping plane, scraper, spokeshave.

schä·big ['ʃɛːbɪç] I *adj* 1. (*abgenutzt*) (*bes. Anzug, Kleid etc*) shabby, dowdy, threadbare, worn(-out), seedy, *Am. colloq.* tacky: ein ~er Teppich a threadbare carpet. – 2. (*armselig*) shabby, wretched: eine ~e kleine Hütte a tumble-down little hut. – 3. *fig.* (*geizig*) stingy, mean, miserly, niggard(ly), shabby: sei doch nicht so ~! don't be so stingy! – 4. *fig.* (*Geschenk, Belohnung etc*) meager, *bes. Br.* meagre, paltry, *auch* paultry, mean, miserly, shabby: eine ~e Belohnung a meager reward. – 5. *fig.* (*gemein*) mean, shabby, rotten (*sl.*). – II *adv* 6. shabbily, dowdily: er ist ~ angezogen he is shabbily dressed. – 7. *fig.* (*gemein*) meanly, shabbily: du hast dich ihm gegenüber sehr ~ benommen you behaved very meanly (*od.* shabbily) toward(s) him, you were rotten to him (*sl.*); sich ~ vorkommen to feel mean. — **'Schä·big·keit** *f* ⟨-; *no pl*⟩ **1.** (*Abgenutztheit*) shabbiness, dowdiness, threadbareness, delapidated state (*od.* condition), seediness. – **2.** (*armseliges Aussehen*) shabbiness, shabby (*od.* wretched) appearance, wretchedness. – **3.** *fig.* (*Geiz*) stinginess, meanness, miserliness, niggardliness, shabbiness. – **4.** *fig.* (*Wertlosigkeit*) meagerness, *bes. Br.* meagreness, paltriness, meanness, miserliness, shabbiness. – **5.** (*schäbiges Benehmen*) meanness, shabbiness.

'Schab,kunst *f* ⟨-; *no pl*⟩ (*des Kupferstechers*) mezzotint(o) engraving, mezzotint (process).

Scha·blo·ne [ʃa'bloːnə] *f* ⟨-; -n⟩ **1.** (*Muster, Modell*) model, pattern. – **2.** (*zum Malen, Zeichnen*) stencil (plate): **mit einer ~ arbeiten** to work with a stencil; **mit einer ~ zeichnen** to stencil. – **3.** *fig.* (*übliche Form, Gleichförmigkeit*) set (*od.* fixed) pattern, routine, conventional (*od.* stereotyped) methods *pl*: **nach der ~ arbeiten** to work mechanically (*od.* in a routine); **ich halte mich nicht gerne an die** (*od.* **eine**) **~** I don't like to stick to conventional methods; **etwas nach der ~ machen** to do s.th. according to pattern; **der ganze Kerl ist nur ~** *colloq.* there is nothing original about this fellow (*colloq.*). – **4.** *fig.* (*in Rede u. Kunst*) cliché: **alle Themen sind nach der gleichen ~ behandelt** all subjects are treated in the same stereotyped (*od.* hackneyed) manner. – **5.** *metall.* a) (*in der Gießerei*) pattern model, templet, template, b) (*in der Formerei*) strickle. – **6.** *tech.* (*Kopierschablone*) a) former (plate), master, b) (*zum Bohren*) jig.

Scha'blo·nen|,dreh·ma,schi·ne *f tech.* copying (*od.* repetition) lathe. — **~for·me,rei** *f metall.* templet (*od.* template, stencil) casting (*od.* molding, *bes. Br.* moulding).

scha'blo·nen|haft I *adj* **1.** after (*od.* according to) a certain pattern. – **2.** *fig.* stereotyped, hackneyed: **ein ~er Ausdruck** a stereotyped expression; **~e Arbeit** routine work. – **3.** *fig.* mechanical. – **II** *adv* **4.** *fig.* in a stereotyped way, to a set (*od.* fixed) pattern (*od.* routine). — **~,mä·ßig I** *adj* **1.** *fig. cf.* schablonenhaft 2, 3. – **2.** *tech.* mechanical, automatical: **~e Herstellung** stencil production. – **II** *adv* **3. ~ zeichnen** to draw with a stencil.

Scha'blo·nen|pa,pier *n* stencil (*od.* pattern) paper. — **~,zeich·nung** *f* stencil drawing.

scha·blo·nie·ren [ʃablo'niːrən] **I** *v/t* ⟨*no* ge-, h⟩ **1.** stencil, copy (*s.th.*) by tracing a stencil (*od.* pattern). – **2.** *metall.* (*in der Formerei*) strickle. – **3.** (*art*) stencil. – **4.** *fig.* generalize *Br. auch* -s-, press (*s.th., s.o.*) into a stereotyped pattern. – **II** *v/i* **5.** *fig.* generalize *Br. auch* -s-, form mental stereotypes.

Scha·blo'nier,vor,rich·tung *f tech.* (*in der Formtechnik*) sweeping device (*od.* tackle).

scha·blo·ni·sie·ren [ʃabloni'ziːrən] *v/t u. v/i* ⟨*no* ge-, h⟩ *cf.* schablonieren.

'Schab|ma,nier *f cf.* Schabkunst. — **~,mes·ser** *n tech.* **1.** scraping knife, scraper. – **2.** (*leather*) fleshing knife.

Scha·bot·te [ʃa'bɔtə] *f* ⟨-; -n⟩ *tech.* anvil block (*od.* bed, stand).

Scha·bracke (*getr.* -k·k-) [ʃa'brakə] *f* ⟨-; -n⟩ **1.** *mil. hist.* shabrack, *auch* shabraque, caparison. – **2.** *contempt.* (*altes Pferd*) hack, jade, nag (*colloq.*). – **3.** *contempt.* (*altes Fahrzeug*) rattletrap, *bes. Am. colloq.* jalopy, *auch* jaloppy. – **4.** *contempt.* (*altes Weib*) old hag.

Scha'bracken·hyä·ne (*getr.* -k·k-) [-hy,ɛːnə] *f zo.* strand wolf, brown hyena (*Hyaena brunnea*).

'Schab,rad *n tech.* rotary shave cutter.

Schab·sel ['ʃaːpsəl] *n* ⟨-s; -⟩ *meist pl* **1.** scraping. – **2.** (*leather*) scraping, shaving.

'Schab,werk,zeug *n tech.* scraping tool, scraper.

'Schab,zi·ger [-,tsiːgər] *m* ⟨-s; -⟩ *gastr.* green cheese, *Am.* sapsago (*a hard green herb cheese*).

Schach [ʃax] *n* ⟨-s; -s⟩ **1.** (*Brettspiel*) chess: **eine Partie ~ mit j-m spielen** to play a game of chess with s.o. – **2.** *cf.* Schachstellung: **~ (dem König)!** check! **~ und matt!** checkmate! **im ~ stehen** (*od.* **sein**) to be in check; **den König aus dem ~ ziehen** to withdraw the king from check; **~ bieten** to give check; **j-m ~ bieten** a) (*beim Schachspiel*) to check s.o., b) *fig.* to defy s.o.; **j-n in** (*od.* **im**) **~ halten** *fig.* a) to keep (*od.* hold) s.o. in check (*od.* at bay), b) (*mit der Pistole*) to cover s.o., to keep s.o. at bay, c) (*in Trab halten*) to keep s.o. on the go (*colloq.*). — **~,auf,ga·be** *f* chess problem. — **~,blu·me** *f bot. cf.* Schachbrettblume.

'Schach,brett *n* (*games*) chessboard, checkerboard, *bes. Br.* chequer. — **s~,ar·tig I** *adj* checkered, *bes. Br.* chequered, tesse(l)lated (*scient.*). – **II** *adv* like a chessboard, checkerwise, *bes. Br.* chequer-wise: **~ verzieren** to checker (*bes. Br.* chequer). — **~,blu·me** *f bot.* a) fritillaria, fritillary (*Gattg Fritillaria*), b) guinea-hen flower, snakehead, widow-wail (*F. meleagris*), c) crown imperial (*F. imperialis*). — **s~,för·mig** *adj u. adv cf.* schachbrettartig. — **~,fries** *m arch.* billet frieze. — **~,mu·ster** *n* checker (*bes. Br.* chequer) pattern.

Scha·cher ['ʃaxər] *m* ⟨-s; *no pl*⟩ **1.** (*übles, feilschendes Geschäftemachen*) haggling, traffic, dicker (*colloq.*): **mit etwas ~ treiben** to haggle (*od.* huckster, chaffer, *colloq.* dicker) about (*od.* over) s.th. – **2.** *bes. pol.* jobbery, horse trading.

Schä·cher ['ʃɛçər] *m* ⟨-s; -⟩ *obs. for* a) Räuber 1, 2, b) Mörder 1: **ein armer ~** *fig.* a poor wretch (*od. colloq.* fellow, devil); **der ~ am Kreuz** *Bibl.* the thief on the cross.

Scha·che'rei *f* ⟨-; -en⟩ *colloq. for* Schachern.

'Scha·che·rer *m* ⟨-s; -⟩ haggler, chafferer, trafficker.

scha·chern ['ʃaxərn] **I** *v/i* ⟨h⟩ **1.** (*feilschen*) (higgle and) haggle, huckster, bargain, carry on petty dealings, chaffer, traffic, dicker (*colloq.*): **um etwas ~** (*Preis etc*) to (higgle and) haggle about (*od.* over) s.th., to bargain over s.th. – **2.** *bes. pol.* job, horse-trade. – **II S~** *n* ⟨-s⟩ **3.** *verbal noun.* – **4.** *cf.* Schacher.

'Schach|,feld *n* (chessboard) square. — **~fi,gur** *f* chessman, (chess) piece: **er ist nur eine ~** *fig.* he is a mere figurehead (*od.* pawn). — **~,klub** *m* chess club. — **s~'matt** *adj* ⟨*meist pred*⟩ **1.** (*im Spiel*) checkmate: **~!** checkmate! **der König ist ~** the king is checkmate; **j-n ~ setzen** *auch fig.* to checkmate s.o. – **2.** *fig. colloq.* completely exhausted, worn (*od.* fagged) out, played out, dead beat (*colloq.*), (*schwächer*) tired out: **nach dem Ausflug waren alle ~** everyone was exhausted after the trip. — **~,mei·ster** *m* chess champion. — **~,mei·ster·schaft** *f* chess championship. — **~par,tie** *f* game of chess. — **~pro,blem** *n* chess problem: **ein ~ lösen** to solve a chess problem. — **~,spiel** *n* **1.** game of chess. – **2.** ⟨*only sg*⟩ chess: **Meister im ~** chess champion. – **3.** chessboard and men. — **~,spie·ler** *m*, **~,spie·le·rin** *f* chess player. — **~,stel·lung** *f* check.

Schacht [ʃaxt] *m* ⟨-(e)s; =e⟩ **1.** (*mining*) a) shaft, pit, b) tunnel: **einen ~ abteufen** to sink a shaft; **einen ~ befahren** to descend into a shaft. – **2.** *civ.eng.* a) (*Licht-, Brunnenschacht etc*) shaft, well, b) (*Einstiegschacht*) manhole, c) (*Verbindungsschacht für Luft, Wasser etc*) trunk. – **3.** *tech. metall.* (*eines Hochofens*) stack, fireroom. – **4.** *geogr.* a) (*Schlucht*) gorge, ravine, b) (*Höhlung*) hollow, cavity, c) (*Senkung*) depression, dip. — **~,ab,teu·fen** *n civ.eng.* (*mining*) shaft sinking, sinking (of) shafts. — **~,ab,teu·fung** *f cf.* Schachtabteufen: **~ im Gefrierverfahren** frozen shaft sinking. — **~,an,la·ge** *f* (*mining*) colliery (plant). — **~,ar·bei·ter** *m* pitman, shaftsman. — **~,aus,bau** *m* shaft lining (*including tubbing and timbering*). — **~,aus,maue·rung** *f* brick lining (in shafts), coffering. — **~,brun·nen** *m civ.eng.* dug well. — **~,büh·ne** *f* sollar (*platform in shaft ladderway*). — **~,deckel** (*getr.* -k·k-) *m* (*an Straßenkanälen*) manhole cover. — **~,ein,fahrt** *f* (*mining*) mouth of shaft (*od.* pit).

Schach·tel ['ʃaxtəl] *f* ⟨-; -n⟩ **1.** box: **eine ~ aus Holz [Pappe]** a wooden [cardboard] box; **eine ~ Streichhölzer** a box of matches. – **2.** (*flache, weiche*) packet: **eine ~ Zigaretten** a packet (*bes. Am.* pack) of cigarettes. – **3.** (*Karton*) carton. – **4. eine alte ~** *colloq. contempt.* an old hag (*od.* frump). — **~,bo·den** *m* bottom of a box.

Schäch·tel·chen ['ʃɛçtəlçən] *n* ⟨-s; -⟩ *dim. of* Schachtel 1—3.

'Schach·tel|,halm *m bot.* horsetail, horse willow, toadpipe, scouring rush, shave grass, equisetum (*scient.*) (*Gattg Equisetum*). — **~kar,ton** *m* (*paper*) box board. — **~,ma·cher** *m* box maker. — **~,männ·chen** *n* jack-in-the-box.

schach·teln ['ʃaxtəln] *v/t* ⟨h⟩ *cf.* ineinanderschachteln.

'Schach·tel,satz *m ling.* involved period.

schach·ten ['ʃaxtən] *v/i* ⟨h⟩ *civ.eng.* sink (*od.* excavate) a pit (*od.* ditch).

schäch·ten ['ʃɛçtən] **I** *v/t* ⟨h⟩ **1.** kill (*od.* slaughter) (*an animal*) according to Jewish rites. – **II S~** *n* ⟨-s⟩ **2.** *verbal noun.* – **3.** kosher butchering. — **'Schäch·ter** *m* ⟨-s; -⟩ Jewish (*od.* kosher) butcher.

'Schacht|,för·de·rung *f* (*mining*) shaft winding. — **~,füh·run·gen** *pl* shaft guides. — **~,fut·ter** *n metall.* (*eines Hochofens*) stack lining. — **~ge,bäu·de** *n* (*mining*) shaft house, pithead building. — **~ge,rüst** *n* headframe, *auch* gallows (frame).

'Schach,tisch *m* (*games*) chess table.

'Schacht|,lüf·tung *f tech.* shaft ventilation. — **~,mau·er,werk** *n metall.* stack brickwork. — **~,mei·ster** *m civ.eng.* (*Vorarbeiter bei Erdarbeiten*) *Br.* foreman of the navvies (*Am.* of the excavation crew). — **~,ofen** *m metall.* shaft furnace. — **~,öff·nung** *f* **1.** (*mining*) pithead, pit mouth. – **2.** *metall.* (*Gicht*) throat. — **~,pan·zer** *m metall.* stack casing. — **~,si·cher·heits,pfei·ler** *m* (*mining*) shaft safety pillar. — **~,soh·le** *f* shaft bottom. — **~,sumpf** *m* shaft sump.

'Schäch·tung *f* ⟨-; -en⟩ *cf.* Schächten.

'Schach·tur,nier *n* (*games*) chess tournament.

'Schacht,zim·me·rung *f* (*mining*) shaft timbering.

'Schach|,uhr *f* (*games*) chess clock. — **~,zug** *m* **1.** (*games*) move (at chess). – **2.** *fig.* move, man(o)euver, *bes. Br.* manœuvre: **ein geschickter [kluger] ~** a dexterous [clever] move.

scha·de ['ʃaːdə] *adj* ⟨*pred*⟩ **1. das ist (sehr) ~!** that's a (great) pity! **(wie) ~!** what a pity! what a shame! (*colloq.*), that's too bad! (*colloq.*); **(es ist) ~, daß er nicht hier ist** (it's) a pity (that) he isn't here; **es ist zu ~ [ewig ~], daß** it's too bad [a thousand pities] that; **es ist nur ~, daß** the pity of it is that; **es wäre ~ um jeden Pfennig** it would be a pity for every penny (*od.* a waste of money); **darum ist es nicht (weiter) ~** that doesn't matter, that's no great loss; **es ist ~ um ihn** a) it's a pity (*od.* too bad) about him, he is to be pitied, b) he's a real loss; **um den ist es nicht ~** he's no great loss, the world can easily do without him. – **2.** (*gut, wertvoll*) good: **dein schönes Kleid ist für diese Arbeit zu ~** your nice dress is too good for this job; **dafür ist sie sich** (*dat*) **zu ~** she thinks she is too good for that.

Schä·del ['ʃɛːdəl] *m* ⟨-s; -⟩ **1.** *med. zo.* skull, cranium (*scient.*). – **2.** *colloq.* 'skull' (*colloq.*); 'nut', 'noodle' (*sl.*), head: **mir brummt** (*od.* **dröhnt**) **der ~** my head is buzzing; **j-m eins auf** (*od.* **über**) **den ~ geben** to give s.o. a knock (*od.* crack) on the head; **eins auf** (*od.* **über**) **den ~ bekommen** to get one over the head; **j-m den ~ einschlagen** to knock s.o.'s brains out, to beat s.o.'s skull in; **sich** (*dat*) **den ~ einrennen** a) to crack one's skull, b) *fig.* to run (*od.* beat) one's head against a brick wall; **einen harten** (*od.* **dicken**) **~ haben** *fig.* to be obstinate (*od.* stubborn, pigheaded); **er will immer gleich mit dem ~ durch die Wand** *fig.* he always wants to have his own way; → Bruder 1. – **3.** *cf.* Totenkopf 1.

'Schä·del,ba·sis *f med.* base of the skull, skull base. — **~,bruch** *m*, **~frak,tur** *f* fracture of the skull base.

'Schä·del|,boh·rer *m med.* trepan, trephine. — **~,bruch** *m* fractured skull, fracture of the skull (*od. scient.* cranium). — **~,brum·men** *n only in* **er hat ~** *colloq.* a) his head is buzzing, b) he has a headache, c) he has a hangover. — **~,dach** *n* skull(cap), roof of the skull; (dome of the) cranium, calvarium (*scient.*). — **~,decke** (*getr.* -k·k-) *f* vault, skullpan, skullcap, cranium (*scient.*). — **~er,öff·nung** *f* trephination, craniotomy. — **~,form** *f* shape of the skull. — **~frak,tur** *f cf.* Schädelbruch. — **~,gru·be** *f* cranial fossa. — **~,haut** *f* scalp, pericranium (*scient.*). — **~,höh·le** *f* brain (*od. scient.* cranial) cavity. — **~,in·dex** *m anthrop.* (cranial *od.* cephalic) index. — **~ka,lot·te** *f* *med.* skullcap, vault of the cranium (*scient.*). — **~ˌkno·chen** *m* skull (*od. scient.* cranial) bone. — **~ˌla·ge** *f* (*des Fetus*) vertex presentation. — **~ˌleh·re** *f* craniology. — **~ˌmes·ser** *m*, **~ˌmeß·in·struˌment** *n med.* craniometer, cephalometer. — **~ˌmes·sung** *f* craniometry, cephalometry. — **~ˌnaht** *f* cranial suture. — **~ˌöff·ner** *m cf.* Schädelbohrer. — **~ope·ra·tiˌon** *f* cranial operation. — **~ˌstät·te** *f Bibl.* (Mount) Calvary, Golgotha. — **~ˌtie·re** *pl zo.* craniota (*Unterstamm Craniota*).

scha·den [ˈʃaːdən] **I** *v/i* ⟨h⟩ (*dat* to) do harm, do damage, be detrimental (*od.* injurious): **das wird deinem guten Ruf ~** that will do harm to your good reputation; **das schadet deiner Gesundheit** that is detrimental to (*od.* bad for) your health, that impairs (*od.* injures) your health; **ein bißchen Strenge schadet nicht** a bit of strictness does no harm; **ein Versuch kann nicht ~** there is no harm in trying; **damit schadest du dir nur selbst** you are only doing harm to yourself; **etwas Abwechslung würde ihm nicht ~** a change would do him no harm (*od.* wouldn't be bad for him); **etwas Arbeit würde ihm (wahrhaftig) nicht ~** *iron.* some work would do him no harm, he would not be worse for work; **ein Bad könnte ihm nicht ~** *iron.* a bath wouldn't hurt him, he'd be none the worse for a bath; **j-m bei j-m ~** to do harm to s.o.'s reputation with s.o., to prejudice s.o. against s.o.; **das schadet ihm gar nichts** that serves him right, that's good for him, that does him good, he won't be the worse for it; **blinder Eifer schadet nur** (*Sprichwort*) haste makes waste (*proverb*); **hilft es nicht, so schadet's doch nicht** (*Sprichwort*) *etwa* it may not help but it will do no harm. – **II** *v/t* matter: **das schadet nichts!** that doesn't matter! never mind! that makes no difference! **es schadet fast gar nichts** *colloq.* a) that's not as bad as all that, b) *iron.* that does not matter. – **III** *v/impers* **was schadet es (schon), wenn** what does it matter if.

ˈScha·den *m* ⟨-s; ⸚⟩ **1.** (*Beschädigung*) damage: **geringfügiger [beträchtlicher, nicht wiedergutzumachender] ~** minor [considerable, irreparable] damage; **~ durch Wasser [Feuer** *od.* **Brand]** damage caused by water [fire]; **Schäden größeren Ausmaßes** extensive damage *sg*; **einen ~ beheben** (*od.* **ausbessern, reparieren**) to repair damage; **~ nehmen** to be (*od.* get) damaged, to suffer damage; **~ anrichten** (*od.* **verursachen**) to cause damage; **den ~ besehen [feststellen, abschätzen]** to inspect [to ascertain, to estimate] the damage; **der ~ beträgt** (*od.* **beläuft sich auf**) the damage amounts to. – **2.** (*Verwüstung*) havoc, ravage(s *pl*): **das Unwetter hat schweren ~ angerichtet** the storm has wrought great havoc. – **3.** ⟨*only sg*⟩ (*Nachteil*) disadvantage, detriment, disfavor, *bes. Br.* disfavour: **ohne ~ für j-n** without detriment to s.o.; **zu j-s ~** to the disadvantage (*od.* detriment) of s.o.; **zu meinem ~** to my disadvantage, at my expense; **es ist dein eigener ~** it is to your own disadvantage; **es soll Ihr ~ nicht sein** you will not regret it; **das wird ihm zum ~ gereichen** that will be to his disadvantage, that will make him worse off; **wer den ~ hat, braucht für den Spott nicht zu sorgen** (*Sprichwort*) the laugh is always on the loser (*proverb*); **durch ~ wird man klug** (*Sprichwort*) once bitten twice shy (*proverb*). – **4.** (*körperlicher*) injury, wound, lesion: **innere Schäden** internal injuries; **niemand kam bei dem Unfall zu ~** nobody was injured in the accident; **gesundheitliche Schäden davontragen** to suffer damage to one's health, to suffer healthwise (*colloq.*). – **5.** ⟨*only sg*⟩ (*Böses, Leid*) harm, wrong: **j-m ~ zufügen** to do s.o. harm (*od.* mischief), to harm s.o.; **es soll dir kein ~ geschehen** you will suffer no harm. – **6.** (*Mangel*) defect. – **7.** *econ.* a) (*finanzieller*) loss, b) (*Versicherungsanspruch*) claim: **einen ~ decken** to cover a loss; **für den ~ haften** to be liable for the loss; **etwas mit ~ verkaufen** to sell s.th. at a loss; **einen ~ regulieren** to settle a claim; **fort mit ~!** *colloq.* say good-by(e) to it! good riddance!

ˈScha·den·erˌsatz *m jur. econ.* (payment *od.* recovery of) damages *pl*, indemnity, indemnification, compensation, amends *pl* (*usually construed as sg*): **Klage auf ~** action (*od.* suit) for damages; **~ fordern** to claim (*od.* demand) damages; **auf ~ klagen** to sue for damages; **~ leisten** to pay (*od.* make payment for) damages; **auf ~ erkennen** to award damages; **j-n auf ~ verklagen** to sue s.o. for damages, to bring a damage suit against s.o. — **~ˌanˌspruch** *m*, **~ˌfor·de·rung** *f* claim for damages (*od.* indemnity, compensation). — **~ˌkla·ge** *f* action (*od.* suit) for damages: **~ wegen Nichterfüllung** action for nonperformance (*od.* nonfulfil[l]ment). — **~ˌlei·stung** *f* indemnity, indemnification. — **~ˌpflicht** *f* liability for damages, liability to make good a loss. — **s~ˌpflich·tig** *adj* liable for damages, liable for compensation.

ˈScha·den|ˌfestˌset·zung *f* determination of damage. — **~ˌfestˌstel·lung** *f* **1.** (*Vorgang*) ascertainment of damage. – **2.** (*Wert*) assessment of damage. – **3.** *cf.* Schadenfestsetzung. — **~ˌfeu·er** *n* destructive (*od.* hostile) fire. — **s~ˌfrei** *adj* free of damage, damage-free, *bes. Br.* claim-free: **Prämie für ~es Fahren** bonus for damage-free driving, *bes. Br.* no-claim bonus. — **~ˌfreu·de** *f* malignant delight, malignancy, *auch* malignance, spiteful glee, schadenfreude. — **s~ˌfroh** *adj* malignant: **~ sein** to be malignant, to delight in others' misfortunes. — **~re·guˌlie·rung** *f econ.* adjustment of claims, settlement. — **~reˌser·ve**, **~ˌrückˌstel·lung** *f* loss (*od.* claims) reserve.

ˈScha·dens|ˌabˌtei·lung *f econ.* claims department (*od.* office). — **~ˌanˌzei·ge** *f* accident report. — **~ˌaufˌstel·lung** *f* statement of damage. — **~beˌar·bei·tung** *f* processing of claims.

ˈScha·denˌschät·zung *f* appraisal of damage.

ˈScha·dens|ˌeinˌtritt *m* occurrence of a loss. — **~erˌsatz** *m cf.* Schadenersatz. — **~ˌfall** *m jur. econ.* **1.** case of damage: **im ~(e)** in the event (*od.* in case) of damage. – **2.** (case of) loss. — **~ˌmel·dung** *f* notification (*od.* notice) of loss. — **~ˌnachˌweis** *m* proof of loss (*od.* damage), substantiation of a loss. — **~re·guˌlie·rer** *m* (insurance claims) adjuster. — **~re·guˌlie·rung** *f cf.* Schadenregulierung. — **~ˌurˌsa·che** *f* cause of damage (*od.* a loss): **Feststellung der ~** determination (*od.* ascertainment) of the cause of a loss. — **~verˌsi·che·rung** *f* insurance against damage, indemnity insurance.

ˈScha·den- ˌund ˈUnˌfall·ver·si·che·rung *f jur. econ.* accident insurance.

ˈScha·den·verˌhü·tung *f* damage prevention.

ˈschad·haft *adj* **1.** (*defekt*) defective, faulty: **~e Teile auswechseln** to replace defective parts; **ein ~es elektrisches Kabel** a defective electric cable. – **2.** (*beschädigt*) damaged: **~e Straßendecke** damaged road surface. – **3.** (*abgenutzt*) worn-out (*attrib*): **der Mantel hat einige ~e Stellen** the coat is worn out in places. – **4.** (*Gebäude*) dilapidated, out of (*od.* in poor) repair. – **5.** (*Rohre, Leitungen etc*) leaky, leaking. – **6.** (*Zähne*) decayed, carious (*scient.*). — **ˈSchad·haf·tig·keit** *f* ⟨-; *no pl*⟩ **1.** defective (*od.* faulty) state (*od.* condition), defectiveness, faultiness. – **2.** damaged state (*od.* condition). – **3.** worn-out state (*od.* condition). – **4.** dilapidated state (*od.* condition), disrepair, *auch* state of unrepair.

schä·di·gen [ˈʃɛːdɪgən] *v/t* ⟨h⟩ **1.** harm, damage, do harm (*od.* damage) to, impair, injure, be detrimental (*od.* injurious) to: **j-s Ansehen [Interessen] ~** to harm s.o.'s reputation [interests]. – **2.** (*finanziell*) cause loss(es) to: **die Aufwertung hat einige Industriezweige schwer geschädigt** the revaluation has caused serious losses to some branches of industry; **wir sind durch den Krieg schwer geschädigt worden** we have suffered great losses as a result of the war; **darf ich dich mal um 5 Mark ~?** *colloq. humor.* may I touch you for 5 marks? (*colloq.*), may I borrow 5 marks from you? – **3.** (*gesundheitlich*) affect, impair: **das wird deine Gesundheit ~** that will affect your health. – **4.** *jur.* harm, injure, prejudice. — **ˈSchä·di·gung** *f* ⟨-; -en⟩ **1.** harm, damage, impairment, injury. – **2.** (*finanzielle*) loss(es *pl*). – **3.** (*gesundheitliche*) affection, impairment, (*bes. organische*) lesion. – **4.** *jur.* harm, injury, prejudice, lesion, detriment.

schäd·lich [ˈʃɛːtlɪç] *adj* **1.** harmful, injurious, damaging, detrimental, prejudicial: **~e Wirkung [Folgen]** detrimental effect [consequences]. – **2.** (*gesundheitsschädlich*) harmful, detrimental, unwholesome, injurious, noxious, pernicious, (*Klima*) *auch* inimical: **~e Gase [Nahrung]** noxious gases [food]; **diese Lebensmittel sind frei von ~en Zusätzen** these foodstuffs contain no noxious ingredients; **starkes Rauchen ist für die Gesundheit ~** heavy smoking is injurious to (*od.* bad for) the health; **das ist nicht ~** that does no harm. – **3.** (*böse, schlecht*) bad, harmful, detrimental: **sie üben einen ~en Einfluß auf ihn aus** they have a bad influence on him. – **4.** (*giftig*) poisonous. – **5.** (*gefährlich*) dangerous. – **6.** *bot. zo.* noxious. — **ˈSchäd·lich·keit** *f* ⟨-; *no pl*⟩ **1.** harm(fulness), injuriousness, detrimental effect, detrimentalness. – **2.** (*gesundheitliche*) harmfulness, detrimentalness, unwholesomeness, injuriousness, noxiousness: **die ~ dieser Gase** the harmful (*od.* noxious) properties *pl* of these gases. – **3.** (*Schlechtigkeit*) badness, harm(fulness). – **4.** (*Gefährlichkeit*) dangerousness. – **5.** *bot. zo.* noxiousness.

Schäd·ling [ˈʃɛːtlɪŋ] *m* ⟨-s; -e⟩ **1.** *zo.* a) pest, noxious animal, b) destructive insect, c) parasite. – **2.** *bot.* a) noxious plant, destructive weed, pest, b) parasite. – **3.** (*Person*) noxious person, vermin: **er ist ein ~ der Gesellschaft** he is (*od.* his activities are) harmful to society.

ˈSchäd·lings|beˌfall *m agr.* (insect-)pest infestation (*od.* attack). — **~beˌkämp·fung** *f* pest control, pestology (*scient.*). — **~beˌkämp·fungsˌmit·tel** *n* pesticide, pest destruction agent, (*gegen Insekten*) *auch* insecticide.

ˈschad·los *adj bes. jur. econ.* **j-n ~ halten (für etwas)** to indemnify (*od.* compensate, recoup) s.o. (for s.th.); **sich an** (*dat*) **etwas ~ halten** to recoup (*od.* indemnify, compensate) oneself out of s.th., to cover one's loss out of s.th.; **sich an j-m ~ halten** to recoup (*od.* indemnify, compensate) oneself from s.o., to make s.o. pay for what one has suffered; **er hat sich an dem Braten ~ gehalten** *colloq.* he tucked into the roast. — **ˈSchad·losˌhal·tung** *f* ⟨-; *no pl*⟩ indemnification, indemnity, recoupment.

ˈSchadˌstoff *m bes. chem. phys.* harmful substance, (*in der Luft*) pollutant.

Schaf [ʃaːf] *n* ⟨-(e)s; -e⟩ **1.** *zo. agr.* a) sheep (*Gattg Ovis*), b) (*Mutterschaf*) ewe: **junges ~** young sheep, lamb; **~e blöken** sheep bleat; **ein verirrtes [verlorenes] ~** *auch fig.* a stray(ing) [lost] sheep; **er ist das schwarze ~ (in) der Familie** *fig.* he is the black sheep (*od. colloq.* the bad egg) of the family; **die ~e von den Böcken sondern** *fig.* to separate the sheep from the goats; **ein räudiges ~ steckt die ganze Herde an** (*Sprichwort*) one sets the others off, one infects the others. – **2.** *fig.* (*Dummkopf*) sheep, ninny, simpleton: **du bist doch ein richtiges ~!** you really are silly (*od.* a ninny)! – **3.** *pl relig.* (*Gemeindemitglieder*) flock *sg*. — **~beˌstand** *m agr.* stock of sheep. — **~ˌbiesˌflie·ge** *f zo.* sheep botfly (*od.* gadfly) (*Oestrus ovis*). — **~ˌbock** *m* ram, *bes. Br.* tup.

Schäf·chen [ˈʃɛːfçən] *n* ⟨-s; -⟩ **1.** *dim. of* Schaf: **sein ~ ins** (*od.* **aufs**) **trockene bringen, sein ~ scheren** *fig. colloq.* a) to feather one's (own) nest, to make a nest egg for oneself, b) (*durch undurchsichtige Machenschaften*) to line one's (own) pocket; **sein ~ im trockenen haben** *fig. colloq.* to have made one's pile (*colloq.*), to be out of the wood(s). – **2.** (*Lamm*) little sheep, lamb(kin). – **3.** *fig. colloq.* (*Dummerchen*) silly Billy. – **4.** *pl cf.* Schäfchenwolken. – **5.** *meist pl bot. cf.* Weidenkätzchen. — **~ˌwol·ken** *pl meteor.* fleecy (*od.* curl) clouds, mare's (*od.* mares') tails; altocumuli, cirrocumuli (*scient.*): **Himmel mit ~** mackerel sky.

Schä·fer [ˈʃɛːfər] *m* ⟨-s; -⟩ shepherd, *Am. auch* sheepherder, swain (*poet.*). — **~ˌdich·tung** *f* (*literature*) pastoral (*od.* bucolic) poetry (*od.* writing).

Schä·fe'rei *f* ⟨-; -en⟩ *agr.* **1.** ⟨*only sg*⟩ sheep breeding (*od.* raising). – **2.** ⟨*only sg*⟩ sheepherding. – **3.** *cf.* Schaffarm.

ˈSchä·fer|geˌdicht *n* (*literature*) pastoral (*od.* bucolic) poem, pastoral, idyl(l), eclogue. — **~ˌhund** *m* **1.** (*des Schäfers*) sheep dog, shepherd's (*od.* shepherd) dog. – **2.** *zo.* (*als Rasse*) a) **Deutscher ~** Alsatian (wolfhound), German shepherd (dog),

(German) police dog, b) **Schottischer ~** collie (dog). — **~ˌhüt·te** *f* shepherd's hut (*od.* cot).

'Schä·fe·rin *f* ⟨-; -nen⟩ shepherdess.

'Schä·fer|ˌkar·ren *m* sheeptruck, barrow. — **~roˌman** *m* (*literature*) pastoral romance (*od.* novel). — **~ˌspiel** *n* (*theater*) pastoral play, pastoral. — **~ˌstab** *m* shepherd's crook (*od.* rod). — **~ˌstünd·chen** *n*, **~ˌstun·de** *f* lovers' tryst, intimate (*od.* affectionate) tête-à-tête.

Schaff [ʃaf] *n* ⟨-(e)s; -e⟩ *Southern G. and Austrian* tub.

'Schaf|ˌfarm *f agr.* sheep farm, (*bes. in Australien*) sheep station. — **~ˌfell** *n* **1.** sheepskin. – **2.** (*Wolle*) fleece.

schaf·fen[1] ['ʃafən] **I** *v/t* ⟨schafft, schuf, geschaffen, h⟩ **1.** create: **der Dichter schuf ein unsterbliches Werk** the poet created an immortal work; **im Anfang schuf Gott Himmel und Erde** *Bibl.* in the beginning God created the heaven and the earth; **er stand da, wie Gott ihn geschaffen hatte** (*nackt*) he stood there as God had made him (*od.* in his birthday suit). – **2.** (*Gesetze, Verordnungen etc*) create, make. – **3.** (*Organisationen, Fonds etc*) found, establish, set up, create. – **4.** (*Methoden, Systeme etc*) develop. – **5.** (*Bedingungen, Möglichkeiten, Lage etc*) create. – **6.** ⟨*auch* schafft, schaffte, geschafft, h⟩ (*in Wendungen wie*) **Platz** (*od.* **Raum**) **~** to make room; **Rat ~** to find a way out; **da kann man leicht Abhilfe ~** that can easily be remedied; **Ordnung ~** a) to tidy up, b) *fig.* to straighten things out, to put things right (*od.* to rights). – **II S~** *n* ⟨-s⟩ **7.** *verbal noun.* – **8.** (creative) activity: **er starb auf dem Höhepunkt seines S~s** he died at the peak of his creative activity (*od.* power); **das geistige S~ einer Epoche** the intellectual activity of an era. – **9.** (*Werke*) work(s *pl*): **das gesamte S~ eines Künstlers** the whole work of an artist.

'schaf·fen[2] **I** *v/t* ⟨h⟩ **1.** (*beschaffen*) get, procure, provide, find: **er schaffte uns etwas zu essen** he got us (*od.* he provided us with) s.th. to eat. – **2.** (*bewirken*) bring, give, effect: **das schafft Linderung** that brings relief, that has a soothing effect. – **3.** *rare for* schaffen[1] 6. – **4.** *colloq.* manage (to do), do, 'make' (*colloq.*): **ich habe heute viel geschafft** I got a great deal done today; **er wird es nicht ~ bis 8 Uhr** he won't make it by 8 o'clock; **gleich haben wir's geschafft!** we've almost made it! we're almost there! (**das hätten wir**) **geschafft!** we've made (*od.* done) it (at last)! **das wäre geschafft!** that's done! – **5.** *colloq.* (*erreichen*) achieve, get: **er hat immer geschafft, was er wollte** he has always achieved what he wanted; **sie haben im letzten Jahr viel geschafft** they have come far in the last year; **das ~ wir nicht** we shall not pull it off (*colloq.*). – **6.** *colloq.* (*tun*) do: **er hat hier nichts zu ~** he has no business to be here; **was hast du hier zu ~?** what do you want here? **ich möchte mit dieser Sache [mit ihm] nichts zu ~ haben** I don't want to have anything to do with this matter [with him]; **ich habe nichts damit zu ~** that's no business of mine, I wash my hands of it; **was habe ich damit zu ~?** why should that concern me? – **7.** (*wegbringen*) take, carry: **kannst du das Paket zur Post ~?** can you take the parcel to the post office? **sie mußte ins Krankenhaus geschafft werden** she had to be taken to hospital; **er konnte sich eine kleine Summe auf die Seite ~** he was able to put aside a small amount. – **8.** (*entfernen*) (*in Wendungen wie*) **das alte Gerümpel wurde aus dem Haus geschafft** the old lumber (*od.* junk) was removed from the house; **Hindernisse aus dem Weg ~** *auch fig.* to clear (*od.* get) obstacles out of the way; **j-n aus dem Weg ~** *fig.* to do away with s.o., to get rid of s.o., to clear s.o. out of the way (*od.* off), to kill s.o.; **ich möchte diese Angelegenheit aus der Welt ~** I want to wipe (*od.* blot) out that matter (*od.* affair); **ich werde ihn dir vom Hals ~** *colloq.* I'll help you (to) get rid of him, I'll help you shake him off. – **9.** *colloq. cf.* **fertigmachen** 5—7: **das hat ihn geschafft** that got him down (*od.* took it out of him), (*seelisch*) that finished him off. – **II** *v/i* **10.** *bes. Southwestern G. and Swiss for* **arbeiten** 1. – **11.** (*emsig sein*) be busy, work: **sie hat den ganzen Tag geschafft** she has been busy all day. – **12. j-m zu ~ machen** to cause (*od.* give) s.o. trouble: **das Kind macht ihnen viel zu ~** the child gives them a great deal of trouble, they have a lot of trouble with the child (*colloq.*); **mein Rheuma macht mir wieder zu ~** my rheumatism is giving me trouble (*od.* pain) again. – **13. sich** (*dat*) **mit** (*od.* **an** *dat*) **etwas zu ~ machen** a) to busy oneself (*od.* be busy) with s.th., b) (*unsachgemäß*) to tamper with s.th.: **er machte sich im Nebenzimmer zu ~** a) he was doing s.th. in the next room, b) he pretended to be doing s.th. in the next room; **er macht sich im Garten zu ~** he's pottering about in the garden; **was machst du dir an meinem Schreibtisch zu ~?** what are you doing at my desk? **sein Sohn hat sich wieder an dem Auto zu ~ gemacht** his son has tampered with the car again. – **III S~** *n* ⟨-s⟩ **14.** *verbal noun.* – **15.** *bes. Southwestern G. and Swiss for* **Arbeit** 1.

'schaf·fend I *pres p.* – **II** *adj* **1.** (*schöpferisch*) creative, productive, *auch* constructive: **der ~e Mensch [Geist]** the creative man [mind]; **die Kräfte der ~en Natur** the creative (*od.* constructive) forces of nature. – **2.** (*arbeitend*) working: **die ~e Bevölkerung** the working population.

'Schaf·fens|ˌdrang *m* creative impulse (*od.* urge), desire to create. — **~ˌfreu·de** *f* delight in creating. — **s~ˌfreu·dig** *adj* creative. — **~ˌkraft** *f* ⟨-; *no pl*⟩ creative (*od.* productive) power. — **~ˌlust** *f cf.* **Schaffensfreude**.

'Schaf·fer *m* ⟨-s; -⟩ *colloq.* hardworking man, worker, slogger.

Schaf·fe'rei *f* ⟨-; *no pl*⟩ *colloq.* hard work(ing), slogging.

'schaf·fig *adj Southwestern G. and Swiss dial. for* **arbeitsam**.

'Schafˌfleisch *n gastr.* mutton.

Schäff·ler ['ʃɛflər] *m* ⟨-s; -⟩ *Bavarian for* **Küfer** 2. — **~ˌtanz** *m traditional dance of the coopers' guild* (*performed every 7 years during the carnival season*).

Schaff·ner ['ʃafnər] *m* ⟨-s; -⟩ **1.** (*im Bus, in der Straßenbahn etc*) conductor, *Am. auch* carman. – **2.** (*Zugbegleiter*) *Am.* conductor, *Br.* guard. – **3.** (*Fahrkartenkontrolleur*) ticket collector. – **4.** (*im Schlafwagen*) attendant, *bes. Am.* porter. – **5.** *obs.* (*Haushälter*) housekeeper. — **'Schaff·ne·rin** *f* ⟨-; -nen⟩ **1.** (*im Bus etc*) conductress. – **2.** (*Zugbegleiterin*) *Am.* conductress, *Br.* guard. – **3.** *cf.* **Schaffner** 3. – **4.** *obs.* (*Haushälterin*) housekeeper.

'Schaf·fung *f* ⟨-; *no pl*⟩ **1.** *cf.* **Schaffen**[1]. – **2.** creation. – **3.** (*Einrichtung*) establishment, creation. – **4.** (*Gründung*) foundation, establishment, creation. – **5.** (*Entwicklung*) development.

'Schaf|ˌgar·be *f* ⟨-; -n⟩ *bot.* (common) milfoil, (common) yarrow, pellitory, bloodwort (*Achillea millefolium*). — **~ˌher·de** *f* flock of sheep, fold. — **~ˌhirt, ~ˌhir·te** *m cf.* **Schäfer**. — **~ˌhür·de** *f* (sheep)fold, pen, *bes. Br.* sheepcote, *auch* sheepcot. — **~ˌkä·se** *m gastr.* sheep's (*od.* ewe's) milk cheese. — **~ˌker·bel** *m bot.* hedge parsley, hogweed (*Torilis anthriscus*). — **~ˌkopf** *m* **1.** (*ein dt. Kartenspiel*) sheep(s)head, schafskopf, *auch* schafkopf. – **2.** *colloq. contempt. cf.* **Schafskopf** 2. — **~ˌlausˌflie·ge** *f zo.* sheep tick (*Melophagus ovinus*). — **~ˌle·der** *n* (*leather*) **1.** sheep leather. – **2.** (*Lammfell*) lambskin. – **3.** (*Narbenspalt*) skiver. – **4.** (*bes. für Bucheinbände*) bock. — **s~ˌle·dern** *adj* (made of) sheep leather.

Schäf·lein ['ʃɛːflaɪn] *n* ⟨-s; -⟩ **1.** *dim. of* **Schaf**. – **2. seine ~** *pl fig.* (*die ihm anvertrauten Menschen*) his flock *sg.*

'Schaf|ˌmaul *n bot. cf.* **Feldsalat**. — **~ˌmilch** *f* ewe's milk. — **~ˌmist** *m* sheep's dung. — **~ˌoch·se** *m zo. cf.* **Moschusochse**.

Scha·fott [ʃa'fɔt] *n* ⟨-(e)s; -e⟩ scaffold: **das ~ besteigen** to mount the scaffold; **j-n aufs ~ bringen** to bring s.o. to the scaffold.

'Schaf|ˌpelz *m* **1.** sheepskin: **ein Wolf im ~** *fig.* a wolf in sheep's clothing. – **2.** (*als Kleidungsstück*) sheepskin (coat *od.* jacket). — **~ˌpocken** (*getr.* -k·k-) *pl vet.* sheep pox *sg*, ovinia *sg* (*scient.*). — **~ˌsche·re** *f* sheep shears *pl* (*construed as sg or pl*). — **~ˌsche·rer** *m* (sheep)shearer, clipper. — **~ˌschur** *f* sheepshearing, sheep clip(ping).

'Schafs|ˌfrosch *m zo.* tylor's toad (*Hypopachus cuneus*). — **~ˌkleid** *n obs. for* **Schafpelz** 1: **ein Wolf im ~** *fig.* a wolf in sheep's clothing. — **~ˌkopf** *m* **1.** sheep's head. – **2.** *fig. colloq. contempt.* blockhead, num(b)skull, fathead, fool, 'dope' (*sl.*), *bes. Am. sl.* goon. – **3.** *rare for* **Schafkopf** 1. — **~ˌkopfˌbras·se** *f zo.* sheep(s)head (*Archosargus probatocephalus*). — **~ˌna·se** *f colloq. contempt. cf.* **Schafskopf** 2.

'Schaf|ˌstall *m* shed for sheep. — **~ˌstel·ze** *f zo.* blue-headed wagtail (*Motacilla flava*): **Grünköpfige ~** yellow wagtail (*M. rayi*).

Schaft[1] [ʃaft] *m* ⟨-(e)s; =e⟩ **1.** (*einer Lanze, Fahne etc*) shaft, staff. – **2.** (*eines Stiefels*) leg. – **3.** (*eines Schlüssels*) shank. – **4.** (*eines Gewehrs*) stock. – **5.** (*einer Säule*) shaft, shank, body, truck, fust. – **6.** *tech.* a) (*eines Werkzeugs*) shaft, shank, handle, grip, b) (*einer Schraube*) body, shank. – **7.** *mar.* a) (*eines Ankers*) shank, b) *cf.* **Ruderschaft**. – **8.** *bot.* stalk, stem, peduncle, scape, scapus (*scient.*). – **9.** *zo.* (*einer Feder*) scape, shaft, scapus (*scient.*).

Schaft[2] *m* ⟨-(e)s; =e⟩ *Swiss for* a) **Gestell** 2, b) **Schrank** 1.

schäf·ten ['ʃɛftən] *v/t* ⟨h⟩ **1.** (*Stiefel*) leg. – **2.** (*Gewehr*) stock, mount. – **3.** *tech.* a) (*Werkzeuge*) provide (*s.th.*) with a shaft (*od.* shank), b) (*verspleißen*) splice, joint. – **4.** *cf.* **anschäften** 1, 2. – **5.** *hort.* (*veredeln*) graft. – **6.** *dial. for* **verprügeln**.

'Schaft|ˌfrä·ser *m tech.* end milling cutter, end mill. — **~ˌle·der** *n* (*leather*) upper leather. — **~ˌlei·sten** *m* (*für Stiefel*) boot tree (*od.* stretcher). — **~ˌnu·tenˌfrä·ser** *m tech.* slotting end mill.

'Schafˌtrift *f cf.* **Schafweide**.

'Schaft|ˌschneidˌrad *n tech.* shank-type shaper cutter. — **~ˌschrau·be** *f* shank-threaded screw. — **~ˌstie·fel** *m meist pl* (high *od.* high-leg) boot, top boot, Wellington (boot). — **~ˌwebˌstuhl** *m* (*textile*) dobby. — **~ˌwerkˌzeug** *n tech.* shank tool.

'Schaf|ˌwei·de *f agr.* pasture for sheep, *bes. Br.* sheep-walk. — **~ˌwol·le** *f* sheep's wool. — **~ˌzucht** *f agr.* sheep breeding (*od.* raising, farming). — **~ˌzüch·ter** *m* sheep breeder (*od.* raiser), sheepfarmer, *bes. Br.* sheep-master, *bes. Am.* sheepman.

Schah [ʃaː] *m* ⟨-s; -s⟩ (*pers. Herrschertitel*) shah, *auch* Shah.

Scha·kal [ʃa'kaːl] *m* ⟨-s; -e⟩ *zo.* jackal (*Canis aureus*).

Scha·ke ['ʃaːkə] *f* ⟨-; -n⟩ *tech.* (*einer Kette*) (chain) link.

Schä·kel ['ʃɛːkəl] *m* ⟨-s; -⟩ *tech.* (*Kettenglied*) shackle. — **'schä·keln** *v/t* ⟨h⟩ shackle.

Schä·ker ['ʃɛːkər] *m* ⟨-s; -⟩ *colloq.* **1.** jester, joker, (*Schalk*) wag. – **2.** (*Kokettierer*) philander(er), flirt. — **Schä·ke'rei** *f* ⟨-; -en⟩ **1.** (*Scherzen*) joking, jest(ing). – **2.** (*Flirten*) philander(ing), flirtation, flirting, coquetry. – **3.** (*Necken, Neckerei*) playful teasing, banter, chaff. — **'schä·ker·haft** *adj* **1.** (*scherzhaft*) joking, jesting, playful. – **2.** (*kokett*) flirtatious, coquettish. — **'Schä·ke·rin** *f* ⟨-; -nen⟩ **1.** *cf.* **Schäker**. – **2.** coquette. — **'schä·kern** *v/i* ⟨h⟩ **1.** (*scherzen*) joke, jest, make fun. – **2.** (*flirten*) flirt, philander, coquet(te), *bes. Am.* gallivant: **er schäkert gern mit jungen Mädchen** he likes to flirt with young girls. – **3.** (*necken*) tease, banter, chaff.

Schak·ti ['ʃakti] *npr f* ⟨-; *no pl*⟩ *relig.* Shakti, *auch* Sakti. — **~verˌeh·rung** *f* S(h)aktism.

'Scha·kuˌhuhn ['ʃaːku-] *n zo.* guan hen (*Gattg Penelope*).

schal [ʃaːl] *adj* ⟨-er; -st⟩ **1.** (*Bier, Wein etc*) flat, stale, *bes. Am. colloq.* dead: **~ werden** to go (*od.* become) flat, to (go) stale, to pall, to die (*colloq.*). – **2.** (*Geschmack*) insipid. – **3.** *fig.* (*leer*) vapid, empty: **das Leben dünkte ihn** (*od.* **ihm**) **~** life seemed empty (*od.* meaningless) to him. – **4.** *fig.* (*langweilig*) dull, boring, flat, lifeless.

Schal *m* ⟨-s; -e *u.* -s⟩ **1.** scarf: **ein seidener ~** a silk scarf; **ein wollener ~** a wool(l)en scarf, a muffler; **einen ~ umbinden** to put on a scarf; **sich** (*dat*) **einen ~ um den Hals schlingen** to wrap a scarf round one's neck. – **2.** (*Umschlagtuch*) shawl, wrap(per), muffler: **sie wickelte sich in einen ~** she wrapped a shawl about her.

'Schalˌbrett *n civ.eng.* (*wood*) shuttering board (*od.* panel).

Scha·le[1] ['ʃaːlə] *f* ⟨-; -n⟩ **1.** (*von Früchten, Kartoffeln etc*) skin: **eine dünne [harte, rauhe] ~** a thin [hard, rough] skin; **er hat eine rauhe ~** *fig.* he is a rough diamond; **die ~ von etwas entfernen** (*od.* **abziehen**) to remove the skin of (*od.* from) s.th., to skin (*od.* peel) s.th.; Kartoffeln mit (*od.* in) der ~ kochen *gastr.* to boil potatoes in their skins (*od.* jackets). – 2. (*abgeschälte*) peel(ing), paring. – 3. (*von Nüssen, Mandeln, Eiern etc*) shell: das Küken hat die ~ gesprengt the chicken has burst (*od.* broken) through the shell; in einer rauhen ~ steckt oft ein süßer Kern (*Sprichwort*) a rough exterior often conceals a heart of gold; je bitterer die ~, um so süßer der Kern (*Sprichwort*) *etwa* the harder the shell, the sweeter the kernel, the more bitter the rind, the sweeter the pulp. – 4. (*bes. einer Kokosnuß*) cascara. – 5. (*grüne, stachelige von Kastanien*) husk, bur(r). – 6. (*einer Eichel*) cup, cap. – 7. (*Schote*) pod. – 8. (*Hülse*) husk, hull, shell. – 9. (*Rinde*) bark, rind. – 10. *zo.* a) (*von Schnecken u. Schalentieren*) shell, crust, carapace, test, b) (*von Muscheln u. Austern*) valve: ohne ~ unshelled, naked; die ~ abwerfen to cast the shell; Auster mit bewachsener ~ loaded oyster. – 11. *bot.* (*Samenschale*) testa. – 12. *fig. colloq.* 'rig', togs *pl* (*beide colloq.*), clothing: sich in ~ werfen to dress up (to the nines [*colloq.*]); to spruce (*od.* doll) oneself up, to don one's glad rags, to put on one's Sunday best (*colloq.*). – 13. *metall.* a) (*beim Schalenguß*) chill, b) (*eines Messers*) plate, scale. – 14. *phys. chem.* (electron) shell. – 15. *aer.* a) shell, b) (*selbsttragende Haut*) stressed skin. – 16. *meist pl hunt.* (*Huf*) hoof. – 17. *civ.eng. cf.* Verschalung.

'Scha·le² *f* ⟨-; -n⟩ 1. bowl, dish, vessel: eine silberne ~ a silver bowl; eine ~ aus Glas a glass bowl; eine ~ mit Blumen a bowl of flowers; eine ~ Milch für die Katze a bowl of milk for the cat; die ~n des Zorns über j-m ausgießen *poet.* to pour out (*od.* to open) the vials of wrath upon s.o. (*lit.*). – 2. (*bes. für Wasser*) basin. – 3. (*flache*) pan, tray. – 4. (*Untertasse*) saucer. – 5. *Austrian for* Tasse 1. – 6. (*Waagschale*) scale(pan), basin. – 7. (*einer Lampe*) bowl, dish. – 8. *tech.* (*Lagerschale*) a) bush(ing), b) (*für Späne*) tray, pan. – 9. *auto.* (*zwischen den Vordersitzen*) tray. – 10. *metall.* a) *meist pl* scabs *pl*, b) (*in der Formerei*) shell.

'Schäl,ei·sen *n* (*forestry*) barking iron, stripping iron (*od.* tool).

scha·len ['ʃaːlən] *v/t* ⟨h⟩ *civ.eng. cf.* verschalen.

schä·len ['ʃɛːlən] I *v/t* ⟨h⟩ 1. (*Obst, Kartoffeln etc*) peel, pare, skin, remove the skin from. – 2. (*Hülsenfrüchte*) husk, hull, shell. – 3. (*Ei*) shell. – 4. (*Bäume*) bark, rind, strip, peel, decorticate (*scient.*). – 5. *tech.* a) (*auf der Drehmaschine*) preturn, skin-turn, b) (*beim Fräsen*) slab, c) (*zur Gewindeherstellung*) whirl, d) (*beim Schneckenradfräsen*) skive. – 6. *agr.* peel (*od.* pare) off. – 7. *hunt.* (*Bäume*) strip. – II *v/reflex* sich ~ 8. (*von der Haut*) peel (off), come off: ich schäle mich im Gesicht my face is peeling. – 9. *cf.* häuten 3. – 10. (*von Bäumen*) shed the bark, exfoliate (*scient.*). – 11. sich aus etwas ~ *fig. colloq.* to strip off s.th., to slip out of s.th. – III S~ *n* ⟨-s⟩ 12. *verbal noun.* – 13. *cf.* Schälung.

'Scha·len|,bau *m*, ~**,bau,wei·se** *f tech.* monocoque construction. — ~**,guß** *m metall.* 1. (*Kokillenguß*) gravity-die (*od.* chill) casting. – 2. (*nach dem Schalengußverfahren*) shell-mold (*bes. Br.* -mould) casting. — ~**,krebs** *m zo.* malacostracan (*Unterklasse Malacostraca*). — ~**,kreuz** *n aer. meteor.* (*zum Windstärkemessen*) cup anemometer, *Am. auch* hydrostatic wind ga(u)ge. — ~**,kupp·lung** *f tech.* split (*od.* clamp) coupling. — ~**,obst** *n* (*edible*) *hard-shelled dry fruit* (*e.g. nuts*). — ~**,sitz** *m* (*bes. im Auto*) bucket seat. — ~**,tier** *n zo.* (*Schnecke, Krebs*) shellfish, crustacean (*scient.*) (*Fam. Crustaceae*). — ~**,wild** *n hunt.* hoofed game. — ~**,wir·bel** *m zo.* (*der Muscheln*) umbo.

'Schäl,fräs·ma,schi·ne *f tech.* slab milling machine.

'Schal·heit *f* ⟨-; *no pl*⟩ 1. (*des Biers, Weins etc*) flatness, staleness, *bes. Am. colloq.* deadness. – 2. (*des Geschmacks*) insipidity, insipidness. – 3. *fig.* (*Leere*) vapidness, vapidity, emptiness. – 4. *fig.* (*Langweiligkeit*) dul(l)ness, boringness, flatness.

'Schäl,hengst *m agr.* (*Zuchthengst*) studhorse, *Br.* stud-horse, stallion.

'Schal,holz *n* 1. *civ.eng.* timber for shuttering. – 2. (*mining*) bar.

Schalk [ʃalk] *m* ⟨-(e)s; -e *u.* ⁼e⟩ 1. wag, wit, joker. – 2. (*schalkhaftes Kind*) scamp, rascal, imp, rogue. – 3. ⟨*only sg*⟩ *fig.* (*Schalkhaftigkeit*) waggishness, roguishness, wit(tiness), fun: der ~ sitzt ihm im Nacken he is full of fun, he is a bit of a wag; der ~ guckt (*od.* schaut) ihm aus den Augen his eyes twinkle with fun.

Schal·ke ['ʃalkə] *f* ⟨-; -n⟩ *mar. cf.* Schalklatte. — **'schal·ken** *v/t* ⟨h⟩ (*eine Luke etc*) batten down.

'schalk·haft *adj* waggish, roguish: mit ~em Grinsen with a roguish grin, with a quirk of the lips. — **'Schalk·haf·tig·keit**, **'Schalk·heit** *f* ⟨-; *no pl*⟩ *cf.* Schalk 3.

'Schalk,lat·te *f mar.* hatch(way) batten.

'Schal|,kra·gen *m* (*fashion*) shawl collar. — ~**kra,wat·te** *f* shawl tie.

Schall [ʃal] *m* ⟨-(e)s; *rare* -e *u.* ⁼e⟩ 1. sound: ein dumpfer ~ a muffled (*od.* dull) sound; mit lautem ~ with all one's might, with might and main; den ~ dämpfen to muffle (*od.* damp, deaden, absorb) the sound; dieses Flugzeug ist schneller als der ~ this aircraft is faster than sound, this is a supersonic aircraft; die Lehre vom ~ *phys.* the theory of sound, acoustics *pl* (*construed as sg*); deine Worte sind nur leerer ~ *fig.* those are just empty words, your words are just (*od.* you just talk) hot air (*sl.*); Namen sind nur ~ und Rauch *fig.* names alone amount to nothing, what's in a name? – 2. (*von Glocken etc*) sound, ring(ing). – 3. (*von Blechinstrumenten, Metallwerkzeugen etc*) sound, clang. – 4. (*Klang-, Schallfülle*) sonority, sonorousness, resonance. – 5. (*Widerhall*) echo, reverberation, resonance. – 6. (*Geräusch*) noise, sound. — ~**,ab,strah·lung** *f phys.* sound radiation. — ~**ana,ly·se** *f phys. ling.* sound analysis. — ~**,auf,zeich·nung** *f tech.* sound recording. — ~**,aus,brei·tung** *f phys.* sound propagation. — ~**,bo·den** *m mus. cf.* Resonanzboden. — ~**,bre·chung** *f phys.* sound refraction. — ~**,bre·chungs,leh·re** *f* diacoustics *pl* (*construed as sg*), diaphonics *pl* (*construed as sg*). — ~**,brett** *n* (loudspeaker) baffle. — **s~,däm·mend** *adj cf.* schalldämpfend. — ~**,däm·mung** *f cf.* Schalldämpfung. — **s~,dämp·fend** *adj* sound-absorbing (*od.* -muffling, -damping, -deadening). — ~**,dämp·fer** *m* 1. *bes. tech. phys.* sound absorber (*od.* damper). – 2. *electr. tel.* sound deadener. – 3. *auto. Am.* muffler, *bes. Br.* (exhaust) silencer. – 4. (*am Gewehr etc*) silencer. – 5. *mus. cf.* Dämpfer 1. — ~**,dämp·fung** *f* 1. *bes. tech. phys.* sound absorption (*od.* muffling, damping, deadening), *bes. auto. auch* silencing. – 2. *civ.eng.* soundproofing. — ~**,deckel** (*getr.* -k·k-) *m arch.* (*einer Kanzel*) abat-voix. — **s~,dicht** *adj* soundproof: Wände ~ machen to make walls soundproof, to soundproof (*od.* deaden, deafen) walls. — ~**,dich·te** *f phys.* sound (energy) density. — ~**,do·se** *f mus.* sound box. — ~**,druck** *m* ⟨-(e)s; *no pl*⟩ *phys.* sound (*od.* acoustic, sonic, audio) pressure.

'Schalleh·re (*getr.* -ll,-l-) *f* ⟨-; *no pl*⟩ *phys.* theory of sound, acoustics *pl* (*construed as sg*).

'schallei·tend (*getr.* -ll,l-) *adj* sound-conducting. — **'Schallei·ter** (*getr.* -ll,l-) *m* sound conductor. — **'Schallei·tung** (*getr.* -ll,l-) *f* sound conduction.

'Schall·emp,fän·ger *m* 1. *electr.* sound (*od.* acoustic) sensing device. – 2. *tel.* microphone, sound receiver.

schal·len ['ʃalən] I *v/i, oft v/impers* ⟨schallt, schallte, *rare* scholl, geschallt, h⟩ 1. (*von Stimme etc*) ring (out), sound, resound: das Kommando schallte über den Hof the command rang out across the courtyard. – 2. (*von Glocken etc*) sound, ring. – 3. (*von Blechinstrumenten, Metallwerkzeugen etc*) sound, clang. – 4. (*widerhallen*) (re)echo, *Br.* (re-)echo, ring, reverberate, resound: ihr Gezeter schallt mir noch in den Ohren her scolding still rings in my ears; sie gab ihm eine Ohrfeige, daß es (nur so) schallte she gave him a resounding smack in the face; es schallt so in diesem Zimmer there is such an echo (*od. colloq.* an empty sound) in this room. – 5. (*von Wild*) sound the mating call. – II S~ *n* ⟨-s⟩ 6. *verbal noun.* – 7. *cf.* Schall 1—5. — **'schal·lend** I *pres p.* – II *adj* 1. (*Stimme, Rufe etc*) ringing: ~es Gelächter ringing (*od.* uproarious, peals *pl* of) laughter, guffaw. – 2. (*Ohrfeige, Beifall etc*) resounding. – III *adv* 3. er lachte ~ he laughed uproariously, he guffawed.

'Schall|er,zeu·ger *m* sound generator. — ~**er,zeu·gung** *f* generation of sound. — ~**,fort,pflan·zung** *f* sound propagation. — ~**fre,quenz** *f* audio frequency, acoustic frequency. — ~**ge,schwin·dig·keit** *f* 1. *phys.* sound (*od.* sound-propagation, acoustic) velocity. – 2. *aer.* sonic (*od.* sound) speed: mit mehrfacher ~ fliegen to fly at several times the speed of sound. — ~**,gren·ze** *f phys. aer. cf.* Schallmauer. — ~**in·ten·si,tät** *f phys.* sound (*od.* acoustic) intensity. — **s~iso,lie·rend** *adj* (*Schicht etc*) sound-insulating, soundproof. — ~**iso,lie·rung** *f civ.eng.* sound insulation, soundproofing. — ~**,ka·sten**, ~**,kör·per** *m mus.* (*eines Streich- od. Zupfinstruments*) resonator, sound box (*od.* chest), body. — ~**,mau·er** *f aer.* sound (*od.* sonic) barrier: unterhalb [oberhalb] der ~ below [beyond *od.* above] the sound barrier; die ~ durchbrechen to break (*od.* crash) the sound barrier. — ~**,meß·bat·te,rie** *f mil.* sound-ranging battery. — ~**,mes·ser** *m*, ~**,meß·ge,rät** *n phys.* (*Schallstärkemesser*) phonometer, sonometer, sound ranger. — ~**,meß,trupp** *m mil.* sound-ranging party. — ~**,mes·sung** *f*, ~**,meß·ver,fah·ren** *n phys.* sound ranging, phonometry (*scient.*). — **s~,nach,ah·mend** *adj* onomatopoe(t)ic: ~e Wortbildung *ling.* onomatopoetic word formation, onomatopoeia.

'Schalloch (*getr.* -ll,l-) *n* 1. *mus.* (*einer Gitarre, Geige etc*) sound hole. – 2. *arch.* (*in Glockentürmen*) louver (*bes. Br.* louvre) window.

'Schall,or·tung *f mil.* sound ranging.

'Schall,plat·te *f* (phonograph, *bes. Br.* gramophone) record, disk, disc: eine ~ auflegen to put on a record; eine ~ besingen to sing for a recording, to make a recording (*auch* record); er hat eine neue ~ herausgebracht he has brought out a new record; eine ~ (ab)spielen to play a record; etwas auf ~ aufnehmen to make a record of s.th.

'Schall,plat·ten|,al·bum *n* record album. — ~**ar,chiv** *n* record archives *pl.* — ~**,auf,nah·me** *f* (disk *od.* disc) recording: eine ~ von etwas machen to make a recording of s.th., to record s.th. — ~**,bar** *f* (*im Geschäft*) record bar (*od.* desk). — ~**ge,schäft** *n* record shop. — ~**in·du,strie** *f* record industry. — ~**kon,zert** *n* (*im Rundfunk*) (phonograph, *bes. Br.* gramophone) record concert. — ~**mil·lio,när** *m recording artist who has sold more than a million copies.* — ~**mu,sik** *f* recorded music. — ~**,samm·lung** *f* collection of records, record collection. — ~**,sen·dung** *f* (*radio*) program (*bes. Br.* programme) of recorded music. — ~**ver,stär·ker** *m* pickup amplifier.

'Schall|,quel·le *f phys.* sound source. — ~**,schluck,decke** (*getr.* -k·k-) *f civ.eng.* acoustic ceiling. — **s~,schluckend** (*getr.* -k·k-) *adj* sound-absorbing (*od.* -deadening). — ~**,schwin·gung** *f phys.* sound (*od.* acoustic) vibration. — ~**,sper·re** *f civ.eng.* (*als Konstruktion*) sound barrier. — ~**,stär·ke** *f phys.* sound (*od.* acoustic) intensity. — **s~,tot** *adj cf.* schalldicht. — ~**,trich·ter** *m* 1. *mus.* (*eines Blasinstruments*) bell, pavillon. – 2. (*eines Lautsprechers*) horn, trumpet. – 3. *tel. cf.* Sprechmuschel. — ~**,wand** *f* (*radio*) *tech.* baffle (board), sound panel. — ~**,wech·sel** *m med.* change on percussion, change of sound (*od.* note). — ~**,wel·le** *f phys.* sound (*od.* acoustic) wave. — ~**,wort** *n* ⟨-(e)s; ⁼er⟩ *ling.* onomatopoe(t)ic word, onomatope, *Br. auch* onomatop. — ~**,zei·chen** *n* sound signal.

Schalm [ʃalm] *m* ⟨-(e)s; -e⟩ (*forestry*) (*an Bäumen*) blaze, *Am. auch* hack (for felling).

'Schäl·ma,schi·ne *f* 1. (*für Kartoffeln, Gemüse etc*) peeler, parer. – 2. *agr.* (*für Getreidekörper etc*) huller, husker. – 3. (*forestry*) *cf.* Rindenschälmaschine.

Schal·mei [ʃal'maɪ] *f* ⟨-; -en⟩ *mus.* 1. shawm, *auch* shalm, chalumeau. – 2. (*Klarinetten-, Orgelregister*) chalumeau. – 3. (*am Dudelsack*) chanter, chalumeau.

Schal'mei·en|,klang *m mus.* sound (*od.* playing) of shawms (*od.* shalms, chalumeaux). — **~ˌrohr** *n bot.* (giant) reed (*Arundo donax*).

schal·men [ˈʃalmən] *v/t* ⟨h⟩ (*forestry*) *cf.* anreißen 9.

ˈSchälˌmes·ser *n* (*für Obst, Gemüse etc*) peeling (*od.* paring) knife.

Scha·lot·te [ʃaˈlɔtə] *f* ⟨-; -n⟩ *bot.* shallot, eschalot, scallion (*Allium ascalonicum*).

ˈSchäl|ˌpflug *m agr.* stubble plough (*bes. Am.* plow). — **~ˌrad** *n tech.* circular skiving tool.

schalt [ʃalt] *1 u. 3 sg pret of* schelten.

ˈSchalt|ˌader *f electr.* cross-connecting wire. — **~ˌanˌla·ge** *f* switchgear (*auch* switcher gear) (installation), *pl auch* switching facilities: **gekapselte ~** cellular switchboard. — **~ˌbild** *n* **1.** *electr.* wiring (*od.* circuit) diagram, hookup. – **2.** *auto.* gear change (*bes. Am.* gearshift) diagram.

ˈSchaltˌbrett *n* **1.** *electr.* switchboard, switch (*od.* control) panel, plugboard, panelboard, distribution board. – **2.** *aer. cf.* Instrumentenbrett 2. — **~ˌleuch·te** *f electr.* switchboard lamp.

ˈSchaltˌdo·se *f electr.* switch (*od.* distribution) box.

schal·ten [ˈʃaltən] **I** *v/t* ⟨h⟩ **1.** switch, turn: **einen Haartrockner auf „heiß" [„kalt"] ~** to turn a hair drier to hot [cold]; **einen Heizofen von (Stufe) 3 auf 2 [von (Stufe) 2 auf 3] ~** to switch a heater from (stage) 3 (down) to 2 [from (stage) 2 (up) to 3]. – **2.** *tech.* a) (*Maschine etc*) operate, start, b) (*Hebel etc*) shift, move, manipulate, operate, c) (*steuern*) control, d) (*anlassen*) start, engage, e) (*Revolverkopf*) index, f) (*Support*) trip, control, traverse, g) (*feste Kupplung*) shift, h) (*ausrückbare Kupplung*) clutch, i) (*Getriebe*) control, j) (*Ventile*) change over, reverse, k) (*Drehzahl*) vary. – **3.** *electr.* a) (*Stromkreis etc*) wire, switch, connect, b) (*durch Kabelführung*) wire: **etwas an** (*acc*) **etwas ~** to connect (*od.* couple) s.th. to s.th.; **einen Widerstand in einen Stromkreis ~** to connect a resistance to a circuit, to interconnect (*od.* interpose) a resistance in a circuit; **etwas in Reihe [Brücke] ~** to connect s.th. in series [bridges]; **ein Kraftwerk auf das Netz ~** to connect a power station to the net. – **4.** *auto.* (*einen Gang etc*) engage, change (*bes. Am.* shift) (*gear*) into: **dieser Wagen läßt sich schwer ~** it is difficult to change (*bes. Am.* shift) gear in this car, the gear change (*bes. Am.* gearshift) is difficult in this car. – **II** *v/i* **5. ~ (und walten)** to act, to manage affairs (*od.* things): **sie kann hier nach Belieben ~ und walten** she can manage things (*od.* she can do) as she likes (*od.* pleases) here; **j-n ~ und walten lassen** to let s.o. do as (*od.* what) he likes, to let s.o. act freely, to give s.o. a free hand (*od.* plenty of rope); **sie kann mit dem Geld ~ und walten, wie sie will** she can dispose freely of the money, she can do what she likes with the money. – **6.** *tech.* (*einen Schalter betätigen*) operate a switch. – **7.** *auto.* a) (*den Gang wechseln*) change (*bes. Am.* shift) gear, b) (*einen Gang einlegen*) engage gear: **in den 1. Gang ~** a) (*beim Anfahren*) to engage (*od.* put in) first gear, b) (*während der Fahrt*) to change (*bes. Am.* shift) into first (*od.* bottom) gear; **vom 3. in den 4. [vom 3. in den 2.] (Gang) ~** to change from third up to fourth [from third down to second] (gear); **du schaltest zu hart** you ram (*od. colloq.* you are hard on) the gears; **sportlich ~** a) to do a racing change, b) to do racing changes. – **8.** *fig. colloq.* (*begreifen*) get the idea (*od.* picture) (*colloq.*), *bes. Am. colloq.* catch on: **er schaltete schnell** he got the idea fast, he did some quick thinking; **da habe ich falsch [richtig] geschaltet** I got the wrong [right] idea. – **III S~** *n* ⟨-s⟩ **9.** *verbal noun.* – **10.** (*Ein-, Umschalten etc*) switch. – **11.** *tech.* a) (*einer Maschine etc*) operation, b) (*eines Hebels etc*) shift, move, manipulation, operation, c) (*Bedienung, Steuerung*) control, d) (*Anlassen*) start, e) (*eines Revolverkopfes*) indexing, f) (*einer Kupplung*) shifting, engagement, g) (*eines Getriebes*) control, h) (*eines Supports*) control, traverse, i) (*eines Ventils*) changeover, reversal. – **12.** *electr.* (*Herstellen von Verbindungen*) connection, *Br. auch* connexion, wiring, switching. – **13.** *auto.* gear change, *bes. Am.* gearshift.

ˈSchal·ter *m* ⟨-s; -⟩ **1.** (*Lichtschalter etc*) switch: **ein mehrstufiger [selbsttätiger] ~** a multiple-point [a snap] switch; **den ~ andrehen** (*od. colloq.* **anknipsen) [ausdrehen** *od. colloq.* **ausknipsen]** to turn on [off] the switch. – **2.** (*in Banken, Behörden, Postämtern etc*) counter, (*mit Fenster*) *auch* window: **die Bank hat ihre ~ geschlossen** the counters of the bank are closed; **ein Paket am ~ aufgeben** to hand in a parcel at the counter. – **3.** (*Fahrkartenschalter*) booking (*bes. Am.* ticket) office (window). – **4.** (*Gepäckschalter*) baggage (*bes. Br.* luggage) office (*od.* room). – **5.** *aer.* (*auf Flughäfen*) ticket (*od.* check-in) counter: **bitte zum Schalter der Fluggesellschaft X gehen** please see (*od.* go to the) ticket (*od.* check-in) counter of airline X. – **6.** (*Schalterfenster*) window, (*vergittert*) *auch* wicket. – **7.** *bes. auto.* (*Fußschalter*) (foot) switch. – **8.** *electr.* a) (*Ausschalter*) circuit breaker, cutout, *Br.* cut-out, b) (*Umschalter*) thrower (*od.* changeover) switch. – **9.** *tech.* control member (*od.* element). — **~beˌam·te** *m* **1.** (*in Banken, Behörden, Postämtern etc*) counter clerk. – **2.** (*für den Fahr- u. Flugkartenverkauf etc*) *bes. Br.* booking clerk, *bes. Am.* ticket agent. — **~ˌdienst** *m* **1.** counter service. – **2.** (*Arbeit am Schalter*) counter duty: **ich habe heute ~** I am on counter duty (*od. colloq.* I am on the counter) today. — **~ˌfen·ster** *n cf.* Schalter 6. — **~ˌhal·le** *f* **1.** (*in Bahnhöfen, Flughafengebäuden etc*) central (*od.* main) hall, booking (*bes. Am.* ticket) hall. – **2.** (*in Banken, Behörden, Postämtern etc*) central (*od.* main) hall. — **~ˌraum** *m* **1.** (*für Postpersonal bestimmter Raum*) counter room. – **2.** *cf.* Schalterhalle. — **~ˌstun·den** *pl* (*in Postämtern etc*) service (*od.* business) hours.

ˈschalt|ˌfaul *adj colloq.* (*Autofahrer*) unwilling (*od.* loath, loth, *auch* loathe) to change (*bes. Am.* shift) gear: **er ist ~** he doesn't like to change gear. — **S~ˌfeld** *n electr.* switchboard section. — **~ˌfreu·dig** *adj colloq.* (*Autofahrer*) fond of changing gear: **er ist ~** he likes to change gear. — **S~geˌtrie·be** *n* **1.** *auto.* change-speed gear, gearbox, speed box. – **2.** *tech.* a) (*eines Motors*) control gear, b) (*Vorschubgetriebe einer Drehmaschine*) feed gear mechanism, feed gearbox, c) (*eines Revolverkopfes*) indexing mechanism. — **S~ˌhe·bel** *m* **1.** *auto.* change-speed (*bes. Br.* gear, *bes. Am.* gearshift) lever. – **2.** *tech. aer.* a) control (*od.* operating) lever, b) (*für Drehzahlen*) gear-change lever. – **3.** *electr.* switch (*od.* operating) lever.

ˈSchalˌtier *n zo. cf.* Schalentier.

ˈSchalt|ˌjahr *n* leap (*od. scient.* intercalary, bissextile) year. — **~ˌka·sten** *m* **1.** *electr.* switch box. – **2.** *tech.* (*einer Werkzeugmaschine*) gearbox, feedbox. — **~ˌklin·ke** *f* **1.** *tech.* a) pawl, *auch* pall, b) (*einer Kupplung*) toggle. – **2.** *electr.* jack. — **~ˌkupp·lung** *f auto. tech.* clutch. — **~ˌlei·stung** *f electr.* circuit-breaking (*od.* rupturing) capacity. — **~ˌpau·se** *f* (*radio*) *telev.* switching period. — **~ˌplan** *m electr.* connection (*Br. auch* connexion) diagram. — **~ˌpult** *n* desk-type switchboard, control station, operator's desk. — **~ˌrad** *n tech.* **1.** (*einer Schreibmaschine*) escape wheel. – **2.** (*eines Revolverkopfes*) indexing gear. — **~ˌraum** *m electr. tech.* switch(ing) room (*od.* station). — **~reˌlais** *n electr. tel.* switching relay. — **~ˌsche·ma** *n electr. auto. cf.* Schaltbild. — **~ˌschrank** *m electr.* switchboard panel. — **~ˌskiz·ze** *f cf.* Schaltbild 1. — **~sta·tiˌon** *f* **1.** *electr.* switching station. – **2.** (*sport*) (*beim Fußball etc*) link: **die ~ im Mittelfeld** the link between defence (*Am.* defense) and attack. — **~ˌta·fel** *f electr. cf.* Schaltbrett 1. — **~ˌtag** *m* leap (*od. scient.* intercalary, bissextile) day. — **~ˌtel·ler·maˌschi·ne** *f tech.* indexing table machine. — **~ˌtisch** *m electr. cf.* Schaltpult. — **~ˌtrom·mel·maˌschi·ne** *f tech.* indexing-drum machine. — **~ˌuhr** *f tech.* (*an Elektrogeräten, im Treppenhaus etc*) time switch, switching clock.

ˈSchal·tung *f* ⟨-; -en⟩ **1.** *cf.* Schalten. – **2.** *tech.* (*am Auto, Fahrrad, an Maschinen etc*) gear change, *bes. Am.* gearshift. – **3.** *electr.* a) circuit, wiring, b) (*Schaltanordnung*) switching (arrangement), wiring scheme: **gedruckte ~** printed circuit.

ˈSchalt|venˌtil *n tech.* control valve. — **~ˌwar·te** *f electr. tech.* **1.** control (*od.* switching) station, switchboard gallery. – **2.** *cf.* Schaltraum. — **~ˌwel·le** *f* **1.** *tech.* a) (*einer Werkzeugmaschine*) control shaft, b) (*für Vorschübe*) feed shaft (*od.* rod). – **2.** *auto.* third motion shaft, *bes. Br.* mainshaft, *bes. Am.* gearshift lever shaft. — **~ˌwerk** *n* **1.** *tech.* control mechanism. – **2.** *electr.* switchgear. – **3.** *auto.* gear mechanism. — **~ˌzei·chen** *n electr.* wiring symbol. — **~zenˌtra·le** *f electr. tech.* central control (*od.* switching) station.

ˈScha·lung *f* ⟨-; -en⟩ *civ.eng. cf.* Verschalung.

ˈSchä·lung *f* ⟨-; -en⟩ **1.** *cf.* Schälen. – **2.** *med.* a) (*der Haut*) peeling; desquamation, exfoliation (*scient.*), b) (*der Rinde*) decortication. – **3.** *agr.* (*der Hülsenfrüchte etc*) decortication. – **4.** (*forestry*) (*der Rinde*) barking, debarking, peeling.

Scha·lup·pe [ʃaˈlʊpə] *f* ⟨-; -n⟩ *mar.* sloop, shallop.

ˈSchalˌwild *n hunt. cf.* Schalenwild.

Scham [ʃaːm] *f* ⟨-; *no pl*⟩ **1.** shame: **ohne jede** (*od. lit.* **bar jeder) ~** without the slightest shame, devoid of all shame (*lit.*); **keine ~ erkennen lassen** (*od.* **zeigen) [empfinden]** to show [to feel] no shame; **hast du denn gar keine ~ (im Leibe)?** is there no shame in you? **alle ~ ablegen** (*od.* **abtun, abwerfen)** to cast off all shame; **nur keine falsche ~!** no false shame! **vor ~ erröten** to blush (*od.* colo[u]r) with shame; **vor ~ die Augen senken** (*od.* **niederschlagen)** to cast down one's eyes with (*od.* in) shame; **ich möchte vor ~ vergehen [in die Erde versinken]** I could die [sink through the floor] with shame; **mit jungfräulicher [mädchenhafter] ~** *poet.* with virginal (*od.* maidenly) [girlish] shame. – **2.** *cf.* Schamhaftigkeit. – **3.** *med.* (private *od.* privy) parts *pl*, genitals *pl*: **weibliche ~** vulva, pudenda *pl* (*beide scient.*). – **4.** *Bibl.* nakedness.

Scha·ma·de [ʃaˈmaːdə] *f* ⟨-; -n⟩ *mil. hist.* chamade.

ˈScha·maˌdros·sel [ˈʃaːma-] *f zo.* shama (*Copsychus malabaricus*).

Scha·ma·ne [ʃaˈmaːnə] *m* ⟨-n; -n⟩ (*asiat. Zauberpriester*) shaman. — **Scha·maˈnis·mus** [-maˈnɪsmʊs] *m* ⟨-; *no pl*⟩ shamanism.

ˈSchamˌbein *n med.* pubic bone, (os) pubis (*scient.*). — **~ˌkamm** *m* pubic crest.

ˈScham|ˌberg *m med.* mons pubis (*od.* veneris). — **~ˌbo·gen** *m* pubic arch.

schä·men [ˈʃɛːmən] **I** *v/reflex* ⟨h⟩ **sich ~** be (*od.* feel) ashamed: **er schämte sich (wegen) seines Betragens [seiner Herkunft, seiner Eltern]**, *auch* **er schämte sich für sein Betragen [seine Herkunft, seine Eltern]** he was ashamed of his behavio(u)r [descent, parents]; **du brauchst dich dessen** (*od.* **deswegen, deshalb,** *auch* **dafür) nicht zu ~** you need not be ashamed of it; **er hat sich nicht** [*colloq.* **kein bißchen] geschämt** he was not [not the slightest bit] ashamed, he was [quite] unashamed; **ich schäme mich nicht zuzugeben, daß** I am not ashamed of admitting (*od.* to admit) that; **pfui, schäm dich! du solltest dich (was) ~!** *colloq.* (why,) you should be ashamed of yourself! shame on you! **sich vor j-m [für j-n] ~** to be ashamed in front of [for] s.o.; **sie schämte sich in Grund und Boden [(fast) zu Tode]** *fig.* she wanted to sink through the floor with [she almost died of (*od.* with)] shame. – **II S~** *n* ⟨-s⟩ *verbal noun*: **heutzutage hat man das S~ verlernt** people nowadays have forgotten what shame is.

scham·fi·len [ʃamˈfiːlən] *v/i* ⟨*no* ge-, h⟩ *mar.* (*von Segeln, Tauwerk etc*) chafe.

ˈScham|ˌfu·ge *f med.* interpubic disk (*od.* disc), symphysis (pubis) (*scient.*). — **~geˌfühl** *n* sense of shame: **das ~ verletzen** to offend the sense of shame; **er hat jegliches** (*od.* **alles) ~ verloren** he has lost all (sense of) shame. — **~ˌge·gend** *f med.* pubic (*od.* pudendal) region, pubes (*scient.*). — **~ˌhaa·re** *pl* pubic hair(s *pl*).

ˈscham·haft **I** *adj* **1.** bashful, modest, (*Mädchen*) *auch* blushing. – **2.** (*spröde*) coy. – **3.** (*prüde*) prim, prudish. – **II** *adv* **4. ~ lächeln** to smile bashfully (*od.* modestly, *von Mädchen auch* blushingly); **sie hatte es ~ verschwiegen** *auch iron.* she did not mention it out of modesty (*od.* bashfulness). — **ˈScham·haf·tig·keit** *f* ⟨-; *no pl*⟩

1. bashfulness, modesty. – 2. (*Sprödigkeit*) coyness. – 3. (*Prüderie*) primness, prudishness.

'Scham|ˌhü·gel *m med. cf.* Schamberg. — **~ˌlip·pe** *f* lip (*od.* wing) of the vulva, labium (*scient.*): große ~n labia majora; kleine ~n labia minora, nymphae.

'scham·los I *adj* **1.** shameless, unashamed, unabashed: **wie kann man nur so ~ sein!** how can a person be so shameless (*od.* so devoid of shame)! – **2.** (*unzüchtig*) indecent, lewd, lascivious, (*stärker*) obscene: **~e Gebärden** lewd gestures. – **3.** (*unverschämt*) shameless, barefaced, brazen(faced): **~e Forderungen erheben** to make shameless demands, to be shameless in one's demands. – **II** *adv* **4.** shamelessly: **er hat mich ~ belogen** he lied to me shamelessly, he lied to my face; **j-n ~ ausnutzen** to take shameless advantage of s.o. — **'Scham·lo·sig·keit** *f* ⟨-; -en⟩ **1.** ⟨*only sg*⟩ shamelessness, unashamedness. – **2.** (*Unzüchtigkeit*) indecency, lewdness, lasciviousness, (*stärker*) obscenity. – **3.** (*Unverschämtheit*) shamelessness, brazenness.

Scha·mott [ʃa'mɔt] *m* ⟨-s; *no pl*⟩ *colloq.* (*wertloses Zeug, Plunder*) junk, rubbish.

Scha·mot·te [ʃa'mɔtə] *f* ⟨-; *no pl*⟩ *tech. civ.eng.* fireclay, (fireclay) grog, chamotte. — **~ˌstein, ~ˌzie·gel** *m* firebrick, fireclay brick.

scha·mot·tie·ren [ʃamɔ'tiːrən] *v/t* ⟨*no* ge-, h⟩ *civ.eng.* line (out) (*od.* panel) (*s.th.*) with firebricks.

Scham·pun [ʃam'puːn] *n* ⟨-s; *no pl*⟩ shampoo. — **scham·pu'nie·ren** [-pu'niːrən] *v/t* ⟨*no* ge-, h⟩ (*Kopf, Haar etc*) shampoo.

Scham·pus ['ʃampus] *m* ⟨-; *no pl*⟩ *colloq.* (*Sekt*) *bes. Br. colloq.* bubbly, *bes. Am. colloq.* 'fizz'.

'Scham|ˌrit·ze *f med.* pudendal cleft, rima pudendi (*scient.*). — **s~ˌrot** *adj* blushing with shame: **j-n ~ machen** to make s.o. blush, to put s.o. to the blush; **~ werden** to blush (*od.* colo[u]r [up]) with (*od.* for) shame. — **~ˌrö·te** *f* **1.** blush of shame: **j-m die ~ ins Gesicht treiben** to make s.o. blush all over (with shame), to put s.o. to the blush. – **2.** *med.* suffusion. — **~ˌtei·le** *pl* (private *od.* privy) parts, genitals, genitalia (*scient.*).

'schand·bar *adj u. adv cf.* schändlich.

'Schandˌbu·be *m obs. contempt.* villain, scoundrel.

Schan·de ['ʃandə] *f* ⟨-; *no pl*⟩ **1.** disgrace: **es ist eine ~, wie du dich benimmst [wie die Preise steigen]** it is a disgrace the way you behave [the way prices soar]; **es ist eine (wahre) ~, daß** a) it is a (great, *colloq.* terrible) disgrace (that), b) *colloq.* (*es ist schade*) it is a (crying, *colloq.* terrible) shame (that); **ach, du ~!** *colloq.* blast (*od.* damn, *sl.* darn) it! hell! (*colloq.*). – **2.** (*Schmach, Unehre*) shame, disgrace, dishonor, *bes. Br.* dishonour, (*stärker*) ignominy: **j-m ~ machen** (*od.* **bereiten**), **~ über j-n bringen** to bring shame on s.o., to disgrace (*od.* be a disgrace to) s.o.; **mach mir [uns] keine ~!** *colloq., auch humor.* don't disgrace (*od.* shame) me [us]! don't be a disgrace to me [us]! **es ist (doch) keine ~, so etwas nicht zu wissen** it is no disgrace not to know such a thing; **zu meiner ~ muß ich gestehen** (*od.* **sei gesagt**), **daß** to my shame I must confess (*od.* I must tell you) that; **~ über dich!** shame on you! **sie haben ihn mit Schimpf und ~ davongejagt** they chased him away with abuse and ignominy; **das ist eine Schmach und ~ für die Armee** that is a shame and disgrace for the army; **ein Mädchen in ~ bringen** *lit.* to bring shame (up)on a girl, to dishono(u)r a girl; → **Horcher; Lauscher** 1. – **3.** *Bibl.* (*Sünde*) shame, sin: **in ~ leben** to live in shame.

'Schanˌdeckel (*getr.* -k·k-) ['ʃan-] *m mar.* plank-sheer, gunwale.

'schan·deˌhal·ber *adv Southern G. obs. for* anstandshalber.

schän·den ['ʃɛndən] **I** *v/t* ⟨h⟩ **1.** (*eine Kirche, einen Tempel, ein Grab etc*) desecrate, profane, violate, defile, pollute. – **2.** (*ein Denkmal, eine Statue etc*) deface. – **3.** (*j-s Ehre, Andenken, guten Namen etc*) dishonor, *bes. Br.* dishonour, discredit, (*stärker*) soil, sully. – **4.** *lit.* (*vergewaltigen*) rape, violate, abuse, ravish. – **5.** *lit. for* verunzieren. – **II** *v/i* **6.** be a disgrace: → **Armut** 1. – **III S~** *n* ⟨-s⟩ **7.** *verbal noun.* – **8.** *cf.* Schändung.

'schan·denˌhal·ber *adv Southern G. obs. for* anstandshalber.

'Schän·der *m* ⟨-s; -⟩ **1.** (*einer Kirche, eines Tempels, Grabes etc*) desecrator, *auch* desecrater, profaner, violator, *auch* violater, defiler, polluter. – **2.** (*eines Denkmals etc*) defacer. – **3.** (*eines guten Namens etc*) dishonorer, *bes. Br.* dishonourer. – **4.** *lit.* (*einer Frau etc*) rapist, raper, violator, *auch* violater.

'Schand|ˌfleck *m* **1.** (*Schande*) disgrace: **er war schon immer der ~ (in) unserer Familie** he has always been a disgrace to our family; **die schlechte Note war für ihn ein ~** the bad mark was a disgrace for him. – **2.** (*auf j-s Ehre*) stain, taint, blemish, black mark, blot, blotch. – **3.** (*häßlicher Anblick*) blemish, eyesore, blot. — **~ˌgeld** *n colloq.* **1.** (*Schleuderpreis*) ridiculously (*od.* absurdly) low price: **ich habe das Haus für ein ~ verkauft** I sold the house dirt cheap (*od.* for a song). – **2.** (*Überpreis*) ridiculously (*od.* absurdly) high price, scandalous (*od.* outrageous) price.

schänd·lich ['ʃɛntlɪç] **I** *adj* **1.** shameful, disgraceful: **wie ~!** how shameful! what a disgrace! **es ist ~, wie er sie behandelt** it is shameful the way he treats her; **eine ~e Lüge** a shameful (*od.* an outrageous) lie. – **2.** (*schimpflich, schmachvoll*) shameful, inglorious, (*stärker*) ignominious. – **3.** (*verabscheuungswürdig*) shameful, infamous, vile, abominable, foul: **eine ~e Tat** a) a shameful deed, an abomination, b) (*Greueltat*) an atrocious (*od.* a horrifying, a heinous) deed, an atrocity. – **4.** (*unehrenhaft, unredlich*) dishonorable, *bes. Br.* dishonourable, low, (*stärker*) vile, foul. – **II** *adv* **5.** shamefully, disgracefully. – **6.** *colloq.* (*sehr, ungeheuer*) 'terribly', 'dreadfully', 'horribly' (*alle colloq.*): **das ärgerte mich ~** that made me terribly annoyed; **~ wenig verdienen** to earn terribly little money, to earn a mere pittance. — **'Schänd·lich·keit** *f* ⟨-; -en⟩ **1.** ⟨*only sg*⟩ shamefulness, disgracefulness. – **2.** ⟨*only sg*⟩ (*Schmählichkeit*) shamefulness, ingloriousness, (*stärker*) ignominy. – **3.** ⟨*only sg*⟩ (*Verabscheuungswürdigkeit*) shamefulness, infamy, vileness, abomination, foulness. – **4.** ⟨*only sg*⟩ (*Unehrenhaftigkeit*) dishonorableness, *bes. Br.* dishonourableness, (*stärker*) vileness, foulness. – **5.** *cf.* Schandtat.

'Schand|ˌlohn *m colloq. contempt.* scandalously (*od.* outrageously) low salary (*od.* wage[s *pl*]): **für einen ~ arbeiten** to work for a mere pittance (*Am. colloq.* for peanuts). — **~ˌmal** *n* ⟨-(e)s; -e *u.* ⁼er⟩ mark (*od.* brand) of infamy, stigma, brand. — **~ˌmaul** *n colloq. contempt.* **1.** wicked (*od.* malicious, loose, slanderous) tongue: **halten Sie ihr ~!** hold your malicious tongue! shut your dirty mouth! (*colloq.*). – **2.** (*verleumderische Person*) slanderous person, malicious (*od.* wicked) gossip, scandalmonger. — **~ˌpfahl** *m hist.* (*Pranger*) pillory. — **~ˌpreis** *m colloq. cf.* Schandgeld. — **~ˌschnau·ze** *f colloq. contempt. cf.* Schandmaul. — **~ˌtat** *f* **1.** shameful (*od.* infamous, vile, abominable, foul) deed, abomination: **zu jeder ~ bereit sein** *colloq. humor.* to be up to every mischief, to be always ready for a prank (*od.* lark). – **2.** (*Greueltat*) atrocious (*od.* horrifying, heinous) deed, atrocity.

'Schän·dung *f* ⟨-; -en⟩ **1.** *cf.* Schänden. – **2.** (*einer Kirche, eines Tempels, Grabes etc*) desecration, profanation, violation, defilement, pollution. – **3.** (*eines Denkmals, einer Statue etc*) defacement. – **4.** *lit.* (*Vergewaltigung*) rape, violation, abuse, ravishment.

'SchandˌWor·te *pl* **1.** foul language *sg.* – **2.** *meist humor.* wicked words.

schang·hai·en [ʃaŋ'haɪən; 'ʃaŋ-] *v/t* ⟨*no* ge-, h⟩ *mar. colloq.* shanghai (*colloq.*).

Schani ['ʃaːni] *m* ⟨-s; -⟩ *Austrian colloq.* **1.** good friend. – **2.** 'slave' (*colloq.*), servant.

Schank[1] [ʃaŋk] *m* ⟨-(e)s; *no pl*⟩ *obs. for* Ausschank[1] 1.

Schank[2] *f* ⟨-; -en⟩ *Austrian for* a) Schankraum, b) Theke 2.

'Schankˌbier *n* draught (*bes. Am.* draft) beer, beer on draught (*od.* tap), beer (drawn) from the wood.

Schan·ker ['ʃaŋkər] *m* ⟨-s; -⟩ *med.* chancre: **harter ~** hard chancre; **weicher ~** soft chancre, chancroid. — **s~ˌar·tig** *adj* chancriform, chancrous.

'Schank|er,laub·nis *f jur. Am.* excise license, *Br.* publican's licence: **~ für alkoholische Getränke** liquor (*Br. auch* justice's *od.* magistrate's) licence; **~ im eigenen Betrieb [über die Straße]** on- [off-]licence. — **~geˌwer·be** *n Am.* barkeeper's (*od.* saloonkeeper's) trade, *Br.* licensed (*auch* licenced) trade. — **~ˌkell·ner** *m* barkeeper, *Am.* barkeep, barman, bartender, tapster. — **~ˌkell·ne·rin** *f* barkeeper, *Am.* barkeep, *bes. Br.* barmaid. — **~kon·zes·siˌon** *f jur. cf.* Schankerlaubnis. — **~ˌraum** *m Am.* barroom, *Br.* bar, taproom, saloon. — **~ˌstät·te** *f cf.* Schankwirtschaft. — **~ˌsteu·er** *f jur.* excise tax for selling alcoholic beverages, tax on intoxicants. — **~ˌstu·be** *f cf.* Schankraum. — **~ˌtisch** *m cf.* Theke 2. — **~ˌwirt** *m* **1.** *Am.* barkeep(er), saloonkeeper, *Br.* publican. – **2.** *jur.* (licensed, *Br. auch* licenced) victual(l)er. — **~ˌwirt·schaft** *f* **1.** *Am.* bar, saloon, *Br.* public bar (*od.* house), *Br. colloq.* pub. – **2.** *jur.* licensed (*Br. auch* licenced) house (*od.* premises *pl*).

'Schan·tungˌsei·de ['ʃantʊŋ-] *f* (*textile*) shantung, *auch* Shantung.

'Schanz|ˌar·beit *f meist pl mil.* trenchwork. — **~ˌar·bei·ter** *m* trencher, entrenchment (*auch* intrenchment) worker. — **~ˌbau** *m* ⟨-(e)s; -ten⟩ **1.** ⟨*only sg*⟩ construction of entrenchments (*auch* intrenchments), construction of fieldworks. – **2.** *cf.* Schanze 1.

Schan·ze ['ʃantsə] *f* ⟨-; -n⟩ **1.** *mil.* entrenchment, *auch* intrenchment, fieldwork: **eine ~ aufführen** (*od.* **aufwerfen, bauen**) to construct (*od.* put up) an entrenchment. – **2.** (*sport*) (*Sprungschanze*) (ski) jump (hill). – **3.** *mar.* quarterdeck. – **4.** **sein Leben für j-n [etwas] in die ~ schlagen** *fig. lit.* to risk one's life for s.o. [s.th.].

schan·zen ['ʃantsən] *v/i* ⟨h⟩ **1.** *mil.* construct (*od.* put up) entrenchments (*auch* intrenchments), entrench, *auch* intrench. – **2.** *fig. colloq.* (*schwer arbeiten*) work hard, drudge, toil.

'Schan·zen|ˌbau *m* ⟨-(e)s; -ten⟩ *mil.* **1.** ⟨*only sg*⟩ *cf.* Schanzbau 1. – **2.** *cf.* Schanze 1. — **~reˌkord** *m* (*sport*) hill record, record for the hill: **der ~ liegt bei 100 Metern** the hill record is 100 meters. — **~ˌtisch** *m* takeoff platform.

'Schan·zer *m* ⟨-s; -⟩ *cf.* Schanzarbeiter.

'Schanz|geˌrät *n mil. cf.* Schanzzeug 1. — **~ˌkleid** *n mar.* bulwark(s *pl*). — **~ˌpfahl** *m* palisade, *auch* pallisade. — **~ˌwerk** *n* **1.** *cf.* Schanze 1. – **2.** (*vor einer Festung*) escarpment. — **~ˌzeug** *n* **1.** entrenching (*auch* intrenching) tools *pl.* – **2.** *sl. for* Eßbesteck.

scha·pe·ro·nie·ren [ʃapəro'niːrən] *v/t* ⟨*no* ge-, h⟩ *obs.* chaperon.

Schapf [ʃapf] *m* ⟨-(e)s; -e⟩, **'Schap·fe** *f* ⟨-; -n⟩ *Southern G. and Swiss dial. for* Schöpfkelle 1.

Schap·pe[1] ['ʃapə] *f* ⟨-; -n⟩ (*textile*) schappe, chappe.

'Schap·pe[2] *f* ⟨-; -n⟩ *civ.eng.* (*Tiefenbohrer*) [wimble.]

'Schap·pe|ˌsei·de *f cf.* Schappe[1]. — **~spin·neˌrei** *f* (*textile*) schappe spinning.

'SchappˌSei·de *f cf.* Schappe[1].

Schar[1] [ʃaːr] *f* ⟨-; -en⟩ **1.** crowd, swarm, host (*lit.*): **vor der Tür stand eine (ganze) ~ von Leuten** there was a crowd (*od.* there were crowds) of people at the door; **sie strömten in ~en zum Versammlungsort** they swarmed (*od.* flocked, came in crowds) to the meeting place; **sie drängten sich in ~en in das neue Schwimmbad** they came in swarms into the new swimming pool, they crowded (*od. lit.* thronged) into the new swimming pool; **eine ~ Schulkinder** a crowd (*od.* troop) of schoolchildren; **die Hausfrauen kamen in hellen ~en in den neuen Laden** the housewives came in crowds (*od.* hordes) into the new shop. – **2.** (*größere Gruppe, Anzahl*) bevy, flock, covey (*lit.*), *Am. colloq.* bunch: **eine ~ junger Mädchen** a bevy of girls. – **3.** (*geschlossene, organisierte Gruppe*) party, company: **eine ~ Jäger** a party of hunters. – **4.** (*in Jugendbünden, militärischen Verbänden etc*) troop, company. – **5.** (*Krieger-, Reiterschar etc*) troop(s *pl*), host (*lit.*), (*ungeordnete*) horde. – **6.** *Bibl.* (*von Engeln*) host. – **7.** (*von Vögeln*) flock, flight, covey (*lit.*), *bes. Am.* wisp: **die Stare zogen in großen ~en nach Süden** the starlings flew southward(s) in large flocks. – **8.** (*von Ameisen*) army. – **9.** *bes. hunt.* a) (*von Wildenten*) flock, brown, b) (*von Wachteln*) bevy, c) (*von Rebhühnern*) covey. – **10.** *math.* a) (*von Geraden etc*) system, bundle, b) (*von Kurven*) family.

Schar² *f* ⟨-; -en⟩, *agr. auch n* ⟨-(e)s; -e⟩ (*Pflugschar*) ploughshare, *bes. Am.* plowshare, share.

Scha·ra·de [ʃaˈraːdə] *f* ⟨-; -n⟩ (*games*) **1.** (*dargestellte*) charade. – **2.** (*Spiel*) charades *pl* (*construed as sg or pl*).

Scha·ra·ra·ka [ʃaraˈraːka] *f* ⟨-; -s⟩ *zo.* (*eine Lanzenschlange*) jararaca (*Bothrops jararaca*).

Scha·ra·ra·kus·su [ʃararaˈkusu] *f* ⟨-; -s⟩ *zo.* (*eine Lanzenschlange*) jararacussu, jararacucu (*Bothrops jararacussu*).

ˈSchär,baum *m* (*textile*) warping beam.

Schar·be [ˈʃarbə] *f* ⟨-; -n⟩ *zo. cf.* Kormoran.

Schar·bock [ˈʃaːrbɔk] *m* ⟨-(e)s; *no pl*⟩ *med. obs. for* Skorbut.

ˈSchar·bocks,kraut *n* ⟨-(e)s; *no pl*⟩ *bot.* (lesser) celandine, pilewort (*Ficaria verna*).

Schä·re [ˈʃɛːrə] *f* ⟨-; -n⟩ *meist pl geogr.* skerry.

scha·ren [ˈʃaːrən] **I** *v/t* ⟨h⟩ **Menschen um sich ~** to gather (*od.* rally) people round one: **er scharte viele Anhänger um sich** he gathered many supporters round him. – **II** *v/reflex* **sich um j-n [etwas] ~** to gather (*od.* rally) round s.o. [s.th.].

schä·ren [ˈʃɛːrən] **I** *v/i* ⟨h⟩ (*textile*) (*Webfäden aufwinden*) warp. – **II** *v/t* (*Garn*) warp.

ˈSchä·ren,kü·ste *f geogr.* skerry coast.

ˈscha·ren,wei·se *adv* in crowds (*od.* swarms, flocks).

scharf [ʃarf] **I** *adj* ⟨=er; =st⟩ **1.** (*Messer, Klinge, Schwert, Beil, Schere etc*) sharp, sharp-edged, keen, cutting: **~ wie ein Rasiermesser** (as) sharp as a razor; **ein Messer ~ machen** to make a knife sharp, to sharpen a knife; → Klinge 2. – **2.** (*Zähne, Zacken*) sharp, sharp-edged. – **3.** (*Kante, Ecke*) sharp. – **4.** (*Krallen*) sharp, pointed. – **5.** (*Stacheln*) sharp, sharp-edged, pointed. – **6.** (*Dornen*) sharp, prickly. – **7.** (*Geschmack*) hot, spicy, peppery, highly seasoned: **das Gulasch ist sehr ~** the goulash is very highly seasoned (*od.* hot-flavo[u]red). – **8.** (*Gewürz, Senf etc*) hot, strong. – **9.** (*Essig*) strong, sharp. – **10.** (*Geruch*) pungent, biting, keen, acrid. – **11.** (*Seifenlauge*) caustic. – **12.** *colloq.* (*stark alkoholhaltig*) hard, stiff, strong: **er trinkt gern ~e Schnäpse** he likes to drink strong liquor, he likes hard drinks; **das ist aber ein ~es Zeug!** that's really hard (*od.* hot) stuff! (*colloq.*). – **13.** (*Wind, Kälte, Luft etc*) sharp, raw, keen, biting, cutting. – **14.** (*Frost*) sharp, keen, biting. – **15.** (*Augen, Gehör, Geruchssinn etc*) sharp, keen, acute (*scient.*): **Sie haben aber ~e Augen!** you really have sharp eyes (*od.* sight, eyesight)! **ein ~es Auge für etwas haben** to have a keen eye for s.th.; **seinem ~en Blick entgeht nichts** nothing escapes his keen eye; **er ist ein ~er Beobachter** he is a keen observer, he has a keen sense of perception; **~e Ohren haben** to have sharp ears, to have a keen (*od.* quick) ear, to be sharp of hearing; **mit ~en Sinnen** with keen senses. – **16.** (*Photographie, Rand, Umriß etc*) sharp, distinct, clear-cut: **ein gestochen ~es Bild** an extremely sharp (*od.* well-focus[s]ed) picture. – **17.** (*Gesichtszüge*) sharp(-cut). – **18.** (*Stirn-, Bügelfalten etc*) sharp. – **19.** (*Stimme, Klang, Pfiff etc*) sharp, piercing, shrill, high-pitched, keen, strident (*lit.*): **mit einer unangenehm ~en Stimme** in an unpleasantly sharp (*od.* in a rasping) voice; **ihre Stimme nahm einen ~en Ton an** her voice took on a sharp note. – **20.** (*Kurve, Biegung etc*) sharp, acute. – **21.** (*Verstand, Intelligenz, Urteilsvermögen etc*) sharp, keen, acute: **er hat einen ~en Verstand** he has a sharp intellect (*od.* a keen mind), he has keen wit, he is sharp- (*od.* keen-)witted. – **22.** (*Kampf, Auseinandersetzung, Aussprache etc*) bitter, fierce, violent, tough: **ein ~er Konkurrenzkampf** a fierce (*od. stärker* cutthroat) competition. – **23.** (*Widerstand, Protest etc*) strong, tough: **ich bin ein ~er Gegner dieser Politik** I am a strong opponent of (*od.* I am strongly opposed to) this policy; **~en Protest gegen etwas erheben** (*od.* **einlegen**) to raise strong protest against s.th., to protest strongly (*od.* bitterly) against s.th. – **24.** (*Gegensatz, Trennung, Unterschied etc*) sharp, marked. – **25.** (*Antwort, Zurechtweisung, Verurteilung, Mißbilligung etc*) sharp, harsh: **j-m einen ~en Verweis [eine ~e Rüge] erteilen** to give s.o. a sharp reprimand [rebuke], to reprimand (*od.* reprove) [rebuke] s.o. sharply. – **26.** (*Kritik, Spott, Kommentar etc*) sharp, stinging, biting, cutting, pungent, acrimonious, (*stärker*) scathing, caustic, mordant, trenchant, vitriolic: **~e Kritik an j-m [etwas] üben** to express strong criticism of s.o. [s.th.]; **sie hat eine ~e Zunge** she has a sharp tongue, she is sharp-tongued. – **27.** (*Maßnahmen, Durchgreifen, Vorgehen etc*) severe, harsh, rigorous, drastic: **~e Gegenmaßnahmen ankündigen [ergreifen]** to announce [to take] drastic countermeasures. – **28.** (*Prüfung, Kontrolle, Untersuchung etc*) strict, severe, rigorous, tough: **er ist bei Prüfungen sehr ~** he is very strict (*od.* severe) in the examinations; **ein ~es Verhör** a strict (*od.* searching) examination, *bes. Am. colloq.* a grill (*auch* grille); **das ist ein ~er Polizist** *colloq.* that is a tough policeman (*od. colloq.* cop[per]). – **29.** (*auch sport*) (*Bewachung*) close, tight. – **30.** (*Disziplin etc*) severe, strict, rigid, rigorous, (*stärker*) iron (*attrib*). – **31.** (*Einstellung, Abstimmung etc*) sharp, well-focus(s)ed (*attrib*). – **32.** (*Tempo, Gangart, Trab etc*) hard, sharp: **in ~em Ritt** riding hard, at a hard pace. – **33.** (*Ruck, Drehung*) sharp. – **34. auf** (*acc*) **etwas ~ sein** *colloq.* to be dying about (*od. colloq.* keen on, *sl.* nuts on [*od.* about]) s.th.: **ich war schon lange ~ auf den Schrank** I had been keen on (*od.* I had been after) the wardrobe for a long time; **er ist nicht besonders ~ darauf** he is not especially (*od. colloq.* not all that) keen on it. – **35.** (*Hund*) sharp. – **36.** *colloq.* (*geil*) 'hot' (*colloq.*), *Am. vulg.* 'horny'; randy, wanton: **auf j-n ~ sein** to be hot on s.o. – **37.** *colloq.* (*sexuell erregend*) 'hot' (*colloq.*), 'juicy' (*sl.*): **das ist eine ~e Frau!** that's a hot woman (*od. sl.* a juicy piece)! that's a bit of hot stuff! (*sl.*). – **38.** *chem. tech.* (*Säure, Ätzmittel etc*) caustic, corrosive, mordant, acrid. – **39.** *bes. mil.* a) (*Munition, Patronen, Ladung etc*) live (*attrib*), b) (*Mine, Granate etc*) live (*attrib*), armed: **ein ~er Schuß** a) a shot with live ammunition, a live shot, b) (*bes. sport*) a powerful shot. – **40.** *bes. econ.* (*Kalkulation etc*) close, keen. – **41.** (*optics*) a) (*Brille*) strong, sharp, b) (*Fernglas, Objektiv etc*) powerful, strong. – **42.** *mar.* (*Schiffsform*) sharp, lean, with fine lines: **mit ~em Hinterschiff** clean in the run. – **II** *adv* **43. ~ eingestellt** (*optics*) in focus. – **44. ein ~ geschliffenes Messer** a sharply (*od.* keenly) ground knife. – **45.** (*durchdringend, vorherrschend*) strongly: **es roch ~ nach Essig** there was a strong smell of vinegar; **~ nach etwas schmecken** to taste strongly of s.th.; **das Gericht ist zu ~ gewürzt** the dish is too highly (*od.* strongly) seasoned. – **46. ~ gebackene Brötchen** crisp-baked rolls; **Fleisch ~ braten** to seal meat. – **47.** (*sehr aufmerksam*) sharply, closely: **j-n ~ bewachen** (*od.* **im Auge behalten**) to watch s.o. closely, to keep a sharp eye (*od.* a close watch) on s.o.; **~ aufpassen** (*od.* **achtgeben**) a) to pay close attention, to be on the alert, b) (*beobachten*) to watch closely, c) (*gut zuhören*) to listen carefully, to pay close attention, d) (*auf der Hut sein*) to be on one's guard; **j-n [etwas] ~ ins Auge fassen** to fix one's eye(s) on s.o. [s.th.]. – **48. j-n ~ ansehen** (*od.* **anblicken**) to look at s.o. sharply. – **49.** (*deutlich, klar*) clearly: **einen Plan [eine Aufgabe] ~ umreißen** to outline a plan [a task] clearly; **seine Befugnisse [Rechte] sind ~ begrenzt** his powers [rights] are clearly defined (*od.* are clear-cut); **etwas ~ herausarbeiten** to work s.th. out clearly; **du mußt diese Begriffe ~ voneinander trennen** you have to distinguish these concepts clearly from one another. – **50.** (*unmittelbar, abrupt*) sharply, acutely, abruptly: **an der Kreuzung biegen Sie ~ nach rechts [links] ab** turn sharp right [left] at the crossroads, at the crossroads you take a sharp (*od.* an acute) turn to the right [left]; **~ bremsen** to brake sharply. – **51. ~ nachdenken** to think hard. – **52. j-n [etwas] ~ verurteilen [kritisieren]** to condemn [to criticize *Br. auch* -s-] s.o. [s.th.] strongly. – **53.** (*streng*) strictly, sharply, rigorously: **du darfst das Kind nicht so ~ anfassen!** don't be so strict (*od.* sharp) with the child! – **54.** (*rigoros, drastisch*) rigorously, drastically: **~ durchgreifen** to take drastic measures. – **55. ~ reiten [anfahren]** to ride [to start off] hard. – **56. ~ hinter j-m [etwas] her sein** *colloq.* to be very keen on s.o. [s.th.] (*colloq.*). – **57. ~ geschnittene Gesichtszüge** sharply defined (*od.* sharp-cut) features. – **58. ~ schießen** a) *bes. mil.* to shoot with live ammunition (*od.* with ball), b) (*sport*) (*bes. beim Fußball*) to shoot sharply, c) *fig. colloq. humor.* (*mit Worten*) to let fly with biting wit (*colloq.*): **ein ~ geschossener Freistoß** (*sport*) a powerful free kick.

ˈScharf|,ab,stim·mung *f* (*radio*) sharp tuning: **selbsttätige ~** automatic tuning (*od.* frequency) control. — **~,blick** *m* ⟨-(e)s; *no pl*⟩ **1.** sharp eye: **seinem ~ ist nichts entgangen** nothing escaped his sharp eye. – **2.** *fig.* (*Scharfsinn*) keen perception, perspicacity, discernment. — **s~,blickend** (*getr.* -k·k-) *adj* **1.** sharp-eyed, with a sharp eye, *auch* Argus-eyed. – **2.** *fig.* perspicacious.

Schär·fe [ˈʃɛrfə] *f* ⟨-; -n⟩ **1.** (*eines Messers, Schwerts, Beils etc*) sharpness, keenness. – **2.** (*der Zähne, Zacken, einer Kante*) sharpness. – **3.** (*der Krallen, Stacheln*) sharpness, pointedness. – **4.** (*der Dornen*) sharpness, prickliness. – **5.** (*einer Speise*) hotness, spiciness, pepperiness. – **6.** (*eines Gewürzes, des Senfs etc*) hotness, strongness. – **7.** (*des Essigs*) strongness, sharpness. – **8.** (*eines Geruchs*) pungency, keennness, bite, acridity. – **9.** (*des Windes, der Luft etc*) sharpness, rawness, keenness, bite. – **10.** (*des Frosts*) sharpness, keenness, bite. – **11.** (*der Augen, des Gehörs, des Geruchssinns etc*) sharpness, keenness, acuteness (*scient.*). – **12.** (*einer Photographie, eines Umrisses, Rands etc*) sharpness, distinctness. – **13.** (*der Gesichtszüge, Falten etc*) sharpness. – **14.** (*der Stimme, eines Klangs, Pfiffs etc*) sharpness, piercingness, shrillness, keenness; stridency, *auch* stridence (*lit.*). – **15.** (*einer Kurve, Biegung etc*) sharpness, acuteness. – **16.** (*des Verstandes, Urteilsvermögens etc*) sharpness, keenness, acuteness: **die ~ der Unterscheidungen** the nicety of distinctions. – **17.** (*eines Kampfes, einer Auseinandersetzung etc*) bitterness, fierceness, ferocity, violence, toughness: **dieser Umstand verlieh [nahm] der Diskussion die ~** this circumstance lent the discussion its bitterness [took away the bitterness from the discussion], this circumstance put an edge to [took the edge off] the discussion. – **18.** (*des Widerstands, Protests etc*) strength, toughness. – **19.** (*des Gegensatzes, der Trennung etc*) sharpness, poignancy, markedness. – **20.** (*einer Antwort, Zurechtweisung, Verurteilung etc*) sharpness, harshness: **vermeiden Sie jede ~!** please avoid harshness! be as conciliatory as possible! – **21.** (*der Kritik, eines Kommentars etc*) sharpness, sting, bite, pungency, (*stärker*) causticity, mordancy, trenchancy: **seine Kritik hat an ~ verloren** his criticism has lost its sharpness (*od.* sting). – **22.** (*einer Maßnahme, des Vorgehens etc*) severity, severeness, harshness, rigorousness. – **23.** (*einer Kontrolle, Prüfung etc*) strictness, rigorousness, toughness. – **24.** (*der Bewachung*) closeness. – **25.** (*der Disziplin etc*) severity, severeness, strictness, rigidity, rigorousness, (*stärker*) iron. – **26.** (*der Einstellung, eines Fernsehbildes etc*) sharpness, definition. – **27.** (*des Tempos*) hardness, sharpness. – **28.** *chem. tech.* (*einer Säure etc*) causticity, corrosiveness, mordancy. – **29.** (*sport*) (*eines Schusses*) power. – **30.** (*optics*) a) (*einer Brille*) strength, sharpness, b) (*eines Brillenglases*) dioptric (*od.* focal) power, c) (*Vergrößerungskraft eines Fernrohrs etc*) power, strength, d) (*Auflösungsvermögen eines Mikroskops*) resolving power. — **~,ab,fall** *m phot.* decline of sharpness, loss of detail, degradation of definition. — **~,feld** *n* zone of sharpness.

ˈScharf,ein,stel·lung *f* (*optics*) **1.** sharp focus(s)ing. – **2.** (*Vorrichtung*) focus control. – **3.** (*radio*) *cf.* Scharfabstimmung.

schär·fen [ˈʃɛrfən] **I** *v/t* ⟨h⟩ **1.** (*Axt, Messer etc*) sharpen, grind, edge, keen. – **2.** (*Sense, Säge etc*) whet, sharpen, hone. – **3.** (*Rasiermesser*) strop, strap. – **4.** (*Mühlsteine etc*) grind, edge. – **5.** (*Pfeile etc*) point, sharpen. – **6.** (*Hufeisen*) sharpen, frost. – **7.** *fig.* (*Sinne, Verstand, Urteilsvermögen etc*) sharpen: **die Erfahrung schärfte seinen Blick für das Wesentliche** experience sharpened his eye for the essential. – **8.** *mil.* (*Bombe, Minen etc*) prime. – **II** *v/reflex* **sich ~ 9.** *fig.* (*von Sinnen, Verstand etc*) sharpen, become keen(er). – **III S~** *n* ⟨-s⟩ **10.** *verbal noun.* – **11.** (*von Steinen etc*) grind.

ˈSchär·fen|beˌreich *m phot.* zone of sharpness, zone of (*od.* in) sharp focus. — **~ˌtie·fe** *f* **1.** *phot.* depth of field (of a lens). – **2.** (*optics*) depth of focus (*od.* vision), definition in depth.
ˈScharfˌfeu·er *n tech.* **1.** (*in der Porzellanherstellung*) sharp fire. – **2.** (*in der Töpferei*) great fire. — **~ˌfar·be** *f* (*keramische Farbe*) fireproof color (*bes. Br.* colour).
ˈscharf|ˌgän·gig *adj tech.* (*Gewinde*) angular- (*od.* triangular-)threaded. — **~ˌkan·tig** *adj* sharp-edged, sharp-cornered, angular.
ˈscharfˌma·chen *v/t* ⟨*sep*, -ge-, h⟩ *colloq.* **1.** (*aufwiegeln*) (**gegen** against) stir (*s.o.*) up, rouse, inflame, agitate. – **2.** **j-n ~** (*sexuell*) to turn s.o. on, to make (*od.* get) s.o. hot (*beide sl.*). — **ˈScharfˌma·cher** *m bes. pol.* firebrand, *Br.* fire-brand, rabble-rouser, agitator. — **ˌScharf·ma·cheˈrei** *f bes. pol.* rabble-rousing, agitation.
ˈscharfˌran·dig [-ˌrandɪç] *adj* **1.** with sharp margins, sharply marginated. – **2.** *med.* a) (*Geschwür*) with sharp margins, b) (*Wunde*) with clean edges.
ˈScharf|ˌrich·ter *m* **1.** headsman, executioner. – **2.** (*Henker*) hangman, executioner, *Br. colloq.* Jack Ketch. — **~ˌschie·ßen** *n mil.* live shooting (*od.* firing). — **~ˌschüt·ze** *m* sharpshooter, sniper, marksman.
ˈScharfˌsicht *f* ⟨-; *no pl*⟩ *cf.* Scharfblick 2. — **ˈscharfˌsich·tig** *adj* **1.** *med.* sharp-sighted, keen-sighted. – **2.** *fig. cf.* scharfblickend 2. — **ˈScharfˌsich·tig·keit** *f* ⟨-; *no pl*⟩ **1.** *med.* keenness of vision, sharp-sightedness. – **2.** *fig. cf.* Scharfblick 2.
ˈScharfˌsinn *m* ⟨-(e)s; *no pl*⟩ acumen, keen perception, perspicacity, penetration, astuteness, acuteness: **er hat das Problem mit bewundernswertem ~ gelöst** he solved the problem with admirable acumen (*od.* admirably keen perception). — **ˈscharfˌsin·nig** *adj* **1.** (*Person*) sharp-witted, keen-witted, penetrating, penetrative, astute, acute, acuminous. – **2.** (*Artikel etc*) sharp-witted, closely reasoned. — **ˈScharfˌsin·nig·keit** *f* ⟨-; *no pl*⟩ *cf.* Scharfsinn.
ˈSchär·fung *f* ⟨-; *no pl*⟩ *cf.* Schärfen.
ˈscharf|ˌwin·ke·lig, ~ˌwink·lig *adj* acute-angled. — **~ˌzün·gig** [-ˌtsʏŋɪç] *adj fig.* sharp-tongued.
ˈSchärˌgat·ter *n* (*textile*) creel.
Schar·lach¹ [ˈʃarlax] *m* ⟨-s; -e⟩ **1.** (*Scharlachrot*) scarlet (red), *auch* French (*od.* Venetian) scarlet. – **2.** *bot. cf.* Scharlachsalbei.
ˈSchar·lach² *m* ⟨-s; *no pl*⟩ *med.* (*Scharlachfieber*) scarlet fever, scarlatina (*scient.*).
ˈschar·lachˌar·tig *adj med.* scarlatiniform, scarlatinoid.
ˈSchar·lach|ˌausˌschlag *m med. cf.* Scharlachexanthem. — **~ˌboh·ne** *f bot.* scarlet runner, *auch* scarlet runner bean (*Phaseolus coccineus*). — **~ˌei·che** *f* scarlet (*od.* gray, *bes. Br.* grey) oak (*Quercus coccinea*).
ˈschar·la·chen *adj cf.* Scharlachrot II.
ˈSchar·lach|epi·deˌmie *f med.* epidemic of scarlet fever. — **~ex·anˌthem** *n* scarlet-fever (*od.* scarlatinal) exanthema (*od.* rash). — **~ˌfar·be** *f cf.* Scharlach¹ 1. — **s~ˌfar·ben, s~ˌfar·big** *adj cf.* Scharlachrot II. — **~ˌfie·ber** *n med. cf.* Scharlach². — **~ˌkä·fer** *m zo.* corn beetle (*Cucuius testaceus*). — **~ˌkraut** *n bot.* clary, *auch* clary sage (*Salvia sclarea*). — **~ˌli·lie** *f* scarlet lily (*Lilium chalcedonicum*). — **~ˌmohn** *m* red poppy, corn (*od.* field) poppy (*Papaver argemone u. P. rhoeas*). — **~ˌrot I** *n cf.* Scharlach¹ 1. – **II s~ˌrot** *adj* scarlet(-red). — **~salˌbei** *m bot.* salvia, clary (*Salvia salvia*).
Schar·la·tan [ˈʃarlatan] *m* ⟨-s; -e⟩ **1.** (*Quacksalber*) charlatan, quack(salver). – **2.** (*Betrüger*) charlatan, mountebank. — **Schar·la·ta·neˈrie** [-nəˈriː] *f* ⟨-; -n [-ən]⟩ **1.** (*Quacksalberei*) quackery, quackism, charlatanry, *auch* charlatanery, charlatanism. – **2.** (*Betrügerei*) charlatanry, *auch* charlatanery, charlatanism, mountebankery.
Scharm [ʃarm] *m* ⟨-s; *no pl*⟩ *cf.* Charme. — **scharˈmant** [-ˈmant] *adj cf.* charmant.
ˈSchär·maˌschi·ne *f* (*textile*) warping machine.
Schar·müt·zel [ʃarˈmʏtsəl] *n* ⟨-s; -⟩ *mil.* skirmish, brush (with the enemy), *auch* velitation. — **scharˈmüt·zeln** *v/i* ⟨*no* ge-, h⟩ *mil.* skirmish, have a brush (*od.* skirmish) with the enemy.
schar·mut·zie·ren [ʃarmʊˈtsiːrən] *v/i* ⟨*no* ge-, h⟩ *obs. u. dial. for* a) plänkeln, b) liebeln.
Schar·nier [ʃarˈniːr] *n* ⟨-s; -e⟩ *tech.* hinge, (flexible) joint: **mit einem ~ (versehen)** hinged. — **~ˌband** *n* hinge (*od.* joint) frame. — **~ˌdeckel** (*getr.* -k·k-) *m tech.* (*einer Truhe, Kanne etc*) hinged lid (*od.* cover). — **~geˌlenk** *n* **1.** *tech.* hinge (*od.* rule) joint. – **2.** *auto.* (*Getriebe*) palm-type joint. – **3.** *med. zo.* hinge(d) (*od.* rule, articulated) joint, ginglymus (*scient.*). — **~ˌstift** *m tech.* hinge pin.
Schär·pe [ˈʃɛrpə] *f* ⟨-; -n⟩ (*über Kleidern, Uniformen etc*) sash, scarf.
ˈScharˌpflug *m agr.* mouldboard plough, *bes. Am.* moldboard plow.
Schar·pie¹ [ʃarˈpiː] *f* ⟨-; *no pl*⟩ *med. obs.* (*Verbandmaterial*) lint.
Scharˈpie² *n* ⟨-s; -s⟩ *mar.* (*Segelbootart*) sharpie, sharpy.
ˈSchärˌrah·men *m* (*textile*) warping (*od.* warp) mill (*od.* machine): **gerader ~** warp reel.
Schar·re [ˈʃarə] *f* ⟨-; -n⟩ *tech.* (*Kratzeisen*) scraper, raker.
ˈScharrˌei·sen *n tech. cf.* Scharre.
schar·ren [ˈʃarən] **I** *v/i* ⟨h⟩ **1.** (*von Hunden, Hühnern etc*) scratch: **der Hund scharrt an der Tür** the dog is scratching (*od.* scraping) at the door; **die Hühner ~ auf dem** (*od.* **im**) **Mist** the hens are scratching for worms on the dunghill. – **2.** (**mit den Hufen**) **~** to paw (the ground). – **3.** (*von Zuhörern, als Zeichen der Mißbilligung*) shuffle: **mit den Füßen ~** to shuffle one's feet. – **II** *v/t* **4.** (*kratzen*) scrape, scratch: **ein Loch** (**in die Erde**) **~** to scrape a hole in the ground; **etwas aus dem Boden ~** to scrape s.th. out of the ground; **etwas auf einen Haufen ~** to scrape (*od.* rake) s.th. into a pile. – **5. den Boden** (**mit den Hufen**) **~** to paw the ground. – **6.** (*verscharren*) bury: **der Hund scharrt einen Knochen in den Sand** the dog buries a bone in the sand. – **III S~** *n* ⟨-s⟩ **7.** *verbal noun.* – **8.** (*Kratzlaut*) scrape. – **9.** (*von Zuhörern etc*) shuffle. — **ˈSchar·rer** *m* ⟨-s; -⟩ **1.** *tech. cf.* Scharre. – **2.** (*mit den Füßen*) shuffler.
Scharˈrierˌei·sen *n tech.* (*Steinmeißel*) brick (*od.* charring, bush) chisel.
schar·rie·ren [ʃaˈriːrən] *v/t* ⟨*no* ge-, h⟩ *tech.* (*Steine etc*) checker, *bes. Br.* chequer (*by means of a bush hammer*).
Scharˈrierˌham·mer *m tech.* bush hammer.
Schar·te [ˈʃartə] *f* ⟨-; -n⟩ **1.** (*in Messerklingen, Porzellan, Holz etc*) nick, notch: **~n bekommen** to get nicks (*od.* notches), to become notched (*od.* nicked); **eine ~** (**wieder**)**auswetzen** *fig. colloq.* to make amends, to repair a mistake (*od.* fault), to patch things up. – **2.** *cf.* Hasenscharte. – **3.** *mil.* a) (*Schießscharte*) loophole, embrasure, b) (*im Panzerwagen*) port. – **4.** *geogr.* (*in einem Gebirgskamm*) wind (*od.* air) gap, *Am. auch* notch. – **5.** *bot.* a) (*Färberscharte*) serratula (*Serratula tinctoria*), b) (*Schärtling*) saussurea (*Gattg Saussurea*).
Schar·te·ke [ʃarˈteːkə] *f* ⟨-; -n⟩ **1.** (*alter Schmöker*) trashy old book (*od.* volume). – **2.** *colloq. contempt.* (*alte Frau*) old hag.
ˈschar·tig *adj* (*Messer, Säge etc*) notched, nicked, jagged.
Schärt·ling [ˈʃɛrtlɪŋ] *m* ⟨-s; -e⟩ *bot. cf.* Scharte 5b.
ˈSchärˌtrom·mel *f* (*textile*) warp cylinder.
ˈScha·rung *f* ⟨-; -en⟩ *geol.* merging of folds (*od.* fold systems).
Schar·wen·zel [ʃarˈvɛntsəl] *m* ⟨-s; -⟩ **1.** (*im Kartenspiel*) jack, knave. – **2.** *colloq. for* Liebediener. – **3.** *hunt. for* Pudel 1. — **scharˈwen·zeln** *v/i* ⟨*no* ge-, h, *auch* sein⟩ **um j-n ~** *colloq. contempt.* to dance attendance on s.o.
ˈScharˌwerk *n cf.* Frondienst 1, 2.
Schasch·lik [ˈʃaʃlɪk] *m, n* ⟨-s; -s⟩ *gastr.* shashlik, kabob, kebab.
schas·sen [ˈʃasən] *v/t* ⟨h⟩ *colloq.* (*von der Schule, Universität, aus einem Amt*) chuck (*bes. Br.* turf) (*s.o.*) out (*sl.*), expel.
Scha·stra [ˈʃastra] *f* ⟨-; *no pl*⟩ *relig.* shastra, sastra (*sacred scriptures of Hinduism*).
Schat·ten [ˈʃatən] *m* ⟨-s; -⟩ **1.** (*Schattenbild*) shadow: **die ~ der Bäume werden länger** the shadows of the trees lengthen (*od.* grow longer); **die ~ der Nacht** a) the shadows of the night, b) *poet.* (*Dunkelheit*) the shades of night; **wo** (**viel**) **Licht ist, ist auch** (**viel**) **~** (*Sprichwort*) strong lights cast deep shadows (*proverb*); **einen ~** (**auf** *acc* **etwas**) **werfen** a) to cast a shadow ([up]on s.th.), b) *fig.* to cast a shadow (*od.* cloud) ([up]on s.th.), to cloud (s.th.); **~ vorauswerfen** *fig.* (*sich ankündigen*) (*von Ereignis*) to announce itself; **er ist nur noch ein ~ seiner selbst** *fig.* he is but a shadow of his former self, he is reduced (*od.* *stärker* worn) to a shadow; **er fürchtet sich vor seinem eigenen ~** *fig.* he is afraid of his own shadow; **man kann nicht über seinen ~ springen** *fig.* a) the leopard cannot change his spots, b) it is no use kicking against the pricks; **in j-s ~ stehen** *fig.* to be overshadowed by s.o., to be in s.o.'s shadow; **sie leben im ~ des Wirtschaftswunders** *fig.* they live in the shadow (*od.* on the seamy side) of the economic miracle; **j-m wie ein ~ folgen** *fig.* to follow s.o. like a shadow, to shadow s.o.; **einem ~ nachjagen** *fig.* to chase butterflies (*od.* phantoms, shadows); **der ~ des Todes lag auf ihr** *fig. lit.* the shadow of death lay upon her; **ein ~ fiel auf ihr Glück** *fig.* a shadow came over (*od.* was cast on) their happiness; **ein ~ flog über sein Gesicht** *fig.* a shadow clouded his face; → Ereignis 1. – **2.** ⟨*only sg*⟩ (*schattiger Raum*) shade: **im ~ eines Baumes** in the shade of a tree; **30 Grad im ~** 30 degrees in the shade; **Licht und ~** light and shade; **~ geben** (*od.* **spenden**) to give shade, to shade; **etwas in den ~ stellen** a) to put s.th. in the shade, b) *fig.* to overshadow (*od.* outshine) s.th.; **j-n in den ~ stellen** *fig.* to overshadow (*od.* outshine, eclipse) s.o., to be head and shoulders above s.o. – **3.** (*unter den Augen*) shadow. – **4.** *fig.* (*Geist, Seele eines Toten*) shadow, shade, ghost: **das Reich der ~** *myth.* the realm of the shades. – **5.** *fig.* (*ständiger Begleiter, Verfolger etc*) shadow. – **6.** *fig.* **nicht der ~ eines Verdachts [Zweifels, Beweises]** not the shadow of a (*od.* not the slightest) suspicion [doubt, proof]. – **7.** *med.* (*im Röntgenbild etc*) shadow, shadowed area. – **8.** (*sport*) (*Bewacher*) shadow.
ˈSchat·ten|ˌaufˌhel·lung *f phot.* shadow illumination. — **~beˌreich** *m* shadow region (*od.* range). — **~ˌbild** *n* **1.** shadowgraph, shadow (*od.* silhouette) photograph. – **2.** *cf.* Scheinbild, Trugbild 2. – **3.** *electr.* (radar) echo. — **~ˌblüm·chen** *n*, **~ˌblu·me** *f bot.* (bifoliate) lily of the valley, May lily, maianthemum (*Majanthemum bifolium*). — **~ˌbo·xen** *n auch fig.* shadowboxing, *Br.* shadow-boxing. — **~ˌdaˌsein** *n* shadowy existence: **ein ~ führen** to lead a shadowy existence. — **~ˌdeck** *n mar.* shade deck. — **~ˌfürst** *m myth.* ruler of the shades (*od.* of Hades), Pluto. — **~ˌge·bung** *f* ⟨-; *no pl*⟩ (*art*) (*eines Bildes*) shading. — **~geˌstalt** *f* shadow, phantom, *auch* fantom.
ˈschat·ten·haft *adj* **1.** shadowy, shadowlike. – **2.** *fig.* (*geisterhaft*) shadowy, ghostly, spectral (*lit.*). – **3.** *fig.* (*vage*) vague, indefinite, indistinct, shadowy: **meine Eindrücke von der Reise sind nur noch ~** I just have vague impressions of my trip.
ˈSchat·ten|ˌholz *n* (*forestry*) shade tree. — **~ka·biˌnett** *n pol.* shadow cabinet. — **~ˌkö·nig** *m pol.* mock (*od.* shadow) king. — **s~los** *adj* without a shadow, shadowless, shadeless. — **~miˌni·ster** *m pol.* shadow minister. — **~moˌrel·le** *f bot.* shadow (cherry), *auch* morel. — **~ˌpflan·ze** *f* heliophobous (*auch* heliophobic) plant. — **~ˌpro·be** *f* (*optics*) (*objektive Sehprüfmethode*) shadow test. — **s~ˌreich** *adj* shady, umbrageous (*lit.*). — **~ˌreich** *n myth.* realm of shades, shadowland, shades *pl*, netherworld: **im ~** in Hades. — **~ˌriß** *m* **1.** (*art*) silhouette: **etwas im ~ darstellen** to silhouette s.th., to make a silhouette of s.th. – **2.** *her.* adumbration. — **~ˌsei·te** *f* **1.** (*im Schatten liegende*) shady (*od.* dark) side: **ihr Zimmer liegt auf der ~** her room is on the shady (*od.* dark) side (of the house); **auf der ~ des Lebens stehen** *fig.* to be on the shady (*od.* dark, seamy) side of life. – **2.** *fig.* (*Nachteil*) drawback, disadvantage: **jedes Ding hat seine ~(n)** there is a dark side to everything; **mehr Licht- als ~n haben** to have more advantages than disadvantages; **das Junggesellenleben hat seine ~n** (a) bachelor's life has its drawbacks. — **s~ˌspen·dend** *adj* shady, shadowy, umbrageous (*lit.*). — **~ˌspiel** *n* **1.** shadow play (*od.* show, panto-

mime), shadowgraph, *auch* Chinese shades *pl*, galanty show. – **2.** (*art*) shadow effect. — **~,stein,brech** *m bot.* London pride, St. Patrick's cabbage (*Saxifraga umbrosa*). — **~tem·pe·ra,tur** *f meteor.* shade temperature, temperature in the shade. — **~ver,tei·lung** *f* (*art*) distribution of light(s) and shade(s) (*od.* dark[s]). — **~,vo·gel** *m zo.* hammerkop, *auch* hammerkop bird (*od.* stork), hammerhead, hammerheaded stork, umber (bird) (*Scopus umbretta*).

'Schatt,holz *n* (*forestry*) *cf.* Schattenholz.

schat·tie·ren [ʃa'tiːrən] **I** *v/t* ⟨*no* ge-, h⟩ **1.** (*paints*) (*mit Farbtönen*) shade, tone. – **2.** *hort.* (*Pflanzen*) shade, protect (*plants*) from (sun)light. – **II S~** *n* ⟨-s⟩ **3.** *verbal noun.* – **4.** *hort.* protection (of plants) from (sun)light. — **Schat'tie·rung** *f* ⟨-; -en⟩ **1.** *cf.* Schattieren. – **2.** (*schattierte Stelle*) shading, shaded part. – **3.** (*Nuance, Spielart*) shade, nuance: **alle ~en von Rot** all shades (*od.* nuances, hues, tones) of red; **man trägt wieder Grün in allen ~en** (*fashion*) all shades (*od.* hues, nuances, tones) of green are in again; **Vertreter aller (politischen) ~en** *fig. pol.* representatives of all (political) colo(u)rs (*od.* persuasions).

'schat·tig *adj* (*Wald, Platz etc*) shady, shadowy, umbrageous (*lit.*): **sich** (*dat*) **ein ~es Plätzchen suchen** to look for a nice shady spot (*od.* for a nice spot in the shade); **an ~en Orten wachsend** (*Pflanze*) shade-loving, heliophobous, *auch* heliophobic.

Scha·tul·le [ʃa'tʊlə] *f* ⟨-; -n⟩ **1.** (*für Geld, Schmuck etc*) casket, cassette, (*bes. für Geld*) cashbox. – **2.** *obs.* (*Privatkasse von Fürsten etc*) privy purse.

Schatz [ʃats] *m* ⟨-es; ⸗e⟩ **1.** (*verborgener Schatz*) treasure: **der ~ der Nibelungen** *myth.* the treasure of the Nibelungs; **einen ~ heben** to recover a treasure. – **2.** *pl* (*an Geld, Schmuck etc*) treasures, riches, wealth *sg*, *auch* hoard *sg*: **Schätze anhäufen** (*od.* **ansammeln**) to accumulate (*od.* amass) treasures (*od.* riches); **ich würde das für** (*od.* **gegen**) **alle Schätze der Welt nicht hergeben** I wouldn't give it away for all the money (*od.* for anything) in the world (*bes. Br.* for all the tea in China). – **3.** (*an Gemälden, Liedern etc*) (an *dat* of) treasure-house, treasury, (rich) store. – **4.** (*an Wissen, Erfahrung etc*) (an *dat* of) (rich) store, abundance, storehouse: **ein reicher ~ an Erfahrung(en)** an abundance (*od.* a rich store) of experience. – **5.** *meist pl* (*Bodenschätze*) (natural) resources *pl*. – **6.** *colloq.* (*Geliebter*) sweetheart, *auch* love, boyfriend, *Br.* boy-friend: **sie hat einen ~** she has a sweetheart. – **7. mein ~!** *colloq.* (my) darling (*od.* dear, *colloq.* deary, *auch* dearie)! my treasure! *bes. Am. colloq.* honey! – **8.** *colloq.* dear: **du bist ein ~!** you're a dear! **sei ein ~ und hol mir ein Glas Wasser!** be a dear and get me a glass of water!

'Schatz|,amt *n pol. econ.* **1.** treasury. – **2.** (*als Regierungsressort*) *Br.* Exchequer, *Am.* Treasury Department, (Department of the) Treasury. — **~,an,wei·sung** *f econ.* **1.** (*kurzfristige*) *Br.* short-term treasury (*od.* exchequer) bond, *Am.* Treasury note (*od.* certificate). – **2.** (*langfristige*) *Br.* long-term treasury (*od.* exchequer) bond, *Am.* Treasury bond.

'schätz·bar *adj* (*abschätzbar*) rat(e)able, assessable. — **'Schätz·bar·keit** *f* ⟨-; *no pl*⟩ rat(e)ability, assessability.

Schätz·chen ['ʃɛtsçən] *n* ⟨-s; -⟩ **1.** *dim. of* Schatz. – **2.** *cf.* Schatz 7. – **3. du bist mir (vielleicht) ein ~!** *colloq. iron.* you're a good (*od.* fine) one! (*colloq.*).

schät·zen ['ʃɛtsən] **I** *v/t* ⟨h⟩ **1.** (*ungefähr berechnen*) estimate, judge: **der Wert des Hauses wird auf 100 000 Mark geschätzt** *econ.* the value of the house is estimated at 100,000 marks; **wie alt ~ Sie ihn?** how old would you estimate him (*od.* would you say he is)? **ich schätze ihn auf 30 Jahre** I estimate (*od.* I would guess) him to be 30 (years old), I'd put him down at (*od.* as) 30; **ich hätte ihn jünger geschätzt** I'd have thought him younger, I would have thought (*od.* said) he was younger. – **2.** *colloq.* (*vermuten, annehmen*) reckon, *Am. auch* figure, guess: **ich schätze, es wird nicht lange dauern** I reckon (*Am.* guess) it won't take long. – **3.** *bes. econ. jur.* (*taxieren*) (**auf** *acc* at) assess, rate, value, evaluate, make an estimate of, (*bes. amtlich*) appraise: **ich werde das Bild von einem Experten ~ lassen** I'll have the picture valued (*od.* assessed, evaluated) by an expert. – **4.** (*hochachten*) (hold [*s.o.*] in high) esteem, think highly of, value, treasure: **wir ~ ihn sehr** we hold him in high esteem, we think highly (*od. colloq.* a lot, no small beer) of him. – **5.** (*anerkennen, würdigen*) appreciate, cherish: **etwas [nicht] zu ~ wissen** [not] to appreciate s.th. – **6. etwas nicht ~** (*mögen*) not to like s.th., not to think much of s.th. – **II** *v/reflex* **7. sich glücklich ~** to count (*od.* consider) oneself lucky. – **III S~** *n* ⟨-s⟩ **8.** *verbal noun.* – **9.** *cf.* Schätzung.

'schät·zen,ler·nen *v/t* ⟨*sep*, -ge-, h⟩ learn to appreciate: **sie werden das mit der Zeit ~** they'll learn to appreciate that in time.

'schät·zens,wert *adj* estimable.

'Schät·zer *m* ⟨-s; -⟩ *econ. jur.* (*Taxator*) (*auch bei Versicherungen*) appraiser, *bes. Br.* valuer, valuator.

'Schatz|,fund *m jur.* (*herrenloser*) treasure trove. — **~,grä·ber** *m* treasure seeker, person who digs for a (hidden) treasure. — **~,haus** *n* treasury, treasure-house. — **~,in·sel** *f* treasure island. — **~,kam·mer** *f* **1.** (*für den Staatsschatz*) treasury, treasure-house, *Br.* exchequer. – **2.** (*verborgene, unterirdische etc*) treasure vault. – **3.** *pol. cf.* Schatzamt. — **~,kanz·ler** *m pol.* (*in England*) Chancellor of the Exchequer. — **~,käst·chen** *n*, **~,käst·lein** [-,kɛstlaɪn] *n* ⟨-s; -⟩ **1.** casket, cassette. – **2.** *fig.* (*auch als Buchtitel*) treasury. — **~,mei·ster** *m* (*eines Vereins etc*) treasurer, *auch* bursar.

'Schätz,preis *m econ.* estimated (*od.* assessed, valuation) price.

'Schatz,schein *m econ. cf.* Schatzwechsel.

'Schät·zung *f* ⟨-; -en⟩ **1.** *cf.* Schätzen. – **2.** (*ungefähre Berechnung*) estimate, estimation, judg(e)ment: **bei** (*od.* **nach**) **vorsichtiger [grober] ~** at a cautious (*Am. auch* conservative) [rough] estimate. – **3.** *bes. econ. jur.* (*Taxierung*) rating, valuation, evaluation, estimate, appraisal, *auch* appraisement, (*bes. bei Steuern*) assessment. – **4.** *cf.* Wertschätzung.

'schät·zungs,wei·se *adv* **1.** (*ungefähr*) approximately, roughly: **es sind ~ 130 Kilometer von hier bis München** it's approximately (*od.* it's an estimated) 130 kilometers from here to Munich. – **2.** one can assume (*od.* it is to be expected) that: **~ wird er heute nicht mehr kommen** it is to be expected (*od.* one can assume) that he won't come anymore today.

'Schatz,wech·sel *m econ.* treasury (*auch* market) bill.

'Schätz,wert *m econ.* **1.** (*eines Grundstücks etc*) estimated value. – **2.** (*im Steuerrecht*) assessed value. – **3.** (*bes. im Versicherungswesen*) appraised value. – **4.** (*statistics*) estimate.

Schau [ʃaʊ] *f* ⟨-; *rare* -en⟩ **1.** (*Ausstellung, Überblick*) show: **etwas zur ~ stellen** a) (*ausstellen*) to show (*od.* display) s.th., b) *fig.* (*prahlerisch herzeigen*) to parade (*od.* make a parade of) s.th., to show s.th. off; **seine Gefühle zur ~ stellen** *fig.* to parade one's feelings, to make a parade (*od.* public spectacle) of one's feelings; **sich zur ~ stellen** *fig.* to make a show of oneself, to expose oneself to public view; **etwas zur ~ tragen** *fig.* to show (*od.* display) s.th.; **seine Gefühle zur ~ tragen** *fig.* to show (*od.* display) one's feelings, to wear one's heart on one's sleeve; **j-m die ~ stehlen** *fig.* to steal the show from s.o. (*sl.*). – **2.** (*Revue etc*) 'show' (*colloq.*): **eine große ~ abziehen** *fig. colloq.* to make a big show (*od.* a splash, a splurge) (*colloq.*), to cut a dash; **mach doch nicht so eine ~!** *fig. colloq.* don't show off! stop showing off! **alles an ihm ist (reine) ~** he's all show. – **3.** (*Betrachtungsweise*) (point of) view, angle: **eine philosophische ~ der Welt** a philosophical view of the world. – **4. das war eine ~!** *fig. colloq.* that was terrific (*od.* smashing)! (*colloq.*); **er ist eine ~!** *fig. colloq.* he's terrific (*od.* marvel[l]ous, smashing)! (*colloq.*). – **5.** *mil.* (*Truppenschau*) parade, (military) review. – **6. Flagge in ~** *mar.* waft, waif, w(h)eft. — **s~bar** *adj* visible, perceptible, seeable, beholdable (*lit.*). — **s~be,gie·rig** *adj cf.* schaulustig. — **~,bild** *n* **1.** (*Kurvenbild*) graph. – **2.** (*Diagramm*) diagram. — **~,bro·te** *pl Bibl.* shewbread(s), showbread(s).

'Schau,bu·de *f* (show) booth, *Br. auch* show. — **'Schau,bu·den·be,sit·zer** *m* proprietor of a (show) booth (*Br. auch* show), *Br. auch* showman.

'Schau,büh·ne *f* **1.** *obs. for* Theater 3, 4. – **2.** *fig.* stage, scene: **die ~ des Lebens** the human stage; **die politische ~** the political scene.

Schau·der ['ʃaʊdər] *m* ⟨-s; -⟩ **1.** (*des Abscheus etc*) shudder, creeps *pl* (*colloq.*). – **2.** *fig.* (*Gefühl des Ekels*) disgust: **~ überfiel sie beim Anblick des Reptils** she felt intense disgust (*od.* shuddered with disgust, was disgusted) at the sight of the reptile. – **3.** (*der Angst, des Schreckens etc*) shudder, shiver, tremor, thrill, creeps *pl* (*colloq.*): **ein ~ lief mir über den Rücken** a shiver (*od.* shudder) ran down my spine, I got the creeps (*colloq.*). – **4.** *fig.* (*Gefühl der Angst, des Schreckens etc*) horror, terror, fright: **~ ergriff** (*od.* **überfiel**) **ihn** he was seized with horror (*od.* terror, fright). – **5.** (*der Kälte*) shiver, chill, shudder. – **6.** (*der Ehrfurcht etc*) thrill (of awe). — **s~bar** *adj colloq. humor. for* schauderhaft 2. — **s~er,re·gend** *adj* **1.** fearsome, shuddery, creepy. – **2.** (*entsetzlich*) horrible, horrifying, horrific, frightful. — **~ge,schich·te** *f cf.* Schauergeschichte.

'schau·der·haft I *adj* **1.** (*Anblick, Ereignis etc*) horrible, horrifying, horrific, ghastly. – **2.** *fig. colloq.* (*abscheulich*) 'terrible', 'ghastly', 'horrible' (*alle colloq.*): **er spricht ein ~es Englisch** he speaks ghastly (*od.* terrible, horrible) English. – **II** *adv* **3.** *fig. colloq.* (*sehr*) 'terribly' (*colloq.*): **wir haben ~ gefroren heute nacht** we were terribly cold last night. — **'Schau·der·haf·tig·keit** *f* ⟨-; *no pl*⟩ **1.** horribleness, ghastliness. – **2.** *fig. colloq.* 'terribleness', 'horribleness', 'ghastliness' (*alle colloq.*).

schau·dern ['ʃaʊdərn] **I** *v/i* ⟨h⟩ **1.** (*vor Entsetzen, Abscheu etc*) (**vor** *dat* with) shudder, shiver: **sein Anblick ließ** (*od.* **machte**) **mich ~** his sight made me shudder (*od.* made my flesh creep, *colloq.* gave me the creeps). – **2.** (*vor Kälte*) (**vor** *dat* with) shiver, shudder, chill. – **II** *v/impers* **3. es schaudert mich, mich** (*od.* **mir**) **schaudert** I shudder, my flesh creeps: **mich** (*od.* **mir**) **schaudert bei dem bloßen Gedanken daran [vor ihm]** the mere (*od.* very) thought of it [him] makes me shudder (*od.* makes my flesh creep, *colloq.* gives me the creeps), I shudder at the mere thought of it [him]. – **III S~** *n* ⟨-s⟩ **4.** *verbal noun.* – **5.** *cf.* Schauder. — **'schau·dernd I** *pres p.* – **II** *adj* **sich ~ abwenden** to turn away with a shudder.

'schau·der,voll *adj cf.* schaudererregend.

schau·en ['ʃaʊən] **I** *v/i* ⟨h⟩ **1.** (*sehen, blicken*) look: **vorwärts [rückwärts] ~** to look ahead [back]; **um sich ~** to look around; **schau doch (mal)!** look! **schau, schau! da schau her! schau einer an!** *colloq.* well, well! look at that! what do you know! **der wird vielleicht ~!** *colloq.* that'll surprise him! that'll be a surprise for him! **nach etwas ~** to look for s.th.; **auf j-n ~** a) to look (*od.* gaze) at s.o., b) *fig.* (*als Vorbild*) to look upon (*od.* take) s.o. as a model; **j-m in die Augen [ins Gesicht] ~** to look s.o. in the eye [face], to look into s.o.'s eyes [face]; **dem Tod ins Auge ~** *fig.* to look death (straight) in the face; **j-m ins Herz ~** *fig.* to look into s.o.'s heart; **besorgt in die Zukunft ~** to look anxiously into the future; **er hat zu tief ins Glas geschaut** *fig.* he's had a drop too much, he's had one too many; **ihr schaut der Neid aus den Augen** *fig.* envy is written all over her face. – **2.** (*sorgen für*) see, take care: **auf** (*acc*) **etwas ~** a) to see to s.th., to take care of s.th., b) to look at s.th.; **nach j-m ~** a) (*suchen*) to look for s.o., b) (*sich um j-n kümmern*) to look after s.o.; **schau, daß du rechtzeitig fertig bist** see (to it) that you are ready in time; **schau, daß du weiterkommst!** *colloq.* off with you! get along with you! (*colloq.*), take yourself off! (*colloq.*), (*stärker*) get out of here! scram! (*sl.*), beat it! (*sl.*). – **II** *v/t* **3.** (*in Wendungen wie*) **ich habe mir fast die Augen nach ihm aus dem Kopf geschaut** I strained my eyes to make him out. – **4.** *colloq.* (*sehen*) watch: **Fernsehen ~** to watch television.

– 5. *lit.* (*sehen*) see, behold (*lit.*): das Licht der Sonne ~ to see (*od.* behold) the sunlight. – 6. *fig.* (*im Wesen erkennen*) see: er hat Gott geschaut he has seen God.

Schau·er[1] [ˈʃauər] *m* ⟨-s; -⟩ **1.** *meteor.* (*Regen-, Hagelschauer*) (passing) shower: örtliche ~ local showers; gewittrige ~ thundershowers, thundery showers (*colloq.*); vereinzelte ~ occasional showers (*od.* precipitation *sg*). – **2.** (*der Angst, des Entsetzens etc*) shudder, shiver, thrill: beim Anblick des Ungeheuers überlief sie ein ~ des Entsetzens a thrill of horror ran through her at the sight of the monster, the sight of the monster gave her the creeps (*colloq.*). – **3.** *med.* (*Fieberschauer*) shiver, chill. – **4.** *phys.* (*Strahlenschauer*) shower. – **5.** *cf.* Schauder 4—6.

ˈ**Schau·er**[2] *m* ⟨-s; -⟩ *mar. cf.* Schauermann.

ˈ**Schau·er|ˌdra·ma** *n* blood-and-thunder (*od.* horror) drama. — **~geˌschich·te** *f* **1.** horror story, tale of horror. – **2.** (*literature*) Gothic story (*od.* tale). – **3.** *meist pl colloq. cf.* Schauermärchen.

ˈ**schau·er·lich** *adj* **1.** (*Anblick, Tat, Schrei etc*) horrible, hideous, ghastly, gruesome, *auch* grewsome, atrocious. – **2.** (*Erzählung, Ereignis etc*) bloodcurdling, hair-raising. – **3.** *fig. colloq. cf.* schauderhaft 2. — ˈ**Schau·er·lich·keit** *f* ⟨-; *no pl*⟩ **1.** horribleness, hideousness, ghastliness, gruesomeness, atrocity, atrociousness. – **2.** bloodcurdling (*od.* hair-raising) effect. – **3.** *fig. colloq. cf.* Schauderhaftigkeit 2.

ˈ**Schau·er|ˌmann** *m* ⟨-(e)s; -leute⟩ *mar.* (*Hafenarbeiter*) docker, lumper, *Am.* longshoreman. — **~ˌmär·chen** *n meist pl* old wives' tale.

schau·ern [ˈʃauərn] **I** *v/i* ⟨h⟩ **1.** *cf.* schaudern I. – **II** *v/impers* **2.** *cf.* schaudern II. – **3.** *cf.* hageln 1.

ˈ**Schau·er|roˌman** *m* lurid novel, penny dreadful; bloodcurdler, shocker (*colloq.*). — **s~ˌvoll** *adj cf.* schauerlich 1, 2, schauderhaft I. — **~ˌwet·ter** *n meteor.* showery weather. — **~ˌwol·ke** *f* shower cloud.

Schau·fel [ˈʃaufəl] *f* ⟨-; -n⟩ **1.** shovel, (*kleinere, tiefere*) scoop: etwas auf die ~ nehmen to shovel s.th. up; zwei ~n (voll) Kohle two shovels (*od.* shovelfuls) of coal. – **2.** (*housekeeping*) a) (*Kehrichtschaufel*) dustpan, b) (*für Mehl etc*) scoop, c) (*Heber*) slice. – **3.** *tech.* a) shovel, b) (*Kohlenschaufel*) scoop, c) (*eines Förderbands*) loading bucket, d) (*einer Pumpe*) blade, vane, e) (*eines Wasserrads*) scoop, bucket, f) (*eines Kranbaggers*) shovel, g) (*eines Rührwerks*) beater. – **4.** *mar.* (*eines Schaufelrads*) paddle, float, blade, bucket. – **5.** *hunt.* a) (*des Elch- u. Damwilds*) palmate(d) (*od.* palmed) antler, shovel (antler), b) (*des Auerhahns*) fan. — **~ˌbag·ger** *m civ.eng.* shovel dredger, *bes. Am.* dredging shovel. — **~ˌbe·cherˌwerk** *n tech.* suspension bucket elevator. — **~ˌblatt** *n* (shovel) blade. — **s~ˌför·mig** *adj* **1.** shovel-shaped. – **2.** *her.* pattée, *auch* paté(e). — **~ˌfuß** *m zo.* (*Krötenfrosch*) spadefoot toad (*Gattg Scaphiopus*). — **~geˌweih** *n hunt.* (*des Elch- u. Damwildes*) palmate(d) (*od.* palmed) antlers *pl*, shovel antlers *pl.* — **~ˌhirsch** *m hunt.* stag with a palmed head (*od.* with shovel antlers).

ˈ**schau·fe·lig** *adj* shovel-shaped.

ˈ**Schau·fel|ˌkrö·te** *f zo.* pelobatid toad (*Gattg Pelobates*). — **~ˌla·der** *m civ.eng.* bucket loader, front-end (tractor) loader. — **~ˌmolch** *m zo.* shovel-nosed salamander (*Leurognathus marmoratus*).

schau·feln [ˈʃaufəln] **I** *v/t* ⟨h⟩ **1.** (*Grab, Loch etc*) dig, shovel, (*mit einer kleineren Schaufel*) scoop: damit hat er sich sein eigenes Grab geschaufelt *fig.* thus he dug his own grave. – **2.** (*Kohlen, Kies etc*) shovel. – **II** *v/i* **3.** (*graben*) dig, shovel. – **4.** *fig. colloq.* shovel one's food.

ˈ**Schau·felˌpflug** *m agr.* shovel (*od.* scoop) plough (*bes. Am.* plow).

ˈ**Schau·felˌrad** *n* **1.** *mar. tech.* (*eines Raddampfers, Wasserrades etc*) paddle wheel, sidewheel: ~ mit beweglichen Schaufeln feathering paddle wheel. – **2.** *tech.* a) (*einer Turbine etc*) (turbine) vane wheel, b) (*einer Schaufelpumpe*) impeller, runner, rotor. — **~ˌbag·ger** *m civ.eng.* rotary bucket excavator.

ˈ**Schau·felˌzahn** *m zo.* (*der Rinder, Schafe*) broad incisor.

ˈ**Schauˌfen·ster** *n Br.* shop window, *Am.* shopwindow, *bes. Am.* show window: etwas im ~ ausstellen to display s.th. in the window; ein ~ dekorieren to dress (*od.* decorate, *bes. Am.* trim) a shop window; (die) ~ ansehen (gehen) to go window-shopping. — **~ˌaus,la·ge** *f* window display. — **~beˌleuch·tung** *f* shop-window (*Am.* shopwindow) illumination. — **~ˌbum·mel** *m colloq.* window-shopping: einen ~ machen to go window-shopping. — **~de·ko·raˌteur** *m* (window) dresser (*od.* decorator). — **~de·ko·ra·tiˌon** *f* window dressing (*od.* decoration, *bes. Am.* trimming). — **~ˌeinˌbruch** *m* shop-window (*Am.* shopwindow) breaking, *bes. Br.* smash-and-grab raid. — **~geˌstal·tung** *f cf.* Schaufensterdekoration. — **~ˌpup·pe** *f* (window) dummy. — **~reˌkla·me** *f* shop-window (*Am.* shopwindow) advertising (*auch* advertizing), show-window (*od.* window-display) advertising. — **~ˌschei·be** *f* shop-window (*Am.* shopwindow) pane. — **~ˌwett·beˌwerb** *m* window-display competition.

ˈ**Schauf·ler** *m* ⟨-s; -⟩ **1.** shovel(l)er. – **2.** *hunt.* a) *cf.* Schaufelhirsch, b) elk with palmate(d) (*od.* palmed) antlers.

ˈ**Schau|ˌflie·gen** *n aer.* **1.** stunt flying. – **2.** *cf.* Schauflug 1. — **~ˌflug 1.** flying (*od.* air) display. – **2.** ⟨*only sg*⟩ *cf.* Schaufliegen 1. — **~geˌschäft** *n* ⟨-(e)s; *no pl*⟩ show business. — **~ˌglas** *n tech.* inspection (*od.* sight) glass. — **~ˌkampf** *m* (*sport*) (*beim Boxen*) exhibition bout (*od.* fight). — **~ˌka·sten** *m* showcase, display case.

Schau·kel [ˈʃaukəl] *f* ⟨-; -n⟩ **1.** swing: eine ~ anbringen to put up a swing. – **2.** (*Wippe*) seesaw; *Am. colloq.* teeter(board), *auch* teetering board, teeter-totter. — **~ˌbrett** *n* **1.** seat of a swing. – **2.** (*einer Wippe*) plank of a seesaw.

Schau·keˈlei *f* ⟨-; -en⟩ *colloq. for* Schaukeln.

ˈ**schau·ke·lig** *adj colloq.* (*Überfahrt etc*) choppy, (*stärker*) rough.

schau·keln [ˈʃaukəln] **I** *v/i* ⟨h *u.* sein⟩ **1.** ⟨h⟩ (*auf einer Schaukel*) swing: die Kleine möchte einmal ~ the little girl wants to have a (go on the) swing. – **2.** ⟨h⟩ (*auf einer Wippe*) seesaw, *Am. colloq.* teeter. – **3.** ⟨h⟩ (*im Schaukelstuhl*) rock. – **4.** ⟨h⟩ (*wippen, wackeln*) rock. – **5.** ⟨h⟩ (*hin und her schwingen*) sway, swing: ein Lampion schaukelte im Wind a Chinese lantern was swaying in the wind. – **6.** ⟨h⟩ (*von Ohrringen*) dangle. – **7.** ⟨h⟩ (*sich auf und ab bewegen*) bob up and down. – **8.** ⟨h⟩ (*von Schiff etc*) rock, roll. – **9.** ⟨h⟩ (*holpern*) jolt: der Bus hat furchtbar geschaukelt it was terribly jolty in the bus (*colloq.*). – **10.** ⟨sein⟩ (*gemächlich dahinfahren*) jog (along). – **11.** ⟨sein⟩ *colloq.* (*von beleibten Personen*) waddle. – **II** *v/t* ⟨h⟩ **12.** (*in schwingende Bewegung versetzen*) swing, give (*s.o.*) a swing. – **13.** (*Wiege etc*) rock: ein Kind auf den Knien ~ to dandle (*od.* jig) a baby. – **14.** *fig. colloq.* manage: wir werden die Sache (*od.* das Ding, das Kind) schon ~ we'll manage (*od. sl.* work, wangle, *Am. colloq.* swing) it somehow. – **III** *v/impers* ⟨h⟩ **15.** hinten im Bus hat es furchtbar geschaukelt it was terribly jolty in the back of the bus (*colloq.*). – **IV S~** *n* ⟨-s⟩ **16.** *verbal noun.*

ˈ**Schau·kel|ˌpferd** *n* rocking horse, hobbyhorse, *Br.* hobby-horse. — **~po·liˌtik** *f pol.* seesaw policy. — **~ˌreck** *n* trapeze. — **~ˌrin·ge** *pl* (*sport*) (*beim Turnen*) (flying *od.* swinging) rings. — **~ˌstuhl** *m* rocking chair, *bes. Am.* rocker.

ˈ**Schau|ˌlau·fen** *n* (*sport*) (*beim Eis- u. Rollkunstlauf*) exhibition skating. — **~ˌloch** *n bes. tech.* inspection (*od.* sight, observation) hole. — **~ˌlust** *f* ⟨-; *no pl*⟩ curiosity (to see what is happening). — **s~ˌlu·stig** *adj* curious (to see what is happening): eine ~e Menge a crowd of curious onlookers (*bes. Am. sl.* of rubbernecks). — **~ˌlu·sti·ge** *m, f* ⟨-n; -n⟩ curious onlooker, *bes. Am. sl.* rubberneck.

Schaum [ʃaum] *m* ⟨-(e)s; ⸚e⟩ **1.** (*Seifen-, Rasierschaum etc*) lather. – **2.** (*blasiger*) foam, suds *pl* (*construed as sg or pl*), bubbles *pl*: ~ schlagen *fig. colloq.* to lay it on thick (*colloq.*), to talk big, to boast. – **3.** (*auf Getränken*) froth, (*auf Bier*) *auch* head. – **4.** (*auf Wellen*) foam, froth. – **5.** (*Gischt*) spray, spume, spoondrift. – **6.** (*auf kochenden Flüssigkeiten*) froth, foam, scum, skimmings *pl*: den ~ von etwas abschöpfen to skim s.th. – **7.** (*Geifer*) foam, froth: dem Pferd stand der ~ vor dem Maul the horse foamed (*od.* frothed) at the mouth. – **8.** Eiweiß zu ~ schlagen *gastr.* to beat egg whites (until) stiff (*od.* to foam), to whip (*od.* whisk, beat up) egg whites. – **9.** *fig.* (*trügerischer Schein*) bubble, illusion: seine Hoffnungen waren nur ~ his hopes were but an illusion; zu ~ werden to come to nothing, to vanish; Träume sind Schäume (*Sprichwort*) *etwa* dreams are vain (*od.* like bubbles). — **s~ˌar·tig** *adj* **1.** foamlike, foamy, frothy, spumescent (*scient.*). – **2.** (*wie Seifenschaum*) lathery. — **~ˌbad** *n* bubble (*od.* foam) bath. — **s~beˌdeckt** *adj* foam-covered, foamy, frothy, spumy, spumous. — **~beˌton** *m civ.eng.* aerated concrete. — **~ˌbil·dung** *f* formation of foam (*od.* froth). — **~ˌbläs·chen** *n*, **~ˌbla·se** *f* bubble.

schäu·men [ˈʃɔymən] **I** *v/i* ⟨h⟩ **1.** (*von Seife etc*) lather. – **2.** (*von Seifenlauge, Badewasser etc*) form suds (*od.* bubbles). – **3.** (*von Bier etc*) froth. – **4.** (*sprudeln, aufbrausen*) bubble. – **5.** (*perlen*) sparkle, effervesce. – **6.** (*von Sprudel etc*) fizz(le). – **7.** (*von Wellen, Meerwasser etc*) foam, froth. – **8.** (*von Gischt*) spray, spume. – **9.** (*von kochenden Flüssigkeiten*) froth, foam, scum, skim. – **10.** (*vom Pferd etc*) foam (*od.* froth) at the mouth. – **11.** *fig. colloq.* foam, fume, boil, seethe: er schäumte vor Wut (*od.* Zorn, Empörung) he foamed with rage. – **II S~** *n* ⟨-s⟩ **12.** *verbal noun.* – **13.** (*des Sekts etc*) effervescence. — ˈ**schäu·mend I** *pres p.* – **II** *adj* **1.** (*Seife etc*) lathery: stark ~e Seife soap with a rich lather, soap which lathers well. – **2.** (*Seifenlauge etc*) bubbly, sudsy, suddy. – **3.** (*Bier*) frothy. – **4.** (*aufbrausend*) bubbling. – **5.** (*perlend*) sparkling, effervescent, brisk. – **6.** (*Sprudel etc*) fizzy. – **7.** (*Wellen, See etc*) foaming, foamy, frothy. – **8.** (*Gischt*) spumy, spumous. – **9.** (*kochende Flüssigkeiten*) frothy, foamy, scummy.

ˈ**Schaum|ˌfeu·erˌlö·scher** *m tech.* foam (fire) extinguisher. — **~geˌbäck** *n gastr.* meringue(s *pl*). — **~geˌbo·re·ne, die** *myth. poet.* Anadyomene, Aphrodite. — **s~geˌbremst** *adj only in* ~es Waschmittel low-sud (*od.* low-lather) detergent. — **~ˌgold** *n* **1.** imitation gold, Dutch metal. – **2.** (*Flittergold*) tinsel. — **~ˌgum·mi** *n, m synth.* foam (*od.* sponge, expanded) rubber. — **~ˌgum·mi·maˌtrat·ze** *f* foam rubber mattress.

ˈ**schau·mig** *adj* **1.** (*Masse, Substanz, Konsistenz etc*) foamy, frothy: etwas ~ rühren (*od.* schlagen) *gastr.* to beat s.th. (until) frothy. – **2.** (*Rückstand*) scummy. – **3.** *cf.* schaumartig. – **4.** *cf.* schäumend II.

ˈ**Schaum|ˌkamm** *m meist pl cf.* Schaumkrone. — **~ˌkel·le** *f* (*housekeeping*) skimmer. — **~ˌkopf** *m meist pl cf.* Schaumkrone. — **~ˌkraut** *n bot.* cardamine, *auch* cress (*Gattg Cardamine*). — **~ˌkro·ne** *f meist pl* whitecap, *Br.* white-cap, sea (*od.* white) horse, white crest. — **~ˌlöf·fel** *m* (*housekeeping*) *cf.* Schaumkelle. **S~los** *adj* without foam (*od.* froth), foamless: ~es Bier a) beer without froth (*od.* a head), b) (*schal*) flat (*od.* dead) beer. — **~ˌlö·scher** *m*, **~ˌlösch·geˌrät** *n tech. cf.* Schaumfeuerlöscher. — **~ˌschlä·ger** *m* **1.** (*housekeeping*) *cf.* Schneebesen. – **2.** *fig.* (*Prahler*) boaster, bragger, braggart, swaggerer, gasbag (*colloq.*). – **3.** *fig.* (*Blender*) bluff(er), sham, humbug. — **~schlä·geˈrei** [ˌʃaum-] *f fig.* **1.** (*Prahlerei*) boasting, bragging, swagger. – **2.** (*Blenden*) sham(ming), bluff(ing), humbug. — **~ˌspei·se** *f gastr.* chiffon pudding (*od.* dessert). — **~ˌstoff** *m synth.* expanded plastics *pl* (*construed as sg*).

ˈ**Schauˌmün·ze** *f* (*Erinnerungsmünze*) medal, medallion.

ˈ**Schaumˌwein** *m gastr.* sparkling wine, champagne, *bes. Br. colloq.* bubbly, *bes. Am. colloq.* fizz. — **~ˌsteu·er** *f econ.* tax on sparkling wines.

ˈ**Schau|ˌpackung** (*getr.* -k·k-) *f econ.* sham package, dummy. — **~ˌplatz** *m* **1.** (*eines Romans, Schauspiels, Geschehens*) scene: den ~ wechseln to change the scene; den ~ in den Wald verlegen to shift (*od.* move) the scene to the wood(s); vom ~ abtreten *auch fig.* to go off the scene. – **2.** (*bes. eines dramatischen Geschehens*) arena. – **3.**

(*eines Verbrechens*) scene, locale, venue. – **4.** (*Kriegsschauplatz*) theater, *bes. Br.* theatre. – **5.** (*sport*) (*Austragungsort*) venue. — **~proˌzeß** *m jur.* show trial.

schau·rig [ˈʃaurɪç] *adj* **1.** (*unheimlich*) creepy, weird, hair-raising, eerie, *auch* eery. – **2.** (*grausam, entsetzlich*) horrible, terrible, horrifying, gruesome, *auch* grewsome. — **ˈSchau·rig·keit** *f* ⟨-; *no pl*⟩ **1.** creepiness, weirdness, eeriness. – **2.** horribleness, terribleness, gruesomeness.

ˈschau·rig-ˈschön *adj* **1.** (*Roman, Film etc*) delightfully eerie (*auch* eery), fine and eerie (*auch* eery). – **2.** *iron.* (*monumentale Kunstwerke etc*) gruesomely (*auch* grewsomely) beautiful.

ˈSchauˌsei·te *f* **1.** best side. – **2.** *print.* (*rechte Seite*) recto.

ˈSchauˌspiel *n* **1.** (*theater*) a) stage play, b) drama. – **2.** *fig.* spectacle, scene, sight: **ein klägliches ~** a pitiful scene; **ich möchte mir dieses ~ nicht entgehen lassen** I don't want to miss that spectacle; **wir wollen doch den Leuten kein ~ geben!** let's not make a spectacle of ourselves! — **~ˌdich·ter** *m* playwright, dramatist. — **~ˌdich·tung** *f* drama, dramatic literature. — **~diˌrek·tor** *m* theater (*bes. Br.* theatre) manager, manager of a theater (*bes. Br.* theatre), *auch* impresario: „Der ~" "The Impresario" (*opera by W. A. Mozart*).

ˈSchauˌspie·ler *m* **1.** (*theater*) a) actor, player, (theatrical) performer, (dramatic) artist, *auch* comedian, histrionic (*lit.*), b) *pl* (*Besetzung*) (the) cast *sg*: **~ sein** to be an actor, to be on the stage (*od. colloq.* boards); **~ werden** to become an actor, to go on the stage; **an ihm ist ein ~ verlorengegangen** he would have made a splendid actor; **hervorragende ~** *collect.* an excellent cast *sg*. – **2.** *fig.* (play)actor, *Br.* (play-)actor: **so ein ~!** what a (play)actor (he is)!

ˌSchau·spie·leˈrei *f* ⟨-; *no pl*⟩ **1.** *colloq.* acting (profession): **die ~ an den Nagel hängen** to give up acting, to leave the stage. – **2.** *fig.* playacting, *Br.* play-acting: **das ist doch alles nur ~** that's all just playacting.

ˈSchauˌspie·le·rin *f* **1.** (*theater*) actress, player, (theatrical) performer, (dramatic) artist, *auch* comedian, histrionic (*lit.*). – **2.** *fig.* (play)actress, *Br.* (play)-actress.

ˈschauˌspie·le·risch I *adj* (*Talent, Leistung, Können etc*) theatrical, acting, histrionic (*lit.*). – **II** *adv* as regards (the) acting.

ˈschauˌspie·lern *v/i* ⟨h⟩ **1.** (*theater*) act, be an actor (*od.* actress), playact, *Br.* play-act. – **2.** *fig.* (play)act, *Br.* (play-)act: **er kann gut ~** he is a good (play[-])actor.

ˈSchauˌspielˌhaus *n* playhouse, theater, *bes. Br.* theatre. — **~ˌkunst** *f* **1.** (*als Wissenschaft*) dramatic art, dramaturgy. – **2.** (*Darstellungskunst*) theatrical representation. — **~ˌschu·le** *f* dramatic school, school of acting, school of dramatic art. — **~ˌschü·ler** *m* drama student, student actor. — **~ˌschü·le·rin** *f* drama student, student actress. — **~ˌtrup·pe** *f* company of actors. — **~ˌun·terˌricht** *m* **1.** drama classes *pl*, classes *pl* in dramatic art. – **2.** lessons *pl* in dramatic art, dramatic training.

ˈschauˌste·hen *v/i* ⟨*only inf*⟩ (*von Ausstellungsgegenständen*) be on show.

ˈschauˌstel·len *v/i* ⟨*only inf*⟩ exhibit, give an exhibition.

ˈSchauˌstel·ler *m* ⟨-s; -⟩ **1.** (*auf Jahrmärkten etc*) shower, showman. – **2.** (*auf Messen etc*) exhibitor, shower.

ˈSchauˌstel·lung *f* (public) exhibition (*od.* show).

ˈSchauˌstück *n* **1.** *bes. econ.* a) (*Ausstellungsstück*) showpiece, exhibit, b) (*Muster*) sample, specimen. – **2.** *fig.* (*Glanzstück*) feat, stunt (*colloq.*). — **~ˌta·fel** *f* **1.** (information) chart. – **2.** *cf.* Schaubild. — **~ˌtanz** *m* exhibition dance. — **~ˌtur·nen** *n* (*sport*) gymnastic display.

Scheck[1] [ʃɛk] *m* ⟨-s; -s *auch* -e⟩ *econ.* **1.** *Am.* check, *Br.* cheque: **offener [gekreuzter, uneingelöster] ~** open [crossed, uncashed] check; **ungedeckter ~** uncovered check, *Am. sl.* rubber check, *Br. sl.* stumer; **ein ~ auf** (*od.* **über**) **500 Mark** a check for 500 marks; **einen ~ ausstellen** (*od.* **ausschreiben**) to make out (*od.* draw) a check; **einen ~ einlösen** to cash a check; **einen ~ sperren** to stop (*od.* block) a check; **mit (einem)** (*od.* **per**) **~ bezahlen** to pay by check. – **2.** (*Bankscheck*) bank (*od.* banker's) draft.

Scheck[2] *m* ⟨-en; -en⟩ *cf.* Schecke[1].

ˈScheckˌabˌrech·nung *f econ.* clearing of checks (*Br.* cheques). — **~beˌtrug** *m jur.* check (*Br.* cheque) fraud, issuing bad checks (*Br.* cheques). — **~beˌtrü·ger** *m* person issuing bad checks (*Br.* cheques). — **~ˌbuch** *n* checkbook, *Br.* cheque-book.

Schecke[1] (*getr.* -k·k-) [ˈʃɛkə] *m* ⟨-n; -n⟩ **1.** (*Pferd*) dappled (*od.* piebald, pied) horse, piebald. – **2.** (*Rind*) spotted (*od.* brindle[d]) ox.

ˈSchecke[2] (*getr.* -k·k-) *f* ⟨-; -n⟩ **1.** (*Stute*) dappled (*od.* piebald, pied) mare, piebald. – **2.** (*Kuh*) spotted (*od.* brindle[d]) cow.

ˈScheckˌfä·hig·keit *f* ⟨-; *no pl*⟩ *econ.* **1.** (*aktive*) capacity to draw (*od.* be drawer of) checks (*Br.* cheques). – **2.** (*passive*) capacity to be the drawee of checks (*Br.* cheques). — **~ˌfäl·scher** *m* check (*Br.* cheque) forger. — **~ˌfäl·schung** *f* **1.** forgery of a check (*Br.* cheque). – **2.** forged check (*Br.* cheque). — **~for·muˌlar** *n econ.* check (*Br.* cheque) form (*od.* blank). — **~ˌheft** *n cf.* Scheckbuch.

ˈscheckig (*getr.* -k·k-) *adj* **1.** spotted, speckled. – **2.** (*Pferd*) dappled, (*schwarz u. weiß*) piebald, pied, (*nicht schwarz u. weiß*) skewbald. – **3.** (*Kuh*) spotted, (*vielfarbig*) mottled, dappled, (*schwarz auf grau*) brindle(d). – **4.** (*Hund*) spotted, mottled: **er ist bekannt wie ein ~er Hund** *fig. colloq.* he is known far and wide. – **5.** (*Katze*) tabby, brindle(d). – **6.** (*teilweise verblaßt od. verwaschen*) patchy, blotchy. – **7. sich ~ lachen** *colloq.* to laugh oneself silly, to split (*od.* burst) one's sides with laughter.

ˈScheckˌinˌha·ber *m econ.* bearer of a check (*Br.* cheque). — **~inˌkas·so** *n* collection of checks (*Br.* cheques). — **~ˌneh·mer** *m* payee. — **~verˌkehr** *m* check (*Br.* cheque) transactions *pl*, transactions *pl* by check. — **~ˌvieh** *n agr.* spotted cattle. — **~ˌzah·lung** *f econ.* payment by check (*Br.* cheque).

ˈShedˌbau [ˈʃɛt-] *m* ⟨-(e)s; -ten⟩ *tech.* single-storey (*bes. Am.* -story) building with sawtooth roof (*od.* with skylights). — **~ˌdach** *n* sawtooth roof.

scheel [ʃeːl] **I** *adj* **1.** (*schielend*) squint- (*od.* cross-)eyed. – **2.** *fig.* (*mißgünstig*) squint-eyed, envious, jealous: **etwas mit ~en Augen ansehen** to squint (*od.* look enviously) at s.th. – **3.** *fig.* (*mißtrauisch*) sceptical, suspicious. – **II** *adv* **4. j-n ~ ansehen** a) to look enviously at s.o., b) to look suspiciously (*od.* askance) at s.o. — **~äu·gig, ~ˌblickend** (*getr.* -k·k-) *adj cf.* scheel I.

ˈScheelˌsucht *f* ⟨-; *no pl*⟩ *fig.* envy, jealousy. — **s~ˌsüch·tig** *adj cf.* scheel 2.

Schef·fel [ˈʃɛfəl] *m* ⟨-s; -⟩ (*altes Hohl- u. Flächenmaß*) bushel: **sein Licht unter den ~ stellen** *fig.* to hide one's light under a bushel. — **ˈschef·feln** *v/t* ⟨h⟩ (*Geld, Reichtümer etc*) rake in, scoop (in) (*sl.*).

ˈschef·felˌwei·se *adv fig.* in large quantities; in stacks, in loads (*colloq.*).

Scheib·chen [ˈʃaɪpçən] *n* ⟨-s; -⟩ *dim. of* Scheibe.

Schei·be [ˈʃaɪbə] *f* ⟨-; -n⟩ **1.** (*runde od. ovale Platte*) disk, disc. – **2.** (*Schnitte*) slice, round: **eine dicke ~ Brot [Wurst]** a thick slice (*od.* a slab) of bread [sausage]; **etwas in ~n schneiden** to cut s.th. into slices, to slice s.th. (up); **davon [von ihm] kannst du dir eine ~ abschneiden** *fig. colloq.* you can learn a thing or two from that [from him]. – **3.** (*von Orangen, Zitronen etc*) segment. – **4.** (*Honigscheibe*) honeycomb. – **5.** (*Wachsscheibe*) cake. – **6.** (*Fensterscheibe*) (window)pane: **j-m die ~n einwerfen** to smash (*od.* break) s.o.'s windowpanes; **Fenster ohne ~n** paneless windows; **~n in** (*acc*) **etwas einsetzen** to pane s.th. – **7.** (*Wählscheibe*) dial. – **8.** (*Zifferblatt*) face, dial. – **9.** (*Schießscheibe*) target, shooting mark. – **10.** *colloq.* (*Schallplatte*) disk, disc, record. – **11.** *poet.* (*der Sonne, des Mondes*) disk, disc, orb. – **12.** (*sport*) a) (*beim Eishockey*) puck, b) (*beim Gewichtheben*) disk, disc. – **13.** *tech.* a) disk, disc, b) (*Blatt*) plate, c) (*Unterlegscheibe*) washer, d) (*Dichtungsscheibe*) gasket, sheet, e) (*Seilscheibe*) sheave, f) (*Riemenscheibe*) (belt) pulley, g) (*Schleif-, Töpferscheibe*) wheel, h) (*Ronde*) rondelle, rondle, i) (*Planscheibe*) faceplate, j) (*Glasscheibe*) pane, k) (*eines Radkörpers*) web, l) (*einer Kupplung*) disk, disc, m) (*Läppscheibe*) lap. – **14.** *hunt. cf.* Spiegel 22. – **15.** (ja) ~! *colloq. euphem.* damn (it)! *Am. sl.* sugar!

schei·ben [ˈʃaɪbən] *v/t* ⟨scheibt, schob, geschoben, h⟩ *Bavarian and Austrian dial. for* a) rollen 9, b) schieben 8.

ˈSchei·benˌanˌker *m electr.* disk (*od.* disc) armature. — **~ˌbrem·se** *f auto.* disk (*od.* disc) brake. — **~ˌdich·tung** *f tech.* sheet gasket. — **~ˌeg·ge** *f agr.* disk (*od.* disc) harrow, cutaway (harrow). — **~ˌfin·ger** *m zo.* Turkish gecko (*Hemidactylus turcicus*). — **s~ˌför·mig** *adj* **1.** disk- (*od.* disc-)shaped, discoid(al) (*scient.*). – **2.** *med.* disciform. — **~garˌdi·ne** *f* net curtain. — **~ˌglas** *n tech.* **1.** sheet glass. – **2.** window glass. — **~ˌhan·tel** *f* (*sport*) (*beim Gewichtheben*) barbell, bar (*colloq.*). — **~ˌhaus** *n arch.* slab block. — **~ˌho·nig** *m* **1.** comb honey, honey in the comb. – **2.** *colloq. cf.* Scheibenkleister. — **~ˌklei·ster** *m colloq. euphem.* hell of a nuisance (*colloq.*), damned nuisance (*colloq.*): ~! damn it! to hell with it! (*colloq.*), *Am. sl.* sugar! — **~ˌkupp·lung** *f tech.* flange coupling, (single-)plate clutch, disk (*od.* disc) clutch. — **~ˌpflug** *m agr.* disk (*od.* disc) plough (*bes. Am.* plow). — **~piˌsto·le** *f* target pistol. — **~ˌqual·le** *f zo.* disk (*od.* disc) jellyfish (*Fam. Discomedusae*). — **~ˌrad** *n* **1.** *tech.* disk (*od.* disc, plate, web) wheel. – **2.** *metall.* (*im Walzwerk*) center disk (*od.* disc) wheel, center web wheel, *bes. Br.* centre disk (*od.* disc) wheel, centre web wheel. — **~ˌröh·re** *f electr.* disk (*od.* disc) tube (*bes. Br.* valve). — **~ˌsalm·ler** *m zo.* (spotted) piranha (*Fam. Serrasalmidae*). — **~ˌschie·ßen** *n* (*sport*) *mil.* target shooting (*od.* practice). — **~ˌschüt·ze** *m* target shot (*od.* shooter), marksman. — **~ˌstand** *m* **1.** rifle (*od.* shooting) range. – **2.** (*Scheibenanlage auf Schießstand*) butts *pl*. — **~wal·ze** *f tech.* center (*bes. Br.* centre) disk (*od.* disc) roll, web roll. — **~ˌwasch·ˌanˌla·ge** *f*, **~ˌwa·scher** *m* ⟨-s; -⟩ *auto.* (wind)screen (*Am.* windshield) washer (*od.* pump, system, unit). — **s~ˌwei·se** *adv* in slices. — **~ˌwi·scher** *m auto.* (wind)screen (*Am.* windshield) wiper, wiper (*colloq.*). — **~ˌzüng·ler** [-ˌtsʏŋlər] *m* ⟨-s; -⟩ *zo.* disk- (*od.* disc-)tongued frog (*Fam. Discoglossidae*): **Gemalter ~** painted frog (*Discoglossus pictus*).

ˈschei·big *adj cf.* scheibenförmig.

Scheich [ʃaɪç] *m* ⟨-s; -e *u.* -s⟩ **1.** sheik(h), *auch* sheykh, shaikh, shaykh. – **2.** *colloq. humor.* boyfriend, *Br.* boy-friend. — **~tum** *n* ⟨-s; =er⟩ sheik(h)dom.

Schei·de [ˈʃaɪdə] *f* ⟨-; -n⟩ **1.** (*eines Degens, Messers etc*) sheath, scabbard, case: **das Schwert aus der ~ ziehen** to draw (*od.* unsheathe) one's sword; **das Schwert in die ~ stecken** to put one's sword into the scabbard, to put up one's sword, to scabbard (*od.* sheathe, *auch* sheath) one's sword. – **2.** *med.* a) sheath, b) (*Vagina*) vagina, c) (*einer Sehne*) sheath, theca (*scient.*). – **3.** (*Grenze*) border, boundary. – **4.** (*Grenzlinie*) border line, line of dermarcation (*od.* separation). – **5.** *fig.* (*Grenzsituation*) borderline state. – **6.** *bot.* (*eines Pilzes etc*) sheath. — **~anˌstalt** *f metall.* refinery. — **~ˌbad** *n chem. tech.* separating bath. — **~ˌbrief** *m obs. for* a) Scheidungsurkunde, b) Abschiedsbrief. — **~ˌerz** *n metall.* picked (*od.* screened) ore. — **~ˌflüs·sig·keit** *f chem. tech.* separating (*od.* parting) liquid. — **~ˌgold** *n* gold purified by parting. — **~ˌgruß** *m poet.* last farewell, farewell greeting, adieu, adieus *pl*, adieux *pl*. — **~ˌkunst** *f* ⟨-; *no pl*⟩ *hist. obs.* analytical chemistry. — **~ˌli·nie** *f* **1.** (*Trennungslinie*) separating (*od.* dividing) line. – **2.** (*Grenzlinie*) border line, line of demarcation (*od.* separation). – **3.** *print.* separatrix. — **~ˌmit·tel** *n chem.* parting (*od.* separating) agent. — **~ˌmün·ze** *f econ.* token coin.

schei·den [ˈʃaɪdən] **I** *v/t* ⟨scheidet, schied, geschieden, h⟩ (von from) **1.** (*trennen*) separate, part: → Bock[1] 1. – **2.** (*gewaltsam*) sever. – **3.** (*teilend*) divide. – **4.** *jur.* divorce: **er ließ sich von seiner Frau ~** he divorced (*od.* got a divorce from) his wife; **ich lasse mich nicht von dir ~** I won't let you divorce me; **geschieden werden** to be granted (*od.* to obtain, to get) a divorce; sie haben sich ~ lassen they have been divorced, they have got a divorce. – 5. *chem.* analyze *Br. auch* -s-. – 6. *tech.* (*Zucker*) separate, refine, defecate. – 7. *chem. tech.* a) (*Teer*) extract, b) (*zerlegen*) decompose. – 8. *metall.* (*mining*) a) separate, b) (*Erz*) sort: das Erz vom tauben Gestein ~ to separate the ore from the dirt (*od.* gangue). – II *v/i* ⟨sein⟩ *lit.* 9. (*weggehen*) (aus, von from) depart: aus einer Firma ~ to leave a firm; ich schied nur ungern von dort I departed unwillingly (*od.* reluctantly) from that place. – 10. aus dem Amt (*od.* Dienst) ~ to retire from (*od.* resign) (one's) office. – 11. voneinander ~ to part (*od. poet.* sever) (from one another), to separate, to take leave of one another; es muß geschieden sein 'tis bitter but we must part. – 12. aus dem Leben ~ to depart this life; er schied in Frieden he departed (*od.* passed away) peacefully (*od.* in peace); er entschloß sich, aus dem Leben zu ~ he decided to take his life. – III *v/reflex* ⟨h⟩ sich ~ 13. (*sich trennen*) divide, part, separate: hier ~ sich unsere Wege this is where our roads part (*od.* where our ways divide); hier ~ sich die Geister (*od.* die Meinungen) here the roads part, that's where opinions differ. – IV S~ ⟨-s⟩ 14. *verbal noun*: S~ tut weh (*Sprichwort*) partings are painful; die Stunde des S~s rückte immer näher the hour of parting drew nearer and nearer. – 15. *cf.* Scheidung.

'Schei·den|ˌab·strich *m med.* vaginal smear. — **s~ˌar·tig** *adj* 1. sheathlike. – 2. *med.* vaginal. — **~ˌausˌfluß** *m med.* vaginal discharge, whites *pl* (*colloq.*). — **~ausˌspü·lung** *f* vaginal douche (*od.* douching, irrigation).

'schei·dend I *pres p.* – II *adj poet.* 1. (*zu Ende gehend*) closing, parting, dying: das ~e Jahr the closing (*od.* dying) year. – 2. die ~e Sonne *lit.* the setting (*od. poet.* departing) sun.

'Schei·den|ˌeinˌgang *m med.* vaginal entrance; vulva, introitus vaginae (*scient.*). — **~entˌzün·dung** *f* vaginitis, colpitis. — **~erˌkran·kung** *f* 1. vaginopathy, colpopathy. – 2. (*durch Pilze bedingte*) vaginomycosis. — **~ˌfluß** *m cf.* Scheidenausfluß. — **~kaˌtarrh** *m* vaginitis, colpitis. — **~ˌkrampf** *m* vaginal spasm; colpospasm, vaginismus (*scient.*). — **~ˌmün·dung**, **~ˌöff·nung** *f cf.* Scheideneingang. — **~ope·ra·tiˌon** *f* colpotomy, coleotomy. — **~ˌring** *m cf.* Pessar. — **~ˌschna·bel** *m zo.* sheathbill (*Fam. Chionididae*). — **~seˌkret** *n med.* vaginal secretion. — **~ˌspe·ku·lum** *n*, **~ˌspie·gel** *m* vaginal mirror; vaginoscope, colposcope, vaginal speculum (*scient.*). — **~ˌspü·lung** *f cf.* Scheidenausspülung. — **~tamˌpon** *m* vaginal tampon. — **~ˌvorˌfall** *m* prolapse of the vagina; coleoptosis, colpoptosis (*scient.*).

'Schei·deˌpunkt *m* point of divergence (*od.* separation).

'Schei·der *m* ⟨-s; -⟩ *chem. tech. cf.* Separator.

'Schei·de|ˌstun·de *f poet.* hour of parting. — **~ˌtrich·ter** *m chem.* separatory (*od.* separating) funnel. — **~ˌwand** *f* 1. *med.* a) septum, b) (*Membran*) membrane, diaphragm, c) (*der Nase*) nasal septum. – 2. *bot.* (*einer Frucht*) septum, dissepiment, partition, cross wall. – 3. *civ.eng. cf.* Trennwand 1. – 4. *fig.* barrier: wir wollen die ~ zwischen uns niederreißen let us tear down (*od.* remove) the barrier between us. — **~ˌwas·ser** *n chem.* aquafortis, nitric acid (HNO_3). — **~ˌweg** *m only in* am ~ stehen *fig.* to be at the crossroads (*od.* at the parting of the ways), to have a difficult choice (*od.* decision) to make; → Herkules I.

Schei·ding ['ʃaɪdɪŋ] *m* ⟨-s; -e⟩ *obs.* September.

'Schei·dung *f* ⟨-; -en⟩ 1. *cf.* Scheiden. – 2. *jur.* (von from) divorce: die ~ beantragen (*od.* einreichen) to file a petition for divorce; auf ~ klagen to sue for (*od.* to petition for, to seek) a divorce; in ~ liegen (*od.* leben) to be in the divorce courts, to have taken divorce proceedings; in die ~ einwilligen to consent (*od.* agree) to a divorce; die ~ aussprechen, auf ~ erkennen to grant a divorce; einverständliche ~ divorce by mutual agreement. – 3. (*Trennung*) separation. – 4. (*Unterscheidung*) distinction, differentiation. – 5. *chem.* analysis. – 6. *tech.* (*von Zucker*) defecation. – 7. *chem. tech.* a) (*von Teer*) extraction, b) (*Zerlegung*) decomposition. – 8. *metall.* (*mining*) separation.

'Schei·dungs|beˌgeh·ren *n jur.* petition for (a) divorce. — **~ˌgrund** *m* 1. *jur.* ground for (a) divorce, cause of divorce. – 2. *fig. colloq. humor. Br.* co-respondent, *Am.* divorcer. — **~ˌkla·ge** *f* 1. petition for (a) divorce: die ~ einreichen to file a petition for divorce. – 2. *cf.* Scheidungsprozeß. — **~proˌzeß** *m* divorce proceedings *pl* (*od.* suit, action). — **~ˌrecht** *n* law of divorce, divorce law. — **~ˌurˌkun·de** *f* divorce certificate. — **~ˌur·teil** *n* (judicial) decree of divorce, divorce decree: vorläufiges ~ decree nisi (of divorce); endgültiges (*od.* rechtskräftiges) ~ decree absolute (of divorce).

Scheik [ʃaɪk] *m* ⟨-s; -e *u.* -s⟩ *cf.* Scheich 1.

Schein[1] [ʃaɪn] *m* ⟨-(e)s; *no pl*⟩ 1. (*Lichtschein*) shine. – 2. (*der Sonne, Lampe etc*) light. – 3. (*gedämpfter, rötlicher*) glow: im ~ des Abendhimmels in the glow of the evening sky. – 4. (*heller, lodernder*) blaze. – 5. (*Schimmer*) glimmer, (faint *od.* dim) light: im (*od.* beim) trüben ~ einer Kerze in the dim light of a candle. – 6. (*kurz aufleuchtender, funkelnder*) gleam, glint. – 7. (*Lichtstrahl*) flash. – 8. (*Glanz*) brightness, sheen (*poet.*), (*stärker*) radiance, splendor, *bes. Br.* splendour, brilliance, brilliancy.

Schein[2] *m* ⟨-(e)s; *no pl*⟩ 1. (*äußeres, trügerisches Bild*) appearance(s *pl*), semblance: ~ und Sein appearance(s *pl*) and reality, the seeming and the real, the semblance and the reality; das ist leerer ~ that is of no real significance; der ~ trügt appearances are deceptive; der ~ spricht gegen ihn appearances are against him; den ~ wahren (*od.* aufrechterhalten, retten) to keep up appearances; man soll nie nach dem bloßen ~ urteilen you should never judge by mere appearances; ich habe mich durch den ~ täuschen lassen I let myself be deceived by appearances; dem ~ nach ist er nicht der Schuldige to all appearances he is not guilty; dem ~e nach zu urteilen as far as appearances go, on the face of it, to judge from appearances (*od.* the look of it, the look of things); etwas hat den ~ der Wahrheit s.th. has the appearance of (the) truth (*od.* of being true). – 2. (*Vortäuschung*) *Br.* pretence, *Am.* pretense, sham, show, make-believe: das ist alles nur ~ that's all mere sham; (nur) zum ~ a) (just) in pretence, b) (*der Form halber*) (just) as a matter of form, (just) for the look of it; ich ging nur zum ~ auf seinen Vorschlag ein I only pretended (*od.* shammed, feigned) to accept his proposal; er tat nur zum ~ so, als ob er schliefe he just pretended to be asleep; eine Rechnung nur zum ~ ausstellen to write out a pro forma bill.

Schein[3] *m* ⟨-(e)s; -e⟩ 1. (*Stück Papier*) paper, slip. – 2. (*Bescheinigung*) certificate, attestation: einen ~ ausstellen to make (*od.* write) out a certificate. – 3. (*Formular*) form. – 4. (*Banknote*) (bank)note, *bes. Am.* bill. – 5. *ped.* (*Übungs-, Seminarschein*) certificate: ~e machen to collect certificates (of attended seminars).

'Schein|aka·zie [-ʔaˌkaːtsiə] *f bot. cf.* Robinie. — **~amaˌteur** *m* (*sport*) shamateur. — **~ˌanˌgriff** *m* 1. *mil.* false (*od.* feigned, sham) attack, feint (attack), demonstration. – 2. (*sport*) (*beim Boxen, Fechten etc*) feint. — **~ˌanˌla·ge** *f mil.* dummy works *pl* (*od.* installation), decoy. — **~ar·guˌment** *n* spurious (*od.* specious) argument, sophism.

'schein·bar I *adj* ⟨*attrib*⟩ 1. (*vermeintlich*) apparent, seeming: ein ~er Widerspruch [Vorteil] an apparent contradiction [advantage]. – 2. (*vorgetäuscht*) feigned, ostensible, pretended, make-believe: er hörte ihr mit ~em Interesse zu he listened to her with feigned interest, he pretended to listen to her with interest. – II *adv* 3. (*dem Schein nach*) apparently, seemingly: die Sonne dreht sich ~ um die Erde the sun seems (*od.* appears) to rotate around (*od.* about) the earth. – 4. (*zur Täuschung*) ostensibly: er gab nur ~ nach he merely pretended to give in. – 5. *colloq. for* anscheinend II.

'Schein|beˌfe·sti·gung *f mil.* dummy fortification. — **~beˌwe·gung** *f* feint movement. — **~beˌweis** *m* delusive (*od.* sham, mock) proof. — **~ˌbild** *n* illusion, phantasm, fantasm, phantom, *auch* fantom. — **~ˌblü·te** *f* 1. (*wirtschaftliche*) apparent prosperity, pseudoprosperity, sham boom. – 2. (*der Kunst, Kultur etc*) specious (*od.* apparent) heyday (*auch* heydey): eine ~ erleben to experience an apparent heyday. — **~ˌbu·che** *f bot.* nothofagus (*Gattg Nothofagus*): Chilenische ~ roble (beech) (*N. obliqua*). — **~ˌchrist** *m* pseudo- (*od.* lip-)Christian. — **~ˌdaˌsein** *n* shadow existence. — **~ˌehe** *f* mock (*od.* sham, fictitious) marriage.

schei·nen[1] ['ʃaɪnən] *v/i* ⟨scheint, schien, geschienen, h⟩ 1. (*Licht verbreiten*) shine: die Sonne scheint [mir ins Gesicht] the sun is shining [in my face]; die Sonne scheint ins Zimmer the sun is shining into the room; der Mond scheint the moon is shining, there is a moon; die Lampe schien hell [trübe] the lamp shone with a bright [dim] light, the lamp shone brightly [dimly]; grell ~ to shine with a glaring light, to glare; → Licht 1. – 2. (*gedämpft, rötlich*) shine, glow. – 3. (*schimmern*) glimmer. – 4. (*strahlend leuchten*) radiate.

'schei·nen[2] *v/i u. v/impers* ⟨scheint, schien, geschienen, h⟩ (*den Anschein erwecken*) appear, seem: er scheint glücklich zu sein he appears (to be) happy; ein Krieg schien unvermeidlich (zu sein) war seemed (to be) inevitable; Sie ~ Angst zu haben, es scheint, Sie haben Angst, *colloq.* Sie haben Angst, scheint es, *colloq.* Sie haben scheint's Angst you seem to be afraid, it seems (that) you are afraid; das scheint mir ganz natürlich (zu sein) that seems quite natural to me; die Arbeit scheint mir nicht der Mühe wert (zu sein) the work doesn't seem to me (to be) worth the effort; mehr sein als ~ to be more than one (*od.* s.th.) appears to be; mir scheint (*od.* will [es] ~), daß er beleidigt ist he seems to me (to be) offended, it seems to me (that) he is offended; er ist reicher, als es scheint he is richer than he seems; wie es scheint as it seems, apparently; es scheint nur so it only seems to be like that (*od.* to be that way).

'Schein|ˌfir·ma *f econ.* 1. (*zur Ausbildung von Lehrlingen*) fictitious firm for training purposes. – 2. *cf.* Scheingesellschaft. — **~ˌflugˌplatz** *m mil.* dummy (*od.* mock-up) airfield. — **~ˌfrie·de** *m* sham (*od.* hollow) peace, phon(e)y peace (*colloq.*). — **~ˌfrucht** *f bot.* 1. accessory (*od.* spurious) fruit, *auch* pseudocarp. – 2. collective fruit, synconium (*scient.*). — **~ˌfüß·chen** *n meist pl zo. cf.* Pseudopodium. — **~geˌfecht** *n mil.* mock (*od.* sham) fight (*od.* battle, combat). — **~geˌschäft** *n econ.* sham (*od.* fictitious, bogus, simulated, pro forma) transaction (*od.* bargain), phon(e)y deal (*colloq.*). — **~geˌsell·schaft** *f* bogus (*od.* sham) company. — **~geˌwinn** *m* apparent (*od.* fictitious) profit. — **~ˌgrund** *m* 1. fictitious reason. – 2. (*Vorwand*) pretext, *Br.* pretence, *Am.* pretense, ostensible reason. — **~ˌha·sel** *f bot.* corylopsis (*Gattg Corylopsis*). — **s~ˌhei·lig** *adj* 1. sanctimonious, canting: ~es Gerede canting (talk). – 2. (*heuchlerisch*) hypocritical. – 3. (*unaufrichtig*) insincere, false, two-faced. – 4. (*Lächeln etc*) false. – 5. (*gespielt unschuldig od. unwissend*) innocent: sie machte ein ~es Gesicht she put on an innocent air, she looked innocent; tu nicht so ~! don't try to look (*bes. Am.* don't act) so innocent! — **~ˌhei·li·ge** *m, f* 1. sanctimonious (*od.* canting) person. – 2. hypocrite. – 3. false (*od.* insincere, two-faced) person. – 4. person feigning innocence. — **~ˌhei·lig·keit** *f* 1. sanctimoniousness. – 2. hypocrisy. – 3. falseness, insincerity, two-facedness. – 4. feigned innocence. — **~ˌherr·schaft** *f* mock rule. — **~ˌkampf** *m mil. cf.* Scheingefecht. — **~ˌkauf** *m econ.* sham (*od.* fictitious, pro forma) purchase. — **~ˌkö·nig** *m* mock (*od.* sham) king. — **~kon·junkˌtur** *f econ.* sham boom, pseudoprosperity. — **~ˌlei·stung** *f electr.* apparent output (*od.* power). — **~ˌleitˌwert** *m* admittance. — **~maˌnö·ver** *n* 1. *mil.* sham man(o)euver (*bes. Br.* manœuvre), stratagem, demonstration. – 2.

fig. sham man(o)euver (*bes. Br.* manœuvre), stratagem, ruse, feint. — **~proˌzeß** *m jur.* mock trial. — **~ˌquit·te** *f bot.* chaenomeles (*Gattg Chaenomeles*): Japanische ~ Japanese quince (*Ch. lagenaria*). — **~ˌquit·tung** *f econ.* sham (*od.* pro forma) receipt. — **~ˌre·be** *f bot.* a) ampelopsis (*Gattg Ampelopsis*), b) pepper vine (*A. arborea*). — **~ˌschwan·ger·schaft** *f med.* false (*od.* spurious) pregnancy, pseudopregnancy. — **~ˌstel·lung** *f mil.* dummy position. — **~ˌstrom** *m electr.* apparent current. — **~ˌtod** *m med.* apparent death, suspended animation: ~ **der Neugeborenen** fo(e)tal asphyxia. — **s~ˌtot** *adj* apparently (*od.* seemingly) dead, in a state of suspended animation. — **~ˌto·te** *m, f* apparently dead (*od. scient.* asphyxiated) person. — **~verˌkauf** *m econ.* **1.** fictitious (*od.* pro forma) sale. – **2.** (*von Wertpapieren*) wash sale. — **~verˌtrag** *m* **1.** *jur.* fictitious (*od.* sham, simulated) contract. – **2.** *jur. pol.* sham treaty. — **~ˌwelt** *f* ⟨-; *no pl*⟩ illusory world, world of illusion.

ˈScheinˌwer·fer *m* ⟨-s; -⟩ **1.** *auto.* headlight, head lamp: **die ~ abblenden [aufblenden]** to dip (*od.* dim) [to turn on] the headlights; **die ~ kurz aufleuchten lassen** to flash the headlights. – **2.** (*Suchscheinwerfer*) searchlight, search lamp, projector: **die Polizei suchte das Gelände mit ~n ab** police swept the area with searchlights; **der Flüchtende geriet in das Licht der ~** the escapee (*od.* fugitive) was picked up by the searchlights. – **3.** (*theater*) (*film*) spotlight. – **4.** (*Flutlichtscheinwerfer*) floodlight (projector): **ein Gebäude mit ~n anstrahlen** to floodlight a building. — **~ˌke·gel** *m* **1.** *auto.* beam of a headlight. – **2.** *cf.* Scheinwerferlicht 3. — **~ˌlam·pe** *f* **1.** *phot.* projector lamp. – **2.** *auto.* reflector. — **~ˌlicht** *n* **1.** *auto.* headlighting. – **2.** (*theater*) (*film*) spotlight. – **3.** (*einer Flutlichtanlage*) floodlight. – **4.** *fig.* limelight. — **~ˌschal·ter** *m auto.* headlights (*od.* head lamps) control. — **~ˌspie·gel** *m* headlight (*od.* head lamp) reflector.

ˈSchein|ˌwi·derˌstand *m electr.* apparent resistance, (apparent) impedance. — **~zyˌpres·se** *f bot.* Japanese cypress (*Gattg Chamaecyparis*).

Scheiß [ʃaɪs] *m vulg. only in* ~ **machen** to crap (*sl.*), to make a mess of things; ~! (what a) shit! (*vulg.*).

ˈScheiß|ˌangst *f vulg.* blue funk (*colloq.*): **eine ~ haben** to be in a blue funk, to be scared stiff (*colloq.*), *bes. Br. vulg.* to be bloody terrified. — **~ˌdreck** *m vulg.* **1.** (*Kot*) shit, 'crap' (*beide vulg.*). – **2.** *fig.* (*in Wendungen wie*) **das geht dich einen (feuchten) ~ an** that's none of your damned (*Am.* goddamn[ed], goddam) business (*colloq.*), *bes. Br. vulg.* that's none of your bloody (*od.* ruddy) business; **wegen jedem ~ beklagt er sich** he complains about every piddling thing; **(so ein) ~!** damn (it)! shit! (*vulg.*), *bes. Br. vulg.* bloody (*od.* ruddy) hell!

Schei·ße [ˈʃaɪsə] *f* ⟨-; *no pl*⟩ *vulg.* **1.** (*Kot*) shit, 'crap' (*beide vulg.*), dirt: **in ~ treten** to walk in shit. – **2.** *fig.* (*in Wendungen wie*) **(so eine) ~! verfluchte ~!** damn (it)! shit! (*vulg.*), *bes. Br. vulg.* bloody (*od.* ruddy) hell! **das ist doch alles ~!** *bes. Br. vulg.* it's all just bloody awful (*od.* lousy)! **er sitzt (gewaltig) in der ~** he is (really) in the soup (*colloq.*); **den Betrieb (*od.* den Karren) wieder aus der ~ ziehen** to patch up a mess; **j-n aus der ~ ziehen** to help s.o. out of a jam (*od. colloq.* out of a hell of a spot); **j-n durch die ~ ziehen** to drag s.o. through the mud (*od.* dirt). – **3.** (*Dünger*) dung.

ˈscheiß·egal [-ˀeˈgaːl] *adj only in* **das ist mir ~** *vulg.* I don't give a damn, I don't care a damn (*od. colloq.* hang) about it, I don't give a shit (*vulg.*).

schei·ßen [ˈʃaɪsən] *v/i* ⟨scheißt, schiß, geschissen, h⟩ *vulg.* shit, crap (*beide vulg.*), defecate: **in die Hose ~** to shit one's pants; **auf (*acc*) etwas ~** *fig.* not to care (*od.* give) a damn for (*od.* about) s.th., not to give a shit about s.th. (*vulg.*); **auf deine Hilfe scheiße ich!** *fig.* bugger your help, I piss on your help (*beide vulg.*); **deswegen brauchst du nicht gleich in die Hosen zu ~** *fig.* there's no need to piss (*od.* shit) (in) your pants (*vulg.*); **scheiß der Hund drauf!** *fig.* I don't give a damn (*od. vulg.* a shit)! **da scheißt der Hund ins Feuerzeug!** *fig.* fuck a duck! (*vulg.*), *bes. Br. vulg.* blimey!

ˈSchei·ßer *m* ⟨-s; -⟩ *fig.* **1.** *vulg. cf.* Scheißkerl. – **2.** *vulg. for* Feigling 1, 2. – **3.** *only in* **kleiner ~** *colloq.* (*Kosename*) darling.

Schei·ßeˈrei *f* ⟨-; *no pl*⟩ *vulg.* (the) trots *pl* (*colloq.*), (the) shits *pl* (*vulg.*) (*beide construed as sg or pl*), diarrh(o)ea: **die ~ haben** to be on (*Am.* to have) the trots.

ˈscheiß|ˈfreund·lich *adj colloq.* exaggeratedly (*od.* hellish, *bes. Br. vulg.* bloody) friendly; **er ist heute ~** he's (as) friendly as hell today (*colloq.*). — **S~ˌhaus** *n vulg.* crap can (*vulg.*), *bes. Br. vulg.* bog. — **S~ˌkerl** *m vulg. contempt.* 'swine', sod, 'bastard', son of a bitch, bugger (*alle vulg.*). — **S~ˌwet·ter** *n vulg.* foul (*od. colloq.* beastly, lousy, *sl.* rotten, *vulg.* shitty) weather.

Scheit [ʃaɪt] *n* ⟨-(e)s; -e, *bes. Southern G., Austrian and Swiss* -er⟩ **1.** (*Holzscheit*) piece of wood, (*bes. zum Verheizen*) log, billet. – **2.** *cf.* Spaten.

Schei·tel [ˈʃaɪtəl] *m* ⟨-s; -⟩ **1.** top (*od.* crown) of the head: **vom ~ bis zur Sohle** from top to toe (*od.* bottom), from head to foot (*od.* heel); → Kavalier 1. – **2.** (*der Frisur*) *Am.* part, *bes. Br.* parting: **den ~ ziehen** to part one's hair; **einen ~ tragen** to wear a parting, to wear one's hair parted; **ich trage (*od.* habe) den ~ in der Mitte** I part my hair in the middle, I wear the part(ing) in the middle. – **3.** *poet.* (*Kopf, Haupt*) head, crown. – **4.** (*Scheitelpunkt*) apex. – **5.** *med.* top (*od.* crown) of the head, summit, vertex (*scient.*). – **6.** *math.* a) (*einer Kurve, eines Winkels etc*) summit, maximum; vertex, apex (*scient.*), b) (*Ursprung*) origin (of coordinates). – **7.** *arch.* (*eines Bogens, eines Gewölbes, einer Kuppel*) top; vertex, apex (*scient.*). — **~ˌau·ge** *n zo.* (*dritte Augenanlage gewisser Wirbeltiere*) pineal eye. — **~ˌbein** *n med.* parietal bone. — **~ˌbrechˌwertˌmes·ser** *m* (*optics*) focometer, *auch* focimeter, lensmeter, lensometer, vertometer, vertex refractometer. — **~ˌfak·tor** *m phys.* crest (*od.* amplitude) factor. — **~ˌhal·tung** *f civ.eng.* (*eines Kanals*) summit. — **~ˌhö·he** *f* **1.** (*einer Leitung, Eisenbahn etc*) summit level. – **2.** *math. phys.* maximum ordinate, (height of) vertex. – **3.** *med.* bregma. — **~ˌkäpp·chen** *n* skullcap, (*bes. eines Geistlichen*) *auch* calot, *bes. Br.* calotte. — **~ˌkreis** *m astr.* vertical circle. — **~ˌla·dung** *f tech.* (*bei Sprengungen*) crown charge. — **~ˌla·ge** *f med.* (*des Fetus*) vertex presentation. — **~ˌlap·pen** *m* (*des Gehirns*) parietal lobe. — **~ˌli·nie** *f astr. math.* vertical line.

schei·teln [ˈʃaɪtəln] **I** *v/t* ⟨h⟩ (**sich** *dat*) **das Haar ~** to part one's hair, to make a part(ing) in one's hair; **sie scheitelt ihr Haar in der Mitte** she wears a part(ing) in the middle, she wears her hair parted in the middle. – **II** *v/reflex* **sich ~** (*von Haar*) part, form a part(ing).

ˈSchei·telˌnaht *f med.* parietal suture.

ˈSchei·telˌpunkt *m* **1.** *bes. phys.* (*einer Flug-, Schuß-, Wurfbahn*) summit, culminating point; apex, vertex (*scient.*). – **2.** *math.* vertex. – **3.** *astr.* zenith, vertex. – **4.** *auto.* (*des Lenkrads*) vertex. – **5.** *fig.* summit, zenith, peak, pinnacle, acme: **auf dem ~ seines Ruhms** at the summit of his fame. — **~ˌhö·he** *f bes. phys.* maximum ordinate.

ˈSchei·tel|ˌspan·nung *f electr.* peak voltage. — **~ˌwert** *m bes. phys.* (*von Schwingungen, Temperaturen, Stromspannungen etc*) peak (value *od.* amplitude), crest. — **~ˌwin·kel** *m* **1.** *math.* top angle. – **2.** *astr.* zenith distance. — **~ˌzel·le** *f bot.* (*des Vegetationspunktes*) apical cell.

schei·ten [ˈʃaɪtən] *v/t* ⟨h⟩ *Swiss* (*Holz etc*) chop.

ˈSchei·terˌhau·fen *m* **1.** (*zur Totenverbrennung*) (funeral) pyre. – **2.** *hist.* (*für den Feuertod*) stake, (*bes. zur Ketzerverbrennung*) *auch* fag(g)ot: **sie wurde zum Tod auf dem ~ verurteilt** she was condemned to (*od.* to be burned at) the stake. – **3.** *bes. Southern G. and Austrian gastr. warm dessert consisting of soaked white bread, apples, almonds, whipped cream etc.*

schei·tern [ˈʃaɪtərn] **I** *v/i* ⟨sein⟩ **1.** *fig.* fail, founder, *auch* be stranded, (*von Plan, Verhandlungen, Bemühungen etc*) *auch* miscarry, be frustrated: **das Unternehmen scheiterte am Widerstand einzelner** the enterprise miscarried because (*od.* as a result) of the opposition of several people; **er ist an der Abschlußprüfung gescheitert** he failed because of the finals, the finals were his undoing; **die Mannschaft scheiterte an einem zweitklassigen Gegner** the team failed in the match with a second-rate opponent; **Verhandlungen ~ lassen** to thwart (*od.* frustrate) negotiations. – **2.** *mar.* a) (*Schiffbruch erleiden*) be (ship)wrecked, wreck, b) (*auf Grund laufen*) run aground, ground, c) (*stranden*) strand, be stranded: **das Schiff scheiterte an den Klippen [auf einer Sandbank]** the ship grounded on (*od.* ran on to) the rocks [a sandbank]. – **II S~** *n* ⟨-s⟩ **3.** *verbal noun.* – **4.** *fig.* failure, (*eines Plans, einer Verhandlung*) *auch* miscarriage, frustration: **sein Versuch war von vornherein zum S~ verurteilt** his attempt was doomed to failure from the very beginning; **etwas zum S~ bringen** (*einen Plan, Versuch etc*) to bring about the failure of s.th., to frustrate (*od.* thwart, wreck) s.th., to be the undoing of s.th. – **5.** *mar.* (ship)wreck.

ˈScheit|ˌholz *n* ⟨-es; *no pl*⟩ chopped wood. — **s~ˌrecht** *adj civ.eng. obs.* (*Bogen*) straight. — **~ˌstock** *m* ⟨-(e)s; ⸚e⟩ *Swiss* chopping block.

Sche·kel [ˈʃeːkəl] *m* ⟨-s; -⟩ *antiq. cf.* Sekel.

Schelch [ʃɛlç] *m, n* ⟨-(e)s; -e⟩ *Western G. dial.* barge.

Schelf [ʃɛlf] *m, n* ⟨-s; -e⟩ *geol.* shelf.

Schel·fe [ˈʃɛlfə] *f* ⟨-; -n⟩ *dial. for* Schale[1] 1, 2.

ˈSchelfˌeis *n geol.* shelf ice.

schel·fen [ˈʃɛlfən] *v/i u.* **sich ~** *v/reflex* ⟨h⟩ *rare for* schelfern. — **ˈschel·fern** *v/i u.* **sich ~** *v/reflex* ⟨h⟩ (*von Haut*) peel (off), scale.

Schel·lack [ˈʃɛlak] *m* ⟨-(e)s; -e⟩ *synth.* shellac, *Am. auch* shellack. — **~ˌplat·te** *f* shellac disc (*od.* disk).

ˈSchell|ˌad·ler *m zo.* spotted eagle (*Aquila clanga*). — **~ˌbee·re** *f bot.* cloudberry, *auch* dwarf mulberry, knotberry, mountain bramble (*Rubus chamaemorus*).

Schel·le [ˈʃɛlə] *f* ⟨-; -n⟩ **1.** (*Glöckchen*) (small) bell: → Katze 2. – **2.** (*Hand-, Tischglocke*) (hand)bell. – **3.** (*Kuhglocke*) (cow-)bell. – **4.** (*an der Tür*) (door)bell. – **5.** (*am Fahrrad*) (bicycle) bell. – **6.** *cf.* Ohrfeige 1. – **7.** *pl short for* Handschellen. – **8.** (*games*) (*Spielkartenfarbe*) diamonds *pl* (*construed as sg or pl*). – **9.** *tech.* a) (*an einem Rohr, Schlauch etc*) clamp, clip, clamping collar, b) (*Zwinge*) stirrup. – **10.** *electr.* (*an einem Kabel*) clamp.

schel·len [ˈʃɛlən] **I** *v/i* ⟨h⟩ ring (the bell): **bei j-m ~** to ring at s.o.'s (door); **sie schellte nach dem Dienstmädchen** she rang for the maid. – **II** *v/impers* **es hat geschellt!** the bell has rung (*od.* gone).

ˈSchel·len *n* ⟨-; -⟩ (*games*) (*Spielkartenfarbe*) *cf.* Schelle 8. — **~ˌas** *n* ace of diamonds. — **~ˌbaum** *m mus.* (*der Militärkapelle*) Turkish crescent (*od.* jingle), pavillon (*od.* chapeau) chinois, padiglione cinese, jingling Johnny. — **~ˌblu·me** *f bot. cf.* Glockenblume. — **~ˌbu·be** *m* (*games*) knave (*od.* jack) of diamonds. — **~geˌläut, ~geˌläu·te** *n* **1.** (*Klang*) jingle (*od.* tinkle) of bells. – **2.** (*Glöckchen*) (set of) bells *pl*, (*am Schlitten*) *auch* sleigh bells *pl*, (*am Pferdegeschirr*) *auch* bell harness. — **~ˌhalsˌband** *n* bell collar. — **~ˌkap·pe** *f* foolscap, fool's cap. — **~ˌkö·nig** *m* (*games*) king of diamonds: **j-n über den ~ loben** *fig. colloq.* to praise s.o. to the skies (*od.* to high heaven). — **~ˌschlit·ten** *m* sleigh with bells.

ˈSchellˌen·te *f zo.* goldeneye, garrot (*Bucephala od. Glaucionetta clangula*).

ˈSchel·lenˌtrom·mel *f mus.* tambourine.

ˈSchellˌfisch *m zo.* haddock (*Melanogrammus aeglefinus*): **geräucherter ~** *gastr.* finnan (*od.* smoked) haddock, finnan haddie. — **~ˌar·ten** *pl* gadoids.

ˈSchell|ˌham·mer *m tech.* rivet(ing) (*Am. auch* heading) set, set hammer, snap hammer (*od.* tool). — **~ˌhengst** *m zo. cf.* Schälhengst. — **~ˌkraut** *n*, **~ˌwurz** *f bot. cf.* Schöllkraut.

Schelm [ʃɛlm] *m* ⟨-(e)s; -e⟩ **1.** wag, rogue (*humor.*). – **2.** (*als Kosewort*) rogue: **du kleiner ~!** you little rogue (*od.* rascal)! – **3.** (*Narr, Spaßvogel*) joker, jester, wag, buffoon: **der arme ~** the poor old joker. – **4.** *obs. for* Schurke 1: **ein ~, wer Arges dabei denkt** ill be to him who thinks ill, shame to him who thinks evil of it. – **5.** (*literature*) rogue, picaro, pic(k)aroon.

'**Schel·men|ge,sicht** *n* roguish (*od.* mischievous) face. — ~,**lied** *n* gallows song. — ~**ro,man** *m* (*literature*) picaresque novel. — ~,**streich** *m*, ~,**stück** *n* **1.** roguish (*od.* waggish) trick. – **2.** *obs.* knavery.

Schel·me'rei *f* ⟨-; -en⟩ *cf.* Schelmenstreich.

'**Schel·min** *f* ⟨-; -nen⟩ minx, rogue.

'**schel·misch** *adj cf.* schalkhaft.

Schel·te ['ʃɛltə] *f* ⟨-; -n⟩ **1.** scolding, chiding, telling off (*colloq.*), (*stärker*) dressing down: ~ **bekommen** (*od. colloq.* **kriegen**) to be given (*od.* to get) a scolding, to be scolded. – **2.** *rare for* Scheltwort.

schel·ten ['ʃɛltən] **I** *v/t* ⟨schilt, schalt, gescholten, h⟩ **1.** *lit.* scold, chide, take (*s.o.*) to task, upbraid (*lit.*), tell (*s.o.*) off (*colloq.*), let (*s.o.*) have it (*sl.*), *Am. colloq.* tongue-lash, bawl (*s.o.*) out: **sie schalt mich wegen meines Betragens** she scolded me because of (*od.* for) my behavio(u)r. – **2.** **j-n etwas** ~ *lit.* to call s.o. s.th.: **er hat ihn einen Faulpelz [Dummkopf] gescholten** he called him a lazybones [a fool]. – **II** *v/i* **3.** *dial.* scold, chide: **über** (*od.* **auf**) **j-n [etwas]** ~ to scold about s.o. [s.th.]; **sie hat schon immer mit mir gescholten** she has always been scolding me.

Schel·to·pu·sik [ʃɛlto'puːzɪk] *m* ⟨-s; -e⟩ *zo.* scheltopusik, sheltopusi(c)k (*Ophisaurus apodus*).

'**Schelt,wort** *n* ⟨-(e)s; ⁼er *u.* -e⟩ abusive word, invective: ~**e** abusive language *sg.*

Sche·ma ['ʃeːma] *n* ⟨-s; -s *u.* -ta [-ta], *auch* Schemen⟩ **1.** (*Muster, System, Grundplan*) pattern, system, schema: **wir sind bei unserer Arbeit an kein** ~ **gebunden** we do not have to keep (*od.* stick) to a definite (*od.* preconceived) pattern in our work; **etwas in ein** ~ **pressen** to force s.th. into a definite pattern; **etwas nach** ~ **F behandeln** *fig. colloq.* to handle s.th. in the same old way (*od.* to the same stereotyped pattern), to handle s.th. in the same old routine; **bei ihm geht alles nach** ~ **F** *fig. colloq.* he does everything to the same old pattern. – **2.** (*graphische Darstellung*) diagram, diagrammatic representation (*od.* view), scheme. – **3.** (*Entwurf, Skizze*) sketch, scheme. – **4.** *math.* array. – **5.** *philos.* schema. – **6.** *electr.* wiring (*od.* circuit) diagram. — ~,**brief** *m econ.* form letter.

Sche·ma·ti·ker [ʃe'maːtikər] *m* ⟨-s; -⟩ schematist.

sche·ma·tisch [ʃe'maːtɪʃ] **I** *adj* **1.** (*Plan, Entwurf etc*) schematic, diagrammatic, *auch* diagrammatical: **eine** ~**e Darstellung** a schematic representation, a diagram, a schematic. – **2.** (*Arbeit, Tätigkeit etc*) system(at)ized, mechanic(al), schematic. – **II** *adv* **3. einen Vorgang** ~ **darstellen** to illustrate (*od.* represent) a process schematically (*od.* diagrammatically, by means of a diagram). – **4. er arbeitet zu** ~ he is too mechanical in his work.

sche·ma·ti·sie·ren [ʃemati'ziːrən] **I** *v/t* ⟨*no* ge-, h⟩ **1.** system(at)ize, schematize. – **2.** (*schematisch darstellen*) diagrammatize, schematize. – **II S**~ *n* ⟨-s⟩ **3.** *verbal noun.* — **Sche·ma·ti'sie·rung** *f* ⟨-; -en⟩ **1.** *cf.* Schematisieren. – **2.** system(at)ization, schematization.

Sche·ma·tis·mus [ʃema'tɪsmʊs] *m* ⟨-; -tismen⟩ **1.** ⟨*only sg*⟩ *auch philos.* schematism. – **2.** *röm.kath.* (*statistical*) *handbook for Roman Catholic diocese or order.* – **3.** *bes. Austrian for* Rangliste 1.

Sche·ma·tist [ʃema'tɪst] *m* ⟨-en; -en⟩ *cf.* Schematiker.

'**Schem,bart** ['ʃɛm-] *m bes. Southern G. dial.* bearded mask (*used in carnival*).

Sche·mel ['ʃeːməl] *m* ⟨-s; -⟩ **1.** (*Hocker, Stuhl ohne Lehne*) stool, tabo(u)ret: **ein dreibeiniger** ~ a three-legged stool, a tripod. – **2.** (*Fußschemel*) (foot)stool, footrest, ottoman.

Sche·men ['ʃeːmən] *m* ⟨-s; -⟩ **1.** (*schattenhafte Gestalt*) blur, shadowy (*od.* ghostly) figure (*od.* silhouette): **im Zwielicht wurden die Bäume zu** ~ the trees became blurs (*od.* blurred) in the twilight. – **2.** (*Erscheinung, Gespenst*) apparition, phantom, *auch* fantom, ghost. – **3.** *dial. for* Maske 1.

'**sche·men·haft I** *adj* blurred, shadowy, ghostly. – **II** *adv* **die Bergspitzen tauchten** ~ **über den Wolken auf** the blurred (*od.* shadowy) outlines of the mountain tops emerged above the clouds.

'**Sche·men,lau·fen** *n* (*bes. alpenländischer Volksbrauch*) procession of masked groups.

Schenk [ʃɛŋk] *m* ⟨-en; -en⟩ *obs. for* a) Mundschenk 1, b) Wirt 1.

Schen·ke ['ʃɛŋkə] *f* ⟨-; -n⟩ *cf.* Schankwirtschaft 1.

Schen·kel ['ʃɛŋkəl] *m* ⟨-s; -⟩ **1.** (*Oberschenkel*) thigh, femur (*scient.*): **er schlug sich** (*dat*) **vor Vergnügen auf die** ~ he slapped his thighs (*od.* knees, legs) in amusement. – **2.** (*Unterschenkel*) (lower) leg, crus (*scient.*). – **3. dem Pferd die** ~ **geben** (*beim Reitsport*) to knee a horse, to give a horse one's knees; **das Pferd gehorcht dem** ~ the horse obeys the knees. – **4.** *math.* a) (*eines Dreiecks*) (lateral) side, leg, b) (*eines Winkels*) (lateral) side, c) (*eines Zirkels*) leg. – **5.** *tech.* a) (*einer Kurbel*) (crank) web, b) (*einer Achse*) toe, c) (*einer Zange*) handle, grip, d) (*eines Winkeleisens*) leg, e) (*eines Tasters*) arm, f) (*einer Blechschere*) handle, g) (*einer Achswelle*) neck, journal, h) (*eines Splints*) end.

'**Schen·kel|,ader** *f med.* **1.** (*des Oberschenkels*) femoral artery. – **2.** (*des Unterschenkels*) crural artery. — ~,**beu·ge** *f* groin. — ~,**block** *m* (*beim Elektrokardiogramm*) bundle branch block. — ~,**bruch** *m* **1.** (*des Oberschenkelknochens*) fracture of the thigh (*od. scient.* femur). – **2.** *cf.* Schenkelhernie. — ~,**druck** *m* ⟨-(e)s; ⁼e⟩ (*beim Reitsport*) leg (*od.* knee) pressure.

'**Schen·kel,hals** *m med.* neck of the femur, collum femoris. — ~,**bruch** *m*, ~**frak,tur** *f* fracture of the neck of the femur.

'**Schen·kel|,her·nie** *f med.* femorocele, femoral (*od.* crural) hernia. — ~,**hil·fe** *f* (*beim Reitsport*) leg aid. — ~,**kno·chen** *m med. zo.* **1.** (*Oberschenkel*) thighbone, femur (*scient.*). – **2.** (*Unterschenkel*) tibia, fibula. — ~,**rohr** *n tech.* elbow pipe. — ~,**schlag,ader** *f med. cf.* Schenkelader. — ~,**ve·ne** *f* femoral vein.

schen·ken ['ʃɛŋkən] **I** *v/t* ⟨h⟩ **1.** give (*s.th.*) (as a present *od.* as a gift), make a present (*od.* gift) of, present, (*stiften*) *bes. Am.* donate: **j-m etwas zum Geburtstag [zu Weihnachten]** ~ to give s.o. s.th. as a birthday [Christmas] present, to give s.o. s.th. (*od.* present s.o. [with] s.th.) for his birthday [for Christmas]; **er hat viel geschenkt bekommen** he was given a lot of presents; **ich lasse mir nichts** ~ a) I don't accept any presents, b) *fig.* (*preislich*) I don't want any bargains, I want to pay the proper price, c) *fig.* (*an Mühe, Entbehrungen etc*) I don't want any special treatment; **so einen Mantel möchte ich nicht (einmal) geschenkt (haben)!** *fig. colloq.* I wouldn't have such a coat as a gift, I wouldn't take a present of (*od.* say 'thank you' for) a coat like that (*colloq.*). – **2. sich** (*dat*) (**gegenseitig**) **etwas** ~ to give each other s.th. (as a present *od.* as a gift), to exchange presents (*od.* gifts): **habt ihr euch diesmal nichts geschenkt?** didn't you give each other any presents this time? **die beiden Gegner schenkten sich nichts** *fig.* the two opponents didn't pull their punches (*od.* let each other off with anything). – **3. sich** (*dat*) **etwas** ~ *fig.* (*weglassen*) skip, omit: **den Besuch des Museums kannst du dir** ~ you may skip the visit of the museum, you need not bother visiting (*od.* to visit) the museum; **ich habe mir nichts geschenkt** a) I didn't skip anything, b) (*habe mich nicht geschont*) I spared no pains. – **4. j-m etwas** ~ *fig.* (*eine Strafe, Geldschuld, unangenehme Pflicht etc*) to acquit s.o. of s.th., to remit (*od.* excuse) s.o. s.th., to let s.o. off s.th.: **ihm sind 5 Monate seiner Gefängnisstrafe geschenkt worden** he has been remitted 5 months of imprisonment; **diese Arbeit wird dir nicht geschenkt** you won't be excused (*od.* let off) that job, you won't be able to dodge (*od.* get out of) that job; **ihm ist im Leben nichts geschenkt worden** he has been spared nothing in his life. – **5.** *fig.* (*in Wendungen wie*) **er schenkt ihr seine ganze Aufmerksamkeit** he gives her all his attention, he focuses all his attention on her; **j-m die Freiheit** ~ to grant s.o. his freedom, to set s.o. free (*od.* at liberty); **j-m Gehör** ~ to lend s.o. an (*od.* one's) ear, to give ear to s.o.; **der König schenkte seinen Worten [Bitten] Gehör** the king gave ear to his words [requests]; **ich will dir Glauben** ~ I'll believe you, I'll take your word for it; **sie schenkte seinen Worten keinen Glauben** she did not believe what he said; **j-m sein Herz** ~ to give s.o. one's heart; **einem Kind das Leben** ~ to bring a child into the world; **sie schenkten dem Verurteilten das Leben** they spared the condemned (man) his life; **j-m (sein) Vertrauen** ~ to put (*od.* place) (one's) confidence in s.o., to confide in s.o., to trust (*od. lit.* put one's trust) in s.o.; → Beachtung 2, 4. – **6. etwas in** (*acc*) **etwas** ~ (*Getränke*) to pour s.th. into s.th.: **er schenkte Wein in sein Glas** he poured him a glass of wine, he filled his glass with wine. – **II** *v/i* **7.** give presents. – **III** *v/reflex* **8. sich j-m** ~ *poet.* (*von Frauen, Mädchen*) to give oneself (*od.* yield) to s.o. – **IV S**~ *n* ⟨-s⟩ **9.** *verbal noun.* – **10.** *cf.* Schenkung.

'**Schen·ker** *m* ⟨-s; -⟩, '**Schen·ke·rin** *f* ⟨-; -nen⟩ *bes. jur.* donor, donator, giver.

'**Schenk,stu·be** *f cf.* Schankraum.

'**Schen·kung** *f* ⟨-; -en⟩ **1.** *cf.* Schenken. – **2.** *bes. jur.* donation, gift, bestowal, bestowment: **Konstantinische** ~ *hist.* Donation of Constantine; ~ **für den Todesfall** *bes. Am. jur.* gift mortis causa.

'**Schen·kungs|,brief** *m jur.* deed of donation (*od.* gift). — ~,**steu·er** *f* gift tax. — ~,**ur,kun·de** *f cf.* Schenkungsbrief. — ~**ver,spre·chen** *n* promise to make a gift (*od.* donation).

'**Schenk,wirt** *m cf.* Schankwirt.

schep·pern ['ʃɛpərn] *Southern G., Austrian and Swiss dial.* **I** *v/i* ⟨h⟩ (*von losen Teilen*) rattle. – **II** *v/impers* **jetzt hat es gescheppert** a) s.th. has been smashed, b) (*beim Autozusammenstoß*) there has been a crash, c) *fig.* he (*od.* she) caught (*od. sl.* copped) it.

Scher [ʃeːr] *m* ⟨-(e)s; -e⟩ *Southern G., Austrian and Swiss zo. for* Maulwurf.

Scher·be ['ʃɛrbə] *f* ⟨-; -n⟩ **1.** (*Glas-, Porzellanscherbe etc*) (broken) piece, fragment: **in** ~**n gehen** a) to go (*od.* come) to pieces, b) *fig.* to go to pieces; **bei ihrem Streit hat es** ~**n gegeben** a) their quarrel turned into a brawl, b) *fig.* their relationship is beginning to crack up since their quarrel; **die** ~**n zusammenkehren** *auch fig.* to pick up the (broken) pieces (*od.* bits). – **2.** *bes. archeol.* (*Topfscherbe*) potsherd. – **3.** (*bes. in Blumentöpfen*) crock. – **4.** *humor.* (*Einglas*) monocle.

'**Scher·be,an,spru·chung** *f tech.* shear(ing) stress.

Scher·ben ['ʃɛrbən] *m* ⟨-s; -⟩ **1.** (*gebrannter Ton*) body. – **2.** *Southern G. and Austrian for* Scherbe 1, 2, 3. – **3.** *obs.* flowerpot.

'**Scher·ben|ge,richt** *n antiq.* (*im alten Athen*) ostracism: **j-n durch ein** ~ **verbannen** to ostracize (*Br. auch* -s-) s.o. — ~,**ko·balt** *n min.* native arsenic.

Scher·bett [ʃɛr'bɛt] *m, n* ⟨-s; -s⟩ *gastr.* sherbet, *auch* sherbert, sorbet.

'**Scher,blatt** *n* (*eines elektr. Rasierapparates etc*) shaving blade.

'**Scher,block** *m mar.* warping block.

Sche·re ['ʃeːrə] *f* ⟨-; -n⟩ **1.** a) (*kleine*) (pair of) scissors *pl* (*sometimes construed as sg*), b) (*große*) (pair of) shears *pl*, c) *cf.* Baum-, Geflügel-, Haut-, Nagelschere. – **2.** *tech.* a) (*Drahtschere*) wire cutter(s *pl*), b) (*große Blechschere*) plate shears *pl*, c) (*kleine Blechschere*) tinner's snips *pl* (*construed as sg or pl*), d) (*für Wechselräder*) quadrant. – **3.** *zo.* (*eines Krebses etc*) claw, nipper; chela, chelicera (*scient.*). – **4.** *agr.* a) (*einer Deichsel*) shafts *pl*, thills *pl*, poles *pl*, b) (*an der Kandare*) curb (bit). – **5.** *econ.* (*Preisschere etc*) scissors *pl* (*sometimes construed as sg*), gap, (*im Außenhandel*) terms *pl* of trade. – **6.** (*sport*) a) (*am Seitpferd*) scissors *pl* (*usually construed as sg*), b) (*beim Ringen*) scissors *pl* (*usually construed as sg*), scissors hold: **den Gegner in die** ~ **nehmen** to use the scissors on the opponent, to get the scissors (hold) on the opponent.

sche·ren[1] ['ʃeːrən] **I** *v/t* ⟨schert, schor, *rare* scherte, geschoren, *rare* geschert, h⟩ **1.** (*Schafe*) shear, clip, cut. – **2.** (*Hunde*) trim, clip, crop. – **3.** (*Haare*) cut, crop, shear: **j-m das Haar** (*od.* **die Haare**) ~ to cut s.o.'s hair; → Kamm 3. – **4.** (*Bart*) shave. – **5.** (*Hecke*) clip, cut, prune, shear, crop. – **6.** (*Rasen*) mow, cut, clip, shear. – **7.** (*textile*) (*Tuch, Samt etc*) cut, shear, crop. – 8. *tech.* shear, cut. – 9. *mar.* (*Leine, Tau etc*) reeve. – **II S~** *n* ⟨-s⟩ 10. *verbal noun.* – 11. (*der Schafe, Hunde, Hecken etc*) clip, cut.

'sche·ren² **I** *v/t* ⟨h⟩ **1.** *colloq.* **das schert mich nicht** I don't care (about it), I don't give (*od.* care) a damn (about it); **was schert das mich?** what do I care? what's that to me? what has it to do with me? – **II** *v/reflex* **sich ~** *colloq.* **2. sich um etwas ~** to trouble (*od.* care) about s.th.: **ich schere mich den Teufel d(a)rum!** *colloq.* I don't care (*od.* give) a damn, I couldn't care less, I don't care a hoot (*od.* two hoots) (*sl.*). – **3.** (*in Wendungen wie*) **scher dich ins Bett!** turn in! (*colloq.*), hit the sack! (*sl.*); **er soll sich zum Teufel** (*od.* **Henker**) **~** he can go to hell (*colloq.*) (*od.* blazes, the devil). – **III** *v/i* ⟨sein⟩ **4.** *mar.* (*gieren*) sheer, yaw. – **IV S~** *n* ⟨-s⟩ **5.** *verbal noun.*

'Sche·ren|,as·sel *f zo.* cheliferous slater (*Gattg Tanais*). — **~be,we·gung** *f econ.* scissor (*od.* converging) movement. — **~,fern,rohr** *n* (*optics*) *mil.* **1.** battery commander's telescope. – **2.** (*Periskop*) periscope. — **~,schlag** *m* (*sport*) **1.** (*beim Fußball*) scissors kick. – **2.** (*beim Schwimmen*) scissors kick. — **~,schlei·fen** *n* knife (*od.* scissors) grinding. — **~,schlei·fer** *m* knife (*od.* scissors) grinder. — **~,schna·bel** *m zo.* scissorbill, skimmer (*Fam. Rynchopidae*). — **~,schnitt** *m* scissor(s) cut. — **~,wa·gen,he·ber** *m tech.* compound lever-age floor jack.

'Sche·rer *m* ⟨-s; -⟩ **1.** (*Schafscherer etc*) shearer. – **2.** *tech.* (*textile*) warper.

Sche·re'rei *f* ⟨-; -en⟩ *colloq. meist pl* (*Unannehmlichkeit*) trouble, bother: **j-m viel ~en machen** to give (*od.* cause) s.o. a lot of trouble (*colloq.*); **das gibt nur ~en** that'll only give us trouble.

'Scher,fe·stig·keit *f tech.* shear strength.

Scherf·lein ['ʃɛrflaɪn] *n* ⟨-s; -⟩ *only in* **sein ~ zu etwas beitragen** (*od.* **beisteuern**) *auch fig.* to do one's bit to s.th., to contribute one's mite to s.th., *Am. colloq.* to give (*od.* put in) one's two cents' worth.

'Scher,gang *m mar.* sheer strake.

Scher·ge ['ʃɛrgə] *m* ⟨-n; -n⟩ **1.** (*Büttel, Häscher*) sheriff's bailiff (*Am.* deputy), catchpole, catchpoll, myrmidon, *Br.* bumbailiff (*contempt.*). – **2.** *cf.* a) Henker 1, b) Henkersknecht 2.

Sche·rif [ʃe'riːf] *m* ⟨-s *u.* -en; -s *u.* -e(n)⟩ (*arab. Titel*) sharif, sherif, *auch* shareef, shereef.

'Scher|,kamm *m* (*eines elektr. Rasierapparats etc*) guard. — **~,kopf** *m* shaving head. — **~,lei·ne** *f mar.* reeving (*od.* sheer) line. — **~ma,schi·ne** *f* **1.** (*für Schafe etc*) clippers *pl*, shearer, shearing (*od.* cutting) machine. – **2.** (*textile*) cropper, shearing machine. — **~,maus** *f zo.* water vole (*Arvicola amphibius*). — **~,mes·ser** *n* **1.** (*eines Rasierapparates*) shaving blade. – **2.** (*eines Grasmähers*) shear blade, cutter knife. – **3.** (*einer Schermaschine*) shearing blade (*od.* knife). — **~,mes·ser,fisch** *m zo.* razor fish (*Xyrichthys novacula*). — **~,mo·dul** *m metall.* shear modulus. — **~,rah·men** *m* (*in der Weberei*) shearing frame. — **~,span·nung** *f tech. cf.* Scherbeanspruchung. — **~sy,stem** *n* (*eines elektr. Rasierapparates etc*) shaving system. — **~ver,such** *m* (*in der Werkstoffprüfung*) shear(ing) test.

Scher·wen·zel [ʃɛr'vɛntsəl] *m* ⟨-s; -⟩ *cf.* Scharwenzel. — **scher'wen·zeln** *v/i* ⟨*no* ge-, h, *auch* sein⟩ *cf.* scharwenzeln.

'Scher|,win·kel *m mar.* angle of sheer (*od.* yaw). — **~,wol·le** *f cf.* Schurwolle.

Scherz [ʃɛrts] *m* ⟨-es; -e⟩ (*Spaß, scherzhafter Einfall*) joke, jest, pleasantry: **~ beiseite** joking apart; **einen ~ machen** to make (*od. colloq.* crack) a joke; **etwas im** (*od.* **zum**) **~ sagen** to say s.th. in (*od.* for) fun (*od.* as [*od.* for] a joke, in jest); **mach keine ~e!** don't say that! **seinen ~ mit j-m [etwas] treiben** a) to make fun (*od.* sport) of s.o. [s.th.], to poke fun at s.o. [s.th.], b) (*j-n zum Narren halten*) to fool (*od.* dupe) s.o.; **er versteht keinen ~** he can't take (*od.* see) a joke; **da hat sich j-d einen schlechten ~ mit dir erlaubt** s.o. played a bad joke (*od.* nasty trick) on you; **dieser ~ geht zu weit** this joke is going too far; **und ähnliche ~e** *fig. colloq.* and what have you.

scher·zan·do [skɛr'tsando] *mus.* **I** *adv u. adj* (*heiter*) scherzando. – **II S~** *n* ⟨-s; -s *u.* -di [-di]⟩ scherzando.

'Scherz·ar,ti·kel *m meist pl* joke (*od.* trick) article, joke.

scher·zen ['ʃɛrtsən] **I** *v/i* ⟨h⟩ **1.** (über *acc* at) joke, jest, crack jokes (*colloq.*): **Sie ~** (**wohl**)! you are (*od.* must be) joking (*od. sl.* kidding)! you don't mean it! **mit ihm ist nicht zu ~, er läßt nicht mit sich ~** he is not to be trifled with; **ich scherze nicht!** no joking! (*colloq.*), I really mean it, in all seriousness. – **2.** (*schäkern*) flirt: **er scherzt mit ihr** he is flirting with her. – **II S~** *n* ⟨-s⟩ **3.** *verbal noun*: **ich bin nicht zum S~ aufgelegt** I'm not in the mood for joking, I'm in no mood for jokes.

'Scher·zer *m* ⟨-s; -⟩ joker, jester.

'Scherz|,fra·ge *f* humorous (*od.* jocular) question, conundrum. — **~ge,dicht** *n* comic poem.

'scherz·haft **I** *adj* (*Bemerkung etc*) joking, jesting, jocular, jocose, facetious. – **II** *adv* jokingly, jestingly, in (*od.* for) fun, as a joke, in jest: **das war nur ~ gemeint** that was only meant as a joke (*od.* said for fun). — **'Scherz·haf·tig·keit** *f* ⟨-; *no pl*⟩ jocularity, jocosity, facetiousness.

'Scherz,na·me *m* nickname.

Scher·zo ['skɛrtso] *n* ⟨-s; -s *u.* Scherzi [-tsi]⟩ *mus.* scherzo.

'Scherz|,rät·sel *n* conundrum. — **s~,wei·se** *adv* as a joke, for (*od.* in) fun. — **~,wort** *n* ⟨-(e)s; -e⟩ witticism, joke, quip.

scheu [ʃɔʏ] *adj* ⟨-er; -(e)st⟩ **1.** (*schüchtern*) shy, bashful: **ein ~es junges Mädchen** a shy (*od.* bashful, coy) young girl. – **2.** (*zaghaft, ängstlich*) timid, nervous. – **3.** (*gehemmt*) inhibited, shy. – **4.** (*Tiere*) shy, timid: **ein ~es Pferd** a shy (*od.* skittish, timid) horse; **ein Tier ~ machen** to startle (*od.* frighten) an animal, to make an animal shy (*od.* skittish); **~ werden** (**vor** *dat* at) (*von Wild, Pferden etc*) to shy, to take fright, to skit; **mach mal die Pferde nicht ~!** *fig. colloq.* stop getting us (*od.* me) all excited (*od.* worked up).

Scheu *f* ⟨-; *no pl*⟩ **1.** (*Schüchternheit*) shyness, bashfulness. – **2.** (*Ängstlichkeit*) timidity, nervousness, (*stärker*) fear: **sprechen Sie ohne jede ~** speak without the least fear, express yourself freely. – **3.** (*Hemmung*) inhibition, shyness. – **4.** (*Abneigung*) (**vor** *dat* to) aversion. – **5.** (*Ehrfurcht*) awe: **eine heilige ~ vor etwas [j-m] haben** *fig. iron.* to stand in awe of s.th. [s.o.], to have a holy dread of s.th. [s.o.] (*colloq.*). – **6.** (*bei Tieren*) shyness, timidity, (*bes. bei Wild, Pferden*) skittishness.

Scheu·che ['ʃɔʏçə] *f* ⟨-; -n⟩ *cf.* Vogelscheuche.

'scheu·chen *v/t* ⟨h⟩ (*wegjagen*) scare (*s.o., s.th.*) (away), frighten (*s.o., s.th.*) off (*od.* away), (*bes. Vögel*) shoo (*s.th.*) (away).

scheu·en ['ʃɔʏən] **I** *v/t* ⟨h⟩ **1.** (*zurückschrecken*) shrink from, shun, shy away from: **wir haben keine Kosten und Mühen gescheut** we didn't shun (*od.* shrink from) expenses or effort, we spared neither trouble nor money; **sie scheut keine Arbeit** she doesn't shy away from (*od.* she puts the hand to) any kind of work. – **2.** (*fürchten*) be afraid of, fear, dread: **das Licht (des Tages) ~** to be afraid of the light (of day); **tue recht und scheue niemand** do (what is) right and fear nobody; → Kind 5. – **II** *v/i* **3.** (*von Pferden*) (**vor** *dat* at) shy, take fright, skit. – **III** *v/reflex* **sich ~ 4. sich ~, etwas zu tun** a) (*zurückschrecken*) to shrink from doing s.th., to fight (*od.* be) shy of doing s.th., b) (*fürchten*) to be afraid to do (*od.* of doing) s.th., to fear to do s.th., to dread doing (*od.* to do) s.th.: **ich scheue mich, es ihr zu sagen** a) I shrink from telling her, b) I am afraid to tell her (*od.* of telling her); **und er scheut sich nicht, es zuzugeben!** and he's not afraid to admit it! and he dares (*od. sl.* has the nerve) to admit it! – **5. sich ~ vor** *cf.* scheuen 1, 2.

Scheu·er ['ʃɔʏər] *f* ⟨-; -n⟩ *cf.* Scheune.

'Scheu·er|,bür·ste *f* scrubbing brush, scrubber. — **~,ei·mer** *m* bucket, pail. — **s~,fest** *adj* (*textile*) abrasion-resistant. — **~,fe·stig·keit** *f* abrasion resistance. — **~,frau** *f* charwoman, *bes. Am.* scrubwoman, cleaning woman, *Br. colloq.* char. — **~,lap·pen** *m cf.* Scheuertuch. — **~,lei·ste** *f* **1.** skirting (board), baseboard, washboard. – **2.** *mar. Am.* guard rail, *Br.* belting. — **~,mit·tel** *n* scouring agent.

scheu·ern ['ʃɔʏərn] **I** *v/t* ⟨h⟩ **1.** (*Töpfe, Fußboden, Hände etc*) scrub, scour: **die Fliesen mit Sand ~** to scrub the tiles with sand. – **2.** (*wund reiben*) rub, chafe, gall: **der Kragen scheuert ihn am Hals** the collar rubs his neck. – **3.** *mar.* a) rub, scour, b) (*mit Scheuerstein*) holystone. – **4. j-m eine ~** *fig. colloq.* to clout s.o., to give s.o. a clout (*beide colloq.*). – **II** *v/i* **5.** (*von Kragen, Schuhen etc*) rub, chafe. – **6.** *mar.* (*schamfilen*) chafe. – **III** *v/reflex* **sich ~ 7.** rub (oneself), scratch (oneself): **sich am Türpfosten ~** to rub against the doorpost. – **IV S~** *n* ⟨-s⟩ **8.** *verbal noun.* – **9.** scrub, scour.

'Scheu·er|,pul·ver *n* scouring powder. — **~,sand** *m* (scouring) sand. — **~,stein** *m* **1.** hearthstone. – **2.** *mar.* holystone. — **~,trom·mel** *f tech.* **1.** tumbling barrel. – **2.** (*in der Drahtfabrikation*) scouring barrel. — **~,tuch** *n* scouring cloth, floor-cloth.

'Scheu,klap·pe *f meist pl auch fig.* blinker, *bes. Am.* blinder: **er läuft mit ~n herum, er hat ~n vor den Augen, er trägt ~n** *fig. colloq.* he's got blinkers on, he is walking around wearing blinkers.

'Scheu,klap·pen|he·mi·an·opie [-hemiˀano,piː], **~he·mi·an·op,sie** [-hemiˀanə,psiː] *f med.* bitemporal hemianopia.

'Scheu,le·der *n cf.* Scheuklappe.

Scheu·ne ['ʃɔʏnə] *f* ⟨-; -n⟩ **1.** barn, shed. – **2.** (*Kornscheune*) granary. – **3.** *fig. colloq.* (*großes, häßliches Gebäude*) barn.

'Scheu·nen|,dre·scher *m only in* **er ißt** (*od.* **frißt**) **wie ein ~** *colloq.* he eats like a horse (*od.* wolf). — **~,tor** *n* barn (*od.* shed) door: → Ochse 2.

'Scheu·sal *n* ⟨-s; -e, *colloq.* Scheusäler⟩ **1.** (*Ungeheuer, Schreckensbild*) monster. – **2.** (*skrupelloser Verbrecher*) monster. – **3.** *colloq. humor.* 'beast', 'horror' (*beide colloq.*), pest: **dieses Kind ist ein richtiges kleines ~** this child is a little horror (*od.* a holy terror) (*colloq.*).

scheuß·lich ['ʃɔʏslɪç] **I** *adj* **1.** (*abstoßend*) repulsive, (*stärker*) hideous, monstrous: **ein ~er Anblick** a hideous sight. – **2.** (*abscheulich, grausam*) atrocious, heinous, horrifying, horrid, abominable: **ein ~es Verbrechen** an atrocious (*od.* heinous) crime. – **3.** (*Auto, Gebäude etc*) ghastly, monstrous. – **4.** *colloq.* (*Wetter etc*) 'awful', 'frightful', 'horrible', 'abominable', 'beastly' (*alle colloq.*). – **5.** *colloq.* (*Essen*) 'ghastly' (*colloq.*): **~ schmecken** to taste ghastly (*od.* horrible). – **II** *adv* **6.** *colloq.* 'awfully', 'frightfully', 'horribly' (*alle colloq.*): **es ist ~ kalt** it's awfully cold. — **'Scheuß·lich·keit** *f* ⟨-; -en⟩ **1.** ⟨*only sg*⟩ (*abstoßende Häßlichkeit*) repulsiveness, (*stärker*) hideousness, monstrosity. – **2.** ⟨*only sg*⟩ (*Abscheulichkeit, Grausamkeit*) atrociousness, atrocity, heinousness, horridness, abomination. – **3.** (*abscheuliche Tat*) atrocity, heinous (*od.* abominable) deed. – **4.** *colloq.* (*geschmackloser Gegenstand*) 'horror' (*colloq.*), abomination, monstrosity: **diese Kirche ist eine architektonische ~** this church is an architectural monstrosity.

Schi... *cf.* **Ski...**

Schib·bo·leth [ʃɪ'boːlɛt] *n* ⟨-s; -e *u.* -s⟩ *Bibl. rare* (*Zeichen*) shibboleth.

Schicht [ʃɪçt] *f* ⟨-; -en⟩ **1.** (*Lage*) layer, bed: **abwechselnd eine ~ Kartoffeln und eine ~ Käse** *gastr.* alternately a layer of potatoes and a layer of cheese. – **2.** *geol. meteor.* (*der Luft, Erde, des Gesteins etc*) stratum. – **3.** (*Überzug*) coat, *auch* coating: **eine dünne ~ roter Farbe** a thin coat of red paint. – **4.** (*Film*) film, lamina (*scient.*). – **5.** (*optics*) (*Beschichtung*) emulsion, (*bes. Vergütungsschicht*) coating: **ionisierte ~** D layer. – **6.** *phot.* emulsion. – **7.** *med. zo.* (*der Haut etc*) layer. – **8.** *civ.eng.* a) (*beim Mauerwerk*) course, layer, b) (*beim Straßenbau*) bed, layer. – **9.** *tech.* a) (*Farbschicht*) coat, b) (*Ölschicht*) film, c) (*Papier-, Sperrholzschicht*) ply, d) (*beim Walzen*) lamination. – **10.** *sociol.* (*Gesellschaftsschicht*) (social) stratum: **breite ~en der Bevölkerung** large sections (*od.* classes) of the population. – **11.** *econ.* a) (*Arbeitszeit*) shift, spell, turn, b) (*Belegschaft*) shift, gang: **in 3 ~en arbeiten** to work in 3 shifts;

(eine) ~ machen *colloq.* to knock off work (*colloq.*). – **12.** (*mining*) shift. – **13.** *pl philos.* (*Seinsschichten*) strata (of being). – **14.** *psych.* (*Schichtung der Persönlichkeit*) stratification of personality.

ˈ**Schicht|ˌar·beit** *f econ.* shift (work). — ~ˌ**ar·bei·ter** *m* shift worker.

Schich·te [ˈʃɪçtə] *f* ⟨-; -n⟩ *Austrian for* Gesteinsschicht.

schich·ten [ˈʃɪçtən] **I** *v/t* ⟨h⟩ **1.** (*Holz, Kohle etc*) arrange (*od.* stock) (*s.th.*) in layers (*od.* beds). – **2.** *tech.* a) (*Preßstoffe*) laminate, b) (*Fertigware*) stack, pile. – **II S~** *n* ⟨-s⟩ **3.** *verbal noun.* – **4.** (*von Holz etc*) arrangement in layers (*od.* beds).

ˈ**Schich·tenˌaufˌwand** *m* (*mining*) *shifts pl expended* (*od. worked*) *per unit of coal produced.*

ˈ**Schich·ten|ˌbil·dung** *f geol.* **1.** bedding, stratification (*scient.*). – **2.** (*Ablagerung*) sedimentation. — ~ˌ**fol·ge** *f* **1.** series of strata. – **2.** column(ar section). — ~ˌ**kun·de** *f* stratigraphy. — **s~ˌwei·se** *adv cf.* schichtweise.

ˈ**Schicht|ˌfu·ge** *f geol.* bedding joint. — ~**geˌstein** *n* **1.** stratified rock. – **2.** sedimentary rock. — ~ˌ**glas** *n tech.* laminated (*od.* safety, shatterproof) glass. — ~ˌ**holz** *n* **1.** stacked wood. – **2.** (*als Fabrikat*) laminated wood.

ˈ**schich·tig** *adj cf.* lamellar.

ˈ**Schicht|ˌlei·stung** *f econ.* output per (man)shift, OMS. — ~ˌ**li·nie** *f* (*auf Landkarte*) contour line. — ~ˌ**lohn** *m econ.* pay for shift work, pay per shift. — ~ˌ**mei·ster** *m* (*mining*) shifter, *Am.* shift boss. — ~ˌ**sei·te** *f phot.* (*eines Films*) emulsion side. — ~ˌ**stoff** *m* laminated plastics *pl* (*construed as sg*). — ~ˌ**stu·fe** *f geol.* cuesta. — ~ˌ**tor·te** *f gastr.* layer cake. — ~ˌ**trä·ger** *m phot.* emulsion support.

ˈ**Schich·tung** *f* ⟨-; -en⟩ **1.** *cf.* Schichten. – **2.** (*Aufbau*) layers *pl.* – **3.** *geol.* (*von Gesteinen*) stratification. – **4.** *sociol.* (*nach Klassen*) stratification: soziale ~ social stratification (*od.* strata *pl*). – **5.** *tech.* lamination.

ˈ**Schicht|ˌun·terˌricht** *m ped.* instruction in shifts. — ~ˌ**wech·sel** *m econ.* change of shifts. — **s~ˌwei·se** *adv* **1.** in layers. – **2.** *econ.* (*in Schichtarbeit*) in shifts. — ~ˌ**wol·ke** *f meteor.* **1.** (*tiefe*) stratum. – **2.** (*mittelhohe*) altostratus. – **3.** (*hohe*) cirrostratus.

schick [ʃɪk] *adj* ⟨-er; -st⟩ **1.** (*elegant*) elegant, chic, smart; *Br. colloq.* posh, trendy: sie ist sehr ~ she's very elegant (*od.* chic, smartly dressed); sich ~ anziehen to dress elegantly (*od.* smartly); wir waren gestern in einem ~en Restaurant we were in an elegant (*od.* a smart) restaurant yesterday. – **2.** (*hübsch, nett*) pretty, nice, natty, neat, swell (*colloq.*). – **3.** *fig. colloq.* 'grand', 'great' (*beide colloq.*), *Am. colloq.* swell: ~, daß du noch gekommen bist! (it's) grand (*od.* great) that you've come after all!

Schick *m* ⟨-(e)s; *no pl*⟩ **1.** (*Eleganz*) elegance, style, *auch* chic: sie [das Kleid] hat ~ she [the dress] has style (*od.* is elegant). – **2.** *Swiss* favorable (*bes. Br.* favourable) bargain.

schicken (*getr.* -k·k-) [ˈʃɪkən] **I** *v/t* ⟨h⟩ **1.** send: j-m etwas ~ to send s.o. s.th. (*od.* s.th. to s.o.); j-m (*od.* an j-n) einen Brief (mit der Post) ~ to send s.o. a letter (by post, *bes. Am.* mail), to post (*bes. Am.* mail) s.o. a letter; sich (*dat*) die Waren ins Haus ~ lassen to have the goods sent (*od.* dispatched) by free delivery; j-m Geld ~ a) (*im Brief*) to send s.o. money, b) (*per Überweisung*) to remit (*od.* transmit) money to s.o.; j-m j-n ~ to send s.o. to s.o.; meine Mutter schickt mich, ich soll Ihnen sagen my mother sends me to tell you; j-m j-n auf den Hals ~ *fig. colloq.* to set s.o. on s.o.; j-n auf Reisen ~ to send s.o. on a tour; im nächsten Jahr wird er auf die (*od.* zur) Schule geschickt he'll be sent to school next year; ein Kind auf die Straße zum Spielen ~ to send a child out into (*bes. Am.* onto) the street to play; j-n ins Bett ~ to send s.o. to bed; jeden Morgen schicke ich sie in die (*od.* zur) Schule I send her to school every morning; Soldaten in den Krieg [Tod] ~ to send soldiers to war [death]; j-n nach Hause ~ to send s.o. home; ~ Sie bitte Herrn Müller zu mir! please send Mr. Müller to me; j-n zum Teufel ~ *fig. colloq.* to want s.o. to go to hell (*colloq.*), to wish s.o. further (*od.* to the devil); ein Mädchen auf die Straße ~ (*von Zuhälter*) to make a girl walk the streets; → April; Wüste 1. – **2.** j-n (auf die Reise) ~ (*sport*) (*beim Fußball, Hockey*) to send s.o. away. – **II** *v/i* **3.** ~ nach to send for: wir müssen nach dem Arzt ~ we have to send for (*od.* summon) the doctor. – **III** *v/reflex* sich ~ **4.** (*sich gehören*) be fitting, be good form, be seemly (*od.* proper, right): das schickt sich nicht it's not done (*od.* the done thing, good form), it's unseemly (*od.* improper); das schickt sich nicht für dich that's not fitting for you, it doesn't befit (*od. lit.* behoove, *bes. Br.* behove) you. – **5.** sich in (*acc*) etwas ~ a) (*sich ergeben*) to resign oneself to s.th., to submit to s.th., to acquiesce in s.th., b) (*sich anpassen*) to adapt (oneself) to s.th.: sich ins Unvermeidliche ~ to submit to the inevitable; sich in jede Lage ~ to adapt (oneself) to every situation; sich in die Zeit ~ to go (*od.* keep up) with the times. – **6.** *colloq.* (*sich beeilen*) hurry (up): schickt euch! hurry (up)! *Br. colloq.* buck up! – **IV** *v/impers* **7.** es schickt sich [nicht] it's [not] fitting, it's good [bad] form, it's [un]seemly. – **8.** (*sich fügen*) happen, come about: es schickte sich gerade so, daß it just so happened that, luck would have it that; wenn es sich gerade so schickt should it so happen.

ˈ**schick·lich** *adj* **1.** (*geziemend*) fitting, seemly: es ist nicht ~, mit vollem Mund zu sprechen it's not fitting (*od.* done, the done thing, good form) (*od.* it's unseemly, bad form) to speak with one's mouth full. – **2.** (*anständig*) decent. – **3.** (*geeignet, angemessen*) suitable, convenient: das gibt mir einen ~en Grund, die Einladung abzulehnen that gives me a suitable (*od.* convenient) reason to decline (*od.* for declining) the invitation. — ˈ**Schick·lich·keit** *f* ⟨-; *no pl*⟩ **1.** (*äußerer Anstand*) decorum, propriety, good form, seemliness. – **2.** (*Moral*) decency.

ˈ**Schick·lich·keits·geˌfühl** *n* **1.** sense of decorum (*od.* propriety). – **2.** sense of decency.

ˈ**Schick·sal** *n* ⟨-s; -e⟩ **1.** fate: ich habe schon manche schwere(n) ~e miterlebt I have witnessed many a hard (*od.* difficult) fate; er hatte ein ähnliches ~ wie he had a similar fate as. – **2.** ⟨*only sg*⟩ (*Fügung, Bestimmung*) fate, destiny, fortune: die Hand [Macht] des ~s the hand [power] of fate (*od.* destiny); Ironie des ~s irony of fate; das ~ hat es gut mit ihr gemeint fortune has favo(u)red her; niemand entgeht seinem ~ nobody can escape his destiny; sein ~ herausfordern to tempt fate (*od.* providence); sein ~ ist besiegelt *auch humor.* his fate is sealed, (*bes. bei Personen*) his goose is cooked (*colloq.*), he has had his chips (*colloq.*); das müssen wir dem ~ überlassen we must leave it to destiny (*od.* fate); j-n seinem ~ überlassen to leave s.o. to his fate; j-s ~ sein to be s.o.'s fate (*od.* destiny); ~ spielen to play (the role of) destiny (*od.* fortune); das ~ wollte es, daß fate would have it that; es ist anscheinend mein ~, immer der letzte zu sein *humor.* it seems to be my fate to be always the last (one); sein ~ mit Fassung tragen *bes. humor.* to bear one's fate with equanimity. – **3.** ⟨*only sg*⟩ (*Los*) lot, fate, *auch* portion: ein schweres ~ erleiden to suffer a hard lot (*od.* fate); j-s ~ teilen to share s.o.'s lot (*od.* fate); das ~ ereilte ihn he met his fate; mit seinem ~ unzufrieden sein (*od.* hadern) to be discontented with one's lot; das weitere ~ der Bücher ist unbekannt the lot (*od.* fate, *auch* destiny) of the books is unknown.

ˈ**schick·sal·haft** *adj* fateful, fatal.

ˈ**schick·sals·erˌge·ben** *adj* resigned to one's fate.

ˈ**Schick·sals|ˌfra·ge** *f* fateful (*od.* fatal) question. — ~ˌ**fü·gung** *f* (act *od.* stroke of) providence (*od.* fate). — ~**geˌfähr·te** *m meist pl* companion in misfortune, fellow sufferer. — ~**geˌmein·schaft** *f* community of fate. — ~**geˌnos·se** *m cf.* Schicksalsgefährte. — ~ˌ**glau·be** *m* fatalism. — ~ˌ**göt·tin·nen, die** *pl myth.* the (three) Fates, the (three) Fatal Sisters. — ~ˌ**li·nie** *f* (*in der Hand*) line of fate. — ~ˌ**prü·fung** *f* trial of fate. — ~ˌ**schlag** *m* **1.** reverse of fortune, stroke of fate. – **2.** *pl* vicissitudes. — **s~ˌschwan·ger, s~ˌschwer** *adj lit. for* schicksalhaft. — ~ˌ**stun·de** *f* fateful (*od.* fatal) hour. — ~**traˌgö·die** *f* (*literature*) tragedy of fate. — **s~verˌbun·den** *adj* united by a common fate. — ~ˌ**weg** *m* road of destiny. — ~ˌ**wen·de** *f* change of fortune, vicissitude.

Schick·se [ˈʃɪksə] *f* ⟨-; -n⟩ *colloq. contempt.* (*leichtes Mädchen*) girl of easy virtue: sie ist eine ~ she's a (bit of a) tart (*sl.*).

ˈ**Schickung** (*getr.* -k·k-) *f* ⟨-; -en⟩ *cf.* Schicksalsfügung.

ˈ**Schie·be|ˌblen·de** *f phot.* sliding stop plate, Waterhouse stop. — ~ˌ**brett** *n tech.* slip board, slide(r). — ~ˌ**büh·ne** *f* **1.** (*railway*) traveling (*bes. Br.* travelling) platform, traverser, traverse table, *Am.* transfer table. – **2.** *tech.* traveling (*bes. Br.* travelling) platform. – **3.** *metall.* (*eines Walzwerks*) traverser. – **4.** (*mining*) (*Wagenbühne*) sliding platform. – **5.** (*theater*) sliding stage.

ˈ**Schie·beˌdach** *n* (*am Auto*) sliding roof (*od.* top), *auch* sunshine roof. — ~ˌ**wa·gen** *m* (*railway*) freight car (*Br.* goods waggon) with (a) sliding roof.

ˈ**Schie·be|ˌdeckel** (*getr.* -k·k-) *m* sliding lid. — ~ˌ**fen·ster** *n* sliding (*od.* slide, sash) window.

schie·ben [ˈʃiːbən] **I** *v/t* ⟨schiebt, schob, geschoben, h⟩ **1.** (*Autos, Kinderwagen, Möbel etc*) push, (*stärker*) shove: einen Schubkarren [ein Fahrrad] ~ to push (*od.* wheel) a wheelbarrow [bicycle]; j-n ~ a) to push s.o., b) *fig.* (*in eine Position etc*) to man(o)euver (*bes. Br.* manœuvre) s.o. (into); j-n beiseite ~ *auch fig.* to push (*od.* shove, elbow, thrust) s.o. aside (*od.* out of the way); er muß für alles (erst) geschoben werden *fig.* he has to be pushed to everything; den Hut in den Nacken (*od.* ins Genick) ~ to push (*od.* tilt) back one's hat; dem Kind die Arznei in den Mund ~ to push the medicine into the child's mouth; die Decke von sich ~ to push the cover off; den Riegel vor die Tür ~ to push (*od.* slide) the bolt across the door. – **2.** (*gleiten lassen*) put: seine Hände in die Taschen ~ to put (*od.* slip) one's hands in(to) one's pockets; er schiebt ein Brot nach dem anderen in den Mund he puts one sandwich after the other into his mouth. – **3.** (*wegschieben*) (auf *acc* on) put: die Schuld auf j-n [etwas] ~ to put (*od.* lay) the blame on s.o. [s.th.], to blame s.o. [s.th.]; du schiebst immer alles auf andere [deinen Zeitmangel] you are always blaming other people for everything [putting the blame on your lack of time]; einen Gedanken von sich ~ to put a thought to the back of one's mind; die Schuld von sich ~ to deny one's guilt; → Schuh 1. – **4.** (*verschieben*) put off, postpone: etwas von einem Tag auf den anderen ~ to put s.th. off (*od.* postpone s.th.) from one day to the next; etwas auf die lange Bank ~ to put s.th. off, to postpone (*od.* defer) s.th. – **5.** (*abschieben*) expel: j-n über die Grenze ~ to expel s.o. (from the country). – **6.** *colloq.* (*Wechsel, Waren, Lebensmittel etc*) profiteer (with), racketeer (with), traffic (in), carry on (an) illicit trade (in). – **7.** *colloq.* (*in Wendungen wie*) Wache [Dienst] ~ *bes. mil.* to be on guard [duty]; Knast ~ to be in jail (*od. sl.* [the] clink); → Kohldampf. – **8.** Kegel ~ to bowl, *bes. Br.* to play (at) skittles (*od.* ninepins), to skittle: alle neune ~ to throw all nine, to have (*od.* get) a strike; → Kugel 9. – **9.** (*railway*) shunt: den Zug auf ein Nebengleis ~ to shunt the train on to a sidetrack. – **10.** *aer.* (*im Seitenwind gegensteuern*) (*Flugzeug*) crab. – **11.** *hunt.* (*Gehörn, Geweih etc*) sprout. – **II** *v/i* **12.** *colloq.* (*schlurfen, latschen*) shuffle. – **13.** *auto.* (*bei Beginn des Schleuderns*) coast, slip over. – **14.** ~ mit etwas *colloq.* to profiteer (*od.* racketeer) with s.th., to carry on (an) illicit trade in s.th., to traffic in s.th. – **15.** er schiebt mit ihr *colloq.* he is going (out) with her (*colloq.*). – **16.** *colloq.* (*betrügen, schummeln*) wangle (*sl.*), cheat. – **III** *v/reflex* sich ~ **17.** push: sich durch die Menge ~ to push (*od.* elbow, shove) one's way through the crowd; der Läufer schiebt sich an die Spitze des Feldes (*sport*) the runner pushes ahead; sich in den Vordergrund ~ *fig.* to push oneself into the foreground. –

18. (*sich langsam vorwärtsbewegen*) move: die Menge schob sich langsam in Richtung Bahnhof the crowd moved slowly in the direction of the station. – **19.** (*sich verschieben*) move: der Rock schiebt sich in die Höhe the skirt moves (*od.* creeps) up. – **IV S~** *n* ⟨-s⟩ **20.** *verbal noun.* – **21.** (*Verschieben*) postponement, deferment, procrastination. – **22.** *cf.* Schiebung.

ˈSchie·ber *m* ⟨-s; -⟩ **1.** (*Riegel*) bolt, bar. – **2.** (*eines Ofens*) (slide) damper. – **3.** *tech.* a) (*Schlitten einer Werkzeugmaschine*) slide, b) (*einer Planscheibe*) slipper, c) (*Schieberventil, bes. an Dampfmaschinen*) slide valve, d) (*an Rohrleitungen, Stauwerken*) gate (*od.* sluice) valve. – **4.** *math. tech.* (*eines Rechenschiebers*) a) (*Zunge*) slider, sliding rule, b) (*Läufer*) cursor. – **5.** (*Eßgerät für Kinder*) pusher. – **6.** (*eines Schirms*) runner. – **7.** (*eines Reißverschlusses*) slider. – **8.** *colloq. contempt.* (*Betrüger*) profiteer, racketeer, *Am. colloq.* 'grafter', *Br. sl.* spiv.

ˈSchie·beˌrä·der·geˌtrie·be *n tech.* sliding gear drive.

ˈSchie·ber·geˌschäft *n colloq.* profiteering (business), traffic, 'racket' (*sl.*), *Am. colloq.* 'graft': ~e machen to profiteer, to racketeer, to traffic.

ˈSchie·beˌring *m tech.* sliding ring.

ˈSchie·ber|ˌmo·tor *m tech.* sleeve valve engine. — **~ˌmüt·ze** *f* (*fashion*) peaked cap. — **~venˌtil** *n tech.* **1.** slide valve. – **2.** *civ.eng. cf.* Schieber 3d.

ˈSchie·be|ˌsitz *m* (*im Auto etc*) sliding seat. — **~ˌtisch** *m tech.* (*einer Kreissäge*) sliding table. — **~ˌtür** *f* sliding door. — **~ˌvor·ˌrich·tung** *f* **1.** sliding device. – **2.** *tech. cf.* Schieber 3. — **~ˌwand** *f* sliding partition. — **~ˌwind** *m* **1.** *aer.* tail wind. – **2.** (*sport*) (*beim Rudern*) following wind. — **~ˌwin·kel** *m aer.* angle of sideslip.

ˈSchieb|ˌfen·ster *n cf.* Schiebefenster. — **~ˌkar·re** *f*, **~ˌkar·ren** *m cf.* Schubkarre. — **~ˌla·de** *f cf.* Schublade. — **~ˌleh·re** *f tech.* (slide) caliper (*bes. Br.* calliper) rule.

ˈSchie·bung *f* ⟨-; -en⟩ *colloq.* **1.** *cf.* Schieben. – **2.** (*sport*) (*im Spiel etc*) put-up job (*colloq.*), wangle (*sl.*). – **3.** (*im Amt etc*) man(o)euver, *bes. Br.* manœuvre, (*stärker*) manipulation. – **4.** *cf.* Schiebergeschäft.

schiech [ʃiːç] *adj Bavarian and Austrian dial. for* a) häßlich 1, b) furchterregend I, c) zornig I.

schied [ʃiːt] *1 u. 3 sg pret of* scheiden.

schied·lich [ˈʃiːtlɪç] *adv* by arbitration: ~ und friedlich amicably, peacefully.

ˈSchiedsˌabˌkom·men *n jur.* arbitration agreement.

ˈSchieds|geˌricht *n* **1.** *jur.* arbitration court, court of arbitration, arbitral court (*od.* tribunal): einen Streitfall dem ~ unterbreiten to refer (*od.* submit) a dispute to arbitration; durch ein ~ beigelegt werden to be settled by arbitration. – **2.** (*sport*) jury, (the) judges *pl.* — **s~geˌricht·lich** *adj* arbitral, arbitrational, arbitrative, by arbitration: ~e Beilegung arbitral settlement, settlement by arbitration.

ˈSchieds·geˌrichts·bar·keit *f jur.* arbitral jurisdiction, arbitration.

ˈSchieds·geˌrichts|ˌhof *m jur.* arbitration court, court of arbitration, arbitral court (*od.* tribunal). — **~verˌfah·ren** *n* arbitration (proceedings *pl*).

ˈSchieds|ˌhof *m jur. cf.* Schiedsgerichtshof: → Haager; ständig 3. — **~ˌklau·sel** *f* arbitration clause. — **~ˌmann** *m econ.* arbitrator, referee.

ˈSchiedsˌrich·ter *m* **1.** *jur.* arbiter, arbitrator, (*in Handelsstreitigkeiten*) referee. – **2.** (*auch sport*) (*bei Wettbewerben*) judge, *pl oft* jury *sg.* – **3.** (*sport*) a) (*beim Eishockey, Fußball etc*) referee, b) (*beim Hockey, Tennis etc*) umpire: als ~ fungieren a) to referee (a match), b) to umpire (a match). — **~ˌamt** *n* (*sport*) a) position of referee, b) position of umpire: das ~ innehaben a) to (act as) referee, b) to (act as) umpire. — **~ˌball** *m* (*beim Fußball*) drop ball.

ˈschiedsˌrich·ter·lich I *adj* **1.** *jur.* arbitral; arbitrator's, arbiter's (*attrib*): ~e Beilegung settlement by arbitration, arbitral settlement; ~e Entscheidung arbitrator's (*od.* arbitral) award, arbitration. – **2.** (*auch sport*) of (*od.* by) the judge. – **3.** (*sport*) a) of (*od.* by) the referee, b) of (*od.* by) the umpire. – **II** *adv* **4.** *jur.* (*durch den Schiedsrichter*) by arbitration, arbitrally: einen Fall ~ beilegen to settle a case by arbitration, to arbitrate a case.

ˈschiedsˌrich·tern *v/i* ⟨h⟩ **1.** *jur.* arbitrate. – **2.** (*sport*) a) referee, b) umpire.

ˈSchiedsˌrich·ter,stuhl *m* (*sport*) (*beim Tennis*) umpire's chair.

ˈSchieds|ˌspruch *m*, **~ˌur·teil** *n jur.* arbitral (*od.* arbitrator's, arbitration) award, arbitrament, *auch* arbitrement: einen Schiedsspruch fällen to make (*od.* render) an (arbitral) award; sich einem ~ unterwerfen to submit to an (arbitral) award; durch ~ schlichten to settle by (arbitral) award, to arbitrate. — **~verˌfah·ren** *n* arbitration (proceedings *pl*), arbitral procedure. — **~verˌtrag** *m* arbitration agreement, agreement of arbitration.

schief [ʃiːf] **I** *adj* ⟨-er; -st⟩ **1.** *civ.eng.* (*Wände, Häuser etc*) crooked, slanting, out of line, *Br. colloq. od. dial.* skew-whiff: eine ~e Wand a crooked wall, a wall with a slant, a wall (which is) out of line. – **2.** (*Turm etc*) leaning: der S~e Turm von Pisa the Leaning Tower of Pisa. – **3.** (*geneigt*) inclined, oblique, skew, slanting, (*schräg abfallend*) sloping: ~e Ebene *bes. math. phys.* inclined plane; auf die ~e Ebene geraten (*od.* kommen) *fig.* to get into bad habits (*od.* ways), to start on the downward path, to go wrong; → Bahn[2] 1. – **4.** (*Holz*) out-of-wind (*attrib*). – **5.** crooked: ein ~er Saum a crooked (*od.* an uneven) hem. – **6.** (*Absätze etc*) lopsided, *auch* lobsided: ~e Treppenstufen lopsided (*od.* slanting) steps. – **7.** (*Haltung etc*) crooked: ein ~er Mund [Hals] a crooked mouth [neck], a wry mouth [neck]; eine ~e Nase a crooked (*od.* bent) nose; er hat eine ~e Schulter (*od.* ~e Schultern) he has crooked (*od.* sloping) shoulders, his shoulders are aslant; ein ~es Gesicht machen (*od.* ziehen) *fig.* to make (*od.* pull) a wry face; ein ~er Blick *fig.* a mistrustful look; → krumm 1. – **8.** *math.* oblique, inclined. – **9.** *fig.* (*Bild, Vergleich etc*) distorted, warped. – **10.** *fig.* (*in Wendungen wie*) j-n [etwas] in ein ~es Licht bringen (*od.* setzen), ein ~es Licht werfen auf j-n [etwas] to put (*od.* show) s.o. [s.th.] in an unfavo(u)rable (*od.* adverse) light; das bringt mich in eine ~e Lage *fig.* that puts me at a disadvantage (*od.* in an adverse position, *colloq.* in a spot). – **II** *adv* **11.** (*schräg, ungerade*) crookedly, askew: etwas ~ halten to tilt (*od.* incline) s.th.; den Kopf ~ halten to cock one's head (to one side); sich ~ halten *bes. med.* to hold oneself crooked, to be all (over) to one side (*colloq.*); das Bild hängt ~ the picture hangs crooked (*od.* askew, *sl.* cockeyed); die Decke liegt ~ the cover is crooked (*od.* isn't straight); ~ gemessene Höhe slant height; den Hut ~ auf den Kopf setzen to tilt one's hat, to put one's hat on at an angle (*od.* at a tilt); die Mütze sitzt ~ the cap is crooked (*od.* askew); der Schrank steht ~ the cupboard is out of line (*od.* askew, not straight); der Baum ist ~ gewachsen the tree has grown crooked; j-n ~ ansehen *fig.* to look askance (*od.* crossly) at s.o.; → Haussegen. – **12.** *fig.* (*verzerrt, verdreht*) distortedly: ein Geschehen ~ darstellen to represent facts in a distorted fashion, to give a distorted account of events.

ˈSchiefˌblatt *n bot.* beefsteak plant, begonia (*scient.*) (*Gattg Begonia*).

ˈSchie·fe *f* ⟨-; *no pl*⟩ **1.** (*von Wänden, Häusern etc*) crookedness, slant, slantingness, skewness. – **2.** (*von Türmen etc*) lean. – **3.** (*Neigung*) inclination, slope, gradient. – **4.** (*von Nähten, Säumen etc*) crookedness. – **5.** (*von Treppenstufen etc*) lopsidedness, *auch* lobsidedness. – **6.** (*von Haltung, Schultern etc*) crookedness, slant. – **7.** *math.* (*eines Winkels, Schnitts etc*) acuteness; obliqueness, obliquity (*scient.*).

Schie·fer [ˈʃiːfər] *m* ⟨-s; -⟩ **1.** *min. geol.* slate, schist, *auch* shist, shale: mit ~ decken to slate. – **2.** *bes. Southern G. and Austrian* (*Holzsplitter*) splinter, sliver: ich habe mir einen ~ (in den Finger) eingezogen I have got a splinter in my finger. — **s~ˌar·tig** *adj geol.* like (*od.* resembling) slate (*od.* schist), schistoid, slaty. — **s~ˌblau** *adj* slate-blue. — **~ˌbo·den** *m geol.* slaty (*auch* slatey, schistose) soil. — **~ˌbruch** *m* slate quarry. — **~ˌdach** *n* slate(d) roof. — **~ˌdecker** (*getr.* -k·k-) *m* ⟨-s; -⟩ slater, roofer. — **s~ˌfar·ben, s~ˌfar·big** *adj* slate, slate-colored (*bes. Br.* -coloured). — **~geˌbir·ge** *n geol.* slate mountains *pl.* — **~geˌstein** *n* slate (*od.* schistose, schistous) rock. — **s~ˌgrau I** *adj* slate-gray (*bes. Br.* -grey), *auch* Russian-gray, oriental-pearl. – **II S~** *n* slate gray (*bes. Br.* grey), *auch* oriental pearl, Russian gray. — **s~ˌhal·tig** *adj geol.* slaty, *auch* slatey, slate (*attrib*), schistose, schistous, schistic.

ˈschie·fe·rig *adj geol.* **1.** *cf.* schieferartig. – **2.** *cf.* schieferhaltig.

schie·fern [ˈʃiːfərn] **I** *v/i* ⟨h *u.* sein⟩ **1.** *bes. geol.* (*sich spalten, abblättern*) scale off, (ex)foliate. – **2.** (*von Holz*) splinter. – **II** *v/t* ⟨h⟩ **3.** (*im Weinbau*) manure (*wine*) with (pounded) slate. – **III** *v/reflex* ⟨h⟩ sich ~ **4.** *cf.* schiefern 1. – **IV S~** *n* ⟨-s⟩ **5.** *verbal noun.* – **6.** *cf.* Schieferung.

ˈSchie·fer|ˌöl *n min. chem.* shale oil. — **~ˌplat·te** *f* slate, plate (*od.* leaf, slab) of slate. — **~ˌstein** *m geol. min.* slate stone. — **~ˌstift** *m* slate pencil. — **~ˌta·fel** *f* slate. — **~ˌton** *m* ⟨-(e)s; -e⟩ *geol. min.* shale.

ˈSchie·fe·rung *f* ⟨-; -en⟩ **1.** *cf.* Schiefern. – **2.** *geol. min.* cleavage, (ex)foliation, schistosity.

ˈschief|ˌge·hen *v/i* ⟨*irr, sep,* -ge-, sein⟩ *fig. colloq.* go wrong, miscarry, turn out badly, go awry: heute geht aber auch alles schief! everything is going wrong (*od.* is turning out badly) today; heute geht mir alles schief this is an off day for me; beinahe (*od.* um ein Haar) wäre die Sache schiefgegangen that was a close (*od.* narrow) shave (*od.* a near thing) (*colloq.*); nur Mut, die Sache wird schon ~! *colloq. humor.* buck up, things will turn out all right! (*colloq.*). — **~geˌwickelt** (*getr.* -k·k-) *adj fig. only in* ~ sein *colloq.* to be mistaken, to think wrong: wenn er glaubt, sie hilft ihm, dann ist er ~ if he thinks she's going to help him he's got another think coming (*colloq.*).

ˈSchiefˌhals *m med.* wryneck, torticollis (*scient.*).

ˈSchief·heit *f* ⟨-; *no pl*⟩ *cf.* Schiefe.

ˈschief|ˌla·chen *v/reflex* ⟨*sep,* -ge-, h⟩ sich ~ *fig. colloq.* to double up (*od.* bend double) with laughter. — **S~ˌla·ge** *f med.* (*des Fetus*) oblique presentation. — **~ˌlau·fen I** *v/t* ⟨*irr, sep,* -ge-, h⟩ *cf.* schieftreten. – **II** *v/i* ⟨sein⟩ *fig. colloq. cf.* schiefgehen. — **~ˌlie·gen** *v/i* ⟨*irr, sep,* -ge-, h *u.* sein⟩ *fig. colloq.* be wrong: du liegst mit deiner Meinung über sie völlig schief you are absolutely wrong in your opinion of her. — **~ˌlie·gend I** *pres p.* – **II** *adj* **1.** (*Decke etc*) lying askew (*od.* crooked, out of line, off line). – **2.** (*geneigt*) inclined, sloping, slanting. – **3.** *med.* (*Fetus, Organe etc*) transverse, oblique (*scient.*).

ˈschiefˌmäu·lig [-ˌmɔylɪç] *adj* **1.** wry-mouthed. – **2.** *fig. colloq.* envious, (be)grudging.

ˈschief·rig *adj geol.* **1.** *cf.* schieferartig. – **2.** *cf.* schieferhaltig.

ˈschief|ˌtre·ten *v/t* ⟨*irr, sep,* -ge-, h⟩ (*Absätze etc*) wear (*s.th.*) down: (sich *dat* die) (*od.* seine) Absätze ~ to wear one's heels down, to wear one's shoes down at the heels. — **~ˌwin·ke·lig, ~ˌwink·lig** *adj* **1.** *civ.eng.* skew. – **2.** *math.* acute-angled, oblique-angled. — **S~ˌwuchs** *m med.* scoliosis, *auch* skoliosis.

ˈSchiel|ˌau·ge *n med.* squinting eye, cockeye (*sl.*). — **s~ˌäu·gig** *adj* squint(-eyed), squinting, cockeyed (*sl.*). — **~ˌbril·le** *f* (*optics*) strabismus spectacles *pl.*

schie·len [ˈʃiːlən] **I** *v/i* ⟨h⟩ **1.** *med.* (have a) squint, be cross-eyed, be cockeyed (*sl.*): er schielt auf (*od.* mit) einem Auge he squints with one eye, he has a squint in one eye. – **2.** nach (*od.* auf *acc*) etwas ~ *fig.* a) (*heimlich*) to (have a) squint (*od.* peep) at s.th., to take a sidelong (*od.* side-)glance at s.th., b) (*begehrlich*) to have an eye to s.th., to eye s.th.: auf das (*od.* nach dem) Heft des Nebenmannes ~ to peer at one's neighbo(u)r's (exercise) book. – **II S~** *n* ⟨-s⟩ **3.** *verbal noun.* – **4.** *med.* squint, strabismus (*scient.*). — **ˈschie·lend I** *pres p.* – **II** *adj* squint(ing), cross-eyed, *Br. auch* skew-eyed, cockeyed (*sl.*); strabismal, strabismic (*scient.*).

ˈSchie·ler *m* ⟨-s; -⟩ *med.* squinter.

ˈSchieˌmannsˌgarn [ˈʃiː-] *n mar. auch fig.* spun yarn.

schien [ʃiːn] *1 u. 3 sg pret of* scheinen[1] *u.* [2].

ˈSchienˌbein *n med.* shin(bone), tibia (*scient.*): j-n (*od.* j-m) gegen (*od.* in, vor) das ~ treten to kick s.o. in (*od.* on) the shin(bone), to shin s.o. — **~ˌschutz, ~ˌschüt·zer** *m* (*sport*) shin guard (*od.* pad).

Schie·ne [ˈʃiːnə] *f* ⟨-; -n⟩ **1.** (*railway*) a) (*einzelne*) rail, b) *pl* (*Schienenstrang*) track *sg*, rails *pl*: **auf ~n laufen** to run on rails; **ohne ~n** trackless; **~n (ver)legen** to lay (down) rails; **aus den ~n springen** to run off (*od.* leave, jump) the rails (*od.* the track), to be derailed, to derail. – **2.** *tech.* a) rail, bar, b) (*Gleitschiene*) guide (*od.* slide) rail (*od.* bar), c) (*Meßschiene*) straight edge (*od.* rule), d) (*eines Winkelmessers*) blade. – **3.** *electr.* (*Sammelschiene*) a) busbar, b) (*Stromschiene*) conductor rail. – **4.** *med.* (*bei Brüchen etc*) splint, splent: **(s)einen Arm in der ~ haben** (*od.* **tragen**) to have one's arm in splints. – **5.** *hist.* (*bei einer Rüstung*) splint (armor, *bes. Br.* armour).

schie·nen [ˈʃiːnən] **I** *v/t* ⟨h⟩ **1.** *med.* (*ein Bein etc*) splint, put (*s.th.*) in splints. – **2.** *tech.* (*ein Rad etc*) tire, *bes. Br.* tyre, shoe. – **II S~** *n* ⟨-s⟩ **3.** *verbal noun.* – **4.** *med.* splintage, immobilization in splints.

ˈSchie·nen|ˌbahn *f* **1.** (*Eisenbahn*) *Am.* railroad, *Br.* railway. – **2.** (*Straßenbahn*) *Am.* streetcar, *Br.* tram(way). – **3.** (*Gleisweg*) track. — **~beˌanˌspru·chung** *f* rail loading. — **~ˌbruch** *m* rail breakage (*od.* failure). — **~ˌbus** *m* rail bus (*od.* car). — **~ˌech·se** *f zo. cf.* Teju-Echse. — **~ˌfahrˌzeug** *n* rail(-bound *od.* -borne) vehicle: **~e** *pl collect.* rolling stock *sg.* — **~ˌfahrˌzeugˌbrem·se** *f* rail vehicle brake. — **s~geˌbun·den** *adj* rail-bound, rail-borne. — **s~ˌgleich** *adj only in* **~er Bahnübergang** grade (*bes. Br.* level) (railway) crossing. — **~ˌhän·geˌbahn** *f* **1.** suspension (*od.* suspended, overhead) railway. – **2.** (*für Gütertransport*) overhead trolley conveyor. — **~konˌtakt** *m* track contact. — **~ˌkreu·zung** *f* railroad (*Br.* railway) crossing. — **~ˌla·sche** *f* fishplate. — **~ˌle·ger** *m* tracklayer, *Am. auch* trackman. — **~ˌnei·gung** *f* rail cant. — **~ˌnetz** *n* railroad (*Br.* railway) network (*od.* layout). — **~ˌom·ni·bus** *m cf.* Schienenbus. — **~ˌräu·mer** *m* (*an Lokomotiven*) rail guard, track clearer; *Am.* pilot, cowcatcher. — **~ˌschwe·beˌbahn** *f cf.* Schienenhängebahn. — **~ˌstahl** *m metall.* iron in bars. — **~ˌstoß** *m* (*railway*) (rail) joint. — **~ˌstrang** *m* (rail) track, stretch of rails, rails *pl*, railway line. — **~transˌport** *m* rail transport (*bes. Am.* transportation), transport by rail, *auch* rail haulage. — **~verˌkehr** *m* rail (*Am.* railroad, *Br.* railway) traffic. — **~ˌwa·gen** *m* bogie bolster waggon (*bes. Am.* wagon). — **~ˌweg** *m* railroad (*Br.* railway) (line): **auf dem ~(e)** by rail. — **~ˌwei·te** *f* ga(u)ge.

schier[1] [ʃiːr] *adj bes. Northern G.* (*Fleisch etc*) pure, sheer.

schier[2] *adv cf.* geradezu 2, nahezu.

Schier·ling [ˈʃiːrlɪŋ] *m* ⟨-s; -e⟩ *bot.* (*Giftpflanze*) hemlock, conium (*scient.*) (*Gattg Conium*). — **ˈSchier·lingsˌbe·cher** *m hist.* (cup of) hemlock: **den ~ trinken** (*od.* **nehmen**) *fig.* to take the hemlock cup, to poison oneself.

ˈSchieß|ˌanˌwei·sung *f mil.* (*Anleitung*) firing instructions *pl.* — **~ˌar·beit** *f* (*mining*) blasting, shot-firing. — **~ˌausˌbil·dung** *f mil.* **1.** firing training. – **2.** (*bei den Gewehrschützen*) rifle training. – **3.** (*bei der Artillerie*) gunnery drill. — **~ˌbahn** *f* (*Schießstand*) shooting (*od.* rifle) range. — **~ˌbaumˌwol·le** *f mil. chem.* **1.** guncotton; cellulose nitrate, *auch* nitrocellulose (*scient.*). – **2.** (*lösliche*) collodion cotton, pyroxylin (*scient.*). — **~ˌbe·cher** *m mil.* (rifle) grenade launcher. — **~beˌdarf** *m* ammunition. — **~beˌfehl** *m* order to fire, command to open fire. — **~beˌrech·tig·te** *m* (*mining*) shot-firer. — **~beˌreich** *m* range.

ˈSchießˌbu·de *f* (*auf dem Jahrmarkt*) shooting gallery. — **ˈSchießˌbu·den·fiˌgur** *f* (*in einer Schießbude*) target doll (*od.* figure): **sie ist die reinste ~, sie sieht aus wie eine ~** *fig. colloq. contempt.* she looks like a scarecrow.

ˈSchießˌei·sen *n colloq.* 'shooter' (*colloq.*), *bes. Am. sl.* (shooting) iron, *Am. sl.* 'rod'.

schie·ßen [ˈʃiːsən] **I** *v/i* ⟨schießt, schoß, geschossen, h *u.* sein⟩ **1.** ⟨h⟩ (*mit Schußwaffen etc*) shoot, fire (a shot): **Hände hoch oder ich schieße!** hands up or I'll shoot (*od.* fire)! **mit Manövermunition ~** *bes. mil.* to fire (off) (*od.* to shoot with) blank ammunition; **gut ~** a) (*von Personen*) to be a good shot, b) (*von Waffen*) to shoot well; **scharf ~** *bes. mil.* to shoot with live ammunition (*od.* cartridges); **hier wird scharf geschossen!** a) *mil.* live shooting (*od.* firing)! b) *fig.* we don't mince matters (*od.* our words) here; **auf j-n [etwas] ~** a) to shoot (*od.* fire, take a shot) at s.o. [s.th.], b) (*mit Gewehr*) to fire at s.o. [s.th.], c) *fig.* (*mit Argumenten*) to attack s.o. [s.th.] sharply; **mit Kanonen auf Spatzen ~** *fig.* to break a (butter)fly (up)on the wheel; **aus dem Hinterhalt ~** to shoot from ambush, *auch fig.* to snipe; **seine Antwort kam wie aus der Pistole geschossen** *fig. colloq.* his answer came like a shot; **wild in die Gegend ~** to shoot wildly (*od.* at random); **das war in die Luft geschossen!** *auch fig.* that was a shot in the air! **mit einem Gewehr [einer Kanone] ~** to shoot with a rifle [gun], to fire (*od.* discharge) a rifle [gun]; **nach etwas ~** to shoot at s.th.; **um sich ~** to shoot around. – **2.** ⟨h⟩ (*sport*) (*beim Fußball, Hockey*) shoot: **auf das Tor ~** to shoot at goal; **mit links** (*od.* **dem linken Fuß**) **~** to take a left-foot shot. – **3.** ⟨sein⟩ (*von Flüssigkeiten*) gush, spout, spurt, *auch* spirt: **das Blut schoß aus der Wunde** blood gushed from (*od.* out of) the wound; **Tränen ~ ihr in die Augen** tears rush to her eyes, her eyes fill with tears; **mir schoß das Blut ins Gesicht** blood rushed to my face. – **4.** ⟨sein⟩ (*rennen, flitzen*) shoot, dart, streak (*colloq.*): **das Boot schoß durch das Wasser** the boat shot through the water; **der Vogel schießt pfeilschnell durch die Luft** the bird shoots like an arrow across the sky; **um die Ecke ~** to shoot (a)round the corner; → Kopf *Verbindungen mit Präpositionen.* – **5.** ⟨sein⟩ (*von Pflanzen etc*) shoot (*od.* spring, sprout) up, spurt, *auch* spirt: **die Saat schießt aus der Erde** the seeds spring up; **in Samen [Ähren] ~** *bes. agr.* to run (*od.* go) to seed(s) (*od.* head[ing]) [ears], to seed [ear]; **Peter ist gewaltig in die Höhe geschossen** *colloq.* Peter has shot up tremendously; **die Preise ~ in die Höhe** *econ.* prices are shooting up; **Häuser schossen wie Pilze aus dem Boden** houses sprouted up like mushrooms (*od.* mushroomed); → Kraut 1. – **II** *v/t* ⟨h⟩ **6.** (*mit Schußwaffen etc*) shoot, *auch* fire: **120 Ringe ~** to score 120 points; **einen Bock ~** a) *hunt.* to shoot (*od.* kill, bring down) a buck, b) *fig. colloq.* to make a blunder (*od.* mistake, *colloq.* bloomer), to drop a clanger (*sl.*), *Br. colloq.* to drop a brick, *bes. Am. sl.* to pull a boner; **j-n ins Herz ~** to shoot s.o. in (*od.* through) the heart; **j-n über den Haufen ~** *colloq.* to shoot s.o. down; **einen wütenden Blick auf j-n ~** *fig.* to cast (*od.* shoot, dart) an angry look at s.o., to look daggers at s.o.; → Kugel 2; Mond 1. – **7.** *mil.* (*space*) (*abschießen*) shoot, launch: **eine Rakete auf den** (*od.* **zum**) **Mond ~** to shoot a rocket to the moon. – **8.** (*sport*) (*Ball etc*) shoot: **den Ball ins Netz ~** to shoot the ball into the net, to net the ball; **ein Tor ~** to score a goal; **er schoß das 5 zu 4 für seinen Verein** he brought the score up to 5 to 4 for his club; **den Ausgleich ~** to equalize; → Purzelbaum. – **9. ein Bild ~** *phot. colloq.* (von of) to take (*od.* make) a snapshot. – **10.** *phys.* (*Strahlen*) shoot. – **11.** (*textile*) shoot. – **12. das Brot in den Ofen ~** to set (*od.* put) (a batch of) bread into the oven. – **13.** *mar.* (*messen*) shoot: **die Sonne ~** to shoot (*od.* take) the sun('s altitude). – **14.** (*mining*) (*sprengen*) blast. – **III** *v/reflex* ⟨h⟩ **sich ~ 15. sich mit j-m ~** to fight a pistol duel with s.o. – **IV S~** *n* ⟨-s⟩ **16.** *verbal noun.* – **17.** *bes. mil.* shoot, fire, discharge of a gun: **gefechtsmäßiges S~** combat practice firing; **das S~ eröffnen** to open fire. – **18.** (*mining*) shot-firing, blasting. – **19. (das ist) zum S~!** *fig. colloq.* what a lark (*od. colloq.* scream)! it's too funny for words!

ˈschie·ßenˌlas·sen *v/t* ⟨*irr, sep, no* -ge-, h⟩ *colloq.* (*Plan etc*) give up, drop: → Zügel 2.

ˈSchie·ßer *m* ⟨-s; -⟩ shooter.

Schie·ßeˈrei *f* ⟨-; -en⟩ **1.** gunfight, *Am. sl.* gunplay: **es gab eine ~ in der Stadt** there was a gunfight in the city. – **2.** *contempt.* incessant shooting (*od.* firing).

ˈSchieß|erˌgeb·nis *n* result (*od.* outcome, effect) of the shooting (*od.* firing). — **~ˌfer·tig·keit** *f cf.* Schießkunst. — **~geˌwehr** *n colloq. humor.* (*auch child's language*) gun, firearm, *Br.* fire-arm: **Spiele nie mit (dem) ~!** Never, never let your gun pointed be at anyone! — **~ˌhund** *m hunt.* retriever: **aufpassen wie ein ~** *fig. colloq.* to keep one's eye peeled (*od. colloq.* skinned), to watch like a hawk, to keep close watch, to keep one's weather eye open. — **~ˌkunst** *f* marksmanship. — **~ˌleh·re** *f mil. phys.* ballistics *pl* (*usually construed as sg*), *bes. mil.* gunnery. — **~ˌloch** *n* **1.** *mil. cf.* Schießscharte. – **2.** (*mining*) a) blasthole, borehole for shot-firing, b) (tunneling, *bes. Br.* tunnelling) shot hole. — **~ˌmei·ster** *m* (*bei Sprengungen*) shot-firer, blaster. — **~ˌplatz** *m mil.* (shooting *od.* firing) range, (*für Artillerie*) artillery range. — **~poˌdest** *n* firing platform. — **~ˌprü·gel** *m colloq. humor.* 'shooter' (*colloq.*), *bes. Am. sl.* (shooting) iron. — **~ˌpul·ver** *n* gunpowder. — **~ˌschar·te** *f* **1.** *mil.* firing slit, embrasure, loophole. – **2.** *mil. hist.* (*Zinnenlücke*) crenel, *auch* crenelle. — **~ˌschei·be** *f* target. — **~ˌsport** *m* shooting. — **~ˌstand** *m* shooting (*od.* rifle) range: **überdachter ~** shooting gallery. — **~ˌtech·nik** *f* firing technique. — **~ˌübung** *f* shooting (*od.* firing, target) practice. — **~ˌübungsˌplatz** *m cf.* Schießplatz. — **~ˌvorˌschrift** *f* **1.** firing (*od.* shooting, *bes. mil.* gunnery) regulations *pl.* – **2.** *bes. mil.* gunnery manual. — **~ˌzeit** *f hunt. cf.* Schußzeit.

Schiet [ʃiːt] *m, n* ⟨-s; *no pl*⟩ *Low G. vulg. dial. for* Scheiße.

Schiff [ʃɪf] *n* ⟨-(e)s; -e⟩ **1.** ship, vessel, (*kleineres*) craft, boat: **kleine ~e** small craft *sg*; **~e** (*eines Landes, Hafens etc*) *auch* shipping *sg*; **der Hafen ist mit ~en überfüllt** the harbo(u)r is crowded with ships (*od.* shipping); **per** (*od.* **mit dem**) **~** by ship; **Mitte des ~s** midship; **einfahrendes [ausfahrendes] ~** homeward-bound [outward-bound] ship; **ein freies** (*od.* **neutrales**) **[registriertes] ~** a free (*od.* neutral) [registered] ship; **französisches ~** French ship, Frenchman; **gekapertes** (*od.* **aufgebrachtes**) **~** prize, captured (*od.* prized, seized) ship; **ein leckes ~** a leaky (*od.* damaged) ship; **ein seetüchtiges ~** a seaworthy ship; **ein seeuntüchtiges ~** an unseaworthy ship, a hulk; **ein segelfertiges ~** a ship ready for sea (*od.* to sail); **ein wrackes ~** a wrecked ship; **ein ~ auftakeln [abtakeln]** to [un]rig a ship; **ein ~ aufgeben** to abandon a ship; **das ~ gilt als verloren** the ship is given up for lost; **an Bord eines ~es gehen** to go on board (a) ship, to embark; **mit dem ~ fahren [reisen]** to go [to travel] by ship; **das ~ ging mit Mann und Maus unter** the ship sank with every soul (*od.* with all hands) on board; **ein ~ vom Stapel (laufen) lassen** to launch a ship; **das ~ geht** (*od.* **sticht**) **in See** a) the ship puts to sea (*od.* sails), b) (*von Segelschiff*) the ship sets sail; **die Waren per ~ versenden** to ship the goods, to send the goods by ship; **das ~ und seine Besatzung** the ship and her crew; **ein ~ auf der Reede** a ship in the road(s); **ein ~ des Wetterdienstes** a weather ship; **~ in Seenot!** ship in distress! **Klar ~ (zum Gefecht)!** clear the decks (for action)! **~ ahoi!** ship ahoy! **~ voraus!** ship ahead! – **2.** *fig.* (*in Wendungen wie*) **das ~ des Staates lenken** *lit.* to steer the ship of state; **sein ~ sicher durch alle Klippen führen** to bring one's ship home safely; **seine ~e hinter sich verbrennen** to burn one's boats (*Am. auch* bridges); **neben dem ~ ist gut schwimmen** (*Sprichwort*) *etwa* he must needs swim that is held up by the chin (*proverb*); → Ratte. – **3. das ~ der Wüste** (*Kamel*) the ship of the desert, the camel. – **4.** *arch.* a) (*Mittel-, Längs-, Hauptschiff*) nave, b) (*Seitenschiff*) aisle, c) (*Querschiff*) transept: **die Kirche hat 3 ~e** the church has 3 aisles. – **5.** (*des Herdes*) boiler: **das Wasser im ~ ist heiß** the water in the boiler is hot. – **6.** *print.* galley: **~ für stehenden Satz** stand(ing) galley. – **7.** *astr.* (Ship) Argo.

ˈSchiffahrt (*getr.* -ff,f-) *f* ⟨-; -en⟩ shipping, navigation: **freie ~** free shipping; **unter-**

brochene [wiedereröffnete] ~ interrupted [reopened] navigation.

'Schiffahrts|ˌabˌga·ben (*getr.* -ffˌf-) *pl econ.* navigation (*od.* shipping) dues. — **~ˌabˌkom·men** *n* navigation agreement. — **~ˌak·ti·en** *pl econ.* shipping shares (*bes. Am.* stocks). — **~beˌhör·de** *f* shipping authorities *pl*, (*in den USA*) Federal Maritime Board. — **~geˌsell·schaft** *f* shipping (*od.* navigation) company, shipping line, liner company. — **~ˌhin·der·nis** *n* (*im Wasser*) obstruction (*od.* danger) to navigation. — **~kaˌnal** *m* (*künstlicher*) ship canal. — **~kon·feˌrenz** *f* shipping conference. — **~ˌkun·de** *f* (science *od.* art of) navigation, nautics *pl* (*usually construed as sg*). — **~ˌli·nie** *f cf.* Schiffahrtsweg. — **~po·liˌzei** *f* shipping police. — **~ˌprä·mie** *f* navigation bounty (*od.* subsidy). — **~ˌrecht** *n* right of navigation. — **~ˌsper·re** *f* embargo. — **~ˌstra·ße** *f* (*Fluß, Kanal etc*) (navigable) waterway, seaway, channel. — **~ˌweg** *m* **1.** shipping route (*od.* lane). – **2.** (*Seeweg*) sea route. – **3.** *cf.* Wasserstraße. — **~ˌzei·chen** *n* (*für Wasserstraßen*) shipping sign.

'schiffahrtˌtrei·bend (*getr.* -ffˌf-) *adj* seafaring.

'schiff·bar *adj* navigable, (*für Boote*) boatable: **nicht ~** unnavigable, innavigable; **~er Fluß** navigable river; **~e Gewässer** navigable waters, public waters; **~ machen** to render navigable, to canalize. — **'Schiff·bar·keit** *f* ⟨-; *no pl*⟩ navigability, navigableness.

'Schiff·barˌma·chung *f* ⟨-; *no pl*⟩ (*durch Kanalisieren*) canalization.

'Schiffˌbau *m* ⟨-(e)s; -ten⟩ **1.** ⟨*only sg*⟩ (*Schiffbauwesen*) shipbuilding, marine (*od.* naval) engineering. – **2.** ⟨*only sg*⟩ (*Schiffbaukunst*) naval architecture. – **3.** *pl* shipbuildings, naval constructions.

'Schiffˌbau·er *m* **1.** (*Facharbeiter*) shipbuilder, shipwright, *Am. auch* shipfitter. – **2.** *cf.* Schiffbauingenieur.

'Schiffˌbau|in·duˌstrie *f* shipbuilding industry. — **~in·ge·niˌeur** *m* naval (*od.* shipbuilding) engineer, naval architect. — **~ˌkunst** *f* art of shipbuilding, naval architecture. — **~ˌmei·ster** *m* master shipbuilder (*od.* shipwright), (*Marinerang*) naval architect. — **~proˌgramm** *n* shipbuilding program (*bes. Br.* programme).

'Schiff|ˌbruch *m mar.* (ship)wreck, stranding: **~ erleiden** a) (*von Schiff*) to be (ship)wrecked, to suffer shipwreck, b) (*von Passagieren*) to be shipwrecked, to suffer shipwreck, c) *fig.* (*von Person*) to be shipwrecked, d) *fig.* (*finanziell*) to go bankrupt, to be ruined; **er hat mit seinen Plänen ~ erlitten** *fig.* his plans failed; **das Unternehmen hat ~ erlitten** *fig.* the enterprise foundered (*od.* went bankrupt); **am Glauben [an der Ehre] ~ erleiden** *fig.* to lose one's faith [hono(u)r]; **in allen Stürmen und Schiffbrüchen des Lebens** *fig. lit.* in all the storms and shipwrecks of life. — **s~ˌbrü·chig** *adj* (ship)wrecked, (*Mensch*) *auch* castaway (*attrib*), shipbroken: **~ sein** (*od.* **werden**) to be (ship)wrecked, to be cast away. — **~ˌbrü·chi·ge** *m, f* ⟨-n; -n⟩ shipwrecked person, castaway.

'Schiffˌbrücke (*getr.* -k·k-) *f* floating (*od.* pontoon, *auch* ponton) bridge.

'Schiff·chen *n* ⟨-s; -⟩ **1.** *dim. of* Schiff 1. – **2.** (*Spielzeug*) (toy) boat (*od.* ship): **~ schwimmen lassen** to sail toy boats; **~ (aus Papier) falten** to make paper boats. – **3.** *tech.* (*des Webstuhls, der Nähmaschine*) shuttle. – **4.** *bot.* (*der Schmetterlingsblüte*) carina. – **5.** *mil.* forage (*od.* fore-and-aft, garrison) cap: **sein ~ keck aufsetzen** to set one's forage cap at a saucy tilt (*colloq.*). – **6.** (*zum Arbeiten von Spitzen*) tatting shuttle. – **7.** *relig.* incense boat. — **~ˌar·beit** *f* tatting: **~ machen** to tat.

schif·fen ['ʃɪfən] **I** *v/i* ⟨h⟩ *vulg.* piss (*vulg.*), piddle (*colloq.*): **an einen Baum ~** to piss a tree. – **II** *v/t mar. cf.* **verschiffen.** – **III** *v/impers* **es schifft** *vulg. humor.* it's pouring (with rain).

'Schif·fer *m* ⟨-s; -⟩ **1.** (*Kapitän eines Handelsschiffes*) (ship)master, master mariner. – **2.** (*eines Flußschiffes*) barge captain (*od.* master), bargeman, *Br. auch* bargee. – **3.** (*eines kleineren Schiffes, einer Jacht*) skipper. – **4.** (*eines Bootes*) boatman. — **~ˌausˌdruck** *m* nautical term (*od.* phrase), sea (*od.* mariner's) term, sailor's expression. — **~klaˌvier** *n mus. colloq.* concertina, accordion, *auch* accordeon, squeeze-box (*sl.*), *Br. sl.* squiffer. — **~ˌkno·ten** *m* sailor's (*od.* running) knot, (*Kreuzknoten*) reef knot. — **~ˌmüt·ze** *f* sailor's cap. — **~paˌtent** *n* master's certificate.

'Schiff·lein *n* ⟨-s; -⟩ **1.** *dim. of* Schiff 1. – **2. das ~ des Lebens** *fig. lit.* life's vessel. – **3. das ~ Petri** *röm.kath.* St. Peter's skiff, the Church of Rome.

'schiffˌför·mig (*getr.* -ffˌf-) *adj* **1.** boat-shaped. – **2.** *bot. med.* navicular.

'Schiffs|ˌabˌla·deˌplatz *m mar.* wharf, unlading place (*od.* port), port of discharge. — **~agent** [-ʔaˌgɛnt] *m* shipping (*od.* ship's) agent. — **~agenˌtur** *f* shipping agency, (*Linienagentur*) liner agency. — **~ˌanˌkunft** *f* arrival of a ship, ship's arrival. — **~ˌanˌle·geˌplatz** *m* landing stage. — **~apoˌthe·ke** *f* ship's dispensary. — **~ar·til·leˌrie** *f mar. mil.* naval artillery (*od.* ordnance). — **~ˌarzt** *m mar.* ship's doctor (*od.* surgeon). — **~ˌbauch** *m* bottom, (*unterster Teil*) bilge (of a ship). — **~beˌdarf** *m* ship's (*Am.* naval) stores *pl.* — **~beˌfrach·ter** *m* charterer, freighter. — **~beˌfrach·tung** *f* **1.** freighting (*od.* freight) of a ship, ship's freight. – **2.** (*Beladung*) (ship)loading. – **3.** (*Charterung*) chartering of a ship. — **~ˌber·gung** *f* salvage. — **~beˌsat·zung** *f* ship's company, officers and crew *pl*, (ship's) crew: (**gesamte**) **~** complement. — **~ˌbo·den** *m* (ship's) bottom, bottom of a ship. — **~ˌbohrˌwurm** *m zo.* pileworm, shipworm, wood (*od.* marine) borer, teredo (*scient.*) (*Teredo navalis*). — **~ˌboot** *n* ship's boat, boat of a vessel. — **~ˌbrei·te** *f mar.* breadth (of a ship), (*größte*) beam. — **~ˌbug** *m* bow.

'Schiffˌschau·kel *f* swingboat, *Br.* swing-boat: **~ fahren** to ride (in) a swing(-)boat.

'Schiffs|ˌdeck *n mar.* deck. — **~do·kuˌmen·te** *pl* ship's documents. — **~ˌei·chung** *f* ga(u)ging of a ship, ship's ga(u)ging. — **~ˌei·gen·tü·mer, ~ˌeig·ner** *m* shipowner. — **~ˌflag·ge** *f* (ship's) flag, (ship's) colors (*bes. Br.* colours) *pl*, (*bes. mil.*) ensign. — **~ˌform** *f* form (*od.* shape) of a ship. — **~ˌfracht** *f* **1.** (*zu bezahlende Summe*) (ship's) freight. – **2.** *cf.* Schiffsladung. — **~ˌfrachtˌbrief** *m mar. econ.* (*Konnossement*) bill of lading. — **~ˌfüh·rung** *f* **1.** navigation (*od.* operation) of a ship. – **2.** ship's management, conduct of a ship. — **~ˌfun·ker** *m* ship's radio (*bes. Br.* wireless) operator. — **~geˌschütz** *n mar. mil.* naval gun, *collect.* ship's guns *pl* (*od.* armament). — **~ˌglocke** (*getr.* -k·k-) *f mar.* (ship's) bell. — **~ˌhal·ter** *m zo.* sucker(fish), *auch* shark sucker, remora (*Echeneis naucrates*). — **~ˌhänd·ler** *m econ.* ship's chandler. — **~ˌhe·beˌwerk** *n mar.* ship canal lift, *Am. auch* ship elevator. — **~ˌherr** *m cf.* Schiffseigentümer. — **~jourˌnal** *n cf.* Logbuch 1. — **~ˌjun·ge** *m* **1.** ship's (*od.* sailor, cabin) boy, shipboy. – **2.** *mil. hist.* cadet. — **~ka·piˌtän** *m* (naval) captain, master. — **~ˌkar·te** *f* ship (*od.* steamer, passenger) ticket. — **~ka·taˌstro·phe** *f* sea disaster. — **~ˌkell·ner** *m* steward. — **~ˌkes·sel** *m* marine (*od.* ship's) boiler. — **~ˌkiel** *m* keel. — **~ˌklas·se** *f* **1.** class of ship. – **2.** (*von Jachten*) ship's rate (*od.* rating). — **~klas·si·fi·ka·tiˌon** *f* ship's classification. — **~ˌkoch** *m* ship's (*od.* sea) cook. — **~ˌko·je** *f* bunk. — **~ˌkom·paß** *m* mariner's (*od.* ship's) compass. — **~ˌkör·per** *m cf.* Schiffsrumpf. — **~ˌkran** *m* ship's crane, (*Ladebaum*) derrick. — **~ˌkrei·sel** *m* gyro(stabilizer), gyroscopic stabilizer. — **~ˌkü·che** *f cf.* Kombüse. — **~ˌla·dung** *f* **1.** (*Last*) shipload, burden. – **2.** cargo, freight, lading, shipment, (*Schüttladung*) bulk cargo: **volle und bequeme ~** full and complete cargo. — **~ˌlän·ge** *f* ship's length, (overall) length of a ship. — **~laˌter·ne** *f* ship's lantern (*od.* light). — **~la·zaˌrett** *n* sick bay (*od.* berth), bay, ship's hospital. — **~ˌlie·geˌplatz** *m* **1.** (*im Hafen*) (loading) berth: **fester ~** appropriated berth. – **2.** (*im Fluß, Kanal*) lay-by. — **~ˌli·ste** *f* list of ships, shipping list. — **~ˌlöschˌplatz** *m* discharging berth, landing (*od.* unloading) place (*od.* point). — **~ˌlu·ke** *f* hatch(way). — **~ˌmaat** *m* shipmate. — **~ˌmak·ler** *m econ.* ship broker, shipping agent, ship's agent. — **~ˌmann·schaft** *f mar.* crew. — **~maˌschi·ne** *f* marine (*od.* ship's) engine. — **~ma·schiˌnist** *m* marine (*od.* ship's) engineer. — **~moˌdell** *n* ship's model. — **~ˌmo·tor** *m cf.* Schiffsmaschine. — **~of·fiˌzier** *m* ship's (*bes. mil.* naval) officer. — **~ˌort** *m cf.* Schiffsposition. — **~ˌor·tung** *f* **1.** (taking of a) bearing, position finding, fixing position. – **2.** (*Giß*) dead reckoning. — **~paˌpie·re** *pl* ship's papers. — **~ˌpfandˌbrief** *m mar. jur.* mortgage bond. — **~ˌplan·ke** *f* plank (of a ship). — **~po·si·tiˌon** *f* (ship's) position: **die ~ bestimmen** to fix (the ship's) position. — **~ˌpost** *f only in* **mit ~** by ship's mail. — **~ˌpum·pe** *f* ship's (*od.* marine) pump. — **~ˌraum** *m* **1.** (ship's) hold (*od.* space): **im ~ unterzubringen** (*Vorschrift*) to be shipped under deck, to be loaded in the hold. – **2.** (*Laderaum*) cargo hold (*od.* space). – **3.** tonnage. — **~reˌak·tor** *m* nuclear reactor for ships. — **~ˌree·der** *m* shipowner. — **~reˌgi·ster** *n* (ship's) register, register of shipping, register book. — **~ˌrei·se** *f cf.* Seereise. — **~re·pa·raˌturˌwerft** *f* ship repair yard. — **~ˌrou·te** *f cf.* Schiffahrtsweg 1, 2. — **~ˌrumpf** *m* body (of a ship), (ship's) hull. — **~ˌschna·bel** *m mar.* **1.** prow (of a ship). – **2.** *hist. antiq.* (*Galion*) beakhead, stem, rostrum. — **~ˌschrau·be** *f* (ship's) propeller, screw. — **~ˌta·geˌbuch** *n cf.* Logbuch 1. — **~ˌtau** *n* **1.** rope, (*Trosse*) hawser. – **2.** (*zum Festmachen*) breast rope. — **~ˌtau·fe** *f* christening (*od.* naming, baptism) of a ship. — **~ˌteer** *m cf.* a) Kohlenteer, b) Holzteer. — **~ˌteil** *m, n* part of ship. — **~ˌtrep·pe** *f* ship's ladder. — **~ˌtrüm·mer** *pl* wreck(age) *sg* (of a ship). — **~turˌbi·ne** *f* marine (*od.* ship's) turbine. — **~verˌband** *m* **1.** *meist pl* structure of the vessel. – **2.** group of vessels. — **~verˌkehr** *m* shipping traffic. — **~verˌklei·dung** *f* **1.** (*von innen*) lining (*od.* planking) of a ship. – **2.** (*von außen*) (*aus Kupfer*) copper sheathing, (*mit Eisenplatten*) plating. — **~verˌmie·ter** *m* charterer, freighter. — **~verˌpfän·dung** *f mar. jur.* (*Bodmerei*) bottomry. — **~verˌzeich·nis** *n cf.* Schiffsliste. — **~ˌvolk** *n cf.* Schiffsmannschaft. — **~ˌvorˌrä·te** *pl* ship's (*od.* sea) stores. — **~ˌwa·che** *f* (ship's) watch. — **~ˌwan·ten** *pl* shrouds. — **~ˌwerft** *f* shipyard, shipbuilding yard, dockyard. — **~ˌwin·de** *f mar.* **1.** (*Ankerwinde*) windlass. – **2.** (*Decks-, Ladewinde*) winch. – **3.** (*Spill*) capstan. — **~ˌwrack** *n* (ship)wreck, ship's carcass. — **~zer·tiˌfiˌkat** *n* certificate of registry. — **~ˌzet·tel** *m* shipping note (*od.* order, *bes. Am.* permit). — **~ˌzim·merˌmann** *m* **1.** (*Bootsbauer*) shipwright. – **2.** (*an Bord*) (ship['s]) carpenter. — **~ˌzu·beˌhör** *n* (*Ausrüstung*) equipment of a ship, appurtenances *pl.* — **~zuˌsam·menˌstoß** *m* collision (of ships). — **~ˌzwieˌback** *m* ship('s) biscuit (*od.* bread), hardtack.

schif·ten ['ʃɪftən] **I** *v/t* ⟨h⟩ **1.** *mar.* (*Segel*) shift. – **2.** *civ.eng.* a) (*zusammennageln*) join (together), b) (*zuspitzen*) scarf, joint: **einen Dachsparren ~** to join a rafter lengthwise upon another. – **3.** (*Ski*) mend. – **II** *v/i* **4.** *mar.* (*von Ladung*) shift. — **'Schif·ter** *m* ⟨-s; -⟩ *civ.eng.* jack rafter.

Schi·is·mus [ʃi'ɪsmʊs] *m* ⟨-; *no pl*⟩ *relig.* Shi'ism, Shiism. — **Schi'it** [-'iːt] *m* ⟨-en; -en⟩, **Schi·i·tin** [-'iːtɪn] *f* ⟨-; -nen⟩ Shi'ite, Shiite, Shi'i. — **schii·tisch** [-'iːtɪʃ] *adj* Shi'itic, Shiitic.

Schi·ka·ne [ʃi'kaːnə] *f* ⟨-; -n⟩ **1.** deliberate annoyance (*od.* vexation, bother), spite, contentious harassment: **das tust du ja nur aus ~** you are doing it only to annoy; **das ist eine ~ des Chefs** the boss is doing that from (*od.* out of) sheer spite; **das ist die reinste ~** that's pure spite. – **2.** *bes. jur.* a) chicane, chicanery, b) (*Rechtsverdrehung*) pettifoggery, pettifogging, c) (*Mutwille*) vexatiousness: **mit ~n arbeiten** a) to practice (*bes. Br.* practise) chicanery, b) (*den Winkeladvokaten spielen*) to pettifog. – **3.** *fig. colloq.* (*in Wendungen wie*) **mit allen ~n** with all refinements, with all the trimmings (*od.* extras, *meist contempt.* frills, *colloq.* gadgets): **das Auto ist mit allen ~n ausgestattet** the car is fitted out with all the trimmings. – **4.** (*beim Motorrennsport*) chicane.

Schi·ka·neur [ʃika'nøːr] *m* ⟨-s; -e⟩ *rare* chicaner.

schi·ka·nie·ren [ʃika'niːrən] **I** *v/t* ⟨*no* ge-, h⟩ **1.** deliberately annoy (*od.* vex, bother), do s.th. from (*od.* out of) spite to, *auch* harass. – **2.** *bes. jur.* (*Rechtskniffe anwenden*) chicane, pettifog. – **II S~** *n* ⟨-s⟩ **3.** *verbal noun.* – **4.** *cf.* Schikane 1.

schi·ka·nös [ʃikaˈnøːs] *adj* **1.** vexatious, spiteful, harassing. – **2.** *bes. jur.* a) (*rechtsverdrehend*) pettifogging, b) (*mutwillig*) vexatious.

Schil·cher [ˈʃɪlçər] *m* ⟨-s; -⟩ *Bavarian and Austrian gastr. wine made from a mixture of white and black grapes.*

Schild[1] [ʃɪlt] *n* ⟨-(e)s; -er⟩ **1.** (*Aushängeschild an Läden etc*) (shop) sign, signboard: **ein ~ aushängen [einziehen]** to hang out [to take down] a sign; **ein ~ anbringen [malen]** to fix [to paint] a sign. – **2.** (*Leuchtschild*) illuminated sign. – **3.** (*Firmenschild*) (firm's) nameplate, facia, *bes. Am. colloq. humor.* shingle. – **4.** (*Türschild*) doorplate, nameplate, brass plate. – **5.** (*Namensschild, zum Anstecken*) nameplate. – **6.** (*Wegweiser*) signpost. – **7.** (*Straßenschild*) road sign, (street) nameplate: **auf dem ~ steht** the road sign says. – **8.** (*Verkehrsschild*) traffic sign. – **9.** (*Ausweiszeichen*) identification badge. – **10.** (*Dienstabzeichen, auch von Gepäckträgern*) badge. – **11.** (*Etikett*) label, tab, *bes. Am.* sticker: **ein ~ auf dem Schreibheft** a label on the copybook; **ein ~ auf einer Ware** (*od.* **einem Gegenstand**) **anbringen** to label an article. – **12.** (*Preisschild*) (price) ticket (*od.* tag), *bes. Am.* sticker: **ein ~ mit der Preisangabe** a price tag (*od.* ticket). – **13.** (*an Koffern*) luggage (*bes. Am.* baggage) tag, label. – **14.** (*Nummernschild am Auto*) number (*od.* licence, *Am.* license) plate, *Am. colloq. auch* (car) tag. – **15.** (*für Bekanntmachungen*) *bes. Am.* bulletin board, *auch* billboard, *bes. Br.* notice board. – **16.** (*Mützenschild*) peak, visor, *auch* vizor. – **17.** (*bei Demonstrationen etc*) placard. – **18.** *agr.* (*Pfropfschild*) (e)scutcheon, escucheon. – **19.** *zo.* a) (*Stirnfleck bei Pferd, Rind*) star, blaze, b) *cf.* Schild[2] 10. – **20.** *gastr.* a) (*vom Rind*) brisket, b) (*vom Schwein*) fore hock. – **21.** *hunt. cf.* Schild[2] 9. – **22.** *tech.* (*eines Kastenschlosses*) (e)scutcheon, escucheon.

Schild[2] *m* ⟨-(e)s; -e⟩ **1.** *mil. hist.* shield, (*runder*) buckler, target, (*Turnierschild*) tilting shield: **den ~ halten [tragen]** to hold [to bear] the shield; **j-n [sich] mit dem ~ decken** to protect s.o. [oneself] with the shield; **j-n auf den ~ (er)heben** *fig.* to choose s.o. (as) leader, to bring s.o. to the fore(front). – **2. etwas im ~e führen** *fig.* to be up to s.th., to be hatching s.th.: **gegen j-n etwas im ~e führen** to hatch underhand plans against s.o., to play a deep game against s.o.; **Böses** (*od.* **nichts Gutes**) **im ~e führen** to be up to mischief (*od.* to no good, to something shady). – **3.** *fig. lit.* (*Schutz*) shield, shelter, protection: **der ~ des Glaubens** the shield of faith; → Schirm 7. – **4. ~ der Pallas und des Zeus** *myth.* aegis, *auch* egis. – **5.** *her.* shield, (e)scutcheon, escucheon, coat of arms, bearings *pl*, (*runder*) target: **einen Löwen im ~e führen** to carry (*od.* bear) a lion in one's coat of arms; **kleiner ~ im Wappen** inescutcheon, *auch* inescucheon. – **6.** (*auf Münzen*) effigy. – **7.** *mil.* (*an Geschützen*) shield. – **8.** *bot.* (*der Flechtenfrucht*) shield; pelta, scutellum (*scient.*). – **9.** *hunt.* a) (*Brustgefieder beim Rebhahn*) shield, breast spot, b) (*des Auerhahns*) white spot, c) (*des Fasans*) wing, d) (*verdickte Schwarte beim Wildschwein*) shield, e) (*des Dam- u. Rotwilds*) (e)scutcheon, escucheon. – **10.** *zo.* a) (*bei Insekten, Krebsen*) scutum, scute, b) (*der Schildkröte*) shell, carapace (*scient.*), c) (*der Schildlaus*) scale, d) (*der Käfer*) clypeus. – **11.** *nucl.* shield: **biologischer ~** biological shield; **~ aus Beton** concrete shield.

ˈSchild|ˌabˌtei·lung *f her.* (*Wappenfeld*) quarter(ing). — **~ˌbauch** *m zo.* sucker(fish) (*Fam. Gobiesocidae*). — **~ˌblu·me** *f bot.* **1. Glatte** (*od.* **Kahle**) **~** shellflower, turtlehead, *Am.* snakehead, balmony, salt-rheum weed (*Gattg Chelone, bes. C. glabra*). – **2.** aspidistra (*Aspidistra eliator*). — **~ˌbo·gen** *m arch.* blind arch.

ˈSchildˌbür·ger *m fig. contempt.* wise man of Gotham, Gothamite, Abderite, (*im weiteren Sinne*) fool, simpleton, idiot, duffer, *Am. sl.* dope. — **~ˌstreich** *m* folly, foolish deed (*od.* action): **das war ein ~** that was worthy of a man of Gotham, that was not a very bright thing to do.

ˈSchild·chen *n* ⟨-s; -⟩ **1.** *dim. of* Schild[1] 1. – **2.** *bot. zo.* scutellum.

ˈSchildˌdrü·se *f med.* thyroid (gland).

ˈSchildˌdrü·sen|erˌkran·kung *f med.* thyropathy, disease of the thyroid, thyrosis. — **~funk·tiˌon** *f* thyroid function (*od.* activity): **normale ~** enthyroidism. — **~hor·ˌmon** *n* thyroid hormone, thyroxine. — **~hy·per·troˌphie** *f* hypertrophy of the thyroid (gland), thyroidism. — **~in·suf·fi·ziˌenz** *f* thyroid insufficiency. — **~ope·ra·tiˌon** *f* operation on the thyroid. — **~ˌüber·funk·tiˌon** *f* hyperthyroidism, thyroidism. — **~ˌun·ter·funk·tiˌon** *f* hypothyrosis, thyropenia. — **~verˌgrö·ße·rung** *f* enlargement of the thyroid (gland), goiter, *bes. Br.* goitre.

ˈSchildˌech·se *f zo.* gerrhosaurid (*Fam. Gerrhosauridae*).

ˈSchil·derˌblau *n tech.* (*paints*) pencil blue.

ˈSchil·de·rer *m* ⟨-s; -⟩ **1.** describer, portrayer, delineator. – **2.** (*Erzähler*) relator, narrator. – **3.** *cf.* Wappenmaler.

ˈSchil·der|ˌhaus, ~ˌhäus·chen *n mil.* sentry box.

ˈSchil·der|ˌma·ler *m* sign painter. — **~ma·leˌrei** *f* sign painting.

schil·dern [ˈʃɪldərn] **I** *v/t* ⟨h⟩ **1.** (*beschreiben*) describe, depict, portray, paint (a picture of): **der Autor schilderte seine Erlebnisse realistisch [ergreifend, in bunten Farben]** the author described his experiences realistically [in a moving way, in vivid colo(u)rs]; **etwas anschaulich ~** to give a graphic picture of s.th.; **etwas in leuchtenden Farben ~** to paint s.th. in bright colo(u)rs; **die Greuel des Krieges sind kaum zu ~** the atrocities of (the) war can hardly be described. – **2.** (*genau darstellen*) delineate, characterize, draw. – **3.** (*kurz umreißen*) outline, sketch: **einen Vorgang in großen Zügen ~** to give an outline of a procedure. – **4.** (*erzählen*) relate, narrate, tell, describe: **sie schilderte ihre Eindrücke von der Reise wortreich [lebhaft]** she verbosely [vividly] related her impressions of the trip. – **5.** *bes. jur.* (*im einzelnen berichten*) recite, describe, give (*od.* render) an account of: **den Sachverhalt in allen Einzelheiten ~** to give a detailed account of the facts. – **6.** *tech.* (*beim Kattun- od. Tapetendruck*) lay colors (*bes. Br.* colours) on (*s.th.*) with a brush. – **II** *v/i* **7.** (*von Federvieh*) be in full feather. – **8.** *hunt.* (*von Rebhühnern*) get the shields. – **III S~** *n* ⟨-s⟩ **9.** *verbal noun.* —

ˈSchil·de·rung *f* ⟨-; -en⟩ **1.** *cf.* Schildern. – **2.** (*Beschreibung*) description, depiction, portrayal, portraiture, picture: **das Buch bringt eine gute ~ des japanischen Alltags** the book gives a good description of everyday life in Japan; **eine lebenswahre ~** a true(-to-life) portrayal (*od.* portrait); **eine lebhafte [anschauliche] ~ geben** to give a vivid [graphic] description; **eine wahrheitsgetreue ~ des Zwischenfalles** a true (*od.* realistic) description of the incident. – **3.** (*genaue Darstellung von Charakteren etc*) delineation. – **4.** (*Skizze*) outline, sketch. – **5.** (*Erzählung*) relation, narration, narrative, description: **die langatmige ~ seiner Abenteuer langweilte uns** we were bored by the tedious narration of his adventures. – **6.** *bes. jur.* (*Bericht, Darstellung des Sachverhalts*) recital (of facts), account, description.

ˈSchil·de·rungsˌkraft *f* ⟨-; *no pl*⟩ descriptive power.

ˈSchil·derˌwald *m fig. colloq. humor.* jungle of (traffic) signs.

ˈSchild|ˌfarn *m bot.* shield fern, *auch* buckler fern (*Gattg Dryopteris*). — **~ˌfisch** *m zo. cf.* Schildbauch. — **s~ˌför·mig** *adj* **1.** shield-shaped, shieldlike. – **2.** *bot. zo.* clypeate(d), scutate, clypeiform, scutiform, scutelliform, scutellate, (*Blatt*) peltate, peltiform. – **3.** *med.* scutiform. — **~ˌhal·ter** *m* **1.** *hist. cf.* Schildknappe. – **2.** *her.* supporter, bearer. — **~ˌkä·fer** *m zo.* tortoise (*od.* helmet) beetle (*Fam. Chrysomelidae*): **Nebliger ~** clouded tortoise beetle (*Cassida nebulosa*). — **~ˌknap·pe** *m hist.* shield bearer, armor (*bes. Br.* armour) bearer, squire. — **~ˌknor·pel** *m med.* thyroid cartilage. — **~ˌkraut** *n bot.* **1.** treacle mustard (*Gattg Clypeola*). – **2.** *cf.* Helmkraut.

ˈSchildˌkrö·te *f* **1.** *zo.* a) (*bes. Seeschildkröte*) turtle, b) (*bes. Landschildkröte*) tortoise; chelonian, testudo, testudinate (*scient.*) (*Ordng Testudines*): **~n fangen** to catch turtles, to turtle. – **2.** *mil. antiq.* (*Sturm- u. Schutzdach*) testudo, tortoise.

ˈschildˌkrö·tenˌar·tig *adj* **1.** turtlelike, tortoiselike. – **2.** *zo.* chelonian, testudinate, testudinal, testudinarious.

ˈSchildˌkrö·ten|ˌpan·zer *m*, **~ˌscha·le** *f zo.* tortoiseshell, turtle shell, carapace (*scient.*). — **~ˌsup·pe** *f gastr.* turtle soup: **falsche ~** mock turtle soup; **gebundene ~** creamed turtle soup; **klare ~** clear turtle soup.

ˈSchildˌlaus *f zo.* scale (louse *od.* insect), wax insect (*od.* scale), shield louse, coccid (*scient.*) (*Unterordng Coccina*).

ˈSchildˌpatt *n* ⟨-(e)s; *no pl*⟩ *zo.* tortoiseshell, turtle shell, carapace (*scient.*). — **~ˌdo·se** *f* tortoiseshell box. — **~ˌkamm** *m* tortoiseshell comb. — **~ˌknopf** *m* tortoiseshell button.

ˈSchild|ˌrand *m* **1.** edge of a shield. – **2.** *her.* bordure, (e)scutcheon (*od.* escucheon) border. — **~ˌschwamm** *m bot.* shield agaric (*Agaricus clypeatus*). — **~ˌschwanz** *m*, **~ˌschwanzˌschlan·ge** *f zo.* roughtail (*Fam. Uropeltidae*). — **~ˌträ·ger** *m* **1.** *hist. cf.* Schildknappe. – **2.** *her.* a) *cf.* Schildhalter 2, b) bearings *pl.* — **~ˌwa·che** *f mil.* **1.** (*Wachposten*) sentinel, sentry. – **2.** (*Wachdienst*) watch, guard, sentry: **~ stehen** *auch fig.* to be on (*od.* to stand) guard, to stand watch (*od.* sentry). — **~ˌwan·ze** *f zo.* soldier bug (*Fam. Pentatomidae*).

Schilf [ʃɪlf] *n* ⟨-(e)s; -e⟩ **1.** *bot.* reed (grass): **mit ~ bewachsen** reedy. – **2.** *cf.* Schilfrohr. – **3.** *collect.* (*Bau-, Flechtmaterial etc*) reed: **~ schneiden** to cut reed. — **s~ˌar·tig** *adj bot.* reedlike, arundinaceous (*scient.*). — **s~beˌdeckt** *adj* reedcovered, reeded, reedy. — **s~beˌwach·sen** *adj* reeded, reedy. — **~ˌdach** *n cf.* Walmdach. — **~ˌdickicht** (*getr.* -k·k-) *n* mass of reeds, reed.

schil·fen [ˈʃɪlfən] **I** *v/t* ⟨h⟩ *dial.* remove (the) reed from. – **II** *adj* reedy, sedgy.

ˈschil·fe·rig *adj med.* (*Haut*) scaling, exfoliative (*scient.*).

schil·fern [ˈʃɪlfərn] **I** *v/t* ⟨h⟩ peel, shell. – **II** *v/i med.* (*von Haut etc*) peel (off), shell (off), exfoliate (*scient.*).

ˈSchilfˌgras *n bot. cf.* Schilf 1.

ˈschil·fig *adj* **1.** reedy, reeded, overgrown (*od.* covered) with reeds, arundineous (*scient.*). – **2.** *cf.* schilfartig.

ˈSchilf|ˌmat·te *f* reed (*od.* rush) mat. — **~ˌmeer** *n npr* ⟨-(e)s; *no pl*⟩ *Bibl.* Red Sea, Arabian Gulf. — **~ˌrohr** *n bot.* **1.** (*einzelner Halm*) reed, cane. – **2.** common reed, ditch reed (*Phragmites communis*). — **~ˌrohr·ˌsän·ger** *m zo.* marsh warbler (*od.* bird, wren) (*Acrocephalus palustris*).

Schill [ʃɪl] *m* ⟨-(e)s; -e⟩ *zo. Austrian for* Zander.

Schil·ler [ˈʃɪlər] *m* ⟨-s; -⟩ **1.** play of colors (*bes. Br.* colours), iridescence, opalescence, iridescent luster (*bes. Br.* lustre). – **2.** *cf.* Schilcher. – **3.** *cf.* Schillern. — **~ˌfal·ter** *m zo.* purple emperor (*Apatura iris*). — **~ˌfar·be** *f* iridescent (*od.* changeable, fickle) color (*bes. Br.* colour). — **~ˌglanz** *m* **1.** *cf.* Schiller 1. – **2.** *min.* schiller. — **~ˌkra·gen** *m* open wing collar. — **~ˌlocke** (*getr.* -k·k-) *f gastr.* **1.** *a puff pastry cone filled with whipped cream.* – **2.** *a strip of smoked haddock fillet.*

schil·lern [ˈʃɪlərn] **I** *v/i* ⟨h⟩ **1.** (*in vielen Farben spielen*) change color (*bes. Br.* colour), play from one colo(u)r into another, shimmer in various colo(u)rs: **in Regenbogenfarben ~** to iridesce; **wie ein Opal ~** to opalesce; **ins Rötliche ~** to have a reddish tinge (*od.* tint); **die Perlmutterknöpfe ~ in verschiedenen Farben** the mother-of-pearl buttons shimmer in various colo(u)rs; **der Ölfleck hat auf dem Wasser geschillert** the oil patch shimmered on the water. – **2.** (*glänzen*) sparkle, glitter, scintillate: **die Folie schillert hell** the foil glitters brightly. – **3.** *phys.* fluoresce. – **4.** (*textile*) (*von Stoffen*) water. – **II S~** *n* ⟨-s⟩ **5.** *verbal noun.* – **6.** *cf.* Schiller 1. – **7.** iridescent shimmer, *auch* sheen. – **8.** (*Glanz*) sparkle, glitter, scintillation. – **9.** *phys.* fluorescence. — **ˈschil·lernd I** *pres p.* – **II** *adj* **1.** iridescent, opalescent;

chatoyant, versicolor(ed), *bes. Br.* versicolour(ed), (*wie Perlmutter*) nacreous, *auch* nacrous: ~e Seifenblasen iridescent (*od.* rainbow-colo[u]red) soap bubbles; ein ~er Charakter *fig.* an ambiguous (*od.* equivocal) character; eine zwischen Ernst und Spott ~e Miene *fig.* a half serious, half mocking expression. – **2.** (*funkelnd, glänzend*) sparkling, glittering, scintillating: die ~en Facetten des Diamanten the scintillating facets of the diamond; sie trägt ~en Schmuck she wears glittering (*od.* sparkling) jewel(le)ry. – **3.** *phys.* fluorescent, iridescent, opalescent. – **4.** (*Seide, Stoff etc*) shot, nacré, versicolor(ed), *bes. Br.* versicolour(ed).

'Schil·ler|,spat *m min.* schiller spar, bastite (*scient.*): prismatischer ~ anthophyllite; hemiprismatischer ~ diallage. — **~,taft** *m* (*textile*) shot (*od.* watered, nacré) taffeta (*auch* taffety, taffata). — **~,wein** *m gastr. cf.* Schilcher.

Schil·ling [ˈʃɪlɪŋ] *m* ⟨-s; -e⟩ **1.** *econ.* (*österr. Währung u. Münze*) schilling. – **2.** *hist.* (*deutsche Münze*) schilling.

schil·pen [ˈʃɪlpən] *v/i* ⟨h⟩ (*vom Spatz*) twitter, chirp.

schilt [ʃɪlt] *3 sg pres,* **schiltst** [ʃɪltst] *2 sg pres of* schelten.

Schi·mä·re [ʃiˈmɛːrə] *f* ⟨-; -n⟩ chim(a)era, chimere, illusion, fancy, phantom. — **schiˈmä·risch** *adj* chimeric(al), chimeral, fanciful, illusive.

Schim·mel[1] [ˈʃɪməl] *m* ⟨-s; *no pl*⟩ **1.** (*an Nahrungsmitteln etc*) (blue) mold, *bes. Br.* (blue) mould: auf der Marmelade hat sich schon ~ gebildet there is (blue) mo(u)ld on the jam already. – **2.** (*an Leder, Papier, der Wand etc*) mildew. – **3.** *cf.* Schimmelgeruch.

'Schim·mel[2] *m* ⟨-s; -⟩ *zo.* white (*od.* gray, *bes. Br.* grey) horse.

'Schim·mel|be,kämp·fung *f* prevention (*od.* destruction) of mold (*bes. Br.* mould). — **~,bil·dung** *f chem.* formation of mold (*bes. Br.* mould). — **~,bo·gen** *m print.* blind print page. — **~,fleck** *m* mold (*bes. Br.* mould) stain, mildew stain. — **~ge,ruch** *m* moldy (*bes. Br.* mouldy) (*od.* musty, fusty) smell, mustiness, fustiness, must, mucor (*scient.*).

'schim·me·lig I *adj* **1.** (*Brot etc*) moldy, *bes. Br.* mouldy. – **2.** (*Leder, Papier, Wand etc*) mildewy, mildewed. – **3.** (*bes. Geruch*) musty, fusty. – **4.** (*in Wendungen wie*) ~ werden *cf.* schimmeln; das Holz ist durch Feuchtigkeit ~ geworden the wood has gone mo(u)ldy with damp; ich habe mich über ihn ~ gelacht *fig. colloq.* I laughed myself silly about (*od.* over) him (*colloq.*). – **II** *adv* **5.** ~ riechen to have a mo(u)ldy (*od.* musty) smell, to smell mo(u)ldy. — **'Schim·me·lig·keit** *f* ⟨-; *no pl*⟩ **1.** (*von Nahrungsmitteln etc*) moldiness, *bes. Br.* mouldiness, fustiness. – **2.** *cf.* Schimmelgeruch.

schim·meln [ˈʃɪməln] *v/i* ⟨h *od.* sein⟩ mold, *bes. Br.* mould, mildew, go (*od.* become) mo(u)ldy (*od.* musty): der Käse fängt an zu ~ the cheese is going (*od.* beginning to go) mo(u)ldy; laß dein Geld nicht im Kasten ~! *fig. humor.* don't let your money rot in the safe!

'Schim·mel|,pilz *m bot.* **1.** mold (*bes. Br.* mould) (fungus), mucedine (*scient.*). – **2.** *pl* mo(u)ld fungi, hyphomycetes (*scient.*). — **~,rei·ter** *m myth. a ghostly rider on a white horse.*

Schim·mer [ˈʃɪmər] *m* ⟨-s; -⟩ **1.** (*matter Schein*) gleam, glimmer, shimmer: der schwache ~ eines fernen Lichtes the faint gleam of a distant light. – **2.** (*warmes Licht*) glow: beim traulichen (*od.* friedlichen) ~ der Lampe in the warm (*od.* peaceful) glow of the lamp. – **3.** (*fahles Licht*) pale (*od.* dim) light: beim ~ des Mondes in the pale moonlight. – **4.** (*von Perlen etc*) luster, *bes. Br.* lustre, shimmer. – **5.** (*der Seide etc*) sheen, shine, shimmer, luster, *bes. Br.* lustre: der sanfte ~ von Seide und Satin the soft sheen of silk and satin. – **6.** (*von Metall etc*) glint, gleam. – **7.** (*Färbung*) touch, tinge: der rötliche ~ the reddish tinge. – **8.** *fig.* (*Spur*) ray, glimmer, gleam, trace, flicker: der ~ eines Lächelns the trace of a smile; ich habe keinen ~ von Hoffnung mehr I haven't a ray (*od.* glimmer, flicker) of hope left. – **9.** *fig.* (*Funke*) (the slightest) trace, (the feeblest) semblance: in ihm ist nicht ein ~ von Ehrgefühl there is not a trace of decency in him. – **10.** *fig. colloq.* (*Ahnung*) idea, notion, clue, inkling: ich habe keinen (blassen) ~! ask me another! search me! (*beide sl.*), I haven't the faintest idea! er hat nicht den leisesten ~ davon he has not the faintest (*od.* slightest) idea (*od.* notion), he has not the foggiest notion (*od. colloq.* the ghost of an idea). – **11.** *fig.* (*Trübung*) haze, cloud: einen ~ vor den Augen haben to have a haze in front of one's eyes.

schim·mern [ˈʃɪmərn] **I** *v/i* ⟨h⟩ **1.** (*matt scheinen*) gleam, glimmer, shimmer: ein schwaches Licht schimmert durch die Nacht a feeble light glimmers in the night; Licht schimmerte durch die Bäume light shone through the trees; wie Perlmutter ~ to glimmer like mother-of-pearl. – **2.** (*warm leuchten*) glow: die Haut schimmerte rosig the skin glowed pink, the skin had a pink glow. – **3.** (*fahl leuchten*) shed (*od.* cast) a dim light. – **4.** (*von Perlen etc*) luster, *bes. Br.* lustre, shimmer. – **5.** (*von Seide*) shimmer, *auch* sheen, luster, *bes. Br.* lustre. – **6.** (*von Metall*) glint, gleam. – **7.** (*eine Färbung aufweisen*) have a tinge (*od.* touch) of colo(u)r: der Himmel schimmert rötlich the sky has a tinge of pink. – **8.** (*durchscheinen*) show: die Schrift schimmert durch das Papier the writing shows through the paper. – **II S~** *n* ⟨-s⟩ **9.** *verbal noun.* – **10.** *cf.* Schimmer 1—7. — **'schim·mernd I** *pres p.* – **II** *adj* (*Perlen, Seide etc*) shiny, lustrous.

'schimm·lig *adj u. adv cf.* schimmelig.

Schim·pan·se [ʃɪmˈpanzə] *m* ⟨-n; -n⟩ *zo.* (*Menschenaffe*) chimpanzee, jocko, troglodyte (*scient.*) (*Pan troglodytes*).

Schimpf [ʃɪmpf] *m* ⟨-(e)s; -e⟩ **1.** (*Beschimpfung*) abuse, insult, *auch* slur: j-n mit ~ überschütten to pour abuse upon s.o., to shower insults upon s.o.; er wollte diesen ~ nicht auf sich sitzenlassen *colloq.* he would not put up with this insult. – **2.** (*Demütigung*) indignity, affront, injury, contumely (*lit.*): einen ~ erleiden (*od.* erdulden, *colloq.* einstekken) to suffer an indignity, to take (*od.* swallow) an affront; j-m einen ~ antun to insult (*od.* affront) s.o. – **3.** ⟨*only sg*⟩ (*Schmach*) disgrace, dishonor, *bes. Br.* dishonour, ignominy, opprobrium (*lit.*): ~ und Schande! a) it's a shame and disgrace! b) shame on you! j-n mit ~ und Schande davonjagen to chase s.o. away with insult and disgrace; er wurde mit ~ und Schande entlassen he was ignominiously dismissed.

schimp·fen [ˈʃɪmpfən] **I** *v/i* ⟨h⟩ **1.** scold, yap (*colloq.*): heftig [laut, in einem fort] ~ to scold violently [loudly, continuously]; mit j-m ~ to scold s.o.; → Rohrspatz. – **2.** (*sich beklagen*) (über *acc*) grumble (at, about, over), complain (of, about), rate (at), rail (at, against), kick (about), grouse (about) (*colloq.*), grouch (about) (*colloq.*), *Am. colloq.* gripe (about): auf (*od.* über) j-n [etwas] ~ to grumble at (*od.* about) s.o. [s.th.], to rail at s.o. [s.th.]; auf (*od.* über) das schlechte Wetter ~ to complain about the bad weather; er schimpfte über die hohen Steuern he grumbled about the high taxes. – **3.** (*protestieren*) (auf *acc*) protest (about, against), inveigh (against): auf (*od.* gegen) die Obrigkeit ~ to protest about the authorities; er schimpft auf ihre Politik he inveighs against their policy. – **4.** fluchen und ~ to curse and swear, to rail. – **5.** (*von Spatzen*) twitter. – **II** *v/t* **6.** (*schelten*) scold, dress (*s.o.*) down, tick (*s.o.*) off (*colloq.*), *bes. Am. colloq.* tongue-lash: die Mutter schimpft das Kind the mother scolds the child. – **7.** j-n etwas ~ to call s.o. names: er hat ihn einen Lügner [Betrüger] geschimpft he called him a liar [swindler]. – **III** *v/reflex* sich ~ **8.** ... und so etwas schimpft sich Schnellzug *colloq. contempt.* and they call this an express train. – **IV S~** *n* ⟨-s⟩ **9.** *verbal noun:* mit lautem S~ und Schreien with scolding and shouting. – **10.** *cf.* Schimpferei.

'Schimp·fer *m* ⟨-s; -⟩ *colloq.* **1.** scolder. – **2.** (*Nörgler*) grumbler, complainer, kicker; grouser, grouch (*colloq.*), *Am. colloq.* griper. – **3.** (*Lästerer*) reviler, railer, name-caller.

Schimp·feˈrei *f* ⟨-; -en⟩ *colloq.* (continual) scolding.

'Schimp·fe·rin *f* ⟨-; -nen⟩ *colloq. cf.* Schimpfer.

'Schimpf·ka·no,na·de *f* torrent of abuse: eine ~ loslassen to pour out (*od.* let fly) a torrent (*od.* volley) of abuse.

'schimpf·lich I *adj* **1.** (*schändlich*) shameful, disgraceful, (*stärker*) scandalous, outrageous: eine ~e Behandlung a shameful treatment. – **2.** (*schmachvoll*) ignominious, inglorious; opprobrious, contumelious (*lit.*): eine ~e Niederlage an ignominious defeat; einen ~en Frieden schließen to conclude an inglorious peace; ~e Bedingungen opprobrious terms. – **3.** (*unehrenhaft*) disreputable, discreditable, dishonorable, *bes. Br.* dishonourable. – **II** *adv* **4.** man hat uns ~ behandelt we were treated disgracefully (*od.* shamefully). — **'Schimpf·lich·keit** *f* ⟨-; *no pl*⟩ **1.** shamefulness, disgracefulness, (*stärker*) outrageousness. – **2.** ignominy, ingloriousness, opprobriousness (*lit.*). – **3.** disreputability, disreputableness, dishonorableness, *bes. Br.* dishonourableness.

'Schimpf|,lied *n cf.* Schmählied. — **~,na·me** *m* abusive name: j-m ~n geben, j-n mit ~n belegen to call s.o. names. — **~,re·de** *f* invective, abusive (*od. lit.* vituperative) speech: ~n führen to use abusive language. — **~,wort** *n* ⟨-(e)s; -e *od.* ¨er⟩ swearword, term of abuse, abusive word, *pl collect.* abuse *sg,* bad language *sg:* dieses derbe ~ ist ihm so herausgerutscht this abusive word was a slip of his tongue; er verfügt über einen großen Vorrat an Schimpfwörtern *iron.* he has a large vocabulary of swearwords; ein unflätiges (*od. colloq.* saftiges) ~ a filthy swearword; j-n mit einer Flut von Schimpfwörtern überhäufen to shower abuse on s.o., to vituperate s.o. (*lit.*); er gebrauchte Schimpfwörter he used bad (*od.* strong, abusive) language, he spoke in abusive terms; mit Schimpfwörtern um sich werfen to be free in one's use of bad language.

Schi·na·kel [ʃiˈnaːkəl] *n* ⟨-s; -⟩ *Austrian dial.* (small) rowboat (*bes. Br.* rowing boat).

'Schind,an·ger *m rare Am.* boneyard, *Br.* knackery, knacker's yard.

Schin·del [ˈʃɪndəl] *f* ⟨-; -n⟩ **1.** *arch.* shingle: mit ~n decken *cf.* schindeln; mit ~n gedeckt shingle-roofed, shingly. – **2.** *arch.* (*Verschalung*) weatherboard, weathertile, *bes. Am.* clapboard. – **3.** *her.* billet: mit ~n besetzt billety, *auch* billetty, billetté. — **~,dach** *n* shingle roof. — **~,ei·che** *f bot.* laurel oak (*Quercus imbricaria*).

schin·deln [ˈʃɪndəln] *v/t* ⟨h⟩ (*Dach*) shingle, cover (*roof*) with shingles.

schin·den [ˈʃɪndən] **I** *v/t* ⟨schindet, *rare* schindete, *auch* schund, geschunden, h⟩ **1.** (*Tiere*) ill-treat, maltreat, strain, (over)tax. – **2.** *fig. colloq.* (*Arbeiter etc*) drive (*s.o.*) hard, drive, tax, sweat, strain. – **3.** *fig. colloq.* (*Kinder, Untergebene etc*) harass, harry, torment. – **4.** *archaic* (*Gefangene etc*) ill-treat, maltreat, (*stärker*) torment, torture, rack. – **5.** *fig. colloq.* (*den Motor*) flog, tax. – **6.** *archaic* (*tote Tiere*) skin, flay. – **7.** *fig. archaic* (*Untertanen*) oppress, grind (down), flay. – **8.** *fig. colloq.* (*in Wendungen wie*) das Fahrgeld [Eintrittsgeld] ~ to dodge (*Am. colloq.* duck paying) the fare [entrance fee]; (bei j-m) Mitleid ~ to arouse (s.o.'s) sympathy; Zeilen ~ to pad one's lines; Zeit ~ a) to temporize (*Br. auch* -s-), b) (*bes. sport*) to play for time; → Eindruck[1] 1; Kolleg 1. – **II** *v/reflex* **9.** sich ~ (und plagen) to drudge, to toil, to slave, to sweat and strain, to work like a horse (*od. colloq.* black). – **III S~** *n* ⟨-s⟩ **10.** *verbal noun.* – **11.** (*Mißhandeln*) ill-treatment, maltreatment, (*stärker*) torment, torture. – **12.** *fig. archaic* (*der Untertanen etc*) oppression. – **13.** *fig. colloq.* (*der Schüler etc*) harassment, torment.

'Schin·der *m* ⟨-s; -⟩ **1.** *fig. colloq.* (*der Arbeiter, Soldaten etc*) taskmaster, slave driver, *bes. Am. colloq.* 'rawhider'. – **2.** *fig. archaic* (*Ausbeuter, Unterdrücker*) oppressor. – **3.** *obs. for* Abdecker.

Schin·deˈrei *f* ⟨-; -en⟩ **1.** ⟨*only sg*⟩ *fig. colloq.* (*schwere Arbeit*) drudgery, toil, grind (*colloq.*). – **2.** ⟨*only sg*⟩ *fig. colloq. cf.* Schinden. – **3.** *obs. for* Abdeckerei.

'Schin·der|,kar·re *f,* **~,kar·ren** *m obs.* flayer's (*bes. Br.* knacker's) cart.

'**Schin·ders|knecht** *m obs.* **1.** flayer's (*bes. Br.* knacker's) man. – **2.** *cf.* Henkersknecht.

'**Schind|ˌlu·der** *n colloq. only in* mit j-m ~ treiben to play fast and loose with s.o., to play dirty (*od.* nasty) tricks on s.o., to play an underhand game with s.o., *Br. colloq.* to do the dirty on s.o.; mit etwas ~ treiben to handle s.th. very carelessly (*od.* badly), to maul s.th.; er hat mit seiner Gesundheit ~ getrieben he abused (*od.* played havoc with) his health. — ~**ˌmäh·re** *f contempt.* hack, jade, nag (*colloq.*), *Am. sl.* plug.

Schin·ken ['ʃɪŋkən] *m* ⟨-s; -⟩ **1.** *gastr.* ham: roher [gekochter, geräucherter] ~ uncooked [cooked *od.* boiled, smoked *od.* cured] ham; westfälischer ~ Westphalian ham; Eier mit ~ ham and eggs; mit der Wurst nach dem ~ werfen *fig. colloq.* to throw out a sprat to catch a mackerel (*od.* herring, whale). – **2.** (alter) ~ *fig. colloq. contempt.* a) (*dickes Buch*) thick (old) book (*od.* tome), b) (*übergroßes Gemälde*) monstrous painting (*od.* picture), monstrosity, c) (*schlechtes Gemälde*) monstrosity, daub, d) (*langer, seichter Unterhaltungsfilm*) trivial (*od.* slushy) film (*bes. Am. colloq.* movie). – **3.** *fig. colloq.* (*Gesäß*) buttocks *pl*, ham, 'butt' (*sl.*). — ~**ˌaufˌlauf** *m gastr.* ham soufflé. — ~**ˌbrot** *n* ham sandwich. — ~**ˌbröt·chen** *n* ham roll. — ~**ˌfleckerl(n)** (*getr.* -k·k-) [-ˌflɛkərl(n)] *pl Bavarian and Austrian for* Schinkennudeln. — ~**ˌklop·fen** *n* (*Kinderspiel*) hot cockles *pl* (*construed as sg*). — ~**ˌkno·chen** *m* ham bone, knuckle of ham. — ~**ˌmu·schel** *f zo. cf.* Steckmuschel. — ~**ˌnu·deln** *pl gastr.* noodles with diced ham. — ~**ˌröll·chen** [-ˌrœlçən] *n* ⟨-s; -⟩ ham cornet. — ~**saˌlat** *m* ham salad. — ~**ˌspeck** *m* gammon. — ~**ˌwurst** *f* ham sausage.

Schin·nen ['ʃɪnən] *pl Low G. for* Kopfschuppen.

Schin·to·is·mus [ʃɪnto'ɪsmʊs] *m* ⟨-; *no pl*⟩ *relig.* Shinto, Shintoism. — **Schin·to'ist** [-'ɪst] *m* ⟨-en; -en⟩ Shintoist. — **schin·toi·stisch** [-'ɪstɪʃ] *adj* Shinto(istic).

Schip·pe ['ʃɪpə] *f* ⟨-; -n⟩ *bes. Northern and Eastern G.* **1.** (*Schaufel*) shovel: j-n auf die ~ nehmen *fig. colloq.* to pull s.o.'s leg, to kid s.o. (*sl.*); dem Tod von der ~ springen *fig. colloq.* to escape from the jaws of death. – **2.** (*für Mehl, Korn etc*) scoop. – **3.** (*Kehrichtschaufel*) dustpan. – **4.** (*Spaten*) spade. – **5.** eine ~ machen (*od.* ziehen) *colloq. humor.* (*Schmollmund*) to pout. – **6.** *bes. Northern G.* (*games*) (*Spielkartenfarbe*) spades *pl*.

schip·pen ['ʃɪpən] *bes. Northern G.* **I** *v/t* ⟨h⟩ (*Schnee, Sand etc*) shovel, clear (*s.th.*) away. – **II** *v/i* shovel.

'**Schip·pen** *n* ⟨-; -⟩ *bes. Northern G.* (*games*) (*Spielkartenfarbe*) spades *pl*.

Schi·ras ['ʃiːras] *m* ⟨-; -⟩ (*Wollteppich*) Shiraz.

Schi·ri ['ʃiːri] *m* ⟨-s; -s⟩ (*sport*) *colloq.* (*Schiedsrichter*) a) (*beim Fußball etc*) ref (*colloq.*), b) (*beim Hockey etc*) ump (*colloq.*).

Schirm [ʃɪrm] *m* ⟨-(e)s; -e⟩ **1.** (*Regenschirm*) umbrella, *Br. colloq.* brolly, *Am. sl.* bumbershoot, (*großer*) *Br. colloq.* gamp: den ~ aufspannen [zumachen] to put up (*od.* to open) [to close] one's umbrella. – **2.** *cf.* Sonnenschirm. – **3.** (*einer Lampe*) (lamp)shade. – **4.** (*einer Mütze etc*) peak, visor, *auch* vizor. – **5.** (*Wandschirm*) (folding) screen. – **6.** (*Ofenschirm*) (fire) screen. – **7.** (Schutz und) ~ *fig. lit.* protection, protective wing (*lit.*): j-m (*od.* j-s) ~ und Schild sein to be s.o.'s protector and patron. – **8.** (*optics*) screen. – **9.** *bes. mil.* (*Fallschirm*) parachute. – **10.** (*railway*) (*eines Eisenbahnwagens*) forecarriage. – **11.** *telev.* screen. – **12.** *electr. cf.* Leuchtschirm. – **13.** *electr.* (*Radarbildschirm*) (radar) screen (*od.* scope). – **14.** *phys.* (*Röntgenschirm*) (fluorescent) screen. – **15.** *bot.* a) (*eines Pilzes*) pileus, b) *cf.* Dolde. – **16.** *zo.* (*der Qualle*) umbrella, bell, pileus (*scient.*). – **17.** *hunt.* (*Versteck des Jägers*) cover, *Am.* blind, *Br.* hide. — ~**aka·zie** [-ʔaˌkaːtsɪə] *f bot.* umbrella acacia (*bes. Gattg Acacia*). — ~**ˌan·ker** *m mar.* mushroom anchor. — ~**anˌten·ne** *f* (*radio*) umbrella antenna (*bes. Br.* aerial). — ~**beˌzug** *m* umbrella cover(ing).

'**Schirmˌbild** *n* **1.** (*auf dem Radarbildschirm*) image, display pattern. – **2.** *med.* fluoroscopic image. – **3.** *telev.* screen picture (*od.* image), pattern. — ~**geˌrät** *n med.* photofluoroscope. — ~**pho·to·graˌphie** *f* fluorography. — ~**ˌun·terˌsu·chung** *f cf.* Röntgenuntersuchung.

'**Schirm|ˌblatt** *n bot.* umbrella leaf (*Diphylleia cymosa*). — ~**ˌdach** *n* **1.** (*eines Regenschirms*) canopy. – **2.** (*Vordach*) penthouse, canopy, (*über Hoteleingängen etc*) *auch* marquee, markee. – **3.** (*Markise*) awning, canopy. – **4.** *mar.* a) (*bei Rettungsflößen*) canopy, b) *cf.* Sonnensegel.

schir·men ['ʃɪrmən] *v/t* ⟨h⟩ *lit.* (*schützen*) (vor *dat*) protect (from), shield (from), screen (from), (safe)guard (against).

'**Schirm|faˌbrik** *f* umbrella factory. — ~**fa·briˌkant** *m* umbrella manufacturer. — ~**ˌfich·te** *f bot.* parasol pine (*auch* fir) (*Sciadopitys verticillata*). — **s~ˌför·mig** *adj bes. bot.* umbrella-shaped, umbraculiform (*scient.*). — ~**fut·teˌral** *n cf.* Schirmhülle. — ~**geˌstell** *n* umbrella frame.

'**Schirmˌgit·ter** *n electr.* (*radio*) screen grid. — ~**ˌröh·re** *f* screen grid tube (*bes. Br.* valve). — ~**ˌspan·nung** *f* screen grid voltage. — ~**ˌstrom** *m* screen grid current.

'**Schirmˌgriff** *m* umbrella handle (*od.* crook).

'**Schirm|ˌherr** *m* **1.** protector, guardian, patron. – **2.** (*einer Veranstaltung etc*) patron, sponsor. — ~**ˌher·rin** *f* **1.** protectress, protectrix (*lit.*), lady guardian, patroness. – **2.** (*einer Veranstaltung etc*) patroness, sponsor. — ~**ˌherr·schaft** *f* **1.** protection, guardianship. – **2.** (*bei Veranstaltungen etc*) patronage, sponsorship, auspices *pl*; aegis, *auch* egis (*lit.*): unter der ~ von under the patronage of.

'**Schirm|ˌhül·le** *f* umbrella case. — ~**isoˌla·tor** *m electr.* umbrella-type insulator.

'**Schirm·ling** *m* ⟨-s; -e⟩ *bot.* parasol mushroom (*Lepiota procera*).

'**Schirm|ˌma·cher** *m* ⟨-s; -⟩ umbrella maker. — ~**ˌmoos** *n bot.* gland moss (*Fam. Splachnaceae*). — ~**ˌmüt·ze** *f* peaked (*od.* visored, *auch* vizored) cap. — ~**ˌpal·me** *f bot.* umbrella palm (*Hedyscepe canterburyana*): Indische ~ tokopat (*Livistona jenkinsiana*). — ~**ˌpilz** *m cf.* Schirmling. — ~**ˌqual·le** *f zo.* umbrella jellyfish, (scyphomedusa (*scient.*) (*Klasse Scyphozoa*). — ~**ˌstän·der** *m* umbrella stand. — ~**ˌtan·ne** *f bot.* **1.** Brazilian pine (*Araucaria angustifolia*). – **2.** *cf.* Schirmfichte. — ~**ˌüberˌzug** *m* **1.** (*Bespannung*) umbrella cover(ing). – **2.** *cf.* Schirmhülle. — ~**ˌvo·gel** *m zo.* ornate umbrella bird (*Cephalopterus ornatus*). — ~**ˌwand** *f cf.* Schirm 5. — ~**ˌwir·kung** *f electr.* screening effect.

Schi·rok·ko [ʃi'rɔko] *m* ⟨-s; -s⟩ sirocco, *auch* scirocco.

'**Schirr·an·tiˌlo·pe** *f zo.* bushbuck, guib (*Tragelaphus scriptus*).

schir·ren ['ʃɪrən] *v/t* ⟨h⟩ *archaic* **1.** *cf.* anschirren. – **2.** ein Pferd an (*acc*) (*od.* vor *acc*) etwas ~ to harness (*od.* put) a horse to s.th.

'**Schirrˌmei·ster** *m* **1.** *mil. Am.* motor sergeant, *Br.* motor transport sergeant, sergeant in charge of transport. – **2.** *obs.* (*Aufseher in Pferdeställen*) head hostler (*bes. Br.* ostler).

Schir·ting ['ʃɪrtɪŋ] *m* ⟨-s; -e *u.* -s⟩ (*Baumwollgewebe*) shirting.

Schis·ma ['ʃɪsma; 'sçɪs-] *n* ⟨-s; Schismen *u.* -ta [-ta]⟩ *bes. relig.* schism. — **Schis'ma·ti·ker** [-'maːtikər] *m* ⟨-s; -⟩ schismatic, schismatist. — **schis'ma·tisch** [-'maːtɪʃ] *adj* schismatic(al).

schiß [ʃɪs] *1 u. 3 sg pret of* scheißen.

Schiß *m* ⟨-sses; *no pl*⟩ **1.** *vulg.* shit, 'crap' (*beide vulg.*). – **2.** *fig. vulg.* ~ haben to have the wind up (*sl.*); ~ haben (vor *dat* of) to be in a (blue) funk (*colloq.*); ~ kriegen to get cold feet, to get into a (blue) funk (*colloq.*), to get the wind up (*sl.*).

Schi·sto·so·mia·sis [ʃɪstoso'miːazɪs; sçɪs-] *f* ⟨-; *no pl*⟩ *med.* schistosomiasis, bilharziasis.

Schi·wa ['ʃiːva] *npr m* ⟨-s; *no pl*⟩ (*indische Gottheit*) Shiva, Siva.

schi·zo·gen [ʃitso'geːn; sçi-] *adj biol.* schizogonous, schizogenous, schizogenic, schizogenetic. — **Schi·zo·go'nie** [-go'niː] *f* ⟨-; *no pl*⟩ schizogony.

schi·zo·id [ʃitso'iːt; sçi-] *adj med. psych.* schizophrenic, schizoid.

Schi·zo·my·zet [ʃitsomy'tseːt; sçi-] *m* ⟨-en; -en⟩ *meist pl biol.* schizomycete.

schi·zo·phren [ʃitso'freːn; sçi-] *adj med. psych. auch fig.* schizophrenic, schizothymic. — **Schi·zo'phre·ne** *m, f* ⟨-n; -n⟩ *psych.* schizophrenic, schizophreniac, schizophrene. — **Schi·zo·phre'nie** [-fre'niː] *f* ⟨-; -n [-ən]⟩ *auch fig.* schizophrenia.

Schi·zo·phy·ten [ʃitso'fyːtən; sçi-] *pl biol.* (*Bakterien u. Blaualgen*) schizophytes.

schi·zo·thym [ʃitso'tyːm; sçi-] *adj med. psych.* schizothymic, *auch* schizothymous.

Schlab·be'rei *f* ⟨-; *no pl*⟩ *colloq.* **1.** *cf.* Schlabbern. – **2.** *cf.* Geschwätz. — '**schlab·be·rig** *adj* **1.** (*Suppe etc*) watery. – **2.** (*feucht u. weich*) jellylike, gelatinous. – **3.** *fig. cf.* geschwätzig.

'**Schlab·ber|ˌlatz** *m*, ~**ˌlätz·chen** *n colloq.* bib, *bes. Br.* feeder.

schlab·bern ['ʃlabərn] *colloq.* **I** *v/t* ⟨h⟩ **1.** (*Suppe etc*) slop (*od.* lap) (*s.th.*) (up). – **2.** sich (*dat*) etwas auf (*acc*) etwas ~ to spill s.th. on s.th. – **3.** *fig.* (*Unsinn etc*) drivel, babble. – **II** *v/i* **4.** (*kleckern*) spill. – **5.** (*schlürfend trinken od. essen*) slop, lap. – **6.** *fig.* (*schwatzen*) drivel, babble, *Am. colloq.* drool. – **7.** *fig.* (*von Wasser, Wellen etc*) lap, splash. – **8.** *cf.* sabbern. – **III S~** *n* ⟨-s⟩ **9.** *verbal noun.*

'**schlabb·rig** *adj colloq. cf.* schlabberig.

Schlacht [ʃlaxt] *f* ⟨-; -en⟩ battle: eine entscheidende [wilde] ~ a decisive [fierce] battle; eine regelrechte ~ a pitched battle; die ~ bei (*od.* von) a) the battle of, b) (*Seeschlacht*) the battle of(f); die ~ an der Marne [um Stalingrad] the battle of the Marne [for Stalingrad]; er ist in der ~ bei Verdun gefallen he was killed in (*od.* at) the battle of (*od.* in action at) Verdun; die ~ gewinnen to win the battle, to win (*od.* carry) the day; er hatte die ~ verloren he had lost the battle; sie lieferten sich eine blutige ~ they were engaged in a bloody battle; dem Feind eine ~ liefern to give battle to (*od.* do battle with, fight a battle against) the enemy; vor der Stadt tobte eine ~ a battle was raging before the town; in die ~ ziehen to go into battle (*od.* action); es kam zur ~ it came to a battle, a battle was fought; wir haben zusammen so manche ~ geschlagen *fig.* we fought many a battle together; er stand wie ein Turm in der ~ *fig.* he stood like a rock in (the midst of) the battle.

'**Schlacht|ˌabˌfäl·le** *pl* (*der Fleischerei*) offal *sg.* — ~**ˌbank** *f* ⟨-; =e⟩ **1.** slaughtering block: j-n (wie ein Lamm) zur ~ führen *fig.* to lead s.o. (like a lamb) to the slaughter. – **2.** *cf.* Schlachthaus. — ~**ˌbeil** *n* **1.** (*des Fleischers*) butcher's ax(e) (*od.* cleaver). – **2.** *hist. cf.* Streitaxt. — ~**ˌblock** *m* ⟨-(e)s; =e⟩ *cf.* Schlachtbank 1.

schlach·ten ['ʃlaxtən] **I** *v/t* ⟨h⟩ **1.** (*Vieh etc*) slaughter, kill, butcher. – **2.** (*Geflügel, Hasen etc*) kill. – **3.** (*Opfertiere*) kill, slaughter, sacrifice, immolate. – **4.** ein Sparschwein ~ *fig. colloq. humor.* to rob (*od.* break open) a piggy bank. – **II** *v/i* **5.** slaughter an animal (*od.* animals): der Bauer hat frisch geschlachtet the farmer has recently slaughtered an animal. – **III S~** *n* ⟨-s⟩ **6.** *verbal noun.* – **7.** slaughter, kill.

'**Schlach·ten|ˌbumm·ler** *m* (*sport*) *colloq.* fan (*colloq.*), follower, supporter. — ~**ˌglück** *n mil.* fortune(s *pl*) of (*od.* in) war. — ~**ˌma·ler** *m* (*art*) painter of battle pieces.

'**Schlach·ter** *m* ⟨-s; -⟩ **1.** (*auf dem Schlachthof*) slaughterer, slaughterman. – **2.** *Northern G.* (*Fleischer*) butcher.

Schläch·ter ['ʃlɛçtər] *m* ⟨-s; -⟩ **1.** *cf.* Schlachter. – **2.** *fig.* butcher, slaughterer.

Schlach·te'rei *f* ⟨-; -en⟩ *Northern G.* **1.** (*Fleischerei*) butcher's shop. – **2.** ⟨*only sg*⟩ (*Fleischergewerbe*) butcher's trade, butchery.

Schläch·te'rei *f* ⟨-; -en⟩ **1.** *cf.* Schlachterei. – **2.** ⟨*only sg*⟩ *fig.* (*Blutbad*) butchery, slaughter, massacre, carnage (*lit.*).

'**Schlacht|ˌfeld** *n* battleground, battlefield, field (*lit.*): das ~ behaupten *fig. lit.* to win the battle, to win (*od.* carry) the day, to be victorious; sein Zimmer sah aus wie ein ~ *fig. colloq.* his room was a shambles (*od.* was topsy-turvy), his room was at sixes and sevens. — ~**ˌfest** *n meal at a farm consisting of fresh pork, fresh homemade pork sausages, sauerkraut, etc.* — ~**ˌfleisch** *n* butcher's meat. — ~**ˌflie·ger** *m aer. mil.* **1.** fighter bomber, ground attack aircraft. – **2.** fighter pilot. — ~**ˌflot·te** *f mar. mil.* battle fleet. — ~**geˌflü·gel** *n* poultry for the table. — **~ge,sang** *m* battle (*od.* war) song. — **~ge,schwa·der** *n mar. mil.* battle squadron. — **~ge,tüm·mel** *n auch fig.* din (*od.* turmoil) of battle, melee, *bes. Br.* mêlée: **mitten im ~** in the thick of the battle. — **~ge,wicht** *n* dead weight. — **~ge,wühl** *n cf.* Schlachtgetümmel. — **~,haus** *n*, **~,hof** *m* slaughterhouse, abattoir, *bes. Br.* butchery, *Am. auch* meatworks *pl* (*construed as sg or pl*). — **~,kreu·zer** *m mar. mil.* battle cruiser. — **~,li·nie** *f mil.* line of battle, fighting (*od.* battle) line. — **~,mes·ser** *n* butcher's (*od.* butchering, slaughtering) knife. — **~,och·se** *m* stalled ox (*od.* steer), ox (*od.* steer) bred for slaughter. — **~,op·fer** *n* **1.** *bes. relig.* (*Opferhandlung*) sacrifice. – **2.** (*Opfertier*) sacrifice, victim. — **~,ord·nung** *f mil. hist.* battle order, (battle) array: **Truppen in ~ aufstellen** to draw up (*od.* marshal) troops in battle order, to array troops. — **~,pferd** *n* **1.** *mil. hist. cf.* Schlachtroß. – **2.** horse for butchering. — **~,plan** *m* **1.** *mil.* plan of battle (*od.* action, operations). – **2.** *fig.* plan of action (*od.* operations): **einen ~ entwerfen** to draw up (*od.* draft, work out) a plan of action. — **~,plat·te** *f gastr. cf.* Schlachtschüssel. — **s~,reif** *adj* (*Vieh*) ready for slaughtering (*od.* killing), killable, ripe. — **~,rei·he** *f mil. hist.* line of battle. — **~,rin·der** *pl agr.* beef cattle *sg* (*usually construed as pl*). — **~,roß** *n mil. hist.* war-horse, charger. — **~,ruf** *m mil.* battle cry (*od.* call), war cry. — **~,schiff** *n mar. mil.* battleship, (*bes. großes*) battle waggon (*bes. Am.* wagon) (*sl.*). — **~,schüs·sel** *f gastr. selection of pork, pork sausages, sauerkraut, etc.* — **~,schwert** *n mil. hist.* battle sword, broadsword. — **~,sze·ne** *f* (*art*) (*literature*) battle piece. — **~,tag** *m* slaughter (*od.* killing) day.

'**Schlach·tung** *f* ⟨-; -en⟩ *cf.* Schlachten.

'**Schlacht,vieh** *n agr.* animals *pl* for slaughter. — **~be,schau** *f cf.* Fleischbeschau 1. — **~,markt** *m* beef (*od.* slaughter) cattle market.

Schlacke (*getr.* -k·k-) ['ʃlakə] *f* ⟨-; -n⟩ **1.** (*Kohlenrückstand*) cinders *pl*: **den Ofen von ~ reinigen** to take out (*od.* remove) the cinders from the stove. – **2.** *tech. metall.* slag, cinder, clinker. – **3.** *pl med.* waste products (*od.* materials). – **4.** *chem.* slag, cinder, residue. – **5.** *geol.* (*vulkanische*) (volcanic) slag (*od.* clinker, *scient.* scoria). — **s~,bil·dend** *adj* **1.** *metall.* slag-forming, ash-forming. – **2.** *med.* leading to the production of waste products.

schlacken (*getr.* -k·k-) ['ʃlakən] **I** *v/i* ⟨h⟩ *tech. metall.* (*von Kohle, Erz etc*) clinker, (form) slag. – **II** *v/impers* **es schlackt** *Low G.* (*bei Schneeregen*) it sleets.

'**Schlacken,ab,stich** (*getr.* -k·k-) *m metall.* **1.** tapping of the slag. – **2.** *cf.* Schlackenabstichloch. — **~,loch** *n* slag (*od.* cinder) hole (*od.* notch). — **~,rin·ne** *f* slag spout.

'**schlacken,ar·tig** (*getr.* -k·k-) *adj* **1.** *tech. metall.* slaggy, clinkery. – **2.** *geol.* slaggy, clinkery, scoriaceous (*scient.*).

'**Schlacken|,aus,fluß** (*getr.* -k·k-) *m metall.* (*der Gießpfanne*) slag outflow. — **~,bahn** *f* (*sport*) *cf.* Aschenbahn 1. — **~be,ton** *m tech.* slag concrete. — **~,ein,schluß** *m metall.* slag inclusion. — **s~,frei** *adj* (*Kohle, Eisen etc*) free from slag, slagless, nonclinkering *Br.* non-. — **~,frisch·re·ak·ti,on** *f* (*Martinverfahren*) lime boil. — **~,gru·be** *f* slag (*od.* cinder) pit. — **~,hal·de** *f* slag (*od.* cinder) dump, cinder yard. — **~,loch** *n* slag pit. — **~,pfan·ne** *f* slag ladle. — **~,re·gen** *m geol.* rain of slag. — **~,stein** *m* slag brick, cinder block. — **~,stich,loch** *n* slag (*od.* cinder) notch, slag hole. — **~,wa·gen** *m* slag ladle car. — **~,wol·le** *f* slag (*od.* mineral) wool, cinder hair. — **~ze,ment** *m* slag cement. — **~,zie·gel** *m cf.* Schlackenstein.

schlackern (*getr.* -k·k-) ['ʃlakərn] **I** *v/i* ⟨h⟩ (*von zu großen Kleidungsstücken etc*) flap: **mit den Armen [Beinen] ~** to flap one's arms [legs]; **da kann man ja nur noch mit den Ohren ~!** *fig. colloq.* that takes your breath away, that leaves you speechless. – **II** *v/impers* **es schlackert** *Low G.* (*bei Schneeregen*) it sleets.

'**Schlacker|,schnee** (*getr.* -k·k-) *m Low G.* sleet. — **~,wet·ter** *n* sleety weather.

'**schlackig** (*getr.* -k·k-) *adj* **1.** *tech. metall.* slaggy, cindery, clinkering. – **2.** *geol.* slaggy; scoriaceous, scoriac (*scient.*). – **3.** *Low G.* (*Schnee, Wetter etc*) sleety.

'**Schlack,wurst** *f gastr. Northern G. for* Zervelatwurst.

Schlaf [ʃla:f] *m* ⟨-(e)s; *no pl*⟩ sleep, shut-eye (*sl.*), *Br. sl.* doss: **kurzer ~** short sleep, nap; **unruhiger [erquickender] ~** uneasy (*od.* restless) [refreshing] sleep; **einen leichten [festen (*od.* gesunden, guten)] ~ haben** to be a light [sound] sleeper; **~ haben** *colloq.* to be (*od.* feel) sleepy; **der ~ vor Mitternacht** the sleep before midnight, the beauty sleep; **in tiefem ~ liegen** to be fast (*od.* sound) asleep; **sie fiel** (*od.* **sank**) **in ~** she fell asleep, she dropped off; **ein Kind in den ~ singen** (*od.* **lullen**) [**wiegen**] to sing (*od.* lull) [to rock] a child to sleep; **j-n in hypnotischen ~ versetzen** (*od.* **versenken**) to put s.o. into a hypnotic sleep; **er redet im ~** he talks in his sleep; **der ~ übermannte** (*od.* **überkam, überfiel**) **ihn** sleep overcame him; **gegen den ~ ankämpfen** to fight off sleep(iness); **eine Mütze** (*od.* **ein Auge**) **voll ~ nehmen** *humor.* to have a snooze (*od.* [one's] forty winks) (*colloq.*); **ich brauche täglich acht Stunden ~** I need eight hours' sleep a day; **er schlief den ~ des Gerechten** *colloq.* he slept the sleep of the just; **den ewigen** (*od.* **letzten**) **~ tun** (*od.* **halten, schlafen**) *poet.* to sleep the eternal sleep (*od.* one's last sleep); **aus dem** (*od.* **vom**) **~ erwachen** to waken (*od. lit.* [a]wake) from sleep; **aus dem ~ auffahren** (*od.* **hochfahren**) to start from one's sleep, to wake up with a start; **j-n aus dem ~ reißen** to rouse s.o. from (his) sleep; **noch halb im ~ sagte er** still half asleep he said; **sich** (*dat*) **den ~ aus den Augen reiben** to rub the sleep out of one's eyes; **sie konnte lange keinen ~ finden** she could not get to sleep for a long time; **die Sorge um ihn raubte ihr** (*od.* **brachte sie um**) **den ~** the worry about him robbed her of her sleep; **im ~ sterben** to die in one's sleep; **etwas im ~ tun** (**können**) *fig. colloq.* (to be able) to do s.th. in one's sleep (*od.* with one's eyes closed, blindfold, *sl.* on one's head); **ich kann das Gedicht [meine Rolle] im ~** *fig. colloq.* I know the poem [my part] off backward(s); **den Seinen gibt's der Herr im ~** *fig. colloq.* fortune favo(u)rs fools.

'**Schlaf|,ab,teil** *n* (*railway*) *cf.* Schlafwagenabteil. — **~,an,fall** *m med.* narcoleptic attack. — **~,an,zug** *m* **1.** *bes. Am.* pajamas *pl*, *bes. Br.* pyjamas *pl*. – **2.** (*einteiliger, für Kinder*) sleeping suit, *Am. auch* sleeper. — **~be,darf** *m* sleep requirement. — **~be,we·gung** *f bot.* (*der Pflanzen*) sleep (*od. scient.* nyctinastic) movement, nyctinasty (*scient.*). — **s~,brin·gend** *adj med.* soporific, hypnotic. — **~,bur·sche** *m* night lodger.

Schläf·chen ['ʃlɛ:fçən] *n* ⟨-s; *no pl*⟩ **1.** *dim. of* Schlaf. – **2.** nap, snooze (*colloq.*): **ein ~ machen** (*od.* **halten**) to take a nap; to snooze, to have a snooze (*od.* [one's] forty winks) (*colloq.*), to catch some shut-eye (*sl.*).

'**Schlaf|,couch** *f* a) divan (bed), b) (*Doppelbettcouch*) studio couch, c) (*Wiener Bank*) sofa bed. — **~,decke** (*getr.* -k·k-) *f* blanket.

Schlä·fe ['ʃlɛ:fə] *f* ⟨-; -n⟩ temple: **ein Herr mit grauen ~n** a gentleman with greying temples, a silver-templed gentleman; **das Blut pochte** (*od.* **hämmerte**) **in seinen ~n** his blood pulsated (*od.* throbbed, thundered) in his temples.

schla·fen ['ʃla:fən] **I** *v/i* ⟨**schläft, schlief, geschlafen**, h⟩ **1.** sleep, be asleep: **tief** (*od.* **fest, tief und fest**) **~** to be fast asleep, to sleep soundly; **traumlos ~** to have (*od.* sleep) a dreamless sleep; **gute Nacht! schlafe gut** (*od.* **wohl**)! good night! sleep well (*od. colloq.* tight)! **du hast aber lange geschlafen!** well, you slept a long time! well, you had a long sleep! **am Sonntag ~ wir länger** we sleep late (*od.* long) on Sundays, we have a lie-in on Sundays (*colloq.*); **zu lange ~** to oversleep; **bis (weit) in den Tag hinein** (*od. colloq.* **bis in die Puppen**) **~** to sleep till all hours; **er hat den ganzen Morgen geschlafen** he slept all morning, he slept away the morning; **12 Stunden** (*od.* **einmal um die Uhr**) **~** to sleep 12 hours (*od.* round the clock, the clock round); **er schläft wie ein Murmeltier** (*od.* **Klotz, Stein, Ratz, Sack**) *colloq.* he sleeps like a top (*od.* log, dormouse); **ich kann nicht ~** I cannot (get to) sleep; **ich habe die ganze Nacht nicht geschlafen** I did not sleep (a wink) all night; **ich habe zu wenig [zu lange] geschlafen** I have had too little [too much] sleep; **die Sorge ließ ihn nicht ~** the worry would not let him sleep, the worry kept him awake; **laß ihn doch (noch) ~!** let him sleep (on)! **~ gehen, sich ~ legen** to go to bed, to retire, to turn in (*colloq.*), to hit the hay (*od.* sack) (*sl.*); **ein Kind ~ legen** to put a child to sleep (*od.* bed), to put a child down (*colloq.*); **mit j-m in einem Bett ~** to share a bed with s.o.; **in seinen Kleidern ~** to sleep in one's clothes (*od.* with one's clothes on); **im Stehen ~** to sleep on one's feet; **mit offenen Augen ~** *fig.* (*träumen*) to daydream; **sie ~ getrennt** they sleep apart, they do not sleep together; **sich gesund ~** to sleep oneself back to health; **wer schläft, sündigt nicht** (*Sprichwort*) he who sleeps does not sin; **sein Ehrgeiz ließ ihn nicht ~** *fig.* his ambition gave him no rest (*od.* peace); **~ Sie (einmal) darüber!** *fig.* sleep on (*od.* over) it! – **2.** (*übernachten*) sleep, spend (*od. colloq.* stay) the night: **kann ich heute Nacht bei euch ~?** may I spend the night with you? may I sleep at your place tonight? – **3. mit j-m ~** (*Geschlechtsverkehr haben*) to sleep with s.o., to spend the night with s.o., to make love to s.o. – **4.** *fig. colloq.* (*nicht aufpassen*) not pay attention, dream: **in der Schule schläft er immer** he never pays attention (*od.* he is always half asleep) at school; **Verzeihung, jetzt habe ich geschlafen!** sorry, I was not paying attention (*od.* listening)! **schlaf nicht!** pay attention! – **II** *v/t* **5.** → Schlaf.

'**Schlä·fen|,ader** *f med.* temporal artery. — **~,bein** *n* temporal bone.

'**schla·fend I** *pres p.* – **II** *adj* sleeping, dormant: **sich ~ stellen** to pretend to be asleep; **ein ~er Riese** *fig.* a sleeping (*od.* slumbering) giant.

'**Schlä·fen,ge·gend** *f med.* temporal region.

'**Schla·fen,ge·hen** *n only in* **vor dem** [**beim**] **~** before [when, on] going to bed (*od.* retiring).

'**Schlä·fen|,gru·be** *f med.* temporal fossa. — **~,lap·pen** *m* temporal lobe.

'**Schla·fens,zeit** *f* ⟨-; *no pl*⟩ bedtime: **es ist ~, Kinder!** (it's) bedtime (*od.* it's time to go to bed), children!

Schlä·fer ['ʃlɛ:fər] *m* ⟨-s; -⟩, '**Schlä·fe·rin** *f* ⟨-; -nen⟩ sleeper.

schlä·fern ['ʃlɛ:fərn] *v/impers* ⟨h⟩ **mich schläfert, es schläfert mich** I am (*od.* feel) sleepy (*od.* drowsy).

'**schlaf|er,re·gend, ~er,zeu·gend** *adj med. pharm.* hypnotic, sleep-inducing.

schlaff [ʃlaf] **I** *adj* ⟨-er; -(e)st⟩ **1.** (*Haut*) flabby, flaccid, drooping: **ihre Haut war ~ geworden** her skin had become flabby (*od.* had begun to droop). – **2.** (*Fleisch, Gewebe, Muskeln etc*) flabby, flaccid. – **3.** (*Körper, Glieder, Haltung etc*) limp, droopy, languid: **er ist durch die Krankheit sehr ~ geworden** he has become very limp from the disease. – **4.** (*Hand, Händedruck etc*) limp, flabby. – **5.** (*Seil, Schnur etc*) slack, drooping. – **6.** (*Segel*) slack, limp, drooping: **die Segel wurden ~** the sails became slack, the sails slackened (*od.* began to droop). – **7.** (*Ballon, Hülle etc*) flabby, limp, slack. – **8.** (*Moral, Grundsätze etc*) lax, loose. – **9.** (*Disziplin, Amtsführung etc*) lax. – **10.** (*abgestumpft, träge*) languid, sluggish, lethargic. – **11.** *econ.* (*Geschäftsgang, Börse etc*) slack, dull. – **12.** *ling.* (*Artikulation*) lax. – **II** *adv* **13. seine Arme [die Segel] hingen ~ herab** his arms [the sails] hung (down) limp (*od.* loose); **sie lag ~ im Sessel** she lay limply (*od.* languidly) in the armchair. — '**Schlaff·heit** *f* ⟨-; *no pl*⟩ **1.** (*der Haut*) flabbiness, flaccidity, *auch* flaccidness, droopingness. – **2.** (*des Fleisches, Gewebes, der Muskeln etc*) flabbiness, flaccidity, *auch* flaccidness. – **3.** (*des Körpers, der Glieder, Haltung etc*) limpness, droop, languor, languidness. – **4.** (*der Hand, des Händedrucks etc*) limpness, flabbiness. – **5.** (*eines Seils etc*) slackness, droop. – **6.** (*der Moral, Grundsätze etc*) laxity, laxness, looseness. – **7.** (*der Disziplin, Amtsführung etc*) laxity, laxness. – **8.** (*Trägheit*) languor, languidness, sluggishness, lethargy. – **9.** *econ.* (*der Börse etc*) slackness, dullness.

ˈ**Schlaf|ˌfor·schung** *f med. psych.* sleep research. — **~ˌgän·ger** *m* ⟨-s; -⟩ *cf.* Schlafbursche. — **~ˌgast** *m* overnight guest. — **~geˌfähr·te** *m* **1.** bedfellow, bedmate. – **2.** (*Zimmergefährte*) roommate, *Br.* room-mate. — **~geˌfähr·tin** *f* **1.** bedmate, bedfellow. – **2.** *obs.* (*Geliebte*) bedmate, mistress. – **3.** (*Zimmergefährtin*) roommate, *Br.* room-mate. — **~ˌgeld** *n* (*in Herbergen etc*) lodging (*Br. sl.* doss, *Am. sl.* flophouse) money, lodging allowance. — **~geˌle·gen·heit** *f* sleeping accommodation: das Zimmer bietet fünf Personen ~ the room sleeps five people. — **~geˌmach** *n lit.* bedchamber, bedroom. — **~geˌnos·se** *m cf.* Schlafgefährte. — **~geˌnos·sin** *f cf.* Schlafgefährtin.

Schla·fitt·chen [ʃlaˈfɪtçən] *n* ⟨-s; *no pl*⟩ *only in* j-n am (*od.* beim) ~ nehmen (*od.* fassen, packen, kriegen) *colloq.* a) to take (hold of) (*od.* grab) s.o. by the collar (*od.* by the scruff of the neck), to collar s.o., b) *fig.* (*zurechtweisen*) to give s.o. a good dressing down (*od. colloq.* a good talking to), to haul (*od.* drag) s.o. over the coals.

ˈ**Schlaf|kaˌbi·ne** *f* (*in Lastzügen etc*) sleeping cabin. — **~ˌkam·mer** *f* small bedroom. — **~ˌko·je** *f* (*in Liegewagen, auf Schiffen etc*) (sleeping) berth, bunk. — **~ˌkrank·heit** *f* ⟨-; *no pl*⟩ *med.* sleeping sickness; African lethargy (*od.* meningitis), trypanosomiasis (*scient.*): südamerikanische ~ Chagas (*od.* Cruz's) disease, American (*od.* Brazilian) trypanosomiasis. — **~ˌlied** *n* lullaby.

ˈ**schlaf·los** *adj* sleepless, wakeful: eine ~e Nacht verbringen to spend (*od.* have) a sleepless night; sie lag stundenlang ~ she lay awake for hours; sich ~ herumwälzen to twist and turn sleeplessly (*od.* wakefully). — ˈ**Schlaf·lo·sig·keit** *f* ⟨-; *no pl*⟩ sleeplessness, wakefulness; insomnia, agrypnia (*scient.*): an ~ leiden to suffer from sleeplessness, to be an insomniac.

ˈ**Schlaf|ˌlust** *f* ⟨-; *no pl*⟩ sleepiness, drowsiness. — **s~ˌma·chend** *adj* causing sleep; hypnotic, hypnagogic, soporific (*scient.*).

ˈ**Schlafˌmit·tel** *n med. pharm.* sleeping drug (*od.* pill); hypnotic, soporific (*scient.*): dieser Mensch ist für mich das reinste ~ *colloq. contempt.* that fellow sends me to sleep (*colloq.*). — **~ˌsucht** *f* ⟨-; *no pl*⟩ *med.* addiction to sleeping pills (*od.* drugs, *scient.* soporifics). — **~verˌgif·tung** *f* barbiturate (*od.* soporific) poisoning (*od.* intoxication).

ˈ**Schlafˌmüt·ze** *f* **1.** nightcap. – **2.** *fig. colloq. humor.* (*Langschläfer*) sleepyhead, lie-abed, slugabed. – **3.** *fig. colloq. humor.* (*unachtsamer Mensch*) sleepyhead: du alte ~! you old sleepy(head)! – **4.** *fig. colloq. contempt.* (*langsamer, träger Mensch*) sleepyhead, slow coach, *bes. Am.* slowpoke. — ˈ**schlafˌmüt·zig** *adj fig. colloq. humor.* sleepy, sluggish. — ˈ**Schlafˌmüt·zig·keit** *f* ⟨-; *no pl*⟩ *fig. colloq. humor.* sleepiness, sluggishness.

ˈ**Schlaf|ˌpil·le** *f med. pharm. colloq. for* Schlaftablette. — **~ˌpul·ver** *n* sleeping powder. — **~ˌpup·pe** *f* (*Spielzeug*) sleeping doll. — **~ˌrat·te** *f*, **~ˌratz** *m colloq. humor. cf.* Schlafmütze 2. — **~ˌraum** *m* **1.** *cf.* a) Schlafsaal, b) Schlafzimmer. – **2.** ⟨*only sg*⟩ *cf.* Schlafgelegenheit.

ˈ**schläf·rig** *adj* **1.** sleepy, drowsy, dozy, somnolent (*lit.*): die Hitze macht einen ganz ~ the heat makes one quite sleepy (*od.* sends one to sleep), the heat drowses one. – **2.** *fig.* (*Stimme, Redeweise, Ticken, Wetter etc*) drowsy, soporific, somnolent (*lit.*). – **3.** *fig.* (*träge, schlafmützig*) sleepy, sluggish. — ˈ**Schläf·rig·keit** *f* ⟨-; *no pl*⟩ **1.** sleepiness, drowsiness; somnolence, *auch* somnolency (*lit.*). – **2.** *fig.* (*der Stimme, Redeweise etc*) drowsiness; somnolence, *auch* somnolency (*lit.*). – **3.** *fig.* (*Trägheit*) sleepiness, sluggishness.

ˈ**Schlaf|ˌrock** *m* dressing gown, *Am. auch* robe. — **~ˌsaal** *m* dormitory. — **~ˌsack** *m* sleeping bag: in den ~ kriechen to climb into one's sleeping bag. — **~ˌso·fa** *n* sofa bed.

schläfst [ʃlɛːfst] *2 sg pres of* schlafen.

ˈ**Schlaf|ˌstadt** *f* dormitory suburb, *Am.* bedroom town. — **~ˌstel·le** *f* sleeping place (*od.* accommodation): eine ~ bei j-m haben to have sleeping accommodation (*od.* a sleeping place) at s.o.'s. — **~ˌstö·rung** *f* **1.** sleep disturbance. – **2.** *pl med.* sleep disturbances, troubled (*od.* disturbed) sleep *sg*, somnipathies (*scient.*). — **~ˌstu·be** *f cf.* Schlafzimmer 1. — **~ˌsucht** *f* ⟨-; *no pl*⟩ *med.* hypersomnia, narcolepsy. — **s~ˌsüch·tig** *adj* suffering from hypersomnia, narcoleptic.

schläft [ʃlɛːft] *3 sg pres of* schlafen.

ˈ**Schlaf|taˌblet·te** *f med. pharm.* sleeping tablet (*od.* pill). — **~ˌtrunk** *m* **1.** *bes. med.* sleeping potion (*od.* cup, draft, *bes. Br.* draught). – **2.** *colloq. humor.* (*Schnäpschen etc*) nightcap.

ˈ**schlafˌtrun·ken I** *adj* drunk (*od.* drugged) with sleep, somnolent (*lit.*). – **II** *adv* j-n ~ ansehen to look at s.o. still half asleep. — ˈ**Schlafˌtrun·ken·heit** *f* ⟨-; *no pl*⟩ somnolence.

ˈ**Schlafˌwa·gen** *m* (*railway*) sleeping car (*Br. auch* carriage), sleeper, *Am. auch* Pullman (car). — **~ˌabˌteil** *n* sleeping car compartment, sleeper section. — **~ˌschaff·ner** *m Br.* sleeping car attendant, *Am.* sleeping car (*auch* Pullman) porter. — **~ˌzug** *m* sleeping car (*Am. auch* Pullman) train.

ˈ**schlafˌwan·deln I** *v/i* ⟨*insep*, ge-, h, *auch* sein⟩ **1.** walk in one's sleep, somnambulate (*scient.*). – **II S~** *n* ⟨-s⟩ **2.** *verbal noun.* – **3.** sleepwalking; somnambulism, somnambulation (*scient.*). — ˈ**Schlafˌwand·ler** *m* ⟨-s; -⟩, ˈ**Schlafˌwand·le·rin** *f* ⟨-; -nen⟩ sleepwalker; somnambulist, somnambule (*scient.*). — ˈ**schlafˌwand·le·risch** *adj* somnambuli(sti)c: mit ~er Sicherheit fand er den Weg *fig.* he found the way with the (self-)assurance of a sleepwalker.

ˈ**Schlafˌzim·mer** *n* **1.** bedroom: sie haben getrennte ~ they have separate bedrooms, they sleep apart. – **2.** bedroom suite. — **~ˌau·gen** *pl*, **~ˌblick** *m fig. colloq.* bedroom (*od. colloq.* come-to-bed[-with-me]) eyes *pl.*

Schlag [ʃlaːk] *m* ⟨-(e)s; =e⟩ **1.** (*mit einem harten Gegenstand*) blow, thump, thwack, hit, whack, (*weniger heftig*) knock, buffet: ein ~ mit dem Hammer a blow with the hammer; er gab ihm einen ~ auf den Kopf he gave him a blow on the head, he thumped (*od.* hit, thwacked, whacked) him on the head; er versetzte ihm mehrere Schläge mit einem Knüppel he dealt (*od.* gave) him several blows with a club; Schläge klatschten (*od.* prasselten) auf ihn nieder blows rained down on him; ich habe heute noch keinen ~ getan *fig. colloq.* today I haven't done a stroke of work yet. – **2.** (*mit der Faust*) blow, punch, bash, smasher; sock, slosh, biff (*sl.*): ein fürchterlicher ~ traf ihn an der Kinnspitze a crushing punch hit him on the point of the chin; j-m einen ~ aufs Auge versetzen to give (*od.* shoot, *sl.* land) s.o. a blow in the eye, to bash (*od. sl.* sock, slosh) s.o. in the eye; er teilte nach allen Seiten Schläge aus he dealt blows all round, he dealt blows right, left and center (*bes. Br.* centre); sie brach unter den Schlägen zusammen she collapsed under the blows. – **3.** (*mit der flachen Hand*) slap, smack, cuff, (*leichter*) pat, tap: ein ~ ins Gesicht *auch fig.* a slap in the face, a smack in the eye; die Absage war für ihn wie ein ~ ins Gesicht (*od.* war für ihn ein ~ ins Kontor) *fig.* the refusal was a slap in the face for him; er gab ihm einen ~ auf die Schulter he gave him a slap (*od.* he slapped him) on the shoulder; die Aktion war ein ~ ins Wasser *fig.* the action was a fiasco (*od. colloq.* washout, *sl.* flop). – **4.** (*mit der Peitsche*) lash, stroke. – **5.** (*mit einem Schwert, Degen etc*) stroke, blow: einen ~ gegen j-n führen to aim a blow against s.o.; sie führten einen vernichtenden ~ gegen den Feind *fig.* they dealt (*od.* gave) the enemy a fatal (*od.* destructive) blow; zum entscheidenden ~ ausholen (*od.* ansetzen) *fig.* to make ready for the decisive blow. – **6.** *fig.* (*in Wendungen wie*) mit einem ~(e), auf einen ~ a) (*auf einmal, zugleich*) at a time, at the same time, at once, at a stroke, at one blow (*od. colloq.* go), at one (fell) swoop, b) *fig.* (*ganz plötzlich*) all at once, all of a sudden: er ist mit einem ~(e) berühmt geworden he became famous all at once (*od.* overnight), he became famous in (less than) no time; ~ auf ~ trafen neue Unglücksmeldungen ein reports of disaster arrived in quick succession (*od.* one after the other); nun ging alles ~ auf ~ from then on everything went like clockwork (*od.* with clockwork precision). – **7.** *pl* (*Prügel*) beating *sg*, thrashing *sg*, hiding *sg*, (*auf das Hinterteil*) *auch* spanking *sg*: Schläge bekommen (*od. colloq.* kriegen) to get a thrashing, to be thrashed; tu das nicht wieder, sonst gibt es (*od.* setzt es) Schläge! don't do that again or I'll thrash you (*od.* or you'll catch it)! j-m Schläge geben to give s.o. a thrashing. – **8.** *fig.* (*Schicksalsschlag*) blow, buffet of fate: das war ein ziemlich schwerer (*od.* harter) ~ für sie that was quite a heavy blow for her; ein ~, von dem er sich nie wieder erholen sollte a blow from which he was never to recover. – **9.** (*der Uhr, Glocke etc*) stroke, sound: der dumpfe ~ der Kirchturmuhr the deep (*od.* muffled) sound (*od.* the boom) of the church tower clock; ~ zehn Uhr on the stroke (*od. colloq.* dot) of 10, at 10 o'clock sharp. – **10.** (*des Herzens, Pulses*) beat: zwei Herzen und ein ~ *fig. poet.* two hearts beating in unison. – **11.** (*der Nachtigall, Lerchen, Finken etc*) warble, caroling, *bes. Br.* carolling, song. – **12.** (*Ton der Laute, Harfe, Zither etc*) song, sound. – **13.** (*Ton des Hammers, Gongs etc*) ring, clang. – **14.** (*Ton der Axt, des Beils etc*) thwack. – **15.** (*Ton der Hufe*) clip-clop, clatter. – **16.** (*Ton der Trommel*) roll, beat. – **17.** (*Ton der Pauke*) beat. – **18.** (*Donnerschlag*) clap: die Nachricht kam wie ein ~ aus heiterem Himmel *fig.* the news was a bolt from (*od.* out of) the blue. – **19.** (*Blitzschlag*) stroke: ein kalter ~ a cold stroke. – **20.** (*der Ruder*) stroke. – **21.** (*der Wellen, Flügel*) beat. – **22.** (*der Segel*) flap. – **23.** (*des Pendels*) stroke, oscillation. – **24.** (*Taktschlag*) beat. – **25.** (elektrischer) ~ (electric) shock: ich habe einen ~ bekommen I got an electric shock. – **26.** (*einer Schallplatte*) wobble. – **27.** *colloq.* (*Schlaganfall*) stroke; apoplexy, apoplectic stroke (*scient.*): der ~ hat ihn getroffen he had a stroke; ich war wie vom ~(e) gerührt, ich dachte, mich trifft (*od.* rührt) der ~ *colloq.* (*vor Erstaunen, Entsetzen etc*) I was thunderstruck, I was as if struck by lightning, I nearly died (*colloq.*). – **28.** *colloq.* (*Aufprall, Aufschlag*) thud, thump: es tat einen (dumpfen) ~ there was a (dull) thud. – **29.** (*Wagenschlag*) (carriage *od.* coach) door: die Diener rissen die Schläge auf the servants swept open the doors. – **30.** *colloq.* (*Portion Essen*) helping, serving: sich (*dat*) einen zweiten ~ holen to go for a second helping. – **31.** (*Taubenschlag*) pigeonry, dovecot. – **32.** *fig.* (*Art, Sorte Mensch*) stamp, kind: Leute seines ~es people (*od.* men) of his stamp; sie sind vom gleichen ~ they are of the same stamp, they are birds of a feather; ein Diener vom alten ~ an old-fashioned servant; er ist ein Lehrer vom (guten) alten ~ he is a teacher of the (good) old school. – **33.** (*Tierrasse*) breed, stock, (*bes. Pferde*) *auch* stud. – **34.** (*sport*) a) (*beim Boxen*) punch, blow, sock (*sl.*), b) (*beim Tennis etc*) stroke, shot, c) (*beim Schwimmen*) beat, kick: ein regelwidriger ~ (*beim Boxen*) a foul (blow); er konnte keinen einzigen ~ anbringen he could not get home (*od. sl.* land) a single blow. – **35.** *tech.* a) (*eines unrund laufenden Werkzeuges*) beat, b) (*einer Welle*) wobble, whip, c) (*einer Band-, Kreissäge*) screeching, weaving, d) (*einer zum Rattern neigenden Werkzeugmaschine*) chatter, e) (*eines Lagers*) eccentricity, runout: das rechte Rad hat einen ~ the right wheel runs untrue. – **36.** (*forestry*) *cf.* Hieb 6. – **37.** *agr.* (*Feld einer Fruchtfolge*) rotation. – **38.** *mil.* (*einer Seemine*) leg.

ˈ**Schlag|ˌabˌraum** *m* (*forestry*) slash, *Br.* brash, logging debris, refuse wood. — **~ˌabˌtausch** *m* (*sport*) (*beim Boxen*) exchange (of blows). — **~ˌader** *f med.* artery. — **~ˌanˌfall** *m* (apoplectic) stroke, apoplectic fit, cerebro-vascular accident (*scient.*): einen ~ bekommen to have a stroke.

ˈ**schlagˌar·tig I** *adj* ⟨*attrib*⟩ sudden, abrupt, precipitate, precipitant. – **II** *adv* all of a sudden, abruptly, from one moment to the other, in the twinkling of an eye (*colloq.*): der Regen setzte ~ ein rain started all of a sudden; er wurde ~ berühmt he became famous overnight, he became famous in (less than) no time, he blazed into fame.

ˈSchlagˌball *m* (*sport*) **1.** (*Lederball*) baseball. – **2.** ⟨*only sg*⟩ (*Spiel*) *etwa* rounders *pl* (*construed as sg*). — **~ˌspiel** *n cf.* Schlagball 2.

ˈschlag·bar *adj* **1.** (*Gegner, Konkurrent etc*) beatable. – **2.** (*forestry*) fit for felling, mature, loggable.

ˈSchlag|ˌbär *m tech.* striking hammer, tup, impact anvil. — **~ˌbaum** *m* **1.** (*Zollschranke*) (customs) barrier(s *pl*). – **2.** (*Mautschranke*) tollgate, toll bar, turnpike. — **~beˌanˌspru·chung** *f metall.* impact stress. — **~ˌbie·geˌfe·stig·keit** *f metall.* impact bending strength. — **~ˌbie·ge·verˌsuch** *m* impact bending test. — **~ˌboh·rer** *m*, **~ˌbohr·maˌschi·ne** *f tech.* percussion (*od.* churn) drill.

ˈSchlagˌbol·zen *m* **1.** (*eines Gewehrs*) firing pin, striker, plunger. – **2.** (*einer Mine*) firing bolt. — **~ˌfe·der** *f* striker spring.

Schlä·gel [ˈʃlɛːgəl] *m* ⟨-s; -⟩ (*mining*) mallet, hammer.

schla·gen [ˈʃlaːgən] **I** *v/t* ⟨schlägt, schlug, geschlagen, h⟩ **1.** (*mit einmaligem Schlag*) strike, hit, knock, bang, bat, (*hart*) whack, thwack: **j-n ins Gesicht ~** to strike (*od.* slap, smack) s.o. in the face; **etwas an** (*od.* **gegen**) **die Wand ~** to hit (*od.* dash) s.th. against the wall; **j-m ein Loch in den Kopf ~** to knock a hole in s.o.'s head; **j-m etwas aus der Hand ~** to strike s.th. from s.o.'s hand; **j-n zu Boden ~** to knock s.o. down, to fell (*od.* floor) s.o.; → Fliege 2. – **2.** (*mit wiederholten Schlägen*) beat, knock, hammer: **etwas in Stücke** (*od.* **Scherben, Trümmer**) **~**, *colloq.* **etwas kurz und klein ~** to beat (*od.* dash) s.th. to pieces. – **3. etwas [j-n] an** (*acc*) **etwas ~** to fasten (*od.* nail, fix) s.th. [s.o.] to s.th.: **eine Notiz ans schwarze Brett ~** to fix (*od.* pin) a notice on the bulletin (*bes. Br.* notice) board; **j-n ans Kreuz ~** to nail s.o. to the cross. – **4. etwas in** (*acc*) **etwas ~** to drive s.th. into s.th.: **einen Nagel in die Wand ~** to drive a nail into the wall. – **5.** (*prügeln*) beat, hit, slap, spank, strike: **die Lehrer dürfen die Kinder nicht ~** the teachers are not allowed to beat the children; **j-n mit der Faust ~** to punch (*od.* thump, *sl.* sock, biff, *bes. Am.* slug) s.o.; **j-n mit einer Peitsche ~** to whip (*od.* lash, lace [into]) s.o.; **einen Hund mit dem Stock ~** to thrash (*od.* cane, cudgel, drub) a dog; **j-n windelweich** (*od.* **krumm und lahm**) **~** *colloq.* to reduce s.o. to (a) pulp (*colloq.*); **j-n grün und blau ~** *colloq.* to beat s.o. black and blue; **j-m Wunden ~** to wound s.o. – **6. j-m etwas um die Ohren ~** to box s.o.'s ears with s.th.: **der Vater schlug seinem Sohn das Heft um die Ohren** the father boxed his son's ears with the copybook; **sich** (*dat*) **die Nacht um die Ohren ~** *fig. colloq.* to stay up (*od.* celebrate) until all hours (of the night). – **7. sich ~** a) to hit one another, to (have a) fight, to come to blows, b) (*sich duellieren*) to fight a duel: **sich** (**mit j-m**) **auf Pistolen ~** to fight a duel with pistols; **man schlug sich fast um ein Autogramm von ihm** there was almost a fight for his autograph; → Pack². – **8.** (*besiegen*) beat, defeat, overcome, lick (*colloq.*): **einen Feind vernichtend ~** *mil.* to beat (*od.* rout) an enemy; **j-n im Schwimmen ~** to beat s.o. at swimming; **j-n nach Punkten [um eine halbe Länge] ~** (*sport*) to beat s.o. on points [by half a length]; **j-n aus dem Felde ~** *fig.* to outmatch s.o., to put s.o. out of the running; **j-n mit seinen eigenen Waffen ~** *fig.* to beat s.o. at his own game. – **9.** (*bestrafen*) punish, strike, smite (*lit.*): **Gott hat ihn mit großem Leid geschlagen** God has struck (*od.* smitten) him with great grief. – **10.** (*Gong, Trommel, Rhythmus etc*) beat: **den Takt ~** to beat time; **einen Wirbel auf einer Trommel ~** to beat a roll on (*od.* to roll) a drum; → Alarm 1; Krach 3; Lärm 8. – **11.** *obs.* (*Laute, Harfe etc*) strike, play. – **12.** (*Saiten*) hammer, strike. – **13.** (*Uhrzeit*) strike, toll, chime: **es schlägt 4 (Uhr)** it is striking 4 (o'clock), 4 o'clock is striking; **die Kirchturmuhr schlug Mitternacht** the church clock struck midnight; **jetzt schlägt's aber dreizehn!** *fig. colloq.* that's the limit (*od.* the last straw)! **er weiß, was die Glocke geschlagen hat** *fig.* he knows that the game is up. – **14.** (*Feuer, Funken*) strike. – **15.** (*Schlacht*) fight. – **16. etwas in** (*acc*) **[um] etwas ~** *colloq.* to wrap s.th. in [(a)round] s.th.: **etwas in Papier ~** to wrap s.th. in paper; **ein Tuch um etwas ~** to wrap a piece of cloth (a)round s.th.; **sich** (*dat*) **einen Schal um die Schultern ~** to wrap (*od.* throw) a shawl about one's shoulders. – **17.** (*wenden, kehren*) turn: **die Haare nach innen ~** to turn one's hair in. – **18.** (*zerschlagen*) break: **Eier in die Pfanne ~** to break eggs into the frying pan. – **19. etwas auf** (*acc*) **etwas ~** *bes. econ.* to add (*od.* put, *colloq.* clap) s.th. on s.th.: **die Unkosten auf den Preis ~** to add the costs on to the price; **Steuern auf eine Ware ~** to put tax on (*od.* to tax) an article. – **20.** (*in Verbindung mit bestimmten Substantiven*) **einen Kreis ~** to describe (*od.* draw) a circle; **ein Kreuz ~** a) to cross (oneself), b) to make the sign of the cross; **Falten ~** (*von Kleidungsstücken etc*) to wrinkle; **einen Haken ~** to double (back); **Wurzeln ~** *auch fig.* to strike root, to root; → Karte 15; Knoten 1; Rad 5, 6; Ritter 1; Welle 3, 6. – **21.** (*sport*) a) (*Ball etc*) hit, strike, knock, (*mit Schlagholz*) *auch* bat, b) (*beim Fechten*) strike: **er schlug den Ball ins Netz [ins Aus]** (*beim Tennis*) he struck the ball into the net [out of court]; **eine Terz ~** to strike a tierce; → Klinge 2. – **22.** (*games*) a) (*Figur des Gegners*) take, b) (*beim Damespiel*) jump. – **23.** *gastr.* a) (*Sahne, Eier etc*) beat, whip, whisk, b) (*Schokolade*) mill, c) (*passieren*) pass, sieve: **Eier zu Schnee ~** to beat eggs to a froth; **Schaum ~** a) to beat up froth, b) *fig. colloq.* to talk idly; **Erbsen durch ein Sieb ~** to pass peas through a sieve, to sieve peas. – **24.** (*forestry*) (*Bäume*) fell, cut (down), log, lumber. – **25.** *civ.eng.* (*Brücken*) run, build. – **26.** *tech.* (*Münzen, Geld*) strike, coin, mint. – **27.** *hunt.* strike: **der Bussard schlägt ein Kaninchen** the buzzard strikes a rabbit; **der Raubvogel schlug die Fänge in seine Beute** the bird of prey struck its claws into its prey. – **28.** *fig.* (*in Wendungen wie*) **die Augen zu Boden ~** to cast one's eyes down; **die Hände vor das Gesicht ~** to cover one's face with one's hands; **Kapital aus etwas ~** *auch fig.* to profit by (*od.* capitalize [*Br. auch* -s-] on) s.th., to turn s.th. to one's advantage (*od.* to account); **sich** (*dat*) **etwas aus dem Kopf** (*od.* **Sinn**) **~** to put s.th. out of one's mind, to dismiss s.th. (from one's thoughts); **eine Warnung in den Wind ~** to disregard (*od.* make light of) a warning; **j-n in die Flucht ~** to put s.o. to flight (*od.* rout), to rout s.o.; **j-n in Fesseln** (*od. poet.* **Bande**) **~** to put s.o. in fetters, to fetter s.o.; **alles über einen Leisten ~** to measure all things by the same yardstick, to treat all things alike; **j-m ein Schnippchen ~** to outwit (*od.* outfox) s.o. – **II** *v/i* ⟨h *u.* sein⟩ **29.** ⟨h⟩ strike, hit, knock: **mit der Faust auf den Tisch ~** a) to strike (*od.* bang) one's fist on the table, b) *fig. colloq.* to put one's foot down (*colloq.*); **einem Kind auf die Finger ~** to hit (*od.* rap) a child's knuckles; **er versuchte, nach mir zu ~** he tried to strike (*od.* lash out, let out, swing) at me; **j-m ins Gesicht ~** to strike s.o. in the face; **das schlägt der Wahrheit ins Gesicht** *fig.* that is a slap in the face of truth. – **30.** ⟨h⟩ (*mit der flachen Hand*) slap, clap: **j-m auf die Schulter ~** (*freundschaftlich*) to slap s.o. on the shoulder; **sich** (*dat od. acc*) **an die Stirn ~** to put one's hand on one's forehead, to strike one's forehead. – **31.** ⟨h⟩ (*mit wiederholten Schlägen*) beat, hammer: **er schlug wütend gegen die Tür** he beat at (*od.* upon) the door furiously; **auf die Tasten ~** to hammer the keys; **sich** (*dat od. acc*) **an die Brust ~** *fig.* a) to be full of regret (*od.* contrition), b) (*zur Beteuerung*) to beat one's breast. – **32.** ⟨h⟩ **um sich ~** to lash out, to lay about one, to hit (*od.* let) out: **er schlug wild mit Händen und Füßen um sich** he lashed out wildly with his hands and feet. – **33.** ⟨sein⟩ hit, knock, bump, bang: **sie fiel und schlug mit dem Kopf auf einen Stein** she fell and knocked her head on (*od.* against) a stone; **zu Boden ~** to fall heavily to the ground. – **34.** ⟨h⟩ (*flattern*) flap: **der Vogel schlägt mit den Flügeln** the bird flaps its wings; **das Segel schlägt gegen den Mast** the sail flaps against the mast. – **35.** ⟨h⟩ (*von Fenstern, Fensterläden etc*) bang (in the wind). – **36.** ⟨h⟩ (*von Regen*) beat, drive: **der Regen schlägt ans Fenster** the rain is beating against the window. – **37.** ⟨h⟩ (*von Wellen*) beat, wash, dash: **die Wellen ~ an die Felsen** the waves wash against (*od. lit.* smite upon) the rocks. – **38.** ⟨sein⟩ (*von Tönen, Stimmen etc*) strike: **ferne Geräusche schlugen an mein Ohr** faraway noises struck my ear. – **39.** ⟨h⟩ (*einschlagen*) strike: **der Blitz schlug in den Baum** lightning struck the tree. – **40.** ⟨h⟩ (*von Uhr etc*) strike, toll: **für jeden schlägt einmal die Stunde** *fig.* everyone's hour (*od.* turn) comes; **dem Glücklichen schlägt keine Stunde** *fig.* the happy never think of time; **sein letztes Stündlein hat geschlagen** *fig.* his last hour has come. – **41.** ⟨h⟩ (*von Herz etc*) beat, (*heftig*) throb, pound, thump, pulsate: **schnell ~** to palpitate; **ihr Puls schlug wie rasend** her pulse was throbbing like mad (*colloq.*); **ihr Herz schlägt warm für alle Leidenden** *fig.* she sympathizes with (*od.* has compassion on) all who suffer. – **42.** ⟨h⟩ (*von Gewissen*) prick: **sein Gewissen begann zu ~** his conscience started to prick him. – **43.** ⟨sein⟩ (*von Flammen*) leap, burst: **aus den Fenstern schlugen bereits die Flammen** flames were already leaping out of the windows. – **44.** ⟨sein⟩ (*von Rauch*) pour, gush, belch: **aus dem Schornstein schlug dicker, schwarzer Rauch** thick black smoke poured from (*od.* out of) the chimney. – **45.** ⟨h⟩ (*von Nachtigall etc*) warble, jug. – **46.** ⟨h⟩ (*von Pferd*) kick. – **47.** ⟨sein⟩ (*geraten*) take after: **der Junge schlägt mehr nach seinem Vater** the boy takes more after his father; → Art 6. – **48.** ⟨h⟩ **in j-s Fach ~** to be (in) s.o.'s line, to fall in s.o.'s field of knowledge. – **49.** ⟨sein⟩ **etwas schlägt j-m auf den Magen** s.th. turns s.o.'s stomach, s.th. makes s.o. feel sick; **die Aufregung ist mir auf den Magen geschlagen** the excitement has made me feel sick. – **50.** ⟨sein⟩ **voll Wasser ~** (*von Booten etc*) to be filling with water. – **51.** ⟨h⟩ (*sport*) (*beim Boxen*) hit, knock. – **52.** ⟨h⟩ *tech.* a) (*von Maschinen*) chatter, b) (*von Rädern*) run untrue (*od.* eccentrically), c) (*von einer Welle*) whip, d) (*von einer Säge*) screech, weave, e) (*von einer Schleifscheibe*) bounce, f) (*von Draht*) kick. – **53.** ⟨h⟩ *metall.* (*im Gesenk*) drop-forge. – **54.** ⟨h⟩ **über die Stränge ~** *fig. colloq.* to kick over the traces. – **III** *v/reflex* ⟨h⟩ **55. sich tapfer** (*od.* **gut**) **~** *auch fig.* to stand one's ground, to hold one's own; **sich durchs Leben ~** *fig.* to fight one's way through life, to struggle through. – **56. sich zu j-m** (*od.* **auf j-s Seite**) **~** to side (*od.* take sides) with s.o., to go over to s.o.; **sich seitwärts in die Büsche ~** *colloq.* a) to disappear in the undergrowth, b) *fig.* to make one's escape; **sich durch die feindlichen Linien ~** *mil.* to fight one's way through the enemy lines. – **57. sich auf** (*acc*) **etwas ~** (*von Krankheit etc*) to settle on s.th., to affect (*od.* attack) s.th.: **die Erkältung hat sich auf den Magen geschlagen** the cold settled on the stomach. – **IV S~** *n* ⟨-s⟩ **58.** *verbal noun.* – **59.** (*des Herzens*) beat, (*heftiges*) throb, pulsation, action. – **60.** (*einer Brücke*) construction. – **61.** *mus.* (*eines Instruments*) percussion. – **62.** *tech.* a) (*einer Maschine*) chatter, b) (*einer Welle*) whip, c) (*einer Säge*) screech, weave, d) (*einer Schleifscheibe*) bounce, e) (*eines Drahts*) kick.

ˈschla·gend I *pres p.* – **II** *adj* **1.** (*Beweis, Argument etc*) convincing, forcible, cogent. – **2.** (*treffend*) striking. – **3.** (*unwiderlegbar*) irrefutable. – **4. ~e Wetter** *pl* (*mining*) firedamp (explosion) *sg.* – **5. ~e Verbindung** students' society (*Am.* fraternity) in which duels are fought. – **III** *adv* **6. etwas ~ widerlegen** to refute s.th. convincingly.

ˈSchla·ger *m* ⟨-s; -⟩ **1.** *mus.* hit (song *od.* tune), pop(ular) (*od.* topical) song (*od.* tune), musical hit: **sentimentaler ~** croon (song), tearjerker. – **2.** (*theater, film*) hit, smash hit, box office draw (*od.* success), draw. – **3.** *colloq.* (*tolle Sache*) hit, 'corker' (*sl.*). – **4.** *econ.* a) quick-selling line, puller (*sl.*), (sales) hit, b) (*Buch etc*) best seller, c) (*Reklame*) stunt, d) (*Lockartikel*) loss leader.

Schlä·ger [ˈʃlɛːgər] *m* ⟨-s; -⟩ **1.** (*Raufbold*) brawler, rowdy, bully, thug, tough (*colloq.*). – **2.** (*Pferd*) kicker. – **3.** (*Singvogel*) warbler. – **4.** (*sport*) a) (*Tennisschläger*) (tennis) racket (*auch* racquet), bat, b) (*Golfschläger*) club, (*für Hochbälle*) lofter, (*zum Einlochen*) putter, c) (*Hockeyschläger*) (hockey) stick, d) (*Federballschläger*) (badminton) racket (*auch* racquet), battledore, e) (*Krikketschläger*) bat, willow, f) (*Poloschläger*) mallet. – **5.** (*sport*) (*Person*) a) (*beim Boxen*) puncher, slugger, b) (*beim Kricket etc*) batsman, batter, bat. – **6.** (*sport*) (*Waffe*) rapier, saber, *bes. Br.* sabre.

Schlä·ge'rei *f* ⟨-; -en⟩ **1.** brawl, fight(ing) scuffle, row, fracas, (af)fray, *bes. Br. colloq.* turn-up; roughhouse, *Br.* rough house (*sl.*): allgemeine ~ free-for-all, rough-and-tumble (fight), free fight; in eine ~ ausarten to degenerate into a brawl. – **2.** (*sport*) (*beim Boxen*) roughing, rough fight.

ˈSchla·ger|ˌfe·sti·val *n* pop-song festival. — **~kom·poˌnist** *m* pop-song writer. — **~me·loˌdie** *f* hit (*od.* pop) tune.

schlä·gern [ˈʃlɛːgərn] *v/t* ⟨h⟩ *Austrian* (*forestry*) *for* schlagen 24.

ˈSchla·ger|paˌra·de *f* hit parade. — **~ˌpreis** *m* prize for the best pop song. — **~ˌsän·ger** *m*, **~ˌsän·ge·rin** *f* pop singer. — **~ˌtext** *m* text (*od.* words *pl*, lyrics *pl*) of a pop song.

ˈSchla·geˌtot *m* ⟨-s; -s⟩ *archaic* **1.** *cf.* Raufbold. – **2.** *cf.* Totschläger 1.

ˈschlagˌfer·tig I *adj* **1.** quick- (*od.* ready)-witted, quick: eine ~e Antwort a quick-witted (*od.* ready) answer, a repartee, *Am. sl.* a snappy comeback; er ist sehr ~ he is very quick at (*od.* in) repartee, he is very quick on the draw (*bes. Am.* trigger), he is very quick off the mark. – **2.** *colloq. humor.* (*bereit zu schlagen*) quick on the draw. – **II** *adv* **3.** quick-wittedly: → antworten 1. — **ˈSchlagˌfer·tig·keit** *f* ⟨-; *no pl*⟩ quick-wittedness, ready wit, quickness (of repartee).

ˈschlagˌfest *adj tech.* **1.** (*Uhr etc*) shockproof. – **2.** (*Material*) impact-resistant, shock-resisting. — **ˈSchlagˌfe·stig·keit** *f* ⟨-; *no pl*⟩ **1.** shockproofness. – **2.** impact strength.

ˈSchlag|ˌflü·gelˌflugˌzeug *n*, **~ˌflüg·ler** [-ˌflyːglər] *m* ⟨-s; -⟩ *aer.* ornithopter.

ˈSchlag|ˌfluß *m med. obs. for* Schlaganfall. — **~geˌwicht** *n* (*einer Uhr*) striking weight. — **~giˌtar·re** *f mus.* struck (*od.* jazz) guitar. — **~ˌham·mer** *m tech.* **1.** (*Schlagnietmaschine*) percussion riveter (*auch* rivetter), (*mit Bügel*) pinch bug rivet(t)er. – **2.** (*schwerer Schlegel*) sledge hammer. – **3.** (*Steinschlaghammer*) stone breakers' hammer. — **~ˌhär·te** *f* ⟨-; *no pl*⟩ **1.** *tech.* impact hardness. – **2.** (*sport*) (*beim Boxen*) punch. — **~ˌholz** *n* **1.** (*Brennholz*) coppice. – **2.** (*sport*) a) bat, b) (*beim Schlagballspiel*) trap bat (*od.* stick), c) *cf.* Schläger 4b, c, e, f. — **~in·struˌment** *n mus.* percussion instrument: die ~e the percussion (section) *sg.* — **~ˌkraft** *f* **1.** *mil.* (*einer Truppe*) striking (*od.* fighting) power, combat effectiveness. – **2.** (*sport*) (*beim Boxen*) punch(ing power). – **3.** *tech.* impact (*od.* striking) force, impact stress. – **4.** *fig.* (*eines Arguments etc*) conclusiveness, persuasive power. — **s~ˌkräf·tig** *adj* **1.** *mil.* (*Truppe, Armee etc*) strong, combat-effective, efficient, powerful. – **2.** (*sport*) (*Boxer*) *cf.* schlagstark. – **3.** *fig.* (*Argument etc*) convincing, conclusive, persuasive, cogent. — **~ˌlei·ste** *f* (*an Türen u. Fenstern*) rabbet ledge. — **~ˌlicht** *n* (*art*) highlight: einer Sache ~er aufsetzen *fig.* to highlight s.th.; etwas wirft ein ~ auf (*acc*) etwas *fig.* s.th. spotlights (*od.* points up) s.th. — **~ˌloch** *n* pothole, hole in the road: Schlaglöcher! (*als Warnschild*) uneven surface. — **~ˌlot** *n tech.* brazing solder. — **~ˌmann** *m* (*sport*) **1.** (*beim Rudern*) stroke. – **2.** (*beim Kricket etc*) batsman, batter. — **~maˌtri·ze** *f print.* stamping die. — **~ˌmüh·le** *f tech.* beater mill. — **~ˌniet·maˌschi·ne** *f* percussion riveter (*auch* rivetter). — **~ˌobers** *n Austrian gastr. for* Schlagsahne 1. — **~paˌtro·ne** *f* (*mining*) primer. — **~ˌrahm** *m cf.* Schlagsahne. — **~ˌring** *m* **1.** (*als Waffe*) knuckle-duster, *Am.* brass knuckles (*auch* knucks) *pl* (*construed as sg or pl*): j-n mit einem ~ schlagen to knuckle-dust s.o. – **2.** *mus.* (*für Zither*) pick, ring. — **~ˌsah·ne** *f gastr.* **1.** (*geschlagene*) whipped cream. – **2.** (*ungeschlagene*) whipping cream, cream for whipping. — **~ˌschat·ten** *m* (*art*) *phot.* hard (*od.* harsh, heavy) shadow(s *pl*). — **~ˌschrau·be** *f tech.* drive screw. — **~ˌsei·te** *f* **1.** *mar.* list: das Schiff hat ~ the ship is listing (*od.* has a list); mit 30° ~ nach Backbord with a 30-degree list to port. – **2.** ~ haben, mit ~ gehen *fig. colloq.* to be half-seas over (*colloq.*). — **~ˌse·rie** *f* (*sport*) (*beim Boxen*) series of blows. — **~ˌsieb** *n tech.* vibrating screen, shatter box.

schlägst [ʃlɛːkst] *2 sg pres of* schlagen.

ˈschlagˌstark *adj* (*Boxer etc*) hard-punching, heavy-hitting.

schlägt [ʃlɛːkt] *3 sg pres of* schlagen.

ˈSchlag|verˌsuch *m metall.* impact (*od.* falling-weight, drop) test. — **~ˌwaf·fe** *f* striking weapon. — **~ˌwei·te** *f electr.* spark gap. — **~ˌwerk** *n* **1.** (*einer Uhr*) striking mechanism, strike. – **2.** (*einer Signalglocke*) signal bell. – **3.** *metall.* a) impact testing machine, b) (*Masselbrecher*) breaking machine. – **4.** *tech.* (*Ramme*) ram(mer). — **~ˌwerkˌzeug** *n tech.* bumping tool.

ˈSchlagˌwet·ter *n* (*mining*) firedamp (explosion). — **~ˌanˌzei·ge·geˌrät** *n* firedamp detector. — **~ex·plo·siˌon** *f* firedamp explosion. — **s~ˌfüh·rend** *adj* fiery, gassy. — **s~geˌschützt** *adj* (*Gerät*) flameproof. — **~ˌmeß·geˌrät** *n* firedamp detector, methanometer (*scient.*).

ˈSchlag|ˌwort *n* ⟨-(e)s; -e, *auch* ¨er⟩ **1.** catchword, catchphrase, slogan: mit Schlagworten um sich werfen to make free use of catchwords, to use catchwords freely. – **2.** *pl contempt.* (*Gemeinplätze*) commonplaces, clichés, claptrap *sg.* – **3.** ⟨*pl* ¨er⟩ (*Stichwort*) catchword, key word. — **~ˌzei·le** *f* **1.** headline, head(ing): eine sensationelle ~ a sensational headline, *Am. sl.* a screamer; einen Artikel mit einer ~ versehen to head(line) an article; ~n machen *fig.* to make headlines, to be in the headlines. – **2.** (*über die ganze Seite*) streamer, banner (headline).

ˈSchlagˌzeug *n mus.* percussion (instruments *pl*), drums *pl*, battery, batterie, (*in der Jazzmusik*) *auch* traps *pl*, (*im Orchester*) *auch* percussion section. — **ˈSchlagˌzeu·ger** *m* ⟨-s; -⟩ percussionist, drummer.

ˈSchlagˌzün·der *m* **1.** (*einer Granate*) percussion fuse. – **2.** (*einer Sprengladung*) percussion igniter (*od.* ignitor).

Schlaks [ʃlaːks] *m* ⟨-es; -e⟩ *bes. Northern G.* gangling (*od.* lanky) fellow (*colloq.*).

ˈschlak·sig *adj* gangling, lanky: er ist furchtbar *colloq.* ~ he is all (arms and) legs.

Schla·mas·sel [ʃlaˈmasəl] *m*, *auch n* ⟨-s; -⟩ *colloq.* **1.** (*Patsche*) 'jam' (*colloq.*), fix, plight, predicament: er steckt tief im ~ he is in a nice (*od.* sad, sorry) pickle; he is in hot water, he is in the soup (*colloq.*). – **2.** (*Durcheinander*) mess, muddle, schemozzle (*sl.*). – **3.** (*Krempel*) junk: ich schmeiße den ganzen ~ weg I'll throw the whole lot (*colloq.*) (*od. sl.* caboodle, *Am. sl.* bang shoot) out.

Schlamm [ʃlam] *m* ⟨-(e)s; *rare* -e *u.* ¨e⟩ **1.** mud, mire: im ~ versinken to sink in the mire, to get bogged (down) in the mud. – **2.** (*Schlick*) slime, sludge, ooze, silt, slush. – **3.** *metall.* a) mud, sludge, b) (*bei der Aufbereitung*) pulp, c) (*im Elektrolysenbetrieb*) slime. – **4.** *tech.* (*im Motor*) sludge. – **5.** (*in der Töpferei*) slip. – **6.** *fig.* (*der Sünde etc*) mire.

ˈSchlämm·anaˌly·se *f chem.* elutriation.

ˈSchlamm|ˌbad *n med.* mud bath. — **~ˌbei·ßer** [-ˌbaɪsər] *m* ⟨-s; -⟩ *zo. cf.* Schlammpeitzger. — **~ˌbo·den** *m* muddy (*od.* miry, *auch* mirey) soil (*od.* ground).

schläm·men [ˈʃlɛmən] **I** *v/t* ⟨h⟩ **1.** (*Gewässer*) dredge, clear (*s.th.*) of mud, scour. – **2.** *tech.* a) (*Kreide etc*) wash, b) (*Erz*) wash, slime, buddle. – **3.** *brew.* (*Hefe*) wash. – **4.** *chem.* wash; elutriate, levigate (*scient.*). – **5.** (*tünchen*) whitewash. – **II S~** *n* ⟨-s⟩ **6.** *verbal noun.* – **7.** (*von Gewässern*) scour. – **8.** *chem.* elutriation.

ˈSchlamm|ˌfisch *m zo.* mudfish, bowfin (*Amia calva*). — **~ˌflie·ge** *f* drone fly (*Eristalis tenax*). — **~ˌgrund** *m* (*von Gewässern*) muddy (*od.* oozy) bottom.

ˈschlam·mig *adj* **1.** muddy, miry, *auch* mirey. – **2.** (*schlickig*) slimy, sludgy, oozy.

ˈSchlämmˌkrei·de *f tech.* whit(en)ing, washed (*od.* precipitated) chalk, Spanish (*od.* Paris) white, calcium carbonate (*scient.*).

ˈSchlamm|ˌloch *n* mudhole. — **~ˌnat·ter** *f zo.* red-bellied snake (*Farancia abacura*). — **~ˌpackung** (*getr.* -k·k-) *f med.* mud pack. — **~ˌpeitz·ger** [-ˌpaɪtsgər] *m* ⟨-s; -⟩ *zo.* pond loach, thunderfish (*Misgurnus fossilis*). — **~ˌschildˌkrö·te** *f* mud turtle (*od.* terrapin, tortoise) (*Fam. Kinosternidae*). — **~ˌschnecke** (*getr.* -k·k-) *f* pond (*od.* water) snail (*Gattg Lymnaea, bes. L. stagnalis*). — **~ˌsprin·ger** *m* mudskipper, mudhopper (*Gattg Periophthalmus*). — **~ˌtau·cher** *m* mud diver (toad) (*Pelodytes punctatus*). — **~ˌteu·fel** *m* hellbender, mud devil (*Cryptobranchus alleganiensis*). — **~vulˌkan** *m geol.* mud volcano, salse.

schlam·pam·pen [ʃlamˈpampən] *v/i* ⟨*no* ge-, h⟩ *colloq. for* schlemmen 1, 2, prassen 2.

Schlam·pe [ˈʃlampə] *f* ⟨-; -n⟩ *colloq. contempt.* slut, slattern, trollop, dowdy.

schlam·pen [ˈʃlampən] *v/i* ⟨h⟩ *colloq. contempt.* work carelessly (*od.* slovenly, slatternly), do a poor job (of work), slattern.

ˈSchlam·per *m* ⟨-s; -⟩ *colloq. contempt.* sloven.

Schlam·pe'rei *f* ⟨-; -en⟩ *colloq. contempt.* **1.** ⟨*only sg*⟩ (*Nachlässigkeit*) sloppiness, slovenliness, slipshodness, shoddiness, slatternliness: diese ~ kann ich nicht dulden I can't tolerate this slovenliness. – **2.** ⟨*only sg*⟩ (*Unordnung*) untidiness, disorder, muddle. – **3.** (*nachlässige Arbeit*) sloppy (*od.* slovenly, careless) work (*od.* job), botch.

ˈschlam·pig *adj colloq. contempt.* **1.** slovenly, slatternly. – **2.** (*bes. Person, Erscheinung etc*) untidy, unkempt, frowzy. – **3.** (*bes. Frau*) sluttish. – **4.** (*bes. Arbeit*) slipshod, shoddy, careless, sloppy. — **ˈSchlam·pig·keit** *f* ⟨-; *no pl*⟩ *cf.* Schlamperei 1, 2.

schlang [ʃlaŋ] *1 u. 3 sg pret of* schlingen[1] *u.* [2].

Schlan·ge [ˈʃlaŋə] *f* ⟨-; -n⟩ **1.** *zo.* a) snake, b) (*bes. große*) serpent, ophidian (*scient.*): giftige ~ poisonous (*od.* venomous) snake; die ~ ringelte (*od.* wand) sich um den Baum the snake coiled (itself) round the tree; listig wie eine ~ *fig.* (as) wily as a weasel; seid klug wie die ~n *Bibl.* be ye therefore as wise as serpents; → beißen 9. – **2.** (*Reihe anstehender Menschen*) queue, *Am. auch* cue, (waiting) line: nach Karten ~ stehen to queue (*od.* line) up for tickets, to wait (*od.* stand) in a queue (*od.* in [a] line) for tickets. – **3.** (*von Autos*) line, queue, *Am. auch* cue. – **4.** *fig. contempt.* (*tückische Person*) snake (in the grass), viper, serpent: eine ~ am Busen nähren *lit.* to cherish (*od.* nourish) a viper in one's bosom, to take a snake to one's bosom. – **5.** *Bibl.* (*Satan*) serpent. – **6.** *tech.* a) (*gekrümmtes Rohr*) coil, worm, b) (*Kühlschlange*) (condensing *od.* cooling) coil. – **7.** *astr.* Serpens, Serpent.

schlän·ge [ˈʃlɛŋə] *1 u. 3 sg pret subj of* schlingen[1] *u.* [2].

ˈSchlän·gelˌli·nie *f* wavy (*od.* waved) line.

schlän·geln [ˈʃlɛŋəln] **I** *v/reflex* ⟨h⟩ sich ~ **1.** wind, twine: die Viper schlängelt sich durch das Gras the viper winds through the grass. – **2.** (*mit kurzen, schnellen Bewegungen*) wriggle. – **3.** (*von Wegen, Straßen, Flüssen etc*) wind, twine, meander, serpentine, twist and turn. – **4.** (*von Personen*) worm one's way, weave: ich versuchte, mich durch die Menge zu ~ I tried to worm my way through the crowd. – **5.** sich aus etwas ~ *fig. colloq.* to worm oneself (*od.* one's way) out of s.th., to wriggle out of s.th. – **II** *v/t* **6.** eine Linie ~ to draw a wavy (*od.* waved) line.

ˈSchlan·gen|ˌaal *m zo.* snake eel (*Fam. Ophichthyidae*). — **~ˌad·ler** *m* snake buzzard, serpent (*od.* short-toed, harrier) eagle, bateleur (*Circaetus gallicus*). — **s~ˌähn·lich** *adj* snakelike, serpentlike, snaky, *auch* snakey; ophidian, colubrine (*scient.*). — **~ˌanˌbe·ter** *m* snake-worshipper, ophiolater (*scient.*). — **~ˌanˌbe·tung** *f* snake-worship(ping), ophiolatry (*scient.*). — **s~ˌar·tig** *adj cf.* schlangenähnlich.

ˈSchlan·genˌau·ge *n*, **ˈSchlan·genˌau·genˌei·dech·se** *f zo.* snake-eyed lizard (*Gattg Ophisops*).

ˈSchlan·gen|beˌschwö·rer *m* snake charmer. — **~ˌbiß** *m* snake bite. — **~ˌboh·rer** *m tech.* auger bit. — **~ˌbrut** *f* **1.** *zo.* brood of snakes. – **2.** *fig. contempt.* generation of vipers. — **~ˌech·se** *f zo.* **1.** dibamid (skink) (*Fam. Dibamidae*). – **2.** wormlike lizard (*Fam. Feyliniidae*). — **s~ˌför·mig**

adj snakelike, serpentine; serpentiform, viperiform, ophiomorphic (*scient.*). — **~ˌfraß** *m colloq. contempt.* 'muck', 'grub' (*beide sl.*). — **~ˌfres·ser** *m zo. cf.* Markhor. — **~ˌgift** *n* **1.** (snake) venom. – **2.** *med. pharm.* (*gemischtes*) venin, *auch* venene. — **~ˌgur·ke** *f* **1.** *bot.* a) snake (*od.* viper) gourd (*Trichosanthes anguina*), b) snake melon (*auch* gourd, cucumber) (*Cucumis melo flexuosus*). – **2.** *hort. a form of the common cucumber* (*Cucumis sativus*). — **~ˌgür·tel·ˌech·se** *f zo.* girdle-tailed lizard, *auch* zonure (*Fam. Cordylidae*).

ˈSchlan·genˌhals|ˌschildˌkrö·te *f zo.* snake-necked turtle (*Fam. Chelidae*). — **~ˌvo·gel** *m* snakebird, darter (*Anhinga anhinga*).

ˈSchlan·gen|ˌhaupt *n myth.* Medusa (*od.* Gorgon) head. — **~ˌhaut** *f zo.* **1.** snakeskin. – **2.** (*abgestreifte*) slough, *auch* cast, shed. — **~ˌknobˌlauch** *m bot. cf.* Schlangenlauch. — **~ˌkopf** *m* **1.** snake's head. – **2.** *zo.* mourning cowry (*Cypraea mauritiana*). – **3.** *Austrian* (*Ankerkran am Bug*) anchor crane. — **~ˌköpf·chen** *n zo.* serpent's-head cowry (*Cypraea caput-serpentis*). — **~ˌkopfˌfisch** *m* snakehead, *auch* snakehead mullet, snake-headed fish (*Gattg Canna*). — **~ˌkraut** *n bot.* snakeweed (*Calla palustris*). — **~ˌküh·ler** *m tech.* coil (*od.* spiral) condenser. — **~ˌküh·lung** *f* coil (*od.* spiral) condensation (*od.* cooling). — **~ˌlauch** *m bot.* rocambole, rocombole, sandleek (*Allium scorodoprasum*). — **~ˌle·der** *n* snakeskin. — **~ˌli·nie** *f* **1.** wiggly (*od.* wavy, sinuous, serpentine) line. – **2.** *print.* wavy (*od.* waved) line. — **~maˌkre·le** *f zo.* snake mackerel (*Gattg Gempylidae*). — **~ˌmensch** *m* (*Artist*) contortionist, posturer, posture maker. — **~ˌna·del** *f zo.* sea adder, snake pipefish (*Gattg Nerophis*). — **~ˌrohr** *n*, **~ˌröh·re** *f tech.* spiral tube, coil. — **~sa·laˌman·der** *m zo.* slender salamander (*Gattg Batrachoseps*). — **~ˌse·rum** *n med. pharm.* snake antiserum. — **~ˌskink** *m zo.* snake skink (*Gattg Ophioscincus*). — **~ˌstab** *m cf.* Äskulapstab. — **~ˌstern** *m zo.* sand (*od.* brittle) star, ophiuroid (*scient.*) (*Gattg Ophiura*). — **~ˌstorch** *m* seriema, cariama, saria, chuna (*Cariama cristata*). — **~ˌtanz** *m* snake dance. — **~ˌtän·zer** *m*, **~ˌtän·ze·rin** *f* snake dancer. — **~ˌwurz** *f bot.* common bistort, snakeweed, adderwort (*Polyganum bistorta*). — **~ˌwur·zel** *f* snakeroot.

schlank [ʃlaŋk] *adj* ⟨-er; -(e)st⟩ **1.** (*Gestalt, Wuchs, Hals, Baum etc*) slender, slim, lank, lithe, svelte, *Am. auch* svelt, willowy (*lit.*): **eine ~e Figur** a slim figure; **~ werden** to slim; **ein Mädchen von ~em Wuchs** a slender(-built) girl; **ich muß auf meine ~e Linie achten** I must watch my figure (*od.* waistline); **Obst ist gut für die ~e Linie** fruit keeps a person slim; **Schlagsahne ist nicht gut für die ~e Linie** whipped cream spoils a person's waistline; **dieses Kleid macht (dich) ~** this dress makes you look slim, this dress is slimming; **~ wie eine Tanne** (as) slim as a young sapling, (as) slender as a blade; **ich mußte mich ~ machen** *colloq.* I had to pull my tummy in (*colloq.*); → rank 1. – **2.** (*Säule, Vase etc*) slender, slim. – **3. in ~em Trab** at a fast trot. – **4.** *gastr.* (*geschmeidig*) smooth: **~er Teig** smooth dough; **einen Teig ~ rühren** to beat a dough (until) smooth.

ˈSchlank|ˌaf·fe *m zo.* colobin, colobus (*Unterfam. Colobinae*). — **~ˌbär** *m* cuataquil (*Bassaricyon gabbi*).

ˈSchlank·heit *f* ⟨-; *no pl*⟩ **1.** (*des Körpers etc*) slenderness, slimness, *auch* lankness, litheness, svelteness. – **2.** (*einer Säule etc*) slenderness, slimness.

ˈSchlank·heits|ˌgrad *m aer.* **1.** (*des Flugkörpers*) slenderness ratio. – **2.** (*in Aerodynamik*) fineness ratio. — **~ˌkur** *f med.* slimming (*od.* reducing) course: **eine ~ machen** to follow (*od.* be on) a slimming diet, to slim. — **~saˌlon** *m* reducing salon.

ˈSchlank|ˌjung·fer *f zo. cf.* Libelle 1. — **~ˌlo·ri** *m* loris, *auch* slender loris (*Loris tardigradus*). — **s~ˌma·chend** *adj* (*Kleid, Mode etc*) slimming. — **~ˌnat·ter** *f zo.* green tree (*od.* parrot) snake, chocoya (*Gattg Leptophis*). — **~ˌskink** *m* supple (*od.* ground) skink (*Gattg Lygosoma*).

ˈschlankˌweg(s) [-ˌvɛk(s)] *adv cf.* rundweg.

schlapp [ʃlap] *adj* ⟨-er; -(e)st⟩ **1.** (*matt, kraftlos*) listless, lifeless, lethargic, languid; droopy, washed-out (*attrib*) (*colloq.*): **die Hitze hat mich völlig ~ gemacht** the heat has made me absolutely listless; **sie fühlt sich noch recht ~ nach der Krankheit** she still feels rather listless after her illness. – **2.** (*Glieder etc*) leaden. – **3.** *cf.* schlaff 5, 6, 7.

Schlap·pe [ˈʃlapə] *f* ⟨-; -n⟩ *colloq.* rebuff, reverse, setback: **eine ~ einstecken müssen** (*od.* **erleiden**) to meet with a rebuff, to be foiled; **j-m eine ~ beibringen** to give s.o. a rebuff, to foil s.o.

schlap·pen [ˈʃlapən] **I** *v/i* ⟨h *u.* sein⟩ *colloq.* **1.** ⟨h⟩ (*von Schuhen*) flap. – **2.** ⟨sein⟩ *dial.* (*schlurfen*) shuffle (along). – **II** *v/t* ⟨h⟩ **3.** (*trinken*) lap: **die Katze schlappt ihre Milch** the cat laps its milk.

ˈSchlap·pen *m* ⟨-s; -⟩ *colloq.* slipper.

ˈSchlapp·heit *f* ⟨-; *no pl*⟩ **1.** (*Mattheit, Kraftlosigkeit*) listlessness, lifelessness, lethargy, languidness, droopiness (*colloq.*). – **2.** *cf.* Schlaffheit 5.

ˈSchlapp|ˌhut *m* slouch hat, wide-awake, *auch* wide-awake hat, *bes. Br.* trilby, *auch* trilby hat. — **s~ˌma·chen** *v/i* ⟨*sep*, -ge-, h⟩ *colloq.* **1.** (*völlig erschöpft sein*) wilt, flag: **kurz vor dem Gipfel hat sie schlappgemacht** she wilted just before (reaching) the summit. – **2.** (*zusammenbrechen*) collapse, drop, crumple up. – **3.** (*in Ohnmacht fallen*) faint, swoon, collapse, pass out (*colloq.*). — **~ˌohr** *n* **1.** (*eines Spaniels etc*) floppy (*od.* loppy, flappy) ear: **mit ~en flop-** (*od.* lop-, flap-)eared. – **2.** *humor. for* **Hase** 1. — **~ˌschuh** *m* slipper. — **~ˌschwanz** *m colloq. contempt.* coward, weakling, 'jellyfish' (*colloq.*); quitter, 'chicken' (*sl.*).

Schlaˈraf·fen|ˌland [ʃlaˈrafən-] *n* ⟨-(e)s; *no pl*⟩ land of milk and honey, Cockaigne, *auch* Cockayne, lubberland, fool's paradise. — **~ˌle·ben** *n* ⟨-s; *no pl*⟩ life of idleness and luxury: **ein ~ führen** to live in clover.

schlau [ʃlau] **I** *adj* ⟨-er; -(e)st⟩ **1.** (*klug, gewitzt*) clever, shrewd, quick-witted, cute, canny, sharp, slick (*colloq.*): **er ist ein ~es Bürschchen** *colloq.* he is a clever (little) devil; **er ist ein ~er Kopf** he is a clever one (*od.* fellow) (*colloq.*); **er ist ~er als alle** he outsmarts everybody (*colloq.*). – **2.** (*listig, verschlagen*) sly, cunning, artful, wily, cute, crafty, foxy: **ein ~er Fuchs** *fig. colloq.* a sly old fox. – **3.** *colloq.* (*leicht, nicht anstrengend*) soft, cushy (*sl.*): **ein ~er Posten** a cushy job. – **4.** (*in Wendungen wie*) **ich kann aus ihm [daraus] nicht ~ werden** I cannot make head or tail of him [it], I can make neither head nor tail of him [it], I don't know what to make of him [it] (*colloq.*); **wirst du daraus ~?** can you make head or tail of that? does that make sense to you? – **II** *adv* **5. das hast du ~ angefangen** (*od. colloq.* **angestellt**) you tackled that cleverly, that was a clever move of yours (*colloq.*).

Schlau·be [ˈʃlaubə] *f* ⟨-; -n⟩ *dial. for* Schale 1.

ˈSchlauˌber·ger [-ˌbɛrgər] *m* ⟨-s; -⟩ *colloq. humor.* slyboots *pl* (*construed as sg*), artful dodger, smart aleck, *auch* smart-alec; smarty, smartie (*colloq.*).

Schlauch [ʃlaux] *m* ⟨-(e)s; ⸚e⟩ **1.** (*Garten-, Luft-, Feuerwehrschlauch etc*) hose. – **2.** (*Auto-, Fahrradschlauch etc*) (inner) tube: **der ~ hat ein Loch** there is a hole in the tube, the tube is punctured. – **3.** *bes. tech.* a) hose, tube, b) (*eines Staubsaugers*) flexible hose. – **4.** (*für Wein, Öl etc*) skin, bag. – **5.** *fig. colloq. contempt.* (*schmaler, langer Raum, Gang etc*) tunnel. – **6.** *fig. colloq.* (*Anstrengung, Strapaze*) strain, drudgery, tough job, slog (*colloq.*), *bes. Br.* fag. – **7.** *Southwestern G. ped. colloq.* (*Übersetzungshilfe*) crib, *Am. sl.* pony, *auch* poney, trot. – **8.** *bot. zo.* utricle. — **~anˌschluß** *m* hose coupling. — **s~ˌar·tig** *adj* **1.** tubelike, tubular. – **2.** *bot. zo.* utricular.

ˈSchlauchˌboot *n* **1.** rubber boat (*od.* dinghy), (rubber) raft, inflatable rubber dinghy, pneumatic float. – **2.** (*als Rettungsboot*) life raft. – **3.** *aer.* (*für Notwasserungen*) life raft, dinghy. — **~ˌbrü·cke** (*getr.* -k·k-) *f mil.* pneumatic float bridge.

schlau·chen [ˈʃlauxən] *v/t* ⟨h⟩ *colloq.* **1. j-n ~** (*zermürben, fertigmachen*) to take a lot out of s.o. (*colloq.*), *bes. Br.* to fag s.o. out, to wear s.o. out: **der lange Marsch [die Grippe] hat uns arg** (*od.* **richtig, böse**) **geschlaucht** the long walk [the influenza] wore us out completely (*od. colloq.* took an awful lot out of us). – **2.** *mil.* (*Soldaten*) *cf.* schleifen[1] 4.

ˈSchlauch|ˌhas·pel *f tech. cf.* Schlauchrolle. — **~ˌklem·me** *f cf.* Schlauchschelle. — **~ˌkupp·lung** *f* hose coupling (*od.* coupler). — **~ˌlei·tung** *f* **1.** *tech.* flexible hose line. – **2.** *electr.* rubbersheathed cable. — **s~los** *adj* (*Reifen*) tubeless. — **~ˌmün·dung** *f geogr. cf.* Trichtermündung 1. — **~ˌpilz** *m bot.* ascomycete (*Klasse Ascomycetes*). — **~ˌrol·le** *f tech.* hose reel. — **~ˌschel·le** *f* tube (*od.* hose) clip. — **~ˌtrom·mel** *f cf.* Schlauchrolle.

ˈSchlauch- ˌund Geˈrä·teˌwa·gen *m* (*der Feuerwehr*) hose-laying and emergency tender.

ˈSchlauch|venˌtil *n tech.* (*am Auto-, Fahrradschlauch etc*) inner tube valve. — **~ver·ˌbin·dung** *f* hose connection (*Br. auch* connexion). — **~verˌschrau·bung** *f* hose screw connection (*Br. auch* connexion). — **~ˌwa·gen** *m* (*für Gartenschlauch*) hose carriage. — **~ˌwol·ke** *f meteor.* (*eines Tornados*) funnel cloud. — **~ˌwür·mer** *pl zo.* aschelminthes (*Stamm Aschelminthes*).

ˈSchlaue *m, f* ⟨-n; -n⟩ clever (*od.* shrewd) one (*colloq.*): **das ist ein ganz ~r!** *iron.* he thinks he knows it all!

Schläue [ˈʃlɔʏə] *f* ⟨-; *no pl*⟩ *cf.* Schlauheit.

ˈschlau·erˈwei·se *adv* **1.** cleverly, shrewdly, quick-wittedly. – **2.** (*wohlweislich*) prudently, wisely. – **3.** *iron.* (*dummerweise*) stupidly enough.

Schlau·fe [ˈʃlaufə] *f* ⟨-; -n⟩ **1.** (*an Kleidungsstücken, am Gürtel, Skistock, Uhrarmband etc*) loop. – **2.** (*am Stiefel*) loop, pull strap (*od.* tab), backstrap. – **3.** (*Schlinge*) noose. – **4.** (*Aufhänger*) hanger.

ˈSchlau·heit *f* ⟨-; *no pl*⟩ **1.** (*Klugheit, Gewitztheit*) cleverness, shrewdness, quick-wittedness, cuteness, canniness, sharpness, slickness (*colloq.*). – **2.** (*Listigkeit, Verschlagenheit*) slyness, cunning, cunningness, artfulness, wiliness, cuteness, craftiness, foxiness.

ˈSchlau|ˌkopf, **~ˌmei·er** *m colloq. humor. cf.* Schlauberger.

Schla·wi·ner [ʃlaˈviːnər] *m* ⟨-s; -⟩ *bes. Southern G. and Austrian colloq. humor.* rogue, rascal, devil.

schlecht [ʃlɛçt] **I** *adj* ⟨-er; -est⟩ **1.** bad, lousy (*colloq.*), rotten (*sl.*): **das Wetter ist ~** the weather is bad (*stärker* foul); **das Wetter wird ~er** the weather is getting worse (*od.* is worsening); **das ist ein ~er Tag für uns** this is a bad day for us; **ich habe heute meinen ~en Tag** *colloq.* this is my bad day today, it's my off-day today (*colloq.*); **er hat eine ~e Schrift** he writes a bad hand; **~e Führung** (*in der Schule etc*) bad conduct, misconduct; **einen ~en Geschmack haben** to have bad (*od.* poor) taste; **~e Umgangsformen haben** to have bad manners, to be ill-mannered; **~e Laune haben, (in) ~er Laune** (*od.* **Stimmung**) **sein** to be in a bad temper (*od.* mood, humo[u]r); **einen ~en Ruf haben** to have a bad reputation, to be of ill repute, to be ill-reputed (*od.* -famed); **(das ist) (gar) nicht ~!** (that's) not (at all, *colloq.* half) bad! **das wäre nicht ~** (*od.* **nicht das schlechteste**)! *colloq.* that's not a bad idea (at all)! **sich als ~ erweisen** to turn out badly; **da hast du dir aber einen ~en Scherz** (*od.* **Spaß, Witz**) **erlaubt** *fig.* that was a bad (*od. sl.* rotten) joke you played; → Eltern. – **2.** (*minderwertig, mangelhaft*) bad, poor, lousy (*colloq.*), rotten (*sl.*): **~es Essen [Wasser, Bier]** bad food [water, beer]; **~e Qualität** bad (*od.* inferior) quality; **die Straßen sind in ~em Zustand** the roads are in poor condition; **das Haus ist in ~em Zustand** the house is in bad repair; **die Aufführung war ~er als ich dachte** the performance was worse than I thought (it would be); **er hat ~e Arbeit geleistet** he has done bad (*od. colloq.* a bad piece of) work; **man hat heute eine ~e Sicht** (the) visibility is poor today; **das ist ~es Deutsch** that is poor German. – **3.** (*unzulänglich, untauglich*) bad, poor, incompetent: **ein ~er Lehrer [Redner]** a bad teacher [speaker]; **ich war in der Schule immer sehr ~** I was always a very poor pupil; **ihre Leistungen werden immer ~er** her work is becoming (*od.* getting) worse and worse, her work is going from bad to worse; **ich bin ~ in Mathematik** I am poor at (*od.* in) mathematics; eine ~e Regierung a) (*Personen*) a bad government, b) (*Amtsführung*) bad government (*od.* governance), misgovernment, misgovernance; ~e Verwaltung a) poor administration, b) *econ.* (*einer Firma etc*) mismanagement. – **4.** (*ungünstig, unerfreulich*) bad, poor: ~e Aussichten [Kritik] poor (*od. colloq.* lousy) prospects [review]; einen ~en Eindruck machen [hinterlassen] to make [to leave] a bad impression; er hat ~e Zensuren bekommen he was given poor (*od.* low, *colloq.* lousy) marks; du hast ihm damit einen ~en Dienst erwiesen you did him a disservice by that, you did not do him a (*od.* you did him no) service (*od.* favo[u]r) by that; eine ~e Nachricht erhalten to receive bad news; das ist ein ~es Zeichen that is a bad sign (*od.* omen). – **5.** (*mißlich, bedenklich*) bad, precarious: sich in einer ~en Lage befinden a) to be in a bad situation, to be in a fix (*od. colloq.* jam), b) (*finanziell*) to be in a tight situation (*od. colloq.* squeeze); ~e Zeiten bad (*od.* hard) times. – **6.** (*unvorteilhaft*) bad, disadvantageous, unfavorable, *bes. Br.* unfavourable: ein ~er Kauf [Tausch] a bad purchase [exchange]; ein ~es Geschäft machen to make a bad (*od.* poor, an unfavo[u]rable) bargain (*od.* deal). – **7.** (*unangenehm*) bad, nasty, rotten (*sl.*): eine ~e Angewohnheit a bad habit; ~ riechen, einen ~en Geruch haben to have a bad (*od.* nasty, an offensive) smell, to smell bad, (*stärker*) to reek; ~ schmecken, einen ~en Geschmack haben (*von Arznei etc*) to have a bad (*od. sl.* rotten) taste, to taste bad. – **8.** (*unbefriedigend*) poor: das ist eine ~e Leistung that is a poor performance (*od.* effort); ~e Bezahlung poor (*od.* bad) pay(ment); eine ~e Entschuldigung a poor (*od.* lame) excuse; das ist ein ~er Trost that is (a) poor consolation, that is cold comfort. – **9.** (*schädlich*) bad: ein ~es Klima a bad climate; einen ~en Umgang pflegen to keep bad company; du befindest dich in ~er Gesellschaft you are in bad company; in ~e Hände geraten to get (*od.* fall) into bad hands; einen ~en Einfluß auf j-n ausüben to exercise (*od.* have) a bad (*od.* harmful) influence on (*od.* over) s.o.; das Licht ist ~ für die Augen the light is bad for (*od.* harmful to) the eyes. – **10.** (*gestört, geschädigt*) bad, poor, impaired: ~e Gesundheit [Augen, Ohren] poor health [eyes *od.* sight, hearing]; in ~er Verfassung sein a) (*von Personen*) to be in bad form (*od.* shape, fettle), *Am. colloq.* to be out of whack, b) (*von Sachen*) to be in bad condition; du siehst ~ aus a) (*bleich, müde etc*) you don't look well, b) (*krank*) you look ill; die Sache sieht ~ aus the matter looks (*od. colloq.* things look) bad. – **11.** (*angefault, angefressen*) bad, rotten: ~e Zähne bad teeth. – **12.** (*böse, niederträchtig*) bad, wicked, evil: er ist ein ~er Mensch he is a wicked person, he has an evil mind; das war ~ von mir *colloq.* that was bad (*od.* wretched, *sl.* rotten) of me; er ist kein ~er Kerl *colloq.* he is not a bad fellow (*od.* sort, soul) (*colloq.*). – **13.** (*unmoralisch, ausschweifend*) bad, dirty, nasty: eine ~e Phantasie haben to have a dirty (*od.* nasty) mind (*od.* a warped imagination); ~e Witze erzählen to tell dirty (*od.* off-colo[u]r, off-colo[u]red) jokes. – **14.** mir ist ~ I feel sick (*od.* ill), I don't feel well; ihr ist gestern ~ geworden she felt sick yesterday; bei diesem Anblick kann einem ~ werden *fig. colloq.* the sight of this would make you sick (*od.* would turn your stomach). – **15.** (*verbraucht, abgestanden*) bad, stale: hier ist aber eine ~e Luft the air is very stale (*od.* it is very stuffy) in here. – **16.** (*verdorben, nicht mehr genießbar*) bad, tainted: das Fleisch ist ~ the meat is bad, the meat has gone off; die Wurst ist (mir) ~ geworden the sausage has gone bad (on me). – **17.** (*armselig, erbärmlich*) bad, poor, miserable, humble, mean: eine ~e Behausung a humble dwelling. – **18.** (*gemein, schäbig*) bad, mean, shabby, scurvy (*lit.*): ~e Behandlung bad treatment, ill-treatment. – **19.** ~er Hirsch *hunt.* rascal (*od.* unwarrantable) stag. – **II** *adv* **20.** badly: eine ~ gemachte Arbeit a badly done (*od.* a botched) job (*od.* piece of work); ~ vorbereitet ill-prepared; sich ~ und recht (*od.* mehr ~ als recht) durchs Leben schlagen to get along through life somehow (*od.* after a fashion); ~ sehen [hören] to have poor (*od.* bad) eyes (*od.* sight) [hearing]; du hörst wohl ~! *iron.* are you deaf? (*colloq.*); ~ gehen a) (*von Uhr*) to go badly, to keep bad time, b) (*von Maschine, Mechanismus etc*) to run (*od.* go) badly, c) *fig.* (*von Ehe etc*) not to go well; es steht ~ um ihn, es sieht ~ für ihn aus, er ist ~ daran (*od. colloq.* dran) he is in a bad way, he is badly off, he is in a fix (*od. colloq.* jam), (*finanziell*) *auch* he is in a tight situation (*od. colloq.* squeeze); das Essen [die Arznei] ist ihm ~ bekommen the meal [the medicine] did not agree with him; das wird (*od.* soll) ihm ~ bekommen! *fig.* he will pay for that! es steht einem Beamten [Offizier] ~ an zu it ill becomes a civil servant [an officer] to; da sind Sie ~ beraten you are badly (*od.* ill-)advised; etwas ~ verwalten a) (*Provinz, Institution etc*) to administer s.th. badly (*od.* poorly), b) *econ.* (*Gelder, Firma etc*) to mismanage s.th.; j-n [etwas] ~ behandeln to treat s.o. [s.th.] badly, to ill-treat s.o. [s.th.]; du hast ~ an ihr [ihm] gehandelt you have done her [him] wrong; er hat ~ über dich (*od.* von dir) gesprochen he spoke ill of you, he ran you down, he has been backbiting you; ~ von j-m [etwas] denken to think ill of s.o. [s.th.]; ich bin bei ihm ~ angeschrieben *colloq.* I am in his bad books; seitdem ist sie ~ auf ihn zu sprechen she has been ill-disposed toward(s) him since then, he has been in bad odo(u)r with her (*od. colloq.* he has been a bad word for her) ever since; sie leben nicht ~ they don't live (too) badly, they are not (too) badly off (*colloq.*); ~ spielen a) (*ein Musikinstrument*) to play badly, b) *bes.* (*sport*) to play badly, to play a poor game, to be off one's game (*colloq.*); ich bin ~ dabei weggekommen (*od.* gefahren) *fig. colloq.* I fared badly in this matter; er staunte nicht ~ *colloq.* he wasn't half surprised. – **21.** (*schwerlich*) not very well, hardly: ich kann ~ nein sagen I can't very well say no, I can hardly say no; ich kann ihn ~ hören [sehen] I can't hear [see] him very well; nein, das geht ~ a) (*ist unfair, unhöflich*) one can't really do that, b) (*paßt mir nicht*) it doesn't suit me awfully well (*colloq.*); er kann es sich ~ leisten zu fehlen he can ill afford to stay away. – **III S~e, das** ⟨-n⟩ **22.** (*an einer Sache*) the bad thing(s *pl*): das S~e daran ist, daß the bad thing about it is that; sich zum S~en wenden to take a turn for the worse; nur S~es von j-m [etwas] (*od.* über j-n [etwas]) sagen not to have a good word to say about s.o. [s.th.]. – **23.** (*im Menschen, in der Welt etc*) the evil.

'schlecht·be,ra·ten *adj* ⟨*attrib*⟩ ill-advised.

'schlecht·be,zahlt *adj* ⟨*attrib*⟩ badly paid, underpaid.

'Schlech·ten *pl* (*mining*) cleats, cleavages.

'schlech·ter'dings *adv* **1.** absolutely, positively, utterly: es war mir ~ unmöglich zu kommen it was absolutely impossible for me to come. – **2.** (*geradezu*) almost, virtually: es war ~ alles erlaubt virtually everything was permitted.

'Schlech·ter,stel·lung *f* ⟨-; *no pl*⟩ lower (*od.* inferior, subordinate) position: das bedeutet eine (finanzielle) ~ für ihn that means that he is worse off than he was before.

'schlecht,ge·hen *v/impers* ⟨*irr, sep,* -ge-, sein⟩ es geht j-m schlecht a) (*j-d muß viel arbeiten etc*) s.o. is in a bad way, s.o. is badly off, b) (*gesundheitlich*) s.o. doesn't feel (at all) well, c) (*finanziell*) s.o. is hard up, s.o. is in a bad way (*od.* in a tight situation, *colloq.* in a squeeze).

'schlecht|ge,launt *adj* ⟨*attrib*⟩ in a bad mood (*od.* temper), in bad (*od.* ill) humor (*bes. Br.* humour), ill-tempered, ill-humored (*bes. Br.* -humoured). — **~ge,stellt** *adj* ⟨*attrib*⟩ badly off.

'Schlecht·heit *f* ⟨-; -en⟩ *rare for* Schlechtigkeit.

'schlecht'hin *adv* **1.** (*ganz einfach, geradezu*) purely and simply, to all intents and purposes. – **2.** (*ohne Einschränkung*) absolute (*nachgestellt*): der Dramatiker ~ the dramatist absolute.

'Schlech·tig·keit *f* ⟨-; -en⟩ **1.** ⟨*only sg*⟩ badness, lousiness (*colloq.*), rottenness (*sl.*). – **2.** ⟨*only sg*⟩ (*Minderwertigkeit*) badness, poorness, inferior quality, lousiness (*colloq.*), rottenness (*sl.*). – **3.** ⟨*only sg*⟩ (*Unzulänglichkeit*) badness, poorness, incompetence. – **4.** ⟨*only sg*⟩ (*Bosheit, Niederträchtigkeit*) badness, wickedness, evilness, depravity. – **5.** (*böse Tat*) bad (*od.* wicked, evil) deed.

'schlecht,ma·chen *v/t* ⟨*sep,* -ge-, h⟩ **1.** j-n ~ to speak ill of s.o., to run s.o. down, to backbite s.o. – **2.** etwas ~ to speak ill of s.th., to run s.th. down.

'schlecht,sit·zend *adj* ⟨*attrib*⟩ (*Anzug, Kleid etc*) badly-fitting.

'schlecht,weg [-,vɛk] *adv rare for* schlechthin 1.

'Schlecht,wet·ter *n* ⟨-s; *no pl*⟩ bad (*od.* foul) weather, poor (*od.* bad, adverse) weather conditions *pl*: bei ~ in bad weather, when the weather is bad. — **~,flug** *m aer.* all-weather flight, flight during bad weather conditions. — **~,flug·be,trieb** *m* ⟨-(e)s; *no pl*⟩ flights *pl* (*od.* operations *pl*, activity) under all-weather conditions. — **~,front** *f meteor.* bad-weather front. — **~,geld** *n* (*im Baugewerbe etc*) bad-weather money (*od.* pay). — **~pe·ri,ode** *f meteor.* period (*od.* spell) of bad weather. — **~,zo·ne** *f* zone of bad weather.

Schleck [ʃlɛk] *m* ⟨-s; -e⟩ *Southwestern G. and Swiss* (*Süßigkeiten*) *Br.* sweets *pl*, *Am.* candies *pl*.

schlecken (*getr.* -k·k-) ['ʃlɛkən] **I** *v/t* ⟨h⟩ **1.** (*Eis etc*) lick (at). – **2.** (*Bonbons etc*) suck. – **3.** (*auflecken*) lap (*od.* lick) (up): die Katze schleckt Milch aus einer Schüssel the cat laps milk from a bowl. – **II** *v/i* **4.** relish sweet things: sie schleckt gern she has a sweet tooth (*colloq.*). – **5.** an (*dat*) etwas ~ (*Eiswaffel etc*) to lick at s.th. – **III S~** *n* ⟨-s⟩ **6.** *verbal noun.* – **7.** relish for sweet things. — **'Schlecker** (*getr.* -k·k-) *m* ⟨-s; -⟩ *cf.* Leckermaul 1. — **Schlecke'rei** (*getr.* -k·k-) *f* ⟨-; -en⟩ **1.** ⟨*only sg*⟩ *cf.* Schlecken. – **2.** sweet things *pl*.

'Schlecker,maul (*getr.* -k·k-) *n colloq. humor. cf.* Leckermaul 1.

schleckern (*getr.* -k·k-) ['ʃlɛkərn] *v/i u. v/t* ⟨h⟩ *colloq. cf.* schlecken 1, 2, 4, 5.

'Schleck,werk *n* ⟨-(e)s; *no pl*⟩ *dial. for* Naschwerk.

Schle·gel ['ʃleːgəl] *m* ⟨-s; -⟩ **1.** *tech.* a) (*aus Holz*) mallet, (*schwerer*) maul, beetle, b) (*Vorschlag-, Schmiedehammer*) sledge (hammer), blacksmith's sledge. – **2.** *mus.* a) (*für die Trommel, Pauke etc*) stick, b) (*für das Triangel, Xylophon etc*) beater. – **3.** (*leather*) (*zum Zurichten*) mallet. – **4.** *bes. Southern G. and Austrian gastr.* (*Keule vom Kalb, Reh etc*) leg.

'Schleh,dorn *m* ⟨-(e)s; -e⟩ *bot. cf.* Schlehe 1.

Schle·he ['ʃleːə] *f* ⟨-; -n⟩ *bot.* **1.** (*Strauch*) blackthorn, sloe(bush), sloetree (*Prunus spinosa*). – **2.** (*Frucht*) sloe (plum). – **3.** *cf.* Haferpflaume.

'Schle·hen|,blü·te *f bot.* sloe blossom. — **~li,kör, ~,schnaps** *m gastr.* sloe gin. — **~,spin·ner** *m zo.* vaporer (*bes. Br.* vapourer) moth (*Orgyia antiqua*). — **~,wein** *m gastr.* sloe wine.

Schlei [ʃlaɪ] *m* ⟨-(e)s; -e⟩ *zo. cf.* Schleie.

Schlei·che ['ʃlaɪçə] *f* ⟨-; -n⟩ *zo. cf.* Blindschleiche.

schlei·chen ['ʃlaɪçən] **I** *v/i* ⟨schleicht, schlich, geschlichen, sein⟩ **1.** slink, sneak, steal, skulk, *auch* sculk, (*von Personen*) *auch* creep; *bes. Am.* cat-foot, pussyfoot: der Fuchs schleicht zum Hühnerstall the fox sneaks (up) to the henhouse; er ist ums [ins] Haus geschlichen he slunk (a)round [into] the house; sie schlich auf Zehenspitzen durch den Flur she tiptoed down the corridor. – **2.** *fig. colloq.* (*erschöpft gehen*) drag oneself along. – **3.** *fig. colloq.* (*langsam gehen od. fahren*) crawl (along). – **4.** *fig. colloq.* (*von Stunden, Zeit*) crawl (by). – **II** *v/reflex* ⟨h⟩ **5.** sich in (*acc*) [aus, an *acc*] etwas ~ to slink (*od.* sneak, steal, skulk, *auch* sculk, creep) into [out of, (up) to] s.th.: er hatte sich ans Fenster [in das Zimmer] geschlichen he had slunk up to the window [into the room]; sich in j-s Vertrauen ~ *fig.* to sneak (*od.* sidle) one's way into s.o.'s confidence; Argwohn schlich sich in ihr Herz *fig.* suspicion stole (*od.* crept) into her heart. – **6.** schleich dich! *Bavarian colloq.* get out of here! (*colloq.*). – **III S~** *n* ⟨-s⟩ **7.** *verbal noun.* — **'schlei·chend I** *pres p.* – **II** *adj* **1.** (*Schritte, Bewegung*) sneaky, stealthy, slinky; *bes. Am.* catfooted, pussyfooted. – **2.** *fig.* (*Krise, Krankheit*) insidious. – **3.** *med.* (*Fieber*) lingering. – **4.** *fig.* (*Gift*) slow. – **5.** *econ.* (*Inflation*) creeping.

'Schlei·cher *m* ⟨-s; -⟩ *fig. colloq. contempt.* sneak(er) (*colloq.*), slink, *Am. auch* pussyfooter.

Schlei·che'rei *f* ⟨-; -en⟩ *colloq.* **1.** *cf.* Schleichen. – **2.** *fig. contempt.* underhandedness, underhand dealing(s *pl*).

'Schleich|ˌhan·del *m econ.* **1.** illicit (*od.* clandestine) trade (*od.* trading, dealing): ~ (be)treiben a) to engage in illicit trade, b) (*Schwarzhandel*) to black-market(eer), c) (*Schmuggel*) to run contraband, to smuggle. – **2.** (*Schwarzhandel*) black-marketing (*od.* -marketeering). – **3.** (*Schmuggel*) contraband (trade), smuggling. — **~ˌhänd·ler** *m* **1.** clandestine (*od.* illicit) trader (*od.* dealer). – **2.** (*Schwarzhändler*) black marketeer, black market dealer. – **3.** (*Schmuggler*) contrabandist, smuggler. — **~ˌkat·ze** *f zo.* viverrid (*Fam. Viverridae*). — **~ˌpfad** *m cf.* Schleichweg 1. — **~ˌwa·re** *f econ.* **1.** contraband, smuggled (*od.* contraband) article (*od.* goods *pl*). – **2.** black market article (*od.* goods *pl*). — **~ˌweg** *m* **1.** secret (*od.* hidden) path: die Schmuggler näherten sich auf ~en der Grenze the smugglers approached the border by secret paths. – **2.** *fig.* secret means *pl* (*construed as sg or pl*), dodge (*colloq.*): sich (*dat*) etwas auf ~en besorgen to get s.th. by secret means (*od. colloq.* by a dodge). — **~ˌwer·bung** *f econ.* surreptitious advertising (*seltener* advertizing).

Schleie ['ʃlaɪə] *f* ⟨-; -n⟩ *zo.* tench (*Tinca tinca*).

Schlei·er ['ʃlaɪər] *m* ⟨-s; -⟩ **1.** veil: den ~ zurückschlagen [vors Gesicht ziehen] to raise [to drop] the veil, to unveil [to veil] one's face; den ~ nehmen *fig.* (*ins Kloster gehen*) to take the veil. – **2.** (*der Braut*) (bridal) veil: den ~ abtanzen (*Hochzeitsbrauch*) to try to catch the bridal veil. – **3.** (*am Hut*) (visor) veil, half-veil. – **4.** (*Nebelschleier*) veil (of mist): alles wie durch einen (grauen) ~ sehen *fig.* to see everything as through a veil, to see everything through a haze; einen ~ vor den Augen haben *fig.* to have a veil before one's eyes. – **5.** (*Dunstschleier*) haze. – **6.** *fig.* (*der Nacht, Dämmerung, Illusionen etc*) veil: den ~ der Vergessenheit über (*acc*) etwas breiten (*od.* werfen) *poet.* to spread (*od.* throw) the veil of oblivion over s.th.; den ~ des Geheimnisses lüften to unveil the secret (*od.* the truth). – **7.** (*eines Photos, einer Röntgenaufnahme etc*) fog, veil. – **8.** *tech.* (*auf Glas*) haze, mist. – **9.** *med.* (*vor dem Auge*) film, haze, blur. – **10.** *mil.* a) (*Schützenschleier*) screen, b) (*Rauchschleier*) (smoke) screen. – **11.** *bot.* a) (*bei Hutpilzen*) veil, velum (*scient.*), b) (*bei Blätterpilzen*) cortina, c) (*der Farne*) indusium.

'Schlei·er|ˌeu·le *f zo.* barn owl (*Tyto alba*). — **~ˌflor** *m* (*textile*) crape, crepe, *bes. Br.* crêpe, voile, veiling.

'schlei·er·haft *adj* ⟨*meist pred*⟩ *fig. colloq.* (*rätselhaft, unverständlich*) mysterious, puzzling, baffling: es ist mir völlig ~, wie er die Prüfung bestehen konnte it is a complete mystery to me (*od.* it is beyond me, I fail to see) how he managed to pass the examination.

'Schlei·er|ˌkarp·fen *m zo. cf.* Schleie. — **~ˌkärpf·ling** *m* longfin (*Pterolebias longipinnis*). — **~ˌküh·lung** *f* (*space*) film cooling. — **~ˌschwanz** *m zo.* veiltail, fantail, comet, *auch* Comet (*Carassius auratus*). — **~ˌstoff** *m* (*textile*) *cf.* Schleierflor. — **~ˌtanz** *m* veil dance. — **~ˌtuch** *n* ⟨-(e)s; ⸚er⟩ (*textile*) **1.** (*Linon*) lawn. – **2.** *cf.* Schleierflor. — **~ˌwol·ke** *f meteor.* veil cloud, cirrostratus.

'Schleif|ap·paˌrat *m tech.* **1.** grinding attachment. – **2.** *cf.* Schleifmaschine. — **~ˌar·beit** *f* grinding (operation). — **~·au·toˌmat** *m* automatic grinder (*od.* grinding machine). — **~ˌband** *n* ⟨-(e)s; ⸚er⟩ *tech.* abrasive belt. — **~ˌbank** *f* ⟨-; ⸚e⟩ *cf.* Schleifbock. — **~ˌbock** *m* **1.** wheelhead. – **2.** (*Ständerschleifmaschine*) floor grinder, grinding pedestal. — **~ˌbock·ˌschlit·ten** *m* (grinding-)wheel slide. — **~ˌbü·gel** *m electr.* (*der Straßenbahn etc*) sliding (*od.* contact) shoe. — **~ˌbür·ste** *f* brush. — **~ˌdraht** *m* slide (*od.* potentiometer) wire. — **~ˌdruck** *m* ⟨-(e)s; ⸚e⟩ *tech.* grinding (*od.* wheel) pressure (*od.* load).

Schlei·fe ['ʃlaɪfə] *f* ⟨-; -n⟩ **1.** (*in Schnüren, Bändern etc*) bow(knot): eine ~ binden to make (*od.* tie) a bow; sie hatte [trug] eine ~ im Haar she had [wore] a bow in her hair. – **2.** (*mit langen Bändern*) streamer. – **3.** (*Frackschleife*) bow tie. – **4.** *cf.* Schlinge 1. – **5.** (*eines Flusses*) loop, winding, meander, *auch* maeander. – **6.** (*eines Weges, einer Straße etc*) horseshoe bend, loop, winding. – **7.** (*Wendeschleife*) loop. – **8.** *aer. cf.* Looping. – **9.** (*sport*) (*beim Eislaufen*) loop. – **10.** *electr.* (*einer Leitung*) loop. – **11.** *metall.* (*in der Walztechnik*) loop. – **12.** *med.* a) (*des Darms etc*) loop, b) (*des Nervs*) ansa.

schlei·fen[1] ['ʃlaɪfən] **I** *v/t* ⟨schleift, schliff, geschliffen, h⟩ **1.** (*Messer, Scheren, Äxte etc*) sharpen, give (*s.th.*) an edge, (*wetzen*) *auch* whet. – **2.** (*Rasiermesser*) sharpen, strop. – **3.** *tech.* a) grind, b) (*feinschleifen, polieren*) polish, smooth, c) (*abschleifen, abscheuern*) abrade, (*bes. mit Sandpapier*) *auch* sand, rub (*s.th.*) up, d) (*Edelsteine*) cut, e) (*Glas, Kristall*) grind, (*zum Verzieren*) *auch* cut, f) (*Brillengläser*) grind, g) (*Ventilkegel*) reface: auf Maß ~ to size; zwischen Spitzen ~ to grind on center (*bes. Br.* centre); Glas matt ~ to mat(t) (*od.* matte, frost) glass. – **4.** j-n ~ *fig. bes. mil. colloq.* to drill (*od.* drive) s.o. hard, to sweat s.o.; to put s.o. to the grind, to give s.o. hell (*colloq.*). – **II S~** *n* ⟨-s⟩ **5.** *verbal noun.* – **6.** grind. – **7.** *tech.* a) (*Abschleifen*) abrasion, b) (*eines Edelsteins*) cut, c) (*zum Verzieren von Glas*) cut. – **8.** *bes. mil. colloq.* (*von Soldaten*) hard drill, grind (*colloq.*).

'schlei·fen[2] **I** *v/t* ⟨h⟩ **1.** etwas [j-n] (auf dem [*od.* über den] Boden) ~ to drag (*od.* trail) s.th. [s.o.] (along) (on the ground): etwas [j-n] in (*acc*) [durch, zu] etwas ~ to drag s.th. [s.o.] into [through, (up) to] s.th.; er hat mich (mit) durch die Stadt [in das Museum, zu seinen Freunden] geschleift *fig. colloq.* he dragged me through the town [(off) to the museum, (off) to his friends]; etwas [j-n] hinter (*dat*) sich her ~ a) to drag s.th. [s.o.] along behind one, b) *fig. colloq.* (*im Schlepptau haben*) to have s.th. [s.o.] in tow (*colloq.*); j-n vor den Richter [vor Gericht] ~ *fig. colloq.* to drag s.o. to court. – **2.** den Anker über den Grund ~ *mar.* to club (down). – **3.** *mil.* (*eine Festung etc*) raze, dismantle. – **4.** *mus. ling.* (*Töne*) slur. – **5.** *electr.* (*eine Leitung*) loop. – **II** *v/i* ⟨h *u.* sein⟩ **6.** ⟨h *u.* sein⟩ (auf dem [*od.* über den] Boden) ~ a) (*von Kleid, Schleppe etc*) to trail (*od.* drag, draggle) (along) (on the ground), b) (*von Fuß, herabhängenden Lasten etc*) to drag (*od.* trail, scrape) (along) (on the ground): der Radfahrer schleifte beim Bremsen mit dem Fuß the cyclist dragged his foot along the ground when braking; → Zügel 1, 2. – **7.** ⟨h⟩ an (*dat*) etwas ~ to rub (on) s.th.: der Reifen schleift am Schutzblech the tire (*bes. Br.* tyre) is rubbing (on) the mudguard. – **8.** ⟨h⟩ *auto.* a) (*von Bremsbacken*) rub, b) (*von Gängen*) slip, c) (*von Kupplung*) slip, drag: die Kupplung ~ lassen to let the clutch slip. – **9.** ⟨h⟩ *electr.* (*von Kontakten*) slide. – **III S~** *n* ⟨-s⟩ **10.** *verbal noun.* – **11.** *mil.* (*einer Festung*) dismantlement. – **12.** *mus. ling.* (*von Tönen*) slur.

'Schlei·fen|ˌblu·me *f bot.* candytuft (*Gattg Iberis*): Bittere ~ clown's mustard (*I. amara*). — **~ˌflug** *m aer.* (*beim Kunstflug*) (inside) loop. — **s~ˌför·mig** *adj* loop-shaped. — **~gal·va·noˌme·ter** *n electr.* loop galvanometer. — **~ˌkur·ve** *f aer. cf.* Looping. — **~ˌli·nie** *f math.* lemniscate. — **~ˌschal·tung** *f electr.* (*eines Kabels*) loop connection (*Br. auch* connexion): in ~ on the loop. — **~ˌwick·lung** *f* lap (*od.* multiple circuit) winding.

'Schlei·fer *m* ⟨-s; -⟩ **1.** (*Scheren-, Messerschleifer etc*) grinder. – **2.** *tech.* a) (*Arbeiter an einer Schleifmaschine*) grinding(-machine) operator, grinder, b) (*Edelsteinschleifer*) (gem) cutter, c) (*Glasschleifer*) (glass) grinder (*od.* cutter), d) (*Werkzeug*) grinding pencil. – **3.** *electr.* (*Kontaktfinger*) slider. – **4.** *bes. mil. colloq.* (*scharfer Ausbilder*) taskmaster, slave driver. – **5.** *mus.* (*Verzierung*) slide.

Schlei·fe'rei *f* ⟨-; -en⟩ **1.** *tech.* (*Werkstatt*) grinding shop. – **2.** (*paper*) a) pulp mill, b) (*Werkstatt*) *Am.* grinder room (*od.* house), *Br.* grinding-machine room.

'Schlei·fer,schlamm *m tech.* sludge.

'Schleif·konˌtakt *m electr.* sliding contact.

'Schleifˌlack *m* flatting varnish. — **~ˌaus·ˌfüh·rung** *f* **1.** high-gloss (*od.* -luster, *bes. Br.* -lustre) finish. – **2.** (*Hellschleiflackausführung*) egg-shell finish. — **~ˌmö·bel** *pl* high-gloss (*od.* -luster, *bes. Br.* -lustre) finished furniture *sg.*

'Schleif|ˌla·de *f mus.* (*der Orgel*) slider chest: mechanische ~ tracker chest. — **~ˌleh·re** *f tech.* grinding ga(u)ge. — **~ˌlei·nen** *n* abrasive(-coated) cloth. — **~·maˌschi·ne** *f tech.* **1.** *Am.* grinder, *bes. Br.* grinding machine. – **2.** (*für Holz*) sanding machine, sander. – **3.** (*zur Papierherstellung*) ([wood] pulp) grinder. – **4.** (*zur Glasherstellung*) fly frame. — **~ˌmit·tel** *n* **1.** abrasive (compound). – **2.** (*Paste*) abrasive paste. — **~paˌpier** *n* abrasive(-coated) paper, sandpaper. — **~ˌpa·ste** *f* abrasive paste (*od.* compound). — **~ˌpul·ver** *n* abrasive powder. — **~ˌrad** *n* ring wheel.

'Schleifˌring *m* **1.** *tech.* ring wheel. – **2.** *electr.* slip (*od.* collecting) ring. — **~·ˌläu·ferˌmo·tor** *m tech. electr.* slip-ring (induction) motor, wound-rotor alternating-current motor.

'Schleif|ˌsand *m tech.* abrasive sand. — **~ˌschei·be** *f* **1.** grinding (*od.* abrasive) wheel, abrasive disk (*od.* disc). – **2.** (*für Holz*) sanding disk (*od.* disc). — **~ˌschlamm** *m* **1.** grinding sludge. – **2.** (*Schmutz*) grinding dirt. – **3.** (*Späne*) swarf. — **~ˌschritt** *m choreogr.* **1.** sliding (*od.* shuffling) step. – **2.** (*beim Ballett*) glissade. — **~ˌspin·delˌstock** *m tech.* grinding headstock, wheelhead. — **~ˌstaub** *m* grinding grit, abrasive dust. — **~ˌstein** *m* **1.** (*Wetzstein*) whetstone. – **2.** (*feiner*) hone(stone). – **3.** (*drehbarer*) grindstone, grinder: er sitzt auf dem Motorrad wie der Affe auf dem ~ *fig. colloq. humor.* he looks like humpty-dumpty on his motorbike (*colloq.*). — **~- ˌund Po'lier·maˌschi·ne** *f tech.* grinding and polishing machine.

'Schlei·fung *f* ⟨-; -en⟩ *cf.* Schleifen[1] *u.* [2].

'Schleifˌzuˌgaˌbe *f tech.* grinding allowance.

Schleim [ʃlaɪm] *m* ⟨-(e)s; -e⟩ **1.** slime: mit ~ bedeckt (*od.* verschmiert) covered (*od.* smeared) with slime, slimy, slimed. – **2.** *med.* a) (*des Rachens, der Brust, Atemwege etc*) phlegm, mucus, b) (*Absonderung der Schleimhäute*) mucus: zäher [glasiger] ~ viscid [glassy] mucus; eitriger ~ purulent mucus, mucopus (*scient.*); ~ auswerfen (*od.* aushusten) to bring (*od.* cough) up phlegm, to expectorate (*od.* eject) phlegm (*scient.*). – **3.** *bot.* (*Pflanzenschleim*) slime, mucilage (*scient.*). – **4.** *zo.* (*der Weichtiere*) slime, mucus: Schnecken sondern ~ ab snails secrete slime. – **5.** (*Hafer-, Gerstenschleim etc*) gruel. — **s~ˌabˌson·dernd** *adj med. bot. zo.* mucigenous, muciparous. — **~ˌabˌson·de·rung** *f* secretion of mucus (*od.* phlegm), mucous secretion. — **s~ˌar·tig** *adj* **1.** slimy. – **2.** *med.* mucous; mucoid, muciform (*scient.*). — **~ˌausˌwurf** *m med.* expectoration of phlegm (*od.* mucus), mucous expectoration.

'Schleimˌbeu·tel *m med.* (synovial *od.* mucous) bursa. — **~entˌzün·dung** *f* bursitis.

'Schleimˌdrü·se *f* **1.** *med. zo.* mucous (*od.* muciparous) gland. – **2.** *zo.* (*der Schnecken etc*) slime gland.

schlei·men ['ʃlaɪmən] *v/i* ⟨h⟩ **1.** (*Schleim absondern*) secrete slime (*od.* mucus). – **2.** *fig. colloq. contempt.* (*schleimig daherreden*) talk unctuously (*od.* fawningly).

'Schleim|ˌfisch *m zo.* **1.** blenny (*Fam. Blenniidae*). – **2.** beschuppter ~ kelpfish (*Fam. Clinidae*). — **~ˌfluß** *m* ⟨-sses; *no pl*⟩ *med.* myxorrh(o)ea, blennorrh(o)ea, polyblennia. — **~geˌschwulst** *f* mucous tumor (*bes. Br.* tumour), myxoma. — **~geˌwe·be** *n* mucous tissue.

'Schleimˌhaut *f med. zo.* mucous membrane (*od.* lining), mucosa (*scient.*). — **~·entˌzün·dung** *f med.* inflammation of the mucosa, catarrh.

'schlei·mig *adj* **1.** slimy: sich ~ anfühlen to be slimy to the touch. – **2.** *fig. contempt.* (*Gerede, Mensch etc*) unctuous, fawning, cringing. – **3.** *med. zo.* mucous, mucid. – **4.** *bot.* (*Pflanzen*) slimy, mucilaginous (*scient.*). — **~'eit·rig** *adj med.* mucopurulent: ~es Sekret mucopus.

'Schleim|,ko·lik *f med.* mucous colic. — **~ko,li·tis** *f* mucocolitis, mucous colitis. — **~,köp·fe** *pl zo.* alfoncinos (*Fam. Berycidae*). — **~,ler·che** *f* (*Schleimfischart*) shanny (*Blennius pholis*). — **s~,lö·send** *adj med.* (*bei Bronchitis etc*) expectorant, mucolytic, mucinolytic: ein ~es Mittel an expectorant. — **~,pfropf** *m* mucous plug. — **~,pilz** *m bot.* slime mold (*bes. Br.* mould), *auch* slime fungus; myxomycete, mycetozoan, mycetozoon (*scient.*) (*Klasse Myxomycetes*). — **~,säu·re** *f chem.* mucic (*od.* saccharolactic, tetrahydroxyadipic) acid ($C_6H_{10}O_8$). — **~,schei·ßer** *m vulg.* bootlick(er), creeper, *Am. vulg.* bumsucker, *Am. vulg.* brownnoser. — **~se·kre·ti,on** *f med. cf.* Schleimabsonderung. — **~,stoff** *m med. zo.* mucin. — **~,sup·pe** *f* gruel.

Schlei·ße ['ʃlaɪsə] *f* ⟨-; -n⟩ **1.** (*dünner Span*) splint(er). – **2.** (*Federschaft*) quill (*od.* shaft, *scient.* rachis) (of a feather).

schlei·ßen ['ʃlaɪsən] **I** *v/t* ⟨schleißt, schliß, *auch* schleißte, geschlissen, *auch* geschleißt, h⟩ **1.** (*Holz*) split, slit. – **2.** (*Federn*) strip. – **II** *v/i* ⟨schleißt, schliß, geschlissen, sein⟩ **3.** *obs. for* verschleißen 4, zerschleißen.

'Schleiß,fe·der *f* stripped feather.

'schlei·ßig *adj dial. for* verschlissen II, abgenutzt 1—3.

Schle·mihl [ʃle'miːl] *m* ⟨-s; -e⟩ *rare* (*Pechvogel*) unlucky devil, *Am. sl.* s(c)hlemiel, schlemihl.

Schlemm [ʃlɛm] **I** *m* ⟨-s; -e⟩ (*beim Bridge, Whist*) slam. – **II s~** *adj only in* ~ machen to make a slam.

'Schlemm,bo·den *m geol.* diluvial soil.

schlem·men ['ʃlɛmən] **I** *v/i* ⟨h⟩ **1.** (*gut essen u. trinken*) feast, regale (oneself). – **2.** (*ein gutes Leben führen*) enjoy a pleasant life, live it up. – **II** *v/t* **3.** (*Austern etc*) regale oneself with, regale on. – **III S~** *n* ⟨-s⟩ **4.** *verbal noun.* – **5.** *cf.* Schlemmerei. — **'Schlem·mer** *m* ⟨-s; -⟩ **1.** (*Feinschmecker*) gourmet, gourmand, *auch* gormand, epicure (*lit.*). – **2.** (*Vielfraß*) glutton, gourmand, *auch* gormand, go(u)rmandizer. – **3.** (*Genußmensch, Genießer*) indulger, high liver, epicurean (*lit.*). — **Schlem·me'rei** *f* ⟨-; -en⟩ **1.** *cf.* Schlemmen. – **2.** (*gutes Essen u. Trinken*) gourmandise, *auch* gormandize. – **3.** (*Völlerei*) gluttony. – **4.** *cf.* Schlemmermahl.

'Schlem·mer|,le·ben *n* high (*od. lit.* epicurean) life. — **~,mahl** *n*, **~,mahl,zeit** *f* **1.** feast, banquet. – **2.** *colloq.* (*sehr gut zubereitetes Essen*) feast for gourmets, food for the Gods.

Schlem·pe ['ʃlɛmpə] *f* ⟨-; -n⟩ **1.** *chem.* (*Destillationsrückstand*) spent wash, slops *pl.* – **2.** *brew.* a) pot ale, malt residuum (*scient.*), b) (*aus Rübenmelasse*) (molasses) vinasse(s *pl*). – **3.** *agr.* (*Viehfutter*) pot ale, swill, slops *pl.* – **4.** *civ.eng.* (*Zementschlamm*) grout.

schlen·dern ['ʃlɛndərn] *v/i* ⟨sein⟩ saunter, stroll, amble: durch die Straßen ~ to saunter through (*od.* along, about) the streets.

Schlend·ri·an ['ʃlɛndriaːn] *m* ⟨-(e)s; *no pl*⟩ *colloq.* **1.** (*Routine, Trott*) routine, jog trot, *bes. Br.* jogtrot, humdrum, (old) rut, groove: es ging weiter im alten (*od.* gewohnten) ~ it went on the same old humdrum way (*od.* in the same old rut); gegen den alten ~ ankämpfen to try to get out of the rut, to try to snap out of it (*sl.*); am alten ~ festhalten to keep (*od.* cling) to the same old routine, to be stuck in a rut. – **2.** (*Bummelei*) dawdling: er kommt aus seinem ~ nicht heraus he cannot snap out of his dawdling (*sl.*). – **3.** (*Schlamperei*) slovenliness, sloppiness, slipshod(di)ness.

Schlen·ker ['ʃlɛŋkər] *m* ⟨-s; -⟩ swerve: einen ~ nach rechts [links] machen to swerve to the right [left]. — **'schlen·kern** **I** *v/i* ⟨h *u.* sein⟩ **1.** ⟨h⟩ (*von Arm, Bein etc*) dangle, swing: mit den Armen [Beinen] ~ to dangle (*od.* swing) one's arms [legs]. – **2.** ⟨h⟩ (mit den Vorderbeinen) ~ (*von Pferden beim Traben*) to dish. – **3.** ⟨sein⟩ (*schleudern*) swerve. – **II** *v/t* ⟨h⟩ **4.** (*die Arme, Beine etc*) dangle, swing. – **5.** etwas von etwas ~ (*abschütteln*) to flip (*od.* jerk) s.th. off s.th.

schlen·zen ['ʃlɛntsən] *v/t* ⟨h⟩ (*sport*) (*den Ball, Puck*) flick.

Schlepp [ʃlɛp] *m* ⟨-(e)s; -e⟩ **1.** *only in* in (*od.* im) ~ in tow: ein Schiff in ~ nehmen [im ~ haben] *mar.* to take [to have] a ship in tow. – **2.** *Austrian gastr.* (*Fleischsorte*) tail. — **~,an·gel** *f* troll: (Makrelen) mit der ~ fischen to troll (*Br. auch* whiff) (for mackerels). — **~,an,hang** *m mar.* (*geschlepptes Boot, Schiff*) tow. — **~an,ten·ne** *f* **1.** *electr. bes. Am.* drag antenna, *bes. Br.* trailing aerial. – **2.** *aer.* trailing antenna (*bes. Br.* aerial). — **~,au·to** *n aer.* (*beim Segelflug*) tow (motor)car. — **~,damp·fer** *m* (steam) tug, tugboat, towboat. — **~,dienst** *m* **1.** *auto.* wrecker (*od.* wrecking) service, towing (*od.* recovery) service. – **2.** *mar.* towing (*od.* towage) service.

Schlep·pe ['ʃlɛpə] *f* ⟨-; -n⟩ **1.** (*eines Kleides*) train, trail. – **2.** *hunt.* a) (*bei Fuchsjagden etc*) drag, scent bag, b) (*Fährte der Wasservögel*) trails *pl* of waterfowl.

schlep·pen ['ʃlɛpən] **I** *v/t* ⟨h⟩ **1.** (*einen schweren Koffer, Sack etc*) drag, lug, haul, cart (*colloq.*), *Am.* heave, *Am. colloq.* tote: sie schleppten ihren gesamten Hausrat mit sich über die Grenze they dragged all their goods and chattels with them over (*od.* across) the border. – **2.** (*an einen Ort*) drag: er schleppte den Verletzten ins Krankenhaus he dragged the injured man to the hospital; er hat mich (mit) ins Kino [zu seinen Freunden] geschleppt *fig. colloq.* he dragged (*od.* trailed) me to the cinema (*Am.* movie) [to his friends] (with him); j-n vor Gericht (*od.* vor den Kadi) ~ *fig. colloq.* to drag s.o. to court. – **3.** (*Auto etc*) tow (*s.th.*) (off, away). – **4.** *cf.* schleifen[2] 1. – **5.** *Northern G. colloq.* (*Kleidungsstück*) wear and wear (*colloq.*). – **6.** *colloq.* (*Kunden für Nachtlokale etc*) tout. – **7.** *mar.* a) (*mit einem Schleppdampfer etc*) tow, b) (*Netz*) trawl, drag, haul, c) (*Anker*) drag: ein Schiff achteraus [längsseits] ~ to tow a ship astern [alongside]. – **8.** *aer.* (*Flugzeuge*) tow. – **II** *v/i* **9.** an (*dat*) etwas ~ a) to struggle with s.th., *Am.* to heave s.th. along, b) *fig.* (*an einer Bürde*) to be weighed down with s.th.: an diesem Koffer hast du aber schwer zu ~ you'll have to struggle (*od.* you'll have quite a struggle) with that suitcase. – **10.** (*von Kleid etc*) trail, draggle. – **11.** *mar.* (*von Anker*) drag, come home. – **III** *v/reflex* sich ~ **12.** drag oneself (*od.* struggle) (along): der Kranke schleppte sich zum Bett the sick man dragged himself to the bed; ich kann mich vor Erschöpfung kaum noch ~ I am so exhausted (that) I can hardly drag myself along. – **13.** (*sich hinziehen*) drag (*od.* go) on: der Prozeß schleppt sich schon ins dritte Jahr the lawsuit is dragging on into its third year. – **14.** sich mit etwas ~ a) (*mit Gepäck, Lasten etc*) to struggle (*od.* be burdened, be weighed down, *lit.* be encumbered) with s.th., b) *fig.* (*mit einer Krankheit, Bürde etc*) to be burdened (*od. lit.* encumbered) with s.th.: mit der Kiste habe ich mich fast (*od.* halb) zu Tode geschleppt *colloq.* I nearly killed myself dragging that box. – **IV S~** *n* ⟨-s⟩ **15.** *verbal noun.* – **16.** *mar.* tow, towage.

'schlep·pend **I** *pres p.* – **II** *adj* **1.** (*Verlauf, Behandlung, Verfahrensweise etc*) sluggish, slow(-moving), lagging. – **2.** (*Gang, Gehweise*) shuffling, dragging: er ging mit ~en Schritten he shuffled along. – **3.** (*Stimme, Art zu reden*) drawling, drawly, halting: eine ~e Sprechweise haben to have a drawling manner of speaking, to speak with a drawl, to drawl. – **4.** (*Unterhaltung, Melodie, Gesang etc*) dragging. – **5.** *econ.* (*Nachfrage, Absatz etc*) sluggish, dull, slack: die Nachfrage war ziemlich ~ demand was rather slack.

'Schlep·pen|,kleid *n* dress with a train. — **~,trä·ger** *m* trainbearer, *Br.* train-bearer.

'Schlep·per *m* ⟨-s; -⟩ **1.** *tech. agr.* (*Traktor*) (motor) tractor. – **2.** *mar.* tug(boat), towboat. – **3.** *colloq.* (*für Nachtlokale, Vergnügungsfahrten etc*) tout(er).

Schlep·pe'rei *f* ⟨-; *no pl*⟩ *colloq.* constant (*od.* continuous) dragging (*od.* lugging, hauling): das war eine furchtbare ~ mit den Koffern we had an awful job dragging the suitcases (*colloq.*).

'Schlep·per,pflug *m agr.* tractor plough (*bes. Am.* plow).

'Schlepp|,flug *m aer.* towed (*od.* towing) flight, aero-tow, glider towing. — **~,flug,zeug** *n* tow(ing) (air)plane. — **~,jagd** *f hunt.* drag hunt. — **~,ka·bel** *n* (*mining*) trailing cable. — **~,kahn** *m mar.* (dumb) barge. — **~,kleid** *n cf.* Schleppenkleid. — **~,lei·ne** *f* (*für Schiff, Auto etc*) towline, towrope. — **~,lift** *m* (*Skilift*) T-bar (lift). — **~,lohn** *m mar.* towage (dues *pl*), tugboat charge.

'Schlepp,netz *n mar.* (*in der Fischerei*) drag(net), trail net, (*Grundschleppnetz*) trawl(net): mit dem ~ fischen a) to drag, b) (*mit dem Grundschleppnetz*) to trawl. — **~,fisch,damp·fer**, **~,fi·scher** *m* trawler. — **~fi·sche,rei** *f* trawling (fishery).

'Schlepp|,sä·bel *m mil. hist.* cavalry saber (*bes. Br.* sabre). — **~,sack** *m aer. mil.* (*beim Luftschießen*) (towed) sleeve, (towed) target. — **~,schiff** *n mar.* **1.** *cf.* Schlepper 2. – **2.** (*geschlepptes Schiff*) (dumb) barge, lighter, tow. — **~,schiffahrt** (*getr.* -ff,f-) *f* tug service, towage, towing. — **~,seil** *n* **1.** (*eines Traktors, Autos, Skilifts etc*) towrope. – **2.** *aer.* a) (*beim Schleppflug*) tow(ing) cable, b) (*eines Freiballons*) dragrope, trail (*od.* guide) rope: das ~ ausklinken to release the tow cable. – **3.** *mar. cf.* Schlepptau 1. — **~,start** *m aer.* towed takeoff. — **~,tau** *n* **1.** *mar.* a) towrope, b) (*eines Schleppnetzes*) trawl warp, dragrope: ein Schiff im ~ haben to have a ship in tow; ein Schiff ins ~ nehmen to take a ship in tow, to tow a ship; wir haben meine Tante ins ~ genommen *fig. colloq.* we took my aunt in tow (*colloq.*); er hat immer seine ganze Familie im ~ *fig. colloq.* he always has his whole (*od.* entire) family in tow (*colloq.*). – **2.** *aer.* (*eines Freiballons*) *cf.* Schleppseil 2b. — **~,tros·se** *f mar.* tow (*od.* tail) rope, towing hawser. — **~,win·de** *f aer.* tow winch. — **~,ziel** *n aer. mil.* (*beim Luftschießen*) towed target. — **~,zug** *m* **1.** *mar.* (tug and) tow. – **2.** *agr. tech.* (*Zugmaschine mit Anhängern*) tractor trailer train.

Schle·si·er ['ʃleːzĭər] *m* ⟨-s; -⟩ Silesian. — **'schle·sisch** [-zɪʃ] *adj* Silesian.

schlet·zen ['ʃlɛtsən] *v/t* ⟨h⟩ *Swiss dial.* (*Tür etc*) slam.

Schleu·der ['ʃlɔʏdər] *f* ⟨-; -n⟩ **1.** sling, *Br.* catapult, *Am.* slingshot: mit einer ~ auf Vögel schießen to shoot at birds with a sling, to sling at (*Br.* to catapult) birds. – **2.** *mil. hist.* (*für Bleigeschosse etc*) sling, catapult. – **3.** *tech.* a) (*Trennschleuder*) centrifuge, b) (*Trockenschleuder*) extractor, c) (*Naßschleuder*) hydroextractor, d) (*Wäscheschleuder*) drier, *auch* dryer, spin-drier, e) (*Milchschleuder*) (cream) separator, f) (*Honigschleuder*) (honey) extractor (*od.* separator). – **4.** *aer.* (*Startvorrichtung*) catapult. — **~ar,ti·kel** *m econ.* **1.** job line (goods *pl*), catchpenny (article), dirt cheap article. – **2.** (*im Außenhandel*) dumping goods *pl.* — **~,aus,fuhr** *f* export dumping. — **~,bahn** *f aer.* catapult. — **~,ball** *m* (*sport*) **1.** slingball. – **2.** ⟨*only sg*⟩ ~ spielen to play slingball. — **~be,ton** *m civ.eng.* spun (*od.* centrifugally cast) concrete.

'Schleu·de·rer *m* ⟨-s; -⟩ **1.** *auch mil. hist.* slinger. – **2.** *econ. colloq.* (*Preisverderber*) underseller, undercutter, price-cutter.

'Schleu·der|,flug,zeug *n* (*bes. Spielzeug*) catapult (air)plane (*bes. Br.* [aero]plane). — **~,gang** *m* ⟨-(e)s; ⸗e⟩ (*der Waschmaschine*) spin. — **~ge,fahr** *f* danger of swerving: ~ (*Verkehrszeichen*) slippery road. — **~ge,schäft** *n econ.* price-cutting (*od.* undercutting) deal. — **~,guß** *m metall.* **1.** (*Vorgang*) centrifugal casting. – **2.** (*Produkt*) centrifugal cast iron. – **3.** (*von Röhren*) spun castings *pl.* — **~,ho·nig** *m* strained (*od.* extracted) honey. — **~,kraft** *f phys.* centrifugal force. — **~ma,schi·ne** *f tech. cf.* Schleuder 3.

schleu·dern ['ʃlɔʏdərn] **I** *v/t* ⟨h⟩ **1.** (*einen Stein, Ball etc*) fling, pitch, toss, sling, (*stärker*) hurl, dash: j-m etwas ins Gesicht [an den Kopf] ~ a) to fling s.th. in s.o.'s face [at s.o.'s head], b) *fig.* (*Antwort, Vorwürfe, Beleidigung etc*) to fling (*od.* hurl) s.th. at s.o.; der Bob wurde aus der Bahn geschleudert the bobsled was flung (*od.* catapulted) out of the course. – **2.** (*mit einer Schleuder*) sling, *Br. auch* catapult. – **3.** *tech.* a) (*mit einer Trennschleuder*) centrifuge, b) (*mit einer Trockenschleuder*) (hydro)extract, c) (*Wäsche*) spin-dry, d) (*Milch*) separate, e) (*Honig*) extract, strain, f) (*Zucker*) cure. – **II** *v/i* ⟨h *u.* sein⟩ **4.** ⟨h *u.* sein⟩ (*von Auto etc*) a) swerve, skid, b) (*bei Seitenwind*) sideslip, c) (*von Vorderrädern*) shimmy: **um die eigene Achse** ~ to spin. – **5.** ⟨h⟩ *tech.* (*von Wäscheschleuder*) spin-dry. – **III S**~ *n* ⟨-s⟩ **6.** *verbal noun.* – **7.** fling, (*stärker*) hurl. – **8.** (*eines Autos etc*) swerve, sideslip: **der Wagen geriet** (*od.* **kam**) **ins S**~ the car went into a skid (*od.* spin). – **9.** *tech.* a) (*mit einer Trockenschleuder*) (hydro)extraction, b) (*der Milch*) separation, c) (*des Honigs*) extraction.

'**Schleu·der|,preis** *m econ.* underprice, cut-rate (*od.* ruinous) price, giveaway (*Br.* give-away) price: **etwas zu** ~**en verkaufen** a) to sell s.th. at cut-rate (*od.* ruinous) prices, to sell s.th. dirt cheap (*Am.* at a sacrifice), to undersell s.th., to fling s.th. away, b) (*bes. im Auslandsgeschäft*) to dump s.th. — ~**,pum·pe** *f tech.* centrifugal pump. — ~**,schmie·rung** *f* splash lubrication. — ~**,schwanz** *m zo. cf.* Hardun. — **s**~**,si·cher** *adj* (*Reifen etc*) antispin, antiskid (*beide attrib*). — ~**,sitz** *m aer.* catapult (*od.* ejector) seat. — ~**,spur** *f* (*eines Autos*) swerve marks *pl*, skid track. — ~**,start** *m aer.* catapult takeoff. — ~**,trom·mel** *f tech.* centrifugal drum. — ~**ver,kauf** *m econ.* underselling, undercutting, (*im Auslandsgeschäft*) *auch* dumping. — ~**ver,satz** *m* (*mining*) high-speed belt stowing, slinger stowing. — ~**,vor,rich·tung** *f tech.* (*in der Waschmaschine*) (spin-)drying device. — ~**,wa·re** *f econ.* catchpenny (*od.* job line) article(s *pl*).

schleu·nig ['ʃlɔynɪç] *adj* ⟨*attrib*⟩ prompt, immediate, speedy.

'**schleu·nigst** *adv* immediately, instantly, as fast as possible: **er hielt es für besser,** ~ **zu verschwinden** he thought it was better to get out immediately (*od.* as fast as he could); **mach daß du fortkommst, aber** ~! *colloq.* get out of here this instant! (*colloq.*).

Schleu·se ['ʃlɔyzə] *f* ⟨-; -n⟩ **1.** (*in Kanälen, Flüssen etc*) a) lock, gate, b) (*Schachtschleuse*) shaft lift gate: **pneumatische [hydraulische]** ~ air [hydraulic] lock; **doppelte** ~ double lock, lock with two chambers; **in die [aus der]** ~ **gehen** to go in [out]. – **2.** (*an Staudämmen etc mit vertikalem Schieber*) sluice. – **3.** *cf.* Schleusentor: **die** ~**n des Himmels öffnen sich, der Himmel öffnet seine** ~**n** *fig. poet.* the floodgates of heaven open. – **4.** (*Luftschleuse*) (air) lock.

schleu·sen ['ʃlɔyzən] *v/t* ⟨h⟩ **1.** (*ein Schiff*) lock: **einen Frachter durch einen Kanal** ~ to lock a freighter through a canal. – **2. j-n durch die Paßkontrolle [über die Grenze]** ~ *fig.* to channel (*od.* get) s.o. through passport inspection [across the border].

'**Schleu·sen|,bau** *m* ⟨-(e)s; -ten⟩ *mar.* **1.** construction of locks (*od.* sluices). – **2.** system of locks. — ~**be,trieb** *m* operation of locks (*od.* sluices). — ~**,bo·den** *m* **1.** lock bottom, lock floor. – **2.** (*eines Staudamms etc*) sluice bottom. — ~**,dock** *n* wet (*od.* closed) dock. — ~**ge,bühr** *f*, ~**,geld** *n* lockage, lock dues *pl* (*od.* charges *pl*). — ~**,kam·mer** *f* **1.** lock (chamber), lock basin. – **2.** canal (*od.* entrance) lock. — ~**ka,nal** *m* **1.** (*an Staudämmen etc*) sluice(way). – **2.** (*eines Röntgenapparates*) lock channel. — ~**,tor** *n* **1.** (*eines Kanals*) (lock) gate, floodgate. – **2.** (*eines Staudamms etc*) sluice gate. — ~**,trep·pe** *f* chain of locks, staircase locks *pl*, flight of locks. — ~**ven,til** *n tech.* sluice (*od.* gate) valve. — ~**,wär·ter** *m* **1.** lockkeeper. – **2.** (*an Staudämmen*) sluice keeper, sluicer. — ~**,wär·ter-Hy·po,the·se** *f* ⟨-; *no pl*⟩ (*in der Publizistik*) gatekeeper hypothesis. — ~**,wehr** *n* lock weir.

schlich [ʃlɪç] *1 u. 3 sg pret of* schleichen.

Schlich *m* ⟨-(e)s; -e⟩ (*mining*) pulp.

Schli·che ['ʃlɪçə] *pl colloq.* tricks, wiles, dodges (*colloq.*): **j-m auf die** ~ **kommen, hinter j-s** ~ **kommen** to find s.o. out, to be up to s.o.'s tricks (*od.* dodges), to find out s.o.'s tricks; **ich kenne seine** ~ I know his every dodge, I am up to all his dodges; **du kennst alle** ~, **du verstehst dich auf alle (möglichen)** ~ you know all the moves; **das sind also seine** ~! so that's his little game!

schlicht [ʃlɪçt] **I** *adj* ⟨-er; -est⟩ **1.** (*einfach*) simple, plain, unadorned: **ein Mantel von** ~**er Eleganz** a coat of simple elegance; **eine** ~**e Einrichtung** plain furniture; ~**e Linien** simple (*od.* unadorned, inelaborate) lines; **eine** ~**e Frisur** plain hair; ~**e Frömmigkeit** simple piety; **mit einem** ~**en Ja oder Nein antworten** to answer with a simple yes or no; **der** ~**e Menschenverstand** plain common sense; **die** ~**e Wahrheit** (the) plain (*od.* unvarnished) truth. – **2.** (*bescheiden*) modest, unassuming, unpretentious, unpretending: **sie hat ein** ~**es Wesen, sie ist von** ~**em Wesen** she is a modest (*od.* an unassuming) person. – **3.** (*ungekünstelt*) simple, artless, ingenuous, homely: ~**e Leute wie diese Bauern** simple people like these peasants. – **4.** (*offen, unkompliziert*) natural, direct, straightforward: **ein** ~**er, aufrichtiger Mensch** a straightforward sincere person. – **5.** (*Mahlzeit*) frugal, simple, plain. – **6.** (*Empfang etc*) unceremonious, simple: **eine** ~**e Trauerfeier** a simple funeral service. – **7.** *mus.* simple, semplice. – **II** *adv* **8. sie ist** ~ **und einfach gekleidet** she dresses plainly; **sie trägt das Haar** ~ **zurückgekämmt** she wears her hair plain.

'**Schlicht|,ar·beit** *f tech.* smooth finishing, finish machining. — ~**,bank** *f* ⟨-; ⁼e⟩ finishing lathe. — **s**~**,dre·hen I** *v/t* ⟨*sep*, -ge-, h⟩ finish-turn. – **II S**~ *n* ⟨-s⟩ *verbal noun.*

Schlich·te ['ʃlɪçtə] *f* ⟨-; -n⟩ **1.** *metall.* (*in der Formerei*) blackwash, slur, facing, blacking. – **2.** (*textile*) (*in der Weberei*) dressing, size. – **3.** (*paper*) size.

schlich·ten ['ʃlɪçtən] **I** *v/t* ⟨h⟩ **1.** (*Holz etc*) stack. – **2.** (*Kisten etc*) arrange (*things*) (in line), set (*things*) in order, order. – **3.** *fig.* (*Streit etc*) settle, put (*s.th.*) straight (*od.* right): **besser** ~ **als richten** (*Sprichwort*) *etwa* better compromise than prosecute. – **4.** *jur.* settle, accommodate, compose, arbitrate: **einen Streit durch Schiedsspruch** ~ to settle a dispute by arbitration, to arbitrate a dispute. – **5.** *tech.* a) finish(-machine), take a finishing cut of, b) (*glätten*) smooth, dress. – **6.** (*textile*) a) (*Kettfäden*) dress, b) (*Stoff*) size. – **7.** (*leather*) sleek. – **8.** *metall.* a) (*im Walzwerk*) planish, polish, b) (*in der Formerei*) sleek, slick, face, slur, apply a wash to. – **II S**~ *n* ⟨-s⟩ **9.** *verbal noun.* – **10.** *cf.* Schlichtung. — '**schlich·tend I** *pres p.* – **II** *adv* **in einen Streit** ~ **eingreifen** to be (*od.* intervene as) mediator in a dispute.

'**Schlich·ter** *m* ⟨-s; -⟩, '**Schlich·te·rin** *f* ⟨-; -nen⟩ **1.** peacemaker. – **2.** (*Vermittler*) mediator, conciliator, *bes. Am.* troubleshooter, (*durch Schiedsspruch*) arbitrator. – **3.** (*textile*) dresser, sizer.

'**Schlicht|,fei·le** *f tech.* smooth (*od.* smooth-cut) file. — ~**,frä·ser** *m* finishing cutter. — ~**,ham·mer** *m* **1.** planishing hammer. – **2.** (*als Schmiedewerkzeug*) bladesmith's flatter.

'**Schlicht·heit** *f* ⟨-; *no pl*⟩ **1.** (*Einfachheit*) simplicity, plainness: **die** ~ **ihres Kleides** the simplicity of her dress. – **2.** (*Bescheidenheit*) modesty, unpretentiousness. – **3.** (*ungekünstelte Art*) simplicity, artlessness, ingenuousness, homeliness. – **4.** (*Offenheit*) naturalness, directness, straightforwardness, matter-of-factness. – **5.** (*einer Mahlzeit*) frugality, frugalness, simplicity, plainness. – **6.** (*eines Empfanges etc*) unceremoniousness, simplicity.

'**Schlicht,ho·bel** *m tech.* smooth (*od.* smoothing) plane. — ~**,ei·sen** *n* smooth(ing) plane iron (*od.* cutter).

'**Schlicht|,leim** *m* **1.** (*textile*) size. – **2.** (*leather*) dubbin, *auch* dubbing. — ~**ma,schi·ne** *f* **1.** *tech.* finishing machine. – **2.** (*textile*) sizing machine, slashing (*od.* dressing) machine. — ~**,mei·ßel** *m tech.* finishing cutter (*od.* tool). — ~**,mes·ser** *n tech.* **1.** (*eines Messerkopfes*) finishing blade. – **2.** (*Schlichthobeleisen*) smooth(ing) plane iron. — ~**,mit·tel** *n* (*textile*) sizing agent. — ~**,stahl** *m tech. cf.* Schlichtmeißel.

'**Schlich·tung** *f* ⟨-; *no pl*⟩ **1.** *cf.* Schlichten. – **2.** (*eines Streites etc*) settlement. – **3.** *jur.* a) settlement, accommodation, b) (*bes. von arbeitsrechtlichen u. internationalen Streitigkeiten*) conciliation, mediation: ~ **durch Schiedsspruch** arbitration.

'**Schlich·tungs|,ab,kom·men** *n jur.* arbitration agreement. — ~**,amt** *n econ. jur.* **1.** conciliation board, (*bes. schiedsrichterliches*) arbitration board. – **2.** (*Vermittlungsstelle*) mediation board. — ~**,aus,schuß** *m* conciliation (*od.* arbitration) commission (*od.* committee, board). — ~**,kam·mer** *f cf.* Schiedsgericht 1. — ~**kom·mis·si,on** *f cf.* Schlichtungsausschuß. — ~**,stel·le** *f cf.* Schlichtungsamt. — ~**ver,ein·ba·rung** *f* agreement concerning arbitration. — ~**ver,fah·ren** *n jur.* conciliation (procedure), (*bes. schiedsrichterliches*) arbitration proceedings *pl.* — ~**ver,such** *m* attempt at conciliation (*od.* mediation): **der** ~ **ist erfolglos geblieben** the attempt at conciliation has failed.

'**Schlicht,wal·ze** *f metall.* finishing roll.

Schlick [ʃlɪk] *m* ⟨-(e)s; -e⟩ **1.** mud, slime, ooze, mire. – **2.** (*Flußablagerung*) silt, sludge, ooze. – **3.** *agr.* warp. – **4.** *geol.* warp, mud. – **5.** *tech.* (*Schleiferschlamm*) sludge. — ~**,bank** *f* ⟨-; ⁼e⟩ *geol.* mud bank.

'**schlicken** (*getr.* -k·k-) *v/i* ⟨h⟩ fill up (*od.* become covered) with ooze (*od.* mud).

'**Schlicker** (*getr.* -k·k-) *m* ⟨-s; -⟩ **1.** (*leather*) slicker, sleeker. – **2.** *metall.* schlich, slimes *pl.*

'**schlicke·rig** (*getr.* -k·k-) *adj* **1.** (*schlammig*) muddy, slimy, oozy, miry, sludgy. – **2.** (*schlüpfrig*) greasy.

'**Schlicker,milch** *f* (*getr.* -k·k-) *Eastern G. dial.* curdled milk.

'**Schlick,grund** *m geol.* mud (*od.* oozy) bottom.

'**schlickig** (*getr.* -k·k-), '**schlick·rig** *adj cf.* schlickerig.

'**Schlick,watt** *n geol.* mud (*od.* low-tide) flat(s *pl*).

schlief [ʃliːf] *1 u. 3 sg pret of* schlafen.

Schlief *m* ⟨-(e)s; -e⟩ *dial.* slack-baked part (of a loaf).

schlie·fen ['ʃliːfən] *v/i* ⟨schlieft, schloff, geschloffen, sein⟩ **1.** *colloq. for* schlüpfen 1. – **2.** *hunt.* (*vom Hund*) go to ground (*od.* earth).

'**Schlie·fer** *m* ⟨-s; -⟩ **1.** *hunt.* a) *cf.* Dachs 1, b) **dieser Hund ist ein guter** ~ this dog is good at entering fox earths. – **2.** *zo.* procaviid, hyrax (*Familie Procaviidae*).

'**schlie·fig** *adj dial.* (*Brot*) slack-baked.

Schlier [ʃliːr] *m* ⟨-s; *no pl*⟩ *Bavarian and Austrian geol. a special tertiary marl.*

Schlie·re ['ʃliːrə] *f* ⟨-; -n⟩ **1.** *pl tech. phot.* (*im Glas*) schlieren. – **2.** *pl geol.* schlieren, striae, streaks. – **3.** (*paints*) score. – **4.** *Middle G. for* Schleim 1.

schlie·ren ['ʃliːrən] *v/i* ⟨h⟩ *mar.* **1.** (*unbeabsichtigt gleiten*) slide. – **2.** (*von Anker*) drag.

'**schlie·rig** *adj* **1.** (*Glas*) schlieric, streaky. – **2.** *geol.* schlieric, striated, streaky. – **3.** (*paints*) scored. – **4.** *cf.* schleimig 1, schlüpfrig 1.

'**Schlier,sand** *m* river sand.

'**Schließ,band** *n* ⟨-(e)s; ⁼er⟩ hasp.

'**schließ·bar** *adj* lockable: **leicht** ~ easy to lock, easily locked.

Schlie·ße ['ʃliːsə] *f* ⟨-; -n⟩ **1.** (*Schließvorrichtung*) fastening, fastener. – **2.** (*eines Gürtels*) buckle. – **3.** (*einer Handtasche*) clasp, snap. – **4.** (*eines Buches*) clasp, lock. – **5.** (*Schnappschloß*) catch, latch.

schlie·ßen ['ʃliːsən] **I** *v/t* ⟨schließt, schloß, geschlossen, h⟩ **1.** (*zumachen*) shut, close: **schließ das Fenster, bitte!** shut the window, please; **er schloß die Tür vor meiner Nase** *colloq.* he closed (*od.* shut) the door on my face; **eine Lücke** ~ to close a gap; **er hat seine Augen für immer geschlossen** *euphem.* he has closed his eyes for ever. – **2.** (*mit Schlüssel*) lock: **ich habe den Koffer bereits geschlossen** I have already locked the suitcase; **er schloß sein Fahrrad ans Geländer** he locked his bicycle to the railing. – **3.** (*mit Riegel*) bolt. – **4.** (*sicher verwahren*) lock (*od.* shut) (*s.th.*) up (*od.* away): **ich habe das Geld in die Kassette geschlossen** I locked the money up in the cashbox; **man schloß den Gefangenen in eine Zelle** the prisoner was shut (*od.* locked) up in a cell. – **5.** (*für Besucher unzugänglich machen*) close, shut: **die Ausstellung schloß am Sonntag ihre Pforten** the exhibition closed its doors on Sunday; **das Geschäft** ~ to close (*od.* shut up) the shop; **der Schalter wurde vorübergehend geschlossen** the counter was closed temporarily. – **6.** (*wegen Geschäftsaufgabe etc*) close (*od.* shut) down. – **7.** (*beenden*) close, conclude, bring (*s.th.*) to an end (*od.* a close), terminate, wind up, end: **der Vorsitzende schließt die Versammlung** (*od.* **Sitzung**) the chairman closes (*od.* concludes) the meeting; **eine Debatte auf Antrag ~** to closure (*Am.* cloture) a debate; **die Verhandlung (bei Gericht) ~** to close the court; **die Beweisaufnahme ~** to close (*od.* rest) the case; **er schloß seine Rede mit den Worten** he concluded (*od.* wound up) his speech by saying. – **8. j-n in seine Arme ~** *fig.* to clasp (*od.* take) s.o. in one's arms; **sie hat das Kind ins Herz geschlossen** *fig.* she has taken a fancy (*od.* great liking) to the child. – **9. etwas aus etwas ~** (*folgern*) to conclude (*od.* infer, deduce) s.th. from s.th., to draw a conclusion from s.th.: **was ~ Sie aus seiner Bemerkung?** what do you conclude from his remark? **daraus kann man ~, daß** from that can be concluded that, one can thus conclude that; **das läßt sich nicht so leicht aus den Anzeichen ~** this cannot be readily inferred from the symptoms. – **10.** (*abschließen, eingehen*) conclude, contract, make: **Frieden ~** a) (*sich versöhnen*) to make peace, b) (*von Staaten*) to conclude peace; **einen Vertrag ~** to conclude (*od.* enter into) a treaty, to make a contract; **die beiden Staaten schlossen ein Bündnis** the two states formed an alliance; **einen Vergleich** (*od.* **Kompromiß**) **~** to make (*od.* reach, arrive at) a compromise, to come to terms (*od.* an agreement); **(mit j-m) die Ehe ~** to contract (*od.* conclude) marriage (with s.o.); **(mit j-m) Freundschaft ~** to strike up a friendship (with s.o.), to make friends (with s.o.); **sie schloß neue Bekanntschaften** she made new acquaintances (*od.* friends). – **11. etwas in sich ~** *fig.* a) (*enthalten*) to contain (*od.* comprise, include) s.th., b) (*sinngemäß*) to imply (*od.* implicate, connote) s.th.: **diese Behauptung schließt einen Widerspruch in sich** this assertion contains a contradiction; **seine Frage schloß schon die Antwort in sich** his question implied the answer. – **12. etwas an** (*acc*) **etwas ~** (*hinzufügen*) to add s.th. to s.th.: **daran schloß er die Bemerkung, daß** to this he added the remark that. – **13. die Reihen ~** *mil.* to close (*od.* serry) the ranks. – **14.** *electr.* (*Stromkreis*) close, complete. – **15.** *print.* a) (*Satz im Rahmen*) lock up, b) (*Druckform*) quoin (up), coign (up). – **16.** *mus.* (*Griffloch*) stop. – **17.** *med.* a) (*Naht*) suture, sew, stitch, b) (*Bauchwand*) close. – **II** *v/i* **18.** shut, close: **die Tür schließt von selbst** the door shuts by itself (*od.* automatically); **die Schlüssel ~ nicht** a) the keys do not fit (the lock), b) the keys won't lock (*od.* turn); **das Fenster schließt dicht** the window closes tight. – **19.** (*zumachen*) shut, close: **das Geschäft schließt um 6 Uhr** the shop closes at 6 o'clock. – **20.** (*enden*) conclude, come to a close, (come to an) end: **die Versammlung schloß um 8 Uhr** the meeting concluded at 8 o'clock; **das Konzert schloß mit der Nationalhymne** the concert concluded with the national anthem; **die Schule schließt am 10. Juli** school ends (*od.* is over, breaks up) on July 10th. – **21.** (*von Brief, Erzählung etc*) end, close, conclude: **ich muß jetzt ~** (*im Brief*) I must close (*od.* conclude) (my letter) now. – **22. aus etwas auf** (*acc*) **etwas ~** to judge (*od.* infer, deduce, conclude) s.th. from s.th.: **von seinen Handlungen kann man auf seinen Charakter ~** one can judge his character from his actions; **von der Ursache auf die Wirkung ~** to infer the effect from the cause. – **23. auf** (*acc*) **etwas ~ lassen** to suggest (*od.* point to, indicate) s.th.: **die Symptome lassen auf Gelbsucht ~** the symptoms indicate jaundice; **sein Benehmen läßt auf ein hitziges Temperament ~** his behavio(u)r suggests a hot temper. – **24.** (*urteilen*) judge: **dem Aussehen nach zu ~ handelt es sich um** judging (*od.* to judge) from appearances it is a matter of; **von sich auf andere ~** to judge others by oneself, to measure another man's foot by one's own last. – **25.** *med.* (*von unteren u. oberen Zähnen*) occlude. – **III** *v/reflex* **sich ~ 26.** close, shut: **die Tür schloß sich lautlos** the door shut silently; **die Blüten ~ sich nachts** the flowers shut (*od.* close up) at night; **die Kette schloß sich um sein Handgelenk** the chain closed (up)on his wrist; **der Kreis schließt sich** *fig.* the circle is complete, things have come full circle. – **27. etwas schließt sich an** (*acc*) **etwas** s.th. is followed by s.th.: **an den Vortrag schloß sich eine lebhafte Diskussion** the lecture was followed by a lively discussion. – **28.** *med.* a) (*von Wunde*) close (up), b) (*von Schließmuskel*) contract. – **IV S~** *n* ⟨-s⟩ **29.** *verbal noun:* **beim S~ der Tore** upon the closing of the gates. – **30.** (*einer Versammlung*) close, conclusion, termination. – **31.** (*eines Vertrages*) conclusion. – **32.** *bes. philos.* (*Folgerung*) conclusion, inference, deduction, ratiocination (*scient.*). – **33.** *med.* a) closure, b) (*der Naht*) suture. – **34.** *cf.* Schließung.

'**Schlie·ßer** *m* ⟨-s; -⟩ **1.** (*Pförtner*) doorkeeper, porter. – **2.** (*Hausmeister*) caretaker, *bes. Am.* janitor. – **3.** (*Gefängniswärter*) jailer, warder, turnkey. – **4.** (*einer Wach- u. Schließgesellschaft etc*) locker. – **5.** (*theater*) usher, *Br. auch* (box) commissionaire. – **6.** *tech.* (*an einer Türe etc*) latch, catch. – **7.** *med. cf.* Schließmuskel.

'**Schlie·ße·rin** *f* ⟨-; -nen⟩ **1.** (*Pförtnerin*) doorkeeper. – **2.** (*Gefängniswärterin*) jailer, wardress, turnkey. – **3.** (*theater*) usherette, *Br. auch* (box) commissionaire. – **4.** *cf.* Beschließerin.

'**Schließ|ˌfach** *n* **1.** *cf.* Postfach. – **2.** (*bei der Bank*) locker, safe deposit box. – **3.** (*für Koffer*) luggage (*bes. Am.* baggage) locker. — **~ˌfe·der** *f* **1.** a) breech-closing spring, b) (*einer Handfeuerwaffe*) recoil spring. – **2.** (*an der Tür*) door (*od.* spring) bolt. – **3.** (*an der Uhr*) lock(ing) spring. – **4.** (*in der Schlosserei*) catch (*od.* spring) bolt. — **~ˌfrucht** *f bot.* indehiscent fruit, achene, *auch* akene. — **~ˌha·ken** *m tech.* **1.** (*am Schloß*) catch, (bolt) staple, bolt nab. – **2.** (*einer Hemmkette*) lock hook (*od.* chain). — **~ˌket·te** *f* barring chain. — **~ˌklap·pe** *f tech.* **1.** (*am Schloß*) box staple, cased bolt staple. – **2.** (*für Gase*) stench trap. — **~ˌkorb** *m* lockable hamper.

'**schließ·lich** *adv* **1.** (*am Schluß*) finally, eventually: **er erklärte sich ~ damit einverstanden** he finally agreed to it; **er hat sich ~ zum Glauben durchgerungen** he eventually became a believer. – **2.** (*auf die Dauer*) in the long run: **die Anerkennung dieser berechtigten Ansprüche war ~ unvermeidlich** the granting of these just claims was inevitable in the long run. – **3.** (*zu guter Letzt*) in the end, ultimately, at (long) last: **er ist ~ doch gekommen** he came in the end; **~ kamen wir am Bahnhof an** at long last we arrived at the station; **er wurde ~ ein reicher Mann** he became a rich man in the end, he ended up a rich man; **~ landete er im Gefängnis** he wound up in prison. – **4.** (*wenn man es recht bedenkt*) all things considered, after all: **~ ist er doch nicht schuld daran** after all, he is not to blame for it; **unter diesen Bedingungen konnte ich ~ nicht anders handeln** all things considered, I could not act otherwise under these circumstances; **~ und endlich** *colloq.* after all, when all is said and done.

'**Schließ|ˌmund,schnecken** (*getr.* -k·k-) *pl zo.* clausiliids (*Fam. Clausiliidae*). — **~ˌmus·kel** *m med.* **1.** sphincter, constrictor. – **2.** (*der Beine*) adductor (muscle). — **~ˌrah·men** *m print.* chase. — **~ˌrie·gel** *m tech.* key bolt, dead (*od.* locking) bolt.

'**Schlie·ßung** *f* **1.** *cf.* Schließen. – **2.** closure: **die ~ der Grenze [eines Hafens]** the closure of the frontier [of a port]; **die ~ eines Konsulats** the closure of a consulate. – **3.** (*eines Betriebes etc*) shutdown. – **4.** (*der Debatte auf Antrag*) closure, *Am.* cloture. – **5.** (*einer Ehe*) contraction.

'**Schließ|ˌwin·kel** *m auto.* (*bei der Zündung*) contact (*od.* timing) angle, timing range. — **~ˌzeit** *f synth.* closing time. — **~ˌzeug** *n print.* quoins *pl.*

schliff [ʃlɪf] *1 u. 3 sg pret of* schleifen[1].

Schliff *m* ⟨-(e)s; -e⟩ **1.** ⟨*only sg*⟩ (*Schleifen*) grinding, (*Schärfen*) *auch* sharpening. – **2.** (*eines Edelsteins, Glases*) cut: **einen schönen ~ haben** to be beautifully cut. – **3.** *tech.* a) (*geschliffene Fläche*) ground surface (*od.* section), finish, b) (*eines Werkzeugs*) grind, c) (*eines Werkstücks*) regrind: **der letzte ~** the finishing touch. – **4.** *metall.* microsection, polished section. – **5.** ⟨*only sg*⟩ (*Glätte*) polish, smoothness, smooth surface. – **6.** (*Holzschliff*) wood (*od.* ground) pulp. – **7.** *pl geol.* (*des Gletschers*) striae, striations. – **8.** ⟨*only sg*⟩ *fig. colloq.* (*Lebensart*) polish: **ihm fehlt der ~, er hat keinen ~** he lacks polish; **ich werde dir schon (noch) ~ beibringen** I'll give you a bit of polish, I'll rub (*od.* knock) the (rough) edges off you, I'll lick you into shape. – **9.** ⟨*only sg*⟩ *fig. colloq.* (*letzte Vollendung*) finishing touch(es *pl*): **einer Sache den letzten ~ geben** to put the finishing touch(es) to s.th.; **von j-m den letzten ~ erhalten** to be given the finishing touches by s.o. – **10.** ⟨*only sg*⟩ *mil. colloq.* hard drill. – **11.** *cf.* Schlief. — **~ˌbild** *n* **1.** *tech.* ground surface pattern, grinding finish. – **2.** *metall.* micrograph. — **~ˌflä·che** *f* **1.** (*eines Kristalls*) facet, *auch* facette. – **2.** *tech.* grinding (*od.* polished) surface. – **3.** *metall. cf.* Schliff 4. – **4.** *geol.* (*Harnisch*) slickensides *pl.*

'**schlif·fig** *adj cf.* klitschig 1.

schlimm [ʃlɪm] **I** *adj* ⟨-er; -st⟩ **1.** (*schlecht, übel, arg*) bad, dreadful (*colloq.*): **~e Dinge über j-n reden** to say bad things about s.o.; **das wird noch einmal ein ~es Ende [mit ihm] nehmen** this [he] will come to a bad end; **das war eine ~e Nacht** *colloq.* that was a dreadful night; **j-m einen ~en Streich spielen** to play a nasty trick on s.o.; **~e Verhältnisse** a dreadful state *sg* of affairs; **uns stehen ~e Zeiten bevor** we are approaching (*od.* in for) hard times; **~e Zustände** bad (*od.* grim) conditions; **das ist ~ für ihn** that is hard (*od.* hard lines, *bes. Am.* tough) on him; **es war nicht so ~, wie ich befürchtet hatte** it was not as bad as I (had) feared; **das ist nicht (so** *od.* **gar so, weiter) ~** *colloq.* that's not so serious! that does not matter! never mind! **na, so ~ ist es auch wieder nicht! das ist halb so ~!** *colloq.* well, it is not as bad as all that; **es steht ~ um ihn** (*od.* **mit ihm**) (*gesundheitlich*) his condition is serious; **er ist in einer ~en Lage, er ist ~ dran** *colloq.* a) (*bes. finanziell*) he is badly off, he is in a bad way, b) (*in einer unangenehmen Situation*) he is in a serious situation, he is in a sorry plight, he is in a tight spot, he is in dire straits, he is up a tree (*colloq.*); **die letzte Zeit war ~** it's been tough going lately; **ist es ~, wenn ich nicht komme?** *colloq.* do you mind very much if I do not come? – **2.** (*sehr unangenehm*) very bad, very unpleasant: **er hat ~e Erfahrungen gemacht** he has had a very bad experience; **das wird ~e Folgen haben** this will have serious (*od.* grave) consequences; **eine ~e Nachricht** very bad news *pl* (*construed as sg or pl*); **das war eine ~e Sache** that was a bad affair; **es ist ~ genug, daß er sich verletzt hat** it's bad enough that he was injured. – **3.** (*ungünstig*) bad: **eine ~e Vorbedeutung** a bad omen; **seine Sache nimmt eine ~e Wendung** his affairs are taking a turn for the worse; **das ist ~** that's bad; **es sieht ~ aus** it looks bad. – **4.** *colloq.* (*unartig*) naughty, bad: **ein ~es Kind** a naughty child. – **5.** (*Person, Charakter etc*) bad, evil, wicked, nasty: **ein ~er Bursche** *colloq.* a bad fellow (*colloq.*); **~e Gedanken** evil (*od.* wicked) thoughts; **er war gar nicht so ~, wie seine Umgebung glaubte** he was not as bad as the people round him thought. – **6.** *colloq.* (*krank*) bad, sore: **einen ~en Finger [Hals] haben** to have a bad finger [throat]. – **7.** *colloq.* (*heftig, gefährlich*) serious, severe, bad: **eine ~e Erkältung** a bad (*od.* severe) cold; **einen ~en Husten haben** to have a bad cough, **eine ~e Wunde** a bad (*od.* serious, nasty) wound. – **8.** *colloq.* (*Fehler*) bad, serious, grave. – **II** *adv* **9.** badly: **die Sache ging ~ aus** the affair had a bad (*od.* nasty) end; **treibt es so ~ ihr wollt!** do your worst (*od. colloq.* dirtiest)! – **III S~e, das** ⟨-n⟩ **10.** the bad thing: **das S~e an der Sache ist** the bad thing about it is; **ich finde nichts S~es dabei** I don't see anything wrong in it; **es war Gott sei Dank nichts S~es** it was nothing serious, thank goodness; **sich zum S~en wenden** (*von Lage, Krankheit*) to take a turn for the worse.

'**Schlim·me** *m, f* ⟨-n; -n⟩ bad one: **du ~r!** (*zum Kind*) you bad one! you rascal!

you rogue! you naughty boy! Sie ~r! *colloq. humor.* you naughty boy!

'schlim·mer I *comp of* schlimm. – **II** *adj* worse: etwas ~ machen to make s.th. worse, to aggravate s.th.; mach es nicht ~ als es ist! don't make it worse than it is! es wird immer ~ things are going from bad to worse; (das ist) um so (*od.* desto) ~ (this is) even (*od.* so much the) worse; das macht die Sache nur noch ~ this is just adding fuel to the fire, this makes things worse; es war viel ~, als ich gedacht hatte it was far worse than I had expected; seine Lage wird von Tag zu Tag ~ a) his situation is getting worse (and worse) every day, b) (*von Krankem*) his condition is getting worse every day. – **III** *adv* worse: es hätte ihm noch ~ ergehen können he might have fared (*od.* done) worse. – **IV S~e, das** ⟨-n⟩ the worse thing: es gibt S~es als das there are worse things than that.

schlimmst I *sup of* schlimm. – **II** *adj* **1.** worst: es ist die ~e Sünde, so etwas zu tun it is the worst of all sins to do that; im ~en Falle *cf.* schlimmstenfalls. – **III** *adv* **2.** am ~en (the) worst: er ist am ~en (von uns) dran *colloq.* he is (the) worst off (of us all). – **IV S~e, das** ⟨-n⟩ **3.** the worst: das ist noch lange nicht das S~e *colloq.* there are worse things than that; das wäre nicht das S~e für Sie you might do worse; ich fürchte das S~e I fear the worst; das S~e liegt (*od.* haben wir) hinter uns [noch vor uns] we are over the worst [the worst is still to come], we are [not yet] out of the wood; mach dich [sei] aufs (*od.* auf das) S~e gefaßt prepare yourself [be prepared] for the worst; wenn es zum S~en kommt if the worst comes to the worst; es wird schon nicht zum S~en kommen it won't be as bad as all that; j-m das S~e wünschen to wish the worst on s.o., to wish s.o. every possible evil. – **4.** (*mit Kleinschreibung*) the worst: das schlimmste ist, daß wir kein Geld haben the worst thing (about it) is that we have no money.

'Schlimm·ste *m, f* ⟨-n; -n⟩ the worst (*od.* naughtiest) (of all): er ist nicht der ~ he is not the worst sort.

'schlimm·sten'falls *adv* at (the) worst, if the worst comes to the worst, *Am. auch* if worst comes to worst, in the worst case: ~ bleiben wir zu Hause at worst we'll stay at home.

'Schling|,akt *m med.* act of swallowing, deglutition (*scient.*). — **~be,schwer·den** *pl* difficult swallowing *sg*, difficulty *sg* in swallowing, dysphagia *sg* (*scient.*).

Schlin·ge ['ʃlɪŋə] *f* ⟨-; -n⟩ **1.** (*aus Schnur, Draht, Leder*) loop, (*zusammenziehbare*) noose: eine ~ in (*acc*) etwas machen to loop s.th.; ein Seil in ~n legen to loop a rope; die ~ zuziehen *auch fig.* to tighten the noose; er hat seinen Kopf (*od.* Hals) in die ~ gesteckt *fig.* he put a noose (a)round his own neck, he put his own head (*od.* neck) into the noose; j-m die ~ um den Hals legen *fig.* to put a noose (a)round s.o.'s neck; sich (*od.* den Kopf) aus der ~ ziehen *fig.* to slip (one's head out of) the noose, to have a lucky escape, to slip the collar, to get oneself out of a snare, to wriggle out of it, to get out of a scrape (*od.* tight spot); sich in der eigenen ~ fangen *fig.* to be caught in one's own snare (*od.* trap). – **2.** (*in der Dachdeckerei*) knot. – **3.** (*eines Netzes*) mesh (loop): in die ~n des Gesetzes verstrickt sein *fig.* to be caught in the meshes of the law. – **4.** (*beim Lastenheben*) sling. – **5.** *cf.* Schlaufe 4. – **6.** (*am Stiefelschaft*) pull strap (*od.* tab), bootstrap. – **7.** *med.* a) (*Tragetuch*) sling, b) (*Binde*) turn, c) (*Darmschlinge*) loop, coil, d) (*chirurgisches Instrument*) loop, snare, e) (*in der Anatomie*) ansa: Glissonsche ~ Glisson's sling; den Arm in einer ~ tragen to wear one's arm in a sling. – **8.** *hunt.* snare, trap, wire, gin, (*bes. für Vögel*) springe: ~n legen to lay (*od.* set) snares (*od.* a trap); in einer ~ fangen to (en)snare, to wire, to gin; in die ~ gehen (*od.* fallen) to fall into a trap (*od.* snare). – **9.** *mar.* (*Stropp*) sling. – **10.** *bot.* a) (*Pflanzenranke*) twining (*od.* climbing) stem, b) (*Wickelranke*) clasper, tendril. – **11.** (*eines Flußlaufes etc*) bend, loop, turn, winding, curve, sinuosity. – **12.** (*textile*) loop, terry. – **13.** *mus.* a) (*einer Saite*) loop, b) (*Tragschlinge eines Instruments*) sling.

Schlin·gel ['ʃlɪŋəl] *m* ⟨-s; -⟩ **1.** *colloq. humor.* (*kleiner Schelm*) imp, urchin, little rogue (*od.* rascal). – **2.** *colloq.* (*durchtriebener, frecher Kerl*) brat, scoundrel, rogue, rascal, bad egg (*od.* lot) (*colloq.*): diesem ~ werde ich Beine machen! I'll make this rascal get a move on! (*sl.*). – **3.** *colloq.* (*Tunichtgut*) good-for-nothing, ne'er-do-well: fauler ~! lazybones! — **'schlin·gel·haft** *adj* **1.** impish, mischievous, roguish. – **2.** (*frech*) impudent, impertinent, *Am. colloq.* fresh.

schlin·gen[1] ['ʃlɪŋən] **I** *v/t* ⟨schlingt, schlang, geschlungen, h⟩ **1.** (*Knoten, Schnur*) tie: die Enden eines Seils zum Knoten ~ to tie the ends of a rope into a knot; das Haar zu einem Knoten ~ to tie one's hair (*od.* put one's hair up) into a knot. – **2.** (*Tuch etc*) (um [a]round) wrap: einen Schal um den Hals ~ to wrap a scarf round one's neck; sie schlang die Arme um seinen Hals *fig.* she wrapped her arms around his neck; sie schlang die Arme um ihre Knie *fig.* she hugged her knees. – **3.** (*flechten*) plait, braid, wreathe: Bänder ins Haar ~ to plait ribbons into one's hair. – **4.** (*winden*) (um [a]round) wind, twist, coil, (en)twine. – **5.** *mar.* (*einstroppen*) sling: eine Last ~ to sling a load. – **6.** *Austrian* (*Knopfloch etc*) overcast. – **II** *v/reflex* **7.** sich um etwas ~ a) (*von Efeu etc*) to wind (*od.* climb, twine, creep) (a)round s.th., b) (*von Schlange*) to wind (*od.* coil, twist) (itself) (a)round s.th. – **III S~** *n* ⟨-s⟩ **8.** *verbal noun.*

'schlin·gen[2] **I** *v/i* ⟨schlingt, schlang, geschlungen, h⟩ **1.** (*gierig essen*) bolt (*od.* wolf, gobble) one's food, gorge (oneself), gormandize *Br. auch* -s-: du sollst nicht immer so ~ you should not bolt your food like that. – **2.** (*schlucken*) swallow. – **II** *v/t* **3.** (*verschlingen*) bolt (*s.th.*) down, wolf, gobble (*s.th.*) up, gulp (*s.th.*) down, eat (*s.th.*) greedily. – **III S~** *n* ⟨-s⟩ **4.** *verbal noun.* – **5.** *med.* deglutition, ingurgitation.

'Schlin·gen|ge,we·be *n* (*textile*) looped fabric. — **~,le·gen** *n hunt.* snaring, wiring. — **~,le·ger, ~,stel·ler** *m* ⟨-s; -⟩ snarer, wirer. — **~,stoff** *m* (*Frotteestoff*) terry (cloth), *auch* terry towelling (*bes. Am.* toweling).

'Schlin·ger|be,we·gung *f mar.* rolling (motion), rolling movement. — **~,kiel** *m* bilge (*od.* drift) keel, bilge piece. — **~,krei·sel** *m* gyroscopic stabilizer.

schlin·gern ['ʃlɪŋərn] **I** *v/i* ⟨h⟩ **1.** *mar.* a) roll, b) (*plötzlich u. schwer*) lurch, c) (*schwer*) labor, *bes. Br.* labour: das Schiff schlingert und stampft the ship pitches and tosses. – **2.** *aer.* roll. – **3.** (*von Schienenfahrzeugen, Autos etc*) lurch, sway, roll, shimmy. – **II S~** *n* ⟨-s⟩ **4.** *verbal noun.* – **5.** *mar.* a) roll, b) (*plötzliches, schweres*) lurch, c) (*schweres*) labor, *bes. Br.* labour. – **6.** *aer.* roll.

'Schlin·ger|,tank *m mar.* antiroll(ing) (*od.* stabilizing) tank. — **~ver,band** *m civ.eng.* (*an Eisenbahnbrücken*) sway bracing. — **~,wül·ste** *pl mar.* antiroll(ing) bulges.

'Schling|ge,wächs *n bot. cf.* Schlingpflanze. — **~,nat·ter** *f zo.* smooth snake (*Coronella austriaca*). — **~,pflan·ze** *f bot.* climbing (*od.* twining, clinging, creeping) plant, creeper, climber, liana, vine. — **~,stich** *m* (*textile*) **1.** (*in der Stickerei*) festoon (*od.* overcast) stitch. – **2.** (*für Kanten*) overcasting.

Schlipf [ʃlɪpf] *m* ⟨-(e)s; -e⟩ *Swiss for* Bergrutsch, Erdrutsch 1.

Schlipp [ʃlɪp] *m* ⟨-(e)s; -e⟩ *mar.* slip, slipway. — **'schlip·pen** *v/t* ⟨h⟩ (*Tau etc*) slip.

'Schlipp|,ha·ken *m mar.* slip hook. — **~,tau** *n* slip rope.

Schlips [ʃlɪps] *m* ⟨-es; -e⟩ (neck)tie, *Am. auch* string tie: seinen ~ binden to knot one's tie; j-n beim ~ erwischen *fig. colloq.* to catch s.o. by the scruff of his neck; j-m auf den ~ treten *fig. colloq.* to tread on s.o.'s toes; du fühlst dich immer (gleich) auf den ~ getreten *fig. colloq.* you are easily huffed (*od.* offended); einen hinter den ~ gießen *colloq. humor.* to wet one's whistle, to lift one's elbow (*beide colloq.*). — **~,hal·ter** *m* tie clasp. — **~,na·del** *f* tiepin.

schliß [ʃlɪs] *1 u. 3 sg pret of* schleißen.

schlit·teln ['ʃlɪtəln], **schlit·ten** ['ʃlɪtən] *v/i* ⟨h⟩ *Swiss* sled, *bes. Br.* sledge, toboggan.

'Schlit·ten *m* ⟨-s; -⟩ **1.** (*Rodelschlitten*) sled, *bes. Br.* sledge, toboggan, *Am. auch* coaster: ~ fahren to sled, to go sledding, *bes. Br.* to sledge, to go sledging (*od.* tobogganing), to toboggan; mit j-m ~ fahren *fig. colloq.* a) (*rücksichtslos behandeln*) to walk over s.o., to ride roughshod over s.o., b) (*scharf zurechtweisen*) to haul s.o. over the coals, to give s.o. a dressing down, to give s.o. what for (*colloq.*); unter den ~ kommen (*od.* geraten) *fig. colloq.* (*moralisch*) to go off the rails, to go wrong. – **2.** (*Rennrodel*) toboggan. – **3.** (*Transportschlitten*) *bes. Am.* sled, *bes. Br.* sledge, (*bes. Pferdeschlitten*) sleigh, *Am. auch* cutter: leichter ~ light sleigh. – **4.** *tech.* a) (*einer Drehmaschine*) slide, b) (*einer Räummaschine*) main ram, c) (*einer Fräsmaschine, eines Hoblers*) saddle, d) (*einer Kreissäge*) carriage, e) (*einer Sägemühle*) saw(mill) carriage, f) (*als Oberschlitten*) slide rest. – **5.** (*einer Schreibmaschine*) carriage. – **6.** *aer.* skid. – **7.** *mar.* (*zum Stapellauf*) cradle, running (*od.* sliding) ways *pl.* – **8.** *mil.* (*Schießgestell des Maschinengewehrs*) sledge. – **9.** *fig. colloq.* (*in Wendungen wie*) er hat einen tollen ~ he has a super car (*colloq.*); alter ~ (*Auto etc*) rattletrap, (old) crate (*sl.*), *Am. sl.* jalop(p)y.

'Schlit·ten|,bahn *f* **1.** (*sport*) *cf.* Rodelbahn 1. – **2.** *tech.* a) sliding ways *pl*, guideways *pl*, b) (*beim Räumen*) ramway. — **~,fah·rer** *m* **1.** *bes. Am.* sledder, *bes. Br.* sledger. – **2.** (*eines Pferdeschlittens*) sleigher. — **~,fahrt** *f* **1.** (*im Pferdeschlitten*) sleigh ride (*od.* drive), ride (*od.* drive) in a sleigh. – **2.** sled (*bes. Br.* sledge) ride. — **~,füh·rung** *f* **1.** *tech.* a) (*einer Drehmaschine*) carriage slideways *pl* (*od.* guideways *pl*), b) (*eines Supportschlittens*) slideways *pl*, guideways *pl.* – **2.** (*optics*) sliding guide: Objektivrevolver mit ~ lens turret with sliding guide. — **~ge,läut, ~ge,läu·te** *n* **1.** sleigh bells *pl.* – **2.** jingle of sleigh bells. — **~,hund** *m* sled (*bes. Br.* sledge) dog. — **~,ku·fe** *f* **1.** sled (*bes. Br.* sledge) (*od.* sleigh) runner. – **2.** *aer.* skid. — **~,ku·fen·ge,stell** *n aer.* skid landing gear. — **~par,tie** *f* **1.** (*mit Pferdeschlitten*) sleighing excursion (*od.* party). – **2.** *cf.* Rodelpartie. — **~,pferd** *n* sleigh horse. — **~re,vol·ver,dreh·ma,schi·ne** *f tech. Am.* saddle-type turret lathe, *Br.* combination lathe. — **~,sport** *m cf.* Rodeln.

'Schlit·ter,bahn *f* slide.

schlit·tern ['ʃlɪtərn] *v/i* ⟨h *u.* sein⟩ **1.** ⟨h *u.* sein⟩ (*von Kindern*) slide. – **2.** ⟨sein⟩ (*ausgleiten*) slip, slither. – **3.** ⟨sein⟩ (*von Auto*) skid. – **4.** *fig. cf.* hineinschlittern.

'Schlitt,schuh *m* (*sport*) (ice) skate: ~ laufen (*bes. Southern G.* fahren) to (ice)-skate. — **~,bahn** *f* ice (*od.* skating) rink. — **~,lau·fen** *n* (ice-)skating. — **~,läu·fer** *m*, **~,läu·fe·rin** *f* (ice-)skater. — **~,schlüs·sel** *m* skate key. — **~,schritt** *m* (*mit Skiern*) skating step. — **~,stie·fel** *m meist pl* skating boot.

Schlitz [ʃlɪts] *m* ⟨-es; -e⟩ **1.** (*schmale Öffnung, auch Sehschlitz*) slit, chink. – **2.** (*Spalt*) rift, cleft. – **3.** (*Riß*) crack, fissure. – **4.** (*Einwurfschlitz*) slot: er schob den Brief durch den ~ des Briefkastens he pushed the letter through the slot in the letter box. – **5.** (*fashion*) a) (*als Zierde am Kleid, Ärmel etc*) slit, slash, b) (*am Hemdsärmel etc*) opening, c) (*für Reißverschluß etc*) placket(-hole), d) (*eingerissener*) rip, e) *cf.* Hosenschlitz. – **6.** *tech.* a) (*im Schraubenkopf*) slot, b) (*Nut*) groove, c) (*Aussparung*) recess. – **7.** (*zur Entlüftung*) vent. – **8.** *auto.* a) (*am Zylinder*) port, b) (*auf der Kühlerhaube*) louver, *Br. auch* louvre, c) (*am Kolben*) groove, d) (*am Kolbenmantel*) slit, e) (*am Kolbenring*) slot. – **9.** *med.* cleft, fissure, rima (*scient.*). – **10.** (*mining*) (*im Kohlenflöz*) cut, slot. – **11.** *arch.* (*im Triglyph*) glyph. – **12.** *vulg.* 'hole', cunt (*beide vulg.*). — **~,au·ge** *n meist pl* slit eye: ~n haben to be slit- (*od.* slant-)eyed. — **s~,äu·gig** *adj* slit- (*od.* slant-)eyed. — **~,blen·de** *f* (*beim Röntgen*) slit diaphragm. — **~,bren·ner** *m tech.* (*für Gas*) batwing (*od.* slit) burner.

schlit·zen ['ʃlɪtsən] *v/t* ⟨h⟩ **1.** slit. – **2.** (*Kleider*) slit, slash. – **3.** *cf.* aufschlitzen. – **4.** *tech.* a) (*Schraubenköpfe*) slot, b) (*nuten*) groove, c) (*aussparen*) recess. – **5.** *med.* lance, cut (*s.th.*) open. – **6.** *hort.* lay (*plant, tree*) bare on one side.

ˈSchlitz|ˌflü·gel *m aer.* slot(ted) wing. — **s~ˌför·mig** *adj* slit(like), slit-shaped, like a slit. — **~ˌfrä·ser** *m tech.* **1.** (*für Keilnuten*) keyway cutter. – **2.** (*für Schrauben*) slotting saw. — **~ˌmes·ser** *n* slitting (*od.* ripping, cutting) knife. — **~ˌohr** *n fig. colloq.* **1.** slyboots *pl* (*construed as sg*), fox. – **2.** (*Betrüger*) trickster, cheat, crook (*colloq.*). — **s~ˌoh·rig** *adj* foxy. — **~ˌrüß·ler** [-ˌrʏslər] *m zo.* opossum shrew, solenodon (*Fam. Solenodontidae*). — **~verˌschluß** *m phot.* focal-plane shutter.

Schlö·gel [ˈʃløːgəl] *m* ⟨-s; -⟩ *Austrian for* Schlegel 4.

ˈschlohˈweiß [ˈʃloː-] *adj* (*Haar*) snow-white.

schloß [ʃlɔs] *1 u. 3 sg pret of* schließen.

Schloß[1] *n* ⟨-sses; ⸚sser⟩ **1.** *tech.* a) (*bes. Türschloß*) lock, b) (*Hängeschloß*) padlock, c) (*Kastenschloß*) rim lock (*od.* latch), d) (*Einsteckschloß*) mortise lock, e) (*Riegelschloß*) deadlock, f) (*Schnäpperschloß*) spring bolt lock, g) (*Sicherheitsschloß*) safety lock, h) (*Mutterschloß an der Drehmaschine*) half nuts *pl*, split nut, i) (*am Safe*) combination lock, j) (*an der Strickmaschine*) feeder, feeding plate: **blindes ~** mock (*od.* false) lock; **der Schlüssel steckt im ~** the key is in the door; **ein ~ aufbrechen** (*od. colloq.* **knacken**) to pick a lock, to break a lock open; **eine Tür fällt ins ~** a door slams shut; **unter ~ und Riegel halten** to keep under lock and key; **j-n hinter ~ und Riegel bringen** (*od.* **setzen**) *colloq.* to take s.o. into custody; **hinter ~ und Riegel sitzen** *colloq.* to be behind bars, to be locked up; **j-m ein ~ vor den Mund hängen** *fig.* to stop (*od.* close) s.o.'s mouth; **er hat ein ~ vor dem Mund** *fig. colloq.* a) (*ist schweigsam*) he is tongue-tied, b) (*hat Schweigepflicht*) his lips are sealed. – **2.** (*an Buch, Handtasche etc*) clasp. – **3.** (*am Halsband*) snap, *auch* clasp. – **4.** (*am Gürtel, Koppel etc*) buckle. – **5.** *tech.* a) lock, b) (*an Handfeuerwaffen*) bolt, c) *mil.* (*Bombenschloß*) bomb lock. – **6.** *civ.eng. cf.* Wasserschloß 2. – **7.** *print.* iron frame, (*der Farbwalze*) ink roller lock. – **8.** *zo.* (*der Muschel*) hinge.

Schloß[2] *n* ⟨-sses; ⸚sser⟩ **1.** castle: **ein verfallenes ~** a ruined castle; **ein verwunschenes ~** a) an enchanted castle, b) (*Spukschloß*) a haunted castle; **ein ~ besichtigen** to visit a castle; **ein Geist geht in diesem ~ um** a ghost haunts this castle; **ein ~ im Mond** *fig.* a castle in Spain. – **2.** (*Residenz*) palace: **ein königliches ~** a royal palace; **das ~ zu** (*od.* **von, in**) **Versailles** the palace of Versailles. – **3.** (*Herrschaftshaus*) manor (house), country mansion (*od.* seat), château.

ˈSchloß|ˌabˌzug *m gastr.* château-bottled wine. — **~ˌanˌla·ge** *f* castle (*od.* palace) grounds *pl.* — **~ˌaufˌse·her** *m* keeper of a castle, castellan. — **~beˌam·te** *m* palace (*od.* castle) official. — **~ˌberg** *m* castle(-crowned) hill (*od.* mountain). — **~beˌschlag** *m tech.* lock mounting. — **~beˌsit·zer** *m*, **~beˌsit·ze·rin** *f cf.* Schloßherr(in). — **~ˌblech** *n tech.* lock (*od.* main) plate.

Schlöß·chen [ˈʃlœsçən] *n* ⟨-s; -⟩ **1.** *dim. of* Schloß[1] *u.* [2]. – **2.** small castle, castel(l)et.

Schlo·ße [ˈʃloːsə] *f* ⟨-; -n⟩ *Southern G. dial.* (large) hailstone.

schlös·se [ˈʃlœsə] *1 u. 3 sg pret subj of* schließen.

schlo·ßen [ˈʃloːsən] *v/impers* ⟨h⟩ *Southern G. dial.* hail.

Schlos·ser [ˈʃlɔsər] *m* ⟨-s; -⟩ **1.** (*auch Bauschlosser*) locksmith. – **2.** (*Maschinenschlosser*) fitter. – **3.** (*Autoschlosser*) auto mechanic, motor mechanic, car fitter. – **4.** (*Werkzeugschlosser*) toolmaker. – **5.** (*Wagenbauer*) millwright. – **6.** (*Stahlbauschlosser*) metalworker. – **7.** (*Kunstschlosser*) artistic locksmith. — **~ˌar·beit** *f* locksmith's work.

Schlos·seˈrei *f* ⟨-; -en⟩ *tech.* **1.** ⟨*only sg*⟩ (*Tätigkeit*) locksmithing, locksmith's trade. – **2.** locksmith's shop.

ˈSchlos·ser|geˌhil·fe, ~geˌsel·le *m* journeyman locksmith. — **~ˌhandˌwerk** *n* locksmith's craft. — **~ˌin·nung** *f* locksmiths' guild. — **~ˌlehr·ling** *m* locksmith's apprentice. — **~ˌmei·ster** *m* master locksmith.

schlos·sern [ˈʃlɔsərn] *v/i* ⟨h⟩ *tech.* be (*od.* work as) a locksmith.

ˈSchlos·serˌwerkˌstatt *f tech. cf.* Schlosserei 2.

ˈSchloß|ˌfe·der *f tech.* lock spring, spring of a lock. — **~ˌfrei·heit** *f* **1.** precinct of a castle. – **2.** *jur. hist.* liberty of a castle. — **~ˌfüh·rung** *f* **1.** guided tour of a castle (*od.* palace). – **2.** *tech.* (*an der Strickmaschine*) cams *pl.* — **~ˌgar·ten** *m* palace garden(s *pl*). — **~ˌhauptˌmann** *m hist.* **1.** governor of a castle. – **2.** (*Hofcharge*) deputy master of the household. — **~ˌherr** *m* lord (*od.* owner) of a castle. — **~ˌher·rin** *f* lady of a castle, chatelaine. — **~ˌhof** *m* castle (court)yard, palace court(yard). — **~ˌhund** *m obs. for* Kettenhund: **heulen wie ein ~** *fig. colloq.* to cry one's eyes out, to weep barrels (*od.* buckets), to weep and wail, (*bes. von Kindern*) to howl. — **~kaˌpel·le** *f* chapel in (*od.* attached to) a castle, castle chapel. — **~ˌka·sten** *m tech.* **1.** lock case (*od.* plate, socket). – **2.** (*einer Drehmaschine*) apron. – **3.** (*in der Büchsenmacherei*) box-lock housing (*od.* system). — **~ˌkir·che** *f* castle (*od.* palace) church. — **~ˌmut·ter** *f tech.* (*für Plan-, Langzug*) half (*od.* split) nut. — **~ˌpark** *m* castle park (*od.* gardens *pl*, grounds *pl*). — **~ˌplat·te** *f* (*einer Drehmaschine*) apron wall. — **~ˌplatz** *m* castle square (*od.* yard). — **~ˌrie·gel** *m tech.* bolt (of a lock), lock (*od.* key) bolt. — **~rui·ne** [-ruˌiːnə] *f* ruins *pl* of a castle. — **~ˌtor** *n* castle gate. — **~ˌtrakt** *m* wing (*od.* section) of a castle. — **~ˌturm** *m* castle tower. — **~verˌwal·ter** *m* constable of a castle, castellan. — **~verˌwal·tung** *f* castle administration, castellany. — **~ˌvogt** *m hist. cf.* Schloßverwalter. — **~ˌwa·che** *f* castle (*od.* palace) guard.

Schlot [ʃloːt] *m* ⟨-(e)s; -e, *rare* ⸚e⟩ **1.** *tech.* a) chimney, b) (*Abzugsröhre*) flue, c) (*bes. einer Fabrik*) smokestack, chimney stack, d) (*eines Schiffes, einer Lokomotive*) funnel, smokestack: **er raucht wie ein ~** *fig. colloq.* he smokes like a chimney. – **2.** *geol.* a) (*im Karstgebiet*) sink, b) (*eines Vulkans*) canal, chimney, pipe, *Am.* dome. – **3.** *colloq. humor.* bounder (*colloq.*), good-for-nothing, *Am. sl.* stiff. — **~baˌron** *m contempt.* industrial magnate, tycoon of industry, business baron. — **~ˌfe·ger** *m dial. for* Schornsteinfeger. — **~ˌjun·ker** *m contempt. cf.* Schlotbaron.

Schlot·te [ˈʃlɔtə] *f* ⟨-; -n⟩ **1.** (*mining*) cavity, sink. – **2.** *bot.* a) hollow stalk, b) *cf.* Schalotte.

ˈSchlot·tenˌzwie·bel *f bot. cf.* Schalotte.

ˈSchlot·ter|ˌgang *m med.* (*Wackelgang*) staggering (*od.* waddling) gait. — **~geˌlenk** *n* flail joint.

ˈschlot·te·rig *adj cf.* schlottrig.

schlot·tern [ˈʃlɔtərn] **I** *v/i* ⟨h⟩ **1.** (*stark zittern*) shake, tremble, (*von Knien*) *auch* wobble: **vor Angst ~ ihm die Knie** his knees are shaking (*od.* knocking together) with fear; **vor Kälte ~** to shake (*od.* shiver) with cold; **ihm ~ die Glieder** he shakes in every limb. – **2.** (*vor Alter, Schwäche*) totter, dodder. – **3.** (*von Kleidern etc*) bag, hang loosely: **die Kleider ~ ihr um den Leib** her clothes are baggy, her clothes just hang on (*od.* [a]round) her. – **4.** *tech.* (*von Achsen*) bobble. – **II S~** *n* ⟨-s⟩ **5.** *verbal noun.* – **6.** *med.* (*der Iris*) tremulousness, iridodonesis (*scient.*). — **ˈschlot·ternd I** *pres p.* – **II** *adj* shaking: **mit ~en Knien** a) with shaking (*od.* wobbling) knees, b) *fig.* with shaking knees, with knees knocking, fearfully.

ˈschlott·rig *adj* **1.** (*zitternd*) shaky: **~e Knie** shaky (*od.* wobbly, knocking) knees. – **2.** (*im Gehen*) tottery. – **3.** (*vor Alter, Schwäche*) doddering, doddery (*beide colloq.*). – **4.** (*schlaff*) flabby, limp. – **5.** (*schlaksig*) dangling, gangling. – **6.** (*bes. Haltung*) slouching, slouchy. – **7.** (*Kleidung*) baggy, loose, (*ungebügelt*) sloppy.

Schlucht [ʃlʊxt] *f* ⟨-; -en⟩ *geol.* **1.** (*tiefes, enges Tal*) (mountain) gorge, ravine, chasm, *Am.* canyon, *auch* cañon, (*kleine*) glen, gull(e)y, *Am.* gulch. – **2.** (*Abgrund*) abyss, chasm, gulf. – **3.** (*Hohlweg*) defile, ravine. — **ˈschluch·tig** *adj* full of gorges.

schluch·zen [ˈʃlʊxtsən] **I** *v/i* ⟨h⟩ sob: **die Kleine schluchzte herzzerbrechend** the little girl sobbed as if her heart would break (*od.* her heart out); **die Geigen ~** *fig.* the violins sob. – **II S~** *n* ⟨-s⟩ *verbal noun*: **ein S~ unterdrücken** to swallow a sob; **sie brach in heftiges S~ aus** she burst into violent sobs. — **ˈschluch·zend I** *pres p.* – **II** *adj* sobbing: **~e Geigen** *fig.* sobbing violins. – **III** *adv* sobbingly, with sobs: **~ sagte sie, daß** she sobbed out that.

ˈSchluch·zer *m* ⟨-s; -⟩ sob.

Schluck [ʃlʊk] *m* ⟨-(e)s; -e, *rare* ⸚e⟩ **1.** (*Wasser, Bier etc*) drink, mouthful, swallow; swig, swill (*colloq.*): **einen kräftigen** (*od.* **guten, tüchtigen**) **~ trinken** (*od.* **nehmen**) to take a good drink (*od.* a gulp, a draft [*bes. Br.* draught], *colloq.* a swig) from the bottle; **ein kleiner ~** a sip. – **2. ein ~ Wein [Tee, Kaffee]** some (*od.* a drop of) wine [tea, coffee]: **ich hätte gerne einen ~ zu trinken** I'd like to have something (*od.* a drop) to drink. – **3. ein guter** (*od.* **erlesener**) **~** *colloq.* good stuff. — **~ˌauf** *m* ⟨-s; *no pl*⟩ hiccup(s *pl sometimes construed as sg*), hiccough(s *pl sometimes construed as sg*), singultus (*scient.*): **(den** *od.* **einen) ~ haben** to have the hiccups, to hiccup, to hiccough. — **~beˌschwer·den** *pl med.* difficulty *sg* in swallowing, dysphagia *sg* (*scient.*).

Schlück·chen [ˈʃlʏkçən] *n* ⟨-s; -⟩ *dim. of* Schluck: **ein ~ Wein [Kaffee, Tee]** some (*od.* a drop of, *Br. colloq.* a spot of) wine [coffee, tea]; **ein ~ Kaffee trinken** to have a sip (*od.* drink, drop) of coffee.

schlucken[1] (*getr.* -k·k-) [ˈʃlʊkən] **I** *v/t* ⟨h⟩ **1.** (*Wasser, Luft etc*) swallow: **seine Arznei ~** to take one's medicine; **Staub ~** to breathe dust; **die bittere Pille ~ müssen** *fig.* to have to swallow the bitter pill; **der große Betrieb schluckt nach und nach die kleineren** *fig.* the big firm gradually swallows up (*od.* absorbs) the smaller ones; **das Unternehmen hat mein ganzes Geld geschluckt** *fig.* the project has swallowed up all my money. – **2.** (*hinunterschlingen*) gulp (down), gorge (oneself) on, bolt, wolf (down). – **3.** *fig.* (*Schall, Lärm etc*) absorb. – **4.** *fig. colloq.* (*akzeptieren*) swallow, gulp (down): **sie schluckt jede Erklärung, die er ihr gibt** she swallows (*od.* gulps down) every explanation (that) he gives her. – **5.** *fig. colloq.* (*Beleidigung, Tadel etc*) swallow, pocket, put up with. – **II** *v/i* **6.** swallow. – **7.** *fig. colloq.* gulp: **ich mußte erst einmal ~, als ich das hörte** I gulped when I heard it. – **8. an** (*dat*) **etwas ~** (*od.* **zu ~ haben**) *fig. colloq.* to take a long time to get over s.th.: **er hatte schwer an seiner Niederlage zu ~, er schluckte schwer an seiner Niederlage** he took a long time to get over his defeat. – **III S~** *n* ⟨-s⟩ **9.** *verbal noun.* – **10.** *cf.* Schluckung.

ˈSchlucken[2] (*getr.* -k·k-) *m* ⟨-s; *no pl*⟩ *cf.* Schluckauf.

ˈSchlucker (*getr.* -k·k-) *m* ⟨-s; -⟩ *only in* **armer ~** *colloq.* poor wretch (*od. colloq.* fellow).

ˈSchluck|ˌimp·fung *f med.* oral vaccination. — **~ˌläh·mung** *f* inability to swallow, paralysis of deglutition (*scient.*). — **~reˌflex** *m* swallowing (*od. scient.* deglutition) reflex.

schluck·sen [ˈʃlʊksən] **I** *v/i* ⟨h⟩ **1.** (*den Schluckauf haben*) hiccup, hiccough, have the hiccups (*od.* hiccoughs). – **II S~** *n* ⟨-s⟩ **2.** *verbal noun.* – **3.** *cf.* Schluckauf.

ˈSchluckung (*getr.* -k·k-) *f* ⟨-; *no pl*⟩ **1.** *cf.* Schlucken[1]. – **2.** (*von Lärm, Schall etc*) absorption.

ˈschluckˌwei·se *adv* in mouthfuls (*od.* sips): **die Arznei ~ einnehmen** to take the medicine in sips.

ˈSchlu·derˌar·beit *f contempt.* slapdash (*od.* slovenly, scamped, botched, skimped) work.

Schlu·deˈrei *f* ⟨-; -en⟩ *contempt. cf.* [Schlamperei.]

ˈschlu·de·rig *contempt.* **I** *adj* **1.** (*Arbeit*) slapdash, slipshod, botched, skimped. – **2.** (*Person*) slovenly, sloppy. – **II** *adv* **3. ~ arbeiten** *cf.* schludern; **etwas ~ machen** (*od.* **ausführen**) to do s.th. sloppily (*od.* slapdash), to scamp s.th., to skimp s.th.

schlu·dern [ˈʃluːdərn] *v/i* ⟨h⟩ *contempt.* (*nachlässig arbeiten*) work sloppily (*od.* slapdash), scamp (*od.* botch, skimp) things.

ˈschlud·rig *adj u. adv cf.* schluderig.

Schluff [ʃlʊf] *m* ⟨-(e)s; -e *u.* ⸚e⟩ **1.** *min.* (*Grobton*) poor clay. – **2.** *dial. for* Schlupfwinkel.

schlug [ʃluːk] *1 u. 3 sg pret*, **schlü·ge** [ˈʃlyːgə] *1 u. 3 sg pret subj of* schlagen.

Schlum·mer ['ʃlʊmər] *m* ⟨-s; *no pl*⟩ slumber, (light) sleep. — ~,**lied** *n* lullaby.

schlum·mern ['ʃlʊmərn] *v/i* ⟨h⟩ **1.** (*schlafen*) slumber, sleep (lightly): **sanft** ~ to slumber peacefully (*od.* gently). – **2.** *fig.* lie (*od.* be) latent (*od.* dormant), slumber: **in ihm ~ ungeahnte Möglichkeiten** unexpected possibilities lie dormant (*od.* slumber) in him. — '**schlum·mernd I** *pres p.* – **II** *adj* **1.** *fig.* (*Kräfte, Talente etc*) dormant, latent. – **2.** *med.* (*Infektion etc*) dormant.

'**Schlum·mer|,rol·le** *f* bolster (cushion), pillow roll. — ~,**trunk** *m colloq.* nightcap.

Schlum·pe ['ʃlʊmpə] *f* ⟨-; -n⟩ *contempt. cf.* Schlampe. — '**schlum·pen** *v/i* ⟨h⟩ *cf.* schlampen. — '**schlum·pe·rig** [-pərɪç], '**schlum·pig**, '**schlump·rig** [-prɪç] *adj cf.* schlampig.

Schlund [ʃlʊnt] *m* ⟨-(e)s; ¨e⟩ **1.** *med.* a) (*Kehle*) (back of the) throat; fauces *pl* (*usually construed as sg*), pharynx (*scient.*), b) (*Speiseröhre*) gullet, throat, (o)esophagus (*scient.*). – **2.** *zo.* a) maw, b) (*eines Rädertierchens*) mastax. – **3.** *hunt.* (*bei Schalenwild*) throat. – **4.** *fig.* (*des Meeres, eines Kraters etc*) chasm, abyss: **der ~ der Hölle** the chasm (*od.* abyss, jaws *pl*) of hell. — ~,**kopf** *m med.* back of the throat; upper pharynx, laryngopharynx (*scient.*). — ~,**krampf** *m* pharyngospasm, pharyngism, pharyngismus.

Schlun·ze ['ʃlʊntsə] *f* ⟨-; -n⟩ *dial. contempt. for* Schlampe.

Schlupf [ʃlʊpf] *m* ⟨-(e)s; ¨e *u.* -e⟩ *tech. electr.* **1.** (*bei Kupplung, Motoren etc*) slip, slippage. – **2.** (*computer*) slack.

schlup·fen ['ʃlʊpfən] *v/i* ⟨sein⟩ *Southern G. for* schlüpfen.

schlüp·fen ['ʃlʏpfən] **I** *v/i* ⟨sein⟩ **1.** slip: **aus dem [in das] Kleid ~** to slip off [into, on] the dress; **wir schlüpften heimlich durch den Zaun** we slipped stealthily through the fence; **er ist mir durch die Finger geschlüpft** *fig.* he has slipped through my fingers; **durch die Maschen des Gesetzes ~** *fig.* to slip through the fingers of the law, to evade the law; **in eine andere Haut ~** *fig.* to change one's role. – **2.** (*von Küken etc*) hatch (out): **aus dem Ei ~** to hatch (out). – **II S~** *n* ⟨-s⟩ **3.** *verbal noun.* – **4.** (*von Küken etc*) hatch.

'**Schlüp·fer** *m* ⟨-s; -⟩ **1.** (*für Damen*) pants *pl* (*sometimes construed as sg*), *bes. Br.* knickers *pl*, (*Slip*) briefs *pl*, panties *pl* (*colloq.*). – **2.** (*für Herren*) briefs *pl*, *bes. Am.* shorts *pl*. – **3.** (*weiter Herrenmantel*) raglan (coat). – **4.** *Austrian for* Bettbezug, Kissenbezug 1. – **5.** (*Herrenschuh*) slipper.

'**Schlupf|,loch** *n* **1.** (*Öffnung, Spalt*) loophole. – **2.** *zo.* a) (*von Insekten*) borehole, b) (*einer Maus etc*) hole. – **3.** *fig. cf.* Schlupfwinkel. — ~,**mo·tor** *m electr.* cumulative compound motor.

schlüpf·rig ['ʃlʏpfrɪç] *adj* **1.** (*Pflaster, Weg etc*) slippery: **sich auf ~em Boden befinden** (*od.* **bewegen**) a) to stand on (*od.* move over) a slippery surface, b) *fig.* to be on slippery (*od.* unsteady) ground. – **2.** *fig.* (*Witz, Roman etc*) risqué, lewd, off-color (*bes. Br.* -colour) (*attrib*), lascivious, blue. – **3.** *med.* (*Darm etc*) slippery, lubricated. — '**Schlüpf·rig·keit** *f* ⟨-; -en⟩ **1.** ⟨*only sg*⟩ (*des Pflasters etc*) slipperiness. – **2.** ⟨*only sg*⟩ *fig.* (*eines Witzes etc*) risqué (*od.* lewd, off-color [*bes. Br.* -colour]) nature, lewdness, lasciviousness, blueness, blue nature. – **3.** *meist pl fig.* (*Zote*) risqué (*od.* blue) joke. – **4.** ⟨*only sg*⟩ *med.* slipperiness.

'**Schlüp·fung** *f* ⟨-; -en⟩ **1.** *cf.* Schlüpfen. – **2.** *tech. cf.* Schlupf.

'**Schlupf|,wes·pe** *f zo.* parasitical hymenopter (*Fam. Terebrantes*). — ~,**win·kel** *m* (*Versteck*) hiding place, den, hideout, lair.

Schlup·pe ['ʃlʊpə] *f* ⟨-; -n⟩ *dial. for* a) Schleife 1, 2, b) Schlinge 1.

schlur·fen ['ʃlʊrfən] **I** *v/i* ⟨sein⟩ **1.** (*schleppend gehen*) shuffle (along), scuff(le), drag one's feet: **der alte Mann schlurft über die Straße** the old man shuffles (*od.* drags his feet) across the street. – **II S~** *n* ⟨-s⟩ **2.** *verbal noun.* – **3.** shuffle, scuffle.

schlür·fen ['ʃlʏrfən] **I** *v/t* ⟨h⟩ **1.** (*geräuschvoll trinken*) drink (*s.th.*) noisily, *Am.* slurp, *Am.* slop: **seine Suppe ~** to drink one's soup noisily, *Am.* to slurp (*od.* slop) one's soup. – **2.** (*mit Genuß trinken*) quaff: **sie schlürfte genießerisch ihren Kaffee** she quaffed her coffee with relish. – **3.** (*Eier etc*) suck, (*Austern*) *auch* swallow. – **II** *v/i* ⟨h *u.* sein⟩ **4.** ⟨h⟩ drink noisily, *Am.* slurp: **schlürf nicht so beim Trinken!** don't drink so noisily! – **5.** ⟨sein⟩ *Middle G. for* schlurfen.

schlur·ren ['ʃlʊrən] *v/i* ⟨sein⟩ *Northern G. for* schlurfen.

Schluß [ʃlʊs] *m* ⟨-sses; ¨sse⟩ **1.** (*einer Vorführung, Rede etc*) end, close, termination, conclusion, windup: **~ eines Romans** end (*od.* conclusion) of a novel; **die Erzählung hat einen schwachen ~** the story has a weak ending; **~ folgt (im nächsten Heft)** to be concluded (in the next issue); **~ einer Debatte** *pol.* a) closing (*od.* close, end) of a debate, b) (*auf Antrag*) closure (*Am.* cloture) (of a debate); **~ der Debatte!** *pol.* time! the debate is closed! **(den) ~ der Debatte beantragen, einen Antrag auf ~ der Debatte stellen** *pol.* to move (for) the closure (*Am.* cloture) (of the debate), to move that the question be put; **~ machen** a) (*mit der Arbeit etc*) to finish, to call it a day, to knock off (work), b) *fig.* (*Selbstmord begehen*) to put an end to oneself; **(wir machen) ~ für heute!** let's call it a day! let's finish (*od.* knock off) for today! that's it for today! **mit etwas ~ machen** to stop s.th.; **ich habe mit dem Rauchen [Trinken] ~ gemacht** I've stopped smoking [drinking]; **damit muß ein für allemal ~ sein** (*od.* **gemacht werden**)! this must be stopped once and for all! there must be an end to that (once and for all)! **mit j-m ~ machen** to finish (*od.* have done) with s.o.; **am** (*od.* **zum**) **~ eines Jahres** a) at the end (*od.* close) of a year, b) (*nach Ablauf*) after a year; **wir kamen am** (*od.* **zum**) **[gegen] ~ der Veranstaltung** we came at [towards] the end of the performance; **nach [vor] ~ der Vorstellung** after [before the end of] the performance; **wir sind bis zum ~ geblieben** we stayed to the end; **zum ~** a) (*schließlich*) in the end, finally, b) (*abschließend*) in conclusion, finally; **zum ~ sind wir doch noch gegangen** we went in the end, we went finally (*od.* after all); **zum ~ sagte er noch** in conclusion he said, he finished (up) (*od.* wound up) by saying; **etwas zum** (*od.* **zu einem**) **~ bringen** to bring s.th. to an end, to terminate s.th.; **Verhandlungen zu einem guten ~ bringen** to bring negotiations to a happy conclusion; **ich komme nun zum ~ meiner Ausführungen** I now come to the conclusion (*od.* end) of my remarks; **~ (jetzt)! ~ damit!** that's enough of that! that will do! cut it out! (*colloq.*); **jetzt (ist) aber ~ mit dem Unsinn!** stop that nonsense (now)! **und damit ~!** and that's the end of it! and that's that! – **2.** (*einer Kolonne etc*) rear: **den ~ bilden am ~ marschieren** *bes. mil.* to bring up the rear. – **3.** (*Geschäfts-, Dienstschluß*) closing time (*od.* hours *pl*). – **4.** (*Redaktionsschluß*) (copy) deadline. – **5.** (*Schlußfolgerung*) conclusion, deduction, inference, consequence: **falscher ~** false conclusion, fallacious argument, non sequitur (*lit.*); **kulturelle Schlüsse aus der Sprache** cultural deductions from language; **einen ~ aus etwas ziehen** to draw a conclusion (*od.* inference) from s.th., to conclude (*od.* infer) from s.th.; **zu dem ~ kommen** (*od.* **gelangen**), **daß** to arrive at (*od.* come to) the conclusion that; **zu keinem ~ kommen** (*od.* **gelangen**) to reach no conclusion; **übereilte** (*od.* **voreilige**) **Schlüsse ziehen** to jump (*od.* leap, rush) to conclusions; **das ist noch nicht der Weisheit letzter ~** *iron.* that's not the final peal of wisdom. – **6.** *philos.* (*in der Logik*) inference, syllogism. – **7.** *tech.* (*bei Türen, Fenstern etc*) close, closing: **einen guten ~ haben** to shut tight (*od.* well). – **8.** (*sport*) (*beim Reiten*) seat: **einen [keinen] guten ~ haben** to have a good [no] seat. – **9.** *econ.* (*Mindestmenge od. Mindestbetrag bei einzelnen Börsengeschäften*) trade unit, *Am.* board (*od.* full, round) lot.

'**Schluß|ab,rech·nung** *f econ.* final account (*od.* settlement). — ~,**ab,stim·mung** *f pol.* (*im Parlament etc*) final vote. — ~**ak,kord** *m mus.* final chord. — ~,**akt** *m* (*theater*) final (*od.* last) act (*auch fig.*). — ~,**an,spra·che** *f* final (*od.* concluding, last) speech (*od.* address). — ~,**an,trag** *m jur.* final (*od.* concluding, last) motion. — ~,**ball** *m* (*am Ende eines Semesters etc*) end-of-term ball. — ~**be,mer·kung** *f* final (*od.* concluding, last) remark (*od.* observation). — ~**be,spre·chung** *f* final (*od.* concluding) discussion. — ~**be,stim·mung** *f jur.* **1.** (*eines Gesetzes*) final provision. – **2.** (*eines Vertrages*) concluding clause. — ~**bi,lanz** *f econ.* **1.** final balance (sheet). – **2.** (*eines Jahres*) annual balance sheet. — ~,**brief** *m* **1.** (*im Warenverkehr*) *Am.* sold note, *Br.* sales note. – **2.** (*im Chartergeschäft*) fixing letter. – **3.** (*im Maklergeschäft*) broker's note. — ~**ef,fekt** *m* final effect.

Schlüs·sel ['ʃlʏsəl] *m* ⟨-s; -⟩ **1.** key: **der ~ zur** (*od.* **für die**) **Haustür** the key to the front door; **der ~ steckt** the key is in the door (*od.* lock); **den ~ im Schloß steckenlassen** to leave the key in the lock; **den ~ abziehen** to take out the key; **die ~ (eines Hauses) übergeben** to hand over the keys. – **2.** (*Nachschlüssel, Dietrich*) skeleton key, picklock. – **3.** *tech.* a) (*Schraubenschlüssel*) spanner, *Am.* wrench, b) (*Ventilschlüssel*) tappet wrench: **verstellbarer ~** adjustable open-end wrench. – **4.** *fig. bes. econ.* (*Verteilerschlüssel*) ratio (system), key, rate, distributive formula: **nach welchem ~ wird das Geld verteilt?** in what ratio (*od.* according to what ratio system [*od.* formula]) will the money be distributed? – **5.** *fig.* (*Chiffreschlüssel etc*) (key to a) cipher (*bes. Br.* cypher), code. – **6.** *fig.* (*zu Übungsbüchern etc*) key. – **7.** *fig.* (*zum Verständnis etc*) clew, *bes. Br.* clue, key: **in seiner Eifersucht liegt der ~ für alle seine Handlungen** his jealousy is the clue (*od.* key) to all his actions. – **8.** *mus.* (*Notenschlüssel*) clef. — ~,**bart** *m* key bit (*od.* ward).

'**Schlüs·sel,bein** *n med.* collarbone; clavicle, clavicula (*scient.*). — ~,**bruch** *m* collarbone fracture, fracture of the clavicle.

'**Schlüs·sel|,blu·me** *f bot.* (*Primelart*) cowslip, primrose (*Primula veris u. P. elatior*). — ~,**brett** *n* keyboard. — ~,**bund** *m, n* ⟨-(e)s; -e⟩ bunch of keys. — ~**etui** [-ɛt,viː] *n cf.* Schlüsseltasche. — ~,**fei·le** *f tech.* warding file. — **s~,fer·tig** *adj* (*Wohnung etc*) ready for (immediate) occupancy, key-ready. — ~**fi,gur** *f* (*eines Romans, Geschehens etc*) key figure. — ~**ge,rät** *n electr.* (*im Fernmeldewesen*) **1.** cryptographic device. – **2.** (*Anlage*) critical installation. – **3.** (*Behelfsgerät*) cipher (*bes. Br.* cypher) device. – **4.** (*Maschine*) cipher (*bes. Br.* cypher) (*od.* cryptographic) machine. — ~**ge,walt** *f* ⟨-; *no pl*⟩ **1.** *jur.* (*der Ehefrau*) the wife's power to represent her husband in matters relating to the (conjugal) household. – **2.** *röm.kath.* (*des Papstes*) power of the keys. — ~**in·du,strie** *f econ.* key industry. — ~,**kind** *n* door-key (*od.* latchkey) child (*od. sl.* kid). — ~,**loch** *n* keyhole: **durch das ~ gucken** to peep (*od.* peek, spy) through the keyhole. — ~**ma,schi·ne** *f* (*beim Funk*) cryptographic (*od.* cipher, *bes. Br.* cypher) machine.

schlüs·seln ['ʃlʏsəln] *v/t* ⟨h⟩ allot (*s.th.*) pro rata (*according to a given ratio*).

'**Schlüs·sel|po·si·ti,on** *f* (*in einem Betrieb etc*) key position. — ~,**recht** *n jur. cf.* Schlüsselgewalt 1. — ~,**ring** *m* key (*od.* split) ring. — ~,**roh·ling** *m tech.* (key) blank. — ~**ro,man** *m* (*literature*) roman à clef. — ~,**schrau·be** *f tech.* lag screw. — ~,**stel·lung** *f* **1.** *cf.* Schlüsselposition. – **2.** *mil.* key (*od.* critical) point, key (*od.* critical) position. — ~,**ta·sche** *f* key wallet (*od.* case). — ~,**text** *m* ciphertext, *bes. Br.* cypher-text, code text, cryptotext. — ~,**wei·te** *f tech.* (*einer Mutter*) width across flats. — ~,**wort** *n* ⟨-(e)s; ¨er⟩ **1.** (*für einen Code*) code (*od.* key) word. – **2.** (*für einen Safe etc*) combination. – **3.** *ling.* (*in der Wortforschung*) key word. — ~,**zahl** *f* **1.** *meist pl* (*eines Safes etc*) combination (number). – **2.** *bes. econ.* (*für Warenverteilung etc*) key number.

'**Schluß|er,geb·nis** *n* final result, outcome, issue, (the) upshot. — ~,**fei·er** *f* **1.** closing ceremony (*od.* celebration). – **2.** *ped.* (*in der Schule*) a) end-of-term ceremony, b) (*mit Preisverteilung*) *bes. Am.* commencement, *Br.* speech (*od.* prize) day. – **3.** (*sport*) (*der Olympischen Spiele etc*) closing ceremony. — ~,**fol·ge** *f cf.* Schlußfolgerung.

ˈschlußˌfol·gern I *v/i* ⟨*insep*, ge-, h⟩ (aus from) conclude, infer: daraus schlußfolgert, daß it can thus be concluded that, it thus follows that. – **II S~** *n* ⟨-s⟩ *verbal noun.* — **ˈSchlußˌfol·ge·rung** *f* ⟨-; -en⟩ **1.** *cf.* Schlußfolgern. – **2.** (line of) argument (*od.* reasoning). – **3.** (*Schluß*) conclusion, inference, deduction, consequence: aus etwas eine ~ ziehen to draw a conclusion (*od.* an inference) from s.th., to conclude (*od.* infer) s.th. from s.th.; zu einer ~ kommen (*od.* gelangen) to arrive at (*od.* come to) a conclusion.

ˈSchluß|ˌfor·mel *f* **1.** (*eines Briefes*) complimentary close (*od.* closing). – **2.** *jur.* (*eines Vertrages etc*) final clause. — **~geˌbet** *n relig.* (*in der Messe etc*) benediction. — **~ˌgrup·pe** *f mus.* (*beim Sonatensatz*) closing section.

schlüs·sig [ˈʃlʏsɪç] *adj* **1.** (*Folgerung, Argumentation etc*) conclusive, logical: [nicht] ~er Beweis *bes. jur.* [in]conclusive evidence. – **2.** sich (*dat*) über (*acc*) etwas [j-n] ~ sein to have made up one's mind about s.th. [s.o.]; sich (*dat*) über (*acc*) etwas [j-n] ~ werden to make up one's mind about s.th. [s.o.]; ich bin mir noch nicht ganz ~ I haven't made up my mind yet.

ˈSchluß|kaˌdenz *f mus.* final cadence. — **~kaˌpi·tel** *n* (*eines Buches etc*) closing (*od.* concluding, final, last) chapter. — **~ˌket·te** *f philos.* (*in der Syllogistik*) chain of inferences, sorites (*lit.*). — **~kom·mu·niˌqué** *n pol.* final (*od.* concluding) communiqué. — **~ˌkundˌge·bung** *f* final manifestation. — **~ˌkurs** *m econ.* (*der Börse*) final (*od.* closing) quotation (*od.* price). — **~ˌläu·fer** *m* (*sport*) (*in einer Staffel etc*) last runner, anchor (man): als ~ laufen to run the last leg. — **~ˌleuch·te** *f cf.* Schlußlicht 1. — **~ˌlicht** *n* **1.** (*eines Fahrzeugs*) taillight, rear light. – **2.** das ~ bilden (*od.* machen) *fig. colloq.* (*bei einer Bergtour, einer Kolonne etc*) to bring up the rear. – **3.** (*sport*) a) (*in einer Tabelle*) bottom club, b) (*Läufer*) last runner. — **~ˌmann** *m* ⟨-(e)s; ⸚er⟩ (*sport*) **1.** *cf.* Schlußläufer. – **2.** *cf.* Torwart. – **3.** (*beim Rugby*) fullback. — **~ˌno·te** *f econ.* (*im Maklergeschäft*) broker's note. — **~noˌtie·rung** *f econ. cf.* Schlußkurs. — **~ˌpfiff** *m* (*sport*) final whistle. — **~ˌpha·se** *f* final stages *pl.* — **~pro·toˌkoll** *n* final (*od.* concluding) protocol. — **~ˌprü·fung** *f* (*in der Schule etc*) final examination. — **~ˌpunkt** *m only in* einen ~ unter (*acc*) (*od.* hinter [*acc*]) etwas setzen *fig.* to make a clean break with s.th. — **~ˌrech·nung** *f* **1.** *econ. jur. cf.* Schlußabrechnung. – **2.** *math.* computation using the rule of three. — **~ˌre·de** *f* **1.** final (*od.* concluding, closing) speech. – **2.** (*in einem Drama etc*) epilogue, *Am. auch* epilog. — **~ˌreim** *m* end rhyme. — **~ˌrun·de** *f* (*sport*) *cf.* Endrunde. — **~ˌsatz** *m* **1.** (*einer Rede etc*) concluding (*od.* closing) sentence, conclusion. – **2.** *philos.* (*in der Logik*) conclusion, consequence. – **3.** *mus.* last movement, finale. – **4.** *math.* final proposition (*od.* conclusion). – **5.** (*sport*) (*beim Tennis etc*) final set. — **~ˌschein** *m econ. cf.* Schlußnote. — **~ˌsche·ma** *n philos.* inference pattern. — **~siˌgnal** *n cf.* Schlußzeichen 1, 2. — **~ˌsit·zung** *f* final (*od.* last) meeting (*od.* session). — **~ˌstein** *m* **1.** *arch.* (*eines Gewölbes, Bogens*) keystone. – **2.** *fig.* (*Vollendung*) completion, copestone. — **~ˌstrich** *m* **1.** final stroke (*od.* line): einen ~ unter die Rechnung ziehen to draw a final stroke (*od.* line) under the bill; einen ~ unter eine Angelegenheit ziehen *fig.* to make a clean break with an affair. – **2.** *meist pl mus.* double bar. — **~ˌsze·ne** *f* (*theater*) final (*od.* closing, last) scene. — **~ˌteil** *m mus. cf.* Schlußgruppe. — **~ˌur·teil** *n jur. cf.* Endurteil. — **~verˌkauf** *m* (end-of-)season sale(s *pl*): es ist ~ the sales have started, the sales are on. — **~viˌgnet·te** *f print.* tailpiece. — **~ˌwort** *n* ⟨-(e)s; -e⟩ **1.** last word, final (*od.* concluding) remark. – **2.** (*Zusammenfassung*) summary. – **3.** *cf.* Schlußrede, Schlußansprache. – **4.** *cf.* Nachwort. — **~ˌzei·chen** *n* **1.** final signal. – **2.** *tel.* a) (*im Funkverkehr*) message-ending character, b) (*im Telephonverkehr*) clear(ing) (*od.* clear-back) signal. – **3.** *print.* (*am Ende eines Satzes etc*) stop. – **4.** *mus. cf.* Schlußstrich 2.

Schmach [ʃmaːx] *f* ⟨-; *no pl*⟩ *lit.* **1.** (*Schande, Entehrung*) shame, disgrace, dishonor, *bes. Br.* dishonour, ignominy, contumely (*lit.*): ~ und Schande über j-n bringen to bring shame and disgrace (up)on s.o.; mit ~ bedeckt covered with shame. – **2.** (*Demütigung*) humiliation, mortification: ~ erleiden to suffer humiliation. – **3.** (*Beleidigung*) insult, affront, (*stärker*) outrage. — **s~beˌdeckt, s~beˌla·den** *adj lit.* covered with shame.

schmach·ten [ˈʃmaxtən] *v/i* ⟨h⟩ *lit.* **1.** (*leiden*) languish, suffer: im Kerker ~ to languish (*od.* waste away) in prison; vor Durst ~ to be parched with thirst; vor Hunger ~ to be famished with hunger; das Volk schmachtet unter der Tyrannei the people suffers under the tyranny; j-n ~ lassen a) to make (*od.* let) s.o. languish (*od.* suffer), b) (nach for) to let s.o. pine (*od.* languish, yearn), c) (*j-n quälen*) to tantalize s.o. – **2.** nach etwas [j-m] ~ to languish (*od.* yearn, pine, long, sigh) for s.th. [s.o.], to yearn after s.th. [s.o.]. — **ˈschmach·tend I** *pres p.* – **II** *adj* (*Blick, Stimme etc*) yearning: ~e Augen machen to look yearningly (*od.* spoonily).

ˈSchmachtˌfet·zen *m colloq. iron.* (*Schnulze*) tearjerker.

schmäch·tig [ˈʃmɛçtɪç] *adj* **1.** (*dünn*) slight, slim, slender: ein ~er Junge a slip of a boy. – **2.** (*schwächlich*) frail, delicate. — **ˈSchmäch·tig·keit** *f* ⟨-; *no pl*⟩ **1.** slightness, slimness, slenderness. – **2.** (*Schwächlichkeit*) frailty, frailness, delicacy, delicateness.

ˈSchmacht|ˌlap·pen *m colloq. contempt.* love-sick suitor (*od.* swain). — **~ˌlocke** (*getr.* -k·k-) *f colloq.* **1.** (*Stirnlocke*) kiss-curl. – **2.** (*Schulterlocke*) lovelock. — **~ˌrie·men** *m colloq. for* Leibriemen, Riemen[1] 2.

ˈschmachˌvoll *adj* **1.** (*schändlich, entehrend*) disgraceful, shameful, ignominious, dishonorable, *bes. Br.* dishonourable: etwas als äußerst ~ empfinden to find s.th. absolutely disgraceful. – **2.** (*demütigend*) humiliating, mortifying.

Schmack[1] [ʃmak] *m* ⟨-(e)s; -e⟩ **1.** *bot.* tanner's (*od.* tanning) sumac(h) (*auch* shumac) (*Rhus coriaria*). – **2.** (*Gerbe-, Färbemittel*) (tanner's) sumac(h) (*auch* shumac).

Schmack[2] *f* ⟨-; -en⟩ *mar.* (*Küstensegelboot*) [smack.]

Schmacke (*getr.* -k·k-) [ˈʃmakə] *f* ⟨-; -n⟩ *mar. cf.* Schmack[2].

schmack·haft [ˈʃmakhaft] *adj* **1.** (*wohlschmeckend*) tasty, palatable, delicate, toothsome, (*bes. pikant*) savory, *bes. Br.* savoury: eine Speise ~ zubereiten to make a dish tasty (*od.* savory); j-m etwas ~ machen *fig. colloq.* to make s.th. attractive (*od.* palatable) to s.o. – **2.** (*appetitanregend*) appetizing. — **ˈSchmack·haf·tig·keit** *f* ⟨-; *no pl*⟩ (*Wohlgeschmack*) savoriness, *bes. Br.* savouriness, savor, *bes. Br.* savour, tastiness, fine taste, delicious flavor (*bes. Br.* flavour), palatability.

Schmad·der [ˈʃmadər] *m* ⟨-s; *no pl*⟩ *Northern G. for* Matsch[2]. — **ˈschmad·dern** *v/impers* ⟨h⟩ es schmaddert it is sleeting.

ˈSchmähˌbrief *m* insulting (*od.* abusive, defamatory) letter.

schmä·hen [ˈʃmɛːən] **I** *v/t* ⟨h⟩ **1.** (*beschimpfen, beleidigen*) abuse, revile, (*schriftlich od. durch bildliche Darstellung*) lampoon. – **2.** (*schlechtmachen etc*) disparage, run (*s.o., s.th.*) down vilify. – **3.** (*verleumden*) defame, calumniate, (*mündlich*) *auch* slander, (*schriftlich od. durch bildliche Darstellung*) *auch* libel. – **4.** (*verhöhnen*) disdain. – **5.** (*lästern*) blaspheme. – **II S~** *n* ⟨-s⟩ **6.** *verbal noun.* – **7.** *cf.* Schmähung. — **ˈschmä·hend I** *pres p.* – **II** *adj* **1.** abusive. – **2.** defamatory, calumnious, slanderous, libel(l)ous. – **3.** disdainful, scornful. – **4.** blasphemous.

ˈschmäh·lich *lit.* **I** *adj* **1.** (*schmachvoll, schändlich*) disgraceful, shameful, ignominious, dishonorable, *bes. Br.* dishonourable. – **2.** (*demütigend*) humiliating, mortifying. – **3.** (*kläglich, jämmerlich*) miserable, wretched: ein ~es Ende nehmen a) to die a miserable death, to come to a wretched end, b) *fig.* (*kläglich scheitern*) to come to a sorry end. – **II** *adv* **4.** shamefully, disgracefully: er hat sie ~ verlassen he has left her shamefully; j-n ~ im Stich lassen to leave s.o. in the lurch.

ˈSchmäh|ˌlied *n* defamatory (*od.* abusive) song. — **~ˌre·de** *f* defamatory (*od.* abusive) speech, abuse, invective, calumny, diatribe (*lit.*). — **~ˌschrift** *f* lampoon, *bes. jur.* libel; diatribe, pasquinade, *auch* pasquil (*lit.*). — **~ˌsucht** *f* delight in abusing (*od.* reviling) others. — **s~ˌsüch·tig** *adj* delighting in abusing (*od.* reviling) others.

ˈSchmä·hung *f* ⟨-; -en⟩ **1.** *cf.* Schmähen. – **2.** (*Beschimpfung, Beleidigung*) abuse, revilement, invective, (*schriftliche od. bildliche*) lampoon: j-n mit ~en überhäufen to heap abuse on s.o. – **3.** (*Verunglimpfung*) disparagement, vilification. – **4.** (*Verleumdung*) calumny, (*mündliche*) *auch* slander, (*schriftliche od. bildliche*) *auch* libel. – **5.** (*Verhöhnung*) scorn, gibe, *bes. Am.* jibe. – **6.** (*Lästerung*) blasphemy.

ˈSchmähˌwort *n* ⟨-(e)s; -e⟩ **1.** abusive (*od.* invective, defamatory) word. – **2.** *pl* invectives.

schmal [ʃmaːl] *adj* ⟨-er *od.* ⸚er; -st, *auch* ⸚st⟩ **1.** (*Weg, Durchgang, Leiste, Haus etc*) narrow: ~er werden to narrow. – **2.** (*Buch*) thin, slender: ein ~er Band Gedichte a thin (*od.* slender) volume of poems. – **3.** (*Figur etc*) slender, slim, svelte, *Am. auch* svelt: ~e Hüften slim hips; ~e Hände slender hands; sie ist ~er geworden she has grown slimmer (*od.* thinner). – **4.** (*Gesicht*) narrow, thin. – **5.** *bes. med.* (*Becken, Brustkorb etc*) narrow. – **6.** *print.* (*Schrifttypen*) lean. – **7.** *fig.* (*Einkommen, Kost etc*) meager, *bes. Br.* meagre, slender, scant(y), paltry: j-n auf ~e Kost setzen to put s.o. on short rations (*od.* a meager diet). — **~ˌbeckig** (*getr.* -k·k-) [-ˌbɛkɪç] *adj med.* with a narrow pelvis, leptopelvic (*scient.*). — **~ˌblät·te·rig, ~ˌblätt·rig** *adj bot.* narrow-leaved; stenophyllous angustifolious (*scient.*). — **~ˌbrü·stig** [-ˌbrʏstɪç] *adj* narrow-chested.

schmä·len [ˈʃmɛːlən] **I** *v/t* ⟨h⟩ *obs. od. dial. for* schmähen, schelten 1. – **II** *v/i hunt.* (*vom Rot-, Rehwild*) bleat.

schmä·lern [ˈʃmɛːlərn] **I** *v/t* ⟨h⟩ **1.** (*schmaler machen*) narrow. – **2.** (*Ausgaben, Einkünfte, Gewinn etc*) cut down (on), curtail, reduce. – **3.** (*Rechte etc*) encroach (up)on, infringe (up)on, curtail. – **4.** (*Ansehen, Verdienste, Vergnügen etc*) impair, detract from, diminish: ich will deine Verdienste an dem Erfolg nicht ~ I do not wish to detract from your contribution to (*od.* share in) the success. – **II S~** *n* ⟨-s⟩ **5.** *verbal noun.* – **6.** (*von Ausgaben etc*) curtailment, reduction. – **7.** (*von Rechten etc*) (von) encroachment ([up]on), infringement ([up]on), curtailment (of). – **8.** (*von Ansehen etc*) (von) impairment (of), detraction (from), diminishment (of), diminution (of). — **ˈschmä·lernd I** *pres p.* – **II** *adj* derogatory. — **ˈSchmä·le·rung** *f* ⟨-; -en⟩ *cf.* Schmälern.

ˈSchmalˌfilm *m phot.* cinefilm, 8 (*od.* double-8) film. — **~ˌka·me·ra** *f* cinecamera, cinefilm camera, amateur film camera.

ˈschmal·geˌsich·tig [-gəˌzɪçtɪç] *adj* thin-faced, narrow-faced; leptoprosopic, *auch* leptoprosopous (*scient.*).

ˈSchmalˌhans *m only in* bei ihnen ist ~ Küchenmeister *colloq.* they are on short commons.

ˈSchmal·heit *f* ⟨-; *no pl*⟩ **1.** narrowness. – **2.** (*eines Buches*) thinness, slenderness. – **3.** (*einer Figur etc*) slenderness, slimness, svelteness. – **4.** (*eines Gesichts*) narrowness, thinness.

ˈschmalˌhüf·tig [-ˌhʏftɪç] *adj* with slim (*od.* slender, *bes. med.* narrow) hips, slim- (*od.* slender-)hipped, *bes. med.* narrow-hipped.

schmal·kal·disch [ʃmalˈkaldɪʃ] *adj* Schmalkaldic, *auch* Schmalkaldian: die S~en Artikel *relig. hist.* the Schmalkald (*od.* Schmalkaldic, Smalcaldic) Articles (*1537*); der S~e Bund *hist.* the Schmalkaldic League (*1531*).

ˈschmalˌlip·pig [-ˌlɪpɪç] *adj* thin-lipped.

ˈSchmal|ˌna·senˌaf·fe *m zo.* catarrhine, *auch* catarhine, old world monkey (*Gruppe Catarrhina*). — **s~ˌran·dig** [-ˌrandɪç] *adj* narrow-margined (*od.* -marginate[d]). — **~ˌreh** *n*, **~ˌricke** (*getr.* -k·k-) *f hunt.* two-year-old doe. — **s~ˌschul·te·rig** [-ˌʃultərɪç], **s~ˌschul·trig** [-ˌʃultrɪç] *adj* narrow-shouldered. — **~ˌsei·te** *f* **1.** narrow side. – **2.** (*eines Bretts, Ziegels etc*) narrow edge. – **3.** (*eines Hauses*) gable (end). — **~-**

ˌ**spie·ßer** *m hunt.* two-year-old stag (*od.* roebuck).

ˈ**Schmalˌspur** *f* (*railway*) narrow ga(u)ge. — **~aka,de·mi·ker** *m colloq. iron.* person with a quasi-academic education. — **~ang,list** *m colloq. iron.* student taking Anglistics as a subsidiary subject (*Am.* minor field of study). — **~ˌbahn** *f* (*railway*) **1.** narrow-ga(u)ge railway. – **2.** (*Schienenweg*) narrow-ga(u)ge track.

ˈ**schmalˌspu·rig** [-ˌʃpuːrɪç] *adj* narrow-ga(u)ge (*attrib*), *auch* narrow-ga(u)ged.

ˈ**Schmalˌspur|lo·ko·moˌti·ve** *f* narrow-ga(u)ge locomotive (*od.* engine). — **~ro·maˌnist** *m colloq. iron.* student taking Romance languages as a subsidiary subject (*Am.* minor field of study). — **~ˌstu·di·um** *n colloq. iron.* incomplete university education. — **~syˌstem** *n* (*railway*) narrow-ga(u)ge system.

Schmalt [ʃmalt] *m* ⟨-s; -e⟩ (*Email*) enamel.

Schmal·te [ˈʃmaltə] *f* ⟨-; -n⟩ **1.** (*Kobaltschmelze*) smalt. – **2.** (*Schmelzblau*) stone blue, blue glass. — ˈ**schmal·ten** *v/t* ⟨h⟩ (*emaillieren*) enamel.

ˈ**Schmal|ˌtier** *n hunt.* **1.** *hind in its second year.* – **2.** *two-year-old hind that has not calved.* — **~ˌvieh** *n collect.* (*Schafe, Ziegen, Schweine etc*) small livestock. — **~ˌwand** *f bot.* mouse-ear (cress) (*Gattg Arabidopsis*).

Schmalz [ʃmalts] *n* ⟨-es; -e⟩ **1.** *gastr.* a) (*Bratenfett*) dripping(s *pl*), fat, b) (*bes. Schweineschmalz*) lard, c) *Southern G., Austrian and Swiss* butterfat: **in ~ backen** to (deep) fry; **ohne Salz und ~** *fig.* insipid, pithless. – **2.** *med. cf.* Ohrenschmalz. – **3.** ⟨*only sg*⟩ *fig. colloq.* (*einer Stimme*) sentimental tremor, mawkishness: **mit viel ~ singen** to sing mawkishly (*od.* with a sentimental tremor, *colloq.* with a lot of gush). – **4.** ⟨*only sg*⟩ *fig. colloq.* (*Sentimentalität, übertriebenes Gefühl*) sentimentality. – **5.** ⟨*only sg*⟩ *fig. colloq.* (*Schlager, Gedicht etc*) sentimental (*od.* maudlin, *colloq.* sloppy) trash, schmal(t)z (*colloq.*).

ˈ**Schmalz|ˌblu·me** *f bot. cf.* Butterblume 1a. — **~ˌbrot** *n* (slice of) bread and dripping.

Schmäl·ze [ˈʃmɛltsə] *f* ⟨-; -n⟩ (*in der Wollspinnerei*) batching (*od.* spinning) oil.

schmal·zen [ˈʃmaltsən] *v/t* ⟨*pp* **geschmalzt** *u.* **geschmalzen**, h⟩ **1.** add dripping to. – **2.** (*mit Schmalz zubereiten*) cook (*s.th.*) with dripping.

schmäl·zen [ˈʃmɛltsən] *v/t* ⟨h⟩ (*Wolle*) oil, lubricate.

ˈ**Schmalz·geˌbacke·ne** (*getr.* -k·k-) *n gastr.* pastry fried in deep fat.

ˈ**schmal·zig** *adj* **1.** lardy. – **2.** *fig. colloq.* (*Lied, Stimme etc*) sentimental, mawkish, maudlin; 'sloppy', lovey-dovey, schmal(t)zy (*colloq.*), *Am. colloq.* 'corny'.

ˈ**Schmalz·ler** *m* ⟨-s; *no pl*⟩ *Bavarian dial. for* Schnupftabak.

ˈ**Schmalzˌnu·deln** *pl Southern G. and Austrian gastr.* deep-fried pastry *sg.*

Schman·kerl [ˈʃmaŋkərl] *n* ⟨-s; -n⟩ *Bavarian and Austrian colloq. for* Leckerbissen.

Schmant [ʃmant] *m* ⟨-(e)s; *no pl*⟩ **1.** *Northern G. dial. for* Sahne. – **2.** *Northern G. dial.* dirt, grime.

schma·rot·zen [ʃmaˈrɔtsən] **I** *v/i* ⟨*no* ge-, h⟩ **1.** *biol.* (*von Tieren, Pflanzen*) live as a parasite. – **2.** *fig. contempt.* (*von Menschen*) (bei j-m on [*od.* from] s.o.) cadge, 'sponge' (*colloq.*), *Am.* mooch, freeload. – **II S~** *n* ⟨-s⟩ **3.** *verbal noun.* – **4.** *biol. auch fig. contempt.* parasitism. — **schmaˈrot·zend I** *pres p.* – **II** *adj biol. auch fig. contempt.* parasitic, *auch* parasitical.

Schmaˈrot·zer *m* ⟨-s; -⟩ **1.** *biol.* parasite. – **2.** *fig. contempt.* parasite, hanger-on, sponge(r) (*colloq.*), bum (*sl.*), *Am.* deadbeat, freeloader. — **~ˌbie·ne** *f zo.* homeless bee (*Gattg Nomada*).

schmaˈrot·zer·haft, schmaˈrot·ze·risch *adj* **1.** *biol.* parasitic, *auch* parasitical. – **2.** *fig. contempt.* parasitic, *auch* parasitical, cadging, sponging (*colloq.*), *Am.* mooching, freeloading.

Schmaˈrot·zer|ˌle·ben *n biol. auch fig. contempt.* parasitic life, life of a parasite. — **~ˌpflan·ze** *f bot.* parasitic (*od.* supercrescent) plant, parasite. — **~ˌraubˌmö·we** *f zo.* parasitic jaeger, Arctic skua (*Stercorarius parasiticus*). — **~ˌseeˌro·se** *f* symbiotic sea anemone, crab anemone (*Gattg Calliactis*). — **~ˌtier** *n* parasitic animal, parasite.

Schmaˈrot·zer·tum *n* ⟨-s; *no pl*⟩ *biol. auch fig. contempt.* parasitism.

Schmar·re [ˈʃmarə] *f* ⟨-; -n⟩ *colloq. for* a) Hiebwunde, b) Narbe 1.

Schmar·ren [ˈʃmarən], **Schmarrn** [ʃmarn] *m* ⟨-s; -⟩ *Bavarian and Austrian* **1.** *gastr.* (*süße Mehlspeise*) (dessert of) hot torn-up pancake. – **2.** *fig. colloq. contempt.* rubbish, trash: **das geht dich einen ~ an!** that's none of your business.

schmar·ten [ˈʃmartən] *v/t* ⟨h⟩ *mar.* (*Tau*) parcel. — ˈ**Schmar·ting** [-tɪŋ] *n* ⟨-s; *no pl*⟩ parcel(l)ing.

Schma·sche [ˈʃmaʃə] *f* ⟨-; -n⟩ (*leather*) skin of newborn lamb, slunk, slink (lamb).

Schmatz [ʃmats] *m* ⟨-es; -e⟩ *colloq.* (*lauter Kuß*) smack, buss: **j-m einen ~ geben** (**auf** *acc* on) to give s.o. a smack.

schmat·zen [ˈʃmatsən] **I** *v/i* ⟨h⟩ **1.** eat noisily, smack: **mit den Lippen ~** to smack one's lips. – **2.** (*beim Küssen*) smack. – **II** *v/t* **3.** smack: **j-m einen Kuß auf die Backe ~** to smack s.o. (a kiss) on his cheek. – **III S~** *n* ⟨-s⟩ **4.** *verbal noun.* – **5.** (*Schmatzgeräusch*) smack(ing noise): **er ißt mit lautem S~** he eats with great smacks (*od.* smacking noises), he smacks when he eats.

Schmät·zer [ˈʃmɛtsər] *m* ⟨-s; -⟩ *zo. a group of passerine birds* (*Gattgen Oenanthe u. Saxicola*).

Schmauch [ʃmaux] *m* ⟨-(e)s; *no pl*⟩ *dial.* (thick) smoke. — ˈ**schmau·chen I** *v/t* ⟨h⟩ (*genüßlich rauchen*) smoke, puff away (at): **er schmaucht sein Pfeifchen** he smokes his pipe, he puffs (*od.* smokes) away at his pipe. – **II** *v/i* smoke (away), puff away.

Schmaus [ʃmaus] *m* ⟨-es; =e⟩ **1.** a) (*Festessen*) feast, banquet, b) spread (*colloq.*), *bes. Br.* tuck-in. – **2.** *fig.* (*Hochgenuß*) treat. — ˈ**schmau·sen** [-zən] **I** *v/i* ⟨h⟩ **1.** a) feast, banquet, b) eat heartily (*od.* with relish), *bes. Br.* tuck in. – **II** *v/t* **2.** eat (*s.th.*) heartily, *bes. Br.* tuck into. – **III S~** *n* ⟨-s⟩ **3.** *verbal noun.* – **4.** *cf.* Schmaus 1. — **Schmau·seˈrei** *f* ⟨-; -en⟩ *cf.* Schmausen.

ˈ**schmeck·bar** *adj* tastable, *auch* tasteable.

schmecken (*getr.* -k·k-) [ˈʃmɛkən] **I** *v/i* ⟨h⟩ **1.** taste: **süß** [**bitter, angebrannt**] **~** to taste sweet [bitter, burnt]; **die Erkenntnis schmeckte bitter** *fig.* the realization was bitter; **gut** [**schlecht**] **~** to taste good [bad]; **es** [**das Essen**] **schmeckt vorzüglich** it [the meal] is (*od.* tastes) excellent (*od.* first-class); **wenn es am besten schmeckt, soll man aufhören** one should leave off with an appetite; **wie schmeckt dir der Wein?** how do you like the wine? **er schmeckt mir** [**nicht**] **gut** I [don't] like it, it tastes [doesn't taste] good to me; **wie schmeckt** (**Ihnen**) **die Arbeit?** *fig.* how do you like your work? **nach etwas ~** a) to taste (*od.* smack) of s.th., b) *fig.* (*nach Verrat, Unheil etc*) to smack (*od.* taste, savor, *bes. Br.* savour) of s.th.; **wie etwas ~** to taste (*od.* smack) like s.th.; **der Wein schmeckt nach dem Faß** the wine tastes of the wood; **das schmeckt nach nichts** it has no taste whatever, it tastes like nothing; **das schmeckt nach mehr!** *colloq.* it tastes so good as to make one want more (of it)! **danach schmeckt's auch!** *colloq.* and so it tastes! **wonach schmeckt dieser Salat?** what does this salad taste of? – **2.** (*gut schmecken, munden*) taste good (*od.* fine): **schmeckt's? schmeckt es Ihnen?** do you like it? are you enjoying your meal? **das schmeckt!** that's delicious! I like (the taste of) it! **das schmeckt mir nicht!** *auch fig.* I don't like (the taste of) that! **heute hat mir das Essen** (*od.* **hat es mir**) (**gut**) **geschmeckt** I enjoyed the meal today; **Kognak schmeckt ihm immer** cognac always tastes good to him, he always enjoys cognac; **es will mir heute nicht** (**so**) **recht ~** I don't feel like eating today; **seine Arbeit schmeckt ihm nicht** *fig.* he doesn't like (*od.* relish) his work; **er läßt es sich** (*dat*) (**gut**) **~** he enjoys his meal, he eats with relish; **sich** (*dat*) **etwas** (**gut**) **~ lassen** to relish s.th., to eat s.th. with relish; **laßt es euch** (**gut**) **~!** (I hope you) enjoy your meal! *bes. Am. colloq.* set to! *bes. Br.* tuck in! – **II** *v/t* **3.** taste: **ich schmecke nichts** I can't (*od.* don't) taste anything; **man schmeckt nur den Pfeffer** you only taste the pepper; **wir schmeckten den Staub auf der Zunge** we tasted (*od.* could taste) the dust on our tongues. – **4.** (*kosten*) taste, try, sample: **den Salat ~** to taste (*od.* try) the salad; **etwas zu ~ bekommen** a) to be given s.th. to taste, b) *fig.* to be given a taste of s.th.; **den Stock zu ~ bekommen** *fig.* to be given a taste of the cane; **j-m die Rute zu ~ geben** *fig.* to give s.o. a taste of the rod. – **5.** *dial. for* riechen 4: **er kann sie nicht ~** *fig.* he can't stand (the sight of) her.

ˈ**Schmecker** (*getr.* -k·k-) *m* ⟨-s; -⟩ **1.** (*Koster*) taster. – **2.** *hunt.* mouth.

Schmei·cheˈlei *f* ⟨-; -en⟩ **1.** *cf.* Schmeicheln. – **2.** *meist pl* (*ernstgemeinte*) (flattering) compliment: **j-m ~en sagen** to pay s.o. (flattering) compliments, to flatter s.o.; **sie ist für ~en empfänglich** (*od.* **~en zugänglich**) she is susceptible to compliments (*od.* flattery). – **3.** *meist pl* (*floskelhafte*) blarney. – **4.** *meist pl* (*heuchlerische*) flattery, soft soap, butter, drip (*sl.*), *Am. colloq.* taffy. – **5.** *meist pl* (*bittende*) coax, wheedle, cajolement, cajolery: **j-m durch ~(en) etwas abluchsen** to coax (*od.* wheedle) s.th. out of s.o.

ˈ**schmei·chel·haft** *adj* flattering, complimentary: **Ihr Angebot ist sehr ~** (**für mich**) your offer is very flattering (to *od.* for me), your offer flatters me greatly.

ˈ**Schmei·chel|ˌkätz·chen** *n*, **~ˌkat·ze** *f fig. colloq.* (*Mädchen, Kind*) **1.** flattering little minx (*od.* puss). – **2.** (*mit Worten schmeichelnd*) (little) flatterer.

schmei·cheln [ˈʃmaɪçəln] **I** *v/i* ⟨h⟩ **1.** (*mit Worten*) flatter, blandish (*lit.*): **j-m ~** to flatter s.o.; **sie kann** [**ihm**] **gut ~, sie versteht es** [, **ihm**] **zu ~** she knows how to flatter [him]; **dieser Spiegel** [**der Stoff**] **schmeichelt** this mirror [the material] is flattering; **das wird seiner Eitelkeit ~** that will flatter (*od.* tickle) his vanity. – **2. j-m ~** a) (*zärtlich, bittend*) to coax (*od.* cajole, wheedle, soft-soap) s.o., b) (*unterwürfig*) to toady (*Am.* bootlick, *lit.* adulate) s.o., to fawn (up)on s.o., to play up to s.o. (*colloq.*). – **3. mit j-m ~** to caress (*od.* fondle) s.o. – **II** *v/t* **4.** (*in Wendungen wie*) **ich schmeich(e)le mir, ein guter Tänzer zu sein** I flatter myself that I am a good dancer, I like to think that I can dance. – **III** *v/reflex* **sich ~ 5.** (*in Wendungen wie*) **diese Melodien ~ sich einem ins Ohr** these tunes are pleasing to the ear. – **IV** *v/impers* **6. es schmeichelt mir, daß man mich lobt** I am flattered to think that people praise me. – **V S~** *n* ⟨-s⟩ **7.** *verbal noun.* – **8.** *cf.* Schmeichelei.

ˈ**Schmei·chel|ˌre·de** *f* flattering speech (*od.* talk), blarney, soft sawder, soft soap. — **~ˌwort** *n* flattering (*od.* honeyed, *auch* honied) word.

ˈ**Schmeich·ler** *m* ⟨-s; -⟩ **1.** flatterer. – **2.** (*sanfter*) coaxer, wheedler, coax, cajoler. – **3.** (*unterwürfiger*) toady, bootlick(er), toadeater, *Br.* toad-eater; adulator, sycophant (*lit.*). — ˈ**Schmeich·le·rin** *f* ⟨-; -nen⟩ **1.** *cf.* Schmeichler. – **2.** *cf.* Schmeichelkätzchen.

ˈ**schmeich·le·risch** *adj* **1.** flattering: **mit ~en Worten** with flattering (*od.* soft, honeyed, *auch* honied) words. – **2.** (*bittend*) coaxing, cajoling, wheedling, buttery. – **3.** (*unterwürfig*) toadyish, fawning, *Br. colloq.* smarmy. – **4.** (*glattzüngig*) smooth-tongued.

schmei·ßen[1] [ˈʃmaɪsən] **I** *v/t* ⟨**schmeißt, schmiß, schmisse, geschmissen**, h⟩ **1.** *colloq.* (*werfen*) throw, chuck (*colloq.*), plunk (*colloq.*), (*mit großer Wucht*) fling, hurl, dash: **Steine ~** to throw (*od.* sling) stones; **j-n ins Wasser ~** to throw s.o. into the water; **ich hätte ihm sein Geld am liebsten vor die Füße geschmissen** I should have loved to chuck his money back at him; **eine Lage** (*od.* **Runde**) **~** *fig.* to stand a round (of drinks). – **2.** *fig. colloq.* (*in Wendungen wie*) **die Sache ~** to pull it off, to work it, *Am.* to swing it (*alle colloq.*); **den Laden ~** to run the show (*colloq.*). – **3. eine Vorstellung ~** (*theater*) *colloq.* to ruin (*od.* make a mess of) a performance. – **4.** *fig. colloq.* (*Tür*) slam, bang. – **II** *v/i* **5.** *colloq.* throw, hurl: **mit Steinen** (**nach j-m**) **~** to throw (*od.* sling) stones (at s.o.); **er schmeißt mit Geld** (**nur so**) **um sich** *fig.* he really throws his money about him; **er schmeißt mit Fremdwörtern** (**nur so**) **um sich** he always bandies foreign words about. – **III** *v/reflex* **sich ~ 6.** *colloq.* (*in Wendungen wie*) **sie hat sich ihm**

förmlich an den Hals geschmissen *fig.* she really (*od.* literally) threw (*od.* flung) herself at him.

ˈschmei·ßen² *v/i* ⟨h⟩ *hunt.* (*von Raubvögeln*) mute, void.

ˈSchmeißˌflie·ge *f zo.* blowfly, bluebottle (*Fam. Calliphoridae*).

Schmelz [ʃmɛlts] *m* ⟨-es; -e⟩ **1.** (*Glasur*) glaze. – **2.** *med.* (*Zahnschmelz*) enamel. – **3.** *metall.* (*in der Zinkdestillation*) blue powder. – **4.** *tech.* enamel: mit ~ überziehen to enamel. – **5.** ⟨*only sg*⟩ (*der Farben*) warm tone. – **6.** ⟨*only sg*⟩ (*der Stimme*) (melting *od.* mellow) sweetness, mellowness, melodiousness, melodious ring. – **7.** ⟨*only sg*⟩ *fig. lit.* (*der Jugend*) bloom, flush, glow. — **~ˌar·beit** *f tech.* enameling, *bes. Br.* enamelling. — **~ˌbad** *n metall.* **1.** melting bath, molten bath. – **2.** (*beim Schweißen*) molten pool.

ˈschmelz·bar *adj* fusible, meltable: nicht ~ infusible; schwer ~ sein to be refractory. — **ˈSchmelz·bar·keit** *f* ⟨-; *no pl*⟩ fusibility, meltability.

ˈSchmelz|beˌtrieb *m metall.* melting practice. — **~ˌblau** *n* **1.** blue glass, smalt (blue), *auch* Dumont's (*od.* King's, powder, starch, stone) blue. – **2.** *tech.* smalt. — **~ˌbut·ter** *f gastr.* melted (*Am. auch* drawn) butter. — **~deˌfekt** *m med.* (*am Zahn*) enamel defect. — **~ˌdraht** *m electr.* fuse wire.

ˈSchmel·ze *f* ⟨-; -n⟩ **1.** *cf.* Schmelzen. – **2.** *metall.* a) melt, fusion, heat, b) (*eines Konverters*) blow, c) (*bei der Wärmebehandlung*) bath. – **3.** *cf.* Schneeschmelze.

schmel·zen [ˈʃmɛltsən] **I** *v/i* ⟨schmilzt, schmolz, geschmolzen, sein⟩ **1.** (*von Wachs, Butter etc*) melt, (*in Flüssigkeiten*) *auch* dissolve. – **2.** (*flüssig werden*) liquefy, *auch* liquify. – **3.** (*von Schnee*) melt, thaw. – **4.** *metall.* a) melt, b) (*von Erz*) fuse, smelt. – **5.** *electr.* (*von Sicherung*) blow. – **6.** *fig.* (*weich werden*) melt, soften: ihr Herz schmolz vor Mitleid her heart melted with pity. – **7.** *fig.* (*schwinden*) dwindle, melt away, decrease: unsere Vorräte waren schon beträchtlich geschmolzen our supplies had dwindled considerably (*od.* were running low). – **II** *v/t* ⟨schmilzt, *obs.* schmelzt, schmolz, *obs.* schmelzte, geschmolzen, *obs.* geschmelzt, h⟩ **8.** (*Wachs, Butter etc*) melt, (*in Flüssigkeiten*) *auch* dissolve. – **9.** (*flüssig machen*) liquefy, *auch* liquify. – **10.** (*Schnee etc*) melt, thaw. – **11.** *metall.* a) melt, b) (*Erz*) fuse, smelt. – **12.** sie schmolz sein Herz *fig. lit.* she softened his heart, she made his heart melt. – **III S~** *n* ⟨-s⟩ **13.** *verbal noun.* – **14.** *cf.* Schmelzung. — **ˈschmel·zend I** *pres p.* – **II** *adj* **1.** (*Gesang etc*) mellow, melodious, sweet, dulcet. – **2.** *fig.* (*schmachtend*) languishing. – **3.** *chem.* melting.

ˈSchmel·zer *m* ⟨-s; -⟩ *metall.* **1.** melter. – **2.** (*im Konverterbetrieb*) blower.

Schmel·zeˈrei *f* ⟨-; -en⟩ *metall.* melting shop.

ˈSchmelz|ˌfar·be *f* vitrifiable pigment, enamel color (*bes. Br.* colour). — **~ˌfluß** *m* **1.** *metall.* molten metal. – **2.** (*in der Schweißtechnik*) fusion. — **s~ˌflüs·sig** *adj* molten. — **~geˌschwin·dig·keit** *f* rate of melting. — **~ˌglas** *n*, **~glaˌsur** *f tech.* enamel. — **~ˌgrad** *m cf.* Schmelzpunkt. — **~ˌgut** *n metall.* melting charge (*od.* stock). — **~ˌherd** *m* **1.** *metall.* furnace (*od.* smelting) hearth. – **2.** *geol.* magma chamber. — **~ˌhit·ze** *f* melting heat. — **~ˌhüt·te** *f metall.* smeltery, smelting plant. — **~ˌkä·se** *m gastr.* process(ed) (*od.* soft) cheese. — **~ˌkle·ber** *m tech.* thermoplastic adhesive. — **~ˌkoks** *m* foundry (*od.* smelter) coke, melting coke. — **~ˌküh·lung** *f* (*space*) film cooling. — **~ma·leˌrei** *f cf.* Emailmalerei. — **~ˌofen** *m metall.* (s)melting furnace.

ˈSchmelzˌpunkt *m* **1.** (*des Eises etc*) melting point. – **2.** *metall.* melting point, (*bei sehr feinen Steinen*) fusion point. — **~(beˌstim·mungs)ap·pa·rat** *m chem.* melting point apparatus.

ˈSchmelz|ˌschup·per [-ˌʃʊpər] *m* ⟨-s; -⟩ *zo.* ganoid (*Ordng Ganoidei*). — **~ˌschwei·ßung** *f tech.* fusion welding. — **~ˌschweiß·verˌfah·ren** *n* fusion welding (process). — **~ˌsi·che·rung** *f electr.* fuse, fusible cutout. — **~ˌstahl** *m metall.* natural (*od.* furnace) steel. — **~tem·pe·raˌtur** *f* **1.** melting temperature. – **2.** *metall.* melting (*od.* fusion) temperature. — **~ˌtie·gel** *m* **1.** *chem. metall.* melting crucible. – **2.** (*des Goldschmieds*) skillet. – **3.** *fig.* (*der Nationen, Rassen*) melting pot, caldron, *bes. Br.* cauldron.

ˈSchmel·zung *f* ⟨-; -en⟩ **1.** *cf.* Schmelzen. – **2.** (*Verflüssigung*) liquefaction. – **3.** *metall.* melt, heat, fusion.

ˈSchmelz|ˌwär·me *f phys.* heat of fusion. — **~ˌwas·ser** *n* snow water, melted snow and ice. — **~ˌwerk** *n metall. cf.* Schmelzhütte. — **~ˌzeit** *f* **1.** *metall.* melting period. – **2.** *tech.* (*beim Schweißen*) time of fusion.

Schmer [ʃmeːr] *m, n* ⟨-s; *no pl*⟩ *dial. for* a) Schmalz 1, b) Schweinefett 1. — **~ˌbauch** *m colloq. contempt.* **1.** paunch, potbelly, *Br. colloq.* corporation. – **2.** *cf.* Dickwanst 1.

Schmer·le [ˈʃmɛrlə] *f* ⟨-; -n⟩ *zo.* (*Süßwasserfisch*) loach (*Fam. Cobitidae*).

ˈSchmerˌwurz *f bot.* black bryony (*Tamus communis*).

Schmerz [ʃmɛrts] *m* ⟨-es; -en⟩ **1.** pain, (*in Zusammensetzungen*) ache: anhaltender [ziehender] ~ continuous [dragging] pain; starke ~en acute pain *sg*; [wo] haben Sie ~en? [where] do you have (*od.* feel) pain? von ~en (*od.* vom ~) gepeinigt racked with pain; [beträchtliche] ~en haben to be in [considerable] pain, to have (a) pain [considerable pain]; unter großen ~en in great pain; ~en im Kreuz haben to have a pain in one's back, to have (a) backache; sich vor ~(en) krümmen to writhe (*od.* double up) with pain; ~en verursachen to cause (*od.* give, produce) pain; ein ~ durchzuckte ihn (a) pain shot through him. – **2.** (*kurzer, stechender*) stab (of pain), pang, twinge, shooting (*od.* stabbing) pain. – **3.** (*brennender*) sting, smart. – **4.** *meist pl fig.* (*Pein*) throes *pl*, agony, anguish, torture. – **5.** (*seelischer*) pain, hurt, (mental) suffering: von ~ gebeugt burdened with (*od.* brought low by) pain. – **6.** *fig.* (*Kummer*) grief, sorrow, smart: tiefen ~ über (*acc*) etwas empfinden to be deeply grieved over (*od.* about) s.th.; er erkannte mit ~en, daß alle Bemühungen vergeblich waren he was grieved (*od.* it hurt him) to see that all efforts were in vain; ihre Eifersucht erfüllte ihn mit ~en her jealousy grieved (*od.* hurt) him; der ~ über den Tod des Kindes the grief over the death of the child; ich habe dich mit ~en erwartet I was aching to see you, I was waiting for you anxiously (*od.* impatiently); haben Sie sonst noch ~en? *colloq. auch iron.* (*Wünsche, Beschwerden*) is that all you want? anything else? geteilter ~ ist halber ~ (*Sprichwort*) two in distress makes sorrow less (*proverb*).

ˈSchmerz|ˌausˌstrah·lung *f med.* radiation of pain. — **~beˌkämp·fung** *f* alleviation of pain. — **s~beˌla·den** *adj* deeply afflicted. — **s~beˌsei·ti·gend** *adj med.* removing pain; analgesic, analgetic (*scient.*): ~es Mittel *cf.* Schmerzmittel. — **s~beˌtäu·bend** *adj* pain-killing, narcotic, pain-deadening. — **~beˌtäu·bung** *f* analgesia. — **~empˌfin·den** *n* sense of pain, pain sensation. — **s~empˌfind·lich** *adj* **1.** (*Person*) sensitive to pain. – **2.** (*Körperstelle*) tender, sensitive. — **~empˌfind·lich·keit** *f* ⟨-; *no pl*⟩ **1.** sensitivity to pain, pain sensitivity. – **2.** tenderness, sensitivity.

schmer·zen [ˈʃmɛrtsən] **I** *v/i* ⟨h⟩ **1.** pain, cause (*od.* give) pain, hurt, ache: die Narbe schmerzt the scar aches; mir schmerzt der Kopf my head is aching (*od.* splitting); mir ~ alle Glieder I am aching in every limb (*od.* from head to foot); das schmerzt *auch fig.* that hurts. – **2.** (*brennend*) smart, sting. – **II** *v/t* **3.** hurt, pain: mein Bein schmerzt mich wieder my leg is hurting (me) again. – **4.** *fig.* (*seelisch*) grieve, hurt, pain, distress: es schmerzt mich, daß it pains me that; es schmerzt einen, das mit ansehen zu müssen it hurts to have to watch that; der Verlust ihres Vaters hat sie sehr geschmerzt the loss of her father has grieved her deeply. – **5.** *fig.* (*kränken*) hurt, wound. — **ˈschmer·zend I** *pres p.* – **II** *adj cf.* schmerzhaft 1, 2.

ˈSchmer·zens|ˌgeld *n jur.* sum of money for injuries suffered, solatium, smart money. — **~ˌkind** *n fig. cf.* Sorgenkind. — **~ˌla·ger** *n* ⟨-s; -⟩ *med.* painful sickbed. — **~ˌmann** *m* ⟨-(e)s; *no pl*⟩ *relig.* (*art*) Man of Sorrows. — **~ˌmut·ter** *f röm.kath.* (*art*) Our Lady of Sorrows. — **s~ˌreich** *adj* **1.** (deeply) afflicted. – **2.** Maria, die S~e *röm.kath. cf.* Schmerzensmutter. — **~ˌschrei** *m* cry of pain.

ˈschmerz|erˌfüllt *adj lit.* deeply grieved (*od.* afflicted). — **~erˌre·gend** *adj med.* producing (*od.* causing) pain. — **~ˌfrei** *adj* free from pain, without pain. — **S~geˌfühl** *n* feeling (*od.* sensation) of pain.

ˈschmerz·haft *adj* **1.** painful, sore, grievous (*lit.*). – **2.** (*Stelle*) sensitive, tender, sore. – **3.** (*Behandlung etc*) painful: die Behandlung ist nicht ~ the treatment is not painful (*od.* does not hurt). – **4.** *fig.* painful, distressing, (*stärker*) grievous. — **ˈSchmerz·haf·tig·keit** *f* ⟨-; *no pl*⟩ painfulness, soreness.

ˈschmerz·lich I *adj fig.* **1.** distressing, painful, (*stärker*) grievous, agonizing: eine ~e Trennung a wrench; ein ~er Verlust a) a severe loss, b) (*durch Tod*) a bereavement; ein ~es Verlangen an ardent desire (*od.* longing); es ist ~, das zu sehen it is distressing to see that. – **2.** (*hart*) bitter: ein ~er Verzicht a bitter sacrifice. – **3.** (*Lächeln*) sad. – **II** *adv* **4.** j-n ~ vermissen to miss s.o. badly (*od.* sadly). – **5.** von etwas ~ berührt (*od.* betroffen) sein, sich von etwas ~ berührt fühlen to be grieved (*od.* to feel aggrieved) by s.th.

ˈschmerzˌlin·dernd *adj med.* alleviating (*od.* relieving) pain; analgesic, analgetic (*scient.*): ~es Mittel *cf.* Schmerzmittel. — **ˈSchmerzˌlin·de·rung** *f* relief (*od.* alleviation) of pain.

ˈschmerz·los I *adj* painless: ~e Geburt painless delivery; ein ~es Geschwür an indolent ulcer; ~e Vivisektion callisection; ~ machen to make painless, to analg(es)ize (*scient.*). – **II** *adv* mach es kurz und ~ *fig.* be quick about it, get it over with. — **ˈSchmerz·lo·sig·keit** *f* ⟨-; *no pl*⟩ painlessness; analgesia, anodynia (*scient.*).

ˈSchmerz|ˌmit·tel *n med. pharm.* pain-killer; analgesic, analgetic (*scient.*). — **s~ˌstil·lend** *adj* pain-relieving (*od.* -killing); analgesic, analgetic (*scient.*). — **~taˌblet·te** *f* pain pill, pain-killer, analgesic (*od.* analgetic) tablet (*scient.*). — **s~verˌzerrt** *adj* (*Gesicht, Züge etc*) distorted (*od.* twisted) with pain. — **s~ˌvoll** *adj* **1.** *cf.* schmerzlich 1. – **2.** sad, dolorous (*lit.*).

ˈSchmet·terˌball *m* (*sport*) **1.** (*beim Badminton, Tennis etc*) smash. – **2.** (*beim Volleyball*) spike.

Schmet·ter·ling [ˈʃmɛtərlɪŋ] *m* ⟨-s; -e⟩ *zo.* butterfly (*Ordng Lepidoptera*): bunte ~e colo(u)rful butterflies; wie ein ~ von einer Blume zur anderen gaukeln, wie ein ~ hin und her flattern *fig. lit.* to flit from one girl to the next; wie ein ~ aus der Puppe kriechen *fig.* to emerge like a butterfly from its chrysalis, to blossom into flower.

ˈSchmet·ter·lings|ˌblü·te *f bot.* papilionaceous flower. — **~ˌblüt·ler** [-ˌblyːtlər] *pl* papilionaceous plants (*Fam. Papilionaceae*): zu den ~n gehörig papilionaceous. — **~ˌbuntˌbarsch** *m zo.* Ramirez's dwarf cichlid (*Apistogramma ramirezi*). — **~ˌfisch** *m* butterfly fish (*Pantodon buchholzi*). — **~ˌfle·derˌmaus** *f* butterfly (*od.* banana) bat (*Kerivoula picta*). — **~ˌkna·benˌkraut** *n bot.* papilionaceous orchid (*Orchis papilionacea*). — **~ˌkreis** *m electr.* butterfly circuit. — **~ˌkun·de** *f zo.* lepidopterology. — **~ˌmücke** (*getr.* -k·k-) *f* owl (*od.* moth) gnat (*Fam. Psychodidae*). — **~ˌnetz** *n* butterfly (*od.* sweep) net. — **~or·chiˌdee** *f bot.* oncidium, *auch* butterfly plant (*Oncidium papilio*). — **~ˌpup·pe** *f zo.* chrysalis. — **~ˌsamm·lung** *f* butterfly collection. — **~ˌschwim·men** *n* (*sport*) butterfly (stroke). — **~ˌstil** *m* ⟨-(e)s; *no pl*⟩ butterfly (stroke *od.* style). — **~ˌwe·ber** *m zo.* red-cheeked cordon bleu (*Uraeginthus bengalus*).

schmet·tern [ˈʃmɛtərn] **I** *v/t* **1.** (*kräftig schleudern*) dash, smash: etwas zu Boden ~ to dash (*od.* hurl) s.th. to the ground; etwas in Stücke ~ to dash s.th. to pieces, to smash (*od.* shatter) s.th.; die Tür ins Schloß ~ to slam (*od.* bang) the door. – **2.** (*sport*) a) (*beim Badminton, Tennis etc*) smash, b) (*beim Volleyball*) spike. – **3.** (*Lied etc*) sing (*a song*) loudly (*od.* lustily), bellow, *bes. Am.* bawl out, bray. – **4.** einen ~ *fig. colloq.* to wet one's whistle, to bend (*od.* lift) the elbow, to hoist one (*alle colloq.*). – **II** *v/i* **5.** resound, ring forth. – **6.** (*von Singvögeln*) warble. – **7.** (*von Trompeten, Hörnern*) blare (away), bray. –

8. (*sport*) (*beim Schwimmen*) swim butterfly. – **III S~** *n* ⟨-s⟩ **9.** *verbal noun.* – **10.** (*der Trompeten, Hörner*) blare, bray. — **'schmet·ternd I** *pres p.* – **II** *adj* mit ~en Fanfaren with brazen fanfares.

'Schmet·terˌschlag *m* (*sport*) **1.** (*beim Badminton, Tennis etc*) smash. – **2.** (*beim Volleyball*) spike.

Schmicke (*getr.* -k·k-) ['ʃmɪkə] *f* ⟨-; -n⟩ *Low German* **1.** whip, lash. – **2.** end of the (whip)lash.

Schmied [ʃmiːt] *m* ⟨-(e)s; -e⟩ **1.** smith: → Glück 1. – **2.** (*Grobschmied*) blacksmith, *Am. auch* smithy. – **3.** (*Hufschmied*) blacksmith, *bes. Br.* farrier. – **4.** *zo.* a) *cf.* Kolbenfuß 2, b) *cf.* Schnellkäfer.

'schmied·bar *adj tech.* **1.** (*Stahl etc*) forgeable. – **2.** (*Guß etc*) malleable. — **'Schmied·bar·keit** *f* ⟨-; *no pl*⟩ **1.** forgeability. – **2.** (*kalt*) malleability.

Schmie·de ['ʃmiːdə] *f* ⟨-; -n⟩ **1.** (*im Industriebetrieb*) forge. – **2.** (*im Handwerk*) smithy, blacksmith('s) shop: **vor die rechte ~ kommen** *lit. iron.* to come to the right address (*od.* person).

'Schmie·de|ˌam·boß *m tech.* blacksmith's anvil. — **~ˌar·beit** *f* **1.** a) (*industrielle*) forging (operation), b) blacksmith's work. – **2.** (*Fertigerzeugnis*) a) forging, b) smithery. — **~ˌbalg** *m* forge (*od.* smith's) bellows *pl* (*construed as sg or pl*). — **~ˌei·sen** *n tech.* wrought iron. — **s~ˌei·sern** *adj* (*Tor etc*) wrought-iron (*attrib*). — **~ˌes·se** *f* smith's hearth (*od.* fire). — **~ˌfeu·er** *n* **1.** (*im Industriebetrieb*) forge fire. – **2.** (*im Handwerk*) *cf.* Schmiedeesse. — **~geˌsel·le** *m* journeyman (black)smith. — **~geˌsenk** *n tech.* forging die. — **~ˌham·mer** *m* **1.** (*im Industriebetrieb*) forge (*od.* forging) hammer. – **2.** (*im Handwerk*) blacksmith's (*od.* smith's) hammer. — **~ˌhandˌwerk** *n* smith's trade, smithcraft, smithery. — **~ˌherd** *m* **1.** forge. – **2.** smith's hearth. — **~ˌkoh·le** *f* forge (*od.* smithy) coal. — **~ˌkunst** *f* art of forging, blacksmith's craft, smithery. — **~ˌmei·ster** *m* master (black)smith. — **~ˌmes·sing** *n metall.* hot-working brass.

schmie·den ['ʃmiːdən] **I** *v/t* ⟨h⟩ **1.** *tech.* (*im Industriebetrieb*) forge: **im Gesenk ~** to drop-forge, *bes. Br.* to stamp-forge. – **2.** *tech.* (*mit der Hand*) smith, hammer: **ein Hufeisen ~** to hammer a horseshoe; **j-n in Ketten ~** *obs.* to put s.o. in chains; **das hat unsere Freundschaft fest geschmiedet** *fig.* this established our friendship firmly; → Eisen 3. – **3.** *fig.* (*Pläne etc*) make, devise, frame. – **4.** *fig.* (*Ränke etc*) make, scheme, hatch, plot, contrive, concoct. – **5.** *fig. colloq. humor.* (*Verse*) concoct. – **II S~** *n* ⟨-s⟩ **6.** *verbal noun.*

'Schmie·de|ˌofen *m tech.* forging furnace. — **~ˌpres·se** *f* forging press. — **~ˌriß** *m* forging crack. — **~ˌschraubˌstock** *m* blacksmith's vise (*auch* vice). — **~ˌspan·nung** *f* forging strain. — **~ˌstahl** *m* wrought (*od.* forged) steel, forging (grade) steel. — **~ˌstück** *n* forging. — **~ˌtech·nik** *f* forging practice. — **~ˌwerkˌstatt** *f cf.* Schmiede. — **~ˌzan·ge** *f* blacksmith's tongs *pl* (*sometimes construed as sg*).

'Schmie·dung *f* ⟨-; *no pl*⟩ *cf.* Schmieden.

Schmie·ge ['ʃmiːgə] *f* ⟨-; -n⟩ (*Werkzeug*) bevel, protractor.

schmie·gen ['ʃmiːgən] **I** *v/reflex* ⟨h⟩ **1. sich an j-n [etwas] ~** to cuddle (*od.* snuggle) up to s.o. [s.th.], to nestle (oneself) up to s.o. [s.th.]. – **2.** (*in Wendungen wie*) **sie schmiegte sich in seine Arme** she nestled into his arms; **das Kleid schmiegt sich eng um ihren Körper** the dress clings to (*od.* fits snugly [a]round) her body. – **II** *v/t* **3.** *lit.* (*in Wendungen wie*) **er schmiegte seinen Kopf in ihre Hand** he nestled his head into her hand; **sie hatte ihr Kinn in die Hand geschmiegt** she had cupped her chin in her hand. – **4.** *tech.* bevel.

'schmieg·sam *adj* **1.** (*Material*) flexible, limber, pliable, pliant. – **2.** (*geschmeidig*) (*Körper*) supple, lithe, limber. – **3.** *fig.* flexible, pliable. — **'Schmieg·sam·keit** *f* ⟨-; *no pl*⟩ **1.** flexibility, limberness, pliability, pliancy. – **2.** (*Geschmeidigkeit*) suppleness, litheness, limberness. – **3.** *fig.* flexibility, pliability, pliancy.

Schmie·le ['ʃmiːlə] *f* ⟨-; -n⟩, **'Schmielˌgras** ['ʃmiːl-] *n bot.* hair grass (*Gattg Deschampsia*).

Schmie·ra·ge [ʃmi'raːʒə] *f* ⟨-; -n⟩ *colloq. contempt.* scrawl, scribble.

'Schmier|ˌanˌla·ge *f tech.* **1.** lubricating system. – **2.** (*Schmiervorrichtung*) lubricating device. – **3.** lubricating shop (*od.* plant). — **~ˌblock** *m* jotter, jotting (*od.* scratch) pad (*od.* block), *bes. Br.* scribbling-block. — **~ˌbrand** *m bot. cf.* Weizensteinbrand. — **~ˌbüch·se** *f tech.* grease (*od.* oil) cup.

Schmie·re[1] ['ʃmiːrə] *f* ⟨-; -n⟩ **1.** *tech. cf.* Schmiermittel. – **2.** *colloq.* (*Salbe*) ointment, unguent, salve. – **3.** ⟨*only sg*⟩ *colloq.* (*klebriger Schmutz*) slush, mire. – **4.** (*ölige, fettige*) patch of grease: **das ausgelaufene Öl bildete auf der Straße eine gefährliche ~** the oil that had escaped formed a dangerous greasy patch on the road. – **5.** *colloq.* (*Brotaufstrich*) spread. – **6.** *colloq.* (*Prügel*) thrashing, hiding: **er hat [tüchtig] ~ gekriegt** he got a [good] hiding (*od.* thrashing). – **7.** *colloq. contempt.* (*Wanderbühne*) barnstormers *pl*, *bes. Br.* troop of strolling players, *Br.* fit-up (company), *Br. sl.* (penny) gaff.

'Schmie·re[2] *f* ⟨-; *no pl*⟩ *only in* **~ stehen** (*thieves' Latin*) to keep a lookout (*Br.* look-out).

schmie·ren ['ʃmiːrən] **I** *v/t* ⟨h⟩ **1.** spread: **Marmelade aufs Brot ~** to spread jam on a slice of bread, to spread a slice of bread with jam. – **2.** (*mit Butter*) butter: **Butterbrote ~** to butter slices of bread; → Butterbrot; Honig 2. – **3.** *tech.* lubricate, (*mit Starrschmiere*) *auch* grease, (*mit Öl*) *auch* oil: **sich** (*dat*) **die Kehle ~** *fig. colloq.* to wet one's whistle (*colloq.*), to take a drop. – **4.** *bes. med.* (*Creme etc*) smear. – **5.** (*unleserlich schreiben*) scribble, scrawl. – **6. j-n ~** *fig. colloq.* to grease s.o.'s palm, to oil s.o.'s hand (*od.* palm), to bribe s.o. – **7. j-m eine ~** *colloq.* to slap s.o.'s face, to paste s.o. one (*sl.*). – **II** *v/i* **8.** (*unleserlich schreiben*) scribble, scrawl. – **9.** (*von Feder, Bleistift*) smudge. – **10.** (*von Maler*) daub. – **11.** *tech.* a) (*von Werkstoffen bei der Verarbeitung*) stick, b) (*von Gewindebohrer*) load. – **III S~** *n* ⟨-s⟩ **12.** *verbal noun.* – **13.** *tech. cf.* Schmierung. – **14.** *fig. colloq.* bribery. – **15.** (*eines schlechten Malers*) daub, *auch* daubery.

'Schmie·ren|ko·mö·diˌant *m* (*theater*) *contempt.* barnstormer, *bes. Br.* strolling player, ham (actor) (*sl.*). — **~ko·mö·diˌan·tin** *f contempt.* barnstormer, *bes. Br.* strolling player, ham (actress) (*sl.*).

'Schmie·rer *m* ⟨-s; -⟩ *contempt.* **1.** *cf.* Schmierfink 2. – **2.** (*schlechter Maler*) daub(st)er.

Schmie·re'rei *f* ⟨-; -en⟩ *contempt.* **1.** (*Kritzeln*) scribbling, scrawling. – **2.** (*Klecksen*) daubing. – **3.** (*Gekritzel*) scribble, scrawl. – **4.** (*Malerei*) daub.

'Schmie·reˌste·her *m* (*thieves' Latin*) lookout (*Br.* look-out) (man).

'Schmier|ˌfä·hig·keit *f* **1.** (*der Butter etc*) spreadability. – **2.** *tech.* (*von Schmiermitteln etc*) a) lubricity, lubricating property, b) (*von Öl*) oiliness. — **~ˌfett** *n* lubricating grease. — **~ˌfilm** *m* **1.** *tech.* lubricating (*od.* oil) film. – **2.** (*auf der Straße*) greasy surface. — **~ˌfink** *m colloq. contempt.* **1.** messy fellow (*colloq.*). – **2.** (*bes. Kind, Schüler*) scribbler, scrawler. — **~ˌfleck** *m* smudge, smear, smirch. — **~geˌfäß** *n tech.* grease box. — **~ˌgeld** *n meist pl* bribe, (palm) grease (*od.* oil), *Am. sl.* soap: **j-m ~er geben** to grease s.o.'s palm, to oil s.o.'s hand (*od.* palm), to bribe s.o. — **~ˌgel·derˌfonds** *m pol.* bribing (*Am. sl.* slush) fund. — **~ˌheft** *n* jotter, jotting (*od.* scratch) book, *bes. Br.* scribbling diary.

'schmie·rig *adj* **1.** (*fettig*) greasy, smeary. – **2.** (*ölig*) oily. – **3.** (*klebrig*) sticky. – **4.** (*schmutzig*) dirty, smudgy, grimy, mucky. – **5.** *fig. colloq.* (*Mensch, Kerl*) oily. – **6.** *fig.* (*Geschäfte*) dirty, filthy, sordid. — **'Schmie·rig·keit** *f* ⟨-; *no pl*⟩ **1.** greasiness, smeariness. – **2.** oiliness. – **3.** stickiness. – **4.** dirtiness, smudginess, griminess, muck. – **5.** *fig. colloq.* (*des Charakters*) oiliness.

'Schmier|ˌkan·ne *f tech.* (bench) oiler. — **~ˌkä·se** *m gastr.* **1.** *cf.* Streichkäse. – **2.** cottage cheese, *Am. auch* smearcase, smiercase, schmierkase. — **~ˌkur** *f med.* inunction treatment, treatment with ointment. — **~ˌla·ger** *n tech.* grease bearing. — **~ˌlap·pen** *m* (grease) cloth. — **~ˌlei·tung** *f tech.* lubricating pipe. — **~ˌloch** *n* lubrication hole, (*für Öl*) oil hole. — **~ˌlö·tung** *f* plumbers' wiping. — **~ˌma·xe** [-ˌmaksə] *m* ⟨-n; -n⟩ (*sport*) *colloq.* (*bei Gespannrennen*) sidecar man. — **~ˌmit·tel** *n* **1.** *tech.* a) lubricant, b) *cf.* Schmierfett, c) *cf.* Schmieröl. – **2.** *med. pharm.* liniment, ointment. — **~ˌnip·pel** *m tech.* lubricating (*od.* grease) nipple. — **~ˌnut** *f* oil groove.

'Schmierˌöl *n* ⟨-(e)s; -e⟩ *tech.* lubricating oil. — **~ˌpum·pe** *f* lubricating oil pump. — **~ˌvorˌrich·tung** *f* lubricating (*od.* oil supply) system.

'Schmier|paˌpier *n* ⟨-s; *no pl*⟩ jotting (*od.* scratch) paper, *bes. Br.* scribbling-paper. — **~piˌsto·le** *f tech.* grease gun. — **~ˌplan** *m* lubrication chart. — **~ˌpres·se** *f* grease gun. — **~ˌpum·pe** *f* lubricating (*od.* oil) pump. — **~ˌsal·be** *f med. pharm.* rubbing ointment. — **~ˌsche·ma** *n tech.* lubrication diagram. — **~ˌsei·fe** *f* soft soap: **grüne ~** green soap. — **~ˌsprit·ze** *f tech.* grease gun. — **~ˌstel·le** *f* **1.** *tech.* lubrication (*od.* oiling) point, oil hole. – **2.** *print.* monk.

'Schmierˌstoff *m meist pl tech.* lubricant. — **~beˌhäl·ter** *m* lubricating-oil tank. — **~ˌmes·ser** *m* oil pressure ga(u)ge.

'Schmie·rung *f* ⟨-; -en⟩ **1.** *cf.* Schmieren. – **2.** *tech.* lubrication.

'Schmier|ˌvorˌrich·tung *f tech.* lubricating device. — **~ˌzet·tel** *m* slip (of paper) for jotting (*od.* scribbling).

schmilz [ʃmɪlts] *imp*, **schmilzt** [ʃmɪltst] *2 u. 3 sg pres of* schmelzen.

Schmin·ke ['ʃmɪŋkə] *f* ⟨-; -n⟩ **1.** makeup, *Br.* make-up, paint: **~ auflegen** to apply (*od.* put on) makeup; **die ~ abwaschen** to take off the makeup. – **2.** (*theater*) makeup, *Br.* make-up, greasepaint: **rote ~** rouge; **weiße ~** ceruse, pearl white, (*eines Clowns*) clown white. – **3.** *fig.* (*Heuchelei*) gloss, varnish.

schmin·ken ['ʃmɪŋkən] **I** *v/t* ⟨h⟩ **1.** (*auch theater*) make up, paint: **sich** (*dat*) **das Gesicht ~** to make one's face up; **sich** (*dat*) **die Lippen ~** to put on lipstick. – **2.** *fig.* (*Bericht etc*) color, *bes. Br.* colour. – **II** *v/reflex* **sich ~** **3.** (*auch theater*) make (oneself) up, put on (*od.* apply) makeup (*Br.* make-up): **sie hat sich leicht geschminkt** she put on light (*od.* a little) makeup; **sie hatte sich stark geschminkt** she wore heavy (*od. colloq.* a lot of) makeup, she was heavily made up. – **III S~** *n* ⟨-s⟩ **4.** *verbal noun.* – **5.** makeup, *Br.* make-up.

'Schmink|ˌkof·fer *m* makeup (*Br.* make-up) box. — **~ˌmei·ster** *m* (*theater*) makeup (*Br.* make-up) artist. — **~ˌmit·tel** *pl* cosmetic articles. — **~ˌpflä·ster·chen** [-ˌpflɛstərçən] *n* ⟨-s; -⟩ beauty spot (*od.* patch). — **~ˌstift** *m* (grease)paint stick. — **~ˌtisch** *m* makeup (*Br.* make-up) table. — **~ˌtopf** *m* makeup (*Br.* make-up) jar (*od.* pot), paintpot.

Schmir·gel[1] ['ʃmɪrgəl] *m* ⟨-s; -⟩ juice (in tobacco pipes).

'Schmir·gel[2] *m* ⟨-s; *no pl*⟩ *min. tech.* abradant, abrasive (powder), emery: **geschlämmter ~** levigated emery.

'schmir·gel|ˌar·tig *adj* abrasive. — **S~ˌlei·nen** *n*, **S~ˌleinˌwand** *f* abrasive-(-coated) cloth.

schmir·geln ['ʃmɪrgəln] **I** *v/t* ⟨h⟩ rub (*od.* grind, polish) (*s.th.*) with emery, emery, sand. – **II S~** *n* ⟨-s⟩ *verbal noun.*

'Schmir·gel|paˌpier *n tech.* abrasive-(-coated) (*od.* emery) paper. — **~ˌpa·ste** *f* emery paste. — **~ˌschei·be** *f* emery wheel. — **~ˌschleif·maˌschi·ne** *f* sander, emery grinding machine. — **~ˌschleifˌschei·be** *f* emery wheel. — **~ˌstaub** *m* emery dust.

schmiß [ʃmɪs] *1 u. 3 sg pret of* schmeißen[1].

Schmiß *m* ⟨-sses; -sse⟩ *colloq.* **1.** (*Hiebwunde*) cut, (*stärker*) gash. – **2.** (*Narbe*) (duel[l]ing) scar. – **3.** ⟨*only sg*⟩ *fig.* verve, punch; go, 'ginger', 'zip' (*colloq.*), pep (*sl.*): **die Musik hat ~** this music has plenty of go; **da liegt ~ drin** there is plenty of go in it; **die ganze Sache hat keinen ~** there's no life in the whole thing. — **'schmis·sig** *adj colloq.* dashing, racy, full of go (*od.* zip) (*colloq.*); full of pep, peppy (*sl.*): **ein ~er Marsch** a march that is full of go, a march with a smart (*od.* brisk) tempo.

Schmitz[1] [ʃmɪts] *m* ⟨-es; -e⟩ **1.** *obs. u. dial.* blot, spot. – **2.** *print.* slur, mackle.

Schmitz[2] *m* ⟨-es; -e⟩ *dial.* slap, smack.

Schmit·ze ['ʃmɪtsə] *f* ⟨-; -n⟩ *dial.* **1.** (*Schlag mit der Peitsche*) whip, lash. – **2.** *cf.* Schmicke.

schmit·zen[1] [ʃmɪtsən] *v/i* ⟨h⟩ *print.* slur, mackle.

'schmit·zen[2] *v/t* ⟨h⟩ *dial.* whip, lash, flog.

'schmit·zen[3] *v/t* ⟨h⟩ *obs. od. dial.* (*beschmutzen*) soil.

Schmock [ʃmɔk] *m* ⟨-(e)s; -e *u.* -s⟩ journalist without (*od.* lacking) character.

Schmö·ker ['ʃmøːkər] *m* ⟨-s; -⟩ *colloq.* **1.** old book. – **2.** (voluminous) book of light fiction. – **3.** *pl* middlebrow literature *sg.* — **'schmö·kern** *v/i* ⟨h⟩ *colloq.* **1.** read: er schmökert gern (in Kriminalromanen) he likes to read (detective stories). – **2.** browse.

'Schmoll,ecke (*getr.* -k·k-) *f fig. cf.* Schmollwinkel.

schmol·len ['ʃmɔlən] **I** *v/i* ⟨h⟩ **1.** (*von Kindern*) pout (one's lips). – **2.** sulk, be sulky, pout, *auch* tiff: **sie schmollte tagelang** she sulked (*od.* had the sulks) for days (on end). – **3.** mit j-m ~ to be offended at (*od.* annoyed with) s.o., not to be speaking to s.o. – **II S~** *n* ⟨-s⟩ **4.** *verbal noun.* – **5.** sulkiness, peevishness, sulks *pl*, pouts *pl*, *auch* tiff. — **'schmol·lend I** *pres p.* – **II** *adj* sulky, pouting: **mit ~em Gesicht saß sie in der Ecke** she was sitting in the corner with a sulky face. – **III** *adv* **sie verzog ~ ihren Mund** she screwed up her mouth sulkily (*od.* poutingly).

schmol·lis ['ʃmɔlɪs] *interj* (*students' sl.*) your (good) health!

'Schmol·lis *n* ⟨-; -⟩ *only in* **mit j-m ~ trinken** (*students' sl.*) to drink with s.o. and pledge friendship.

'Schmoll|,mund *m* pout, sulking mouth: **einen ~ machen** to pout (one's lips). — **~,win·kel** *m fig.* (*in Wendungen wie*) **im ~ sitzen** to be in the sulks.

schmolz [ʃmɔlts] *1 u. 3 sg pret*, **schmöl·ze** ['ʃmœltsə] *1 u. 3 sg pret subj of* schmelzen.

Schmon·zes ['ʃmɔntsəs] *m* ⟨-; *no pl*⟩ *colloq. contempt.* **1.** idle talk, tittle-tattle. – **2.** (*Quatsch*) trash, rubbish: **~ verzapfen** to talk a lot of windy nonsense (*colloq.*).

'Schmor,bra·ten *m gastr.* pot roast, braised meat.

schmo·ren ['ʃmoːrən] **I** *v/t* ⟨h⟩ **1.** (*Gemüse, Fleisch etc*) braise, *auch* braize, stew, pot-roast. – **II** *v/i* **2.** (*von Braten etc*) be braised (*auch* braized), stew, be pot-roasted. – **3.** *electr.* (*von Drähten etc*) scorch, fuse. – **4.** *fig. colloq.* roast, swelter, broil; sizzle, frizzle (*colloq.*): **wir haben in der prallen Sonne geschmort** we roasted in the hot sun. – **5.** **j-n ~ lassen** *fig. colloq.* to let s.o. stew (for a bit).

'Schmor|,fleisch *n gastr.* **1.** meat for pot-roasting. – **2.** *cf.* Schmorbraten. — **~,kohl** *m* braised cabbage. — **~,obst** *n* stewed fruit, compote. — **~,pfan·ne** *f* stewpan, stewing pan, casserole. — **~,stel·le** *f electr.* scorched (*od.* fused) point, spot of arcing. — **~,topf** *m gastr.* stewpot, casserole.

Schmu [ʃmuː] *m* ⟨-s; *no pl*⟩ *colloq.* **1.** (*betrügerischer Gewinn*) unfair gain (*od.* profit), swindle. – **2.** (*Schwindel*) swindle, cheat: **~ machen** to cheat; **bei der Preisverteilung haben sie ~ gemacht** there was some cheating in the awarding of prizes, the awards (of the prizes) were fixed.

schmuck [ʃmʊk] *adj* ⟨-er; -(e)st⟩ **1.** (*schön u. sauber*) neat, trim, spruce, tidy, *bes. Br. colloq.* dinky. – **2.** (*adrett*) smart, dapper, natty (*colloq.*). – **3.** (*hübsch*) pretty, handsome, *bes. Am. colloq.* cute.

Schmuck *m* ⟨-(e)s; *rare* -e⟩ **1.** (*Verzierung*) decoration, ornament, adornment, embellishment, trappings *pl.* – **2.** (*Schmuckstücke*) jewels *pl*, jewelry, *bes. Br.* jewellery. – **3.** (*unechter*) trinkets *pl*, bijouterie. – **4.** *fig.* apparel, attire: **der ~ des Frühlings** the gay apparel of spring; **der Garten prangte im ~ seiner Blumen** the garden shone in the beauty of its flowers; **die Straßen im ~ der Fahnen** the streets adorned with flags (*od.* in their apparel of flags).

schmü·cken (*getr.* -k·k-) ['ʃmʏkən] **I** *v/t* ⟨h⟩ **1.** (*verzieren, verschönern*) decorate, ornament, adorn, embellish, deck (*od.* trick) (*s.th.*) out, trim. – **2.** (*Christbaum*) decorate. – **3.** *fig.* (*Rede, Aufsatz etc*) embellish, garnish, ornament. – **II** *v/reflex* **sich ~** **4.** (*sich feinmachen*) smarten (*od.* spruce) oneself up: →Feder 2. – **5.** (*Schmuck anlegen*) put on jewelry (*bes. Br.* jewellery). – **III S~** *n* ⟨-s⟩ **6.** *verbal noun.* – **7.** decoration, ornamentation, adornment, embellishment. – **8.** decoration. – **9.** *fig.* embellishment, garnish, ornamentation. — **'schmückend** (*getr.* -k·k-) **I** *pres p.* – **II** *adj* decorative, ornamental, embellishing: → Beiwerk; Beiwort 2.

'Schmuck|,fe·der *f* plume, ornamental (*od.* fancy) feather. — **~ge,gen,stän·de** *pl cf.* Schmucksachen. — **~ge,schäft** *n* jewel(l)er's shop (*bes. Am.* store). — **~,han·del** *m* jewel(le)ry trade, jewel trade. — **~,händ·ler** *m*, **~,händ·le·rin** *f* jewel(l)er. — **~kas,set·te** *f cf.* Schmuckkasten. — **~,käst·chen** *n* jewel case (*od.* box), (jewel) casket: **ein (wahres) ~ von einem Haus** *fig.* a (very) jewel (*od.* gem) of a house. — **~,ka·sten** *m* jewel case (*od.* box).

'schmuck·los *adj* **1.** (*unverziert*) unadorned, plain, inornate, without ornament: **das Haus hat eine ~e Fassade** the house has a plain front (*od.* façade). – **2.** *fig.* (*schlicht, einfach*) plain, simple: **ein ~es blaues Kleid** a plain blue dress. – **3.** *fig.* (*einfach, streng*) austere, severe: **ein ~er Baustil** an austere style. – **4.** *fig.* (*nüchtern*) unvarnished, unadorned, severe: **in ~er Prosa** in severe prose; **ein ~er Bericht** an unvarnished account. – **5.** *fig.* (*nackt, kahl*) bare: **~e Wände** bare walls. — **'Schmuck·lo·sig·keit** *f* ⟨-; *no pl*⟩ **1.** lack of ornament (*od.* adornment), plainness, unadornedness. – **2.** *fig.* (*eines Kleides, Stils etc*) plainness, simplicity. – **3.** *fig.* (*Strenge*) austerity, severity. – **4.** *fig.* (*einer Darstellung etc*) severity, unadornedness. – **5.** *fig.* (*der Wände etc*) bareness.

'Schmuck|,mal·ve *f bot.* abutilon (*Gattg Abutilon*). — **~,na·del** *f* **1.** (*Brosche*) brooch, breastpin. – **2.** *cf.* Krawattennadel. — **~,sa·chen** *pl* articles of jewelry (*bes. Br.* jewellery), jewelry *sg*, *bes. Br.* jewellery *sg*, jewels, bijouterie *sg*: **billige ~** trinkets. — **~,salm·ler** *m zo.* rosy-finned tetra (*Hyphessobrycon rosaceus*). — **~,schild,krö·te** *f* chicken terrapin (*od.* tortoise, turtle), leatherback turtle (*Deirochelys reticularia*). — **~,stein** *m* **1.** gem, gemstone. – **2.** semiprecious stone. — **~,stein·in·du,strie** *f* lapidary trade. — **~,stück** *n* **1.** (*wertvolles*) piece (*od.* article) of jewelry (*bes. Br.* jewellery). – **2.** (*Schmuckgegenstand*) ornament. – **3.** *fig.* (*einer Sammlung etc*) gem, jewel. – **4.** *fig.* (*Stolz*) pride. — **~,tan·ne** *f bot.* araucaria (*Gattg Araucaria*).

'Schmückung (*getr.* -k·k-) *f* ⟨-; -en⟩ **1.** *cf.* Schmücken. – **2.** decoration, ornament(ation), adornment.

'Schmuck,vo·gel *m zo.* chatterer (*Fam. Cotingidae*).

'Schmuck,wa·ren *pl* jewelry *sg*, *bes. Br.* jewellery *sg.* — **~in·du,strie** *f* jewel(le)ry industry.

Schmud·del ['ʃmʊdəl] *m* ⟨-s; *no pl*⟩ *bes. Northern G. colloq. for* Schmutz 1—4. — **Schmud·de'lei** *f* ⟨-; -en⟩ *colloq.* slovenly work. — **'schmud·de·lig** *adj colloq.* **1.** (*unsauber, beschmutzt*) dingy, grimy, smudgy, dirty: **eine ~e Uniform** a dingy uniform. – **2.** *fig.* (*schlampig*) slovenly, untidy, sloppy: **er sieht immer etwas ~ aus** he always looks a bit untidy. – **3.** (*ekelhaft schmutzig*) filthy. — **'schmud·deln** *v/i* ⟨h⟩ *colloq.* **1.** do slovenly work. – **2.** **der Stoff schmuddelt leicht** the material soils easily.

'Schmud·del,wet·ter *n colloq.* filthy (*od.* grimy) weather.

'schmudd·lig *adj colloq. cf.* schmuddelig.

Schmug·gel ['ʃmʊgəl] *m* ⟨-s; *no pl*⟩ **1.** smuggling, contraband: **~ treiben** to smuggle; **vom ~ leben** to make one's living by smuggling. – **2.** (*von Alkohol*) liquor smuggling, bootlegging, *Am.* rumrunning. – **3.** (*von Waffen*) arms traffic, smuggling of arms, gunrunning.

Schmug·ge'lei *f* ⟨-; -en⟩ smuggling, contraband.

'Schmug·gel,gut *n cf.* Schmuggelware.

schmug·geln ['ʃmʊgəln] **I** *v/t* ⟨h⟩ smuggle: **Gold nach Österreich ~** to smuggle gold into Austria; **Alkohol ~** to smuggle (*Am. auch* contraband) liquor, to bootleg; **der Junge schmuggelte seinen Hund ins Klassenzimmer** *fig.* the boy smuggled his dog into the classroom. – **II** *v/i* smuggle, run contraband (goods), traffic, *auch* traffick, (*mit Alkohol*) bootleg: **er schmuggelte mit Rauschgift** he trafficked in (*od.* smuggled) narcotic drugs. – **III** *v/reflex* **sich ~** smuggle oneself: **ich schmugg(e)le mich durch die Sperre** I smuggle myself through the gate. – **IV S~** *n* ⟨-s⟩ *verbal noun*: **er wurde beim S~ ertappt** (*od. colloq.* **erwischt**) he was caught smuggling.

'Schmug·gel,wa·re *f* smuggled goods *pl*, contraband (goods *pl od.* articles *pl*), hot goods *pl* (*sl.*).

'Schmugg·ler *m* ⟨-s; -⟩ **1.** smuggler, contrabandist. – **2.** (*von Alkohol*) liquor smuggler, bootlegger. – **3.** (*von Rauschgift*) dope runner (*od.* pusher) (*colloq.*). – **4.** (*von Waffen*) gunrunner. — **~,ban·de** *f* gang (*od.* ring) of smugglers.

'Schmugg·le·rin *f* ⟨-; -nen⟩ *cf.* Schmuggler.

'Schmugg·ler|,nest *n colloq.* a) smugglers' place, b) place for smuggled goods. — **~,pfad** *m* smugglers' path. — **~,schiff** *n* smuggling boat, smuggler, *bes. Am.* runner.

schmun·zeln ['ʃmʊntsəln] **I** *v/i* ⟨h⟩ **1.** smile amusedly. – **2.** (*überlegen*) (über *acc* at) smirk. – **II S~** *n* ⟨-s⟩ **3.** *verbal noun.* – **4.** amused smile: **ein wohlgefälliges S~** a contented smile. – **5.** (*überlegenes*) smirk.

Schmus [ʃmuːs] *m* ⟨-es; *no pl*⟩ *colloq.* **1.** (*Schmeichelei*) blarney, butter, flattery. – **2.** (*Schöntun*) soft soap (*od.* sawder), cajolery, cajolement, wheedle, *Am. colloq.* taffy: **mach nicht solchen ~!** stop the soft soap! – **3.** (*leeres Gerede*) empty (*od.* silly) talk (*od.* chatter), prate, prattle: **~ reden** to chatter, to prattle, to babble.

schmu·sen ['ʃmuːzən] *v/i* ⟨h⟩ *colloq.* **1.** (*liebkosen*) (mit) cuddle (*acc*), spoon (*acc*), (*stärker*) pet (*acc*), smooch (with) (*colloq.*), 'neck' (*acc*) (*sl.*). – **2.** (*schmeicheln*) flatter, blarney. – **3.** (*schöntun*) use cajolery (*od.* soft soap, soft sawder). — **'Schmu·ser** *m* ⟨-s; -⟩ *colloq.* **1.** flirt, spooner. – **2.** *dial.* (*Heiratsvermittler*) go-between, matchmaker. – **3.** *obs.* (*Schwätzer*) chatterer, prattler. – **4.** *obs.* (*Schönredner*) cajoler, wheedler, coaxer. — **Schmu·se'rei** *f* ⟨-; -en⟩ *colloq.* (*Liebkosen*) smooching (*colloq.*), 'necking' (*sl.*).

'Schmus,kat·ze *f cf.* Schmeichelkätzchen.

Schmutt [ʃmʊt] *m* ⟨-es; *no pl*⟩ *Low G.* drizzle.

Schmutz [ʃmʊts] *m* ⟨-es; *no pl*⟩ **1.** dirt: **die Schuhe vom ~ reinigen** (*od.* **säubern**) to clean the dirt off one's shoes; **das Zimmer starrt vor ~** the room is thick with dirt; **den ~ zusammenkehren** to brush up the dirt; **der Stoff nimmt leicht ~ an** (*od.* **nimmt den ~ leicht an**) the material dirties (*od.* soils) easily; **mit ~ bespritzen** to bespatter. – **2.** (*Straßenschmutz*) mud, dirt, mire, slush: **die Straßen sind voll ~** the streets are full of mud, the streets are muddy; **im ~ steckenbleiben** to get stuck in the mud, to get bogged down; **durch (den) ~ waten** to slosh through mud. – **3.** (*ekelhafter Schmutz, Unrat*) filth, muck. – **4.** (*Schmutzschicht*) dirt, grime, smut: **der Ruß und ~ einer großen Industriestadt** the soot and grime of a big industrial city. – **5.** (*Schmutzfleck im Gesicht etc*) dirt, smut, smudge. – **6.** (*schmutzige, armselige Verhältnisse*) squalor, grime: **~ und Armut der Elendsviertel** the squalor of the slums, the grime and poverty of the slums. – **7.** *fig.* (*Gemeinheit*) dirt, mud, mire: **j-n mit ~ bewerfen** (*od.* **besudeln**) to sling (*od.* fling, throw) mud (*od.* dirt) at s.o.; **j-n [etwas] in den ~ ziehen** (*od.* **zerren, treten**) to drag s.o. [s.th.] through the mud, to sully s.o. [s.th.], to besmirch s.o. [s.th.]; **(gern) im ~ wühlen** to grovel; **innen ~, außen Putz** *etwa* appearances aren't everything. – **8.** *fig.* (*Unflätigkeit*) dirt, smut obscenity, filth, *auch* ordure: **~ und Schund** trashy and obscene literature; **Verfasser von ~ und Schund** writer of smut (*od.* of trashy and pornographic literature). – **9.** *med.* dirt, sordes *pl* (*scient.*).

'Schmutz|,blatt *n print.* flyleaf. — **~,blech** *n tech.* **1.** (*am Rad*) mudguard, *Am. auch* fender, splash guard. – **2.** (*an einer Kutsche*) dashboard. — **~,bo·gen** *m print.* slip (*Br. auch* set-off) sheet. — **~,bür·ste** *f* scrubbing (*Am. auch* scrub) brush.

schmut·zen [ˈʃmʊtsən] v/i ⟨h⟩ **1.** (*Schmutz annehmen*) (get) dirty, soil, stain: **weiße Handschuhe ~ leicht** white gloves soil (*od.* dirty) easily. – **2.** (*Schmutz machen*) make dirt: **der Ofen schmutzt sehr** the stove makes a lot of dirt (*colloq.*). — **Schmut·ze'rei** *f* ⟨-; -en⟩ *colloq.* **1.** dirty work (*od.* job). – **2.** dirty trade. – **3.** *fig. cf.* Schmutz 8.

'Schmutz|ˌfän·ger *m fig.* **1.** (*leicht schmutzender Gegenstand*) dust trap. – **2.** *auto.* mudguard (*od.* mud, *Am.* fender) flap. – **3.** *tech.* (*im Abzugskanal*) mud (*od.* grit) trap. — **~ˌfar·be** *f* (*paints*) **1.** drab, dull (*od.* dingy) brown (*od.* gray, *bes. Br.* grey). – **2.** (*einer Uniform etc*) (olive) drab. – **3.** *print.* (*Auszeichnungsfarbe*) display color (*bes. Br.* colour). — **s~ˌfar·ben** *adj* **1.** drab, dull- (*od.* dingy-)brown (*od.* -gray, *bes. Br.* -grey). – **2.** (*Stoff, Uniform*) (olive-)drab. – **3.** *bes. bot. zo.* sordid. — **~ˌfin·ger** *pl* **1.** dirty fingers (*od. colloq.* lunchforks). – **2.** (*in Buch etc*) dirty marks, fingerprints. — **~ˌfink** *m colloq. contempt.* **1.** dirty (*od.* uncleanly) fellow (*colloq.*), dirty slob (*sl.*), sloven. – **2.** (*Kind*) filthy creature, grubby urchin, *Br.* mucky pup. – **3.** *fig.* ribald. — **~ˌfleck** *m* **1.** dirty mark, stain, spot, blotch, smut, smudge. – **2.** (*Schmutzspritzer*) splotch, splash, spatter, spot (of dirt). – **3.** *cf.* Schmierfleck. – **4.** *fig.* (*Makel*) blemish, stain, smirch, blot. – **5.** *print.* mackle, macule. — **~ˌgei·er** *m zo. cf.* Aasgeier 1.

Schmut·zi·an [ˈʃmʊtsĭaːn] *m* ⟨-(e)s; -e⟩ **1.** *Austrian colloq. for* Geizhals. – **2.** *colloq. contempt. cf.* Schmutzfink 1, 2.

'schmut·zig I *adj* **1.** (*unsauber*) dirty, unclean: **~e Hände [Nägel] haben** to have dirty hands [nails]; **~es Wasser** dirty water; **~e Arbeit verrichten** to do dirty work; **~ werden** to get dirty (*od.* soiled); **sich ~ machen** (*auch von Babys*) to soil (*od.* dirty) oneself, to make oneself dirty; **gib acht, daß du dich nicht gleich wieder ~ machst!** mind you don't get dirty again! **du machst dich wohl nicht gern ~?** *colloq. iron.* are you afraid of getting your fingers dirty? – **2.** (*Wäsche etc*) dirty, soiled: **~e Wäsche waschen** *fig. colloq.* to wash one's dirty linen in public; → **Hand**[1] *Verbindungen mit Adjektiven.* – **3.** (*schlammig, kotig*) dirty, muddy, mucky, miry, slushy: **die Straßen sind ~** the streets are muddy (*od.* full of mud); **~e Schuhe** muddy (*od.* dirty) shoes. – **4.** (*ekelhaft schmutzig*) mucky, filthy, foul: **~e Kneipen** *colloq.* filthy dives; **ein ~es Verlies** a foul dungeon; **ein ~er Stall** a mucky stable. – **5.** (*voll Schmutz*) dirty, grimy, grubby. – **6.** (*schmutzig aussehend, trübe*) dirty, dingy, murky, mirky: **eine ~e Fensterscheibe** a dingy windowpane; **~e Banknoten** soiled banknotes; **ein ~es Blau** a murky (*od.* sordid) blue. – **7.** (*schmutzig u. armselig*) squalid, sordid, filthy: **~e Gäßchen** squalid alleys; **eine elende, ~e Hütte** a filthy hovel; **die ~en Elendsviertel einer Großstadt** the sordid slums of a big city. – **8.** *fig. contempt.* (*unsauber*) dirty, sordid, foul, base, dingy, nasty: **~e Geschäfte** dirty business *sg*, sordid practices; **sie treibt ein ~es Gewerbe** she carries on a low trade; **eine ~e Sache** a nasty (*od.* sordid) affair; **ein ~er Krieg** a dirty (*od.* sordid) war; **eine ~e Lüge** a dirty lie. – **9.** *fig. contempt.* (*gemein*) dirty, low, mean: **ein ~er Geizhals** a stingy old skinflint. – **10.** *fig.* (*unanständig*) dirty, smutty, filthy, foul, obscene: **~e Witze machen** to tell smutty (*od.* dirty) jokes; **~e Worte gebrauchen, ~e Redensarten führen** to use foul language, to be foul-mouthed; **er hat eine ~e Phantasie** he has a dirty (*od.* nasty) mind. – **11.** *nucl.* (*Atombombe*) dirty. – **12.** *print.* (*Abzug*) foul. – **II** *adv* **13. man hat ihn ~ behandelt** he was treated like dirt, he was given dirty treatment, *bes. Am.* he got a raw deal; **er lachte ~** he gave a dirty laugh.

'schmut·zig|ˌfar·ben *adj cf.* schmutzfarben. — **~ˌgrau** *adj* **1.** (*Farbe*) dull-gray (*bes. Br.* -grey). – **2.** (*Häuser etc*) dirty-gray.

'Schmut·zig·keit *f* ⟨-; *no pl*⟩ **1.** (*Unsauberkeit*) dirtiness, uncleanness, uncleanliness. – **2.** (*ekelhafte*) muckiness, muck, filthiness, foulness. – **3.** (*schmutziges Aussehen, Trübheit*) dirtiness, dinginess, murkiness, mirkiness. – **4.** (*der Gassen etc*) squalor, sordidness, filthiness. – **5.** *fig. contempt.* (*Unsauberkeit*) dirtiness, foulness, sordidness, baseness, dinginess, nastiness. – **6.** *fig. contempt.* (*Gemeinheit*) dirtiness, lowness, meanness. – **7.** *fig.* (*Unanständigkeit*) dirtiness, smuttiness, filthiness, foulness, obscenity.

'schmut·zigˌweiß *adj* **1.** (*Farbe*) off-white. – **2.** (*Vorhänge etc*) dirty-white, off-white.

'Schmutz|ˌkerl *m colloq. contempt.* nasty (*od.* loathsome) fellow (*colloq.*), *Br. sl.* blighter. — **~ˌkit·tel** *m* smock (frock), *bes. Br.* overall. — **~ˌkru·ste** *f* crust of dirt. — **~ˌlap·pen** *m* rag, clout. — **~ˌlie·se** *f colloq. contempt.* **1.** dirty slob (*sl.*), dirty (*od.* uncleanly) woman, sloven, slattern, draggle-tail. – **2.** *cf.* Schmutzfink 2. — **~li·te·raˌtur** *f* pornography, smut, obscene literature. — **~ˌpres·se** *f print.* gutter press, vile (*od.* yellow) press. — **~ˌschicht** *f* **1.** layer of dirt, grime. – **2.** (*Staubschicht*) layer of dust. — **~ˌschrift** *f colloq.* obscene publication, yellow paper. — **~ˌsieb** *n tech.* dirt sieve. — **~ˌti·tel** *m print.* bastard title, half title, *bes. Br.* fly title. — **~venˌtil** *n tech.* (*eines Boilers*) mud valve. — **~ˌwä·sche** *f* soiled (*od.* dirty) linen (*od.* clothes *pl*): **diese Handtücher werde ich in die ~ geben** I'll put these towels in with the dirty linen. — **~ˌwas·ser** *n* **1.** (*im Haushalt*) dirty (*od.* waste) water, slops *pl.* – **2.** (*der Kanalisation*) sewage (effluent), foul water. — **~ˌzuˌla·ge** *f econ.* extra payment (*auch* extras *pl*) for dirty work, *Br.* dirt (*auch* dirty) money.

Schna·bel [ˈʃnaːbəl] *m* ⟨-s; ⸚⟩ **1.** *zo.* bill, neb, nib, (*bes. gekrümmter*) beak, (*bei Wirbellosen*) rostrum (*scient.*): **der Vogel wetzt seinen ~** the bird wipes (*od.* sharpens) its beak (*od.* bill); **mit dem ~ picken** (*od.* **hacken**) (**nach** at) to pick, to peck; **der untere** (*od.* **obere**) **Teil des ~s** the mandible; **mit breitem ~** broad-billed; **ein spitzer ~** a pointed beak (*od.* bill); **den ~ weit aufsperren** (*od.* **aufreißen**) to gape (*auch fig.*). – **2.** *fig. colloq.* (*Mund*) mouth; gob, cakehole, potato (*od.* talk) trap (*alle sl.*): **halt den** (*od.* **deinen**) **~!** (*bes. zu Kindern gesagt*) hold your tongue! shut up! (*sl.*), (*gröber*) keep your mouth shut, shut your gob (*od.* trap)! (*sl.*), cut the cackle! (*sl.*); **er redet, wie ihm der ~ gewachsen ist** he doesn't mince matters (*od.* his words), he is plain-spoken; **man sollte ihm endlich den ~ stopfen** he should be cut short (*od.* silenced, muzzled), he should be shut up; **(bei) ihr steht der ~ nicht eine Minute still** her tongue is never still, she never stops talking; **mach doch den ~ auf!** say something, for heaven's sake! **sie wetzt ihren ~ gern an anderen Leuten** she has a sharp tongue. – **3.** (*einer Kanne*) spout. – **4.** *tech.* a) (*vorspringende Spitze an Geräten etc*) nose, bill, beak, b) (*einer Röhre*) snout, nozzle, c) (*einer Feder*) nib, d) (*eines Meßschiebers*) fixed (*od.* firm) jaw. – **5.** *civ.eng.* (*beim Brückenbau*) launching nose. – **6.** *mus.* a) (*bei der Klarinette*) beak, b) (*eines Blasinstrumentes*) mouthpiece. – **7.** *med.* (*des Keilbeins*) septum, rostrum.

'Schna·bel·delˌphin *m zo. cf.* Gangesdelphin.

Schnä·be'lei *f* ⟨-; -en⟩ *fig. colloq.* (*Gekose*) billing and cooing.

'Schna·bel|ˌfisch *m zo.* longbill (*Forcipiger flavissimus*). — **~ˌflie·ge** *f cf.* Skorpionsfliege. — **~ˌflö·te** *f mus.* beak(ed) flute. — **s~ˌför·mig** *adj* **1.** beak-shaped, beaklike, *Br.* beak-like. – **2.** *bot.* beaked, bill-headed, rostelliform (*scient.*). – **3.** *zo.* rostriform, rostral, rostroid, rostelliform. — **~ˌhieb** *m* peck, dab with the beak. — **~ˌigel** *m zo. cf.* Ameisenigel. — **~ˌkan·ne** *f* beaked can. — **~ˌker·fe** *pl zo.* (*Wanzen*) bugs; rhynchota, hemiptera (*scient.*) (*Überordng Hemipteroidea od. Rhynchota*). — **~ˌkraut** *n bot. cf.* Storchschnabel 2. — **~kro·koˌdil** *n zo. cf.* Gavial.

schnä·beln [ˈʃnɛːbəln] *v/i* ⟨h⟩ **1.** (*von Tauben*) bill. – **2.** *fig. colloq.* (*küssen*) bill and coo, kiss.

'Schna·bel|ˌnat·ter *f zo.* Damaraland many-spotted snake (*Gattg Rhamphiophis*). — **~ˌschuh** *m meist pl* (*fashion*) *hist.* crakow, *auch* crakowe, crackowe, cracowe. — **~ˌspit·ze** *f zo.* tip (*od.* point) of a bill (*od.* beak). — **~ˌtas·se** *f* (*für Kranke*) feeding cup (with spout). — **~ˌtier** *n zo.* duckbill (platypus), platypus, water mole (*Ornithorhynchus anatinus*). — **~ˌvoll** *m* ⟨-; -⟩ beakful, billful. — **~ˌwal** *m zo.* beaked (*od.* bottle-nosed) whale, bottlehead (*Fam. Ziphiidae*). — **~ˌzan·ge** *f tech.* long flat-nosed cutting pliers *pl* (*construed as sg or pl*).

schna·bu·lie·ren [ʃnabuˈliːrən] *colloq.* **I** *v/t* ⟨*no* ge-, h⟩ feast on, eat (*s.th.*) with relish. – **II** *v/i* feast, do oneself well (*colloq.*).

Schnack [ʃnak] *m* ⟨-s; *no pl*⟩ *Northern G. colloq.* **1.** (chit-)chat. – **2.** empty (*od.* silly) talk, twaddle: **das war nur ein dummer ~, weiter nichts** that was empty talk and nothing else.

schnackeln (*getr.* -k·k-) [ˈʃnakəln] *Bavarian* **I** *v/i* ⟨h⟩ snap one's fingers. – **II** *v/impers* **es hat geschnackelt** it dawns (up)on him, *Br.* the penny has dropped.

schnacken (*getr.* -k·k-) [ˈʃnakən] *v/i* ⟨h⟩ *Northern G. colloq. for* **plaudern** 1.

Schnackerl (*getr.* -k·k-) [ˈʃnakərl] *m, auch n* ⟨-s; *no pl*⟩ *Austrian for* Schluckauf.

'Schna·da·hüp·fel [ˈʃnaːdaˌhʏpfəl], **'Schna·daˌhüpfl** [-ˌhʏpfəl], **'Schna·der·hüp·fel** [ˈʃnaːdərˌhʏpfəl] *n* ⟨-s; -(n)⟩ *Bavarian and Austrian a lively impromptu song of a humorous and teasing character, a four-lined verse in three-four time.*

Schna·ke[1] [ˈʃnaːkə] *f* ⟨-; -n⟩ *zo.* **1.** crane fly, daddy longlegs *pl* (*construed as sg or pl*) (*Fam. Tipulidae*). – **2.** *colloq.* midge, mosquito, *bes. Br.* gnat.

'Schna·ke[2] *f* ⟨-; -n⟩ *Northern G. for* Scherz, Schnurre 1—3.

'Schna·kenˌstich *m colloq.* mosquito (*bes. Br.* gnat) bite.

Schnal·le [ˈʃnalə] *f* ⟨-; -n⟩ **1.** (*am Gürtel, am Riemen*) buckle: **mit einer ~ (versehen)** buckled; **die ~ an** (*dat*) **etwas schließen [aufmachen]** to [un]buckle s.th. – **2.** (*an der Handtasche, am Buch*) clasp: **die ~ an meiner Tasche läßt sich leicht schließen [aufmachen]** my handbag is easy to [un]clasp. – **3.** *Southwestern G. and Austrian for* Türklinke. – **4.** *hunt.* (*des Haarraubwildes, der Hündin*) vulva, external genitals *pl.* – **5.** *vulg. cf.* Nutte.

schnal·len[1] [ˈʃnalən] **I** *v/t* ⟨h⟩ **1.** (*anschnallen, festschnallen*) (**an** *acc* to) strap (*s.th.*) (on), fasten (*s.th.*) (with a strap) (on): **eine Decke auf den Rucksack ~** to strap a blanket (on) to the rucksack. – **2.** (*zuschnallen*) buckle, fasten: **den Gürtel [Bund] enger [weiter] ~** to tighten [to let out] the belt [waistband]; **er schnallte den Sattel fester** he tightened the saddle; **zu eng ~** to fasten (*s.th.*) too tight(ly); → **Riemen**[1] 2. – **3.** *hunt.* (*vom Riemen lösen*) (*Hund*) slip, let (*a dog*) loose. – **II** *v/reflex* **sich ~ 4.** (**an** *acc* to) strap (*od.* fasten) oneself (on): **ich schnallte mich an den Sitz** I fastened my seat belt.

'schnal·len[2] *v/i* ⟨h⟩ *Southern G. for* schnalzen 1—3.

'Schnal·len|ˌbü·gel *m* catch of a buckle. — **~ˌdorn** *m* tongue (*od.* pin, spike) of a buckle. — **~ˌschuh** *m meist pl* buckeld shoe, shoe with a buckle. — **~ˌtrei·ber** *m vulg. for* Zuhälter.

Schnalz [ʃnalts] *m* ⟨-es; -e⟩ *ling. cf.* Schnalzlaut.

schnal·zen [ˈʃnaltsən] **I** *v/i* ⟨h⟩ **1.** (**mit der Zunge**) **~** to click one's tongue. – **2.** (**mit den Fingern**) **~** to snap one's fingers. – **3.** (**mit der Peitsche**) **~** to crack (*od.* snap, smack) a whip. – **II** *v/impers* **4. da hat es aber geschnalzt** *fig. colloq.* he (*od.* she) fairly caught (*od. sl.* copped) it. – **III S~** *n* ⟨-s⟩ **5.** *verbal noun.* – **6.** (*der Zunge*) click. – **7.** (*der Finger*) snap, knack. – **8.** (*der Peitsche*) crack, snap, smack.

'Schnal·zer *m* ⟨-s; -⟩ *cf.* Schnalzen.

'Schnalzˌlaut *m ling.* click.

Schnä·pel [ˈʃnɛːpəl] *m* ⟨-s; -⟩ *zo.* (*Süßwasserfisch*) houting, lavaret, adelfish (*Coregonus oxyrhynchus*).

schnapp [ʃnap] *interj* **1.** (*zum Hund*) snap! – **2.** snap! → schnipp.

'Schnappˌdeckel (*getr.* -k·k-) *m* sprung lid.

schnap·pen [ˈʃnapən] **I** *v/i* ⟨h *u.* sein⟩ **1.** ⟨h⟩ (*von Tieren*) (**nach** at) snap: **der Hund schnappte nach mir** the dog snapped at me; **der Fisch schnappt nach dem Köder** the fish snaps at the bait. – **2.** ⟨h⟩ *fig.* (**nach**) grab (at), snatch (*acc*), catch (*acc*), snap (at): **er schnappte nach meinem Arm** he grabbed at my arm. – **3.** ⟨h⟩ **nach Luft ~** a) to gasp for breath (*od.* air), b) *fig.* to be speechless (*od. colloq.* flabbergasted). – **4.** ⟨sein⟩ (*vom Schloß*) catch. – 5. ⟨sein⟩ die Tür schnappt ins Schloß the door snaps shut. – 6. ⟨sein⟩ (*von Feder etc*) spring (*od.* shoot) up: das Brett schnappte in die Höhe the board shot up. – II *v/t* 7. ⟨h⟩ j-n ~ *colloq.* to catch (*od.* get hold of) s.o., to arrest (*od. colloq.* nab) s.o., to nail (*bes. Br.* lag) s.o. (*sl.*): hat man den Dieb schon geschnappt? has the thief been caught yet? sich ~ lassen a) to get caught, b) to give oneself up; er schnappte mich am Kragen he collared me. – 8. ⟨h⟩ etwas ~, sich (*dat*) etwas ~ *colloq.* to grab (*od.* snatch, snap) s.th.: er schnappte den Ball he snatched the ball; ich schnappte (mir) den Mantel und ging I grabbed (*od.* snatched) my coat and left; ich muß noch ein wenig frische Luft ~ *fig.* I am going to take a breath of fresh air; der Fuchs schnappte sich ein Huhn the fox grabbed (*od.* made off with) a chicken. – 9. ⟨h⟩ (*Fliege*) catch. – III *v/impers* 10. ⟨h⟩ jetzt hat es aber geschnappt! *fig. colloq.* I am at the end of my tether, I can't take any more (*colloq.*).

'Schnap·per *m* ⟨-s; -⟩ 1. *colloq.* (*eines Hundes*) snap. – 2. *colloq.* (*rasches Atemholen*) gasp: den letzten ~ tun to give one's last gasp (*colloq.*), to die. – 3. click(ing sound). – 4. *zo.* (*tropischer Fisch*) snapper, schnapper (*Fam. Lutianidae*). – 5. *metall.* (*im Walzwerk*) catcher. – 6. *tech.* spring-loaded catch.

Schnäp·per ['ʃnɛpər] *m* ⟨-s; -⟩ 1. *med.* (*Gerät zur Blutentnahme*) blood (*od.* spring) lancet. – 2. *zo. cf.* Fliegenschnäpper. – 3. *colloq.* (*an Türen, Schränken*) latch. – 4. *tech.* (*Fallklinke*) catch, snap. – 5. *tech.* (*Schnäpperschloß*) spring-bolt lock, spring (*od.* snap) lock. – 6. (*Billard*) sidehit.

schnäp·pern ['ʃnɛpərn] *v/t* ⟨h⟩ (*beim Billard*) strike (*od.* hit) (*ball*) from the side.

'Schnäp·per,schloß *n tech.* spring-bolt lock, spring (*od.* snap) lock.

'Schnapp|,fe·der *f* catch (*od.* snap) spring. — **~,mes·ser** *n* clasp knife, jackknife. — **~,rie·gel** *m tech.* snap latch. — **~,ring** *m* (*Karabinerhaken*) snap ring. — **~,schä·kel** *m* (*beim Segelsport*) snap shackle. — **~,schal·ter** *m electr.* snap(-action) switch, quick-break (*od.* -action) switch. — **~,schild,krö·te** *f zo.* snapping turtle (*Chelydra serpentina*). — **~,schloß** *n* 1. *tech.* spring-bolt lock, spring (*od.* snap) lock. – 2. (*an Halsketten etc*) spring catch.

,Schnapp,schuß *m phot.* snapshot, snap, candid (photograph): einen ~ machen to take a snapshot. — **~,ein,stel·lung** *f* bracketing, distance setting between two red dots.

'Schnapp·ver,schluß *m* spring catch.

Schnaps [ʃnaps] *m* ⟨-es; ¨e⟩ 1. (*Branntwein*) spirits *pl*, strong drink (*od.* liquor), (hard) liquor, booze, *auch* boose (*colloq.*), *Am.* schnapps, *auch* schnaps, aqua vitae: ein Gläschen (*od.* Schluck) ~ a drop of s.th., a dram (of strong liquor), *Am. colloq.* a bracer; einen ~ trinken (*od. colloq.* inhalieren) to take a drop, to wet one's whistle (*colloq.*); Dienst ist Dienst, und ~ ist ~ *colloq.* duty is one thing and pleasure is another. – 2. (*Weinbrand*) brandy. – 3. (*Wacholder*) gin, schnapps, *auch* schnaps, *Am. sl.* diddle. – 4. (*Korn*) whisk(e)y. – 5. (*Fusel*) rotgut, medicine (*colloq.*), *Am. sl.* hooch, tanglefoot. – 6. *chem. hist.* aqua vitae. — **~,bren·ner** *m* distiller. — **~bren·ne,rei** *f* distillery, still(house). — **~,bru·der** *m colloq. cf.* Schnapssäufer. — **~,bu·de** *f colloq. contempt.* gin shop (*od. sl.* mill), joint (*sl.*), *Am. colloq.* groggery.

Schnäps·chen ['ʃnɛpsçən] *n* ⟨-s; -⟩ *colloq.* small glass of spirits (*od.* liquor), dram (*od.* drop) of brandy (*od.* gin, whisk[e]y), pick-(me-)up, quick one, snifter (*sl.*), *bes. Br. colloq.* 'wet', *Am. colloq.* 'snort': morgens ein ~ trinken to have a snifter in the morning.

'Schnaps,dros·sel *f colloq. humor.* (*Schnapssäuferin*) hard drinker of brandy (*od.* whisk[e]y, gin).

schnäp·seln ['ʃnɛpsəln] *v/i* ⟨h⟩ *colloq. cf.* schnapsen.

schnap·sen ['ʃnapsən] *v/i* ⟨h⟩ *colloq.* (*Schnaps trinken*) drink hard liquor, booze, *auch* boose (*colloq.*).

'Schnaps|fa·bri,kant *m* 1. owner of a distillery. – 2. *cf.* Schnapsbrenner. — **~,fah·ne** *f fig. colloq.* reek (*od.* smell) of strong (*od.* hard) liquor. — **~,fla·sche** *f* brandy (*od.* whisk[e]y, gin) bottle (*od.* flask). — **~,glas** *n* brandy (*od.* whisk[e]y, gin) glass. — **~idee** [-ʔi,de:] *f colloq.* crazy (*od.* crackpot, crackbrained, *colloq.* mad, daft) idea (*od.* notion): was ist das wieder für eine ~! what kind of a crazy idea is that! — **~,knei·pe** *f colloq. cf.* Schnapsbude. — **~,na·se** *f colloq.* copper nose, brandy blossom (*colloq.*). — **~,pul·le** *f colloq. for* Schnapsflasche. — **~,säu·fer** *m colloq.* hard drinker of brandy (*od.* whisk[e]y, gin). — **~,trin·ker** *m* person fond of a drop, brandy (*od.* whisk[e]y, gin) drinker.

schnar·chen ['ʃnarçən] I *v/i* ⟨h⟩ 1. snore: fürchterlich ~ to snore terribly loudly, to be a dreadful snorer, to saw wood (*colloq.*). – 2. *tech.* (*von der Pumpe etc*) snort. – II S~ *n* ⟨-s⟩ 3. *verbal noun.* – 4. *med.* snore(s *pl*), stertor (*scient.*). – 5. *tech.* snort. — **'schnar·chend** I *pres p.* – II *adj* snoring, stertorous (*scient.*): ~er Atem stertorous breath.

'Schnar·cher *m* ⟨-s; -⟩ 1. snorer. – 2. *colloq.* (*Schnarchen*) snore.

Schnar·che'rei *f* ⟨-; -en⟩ *colloq.* (persistent) snoring.

'Schnar·che·rin *f* ⟨-; -nen⟩ snorer.

'Schnarch|kon,zert *n colloq. cf.* Schnarcherei. — **~,laut** *m* snoring sound. — **~,ton** *m* snore, snoring sound. — **~ven,til** *n tech.* (*einer Dampfmaschine*) snifting valve.

'Schnarr|,baß *m mus.* drone (bass), rattling bass. — **~,dros·sel** *f zo. cf.* Misteldrossel.

Schnar·re ['ʃnarə] *f* ⟨-; -n⟩ 1. (*Lärmgerät*) rattle. – 2. *zo. cf.* Misteldrossel.

'Schnarre,gal (*getr.* -rr·r-) *n mus. cf.* Schnarrwerk.

schnar·ren ['ʃnarən] I *v/i* ⟨h⟩ 1. (*von Uhrwerk etc*) rattle. – 2. (*von Klingel, Wecker etc*) buzz. – 3. (*von Ventilator, Spinnrad etc*) whir(r), hum. – 4. *tech.* buzz, burr. – 5. *mus.* (*von Saiten*) jar. – 6. *zo.* a) (*von Vögeln*) crake, (*bes. von Rohrdommel*) bill, b) (*von Insekten*) stridulate. – II *v/t* 7. (*unfreundlichen Gruß etc*) snarl, growl. – 8. das R ~ to roll (*od.* trill) one's r's, to burr. – III S~ *n* ⟨-s⟩ 9. *verbal noun*: das S~ des Spinnrads the whir(r) of the spinning wheel. – 10. *zo.* (*der Insekten*) stridulation. — **'schnar·rend** I *pres p.* – II *adj* etwas mit ~er Stimme sagen to say s.th. with a growl, to growl s.th.

'Schnarr|,heu,schrecke (*getr.* -k·k-) *f* creaking locust (*Psophus stridulus*). — **~,laut** *m* rattling (*od.* jarring) sound. — **~,pfei·fe** *f mus.* bourdon, *auch* bordun, drone pipe. — **~,sai·te** *f* snare. — **~,ton** *m* jarring tone. — **~,trom·mel** *f* snare drum. — **~,wecker** (*getr.* -k·k-) *m tel.* buzzer (alarm). — **~,werk** *n mus.* (*einer Orgel*) reed (stops *pl*), reedwork.

'Schnat·ter,en·te *f* 1. *zo.* gadwall, *auch* gadwale, gadwell (*Anas strepera*). – 2. *fig. colloq. cf.* Schnatterliese.

'Schnat·te·rer *m* ⟨-s; -⟩ *colloq. cf.* Schnattermaul.

'Schnat·ter,gans *f colloq. cf.* Schnatterliese.

'schnat·ter·haft, 'schnat·te·rig *adj colloq.* (*schwatzhaft*) chatty, loquacious, garrulous.

'Schnat·te·rin *f* ⟨-; -nen⟩ *colloq. cf.* Schnatterliese.

'Schnat·ter|,lie·se *f colloq.* chatterbox, loquacious (*od.* garrulous) woman (*od.* girl). — **~,maul** *n colloq.* chatterbox, chatterer, loquacious (*od.* garrulous) person.

schnat·tern ['ʃnatərn] I *v/i* ⟨h⟩ 1. (*von Gänsen*) cackle, gaggle, clack. – 2. (*von Enten*) quack, gabble. – 3. (*von Affen*) chatter, jabber, gibber, jibber. – 4. *fig. colloq.* (*schwatzen*) chatter, gab, prate, prattle, clack, clatter. – 5. *dial.* (*zittern*) chatter: ich schnatterte vor Kälte my teeth were chattering with (the) cold. – 6. *tech.* (*von Ventil etc*) pop. – II S~ *n* ⟨-s⟩ 7. *verbal noun.* – 8. (*der Gänse*) cackle, gaggle, clack. – 9. (*der Enten*) quack, gabble. – 10. (*der Affen*) chatter, jabber, gibber. – 11. *fig. colloq.* (*Schwatzen*) chatter, prate, prattle.

'schnatt·rig *adj colloq. cf.* schnatterig.

schnau·ben ['ʃnaubən] I *v/i* ⟨*obs. u. lit.* schnob, geschnoben, h⟩ 1. (*von Pferd, Stier etc*) snort. – 2. *fig.* (*in Wendungen wie*) vor Wut ~ to snort (*od.* fume, *colloq.* be mad) with rage; nach Rache ~ to breathe revenge. – 3. *fig. colloq.* (*von Dampflokomotive*) snort, puff and blow. – 4. *cf.* schnaufen 1, 2. – II *v/t* 5. (sich *dat*) die Nase ~ *bes. Northern and Middle G.* to blow one's nose. – 6. (*Rache*) breathe. – 7. *lit.* (*Befehl*) snort: „Augenblicklich!" schnaubte er "At once!" he snorted. – 8. *lit. poet.* blow, dart: die Rosse schienen Feuer zu ~ the horses seemed to breathe fire from their nostrils. – III *v/reflex* sich ~ 9. *bes. Northern and Middle G.* blow one's nose. – IV S~ *n* ⟨-s⟩ 10. *verbal noun.* – 11. (*eines Pferdes*) snort.

Schnauf [ʃnauf] *m* ⟨-(e)s; -e⟩ *colloq. cf.* Schnaufer 1.

schnau·fen ['ʃnaufən] I *v/i* ⟨h⟩ 1. breathe heavily (*od.* hard), (*mit Geräusch*) wheeze. – 2. (*keuchen*) puff, pant, blow: ich mußte heftig ~ I had to puff and pant (*od.* blow). – 3. *Southern G. dial.* (*atmen*) breathe: in dem Raum konnte man kaum ~ one could hardly breathe in the room. – 4. *fig. colloq.* (*von Motor etc*) chug. – II S~ *n* ⟨-s⟩ 5. *verbal noun.*

'Schnau·fer *m* ⟨-s; -⟩ *colloq.* 1. (*Atemzug*) breath: er hat seinen letzten ~ getan *fig.* he has given his last gasp (*colloq.*); bis zum letzten ~ arbeiten *fig.* to work to the last gasp; er hat keinen ~ mehr gemacht *fig.* he did not utter another sound, there wasn't another squeak out of him (*colloq.*). – 2. (junger) ~ *Swiss* (*unreifes Bürschchen*) young pup.

Schnau·ferl ['ʃnaufərl] *n* ⟨-s; -, *Austrian* -n⟩ *colloq. humor.* 1. motor bicycle, motorbike (*colloq.*). – 2. tin lizzy (*colloq.*), *Am. sl.* jalop(p)y.

Schnauz [ʃnauts] *m* ⟨-es; ¨e⟩ *bes. Swiss for* Schnurrbart.

'Schnauz|,bart *m* 1. walrus moustache (*Am. auch* mustache) (*colloq.*). – 2. *fig. colloq.* man wearing a walrus m(o)ustache (*colloq.*). — **s~,bär·tig** *adj* wearing (*od.* with) a walrus m(o)ustache (*colloq.*).

Schnäuz·chen ['ʃnɔytsçən] *n* ⟨-s; -⟩ 1. *dim. of* Schnauze. – 2. *fig. colloq. humor.* (*eines Kindes*) little mouth.

Schnau·ze ['ʃnautsə] *f* ⟨-; -n⟩ 1. (*von Tieren*) snout, mouth, (*bes. vom Hund*) muzzle, *auch* nose: der Hund trug ein Stück Fleisch in der ~ the dog carried a piece of meat in its mouth; mit der ~ im Boden wühlen to nuzzle the ground. – 2. ⟨*only sg*⟩ *vulg.* (*Mund*) mouth, gob (*sl.*), (potato) trap (*sl.*), 'mug' (*sl.*), *Am. sl.* yap: er hat eine große ~ a) he has a big mouth, he is loudmouthed, b) he is always bragging (*od.* boasting); der mit seiner großen ~! *contempt.* him and his big mouth! (*colloq.*); (halt die) ~! hold your tongue! keep your big mouth shut! pipe down! shut up! (*sl.*), shut your trap! (*sl.*), *Am. sl.* can it! die ~ voll haben von etwas to be fed up (to the teeth) with s.th. (*sl.*), to be sick (and tired) of s.th. (*colloq.*); ich hab' die ~ voll I am fed up (to the teeth) (*sl.*), I have had enough; jetzt hab' ich die ~ (aber) voll! I have had enough; gib ihm eins auf die (*od.* seine) ~! sock him one up the jaw (*od.* cakehole)! (*sl.*), stuff his cakehole! (*sl.*); er haute ihm eine in die ~ he socked him one up the face (*od.* jaw) (*sl.*); ich will mir nicht die ~ verbrennen *fig.* I don't want to burn my fingers, I don't want to get into hot water (*colloq.*); das mache ich frei (nach) ~ (*nach Gutdünken*) I just follow my nose, I do it by guesswork; paß auf, daß du nicht auf die ~ fällst! *contempt.* mind you don't fall flat on your face. – 3. *colloq.* (*einer Teekanne etc*) spout, (*bes. eines Kruges, Topfes*) lip. – 4. *metall.* a) (*einer Gießpfanne*) lip, nozzle, b) (*eines Konverters*) nose. – 5. *civ.eng.* (*an Dachrinnen*) spout, (*künstlerische*) gargoyle. – 6. *aer. sl.* (*eines Flugzeugs*) nose. – 7. *colloq.* (*eines Autos*) bonnet, radiator.

schnau·zen ['ʃnautsən] *v/i* ⟨h⟩ *colloq.* (*laut schimpfen*) snap, bark, scold, 'yap' (*sl.*).

'Schnau·zen,fal·ter *m zo.* snout butterfly (*Fam. Libytheidae*).

'Schnau·zer *m* ⟨-s; -⟩ 1. *zo.* (*Hunderasse*) schnauzer. – 2. *colloq. for* Schnauzbart 1.

'schnau·zig *adj fig. colloq.* (*grob*) brusque, *Am. auch* brusk, curt, snappish.

Schneck [ʃnɛk] *m* ⟨-s; -en⟩ *Southern G. dial.* 1. *cf.* Schnecke 1. – 2. so ein süßer ~! (*hübsche Kleine, reizendes Mädchen*) what a pet! what a darling!

Schnecke (*getr.* -k·k-) ['ʃnɛkə] *f* ⟨-; -n⟩ 1. *zo.* a) (*Gehäuseschnecke*) snail (*Klasse Gastropoda*), b) (*Nacktschnecke*) slug (*Gattgen Limax u. Arion*), c) gastropod (mollusk *od.* mollusc) (*scient.*): Eßbare ~ edible snail (*Helix pomatia*); fossile ~ limnite, cochlite; er ist langsam wie eine ~ *fig. colloq.* a) he goes at a snail's pace, he is dead slow, b) he's an awful slow coach (*colloq.*); **kriechen wie eine ~** *fig. colloq.* to crawl along like a snail; **j-n zur ~ machen** *fig. colloq.* to give s.o. what for (*colloq.*), to haul s.o. over the coals. – **2.** (*Spirale*) spiral, spire. – **3.** *med.* a) cochlea, b) (*Ohrmuschel*) helix. – **4.** (*einer Violine*) scroll. – **5.** *arch.* (*des ionischen u. korinthischen Kapitells*) scroll, volute, helix, roll. – **6.** → **archimedisch.** – **7.** *pl* (*Haartracht*) earphones (*colloq.*). – **8.** (*watchmaking*) fusee, fuzee, snail (wheel). – **9.** *tech.* a) (*am Zahnradgetriebe*) worm, b) (*Förderschnecke*) screw (*od.* worm) conveyor (*od.* conveyer). – **10.** *gastr.* a) (*Gericht*) escargot, b) (*Gebäck*) *Br.* Chelsea bun, *Am.* cinnamon roll.

ˈSchnecken|ˌanˌtrieb (*getr.* -k·k-) *m tech.* worm(-gear) drive. — **s~ˌar·tig** *adj* **1.** *zo.* snaillike, *Br.* snail-like, snaily; limacine, helical (*scient.*). – **2.** *fig.* slow, sluggish. – **3.** *tech. cf.* **schneckenförmig** 1. — **~ˌau·ge** *n* **1.** snail's (*od.* slug's) eye. – **2.** *arch.* center (*bes. Br.* centre) of the volute. – **3.** *math.* center (*bes. Br.* centre) of a helix. — **~beˌkämp·fung** *f agr. hort.* snail control. — **~ˌboh·ne** *f bot.* snailflower (*Phaseolus caracalla*). — **~ˌboh·rer** *m tech.* single-twist auger. — **~ˌegel** *m zo.* snail leech, glossiphonia (*scient.*) (*Gattg Glossiphonia*). — **~ˌfe·der** *f* **1.** *tech.* spiral spring. – **2.** (*watchmaking*) spiral (*od.* coil) spring. — **~ˌfie·ber** *n med.* snail fever; schistosomiasis, bilharzia(sis), bilharziosis (*scient.*). — **~ˌför·de·rer** *m tech.* screw (*od.* worm) conveyor (*od.* conveyer). — **s~ˌför·mig I** *adj* **1.** snail-shaped, spiral, winding. – **2.** *arch.* volute(d), scrolled, scroll-shaped. – **3.** *bot.* cochleate(d), cochleiform, circinate. – **4.** *med.* cochleariform, turbinate, spiral, helical. – **5.** *tech.* spiral, helical, helicoid(al). – **II** *adv* **6.** like a snail: **~ gebogen** curled like a snail. — **~ˌfrä·ser** *m tech.* worm-thread milling cutter. — **~ˌfraß** *m hort.* damage done by snails (*od.* slugs). — **~friˌsur** *f* earphones *pl* (*colloq.*), earphone hairstyle. — **~ˌgang** *m* **1.** *fig.* snail's pace. – **2.** *tech.* spiral. — **~ˌgar·ten** *m agr.* (*zur Zucht von Schnecken*) snailery. — **~geˌhäu·se** *n zo. cf.* **Schneckenhaus** 1. — **~geˌtrie·be** *n tech.* worm gearing, worm-gear mechanism. — **~geˌwin·de** *n* worm thread. — **~geˌwöl·be** *n arch.* spiral (*od.* helical barrel) vault. — **~ˌhaus** *n* **1.** *zo.* (snail) shell: **sich in sein** (*od.* **ins**) **~ zurückziehen** *fig. colloq.* to shrink into oneself, to crawl (back) into one's shell. – **2.** *med.* (*im Innenohr*) cochlea. — **~ˌhorn** *n* **1.** feeler, snail's horn. – **2.** (*Gehäuse*) spiral horn. — **~ˌklee** *m bot.* snail clover (*od.* medic) (*Gattg Medicago*). — **~ˌlen·kung** *f auto.* worm steering (gear). — **~ˌli·nie** *f* **1.** spiral, helix, helical line. – **2.** *math.* a) (*Schraubenlinie*) helix, b) (*Spirale*) spiral, c) (*Muschellinie*) conchoid. — **~ˌnat·ter** *f zo.* thick-headed snake (*Unterfam. Dipsadinae*). — **~ˌnu·del** *f Southwestern G. gastr. for* **Schnecke** 10b. — **~ˌpost** *f only in* **mit der ~** *fig. humor.* at a snail's pace.

ˈSchneckenˌrad (*getr.* -k·k-) *n* **1.** *tech.* a) (*kleines*) worm gear, b) (*großes*) worm wheel. – **2.** (*watchmaking*) snail (*od.* balance) wheel. — **~geˌhäu·se** *n tech.* worm-gear housing, worm casing. — **~geˌtrie·be** *n* worm-gear transmission, worm gearing.

ˈSchnecken|ˌscha·le (*getr.* -k·k-) *f zo.* snail shell; gastropod shell, conchylium (*scient.*). — **~ˌtem·po** *n fig.* snail's pace: **im ~ fahren** to drive at a snail's pace. — **~ˌtrieb** *m tech.* worm gearing. — **~triˌeur** *m* spiral separator. — **~überˌset·zung** *f* worm-gear ratio. — **~ˌwalzˌfrä·ser** *m* worm (generating) hob. — **~ˌwel·le** *f* worm-gear shaft, wormshaft. — **~ˌwin·dung** *f* **1.** spiral turn, whorl of a spiral shell, volution, volute. – **2.** *med.* (*im Innenohr*) cochlear turn. — **~ˌzucht** *f agr.* **1.** snail culture. – **2.** snail farm, snailery.

Schnee [ʃneː] *m* ⟨-s; *no pl*⟩ **1.** snow: **knirschender ~** crunchy (*od.* crisp) snow; **matschiger ~** slush, slosh; **verharschter ~** *cf.* **Harsch**; **das Gebiet des ewigen ~s** the area of eternal (*od.* perpetual, perennial) snow; **das Dorf lag in tiefem ~** the village was deep in snow; **durch den tiefen ~ stapfen** to pick one's way through the deep snow; **es war viel ~ gefallen** there had been a heavy snowfall; **der ~ fällt in dicken Flocken** the snow falls in thick flakes; **es wird ~ geben** we are going to have snow; **der ~ bleibt liegen** the snow will lie; **das Auto blieb im ~ stecken** the car got stuck in the snow; **im ~ begraben, vom ~ verschüttet** buried in the snow; **vom ~ eingeschlossen** snowbound, snowed-up (*attrib*); **~ schaufeln** [**kehren**] to shovel [to clear the] snow; **die Straße vom ~ säubern** (*od.* **räumen**) to clear the street of snow; **weiß wie ~** *cf.* **schneeweiß**; **unser Vorrat schmilzt wie ~ an der Sonne** *fig.* our supplies are disappearing like a snowball in hell (*colloq.*); **und wenn der ganze ~ verbrennt**(, **die Asche bleibt uns doch**) *fig. colloq. humor.* we'll still survive even if the worst comes to the worst. – **2.** *gastr.* whipped egg whites *pl*, froth: **~ schlagen** to beat up eggs; **Eiweiß zu ~ schlagen** to beat egg whites (until) stiff. – **3.** *telev.* (*auf Bildschirm*) snow. – **4. Roter ~** *bot.* (*von Schneealgen*) red snow. – **5.** *lit. poet.* snow, snowy whiteness. — **~ˌal·ge** *f bot.* snow alga (*Chlamydomonas nivalis*). — **~ˌam·mer** *f zo.* snow bunting (*Plectrophenax nivalis*). — **~ˌbahn** *f* snow-(covered) (*Br.* snow[-covered]) road.

ˈSchneeˌball *m* **1.** snowball: **mit Schneebällen** (**nach j-m**) **werfen** to throw snowballs (at s.o.), to snowball (s.o.). – **2.** *bot.* snowball, *auch* snowball bush (*Gattg Viburnum*): **Wolliger ~** mealy (*od.* wayfaring) tree (*V. lantana*). — **~ˌbrief** *m* snowball (*od.* chain) letter.

ˈschneeˌbal·len I *v/i* ⟨*only inf u. pp* geschneeballt, h⟩ throw snowballs, snowball. – **II** *v/t* **sich ~** snowball each other (*od.* one another).

ˈSchneeˌball|ˌschlacht *f* snowball fight: **wir machten** (*od.* **veranstalteten**) **eine ~** we were having a snowball fight. — **~syˌstem** *n econ.* snowball system.

ˈschnee·beˌdeckt *adj* snowcovered, *Br.* snow-covered, snow-clad, snowy, (*Bergspitzen*) *auch* snowcapped.

ˈSchnee|ˌbee·re *f bot.* snowberry (*Symphoricarpus racemosus*). — **~ˌberg** *m* **1.** mound (*od.* heap) of snow. – **2.** snow-capped mountain. — **~beˌricht** *m* snow report. — **~ˌbe·sen** *m* (*housekeeping*) eggbeater, *bes. Br.* (egg-)whisk, *Am.* whip. — **s~ˌblind** *adj med.* snow-blind, *Am. auch* snow-blinded. — **~ˌblind·heit** *f* snow blindness, *Br.* snow-blindness, niphablepsia (*scient.*). — **~ˌblu·me** *f bot. cf.* a) **Schneeflockenbaum**, b) **Schneeglöckchen**, c) **Christrose.**

ˈSchneeˌbrett *n meteor.* windslab, sheet of wind-packed (*od.* drifted) snow. — **~geˌfahr** *f* danger of windslab avalanches.

ˈSchnee|ˌbril·le *f* snow goggles *pl.* — **~ˌbruch** *m* (*forestry*) snowbreak. — **~ˌbrücke** (*getr.* -k·k-) *f* snowbridge. — **~ˌdach** *n* (*gegen Lawinen*) snowshed. — **~ˌdecke** (*getr.* -k·k-) *f* (blanket of) snow, snow blanket (*od.* cover): **unter einer ~ begraben sein** to be buried under a mantle of snow. — **~ˌdich·te** *f* density of snow. — **~-ˌEu·le** *f zo.* snowy owl, snow owl (*Nyctea scandiaca*). — **~ˌfah·ne** *f* (*eines Berggipfels*) snow banner. — **~ˌfahrˌbahn** *f cf.* **Schneebahn.** — **~ˌfall** *m meteor.* snowfall, fall of snow, snow: **heftige Schneefälle** heavy snows (*od.* snowfall *sg*). — **~ˌfang** *m* (*auf dem Dach*) snow guard. — **~ˌfeld** *n* snow field, *Br.* snow-field. — **~ˌfink** *m zo.* snow finch, snowbird (*Montifringilla nivalis*). — **~ˌflä·che** *f* snow field, *Br.* snow-field, snowcovered plain. — **~ˌflocke** (*getr.* -k·k-) *f* snowflake, *Br.* snow-flake, flake. — **~ˌflockenˌbaum** (*getr.* -k·k-) *m bot.* fringe tree (*auch* bush), snow flower (*Chionanthus virginica*). — **~ˌfloh** *m zo.* **1.** (*Skorpionsfliege*) snow flea, snow insect (*Boreus hiemalis*). – **2.** (*Springschwanz*) snow flea (*Entomobrya nivalis*). — **~ˌfrä·se** *f tech.* snow propeller. — **s~ˌfrei** *adj* free of snow, snowless. — **~ˌgans** *f* **1.** *zo.* snow goose, white brant, Alaska goose (*Anser caerulescens*). – **2.** *fig. colloq. contempt. cf.* **Gans** 2. — **~geˌbir·ge** *n* snow-clad mountains *pl.* — **~geˌstö·ber** *n* **1.** (*kurzes*) flurry of snow. – **2.** (*starkes*) snowstorm, *Br.* snow-storm, snow squall, blizzard. — **~ˌgit·ter** *n* snow fence (*od.* guard). — **s~ˌglatt** *adj* (*Fahrbahn*) slippery with snow, snowy. — **~ˌglät·te** *f* (*auf der Fahrbahn*) packed snow.

ˈSchneeˌglöck·chen *n bot.* **1.** snowdrop, *auch* purification flower, fair maid of February (*Galanthus nivalis*). – **2.** spring snowflake (*Br.* snow-flake) (*Leucoium vernum*). — **~ˌbaum** *m* silverbell, *auch* silver-bell (*od.* snowdrop) tree, opossum wood (*Halesia carolina*).

ˈSchnee|ˌgren·ze *f* snow line (*od.* limit). — **~ˌhang** *m* snow slope. — **~ˌha·se** *m zo.* **1. Eurasischer ~** white hare (*Lepus timidus*). – **2.** *cf.* **Alpenschneehase.** – **3. Amerikanischer ~** mountain hare, snowshoe (rabbit) (*Lepus americanus*). — **~ˌhau·fen** *m* heap (*od.* mound) of snow. — **~ˌhaus** *n cf.* **Schneehütte.** — **~ˌhemd** *n mil.* (*der Soldaten zur Tarnung*) snow shirt. — **~ˌhö·he** *f* depth of snow, snow depth. — **~ˌhol·der** *m bot. cf.* **Schneebeere.** — **~ˌhuhn** *n zo.* **1.** a) snow grouse, ptarmigan, white grouse (*Gattg Lagopus*), b) *pl* white game *sg.* – **2.** *cf.* **Alpenschneehuhn.** – **3.** *cf.* **Moorschneehuhn.** – **4. Schottisches ~** red grouse, moorfowl, moorbird, (*weibliches*) moorhen (*Lagopus scoticus*). — **~ˌhüt·te** *f* (*bes. der Eskimos*) igloo, *auch* iglu.

ˈschnee·ig *adj* **1.** *cf.* **schneebedeckt.** – **2.** *fig.* (*weiß u. weich*) snowy, niveous (*lit.*).

ˈSchnee|ˌket·te *f auto.* snow (*od.* tire, *bes. Br.* tyre) chain, nonskid (*Br.* non-skid) (*od.* antiskid) chain. — **~ˌklum·pen** *m* (*am Schuh etc*) lump (*od.* mass) of snow. — **~ˌkö·nig** *m only in* **sich freuen wie ein ~** *fig. colloq.* to be (as) pleased as Punch. — **~ˌkra·nich** *m zo.* American whooping crane (*Grus americana*). — **~kriˌstall** *m* snow crystal. — **~ˌku·fe** *f aer.* ski, skid. — **~ˌkup·pe** *f* snowcapped mountaintop (*Br.* mountain-top), snowy peak. — **~ˌla·ge** *f* snow conditions *pl.* — **~ˌland·schaft** *f* snowy landscape, snowscape: **eine zauberhafte ~** a snowy wonderland, a wonderland of snow. — **~ˌlast** *f* weight of snow. — **~laˌwi·ne** *f* avalanche. — **~leoˌpard** *m zo.* snow leopard (*od.* panther), ounce (*Uncia uncia*). — **s~los** *adj* snowless. — **~ˌluft** *f* snowy air. — **~ˌmann** *m* ⟨-(e)s; ⸚er⟩ snowman. — **~ˌman·tel** *m poet.* (*der Landschaft*) coat (*od.* mantle) of snow. — **~ˌmas·sen** *pl* snow masses, snows. — **~ˌmatsch** *m* slush, slosh, snowbroth. — **~ˌmaus** *f zo.* snow mouse (*od.* vole) (*Microtus nivalis*). — **~ˌmen·ge** *f* **1.** snowfall, snow. – **2.** *pl cf.* **Schneemassen.** — **~ˌmensch** *m* (*Yeti*) Abominable Snowman, yeti. — **~ˌmes·ser** *m* snow ga(u)ge. — **~ˌmond, ~ˌmo·nat** *m obs. for* **Januar.**

ˈSchneeˌpflug *m tech.* (*auch beim Skisport*) snow-plough, *bes. Am.* snowplow: **~ fahren** (*sport*) to snow-plough, *bes. Am.* to snowplow. — **~ˌbo·gen** *m* (*sport*) snow-plough (*bes. Am.* snowplow) turn.

ˈSchneeˌräu·mer *m* **1.** (*Person*) snow sweeper. – **2.** *tech. cf.* a) **Schneeräumgerät**, b) **Schneepflug**, c) **Schneefräse**, d) **Schneeschleuder.**

ˈSchneeˌräum|geˌrät *n tech.* snow-clearing implement (*od.* equipment). — **~komˌman·do** *n* snow clearance team. — **~maˌschi·ne** *f tech. cf.* a) **Schneepflug**, b) **Schneefräse**, c) **Schneeschleuder.**

ˈSchnee|ˌräu·mung *f* snow removal (*od.* clearance). — **~ˌre·gen** *m meteor.* sleet. — **~re·giˌon** *f* region of snow, snow zone. — **~ˌrei·fen** *m* **1.** *cf.* **Schneeschuh.** – **2.** *auto.* (mud and) snow tire (*bes. Br.* tyre). — **~ˌro·se** *f bot. cf.* **Christrose.** — **~ˌru·te** *f Austrian for* **Schneebesen.** — **~ˌrutsch** *m* snowslide, *Br.* snow-slide, snowslip, *Br.* snow-slip. — **~ˌschaf** *n zo.* Kamchatka bighorn (sheep) (*Ovis canadensis nivicola*). — **~ˌschau·er** *m meteor.* snow shower (*bes. Am.* flurry). — **~ˌschau·fel** *f* snow shovel (*od.* pusher), *Br.* snow-shovel. — **~ˌschim·mel** *m* **1.** *bot.* (*Roggenkrankheit*) snow mold (*bes. Br.* mould) (*od.* rot), snow scald. – **2.** *zo.* snow-white horse. — **~ˌschip·pe** *f cf.* **Schneeschaufel.** — **~ˌschip·per** *m colloq.* snow shoveler, *bes. Br.* snow-shoveller. — **~ˌschlä·ger** *m cf.* **Schneebesen.** — **~ˌschleu·der** *f tech.* rotary-type snow-plough (*bes. Am.* snowplow). — **~ˌschmel·ze** *f* snow melting, snowbreak, thaw. — **~ˌschuh** *m* snowshoe, *Br.* snow-shoe. — **~ˌschutzˌanˌla·ge** *f* snowbreak. — **s~ˌsi·cher** *adj* (*Gebiet etc*) with enough snow (*od.* good snow conditions) guaranteed. — **~ˌsturm** *m* snowstorm, *Br.* snow-storm, blizzard: **es tobte ein schwe-**

rer ~ a heavy snowstorm was raging. — ~ˌ**tel·ler** *m* **1.** *cf.* Schneeschuh. – **2.** (*sport*) (*am Skistock*) disk, disc, ring. — ~ˌ**tie·fe** *f* depth of snow. — ~ˌ**trei·ben** *n cf.* Schneegestöber. — ~ˌ**tröpf·chen** *n bot. cf.* Schneeglöckchen 1. — ~**verˌhält·nis·se** *pl* (*sport*) snow (*od.* skiing) conditions, snow *sg*: **wenn es die ~ erlauben** if there is enough snow, if snow conditions permit. — **s~verˌweht** *adj* snowbound, *Br.* snow-bound, blockaded by snow. — ~**verˌwe·hung** *f* snowdrift, *Br.* snow-drift, snowbank, *Br.* snow-bank. — ~ˌ**wäch·te** *f* overhanging snow, snow plume (*od.* cornice). — ~ˌ**was·ser** *n* ⟨-s; ⁼⟩ snow water, snowbroth, *Am.* snowmelt. — ~ˌ**we·be** [-ˌveːbə] *f obs. for* Schneewehe. — ~ˌ**we·he** *f* snowdrift, *Br.* snow-drift, bank of drifted snow. — **s~'weiß** *adj* snow-white, (as) white as snow, snowy. — ~ˌ**wet·ter** *n* snowy weather, *auch* snowfall, snow. — ~**'witt·chen** [ˌʃneː'vɪtçən] *npr n* ⟨-s; *no pl*⟩ (*Märchen u. Märchenfigur*) Snow White. — ~ˌ**wol·ke** *f* **1.** *meist pl meteor.* snow cloud. – **2.** (*vom Boden aufgewirbelte*) smother. — ~ˌ**zaun** *m* snow fence. — ~ˌ**zie·ge** *f zo.* mountain goat, Rocky Mountain goat (*Oreamnos americanus*).

Schne·gel ['ʃneːgəl] *m* ⟨-s; -⟩ *zo. dial.* slug.

Schneid [ʃnaɪt] *m* ⟨-(e)s; *no pl*⟩, *Bavarian and Austrian f* ⟨-; *no pl*⟩ *colloq.* **1.** (*Mut*) nerve, pluck; gumption, 'spunk' (*colloq.*), guts *pl* (*sl.*): **er hat [keine(n)] ~** he has [no] gumption (*od.* guts); **nur wenige Leute bringen den** (*od.* **die**) **~ auf zu sagen** only few people have the nerve to say; **j-m den** (*od.* **die**) **~ abkaufen** to make s.o. sing small (*colloq.*), to discourage s.o.; **es gehört ~ dazu, dies zu tun** it takes guts (*od.* nerve) to do this. – **2.** (*forsche Haltung*) go, 'snap', 'zip' (*alle colloq.*), dash.

'**Schneid|ap·paˌrat** *m tech. cf.* Schneidbrenner. — ~ˌ**ar·beit** *f* **1.** cutting (work). – **2.** (*Trennen*) cutting off. – **3.** (*Abscheren*) shearing. – **4.** (*Stanzen*) punching. – **5.** (*Aushauen*) nibbling. – **6.** (*Beschneiden*) trimming. — ~ˌ**backe** (*getr.* -k·k-) *f* **1.** cutting die. – **2.** (*für Kluppen*) bolt die. — ~ˌ**bank** *f* (*in der Küferei*) cooper's bench, shaving horse. — **s~bar** *adj* **1.** sliceable, sectile (*scient.*). – **2.** *tech.* suitable for cutting. — ~ˌ**bren·nen** *n tech.* flame cutting. — ~ˌ**bren·ner** *m* cutting torch (*od.* blowpipe). — ~ˌ**brust** *f* cutting (*od.* tool) face.

Schnei·de ['ʃnaɪdə] *f* ⟨-; -n⟩ **1.** (*eines Messers etc*) edge, face: **eine scharfe [stumpfe] ~** a sharp [blunt] edge; **es steht auf des Messers ~** *fig.* it is on the razor's edge, it is touch and go. – **2.** *tech.* a) cutting edge, b) (*eines Fräsers, einer Sense*) tooth, c) (*einer Klinge*) bit, d) (*eines Beils*) cutting bevel, e) (*einer Kette*) pivot, f) (*einer Waage*) knife edge, g) (*eines Schneidmeißels*) nose. – **3.** (*eines Degens*) fine edge, cut. – **4.** *bot. cf.* Schneidegras. – **5.** *Southern G. for* Grat 1, 2. — ~ˌ**brett** *n* **1.** (*Küchengerät*) chopping board. – **2.** (*leather*) cutting board. — ~ˌ**gras** *n bot.* **1.** sword grass, *Am.* saw grass, sheargrass, twig rush (*Gattg Cladium*). – **2.** cut-grass (*Gattg Leersia*). — ~ˌ**holz** *n* (*forestry*) saw timber, *Br.* saw-timber, wood for sawing.

'**Schneidˌei·sen** *n tech.* thread-cutting die. — ~ˌ**hal·ter** *m* die stock.

'**Schnei·delˌholz** ['ʃnaɪdəl-] *n* (*forestry*) lopped (coppice) shoots *pl.*

'**Schnei·de|maˌschi·ne** *f* **1.** (*Küchengerät*) slicer. – **2.** *tech.* cutting machine, cutter. – **3.** *phot. auch* trimmer, guillotine, print cutter, edger. – **4.** (*paper*) a) (*für Schrägschnitt*) angle cutting machine, b) (*Formatschneider*) guillotine cutting machine. – **5.** *synth. cf.* Schneidmaschine 2. — ~ˌ**müh·le** *f cf.* Sägewerk.

schnei·den ['ʃnaɪdən] **I** *v/t* ⟨schneidet, schnitt, geschnitten, h⟩ **1.** cut: **Brot in Scheiben ~** to cut bread into slices, to slice bread; **etwas in (kleine) Stücke ~** *bes. gastr.* a) to cut s.th. up, to cut s.th. into (small) pieces, b) (*würfeln*) to dice s.th., c) (*schnitzeln*) to shred s.th., d) (*hacken*) to chop (*od.* mince) s.th.; **Blumen ~** to cut flowers; **Zwiebeln an den Salat ~** to cut onions into the salad; **Stoff in Streifen ~** to cut (*od.* slit) cloth into pieces. – **2.** (*tranchieren*) cut, carve. – **3.** (*kürzen, stutzen*) cut, trim, clip, (*Nägel*) *auch* pare: **sich** (*dat*) **die Haare ~ lassen** to have one's hair cut; (**die**) **Haare ~, bitte!** (*beim Friseur*) a haircut, please! I'd like to have my hair cut. – **4.** (*mähen*) cut, mow. – **5.** *hort.* a) (*stutzen, beschneiden*) cut, prune, lop, pare, b) (*in bestimmte äußere Form*) trim. – **6. etwas in** (*acc*) **etwas ~** (*schnitzen*) to cut (*od.* carve, engrave, *lit.* grave) s.th. into s.th.: **sein Monogramm in die Baumrinde ~** to cut one's initials in(to) the bark of a tree. – **7. j-n ~** (*verletzen*) to cut s.o.: **der Friseur hat ihn ins Ohr geschnitten** the barber cut his ear. – **8. j-n ~** *fig.* a) (*nicht beachten*) to cut s.o. (dead), to slight s.o., *Br.* to send s.o. to Coventry, to give s.o. the go-by (*colloq.*), b) (*beim Überholen*) to cut in on s.o., (*bes. Läufer*) to run across s.o. – **9.** *bes. auto.* a) (*Kurve*) cut, b) (*Wagen beim Überholen*) cut. – **10.** (*kreuzen*) intersect, cross, meet: **die beiden Linien ~ sich** (*od.* **einander**) **im Punkt A** the two lines intersect at point A. – **11. Grimassen** (*od.* **Gesichter, Fratzen**) **~** to make (*od.* pull) faces (*od.* grimaces), to mug (*sl.*). – **12.** *tech.* a) cut, b) (*mit einer Schere*) shear, c) (*Außengewinde*) screw, thread, d) (*Innengewinde*) tap, e) (*Glas*) cut, f) (*rechtwinklig zuschneiden*) (*Papier, Blech etc*) square, g) (*abschneiden*) cut off, h) (*ausschneiden*) (*Blechrohlinge*) blank. – **13.** (*wood*) (*Äste*) prune, lop off. – **14.** *agr.* a) (*Getreide etc*) cut, mow, reap, b) (*Häcksel etc*) chop. – **15.** (*beim Tennis etc*) (*Ball*) (under)cut, twist, chop, screw. – **16.** (*beim Golf*) (*Ball*) a) (*links*) hook, b) (*rechts*) slice. – **17.** (*Film, Tonband*) cut, *auch* edit. – **18.** (*fashion*) cut: **er schneidet seine Modelle sehr schmal** his models have a very narrow cut. – **19.** *med.* a) (*operieren*) cut, operate on, b) (*mit Mikrotom*) section, c) (*Abszeß*) lance. – **20.** (*formen*) shape, form, cut. – **II** *v/i* **21.** cut: **der Strick schneidet mir in die Hand** the cord cuts into my hand; **das Messer schneidet nicht** the knife doesn't cut (*od.* has no edge); **der Friseur schneidet gut** the barber cuts well (*od. colloq.* is a good cutter); **ich habe mir in den Daumen geschnitten** I cut my thumb; **sich** (*dat*) **ins eigene Fleisch ~** *fig.* to cut one's own throat, to damage one's own interests; **ihre Worte schnitten ihm ins Herz** (*od.* **in die Seele**) *fig.* her words cut him to the quick (*od.* to the heart). – **22.** *fig.* (*von Wind, Kälte etc*) bite, chill. – **23.** (*games*) (*beim Kartenspiel*) finesse. – **24.** (*fashion*) cut: **er schneidet sehr elegant** his models have a very elegant cut. – **25.** *math.* cut. – **III** *v/reflex* **sich ~ 26.** cut oneself: **er hat sich beim Rasieren geschnitten** he cut himself (*od.* his face) while shaving. – **27. sich (in den Finger) ~** a) to cut one's finger, b) *fig. colloq.* (*sich täuschen*) to be mistaken: **da hast du dich aber gewaltig geschnitten!** you were greatly mistaken there! that's where you made your big mistake! (*colloq.*). – **IV** *v/impers* **28. es schneidet mir im Leib** *colloq.* I have the colic (*od. colloq.* the gripes). – **V S~** *n* ⟨-s⟩ **29.** *verbal noun*: **hier ist eine Luft zum S~!** *colloq.* the air in here is so thick you could cut it (with a knife)! (*colloq.*). – **30.** (*games*) (*beim Kartenspiel*) finesse.

'**schnei·dend I** *pres p.* – **II** *adj* **1.** (*Werkzeug etc*) cutting, sharp, edged. – **2.** *fig.* (*Kälte, Wind etc*) biting, keen, piercing, bitter, nipping, cutting. – **3.** *fig.* (*Pfiff, Ton etc*) shrill, strident, keen, sharp. – **4.** *fig.* (*Schmerz etc*) keen, sharp, cutting. – **5.** *fig.* (*Hohn, Spott etc*) caustic, cutting, slashing, withering, keen: **~e Reden** caustic (*od.* sarcastic) remarks. – **6.** *tech.* (*Flamme*) cutting. – **7.** *bes. math.* secant, intersecting. – **8. ~e Gewinnung** (*mining*) cutter-loading, *auch* shearing and trepanning. – **III** *adv* **9.** bitterly, piercingly: **es war ~ kalt** it was bitter(ly) cold.

'**Schnei·denˌwin·kel** *m tech.* **1.** (*eines Schneidmeißels*) side cutting edge angle, *bes. Br.* plane (approach) angle. – **2.** (*Winkel an der Schneide*) cutting tool angle.

'**Schnei·der** *m* ⟨-s; -⟩ **1.** tailor: **vom ~ angefertigte Kleidung** tailor-made clothing; **er friert wie ein ~** *colloq.* he is shivering with cold. – **2.** (*Damenschneider*) ladies' tailor, dressmaker. – **3. aus dem ~ (heraus) sein** a) (*beim Kartenspiel*) to score more than 30 points, b) *fig. colloq.* (*finanziell*) to have one's head above water, c) *fig. colloq.* (*älter als 30 sein*) to be older than 30, (*von Frauen*) not to be a spring chicken any longer (*sl.*). – **4.** (*Gerät zum Schneiden*) cutter, (*bes. für Scheiben*) slicer. – **5.** *zo.* a) (*Karpfenfisch*) schneider (*Alburnus bipunctatus*), b) *colloq.* daddy longlegs *pl* (*construed as sg or pl*).

'**Schnei·der|ˌar·beit** *f* tailoring, tailor's work. — ~**beˌdarf** *m* tailor's supplies *pl.* — ~**beˌruf** *m cf.* Schneiderhandwerk. — ~ˌ**bü·ste** *f cf.* Schneiderpuppe.

Schnei·de'rei *f* ⟨-; -en⟩ **1.** ⟨*only sg*⟩ tailoring, tailor's business, tailory, (*für Damen*) *auch* dressmaking, couture. – **2.** *cf.* Schneiderwerkstatt.

'**Schnei·der|geˌsel·le** *m* journeyman tailor. — ~ˌ**handˌwerk** *n* tailor's trade, tailory.

'**Schnei·de·rin** *f* ⟨-; -nen⟩ dressmaker, tailoress, ladies' tailor.

'**Schnei·der|ˌkarp·fen** *m zo. cf.* Karausche. — ~ˌ**kleid** *n* tailor-made dress. — ~**koˌstüm** *n* tailor-made (costume), tailored costume. — ~ˌ**krei·de** *f* tailor's chalk, Spanish (*od.* French) chalk, soapstone. — ~ˌ**lehr·ling** *m* tailor's apprentice. — ~ˌ**lei·nen** *n cf.* Steifleinen. — ~ˌ**mei·ster** *m* master tailor. — ~ˌ**mus·kel** *m med.* tailor muscle, *auch* tailor's muscle, sartorius (*scient.*).

schnei·dern ['ʃnaɪdərn] **I** *v/t* ⟨h⟩ tailor, make, sew: **sie schneidert sich** (*dat*) **alle Kleider selbst** she makes all her own clothes; **dieses Kleid habe ich selbst geschneidert** I made this dress myself. – **II** *v/i* tailor, do tailoring (*od.* dressmaking): **für j-n ~** to tailor (for) s.o.

'**Schnei·der|ˌpup·pe** *f* dummy, dress form, lay figure, mannequin. — ~ˌ**rech·nung** *f* tailor's bill, (*für Damen*) *auch* dressmaker's bill. — ~ˌ**sitz** *m* tailor's seat: **im ~ sitzen** to sit tailor-fashion (*od.* cross-legged). — ~ˌ**vo·gel** *m zo.* tailorbird (*Orthotomus sutorius*). — ~ˌ**werkˌstatt** *f* tailor's (*für Damen auch* dressmaker's) shop, tailory. — ~ˌ**werkˌzeug** *n* tailor's tools *pl.* — ~ˌ**zunft** *f* tailors' guild.

'**Schnei·de|ˌtisch** *m* (*film*) editing table. — ~ˌ**zahn** *m* **1.** *med.* fore-tooth, incisor (tooth) (*scient.*). – **2.** *zo.* (*bes. der Pferde*) nipper.

'**Schneid|ˌfä·hig·keit** *f tech.* cutting quality, cuttability. — ~ˌ**flä·che** *f* cutting surface (*od.* face). — ~ˌ**flüs·sig·keit** *f* cutting solution. — ~ˌ**hal·tig·keit** *f* ⟨-; *no pl*⟩ edge-holding property.

schnei·dig ['ʃnaɪdɪç] *adj* **1.** (*forsch, tatkräftig*) dashing, spirited. – **2.** (*mutig, draufgängerisch*) plucky, courageous, brave. – **3.** (*entschlossen*) resolute, determined. – **4.** (*Musik etc*) rousing. — '**Schnei·dig·keit** *f* ⟨-; *no pl*⟩ **1.** *cf.* Schneid 2. – **2.** (*Forschheit, Tatkraft*) spirit(edness).

'**Schneid|ˌkan·te** *f tech.* **1.** edge of cut. – **2.** (*mit der Kaltsäge geschnittene*) slit edge. – **3.** (*mit der Warmschere geschnittene*) sheared edge. — ~ˌ**klup·pe** *f* **1.** die (*od.* screw) stock, (screw) plate stock. – **2.** (*für Rohrgewinde*) pipe stock. – **3.** (*komplett im Werkzeugkasten*) screw plate (stock). — ~ˌ**kraft** *f cf.* Schnittkraft. — ~ˌ**la·de** *f* miter (*bes. Br.* mitre) box. — ~**leˌgie·rung** *f* cutting alloy. — ~**maˌschi·ne** *f* **1.** *tech. cf.* Schneidemaschine 2. – **2.** *synth.* (*für Folien*) slicing machine. — ~ˌ**mei·ßel** *m tech. cf.* Schneidstahl. — ~ˌ**öl** *n* cutting oil (*od.* lubricant). — ~ˌ**rad** *n* **1.** (*bei Zahnradbearbeitung*) gear cutting tool. – **2.** (*einer Zahnradwalzhobelmaschine*) pinion-type cutter. — ~ˌ**stahl** *m* cutting tool. — ~ˌ**sti·chel** *m* (*in der Schallplattenherstellung*) recording (*od.* cutting) stylus.

'**Schneidˌwa·re** *f meist pl tech.* cutlery. — '**Schneidˌwa·ren·in·duˌstrie** *f* cutlery industry.

'**Schneid|ˌwerkˌzeug** *n tech.* **1.** cutting tool. – **2.** *pl* (*Schneidwaren*) cutlery *sg.* — ~ˌ**win·kel** *m cf.* Schneidenwinkel. — ~ˌ**zan·ge** *f cf.* Drahtzange. — ~ˌ**zeug** *n* cutting (*od.* edge) tools *pl.*

schnei·en ['ʃnaɪən] **I** *v/impers* ⟨h⟩ **1.** snow: **es schneit** it snows, it is snowing, snow is falling; **es schneit in dicken Flocken** it is snowing big flakes; **es wird ~** it is going to snow, there will be snow, we are going to have snow; **es hat aufgehört zu ~** it has stopped snowing, the snow has stopped. – **II** *v/i* ⟨sein⟩ **2.** rain, (fall like) snow: **Papierschnitzel schneiten auf die Straße** scraps of paper rained down on to the street. – **3. j-m ins Haus ~** (*od.* **geschneit**

kommen) *fig. colloq.* a) (*von Personen*) to drop in on s.o. (unexpectedly), to pop in on s.o., to blow in (*colloq.*), b) (*von Sachen*) to blow in (*colloq.*).

Schnei·se [ˈʃnaɪzə] *f* ⟨-; -n⟩ **1.** (*forestry*) a) (forest) lane, ride, aisle, b) (*Feuerschneise*) firebreak, fire lane. – **2.** *aer.* flying lane. – **3.** (*beim Schießen*) opening.

ˈSchnei·telˌholz *n* (*forestry*) *cf.* Schneidelholz.

schnei·teln [ˈʃnaɪtəln] *v/t* ⟨h⟩ (*forestry*) trim, prune, lop (*s.th.*) (off).

schnell [ʃnɛl] **I** *adj* ⟨-er; -st⟩ **1.** quick, (*stärker*) rapid: ~e Schritte näherten sich der Tür quick (*od.* brisk) steps approached the door; in ~er Folge in rapid succession; ~e Fortschritte machen to make quick progress; eine ~e Auffassungsgabe haben to have a quick grasp; ein ~er Entschluß a quick decision; ~er Puls(schlag) rapid (*od.* accelerated) pulse; auf ~stem Wege as quickly as possible; ~ wie der Blitz (as) quick as lightning. – **2.** (*sofortig, umgehend*) quick, prompt, speedy: ~e Bedienung quick service; die Situation erforderte ~es Handeln the situation called for prompt action; sie versprachen uns ~e Erledigung der Angelegenheit they promised us speedy attention to the matter. – **3.** (*Fahrzeug etc*) fast, speedy, high-speed (*attrib*), swift: ein sehr ~es Auto a very fast car; ~er als der Schall faster than sound; ~er werden to pick up speed. – **4.** (*Fußballspiel, Rennen, Straße etc*) fast: eine ~e Rennbahn a fast course; die ~ste Verbindung zwischen München und Berlin the fastest connection (*Br. auch* connexion) between Munich and Berlin. – **5.** (*hurtig, behende*) quick, swift, nimble, nippy (*colloq.*), fleet (*lit.*): ein ~es Pferd [Reh] a swift horse [deer]; ~ wie der Wind (as) swift as the wind. – **6.** (*hastig*) hasty, hurried: ein ~er Aufbruch a hasty departure; auf die ~e Tour *colloq.* in a hurry (*od.* rush). – **7.** (*plötzlich*) sudden, abrupt, swift, snappy: ein ~er Wechsel a sudden change. – **8.** ~e Truppe(n *pl*) *mil.* mobile troops *pl.* – **9.** *econ.* a) (*Antwort, Zahlung etc*) prompt, b) (*Verkauf*) brisk, ready, c) (*Umsatz*) quick: die Ware fand ~en Absatz the article found a ready market (*od.* sale). – **10.** *mus.* veloce. – **11.** (*substantiviert mit Kleinschreibung*) *colloq.* (*in Wendungen wie*) etwas auf die ~e erledigen to rush through s.th.; das läßt sich nicht auf die ~e machen it takes time to do it. – **II** *adv* **12.** quick(ly), fast, (*stärker*) rapidly: ~ fahren to drive fast (*od.* at high speed); du gehst mir zu ~ you're walking too fast for me; sprich nicht so ~ don't speak so fast (*od.* quickly); ihr Puls geht zu ~ her pulse is too rapid; ich fühlte mein Herz ~er schlagen I felt my heart beat faster (*od.* quicker); die Hausarbeit geht ihr ~ von der Hand she is very quick about her housework; er ist immer ~ mit einer Ausrede bei der Hand he is always ready with an excuse, he always has an excuse ready (*od.* pat); so ~ wie möglich (*od.* möglichst ~) etwas tun to do s.th. as quickly as possible; die Neuigkeit verbreitete sich ~ the news spread quickly; das hast du aber ~ geschafft! you have been very quick about it! that was quick (work)! (*colloq.*); es ging nicht ~er I couldn't do it any faster; ~er sein [laufen, schwimmen] als j-d (*bei Rennen etc*) to outdistance [outrun, outswim] s.o.; zu ~ urteilen to judge too quickly, to jump to conclusions; sie ist immer ~ fertig mit allem she has everything finished (*od.* done) in no time; ich muß ~ noch etwas erledigen I have to see to s.th. first; wie ~ doch die Zeit vergeht! how time flies! – **13.** (*umgehend*) quickly, promptly, speedily, without delay: wir wurden ~ bedient we were given quick service; die Sache wurde ~ erledigt the matter was promptly attended to; doppelt gibt, wer ~ gibt (*Sprichwort*) *etwa* he gives twice who gives promptly. – **14.** (*hurtig, behende*) quickly, swiftly, nimbly, nippily (*colloq.*), fleetly (*lit.*). – **15.** (*hastig, eilig*) hastily, hurriedly, in a hurry: (mach) ~! ~, ~! be quick (about it)! hurry up! look sharp! step on it! (*colloq.*), make it snappy! (*colloq.*); nicht so ~! gently! hold on! hold your horses! steady (*od.* easy) on! (*colloq.*); ~er! come on (now)! nun aber ~! (let's) get going! – **16.** (*plötzlich*) suddenly, abruptly, swiftly, snappily: er kann sehr ~ böse werden he can fly into a rage very suddenly (*od.* all of a sudden). – **17.** (*bald*) quickly, soon: das werden wir ~ erledigt haben we'll soon see to that, we'll soon have that done; das macht er so ~ nicht wieder *colloq.* he won't do that again in a hurry (*colloq.*); das macht ihm so ~ keiner nach *colloq.* no one will do that again in a hurry (*colloq.*). – **18.** *mus.* veloce.

ˈSchnell|ˌamt *n tel.* quick-service (toll) exchange, toll (*Am.* multi-office) exchange. — **~ˌanˌgriff** *m* (*sport*) (*bei Ballspielen*) fast break. — **s~ˌanˌspre·chend** *adj* ⟨*attrib*⟩ *electr.* (*Relais*) fast-acting. — **~ˌar·beitsˌstahl** *m tech.* high-speed steel.

ˈSchnella·ster (*getr.* -ll,l-), **ˈSchnellast(ˌkraft)ˌwa·gen** (*getr.* -ll,l-) *m auto.* high-speed truck (*Br.* lorry), express truck, quick delivery van.

ˈSchnellauf (*getr.* -ll,l-) *m* **1.** (*sport*) a) running, b) *cf.* Eisschnellauf, c) *cf.* Rollschnellauf. – **2.** *tech. cf.* Schnellgang 2. – **3.** (*beim Schießsport*) fast run.

ˈschnellau·fend (*getr.* -ll,l-) *adj* ⟨*attrib*⟩ *tech.* high-speed.

ˈSchnelläu·fer (*getr.* -ll,l-) *m* **1.** (*sport*) a) runner, b) *cf.* Eisschnelläufer, c) *cf.* Rollschnelläufer. – **2.** (*textile*) (*in der Spinnerei*) traveler, *bes. Br.* traveller. – **3.** *tech.* (*Maschine*) high-speed machine. – **4.** *auto.* high-speed engine. – **5.** *pl astr.* (*Sterngruppe*) high-velocity stars. — **ˈSchnelläu·fe·rin** (*getr.* -ll,l-) *f* ⟨-; -nen⟩ (*sport*) *cf.* Schnelläufer 1.

ˈSchnell|ˌausˌbil·dung *f* **1.** *ped.* intensive courses *pl*, crash training (*od.* courses *pl*) (*colloq.*). – **2.** *mil.* hasty training. — **~ˌausˌlö·ser** *m electr.* instantaneous-trip mechanism. — **~ˌausˌlö·sung** *f* quick-action release. — **~ˌausˌschal·ter** *m* quick-break switch. — **~ˌbahn** *f cf.* S-Bahn. — **~ˌbauˌwei·se** *f civ.eng.* quick- (*od.* rapid-)erection method. — **~beˌtrieb** *m* express service. — **~ˌbin·der** *m civ.eng.* quick-setting cement. — **~ˌblei·che** *f tech.* chemical (*od.* quick) bleaching. — **~ˌboot** *n mar.* **1.** (*der Wasserpolizei etc*) speedboat. – **2.** *mil.* speedboat, motor torpedo boat, *bes. Am.* Patrol Torpedo (*od.* PT) boat, *bes. Br.* E-boat, high-speed launch, mosquito boat (*od.* craft). — **~ˌdamp·fer** *m mar.* express liner. — **~ˌdienst** *m* (*in Reinigungen, Werkstätten etc*) express service. — **~ˌdrehˌbank** *f tech.* rapid-production lathe. — **~ˌdre·hen** *n* high-speed (*od.* high-velocity) turning. — **~ˌdrehˌstahl** *m* high-speed steel. — **~ˌdrucker** (*getr.* -k·k-) *m* (*computer*) high-speed printer.

ˈSchnel·le *f* ⟨-; -n⟩ **1.** ⟨*only sg*⟩ *cf.* Schnelligkeit. – **2.** *cf.* Stromschnelle.

ˈschnelle·big (*getr.* -ll,l-) [-ˌleːbɪç] *adj* (*Zeit etc*) fast-moving (*attrib*).

schnel·len [ˈʃnɛlən] **I** *v/t* ⟨h⟩ **1.** (*Steine, Pfeile etc*) toss, jerk, let (*s.th.*) fly, dart, shy, flirt. – **2.** (*schnipsen*) flick, fillip, flip, snap. – **II** *v/i* ⟨h *u.* sein⟩ **3.** ⟨sein⟩ dart, shoot, jerk, spring, whip: in die Höhe ~ a) to shoot up, b) (*von Feder etc*) to rebound, to snap back, c) *fig.* (*von Preisen etc*) to shoot up, to soar; ein Gummiband ~ lassen to stretch and let go (of) an elastic band. – **4.** ⟨h⟩ (*schnipsen*) snap: mit den Fingern ~ to snap one's fingers.

ˈSchnel·ler *m* ⟨-s; -⟩ **1.** snap of the fingers. – **2.** *Southwestern G. dial. cf.* Murmel.

ˈSchnelle·ser (*getr.* -ll,l-) *m* (*computer*) high-speed reader.

ˈSchnellˌfah·rer *m* speeder, *bes. Am.* speedster.

ˈSchnellˌfeu·er *n mil.* rapid (*od.* quick, running) fire. — **~geˌwehr** *n* automatic rifle. — **~kaˌno·ne** *f* automatic gun. — **~piˌsto·le** *f* (*sport*) rapid-fire pistol. — **~ˌwaf·fe** *f mil.* automatic weapon.

ˈSchnell|ˌfil·ter *n, m tech.* (*zur Wasserreinigung*) quick-run (*od.* rapid) filter. — **~ˌflugˌzeug** *n aer.* high-speed aircraft.

ˈschnellˌfü·ßig *adj lit.* swift (*od. poet.* fleet) of foot, fleet-foot(ed), light-footed, nimble(-limbed). — **ˈSchnellˌfü·ßig·keit** *f* ⟨-; *no pl*⟩ swiftness (*od. poet.* fleetness) of foot, fleet-footedness.

ˈSchnellˌgang *m* **1.** *auto. cf.* Schongang. – **2.** *tech.* (*eines Maschinentisches*) rapid (power) traverse. — **~geˌtrie·be** *n auto. cf.* Schonganggetriebe.

ˈSchnell|ˌgastˌstät·te *f* quick-service restaurant, cafeteria, *Am.* lunchroom, luncheonette. — **~geˌfrier·verˌfah·ren** *n gastr.* accelerated freeze-dried process.

ˈSchnell·geˌricht[1] *n jur.* court of summary jurisdiction.

ˈSchnell·geˌricht[2] *n gastr.* quickly served meal, snack.

ˈSchnell|geˌrichts·bar·keit *f jur.* summary jurisdiction. — **s~ˌhär·tend** *adj* ⟨*attrib*⟩ *synth.* quick-curing. — **~ˌhef·ter** *m* loose-leaf binder, folder, (rapid) letter (*od.* document) file. — **~ˌheftˌmap·pe** *f cf.* Schnellhefter.

ˈSchnell·heit *f* ⟨-; *no pl*⟩ *obs. for* Schnelligkeit.

ˈSchnel·lig·keit *f* ⟨-; *no pl*⟩ **1.** quickness, (*stärker*) rapidity. – **2.** (*im Handeln*) quickness, promptitude, promptness, speed, celerity. – **3.** (*eines Fahrzeugs etc*) speed, swiftness, pace. – **4.** (*eines Fußballspiels etc*) pace, speed. – **5.** (*Hurtigkeit, Behendigkeit*) quickness, swiftness, nimbleness, celerity, fleetness (*lit.*), nippiness (*colloq.*). – **6.** (*Hast*) haste, hurriedness, hurry. – **7.** (*Plötzlichkeit*) suddenness, abruptness, swiftness, snappiness. – **8.** *tech. phys.* velocity, speed.

ˈSchnel·lig·keits·reˌkord *m* speed record.

ˈSchnellˌim·biß *m* **1.** snack. – **2.** *colloq. for* Schnellimbißhalle. — **~ˌhal·le**, **~ˌstu·be** *f* snack bar (*Br. auch* counter), *Am.* quick-lunch, *Br.* quick-lunch bar (*od.* counter).

ˈSchnell|ˌkä·fer *m zo.* click beetle, elaterid (*scient.*) (*Fam. Elateridae*). — **~ˌko·chen** *n gastr.* pressure cooking. — **~ˌko·cher** *m cf.* Schnellkochtopf 2. — **~ˌkochˌplat·te** *f* **1.** hot plate. – **2.** (*eines Elektroherds*) fast-heating plate. — **~ˌkochˌtopf** *m* **1.** pressure cooker. – **2.** (*Wasserkocher*) electric water jug (*od.* kettle). — **~ˌkraft** *f* **1.** springiness, spring, elasticity, resilience. – **2.** (*sport*) (*beim Start*) takeoff power. — **~ˌkupp·lung** *f tech.* rapid-motion clutch. — **~ˌkurs** *m ped.* accelerated (*od. colloq.* crash) course. — **~ˌma·ler** *m* quick-sketch artist. — **~ˌmast** *f agr.* rapid fattening. — **~paˌket** *n* (*postal service*) express parcel. — **~pho·to·graˌphie** *f* **1.** while-you-wait photography. – **2.** high-speed photography. — **~ˌpost** *f obs.* express mail coach, diligence. — **~ˌpres·se** *f print.* flatbed printing machine. — **~ˌrech·ner** *m* high-speed computer. — **~ˌreg·ler** *m electr.* high-speed (*od.* quick-acting voltage) regulator, automatic regulator. — **~ˌrei·ni·gung** *f* express dry cleaning. — **~ˌrich·ter** *m jur.* magistrate with power of summary jurisdiction. — **~ˌrückˌlauf** *m electr.* (*am Tonbandgerät*) fast rewind. — **~ˌschal·ter** *m electr.* quick-break switch.

ˈSchnellˌschalt|geˌtrie·be *n tech.* quick-change gear. — **~ˌkupp·lung** *f* quick-action clutch.

ˈSchnell|ˌschluß *m nucl.* scram, emergency shutdown (of reactor). — **~ˌschnittˌstahl** *m metall.* high-speed steel. — **~ˌschrei·ber** *m* **1.** *tech.* high-speed recorder. – **2.** *rare for* Stenograph 1. — **~ˌschrift** *f rare for* Stenographie 1. — **~ˌschritt** *m mil.* double time (step): im ~ at the double; im ~ marschieren to march at the double. — **~ˌschuß** *m print.* rush work (*od.* job, order). — **~ˌseg·ler** *m mar.* fast sailer, clipper. — **~ˌspan·ner** *m tech.* quick-action vise (*auch* vice).

ˈSchnellˌspann|ˌfut·ter *n tech.* quick-action chuck. — **~ˌschraubˌstock** *m* quick-action vise (*auch* vice). — **~ˌschraubˌzwin·ge** *f* quick-action clamp.

ˈSchnell|ˌspei·cher *m* (*computer*) high-speed memory (*od.* storage). — **~ˌstahl** *m metall.* high-speed steel. — **s~ˌstei·gend** *adj* ⟨*attrib*⟩ **1.** fast-rising. – **2.** (*bes. Kosten*) runaway.

ˈschnell·stens *adv* as quick(ly) as possible.

ˈschnellstˈmög·lich **I** *adj* quickest possible. – **II** *adv* as quick(ly) as possible.

ˈSchnell|ˌstra·ße *f Br.* motorway, *Am.* speedway, expressway. — **~te·le·graˌphie** *f* high-speed telegraphy. — **~transˌpor·ter** *m* fast (*od.* express) transporter, *bes. Am.* express truck. — **~ˌtriebˌwa·gen** *m* (*railway*) high-speed rail coach, express diesel car, diesel-electric rail car, *Am.* power railroad train. — **s~ˌtrock·nend** *adj* ⟨*attrib*⟩ quick-drying. — **~verˌband** *m med.* first-aid dressing. — **~verˌfah·ren** *n* **1.** *jur.* summary procedure (*od.* proceedings *pl*): er wurde im ~ abgeurteilt he was sentenced summarily. – **2.** *tech.* high-speed (*od.* rapid) process(ing). – **3.** *chem.* rapid method. — **~ver,hör** *n* rapid-fire cross-examination.

'Schnell·ver,kehr *m* **1.** high-speed (*od.* express, fast-moving) traffic. – **2.** *tel.* no-delay service.

'Schnell·ver,kehrs\|,flug,zeug *n aer.* high-speed commercial transport aircraft (*Am. auch* airplane). — **~,stra·ße** *f cf.* Schnellstraße.

'Schnell\|ver,schluß *m* **1.** (*für Flaschen*) stopper. – **2.** (*für Gläser*) twist-off cap. – **3.** *tech.* (*für Werkzeuge*) quick-acting lock, quick-locking mechanism. — **~ver,stel·lung** *f tech.* (*eines Maschinentisches etc*) rapid (*od.* quick) adjustment. — **~,vor-,lauf** *m electr.* (*am Tonbandgerät*) fast forward. — **~,waa·ge** *f* express scales *pl* (*sometimes construed as sg*). — **~wä·sche,rei** *f* launderette, *bes. Am.* laundromat. — **~,wech·sel,fut·ter** *n tech.* quick-change collet chuck.

'schnell,wüch·sig [-,vyːksɪç] *adj hort.* rapidly growing. — **'Schnell,wüch·sig·keit** *f* ⟨-; *no pl*⟩ rapid growth.

'Schnell,zeich·ner *m* lightning sketcher.

'Schnell,zug *m* (*railway*) **1.** fast train, express (train). – **2.** (*D-Zug*) corridor train, *Am. auch* vestibule train. — **~lo·ko·mo,ti·ve** *f* express engine (*od.* locomotive). — **~,wa·gen** *m* fast- (*od.* express-)train car (*Br.* coach). — **~,zu,schlag** *m* extra (*od.* excess) charge for a fast (*od.* an express) train.

'Schnell\|,zün·dung *f tech.* rapid (*od.* instantaneous) ignition. — **s~,zün·gig** [-,tsʏŋɪç] *adj* (*redegewandt*) voluble, glib.

Schnep·fe ['ʃnɛpfə] *f* ⟨-; -n⟩ **1.** *zo.* a) snipe, longbill (*Fam. Scolopacidae*), b) *cf.* Waldschnepfe, c) *cf.* Sumpfschnepfe. – **2.** *colloq. contempt.* streetwalker, prostitute.

'Schnep·fen\|,aal *m zo.* snipe eel, *auch* thread eel (*Nemichthys scolopacea*). — **~,fisch** *m* **1.** snipefish (*Fam. Centriscidae*). – **2.** long-spine snipefish (*Macrorhamphosus scolopax*). — **~,flie·ge** *f* ibis fly, worm lion (*Fam. Leptidae*). — **~,jagd** *f hunt.* snipe shooting, *Br. auch* cocking. — **~,strauß** *m zo. cf.* Kiwi. — **~,strich** *m* ⟨-(e)s; *no pl*⟩, **~,zug** *m hunt.* flight of woodcocks, flock of snipe(s).

Schnep·pe ['ʃnɛpə] *f* ⟨-; -n⟩ **1.** *Middle G.* (*einer Teekanne etc*) spout. – **2.** *colloq. contempt. cf.* Schnepfe 2.

Schnep·per ['ʃnɛpər] *m* ⟨-s; -⟩ *med. cf.* Schnäpper 1.

schnep·pern ['ʃnɛpərn] *v/i* ⟨h⟩ (*sport*) do a (short) hip swing (into hollow back position and back to normal).

schnet·zeln ['ʃnɛtsəln] *v/t* ⟨h⟩ *bes. Swiss* chop (*s.th.*) (up).

Schneuß [ʃnɔʏs] *m* ⟨-es; -e⟩ *arch. cf.* Fischblase 2.

Schneu·ze ['ʃnɔʏtsə] *f* ⟨-; -n⟩ *obs. for* Lichtputze.

schneu·zen ['ʃnɔʏtsən] **I** *v/t* ⟨h⟩ **1.** (sich *dat*) die Nase ~ to blow one's nose; ein Kind ~ to wipe a child's nose. – **2.** ein Licht ~ *obs.* to snuff a candle. – **II** *v/reflex* sich ~ **3.** blow one's nose.

schnicken (*getr.* -k·k-) ['ʃnɪkən] *v/i* ⟨h⟩ mit den Fingern ~ *dial.* to snap one's fingers.

'Schnick,schnack *colloq.* **I** *m* ⟨-(e)s; *no pl*⟩ **1.** chitchat, twaddle, tittle-tattle, gabble. – **2.** (*modischer Flitterkram*) frippery, tawdry. – **II s~** *interj* **3.** (*Quatsch*) rubbish! fiddlesticks!

schnie·geln ['ʃniːgəln] **I** *v/t* ⟨h⟩ (*Kleidung etc*) spruce (*od.* smarten) up, tit(t)ivate (*colloq.*). – **II** *v/reflex* sich ~ dress (*od.* spruce, smarten) (oneself) up, tit(t)ivate (*colloq.*).

schnie·ke ['ʃniːkə] *adj Northern G. colloq.* **1.** *cf.* schick 1, 2. – **2.** *cf.* dufte 1.

Schnie·pel ['ʃniːpəl] *m* ⟨-s; -⟩ **1.** *colloq. for* Frack 1. – **2.** *contempt. for* a) Angeber 1, b) Geck.

Schnip·fel ['ʃnɪpfəl] *m* ⟨-s; -⟩ *dial. for* Schnippel.

schnip·feln ['ʃnɪpfəln] *v/t u. v/i* ⟨h⟩ *dial. for* schnippeln.

schnipp [ʃnɪp] *interj* snap!: ~, schnapp! snip-snap!

Schnipp·chen ['ʃnɪpçən] *n* ⟨-s; -⟩ **1.** *Northern and Middle G.* (*Schnalzen der Finger*) snap of the fingers. – **2.** (*Schnellen mit den Fingern*) flick, flip, fillip, *auch* filip, snap of the fingers. – **3.** j-m ein ~ schlagen *fig. colloq. humor.* a) to play a trick on s.o., b) to outwit (*od.* outfox) s.o., to steal a march (up)on s.o.; dem Tod ein ~ schlagen *fig. colloq.* to cheat death (*od. sl.* the worms).

Schnip·pel ['ʃnɪpəl] *m, n* ⟨-s; -⟩ *colloq.* small piece, bit, scrap, shred. — **'schnip·peln I** *v/t* ⟨h⟩ **1.** snip, cut: ein Muster in ein Stück Papier ~ to snip a pattern in(to) a piece of paper. – **2.** *gastr.* (*Bohnen, Rüben etc*) shred. – **II** *v/i* **3.** snip, cut: an j-s Haaren ~ to snip at s.o.'s hair.

schnip·pen ['ʃnɪpən] **I** *v/i* ⟨h⟩ **1.** snap: mit den Fingern ~ to snap one's fingers. – **2.** (*mit der Schere*) snip. – **II** *v/t* **3.** (*schnellen*) flick, flip, fillip, *auch* filip, snap: die Krümel vom Tisch ~ to flick the crumbs off the table.

'schnip·pisch I *adj* (*respektlos, kurz angebunden*) pert, saucy, cheeky, flippant, cocky (*colloq.*), *Am. colloq.* snippy: ein ~es junges Ding a pert young thing (*od.* girl). – **II** *adv* ~ antworten to give a pert answer.

'Schnipp'schnapp('schnurr) [-('ʃnʊr)] *n* ⟨-(s); *no pl*⟩ (*games*) snipsnapsnorum, *auch* Earl of Coventry.

schnips [ʃnɪps] *interj cf.* schnipp.

Schnip·sel ['ʃnɪpsəl] *m, n* ⟨-s; -⟩ *colloq. cf.* Schnippel. — **'schnip·seln** *v/t u. v/i* ⟨h⟩ *colloq. cf.* schnippeln.

schnip·sen ['ʃnɪpsən] *v/i u. v/t* ⟨h⟩ *colloq. for* schnippen.

'Schnir·kel,schnecken (*getr.* -k·k-) ['ʃnɪrkəl-] *pl zo.* pulmonate land snails, helices (*Fam. Helicidae*).

schnitt [ʃnɪt] *1 u. 3 sg pret of* schneiden.

Schnitt *m* ⟨-(e)s; -e⟩ **1.** *cf.* Schneiden: für den ~ (*Blumen*) for cutting. – **2.** cut: der ~ ging tief ins Fleisch the cut went deep into the flesh; ein kleiner ~ mit der Schere a small cut with the scissors, a snip; mit einigen ~en wurde der Gipsverband geöffnet the plaster dressing was opened with a few cuts. – **3.** (*Schnittstelle*) cut, incision: ein sauberer ~ a clean cut. – **4.** (*Kerbe*) notch. – **5.** (*Form*) shape, form, cut: der feine ~ ihres Gesichts the fine features (*od.* contours) *pl* of her face. – **6.** (*Haarschnitt*) (hair)cut. – **7.** *med.* a) cut, incision, b) *cf.* Schnittwunde. – **8.** (*film*) cutting and editing. – **9.** (*fashion*) a) (*Schnittmuster*) (dress *od.* paper) pattern, b) (*Zuschnitt*) cut, style, fashion, shape: das Kleid hat einen eleganten ~ the dress has an elegant cut, the dress is elegantly cut; eine Hose nach neuestem ~ a pair of trousers in the latest cut (*od.* fashion); schräger ~ bias. – **10.** *math.* a) (*Schnittpunkt*) intersection, b) *cf.* Schnittfläche 2. – **11.** der Goldene ~ *math.* (*art*) the golden section, *auch* the extreme and mean ratio. – **12.** *agr.* cut, crop, harvest: der erste und zweite ~ beim Heu the first and second cut of the hay; einen guten ~ machen *fig. colloq.* to make a nice profit; to make a packet (*od.* one's pile), to get one's cut (*colloq.*). – **13.** *print.* a) (*Beschneiden*) cut, b) (*Rand des Buches*) edge, c) (*Schriftbild*) face. – **14.** *tech.* (*eines Werkzeuges*) cutting die. – **15.** *tech.* (*einer Zeichnung*) a) (*Längsschnitt*) longitudinal section, b) (*Querschnitt*) cross section, c) *cf.* Schnittzeichnung. – **16.** *colloq.* (*Durchschnitt*) average: im ~ on an (*od.* the) average; einen guten ~ fahren (*mit dem Auto*) to make good time. – **17.** *cf.* a) Holzschnitt, b) Linolschnitt.

'Schnitt\|,an,sicht *f tech.* sectional view. — **~,bau** *m* ⟨-(e)s; *no pl*⟩ diemaking, *Br.* die-making. — **~,bild** *n cf.* Schnittansicht. — **~,bild-Ent,fer·nungs,mes·ser** *m phot.* split-image focus(s)ing. — **~,blu·men** *pl* **1.** (*im Blumengeschäft*) cut flowers. – **2.** (*im Garten*) flowers for cutting, cutting flowers. — **~,boh·nen** *pl gast. bes. Br.* French beans, runner beans, *bes. Am.* string beans. — **~,brei·te** *f tech.* **1.** cutting width. – **2.** (*wood*) saw cut, kerf. — **~,bren·ner** *m* slit (*od.* fishtail) burner.

'Schnitt·chen *n* ⟨-s; -⟩ *gastr.* **1.** *dim. of* Schnitte. – **2.** (open) sandwich, *bes. Am.* canapé.

'Schnitt,druck *m tech. cf.* Schnittkraft.

Schnit·te ['ʃnɪtə] *f* ⟨-; -n⟩ *gastr.* **1.** slice (*od.* cut, *Br. auch* round) of bread. – **2.** (*belegtes Brot*) (open *od.* Danish) sandwich. – **3.** (*von Fleisch, Fisch etc*) steak. – **4.** (*von Speck etc*) rasher.

'Schnitt\|ebe·ne *f tech. math.* **1.** sectional (*od.* cutting) plane. – **2.** (*einer Zeichnung*) plane of section. — **~ent,bin·dung** *f med. cf.* Kaiserschnitt.

'Schnit·ter *m* ⟨-s; -⟩ *agr.* cropper, reaper, harvester, mower, harvestman.

'schnitt,fest *adj* (*bes. Tomaten*) firm.

'Schnitt\|,flä·che *f* **1.** cut surface, section. – **2.** *math.* section(al area). – **3.** *tech.* a) (*eines Werkstückes*) work surface, b) (*einer Zeichnung*) sectional area. – **4.** *geol.* intersecting plane. — **~ge,schwin·dig·keit** *f tech.* cutting speed (*od.* rate). — **~,grün** *n hort.* (*für Sträuße, Tafelschmuck etc*) greenery, green(s *pl*).

'schnitt,hal·tig *adj tech.* (*Schneidwerkzeug*) able to hold the cutting power, of edge-holding property (*od.* quality). — **'Schnitt-,hal·tig·keit** *f* ⟨-; *no pl*⟩ (*eines Schneidwerkzeugs*) edge-holding quality.

'Schnitt\|,holz *n* (*wood*) sawn timber, sawtimber, *Br.* saw-timber. — **~,hub** *m tech.* (*einer Säge, eines Werkzeugs etc*) cutting stroke.

'Schnittie·fe (*getr.* -tt,t-) *f tech.* depth of cut.

'schnit·tig I *adj* (*Sportwagen, Segeljacht etc*) streamlined, stylish, racy, rakish. – **II** *adv* ~ gebaut of a rakish design.

'Schnitt\|,kan·te *f cf.* Schneidkante. — **~,klas·se** *f* (*wood*) class of cut. — **~,kraft** *f* **1.** *tech.* cutting force. – **2.** (*in der Baustatik*) internal force. — **~,kur·ve** *f math.* intersecting curve, curve of intersection. — **~,län·ge** *f tech.* cutting length. — **~,lauch** *m bot.* chive(s *pl*), cive (*Allium schoenoprasum*). — **~,lei·stung** *f tech.* **1.** cutting power (*od.* performance). – **2.** (*eines Schneidmeißels*) stock-removing capacity.

'Schnitt·ling *m* ⟨-s; -e⟩ **1.** *bot. cf.* Schnittlauch. – **2.** *hort. cf.* Steckling.

'Schnitt\|,li·nie *f* **1.** *math.* intersecting (line), secant, (line of) intersection. – **2.** *pl geol.* traces, lines of intersection. — **~,mei·ster** *m*, **~,mei·ste·rin** *f* (*film*) *cf.* Cutter(in). — **~mo,dell** *n tech.* (*Darstellung*) cutaway model.

'Schnitt,mu·ster *n* (*fashion*) dress (*od.* paper) pattern. — **~,bo·gen** *m* paper-pattern chart.

'Schnitt\|,plat·te *f tech.* cutting die. — **~,pres·se** *f* cutting press. — **~,punkt** *m bes. math.* (point of) intersection, intersecting point: ~ der Winkelhalbierenden median point; der ~ zweier Straßen the intersection of two roads. — **s~,reif** *adj agr.* (*Getreide etc*) ready for cutting, ripe. — **~,rich·tung** *f tech.* direction of cut. — **~sa,lat** *m gastr.* lettuce. — **~,stel·le** *f* **1.** (*computer*) interface. – **2.** (*film*) cut. — **~,stem·pel** *m tech.* blanking, cutting and punching die. — **~ver,lust** *m* (*wood*) stumpage, loss in saw kerf.

'Schnitt,wa·re *f* **1.** *pl* (*textile*) yard goods, *bes. Am.* piece goods, *Am. auch* dry goods. – **2.** (*wood*) *cf.* Schnittholz.

'Schnitt,wa·ren\|ge,schäft *n Br.* draper's shop, *Am.* piece goods (*auch* dry goods) store, drapery store. — **~,händ·ler** *m Br.* draper, *Am.* piece goods (*auch* dry goods) dealer.

'Schnitt\|,werk,zeug *n tech.* blanking (*od.* cutting) die. — **~,win·kel** *m* **1.** *math.* angle of intersection. – **2.** *tech.* (true) cutting angle, angle of cut. — **~,wun·de** *f med.* cut, incised wound: tiefe ~ gash, slash. — **~,zeich·nung** *f tech.* sectional drawing.

Schnitz [ʃnɪts] *m* ⟨-es; -e⟩ *Southern G. and Austrian* (*eines Apfels etc*) piece, segment.

'Schnitz\|,ar·beit *f* carving, carved work. — **~,bank** *f* ⟨-; ⸚e⟩ *tech.* carver's bench. — **~,bild** *n* (*art*) wood sculpture, carving.

Schnit·zel[1] ['ʃnɪtsəl] *n* ⟨-s; -⟩ *gastr.* escalope (*od.* scallop) (of veal *od.* pork), (*Kalbsschnitzel*) schnitzel: Wiener ~ escalope (of veal) Viennese style, Wiener schnitzel.

'Schnit·zel[2] *n, m* ⟨-s; -⟩ **1.** (*von Rüben, Kartoffeln etc*) shred, sliver. – **2.** *colloq. cf.* Schnippel.

'Schnit·zel\|,jagd *f* (*games*) paper chase (*od.* chasing), hare and hounds: eine ~ machen to play hare and hounds. — **~ma,schi·ne** *f tech.* slicing machine, slicer, cutter. — **~,mes·ser** *n* chopper, slicing knife.

schnit·zeln ['ʃnɪtsəln] *v/t u. v/i* ⟨h⟩ *cf.* schnippeln.

schnit·zen ['ʃnɪtsən] **I** *v/t* ⟨h⟩ **1.** (*zurechtschneiden*) whittle, cut: sich (*dat*) eine Pfeife aus Rohr ~ to whittle oneself a pipe from (a piece of) cane. – 2. (*kunstvoll*) carve: etwas aus Holz ~ to carve s.th. in (*od.* out of) wood; ein Muster in ein Möbelstück ~ to carve a pattern into a piece of furniture; da ist sein Bruder aber aus anderem Holz geschnitzt *fig.* his brother is made of quite different stuff. – II *v/i* 3. whittle, cut: an (*dat*) etwas ~ to whittle at s.th. – 4. carve, do carving work: an dieser Madonna hat er ein ganzes Jahr geschnitzt he worked for a whole year on the carving of this madonna.

'Schnit·zer *m* ⟨-s; -⟩ 1. (*Beruf*) (wood)-carver. – 2. *tech. cf.* Schnitzmesser. – 3. *colloq.* (*Lapsus*) blunder, slip, stumble, (*stärker*) howler (*sl.*), *Am. sl.* boner, goof: einen ~ machen to blunder; er hat sich (*dat*) einen argen ~ geleistet he made a howler (*sl.*), he put his foot in it (up to the knee) (*colloq.*).

Schnit·ze'rei *f* ⟨-; -en⟩ 1. (*Werk*) carved work (*od.* article), (wood) carving (*od.* sculpture). – 2. ⟨*only sg*⟩ *cf.* Schnitzkunst. – 3. (*Werkstatt*) carver's workshop.

'Schnitz|,kunst *f* (art of) carving, wood carving. — **~,mes·ser** *n tech.* carver's (*od.* carving) knife. — **~,werk** *n* 1. (rich) carving: mit reichem ~ richly carved. – 2. *cf.* Schnitzerei 1.

schnob [ʃnoːp] *obs. 1 u. 3 sg pret*, **schnö·be** ['ʃnøːbə] *obs. 1 u. 3 sg pret subj of* schnauben.

schnöd [ʃnøːt] *adj u. adv* ⟨-er; -est⟩ *lit. cf.* schnöde.

schnod·de·rig ['ʃnɔdərɪç], **'schnodd·rig** *adj colloq.* (*Antwort, Ton, Benehmen etc*) flippant, pert, cocky (*colloq.*): er hat einen ~en Ton an sich he has a flippant way of speaking. — **'Schnod·de·rig·keit**, **'Schnodd·rig·keit** *f* ⟨-; *no pl*⟩ *colloq.* flippancy, pertness, cockiness (*colloq.*).

schnö·de ['ʃnøːdə] *lit.* I *adj* ⟨-r; -st⟩ 1. (*gemein, niedrig*) mean, vile, base, contemptible, despicable, filthy: ~r Undank base (*od.* black) ingratitude; ~r Gewinn vile profit; ~r Mammon filthy lucre; ~r Geiz base avarice; ~ Selbstsucht contemptible egoism. – 2. (*schamlos, skrupellos*) shameless, unscrupulous: ~r Verrat shameless betrayal. – 3. (*geringschätzig*) contemptuous, scornful, disdainful: eine ~ Abfuhr erleiden to meet with a scornful rebuff. – II *adv* 4. j-n ~ behandeln to be mean (*od.* vile) to s.o., to use s.o. badly. — **'Schnöd·heit** *f* ⟨-; *no pl*⟩ *rare for* Schnödigkeit. — **'Schnö·dig·keit** *f* ⟨-; *no pl*⟩ 1. (*Gemeinheit*) meanness, vileness, baseness, contemptibleness, despicableness, filthiness. – 2. (*Schamlosigkeit, Skrupellosigkeit*) shamelessness, unscrupulousness. – 3. (*Geringschätzigkeit*) contempt(uousness), scorn(fulness), disdain(fulness).

schno·feln ['ʃnoːfəln] *v/i* ⟨h⟩ *Austrian colloq.* 1. *cf.* schnüffeln. – 2. *rare for* näseln.

Schnor·chel ['ʃnɔrçəl] *m* ⟨-s; -⟩ *mar.* (*sport*) s(ch)norkel, *auch* schnorchel, *Br. auch* snort, breathing mast (*od.* tube). — **~,un·ter,see,boot** *n mar. mil.* snorkel- (*Br. auch* snort-)equipped submarine.

Schnör·kel ['ʃnœrkəl] *m* ⟨-s; -⟩ 1. (*an Schriftzügen*) flourish, squiggle, twirl, curlicue, *auch* curle(y)cue, quirk, scroll, pothook, (*an der Unterschrift*) *auch* paraph: ~ und Schlingen pothooks and hangers (*colloq.*). – 2. (*an Möbeln, Säulen etc*) scroll, twirl, flourish, curlicue, *auch* curle(y)cue, scrolled (*od.* twisted, spiral, interlaced) ornament, volute: mit ~n verziert scrolled. – 3. *fig.* (*stilistischer*) flourish.

Schnör·ke'lei *f* ⟨-; -en⟩ *colloq. cf.* Geschnörkel. — **'schnör·kel·haft** *adj cf.* schnörkelig. — **'schnör·ke·lig** *adj* flourishy, twirly, curlicued, quirky, scrolly: ~e Handschrift flourishy (*od.* ornate) handwriting, handwriting full of flourishes (*od.* squiggles). [schnörkel 1.]

'Schnör·kel,kram *m contempt. cf.* Ge-

schnör·keln ['ʃnœrkəln] *v/i* ⟨h⟩ (*bes. beim Schreiben*) make flourishes (*od.* squiggles).

'Schnör·kel,schrift *f* flourishy (*od.* ornate) handwriting.

schnor·ren ['ʃnɔrən] *colloq.* I *v/t* ⟨h⟩ 1. cadge; sponge (for), scrounge (*colloq.*), *Am. colloq.* mooch, *Am. sl.* bum: Zigaretten ~ to cadge cigarettes. – 2. eine Vorlesung ~ to hear a lecture without registering for it. – II *v/i* 3. (bei) cadge (from); sponge ([up]on, *Am. auch* off), scrounge (from) (*colloq.*), *Am. colloq.* mooch (on, from), freeload (on, from): er hat sein Leben lang bei seinen Freunden geschnorrt he has been sponging on his friends all his life.

'Schnor·rer *m* ⟨-s; -⟩ *colloq.* 1. cadger; sponge(r), scrounger (*colloq.*), *Am. colloq.* mooch(er), *Am. sl.* bum, *Am. sl.* dead beat, *auch* schnorrer. – 2. *cf.* Bettler 1, 3.

Schnö·sel ['ʃnøːzəl] *m* ⟨-s; -⟩ *colloq.* (young) snot, fop, silly fellow (*colloq.*): ein junger ~ a snotty kid (*sl.*); er ist ein eingebildeter ~ he is a conceited snot (*od. sl.* twerp, *auch* twirp). — **'schnö·se·lig** *adj* snotty (*colloq.*), unpleasant, twerplike, *auch* twirplike (*sl.*).

Schnucke (*getr.* -k·k-) ['ʃnukə] *f* ⟨-; -n⟩ *zo. cf.* Heidschnucke.

Schnuckel·chen (*getr.* -k·k-) ['ʃnukəlçən] *n* ⟨-s; -⟩ *only in* mein ~ *colloq.* (my) darling, (my) sweetheart, (my) ducky (*colloq.*), (my) baby (*sl.*).

schnucke·lig (*getr.* -k·k-) ['ʃnukəlɪç] *adj Northern G. colloq.* 1. (*Mädchen*) cuddly, cuddlesome. – 2. (*Wohnung, Häuschen etc*) snug, cosy, cozy.

Schnucki (*getr.* -k·k-) ['ʃnuki] *n* ⟨-s; -s⟩ *cf.* Schnuckelchen.

Schnüf·fe'lei *f* ⟨-; -en⟩ *colloq.* 1. *cf.* Schnüffeln. – 2. *fig.* snooping, snoopery.

schnüf·feln ['ʃnyfəln] I *v/i* ⟨h⟩ 1. (*schnuppern*) sniff, *auch* snuff, snuffle, nose, nuzzle: der Hund schnüffelte an meinen Schuhen the dog sniffed at my shoes. – 2. *colloq.* (*die Nase hochziehen*) sniff(le), snuffle, snivel. – 3. *fig. colloq.* pry, sniff (*od.* nose, poke, snoop) (around *od.* about): in j-s Privatangelegenheiten ~ to nose about in s.o.'s private affairs. – II S~ *n* ⟨-s⟩ 4. *verbal noun.* – 5. sniff, snuffle. – 6. *colloq.* (*Hochziehen*) sniff(le), snuffle, snivel. – 7. *fig. colloq. cf.* Schnüffelei 2.

'Schnüf·fel·ven,til *n tech.* snifting valve.

'Schnüff·ler *m* ⟨-s; -⟩ 1. *fig. colloq. contempt.* nosy person, Nosy Parker (*beide colloq.*), snoop(er), prier. – 2. *fig. colloq. contempt.* (*Detektiv*) sleuth. – 3. *tech.* (*eines Lecksuchgeräts*) sniffer.

schnul·len ['ʃnulən] *v/i* ⟨h⟩ *dial.* suck.

'Schnul·ler *m* ⟨-s; -⟩ 1. *Am.* pacifier, *bes. Br.* comforter, dummy (teat). – 2. (*an der Milchflasche*) *bes. Am.* nipple, *Br.* teat.

Schnul·ze ['ʃnultsə] *f* ⟨-; -n⟩ *colloq. contempt.* tearjerker, sob stuff (*colloq.*), *Am. sl.* 'corn', (*bes. Schlager*) *auch* croon (song).

'Schnul·zen,sän·ger *m colloq. contempt.* soap-opera singer, tearjerker, crooner.

'schnul·zig *adj* (*Schlager, Roman etc*) *colloq. contempt.* sentimental, *Am. sl.* 'corny', schmal(t)zy.

schnup·fen ['ʃnupfən] I *v/i* ⟨h⟩ take snuff, snuff. – II *v/t* Tabak ~ to take snuff, to snuff. – III S~ *n* ⟨-s⟩ *verbal noun*: er hat sich das S~ angewöhnt he got into the habit of taking snuff.

'Schnup·fen *m* ⟨-s; -⟩ *med.* cold (in the head), (nasal) catarrh, running (*od.* runny) nose (*colloq.*); *Am. colloq.* the sniffles *pl*, the snuffles *pl*; coryza, rhinitis (*scient.*): chronischer ~ chronic cold; (einen) ~ haben to have a cold, to have a running (*od.* runny) nose (*colloq.*); (einen) ~ bekommen, sich (*dat*) einen ~ holen to catch (a) cold. — **~,mit·tel** *n med. pharm.* remedy for a cold. — **~,sal·be** *f* nasal jelly.

'Schnup·fer *m* ⟨-s; -⟩ snuff-taker, snuffer.

'Schnupf|,ta·bak *m* snuff. — **~,ta·bak(s)-,do·se** *f* snuffbox. — **~,tuch** *n* ⟨-(e)s; ⸚er⟩ *obs.* (pocket-)handkerchief, kerchief.

schnup·pe ['ʃnupə] *adj* ⟨*pred*⟩ *only in* das ist mir ~ *colloq.* I don't care, that's all the same to me: das ist mir völlig ~ *colloq.* I don't care a rap (*bes. Am.* a dime, a red cent, *bes. Br.* twopence), (I) couldn't care less, I don't care a hoot (*od.* two hoots) (*sl.*).

'Schnup·pe *f* ⟨-; -n⟩ *Northern and Middle G.* (*einer Kerze*) snuff.

schnup·pern ['ʃnupərn] I *v/i* ⟨h⟩ (*schnüffeln*) sniff, smell: der Hund schnupperte an einem Baum the dog sniffed at a tree. – II *v/t colloq.* (*riechen*) sniff, smell, scent.

Schnur [ʃnuːr] *f* ⟨-; ⸚e, *rare* -en⟩ 1. string, cord, twine: ein Paket mit einer ~ umwickeln to tie (up) a parcel with (a piece of) string; → hauen 12. – 2. (*Kordel*) cord. – 3. (*als Verzierung an Kissen, Uniformen, Hüten etc*) cording, braid, lace, piping: etwas mit Schnüren einfassen (*od.* besetzen, verzieren) to trim (*od.* edge) s.th. with cording, to braid s.th. – 4. (*für Perlen, Korallen etc*) string: Perlen an einer ~ aufreihen, Perlen auf eine ~ fädeln (*od.* ziehen) to string pearls. – 5. (*einer Angel*) (fishing) line. – 6. (*einer Peitsche*) lash. – 7. (*Zeltschnur*) guy (rope). – 8. (*eines Lots*) line, cord. – 9. (*sport*) (*beim Faustball etc*) line. – 10. *electr.* (*am Bügeleisen etc*) (flexible) lead (*od.* cord), *bes. Br.* flex: dreiadrige ~ three-conductor cord. – 11. *civ.eng.* a) (*zum Messen, Abstecken etc*) line, b) (*Mauer-, Zimmerschnur*) (chalk) line: eine Mauer nach der ~ ziehen to lay out a wall by the line. – 12. *med.* (*Nabelschnur*) (umbilical) cord. – 13. ⟨*pl* -en⟩ *print.* (*in der Buchbinderei*) band, cord.

'Schnür,band *n* ⟨-(e)s; ⸚er⟩ *cf.* Schnürsenkel.

'Schnur|,baum *m bot.* coral beam (tree) (*Gattg Sophora*): (Japanischer) ~ (Japanese) pagoda tree, *auch* Chinese scholartree (*S. japonica*); Vierflügeliger ~ pelu (*S. tetraptera*). — **~be,satz** *m* braid(ing), piping.

'Schnür,bo·den *m* 1. (*theater*) gridiron, rigging loft. – 2. *mar.* (*einer Werft*) mold (*bes. Br.* mould) loft (floor), drawing loft.

Schnür·chen ['ʃnyːrçən] *n* ⟨-s; -⟩ 1. *dim. of* Schnur. – 2. das (*od.* es) geht (*od.* läuft, klappt) wie am ~ *fig. colloq.* it is going like clockwork (*od.* without a hitch); der Schüler konnte das Gedicht wie am ~ *fig. colloq.* the pupil knew the poem (off) backwards (*od.* off pat).

schnü·ren ['ʃnyːrən] I *v/t* ⟨h⟩ 1. (*Paket etc*) tie (*s.th.*) (up) (with string *od.* cord), cord: du hast den Ballen zu fest geschnürt you have tied the bale too tight(ly); einem Gefangenen die Hände auf den Rücken ~ to tie a prisoner's hands behind his back; er schnürte einen Riemen um seine Bücher he tied his books up with a strap, he strapped his books up; sein Bündel ~ *bes. fig.* to pack up, to pack one's bags. – 2. (*Schuhe*) lace (up), tie. – 3. (*Mieder, Taille etc*) lace. – II *v/i* ⟨h *u.* sein⟩ 4. ⟨h⟩ *colloq.* (*von zu engen Hosen, Kleidern etc*) be too tight, constrict. – 5. ⟨sein⟩ *hunt.* (*von Fuchs, Wildkatze etc*) move (*od.* run) in a straight line. – III *v/reflex* sich ~ ⟨h⟩ 6. *archaic* (*von Frauen*) wear a corset, wear stays, lace oneself up: sich stark (*od.* eng, fest) ~ to wear tight corsets, to lace oneself up tightly. – IV S~ *n* ⟨-s⟩ 7. *verbal noun.* – 8. *cf.* Schnürung.

'schnur·ge'ra·de I *adj* 1. (as) straight as a die (*od.* an arrow), dead straight (*colloq.*): die Bäume stehen in ~r Linie the trees are lined up as straight as a die. – II *adv* 2. (as) straight as a die (*od.* an arrow), dead straight (*colloq.*). – 3. *auch fig.* (*geradewegs*) straight, direct: ~ auf j-n zusteuern to go straight for (*od.* up to) s.o., to make a beeline for s.o.; ~ auf ein Ziel zusteuern *fig.* to aim straight (*od.* directly) for a goal.

'Schnur·ke,ra·mik *f archeol.* string ceramics *pl* (*usually construed as sg*).

'Schnür,loch *n* eyelet.

'Schnürl|,re·gen ['ʃnyːrl-] *m Austrian* sheets *pl* of rain. — **~,samt** *m Austrian for* Kordsamt.

'Schnür,na·del *f* bodkin.

'Schnurr,bart *m* moustache, *Am. auch* mustache: sich (*dat*) einen ~ wachsen (*od.* stehen) lassen to grow a m(o)ustache. — **~,äff·chen** *n zo.* 1. (*in Westafrika*) moustache (monkey), red-eared monkey (*Cercopithecus erythrotis*). – 2. (*in Südamerika*) emperor tamarin (*Saguinus imperator*). — **~,bin·de** *f* moustache (*Am. auch* mustache) trainer.

'schnurr,bär·tig *adj* moustached, *Am. auch* mustached.

'Schnurr,bart,pfei·fer *m zo.* South American bullfrog (*Leptodactylus mystacinus*).

Schnur·re ['ʃnurə] *f* ⟨-; -n⟩ 1. (*humorvolle Erzählung*) droll (*od.* amusing) story, drollery. – 2. (*Posse*) farce. – 3. *meist pl* (*alberner Scherz*) silly joke. – 4. *dial.* (*altes Weib*) (old) hag, harridan.

schnur·ren ['ʃnurən] I *v/i* ⟨h⟩ 1. (*von Katzen*) purr. – 2. (*von Rad, Spinnrad, Kreisel, Ventilator etc*) whir(r), buzz, hum. – 3. (*von Motoren, Maschinen*) purr, hum. – 4. *fig. colloq.* (*tadellos funktionieren*) run very smoothly, bowl along: seit der Reparatur schnurrt das Auto wieder the car has whizzed along since it was repaired. – **II S~** *n* ⟨-s⟩ **5.** *verbal noun.* – **6.** (*einer Katze*) purr. – **7.** (*eines Rads, Spinnrads etc*) whir(r), buzz, hum. – **8.** (*eines Motors etc*) purr, hum.

'Schnurr,haa·re *pl* (*einer Katze etc*) whiskers.

'Schnür,rie·men *m cf.* Schnürsenkel.

'schnur·rig *adj* **1.** (*drollig*) droll, amusing: eine ~e Geschichte a droll (*od.* humorous) story, a drollery. – **2.** (*wunderlich*) quaint, odd, bizarre: ein ~er Kauz *fig. colloq.* a quaint sort (*od. colloq.* fellow). — **'Schnur·rig·keit** *f* ⟨-; *no pl*⟩ **1.** (*Drolligkeit*) drollness, drollery. – **2.** (*Wunderlichkeit*) quaintness, oddness, bizarreness.

'Schnur,rol·le *f* **1.** ball of string (*od.* cord). – **2.** (*drehbar angebracht*) string (*od.* cord) pulley.

,Schnurr·pfei·fe'rei *f* ⟨-; -en⟩ *obs.* knick-knack, nic(k)nac(k).

'Schnurr,vo·gel *m zo.* manakin (*Fam. Pipridae*).

'Schnur,schal·ter *m electr.* pendent (*od.* pendant) switch: ~ mit Druckknopf pressel (*od.* pear) switch.

'Schnür|,schuh *m meist pl* lace(d) shoe. — **~,sen·kel** *m* **1.** (*für Halbschuhe*) shoelace, *Am. auch* shoestring. – **2.** (*für Stiefel*) bootlace.

'Schnur,stich *m* (*in der Stickerei*) cord (*od.* twist) stitch, couching.

'Schnür,stie·fel *m meist pl* lace(d) boot.

'schnur'stracks *adv* **1.** *auch fig.* (*geradewegs*) straight, direct: ~ auf j-n zugehen to go straight for (*od.* up to) s.o., to make a beeline for s.o. – **2.** (*sofort, unverzüglich*) straight (away), immediately, *bes. Am. colloq.* right away.

'Schnü·rung *f* ⟨-; -en⟩ **1.** *cf.* Schnüren. – **2.** (*textile*) (*in der Weberei*) cording.

'Schnur|ver,schluß *m* (*an Uniformröcken, Kleidern etc*) string fastening. — **~,wurm** *m zo.* ribbon worm; nemertine, nemertinean (*scient.*) (*Stamm Nemertina*).

schnurz [ʃnʊrts] *adj* ⟨*pred*⟩ *only in* das ist mir ~ (und piepe) *colloq.* I don't give (*od.* care) a damn (*od. colloq.* a hang). — **~('piep·)egal** [-ʔe'gaːl] *adj* ⟨*pred*⟩ *colloq. cf.* schnurz.

Schnu·te ['ʃnuːtə] *f* ⟨-; -n⟩ **1.** *Northern G. colloq.* (*Schmollmund*) pout: eine ~ ziehen (*od.* machen) to pout (one's lips). – **2.** *Low G. for* Schnauze.

schob [ʃoːp] *1 u. 3 sg pret*, **schö·be** ['ʃøːbə] *1 u. 3 sg pret subj of* schieben, scheiben.

Scho·ber ['ʃoːbər] *m* ⟨-s; -⟩ **1.** *cf.* a) Schuppen[3] 1, b) Scheune 1, 2. – **2.** *Southern G. and Austrian* (*Getreide-, Heuhaufen*) stack, rick.

scho·bern ['ʃoːbərn], **schö·bern** ['ʃøːbərn] *v/t* ⟨h⟩ *Southern G. and Austrian* (*Heu etc*) stack, rick.

Schock[1] [ʃɔk] *n* ⟨-(e)s; -e, *nach Zahlenangaben* -⟩ **1.** (*60 Stück*) sixty, threescore, five dozen: 2 ~ Eier 120 (*od.* sixscore, ten dozen) eggs; ein halbes ~ thirty, a score and a half. – **2.** *fig.* (*große Menge*) great number, dozens *pl*; lot, lots *pl* (*colloq.*): sie hat ein (ganzes) ~ Kinder she has crowds (*od. colloq.* a lot, lots) of children; ein ~ Neuigkeiten a lot (*od.* heaps) of news (*colloq.*).

Schock[2] *m* ⟨-(e)s; -s, *rare* -e⟩ *auch med.* shock: seelischer ~ psychic (*od.* mental) shock; einen ~ erleiden (*od.* bekommen, *colloq.* kriegen) to suffer a shock; das Erlebnis hat ihm einen ~ versetzt the experience gave him a shock.

schockant (*getr.* -k·k-) [ʃɔ'kant] *adj* (*anstößig*) shocking.

'Schock|be,hand·lung *f med. cf.* Schocktherapie. — **~,ein,wir·kung** *f* effects *pl* of shock: der Patient steht noch unter ~ the patient is still suffering from (the effects of) shock, *Am. auch* the patient is still in shock.

schocken (*getr.* -k·k-) ['ʃɔkən] *v/t* ⟨h⟩ **1.** *med.* a) shock, give (*s.o.*) shock treatment, b) (*mit Elektroschocks*) shock, treat (*s.o.*) with electric shocks (*od.* electroshocks), give (*s.o.*) electric shock treatment. – **2.** *colloq. for* schockieren. — **'Schocker** (*getr.* -k·k-) *m* ⟨-s; -⟩ *colloq.* (*Schauerroman, -film etc*) shocker.

schockie·ren (*getr.* -k·k-) [ʃɔ'kiːrən] *v/t* ⟨*no* ge-, h⟩ shock, (*stärker*) scandalize *Br. auch* -s-: ihr Benehmen hat uns schockiert her behavio(u)r shocked us, we were shocked by her behavio(u)r. — **schockierend** (*getr.* -k·k-) [-'kiːrənt] **I** *pres p.* – **II** *adj* (*Benehmen etc*) shocking, (*stärker*) scandalous.

'Schock·pa·ti,ent *m med.* patient in shock.

'Schock,schwe·re'not *interj archaic* hang (*od.* damn) it (all)!

'Schock|the·ra,pie *f med.* **1.** *auch fig.* shock therapy (*od.* treatment). – **2.** (*mit Elektroschocks*) electroshock (*od.* electroconvulsive) therapy (*od.* treatment). — **~,trup·pen** *pl mil.* shock troops.

'schock,wei·se *adv* **1.** in lots of sixty (*od.* threescore). – **2.** *fig.* (*in großen Mengen*) by the dozen, in dozens.

'Schock,wir·kung *f bes. med.* shock (*od.* traumatic) effect.

scho·fel ['ʃoːfəl], **'scho·fe·lig** *adj colloq.* **1.** (*schäbig, gemein*) mean, shabby: das finde ich aber ~ von dir I think that is quite shabby of you. – **2.** (*erbärmlich, armselig*) shabby, miserable, dingy. – **3.** (*knauserig*) mean, miserly, stingy.

Schöf·fe ['ʃœfə] *m* ⟨-n; -n⟩ *jur.* lay assessor (*od.* judge): ~ sein to be (*od.* serve as) a lay assessor; einen ~n ablehnen to challenge a lay assessor (*od.* judge).

'Schöf·fen|,amt *n jur.* office (*od.* function) of a lay assessor (*od.* lay judge). — **~ge,richt** *n* court of lay assessors (*od.* judges). — **~,li·ste** *f* list (*od.* panel) of lay assessors (*od.* judges).

Schof·för [ʃɔ'føːr] *m* ⟨-s; -e⟩ *cf.* Chauffeur.

'schof·lig *adj colloq. cf.* schofel.

Scho·ko·la·de [ʃoko'laːdə] *f* ⟨-; -n⟩ **1.** chocolate: gefüllte ~ chocolate with a filling; eine Tafel ~ a bar of chocolate. – **2.** (*Getränk*) (drinking) chocolate.

Scho·ko·la·de..., scho·ko·la·de... *cf.* Schokoladen..., schokoladen...

scho·ko'la·den *adj* (of) chocolate. — **~,braun** *adj* chocolate(-brown).

Scho·ko'la·den|,eis *n* chocolate ice cream. — **~fa,brik** *f* chocolate factory. — **s~,far·ben, s~,far·big** *adj* chocolate(-brown). — **~,guß** *m* (*auf einem Kuchen etc*) chocolate coating (*od.* icing). — **~,plätz·chen** *n* chocolate biscuit (*Am.* cookie, cooky, *auch* cookey). — **~,pud·ding** *m* chocolate pudding. — **~,pul·ver** *n* chocolate powder. — **~,rie·gel** *m* bar of chocolate, *Am. auch* chocolate bar. — **~,sei·te** *f fig. colloq.* best side. — **~,spei·se** *f gastr.* chocolate dessert. — **~,streu·sel** *n meist pl* chocolate flake. — **~,ta·fel** *f* bar of chocolate, *Am. auch* chocolate bar. — **~,tas·se** *f* chocolate cup. — **~,tor·te** *f* chocolate cake. — **s~,über,zo·gen** *adj* (*Kuchen, Pralinen etc*) chocolate-coated.

Scho·lar [ʃo'laːr] *m* ⟨-en; -en⟩ *hist.* (itinerant) scholar.

Scho·la·stik [ʃo'lastɪk] *f* ⟨-; *no pl*⟩ *philos.* Scholasticism, *auch* scholasticism. — **Scho'la·sti·ker** [-tikər] *m* ⟨-s; -⟩ Scholastic, *auch* scholastic, Schoolman, *auch* schoolman. — **scho'la·stisch** [-tɪʃ] *adj* scholastic, *auch* Scholastic. — **Scho·la·sti'zis·mus** [-ti'tsɪsmʊs] *m* ⟨-; *no pl*⟩ Scholasticism, *auch* scholasticism.

Scho·li·ast [ʃo'lĭast] *m* ⟨-en; -en⟩ *antiq.* (*literature*) scholiast.

Scho·lie ['ʃoːlĭə] *f* ⟨-; -n⟩, **Scho·li·on** ['ʃoːlĭɔn] *n* ⟨-s; -lien⟩ *antiq.* (*literature*) scholium, scholion.

scholl [ʃɔl] *rare 1 u. 3 sg pret of* schallen.

Schol·le[1] ['ʃɔlə] *f* ⟨-; -n⟩ **1.** *agr.* clod: die ~n zerkleinern to break the clods. – **2.** (*Eisscholle*) (ice) floe, lump of ice. – **3.** *fig.* (*Heimatboden*) soil: die eigene [heimatliche] ~ one's own [the native] soil; an der ~ hängen, an die ~ gebunden sein, mit der ~ verwachsen sein to cling (*od.* be bound) to the (*od.* to one's native) soil; auf der eigenen ~ sitzen to have one's own piece of ground. – **4.** *geol.* a) (*des Gesteins*) block, b) (*der Erdrinde*) massif: die hangende ~ the upthrow side.

'Schol·le[2] *f* ⟨-; -n⟩ *zo.* (Gemeine) ~ plaice, *auch* plaise, *Am.* summer flounder (*Pleuronectes platessa*): die ~n *collect.* the pleuronectids, the Pleuronectidae (*Fam. Pleuronectidae*).

schöl·le ['ʃœlə] *rare 1 u. 3 sg pret subj of* schallen.

'Schol·len|,bre·cher *m agr.* clod break roller (*od.* crusher). — **~ge,bir·ge** *n geol.* block mountains *pl.*

schol·lern ['ʃɔlərn] *v/i* ⟨h⟩ **1.** (*dumpf tönen*) rumble. – **2.** *agr.* break the soil (with a hoe).

'schol·lig *adj* (*Boden etc*) cloddy, lumpy.

'Schöll,kraut ['ʃœl-] *n bot.* common (*od.* greater) celandine, swallowwort (*Chelidonium majus*).

schöl·te ['ʃœltə] *1 u. 3 sg pret subj of* schelten.

schon [ʃoːn] *adv* **1.** (*bereits*) already: es ist ~ 12 Uhr it is 12 o'clock already; ich habe dir ~ gestern gesagt, daß I already told you yesterday that; es ist ~ zu spät it is already too late, it is too late now; ist es ~ so spät? is it so late already? must du ~ gehen? do you have (*od. colloq.* have you got) to go already? was, ~ zurück? *colloq.* what, back already? er liegt ~ (seit) 3 Wochen im Krankenhaus he has been in (the) hospital for 3 weeks (already *od.* now); wie ~ gemeldet (*od.* berichtet) [erwähnt] as has already been reported [mentioned]; ich warte nun ~ ein halbes Jahr I have been waiting for six months (already *od.* now); möchten Sie ein Stück Kuchen? Danke, ich habe ~ ein(e)s would you like a piece of cake? Thank you, I already have one; sie ist ~ (so) oft zu spät gekommen she has been late (so) often (already), she has (so) often been late (already); ich habe dir doch ~ zwanzigmal gesagt, daß I have already told you twenty times that; werden Sie ~ bedient? are you (already) being attended to (*od.* being served)? da sind wir (ja) ~! *colloq.* here we are already! ich bin ~ einmal in England gewesen I have been to England (once) before, I have been to England once already; ~ heute werden wir unsere Arbeit abschließen we shall finish (*od.* have finished) our work today already; er ist ~ lange (*od. colloq.* längst) abgereist he has been gone a long time (now) (*od. colloq.* gone for ages); wie lange sind Sie ~ hier? how long have you been here? da ist er ja ~ wieder a) (*wieder zurück*) there he is back already, b) (*ein zweites Mal*) there he is (yet) again; gehst du ~ wieder? are you going (again) already? was gibt's denn nun ~ wieder? *colloq.* what is it now? what (on earth) is the matter now? was will denn der ~ wieder? *colloq.* what does he want now (*od.* this time)? was, ~ wieder? what, again? ich habe das ~ immer gesagt I always said so; ~ immer wollte ich dich fragen, ob I have always wanted (*od. colloq.* been meaning) to ask you if; seit wann weißt du das ~? since when have you known that? das kennen wir ~ *colloq.* we know that already, (*bei Entschuldigungen, Klagen etc*) *auch* we have heard that one before (*colloq.*); ich habe Sie doch ~ (ein)mal gesehen I have seen you somewhere before. – **2.** (*verstärkend*) very: sie werden ~ bald kommen they will come very soon; ~ am nächsten Morgen brachen wir auf we set off the very next morning; ~ von Anfang an (right) from the very beginning; er weiß ~ warum he knows very (*od.* perfectly) well (why); sie ist ~ ganz durcheinander she is really quite confused; sie schwimmt ~ ganz gut she (really) swims quite well, she is really quite a good swimmer; es ist ~ ziemlich lange her (, daß) it is quite a long time (ago) (, since). – **3.** (*zu einem bestimmten Zeitpunkt*) as early as: ich muß ~ um 6 Uhr aufstehen I have to get up as early as (*od. colloq.* at the early hour of) 6 o'clock; ~ im Jahre 1923 as early as 1923; ~ im 15. Jahrhundert hat man erkannt, daß as early (*od.* as far back, as long ago) as the 15th century it was realized that. – **4.** (*in Fragesätzen, eine Möglichkeit ausdrückend*) yet: ist er ~ tot? is he dead yet? ist sie ~ da? a) has she come (*od.* is she here) yet? b) (*früher als erwartet*) is she here already? hast du ~ das Buch ausgelesen? have you finished the book yet? – **5.** (*nicht erst zu einem anderen Zeitpunkt*) even: du kannst ~ jetzt mitkommen you could come with me even (*bes. Am.* right) now; das habe ich ~ früher bemerkt I have noticed it (even) before; ~ früher hat man dieses Verfahren angewendet this technique has been applied even before (our day). – **6.** ~ (einmal) (*bei Fragen*) ever: sind Sie ~ einmal in Spanien gewesen? have you ever been to Spain? **hast du so etwas ~ (ein)mal gemacht?** have you ever done anything like that (before)? – **7. ~ ..., als** (*bei Gleichzeitigkeit*) just ... when: **er wollte ~ gehen, als** he was (just) about to go when; **~ glaubte er gerettet zu sein, als sich folgendes ereignete** just when he thought he was safe the following happened. – **8.** (*allein, nur*) merely, only, just: **~ wenn ich an sie denke** if I just think of her, at the mere thought of her, I merely need to think of her; **~ (allein) der Gedanke (daran) bereitet mir Schrecken** the mere (*od.* very) thought of it terrifies me; **~ ihre Stimme macht mich nervös** her very voice sets (*od. colloq.* her voice is enough to set) me on edge; **~ aus Höflichkeit** out of mere courtesy; **das ergibt sich ~ allein dadurch, daß** that is due to the mere fact that; **~ (allein) deswegen kann ich nicht mitgehen** for that reason alone I can't go, I can't go, if only for that reason; **~ wegen meiner Mutter** because (*od.* for the sake) of my mother alone (*od. colloq.* for a start). – **9.** (*tröstend, besänftigend*) all right, surely: **er wird ~ kommen** he will come all right (, don't worry), he will surely come; **ich werde das Zimmer ~ bezahlen** I'll pay for the room all right; **es wird ~ gehen** it will be all right (*od. colloq.* OK, okay, *auch* okey, okeh); **das wird ~ stimmen** that will surely be right, I'm sure that's right (*colloq.*); **er wird es ~ machen** *auch fig.* he will do it all right, leave it to him; **wir verstehen uns ~!** *colloq.* a) we understand each other, don't we? b) we'll understand (*od.* we'll get along with) each other all right! (*colloq.*); **es wird sich ~ wieder einrenken** *colloq.* the matter will straighten itself (*od.* things will work) out all right; **sie wird mich ~ verstehen** she will surely understand me, she will understand me, I'm sure; **~ gut!** a) never mind! there, there! b) (*ich brauche nichts mehr*) that's all right! – **10. ~ ..., aber** all right ..., but: **das ist ~ möglich, aber** that may well be possible, but; **das ist ~ wahr, aber** that is true (enough), but, that is all very well, but; **das wäre mir ~ recht, aber** that would suit me all right, but, that would be all right (*od. colloq.* OK) with me, but. – **11.** (*allerdings*) really: **sie müßte sich ~ etwas mehr anstrengen** she really ought to work a bit harder; **also, ich muß ~ sagen** *colloq.* well really, I must say; **das ist ~ eine Frechheit!** *colloq.* that really is a bit thick (*od.* much)! (*colloq.*); **(na), wenn ~!** *colloq.* what of it! so what! (*colloq.*); **es ist ~ so** a) that's how (*od. colloq.* the way) it is, b) (*du kannst mir glauben*) that's true all right, that's a fact; **du wirst es ~ noch früh genug erfahren** you'll hear about it soon enough; **du wirst ~ sehen** you'll see. – **12.** (*ohnehin*) as it is, already, anyway: **das ist ~ teuer genug** that is dear enough as it is; **es ist ~ schwierig genug, hier ein Zimmer zu finden** it is difficult enough to find a room here (as it is); **wenn du ~ beim Aufräumen bist, kannst du auch gleich den Fußboden putzen** since you're tidying up anyway you can clean the floor while you are at it. – **13. ~ gar nicht** even less: **so geht es ~ gar nicht!** *colloq.* that's even less help! (*colloq.*); **er hat nicht einmal Geld für eine Wohnung, für ein Haus hat er es ~ gar nicht** he hasn't even the money for a flat (*bes. Am.* for an apartment), let alone for a house. – **14.** (*ungeduldig*) now: **wenn er doch ~ käme!** if only he would come now! **nun rede doch ~!** for heaven's sake speak up (, will you)! **(nun) mach ~!** *colloq.* come on! hurry up! get a move on! (*colloq.*); **ich komme ja ~** I'm (just) coming.

schön [ʃøːn] **I** *adj* ⟨-er; -st⟩ **1.** (*Gesicht, Kleidungsstück, Haus, Bild, Landschaft, Aussicht, Film, Musik, Stimme etc*) beautiful, lovely, nice, delightful, (*stärker*) gorgeous (*colloq.*): **er wohnt in einer ~en Gegend** he lives in a beautiful district (*od.* area, section); **wir hatten ~es Wetter** we had beautiful (*od.* fine, fair) weather; **von dort hat man eine ~e Aussicht** there's a lovely view from there; **unbeschreiblich ~** beautiful beyond all description; **sie hat ~e Beine** she has beautiful (*od.* shapely) legs; **j-m ~e Augen machen** *fig.* to give s.o. the (glad) eye (*sl.*), to make eyes at s.o. – **2.** (*Frau, Mädchen*) beautiful, good- (*od.* lovely-)looking, lovely, pretty, comely; fair, beauteous, pulchritudinous (*lit.*): **sie ist ungewöhnlich** (*od.* **ungemein, auffallend, über alle Maßen**) **~** she is exceptionally (*od.* strikingly) beautiful, she is a ravishing (*od. colloq.* raving) beauty; **sie ist alles andere als ~, ~ ist anders** *iron.* she is anything but beautiful; **sie ist ~ anzuschauen** she is lovely (*od.* pretty) to look at (*od.* lovely-looking); **wer ~ sein will, muß leiden** *iron.* beauty must suffer; **(mein) ~es Fräulein** (my) dear young lady; **wohin so eilig, ~es Kind?** *iron.* hello beautiful, what's the rush? **~ste Frau!** *iron.* (most) gracious lady; **das ~e Geschlecht** *fig.* the fair sex; **~e Leute haben ~e Sachen** (*Sprichwort*) *etwa* nice people have nice things. – **3.** (*Mann, Knabe*) handsome, good- (*od.* fine-)looking. – **4.** (*Kind*) beautiful, lovely, handsome, fair (*lit.*). – **5.** (*Tier*) beautiful, handsome, fine(-looking). – **6.** (*Reise, Tätigkeit, Fest, Gefühl, Leben, Zeit, Erlebnis etc*) lovely, delightful, very pleasant, nice, fine, (*stärker*) gorgeous, great (*colloq.*), *Am. colloq. auch* swell: **war es ~ im Urlaub?** did you have a nice time during your holidays? **das waren ~e Zeiten** those were great times; **eines ~en Tages wird alles vorbei sein** one fine day it will all be over; **die Zeit in London war doch die ~ste!** our time in London was the best of all! **das Leben ist ~!** life is good! **er macht sich** (*dat*) **ein ~es Leben** *colloq.* he has a great life of it! (*colloq.*), he enjoys himself no end; **du hast's (vielleicht) ~!** *colloq.* you are a lucky one (*od. colloq.* dog); **wir haben es so ~ hier** we are so well off here; **das schmeckt [riecht] ~** *bes. Northern G. colloq.* that tastes [smells] wonderful; **~en Sonntag [~es Wochenende]!** have a pleasant (*od.* nice) Sunday [weekend]! **einen ~en guten Morgen!** good morning to you! **~e Weihnachten!** merry Christmas! **ein ~es Alter** a) (*angenehmes, beglückendes*) a nice age, b) (*hohes*) a fine (*od.* ripe old) age; **einen ~en Tod sterben** to die an easy death. – **7.** *colloq.* (*von guter Qualität*) good, beautiful, fine, 'lovely' (*colloq.*): **das ist ein ~er Stoff** that's beautiful material; **und dann aßen wir ein ~es Schnitzel** and then we had a fine escalope; **ein ~es Täßchen Tee** a nice cup of tea. – **8.** (*gut, erfreulich*) good, fine: **das ist eine ~e Gelegenheit** that's a good opportunity; **das ist ein ~er Erfolg für unsere Mannschaft** that's a fine (*od.* splendid) success for our team; **das ist alles ~ und gut** (*od.* **alles recht ~, alles gut und ~**), **aber** that is all very well (*od.* fine), but; **das wäre ja zu ~!** *colloq.* that would be just lovely! (*colloq.*); **das ist zu ~, um wahr zu sein** that is too good to be true; **es ist alles in ~ster Ordnung** all is well, everything is in perfect (*od.* apple-pie) order; **wir verbrachten den Abend in ~ster Harmonie** we spent the evening in perfect harmony; **gib die ~e Hand!** *fig. colloq.* (*zu Kindern*) give your right hand! – **9.** (*gütig, nett*) kind, good, nice: **(es ist) ~ (von Ihnen), daß Sie gekommen sind** it's very kind (*od.* how kind) of you to come; **das war nicht sehr ~ von dir** that was not very nice of you. – **10.** (*Charakterzug, Gesinnung, Gedanken etc*) noble, noble- (*od.* high-)minded: **das ist ein ~er Zug an** (*od.* **von**) **ihm** that is a fine trait in his character. – **11. die ~en Künste** the fine arts; **~e Literatur** belles lettres *pl* (*construed as sg*), fiction; **die ~en Wissenschaften** the arts, the humanities. – **12.** *colloq. iron.* 'nice', 'fine', *bes. Br.* 'pretty' (*alle colloq.*): **du bist mir vielleicht** (*od.* **ja**) **ein ~er Freund!** you are a nice friend! a nice friend you are! **das ist ja eine ~e Bescherung!** that's a nice mess (*od.* a pretty kettle of fish)! **das sind (ja) ~e Aussichten!** those are nice (*od.* lovely) prospects! nice prospects, these! **von dir hört man ja ~e Sachen** (*od.* **Geschichten**)! people are telling nice stories (*od.* are saying nice things) about you! **das wird ja immer ~er (mit dir)!** things are getting worse and worse (with you)! **wart(e), es kommt noch ~er** wait, there is (even) more to come; **das wäre ja noch ~er!** that would be lovely (, that would)! a nice state of affairs that would lead to! – **13.** *fig. iron.* (*Worte, Versprechungen etc*) fair, fine: **j-n mit ~en Worten abspeisen** to put (*od.* fob) s.o. off with fair words; **er ist um ~e Worte nie verlegen** he is never at a loss for fair words. – **14.** *fig. colloq.* (*beträchtlich*) 'fair', 'pretty', 'handsome' (*alle colloq.*): **das hat mich ein ~es** (*od.* **eine ~e Stange, ein ~es Stück, einen ~en Batzen**) **Geld gekostet** that cost me a fair amount of money (*od.* quite a bit, *colloq.* a pretty penny); **es ist noch ein ~es Stück Weg(s) bis nach Hause** we have still a fair way to go before we are home; **ich habe gestern ein ~es Geschäft gemacht** I struck (quite) a (good) bargain yesterday. – **15.** (*in Wendungen wie*) **~, ich bin einverstanden** all right (*od. colloq.* OK, okay, *auch* okey, okeh), I agree; **(na) ~, dann eben nicht!** all right, have it your way; **(na) ~, wenn ihr wollt** (very) well (*od.* all right, *colloq.* OK, okay), if you want (to); **~en Dank!** thank you very much, thank you kindly, many thanks (*colloq.*); **j-m einen ~en Gruß bestellen** to give s.o. one's kind regards; **(einen) ~en Gruß von [an** (*acc*)**] Heinz** Heinz sends his [give Heinz my] love. – **II** *adv* **16.** beautifully, nicely: **sich ~ anziehen** a) (*geschmackvoll*) to dress beautifully, b) (*sich herausputzen*) to dress (*od. colloq. contempt.* doll oneself) up; **du bist so ~ braun** you have such a beautiful (*od.* lovely) tan; **sie singt sehr ~** she sings (very) beautifully, she has a (very) beautiful voice; **sie schreibt ~** a) (*hat eine schöne Handschrift*) she has beautiful handwriting, she has a fair hand (*lit.*), b) (*hat einen guten Stil*) she writes beautifully; **du mußt etwas ~er schreiben** you must write a bit better (*od.* clearer); **~ gebaut sein** a) (*bes. von Frauen*) to have a good figure, to be well proportioned, b) (*bes. von Männern*) to be well built, to have a fine build; **das hast du (aber) ~ gemacht!** you did that beautifully (*od.* very nicely, very well)! – **17.** (*angenehm*) pleasantly, beautifully: **sich ~ anfühlen** to be pleasant to the touch. – **18.** (*reibungslos*) smoothly, without a hitch: **es verlief alles auf das ~ste** everything went off very smoothly (*od.* perfectly). – **19. ~ daherreden** to talk a lot of hot air (*colloq.*). – **20.** *fig. colloq.* (*recht, ziemlich*) pretty, quite, rather, *bes. Am. colloq.* mighty: **draußen ist es noch ~ warm** it is still pretty (*od.* nice and) warm outside; **ihm war ~ warm in seinem Bett** he felt as warm as toast in bed; **du bist ~ dumm (, wenn)** you are pretty stupid (*od.* pretty much of a fool) (, if); **jetzt stehe ich (ja) ~ da** *fig. colloq.* I look a right (*od.* proper) fool now; **da bin ich (aber) ~ angekommen!** *colloq. iron.* I met with a warm reception! (*colloq.*), I had quite a surprise! I got more than I had bargained for! **sie mußte ganz ~ arbeiten** she had to work pretty hard; **er wird sich ~ langweilen mit ihr** he will be pretty bored with her; **sie werden ganz ~ staunen** they'll be rather surprised, they'll have the surprise of their lives; **du hast mich ~ erschreckt!** you gave me quite a start! – **21.** *fig. colloq.* (*hübsch, geflissentlich*) nicely: **sei ~ brav!** be a good boy (*od.* girl)! behave nicely! **bleib du nur ~ zu Hause!** you be sensible and stay at home! **immer ~ ruhig bleiben!** just be (*od.* keep) nice and quiet! **er ließ es ~ bleiben** he did nothing of the kind; **das werde ich ~ bleibenlassen!** I'll do nothing of the kind! catch me doing that! – **22. grüßen Sie ihn ~ von mir** give him my kind regards; **er läßt Sie ~ grüßen** he sends you his kind regards (*od.* love); **danke ~!** thank you very much, thank you kindly, many thanks (*colloq.*); **sagen Sie mir, bitte ~, wo** please tell me (*od.* tell me, please), where; **hier ist das Buch, bitte ~!** here's the book, if you please! **kann ich Ihren Bleistift haben? Ja, bitte ~!** may I have your pencil? Certainly, here you are. – **III S~e, das** ⟨-n⟩ **23. ein Gefühl für das S~e haben** to have a feeling for the beautiful (*od.* for things beautiful); **das S~e daran ist, daß** the nice (*od. colloq.* lovely) thing about it is that; **das S~ste beim Autofahren ist, daß** the nicest (*od. colloq.* loveliest) thing about driving is that, the beauty of driving is that; **etwas S~es** a thing of beauty; **es gibt nichts S~eres als** there is nothing nicer (*od.* more pleasant, more enjoyable) than; da hast du (ja) (et)was S~es angerichtet! *iron.* you have made a nice mess of it! sie werden etwas S~es von mir denken *iron.* they'll have a nice opinion of me; du kannst etwas S~es erleben, wenn du nach Hause kommst *iron.* you'll get a nice welcome when you come home.

'Schön,bär *m zo.* cinnabar (*Callimorpha jacobaea*).

'Schon·be,zug *m* **1.** (*für Autositze*) seat cover. – **2.** (*für Möbel*) slipcover, *bes. Br.* loose cover.

'Schön,druck *m* ⟨-(e)s; -e⟩ *print.* first printing. — **~,sei·te** *f* upper side, recto sheet.

'Schö·ne[1] *f* ⟨-n; -n⟩ (*schönes Mädchen, schöne Frau*) beautiful (*od. lit.* fair) girl (*od.* woman), beauty, belle (*lit.*): die Schönste der ~n the most beautiful of the beautiful, the loveliest of the lovely.

'Schö·ne[2] *m* ⟨-n; -n⟩ handsome (*od.* good--looking, fine-looking) man (*od.* boy), beau.

'Schö·ne[3] *f* ⟨-; *no pl*⟩ *poet. for* Schönheit 1, 2.

'Schön,ech·se *f zo.* bloodsucker (*Calotes versicolor*).

scho·nen ['ʃoːnən] **I** *v/t* ⟨h⟩ **1.** (*Gesundheit, Magen, Herz, Nerven, Kleidung, Teppich etc*) take (good) care (*od.* be careful) of, look after, treat (*s.th.*) with care: Sie sollten Ihre Gesundheit ~ you should take care of your health (*od.* of yourself); er muß das kranke Bein mehr ~ he has to take better care (*od.* he has to be more careful) of the bad leg, he has to nurse the bad leg more. – **2.** (*durch geringe Beanspruchung*) save: ich fahre mit dem Fahrstuhl, um meine Füße zu ~ I take the elevator (*Br.* lift) to save my feet; er schont seinen Kopf *fig. iron.* he is saving his brains. – **3.** (*Geräte, Mechanismus etc*) take (good) care of, treat (*s.th.*) with care, go easy on (*colloq.*). – **4.** (*sparsam umgehen mit*) save, spare, conserve, husband, go easy on (*colloq.*): sein Geld ~ *fig. iron.* to be very sparing with (*od.* be very careful of) one's money. – **5.** (*Gefühle*) spare, mind, be considerate (*od. lit.* solicitous) of. – **6.** (*vor der Zerstörung bewahren*) spare: man hat unser Haus geschont our house was spared. – **7.** etwas schont etwas a) s.th. is gentle (*od.* mild, easy) on s.th., b) (*durch geringe Beanspruchung*) s.th. saves s.th.: dieses Waschmittel schont die Hände this washing powder is gentle on your hands; der Fahrstuhl schont die Beine the elevator (*Br.* lift) saves your legs; eine Politur, die den Lack schont a polish which is easy on (*od.* protects) the varnish. – **8.** j-d schont j-n a) (*Gegner, Feind etc*) s.o. spares (*od.* is easy on) s.o., b) (*Schwache, Kranke etc*) s.o. is easy on (*od.* is indulgent with) s.o., s.o. treats s.o. with indulgence: man sollte ihn nicht länger ~ one should not be so easy on him any more; j-s Leben ~ to spare s.o.'s life. – **9.** *hunt.* (*das Wild*) preserve, not hunt (*od.* chase). – **II** *v/reflex* sich ~ **10.** (*gesundheitlich*) take care of (*od.* look after, be careful of) oneself (*od.* one's health), mind one's health. – **11.** (*sich Ruhe gönnen*) (take a) rest, take it easy. – **12.** (*kräftemäßig*) save (*od.* spare, conserve, husband) one's energy (*od.* strength), spare oneself. – **III S~** *n* ⟨-s⟩ **13.** *verbal noun.* – **14.** *cf.* Schonung[1].

schö·nen ['ʃøːnən] **I** *v/t* ⟨h⟩ **1.** (*Farben*) beautify, brighten. – **2.** (*Wein etc*) clarify, clear, fine. – **3.** (*Lebensmittel*) improve. – **II S~** *n* ⟨-s⟩ **4.** *verbal noun.* – **5.** (*der Farben*) beautification. – **6.** (*des Weins etc*) clarification. – **7.** (*der Lebensmittel*) improvement.

'scho·nend I *pres p.* – **II** *adj* **1.** (*Behandlung, Verfahren*) careful, gentle: j-m eine Nachricht auf möglichst ~e Weise beibringen to break a piece of news to s.o. as gently as possible. – **2.** (*Worte, Rücksichtnahme etc*) gentle, considerate, solicitous (*lit.*). – **3.** (*Wasch-, Poliermittel etc*) mild, gentle. – **III** *adv* **4.** gently: j-m etwas ~ beibringen to break s.th. gently to s.o.; j-n ~ auf (*acc*) etwas vorbereiten to prepare s.o. gently for s.th.; j-n ~ behandeln a) (*Gegner, Feinde etc*) to be easy on s.o., to be lenient with s.o., b) (*Schwache, Kranke etc*) to be easy on s.o., to treat s.o. with indulgence, to be indulgent with s.o.; etwas ~ behandeln to handle s.th. with care, to take (good) care of s.th.

'Scho·ner[1] *m* ⟨-s; -⟩ **1.** (*für Polstermöbel etc*) cover, antimacassar, chairback, tidy. – **2.** *cf.* Schonbezug.

'Scho·ner[2] *m* ⟨-s; -⟩ *mar.* schooner, (*Gaffelschoner*) fore-and-after.

'Scho·ner|,bark *f mar.* barkentine, barkantine, *auch* barquentine, schooner bark (*auch* barque). — **~,brigg** *f* brigantine, schooner brig.

'schön|,fär·ben *fig.* **I** *v/t* ⟨*sep*, -ge-, h⟩ **1.** color, *bes. Br.* colour, gloss over, varnish, embellish. – **II S~** *n* ⟨-s⟩ **2.** *verbal noun.* – **3.** *cf.* Schönfärberei. — **S~,fär·ber** *m* embellisher. — **S~fär·be'rei** [,ʃøːn-] *f* ⟨-; *no pl*⟩ **1.** *cf.* Schönfärben. – **2.** embellishment.

'Schön,flos·sen,schmer·le *f zo.* loach, botia (*scient.*) (*Botia modesta*).

'Schon,frist *f bes. econ.* period of grace.

'Schon,gang *m auto.* overdrive, overspeed (drive). — **~ge,trie·be** *n* overdrive transmission, overspeed drive.

'Schön,geist *m* ⟨-(e)s; -er⟩ (a)esthete, (*literarischer*) belletrist, *auch* belle-lettrist. — **,Schön·gei·ste'rei** *f* ⟨-; *no pl*⟩ *contempt.* (a)estheticism, (*literarische*) belletrism, belles-lettrism. — **'schön,gei·stig** *adj* (a)esthetic(al): ~e Literatur belletristic writing (*od.* literature), belles lettres *pl* (*construed as sg*).

'Schön·heit *f* ⟨-; -en⟩ **1.** ⟨*only sg*⟩ (*eines Gesichts, Körpers, Bilds, Films etc*) beauty, loveliness, beautifulness, (*stärker*) gorgeousness (*colloq.*): ein Kunstwerk von großer [vollendeter] ~ a work of art of great [perfect] beauty; diese Blumen entfalten erst am Abend ihre ganze ~ these flowers do not display their full beauty until evening. – **2.** ⟨*only sg*⟩ (*einer Person*) beauty, loveliness; beauteousness, pulchritude (*lit.*): ihre ~ war voll erblüht her beauty had come into full blossom. – **3.** (*schönes Mädchen, schöne Frau*) beautiful (*od. lit.* fair) girl (*od.* woman), beauty, belle (*lit.*): eine strahlende ~ a radiant beauty; sie ist eine richtige ~ geworden she has grown into a real beauty. – **4.** (*einer Landschaft, Stadt etc*) beauty: die ~en der Natur bewundern to admire the beauties of nature.

'Schön·heits|chir·ur,gie *f med.* cosmetic surgery. — **~,feh·ler** *m* **1.** (*körperlicher*) blemish, beauty spot. – **2.** (*eines Gegenstands*) blemish, flaw, marring feature. – **3.** *fig.* flaw, hitch, snag (*colloq.*): dein Plan ist sehr gut, hat aber einen ~ your plan is very good, but it has a flaw. — **~,fleck** *m* **1.** beauty spot. – **2.** *cf.* Schönheitspflästerchen. — **~ge,fühl** *n* ⟨-(e)s; *no pl*⟩ feeling for (*od.* sense of) beauty. — **~ide,al** *n* ideal of beauty, beau ideal (*lit.*). — **~,kö·ni·gin** *f* beauty queen. — **~kon·kur,renz** *f* beauty contest. — **~,mit·tel** *n* cosmetic (preparation). — **~ope·ra·ti,on** *f med.* cosmetic operation. — **~,pflä·ster·chen** [-,pflɛstərçən] *n* ⟨-s; -⟩ beauty spot, (beauty) patch. — **~,pfle·ge** *f* ⟨-; *no pl*⟩ beauty care. — **~sa,lon** *m* beauty shop (*od.* parlor, *bes. Br.* parlour, salon). — **~,schlaf** *m* beauty sleep. — **~,sinn** *m* ⟨-(e)s; *no pl*⟩ sense of (*od.* feeling for) beauty, (a)esthetic sense. — **~,tän·ze·rin** *f* cabaret dancer. — **~,wett·be,werb** *m* beauty contest.

'Schon,kost *f med.* bland diet.

'Schön·ling *m* ⟨-s; -e⟩ *contempt.* beau.

'schön,ma·chen I *v/i* ⟨*sep*, -ge-, h⟩ **1.** (*von Hund*) sit up on its hind legs, *auch* sit up (and beg). – **II** *v/reflex* sich ~ **2.** (*sich schön anziehen*) dress (*od.* smarten) (oneself) up, get oneself up. – **3.** *colloq. iron.* (*sich herausputzen*) deck oneself out, beautify oneself; tit(t)ivate (oneself), doll (oneself) up (*colloq.*). – **4.** (*sich schminken etc*) make (oneself) up.

'Schön,mal·ve *f bot.* cottonweed (*Abutilon theophrasti*).

'schön|,re·den *v/i* ⟨*sep*, -ge-, h⟩ *fig.* sweet-talk, flatter, blandish. — **S~re·de'rei** [,ʃøːn-] *f* ⟨-; *no pl*⟩ sweet talk, flattery, blandishment, soft soap. — **S~,red·ner** *m* flatterer, blandisher, soft-soaper. — **S~red·ne'rei** [,ʃøːn-] *f* ⟨-; *no pl*⟩ *cf.* Schönrederei. — **~,red·ne·risch** *adj* flattering, blandishing.

'Schön|,schrei·be,kunst *f* calligraphy, penmanship. — **s~,schrei·ben I** *v/i* ⟨*irr, sep*, -ge-, h⟩ **1.** (*Schönschrift schreiben*) write calligraphy. – **II S~** *n* ⟨-s⟩ **2.** *verbal noun.* – **3.** (*bes. als Schulfach*) calligraphy. — **~,schreib,heft** *n* copybook. — **~,schrift** *f* calligraphy.

'schön·stens *adv* **1.** (*freundlichst, höflichst*) kindly, respectfully: ich möchte ~ darum gebeten haben *iron.* I should be much obliged to you, I beg to ask you for it. – **2.** (*bestens*) very well, most satisfactorily. – **3.** (*reibungslos*) very (*od.* pretty) smoothly, without a hitch.

'Schön,tu·er *m* ⟨-s; -⟩ *colloq.* **1.** (*Schmeichler*) flatterer, blandisher, soft-soaper. – **2.** (*Schäker*) flirt(er), philanderer. – **3.** (*affektierter Mensch*) affected person. — **,Schön·tue'rei** *f* ⟨-; *no pl*⟩ **1.** (*Schmeichelei*) flattery, blandishment, soft soap. – **2.** (*Schäkerei*) flirtation, philandering. – **3.** (*Ziererei*) affectation. — **'schön,tue·risch** *adj* **1.** (*schmeichlerisch*) flattering, blandishing. – **2.** (*kokettierend*) flirtatious. – **3.** (*affektiert*) affected. — **'schön,tun** *v/i* ⟨*irr, sep*, -ge-, h⟩ *colloq.* **1.** (j-m) ~ (*schmeicheln*) to flatter (*od.* blandish) (s.o.); j-m ~ to soft-soap s.o. – **2.** (mit) j-m ~ a) (*sich einschmeicheln*) to ingratiate oneself with (*od. colloq.* play up to) s.o., b) (*schäkern*) to flirt (*od.* philander) with s.o. – **3.** (*sich zieren*) be affected, give oneself airs.

'Scho·nung[1] *f* ⟨-; *no pl*⟩ **1.** *cf.* Schonen. – **2.** (*der Gesundheit, des Magens, Herzens etc*) (good) care, *bes. med.* (*nach einer überstandenen Krankheit*) *auch* convalescent treatment. – **3.** (*Ruhe*) rest: Sie brauchen dringend ~ you urgently need (to take) a rest (*od.* to take it easy), you are badly in need of a rest. – **4.** (*Erhaltung*) conservation, preservation. – **5.** (*der Möbel, Kleidung, Haut, des Teppichs, Getriebes etc*) (good) care, careful (*od.* gentle) treatment, protection. – **6.** (*Nachsicht*) indulgence, leniency: j-n um ~ bitten to ask s.o. for leniency. – **7.** (*Gnade*) mercy: die Gefangenen baten um ~ (ihres Lebens) the captives asked for mercy (*od.* begged, implored that their lives be spared); wenn er das getan hat, gibt es (*od.* kenne ich) keine ~ if he has done that I'll have (*od.* show) no mercy; ohne ~ verfahren (*od.* vorgehen) to act (*od.* proceed) mercilessly (*od.* unsparingly, relentlessly). – **8.** *bes. mil.* (*Pardon*) quarter: um ~ flehen to call (*od.* cry) for quarter; ohne ~ vorgehen to give no quarter.

'Scho·nung[2] *f* ⟨-; -en⟩ **1.** (*forestry*) young forest plantation (*protected by law against trespass*). – **2.** *hunt.* (*Jagdgehege*) preserve.

'Schö·nung *f* ⟨-; *no pl*⟩ *cf.* Schönen.

'scho·nungs·be,dürf·tig *adj* (*Patient, Sportler etc*) in need (*od.* want) of rest: der Kranke ist noch recht ~ the patient still needs rest.

'scho·nungs·los I *adj* relentless, merciless, unsparing, pitiless, (*stärker*) ruthless: mit ~er Offenheit with relentless cando(u)r. – **II** *adv* er sagte ihr ~ die Wahrheit he relentlessly told her the truth. — **'Scho·nungs·lo·sig·keit** *f* ⟨-; *no pl*⟩ relentlessness, mercilessness, pitilessness, (*stärker*) ruthlessness.

'Schö·nungs,mit·tel *n* (*für Getränke*) fining agent.

'Schön,wet·ter|,la·ge *f* fair (*od.* fine) weather situation (*od.* conditions *pl*). — **~,wol·ke** *f* **1.** fair- (*od.* fine-)weather cloud, cumulus cloud. – **2.** *fig.* sign of a friendlier atmosphere.

'Schon,zeit *f hunt.* close season, shutoff, *Br. auch* fence month (*od.* season, time): seine ~ ist vorüber *fig. colloq.* he won't be spared any longer.

Schopf [ʃɔpf] *m* ⟨-(e)s; ⸗e⟩ **1.** (hair of the) crown, hair, (*wirrer*) mop, shock, mat (of hair), thatch (*colloq. humor.*): er packte (*od.* faßte) den Ertrinkenden beim ~ he grabbed (*od.* seized) the drowning man by the hair (of the crown); → Gelegenheit 1. – **2.** (*Haarbüschel*) tuft (*od.* bunch) of hair. – **3.** (*eines Baums*) top, crown. – **4.** *zo.* (*gewisser Vögel*) tuft, crest. – **5.** *dial. for* a) Schuppen[3] 1, b) Wetterdach.

'Schopf·an·ti,lo·pe *f zo.* duiker, *auch* duyker (*Fam. Cephalophinae*).

'Schöpf|,bag·ger *m tech.* dipper dredger. — **~,be·cher,werk** *n tech.* bucket conveyor (*od.* elevator). — **~,brun·nen** *m* draw well. — **~,büt·te** *f* (*paper*) dipping (*od.* working) vat. — ~ₗei·mer m 1. pail, bucket. – 2. (*eines Schöpfrads*) bucket, scoop.

schop·fen ['ʃɔpfən] *v/t* ⟨h⟩ *metall.* (*Gußblöcke*) crop.

schöp·fen ['ʃœpfən] **I** *v/t* ⟨h⟩ **1.** scoop, (*mit einem Schöpflöffel*) *auch* ladle, dip: **Wasser aus einem Bach** ~ to scoop water from (*od.* out of) a stream; **einen Eimer Wasser** ~ a) to scoop a bucket of water, b) (*aus einem Brunnen*) to draw a bucket of water; **willst du Wasser in ein Sieb** ~? *fig.* do you want to carry (*od.* fetch, draw) water in a sieve? – **2. Wasser aus einem Boot** ~ *mar.* to bail (*auch* bale) (out) a boat. – **3. etwas aus etwas** ~ *fig.* to draw (*od.* derive, obtain) s.th. from s.th.: **er schöpft seine Kenntnisse aus jahrelanger Erfahrung** he draws his knowledge from years of experience. – **4.** *fig.* (*neue Wörter, Begriffe etc*) coin, create, invent. – **5.** *fig.* (*Kunstwerke etc*) create, produce. – **6.** (*Papier*) dip (up), mold, *bes. Br.* mould. – **7.** (*in Wendungen wie*) **Atem** (*od.* **Luft**) ~ to draw breath, to take breath (*od.* a breather); **tief Atem** (*od.* **Luft**) ~ to draw (*od.* take) a deep breath, to breathe deeply; **wieder Atem** (*od.* **Luft**) ~ a) to recover one's breath, to get one's second wind, to get one's breath back, b) *fig.* (*aufatmen*) to breathe again; **(wieder) Kraft** ~ *fig.* to recover (*od.* regain, recuperate) one's strength (*od.* energy), to recover, to recuperate; **(neue) Hoffnung** ~ *fig.* to find (new *od.* fresh) hope; **(neuen) Mut** ~ *fig.* to gather (*od.* take, summon up, *Am. colloq.* get up) (new *od.* fresh) courage; **Verdacht** ~ *fig.* to become suspicious, to smell a rat. – **II** *v/i* **8.** *hunt.* (*von Wild, Hunden*) drink. – **9. aus dem vollen** ~ *fig.* to draw on unlimited (*od.* plentiful) resources. – **III S**~ *n* ⟨-s⟩ **10.** *verbal noun.* – **11.** *fig.* (*eines neuen Wortes etc*) coinage, creation, invention. – **12.** *fig.* (*eines Kunstwerks etc*) creation, production.

ˈ**Schöp·fer** *m* ⟨-s; -⟩ **1.** (*eines Kunstwerks, Bauwerks etc*) creator, author, maker, originator. – **2.** (*Gott*) Creator, Maker: **der allmächtige** ~ the Almighty (*od.* Omnipotent) Creator; **der** ~ **aller Dinge** the Creator of all things; **er dankte seinem** ~ **für die Rettung** he thanked his Creator for his rescue. – **3.** (*eines neuen Worts, Begriffs etc*) coiner, creator, inventor, *auch* inventer. – **4.** (*Modeschöpfer*) (dress *od.* fashion) designer, couturier, (fashion) stylist. – **5.** *cf.* a) Schöpfkelle, b) Schöpfeimer 1. – **6.** (*paper*) (*Arbeiter*) dipper, vatman. — ~ₗ**geist** *m* ⟨-(e)s; *no pl*⟩ creative (*od.* original) genius (*od.* spirit). — ~ₗ**hand** *f* ⟨-; *no pl*⟩ *fig.* hand of the creator, creative touch.

ˈ**Schöp·fe·rin** *f* ⟨-; -nen⟩ **1.** (*eines Kunstwerks etc*) creator, creatress, author(ess), maker, originator. – **2.** (*eines neuen Worts, Begriffs etc*) coiner, creator, creatress, inventor. – **3.** (*Modeschöpferin*) (dress *od.* fashion) designer, couturiere, *bes. Br.* couturière, (fashion) stylist.

ˈ**schöp·fe·risch I** *adj* **1.** (*Geist, Begabung, Phantasie, Kraft etc*) creative, original: **eine** ~**e Tätigkeit** a creative activity. – **2.** (*Augenblick, Akt, Arbeit, Leistung etc*) creative, inspirational: **eine** ~**e Pause einlegen** *auch iron.* to pause for inspiration. – **3.** (*erfinderisch*) inventive. – **4.** (*schöpferisch u. produktiv*) fecund, fertile, creative. – **II** *adv* **5.** ~ **veranlagt sein** to have creative talent, to be creative.

ˈ**Schöp·fer**ₗ**kraft** *f* ⟨-; *no pl*⟩ creative (*od.* original) power, genius.

ˈ**Schopf**ₗ**fi·sche** *pl zo.* crestfishes (*Ordng Allotriognathi*).

ˈ**Schöpf·ge**ₗ**fäß** *n cf.* a) Schöpfeimer 1, b) Schöpfkelle 1.

ˈ**Schopf**|ₗ**hirsch** *m* tufted deer, muntjac, *auch* mun(t)jak (*Gattg Elaphodus*). — ~ₗ**huhn** *n* stinkbird, hoa(c)tzin, *auch* hoacin (*scient.*) (*Opisthocomus hoatzin*).

ˈ**Schöpf**|ₗ**kel·le** *f*, ~ₗ**löf·fel** *m* **1.** ladle. – **2.** *tech.* scoop.

ˈ**Schopf**|ₗ**ma·kak** *m zo.* black ape (*Cynopithecus niger*). — ~**man**ₗ**ga·be** *f* (**Schwarze**) ~ black mangabey (*Cercocebus aterrimus*). — ~ₗ**perl**ₗ**huhn** *n* common (*od.* crested) guinea fowl (*Numida meleagris*).

ˈ**Schöpf**ₗ**rad** *n tech.* (*zum Wasserheben*) bucket (*od.* scoop, drum, water) wheel.

ˈ**Schopf**ₗ**rei·her** *m zo.* crested heron, squacco (heron) (*scient.*) (*Ardeola ralloides*).

ˈ**Schöp·fung** *f* ⟨-; -en⟩ **1.** *cf.* Schöpfen. – **2.** (*Kunstwerk, Bauwerk etc*) creation, production, work, brainchild. – **3.** ⟨*only sg*⟩ *relig. Bibl.* Creation. – **4.** ⟨*only sg*⟩ (*Welt*) creation, universe, world: **die Herren der** ~ *iron.* the lords of creation; → Krone 4. – **5.** (*fashion*) creation, model, design.

ˈ**Schöp·fungs**|ₗ**akt** *m* act of creation. — ~**be**ₗ**richt** *m*, ~**ge**ₗ**schich·te** *f relig.* history of creation, Genesis. — ~ₗ**tag** *m* day of creation.

ˈ**Schöpf**ₗ**werk** *n* **1.** *tech.* bucket conveyor (*od.* elevator). – **2.** *civ.eng.* (*beim Wasserbau*) water engine.

schöp·peln ['ʃœpəln] *v/i* ⟨h⟩ *dial.* drink (*od.* have) one's regular glass of wine.

schop·pen ['ʃɔpən] *v/t* ⟨h⟩ *Southern G., Austrian and Swiss* (*vollstopfen*) stuff.

ˈ**Schop·pen** *m* ⟨-s; -⟩ **1.** *German liquid measure equal to approximately 1 pint, in some regions 1/2 pint*: **einen** ~ **Wein trinken gehen** to go for a glass of wine. – **2.** *dial. for* Schuppen[3]. – **3.** *Southwestern G. for* Flasche 2. — ~ₗ**wein** *m gastr.* open wine.

ˈ**schop·pen**ₗ**wei·se** *adv* by the pint, in pints.

Schöps [ʃœps] *m* ⟨-es; -e⟩ *Eastern Middle G. and Austrian for* Hammel.

Schöp·ser·ne ['ʃœpsərnə] *n* ⟨-n; *no pl*⟩ *Austrian gastr. for* Hammelfleisch.

schor [ʃoːr] *1 u. 3 sg pret of* scheren[1].

Scho·re ['ʃoːrə] *f* ⟨-; -n⟩ *mar.* (*Stütze*) shore.

schö·re ['ʃøːrə] *1 u. 3 sg pret subj of* scheren[1].

Schorf [ʃɔrf] *m* ⟨-(e)s; -e⟩ **1.** *med.* a) (*Wundschorf*) scab, crust, slough, (*auf Brandwunden*) *auch* eschar, b) (*Kopfgrind*) scurf, furfur (*scient.*): (**einen**) ~ **bilden** to form a scab (*od.* crust), to scab. – **2.** *bot.* (*an Früchten etc*) scab, scurf, furfur (*scient.*). — **s**~ₗ**ar·tig** *adj* **1.** *med.* a) scabby, crusty, b) scurfy, scurflike, furfuraceous (*scient.*). – **2.** *bot.* scabby, scurfy, furfuraceous (*scient.*). — **s**~ₗ**bil·dend** *adj* **1.** *med.* a) forming a scab (*od.* crust), scab-forming, scabbing, (*bei Brandwunden*) *auch* escharotic, b) forming scurf: ~**es Mittel** escharotic (agent). – **2.** *bot.* scabbing, scab-forming, forming scurf. — ~ₗ**bil·dung** *f* **1.** *med.* a) scabbing, formation of scab (*od.* crust), (*auf Brandwunden*) *auch* formation of eschar, b) formation of scurf. – **2.** *bot.* scabbing, formation of scab(s) (*od.* scurf[s]).

ˈ**schor·fig** *adj* **1.** *med.* a) (*Wunde*) scabby, sloughy, b) (*Kopfhaut etc*) scurfy, furfuraceous (*scient.*). – **2.** *bot.* (*Fruchtschale, Baumrinde etc*) scabby, scurfy, furfuraceous (*scient.*).

Schörl [ʃœrl] *m* ⟨-(e)s; -e⟩ *min.* schorl, *auch* shorl, schorlite.

Schor·le ['ʃɔrlə], **Schor·le·mor·le** [ˌʃɔrləˈmɔrlə] *f* ⟨-; -n⟩, *auch n* ⟨-s; -s⟩ (*Getränk*) mixed drink of wine and soda water.

ˈ**Schorn**ₗ**stein** ['ʃɔrn-] *m* ⟨-s; -e⟩ **1.** (*eines Hauses, einer Fabrik etc*) chimney (stack, *Br. auch* stalk): **der** ~ **raucht** the chimney smokes; **er raucht** (*od.* **qualmt**) **wie ein** ~ *fig. colloq.* he smokes like a chimney (*od.* train); **der** ~ **muß rauchen** *fig. colloq.* the fire must be kept burning; **die** ~**e rauchen wieder** *fig.* work has started again; **den** ~ **fegen** to sweep the chimney; **etwas in den** ~ **schreiben** *fig. colloq.* to write s.th. off (as a dead loss), to say good-by(e) to s.th., to whistle for s.th.; **sein Geld zum** ~ **hinausjagen** *fig. colloq.* to throw one's money down the drain (*sl.*). – **2.** (*eines Schiffs, einer Lokomotive*) funnel, smokestack, *Br. auch* chimney. – **3.** (*Abzugsrohr*) flue. — ~ₗ**auf**ₗ**satz** *m* chimney pot (*od.* top, cap), chimney cowl. — ~ₗ**brand** *m* fire in a chimney, chimney fire: **wir hatten einen** ~ we had a chimney fire, our chimney was on fire.

ˈ**Schorn**ₗ**stein**ₗ**fe·ger** *m* chimney sweep(er). — ~ₗ**krebs** *m med.* soot (*od.* chimney sweep's) cancer.

ˈ**Schorn**ₗ**stein**|ₗ**kap·pe** *f cf.* Schornsteinaufsatz. — ~ₗ**keh·rer** *m* ⟨-s; -⟩ *cf.* Schornsteinfeger. — ~ₗ**mar·ke** *f mar.* funnel (*Am.* stack) mark. — ~ₗ**rohr** *n* chimney tube. — ~ₗ**schaft** *m* chimney shaft. — ~ₗ**zug** *m* **1.** *civ.eng.* (*Bauteil*) (chimney) flue. – **2.** *tech.* (*in der Strömungstechnik*) chimney draft (*bes. Br.* draught). – **3.** *mar.* funnel draft (*bes. Br.* draught).

Scho·se ['ʃoːzə] *f* ⟨-; -n⟩ **1.** *colloq.* business, affair. – **2. da haben wir die** ~! *colloq.* there we are! there we have it! now we are in for it!

schoß [ʃɔs] *1 u. 3 sg pret of* schießen.

Schoß[1] [ʃoːs] *m* ⟨-es; ¨e⟩ **1.** lap: **ein Kind auf den** ~ **nehmen** to take a child on(to) one's lap; **auf j-s** ~ **sitzen** to sit on s.o.'s lap; **er legte den Kopf in ihren** ~ he laid his head in her lap; **im** ~(**e**) **des Glücks (sitzen)** *fig.* (to sit) in Fortune's lap; **in den** ~ **der Familie [der Kirche] zurückkehren** *fig. lit.* to return to the bosom of one's family [of the Church]; **der Erfolg ist mir nicht in den** ~ **gefallen** *fig.* my success didn't just fall from heaven; **ihm fällt alles in den** ~ *fig.* everything falls right into his lap; → Abraham; Hand[1] *Verbindungen mit Verben.* – **2.** *lit.* (*Mutterleib*) womb: **ein Kind im** ~(**e**) **tragen** to be with child; **das ruht im** ~(**e**) **der Zukunft** *fig.* that lies in the womb of time; **das ruht (noch) im** ~(**e**) **der Götter** *fig.* that is (still) in the lap (*od.* on the knees) of the Gods, only time will tell. – **3.** (*fashion*) a) (*Rockschoß*) coattail, *Br.* coat-tail, skirt, b) (*an Damenjacken u. -kleidern*) peplum, skirt, c) (*Frackschoß*) (coat)tails *pl*: **Kellner rannten mit fliegenden Schößen umher** waiters darted around with (their) coattails flying.

Schoß[2] [ʃoːs] *f* ⟨-; -en *u.* ¨e⟩ *Austrian for* Damenrock.

Schoß[3] [ʃɔs] *m* ⟨-sses; -sse⟩ *bot. cf.* Schößling.

schös·se ['ʃœsə] *1 u. 3 sg pret subj of* schießen.

ˈ**Schoß**|ₗ**hund** *m*, ~ₗ**hünd·chen** *n* lap dog, pet dog, toy dog. — ~ₗ**kind** *n* pet (child): **er ist ein** ~ **des Glücks** he is Fortune's favo(u)rite child.

Schöß·ling ['ʃœslɪŋ] *m* ⟨-s; -e⟩ **1.** *bot.* a) shoot, sprout, sprig, b) (*aus dem Stamm*) offshoot, runner, sucker, c) (*aus der Wurzel*) tiller, stool, stole, stolon (*scient.*), d) (*aus der Blumenzwiebel*) offset bulb: ~**e treiben** (*od.* **aussenden**) to sprout. – **2.** (*forestry*) sapling, aftergrowth, young wood. – **3. junge** ~**e** *agr.* (*als Rinderfutter*) browse *sg.*

ˈ**Schoß**ₗ**rock** *m* (*fashion*) frock coat.

Schot [ʃoːt] *f* ⟨-; -en⟩ *mar.* (*u. beim Segeln*) *cf.* Schote[3].

Schöt·chen ['ʃøːtçən] *n* ⟨-s; -⟩ *dim. of* Schote[1].

Scho·te[1] ['ʃoːtə] *f* ⟨-; -n⟩ **1.** *bot.* pod, shell, husk; silique, siliqua (*scient.*). – **2.** *pl gastr. Northern and Eastern G. dial.* green peas.

ˈ**Scho·te**[2] *m* ⟨-n; -n⟩ *dial. for* a) Einfaltspinsel, b) Narr 1.

ˈ**Scho·te**[3] *f* ⟨-; -n⟩ *mar.* (*u. beim Segeln*) sheet: → fieren.

ˈ**scho·ten**|ₗ**ar·tig** *adj bot.* pod-shaped; silicular, siliculose, siliculous (*scient.*). — **S**~ₗ**dot·ter** *m* wallflower, treacle mustard (*Gattg Erysimum*). — ~ₗ**för·mig** *adj cf.* schotenartig. — **S**~ₗ**klee** *m* bird's-foot trefoil, shoes and stockings *pl* (*construed as sg or pl*) (*Lotus corniculatus*). — **S**~ₗ**pfef·fer** *m* pod pepper (*Capsicum annuum*).

ˈ**Schot**ₗ**horn** *n mar.* clew.

Schott[1] [ʃɔt] *n* ⟨-(e)s; -e⟩ *mar. aer.* bulkhead: ~**en dicht!** close the bulkheads (*od.* watertight doors).

Schott[2] *m* ⟨-s; -s⟩ *geogr.* chott, shott (*shallow saline lake in northern Africa*).

Schot·te[1] ['ʃɔtə] *m* ⟨-n; -n⟩ (*Bewohner Schottlands*) Scot, Scotsman, Scotchman: **die** ~**n** the Scots.

ˈ**Schot·te**[2] *m* ⟨-n; -n⟩ *Low G.* young herring.

ˈ**Schot·te**[3] *f* ⟨-; -n⟩ *mar. aer. cf.* Schott[1].

ˈ**Schot·te**[4] *f* ⟨-; *no pl*⟩, ˈ**Schot·ten**[1] *m* ⟨-s; *no pl*⟩ a) *Southwestern G., Austrian and Swiss dial. for* Molke, b) *Austrian dial. for* Quark 1.

ˈ**Schot·ten**[2] *m* ⟨-s; -⟩ (*textile*) (*karierter Wollstoff*) tartan.

ˈ**Schot·ten**|ₗ**deck** *n mar.* bulkhead (*od.* subdivision) deck. — ~ₗ**ka·ro**, ~ₗ**mu·ster** *n* (*textile*) tartan (check). — ~ₗ**müt·ze** *f* (*fashion*) **1.** (*rund, mit Pompon*) tam-o'-shanter, tam. – **2.** (*schiffchenförmig, mit Bändern*) Glengarry (cap *od.* bonnet), Scottish (*od.* Scotch) cap (*od.* bonnet). — ~ₗ**rock** *m* **1.** (*Kilt*) (Scottish) kilt. – **2.** (*karierter Rock*) tartan (*od.* plaid) skirt. — ~ₗ**witz** *m* joke about the (frugal *od.* miserly) Scots.

Schot·ter ['ʃɔtər] *m* ⟨-s; -⟩ **1.** *civ.eng.* a) broken (*od.* crushed) stone (*od.* rock), b) (*bes. Straßenschotter*) crushed stone (*od.* rock), roadstone, c) (*bes. Gleisschotter*) track ballast. – 2. *geol.* (coarse) gravel, shingle. — **~ˌbank** *f geol.* gravel bank. — **~beˌlag** *m* 1. *civ.eng. cf.* Schotterdecke. – 2. (*railway*) ballast surface. — **~ˌbett** *n* 1. *civ.eng.* hard-core bed. – 2. (*railway*) ballast bed. – 3. *geol.* gravel (*od.* shingle) bed. — **~ˌdecke** (*getr.* -k·k-) *f civ.eng.* (*einer Straße*) crushed-rock surface, macadam (surface). — **~ˌla·ge** *f* 1. *civ.eng.* layer of crushed stone (*od.* rock), macadam layer. – 2. (*railway*) ballast layer. – 3. *geol.* layer (*od.* stratum, deposit) of gravel (*od.* shingle).

schot·tern [ˈʃɔtərn] **I** *v/t* ⟨h⟩ 1. *civ.eng.* a) cover (*od.* furnish) (*s.th.*) with broken (*od.* crushed) stone, b) (*eine Straße*) macadamize. – 2. (*railway*) (*Bahnkörper*) ballast. – **II** *v/i* 3. *tech.* chatter, vibrate. – **III S~** *n* ⟨-s⟩ 4. *verbal noun.* – 5. (*einer Straße*) macadamization.

ˈSchot·ter|ˌstop·fer *m* (*railway*) ballast tamper. — **~ˌstra·ße** *f* metaled (*bes. Br.* metalled) road, macadam(ized) (*od.* crushed-stone) road.

ˈSchot·te·rung *f* ⟨-; -en⟩ *cf.* Schottern.

ˈSchot·tin *f* ⟨-; -nen⟩ Scotchwoman, Scotswoman.

ˈschot·tisch I *adj* Scottish, Scots, Scotch: **~er Whisky** Scotch (whisk[e]y). – **II** *ling.* **S~** ⟨*generally undeclined*⟩, **das S~e** ⟨-n⟩ Scottish, Scots.

ˈSchot·tisch *m* ⟨-en; -en⟩, **ˈSchot·ti·sche** *m* ⟨-n; -n⟩ (*Tanz*) schottische, German polka: **einen Schottisch(en) tanzen** to dance a schottische, to schottische.

ˈSchottˌlän·der *m* ⟨-s; -⟩ *cf.* Schotte[1].

ˈSchottˌlän·de·rin *f* ⟨-; -nen⟩ *cf.* Schottin.

ˈschottˌlän·disch *adj cf.* schottisch I.

ˈSchottˌplan·ken *pl mar.* shifting boards.

ˈSchottür (*getr.* -ttˌt-) *f mar.* bulkhead door.

schraf·fen [ˈʃrafən] *v/t* ⟨h⟩ *cf.* schraffieren.

ˈSchraf·fen *pl cf.* Schraffur.

schraf·fie·ren [ʃraˈfiːrən] **I** *v/t* ⟨*no* ge-, h⟩ 1. hatch. – 2. (*kreuzweise*) crosshatch. – 3. (*in der Kartographie*) hachure, *Am. auch* hatchure. – 4. *cf.* schattieren 1. – **II S~** *n* ⟨-s⟩ 5. *verbal noun.*

SchrafˈfierˌStrich *m meist pl* 1. hatching line: **~e** hatches, hatching *sg.* – 2. (*in der Kartographie*) hachure, *Am. auch* hatchure.

Schrafˈfie·rung *f* ⟨-; -en⟩ 1. *cf.* Schraffieren. – 2. *cf.* Schraffur.

Schraf·fur [ʃraˈfuːr] *f* ⟨-; -en⟩ 1. hatching, hatches *pl.* – 2. (*in der Kartographie etc*) hachures *pl, Am. auch* hatchures *pl.*

schräg [ʃrɛːk] **I** *adj* ⟨-er; -st⟩ 1. slanting, *auch* slant: **~e Linien** slanting (*od.* oblique) lines; **eine ~e Schrift** a slanting handwriting. – 2. (*diagonal*) diagonal. – 3. (*geneigt*) slanting, sloping, slant, slopy: **eine ~e Wand** a slanting wall (*od.* ceiling); **das Dach ist ~** the roof slants (*od.* slopes, is on the slant), the roof has a slant. – 4. (*zum Fadenlauf*) bias. – 5. (*Augen*) slanting: **j-n aus ~en Augen ansehen** *fig.* to look askance (*od.* sceptically, out of the corner of one's eyes, *auch* askant) at s.o. – 6. *math.* (*Winkel etc*) oblique. – 7. *tech.* a) (*winklig*) at an angle, angular, b) (*geneigt*) inclined, c) (*windschief*) skew, d) (*schrägwinklig*) oblique, e) (*abgeschrägt*) beveled, *bes. Br.* bevelled: **die Bohrung ist ~** the borehole is angular; **~e Schneidkluppe** screw stock with an angle frame. – 8. *mil.* (*Schlachtordnung etc*) aslant (*nachgestellt*). – 9. **ein ~er Vogel sein** *fig. colloq.* a) (*bei Männern*) to be a queer character, b) (*bei Frauen, Mädchen*) to be giddy. – 10. **~e Musik** *colloq.* hot music: **der „~e Otto" war in den fünfziger Jahren modern** *mus.* "Crazy Otto" was all the go in the fifties (*colloq.*). – **II** *adv* 11. at a slant (*od.* an angle), slantwise: **sich** (*dat*) **den Hut ~ aufsetzen** to put one's hat on at an angle (*od.* at a tilt), to put one's hat on aslant, to tilt one's hat; **~ (zum Hang) fahren** (*im Skisport*) to traverse (the hill); **~ über die Straße gehen** to cross the road at an angle, to go diagonally across the road; **halten Sie sich ~ rechts [links]!** fork to the right [left], keep half right [half left]; **eine Flasche ~ halten** to hold a bottle at an angle (*od.* at a slant); **den Kopf ~ halten** to hold one's head to one side, to tilt one's head; **~ geschnittene Augen** slanting eyes; **der Tisch steht ~ vor der Wand** the table is set at an angle (*od.* at a slant) to the wall, the table is set cornerwise (*od.* cornerways) against the wall; **er stand ~ hinter ihr** he stood behind her to the side; **~ parken** *auto.* to angle-park, to park at an angle. – 12. (*diagonal*) diagonally: **~ gemasertes Holz** diagonally grained wood; **eine ~ gestreifte Krawatte** a tie with diagonal stripes; **die Linie verläuft ~ von links unten nach rechts oben** the line runs diagonally from (the) bottom left to (the) top right. – 13. **~ gegenüber** diagonally (*od.* nearly) opposite: **er saß ihr ~ gegenüber** he sat diagonally opposite her; **das Haus liegt ~ gegenüber der Kirche** the house is nearly opposite the church. – 14. (*zum Fadenlauf*) (on the) bias, diagonally: **Stoff ~ (zum Fadenlauf) zuschneiden** to cut cloth (on the) bias; **ein ~ geschnittener Rock** a skirt cut on the bias; **die Blechkante ~ zuschneiden** *tech.* to bevel the edge of a plate. – 15. **j-n ~ ansehen** *fig.* to look askance (*od.* sceptically, out of the corner of one's eyes, *auch* askant) at s.o.; **~ gucken** *fig. colloq.* a) to look bad-tempered, b) (*betrunken*) to be drunk, *Am. sl.* to be pie-eyed.

ˈSchräg|ˌanˌsicht *f* three-quarter (*od.* oblique) view. — **~ˌaufˌzug** *m tech.* (*für Güter*) inclined hoist (*od.* elevator): **~ mit Kippgefäß** skip hoist (*od.* elevator). — **~ˌbal·ken** *m her.* bend, diagonal band. — **~ˌband** *n cf.* Schrägstreifen 2.

Schrä·ge [ˈʃrɛːgə] *f* ⟨-; -n⟩ 1. ⟨*only sg*⟩ *cf.* Schrägheit. – 2. (*geneigte Ebene*) slant, slope, incline, gradient. – 3. *cf.* Schrägwand. – 4. *tech.* a) (*Schrägkante*) bevel, b) (*Fase*) chamfer, c) (*eines Drehbankbettes*) slope.

Schra·gen [ˈʃraːgən] *m* ⟨-s; -⟩ 1. *dial. for* a) Gestell 10, b) Sägebock 1, c) Sarg, d) Operationstisch. – 2. *her. cf.* Schrägkreuz.

schrä·gen [ˈʃrɛːgən] *tech.* **I** *v/t* ⟨h⟩ 1. (*abkanten*) bevel. – 2. (*abfasen*) chamfer. – **II S~** *n* ⟨-s⟩ 3. *verbal noun.*

ˈSchräg|entˌfer·nung *f* (*space*) slant range. — **~ˌfahrt** *f* (*beim Skifahren*) traverse. — **~ˌfal·te** *f* (*fashion*) diagonal pleat. — **~ˌfen·ster** *n* skylight. — **~ˌflä·che** *f* 1. slant, slope, incline, gradient. – 2. *tech.* (*eines Werkstückes*) angular surface. – 3. *math. geol.* (*Schrägebene*) angular plane. – 4. (*eines geschliffenen Edelsteins*) bezel. — **s~ˌfrä·sen** *tech.* **I** *v/t* ⟨*sep*, -ge-, h⟩ mill (*s.th.*) at an angle. – **II S~** *n* ⟨-s⟩ angular milling.

ˈSchräg·heit *f* ⟨-; *no pl*⟩ 1. slant(ingness). – 2. *math.* obliquity, obliqueness.

ˈschrägˌho·beln *v/t* ⟨*sep*, -ge-, h⟩ *tech.* a) (*gehren*) miter- (*bes. Br.* mitre-)plane, b) (*wenn Kanten in einem anderen Winkel als 90° zueinander stehen*) bevel-plane.

ˈSchräg|ˌkan·te *f* chamfer, bevel, beveled (*bes. Br.* bevelled) edge. — **~ˌkan·tenˌschnitt** *m* bevel cut. — **s~ˌkan·tig** *adj* beveled, *bes. Br.* bevelled. — **~ˌkreuz** *n her.* saltire.

ˈSchrägˌla·ge *f* 1. slant, tilt, angular (*od.* oblique) position: **das Haus liegt in ~ zum Hang** the house is built on (*od.* at an angle to) the hill. – 2. *aer.* bank(ing): **Winkel der ~** angle of bank; **das Flugzeug in ~ bringen** to bank the aircraft. – 3. (*eines Autositzes etc*) angular adjustment. – 4. *med.* (*des Fetus*) oblique presentation.

ˈSchrägˌla·ge(n)ˌanˌzei·ger *m aer.* bank indicator.

ˈSchräg|ˌla·ger *n tech.* angular-contact (*od.* inclined-roller) bearing. — **s~ˌlau·fend** *adj* 1. slanting. – 2. (*diagonal*) diagonal, oblique. — **~ˌli·nie** *f* 1. slanting (*od.* inclined) line. – 2. (*Diagonale*) diagonal (*od.* oblique) line, diagonal. — **~ˌmaß** *n tech.* 1. (*Schmiege*) bevel. – 2. (*mit Gradeinteilung*) steel protractor. – 3. (*Gehrungsmaß*) miter (*bes. Br.* mitre) rule. — **~ˌnaht** *f* (*fashion*) bias seam. — **~ˌnei·gung** *f* 1. *civ.eng.* (*im Straßenbau*) a) (*zur Längsrichtung*) tip, b) (*zur Lotrechten*) rake batter. – 2. *cf.* Schrägheit 1. — **~ˌpar·ken** *n auto.* angle-parking. — **~ˌsä·gen** *n tech.* 1. diagonal (*od.* angular) sawing. – 2. *cf.* Gehrungsschnitt. — **~ˌschliff** *m* (*von Sägezähnen*) bevel sharpening. — **~ˌschnitt** *m* 1. *tech.* a) (*Arbeitsgang*) diagonal (*od.* bevel) cutting, b) (*Resultat*) diagonal (*od.* bevel) cut, c) *cf.* Gehrungsschnitt. – 2. *med.* oblique section. – 3. *math.* diagonal (*od.* oblique) section. — **~ˌschrift** *f* 1. slanting hand(writing). – 2. *print.* (*Kursivschrift*) italics *pl.* — **~ˌschuß** *m* (*sport*) (*beim Fußball etc*) diagonal shot. — **~ˌsicht** *f* (*vom Flugzeug aus*) slant visibility. — **s~ˌste·hend** *adj* (*Augen etc*) slanting. — **~ˌstel·lung** *f* (*eines Maschinentisches etc*) angular setting, tipping down. — **~ˌstrei·fen** *m* 1. (*als Stoffmuster*) diagonal stripe. – 2. bias (band). — **~ˌstrich** *m* 1. diagonal (*od.* oblique) stroke. – 2. *print.* diagonal, oblique, scratch comma, separatrix, slant. — **s~ˈüber** [ˌʃrɛːk-] *adv* diagonally opposite.

ˈSchrä·gung *f* ⟨-; -en⟩ 1. *cf.* Schrägen. – 2. *cf.* Schräge.

ˈSchräg|verˌzah·nung *f tech.* 1. helical gearing (*od.* tooth system). – 2. (*Arbeitsvorgang*) helical gear cutting. — **~ˌwand** *f* sloping (*od.* slanting) wall (*od.* ceiling). — **~ˌwin·kel** *m tech.* (*Werkzeug*) (universal) bevel. — **s~ˌwin·ke·lig, s~ˌwink·lig** *adj* oblique-angled. — **~ˌzahn·geˌtrie·be** *n* helical- (*od.* spiral-)gear transmission. — **~ˌzahnˌrad** *n* helical (*od.* spiral) gear.

schrak [ʃraːk] *obs. 1 u. 3 sg pret*, **schrä·ke** [ˈʃrɛːkə] *obs. 1 u. 3 sg pret subj of* schrekken II.

schral [ʃraːl] *adj mar.* (*Wind*) scant(y), scrimp.

schra·len [ˈʃraːlən] *v/i* ⟨h⟩ *mar.* (*von Wind*) haul (forward).

Schram [ʃraːm] *m* ⟨-(e)s; ⸗e⟩ (*mining*) cut: **~ am Liegenden** undercut; **~ am Hangenden** overcut, kerf; **vertikaler ~** shear cut.

ˈSchrämˌarm *m* (*mining*) (cutter) jib.

schrä·men [ˈʃrɛːmən] *v/t* ⟨h⟩ (*mining*) (*Kohlenflöz*) cut, hole, shear.

ˈSchräm|ˌfahrt *f* (*mining*) cutting run, run of the cutter. — **~geˌschwin·dig·keit** *f* cutting (*od.* pick) speed. — **~ˌhö·he** *f* cutting horizon. — **~ˌket·te** *f* cutter chain. — **~ˌklein** *n* ⟨-s; *no pl*⟩ gummings *pl*, duff, gum. — **~ˌkopf** *m* cutting head. — **~ˌla·der** *m* cutter-loader. — **~maˌschi·ne** *f* coal-cutting machine, coalcutter, cutter (*colloq.*).

Schram·me [ˈʃramə] *f* ⟨-; -n⟩ 1. (*auf Lack, Film, Möbeln etc*) scratch, scrape. – 2. (*in der Haut*) scratch: **er hat (bei dem Unfall) nur ein paar ~n abbekommen** *colloq.* he came off with a few scratches (in the accident). – 3. (*Schürfwunde*) scratch, graze, abrasion (*scient.*). – 4. (*Narbe*) scar. – 5. *meist pl geol.* (*im Gletscher etc*) stria.

ˈSchrämˌmei·ßel *m* (*mining*) cutter pick.

ˈSchram·mel·muˌsik *f mus. light music played by a 'Schrammelquartett'.*

Schram·meln [ˈʃraməln] *pl mus.* 1. *instruments necessary for 'Schrammelmusik'.* – 2. *cf.* Schrammelquartett.

ˈSchram·mel·quarˌtett *n mus. popular Viennese instrumental quartet consisting of 2 violins, a guitar and a clarinet (or an accordion).*

schram·men [ˈʃramən] **I** *v/t* ⟨h⟩ 1. (*Lack, Film, Möbel etc*) scratch, scrape, graze: **j-s Auto ~** to scratch s.o.'s car. – 2. (*Haut, Finger etc*) scratch: **sich** (*dat*) **den Finger ~** to scratch one's finger. – 3. (*aufschürfen*) graze, skin, abrade (*scient.*). – 4. (*einritzen, furchen*) scar. – **II** ⟨sein⟩ 5. **an** (*acc*) (*od.* **gegen**) **etwas ~** to scratch (*od.* scrape) on (*od.* against) s.th.: **ich bin mit dem Fahrrad an** (*od.* **gegen**) **die Wand geschrammt** I scratched my bicycle (*od.* my bicycle scratched) on (*od.* against) the wall. – **III** *v/reflex* **sich ~** ⟨h⟩ 6. (*sich ritzen*) scratch oneself. – 7. (*sich aufschürfen*) graze (*od. scient.* abrade) oneself.

ˈschram·mig *adj* 1. (*Lack, Holz etc*) scratchy, scratched, full of scratches, scraped. – 2. (*Haut*) scratched, full of scratches. – 3. (*aufgeschürft*) grazed, abraded (*scient.*). – 4. (*voller Schnittwunden*) slashed, gashed, gashy. – 5. (*narbig*) scarred, seamed.

ˈSchräm|ˌräumˌschnecke (*getr.* -k·k-) *f* (*mining*) scroll (*od.* spiral) gummer. — **~ˌschleu·der** *f* gumflinger. — **~ˌschlitz** *m* kerf. — **~ˌtie·fe** *f* depth of cut, pick penetration. — **~ˌwal·ze** *f* picked (*od.* shearer) drum.

Schrank [ʃraŋk] *m* ⟨-(e)s; ⸗e⟩ 1. cupboard, closet: **ein ~ aus Teakholz** a cupboard (made) of teak; → **Tasse** 3. – 2. (*Wand-, Hängeschrank*) (wall) cupboard (*od.* cabinet). – 3. (*Einbauschrank*) a) built-in cupboard, b) built-in wardrobe. – 4. (*Küchenschrank*) a) (*Geschirrschrank*) (kitchen) cupboard, closet, b) (*Küchen-*

anrichte) (kitchen) cabinet (*od.* dresser). – **5.** (*Wohnzimmerschrank*) (living-room) cabinet. – **6.** (*Kleiderschrank*) wardrobe, *auch* armoire, clothespress. – **7.** (*Bücherschrank*) bookcase. – **8.** (*Glasschrank, Schaukasten*) glass cabinet, showcase. – **9.** (*Büfett*) sideboard, buffet. – **10.** (*Gehäuse*) chest. – **11.** *mil.* (*Spind*) locker. – **12.** *tel.* (*Klappenschrank*) drop-type switchboard. – **13.** *tech.* (*einer Säge*) set. – **14.** ⟨*only sg*⟩ *hunt.* (*Fährtenabstand*) cross trace. – **15.** *fig. colloq.* hulk(ing man): **er ist ein ~ von einem Mann, er ist der reinste ~** he is a (great) hulk of a man, he is a great hulking man.

ˈSchrank|ˌaufˌsatz *m* (ornamental) top (on a cupboard). — **~ˌbad** *n* cupboard bath. — **~ˌbett** *n* Murphy (*od.* wardrobe) bed. — **~ˌbrett** *n* a) cupboard shelf, b) wardrobe shelf.

Schränk·chen [ˈʃrɛŋkçən] *n* ⟨-s; -⟩ *dim. of* Schrank 1—10.

Schran·ke [ˈʃraŋkə] *f* ⟨-; -n⟩ **1.** (*railway*) a) (*Gitterschranke*) lattice gate, b) (*Überwegschranke*) grade- (*Br.* level)-crossing gate, c) (*Fußgängerschranke*) grade- (*Br.* level-)crossing wicket gate, d) (*Drehschranke*) revolving (*od.* swing) gate: **die ~n hochziehen** (*od.* **öffnen**) to open the gates; **die ~n herunterlassen** (*od.* **schließen**) to close the gates; **die ~ geht hoch** the gate opens. – **2.** (*Zollschranke*) (customs) barrier(s *pl*). – **3.** (*Mautschranke*) tollgate, toll bar, turnpike. – **4.** *math.* limit. – **5.** *meist pl* (*im Gerichtssaal*) bar: **vor den ~n (des Gerichts) erscheinen** to appear in court; **j-n vor die ~n (des Gerichts) fordern** (*od.* **ziehen**) to call (*od.* summon) s.o. to the bar (*od.* to appear in court). – **6.** (*sport*) (*eines Parcours*) barrier. – **7.** (*Absperrung, Hindernis*) barrier, bar, (road)block, impediment: **eine ~ aufrichten** (*od.* **errichten**) *auch fig.* to set up a barrier; **die ~(n) durchbrechen** *auch fig.* to break through (*od.* down) the barrier(s); **die (letzten) ~n zwischen ihnen fielen** *fig.* the (last) barriers between them fell. – **8.** *pl fig.* (*soziale, wirtschaftliche etc*) barriers. – **9.** *pl fig.* (*Grenzen*) limits, bounds: **die ~n der Konvention** the limits of convention; **innerhalb der ~n des Gesetzes** within the bounds (*od.* pale) of the law; **j-m [sich** *dat*] **~n auferlegen** (*od.* **setzen, ziehen**) to set s.o. [oneself] bounds (*od.* limits), to put a limit (*od.* check) on s.o. [oneself], to restrict s.o. [oneself]; **einer Sache ~n setzen** (*od.* **ziehen**) to set bounds to s.th., to put a limit (*od.* check) on (*od.* to) s.th.; **seiner Freigebigkeit sind gewisse ~n gesetzt** there are certain limits (set) to his openhandedness (*od.* generosity), his openhandedness is somewhat limited; **seine ~n einhalten** to keep within limits (*od.* bounds); **bei einem Streit kennt er keine ~n** in an argument he knows no bounds; **sich [j-n, etwas] in ~n halten** to keep [s.o., s.th.] within bounds, to keep oneself [s.o., s.th.] in check, to restrict (*od.* restrain) oneself [s.o., s.th.]; **j-n in die ~n weisen** to tell s.o. where the limit is, to put s.o. in his place (*od. colloq.* box); **sich über alle ~n hinwegsetzen** to exceed (*od.* go beyond) all bounds. – **10.** *pl hist.* (*Kampfplatz*) lists *pl* (*construed as sg or pl*): **für etwas [j-n] in die ~n treten** *fig.* to stand up for (*od.* to support) s.th. [s.o.], to back s.th. [s.o.] up; **gegen j-n in die ~n treten** *fig.* to enter the lists against s.o.

ˈSchränkˌei·sen *n tech.* (*für eine Säge*) saw set.

Schran·ken [ˈʃraŋkən] *m* ⟨-s; -⟩ *Austrian u. dial. for* Schranke 1.

schrän·ken [ˈʃrɛŋkən] **I** *v/t* ⟨h⟩ **1.** (*Arme*) fold, cross. – **2.** *tech.* (*Sägezähne*) set. – **3. die Läufe ~** *hunt.* to tie legs of game crosswise. – **II** *v/i* **4.** *hunt.* (*vom Rothirsch*) cross. – **III S~** *n* ⟨-s⟩ **5.** *verbal noun.*

ˈschran·ken·los *adj* **1.** (*Bahnübergang etc*) unguarded. – **2.** *fig.* (*unbeschränkt*) unlimited, boundless, unbounded. – **3.** *fig.* (*maß-, zügellos*) unrestrained, unbridled, unbounded. — **ˈSchran·ken·lo·sig·keit** *f* ⟨-; *no pl*⟩ *fig.* **1.** unlimitedness, boundlessness, unboundedness. – **2.** unrestrainedness, unrestraint, unbridledness, unboundedness.

ˈSchran·kenˌwär·ter *m* (*railway*) grade- (*Br.* level-)crossing watchman, gatekeeper. — **~ˌhaus, ~ˌhäus·chen** *n* watchman's lodge, gatekeeper's box (*od.* hut, lodge).

ˈSchrank|ˌfach *n* **1.** compartment, shelf, section. – **2.** (*für Briefe, Zettel etc*) pigeonhole. — **s~ˌfer·tig** *adj* (*Wäsche*) washed and ironed, ready to be put away. — **~ˌkof·fer** *m* wardrobe trunk (*od.* case).

ˈSchränk·maˌschi·ne *f tech.* saw-setting machine.

ˈSchrankˌtür *f* a) cupboard door, b) wardrobe door.

ˈSchrän·kung *f* ⟨-; -en⟩ **1.** *cf.* Schränken. – **2.** *aer.* decalage, *bes. Br.* décalage: **(positive) ~** washout; **(negative) ~** washin.

ˈSchrankˌwand *f* wall of cupboards, cupboard units *pl* along a wall.

ˈSchränk|ˌwei·te *f tech.* (*einer Säge*) width of set. — **~ˌzan·ge** *f* saw-set pliers (*od.* plyers) *pl* (*construed as sg or pl*).

Schran·ne [ˈʃranə] *f* ⟨-; -n⟩ **1.** *Bavarian and Austrian obs. for* a) Fleischbank, b) Getreidemarkt. – **2.** *hist. cf.* Gerichtsgebäude.

Schranz [ʃrants] *m* ⟨-es; ⸗e⟩ *Southern G. and Swiss dial. for* Riß 2.

Schran·ze [ˈʃrantsə] *m* ⟨-n; -n⟩, *f* ⟨-; -n⟩ *contempt.* (*Höfling*) cringer, toady, courtier, sycophant (*lit.*). — **ˈschran·zen·haft** *adj contempt.* cringing, toadying, sycophant(ic) (*lit.*).

Schra·pe [ˈʃraːpə] *f* ⟨-; -n⟩ *tech. cf.* Schrapper 1.

schra·pen [ˈʃraːpən] *v/t* ⟨h⟩ *Low G.* scrape.

Schrap·nell [ʃrapˈnɛl] *n* ⟨-s; -e *u.* -s⟩ *mil. hist.* shrapnel. — **~ˌfeu·er** *n* shrapnel firing. — **~ˌku·gel** *f* shrapnel ball.

ˈSchrappˌei·sen *n tech. cf.* Schrapper 1.

schrap·pen [ˈʃrapən] *v/t u. v/i* ⟨h⟩ scrape.

ˈSchrap·per *m* ⟨-s; -⟩ **1.** *tech.* (*Kratzeisen*) scraper, scraping tool. – **2.** *civ.eng.* (*beim Straßenbau*) a) scraper, b) (*Radschrapper*) wheel (*od.* pan) scraper, *bes. Br.* buck scraper. — **~ˌka·sten** *m* (*mining*) scraper (*od.* slusher) box. — **~ˌka·stenˌho·bel** *m* scraper-box plough (*bes. Am.* plow). — **~verˌsatz** *m* slusher packing.

Schrap·sel [ˈʃraːpsəl] *n* ⟨-s; -⟩ *tech.* scrapings *pl.*

Schrat [ʃraːt] *m* ⟨-(e)s; -e⟩, **Schrä·tel** [ˈʃrɛːtəl] *m* ⟨-s; -⟩, **Schratt** [ʃrat] *m* ⟨-(e)s; -e⟩ *myth.* bo(o)geyman (*od.* boogerman, bog[e]y, bogie) (of the woods).

Schrat·te [ˈʃratə] *f* ⟨-; -n⟩ *geol.* karren, clint, rain channel, grike.

ˈSchraub|au·toˌmat *m electr.* (*Sicherung*) screw-in circuit breaker. — **s~bar** *adj* screwable. — **~ˌbol·zen** *m tech. cf.* Schraubenbolzen. — **~ˌdeckel** (*getr.* -k·k-) *m* screw-on lid.

Schrau·be [ˈʃraubə] *f* ⟨-; -n⟩ **1.** *tech.* a) (*ohne Mutter*) screw, b) (*mit Mutter*) bolt, c) (*einer Schraublehre*) (measuring *od.* micrometer) screw (*od.* spindle), d) (*Druckschraube*) (thrust) screw, e) *cf.* Flügelschraube 1, f) *cf.* Holzschraube, g) *cf.* Metallschraube, h) *cf.* Stellschraube: **eingängige [zweigängige] ~** single- [double]-threaded screw; **linksgängige [rechtsgängige] ~** left- [right-]hand screw; **scharfgängige [flachgängige] ~** V- (*auch* Vee)-[square-]threaded screw; **feingängige ~** fine-pitch screw; **eingelassene** (*od.* **versenkte**) **~** countersunk screw; **eine ~ ohne Kuppe** a flat-point screw; **eine ~ ohne Ende** a) an endless screw, a worm, b) *fig.* an endless drag; **~ und Mutter** bolt and nut; **eine ~ anziehen** (*od.* **festziehen**) **[lockern]** to tighten (up) [to loosen] a screw, to secure a screw tightly [to slacken a screw]; **die ~ anziehen** *auch fig.* to give another turn to the screw; **die ~ sitzt fest** the screw is securely tightened; **bei ihm ist eine ~ locker** (*od.* **los**) *fig. colloq.* he has a screw loose, he has lost a screw (*beide colloq.*). – **2.** *mar.* (*Schiffsschraube*) (screw) propeller: **vierflügelige ~** four-bladed propeller; **umsteuerbare ~** propeller with controllable (*Br.* variable) pitch. – **3.** *aer. cf.* Luftschraube. – **4.** (*sport*) twist. – **5. eine alte ~** *fig. colloq. contempt.* a cracked hag (*colloq.*).

schrau·ben [ˈʃraubən] **I** *v/t* ⟨h⟩ **1.** screw: **ein Schloß an eine Tür ~** to screw a lock on to a door; **er schraubte die Glühbirne in die Fassung** he screwed the bulb into the socket; **den Deckel auf ein Marmeladenglas ~** to screw the lid on a jam jar; **der Skispringer schraubte den Rekord auf 120 Meter** *fig.* the ski jumper pushed the record up to 120 meters (*bes. Br.* metres); **etwas in die Höhe ~** a) (*einen Drehstuhl etc*) to screw s.th. up, b) *fig.* (*Preise, Löhne etc*) to force (*od.* scale, push) s.th. up, c) *fig.* (*Ansprüche, Erwartungen etc*) to raise s.th.; **etwas niedriger ~** a) (*einen Drehstuhl etc*) to screw s.th. down, b) *fig.* (*Ansprüche, Erwartungen etc*) to lower s.th., to scale s.th. down. – **II** *v/i* **2.** screw. – **III** *v/reflex* **3. sich in die Höhe** (*od.* **höher**) **~** a) (*von Flugzeug, Vogel etc*) to circle its way up, to spiral up, b) (*von Auto auf einer Paßstraße etc*) to wind its way up. – **4. sich aus etwas ~** *fig. colloq.* to wriggle out of s.th.

ˈSchrau·ben|ˌal·ge *f bot.* pond scum (*Gattg Spirogyra*). — **~anˌten·ne** *f electr.* corkscrew (*od. scient.* helical) antenna (*bes. Br.* aerial). — **~au·toˌmat** *m tech.* automatic screw machine. — **~bakˌte·rie** *f biol.* spirillum. — **~ˌbaum** *m bot.* a) screw tree (*od.* pine) (*Gattg Pandanus*), b) vacoa (*P. utilis*). — **~ˌbock** *m* **1.** *tech.* screw jack. – **2.** *meist pl mar.* propeller strut. — **~ˌbol·zen** *m tech.* (screw) bolt. — **~ˌdamp·fer** *m mar.* screw steamer. — **~ˌdreh·maˌschi·ne** *f tech.* screw-cutting lathe, automatic screw machine. — **~ˌfe·der** *f* **1.** helical spring. – **2.** (*einer Wellendichtung*) coil spring. — **~ˌflä·che** *f* **1.** *math.* helicoid(al) surface. – **2.** *tech.* helical surface. — **~ˌflü·gel** *m mar.* (*der Schiffsschraube*) propeller (*od.* screw) blade. — **s~ˌför·mig** *adj bes. tech.* screw-shaped, spiral, helical (*scient.*). — **~geˌwin·de** *n* screw thread, male screw. — **~ˌherˌstel·ler** *m* manufacturer of bolts and screws, bolt manufacturer. — **~in·duˌstrie** *f* bolt industry. — **~ˌkopf** *m* **1.** screwhead. – **2.** (*einer Durchsteckschraube*) bolt head. — **~ˌkupp·lung** *f tech.* (*railway*) screw coupling. — **~ˌli·nie** *f math.* spiral (*od. scient.* helical) line, helix (*scient.*). — **~mi·kroˌme·ter** *n tech. cf.* Schraublehre. — **~ˌmut·ter** *f* ⟨-; -n⟩ (screw) nut. — **~ˌpres·se** *f tech.* screw press. — **~proˌpel·ler** *m mar.* (screw) propeller. — **~ˌrad** *n tech.* **1.** helical gear. – **2.** *cf.* Schneckenrad 1. — **~ˌrä·der·geˌtrie·be** *n* helical gear transmission. — **~ˌsal·to** *m* (*sport*) (*beim Wasserspringen*) somersault with twist. — **~ˌschlitzˌfrä·ser** *m tech.* screw-slotting cutter. — **~ˌschlüs·sel** *m* **1.** wrench, *bes. Br.* spanner: **verstellbarer** (*od.* **englischer**) **~** monkey wrench, *bes. Br.* adjustable spanner. – **2.** (*Steckschlüssel*) socket wrench, *bes. Br.* box spanner. — **~ˌschnecke** (*getr.* -k·k-) *f zo.* auger shell (*Fam. Terebridae*). — **~ˌschneid·maˌschi·ne** *f tech.* bolt cutter, screw-cutting machine. — **~ˌschneidˌwerkˌzeug** *n* screw-cutting tool. — **~ˌschub** *m mar.* propeller thrust. — **~ˌspin·del** *f tech.* screw spindle. — **~ˌsprung** *m* (*sport*) (*beim Wasserspringen*) twist dive. — **~ˌstahl** *m* screw steel (*od.* stock), bolt stock. — **~ˌstrahl** *m aer.* (propeller) slipstream. — **~verˌbin·dung** *f tech.* screw (*od.* threaded) connection (*Br. auch* connexion): **gesicherte [ungesicherte] ~** bolted [screwed] joint. — **~verˌzah·nung** *f* **1.** (*Vorgang*) helical gear cutting. – **2.** (*Mechanismus*) helical tooth system. — **~ˌwel·le** *f mar.* propeller (*od.* screw, tail) shaft. — **~ˌwin·de** *f tech. cf.* Schraubenbock 1. — **~ˌwin·dung** *f* turn of a screw. — **~ˌzie·her** *m* (hand) screwdriver.

ˈSchraub|ˌfas·sung *f tech.* (*von Glühbirnen etc*) screw base. — **~geˌtrie·be** *n* skew gear transmission. — **~ˌknecht** *m tech.* **1.** general purpose (*od.* quick) clamp. – **2.** (*in der Zimmerei*) cabinet clamp. – **3.** (*in der Schlosserei*) clamp base vise (*auch* vice), bench vise (*auch* vice). — **~konˌtakt** *m electr.* screwed contact. — **~ˌleh·re** *f tech.* micrometer caliper (*od.* screw). — **~ˌrad** *n* skew gear. — **~ˌrah·men** *m print.* screw chase. — **~ˌsockel** (*getr.* -k·k-) *m* (*radio*) *telev.* (*einer Röhre*) tube (*bes. Br.* valve) screwing (*od.* screw) base (*od.* socket, cap).

ˈSchraubˌstock *m tech.* vise, *auch* vice: **einfacher [feststehender, drehbarer] ~** single-screw [plain, swivel] vise; **etwas in den ~ spannen** to clamp s.th. in the vise, to vise (*auch* vice) s.th.; **seine Hand umklammerte meine wie ein ~** *fig. colloq.* his hand clasped mine like a vise. — **~ˌbacke** (*getr.* -k·k-) *f* vise (*auch* vice) jaw.

ˈSchraub|verˌbin·dung *f tech.* bolted fastening. — **~verˌschluß** *m* screw cap. — **~ˌzwin·ge** *f tech.* C-clamp.

ˈSchre·berˌgar·ten [ˈʃreːbər-] *m* garden

plot, *bes. Br.* allotment (garden). — **~ko·loˌnie** *f* garden colony, *bes. Br.* allotment area.

'**Schre·berˌgärt·ner** *m* plot (*bes. Br.* allotment) gardener: **ein geistiger ~** *fig. colloq. humor.* a parochial person.

Schreck [ʃrɛk] *m* ⟨-(e)s; -e⟩ fright, scare: **sie bekam** (*od. colloq.* **kriegte**) **einen großen [furchtbaren] ~** she got quite a (*od. colloq.* an awful) [a dreadful *od.* terrible] scare; **der ~ ist ihm in die Glieder** (*od. colloq.* **Knochen**) **gefahren** fright swept through him; **ein eisiger ~ durchfuhr ihn** a chill of fright went through him; **sie waren vor ~ wie gelähmt, sie waren starr** (*od.* **steif**) **vor ~** they were paralyzed with fright, they were scared stiff (*colloq.*); **j-m einen ~ einjagen** *colloq.* to give s.o. a fright, to scare (*od. stärker* to terrify) s.o., (*stärker*) to frighten s.o. out of his wits; **da hast du mir ja einen schönen ~ eingejagt** *colloq.* you gave me a fair (*od. colloq.* a hell of a, *bes. Br. colloq.* a proper) fright, you fairly scared me; **deine Drohungen haben ihm einen heiligen ~ eingejagt** *colloq.* your threats scared him stiff, your threats scared the pants off him (*beide colloq.*); **vor ~ aufschreien [zittern]** to scream [to shake] with fright; **das Kind lief vor ~ davon** the child ran off in fright; **auf den ~ (hin) wollen wir erst mal einen trinken** *colloq.* let's have one to get over the fright (*colloq.*); **ach, du ~!** *colloq.* good heavens! for heaven's (*bes. Br. colloq.* Pete's) sake! **~, laß nach!** *colloq.* God help me (*od.* us)!

'**Schreckˌbild** *n* **1.** (*schreckliche Vorstellung*) dreadful (*od.* terrifying) vision. – **2.** (*Erscheinung, Gespenst*) apparition.

Schrecken (*getr.* -k·k-) ['ʃrɛkən] *m* ⟨-s; -⟩ **1.** fright, scare, (*stärker*) terror: **der Gedanke an das Examen erfüllte ihn mit** (*od.* **versetzte ihn in**) **~** the thought of the examination filled him with fright (*od.* frightened him, scared him, *stärker* terrified him); **der Fahrer kam (noch einmal) mit dem ~ davon** the driver got off with a fright; **ich muß mich vom ersten ~ erholen** I have to get over the fright (*od.* shock); **lieber ein Ende mit ~ als ein ~ ohne Ende** *colloq. humor.* rather a calamitous end than an endless calamity. – **2.** (*nervöse Furcht, Aufregung*) alarm, dismay, (*stärker*) terror, panic: **die Nachricht rief überall ~ hervor** the news caused alarm everywhere; **die Menge wurde von panischem** (*od.* **blindem**) **~ erfaßt** the crowd was seized with blind (*od.* panicky) terror, the crowd was seized with panic (*od.* was terror-stricken); **die Hunnen verbreiteten Furcht und ~ unter den europäischen Völkern** the Huns spread fear and terror among the European peoples. – **3.** (*Greuel, Entsetzlichkeit*) horror, terrors *pl*: **der Gedanke daran hatte nichts von seinem ~ verloren** the thought of it had not lost its terrors; **ihnen bot sich ein Bild des ~s** they were met with a scene of horror (*od.* with a horrifying scene); **die ~ des Krieges** the horrors of war. – **4.** (*Bestürzung, Betroffenheit*) dismay, consternation: **zu meinem ~ mußte ich feststellen, daß** to my dismay I discovered that. – **5.** (*Schrecknis*) terror, horror: **er war der ~ der ganzen Nachbarschaft** he was the terror of the whole neighbo(u)rhood.

'**schrecken** (*getr.* -k·k-) **I** *v/t* ⟨h⟩ **1. j-n ~** a) (*in Schrecken versetzen*) to frighten (*od.* to scare, *stärker* to terrify) s.o., to give s.o. a fright (*od.* scare), b) (*in Unruhe versetzen*) to alarm (*od.* startle, *stärker* panic) s.o., c) (*abhalten*) to keep s.o. away, to deter s.o., to put s.o. off. – **2. j-n aus dem Schlaf ~** to startle s.o. out of his sleep. – **II** *v/i* ⟨schreckt, *obs.* schrickt, schreckte, *obs.* schrak, geschreckt, *obs.* geschrocken, sein⟩ **3. aus dem Schlaf ~** to start out of one's sleep. – **III** *v/i* ⟨h⟩ **4.** *hunt.* (*von Rotwild*) give alarm.

'**schrecken·erˌre·gend** (*getr.* -k·k-) *adj* horrifying, terrifying, horrific, terrific.

'**Schreckens|ˌbild** (*getr.* -k·k-) *n* dreadful (*od.* horrible) sight. — **s~'blaß, s~'bleich** *adj* pale (*od.* green) with fright. — **~ˌbotschaft** *f* alarming (*od.* frightening, scaring, terrifying) news *pl* (*construed as sg or pl*). — **~ˌherr·schaft** *f* (reign of) terror, terrorism. — **~ˌkam·mer** *f* chamber of horrors. — **~ˌnachˌricht** *f cf.* Schreckensbotschaft. — **~ˌnacht** *f* night of horrors. — **~re·giˌment** *n cf.* Schreckensherrschaft. — **~ˌschrei** *m* cry of dismay, shriek of terror. — **~ˌtat** *f* atrocious (*od.* horrible) deed, atrocity. — **~ˌzeit** *f* (time of) terror(ism).

'**Schreck·geˌspenst** *n fig.* **1.** nightmare, specter, *bes. Br.* spectre, dreadful (*od.* terrifying) vision: **das ~ des Krieges heraufbeschwören** to conjure up (*od.* evoke) the nightmare of war. – **2.** (*Popanz*) bugbear, bugaboo, bo(o)gyman: **j-n als ~ hinstellen** to make s.o. out to be a bugbear. – **3.** *colloq.* (*häßliche Person*) (dreadful *od.* terrible, awful) sight (*colloq.*).

'**schreck·haft** *adj* easily frightened, fearful, timid. — '**Schreck·haf·tig·keit** *f* ⟨-; *no pl*⟩ fearfulness, timidity, timidness.

'**schreck·lich I** *adj* **1.** (*furchtbar, entsetzlich*) terrible, dreadful, frightful, awful, fearful, horrible: **er stieß ~e Drohungen aus** he uttered dreadful threats; **sie bekamen ~e Angst** *colloq.* they were terribly (*od.* awfully) frightened (*colloq.*); **ich habe ~e Tage hinter mir** I have been through terrible days; **wie ~! das ist ja ~!** that's terrible! **das wird ein ~es Ende nehmen** that will come to a dreadful end; **es ist mir ~, Ihnen sagen zu müssen, daß** *colloq.* it is dreadful for me to have to tell you that (*colloq.*); **er starb unter ~en Schmerzen** he died in terrible pain (*od.* under terrible suffering, in agony); **wir sind in einer ~en Lage** we are in a terrible (*od.* dire) situation, we are in a very tight spot; **in seinem Zimmer herrscht eine ~e Unordnung** *colloq.* his room is in frightful disorder (*od.* mess) (*colloq.*); **ein ~er Mensch** *colloq.* a dreadful person (*colloq.*). – **2.** (*grauenhaft, grausig*) dreadful, gruesome, *auch* grewsome, ghastly, horrible, horrid, horrifying, (*stärker*) appalling, atrocious, hideous: **die Unfallstelle bot einen ~en Anblick** the scene of the accident was a horrible sight. – **3.** (*abscheulich, widerwärtig*) loathsome, abominable, execrable, (*stärker*) atrocious, heinous: **eine ~e Tat** an atrocious deed, an atrocity, an abomination. – **4.** (*schaurig, schauerlich*) grim, grisly, grizzly, (*stärker*) ghastly, horrible: **eine ~e Geschichte** a grim story. – **5.** (*katastrophal*) disastrous, calamitous, dreadful, terrible: **eine ~e Niederlage** a disastrous defeat, a disaster. – **II** *adv* **6.** *colloq.* (*ungemein*) 'awfully', 'terribly', 'frightfully' (*alle colloq.*): **es dauerte ~ lange, bis er kam** it took him awfully long (*od. colloq.* it took him ages) to come; **das kostet ~ viel Geld** that costs an awful lot of money; **wir haben ~ gelacht** we split our sides (with laughter), it was frightfully funny, we laughed our heads off; **sie arbeitet ~ viel** she works an awful lot (*od.* frightfully hard). — '**Schreck·lich·keit** *f* ⟨-; *no pl*⟩ **1.** (*Furchtbarkeit*) terribleness, dreadfulness, frightfulness, awfulness, fearfulness, horribleness. – **2.** (*Grauenhaftigkeit*) dreadfulness, gruesomeness, ghastliness, horribleness, horridness, (*stärker*) atrocity, hideousness, hideosity. – **3.** (*Abscheulichkeit*) loathsomeness, abomination, (*stärker*) atrocity, heinousness. – **4.** (*Schaurigkeit*) grimness, grisliness, (*stärker*) ghastliness, horribleness.

'**Schreck·nis** *n* ⟨-ses; -se⟩ horror, terror.

'**Schreckˌschrau·be** *f fig. colloq. contempt.* dolled-up hag (*colloq.*).

'**Schreckˌschuß** *m* **1.** shot fired in the air: **einen ~ abfeuern** (*od.* **abgeben**) to fire in the air. – **2.** *fig.* (*blinder Alarm*) false alarm. – **3.** *fig.* (*Warnschuß*) warning shot. — **~piˌsto·le** *f* blank (cartridge) pistol.

'**Schreck·seˌkun·de** *f* reaction time (*od.* period).

Schrei [ʃraɪ] *m* ⟨-(e)s; -e⟩ **1.** cry, shout: **einen ~ ausstoßen** to give (*od.* utter) a cry, to give a shout; **ein ~ der Entrüstung** a cry of indignation, an outcry. – **2.** (*kreischender*) scream: **ein markerschütternder [erstickter] ~** a bloodcurdling [stifled *od.* muffled] scream. – **3.** (*spitzer, kurzer*) shriek. – **4.** (*gellender*) yell. – **5.** (*klagender*) wail. – **6.** (*schriller, durchdringender*) squall. – **7.** (*freudiger*) whoop. – **8.** (*lauter Ruf, Zuruf*) shout. – **9.** (*einer Menge*) shout, roar. – **10.** *fig.* (*Verlangen, Forderung*) (out)cry, call: **der ~ nach Rache** the cry for revenge. – **11. der letzte ~** *fig. colloq.* the latest craze (*od.* rage, thing), the last word, (*bes. in der Mode*) the latest fashion, the dernier cri. – **12.** (*eines wilden Tieres*) cry. – **13.** (*Vogelruf*) a) (*des Greifvogels*) screech, b) (*der Eule, des Käuzchens*) hoot, screech, c) (*der Möwen, Wildenten etc*) call, d) (*des Hahns*) crow, e) (*des Kranichs*) trumpet call. – **14.** (*des Esels*) bray. — **~ˌad·ler** *m zo.* lesser spotted eagle (*Aquila pomarina*).

'**Schreib|ˌabˌteil** *n* (*railway*) writing (*od.* secretarial) compartment. — **~ˌar·beit** *f* clerical (*od.* desk, paper) work. — **~ˌart** *f* (*Stil*) manner of writing, style, pen (*lit.*). — **~beˌdarf** *m* writing materials *pl*, stationery. — **~ˌblock** *m* ⟨-(e)s; -s⟩ (writing) pad. — **~büˌro** *n* writing office. — **~ˌda·me** *f* typist.

Schrei·be ['ʃraɪbə] *f* ⟨-; -n⟩ **1.** ⟨*only sg*⟩ *Southern G. and Austrian* (*Geschriebenes*) writing. – **2.** ⟨*only sg*⟩ written language (*as opposed to the spoken one*). – **3.** *colloq.* (*Schreibgerät*) something to write with.

schrei·ben[1] ['ʃraɪbən] **I** *v/t* ⟨schreibt, schrieb, geschrieben, h⟩ **1.** (*Buchstaben, Zahlen, Wörter etc*) write: **etwas noch einmal ~** to write s.th. again, to rewrite s.th.; **er schrieb das Aufsatzthema an die Tafel** he wrote (*od.* chalked) the essay subject on the blackboard; **er schrieb seinen Namen schnell auf ein Blatt Papier** he wrote his name quickly (*od.* he jotted down his name) on a piece of paper; **ich habe die Adresse in mein Notizbuch geschrieben** I have written (*od.* noted) (down) the address in my notebook; **seinen Namen unter etwas ~** to write (*od.* set) one's name under s.th., to (under)sign s.th.; **man schrieb das Jahr 1925** it was in 1925; **wir ~ heute den 1. März 1973** today is the first of March 1973; **den wievielten ~ wir heute?** what date is it today? **etwas mit der Hand ~** to write s.th. by hand; **etwas mit Bleistift ~** to write s.th. with a pencil, to pencil s.th.; **etwas mit Füllhalter ~** to write s.th. with a pen, to pen s.th.; **etwas mit Tinte ~** to write s.th. in ink, to ink s.th.; **etwas mit Kreide ~** to write s.th. with chalk, to chalk s.th.; **etwas mit** (*od.* **auf**) **der (Schreib)-Maschine ~** to write s.th. with a typewriter, to typewrite (*od.* type) s.th.; **Kurzschrift ~** to write shorthand; **etwas in Kurzschrift ~** to write s.th. in shorthand (*od.* stenography), to stenograph s.th.; **er schreibt eine schlechte [gute] Handschrift** his handwriting is bad [good], he writes a bad [a good] hand, he is a bad [good] writer (*colloq.*); **er schreibt eine schwerfällige Handschrift** *fig.* he has a heavy (*od.* hard) hand, he is heavy-handed; **sich** (*dat*) **die Finger wund ~** *fig. colloq.* to write until one's fingers ache, to write one's arm off (*colloq.*); **schreib dir das hinter die Ohren!** *fig. colloq.* get that into your (thick) head (*od.* skull)! (*colloq.*); → **Handschrift 4; Schornstein 1; Stirn 1.** – **2.** (*Brief, Aufsatz, Artikel, Buch, Fernsehspiel etc*) write, pen (*lit.*): **über dieses Thema ist viel geschrieben worden** much has been written on this subject (*od.* topic), much ink has been spilt (*od.* much paper has been spoiled) on this subject; **ein Diktat ~** to write (*od.* take down, do) a dictation; **etwas ins Konzept ~** to make a rough copy of s.th., to draft s.th.; **etwas ins reine ~** a) to make a fair copy of s.th., b) *jur.* to engross s.th.; **sie schreibt gutes [schlechtes] Deutsch** she writes good [bad] German; **einen guten Stil ~** to have a good style; **eine gewandte Feder ~** *fig. lit.* to have (*od.* wield) a fluent pen (*lit.*); **der Artikel ist sehr flüssig geschrieben** the article is written in a very flowing (*od.* fluent) style; → **Leib 1.** – **3. j-m etwas ~** a) (*einen Brief etc*) to write s.o. s.th., to write s.th. to s.o., b) (*berichten, mitteilen*) to write s.o. s.th., to inform (*od.* notify) s.o. of s.th.: **ich habe meinen Eltern nichts davon geschrieben** I did not write my parents anything about it; **schreib du ihm auch noch ein paar Zeilen** (you) add a few lines (to him); **der Brief, in welchem Sie uns schrieben, daß Sie am Freitag ankämen** the letter in which you informed us of your arrival on Friday (*od.* that you will be arriving on Friday); **man schreibt uns aus Hamburg, daß** we received (*od.* have) word from Hamburg that, we hear from Hamburg that. – 4. (*orthographisch richtig*) write, spell: dieses Wort wird groß geschrieben this word is written with a capital letter (*od.* is capitalized); Zeitwörter schreibt man klein verbs are written with a small (initial) letter; etwas richtig ~ to write s.th. correctly; etwas falsch (*od.* verkehrt) ~ to write s.th. incorrectly, to misspell s.th.; wie schreibt man ‚Fuchs'? how do you spell 'Fuchs'? – 5. (*Rechnungen, Rezepte, Zeugnisse etc*) write (out), make out. – 6. (*berichten*) report, say: die Zeitung schreibt darüber folgendes the newspaper says the following about it. – 7. j-n krank [gesund] ~ to certify s.o. (as) ill [cured *od.* fit for work]: er ließ sich krank ~ he got the doctor to certify him (as) ill. – 8. *mus.* (*komponieren*) write, compose. – II *v/i* 9. write: das Kind kann schon ~ the child is able to write already; ~ lernen to learn to write; du mußt etwas deutlicher [enger, kleiner] ~ you have to write a bit clearer [closer, smaller]; er schreibt unleserlich [wie gestochen] he writes illegibly [very neatly]; sie schreibt schön a) she has (a) beautiful handwriting, b) (*hat einen schönen Stil*) she writes beautifully, she has a beautiful style; nach Diktat ~ to write from (*od.* at, to) s.o.'s dictation; mit (*od.* auf) der (Schreib)Maschine ~ to type(write); deutsch [lateinisch, arabisch] ~ a) (*in der jeweiligen Sprache*) to write in German [Latin, Arabic], b) (*in der jeweiligen Schrift*) to write German (*od.* Gothic) [Roman, Arabic] script; wo steht das geschrieben? where does it say that? where is it written? das steht in den Sternen geschrieben *fig.* that is written in the stars; wie unser Gewährsmann in Übersee schreibt according to our overseas informant; → sagen 11. – 10. (*als Schriftsteller*) write, be a writer: er schreibt für eine Zeitung he writes newspaper articles; über j-n [etwas] ~ to write on (*od.* about) s.o. [s.th.]. – 11. j-m (*od.* an j-n) ~ to write to s.o., *bes. Am.* to write s.o.; schreib mir mal! write to me sometime! drop me a line! sich (*dat*) ~ *colloq.* (*korrespondieren*) to write to each other, to correspond (with each other), to be in correspondence. – 12. an (*dat*) etwas ~ (*an einer Dissertation, einem Drama etc*) to be writing (at) (*od.* be working on, be at work on) s.th. – 13. (j-m) um etwas ~ *archaic* to write (to s.o.) for s.th., to ask s.th. (of s.o.) in writing. – 14. *tech.* (*von Fern-, Fahrtenschreiber etc*) write, record. – III *v/reflex* sich ~ 15. be written (*od.* spelled, *bes. Br.* spelt): wie ~ Sie sich? how do you spell your name? wie schreibt er sich? a) how does he spell his name? b) *Southern G. colloq.* what is his name? – 16. sich mit j-m ~ *colloq.* to correspond (*od.* be in correspondence) with s.o.: er schreibt sich mit ihm schon seit Jahren they have been corresponding for years. – IV *v/impers* 17. wie schreibt es sich mit deinem neuen Füllhalter? what is writing like with your new pen? – V S~ *n* ⟨-s⟩ 18. *verbal noun:* das S~ wird mir sauer I have trouble writing; er macht beim S~ viele Fehler he makes many mistakes in writing, he is a bad speller; geben Sie mir etwas zum S~ a) (*einen Bleistift, Füllhalter etc*) give me something to write with, b) (*Schreibarbeit*) give me something to write (*od.* typewrite, type). – 19. (*als Schulfach*) writing.

'Schrei·ben² *n* ⟨-s; -⟩ 1. (*Schriftstück*) writing. – 2. *bes. econ.* a) (*Brief*) letter, b) (*kurze Mitteilung*) note, c) (*formlose Benachrichtigung*) memorandum: Bezug nehmend auf Ihr ~ vom with reference (*od.* referring) to your letter of.

'Schrei·ber *m* ⟨-s; -⟩ 1. (*Verfasser*) writer, author: der ~ dieses Briefes (*od.* dieser Zeilen) the undersigned. – 2. (*kleiner Angestellter*) clerk, scribe. – 3. (*Sekretär, Protokollführer*) secretary. – 4. (*Gerichtsschreiber*) clerk. – 5. (*Abschreiber*) copyist, copier, scribe. – 6. *colloq.* something to write with: hast du einen ~ dabei? have you something on you to write with? – 7. *hist.* (*Dorfschreiber etc*) scribe. – 8. *tech.* recorder, recording instrument.

Schrei·be'rei *f* ⟨-; -en⟩ *colloq.* 1. (endless) writing. – 2. *meist pl* (plenty of) writing (*od.* paper work): ich habe eine Menge ~en gehabt I had to do a lot of writing (back and forth) (*colloq.*). – 3. *contempt.* (*eines schlechten Schriftstellers*) scribbling.

'Schrei·ber·ling *m* ⟨-s; -e⟩ *contempt.* 1. (*schlechter Schriftsteller*) hack (writer); scribbler, inkslinger (*colloq.*). – 2. (*kleiner Büroangestellter*) quill-driver, pen-pusher (*colloq.*).

'Schrei·ber,see·le *f contempt.* bureaucrat.

'schreib,faul *adj* lazy about (letter) writing: er ist ~ he a lazy about (letter) writing, he is a poor correspondent. — **'Schreib,faul·heit** *f* ⟨-; *no pl*⟩ laziness about (letter) writing.

'Schreib|,fe·der *f* 1. (pen) nib, pen. – 2. (*Federhalter*) pen. – 3. *obs.* quill. — **~,feh·ler** *m* 1. spelling mistake, misspelling. – 2. (*Flüchtigkeitsfehler*) scribal (*od.* clerical) error, slip of the pen. – 3. *cf.* Tippfehler. — **~,fer·tig·keit** *f* skill in (*od.* good) penmanship. — **~ge,bühr** *f* 1. copying fee. – 2. (*Bearbeitungsgebühr*) a) processing fee, b) (*einer Bank*) management charges *pl.* — **~ge,rät** *n* 1. writing utensil. – 2. *tech.* recording instrument (*od.* indicator), recorder. — **~,heft** *n* 1. exercise book. – 2. (*Schönschreibheft*) copybook. — **~,hil·fe** *f* secretarial assistant. — **~,kraft** *f* typist: Schreibkräfte gesucht typists (*od.* typing staff) wanted. — **~,krampf** *m med.* writer's paralysis (*od.* cramp), graphospasm (*scient.*). — **~,kunst** *f* ⟨-; *no pl*⟩ penmanship, chirography. — **s~,lu·stig** *adj* 1. fond of writing. – 2. (*zum Schreiben aufgelegt*) in the mood for writing, in the writing mood (*colloq.*). — **~,map·pe** *f* writing case.

'Schreib·ma,schi·ne *f* typewriter: (mit der) ~ schreiben to type(write); mit der ~ geschrieben typewritten, typed, in typescript.

'Schreib·ma,schi·nen|,fräu·lein *n* typist. — **~pa,pier** *n* typewriting paper. — **~,raum** *m* typists' office. — **~,schrift** *f* typewriting. — **~,tisch** *m* typist's desk.

'Schreib|ma·te·ri,al *n* stationery. — **~pa,pier** *n* writing paper. — **~,pult** *n* writing desk. — **~,raum** *m* 1. (*im Hotel etc*) writing room. – 2. (*für Schreibkräfte*) typists' office. — **~,saal** *m cf.* Schreibmaschinenraum. — **~,schrank** *m* 1. *cf.* Sekretär 4. – 2. (*in einer Schrankwand*) writing-desk unit. — **~,schrift** *f* 1. script, written characters *pl.* – 2. *print.* script type. — **~,stift** *m* 1. (*Bleistift*) pencil. – 2. *hist.* (*Griffel*) stylus, *auch* stilus, style. — **~,stu·be** *f* 1. *cf.* Schreibraum 2. – 2. *mil.* orderly room. — **~,stun·de** *f* writing lesson. — **~,ta·fel** *f* 1. (*Schiefertafel*) slate. – 2. *hist.* tablet. — **~,tin·te** *f* writing ink.

'Schreib,tisch *m* 1. desk. – 2. (*Sekretär*) writing desk (*od.* table), *Br.* (writing) bureau. — **~gar·ni,tur** *f* desk set. — **~,lam·pe** *f* desk lamp. — **~,ses·sel** *m* desk chair. — **~,tä·ter** *m fig.* desk murderer.

'Schreib|,trom·mel *f tech.* recording drum. — **~,übung** *f* writing exercise.

'Schrei·bung *f* ⟨-; -en⟩ 1. *cf.* Schreiben¹. – 2. (*Rechtschreibung*) spelling: falsche ~ misspelling; umgekehrte ~ inverse spelling.

'schreib|,un,kun·dig *adj* unable to write. — **S~,un·ter,la·ge** *f* desk (*od.* writing) pad. — **S~,un·ter,richt** *m* 1. *cf.* Schreibstunde. – 2. writing instruction (*od.* lessons *pl*).

'Schrei,bus·sard *m zo.* milvago caracara (*Gattg Milvago*).

'Schreib|uten,si·li·en *pl cf.* Schreibzeug. — **~,vor,la·ge** *f* 1. (*zum Abschreiben*) original. – 2. (*für Schönschrift*) example to copy from. — **~,wal·ze** *f tech.* (*der Schreibmaschine*) platen.

'Schreib,wa·ren *pl* stationery *sg.* — **~,händ·ler** *m* stationer. — **~,hand·lung** *f bes. Br.* stationer's (shop), *bes. Am.* stationery store.

'Schreib|,wei·se *f* 1. (*Stil*) style, manner of writing. – 2. (*Rechtschreibung*) spelling. — **~,zeug** *n* writing things *pl.* — **~,zim·mer** *n cf.* Schreibraum 1.

schrei·en ['ʃraiən] I *v/i u. v/t* ⟨schreit, schrie, geschrie(e)n, h⟩ 1. (*vor Angst, Schmerz etc*) cry out, scream, shout, vociferate (*lit.*): sie schrie vor Entsetzen she cried out with terror; er schrie wie am Spieß he was screaming the place down, he was crying blue murder (*beide colloq.*). – 2. (*gellend*) yell. – 3. (*kreischend*) scream, shriek, screech, *Am. colloq.* yip. – 4. (*freudig*) whoop: die Kleine schrie vor Vergnügen the little girl whooped with joy. – 5. (*jammernd, klagend*) wail: sie schrie ach und weh she wailed and moaned. – 6. (*von Säuglingen*) squall, bawl, scream, howl. – 7. (*laut rufen*) shout: sie schrie ihm die Wahrheit ins Gesicht she shouted the truth in his face; → Hals¹ 4; Hilfe 1; Leibeskräfte; Zeter. – 8. (*brüllen*) roar: vor Lachen ~ to roar (*od.* scream) with laughter. – 9. (*laut reden*) shout, yell, bawl: schrei nicht so, ich bin doch nicht taub! don't shout like that, I'm not deaf! j-m in die Ohren ~ to shout s.o.'s ears off (*colloq.*). – 10. nach etwas ~ a) to shout for s.th., b) *fig.* to cry for s.th.: er schrie ungeduldig nach seinem Essen he shouted impatiently for his meal; nach Rache (*od.* Vergeltung) ~ *fig.* to cry for revenge; diese Zustände ~ geradezu nach einer Reform *fig.* these conditions virtually cry (out) for reform; dieses Unrecht schreit zum Himmel! *fig.* this injustice is a crying shame (*od.* a disgrace)! – 11. nach j-m ~ a) (*ungeduldig*) to call (out) (*od.* to shout) for s.o. (to come), b) (*flehentlich*) to cry out for s.o.: der unzufriedene Gast schrie nach dem Kellner the unsatisfied customer shouted for the waiter; das Kind hatte sich verlaufen und schrie nach seiner Mutter the child had got lost and cried out for its mother. – 12. (*von Volksmenge etc*) (nach for) clamor, *bes. Br.* clamour, shout. – 13. (*von wilden Tieren*) cry, trumpet. – 14. (*von Vögeln*) a) (*von Greifvogel*) scream, screech, b) (*von Eulen, Käuzchen*) hoot, screech, c) (*von Möwen, Wildenten etc*) call, d) (*vom Hahn*) crow. – 15. (*von Eseln*) bray. – II *v/reflex* 16. sich heiser ~ to shout oneself hoarse. – III S~ *n* ⟨-s⟩ 17. *verbal noun.* – 18. es [er] ist zum S~ *colloq.* it [he] is a (perfect) scream (*colloq.*), *Am. colloq.* it [he] is a riot. – 19. *cf.* Geschrei 1. — **'schrei·end** I *pres p.* – II *adj* 1. (*laut rufend*) shouting. – 2. (*krakeelend*) clamorous. – 3. *fig.* (*Farben*) loud, garish, gaudy, glaring, flashy. – 4. *fig.* (*Unrecht, Gegensatz etc*) glaring, flagrant: das ist eine ~e Ungerechtigkeit that's a glaring injustice (*od.* a crying shame).

'Schrei·er *m* ⟨-s; -⟩ 1. *cf.* Schreihals 1—3. – 2. (*Krakeeler*) clamorer, *bes. Br.* clamourer, brawler. – 3. *meist pl contempt.* (*Nörgler*) grumbler, trouble-maker, protester, complainer: den ~n den Mund stopfen *colloq.* to shut the complainers up.

Schreie'rei *f* ⟨-; -en⟩ *colloq. for* Geschrei.

'Schrei|,frosch *m zo.* bronze frog (*Rana clamitans*). — **~,hals** *m* 1. (*Kleinkind*) squaller. – 2. (*häufig weinendes Kind*) crybaby. – 3. (*lärmendes Kind*) noisy brat. – 4. *cf.* Schreier 2. — **~,krampf** *m med.* crying (*od.* screaming) fit.

Schrein [ʃrain] *m* ⟨-(e)s; -e⟩ 1. *relig.* (*für Reliquien*) shrine, reliquary. – 2. *obs. for* a) Schrank 1, b) Sarg. – 3. etwas im ~ des Herzens (*od.* der Seele) bewahren *fig. lit.* to lock s.th. away in one's heart.

'Schrei·ner *m* ⟨-s; -⟩ *Southern and Western G. for* Tischler. — **Schrei·ne'rei** *f* ⟨-; -en⟩ *cf.* Tischlerei. — **'schrei·nern** *v/t u. v/i* ⟨h⟩ *cf.* tischlern.

schrei·ten ['ʃraitən] *v/i* ⟨schreitet, schritt, geschritten, sein⟩ *lit.* 1. (*mit schnellen, langen Schritten*) stride (along), pace (along), stalk (along): auf und ab ~ to pace up and down; im Zimmer auf und ab ~ to pace the room (*od.* the floor), to stride up and down the room. – 2. (*feierlich, gemessen*) walk: das Paar schritt feierlich zum Altar the couple walked solemnly to the altar; im Takt ~ to walk in time to the music; das Mannequin schritt über den Laufsteg the model walked (*od.* paraded) across the platform. – 3. (*stolzieren*) stalk (along), strut (along). – 4. über (*acc*) etwas ~ (*mit einem großen Schritt*) to stride (*od.* to step) across s.th. – 5. zu etwas ~ *fig.* to proceed (*od.* to pass on) to (do) s.th.: zur Tat (*od.* zu Taten, zu Werke) ~ to set (*od.* to get down) to work, to proceed to action; zur Abstimmung ~ to (come to the) vote; zum Äußersten ~ to take extreme measures.

'Schreit|,tanz *m* stepping dance. — **~,vo·gel** *m zo.* glossy ibis, falcinel (*scient.*) (*Plegadis falcinellus*).

'Schrei,vo·gel,ar·ti·gen *pl zo.* screechers, clamatores (*scient.*) (*Ordng Clamatores*).

Schrenz [ʃrɛnts] *m* ⟨-es; -e⟩ *obs.* 1. low-quality paper. – 2. *cf.* Löschpapier. – 3. (*Schrenzpackpapier*) low-quality wrapping paper, screenings *pl* (*construed as sg or pl*). — **~ˌpack·paˌpier** *n cf.* Schrenz 3.

schrie [ʃriː] *1 u. 3 sg pret of* schreien.

schrieb [ʃriːp] *1 u. 3 sg pret of* schreiben[1].

Schrieb *m* ⟨-s; -e⟩ *colloq. meist contempt.* **1.** (official) letter. – **2.** unpleasant note, wretched missive, worthless scrap of paper.

Schrift [ʃrɪft] *f* ⟨-; -en⟩ **1.** writing, characters *pl*, script: **in lateinischer ~** in Roman characters; **in deutscher ~** in Gothic (*od.* German) script; **eine Sprache in Wort und ~ beherrschen** to be able to speak and write a language well (*od.* correctly); **er spricht (Deutsch) nach der ~** *Southern G.* he speaks standard German. – **2.** (*Handschrift*) handwriting, writing, hand, script (*lit.*): **sie hat eine schöne [schlechte] ~** she has a beautiful (*od.* lovely) [bad *od.* poor] handwriting, she writes a beautiful (*od.* lovely) [bad] hand, she is a lovely [bad] writer (*colloq.*); **steile [schräge, zierliche, zittrige] ~** straight (*od.* erect) [slanting, neat, shaky] handwriting; **seine ~ verstellen** to disguise one's handwriting. – **3.** *print.* a) (*Material zum Setzen*) (text) type, b) (*Buchschrift*) (book) face, c) (*Schreibschrift*) script, d) *cf.* **Schriftart.** – **4.** (*Schriftstück*) paper, document, writing. – **5.** (*Abhandlung*) paper. – **6.** (*Veröffentlichung*) publication, writing. – **7.** (*Broschüre*) brochure, booklet, pamphlet. – **8.** (*Werk*) work, writing: **vermischte ~en** miscellaneous writings; **sämtliche ~en Kants** the complete works of Kant, a complete edition of Kant('s works). – **9.** (*Bittschrift*) petition, appeal. – **10.** (*Inschrift*) inscription, legend: → Kopf 12. – **11.** **die (Heilige) ~** *relig.* the Scripture(s *pl*), the Holy Scripture(s *pl*). — **~ˌart** *f print.* kind of type, sort, *bes. Am.* type font, *Br.* type fount. — **~ˌausˌle·ger** *m relig.* exegete, exegetist, exegesist. — **~ˌausˌle·gung** *f* interpretation of the Scripture(s), exegesis (*scient.*). — **~ˌbarsch** *m zo.* learned rockfish (*Serranus scriba*). — **~ˌbild** *n* **1.** general impression of s.o.'s handwriting. – **2.** *print.* (type)face. — **s~ˌblind** *adj med.* word-blind. — **~ˌblind·heit** *f* word blindness, alexia (*scient.*). — **~chaˌrak·ter** *m* **1.** character of handwriting. – **2.** *print.* type style. — **~ˌdeu·ter** *m* **1.** handwriting analyst, graphologist (*scient.*). – **2.** *relig. cf.* Schriftausleger. — **~ˌdeutsch** ⟨*generally undeclined*⟩, **das ~ˌdeut·sche** ⟨-n⟩ *ling.* **1.** literary German. – **2.** (*Hochdeutsch*) standard German. — **~ˌdeu·tung** *f* **1.** handwriting analysis, graphology (*scient.*). – **2.** *relig. cf.* Schriftauslegung.

ˈSchrif·tenˌˌnachˌweis *m*, **~verˌzeich·nis** *n* list of references, bibliography (*scient.*).

ˈSchriftˌˌfäl·scher *m* forger of handwriting. — **~ˌfäl·schung** *f* forgery of handwriting. — **~ˌform** *f jur.* writing: **bestimmte Verträge erfordern die ~** writing is essential to the validity of certain contracts. — **~ˌfüh·rer** *m* **1.** (*einer Versammlung etc*) protocolist. – **2.** (*eines Vereins etc*) secretary, keeper of the minutes. – **3.** *econ.* secretary. — **~gar·niˌtur** *f print.* sort, *bes. Am.* font, *Br.* fount. — **~ˌgat·tung** *f* type group. — **~geˌlehr·te** *m Bibl.* scribe. — **~ˌgie·ßer** *m print.* letter founder, typefounder. — **~gie·ßeˌrei** *f* letter foundry, typefoundry. — **~ˌgrad** *m*, **~ˌgrö·ße** *f* type size. — **~ˌguß** *m* typecasting, typefounding, letter founding. — **~ˌhö·he** *f* type height, height to paper: **in ~** type-high. — **~ˌka·sten** *m* (type)case. — **~ˌke·gel** *m* (type) body, shank. — **~ˌlei·ter** *m* (*Redakteur*) editor. — **~ˌlei·tung** *f* **1.** (*Stellung des Schriftleiters*) editorship. – **2.** (*Personal der Redaktion*) editorial staff, editors *pl.* – **3.** (*Zeitungsbüro*) newspaper office.

ˈschrift·lich I *adj* **1.** (*Einwilligung, Bestätigung, Unterlagen etc*) written, in writing: **~e Prüfung** written examination; **~er Beweis** *jur.* evidence in writing; **~e Zahlungsanweisung** *econ.* order to pay, draft; **jetzt haben wir es ~** now we have it in writing (*od.* in black and white); → Vorladung 2. – **II** *adv* **2.** in writing, in black and white, on paper: **etwas ~ niederlegen** (*od.* **festhalten**) to put s.th. down (*od.* record s.th.) in writing, to commit (*od.* reduce) s.th. to writing; **würden Sie mir das ~ geben?** could you please give me that in writing? **das kann ich dir ~ geben** *fig. colloq.* I can guarantee you that. – **3.** (*brieflich*) by letter, by correspondence: **j-m etwas ~ mitteilen** to inform (*od.* notify) s.o. of s.th. by letter; **~ antworten** a) to answer by letter, b) (*auf Formularen etc*) to answer in writing. – **III S~e, das** ⟨-n⟩ **4.** **gib mir etwas S~es** give me something in writing; **ich habe nichts S~es** I have nothing in writing. – **5.** *colloq.* (*schriftliche Prüfung*) written exam (*colloq.*), *auch* paper. — **ˈSchrift·lich·keit** *f* ⟨-; *no pl*⟩ *jur. cf.* Schriftform.

ˈSchriftˌˌli·nie *f print.* type (*od.* body) line: **unter der ~** inferior. — **~meˌtall** *n* type (*od.* printer's) metal. — **~monˌta·ge** *f* paste-up. — **~ˌpro·be** *f* **1.** specimen of handwriting. – **2.** *print.* type specimen. — **~ˌrol·le** *f hist.* scroll, volume. — **~ˌsach·verˌstän·di·ge** *m, f* handwriting expert, graphologist (*scient.*). — **~ˌsatz** *m* **1.** *print.* (type) matter, *bes. Am.* font, *Br.* fount. – **2.** *jur.* brief, pleading, (written) statement, writ, memorandum: **ergänzender ~** supplementary writ. — **~ˌschnei·der** *m* **1.** (*Beruf*) type cutter. – **2.** (*Werkzeug*) type cutter. — **~ˌsei·te** *f* (*von Münzen*) reverse, tail. — **~ˌset·zen** *n print.* typesetting, composition. — **~ˌset·zer** *m* typesetter, compositor, typographer. — **~ˌspie·gel** *m* typeface. — **~ˌspra·che** *f ling.* **1.** literary language. – **2.** (*Hochsprache*) standard language. — **s~ˌsprach·lich** *adj* **1.** based on (*od.* characteristic of, belonging to) the literary language. – **2.** (*hochsprachlich*) standard (*attrib*). — **~ˌstel·le** *f relig.* passage from the Scripture(s), Scripture reading.

ˈSchriftˌstel·ler *m* ⟨-s; -⟩ author, writer; man of letters, litterateur (*lit.*). — **~beˌruf** *m* literary profession, authorship.

ˌSchrift·stel·leˈrei *f* ⟨-; *no pl*⟩ writing, literary work.

ˈSchriftˌstel·le·rin *f* ⟨-; -nen⟩ author(ess), (woman) writer.

ˈschriftˌstel·le·risch I *adj* literary. – **II** *adv* as an author: **sie ist ~ begabt** she has literary talent, she has talent as an author.

ˈschriftˌstel·lern *v/i* ⟨*insep*, **ge-**, *h*⟩ write, do literary work.

ˈSchriftˌstel·lerˌna·me *m* pen name, nom de plume, pseudonym.

ˈSchriftˌˌstem·pel *m print.* punch. — **~ˌstück** *n* (piece of) writing, paper, document: **das vorliegende ~** *jur.* these presents *pl.* — **~syˌstem** *n print.* system of type bodies. — **~ˌtext** *m relig.* text from the Scripture(s), biblical (*auch* Biblical) text.

ˈSchrift·tum *n* ⟨-s; *no pl*⟩ literature.

ˈSchrift|verˌglei·chung *f* comparison of handwriting. — **~verˌkehr** *m cf.* Schriftwechsel. — **~ˌwart** *m cf.* Schriftführer 2. — **~ˌwech·sel** *m* **1.** correspondence, exchange of letters: **den ~ führen** to handle the correspondence. – **2.** (*als Aktenmaterial*) records *pl*, file. — **s~ˌwid·rig** *adj relig.* contrary to the Scripture(s), unscriptural. — **~ˌwort** *n* ⟨-(e)s; -e⟩ scriptural (*auch* Scriptural, Bible) quotation. — **~ˌzei·chen** *n* character, letter.

ˈSchriftˌzeug[1] *n print.* worn type.

ˈSchriftˌzeug[2] *m* ⟨-(e)s; -e⟩ *print. cf.* Schriftmetall.

ˈSchriftˌzug *m* **1.** *pl* (*Handschrift*) handwriting *sg*, hand *sg.* – **2.** (*Unterschrift*) signature. – **3.** (*einzelner Strich od. Bogen*) stroke.

schrill [ʃrɪl] *adj* ⟨-er; -st⟩ (*Stimme, Ton etc*) shrill, piercing, strident, high-pitched.

schril·len [ˈʃrɪlən] *v/i* ⟨h⟩ sound shrilly, shrill: **das Telephon schrillte** the telephone rang shrilly.

schrin·nen [ˈʃrɪnən] *v/i* ⟨h⟩ *Low G. for* schmerzen I.

Schrip·pe [ˈʃrɪpə] *f* ⟨-; -n⟩ *Berlin colloq. for* Brötchen.

schritt [ʃrɪt] *1 u. 3 sg pret of* schreiten.

Schritt *m* ⟨-(e)s; -e, *in Verbindung mit Zahlen* -⟩ **1.** step: **das Kind macht** (*od.* **tut**) **die ersten ~e** the baby takes its first steps; **ein langer ~** a stride; **große ~e machen** to take long strides, to stride; **er kam mit großen ~en auf sie zu** he strode up to her; **mit langsamen ~en, mit langsamem ~, langsamen ~es** with slow steps, at a slow pace; **leichten ~es** with light steps; **er ging mit leisen ~en aus dem Zimmer** he went softly out of the room; **entschlossenen ~es** with a determined step; **einen ~ zurücktreten [vorgehen]** to step back [forward], to take a step back [forward]; **bitte treten Sie einen ~ näher** please come (*od.* go) a bit closer; **es sind nur ein paar ~e bis zu meinem Haus** it's just a step (*od.* a stone's throw, it's no distance) (from here) to my house; **ich habe den ganzen Tag keinen ~ aus dem Haus getan** I haven't put my foot outside the door all day; **sein ~ stockte** he stopped; **er lenkte seine ~e zum Bahnhof** he turned his steps towards the station; **die Freude auf das Wiedersehen mit ihr beflügelte seine ~e** *lit.* the thought of seeing her again lent wings to his steps; **~ für ~** *auch fig.* step by step, bit by bit, little by little; **~ für** (*od.* **um**) **~ wurden die Beschränkungen aufgehoben** *fig.* by degrees (*od.* little by little, gradually) the restrictions were lifted; **auf ~ und Tritt** *fig.* at every step (*od.* turn); **j-m auf ~ und Tritt folgen** to dog s.o. (*od.* s.o.'s every step), to shadow s.o.; **wir sind keinen ~ weitergekommen** *fig.* we haven't got (*Am.* gotten) an inch further; **wir haben die Angelegenheit einen guten ~ weitergebracht** *fig.* we have brought (*od.* taken) the affair a considerable step forward (*od.* stage further); **den zweiten ~ vor dem ersten tun** to do things the wrong way round; **der erste ~ zur Besserung** *fig.* the first step toward(s) improvement; **ich möchte noch einen ~ weiter gehen und behaupten, daß** *fig.* I'd like to go one step further and say that; **zum Verbrechen ist da nur noch ein ~** *fig.* that's only one step away from crime; → Essen[2] 2. – **2.** (*hörbarer*) (foot)step, footfall, tread: **ein schwerer ~** a heavy step, a plod; **auf der Straße hörte man eilige ~e** hurried footsteps were heard on the street; **das ist er, ich erkenne ihn am** (*od.* **an seinem**) **~** that's him, I know his step. – **3.** (*Gangart*) step: **im gleichen ~ und Tritt** in step; **den ~ wechseln** to change step; **aus dem ~ kommen** to get out of step. – **4.** (*Tempo*) pace: **seinen ~ beschleunigen [verlangsamen]** to quicken [to slacken] one's pace; **er hat einen schnellen ~** he has a fast (*od.* quick) pace, he walks at a fast pace; **du hast vielleicht einen ~ am Leib** (*od.* **an dir**)! *colloq.* you can keep up quite a pace! **mit j-m ~ halten** *auch fig.* to keep pace (*od.* step) with s.o., to keep up with (*od.* abreast of) s.o.; **er kann nicht mehr mit der Zeit ~ halten** *fig.* he can't keep up with the time (any more), he is out of step with the times. – **5.** (*Schrittgeschwindigkeit*) walking pace: **hier muß man (im) ~ fahren** you have to drive at a walking pace here; **~ fahren!** dead slow! – **6.** (*Maßangabe*) step, pace: **in etwa 20 ~ Entfernung** approximately 20 paces (*od.* yards) away; **(bleib mir) 3 ~e vom Leibe!** *fig. colloq.* keep your distance! keep away (*od.* at arm's length) from me! **sich** (*dat*) **j-n 3 ~e vom Leibe halten** *fig. colloq.* to keep s.o. at arm's length (*od.* at a distance). – **7.** (*sport*) (*beim Dressurreiten*) walk: **freier [starker] ~** free [extended] walk; **verkürzter [versammelter] ~** short [collected] walk; **(im) ~ reiten** to (ride at a) walk, to walk one's horse. – **8.** *fig.* (*Maßnahme*) step, measure, move: **ein diplomatischer ~** a diplomatic move, a demarche (*bes. Br.* démarche); **den ersten ~ zur Versöhnung tun** to take the first step toward(s) reconciliation; **~e (gegen etwas) unternehmen** to take steps (*od.* action) (against s.th.); **~e einleiten** to initiate measures; **den entscheidenden ~ tun** (*od.* **wagen**) to take the decisive step (*od.* the plunge). – **9.** (*fashion*) (*der Hose*) crotch.

ˈSchrittanz (*getr.* **-tt,t-**) *m cf.* Schreittanz.

ˈSchrittˌˌfah·ren *n* driving at a walking pace. — **~ˌfeh·ler** *m* (*sport*) **1.** (*beim Handball*) walking violation. – **2.** (*beim Basketball*) traveling, *bes. Br.* travelling. — **~ˌlän·ge** *f* **1.** length of pace, stride. – **2.** (*fashion*) *cf.* Schrittweite 2.

ˈSchrittˌma·cher *m* **1.** (*sport*) pacemaker, pacesetter, pacer. – **2.** *med.* (*für das Herz*) pacemaker. – **3.** *fig.* (*Pionier*) pacemaker, pacesetter, pioneer. — **~ˌdien·ste** *pl* (*sport*) *auch fig.* pacemaking *sg*, pacesetting *sg*: **j-m ~ leisten** to pace s.o. — **~maˌschi·ne** *f* (*beim Radsport*) pacing motorcycle, motor pacer.

ˈSchrittˌˌmes·ser *m tech.* pedometer, passometer. — **~ˌre·gel** *f* (*sport*) rule governing progression with the ball. — **~ˌsprung** *m* (*beim Turnen*) stride leap. — **~ˌwech·sel** *m* change of step. — **s~ˌwei·se** *auch fig.* **I** *adj* (*Annäherung, Besserung etc*) gradual, progressive, stepwise, step-by-step (*attrib*). – **II** *adv* step by step, by steps, gradually, progressively, stepwise: ~ vorgehen to proceed step by step. — **~ˌwei·te** *f* **1.** length of pace, stride. – **2.** (*fashion*) (*der Hose*) length of crotch. — **~ˌzäh·ler** *m tech. cf.* Schrittmesser.

schroff [ʃrɔf] **I** *adj* ⟨-er; -(e)st⟩ **1.** (*steil, jäh*) steep, precipitous, abrupt. – **2.** (*zerklüftet*) rugged, jagged. – **3.** *fig.* (*barsch*) gruff, harsh. – **4.** *fig.* (*kurz angebunden*) brusque, curt, abrupt, blunt: sie hat eine ~e Art she has a brusque manner (*od.* way about her); eine ~e Ablehnung erfahren to meet with a blunt (*od.* flat) refusal. – **5.** *fig.* (*unvermittelt*) abrupt: ein ~er Übergang an abrupt change. – **6.** *fig.* (*kraß*) sharp: das steht in ~em Gegensatz zu meiner Erfahrung that contrasts sharply with my experience. – **II** *adv* **7.** ~ abfallende Felswände precipitous (*od.* steep) rock faces. – **8.** *fig.* bluntly: etwas ~ von der Hand weisen to refuse s.th. bluntly (*od.* flatly).

Schroff *m* ⟨-(e)s *od.* -en; -en⟩ *cf.* Schroffen.

Schrof·fen [ˈʃrɔfən] *m* ⟨-s; -⟩ *Southern G. and Austrian for* Felsklippe.

ˈSchroff·heit *f* ⟨-; *no pl*⟩ **1.** (*Steilheit*) steepness, precipitousness, abruptness. – **2.** (*Zerklüftung*) ruggedness, jaggedness. – **3.** *fig.* (*Barschheit*) gruffness, harshness. – **4.** *fig.* (*kurz angebundene Art*) brusqueness, curtness, abruptness, bluntness.

schröp·fen [ˈʃrœpfən] **I** *v/t* ⟨h⟩ **1.** *med.* a) (*zur Ader lassen*) bleed, cup, venesect (*scient.*), b) (*skarifizieren*) scarify. – **2.** *fig. colloq.* 'bleed' (*colloq.*), 'soak' (*sl.*), fleece, milk: er ist beim Kartenspiel gehörig geschröpft worden they fleeced him quite a bit at cards. – **3.** *hort.* (*Obstbäume*) tap. – **II S~** *n* ⟨-s⟩ **4.** *verbal noun.* – **5.** *med.* a) (*Aderlaß*) venesection, venisection, b) (*Skarifizieren*) scarification. — **ˈSchröp·fer** *m* ⟨-s; -⟩ *med.* cupper, cupping instrument.

ˈSchröpf|ˌkopf *m* cupping glass, mechanical leech, terabdella (*scient.*). — **~ˌschnäp·per** *m* **1.** (*zum Aderlaß*) cupping instrument. – **2.** (*zum Skarifizieren*) scarifier, scarificator.

Schrot [ʃroːt] *m, n* ⟨-(e)s; -e⟩ **1.** pellet, (small) shot: grober ~ buckshot, swan shot; j-m eine Ladung ~ aufbrennen *colloq.* to give s.o. a load of buckshot (*colloq.*); mit ~ schießen to use (small) shot. – **2.** (*grobgemahlenes Getreide*) groats *pl* (*construed as sg or pl*), crushed (*od.* bruised) grain, coarse meal: (Getreide zu) ~ mahlen to rough-grind grain. – **3.** (*einer Münze*) (alloy) weight: ~ und Korn weight and fineness; ein Mann von echtem ~ und Korn *fig.* a man of the right sort, a sterling fellow (*colloq.*); ein Mann von altem ~ und Korn *fig.* a man of the old stamp. – **4.** *brew.* (*Malzschrot*) grist, crushed (*od.* bruised) malt. — **~ˌaxt** *f tech.* wood cleaver's ax(e). — **~ˌbaum** *m cf.* Schrotleiter. — **~ˌbeu·tel** *m hunt.* shot bag, (shot) pouch. — **~ˌblatt** *n print.* dotted print. — **~ˌbrot** *n gastr.* whole-meal bread. — **~ˌbüch·se** *f hunt. cf.* Schrotflinte. — **~efˌfekt** *m electr. phys.* shot effect. — **~ˌei·sen** *n tech. cf.* Schrotmeißel.

schro·ten [ˈʃroːtən] *v/t* ⟨h⟩ **1.** (*Getreide, Malz*) crush, bruise, rough-grind, shred. – **2.** *tech. metall.* a) (*Alteisen etc*) crush, break up, b) (*in der Schmiedekunst*) chisel, c) (*Kohle*) granulate. – **3.** (*Fässer etc*) roll (*s.th.*) down, lower, shoot, parbuckle. – **4.** (*zernagen*) gnaw, nibble.

Schrö·ter [ˈʃrøːtər] *m* ⟨-s; -⟩ **1.** *obs. for* a) Bierfahrer 2, b) Fuhrknecht 1, c) Fuhrmann 1. – **2.** *tech.* blacksmith's hardy. – **3.** *zo. cf.* Hirschkäfer.

ˈSchrot|ˌfei·le *f tech.* coarse-cut file. — **~ˌflin·te** *f hunt.* shotgun, fowling piece, *Am. humor.* scatter-gun.

ˈSchrothˌkur [ˈʃroːt-] *f med.* Schroth's treatment, dry diet.

ˈSchrot|ˌkorn *n*, **~ˌku·gel** *f* grain of shot, pellet. — **~ˌla·dung** *f* charge of shot. — **~ˌlei·ter** *f tech.* (*zum Abladen*) cart ladder (*od.* leather).

ˈSchrot|ˌmehl *n gastr.* **1.** (coarse) meal, groats *pl* (*construed as sg or pl*). – **2.** (*von Mais*) *Am.* grits *pl* (*construed as sg or pl*). — **~ˌmei·ßel** *m tech.* (*des Schmieds*) blacksmith's chisel. — **~ˌmes·ser** *n* (meat) chopper, cleaver, chopping knife. — **~ˌmüh·le** *f* bruising (*od.* rough-grinding) mill. — **~paˌtro·ne** *f hunt.* shot cartridge, *Am.* shotgun shell. — **~ˌsä·ge** *f tech.* crosscut saw. — **~ˌsche·re** *f* scrap-cutting shears *pl.* — **~ˌstär·ke** *f hunt.* size of shot. — **~ˌstuhl** *m tech. cf.* Schrotmühle.

Schrott [ʃrɔt] *m* ⟨-(e)s; -e⟩ **1.** scrap. – **2.** *fig. colloq.* (*unbrauchbares Zeug*) trash, trumpery.

schrot·ten [ˈʃrɔtən] *v/t* ⟨h⟩ *tech. cf.* verschrotten.

ˈSchrott|entˌfall *m tech.* manufacturing loss, scrap, waste material. — **~ˌhan·del** *m* scrap trade. — **~ˌhänd·ler** *m* scrap dealer. — **~ˌhau·fen** *m* scrap heap, scrap pile: etwas auf den ~ werfen *auch fig.* to throw s.th. on the scrap heap, to scrap(-heap) s.th. — **~ˌla·ger** *n cf.* Schrottplatz. — **~maˌgnetˌkran** *m tech.* scrap-lifting magnet crane. — **~ˌplatz** *m* scrapyard. — **~ˌpres·se** *f tech.* scrap press. — **s~ˌreif** *adj* fit for the scrap heap, fit to be scrapped. — **~verˌhüt·tung** *f* scrap smelting. — **~ˌwert** *m* scrap (*od.* salvage) value. — **~ˌzuˌga·be** *f metall.* **1.** (*zur Schmelze*) scrap addition. – **2.** (*beim Besäumen von Walzblechen*) allowance for edge trimming.

ˈSchrotˌwaa·ge *f tech.* (spirit) level.

schrub·ben [ˈʃrubən] **I** *v/t* ⟨h⟩ **1.** (*Fußboden etc*) scrub, scour. – **2.** *colloq.* (*Hände, Füße etc*) scrub. – **3.** *mar.* scrub. – **4.** *tech. cf.* schruppen. – **II** *v/reflex* sich ~ **5.** *colloq.* scrub oneself.

ˈSchrub·ber *m* ⟨-s; -⟩, **ˈSchrubbe·sen** (*getr.* -bbˌb-) *m* scrubbing (*bes. Am.* scrub) brush.

Schrul·le [ˈʃrulə] *f* ⟨-; -n⟩ **1.** whim, whims(e)y, maggot, crank, crotchet, kink: sie hat ~n im Kopf, sie hat den Kopf voller ~n her head is full of odd notions; das ist so eine ~ von ihm that's one of his whims. – **2.** (alte) ~ *colloq. contempt.* crotchety hag.

ˈschrul·len·haft *adj* whimsical, crotchety, cranky. — **ˈSchrul·len·haf·tig·keit** *f* ⟨-; *no pl*⟩ whimsicalness, whimsicality, crotchetiness, crankiness.

ˈschrul·lig *adj cf.* schrullenhaft. — **ˈSchrul·lig·keit** *f* ⟨-; *no pl*⟩ *cf.* Schrullenhaftigkeit.

schrumm(fi·de·bumm) [ˈʃrum(ˌfiːdəˈbum)] *interj* (*lautmalend*) dum-diddy-dum.

Schrum·pel [ˈʃrumpəl] *f* ⟨-; -n⟩ **1.** *Low and Middle G. colloq. for* a) Falte 7, b) Runzel 1. – **2.** *colloq. contempt.* old woman, hag. — **ˈschrum·pe·lig** *adj Low and Middle G. for* a) faltig 4, b) runzelig. — **ˈschrum·peln** *v/i* ⟨sein⟩ *cf.* schrumpfen.

ˈschrumpf·beˌstän·dig *adj* (*textile*) shrinkproof.

schrump·fen [ˈʃrumpfən] **I** *v/i* ⟨sein⟩ **1.** *auch med. tech.* (*kleiner werden*) shrink: etwas ~ lassen to shrink s.th. – **2.** *auch med.* (*runzelig werden*) shrivel. – **3.** *auch med.* (*sich zusammenziehen*) contract. – **4.** *fig.* (*weniger werden*) shrink, dwindle, diminish. – **II S~** *n* ⟨-s⟩ **5.** *verbal noun.* – **6.** *cf.* Schrumpfung. — **ˈschrump·fig** *adj* (*Haut, Früchte*) shriveled, *bes. Br.* shrivelled.

ˈSchrumpf|ˌkopf *m* shrunken head. — **~ˌle·ber** *f med.* cirrhosis of the liver. — **~ˌmaß** *n tech.* shrink (*od.* molder's, *bes. Br.* moulder's) rule, shrinkage ga(u)ge. — **~ˌmuf·fe** *f* (*für Rohrleitungen*) shrunk-on sleeve. — **~ˌnie·re** *f med.* cirrhosis of the kidney, arteriosclerotic (*od.* atrophic) kidney: primäre ~ primary (*od.* genuine) renal shrinkage (*od.* atrophy). — **~ˌring** *m tech.* shrunk-on ring (*od.* collar). — **~ˌriß** *m* shrinkage (*od.* cooling, contraction) crack. — **~ˌsitz** *m* shrink fit. — **~ˌspan·nung** *f* **1.** *metall.* a) concentration stress, b) (*in der Gießerei*) cooling stress, c) (*beim Schweißen*) shrinkage stress. – **2.** *civ. eng.* (*von Zement*) settlement shrinkage. — **~ˌüberˌmaß** *n tech.* contraction allowance.

ˈSchrump·fung *f* ⟨-; -en⟩ **1.** *cf.* Schrumpfen. – **2.** *auch med. tech.* (*Verkleinerung*) shrinkage. – **3.** *auch med.* (*Zusammenziehung*) contraction. – **4.** *med.* (*Atrophie*) atrophy. – **5.** *fig.* (*Verminderung, Abnahme*) shrinkage, diminution, diminishment, decrease.

ˈSchrump·fungsˌausˌgleich *m tech.* shrinkage equalization (*od.* compensation).

ˈSchrumpfˌvorˌrich·tung *f synth.* (*gegen Verwerfung von Preßteilen*) cooling fixture, shrinkage block.

Schrund [ʃrunt] *m* ⟨-(e)s; ¨e⟩ *Southern G. for* a) Gletscherspalte, b) Spalte 2, 3.

Schrun·de [ˈʃrundə] *f* ⟨-; -n⟩ **1.** (*im Fels, Gletscher*) cleft, fissure, crack, crevice. – **2.** *med.* (*auf der Haut*) fissure, crack, chap: ~n rhagades. — **ˈschrun·dig** *adj* **1.** fissured, cracked. – **2.** *med.* fissured, cracked, chapped.

ˈSchruppˌar·beit *f tech.* roughing, roughing work (*od.* operation).

schrup·pen [ˈʃrupən] *v/t* ⟨h⟩ *tech.* rough, rough-machine.

ˈSchrupp|ˌfei·le *f tech.* rough (*od.* rough-cut. coarse) file. — **~ˌfrä·ser** *m* **1.** roughing cutter. – **2.** (*für Zahnradbearbeitung*) stocking cutter. — **~ˌho·bel** *m* jack plane. — **~ˌho·belˌei·sen** *n* jack plane cutter. — **~ˌschliff** *m* roughing grind. — **~ˌstahl** *m* roughing (*od.* rough-cutting) tool.

Schub [ʃuːp] *m* ⟨-(e)s; ¨e⟩ **1.** (*Stoß*) push, shove. – **2.** (*von Broten etc*) batch, baking: zwei ~ Brötchen two batches of rolls. – **3.** *fig.* (*Teil einer Menge*) batch, lot: die Zuschauer wurden in Schüben in das Stadion hineingelassen the spectators were admitted to the stadium in batches; er kam mit dem letzten ~ he came with the last batch. – **4.** *aer. phys.* (*Vortriebskraft*) thrust. – **5.** *tech.* a) (*in der Werkstoffprüfung*) shear, b) (*Axialdruck*) thrust, c) (*mechanischer*) push. – **6.** (*thieves' Latin*) (*zwangsweiser Abtransport*) compulsory conveyance: er wurde per ~ an die Grenze gebracht (under police escort) he was taken to the frontier for deportation; j-n auf den ~ bringen to deport s.o. – **7.** (*beim Kegeln*) throw. – **8.** *cf.* Schubfach, Schublade. — **~ˌabˌbau** *m* (*space*) thrust decay. — **~beˌanˌspru·chung** *f tech.* shear(ing stress), flexual stress.

Schub·be·jack [ˈʃubəˌjak] *m* ⟨-s; -s⟩ *Low G. for* a) Bettler, b) Schuft.

ˈSchub|ˌdich·te *f aer.* (*space*) propellant mass flow. — **~ˌdü·se** *f* thrust nozzle.

Schu·ber [ˈʃuːbər] *m* ⟨-s; -⟩ **1.** *cf.* Schutzkarton. – **2.** *Austrian for* Schieber 1, Riegel 1.

ˈSchub|erˌhö·hung *f aer.* thrust augmentation. — **~erˌzeu·ger** *m* **1.** *aer.* generator of thrust. – **2.** *electr.* gas generator. — **~ˌfach** *n* drawer. — **~ˌfen·ster** *n* sash window. — **~ˌfe·stig·keit** *f metall. civ.eng.* shear(ing strength). — **~geˌrüst** *n* (*space*) propulsion system mount, thrust section.

Schu·bi·ack [ˈʃuːbĭak] *m* ⟨-s; -s⟩ *Low G. for* a) Bettler, b) Schuft.

ˈSchub|ˌkam·mer *f* (*space*) thrust chamber. — **~ˌkar·re** *f*, **~ˌkar·ren** *m* wheelbarrow, *bes. Am.* pushcart. — **~ˌka·sten** *m cf.* Schublade. — **~ˌkraft** *f* **1.** *aer.* thrust (power). – **2.** *tech.* (*Querschub*) a) shear(ing force), b) (*mechanische*) pushing force. — **~ˌla·de** *f* drawer. — **~ˌleh·re** *f cf.* Schieblehre. — **~ˌlei·stung** *f aer.* **1.** thrust (performance). – **2.** (*der Luftschraube*) thrust (horse)power. — **~ˌmo·dul** *m tech.* modulus of shear. — **~ˌre·ge·lung** *f aer.* thrust control. — **~ˌrie·gel** *m* sliding bolt.

Schubs [ʃups] *m* ⟨-es; -e⟩ *dial.* push, shove: j-m einen ~ geben a) to push (*od.* to shove) s.o., to give s.o. a push (*od.* shove), b) *fig. colloq.* (*j-n ermuntern*) to push s.o., to give s.o. a push. — **ˈschub·sen** *v/t* ⟨h⟩ push, shove.

ˈSchub|ˌspan·nung *f tech.* shear(ing stress): verformende ~ shearing strain. — **~ˌstan·ge** *f auto.* **1.** *cf.* Pleuelstange. – **2.** (*der Lenkung*) drag link. – **3.** (*der Vorderradaufhängung*) trailing link. — **~ˌstei·ge·rung** *f aer.* thrust augmentation. — **~ˌvek·torˌsteue·rung** *f* (*space*) thrust vector control. — **~verˌlauf** *m aer.* thrust regime. — **~verˌlust** *m* loss in thrust. — **~verˌstär·ker** *m* (*space*) thrust augmenter (*auch* augmentor).

ˈschubˌwei·se *adv* **1.** in batches. – **2.** (*nach u. nach*) gradually, by degrees, little by little.

ˈSchubˌzeit *f* (*eines Raketentriebwerks*) total impulse.

schüch·tern [ˈʃʏçtərn] *adj* **1.** (*befangen*) shy, bashful, coy: ein ~er Liebhaber a shy lover. – **2.** (*zaghaft, scheu*) timid, shy: ein ~es Kind a timid child; er machte einen ~en Versuch, sie aufzuwecken he made a timid attempt to waken her. — **ˈSchüch·tern·heit** *f* ⟨-; *no pl*⟩ **1.** shyness, bashfulness, coyness. – **2.** timidity, timidness, shyness.

schuckeln (*getr.* -k·k-) [ˈʃukəln] *v/i* ⟨h⟩ *colloq. for* wackeln 4, 5.

schuf [ʃuːf] *1 u. 3 sg pret*, **schü·fe** [ˈʃyːfə] *1 u. 3 sg pret subj of* schaffen[1].

Schuft [ʃuft] *m* ⟨-(e)s; -e⟩ scoundrel, rogue,

rascal, villain, knave, blackguard, skunk, *Am. sl.* heel.

schuf·ten [ˈʃʊftən] *v/i* ⟨h⟩ *colloq.* **1.** work oneself to the bone (*colloq.*), grind, slog, slave, drudge, plod, work like a Trojan. – **2.** *cf.* büffeln I. — **Schuf·teˈrei** *f* ⟨-; -en⟩ *colloq.* **1.** drudgery, slavery, grind (*colloq.*). – **2.** *cf.* Büffelei.

ˈ**schuf·tig** *adj* (*Mensch, Benehmen etc*) roguish, rascally, villainous, knavish, blackguardly, shabby, low, vile. — ˈ**Schuf·tig·keit** *f* ⟨-; *no pl*⟩ roguery, roguishness, rascality, villainy, knavery, shabbiness, lowness, vileness.

Schuh [ʃuː] *m* ⟨-(e)s; -e⟩ **1.** shoe: **hohe ~e** a) (*mit hohen Absätzen*) high-heeled shoes, b) (*bis zum Knöchel*) ankle boots, c) (*bis über den Knöchel*) half boots; **~e mit hohen Absätzen** high-heeled shoes, high-heels (*colloq.*); **flache ~e, ~e mit flachen Absätzen** flat shoes, low-heeled shoes; **~e nach Maß** shoes made to measure; **~e tragen** (*od. colloq.* **anhaben**) to wear shoes; **sich** (*dat*) **die ~e anziehen** [**ausziehen**] to put on [to take off] one's shoes; **diese ~e sitzen gut** these shoes fit well (*od.* are a good fit); **~e putzen** to polish (*od. colloq.* to shine) one's shoes; **der rechte ~ drückt** (**mich**) **an der großen Zehe** the right shoe pinches my big toe; **wissen, wo j-n der ~ drückt** *fig. colloq.* to know where the shoe pinches, *Am. sl.* to know what's biting s.o.; **j-m etwas in die ~e schieben** *fig. colloq.* to put the blame (for s.th.) on s.o., to lay s.th. at s.o.'s door; **ich möchte nicht in seinen ~en stecken** *fig. colloq.* I should not like to be in his shoes; **sich** (*dat*) **etwas längst an den ~en abgelaufen haben** *fig. colloq.* to know s.th. inside out; **umgekehrt wird ein ~ draus!** *fig. colloq.* try it the other way round! **wem der ~ paßt, der zieht** (*od.* **ziehe**) **ihn sich an!** *fig. colloq.* if the cap fits wear it! – **2.** (*eines Pfahls etc*) ferrule. – **3.** *tech.* (*Kabelschuh*) cable socket (*od.* lug), (sweating) thimble. – **4.** (*railway*) *cf.* Hemmschuh 1, Bremsschuh. – **5.** *obs.* (*Längenmaß*) foot: **eine drei ~ dicke Wand** a wall three feet thick. — **~ˌabˌsatz** *m* heel. — **~ˌanˌzie·her** *m* shoehorn, shoeing-horn, *Am. auch* shoespoon. — **~ˌband** *n* ⟨-(e)s; ¨er⟩ *cf.* Schnürsenkel. — **~ˌbrem·se** *f tech.* spoon brake. — **~ˌbür·ste** *f* shoe brush. — **~ˌcreme** *f* shoe polish (*od.* cream). — **~ˌdraht** *m tech.* waxed twine, shoe thread. — **~faˌbrik** *f* shoe factory. — **~fa·briˌkant** *m* shoe manufacturer. — **~geˌschäft** *n* shoe shop (*bes. Am.* store). — **~ˌgrö·ße** *f* size (of shoe), shoe size: **er trägt ~ 40** he takes (*od.* is) size 40. — **~ˌhan·del** *m* shoe trade. — **~ˌhaus** *n cf.* Schuhgeschäft. — **~in·duˌstrie** *f* shoe industry. — **~karˌton** *m* shoe box. — **~ˌkrem** *f cf.* Schuhcreme. — **~ˌla·den** *m cf.* Schuhgeschäft. — **~ˌlap·pen** *m* shoe rag. — **~ˌle·der** *n* shoe leather. — **~ˌlei·sten** *m* shoe tree. — **~ˌlöf·fel** *m* shoehorn, shoeing-horn, *Am. auch* shoespoon.

ˈ**Schuhˌma·cher** *m* shoemaker. — ˌ**Schuh·ma·cheˈrei** *f* ⟨-; -en⟩ shoemaker's shop.

ˈ**Schuhˌma·cher|ˌhandˌwerk** *n* shoemaking, shoemaker's trade. — **~ˌmei·ster** *m* master shoemaker.

ˈ**Schuh|ˌmarkt** *m* shoe market. — **~ˌna·gel** *m* hobnail. — **~ˌnum·mer** *f cf.* Schuhgröße. — **~ˌpa·ste** *f cf.* Schuhcreme. — **~ˌpfle·ge** *f* shoe care. — **s~ˌplat·teln** [-ˌplatəln] *v/i* ⟨h⟩ dance the Schuhplattler (*od.* schuhplattler). — **~ˌplatt·ler** *m* ⟨-s; -⟩ (*ein Volkstanz*) Schuhplattler, schuhplattler. — **~ˌput·zer** *m* bootblack, shoeblack: **ich bin doch nicht dein ~** *fig. colloq.* I'm not your slave; **j-n wie einen ~ behandeln** *fig. colloq.* to treat s.o. like dirt. — **~ˌputzˌmit·tel** *n cf.* Schuhcreme. — **~ˌrie·men** *m cf.* Schnürsenkel: **er ist nicht wert, diesem Mann die ~ zu lösen** *fig.* he is not good enough (*od.* not worthy) to loosen this man's shoes. — **~ˌschna·bel** *m zo.* shoebill, abu markub (*Balaeniceps rex*). — **~ˌschnal·le** *f* shoe buckle. — **~ˌschrank** *m* shoe cupboard (*od.* cabinet). — **~ˌschwär·ze** *f* (shoe) blacking. — **~ˌsen·kel** *m cf.* Schuhband. — **~ˌsoh·le** *f* sole (of a shoe): **sich** (*dat*) **etwas an den ~n abgelaufen haben** *fig. colloq.* to know s.th. inside out; **sich** (*dat*) **die ~n nach etwas ablaufen** *fig. colloq.* to run one's feet off trying to get s.th. — **~ˌspan·ner** *m* shoe tree.

ˈ**Schuhˌwa·ren** *pl* footwear *sg*, footgear *sg*, boots and shoes. — **~geˌschäft** *n* shoe shop (*bes. Am.* store). — **~ˌhänd·ler** *m* dealer in footwear.

ˈ**Schuh|ˌwerk** *n* footwear, footgear. — **~ˌwich·se** *f colloq. for* Schuhcreme. — **~ˌzeug** *n colloq. for* Schuhwerk. — **~ˌzwecke** (*getr.* -k·k-) *f* (*für Nagelschuhe*) shoe tack.

ˈ**Schu·ko|ˌsteckˌdo·se** [ˈʃuːko-] (*TM*) *f electr.* protective contact socket, socket with protective plug reception. — **~ˌstecker** (*getr.* -k·k-) *m* shrouded contact plug.

ˈ**Schul|ˌabˌgang** *m* school leaving. — **~ˌabˌgän·ger** *m* person leaving school, *bes. Br.* school leaver.

ˈ**Schulˌamt** *n ped.* education office. — ˈ**Schulˌamts·kan·diˌdat** *m cf.* Lehramtskandidat.

ˈ**Schul|ˌanˌfang** *m* **1.** beginning of school. – **2.** (*nach den Ferien*) beginning of a (school) year. — **~ˌanˌfän·ger** *m* school beginner. — **~ˌanˌstalt** *f* educational establishment, school. — **~ˌar·beit** *f* **1.** *meist pl* homework, schoolwork, *bes. Br.* lessons *pl*. – **2.** *bes. Austrian for* Klassenarbeit. — **~arˌrest** *m* detention (at school): **er bekam zwei Stunden ~** he was detained (*od.* had to stay in) for two hours. — **~ˌarzt** *m* school medical officer, school doctor. — **~ˌat·las** *m* school atlas. — **~ˌaufˌga·be** *f* **1.** *meist pl cf.* Schularbeit 1. – **2.** *bes. Bavarian for* Klassenarbeit. — **~ˌaufˌsicht** *f* **1.** (*Tätigkeit*) inspection of the schools. – **2.** (*Behörde*) schools' inspectorate. — **~ˌausˌbil·dung** *f* education. — **~ˌausˌflug** *m* school excursion (*od.* outing). — **~ˌausˌga·be** *f* (*eines Wörterbuchs etc*) school edition. — **~ˌbank** *f* ⟨-; ¨e⟩ form, school bench: **er drückt noch die ~** *fig. colloq.* he is still at school. — **~beˌginn** *m cf.* Schulanfang. — **~beˌhör·de** *f* educational authorities *pl*. — **~ˌbeiˌspiel** *n* (**für** of) typical (*od.* perfect) example, textbook case. — **~beˌsuch** *m* attendance at school, school attendance. — **~beˌzirk** *m* school district. — **~bi·blio·ˌthek** *f* school library. — **~ˌbil·dung** *f* education: **höhere ~** secondary education; **eine gute ~ haben** to be well educated. — **~ˌbru·der** *m röm.kath.* school brother. — **~ˌbu·be** *m* schoolboy.

ˈ**Schulˌbuch** *n* textbook, school book, manual. — **~verˌlag** *m* educational publishers *pl* (*od.* publishing company).

ˈ**Schulˌbus** *m* school bus.

Schuld [ʃʊlt] *f* ⟨-; -en⟩ **1.** ⟨*only sg*⟩ (*Fehler, Verantwortung*) fault, blame: **wer hat die ~? wer trägt die ~ daran? wessen ~ ist es? wen trifft die ~?** whose fault is it? who is to blame (for it)? **es ist meine ~, die ~ liegt bei mir** it is my fault, I am to blame (for it); **durch meine ~** through a fault of mine; **j-m die ~ geben** to blame s.o.; **j-m die ~ für etwas geben** to blame s.o. for s.th.; **die ~ auf j-n schieben, j-m die ~ zuschieben** to put (*od.* lay, cast) the blame on s.o.; **dich trifft keine ~** you are not to blame; **die ~ bei sich selbst suchen** to see whether oneself is to blame, to search oneself for the blame; **die ~ für etwas auf sich nehmen** to take (*od.* bear) the blame for s.th. – **2.** ⟨*only sg*⟩ guilt: **moralische ~** moral guilt; **ein Gefühl tiefer ~** a feeling of deep guilt; **schwere ~ auf sich laden** to burden oneself with grave guilt; **ich bin mir meiner ~ bewußt** I am aware of my guilt. – **3.** ⟨*only sg*⟩ (*Ursache*) cause. – **4.** ⟨*only sg*⟩ (*Sünde*) sin: **~ und Sühne** sin and atonement; **sie häuften ~ auf ~** they committed one sin after the other. – **5.** ⟨*only sg*⟩ (*Unrecht*) wrong: **für eine ~ büßen** to pay for a wrong; **eine ~ wiedergutmachen** to right a wrong. – **6.** ⟨*only sg*⟩ *jur.* a) (*strafrechtliche*) guilt, b) (*zivilrechtliche*) fault, responsibility: **seine ~ bekennen** (*od.* **zugeben, eingestehen**) to confess one's guilt, to plead guilty; **seine ~ leugnen** (*od.* **abstreiten**) to deny one's guilt, to plead not guilty; **Leugnen** (*od.* **Bestreiten**) **der ~** plea of not guilty; **seine ~ ist noch nicht erwiesen** his guilt has not been proved (as) yet; **j-m die ~ beimessen** to attribute (*od.* impute) the fault to s.o. – **7.** *econ.* a) (*Geldschuld*) debt, b) (*Verbindlichkeit*) liability, obligation, c) (*Hypothekenschuld*) mortgage debt, encumbrance, incumbrance: **ausstehende** [**bevorrechtigte**] **~** outstanding [privileged *od.* preferential] debt; **befristete ~** time liability; **fällige ~** due debt, debt due; **schwebende** [**verbriefte, verjährte**] **~** floating [bonded, superannuated] debt; **nicht beitreibbare ~** non(-)recoverable debt; **seine ~en bezahlen** (*od.* **begleichen**) to pay (*od.* to settle, to discharge) one's debts; **seine ~en abtragen** to pay (*od.* to clear) off one's debts, to redeem one's debts; **eine ~ abarbeiten** to work off a debt; **für eine ~ aufkommen** to pay (*od.* to settle, to defray) a debt; **eine ~ eintreiben** to recover (*od.* to collect, to get in) a debt; **j-m eine ~ erlassen** (*od.* **schenken**) to release s.o. from a debt; **eine ~ tilgen** to redeem (*od.* to discharge) a debt; **~en haben** to be in debt (*od.* in the red); **~en bei j-m haben** to owe s.o. money, to be indebted to s.o.; **~en machen** to contract (*od.* incur) debts, to run into debt(s), to run up bills; **in ~en geraten** to run into debt(s); **das Haus ist noch nicht frei von ~en** the house is not yet free from encumbrances (*od.* is not yet unencumbered); **sich in ~en stürzen** to plunge into debt(s); **ganz in ~en stecken** to be heavily in the red; **bis über beide Ohren in ~en stecken, mehr ~en als Haare auf dem Kopf haben** *colloq.* to be up to the eyebrows in debt. – **8.** ⟨*only sg*⟩ *fig.* indebtedness, obligation: **ich stehe tief in Ihrer ~** I am greatly indebted (*od.* much obliged) to you. – **9.** (*mit Kleinschreibung*) **wer hat s~?** whose fault is it? who is to blame (for it)? **ich habe s~** it is my fault, I am to blame (for it); **j-m s~ geben** to blame s.o.; **s~ haben** *jur.* to be at fault.

schuld *adj* ⟨*pred*⟩ **wer ist ~?** whose fault is it? who is to blame (for it)? **ich bin ~** it is my fault, I am to blame (for it); **du bist ~** (**daran**), **daß** you are to blame that; **du bist an allem ~** it's all your fault; **die Umstände sind daran ~** the circumstances are to blame (for it); **technisches Versagen war ~ an dem Unfall** technical failure was the cause of the accident.

ˈ**Schuld|ˌabˌlö·sung** *f jur. econ.* amortization (*od.* discharge) of a debt. — **~ˌabˌtre·tung** *f* cession of a debt. — **~ˌan·erˌkennt·nis** *n* **1.** acknowledgement (*bes. Am.* acknowledgment) (*od.* recognizance) of a debt. – **2.** *cf.* Schuldschein. — **~beˌkennt·nis** *n jur.* confession (*od.* admission) of guilt. — **s~beˌla·den** *adj* burdened with guilt. — **~beˌtrag** *m econ.* amount of debt. — **~beˌweis** *m jur.* proof (*od.* evidence) of guilt. — **s~beˌwußt** *adj* (*Gesicht etc*) guilty. — **~beˌwußtˌsein** *n* guilty conscience. — **~ˌbrief** *m econ. cf.* Schuldschein.

ˈ**Schuldˌbuch** *n* **1.** *econ.* debt register. – **2.** *fig.* black book. — **~ˌfor·de·rung** *f* *debt-register claim especially on the government of the Federal Republic of Germany.*

schul·den [ˈʃʊldən] *v/t* ⟨h⟩ **j-m etwas ~** *auch fig.* to owe s.o. s.th.: **er schuldet mir noch 20 Mark** he still owes me 20 marks; **dafür schuldest du mir eine Erklärung** you owe me an explanation for that; **j-m Dank** (**für etwas**) **~** to be indebted to s.o. (for s.th.), to owe s.o. a debt of gratitude (for s.th.).

ˈ**Schul·den|ˌabˌdeckung** (*getr.* -k·k-) *f econ.* repayment (*od.* settlement) of debts. — **~ˌaufˌstel·lung** *f* specification (*Am. auch* itemization) of debts. — **~beˌrei·ni·gung** *f* settlement of debts. — **~ˌdienst** *m* debt service. — **s~ˌfrei** *adj* **1.** free from debt: **~ sein** to be free from (*od.* to be out of) debt, to have no debts. – **2.** (*Haus, Grundstück etc*) unencumbered, unmortgaged.

ˈ**schul·denˌhal·ber** *adv* owing to (*od.* on account of) debts.

ˈ**Schul·den|herˌabˌset·zung** *f econ.* reduction of debts. — **~ˌlast** *f* **1.** burden of debts, liabilities *pl*. – **2.** (*auf Grundstücken etc*) encumbrance(s *pl*), incumbrance(s *pl*). — **~ˌma·cher** *m* contractor of debts. — **~ˌmas·se** *f* **1.** (aggregate) liabilities *pl*. – **2.** *cf.* Konkursmasse. — **~ˌrückˌzah·lung** *f* repayment of debts. — **~ˌsen·kung** *f cf.* Schuldenherabsetzung. — **~ˌtil·gung** *f* debt redemption, discharge (*od.* repayment) of debts. — **~ˌtil·gungsˌfonds** *m* sinking fund. — **~ˌtil·gungsˌplan** *m* debt redemption plan. — **~ˌtil·gungsˌra·te** *f* sinking-fund installment (*bes. Br.* instalment). — **~verˌwal·tung** *f* administration of debts.

'Schuld|er,laß *m*, **~er,las·sung** *f econ.* remission of (a) debt. — **~,for·de·rung** *f* claim, (active) debt: **eine uneintreibbare ~** an irrecoverable (*od.* a bad) debt. — **~,fra·ge** *f jur.* question of guilt: **die ~ aufwerfen** (*od.* **aufrollen**) to raise the question of guilt. — **~ge,fäng·nis** *n jur. hist. cf.* Schuldturm. — **~ge,fühl** *n* feeling (*od.* sense) of guilt, guilty conscience, guiltiness. — **~,haft** *f jur. hist.* imprisonment for debt.

'schuld·haft *adj jur.* culpable.

'Schuld,herr *m econ. archaic* creditor.

'Schul|,die·ner *m* school caretaker (*Am.* janitor). — **~,dienst** *m* ⟨-(e)s; *no pl*⟩ teaching profession: **im ~ (tätig) sein** to be in the teaching profession, to be a teacher.

'schul·dig *adj* **1.** *bes. jur.* guilty, culpable, (*im Eherecht*) *auch* responsible: **der ~e Teil** the guilty party; **sich ~ bekennen** (*od.* **erklären**) to acknowledge (*od.* to admit) one's guilt, to plead guilty; **sich ~ fühlen** to feel guilty; **j-n für ~ erklären** (*od.* **befinden**), **j-n ~ sprechen** to pronounce (*od.* to declare, to find, to rule) s.o. guilty; **j-n für ~ halten** to regard (*od.* to consider) s.o. guilty; **eines Verbrechens ~ sein** to be guilty of a crime; **er hat sich des Verrats ~ gemacht** he made himself guilty of treason; **das Gericht erkannte auf ~** the court brought in a verdict of guilty; **die Geschworenen haben ihn des Mordes für ~ erklärt** the jury convicted him on a charge of murder; **~ geschieden sein** to be divorced as the guilty (*od.* responsible) party. – **2. j-m etwas ~ sein** *auch fig.* to owe s.o. s.th.: **ich bin ihm immer noch 20 Mark ~** I still owe him 20 marks; **j-m nichts mehr ~ sein** to be quits (*od.* square) with s.o.; **was bin ich (Ihnen) ~?** how much do I owe (you)? **beim Bäcker ist sie auch noch (etwas) ~** she still owes at the baker's, she still owes the baker (money); **ich muß dir das Geld ~ bleiben** I'll have to owe you the money; **j-m Achtung [Rechenschaft, eine Antwort] ~ sein** *fig.* to owe s.o. respect [an explanation, an answer]; **ich bin ihm großen Dank** (*od.* **vieles**) **~** *fig.* I owe him a deep debt of gratitude, I am much obliged (*od.* greatly indebted, under a great obligation) to him; **das ist er seiner Stellung ~** *fig.* he owes that to his position; **ich bin ihm einen Besuch ~** *fig.* I owe him a visit; **das bist du ihm schon ~** *fig.* you owe that to him; **das ist man seinen Eltern ~** *fig.* one owes that to one's parents, that is one's parents' due; **er blieb (mir) die Antwort ~** *fig.* he was at a loss for an answer (*od.* a reply); **sie blieb ihm die Antwort nicht ~** *fig.* she gave him a smart reply (*od.* answer), she gave him tit for tat, she was not at a loss for a suitable reply, she hit back; **er bleibt keine Antwort ~** *fig.* he is never at a loss for an answer, he gives as good as he gets (*od.* takes); **j-m nichts ~ bleiben** *fig.* to pay s.o. back in his own coin. – **3.** (*gebührend*) due: **j-m den ~en Respekt** (*od.* **die ~e Achtung**) **zollen** *lit.* to pay s.o. due respect; **bei aller ~en Hochachtung** with all due respect. – **4. des Todes ~ sein** *lit.* to deserve death.

'Schul·di·ge *m, f* ⟨-n; -n⟩ *bes. jur.* guilty person (*od.* party), party at fault.

'Schul·di·ger *m* ⟨-s; -⟩ *Bibl. for* Schuldner.

'Schul·dig|er,ken·nung, ~er,klä·rung *f jur.* conviction, verdict of guilty.

'Schul·dig·keit *f* ⟨-; *no pl*⟩ **1.** (*Pflicht, Verpflichtung*) duty, obligation: **seine ~ tun** to do one's duty; **das war nur meine (Pflicht und) ~** it was no more than my (bounden) duty; **das ist deine verdammte Pflicht und ~** *colloq.* that's your damned duty (*sl.*); → Mohr 1. – **2.** *rare for* Schuld 8.

'Schul·dig,spre·chung *f* ⟨-; -en⟩ *jur.* conviction, verdict of guilty.

'Schul|di,rek·tor *m* head, *Br.* headmaster, *Am.* principal. — **~di·rek,to·rin** *f* head, *Br.* headmistress, *Am.* (woman) principal. — **~dis·zi,plin** *f* school discipline.

'Schuld|,kla·ge *f jur.* action (*auch* suit) for debt. — **~kom,plex** *m psych.* guilt complex. — **~,kon·to** *n econ.* debit (account).

'schuld·los *adj bes. jur.* guiltless, without (*od.* free from) guilt, innocent, not guilty: **~ geschieden** divorced without guilt (*od.* as the innocent party). — **'Schuld·lo·sig·keit** *f* ⟨-; *no pl*⟩ guiltlessness, innocence.

Schuld·ner ['ʃʊldnər] *m* ⟨-s; -⟩ **1.** *econ. jur.* debtor, obligor: **ein säumiger [zahlungsunfähiger] ~** a defaulting [an insolvent] debtor. – **2.** *fig.* debtor: **ich werde immer Ihr ~ sein** (*od.* **bleiben**) I shall always be in your debt (*od.* remain your debtor). — **~,land** *n econ.* debtor country (*od.* nation). — **~ver,zug** *m jur.* debtor's delay (*auch* default).

'Schuld|,po·sten *m econ.* debit (*od.* debt) item, liability. — **~,recht** *n jur.* **1.** law of obligations. – **2.** (*Vertragsrecht*) law of contracts. — **~,sal·do** *m econ.* debit balance, balance due. — **~,schein** *m* certificate of indebtedness. — **~,spruch** *m jur.* (*bes. der Geschworenen*) verdict of guilty, conviction. — **~,sum·me** *f* amount of debt(s). — **~,ti·tel** *m jur.* instrument (*od.* certificate) of indebtedness, instrument entitling to enforce payment. — **~,turm** *m jur. hist.* debtors' prison. — **~,über,nah·me** *f jur. econ.* assumption (*od.* taking over) of a debt (*od.* an obligation, a liability), promise to pay the debt of another. — **~,um,wand·lung** *f* conversion of debt. — **~ver,hält·nis** *n* **1.** *econ.* obligation (of debtor to creditor), debt relationship. – **2.** *jur.* obligation. — **~ver,schrei·bung** *f econ.* **1.** debt certificate, (debenture) bond, (industrial) obligation. – **2.** (*öffentliche*) bond, debenture (bond): **ungesicherte ~** unsecured (*od.* naked) debenture; **nicht kündbare ~** irredeemable bond; **kündbare** (*od.* **ablösbare, einlösbare**) **~** redeemable bond; **durch Hypothek gesicherte ~** (*Pfandbrief*) mortgage bond; **~ auf den Inhaber** bearer debenture, debenture to bearer; **Inhaber einer ~** bondholder, debenture holder.

'Schuld|ver,schrei·bungs,in,ha·ber *m econ.* bondholder, debenture holder. — **~ver,spre·chen** *n* promise of debt. — **s~,voll** *adj rare* guilty: **~er Blick** guilty (*od.* hangdog) look.

'Schuld,wech·sel *m econ.* **1.** bill payable. – **2.** (*Passivposten in Bilanz*) note(s *pl*) payable.

Schu·le ['ʃuːlə] *f* ⟨-; -n⟩ **1.** (*Gebäude*) school (building), schoolhouse. – **2.** (*Lehranstalt*) school, educational establishment: **höhere ~** secondary school; **~ mit Internat** boarding school; **~ ohne Internat** day school; **öffentliche ~** state (*Am.* public) school; **private ~** private (*od.* independent) school; **konfessionelle ~** denominational school; **gemischte ~** mixed (*od.* coeducational, *Br.* co-educational, *colloq.* co-ed) school; **eine ~ besuchen** to go to (*od.* to attend) a school; **von der ~ abgehen, die ~ verlassen** to leave school; **die ~ wechseln** to change schools (*od.* one's school); **er ist aus der ~ ausgeschlossen** (*od. colloq.* **hinausgeworfen**) **worden, er ist von der ~ geflogen** *colloq.* he was expelled (from school); **er kommt Ostern zur ~** he starts (*od.* begins) school at Easter; **sie geht noch zur** (*od.* **in die, auf die**) **~** she is still at school; **er unterrichtet an einer ~** he teaches at a school; **er will einmal an die** (*od.* **zur**) **~** *colloq.* he wants to go in for teaching (*od.* to be[come] a teacher), he is going to be a teacher. – **3.** (*Unterricht*) school, classes *pl*, lessons *pl*: **ich gehe heute nicht in die** (*od.* **zur**) **~** I don't go to school today; **die Kinder sind noch in der ~** the children are still at school; **nach der ~** after school (hours); **heute ist** (*od.* **haben wir**) **keine ~, die ~ fällt heute aus** there is no school today, we have a holiday today; **die ~ schwänzen** *colloq.* to play truant, to stay away from school, to cut classes, *Am. sl.* to play hooky; **die ~ ist aus** *colloq.* school is over; **er mußte nach der ~ dableiben** he had to stay in after school; **~ halten** to hold school; **wie geht's in der ~? was macht die ~?** how are you getting on at school? **ich war** (*od.* **stand**) **in der ~ nie sehr gut** I was never very good at school; **er kommt in der ~ nicht so recht mit** he doesn't get on so well at school. – **4.** (*Lehrer u. Schüler*) school: **die ganze ~ beteiligte sich an dem Ausflug** the whole school went on the excursion. – **5.** (*Lehrmeinung, Kunstrichtung*) school: **die florentinische [venezianische] ~** the Florentine [Venetian] school; **philosophische ~** school of thought, philosophical school, sect. – **6. Hohe ~** (*beim Reitsport*) manege, *bes. Br.* manège, haute école: **(die) Hohe ~ reiten** to put a horse through its paces. – **7.** *mus.* (*Lehrbuch*) school, tutor, method. – **8.** *fig.* school: **aus der ~ plaudern** (*od.* **schwatzen**) *colloq.* to tell tales (out of school), to blab; **sein Beispiel wird ~ machen** he will set a precedent (*od.* find adherents, followers), that will come into vogue (*od.* fashion); **die ~ des Lebens** the school of life; **durch eine harte ~ gehen** to pass through a hard school, to learn the hard way, to go through the mill; **ein Kavalier der (guten) alten ~** a gentleman of the old school, an old-fashioned gentleman; **er ist bei den Romantikern in die ~ gegangen** he has been schooled by the Romanticists. – **9.** *zo.* (*für Fische u. Delphine*) school.

schu·len ['ʃuːlən] **I** *v/t* ⟨h⟩ **1.** (*Auge, Ohr, Gedächtnis, Verstand etc*) train, discipline. – **2. j-n ~** to train (*od.* instruct, school) s.o.: **sie wurden politisch geschult** they were given political training. – **3.** (*Hunde, Pferde etc*) train, (*Pferde*) *auch* break in. – **II** *v/reflex* **sich ~ 4.** train oneself, undergo training. – **III S~** *n* ⟨-s⟩ **5.** *verbal noun.*

'Schul,eng·lisch *n* school English.

'schul·ent,las·sen *adj ped.* discharged from school, *Am. auch* graduated.

'Schul·ent,las·sung *f ped.* school leaving, *Am. auch* graduation.

'Schul·ent,las·sungs|,fei·er *f ped.* **1.** (*Feierlichkeiten*) commencement (*od.* graduation, *Br.* speech-day) (ceremony). – **2.** (*Tag*) *Am.* commencement, graduation, *Br.* speech-day. — **~,zeug·nis** *n cf.* Abgangszeugnis 1.

'schul·ent,wach·sen *adj ped.* too old for school.

Schü·ler ['ʃyːlər] *m* ⟨-s; -⟩ **1.** schoolboy, (school) pupil, *bes. Am.* student, *obs. auch* scholar: **~ einer Tagesschule** day boy (*bes. Am.* student, *obs. auch* scholar); **ein Treffen ehemaliger ~ veranstalten** to organize (*Br. auch* -s-) a reunion of former pupils (*Am. auch* of alumni, *Br. auch* of old boys); **ein alter** (*od.* **ehemaliger**) **~ von mir** a former pupil of mine. – **2.** (*Privatschüler*) (private) pupil, *bes. Am.* (private) student. – **3.** *fig.* (*Anhänger*) disciple, follower: **er ist ein ~ Kants** he is a disciple of Kant. – **4.** *fig.* (*Anfänger*) novice, tyro, *auch* tiro. – **5. fahrender ~** *hist.* itinerant scholar. — **~,ar·beit** *f* pupils' (*bes. Am.* students') (handi)work. — **~,aus,schuß** *m* pupils' (*bes. Am.* students') committee (*od.* council). — **~,aus,tausch** *m* pupil (*bes. Am.* student) exchange. — **~,aus,weis** *m* (school) pupil's (*bes. Am.* student's) card (*od.* pass). — **~bi·blio,thek** *f* school library. — **~,grad** *m* (*sport*) (*beim Judo*) student grade.

'schü·ler·haft *adj* **1.** (*Benehmen etc*) (school)boyish, schoolboylike. – **2.** *fig.* (*unreif*) immature, inexperienced: **~e Ansichten** immature views. – **3.** *fig.* (*ungeschickt*) clumsy, blundered, bungled: **eine ~e Arbeit** a clumsy piece of work. — **'Schü·ler·haf·tig·keit** *f* ⟨-; *no pl*⟩ **1.** (school)boyishness. – **2.** *fig.* (*Unreife*) immaturity, immatureness, inexperience. – **3.** *fig.* (*Ungeschicklichkeit*) clumsiness.

'Schü·ler,heim *n cf.* Internat.

'Schü·le·rin *f* ⟨-; -nen⟩ **1.** schoolgirl, (school) pupil, *bes. Am.* student. – **2.** *cf.* Schüler 2, 3, 4. – **3.** *cf.* Lernschwester.

'Schü·ler|jar,gon *m* schoolboy (*bes. Am.* students') slang. — **~,kar·te** *f* (*für öffentliche Verkehrsmittel*) school pupil's (*bes. Am.* student's) season ticket. — **~,lot·se** *m* school crossing warden. — **~,lot·sen,dienst** *m* school crossing service. — **~ma·te·ri,al** *n ped.* pupils *pl*, school population, *bes. Am.* students *pl*, *Am. auch* enrol(l)ment (*seen as a body with regard to their intellectual capacity or their social background*). — **~,mit·ver,ant,wor·tung** *f* joint responsibility between pupils (*bes. Am.* students) and teachers. — **~,mit·ver,wal·tung** *f* joint administration by pupils (*bes. Am.* students) and teachers. — **~par·la,ment** *n* pupils' (*bes. Am.* students') parliament.

'Schü·ler·schaft *f* ⟨-; *no pl*⟩ **die ~** a) (all) the pupils *pl*, *bes. Am.* the student body, b) (*eines Philosophen etc*) the school, the disciples *pl*, the followers *pl*.

'Schü·ler|,spra·che *f* schoolboy (*bes. Am.* students') slang. — **~,streich** *m* schoolboy('s) (*bes. Am.* student['s]) prank. — **~ver,tre·tung** *f ped.* pupils' (*bes. Am.*

students') representation. — ~ˌzei·tung *f* school magazine.

'Schul|erˌzie·hung *f ped.* schooling, school education (*od.* training). — ~ˌfach *n* subject. — s~ˌfä·hig *adj* (*Kind*) schoolable, ready for school. — ~ˌfall *m cf.* Schulbeispiel. — ~ˌfei·er *f* school festivity (*od.* celebration). — ~ˌfe·ri·en *pl Br.* holidays, *Am.* vacation *sg.* — ~ˌfernˌse·hen *n* school (*od.* educational) television. — ~ˌfest *n* school fete. — ~ˌfi·bel *f* primer. — ~fiˌgur *f* (*sport*) (*beim Eis- u. Rollkunstlauf*) school figure. — ~ˌfilm *m* educational film. — ~ˌflug *m aer.* training flight. — ~ˌflugˌzeug *n* trainer. — ~franˌzö·sisch *n* school French. — s~ˌfrei *adj* (*in Wendungen wie*) ein ~er Tag a holiday (from school), a day off; ein ~er Nachmittag a half-holiday; morgen ist (*od.* haben wir) ~ there will be no school tomorrow. — ~ˌfreund *m*, ~ˌfreun·din *f* schoolmate, school friend, schoolfellow. — ~ˌfreund·schaft *f* school friendship. — ~ˌfuchs *m obs. for* Pedant. — ~ˌfunk *m* **1.** school (*od.* educational) broadcasting (service). – **2.** school radio program (*bes. Br.* programme). — ~ˌgang *m* **1.** way to school. – **2.** *cf.* Schulausbildung. — ~ˌgar·ten *m* school garden. — ~geˌbäu·de *n* school (building), schoolhouse. — ~geˌbrauch *m only in* für den ~ for (use in) schools. — ~geˌlän·de *n* school grounds *pl* (*od.* premises *pl*), *bes. Am.* campus.

'Schulˌgeld *n ped.* school fee(s *pl*), tuition, schooling: du solltest dir dein (*od.* das) ~ zurückgeben lassen *colloq. humor.* you haven't benefit(t)ed much from your schooling. — ~ˌfrei·heit *f* free schooling (*od.* education), remission of (*od.* exemption from) fees (*od.* tuition).

'Schul|geˌlehr·sam·keit *f contempt.* book learning. — ~geˌmein·de *f ped.* school community. — s~geˌrecht *adj* **1.** according to rule, in due style. – **2.** systematic, methodic(al). — ~geˌsetz *n* educational law, *Br.* Education Act. — ~geˌsund·heitsˌpfle·ge *f* school (*bes. Am.* student) health service. — ~gramˌma·tik *f* school grammar. — ~ˌhaus *n* school (building), schoolhouse. — ~ˌheft *n* exercise book. — ~ˌhel·fer *m* (temporary) assistant teacher. — ~ˌhof *m* school yard, (school) playground.

'schu·lisch *adj* ⟨*attrib*⟩ referring to schools, scholastic: ~e Angelegenheiten school affairs.

'Schul|ˌjahr *n ped.* school year, year at school: in meinem dritten ~ in my third year at school; auf seine ~e zurückblicken to look back (up)on one's school days. — ~ˌju·gend *f* schoolchildren *pl.* — ~ˌjun·ge *m* schoolboy: j-n wie einen ~n behandeln to treat s.o. like a schoolboy. — ~ka·meˌrad *m*, ~ka·meˌra·din *f cf.* Schulfreund(in). — ~ˌkennt·nis·se *pl* school knowledge *sg.* — ~ˌkind *n* schoolchild. — ~ˌklas·se *f* class, *bes. Br.* form, *Am.* grade. — ~kom·mis·siˌon *f* school committee (*od.* board). — ~ˌkü·che *f* **1.** school kitchen. – **2.** school meals *pl.* — ~ˌlandˌheim *n* school hostel in the country. — ~ˌleh·rer *m* schoolmaster, schoolteacher. — ~ˌleh·re·rin *f* schoolmistress, schoolteacher. — ~ˌlei·ter *m* head, *Br.* headmaster, *Am.* principal. — ~ˌlei·te·rin *f* head, *Br.* headmistress, *Am.* principal. — ~lekˌtü·re *f* school reading. — ~ˌmäd·chen *n* schoolgirl. — ~ˌmann *m* (school)teacher, *Am. auch* schoolman. — ~ˌmap·pe *f* schoolbag, satchel.

'schulˌmä·ßig *adj cf.* schulgerecht.

'Schul·me·diˌzin *f* classical medicine.

'Schulˌmei·ster *m* **1.** *ped. cf.* Schullehrer. – **2.** *fig. contempt.* schoolmaster, pedant. — ˌSchul·mei·ste'rei *f* ⟨-; *no pl*⟩ *contempt.* schoolmastery, schoolmasterishness, pedantry. — 'schulˌmei·ster·lich *adj* schoolmasterish, schoolmasterly, pedantic, censorious. — 'schulˌmei·stern *v/t* ⟨*insep*, ge-, h⟩ j-n ~ to schoolmaster s.o. — 'Schulˌmei·sterˌton *m* schoolmasterly tone.

'Schul|muˌsik *f* school music. — ~ˌmu·si·ker *m* teacher of music. — ~orˌche·ster *n* school orchestra. — ~ˌord·nung *f* school regulations *pl.*

Schulp [ʃʊlp] *m* ⟨-(e)s; -e⟩ *zo.* cuttlebone, white fishbone, ossa sepia (*scient.*).

'Schul|ˌpau·se *f* break, *Am. auch* recess. — ~ˌpferd *n* trained (*od.* broken-in) horse. — ~ˌpflicht *f ped. meist in* (allgemeine) ~ compulsory education. — s~ˌpflich·tig *adj* of school age: ~es Alter school age; ~e Kinder, Kinder im ~en Alter children of school age, *Am. auch* school-agers. — ~po·liˌtik *f* school policy. — ~psy·choˌlo·ge *m* school psychologist. — s~psy·choˌlo·gisch *adj* ~e Beratungsstelle child guidance clinic. — ~ˌran·zen *m* satchel. — ~ˌrat *m* ⟨-(e)s; ⸚e⟩ school inspector, *bes. Am.* school supervisor (*od.* superintendent).

'Schulˌraum *m* **1.** (*Klassenzimmer*) classroom, schoolroom. – **2.** school places *pl*: ~ für weitere 500 Kinder schaffen to create school places for another 500 children. — ~ˌnot *f* lack of school places.

'Schul|ˌrecht *n ped. the whole body of legislation pertaining to school education.* — ~reˌform *f* school reform, reform of the school (*od.* education[al]) system. — ~ˌrei·fe *f* school age. — ~ˌrei·ten *n* (*sport*) manege (*bes. Br.* manège) riding. — ~ˌrei·ter *m* manege (*bes. Br.* manège) rider. — ~ˌsack *m Swiss for* Schulranzen. — ~ˌschie·ßen *n mil.* target practice, classification firing. — ~ˌschiff *n mar.* school (*od.* training) ship. — ~ˌschluß *m* end of school: wann haben wir heute ~? when does school end today? Freitag ist ~ a) (*vor den Ferien*) school ends (*od.* breaks up) on Friday, b) (*am Ende des Schuljahres*) the term ends on Friday, Friday is (the) end of term. — ~ˌschritt *m* (*sport*) (*beim Reiten*) short pace. — ~ˌschwän·zer *m* truant, pupil cutting classes. — ~ˌschwe·ster *f röm.kath.* school sister. — ~ˌsparˌkas·se *f* school savings bank. — ~ˌspei·sung *f* school meals *pl* (*od.* lunches *pl*). — ~ˌsport *m* school sport(s *pl*). — ~ˌsportˌfest *n* sport(s) day. — ~ˌstu·be *f* schoolroom, classroom. — ~ˌstun·de *f* lesson, period, class. — ~syˌstem *n* school (*od.* education[al]) system. — ~ˌta·fel *f* blackboard. — ~ˌtag *m* school day. — ~ˌta·sche *f* schoolbag, bag, satchel.

Schul·ter ['ʃʊltər] *f* ⟨-; -n⟩ shoulder: gerade [schmale, abfallende] ~n straight [narrow, slanting] shoulders; vom Alter gebeugte ~n shoulders bent with (*od.* bowed down by) age; er hat breite ~n a) he has broad shoulders, he is broad-shouldered, he has a broad back, b) *fig.* he has a broad back; breit in den ~n sein to be broad-shouldered; der Mantel hat wattierte ~n the coat has padded shoulders, the coat is padded at the shoulders; die Jacke ist zu eng in den ~n (*od.* um die ~n) the jacket is too tight at the shoulders; j-m freundschaftlich auf die ~ klopfen to give s.o. a friendly slap (*od.* pat) on the back; sie zuckte mit den ~n, sie zuckte die ~n she shrugged (her shoulders); j-n auf die ~n heben to hoist s.o. on to one's shoulders, to hoist s.o. shoulder-high; sie trugen die Siegermannschaft auf den ~n vom Platz they carried the victorious team from the field on their shoulders; den Gegner auf die ~n zwingen (*od.* legen) (*sport*) (*beim Ringen*) to force the opponent onto his shoulders; j-n über die ~ rollen (*sport*) (*beim Ringen*) to roll s.o. over the shoulders; er nahm (*od.* lud, hob) den Sack auf seine ~n he took the sack on his shoulders; j-n an den ~n fassen (*od.* packen) to grab s.o. by the shoulder; sich an j-s ~ ausweinen to cry on s.o.'s shoulder; sie reicht ihm nur bis zur (*od.* bis an die) ~ she only comes up to his shoulder; j-m den Arm um die ~ legen, j-n um die ~ fassen to put one's arm (a)round s.o.'s shoulders; sich (*dat*) eine Stola um die ~n legen to put a stole (a)round one's shoulders; sie hängte sich die Tasche über die ~ she slung the bag over her shoulder; j-n über die ~ ansehen a) to look over one's shoulder at s.o., b) *fig.* to look down one's nose at s.o. (*colloq.*); sie standen ~ an ~ they stood shoulder to shoulder (*od.* close together); sie kämpften [arbeiteten] ~ an ~ *fig.* they were fighting [working] shoulder to shoulder (*od.* side by side); mit hängenden ~n dastehen, die ~n hängenlassen *fig.* (*vor Enttäuschung*) to stand there with shoulders drooping; sie zeigte ihm die kalte ~ *fig. colloq.* she gave him the cold shoulder, she cold-shouldered him; du solltest das nicht auf die leichte ~ nehmen *fig. colloq.* you shouldn't make light of that (*od.* take that too lightly); die ganze Verantwortung ruht auf seinen ~n *fig.* all responsibility rests on his shoulders; der Polizist legte ihm die Hand auf die ~ *fig.* the policeman took him into custody; auf j-s ~(n) stehen *fig. colloq.* (*von Theorien, Arbeiten etc*) to be based on s.o.; → beide 1.

'Schul·ter|ˌbein *n med. cf.* Schulterblatt. — ~ˌblatt *n* shoulder blade; scapula, omoplate (*scient.*). — ~ˌbrei·te *f* breadth (*od.* width) of (the) shoulders. — s~ˌfrei *adj* (*Kleid*) strapless. — ~ˌge·gend *f med.* region of the shoulders, scapular region (*scient.*). — ~geˌlenk *n* shoulder joint. — ~ˌgurt *m* shoulder strap. — ~ˌgür·tel *m med. zo.* shoulder (*od. scient.* thoracic, pectoral) girdle. — ~ˌhö·he *f* shoulder level: in ~ at shoulder level, shoulder-high; der Lichtschalter befindet sich in ~ the light switch is fixed shoulder-high. — ~ˌklap·pe *f bes. mil.* shoulder strap, epaulet, *auch* epaulette. — ~ˌla·ge *f med.* (*des Fetus*) shoulder presentation. — s~ˌlahm *adj* (*Pferd*) shoulder-pegged. — s~ˌlang *adj only in* ~e Haare shoulder-length hair *sg.* — ~ˌmus·kel *m med.* humeral muscle.

schul·tern ['ʃʊltərn] **I** *v/t* ⟨h⟩ **1.** (*Gewehr etc*) shoulder. – **2.** j-n ~ (*sport*) (*beim Ringen*) to force s.o. into a fall. – **II S~** *n* ⟨-s⟩ **3.** *verbal noun.* – **4.** (*sport*) (*beim Ringen*) fall.

'Schul·ter|ˌnie·derˌla·ge *f* (*sport*) (*beim Ringen*) loss on fall. — ~ˌpat·te *f* (*bei Kleidern, Hemden etc*) shoulder tab. — ~ˌpol·ster *n* shoulder pad. — ~ˌrie·men *m* **1.** (*einer Schultertasche etc*) shoulder strap. – **2.** *mil.* a) shoulder belt, b) (*als Patronengurt*) bandolier, bandoleer. — ~ˌschmerz *m med.* pain in the shoulder(s); omodynia, scapulodynia (*scient.*). — ~ˌschwung *m* (*sport*) (*beim Ringen*) shoulder throw. — ~ˌsieg *m* win by fall. — ~ˌstand *m* (*beim Bodenturnen*) shoulder balance. — ~staˌtiv *n* (*film*) shoulder bracket. — ~ˌstück *n* **1.** *gastr.* shoulder. – **2.** *mil.* a) *cf.* Schulterklappe, b) (*Epaulette*) epaulet, *auch* epaulette. – **3.** *mil.* (*eines Gewehrs*) shoulder piece. — ~ˌta·sche *f* shoulder bag. — ~ˌtuch *n* **1.** scarf. – **2.** *relig.* superhumeral. — ~verˌren·kung *f med.* dislocated (*od.* dislocation of the) shoulder, shoulder dislocation (*od.* slip). — ~ˌwei·te *f* shoulder width (*od.* breadth). — ~ˌwurf *m* (*sport*) (*beim Ringen*) shoulder throw.

Schult·heiß ['ʃʊltaɪs] *m* ⟨-en; -en⟩ *hist.* (village) mayor. — **'Schult·hei·ßenˌamt** *n* office of a (village) mayor.

'Schul|ˌträ·ger *m ped.* school supporter. — ~ˌtü·te *f cf.* Zuckertüte.

'Schu·lung *f* ⟨-; -en⟩ **1.** *cf.* Schulen. – **2.** (*Ausbildung*) training, instruction, schooling: fachliche ~ special (*od.* professional, technical) training. – **3.** (*Übung*) practice. – **4.** (*politische etc*) education, indoctrination. – **5.** *mus.* (*der Stimme*) training. – **6.** *bes. mil.* training, discipline.

'Schu·lungs|ˌkurs, ~ˌkur·sus *m* **1.** training course. – **2.** (*zum Auffrischen*) refresher course, in-service training (course). — ~ˌla·ger *n* training camp. — ~ˌlehrˌgang *m cf.* Schulungskurs. — ~ˌwo·che *f* one-week training course.

'Schul|ˌun·terˌhal·tung *f* ⟨-; *no pl*⟩ *ped.* upkeep (*od.* maintenance) of a school. — ~ˌun·terˌricht *m* school, schooling, school instruction, lessons *pl.* — ~ˌun·terˌsu·chung *f* examination by the school doctor. — ~verˌfas·sung *f* school statutes *pl* (*od.* regulations *pl*). — ~verˌsäum·nis *n* absence from (*od.* nonattendance [*Br.* non-attendance] at) school. — ~verˌwal·tung *f* school administration. — ~ˌvorˌstand *m* school board (*od.* committee). — ~ˌvorˌste·her *m* head, *Br.* headmaster, *Am.* principal. — ~ˌvorˌste·he·rin *f* head, *Br.* headmistress, *Am.* principal. — ~ˌwan·de·rung *f* school excursion (on foot). — ~ˌweg *m* way to school. — ~ˌweis·heit *f contempt.* **1.** book learning: alles, was sie sagt, ist reine ~ all she says is mere book learning. – **2.** ⟨*meist sg*⟩ (*Binsenweisheit*) truism, self-evident truth. — ~ˌwe·sen *n* ⟨-s; *no pl*⟩ (system of) education, education(al) system (*od.* matters *pl*), school system. — ~ˌwör·terˌbuch *n* school dictionary. — ~ˌzahnˌarzt *m* school dentist; pediadontist, pedodontist (*scient.*). — ~ˌzahnˌpfle·ge *f* school dental health service.

Schul·ze [ˈʃʊltsə] *m* ⟨-n; -n⟩ *hist. cf.* Schultheiß.

ˈ**Schul‚zeit** *f* schooltime, (*rückblickend*) *auch* school days *pl*: an die ~ zurückdenken to recall one's school days.

ˈ**Schul·zen‚amt** *n hist. cf.* Schultheißenamt.

ˈ**Schul|‚zeug·nis** *n* **1.** school report, *Am.* report card. – **2.** *cf.* Abgangszeugnis 1. — ~‚**zim·mer** *n* classroom, schoolroom. — ~‚**zucht** *f* school discipline. — ~‚**zwang** *m* compulsory education. — ~‚**zweck** *m only in* für ~e, zu ~en for (use in) schools.

Schum·meˈlei *f* ⟨-; -en⟩ *colloq.* **1.** *cf.* Schummeln. – **2.** fraud.

schum·meln [ˈʃʊməln] *colloq.* **I** *v/i* ⟨h⟩ cheat. – **II S~** *n* ⟨-s⟩ *verbal noun.*

Schum·mer [ˈʃʊmər] *m* ⟨-s; *no pl*⟩ *dial. for* Dämmerung 1—3. — ˈ**schum·me·rig** *adj dial. for* dämmerig.

schum·mern [ˈʃʊmərn] **I** *v/t* ⟨h⟩ **1.** (*Landkarten*) hatch. – **2.** (*schattieren*) shade. – **II** *v/impers* **3.** *dial. for* dämmern I. – **III S~** *n* ⟨-s⟩ **4.** *verbal noun.* – **5.** *cf.* Dämmerung 1—3.

ˈ**Schum·mer‚stun·de** *f dial. for* Dämmerstunde.

ˈ**Schum·me·rung** *f* ⟨-; *no pl*⟩ *cf.* Schummern.

ˈ**Schumm·ler** *m* ⟨-s; -⟩ *colloq.* cheat(er), fraud.

ˈ**schumm·rig** *adj dial. for* dämmerig.

schum·pern [ˈʃʊmpərn] *v/t* ⟨h⟩ j-n ~ *Eastern Middle G.* to rock s.o. (on one's knees).

schund [ʃʊnt] *rare 1 u. 3 sg pret of* schinden.

Schund *m* ⟨-(e)s; *no pl*⟩ *contempt.* **1.** (*wertloser, kitschiger Plunder*) trash, junk, shoddy, rubbish, tripe (*sl.*). – **2.** (*Ausschußware*) trash(y goods *pl*), low-class goods *pl*, catchpenny stuff. – **3.** *fig.* (*in Literatur, Film etc*) trash, rubbish, *Am.* garbage: er liest nur solchen ~ he reads nothing but that sort of trash. — ~‚**blatt** *n* (*Zeitung*) rag, *bes. Am. colloq.* pulp(y). — ~**li·te·ra‚tur** *f* trashy (*od.* cheap) literature. — ~**ro‚man** *m* **1.** trashy (*od.* cheap) novel, *bes. Am. colloq.* pulp(y). – **2.** (*Sensations-, Groschenroman*) *Am.* dime novel, *Br.* penny dreadful, shilling shocker.

ˈ**Schund-** ‚**und** ˈ**Schmutz|ge‚setz** *n colloq.* a) (*gegen Verbreitung von Schundliteratur*) *Br.* Harmful Publications act, b) (*gegen Verbreitung von pornographischer Literatur*) *Br.* Obscene Publications act. — ~**li·te·ra‚tur** *f jur.* obscene (*od.* pornographic) literature.

ˈ**Schund‚wa·re** *f contempt. cf.* Schund 2.

ˈ**Schun·kel‚lied** *n any popular song to which people may sway together from side to side.*

schun·keln [ˈʃʊŋkəln] *v/i* ⟨h⟩ sway rhythmically (with arms linked): wir ~ zur (*od.* mit der) Musik we sway with the music.

ˈ**Schun·kel‚wal·zer** *m cf.* Schunkellied.

Schupf [ʃʊpf] *m* ⟨-(e)s; -e⟩ *Southern G. and Swiss dial. for* a) Schubs, Stoß 1—8, b) Schwung 1—6. — ˈ**schup·fen** *v/t* ⟨h⟩ *cf.* schubsen, stoßen 1—8.

ˈ**Schup·fen** *m* ⟨-s; -⟩ *Southern G. and Austrian dial. for* a) Schuppen[3]1, b) Wetterdach.

Schu·po[1] [ˈʃuːpo] *m* ⟨-s; -s⟩ *colloq.* (*Schutzpolizist*) policeman, cop(per) (*sl.*), *Br. colloq.* bobby.

ˈ**Schu·po**[2] *f* ⟨-; *no pl*⟩ *colloq.* (*Schutzpolizei*) police.

Schupp [ʃʊp] *m* ⟨-(e)s; -e⟩ *Northern G. colloq. for* a) Schubs, Stoß 1—8, b) Schwung 1—6.

Schup·pe [ˈʃʊpə] *f* ⟨-; -n⟩ **1.** *zo.* (*der Fische, Reptilien etc*) scale, scute; lamina, squama (*scient.*): große ~ shield, plate; kleine ~ scutellum; mit ~n bekleidet (*od.* bedeckt) scaled, scaly, *auch* scaley; squamiferous, squamigerous (*scient.*); es fiel mir wie ~n von den Augen *fig.* the scales fell from my eyes. – **2.** *med.* a) (*der Haut*) scale, b) (*des Knochens*) squamous bone, squama, c) *pl* (*der Kopfhaut*) dandruff *sg*, scurf *sg*: mein Haar ist voller ~n my hair is full of dandruff; ein Haarwaschmittel gegen ~n a shampoo for dandruff. – **3.** *bot.* a) (*Haarschuppe, Schuppenhaar*) squama, squamule, palea, b) (*Schuppenblatt*) lodicule, bract, scale: die ~n eines Tannenzapfens the scales of a cone. – **4.** *pl hist.* (*eines Schuppenpanzers*) lames.

schup·pen[1] [ˈʃʊpən] **I** *v/t* ⟨h⟩ **1.** (*Fisch*) (un)scale. – **II** *v/reflex* sich ~ **2.** *med.* (*von der Haut etc*) scale (off), peel (off), desquamate (*scient.*). – **III S~** *n* ⟨-s⟩ **3.** *verbal noun.* – **4.** *med.* desquamation.

ˈ**schup·pen**[2] *v/t* ⟨h⟩ *Northern G. colloq. for* schubsen, stoßen 1—8.

ˈ**Schup·pen**[3] *m* ⟨-s; -⟩ **1.** (*Holz-, Geräteschuppen*) shed. – **2.** (*Lagerschuppen*) store(house), warehouse, depot. – **3.** (*für Busse, Kutschen, Straßenbahnen etc*) depot, shed, (*für Lokomotiven*) *auch* engine house, *Am.* roundhouse. – **4.** (*für Flugzeuge*) hangar. – **5.** (*Scheune*) barn. – **6.** *colloq. contempt.* (*baufälliges Haus*) shack, ramshackle building.

ˈ**schup·pen‚ar·tig I** *adj* **1.** *zo.* a) scaly, *auch* scaley, scalelike, scutellate (*scient.*), b) (*schuppig*) scutellated, squarrose, *auch* squarrous. – **2.** *med.* scaly, *auch* scaley, scalelike, squamous (*scient.*). – **3.** *bot.* scaly, squamous (*scient.*). – **4.** *arch.* (*art*) imbricative, imbricate. – **II** *adv* **5.** *arch.* (*art*) etwas ~ verzieren to imbricate s.th.; ~ angeordnet imbricate.

ˈ**Schup·pen|‚baum** *m bot.* lepidodendron (*Gattg Lepidodendron*). — ~‚**bil·dung** *f* **1.** *zo.* scale formation, scutation (*scient.*). – **2.** *med.* a) (*der Haut*) scale formation, b) (*der Knochen*) squamation, c) (*der Kopfhaut*) dandruff formation. — ~‚**blatt** *n bot.* scale leaf. — **s~‚blät·te·rig, s~‚blätt·rig** *adj* scaly-foliated, squamifoliated (*scient.*).

ˈ**schup·pend I** *pres p.* – **II** *adj* (*Haut etc*) scaling, scaly, *auch* scaley, desquamative (*scient.*).

ˈ**Schup·pen|‚fin·ger** *m zo.* nest-building gecko (*Lepidodactylus lugubris*). — ~‚**fisch** *m* pinecone fish (*Monocentris japonicus*). — ~‚**flech·te** *f med.* psoriasis. — **s~‚för·mig** *adj* **1.** *med. zo. bot.* scaly, *auch* scaley; squamous, squamosal, squamiform (*scient.*). – **2.** *arch.* (*Verzierung*) imbricate. — ~‚**fü·ßer** *pl zo. cf.* Flossenfuß 2. — ~‚**haut** *f* scaly skin. — ~‚**kamm** *m* fine comb. — ~‚**kriech‚tie·re** *pl zo.* squamata (*Ordng Squamata*). — **s~los** *adj zo.* without scales, scaleless, alepidote (*scient.*). — ~‚**nas‚horn** *n zo. cf.* Javanashorn. — ~‚**pan·zer** *m* **1.** *hist.* (*Rüstung*) coat of mail, scale armor (*bes. Br.* armour), brigandine. – **2.** *zo.* scale armor (*bes. Br.* armour). — ~‚**pilz** *m bot. cf.* Hallimasch. — ~‚**tan·ne** *f cf.* Araukarie. — ~‚**tier** *n zo.* **1.** pangolin, manis (*scient.*) (*Gattg Manis*): Gemeines ~, Chinesisches ~ Indian pangolin (*M. pentadactyla*). — ~‚**wurz, Geˈmei·ne** *f bot.* toothwort, clown's lungwort (*Lathraea squamaria*). — ~‚**zel·le** *f med.* squamous cell.

ˈ**schup·pig** *adj* **1.** *zo.* scaly, *auch* scaley, scaled; scutellate, scutellated, scutate (*scient.*). – **2.** *med.* a) (*Haut*) scaly, *auch* scaley; squamous, furfuraceous (*scient.*), b) (*Kopfhaut*) dandruffy. – **3.** *bot.* a) squamous, paleate, b) (*schorfig, grindig*) leprose, leprous, lepidote. – **4.** *metall.* flaky.

ˈ**Schup·pung** *f* ⟨-; -en⟩ **1.** *cf.* Schuppen[1]. – **2.** *geol.* (*bei Gebirgsfaltung*) dislodged slices *pl*, wedge.

Schups [ʃʊps] *m* ⟨-es; -e⟩ *Southern G. colloq. for* Schubs. — ˈ**schup·sen** *v/t* ⟨h⟩ *cf.* schubsen.

Schur [ʃuːr] *f* ⟨-; -en⟩ **1.** *cf.* Scheren[1]. – **2.** *agr.* a) (*Schafschur*) (sheep)shearing, (sheep) clip(ping), b) (*Ertrag*) fleece, clip. – **3.** *hort.* (*einer Hecke etc*) clip, trim. — ~‚**auf‚kom·men** *n agr. cf.* Schur 2b.

ˈ**Schür‚ei·sen** *n* **1.** *cf.* Schürhaken. – **2.** *tech.* fire hook, poker bar.

schü·ren [ˈʃyːrən] *v/t* ⟨h⟩ **1.** (*Feuer*) poke (up), stir up, rabble, stoke, rake: das Feuer ~ a) to poke (*od.* rake) the fire (*od.* the coals), b) *fig.* to stir things up. – **2.** *fig.* (*Eifersucht, Neid, Haß etc*) stir up, incite, forment, add fuel to: mit dieser Rede schürte er (noch) die allgemeine Unzufriedenheit with this speech he added fuel to the general discontent.

ˈ**Schü·rer** *m* ⟨-s; -⟩ **1.** *cf.* Schürhaken. – **2.** (*Heizer*) stoker. – **3.** *fig.* inciter, fomenter.

ˈ**Schürf|‚ar·beit** *f* (*mining*) prospecting (*od.* digging) (work). — ~‚**bag·ger** *m* elevating grader (*od.* loader). — ~**be‚rech·ti·gung** *f* authority to prospect.

schür·fen [ˈʃyrfən] **I** *v/i* ⟨h⟩ **1.** (*mining*) (*im Tagebau*) (nach for) prospect, explore, dig, *Br.* costean. – **2.** *fig.* (*gründlich forschen*) investigate the matter, (re)search (thoroughly). – **II** *v/t* **3.** (*mining*) (*Erze etc*) prospect for, explore for, dig for. – **4.** sich (*dat*) etwas ~ to graze (*od. scient.* abrade, excoriate) s.th. – **III S~** *n* ⟨-s⟩ **5.** *verbal noun.* – **6.** *cf.* Schürfung.

ˈ**Schür·fer** *m* ⟨-s; -⟩ (*mining*) prospector.

ˈ**Schürf|er‚laub·nis** *f* (*mining*) prospection (*od.* prospecting) permit (*od.* licence, *Am.* license). — ~‚**feld** *n* diggings *pl* (*construed as sg or pl*), prospection area. — ~‚**gra·ben** *m*, ~‚**gru·be** *f* trial (*Am.* test) pit. — ~‚**kü·bel** *m civ.eng.* scraper. — ~‚**loch** *n* (*mining*) trial (*Am.* test) pit. — ~‚**pro·be** *f* assay. — ~‚**recht** *n jur.* prospecting licence (*Am.* license), authority to prospect. — ~‚**schacht** *m* prospecting (*od.* exploration) shaft, trial (*Am.* test) pit. — ~‚**schein** *m cf.* Schürferlaubnis. — ~‚**stel·le** *f* area (*od.* place) of prospection.

ˈ**Schür·fung** *f* ⟨-; -en⟩ **1.** *cf.* Schürfen. – **2.** (*mining*) prospection, exploration. – **3.** *med.* (*der Haut*) graze; abrasion, excoriation (*scient.*).

ˈ**Schürf‚wun·de** *f med.* graze; abrasion, excoriation (*scient.*).

ˈ**Schür‚ha·ken** *m* poker (bar), fire hook, coalrake.

Schu·ri·geˈlei *f* ⟨-; -en⟩ *colloq.* **1.** *cf.* Schurigeln. – **2.** (*Schikane*) harassment. — **schu·ri·geln** [ˈʃuːriːgəln] **I** *v/t* ⟨h⟩ **1.** (*schikanieren*) harass, badger, torment, plague. – **II S~** *n* ⟨-s⟩ **2.** *verbal noun.* – **3.** *cf.* Schurigelei.

Schur·ke [ˈʃʊrkə] *m* ⟨-n; -n⟩ **1.** blackguard, scoundrel, villain, rogue, rascal: ein abgefeimter ~ an out-and-out (*od.* utter) blackguard, an unmitigated scoundrel, a villain of the deepest dye (*lit.*). – **2.** (*in Romanen, Theaterstücken etc*) villain.

ˈ**Schur·ken|‚streich** *m*, ~‚**tat** *f cf.* Schurkerei.

Schur·keˈrei *f* ⟨-; -en⟩ villainy, villainous (*od.* scoundrelly, rascally) trick, roguery, rascality.

ˈ**schur·kisch** *adj* (*Person, Tat etc*) blackguardly, scoundrelly, villainous, villain (*attrib*), roguish, rascally.

ˈ**Schür‚loch** *n* (*eines Ofens etc*) stokehole, poke (*od.* firing) hole, fire door.

Schur·re [ˈʃʊrə] *f* ⟨-; -n⟩ *Middle G. dial. for* Gleitbahn 1, Rutschbahn 1. — ˈ**schurren** *v/i* ⟨sein⟩ *cf.* gleiten 2, rutschen 1, 2, 10.

Schurr·murr [ˈʃʊrˈmʊr] *m* ⟨-s; *no pl*⟩ *Northern G. dial.* **1.** *cf.* Durcheinander 1. – **2.** *cf.* Gerümpel.

ˈ**Schür‚stan·ge** *f cf.* Schürhaken, Schüreisen 2.

ˈ**Schur‚wol·le** *f* (*Rohwolle*) fleece (wool), shorn wool: 100% reine ~ 100% pure wool.

Schurz [ʃʊrts] *m* ⟨-es; -e⟩ **1.** (*Lendenschurz*) loincloth. – **2.** (*eines Bischofs, Freimaurers etc*) apron. – **3.** *mil. hist.* (*einer Rüstung*) tasse, tace. – **4.** *tech.* (*am Herd*) mantle.

Schür·ze [ˈʃʏrtsə] *f* ⟨-; -n⟩ **1.** apron: eine ~ umbinden (*od.* vorbinden) to put on an apron; die ~ ausziehen (*od.* abbinden, ablegen) to take off one's apron; er hängt seiner Mutter immer noch an der ~ *fig. colloq.* he is still tied to his mother's apron strings. – **2.** (*für Kinder*) pinafore. – **3.** *fig. colloq.* petticoat: er ist hinter jeder ~ her, er läuft jeder ~ nach he runs after every petticoat he sees. – **4.** *hunt.* (*Haarpinsel der Ricke*) tuft of hairs (*beneath genitals of doe or hind*).

ˈ**Schur‚zeit** *f agr.* (*für Schafe*) shearing (*od.* clipping) time.

schür·zen [ˈʃʏrtsən] **I** *v/t* ⟨h⟩ **1.** (*Röcke, Kleider etc*) gather up: sie schürzte ihre Röcke und lief davon she gathered up her skirt(s) and ran (off). – **2.** (*Knoten*) tie: den Knoten ~ *fig.* (*in einem Drama, Roman etc*) to weave the plot. – **3.** (*Lippen*) pout. – **II** *v/reflex* sich ~ **4.** gather up one's skirt(s). – **5.** der Knoten schürzt sich *fig.* (*in einem Drama, Roman etc*) the plot thickens.

ˈ**Schür·zen|‚band** *n* apron string: an Mutters ~ hängen *fig. colloq.* to be tied to one's mother's apron strings. — ~‚**jä·ger** *m colloq.* ladies' (*auch* lady's) man, philanderer, dangler, lady-killer, *bes. Am. sl.* 'wolf'. — ~‚**kleid** *n* pinafore-type overall. — ~‚**latz** *m* bib. — ~‚**ta·sche** *f* apron pocket. — ~‚**zip·fel** *m* corner of one's apron: an Mutters ~ hängen *fig. colloq.* to be tied to one's mother's apron strings.

ˈ**Schurz|‚fell** *n* **1.** (*lederner Lendenschurz*) leather loincloth. – **2.** (*eines Schmiedes*) leather apron. — ~‚**le·der** *n cf.* Schurzfell.

Schuß [ʃʊs] *m* ⟨-sses; ¨sse, *bei Zahlen-*

angaben -⟩ **1.** (*aus Schußwaffen*) shot: **blinder ~** blank (*od.* blind) shot; **scharfer ~** live shot; **~!** fire! **ein ~ aus** (*od.* **mit**) **der Pistole** [**nach der Scheibe**] a shot from a pistol [at the target]; **ein ~ ins Blaue** a) a random shot, a shot in the air, b) *fig.* a shot in the dark; **ein ~ ins Schwarze** a shot hitting the bull's-eye (*od.* target, mark); **ein ~ ins Herz** [**durch die Brust**] a shot in the heart [through the chest]; **einen ~ abgeben** (*od.* **abfeuern**) to fire a shot, to shoot, to fire; **einem Schiff** (**zur Warnung**) **einen ~ vor den Bug setzen** to fire a (warning) shot across a ship's bow; **plötzlich fielen Schüsse** suddenly shots were fired (*od.* heard); **der ~ ging fehl** (*od.* **verfehlte das Ziel**) the shot missed (the target *od.* the mark); **der ~ ging los** (*od.* **löste sich**) the shot went off; **der ~ ging nach hinten** (**los**) *auch fig.* the shot miscarried (*od.* backfired); **dieser ~ hat getroffen** (*od. colloq.* **gesessen**)! a) that shot hit (the mark) (*od.* went home, told)! b) *fig.* that hit home! **der ~ traf ihn in die Schulter** the shot hit him in the shoulder; **etwas** [**j-n**] **auf den** (*od.* **mit dem**) **ersten ~ treffen** to hit s.th. [s.o.] at first shot, to hit s.th. [s.o.] at the first go-off (*colloq.*); **weit vom ~ sein** *fig. colloq.* a) to be well out of range (*od.* harm's way), to be well away from the danger zone, b) to be away from the scene of events; **dem Jäger kam ein Hirsch vor den ~** *hunt.* a stag came within the hunter's shot (*od.* range); **er kam mir zufällig vor den ~** *fig. colloq.* I came across (*od.* ran into) him; **er kam nicht zum ~** a) *hunt.* he didn't get a shot in, he didn't get a chance to shoot, b) *fig.* (*nicht zum Zuge*) he didn't have (*od.* get) a chance. – **2.** (*zur Angabe der Munitionsmenge*) round: **ich habe noch 5 ~ im Magazin** I have 5 rounds left in the magazine; **er ist keinen ~ Pulver wert** *fig. colloq.* he isn't worth his salt (*od.* the candle, powder and shot, *Br.* twopence, *Am. colloq.* a plugged nickel). – **3.** (*Schußwunde*) (gun)shot (*od.* bullet) wound (*od.* injury): **er hat einen ~ im Arm** he has a shot (wound) in his arm. – **4.** (*Schußgeräusch*) report: **ich habe den ~ eines Gewehrs gehört** I heard the report of a rifle. – **5.** (*sport*) a) (*beim Fußball*) kick, b) (*beim Fußball etc*) (*aufs Tor*) shot: **~ und Tor!** shot and score! **der ~ ging neben das Tor** the shot went wide. – **6.** (*beim Skisport*) schuss: **im ~ den Hang hinunterfahren** to ski in schuss (*od.* to schuss) down the slope. – **7. einen ~ tun** *fig. colloq.* to shoot up. – **8.** *bot.* (*junger Trieb*) shoot: **die Pflanze ist im ~** the plant is shooting up. – **9.** (*kleine Portion*) dash, touch: **Tee mit einem ~ Milch** tea with a dash of milk; **er hat einen ~ indianisches Blut** (*od.* **indianischen Blutes**) **in den Adern** *fig.* he has some Indian blood in his veins; **sie hat einen ~ Leichtsinn im Blut** *fig.* she has a touch of recklessness in her blood; **die Rede war gewürzt mit einem** (*od.* **durch einen**) **~ Ironie** the speech was seasoned with a touch of irony; → **Berliner** I. – **10. in** (*auch* **im**) **~ sein** *fig. colloq.* a) (*von Sachen*) to be in excellent (*od.* good, *colloq.* tip-top) order (*od.* condition), b) (*von Personen*) to be up to the mark (*od.* in top form): **jetzt ist der Garten wieder gut in ~** the garden is in tip-top order again; **nach sechs Wochen Krankenhaus bin ich noch nicht** (**wieder**) **ganz in ~** after six weeks in (the) hospital I'm not quite up to the mark (*od.* on my feet again) yet; **etwas in ~ bringen** a) (*Wohnung etc*) to get s.th. into good order (*od.* condition), b) (*Auto etc*) to get s.th. into good (*od.* running) working (*od.* running) order, c) (*Geschäft etc*) to get s.th. going (*od.* running) well; **er hält sein Auto immer gut in ~** he always keeps (*od.* has) his car in good working (*od.* running) order, he keeps his car running well; (**wieder**) **in ~ kommen** a) (*von Sachen*) to get (back) into good order (*od.* condition) (again), b) (*von Personen*) to get back into form (again). – **11.** (*mining*) shot, single explosive charge. – **12.** *phot.* shot: **der Photograph kam nicht zum ~** the photographer had (*od.* was given) no chance to take a shot (*od.* picture), the photographer's attempt to shoot was foiled. – **13.** (*textile*) (*Querfäden*) filling, weft, woof, pick: **30 ~ pro Zoll** 30 picks to an inch; → **Kette** 11. – **14.** (*beim Brotbacken*) batch (of bread).

'Schuß|ˌbahn *f* **1.** line of fire. – **2.** *math. phys.* (*Flugbahn eines Geschosses*) trajectory. — **~beˌob·ach·tung** *f mil.* spotting. — **~beˌreich** *m* **1.** (*eines Gewehrs etc*) (effective) range: **im ~** within range. – **2.** (*Feuerzone*) zone of fire. — **s~beˌreit** *adj* **1.** (*Waffe*) ready to fire (*od.* for firing): **das Gewehr ~ halten** to keep one's gun ready to fire. – **2.** (*Soldat etc*) ready to fire. – **3.** *phot.* (*Kamera*) ready (for shooting *od.* action). — **~beˌrich·ti·gung** *f mil.* (*beim Einschießen*) correction. — **~ˌbruch** *m med.* gunshot (*od.* missile) fracture. — **~ˌebe·ne** *f mil.* plane of fire (*od.* departure).

Schus·sel ['ʃʊsəl] *m* ⟨-s; -⟩, *f* ⟨-; -n⟩ *colloq.* (*fahrige, vergeßliche Person*) scatterbrain.

Schüs·sel ['ʃʏsəl] *f* ⟨-; -n⟩ **1.** (*zum Waschen, Spülen etc*) basin. – **2.** (*für Kartoffeln, Gemüse etc*) dish: **ein Satz ~n** a set (*od.* nest) of dishes; **vor leeren ~n sitzen** *fig. colloq.* to live at hunger's door. – **3.** (*tiefe*) bowl. – **4.** (*für Nachtisch*) dish, bowl. – **5.** (*für Auflauf etc*) casserole. – **6.** (*für Soße*) gravy boat, *auch* sauceboat. – **7.** (*flacher Tontiegel mit Stiel*) (earthenware) pan. – **8.** (*Suppenterrine*) tureen. – **9.** (*Bettschüssel*) bedpan. – **10.** (*Gericht, Speise*) dish. – **11.** *geogr.* (*Mulde*) punch bowl. – **12.** *hunt.* a) ear of wild boar, b) bustard nest. — **~ˌbrett** *n cf.* **Schüsselgestell** 1. — **~ˌflech·te** *f bot.* parmelia (*Gattg Parmelia*). — **s~ˌför·mig** *adj* **1.** bowl- (*od.* dish)-shaped. – **2.** *bot.* patellate, patelliform, patelloid. — **~geˌstell** *n* **1.** (dish) drainer, (dish-)draining rack, dish rack. – **2.** (*für Waschschüssel*) washbowl (*auch* washbasin) stand.

'schus·se·lig *adj colloq.* (*fahrig, vergeßlich*) scatterbrained.

schus·seln ['ʃʊsəln] *v/i* ⟨h⟩ **bei etwas ~** *colloq.* to do s.th. carelessly, to scamp s.th.

'Schüs·sel|ˌpfen·nig *m* (*einseitig geprägte Münze*) bracteate. — **~ˌvoll** *f* ⟨-; -⟩ (*als Maßangabe*) dishful: **eine ~ Reis** a dishful of rice. — **~ˌwär·mer** *m* dish heater.

'Schuß·entˌfer·nung *f* (firing) range.

Schus·ser ['ʃʊsər] *m* ⟨-s; -⟩ *Southern G. and Austrian dial.* marble. — **'schus·sern** *v/i* ⟨h⟩ play (at) marbles.

'Schuß|ˌfa·den *m* (*textile*) (*Querfaden*) (thread of the) weft (*od.* woof), pick. — **~ˌfah·ren** *n* (*beim Skisport*) schussing. — **~ˌfahrt** *f* **1.** *cf.* **Schußfahren.** – **2.** schuss: **er fuhr in ~ durch das Ziel** he schussed across the line. — **~ˌfeld** *n mil.* field of fire: **freies ~ haben** to have a clear field of fire; **j-n im ~ haben** to have s.o. covered with one's weapon(s); **der Gegner befand sich in meinem ~** the enemy was within my field of fire. — **s~ˌfer·tig** *adj cf.* **schußbereit** 1. — **s~ˌfest** *adj* **1.** *cf.* **kugelsicher.** – **2.** (*gegen Granaten*) shellproof. — **~ˌfol·ge** *f* rate of fire. — **~ˌgar·be** *f* sheaf of fire. — **~ˌgeld** *n hunt. fee paid to a professional hunter for all game and all predatory animals bagged in his district.* — **s~geˌrecht** *adj* **1.** *hunt.* within (gun)shot (*od.* range). – **2.** (*Schütze, Jäger*) skilled in shooting (*od.* handling guns). – **3.** (*Pferd*) steady under fire.

'Schuß·kaˌnal *m bes. med.* track (*od.* path) of bullet (*od.* projectile).

'schuß·lig *adj colloq. cf.* **schusselig.**

'Schuß|ˌli·nie *f* line of fire, firing line. — **~ˌnä·he** *f only in* **auf ~ herankommen** to come within range (of fire). — **~po·si·tiˌon** *f* (*eines Schützen*) firing position. — **~ˌrich·tung** *f* direction (*od.* line) of fire, firing direction (*od.* line). — **s~ˌscheu** *adj* (*Hund etc*) gun-shy. — **~ˌse·rie** *f* **1.** series of shots. – **2.** *cf.* **Feuerstoß.** — **s~ˌsi·cher** *adj* **1.** *cf.* **kugelsicher.** – **2.** *cf.* **schußfest** 2. — **~ˌstel·lung** *f* (*eines Geschützes*) firing position. — **~ˌta·fel** *f* firing (*od.* range) table. — **~verˌlet·zung** *f* (gun)shot (*od.* bullet) wound (*od.* injury): **eine ~ haben** [**erhalten**] to have [to get] a (gun)shot wound, to be [to get] wounded by a shot. — **~ˌwaf·fe** *f* firearm, *Am. sl.* shooting iron: **von der ~ Gebrauch machen** to use firearms. — **~ˌwei·te** *f* range (of fire), firing range, carry: **wirksame ~** effective range; **das Gewehr hat eine ~ von 1500 Metern** the rifle has a (firing) range of (*od.* ranges over) 1,500 meters; **außer** [**in**] **~ sein** *auch fig.* to be out of [within] range; **auf ~ herankommen** to come within (firing) range. — **~ˌwer·te** *pl* firing data. — **~ˌwin·kel** *m* angle of firing. — **~ˌwir·kung** *f* fire (*od.* firing) effect. — **~ˌwun·de** *f cf.* **Schußverletzung.** — **~ˌzahl** *f* number of rounds. — **~ˌzei·ger** *m* (*bei Schießübungen*) scoring indicator. — **~ˌzeit** *f hunt.* hunting (*od.* shooting) season.

Schu·ster ['ʃuːstər] *m* ⟨-s; -⟩ **1.** shoemaker, cobbler: **auf ~s Rappen reisen** *fig.* to go on (*od.* by) shanks (*auch* shank's) mare (*od.* pony); **~, bleib bei deinem Leisten!** (*Sprichwort*) the cobbler must stick to his last (*proverb*). – **2.** *fig. colloq. contempt. cf.* **Pfuscher.** – **3.** *zo. cf.* **Weberknecht.** — **~ˌah·le** *f tech.* awl. — **~ˌar·beit** *f* **1.** shoemaker's work, shoemaking: **dieser Schuh ist gute ~** this shoe is a good piece of shoemaking. – **2.** *cf.* **Schusterhandwerk.** – **3.** *fig. colloq. contempt. cf.* **Pfuscherei** 1. — **~ˌbrust** *f med.* (*Trichterbrust*) funnel breast (*od.* chest), shoemaker's (*od.* cobbler's) chest. — **~ˌfleck** *m mus.* (*ermüdende Motivwiederholung*) rosalia. — **~geˌsel·le** *m* journeyman shoemaker. — **~ˌhandˌwerk** *n* shoemaker's trade, shoemaking. — **~ˌjun·ge, ~ˌlehr·ling** *m* shoemaker's apprentice. — **~ˌmei·ster** *m* master shoemaker. — **~ˌmes·ser** *n tech.* shoemaker's knife.

schu·stern ['ʃuːstərn] *v/i* ⟨h⟩ **1.** *obs. u. dial.* be (*od.* work as) a shoemaker. – **2.** *fig. colloq. contempt. cf.* **pfuschen** 1.

'Schu·ster|ˌpech *n tech.* (shoemaker's) wax. — **~ˌpfriem, ~ˌpfrie·men** *m cf.* **Schusterahle.** — **~ˌpilz** *m bot. cf.* **Röhrling.** — **~ˌwerkˌstatt** *f* shoemaker's workshop.

Schu·te ['ʃuːtə] *f* ⟨-; -n⟩ **1.** *mar.* (*flaches Schleppfahrzeug*) (dumb) barge, lighter, *Am.* scow. – **2.** (*Hut*) poke bonnet.

Schutt [ʃʊt] *m* ⟨-(e)s; *no pl*⟩ **1.** (*Abfall*) refuse, rubbish, *bes. Am.* garbage, waste: **~ abladen verboten!** no dumping (*Br. auch* tipping) here! – **2.** (*Bauschutt*) rubble, debris. – **3.** (*Trümmer*) debris, rubble, ruins *pl*: **im Krieg wurde die Stadt in ~ und Asche gelegt** during the war the town was razed to the ground (*od.* reduced to ashes, laid in ruins); **das Haus versank in ~ und Asche** the house fell into ruin. – **4.** *geol.* (*Gesteinsschutt*) debris, detritus, waste. — **~ˌabˌla·de·ˌplatz** *m* (refuse *od.* rubbish, *bes. Am.* garbage) dump, dumping ground, *Br.* tip (for refuse), shoot. — **~ˌabˌla·ge·rung** *f geol.* detritus (deposit).

'Schütt|beˌton *m civ.eng.* cast concrete. — **~ˌbo·den** *m agr.* granary, cornloft. — **~ˌdamm** *m civ.eng.* earth fill dam.

Schüt·te ['ʃʏtə] *f* ⟨-; -n⟩ **1.** (*Behälter für Salz, Zucker etc*) drawer container. – **2.** (*für Müll, Abfall*) refuse container (*bes. Br.* tip). – **3.** *agr.* (*Strohbündel*) bundle (*od.* truss) of straw. – **4.** *mar.* (*auf Schiffen*) chute, *auch* shute, shoot, spout. – **5.** *aer. mil.* container.

'Schüt·tel|ˌbe·cher *m* shaker. — **~beˌwe·gung** *f* shaking motion, shake. — **~ˌfrost** *m med.* chill, shivering fit (*od.* attack); the shivers *pl*, the shakes *pl* (*colloq.*); rigor, (*bei Malaria*) *auch* ague (*scient.*). — **~ˌläh·mung** *f* shaking palsy, Parkinson's disease, paralysis agitans (*scient.*).

schüt·teln ['ʃʏtəln] **I** *v/t* ⟨h⟩ **1.** shake: **Äpfel vom Baum ~** to shake apples off the tree; **vor Gebrauch** (**gut**) **~!** shake well before using! **sich** (*dat*) **den Schnee vom Mantel ~** to shake the snow off one's coat; **sie nahm die Mütze ab und schüttelte ihre Locken** she took off her cap and shook her curls; **den Kopf ~** to shake one's head; **j-m die Hand ~** to shake hands with s.o. (*od.* s.o.'s hand); **j-n vor Wut ~** to shake s.o. in anger; **ich hätte ihn ~ können** (*od.* **mögen**)! I could have shaken him, I could have given him a good shaking; **ein Fieberanfall schüttelte sie** [**ihren Körper**] she [her body] was shaken by an attack of fever, an attack of fever shook her [her body]; **er wurde von einem unwiderstehlichen Lachanfall geschüttelt** he was shaken by an irresistible fit of laughter; → **Ärmel; Handgelenk** 2; **Staub** 1. – **2.** *tech.* a) shake, b) (*umrühren*) agitate, c) (*erschüttern*) vibrate. – **II** *v/i* **3.** (*vom Wagen etc*) jolt, shake. – **4.** *aer.* (*space*) buffet. – **III** *v/impers* **5. es schüttelt mich** a) I shake, I am shaken, b) (*bes. vor Ekel*) I shudder: **es schüttelte ihn vor Angst** he shook with fear; **beim**

Anblick des Essens hat es mich geschüttelt I shuddered (with disgust) at the sight of the meal; es schüttelt mich bei dem Gedanken, daß I shudder to think that. – **IV** *v/reflex* sich ~ **6.** shake oneself: der Hund schüttelte sich, als er aus dem Wasser kam the dog shook itself when it came out of the water. – **7.** (*vor Kälte, Ekel etc*) (vor *dat* with) shake: wir schüttelten uns vor Kälte we shook (*od.* shivered) with cold; ich schüttelte mich vor Ekel I shook (*od.* shuddered) with disgust; sie schüttelt sich vor Lachen she shakes with laughter. – **V S~** *n* ⟨-s⟩ **8.** *verbal noun.* – **9.** shake, (*bes. vor Ekel*) shudder. – **10.** *tech.* a) shake, b) agitation, c) vibration.

ˈSchüt·tel|ˌreim *m metr. humorous poem interchanging rhyming syllables.* — **~ˌrin·ne** *f metall.* (*zur Erzklassierung*) shaking (*od.* reciprocating) trough. — **~ˌrost** *m* (*zur Erzaufbereitung*) shaking grate. — **~ˌrut·sche** *f* shaking chute (*auch* shute). — **~ˌsieb** *n* (*in Gießerei*) shaking screen (*od.* sifter), riddle. — **~ˌzit·tern** *n med. psych.* tremor, traumatic neurosis.

schüt·ten [ˈʃʏtən] **I** *v/t* ⟨h⟩ **1.** pour: etwas aus [in, auf *acc*] etwas ~ to pour s.th. out of [into, (up)on] s.th.; sie schüttete die verdorbene Milch in den Ausguß she poured (*od.* emptied) the spoiled milk (out) into the sink; Zucker aus der Tüte in die Dose ~ to pour (*od.* empty) sugar out of the bag into the bowl; das Korn wird auf die Tenne geschüttet the grain is poured on to the threshing floor. – **2.** (*werfen*) throw: Abfälle auf den Komposthaufen ~ to throw garbage on the compost pile; j-m ein Glas Bier ins Gesicht ~ to throw a glass of beer in s.o.'s face. – **3.** etwas auf einen Haufen ~ (*aufhäufen*) to pile s.th. up, to heap s.th. into a pile. – **4.** (*verschütten*) spill: der kleine Junge hat seinen Kakao über die Zeitung geschüttet the little boy spilled (*auch* spilt) his cocoa (all) over the newspaper. – **5.** *civ.eng.* a) (*Erde*) fill, b) (*Bitumen*) spread. – **II** *v/i* **6.** *agr.* (*guten Ertrag geben*) yield well. – **III** *v/impers* **7.** es schüttet *colloq.* it is pouring (with rain), it is raining cats and dogs (*od.* pitchforks) (*colloq.*). – **IV S~** *n* ⟨-s⟩ **8.** *verbal noun.* – **9.** *cf.* Schüttung.

schüt·ter [ˈʃʏtər] *adj* (*Haar, Saat etc*) thin, sparse.

ˈSchüt·ter·geˌbiet *n geol.* earthquake region.

schüt·tern [ˈʃʏtərn] *v/i* ⟨h⟩ (*zittern, beben*) shake, tremble, quake.

ˈSchuttˌfeld *n* sea of rubble.

ˈSchütt|ˌgelb *n* (*Lederfärbemittel*) Dutch pink. — **~geˌwicht** *n* bulk weight, weight of bulk goods.

ˈSchüttˌgut *n econ.* bulk goods *pl.* — **~ˌschiff** *n* bulk carrier. — **~ˌwa·gen** *m* (*railway*) hopper car.

ˈSchutt|ˌhal·de *f* **1.** *cf.* Schuttabladeplatz. – **2.** *geol.* talus (slope), scree. — **~ˌhau·fen** *m* **1.** (*von Abfall etc*) refuse (*od.* rubbish, *bes. Am.* garbage, waste) heap. – **2.** (*von Bauschutt, Trümmern etc*) rubble (*od.* debris) heap: die Stadt wurde in einen ~ verwandelt the town was reduced to a heap of debris (*od.* was razed to the ground). — **~ˌkar·ren** *m* tumbrel, tumbril, *Br.* dust cart.

ˈSchüttˌka·sten *m* (*beim Bagger*) (dredge) hopper.

ˈSchuttˌke·gel *m geol.* debris (*od.* talus) cone.

ˈSchütt|ˌla·dung *f econ.* bulk cargo. — **~ˌrin·ne** *f tech.* shoot, chute, *auch* shute. — **~ˌtrich·ter** *m* (*im Transportwesen*) feed hopper.

ˈSchüt·tung *f* ⟨-; -en⟩ **1.** *cf.* Schütten. – **2.** *civ.eng.* a) (*einer Straße*) hardcore, b) (*beim Dammbau*) filling, fill.

ˈSchüttˌwurf *m aer. mil.* salvo bombing (*od.* release).

Schutz [ʃʊts] *m* ⟨-es; *no pl*⟩ **1.** protection: j-m gesetzlichen ~ gewähren to afford (*od.* to give) s.o. legal protection; Jugendliche unter 16 Jahren genießen den ~ des Gesetzes young people under (the age of) 16 enjoy the protection of the law; das Gesetz dient dem ~ der Öffentlichkeit vor Verbrechern the law serves to protect the public from criminals; sich j-s ~ anvertrauen to entrust oneself to s.o.'s protection; ich empfehle ihn deinem ~ (und Schirm) I commend him to your protection; in (*od.* unter) j-s ~ stehen to stand under s.o.'s protection; j-n um (seinen) ~ bitten (*od.* angehen), j-s ~ anrufen to ask for s.o.'s (*od.* to ask s.o. for) protection; er befindet sich unter meinem ~ he is under (*od.* in) my protection; zu meinem (persönlichen) ~ for my (personal) protection; die Regierung verordnete Maßnahmen zum ~ der Gesundheit the government decreed measures for the protection of health. – **2.** (*Verteidigung*) *Br.* defence, *Am.* defense: zu ~ und Trutz zusammenstehen to stand together in defence and offence; j-n [etwas] in ~ nehmen to defend (*od.* stand up for) s.o. [s.th.]; da muß ich ihn aber in ~ nehmen! I really must take his side (in this matter)! sie nimmt ihr Kind immer vor anderen (*od.* gegen andere) in ~ she always defends (*od.* stands up for) her child (*od.* she always takes her child's side) against others. – **3.** (*vor Krankheiten etc*) (vor *dat* against) safeguard, protection: das Medikament dient zum ~ vor (*od.* gegen) Erkältungen the medicine serves as a safeguard (*od.* protection) against colds. – **4.** (*Zuflucht, Obdach*) (vor *dat* from) shelter, refuge, protection: das Dach bietet (*od.* gewährt) wenig ~ vor dem (*od.* gegen das) Gewitter the roof gives (*od.* provides) little shelter from (*od.* protection against) the thunderstorm; ich suchte unter dem Baum ~ I sought (*od.* took) shelter (*od.* refuge) under the tree; bei j-m ~ suchen to seek refuge with s.o.; sich in (*od.* unter) j-s ~ begeben to place oneself under s.o.'s protection, to take refuge with s.o. – **5.** (*Deckung*) cover: der Dieb entkam im ~(e) der Dunkelheit the thief escaped under cover of darkness. – **6.** (*Fürsprache, Gönnerschaft*) patronage, protection: j-s ~ genießen to enjoy s.o.'s patronage (*od.* protection), to be patronized by s.o.; das Fest stand unter dem ~ des Bürgermeisters the festival stood under the patronage (*od.* protection) of the mayor. – **7.** (*Abschirmung*) screen, shield. – **8.** (*Erhaltung*) preservation, protection. – **9.** *bes. mil.* a) (*Geleitschutz*) escort, b) *cf.* Feuerschutz 2.

Schütz[1] [ʃʏts] *n* ⟨-es; -e⟩ **1.** *electr.* contactor. – **2.** *civ.eng.* (*einer Schleuse*) sluice gate, floodgate.

Schütz[2] *m* ⟨-en; -en⟩ *obs. for* Schütze[1].

ˈSchutz|ˌanˌstrich *m* **1.** (*gegen Rost, Feuchtigkeit etc*) protective (paint) coat(ing). – **2.** *mil. mar.* (*zur Tarnung*) camouflage paint, (*bei Schiffen*) *auch* baffle (*od.* dazzle) paint. — **~ˌanˌzug** *m* protective clothes *pl* (*od.* clothing). — **~ˌär·mel** *m* (*für Büroarbeit etc*) sleeve protector. — **~ˌaufˌsicht** *f jur.* (*von gefährdeten Jugendlichen*) surveillance, (*bei bedingter Strafaussetzung*) probation: j-n unter ~ stellen to place s.o. under surveillance (*od.* on probation). — **s~beˌdürf·tig** *adj* in need (*od.* want) of protection. — **~beˌfoh·le·ne** *m, f* ⟨-n; -n⟩ **1.** charge. – **2.** (*Mündel*) ward. – **3.** *cf.* Schützling 1. — **~beˌlag** *m* protective covering (*od.* coat). — **~beˌreich** *m mil.* restricted area. — **~ˌblat·tern** *pl vet.* (*bei Kühen etc*) cowpox *sg*, vaccinia *sg* (*scient.*). — **~ˌblech** *n* **1.** (*über den Rädern am Auto, Fahrrad etc*) mudguard, *Am.* fender, *Br.* wing. – **2.** (*am Automotor, Kühler etc*) underpan. – **3.** (*über der Fahrradkette*) chain guard. – **4.** *tech.* (*an Werkzeugmaschinen etc*) guard (plate). — **~ˌbrief** *m cf.* Geleitbrief. — **~ˌbril·le** *f* (*für Schweißarbeiten etc*) (safety) goggles *pl*, protective goggles *pl.* — **~ˌbund** *m,* **~ˌbünd·nis** *n* **1.** *pol.* defensive alliance. – **2.** Republikanischer Schutzbund *Austrian hist.* Republican Defense Corps, Republican Schutzbund (*1921—33*). — **~ˌbür·ger** *m jur.* denizen. — **~ˌdach** *n* **1.** (*zum Unterstellen*) shelter, sheltering (*od.* protective) roof. – **2.** (*über Türen etc*) penthouse. — **~ˌdamm** *m* (*gegen Überschwemmungen etc*) protective dike. — **~ˌdecke** (*getr.* -k·k-) *f* (protective) cover(ing).

Schüt·ze[1] [ˈʃʏtsə] *m* ⟨-n; -n⟩ **1.** marksman, shot, (*bes. guter*) *auch* rifleshot, *Br.* rifle-shot: er ist ein guter [schlechter] ~ he is a good [bad] marksman (*od.* shot), he shoots well [badly]. – **2.** (*Bogenschütze*) archer, bowman. – **3.** (*Jäger*) hunter, huntsman. – **4.** *mil.* a) (*mit Gewehr*) rifleman, b) (*am Maschinengewehr*) (machine) gunner, c) (*auf dem Schießstand*) shooter, rifleman, d) (*Dienstgrad*) private. – **5.** (*sport*) (*beim Fußball etc*) scorer. – **6.** *astr.* (*Sternbild*) Archer, Sagittarius. – **7.** (*textile*) (*Weberschiffchen*) shuttle.

ˈSchüt·ze[2] *f* ⟨-; -n⟩ *civ.eng. cf.* Schütz[1] 2.

schüt·zen [ˈʃʏtsən] **I** *v/t* ⟨h⟩ **1.** (vor *dat* from) protect: einen Film vor dem Licht ~ to protect a film from light; vor Nässe ~! keep dry; vor Wärme [Licht] ~! keep (*od.* store) in a cool [dark] place; j-n vor Gefahr ~ to protect (*od.* shield, keep, guard, *lit.* preserve) s.o. from danger; die Dunkelheit schützte den Dieb vor der Entdeckung the darkness protected the thief from discovery; Gott schütze dich! the Lord protect (*od.* keep) you! er ließ seine Erfindung durch ein Patent ~ he had his invention protected by (letters) patent, he patented his invention; ein Buch urheberrechtlich ~ lassen to have a book protected by copyright, to copyright a book. – **2.** *bes. jur.* (*Eigentum, Interessen, Rechte etc*) protect, safeguard. – **3.** (*verteidigen*) defend. – **4.** (*vor Krankheiten etc*) (vor *dat* against) protect, (safe)guard: das Medikament schützte sie vor (*od.* gegen) Ansteckung the medicine protected her against infection. – **5.** (*vor Regen, Wind etc*) (vor *dat* from) shelter, protect: der Baum schützte mich vor dem Gewitter the tree sheltered me from the thunderstorm. – **6.** (*abschirmen*) shield, screen. – **7.** (*erhalten*) preserve. – **8.** *bes. mil.* (*decken*) cover: der Vormarsch der Soldaten wurde durch Artilleriefeuer geschützt the advance of the soldiers was covered by artillery fire. – **9.** *tech.* (*durch ein Schütz stauen*) back up: Wasser ~ to back up water. – **II** *v/i* **10.** (vor *dat* from) give protection: warme Kleidung schützt vor Kälte warm clothing gives (*od.* affords) protection from the cold. – **11.** (*vor Krankheiten, unangenehmen Folgen etc*) be a safeguard, give protection, guard: das Medikament schützt vor (*od.* gegen) Grippe the medicine is a safeguard (*od.* protection) against influenza; Unkenntnis (des Gesetzes) schützt nicht vor Strafe *jur.* ignorance of the law excuses no one; → Alter 2. – **12.** (*vor Regen, Wind etc*) (vor *dat* from) give (*od.* provide) shelter: das Dach schützt vor dem Regen the roof provides shelter from the rain. – **III** *v/reflex* sich ~ **13.** (*vor Gefahren, Krankheiten etc*) (vor *dat* from, against) guard, protect oneself: sie setzt eine Brille auf, um sich vor der (*od.* gegen die) Sonne zu ~ she puts on glasses to protect herself from the sun; die Wirtschaft muß sich vor inflationären (*od.* gegen inflationäre) Tendenzen ~ economy has to protect itself (*od.* to guard) against inflationary tendencies.

ˈSchüt·zen|ˌabˌwehrˌmi·ne *f mil. cf.* Schützenmine. — **~ˌabˌzei·chen** *n* marksmanship badge. — **~ˌaufˌtritt** *m* (*Abschußstufe eines Festungswalls*) fire (*od.* firing) step, banquette. — **~ba·tailˌlon** *n mil.* rifle (*od.* infantry) battalion. — **~ˌbru·der** *m* member of a riflemen's association (*od.* shooting club).

ˈschüt·zend I *pres p.* – **II** *adj* **1.** protective: seine ~e Hand über j-n halten *fig.* to hold a protective hand over s.o. – **2.** (*vor Regen, Wind etc*) sheltering: er erreichte noch rechtzeitig das ~e Dach he reached the sheltering roof just in time.

ˈSchüt·zen|ˌfest *n* **1.** riflemen's meeting (*od.* festival, gathering), rifle match, *Am. auch* schuetzenfest. – **2.** der letzte Rest vom ~ *fig. colloq.* the poor residue, the dregs *pl.* — **~ˌfeu·er** *n mil.* rifle fire, (*selbständiges Schießen*) *auch* independent fire. — **~ˌfisch** *m zo.* archer(fish) (*Toxotes jaculator*).

ˈSchutzˌen·gel *m* guardian (*od. lit.* tutelary) angel.

ˈSchüt·zen·geˌsell·schaft *f* (*sport*) riflemen's (*od.* shooting) association.

ˈSchüt·zenˌgra·ben *m mil.* trench. — **~ˌfie·ber** *n med.* trench fever, His' disease, Volhynia fever (*scient.*). — **~ˌfuß** *m* trench (*od.* immersion) foot, water bite (*colloq.*).

ˈSchüt·zen|ˌgrup·pe *f mil.* rifle squad (*Br.* section). — **~ˌhaus** *n* riflemen's clubhouse (*Br.* club-house). — **~ˌhil·fe** *f only in* j-m ~ geben *fig.* to back s.o. up, to support s.o. — **~ˌket·te** *f mil.* skirmish line, line of riflemen (in extended order). — ~ˌ**kö·nig** *m* champion marksman. — ~ˌ**li·nie** *f mil. cf.* Schützenkette. — ~ˌ**loch** *n* foxhole. — ~ˌ**mi·ne** *f* (anti)personnel mine. — ~ˌ**pan·zer** *m* armored (*bes. Br.* armoured) infantry fighting vehicle, mechanized (*Br. auch* -s-) infantry combat vehicle. — ~ˌ**plan**, ~ˌ**platz** *m* (*eines Schützenvereins*) shooting range. — ~ˌ**rei·he** *f mil.* file (*od.* column) of riflemen. — ~ˌ**schlei·er** *m* infantry screen. — ~ˌ**schleu·se** *f civ.eng.* (*Wasserbau*) sluice, sluice with sluice gates. — ~ˌ**schnur** *f mil.* marksmanship badge (*Am.* fourragère). — ~ˌ**stand** *m* **1.** firing position. – **2.** *aer. mil.* turret. — ~ˌ**steue·rung** *f electr.* contactor control(ler). — ~**verˌein** *m* (*sport*) riflemen's association. — ~ˌ**wehr** *n civ.eng.* sluice weir. — ~ˌ**wie·se** *f* grounds *pl* provided for a shooting match. — ~ˌ**zug** *m mil.* infantry platoon.

ˈ**Schüt·zer** *m* ⟨-s; -⟩ **1.** protector. – **2.** *cf.* Beschützer. – **3.** *cf.* a) Ellbogenschutz, b) Knieschützer, c) Ohrenschützer.

ˈ**Schutz|ˌer·dung** *f electr. Br.* protective earth connection (*auch* connexion), *Am.* protective ground connection. — **s**~ˌ**fä·hig** *adj jur.* **1.** (*Buch*) capable of being copyrighted. – **2.** (*Erfindung*) patentable. — ~ˌ**far·be** *f* **1.** *tech.* (*paints*) a) protective paint, b) (*Anstrich*) protective coat(ing) (*od.* coat of paint). – **2.** *mil. cf.* Schutzanstrich 2. — ~ˌ**fär·bung** *f zo.* protective colo(u)ration. — ~ˌ**film** *m tech.* protective film. — ~ˌ**forst** *m* (*forestry*) protection forest. — ~ˌ**frist** *f jur.* term of copyright.

ˈ**Schutzˌgas** *n* **1.** *chem.* inert (*od.* protective) gas, inert atmosphere. – **2.** *tech.* (*beim Schweißen*) controlled (*od.* protective) atmosphere, shielding gas. — ~**erˌzeu·ger** *m metall.* **1.** (*für Warmbehandlung*) controlled (*od.* protective) gas producer. – **2.** (*beim Schweißen*) inert gas producer. — ~ˌ**lichtˌbo·genˌschwei·ßung** *f* inert-gas arc welding. — ~ˌ**schwei·ßung** *f* inert-gas shielded metal-arc welding. — ~ˌ**tech·nik** *f tech.* technology of controlled atmosphere.

ˈ**Schutz|ˌgat·ter** *n* **1.** *tech.* protective barrier. – **2.** *civ.eng.* (*Wehr*) floodgate. — ~**geˌbiet** *n* **1.** *pol.* a) (*besetztes Gebiet*) protectorate, b) (*abhängiges Gebiet*) dependency, possession. – **2.** *hist.* colony. – **3.** (*Reservat*) reserve, reservation, protected area. – **4.** *cf.* Naturschutzgebiet. — ~**geˌbühr** *f econ.* fee, stamp duty. — ~**geˌhäu·se** *n tech.* protective case (*od.* housing). — ~**geˌhölz** *n* (*forestry*) shelterwood, shelterbelt (against wind and erosion), wind belt. — ~ˌ**geist** *m* ⟨-(e)s; -er⟩ protecting spirit, (tutelary) genius (*lit.*). — ~**geˌlän·der** *n* **1.** (*einer Brücke etc*) guardrail, *Br.* guard-rail. – **2.** (*eines Balkons etc*) parapet, balustrade. — ~**geˌleit** *n* **1.** safe-conduct. – **2.** (*Polizeischutz*) (police) escort. – **3.** *aer. mar. mil. cf.* Geleitschutz 2. — ~**geˌmein·schaft**, ~**geˌnos·sen·schaft** *f econ. association* (*od. society*) *for the protection of traders, shareholders etc.* — ~**geˌnos·se** *m jur. pol. person enjoying diplomatic protection by a third country because his mother country is not diplomatically represented in his present country of residence.* — ~**geˌsetz** *n jur.* law for the protection of the individual. — ~**geˌwalt** *f jur. pol.* **1.** right of protection. – **2.** *cf.* Schutzherrschaft 1. — ~ˌ**git·ter** *n* **1.** (*vor dem Kamin*) fireguard, fire screen. – **2.** (*im Zoo*) safety barrier. – **3.** *tech.* protective grid (*od.* grille, *auch* grill), (barrier *od.* wire) guard, protective shutter. – **4.** *auto.* (radiator) grille (*auch* grill), *Am. auch* screen. – **5.** *electr.* (*einer Röhrenelektrode*) screen grid. — ~ˌ**glas** *n* **1.** *tech.* safety glass, glass shield. – **2.** *meist pl* (*Schutzbrille*) safety goggles *pl.* — ~ˌ**glocke** (*getr.* -k·k-) *f* bell jar (*od.* glass), protecting cap. — ~ˌ**gott** *m myth.* tutelary god. — ~ˌ**göt·tin** *f* tutelary goddess. — ~ˌ**gür·tel** *m mil.* protective (*od.* defence, *Am.* defense) belt. — ~ˌ**ha·fen** *m mar.* port (*od.* harbor, *bes. Br.* harbour) of refuge. — ~ˌ**haft** *f jur.* **1.** (*bei Gefährdung des Lebens*) protective custody. – **2.** (*bes. in totalitären Staaten*) preventive arrest (*od.* custody). – **3.** *cf.* Sicherungsverwahrung. — ~ˌ**handˌschuh** *m* protective glove. — ~ˌ**hau·be** *f* **1.** *tech.* protection hood, guard, (*einer Schleifmaschine*) wheel guard. – **2.** *auto. cf.* Kühlerschutz. — ~ˌ**haut** *f* **1.** protective cover(ing) (*od.* film). – **2.** *tech.* protective covering.

ˈ**Schutzˌhei·li·ge**[1] *m relig.* patron (saint).

ˈ**Schutzˌhei·li·ge**[2] *f relig.* patron (saint), patroness.

ˈ**Schutz|ˌhelm** *m* protective helmet. — ~ˌ**herr** *m* protector, patron. — ~ˌ**her·rin** *f* protectress, patroness, protectrix. — ~ˌ**herr·schaft** *f* **1.** *bes. pol.* protectorate, protectorship. – **2.** *fig.* aegis, *auch* egis, patronage, auspices *pl.* — ~ˌ**holz** *n* (*forestry*) protective (*od.* shelter) tree. — ~ˌ**hül·le** *f* **1.** protective cover(ing) (*od.* wrapping). – **2.** (*für Bücher*) a) (book) jacket (*od.* wrapper), dust cover (*od.* jacket, wrapper), b) (*Schuber*) slipcase, slipcover. – **3.** (*für Güter, Fahrzeuge etc*) tarpaulin. – **4.** *tech.* sheath. – **5.** *electr.* (*für Kabel etc*) casing. – **6.** *med.* a) protective cover, b) (*Fingerling*) fingerstall, c) (*des Rückenmarks etc*) theca. – **7.** *zo.* a) (*schützende Körperhülle*) jacket, b) (*der Insektenpuppe*) cocoon, c) (*der Korallen*) theca, d) (*der Moos-, Rädertiere*) lorica. – **8.** *mil.* a) (*bei eingemotteten Geräten*) cocoon, b) (*für Gewehr*) (canvas) case. — ~ˌ**hüt·te** *f* (shelter) hut, refuge. — **s**~ˌ**imp·fen** *v/t* ⟨*insep*, -ge-, h⟩ *med.* inoculate, vaccinate, immunize *Br. auch* -s-. — ~ˌ**imp·fung** *f* (gegen against) protective (*od.* prophylactic) inoculation, immunization *Br. auch* -s-, vaccination, (*gegen Pocken*) *auch* variolation. — ~ˌ**in·sel** *f* traffic island. — ~**isoˌlie·rung** *f electr.* protective isolation. — ~ˌ**kap·pe** *f tech.* **1.** protective cap, guard. – **2.** (*beim Schweißen*) helmet. – **3.** (*eines Lagers*) bearing cap. — ~**karˌton** *m* (*für Bücher*) cardboard bookcase (*od.* sleeve), slipcase, slipcover. — ~ˌ**ka·sten** *m electr.* protective box. — ~ˌ**klau·sel** *f econ.* protective clause. — ~ˌ**klei·dung** *f* protective clothing. — ~**kol·loˌid** *n chem.* protective colloid.

ˈ**Schutz·konˌtakt** *m electr.* protective contact. — ~ˌ**do·se** *f cf.* Schukosteckdose. — ~ˌ**stecker** (*getr.* -k·k-) *m cf.* Schukostecker.

ˈ**Schutz|ˌkorb** *m electr.* (*für Glühbirnen etc*) wire guard. — ~ˌ**lack** *m* (*paints*) protective varnish (*od.* lacquer). — ~ˌ**le·der** *n* (leather) apron. — ~ˌ**lei·ste** *f* **1.** *tech.* guard strip. – **2.** *auto.* protective strip. — ~ˌ**lei·ter** *m electr.* nonfused (*Br.* non-fused) earth conductor.

ˈ**Schütz·ling** *m* ⟨-s; -e⟩ **1.** (*männlicher*) protégé, (*weiblicher*) protégée. – **2.** *jur.* (*anvertraute Person*) charge, ward.

ˈ**schutz·los** *adj* **1.** *Br.* defenceless, *Am.* defenseless, unprotected: er ist den Verleumdungen seines Gegners ~ preisgegeben he is defenceless against the calumnies of his adversary; j-m ~ ausgeliefert sein to be at s.o.'s mercy; sie steht jetzt ~ da she is defenceless (*od.* completely without protection) now. – **2.** (*im Regen etc*) without shelter: dem Unwetter ~ preisgegeben sein to be left without shelter in the storm. — ˈ**Schutz·lo·sig·keit** *f* ⟨-; *no pl*⟩ *Br.* defencelessness, *Am.* defenselessness, unprotectedness.

ˈ**Schutz|ˌmacht** *f pol.* protecting power. — ~ˌ**mann** *m* ⟨-(e)s; -leute *u.* -männer⟩ *cf.* Polizist. — ~ˌ**mann·schaft** *f* (police) escort. — ~**manˌschet·te** *f tech.* protective sleeve, (*einer Dichtung*) protective packing.

ˈ**Schutzˌman·tel** *m* **1.** (*Kleidungsstück*) protective coat (*od.* mantle), *bes. Br.* overall. – **2.** *fig.* mantle. – **3.** *nucl.* (*des Reaktors*) radiation shield. – **4.** *tech.* mantle, protective jacket, protecting case, casing, sheathing. – **5.** (*forestry*) wind (*od.* forest) mantle, shelterbelt. — ~ˌ**bild** *n*, ~**maˌdon·na** *f*, ~**maˌria** *f röm.kath.* (*art*) Virgin (*od.* Madonna) of the Protecting Cloak.

ˈ**Schutz|ˌmar·ke** *f econ.* trademark (name), brand: eingetragene ~ registered trademark; mit ~ versehene Waren branded goods. — ~ˌ**mas·ke** *f* **1.** protecting mask, face guard. – **2.** *cf.* Gasmaske. — ~ˌ**maß·ˌnah·me** *f meist pl* **1.** protective (*od.* safety, defensive) measure: ~n gegen radioaktive Strahlungen radiological defence (*Am.* defense). – **2.** (*Vorsichtsmaßnahme*) precaution, precautionary (*od.* preventive, preventative) measure, preventive. — ~ˌ**mau·er** *f* **1.** protecting (*od.* screen-)wall. – **2.** *civ.eng.* a) (*eines Staudamms*) embankment-type dam, b) (*Uferschutzdamm*) embankment, c) (*zur See*) seawall, d) *cf.* Brandmauer. – **3.** *mil.* (*einer Festung*) breast (*od.* ramped) wall. – **4.** *fig.* rampart, bulwark. — ~**me·chaˌnis·mus** *m med.* protective mechanism. — ~ˌ**mit·tel** *n* **1.** (gegen) means *pl* (*construed as sg or pl*) of protection (against, from), preservative (from), preventive (against). – **2.** *med. pharm.* a) prophylactic, preventive, preservative, b) (*hygienisches*) contraceptive. — ~ˌ**netz** *n* **1.** (*gegen Insekten*) mosquito net. – **2.** (*für Trapezkünstler*) safety net. – **3.** (*railway*) safety grid. – **4.** (*am Damenrad*) dress guard. – **5.** *tech.* protective wire network. – **6.** *electr.* (*für Freileitungen*) catch (*od.* guard) net. — ~ˌ**ort** *m* shelter, place of refuge. — ~**paˌtron** *m relig. cf.* Schutzheilige[1]. — ~**paˌtro·nin** *f cf.* Schutzheilige[2]. — ~ˌ**pflan·zung** *f* **1.** (*forestry*) (*für Bodenschutz*) protective planting (of trees). – **2.** *hort.* (*als Schutz vor Sicht, vor Wind etc*) screen(ing). – **3.** (*Uferbefestigung*) reinforcement. — ~ˌ**pla·ne** *f* protective canvas (*auch* canvass, cover), tarpaulin. — ~ˌ**plat·te** *f* **1.** *tech.* a) protective (*od.* guard) plate, b) (*gegen Strahlen*) screen. – **2.** (*des Küchenherds etc*) splashboard, splash back. – **3.** *hist.* (*einer Rüstung*) bonnet. — ~**po·liˌzei** *f cf.* Polizei 1—3. — ~**po·liˌzist** *m cf.* Polizist. — ~ˌ**pol·ster** *n med.* protective pad. — ~ˌ**raum** *m* **1.** shelter. – **2.** *cf.* Luftschutzbunker. — ~ˌ**rech·te** *pl jur. econ.* **1.** patent (*od.* protective, property) rights. – **2.** trademark rights. — ~ˌ**sal·be** *f med. pharm.* protective ointment. — ~ˌ**schal·ter** *m electr.* protective switch. — ~ˌ**schal·tung** *f* **1.** (*Schaltkreis*) protective circuit (*od.* system). – **2.** *cf.* Schutzerdung. — ~ˌ**schei·be** *f* **1.** (*beim Schweißen*) protective glass. – **2.** *auto. cf.* Windschutzscheibe. — ~ˌ**schicht** *f tech.* **1.** protective layer (*od.* cover, coat[ing]). – **2.** *cf.* Schutzfilm. — ~ˌ**schild** *m* **1.** protective shield. – **2.** *tech.* (*beim Schweißen*) (head *od.* hand) shield. – **3.** *mil.* (*am Geschütz*) shield. — ~ˌ**schirm** *m* **1.** *tech.* (protective) shield. – **2.** (*beim Röntgen*) protective screen. — ~ˌ**schür·ze** *f* (*beim Röntgen*) protective (*od.* lead-rubber) apron. — ~ˌ**si·che·rung** *f electr.* protected fuse (*od.* cutout). — ~ˌ**staat** *m pol.* protected state, protectorate. — ~ˌ**stoff** *m* **1.** *biol. chem.* a) protective substance (*od.* matter), antibody, b) (*im Blutserum*) alexin. – **2.** *med.* (*Impfstoff*) vaccine, immunizing (*Br. auch* -s-) substance. — ~ˌ**tracht** *f zo. cf.* Schutzfärbung. — ~ˌ**trup·pe** *f mil. hist.* colonial force (*od.* troops *pl*). — ~ˌ**überˌzug** *m* **1.** *tech.* protective coat(ing), protective film, preservative coating. – **2.** (*für Möbel*) slipcover. — ~ˌ**umˌschlag** *m cf.* Schutzhülle 2a. — ~-**und-ˈTrutz-ˌBünd·nis** *n pol.* defensive and offensive alliance. — ~**verˌband** *m* **1.** *med.* protective bandage (*od.* dressing). – **2.** *jur.* protective association: ~ Deutscher Schriftsteller *hist.* Association for the Protection of the Rights of German Authors (*1909—35*). — ~**verˌei·ni·gung** *f jur. cf.* Schutzverband 2. — ~**verˌklei·dung** *f tech.* protective covering. — ~**verˌord·nung** *f jur.* protective statute. — ~**verˌtrag** *m pol.* treaty of protectorate. — ~ˌ**vorˌkeh·rung** *f meist pl cf.* Schutzmaßnahme. — ~ˌ**vorˌrich·tung** *f* **1.** *meist pl* means *pl* (*construed as sg or pl*) of protection. – **2.** *tech.* safety device, (safe)guard. – **3.** *electr.* safety device. — ~ˌ**wa·che** *f* **1.** (safe)guard. – **2.** *mil.* escort. — ~ˌ**waf·fe** *f fig.* means *pl* (*construed as sg or pl*) of defence (*Am.* defense). — ~ˌ**wa·gen** *m* (*railway*) buffer (*od.* guard) waggon (*Am.* car). — ~ˌ**wall** *m* **1.** *mil.* a) revetment, (protecting) rampart barrier, rideau, mound, b) (*auf Schießstand*) mant(e)let. – **2.** *civ.eng.* (*Damm*) dike, dyke. — ~ˌ**wand** *f* **1.** *cf.* Schutzschirm. – **2.** *civ.eng.* protective wall. — ~ˌ**weg** *m Austrian* safety (*Br.* pedestrian) crossing. — ~ˌ**wehr** *f* **1.** *mil.* a) defence (*Am.* defense) (work), rampart, bulwark, barrier, b) (*auf Schießstand*) mant(e)let. – **2.** *fig.* safeguard, bulwark, rampart. — ~ˌ**wi·derˌstand** *m electr.* protective resistor. — ~ˌ**wir·kung** *f* **1.** protective effect. – **2.** *med.* protective action (*od.* effect), peltation (*scient.*). — **s**~ˌ**wür·dig** *adj* **1.** worth being protected. – **2.** meriting preservation. — ~ˌ**zelt** *n* (*im Straßenbau*) shelter tent.

ˈ**Schutzˌzoll** *m econ.* protective duty (*od.* tariff). — ~**po·liˌtik** *f* policy of protective duties. — ~**syˌstem** *n* protective duty system. — ~**taˌrif** *m* protective tariff rate.

Schwa·ba·cher (**'Schrift**) ['ʃvaːˌbaxər] *f* ⟨-; *no pl*⟩ *print.* Schwabacher (type).

Schwab·be'lei *f* ⟨-; -en⟩ *colloq.* **1.** *cf.* Schwabbeln. – **2.** *cf.* Geschwätz 1.

'**Schwab·bel,frit·ze** *m colloq. for* Schwätzer 1.

'**schwab·be·lig** *adj colloq.* **1.** (*Gesicht etc*) flabby, flaccid. – **2.** (*Pudding etc*) wobbly, *auch* wabbly, wobbledy, shaky.

schwab·beln ['ʃvabəln] **I** *v/i* ⟨h *u.* sein⟩ *colloq.* **1.** ⟨h⟩ (*von gallertartiger Masse*) wobble, *auch* wabble. – **2.** ⟨h⟩ flop about: **die Backen des dicken Mannes schwabbelten beim Sprechen** the fat man's cheeks flopped about as he spoke. – **3.** ⟨h *u.* sein⟩ (*schwappen*) swash, slosh, swill. – **4.** ⟨h *u.* sein⟩ (*überschwappen*) slop (over), spill. – **5.** ⟨h⟩ *fig.* (*schwätzen*) babble, twaddle. – **II** *v/t* ⟨h⟩ **6.** *tech.* (*polieren*) buff. – **III S⁓** *n* ⟨-s⟩ **7.** *verbal noun.* – **8.** *colloq.* (*von gallertartiger Masse*) wobble, *auch* wabble. – **9.** *colloq.* (*von Wasser etc*) swash, slosh, swill, spill.

'**Schwab·bel,schei·be** *f tech.* buffing wheel, buff.

Schwab·ber ['ʃvabər] *m* ⟨-s; -⟩ *mar.* swab, swob. — '**schwab·bern** *v/t* ⟨h⟩ (*Deck*) swab (*od.* swob) (*s.th.*) (down).

Schwa·be[1] ['ʃvaːbə] *m* ⟨-n; -n⟩ *geogr.* Swabian, Suabian: „**die Sieben ⁓n**" "the Seven Swabians" (*fairy tale by Grimm*).

'**Schwa·be**[2] *f* ⟨-; -n⟩ *zo.* (*Küchenschabe*) cockroach (*Ordng Blattaria*).

schwä·beln ['ʃvɛːbəln] *v/i* ⟨h⟩ *ling.* speak (in) (the) Swabian (*od.* Suabian) dialect (*od.* with a Swabian accent).

'**Schwa·ben|,al·ter** *n humor.* **1.** age of forty. – **2.** age of discretion (*od.* wisdom). — **⁓,kä·fer** *m Swiss zo. for* Schwabe[2]. — **⁓,spie·gel** *m jur. hist.* Swabian (*od.* Suabian) code of laws. — **⁓,streich** *m* foolish (*od.* unwise) action.

Schwä·bin ['ʃvɛːbɪn] *f* ⟨-; -nen⟩ *geogr.* Swabian (*od.* Suabian) girl (*od.* woman).

schwä·bisch ['ʃvɛːbɪʃ] **I** *adj* Swabian, Suabian: **S⁓e Schule** (*literature*) Swabian school; **das ⁓e Zeitalter** *hist.* the age of the Hohenstaufen dynasty. – **II** *ling.* **S⁓** ⟨*generally undeclined*⟩, **das S⁓e** ⟨-n⟩ Swabian, Suabian, the Swabian (*od.* Suabian) dialect.

schwach [ʃvax] **I** *adj* ⟨"er; "st⟩ **1.** (*kraftlos*) weak, feeble: **ein ⁓es Kind** a weak child; **ein ⁓er alter Mann** a feeble (*od.* an infirm, a decrepit) old man; **das ⁓e Geschlecht** *fig. humor.* the weaker (*od.* fair) sex; **wir ⁓en Menschen** we feeble people; **⁓e Gesundheit [Konstitution]** weak (*od.* frail, delicate, bad) health [constitution]; **eine ⁓e Stimme** a weak (*od.* faint, small) voice; **mit ⁓er Stimme** in a feeble voice, feebly, faintly; **⁓er Versuch** weak (*od.* feeble) attempt; **eine ⁓e Mannschaft [Regierung]** a weak team [government]; **⁓ auf den Beinen sein** to be weak in the legs, to be shaky on one's legs; **seine Behauptung steht auf ⁓en Füßen** *fig.* his assertion is feeble (*od.* unfounded); **das Unternehmen steht auf ⁓en Füßen** *fig.* the company stands on a weak foundation (*od.* on a slender basis); **ich bin von der Anstrengung noch ganz ⁓** I am quite weak from the exertion; **als Lehrer darf man keine ⁓en Nerven haben** you must have good nerves as a teacher; **er ist ⁓ auf der Brust** a) he has a weak (*od.* delicate) chest, b) *fig. humor.* he is short of money, he is low in funds; **⁓ im Glauben** *fig.* of little faith; **j-n an seiner ⁓en Stelle treffen** *fig.* to hit s.o. on his weak spot (*od.* point); **das ist eine seiner ⁓en Seiten** *fig.* that is one of his weak points; **Latein ist meine ⁓e Seite** *fig.* Latin is my weak point (*od.* subject), I am weak in Latin; **in einer ⁓en Stunde gab sie nach** *fig.* she yielded in a weak (*od.* a misguided, an unguarded) moment (*od.* in a moment of weakness); **er macht mich (noch) ⁓** *fig. colloq.* he drives me up the wall (*od.* round the bend) (*sl.*), he drives me crazy (*Br. colloq.* scatty); **mach mich nicht ⁓!** *fig. colloq.* a) for God's sake! b) don't scare me! **sich ⁓ zeigen** *fig.* to prove (to be) weak (*od.* yielding), to betray weakness; **schwächer werden** a) to grow weaker, to weaken, to lose (in) strength (*od.* intensity), b) (*von Nachfrage*) to fall off, to decline, to recede, to slacken, to lessen, c) (*von Patient*) to sink, d) (*von Sehkraft etc*) to fail, e) (*von Atem, Puls, Herzschlag*) to grow weak, f) (*von Licht*) to fade, to wane, to grow dim, g) (*von Ton*) to fade, to die away; **ich fühle mich ⁓** (*nach einer Krankheit*) I feel weak; **mir wird ⁓** I feel faint; **mir wird ganz ⁓, wenn ich daran denke** *fig. colloq.* I feel quite weak at the thought of it, the thought of it makes me quite weak; **nur nicht ⁓ werden!** *fig. colloq.* don't give in! **schwächer als** weaker than, (*bes. Truppe etc*) inferior (in strength) to; **⁓ im Kopf sein** *fig. colloq.* to be weak in the head, to be a bit daft (*colloq.*); → Geist[1] 1. – **2.** (*Mauer etc*) thin, weak. – **3.** (*Brücke etc*) light, slight. – **4.** (*gering, klein*) faint, dim, dull: **⁓es Licht** faint (*od.* dim) light; **ein ⁓er Ton** a faint sound; **⁓e Geräusche** faint noises; **⁓er Abglanz ihrer einstigen Schönheit** faint traces *pl* of her former beauty; **⁓er Schein** faint glimmer, gleam; **eine ⁓e Ähnlichkeit** a faint (*od.* slight, remote) resemblance; **eine ⁓e Erinnerung** a faint (*od.* dim) recollection; **eine ⁓e Vorstellung** a faint (*od.* remote) idea; **es besteht nur noch ⁓e Hoffnung** there is only a faint (*od.* slight, slender) hope left; **⁓er Trost** cold (*od.* slender) comfort, poor consolation; **⁓e Anzeichen einer Besserung** slight (*od.* faint) signs of an improvement; **⁓er Beifall** faint (*od.* slight) applause; **ich will tun, was** (*od.* **soviel**) **in meinen ⁓en Kräften steht** I will do my little best; **sein Appell fand ein ⁓es Echo** his appeal met with a faint response; **ein ⁓es Lächeln** a faint (*od.* feeble) smile. – **5.** (*nicht zahlreich*) sparse, meager, *bes. Br.* meagre: **⁓e Bevölkerung** sparse population; **⁓er Besuch** poor (*od.* thin, meager) attendance; **ein ⁓er Jahrgang** a) a weak year, b) (*von Wein*) a poor vintage. – **6.** (*Esser etc*) poor. – **7.** (*gehaltlos*) weak, poor: **⁓er Tee [Kaffee]** weak (*od.* thin, watery) tea [coffee]; **⁓es Bier** weak beer. – **8.** *fig.* (*mäßig, begrenzt*) poor, weak: **⁓e Argumente [Beweise]** poor arguments [evidence *sg*]; **eine ⁓e Ausrede** a poor (*od.* feeble) excuse; **⁓e Leistung [Phantasie]** poor achievement [imagination]; **⁓es Gedächtnis** poor (*od.* bad, irretentive) memory; **⁓er Charakter [Verstand]** weak character [mind]; **ein ⁓er Schüler** a weak pupil; **⁓ von Begriff** slow on (*od.* in) the uptake (*colloq.*); **er ist ⁓ in Mathematik** he is weak at mathematics; **darin ist er am schwächsten** that is his weakest point; **das Fernsehprogramm war ⁓** *colloq.* the television program(me) was pretty poor (*od.* a feeble effort); **⁓e Besetzung [Position]** weak cast [position]. – **9.** *med.* a) (*kraftlos*) weak, feeble, shaky, b) (*schwächlich*) hyposthenic, asthenic, c) (*zart, schwachgebaut*) delicate, frail, d) (*gebrechlich*) infirm, e) (*hinfällig*) decrepit, f) (*matt*) languid, g) (*ohnmächtig*) faint, h) (*Gehör*) poor, i) (*Herzton*) weak, dull, obscure, j) (*Puls*) low, feeble, weak, k) (*Herz, Reflex*) weak, l) (*Reiz*) slight, m) (*Atem*) weak, faint, n) (*Röntgenstrahlen*) soft: **⁓e Augen** weak sight *sg*, weak (*od.* poor) eyes; **sie ist von ⁓em Körperbau** she has a frail (*od.* delicate) build (*od.* physique); **der Puls ist ⁓** the pulse is feeble (*od.* low). – **10.** *med. pharm.* (*Dosis etc*) small. – **11.** *ling.* (*Verb, Beugung, Betonung, Flexion*) weak. – **12.** *tech.* (*Motor*) low-powered. – **13.** *electr.* (*Batterie etc*) low. – **14.** *econ.* slack, dull, weak: **die Börse war ⁓** the market was slack (*od.* weak); **das Geschäft ist ⁓** trade (*od.* business) is dull (*od.* slack, poor); **in Eisen ist das Geschäft ⁓** there is very little doing (*od.* going on) in iron; **⁓e Nachfrage** slack demand; **die Nachfrage ist schwächer geworden** the demand has fallen off (*od.* receded, slackened). – **15.** *chem.* (*Lösung etc*) weak, dilute. – **16.** *hunt.* (*Rehbock etc*) not fully grown. – **II** *adv* **17. ⁓ liniert sein** *print.* to be ruled feint (*od.* faint). – **18.** (*zart*) frailly: **sie ist ⁓ gebaut** she has a frail (*od.* delicate) build (*od.* physique). – **19.** (*leicht*) lightly: **der Wind bläst ⁓** the wind blows lightly. – **20.** (*zahlenmäßig gering*) poorly, sparsely, thinly: **die Vorstellung war ⁓ besucht** the performance was poorly attended; **die Gegend ist ⁓ bevölkert** the district is sparsely populated; **⁓ bemannt sein** (*von Schiff etc*) to be undermanned (*od.* shorthanded, light-handed). – **21. das Stück ist ⁓ besetzt** (*theater*) the play has a weak (*od.* poor) cast. – **22.** *ling.* weakly: **dieses Verb wird ⁓ gebeugt** this verb is conjugated weakly. – **23.** *chem.* slightly: **⁓ basisch** weak-alkaline (*attrib*); **⁓ angesäuert sein** to be acidulated. – **24. das Geschäft geht ⁓** *econ.* business is dull (*od.* slack, poor).

'**schwach|,at·mig** [-,ʔaːtmɪç] *adj* short of breath. — **⁓be,gabt** *adj* ⟨*attrib*⟩ poorly gifted, of inferior talent. — **⁓be,tont** *adj* ⟨*attrib*⟩ *ling.* (*Silbe*) weakly stressed. — **⁓be,völ·kert** *adj* ⟨*attrib*⟩ sparsely populated. — **⁓be,wegt** *adj* ⟨*attrib*⟩ (*See etc*) calm.

'**Schwa·che** *m, f* ⟨-n; -n⟩ weak (*od.* feeble) person: **die wirtschaftlich ⁓n** *pl econ.* the low-income class (*od.* group, bracket) *sg.*

Schwä·che ['ʃvɛçə] *f* ⟨-; -n⟩ **1.** ⟨*meist sg*⟩ (*körperliche*) weakness, feebleness, faintness: **von einer ⁓ befallen werden** to be overcome by a sudden weakness; **vor ⁓ umfallen** to faint (away). – **2.** (*eines Brettes, einer Mauer etc*) thinness, weakness. – **3.** (*von Licht, Ton etc*) faintness, dimness, dul(l)ness, tenuity (*lit.*). – **4.** (*charakterlicher Mangel*) weakness, fault, failing, foible: **menschliche ⁓n** human faults, frailties of human nature, imperfections, infirmities; **ein Zeichen von ⁓** a sign of weakness; **einer ⁓ nachgeben** to yield to a weakness; **jeder Mensch hat seine ⁓n** we all have our little failings. – **5.** ⟨*only sg*⟩ *fig. colloq.* (*Vorliebe, Neigung*) weakness, soft spot, fancy: **Bücher sind meine ⁓** I have a weakness for books; **ich habe eine ⁓ fürs Theater** I have a fancy (*od.* soft spot) for the theater (*bes. Br.* theatre); **er hat eine ⁓ für Blondinen** he has a soft spot for (*od.* is partial to) blondes. – **6.** *fig.* (*Unvollkommenheit*) weakness, weak point (*od.* side), imperfection: **die ⁓ dieser Leistung besteht in** the weakness of this performance is; **hier liegt eine ⁓ in der Beweisführung** this is a weak point (*od.* defect) in the evidence; **Mathematik ist meine ⁓** mathematics is my weak point (*od.* subject); **das war eine ⁓ des Systems** that was one of the drawbacks of the system; **j-s ⁓n kennen [ausnutzen]** to know [to exploit, to abuse] s.o.'s weaknesses; **du darfst (jetzt) keine ⁓ zeigen** pull yourself together. – **7.** *med.* a) (*Kraftlosigkeit*) weakness, feebleness, b) (*Körperschwäche*) hyposthenia, asthenia, c) (*Gebrechlichkeit*) infirmity, d) (*Hinfälligkeit*) decrepitness, e) (*Erschöpfung*) exhaustion, f) (*Mattheit*) languor, enervation, g) (*Atonie*) atony, adynamia, h) (*der Bänder*) instability, i) (*der Herztöne*) weakness, dul(l)ness, j) (*nach Krankheit*) prostration, k) (*des Gehörs*) dul(l)ness, l) *cf.* Altersschwäche.

'**Schwä·che|,an,fall** *m* **1.** attack (*od.* fit) of weakness (*od.* fatigue). – **2.** *med.* weak spell. — **⁓ge,fühl** *n* feeling of weakness: **allgemeines ⁓** lassitude.

schwä·chen ['ʃvɛçən] **I** *v/t* ⟨h⟩ **1.** (*Kräfte, Körper etc*) weaken, impair, enfeeble, sap, debilitate: **die Krankheit hat seinen Körper geschwächt** his constitution has been weakened by his illness; **die Aufregungen hatten seine Nerven geschwächt** the excitements had impaired his nerves (*od.* had enervated him). – **2.** (*Gesundheit*) impair, undermine, sap. – **3.** (*Spannkraft etc*) weaken, impair, lessen, diminish. – **4.** (*Ansehen, Einfluß, Macht etc*) weaken, impair, lessen, undermine. – **5.** (*Widerstandskraft etc*) weaken, damp(en), deaden. – **6.** (*Feind, Gegner*) weaken, (*stärker*) decimate. – **7.** (*verdünnen*) dilute. – **8.** *med.* a) debilitate, b) (*Sinnesempfindung etc*) attenuate, c) (*Puls*) weaken. – **9.** *tech.* (*Stahl*) weaken. – **10.** (*radio*) attenuate, damp. – **11.** *electr.* (*Spannung etc*) weaken. – **12.** (*Farbe*) tone (*s.th.*) down, soften. – **II S⁓** *n* ⟨-s⟩ **13.** *verbal noun.* – **14.** *cf.* Schwächung.

'**Schwä·che·re** *m, f* ⟨-n; -n⟩ **1.** weaker person. – **2.** (*Unterlegene*) underdog.

'**Schwä·cher,wer·den** *n* ⟨-s⟩ **1.** *med.* a) weakening, loss of strength, enfeeblement, b) (*des Atems, Herzschlags etc*) weakening: **⁓ des Sehvermögens** failing sight; **⁓ seiner Kräfte** diminution of one's physical power. – **2.** (*von Farben, Tönen*) fading.

'**Schwä·che,zu,stand** *m med.* weak (*od.* feeble) condition, debility; asthenia, hyposthenia, marasmus (*scient.*): **allgemeiner ⁓** general debility.

'**Schwach|ˌgas** *n chem. metall.* lean gas. — **s~ˌgläu·big** *adj relig.* of weak (*od.* little) faith.

'**Schwach·heit** *f* ⟨-; -en⟩ **1.** ⟨*only sg*⟩ *cf.* Schwäche 1—4, 7. – **2.** *only in* bilde dir nur keine ~en ein! *fig. colloq.* don't fool yourself!

'**schwachˌher·zig** *adj fig.* fainthearted, *Br.* faint-hearted. — '**Schwachˌher·zig·keit** *f* ⟨-; *no pl*⟩ faintheartedness, *Br.* faint-heartedness.

'**Schwach|ˌkopf** *m colloq. cf.* Schwachsinnige 2. — **s~ˌköp·fig** [-ˌkœpfɪç] *adj cf.* schwachsinnig 2.

schwäch·lich ['ʃvɛçlɪç] *adj* **1.** weak(ly), feeble, puny. – **2.** (*zart*) delicate, frail. – **3.** (*kränklich*) sickly, puny, ailing, weakly, (*bes. ältere Leute*) infirm. — '**Schwäch·lich·keit** *f* ⟨-; *no pl*⟩ **1.** weak(li)ness, feebleness, puniness. – **2.** delicacy, frailty. – **3.** sickliness, puniness, weakliness, (*bes. älterer Leute*) infirmity.

'**Schwäch·ling** *m* ⟨-s; -e⟩ **1.** (*körperlich*) weakling. – **2.** *fig.* weakling; softy, softie (*colloq.*); sissy, *Br. auch* cissy, cissie (*sl.*).

Schwach·ma·ti·kus [ʃvax'maːtikʊs] *m* ⟨-; -se *u.* -matiker⟩ *colloq. humor. for* Schwächling.

'**schwach|moˌto·rig** [-moˌtoːrɪç] *adj tech.* low-powered. — **~ˌner·vig** *adj* nervous, neurasthenic (*scient.*). — **~ˌsich·tig** *adj* weak- (*od.* dim-)sighted; asthenopic, amblyopic (*scient.*): sehr ~ gravel-blind. — **S~ˌsich·ti·ge** *m, f* ⟨-n; -n⟩ weak- (*od.* dim-)sighted person. — **S~ˌsich·tig·keit** *f* ⟨-; *no pl*⟩ weak-sightedness, weakness of sight; asthenopia, amblyopia (*scient.*). — **S~ˌsinn** *m* ⟨-(e)s; *no pl*⟩ *psych.* feeblemindedness, mental deficiency, imbecility, idiotism; dementia, moronism, hypophrenia (*scient.*). — **~ˌsin·nig** *adj* **1.** feebleminded, mentally defective (*od.* deficient), imbecile; moronic, hypophrenic (*scient.*). – **2.** *colloq.* weak-headed, brainless, imbecile, soft (in the head) (*colloq.*). — **S~ˌsin·ni·ge** *m, f* ⟨-n; -n⟩ **1.** feebleminded person, mentally defective (*od.* deficient) person, imbecile, idiot; mental defective, moron (*scient.*). – **2.** *colloq.* half-wit, nincompoop, imbecile, simpleton; softy, softie, 'idiot' (*colloq.*), sap(head) (*sl.*).

'**Schwachˌstrom** *m electr.* weak (*od.* light, low-voltage, low-tension) current. — **~ˌka·bel** *n* communication cable, cable for communication circuits. — **~ˌlei·tung** *f* weak current line (*od.* circuit), circuit for telecommunications. — **~ˌmo·tor** *m* low-voltage motor. — **~ˌtech·nik** *f* a) low-voltage (*od.* -current) technique (*od.* engineering), b) *cf.* Funktechnik, c) *cf.* Nachrichtentechnik, d) *cf.* Signaltechnik. — **~ˌtech·ni·ker** *m* signal (*bes. Br.* communication) engineer.

'**Schwach|ˌton** *m ling.* weak stress. — **s~ˌto·nig** [-ˌtoːnɪç] *adj* weakly stressed, unstressed.

'**Schwä·chung** *f* ⟨-; -en⟩ **1.** *cf.* Schwächen. – **2.** (*des Körpers etc*) enfeeblement, debilitation, enervation. – **3.** (*der Gesundheit, einer Funktion etc*) impairment. – **4.** (*des Ansehens*) impairment. – **5.** (*des Feindes etc*) decimation. – **6.** (*Verdünnung*) dilution. – **7.** *med.* a) debilitation, b) (*einer Sinnesempfindung etc*) attenuation. – **8.** (*radio*) attenuation, damp.

'**Schwä·chungsˌwi·derˌstand** *m electr.* **1.** buffing (*od.* damping) resistance. – **2.** potentiometer.

'**schwachˌwan·dig** [-ˌvandɪç] *adj tech.* thin-walled.

Schwa·de ['ʃvaːdə] *f* ⟨-; -n⟩ *cf.* Schwaden[1] 1.

Schwa·den[1] ['ʃvaːdən] *m* ⟨-s; -⟩ **1.** *agr.* swath(e), windrow, bundle: in ~ legen to windrow. – **2.** *bot.* a) *cf.* Mannagras, b) *cf.* Fennich.

'**Schwa·den**[2] *m* ⟨-s; -⟩ **1.** vapor, *bes. Br.* vapour, fume(s *pl*). – **2.** (*Nebelschwaden*) cloud, patch: der Nebel lag in dichten ~ über dem Moor the fog hung in dense clouds (*od.* patches) over the moor. – **3.** (*Rauchschwaden*) cloud of smoke. – **4.** (*mining*) *cf.* Nachschwaden.

'**Schwa·den|ˌmä·her** *m agr.* swath reaper (*od.* harvester). — **~ˌre·chen** *m* side rake. — **s~ˌwei·se** *adv* in swath(e)s.

Schwa·dron [ʃva'droːn] *f* ⟨-; -en⟩ *mil.* squadron, troop.

Schwa·dro·neur [ʃvadro'nøːr] *m* ⟨-s; -e⟩ *colloq.* boaster, braggart, 'gasbag' (*colloq.*). — **schwa·dro'nie·ren** [-'niːrən] *colloq.* **I** *v/i* ⟨*no* ge-, h⟩ **1.** boast, brag, talk big, swagger, 'gas' (*colloq.*). – **II S~** *n* ⟨-s⟩ **2.** *verbal noun*: sein Hang zum S~ his tendency to talk big (*od.* to big talk). – **3.** swagger, big talk, 'gas' (*colloq.*).

Schwa'dronsˌchef *m mil. hist.* squadron leader.

Schwa·fe'lei *f* ⟨-; -en⟩ *colloq. cf.* Geschwafel 1, Quasselei.

schwa·feln ['ʃvaːfəln] *colloq. contempt.* **I** *v/i* ⟨h⟩ **1.** twaddle (on), drivel (on), talk drivel (*od.* nonsense): der Redner schwafelte stundenlang (über dasselbe Thema) the speaker twaddled on (about the same topic) for hours. – **II** *v/t* **2.** drivel (*od.* twaddle) about: er schwafelt unsinniges Zeug he talks drivel; was schwafelst du da? what are you drivel(l)ing about? what's that nonsense you are talking? – **III S~** *n* ⟨-s⟩ **3.** *verbal noun.* – **4.** *cf.* Geschwafel 1, Quasselei.

Schwa·ger ['ʃvaːgər] *m* ⟨-s; ⸚⟩ **1.** brother-in-law. – **2.** *obs. for* Postillion.

Schwä·ge·rin ['ʃvɛːgərɪn] *f* ⟨-; -nen⟩ sister-in-law.

schwä·ger·lich ['ʃvɛːgərlɪç] *adj jur.* **1.** pertaining to a brother- (*od.* sister-)in-law. – **2.** (*Verwandtschaft*) by marriage.

Schwä·ger·schaft ['ʃvɛːgərʃaft] *f* ⟨-; *no pl*⟩ *jur.* **1.** affinity, relationship by marriage. – **2.** relatives *pl* (*od.* relations *pl*) by marriage, in-laws *pl* (*colloq.*).

Schwä·her ['ʃvɛːər] *m* ⟨-s; -⟩ *obs.* **1.** father-in-law. – **2.** brother-in-law.

Schwai·ge ['ʃvaɪgə] *f* ⟨-; -n⟩ *Bavarian and Austrian for* Almhütte. — '**schwai·gen** *v/i* ⟨h⟩ *cf.* sennen. — '**Schwai·ger** *m* ⟨-s; -⟩ *cf.* Senn.

Schwal·be ['ʃvalbə] *f* ⟨-; -n⟩ *zo.* swallow (*Fam. Hirundinidae*): eine ~ macht noch keinen Sommer (*Sprichwort*) one swallow does not make it spring, one swallow does not make a summer (*beide proverb*).

schwal·ben ['ʃvalbən] *v/t* ⟨h⟩ (*wood*) dovetail.

'**Schwal·ben|ˌfisch** *m zo.* (tropical two-wing) flying fish (*Exocoetus volitans*). — **~ˌflug** *m* flight of swallows. — **~geˌzwit·scher** *n* twitter of swallows. — **~ˌkraut** *n bot.* **1.** *cf.* Schwalbenwurz. – **2.** Syrisches ~ *cf.* Seidenpflanze. — **~ˌnest** *n* **1.** swallow's nest. – **2.** eßbare ~er *gastr.* edible birds' nests. – **3.** *mil. mus.* bandsman's epaulette. — **~ˌne·sterˌsup·pe** *f gastr.* bird's nest clear soup.

'**Schwal·benˌschwanz** *m* **1.** swallowtail. – **2.** *zo.* swallowtail, *auch* swallowtail butterfly (*Papilio machaon*): Schwarzer ~ asterias (*od.* black) swallowtail (*P. polyxenes*). – **3.** *colloq. humor.* a) (*Frack*) swallowtail (coat), swallow-tailed coat, tailcoat, dress coat, b) *pl* (*Rockschöße am Frack*) (coat)tails. – **4.** *tech.* (*in der Zimmerei*) dovetail: etwas mit einem ~ versehen to dovetail s.th.; durch ~ verbunden dovetailed. — **s~ˌför·mig** *adj* **1.** swallow-tailed. – **2.** (*wood*) dovetailed. — **~ˌfüh·rung** *f tech.* dovetail guide. — **~-ˌKo·li·bri** *m zo.* swallowtail (*Eupetomena hirundo*). — **~verˌbin·dung** *f* (*in der Zimmerei etc*) dovetailed joint, dovetailing.

'**Schwal·ben|ˌsprung** *m* (*sport*) swan (*bes. Br.* swallow) dive. — **~ˌwurz** *f bot.* swallowwort (*Cynanchum vincetoxicum*).

Schwall [ʃval] *m* ⟨-(e)s; -e⟩ **1.** (*Woge*) swell, surge. – **2.** (*Erguß von Wasser*) flood, gush. – **3.** *fig.* flood, torrent, deluge, gush, volley: ein ~ von Worten a torrent (*od.* flood, an effusion) of words; ein ~ von Fragen a volley (*od.* deluge) of questions. — **~ˌblech** *n tech.* baffle plate. — **~ˌwas·serˌschutz** *m* hoseproof (*od.* splashproof) enclosure.

Schwalm [ʃvalm] *m* ⟨-s; -e⟩ *zo.* frogmouth (*Fam. Podargidae*).

schwamm [ʃvam] *1 u. 3 sg pret of* schwimmen.

Schwamm *m* ⟨-(e)s; ⸚e⟩ **1.** (*zum Reinigen*) sponge: ein mit Wasser vollgesaugter ~ a sponge saturated with water; etwas mit dem ~ abwischen (*od.* waschen) to sponge s.th.; mit dem nassen ~ über (*acc*) etwas wischen (*od.* fahren) to wipe s.th. with a wet sponge; ~ drüber! *fig. colloq.* let bygones be bygones! let's forget it! let's have done with it! – **2.** *zo.* sponge, porifer (*scient.*) (*Stamm Porifera*). – **3.** *bot.* a) *colloq.* (*Pilz*) fungus, (*eßbarer*) mushroom, b) (*Hausschwamm*) dry rot, c) (*Feuerschwamm*) (German) tinder, d) (*Baumschädling*) fungus, (*auf Bäumen wachsender*) agaric, fungus (*Gattg Polyporus*): Lehre von den Schwämmen fungology. – **4.** *med.* a) fungus, b) *cf.* Blutschwamm 2. – **5.** *vet.* (*beim Pferd*) spavin. — **s~ˌar·tig** *adj* **1.** *cf.* schwammig 1—3. – **2.** *med.* spongy, fungous, spongiform, spongelike: ~er Auswuchs fungous growth.

Schwämm·chen ['ʃvɛmçən] *n* ⟨-s; -⟩ **1.** *dim. of* Schwamm. – **2.** *med.* (*der Säuglinge*) thrush, parasitic stomatitis (*scient.*).

schwäm·me ['ʃvɛmə] *rare 1 u. 3 sg pret subj of* schwimmen.

Schwam·merl ['ʃvamərl] *n* ⟨-s; -(n)⟩ *Bavarian and Austrian colloq.* mushroom: giftiges ~ toadstool.

'**Schwamm|fi·scheˌrei** *f* sponge fishery (*od.* fishing). — **~ˌflie·ge** *f zo.* sponge (*od.* spongilla) fly (*Fam. Sisyridae*). — **~ˌgold** *n chem.* spongy (*od.* sponge) gold. — **~ˌgum·mi** *n, auch m* sponge rubber. — **~ˌgur·ke** *f bot.* sponge (*od.* dishcloth) gourd, luffa (*scient.*) (*Luffa cylindrica*).

'**schwam·mig** *adj* **1.** spongelike, spongy, spongeous (*scient.*): ~es Holz spongy (*od.* punky, rotten) wood; ~es Gewebe spongy tissue. – **2.** fungous, fungose, fungoid. – **3.** (*porös*) spongy, porous. – **4.** (*Boden*) quaggy, soft. – **5.** *fig.* (*aufgedunsen*) bloated, puffed, puffy: ~es Gesicht bloated face. – **6.** *med.* a) *cf.* schwammartig 2, b) (*Knochen*) cancellous. — '**Schwam·mig·keit** *f* ⟨-; *no pl*⟩ **1.** sponginess. – **2.** sponginess, porousness. – **3.** *fig.* bloatedness, puffiness.

'**Schwamm|ˌkal·ke** *pl geol.* sponge reefs. — **~par·enˌchym** *n biol.* spongy parenchyma. — **~ˌschorf** *m bot. agr.* (*der Kartoffel*) (silver) scurf, potato (*od.* silver) scab. — **~ˌspin·ner** *m zo.* gypsy (*od.* gipsy) moth (*Lymantria dispar*). — **~ˌstein** *m min.* **1.** mushroom stone. – **2.** (*versteinerte Korallen*) fungite. – **3.** (*fossiler Schwamm*) spongite (*Cellepora spongites*). — **~ˌtau·cher** *m* sponge diver, sponger. — **~ˌtier** *n zo. cf.* Schwamm 2. — **~ˌtuch** *n* sponge cloth.

Schwan [ʃvaːn] *m* ⟨-(e)s; ⸚e⟩ **1.** *zo.* a) swan (*Gattg Cygnus*), b) (*Höckerschwan*) mute (*od.* tame, common) swan (*C. olor*): junger ~ cygnet; männlicher ~ male swan, cob; weiblicher ~ female swan, pen; Schwarzer ~ black swan, chenopsis (*scient.*) (*C. atratus*). – **2.** mein lieber Schwan! *colloq.* a) (*überrascht*) by Jove! (*colloq.*), I can tell you! my word! b) (*leicht drohend*) my dear fellow! (*colloq.*). – **3.** *astr.* (*Sternbild*) Swan, Cygnus.

schwand [ʃvant] *1 u. 3 sg pret,* **schwän·de** ['ʃvɛndə] *1 u. 3 sg pret subj of* schwinden.

schwa·nen ['ʃvaːnən] *v/i u. v/impers* ⟨h⟩ *colloq.* (*in Wendungen wie*) mir schwant (*od.* es schwant mir) nichts Gutes I have dark forebodings, I have misgivings; ihm hat schon lange geschwant, daß for a long time he has had the (*od.* a) feeling (*od.* presentiment) that; mir schwant etwas I have an uneasy feeling.

'**Schwa·nen|ˌblu·me** *f bot. cf.* Storchblume. — **~ˌdau·ne** *f* swan's down. — **~ˌfe·der** *f* swan's feather. — **~ˌgans** *f zo.* swan (*od.* guinea, Chinese) goose (*Anser cygnoides*). — **~geˌsang** *m myth., auch fig. lit.* swan song.

'**Schwa·nenˌhals** *m* **1.** swan's neck. – **2.** *fig.* swan-neck. – **3.** *tech.* (*als Meißelhalter*) gooseneck (toolholder), swan-neck, *auch* swan's neck. – **4.** *hunt.* (*für Raubwild*) trap (*in which the beast of prey is killed*). — **~or·chiˌdee** *f bot.* swanflower, swanneck, *Br.* swan-neck (*Gattg Cycnoches*).

'**Schwa·nen|ˌjungˌfrau** *f myth.* swan maiden. — **~ˌkraut** *n bot. cf.* Storchblume. — **~ˌrit·ter** *m myth.* Knight of the Swan, Lohengrin. — **„~see"** *mus.* "Swan Lake" (*ballet by Tchaikovsky*). — **~ˌteich** *m* swannery. — **s~ˌweiß** *adj poet.* (as) white as a swan, lily-white.

schwang [ʃvaŋ] *1 u. 3 sg pret of* schwingen.

Schwang *m colloq.* (*in Wendungen wie*) im ~(e) sein a) (*von einem Modewort etc*) to be fashionable (*od.* the fashion, the vogue), b) (*von einem Kleid etc*) to be in fashion (*od.* vogue), to prevail; in ~ kommen (*in Mode kommen*) to become the fashion, to come into fashion.

schwän·ge ['ʃvɛŋə] *1 u. 3 sg pret subj of* schwingen.

schwan·ger ['ʃvaŋər] *adj* **1.** pregnant, gravid (*scient.*): ~ **sein** to be pregnant (*od.* with child, expecting, *colloq.* in the family way), to expect a baby; **sie ist im siebten Monat** ~ she is in her seventh month (of pregnancy), she is seven months gone (*colloq.*); ~ **werden** to become (*od.* get) pregnant, to conceive; **sie wurde von ihm** ~ she got pregnant by (*od.* to) him; ~**e Frau** pregnant woman, expectant mother, woman with child, gravida (*scient.*); **mit einem Kind** ~ **gehen** *lit.* to be (pregnant) with child, to carry a child; **mit großen Plänen** ~ **gehen** *fig. colloq.* to be full of (*od.* to hatch) great projects. – **2.** *biol.* (*befruchtet*) impregnate.

'**Schwan·ge·re** *f* ⟨-n; -n⟩ *med.* pregnant woman, woman with child, expectant mother, gravida (*scient.*).

'**Schwan·ge·ren|be,ra·tung,** ~**,für,sor·ge** *f* prenatal (*od.* antenatal) care. — ~**,geld** *n* maternity allowance (*od.* benefit). — ~**,pfle·ge** *f cf.* Schwangerenfürsorge. — ~**,zu,la·ge** *f cf.* Schwangerengeld.

schwän·gern ['ʃvɛŋərn] **I** *v/t* ⟨h⟩ **1.** make (*od.* get) (*s.o.*) pregnant, impregnate, *bes. biol.* fecundate: **sie ist von ihm geschwängert worden** she was made pregnant by him. – **2.** *fig. lit.* impregnate: **Wohlgerüche schwängerten die Luft** the air was impregnated with fragrant odo(u)rs. – **II S**~ *n* ⟨-s⟩ **3.** *verbal noun.* – **4.** *cf.* Schwängerung.

'**Schwan·ger·schaft** *f* ⟨-; -en⟩ *med.* pregnancy; gravidity, gestation (*scient.*): **eingebildete** ~ pseudocyesis, pseudopregnancy, phantom (*od.* hysteric, nervous) pregnancy; **mehrfache** (*od.* **wiederholte**) ~ multiple pregnancy, polycyesis; **normale** ~ eucyesis; **unterbrochene** ~ incomplete pregnancy; **vorzeitige Beendigung der** ~ premature termination of pregnancy; **die** ~ **unterbrechen** to terminate (*od.* interrupt) pregnancy.

'**Schwan·ger·schafts|,ab,bruch** *m med. cf.* Schwangerschaftsunterbrechung 2. — ~**be,schwer·den** *pl* pregnancy complaints. — ~**,blu·tung** *f* h(a)emorrhage during pregnancy. — ~**,dau·er** *f* duration of pregnancy, period of gestation (*scient.*). — ~**er,bre·chen** *n* vomiting of pregnancy, morning sickness, hyperemesis gravidarum (*scient.*). — ~**,für,sor·ge** *f cf.* Schwangerenfürsorge. — ~**,nach,weis** *m* pregnancy test. — ~**,nar·be** *f* stria. — ~**psy,cho·se** *f* gestational psychosis. — ~**pye,li·tis** *f* encyopyelitis. — ~**,strei·fen** *m* stria. — ~**,test** *m* pregnancy test. — ~**to·xi,ko·se** *f* toxa(e)mia of pregnancy, gestational toxicosis, gestosis. — ~**,un·ter,bre·chung** *f* **1.** termination (*od.* interruption) of pregnancy. – **2.** (*eingeleitete*) induced abortion. — ~**,ur,laub** *m* pregnancy leave. — **s**~**ver,hin·dernd, s**~**ver,hü·tend** *adj* contraceptive. — ~**ver,hü·tung** *f* contraception, prevention of pregnancy. — ~**,zei·chen** *n* sign of pregnancy: **sicheres** ~ positive sign of pregnancy.

'**Schwän·ge·rung** *f* ⟨-; -en⟩ **1.** *cf.* Schwängern. – **2.** *auch fig.* impregnation.

'**Schwan·ger,wer·den** *n med.* (*Empfängnis*) conception.

'**Schwan,jung,frau** *f myth. cf.* Schwanenjungfrau.

Schwank [ʃvaŋk] *m* ⟨-(e)s; ⸚e⟩ **1.** (*lustiger Streich*) lark, prank, practical joke, frolic: **Schwänke aus seiner Jugendzeit erzählen** to relate pranks of (*od.* from) one's youth. – **2.** (*derb-komische Erzählung*) merry tale, farcical story. – **3.** (*theater*) farce, farcical (*od.* slapstick) comedy.

schwank *adj* ⟨*attrib*⟩ *poet. lit.* **1.** (*biegsam*) flexible, pliable, supple: **ein** ~**es Rohr im Wind** *auch fig.* a reed bent by the wind. – **2.** (*dünn, schwach*) frail, slender: **auf** ~**em Steg** on a frail bridge. – **3.** (*Seil*) loose, slack. – **4.** (*unsicher*) wavering, faltering, shaky, unsteady: **mit** ~**em Schritt** with faltering steps.

schwan·ken ['ʃvaŋkən] **I** *v/i* ⟨h *u.* sein⟩ **1.** ⟨h⟩ swing (*od.* wave) to and fro, sway: **die Zweige [Bäume]** ~ **im Wind** the branches [trees] swing to and fro in the wind. – **2.** ⟨h⟩ (*beben, erzittern*) rock, shake, tremble: **der Boden schwankte unter mir** (*od.* **unter meinen Füßen**) *auch fig.* the floor shook (*od.* rocked) beneath my feet. – **3.** ⟨h⟩ (*auf dem Wasser*) rock: **das Boot schwankte auf den Wellen** the boat was rocking on the waves. – **4.** ⟨h⟩ (*durch schwere Belastung*) rock, sway: **die Brücke schwankte** the bridge rocked. – **5.** ⟨sein⟩ (*im Gehen*) stagger, reel, totter: **sie schwankte aus dem Saal** she tottered (*od.* reeled) out of the hall; **der Betrunkene ist über die Straße geschwankt** the drunken man reeled (*od.* lurched) across the street. – **6.** ⟨h⟩ (*im Stehen*) sway, stagger, reel, waver, teeter: **sie schwankte und wäre beinahe gestürzt** she swayed (*od.* teetered) and almost fell; **der Betrunkene schwankte bedenklich** the drunken man swayed dangerously. – **7.** ⟨h⟩ (*unter einer schweren Last*) stagger. – **8.** ⟨h⟩ *fig.* (*sich zwischen 2 Werten bewegen*) vary, range: **die Temperatur schwankte zwischen 20 und 30 Grad** the temperature varied between 20 and 30 degrees. – **9.** ⟨h⟩ *fig.* (*wechseln*) alternate: **ihre Stimmung schwankt zwischen Heiterkeit und Trübsinn** her mood alternates between cheerfulness and melancholy. – **10.** ⟨h⟩ *fig.* (*hin- und hergerissen werden*) vacillate: **sie schwankt zwischen Haß und Liebe** she vacillates between hate and love. – **11.** ⟨h⟩ *fig.* (*unentschlossen sein*) waver, vacillate, be undecided (*od.* irresolute): **zwischen zwei Möglichkeiten [Angeboten]** ~ to waver (*od.* vacillate) between two possibilities [offers]; **er schwankt in seiner Entscheidung** he is undecided, he shilly-shallies. – **12.** ⟨h⟩ (*zögern*) hesitate, falter: **ich habe lange geschwankt, ob I** hesitated for a long time whether; **sie haben keinen Augenblick geschwankt** they did not hesitate (*od.* falter) for a moment. – **13.** ⟨h⟩ *fig.* (*unbeständig sein*) waver, shilly-shally, oscillate: **ich schwanke in meiner Meinung** I waver (*od.* shilly-shally) in my views, I chop and change (my opinion). – **14.** ⟨h⟩ *fig.* (*uneinheitlich sein*) vary: **der Gebrauch schwankt** *ling.* usage varies; **die Meinungen über ihn** ~ opinions on him vary (*od.* are divided). – **15.** ⟨h⟩ *econ.* a) (*von Preisen, Börsenkursen etc*) fluctuate, b) (*sich zwischen 2 Werten bewegen*) vary, range: **die Preise für diese Bücher** ~ **zwischen** the prices of these books vary between. – **16.** ⟨h⟩ *med.* (*vom Fieber*) fluctuate. – **17.** ⟨h⟩ *phys.* a) (*von Barometer, Magnetnadel etc*) oscillate, flicker, b) (*vom mittleren Wert abweichen*) deviate, c) (*um eine Ruhelage pendeln*) vary about. – **II S**~ *n* ⟨-s⟩ **18.** *verbal noun*: **die Brücke geriet ins S**~ the bridge began to rock; **mein Vertrauen ist ins S**~ **gekommen** (*od.* **geraten**) *fig.* my confidence has been shaken. – **19.** (*der Zweige im Wind*) sway. – **20.** (*im Gehen*) stagger, totter, reel. – **21.** (*im Stehen*) sway, stagger, teeter, reel, waver. – **22.** *fig.* (*zwischen 2 Werten*) variation. – **23.** *fig.* (*Abwechseln*) alternation. – **24.** *fig.* (*zwischen 2 Gefühlen etc*) vacillation. – **25.** *fig.* (*Unschlüssigkeit*) vacillation, irresolution, irresoluteness, indecision, shilly-shally. – **26.** *fig.* (*Zögern*) hesitation. – **27.** (*Unbeständigkeit, Veränderlichkeit*) vacillation, inconstancy, inconsistency, fickleness, changeability: **S**~ **des Charakters** vacillation of character. – **28.** (*des Urteils etc*) variation. – **29.** *econ.* a) (*der Preise etc*) fluctuation, b) (*zwischen 2 Werten*) variation. – **30.** *med.* a) (*der Gesundheit*) precariousness (of one's health), b) (*des Fiebers*) fluctuation. – **31.** *phys.* (*des Barometers, der Magnetnadel etc*) oscillation, flicker. – **32** *mar. cf.* Schlingern.

'**schwan·kend I** *pres p.* – **II** *adj* **1.** swaying, rocking: **die** ~**e Brücke** the swaying bridge. – **2.** (*taumelnd*) faltering, staggering: **der** ~**e Gang** the faltering gait; ~**en Schrittes kam uns ein Betrunkener entgegen** a drunken man approached us with faltering step. – **3.** *fig.* (*veränderlich*) unstable, changeable, uncertain: ~**e Zeiten** unstable times. – **4.** *fig.* (*unentschlossen*) irresolute, undecided, wavering, vacillating, vacillatory. – **5.** *fig.* (*zögernd*) hesitant, faltering. – **6.** *fig.* (*unbeständig*) inconstant, inconsistent, fickle, unreliable, vacillating, vacillatory: **er ist** ~, **er hat eine** ~**e Haltung** he is inconstant, he has a fickle manner; **er ist wie ein** ~**es Rohr (im Winde)** he is like a reed bent by the wind, he is an unsteady character, he blows hot and cold. – **7. seine Stimmung ist** ~ *fig.* his mood varies. – **8. nichts kann ihn** ~ **machen** *fig.* nothing can sway (*od.* move) him. – **9.** *fig.* (*unsicher*) uncertain, vacillatory: **er ist in seinen Ansichten** ~ **geworden** he has become uncertain in his views. – **10.** *econ.* a) (*Preise, Börsenkurse etc*) fluctuating, fluctuant, unsteady, unstable, variable, b) varying: **Wertpapiere mit** ~**em Ertrag** variable-yield securities. – **11.** *med.* a) (*Gesundheit*) precarious, b) (*Fieber*) fluctuant, c) (*Puls*) intermittent. – **12.** *phys.* (*pendelnd*) libratory. – **13.** *astr.* fluctuating, vibrating, perturbed.

'**Schwan·kung** *f* ⟨-; -en⟩ **1.** *cf.* Schwanken. – **2.** *fig.* (*Veränderung*) change, variation: ~**en der Temperatur** variations of temperature; **häufige** ~**en in der Stimmung** frequent changes of mood. – **3.** *econ.* fluctuation, variation: ~**en unterliegen** (*od.* **unterworfen sein**) to be subject to fluctuations; ~**en der Kurse** fluctuation in the rate of exchange; ~**en in der Konjunktur** fluctuations of the market. – **4.** *med.* variation: ~**en des arteriellen Druckes** variations in arterial pressure. – **5.** *electr.* (*des Stroms*) fluctuation. – **6.** *mus.* (*im Zeitmaß*) fluctuation. – **7.** *phys.* oscillation, swing. – **8.** *phys. astr.* a) (*Abweichung*) deviation, perturbation (*scient.*), b) (*der Erdachse*) nutation. – **9.** *math.* (*einer Funktion*) difference variation. – **10.** *tech.* fluctuation, variation, rocking motion: **plötzliche** ~ bopping.

'**Schwan·kungs|be,reich** *m* range of variations. — ~**er,schei·nung** *f meist pl phys.* fluctuation phenomenon.

Schwanz [ʃvants] *m* ⟨-es; ⸚e⟩ **1.** *zo. hunt.* a) tail, cauda (*scient.*), b) (*eines Fuchses*) brush, c) (*eines Hasen od. Kaninchens*) scut, d) (*eines Pfaues, eines Falken etc*) train, trail, e) (*des Rotwildes*) single, f) (*eines Wolfes*) stern, g) (*der Krebse*) postabdomen, h) (*des Wals*) flukes *pl*: **der Hund wedelt mit dem** ~ the dog wags its tail; **mit dem** ~ **wippen** (*von Vögeln*) to wag(gle) its tail; **dem Pferd den** ~ **stutzen** to dock (the tail of) a horse, to bob(tail) a horse; **ein Tier beim** ~ **fassen** (*od.* **packen**) to tail an animal; **der Hund zieht den** ~ **ein** (*od.* **klemmt den** ~ **zwischen die Beine**) the dog puts its tail between its legs; **den** ~ **einziehen** *fig. colloq.* to draw in one's horns, to climb down, to come down a peg or two; **den** ~ **hängenlassen** *fig. colloq.* to be downcast (*od.* dispirited, despondent); **mit eingezogenem** (*od.* **hängendem**) ~ **abziehen** *fig. colloq.* to creep away with one's tail between one's legs, to slink off like a whipped cur (*beide colloq.*); **der** (*od.* **die**) **Katze auf den** ~ **treten** to step on the cat's tail; **j-m auf den** ~ **treten** *fig. colloq.* to tread on s.o.'s toes (*od. humor.* corns), to offend s.o.; **er fühlte sich auf den** ~ **getreten** *fig. colloq.* he felt his toes (*od.* corns) trodden on, he felt offended; → beißen 9; Katze 2; Pferd 2. – **2. kein** ~ *fig. colloq.* nobody, no one, not a (living) soul (*colloq.*): **kein** ~ **war auf der Straße** we did not meet a (living) soul in the street; **danach fragt kein** ~ no one on this earth would ask about it. – **3.** *ped. colloq.* **einen** ~ **bauen** (*od.* **machen**) (*bei einer Prüfung*) to fail in one subject; **einen** ~ **machen müssen** to have to repeat part of an exam. – **4.** *fig.* (*Endglied*) tail (end), end: **den** ~ **der Prozession bilden** to tail (*od.* form the tail of) the procession. – **5.** ⟨*only sg*⟩ *fig. colloq.* (*lange Reihe von Menschen*) train, string, (*Gefolge*) suite. – **6.** *fig. colloq.* (*Nachspiel, Fortsetzung*) tail end. – **7.** (*Haarschwanz*) ponytail. – **8.** *fig. colloq.* (*Schnörkel bei Buchstaben*) flourish. – **9.** *fig.* (*eines Flugzeugs, Papierdrachens, eines Kometen etc*) tail. – **10.** *mil.* (*einer Lafette*) trail. – **11.** *vulg.* 'cock', 'prick' (*beide vulg.*), penis.

'**Schwanz|,an,satz** *m zo.* tail root. — ~**,bein** *n* tailbone, coccyx (*scient.*).

Schwän·ze'lei *f* ⟨-; *no pl*⟩ *cf.* Schwänzeln.

schwän·zeln ['ʃvɛntsəln] **I** *v/i* ⟨h *u.* sein⟩ **1.** ⟨h⟩ (*von Hund*) wag its tail. – **2.** ⟨sein⟩ **um j-n** ~ a) (*von Hund*) to fawn (up)on s.o., b) *fig.* (*von Schmeichler, Liebediener etc*) to fawn (up)on s.o., to toady (*od. colloq.* be all over) s.o., to suck up to s.o. (*sl.*). – **3.** ⟨sein⟩ *fig.* (*affektiert gehen*) swagger (along). – **II S**~ *n* ⟨-s⟩ **4.** *verbal noun.*

ˈ**Schwän·zelˌtanz** *m* (*der Bienen als Trachtmeldung*) dance of the foraging bee.

schwän·zen [ˈʃvɛntsən] *colloq.* **I** *v/t* ⟨h⟩ (*Schulstunde, Vorlesung etc*) skip, *bes. Am.* cut: die Schule ~ to skip school, to play truant (*bes. Am. sl.* hook[e]y). – **II** *v/i* play truant (*bes. Am. sl.* hook[e]y), truant.

ˈ**SchwanzˌenˌDe** *n* **1.** end (*od.* tip) of the tail. – **2.** *fig. colloq.* (*hinteres Ende*) tail end.

ˈ**Schwän·zer** *m* ⟨-s; -⟩ *colloq.* (*einer Schulstunde etc*) truant, *bes. Am. sl.* hook(e)y.

ˈ**Schwanz|ˌfä·cher** *m zo.* (*der Krebse etc*) caudal fin, telson. — **~ˌfe·der** *f* (*eines Vogels*) tail feather, rectrix (*scient.*). — **~ˌflä·che** *f aer.* (*Leitwerk*) tail surface. — **~ˌfleckˌbärb·ling** [-ˌbɛrblɪŋ] *m* ⟨-s; -e⟩ *zo.* spottail, rasbora (*scient.*) (*Rasbora urophthalma*). — **~ˌflos·se** *f* **1.** *zo.* (*eines Fisches*) tail (*od. scient.* caudal) fin. – **2.** *aer.* tail fin. — **~ˌfrosch** *m zo.* bell toad (*Ascaphus truei*). — **~ˌhaa·re** *pl* hair *sg* of the tail. — **~ˌklap·per** *f* (*der Klapperschlange*) (tapering) rattle, rattle string, crepitaculum (*scient.*). — **~ˌlan·dung** *f aer.* tail landing. — **~ˌlar·ve** *f zo.* (*der Saugwürmer*) cercaria.

ˈ**schwanzˌla·stig** [-ˌlastɪç] *adj* (*Flugzeug*) tail-heavy. — ˈ**Schwanzˌla·stig·keit** *f* ⟨-; *no pl*⟩ tail-heaviness.

ˈ**SchwanzˌleitˌWerk** *n aer.* tail unit (*od.* group).

ˈ**schwanz·los** *adj* **1.** *zo.* tailless, ecaudate (*scient.*). – **2.** *aer.* tailless.

ˈ**Schwanz|ˌlurch** *m zo.* caudate, urodele, *auch* urodelan (*Ordngen Urodela u. Caudata*). — **~ˌmei·se** *f* long-tailed tit(mouse) (*Aegithalos caudatus*). — **~ˌrad** *n aer.* tail wheel. — **~ˌrie·men** *m* (*am Pferdegeschirr*) crupper. — **~ˌrü·be** *f zo.* (*des Schwanzes*) dock. — **~ˌsä·ge** *f tech. cf.* Schweifsäge.

ˈ**SchwanzˌsaumˌEi·dech·se** *f zo.* Guenther's monodactyl skink (*Holaspis guentheri*).

ˈ**Schwanz|segˌment** *n zo.* (*der Ringelwürmer*) pygidium. — **~ˌspie·gelˌsalm·ler** *m* glass tetra (*Moenkhausia oligolepis*). — **~ˌspit·ze** *f* tip of the tail, (*eines Fuchses*) tag. — **~ˌsporn** *m* **1.** *aer.* tail skid. – **2.** *mil.* (*am Geschütz*) trail spade. — **~ˌsteu·er** *n aer.* tail control. — **~ˌstück** *n* **1.** *zo.* tailpiece. – **2.** *gastr.* a) (*vom Rind*) (*oberer Teil*) rump (of beef), b) (*vom Rind*) (*unterer Teil*) aichbone (*auch* edgebone) (of beef), c) (*vom Fisch*) tailpiece. — **~ˌstum·mel** *m zo.* dock. — **~ˌwir·bel** *m* caudal vertebra. — **~ˌwur·zel** *f* (*bei Säugetieren*) tail head.

schwapp [ʃvap] **I** *interj* swash! slosh! – **II S~** *m* ⟨-(e)s; -e⟩ *colloq.* swash, slosh: mit einem ~ with a swash.

schwap·pen [ˈʃvapən] *v/i* ⟨h *u.* sein⟩ *colloq.* (*von Wasser etc*) **1.** ⟨h⟩ swash, slosh. – **2.** ⟨sein⟩ aus [über (*acc*), in (*acc*)] etwas ~ to swash (*od.* slosh, spill) out of [over, into] s.th.

schwaps [ʃvaps] *interj cf.* schwapp.

Schwä·re [ˈʃvɛːrə] *f* ⟨-; -n⟩ *med. archaic* **1.** (*Eiterung, Abszeß*) abscess, boil. – **2.** (*Geschwür*) ulcer.

schwä·ren [ˈʃvɛːrən] *v/i* ⟨schwärt, *obs.* schwiert, schwärte, *obs.* schwor, geschwärt, *obs.* geschworen, h⟩ *med. archaic* **1.** (*eitern*) fester, suppurate. – **2.** (*Geschwüre bilden*) ulcerate. — ˈ**schwä·rend I** *pres p.* – **II** *adj* **1.** (*eiternd*) suppurative. – **2.** (*mit Geschwüren bedeckt*) ulcerous.

Schwarm[1] [ʃvarm] *m* ⟨-(e)s; ⸚e⟩ **1.** (*von Bienen*) swarm, drove, colony: einen ~ Bienen einfangen to hive a swarm of bees. – **2.** (*von Mücken, Fliegen, Heuschrecken etc*) swarm, drove, flight. – **3.** (*von Vögeln*) flock, flight, bevy, (*von Rebhühnern*) *auch* covey, (*von Wildenten*) *auch* skein, skean(e): ein ~ aufgescheuchter Krähen a flight of flushed (*od.* a flush of) crows. – **4.** (*von Fischen*) school, shoal. – **5.** (*von Personen*) swarm, drove, flock, troops *pl* (*colloq.*): ein ganzer ~ Ausflügler (*od.* von Ausflüglern) drängte in das Schwimmbad a whole swarm of excursionists flocked into the swimming pool; ein ~ junger Mädchen kam über die Wiese a swarm (*od.* bevy) of young girls came across the meadow; sie hat immer einen ~ von Verehrern um sich she is always surrounded by a swarm of admirers, admirers simply swarm (a)round her. – **6.** *aer.* (*von Flugzeugen im Verbandsflug*) flight. – **7.** *astr.* (*von Sternen, Meteoriten etc*) swarm.

Schwarm[2] *m* ⟨-(e)s; *no pl*⟩ *colloq.* **1.** (*Idol, Abgott, Angebetete*) idol, 'crush' (*colloq.*), dreamboat (*sl.*): dieser Schauspieler ist der ~ aller Mädchen this actor is the idol (*od.* hero, *colloq.* heartthrob) of every girl, every girl has a crush (*od. sl.* is gone) on this actor; dieses Mädchen ist sein neuester ~ this girl is his latest crush. – **2.** (*sehnlicher Wunsch*) dream, fancy, dreamboat (*sl.*): ihr ~ ist ein Haus am Meer her dream is (*od.* she fancies) a house at the seaside. – **3.** (*Vorliebe*) fancy, (*stärker*) passion, craze: Stilmöbel sind ihr ganzer ~ she has a passion for period furniture.

schwär·men[1] [ˈʃvɛrmən] **I** *v/i* ⟨h *u.* sein⟩ **1.** ⟨h *u.* sein⟩ (*von Bienen, Vögeln etc*) swarm. – **2.** ⟨sein⟩ (*von Personen*) flock, swarm: die Kinder schwärmten durch den Garten the children swarmed through the garden; die Leute schwärmten in das neue Kaufhaus people swarmed (*od.* flocked) into the new department store. – **3.** ⟨h⟩ (*sich herumtreiben*) roam (about), knock about (*colloq.*). – **4.** ⟨h⟩ *fig. lit.* (*von Geist, Phantasie etc*) roam, wander. – **5.** ⟨sein⟩ *bes. mil. cf.* ausschwärmen 2. – **6.** ⟨sein⟩ *hunt.* (*von Jagdhund*) skirt, run about aimlessly. – **7.** ⟨sein⟩ *biol.* (*von Schwärmsporen etc*) swarm. – **II S~** *n* ⟨-s⟩ **8.** *verbal noun.*

ˈ**schwär·men**[2] **I** *v/i* ⟨h⟩ *colloq.* **1.** für etwas ~ a) (*etwas sehnlich wünschen*) to dream of (*od.* about) s.th., to fancy s.th., b) (*eine Vorliebe für etwas haben*) to fancy (*od.* have a fancy for) s.th., to be enthusiastic about s.th., (*stärker*) to have a passion (*od.* craze) for s.th., to go (*od.* fall) into raptures about s.th.: sie schwärmt schon lange für ein bestimmtes Kaffeeservice she has dreamed for a long time of a certain coffee service; er schwärmt für Fußball he is enthusiastic about football, he is a football enthusiast (*od. colloq.* fan). – **2.** für j-n ~ to worship s.o., to have a crush on s.o. (*colloq.*), to be gone on s.o. (*sl.*): sie schwärmt für den Schauspieler X she worships (*od. colloq.* swoons over) the actor X. – **3.** von etwas [j-m] ~ (*begeistert erzählen*) to enthuse about (*od.* over) s.th. [s.o.], to rave (*od.* gush) about s.th. [s.o.], to go (off) (*od.* fall) into raptures about s.th. [s.o.]. – **II S~** *n* ⟨-s⟩ **4.** *verbal noun*: wenn ich daran denke, komme ich ins S~ when I think about it I go off (*od.* fall) into raptures. – **5.** *cf.* Schwärmerei.

ˈ**Schwär·mer** *m* ⟨-s; -⟩ **1.** (*Träumer*) (day)dreamer, visionary. – **2.** (*Begeisterter*) enthusiast, fan (*colloq.*). – **3.** (*mit Worten*) enthuser, gusher, raver (*colloq.*). – **4.** (*Eiferer*) enthusiast, (*stärker*) zealot, fanatic: ein religiöser [politischer] ~ a religious [political] zealot. – **5.** *cf.* Nachtschwärmer 2. – **6.** (*Feuerwerkskörper*) (fire)cracker, serpent. – **7.** *zo.* hawkmoth, sphinx moth (*Fam. Sphingidae*). – **8.** *biol. cf.* Schwärmspore. – **9.** *hunt.* skirter.

Schwär·meˈrei *f* ⟨-; -en⟩ **1.** *cf.* Schwärmen[2]. – **2.** (*Begeisterung*) enthusiasm. – **3.** (*mit Worten*) rapture(s *pl*), rave (*colloq.*): sich in ~en verlieren to fall (*od.* to go off) into raptures. – **4.** (*fanatische*) enthusiasm, (*stärker*) zealotry, zealotism, fanaticism.

ˈ**Schwär·me·rin** *f* ⟨-; -nen⟩ *cf.* Schwärmer 1—5.

ˈ**schwär·me·risch I** *adj* **1.** (*Schilderung, Brief, Gedicht etc*) effusive, enthusiastic, raving, gushing, gushy. – **2.** (*Blick etc*) adoring, impassioned, enraptured. – **3.** (*Begeisterung, Liebe etc*) impassioned, frenzied, swooning (*colloq.*). – **4.** (*Gemüt, Phantasie, Gedanken etc*) impassioned. – **5.** (*überspannt*) visionary. – **II** *adv* **6.** j-n ~ verehren to revere s.o. impassionedly; ~ von etwas [j-m] sprechen to speak enthusiastically (*od.* to enthuse, to rave, to gush, to go [off] into raptures) about s.th. [s.o.].

ˈ**SchwarmˌGeist** *m* ⟨-(e)s; -er⟩ *cf.* Schwärmer 4.

ˈ**Schwärmˌspo·re** *f biol.* swarm spore (*od.* cell).

ˈ**schwarmˌwei·se** *adv* in (*od.* by) swarms (*od.* droves).

ˈ**Schwärmˌzeit** *f* (*der Bienen*) swarming time.

Schwar·te [ˈʃvartə] *f* ⟨-; -n⟩ **1.** (*Außenhaut des Schweins*) skin, rind. – **2.** (*Speckschwarte*) (bacon) rind: die ~ vom Speck abschneiden to cut the rind off the bacon, to rind the bacon. – **3.** (*gebratene*) ~ *gastr.* crackling(s *pl*). – **4.** (alte) ~ *fig. colloq. contempt.* a) (*altes Buch*) old tome (*od.* volume), b) (*schlechtes Buch*) rubbishy (*od.* trashy) old book (*colloq.*); eine dicke ~ a fat volume (*od.* tome). – **5.** *fig. colloq.* (*Haut*) 'hide' (*colloq.*): arbeiten (*od.* schuften), daß (einem) die ~ kracht (*od.* knackt) to work oneself to the bone, to sweat blood; j-m die ~ gerben to give s.o. a good tanning (*colloq.*), to tan the hide off s.o. (*colloq.*), to give s.o. a good beating. – **6.** *hunt.* (*des Dachses, Wildschweins etc*) skin. – **7.** *med.* a) thick skin, b) (*Pleura*) scar, callosity, induration, c) (*Kopfschwarte*) scalp, d) (*Kruste*) crust, e) (*Bindegewebe*) thickening. – **8.** (*wood*) *cf.* Schalbrett. – **9.** (*Pelzfell*) summer skin.

ˈ**Schwar·tenˌma·gen** *m gastr.* collared brawn.

ˈ**schwar·tig** *adj* **1.** (*dickhäutig, zäh*) thick-skinned. – **2.** (*Speck*) with the rind (on).

schwarz [ʃvarts] **I** *adj* ⟨⸚er; ⸚est⟩ **1.** black: sie hat ~e Augen [Haare] she has black eyes [hair]; sie trug ein ~es Kleid she wore a black dress; sich ~ kleiden to dress in black; das S~e Brett (*für Mitteilungen*) *bes. Am.* (bulletin) board, *bes. Br.* (notice) board; der Anschlag hängt am S~en Brett the notice is put up (*od.* is posted) on the board; ~er Kaffee black coffee; ~er Tee a) black tea, b) (*starker*) strong tea; ich trinke meinen Kaffee immer ~ I always drink my coffee black; ~ werden a) to become (*od.* go, get) black, b) *colloq.* (*schmutzig*) to get dirty (*od.* black, soiled), c) (*games*) (*keinen Stich machen*) to fail to take a single trick; das Silber ist ~ geworden the silver has gone black (*od.* has tarnished, has stained); ihm wurde ~ vor den Augen everything went black, he had a blackout (*Br.* black-out), he blacked out; da kannst du warten, bis du ~ wirst *fig. colloq.* you can wait until you are blue in the face (*colloq.*); ich lasse meine Haare ~ färben I'll have my hair dyed black; etwas ~ auf weiß haben (*od.* besitzen) to have s.th. in black and white, to have s.th. written in cold print; hier steht es ~ auf weiß here it is in black and white; der Marktplatz war ~ von Menschen *fig.* the market square was black with people; sich ~ ärgern *fig. colloq.* to be terribly annoyed, to be absolutely (*od.* hopping) mad (*alle colloq.*); ~er Kreis district with a housing shortage; j-n (*od.* j-s Namen) auf die ~e Liste setzen *fig.* to put s.o. (*od.* s.o.'s name) on the blacklist, to blacklist s.o.; er will aus ~ weiß machen *fig.* he wants to call black white; ~er Körper *phys.* black body; ~e Strahlung *phys.* black body (*od.* Planckian) radiation; ~e Temperatur *phys.* black body temperature; → Kunst 1; Mann 2; Peter 1; Schaf 1; Tod 2. – **2.** (*dunkel, finster*) black, dark, murky, mirky: der Himmel war ganz ~ the sky was quite black; ~e Wolken kündigen Regen an black (*od.* lowering, *auch* louring) clouds indicate (*od.* spell) rain; bei ihnen sind ~e Wolken am Ehehimmel *fig. colloq.* their domestic sky is overcast; ~ wie die Nacht (as) black as night. – **3.** (*von Ruß, Abgasen etc*) black, blackened, sooty, smutty, smutched. – **4.** *colloq.* (*schmutzig*) black, dirty: ~e Fingernägel black fingernails; der Kragen ist schon ganz ~ the collar is quite black; du hast dich im Gesicht ~ gemacht you have dirtied (*od.* you have got a smudge on) your face; du hast ~e Hände your hands are black. – **5.** (*Hautfarbe der Neger*) black, Negro (*attrib*): die ~e Rasse the black race; der S~e Erdteil *fig.* (*Afrika*) the black (*od.* dark) Continent. – **6.** *colloq.* (*dunkelhäutig*) dark(-complexioned), swarthy, 'black' (*colloq.*). – **7.** *colloq.* (*sonnenverbrannt*) deeply tanned, 'black' (*colloq.*): er war ~ wie ein Neger he was (as) brown as a berry. – **8.** *colloq.* (*schwarzhaarig*) black-haired. – **9.** *fig.* (*unheilvoll, verhängnisvoll*) black, fatal, fateful: das war ein ~er Tag für unsere Mannschaft this was a black day for our team; der S~e Freitag *econ. hist.* (the) Black Friday. – **10.** *fig.* (*düster, ungünstig*) dark, gloomy, somber, *bes. Br.* sombre: etwas ~ ausmalen to paint a gloomy picture of s.th.; sie hat das Ereignis in den schwärzesten

Farben gemalt she painted the gloomiest picture of the incident. – **11.** *fig.* (*böse, unheilschwer*) black, dark, wicked, evil: **~en Gedanken nachhängen** a) (*auf Rache sinnen*) to harbo(u)r black resentment, b) (*schwermütig sein*) to have black (*od.* gloomy) thoughts; **eine ~e Seele** *meist humor.* a black soul. – **12.** *fig. colloq.* (*ungesetzlich*) black, illicit, illegal: **der ~e Markt** the black market; **ein ~es Geschäft** an illegal transaction; **~e Ware** illicit goods *pl.* – **13.** *fig. colloq. contempt.* (*katholisch*) Catholic, papistic(al) (*contempt.*). – **14. ~er Humor [Witz]** *fig.* morbid (*od.* black) humo(u)r [joke]. – **15.** (*games*) → Peter 1. – **II S~e, das** <-n> **16.** the black (mark *od.* spot): **du hast etwas S~es auf der Stirn** you have something black on your forehead; **er gönnt ihm nicht das S~e unter den Nägeln** *fig. colloq.* he (be)grudges him everything. – **17.** (*der Zielscheibe*) the bull's-eye: **ins S~e treffen** *auch fig.* to hit (*od.* score) the bull's-eye, to hit the mark.

Schwarz *n* <-es; *no pl*> **1.** black: **ein tiefes ~** a deep black; **Frankfurter [Spanisches] ~** German [Spanish] black; **in ~ gehen** a) to be dressed in black, b) (*in Trauer*) to be dressed in mourning; **sie trägt gern ~** she likes to wear black, she likes black clothes. – **2.** (*games*) a) (*bei Schach, Dame etc*) black, b) (*bei Kartenspielen*) black (card): **~ ausspielen** to lead black; **~ ist am Zug, ~ zieht** black is to move, it's black's move.

'Schwarz|ˌam·sel *f zo. cf.* Amsel 1. — **~ˌar·beit** *f colloq.* illicit work, work (done) on the side, work for employee's own account. — **s~ˌar·bei·ten** *v/i* <*sep*, -ge-, h> *colloq.* do illicit work, work illicitly, do work on the side. — **~ˌar·bei·ter** *m colloq.* employee working illicitly (*od.* working for his own account, doing work on the side). — **s~ˌäu·gig** *adj* black-eyed. — **~ˌbär** *m zo. cf.* Baribal. — **~ˌbarsch** *m* black bass (*Gattg Micropterus*): **Großmäuliger ~** *cf.* Forellenbarsch. — **~ˌbauchˌmolch** *m* black-bellied salamander (*Desmognathus quadramaculatus*). — **~ˌbee·re** *f bot. Bavarian and Austrian for* Heidelbeere.

'Schwarzˌbei·nig·keit [-ˌbaɪnɪçkaɪt] *f* <-; *no pl*> *agr.* **1.** (*der Kartoffel*) blackleg. – **2.** (*des Getreides*) take-all, *auch* whiteheads *pl* (*construed as sg or pl*).

'Schwarz|ˌbei·ze *f chem.* (*Färbemittel*) iron (acetate) liquor, *auch* black liquor (mordant) ($Fe(C_2H_3O_2)_2$). — **~ˌbir·ke** *f bot.* river (*od.* black) birch (*Betula nigra*). — **s~ˌblau** *adj* blackish-blue. — **~ˌblech** *n metall.* black plate (*od.* sheet). — **s~ˌbraun** *adj* **1.** blackish-brown. – **2.** (*sonnenverbrannt*) deeply tanned. — **s~ˌbren·nen** *colloq.* **I** *v/t u. v/i* <*irr, sep*, -ge-, h> **1.** distil(l) (*s.th.*) illegally (*od.* illicitly), *Am. auch* moonshine. – **II S~** *n* <-s> **2.** *verbal noun.* – **3.** illegal (*od.* illicit, *colloq.* black) distillation. — **~ˌbren·ner** *m colloq.* illegal (*od.* illicit) distiller, *Am. auch* moonshiner. — **~bren·ne'rei** [ˌʃvarts-] *f* <-; -en> *colloq.* **1.** *cf.* Schwarzbrennen. – **2.** (*Anlage*) illegal (*od.* illicit) distillery, *Am.* moonshining still. — **~ˌbrot** *n gastr.* **1.** (*dunkles Mischbrot*) brown bread. – **2.** (*Roggenbrot*) (black) rye bread, pumpernickel. – **3.** *cf.* Pumpernickel. — **~ˌbruch** *m metall.* black-shortness. — **s~ˌbrü·chig** *adj* black-short. — **~ˌbüf·fel** *m zo. cf.* Kaffernbüffel. — **~ˌdorn** *m* <-(e)s; -e> *bot. cf.* Schlehe 1. — **~ˌdros·sel** *f zo. cf.* Amsel 1. — **~ˌdruck** *m* <-(e)s; -e> *print.* **1.** <*only sg*> (*Technik*) black printing. – **2.** (*Ergebnis*) black print.

'Schwar·ze[1] *m* <-n; -n> **1.** (*Neger*) black (man *od.* boy), Negro; blackie, *auch* black(e)y, blackamoor (*colloq.*); darky, *auch* darkie, darkey, nigger (*colloq. contempt.*). – **2.** *colloq.* (*Schwarzhaariger*) black-haired man (*od.* boy). – **3.** <*only sg*> **der ~** *colloq.* (*der Teufel*) the devil; Old Nick (*od.* Harry), the Old Boy (*colloq.*). – **4.** *colloq. contempt.* (*Geistlicher*) blackcoat (*contempt.*), *Am.* cassock, sky pilot (*sl.*). – **5.** *colloq. contempt.* (*Katholik*) Catholic; papist, *auch* Papist (*contempt.*): **das ist ein ganz ~r** that's an out-and-out Catholic. – **6.** *Austrian* cup of black coffee.

'Schwar·ze[2] *f* <-n; -n> **1.** (*Negerin*) black (woman *od.* girl), Negress; blackie, *auch* black(e)y (*colloq.*); darky, *auch* darkie, darkey, nigger (*colloq. contempt.*). – **2.** *colloq.* (*Schwarzhaarige*) black-haired woman (*od.* girl).

'Schwar·ze[3] *n* <-n; -n> (*schwarzes Kleid*) black dress (*od. colloq.* number): **ich ziehe heute mein kleines ~s an** I'll put on my little black number today.

Schwär·ze ['ʃvɛrtsə] *f* <-; -n> **1.** <*only sg*> (*der Augen, Haare etc*) blackness. – **2.** <*only sg*> (*des Himmels, der Nacht etc*) blackness, dark(ness), gloom(iness), murk(iness), mirk(iness). – **3.** (*Ofenschwärze*) black(en)ing. – **4.** *metall.* (*in der Formerei*) black wash. – **5.** *print.* (*Druckerschwärze*) printer's (*od.* printing) ink: **die ~ auf** (*acc*) **etwas auftragen** to ink s.th. – **6.** *bot. agr. cf.* Schwarzfäule.

'Schwarzˌei·che *f bot.* blackjack (oak), scrub oak (*Quercus marilandica*).

schwär·zen ['ʃvɛrtsən] **I** *v/t* <h> **1.** (*mit Farbe, Kohle, Ölkreide etc*) black(en), make (*od.* paint) (*s.th.*) black. – **2.** (*mit Ruß, Rauch etc*) black(en), make (*s.th.*) black, soot, smut(ch), smouch. – **3.** *tech.* (*die Oberfläche eines Werkzeugs*) black-finish. – **4.** *metall.* (*formen*) black, slur, smooth. – **5.** *print.* (*Ballen, Walzen etc*) ink. – **6.** *phot.* blacken, darken. – **7.** *dial. for* a) schmuggeln I, b) hintergehen[2]. – **II S~** *n* <-s> **8.** *verbal noun.* – **9.** *cf.* Schwärzung.

'Schwär·zer *m* <-s; -> *dial. for* Schmuggler.

'Schwär·zer-ˌals-'Schwarz-Beˌreich *m telev.* blacker-than-black region.

'Schwarz|ˌer·de *f agr. geol.* chernozem. — **s~ˌfah·ren** *v/i* <*irr, sep*, -ge-, sein> *colloq.* **1.** (*in öffentlichen Verkehrsmitteln*) travel without a ticket (*od.* without paying), dodge the fare. – **2.** (*ohne Führerschein*) drive without a licence (*Am.* license). — **~ˌfah·rer** *m colloq.* **1.** (*im Autobus etc*) one who travels without a ticket (*od.* without paying), deadhead, fare dodger. – **2.** (*ohne Führerschein*) one who drives without a licence (*Am.* license). — **~ˌfahrt** *f colloq.* **1.** (*im Autobus etc*) ride without a ticket (*od.* without paying). – **2.** (*ohne Führerschein*) drive without a licence (*Am.* license). — **~ˌfäu·le** *f bot. agr.* (*Pflanzenkrankheit*) black rot. — **~ˌfernˌse·her** *m colloq.* television owner who has no licence (*Am.* license), pirate television viewer, television pirate.

'Schwarzˌfer·sen·an·tiˌlo·pe *f zo. cf.* Impala.

'Schwarz|ˌfich·te *f bot.* (Nordamerikanische) **~** black spruce, yew pine (*Picea mariana*). — **~ˌfil·ter** *n, m phot.* black filter.

'Schwarzˌfleckenˌkrank·heit, 'Schwarzˌfleckig·keit (*getr.* -k·k-) *f bot.* black spot, anthracnose (*scient.*).

'Schwarzˌfleisch *n dial. for* Rauchfleisch.

'Schwarzˌfuß·in·dia·ner [-ʔɪnˌdiaːnər] *m* Blackfoot, Siksika.

'schwarz|ˌge·hen *v/i* <*irr, sep*, -ge-, sein> *colloq.* **1.** (*über die Grenze*) cross the border illegally. – **2.** (*wildern*) go hunting without a licence (*Am.* license), poach. — **~geˌrän·dert** *adj* <*attrib*> (*Karte etc*) black-edged. — **~geˌstreift** *adj* <*attrib*> with black stripes. — **~ˌgrau** *adj* blackish-gray (*bes. Br.* -grey). — **S~ˌgrun·del** *f, auch m zo.* black goby (*Gobius niger*). — **S~ˌguß** *m metall.* all-black malleable cast iron. — **~ˌhaa·rig** *adj* black-haired. — **S~ˌhan·del** *m econ.* illicit trade (*od.* trading), black market(ing) (*od.* marketeering): **im ~** on the black market; **~ treiben** to deal in the black market, to black-market(eer). — **S~ˌhan·delsˌkurs** *m* black-market rate. — **S~ˌhänd·ler** *m* black-market dealer (*od.* operator), black markete(e)r. — **S~ˌhem·den** *pl pol. hist.* (*ital. Faschisten*) Blackshirts.

'Schwarzˌher·zig·keit *f* <-; *no pl*> *agr.* (*der Kartoffel*) blackheart.

'schwarz|ˌhö·ren *v/i* <*sep*, -ge-, h> *colloq.* **1.** use a radio (*bes. Br.* wireless) without a licence (*Am.* license). – **2.** (*an der Universität*) go to lectures without paying one's lecture fee(s). — **S~ˌhö·rer** *m colloq.* **1.** radio (*bes. Br.* wireless) owner who has no licence (*Am.* license), pirate listener, radio (*bes. Br.* wireless) pirate. – **2.** (*an der Universität*) student who goes to lectures without paying the lecture fee(s). — **S~ˌkä·fer** *m zo.* black ground beetle (*Gattg Melandrya*). — **S~ˌkauf** *m econ.* illegal (*od.* illicit) purchase, purchase on the black market, under-the-counter purchase. — **~ˌkau·fen** *v/t* <*sep*, -ge-, h> buy (*s.th.*) illegally (*od.* illicitly), buy (*s.th.*) on the black market (*od.* under the counter). — **S~ˌkernˌguß** *m metall.* black-heart malleable cast iron. — **S~ˌkit·tel** *m hunt. humor. for* Wildschwein.

'Schwarzˌkopf|ˌen·te *f zo.* black-headed (*od.* cuckoo) duck (*Gattg Heteronetta*). — **~ˌma·ki** *m* black-headed lemur (*Prosimia fulvus*). — **~ˌnat·ter** *f* black-headed snake (*Gattg Tantilla*).

'Schwarz|ˌku·gel·ther·moˌme·ter *n phys. meteor.* black-globe thermometer. — **~ˌküm·mel** *m bot.* nutmeg flower (*Nigella sativa*). — **~ˌkunst** *f cf.* Schabkunst. — **~ˌkünst·ler** *m* necromancer, magician. — **~ˌkup·fer** *n min.* black (*od.* blister, coarse, slag, *auch* Bessemer) copper.

'schwärz·lich *adj* **1.** blackish, darkish, dusky, nigrescent. – **2.** (*Hautfarbe*) swarthy.

'schwarz|ˌma·len *v/t u. v/i* <*sep*, -ge-, h> *fig. colloq. cf.* schwarzsehen 1, 2. — **S~ˌma·ler** *m colloq. cf.* Schwarzseher 1. — **S~ma·le'rei** [ˌʃvarts-] *f colloq. cf.* Schwarzseherei 1.

'Schwarzˌmarkt *m econ.* black market. — **~ˌhänd·ler** *m cf.* Schwarzhändler. — **~ˌpreis** *m* black-market price.

'Schwarz|ˌnar·benˌkrö·te *f zo.* stigmated toad (*Bufo melanostictus*). — **~ˌnat·ter** *f* **1.** *cf.* Erdnatter. – **2.** blue racer (*Coluber constrictor flaviventris*). — **~ˌot·ter** *f* black snake (*Pseudechis porphyriacus*). — **~ˌpap·pel** *f bot.* black poplar (*Populus nigra*). — **~ˌpe·gel** *m telev.* black level. — **~ˌplätt·chen** *n zo. cf.* Mönchsgrasmücke. — **~ˌpul·ver** *n* black powder. — **~ˌrock** *m colloq. contempt.* (*Geistlicher*) blackcoat (*contempt.*), *Am.* cassock, sky pilot (*sl.*). — **~ˌrost** *m bot. agr.* (*Getreidekrankheit*) wheat rust. — **s~ˌrot** *adj* blackish-red.

'Schwarz-'Rot-'Gold *n* **die Fahne ~** (*die Flagge der BRD*) the black-red-and-gold flag.

'schwarz'rot'gol·den *adj* black-red-and-gold (*attrib*): **die schwarzrotgold(e)ne Fahne** the black-red-and-gold flag.

'Schwarz|ˌsät·ti·gung *f telev.* black saturation. — **~ˌsau·er** *n* <-s; *no pl*> *Northern G. gastr. a sourish ragout of game, pork or poultry prepared with blood and vinegar.* — **s~ˌschlach·ten** *colloq.* **I** *v/t u. v/i* <*sep*, -ge-, h> (*in Kriegszeiten*) slaughter (*od.* kill, butcher) (animals) illicitly (*od.* illegally). – **II S~** *n* <-s> *verbal noun.* — **~ˌschlach·tung** *f* <-; -en> *colloq.* **1.** *cf.* Schwarzschlachten. – **2.** illicit (*od.* illegal) kill. — **~ˌschmelz** *m tech.* black enamel.

'schwarzˌse·hen *colloq.* **I** *v/t* <*irr, sep*, -ge-, h> **1.** take a gloomy (*od.* dark, somber, *bes. Br.* sombre, pessimistic) view of, see the gloomy (*od.* dark) side of: **du siehst die Lage zu schwarz** you take a too pessimistic view of things. – **II** *v/i* **2.** take a gloomy (*od.* dark, somber, *bes. Br.* sombre, pessimistic) view (of things), be pessimistic (about things), see the gloomy (*od.* dark) side of things: **für unseren Ausflug am Sonntag sehe ich schwarz** I am pessimistic about our trip on Sunday. – **3.** *telev.* have (*od.* watch) television without paying one's licence (*Am.* license), be a television pirate. — **'Schwarzˌse·her** *m colloq.* **1.** pessimist, (*stärker*) alarmist, *bes. Am.* calamity howler. – **2.** *pol.* defeatist. – **3.** *telev. cf.* Schwarzfernseher. — **ˌSchwarz·se·he'rei** *f* <-; *no pl*> *colloq.* **1.** persistent pessimism (*stärker* alarmism). – **2.** *pol.* defeatism. — **'schwarzˌse·he·risch** *adj colloq.* **1.** pessimistic, *auch* pessimistical, (*stärker*) alarmist. – **2.** *pol.* defeatist.

'Schwarz|ˌsen·der *m* (*radio*) *colloq.* nonlicensed (*Br. auch* non-licenced) (*od.* pirate, secret) transmitting station (*od.* transmitter). — **~ˌspecht** *m zo.* black woodpecker (*Dryocopus martius*). — **~ˌspit·zenˌhai** *m* a) **Kleiner Atlantischer ~** blacktip shark (*Carcharhinus limbatus*), b) **Großer Atlantischer ~** spinner shark (*C. maculipinnis*). — **~ˌsteue·rung** *f telev.* direct current restoration (*od.* reinsertion). — **~ˌstorch** *m zo.* black stork (*Ciconia nigra*). — **~ˌtrockenˌfäu·le** (*getr.* -k·k-) *f bot.* black rust.

'Schwär·zung *f* <-; -en> **1.** *cf.* Schwärzen. – **2.** *phot.* a) blackening (*produced by exposure*), b) density (*the quantitative expression of blackening*).

'**Schwär·zungs|,ab,stu·fung** *f phot.* density gradation. — **~,dich·te** *f* density. — **~,kur·ve** *f* characteristic curve (*showing density gradation*). — **~,mes·ser** *m* densitometer.

'**Schwarz,wal** *m zo.* **1.** Baird's whale (*Gattg Berardius*). – **2.** *cf.* Grindwal.

'**Schwarz,wäl·der** [-,vɛldər] **I** *m* ⟨-s; -⟩ inhabitant of the Black Forest. – **II** *adj* ⟨*attrib*⟩ of the Black Forest: ~ Uhr Black Forest clock; ~ Kirsch *gastr.* (Black Forest) kirsch (*auch* kirschwasser).

'**Schwarz,was·ser,fie·ber** *n med.* blackwater fever; h(a)emolytic malaria, malarial h(a)emoglobinuria (*scient.*).

'**schwarz'weiß I** *adj* black-and-white (*attrib*). – **II** *adv* ~ gestreift black-and-white striped, with black and white stripes. — **S~,fern-,se·hen** [,ʃvarts'vaɪs-] *n* black-and-white television (*od.* TV). — **S~,fern,se·her** [,ʃvarts'vaɪs-] *m* black-and-white television set (*od.* receiver). — **S~,film** [,ʃvarts'vaɪs-] *m* black-and-white film. — **~,ma·len** [,ʃvarts'vaɪs-] *v/t* ⟨*sep*, -ge-, h⟩ *fig.* paint (*od.* depict) (*s.th.*) black and white. — **S~ma·le,rei** [,ʃvarts'vaɪs-] *f* ⟨-; *no pl*⟩ *fig.* black-and-white depiction. — **S~pho·to·gra,phie** [,ʃvarts'vaɪs-] *f* **1.** black-and-white photograph (*od. colloq.* photo). – **2.** ⟨*only sg*⟩ black-and-white photography. — **~'rot** *adj* (*Fahne etc*) black-white-and-red (*attrib*). — **S~,zeich·nung** [,ʃvarts'vaɪs-] *f* black-and-white drawing.

'**Schwarz|,wild** *n hunt.* wild boars *pl.* — **~,wurz** *f* ⟨-; *no pl*⟩ *bot.* **1.** comfrey, *auch* cumfrey, ass ear, knitback (*Symphytum officinale*). – **2.** *cf.* a) Haferwurz(el), b) Christophskraut. — **~,wur·zel** *f* **1.** *bot.* viper's-grass, scorzonera (*scient.*) (*Scorzonera hispanica*). – **2.** *gastr.* black salsify, scorzonera.

Schwatz [ʃvats] *m* ⟨-es; -e⟩ *colloq.* chat, talk, *bes. Br. colloq.* chin-wag, *Am. sl.* 'chin': sie hielt einen ~ mit ihrer Nachbarin she had a chat with her neighbo(u)r. — **~,ba·se** *f colloq.* chatterbox, chatterer, gossip, 'gasbag' (*colloq.*).

schwat·zen ['ʃvatsən], *Southern G.* **schwät·zen** ['ʃvɛtsən] **I** *v/i* ⟨h⟩ **1.** (*plaudern*) (have a) chat, talk, *bes. Am.* visit, *bes. Br. colloq.* (have a) chin-wag, *Am. sl.* chin. – **2.** *colloq. contempt.* (*viel und oberflächlich reden*) chatter, prattle, prate, tattle, blab, blather, blether, drivel, twaddle, gab (*colloq.*), 'gas' (*colloq.*): in den Tag (*od.* ins Blaue) hinein ~ to chatter (*od.* prattle) away. – **3.** *contempt.* (*klatschen*) gossip. – **4.** (*etwas ausplaudern*) blab, tattle; squeal, squeak (*colloq.*). – **5.** (*während der Schulstunde*) talk, chatter: hört auf zu ~! stop talking! stop that talk! – **II** *v/t* **6.** (*Unsinn etc*) talk: dummes Zeug ~ to talk nonsense (*od.* rubbish, hot air, *sl.* rot). – **III S~** *n* ⟨-s⟩ **7.** *verbal noun.* – **8.** (*Plaudern*) chat, talk, *bes. Br. colloq.* chin-wag, *Am. sl.* chin. – **9.** *colloq.* (*Geschwätz*) chatter, prattle, prate, tattle, blab, gab (*colloq.*). – **10.** (*Klatschen*) gossip. – **11.** (*während der Schulstunde*) talk, chatter.

'**Schwät·zer** *m* ⟨-s; -⟩ **1.** (*Vielredner*) chatterer, prattler, prater, tattler, blabber, chatterbox, gabber (*colloq.*). – **2.** *colloq.* (*Faseler*) drivel(l)er, twaddler, blatherer, bletherer, blatherskite; 'windbag', 'gasbag' (*colloq.*). – **3.** (*Aufschneider*) brag(ger), braggart, boaster, big talker, blower, blowhard, *Br. colloq.* 'bouncer', *Am. sl.* 'blow'. – **4.** (*Ausplauderer*) blabber, tattler; squealer, squeaker (*colloq.*).

Schwat·ze'rei, Schwät·ze'rei *f* ⟨-; -en⟩ *cf.* Schwatzen.

'**Schwät·ze·rin** *f* ⟨-; -nen⟩ **1.** *cf.* Schwätzer. – **2.** *cf.* Schwatzbase.

'**schwät·ze·risch** *adj cf.* schwatzhaft.

'**schwatz·haft** *adj* talkative, garrulous, loquacious, chatty; gabby, gassy (*colloq.*). — '**Schwatz·haf·tig·keit** *f* ⟨-; *no pl*⟩ talkativeness, garrulity, garrulousness, loquacity, loquaciousness, chattiness, gassiness (*colloq.*).

'**Schwatz|,lie·se** *f* ⟨-; -n⟩ *colloq. cf.* Schwatzbase. — **~,maul** *n colloq.* **1.** *cf.* Schwatzbase. – **2.** *cf.* Schwätzer.

Schwe·be ['ʃveːbə] *f* ⟨-; *no pl*⟩ **1.** sich in der ~ halten a) (*von Luftballon, Hubschrauber etc*) to hover, b) (*von Turnern am Barren, an den Ringen etc*) to hold oneself in the balance. – **2.** in der ~ sein *fig.* a) to be undecided (*od.* in the balance, unsettled, unresolved, pending, in suspense), b) *jur.* (*von Prozeß, Verfahren etc*) to be pending (*od.* in suspense), c) *jur.* (*von gesetzlicher Regelung etc*) to be in abeyance, to be abeyant: vorläufig ist noch alles in der ~ everything is undecided as yet; etwas in der ~ lassen to leave s.th. undecided (*od.* unsettled, open). – **3.** *choreogr.* elevation. — **~,ach·se** *f auto.* floating axle. — **~,al·gen** *pl biol.* plankton algae. — **~,bahn** *f tech.* **1.** suspension railway. – **2.** *cf.* Drahtseilbahn. — **~,bal·ken** *m* (*sport*) (*beim Turnen*) (balance) beam. — **~,büh·ne** *f tech.* suspended platform. — **~,fä·hig·keit** *f* **1.** *phys.* (*in Flüssigkeiten*) suspensibility, suspension property, floating capacity. – **2.** *aer.* (*eines Hubschraubers*) ability to hover. — **~,fäh·re** *f tech.* suspension ferry. — **~,flug** *m aer.* (*eines Hubschraubers*) hover, hovering (flight). — **~gar,ne·le** *f zo.* opossum shrimp (*Ordng Mysidacea*). — **~,hang** *m* (*sport*) (*Turnübung*) half lever hang. — **~,kip·pe** *f* (*Turnübung*) upstart below the bars, long underswing upstart.

schwe·ben ['ʃveːbən] *v/i* ⟨h *u.* sein⟩ **1.** ⟨h⟩ (*an einem Seil etc*) dangle, be suspended, hang: für einen Augenblick schwebte der Bergsteiger über dem Abgrund for an instant the climber dangled over the abyss. – **2.** ⟨h⟩ (*von Vogel, Ballon etc*) hover: der Adler schwebte hoch in den Lüften the eagle was hovering high in the sky. – **3.** ⟨h⟩ (*von Wolken, Rauch etc*) float, hover, hang: Rauchwolken schwebten über den Dächern clouds of smoke were hovering over the rooftops; der Mond schwebte am Himmel *poet.* the moon floated (*od. poet.* swam) in the sky; der Geist Gottes schwebte auf dem Wasser *Bibl.* the Spirit of God moved upon the face of the waters; er schwebt in höheren Regionen (*od.* Sphären), er schwebt über den Wolken *fig.* he has (*od.* he sails along with) his head in the clouds, he is up (*od.* he lives) in the clouds; → Himmel 1. – **4.** ⟨sein⟩ (durch die Luft) ~ a) (*an einem Seil etc*) to swing, b) (*von Blatt, Ballon, Fallschirmspringer etc*) to float, to sail, c) (*von Vogel, Segelflieger*) to soar, to glide: der Ballon schwebte immer höher the balloon floated higher and higher; mit dem Fahrstuhl schwebten wir in den dritten Stock *fig.* we soared up to the third floor in the elevator (*Br.* lift). – **5.** ⟨h⟩ *fig.* (*das Gefühl des Schwebens haben*) float: ihm war, als ob er schwebte he felt as if he were floating (on air). – **6.** ⟨h⟩ *fig.* (*von Klang, Melodie etc*) linger (on), hang: der letzte Ton der Symphonie schwebte noch im Raum the last tone of the symphony lingered on in the room. – **7.** ⟨sein⟩ *fig.* (*leichtfüßig schreiten*) float, glide: die Tänzerinnen schwebten über das Parkett the dancers floated across the dance floor. – **8.** ⟨h⟩ *fig.* (*noch nicht entschieden sein*) be undecided, be unsettled, be unresolved, be pending, be in the balance: die Angelegenheit schwebt noch the matter is still pending (*od.* is not yet settled). – **9.** ⟨h⟩ *jur.* a) (*von Prozeß, Verfahren etc*) be pending, be in suspense, b) (*von gesetzlicher Regelung etc*) be in abeyance, be abeyant. – **10.** ⟨h⟩ *phys. chem. biol.* (*in Flüssigkeiten*) float, be suspended. – **11.** ⟨sein⟩ (*von Luftkissenfahrzeug*) hover. – **12.** ⟨h⟩ *fig.* (*in Wendungen wie*) ein Lächeln schwebte auf ihren Lippen a smile floated on her lips; das Damoklesschwert schwebt über ihm the sword of Damocles hangs over him; in Gefahr ~ to be in danger; in tausend Ängsten ~ to be full of anxiety, to be in a terrible (*od.* in an awful) state (*colloq.*); in Illusionen ~ to harbo(u)r illusions, to live in a world of illusions; wir schwebten lange in Ungewißheit we were kept (*od.* held) in suspense for a long time; der Patient schwebt in Lebensgefahr the patient is in danger of his life (*od.* in mortal danger); zwischen Leben und Tod ~ to hover between life and death; sie schwebte zwischen Furcht und Hoffnung she wavered (*od.* hovered) between fear and hope; ihr Bild schwebt mir vor Augen I see her in my mind's eye, her image is in my mind; mir schwebt ein großes Projekt vor Augen I have visions of (*od.* I envisage) a great project; das Wort schwebt mir auf der Zunge (*od.* auf den Lippen) the word is on the tip of my tongue. —

'**schwe·bend I** *pres p.* – **II** *adj* **1.** (*Last*) suspended. – **2.** *fig.* (*Schritt, Gang*) floating, gliding. – **3.** *fig.* (*Angelegenheit, Streitfrage etc*) undecided, unsettled, pending, in suspense. – **4.** *jur.* a) (*Prozeß, Verfahren etc*) pending, in suspense, b) (*gerichtliche Entscheidung, gesetzliche Regelung*) in abeyance, abeyant: ~er Rechtsstreit pending lawsuit, lis pendens (*scient.*). – **5.** *econ.* a) (*Schuld*) floating, b) (*Geschäft etc*) pending, in suspense: ~e Verrechnung item in suspense (*od.* in course of settlement). – **6.** *biol. chem.* (*Teilchen, Stoffe*) floating, suspended, in suspension. – **7.** ~e Betonung a) *ling.* level stress, b) *metr.* hovering accent. – **8.** ~er Stoß (*railway*) (*zwischen zwei Schwellen*) suspended joint.

'**Schwe·be|,reck** *n* (*sport*) trapeze. — **~,schmelz·ver,fah·ren** *n chem.* suspension melting (process). — **~,stäu·be** *pl* (*mining*) airborne dust *sg.* — **~,stoff** *m meist pl biol. chem.* floating (*od.* suspended) matter, matter in suspension. — **~,stütz** *m* (*sport*) half lever rest (*od.* support), balance support. — **~,teil·chen** *n meist pl biol. chem.* floating (*od.* suspended) particle, particle in suspension. — **~,zug** *m* (*railway*) hovertrain. — **~,zu,stand** *m* **1.** *bes. phys.* state of suspension. – **2.** *fig.* (*Ungewißheit*) (state of) suspense. – **3.** *fig.* in-between state.

'**Schweb,flie·ge** *f zo.* syrphid, syrphus (*od.* syrphid, wasp) fly (*Fam. Syrphidae*).

'**Schwe·bung** *f* ⟨-; -en⟩ **1.** *phys.* (*radio*) (*bei Überlagerung*) beat (frequency). – **2.** *math.* interference. – **3.** *mus.* a) (*bei der Orgel*) tremulant (stop), b) (*in der Ornamentik*) close shake.

'**Schwe·bungs|,an,zei·ger** *m phys.* (*radio*) beat indicator. — **~,dau·er** *f* beat period. — **~fre,quenz** *f* beat (*od.* heterodyne) frequency. — **~ge·ne,ra·tor** *m cf.* Schwebungssummer. — **~pe·ri,ode** *f* beat (*od.* heterodyne) cycle (*od.* period). — **~,summer** *m* beat generator, beat-frequency oscillator.

'**Schwe·bungs,ton** *m phys.* beat (*od.* heterodyne, difference) tone. — **~os·zil,la·tor** *m* beat (*od.* heterodyne) tone oscillator.

'**Schwe·bungs|ver,stär·ker** *m phys.* beat (*od.* heterodyne) amplifier. — **~,vor,gang** *m* beating.

Schwe·de ['ʃveːdə] *m* ⟨-n; -n⟩ **1.** Swede: die ~n the Swedes, the Swedish. – **2.** alter ~! *fig. colloq.* a) old man (*od.* chap, boy, rascal)! (*alle colloq.*), b) (*warnend*) my dear fellow! (*colloq.*).

'**Schwe·den|,klee** *m bot.* alsike clover, *auch* alsike, hybrid clover (*Trifolium hybridum*). — **~,kü·che** *f* Swedish kitchen units *pl.* — **~,plat·te** *f gastr.* garnished dish of open sandwiches. — **~,punsch** *m* Swedish punch, *auch* arrack (*od.* caloric) punch. — **~,schan·ze** *f hist.* prehistoric fortifications *pl.* — **~,stahl** *m tech.* Swedish iron.

'**Schwe·din** *f* ⟨-; -nen⟩ Swede.

'**schwe·disch I** *adj* Swedish: ~e Gymnastik Swedish gymnastics *pl* (*construed as sg*) (*od.* movements *pl*, drill); → Gardine. – **II** *ling.* **S~** ⟨*generally undeclined*⟩, **das S~e** ⟨-n⟩ Swedish, the Swedish language.

'**schwe·disch-'nor·we·gisch** *adj bes. hist.* Swedish-Norwegian.

Schwe·fel ['ʃveːfəl] *m* ⟨-s; *no pl*⟩ *chem. min.* sulfur *bes. Br.* -ph-, brimstone (S): etwas mit ~ verbinden to combine s.th. with sulfur, to sulfurize (*bes. Br.* -ph-) (*od.* sulfurate *bes. Br.* -ph-) s.th.; wie Pech und ~ zusammenhalten *fig. colloq.* to go (*od.* be) hand in (*bes. Am.* and) glove, to be as thick as thieves (*colloq.*). — **~am,mo·ni·um** *n* ammonium hydrosulfide (*bes. Br.* -ph-) (*od.* sulfhydrate *bes. Br.* -ph-) (NH_4HS). — **~ap·pa,rat** *m tech.* (*zum Bleichen von Trockenobst*) sulfur (*bes. Br.* -ph-) chamber (*od.* stove, burner), sulfuring (*bes. Br.* -ph-) room.

'**schwe·fel,arm** *adj chem.* low-sulfur *bes. Br.* -ph- (*attrib*).

'**schwe·fel,ar·tig** *adj chem.* sulfur(e)ous *bes. Br.* -ph-.

'**Schwe·fel|,äther** *m chem.* (di)ethyl (*od.* sulfuric *bes. Br.* -ph-) ether [$(C_2H_5)_2O$]. — **~,auf,nah·me** *f metall.* (*im Schmelzbad*) sulfur (*bes. Br.* -ph-) pickup. — **~ˌbad** *n* **1.** *chem. med. pharm.* sulfur (*bes. Br.* -ph-) bath. – **2.** (*Badeort*) spa with sulfur (*bes. Br.* -ph-) springs. — **~bakˌte·ri·en** *pl biol.* sulfur (*bes. Br.* -ph-) bacteria. — **~ˌban·de** *f colloq. contempt.* gang of rowdies. — **~beˌstim·mung** *f chem.* sulfur (*bes. Br.* -ph-) determination. — **~ˌblei** *n* lead (*od.* plumbous) sulfide (*bes. Br.* -ph-) (PbS). — **~ˌblu·me, ~ˌblü·te** *f chem. min.* flowers *pl* of sulfur (*bes. Br.* -ph-), sublimed sulfur (*bes. Br.* -ph-). — **~chloˌrür** *n chem.* sulfur (*bes. Br.* -ph-) monochloride, disulfur (*bes. Br.* -ph-) dichloride (S_2Cl_2). — **~ˌdampf** *m* sulfur vapor, *bes. Br.* sulphur vapour. — **~di·chloˌrid** *n* sulfur (*bes. Br.* -ph-) dichloride (SCl_2). — **~di·oxid** [-diˀɔˌksiːt], **~di·oxyd** [-diˀɔˌksyːt] *n* sulfur (*bes. Br.* -ph-) dioxide (SO_2). — **~ˌei·sen** *n* iron (*od.* ferrous) sulfide (*bes. Br.* -ph-) (FeS). — **s~ˌfar·ben, s~ˌfar·big** *adj cf.* schwefelgelb. — **~ˌfarbˌstoff** *m* (*textile*) sulfur (*bes. Br.* -ph-) dye. — **~geˌhalt** *m chem.* sulfur (*bes. Br.* -ph-) content. — **s~ˌgelb I** *adj* sulfur-yellow, *bes. Br.* sulphur-yellow. – **II S~** *n* sulfur (*bes. Br.* -ph-) yellow, *auch* brimstone, citrus. — **~ˌgru·be** *f* (*mining*) sulfur (*bes. Br.* -ph-) pit (*od.* mine). — **s~ˌhal·tig** *adj* containing sulfur (*bes. Br.* -ph-), sulfur(e)ous *bes. Br.* -ph-, sulfuric *bes. Br.* -ph-. — **~ˌholz, ~ˌhölz·chen** *n obs. for* Streichholz.

ˈschwe·fe·lig *adj chem.* sulfur(e)ous *bes. Br.* -ph-, sulfurated *bes. Br.* -ph-, brimstony: ~e Säure sulfurous acid (H_2SO_3). — **~ˌsau·er** *adj* sulfitic *bes. Br.* -ph-: schwefeligsaures Salz sulfite *bes. Br.* -ph-; schwefeligsaures Kali potassium sulfite.

ˈSchwe·fel|ˌkalk *m chem.* lime sulfur (*bes. Br.* -ph-). — **~ˌkies** *m min.* iron pyrites *pl*, pyrite.

ˈSchwe·felˈkoh·lenˌstoff *m chem.* carbon disulfide (*bes. Br.* -ph-) (*od.* bisulfide *bes. Br.* -ph-) (CS_2). — **~verˌgif·tung** *f med.* carbon disulfide poisoning.

ˈSchwe·fel|ˌle·ber *f chem.* (*für Schwefelbäder*) sulfurated (*bes. Br.* -ph-) potash, liver of sulfur (*bes. Br.* -ph-), hepar sulphuris (*scient.*). — **~meˌtall** *n chem.* metallic sulfide (*bes. Br.* -ph-). — **~ˌmilch** *f* milk of (*od.* precipitated) sulfur (*bes. Br.* -ph-), lac sulphuris (*scient.*).

schwe·feln [ˈʃveːfəln] **I** *v/t* ⟨h⟩ **1.** *chem.* (*mit Schwefel verbinden*) sulfurize *bes. Br.* -ph-, sulfur(ate) *bes. Br.* -ph-, sulfuret *bes. Br.* -ph-. – **2.** *agr. hort.* a) (*Wein, Most, Pflanzen, Früchte etc*) treat (*s.th.*) with sulfur (*bes. Br.* -ph-) dioxide, sulfur *bes. Br.* -ph-, sulfurize *bes. Br.* -ph-, b) (*Weinfässer etc*) fumigate (*s.th.*) (with sulfur *bes. Br.* -ph-), sulfur *bes. Br.* -ph-. – **3.** *tech.* (*Kautschuk*) vulcanize *Br. auch* -s-, cure. – **4.** (*textile*) (*Woll-, Seidengarne etc*) bleach (*s.th.*) with sulfurous (*bes. Br.* -ph-) acid, stove, sulfur *bes. Br.* -ph-. – **II S~** *n* ⟨-s⟩ **5.** *verbal noun.* – **6.** *cf.* Schwefelung.

ˈSchwe·fel|ˌna·tri·um *n chem.* sodium (mono)sulfide (*bes. Br.* -ph-) (Na_2S). — **~ˌpu·der** *m med. pharm.* (*für Hautkrankheiten*) sulfur (*bes. Br.* -ph-) powder. — **~ˌpul·ver** *n chem.* powdered sulfur (*bes. Br.* -ph-). — **~ˌquel·le** *f* sulfur (*bes. Br.* -ph-) spring. — **~ˌrei·ni·gung** *f tech.* (*im Gaswerk*) desulfurization *bes. Br.* -ph-, *Br. auch* desulphurisation. — **~ˌsal·be** *f med. pharm.* sulfur (*bes. Br.* -ph-) ointment. — **s~ˌsau·er** *adj chem.* schwefelsaures Salz sulfate *bes. Br.* -ph-; schwefelsaure Tonerde sulfate (*bes. Br.* -ph-) of alumina ($H_2(SO_4)_3 \cdot 18H_2O$); schwefelsaures Kali potash sulfate (*bes. Br.* -ph-) (K_2SO_4).

ˈSchwe·felˌsäu·re *f chem.* sulfuric (*bes. Br.* -ph-) (*od.* dipping) acid, *auch* oil of vitriol (H_2SO_4): rauchende ~ oleum, vitriol oil, Nordhausen acid, *auch* fuming sulfuric acid ($H_2SO_4 + SO_3$). — **~an·hyˌdrid** *n cf.* Schwefeltrioxid. — **~mo·no·hyˌdrat** [-monohyˌdraːt] *n* sulfuric (*bes. Br.* -ph-) acid (hydrated) ($H_2SO_4 \cdot H_2O$).

ˈSchwe·fel|ˌschwarz *n chem.* (*Farbstoff*) sulfur (*bes. Br.* -ph-) black. — **~ˌsei·fen** *pl chem. med. pharm.* sulfur (*bes. Br.* -ph-) soaps. — **~ˌsil·ber** *n chem.* silver sulfide (*bes. Br.* -ph-) (Ag_2S). — **~ˌtö·nung** *f phot.* sulfide (*bes. Br.* -ph-) toning. — **~tri·oxid** [-triˀɔˌksiːt] *n chem.* sulfur (*bes. Br.* -ph-) trioxide, sulfuric (*bes. Br.* -ph-) anhydride (SO_3).

ˈSchwe·fe·lung *f* ⟨-; -en⟩ **1.** *cf.* Schwefeln. – **2.** *chem.* sulfurization, *bes. Br.* sulphurisation, sulfuration *bes. Br.* -ph-, fumigation with sulfur (*bes. Br.* -ph-). – **3.** *agr. hort.* a) (*der Pflanzen, Früchte etc*) treatment with sulfur (*bes. Br.* -ph-) dioxide, sulfitation *bes. Br.* -ph-, (*des Weins, Mosts*) *auch* mutage, b) (*der Weinfässer etc*) fumigation, sulfuration *bes. Br.* -ph-. – **4.** *tech.* (*des Kautschuks*) vulcanization *Br. auch* -s-, cure. – **5.** (*textile*) (*der Woll-, Seidengarne etc*) sulfur (*bes. Br.* -ph-) bleach, sulfuration *bes. Br.* -ph-.

ˈSchwe·fel·verˌbin·dung *f chem.* sulfur (*bes. Br.* -ph-) compound.

ˈSchwe·felˈwas·serˌstoff *m chem.* hydrogen sulfide (*bes. Br.* -ph-), sulfuretted (*bes. Br.* -ph-) hydrogen (H_2S). — **~ˌsäu·re** *f* hydrosulfuric (*bes. Br.* -ph-) acid (H_2S). — **~verˌgif·tung** *f med.* hydrothion(a)emia. — **~ˌwas·ser** *n* hydrogen sulfide (*bes. Br.* -ph-) water, sulfuretted (*bes. Br.* -ph-) hydrogen water.

ˈSchwe·felˌzink *n chem.* zinc sulfide (*bes. Br.* -ph-) (ZnS).

ˈschwef·lig *adj chem. cf.* schwefelig.

ˈSchwef·ligˈsäu·re·an·hyˌdrid *n chem. cf.* Schwefeldioxid.

Schweif [ʃvaɪf] *m* ⟨-(e)s; -e⟩ **1.** *lit.* (*eines Pferds, Hunds etc*) tail: der Hund wedelte mit dem ~ the dog wagged its tail. – **2.** *lit.* (*eines Pfaus etc*) train, fan. – **3.** *obs.* (*Schleppe*) train. – **4.** *astr.* (*eines Kometen*) tail. — **~ˌaf·fe** *m zo.* saki (monkey) (*Gattg Pithecia*). — **~ˌar·beit** *f tech.* (*wood*) curve work.

schwei·fen [ˈʃvaɪfən] **I** *v/i* ⟨sein⟩ **1.** (*umherstreifen*) wander, roam, rove, range, ramble: durch die Felder ~ to wander through (*od.* to range) the fields; in die Ferne ~ to rove far afield; warum (*od.* wozu) in die Ferne ~ (, sieh, das Gute liegt so nah) *etwa* why roam (*od.* go) so far afield (, when good things are so near). – **2.** *fig.* (*von Blick, Gedanken etc*) wander, roam, range: er ließ den Blick (*od.* seine Blicke) über die Ebene ~ he let his eyes wander over the plain; sein Blick schweifte durchs Zimmer his eye roamed (*od.* ranged) the room; seine Gedanken schweiften in die Vergangenheit his thoughts roamed (over) the past. – **II** *v/t* ⟨h⟩ **3.** *tech.* (*Bretter etc*) a) (*runden*) curve, b) (*bogenförmig verzieren*) scallop, *auch* scollop. – **4.** (*textile*) (*eine Kette*) warp. – **5.** (*spülen*) (*Wäsche*) rinse. – **III S~** *n* ⟨-s⟩ **6.** *verbal noun.*

ˈSchweif|ˌhaar *n* (*eines Pferdes, Hundes etc*) hair(s *pl*) of the tail. — **~ˌrie·men** *m cf.* Schwanzriemen. — **~ˌsä·ge** *f tech.* turning saw, fretsaw: kleine ~ piercing saw.

ˈSchwei·fung *f* ⟨-; -en⟩ **1.** *cf.* Schweifen. – **2.** *tech.* a) (*Rundung*) curve, b) (*bogenförmige Verzierung*) scallop, *auch* scollop.

ˈschweifˌwe·deln *v/i* ⟨*insep*, ge-, h⟩ *rare* **1.** (*von Hund*) wag its tail. – **2.** *fig. contempt.* (*von Schmeichler etc*) toady, fawn, cringe. — **ˈSchweifˌwed·ler** [-ˌveːdlər] *m* ⟨-s; -⟩ *rare fig. contempt.* toady, cringer, sycophant.

ˈSchwei·ge|ˌgeld *n* hush money. — **~ˌmarsch** *m* silent protest march.

schwei·gen [ˈʃvaɪgən] **I** *v/i* ⟨schweigt, schwieg, geschwiegen, h⟩ **1.** be silent, keep silence, keep mum: schweig! be silent! hold your tongue! shut up! (*sl.*); j-n ~ heißen to bid s.o. be silent; ~ Sie (mir) davon! don't refer to that! don't mention that! – **2.** (*nicht antworten*) say nothing, make no reply, give no answer, offer (*od.* make) no comment: sie schwieg zu seinen Vorwürfen she made no reply to his reproaches; er schwieg auf alle meine Fragen he gave no answer to all my questions; wer schweigt, sagt ja (*od.* bejaht) silence gives (*od.* signifies, means) consent; darüber schweigt das Gesetz *fig.* the law says nothing about that. – **3.** (*verschwiegen sein*) keep silence, keep mum, be silent, be discreet: kannst du ~? can you keep a secret? ~ wie ein Grab to be (as) silent as the tomb; darüber schweigt des Sängers Höflichkeit! let's draw a veil over that! – **4.** ganz zu ~ von not to mention, let alone, not to speak of: sie hat sehr viel Geld, von ihrem Schmuck ganz zu ~ she has plenty of money, not to speak of her jewel(le)ry. – **5.** (*von Musik, Lärm etc*) cease: der Kanonendonner schwieg plötzlich the roar of the guns ceased suddenly. – **II S~** *n* ⟨-s⟩ **6.** *verbal noun.* – **7.** silence: ein vielsagendes (*od.* beredtes) S~ a significant (*od.* an eloquent) silence; eisiges S~ stony silence; S~ bewahren to keep silence (*od.* silent), to keep mum; das S~ brechen to break the silence; j-m S~ gebieten to command silence (up)on s.o.; j-n zum S~ verpflichten to tie s.o.'s tongue; in S~ versinken to sink into silence; sich in S~ hüllen to wrap oneself in silence; etwas mit S~ übergehen to let s.th. pass, to pass s.th. over (in silence); j-n zum S~ bringen *auch fig.* to silence (*od.* hush) s.o.; → reden 9. — **ˈschwei·gend I** *pres p.* – **II** *adj* (*Andacht, Ergebung, Erwartung, Zustimmung etc*) silent: → Mehrheit 1. – **III** *adv* in silence, silently: ~ zuhören to listen in silence; sie ging ~ darüber hinweg she passed it over (in silence), she let it pass.

ˈSchwei·geˌpflicht *f* professional secrecy (*od.* discretion): ärztliche ~ legal requirement concerning confidential (medical) communication; unter ~ stehen to be bound to professional discretion.

ˈSchwei·ger *m* ⟨-s; -⟩ taciturn (*od.* reticent) person, person of few words, *bes. Am. colloq.* clam.

ˈschweig·sam I *adj* **1.** silent, quiet: du bist heute abend sehr ~ you are very quiet tonight, you haven't much to say for yourself this evening (*colloq.*); sich ~ verhalten to keep silence, to keep mum. – **2.** (*verschlossen*) taciturn, reticent, secretive: er ist von Natur aus ~ he is taciturn by nature. – **3.** (*verschwiegen*) discreet, close- (*od.* tight-)lipped, close(mouthed). – **II** *adv* **4.** silently, in silence, without speaking. — **ˈSchweig·sam·keit** *f* ⟨-; *no pl*⟩ **1.** silentness, quietness. – **2.** taciturnity, reticence, secretiveness. – **3.** discretion, discreetness, closeness.

Schwein [ʃvaɪn] *n* ⟨-(e)s; -e⟩ **1.** pig, hog: ~e züchten to raise pigs (*od.* swine); wie ein ~ grunzen to grunt like a pig; er blutete wie ein ~ he bled like a pig; ~e hüten to herd pigs; wo haben wir zusammen ~e gehütet? *fig. colloq.* none of your familiarities, please. – **2.** (*Sau*) sow. – **3.** *zo.* pig (*Fam. Suidae*): die ~e the pigs, the swine. – **4.** *zo. cf.* Wildschwein. – **5.** *gastr.* (*Schweinefleisch*) pork. – **6.** *fig. contempt.* (*schmutziger Mensch*) (dirty) pig (*colloq.*), dirty rotter (*sl.*): du dreckiges ~! *vulg.* you dirty pig! – **7.** *fig. colloq. contempt. cf.* Schweinigel 2. – **8.** *fig. colloq.* (*unanständiger Mensch*) (dirty) pig, lewd fellow (*beide colloq.*). – **9.** *fig. colloq.* (*Glück*) good luck, stroke of luck, fluke: da hast du aber ~ gehabt! you were really lucky (*od.* in luck) there! that really was a fluke! – **10.** *fig. colloq.* person, soul: so ein armes ~! what a poor soul! es kümmert sich kein ~ darum, ob nobody (*od.* no one) cares (*od.* gives a damn) whether; es war kein ~ da there was not a single (solitary) soul there; daraus wird kein ~ klug, das versteht (*od.* kapiert) kein ~ no one (on this earth) could possibly make head or tail of that.

ˈSchwein·chen *n* ⟨-s; -⟩ **1.** *dim. of* Schwein. – **2.** piglet, pigling, piggy. – **3.** (*children's language*) piggywig(gy). – **4.** *fig. colloq.* mucky pup.

ˈSchwei·neˌar·ti·ge *pl zo.* Suiformes (*Überfam. Suoidea*).

ˈSchwei·ne|ˌban·de *f fig. colloq.* horde of pigs (*colloq.*). — **~ˌbauch** *m gastr.* belly of pork. — **~beˌstand** *m agr.* livestock of swine. — **~ˌbor·ste** *f* hog's bristle. — **~ˌbra·ten** *m gastr.* roast pork. — **~ˌfett** *n* **1.** lard. – **2.** (*ausgelassenes*) pork dripping. — **~ˌfleisch** *n* pork. — **~ˌfraß** *m*, **~ˌfut·ter** *n* **1.** *agr.* pig swill (*od.* food). – **2.** *fig. colloq. contempt.* 'muck', 'swill', 'hogwash' (*alle colloq.*), 'grub' (*sl.*). — **~ˌgeld** *n colloq.* mint of money (*colloq.*): er verdient ein ~ damit he makes a hell of a packet with that (*sl.*). — **~ˌgrie·ben** *pl gastr.* wacklings, cracknels, greaves. — **~ˌhirt** *m* swineherd, hogherd. — **~ˌhund** *m* **1.** *contempt.* dirty dog (*colloq.*); bastard, son of a bitch, *Br.* blighter (*sl.*); swine, bugger (*vulg.*). – **2.** der innere ~ *fig. colloq.* one's baser instincts *pl.* — **~ˌkerl** *m contempt. cf.* Schweinehund 1. — **~-**

ˌko·ben *m*, **~ˌko·fen** [-ˌkoːfən] *m* ⟨-s; -⟩ hogsty, pigsty. — **~ˌläh·mung** *f vet.* hog paralysis. — **~ˌmast** *f* pig fattening. — **~ˌmä·ster** [-ˌmɛstər] *m* ⟨-s; -⟩ pig fattener. — **~mä·steˌrei** *f* ⟨-; -en⟩ pig fattening station. — **~ˌpest** *f vet.* hog cholera, swine fever. — **~ˌpocken** (*getr.* -k·k-) *pl* swine pox *sg.* — **~ˌpö·kelˌfleisch** *n gastr.* salt (*od.* pickled) pork.

Schwei·neˈrei *f* ⟨-; -en⟩ **1.** (*schmutzige Unordnung*) awful mess (*colloq.*). – **2.** (*Unrat, Dreck*) filthy (*od.* foul) mess, muck, filth. – **3.** *fig. colloq.* dirty trick (*colloq.*), rotten trick (*sl.*). – **4.** *fig. colloq.* (*Schande*) crying shame. – **5.** *fig. colloq.* (*Zote*) smut(ty joke), obscenity: **~en erzählen** to tell smutty jokes, to talk smut (*od.* filth). – **6.** *fig. colloq.* (*Unanständigkeit*) obscene (*od.* lewd) behavior (*bes. Br.* behaviour) (*od.* practice).

ˈSchwei·neˌripp·chen *n gastr.* cured pork chop.

ˈSchwei·ne|ˌrotˌlauf *m vet.* swine erysipelas. — **~ˌschläch·ter** *m* pork butcher. — **~schläch·teˌrei** *f* pork butcher's (shop). — **~ˌschmalz** *n* lard. — **~ˌschnit·zel** *n gastr.* escalope (*od.* scallop) (of pork). — **~ˌstall** *m* **1.** pigsty, pigpen, pig bed, *bes. Am.* hogpen. – **2.** *fig. colloq. contempt. for* a) Saustall 2, 3, b) Sauwirtschaft 1. – **3.** (*sport*) (*Hindernis beim Springreiten*) hogpen. — **~ˌtrei·ber** *m cf.* Schweinehirt. — **~ˌtrog** *m* pig's trough. — **~ˌwirt·schaft** *f colloq. contempt. for* Sauwirtschaft. — **~ˌzucht** *f agr.* pig breeding, *bes. Am.* hog raising. — **~ˌzüch·ter** *m* pig breeder, *bes. Am.* hog raiser (*od.* farmer). — **~ˌzy·klus** *m econ.* (*in der Konjunkturtheorie*) pig cycle.

ˈSchweinˌfur·ter ˈGrün [ˈʃvaɪnˌfʊrtər] *n* Paris (*auch* Schweinfurt[h], emerald) green.

ˈSchweinˌigel *m colloq. contempt.* **1.** (*Schmutzfink*) mucky (*od.* messy) pup, messer; dirty pig, filthy fellow (*colloq.*). – **2.** *fig.* (*Zotenreißer*) dirty pig, smutty fellow (*beide colloq.*). – **3.** *fig.* (*unanständiger Mensch*) dirty pig, lewd fellow (*beide colloq.*). — **ˌSchwein·igeˈlei** *f* ⟨-; -en⟩ *colloq. contempt. cf.* Schweinerei 1, 2, 5, 6. — **ˈschweinˌigeln** *v/i* ⟨*insep*, ge-, h⟩ *colloq. contempt.* **1.** make a mess. – **2.** talk smut (*od.* filth), tell filthy (*od.* obscene) jokes. – **3.** behave obscenely (*od.* lewdly).

ˈschwei·nisch *adj colloq. contempt.* **1.** (*schmutzig*) messy, filthy, mucky. – **2.** *fig.* (*gemein*) piggish, swinish. – **3.** *fig.* (*zotig*) smutty, obscene. – **4.** *fig.* (*unanständig*) obscene, lewd, swinish.

ˈSchweins|ˌaf·fe *m zo.* pig-tailed ape (*od.* macaque, monkey) (*Macaca nemestrina*). — **~ˌau·gen** *pl fig.* pig's eyes. — **s~ˌäu·gig** *adj fig.* pig-eyed. — **~ˌbla·se** *f* pig's bladder. — **~ˌblatt** *n gastr.* shoulder of pork. — **~ˌbor·ste** *f* hog's bristle. — **~ˌbra·ten** *m Southern G. and Austrian for* Schweinebraten. — **~ˌdachs** *m zo.* hog(-nosed) badger, *auch* sand badger (*Arctonyx collaris*). — **~ˌfisch** *m* porkfish (*Anisotremus virginicus*). — **~ˌfrosch** *m* pig frog (*Rana grylis*). — **~ˌfuß** *m* **1.** *zo.* pig-footed bandicoot (*Choeropus ecaudatus*). – **2.** *pl gastr.* pigs' feet, pettitoes, (pigs') trotters. — **~gaˌlopp** *m only in* im ~ *colloq.* at a gallop, posthaste, *Br.* post-haste. — **~ˌhach·se**, *Southern G.* **~ˌha·xe** *f gastr.* pork knuckle (*od.* hock, shank). — **~ˌhirsch** *m zo.* hog (*od.* common Indian) deer (*Cervus porcinus*). — **~ˌigel** *m cf.* Igel 1. — **~ˌjagd** *f hunt.* wild-boar (*od.* hog-)hunt(ing). — **~ˌkamm** *m gastr.* (*Schlachtteil*) neck of pork. — **~kar·boˌna·de** *f gastr.* pork chop. — **~ˌkeu·le** *f* leg of pork. — **~ˌkopf** *m* pig's head: gefüllter ~ stuffed pig's head. — **~ko·teˌlett** *n* pork chop. — **~ˌle·der** *n* pigskin, hogskin. — **s~ˌle·dern** *adj* (of) pigskin, (of) hogskin: ~e Handschuhe pigskin gloves. — **~ˌohr** *n* **1.** pig's ear. – **2.** *gastr.* (*Blätterteiggebäck*) palmier. – **3.** *bot.* (*Speisepilz*) cantharellus (*Cantharellus od. Neurophyllum clavatus*). — **~ˌrücken** (*getr.* -k·k-) *m gastr.* pork back, foreloin and loin. — **~ˌrüs·sel** *m* pig's snout. — **~ˌrüs·selˌfrosch** *m zo.* pig's-snout frog (*Ctenophryne geayi*). — **~ˌwal** *m* common porpoise, sea hog (*Phocaena phocaena*). — **~ˌwurst** *f*, **~ˌwürst·chen** *n gastr.* pork sausage.

Schweiß [ʃvaɪs] *m* ⟨-es; -e⟩ **1.** sweat, perspiration: kalter ~ cold sweat; in ~ gebadet drenched in sweat, sweating profusely; in ~ geraten to break out in perspiration; von (*od.* vor) ~ triefen to drip with sweat, to be wet with perspiration; der ~ rinnt (*od.* rieselt, strömt, läuft) ihm von der Stirn the sweat pours (*od.* runs) from his forehead; der ~ brach ihm aus the sweat was breaking out on him; sich (*dat*) den ~ von der Stirn wischen to wipe the sweat off one's brow; er arbeitete im ~e seines Angesichts he worked in the sweat of his brow; (viel) ~ vergießen to expend much energy, to sweat a good deal; ich habe bei der Arbeit viel ~ vergossen this job has cost me much sweat, I sweated over this job. – **2.** *fig.* (*Mühe*) sweat, drudgery, toil, hard work: das hat viel ~ gekostet that was hard work; die Früchte seines ~es ernten to reap the reward of one's work. – **3.** *med.* sweat, perspiration: englischer ~ sweating sickness, miliary fever (*scient.*); grüner ~ chlorephidrosis; kalter ~ cold sweat; ~ treiben to induce perspiration. – **4.** *hunt.* blood. – **5.** (*an Fensterscheiben etc*) moisture, steam. – **6.** (*von Mauern etc*) exudation. – **7.** (*Wollschweiß*) suint, yolk: Wolle im ~ wool in the greasy state. — **s~ˌabˌson·dernd** *adj med.* (*Drüse*) sudoriparous, sudoriferous. — **~ˌabˌson·de·rung** *f* secretion of sweat, sweating, perspiration; sudation, hidrosis (*scient.*): übermäßige ~ hyperhidrosis, *auch* hyperidrosis. — **~ag·greˌgat** *n*, **~ap·paˌrat** *m tech.* welding set (*od.* outfit, equipment, unit). — **~ˌar·beit** *f* welding, welding job (*od.* operation). — **~ˌausˌbruch** *m med.* **1.** profuse perspiration, sweat(s *pl*). – **2.** sweating stage. — **~au·toˌmat** *m tech.* automatic welding machine. — **~ˌbad** *n* **1.** *med. cf.* Schwitzbad. – **2.** *tech. cf.* Schmelzbad 2. — **~ˌband** *n* (*im Hut*) sweatband, *Br.* sweat-band.

ˈschweiß·bar *adj tech.* weldable: ~er Stahl welding steel. — **ˈSchweiß·bar·keit** *f* ⟨-; *no pl*⟩ weldability.

ˈschweiß·beˌdeckt *adj* covered with perspiration.

ˈSchweiß|ˌbläs·chen *pl med.* miliaria. — **~ˌblatt** *n* (*im Kleid*) (dress) shield. — **~ˌbren·ner** *m tech.* blowpipe, (welding) torch. — **~ˌbril·le** *f* welding goggles *pl.* — **~ˌdraht** *m* welding rod (*od.* wire), filler rod. — **~ˌdrü·se** *f med.* perspiratory (*od.* sweat, *scient.* sudoriferous) gland. — **~ˌdrü·sen·abˌszeß** *m* sudoriparous abscess.

Schwei·ße [ˈʃvaɪsə] *f* ⟨-; -n⟩ *tech.* weld.

ˈschweißˌecht *adj* (*textile*) fast to perspiration. — **ˈSchweißˌecht·heit** *f* ⟨-; *no pl*⟩ perspiration resistance, fastness to perspiration.

ˈSchweiß|ˌei·sen *n metall.* wrought iron. — **~elek·troˌde** *f tech.* welding electrode.

schwei·ßen [ˈʃvaɪsən] **I** *v/t* ⟨h⟩ **1.** *tech.* weld: etwas elektrisch ~ to weld s.th. electrically. – **II** *v/i* **2.** *tech.* weld. – **3.** *hunt.* bleed. – **III S~** *n* ⟨-s⟩ **4.** *verbal noun.*

ˈSchwei·ßer *m* ⟨-s; -⟩ *tech.* welder.

Schwei·ßeˈrei *f* ⟨-; -en⟩ welding shop (*od.* department).

ˈSchwei·ßer|ˌhelm *m*, **~ˌkap·pe** *f tech.* welder's helmet.

ˈSchweiß|ˌfähr·te *f hunt.* blood (*od.* red) track. — **~ˌfeh·ler** *m tech.* welding defect. — **~ˌflam·me** *f* welding flame. — **~ˌfrie·sel** *m, n med.* sweating sickness, heat rash; miliary fever, miliaria, sudamen (*scient.*). — **~ˌfuchs** *m* (*Pferd*) sorrel (horse). — **~ˌfu·ge** *f tech. cf.* Schweißnaht. — **~ˌfuß** *m med.* sweaty foot, acrohyperhidrosis (*scient.*). — **~ˌgang** *m tech.* welding pass. — **s~geˌba·det** *adj* bathed in perspiration (*od.* sweat). — **~ge·neˌra·tor** *m tech.* arc welding generator. — **~geˌrät** *n cf.* Schweißaggregat. — **~geˌruch** *m* smell of perspiration, perspiration (*od.* body) odor (*bes. Br.* odour). — **~ˌglut** *f tech.* welding heat. — **~ˌgut** *n* weld metal, welding material. — **~ˌgü·te** *f* welding quality (*od.* property). — **s~ˌhär·ten** *v/t* ⟨*insep*, -ge-, h⟩ weld-harden. — **s~ˌhem·mend** *adj med.* anti(hi)drotic, emphractic. — **~ˌhit·ze** *f tech.* welding (*od.* wash) heat. — **~ˌhund** *m hunt.* bloodhound.

ˈschwei·ßig *adj* **1.** sweaty, wet (*od.* damp) with perspiration, (*bes. Hände*) clammy. – **2.** *hunt.* bloody. – **3.** (*Wolle*) yolky, greasy.

ˈSchweiß|ˌka·bel *n tech.* welding cable. — **~ˌkan·te** *f* weld edge. — **~kon·struk·tiˌon** *f* welded assembly. — **~ˌla·ge** *f* welding layer (*od.* pass), weld position. — **~ˌle·der** *n* (*im Hut*) sweatband, *Br.* sweat-band. — **~ˌlichtˌbo·gen** *m tech.* welding arc. — **~maˌschi·ne** *f* welding machine, welder. — **~ˌmit·tel** *n med. pharm.* **1.** (*schweißtreibendes*) sudorific, diaphoretic. – **2.** (*schweißhemmendes*) anti(hi)drotic, emphractic.

ˈSchweißˌnaht *f tech.* weld(ing) seam, weld(ed joint), line of weld. — **~ˌris·sig·keit** *f* ⟨-; *no pl*⟩ susceptibility to weld cracking.

ˈSchweiß|ˌofen *m metall.* reheating furnace. — **~ˌpa·ste** *f* welding flux. — **~ˌper·le** *f* **1.** bead of sweat (*od.* perspiration): auf seiner Stirn standen dicke ~n his forehead was covered with thick beads of sweat. – **2.** *tech.* weld nugget, globule. — **~ˌpo·re** *f* (*der Haut*) sweat pore. — **~ˌpro·be** *f tech.* **1.** (*Vorgang*) welding test. – **2.** (*Produkt*) welding test specimen. — **~ˌpul·ver** *n* welding powder. — **~ˌpunkt** *m* welding spot (*od.* point). — **~ˌrau·pe** *f tech.* (weld) bead. — **~ˌriß·empˌfind·lich·keit** *f* sensitivity to welding cracks. — **~ˌschirm** *m* handshield. — **~ˌschlacke** (*getr.* -k·k-) *f* welding cinder. — **~ˌspalt** *m* welding gap. — **~ˌspan·nung** *f* **1.** (*elektrische*) (welding) arc voltage. – **2.** (*mechanische*) welding stress. — **~ˌspur** *f hunt. cf.* Schweißfährte. — **~ˌstab** *m tech.* **1.** (*Zusatzwerkstoff*) welding (*od.* filler) rod. – **2.** *cf.* Schweißelektrode. — **~ˌstahl** *m metall.* wrought steel, steel suitable for welding. — **~ˌstel·le** *f tech.* (point of) weld, weld(ed) joint. — **~ˌstoß** *m* welding point. — **~ˌstück** *n* welded part, weldment. — **~ˌtak·ter** [-ˌtaktər] *m* ⟨-s; -⟩ welding timer. — **~ˌtech·nik** *f* welding practice, welding technique (*od.* engineering). — **~ˌteil** *n* weldment, welded part. — **~tem·pe·raˌtur** *f* welding temperature. — **~trans·forˌma·tor** *m* welding transformer. — **s~ˌtrei·bend** *adj med. pharm.* causing perspiration; sudorific, diaphoretic (*scient.*): ~es Mittel sudorific, diaphoretic. — **s~ˌtrie·fend** *adj cf.* schweißgebadet. — **~ˌtrop·fen** *m* drop (*od.* bead) of sweat (*od.* perspiration): das hat manchen ~ gekostet *fig.* that was hard toil. — **~ˌtuch** *n relig. hist.* (*der Veronika*) veronica, *auch* Veronica, sudarium (*lit.*). — **~ˌüber·ˌhö·hung** *f tech.* weld reinforcement. — **~ˌumˌfor·mer** *m* motor generator set. — **~ˌumˌspan·ner** *m* welding transformer.

ˈSchwei·ßung *f* ⟨-; -en⟩ *tech.* **1.** *cf.* Schweißen. – **2.** (*Arbeitsergebnis*) weld: überlappte ~ lap weld; ~ von oben flat weld, downhand (*od.* downward) weld; ~ über Kopf overhead weld; autogene ~ *cf.* Gasschmelzschweißung.

ˈSchweiß|verˌbin·dung *f tech.* **1.** welded joint. – **2.** (*Stoß*) weld, joint. — **~verˌfah·ren** *n* welding process (*od.* method). — **~ˌwär·me** *f* welding heat. — **~ˌwas·ser** *n* condensed water, condensation. — **~ˌwol·le** *f* (*textile*) unscoured wool, wool in the grease (*od.* yolk). — **~ˌwur·zel** *f tech.* root of the weld. — **~ˌzan·ge** *f* electrode holder.

Schwei·zer [ˈʃvaɪtsər] **I** *m* ⟨-s; -⟩ **1.** Swiss: die ~ the Swiss. – **2.** *agr.* milker, dairyman. – **3.** (*in katholischen Kirchen*) beadle. – **4.** member of the Swiss Guard. – **5.** *gastr.* (*Käse*) Swiss (cheese). – **II** *adj* ⟨*attrib*⟩ **6.** Swiss: ~ Käse Swiss (cheese). — **~ˌde·gen** *m print. colloq.* compositor-pressman, *Br. colloq.* twicer.

ˈschwei·zerˌdeutsch *ling.* **I** *adj* Swiss German. – **II S~** ⟨*generally undeclined, rarely* des -s⟩, **das S~e** ⟨-n⟩ Swiss German.

Schwei·zeˈrei *f* ⟨-; -en⟩ *agr.* dairy (farm).

ˈSchwei·zer|ˌgar·de *f* (*im Vatikan*) Swiss Guard. — **~ˌhaus** *n arch.* Swiss cottage (*od.* chalet).

ˈSchwei·ze·rin *f* ⟨-; -nen⟩ Swiss (woman *od.* girl).

ˈschwei·ze·risch *adj* Swiss: die S~e Eidgenossenschaft the Swiss Confederation.

ˈSchwei·zerˌland *n* Switzerland.

ˈSchweizˌrei·se *f* journey to Switzerland.

ˈSchwel|ˌanˌla·ge *f metall.* low-temperature carbonizing plant. — **~ˌbrand** *m* smolder, *bes. Br.* smoulder, smo(u)ldering fire.

ˈSchwelch|ˌbo·den [ˈʃvɛlç-] *m brew.* withering floor. — **~ˌmalz** *n* withered malt.

schwe·len [ˈʃveːlən] **I** *v/i* ⟨h⟩ **1.** smolder, *bes. Br.* smoulder: das Feuer schwelte im Kamin the fire was smo(u)ldering in the grate; jahrelang schwelte der Haß zwischen den beiden *fig.* hatred smo(u)ldered between the two for years. – **II** *v/t tech.* **2.** burn (*s.th.*) slowly (*od.* by a slow fire). – **3.** (*Kohle*) carbonize (*Br. auch* -s-) (*s.th.*) at low temperatures. – **4.** (*Teer*) distill, *auch* distil. – **III S~** *n* ⟨-s⟩ **5.** *verbal noun.* – **6.** *cf.* Schwelung. — **'schwe·lend I** *pres p.* – **II** *adj* (*Feuer, Haß etc*) smoldering, *bes. Br.* smouldering.

'Schwelˌgas *n tech.* low-temperature retort coal gas.

schwel·gen ['ʃvɛlgən] **I** *v/i* ⟨h⟩ **1.** (*schlemmen*) feast, regale, banquet. – **2.** (*üppig leben*) live high, live on the fat of the land, luxuriate. – **3.** in (*dat*) etwas ~ *fig.* to revel (*od.* luxuriate, indulge, wallow) in s.th.: **sie schwelgt in seligen Gedanken** she revels in delightful thoughts; **der Maler schwelgt in Farben** the artist wallows in colo(u)r(s); **in Erinnerungen ~** to reminisce fondly (about the past). – **II S~** *n* ⟨-s⟩ **4.** *verbal noun.* – **5.** indulgence. — **'Schwel·ger** *m* ⟨-s; -⟩ **1.** high liver. – **2.** (*Genießer*) epicure. – **3.** *fig.* (*in Gedanken etc*) revel(l)er, indulger, glutton. — **Schwel·ge'rei** *f* ⟨-; -en⟩ **1.** *cf.* Schwelgen. – **2.** indulgence, gluttony. — **'schwel·ge·risch** *adj* luxurious, voluptuous.

'Schwel||kam·mer *f tech.* low-temperature carbonizing (*od.* distilling) chamber. — **~ˌkoks** *m* low-temperature coke.

Schwel·le ['ʃvɛlə] *f* ⟨-; -n⟩ **1.** (*Türschwelle*) threshold, sill, *Am. auch* cill: **er soll meine ~e nie wieder betreten** *fig.* he shall never cross (*od.* darken) my threshold again. – **2.** (*steinerne*) doorstone. – **3.** *fig.* threshold, brink, verge: **an der ~ einer neuen Zeit** on the threshold of a new age; **an der ~ des Grabes** (*od.* **des Todes**) on the brink of the grave, at death's door. – **4.** *med. psych.* threshold: **~ des Bewußtseins** threshold of consciousness. – **5.** (*railway*) sleeper, *bes. Am.* (cross)tie. – **6.** *geol.* a) rise, rift, b) (*unterseeische*) sill, c) (*orogenetische*) swell. – **7.** *tel.* (*im Radarsystem*) step, *bes. Am.* gate.

schwel·len ['ʃvɛlən] **I** *v/i* ⟨schwillt, schwoll, geschwollen, sein⟩ **1.** *bes. med.* (*von Gliedmaßen, verletzten Stellen etc*) swell, distend; tumefy, intumesce (*scient.*), (*von Gesicht*) *auch* grow puffy: **das gebrochene Bein schwillt** the fractured leg is swelling (up); **die Stirnader schwoll ihm vor Zorn** his frontal vein swelled with anger. – **2.** (*von Wasser, Flut etc*) swell, rise: **der Fluß schwillt** the river is rising. – **3.** (*von Geräusch, Lärm etc*) swell, rise. – **4.** (*von Segel*) swell (out), fill (out), bag, belly. – **5.** *fig.* (*anwachsen*) swell, increase, expand. – **6.** *fig.* swell, become swelled (*od.* puffed up): **das Herz schwoll ihm vor Stolz** his heart swelled with pride; **ihm schwillt der Kamm** a) he is getting swollen-headed (*od.* swelled-headed, *Am. auch* swellheaded, puffed), he's becoming quite a swellhead, b) he's getting furious. – **II** *v/t* ⟨schwellt, schwellte, geschwellt, h⟩ **7.** (*Segel*) swell (out), fill, belly (out): **der Wind schwellte die Segel** the wind swelled the sails. – **8.** *fig.* swell, puff up: **Begeisterung schwellte seine Brust** his bosom was swelled with enthusiasm. – **III S~** *n* ⟨-s⟩ **9.** *verbal noun.* – **10.** *bes. med.* swelling; tumefaction, turgescence (*scient.*).

'Schwel·len|ˌabˌstand *m* (*railway*) distance between sleepers (*bes. Am.* crossties). — **~ˌangst** *f* ⟨-; *no pl*⟩ *psych.* fear of entering a shop. — **~ˌbohr·maˌschi·ne** *f* (*railway*) sleeper drill press (*od.* machine).

'schwel·lend I *pres p.* – **II** *adj* **1.** (*Knospen, Früchte*) swelling. – **2.** (*Rasen*) lush, succulent, luxuriant. – **3.** (*Segel etc*) swelling. – **4.** (*Lippen, Brüste etc*) full. – **5.** (*Kissen, Polster etc*) puffed-up (*attrib*). – **6.** *med.* swelling; turgescent, tumescent (*scient.*).

'Schwel·len|deˌtek·tor *m nucl.* threshold detector. — **~ˌdo·sis** *f med.* threshold dose. — **~empˌfind·lich·keit** *f phys.* threshold sensitivity (*od.* sensitiveness). — **~enerˌgie** *f* threshold energy. — **~freˌquenz** *f* threshold frequency. — **~ˌholz** *n* (*railway*) timber for sleepers, *bes. Am.* lumber for crossties. — **~ˌla·sche** *f* fishplate. — **~ˌna·gel** *m* track spike. — **~ˌreiz** *m med.* threshold stimulus. — **~ˌschrau·be** *f* (*railway*) sole (*od.* base) plate screw. — **~ˌschrau·benˌschlüs·sel** *m* railway socket spanner, *bes. Am.* railroad socket wrench. — **~ˌstop·fer** *m* tamping pick, tamper. — **~ˌstoß** *m* sleeper joint. — **~ˌstrom** *m electr.* threshold current. — **~verˌle·ge·maˌschi·ne** *f* sleeper laying machine. — **~ˌwert** *m phys.* threshold (*od.* liminal) value.

'Schwel·ler *m* ⟨-s; -⟩ *mus.* swell. — **~geˌhäu·se** *n* swell box.

'Schwell|geˌwe·be *n med.* erectile (*od.* cavernous) tissue. — **~ˌka·sten** *m mus.* swell box. — **~ˌkör·per** *m med.* cavernous body, corpus cavernosum (*scient.*). — **~ˌkraft** *f tech.* swelling power. — **~ma·nuˌal** *n mus.* (*der Orgel*) swell keyboard (*od.* manual). — **~peˌdal** *n* (*der Orgel*) swell pedal. — **~ˌton** *m* swell, crescendo, (*gesungener*) *auch* messa di voce.

'Schwel·lung *f* ⟨-; -en⟩ **1.** *cf.* Schwellen. – **2.** *med.* a) swelling, lump; tumefaction, intumescence, tumidity (*scient.*), b) (*Auftreibung*) inflation, puffiness, c) (*in der Anatomie*) tuber, d) (*der Milz u. Leber*) enlargement, engorgement, e) (*Ausdehnung*) dilation: **umschriebene ~** (*Quaddel*) w(h)eal; **die ~ läßt nach** (*od.* **nimmt ab**) the swelling goes down. – **3.** *geol.* (*des Bodens*) swell. – **4.** *fig.* (*Anwachsen*) swell, growth, increase.

'Schwellˌwerk *n mus.* (*der Orgel*) swell organ.

'Schwel|ˌofen *m tech.* low-temperature carbonization furnace. — **~ˌteer** *m* low-temperature tar.

'Schwe·lung *f* ⟨-; *no pl*⟩ **1.** *cf.* Schwelen. – **2.** *tech.* (*in der Kokerei*) low-temperature carbonization.

'Schwemm|ˌbo·den *m geol.* alluvial (*auch* alluvian) soil. — **~ˌdel·ta** *n* fan delta.

Schwem·me ['ʃvɛmə] *f* ⟨-; -n⟩ **1.** watering place, (*für Pferde*) *auch* horsepond, *Br.* horse-pond: **ein Pferd in die ~ reiten** to take (*od.* ride) a horse to water, to water a horse; **Vieh in die ~ treiben** to water cattle. – **2.** (*Bierkneipe*) *cheap drinking place with self-service where one can eat one's own snacks.* – **3.** *econ.* (*Überangebot*) (an *dat* of) glut, oversupply.

schwem·men ['ʃvɛmən] *v/t* ⟨h⟩ **1.** wash: **die Leiche wurde an Land geschwemmt** the body was washed ashore; **der Regen hat die Erde vom Feld geschwemmt** the rain washed the soil off the field. – **2.** (*Vieh*) water. – **3.** (*Holz*) float. – **4.** (*Häute*) soak. – **5.** *civ.eng.* (*Kanal*) flush. – **6.** *Austrian* (*Wäsche*) rinse.

'Schwemm|ˌke·gel *m geol.* fan (delta), alluvial cone. — **~ˌland** *n* ⟨-(e)s; *no pl*⟩ alluvial (*auch* alluvian) (*od.* bottom) land, alluvial, wash. — **~ˌsand** *m* alluvial sand.

schwen·den ['ʃvɛndən] *v/t* ⟨h⟩ (*forestry*) (*Unterholz, Wald*) a) (*zur landwirtschaftlichen Nutzung*) burn (*s.th.*) broadcast, b) (*wegen Waldbrandgefahr*) *Am.* burn (*s.th.*) prescribed.

Schwen·gel ['ʃvɛŋəl] *m* ⟨-s; -⟩ **1.** (*einer Pumpe*) handle, lever. – **2.** (*einer Glocke*) clapper. – **3.** (*eines Wagens*) swing (*od.* splinter) bar, (*an Mehrspännern*) *auch* evener. – **4.** *tech.* (*Schwunggewicht*) pendulum.

Schwenk [ʃvɛŋk] *m* ⟨-(e)s; -s, *rare* -e⟩ (*film*) pan shot. — **~ˌach·se** *f tech.* swivel (*od.* pivoting) axis. — **~ˌarm** *m* swivel (*od.* swinging, rocker) arm. — **~ˌaufˌnah·me** *f* (*film*) panoramic picture.

'schwenk·bar *adj* **1.** *tech.* a) swivel(l)ing, swivel-mounted, swinging, b) (*kippbar*) tiltable, c) (*Ständer, Kran etc*) sluable, sluing: **~er Bohrkopf** tiltable drilling head. – **2.** *mil.* a) (*Geschütz*) traversable, b) (*Maschinengewehr*) swivel-mounted, swivel(l)ing.

'Schwenk|beˌreich *m* **1.** swivel(l)ing range. – **2.** *mil.* (field of) traverse. – **3.** *tech.* (*eines Kranauslegers*) boom (*bes. Br.* jib) swing. — **~beˌwe·gung** *f* **1.** *tech.* a) swivel(l)ing (*od.* swinging) movement (*od.* action), b) (*des Auslegers einer Radialbohrmaschine*) radial movement, c) (*eines Maschinentisches um seine Achse*) angular tilt. – **2.** *electr.* (*radio*) (*einer Antenne*) azimuth movement. — **~ˌbüh·ne** *f* (*mining*) tilting platform.

Schwen·ke ['ʃvɛŋkə] *f* ⟨-; -n⟩ *Eastern G. for* Schaukel.

schwen·ken ['ʃvɛŋkən] **I** *v/t* ⟨h⟩ **1.** (*Hut, Taschentuch etc*) wave. – **2.** (*Fahne*) wave, flourish, swing. – **3.** (*Waffe, Stock etc*) brandish, swing, flourish. – **4.** (*im Kreis*) swing: **ein Mädchen im Tanze ~** to swing a girl (a)round in a dance. – **5.** (*ausspülen*) rinse: **Gläser (kurz) im Wasser ~** to rinse glasses in water. – **6.** (*film*) (*Kamera*) pan. – **7.** *phys.* (*Teleskop*) transit. – **8.** **Kartoffeln in Butter ~** *gastr.* to toss potatoes in butter. – **9.** *tech.* a) swivel, swing, pivot, b) (*kippen*) tilt. – **II** *v/i* ⟨sein⟩ **10.** swing, turn: **der Radfahrer schwenkte plötzlich nach links** suddenly the cyclist swung to the left. – **11.** *mil.* (*auch taktisch*) wheel (about): **links schwenkt, marsch!** *Br.* left wheel, march! *Am.* column left, march! – **12.** *tech.* swivel, rotate, slue (*auch* slew) round, pivot. – **13.** *mil.* (*von Geschütz*) traverse. – **14.** *fig.* (*überwechseln*) change sides (*od.* over): **er ist ins andere Lager geschwenkt** a) he has changed over to the other camp (*od.* side), b) *pol. Br.* he has crossed the line. – **III S~** *n* ⟨-s⟩ **15.** *verbal noun.* – **16.** *cf.* Schwenkung.

'Schwen·ker *m* ⟨-s; -⟩ **1.** balloon (glass), *Am. auch* snifter. – **2.** *Middle G. for* Schoßrock.

'Schwenkˌflü·gelˌflugˌzeug *n aer.* swing-wing aircraft.

'Schwenk|karˌtof·feln *pl gastr.* potatoes tossed in butter. — **~ˌkran** *m tech.* bracket jib crane, swing crane. — **~laˌfet·te** *f mil.* **1.** swivel gun mount(ing). – **2.** (*am Flugzeug*) flexible gun mount. — **~ˌla·genverˌstel·lung** *f tech.* angular adjustment. — **~ˌla·ger** *n* pivot bearing. — **~ˌmög·lich·keit** *f* (*eines Maschinentisches, Bohrkopfes etc*) swivel(l)ing feature. — **~ˌpunkt** *m* (*Drehpunkt*) pivot (point).

'Schwenkˌrad *n tech.* tumbler gear. — **~geˌtrie·be** *n* quick-change gear mechanism.

'Schwenk|ˌra·di·us *m* **1.** *tech.* a) (*eines Kranes*) sluing radius, working range, b) (*einer Drehtür*) swivel(l)ing range. – **2.** *auto.* (*eines Kippanhängers*) turning radius. — **~ˌrohr** *n tech.* (*eines Spülbeckens*) flushing pipe. — **~ˌschal·ter** *m electr.* lever switch. — **~ˌschleif·maˌschine** *f tech.* swivel grinder. — **~ˌspulˌreg·ler** *m electr.* swinging-coil regulator. — **~ˌtisch** *m* **1.** swivel table. – **2.** *cf.* Kipptisch.

'Schwen·kung *f* ⟨-; -en⟩ **1.** *cf.* Schwenken. – **2.** (*Richtungsänderung*) turn, swing: **er machte plötzlich eine ~ nach rechts** he suddenly turned (*od.* swung) to the right. – **3.** *mil.* traverse, traversing motion. – **4.** *tech.* a) (*eines Maschinentisches*) tilting, b) (*einer Schleifmaschine*) swivel(l)ing, c) (*Schwenklagenverstellung*) angular adjustment. – **5.** (*film*) (*der Kamera*) avertance. – **6.** *mil.* a) (*taktische*) wheel, wheeling man(o)euver (*bes. Br.* manœuvre), b) (*beim Exerzieren*) wheel, facing: **eine ~ machen** to wheel. – **7.** *fig.* change of mind. – **8.** *fig.* (*völlige Umkehr*) about-face.

'Schwenkˌvorˌrich·tung *f tech.* **1.** swivel(l)ing (*od.* swinging) device (*od.* mechanism), swivel attachment. – **2.** (*eines Teilgerätes*) indexing mechanism. – **3.** (*eines Krans*) sluing gear.

schwer [ʃveːr] **I** *adj* ⟨-er; -st⟩ **1.** heavy, weighty: **eine ~e Tasche** a heavy bag; **zwei Pfund ~** weighing two pounds, two pounds in weight; **~ wie Blei** (as) heavy as lead; **wie ~ bist du?** what weight are you? what (*od.* how much) do you weigh? **~e Knochen** (*od.* **einen ~en Knochenbau**) **haben** to have heavy bones, to be heavy-boned; → Kopf 1; Zunge 1. – **2.** (*groß, massig, schwerfällig*) heavy, ponderous: **ein ~es Pferd** a ponderous horse; **ein ~es Motorrad** [**Auto**] a heavy (*od.* big) motorcycle [car]; **mit ~em Schritt** with a heavy step (*od.* tread); **eine ~e Hand** a) a heavy hand, b) (*unbeholfene Handschrift*) clumsy handwriting, a clumsy hand (*lit.*). – **3.** (*nahrhaft, fett*) rich: **eine ~e Cremetorte** a rich cream cake. – **4.** (*schwerverdaulich*) heavy: **abends sollte man ~es Essen vermeiden** one should avoid heavy meals in the evening. – **5.** (*Bier, Zigarren etc*) heavy, strong: **~er Wein** strong (*od.* full-bodied, heady) wine. – **6.** (*Parfum etc*) heavy, strong, rich, *auch* heady. – **7.** (*Luft*) heavy, oppressive. – **8.** (*Seide etc*) heavy. – **9.** *fig.* (*lastend, drückend*) heavy, burdensome, onerous, oppressive: **eine ~e Bürde** (*od.* **Last**) **auf** (*acc*) **sich nehmen** to assume a heavy burden; **eine ~e Verantwortung** a heavy (*od.* weighty) responsibility; **ein ~es Amt übernehmen** to assume an onerous post. – **10.** *fig.* (*kummervoll, bedrückt*) heavy: **~en Herzens** with a heavy heart, reluctantly; **ein ~er Seufzer** a heavy sigh; **sie sank in einen**

~en Schlaf she fell into a heavy sleep. – **11.** (*schwierig*) hard, difficult, tough: eine ~e Aufgabe a difficult (*od.* an arduous) task; war die Prüfung ~? was the exam hard? die Antwort auf diese Frage ist ~ this is a difficult question to answer; das war eine ~e Entscheidung that was a hard decision; mach es mir nicht so ~ don't make it so difficult for me; es ist ein ~es Auskommen mit ihm he is hard to get on with; einen ~en Stand gegen j-n haben to find it difficult to hold one's own against (*od.* to stand one's ground against, to stand up to) s.o.; er hat es ~ he has a hard time (*od.* life), he has a hard time of it (*colloq.*); → Anfang 1; Geburt 2, 4. – **12.** (*Buch, Musik, Literatur etc*) heavy. – **13.** (*mühsam, anstrengend*) hard, tedious, laborious, toilsome: ich habe einen ~en Tag hinter mir I have had a hard day. – **14.** (*unangenehm*) difficult, unpleasant, disagreeable: das ist ein ~er Gang für mich that is a difficult errand for me; einen ~en Traum haben to have an unpleasant dream. – **15.** (*ernst, hart*) hard, heavy, grave, serious, severe: ein ~er Verlust a heavy loss; der Sturm hat ~en Schaden angerichtet the storm has caused serious damage; eine ~e Strafe severe punishment; sie hat ein ~es Schicksal (*od.* Los) she has a hard (*od.* grievous) fate (*od.* lot); wir gehen ~en Zeiten entgegen we are approaching hard times, hard times lie ahead (of us); eine ~e Stunde a grave hour, an hour of trial; dem Feind ~e Verluste beibringen to inflict heavy losses on the enemy; ein ~er Kampf a) a heavy battle, b) *fig.* (*innerer*) a hard struggle; das war ein ~er Schlag für ihn *fig.* that was a heavy blow for him; eine ~e Belastungsprobe a severe test. – **16.** (*Krankheit, Verletzung etc*) serious. – **17.** (*Erkältung, Grippe etc*) bad: sie hat eine ~e Erkältung she has a bad (*od.* heavy) cold. – **18.** (*groß, grob*) gross, serious, grave, bad, flagrant: ein ~er Fehler a bad mistake, a blunder; ein ~es Verbrechen a serious crime; eine ~e Beleidigung a gross offence (*Am.* offense); ~e Schuld auf (*acc*) sich laden to become guilty of a grave wrong; j-m eine ~e Enttäuschung bereiten to disappoint s.o. badly; → Diebstahl 2. – **19.** (*Gewitter, Unwetter etc*) violent, heavy: → See[2] 1. – **20.** *colloq.* (*viel*) much, a lot of (*colloq.*): eine ~e Menge a heap, a lot (*beide colloq.*); das Auto muß ~es Geld gekostet haben that car must have cost a pretty penny (*od.* a tidy sum) (*colloq.*); ~es Geld verdienen to make big money; er ist 4 Millionen ~ *fig.* he is worth 4 million (*colloq.*); ~e Angst ausstehen to go through terrible fear (*colloq.*). – **21.** ein ~er Junge *fig. colloq.* a tough customer (*colloq.*), a thug. – **22.** *mil.* (*Artillerie, Reiterei etc*) heavy: → Geschütz 1, 2. – **23.** *chem.* heavy: ~es Wasser heavy water, deuterium oxide (D_2O); ~er Wasserstoff deuterium, *auch* heavy hydrogen (D); ~es Heizöl heavy fuel oil. – **24.** ~er Boden a) *agr.* heavy (*od.* rich) soil, b) (*sport*) (*aufgeweichter*) heavy ground. – **II** *adv* **25.** heavily: das Auto war ~ beladen the car was heavily laden; seine Hand lag ~ auf meiner Schulter his hand lay heavily (*od.* heavy) on my shoulder; sie hat ~ zu tragen she has a heavy burden (*od.* load) (to carry); ~ an (*dat*) etwas tragen *auch fig.* to be burdened with s.th.; etwas liegt j-m ~ im Magen a) s.th. lies heavily on s.o.'s stomach, b) *fig.* s.th. preys on s.o.'s mind, s.th. oppresses s.o. deeply; die Schuld lastete ~ auf seinem Gewissen *fig.* the guilt weighed heavy (*od.* heavily) on his conscience; sein Urteil wiegt ~ *fig.* his judg(e)ment carries (much) weight, his judg(e)ment weighs (heavily); dieser Gedanke lag ihr ~ auf der Seele *fig.* this thought weighed heavily on her mind. – **26.** das ist ~ zu sagen [zu verstehen, zu erlangen] that is difficult to say [to understand, to acquire *od.* to come by]; diese Gebiete sind ~ zugänglich these regions are difficult of access; sein Verhalten ist mir nur ~ verständlich I find it difficult to understand his attitude; es kommt mich ~ an, das zu glauben I find it hard (*od.* it is hard for me) to believe that; er ist ~ zu befriedigen he is difficult to satisfy, it is difficult to satisfy him; Mathematik geht mir nur ~ ein I find mathematics difficult, mathematics comes hard to me; etwas ist ~ zu verdauen *auch fig.* s.th. is difficult to digest, s.th. is indigestible. – **27.** (*hart*) hard: ~ arbeiten (*od. colloq.* schuften) to work hard; das hat ihn ~ getroffen that hit him hard. – **28.** (*schlecht*) badly: er hört ~ his hearing is bad (*od.* poor), he is hard of hearing. – **29.** (*schlimm, gefährlich*) seriously, badly, gravely: er ist ~ verwundet he is seriously wounded; er ist ~ krank he is gravely ill; ~ stürzen (*od.* fallen) to fall badly, to have a bad fall. – **30.** (*ernstlich*) seriously, gravely, severely: j-n ~ bestrafen to punish s.o. severely; dafür mußt du ~ büßen you'll have to pay severely (*od.* dearly) for that. – **31.** (*zutiefst*) gravely, deeply: sich ~ versündigen to sin gravely; ich war ~ enttäuscht I was deeply (*od.* bitterly) disappointed; er hat mich ~ beleidigt he insulted me gravely. – **32.** *colloq.* (*sehr*) very much, awfully (*colloq.*): man muß ~ aufpassen, daß one has to be awfully careful that, one has to watch like hell (*od.* like mad) that (*colloq.*); ich werde mich ~ hüten, das zu tun I'll take darned good care not to do that (*colloq.*); da sind Sie ~ im Irrtum, da täuschen Sie sich ~ you're very badly mistaken there, that's where you make your big mistake; diese Angelegenheit macht ihr ~ zu schaffen this affair is giving her a lot of trouble (*colloq.*); er ist ~ betrunken, er hat ~ geladen he is hopelessly (*od.* dead) drunk, he is pretty far gone; er ist ~ reich he is awfully (*od. sl.* stinking) rich, he is loaded (*od.* rotten with money) (*sl.*); er ist ~ in Ordnung he is a great (*od.* grand) fellow (*od.* chap) (*colloq.*). – **33.** ~ von Begriff sein *colloq.* to be slow in (*od.* on) the uptake (*colloq.*), to be slow(-witted). – **34.** (*kaum*) hardly: das kann ich (nur) ~ glauben I can hardly believe that. – **35.** ~ bewaffnet sein to be heavily armed. – **36.** ~ zu verkaufen (*od.* ~ verkäuflich) sein *econ.* to be hard to sell (*od.* heavy of sale, dull): diese Ware ist ~ verkäuflich this article is a drug in (*od.* on) the market. – **III S~e, das** ⟨-n⟩ **37.** sie darf nichts S~es tragen she is not allowed to carry anything heavy. – **38.** sie haben viel S~es durchgemacht they have been through hard (*od.* difficult) times, they have had a hard (*od.* difficult, *colloq.* tough) time.

ˈSchwerˌar·beit *f* heavy work (*od.* labor, *bes. Br.* labour).

ˈSchwerˌar·bei·ter *m* heavy worker. — **~ˌzu̩ˌla·ge** *f* bonus for hard (*od.* heavy) work.

ˈSchwer|athˌlet *m* (*sport*) heavy athlete. — **~athˌle·tik** *f* heavy athletics *pl* (*sometimes construed as sg*). — **s~ˌat·mend** *adj med.* **1.** breathing heavily. – **2.** (*asthmatisch*) asthmatic. – **3.** (*kurzatmig*) dyspn(o)eic. — **s~ˌat·mig** [-ˌʔaːtmɪç] *adj* **1.** *med. cf.* schweratmend. – **2.** *vet.* (*Pferd*) dyspn(o)eic. — **s~beˌla·den** *adj* ⟨*attrib*⟩ (*Wagen etc*) heavily laden (*od.* loaded), heavy-laden. — **s~beˌla·stet** *adj* ⟨*attrib*⟩ **1.** *cf.* schwerbeladen. – **2.** *fig.* (*Gewissen etc*) heavy: er hat ein ~es Gewissen he has a heavy conscience, his conscience is weighed down. – **3.** *jur.* heavily incriminated. — **~benˌzin** *n* (*petroleum*) heavy gasoline (*Br.* petrol), heavy naphthene, white spirit.

ˈschwer·beˌschä·digt *adj* **1.** (*Person*) seriously disabled. – **2.** ⟨*attrib*⟩ (*Sache*) heavily damaged. — **ˈSchwer·beˌschä·dig·te** *m* ⟨-n; -n⟩ **1.** seriously disabled person: die ~n the seriously disabled. – **2.** *cf.* Schwerkriegsbeschädigte.

ˈSchwer·beˌschä·dig·tenˌabˌteil *n* (*railway*) compartment for seriously disabled persons.

ˈSchwer·beˌton *m civ.eng.* heavy(-aggregate) concrete.

ˈschwer·beˌwaff·net *adj* ⟨*attrib*⟩ heavily armed. — **ˈSchwer·beˌwaff·ne·te** *m* ⟨-n; -n⟩ heavily armed man.

ˈschwerˌblü·tig [-ˌblyːtɪç] *adj* **1.** (*bedächtig, schwerfällig*) impassive, stolid, phlegmatic(al), lethargic. – **2.** (*melancholisch*) melancholic, melancholy. — **ˈSchwerˌblü·tig·keit** *f* ⟨-; *no pl*⟩ **1.** impassivity, impassiveness, stolidity, lethargy, phlegm. – **2.** melancholy.

ˈSchwer·che·miˌka·li·en *pl chem.* heavy chemicals.

ˈSchwe·re *f* ⟨-; *no pl*⟩ **1.** heaviness, weight, weightiness: eine bleierne ~ lag mir in den Gliedern my limbs felt (as) heavy as lead, my limbs were quite leaden. – **2.** (*Schwerfälligkeit, Massigkeit*) heaviness, ponderosity, ponderousness. – **3.** *phys.* (*Schwerkraft*) gravity, gravitation: das Gesetz der ~ the law of gravity. – **4.** *fig.* weight: die ganze ~ der Verantwortung the full weight of (the) responsibility. – **5.** *fig.* (*Gewichtigkeit*) weight, import: damals habe ich die ~ seiner Worte noch nicht erfaßt I didn't realize the import of his words at the time. – **6.** *fig.* (*eines Verbrechens etc*) seriousness, gravity. – **7.** *fig.* (*einer Strafe, Krankheit etc*) severity: er bekam die volle ~ des Gesetzes zu spüren he had to suffer the full severity of the law. – **8.** (*des Weins*) heaviness, headiness, body. — **~beˌschleu·ni·gung** *f phys.* acceleration due to gravity, gravitational acceleration. — **~ˌfeld** *n* gravitation(al) field, field of gravity.

ˈschwe·re·los I *adj* **1.** (*space*) weightless. – **2.** *fig.* weightless, (a)ethereal, *auch* (a)etherial. – **II** *adv* **3.** ~ tanzte sie durch den Raum *fig.* she danced through the room lighter than air. — **ˈSchwe·re·lo·sig·keit** *f* ⟨-; *no pl*⟩ **1.** (*space*) weightlessness. – **2.** *fig.* weightlessness, (a)etherealness, *auch* (a)etherialness.

ˈSchwe·re|ˌmes·ser *m phys.* **1.** gravimeter. – **2.** (*Baroskop*) baroscope. — **~ˌmes·sung** *f* gravity measurement, gravimetry.

ˈSchwe·reˌnö·ter [-ˌnøːtər] *m* ⟨-s; -⟩ *colloq. humor.* **1.** (*Schürzenjäger*) lady-killer, (gay) lothario (*auch* Lothario). – **2.** (*Leichtfuß*) gay spark, happy-go-lucky fellow (*colloq.*). – **3.** *Swiss* sly (*od.* cunning) fox.

ˈschwer|erˌkämpft, ~erˌrun·gen *adj* ⟨*attrib*⟩ (*Sieg etc*) hard-won. — **~erˌzieh·bar** *adj* ⟨*attrib*⟩ difficult (to educate), educationally subnormal, maladjusted: ein ~es Kind a difficult (*od.* problem) child.

ˈSchwe·reˌwir·kung *f phys.* gravitational effect.

ˈschwerˌfal·len *v/i* ⟨*irr, sep,* -ge-, *sein*⟩ etwas fällt j-m schwer s.th. is difficult (*od.* hard) for s.o., s.o. finds s.th. difficult (*od.* hard): Englisch fällt ihm schwer he finds English difficult, English does not come easily to him; das dürfte dir nicht ~ you won't find that too difficult; es fällt mir schwer, diese Geschichte zu glauben I can hardly believe this story; es fällt mir immer schwer, Abschied zu nehmen it is always hard for me to say good-bye.

ˈschwerˌfäl·lig I *adj* **1.** (*Person, Bewegung, Gang etc*) heavy, ponderous. – **2.** (*unbeholfen*) clumsy, awkward. – **3.** (*langsam, träge*) slow, dull, ponderous, sodden: er hat einen ~en Verstand he has a slow mind, he is slow(-witted), he is slow in (*od.* on) the uptake (*colloq.*). – **4.** (*Stil*) ponderous, laborious. – **5.** (*klobig*) cumbersome, unwieldy. – **II** *adv* **6.** heavily, ponderously: ~ erhob sich der Alte aus seinem Sessel the old man got up heavily from his armchair. – **7.** clumsily: sich ~ bei etwas anstellen to set (*od.* go) about s.th. clumsily. — **ˈSchwerˌfäl·lig·keit** *f* ⟨-; *no pl*⟩ **1.** heaviness, ponderousness, ponderosity. – **2.** clumsiness, awkwardness. – **3.** slowness, dul(l)ness, ponderousness, ponderosity. – **4.** cumbersomeness, unwieldiness.

ˈschwer|ˌflüch·tig *adj chem.* nonvolatile *Br.* non-. — **~ˌflüs·sig** *adj chem.* viscous, viscid.

ˈSchwer·geˌwicht *n* **1.** (*sport*) heavyweight: der Sieger im ~ the heavyweight winner. – **2.** *fig.* (*Nachdruck*) (main) emphasis (*od.* stress): das ~ auf (*acc*) etwas legen to stress (*od.* emphasize) s.th. — **ˈSchwer·geˌwicht·ler** *m* ⟨-s; -⟩ (*sport*) heavyweight.

ˈSchwer·geˌwichts|ˌklas·se *f* (*sport*) heavyweight class. — **~ˌmei·ster** *m* heavyweight champion. — **~ˌmei·ster·schaft** *f* heavyweight championship.

ˈSchwerˌgut *n mar.* heavy lift, deadweight cargo (*od.* goods *pl*), heavy goods *pl.*

ˈschwerˌhal·ten *v/impers* ⟨*irr, sep,* -ge-, *h*⟩ es hält schwer [wird ~] it is [will be] difficult: es wird ~, ihn zu überzeugen it will be difficult to convince him; es wird ~, daß ich komme it will be difficult for me to come.

ˈschwerˌhö·rig *adj* **1.** hard of hearing. – **2.** (*taub*) deaf: sich ~ stellen *auch fig.* to feign deafness. — **ˈSchwerˌhö·rig·keit** *f* ⟨-; *no pl*⟩ **1.** difficulty (*od.* impairment) of hearing: leichte ~ defective hearing, hypac(o)usis (*scient.*); schwere ~ bradyac(o)usia. – **2.** (*Taubheit*) deafness: nervöse ~ nervous deafness.

ˈSchwer·in·duˌstrie *f econ.* heavy industry: Aktien der ~ heavy industrials. — **ˈSchwer·in·du·striˌel·le** *m* heavy industrialist.

ˈSchwerˌkraft *f* ⟨-; *no pl*⟩ *phys.* gravitation (force), gravity. — **~beˌschleu·ni·gung** *f* gravitational acceleration. — **s~empˌfind·lich** *adj* (*space*) gravity-sensing. — **~enerˌgie** *f* gravitation energy. — **~ˌfeld** *n cf.* Schwerefeld.

ˈschwer|ˌkrank *adj* ⟨*attrib*⟩ seriously (*od.* dangerously) ill. — **S~ˌkran·ke** *m, f* seriously (*od.* dangerously) ill person. — **~ˌkriegs·beˌschä·digt** *adj* seriously disabled on active duty. — **S~ˌkriegs·beˌschä·dig·te** *m* seriously disabled ex-serviceman (*od.* soldier, *Am.* veteran).

ˈSchwerˌlast|ˌkran *m tech.* goliath (*od.* heavy-duty) crane. — **~ˌwa·gen** *m* heavy-duty lorry (*Am.* truck).

ˈschwer·lich *adv* hardly, scarcely: das wird ~ möglich sein that will hardly be possible.

ˈschwerˌma·chen *v/t* ⟨*sep*, -ge-, h⟩ **1.** j-m etwas ~ to make s.th. difficult (*od.* hard) for s.o.: j-m das Leben ~ to make (*od.* render) life difficult for s.o. – **2.** j-m das Herz ~ to make s.o.'s heart sad, to sadden (*od.* grieve) s.o.

ˈSchwer·meˌtall *n* heavy metal.

ˈSchwerˌmut *f* ⟨-; *no pl*⟩ melancholia, melancholy, dejection, (mental) depression, gloom(iness), (the) blues *pl* (*sometimes construed as sg*) (*colloq.*). — **ˈschwerˌmü·tig** *adj* melancholic, melancholy, dejected, (mentally) depressed, gloomy, blue (*colloq.*): ~ sein to be melancholic; to have the blues, to be (down) in the dumps (*colloq.*). — **ˈSchwerˌmü·tig·keit** *f* ⟨-; *no pl*⟩ *obs. for* Schwermut.

ˈschwerˌneh·men *v/t* ⟨*irr, sep*, -ge-, h⟩ etwas ~ a) to take s.th. seriously, b) (*zu Herzen nehmen*) to take s.th. to heart: sie hat immer alles schwergenommen she has always taken things to heart.

ˈSchwerˌöl *n tech.* heavy oil (*od.* fuel). — **~ˌmo·tor** *m tech.* diesel- (*auch* Diesel-) (-type) engine.

ˈSchwerˌpunkt *m* **1.** *phys.* (*Massemittelpunkt*) center (*bes. Br.* centre) of gravity, centroid. – **2.** *fig.* (*Hauptgebiet*) main field: die Kurzgeschichte bildet den ~ seines literarischen Schaffens the short story constitutes the main field of his literary activity. – **3.** *fig.* (*Akzent, Hauptinteresse*) emphasis, focus, focal point, chief stress: er verlegte den ~ seiner Tätigkeit auf die politische Arbeit he shifted the emphasis of his activity to politics, he made politics the focal point of his activity. – **4.** *mil.* point of main effort: den ~ auf (*acc*) etwas ansetzen to concentrate one's efforts on s.th. – **5.** (*beim Radar*) center (*bes. Br.* centre) target. — **~ˌbil·dung** *f* **1.** concentration. – **2.** *mil.* massing, concentration (of forces). — **~in·duˌstrie** *f econ.* basic (*od.* key) industry. — **~proˌgramm** *n bes. econ. pol.* point-of-main-effort program (*bes. Br.* programme). — **~ˌstreik** *m* pinpoint strike. — **~verˌla·ge·rung** *f* **1.** *phys.* displacement of the center (*bes. Br.* centre) of gravity. – **2.** *fig.* shift(ing) of emphasis. — **~ˌwan·de·rung** *f phys.* migration of the center (*bes. Br.* centre) of gravity.

ˈschwerˌreich *adj* ⟨*attrib*⟩ *colloq.* exceedingly (*od. colloq.* awfully, frightfully, *sl.* stinking) rich.

ˈSchwerˌspat *m* **1.** *min.* heavy (*od.* ponderous) spar (*od.* earth), barite, tiff. – **2.** *chem.* barium sulfate (*bes. Br.* -ph-), permanent white ($BaSO_4$).

Schwert [ʃveːrt] *n* ⟨-(e)s; -er⟩ **1.** sword: das ~ ziehen (*od.* zücken), zum ~ greifen to draw the (*od.* one's) sword; das ~ aus der Scheide ziehen to unsheathe one's sword; die ~er kreuzen to cross swords; j-n zum Tod durch das ~ verurteilen to sentence s.o. to death by the sword; das ~ in die Scheide stecken a) to sheathe (*od.* put up) one's sword, b) *fig.* to end the fight; etwas mit Feuer und ~ vernichten *fig.* to destroy s.th. by (*od.* with) fire and sword; ein zweischneidiges ~ *auch fig.* a double- (*od.* two-)edged sword; das ~ des Damokles hing (*od.* schwebte) über ihm *fig.* the Sword of Damocles hung over him. – **2.** *mar.* a) centerboard, *bes. Br.* centre-board, b) (*Seitenschwert*) leeboard, c) (*Kimmschwert*) bilgeboard. — **~ˌbrü·derˌor·den** *m hist.* Order of the Brethren of the Sword.

Schwer·tel [ˈʃvɛrtəl] *m, Austrian n* ⟨-s; -⟩ *bot.* a) *cf.* Gladiole, b) *cf.* Schwertlilie.

ˈSchwer·ter|geˌklirr *n* clash(ing) of swords. — **~ˌtanz** *m* sword dance.

ˈSchwert|ˌfarn *m bot.* sword fern, basket fern (*Nephrolepis exaltata u. N. cordifolia*). — **~ˌfe·ger** *m hist.* armorer, *bes. Br.* armourer, sword cutler, sword maker. — **~ˌfisch** *m zo.* swordfish, broadbill, espada, espadon (*Xiphias gladius*). — **s~ˌför·mig** *adj* **1.** sword-shaped. – **2.** *bot.* ensiform, ensate, gladiate. — **~ˌfortˌsatz** *m med.* ensiform (*od.* xiphoid) process. — **~geˌklirr** *n cf.* Schwertergeklirr. — **~ˌgriff** *m* (sword) hilt. — **~ˌhieb** *m* thrust (*od.* stroke, blow) of the sword, sword thrust (*od.* stroke, blow). — **~ˌjacht** *f mar.* centerboard (*bes. Br.* centre-board) yacht. — **~ˌka·sten** *m* centerboard (*bes. Br.* centre-board) case. — **~ˌklin·ge** *f* sword blade. — **~ˌknauf** *m* sword pommel. — **~ˌlei·te** [-ˌlaɪtə] *f* ⟨-; -n⟩ *hist.* accolade, knighting, dubbing. — **~ˌli·lie** *f bot.* iris, sword flag, flag, *archaic and Am. auch* flower-de-luce, fleur-de-lis (*Gattg Iris*): Blaue ~ blue flag (*I. versicolor*); Deutsche ~ common iris (*I. germanica*); Florentinische ~ Florentine iris (*od.* lily, orris) (*I. florentina*); Gelbe ~ yellow iris, yellow water flag (*I. pseudacorus*); Knollige ~ snake's-head iris (*I. tuberosa*). — **~ˌli·li·enˌgeˌwäch·se** *pl bot.* iris family *sg*, iridaceae (*scient.*) (*Fam. Iridaceae*). — **~ˌrit·terˌor·den** *m hist. cf.* Schwertbrüderorden. — **~ˌschlucker** (*getr.* -k·k-) *m* sword-swallower. — **~ˌschwän·ze** *pl zo.* swordtails, swordtailed crustaceans, xiphosura (*scient.*) (*Ordng Xiphosura*). — **~ˌstör** *m* Chinese paddlefish (*Psephurus gladius*). — **~ˌstreich** *m cf.* Schwerthieb: ohne ~ *fig.* without a fight. — **~ˌtanz** *m cf.* Schwertertanz. — **~ˌträ·ger** *m zo.* swordtail (*Xiphophorus helleri*).

ˈschwerˌtun *v/i, auch v/reflex* ⟨*irr, sep*, -ge-, h⟩ sich ~ *colloq.* find it difficult (*od.* hard): du hast dir (*auch* dich) mit dem Lernen [in Latein] immer schwergetan you always found studying [Latin] difficult, studying [Latin] always came hard to you.

ˈSchwertˌwal *m zo.* **1.** Großer ~ killer whale, grampus (*Orcinus orca*). – **2.** Kleiner ~ false killer whale (*Pseudorca crassidens*).

ˈSchwer|verˌbre·cher *m*, **~verˌbre·che·rin** *f* **1.** criminal, big criminal (*colloq.*). – **2.** *jur.* felon. — **s~verˌdau·lich** *adj* ⟨*attrib*⟩ **1.** (*Speisen*) heavy, indigestible, stodgy. – **2.** *fig.* (*Literatur etc*) heavy, indigestible. — **~verˌdau·lich·keit** *f* ⟨-; *no pl*⟩ **1.** heaviness, indigestibility, stodginess. – **2.** *fig.* heaviness, indigestibility. — **s~verˌdient** *adj* ⟨*attrib*⟩ (*Geld etc*) hard-earned. — **s~verˌletzt** *adj* ⟨*attrib*⟩ seriously (*od.* badly) injured. — **~verˌletz·te** *m, f* seriously (*od.* badly) injured person, major casualty: die ~n *pl* the seriously injured. — **s~verˌständ·lich** *adj* ⟨*attrib*⟩ difficult (*od.* hard) to understand, abstruse, obscure. — **s~verˌträg·lich** *adj* ⟨*attrib*⟩ *cf.* schwerverdaulich 1. — **~verˌträg·lich·keit** *f* ⟨-; *no pl*⟩ *cf.* Schwerverdaulichkeit 1. — **s~verˌwun·det** *adj* ⟨*attrib*⟩ seriously (*od.* badly) wounded. — **~verˌwun·de·te** *m, f* seriously (*od.* badly) wounded person, major casualty: die ~n *pl* the seriously wounded.

ˈSchwerˌwas·ser *n chem. nucl.* heavy water. — **~reˌak·tor** *m* heavy-water reactor.

ˈschwerˌwie·gend *adj* (*Gründe, Folgen etc*) serious, grave, weighty: ~ere (*od.* schwerer wiegende) Bedenken more serious objections.

Schwe·ster [ˈʃvɛstər] *f* ⟨-; -n⟩ **1.** sister: leibliche ~ full sister, sister-german. – **2.** (*Krankenschwester*) a) nurse, b) (*Oberschwester*) sister. – **3.** *relig.* a) sister, b) (*eines Ordens*) nun: Barmherzige ~ Sister of Charity, Sister of Mercy; ~ X Sister X.

ˈSchwe·sterˌanˌstalt *f* affiliated (*od.* associated) institution (*od.* establishment), *bes. Am.* affiliate.

ˈSchwe·ster·chen *n* ⟨-s; -⟩ little (*od.* baby) sister.

ˈSchwe·ster|ˌfir·ma *f econ.* affiliated (*od.* associated) firm (*od.* company). — **~ˌkind** *n* sister's child.

ˈSchwe·ster·lein *n* ⟨-s; -⟩ *poet. od. dial. for* Schwesterchen.

ˈschwe·ster·lich *adj* sisterly. — **ˈSchwe·ster·lich·keit** *f* ⟨-; *no pl*⟩ sisterliness.

ˈSchwe·sterˌlie·be *f* **1.** sisterly love. – **2.** sister's love.

ˈSchwe·stern|diˌplom *n med.* diploma of nursing. — **~ˌhau·be** *f* nurse's cap. — **~ˌhel·fe·rin** *f* assistant nurse, *Am.* nurse's aid. — **~ˌlie·be** *f* love among sisters. — **~ˌor·den** *m relig.* sisterhood. — **~ˌpaar** *n* two sisters *pl.*

ˈSchwe·stern·schaft *f* ⟨-; -en⟩ **1.** sisterhood. – **2.** (*eines Krankenhauses*) nursing staff. – **3.** *relig.* sisters *pl*, sisterhood, sorority.

ˈSchwe·stern|ˌschü·le·rin *f med. cf.* Lernschwester. — **~ˌtracht** *f* **1.** nurse's uniform. – **2.** *relig.* (sister's) habit. — **~ˌwohnˌheim** *n* **1.** (*für Krankenpflegerinnen*) nurses' home (*od.* hostel). – **2.** *relig.* convent.

ˈSchwe·ster|ˌschiff *n mar.* sister ship. — **~ˌsohn** *m obs.* sister's son. — **~ˌstadt** *f cf.* Partnerstadt. — **~ˌtoch·ter** *f obs.* sister's daughter. — **~ˌun·terˌneh·men** *n econ.* associated (*od.* affiliated) enterprise (*od.* firm, company).

ˈSchwibˌbo·gen [ˈʃvɪp-] *m arch.* flying buttress.

schwieg [ʃviːk] *1 u. 3 sg pret of* schweigen.

ˈschwie·ger|ˌel·ter·lich [ˈʃviːgər-] *adj* of the (*od.* one's) parents-in-law. — **S~ˌel·tern** *pl* parents-in-law. — **S~ˌmut·ter** *f* mother-in-law. — **S~ˌsohn** *m* son-in-law. — **S~ˌtoch·ter** *f* daughter-in-law. — **S~ˌva·ter** *m* father-in-law.

Schwie·le [ˈʃviːlə] *f* ⟨-; -n⟩ **1.** (*harte Haut*) callus, horny skin, callosity. – **2.** (*durch Schläge etc*) welt, weal, wale, lesion.

ˈSchwie·lenˌsoh·ler [-ˌzoːlər] *pl zo.* (*Kamele*) tylopoda (*Unterordng Tylopoda*).

ˈschwie·lig *adj* (*Hände etc*) thickened, callous, tylotic (*scient.*).

schwier [ʃviːr] *obs. imp*, **schwiert** [ʃviːrt] *obs. 3 sg pres of* schwären.

schwie·rig [ˈʃviːrɪç] **I** *adj* **1.** (*schwer zu bewältigen, zu verstehen etc*) difficult, hard, stiff, tough (*colloq.*): eine ~e Arbeit a difficult (*od.* tough) job; eine ~e Aufgabe a difficult (*od.* an arduous) task, uphill work; eine ~e Prüfung a difficult (*od.* stiff) examination; so ~ ist das nicht it's not as difficult as all that; ein ~es Gelände a difficult terrain; etwas ~ machen to make (*od.* render) s.th. difficult, to impede s.th. – **2.** (*verwickelt*) complicated, intricate: das macht alles noch ~er that complicates matters even more. – **3.** (*heikel*) difficult, tricky, delicate, ticklish: eine ~e Frage a difficult (*od.* puzzling) question, a poser, *bes. Am. colloq.* a sixty-four-dollar question; ein ~es Problem a difficult (*od.* thorny, knotty) problem; ein ~es Unternehmen (*od.* Unterfangen) a delicate (*od.* difficult) enterprise. – **4.** (*kritisch*) critical: ein ~er Punkt a critical (*od.* knotty, thorny) point. – **5.** (*unangenehm*) (*Verhältnisse etc*) difficult, awkward: eine ~e Lage an awkward situation, a predicament, a fix; im ~en Alter at the awkward age. – **6.** (*schwer zu behandeln*) (*Person*) difficult, hard to please: er wird mit den Jahren immer ~er he gets more and more difficult as he grows older. – **7.** (*schwer zu erziehen*) difficult (to educate): ein ~es Kind a difficult (*od.* a problem) child. – **II S~e, das** ⟨-n⟩ **8.** the difficult thing (*od.* part): das S~e daran ist the difficult thing about it is, the difficult part of it is; das Schwierigste haben wir hinter uns the worst is over, we are over the hump, we are out of the woods (*Br.* wood). — **ˈSchwie·rig·keit** *f* ⟨-; -en⟩ **1.** difficulty: finanzielle ~en financial difficulties; das macht ~en this raises (*od.* presents) difficulties; auf ~en stoßen to come up against (*od.* meet with, encounter) difficulties, to hit (*od.* run into) a snag; ~en überwinden to overcome (*od.* surmount) difficulties, to clear hurdles; das bereitete technische ~en that presented technical difficulties; das war mit vielen ~en verbunden that involved many difficulties; das bereitete ihm keinerlei (*od.* nicht die mindesten, nicht die geringsten) ~en a) (*von einer Gefälligkeit*) that was no trouble (*od.* bother) to him at all, b) (*von einer Leistung*) that was no trouble (*od.* problem) to him, he took it in his stride; **ohne** ~**en** without (any) difficulty (*od.* difficulties), without a hitch; **es ging nicht ohne** ~**en ab** it was not easy; **allen** ~**en trotzen** to defy all difficulties; **alle** ~**en beseitigen** to deal with all difficulties; **hieraus könnten sich für die Industrie** ~**en ergeben** these might prove stumbling blocks for the industry. – **2.** (*Verwicklung*) intricacy: **er macht unnötige** ~**en** he complicates matters unnecessarily. – **3.** (*Hindernis*) difficulty, hitch, snag (*colloq.*): **da liegt die** ~ that's where the difficulty is, that's (*od.* there's) the snag, there's the rub; **die Sache hat ihre** ~**en** certain difficulties are involved, there are several snags; **die** ~ **liegt darin, daß** the snag (*od.* trouble, problem, difficulty) is that. – **4.** (*quälendes Problem*) problem, difficulty, dilemma: **wir kämpfen zur Zeit noch mit** ~**en** we are still having many problems, we are still labo(u)ring under difficulties; **wir werden diesen** ~**en beikommen** we'll come to grips with (*od.* we'll tackle) these difficulties all right; **der Junge hat** ~**en in der Schule** (*od.* **beim Lernen**) learning comes hard to the boy. – **5.** *pl* (*Unannehmlichkeiten*) trouble *sg*, difficulties: **wenn du das tust, bekommst du** ~**en** if you do that you will get into (*od.* you will find yourself in) trouble; **mit dieser Firma hat es noch nie** ~**en gegeben** we have never had (any) trouble with this firm; **j-m** ~**en in den Weg legen** to make difficulties (*od.* trouble) for s.o.; **er macht mir immer** ~**en** he is always making trouble (*od.* making things difficult) for me; ~**en aus dem Weg(e) gehen** to avoid trouble. – **6.** *pl* (*schwierige Lage*) trouble *sg*, difficulties, predicament *sg*, fix *sg*: **in** ~**en geraten** to get into difficulties (*od. colloq.* hot water); **sich in großen** ~**en befinden** to be (*od.* find oneself) in serious trouble (*od.* difficulties), to be in a serious predicament, to be in a fix. – **7.** (*Peinlichkeit*) (*einer Situation etc*) difficulty, awkwardness.

ˈSchwie·rig·keitsˌgrad *m* (*auch sport*) degree of difficulty.

schwill [ʃvɪl] *imp*, **schwillst** [ʃvɪlst] *2 sg pres*, **schwillt** [ʃvɪlt] *3 sg pres of* schwellen I.

ˈSchwimm|ˌanˌstalt *f cf.* Badeanstalt. — ~**ˌanˌzug** *m cf.* Badeanzug. — ~**ˌart** *f cf.* Schwimmstil. — ~**ˌauf·beˌrei·tung** *f metall.* (*des Erzes*) flotation.

ˈSchwimmˌbad *n* **1.** (*offenes*) swimming pool, *Am. auch* swim pool, (*Hallenbad*) indoor pool, *Br.* swimming bath, *Am. auch* natatorium. – **2.** *cf.* Badeanstalt. — ~**reˌak·tor** *m nucl.* swimming-pool reactor.

ˈSchwimm|ˌbag·ger *m civ.eng.* dredge, *bes. Br.* dredger. — ~**ˌbahn** *f* (*sport*) (swimming) lane. — ~**basˌsin**, ~**ˌbecken** (*getr.* -k·k-) *n* (swimming) pool. — ~**ˌbeut·ler** *m zo.* water oppossum, yapo(c)k (*Chironectes minimus*). — ~**beˌwe·gung** *f* (*sport*) swimming stroke. — ~**ˌbla·se** *f* **1.** *zo.* a) (*der Fische*) air (*od.* swimming) bladder, b) (*bei wirbellosen Wassertieren*) float. – **2.** *cf.* Schwimmkissen. — ~**ˌbo·je** *f mar.* buoy. — ~**ˌbrett** *n* (*sport*) kickboard, flutterboard. — ~**ˌbrücke** (*getr.* -k·k-) *f* floating bridge. — ~**conˌtai·ner** *m econ. mar.* floating container. — ~**ˌdock** *n mar.* floating dock.

ˈSchwimmei·ster (*getr.* -mmˌm-) *m* **1.** swimming instructor. – **2.** *cf.* Bademeister 1. — **ˈSchwimmei·ster·schaft** (*getr.* -mmˌm-) *f meist pl* swimming championship.

schwim·men [ˈʃvɪmən] **I** *v/i* ⟨schwimmt, schwamm, geschwommen, sein, *auch* h⟩ **1.** (*von Personen*) swim: **ans Ufer** (*od.* **ans Land**) ~ to swim to the shore, to swim ashore; **auf dem Rücken** [**auf der Seite**] ~ to swim on one's back [on one's side]; **durch einen Fluß** ~ to swim across a river; **wir waren gestern** ~ we went swimming (*od.* for a swim) yesterday; **gehen wir vor dem Essen** ~ let's have a swim before lunch; **er schwimmt wie eine bleierne Ente** [**wie ein Fisch**] *fig. colloq.* he swims like a brick (*od.* rock, stone) [like a fish]; [**mit j-m**] **um die Wette** ~ to swim a race [with s.o.]; **unter Wasser** ~ to swim underwater; **mit dem Strom** ~ a) to swim with the current, b) to swim downstream (*od.* downriver), c) *fig.* to swim with the stream (*od.* tide); **gegen den Strom** ~ a) to swim against the current, b) to swim upstream (*od.* upriver), c) *fig.* to swim against the stream (*od.* tide); **in seinem Blute** ~ *fig.* to swim (*od.* be bathed) in one's (own) blood; **er schwimmt in** (*od.* **im**) **Geld** *fig. colloq.* he is rolling (*od. colloq.* wallowing) in money, he swims in riches; **im Überfluß** ~ to live in the lap of luxury, to swim in abundance; **er schwimmt obenauf** *fig.* he is at the top of the ladder; **im Glück** ~ *fig.* to be in luck's way; **sie schwimmt in einem Meer von Seligkeit** *lit.* she is riding on air, she is blissfully happy; **alles schwamm mir vor den Augen** *fig.* everything swam in front of my eyes, my head was swimming; → Fisch 2; Kielwasser 2. – **2.** (*von Gegenständen*) float, drift, (*von Schiffen*) *auch* be afloat: **die Kinder ließen ihre Schiffe auf dem Wasser** ~ the children swam their boats on the water; **das Schiff schwimmt schon auf hoher See** the ship is already on (*od. lit.* riding) the high seas; **auf den Wellen** ~ to ride the waves (*lit.*). – **3.** *fig. colloq.* (*sehr naß sein*) be swimming, be flooded: **das ganze Zimmer schwamm** the whole room was swimming (with water); **ihre Augen schwammen in Tränen** *fig. lit.* her eyes were swimming with (*od.* bathed in) tears. – **4.** *fig. colloq.* a) (*unsicher sein*) be at sea, b) (*sport*) (*bes. Hintermannschaft*) be at sixes and sevens: **bei der Prüfung** ~ to be at sea in the examination. – **II** *v/t* ⟨h *u.* sein⟩ **5.** (*sport*) (*Rekord, Strecke etc*) swim. – **III S**~ *n* ⟨-s⟩ **6.** *verbal noun.* – **7.** (*als Sportdisziplin*) swimming. – **8.** (*von Personen*) swim: **zum S**~ **gehen** to go for a swim. – **9. ins S**~ **kommen** a) (*beim Autofahren*) to wander, to float, b) (*bei einer Rede etc*) to flounder. – **10.** (*von Gegenständen*) floatage, *bes. Am.* flotage, floatation, *bes. Am.* flotation. — **ˈschwim·mend I** *pres p.* – **II** *adj* **1.** (*Hotel etc*) floating, (*nicht sinkend*) buoyant. – **2.** *mar.* a) (*treibend*) adrift (*pred*), b) (*über Wasser*) afloat (*pred*): ~**es Strandgut** *jur.* waveson, flotsam; ~**e Waren** *econ.* floating goods. – **III** *adv* **3. sich** ~ **ans Ufer retten** to swim ashore to safety; **sich** ~ **in Sicherheit bringen** to swim to safety.

ˈSchwim·mer *m* ⟨-s; -⟩ **1.** swimmer. – **2.** *tech.* (*eines Ventils*) float. – **3.** (*an der Angel*) cork, float, float cork, quill. – **4.** (*an Heringsnetzen*) bowl. – **5.** *mar.* (*Treibbake*) floating beacon. – **6.** *auto.* (*eines Vergasers*) float. – **7.** *aer.* (*an Wasserflugzeugen*) float. – **8.** *tech.* (*im Spülkasten eines WC*) cistern float. – **9.** *bot.* floating (*od. scient.* natant) plant. – **10.** *zo.* swimmer. — ~**ˌflugˌzeug** *n aer.* seaplane, hydroplane.

ˈSchwim·me·rin *f* ⟨-; -nen⟩ swimmer.

ˈSchwim·mer|ˌna·del *f tech.* (*eines Vergasers*) float needle. — ~**ˌschal·tung** *m electr.* float(er) switch. — ~**venˌtil** *n tech.* float valve.

ˈschwimm|ˌfä·hig *adj* (*Schiff etc*) buoyant, floatable. — **S**~**ˌfä·hig·keit** *f* ⟨-; *no pl*⟩ *mar.* buoyancy, *auch* buoyance.

ˈSchwimmˌfä·hig·keitsˌzeug·nis *n mar.* buoyancy certificate.

ˈSchwimm|ˌfahrˌzeug *n mar.* amphibian vehicle. — ~**ˌfest** *n* swimming gala, *auch* aquatic show. — ~**ˌflos·se** *f* **1.** *meist pl* flipper, fin. – **2.** *zo. cf.* Flosse 1. — ~**ˌfuß** *m zo.* **1.** webfoot, webbed (*od.* palmated) foot, palmiped (*scient.*). – **2.** (*bei Krebsen*) swimmeret, *auch* swimmerette, pleopod(ite) (*scient.*). — ~**ˌfü·ßer** *m* ⟨-s; -⟩ **1.** pinniped (*Unterordng Pinnipedia*). – **2.** *pl cf.* Schwimmvögel. — ~**ˌgrun·del** *f, auch m* goby (*Fam. Gobiidae*). — ~**ˌgür·tel** *m* **1.** swimming (*od.* cork) belt. – **2.** (*Rettungsgürtel*) life belt. — ~**ˌhal·le** *f* indoor pool, *Br.* swimming bath, *Am. auch* natatorium. — ~**ˌhaut** *f zo.* web, palama (*scient.*): Schwimmhäute *auch* webbing *sg.* — ~**ˌho·se** *f cf.* Badehose. — ~**ˌkä·fer** *pl zo.* swimmers, diving beetles (*Fam. Dytiscidae*). — ~**ˌkap·pe** *f cf.* Badekappe. — ~**ˌkis·sen** *n* water wings *pl.* — ~**ˌklub** *m* swimming club. — ~**ˌkör·per** *m phys.* float(ing body). — ~**ˌkrab·be** *f zo.* swimming crab (*Gattg Portunus*). — ~**ˌkraft** *f* **1.** floatability. – **2.** *phys. cf.* Auftrieb 1. — ~**ˌkran** *m tech.* floating (*od.* pontoon) crane. — ~**ˌla·ge** *f* **1.** (*sport*) swimming position. – **2.** *mar.* (richtige) ~ (*eines Schiffes*) trim. — ~**ˌleh·rer** *m* swimming instructor (*od.* teacher). — ~**ˌleh·re·rin** *f* swimming instructress (*od.* teacher). — ~**ˌna·del·venˌtil** *n auto.* float needle valve. — ~**ˌpan·zer** *m mil.* amphibious tank. — ~**ˌrat·te** *f zo. cf.* Wassermaus. — ~**ˌsand** *m geol.* quicksand, shifting sand. — ~**ˌschnecke** (*getr.* -k·k-) *f zo.* nerite, neritid (*Gattg Nerita*). — ~**ˌschü·ler** *m* pupil (*od.* learner) (of swimming). — ~**ˌsport** *m* swimming. — ~**ˌsta·di·on** *n* swimming stadium. — ~**ˌstil** *m* swimming style, stroke. — ~**ˌstoß** *m* swimming stroke. — ~**ˌtech·nik** *f* swimming technique. — ~**triˌkot** *n* swimming costume. — ~**ˌun·ter·ˌricht** *m* swimming instruction (*od.* lessons *pl*). — ~**verˌein** *m* swimming club. — ~**ˌvö·gel** *pl zo.* swimmers (*Ordng Natatores*). — ~**ˌwa·gen** *m mil.* amphibious truck. — ~**ˌwan·zen** *pl zo.* water scorpions (*Fam. Naucoridae*). — ~**ˌwe·ste** *f* life jacket, *bes. Am.* life preserver (*od.* vest), (*zum Aufblasen*) air jacket. — ~**ˌwett·ˌkampf** *m* (*sport*) swimming competition (*od.* contest).

Schwin·del [ˈʃvɪndəl] *m* ⟨-s; *no pl*⟩ **1.** *med.* giddiness, dizziness, vertigo (*scient.*): **er wurde von einem leichten** ~ **befallen, ein leichter** ~ **erfaßte** (*od.* **überfiel, überkam**) **ihn** he was overcome (*od.* seized) by slight (*od.* by a slight fit of) dizziness; **an** (*od.* **unter**) (*dat*) ~ **leiden** to suffer from giddiness. – **2.** *vet.* (*bei Rindern*) staggers *pl* (*usually construed as sg*). – **3.** *fig.* (*Vortäuschung, Betrug*) swindle, fraud, cheat, humbug, fake, hoax, take-in, *Br. colloq.* swiz(z), *Am. colloq.* flimflam, *Am. sl.* bunco, bunko: **so ein** ~! what a swindle! **das ist ein ausgemachter** (*od.* **aufgelegter**) ~ *colloq.* that's a downright (*od.* an out-and-out) fraud; **du bist auf einen** ~ **hereingefallen** you've been taken in, *Br. sl.* you've been had; **man darf nicht auf jeden** ~ **hereinfallen** you must not allow yourself to be taken in by every hoax; **den** ~ **kenne ich** *colloq.* I know that trick, I'm up to that dodge (*colloq.*). – **4.** *fig. colloq.* (*Angelegenheit*) affair, 'thing' (*colloq.*): **ich will von dem ganzen** ~ **nichts wissen** *fig. colloq.* I'll have nothing to do with the whole affair. – **5.** *colloq.* fib (*colloq.*), innocuous lie: **erzähl nicht solchen** ~ don't tell such fibs. – **6.** *fig. colloq.* (*wertloses Zeug*) lot (*colloq.*): **der ganze** ~ the whole lot (*od. sl.* caboodle), the whole kit (*colloq.*), *Am. colloq.* the whole shoot (*od. sl.* shebang); **was kostet der ganze** ~ what does the whole lot (*od. sl.* caboodle) cost?

ˈSchwin·del|ˌanˌfall *m med.* giddy (*od. scient.* vertiginous) attack, spell of dizziness, attack of vertigo (*scient.*): **einen** ~ **bekommen** to have (*od.* to experience) a dizzy spell. — ~**ˌbank** *f* ⟨-; -en⟩ *econ.* bogus (*bes. Am.* wildcat) bank. — ~**ˌbee·re** *f bot. cf.* Tollkirsche.

Schwin·deˈlei *f* ⟨-; -en⟩ *colloq.* **1.** *cf.* Schwindeln. – **2.** *cf.* Schwindel 3, 5.

ˈschwin·del·erˌre·gend *adj* **1.** causing (*od.* conducive to) dizziness (*od.* giddiness), (*im weiteren Sinne*) dizzy, vertiginous (*scient.*): ~**e Höhe** dizzy (*od.* vertiginous) height. – **2.** *fig.* (*Erfolg etc*) tremendous, terrific (*beide colloq.*). – **3.** *fig.* (*Preise etc*) exorbitant.

ˈSchwin·del|ˌfir·ma *f econ.* bogus (*od. sl.* bubble, *bes. Br.* long, *bes. Am.* wildcat) firm (*od.* company). — **s**~**ˌfrei** *adj* not liable to (*od.* free from) dizziness (*od.* giddiness): **der Bergsteiger war** ~ the mountaineer did not suffer from dizziness. — ~**geˌfühl** *n med.* (feeling *od.* sensation of) dizziness (*od.* giddiness), vertigo (*scient.*). — ~**geˌsell·schaft** *f econ. cf.* Schwindelfirma.

ˈschwin·del·haft *adj* **1.** *cf.* schwindelerregend. – **2.** *fig.* (*betrügerisch*) swindling, cheating, fraudulent, bogus (*attrib*).

ˈschwin·de·lig *adj cf.* schwindlig.

ˈSchwin·del|ma,nö·ver *n* fraudulent trick (*od.* stratagem). — ~**ˌmei·er** *m colloq.* fibber (*colloq.*): **er ist ein** ~ he is a fibber, he is always telling fibs.

schwin·deln [ˈʃvɪndəln] **I** *v/impers u. v/i* ⟨h⟩ **1. mir** (*od. rare* **mich**) **schwindelt, es schwindelt mir** I feel dizzy (*od.* giddy); **sein Kopf schwindelte, ihm schwindelte**

der Kopf his head was swimming (*od.* reeling), his head felt dizzy; ihm schwindelte bei dem Gedanken an (*acc*) ... the thought of ... made him dizzy, his head reeled (*od.* turned) at the thought of ... – **II** *v/i* **2.** (*flunkern*) fib, tell fibs (*beide colloq.*). – **3.** (*beim Spiel etc*) cheat, swindle, chisel (*sl.*), *Am.* gyp. – **III** *v/reflex* **4.** sich durch etwas ~ to wangle one's way through s.th. (*sl.*); er hat sich in den Saal geschwindelt he wangled his way into the hall. – **IV** *v/t* **5.** (*flunkern*) make (*s.th.*) up: das hat er bestimmt geschwindelt I'm sure he has made that up. – **V S~** *n* ⟨-s⟩ **6.** *verbal noun.* — '**schwin·delnd I** *pres p.* – **II** *adj* dizzy, giddy, vertiginous (*scient.*): in ~er Höhe at a dizzy height; mit ~em Kopf hörten wir zu we listened with dizzy (*od.* swimming) brains, our heads swam (*od.* reeled) as we listened.

'**Schwin·del,preis** *m colloq.* fraudulent (*od.* scandalous) price.

schwin·den ['ʃvɪndən] **I** *v/i* ⟨schwindet, schwand, geschwunden, sein⟩ **1.** (*von Ersparnissen, Vorräten etc*) dwindle (away), diminish, shrink, decrease, grow less, evaporate. – **2.** (*von Holz, Ton etc*) shrink. – **3.** *tech.* a) (*von flüssigem Stahl od. Gußeisen*) shrink, b) (*von erstarrtem Guß*) contract. – **4.** *med.* a) (*von Muskeln*) waste (away), atrophy (*scient.*), b) (*von Geschwulst*) go down, shrink, c) (*von Immunität*) wear off. – **5.** *econ.* a) (*von Kaufkraft etc*) decrease, decline, diminish, b) (*von Waren*) lose weight, shrink, (*bes. von Flüssigkeiten*) leak. – **6.** (*von Farben*) fade, wane (*lit.*). – **7.** (*radio*) (*von Ton*) fade (away), die away. – **8.** *ling.* (*von Silbe etc*) fall off, be lost. – **9.** (*von Schönheit*) fade (away); wane, evanesce (*lit.*). – **10.** (*von Kräften etc*) (begin to) fail, wane, ebb, decline, waste (*od.* wear) away: ihr schwanden die Sinne *lit.* she lost consciousness, she fainted (*od.* swooned). – **11.** *fig.* (*von Angst, Bedeutung, Hoffnung etc*) fade (away), dwindle (away), vanish, evaporate: meine ganze Hoffnung ist geschwunden all my hope has vanished (*od.* has deserted me); ihm schwand der Mut his heart sank, he lost courage; sein Einfluß schwindet mehr und mehr his influence is dwindling (*od.* waning) (more and more); mein Vertrauen zu ihr ist völlig geschwunden I have lost all confidence in her; seine Aussichten ~ his prospects are fading. – **12.** (*von Jahren, Tagen etc*) pass (by), go by, elapse; lapse, waste (*lit.*). – **13.** *fig.* (*aus der Erinnerung*) *cf.* entschwinden 2. – **II S~** *n* ⟨-s⟩ **14.** *verbal noun*: seine Macht war im S~ (begriffen) his power was on the wane (*od.* was fading, was crumbling). – **15.** *cf.* Schwund 2, 3, 5—9.

'**Schwind,hohl,raum** *m tech.* shrink hole.

'**Schwind·ler** *m* ⟨-s; -⟩ **1.** fibber (*colloq.*). – **2.** cheat, swindler, chiseler, *bes. Br.* chiseller (*sl.*), *Am.* gyp(per). – **3.** *cf.* Hochstapler 1. – **4.** *cf.* Bauernfänger 1. – **5.** (*games*) a) (*beim Spiel*) cheat, b) (*beim Kartenspiel*) cardsharp(er).

'**schwind·ler·haft** *adj cf.* schwindlerisch.

'**Schwind·le·rin** *f* ⟨-; -nen⟩ *cf.* a) Schwindler 1, 2, b) Hochstaplerin 1.

'**schwind·le·risch** *adj* **1.** fraudulent, swindling, cheating. – **2.** (*verlogen*) (given to) lying, untruthful.

'**schwind·lig** *adj* (von, vor *dat* with) dizzy, giddy, vertiginous (*scient.*): mir ist (*od.* ich fühle mich) ganz ~ I feel quite dizzy, my head is swimming, I'm light in the head (*colloq.*); mir wird ~ I'm getting (*od.* becoming) dizzy.

'**Schwind,maß** *n metall. tech.* **1.** (*Grad der Schwindung*) degree of shrinkage. – **2.** *cf.* a) Schwindmaßstab, b) Schwindmaßzugabe. — **~,stab** *m metall. tech.* shrink rule. — **~,zu,ga·be** *f* shrinkage allowance.

'**Schwind,riß** *m* (*von Holz*) shrinkage shake.

'**Schwind|,sucht** *f* ⟨-; *no pl*⟩ **1.** *med.* consumption, tuberculosis, phthisis (*scient.*): galoppierende ~ galloping consumption; die ~ bekommen to become consumptive. – **2.** mein Geldbeutel hat die ~ *fig. colloq.* there is a hole in my purse. — **s~,süch·tig** *adj med.* consumptive, tuberculous, phthisic (*scient.*). — **~,süch·ti·ge** *m, f* consumptive.

'**Schwin·dung** *f* ⟨-; *no pl*⟩ **1.** *cf.* Schwinden. – **2.** *tech.* a) (*von Holz, Ton etc*) *cf.* Schrumpfriß, b) (*des flüssigen Gusses*) shrinkage, c) (*des erstarrten Gusses*) *cf.* Schrumpfung 2.

'**Schwin·dungs,riß** *m metall.* shrinkage crack.

'**Schwing|,ach·se** *f auto.* independent wheel suspension (by twin transverse control arms), floating (*od.* independent, swinging) axle. — **~,an·ker** *m* **1.** *electr.* (*einer Uhrenanlage*) pendulum-type armature. – **2.** *tel.* (*eines Wählers*) stepping-relay armature. — **~,an,schlag** *m tech.* swing stop. — **~,arm** *m* **1.** *auto.* a) track control arm, b) (*Querlenker*) transverse control arm, wishbone, c) (*Längslenker*) longitudinal control arm. – **2.** *tech.* (*eines Schnellhoblers*) rocker (*od.* oscillating) arm. — **~,au·di·on** *n electr.* ultra-audion oscillator, oscillating detector. — **~be,reich** *m* (*eines Oszillators*) frequency range. — **~be,we·gung** *f tech.* **1.** vibratory motion (*od.* movement). – **2.** (*einer Schwinge*) reciprocating (*od.* rocking) motion. – **3.** (*einer Läppspindel*) oscillating movement (*od.* stroke). — **~,bo·den** *m* (*in Turnhallen etc*) elastic (*od.* sprung) floor. — **~,durch,mes·ser** *m tech.* swing.

Schwin·ge ['ʃvɪŋə] *f* ⟨-; -n⟩ **1.** *meist pl lit.* (*Flügel*) wing, pinion (*lit.*). – **2.** *agr.* a) (*für Getreide*) winnow, fan, b) (*für Hanf, Flachs*) swingle, c) *cf.* Schwingmaschine. – **3.** *tech.* a) rocker arm, b) tumbler. – **4.** (*am Webstuhl*) sword.

Schwin·gel ['ʃvɪŋəl] *m* ⟨-s; -⟩, **~,gras** *n bot.* fescue (grass) (*Gattg Festuca*).

schwin·gen ['ʃvɪŋən] **I** *v/t* ⟨schwingt, schwang, geschwungen, h⟩ **1.** (*Fahne, Fackel, Hut, Zauberstab etc*) wave, swing. – **2.** (*Axt, Hammer, Peitsche etc*) swing, flourish, (*drohend*) *auch* brandish, shake, wave: wütend schwang er den Knüppel he brandished the club furiously. – **3.** (*Arme, Beine*) swing. – **4.** (*eine Glocke etc*) swing, shake. – **5.** (*ein Seil etc*) um etwas ~ to pass (*od.* sling) (*s.th.*) (a)round s.th. – **6.** *fig. colloq.* (*in Wendungen wie*) das Tanzbein ~ to shake a leg, to trip the light fantastic (*beide colloq.*); meine Frau schwingt den Besen *humor.* my wife is cleaning up (*od. colloq. humor.* is clearing the decks); den Pantoffel ~ *humor.* (*von Frauen*) to rule the roost, to henpeck one's husband; eine Rede ~ *humor.* to deliver (*Am. colloq.* bounce off) a speech; die große Klappe (*od.* große Reden) ~ to brag (*od.* talk big, *Am. colloq.* blow). – **II** *v/i* **7.** (*von herabhängender Last, Schaukel etc*) swing, sway. – **8.** (*von Pendel etc*) swing, oscillate. – **9.** (*von Gitarrensaite etc*) resonate, vibrate, swing. – **10.** (*nachklingen*) linger: die Töne des Schlußakkords schwangen noch im Raum the tones of the final chord were still lingering in the room. – **11.** (*mitschwingen*) ring: die Luft schwang vom Geschrei der Menge the air rang with the shouting of the crowd; ein vorwurfsvoller Ton schwang in ihrer Stimme there was a tone of reproach in her voice. – **12.** (*vibrieren*) vibrate, quiver: die Brücke schwang unter den marschierenden Soldaten the bridge quivered under the marching soldiers. – **13.** (*sport*) (*von Turner, Skifahrer*) swing. – **14.** *tech.* a) (*mit konstanter Frequenz*) vibrate, b) (*mitschwingen*) resonate, c) (*von Läppwerkzeug*) oscillate, d) (*von Meißel etc*) vibrate, e) (*von Schwinge*) reciprocate, rock. – **III** *v/reflex* **15.** sich auf (*acc*) [aus, in *acc*] etwas ~ to swing oneself (*od.* vault) on (to) [out of, into] s.th.: er schwang sich auf sein Fahrrad [aus dem Fenster] he swung himself on his bicycle [out of the window]; sich auf den Thron ~ *fig.* to usurp the throne. – **16.** sich in die Luft (*od.* Höhe) ~ *poet.* (*von Vogel*) to soar (up) into the air: der Adler schwingt sich in die Lüfte the eagle soars high up into the air (*od.* sky). – **17.** sich nach Norden [Süden] ~ (*von Küste, Strand etc*) to sweep northward(s) [southward(s)]. – **18.** sich über (*acc*) etwas ~ a) (*über eine Mauer etc*) to swing oneself (*od.* vault) over s.th., b) (*von Brücke*) to span s.th. – **IV S~** *n* ⟨-s⟩ **19.** *verbal noun.* – **20.** (*eines Pendels etc*) swing(-swang), oscillation. – **21.** (*sport*) a) (*beim Turnen, Skifahren*) swing, b) *Swiss variety of wrestling.* – **22.** *tech.* a) (*mit konstanter Frequenz*) vibration, b) (*von Läppwerkzeug*) oscillation, c) (*von Meißel*) vibration, d) (*von Schwinge*) reciprocation, rocking movement.

'**Schwin·gen,an,trieb** *m tech.* crank drive mechanism.

'**schwin·gend I** *pres p.* – **II** *adj* (*Bewegung*) a) swinging, b) vibratory, c) oscillatory: ~er Meißel *tech.* vibrating cutting tool; ~er Meißelhalter *tech.* swing toolholder; ~e Beanspruchung, ~e Belastung *tech.* (*einer Druckfeder*) alternating load.

'**Schwin·ger** *m* ⟨-s; -⟩ **1.** (*beim Boxen*) swing, (*wilder*) haymaker (*sl.*). – **2.** *Swiss* (*sport*) *wrestler going in for 'Schwingen'.* – **3.** *tech.* (*bei der Elektroerosion*) vibrator. – **4.** *electr.* piezoelectric crystal. – **5.** *phys.* (*bei der Schallmessung*) oscillator. – **6.** *zo. cf.* Schwingkölbchen.

'**Schwing|,flü·gel** *m civ.eng.* window wing. — **~,för·de·rer** *m tech.* reciprocating plate feeder. — **~fre,quenz** *f phys.* **1.** (*freier Schwingungen*) oscillation frequency. – **2.** (*bei Schwingungen konstanter Frequenz*) vibration frequency. — **~,he·bel** *m* **1.** *tech.* a) rocker arm, b) (*eines Schleifbockschlittens*) rocking lever. – **2.** *auto.* (*des Ventils, der Kraftstoffpumpe*) rocker arm. — **~,kölb·chen** [-,kœlpçən] *n* ⟨-s; -⟩, **~,kol·ben** *m zo.* (*der Zweiflügler*) halter(e), *auch* balancer, poiser. — **~,kreis** *m electr.* resonant (*od.* oscillating) circuit. — **~,kur·bel·ge,trie·be** *n tech.* crank gear mechanism. — **~,lei·stung** *f* vibrating power. — **~ma,schi·ne** *f agr.* (*für Flachs, Hanf etc*) beating machine, swingle, scutch(er), scotcher. — **~,mes·ser** *n* scutch (blade), swinging knife. — **~me,tall** *n tech.* vibrationproof composite metal, rubber-bonded metal. — **~,pflug** *m agr.* swing plough (*bes. Am.* plow). — **~,quarz** *m electr.* piezoelectric crystal, crystal oscillator, quartz resonator (*od.* vibrator). — **~,sieb** *n tech.* shaking screen. — **~,spu·le** *f electr.* a) moving coil, oscillator, b) (*eines elektrodynamischen Wandlers*) *cf.* Tauchspule, c) (*eines Lautsprechers*) voice coil. — **~,tür** *f* swinging door.

'**Schwin·gung** *f* ⟨-; -en⟩ **1.** *cf.* Schwingen. – **2.** (*mechanische Wechselbewegung*) swing, oscillation: ein Pendel in ~ versetzen to swing (*od.* oscillate) a pendulum; die Glocke kam in ~ the bell began to swing. – **3.** *meist pl phys.* a) (*freie Schwingung eines mechanischen Systems*) oscillation, b) (*Schwingung konstanter Frequenz*) vibration, c) (*in Akustik*) (*in Resonanzfrequenzen*) vibration: gedämpfte [ungedämpfte] ~en damped [undamped] oscillations; fremderregte [selbsterregte] ~en forced [self-induced] vibrations; harmonische [subharmonische] ~ harmonics *pl* [subharmonics *pl*]. – **4.** *electr.* (*Wechselgröße*) alternating quantity, (*im Schwingkreis*) oscillation. – **5.** *tech.* (*in Regelungstechnik*) cycling: wilde ~en spurious oscillations. – **6.** *astr.* (*bes. des Mondes*) libration. – **7.** *fig. lit.* (*seelische*) vibration.

'**Schwin·gungs|,ach·se** *f* (*eines Pendels*) axis of oscillation. — **~am·pli,tu·de** *f phys.* vibration amplitude. — **s~,arm** *adj* (*Maschine etc*) vibration-free (*od.* -resisting). — **~,aus,schlag** *m phys.* amplitude (of vibration). — **~,bauch** *m* oscillation loop (*od.* antinode). — **~be,an,spru·chung** *f tech.* (*bei der Werkstoffprüfung*) cyclic stress, vibration stressing. — **~be,we·gung** *f cf.* Schwingbewegung. — **~,bo·gen** *m phys.* arc of oscillation. — **~,bruch** *m metall.* fatigue fracture. — **~,dämp·fer** *m* **1.** *auto.* shock absorber, *Br. auch* damper. – **2.** *tech.* vibration damper. — **~,dämp·fung** *f tech.* vibration damping. — **~,dau·er** *f phys.* (oscillation) period. — **s~emp,find·lich** *adj tech.* sensitive (*od.* susceptible) to vibration. — **~ener,gie** *f phys.* oscillation energy. — **~er,re·ger** *m* vibration exciter, vibration-exciting element. — **~er,re·gung** *f* vibration excitation. — **s~er,zeu·gend** *adj* vibration-generating. — **~er,zeu·ger** *m phys. electr.* **1.** vibration generator, vibrator. – **2.** *incorrect for* Oszillator. — **s~,fä·hig** *adj* **1.** *phys.* capable of vibratory motion, vibratory, vibratile. – **2.** *electr.* oscillatory. — **s~,fest** *adj* (*Gußstück etc*) vibration-resisting. — **~,fe·stig·keit** *f* **1.** dynamic strength, vibratory fatigue limit. – **2.** (*in Werkstoffprüfung*) endurance strength (*od.* limit). — **s~,frei** *adj* aperiodic, deadbeat (*attrib*), free from vibrations, vibrationless. — **~ˌglei·chung** *f math.* oscillation equation. — **~ˌkno·ten** *m phys.* oscillation node, nodal point of vibration. — **~ˌkreis** *m electr. cf.* Schwingkreis. — **~pe·riˌode** *f phys. cf.* Schwingungsdauer. — **~ˌprüf·maˌschi·ne** *f tech.* vibratory testing machine. — **~ˌschrei·ber** *m* oscillograph. — **~verˌsuch** *m* **1.** (*an Werkzeugen*) vibration test. – **2.** (*in Werkstoffprüfung*) repeated stress test. — **~ˌvorˌgang** *m phys.* vibration phenomenon (*od.* process). — **~ˌwei·te** *f* amplitude (of oscillation). — **~ˌzahl** *f electr. phys.* frequency of oscillations (*od.* vibrations). — **~ˌzäh·ler** *m* vibrograph. — **~ˌzuˌstand** *m* state of vibration.

'SchwingˌwerkˌZeug *n tech.* swing tool.

schwipp [ʃvɪp] *interj* splash!: ~, schwapp! splish-splash!

'Schwipp|ˌschwa·ger *m colloq.* **1.** brother of one's brother- (*od.* sister-)in-law. – **2.** husband of one's sister-in-law. — **~ˌschwä·ge·rin** *f* **1.** sister of one's brother- (*od.* sister-)in-law. – **2.** wife of one's brother-in-law.

schwips [ʃvɪps] *interj cf.* schwipp.

Schwips *m* ⟨-es; -e⟩ *colloq.* tipsiness (*colloq.*): einen ~ haben [bekommen] to be [to get] tipsy (*od.* happy, merry) (*colloq.*).

Schwirl [ʃvɪrl] *m* ⟨-(e)s; -e⟩ *zo.* warbler (*Gattg Locustella*).

schwir·ren ['ʃvɪrən] **I** *v/i* ⟨h *u.* sein⟩ **1.** ⟨sein⟩ (*von Vögeln*) whir, *auch* whirr. – **2.** ⟨sein⟩ (*von Geschoß, Pfeil etc*) whiz(z): ein Pfeil schwirrt durch die Luft an arrow whizzes through the air. – **3.** ⟨sein⟩ (*von Insekten*) buzz. – **4.** ⟨sein⟩ *fig.* buzz: aufgeregt schwirrte sie durchs Zimmer she buzzed (*od.* rushed) about the room excitedly; alle möglichen Ziffern schwirrten mir durch den Kopf all kinds of figures were buzzing through (*od.* going round in) my head. – **5.** ⟨sein⟩ Gerüchte ~ durch die Stadt *fig.* the town is rife with rumo(u)rs, rumo(u)rs are going (a)round the town. – **6.** ⟨h⟩ *fig.* (*in Wendungen wie*) mir schwirrt der Kopf my head is buzzing (*od.* is swimming, is turned, is in a whirl); ihm schwirrte der Kopf von all den Namen [vor lauter Lernen] his head was buzzing with all those names [with all that studying]. – **7.** ⟨h⟩ *med.* a) (*von Herztönen*) thrill, b) (*von Ohr*) buzz, sing. – **II S~** *n* ⟨-s⟩ **8.** *verbal noun.* – **9.** (*von Geschoß, Pfeil etc*) whiz(z). – **10.** (*von Insekten*) buzz. – **11.** *med.* (*von Herztönen*) thrill, fremitus (*scient.*).

'Schwirrˌflug *m zo.* **1.** (*bei Insekten*) whiz(z). – **2.** (*bei Vögeln*) whir(r).

'Schwitzˌbad *n med.* steam bath.

Schwit·ze ['ʃvɪtsə] *f* ⟨-; -n⟩ **1.** *gastr.* roux. – **2.** (*leather*) sweat(ing): Häute in die ~ bringen (*in Gerberei*) to sweat hides.

schwit·zen ['ʃvɪtsən] **I** *v/i* ⟨h⟩ **1.** sweat, (*feiner*) perspire: er schwitzt an den Händen his hands are sweating; ich schwitze am ganzen Körper I am perspiring all over; er schwitzte vor Angst he was sweating (*od.* in a sweat) with fear; bei der Arbeit ~ to sweat while working; j-n ~ lassen to make s.o. sweat, to sweat s.o.; den lassen wir erst noch etwas ~, bevor *fig. colloq.* we'll keep him on tenterhooks (*Am. sl.* we'll let him sweat it out) for a while before; er schwitzt wie ein Schwein *vulg.* he sweats like a horse. – **2.** (*sich anstrengen*) sweat, drudge, work hard. – **3.** (*von Fensterscheiben etc*) fog (up), steam up, become fogged (*od.* steamed up), sweat. – **4.** (*von Mauern, Steinen etc*) sweat, become moist (*od.* damp). – **5.** Häute ~ lassen (*in der Gerberei*) to subject hides to sweating. – **6.** *bot.* transpire. – **II** *v/reflex* **7.** sich ganz naß ~ to get soaked with (*od.* bathed in) sweat (*od.* perspiration). – **III** *v/t* **8.** *bot.* sweat (out): Bäume ~ Harz trees sweat (out) resin. – **9.** Blut (und Wasser) ~ *fig. colloq.* to sweat blood. – **IV S~** *n* ⟨-s⟩ **10.** *verbal noun.* – **11.** perspiration, sweat: dabei bin ich ins S~ gekommen that made me sweat, I fairly sweated. – **12.** *med.* perspiration: übermäßiges S~ sweat(s *pl*); sudoresis, sudorrh(o)ea (*scient.*).

'Schwitz|ˌka·sten *m* **1.** sweatbox. – **2.** (*sport*) (*beim Ringen*) headlock, chancery: im ~ in chancery; j-n in den ~ nehmen to lock s.o.'s head under one's arm. — **~ˌküh·lung** *f* (*space*) transpiration cooling. — **~ˌkur** *f* *med.* sweat(ing) cure, hydrosudotherapy (*scient.*). — **~ˌmit·tel** *n* sudorific, diaphoretic. — **~ˌpackung** (*getr.* -k·k-) *f* hot pack. — **~ˌwas·ser** *n tech.* condensation (*od.* condensed) moisture (*od.* water).

Schwö·de ['ʃvøːdə] *f* ⟨-; -n⟩ (*leather*) lime paste.

Schwof [ʃvoːf] *m* ⟨-(e)s; -e⟩ *Eastern Middle G. colloq.* (public) dance, 'hop' (*colloq.*), shindig (*sl.*): auf den ~ gehen to go for a dance (*od. colloq.* to a hop). — **'schwo·fen** *v/i* ⟨h⟩ (have a) dance; 'hop', shake a leg (*colloq.*): ~ gehen to go for a dance (*od. colloq.* to a hop).

schwoi·en ['ʃvɔyən], **schwo·jen** ['ʃvoːjən] *v/i* ⟨h⟩ *mar.* swing (round), tend: auf den Strom [Wind] ~ to swing to the tide [wind].

schwoll [ʃvɔl] *1 u. 3 sg pret*, **schwöl·le** ['ʃvœlə] *1 u. 3 sg pret subj of* schwellen I.

schwöm·me ['ʃvœmə] *1 u. 3 sg pret subj of* schwimmen.

schwor[1] [ʃvoːr] *1 u. 3 sg pret of* schwören.

schwor[2] *obs. 1 u. 3 sg pret of* schwären.

schwö·re[1] ['ʃvøːrə] *1 u. 3 sg pret subj of* schwören.

'schwö·re[2] *obs. 1 u. 3 sg pret subj of* schwären.

schwö·ren ['ʃvøːrən] **I** *v/t* ⟨schwört, schwor, *obs.* schwur, geschworen, h⟩ **1.** swear, vow: einen Eid ~ to swear (*od.* take) an oath; einen falschen Eid (*od.* einen Meineid) ~ to swear falsely, to commit perjury, to perjure (*od.* forswear) oneself; den Fahneneid ~ to swear (*od.* take) the oath of loyalty; ich schwöre, die reine Wahrheit zu sagen, nichts zu verschweigen und nichts hinzuzufügen *jur.* I solemnly swear to tell the truth, the whole truth, and nothing but the truth; er schwor Stein und Bein, daß er es nicht getan hätte *fig. colloq.* he swore black and blue that he had not done it (*colloq.*); ich könnte ~, daß ich ihn gesehen habe *fig. colloq.* I could swear I saw him; ich hätte ~ können (*od.* hätte geschworen), daß *fig. colloq.* I could have sworn that; ich schwöre dir, es war nicht meine Schuld I swear to (*od.* I assure) you that it was not my fault; etwas bei allen Heiligen [bei seiner Ehre] ~ to swear s.th. by all the saints [on one's hono(u)r]; etwas hoch und heilig (*od.* bei allem, was einem heilig ist) ~ to swear s.th. by all that is sacred (*od.* holy). – **2.** (*feierlich versprechen*) swear, vow: j-m Tod und Verderben ~ to swear to ruin and kill s.o.; j-m Rache ~ to vow (*od.* swear) vengeance on s.o.; sie schworen sich (*dat*) (*od.* einander) ewige Treue they swore each other eternal fidelity (*od.* faithfulness); ich habe mir geschworen, es nie wieder zu tun I swore never to do it again, I swore that I would never do it again. – **II** *v/i* **3.** swear (an oath), take an oath: auf die Bibel ~ to swear on the Bible (*od.* on the Book); auf die (*od.* zur) Fahne ~ *mil.* to take one's military oath; vor Gericht ~ to swear before (the) court; falsch ~ to swear falsely, to commit perjury, to perjure (*od.* forswear) oneself; j-n ~ lassen *jur.* to swear s.o. in, to give s.o. the oath, to administer (*od.* tender) an oath to s.o., to put s.o. to (*od.* on) his oath; ich könnte darauf ~ *fig. colloq.* I could swear it. – **4.** auf j-n [etwas] ~ to have absolute confidence in s.o. [s.th.], to swear by s.o. [s.th.] (*colloq.*): sie schwört auf ihren Arzt [dieses Mittel] she swears by (*bes. Am. colloq.* is sold on) her doctor [this medicine].

schwul [ʃvuːl] *adj* ⟨-er; -st⟩ *vulg. contempt.* 'gay' (*colloq.*), 'queer' (*sl.*), homosexual.

schwül [ʃvyːl] *adj* ⟨-er; -st⟩ **1.** (*vor einem Gewitter*) sultry, close, sweltering, sweltry, heavy. – **2.** (*im Treibhaus etc*) muggy, sticky. – **3.** *fig.* (*unbehaglich*) oppressive, uneasy. – **4.** *fig.* (*sinnlich*) sultry, sensuous.

'Schwu·le *m* ⟨-n; -n⟩ *vulg. contempt.* 'homo', 'pansy' (*beide colloq.*), 'queer' (*sl.*), *Am. sl.* 'fairy', 'fag'; homosexual.

Schwü·le ['ʃvyːlə] *f* ⟨-; *no pl*⟩ **1.** (*des Wetters etc*) sultriness, closeness, heaviness, mugginess. – **2.** sultry (*od.* oppressive) weather. – **3.** (*der Luft im Treibhaus etc*) mugginess, stickiness. – **4.** (*schwüle Hitze*) sultry (*od.* oppressive, close, sweltering, sweltry) heat. – **5.** *fig.* (*Unbehaglichkeit*) oppressiveness, uneasiness. – **6.** *fig.* (*dumpf-sinnliche Stimmung*) sultriness.

Schwu·li·tät [ʃvuli'tɛːt] *f* ⟨-; -en⟩ *meist pl colloq.* 'hot water' (*colloq.*), 'jam' (*sl.*), fix, mess, scrape, trouble, difficulties *pl*: in ~en geraten to get into a fix; j-n in ~en bringen to get s.o. into a fix (*od.* into difficulties).

Schwulst [ʃvʊlst] *m* ⟨-(e)s; *no pl*⟩ **1.** (*schwülstiger Redestil*) bombast, pomposity, pompousness, bombastic (*od.* pompous) style, grandiloquence, magniloquence; fustian, turgidity (*lit.*). – **2.** (*schwülstiger Schreibstil*) bombast, pomposity, pompousness, floridity, ornateness, bombastic (*od. lit.* fustian) style; fustian, turgidity (*lit.*). – **3.** (*schwülstiger Kunst-, Baustil*) bombast, ornateness, floridity. – **4.** (*aufgeblasenes Geschwätz*) bombast, pomposity. – **5.** (*schwülstiges Buch, Stück, Kunstwerk etc*) bombast. – **6.** *contempt.* (*Stil des Spätbarock*) bombast.

'schwul·stig *adj* **1.** (*Lippen*) thick. – **2.** *Austrian for* schwülstig.

schwül·stig ['ʃvʏlstɪç] *adj* **1.** (*Redestil*) bombastic, grandiloquent, magniloquent, florid, pompous; fustian, turgid (*lit.*). – **2.** (*Schreibstil*) bombastic, pompous, florid, ornate; fustian, turgid (*lit.*). – **3.** (*Architektur, Kunst etc*) bombastic, ornate, florid. — **'Schwül·stig·keit** *f* ⟨-; *no pl*⟩ *cf.* Schwulst 1—3.

'Schwulst|ˌstil *m contempt.* (*Stil des Spätbarock*) bombastic style. — **~ˌzeit** *f contempt.* late phase of baroque art characterized by bombastic style.

schwum·me·rig ['ʃvʊmərɪç], **'schwumm·rig** *adj dial. colloq.* dizzy, giddy: mir wird ~ a) (*ist nicht ganz geheuer*) I feel funny, b) (*ist schwindlig*) I feel dizzy (*od.* giddy).

Schwund [ʃvʊnt] *m* ⟨-(e)s; *no pl*⟩ **1.** *cf.* Schwinden. – **2.** (*an Vorräten*) diminution, diminishment, shrinkage, decrease. – **3.** (*von Holz, Ton etc*) shrinkage. – **4.** (*Verlust*) loss. – **5.** (*durch Aussickern*) leakage. – **6.** *med.* a) (*bei Muskeln etc*) atrophy, b) (*von Geschwulst*) shrinkage. – **7.** *econ.* a) (*der Kaufkraft etc*) decrease, decline, b) (*an Waren*) loss, shrinkage. – **8.** *ling.* (*eines Vokals, einer Silbe etc*) loss. – **9.** *cf.* Haarausfall.

'Schwund|ˌausˌgleich *m* (*radio*) (automatic) antifading (*od.* volume, gain) control. — **~ˌgeld** *n econ.* depreciation money. — **s~ˌmin·dernd** *adj only in* ~e Antenne *electr.* antifading antenna (*bes. Br.* aerial). — **~ˌre·ge·lung** *f* (*radio*) *cf.* Schwundausgleich. — **~ˌreg·ler** *m* automatic fading (*od.* volume, gain) control circuit. — **~ˌstu·fe** *f ling.* (*eines Vokals*) zero (*od.* vanishing) grade. — **~ˌzo·ne** *f* (*radio*) fading (*od.* wipe-out) area.

Schwung [ʃvʊŋ] *m* ⟨-(e)s; ⸚e⟩ **1.** *cf.* Schwingen. – **2.** (*Schwungbewegung*) (swinging) motion: etwas in ~ bringen a) (*Pendel, Schaukel etc*) to set s.th. in motion, to energize s.th., b) (*Rad, Welle*) to set s.th. in rotary motion, c) *fig.* (*Unternehmen, Fest etc*) to get s.th. going (full swing); ein Pendel in ~ setzen to set a pendulum in motion; j-n in ~ bringen *fig.* to get s.o. going; er muß immer erst in ~ gebracht werden *fig.* a) he always has to be got going (*od.* to be put in the mood) first, b) (*auf Trab gebracht werden*) he always has to be given a push (*od.* to be pushed); in ~ kommen a) (*von Pendel, Schaukel etc*) to be set in motion (*od.* set swinging), b) (*von einem Rad*) to be set in motion (*od.* set turning), c) *fig.* (*von Unternehmen, Verhandlungen etc*) to get going (*od.* under way), d) *fig.* (*von Personen*) to get into one's stride; heute ist sie (richtig) in ~! *fig.* she is really in peak (*od.* top) form today, she is really swinging (*od.* with it) today! (*colloq.*). – **3.** (*Pendel-, Schaukelschwung*) swing. – **4.** (*Radumdrehung*) turn. – **5.** *phys.* (*eines bewegten Körpers*) impulse, momentum, swing. – **6.** (*Anstoß*) push: er gab der Schaukel [dem Rad] einen ~ he gave the swing [wheel] a push. – **7.** (*Geschwindigkeit*) speed: ~ bekommen to gather speed; die Schaukel verliert an ~ the swing slows down; ein Rad in vollem ~ anhalten to stop a rotating wheel abruptly. – **8.** (*sport*) a) (*beim Skilaufen*) swing, b) (*an Geräten*) swing. – **9.** (*einer Linie, eines Weges, Torbogens etc*) sweep: er schreibt seine G mit ausladendem ~ he writes his G's with a wide sweep. – **10.** *fig.* (*Elan, Tatkraft*) drive, incentive, stimulus, impetus, impulse: der Erfolg gab ihm neuen ~ the success gave him new drive (*od.* fresh impetus); setzen Sie etwas mehr ~ hinter die Arbeit! put a bit more drive (*od.* energy) into your work! mir fehlt heute der richtige ~ a) I have no drive (*od.* no zest for work) today, b) (*die richtige Stimmung*) I'm not in the right mood today. – **11.** *fig.* (*Lebhaftigkeit*) life, vivacity; snap, go, zip, pep (*colloq.*): sie hat viel ~, sie ist voller ~ a) she has plenty of life (*od.* verve, vivacity), there's plenty of life (*od.* go) about her (*colloq.*), b) (*voller Energie*) she is full of drive (*od.* has plenty of drive); in der Party war kein (richtiger) ~ (drin) *colloq.* there was no go (*od.* pep, snap) in the party (*colloq.*); langsam kam ~ in das Fest the party was gradually getting into full swing; mit ~ und Energie ging sie an die Arbeit she started working with verve and energy; er trug seine Rede mit großem ~ vor he delivered his speech with great vivacity. – **12.** *fig.* (*der Phantasie*) flight. – **13.** *fig.* (*einer Melodie, Zeichnung, Komödie etc*) swing: die Melodie hat viel ~ the melody is full (*od.* has plenty) of swing. – **14.** *colloq.* (*Menge, Anzahl*) 'batch', 'bunch' (*beide colloq.*), number: sie hat einen ~ neuer Kleider bekommen she got a batch (*od.* bunch, pile, stack) of new clothes (*colloq.*); wir haben einen ganzen ~ von Lehrlingen we have a whole batch (*od.* bunch) of apprentices.

'Schwung|ˌarm *m* (*bei Gymnastik*) swinging arm. — **~ˌbein** *n* swinging leg. — **~ˌbrett** *n* (*sport*) (*beim Turnen*) springboard. — **~ˌfe·der** *f zo.* (*eines Vogels*) wing (*od.* flight, quill) feather, primary (quill), pinion, remex (*scient.*).

'schwung·haft *adj* **1.** *bes. econ.* (*Handel*) booming, flourishing, roaring: einen ~en Handel mit etwas (be)treiben to do a roaring trade in s.th. – **2.** *cf.* schwungvoll 1, 2.

'Schwungˌkip·pe *f* (*sport*) (*beim Geräteturnen*) long upstart (*Am. auch* kip).

'Schwungˌkraft *f* ⟨-; *no pl*⟩ **1.** *phys.* a) momentum, b) *cf.* Fliehkraft. – **2.** *fig. cf.* Schwung 10, 11. – **3.** *fig.* (*innere Spannkraft*) buoyancy, energy, vitality, activity. — **~ˌanˌlas·ser** *m auto.* inertia (*od.* momentum) starter.

'Schwungˌku·gel *f tech.* fly (*od.* centrifugal) ball.

'schwung·los *adj fig.* **1.** (*ohne Tatkraft od. Elan*) without drive (*od.* impetus, stimulus, energy). – **2.** (*ohne Lebhaftigkeit*) without life (*od.* vivacity, punch, *colloq.* go, snap, pep, zip), lifeless, (*Personen*) *auch* without verve.

'Schwung|maˌschi·ne *f* **1.** *tech.* barring machine (*od.* engine). – **2.** *phys.* whirling table. — **~ˌmas·se** *f tech.* flywheel (*od.* inertia) mass. — **~moˌment** *n phys.* flywheel effect, moment of inertia, angular moment.

'Schwungˌrad *n* **1.** *tech.* flywheel. – **2.** (*watchmaking*) (*einer Uhr*) balance wheel. — **~ˌanˌtrieb** *m tech.* flywheel drive.

'Schwung|ˌschei·be *f tech.* (*einer Handbohrmaschine*) idler roll. — **~ˌstem·me** [-ˌʃtɛmə] *f* ⟨-; -n⟩ (*sport*) (*beim Turnen*) uprise.

'schwungˌvoll *adj* **1.** (*Linie, Schrift etc*) sweeping. – **2.** *fig.* (*energisch*) full of drive (*od.* impetus, stimulus). – **3.** *fig.* (*lebhaft*) full of life (*od.* vivacity, punch, *colloq.* snap, go, pep, zip), (*Personen*) *auch* full of verve, lively, vivacious, punchy; snappy, peppy, zippy (*colloq.*): er hielt eine ~e Rede he made a vivacious speech. – **4.** *fig.* (*Melodie etc*) full of swing, swinging.

schwupp [ʃvʊp] *interj colloq.* in a flash: (und) ~! weg war er! off he was in a flash.

Schwupp *m* ⟨-(e)s; -e⟩ *colloq.* **1.** (*Sprung, Satz*) leap: mit einem ~ war er über dem Graben he cleared the ditch in (*od.* with) a leap. – **2.** (*Stoß*) push.

'schwuppˌdich *interj colloq. cf.* schwupp.

'schwupp·di'wupp [-di'vʊp] *colloq.* **I** *interj cf.* schwupp. – **II** *adv* (*im Nu*) in a trice (*od.* moment, *colloq.* jiffy): ich werde ~ fertig sein! I'll be ready in a trice (*od. colloq.* jiffy)! I'll be ready before you can say Jack Robinson!

schwups [ʃvʊps] *interj colloq. cf.* schwupp.

Schwups *m* ⟨-es; ⸚e⟩ *colloq. cf.* Schwupp.

schwur [ʃvuːr] *obs. 1 u. 3 sg pret of* schwören.

Schwur [ʃvuːr] *m* ⟨-(e)s; ⸚e⟩ **1.** (*Eid*) oath: einen ~ leisten (*od.* ablegen) to take (*od.* make, swear) an oath; seinen ~ brechen to break one's oath; er erhob die Hand zum ~ he raised his hand to take the oath. – **2.** (*Gelöbnis*) vow: einem ~ tun to make a vow; seinen ~ halten to keep one's vow; einen ~ getan haben to be under vow.

schwü·re ['ʃvyːrə] *obs. 1 u. 3 sg pret subj of* schwören.

'Schwurˌfin·ger *pl* three fingers raised in taking an oath.

'Schwur·geˌricht *n jur.* jury, *Am.* Court of General Sessions, *Br.* court of assize, assizes *pl*: Verhandlung vor einem ~ trial by jury.

'Schwur·geˌrichts|proˌzeß *m* proceedings *pl* before a jury, *Br.* proceedings *pl* before the court of assize. — **~verˌfah·ren** *n jur.* trial by jury, *Br.* assizes trial.

Schwy·zer ['ʃviːtsər] *m* ⟨-s; -⟩ inhabitant of (the Swiss canton of) Schwyz, Schwyz, *auch* Schwyzer.

'Schwy·zer|ˌdütsch [-ˌdyːtʃ], **~ˌtütsch** [-ˌtyːtʃ] ⟨*generally undeclined, rarely* des -s⟩, **das ~ˌdüt·sche, das ~ˌtüt·sche** ⟨-n⟩ *ling. Swiss dial. for* Schweizerdeutsch.

Sci·ence-fic·tion ['saɪəns'fɪkʃən] (*Engl.*) *f* ⟨-; -s⟩ (*literature*) science fiction.

Scil·la ['stsɪla] *f* ⟨-; -len⟩ *bot.* scilla (*Gattg Scilla*).

Scor·da·tu·ra [skɔrda'tuːra] *f* ⟨-; *no pl*⟩ *mus. cf.* Skordatur.

'Scotchˌter·ri·er ['skɔtʃ-] *m* ⟨-s; -⟩ Scottish (*od.* Scotch) Terrier (*auch* terrier).

Sco·tis·mus [sko'tɪsmʊs] *m* ⟨-; *no pl*⟩ *philos.* Scotism, *auch* scotism (*the teachings or school of Duns Scotus*). — **Sco'tist** [-'tɪst] *m* ⟨-en; -en⟩ Scotist, *auch* scotist.

Scrip [skrɪp] *m* ⟨-s; -s⟩ *econ.* (*Bescheinigung, bes. über nicht gezahlte Obligationszinsen*) scrip.

Script [skrɪpt] *n* ⟨-(e)s; -s⟩ *cf.* Skript[1]. — **~ˌgirl** *n* (*film*) *cf.* Skriptgirl.

Scy·ba·lum ['stsyːbalʊm] *n* ⟨-s; -la [-la]⟩ *med.* scybalum.

Scyl·la ['stsʏla] *npr f* ⟨-; *no pl*⟩ *myth. cf.* Szylla.

Seal [ziːl; siːl] (*Engl.*) *m, n* ⟨-s; -s⟩ seal(skin). — **~ˌman·tel** *m* sealskin (coat), seal coat. — **~ˌskin** [-ˌskɪn] *m, n* ⟨-s; -s⟩ **1.** (*Fell der Bärenrobbe*) seal(skin). – **2.** (*textile*) (*Plüschgewebe als Nachahmung*) sealskin.

Sé·ance [ze'ãːs] *f* ⟨-; -n [-sən]⟩ (*spiritistische Sitzung*) séance.

Se·ba'cinˌsäu·re [zeba'tsiːn-] *f chem.* sebacic (*od.* decane-dioic) acid (HOOC-$(CH_2)_8$COOH).

Se·bor·rhö [zebo'røː] *f* ⟨-; -en⟩, *auch* **Se·bor'rhöe** [-'røː] *f* ⟨-; -n [-ən]⟩ *med.* seborrh(o)ea. — **se·bor'rho·isch** [-'roːɪʃ] *adj* seborrh(o)eic.

Se·bum ['zeːbʊm] *n* ⟨-s; *no pl*⟩ *med. biol.* (*Talg*) sebum.

'Sec·co·ma·leˌrei ['zɛko-] *f* (*auf trockenem Putz*) (fresco) secco.

Se·cen·tis·mus [zetʃɛn'tɪsmʊs] *m* ⟨-; *no pl*⟩ (*Stilrichtung*) seicento.

Sech [zɛç] *n* ⟨-(e)s; -e⟩ *agr.* (*Pflugmesser*) colter, *auch* coulter.

sechs [zɛks] *adj* ⟨*cardinal number*⟩ six: er kommt heute in ~ Tagen an he'll arrive (in) six days from today (*od.* today in six days); ~ Richtige (im Lotto) haben to have six wins (*od.* six right); wir sind ~ (*od.* zu ~en, unser ~) there are six of us, we are six.

Sechs *f* ⟨-; -en⟩ **1.** (number) six: eine arabische [römische] ~ an Arabic [a Roman] six. – **2.** (*auf Würfel, Spielkarte etc*) six: er hat drei ~en hintereinander gewürfelt he threw three sixes in succession. – **3.** (*Schulnote*) very poor (*od.* highly unsatisfactory) mark: er hat eine ~ in Mathematik geschrieben he got a very poor mark for his mathematics paper. – **4.** *colloq.* streetcar (*Br.* tram) number six.

'Sechs|ˌach·ser [-ˌʔaksər] *m* ⟨-s; -⟩ *auto.* six-axle vehicle. — **~'ach·telˌtakt** [ˌzɛks-] *m mus.* six-eight time. — **s~ˌar·mig** [-ˌʔarmɪç] *adj* (*Leuchter etc*) six-armed, with (*od.* having) six arms. — **s~ato·mig** [-ʔaˌtoːmɪç] *adj chem.* hexatomic. — **~ˌbin·denˌgür·telˌtier** *n zo.* six-banded armadillo (*Dasypus sexcinctus*). — **s~ˌblät·te·rig, s~ˌblätt·rig** *adj bot.* six-leaved (*od.* -leafed), hexaphyllous (*scient.*).

'sech·se *adj colloq. for* sechs.

'Sechs|ˌeck *n* ⟨-(e)s; -e⟩ *math.* hexagon. — **s~ˌeckig** (*getr.* -k·k-) *adj* hexagonal, sexangular. — **s~ˌein'halb** *adj* six and a half.

'Sechsˌen·der [-ˌʔɛndər] *m* ⟨-s; -⟩ *hunt.* stag (*od.* deer) with six tines, six-pointer.

'Sech·ser *m* ⟨-s; -⟩ **1.** *colloq. for* Sechs. – **2.** (*im Lotto*) six wins *pl*: einen ~ haben to have six wins (*od.* six right). – **3.** *obs.* six-pfennig (*od.* six-kreutzer) piece: er hat nicht für einen ~ Verstand *fig. colloq.* he hasn't a scrap (*od.* dram) of sense. – **4.** *hunt. cf.* Sechsender. — **~ˌbeinˌschlag** *m* (*sport*) (*beim Schwimmen*) six-beat crawl. — **~ˌbock** *m hunt.* six-point stag, *Am.* six-point (*auch* three-point) buck.

'sech·ser'lei *adj* ⟨*invariable*⟩ (*Arten, Möglichkeiten etc*) of six (different) kinds (*od.* sorts, varieties): ~ Arten six different types; das kann ~ bedeuten this can have six (different) meanings.

'Sech·ser|ˌmann·schaft *f* (*sport*) sextet(te), team of six. — **~ˌrei·he** *f* row of six: in ~n antreten to line up in rows of six.

'sechsˌfach I *adj* sixfold, sextuple: in ~er Ausfertigung in six copies. – **II** *adv* sixfold, six times. – **III S~e, das** ⟨-n⟩ the sixfold (amount), six times the amount.

'Sechs|ˌflach *n* ⟨-(e)s; -e⟩ *math.* (*in der Kristallographie*) hexahedron. — **s~ˌflä·chig** *adj* hexahedral. — **~ˌfläch·ner** [-ˌflɛçnər] *m* ⟨-s; -⟩ *cf.* Sechsflach.

'Sechs|ˌfü·ßer *pl zo.* (*Insekten*) hexapods (*Klasse Hexapoda*). — **s~ˌfü·ßig** *adj* **1.** *zo.* six-footed, hexapod(ous) (*scient.*). – **2.** *metr.* (*Vers*) hexameter (*attrib*).

'sechs'hun·dert *adj* ⟨*cardinal number*⟩ six hundred. — **S~'jahrˌfei·er** [ˌzɛksˌhʊndərt-] *f* sexcentenary.

ˌSechs|'jah·resˌplan *m econ. pol.* six-year plan. — **s~ˌjäh·rig** ['zɛks-] *adj* **1.** (*Kind etc*) six-year-old (*attrib*), of six (years): ein ~er Junge a six-year-old boy, a boy of (*od.* aged) six. – **2.** (*Amtszeit etc*) six-year (*attrib*), of (*od.* lasting) six years, sexennial (*scient.*): nach ~er Ehe after six years of marriage, after a marriage lasting six years.

'Sechs|ˌkant *n, m* ⟨-(e)s; -e⟩ **1.** *math.* hexagon. – **2.** *tech.* (*Werkzeugmitnehmerlappen*) hexagon tang. — **s~ˌkan·tig** *adj* hexagonal.

'Sechsˌkant|ˌmut·ter *f* ⟨-; -n⟩ *tech.* hexagon nut. — **~ˌschrau·be** *f* **1.** (*ohne Mutter*) hexagon head screw. – **2.** (*mit Mutter*) hexagon head bolt. — **~ˌstahl** *m tech.* hexagon bar steel.

'sechs|ˌköp·fig [-ˌkœpfɪç] *adj* **1.** (*Familie, Ausschuß etc*) of six. – **2.** (*Ungeheuer etc*) six-headed. — **~ˌmal** *adv* six times. — **~ˌma·lig** *adj* ⟨*attrib*⟩ repeated six times (*od.* for the sixth time): nach ~em vergeblichen Versuch gab er auf after trying six times in vain he gave up.

ˌSechs'mei·lenˌzo·ne *f mar.* six-mile limit.

'sechs|ˌmo·na·tig [-ˌmoːnatɪç] *adj* **1.** (*Kind etc*) six-month-old (*attrib*), of six months. – **2.** (*Aufenthalt etc*) six-month (*attrib*), of (*od.* lasting) six months. — **~ˌmo·nat·lich I** *adj* six-monthly. – **II** *adv* every six months. — **~moˌto·rig** [-moˌtoːrɪç] *adj aer.* six-engined. — **S~ˌpaß** *m arch.* (*gotische Maßwerkfigur*) six-lobe tracery. — **S~ˌpfün·der** [-ˌpfʏndər] *m* ⟨-s; -⟩ (*Fisch etc*) six-pounder. — **~ˌpfün·dig** [-ˌpfʏndɪç] *adj* weighing six pounds, six-pound (*attrib*).

ˌSechs'pha·senˌstrom *m electr.* six-phase current.

'Sechs|ˌpolˌröh·re *f electr.* six-electrode tube (*bes. Br.* valve), hexode (*scient.*). — **s~proˌzen·tig** [-proˌtsɛntɪç] *adj* six-percent, *Br.* six-per-cent (*attrib*), of six percent (*Br.* per cent). — **s~ˌsai·tig** [-ˌzaɪtɪç] *adj mus.* (*Gitarre etc*) six-string (*attrib*), hexachordic (*scient.*). — **s~ˌschüs·sig** [-ˌʃʏsɪç] *adj* six-chambered: ~er Revolver six-chambered revolver; six-shooter, six-gun (*colloq.*). — **s~ˌsei·tig** *adj.* **1.** *bes. math.* six-sided, hexagonal (*scient.*). – **2.** (*Brief etc*) of six pages, six-paged.

'Sechs|ˌsil·ber [-ˌzɪlbər] *m* ⟨-s; -⟩ *metr.* verse of six syllables, six-syllable verse. — **s~ˌsil·big** [-ˌzɪlbɪç] *adj* six-syllable (*attrib*), of (*od.* comprising) six syllables, hexasyllabic (*scient.*). — **~ˌsilb·ler** [-ˌzɪlplər] *m* ⟨-s; -⟩ *metr. cf.* Sechssilber. — **s~ˌsit·zig** [-ˌzɪtsɪç] *adj* having (*od.* with) six seats.

'Sechs|ˌspän·ner [-ˌʃpɛnər] *m* ⟨-s; -⟩ six-horse coach, carriage and six. — **s~ˌspän·nig** [-ˌʃpɛnɪç] **I** *adj* (*Kutsche etc*) with (*od.* drawn by) six horses, six-horse (*attrib*). – **II** *adv* with six horses: ~ fahren to go in a six-horse coach (*od.* in a coach drawn by six horses).

ˈ**sechs|ˌspu·rig** [-ˌʃpuːrɪç] *adj* (*Fahrbahn etc*) six-lane(d). — ~ˌ**stel·lig** [-ˌʃtɛlɪç] *adj* (*Zahl*) six-figure (*attrib*). — ~ˌ**stim·mig** [-ˌʃtɪmɪç] *mus.* **I** *adj* (*Kanon etc*) six-part (*attrib*), for six parts. – **II** *adv* in six parts: ~ singen to sing in six parts. — ~ˌ**stöckig** (*getr.* -k·k-) [-ˌʃtœkɪç] *adj* (*Gebäude etc*) six-storeyed (*bes. Am.* -storied), six-storey (*bes. Am.* -story) (*attrib*). — ~ˌ**stün·dig** [-ˌʃtʏndɪç] *adj* six-hour (*attrib*), of (*od.* lasting) six hours. — ~ˌ**stünd·lich** *adv* every six hours.

sechst *adj* **1.** ⟨*ordinal number*⟩ sixth: zum ~en Mal for the sixth time; das ~e Kapitel the sixth chapter, chapter six; an ~er Stelle in the sixth place; er steht an ~er Stelle he holds (*od.* is in) sixth place; den (*od.* einen) ~en Sinn für etwas haben *fig.* to have a sixth sense for s.th. – **2.** zu ~ sein to be six in number: sie waren zu ~ there were six of them; wir kamen zu ~ the six of us came.

ˌ**Sechsˈta·ge|ˌfah·rer** *m* (*beim Motorrad- u. Radsport*) six-day rider. — ~ˌ**fahrt** *f* (*beim Motorradsport*) six-day motorcycle rally, six days *pl.* — ~ˌ**ren·nen** *n* (*beim Radsport*) six-day (bicycle) race, *auch* six days *pl.* — ~ˌ**wo·che** *f econ.* six-day week.

ˈ**sechsˌtä·gig** *adj* six-day (*attrib*), of (*od.* lasting) six days.

ˈ**sechsˈtau·send** *adj* ⟨*cardinal number*⟩ six thousand.

ˈ**Sech·ste** *m, f* ⟨-n; -n⟩, *n* ⟨-n; *no pl*⟩ **1.** (the) sixth: der ~ des Monats the sixth of the month. – **2.** (*mit Kleinschreibung*) sixth: die ~ von rechts the sixth from the right. – **3.** Karl der ~ (*od.* VI.) *hist.* Charles the Sixth, Charles VI.

ˈ**sechsˌtei·lig** *adj* **1.** having (*od.* consisting of) six parts, six-part (*attrib*). – **2.** (*Geschirr etc*) six-piece (*attrib*), of six pieces. – **3.** (*Romanwerk etc*) in six volumes, six-volume (*attrib*). – **4.** *mus.* (*Werk etc*) in six parts.

ˈ**Sech·stel I** *n, Swiss meist m* ⟨-s; -⟩ sixth (part): fünf ~ five sixths; ein ~ des Gewichtes a (*od.* one) sixth of the weight. – **II s~** *adj* ⟨*attrib*⟩ sixth (part) of.

ˈ**sech·stens** *adv* sixth(ly), in (the) sixth place.

ˈ**sechsˌundˈsech·zig I** *adj* ⟨*cardinal number*⟩ sixty-six. – **II S~** *n* ⟨-; *no pl*⟩ (*Kartenspiel*) sixty-six.

ˌ**Sechsˈvier·telˌtakt** *m mus.* six-four time.

ˈ**sechs|ˌwer·tig** *adj chem.* hexavalent. — ~ˌ**win·ke·lig**, ~ˌ**wink·lig** *adj math.* hexagonal, six-angled. — ~ˌ**wö·chent·lich** *adv* every six weeks, every sixth week. — ~ˌ**wö·chig** [-ˌvœçɪç] *adj* **1.** (*Kind etc*) six-week-old (*attrib*), of six weeks. – **2.** (*Aufenthalt etc*) six-week (*attrib*), of (*od.* lasting) six weeks.

ˈ**Sechs|ˌzei·ler** [-ˌtsaɪlər] *m* ⟨-s; -⟩ *metr.* six-line poem. — **s~ˌzei·lig** [-ˌtsaɪlɪç] *adj* six-line (*attrib*), of six lines: ~e Strophe six-line stanza, sextain, sixain.

ˈ**Sechs·zyˌlin·der** *m auto.* **1.** *cf.* Sechszylindermotor. – **2.** *colloq.* (*Wagen*) six-cylinder (car). — ~ˌ**mo·tor** *m* six-cylinder (engine).

ˈ**sechs·zyˌlind·rig** [-tsyˌlɪndrɪç] *adj auto.* six-cylinder (*attrib*), with six cylinders.

sech·zehn [ˈzɛçtseːn] **I** *adj* ⟨*cardinal number*⟩ sixteen: ~ Uhr 4 p.m.; er ist ~ (Jahre alt) he is sixteen (years old). – **II S~** *f* ⟨-; -en⟩ (number) sixteen.

ˈ**Sech·zehnˌen·der** [-ˌʔɛndər] *m* ⟨-s; -⟩ *hunt.* stag (*od.* deer) with sixteen tines, sixteen-pointer.

ˈ**sech·zehnˌfach** *adj* sixteenfold.

ˈ**sech·zehnˌjäh·rig I** *adj* **1.** (*Jugendlicher etc*) sixteen-year-old (*attrib*), of sixteen (years): ein ~es Mädchen a sixteen-year-old girl, a girl of (*od.* aged) sixteen. – **2.** sixteen-year (*attrib*), of (*od.* lasting) sixteen years. – **II S~e** *m, f* ⟨-n; -n⟩ **3.** sixteen-year-old.

ˈ**sech·zehnt I** *adj* ⟨*ordinal number*⟩ **1.** sixteenth. – **II S~e** *m, f* ⟨-n; -n⟩, *n* ⟨-n; *no pl*⟩ **2.** (the) sixteenth. – **3.** Ludwig der ~, Ludwig XVI. *hist.* Louis the Sixteenth, Louis XVI, Louis Seize.

ˈ**Sech·zehn·tel I** *n, Swiss meist m* ⟨-s; -⟩ **1.** sixteenth (part). – **2.** *mus. cf.* a) Sechzehntelnote, b) Sechzehntelpause. – **II s~** *adj* ⟨*attrib*⟩ **3.** sixteenth (part) of. — ~ˌ**no·te** *f mus.* sixteenth (note), *bes. Br.* semiquaver. — ~ˌ**pau·se** *f* sixteenth (*bes. Br.* semiquaver) rest.

ˈ**sech·zehn·tens** *adv* sixteenth(ly), in the sixteenth place.

sech·zig [ˈzɛçtsɪç] **I** *adj* ⟨*cardinal number*⟩ **1.** sixty. – **II S~** *f* ⟨-; -en⟩ **2.** (number) sixty. – **3.** ⟨*only sg*⟩ sixties *pl*: sie ist Anfang (der) S~ she is in her early sixties.

ˈ**sech·zi·ger** *adj* ⟨*invariable*⟩ *only in* die ~ Jahre the sixties: die Außenpolitik der späten ~ Jahre the foreign policy of the late sixties.

ˈ**Sech·zi·ger** *m* ⟨-s; -⟩ **1.** man in his sixties. – **2.** man of sixty, sexagenarian, sexagenary. – **3.** die ~ *pl* (*Alter*) the sixties: in den ~n sein to be in one's sixties; Mitte [Ende] der ~ sein to be in one's middle [late] sixties; hoch in den ~n sein to be in one's late sixties.

ˈ**Sech·zi·ge·rin** *f* ⟨-; -nen⟩ **1.** woman in her sixties. – **2.** woman of sixty, sexagenarian, sexagenary.

ˈ**Sech·zi·gerˌjah·re, die** *pl* the sixties.

ˈ**sech·zigˌjäh·rig I** *adj* **1.** sixty-year-old (*attrib*), sexagenarian, sexagenary. – **2.** sixty-year (*attrib*), of (*od.* lasting) sixty years. – **II S~e** *m, f* ⟨-n; -n⟩ **3.** sixty-year-old, sexagenarian, sexagenary.

ˈ**sech·zigst I** *adj* ⟨*ordinal number*⟩ sixtieth. – **II S~e** *m, f* ⟨-n; -n⟩, *n* ⟨-n; *no pl*⟩ (the) sixtieth.

ˈ**Sech·zig·stel I** *n, Swiss meist m* ⟨-s; -⟩ sixtieth (part): fünf ~ five sixtieths. – **II s~** *adj* ⟨*attrib*⟩ sixtieth (part) of.

se·da·tiv [zedaˈtiːf] *med. pharm.* **I** *adj* (*beruhigend*) soothing, sedative, tranquilizing, *bes. Br.* tranquillizing. – **II S~** *n* ⟨-s; -e⟩ *cf.* Sedativum. — **Se·daˈti·vum** [-vʊm] *n* ⟨-s; -va [-va]⟩ (*Beruhigungsmittel*) sedative, tranquilizer, *bes. Br.* tranquillizer.

Se·dez [zeˈdeːts] *n* ⟨-es; -e⟩ *print.* **1.** ⟨*only sg*⟩ *cf.* Sedezformat. – **2.** (*Buch*) (volume in) sixteenmo (*od.* sextodecimo). — ~**forˌmat** *n* sixteenmo, sextodecimo.

Se·di·ment [zediˈmɛnt] *n* ⟨-(e)s; -e⟩ **1.** *geol.* (*Ablagerung*) sediment. – **2.** *chem.* (*Niederschlag, Satz*) sediment, deposit, precipitate. – **3.** *med.* deposit, sediment, hypostasis (*scient.*). — ~ˌ**abˌla·ge·rung** *f* sedimentation.

se·di·men·tär [zedimɛnˈtɛːr] *adj bes. geol.* sedimentary.

Se·di·men·ta·ti·on [zedimɛntaˈtsi̯oːn] *f* ⟨-; -en⟩ *bes. geol.* sedimentation.

Se·diˈment·geˌstein *n geol.* sedimentary (rock).

se·di·men·tie·ren [zedimɛnˈtiːrən] *v/i* ⟨*no* ge-, h⟩ **1.** *geol.* (*sich ablagern*) sediment. – **2.** *med. chem.* (*bei Flüssigkeiten*) deposit, settle, sediment.

Se·dis·va·kanz [zedɪsvaˈkants] *f* ⟨-; -en⟩ *röm.kath.* **1.** vacation of the papal see. – **2.** vacation of an episcopal see.

See[1] [zeː] *m* ⟨-s; -n [-ən]⟩ **1.** (*Binnensee*) lake: ein stiller [verträumter] ~ a still [dreamy] lake; Finnland, das Land der tausend ~n land of the thousand lakes, Finland. – **2.** (*Teich*) pond.

See[2] *f* ⟨-; -n⟩ **1.** ⟨*only sg*⟩ sea: in ~ gehen (*od.* stechen) to put to sea, (*von Segler*) *auch* to set sail; Handel zur ~ *cf.* Seehandel; auf ~ at sea; auf hoher ~ on the high seas; auf offener ~ on the open sea; ~ kommt auf sea is coming on; zur ~ gehen a) to become a sailor, b) to go to sea, to take to the sea; (spiegel)glatte [kabbelige, ruhige] ~ smooth [choppy, calm] sea; stürmische (*od.* rauhe) ~ rough sea; schwere ~ heavy (*od.* rough) sea; Kapitän zur ~ (naval) captain. – **2.** (*in Wendungen wie*) an der ~ at (*od.* by) the sea(side) (*od.* coast); an die ~ gehen (*od.* fahren) to go to the seaside (*Am.* seashore *od.* beach). – **3.** *meist pl mar.* a) wave, (*sehr große*) surge, b) (*über das Schiff brandende*) green (*od.* heavy) sea, breaker: eine ~ übernehmen to ship a green sea.

ˈ**See|ˌaal** *m zo. cf.* Meeraal. — ~ˌ**ad·ler** *m zo.* sea eagle, ern(e) (*Haliaëtus albicilla*). — ~ˌ**amt** *n mar.* Court of Investigation, *Br.* Court of Inquiry, Maritime Board. — ~**aneˌmo·ne** *f zo.* (sea) anemone, actinia (*Ordng Actinaria*). — ~ˌ**aufˌklä·rer** *m aer. mil.* **1.** sea reconnaissance plane. – **2.** (naval) patrol plane. — ~ˌ**bad** *n* **1.** (*Kurort*) seaside resort, watering place. – **2.** (*Badeanstalt*) seaside swimming pool. — ~ˌ**bä·der·ˌdampf·er** *m*, ~ˌ**bä·derˌschiff** *n* seaside resort pleasure boat, seaside excursion vessel. — ~ˌ**bär** *m* **1.** *zo.* a) Südlicher ~ fur seal, sea bear (*Gattg Arctocephalus*), b) Nördlicher ~ (*Bärenrobbe*) fur (*od.* ursine) seal (*Callorhinus ursinus*). – **2.** *fig. colloq. humor.* (*alter, erfahrener Seemann*) sea dog, (old) salt, shellback. — ~ˌ**bar·be** *f zo. cf.* Meerbarbe. — ~ˌ**barsch** *m* sea perch, (sea) bass (*Roccus labrax*). — ~ˌ**be·ben** *n geol.* seaquake, waterquake. — **s~beˌschä·digt** *adj mar.* sea-damaged, damaged at sea. — ~ˌ**beu·te** *f* (*Prise*) prize. — ~ˌ**bla·se** *f zo. cf.* Galeere 2. — ~**blocka·de** (*getr.* -kˌk-) *f econ. pol.* naval blockade. — ~ˌ**bras·se** *f*, ~ˌ**bras·sen** *m cf.* Meerbrasse(n). — ~ˌ**bri·se** *f* sea breeze (*od.* turn), onshore breeze. — ~ˌ**bul·le** *m zo.* bullhead, long-spined sea scorpion (*Cottus bubalis*). — ~ˌ**dorn** *m bot. cf.* Sanddorn. — ~ˌ**dra·chen** *m zo.* ratfish, chimaera (*scient.*) (*Ordng Chimaeriformes*). — ~**-Eleˌfant** *m* (*Elefantenrobbe*) elephant seal, sea elephant (*Gattg Mirounga*). — **s~ˌfä·hig** *adj mar.* (*Schiff*) seaworthy. — **s~ˌfah·rend** *adj* (*Nation etc*) seafaring. — ~ˌ**fah·rer** *m lit.* **1.** navigator, sailor, seafarer. – **2.** *cf.* Seemann. — ~ˌ**fährˌschiff** *n* (seagoing) ferry(boat), train ferry.

ˈ**Seeˌfahrt** *f* **1.** (*Reise*) (sea) voyage, cruise. – **2.** *mar.* navigation (at sea), seafaring. — ~ˌ**buch** *n* discharge book, *Am.* seaman's passport. — ~ˌ**schu·le** *f mar.* school of navigation, navigation school, nautical college.

ˈ**See|ˌfe·der** *f zo.* (*Federkoralle*) sea feather, sea pen, pennatulid (*scient.*) (*Ordng Pennatularia*). — **s~ˌfest** *adj* **1.** (*Schiff etc*) seaworthy: das Schiff ist ~ the ship is seaworthy. – **2.** [nicht] ~ sein (*von Person*) to be a good [bad] sailor. – **3.** (*seefest befestigt*) secured for sea. — ~ˌ**fisch** *m gastr.* saltwater (*od.* sea) fish. — ~ˌ**fi·scheˌrei** *f* **1.** (*Tätigkeit*) (deep-)sea fishing. – **2.** (*Gewerbe*) sea fishery. — ~ˌ**fle·derˌmaus** *f zo.* sea bat, batfish (*Fam. Ogcocephalidae*). — ~ˌ**flie·ger** *m mar. aer.* naval (*od.* seaplane) pilot (*od.* flier, flyer, aviator). — ~ˌ**flie·geˌrei** *f* naval aviation. — ~ˌ**flie·gerˌhorst** *m* naval air base, seaplane base (*od.* station). — ~ˌ**flugˌzeug** *n* seaplane. — ~**foˌrel·le** *f zo.* lake (*od.* salmon) trout (*Salmo trutta lacustris*).

ˈ**Seeˌfracht** *f mar. econ.* sea (*bes. Am.* ocean) freight (*od.* carriage). — ~ˌ**brief** *m cf.* Konnossement. — ~ˌ**ord·nung** *f* regulations *pl* relating to the carriage of dangerous goods and explosives.

ˈ**See|ˌfrosch** *m zo.* laughing frog (*Rana ridibunda*). — ~ˌ**fuchs** *m cf.* Fuchshai.

ˈ**Seeˌfunk** *m mar.* marine radio. — ~ˌ**dienst** *m* marine radio service. — ~**sta·tiˌon** *f* naval radio station.

ˈ**See|ˌgang** *m* sea (disturbance), seaway, state of sea, waves *pl*: ~ kommt auf a sea gets up; bei ~ in a seaway; bei schwerem ~ with a heavy sea; hoher ~ a) heavy sea, b) (*rauhe See*) rough sea, high waves *pl*; zunehmender ~ rising sea. — ~**geˌbiet** *n* sea territory. — ~**geˌfahr** *f* **1.** *econ.* (*im Versicherungswesen*) maritime (*od.* sea) risk. – **2.** *pl* perils of the sea, maritime perils. — ~**geˌfecht** *n mar. mil.* naval battle (*od.* engagement). — ~**gel·tung** *f* (*eines Staates etc*) maritime prestige, prestige at sea. — ~**geˌmäl·de** *n* (*art*) *cf.* Seestück. — ~ˌ**gras** *n* **1.** *bot.* eelgrass (*Gattg Zostera, bes. Z. marina*). – **2.** (*zum Polstern*) sea grass. — ~ˌ**gras·maˌtrat·ze** *f* sea grass mattress. — ~ˌ**gren·ze** *f* sea frontier. — **s~ˌgrün I** *adj* sea-green. – **II S~** *n* sea green. — ~ˌ**gur·ke** *f zo. cf.* Seewalze.

ˈ**Seeˌha·fen** *m mar.* **1.** (sea)port, harbor, *bes. Br.* harbour, trading (*od.* maritime) port. – **2.** (*als Stadt*) seaport (town). — ~**spe·diˌteur** *m* **1.** port forwarding agent. – **2.** (*Verschiffungsspediteur*) shipping agent.

ˈ**Seeˌhan·del** *m econ. mar.* sea(borne) trade, maritime (*od.* overseas) commerce, merchant shipping.

ˈ**Seeˌhan·dels|geˌsell·schaft** *f econ. mar.* sea trading company. — ~ˌ**gü·ter** *pl* seaborne goods. — ~ˌ**recht** *n jur. mar.* merchant shipping law.

ˈ**See|ˌha·se** *m zo.* lumpfish, sea hen (*Cyclopterus lumpus*). — ~ˌ**hecht** *m* hake (*Merluccius merluccius*). — ~ˌ**he·ring** *m* powan (*Coregonus clupeoides*). — ~ˌ**herr·schaft** *f pol.* naval supremacy, command (*od.* control) of the seas. — ~ˌ**hö·he** *f mar.* **1.** (*Höhe über dem Meer*) level above sea, height (*od.* altitude) above sea level. – **2.** (*Meeresniveau*) sea level.

ˈ**Seeˌhund** *m zo.* Gemeiner ~ common (*od.* harbor, *bes. Br.* harbour) seal, sea dog (*od.* calf) (*Phoca vitulina*).

ˈ**Seeˌhunds|ˌfang** *m* sealery, seal fishery. —

~ˌ**fän·ger** *m* sealer. — ~ˌ**fell** *n* seal(skin): Jacke aus ~ seal(skin) jacket.

ˈ**See**|ˌ**igel** *m zo.* sea urchin, sea hedgehog, sea egg, echino(o)id (*scient.*) (*Klasse Echinoidea*). — ~ˌ**jung·fer** *f* **1.** *myth. cf.* Seejungfrau. – **2.** *zo.* (*Libelle*) *cf.* Wasserjungfer 2. — ~ˌ**jung**ˌ**frau** *f myth.* mermaid(en), merwoman.

ˈ**See**ˌ**ka·bel** *n mar.* submarine cable. — ~ˌ**dienst** *m* (*postal service*) submarine cable service. — ~ˌ**netz** *n* submarine (cable) network.

ˈ**See**|**ka**ˌ**dett** *m mar.* naval cadet. — ~ˌ**kanne** *f bot.* water fringe, floating heart (*Gattg Limnanthemum*). — ~ˌ**kar·te** *f* chart, nautical (*od.* sea, marine) chart. — ~ˌ**kat·ze** *f zo.* ratfish (*Chimera monstrosa*). — ~ˌ**kiste** *f* (*eines Seemannes*) sea (*od.* seaman's) chest. — **s**~ˌ**klar** *adj* ready for sea, ready to put to sea, (*bei Segelschiffen*) *auch* ready to sail: ein Schiff ~ machen to prepare a ship for sea, to prepare a ship to put to sea. — ~ˌ**kli·ma** *n meteor.* sea (*od.* maritime) climate. — **s**~ˌ**krank** *adj* seasick: ich werde leicht ~ I get easily seasick, I am a bad sailor. — ~ˌ**krank·heit** *f* seasickness: an ~ leiden a) to be seasick, b) (*anfällig sein*) to be subject to seasickness. — ~ˌ**krei·de** *f geol.* calcareous mud. — ~ˌ**kreuz**ˌ**dorn** *m bot. cf.* Sanddorn.

ˈ**See**ˌ**krieg** *m mil. mar.* sea (*od.* naval, marine, maritime) war(fare), war at sea. — ~ˌ**führung** *f* sea (*od.* naval, marine, maritime) warfare.

ˈ**See**ˌ**kriegs**ˌ**recht** *n* law of sea (*od.* naval, marine, maritime) warfare.

ˈ**See**|ˌ**kuh** *f zo.* sea cow, sirenian (*scient.*) (*Ordng Sirenia*). — ~ˌ**kun·de** *f mar. cf.* Nautik. — ~ˌ**kü·ste** *f* seacoast, seaboard, seaside, seashore. — ~ˌ**lachs** *m* **1.** *zo. cf.* a) Köhlerfisch, b) Pollack. – **2.** *gastr. cf.* Lachsersatz.

See·le [ˈzeːlə] *f* ⟨-; -n⟩ **1.** ⟨*only sg*⟩ (*Wesenskern*) soul: eine edle [reine, schöne] ~ a noble [an innocent, a beautiful] soul; er hat eine schwarze ~ *fig.* he has a black soul; die ~ des Volkes [einer Landschaft] the soul of a people [landscape]; ihrem Gesang fehlt die ~ her singing lacks soul; zwei ~n wohnen in seiner Brust two souls dwell in his breast; Essen und Trinken hält Leib und ~ zusammen (*Sprichwort*) eating and drinking keeps body and soul together; er ist an Leib und ~ gesund he is healthy (*od.* sound) in body and soul; j-m mit Leib und ~ gehören to belong to s.o. body and soul. – **2.** (*vernunftbestimmter Wesensteil*) mind: zwei ~n und ein Gedanke two minds with but a single thought; sie sind ein Herz und eine ~ they are one heart and mind, they are bosom friends; sie hat es mir auf die ~ gebunden, dich daran zu erinnern *fig.* she urged (*od.* enjoined) me to remind you of it; der Mißerfolg liegt mir schwer auf der ~ the failure weighs heavily on my mind (*od.* on me), the failure deeply oppresses me. – **3.** (*gefühlsbestimmter Wesensteil*) heart: sie weinte sich (fast) die ~ aus dem Leib *fig.* she (nearly) cried her heart out; sich (*dat*) die ~ aus dem Leib rufen [husten] *fig.* to shout [to cough] oneself hoarse; du hast mir aus der ~ gesprochen! *fig.* that's just how I feel! you have expressed my (inmost) thoughts! j-m aus tiefster (*od.* voller, ganzer) ~ danken [beistimmen] to thank [to agree with] s.o. with all one's heart (*od.* from the bottom of one's heart); er ist mir in (*od.* aus) tiefster ~ zuwider [verhaßt] I utterly detest [hate] him; in tiefster ~ ergriffen sein to be deeply moved; es tut mir in der ~ leid, daß I am (*od.* feel) deeply (*od.* truly) sorry that; seine Bemerkung tat mir in der ~ weh his remark cut me to the heart (*od.* quick); er ist mit Leib und ~ bei der Arbeit he is heart and soul in his work, his heart is in his work, he has his heart in his work; er ist mit Leib und ~ Lehrer he is a teacher heart and soul; sich einer Sache mit Leib und ~ verschrieben haben to have one's heart in a matter, to be wholly devoted to a matter; ich mußte mir das einmal von der ~ reden I (simply) had to unburden my heart. – **4.** *relig.* (*unsterblicher Teil des Menschen*) soul: die unsterbliche ~ the immortal soul; die armen ~n im Fegefeuer *röm.kath.* the poor souls in purgatory; nun hat die arme (*od.* liebe) ~ Ruh! a) *relig.* now the tormented soul has peace! b) *fig. colloq.* now we'll have some peace at last! seine ~ dem Teufel verschreiben to sell one's soul to the devil; seine ~ vor dem Bösen bewahren [retten] to keep [to save] one's soul from evil; seine ~ aushauchen *fig.* to draw one's last breath, to breathe one's last, to give up the ghost; für die armen ~n (der Verstorbenen) beten to pray for the (poor) souls (of the departed); er ist hinter dem Geld her wie der Teufel hinter der armen ~ *fig. colloq.* he is after money like the devil after the soul; Schaden an seiner ~ nehmen *Bibl.* to suffer harm to one's soul. – **5.** (bei) meiner ~(e)! a) (*erstaunt, erschreckt*) upon my soul! bless my soul! b) (*auf mein Wort!*) upon my word! – **6.** *fig.* (*Triebkraft, Mittelpunkt*) (life and) soul: er ist die ~ des Betriebes he is the (life and) soul of the firm. – **7.** *fig.* (*Mensch, Einwohner*) soul: er ist eine gute ~, er ist eine ~ von Mensch *colloq.* he is a good soul (*od.* a perfect dear), he is one in a million; sie ist eine treue [schlichte] alte ~ she is a faithful [simple] (old) soul; er ist eine durstige ~ *colloq.* he's a thirsty soul; sie sind verwandte (*od.* gleichgestimmte) ~n they are kindred souls (*od.* natures); es ist keine (menschliche) ~ hier *colloq.* there's not a (living) soul here; ich kenne in dieser Stadt keine ~ I don't know a soul in this town; ein Dorf mit (*od.* von) etwa 300 ~n a village of about 300 souls. – **8.** *mil.* (*einer Schußwaffe*) bore. – **9.** *mus.* (*einer Geige etc*) sound post. – **10.** *mar. tech.* (*eines Taues, Drahtseils etc*) core. – **11.** *tech.* (*eines Spiralbohrers*) center (*bes. Br.* centre) web.

ˈ**See**ˌ**leim**ˌ**kraut** *n bot.* sea campion (*Silene vulgaris maritima*).

ˈ**See·len**|ˌ**ach·se** *f mil.* (*eines Geschützrohres*) axis of the bore. — ~ˌ**adel** *m* nobleness (*od.* nobility) of mind. — ~ˌ**amt** *n röm.kath.* requiem (mass), *auch* Requiem (mass), mass for the departed, office for the dead. — ~ˌ**angst** *f* extreme (*od.* deep) anxiety. — ~ˌ**arzt** *m* **1.** *fig.* (*Helfer in innerer Not*) physician of the soul. – **2.** *colloq. for* Psychiater. — ~ˌ**blind·heit** *f med. psych.* soul (*od.* physic) blindness; visual agnosia, alexia (*scient.*). — ~ˌ**bund** *m lit.* union of souls. — ~ˌ**dra·ma** *m* (*literature*) psychological drama. — ~ˌ**durch**ˌ**mes·ser** *m mil.* (*eines Geschützrohres*) caliber, *bes. Br.* calibre, bore diameter. — ~ˌ**for·scher** *m cf.* Psychologe 1. — ~ˌ**for·schung** *f cf.* Psychologie. — ~ˌ**freund** *m*, ~ˌ**freun·din** *f* bosom friend. — ~ˌ**frie·de(n)** *m* peace of mind: j-s ~n gefährden *auch iron.* to threaten s.o.'s peace of mind. — ~ˌ**füh·rer** *m relig. myth.* conductor of souls, psychopomp(os) (*scient.*). — ~**ge**ˌ**mein·schaft** *f lit. cf.* Seelenbund. — ~ˌ**glau·be** *m philos.* animism. — ~ˌ**grö·ße** *f* ⟨-; *no pl*⟩ magnanimity, greatness of mind. — **s**~ˈ**gut** *adj* (very) kindhearted (*Br.* kind-hearted). — ~ˌ**gü·te** *f* kindheartedness, *Br.* kind-heartedness, (great) kindness of heart. — ~ˌ**heil** *n* **1.** *relig.* salvation (of the soul): für j-s ~ beten to pray for s.o.'s soul (*od.* for the salvation of s.o.'s soul). – **2.** *cf.* Seelenfriede(n). — ~ˌ**heil**ˌ**kun·de** *f med. psych.* **1.** psychiatry. – **2.** psychotherapy. — ~ˌ**hirt**, ~ˌ**hir·te** *m relig. cf.* Seelsorger. — ~ˌ**kampf**, *bes. psych.* ~**kon**ˌ**flikt** *m* mental conflict, inner struggle. — ~ˌ**kraft** *f cf.* Seelenstärke. — ~ˌ**krank·heit** *f psych.* mental disease, psychopathy (*scient.*). — ~ˌ**kun·de** *f* ⟨-; *no pl*⟩ *psych.* psychology. — **s**~ˌ**kund·lich** [-ˌkʊntlɪç] *adj* psychological. — ~ˌ**le·ben** *n* inner (*od.* emotional) life. — ~ˌ**leh·re** *f psych. cf.* Seelenkunde. — ~ˌ**lei·den** *n* mental (*od.* psychic) disorder. — **s**~**los** *adj* (*Schönheit, Blick, Musik etc*) soulless. — ~**mas**ˌ**sa·ge** *f* ⟨-; *no pl*⟩ *colloq. iron.* (*durch Predigt etc*) manipulation of the soul. — ~ˌ**mes·se** *f röm.kath. cf.* Seelenamt. — ~ˌ**mes·ser** *m mil. tech.* bore ga(u)ge. — ~ˌ**not**, ~ˌ**pein**, ~ˌ**qual** *f* (mental) agony (*od.* anguish), agony (*od.* anguish) of mind, travail. — ~ˌ**re·gung** *f* emotion, mental agitation. — ~ˌ**ru·he** *f* **1.** (*Ausgeglichenheit*) peace (*od.* calmness, balance) of mind. – **2.** in (aller) ~ a) (*gemütlich*) in peace and quiet, at leisure, b) (*ungerührt*) calmly, as cool as you please, (as) cool as a cucumber: er sah in aller ~ zu, wie ich mich damit abplagte he calmly watched me struggling with it. — **s**~ˌ**ru·hig** *adv* coolly, calmly: er schaut ~ zu, wenn andere arbeiten he coolly watches other people working, he watches unmoved while other people work. — ~ˌ**stär·ke** *f* fortitude, strength of mind, mental power. — ~ˌ**taub·heit** *f med. psych.* psychic (*od.* hysterical, functional) deafness. — ~ˌ**trö·ster** *m humor.* (*Schnaps*) stiffener, pick-me-up (*beide colloq.*), *Am. colloq.* bracer. — **s**~**ver**ˈ**gnügt** *adj colloq.* merry, cheerful, blithe. — ~**ver**|ˌ**käu·fer** *m mar. contempt.* tub (*sl.*). — **s**~**ver**ˌ**wandt** *adj* congenial (*od.* kindred) (in nature *od.* in temperament). — ~**ver**ˌ**wandt·schaft** *f* congeniality (*od.* affinity, kinship) (of nature *od.* of temperament). — **s**~ˌ**voll** *adj* soulful, full of feeling: ~er Blick soulful glance, melting eyes *pl.* — ~ˌ**vor**ˌ**gang** *m psych.* mental process. — ~ˌ**wand** *f mil.* (*bei einem Geschütz*) bore surface. — ~ˌ**wan·de·rung** *f relig. philos.* transmigration of souls, metempsychosis (*scient.*). — ~ˌ**wär·mer** *m humor.* **1.** (*wollenes Halstuch*) comforter. – **2.** (*Wolljacke*) woolen jacket. – **3.** *cf.* Seelentröster. — ~ˌ**wei·te** *f mil. cf.* Seelendurchmesser. — ~ˌ**zu**ˌ**stand** *m* state (*od.* frame) of mind, mental (*od.* psychic) condition (*od.* state).

ˈ**See**|**leo**ˌ**pard** *m zo.* sea leopard, leopard seal (*Hydrurga leptonyx*). — ~ˌ**li·lie** *f* sea lily, crinoid (*scient.*) (*Klasse Crinoidae*).

ˈ**see·lisch I** *adj* **1.** (*geistig*) mental, psychic: ~e Grausamkeit mental cruelty; ~er Mord mental (*od.* psychic) murder; ~e Störungen mental (*od.* psychic) disturbances; die ~en Ursachen einer Krankheit the mental (*od.* psychic) causes of a disease; sich in einem schlechten ~en Zustand befinden to be in low mental (*od.* psychic) condition; sie steht unter starker ~er Belastung (*od.* starkem ~en Druck) she is under great mental (*od.* psychic) stress (*od.* strain). – **2.** (*gefühlsmäßig*) emotional: ~e Spannungen emotional tension (*od.* stress) *sg*; ~es Gleichgewicht a) emotional balance (*od.* equilibrium), b) (*geistiges, nervliches*) mental (*od.* psychic) balance (*od.* equilibrium), balance of mind; aus dem ~en Gleichgewicht kommen to be thrown off balance emotionally; sein ~es Gleichgewicht wiederfinden to regain (*od.* recover) one's emotional balance. – **II** *adv* **3.** mentally, psychically: körperlich und ~ krank physically and mentally (*od.* psychically) ill; sie war der Anforderung ~ nicht gewachsen she couldn't cope with the mental strain; eine ~ bedingte Krankheit a disease with mental (*od.* psychic) causes; sich ~ auf etwas einstellen to prepare (oneself) mentally for s.th., to get used to the thought of s.th.; sich ~ darauf einstellen, daß to get used to the thought that. – **4.** emotionally: geistig und ~ intellectually and emotionally.

ˈ**See**ˌ**lö·we** *m* sea lion, otarioid (*scient.*) (*Fam. Otariidae*): Kalifornischer ~ California sea lion (*Zalophus californicus*); Stellers ~ Steller's sea lion (*Eumetopias jubata*).

ˈ**Seel**ˌ**sor·ge** *f* ⟨-; *no pl*⟩ *relig.* cure (of souls), spiritual (*od.* religious) charge (*od.* welfare, care), ministry, *bes. mil.* chaplaincy: er ist in der ~ tätig he is active in the ministry. — ˈ**Seel**ˌ**sor·ger** *m* ⟨-s; -⟩ curate, clergyman, pastor, minister, *bes. mil.* chaplain. — ˈ**seel**ˌ**sor·ge·risch**, ˈ**seel**ˌ**sorg·lich** *adj* pastoral: ~e Pflichten pastoral duties; ~e Betreuung religious (*od.* spiritual) welfare (*od.* charge).

ˈ**See**|ˌ**luft** *f* sea air. — ~ˌ**luft**ˌ**ha·fen** *m aer. mar.* seadrome. — ~ˌ**luft**ˌ**streit**ˌ**kräf·te** *pl* naval air force *sg.* — ~ˌ**macht** *f* **1.** ⟨*only sg*⟩ (*Seeherrschaft*) naval (*od.* maritime, sea) power (*od.* strength). – **2.** (*Staat*) naval (*od.* maritime, sea) power.

ˈ**See**ˌ**mann** *m* ⟨-(e)s; -leute⟩ *mar.* seaman, sailor, mariner. — ˈ**see**ˌ**män·nisch** [-ˌmɛnɪʃ] *adj* **1.** (*Gang, Aussehen etc*) seamanlike, seamanly, sailorly. – **2.** (*Ausdruck, Fertigkeiten etc*) nautical.

ˈ**See**ˌ**manns**|ˌ**amt** *n* shipping office. — ~ˌ**aus**ˌ**druck** *m* sea(man's) (*od.* nautical) term. — ~ˌ**brauch** *m* seaman's custom.

ˈ**See**ˌ**mann·schaft** *f* ⟨-; *no pl*⟩ *mar.* seamanship.

ˈ**See**ˌ**manns**|ˌ**gang** *m mar.* sailor's (*od.* seaman's) walk (*od.* gait). — ~ˌ**garn** *n* ⟨-(e)s; *no pl*⟩ *humor.* yarn(s *pl*) (*colloq.*): ~ spinnen to spin (*od.* tell) yarns. — **~geˌsetz** *n jur.* seamen's law. — **~ˌheim** *n* (*der Seemannsmission*) sailors' home. — **~ˌle·ben** *n* seaman's (*od.* sailor's, mariner's) life, seafaring life. — **~ˌlied** *n* chant(e)y, shant(e)y. — **~ˌlos** *n* seaman's (*od.* sailor's) lot. — **~mis·siˌon** *f* (*Institution u. Gebäude*) seamen's mission. — **~ˌord·nung** *f jur. cf.* Seemannsgesetz. — **~ˌschu·le** *f* presea training college. — **~ˌspra·che** *f* seaman's (*od.* sailor's) language. — **~ˌtod** *m* (*Tod durch Ertrinken*) seaman's (*od.* sailor's) death.

ˈSee-ˌMannsˌtreu *n bot. cf.* Stranddistel.

ˈSee·maˌnö·ver *n mar.* sea man(o)euver (*bes. Br.* manœuvre).

ˈseeˌmä·ßig I *adj* (*Verpackung etc*) seaworthy. – **II** *adv* ~ **verpackt** seaworthy-packed, packed seaworthy.

ˈSee|ˌmaus *f zo.* (*Borstenwurm*) sea mouse (*Aphrodite aculeata*). — **~ˌmei·le** *f mar.* nautical (*od.* sea) mile, (*pro Stunde = Knoten*) knot: **mit 30 ~n** at a (steady) 30 knots; **~n je Stunde** (nautical) miles per hour. — **~ˌmi·ne** *f mar. mil.* sea (*od.* naval) mine. — **~ˌmönch** *m zo. cf.* Mönchsrobbe. — **~ˌmoos** *n bot.* (*bes. für Blumenbinderei*) sertularian moss (*Sertularia cupressina*). — **~ˌmö·we** *f zo.* (sea) gull (*Fam. Laridae*). — **~ˌmu·schel** *f* blood clam, ark shell (*Gattg Arca*). — **~ˌna·del** *f* pipefish (*Fam. Syngnathidae*): **Gemeine ~** tanglefish, needlefish, great pipefish, sea adder (*Syngnathus acus*); **Breitrüsselige ~** broad-nose pipefish (*Siphonostoma typhle*); **Kleine ~** lesser pipefish (*Syngnathus rostellatus*). — **~ˌne·bel** *m meteor.* sea fog. — **~ˌnel·ke** *f zo.* sea daisy (*Metridium senile*).

ˈSe·en|ge̦ˌbiet *n* lakeland. — **~ˌkun·de** *f* ⟨-; *no pl*⟩ limnology.

ˈSeeˌnot *f* ⟨-; *no pl*⟩ *mar.* distress (at sea): **in ~ sein [geraten]** to be in [to get into] distress. — **~ˌdienst** *m* sea rescue service. — **~ˌflugˌzeug** *n* sea rescue aircraft. — **~ˌkreu·zer** *m* lifesaving (*Br.* life-saving) (*od.* rescue) cruiser (*od.* [*kleiner*] boat). — **~ˌret·tungsˌdienst** *m cf.* Seenotdienst. — **~ˌruf** *m* distress call, SOS. — **~ˌwel·le** *f* (*radio*) distress frequency (*od.* wave[length]). — **~ˌzei·chen** *n cf.* Seenotruf.

ˈSe·enˌplat·te *f geogr.* area full of lakes, lake district.

ˈSee|ˌnym·phe *f myth. cf.* Seejungfrau. — **~of·fiˌzier** *m mar.* naval officer. — **~ˌohr** *n zo.* aurora (*od.* ear) shell, muttonfish, ormer, sea-ear, *Am.* abalone (*Gattg Haliotis*). — **~ˌot·ter** *m* sea otter (*Enhydra lutris*). — **~ˌpaß** *m mar.* ship's passport. — **~ˌperlˌmu·schel, ˈEch·te** *f zo.* great pearl oyster (*Avicula margaritifera*). — **~ˌpfandˌrecht** *n mar. jur.* maritime lien. — **~ˌpferd·chen** *n* ⟨-s; -⟩ *zo.* horsefish, sea horse (*Gattg Hippocampus*). — **~ˌpocke** (*getr.* -k·k-) *f* balanid (*Gattg Balanus*). — **~proˌtest** *m mar. jur.* sea protest. — **~ˌquap·pe** *f zo.* **1. Dreibärtelige ~** three-bearded rockling (*Gaidropsaurus mediterraneus*). – **2. Vierbärtelige ~** four-bearded rockling (*Enchelyopus cimbrius*). – **3. Fünfbärtelige ~** five-bearded rockling (*Motella mustela*). — **~ˌra·be** *m* cormorant, sea raven (*Hemitripterus americanus*).

ˈSee|ˌraub *m mar.* piracy. — **~ˌräu·ber** *m* **1.** pirate, buccaneer, freebooter, sea robber. – **2.** *hist.* (*Korsar*) corsair. — **~räu·beˈrei** [ˌzeː-] *f* piracy: **~ treiben** to pirate, to buccaneer, to practice (*bes. Br.* practise) (*od.* engage in) piracy. — **~ˌräu·ber·ge̦ˌschich·te** *f* pirate tale, buccaneering story, sea robbers' yarn (*colloq.*).

ˈseeˌräu·be·risch *adj* piratical, *auch* piratic.

ˈSeeˌräu·ber|ˌkrieg *m mar. hist.* war against piracy, pirates' war. — **~ˌschiff** *n* **1.** pirate (vessel). – **2.** *hist.* (*Korsar*) corsair. — **~ˌstaa·ten** *pl hist.* piratical (*od.* pirate) states.

ˈSeeˌräu·ber·tum, ˈSeeˌräu·berˌwe·sen *n* ⟨-s; *no pl*⟩ *mar.* piracy.

ˈSee|ˌrecht *n mar. jur.* maritime (*od.* sea) law, law of the sea: **internationales ~** maritime international law. — **s~ˌrecht·lich** *adj* relating to maritime law, maritime-legal. — **~ˌrei·se** *f* **1.** (sea) voyage, cruise: **eine ~ machen** to go on a voyage. – **2.** (*Überfahrt*) (sea) crossing, (sea) passage. – **3.** (*kurze*) (sea) trip. — **~ˌrei·sen·de** *m, f* (sea) voyager. — **~ˌro·se** *f* **1.** *bot.* water (*od.* pond) lily, spatterdock (*Gattg Nymphaea*): **Ägyptische ~** Egyptian white water lily, white lotus of the Nile (*N. lotus*); **Himmelblaue ~** blue water lily, blue lotus of the Nile (*N. coerulea*); **Weiße ~** a) (great *od.* common) white water lily (*N. alba*), b) nenuphar (*N. odorata*). – **2.** *bot.* **Gelbe ~** yellow water lily (*Nuphar luteum*); **Indische ~** sacred lotus (*Nelumbo nucifera*). – **3.** *zo. cf.* Seeanemone. — **~ˌrou·te** *f mar.* sea route. — **~ˌsack** *m* seabag. — **~ˌsaib·ling** *m zo.* sea saibling (*Salvelinus namaycush*). — **~ˌsalz** *n* bay (*od.* solar) salt. — **~ˌsand** *m* sea sand.

ˈSee|ˌscha·den *m mar. jur.* **1.** sea damage, loss suffered at sea. – **2.** (*Havarie*) average. — **~beˌrech·nung, ~re·guˌlie·rung** *f* adjustment of average.

ˈSee|ˌschei·de *f zo.* ascidian (*Klasse Ascidiacea*). — **~ˌschiff** *n mar.* sea boat (*od.* ship), seagoing vessel. — **~ˌschiffahrt** (*getr.* -ffˌf-) *f* **1.** sea (*od.* ocean) shipping. – **2.** sea (*od.* ocean) navigation. — **~ˌschild·ˌkrö·te** *f zo. cf.* Meeresschildkröte. — **~ˌschlacht** *f* naval battle. — **~ˌschlag** *m mar.* wash of the sea. — **~ˌschlan·ge** *f* **1.** *zo.* sea serpent (*Fam. Hydrophiidae*). – **2.** *myth.* (*Fabeltier*) *cf.* Seeungeheuer. — **~ˌschlep·per** *m mar.* seagoing tug. — **~ˌschleu·se** *f* sea lock. — **~ˌschlick** *m* sea ooze. — **~ˌschmet·ter·ling** *m zo.* sea butterfly (*Blennius ocellaris*; *fish*). — **~ˌschnep·fe** *f* sea snipe (*Macrorhamphosus scolopax*; *fish*). — **~ˌschu·le** *f* **1.** *mar.* naval school. – **2.** (*literature*) (*Gruppe engl. Romantiker*) Lake School, lakists, *auch* Lakists *pl.* — **~ˌschwal·be** *f zo.* medrick, tern (*Gattg Sterna*): **Gemeine ~** common (*od.* great) tern, scray (*S. hirundo od. fluviatilis*); **Kleine ~** lesser sea swallow (*S. minuta*); **Schwarzbäuchige ~** black tern (*Hydrochelidon fissipes*). — **~ˌsieg** *m* naval victory. — **~skor·piˌon** *m zo.* sea scorpion, sting fish (*Myoxocephalus scorpius*). — **~ˌsper·re** *f econ. pol. cf.* Seeblockade. — **~ˌspin·ne** *f zo.* sea spider, spider crab (*Hyas aranea*). — **~ˌspra·che** *f* nautical language. — **~ˌstaat** *m pol.* maritime nation. — **~ˌstadt** *f* seaside (*od.* maritime) town. — **~ˌstern** *m zo.* starfish, sea star, asteroidean (*scient.*) (*Klasse Asteroidea*): **Gemeiner ~** common sea star (*Asterias rubens*). — **~ˌstich·ling** *m* sea stickleback (*Spinachia spinachia*). — **~ˌstrand** *m* seashore, seaside: **flacher ~** beach. — **~ˌstra·ße** *f mar.* water hishway, sea route (*od.* road), sea-lane. — **~ˌstra·ßenˌord·nung** *f mar. jur.* international regulations *pl* for preventing collisions at sea, rules *pl* of the road at sea, rules *pl* of navigation. — **~ˌstreitˌkräf·te** *pl mar. mil.* naval forces, navy *sg.* — **~ˌstück** *n* (*art*) (*Gemälde*) seascape, seapiece, marine. — **~ˌsturm** *m* storm at sea. — **~ˌtak·tik** *f* naval tactics *pl* (*usually construed as sg*). — **~ˌtang** *m* **1.** *bot.* seaweed, rockweed, kelp, sea bottles *pl* (*Gattg Fucus*). – **2.** (*als Dünger*) seaware. — **~ˌtau·cher** *m zo.* diver (*Gattgen Gavia u. Colymbus*). — **~ˌteu·fel** *m* angler, allmouth (*Lophius piscatorius*). — **~ˌtier** *n* sea beast, submarine, marine animal. — **~ˌton·ne** *f* **1.** *mar.* (marker) buoy. – **2.** *zo.* telescope shell (*Potamites telescopium*).

ˈSee·transˌport *m* **1.** *mar.* sea (*od.* marine) transport (*bes. Am.* transportation). – **2.** *econ.* shipment by sea: **See- und Landtransport** sea and land carriage, carriage by land and sea. — **~geˌfahr** *f econ.* marine (*od.* maritime) peril(s *pl*), maritime risk. — **~verˌsi·che·rung** *f cf.* Seeversicherung.

ˈSee|ˌtrau·be *f* **1.** *bot.* sea(side) grape, lobe berry (*Coccoloba uvifera*). – **2.** *zo.* (*Eier der Tintenfische*) sea grapes *pl.* — **~ˌtrift** *f mar. jur.* waveson, flotsam. — **s~ˌtüch·tig** *adj* seaworthy. — **~ˌtüch·tig·keit** *f* seaworthiness. — **~ˌufer** *n* shore (*od.* banks *pl*) of a lake. — **~ˌunˌfall** *m mar.* sea accident, accident at sea. — **~ˌun·geˌheu·er** *n myth.* sea monster, leviathan. — **~ˌun·terˌneh·men** *n mar.* maritime venture. — **s~ˌunˌtüch·tig** *adj* unseaworthy. — **~ˌunˌtüch·tig·keit** *f* unseaworthiness. — **~verˌbin·dung** *f* sea route. — **~verˌkehr** *m* maritime (*od.* ocean, sea, seaborne) traffic. — **~verˌmes·sung** *f* hydrographic survey.

ˈSee·verˌsi·che·rer *m econ.* marine (*Am.* ocean marine) insurer.

ˈSee·verˌsi·che·rung *f eon.* marine (*Am.* ocean marine) insurance.

ˈSee·verˌsi·che·rungs|geˌsell·schaft *f econ.* marine (*Am.* ocean marine) insurance company. — **~poˌli·ce** *f* marine (*Am.* ocean marine) (insurance) policy. — **~verˌtrag** *m* marine (*Am.* ocean marine) insurance contract.

ˈSee|ˌvo·gel *m zo.* seabird, seafowl. — **~ˌvolk** *n* maritime nation, seafaring people. — **~ˌwal·ze** *f zo.* sea cucumber (*od.* slug, melon), holothurian (*scient.*) (*Klasse Holothurioidea*). — **~ˌwar·te** *f mar.* hydrographic office, naval (*od.* marine) observatory.

ˈseeˌwärts *adv* seaward(s), a-sea.

ˈSeeˌwas·ser *n* **1.** seawater. – **2.** salt water. — **~aqua·ri·um** [-ˀaˌkvaːrĭʊm] *n* saltwater aquarium.

ˈSee|ˌweg *m mar.* sea (*od.* ocean, maritime) route, sea-lane, seaway: **auf dem ~** by sea; **auf dem ~ befördert** *econ.* seaborne, carried by sea; **Beförderung auf dem ~** *mar. econ. cf.* Seetransport. — **~ˌwe·sen** *n* ⟨-s; *no pl*⟩ maritime (*od.* naval) affairs *pl.* — **~ˌwet·ter·beˌricht** *m meteor.* marine weather report. — **~ˌwet·terˌdienst** *m* marine weather service. — **~ˌwind** *m* sea breeze (*od.* turn), onshore wind (*od.* breeze). — **~ˌwolf** *m zo.* wolffish, catfish (*Anarhichas lupus*). — **~ˌwurf** *m mar.* **1.** jetsam. – **2.** (*Überbordwerfen*) jettison. — **~ˌzei·chen** *n* **1.** navigational aid, seamark, nautical mark. – **2.** (*Boje*) (marker) buoy. – **3.** (*an Land*) landmark: **landfestes ~** beacon.

ˈSeeˌzoll *m econ.* customs *pl* levied at the coast. — **~ˌgren·ze** *f* maritime customs border. — **~ˌha·fen** *m* port of entry, port within customs territory.

ˈSeeˌzun·ge *f zo.* sole (*Solea solea*): **Gemeine ~** common sole (*S. vulgaris*); **Kleine ~** little (*od.* dwarf) sole, solenette (*S. minuta*). — **ˈSeeˌzun·gen·fiˌlet** *n gastr.* filet de sole, fillet of sole.

Se·gel [ˈzeːgəl] *n* ⟨-s; -⟩ *mar.* sail: **mit vollen ~n** under full sail (*od.* canvas), under press of sail, with all sails set; **unter ~** under sail; **unter ~ gehen** to sail, to make (*od.* set) sail, to put to sea; **das Schiff hatte alle ~ gesetzt** the ship had set (*od.* crowded on) all sail; **die ~ beisetzen** to spread (*od.* make) sail; **die ~ einholen** (*od.* **einziehen**) to take (*od.* get) in the sails; **die ~ hissen** to hoist (*od.* haul up) sail; **die ~ losmachen** to loosen (*od.* unfurl) the sails; **ein ~ niederholen** to hand down a sail; **die ~ streichen** a) to strike (*od.* lower, douse) sail, b) *fig. colloq.* to hoist (*od.* show) the white flag, to submit, to give in; **j-m den Wind aus den ~n nehmen** *fig.* to take the wind out of s.o.'s sails; **er ging mit vollen ~n auf sein Ziel los** *fig. colloq.*, he made straight for his goal; → Wind 1. — **~ˌanˌwei·sung** *f* **1.** sailing directions *pl* (*od.* instruction). – **2.** (*Handbuch*) sailing directory book, sailing directions *pl.* — **~ˌboot** *n* **1.** *Am.* sailboat, *bes. Br.* sailing boat. – **2.** *cf.* Segeljacht. — **~ˌech·se** *f zo.* sail lizard (*Hydrosaurus amboinensis*). — **~ˌfahrt** *f mar.* sail. — **~ˌfal·ter** *m zo.* swallowtail (butterfly) (*Iphiclides podalirius*). — **s~ˌfer·tig** *adj mar.* ready to sail, ready for sea, sailable, in sailing trim: **sich ~ machen** to get under sail. — **~ˌfisch** *m zo.* sailor fish (*Gattg Histiophorus*). — **~ˌflä·che** *f mar.* spread of sail, sail area. — **s~ˌflie·gen** *aer.* (*sport*) **I** *v/i* ⟨*only inf*⟩ glide, sailplane, soar. – **II S~** *n* ⟨-s⟩ *verbal noun*: **Schulung im S~** instruction in glider flying. — **~ˌflie·ger** *m* **1.** (*Pilot*) glider (*od.* sailplane) pilot. – **2.** *cf.* Segelflugzeug. — **~ˌflie·geˌrei** *f cf.* Segelfliegen. — **~ˌflie·gerˌschein** *m* glider pilot's licence (*Am.* license).

ˈSe·gelˌflug *m aer.* (*sport*) **1.** *cf.* Segelfliegen. – **2.** (*eines Segelflugzeugs*) a) (*Gleitflug*) glide, b) (*Flug mit Höhengewinn od. Höhehalten*) sailing (*od.* soaring, glider) flight. — **~ˌdau·er·reˌkord** *m* endurance record for sailplanes. — **~ˌplatz** *m* gliding field. — **~ˌsport** *m* gliding: **~ treiben** to go in for gliding. — **~ˌwett·beˌwerb** *m* gliding contest.

ˈSe·gelˌflugˌzeug *n aer.* (*sport*) glider, sailplane: **~ mit Hilfsmotor** motor glider, power-assisted glider. — **~ˌbau** *m* sailplane (*od.* glider) construction.

ˈSe·gel|ˌgarn *n mar.* sail twine, sewing yarn. — **~ˌha·ken** *m mar.* sail hook. — **~ˌhandˌbuch** *n* pilot (book), sailing directions *pl* (*od.* directory book). — **~ˌjacht** *f* sail (*bes. Br.* sailing) yacht. — **~ˌjol·le** *f* yawl, sailing dinghy. — **~ˌkärpf·ling** *m zo.* sailfin (mollie) (*Mollienisia velifera*). — **~ˌkar·te** *f mar.* sailing (*od.* track, skeleton) chart. — **s~ˌklar** *adj cf.* segelfertig. — — **~ˌklub** *m* yacht(ing) club, sailing club. — **~ˌkurs** *m* **1.** sailing course. – **2.** *mar.* course made good. — **~ˌlei·nen** *n*, **~ˌlein-ˌwand** *f* (sail)cloth, canvas, *auch* canvass. — **s~los** *adj* sailless, without sail(s).

'Se·gelˌma·cher *m* sailmaker. — **ˌSe·gel-ma·che'rei** *f* <-; *no pl*> sailmaking.

se·geln ['zeːgəln] **I** *v/i* <sein *u.* h> **1.** <sein *u.* h> sail: **beim** (*od.* **dicht am**) **Wind ~** to sail on (*od.* close, near) the wind, to sail close-hauled; **gegen den Wind ~** to sail (*od.* make way) against the wind; **mit [vor] dem Wind ~** to sail with [before] the wind; **um ein Kap ~** to sail round (*od.* to double) a cape; **längs der Küste ~** to sail along the coast, to coast; **in den Grund ~** to run aground; **auf hoher See ~** to sail the high seas; **wir haben** (*od.* **sind**) **zwei Stunden gesegelt** we sailed two hours; **am Nachmittag gingen wir ~** we went for a sail in the afternoon; → Flagge 3. – **2.** <sein *u.* h> (*sport*) yacht, sail, go yachting (*od.* sailing). – **3.** <sein *u.* h> *aer.* (*sport*) glide, sail(plane), soar. – **4.** <sein> *fig.* (*von Vögeln*) soar, glide, sail. – **5.** <sein> *fig.* (*von Schneeflocken, Wolken etc*) float. – **6.** <sein> *fig. colloq.* (*von Personen*) sail: **dort kommt sie gerade um die Ecke gesegelt** here she comes sailing round the corner. – **7.** <sein> **durchs Examen ~** *fig. colloq.* to fail (in) the examination. – **II** *v/t* <h *u.* sein> **8.** (*Segelboot, Kurs, Route etc*) sail. – **9.** (*sport*) (*Rennen*) yacht. – **III S~** *n* <-s> **10.** *verbal noun.* – **11.** sail.

'Se·gel|ˌqual·le *f zo.* velella (*Gattg Velella*). — **~reˌgat·ta** *f* (*sport*) sailing regatta. — **~-ˌschiff** *n mar.* sail(er), *Am.* sailship, *bes. Br.* sailing ship. — **~ˌschiffahrt** (*getr.* -ff,f-) *f* sailing, navigation by sail. — **~ˌschlit·ten** *m* (*sport*) *cf.* Eisjacht. — **~ˌschulˌschiff** *n mar.* training sailship (*bes. Br.* sailing ship). — **~ˌsport** *m* yachting, sailing, boating.

'Se·gelˌtuch *n* **1.** *bes. mar.* (sail)cloth. – **2.** (*Gitterleinen*) canvas. – **3.** (*Schiertuch*) (cotton) duck. — **~ˌei·mer** *m* canvas bucket. — **~ˌho·se** *f* ducks *pl.* — **~ˌpla·ne** *f* **1.** canvas. – **2.** (*geteerte*) tarpaulin. — **~ˌschuh** *m meist pl* canvas shoe, *Br.* plimsoll, *auch* plimsol(e), *bes. Am.* sneaker. — **~verˌdeck** *n auto.* canvas top.

'Se·gel|ˌwind *m* sail breeze (*od.* wind). — **~ˌyacht** *f cf.* Segeljacht.

Se·gen ['zeːgən] *m* <-s; -> **1.** *relig.* (*erteilter*) blessing, benediction: **der päpstliche [väterliche] ~** the papal [paternal] blessing; (**j-m**) **den ~ erteilen** (*od.* **spenden, geben**) to give (s.o.) one's blessing (*od.* the benediction); **am Ende des Gottesdienstes sprach der Priester den Segen** at the end of the service the priest pronounced (*od.* gave) the benediction; **den ~ erhalten** (*od.* **bekommen**) to receive the blessing; **den ~ über j-n [etwas] sprechen** to give s.o. [s.th.] one's blessing; **Gott gebe seinen ~ dazu!** may God give his blessing! God's blessing on it! **Gottes ~ (sei) mit dir!** may God's blessing be with you; **ich gebe meinen ~ dazu** *fig. colloq.* I give it my blessing; **meinen ~ hat er** *fig. colloq. iron.* he has my blessing; **an Gottes ~ ist alles gelegen** (*Sprichwort*) God's blessing gained, all is obtained (*proverb*); **sich regen bringt ~** (*Sprichwort*) *etwa* industry is fortune's right hand (*proverb*). – **2.** *relig.* (*Gebet, bes. Tischgebet*) prayer(s *pl*), benediction: **vor der Mahlzeit den ~ sprechen** to say a prayer (*od.* to say grace, to ask the blessing) before the meal. – **3.** *relig.* (*Zeichen des Kreuzes*) (sign of the) Cross. – **4.** (*Gottesgabe*) gift: **Kinder sind ein ~ Gottes** children are the gift of God; **ein ~ des Himmels** a gift from heaven. – **5.** *fig.* (*Glück*) luck: **auf seiner Arbeit ruht kein ~** he has no luck with his work; (**j-m**) **~ bringen** to bring (s.o.) good luck; **das bringt keinen ~** no good will come of it. – **6.** *fig.* (*Hilfe*) blessing, godsend: **ein wahrer ~** a real blessing, a great boon, a perfect godsend; **das schöne Wetter ist ein wahrer ~ für die Ernte** the fine weather is a real blessing for the crops; **es ist ein (wahrer) ~, daß** it is (quite) a mercy that; **im Grunde war es ein ~** it was a blessing in disguise; **die Fortschritte in der Physik sind leider kein reiner ~** the progress in physics is unfortunately not an unmixed (*od.* unadulterated) blessing. – **7.** *fig.* (*Ertrag*) yield: **der ~ der Ernte** the yield of the crops. – **8.** *fig.* (*Reichtum*) riches *pl*, abundance: **der ~ der Erde** the riches of the earth. – **9.** *fig.* (*Gedeihen*) prosperity: **zum ~ der Menschheit** for the benefit (*od.* prosperity) of mankind; **ich wünsche dir Glück und ~** I wish you happiness and prosperity. – **10. der ganze ~** *fig. colloq.* the whole lot (*colloq.*): **ist das der ganze ~?** is that the lot? is that all? – **11.** *cf.* Segnung 3. — **s~ˌbrin·gend** *adj* beneficial, blessed. — **~erˌtei·lung** *f relig.* benediction.

'Se·gens|ˌfor·mel *f relig.* formula of benediction. — **~ˌfül·le** *f poet.* abundance of blessings.

'se·gen|ˌspen·dend *adj cf.* segenbringend. — **S~ˌspen·dung** *f* (pronouncement of the) benediction.

'se·gensˌreich *adj* **1.** (*Erfindung etc*) beneficial, blessed. – **2.** (*fruchtbar*) fruitful, prosperous: **sein ~es Wirken** his fruitful activity; **ich wünsche Ihnen eine ~e Zukunft** I wish you a prosperous future.

'Se·gens|ˌspruch *m relig.* benedicite, blessing. — **~ˌwunsch** *m* **1.** benediction. – **2.** *pl* (*Glückwünsche*) good wishes.

'Se·ger|ˌke·gel ['zeːgər-] *m tech.* pyrometric (*auch* Seger) cone. — **~por·zelˌlan** *n* Seger porcelain.

Seg·ge ['zɛgə] *f* <-; -n> *bot.* sedge (*Gattg Carex*).

'Seg·ler *m* <-s; -> **1.** (*sport*) yachtsman. – **2.** *mar. cf.* Segelschiff. – **3.** *aer.* (*sport*) *cf.* Segelflugzeug. – **4.** *zo. cf.* Mauersegler. — **'Seg·le·rin** *f* <-; -nen> (*sport*) yachtswoman.

Seg·ment [zɛ'gmɛnt] *n* <-(e)s; -e> **1.** *math.* segment. – **2.** *electr.* a) (*Einzelblech eines Ankers*) armature-core segment, b) (*Lamelle eines Stromwenders*) commutator segment. – **3.** *med. biol.* segment. – **4.** *zo.* a) (*von Gliedmaßen*) article, b) (*einiger Seescheiden*) merosome, c) (*linearer Gliederungsabschnitt*) metamere.

seg·men·tal [zɛgmɛn'taːl] *adj* segmental, segmentary. — **S~orˌgan** *n zo.* nephridium.

seg·men·tär [zɛgmɛn'tɛːr] *adj cf.* segmental.

Seg·men·ta·ti·on [zɛgmɛnta'tsi̯oːn] *f* <-; -en> segmentation.

Seg'mentˌbo·gen *m arch.* segmental arch.

seg·men·tie·ren [zɛgmɛn'tiːrən] *v/t* <no ge-, h> segment. — **Seg·men'tie·rung** *f* <-; -en> segmentation.

Seg'ment|ˌkreisˌsä·ge *f tech.* inserted tooth metal slitting saw. — **~ˌlen·kung** *f* worm and sector steering. — **~ˌsä·geˌblatt** *n* segmental saw blade. — **~ˌschleifˌschei·be** *f* segmental wheel.

seg·nen ['zeːgnən] **I** *v/t* <h> **1.** bless, give (*s.o., s.th.*) one's blessing: **Gott segne dich!** God bless you! **der Vater segnete den Sohn** the father blessed his son (*od.* gave his son his blessing); **Gott segne dein Werk!** may God prosper your work; **ich segne diesen Entschluß** *fig.* I bless this decision; **ich segne den** (*od.* **gesegnet sei der**) **Tag, an dem** *fig.* I bless the day when; **das Zeitliche ~** *fig. euphem.* to depart this life, to die. – **2.** (*mit dem Kreuzzeichen*) bless, cross, sign: **den Täufling ~** to sign the infant, to make the (sign of the) Cross (up)on (*od.* over) the infant. – **3.** (*Brot, Wein etc*) consecrate, bless. – **II S~** *n* <-s> **4.** *verbal noun.* – **5.** *cf.* Segnung. — **'seg·nend I** *pres p.* – **II** *adv* **er hob ~ seine Hände** he raised his hands in blessing.

'Seg·nung *f* <-; -en> **1.** *cf.* Segnen. – **2.** *relig.* (*des Brotes, Weines etc*) consecration. – **3.** *fig.* blessing: **die ~en der Zivilisation** the blessings of civilization.

'Seh|ˌach·se *f* **1.** *med.* axis of sight (*od.* vision), line of vision, visual line. – **2.** (*optics*) a) (*für Kristalle*) optic axis, b) (*für Linsensysteme*) optical axis. — **~beˌreich** *m* visual range.

se·hen ['zeːən] **I** *v/t* <sieht, sah, gesehen, h> **1.** see: **siehst du mich?** can you see me? **wir konnten das Haus gut sehen** we could see the house very well; **seitdem habe ich ihn nicht mehr gesehen** I have not seen (*od.* I have never set eyes on) him since; **ich habe ihn nie zuvor gesehen** I have never seen him before; **sie tat, als ob sie nichts gesehen hätte** she pretended not to have seen anything; **ich habe ihn lange nicht zu ~ bekommen** I have not seen him for a long time; **ich sah ihn nur flüchtig** I only saw him for a moment, I only caught a glimpse of him; **man sieht dich zur Zeit sehr selten, man sieht zur Zeit sehr wenig von dir** one sees very little of you these days; **wenn man ihn so sieht, könnte man glauben, daß** seeing him like this makes you think that; **das habe ich mit eigenen Augen gesehen** I have seen this with my own eyes; **ich freue mich, Sie zu ~** I am pleased to see you; **hast du den Film gesehen?** have you seen the film? **er zog aus, um die Welt zu ~** he set out to see the world; **er sah den Tod vor Augen** *fig.* death loomed before him; **ich sehe ihn (in der Erinnerung) noch vor mir** I (can) still see him in my mind's eye; **er sieht nur seinen Vorteil** *fig.* he only sees (*od.* has an eye for) his advantage; **er sieht immer nur das Schlechte** *fig.* he always sees only the bad (*od.* black) side; **er sieht seinen Weg klar vor** (*dat*) **sich** *fig.* he sees his way clearly before him; **etwas nicht ~ wollen** *fig.* to shut one's eyes to s.th.; **alles doppelt ~** (*bes. nach Alkoholgenuß*) to see everything double; **weiße Mäuse ~** *fig. colloq.* to see pink elephants; **Sterne ~** *fig. colloq.* to see stars; **er sieht den Wald vor lauter Bäumen nicht** *fig. colloq.* he doesn't see the wood for the trees; **du siehst wohl Gespenster?** *fig. colloq.* you must be seeing ghosts. – **2.** (*betrachten*) see, (have a) look at: **darf ich das mal bitte ~?** may I have a look (at it)? **in dieser Stadt ist** (*od.* **gibt es**) **nicht viel zu ~** there is not much to see in this town; **es kommt darauf an, wie man die Dinge sieht** *fig.* it depends on how you look at things; **ich sehe die Dinge, wie sie sind** *fig.* I see things as they are; **ich sehe die Sache anders** (*od.* **von einem anderen Standpunkt aus**) *fig.* I look at it differently; → Brille 1. – **3.** (*beobachten*) see, watch, observe: **ich möchte gern den Sonnenuntergang ~** I would like to watch the sunset; **ich konnte den Unfall vom Fenster aus ~** I could see the accident from the window; **ich sah ihn langsam die Straße herunterkommen** I watched him come (*od.* coming) slowly down the road; **ich sah ihn fallen** I saw him fall(ing). – **4.** (*ausfindig machen, erspähen*) see, recognize *Br. auch* -s-, spy, spot: **mit ihrem roten Hut konnte man sie schon von weitem ~** one could spot her with her red hat from a distance (*od. colloq.* a mile away). – **5.** (*wahrnehmen, ausmachen*) see, discern, distinguish, make out: **es war so neblig, daß man kaum etwas ~ konnte** it was so foggy that one could hardly distinguish anything (*od.* that you could hardly see a thing); **die Umrisse des Hauses waren nur undeutlich** (*od.* **verschwommen**) **zu ~** the contours of the house could only be distinguished vaguely (*od.* were only vaguely discernible); **es war so dunkel, daß man die Hand nicht vor den Augen ~ konnte** it was so dark that you could not see beyond your nose. – **6.** (*bemerken*) notice, see: **er sieht aber auch alles!** he notices everything! he doesn't miss a thing! **hast du etwas gesehen?** did you notice anything? **bestürzt sah sie, daß** she noticed with dismay that. – **7. zu ~ sein** a) to be seen (*od.* visible, in sight), to show oneself, b) (*hervorschauen*) to show, to peep out, c) (*ausgestellt sein*) to be on show (*od.* exhibition): **es war nichts zu ~** there was nothing to be seen; **davon ist nichts mehr zu ~** there is no trace to be seen of it now, nothing is left of it; **niemand war zu ~** there was nobody in sight; **dort sind interessante Kunstwerke zu ~** there are interesting works of art on exhibition there; **ist mein Unterrock zu ~?** is my petticoat showing? – **8. etwas gern [ungern] ~** to like [to dislike, not to like] s.th.: **er sieht es gern, wenn man ihn fragt** he likes to be asked, he likes being asked; **er sieht es nicht gern, wenn man zu spät kommt** he doesn't like people to be late; **ich sehe es sehr ungern, daß Sie weggehen** I hate to see you go. – **9. j-n bei sich ~** to have (*od.* see) s.o.: **wir würden Sie gern einmal bei uns ~** we would like to see you at our home some time. – **10. etwas ~ lassen** a) (*zeigen*) to show s.th., to let s.th. be seen, b) (*zur Schau stellen*) to display (*od.* exhibit) s.th. – **11.** sich (bei j-m) ~ lassen (*von Personen*) to let oneself be seen, to show oneself, to appear, to put in an appearance: **er hat sich lange nicht mehr ~ lassen** he hasn't shown himself (*od.* his face) for a long time; **die Gastgeberin hat sich den ganzen Abend nicht ~ lassen** the hostess hasn't put in an appearance the whole evening; **du könntest dich ruhig etwas öfter ~ lassen** you could show yourself (*od.* turn up, *colloq.* show up) a little more often; **er kann sich dort nicht mehr ~ lassen** he daren't show his face there again; **laß dich hier nie wieder ~!** don't you dare to show your face here again! – **12.** sich ~ lassen können not to be bad at all, not to be half bad (*colloq.*): **das kann sich ~ lassen** that's not bad at all; **sie kann sich ~ lassen** *colloq.* she's not half bad(-looking) (*colloq.*). – **13.** (*treffen*) see, meet: **sie ~ sich recht häufig** they see quite a bit of each other, they meet (each other) quite frequently; **wann ~ wir uns wieder?** when shall we meet (*od.* see each other) again? **den möchte ich ~, der alles weiß** I should like to meet s.o. who knows everything. – **14.** j-n [etwas] nicht mehr ~ können (*od.* mögen) *fig. colloq.* not to be able to stand (*od.* bear) the sight of s.o. [s.th.] anymore, to be sick (and tired) of (*od.* fed up with) s.o. [s.th.] (*colloq.*): **ich kann dieses Kleid einfach nicht mehr ~** I simply can't bear the sight of this dress anymore. – **15.** j-n in j-m (*od.* als j-n) ~ *fig.* a) to see (*od.* regard) s.o. as s.o., b) to picture (*od.* imagine, see) s.o. as s.o., c) to see s.o. in s.o.: **sie sieht in ihm den großen Helden** she sees him as a great hero; **er sieht in sich schon den Opernstar von morgen** he already pictures himself as the great opera star of tomorrow; **ich sehe in ihr meine Mutter** I see my mother in her. – **16.** *fig.* (*erleben*) see, experience: **ich habe ihn noch nie so niedergeschlagen [glücklich] gesehen** I have never seen him so dejected [happy]; **das muß man gesehen haben!** that is something one ought to have seen! **hat man so etwas schon gesehen?** have you ever seen the like of it! well I never (did)! (*colloq.*), *bes. Am. colloq.* can you beat that! **sie hat bessere Tage gesehen** she has seen better days; **da sieht man's wieder!** *colloq.* there you are! there you have it! – **17.** *fig.* (*wissen*) see, know: **ich sehe keine andere Möglichkeit [keinen anderen Ausweg]** I see no other possibility [way out]; **das habe ich kommen ~** I saw that coming, I knew that would happen. – **18.** *fig.* (*merken, erkennen*) see, realize *Br. auch* -s-: **zu spät sah ich, daß ich einen Fehler begangen hatte** I realized too late that I had made a mistake; **sie hat inzwischen gesehen, daß es so nicht geht** she has now realized that it can't be done like that. – **19.** *fig.* (*beurteilen*) see: **man muß die Dinge im Zusammenhang ~** one has to see things in their context; **wie ~ Sie die politische Lage?** how do you see (*od.* what do you think of) the political situation? – **20.** *fig.* (*überlegen*) see, think about: **ich will ~, was sich machen läßt** I'll see what can be done. – **21.** *fig.* (*feststellen*) see, find out: **das werden wir bald ~** we'll soon find (that) out; **das wird man erst ~** that remains to be seen. – **22.** ~, daß *fig.* a) (*versuchen*) to try to, to see (to it) that, b) (*sorgen*) to take care that, to see (to it) that, to ensure that: **ich will ~, daß ich das Buch für dich besorgen kann** I'll try to get the book for you; **sieh, daß du pünktlich bist** try to be on time, see to it that you are on time; **ich werde ~, daß alles in Ordnung geht** I'll ensure that everything will be all right. – **II** *v/reflex* **sich ~ 23.** see oneself: **sich im Spiegel ~** to see oneself in the mirror. – **24.** sich als j-d ~ *fig.* to imagine (*od.* picture, see) oneself as s.o.: **sie sah sich schon als Filmstar** she already pictured herself as a film star. – **25.** sich gezwungen (*od.* genötigt, veranlaßt) ~, etwas zu tun to find oneself (*od.* feel) compelled to do s.th., to have no choice but to do s.th. – **26.** sich betrogen ~ to find oneself deceived. – **III** *v/i* **27.** see: **gut ~** a) to (be able to) see well, b) (*gute Augen haben*) to have good eyes (*od.* sight); **schlecht ~** a) (*im Dunkeln etc*) to see badly, b) (*schlechte Augen haben*) to have bad (*od.* poor, weak) eyes (*od.* sight); **er sieht sehr scharf** he has very sharp eyes (*od.* sight), he is very sharp- (*od.* keen)-sighted; **er kann nicht ~** a) he can't see, b) he is blind; **der Blinde kann wieder ~** the blind man can see again (*od.* has regained his sight); **wie ich sehe, ist er beschäftigt** I see (that) he is busy, he is busy I see; **laß mich (mal) ~** let me see; **sehe ich recht?** can I trust my eyes? **wenn ich recht gesehen habe** if my eyes have not deceived me; **siehe oben [unten]** see above [below]; **siehe Seite 20** see page 20; **wir werden ja ~** well, we shall see, time will tell; **siehst du** (*od. colloq.* **siehste**) **(wohl), ich hatte doch recht** there you are, I was right after all; **na, siehst du, so schwer war es doch gar nicht** there you are, (*od.* didn't I tell you) it wasn't so difficult after all; **und hast du** (*od.* **haste**) **nicht gesehen, war er weg** *colloq.* he was gone like a shot (*od.* before you could say Jack Robinson, *colloq.* in a jiffy). – **28.** (*schauen, blicken*) look: **sieh nur! sieh doch! sieh mal!** (just) look! look here! **sieh (mal) einer an!** *colloq.* I say! look at that! indeed! **und siehe da, er kam doch** and what do you know (*od.* think), he came after all; **alle sahen nur auf ihn** everybody was looking at him; **nervös sah sie auf die Uhr** she nervously looked at her watch; **j-m auf die Finger ~** *fig.* to keep an eye (*od.* a sharp eye) on s.o.; **aus dem Fenster ~** to look out of the window; **vor Müdigkeit konnte sie kaum noch aus den Augen ~** she was so tired that she could hardly keep her eyes open; **der Schalk sieht ihm aus den Augen** *fig.* he has a roguish look in his eyes; **j-m durch die Finger ~** *fig.* to shut one's eyes (*od.* to turn a blind eye) to s.o.'s actions; **durch ein Fernglas ~** to look through binoculars; **sie sieht ständig in den Spiegel** she is always looking into the mirror; **j-m in die Augen ~** to look into s.o.'s eyes; **j-m fest in die Augen ~** to look s.o. straight in the eye; **der Gefahr [dem Tod] ins Auge** (*od.* **Gesicht**) **~** *fig.* to look danger [death] in the eye, to face danger [death]; **er kann niemandem mehr in die Augen ~** *fig.* he cannot look anyone in the eye any more; **ins Licht [in die Sonne] ~** to look into the light [sun]; **man kann niemandem ins Herz ~** *fig.* one cannot look into anyone's (*od. lit.* a man's) heart; **hoffnungsvoll in die Zukunft ~** *fig.* to look into the future full of hope; **zu Boden ~** to look down, to lower one's eyes. – **29.** die Fenster [Zimmer] ~ auf die (*od.* nach der) Straße the windows [rooms] look on to (*od.* out on) the street, the windows [rooms] overlook (*od.* open on to, face) the street. – **30.** auf (*acc*) etwas ~ to be particular about s.th., to set great store by s.th.: **sie sieht sehr auf Sauberkeit** she is very particular about cleanliness; **manche ~ nur auf ihren Vorteil** some people only have eyes for their own advantage; **sie sieht sehr aufs Geld** she is very careful with (her) money; **heute wollen wir nicht auf den Preis ~** let's forget about the price today. – **31.** darauf ~, daß to take care (*od.* to see to it, to mind, to ensure) that: **sieh darauf, daß alle da sind** mind that everybody is there. – **32.** (selbst) ~, wo man bleibt (*od.* wie man zurechtkommt) to take (*od.* look after) oneself: **du mußt selbst ~, wie du das Geld zusammenbringst** you must see for yourself where you'll get the money, you must find the money for it yourself. – **33.** nach j-m [etwas] ~ *fig.* to look after (*od.* take care of, see to) s.o. [s.th.]: **nach dem Kranken [den Kindern] ~** to look after the patient [the children]; **einer muß ja nach dem Rechten ~** after all, someone has to see (*od.* make sure) that everything is in order. – **34.** j-m [einer Sache] ähnlich ~ to look (*od.* to be) like s.o. [s.th.], to resemble s.o. [s.th.]: **er sieht ganz seiner Mutter ähnlich** he is very like his mother (in looks); **das sieht dir (wieder) ähnlich!** *fig. colloq.* a) that's just like you! that's typical of you! that's you all over! b) trust you! trust you to do that! you would do that! – **35.** *fig.* (*herausragen*) stick (*od.* stand) out: **nur ein paar Dächer sahen noch aus dem Schnee** only a few roofs stuck out of the snow. – **IV S~** *n* ⟨-s⟩ **36.** *verbal noun.* – **37.** sight: **ich kenne sie (nur) vom S~** I (only) know her by sight; → hören 19. – **38.** (*Sehvermögen*) vision: **S~ mit einem Auge** monocular vision; **indirektes S~** peripheral vision, indirect vision; **plastisches S~** perception of three-dimensional space, three-dimensional vision; **stereoskopisches** (*od.* **räumliches**) **S~** stereoscopic vision. — **'se·hend I** *pres p.* – **II** *adj* **wieder ~ werden** to regain (*od.* recover) one's sight; **j-n ~ machen** a) to restore s.o.'s sight, b) *fig.* to open s.o.'s eyes.

'se·hens|,wert, ~,wür·dig *adj* worth seeing, sightworthy, worthwhile, remarkable.

'Se·hens,wür·dig·keit *f* ⟨-; -en⟩ **1.** sight, place (*od.* thing) worth seeing, object (*od.* place) of interest: **die ~en einer Stadt** the sights of a town; **~en besichtigen (gehen)** to go sightseeing, (to go) to see the sights; **die ~en einer Stadt besichtigen** to do a town (*colloq.*). – **2.** (*Kuriosität*) curiosity.

'Se·her *m* ⟨-s; -⟩ **1.** (*Prophet*) seer, prophet, visionary. – **2.** *cf.* Hellseher. – **3.** *hunt.* (*von Haarraubwild u. Nagern*) eye. — **~,blick** *m* ⟨-(e)s; *no pl*⟩ prophetic (*od.* visionary, mantic) eye. — **~,ga·be** *f* ⟨-; *no pl*⟩ prophetic (*od.* visionary, mantic) gift, gift of prophecy.

'Se·he·rin *f* ⟨-; -nen⟩ **1.** seeress, prophetess, visionary. – **2.** *cf.* Hellseherin.

'se·he·risch *adj* prophetic, visionary, mantic.

'Seh,feh·ler *m med.* sight defect, defect of vision.

'Seh,feld *n* (*optics*) **1.** field of vision, visual field. – **2.** (*des Mikroskops*) field of view. — **~,blen·de** *f* field diaphragm (*od.* stop).

'Seh|,hil·fe *f* (*optics*) **1.** vision aid, aid to vision. – **2.** (*Brille*) glasses *pl*, spectacles *pl.* — **~,kraft** *f cf.* Sehvermögen. — **~,kreis** *m* circle of vision, (circle of the) horizon. — **~,lei·stung** *f* visual performance. — **~,loch** *n* pupil.

Seh·ne ['ze:nə] *f* ⟨-; -n⟩ **1.** *med.* sinew, tendon, tendo (*scient.*): **sich** (*dat*) **eine ~ zerren** to strain a sinew. – **2.** *math.* (*eines Kreisbogens*) chord. – **3.** (*zum Spannen eines Bogens*) string.

seh·nen ['ze:nən] **I** *v/reflex* ⟨h⟩ **1.** sich ~ nach a) to long for, to wish for, to hanker after (*od.* for), (*stärker*) to yearn for, to crave for, b) (*schmachtend*) to pine (*od.* languish) for (*od.* after): **sie sehnt sich nach ihm** she is yearning for him; **sich nach Hause ~** to long for home; **sie sehnte sich nach einer guten Tasse Kaffee** she hankered after a good cup of coffee; **er sehnt sich danach, allein zu sein** he is longing to be alone. – **II S~** *n* ⟨-s⟩ **2.** *verbal noun.* – **3.** *cf.* Sehnsucht.

'seh·nen|,ar·tig *adj med.* tendinous, ligamentous. — **S~,band** *n* (tendinous) ligament (*od.* band).

'seh·nend I *pres p.* – **II** *adj* (*Herz, Verlangen etc*) longing, (*stärker*) yearning, craving.

'Seh·nen|,durch,tren·nung *f med.* tenotomy, tendotomy. — **~ent,zün·dung** *f* inflammation of a tendon; tendinitis, tenositis (*scient.*). — **~,fa·ser** *f* tendinous fiber (*bes. Br.* fibre). — **~,maß** *n arch. math.* chordal dimension. — **~,naht** *f med.* tenosuture, tenorrhaphy. — **~,pla·stik** *f* plastic surgery of tendons, tendon grafting; tendoplasty, tenoplasty, tenontoplasty (*scient.*). — **~re,flex** *m* tendon jerk (*od.* reflex, reaction). — **~,schei·de** *f* tendon (*od. scient.* synovial) sheath. — **~,schei·den·ent,zün·dung** *f* tendovaginitis, tenosynovitis. — **~trans·plan·ta·ti,on** *f* tendon grafting. — **~ver,kür·zung** *f* shortening of a tendon. — **~ver,pflan·zung** *f* tendon grafting. — **~,zer·rung** *f* strained tendon, desmectasia (*scient.*).

'Seh,nerv *m med.* optic nerve. — **~atro,phie** *f* optic atrophy. — **~,ein,tritt** *m* entrance of the optic nerve, optic disk (*od.* disc, papilla).

'Seh,ner·ven·ent,zün·dung *f med.* ophthalmoneuritis.

'seh·nig *adj* **1.** (*Fleisch*) stringy, sinewy, tendinous. – **2.** (*Gestalt etc*) sinewy, wiry, *auch* wirey, stringy. – **3.** (*Arm etc*) sinewy. – **4.** *metall.* (*Bruchgefüge*) fibrous.

'sehn·lich I *adj* **1.** (*Wunsch etc*) ardent, fond, keen: **ihr ~ster Wunsch** her fondest (*od.* dearest) wish. – **2.** (*Erwartung etc*) anxious. – **II** *adv* **3.** **etwas ~ herbeiwünschen** to wish for s.th. with all one's heart; **j-n ~(st) erwarten** to await s.o. anxiously.

'Sehnˌsucht *f* ⟨-; =e⟩ **1.** longing, hankering, (*stärker*) yearning, craving, desire, (*schmachtende*) pining, languishing: **~ nach j-m [etwas] haben** to be longing for s.o. [s.th.]; **verzehrende ~** burning desire; **wir haben dich schon mit ~ erwartet** we have been longing to see you; **sich vor ~ nach j-m verzehren** to pine for s.o.; **vor ~ vergehen** to pine away. – **2.** (*Wehmut, Melancholie*) wistfulness. – **3.** (*nach Vergangenem, Verlorenem*) nostalgia: **~ nach der guten alten Zeit** nostalgia for the good old times. – **4.** (*Streben, Trachten*) aspiration.

'sehnˌsüch·tig, 'sehnˌsuchtsˌvoll I *adj* **1.** longing, hankering, (*stärker*) yearning, craving, (*schmachtend*) pining, languishing. – **2.** (*wehmütig, verlangend*) wistful: **mit ~en Augen standen die Kinder vor den Schaufenstern** the children were standing in front of the shopwindows with wistful eyes. – **3.** (*schwermütig, melancholisch*) nostalgic. – **II** *adv* **4.** **j-m ~ nachblicken** to follow s.o. with longing (*od.* anxious) eyes; **j-n ~ erwarten** to be longing to see s.o.; **etwas ~ erhoffen** to desire (*od.* hope for) s.th. ardently; **der ~ erhoffte Erfolg** the much longed-for (*od.* keenly desired) success.

'Seh|ˌöff·nung *f med. cf.* **Pupille.** — **~orˌgan** *n* organ of sight (*od.* vision), eye. — **~ˌpro·be** *f cf.* **Sehprüfung.** — **~ˌpro·benˌta·fel, ~ˌprüfˌta·fel** *f* sight testing chart, test chart (*Am.* card). — **~ˌprü·fung** *f* sight test. — **~ˌpur·pur** *m* visual purple, rhodopsin (*scient.*).

sehr [zeːr] *adv* **1.** (*vor adj u. adv*) very: **~ bald** very soon; **er ist ~ beliebt** he is very popular; **~ erfreut!** (*bei der Vorstellung*) how do you do? pleased to meet you! **das ist ~ freundlich** (*od.* **liebenswürdig**) **von Ihnen** that is very kind of you; **~ gern** with pleasure, most gladly (*od.* willingly); **ich würde es ~ gern tun** I should (*od.* would) be happy to do it; **~ gut** a) (*anerkennend*) very good, not bad at all, *bes. Br. colloq.* jolly good, b) (*zustimmend*) very well, c) (*als Schulnote*) very good, excellent; **du weißt ~ gut, daß** you know very well that; **er hält sich für ~ klug** he thinks he's very (*bes. Am. colloq.* mighty) clever; **~ liebenswürdig!** very kind of you! **~ oft** very often, more often than not; **das ist ja alles ~ schön, aber** it is all very well but; **~ viel** a) (*vor dem Komparativ*) much, very (*od.* ever so) much, a good (*od.* great) deal, a lot (*colloq.*), b) (*vor Substantiven*) plenty (*od. colloq.* a lot) of, a good (*od.* great) deal of; **es ist schon ~ viel besser geworden** it has become much better; **er hat ~ viel Geld** he has plenty of money; **~ viele** a great many; **~ vieles blieb ungesagt** a great deal remained unsaid; **ich verstand ~ wenig** I understood very little; **er hat ~ wenig Freunde** he has very few friends; **~ wohl, mein Herr!** very good, sir! **er weiß ~ wohl, daß** he knows very (*od.* perfectly) well that; **sie ist ~ wohl dazu imstande** she is quite able (*od.* in the position) to do that; → **bitte** 2. – **2.** (*vor adj u. adv*) (*höchst, äußerst*) most, highly, greatly, extremely: **das ist ~ bedauerlich** it is most regrettable, it is a great pity; **er kam zu ~ ungelegener Zeit** he came at a most inconvenient time; **es ist ~ wahrscheinlich** it is highly probable. – **3.** (*in Verbindung mit Verben*) (very) much, greatly, highly, awfully (*colloq.*): **ich vermisse ihn ~** I miss him very much (*od.* badly), I miss him awfully (*od.* dreadfully) (*colloq.*); **ich bedauere ihn ~** I pity (*od.* sympathize with) him very much, I feel very sorry for him; **das bedauere ich ~** I am very sorry about that; **ich freue mich ~, Sie kennenzulernen** I am very pleased to meet you; **es hat ihm ~ gefallen** he liked it very much, he was very pleased with it; **hat es dir gefallen?** — **ja, ~!** did you like it? — yes, very much (so)! **da irrst du dich aber ~** you are very wrong (*od.* mistaken) there; **er ist ~ daran interessiert** he is highly interested in it; **er hat sich ~ bemüht** he tried very hard, he took great pains; **du glaubst das ~ zu Unrecht** you make a great mistake in believing that; **ich bin ~ in Ihrer Schuld** I am very much (*od.* deeply) indebted to you; **er bat mich so ~, daß ich nachgab** he begged me so much that I gave in; **er log, und zwar so ~, daß** he was lying so much so that; **er übertrieb so ~, daß** he exaggerated to such a degree that; **sie wünschte es sich** (*dat*) **so ~** she wanted it ever so much (*od.* so badly); **du weißt, wie ~ ich mit dir gerechnet habe** you know how much I counted on you; **wie ~ auch** however much, much as; **wie ~ er es auch (immer) versuchen mag** however (*od.* no matter how) much he may try, much as he may try. – **4.** **~ geehrter Herr!** dear Sir; **~ geehrter Herr [geehrte Frau, geehrtes Fräulein] X!** dear Mr [Mrs, Miss] X; **~ verehrte Anwesende!** Ladies and Gentlemen.

'Seh|ˌrohr *n* (*eines U-Boots*) periscope. — **~ˌschär·fe** *f* **1.** *med.* visual acuity, sharpness (*od.* acuity) of vision: **übernormale ~** hyperacuity. – **2.** **die ~ eines Mikroskops einstellen** to focus a microscope, to bring a microscope into focus. — **~ˌschlitz** *m* **1.** (*in einer Mauer etc*) slit. – **2.** *mil.* (*eines Panzers etc*) (direct) vision slot. – **3.** (*optics*) observation slit. — **s~ˌschwach** *adj med.* weak-sighted. — **~ˌschwä·che** *f* weak sight. — **~ˌschwin·del** *m* vertigo caused by double vision. — **~ˌspalt** *m* peep(hole). — **~ˌsphä·re** *f* (*optics*) visual center (*bes. Br.* centre). — **~ˌstäb·chen** *n zo.* **1.** (*des Insektenauges*) rhabdom(e). – **2.** (*der Wirbeltiere*) rod (cell). — **~ˌstö·rung** *f med.* **1.** impaired (*od.* defective) vision; dysopia, paropsis (*scient.*). – **2.** *meist pl* visual disturbance, disorder of sight. — **~ˌta·fel** *f cf.* **Sehprobentafel.** — **~ˌtest** *m cf.* **Sehprüfung.** — **~verˌmö·gen** *n* ⟨-s; *no pl*⟩ sight, visual faculty, strength of vision: **~ bei Nacht** vision at night. — **~ˌwei·te** *f* **1.** *med.* visual distance, distance (*od.* range, field) of vision, reach (*od.* line) of sight: **normale ~** normal distance of vision. – **2.** *only in* **in [außer] ~** in [out of] sight (*od.* eyeshot). — **~ˌwerkˌzeug** *n cf.* **Sehorgan.** — **~ˌwin·kel** *m* (*optics*) *med.* optic (*od.* visual) angle, angle of sight, sight angle. — **~ˌzei·chen** *n* optotype, test type. — **~ˌzei·chen·proˌjek·tor** *m* sight test projector. — **~ˌzen·trum** *n med.* visual center (*bes. Br.* centre).

sei [zaɪ] *imp sg u. 1 u. 3 sg pres subj of* **sein**[1].

Sei·ber ['zaɪbər] *m* ⟨-s; *no pl*⟩ *dial.* slaver, drool. — **'sei·bern** *v/i* ⟨h⟩ *dial.* slaver, drivel, drool.

Sei·cen·to [sei'tʃɛnto] (*Ital.*) *n* ⟨-(s); *no pl*⟩ seicento, *auch* Seicento.

Seich [zaɪç] *m* ⟨-(e)s; *no pl*⟩, **'Sei·che** *f* ⟨-; *no pl*⟩ **1.** *vulg.* (*Harn*) piss (*vulg.*), urine. – **2.** *fig. colloq.* (*dummes Geschwätz*) babble, blabber. – **3.** *fig. colloq.* (*schales Getränk*) slop(s *pl*), dishwater. — **'sei·chen** *v/i* ⟨h⟩ **1.** *vulg.* piss (*vulg.*), urinate. – **2.** *fig. colloq.* babble, blabber.

Seiches [sɛʃ] (*Fr.*) *pl geogr.* (*Wasserspiegelschwankungen*) seiches.

seicht [zaɪçt] *adj* ⟨-er; -est⟩ **1.** (*Wasser etc*) shallow, depthless, shoaly: **~e Stellen** shallow spots (*od.* areas), shallows, shoals; **in der Nähe der Insel wird das Wasser ~** the water becomes shallow (*od.* the water shallows, the water shoals) near the island. – **2.** (*durchwatbar*) wad(e)able, fordable. – **3.** *fig. contempt.* (*Unterhaltung, Gerede, Lektüre etc*) shallow, superficial, banal, commonplace, trivial, vapid, platitudinous (*lit.*): **~e Redensarten** shallow phrases, banalities, commonplaces, trivialities, platitudes. — **'Seicht·heit, 'Seich·tig·keit** *f* ⟨-; *no pl*⟩ **1.** shallowness, shoal(i)ness. – **2.** *fig. contempt.* shallowness, superficiality, banality, commonplaceness, triviality, vapidity, vapidness, platitude (*lit.*).

seid [zaɪt] *imp pl u. 2 pl pres of* **sein**[1].

Sei·de ['zaɪdə] *f* ⟨-; -n⟩ **1.** silk: **reine [echte] ~** pure [real] silk; **rohe ~** raw (*od.* ecru) silk; **mit ~ umsponnen** silk-covered; **ein Halstuch aus ~** a silk (*od. lit.* silken) necktie, a necktie (made) of silk; **sie hat Haare wie ~** she has hair like silk, she has silken hair; **sich in Samt und ~ kleiden** *fig.* to dress in silks and satins. – **2.** *bot.* dodder, love vine (*Gattg Cuscuta*). – **3.** *med.* surgical silk.

Sei·del ['zaɪdəl] *n* ⟨-s; -⟩ **1.** *cf.* **Bierkrug** 1. – **2.** *old Southern German and Austrian liquid measure.*

'Sei·delˌbast *m bot.* (common) daphne (*Gattg Daphne*), *bes.* mezereon, mezereum (*D. mezereum*): **Immergrüner ~** dwarf bay (*D. laureola*); **Wohlriechender ~** garland flower (*D. cneorum*).

'sei·den *adj* **1.** (*Kissen, Krawatte, Schal, Wäsche etc*) (made of) silk, of silk, silken (*lit.*): **das Leben des Patienten hing an einem ~en Faden** *fig.* the life of the patient hung by a thread. – **2.** *cf.* **seidig** I.

'Sei·den|ˌabˌfall *m* (*textile*) silk waste, waste silk. — **~ˌaf·fe** *m zo.* guereza (*Gattg Colobus*). — **s~ˌar·tig** *adj* silklike, silky, sericeous (*scient.*). — **~asˌbest** *m synth.* silky asbestos. — **~ˌat·las** *m* (*textile*) silk satin. — **~ˌband** *n* ⟨-(e)s; =er⟩ silk ribbon (*od.* band). — **~ˌbast** *m* silk gum, sericin (*scient.*). — **~ˌbau** *m* ⟨-(e)s; *no pl*⟩ *cf.* **Seidenraupenzucht.** — **~beˌspan·nung** *f* silk covering. — **s~beˌspon·nen** *adj* silk-covered. — **~ˌbie·nen** *pl zo.* silker bees (*Fam. Colletidae*). — **~daˌmast** *m* (*textile*) silk damask. — **~ˌdraht** *m electr.* silk-covered wire. — **~ˌern·te** *f* silk crop. — **~faˌbrik** *f* silk mill (*od.* factory). — **~fa·briˌkant** *m* silk manufacturer. — **~ˌfa·den** *m* (*textile*) silk thread (*od.* filament). — **~ˌfi·nish** *n* (*textile*) silk finish. — **~ˌflor** *m* silk gauze, tiffany. — **~ˌgarn** *n* **1.** (*aus Schappe*) spun silk. – **2.** (*gezwirntes*) thrown silk. — **~ˌga·ze** *f cf.* **Seidenflor.** — **~geˌspinst** *n zo.* cocoon (of the silkworm). — **~geˌwe·be** *n* (*textile*) silk fabric. — **~geˌwin·nung** *f* silk production. — **~ˌglanz** *m* silk(y) (*od.* satiny, *lit.* silken) luster (*bes. Br.* lustre) (*od.* sheen, gloss): **Webwaren mit ~** fabrics with a silky sheen, silk-finished fabrics. — **~ˌgriff** *m* scroop. — **~ˌhaar** *n* **1.** silky (*od. lit.* silken) hair. – **2.** (*textile*) *cf.* **Seidenflor.** — **s~ˌhaa·rig** *adj zo. bot.* silken-haired, silky, sericeous (*scient.*). — **~ˌhai** *m zo.* silky shark (*Carcharhinus floridanus*). — **~ˌhan·del** *m econ.* silk trade, *Br. auch* silk mercery. — **~ˌhänd·ler** *m* silk dealer (*od.* merchant), dealer in silk, silkman, *Br. auch* silk mercer. — **~ˌholz** *n cf.* **Atlasholz.** — **~ˌhuhn** *n zo.* (*Haushuhnrasse*) silky, silkie. — **~in·duˌstrie** *f* silk industry. — **~ˌkrepp** *m* (*textile*) crepe (*bes. Br.* crêpe) de Chine. — **~ˌkuckuck** (*getr.* -k·k-) *m zo. cf.* **Madagaskarkuckuck.** — **~ˌleim** *m chem. cf.* **Sericin.** — **~paˌpier** *n* tissue paper: **japanisches ~** Japanese tissue. — **~ˌpflan·ze** *f bot.* silkweed, milkweed, cottonweed, asclepias (*scient.*) (*Asclepias syriaca*). — **~ˌpflan·zen·geˌwäch·se** *pl* silkweed family *sg*, asclepiadaceae (*scient.*) (*Fam. Asclepiadaceae*).

'Sei·denˌrau·pe *f zo.* silkworm (*Raupe von Bombyx mori*).

'Sei·denˌrau·pen|ˌhaus *n* silkworm house (*od.* nursery), *bes. Am.* cocoonery. — **~ˌzucht** *f* silkworm raising, seri(ci)culture (*scient.*). — **~ˌzüch·ter** *m* silkgrower, sericulturist (*scient.*).

'Sei·den|ˌrei·her *m zo.* little egret (*Egretta garzetta*). — **~ˌripsˌband** *n* (*fashion*) (*für Hutbänder, Gürtel etc*) petersham. — **~ˌschnäp·per** *m zo.* silky flycatcher (*Unterfam. Ptilogonatinae*). — **~ˌschwanz** *m* waxwing (*Bombycilla garrulus*). — **~ˌspin·ne** *f* silk spider (*Gattg Nephila*). — **~ˌspin·ner** *m* **1.** *zo.* silk(worm) moth (*Fam. Bombycidae, bes. Bombyx mori*). – **2.** (*textile*) (*Arbeiter*) silk throwster. — **~spin·neˌrei** *f* (*textile*) **1.** ⟨*only sg*⟩ (*Arbeitsvorgang*) a) (*für Schappe*) silk spinning, b) (*für Filament*) silk throwing. – **2.** (*Fabrik*) silkmill, silk spinning mill, silk spinnery (*od.* factory), filature. — **~ˌspit·ze** *f* blonde (*auch* blond) lace. — **~ˌspu·le** *f* silk reel. — **~sti·ckeˌrei** (*getr.* -k·k-) *f* silk embroidery. — **~ˌstoff** *m* silk (fabric *od.* cloth). — **~ˌstra·ße** *f hist.* silk route. — **~ˌstrumpf** *m* silk stocking. — **s~ˌumˌspon·nen** *adj* silk-covered. — **~verˌar·bei·tung** *f* (*textile*) silk manufacture, manufacture of silk. — **~ˌwa·ren** *pl* silk goods, silks, *Br. auch* (silk) mercery *sg*. — **~ˌwe·ber** *m* silk weaver. — **~we·beˌrei** *f* **1.** ⟨*only sg*⟩ (*Arbeitsvorgang*) silk weaving. – **2.** (*Fabrik*) silk weaving mill. — **s~'weich** *adj* (*Haut, Kissen etc*) (as) soft as silk, silky, flossy, silken (*lit.*). — **~ˌwurm** *m zo. cf.* **Seidenraupe.**

'sei·dig I *adj* **1.** (*Fell, Haar, Glanz, Schimmer etc*) silky, satiny, silken (*lit.*): **etwas fühlt sich ~ an** s.th. is silky to the touch. –

2. (*textile*) silky, silklike, *Br.* silk-like. – **II** *adv* **3.** sie hat ~ glänzendes Haar her hair has a silky luster (*bes. Br.* lustre), she has silken hair (*lit.*).

Sei·fe [ˈzaɪfə] *f* ⟨-; -n⟩ **1.** soap: flüssige [parfümierte, sodahaltige] ~ liquid [scented, hard] soap; grüne ~ *cf.* Schmierseife; ein Stück [Riegel] ~ a cake [bar] of soap; ~ kochen (*od.* sieden) to boil (*od.* make) soap; aus Fett ~ machen to make soap out of fat, to convert fat into soap, to saponify fat (*scient.*). – **2.** *geol.* (*mining*) alluvial (*od.* glacial) deposit, *Am. auch* placer.

sei·fen [ˈzaɪfən] *v/t u. v/reflex* ⟨h⟩ *cf.* einseifen.

ˈ**sei·fenˌar·tig** *adj* soapy, saponaceous (*scient.*).

ˈ**Sei·fen|ˌbad** *n bes. med.* soap bath. — ~ˌ**baum** *m bot. cf.* a) Seifennußbaum 1, b) Seifenrindenbaum 1. — ~**beˌhäl·ter** *m cf.* a) Seifenschale, b) Seifendose. — ~**beˌrei·tung** *f cf.* Seifenherstellung. — ~ˌ**bil·dung** *f chem.* saponification. — ~ˌ**bla·se** *f* **1.** soap bubble: die Kinder machten ~n the children blew soap bubbles. – **2.** *fig.* bubble: das Gerücht zerplatzte wie eine ~ the rumo(u)r vanished like a bubble (*od.* vanished into thin air). — ~ˌ**blatt** *n* (*für Reise etc*) leaf of soap. — ~ˌ**brü·he** *f cf.* Seifenlauge. — ~ˌ**do·se** *f* soap container (*od.* box). — ~ˌ**er·de** *f min.* fuller's earth, smectite (*scient.*). — ~ˌ**erz** *n geol.* (*mining*) alluvial (*Am. auch* placer) ore. — ~**faˌbrik** *f* soap factory. — ~ˌ**flocken** (*getr.* -k·k-) *pl* soap flakes. — ~ˌ**gold** *n min.* alluvial (*Am. auch* placer, nugget) gold. — ~ˌ**hal·ter** *m* soap dish. — **s**~ˌ**hal·tig** *adj* containing soap. — ~ˌ**herˌstel·lung** *f* soapmaking, soap manufacture. — ~**karˌton** *m* soapbox, *Br.* soap-box.

ˈ**Sei·fenˌki·ste** *f* **1.** soapbox, *Br.* soap-box. – **2.** (*Kinderfahrzeug*) soapbox (*Br.* soap-box) (vehicle). — ˈ**Sei·fenˌki·stenˌren·nen** *n* (*für Kinder*) soapbox (*Br.* soap-box) derby.

ˈ**Sei·fen|kliˌstier** *n med.* soapsuds (*Br.* soap-suds) enema. — ~ˌ**kraut** *n bot.* soapwort, *Br.* soap-wort (*Saponaria officinalis*). — ~ˌ**ku·gel** *f* soap (*od.* wash) ball. — ~ˌ**lau·ge** *f* (soap)suds *pl*, *Br.* (soap-)suds *pl* (*construed as sg or pl*). — ~ˌ**lö·sung** *f chem.* soap solution. — ~ˌ**napf** *m* **1.** soap dish. – **2.** (*zur Naßrasur*) shaving mug. — ~ˌ**nuß** *f bot.* (*Frucht des Seifennußbaums*) soapberry, *Br.* soap-berry. — ~ˌ**nußˌbaum** *m* **1.** soapberry, *Br.* soap-berry, *auch* soap(-)berry tree, soap tree, chinaberry tree (*Sapindus saponaria*). – **2.** tingi, tinguy (*Magonia glabrata u. M. pubescens*). — ~ˌ**pul·ver** *n* soap (*od.* washing) powder. — ~ˌ**rin·de** *f bot.* **1.** (*vom Seifenrindenbaum*) soapbark, *Br.* soap-bark, quillai(a) (*od.* quillia) bark. – **2.** soapbark, *Br.* soap-bark, *auch* soap(-)bark tree (*Pithecolobium bigeminum*). — ~ˌ**rin·denˌbaum** *m* **1.** soapbark, *Br.* soap-bark, *auch* soap(-)bark tree, quillai(a), quillia (*Quillaja saponaria*). – **2.** *cf.* Seifenrinde 2. — ~ˌ**scha·le** *f* soap dish. — ~ˌ**schaum** *m* lather. — ~ˌ**sie·der** *m* soap-boiler: jetzt geht mir ein ~ auf! *fig. colloq.* I get the message now! (*sl.*), now it dawns on me! — ~**sie·deˌrei** *f* soap factory. — ~ˌ**spen·der** *m* soap dispenser. — ~ˌ**spi·ri·tus** *m chem.* soap spirit. — ~ˌ**stein** *m min.* soapstone, *Br.* soap-stone, talc, steatite. — ~ˌ**was·ser** *n* **1.** soapy water. – **2.** *cf.* Seifenlauge. — ~ˌ**wurz**, ~ˌ**wur·zel** *f bot.* **1.** (Ägyptische) ~ soaproot, *Br.* soap-root (*Gypsophila struthium*). – **2.** (Spanische) ~ soaproot, *Br.* soap-root (*Vaccaria pyramidata*). – **3.** *cf.* Seifenkraut. — ~ˌ**zäpf·chen** *n med. pharm.* soap suppository. — ~ˌ**zinn** *n min.* stream (*Am. auch* placer) tin.

ˈ**sei·fig** *adj cf.* seifenartig.

Sei·ge [ˈzaɪgə] *f* ⟨-; -n⟩ (*mining*) furrow drain.

sei·ger [ˈzaɪgər] *adj* (*mining*) perpendicular. — **S**~ˌ**gang** *m* perpendicular lode.

sei·gern [ˈzaɪgərn] *metall.* **I** *v/i* ⟨h⟩ **1.** a) (*von Eisenmetallen*) segregate, b) (*von Nichteisenmetallen*) liquate, c) (*von Zinn*) sweat out. – **II S**~ *n* ⟨-s⟩ **2.** *verbal noun.* – **3.** a) (*von Eisenmetallen*) segregation, b) (*von Nichteisenmetallen*) liquation, c) (*von Zinn*) sweating out.

ˈ**Sei·ger|ˌofen** *m metall.* (*für Nichteisenmetalle*) liquating furnace. — **s**~ˌ**recht** *adj* (*mining*) *cf.* seiger. — ~ˌ**riß** *m* (*eines Bergwerks*) longitudinal section. — ~ˌ**schacht** *m* vertical (*od.* perpendicular) shaft. — ~ˌ**schlacke** (*getr.* -k·k-) *f metall.* **1.** (*von Nichteisenmetallen*) liquation slag. – **2.** (*zum Auskleiden der Seigeröfen*) (segregation *od.* liquating) furnace lining, bulldog. — ~ˌ**sprung** *m geol.* vertical fault.

ˈ**Sei·ge·rung** *f* ⟨-; -en⟩ *metall.* **1.** *cf.* Seigern. – **2.** (*bei Eisenmetallen*) segregation. – **3.** (*bei Nichteisenmetallen*) liquation. — ˈ**Sei·ge·rungsˌstrei·fen** *m* ghost line, segregated band, segregation lines *pl.*

Seiˈgnetteˌsalz [zɛnˈjɛt-] *n chem. med. pharm.* Rochelle salt, sodium potassium tartrate ($KNaC_4H_4O_6 4H_2O$).

Sei·he [ˈzaɪə] *f* ⟨-; -n⟩ **1.** (*Abtropfsieb*) colander, strainer. – **2.** (*für Kaffee etc*) strainer. – **3.** (*für Quark etc*) sieve. – **4.** (*Rückstand*) stock. — ˈ**sei·hen** *v/t* ⟨h⟩ **1.** *bes. Northern G.* (*Mehl, Sand etc*) sieve, sift. – **2.** *bes. Southern G. for* abseihen 1, 2.

ˈ**Sei·her** *m* ⟨-s; -⟩ *bes. Southern G. dial.* strainer.

ˈ**Seihˌtuch** *n* ⟨-(e)s; ⸗er⟩ straining cloth.

Seil [zaɪl] *n* ⟨-(e)s; -e⟩ **1.** rope, cord: ein ~ spannen to stretch a rope; die Polizei hatte den Platz mit ~en abgesperrt the police had shut off the square with ropes (*od.* had roped off the square); ein ~ drehen to coil a rope; eine Last an einem ~ hochziehen to pull up a load by (*od.* on, with) a rope; etwas [j-n] mit einem ~ festbinden to bind (*od.* fasten, tie) s.th. [s.o.] with a rope, to rope s.th. [s.o.]; sie überquerten den Gletscher am ~ they crossed the glacier on a rope. – **2.** (*Tau*) rope, cable, *bes. mar. auch* hawser, line: das Boot war mit ~en am Kai festgemacht the boat was tied to the quay with ropes, the boat was moored to the quay. – **3.** (*Drahtseil*) (wire) rope, cable: die ~e einer Hängebrücke the cables of a suspension bridge. – **4.** (*Abschleppseil*) (tow)rope, (towing) rope, (tow) cable. – **5.** (*Springseil*) (skipping) rope. – **6.** (*des Seiltänzers*) tightrope, (*sehr hoch gespanntes*) *auch* high wire: auf dem ~ tanzen *auch fig.* to (perform a) dance on the tightrope, to tightrope; der Artist balancierte auf dem ~ the artist(e) walked (on) (*od.* balanced on) the tightrope, the artist(e) tightroped. – **7.** (*zum Anbinden von Vieh etc*) tether, lariat. – **8.** *pl* (*sport*) (*des Boxrings*) ropes: der Boxer hing angeschlagen in den ~en the boxer hung dazed on the ropes. – **9.** *tech.* a) (*für Bohrpumpenantrieb*) (pumping) line, b) (*am Ladebaum*) (cargo) runner. – **10.** (*mining*) (*Förderseil*) (hoisting *od.* winding) rope.

ˈ**Seil|ˌanˌtrieb** *m tech.* rope drive. — ~ˌ**bahn** *f* **1.** (aerial) ropeway, (aerial) cableway. – **2.** (*railway*) cable railway (*Am.* railroad) at ground level. — ~ˌ**boh·ren** *n* (*mining*) cable drilling. — ~ˌ**brem·se** *f* **1.** *tech.* (*zum Abbremsen eines laufenden Seils*) rope (*od.* cable) brake, *Am. auch* snubber. – **2.** *auto. cf.* Seilzugbremse. — ~ˌ**brücke** (*getr.* -k·k-) *f* rope bridge. — ~ˌ**eck** *n* ⟨-(e)s; -e⟩ *math.* link polygon. — ~ˌ**einˌband** *m* (*mining*) capel, rope fastening, capping.

ˈ**Sei·ler** *m* ⟨-s; -⟩ ropemaker, roper, cordmaker. — ~ˌ**bahn** *f* (*zur Herstellung von Seilen*) rope walk (*od.* yard).

Sei·leˈrei *f* ⟨-; -en⟩ **1.** (*Werkstatt*) ropery, ropework. – **2.** ⟨*only sg*⟩ (*Herstellung von Seilen*) ropemaking, cordmaking, manufacture of ropes (*od.* cords). – **3.** ⟨*only sg*⟩ *cf.* Seilerhandwerk.

ˈ**Sei·ler|ˌhandˌwerk** *n* ropemaker's trade. — ~ˌ**mei·ster** *m* master ropemaker. — ~ˌ**wa·ren** *pl* cordage *sg.*

ˈ**Seil|ˌfäh·re** *f tech.* rope (*od.* cable) ferry. — ~ˌ**fahrt** *f* (*mining*) (*im Förderkorb*) man-riding, *auch* man haulage. — ~ˌ**för·de·rung** *f* rope haulage: ~ mit Endlosseil endless rope haulage; ~ mit Haupt- und Hinterseil main and tail rope haulage. — ~**geˌfähr·te** *m* (*beim Bergsteigen*) rope mate, coclimber *Br.* co-. — ~ˌ**gras** *n bot.* **1.** thatch grass (*Gattg Hyparrhenia*). – **2.** rope grass (*Gattg Restio*). — **s**~ˌ**hüp·fen I** *v/i* ⟨*bes. inf u. pp* seilgehüpft, sein⟩ skip (the rope). – **II S**~ *n* ⟨-s⟩ *verbal noun.* — ~ˌ**klem·me** *f tech.* wire rope clip. — ~ˌ**prüfˌstel·le** *f* (*mining*) rope testing institute (*od.* laboratory, plant, facility). — ~ˌ**prü·fung** *f* rope testing. — ~ˌ**rol·le** *f tech. metall. cf.* Seilscheibe.

ˈ**Seil·schaft** *f* ⟨-; -en⟩ (*sport*) (*Bergsteiger*) rope party (*od.* team), roped party (of mountain climbers).

ˈ**Seil|ˌschei·be** *f tech.* (*mining*) sheave, rope pulley. — ~ˌ**schlin·ge** *f* rope loop. — ~ˌ**schuh** *m tech.* (*einer Seilbahn*) carrying-cable shoe. — ~ˌ**schwe·beˌbahn** *f cf.* Drahtseilbahn. — ~ˌ**spannˌrol·le** *f tech.* (*für Seiltriebe*) rope idler (*od.* tightener). — ~ˌ**span·nung** *f* cable (*od.* rope) tension. — ~ˌ**spannˌvorˌrich·tung** *f* (*mining*) rope take-up, *auch* rope tensioning device. — **s**~ˌ**sprin·gen I** *v/i* ⟨*bes. inf u. pp* seilgesprungen, sein⟩ skip (the rope). – **II S**~ ⟨-s⟩ *verbal noun.* — ~ˌ**start** *m* (*beim Segelflug*) **1.** (*Schleppflug*) towed takeoff (*Br.* take-off). – **2.** catapult rope takeoff (*Br.* take-off). — ~ˌ**steue·rung** *f* **1.** *tech.* rope (*od.* cable) control. – **2.** (*sport*) (*eines Bobs*) rope steering. — **s**~ˌ**tan·zen I** *v/i* ⟨*bes. inf u. pp* seilgetanzt, sein⟩ **1.** dance on the tightrope, tightrope. – **II S**~ *n* ⟨-s⟩ **2.** *verbal noun.* – **3.** ropedancing. — ~ˌ**tän·zer** *m*, ~ˌ**tän·ze·rin** *f* ropedancer, tightrope walker. — ~ˌ**trieb** *m tech.* rope drive (*od.* transmission). — ~ˌ**trom·mel** *f* rope (*od.* cable) drum. — ~ˌ**win·de** *f* rope (*od.* cable) winch. — ~ˌ**zie·hen** *n* (*sport*) *cf.* Tauziehen.

ˈ**Seilˌzug** *m* **1.** *tech.* a) (*Flaschenzug*) rope tackle block, b) (*eines Seiltriebes*) rope tension, c) (*einer Seilwinde*) tow line capacity. – **2.** *auto.* (*an Bremsen*) a) cable control, b) control cable. — ~ˌ**bin·dung** *f* (*am Ski*) Kandahar (*od.* cable) binding. — ~ˌ**brem·se** *f auto.* cable(-operated) brake.

Seim [zaɪm] *m* ⟨-(e)s; -e⟩ **1.** *rare for* Honig 1. – **2.** *bot.* (*aus Pflanzen*) mucilage. — ˈ**sei·mig** *adj* (*Flüssigkeit*) glutinous, gluey, viscous, viscid, mucilaginous (*scient.*).

sein[1] [zaɪn] **I** *v/i* ⟨ist, war, gewesen, sein⟩ **1.** (*geartet sein, sich in einem Zustand befinden*) be: der Garten ist schön the garden is beautiful; der Fluß ist zugefroren the river is frozen (over); sei (doch) nicht (so) dumm! don't be (so) stupid (*od.* foolish)! sei brav! be good! behave (yourself)! be a good boy (*od.* girl)! bist du mir böse? bist du böse mit mir? are you angry with (*od.* at) (*od. colloq.* cross with) me? *bes. Am. colloq.* are you mad at me? sei mir wieder gut! don't be cross with me anymore! (*colloq.*); ich bin dir gut *archaic* (*kann dich gut leiden*) I am fond of you; wie alt sind Sie? how old (*od.* what age) are you? what is your age? ich bin 30 (Jahre alt) I am 30 (years old); er war wütend he was furious (*od.* in a temper); sei er auch noch so reich [arm] no matter how rich [poor] he is, however rich [poor] he may be; sie ist geschieden [verheiratet] she is divorced [married], she is a divorcee [a married woman]; es ist möglich, daß er kommt it is possible that he will come, he might come; du bist wohl verrückt! you must be mad! er war wie von allen guten Geistern verlassen *colloq.* he seemed to have taken leave of his senses; wie ist das Essen [der Wein]? what's the food [the wine] like? es ist besser so it's better that way; es wäre besser, wenn du jetzt nach Hause ging(e)st you had better go (*od.* it would be better for you to go) home now; seien Sie bitte so gut (*od.* freundlich, nett) und helfen Sie mir dabei would you be so kind as to help me with it; das kann dir doch völlig (*od.* ganz) gleich ~ that doesn't matter (*od.* that makes no difference, that's all the same) to you, that doesn't affect you; das wäre schön! that would be nice! das wäre ja noch schöner! *colloq. iron.* that would be lovely (, that would)! darf es etwas mehr ~? (*im Geschäft*) do you mind if it's a little more? das wär's! *colloq.* that's all! that's the lot! (*colloq.*); und das wäre? (*als Gegenfrage bei Andeutungen etc*) such as? wäre es dir recht, wenn would it be all right with you if; wie weit sind Sie mit Ihrer Arbeit? how far are you (on) (*od.* how far have you got) with your work? – **2.** (*eine Funktion, Aufgabe, Beziehung etc darstellen*) be: er ist Bäcker [Arzt, Geschäftsmann] he is a baker [a doctor, a businessman]; der Hund ist ein Haustier the dog is a domestic animal; ich bin Deutscher I am (a) German; er ist nichts *colloq.* (*hat es zu nichts gebracht*) he is a nobody; wenn ich du wäre if I were (*od. colloq.* was) you; bist du es? is that you? ich bin's it's me! (ja,) so ist er that's just like him; ich bin auf ewig dein I am forever yours, I belong to you forever; Zeit ist Geld time is money; wie ist es (*od.* das) mit Walter, kommt er, oder nicht? what about Walter, is he coming or not? jeder ist sich selbst der Nächste (*Sprichwort*) every man is his own best friend (*proverb*). – 3. (*sich fühlen*) feel, have the feeling: mir ist übel (*od.* schlecht) [nicht gut] I feel sick [I don't feel well, I feel a bit off (*colloq.*)]; ihr ist kalt [warm] she is (*od.* feels) cold [warm]; was ist dir? what's the matter (*od.* what's wrong, *colloq.* what's up) with you? mir ist schon wieder besser I am feeling better again; ihm ist nicht nach Ferien [Arbeiten] *colloq.* he doesn't feel like a holiday [like work]; ich weiß nicht, wie mir ist, *auch* mir ist, ich weiß nicht wie I don't know what's wrong with me; mir ist so komisch I feel funny (*od.* queer); mir ist, als hätte ich ihn schon einmal gesehen I have the feeling that I have seen him before. – 4. (*mit Zeitangabe*) be: es ist Abend [Morgen, Nacht] it is evening [morning, night]; heute ist Mittwoch, der 1. Januar this is Wednesday, January 1, it is Wednesday, January 1, today; es war 12 Uhr mittags it was 12 (o'clock) noon; gestern war es ein Jahr (her), daß it was a year ago yesterday that; es braucht nicht sofort zu ~, es muß nicht sofort ~ it is not urgent, you need not go (*od.* do it) immediately. – 5. (*mit zu u. inf*) a) (*bei unbedingter Notwendigkeit*) be (*od.* have) to (*with passive*), b) (*bei Möglichkeit*) be able to (*with passive*): am Eingang ist der Ausweis vorzulegen passes must be shown at the door; Hunde sind an der Leine zu führen dogs must be kept on the leash; es ist nicht zu glauben! it's simply incredible; es ist zu hoffen [erwarten], daß it is to be hoped [expected] that; (es ist) nichts zu machen nothing can be done (*od.* there is nothing you can do) about it; das ist nicht mit Geld zu bezahlen that can't be bought with money, that's priceless; wie ist das am besten zu machen? what's the best way of going about that? es ist zum Heulen! *colloq.* it's a (crying) shame! it's enough to make you cry! er ist im Augenblick nicht zu sprechen he is busy (*od.* engaged) at the moment, he can't be seen at the moment; dagegen ist nichts zu sagen there is nothing to be said against it; sie ist zu bedauern she is to be pitied, one (*od.* you) could be sorry for her; das Buch ist nirgends zu finden the book is nowhere to be found. – 6. (*in Wendungen wie*) in Bewegung ~ a) to be in motion, b) (*von Person*) to be on the move, to be astir; im Begriff ~, etwas zu tun to be about (*od.* going) to do s.th., to be on the point of doing s.th.; in Kraft ~ to be in force; in Not ~ to be in trouble (*od.* distress); in Ordnung ~ a) to be in order, to be all right, b) *colloq.* (*von Person*) to be a decent sort; im Recht ~ to be (in the) right; es ist keine Veränderung in Sicht there is no prospect of (immediate) change. – 7. (*sich befinden*) be: der Eingang ist dort drüben the entrance is over there; er ist viel unterwegs he travels a good deal; wir sind in der Minderheit we are in the minority; wer ist dort (*od.* am Apparat), bitte? (*am Telephon*) who is speaking (*od.* calling)? – 8. (*sich aufhalten*) be, stay: er ist im Ausland [in München] he is staying abroad [in Munich]; sie ist nicht zu Hause she is not at home, she is not in. – 9. (*wohnen*) be, live, be resident: wir sind seit 2 Jahren in dieser Wohnung we have been living in this flat (*bes. Am.* apartment) for 2 years. – 10. *bes. geogr.* (*gelegen sein*) be (situated, *bes. Am.* located), lie: die Stadt ist südlich von Hamburg the town is south of Hamburg. – 11. (*vorhanden sein, existieren*) be (there), exist: ich denke, also bin ich I think, therefore I am; dort ist nicht einmal ein Krankenhaus there is not even a hospital there; wenn du nicht gewesen wärst if it had not been for you, but for you; was nicht ist, kann noch werden *colloq.* there is room for improvement, don't be impatient — it might happen. – 12. (*leben*) be, live: sie ist nicht mehr she is (*od.* lives) no more; es war einmal eine Prinzessin once upon a time there was a princess; hier [dort] ist gut ~ life is good here [there]. – 13. (*der Fall sein*) be (the case): das kann [soll] nicht ~ that cannot [should not *od.* ought not to] be; das darf nicht ~ that is not allowed (*od.* permitted); das muß nicht ~ a) (*ist nicht nötig*) that need not be, that is not necessary, b) (*ist nicht notwendigerweise so*) that is not necessarily so; kann (*od.* mag) ~ *colloq.* maybe; das kann doch nicht ~! that can't be (true)! that's impossible! was ~ muß, muß ~ what has to be, has to be; was nicht ~ kann, das nicht ~ darf *humor.* impossible things must not happen; ist nicht! *colloq.* nothing doing! (*colloq.*); Ordnung muß ~ (strict) order is necessary; ich dachte wunder, was das wäre *colloq.* I thought it was goodness knows what; die Sache ist die *colloq.* it's like this, things are as follows; (ja,) so ist es that's how (*od.* that's the way) it is; ist das so? a) (*stimmt das wirklich*) is that true? is it really like that? b) (*sieh mal an*) it that so? indeed! das ist es ja gerade that's the thing (*od. colloq.* snag)! (ja,) wenn das (*od.* dem) so ist (well,) if that's the way it is; das wird nicht immer so ~ it won't always be like that (*od.* that way); es ist damit, wie mit allem that's the way with everything, that's the way it goes; gerade so ist es mit mir that's just the way it is with me; nun (*od.* na), wie ist es? well, how about it? wie wäre es mit einer Partie Schach? how about a game of chess? (na,) wie wär's mit uns zwei(en)? *colloq.* how about a twosome? (*colloq.*); wie wär's, wenn Sie die Arbeit machten? how about you(r) doing the work? und selbst wenn es so wäre even if it were (*od. colloq.* was) like that; wenn es immer so wäre if it were (*od. colloq.* was) always like that; es sei denn, daß morgen schlechtes Wetter ist unless we have bad weather tomorrow; sei es nun, daß er kein Geld oder keine Lust hat whether he lacks the money or the inclination; sei es, wie es sei be that as it may (be); es ist nichts mehr mit (dem) Skifahren *colloq.* there's no more skiing, skiing is over. – 14. (*stattfinden*) be, take place: wann ist die Hochzeit? when is the wedding? when will the wedding take place? das Konzert war im Freien the concert was (held) in the open air. – 15. (*geschehen*) be, happen: es war im letzten Sommer it happened last summer; das war im Jahre 1970 it was in (the year) 1970; es hat nicht ~ sollen it was not meant to be. – 16. (*bedeuten*) be, mean: was soll das ~? a) (*von abstrakten Gemälden etc*) what is that supposed to be? b) (*von unverständlichen Wörtern etc*) what does that mean? c) (*tadelnd*) what's that meant to be? soll das ein Witz ~? is that meant (*od.* supposed) to be a joke? 50 Mark — was ist das schon! 50 marks — what's that? – 17. (*in Wendungen wie*) ich bin's nicht gewesen! I didn't do it! keiner will es gewesen ~ no one will admit to having done it. – 18. (*sich erweisen als*) be, prove (to be), turn out to be: der Wein ist besser als ich dachte the wine is better than I imagined. – 19. *bes. math.* (*ergeben*) be, equal: 2 und 2 ist 4 2 and 2 are (*od.* is, make[s]) 4; 3 mal 3 ist 9 3 times 3 is (*od.* are) 9, three threes are nine; 1000 Meter sind 1 Kilometer 1,000 meters are (equal to) (*od.* make) 1 kilometer; x sei 3 let x be (*od.* equal) 3. – 20. *dial.* belong: wessen (*auch* wem) ist das? whose is this? – 21. (*mit gen*) (*in Wendungen wie*) guten Mut(e)s ~ to be of good cheer; du bist des Todes! you are a dead man! you are done for! (*colloq.*); es ist nicht meines Amtes festzustellen, ob it is not my place (*od.* business) to find out whether; der Meinung ~, daß to be of the opinion (*od.* to hold) that; ich bin deiner Meinung I agree with you, I share your opinion; bist du des Teufels? are you mad? – 22. *colloq.* (*in gekürzter Form zur Bezeichnung einer Bewegung*) er ist nach Paris he has gone (*od. colloq.* he is away) to Paris; sie ist in den Keller she has gone down to the cellar. – 23. (*in Verbindung mit Adverbien und Präpositionen*) → ab 1; an 25; aus 10—12, 14; bei[1] 9; bei[2] 1; für 1—3, 8; gegen 4, 7, 8; in 1, 9; mit 9, 10; über 41—43; unter[1] 4, 13; weg 1—4. – II *v/aux* 24. (*zur Bildung zusammengesetzter Vergangenheitsformen*) have: ich bin beim Arzt gewesen I have been to (see) (*od.* I have seen) the doctor; wir waren nach Hause gegangen we had gone home; die Sonne ist untergegangen the sun has (*lit. auch* is) set; er ist ihr schon vorgestellt worden he has already been introduced to her. – III S~ *n* ⟨-s⟩ 25. *verbal noun*: S~ und Schein reality and appearance, essence and semblance. – 26. (*Dasein*) existence, life: S~ oder Nichtsein, das ist die Frage to be or not to be, that is the question. – 27. *philos.* (*Wesenheit*) entity, existence: das S~ und das Nichtsein entity and nonentity, existence and nonexistence (*Br.* non-existence).

sein[2] I *possess pron* 1. ⟨*used as adj*⟩ a) (*bei männlichen Personen*) his, b) (*bei Mädchen*) her, c) (*bei Kindern, Tieren, Gegenständen, Einrichtungen etc*) its, d) (*bei Schiffen, Ländern, Mond*) its, her, e) (*bei männlichen Haustieren*) his, its, f) (*unbestimmt*) one's, g) ⟨*nachgestellt, undeclined*⟩ *poet.* his, (*bei Mädchen*) her: ~e Tante his aunt; einer ~er Brüder one of his brothers; meine und ~e Freundin my girl friend and his; er soll ~ bißchen Geld behalten let him keep what little money he has; ~ gutes Aussehen his good looks *pl*; das ist ~e Sache that's his business; das ist nicht ~e Sache that's none of his business, that's no concern of his; sie ist ~ ein und alles she is (*od.* means) everything to him; er braucht ~e acht Stunden Schlaf he needs his eight hours' sleep; er hat heute ~en schlechten Tag a) (*ist schlecht gelaunt*) he is in one of his tempers today, b) (*bringt nichts zuwege*) it's his off day today (*colloq.*); der Pelzmantel wird ~e 2000 Mark gekostet haben *colloq.* the fur coat will have cost easily (*od.* a good) 2,000 marks; alles zu ~er Zeit everything in its own good time, all in due course; S~e Königliche Hoheit His Royal Highness; S~e Heiligkeit His Holiness; man darf ~e Freunde nicht im Stich lassen one should not leave one's friends in the lurch; jeder muß ~e eigenen Erfahrungen machen everyone must learn from experience; sie wurde ~ *poet.* she became his; die Mutter ~ *poet.* his mother; der mit ~en Briefmarken he (*od. colloq.* him) and his stamps. – 2. ⟨*used as pred*⟩ ~er, ~e, ~(e)s; der, die, das ~e a) (*bei männlichen Personen*) his, b) (*bei Mädchen*) hers, c) (*bei Kindern, Tieren*) its, d) ⟨*undeclined*⟩ his, (*bei Mädchen*) hers: das Haus des Nachbarn ist größer als ~es the neighbo(u)r's house is bigger than his; gib ihm den Stock, es ist ~er give him the stick, it is his; alles was ~ ist, hat er mitgenommen he took everything that was his with him. – 3. ⟨*used as noun*⟩ der, die, das S~e a) (*bei männlichen Personen*) his (own), b) (*bei Mädchen*) hers, her own, c) (*bei Kindern*) its (own): die Sein(ig)e his wife; sie wollte gern die Sein(ig)e werden she wanted to be his; er hat das Sein(ig)e dazu beigetragen he has made his contribution, he has had his share (*od.* a part) in it, he has done his bit (*colloq.*); die Sein(ig)en his family (*od.* people, *colloq.* folks); jedem das S~e! to each his own. – II *pers pron* 4. ⟨*gen of* er *u.* es⟩ *poet. od. archaic* a) (*bei männlichen Personen*) (of) him, b) (*bei Mädchen*) (of) her, c) (*bei Kindern, Tieren*) (of) it: wir werden ~ nicht vergessen we won't forget him; er gedachte ~ he thought of him.

'sei·ner *pers pron* ⟨*gen of* er *u.* es⟩ 1. a) (*bei männlichen Personen*) (of) him, b) (*bei Mädchen*) (of) her, c) (*bei Kindern, Tieren, Gegenständen*) (of) it, d) (*bei Schiffen, Ländern, Mond*) (of) it, (of) her (*lit.*): als ich ~ ansichtig wurde when I caught sight of him; sie erinnerte sich ~ nicht mehr she did not remember him anymore; sie ist ~ nicht wert she is not worthy of him; das ist ~ nicht würdig it is not worthy of him; Herr, erbarme dich ~ Lord, have mercy (up)on him. – 2. ~ (selbst) a) (*bei männlichen Personen*) himself, b) (*bei Mädchen*) herself, c) (*bei Kindern*) itself, d) (*unbestimmt*) oneself: er war ~ selbst nicht mehr mächtig he no longer had control over himself; er ist ~ (selbst) nicht ganz sicher he is not quite sure of himself.

'sei·ner'seits *adv* 1. (*bei männlichen Personen*) for (*od.* on) his part, as far as he is concerned: bestehen irgendwelche Bedenken ~? are there any objections on his part? er behauptete ~, daß he maintained for his part that. – **2.** (*bei Mädchen*) for (*od.* on) her part, as far as she is (*od.* was) concerned. – **3.** (*bei Kindern, Tieren, Einrichtungen*) for (*od.* on) its part, as far as it is (*od.* was) concerned. – **4.** (*bei Ländern*) for (*od.* on) its (*od.* her) part, as far as it (*od.* she) is (*od.* was) concerned. – **5.** (*unbestimmt*) for (*od.* on) one's (*od.* your) own part, as far as oneself is (*od.* was) concerned: wenn man ~ einen Fehler macht if one makes a mistake for one's own part, if you make a mistake for your own part.

'sei·ner,zeit *adv* (*damals*) at that time, then, in those days.

'sei·ner,zei·tig *adj* ⟨*attrib*⟩ (*damalig*) of that time, of those days: unter den ~en Lebensbedingungen under the living conditions of that (*od.* the) time (*od.* then).

'sei·nes'glei·chen *indef pron* ⟨*undeclined*⟩ **1.** (*Leute seines Schlages*) his equals *pl*, (*bei Mädchen*) her equals *pl*, (*unbestimmt*) one's equals, people like himself (*od.* herself, oneself), (of) his (*od.* her, one's) own kind (*od.* caliber, *bes. Br.* calibre), his (*od.* her, its) like: er verkehrt nur mit ~ he only mixes with people like himself; er und ~ *oft contempt.* he (*od. colloq.* him) and his equals. – **2.** (*Gleichaltrige*) people (*od.* children) of his (*od.* her, one's) own age: er ist nicht unter ~ aufgewachsen he did not grow up with children of his own age. – **3.** (*von gleichem Rang*) poeple of his (*od.* her, one's) own class, his (*od.* her, one's) equals: er hat nicht ~ he has no equal, he is without equal, there is no one his equal, he is unequal(l)ed; j-n wie ~ behandeln to treat s.o. as one's equal. – **4.** *oft contempt.* people of his standing (*od.* position), people such as he (*od.* like him): ~ kann sich so etwas erlauben people of his standing can afford that sort of thing.

'sei·net'hal·ben *adv obs. od. lit. for* seinetwegen.

'sei·net'we·gen *adv* **1.** for his (*od.* her, its) sake: ich habe ~ geschwiegen I said nothing for his sake. – **2.** (*durch seine Schuld*) on his (*od.* her, its) account, because of him (*od.* her, it): ~ habe ich den Bus verpaßt I missed the bus because of him. – **3.** (*in seinem Interesse*) on his (*od.* her, its) behalf: ich habe ~ mit dem Chef gesprochen I talked to the boss on his behalf.

'sei·net'wil·len *adv* um ~ *cf.* seinetwegen 1, 2.

'sei·nig *possess pron* **I** der, die, das ~e *cf.* sein[2] 2a, b, c. – **II** der, die, das S~e *cf.* sein[2] 3.

'sein,las·sen *v/t* ⟨*irr, sep, pp* seinlassen, h⟩ etwas ~ a) (*aufhören*) to stop doing s.th., b) (*sich anders entscheiden*) to decide not to do s.th., to let s.th. go: laß das sein! (*den Unfug*) stop that! don't (do that)! *bes. Am.* quit that! laß es sein! (*gib es auf*) let it go there! don't bother (your head *od.* yourself)! laß es (*od.* das) lieber sein! (*als Ermahnung*) you'd better not! er ließ Arbeit Arbeit sein *colloq.* he chucked his work (*sl.*).

Sei·sing ['zaɪzɪŋ] *n* ⟨-s; -e⟩ *mar.* **1.** gasket, gaskin, *auch* gasking. – **2.** (*Zurrleine*) seizing.

Seis·mik ['zaɪsmɪk] *f* ⟨-; *no pl*⟩ *meteor.* seismology.

seis·misch ['zaɪsmɪʃ] *adj* seismic, *auch* seismical: ~e Bewegungen seismic movements, seisms.

Seis·mo·gramm [zaɪsmo'gram] *n* ⟨-s; -e⟩ seismogram.

Seis·mo·graph [zaɪsmo'gra:f] *m* ⟨-en; -en⟩ seismograph.

Seis·mo·lo·ge [zaɪsmo'lo:gə] *m* ⟨-n; -n⟩ seismologist, *auch* seismographer. — **Seis·mo·lo'gie** [-lo'gi:] *f* ⟨-; *no pl*⟩ seismology, *auch* seismography.

Seis·mo·me·ter [zaɪsmo'me:tər] *n* ⟨-s; -⟩ seismometer. — **seis·mo'me·trisch** [-'me:trɪʃ] *adj* seismometric(al).

seit [zaɪt] **I** *prep* ⟨*dat*⟩ **1.** (*von einem Zeitpunkt an*) since: ~ wann ist er dort? since when has he been there? ~ gestern since yesterday; ~ heute geht es mir besser I feel (*od.* have been) better since today; ~ heute weiß ich erst, daß I only heard today that; ~ damals [jener Zeit] gehen sie sich (*dat*) aus dem Weg they have avoided each other since then [that time]; ~ dem Tag(e), da (*od. colloq.* als) er keine Schulden mehr hatte since the day (when) he was out of debt; es ist nicht erst ~ heute so this is not the first day it has been like that, it has not been like that just since today; ~ Menschengedenken, ~ alters, ~ urdenklichen Zeiten from time immemorial, from time out of mind; ~ Adam und Eva *colloq.* since Adam and Eve (*od.* the year dot), since Pussy was a cat (*alle colloq.*); → je[1] 2. – **2.** (*während einer Zeitspanne*) for: ich kenne ihn ~ etwa einem Jahr I have known him for about a year; er ist erst ~ kurzem [~ einigen Tagen] in unserer Firma he has only been with our firm for a short time [for some days]; sie wohnen ~ langem [~ einiger Zeit] schon nicht mehr hier they have not been living here for a long time (*od. colloq.* for ages) [for some time]; mein Vater ist ~ 4 Wochen verreist my father has been away for 4 weeks; zum ersten Mal ~ Jahren for the first time for (*od.* in) years. – **II** *conj* **3.** since: es ist ein Jahr her, ~ sie verschwand it is a year now since she disappeared; ~ er fort ist, habe ich keine ruhige Minute mehr gehabt I haven't had a quiet (*od.* a peaceful) moment since he left.

,seit'ab *adv lit. for* abseits 1, 2.

,seit'dem [-'de:m] **I** *adv* **1.** since (then), since that time, (*stark betont*) *auch* from that time on: ~ hat er sie nicht mehr gesehen he has not seen her since then; ~ ging er nie wieder dorthin since that time he never went (back) there again. – **2.** (*und heute immer noch*) ever since (*nachgestellt*): ~ sind wir Freunde we have been friends ever since; sie hat mich einmal belogen, ~ glaube ich ihr nicht mehr she lied to me once and I have never believed her since. – **II** *conj* **3.** *cf.* seit II.

Sei·te ['zaɪtə] *f* ⟨-; -n⟩ **1.** (*bei Straßen, Flüssen, Häusern etc*) side: die rechte [linke] ~ der Straße the right-hand [left-hand] side of the street; die vordere [hintere] ~ eines Hauses the front (side) [back] of a house; wir wohnen auf der gegenüberliegenden ~ des Flusses we live on the opposite side (*od.* bank) of the river. – **2.** (*einer Münze*) face, side: obere [untere] ~ obverse [reverse]. – **3.** (*einer Schallplatte etc*) side: auf der ersten ~ (*od.* auf ~ eins) hören wir on side one (*od.* on the first side) we hear. – **4.** (*eines Stoffes*) side: rechte [linke] ~ des Stoffes right [wrong, reverse] side of the fabric; Satin hat eine glänzende und eine matte ~ satin has a lustrous and a mat side; das Kleid kann auf (*od.* von) beiden ~n getragen werden the dress can be worn on both sides, the dress is reversible. – **5.** (*eines Buches, einer Zeitschrift etc*) page: eine freie (*od.* leere, unbeschriebene) ~ a blank page; eine neue ~ aufschlagen a) to turn to a new page, b) *fig.* to make a fresh start, to start anew (*od.* afresh), to turn over a new leaf; sie blättert die ~n der Illustrierten um she turns over the pages of the magazine, *bes. Am.* she leafs through the magazine; siehe ~ 10 see page 10; Fortsetzung auf der nächsten ~ [auf ~ 30] to be continued overleaf [on page 30]; neueste Meldungen stehen auf der ersten ~ (*od.* auf ~ eins) the latest news is (printed) on the front page (*od.* on page one), *Am.* the latest news is front-paged; das Blatt ist auf (*od.* von) beiden ~n bedruckt the page is printed on both sides. – **6.** (*Flanke eines Pferdes etc*) side, flank. – **7.** (*eines Menschen*) side: sich vor Lachen die ~n halten to split (*od.* shake) one's sides laughing (*od.* with laughter); ~ an ~ stehen [kämpfen] to stand [to fight] side by side; komm (und setz dich) an meine grüne ~! *colloq.* come (and sit) at my left side! sie ging an seiner ~ she walked at (*od.* by) his side; er saß an meiner rechten ~ he sat at (*od.* by) my right side, he sat on my right; halt dich an meiner ~! keep by my side! man kann ihn niemandem an die ~ stellen *fig.* you can't compare him with anybody, nobody can be compared with him; auf der ~ liegen [schlafen] to lie [to sleep] on one's side; auf der ~ schwimmen to swim on one's side, to (swim) sidestroke; auf einer ~ gelähmt sein *med.* to be paralyzed (*Br. auch* -s-) on one side, to be hemiplegic (*scient.*); sich auf die andere ~ drehen to turn to the other side, to turn over; sie stemmte die Hände in die ~n she put her hands on her hips, she put her arms akimbo; Stiche in der ~ haben to have stitches in one's side; sie wich (*od.* ging) ihm nicht von der ~ (*od.* nicht von seiner ~) she didn't move from (*od.* leave) his side, she stuck by his side (*colloq.*); j-m zur ~ stehen a) to stand by (*od.* next to) s.o., to side with s.o., b) *fig.* (*mit Rat und Tat*) to help (*od.* support) s.o., to come to s.o.'s side (*od.* aid). – **8.** *fig.* (*Charakterzug*) side, feature: sein Charakter hat viele (verschiedene) ~n there are (*od.* he has) many (different) sides to his character; (ganz) neue ~n an j-m entdecken to discover new sides to s.o. (*od.* to s.o.'s character); von der ~ kenne ich dich (ja) noch gar nicht! I don't know that side of you at all! sich von seiner besten ~ zeigen to put one's best foot forward (*colloq.*). – **9.** *fig.* (*Stärke, Schwäche*) point: das ist meine starke [schwache] ~ this is my strong [weak] point; Mathematik ist seine starke ~ mathematics is his strong point (*od.* his forte); Logik ist nicht gerade deine stärkste ~! logic isn't your strongest point. – **10.** (*Familie, Abstammung*) side: meine Großtante auf der mütterlichen ~ my great-aunt on my mother's side; er hat das Haus von väterlicher ~ geerbt he has inherited the house from his father's side (*od.* family). – **11.** *fig.* (*Gruppe, Partei*) side: beiden ~n gerecht werden to be fair to both sides; den Sieg der einen oder (der) anderen ~ herbeiführen to bring about the victory of one side or the other; er hatte die Lacher auf seiner ~ he had the laugh on his side; das Vergnügen war (ganz) auf meiner ~ the pleasure was (entirely) on my side (*od.* was [entirely] mine); das Recht war auf ihrer ~ she was entirely in the right; ich bin (*od.* stehe) auf deiner ~ I am on your side, I take your part; auf der ~ (*od.* auf seiten) der Regierung sein (*od.* stehen) to be on the goverment's side; j-n auf seine ~ bringen (*od.* ziehen) to bring s.o. over to one's side; sie stellte sich auf seine ~ she took his side (*od.* part); er schlägt sich immer auf die ~ des Gewinners he always joins the winning side; auf beiden ~n gab es Mißverständnisse there were misunderstandings on both sides; er bekam Angebote von mehreren ~n he got offers from several sides; von amtlicher ~ hören wir we hear from official sources (*od.* quarters); von gegnerischer ~ (*od.* von seiten des Gegners) wird behauptet it is maintained from the opposite side, the opposing party maintains; wie von deutscher ~ verlautet as reported from the German side (*od.* from German sources); von seiner ~ (aus) bestehen keine Bedenken for (*od.* on) his part (*od.* as far as he is concerned) there are no objections. – **12.** *fig.* (*Aspekt*) side, aspect: die politische [menschliche] ~ des Konflikts the political [human] side (*od.* aspect) of the conflict; die angenehmen ~n des Lebens the pleasant aspects (*od.* sides) of life; alles (*od.* ein jedes Ding) hat (seine) zwei ~n there are two sides to everything; die Sache hatte auch ihre komischen ~n the affair had also its amusing sides (*od.* aspects); allem die beste ~ abgewinnen to make the best of everything; auf der einen ~ ... auf der anderen ~ on the one hand ... on the other (hand); er nimmt das Leben von der angenehmen ~ he looks on the bright side of life, he sees only the pleasant sides of life; von dieser ~ (aus) betrachtet from that point of view, seen from that angle (*od.* in that light). – **13.** (*Richtung*) side, direction: die Menge lief nach allen ~n auseinander the crowd ran in all directions; sich nach allen ~n umsehen to look round to (*od.* on) all sides, to look about one; j-n von der ~ ansehen a) to give s.o. a side-look (*od.* a sidelong glance), b) *fig.* (*mißtrauisch etc*) to look askance at s.o.; komm mir nicht von der ~! *fig. colloq.* don't try that one on me! etwas von allen ~n betrachten a) to study s.th. from all sides, b) *fig.* to study s.th. from all sides (*od.* aspects), to study all sides (*od.* aspects) of s.th.; die

Menschen strömten von allen ~n herbei people came flocking from all sides (*od.* directions) (*od.* from every quarter). – **14.** auf die (*od.* zur) ~ aside: auf die ~ gehen (*od.* treten) to step aside, to make room, to sidestep; würden Sie bitte auf die ~ rücken? would you please move aside (*od.* make room)? auf die ~ gehen *Southern G.* to have an escapade; j-n auf die ~ nehmen to take s.o. aside; sie hat etwas (Geld) auf die ~ gelegt *fig.* she has put s.th. (*od.* some money) away, she has saved (for a rainy day); etwas auf die ~ schaffen (*od.* bringen) a) to put s.th. aside (*od.* out of the way), to side s.th., b) *fig.* (*heimlich*) to pocket s.th.; j-n auf die ~ schaffen (*od.* bringen) a) to put s.o. to the side, b) *fig.* (*j-n umbringen*) to do away with (*od.* remove) s.o.; zur ~ sprechen (*theater*) to make an aside. – **15.** *math.* a) (*eines Dreiecks*) side, (*Kathete*) leg, b) (*eines Quadrats*) side, face, c) (*einer Gleichung*) member: linke [rechte] ~ first [second] member. – **16.** *mil.* (*Flanke*) flank, side: von der ~ her angreifen to attack from the flank(s). – **17.** (*sport*) (*beim Fußball, Tennis etc*) side: die ~n wechseln to change (over), to change ends, (*beim Fußball etc*) *auch* to change goals, (*beim Basketball*) *auch* to change baskets. – **18.** *mar.* (*eines Schiffes*) a) (*außen*) side, b) (*innen*) wing: sich auf die ~ legen (*von Schiff*) a) (*statisch*) to list, b) (*krängen*) (*dynamisch*) to heel. – **19.** *gastr.* (*Speckseite*) flitch, side. – **20.** „Diese ~ nach oben!" *econ.* (*Aufschrift*) "This side up".

ˈSei·ten|ˌabˌlen·kung *f cf.* Seitenabweichung. — **~ˌabˌstand** *m* lateral interval (*od.* distance, space). — **~ˌabˌwei·chung** *f* (*eines Geschosses*) lateral deviation, (*durch den Wind*) drift. — **~alˌlee** *f* side avenue. — **~alˌtar** *m relig.* side altar. — **~ˌanˌga·be** *f* indication of page, page indication. — **~ˌanˌsicht** *f* **1.** side (*od.* lateral) view. – **2.** (*im Schnitt*) side elevation. — **~ˌanˌzahl** *f* number of pages. — **~ˌarm** *m* (*eines Flusses etc*) side (*od.* lateral) branch (*od.* arm). — **~ˌaufˌriß** *m arch. tech.* side elevation. — **~ˌaus** *n only in* im ~ (*sport*) (*beim Fußball*) in touch. — **~ˌausˌgang** *m* side exit. — **~ˌausˌli·nie** *f* (*sport*) *cf.* Seitenlinie 1.

ˈSei·tenˌband *n* (*radio*) side band. — **~freˌquenz** *f* side-band frequency.

ˈSei·ten|beˌgren·zer *m print.* traversing stop. — **~beˌstim·mung** *f* (*radio*) (*bei der Funkpeilung*) sense finding. — **~beˌwe·gung** *f* **1.** lateral movement (*od.* motion). – **2.** *aer. mar.* yawing, (*plötzliche*) *auch* swerve. – **3.** *mus.* oblique motion. — **~beˌzeich·nung** *f* **1.** *cf.* Seitenangabe. – **2.** *cf.* Seitennumerierung. — **~ˌblick** *m* side-glance, sidelong glance, side-look: j-m einen ~ zuwerfen, einen ~ auf j-n werfen a) to cast (*od.* take) a side-glance (*od.* a sidelong glance, a side-look) at s.o., to give s.o. a side-glance, b) *fig.* (*heimlich, skeptisch etc*) to look askance at s.o. — **~ˌbordˌmo·tor** *m mar.* (*eines Bootes*) sideboard engine. — **~ˌbüh·ne** *f* (*theater*) side stage. — **~ˌdruck** *m* ⟨-(e)s; *no pl*⟩ side (*od.* lateral) pressure. — **~ˌeinˌgang** *m* side entrance. — **~ˌeinˌstel·lung** *f* **1.** *print.* sidelay adjustment. – **2.** *tech.* (*eines Schneidwerkzeuges*) lateral adjustment. — **~entˌlee·rer** [-ˌleːrər] *m* ⟨-s; -⟩ *metall.* side discharge car. — **~ˌer·be** *m jur.* collateral heir. — **~ˌfach** *n* (*eines Schrankes etc*) side compartment. — **~ˌfen·ster** *n* **1.** (*eines Autos etc*) *Br.* quarter light, *Am.* side window. – **2.** (*eines großen Fensters etc*) sidelight, side window. — **~ˌflä·che** *f* **1.** *math.* lateral face. – **2.** *tech.* (*eines Schneidmeißels*) side rake. — **~ˌflos·se** *f* **1.** *aer.* (*des Leitwerks*) (vertical) fin. – **2.** *mil. mar.* (*eines Torpedos*) side fin. — **~ˌflü·gel** *m* **1.** (*eines Gebäudes*) (lateral) wing. – **2.** (*eines Fensters, Altars etc*) side panel. — **~ˌfront** *f* (*eines Gebäudes*) lateral (*od.* side) face. — **~ˌgang** *m* **1.** (*in einem Gebäude*) side corridor (*od.* passageway). – **2.** (*in einer Kirche*) side aisle. – **3.** (*railway*) (side) corridor. — **~ˌgän·ge** *pl* (*sport*) (*beim Reiten*) sidesteps. — **~ˌgas·se** *f* side alley (*od.* lane). — **s~geˌsteu·ert** *adj only in* ~er Motor *tech.* side-valve engine, valve-in-block engine. — **~geˌwehr** *n mil.* bayonet. — **~ˌgleis** *n* (*railway*) *cf.* Nebengleis. — **~halˌbie·ren·de** *f* ⟨-n; -n⟩ *math.* median (line). — **~ˌhieb** *m* **1.** (*sport*) (*beim Fechten*) side cut. – **2.** *fig.* (auf *acc*, gegen at) dig, passing shot: j-m einen ~ versetzen to get in (*od.* make) a dig (*od.* passing shot) at s.o. — **~kaˌnal** *m* lateral (*od.* side) canal. — **~ˌkan·te** *f* lateral edge. — **~kaˌpel·le** *f arch.* side chapel. — **~ˌket·te** *f chem.* (*an Kohlenstoffatomen*) side chain. — **~ˌkip·per** *m* (*im Transportwesen*) side dump (*od.* tip, discharge) car, *Am.* side dump truck, side-tipping dump car. — **~kuˌlis·se** *f* (*theater*) wing. — **~ˌla·ge** *f* **1.** (*beim Schwimmen*) side position: in ~ schwimmen to swim on one's side, to (swim) sidestroke. – **2.** *med.* a) lateral (*od.* side) position, b) (*beim Fetus*) lateral presentation. — **~ˌläh·mung** *f med.* hemiplegia. — **s~ˌlang** *adj* er schrieb ihr ~e Briefe he wrote her pages (and pages) of letters. — **~ˌlän·ge** *f* lateral (*od.* side) length. — **~ˌlaut** *m ling.* lateral (sound). — **~ˌleh·ne** *f* (*eines Stuhles*) arm(rest). — **~ˌleitˌwerk** *n aer.* rudder unit (*od.* assembly), vertical tail surfaces *pl.* — **~ˌleuch·te** *f auto.* **1.** *cf.* Begrenzungsleuchte. – **2.** (*Parkleuchte*) parking light. — **~ˌlicht** *n bes. phot.* sidelight, side lamp. — **~ˌli·nie** *f* **1.** (*sport*) a) (*beim Tennis, Hockey etc*) sideline, b) (*beim Fußball, Rugby, Basketball*) touchline. – **2.** (*railway*) branch line. – **3.** *zo.* (*Sinnesorgan einiger Fische*) lateral line. – **4.** (*eines Geschlechts*) (col)lateral line (*od.* branch), offset, offshoot: wir sind mit ihm in der ~ verwandt we are related to him in the collateral line. — **~ˌlo·ge** *f* (*theater*) side-box. — **~ˌmei·ßel** *m tech.* side-cutting tool. — **~moˌrä·ne** *f geol.* lateral moraine. — **~ˌnaht** *f* side seam. — **~nu·meˌrie·rung** *f* (*Vorgang u. Resultat*) pagination, paging. — **~ˌpan·ze·rung** *f mil.* lateral (*od.* side) armor (*bes. Br.* armour) (plating). — **~ˌpfad** *m* side path, bypath. — **~ˌpfor·te** *f* side gate. — **~porˌtal** *n* side (*od.* lateral) portal. — **~ˌrand** *m print.* margin: innerer ~ inside margin, back. — **~ˌräumˌschild** *n civ.eng.* (*einer Planierraupe*) angledozer, angling blade. — **s~ˌrich·tig** *adj tech.* true-to-side (*attrib*): ~e Betrachtung true-to-side observation. — **~ˌriß** *m* (*Zeichnung*) side elevation.

ˈSei·tenˌru·der *n aer.* rudder: ~ geben to use rudder control, to move the rudder over. — **~ˌausˌschlag** *m* rudder movement (*od.* deflection, *Br. auch* deflexion).

ˈsei·tens *prep* ⟨*gen*⟩ (*officialese*) on the part of: ~ des Gerichts bestehen keine Einwände *jur.* there are no objections on the part of the court (*od.* on the court's part).

ˈSei·ten|ˌschei·tel *m* side part (*bes. Br.* parting), part (*bes. Br.* parting) at the side. — **~ˌschiff** *n arch.* (*einer Kirche*) (side) aisle. — **~ˌschmerz** *m med.* pain in the side, pleuralgia (*scient.*). — **~ˌschnei·der** *m tech.* side-cutting pliers *pl* (*construed as sg or pl*). — **~ˌschritt** *m* side step. — **~ˌschwim·men** *n* sidestroke, sidestroking. — **~ˌsproß** *m bot. cf.* Seitentrieb. — **~ˌsprung** *m* **1.** side leap. – **2.** *fig.* extramarital escapade: einen ~ begehen (*od. colloq.* machen) to have an escapade. — **~ˌste·chen** *n* ⟨-s; *no pl*⟩ *med.* **1.** stitch in the side: vom Laufen bekam ich ~ I got stitches in my side from running. – **2.** (*bei Pleuritis*) pleuralgia, pleurodynia. — **~ˌsteu·er** *n aer. cf.* Seitenruder. — **~ˌsteue·rung** *f* rudder control. — **~ˌstich** *m meist pl med. cf.* Seitenstechen.

ˈSei·tenˌstrang *m med.* lateral band (of pharyngeal lymphoid tissue). — **~anˌgi·na** *f* infection of the lateral pharyngeal bands. — **~skleˌro·se** *f* lateral sclerosis.

ˈSei·ten|ˌstra·ße *f* side (*od.* branch) street, side road, bystreet, byroad, *Br.* by-road. — **~ˌstrei·fen** *m cf.* Randstreifen. — **~ˌstreu·ung** *f mil.* lateral dispersion. — **~ˌstück** *n* **1.** sidepiece. – **2.** *gastr.* (*von Fleisch*) flank. – **3.** *fig. cf.* Gegenstück 1. — **~ˌsupˌport** *m tech.* **1.** (*einer Drehmaschine*) side carriage. – **2.** (*einer Hobelmaschine*) sidehead. — **~ˌtal** *n* side (*od.* lateral) valley. — **~ˌta·sche** *f* side pocket. — **~ˌteil** *n* **1.** lateral (*od.* side) part. – **2.** (*Teil einer Seite*) part of a side. — **~ˌtrieb** *m bot.* sideslip, side shoot. — **~ˌtür** *f* side door. — **~ˌüberˌschrift** *f bes. print.* headline. — **~verˌhält·nis** *n* **1.** (*eines Fernsehbildes*) aspect ratio. – **2.** *aer.* (*der Tragflächen*) span-chord ratio. – **3.** (*radio*) (*bei der Funkpeilung*) sense. — **s~verˌkehrt** *adj* laterally inverted. — **~verˌschie·bung** *f* lateral deviation (*od.* deflection, *Br. auch* deflexion). — **~verˌwand·te** *m, f* collateral relative. — **~verˌzie·rung** *f* (*am Strumpf*) clock.

ˈSei·tenˌwa·gen *m* (*eines Motorrads*) sidecar. — **~maˌschi·ne** *f* motorcycle combination.

ˈSei·ten|ˌwahl *f* (*sport*) choice of ends, (*beim Fußball etc*) *auch* choice of goals, (*beim Basketball*) *auch* choice of baskets. — **~ˌwand** *f* **1.** sidewall. – **2.** (*eines Lastkraftwagens*) side gate (*od.* board). – **3.** (*eines Drehmaschinenbettes*) shear. — **~ˌwech·sel** *m* (*sport*) change of ends, (*beim Fußball etc*) *auch* change of goals, (*beim Basketball*) *auch* change of baskets. — **~ˌweg** *m* byway, sideway, side cut: ~e gehen *fig.* to engage in secret (*od.* illicit) activities. — **~ˌwen·dung** *f* **1.** turn to the side. – **2.** (*sport*) (*beim Fechten*) volt.

ˈSei·tenˌwind *m* side wind, crosswind: Landung mit ~ *aer.* crosswind landing. — **~konˌver·ter** *m metall.* side-blown converter.

ˈSei·ten|ˌwin·kel *m* **1.** (*in der Ballistik*) bearing. – **2.** (*in der Navigation, beim Radar*) azimuth (angle). — **~ˌzahl** *f* **1.** (*Anzahl der Seiten*) number of pages. – **2.** (*Nummer der Seite*) page number, number of the page, *bes. print.* folio (number): mit ~en versehen to paginate. – **3.** *math.* number of sides. — **~ˌzweig** *m* (*eines Stammbaums*) *cf.* Seitenlinie 4.

ˈSeit|ˌfallˌwurf *m* (*sport*) (*beim Handball*) diving side shot. — **~ˌhal·te** *f* ⟨-; *no pl*⟩ (*beim Turnen*) arms *pl* sideways.

ˌseitˈher *adv* **1.** (*seitdem*) since then, since that time, from that time on. – **2.** *cf.* bisher.

ˌseitˈhe·rig *adj* ⟨*attrib*⟩ *cf.* bisherig.

ˈseit·lich I *adj* **1.** lateral: ~e Bewegung lateral (*od.* sideward) movement, movement to the side; ~e Naht side seam, seam at the side. – **II** *adv* **2.** (*an der Seite*) at the side: das Grundstück wird ~ durch einen Zaun abgegrenzt the property is bounded at (*od.* along) the sides by a fence; das Haus liegt ~ vom Bahnhof the house is situated at the side of (*od.* next to, beside) the railway station. – **3.** (*zur Seite*) to the side, laterally: das Flugzeug rutscht ~ ab *aer.* the plane slips to the side, the plane sideslips (*od.* falls away). – **III** *prep* ⟨*gen*⟩ **4.** (*neben*) at the side of, next to, beside.

ˈSeit|ˌpferd *n* (*sport*) (*beim Turnen*) side (*od.* pomeled, *bes. Br.* pomelled) horse. — **~ˌspannˌstütz** *m* crucifix, *bes. Am.* cross. — **~ˌstand** *m* sidestand.

ˈseitˌwärts *adv* **1.** (*an der Seite*) at the side: ~ befindlich lateral. – **2.** (*zur Seite hin*) sideways, sideward(s), to the side, laterally: sich ~ in die Büsche schlagen a) to slip away (*od.* to slink off, to slink away) (into the bushes), b) *euphem.* to go behind a bush. – **3.** ~ zu sideways to: sie steht ~ zum Spiegel she stands sideways (*od.* with her side) to the mirror.

Se·kan·te [zeˈkantə] *f* ⟨-; -n⟩ *math.* secant.

Se·kel [ˈzeːkəl] *m* ⟨-s; -⟩ (*alte Gewichtseinheit*) shekel.

sek·kant [zɛˈkant] *adj bes. Austrian for* lästig 2, zudringlich. — **Sek·ka·tur** [-kaˈtuːr] *f* ⟨-; -en⟩ *bes. Austrian for* Belästigung, Quälerei 1. — **sekˈkie·ren** [-ˈkiːrən] *v/t* ⟨*no* ge-, h⟩ *bes. Austrian for* a) belästigen, b) quälen 5, c) hänseln, d) necken I.

Se·kond [zeˈkɔnt] *f* ⟨-; *no pl*⟩, **~ˌhieb** *m* (*sport*) (*beim Fechten*) second(e).

Se·kret[1] [zeˈkreːt] *n* ⟨-(e)s; -e⟩ *med.* (*Absonderung*) secretion.

Seˈkret[2] *f* ⟨-; *no pl*⟩ *röm.kath.* (*Stillgebet*) secret(a).

Se·kre·tär [zekreˈtɛːr] *m* ⟨-s; -e⟩ **1.** (*Schriftführer, Korrespondent etc*) secretary, clerk. – **2.** (*einer Organisation, Partei etc*) secretary. – **3.** (*Beamter*) secretary. – **4.** (*Schreibschrank*) secretary. – **5.** *zo.* (*Greifvogel*) secretary (bird) (*Sagittarius serpentarius*).

Se·kre·ta·ri·at [zekretaˈrĭaːt] *n* ⟨-(e)s; -e⟩ **1.** (*Raum*) secretariat, *auch* secretariate, secretary's office. – **2.** (*Angestellte*) secretariat, *auch* secretariate.

Se·kreˈtä·rin *f* ⟨-; -nen⟩ secretary, lady clerk.

se·kre·tie·ren [zekreˈtiːrən] **I** *v/t* ⟨*no* ge-, h⟩ **1.** *med.* (*absondern*) secrete. – **II S~** *n* ⟨-s⟩ **2.** *verbal noun.* – **3.** *cf.* Sekretion.

Se·kre·ti·on [zekreˈtsĭoːn] *f* ⟨-; *no pl*⟩ **1.** *cf.* Sekretieren. – **2.** *med.* (*Absonderung*) secretion: innere ~ internal secretion, incretion; übermäßige ~ hypersecretion. – **3.** *geol.* secretion.

Se·kre·ti'ons|,ab,nah·me *f med.* decrease of (*od.* in) secretion. — **~or,gan** *n* gland, secretory organ. — **~,stoff** *m cf.* Sekret¹. — **~,stö·rung** *f* disturbed secretion.

se·kre·to·risch [zekre'to:rɪʃ] *adj med.* secretory.

Sekt [zɛkt] *m* ⟨-(e)s; -e⟩ (*Schaumwein*) champagne.

Sek·te ['zɛktə] *f* ⟨-; -n⟩ *relig.* sect: **Angehöriger einer ~** member (*od.* adherent) of a sect, sectarian. — **'Sek·ten,we·sen** *n* sectarianism, sectarism.

'Sekt|,fla·sche *f* champagne bottle. — **~,glas** *n* champagne glass.

Sek·tie·rer [zɛk'ti:rər] *m* ⟨-s; -⟩ **1.** *relig.* (*Angehöriger einer Sekte*) sectarian. – **2.** *pol. contempt.* sectarian, *auch* particularist. — **sek'tie·re·risch** *adj* sectarian. — **Sek'tie·rer·tum** *n* ⟨-s; *no pl*⟩ sectarianism.

Sek·ti·on [zɛk'tsĭo:n] *f* ⟨-; -en⟩ **1.** (*Abteilung, Gruppe etc*) section, department. – **2.** *med.* (*Obduktion*) postmortem (examination); autopsy, necropsy (*scient.*).

Sek·ti'ons|,bau *m* ⟨-(e)s; *no pl*⟩ *tech.* (*im Schiffsbau*) sectional building. — **~be,fund** *m med.* postmortem (*od. scient.* autopsy) result (*od.* findings *pl*). — **~,chef** *m* (*Abteilungsleiter*) section (*od.* department) head, head of the section (*od.* department). — **~,raum** *m med.* **1.** (*in der Pathologie*) postmortem (*od. scient.* autopsy) room. – **2.** (*in der Anatomie*) dissecting (*od.* dissection) room. — **~,saal** *m cf.* Sektionsraum. — **~,tisch** *m* **1.** (*in der Pathologie*) autopsy table. – **2.** (*in der Anatomie*) dissection table.

'Sekt|,kelch *m* champagne glass. — **~kel·le,rei** *f* champagne cellar(s *pl*). — **~,kor·ken** *m* champagne cork (*od.* stopper). — **~,kü·bel, ~,küh·ler** *m* champagne cooler.

Sek·tor ['zɛktər] *m* ⟨-s; -en [-'to:rən]⟩ **1.** *math.* (*Kreis-, Kugelausschnitt*) sector. – **2.** (*Gebietsteil, Bezirk*) sector, section, quarter, district. – **3.** *pol. mil.* (*Besatzungsgebiet*) sector: **der britische ~ in Berlin** the British sector in Berlin. – **4.** *fig.* (*Bereich*) field, realm, domain: **er weiß auf dem politischen ~ Bescheid** he is well informed in the field of politics (*od.* in the political field).

Sek'to·ren|,gren·ze *f pol. mil.* sector boundary. — **~,über,gang** *m* (*in Berlin*) checkpoint.

'Sekt|,pfrop·fen *m cf.* Sektkorken. — **~,scha·le** *f* champagne bowl. — **~,steu·er** *f econ.* champagne tax, (excise) tax on champagne.

Se·kund [ze'kʊnt] *f* ⟨-; -en⟩ *Austrian mus. for* Sekunde 3.

Se·kun·da [ze'kʊnda] *f* ⟨-; -den⟩ *ped. sixth and seventh year of a German secondary school.*

Se'kund·ak,kord *m mus.* four-two chord, third inversion of the seventh chord.

Se·kun·da·ner [zekʊn'da:nər] *m* ⟨-s; -⟩, **Se·kun'da·ne·rin** *f* ⟨-; -nen⟩ *ped. pupil of a 'Sekunda'.*

Se·kun·dant [zekʊn'dant] *m* ⟨-en; -en⟩ **1.** (*beim Duell*) second. – **2.** (*sport*) (*beim Boxen etc*) second, bottleholder (*colloq.*). – **3.** *fig.* (*Helfer*) second, assistant.

se·kun·där [zekʊn'dɛ:r] *adj* **1.** (*zweiter Ordnung*) secondary, derived: **~e Geschlechtsmerkmale** *med.* secondary sexual characters. – **2.** *fig.* (*zweitrangig, untergeordnet*) secondary, subordinate, inferior: **dieser Gesichtspunkt ist von ~er Bedeutung** this aspect is of secondary (*od.* subordinate, lesser) importance. — **S~ab,szeß** *m med.* secondary abscess.

Se·kun'dar,arzt [zekʊn'da:r-] *m Austrian for* Assistenzarzt.

Se·kun'där|,bahn *f* (*railway*) *obs. for* Nebenbahn 1. — **~,blu·tung** *f med.* secondary h(a)emorrhage. — **~ef,fekt** *m phys.* secondary effect. — **~,elek·tron** *n phys. electr.* secondary electron. — **~ele,ment** *n electr.* secondary cell. — **~emis·si,on** *f phys. nucl. electr.* secondary emission. — **~er,schei·nung** *f med.* secondary manifestation. — **~glau,kom** *n* secondary glaucoma. — **~,grup·pe** *f sociol.* secondary group. — **~in·fek·ti,on** *f med.* secondary (*od.* consecutive) infection. — **~,krank·heit** *f* secondary disease; sequela, deuteropathy (*scient.*). — **~,kreis** *m electr.* secondary circuit.

Se·kun'dar,leh·rer *m ped. Swiss* teacher at a secondary school.

Se·kun'där·li·te·ra,tur *f* secondary literature.

Se·kun'dar,schu·le *f ped. Swiss.* secondary school.

Se·kun'där|,span·nung *f electr.* secondary voltage. — **~,sta·di·um** *n med.* secondary stage, (*einer Syphilis*) *auch* secondary syphilis. — **~,strah·lung** *f phys. electr.* secondary radiation. — **~,strom** *m electr.* secondary current.

Se·kun'dar,stu·fe *f ped.* secondary school.

Se·kun'där|,wick·lung *f electr.* secondary winding. — **~,wi·der,stand** *m* secondary resistance.

Se'kun·da,wech·sel *m econ.* second of exchange.

Se·kun·de [ze'kʊndə] *f* ⟨-; -n⟩ **1.** second: **es ist 8 Uhr 11 Minuten und 30 ~n** it is 11 minutes and 30 seconds past 8 o'clock; **er war auf die ~ pünktlich** he was punctual to the second; **im Bruchteil einer ~** in a split second; **(eine) ~! ich bin sofort fertig!** *fig. colloq.* (just a) second (*od. colloq.* sec)! I'll be ready at once (*od.* I'll be ready in a moment)! – **2.** *math.* (*Winkelmaß*) second. – **3.** *mus.* second: **große [kleine] ~** major [minor] second. – **4.** *print.* signature on the third page of the sheet.

Se'kun·den|,bruch,teil *m* fraction of a second, split second. — **~ge,schwin·dig·keit** *f* speed per second. — **s~,lang I** *adj* lasting (a few) seconds. – **II** *adv* for (a few) seconds. — **~,schnel·le** *f only in* **in ~** in a second (*od.* flash). — **~,uhr** *f* watch with a second hand. — **~,zei·ger** *m* second hand.

se·kun·die·ren [zekʊn'di:rən] **I** *v/i* ⟨*no* ge-, h⟩ **1.** **j-m ~** a) (*im Duell, beim Boxkampf etc*) to second s.o., b) *fig.* (*unterstützen*) to second s.o., to assist s.o., to support s.o. – **II S~** *n* ⟨-s⟩ **2.** *verbal noun.* – **3.** *fig.* assistance, support.

se·kund·lich [ze'kʊntlɪç], **se'künd·lich** [-'kʏntlɪç] *adv* every second.

Se·kun·do·ge·ni·tur [zekʊndogeni'tu:r] *f* ⟨-; -en⟩ *jur.* secundogeniture.

Se·ku'rit|,glas [zeku'ri:t-; -'rɪt-] *n*, **~,schei·be** (*TM*) *f* safety glass.

Se·la·gi·nel·le [zelagi'nɛlə] *f* ⟨-; -n⟩ *bot. cf.* Moosfarn.

selb [zɛlp] *adj* ⟨*attrib*⟩ same: **wir wohnen im ~en Haus** we live in the same house; **beide kamen zur ~en Zeit an** both arrived at the same time.

selb·an·der [,zɛlp'ʔandər; zɛl'bandər] *adv obs.* the two of us, we two.

,selb'dritt *adv* **1.** *obs.* the three of us, we three. – **2.** (Hl.) **Anna S~** (*art*) St. Anne with Mary and the child Jesus.

sel·ber ['zɛlbər] *demonstrative pron* ⟨*invariable*⟩ *colloq. for* selbst I.

'Sel·ber,ma·chen *n* ⟨-s⟩ *only in* **~ macht Freude** it's fun to do it yourself; **~ spart viel Geld** you save much money by doing it yourself; **Möbel zum ~** do-it-yourself furniture *sg.*

sel·big ['zɛlbɪç] *adj* ⟨*attrib*⟩ *obs. for* selb.

selbst [zɛlpst] **I** *demonstrative pron* ⟨*invariable*⟩ **1. ich ~** (I) myself; **wir ~** (we) ourselves; **sie ist nicht mehr sie ~** a) she is not herself anymore, she is not her old self, b) (*außer sich*) she is beside herself; **das Zimmer ~ ist nett, aber** the room itself is nice but; **er ist** (*od.* **hat**) **~ schuld** he has only himself to blame, it's his own fault; **ich habe ~ gehört** (*od.* **ich ~ habe gehört**), **wie sie es ihm erzählt hat** I heard her tell him myself, I myself heard her tell him; **das muß ich ~ sehen!** I have to see that for myself! **alles muß ich ~ machen!** I have to do everything myself! **sie näht sich alles ~** she sews everything herself; **du mußt ~ wissen, was du zu tun hast** you must know yourself what you have to do; **erkenne dich ~!** *philos.* know thyself! **sich ~ belügen** to deceive oneself; **sich ~ richten** *fig.* to commit suicide, to take one's own life; **j-n sich ~ überlassen** to leave s.o. to his own devices (*od.* on his own, by himself); **du bist ein Idiot! — S~ einer!** *colloq.* you're an idiot! — same to you (with knobs on)! (*colloq.*); **das spricht für sich ~** that speaks for itself; **alte Leute reden oft mit sich ~** old people often talk to themselves; **tu es um deiner ~ willen!** do it for your own sake! **~ ist der Mann** (*Sprichwort*) *etwa* there's nothing like doing things by oneself; **jeder ist sich ~ der Nächste** (*Sprichwort*) charity begins at home (*proverb*); **zu sich ~ kommen** to come to one's senses. – **2.** (*in eigener Person*) in person, personally: **können Sie nicht ~ kommen?** can't you come yourself (*od.* personally)? **der Autor ~ war** (*od.* **der Autor war ~**) **anwesend** the author was there in person (*od.* himself, personally), the author himself was there. – **3.** (*personifiziert*) in person, personified (*nachgestellt*): **er ist die Großmut ~** he is generosity itself. – **4.** (*ohne Hilfe, allein*) (by) oneself, without help (*od.* assistance): **das Kind kann sich schon ~ anziehen** the child can already dress (by) itself. – **5. von ~** a) (*automatisch*) (by) itself, automatically, b) (*von allein*) by oneself (*od.* itself), on one's (*od.* its) own, of one's (*od.* its) own accord, c) (*aus eigenem Antrieb*) on one's own initiative, of one's own accord, voluntarily: **die Tür schließt von ~** the door shuts (by) itself, the door shuts automatically; **das geht** (*od.* **läuft**) **ja wie von ~!** that goes almost automatically! **sein Erfolg kam nicht ganz von ~** his success didn't come (entirely) of its own accord (*od.* by itself, on its own); **bist du (ganz) von ~ auf die Idee gekommen?** did you hit (up)on the idea all by yourself (*od.* all on your own)? **das versteht sich von ~!** a) (*das ist offensichtlich*) that is obvious (*od.* self-evident)! b) (*das ist selbstverständlich*) that goes without saying! **das ist wohl (ganz) von ~ gekommen?** *colloq. iron.* it was the cat that did it, wasn't it? (*colloq.*); **sie soll (ganz) von ~ zu mir kommen** she is to come (entirely) on her own initiative (*od.* of her own accord). – **II** *adv* **6.** (*sogar*) even: **~ er konnte sie nicht umstimmen** not even he could (*od.* even he couldn't) change her mind; **wir gehen ~ bei Regen gerne spazieren** we like to walk even in the rain (*od.* even when it's raining); **~ wenn** even if.

Selbst *n* ⟨-; *no pl*⟩ self, ego: **mein anderes [besseres] ~** my other [better] self; **sie war wieder ihr altes, fröhliches ~** she was her gay old self again.

'selbst,ab,dich·tend *adj auto.* (*Reifen etc*) self-sealing.

'Selbst|,ach·tung *f* self-esteem, self-respect. — **~ana,ly·se** *f psych.* self-analysis.

'selb,stän·dig I *adj* **1.** (*unabhängig, eigenständig*) independent: **sie ist schon sehr ~ für ihr Alter** she is already very independent for her age; **an ~es Arbeiten gewöhnt sein** to be used (*od.* accustomed) to working independently (*od.* on one's own); **j-n zu ~em Denken [Handeln] erziehen** to teach s.o. to think [act] independently (*od.* on his own). – **2.** (*Geschäftsmann*) self-employed, independent, established: **~er Kaufmann** self-employed merchant; **er ist in ~er Position** he is in an established position; **sich ~ machen** a) (*beruflich*) to set (oneself) up on one's own, to establish oneself, b) *fig. colloq.* (*sich eigenmächtig davonmachen*) to take off on one's own; **der Ski machte sich ~** the ski took off on its own. – **3.** (*freiberuflich tätig*) free-lance (*attrib*). – **4.** (*Lebenshaltung*) self-supporting, self-sustaining. – **5.** (*getrennt*) separate, independent. – **6.** *pol. econ.* (*autonom*) autonomous, self-governing: **ein ~er Staat** an autonomous state, an autonomy. – **7.** *electr.* (*Entladung etc*) self-sustained. – **8.** *tech.* self-contained. – **9.** *mil.* (*Einheit*) separate. – **II** *adv* **10.** (*unabhängig*) independently, for oneself, on one's own: **~ arbeiten [handeln]** to work [to act] independently (*od.* on one's own initiative). – **11.** (*ohne Hilfe*) without help (*od.* assistance), (by) oneself. — **'Selb,stän·di·ge** *m, f* ⟨-n; -n⟩ **1.** (*Geschäftsmann*) self-employed (*od.* independent, established) (person). – **2.** (*Freiberufliche*) free lance, free-lancer. — **'Selb,stän·dig·keit** *f* ⟨-; *no pl*⟩ **1.** (*der Arbeit, des Denkens etc*) independence. – **2.** (*im Beruf*) self-employment, independence, establishment. – **3.** *pol. econ.* (*Autonomie*) autonomy, self-government.

'Selbst|,an,fer·ti·gung *f econ.* **1.** self-made products *pl.* – **2.** own production (*od.* manufacture): **Ware in ~ herstellen** to produce (*od.* manufacture) goods on the firm's own premises. — **~,an,kla·ge** *f* a) self-accusation, b) *bes. jur.* self-incrimination. — **~,an,las·ser** *m auto.* self-starter, automatic starter. — **~,an,le·ger** *m print.* automatic feeder.

ˈSelbstˌanˌschluß *m tel.* (*zum Selbstwählen*) automatic (*od.* dial) (telephone) system. — **~ˌamt** *n* automatic (*od.* dial) (telephone) exchange. — **~ˌanˌla·ge** *f* automatic (*od.* dial) (telephone) system.

ˈSelbst|ˌanˌsteckung (*getr.* -k·k-) *f med.* self-infection, autoinfection, *Br.* auto-infection (*scient.*). — **~ˌanˌtrieb** *m tech.* automatic drive, self-propulsion: mit ~ self-propelled, self-driven. — **~ˌanˌzei·ge** *f jur.* self-denunciation. — **s~ˌanˌzei·gend** *adj* (*Barometer etc*) self-registering (*od.* -recording). — **~ˌaufˌga·be** *f* self-surrender. — **~ˌaufˌop·fe·rung** *f* self-sacrifice, self-devotion. — **~ˌausˌlö·ser** *m phot.* automatic (*od.* delayed-action shutter) release, self-timer. — **~ˌausˌschal·ter** *m electr.* automatic circuit-breaker, automatic cutout. — **~beˌdarf** *m cf.* Eigenbedarf.

ˈSelbst·beˌdie·nung *f* self-service.

ˈSelbst·beˌdie·nungs|ˌla·den *m* self-service shop (*bes. Am.* store). — **~re·stauˌrant** *n* self-service restaurant, cafeteria.

ˈSelbst|beˌfleckung (*getr.* -k·k-) *f* self-pollution, self-abuse, onanism, masturbation. — **~beˌfrei·ung** *f* (*aus dem Gefängnis etc*) (self-)liberation, evasion. — **~beˌfrie·di·gung** *f* (*Onanie*) masturbation, onanism. — **~beˌfruch·tung** *f biol.* self-fertilization; autogamy, automixis (*scient.*). — **~beˌhalt** *m* ⟨-(e)s; *no pl*⟩ *jur.* (*Schadensanteil des Versicherten*) retention. — **s~beˌherrscht** *adj* self-possessed (*od.* -composed, -controlled, -contained). — **~beˌherr·schung** *f* self-control (*od.* -possession, -command): sie besitzt große ~ she has great self-control, she is very self-possessed (*od.* -composed). — **~beˌkennt·nis** *n* self-confession, avowal. — **~beˌkö·sti·gung** *f* cooking for oneself. — **~beˌmit·lei·dung** *f* self-pity(ing). — **s~beˌob·ach·tend** *adj psych.* introspective. — **~beˌob·ach·tung** *f* self-observation, introspection. — **~beˌschrän·kung** *f* self-restraint. — **~beˌsin·nung** *f* self-contemplation. — **~beˌspie·ge·lung** *f psych.* self-admiration, narcissism (*scient.*). —**~beˌstäu·bung** *f bot.* self-pollination, autogamy (*scient.*).

ˈSelbst·beˌstim·mung *f pol.* self-determination. — **ˈSelbst·beˌstim·mungsˌrecht** *n* ⟨-(e)s; *no pl*⟩ (*eines Volkes etc*) right of self-determination.

ˈSelbst|beˌtei·li·gung *f econ.* (*im Versicherungsrecht*) percentage excess. — **~beˌtrach·tung** *f* (*innere*) self-contemplation. — **~beˌtrug** *m* self-deception (*od.* -deceit, -delusion). — **~beˌweihˌräu·che·rung** *f cf.* Selbstbespiegelung. — **~beˌwirt·schaf·tung** *f agr.* (*eines Hofes etc*) self-management. — **~beˌwun·de·rung** *f psych. cf.* Selbstbespiegelung. — **s~beˌwußt** *adj.* **1.** (*selbstsicher*) (self-)confident, self-assured: er hat ein ~es Auftreten he has a self-confident manner. – **2.** (*stolz*) proud. – **3.** *philos.* self-conscious. — **~beˌwußtˌsein** *n* **1.** self-confidence, self-assurance. – **2.** (*Stolz*) pride. – **3.** *philos.* self-consciousness. — **~beˌzich·ti·gung** *f jur. cf.* Selbstanklage. — **~beˌzo·gen·heit** *f psych.* self-absorption, autism (*scient.*). — **~ˌbild·nis** *n* self-portrait. — **~ˌbin·der** *m* **1.** (*Krawatte*) tie. – **2.** *agr.* (*Mähmaschine*) (reaper-)binder. — **~bio·graˌphie** *f* autobiography. — **s~ˌdich·tend** *adj tech.* self-sealing, (*mechanisch*) self-tightening. — **~dis·ziˌplin** *f* self-discipline. — **~ˌeinˌschal·tung** *f* **1.** *electr.* automatic switching in (*od.* circuit-closing). – **2.** *tech.* automatic engagement (*od.* starting). — **~ˌeinˌschät·zung, ~ˌeinˌstu·fung** *f* **1.** self-appreciation, self-assessment. – **2.** *econ.* (*der Steuern etc*) self-assessment. — **~entˌfrem·dung** *f philos.* (*im Marxismus*) alienation from self. — **~entˌla·der** *m tech.* self-discharging truck, automatic tipping car (*od.* tipper), self-unloader. — **~entˌla·dung** *f* **1.** *electr.* (*einer Batterie*) self-discharge. – **2.** *tech.* (*eines Lasters*) self-discharge (*od.* -emptying).

ˈselbst·entˌzünd·lich *adj tech.* self-ignitable, self-inflammable, spontaneously flammable.

ˈSelbst·entˌzün·dung *f* **1.** spontaneous combustion (*od.* ignition), autoignition, *Br.* auto-ignition. – **2.** (*space*) self-ignition. – **3.** *mil.* (*von Munition*) cook-off. — **ˈSelbst·entˌzün·dungsˌmo·tor** *m auto.* compression-ignition (*od.* C.I.) engine.

ˈSelbst|erˌhal·tung *f* self-preservation. — **~erˌhal·tungsˌtrieb** *m* instinct of self-preservation. — **~erˌhe·bung** *f* self-exaltation, vainglory. — **~erˌkennt·nis** *f* knowledge of oneself, self-knowledge: ~ ist der erste Schritt zur Besserung (*Sprichwort*) *etwa* realization of one's shortcomings is the first step toward(s) improvement. — **~erˌnied·ri·gung** *f* self-abasement. — **s~erˌre·gend** *adj only in* ~er Schwingungskreis *aer.* autodyne circuit. — **s~erˌregt** *adj* **1.** *electr.* self-excited, self-starting. – **2.** *tech. phys.* (*Schwingungen etc*) self-induced (*od.* -excited). — **~erˌre·gung** *f* **1.** *electr.* self-excitation, self-starting. – **2.** (*radio*) feedback. – **3.** *med.* self-excitation, autostimulation. — **s~erˌwählt** *adj cf.* selbstgewählt. — **~erˌzie·hung** *f* self-education.

ˈSelbstˌfah·rer *m* **1.** (*Autofahrer*) owner-driver, private driver. – **2.** (*Rollstuhl*) self-propelling (*od.* self-propelled) chair. – **3.** *mar.* self-propelled barge. — **~ˌdienst** *m* drive-yourself (*Br.* self-drive) service.

ˈSelbstˌfahr·laˌfet·te *f mil.* self-propelled mount: Geschütz auf ~ self-propelled gun.

ˈSelbst|fi·nanˌzie·rung *f econ.* self-financing. — **~ˌgä·rung** *f chem.* spontaneous fermentation. — **s~geˌbacken** (*getr.* -k·k-) *adj* (*Kuchen etc*) homemade. — **s~geˌbraut** *adj* home-brewed. — **s~geˌfäl·lig I** *adj* (self-)complacent, smug. – **II** *adv* (self)-complacently, smugly, with (self-)complacence. — **~geˌfäl·lig·keit** *f* (self-)complacence, (self-)complacency, smugness. — **~geˌfühl** *n* ⟨-(e)s; *no pl*⟩ **1.** self-awareness: ein übersteigertes ~ an overdeveloped ego; j-s ~ verletzen to hurt s.o.'s ego. – **2.** self-confidence. – **3.** *cf.* Selbstliebe. — **s~geˌkühlt** *adj tech.* self-cooled. — **s~geˌmacht** *adj* homemade, self-made. — **s~geˌnüg·sam** *adj econ.* (*autark*) self-sufficient (*od.* -supporting). — **~geˌnüg·sam·keit** *f* self-sufficiency (*auch* -sufficience). — **s~geˌrecht** *adj* self-righteous, (*stärker*) pharisaic(al), *auch* Pharisaic(al). — **~geˌrech·tig·keit** *f* self-righteousness, (*stärker*) pharasaicalness, Pharisaism, *auch* pharisaism. — **s~geˌschrie·ben** *adj* **1.** (*selbstverfaßt*) written by oneself. – **2.** (*handschriftlich*) handwritten. — **s~geˌspon·nen** *adj* homespun. — **~geˌspräch** *n* **1.** soliloquy: ~e führen to soliloquize, to talk to oneself (*colloq.*). – **2.** (*theater*) monologue, *Am. auch* monolog, soliloquy. — **s~geˌstrickt** *adj* knit(ted) by oneself. — **s~geˌwählt** *adj* chosen by oneself. — **s~geˌzo·gen** *adj* (*Gemüse, Obst etc*) cultivated (*od.* grown) by oneself. — **s~ˌhaf·tend** *adj* **1.** *jur. econ.* on one's own responsibility. – **2.** *cf.* selbstklebend. — **s~ˌhär·tend** *adj* **1.** *metall.* self-hardening. – **2.** *synth.* (*Klebstoff*) self-curing. — **~ˌhär·ter** *m metall.* self-hardening steel. — **s~ˌhei·lend** *adj med.* self-healing. — **~ˌhei·lung** *f* spontaneous healing. — **s~ˌhem·mend** *adj tech.* **1.** (*Mutter etc*) self-locking. – **2.** (*Getriebe*) retarding. – **3.** (*Steuerung*) irreversible. — **~ˌhem·mung** *f* **1.** self-locking (*od.* -braking), interlock. – **2.** (*als Vorrichtung*) self-locking (*od.* -braking) mechanism. — **s~ˌherr·lich** *adj* **1.** (*absolut*) arbitrary. – **2.** (*anmaßend, rücksichtslos*) high-handed. – **3.** (*überheblich*) overbearing. — **~ˌherr·lich·keit** *f* ⟨-; *no pl*⟩ **1.** arbitrariness. – **2.** high-handedness. – **3.** overbearingness. — **~ˌherr·schaft** *f pol.* autocracy. — **s~ˌherr·schend** *adj* autocratic, *auch* autocratical. — **~ˌherr·scher** *m* autocrat.

ˈSelbstˌhil·fe *f* **1.** *auch jur. sociol. econ.* self-help: zur ~ schreiten (*od.* greifen) to help oneself, to take the law into one's own hands. – **2.** *jur.* (*Notwehr*) self-defence, *Am.* self-defense. — **~verˌei·ni·gung** *f* self-defending (*od.* -help) society.

ˈSelbst|in·duk·tiˌon *f electr.* self-induction. — **~in·duk·ti·viˌtät** *f* (self-)inductance, self-induction.

ˈselb·stisch *adj* selfish, self-centered, *bes. Br.* self-centred, egoistic.

ˈSelbst|ˌkle·beˌfo·lie *f* adhesive film. — **s~ˌkle·bend** *adj* adhesive, sticky (*colloq.*). — **~ˌkle·be·umˌschlag** *m* self-seal envelope. — **~konˌtrol·le** *f* **1.** self-control: freiwillige ~ voluntary self-control. – **2.** (*computer*) automatic checking.

ˈSelbstˌko·sten *pl econ.* prime (*od.* first) cost(s *pl*). — **~ˌpreis** *m* cost price: zum [unter] ~ verkaufen to sell at [below] cost price. — **~ˌrech·nung** *f* prime cost calculation.

ˈSelbst|kriˌtik *f* self-criticism. — **s~ˌkri·tisch** *adj* self-critical. — **~ˌküh·lung** *f tech.* self-cooling, self-ventilation, induced ventilation, natural cooling. — **~ˌla·de·geˌwehr** *n mil.* self-loading (*od.* semi-automatic, *Br.* semi-automatic) rifle. — **s~ˌla·dend** *adj* (*Waffe*) self-loading, semi-automatic, *Br.* semi-automatic. — **~ˌla·de·piˌsto·le** *f* self-loading (*od.* autoloading, semiautomatic, *Br.* semi-automatic) pistol, automatic. — **~ˌla·der** *m* (semi)automatic (firearm), *Br.* (semi-)automatic (fire-arm), self-loading firearm, self-loader. — **~ˌlaut** *m ling.* (*Vokal*) vowel. — **s~ˌlau·tend** *adj rare for* vokalisch. — **s~ˌleuch·tend** *adj* self-luminous. — **~ˌlie·be** *f* self-love, amour-propre (*lit.*). — **~ˌlob** *n* self-praise, self-applause.

ˈselbst·los *adj* **1.** unselfish, selfless, altruistic, disinterested. – **2.** (*aufopfernd*) self-sacrificing. — **ˈSelbst·lo·sig·keit** *f* ⟨-; *no pl*⟩ **1.** unselfishness, selflessness, disinterest(edness). – **2.** self-sacrifice, self-sacrificingness.

ˈSelbst|ˌlö·schung *f tech.* (*des Kalks*) spontaneous slaking in the open air. — **~ˌmitˌleid** *n* self-pity.

ˈSelbst|ˌmord *m* suicide: ~ begehen (*od.* verüben) to commit suicide, *Am. auch* to suicide. — **~ˌmör·der** *m* suicide. — **s~ˌmör·de·risch** *adj* **1.** suicidal, *auch* self-destructive: in ~er Absicht *jur.* with intent to suicide, with suicidal intention. – **2.** *fig.* (*halsbrecherisch*) breakneck (*attrib*), dangerously careless (about one's own safety).

ˈSelbstˌmord|geˌdan·ke *m* suicidal thought: sich mit ~n tragen to harbo(u)r suicidal thoughts, to contemplate suicide. — **~kanˌdiˌdat** *m* prospective (*od.* potential) suicide. — **~komˌman·do** *n mil. cf.* Himmelfahrtskommando. — **~verˌsuch** *m* suicidal attempt, attempted suicide.

ˈSelbst|porˌträt *n* self-portrait. — **~ˌprü·fung** *f* self-examination, introspection. — **s~ˌquä·le·risch** *adj* self-tormenting, bordering on self-torture. — **~ˌrechtˌfer·ti·gung** *f* self-justification. — **s~ˌre·dend** *adv colloq. for* selbstverständlich 3. — **s~ˌre·gelnd** *adj* **1.** *tech.* self-regulating. – **2.** *aer.* hunting. — **~ˌre·ge·lung** *f* **1.** *tech.* self-regulation, automatic regulation, self-adjustment. – **2.** *aer.* hunting. — **~reˌgie·rung** *f* self-government, home rule. — **~ˌreg·ler** *m tech.* automatic regulator. — **s~ˌrei·ni·gend** *adj* (*Backröhre, Grill etc*) self-cleaning. — **~ˌrei·ni·gung** *f biol.* (*von Gewässern*) self-purification. — **~ˌret·ter** *m* (*mining*) self-rescuer. — **~ˌschal·ter** *m electr.* automatic circuit-breaker, automatic cutout. — **s~ˌschlie·ßend** *adj* (*Tür etc*) self-closing. — **~ˌschlie·ßer** *m* automatic door closer. — **s~ˌschmie·rend** *adj tech.* self-lubricating (*od.* -oiling). — **~ˌschmie·rung** *f* self-lubrication (*od.* -oiling). — **~ˌschrei·ber** *m* self-recording (*od.* -registering) instrument. — **~ˌschuld·ner** *m econ. jur.* (*als Bürge*) directly suable guarantor. — **s~ˌschuld·ne·risch** *adj* directly suable: ~e Bürgschaft directly enforceable guarantee. — **~ˌschuß** *m* (*zur Sicherung*) spring (*od.* set) gun. — **~ˌschutz** *m Br.* self-defence, *Am.* self-defense, self-protection. — **s~ˌsi·cher** *adj* self-confident (*od.* -assured, -sure): er ist sehr ~ he is very self-confident, he is very sure (*od. colloq.* full) of himself; übertrieben ~ cocksure. — **~ˌsi·cher·heit** *f* self-confidence (*od.* -assurance, -sureness), aplomb (*lit.*). — **s~ˌspan·nend** *adj* (*Feuerwaffe*) self-cocking. — **s~ˌsper·rend** *adj tech.* self-locking.

ˈSelbstˌsteu·er|ˌanˌla·ge *f aer. mar.* automatic control system. — **~geˌrät** *n* automatic control apparatus, automatic pilot.

ˈSelbst|ˌsteue·rung *f* **1.** *biol.* self-regulation. – **2.** *aer. mar.* automatic control. — **~ˌstu·di·um** *n* private study (*od.* reading). — **~ˌsucht** *f* ⟨-; *no pl*⟩ selfishness, ego(t)ism, self-seeking. — **s~ˌsüch·tig** *adj* selfish, ego(t)istic(al), self-seeking. — **~sug·ge·stiˌon** *f psych.* autosuggestion. — **s~ˌtä·tig I** *adj* **1.** *tech.* automatic, self-acting, power-operated: ~er Schalter automatic (*od.* snap) switch; ~er Vorschub (*einer Drehmaschine*) power feed. – **2.** *nucl.* (*Zerfall etc*) spontaneous. – **3.** (*mining*) (*Entzündung*) spontaneous. – **II** *adv* **4.** ~ ansaugen (*von Pumpe*) to prime. — **~ˌtä·tig·keit** *f* ⟨-; *no pl*⟩ **1.** *tech.* automaticity, automatism, self-action. – **2.** *nucl.* spontaneity, spontaneousness. — **~ˌtäu·schung** *f* self-deception, self-delusion. — **s~ˌtra·gend** *adj* **1.** *civ.eng.* (*Brücke, Kon-*

struktion) self-supporting. – 2. *econ.* (*Unternehmen etc*) self-supporting, self-contained. — **~ˌüberˌhe·bung, ~ˌüberˌschät·zung** *f* (self-)conceit, presumption, exaggerated opinion of oneself. — **~ˌüberˌwin·dung** *f* strength of mind: es kostete mich einige ~, zu ihm zu gehen it took me some strength of mind to go to him, I could hardly bring myself to go to him. — **~ˌun·terˌbre·cher** *m electr.* self-interrupter. — **~ˌun·terˌricht** *m* private study (*od.* reading). — **~verˌach·tung** *f* self-contempt, disdain of (*od.* for) oneself. — **s~verˌantˌwort·lich** *adj* self-responsible. — **~verˌantˌwor·tung** *f* self-responsibility. — **~verˌbrauch** *m econ.* private consumption. — **~verˌbren·nung** *f* 1. (*von Menschen*) self-immolation by burning, self-cremation. – 2. *phys. tech.* spontaneous combustion. — **s~verˌges·sen** *adj* (*Blick etc*) self-forgetful, self-forgetting. — **~verˌges·sen·heit** *f* self-forgetfulness. — **~verˌgif·tung** *f med.* autointoxication, *Br.* auto-intoxication. — **~verˌlag** *m only in* im ~ (erschienen) published by the author. — **~verˌle·ger** *m* author and publisher, publisher of one's own works. — **~verˌleug·nung** *f* (self-)denial, self-abnegation. — **~verˌnich·tung** *f* self-destruction. — **~verˌpfle·gung** *f cf.* Selbstbeköstigung. — **~verˌschluß** *m* automatic lock: mit ~ with (an) automatic lock, self-locking. — **s~verˌschul·det** *adj* (*Verlust, Unfall etc*) brought on by (*od.* [arising] through) one's own fault. — **~verˌsi·che·rer** *m econ.* self-insurer, one's own insurer (*od.* assurer). — **~verˌsi·che·rung** *f* self-insurance, one's own insurance (*od.* assurance). — **~verˌsor·ger** *m* ⟨-s; -⟩ 1. *econ.* self-supporter, self-supplier. – 2. *humor.* (*im Urlaub etc*) self-supporter. — **~verˌsor·gung** *f econ.* self-support, self-supply. — **s~verˌständ·lich I** *adj* 1. (*ohne Erklärung verständlich*) self-evident, obvious: über ~e Dinge brauchen wir nicht zu reden we needn't talk about self-evident facts. – 2. (*natürlich*) natural: sie sind bekannt für ihre ~e Gastfreundschaft they are known for their natural hospitality; das ist doch ~! that goes without saying! it was nothing! don't mention it! es ist ganz ~, daß wir dich mitnehmen it is a matter of course that we'll take you with us; etwas ~ finden (*od.* als ~ annehmen, als ~ betrachten, für ~ halten) to take s.th. for granted. – **II** *adv* 3. (*natürlich*) of course, surely, naturally, certainly: ~ kannst du morgen zu uns kommen of course (*od.* surely, naturally) you can come and see us tomorrow. – 4. (*ohne Bedenken*) as a matter of course, matter-of-factly: er setzte sich ganz ~ an unseren Tisch he sat down at our table as a matter of course (*od. colloq.* without batting an eyelid). – 5. (*unaufgefordert*) without being asked, presumptuously. — **~verˌständ·lich·keit** *f* 1. self-evident truth (*od.* fact). – 2. (*Binsenwahrheit*) truism. – 3. (*Gegebenheit*) matter of course, foregone conclusion: sie setzte es als ~ voraus, daß er kam it was for her a matter of course that he would come. – 4. aber das war doch eine ~! (*Antwort auf einen Dank*) not at all! that was nothing! – 5. (*Bedenkenlosigkeit*) matter-of-factness. – 6. (*Anmaßung*) presumption: mit größter ~ lud er sich bei uns ein he invited himself into our home with the greatest (*od.* utmost) presumption. — **~verˌständ·nis** *n* conception of oneself. — **~verˌstüm·me·lung** *f* 1. *bes. mil.* self-mutilation, self-inflicted wound(s *pl*) (*od.* injury), maiming of oneself. – 2. *zo.* autotomy. — **~verˌtei·di·gung** *f Br.* self-defence, *Am.* self-defense. — **~verˌtrau·en** *n* (self-)confidence, self-assurance (*od.* -assuredness), self-reliance: er hat kein ~ he lacks (self-)confidence. — **~verˌwal·tung** *f* self-government, autonomy. — **~verˌwal·tungsˌkör·per** *m* self-governing (*od.* autonomous) body. — **~verˌwirk·li·chung** *f philos.* self-realization *Br. auch* -s-. — **~ˌvorˌwurf** *m* self-reproach. — **~ˌwähl·beˌtrieb** *m tel.* automatic dial(l)ing system. — **~ˌwäh·ler** *m* automatic (dial[l]ing) telephone.

ˈSelbstˌwähl|ˌfernˌdienst *m tel.* automatic (*od.* direct) long-distance (*bes. Am.* toll-line, *bes. Br.* trunk) dial(l)ing service. — **~ˌfern·verˌkehr** *m* automatic (*od.* direct) long-distance (*bes. Am.* toll-line, *bes. Br.* trunk) dial(l)ing. — **~te·leˌfon, ~te·leˌphon** *n* automatic (dial[l]ing) telephone.

ˈSelbst|ˌwert·geˌfühl *n psych.* feeling of one's own value. — **~zerˌflei·schung** *f fig.* self-laceration. — **~zerˌstö·rung** *f* self-destruction. — **~ˌzucht** *f* self-discipline. — **~ˌzüch·ti·gung** *f* self-punishment. — **s~zuˌfrie·den** *adj* 1. self-satisfied, self-contented. – 2. *cf.* selbstgefällig I. — **~zuˌfrie·den·heit** *f* 1. self-satisfaction, self-content(ment). – 2. *cf.* Selbstgefälligkeit. — **s~ˌzün·dend** *adj* 1. (*Brennstoff etc*) self-igniting. – 2. *chem.* self-igniting, spontaneous-igniting, pyrophoric (*scient.*). — **~ˌzün·der** *m* self-igniter (*od.* -ignitor). — **~ˌzün·dung** *f* 1. *tech.* self-ignition. – 2. *auto.* (*bei Dieselmotoren*) self- (*od.* compression) ignition. – 3. *mil.* (*bei Geschossen*) self-ignition, autoignition, *Br.* auto-ignition. — **~ˌzweck** *m* ⟨-(e)s; *no pl*⟩ end in itself.

sel·chen [ˈzɛlçən] *Bavarian and Austrian gastr.* **I** *v/t* ⟨h⟩ smoke, cure. – **II** *v/i* (*von Fleisch etc*) become smoked. — **ˈSel·cher** *m* ⟨-s; -⟩ (pork) butcher. — **Sel·cheˈrei** *f* ⟨-; -en⟩ curing establishment.

ˈSelchˌfleisch *n Bavarian and Austrian gastr.* smoked (*od.* cured) meat.

Seld·wy·la [zɛltˈviːla] *n* ⟨-s; *no pl*⟩ *imaginary Swiss town, somewhat philistine, yet original.*

se·lek·tie·ren [zelɛkˈtiːrən] *v/t* ⟨*no* ge-, h⟩ (*bes. zu Zuchtzwecken*) select. — **Se·lek·tiˈon** [-ˈtsi̯oːn] *f* ⟨-; -en⟩ 1. (*Auslese, Zuchtwahl*) selection. – 2. (*radio*) (*Trennschärfe*) selectivity. – 3. *ling.* selection.

Se·lek·tiˈons|ˌleh·re, ~theoˌrie *f biol.* (Darwin's) theory of natural selection.

se·lek·tiv [zelɛkˈtiːf] *adj* selective: ~er Kreis (*radio*) selective circuit. — **Se·lek·ti·viˈtät** [-tiviˈtɛːt] *f* ⟨-; *no pl*⟩ (*radio*) (*Trennschärfe*) selectivity.

Se·lekˈtivˌstö·rung *f* (*beim Radar*) selective jamming.

Se·len [zeˈleːn] *n* ⟨-s; *no pl*⟩ *chem.* selenium (Se).

Se·le·nat [zeleˈnaːt] *n* ⟨-(e)s; -e⟩ *chem.* selenate.

Seˈlenˌgleichˌrich·ter *m electr.* selenium rectifier.

seˈlenˌhal·tig *adj chem. min.* selenious, *auch* selenous, seleniferous.

Se·le·nid [zeleˈniːt] *n* ⟨-s; -e⟩ *chem.* selenide.

seˈle·nig *adj chem.* selenious, *auch* selenous: ~e Säure selenious acid (H_2SeO_3).

Se·le·nit [zeleˈniːt; -ˈnɪt] *n* ⟨-s; -e⟩ *min. cf.* Gips 1.

Seˈlenˌkup·fer *n min.* selenide of copper.

Se·le·no·gra·phie [zelenograˈfiː] *f* ⟨-; *no pl*⟩ *astr.* (*Mondbeschreibung*) selenography.

Se·le·no·lo·gie [zelenoloˈgiː] *f* ⟨-; *no pl*⟩ *astr.* (*Lehre von der Mondbeschaffenheit*) selenology.

Seˈlen|ˌsäu·re *f chem.* selenic acid (H_2SeO_4). — **~verˌbin·dung** *f* selenium compound. — **~ˌzel·le** *f phot. electr.* selenium cell.

Self·ak·tor [ˈzɛlfˌʔaktər; -ˌʔɛktər] *m* ⟨-s; -s⟩ *tech.* (*Spinnmaschine*) self-actor, self-acting mule.

Self·made·man [ˈsɛlfmeɪdˈmæn] (*Engl.*) ⟨-s; -mademen [-ˈmɛn]⟩ self-made man.

se·lig [ˈzeːlɪç] **I** *adj* 1. *relig.* a) (*erlöst*) saved, b) *röm.kath.* (*seliggesprochen*) beatified, blessed: der Glaube macht ~ a) faith saves (*od.* brings salvation), b) *fig. iron.* faith is everything; meine (verstorbene) Großmutter, Gott hab' sie ~! my (late) grandmother, God rest her soul! bis an mein ~es Ende until my dying day; jeder soll nach seiner Fasson ~ werden *fig. colloq.* every man to his taste; wer's glaubt, wird ~! *fig. colloq.* that's a likely story! (*iron.*); (you can) tell that to the marines! (*colloq.*), tell me another! (*sl.*). – 2. (*gesegnet*) blessed: mein Vater ~en Angedenkens my father of blessed memory, my late father; bis an unser ~es Ende to our blessed end; Geben ist ~er denn (*od.* als) Nehmen *Bibl.* it is more blessed to give than to receive; ~ sind, die *Bibl.* blessed are the; ~ sind die Bekloppten, denn sie brauchen keinen (Holz)Hammer *fig. colloq. humor.* Lord, love a duck, for a hen can't swim! (*sl.*). – 3. (*verstorben*) late, deceased, departed, *auch* poor: mein ~er Mann, mein Mann ~ my late husband. – 4. *fig.* (*beglückend*) blissful, delightful: sie verbrachten ~e Stunden miteinander they spent blissful hours (*od.* hours of bliss) together. – 5. *fig.* (*Lächeln etc*) happy, contented. – 6. *fig.* (*überglücklich*) delighted, thrilled: er war ~ über seinen Erfolg he was (absolutely) delighted (*od.* he was in the seventh heaven of delight, he was floating on air) about his success; mit deinen Geschenken hast du die Kinder ganz ~ gemacht your presents quite delighted the children. – 7. *fig. colloq.* (*beschwipst*) tipsy (*colloq.*), fuddled. – **II** *adv* 8. ~ entschlafen to pass away in the Lord.

ˈSe·li·ge *m, f* ⟨-n; -n⟩ 1. *relig.* beatified (person). – 2. (*Verstorbene*) deceased (*od.* departed) (person): die ~n the deceased; mein ~r my deceased (*od.* departed, late) husband.

ˈSe·lig·geˌspro·che·ne *m, f* ⟨-n; -n⟩ *röm. kath.* beatified (person).

ˈSe·lig·keit *f* ⟨-; -en⟩ 1. ⟨*only sg*⟩ *relig.* bliss, blessedness, beatitude (*lit.*): ewige ~ eternal (*od.* everlasting) bliss, salvation; die ewige ~ erlangen (*od.* gewinnen) to attain eternal bliss (*od.* everlasting life, eternal life); in die ewige ~ eingehen to enter (the Kingdom of) Heaven; sich um die ewige ~ bringen, sich (*dat*) die ewige ~ verscherzen to forfeit one's salvation. – 2. *fig.* supreme (*od.* perfect, blissful) happiness, bliss, delight, joy, felicity (*lit.*): voller ~ sein to be blissful; ihre ~ kannte keine Grenzen she was overjoyed, her joy knew no bounds (*lit.*); in ~ schwimmen *colloq.* a) to be blissfully happy, b) to be very much in love; alle ~en des Lebens auskosten (*od.* genießen) to taste the joys of life to the full.

ˈse·lig|ˌma·chend *adj relig.* beatific, beatifying: ~e Gnade sanctifying (*od.* saving) grace; die allein ~e Kirche the only true church. — **S~ˌma·cher** *m* ⟨-s; *no pl*⟩ *relig.* Savior, *bes. Br.* Saviour, Redeemer. — **~ˌprei·sen** *v/t* ⟨*irr, sep,* -ge-, h⟩ j-n ~ *lit.* to call s.o. happy. — **S~ˌprei·sung** *f* ⟨-; -en⟩ *Bibl.* Beatitude. — **~ˌspre·chen** *v/t* ⟨*irr, sep,* -ge-, h⟩ *röm.kath.* beatify. — **S~ˌspre·chung** *f* ⟨-; -en⟩ beatification.

Sel·le·rie [ˈzɛləri] *m* ⟨-s; -(s)⟩, *Austrian* [zɛləˈriː] *f* ⟨-; -n [-ən]⟩ *bot.* celery (*Apium graveolens*). — **~ˌknol·le** *f* celery root. — **~saˌlat** *m gastr.* celery (*od.* celeriac) salad. — **~ˌsalz** *n* celery salt.

sel·ten [ˈzɛltən] **I** *adj* ⟨-er; -st⟩ 1. (*rar, nur in wenigen Exemplaren vorhanden*) rare, scarce: ~e Pflanzen [Tiere, Münzen, Bücher] rare plants [animals, coins, books]. – 2. (*ungewöhnlich*) rare, unusual, uncommon: einer der ~en Fälle von one of the rare cases of; diese Krankheit ist hier ~ this disease is uncommon here; sie hat geweint, was bei ihr sehr ~ ist she cried which is a very rare thing with her. – 3. (*nicht häufig passierend*) rare, seldom, infrequent: Erdbeben sind dort keine ~e Erscheinung earthquakes are no rare occurrence there; du mußt diese ~e Gelegenheit ausnutzen you must seize this rare opportunity; was verschafft mir das ~e Vergnügen (deines Besuches)? *iron.* to what do I owe this rare pleasure (of your visit)? ein ~er Gast an infrequent visitor, a stranger (*colloq.*); er ist bei uns ein ~er Gast he does not come often to see us, he's quite a stranger here (*colloq.*). – 4. ⟨*pred*⟩ rare, few, few and far between (*colloq.*), seldom: ehrliche Leute sind heute ~ honest people are rare (*od.* few and far between) nowadays, there are few honest people nowadays. – 5. (*außergewöhnlich*) rare, exceptional, singular: ein Mädchen von ~er Schönheit a girl of rare beauty; ein Künstler von einer ~en Begabung an artist of exceptional talent, an exceptionally talented (*od.* gifted) artist; die ~e Gabe des Zuhörens besitzen to have the rare gift of being a good listener. – 6. *colloq.* (*sonderbar*) odd, curious, strange: ein ~er Vogel *fig.* an odd (*od.* a queer) character (*od. colloq.* customer, fellow), a queer fish (*colloq.*), a rara avis, a white crow; er hat eine ~e Begabung, immer das Falsche zu sagen he has a peculiar talent of (always) saying the wrong thing. – 7. *chem.* rare: ~e Erden rare earths (*od.* earth metals), lanthanide series (*scient.*). – **II** *adv* 8. rarely, seldom, infrequently: er kommt sehr ~ he very seldom comes; wir sehen ihn nur noch ~ we seldom see him, we see very little of him; sie lassen sich nur noch ~ bei uns sehen we don't see much of them now; es kommt

~ vor, daß er uns schreibt it is rare for him to write to us, it is rarely that he writes to us; das ist ~ der Fall, das geschieht ~ that is rarely the case, that rarely happens; diese Pflanze findet man ~ in diesem Gebiet this plant is seldom seen in this region; solche Verbrechen kommen ~ vor such crimes are infrequent (*od.* occur infrequently, do not occur frequently *od.* often); man sieht es ~, daß eine Katze ins Wasser geht you rarely see a cat go into (the) water; ich habe nur noch ~ Zeit zum Klavierspielen I seldom find time to play the piano; nicht (eben) ~ not infrequently, pretty (*od.* fairly) often; höchst ~ hardly ever, once in a blue moon; es begegnet einem nicht ~, daß it happens pretty often that; er ist ein Arzt, wie man ihn nur ~ findet he is the sort of doctor that one does not find every day; → Übermut 4. – **9.** *colloq.* (*außergewöhnlich*) exceptionally, singularly, uncommonly, unusually: dieses Glas ist ein ~ schönes Stück this glass is exceptionally beautiful (*od.* is one of the most beautiful of its kind); ein ~ schönes Mädchen an uncommonly pretty girl; die Aussicht war ~ schön the view was exceptionally beautiful; er ist ein ~ kluger Mensch he is an unusually clever man. – **III S~e, das** ⟨-n⟩ **10.** das ist nichts S~es bei ihm this is nothing unusual (*od.* out of the ordinary) with him.

'Sel·ten·heit *f* ⟨-; -en⟩ **1.** ⟨*only sg*⟩ (*von Pflanzen, Tieren etc*) rarity, rareness, scarcity, scarceness. – **2.** ⟨*only sg*⟩ (*etwas Ungewöhnliches*) rarity, a rare (*od.* an unusual, an uncommon) thing: diese Szenen sind bei ihr keine ~ those scenes are nothing unusual (*od.* out of the ordinary, are no rare occurrence) with her. – **3.** ⟨*only sg*⟩ (*etwas nicht häufig Passierendes*) rarity, rareness, infrequency, seldomness: seine Besuche sind besonders geschätzt wegen ihrer ~ his visits are highly valued because they are so rare (*od.* seldom). – **4.** (*seltenes, außergewöhnliches Stück*) rarity, rare (*od.* curious) piece, curiosity: die antike Vase gehört zu den ~en der Auktion the antique vase is one of the curiosities (*od.* rarer items) of the auction.

'Sel·ten·heits,wert *m* rarity (*od.* scarcity) value.

Sel·ters ['zɛltərs] *n* ⟨-; *no pl*⟩ *colloq. for* Selter(s)wasser. — **~,fla·sche** *f* seltzer (*od.* selters, soda) water bottle.

'Sel·ter(s),was·ser *n* ⟨-s; -wässer⟩ seltzer (water), selter, selters (*od.* soda) water.

selt·sam ['zɛltza:m] **I** *adj* **1.** (*sonderbar*) strange, odd, peculiar, queer, funny, curious: sein ~es Benehmen fiel uns auf his strange (*od.* odd, peculiar) behavio(u)r struck us; ein ~er Brauch an odd (*od.* a quaint) custom; ~e Gebärden odd (*od.* peculiar) gestures; ich hatte ein ~es Gefühl, mir war ~ zumute a) I had a strange feeling, b) (*im Magen*) I felt funny (*od.* *colloq.* queer); eine ~e Geschichte an odd (*od.* a queer) story; er ist ein ~er Mensch he is a strange (sort of) person (*od.* a queer [*od.* peculiar] person, *colloq.* an odd fellow), *Br. sl.* he is a rum one; was für ein ~er Zufall what a strange coincidence; das ist sehr ~ that is very odd (*od.* strange); du bist heute recht ~ you are odd (*od.* funny) today; es ist ~, daß er noch nicht gekommen ist it is odd (*od.* strange) that he should not have come yet; etwas ~ somewhat strange (*od.* odd), oddish; das kam mir ~ vor it seemed strange to me, it struck me as being strange; wie ~! how strange! how odd! – **2.** (*besonder*) peculiar, singular: dieses Land hat einen ~en Reiz this country has a peculiar (*od.* strange) beauty (*od.* a beauty of its own); ein ~er Fall a singular case. – **3.** (*wunderlich*) bizarre, odd, eccentric: er ist im Alter ~ geworden he has become bizarre (*od.* odd) in his old age. – **II** *adv* **4.** sich ~ betragen to behave strangely (*od.* oddly, queerly); er spricht so ~ he talks so oddly (*od.* in such a strange manner); von etwas ~ berührt sein to be strangely moved by s.th.; so ~ es klingt strange to say; ihre Stimme klang ~ weich her voice sounded strangely soft. – **III S~e, das** ⟨-n⟩ **5.** the strange (*od.* odd, curious, peculiar) thing: ich habe etwas S~es erlebt, mir ist etwas S~es passiert a strange thing happened to me; das S~e daran (*od.* dabei) ist, daß the strange (*od.* odd) thing about it is that.

'selt·sa·mer'wei·se *adv* strange to say, oddly (*od.* strangely, curiously) enough, paradoxically: ~ wußte keiner davon oddly enough, nobody knew anything about it.

'Selt·sam·keit *f* ⟨-; -en⟩ **1.** ⟨*only sg*⟩ strangeness, oddness, peculiarity, queerness, curiosity. – **2.** peculiarity, singularity. – **3.** bizarreness, oddness, eccentricity.

Se·man·tem [zeman'te:m] *n* ⟨-s; -e⟩ *ling.* semanteme. — **Se'man·tik** [-tɪk] *f* ⟨-; *no pl*⟩ **1.** (*Bedeutungslehre*) semantics *pl* (*usually construed as sg*), semasiology. – **2.** *math.* semantics *pl* (*usually construed as sg*). — **Se'man·ti·ker** [-tikər] *m* ⟨-s; -⟩ semanticist, semantician. — **se'man·tisch** [-tɪʃ] *adj* semantic.

Se·ma·phor [zema'fo:r] *n, auch m* ⟨-s; -e⟩ **1.** *mar.* (*Zeichen- od. Signalgeber*) semaphore. – **2.** (*railway*) semaphore. — **~,spruch** *m* (*railway*) semaphore message.

Se·ma·sio·lo·ge [zemazĭo'lo:gə] *m* ⟨-n; -n⟩ *ling.* semasiologist. — **Se·ma·sio·lo'gie** [-lo'gi:] *f* ⟨-; *no pl*⟩ semasiology. — **se·ma·sio'lo·gisch** *adj* semasiological.

Se·meio·tik [zemaɪ'o:tɪk] *f* ⟨-; *no pl*⟩ *ling.* semiotics *pl* (*construed as sg or pl*).

Se·mem [ze'me:m] *n* ⟨-s; -e⟩ *ling. cf.* Semantem.

Se·me·ster [ze'mɛstər] *n* ⟨-s; -⟩ *ped.* **1.** half year, half (*colloq.*), *bes. Am.* semester, *bes. Br.* (half-yearly) term: er ist (*od.* steht) im fünften ~ he is in his fifth half year; sie hat 8 ~ studiert she has studied for 4 years. – **2.** *fig. colloq.* student: ein niedriges (*od.* jüngeres) ~ a freshman, a fresher, *Am. auch* an underclassman, a lowerclassman; höhere ~ senior students, *Am. auch* upperclassmen; er ist auch schon ein älteres ~ *fig. colloq.* a) he has been studying for years, b) he is no chicken (*colloq.*), he is an old boy, he belongs to the older generation. — **~be,ginn** *m* beginning of a semester (*bes. Br.* term). — **~,fe·ri·en** *pl Br.* holiday(s *pl*), *Am.* vacation *sg.* — **~,prü·fung** *f* semester (*bes. Br.* terminal) examination. — **~,schluß** *m* end (*od.* close) of a semester (*bes. Br.* term). — **s~,wei·se** *adv* by the semester (*bes. Br.* half-yearly term). — **~,zeug·nis** *n Austrian* (*in der Schule*) half-yearly report.

Se·mi·bre·vis [zemi'bre:vɪs] *f* ⟨-; -breves [-vɛs]⟩ *mus. hist.* semibrevis.

'Se·mi,die·sel,mo·tor ['ze:mi-] *m tech.* mixed-cycle engine.

'Se·mi·fi,na·le *n* (*sport*) semifinal (round): die Spieler, welche das ~ erreicht haben, spielen am ... the semifinalists will play on the ...

Se·mi·ko·lon [zemi'ko:lɔn] *n* ⟨-s; -s *od.* -kola [-la]⟩ *ling.* semicolon.

se·mi·lu·nar [zemilu'na:r] *adj med.* semilunar. — **S~,klap·pe** *f* semilunar valve.

Se·mi·nar [zemi'na:r] *n* ⟨-s; -e, *Austrian auch* -ien [-rĭən]⟩ **1.** *ped.* a) (*Universitätsinstitut*) department, institute, b) (*Übungskurs*) (advanced) discussion (*Br.* tutorial) class, *bes. Am.* seminar, c) *archaic and Swiss* (*Lehrerseminar*) (teachers') training college. – **2.** *röm.kath.* (*Priesterseminar*) seminary. — **~,ar·beit** *f ped.* tutorial (*bes. Am.* seminar) paper. — **~bi·blio,thek** *f* department (*od.* institute) library.

Se·mi·na·rist [zemina'rɪst] *m* ⟨-en; -en⟩ **1.** *röm.kath.* (*eines Priesterseminars*) seminarist, seminarian. – **2.** *ped. archaic and Swiss* (*eines Lehrerseminars*) student at a (teachers') training college, student teacher, (teacher) trainee. — **Se·mi·na'ri·stin** *f* ⟨-; -nen⟩ *ped. archaic and Swiss cf.* Seminarist 2.

se·mi·na'ri·stisch *adj röm.kath.* of (*od.* pertaining to) a seminary.

Se·mi'nar|,jahr *n röm.kath.* seminary year. — **~,lei·ter** *m ped.* **1.** *Br.* tutor, *bes. Am.* head of a seminar. – **2.** head of a department (*od.* an institute). — **~,teil,neh·mer** *m* **1.** *ped.* participant in a tutorial class (*bes. Am.* in a seminar). – **2.** *röm.kath.* participant in a seminary, seminarian. — **~,übung** *f ped. cf.* Seminar 1 b. — **~,zeit** *f röm.kath.* seminary period.

se·mi·per·mea·bel [zemipɛrme'a:bəl] *adj* (*Membran etc*) semipermeable.

Se·mit [ze'mi:t] *m* ⟨-en; -en⟩, **Se'mi·tin** *f* ⟨-; -nen⟩ Semite. — **se'mi·tisch I** *adj* Semitic: die ~en Sprachen the Semitic languages. – **II** *ling.* **S~** ⟨*generally undeclined*⟩, **das S~e** ⟨-n⟩ Semitic.

Se·mi·tist [zemi'tɪst] *m* ⟨-en; -en⟩ *ling.* Semitist, *auch* Semiticist. — **Se·mi'ti·stik** [-tɪk] *f* ⟨-; *no pl*⟩ Semitic studies *pl*, Semitics *pl* (*construed as sg*). — **se·me'ti·stisch** *adj* semitistic.

Se·mi·vo·kal [zemivo'ka:l] *m ling.* semivowel.

Sem·ling ['zɛmlɪŋ] *m* ⟨-s; -e⟩ *zo.* semling (*Barbus petenyi*).

Sem·mel ['zɛməl] *f* ⟨-; -n⟩ *Bavarian and Austrian* (bread) roll, *Am.* semmel: die Ware geht (weg) wie warme (*od.* frische) ~n *fig. colloq.* the article sells like hot cakes. — **s~,blond** *adj* **1.** (*Haar*) flaxen, very fair. – **2.** (*Person*) flaxen-haired. — **~,brö·sel** *pl Bavarian and Austrian* bread crumbs. — **~,knö·del** *m Bavarian and Austrian* white bread dumpling. — **~,mehl** *n cf.* Semmelbrösel.

Sen [zɛn] *m* ⟨-(s); -(s)⟩ *econ.* (*jap. Münze*) sen.

Se·nat [ze'na:t] *m* ⟨-(e)s; -e⟩ **1.** *antiq. pol.* senate. – **2.** *pol.* senate. – **3.** *pol.* (*städtische Regierungsbehörde in Berlin, Bremen, Hamburg*) senate, governing body. – **4.** *jur.* (*Richterkollegium*) panel. – **5.** *ped.* (*einer Universität*) senate.

Se·na·tor [ze'na:tɔr] *m* ⟨-s; -en [-na'to:rən]⟩ **1.** *antiq. pol.* senator. – **2.** *pol.* senator.

Se·na'to·ren,wür·de *f* senatorship.

se·na·to·risch [zena'to:rɪʃ] *adj* senatorial.

Se'nats|,aus,schuß *m* **1.** *pol.* senatorial (*od.* senate) committee. – **2.** *ped.* committee of senate. — **~be,schluß** *m* **1.** decree of the senate: durch ~ by decree (*od.* grace) of the senate. – **2.** *antiq. hist.* senatus consultum. — **~,mit,glied** *n* senator, member of (the) senate. — **~prä·si,dent** *m pol. jur.* president of the senate. — **~,sitz** *m* seat in (*ped. auch* on) the senate. — **~,sit·zung** *f* meeting of the senate, senatorial session. — **~,wah·len** *pl* senatorial elections. — **~,wür·de** *f cf.* Senatorenwürde.

'Send|,bo·te *m* messenger, envoy, emissary. — **~,brief** *m* **1.** *Bibl.* epistle. – **2.** (*Rundschreiben*) circular (letter), missive.

'Sen·de|,an,la·ge *f* (*radio*) *telev.* transmitter (unit *od.* installation), transmitting station (*od.* plant). — **~an,ten·ne** *f* transmitting (*od.* broadcasting) antenna (*bes. Br.* aerial). — **~,aus,fall** *m* transmission breakdown. — **~be,ginn** *m* beginning of broadcasting. — **~be,reich** *m* transmission range, broadcasting (*od.* service) area. — **s~be,reit** *adj* standing by, standby (*attrib*): ~ sein to stand by. — **~,ein,rich·tung** *f cf.* Sendeanlage. — **~ener,gie** *f cf.* Sendeleistung. — **~,fol·ge** *f* **1.** (*Programmfolge*) sequence of broadcasts. – **2.** *cf.* Sendereihe. – **3.** (*Teil einer Sendereihe*) sequel broadcast. — **~fre,quenz** *f* transmitter frequency. — **~ge,rät** *n* transmitter (set), transmitting set: Sende- und Empfangsgerät *cf.* Sender-Empfänger. — **~im,puls** *m* transmission (im)pulse. — **~,lei·stung** *f* transmission (*od.* transmitting) power. — **~,lei·ter** *m* production director. — **~,lei·tung** *f* broadcasting direction.

sen·den[1] ['zɛndən] **I** *v/t* ⟨sendet, sandte, *rare* sendete, gesandt, *rare* gesendet, h⟩ **1.** (*Briefe etc*) send, forward, dispatch, despatch: etwas mit der Post ~ to send s.th. by mail (*Br.* post); einen Brief per Luftpost [durch Boten] ~ to send a letter by air mail [by hand *od.* messenger]; etwas gegen Nachnahme [zur Ansicht] ~ to send s.th. cash (*Am.* collect) on delivery [on approval *od. colloq.* on appro]; in der Anlage ~ wir Ihnen unsere Preisliste enclosed please find our (price) catalog(ue); ich sandte die Unterlagen an die Gemeinde I sent (*od.* submitted) the documents to the local authorities; sie haben uns ein Paket [Telegramm] gesandt they sent us a parcel [telegram]. – **2.** (*Waren etc*) send, dispatch, despatch, consign, *Am.* ship: etwas mit der Bahn ~ to send s.th. by rail; die Ware wurde an Ihre Adresse gesandt the goods were sent (*od.* consigned) to your address. – **3.** (*Geld etc*) send, remit: Geld per Scheck ~ to send money by check (*Br.* cheque); ich werde Ihnen den Betrag sofort ~ I shall remit the amount to you at once, I shall remit you the amount at once. – **4.** *lit.* (*schicken*) send: j-m etwas ~ to send s.o. s.th., to send s.th. to s.o.: **Grüße [Glückwünsche]** ~ to send greetings [one's good *od.* best wishes]; **j-m eine Einladung** ~ to send s.o. an invitation, to send an invitation to s.o.; **dich sendet der Himmel** you have just come at the right moment; **er ist von Gott gesandt** he is sent by God, he is a gift from heaven. – **5.** *lit.* (*ausstrahlen*) send forth: **die Sonne sendet ihre Strahlen zur Erde** the sun sends forth its rays to (the) earth. – **6.** (*delegieren*) send, delegate, dispatch, despatch: **der Staat sandte eine Abordnung zu den Friedensgesprächen** the state sent (*od.* dispatched) a delegation to the peace talks; **er wurde in besonderem Auftrage nach Paris gesandt** he was sent (*od.* delegated) to Paris on a special mission. – **II** *v/i* **7. nach j-m** ~ to send for s.o. – **III S**~ *n* ⟨-s⟩ **8.** *verbal noun.* – **9.** (*von Waren etc*) dispatch, despatch, consignment, *Am.* shipment. – **10.** (*von Geld*) remittance. – **11.** (*eines Beauftragten etc*) delegation, dispatch, despatch.

'sen·den² **I** *v/t* ⟨sendet, sendete, gesendet, h⟩ **1.** (*radio*) a) (*im Rundfunk*) broadcast, send out, b) (*im Fernsehen*) broadcast, *Am.* telecast, *Br.* televise: **die Rundfunkstation sendet ein Programm in französischer Sprache** the radio station broadcasts a program(me) in French; **wir** ~ **jetzt Nachrichten** here is the news. – **2.** (*in der Funktechnik*) transmit, send: **Notruf(e)** ~ to send out (*od.* transmit) distress signals; **einen (Sende)Streifen nochmals** ~ to rerun a tape. – **II** *v/i* **3.** (*von Rundfunk*) broadcast, be on the air: **ihre Rundfunkstation sendet wieder** their broadcasting station is on the air (*od.* is broadcasting) again. – **4.** *telev.* broadcast, *Am.* telecast, *Br.* televise: **die Fernsehstationen** ~ **nur 6 Stunden täglich** TV stations broadcast (*od.* are on the air) only for 6 hours a day. – **5.** *tel.* transmit, send. – **III S**~ *n* ⟨-s⟩ **6.** *verbal noun.* – **7.** *cf.* Sendung².

'Sen·de|ˌpau·se *f* (*radio*) *telev.* interval, intermission: **eine** ~ **einlegen** to have an intermission. — ~**ˌplan** *m* schedule of transmission. — ~**proˌgramm** *n* broadcasting program (*bes. Br.* programme).

'Sen·der *m* ⟨-s; -⟩ **1.** (*radio*) a) (*Rundfunkstation*) (broadcasting *od.* radio, *bes. Br.* wireless) station, b) (*Fernsehsender*) television (*od.* broadcasting) station: **eine Nachricht über einen** ~ **bekanntgeben** to broadcast a (piece of) news; **folgende** ~ **sind angeschlossen** the following stations have been linked up to the broadcast; ... **und die angeschlossenen** ~ ... and stations linked to this broadcast; **einen** ~ **gut [schlecht] empfangen** to have good [bad] reception of a station; **ein** ~ **ist ausgefallen [ist gestört]** a station is not in operation (*od.* has broken down, is dead) [is having interference]; **auf welcher Welle arbeitet der** ~? which wavelength does the station operate on? – **2.** (*für drahtlose Telegraphie*) transmitting station. – **3.** (*radio*) *telev. cf.* Sendeanlage.

'Sen·de|ˌraum *m* (*radio*) *telev.* (broadcasting) studio. — ~**ˌrei·he** *f* broadcast series.

'Sen·der|ˌeinˌstel·lung *f* (*am Empfänger*) station selector. — ~**-Empˌfän·ger** *m* a) transceiver, b) transmitter-receiver. — ~**-ˌendˌröh·re** *f cf.* Senderöhre. — ~**ˌgrup·pe** *f*, ~**ˌnetz** *n* (broadcast) network.

'Sen·deˌröh·re *f* (*radio*) *telev.* transmitter tube (*bes. Br.* valve).

'Sen·de|ˌsaal *m* (*radio*) *telev.* broadcasting hall. — ~**ˌschluß** *m* closing-down of broadcasting: ~ **ist um 23 Uhr** the broadcast ends at 11 o'clock. — ~**ˌstär·ke** *f cf.* Sendeleistung. — ~**sta·tiˌon** *f* broadcasting (*od.* transmitting) station. — ~**ˌstel·le** *f* **1.** affiliated (*od.* outlet) station. – **2.** *cf.* Sendestation. — ~**ˌstrei·fen** *m* (*in der Funktechnik*) transmitting tape. — ~**-ˌturm** *m* **1.** (*radio*) *telev.* radio (*od.* transmission) tower. – **2.** *telev.* television tower. — ~**ˌzei·chen** *n* **1.** (*Zeitzeichen*) pip, tone. – **2.** (*Pausenzeichen*) interval (*od.* station) signal. — ~**ˌzeit** *f* broadcasting time.

'SendˌSchrei·ben *n cf.* Sendbrief.

'Sen·dung¹ *f* ⟨-; -en⟩ **1.** *cf.* Senden¹. – **2.** *econ.* a) (*von Waren*) consignment, *Am.* shipment, b) (*von Geldbeträgen*) remittance: **den Erhalt einer** ~ **bestätigen** to acknowledge receipt of a consignment. – **3.** (*Paket*) parcel: ~ **per Nachnahme** cash (*Am.* collect) on delivery (*od.* C.O.D.) parcel. – **4. unzustellbare** ~**en** (*postal service*) undeliverable mail *sg.* – **5.** ⟨*only sg*⟩ *lit.* (*höherer Auftrag, Aufgabe*) mission: **eine göttliche** ~ a divine mission; **eine** ~ **wurde ihm zuteil** he received a mission; **die** ~ **des Künstlers** the artist's mission; **eine politische** ~ **erfüllen** to fulfil(l) a political mission.

'Sen·dung² *f* ⟨-; -en⟩ (*radio*) **1.** *cf.* Senden². – **2.** a) (*im Rundfunk*) (radio, *bes. Br.* wireless) broadcast, program, *bes. Br.* programme, b) (*im Fernsehen*) television (*od.* *colloq.* TV) broadcast (*od.* program[me]), telecast: **eine** ~ **des Werbefunks** a commercial (*od.* an advertisement) broadcast, a commercial; **eine gute [lehrreiche]** ~ a good [an informative] broadcast (*od.* program[me]); **eine** ~ **ausstrahlen** (*od.* **bringen**) to broadcast a program(me); **wir unterbrechen unsere** ~ we are interrupting our program(me); **wir beginnen unsere** ~**en täglich um ...** we go on the air at ... every day.

'Sen·dungs·beˌwußtˌsein *n* conviction (*od.* awareness) of one's mission.

Se·ne·ga·le·se [zenegaˈleːzə] *m* ⟨-n; -n⟩, **Se·ne·ga'le·sin** *f* ⟨-; -nen⟩ *geogr.* Senegalese. — **se·ne·ga'le·sisch** *adj* Senegalese.

'Se·ne·gal·gaˌla·go [ˈzeːnegal-] *m* ⟨-s; -s⟩ *zo. cf.* Buschbaby.

'Se·ne·gal|ˌne·ger *m geogr.* Senegalese. — ~**ˌschaf** *n zo.* Senegal sheep.

'Se·nesˌblät·ter [ˈzeːnəs-] *pl med. pharm. cf.* Sennesblätter.

Se·ne·schall [ˈzeːnəʃal] *m* ⟨-s; -e⟩ *hist.* seneschal.

Se·nes·zenz [zenɛsˈtsɛnts] *f* ⟨-; *no pl*⟩ *med.* old age, senescence (*scient.*).

Senf [zɛnf] *m* ⟨-(e)s; -e⟩ **1.** *bot.* mustard, sinapis (*scient.*) (*Gattg Sinapis*): **Schwarzer** ~ black mustard (*Brassica nigra*); **Weißer** ~ white mustard (*S. alba*). – **2.** *gastr.* mustard: **milder [scharfer]** ~ mild [hot *od.* sharp] mustard; **heiße Würstchen mit** ~ frankfurters and mustard; **seinen** ~ **dazugeben** *fig. colloq.* to chime (*od. colloq.* chip) in, to put (*od.* shove, stick) one's oar in (*colloq.*); **mach keinen langen** ~! *fig. colloq.* cut it short. — **s**~**ˌfar·ben, s**~**ˌfar·big** *adj* mustard-gold. — ~**ˌgas** *n chem. mil.* mustard gas, yperite, *auch* dichloroethyl sulfide (*bes. Br.* -ph-), mustard sulfur (*bes. Br.* -ph-) [$(ClCH_2CH_2)_2S$]. — ~**ˌgur·ke** *f gastr.* gherkin pickled with mustard seeds, gherkin in piccalilli. — ~**ˌkohl** *m bot.* garden rocket, rocket salad (*Eruca sativa*). — ~**ˌkorn** *n* grain of mustard, mustard seed. — ~**ˌmehl** *n gastr.* mustard powder, ground mustard. — ~**ˌöl** *n chem.* **1.** mustard oil. – **2.** isothiocyanate. — ~**ˌpackung** (*getr.* -k·k-) *f med.* mustard fomentation. — ~**paˌpier** *n med. pharm.* mustard paper, charta sinapis (*scient.*). — ~**ˌpfla·ster** *n* mustard plaster. — ~**ˌsa·me(n)** *m bot.* mustard seed. — ~**-ˌso·ße** *f gastr.* mustard sauce. — ~**ˌtopf** *m* mustard pot. — ~**ˌumˌschlag** *m med. cf.* Senfpackung.

'Seng·ap·paˌrat *m* (*textile*) singer, singeing machine (*od.* frame).

Sen·ge [ˈzɛŋə] *pl Northern and Middle G. colloq.* (sound) thrashing *sg*, beating *sg*; licking *sg*, hiding *sg* (*colloq.*): ~ **beziehen** (*od.* **kriegen, bekommen**) to be given a thrashing.

sen·gen [ˈzɛŋən] **I** *v/t* ⟨h⟩ **1.** (*Tuch, Haare etc*) singe, scorch. – **2.** (*Geflügel, Schwein etc*) singe. – **II** *v/i* **3.** (*von Stoff etc*) scorch, be (*od.* get) singed (*od.* scorched). – **4.** ~ **und brennen** (*bes. von Kriegsscharen*) *lit.* to burn and ravage. – **III S**~ *n* ⟨-s⟩ **5.** *verbal noun.* — **'sen·gend I** *pres p.* – **II** *adv* **1.** ~ **und brennend zog der Feind durchs Land** *lit.* the enemy marched through the country burning and ravaging. – **III** *adj* **2.** (*Hitze etc*) torrid, parching, sweltering, sweltry. – **3.** (*Sonne*) scorching, parching. – **4.** (*Stoffe, Haare etc*) singeing, scorching.

sen·ge·rig [ˈzɛŋərɪç], **'seng·rig** *adj only in* **es riecht** ~ there is a smell of something singeing.

se·nil [zeˈniːl] *adj* (*greisenhaft*) senile. — **Se·ni·li'tät** [-niliˈtɛːt] *f* ⟨-; *no pl*⟩ *med.* senility, dotage, senium (*scient.*).

Se·ni·or [ˈzeːnĭɔr] **I** *m* ⟨-s; -en [zeˈnĭoːrən]⟩ **1.** (*Dienstälteste*) senior. – **2.** (*bes. im Familienbetrieb*) senior (partner). – **3.** (*in einem gewählten Gremium*) chairman (by seniority). – **4.** *meist pl* (*sport*) a) senior (by age limitation), b) (*beim Golf*) senior (veteran): **Wettkämpfe der** ~**en** senior (*od. colloq.* oldster) competitions. – **II s**~ *adj* ⟨*invariable*⟩ **5.** (*nachgestellt*) senior, *auch* Senior: **Herr Müller s**~ Mr. Müller senior (*Br.* sen., *Am.* sr.).

Se·nio·rat [zenĭoˈraːt] *n* ⟨-(e)s; -e⟩ *obs.* seniority.

'Se·niorˌchef *m econ.* senior manager (*od.* director).

Se·nio·ren|ˌklas·se [zeˈnĭoːrən-] *f* (*sport*) **1.** (*beim Boxen, Ringen etc*) senior class. – **2.** class of senior sportsmen; class of the oldsters, oldtimers *pl* (*colloq.*). — ~**ˌmannschaft** *f* senior team. — ~**ˌwohnˌheim** *n* home for the aged.

Se·ni·um [ˈzeːnĭʊm] *n* ⟨-s; *no pl*⟩ *med. cf.* Senilität.

'Senk|ˌblei *n* **1.** *mar.* plummet, plumb (bob). – **2.** (*an der Angelschnur*) sinker. – **3.** *civ.eng.* plumb line, plumb (bob). — ~**ˌbrun·nen** *m civ.eng.* sunk well.

Sen·ke [ˈzɛŋkə] *f* ⟨-; -n⟩ **1.** *geol.* a) (axial) depression, sink, sinkhole, hollow, b) valley. – **2.** *aer.* negative source. – **3.** *civ.eng.* depression.

Sen·kel [ˈzɛŋkəl] *m* ⟨-s; -⟩ **1.** *colloq.* (shoe)lace. – **2.** *Southwestern G. and Swiss for* Senkblei 3.

sen·ken [ˈzɛŋkən] **I** *v/t* ⟨h⟩ **1.** (*Kopf*) bow: **sie senkten die Häupter in Ehrfurcht** they bowed their heads in reverence. – **2.** (*in Wendungen wie*) **sie senkte verlegen den Blick** she dropped (*od.* lowered) her eyes (*od.* she cast her eyes down) in embarrassment; **j-m etwas ins Herz** ~ *poet.* to sow the seeds of s.th. in s.o.('s heart). – **3.** (*Stimme*) drop, lower, sink (*lit.*). – **4.** (*hinablassen*) lower, sink, let (*s.th.*) down: **den Sarg in die Erde** ~ to lower the coffin into the ground. – **5.** (*Arme etc*) lower, drop. – **6.** (*Bajonett, Degen, Wasserspiegel etc*) lower. – **7.** *econ.* (*Löhne, Preise, Steuern etc*) reduce, lower, cut. – **8.** (*mining*) (*Schacht*) sink. – **9.** *med.* (*Blutdruck, Fieber etc*) lower, reduce, bring (*s.th.*) down. – **10.** (*radio*) (*Ton etc*) lower, depress. – **11.** *tech.* a) (*Löcher*) sink, b) (*Schrauben, Nieten*) *cf.* versenken 6, c) (*elektroerosiv*) sink, d) (*den Querbalken einer Hobelmaschine*) lower. – **12.** *metall.* (*Walzen*) screw down. – **13.** *aer.* (*Flügel*) drop. – **14.** *hort. cf.* absenken 4. – **15.** *phys.* (*Druck etc*) lower, decrease. – **II** *v/reflex* **sich** ~ **16.** (*von Stimme*) drop, lower, sink. – **17.** (*von Augen*) lower: **sein Blick senkte sich** he cast his eyes down. – **18.** *civ.eng.* a) (*von Boden*) give way, sink, b) (*von Gebäuden*) settle, c) (*durchhängen*) (*bes. von Decke, Mauer*) sag. – **19.** (*von Straße etc*) dip, fall (off), drop, sink. – **20.** (*von Zweigen etc*) sag, drop: **die Zweige** ~ **sich unter der Last** the branches sag under the load. – **21.** (*von Wasserspiegel*) sink, drop, fall. – **22.** *chem.* (*von Sediment*) settle. – **23.** (*von Waagschale*) dip. – **24.** *geol.* sag, depress, dip. – **25.** *med.* a) (*von Organ*) drop, sag, b) (*von Temperatur*) fall. – **26.** *poet.* (**über**, **auf** *acc*) descend (on, upon), fall (upon), come down (on): **Nacht senkte sich über die Erde** night came down on the earth. – **III S**~ *n* ⟨-s⟩ **27.** *verbal noun.* – **28.** *cf.* Senkung.

'Sen·ker *m* ⟨-s; -⟩ **1.** (*mining*) sinker. – **2.** *hort. cf.* Ableger 1. – **3.** *tech.* a) (*Spitzsenker*) countersink, b) (*Halssenker*) counterbore, c) (*Spiralsenker*) three-lipped core drill, d) (*Zapfensenker*) spotfacer. – **4.** (*am Fischnetz*) sinker, bob.

'Senkˌfuß *m med.* flatfoot, talipes planus (*scient.*): ~ **und Spreizfuß** splayfoot. — ~**ˌeinˌla·ge** *f* arch support, instep raiser.

'Senk|ˌgru·be *f civ.eng.* cesspool, cesspit. — ~**ˌkas·ten** *m civ.eng.* caisson. — ~**ˌkopfˌschrau·be** *f tech.* countersunk (head) screw (*od.* bolt). — ~**ˌlot** *n* **1.** *mar.* plummet, plumb (bob). – **2.** *civ.eng.* plumb line, plumb (bob). — ~**ˌma·gen** *m med.* dropped stomach. — ~**ˌniet** *m tech.* countersunk (head) rivet. — ~**ˌrah·men** *m civ.eng.* sinking frame. — ~**ˌre·be** *f bot.* vine layer.

'senkˌrecht I *adj* **1.** vertical, at right angles: **die** ~**e Ebene** the vertical plane. – **2.** (*lotrecht*) *bes. civ.eng.* perpendicular: ~ **zur horizontalen Ebene** perpendicular to the plane of horizon; ~ **zueinander** mutually perpendicular. – **3.** *math.* (*lotrecht zur Tangente*) normal: ~ **zur Linie A—B** normal to line A—B. – **4.** *civ.eng.* vertical, plumb: **diese Wand ist nicht** ~ this wall is out of plumb (*od.* not vertical). – **5.** *phys.* vertical: der ~e Fall the downright fall. – **II** *adv* **6.** vertically: der Rauch steigt ~ in die Höhe the smoke rises straight up in the air; ~ abfallen (*von Felswand*) to drop sheer; ~ in die Höhe steigen *aer.* to climb vertically. – **7.** bleib (immer schön) ~! *colloq. humor.* stay on your feet! – **III S~e, das** ⟨-n⟩ **8.** *only in* das ist das einzig S~e! *fig. colloq.* that is the only thing to do.

'Senk,rech·te *f* ⟨-n; -n⟩ **1.** vertical. – **2.** *bes. math.* perpendicular (line), normal (line).

'Senk,recht|,fräs·ma,schi·ne *f tech.* vertical(-spindle) milling machine (*Am. auch* miller). — **~,räum·ma,schi·ne** *f* vertical broaching machine. — **~,schleif·ma,schi·ne** *f* vertical-spindle grinder. — **~,schnitt** *m* vertical section. — **~,start** *m aer.* vertical takeoff. — **~,star·ter** *m* **1.** *aer.* vertical takeoff (*od.* VTO) plane. – **2.** *fig. colloq.* fast-rising professional. — **~,stoß·ma,schi·ne** *f* slotting machine, *bes. Am.* slotter.

'Senk|,reis *n hort.* layer. — **~,rücken** (*getr.* -k·k-) *m vet.* (*bei Pferden*) swayback: mit ~ swaybacked. — **s~,rückig** (*getr.* -k·k-) *adj* swaybacked, *auch* swayback (*attrib*).

'Senk|,schnur *f* plumb line. — **~,schrau·be** *f tech.* countersunk (head) screw.

'Sen·kung *f* ⟨-; -en⟩ **1.** *cf.* Senken. – **2.** *econ.* (*von Löhnen, Preisen etc*) lowering, reduction, cut. – **3.** *civ.eng.* a) (*von Gebäuden etc*) sinking, settlement, subsidence, b) (*von Decke, Mauer etc*) sag(ging), c) (*des Fundaments*) settlement. – **4.** (*einer Straße*) dip. – **5.** *geol. cf.* Senke 1. – **6.** (*Neigung*) incline, inclination, slope, declivity, dip. – **7.** *med.* a) (*von Organen*) descent, dropping; prolapse, ptosis (*scient.*), b) (*Blutsenkung*) sedimentation, c) (*von Eingeweiden*) enteroptosis, visceroptosis, d) (*Bewegung nach unten*) infraduction, e) (*des Fiebers*) reduction, f) (*des Blutdrucks*) lowering, reduction. – **8.** *metr.* unstressed syllable, thesis (*scient.*). – **9.** *mus.* thesis.

'Sen·kungs|ab,szeß *m med.* gravitation (*od.* hypostatic) abscess. — **~ge,schwin·dig·keit** *f* sedimentation rate. — **~re·ak·ti,on** *f* sedimentation reaction.

'Senk,waa·ge *f chem. phys.* areometer, hydrometer.

Senn [zɛn] *m* ⟨-(e)s; -e⟩ *Bavarian, Austrian and Swiss Alpine herdsman and dairyman.*

Sen·ne[1] ['zɛnə] *m* ⟨-n; -n⟩ *cf.* Senn.

'Sen·ne[2] *f* ⟨-; -n⟩ *Bavarian, Austrian and Swiss* Alpine pasture.

sen·nen ['zɛnən] *v/i* ⟨h⟩ *Bavarian, Austrian and Swiss* **1.** run an alpine (*od.* Alpine) dairy farm. – **2.** prepare cheese.

'Sen·ner *m* ⟨-s; -⟩ *cf.* Senn.

Sen·ne'rei *f* ⟨-; -en⟩ *agr. Bavarian, Austrian and Swiss* **1.** Alpine dairy farming. – **2.** *cf.* Almhütte.

'Sen·ne·rin *f* ⟨-; -nen⟩ *Bavarian, Austrian and Swiss* Alpine dairymaid.

'Sen·nes|,blät·ter ['zɛnəs-] *pl med. pharm.* senna *sg*, senna leaves. — **~,strauch** *m* a) senna (*Cassia senna*), b) coffeeweed (*C. marylandica*).

'Senn,hüt·te *f bes. Swiss cf.* Almhütte.

'Sen·nin *f* ⟨-; -nen⟩ *cf.* Sennerin.

Senn·ten ['zɛntən] *n* ⟨-s; -⟩, **'Senn·tum** *n* ⟨-s; -tümer⟩ *agr. Swiss* Sennten, Senntum (*herd of cows in the charge of an Alpine herdsman*).

'Senn,wirt·schaft *f agr. cf.* Sennerei 1.

Se·non [ze'no:n] *n* ⟨-s; *no pl*⟩ *geol. hist.* Senonian. — **se'no·nisch** *adj* Senonian.

Sen·sal [zɛn'za:l] *m* ⟨-s; -e⟩ *Austrian* **1.** *cf.* Immobilienhändler. – **2.** *cf.* Kursmakler. — **Sen·sa'lie** [-za'li:], **Sen·sa'rie** [-za'ri:] *f* ⟨-; -n [-ən]⟩ *cf.* Maklergebühr.

Sen·sa·ti·on [zɛnza'tsĭo:n] *f* ⟨-; -en⟩ **1.** sensation: ~ machen (*od.* erregen, hervorrufen) to create (*od.* cause) a sensation (*od.* stir), to make a stir (*od. colloq.* splash); die Nachricht verursachte eine ~ the news created a sensation (*od.* stir); die ~ des Tages the sensation of the day; auf ~en aus sein to be out for sensation; aus einem Bericht eine ~ machen to make a sensation out of (*od.* to sensationalize) a report. – **2.** *med.* (*Empfindung*) sensation.

sen·sa·tio·nell [zɛnzatsĭo'nɛl] **I** *adj* **1.** sensational: eine ~e Schlagzeile a sensational (*od. sl.* hot) headline, *Am. sl.* a screamer; soeben erreicht uns eine ~e Nachricht we have just received sensational news; nicht ~ unsensational. – **2.** (*Erfolg, Niederlage etc*) sensational, spectacular, dramatic: einen Fund als ~ bezeichnen to describe a discovery as sensational. – **3.** (*Verlauf, Wendung etc*) sensational, dramatic. – **II** *adv* **4.** sensationally: ~ aufgemacht (*Artikel etc*) sensationalized. – **5.** sensationally, dramatically. – **6.** er spielte die Rolle ~ *colloq.* (*außerordentlich gut*) he was marvel(l)ous (*od. colloq.* terrific) in the role.

Sen·sa·ti'ons|be,dürf·nis *n* need of (*od.* desire for) sensation. — **~,blatt** *n contempt. print.* sensational (news)paper, rag (*contempt.*), yellow journal (*od.* sheet). — **~,gier** *f* craving (*od.* lust) for sensation, sensation-mongering. — **~ha·sche'rei** [zɛnza,tsĭo:ns-] *f contempt.* sensationalism, sensation-seeking. — **~,hun·ger** *m cf.* Sensationsbedürfnis. — **~,lust** *f* desire for sensation, sensationalism. — **s~-,lü·stern** *adj* sensationalistic, lusting (*od.* craving) for sensation. — **s~,lu·stig** *adj* sensationalistic, sensation-seeking. — **~-,mel·dung** *f* **1.** sensational news *pl* (*construed as sg or pl*) (*od.* report). – **2.** announcement of sensational news. — **~,pres·se** *f print.* sensational (*od.* yellow) press. — **~-pro,zeß** *m jur.* sensational trial. — **~,stück** *n* (*theater*) sensational play, tank drama, thriller, shocker, spine-chiller (*sl.*). — **~-,sucht** *f cf.* Sensationsgier.

Sen·se ['zɛnzə] *f* ⟨-; -n⟩ **1.** *agr.* scythe: eine Wiese mit der ~ mähen to cut (*od.* mow) a meadow with a scythe, to scythe a meadow; die ~ dengeln (*od.* schärfen) to sharpen the scythe; von der ~ des Todes dahingemäht werden *fig. poet.* to be snatched away by death. – **2.** *fig. colloq. only in* (jetzt ist aber) ~! stop that! that's enough! leave off! give over! (*sl.*).

'Sen·sen|,blatt *n* scythe blade. — **~,fisch** *m zo.* king of the herrings, oarfish (*Regalecus glesne*). — **s~,för·mig** *adj* scythe-shaped. — **~,mann** *m* ⟨-(e)s; *no pl*⟩ *fig.* (the) Great Reaper, Death. — **~,schmied** *m* scythesmith. — **~,stiel** *m* snath(e), scythe handle.

sen·si·bel [zɛn'zi:bəl] *adj* **1.** (*Natur, Mensch*) sensitive. – **2.** (*überempfindlich*) touchy, oversensitive: sei nicht so ~! don't be so touchy. – **3.** *med.* (*Nerv*) sensory.

Sen·si·bi·li·sa·tor [zɛnzibili'za:tər] *m* ⟨-s; -en [-za'to:rən]⟩ **1.** *phot.* sensitizer. – **2.** *med.* sensitizer, amboceptor (*scient.*).

sen·si·bi·li·sie·ren [zɛnzibili'zi:rən] **I** *v/t* ⟨*no* ge-, h⟩ **1.** *phot.* sensitize. – **2.** *med. biol.* sensitize, sensibilize. – **II S~** *n* ⟨-s⟩ **3.** *verbal noun.* — **Sen·si·bi·li'sie·rung** *f* ⟨-; -en⟩ **1.** *cf.* Sensibilisieren. – **2.** *phot.* sensitization, *auch* sensitizing. – **3.** *med. biol.* sensitization, sensibilization.

Sen·si·bi·li·tät [zɛnzibili'tɛ:t] *f* ⟨-; *no pl*⟩ **1.** sensitivity, sensitiveness: mit der ihr eigenen ~ with the sensitivity characteristic of her. – **2.** (*Überempfindlichkeit*) touchiness. – **3.** *med. tel.* sensitivity, sensitiveness, sensibility. – **4.** *phot.* sensitivity, degree of sensitization.

Sen·si·bi·li'täts|her,ab,set·zung *f med.* diminished sensibility. — **~,stö·rung** *f* perception disorder.

Sen·sil·le [zɛn'zɪlə] *f* ⟨-; -n⟩ *biol.* sensory cell.

sen·si·tiv [zɛnzi'ti:f] *adj* **1.** *med.* sensitive. – **2.** (*überempfindlich*) touchy, hypersensitive.

Sen·si·ti·vi·tät [zɛnzitivi'tɛ:t] *f* ⟨-; *no pl*⟩ **1.** *med.* sensitivity, sensibility. – **2.** (*Überempfindlichkeit*) touchiness.

Sen·si·to·me·ter [zɛnzito'me:tər] *n* ⟨-s; -⟩ *phys. phot.* sensitometer. — **Sen·si·to·me'trie** [-me'tri:] *f* ⟨-; *no pl*⟩ sensitometry.

Sen·sor ['zɛnzɔr] *m* ⟨-s; -en [-'zo:rən]⟩ *tech.* (*space*) (*Fühl- u. Suchgerät*) sensor.

sen·so·risch [zɛn'zo:rɪʃ] *adj med.* sensorial, sensory.

sen'so·risch-mo'to·risch *adj med.* sensorimotor (*attrib*).

Sen·so·ri·um [zɛn'zo:rĭum] *n* ⟨-s; -rien⟩ *med.* sensorium.

Sen·sua·lis·mus [zɛnzŭa'lɪsmus] *m* ⟨-; *no pl*⟩ *philos.* sensualism, sensationalism, sensism. — **Sen·sua'list** [-'lɪst] *m* ⟨-en; -en⟩ sensualist, sensationalist. — **sen·sua'li·stisch** *adj* sensualistic, sensual, sensationalistic.

Sen·sua·li·tät [zɛnzŭali'tɛ:t] *f* ⟨-; *no pl*⟩ *med.* (*Empfindungsvermögen*) sensuality.

sen·su·ell [zɛn'zŭɛl] *adj med. psych.* **1.** sensory, sensual. – **2.** (*sinnlich*) sensual, sensuous.

Sen·tenz [zɛn'tɛnts] *f* ⟨-; -en⟩ maxim, aphorism, saw, pithy saying, sentence. — **s~,ar·tig** *adj* aphoristic, sententious.

sen·ten·zi·ös [zɛntɛn'tsĭø:s] *adj* sententious.

sen'tenz,reich *adj* sententious, rich in maxims, full of pithy sayings.

Sen·ti·ment [zɑ̃ti'mɑ̃:; sɑ̃ti'mɑ̃] (*Fr.*) *n* ⟨-s; -s⟩ sentiment, feeling.

sen·ti·men·tal [zɛntimɛn'ta:l] **I** *adj* **1.** sentimental, mawkish, maudlin, sloppy (*colloq.*), *Br. colloq.* soppy: ~er Gesang sentimental singing, crooning; ein ~es Lied a sentimental (*od. colloq.* mushy, slushy) song; ~es Zeug *colloq. contempt.* a lot of mush (*od.* slush) (*colloq.*); ~ werden bei (*od.* über *dat*) to become sentimental over; werde doch nicht gleich ~! don't be so sloppy! der Alkohol macht ihn immer etwas ~ alcohol always makes him somewhat maudlin. – **2.** (*gefühlvoll*) sentimental: ~er Jazz *mus.* sentimental jazz. – **II** *adv* **3.** sentimentally, with sentimentality (*od.* sentiment): ein Musikstück ~ interpretieren to interpret a piece of music with (great) sentimentality.

Sen·ti·men'ta·le *f* ⟨-n; -n⟩ (*theater*) sentimental heroine.

sen·ti·men'ta·lisch *adj only in* naive und ~e Dichtung (*literature*) naive and sentimental (*od.* reflective) literature.

Sen·ti·men·ta·li·tät [zɛntimɛntali'tɛ:t] *f* ⟨-; -en⟩ **1.** sentimentality, sentimentalism, sentiment, mawkishness; mushiness, slushiness, sloppiness (*colloq.*), *Br. colloq.* soppiness. – **2.** (*Gefühlsäußerung*) sentimentality: bitte jetzt keine ~en! no sentimentalities now, please!

Se·nus·si [ze'nusi] *m* ⟨-; - *od.* -nussen⟩ *relig.* (*Angehöriger eines islam. Ordens*) Senous(s)i.

Se·pa·lum ['ze:palum] *n* ⟨-s; -len [ze-'pa:lən]⟩ *bot.* sepal.

se·pa·rat [zepa'ra:t] **I** *adj* **1.** separate: die Garage ist ~ the garage is separate (*od.* detached); Zimmer mit ~em Eingang room with a separate (*od.* private) entrance. – **2.** (*in sich abgeschlossen*) self-contained: er hat ein ~es Zimmer a) he has a self-contained room, b) (*Einzelzimmer*) he has a single room, c) he has a separate (*od.* private) room. – **3.** *pol.* separate, special: ~en Frieden schließen to conclude a separate (*od.* special) peace. – **II** *adv* **4.** separately: etwas ~ behandeln to treat s.th. separately; er wohnt ~ he has a self-contained apartment. – **5.** (*gesondert*) additionally: das kommt noch ~ dazu that's extra.

Se·pa'rat|,ab,druck, ~,ab,zug, ~,druck *m print.* separate, offprint, special impression (*od.* printing), *bes. Am.* reprint. — **~,ein-,gang** *m* private (*od.* separate) entrance. — **~,frie·de(n)** *m pol.* separate peace.

Se·pa·ra·ti·on [zepara'tsĭo:n] *f* ⟨-; -en⟩ **1.** *obs.* separation. – **2.** *chem.* a) (*Vorgang*) separating, b) separation. – **3.** *tech.* (*in Sieberei, Erzklassierung*) sorting, grading.

Se·pa·ra·tis·mus [zepara'tɪsmus] *m* ⟨-; *no pl*⟩ *pol.* separatism. — **Se·pa·ra'tist** [-'tɪst] *m* ⟨-en; -en⟩ Separatist, *auch* separatist. — **se·pa·ra'ti·stisch** *adj* (*Bestrebungen etc*) Separatist, *auch* separatist, separatistic.

Se·pa·ra·tor [zepa'ra:tər] *m* ⟨-s; -en [-ra'to:rən]⟩ *chem. tech.* separator.

Se·pa'rat|ver,trag *m pol.* special agreement, separate treaty. — **~,zim·mer** *n* **1.** separate (*od.* private) room. – **2.** (*in sich abgeschlossen*) self-contained room. – **3.** single room.

Sé·pa·rée [zepa're:; sepa're] (*Fr.*) *n* ⟨-s; -s⟩ *obs.* separée.

se·pa·rie·ren [zepa'ri:rən] **I** *v/t* ⟨*no* ge-, h⟩ **1.** *obs.* separate. – **2.** *chem.* a) separate, b) (*optische Antipoden*) resolve. – **3.** *tech.* (*sieben*) screen, sift, sort, grade. – **II S~** *n* ⟨-s⟩ **4.** *verbal noun.* – **5.** separation. — **se·pa'riert I** *pp.* – **II** *adj Austrian* (*Zimmer*) separated, (*in sich abgeschlossen*) self-contained.

Se·phar·dim [ze'fardi:m] *pl* (*Westjuden*) Sephardim, *auch* Sephardi. — **se'phar·disch** [-dɪʃ] *adj* Sephardic, *auch* Sephardi.

Se·pia ['ze:pĭa] *f* ⟨-; -pien⟩ **1.** *zo.* sepia, cuttlefish (*Sepia officinalis*). – **2.** ⟨*only sg*⟩ (*Farbstoff*) sepia. — **~,zeich·nung** *f* (*art*) sepia drawing.

Se·pio·lith [zepĭo'li:t; -'lɪt] *m* ⟨-s; -e⟩ *min.* sepiolite, meerschaum.

Sep·sis ['zɛpsɪs] *f* ⟨-; -psen⟩ *med.* sepsis, septic disease, septic(a)emia: allgemeine ~ generalized sepsis.

'**Sept·akˌkord** ['zɛpt-] *m* ⟨-s; -e⟩ *mus.* chord of the seventh, seventh chord.

Sep·ta·rie [zɛp'taːrĭə] *f* ⟨-; -n⟩ *meist pl min.* septarium.

Sep·tem·ber [zɛp'tɛmbər] *m* ⟨-(s); *rare* -⟩ September: im (Monat) ~ in (the month of) September; Anfang ~ at the beginning of September, in early September; am 1. ~ on the 1st of September, on September 1st.

sept·en·nal [zɛptɛ'naːl] *adj obs.* septennial.

Sept·en·nat [zɛptɛ'naːt] *n* ⟨-(e)s; -e⟩, **Sept·en·ni·um** [zɛp'tɛnĭʊm] *n* ⟨-s; -nien⟩ *obs.* septennate, septennium.

Sep·tett [zɛp'tɛt] *n* ⟨-(e)s; -e⟩ *mus.* septet(te).

sep·ti·frag [zɛpti'fraːk] *adj bot.* septifragal.

Sep·tik·ämie [zɛptikɛ'miː], *auch* **Sep·tik·hä'mie** [-tɪkhɛ'miː] *f* ⟨-; -n [-ən]⟩ *med.* septic(a)emia, sept(a)emia.

Sep·tim [zɛp'tiːm] *f* ⟨-; -en⟩ **1.** *mus.* seventh: große ~ major seventh; kleine ~ minor seventh. – **2.** (*sport*) (*beim Fechten*) septime.

Sep'ti·me *f* ⟨-; -n⟩ *mus. cf.* Septim 1.

Sep'ti·men·akˌkord *m mus. cf.* Septakkord.

sep·tisch ['zɛptɪʃ] *med.* **I** *adj* septic, septic(a)emic: ~e Station septic ward. – **II** *adv* septically.

sep·ti·zid [zɛpti'tsiːt] *adj* septicidal.

Sep·to·le [zɛp'toːlə] *f* ⟨-; -n⟩ *mus.* septuplet, *auch* septimole, septole.

Sep·tua·ge·si·ma [zɛptŭa'geːzima] *f* ⟨*undeclined*⟩ der Sonntag ~ (*od.* Septuagesimä [-mɛ]) *relig.* Septuagesima (Sunday).

Sep·tua·gin·ta [zɛptŭa'gɪnta] *f* ⟨-; *no pl*⟩ (*griech. Bibelübersetzung*) Septuagint.

Sep·tum ['zɛptʊm] *n* ⟨-s; Septa [-ta] *od.* Septen⟩ *med.* septum. — **~deˌfekt** *m* septum (*od.* septal) defect. — **~re·sek·tiˌon** *f* septectomy, resection of the nasal septum.

se·pul·kral [zepʊl'kraːl] *adj obs.* sepulchral.

Se·quenz [ze'kvɛnts] *f* ⟨-; -en⟩ **1.** *bes. mus.* (*film*) sequence. – **2.** (*games*) (*beim Kartenspiel*) sequence, set, run. – **3.** *röm.kath.* (*Chorlied*) sequence.

Se·que·ster¹ [ze'kvɛstər] *n* ⟨-s; -⟩ **1.** *jur.* sequestration. – **2.** *med.* sequestrum, sequester, dead bone.

Se'que·ster² *m* ⟨-s; -⟩ *jur.* sequestrator.

Se'que·sterˌbil·dung *f med.* sequestration.

Se·que·stra·ti·on [zekvɛstra'tsĭoːn] *f* ⟨-; -en⟩ *jur. med.* sequestration. — **se·que·'strie·ren** [-'triːrən] *v/t* ⟨*no* ge-, h⟩ *jur.* sequester, sequestrate.

Se·quo·ie [ze'kvoːjə] *f* ⟨-; -n⟩ *bot. cf.* Mammutbaum 1.

Sé·rac [ze'rak; se-] (*Fr.*) *m* ⟨-s; -s⟩ *geol.* (*Eisbruch*) serac.

Se·rail [ze'raɪ; -'raɪl] *n* ⟨-s; -s⟩ *hist.* seraglio: → Entführung 4.

Se·raph ['zeːraf] *m* ⟨-s; -e *od.* -im [-fiːm]⟩ *relig.* seraph. — **se·ra·phisch** [ze'raːfɪʃ] *adj lit.* seraphic, *auch* seraphical, angelic.

Se·ra·pis [ze'raːpɪs] *npr m* ⟨-; *no pl*⟩ *myth. cf.* Sarapis.

Ser·be ['zɛrbə] *m* ⟨-n; -n⟩ *geogr.* Serb(ian), Servian.

ser·beln ['zɛrbəln] *v/i* ⟨h⟩ *Swiss* (*dahinsiechen, welken*) fade, wither.

'**Ser·bin** *f* ⟨-; -nen⟩ Serb(ian), Servian (girl *od.* woman). — '**ser·bisch I** *adj* Serb(ian), Servian. – **II** *ling.* **S~** ⟨*generally undeclined*⟩, **das S~e** ⟨-n⟩ Serb(ian), Servian.

ser·bo·kroa·tisch [zɛrbokro'aːtɪʃ] **I** *adj* Serbo-Croat(ian). – **II** *ling.* **S~** ⟨*generally undeclined*⟩, **das S~e** ⟨-n⟩ Serbo-Croat(ian), Serbian, the Serbo-Croat(ian) (*od.* Serbian) language.

Se·re·na·de [zere'naːdə] *f* ⟨-; -n⟩ *mus.* serenade, serenata.

Serge [zɛrʃ; 'zɛrʒə; sɛrʒ] (*Fr.*) *f, Austrian auch m* ⟨-; -n [-ʒən]⟩ (*textile*) serge.

Ser·geant [zɛr'ʒant] *m* ⟨-en; -en⟩ *mil.* sergeant.

Se·ri·cin [zeri'tsiːn] *n* ⟨-s; *no pl*⟩ *chem.* sericin, *auch* silk gum (*od.* glue).

Se·ri·cit [zeri'tsiːt; -'tsɪt] *n* ⟨-s; -e⟩ *min.* sericite.

Se·rie ['zeːrĭə] *f* ⟨-; -n⟩ **1.** (*von Büchern, Losen, Veröffentlichungen etc*) series: nach ~n geordnet arranged in series; das Buch ist innerhalb (*od.* in) einer ~ erschienen the book has been published (with)in a series (*od.* forms a part of a series); die Nummern der gezogenen ~n (*beim Los*) the numbers of the series drawn. – **2.** (*von Unfällen, Verbrechen*) series, concatenation. – **3.** (*von Bildern, Briefmarken*) series, (*Satz*) set. – **4.** *econ.* a) (*von Artikeln*) series, b) (*in bestimmter Menge*) batch, lot, c) (*produktionsmäßige*) run: eine neue ~ von Möbeln herausbringen to bring out a new series (*od.* line, program[me]) of furniture; etwas auf ~ legen, etwas in ~ herstellen to produce s.th. in series (*od.* batches); der Artikel geht in ~ the article will be produced in series; große [kleine] ~ long [short] run. – **5.** *econ.* (*von Wertpapieren etc*) issue(s *pl*), set of issues: erste ~ (*von Aktien*) first issue. – **6.** *tech.* (*von Geräten*) bench. – **7.** *electr.* series: in ~ schalten to connect in series. – **8.** *phys.* train. – **9.** (*beim Billard*) break. – **10.** (*beim Kartenspiel*) sequence, set, run.

se·ri·ell [ze'rĭɛl] *adj mus. poet.* serial.

Se·rie·ma [ze'rĭeːma] *m* ⟨-s; -s⟩ *zo. cf.* Schlangenstorch.

'**Se·ri·en|ˌanˌfer·ti·gung** *f econ. cf.* Serienfertigung. — **~ˌar·beit** *f* serial work. — **~arˌti·kel** *m* mass-produced (*od.* series-produced, series-manufactured) article. — **~ˌbau** *m* ⟨-(e)s; *no pl*⟩ *econ. cf.* Serienfertigung. — **~ˌbau·proˌgramm** *n* mass construction program (*bes. Br.* programme). — **~ˌbil·der** *pl med.* (*beim Röntgen*) serial films. — **~di·giˌtalˌrech·ner** *m* (*computer*) serial digital computer. — **~erˌzeug·nis** *n* series product. — **~fa·bri·ka·tiˌon** *f econ. cf.* Serienfertigung. — **~ˌfer·ti·gung** *f econ. tech.* series (*od.* duplicate, batch, multiple) production (*od.* manufacture). — **~ˌgü·ter** *pl* series-produced goods. — **~ˌhaus** *n* **1.** prefabricated house, prefab (*colloq.*). – **2.** (*Reihenhaus*) serial (*Am.* row) house. — **~ˌherˌstel·lung** *f econ. cf.* Serienfertigung. — **~ˌlos** *n* serial lottery ticket, ticket for a serial lottery. — **s~ˌmä·ßig I** *adj* **1.** (*Herstellung*) serial, standard (*attrib*), in series. – **2.** (*Auto, Ware etc*) serial. – **3.** (*Ausrüstung, Qualität etc*) regular, standard(-type) (*attrib*). – **II** *adv* **4.** in series: etwas ~ herstellen to produce s.th. in series; ein ~ hergestelltes Auto *cf.* Serienwagen. — **~ˌmo·tor** *m* **1.** *auto.* series engine. – **2.** *electr.* series motor. — **~ˌnum·mer** *f* serial number. — **~ˌpreis** *m econ.* price for a whole series. — **~proˌdukt** *n* series product. — **~pro·duk·tiˌon** *f cf.* Serienfertigung. — **s~ˌreif** *adj* ready for multiple (*od.* series) production. — **~ˌrei·fe** *f* fitness for series production. — **~ˌschal·ter** *m electr.* multi-circuit switch, variable control switch. — **~ˌschal·tung** *f* series connection (*Br. auch* connexion), sequence circuit. — **~ˌschlußˌmo·tor** *m electr. cf.* Reihenschlußmotor. — **~ˌschnitt** *m med.* serial section. — **~ˌteil** *n* standard part. — **~ˌty·pe** *f tech.* stock type. — **~ˌwa·gen** *m auto.* production car, *Am.* stock car. — **s~ˌwei·se** *adv* in series.

Se·ri·fe [ze'riːfə] *f* ⟨-; -n⟩ *meist pl print.* serif, *auch* seriph, ceriph.

Se·ri·gra·phie [zerigra'fiː] *f* ⟨-; *no pl*⟩ *print.* (*Farbdruckverfahren*) serigraphy.

Se·rin [ze'riːn] *n* ⟨-s; *no pl*⟩ *chem.* serine ($HOCH_2CH(NH_2)COOH$).

se·ri·ös [ze'rĭøːs] *adj* **1.** (*ernsthaft*) serious: ~e Käufer serious buyers; ein ~es Angebot a serious offer; nur ~e Bewerber mögen sich melden only serious(-minded) applicants should reply; er wirkt ~ he makes a serious impression. – **2.** (*gediegen, zuverlässig*) respectable, reliable: ein ~er älterer Herr a respectable elderly gentleman; dieser Geschäftsmann ist ~ this businessman is reliable (*od.* trustworthy, dependable). – **3.** (*Unternehmen, Firma*) reliable, sound, of repute (*od.* standing). – **4.** (*Musik*) serious, classical.

Se·rio·si·tät [zerĭozi'tɛːt] *f* ⟨-; *no pl*⟩ **1.** seriousness. – **2.** respectability, reliability.

Ser·mon [zɛr'moːn] *m* ⟨-s; -e⟩ **1.** *contempt. iron.* (*Strafpredigt*) sermon, lecture, preaching, preach: j-m einen ~ halten to preach s.o. a sermon, to give s.o. a lecture (*od.* preaching). – **2.** *contempt. iron.* (*Geschwätz*) sermon, preachment. – **3.** *obs. for* Rede 1. – **4.** *obs. for* Predigt 1.

Se·ro·dia·gno·se [zerodia'gnoːzə] *f med.* serodiagnosis, immunodiagnosis.

Se·ro·lo·ge [zero'loːgə] *m* ⟨-n; -n⟩ *biol. med.* serologist. — **Se·ro·lo'gie** [-lo'giː] *f* ⟨-; *no pl*⟩ serology. — **se·ro'lo·gisch** *adj* serologic(al).

se·rös [ze'røːs] *adj med.* serous.

Se·ro·sa [ze'roːza] *f* ⟨-; -rosen⟩ *med.* serosa, serous membrane.

se'rös|-'blu·tig *adj med.* serosanguin(e)ous. — **~-'eit·rig** *adj* seropurulent.

Se·ro·the·ra·pie [zerotera'piː] *f med.* serotherapy.

Ser·pens ['zɛrpɛns] *m, f* ⟨-pentis [-'pɛntɪs]; -pentes [-'pɛntɛs]⟩ **1.** *zo. cf.* Schlange 1. – **2.** *astr.* (*Sternbild*) Serpens, Serpent.

Ser·pent [zɛr'pɛnt] *n* ⟨-(e)s; -s⟩ *mus. hist.* serpent.

Ser·pen·tin [zɛrpɛn'tiːn] *m* ⟨-s; -e⟩ *min.* serpentine.

Ser·pen·ti·ne [zɛrpɛn'tiːnə] *f* ⟨-; -n⟩ **1.** (*Straße etc*) winding (*od.* serpentine) road, zigzag: in ~n in zigzags. – **2.** (*Kehrschleife*) double (*od.* sharp) bend, loop.

Ser·pen'ti·nen|ˌstra·ße *f* winding (*od.* serpentine) road, zigzag. — **~ˌweg** *m* winding (*od.* serpentine) path, zigzag.

Ser·pen'tin|geˌstein *n*, **~ˌstein** *m min.* serpentine (*od.* snake) stone.

Ser·ra·del·la [zɛra'dɛla], **Ser·ra'del·le** *f* ⟨-; -len⟩ *bot.* serradella, *auch* serradilla, bird's-foot (*Ornithopus sativus*).

Se·rum ['zeːrʊm] *n* ⟨-s; Seren *u.* Sera [-ra]⟩ *chem. pharm.* serum. — **~al·bu·min** *n meist pl chem.* serum albumin. — **~al·lerˌgie** *f med.* serum intoxication (*od.* sickness). — **~beˌhand·lung** *f cf.* Serotherapie. — **~diaˌgno·se** *f* **1.** serodiagnosis, orrhodiagnosis. – **2.** (*durch Tierversuch*) isodiagnosis. — **~ˌeiˌweiß** *n med.* serum protein (*od.* albumin). — **~erˌkran·kung** *f* serum sickness. — **~glo·buˌlin** *n meist pl chem.* serum globulin. — **~konˌser·ve** *f med.* dried human serum. — **~ˌkrank·heit** *f* serum sickness (*od.* disease). — **~pro·phyˌla·xe** *f* seroprophylaxis. — **~re·ak·tiˌon** *f* serological (*od.* serum) reaction, seroreaction.

Ser·val ['zɛrval] *m* ⟨-s; -e *u.* -s⟩ *zo.* serval, servaline cat (*Felis serval*).

Ser·ve·la ['zɛrvəla] *f, m* ⟨-; -⟩ *Swiss for* Zervelatwurst.

Ser·vice¹ [zɛr'viːs; sɛr'vis] (*Fr.*) *n* ⟨- *u.* -s [-'viːs; -'vis]; - [-'viːs(ə)]⟩ (*housekeeping*) **1.** service, set. – **2.** (*Gläser*) set.

Ser·vice² ['zœrvɪs; 'sɔːvɪs] (*Engl.*) *m, n* ⟨-; -s [-vɪs]⟩ *meist sg* **1.** *gastr.* a) (*Bedienung*) service, b) (*Trinkgeld*) service charge: erstklassiger ~ first-class service. – **2.** *auto.* a) (*Instandhaltungsdienst*) maintenance service, b) (*Kundendienstwerkstatt*) service station. – **3.** (*sport*) (*beim Tennis etc*) service.

Ser'vierˌbrett *n gastr.* tray, salver, server.

ser·vie·ren [zɛr'viːrən] **I** *v/t* ⟨*no* ge-, h⟩ **1.** *gastr.* serve: j-m etwas ~ to serve s.o. s.th. (*od.* s.th. to s.o.); Speisen ~ to serve meals; es ist serviert! dinner (*od.* supper) is served! man servierte uns den Tee tea was served, we were served tea. – **2.** (*sport*) (*beim Tennis etc*) serve. – **II** *v/i* **3.** (*bedienen*) wait at table.

Ser'vie·re·rin *f* ⟨-; -nen⟩, **Ser'vierˌmäd·chen** *n* waitress.

Ser'vier|ˌschür·ze *f* waiter's (*od.* waitress's) apron. — **~taˌblett** *n*, *Austrian* **~ˌtas·se** *f cf.* Servierbrett. — **~ˌtel·ler** *m* serving tray. — **~ˌtisch** *m* **1.** (*feststehender*) sideboard. – **2.** (*beweglicher*) serving table. — **~ˌtoch·ter** *f Swiss* (*Kellnerin*) waitress. — **~ˌtuch** *n* waiter's (*od.* waitress's) napkin. — **~ˌwa·gen** *m* serving trolley, dinner wagon (*bes. Br.* waggon).

Ser·vi·et·te [zɛr'vĭɛtə] *f* ⟨-; -n⟩ (table) napkin, *Br. auch* serviette.

Ser·vi'et·ten|ˌring *m* napkin ring. — **~ˌta·sche** *f* napkin case.

ser·vil [zɛr'viːl] *adj lit.* (*Person, Haltung, Auftreten etc*) servile, obsequious, cringing, crawling, toadying, toadyish. — **Ser·vi'lis·mus** [-vi'lɪsmʊs] *m* ⟨-; *no pl*⟩, **Ser·vi·li'tät** [-vili'tɛːt] *f* ⟨-; *no pl*⟩ servility, obsequiousness, toadyism.

Ser·vit [zɛr'viːt] *m* ⟨-en; -en⟩, **Ser'vi·tin** *f* ⟨-; -nen⟩ *röm.kath.* Servite.

Ser·vi·tut [zɛrvi'tuːt] *n* ⟨-(e)s; -e⟩, *Austrian and Swiss auch f* ⟨-; -en⟩ *jur. bes. Am.* servitude, *bes. Br.* easement.

'**Ser·vo|ag·greˌgat** ['zɛrvo-] *n tech.* servo(-control). — **~-ˌBremsˌanˌla·ge** *f auto.* power brake system. — **~ˌbrem·se** *f* servo (*od.* power) brake, booster (*od.* self-energizing) brake. — **~ˌlen·kung** *f* **1.** servo- (*od.* power, power-assisted) steering. – **2.** (*Bauteil*) servo-assisted steering mechanism. — **~ˌmo·tor** *m* servo-motor, booster. — **~prinˌzip** *n* servo system. — **~ˌsteue·rung** *f bes. aer.* servo(-control).

Ser·vus ['zɛrvʊs] *interj Bavarian and Aus-*

trian colloq. **1.** (*bei Begrüßung*) hello! hi! – **2.** (*beim Abschied*) good-by(e)! see you! (*colloq.*), so long! (*colloq.*), *bes. Br. colloq.* cheerio!

Se·sam[1] ['ze:zam] *m* ⟨-s; -s⟩ *bot.* a) sesamum (*Gattg Sesamum*), b) sesame, benne (*S. indicum*): **Orientalischer** (*od.* **Weißer**) ~ Oriental sesame, til, gingelly (*S. orientale*).

'**Se·sam**[2] *m* ⟨-s; -s⟩ ~, **öffne dich!** (*Zauberformel aus 1001 Nacht*) open, sesame!

'**Se·sam|ˌbein, ~ˌknö·chel·chen** *n med.* sesamoid (bone *od.* cartilage). — **~ˌöl** *n* sesame (*od.* gingelly) oil. — **~ˌsa·me(n)** *m bot.* sesame seed, gingelly.

Se·sel ['ze:zəl] *m* ⟨-s; -⟩, **~ˌkraut** *n bot.* meadow-saxifrage, stone parsley (*Gattg Seseli*).

Ses·sel ['zɛsəl] *m* ⟨-s; -⟩ **1.** (*Polster-, Lehnsessel*) (upholstered) armchair, easy chair. – **2.** (*theater*) (*Parkettsessel*) (stall) seat. – **3.** *Austrian for* **Stuhl** 1. — **~ˌbahn** *f cf.* **Sessellift.** — **~ˌleh·ne** *f* chair back, back of a chair. — **~ˌlei·ste** *f arch. Am.* baseboard, *Br.* skirting (board), *Am.* mopboard, *Am.* washboard. — **~ˌlift** *m* chair lift, chairway.

seß·haft ['zɛshaft] *adj* **1.** *cf.* **ansässig.** – **2.** (*in Wendungen wie*) **sich ~ machen** to settle (down), to take up residence; **~ werden** to settle; **er ist (wieder mal) recht ~** *colloq. humor.* (*von Gast*) he is outstaying (*od.* overstaying) his welcome (again). – **3.** (*Volksstamm*) sedentary, settled: **sie sind ~ geworden** they have settled, they have become sedentary. – **4.** *mil. phys.* (*Kampfstoff, Gas*) persistent. – **5.** *zo.* resident, sedentary. — '**Seß·haf·tig·keit** *f* ⟨-; *no pl*⟩ **1.** *cf.* **Ansässigkeit.** – **2.** settled state, settledness, sedentariness. – **3.** *mil. phys.* persistency. – **4.** *zo.* a) residency, sedentariness, b) endemism.

ses·sil [zɛ'si:l] *adj zo.* (*Schwämme etc*) sessile: **~ werden** (*von Austern*) to set.

Ses·si·on [zɛ'sĭo:n] *f* ⟨-; -en⟩ *pol.* **1.** (*Sitzungsperiode*) session. – **2.** (*einzelne Sitzung*) session, sitting, meeting.

Se·sti·ne [zɛs'ti:nə] *f* ⟨-; -n⟩ *metr.* sestina, sestine, sextain.

Set[1] [zɛt; sɛt] (*Engl.*) *n, m* ⟨-(s); -s⟩ **1.** (*Satz, Garnitur*) set. – **2.** (*Platzdecke*) place (*od.* table) mat (and napkin). – **3.** (*fashion*) a) set, b) dress and coat to match, c) twinset.

Set[2] *n* ⟨-(s); *no pl*⟩ *print.* (*Dickteneinheit*) set.

Se·thit [ze'ti:t] *m* ⟨-en; -en⟩ *Bibl.* Sethite, Sethian.

Set·ter ['zɛtər] *m* ⟨-s; -⟩ *zo.* (*Hunderasse*) setter.

'**Setz|ˌan·gel** *f* ⟨-; -n⟩ (*in der Fischerei*) trimmer (hook). — **~ˌauf·be,rei·tung** *f* (*mining*) jigging, screening. — **~ˌbett** *n* jig bed. — **~ˌbrett** *n print.* composing board. — **~ˌei** *n meist pl gastr.* (*Spiegelei*) fried egg.

set·zen ['zɛtsən] **I** *v/t* ⟨h⟩ **1.** (*Bäume, Sträucher, Blumen etc*) plant, set (out). – **2.** (*ein Denkmal, einen Grabstein etc*) set (*od.* put) up, erect, raise. – **3.** (*Grenz-, Kilometersteine etc*) set (*od.* put) up, lay. – **4.** (*einen Ofen*) put in, fit. – **5.** (*Holz, Briketts etc*) stack. – **6.** (*die Füße*) move: **sie setzt die Füße graziös** she moves her feet gracefully; **die Füße einwärts [auswärts] ~** to turn one's toes inward(s) (*od.* in) [outward(s) *od.* out], to be pigeon-toed [splayfoot, splayfooted]. – **7.** (*einen Punkt, ein Komma etc*) write (*od.* put, mark) (in): **Tilgungszeichen ~** *print.* to mark deles; → **Akzent** 2, 5. – **8.** (*beim Brettspiel etc*) (*Figur*) move: **er setzte seinen Bauern eins nach vorn** he moved his pawn one square forward(s); **j-n (schach)matt ~** *auch fig.* to checkmate s.o. – **9.** (*bei Wetten, Glücksspielen etc*) (*Geld*) stake, bet, wager, lay, (*beim Poker*) *bes. Am. auch* ante up: **ich habe 100 Mark gesetzt** I staked 100 marks; **wieviel ~ Sie?** how much do you stake? what is your bet? – **10.** (*eine Frist, einen Termin etc*) set, fix, appoint, prescribe: **er hat mir eine Frist bis (zum nächsten) Freitag gesetzt** he fixed me a time limit until next Friday; **sie setzten ihm eine letzte Frist von 3 Tagen** they set (*od.* gave) him a final respite of 3 days (*od.* a final 3 days' grace). – **11.** (*aufstellen, einsetzen*) establish, set (up): **der Gerichtshof mußte in diesem Fall neue Rechtsnormen ~** the court had to establish new legal standards in this case. – **12.** (*eine Flagge etc*) hoist, raise. – **13.** (*in Wendungen wie*) **den Fall ~ (, daß)** to assume (*od.* suppose, *colloq.* say) (that); **gesetzt den Fall, das Gerücht ist wahr** assuming (*od.* supposing, *colloq.* say) (that) the rumo(u)r is true; **sich** (*dat*) **[einer Unternehmung, einem Bestreben] ein Ziel ~** to set oneself [an enterprise, an endeavo(u)r] an aim (*od.* a target); **er hat sich** (*dat*) **ein hohes [bescheidenes] Ziel gesetzt** he has set himself high [modest] aims, he has aimed high [low]; **man muß diesen Ausschreitungen Grenzen** (*od.* **Schranken**) **~** one must set (*od.* put) a limit (*od.* limits) to these outrages; **seiner Macht sind Grenzen gesetzt** there are limits to his power; **deiner Hilfsbereitschaft sind keine Grenzen** (*od.* **Schranken**) **gesetzt** there are no limits (*od.* bounds) to your helpfulness; **er weiß die Worte wohl zu ~** *lit.* he knows how to express himself well; → **Ende** 3. – **14.** (*in Verbindung mit Adverbien*) **er hat mich bei der Feier dorthin gesetzt** he put (*od.* sat, seated) me there at the celebration; **j-n obenan ~** (*bei Tisch*) to put (*od.* place) s.o. at the head (of the table); **wohin hat man dich gesetzt?** where have you been seated? **etwas instand ~** a) (*eine Straße, Kleidungsstücke etc*) to repair (*od.* mend) s.th., b) (*ein Gebäude, Möbel etc*) to repair (*od.* make repairs to) s.th., c) (*eine Maschine, ein Auto etc*) to repair s.th., to put s.th. into working order; **er setzte alles daran, die Stelle zu bekommen** *fig.* he did his utmost to get the post. – **15. die Segel ~** *mar.* to set (*od.* make) sail. – **16.** *print.* (*ein Manuskript, einen Text*) set (*s.th.*) (up), compose: **etwas eng ~** to set s.th. closely; **etwas mit der Hand [mit der Maschine] ~** to compose s.th. by hand [machine]. – **17.** *agr.* a) **Hennen (zum Brüten) ~** to set hens, b) (*Fische*) spawn. – **18. Junge ~** *hunt.* (*von Häsin etc*) to bring forth (*od.* have) young. – **19. Blutegel ~** *med. obs.* to apply leeches. – **II** *v/i* **20.** (*bei Wetten, Glücksspielen etc*) stake, bet, wager, lay, make one's bet, lay one's wager. – **21.** *hunt.* (*von Häsin etc*) bring forth (*od.* have) young. – **III** *v/reflex* **sich ~ 22.** sit down, seat (*od. colloq.* park) oneself, (*auf einen Stuhl, ein Sofa etc*) *auch* take a seat: **bitte ~ Sie sich!** please sit down! please take (*od.* have) a seat! **~!** a) (*in der Schule*) sit down! b) (*zum Hund*) sit! **setz dich gerade!** sit up (straight)! **darf ich mich einen Augenblick ~?** may I sit down for a moment? – **23.** (*von Vögeln*) perch, alight, settle. – **24.** (*von Insekten*) settle, alight. – **25.** (*von Staub, Pulver, Kaffee etc*) settle. – **26.** (*von Erdreich, Haus etc*) settle, sag, subside. – **27.** (*von Wein, Most etc*) (become) clear, clarify, settle. – **28.** *fig.* (*von seelischen Erschütterungen, Kummer etc*) subside: **der Schock muß sich erst einmal ~** the shock must subside first, I have to get over the shock first. – **29.** *chem.* (*von Niederschlag, Lösung etc*) settle, precipitate, subside. – **IV** *v/impers* **30. wenn du nicht gleich aufhörst, setzt es was!** *colloq.* if you don't stop that at once you'll catch it! **gleich wird es Schläge** (*od.* **Prügel, Hiebe**) **~** *colloq.* you'll get a beating (*od.* thrashing) in a minute. – **V S~** *n* ⟨-s⟩ **31.** *verbal noun.* – **32.** (*von Normen etc*) establishment. – **33.** (*einer Flagge*) hoist, raise. – **34.** *print.* composition.

Verbindungen mit Präpositionen:

setzen| an (*acc*) **I** *v/t* ⟨h⟩ **1. etwas an etwas ~** a) (*nahe, neben*) to put (*od.* set, place) s.th. beside (*od.* near, at) s.th., b) (*in Richtung auf*) to put (*od.* set, place) s.th. to s.th., c) (*gegen*) to put (*od.* set, place) s.th. at (*od.* against) s.th.: **einen Stuhl an den Tisch ~** to put a chair beside the table; **das Glas [die Trompete] an den Mund ~** to put (*od.* raise) the glass [the trumpet] to one's mouth (*od.* lips); **sie haben ein anderes Haus an diese Stelle gesetzt** they put another house on this site; **sein Leben an etwas ~** *fig.* to devote one's life to s.th.; → **Messer**[1] 1. – **2. j-n an etwas ~** a) (*nahe, neben*) to put (*od.* sit, set) s.o. at (*od.* beside, near) s.th., b) (*gegen*) to put (*od.* sit, set) s.o. at (*od.* against) s.th., c) (*einen Platz anweisen*) to put (*od.* sit, seat) s.o. at (*od.* beside, near) s.th.: **die Mutter setzte das Kind an den Tisch** the mother sat the child at the table; **sie haben dich an seine Stelle gesetzt** *fig.* they put you in his place, they substituted you for him, they replaced him by (*od.* with) you; **j-n an die (frische) Luft ~** *fig. colloq.* a) to turn s.o. out, to show s.o. the door, *bes. Am. colloq.* to give s.o. the air, b) (*kündigen*) to show s.o. the door; to fire s.o., to sack s.o., to give s.o. the sack (*colloq.*). – **3. j-n an Land ~** *mar.* to put s.o. ashore, to disembark (*od.* land) s.o. – **II** *v/reflex* **4. sich an etwas ~** a) (*nahe, neben*) to sit down (*od.* seat oneself) at (*od.* beside, near, by) s.th., b) (*gegen*) to sit down (*od.* seat oneself) at (*od.* against) s.th.: **sie setzten sich ans Fenster** they sat down at (*od.* by) the window; **er setzte sich an die Arbeit** he set (*od.* settled down) to work. — **~ auf** (*acc*) **I** *v/t* ⟨h⟩ **1. etwas auf etwas ~** a) to put (*od.* set, place) s.th. (down) on s.th., b) (*einen Akzent, Punkt, Strich etc*) to put s.th. on s.th., c) (*auf eine Liste etc*) to put s.th. (down) on s.th., to enter s.th. in s.th., d) (*bei Wetten, Glückspielen etc*) to stake (*od.* bet, wager, lay) s.th. on s.th.: **einen Topf auf den Herd ~** to put a pot on the stove; **sich** (*dat*) **den Hut auf den Kopf ~** to put one's hat on (one's head); **eine Kiste auf die andere ~** to put one crate on top of the other, to stack crates; **j-s Namen auf eine Liste ~** to put s.o.'s name (down) on a list, to enter s.o.('s name) in a list; **ein Gericht auf die Speisekarte ~** to put a dish on the menu; **etwas auf die Tagesordnung ~** to put s.th. on the agenda; **ein Stück auf den Spielplan ~** to put on (*od.* to stage) a play; **das Tüpfelchen aufs i ~** to put the dot on the i, to dot the i; **einen Betrag auf j-s Rechnung ~** to charge an amount to s.o.'s account; **20 Chips auf Schwarz ~** (*beim Roulette*) to stake 20 chips on black; **etwas aufs Spiel ~** *fig.* to risk (*od.* hazard, stake) s.th.; **um sie zu retten, setzte er sein Leben aufs Spiel** *fig.* he risked his life to save her; **alles auf eine Karte ~** *fig.* to stake everything on one horse (*od.* chance), to put all one's eggs in one basket (*colloq.*); **Hoffnungen auf etwas [j-n] ~** *fig.* to put (*od.* place) one's hopes in s.th. [s.o.], to pin one's hopes on s.th. [s.o.]; **auf j-s Kopf einen Preis ~** to put a price on s.o.'s head; **ein Schiff auf Grund ~** *mar.* to run a ship aground; → **Brust** 1. – **2. j-n auf etwas ~** a) to put (*od.* sit, set) s.o. on s.th., b) (*einen Platz anweisen*) to put (*od.* sit, seat) s.o. on s.th., c) (*auf eine Liste etc*) to put s.o. (down) on (*od.* enter s.o. in) s.th., d) (*durch eine Verordnung, Bestimmung*) to put s.o. on s.th.: **sie setzte das Kind auf den Stuhl** she sat the child on the chair; **j-n auf halben Lohn ~** to put s.o. on half pay; **der Arzt setzte den Patienten auf Diät** the doctor put the patient on a diet (*od.* dieted the patient); **j-n auf freien Fuß ~** *fig.* to set s.o. free (*od.* at liberty), to release s.o.; **j-n auf die Straße ~** *fig. colloq.* to throw s.o. out. – **3. etwas auf j-n ~** (*bei Wetten*) to stake (*od.* bet, wager, lay, put) s.th. on s.o. – **II** *v/i* **4. auf etwas [j-n] ~** (*bei Wetten, Glücksspielen etc*) to stake (*od.* bet, wager, lay) on s.th. [s.o.]: **auf ein Rennpferd ~** to bet on (*od.* back) a racehorse; **er hat aufs falsche Pferd** (*od.* **auf die falsche Karte**) **gesetzt** *fig.* he backed the wrong horse. – **III** *v/reflex* **5. sich auf etwas ~** a) to sit down (*od.* seat oneself) on s.th., (*auf einen Stuhl, ein Sofa etc*) *auch* to take a seat on s.th., b) (*auf ein Pferd, Motorrad, Fahrrad etc*) to get on (*od.* mount) s.th., c) (*von Vögeln*) to perch (*od.* alight, settle) on s.th., d) (*von Insekten*) to settle (*od.* alight) on s.th.: **das Kind setzte sich auf ihren Schoß** the child sat down on her lap; **sich aufs hohe Roß ~** *fig. colloq.* to ride the (*od.* be on one's) high horse; → **Buchstabe** 1; **Hosenboden.** – **6. sich auf j-n ~** (*bei Raufereien etc*) to sit on s.o. — **~ au·ßer** (*acc*) *v/t* ⟨h⟩ (*in Wendungen wie*) **Geld außer Kurs** (*od.* **Umlauf**) **~** to put money out of (*od.* to withdraw money from) circulation, to call money in; → **Betrieb** 5; **Gefecht** 1, 2. — **~ in** (*acc*) **I** *v/t* ⟨h⟩ **1. etwas in etwas ~** a) to put (*od.* set) s.th. in(to) s.th., b) (*Blumen, Sträucher etc*) to plant (*od.* set) s.th. in s.th., c) (*in einen Zustand versetzen*) to put (*od.* set) s.th. in s.th., d) *agr.* (*Fische*) to spawn (*fish*) in s.th.: **ich setze keinen Fuß mehr in das Haus** I'll never set foot in (*od.* I'll never cross the threshold of) that house again; etwas in die Zeitung ~ a) (*einen Artikel, ein Bild etc*) to put s.th. in the paper, b) (*eine Anzeige*) to put (*od.* insert) s.th. in the paper; sich (*dat*) etwas in den Kopf ~ *fig.* to get (*od.* to take) s.th. into one's head, to be set (*od.* bent) on s.th., to take a notion; was er sich einmal in den Kopf gesetzt hat, kann man ihm nicht wieder ausreden once he has got an idea into his head there is no talking him out of it; er hat es sich (*dat*) in den Kopf gesetzt, sie zu heiraten he has taken (*od.* got) it into his head (*od.* he is determined) to marry her; er setzte seinen ganzen Stolz [seine Ehre] in die Verwirklichung des Plans *fig.* he pursued the plan as a matter of pride [hono(u)r]; Vertrauen in j-n ~ *fig.* to put one's confidence in s.o.; Hoffnungen in etwas [j-n] ~ *fig.* to put (*od.* place) one's hopes in s.th. [s.o.], to pin one's hopes on s.th. [s.o.]; etwas in Brand ~ to set s.th. on fire, to set fire to s.th.; etwas [j-n] in Beziehung zu etwas [j-m] ~ to establish a relationship of s.th. [s.o.] to s.th. [s.o.], to relate s.th. [s.o.] to (*od.* connect s.th. [s.o.] with) s.th. [s.o.]; j-m einen Floh ins Ohr ~ *fig. colloq.* to put ideas into s.o.'s head, *Am. colloq. auch* to put a bug into s.o.'s ear; eine Maschine in Gang ~ to start a machine, to set a machine in action (*od.* into operation, to work); er setzte Himmel und Hölle (*od.* er setzte alle Hebel) in Bewegung, um die Wohnung zu bekommen *fig. colloq.* he moved heaven and earth to obtain the apartment (*bes. Br.* flat); etwas in Szene ~ a) (*ein Theaterstück*) to stage (*od.* put on) s.th., to put (*od.* bring) s.th. on the stage, b) *fig.* to stage s.th.; eine Arbeit [ein Vorhaben] ins Werk ~ to set a piece of work [a plan] afoot (*od. colloq.* going); ein Gedicht in Musik ~ to set a poem to music; etwas in Partitur ~ *mus.* to score s.th.; Banknoten in Umlauf ~ *econ.* to put bank notes into circulation, to circulate (*od.* issue) bank notes; wer hat diese Gerüchte in Umlauf (*od. colloq.* in die Welt) gesetzt? *fig.* who started (circulating) (*od.* who spread) these rumo(u)rs? Kinder in die Welt ~ *fig. colloq.* to bring children into the world; etwas in Rockwell [in Fraktur] ~ *print.* to set s.th. in Rockwell [in fraktur (*auch* fractur)]; Fischbrut in einen Teich ~ *agr.* to spawn fry in a pond; → Anführungsstriche. – **2.** j-n in etwas ~ a) to put (*od.* sit, set) s.o. in(to) s.th., b) (*einen Platz anweisen*) to put (*od.* sit, seat) s.o. in(to) s.th.: j-n [ein Tier] in Freiheit ~ *fig.* to set s.o. [an animal] free (*od.* at liberty), to release s.o. [an animal]; j-n (von etwas) in Kenntnis ~ *fig.* to inform (*od.* notify) s.o. (of s.th.); j-n in Erstaunen [in Verlegenheit] ~ *fig.* to fill s.o. with astonishment [with embarrassment], to astonish [to embarrass] s.o. – **II** *v/reflex* **3.** sich in etwas ~ a) (*in ein Zimmer etc*) to sit down (*od.* seat oneself, take a seat) in s.th., b) (*in ein Auto etc*) to get into s.th., c) (*von Staub, Pulver etc*) to settle in (*od.* cling to) s.th., d) *fig.* (*von Geruch*) to cling to s.th.: sich in die Sonne [in den Schatten] ~ to sit in the sun [in the shade]; sich in den Besitz einer Sache ~ *fig.* to take possession of s.th.; sich in Bewegung ~ a) (*von Eisenbahn-, Festzug etc*) to start (*od.* move) off, to start (to move), b) (*von Maschine*) to start (up); bis der sich mal in Bewegung setzt *colloq.* it takes him ages to get going (*od.* moving) (*colloq.*); sich mit j-m in Verbindung ~ to get in touch with s.o., to contact (*od.* communicate with) s.o.; sich mit j-m ins Einvernehmen ~ to try to come to an agreement (*od.* understanding) with s.o.; sich ins rechte Licht ~ *fig.* to present oneself to one's best advantage; sich in Szene ~ *fig.* to put oneself into the limelight; sich ins Unrecht ~ *fig.* to put oneself in the wrong; sich in die Nesseln ~ *fig. colloq.* to get into a scrape (*od. colloq.* hot water). — ~ **über** (*acc*) **I** *v/t* ⟨h⟩ **1.** etwas über etwas ~ a) to put (*od.* set, place) s.th. over s.th., b) *fig.* (*höher schätzen*) to set (*od.* value) s.th. above s.th.: er schwor, seinen Fuß nie mehr über diese Schwelle zu ~ he swore never to cross that threshold again. – **2.** j-n über j-n ~ *fig.* a) (*höher schätzen*) to esteem s.o. higher than s.o., to hold s.o. in higher esteem than s.o., b) (*zum Vorgesetzten machen*) to set (*od.* put) s.o. over s.o. – **3.** j-n über etwas ~ (*über einen Fluß etc*) to set (*od.* bring) s.o. across s.th. – **II** *v/i* ⟨h *u.* sein⟩ **4.** über etwas ~ a) (*über ein Hindernis*) to leap (*od.* jump) over s.th., to clear s.th., (*im Reitsport*) *auch* to take s.th., b) (*über einen Fluß etc*) to cross s.th. — ~ **un·ter** (*acc*) **I** *v/t* ⟨h⟩ **1.** etwas unter etwas ~ to put (*od.* set, place) s.th. under s.th.: seinen Namen (*od.* seine Unterschrift) unter etwas ~ to put one's name under s.th., to put (*od.* affix) one's signature to s.th., to set one's name to s.th., to sign s.th.; etwas unter Wasser ~ to put s.th. under water, to flood (*od.* submerge) s.th.; einen Kessel unter Druck ~ *tech.* to raise steam in a boiler. – **2.** j-n unter Druck ~ *fig.* a) (*in Angst halten*) to exert (*od.* put) pressure on s.o., to bring pressure to bear on s.o., to force s.o.'s hand, to put the screw(s) on s.o. (*colloq.*), *Am. auch* to pressurize s.o., b) (*zur Arbeit antreiben*) to put s.o. under pressure, to push s.o. (*colloq.*). – **3.** j-n unter j-n ~ *fig.* to set (*od.* put) s.o. under s.o. – **II** *v/reflex* **4.** sich unter etwas ~ to sit down (*od.* seat oneself) under s.th. — ~ **vor** (*acc*) **I** *v/t* ⟨h⟩ **1.** etwas vor etwas ~ to put (*od.* set, place) s.th. in front of s.th.: er setzte vorsichtig einen Fuß vor den anderen he carefully put one foot in front of the other; ich habe heute noch keinen Fuß vor die Tür gesetzt *fig.* I haven't set foot outside the door today; j-m den Stuhl vor die Tür ~ *fig.* a) (*hinauswerfen*) to turn (*od.* put) s.o. out, b) (*kündigen*) to put s.o. out on the street, to chuck s.o. out (*colloq.*); er hat sein Auto genau vor meines gesetzt *fig. colloq.* he put (*od.* left, parked) his car right in front of mine. – **2.** j-n vor etwas ~ to put (*od.* sit, set) s.o. in front of s.th. – **3.** j-n vor j-n ~ a) to put (*od.* sit, set) s.o. in front of s.o., b) (*zum Vorgesetzten machen*) to put (*od.* place) s.o. ahead of s.o., to make s.o. s.o.'s superior: man hat ihn mir vor die Nase gesetzt *fig. colloq.* he has been made my superior. – **II** *v/reflex* **4.** sich vor etwas [j-n] ~ to sit down (*od.* seat oneself, *colloq.* park oneself) in front of s.th. [s.o.], (*auf einen Stuhl, Platz etc*) to take a seat in front of s.th. [s.o.]: der Fahrer überholte und setzte sich vor mich *colloq.* the driver overtook me and put himself in front of me. — ~ **zu I** *v/t* ⟨h⟩ **1.** j-n zu j-m ~ to put (*od.* sit) s.o. beside (*od.* near) s.o. – **II** *v/reflex* **2.** sich zu j-m ~ to sit down (*od.* seat oneself) beside (*od.* near) s.o. – **3.** (*in Wendungen wie*) sich zu Tisch ~ to sit down at table; sich zur Ruhe ~ a) to retire, b) (*pensioniert werden*) to retire, to be pensioned (off); sich zur Wehr ~ to defend oneself.

'Set·zer *m* ⟨-s; -⟩ *print.* compositor, typesetter, typographer: berechnender ~ piece hand. — **Set·ze'rei** *f* ⟨-; -en⟩ **1.** composing (*od.* case) room, typesetting room. – **2.** *collect.* compositors *pl.*

'Set·zer|,jun·ge, ~,lehr·ling *m print.* printer's devil (*od.* apprentice), apprentice compositor (*od.* typesetter, typographer). — **~,saal** *m cf.* Setzerei 1.

'Setz|,feh·ler *m print.* typographical (*od.* printer's) error, misprint. — **~,gut** *n* ⟨-(e)s; *no pl*⟩ **1.** *print.* composition. – **2.** *hort.* a) seedlings *pl*, b) (*junge Bäume*) saplings *pl.* – **3.** (*in der Fischzucht*) fry, spawn, alevins *pl.* — **~,ham·mer** *m tech.* blacksmith's set hammer. — **~,ha·se** *m hunt.* female (*od.* doe) hare. — **~,holz** *n hort.* planting pin (*od.* peg), dibble. — **~,karp·fen** *m* (*in der Fischzucht*) fryer (*auch* frier) carp. — **~,ka·sten** *m* **1.** *print.* (type)case, letter case. – **2.** *hort.* seedling box. – **3.** *tech.* (*mining*) jig, wash box. — **~,kopf** *m tech.* (*eines Niets*) die (*od.* primary, swaged, set) head. — **~,ko·sten** *pl print.* printing cost(s). — **~,lat·te** *f* (*im Vermessungswesen*) aligning pole.

'Setz·ling *m* ⟨-s; -e⟩ **1.** *hort.* a) seedling, b) (*junger Baum*) sapling. – **2.** *pl* (*in der Fischzucht*) fry *sg*, spawn *sg*, alevins.

'Setz|,li·nie *f print.* composing (*od.* setting) rule. — **~ma,schi·ne** *f* **1.** *print.* typesetting (*od.* composing) machine, typesetter. – **2.** *tech.* (*mining*) jig, wash box, washer. — **~,mei·ßel** *m tech.* calking (*bes. Br.* caulking) chisel. — **~,re·be** *f hort.* layer of vine. — **~re,gal** *n print.* composing (*od.* case) rack. — **~,reis** *n hort. cf.* Setzling 1a. — **~,riß** *m civ.eng.* main roof break. — **~,schiff** *n print.* galley.

'Setz,stock *m tech.* steady (rest). — **~,la·ger** *n* stay bearing. — **~,stän·der** *m* (*beim Bohrwerk*) end support column.

'Setz|,stück *n* (*theater*) (*der Bühnendekoration*) set piece. — **~,teich** *m* fish breeding pond. — **~,tisch** *m print.* composing table.

'Set·zung *f* ⟨-; *no pl*⟩ *cf.* Setzen.

'Setz|,waa·ge *f tech. cf.* Wasserwaage. — **~,zeit** *f* **1.** *print.* composing time. – **2.** *hunt.* (*von Häsin etc*) breeding time. – **3.** *agr.* (*von Fischen*) spawning time. — **~,zwie·bel** *f hort.* bulb (for planting).

Seu·che ['zɔʏçə] *f* ⟨-; -n⟩ **1.** *med.* epidemic (disease): eine ~ einschleppen to import (*od.* bring in) an epidemic. – **2.** *vet.* epizootic (disease). – **3.** *fig.* (*weitverbreitete Gewohnheit*) epidemic.

'seu·chen,ar·tig *adj* **1.** *med.* epidemic, *auch* epidemical, (*ansteckend*) contagious, infectious. – **2.** *vet.* epizootic.

'Seu·chen|be,kämp·fung *f* control of epidemics. — **~ge,biet** *n* epidemic area. — **~ge,fahr** *f* danger of an epidemic. — **~,herd** *m* center (*bes. Br.* centre) of an epidemic. — **~,kran·ken,haus, ~la·za,rett** *n* isolation (*od.* epidemic disease) hospital. — **~,vor,sor·ge** *f* protection against epidemics.

seuf·zen ['zɔʏftsən] *v/i* ⟨h⟩ **1.** (über *acc* at; vor *dat* with) sigh, give a sigh, suspire (*lit.*), (*stärker*) heave a sigh: er seufzte tief he heaved (*od.* uttered) a deep sigh. – **2.** (*stöhnen*) groan, moan. – **3.** *fig.* (*von Wind etc*) sigh. — **'seuf·zend I** *pres p.* – **II** *adj* sighing. – **III** *adv* with a sigh, sighingly: ~ gab sie ihm das Geld she gave him the money with a sigh.

'Seuf·zer *m* ⟨-s; -⟩ **1.** sigh: einen ~ der Erleichterung ausstoßen to give (*stärker* heave) a sigh of relief; seinen letzten ~ tun *fig.* to breathe one's last (breath). – **2.** (*Stöhnen*) groan, moan. — **~,brücke** (*getr.* -k·k-), **die** (*in Venedig*) the Bridge of Sighs.

'Se·ven,baum ['zeːvən-] *m bot. cf.* Sadebaum.

'Sèvres·por·zel,lan ['sɛːvr-] (*Fr.*) *n* Sèvres (porcelain *od.* china).

Sex [zɛks] *m* ⟨-(es); *no pl*⟩ *colloq.* **1.** (*Sexualität, Erotik*) sex. – **2.** *cf.* Sex-Appeal.

Se·xa·ge·si·ma [zɛksa'geːzima] *f* ⟨*undeclined*⟩ der Sonntag ~ (*od.* Sexagesimä [-mɛ]) *relig.* Sexagesima (Sunday).

se·xa·ge·si·mal [zɛksagezi'maːl] *adj math.* sexagesimal, sexagenary. — **S~sy,stem** *n* sexagesimal system.

Sex|-Ap·peal ['zɛksʔa,piːl; 'sɛks əˈpiːl] (*Engl.*) *m* ⟨-s; *no pl*⟩ sex appeal, sex, oomph (*sl.*): sie hat viel ~ *colloq.* she has a lot of sex appeal, she has got what it takes (*beide colloq.*). — **~,bom·be** *f colloq. humor.* sex bomb. — **~bou,tique** *f* sex shop. — **~,film** *m* sex film; nudie, skin flick (*sl.*). — **~mas,sa·ge** *f* sex massage. — **~mas,seu·se** *f* sex masseuse. — **~kon,trol·le** *f* (*sport*) *med.* sex test.

Se·xo·lo·ge [zɛkso'loːgə] *m* ⟨-n; -n⟩ sexologist. — **Se·xo·lo'gie** [-lo'giː] *f* ⟨-; *no pl*⟩ sexology.

Sext [zɛkst] *f* ⟨-; -en⟩ **1.** *röm.kath.* Sext, *auch* sext. – **2.** *mus.* sixth, sext: große [kleine] ~ major [minor] sixth. – **3.** (*sport*) (*beim Fechten*) sixte.

Sex·ta ['zɛksta] *f* ⟨-; Sexten⟩ *ped. first year of a German secondary school.*

'Sext·ak,kord *m mus.* chord of the sixth, sixth chord.

Sex·ta·ner [zɛks'taːnər] *m* ⟨-s; -⟩, **Sex'ta·ne·rin** *f* ⟨-; -nen⟩ *ped. pupil of a 'Sexta'.*

Sex·tant [zɛks'tant] *m* ⟨-en; -en⟩ *astr. mar.* sextant.

Sex·te ['zɛkstə] *f* ⟨-; -n⟩ *mus. cf.* Sext 2.

Sex·tett [zɛks'tɛt] *n* ⟨-(e)s; -e⟩ *mus.* sextet(te).

Sex·to·le [zɛks'toːlə] *f* ⟨-; -n⟩ *mus.* sextuplet, sextole(t).

se·xu·al [zɛ'ksŭaːl] *adj rare for* **sexuell.**

Se·xu'al|bio·lo,gie *f* sexual biology. — **~de,likt** *n jur.* (indictable) sex offence (*Am.* offense). — **~emp,fin·den** *n* sexual sensation. — **~er,zie·hung** *f* sex(ual) education. — **~,ethik** *f* sexual ethics *pl* (*construed as sg or pl*). — **~,for·schung** *f* sexology. — **~hor,mon** *n med.* sex hormone. — **~hy·gie·ne** [-hy,gieːnə] *f* sex hygiene. — **~in,stinkt** *m* sex(ual) instinct.

Se·xua·li·tät [zɛksŭaliˈtɛːt] *f* ⟨-; *no pl*⟩ sexuality.
Se·xuˈalˌkun·de *f bes. ped.* sexology. — **~ˌat·las** *m* ⟨- *u.* -ses; *no pl*⟩ handbook of sexology for schools.
Se·xuˈal|ˌle·ben *n* sex(ual) life. — **~ˌmerk·ˌmal** *n* sexual characteristic. — **~neur·astheˌnie** *f med.* sexual neurasthenia. — **~neuˌro·se** *f* sexual neurosis (*od.* disorder). — **~orˌgan** *n cf.* Geschlechtsorgan. — **~päd·ago·gik** [-pɛdaˌgoːgɪk] *f* sex(ual) education. — **~pa·tho·loˌgie** *f* sexual pathology. — **~psy·cho·loˌgie** *f* psychology of sexual behavio(u)r. — **~ˌrei·fe** *f* sexual maturity. — **~ˌtrieb** *m* sexual drive (*od.* instinct). — **~verˌbre·chen** *n jur.* sex(ual) crime. — **~verˌbre·cher** *m* sex(ual) criminal. — **~verˌge·hen** *n cf.* Sexualdelikt. — **~verˌhal·ten** *n* sexual behavio(u)r. — **~ˌwis·sen·schaft** *f* sexology. — **~ˌwis·sen·schaft·ler** *m* sexologist.
se·xu·ell [zɛˈksŭɛl] *adj* (*Aufklärung, Beziehungen etc*) sexual: j-n über **~e** Fragen aufklären to instruct s.o. in sexual matters, (*über die Anfangsgründe*) *auch* to explain the facts of life to s.o., to tell s.o. about the birds and the bees (*colloq. humor.*).
Se·xus [ˈzɛksʊs] *m* ⟨-; -⟩ *psych.* sex.
se·xy [ˈzɛksi; ˈsɛksɪ] (*Engl.*) *adj* ⟨*invariable*⟩ *colloq.* sexy: ~ aussehen to look sexy.
Seyˈchel·len|ˌnuß [zeˈʃɛlən-] *f* (*Frucht der Seychellenpalme*) sea coconut, coco-de-mer. — **~ˌpal·me** *f bot.* sea coconut (*auch* coco) (*Lodoicea seychellarum*).
se·zer·nie·ren [zetsɛrˈniːrən] **I** *v/t* ⟨*no* ge-, h⟩ **1.** *med.* a) (*Glieder, Sehnen etc*) secrete, excrete, b) (*Ekzeme*) weep. – **2.** *biol. chem.* secrete. – **II S~** *n* ⟨-s⟩ **3.** *verbal noun.* — **Se·zerˈnie·rung** *f* ⟨-; -en⟩ **1.** *cf.* Sezernieren. – **2.** *med.* (*von Gliedern, Sehnen etc*) secretion, excretion. – **3.** *biol. chem.* secretion.
Se·zes·si·on [zetsɛˈsĭoːn] *f* ⟨-; -en⟩ secession: die Wiener [Berliner, Münchner] ~ (*art*) the Vienna [Berlin, Munich] Secession. — **Se·zes·sioˈnist** [-sĭoˈnɪst] *m* ⟨-en; -en⟩ secessionist. — **se·zes·sio·ni·stisch** *adj* secessional.
Se·zes·si'ons|ˌkrieg *m hist.* War of Secession (*1861—65*). — **~ˌstil** *m* ⟨-(e)s; *no pl*⟩ (*art*) (*bes. in Wien*) secessional style.
Seˈzier·beˌsteck *n med.* dissecting instruments *pl* (*od.* case).
se·zie·ren [zeˈtsiːrən] **I** *v/t* ⟨*no* ge-, h⟩ **1.** *med.* a) (*in der Anatomie*) dissect, b) j-n ~ to perform an autopsy (*od.* a postmortem [examination]) on s.o. – **2.** *fig.* (*ein Kunstwerk etc*) dissect, analyze *Br. auch* -s-. – **II S~** *n* ⟨-s⟩ **3.** *verbal noun.* – **4.** *med.* a) (*in der Anatomie*) dissection, b) (*Autopsie*) postmortem (examination), autopsy. – **5.** *fig.* analysis, analyzation *Br. auch* -s-, dissection, autopsy.
Seˈzier|ˌmes·ser *n med.* dissecting knife. — **~ˌsaal** *m* dissecting room.
Seˈzie·rung *f* ⟨-; -en⟩ *cf.* Sezieren.
Sfe·rics [ˈsfɛrɪks] (*Engl.*) *pl meteor.* (*luftelektr. Störungen*) sferics, spherics.
S-ˌför·mig [ˈɛs-] *adj* S-shaped, sigmate, sigmoid, *auch* sigmoidal.
sfor·zan·do [sfɔrˈtsando] *mus.* **I** *adv u. adj* sforzando, sforzato. – **II S~** *n* ⟨-s; -s *u.* -zandi [-di]⟩ sforzando, sforzato.
sfor·za·to [sfɔrˈtsaːto] *mus.* **I** *adv u. adj cf.* sforzando I. – **II S~** *n* ⟨-s; -s *u.* -zati [-ti]⟩ *cf.* sforzando II.
Sgraf·fi·to [sgraˈfiːto] *n* ⟨-s; -s *u.* -fiti [-ti]⟩ (*art*) sgraffito, *auch* sgraffiato, scratchwork (*colloq.*).
Shag [ʃɛk; ʃæg] (*Engl.*) *m* ⟨-s; -s⟩ (*Tabaksorte*) shag (tobacco). — **~ˌpfei·fe** *f* shag pipe. — **~ˌta·bak** *m cf.* Shag.
Shake[1] [ʃeːk; ʃeɪk] (*Engl.*) *m* ⟨-s; -s⟩ **1.** (*Mixgetränk*) shake. – **2.** (*Modetanz*) shake.
Shake[2] *n* ⟨-s; -s⟩ (*im Jazz*) shake.
Sha·ker [ˈʃeːkər; ˈʃeɪkə] (*Engl.*) *m* ⟨-s; -⟩ **1.** (*Mixbecher*) shaker. – **2.** (*textile*) (*in der Reißwollspinnerei*) shaker.
shake·spea·risch [ˈʃeːkspiːrɪʃ] *adj* Shakespearean, Shakespearian: **S~e** Dramen Shakespeare(an) plays, plays by Shakespeare.
Sham·poo [ʃamˈpuː; ʃɛmˈpuː] *n* ⟨-s; -s⟩, *Austrian* **Sham·poon** [ʃamˈpoːn] *n* ⟨-s; -s⟩ shampoo.
Shan·ty [ˈʃɛnti; ˈʃanti; ˈʃæntɪ] (*Engl.*) *n* ⟨-s; -s *u.* -ties [-tiːs; -tɪz]⟩ *mus.* chant(e)y, *auch* shant(e)y.

sher·ar·di·sie·ren [ʃerardiˈziːrən] *v/t* ⟨*no* ge-, h⟩ *tech.* (*staubverzinken*) sherardize, dry-galvanize.
She·riff [ˈʃɛrɪf] (*Engl.*) *m* ⟨-s; -s⟩ *jur.* sheriff.
Sher·pa [ˈʃɛrpa] *m* ⟨-s; -s⟩ (*Lastträger*) Sherpa.
Sher·ry [ˈʃɛri; ˈʃɛrɪ] (*Engl.*) *m* ⟨-s; -s⟩ (*span. Süßwein*) sherry.
Shet·land [ˈʃɛtlant; -lənd] (*Engl.*) *m* ⟨-(s); -s⟩ (*Wollstoff*) shetland, *auch* Shetland. — **~ˌpo·ny** *n zo.* Shetland pony, Shetland, shelty, sheltie. — **~ˌwol·le** *f* ⟨-; *no pl*⟩ (*textile*) Shetland wool.
Shiˈki·miˌsäu·re [ʃiˈkiːmi-] *f chem.* shikimic acid ($C_6H_6(OH)_3COOH$).
Shi·re [ˈʃaɪər; ˈʃaɪə] (*Engl.*) *m* ⟨-s; -⟩, **~ˌpferd** *n zo.* Shire, *auch* Shire horse.
Shorts [ʃoːrts; ʃɔrts; ʃɔːts] (*Engl.*) *pl* shorts.
Show [ʃoː; ʃoʊ] (*Engl.*) *f* ⟨-; -s⟩ show.
ˈShowˌbusi·neß [-ˌbɪsnɪs; -ˌbɪznɪs] *n* ⟨-; *no pl*⟩ show business.
Shunt [ʃant; ʃʌnt] (*Engl.*) *m* ⟨-s; -s⟩ *electr. med.* shunt.
Si·al [ˈziːal] *n* ⟨-(s); *no pl*⟩ *geol.* sial.
Sia·lo·lith [zĭaloˈliːt; -ˈlɪt] *m* ⟨-en; -en⟩ *med. cf.* Speichelstein.
Sia·lor·rhö [zĭaloˈrøː] *f* ⟨-; -en⟩, *auch* **Sia·lorˈrhöe** [-ˈrøː] *f* ⟨-; -n [-ən]⟩ (*Speichelfluß*) sialorrh(o)ea.
Sia·mang [ˈzĭaːmaŋ] *m* ⟨-s; -s⟩ *zo.* (*Gibbon*) siamang (*Symphalangus syndactylus*).
Sia·me·se [zĭaˈmeːzə] *m* ⟨-n; -n⟩, **Siaˈme·sin** *f* ⟨-; -nen⟩ Siamese, Thai(lander). — **siaˈme·sisch I** *adj* Siamese, Thailand (*attrib*): ~e Zwillinge *med.* Siamese (*od. scient.* conjoined) twins. – **II** *ling.* **S~** ⟨*generally undeclined*⟩, **das S~e** ⟨-n⟩ Siamese, Thai.
ˈSi·amˌkat·ze [ˈziːam-] *f zo.* Siamese (cat).
Si·bi·lant [zibiˈlant] *m* ⟨-en; -en⟩ *ling.* sibilant.
Si·bi·ri·er [ziˈbiːrĭər] *m* ⟨-s; -⟩ Siberian. — **siˈbi·risch** [-rɪʃ] *adj* Siberian.
Sib·thor·pie [zɪpˈtɔrpĭə] *f* ⟨-; -n⟩ *bot.* pennywort (*Sibthorpia europaea*).
Si·byl·le [ziˈbʏlə] *f* ⟨-; -n⟩ *antiq.* (*weissagende Frau*) sibyl, Sibyl, *auch* sybil, Sybil. — **si·bylˈli·nisch** [-ˈliːnɪʃ] *adj* Sibylline, *auch* Sybilline, Sibyllic: die **S~en** Bücher *antiq.* the Sibylline Books.
sich [zɪç] **I** *reflex pron* **1.** oneself, (*3 sg*) himself, herself, itself, (*3 pl*) themselves, (*bei Aufforderungen etc*) yourself, yourselves: **er wäscht ~** he washes (himself); **man hätte ~ vorstellen sollen** one should have introduced oneself; **hier lebt sich's gut** *colloq.* life is good here; **sie hat ~ verlobt** she got engaged; **bitte bedienen Sie ~** please help yourself (*od.* yourselves); **sie kämpften ~ durch die Menge** they fought their way through the crowd. – **II** *pers pron* **2. er wäscht ~** (*dat*) **gerade die Hände** he is (just) washing his hands; **~** (*dat*) **etwas zum Vorbild nehmen** to take s.th. as an example (to oneself); **sie wird ~** (*dat*) **schon zu helfen wissen** she'll be able to look after herself. – **3.** (*nach Präpositionen*) **es gibt Menschen, die nur an** (*acc*) **~ denken** there are people who only think of themselves; **er hat (so) etwas an** (*dat*) **~** there is something about him; → an 13; **das hat nichts auf** (*dat*) **~** it's of no consequence (*od.* significance); **was hat es damit auf** (*dat*) **~?** what's it about? **er sollte mehr aus ~ herausgehen** *fig.* he should liven up a bit; he should come out of his shell, he should let his hair down a bit (*colloq.*); **außer** (*dat*) **~ sein** to be beside oneself; **er hatte kein Geld bei ~** he had no money with (*od.* about, on) him; **sie ist nicht bei ~** *fig. colloq.* she is not right (in the head), she is not all there (*beide colloq.*); **er ist gern für ~** he likes to be by himself; **das ist eine Sache für ~** *colloq.* a) that's a thing (*od.* a matter) by itself, b) (*das ist etwas anderes*) that's a different (*od.* another) story; **er untersuchte jeden Teil für ~** he inspected each part separately; **sie sah nicht hinter** (*acc*) **~** she didn't look behind her; **der Schnaps hat es in** (*dat*) **~** *fig. colloq.* that's quite strong (*od.* potent) liquor, that's quite hot stuff (*colloq.*); **sie setzte das Kind neben** (*acc*) **~** she set the child (down) beside her; **er wies den Verdacht weit von ~** he refuted the suspicion; **er hätte es von ~ aus tun müssen** he should have done it himself (*od.* on his own initiative); **der Verletzte kam wieder zu ~** the injured man recovered (*od.* regained) consciousness, the injured man came round; **sie bat ihn zu ~** she asked him to come and see her. – **III** *reciprocal pron* **4.** a) (*bei 2 Personen*) each other, b) (*bei mehr als 2 Personen*) one another: **sie kennen ~ nicht** they don't know each other.
Si·chel [ˈzɪçəl] *f* ⟨-; -n⟩ **1.** *agr.* sickle, reap(ing) hook: **Gras mit der ~ schneiden** to cut grass with a sickle, to sickle grass; → Hammer 1. – **2.** *fig.* (*des Mondes etc*) crescent. – **3.** *med.* a) falx, b) (*im Großhirn*) falx cerebri, c) (*im Kleinhirn*) falcula, falx cerebelli. – **4.** *bot.* (*ein Blütenstandstyp*) drepanium. – **5.** *antiq.* (*am Streitwagen*) scythe. – **6.** (*sport*) (*beim Judo*) reap. — **~ˌdü·ne** *f geogr.* crescent-shaped sand dune, *auch* barchan, barkhan. — **s~ˌför·mig** *adj* **1.** sickle- (*od.* crescent-)shaped, crescent(ic). – **2.** *bot. zo.* falcate, falciform. – **3.** *med.* drepanoid, drepaniform, lunulate, *auch* lunulated.
si·cheln [ˈzɪçəln] *v/t* ⟨h⟩ sickle, cut (*s.th.*) with a sickle.
ˈSi·chel|ˌstrandˌläu·fer *m zo.* curlew sandpiper (*Calidris ferruginea*). — **~ˌwa·gen** *m antiq.* scythed chariot. — **~ˌzel·le** *f med.* sickle cell. — **~ˌzel·len·an·ämie** [-ˀanɛˌmiː] *f* sickle-cell an(a)emia (*od.* disease).
si·cher [ˈzɪçər] **I** *adj* ⟨-er; -st⟩ **1.** (*Versteck, Unterstand, Posten, Stellung etc*) safe, secure (*lit.*): **j-n an einen ~en Ort bringen** to take s.o. to a safe place (*od.* to safety); **hier bist du vor ihm [dem Unwetter] ~** you are safe from (*od. lit.* secure from, secure against) him [the storm] here; **in ~er Hut sein** a) (*von Personen*) to be in safety (*od.* in a safe place), b) (*von Sachen*) to be in safekeeping (*Br.* safe keeping); **j-m sicheres Geleit geben** to give (*od.* grant) s.o. safe-conduct; **sich ~ fühlen** to feel safe (*od. lit.* secure); **j-n in ~en Gewahrsam bringen** to take s.o. into (safe) custody. – **2.** (*ungefährlich*) safe: **eine ~e Methode** a safe method; **am sichersten wäre es, wenn** it would be safest if; **eine Kreuzung durch Ampeln ~er machen** to make a crossing safer by installing traffic lights; **er ist** (*od.* **sitzt**) **auf Nummer S~** *fig. colloq.* (*im Gefängnis*) he's out of harm's way. – **3.** (*risikolos*) safe: **das ist eine ~e Sache** *colloq.* (*Spekulation etc*) it's a safe thing (*od.* business, *colloq.* bet), *Am. sl.* it's a cinch; **ich gehe auf Nummer S~** *fig. colloq.* I don't take any risks, I play (it) safe (*colloq.*). – **4.** (*sicherwirkend*) sure, reliable, (*stärker*) unfailing, infallible: **das ist ein ~es Mittel gegen diese Beschwerden** this is a sure remedy for these complaints; **~ ist ~!** *colloq.* sure is sure! it's better to be cautious (*od. colloq.* to play [it] safe). – **5.** (*gut, fähig*) sure, good, (*stärker*) infallible: **er ist ein ~er Schütze** he is a sure shot. – **6.** ⟨*pred*⟩ (*gewiß*) sure, certain: **ist es ~?** is it sure? **das ist ~** that is certain (*od.* a certainty, *colloq.* a sure thing, *Br. sl.* a cert); **das ist noch nicht ganz ~** it is not quite sure as yet; **soviel ist ~** (*od.* **~ ist**), **daß er nicht nach Hause gekommen ist** one thing (*od.* so much, this much) is certain, he did not come home; **das ist so ~ wie nur was** *colloq.* it is as sure as anything, it is as sure as can be (*od.* as I am standing here) (*alle colloq.*); **das ist so ~ wie das Amen in der Kirche** *colloq.* it's as sure as fate (*od.* God) (*colloq.*); **sie war sich** (*dat*) **seiner nie ganz ~** she was never quite sure (*od.* certain) of him; **sie waren sich** (*dat*) **ihres Sieges völlig ~** they were absolutely sure (*od.* they were cocksure) of winning (*od.* of their victory); **du kannst seiner Freundschaft ~ sein** you can be sure of his friendship; **das Geld ist uns ~** we are sure of (*od.* to get) the money; **eine Geldstrafe ist ihm ~** he is sure to get a fine (*od.* to be fined); **man ist dort seines Lebens nicht (mehr) ~** *oft humor.* one is not safe there, one takes one's life in one's hands there (*colloq.*). – **7.** ⟨*pred*⟩ (*überzeugt*) sure, certain, positive, confident, convinced: **ich bin ~, daß er kommt** I am sure (*od.* positive) that he'll come; **du kannst ~ sein (, daß)** you can be sure (*od.* rest assured) (that), you bet (that) (*colloq.*); **ich bin mir (dessen) ganz ~** I am quite sure (*od.* certain, positive) of that. – **8.** (*Geschmack, Instinkt, Urteil etc*) sure, reliable, (*stärker*) unfailing,

infallible: ein ~es Gefühl für etwas haben to have a sure sense of s.th. – **9.** (*untrüglich, deutlich*) sure, definite: das ist ein ~es Zeichen that is a sure sign; ein ~er Beweis ihrer Schuld sure (*od.* positive) proof of her guilt; ~e Zusage definite acceptance. – **10.** (*kompetent, vertrauenerweckend*) safe, reliable, competent: er ist ein ~er Fahrer he is a safe driver. – **11.** (*zuverlässig*) reliable, dependable: ich weiß es aus ~er Quelle I know it from a reliable source. – **12.** (*fest u. ruhig*) steady: eine ~e Hand haben to have a steady (*od.* sure) hand; er ist nicht (ganz) ~ auf den Beinen *colloq.* (*von Kranken, Betrunkenen etc*) he is not (very) steady on his legs (*colloq.*). – **13.** (*garantiert*) sure, certain, secure (*lit.*): unsere Mannschaft rechnet mit einem ~en Sieg our team reckons with a sure win (*od.* victory); sie gehen in den ~en Tod they are heading for certain death. – **14.** (*fest*) firm, sure, secure (*lit.*): ~en Halt finden to find a firm hold; eine ~e Grundlage a firm basis. – **15.** (*geübt*) experienced, practiced, *bes. Br.* practised: mit ~em Griff with a practiced hand; etwas mit ~em Blick erkennen to realize s.th. with an experienced (*stärker* unfailing) eye. – **16.** (*selbstsicher, selbstbewußt*) (self-)confident, (self-)assured: ein ~es Auftreten haben to have a confident manner, to have poise (*od. lit.* aplomb). – **17.** in (*dat*) etwas ~ sein (*in der Rechtschreibung, in einer Sprache etc*) to be sure (*od.* confident) of oneself in s.th.: ich bin in der französischen Grammatik nicht ~ I am not sure of myself in (*od. colloq.* I am shaky on) French grammar. – **18.** *econ.* a) (*Kapitalanlage etc*) safe, secure, b) (*Anlagepapier etc*) gilt-edge(d), prime. – **II** *adv* **19.** (*gewiß, bestimmt*) surely: du hast ~ kein Geld bei dir I am sure you have no money with (*od.* on, about) you; er kommt ~ zu spät he'll surely be (too) late; Sie haben doch ~ nichts dagegen (, wenn) I'm sure you won't mind (if); hat er es aufgeschrieben? — ~ nicht! did he write it down? — I'm sure he didn't! langsam aber ~ kam er näher he came nearer, slowly but surely. – **20.** (*zweifellos*) undoubtedly, doubtless(ly), surely: er wird ~ Erfolg haben he will undoubtedly be successful, he is sure to succeed; Richard hat ganz ~ recht Richard is surely (*od.* no doubt) right, there is no doubt (that) Richard is right. – **21.** (*gefahrlos*) safely: wir sind ~ nach Hause gekommen we arrived home safely. – **22.** (*zuverlässig*) definitely, certainly, for certain (*od.* sure): ich weiß es ganz ~, daß I know it for sure (*od.* for a certainty) that, I am quite positive that; ich kann Ihnen nicht ~ sagen, wann I can't tell you definitely when; kommst du? — (aber) ~! are you coming? — (why), certainly! (*od.* [but] of course! *Am. colloq.* sure!). – **III S~e, das** ⟨-n⟩ **23.** das ist das Sicherste, was du tun kannst it is the safest (thing) you can do; er sucht etwas S~es (*einen sicheren Arbeitsplatz etc*) he is looking for a safe job.

ˈsi·cherˌge·hen *v/i* ⟨*irr, sep,* -ge-, sein⟩ *fig.* be sure (*od.* certain), play (it) safe (*colloq.*): er wollte ganz ~ he wanted to be absolutely sure; um sicherzugehen sah er noch einmal nach he had another look to be (*od.* make) sure, he had another look to be on the safe side.

ˈSi·cher·heit *f* ⟨-; -en⟩ **1.** ⟨*only sg*⟩ (*Schutz vor Gefahr*) safety, security: die öffentliche [soziale] ~ public [social] security; für mehr ~ im Straßenverkehr sorgen to promote greater safety in road traffic; diese Maßnahme wurde zu Ihrer eigenen ~ getroffen this measure was taken for your own safety; eine trügerische ~ (a) false security; j-n [etwas] in ~ bringen to take s.o. [s.th.] to safety (*od.* to a safe place), to bring s.o. [s.th.] out of danger, to put s.o. [s.th.] out of harm's way; er konnte sich in ~ bringen he was able to get to safety (*od.* to a safe place); bei uns seid ihr in ~ you are in safety (*od.* you are safe) with us; j-n in ~ wiegen to lull s.o. in safety (*od.* in a sense of security); sie wähnten sich in ~ *lit.* they believed themselves safe; die ~ eines Landes gefährden to jeopardize the security of a country. – **2.** ⟨*only sg*⟩ (*Risikolosigkeit*) safety, safeness. – **3.** ⟨*only sg*⟩ (*Gewißheit*) certainty, sureness, assuredness, surety: ich kann Ihnen nicht mit ~ sagen, wann ich komme I can't tell you with certainty (*od.* definitely, for sure) when I'll come; man kann mit ~ behaupten, daß one can say for certain that, it is safe to say that; es ist mit einiger ~ anzunehmen, daß one can suppose with a degree of certainty that; du kannst mit ~ auf ihn rechnen you can definitely count on him. – **4.** ⟨*only sg*⟩ (*des Geschmacks, Instinkts, Urteilsvermögens etc*) reliability, (*stärker*) infallibility, unfailingness. – **5.** ⟨*only sg*⟩ (*sport*) (*eines Schützen, Torhüters etc*) sureness, (*stärker*) infallibility. – **6.** ⟨*only sg*⟩ (*Geübtheit*) experience, practice: ihm fehlt noch die nötige ~ he still lacks the necessary experience; etwas mit nachtwandlerischer ~ tun *fig.* to do s.th. with the certainty of a sleepwalker. – **7.** ⟨*only sg*⟩ (*Selbstsicherheit*) (self-)confidence, (self-)assurance, (self-)assuredness: mit großer ~ auftreten to have a very self-confident (*od.* -assured) manner, to have great poise (*od. lit.* aplomb). – **8.** ⟨*only sg*⟩ (*in der Rechtschreibung, in einer Sprache etc*) confidence. – **9.** *econ.* a) (*Wertpapier, Pfand etc*) security, b) (*durch Deckung*) cover, pledge, c) (*Sicherungsgegenstand*) collateral: genügende [hochwertige] ~ ample [high-grade] security; ~ für eine Forderung security for a debt; als ~ für die Anleihe in (*od.* as a) security for the loan; für etwas ~ leisten (*od.* stellen, geben) (*für Kredit, Anleihe etc*) to give (*od.* furnish) security for s.th., to secure s.th.; Geld gegen ~ leihen to lend (*bes. Am.* loan) money against (*od.* on) security. – **10.** *jur.* a) (*Bürgschaft*) security, surety, guarantee, *bes. Am. auch* guaranty, b) (*Kaution*) bail: ~ leisten a) (*einen Bürgen stellen*) to find a surety, b) (*Kaution stellen*) to give bail; ~ für j-n leisten a) (*als Bürge*) to become security for s.o., b) (*Kaution stellen*) to go (*od.* stand) bail for s.o.

ˈSi·cher·heits|ˌabˌstand *m* (*im Straßenverkehr*) safety distance. — **~ˌausˌschuß** *m pol.* committee for public safety, *bes. Am.* vigilance committee. — **~beˌam·te** *m* security agent. — **~beˌaufˌtrag·te** *m* (*für den Unfallschutz in Betrieben*) safety inspector. — **~beˌhör·de** *f meist pl* (*Polizei, Spionageabwehr etc*) security board (*od.* agency). — **~beˌstim·mun·gen** *pl* safety regulations. — **~beˌstre·bun·gen** *pl pol.* efforts to ensure (*od.* insure) safety. — **~ˌbin·dung** *f* (*am Ski*) safety binding. — **~ˌdienst** *m pol.* **1.** secret service. – **2.** security agency. — **~di·rek·tiˌon** *f Austrian supreme police authority in an Austrian Federal Province, taking orders only from the Federal Ministry of the Interior.* — **~ˌfahrˌschal·tung** *f* (*railway*) safety deadman circuit. — **~ˌfak·tor** *m tech.* safety factor (*od.* coefficient). — **~ˌfar·be** *f* (*zur Warnung vor Gefahren*) warning color (*bes. Br.* colour). — **~ˌfilm** *m phot.* safety (*od.* nonflam, *Br.* non-flam) film. — **~ˌfil·ter** *n, m* (*der Dunkelkammer*) safelight screen (*od.* filter). — **~ˌfonds** *m econ.* guarantee fund. — **~ga·ranˌtie** *f pol.* security guarantee. — **~ˌglas** *n* ⟨-es; ⸚er⟩ *tech.* safety glass. — **~ˌgrün·de** *pl* safety reasons: aus ~n for safety reasons, for reasons of safety. — **~ˌgurt** *m* **1.** *auto.* safety belt. – **2.** *aer.* seat belt.

ˈsi·cher·heitsˌhal·ber *adv* **1.** (*aus Sicherheitsgründen*) for safety reasons, for reasons of safety. – **2.** (*um sicherzugehen*) to be (*od.* make) sure, to be on the safe side, to play (it) safe (*colloq.*): ~ ging er noch einmal zurück he went back again just to be sure.

ˈSi·cher·heits|ˌket·te *f* safety chain. — **~ˌklau·sel** *f econ. jur.* security clause. — **~ˌkupp·lung** *f tech.* safety clutch. — **~ˌlam·pe** *f bes.* (*mining*) safety (*od.* miner's) lamp, Davy lamp. — **~ˌlei·stung** *f* **1.** *econ.* a) furnishing of securities, b) (*Wertpapier, Pfand etc*) security, c) (*durch Deckung*) cover. – **2.** *jur.* (*Kaution*) bail: j-n gegen ~ entlassen to release s.o. on bail; (eine) ~ zulassen to grant bail. — **~ˌmaßˌnah·me,** **~ˌmaßˌre·gel** *f* safety measure, (safety) precaution. — **~ˌna·del** *f* safety pin. — **~ˌpakt** *m pol.* security pact. — **~po·liˌzei** *f* security police. — **~ˌrat** *m pol.* (*der Vereinten Nationen*) Security Council. — **~ˌschal·ter** *m electr.* safety switch. — **~ˌschloß** *n* **1.** safety lock. – **2.** (*als Vorsatzschloß*) guard lock. — **~ˌschlüs·sel** *m* safety key. — **~ˌspan·ne** *f econ.* safety margin. — **~ˌsprengˌstoff** *m* (*mining*) safety explosive(s *pl*). — **~ˌsprung** *m* (*sport*) (*bei der Leichtathletik etc*) safe jump. — **~ˌstab** *m nucl.* (*im Reaktor*) scram rod. — **~ˌstoß** *m* (*sport*) (*bei der Leichtathletik*) safe throw. — **~syˌstem** *n* **1.** *tech.* safety system. – **2.** kollektives ~ *pol.* collective security system. — **~venˌtil** *n tech.* safety valve. — **~verˌschluß** *m* (*an Broschen, Armbändern etc*) safety clasp (*od.* fastener). — **~ˌvorˌkeh·rung** *f cf.* Sicherheitsmaßnahme. — **~ˌvorˌrich·tung** *f tech.* **1.** safety device (*od.* appliance, feature). – **2.** (*an Aufzügen, Förderkörben etc*) safety catch. — **~ˌvorˌschrif·ten** *pl* safety regulations. — **~ˌwech·sel** *m* **1.** *econ.* bill (of exchance) serving as collateral security. – **2.** (*sport*) (*bei der Leichtathletik*) safe take-over. — **~ˌwurf** *m* (*sport*) (*bei der Leichtathletik*) safe throw. — **~ˌzo·ne** *f mil.* (*beim Schießen*) safety zone. — **~ˌzündˌholz** *n* safety match.

ˈsi·cher·lich *adv cf.* sicher 19, 20.

si·chern [ˈzɪçərn] **I** *v/t* ⟨h⟩ **1.** (*vor Diebstahl, Einbruch etc*) (vor *dat* from, against) secure, (*mit einer Kette*) *auch* chain: die Tür wurde mit einem (*od.* durch ein) Schloß gesichert the door was secured by (*od.* with) a lock. – **2.** (*vor dem Zuschlagen, Wegrollen etc bewahren*) (vor from, against) secure: ein offenes Fenster ~ to secure an open window; sie sicherten das Auto zusätzlich mit einem Stein they gave the car additional security by a stone. – **3.** (*Spuren, Fingerabdrücke etc*) secure. – **4.** (*Rechte, Freiheit, Erfolg, Versorgung, Finanzierung etc*) guarantee, guaranty, ensure: den Frieden ~ to ensure peace. – **5.** (*gute Position, berufliche Stellung, Vorherrschaft etc*) secure, safeguard, protect. – **6.** sich (*dat*) etwas [j-n] ~ to secure oneself s.th. [s.o.]: er sicherte sich (*dat*) einen guten Platz im Theater he secured himself a good seat in the theater (*bes. Br.* theatre); er wollte ihm die Nachfolge im Amt ~ he wanted to secure him the succession to the office. – **7.** j-n ~ (*Bergsteiger, Fensterputzer, Artisten etc*) to secure (*od.* belay) s.o. – **8.** etwas [j-n] gegen (*od.* vor [*dat*]) etwas ~ a) to secure s.th. [s.o.] from (*od.* against) s.th., to guard s.th. [s.o.] against s.th., b) (*hindern*) to prevent (*od.* stop) s.th. [s.o.] from s.th.: der Damm sichert die Stadt vor Überschwemmungen the dam secures the town from floods; die Bevölkerung vor Angriffen ~ to guard the population against attacks; das Seil sicherte ihn vor dem Abrutschen the rope prevented him from slipping. – **9.** *econ.* a) (*durch Wertpapiere, Pfand etc*) secure, provide (*od.* give) security for, b) (*durch Deckung*) cover: eine Schuld hypothekarisch ~ to secure a debt by mortgage. – **10.** *mil.* a) (*eine Schußwaffe*) lock, put (*s.th.*) at 'safe', b) (*Zugänge, Straßen, Stellungen etc*) cover, protect, secure. – **11.** *tech.* (*Maschinen etc*) secure, safeguard, lock. – **12.** *mar.* (*ein Boot etc*) secure. – **II** *v/reflex* sich ~ **13.** (*von Bergsteiger, Fensterputzer, Artisten etc*) secure (*od.* belay) oneself. – **14.** sich gegen (*od.* vor [*dat*]) etwas ~ a) (*vor Angriffen, Verlusten, Schicksalsschlägen etc*) to secure oneself from (*od.* against) s.th., to guard oneself against s.th., b) (*vor dem Abrutschen, Fallen etc*) to prevent (*od.* stop) oneself from s.th. – **III** *v/i* **15.** *hunt.* (*von Wild*) stop and test the wind. – **IV S~** *n* ⟨-s⟩ **16.** *verbal noun.* – **17.** *cf.* Sicherung 2, 3, 7, 8.

ˈsi·cherˌstel·len **I** *v/t* ⟨*sep,* -ge-, h⟩ **1.** *jur.* put (*s.th.*) in safekeeping (*Br.* safe keeping) (*od.* custody): der gestohlene Wagen konnte sichergestellt werden the stolen car was put in safekeeping. – **2.** *cf.* sichern 3. – **3.** (*gewährleisten*) guarantee: man konnte die Versorgung der Bevölkerung mit Lebensmitteln nicht mehr ~ it was no longer possible to provide the population with food. – **4.** *econ.* secure, provide security for: j-n ~ to secure s.o.'s financial position. – **II S~** *n* ⟨-s⟩ **5.** *verbal noun.* — **ˈSi·cherˌstel·lung** *f* ⟨-; *no pl*⟩ **1.** *cf.* Sicherstellen. – **2.** (*Gewährleistung*) guarantee. – **3.** *econ.* (*Sicherheitsleistung*) guaranty, (*durch Deckung*) cover, pledge, (collateral) security: **hypothekarische** ~ (security on *od.* by) mortgage, security.

'Si·che·rung *f* ⟨-; -en⟩ **1.** *cf.* Sichern. – **2.** ⟨*only sg*⟩ (*Schutzmaßnahme*) protection, safeguard: **zur** ~ **des Friedens** (in order) to safeguard (*od.* preserve) peace. – **3.** ⟨*only sg*⟩ *mil.* a) protection, b) security. – **4.** *electr.* fuse: **die** ~ **ist durchgebrannt** the fuse has blown (*od. colloq.* gone); **eine neue** ~ **einsetzen** to replace a fuse. – **5.** *tech.* safety device (*od.* catch, lock). – **6.** (*einer Schußwaffe*) safety (catch). – **7.** (*für Bergsteiger*) belay. – **8.** ⟨*only sg*⟩ *econ. cf.* Sicherstellung 3.

'Si·che·rungs|,ab,tre·tung *f econ.* assignment of security (*od.* by way of security). — **~,auf,trag** *m mil.* security mission. — **~au·to,mat** *m electr. cf.* Automat 4. — **~be,reich** *m mil.* security zone. — **~be,schlag,nah·me** *f jur.* seizure (of goods in dispute) by court order. — **~,bol·zen** *m tech.* locking (*od.* safety) bolt. — **~,draht** *m electr.* fuse wire. — **~ele,ment** *n* fuse element, (fuse) link. — **~,fonds** *m econ.* safety (*od.* guarantee) fund, contingency fund (*od.* reserve). — **~,ge·ber** *m* furnisher of securities. — **~,ge·gen,stand** *m* collateral. — **~hy·po,thek** *f jur.* cautionary (*od.* covering) mortgage, mortgage serving as cover. — **~,ka·sten** *m electr.* fuse box. — **~,klau·sel** *f jur.* safeguard(ing clause). — **~,neh·mer** *m econ.* holder (*od.* receiver) of a security. — **~pa,tro·ne** *f electr.* fuse cartridge. — **~,po·sten** *m mil.* picket, outpost. — **~,schrau·be** *f tech.* safety (*od.* lock) bolt. — **~,sockel** (*getr.* -k·k-) *m electr.* fuse carrier cap. — **~,stift** *m tech.* safety (*od.* locking) pin. — **~,stöp·sel** *m electr.* fuse plug. — **~,ta·fel** *f* fuse panel (*od.* board). — **~,trup·pen** *pl mil.* security (*od.* screening, covering) forces. — **~,über,eig·nung** *f econ.* transfer (*od.* assignment) by way of security, assignment by bill of sale as security for debts. — **~ver,fah·ren** *n* proceedings *pl* for preventive detention. — **~ver,wah·rung** *f* (*von Gewohnheitsverbrechern*) preventive detention.

'si·cher,wir·kend *adj* (*Mittel etc*) guaranteed to be effective.

,Sich'ge·hen,las·sen *n* letting oneself go: **sein** ~ **ist eine Schande** the way in which he lets himself go is a shame.

'Sich·ler *m* ⟨-s; -⟩ *zo. cf.* Schreitvogel.

Sicht [zɪçt] *f* ⟨-; *no pl*⟩ **1.** sight, view: **außer** ~ out of sight; **die Berghütte war in** ~ the mountain lodge was (with)in sight (*od.* was visible), we were in sight of the mountain lodge; **in** ~ **kommen** to come into sight (*od.* view); **außer** ~ **kommen** to pass (*od.* go) out of sight, to disappear from sight; **eine Änderung ist in** ~ *fig.* a change is in sight (*od.* is in the offing, is imminent, is forthcoming), there is a prospect of (a) change; **auf lange** ~ *fig.* a) on a long-term basis, b) in the long run; **man muß auf lange** ~ **planen** *fig.* you must plan on a long-term basis; **eine Politik auf weite** (*od.* **lange**) ~ *fig.* a long-range policy; **ein Programm auf längere** ~ *fig.* a long-term (*od.* long-range) program(me). – **2.** (*Ausblick*) view, outlook: **von hier hat man eine gute** ~ there is a good view from here; **von hier oben hat man eine weite** ~ you can see far (*od.* for miles) from up here; **der Lastwagen nahm uns die** ~ the lorry (*Am.* truck) obstructed our view. – **3.** *aer. mar. meteor.* visibility: **gute** (*od.* **klare**) [**schlechte**] ~ good (*od.* high) [poor *od.* low] visibility; **heute ist keine** ~ visibility is poor today; **bei schlechter** ~ in poor visibility; **der Regen trübt die** ~ the rain obscures visibility; **die** ~ **beträgt 100 Meter** visibility is 100 meters. – **4.** *fig.* point of view, aspect, angle, slant (*colloq.*): **aus dieser** ~ **erscheint das Problem ganz anders** from this angle (*od.* considered from this slant) the problem appears quite different; **aus meiner** ~ from my point of view. – **5.** *econ.* (*bei Wechsel*) sight: **auf kurze** [**lange**] ~ at short [long] sight; **bei** ~ **zahlbarer Wechsel, Wechsel auf** ~ *cf.* Sichtwechsel; **30 Tage nach** ~ **bezahlen** to pay 30 days after sight, to pay at 30 days' sight.

'sicht·bar I *adj* **1.** visible, visual, viewable: **die ~e Welt** the visible (world), things *pl* visible; **etwas** ~ **machen** to show s.th.; ~ **werden** a) to become visible, to come into view, to appear, to show, b) (*undeutlich*) to loom (into view), c) *mar.* (*in Sicht kommen*) to heave into sight; **etwas** ~ **anbringen** to place s.th. in full view; **als ~es Zeichen meiner Anerkennung** as a token of my appreciation. – **2.** (*wahrnehmbar*) appreciable, noticeable, perceptible: **ohne ~en Erfolg** without appreciable (*od.* noticeable) success. – **3.** (*deutlich*) (*Besserung etc*) marked, distinct, clear. – **4.** (*offenkundig*) obvious, evident, plain, manifest, apparent. – **II** *adv* **5.** *colloq.* obviously, evidently, plainly: **er war** ~ **erfreut** *colloq.* he was obviously pleased. – **III S~e, das** ⟨-n⟩ **6.** the visible (world), things *pl* visible.

'Sicht·bar·keit *f* ⟨-; *no pl*⟩ **1.** visibility, visibleness, visuality. – **2.** (*Wahrnehmbarkeit*) noticeability, perceptibility. – **3.** (*Offensichtlichkeit*) obviousness, evidentness, manifestness, apparency. — **'Sicht·bar·keits,gren·ze** *f meteor. cf.* Sichtgrenze.

'sicht·bar·lich *adv lit.* **1.** visibly. – **2.** *cf.* offenkundig II.

'Sicht·bar,ma·chung *f* ⟨-; *no pl*⟩ showing, visualization. — **'Sicht·bar,wer·den** *n* **1.** appearance, showing, coming into view, becoming visible. – **2.** (*undeutliches*) looming). – **3.** *mar.* heaving into sight.

'Sicht|be,hin·de·rung *f* **1.** (*durch Nebel etc*) obstruction of visibility. – **2.** (*durch Vordermann etc*) obstruction of (s.o.'s) view. — **~be,reich** *m* field of vision, range of visibility, visible range. — **~,bes·se·rung** *f meteor.* amelioration (*od.* improvement) of visibility. — **~be,ton** *m civ.eng.* exposed (*od.* fair-faced) concrete. — **~de·po,si·ten** *pl econ.* sight (*od.* demand) deposits. — **~,ecken·kar,tei** (*getr.* -k·k-) *f* card index with riders, thumb-indexed file. — **~,ein,la·gen** *pl cf.* Sichtdepositen.

sich·ten ['zɪçtən] **I** *v/t* ⟨h⟩ **1.** (*Flugzeug, Schiff etc*) sight, catch (*od.* get) sight of. – **2.** (*Land*) sight, raise: **Land** ~ to make landfall (*od.* the land). – **3.** *fig.* (*prüfend durchgehen*) screen, sift, comb out: **er sichtete das Material für seine Arbeit** he screened the material for his work. – **4.** *fig.* (*sortieren*) sort (out), grade, separate. – **5.** *fig.* (*durchsuchen*) look through, examine. – **6.** *cf.* sieben[1] 1, 3—5. – **II S~** *n* ⟨-s⟩ **7.** *verbal noun.* – **8.** *cf.* Sichtung.

'Sicht,feld *n* field of vision.

'Sicht,flug *m aer.* contact flight. — **~,re·geln** *pl* contact flight rules.

'Sicht|,gren·ze *f meteor.* visibility limit. — **~,hö·he** *f* (*optics*) height of eye. — **~,hül·le** *f* transparent wrapper (*od.* cover).

'sich·tig *adj* **1.** *mar.* clear. – **2.** *meteor.* visible. — **'Sich·tig·keit** *f* ⟨-; *no pl*⟩ **1.** (*optics*) sight. – **2.** *mar. meteor.* visibility.

'sicht·lich I *adj* ⟨*attrib*⟩ **1.** (*offenkundig*) obvious, evident, plain, visible, manifest, apparent. – **2.** (*merklich*) marked, distinct, clear. – **II** *adv* **3.** obviously, evidently, plainly, visibly: **er ist** ~ **nervös** he is obviously nervous. – **4.** markedly, distinctly, clearly.

'Sicht|kar,tei *f* visible card index. — **~,mau·er,werk** *n civ.eng.* face masonry. — **~,mes·ser** *m meteor.* visibility meter. — **~,ta·ge** *pl econ.* days of grace. — **~,trat·te** *f cf.* Sichtwechsel.

'Sich·tung *f* ⟨-; -en⟩ **1.** *cf.* Sichten. – **2.** *fig.* (*von Papieren etc*) examination. – **3.** *cf.* Sortierung 1, 3.

'Sicht|ver,bind·lich·kei·ten *pl econ.* sight liabilities. — **~ver,bin·dung** *f aer. mil.* **1.** visual contact. – **2.** line-of-sight communication. — **~ver,hält·nis·se** *pl meteor.* visibility *sg*, visibility conditions. — **~ver,merk** *m* visa, visé: **einen** ~ **in einen Paß eintragen** to visa a passport. — **~,wech·sel** *m econ.* draft (*od.* bill) payable at sight (*od.* on presentation, on demand), sight draft (*od.* bill), demand bill. — **~,wei·te** *f* **1.** range of vision, (range of) sight, visual range, eyeshot, scan, ken (*lit.*): **in** ~ (with)in sight, within eyeshot; **außer** ~ out of sight. – **2.** *meteor.* (range of) visibility. – **3.** *mar.* sighting distance, visibility. — **~,wer·bung** *f econ.* visual advertising (*auch* -z-). — **~,win·kel** *m* angle of sight.

Sicke[1] (*getr.* -k·k-) ['zɪkə] *f* ⟨-; -n⟩ *tech.* **1.** bead, crimp, flange. – **2.** (*eines Plattenheizkörpers*) swage.

'Sicke[2] (*getr.* -k·k-) *f* ⟨-; -n⟩ *hunt.* female bird.

sicken (*getr.* -k·k-) ['zɪkən] *v/t* ⟨h⟩ *tech.* **1.** bead, crimp, flange. – **2.** (*Plattenheizkörper*) swage.

'Sicken·ma,schi·ne (*getr.* -k·k-) *f tech.* beading (*od.* crimping, flanging) machine.

'Sicker|,blut (*getr.* -k·k-) *n med.* seeping (*od.* oozing) blood. — **~,blu·tung** *f* seeping (*od.* oozing) h(a)emorrhage. — **~,brun·nen** *m civ.eng.* seeping well, vertical sand drain. — **~,gra·ben** *m* drain trench. — **~,gru·be** *f* **1.** soakaway, soaking pit. – **2.** (*Drän*) drain.

sickern (*getr.* -k·k-) ['zɪkərn] **I** *v/i* ⟨sein⟩ **1.** ooze, seep, soak, *auch* percolate: **das Wasser sickerte in die Erde** the water seeped (*od.* soaked) into the ground. – **2.** (*rieseln*) trickle. – **II S~** *n* ⟨-s⟩ **3.** *verbal noun.* — **'Sicke·rung** (*getr.* -k·k-) *f* ⟨-; *no pl*⟩ **1.** *cf.* Sickern. – **2.** ooze, seepage, soakage, *auch* percolation. – **3.** trickle.

'Sicker,was·ser (*getr.* -k·k-) *n* ⟨-s; ⁼⟩ seeping (*od.* leakage, infiltrating) water.

Side·board ['saɪd,bɔːd] (*Engl.*) *n* ⟨-s; -s⟩ sideboard.

si·de·ral [zide'raːl], **si'de·risch** [-'deːrɪʃ] *adj astr.* sidereal.

Si·de·rit [zide'riːt; -'rɪt] *m* ⟨-s; -e⟩ *min. cf.* Eisenspat.

Si·de·ro·lith [zidero'liːt; -'lɪt] *m* ⟨-s *u.* -en; -e(n)⟩ *min.* siderolite. — **~,wa·ren** *pl obs.* lacquered earthenware *sg.*

Si·de·ro·se [zide'roːzə], **Si·de'ro·sis** [-'roːzɪs] *f* ⟨-; *no pl*⟩ *med.* siderosis.

Si·de·ro·sphä·re [zidero'sfɛːrə] *f* ⟨-; *no pl*⟩ *geol.* (*im Erdkern*) siderosphere.

Si'dot·sche 'Blen·de [zi'doːʃə] *f chem.* Sidot blende.

sie[1] [ziː] *pers pron* **I** *3 sg* **1.** (*von Personen*) she: **da ist** ~ there she is; ~ **selbst** she herself; **ich sehe** ~ I see her; **für** ~ for her; **das ist** ~ that's she (*od. colloq.* her); **er und** ~ he and she, him and her (*colloq.*). – **2.** (*von Dingen, Tieren etc*) it: **die Tür ist offen, mach** ~ **bitte zu** the door is open, will you close it, please. – **3.** (*von weiblichen Haustieren*) she, it. – **4.** a) (*von der Sonne*) it, he, b) (*von Schiffen*) she, it, c) (*von Ländern*) it, she. – **5.** *jur.* the same. – **II** *3 pl* **6.** (*von Personen, Dingen, Tieren etc*) they: ~ **kommen morgen** they will come tomorrow; ~ **haben es selbst gesagt** they have said so themselves; ~ **haben beide gelogen** both (*od.* the two) of them lied; **ich kenne** ~ I know them; **ich habe** ~ **alle eingeladen** I invited them all, I invited all of them. – **7.** *colloq.* (*man*) they, one: ~ **haben ihn gefragt, ob** they have (*od.* one has) asked him whether, he has been asked whether. – **8.** *jur.* the same.

Sie[2] *pers pron* **I** (*Höflichkeitsanrede od. Anruf*) *sg u. pl* you: ~ **haben es selbst gesehen** you have seen it yourself (*pl* yourselves); ~ **sind an der Reihe** it is your turn; **kommen** ~! come! **ich möchte** ~ **etwas fragen** I'd like to ask you something; **sind** ~ **es, Herr X?** is it you, Mr. X? **gestatten** ~! excuse me! allow me! **wenn** ~ **gestatten** with your permission; **hallo,** ~ **da!** he, ~! *colloq.* hello (*od.* hey) there! – **II** *obs.* (*Anredeform 3 sg für weibliche Personen*) you: **folge** ~ **mir!** follow me!

Sie[3] *f* ⟨-; -s⟩ *colloq.* she, female: **ein Er und eine** ~ a he and a she, a male and a female; **das neugeborene Baby ist eine** ~ the newborn baby is a she (*od.* a girl, a female); **diese Katze ist eine** ~ this cat is a female, this is a she-cat.

Sie[4] *n* ⟨-s; *no pl*⟩ *German formal term of address*: **das steife** ~ the formal term of address, the formal 'Sie'; **sie sind noch per** ~ they still address each other as 'Sie'; **j-n mit** ~ **anreden** to address s.o. as 'Sie'.

Sieb [ziːp] *n* ⟨-(e)s; -e⟩ **1.** sieve: **Quark durch ein** ~ **rühren** to pass curds through a sieve, to sieve curds. – **2.** (*für Flüssigkeiten*) strainer, sieve, colander, *auch* cullender: **Tee durch ein** ~ **gießen** to pour tea through a strainer, to strain tea; **er hat ein Gedächtnis wie ein** ~ *colloq.* he has a memory like a sieve; **Wasser mit einem** ~ **schöpfen** *fig.* to work to no avail, to do futile work, to beat the air. – **3.** (*für Mehl etc*) sieve, sifter. – **4.** (*Tuchsieb*) straining (*od.* jelly) bag, tammy. – **5.** (*grobes, für Sand etc*) riddle, screen, strainer: **j-n** [**etwas**] **mit Kugeln durchlöchern wie ein** ~ to riddle s.o. [s.th.] with bullets. – **6.** *tech.* oil strainer. – **7.** *electr.* eliminator. – **8.** *tel.* (*radio*) filter. — **~ana,ly·se** *f* **1.** *chem.* screen analysis. – **2.** (*mining*) size analysis. — **s~,ar·tig** *adj* **1.** sievelike; cribriform, cribral (*scient.*). – **2.** *bot.* cribriform.

'Sieb‚bein *n med.* ethmoid (*od.* cribriform) bone, ethmoid. — **~ar‚te·rie** *f* ethmoidal artery. — **~‚höh·le** *f* ethmoid sinus. — **~‚plat·te** *f* cribriform plate. — **~‚zel·le** *f* ethmoid cell.

'Sieb‚blech *n tech.* screening (*od.* perforated) plate (*od.* sheet).

'Sieb‚druck *m* ⟨-(e)s; -e⟩ *print.* **1.** (silk)-screen printing. – **2.** *cf.* Siebdruckverfahren. — **~scha‚blo·ne** *f* silk screen. — **~ver‚fah·ren** *n* (silk-)screen printing process.

sie·ben[1] ['zi:bən] **I** *v/t* ⟨h⟩ **1.** sieve, pass (*s.th.*) through a sieve, sift, screen. – **2.** (*Flüssigkeit*) strain, sieve. – **3.** (*Mehl etc*) sieve, sift, (*in Müllerei*) bolt. – **4.** (*Getreide*) winnow, riddle. – **5.** (*Sand, Kohle etc*) screen, riddle, sift, (*auf Korngröße*) size. – **6.** *fig.* (*Kandidaten etc*) screen, sift, comb out, sieve. – **7.** *electr.* eliminate. – **8.** (*radio*) *tel.* filter. – **II S~** *n* ⟨-s⟩ **9.** *verbal noun.*

'sie·ben[2] *adj* ⟨*cardinal number*⟩ seven: **wir sind (unser) ~** we are seven, there are seven of us; **die ~ Wochentage** the seven days of the week; **die ~ fetten und die ~ mageren Jahre** *Bibl.* the seven years of plenty and the seven years of famine; **sie ist um ~ Ecken mit uns verwandt** *fig. colloq.* she is a far-off relative of ours, she is very distantly related to us; **die ~ Todsünden [Sakramente]** *relig.* the seven deadly (*od.* mortal) sins [sacraments]; **die ~ Weltwunder** the seven wonders of the world; **die S~ Freien Künste** the seven liberal arts; → Buch 1.

'Sie·ben[3] *f* ⟨-; -, *auch* -en⟩ (number) seven: **eine arabische [römische] ~** an Arabic [a Roman] seven; → böse 3, 4.

'sie·ben|‚ar·mig [-‚ʔarmɪç] *adj* (*Leuchter etc*) seven-armed, with (*od.* having) seven arms: **~er Leuchter** *relig.* (*der Juden*) menorah. — **~‚blät·te·rig, ~‚blätt·rig** *adj bot.* **1.** seven-leaved (*od.* -leafed); heptaphyllous, septifolious (*scient.*). – **2.** (*Blumenkrone*) heptapetalous.

‚Sie·ben'bür·ger *m* ⟨-s; -⟩ Transylvanian. — **‚sie·ben'bür·gisch** *adj* Transylvanian.

'Sie·ben|‚eck *n* ⟨-(e)s; -e⟩ *math.* heptagon. — **s~‚eckig** (*getr.* -k·k-) *adj* heptagonal, septangular. — **s~‚ein'halb** *adj* seven and a half.

'Sie·be·ner *m* ⟨-s; -⟩ *colloq. for* Sieben[3].

'sie·be·ner'lei *adj* ⟨*invariable*⟩ of seven (different) kinds (*od.* sorts, varieties): **auf ~ Art** in seven different ways; **~ Gewürze** seven kinds of spice.

'sie·ben‚fach I *adj* sevenfold, septuple. – **II** *adv* sevenfold, seven times. – **III S~e, das** ⟨-n⟩ the sevenfold amount, seven times the amount.

'Sie·ben|‚flach *n* ⟨-(e)s; -e⟩, **~‚fläch·ner** [-‚flɛçnər] *m* ⟨-s; -⟩ *math.* heptahedron. — **s~‚fü·ßig** *adj metr.* septenary: **~er Vers** septenary. — **s~ge‚scheit** *adj colloq.* too clever (by half), *bes. Am. colloq.* smart-aleck(y), *auch* smart-alec (*attrib*). — **~ge‚stirn** *n astr.* Pleiades *pl*, Seven Sisters *pl.* — **~'hü·gel‚stadt, die** [‚zi:bən-] the City of the Seven Hills, Rome. — **s~'hun·dert** *adj* ⟨*cardinal number*⟩ seven hundred. — **~‚hun·dert'jahr‚fei·er** [‚zi:bən-] *f* septicentennial. — **~'jah·res‚plan** [‚zi:bən-] *m econ. pol.* seven-year plan. — **s~‚jäh·rig** *adj* **1.** seven-year-old (*attrib*), of seven (years): **ein ~er Junge** a boy of (*od.* aged) seven. – **2.** (*Amtszeit etc*) seven-year (*attrib*), of (*od.* lasting) seven years, septennial (*scient.*): **der S~e Krieg** *hist.* the Seven Years' War (*1756—63*). — **s~‚köp·fig** [-‚kœpfɪç] *adj* (*Familie, Ausschuß etc*) of seven. — **s~‚mal** *adv* seven times. — **s~‚ma·lig** *adj* ⟨*attrib*⟩ repeated seven times (*od.* for the seventh time). — **~'mei·len‚stie·fel** [‚zi:bən-] *pl* (*im Märchen*) seven-league boots. — **~'me·ter** [‚zi:bən-] *m* ⟨-s; -⟩ (*sport*) a) (*beim Hockey*) penalty (shot), b) (*beim Handball*) penalty (throw). — **s~‚mo·na·tig** [-‚mo:natɪç] *adj* **1.** (*Kind etc*) seven-month-old (*attrib*), of seven months. – **2.** (*Aufenthalt etc*) seven-month (*attrib*), of (*od.* lasting) seven months. — **~'mo·nats‚kind** [‚zi:bən-] *n med.* seven-month baby. — **s~pro‚zen·tig** [-pro‚tsɛntɪç] *adj* seven-percent, *Br.* seven-per-cent (*attrib*), of seven percent (*Br.* per cent). — **~'sa·chen** *pl colloq.* things, belongings, goods and chattels, 'traps' (*colloq.*), *Am. sl.* 'duds': **ich packte meine ~ und ging** I packed up (my belongings) and went; **hast du deine ~ beisammen?** have you gathered up all your belongings? — **~‚schlä·fer** *m* **1.** *colloq. cf.* Langschläfer. – **2.** *bes.* Gemeiner ~ *zo.* loir, dormouse (*Glis glis*). – **3.** die ~ *pl relig.* (*7 Märtyrer*) the Seven Sleepers (of Ephesus). — **s~‚stel·lig** [-‚ʃtɛlɪç] *adj* (*Zahl*) seven-figure (*attrib*). — **~‚stern** *m bot.* starflower (*Gattg Trientalis*): **Europäischer ~** chickweed, wintergreen (*T. europaea*). — **s~‚stöckig** (*getr.* -k·k-) [-‚ʃtœkɪç] *adj* (*Gebäude etc*) seven-storeyed (*bes. Am.* -storied), seven-storey (*bes. Am.* -story) (*attrib*). — **s~‚stün·dig** [-‚ʃtʏndɪç] *adj* seven-hour (*attrib*), of (*od.* lasting) seven hours.

'sie·bent *adj* ⟨*ordinal number*⟩ seventh: **am ~en Mai** (on) the seventh of May; **den ~en Mai** (on) May the seventh, (on) the seventh of May; **an ~er Stelle** in (the) seventh place; **er steht an ~er Stelle** he holds (*od.* is in) seventh place; **er ist (*od.* fühlt sich wie) im ~en Himmel** he is in the seventh heaven (of delight), he is treading (*od.* walking) on air, *Am. colloq.* he feels like a million dollars; **im ~en Himmel der Liebe** in the seventh heaven of love; **sie kamen zu ~** the seven of them came; **wir waren zu ~** we (*od.* there) were seven of us.

'sie·ben|‚tä·gig *adj* seven-day (*attrib*), of (*od.* lasting) seven days. — **~'tau·send** *adj* ⟨*cardinal number*⟩ seven thousand.

'Sie·ben·te *m, f* ⟨-n; -n⟩, *n* ⟨-n; *no pl*⟩ **1.** (the) seventh: **der ~ des Monats** the seventh of the month. – **2.** (*mit Kleinschreibung*) seventh: **der s~ von links** the seventh from the left. – **3. Heinrich der ~** (*od.* VII.) *hist.* Henry the Seventh, Henry VII.

'Sie·ben·tel I *n, Swiss meist m* ⟨-s; -⟩ seventh (part): **vier ~** four sevenths; **ein ~ des Betrages** a (*od.* one) seventh of the amount. – **II s~** *adj* ⟨*attrib*⟩ seventh (part) of.

'sie·ben·tens *adv* seventh(ly), in (the) seventh place.

'sie·ben‚wer·tig *adj chem.* heptavalent.

'Sieb|‚fil·ter *n, m tech.* strainer, filtering screen, screening filter. — **~‚flä·che** *f tech.* screen area. — **s~‚för·mig** *adj* sieve-shaped; cribriform, cribrose, cribrate (*scient.*). — **~‚glied** *n* (*radio*) *tel.* trap, filter, filtering element. — **~‚ket·te** *f* **1.** *electr.* filter circuit. – **2.** (*radio*) *tel.* wave filter. – **3.** *agr.* (*an Rodemaschinen*) screen apron. — **~‚koh·le** *f* (*mining*) sifted (*od.* graded) coal. — **~‚kreis** *m* (*radio*) *tel.* smoothing (*od.* filtering) circuit. — **~ma‚schi·ne** *f tech.* **1.** screener, sifter, screening (*od.* sifting) machine. – **2.** (*für Mehl*) bolter, duster. – **3.** *agr.* (*für Getreide*) winnower, winnowing machine. — **~‚mehl** *n* coarse flour, siftings *pl.* — **~‚plat·te** *f med.* cribriform plate. — **~‚rück‚stand** *m tech.* screening residue (*od.* refuse), oversize.

siebt [zi:pt] *adj* ⟨*ordinal number*⟩ *cf.* siebent. — **'Sieb·te** *m, f* ⟨-n; -n⟩, *n* ⟨-n; *no pl*⟩ *cf.* Siebente. — **'Sieb·tel I** *n Swiss meist m* ⟨-s; -⟩ *cf.* Siebentel I. – **II s~** *adj* ⟨*attrib*⟩ *cf.* Siebentel II. — **'sieb·tens** *adv cf.* siebentens.

'Sieb|‚trich·ter *m tech.* filtering (*od.* straining) funnel. — **~‚trom·mel** *f* **1.** *tech.* rotary screen, sieve (*od.* sizing) drum. – **2.** (*paper*) drum (*Am.* cylinder) washer. — **~‚tuch** *n* **1.** sieve cloth. – **2.** (*für Flüssigkeiten*) straining (*od.* tammy) cloth, strainer. – **3.** (*für Mehl*) bolting cloth.

'Sie·bung *f* ⟨-; *no pl*⟩ **1.** *cf.* Sieben[1]. – **2.** *electr.* elimination. – **3.** (*radio*) *tel.* filtration.

'Sieb‚wal·ze *f* (*paper*) dandy roll, *auch* dandy roller.

sieb·zehn ['zi:ptse:n] **I** *adj* ⟨*cardinal number*⟩ seventeen: **~ Uhr** 5 p.m.; **sie ist ~ (Jahre alt)** she is seventeen (years old). – **II S~** *f* ⟨-; -en⟩ (number) seventeen. — **~‚jäh·rig I** *adj* **1.** (*Mädchen etc*) seventeen-year-old (*attrib*), of seventeen (years). – **2.** seventeen-year (*attrib*), of (*od.* lasting) seventeen years. – **II S~e** *m, f* ⟨-n; -n⟩ **3.** seventeen-year-old.

'sieb·zehnt I *adj* ⟨*ordinal number*⟩ seventeenth. – **II S~e** *m, f* ⟨-n; -n⟩, *n* ⟨-n; *no pl*⟩ (the) seventeenth.

'Sieb·zehn·tel I *n, Swiss meist m* ⟨-s; -⟩ seventeenth (part). – **II s~** *adj* ⟨*attrib*⟩ seventeenth (part) of.

'sieb·zehn·tens *adv* seventeenth(ly), in (the) seventeenth place.

sieb·zig ['zi:ptsɪç] **I** *adj* ⟨*cardinal number*⟩ **1.** seventy: **~ (Jahre alt) sein** to be seventy (years old). – **II S~** *f* ⟨-; -en⟩ **2.** (number) seventy. – **3.** ⟨*only sg*⟩ seventies *pl*: **er ist Anfang (der) S~** he is in his early seventies; **der Mensch über S~** people *pl* (of) over seventy; **sie geht auf (die) S~, sie kommt in die S~** she is going on for seventy, she is almost into her seventies.

'sieb·zi·ger *adj* ⟨*invariable*⟩ *only in* **die ~ Jahre** the seventies: **die ~ Jahre dieses Jahrhunderts** the seventies of this century.

'Sieb·zi·ger I *m* ⟨-s; -⟩ **1.** man in his seventies: **er ist ein guter ~** he is well into (*od.* on in) his seventies. – **2.** man of seventy, septuagenarian, septuagenary. – **3. die ~** (*Alter*) the seventies: **in den ~n sein** to be in one's seventies; **Mitte [Ende] der ~ sein** to be in one's middle [late] seventies; **hoch in den ~n sein** to be in one's late seventies.

'Sieb·zi·ge·rin *f* ⟨-; -nen⟩ **1.** woman in her seventies. – **2.** woman of seventy, septuagenarian, septuagenary.

'Sieb·zi·ger‚jah·re, die *pl* the seventies.

'sieb·zig‚jäh·rig I *adj* **1.** (*Mann, Frau*) seventy-year-old (*attrib*), septuagenarian, septuagenary. – **2.** seventy-year (*attrib*), of (*od.* lasting) seventy years. – **II S~e** *m, f* ⟨-n; -n⟩ **3.** seventy-year-old, septuagenarian, septuagenary.

'sieb·zigst I *adj* ⟨*ordinal number*⟩ seventieth. – **II S~e** *m, f* ⟨-n; -n⟩, *n* ⟨-n; *no pl*⟩ (the) seventieth.

'Sieb·zig·stel I *n, Swiss meist m* ⟨-s; -⟩ seventieth (part): **vier ~** four seventieths. – **II s~** *adj* ⟨*attrib*⟩ seventieth (part) of.

siech [zi:ç] *adj* ⟨-er; -est⟩ *archaic* ailing, invalid, sickly, valetudinarian. — **S~‚bett** *n* sickbed.

sie·chen ['zi:çən] *v/i* ⟨sein⟩ *archaic* **1.** be ailing (*od.* sickly), suffer from a lingering disease, languish. – **2.** *rare for* dahinsiechen.

'Sie·chen|‚haus, ~‚heim *n obs.* hospital for incurables.

'Siech·tum *n* ⟨-s; *no pl*⟩ *med.* invalidism, sickliness, languishing (state), lingering illness: **nach jahrelangem ~** after years of ailing (*od.* lingering illness).

'Sie·de|‚grad *m cf.* Siedepunkt. — **~‚gren·ze** *f* boiling range (*od.* limit). — **s~'heiß** *adj* **1.** boiling (*od.* scalding, seething) hot. – **2.** *fig. colloq.* (*vor Fieber etc*) burning hot. — **~‚hit·ze** *f* **1.** boiling temperature. – **2.** *fig.* sweltering (*od.* scorching) heat. — **~‚kes·sel** *f* **1.** boiler. – **2.** *brew.* brew kettle, copper. – **3.** (*in der Salzgewinnung*) brine copper. – **4.** (*in der Seifenherstellung*) soap pan. — **~‚kol·ben** *m chem.* boiling (*od.* distillation) flask. — **~‚lau·ge** *f* (*in der Seifenherstellung*) boiling liquor.

sie·deln ['zi:dəln] **I** *v/i* ⟨h⟩ **1.** settle, colonize. – **2.** (*eine Siedlerstelle gründen*) homestead. – **II S~** *n* ⟨-s⟩ **3.** *verbal noun.*

Sie·de·lung(s...) *cf.* Siedlung(s...)

sie·den ['zi:dən] **I** *v/t* ⟨siedet, sott *u.* siedete, gesotten *u.* gesiedet, h⟩ **1.** *rare for* kochen 4, 5. – **2.** (allow *s.th.* to) simmer, boil (*s.th.*) gently: **etwas in Wasser [Öl] ~** to simmer s.th. in water [oil]. – **3.** (*Seife, Salz, Leim etc*) make, boil. – **4.** (*Zucker*) refine. – **II** *v/i* **5.** simmer, boil gently. – **6.** (*kochen*) boil: **Wasser siedet bei 100° C** water boils at 100 degrees centigrade. – **7.** (*von Lava etc*) seethe. – **III S~** *n* ⟨-s⟩ **8.** *verbal noun.* — **'sie·dend I** *pres p.* – **II** *adj* **1.** (*Wasser etc*) boiling. – **2.** (*Hitze*) boiling, sweltering. – **III** *adv* **3.** (*in Wendungen wie*) **~ heiß** boiling (*od.* scalding, seething) hot: **die Suppe ist ~ heiß** the soup is piping hot; **es überlief ihn ~ heiß** *fig.* he turned hot and cold.

'Sie·de‚punkt *m* boiling point: **er war fast auf dem ~ angelangt** *fig.* he was near the boiling point. — **~er‚hö·hung** *f chem.* boiling-point elevation.

'Sie·der *m* ⟨-s; -⟩ *tech.* **1.** boiler. – **2.** (*bes. in der Zuckerherstellung*) refiner. — **Sie·de'rei** *f* ⟨-; -en⟩ **1.** (*für Salz etc*) boilery, boiling-house. – **2.** (*für Zucker*) refinery.

'Sie·de|‚salz *n chem.* common salt (NaCl). — **~‚tren·nung** *f* fractional distillation. — **~‚was·ser·re‚ak·tor** *m nucl.* boiling water reactor.

'Sied‚fleisch *n Southern G. and Swiss for* Suppenfleisch.

'Sied·ler *m* ⟨-s; -⟩ **1.** settler, colonist. – **2.** (*Inhaber einer Siedlerstelle*) homesteader. — **~‚stel·le** *f* **1.** settler's holding. – **2.** homestead.

'**Sied·lung** *f* ⟨-; -en⟩ **1.** settlement, colony: **städtische** [**ländliche**] ~ urban [rural] settlement. – **2.** (*innerhalb einer Ortschaft*) housing development (*Br. auch* estate): **geschlossene** ~**en** self-contained developments. – **3.** (*am Stadtrand*) suburban colony. – **4.** *archeol.* settlement. – **5.** ⟨*only sg*⟩ *rare for* Siedeln.

'**Sied·lungs**|ˌ**bau·ten** *pl* **1.** housing development (*Br. auch* estate) *sg.* – **2.** (*mit öffentlichen Mitteln*) housing project *sg.* — ~**ge**ˌ**biet** *n* development area. — ~**ge**ˌ**län·de** *n* housing development area. — ~**geo·gra**ˌ**phie** *f* geography as applied to human settlements. — ~**ge**ˌ**sell·schaft** *f econ.* housing (*od.* building) society, housing association. — ~ˌ**haus** *n* development (*Br. auch* estate) house. — ~ˌ**kern** *m* nucleus of a settlement (*od.* colony), *Br. auch* estate centre. — ~**kre**ˌ**dit** *m econ.* loan to settlers, land settlement loan. — ~ˌ**land** *n cf.* Siedlungsraum. — ~**po·li**ˌ**tik** *f* land settlement policy. — ~**pro**ˌ**gramm** *n* land settlement scheme, *Br.* housing scheme. — ~ˌ**raum** *m* region (*od.* area) of settlement, settlement area. — ~ˌ**we·sen** *n* ⟨-s; *no pl*⟩ housing affairs *pl.*

Sieg [ziːk] *m* ⟨-(e)s; -e⟩ **1.** (über *acc* over) victory, triumph: **ein schwererkämpfter** (*od.* **schwererrungener**) [**knapper**] ~ a hard-won [close] victory; **ein teuer erkaufter** ~ a victory that was dearly paid for, a dear-bought victory; **ein leichter** ~ an easy victory, (*bes. im Sport*) a walkaway, a walkover; **den** ~ **erringen** (*od.* **davontragen**) to gain the victory, to carry (*od.* win) the day, to win the battle, to be victorious; **sie trugen den** ~ **über ihn davon** they gained (the) victory over him; **ein** ~ **über sich selbst** a triumph (*od.* victory) over oneself; **er schritt von** ~ **zu** ~, **er errang** ~ **über** ~, **er häufte** ~ **auf** ~ he heaped victory upon victory; **wir verhalfen ihm zum** ~ we helped him to victory; **der Wahrheit** [**der Gerechtigkeit**] **zum** ~**e verhelfen** to make truth [justice] triumph; **der** ~ **des Guten** (**über das Böse**) the triumph of good over evil. – **2.** (*Überwindung*) (über *acc* of) conquest. – **3.** (*sport*) win, victory: **auf** ~ **laufen** to run to win; **seine Mannschaft hat fünf** ~**e errungen** (*od.* **davongetragen**) his team has had five wins; **es war ein glatter** ~ it was a straight win; ~ **durch Aufgabe** win by retirement (*od.* withdrawal); ~ **durch Nichtantreten** victory by forfeit.

Sie·gel ['ziːgəl] *n* ⟨-s; -⟩ **1.** seal: **ein** ~ **auf** (*acc*) **etwas drücken** to affix a seal to s.th., to stamp s.th. with a seal; **das** ~ **aufbrechen** to break the seal; **ein** ~ **an** (*dat*) **etwas anbringen** to affix a seal to s.th., to seal s.th.; **sie hat es mir unter dem** ~ **der Verschwiegenheit erzählt** (*od.* **anvertraut**) *fig.* she told it to me under seal (*od.* pledge) of secrecy, she told it to me in strict confidence; → Brief 1; Buch 1. – **2.** (*privates*) signet. — ~ˌ**ab**ˌ**druck** *m* impress(ion) of a seal, seal. — ~ˌ**baum** *m* (*in Palaeobotanik*) sigillaria (*Gattg Sigillaria*). — ~**be**ˌ**wah·rer** *m hist.* Keeper of the Seal. — ~ˌ**bild** *n* seal. — ~ˌ**bruch** *m* breaking of a seal.

'**Sie·ge·ler** *m* ⟨-s; -⟩ sealer.

'**Sie·gel**ˌ**kun·de** *f* ⟨-; *no pl*⟩ sphragistics *pl* (*usually construed as sg*), sigillography.

'**Sie·gel**ˌ**lack** *m* sealing wax. — ~ˌ**stan·ge** *f* stick of sealing wax.

sie·geln ['ziːgəln] **I** *v/t* ⟨h⟩ (*Brief etc*) seal, affix a seal to. – **II S**~ *n* ⟨-s⟩ *verbal noun.*

'**Sie·gel**ˌ**ring** *m* signet (*od.* seal) ring.

'**Sie·ge·lung** *f* ⟨-; *no pl*⟩ *cf.* Siegeln.

'**Sie·gel**ˌ**wachs** *n* sealing wax.

sie·gen ['ziːgən] *v/i* ⟨h⟩ **1.** (*im Kampfe*) win, triumph, be victorious, gain a (*od.* the) victory; **über j-n siegen** to gain (the) victory over s.o., to triumph over s.o.; **das feindliche Heer siegte** the enemy forces were victorious (*od.* won, carried the day); ~ **oder sterben** win (*od.* do) or die. – **2.** (*im Wettkampf etc*) win: **er siegte bei** (*od.* **in**) **dem Wettbewerb** he won the competition, he won (*od.* carried) the day, he carried off the hono(u)rs; **er siegte auf der ganzen Linie** *fig.* he carried all before him, he made a (clean) sweep. – **3.** (*von Mitleid etc*) triumph, overcome, conquer: **die Vernunft siegte** reason triumphed (*od.* prevailed); **er hat über die Versuchung gesiegt** he triumphed over (*od.* overcame) (the) temptation.

'**Sie·ger** *m* ⟨-s; -⟩ **1.** victor, winner: **er ging als** ~ **hervor** he came off victorious (*od.* victor); **die Partei ging bei** (*od.* **aus**) **der Wahl als** ~ **hervor** the party emerged victorious at the polls. – **2.** (*Eroberer*) conqueror. – **3.** (*sport*) winner, *auch* champion: **er wurde** ~ **im Schwergewicht** he won the heavyweight championship; **er blieb** ~ **über alle anderen Teilnehmer** he held the field against all other participants. — ~ˌ**eh·rung** *f* victory ceremony.

'**Sie·ge·rin** *f* ⟨-; -nen⟩ **1.** victress, victrix, winner. – **2.** (*sport*) *cf.* Sieger 3.

'**Sie·ger**|ˌ**kranz** *m* victor's (*od.* winner's) laurels *pl* (*od.* wreath). — ~ˌ**macht** *f pol.* victorious power. — ~ˌ**mann·schaft** *f* (*bes. sport*) winning team. — ~ˌ**mie·ne** *f* triumphant expression. — ~**na·ti**ˌ**on** *f pol. cf.* Siegerstaat. — ~**po**ˌ**kal** *m* (*sport*) cup. — ~ˌ**recht** *n pol.* right of the victor (*od.* conqueror). — ~ˌ**staat** *m* victor(ious) nation. — ~ˌ**stolz** *m* victor's pride.

'**Sie·ges**|ˌ**beu·te** *f* spoils *pl* of victory. — **s**~**be**ˌ**wußt I** *adj* confident (*od.* sure) of victory. – **II** *adv* **er trat sehr** ~ **auf** he behaved as though he were very confident of victory. — ~ˌ**bot·schaft** *f* news *pl* (*construed as sg or pl*) of victory. — ~ˌ**denk**ˌ**mal** *n* monument commemorating (*od.* in commemoration of) a victory. — ~ˌ**fei·er** *f*, ~ˌ**fest** *n* celebration of a victory. — **s**~ˌ**froh** *adj* joyous over a victory. — ~**ge**ˌ**schrei** *n* shouts *pl* of victory, triumphant (*od.* exultant) shouts *pl.* — **s**~**ge**ˌ**wiß I** *adj* certain (*od.* sure, confident) of victory. – **II** *adv* ~ **ging er ins Rennen** he went into the race confident of victory (*od.* certain that he would win, sure of winning). — ~**ge**ˌ**wiß·heit** *f* confidence of victory. — ~ˌ**göt·tin** *f myth.* Victory, Victoria. — ~ˌ**hym·ne** *f* hymn of triumph (*od.* victory). — ~ˌ**kranz** *m cf.* Siegerkranz. — ~ˌ**lauf** *m* ⟨-(e)s; *no pl*⟩ triumphant progress (*od.* advance). — ~ˌ**lied** *n* triumphal song. — ~ˌ**mast** *m* victory mast. — ~ˌ**nach**ˌ**richt** *f cf.* Siegesbotschaft. — ~ˌ**pal·me** *f* palm (of victory): **die** ~ **erringen** to win (*od.* carry off) the palm. — ~**po**ˌ**dest** *n* victory rostrum. — ~ˌ**preis** *m* prize (of victory). — ~ˌ**rausch** *m* triumphant ecstasy. — ~ˌ**säu·le** *f* triumphal column. — **s**~ˌ**si·cher** *adj cf.* siegesgewiß. — ~ˌ**tau·mel** *m cf.* Siegesrausch. — **s**~ˌ**trun·ken** *adj lit.* intoxicated (*od.* flushed, elated, drunk) with victory. — ~ˌ**wil·le(n)** *m* will to win. — ~ˌ**zei·chen** *n* **1.** sign of victory. – **2.** (*Trophäe*) trophy. — ~ˌ**zug** *m* **1.** *cf.* Triumphzug. – **2.** *fig.* triumphant progress (*od.* advance).

'**sieg**|**ge**ˌ**krönt** *adj* crowned with victory, triumphant. — ~**ge**ˌ**wohnt** *adj* accustomed to victory.

'**sieg·haft** *adj* (*Lächeln*) triumphant.

'**Sieg·ler** *m* ⟨-s; -⟩ sealer. — '**Sieg·lung** *f* ⟨-; -en⟩ *cf.* Siegeln.

'**sieg**ˌ**reich** *adj* **1.** (*Heer*) victorious, triumphant: **er kehrte** ~ **von der Schlacht heim** he returned triumphant (*od.* a victor) from the battlefield. – **2.** (*bes. sport*) (*Mannschaft*) winning (*attrib*): ~ **sein** to win, to score a win.

'**Sieg**ˌ**wurz** *f* ⟨-; *no pl*⟩ *bot. cf.* Gladiole.

sieh [ziː], **sie·he** ['ziːə] *imp sg*, **siehst** [ziːst] *2 sg pres*, **sieht** [ziːt] *3 sg pres of* sehen.

Sie·ke ['ziːkə] *f* ⟨-; -n⟩ *hunt. cf.* Sicke[2].

Siel [ziːl] *m, n* ⟨-(e)s; -e⟩ *civ.eng.* **1.** (*Deichschleuse*) floodgate, sluice (gate). – **2.** *cf.* Abwasserleitung.

Sie·le ['ziːlə] *f* ⟨-; -n⟩ **1.** *pl* (*der Zugtiere*) harness *sg*: **in den** ~**n sterben** *fig. lit.* to die in harness, to die with one's boots on, to die in one's boots. – **2.** (*eines Karrenschiebers*) belt. — '**Sie·len·ge**ˌ**schirr** *n* breast harness.

Sie·mens ['ziːməns] *n* ⟨-; -⟩ *electr.* (*Einheit des Leitwertes*) Siemens (unit).

'**Sie·mens-'Mar·tin**|-ˌ**Ofen** [-'martiːn-] *m metall.* Siemens-Martin furnace, open-hearth furnace. — ~-ˌ**Stahl** *m* Siemens-Martin steel, open-hearth steel. — ~-**Ver**ˌ**fah·ren** *n* Siemens-Martin process, open-hearth process.

sie·na ['zie:na] **I** *adj* Siena, Sierra, Venetian-red: **ein** ~ (*od. colloq.* ~[n]es) **Muster** a Siena pattern. – **II S**~ *n* ⟨-s; *no pl*⟩ Siena, Sierra, Venetian red. — **S**~ˌ**er·de** *f* (earth of) sienna.

Sie·sta ['ziɛsta] *f* ⟨-; -s *u.* Siesten⟩ siesta: ~ **halten** *oft humor.* to have (*od.* take) a siesta.

sie·zen ['ziːtsən] *v/t u. v/reflex* ⟨h⟩ **j-n** (*od.* **sich mit j-m**) ~ *colloq.* to address s.o. as 'Sie'.

Si·fa·ka [zi'faːka] *m* ⟨-s; -s⟩ *zo.* a) crowned sifaka (*Propithecus diadema*), b) Verreaux's sifaka (*P. verreauxi*).

Si·gel ['ziːgəl] *n* ⟨-s; -⟩ **1.** abbreviation. – **2.** (*in der Kurzschrift*) grammalog, *bes. Br.* grammalogue, logogram.

Si·gil·la·rie [zigɪ'laːrɪə] *f* ⟨-; -n⟩ (*in Palaeobotanik*) *cf.* Siegelbaum.

Sig·ma ['zɪgma] *n* ⟨-(s); -s⟩ sigma (*18th letter of the Greek alphabet*).

Sig·moi·di·tis [zɪgmoi'diːtɪs] *f* ⟨-; -ditiden [-di'tiːdən]⟩ *med.* sigmoiditis. — **Sig·moi·do'skop** [-do'skoːp] *n* ⟨-s; -e⟩ sigmoidoscope, rectoscope.

Si·gnal [zɪ'gnaːl] *n* ⟨-s; -e⟩ **1.** signal: **akustische** [**optische**] ~**e** acoustic (*od.* audible) [visual] signals; **ein** ~ **geben** to (give a) signal; **das** ~ **zum Angriff** [**Rückzug**] *mil.* the signal for advance [retreat]; **er gab** [**blew**] **das** ~ **zum Angriff** *mil.* he gave [blew] the signal to attack, he sounded a charge; ~ **geben** *auto.* (*mittels Lichthupe*) to flash a warning. – **2.** (*railway*) signal: **das** ~ **steht auf „Fahrt"** the signal is at "go", the signal clears; **er stellte das** ~ **auf „Fahrt"** he pulled down the signal; **er stellte das** ~ **auf „Halt"** he placed the signal to "danger" (*od.* "stop"), he dangered the signal; **ein** ~ **beachten** [**überfahren**] to obey [to overrun] a signal. – **3.** *fig.* sign, signal: **das war das** ~ **zum Aufbruch** that was the sign to leave. — ~ˌ**an**ˌ**la·ge** *f* **1.** *electr. tech.* (electrical) signaling (*bes. Br.* signalling) apparatus (*od.* system). – **2.** (*railway*) signal installation. — ~ˌ**arm** *m* (*railway*) signal (*od.* semaphore) arm. — ~ˌ**ball** *m mar.* signal ball. — ~ˌ**brücke** (*getr.* -k·k-) *f* (*railway*) signal gantry (*od.* bridge). — ~ˌ**buch** *n mar.* code (book) of signals, signal book.

Si·gna·le·ment [zɪgnalə'mãː; *Swiss auch* -'mɛnt] *n* ⟨-s; -s, *Swiss auch* -e [-'mɛntə]⟩ *bes. Swiss* personal description, *auch* signalment.

Si'gnal|ˌ**feu·er** *n mar.* signal light (*od.* fire), beacon. — ~ˌ**flag·ge** *f* signal flag. — ~ˌ**gast** *m* ⟨-(e)s; -en⟩ **1.** signalman. – **2.** (*Blinker*) signaler, *bes. Br.* signaller. — ~ˌ**ge·ben** *n auto.* (*mittels Lichthupe*) flash warning. — ~ˌ**ge·ber** *m mar.* (*Winker*) flagman. — ~ˌ**ge·bung** *f* ⟨-; *no pl*⟩ signaling, *bes. Br.* signalling. — ~ˌ**glocke** (*getr.* -k·k-) *f mar.* warning (*od.* signal, alarm, call) bell. — ~ˌ**horn** *n* **1.** (signal) horn. – **2.** (*im weiteren Sinn*) bugle.

si·gna·li·sie·ren [zɪgnali'ziːrən] **I** *v/t* ⟨*no* ge-, h⟩ **1.** (*Befehle, Nachrichten etc*) signal. – **2.** (*mit Flaggen*) flag, wigwag (*colloq.*). – **3.** (*railway*) signal (*s.th.*) by semaphore, semaphore. – **4.** *fig.* signal(ize *Br. auch* -s-): **j-s Kommen** ~ to signal s.o.'s arrival; **dies alles signalisiert eine Veränderung in der Politik** all this signals a change in policy. – **II S**~ *n* ⟨-s⟩ **5.** *verbal noun.* – **6.** *fig.* signalization *Br. auch* -s-. — **Si·gna·li'sie·rung** *f* ⟨-; *no pl*⟩ **1.** *cf.* Signalisieren. – **2.** *cf.* Signalgebung.

Si'gnal|ˌ**lam·pe** *f* **1.** signal lamp. – **2.** *tech.* pilot lamp. — ~ˌ**licht** *n* **1.** (*railway*) signal light. – **2.** *tech.* warning (*od.* signal) light. — ~ˌ**mast** *m* **1.** *mar.* signal post. – **2.** (*railway*) semaphore, signal post. — ~ˌ**pfei·fe** *f* signal(ing) (*bes. Br.* signal[ling]) whistle. — ~**ra**ˌ**ke·te** *f mar.* signal rocket. — ~ˌ**schei·be** *f* (*railway*) signal disk (*od.* disc): ~ **in Fahrtstellung** signal disk at "go", displayed disk; ~ **in Haltstellung** signal disk at "danger" (*od.* "stop"). — ~ˌ**schein**ˌ**wer·fer** *m* signaling (*bes. Br.* signalling) searchlight (*od.* projector). — ~ˌ**schuß** *m* (signal) shot. — ~ˌ**stab** *m* (*railway*) signal stick. — ~**sta·ti**ˌ**on** *f bes. mar.* signal station. — ~ˌ**stell**ˌ**werk** *n* (*railway*) *Br.* (mechanical) signal box, *Am.* switch (*od.* signal) tower. — ~**sy**ˌ**stem** *n* signal(ing) (*bes. Br.* signal[ling]) system. — ~ˌ**ta·cho** *m auto.* speedometer indicator. — ~ˌ**ta·fel** *f* **1.** *mar.* signal code table. – **2.** *electr.* signal board, annunciator. — ~ˌ**tech·nik** *f* signaling, *bes. Br.* signalling. — ~ˌ**tuch** *n aer.* signal panel. — ~ˌ**vor**ˌ**rich·tung** *f electr.* signal installation. — ~ˌ**wär·ter** *m Br.* signalman, *Am.* towerman.

Si·gna'tar|ˌ**macht** [zɪgna'taːr-] *f pol.* signatory (power): **die Signatarmächte dieses Vertrags** the signatories to this treaty. — ~ˌ**staat** *m* signatory (state).

Sig·na·tur [zɪgnaˈtuːr] *f* ⟨-; -en⟩ **1.** (*gekürzte Unterschrift*) signature. – **2.** (*eines Künstlers*) autograph. – **3.** (*Kennzeichen*) mark, sign. – **4.** (*eines Bibliotheksbuches*) classification (*od.* class, *bes. Am.* call) number, class letter, shelf mark, *Br. auch* pressmark. – **5.** *print.* a) (*Bogenbezeichnung*) signature, b) (*am Fuß der Lettern*) nick, notch, groove. – **6.** (*Kartenzeichen*) map symbol.

Si·gnet [zɪˈgneːt; zɪnˈjeː] *n* ⟨-s; -s *od.* -e [-ˈgneːtə]⟩ **1.** *print.* printer's (*od.* publisher's) mark. – **2.** *obs.* signet, seal.

si·gnie·ren [zɪˈgniːrən] **I** *v/t* ⟨*no* ge-, h⟩ **1.** (*Brief, Dokument etc*) sign: **etwas mit seinen Anfangsbuchstaben ~** to sign s.th. with one's initials, to initial s.th. – **2.** (*Bild, Buch etc*) autograph. – **3.** *econ.* mark, designate. – **II** *v/i* **4.** sign: **er signiert mit einem großen H** (*bes. von Künstler*) he autographs his work with a capital (*od.* large) H. – **III S~** *n* ⟨-s⟩ **5.** *verbal noun.* — **Siˈgnie·rung** *f* ⟨-; -en⟩ *cf.* Signieren.

si·gni·fi·kant [zɪgnifiˈkant], **si·gni·fi·kaˈtiv** [-kaˈtiːf] *adj rare for* **bedeutsam.**

Si·gnum [ˈzɪgnʊm] *n* ⟨-s; Signa [-gna]⟩ **1.** (*Unterschrift*) signature, (*mit Anfangsbuchstaben*) initials *pl.* – **2.** sign, mark, signum.

Sikh [ziːk] *m* ⟨-(s); -s⟩ *relig.* Sikh. — **Si·khis·mus** [ziˈkɪsmʊs] *m* ⟨-; *no pl*⟩ Sikhism.

Sik·ka·tiv [zɪkaˈtiːf] *n* ⟨-s; -e⟩ (*paints*) siccative, drier, *auch* dryer.

Si·la·ge [ziˈlaːʒə] *f* ⟨-; *no pl*⟩ *agr.* silage.

Sil·be [ˈzɪlbə] *f* ⟨-; -n⟩ *ling.* syllable: **kurze [lange] ~** short [long] syllable; **betonte [unbetonte] ~** stressed [unstressed] syllable; **die vorletzte ~ ist betont** the stress is on the penult (*auch* penultimate); **die drittletzte ~** the antepenult (*auch* antepenultima[te]); **er verschluckt ganze ~n** *colloq.* he swallows (whole syllables of) his words; **sie hat mir keine ~ davon gesagt** *fig.* she didn't breathe a word of it (*od.* didn't say a word about it) to me; **sie hat keine ~ davon verlauten lassen** (*od.* **verraten**) *fig.* she didn't breathe a word (of it); **er erwähnte den Vorfall mit keiner ~** *fig.* he did not mention a word about the incident; **ich verstehe keine ~** I can't hear a word (*od.* thing).

ˈSil·ben·al·phaˌbet *n ling.* syllabary.

ˈSil·ben|ˌklau·ber *m* ⟨-s; -⟩ *fig. colloq. contempt.* quibbler, hairsplitter, word-catcher, logomachist (*lit.*). — **~klau·beˈrei** [ˌzɪlbən-] *f* ⟨-; -en⟩ quibbling, hairsplitting, word-catching, logomachy (*lit.*).

ˈSil·ben|ˌmaß *n metr.* quantity, measure, meter. — **s~ˌmä·ßig** *adj* syllabic. — **~ˌmes·sung** *f* prosody. — **~ˌrät·sel** *n puzzle in which syllables must be combined into words according to a clue.* — **~ˌschrift** *f* syllabary. — **~ˌtren·nung** *f ling.* syllabi(fi)cation. — **s~ˌwei·se** *adv* by (*od.* in) syllables, syllabically.

Sil·ber [ˈzɪlbər] *n* ⟨-s; *no pl*⟩ **1.** *chem.* silver (Ag): **legiertes ~** alloyed silver; **ungemünztes ~** silver bullion, bullion silver; **verarbeitetes ~** wrought silver; **~ in Barren** (*od.* **Stangen**) silver in ingots, bar silver; **mit ~ überziehen** to silver, to silver-plate, to silverize (*Br. auch* -s-); **ein Becher aus ~** a silver beaker; → **reden** 9. – **2.** (*Silbergerät, Tafelgeschirr*) silver (plate), silver(ware): **auf** (*od.* **von**) **~ speisen** (*od.* **essen**) to dine (*od.* eat) off silver (plate); **das ~ muß geputzt werden** the silver has to be cleaned (*od.* polished). – **3.** (*als Zahlungsmittel*) silver: **mit** (*od.* **in**) **~ bezahlen** to pay in silver. – **4.** *fig. poet.* silver: **das ~ des Mondlichtes** the silvery moonlight; **das ~ ihres Haares** the silver of her hair, her silver(y) hair. – **5.** *her.* argent. — **~ˌaal** *m zo.* silver eel. — **~ˌader** *f* vein of silver. — **~ˌäff·chen** *n zo.* white tamarin (*Mico argentatus*). — **~ˌahorn** *m bot.* red (*od.* swamp) maple (*Acer rubrum*). — **~amalˌgam** *n chem.* silver amalgam. — **~ˌar·beit** *f* silverwork. — **s~ˌar·tig** *adj* silvery. — **~ˌaufˌla·ge** *f* silver coat. — **~ˌbar·ren** *m* silver bar (*od.* ingot). — **~ˌbaum** *m bot.* silver tree (*Leucadendron argenteum*). — **~ˌbergˌwerk** *n* silver mine. — **~beˌschlag** *m* silver mounting. — **s~beˌschla·gen** *adj* silver-mounted, silver-studded. — **~beˌsteck** *n* **1.** (*für eine Person*) silver knife, fork and spoon. – **2.** (*für mehrere Personen*) (set of) silver cutlery, silverware. — **~ˌblatt** *n bot. cf.* a) Mondviole, b) Gänsefingerkraut. — **~ˌblech** *n metall.* silver foil (*od.* plate). — **~ˌblick** *m colloq.* squint(ing). — **~broˌkat** *m* (*textile*) silver brocade (*od.* cloth). — **~broˌmid** *n chem.* silver bromide (AgBr). — **~ˌbron·ze** *f* silver bronze. — **~chloˌrid** *n chem.* silver chloride (AgCl). — **~ˌdachs** *m zo.* American badger (*Taxidea taxus*). — **~ˌdi·stel** *f bot.* carline thistle (*Carlina acaulis*). — **~ˌdraht** *m* silver wire. — **~ˌerz** *n* (*mining*) silver ore. — **~ˌfa·den** *m* **1.** silver thread. – **2.** *fig.* (*im Haar*) silver strand. — **~ˌfar·be** *f* silver (color, *bes. Br.* colour). — **s~ˌfar·ben, s~ˌfar·big** *adj* silver(-colored, *bes. Br.* -coloured). — **~faˌsan** *m zo.* silver pheasant (*Gallophasis nycthemerus*). — **~ˌfisch** *m zo. cf.* Weißfisch. — **~ˌfisch·chen** *n* (*Urinsekt*) silverfish, silvertail, silver witch, *auch* fish moth (*Lepisma saccharina*). — **~ˌflot·te** *f hist.* silver fleet. — **~ˌfo·lie** *f* silver foil. — **~ˌfuchs** *m zo.* silver fox (*Vulpes vulpes argenteus*). — **~ful·miˌnat** *n chem. cf.* Knallsilber. — **~geˌhalt** *m* (*von Münzen etc*) silver content. — **~ˌgeld** *n* ⟨-(e)s; *no pl*⟩ silver (money), silver coins *pl.* — **~geˌrät, ~geˌschirr** *n* silver (plate), silverware. — **s~geˌstickt** *adj* silver-embroidered. — **~ˌglanz** *m* **1.** (*des Haares, Mondes etc*) silvery luster (*bes. Br.* lustre), silveriness, silver. – **2.** *min. chem.* argentite, silver glance, silver sulfide (*bes. Br.* -ph-) (Ag_2S). — **s~ˌglän·zend** *adj* silvery, shining like silver. — **~ˌgras** *n bot.* silver (*od.* ribbon, club) grass (*Cornynephorus canescens*). — **s~ˌgrau** *adj* silver-gray (*bes. Br.* -grey), pearl (*attrib*). — **~ˌhaar** *n poet.* silvery hair. — **s~ˌhal·tig** *adj* containing silver, silver-bearing, argentiferous (*scient.*). — **s~ˌhell** *adj* (*Ton, Stimme etc*) silvery, silver (*attrib*), argentine. — **~ˌhochˌzeit** *f* silver wedding.

ˈsil·be·rig *adj u. adv cf.* silbrig.

ˈSil·ber|kaˌrau·sche *f zo. cf.* Giebel[2]. — **~ˌklang** *m poet.* (*einer Stimme etc*) silvery sound, ripple. — **~ˌkup·ferˌglanz** *m min.* stromeyerite, silver-copper glance. — **~ˌlachs** *m zo. cf.* Lachsforelle. — **~leˌgie·rung** *f metall.* silver alloy. — **~ˌleuch·te** *f zo.* silver lamp (*Photichthys argenteus; fish*).

ˈSil·ber·ling *m* ⟨-s; -e⟩ silver coin, piece of silver.

ˈSil·ber|ˌlö·we *m zo. cf.* Puma. — **~meˌdail·le** *f* (*bes. sport*) silver medal. — **~meˌdail·len·geˌwin·ner** *m* silver medalist (*bes. Br.* medallist), silver medal winner. — **~ˌmö·we** *f zo.* silvery (*od.* herring) gull (*Larus argentatus*). — **~ˌmull** *m* silvery mole rat (*Gattg Meliophobius*). — **~ˌmundˌschnecke** (*getr.* -k·k-) *f* turban shell (*Gattg Turbo*). — **~ˌmundˌwes·pe** *f* digger wasp (*Gattg Crabro*). — **~ˌmün·ze** *f* silver coin (*od.* piece), piece of silver.

ˈsil·bern *adj* **1.** (*Münze, Medaille, Besteck, Geschirr etc*) silver (*attrib*), made of silver. – **2.** *fig.* (*Stimme, Lachen, Haar, Licht etc*) silvery, silver (*attrib*): **~e Hochzeit** silver wedding; **das S~e Zeitalter** the Silver Age.

ˈSil·ber|niˌtrat *n chem.* silver nitrate ($AgNO_3$). — **~oxid** [-ˀɔˌksiːt], **~oxyd** [-ˀɔˌksyːt] *n* silver (*od.* argentic) oxide (Ag_2O). — **~paˌpier** *n* silver paper, tinfoil. — **~ˌpap·pel** *f bot.* silver(leaf) (*od.* white, great) poplar, whiteback, abele (*Populus alba*). — **~ˌplat·te** *f* plate of silver. — **s~platˌtiert** *adj tech.* silver-clad. — **~platˌtie·rung** *f* silver cladding. — **~ˌputzˌmit·tel** *n* silver polish. — **~ˌrau·te** *f bot.* icy wormwood (*Artemisia glacialis*). — **s~ˌreich** *adj* rich in silver. — **~ˌrei·her** *m zo.* great white heron (*Egretta alba*). — **~ˌrei·ni·gung** *f* silver cleaning. — **~ˌsa·chen** *pl* silver *sg.* — **~ˌsalz** *n* **1.** *chem.* silver (*od.* argentic) salt, *Am.* silver ($C_{14}H_7O_2SO_3Na$). – **2.** *phot.* salt of silver, silver salt, *bes.* silver bromide. — **~ˌsand** *m min.* silver sand. — **~ˌschaum** *m chem.* silver in thin leaves, foliated silver. — **~ˌschei·be** *f poet.* (*des Mondes*) silver(y) disk (*od.* disc). — **~ˌschei·dung** *f metall.* refining of silver. — **~ˌschein** *m* silvery luster (*bes. Br.* lustre). — **~ˌschicht** *f* layer of silver. — **~ˌschim·mer** *m cf.* Silberschein. — **~ˌschmied** *m* silversmith. — **~ˌspie·gel** *m* silver-coated (*od.* silvered) mirror. — **~ˌstahl** *m metall.* bright drawn carbon tool steel, *bes. Br.* silver steel, *bes. Am.* Stub's steel. — **~stickeˌrei** (*getr.* -k·k-) *f* (*textile*) embroidery in silver. — **~ˌstoff** *m* silver cloth (*od.* brocade). — **~ˌstrei·fen** *m bes. fig.* silver lining: **in der politischen Krise zeichnet sich ein ~ (am Horizont) ab** things are brightening (*od.* beginning to look) up in the political crisis. — **~ˌstrich** *m zo. cf.* Kaisermantel 2. — **~ˌstück** *n* **1.** piece of silver. – **2.** *cf.* Silbermünze. — **~sulˌfid** *n chem.* silver sulfide (*bes. Br.* -ph-) (Ag_2S). — **~ˌtan·ne** *f bot.* silver (*od.* noble) fir (*Abies nobilis*). — **~ˌwäh·rung** *f econ.* silver standard (*od.* currency). — **~ˌwa·ren** *pl* silver plate *sg* (*od.* goods), silverware *sg.* — **~ˌwei·de** *f bot.* white willow (*Salix alba*). — **s~ˌweiß** *adj* (*Haar etc*) silver-white, silvery white. — **~ˌwurz** *f bot.* white dryas, mountain avens (*Dryas octopetala*). — **~ˌzeug** *n colloq. for* Silbergerät.

ˈsil·bisch *adj ling.* syllabic.

ˈsil·brig I *adj* (*Glanz, Schimmer etc*) silvery, silver (*attrib*). – **II** *adv* **~ glänzen** to have a silvery luster (*bes. Br.* lustre).

Sild [zɪlt] *m* ⟨-(e)s; -(e)⟩ *gastr.* (*bes. eingelegter Heringsfisch*) sild.

Si·len [ziˈleːn] *m* ⟨-s; -e⟩, **Siˈle·nos** [-nɔs] *m* ⟨-; -lenen⟩ *myth.* Silenus.

Si·len·ti·um [ziˈlɛntsɪʊm] *n* ⟨-s; *no pl*⟩ silence: **~!** silence! (be) quiet!

Sil·ge [ˈzɪlgə] *f* ⟨-; -n⟩ *bot.* milk parsley (*Gattg Selinum*).

Sil·hou·et·te [ziˈlŭɛtə] *f* ⟨-; -n⟩ silhouette, outline(s *pl*): **~ einer Stadt** silhouette (*od.* skyline) of a city. — **sil·hou·etˈtie·ren** [-ˈtiːrən] *v/t* ⟨*no* ge-, h⟩ *rare* silhouette.

ˈSi·li·ca-ˌGel [ˈziːlika-] (*TM*) *n chem.* silica gel.

Si·li·ci·um [ziˈliːtsɪʊm] *n* ⟨-s; *no pl*⟩ *chem.* silicon (Si): **ein Metall mit ~ verbinden** to siliconize a metal. — **~geˌhalt** *m* silicon content. — **~ˌgleichˌrich·ter** *m* (*computer*) silicon rectifier. — **~verˌbin·dung** *f chem.* silicon alloy.

Si·li·fi·ka·ti·on [zilifikaˈtsɪoːn] *f* ⟨-; -en⟩ *chem.* silification.

ˈSi·li·kaˌstein [ˈziːlika-] *m synth.* silica brick.

Si·li·kat [ziliˈkaːt] *n* ⟨-(e)s; -e⟩ *chem.* silicate. — **~geˌstein** *n geol.* silicate rock.

Si·li·kon [ziliˈkoːn] *n* ⟨-s; -e⟩ *synth.* silicone. — **~ˌharz** *n* silicone resin. — **~ˌöl** *n chem.* silicone oil.

Si·li·ko·se [ziliˈkoːzə] *f* ⟨-; -n⟩ *med.* stonemasons' (*od.* grinders') disease; silicosis, pneumosilicosis (*scient.*).

Si·li·zi·um [ziˈliːtsɪʊm] *n* ⟨-s; *no pl*⟩ *chem. cf.* Silicium.

Si·lo [ˈziːlo] *m, auch n* ⟨-s; -s⟩ **1.** (*für Kohle, Erz, Zement etc*) silo. – **2.** *agr.* a) *cf.* Getreidesilo, b) (*für Grünfutter*) silo: **Futter im ~ einlagern** to ensile (*od.* to ensilage, to silo) fodder. — **~ˌfut·ter** *n* silage.

Si·lur [ziˈluːr] *n* ⟨-s; *no pl*⟩, **~ˌzeit** *f geol. hist.* Silurian (time *od.* period). — **siˈlu·risch** *adj* Silurian.

Sil·va·ner [zɪlˈvaːnər] *m* ⟨-s; -⟩ *gastr.* (*Trauben- u. Weinsorte*) sylvaner.

Sil·ve·ster [zɪlˈvɛstər] *n* ⟨-s; -⟩, **~ˌabend** *m* New Year's Eve. — **~ˌball** *m* New Year's Eve ball (*od.* dance). — **~ˌnacht** *f* night of New Year's Eve. — **~ˌpar·ty** *f* New Year's party.

Si·ma[1] [ˈziːma] *n* ⟨-(s); *no pl*⟩ *geol.* sima.

ˈSi·ma[2] *f* ⟨-; -s *u.* Simen⟩ *arch. antiq.* (*Traufleiste*) sima.

Si·mi·li [ˈziːmili] *n, m* ⟨-s; -s⟩ (*von Edelsteinen*) imitation. — **~diaˌmant** *m* paste (diamond), strass. — **~ˌstein** *m* paste (stone), strass.

ˈSim·menˌta·ler ˈFleckˌvieh [ˈzɪmənˌtaːlər] *n agr.* Simmental, *auch* Simmenthal(er).

Si·mo·nie [zimoˈniː] *f* ⟨-; -n [-ən]⟩ *relig.* simony, barratry. — **siˈmo·nisch** [-ˈmoːnɪʃ] *adj* simonic(al).

sim·pel [ˈzɪmpəl] *adj* ⟨-pler; -pelst⟩ **1.** (*schlicht*) simple, plain. – **2.** (*einfach*) simple, easy, straightforward: **eine ganz simple Frage [Aufgabe]** a very simple question [task]. – **3.** (*einfältig*) simple(-minded), stupid. – **4.** ⟨*meist sup*⟩ (*grundlegend*) basic, simplest: **es fehlte ihr an den ~sten Voraussetzungen für diese Arbeit** she lacked the basic requirements for this work.

ˈSim·pel *m* ⟨-s; -⟩ *colloq.* simpleton, fool, ninny, nincompoop, Simple Simon (*colloq.*). — **~ˌfran·sen** *pl colloq. humor. cf.* Simpelsfransen.

ˈsim·pel·haft *adj* foolish, silly.

ˈSim·pelsˌfran·sen *pl colloq. humor.* fringe *sg*, bang(s).

Sim·perl ['zɪmpərl] *n* ⟨-s; -(n)⟩ *Austrian dial.* flat (bread) basket.

Sim·plex ['zɪmplɛks] *n* ⟨-; -e *u.* -plizia [-'pliːtsĭa]⟩ *ling.* noncompound (*Br.* non-compound) word, simplex.

Sim·plex..., sim·plex... *electr. combining form denoting* simplex.

'Sim·plex|be,trieb *m* (*in Telegraphie etc*) simplex operation (*od.* working). — **~,brem·se** *f auto.* simplex brake. — **~,kreis** *m electr.* simplex circuit. — **~,schal·tung** *f* simplex connection (*Br. auch* connexion) (*od.* circuit).

Sim·pli·fi·ka·ti·on [zɪmplifika'tsĭoːn] *f* ⟨-; -en⟩ *rare* simplification. — **sim·pli·fi'zie·ren** [-'tsiːrən] *v/t* ⟨*no* ge-, h⟩ simplify. — **sim·pli·fi'ziert I** *pp.* – **II** *adj* (*Form etc*) simplified. — **Sim·pli·fi'zie·rung** *f* ⟨-; -en⟩ simplification.

Sim·pli·zi·tät [zɪmplitsi'tɛːt] *f* ⟨-; *no pl*⟩ simplicity.

Sims [zɪms] *m, n* ⟨-es; -e⟩ **1.** (*vorspringender Rand*) ledge. – **2.** *cf.* Fenstersims. – **3.** (*eines Kamins*) mantelpiece. – **4.** (*Wandbrett*) shelf. – **5.** *arch.* (*an Gebäuden*) cornice.

sim·sa·la·bim [zɪmzala'bɪm] *interj* (*beim Zaubern*) hey-presto!

Sim·se ['zɪmzə] *f* ⟨-; -n⟩ *bot.* **1.** club rush, bulrush, *auch* bullrush (*Gattg Scirpus*). – **2.** *cf.* Binse 1.

'Sims|,ho·bel *m tech.* molding (*bes. Br.* moulding) plane. — **~,stein** *m arch.* cornice stone.

Si·mu·lant [zimu'lant] *m* ⟨-en; -en⟩ simulator, sham patient, malingerer. — **Si·mu·la·ti'on** [-la'tsĭoːn] *f* ⟨-; -en⟩ *cf.* Simulieren.

Si·mu·la·tor [zimu'laːtər] *m* ⟨-s; -en [-la'toːrən]⟩ *aer. tech.* (*computer*) (*space*) simulator.

si·mu·lie·ren [zimu'liːrən] **I** *v/t* ⟨*no* ge-, h⟩ **1.** (*Krankheit, Schwäche, Blindheit etc*) simulate, sham, feign. – **2.** *phys. tech.* (*computer*) (*space*) simulate. – **II** *v/i* **3.** sham (*od.* feign, simulate) illness, malinger: (**er ist nicht krank,**) **er simuliert nur** (he is not ill,) he is only shamming (*od. colloq.* putting it on). – **4.** *colloq.* (*grübeln*) (**über** *acc* over) brood, muse. – **III S~** *n* ⟨-s⟩ **5.** *verbal noun.* – **6.** simulation.

si·mul·tan [zimul'taːn] **I** *adj* simultaneous. – **II** *adv* simultaneously, at the same time. — **S~be,trieb** *m bes. tel.* simultaneous working (*od.* operation). — **S~,büh·ne** *f* (*theater*) simultaneous stage. — **S~,dol·met·schen** *n* simultaneous interpreting (*od.* interpretation). — **S~,dol·met·scher** *m* simultaneous interpreter.

Si·mul·ta·nei·tät [zimultanei'tɛːt] *f* ⟨-; *no pl*⟩ simultaneity, simultaneousness.

Si·mul'tan·emp,fang *m* (*radio*) simultaneous reception.

Si·mul·ta·ne·um [zimul'taːneum] *n* ⟨-s; *no pl*⟩ *relig.* (*für Kirchen, Friedhöfe etc*) interconfessional (*od.* undenominational) use.

Si·mul'tan|,kir·che *f relig.* interconfessional (*od.* undenominational) church. — **~,rech·ner** *m* (*computer*) simultaneous computer. — **~,schal·tung** *f electr.* phantom (*od.* coincidental) circuit. — **~,schu·le** *f* undenominational (*od.* nondenominational, *Br.* non-denominational) school. — **~,spiel** *n* (*games*) (*beim Schach*) simultaneous game.

Si·nau ['ziːnau] *m* ⟨-s; -e⟩ *bot.* lady's-mantle (*Gattg Alchemilla*).

sind [zɪnt] *1 u. 3 pl pres of* sein[1].

Si·ne·ku·re [zine'kuːrə] *f* ⟨-; -n⟩ **1.** *relig.* sinecure. – **2.** *fig.* sinecure; soft job, cushy job (*sl.*).

si·ne tem·po·re ['ziːne 'tɛmpore] *adv* punctually, sharp (*nachgestellt*).

Sin·fo·nie [zɪnfo'niː] *f* ⟨-; -n [-ən]⟩ *mus.* symphony. — **~kon,zert** *n* symphony concert. — **~or,che·ster** *n* symphony orchestra.

Sin·fo·ni·ker [zɪn'foːnikər] *m* ⟨-s; -⟩ **1.** (*Komponist*) symphonic composer, symphonist. – **2.** (*Mitglied eines Orchesters*) member of a symphony orchestra. — **sin'fo·nisch** [-'foːnɪʃ] *adj* symphonic: **~e Dichtung** symphonic poem.

'Sing·aka·de,mie *f mus.* choral society.

'sing·bar *adj* singable.

'Sing,dros·sel *f zo.* song thrush, throstle, mavis (*Turdus ericetorum*).

sin·gen ['zɪŋən] **I** *v/i* ⟨singt, sang, gesungen, h⟩ **1.** sing: **falsch ~** to sing out of tune; **richtig** (*od.* **tonrein**) **~** to sing in tune (*od.* true to pitch); **sie kann gut ~** she sings well, she is a good singer; **liturgisch ~** *relig.* to chant; **mehrstimmig ~** to sing in harmony (*od.* parts, chorus); **im Chor ~** a) to sing in chorus, b) to sing in a choir; **nach Noten ~** to sing from music; **vom Blatt ~** to sing at sight; **nach dem Gehör ~** to sing by ear; **zur Gitarre ~** to sing to the guitar; **leise vor sich hin ~** to sing softly to oneself; **aus vollem Halse ~** to sing lustily; **von alten Zeiten ~** *poet.* to sing the old times of yore; → Engel; Kehle 1. – **2.** (*von Vögeln*) sing, warble, carol. – **3.** *fig.* (*von Wasserkessel etc*) sing. – **4.** (*thieves' Latin*) sing (*sl.*): **er hat bei der Polizei gesungen** he sang to the police. – **II** *v/t* **5.** (*Lied, Tonleiter etc*) sing: **er kann das hohe C ~** he can sing high C; **sie singt Alt** the sings contralto (*od.* alto); **sich** (*dat*) **ein Lied** (*od. colloq.* **eins**) **~** to sing a song to oneself; **davon kann ich ein Lied ~** *fig. colloq.* I could tell you a tale (*od.* a thing or two) about that; **das kann ich schon ~** *fig. colloq.* I never hear the end of that; **er singt immer das alte Lied** *fig. colloq.* he's always harping on one string; **das ist ihm (auch) nicht an der Wiege gesungen worden** *fig. colloq.* a) one would never have dreamt that of him, b) he never expected to find himself in this situation; **ein Kind in den Schlaf ~** to sing (*od.* lull) a child to sleep. – **6.** *bes. relig.* (*Liturgie etc*) sing, chant, intone. – **7.** (*in Wendungen wie*) **j-s Lob(lied) ~** to sing s.o.'s praises; **sein eigenes Loblied ~** to praise oneself, to blow one's own trumpet; → Brot 1. – **III** *v/reflex* **8. sich heiser ~** to sing oneself hoarse. – **IV S~** *n* ⟨-s⟩ **9.** *verbal noun.* – **10.** (*als Schulfach*) singing. — **'sin·gend I** *pres p.* – **II** *adj* singing: **er spricht mit ~em Tonfall** he speaks in a singing tone, he chimes; → Säge 10.

Sin·ge'rei *f* ⟨-; *no pl*⟩ *colloq. contempt.* perpetual (*od.* constant) singing.

Sin·gha·le·se [zɪŋga'leːzə] *m* ⟨-n; -n⟩ Sinhalese, *auch* Sing(h)alese, Cing(h)alese. — **sin·gha'le·sisch I** *adj* Sinhalese, *auch* Sing(h)alese, Cing(h)alese. – **II** *ling.* **S~** ⟨*generally undeclined*⟩, **das S~e** ⟨-n⟩ Sinhalese, *auch* Sing(h)alese, Cing(h)alese.

Sin·gle[1] ['zɪŋəl; sɪŋgl] (*Engl.*) *f* ⟨-; -(s)⟩ (*Schallplatte*) single.

'Sin·gle[2] *n* ⟨-; -(s)⟩ (*sport*) *cf.* Einzel.

'Sin,grün ['zɪn-] *n* ⟨-s; *no pl*⟩ *bot.* periwinkle (*Vinca minor u. major*).

'Sing|,sang *m* ⟨-(e)s; *no pl*⟩ *colloq.* singsong. — **~,schu·le** *f* singing school. — **~,schwan** *m zo.* whooper (*od.* wild, whistling, whooping) swan (*Cygnus cygnus*).

'Sing,spiel *n mus.* Singspiel. — **s~,ar·tig** *adj* in the manner of a Singspiel. — **~,dich·ter** *m* author of Singspiel librettos.

'Sing|,stim·me *f mus.* **1.** singing voice. – **2.** (*eines Musikstückes etc*) vocal (*od.* voice) part, voice. — **~,stun·de** *f* singing lesson.

Sin·gu·lar ['zɪŋgulaːr; -'laːr] *m* ⟨-s; -e⟩ *ling.* singular (number): **im ~ (stehen)** (to be) in the singular.

sin·gu·lär [zɪŋgu'lɛːr] *adj* **1.** (*selten*) singular, unique, rare. – **2.** *cf.* einzigartig. – **3.** *bes. math. philos.* singular.

sin·gu'la·risch *ling.* **I** *adj* singular. – **II** *adv* in the singular.

Sin·gu·la·ri·tät [zɪŋgulari'tɛːt] *f* ⟨-; -en⟩ *meist pl* singularity.

Sin·gul·tus [zɪŋ'gultus] *m* ⟨-; *no pl*⟩ *med.* (*Schluckauf*) hiccup(s *pl sometimes construed as sg*), hiccough, singultus (*scient.*).

'Sing|,vo·gel *m zo.* songbird, singing bird, songster, singer, warbler, oscine (bird) (*scient.*) (*Ordng Oscines*). — **~,wei·se** *f mus.* **1.** style of singing. – **2.** (*Melodie*) air, tune, melody. — **~zi,ka·de** *f zo.* leafhopper, singing cicada (*Fam. Cicadidae*).

si·ni·ster [zi'nɪstər] *adj rare* sinister.

sin·ken ['zɪŋkən] **I** *v/i* ⟨sinkt, sank, gesunken, sein⟩ **1.** sink, fall, drop: **auf den** (*od.* **zu**) **Boden ~** to sink to the ground; **auf** (*od.* **in**) **die Knie ~** to drop to one's knees, to go down on one's knees; **in j-s Arme ~** to fall into s.o.'s arms; **j-m zu Füßen ~** to fall at s.o.'s feet; **ins Grab ~** to sink into the grave; **in einen Stuhl ~** to drop (*od.* sink) into a chair; **ich hätte vor Scham in den Boden ~ mögen** *fig.* I wished the earth could have (opened and) swallowed me up; **die Hände in den Schoß ~ lassen** to let one's hands fall (*od.* to drop one's hands) into one's lap; **den Kopf ~ lassen** to hang (*od.* droop) one's head; **in Ohnmacht ~** *fig.* to faint, to swoon, to pass out (*colloq.*); **in tiefen Schlaf ~** *fig.* to fall into a deep sleep. – **2.** (*von Schiff etc*) sink, go down, founder. – **3.** (*von Sonne etc*) sink, set, go down, descend, droop (*poet.*). – **4.** (*von Boden, Erde etc*) sink, subside, sag. – **5.** (*von Gegenständen im Wasser*) sink. – **6.** (*von Hochwasser, Wasserspiegel etc*) sink, fall, recede. – **7.** (*von Nebel*) fall, sink. – **8.** (*von Temperatur, Druck etc*) drop, fall. – **9.** (*von Stimme*) drop, lower. – **10.** *econ.* a) (*von Kursen, Preisen etc*) fall, drop, go (*od.* come) down, slacken, b) (*von Wert etc*) decrease, diminish, decline, drop, fall, depreciate, c) (*von Umsatz etc*) fall off, drop: **die Kaufkraft ist gesunken** the purchasing power has declined; **die Preise sind plötzlich gesunken** the prices have gone down suddenly (*od.* have slumped). – **11.** *fig.* (*von Vertrauen, Mut, Ruhm, Einfluß etc*) diminish, decrease, decline: **sein Ansehen begann zu ~** his reputation began to decline; **er ist in meiner Achtung gesunken** he has gone down in my estimation, my estimation for him has diminished. – **12.** *fig.* (*von Mut, Stimmung etc*) sink, sag, droop: **meine Stimmung sank auf Null** *colloq.* my spirits sank to rock bottom. – **13.** *fig.* (*moralisch*) sink, fall, come (*od.* go) down: **immer tiefer ~** to sink deeper and deeper; **er ist tief gesunken** he has gone down a lot (*colloq.*); **wie tief bist du gesunken!** how low have you fallen! – **14. in Schutt und Asche ~** *fig.* to be reduced to ashes. – **II S~** *n* ⟨-s⟩ **15.** *verbal noun.* – **16.** (*der Temperatur etc*) drop, fall. – **17.** *econ.* a) (*der Preise etc*) drop, fall, b) (*des Wertes*) decline, depreciation. – **18.** *fig.* decline, lapse: **sein Stern ist im S~** his star is on the decline. – **19. ein Schiff zum S~ bringen** *mar.* to sink (*od.* founder) a ship. — **'sin·kend I** *pres p.* – **II** *adj* **1.** (*Preis, Temperatur etc*) falling, dropping. – **2.** (*Sonne, Dämmerung etc*) sinking: **bis in die ~e Nacht** till nightfall.

'Sink,ka·sten *m civ.eng.* gully, street drain, sink water trap.

Sinn [zɪn] *m* ⟨-(e)s; -e⟩ **1.** sense: **die fünf ~e** the five senses; **ein scharfer** (*od.* **feiner**) **~** a keen (*od.* sharp) sense; **etwas mit den ~en wahrnehmen** to perceive s.th. with one's senses; **er scheint einen sechsten ~ zu haben** he seems to have a sixth sense. – **2.** *pl* (*Verstand, Denkvermögen*) mind *sg*, senses, wits: **seine fünf ~e nicht beisammenhaben** *colloq.* not to have one's wits about one; **er hat seine fünf ~e beisammen** *colloq.* he has his wits about him, he is all there (*colloq.*); **nimm deine fünf ~e zusammen!** *colloq.* use your brains (*od. sl.* noodle)! **das sagen mir meine fünf ~e** *colloq.* my common sense tells me that; **seiner (fünf) ~e nicht mehr mächtig** (*od.* **von ~en, der ~e beraubt) sein** to have lost one's reason, to have taken leave of one's senses; **meine ~e verwirren sich** I'm getting confused in my mind; **du bist wohl nicht recht bei ~en!** *colloq.* you must be out of your mind, you must be crazy. – **3.** *pl* (*Bewußtsein*) consciousness *sg*: **ihr schwanden** (*od.* **vergingen**) **die ~e** she fainted, she swooned, she lost consciousness. – **4.** *pl* (*geschlechtliches Empfinden*) senses, desires: **seine ~e erwachten** his senses awakened; **das erregte seine ~e** that stimulated his desires. – **5.** ⟨*only sg*⟩ (*Denken, Gedanken, Bewußtsein*) mind, head, thoughts *pl*: **es kam mir in den ~, daß** it occurred to me (*od.* it crossed my mind, it entered my head) that; **ich habe es aus dem ~ verloren** it slipped my mind, I forgot (it); **seinen ~ von etwas abwenden** to turn one's mind (away) from s.th.; **sich** (*dat*) **einen Gedanken [ein Mädchen] aus dem ~ schlagen** to put an idea [a girl] out of one's mind; **das will** (*od.* **geht**) **mir nicht aus dem ~** I cannot get it out of my mind (*od.* head), I cannot take my mind off it, it is on my mind, I cannot forget it; **das will mir nicht in den ~** I cannot understand it; **ich werde es im ~ behalten** I'll keep (*od.* bear) it in mind; **etwas im ~ haben** to have s.th. in mind, to intend (to do) s.th.; **was hat er**

jetzt wieder im ~? what is he up to now? Böses im ~ haben to have evil intentions; so etwas würde mir nie in den ~ kommen such a thing would never enter my head, I would never think (*od.* dream) of (doing) such a thing; ganz wie es ihm in den ~ kam just as it struck his fancy, just as he pleased; aus den Augen, aus dem ~ (*Sprichwort*) out of sight, out of mind (*proverb*). – **6.** ⟨*only sg*⟩ (*Empfinden, Verständnis*) sense, feeling: ein ausgeprägter ~ für Gerechtigkeit a marked sense of justice; er hat ~ für Humor he has a sense of humo(u)r; ~ für Musik haben to have a feeling for music, to be musical(ly minded); ~ für das Schöne haben to have a feeling (*od.* an eye) for beauty, to be beauty-conscious, to have (a)esthetic appreciation; in j-m den ~ für das Schöne wecken to awaken s.o.'s sense of beauty. – **7.** ⟨*only sg*⟩ (*Interesse*) interest: nur ~ für Geld haben to be only interested in money. – **8.** ⟨*only sg*⟩ (*Aufgeschlossenheit*) appreciation: ~ für höhere Dinge haben to have appreciation for higher things. – **9.** ⟨*only sg*⟩ (*Veranlagung*) (turn of) mind: sie hat einen praktischen ~ she has a practical turn of mind, she is practical(ly minded). – **10.** ⟨*only sg*⟩ (*Geschmack, Gefallen*) liking, taste: er hat keinen ~ für Häuslichkeit he has no (great) liking for home life; das ist so recht nach seinem ~ that's just (*od.* exactly) what he likes. – **11.** ⟨*only sg*⟩ (*Meinung*) mind, opinion: anderen ~es werden to change one's mind; mit j-m eines ~es sein to be of one mind (*od.* to agree) with s.o., to see eye to eye with s.o. – **12.** ⟨*only sg*⟩ (*Absicht*) in j-s ~(e) according to (*od.* in accordance with) s.o.'s wishes (*od.* will): das war ganz in meinem ~(e) that was exactly what I would have done; das war nicht im ~e des Erfinders *colloq.* this was not intended. – **13.** ⟨*only sg*⟩ (*Gesinnung, Gemüt*) mind: einen offenen ~ für etwas haben to have an open mind for s.th.; einen aufrechten (*od.* ehrlichen) ~ haben to be honest(-minded) (*od.* straight); sein ~ steht nicht nach Vergnügen his mind (*od.* he) is not set on pleasure. – **14.** ⟨*only sg*⟩ (*Geist, Herz*) heart, spirit: ein harter ~ a hard heart, an unbending spirit; leichten ~es sein to be lighthearted. – **15.** ⟨*only sg*⟩ (*Bedeutung*) sense, meaning, significance, signification, import, purport, *auch* hang: eigentlicher (*od.* wörtlicher) ~ literal sense; übertragener (*od.* bildlicher) ~ figurative sense; ein unterstellter ~ an imputed meaning; im weiteren [engeren] ~(e) in a wider (*od.* broader) [narrower] sense; im wahrsten [besten] ~(e) des Wortes in the true [best] sense of the word; im strengen ~e strictly speaking; in gewissem ~e in a certain sense, in a way; das ergibt keinen ~ that makes no sense; nach dem ~ des Lebens fragen to search for the sense of life; das hat einen tieferen ~ there is a deeper sense (*od.* significance, implication) to it; der langen Rede kurzer ~ the long and the short of it; ohne ~ und Verstand without rhyme or reason. – **16.** ⟨*only sg*⟩ (*Zweck*) sense, use, point, purpose: das hat keinen ~ it is no use, there is no point in it; was hat es für einen ~ zu streiten? what is the use (*od.* good) of arguing? what is the point of (*od.* in) arguing? das ist der ~ der Sache that's the whole point. – **17.** ⟨*only sg*⟩ (*Grundgedanke*) sense, (basic) idea, gist, tenor: etwas dem ~(e) nach wiedergeben to give the gist (*od.* the general sense) of s.th.; er äußerte sich im gleichen ~(e) he expressed himself in the same tenor (*od.* to the same effect, along the same lines). – **18.** ⟨*only sg*⟩ (*Richtung*) direction, sense, way: in diesem ~(e) weitermachen to carry on in this direction; versuchen Sie, ihn in diesem ~(e) zu beeinflussen try to influence him that way; im ~(e) des Uhrzeigers clockwise; entgegen dem ~(e) des Uhrzeigers anticlockwise. – **19.** im ~e des Gesetzes *jur.* as defined in the Act.

'sinn·beˌtö·rend *adj* (*Duft, Musik etc*) bewitching, infatuating.

'Sinnˌbild *n* **1.** symbol, emblem, allegory: in ~ern sprechen to symbolize, to express oneself in symbols (*od.* symbolically). – **2.** (*art*) allegory. — **'sinnˌbild·lich** *adj* **1.** symbolic(al), emblematic, *auch* emblematical, allegorical, *auch* allegoric. – **2.** (*art*) allegorical, *auch* allegoric: ~e Darstellung allegory.

sin·nen ['zɪnən] **I** *v/i* ⟨sinnt, sann, gesonnen, h⟩ **1.** (*nachdenken*) (über *acc*) meditate ([up]on), think (about), reflect ([up]on), ponder (over), muse ([up]on), brood (over). – **2.** auf (*acc*) etwas ~ a) to plan (*od.* to devise, to meditate, to contrive) s.th., b) (*etwas aushecken*) to plot (*od.* to scheme, to contrive) s.th.: auf Mittel und Wege ~ to devise ways and means; auf Rache ~ to scheme (*od.* plot) revenge. – **II** *v/t* **3.** (*planen, vorhaben*) scheme, plot: Böses (*od.* nichts Gutes) ~ to be up to no good, to harbo(u)r evil designs. – **III S~** *n* ⟨-s⟩ **4.** *verbal noun.* – **5.** meditation(s *pl*), thought(s *pl*), reflection(s *pl*): all sein S~ und Trachten auf (*acc*) etwas richten to concentrate one's every thought and wish on s.th. — **'sin·nend I** *pres p.* – **II** *adj* pensive, thoughtful, musing, contemplative, meditative, reflective.

'Sin·nen|ˌfreu·de *f* sensual (*od.* voluptuous) enjoyment (*od.* pleasure), sensuality. — **s~ˌfreu·dig** *adj* sensuous, voluptuous. — **s~ˌfroh** *adj cf.* sinnenfreudig. — **~geˌnuß** *m*, **~ˌlust** *f cf.* Sinnenfreude. — **~ˌmensch** *m* sensuous person. — **~ˌrausch** *m* intoxication of the senses. — **~ˌreiz** *m* sensual stimulus. — **~ˌtau·mel** *m cf.* Sinnenrausch.

'sinn·entˌstel·lend *adj* distorting (the meaning): ~e Interpunktion punctuation which distorts (*od.* alters) the meaning.

'Sin·nenˌwelt *f* ⟨-; *no pl*⟩ *philos.* **1.** material (*od.* external) world. – **2.** world of sense perception.

'Sin·nes|ˌän·de·rung *f* change of mind. — **~ap·paˌrat** *m med.* sensorium, sensory nerve apparatus. — **~ˌart** *f* **1.** disposition, temperament, character. – **2.** (*Mentalität*) mentality. – **3.** (*Denkweise*) way of thinking. — **~ˌeinˌdruck** *m psych.* sensation, sense impression, (*subjektiver*) sense-datum. — **~empˌfin·dung** *f* sensation, sensory perception. — **~epiˌthel** *n med.* sensory epithelium. — **~ˌhaar** *n zo.* sensory hair, (*bei der Katze*) vibrissa. — **~ˌnerv** *m med.* sensory nerve. — **~orˌgan** *n* sense (*od.* sensory) organ. — **~phy·sio·loˌgie** *f* sensory physiology, (a)esthesiophysiology. — **~ˌreiz** *m* sense stimulus. — **~ˌschär·fe** *f* sharpness (*od.* acuteness) of the senses. — **~ˌschwel·le** *f psych.* sensory threshold. — **~ˌstö·rung** *f* sensory derangement. — **~ˌtäu·schung** *f* **1.** (*Illusion*) illusion. – **2.** (*Halluzination*) hallucination. — **~vi·ka·riˌat** *n psych. substitution of one sensory function for another.* — **~ˌwahrˌneh·mung** *f* **1.** sensory perception. – **2.** (*Apperzeption*) apperception. — **~ˌwerkˌzeug** *n med. cf.* Sinnesorgan. — **~ˌzel·le** *f* sensory cell. — **~ˌzen·trum** *n* sensory center (*bes. Br.* centre).

'sinnˌfäl·lig *adj* obvious, evident. — **'Sinnˌfäl·lig·keit** *f* ⟨-; *no pl*⟩ obviousness, evidence.

'Sinn|ˌge·bung *f* **1.** interpretation. – **2.** significance, inner meaning. — **~geˌdicht** *n* epigram. — **~geˌhalt** *m* significance, signification, sense, meaning. — **s~geˌmäß I** *adj* ⟨*meist attrib*⟩ **1.** (*entsprechend*) corresponding. – **2.** (*in Wendungen wie*) eine ~e Interpretation des Vertragstextes an interpretation giving the general sense of the text of the treaty; so war es ~, daß it thus followed that, it was thus a logical consequence that, accordingly ... – **3.** analogous. – **II** *adv* **4.** correspondingly. – **5.** ich kann seine Worte nur ~ wiederholen I can only give the gist (*od.* the general sense) of what he said; einen Text ~ übersetzen to make a translation which gives the general sense (*od.* meaning) of a text; dort steht ~ folgendes there we read approximately as follows. – **6.** ~ Anwendung finden, ~ gelten *bes. jur.* to apply mutatis mutandis. – **7.** analogously. — **s~geˌtreu** *adj* faithful, true to the sense (*od.* meaning).

'Sinnˌgrün *n* ⟨-s; *no pl*⟩ *bot. cf.* Singrün.

'Sinnˌgrup·pe *f ling.* (*beim Sprechen*) sense group.

sin·nie·ren [zɪ'niːrən] *colloq.* **I** *v/i* ⟨*no* ge-, h⟩ **1.** ponder, muse, brood, ruminate. – **II S~** *n* ⟨-s⟩ **2.** *verbal noun:* ins S~ kommen to give oneself up to musing. – **3.** rumination. — **Sin'nie·rer** *m* ⟨-s; -⟩ ponderer, brooder, muser.

'sin·nig *adj* **1.** (*Gedanke, Äußerung etc*) ingenious, clever. – **2.** *auch iron.* (*Geschenk, Brauch etc*) appropriate, apt: ach, wie ~! *iron.* how very thoughtful! – **3.** (*Gedicht etc*) thoughtful, delicate. — **'Sin·nig·keit** *f* ⟨-; *no pl*⟩ **1.** ingenuity, cleverness. – **2.** *auch iron.* appropriateness, aptness. – **3.** thoughtfulness, delicacy.

'sinn·lich *adj* **1.** sensual: ~e Gedanken sensual thoughts; ~e Liebe sensual (*od.* carnal, physical) love. – **2.** (*Person, Mund, Lippen etc*) sensual, sensuous, sexy, (*stärker*) voluptuous, concupiscent. – **3.** *bes. philos.* a) sensuous, b) material, physical: ~e Wahrnehmung sensory perception. — **'Sinn·lich·keit** *f* ⟨-; *no pl*⟩ **1.** sensuality, sensualness. – **2.** sensualness, sensuousness, sexiness, (*stärker*) voluptuousness, voluptuosity, concupiscence. – **3.** *bes. philos.* sensuousness.

'sinn·los I *adj* **1.** (*nichtsbedeutend*) senseless, meaningless, unmeaning. – **2.** (*unsinnig*) senseless, absurd, foolish, stupid, crazy: ~e Reden nonsensical talk *sg*; diese Maßnahme ist völlig ~ this measure is quite senseless (*od.* makes no sense at all). – **3.** (*zwecklos*) useless, pointless, futile: jeder Widerstand ist ~ any resistance is pointless (*od.* in vain); es ist ~, länger zu warten there is no use waiting any longer, it is useless (*od.* pointless) to wait any longer. – **4.** (*rasend*) frenzied: in ~er Wut in frenzied rage. – **II** *adv* **5.** senselessly: ~ daherreden *colloq.* to talk a lot of windy nonsense (*colloq.*); er handelte völlig ~ he acted quite senselessly, his action had neither rhyme nor reason. – **6.** ~ betrunken sein to be dead drunk, to be (as) drunk as a lord. — **'Sinn·lo·sig·keit** *f* ⟨-; *no pl*⟩ **1.** senselessness, meaninglessness, unmeaningness. – **2.** (*Unsinnigkeit*) senselessness, absurdity, foolishness, stupidity, craziness. – **3.** (*Zwecklosigkeit*) uselessness, pointlessness, futility.

'Sinn|ˌpflan·ze *f bot.* mimosa (*Gattg Mimosa*): Schamhafte ~ sensitive plant (*od.* shrub), mimosa (*scient.*) (*M. pudica*). — **s~ˌreich** *adj* **1.** ingenious, clever. – **2.** (*Ausspruch*) witty. — **~ˌspruch** *m* maxim, aphorism, motto. — **s~verˌwandt** *adj ling.* synonymous: ~es Wort synonym. — **~verˌwandt·schaft** *f* synonymity. — **s~verˌwir·rend** *adj* bewildering, overwhelming, overpowering. — **s~ˌvoll** *adj* **1.** meaningful, significant, pregnant. – **2.** (*zweckmäßig, vernünftig*) suitable, appropriate, practical. – **3.** (*durchdacht*) ingenious, clever. – **4.** (*klug*) wise. — **s~ˌwid·rig** *adj* absurd, preposterous, nonsensical. — **~ˌwid·rig·keit** *f* ⟨-; *no pl*⟩ absurdity, preposterousness, nonsensicalness, nonsensicality.

Si·no·lo·ge [zino'loːgə] *m* ⟨-n; -n⟩ sinologist, *auch* Sinologist, sinologue, *auch* sinolog. — **Si·no·lo'gie** [-lo'giː] *f* ⟨-; *no pl*⟩ sinology, *auch* Sinology. — **si·no'lo·gisch** *adj* sinologic(al), *auch* Sinologic(al).

'sin·te'mal ['zɪntə-], **'sin·te'ma·len** *conj archaic od. humor.* (*dieweil*) since.

Sin·ter ['zɪntər] *m* ⟨-s; -⟩ **1.** *geol.* sinter. – **2.** *metall.* slag, scale, cinder, sinter, agglomerate. — **~ˌanˌla·ge** *f metall.* sintering (*od.* agglomerating) plant. — **~ˌbil·dung** *f min.* formation of sinter. — **~ˌei·sen** *n metall.* sintered-powder metal. — **~ˌhart·meˌtall** *n* sintered carbide (metal). — **~karˌbid** *n* cemented carbide. — **~ˌkoh·le** *f* sinter(ing) coal, nonbaking (*Br.* non-baking) (*od.* noncaking, *Br.* non-caking) coal. — **~meˌtall** *n* sintered-powder metal. — **~me·tall·urˌgie** *f* powder metallurgy.

sin·tern ['zɪntərn] **I** *v/t* ⟨h⟩ **1.** *metall.* (*Erz*) sinter, frit, vitrify. – **II** *v/i* **2.** *tech. metall.* (*in Keramik*) clinker, bake, cake, sinter. – **3.** (*von Wasser*) form deposits. – **III S~** *n* ⟨-s⟩ **4.** *verbal noun.* – **5.** *metall.* vitrification.

'Sin·ter|ˌofen *m metall.* sintering furnace. — **~ˌrö·stung** *f* blast (*od.* sinter) roasting. — **~ˌschlacke** (*getr.* -k·k-) *f* clinker. — **~ˌstahl** *m* sintered steel. — **~terˌras·se** *f geol.* sinter terrace.

'Sin·te·rung *f* ⟨-; -en⟩ *cf.* Sintern.

'Sin·ter|ˌwa·gen *m metall.* roll scale car. — **~ˌwas·ser** *n* incrusting water.

'Sintˌflut ['zɪnt-] *f* ⟨-; *no pl*⟩ **1.** die ~ *Bibl.* the Flood, the Deluge. – **2.** *fig.* flood, deluge: das Unwetter hat die reine ~ gebracht the storm brought on a regular flood; eine wahre ~ von Worten [Briefen] a regular flood of words [letters]; nach mir [uns] die ~! *colloq.* après moi [nous] le déluge! after me [us] the deluge! — **s~ˌar·tig** *adj* (*Regenfälle etc*) torrential.

'sintˌflut·lich *adj rare* of the flood, diluvian.

Si·nus ['ziːnʊs] *m* ⟨-; - *u.* -se⟩ **1.** *math.* sine. – **2.** *med.* sinus. — **~ˌfeld** *n math.* sinusoidal field. — **s~ˌför·mig** *adj* sine-shaped, sinusoidal (*scient.*). — **~funk·tiˌon** *f* sine function. — **~geˌsetz** *n phys.* sine law. — **~ˌglied** *n math.* sine term.

Si·nu·si·tis [zinu'ziːtɪs] *f* ⟨-; -sitiden [-zi'tiːdən]⟩ *med.* sinusitis.

'Si·nus|ˌklap·pe *f med.* sinus valve. — **~ˌkno·ten** *m* (*des Herzens*) pacemaker, sinoatrial (*od.* sinoauricular) node (*scient.*). — **~ˌkur·ve** *f math.* sine curve. — **~ˌli·nie** *f* sine curve (*od.* line). — **~ˌrei·he** *f* sine series. — **~ˌsatz** *m* sine rule. — **~ˌschwin·gung** *f phys.* sinusoidal oscillation. — **~ˌstrom** *m electr.* sine current. — **~ta·chy·karˌdie** *f med.* sinus tachycardia. — **~throm,bo·se** *f* **1.** thrombosis of a sinus. – **2.** (*mit Entzündung*) thrombosinusitis. — **~ˌwel·le** *f phys.* sine wave.

Si·oux ['ziːʊks] *m* ⟨-; -⟩, **~in·dia·ner** [-ˀɪnˌdiaːnər] *m* Sioux: die Sprache der ~ Sioux, Siouan.

Si·pho ['ziːfo] *m* ⟨-s; -nen [zi'foːnən]⟩ *zo.* (*der Kopffüßer*) siphon, *auch* syphon, siphuncle.

Si·phon ['ziːfõ; zi'fõː; *Austrian* zi'foːn] *m* ⟨-s; -s⟩ **1.** (*Schankgefäß*) siphon, *bes. Am.* syphon, *Br. auch* siphon-bottle. – **2.** *tech.* (*Geruchverschluß*) siphon, trap. – **3.** *Austrian colloq. for* Sodawasser.

Sip·pe ['zɪpə] *f* ⟨-; -n⟩ **1.** kin, kinship, kindred, clan, relations *pl*, relatives *pl*, family: mit der ganzen ~ with kith and kin. – **2.** *fig. colloq. contempt.* (*Gruppe*) crew, clan, tribe; 'gang', lot (*colloq.*). – **3.** *bot. zo.* tribe: verwandte ~ ally.

'Sip·pen|ˌfor·scher *m* genealogist. — **~ˌfor·schung** *f* genealogy, genealogical research. — **~ˌhaft, ~ˌhaf·tung** *f* (*joint*) *liability of a family for* (*political*) *crimes* (*od. actions*) *of one of its members.* — **~ˌkun·de** *f* genealogy. — **s~ˌkund·lich** [-ˌkʊntlɪç] *adj* genealogical, *auch* genealogic.

'Sipp·schaft *f* ⟨-; -en⟩ *colloq. contempt. for* Sippe 1, 2.

Si·re·ne [zi'reːnə] *f* ⟨-; -n⟩ **1.** *myth.* Siren, *auch* siren. – **2.** *fig.* (*Verführerin*) siren, seductress. – **3.** *zo. cf.* Seekuh. – **4.** (*Warnvorrichtung*) siren, *bes. Br.* hooter.

Si're·nen|geˌheul *n* wail(ing) of sirens. — **~geˌsang** *m* ⟨-(e)s; *no pl*⟩ *auch fig.* siren song.

si're·nen·haft *adj* (*Stimme, Klänge etc*) siren (*attrib*), sirenic(al).

Si·ri·us ['ziːrĭʊs] *m* ⟨-; *no pl*⟩ *astr.* Sirius, Dog Star.

sir·ren ['zɪrən] *v/i* ⟨h⟩ (*von Libelle, Telegraphendrähten etc*) buzz, whir, *auch* whirr.

Si·rup ['ziːrʊp] *m* ⟨-s; -e⟩ **1.** (*bes. aus Zuckerrüben*) molasses, *bes. Br.* treacle. – **2.** (*aus Früchten*) syrup, sirup. — **s~ˌar·tig** *adj* syrupy, sirupy.

Si·sal ['ziːzal] *m* ⟨-s; *no pl*⟩ *cf.* Sisalhanf. — **~aga·ve** [-ˀaˌgaːvə] *f bot.* sisal (*Agave sisalana*). — **~ˌhanf** *m* sisal, *auch* sisal hemp, sisalana. — **~ˌtau** *n mar.* sisal rope. — **~ˌtauˌwerk** *n* sisal cordage. — **~ˌtep·pich** *m* sisal carpet (*od.* rug).

si·stie·ren [zɪs'tiːrən] **I** *v/t* ⟨*no* ge-, h⟩ **1.** j-n ~ (*in polizeilichen Gewahrsam nehmen*) to arrest s.o., to take s.o. in(to) (police) custody, to apprehend s.o. – **2.** *jur.* (*ein Verfahren, eine Verordnung etc*) suspend, stay. – **3.** *med.* stop, interrupt. – **II S~** *n* ⟨-s⟩ **4.** *verbal noun.* — **Si'stie·rung** *f* ⟨-; -en⟩ **1.** *cf.* Sistieren. – **2.** (*einer Person*) arrest, apprehension. – **3.** *jur.* (*einer Verordnung, Zwangsvollstreckung etc*) suspension, stay: ~ des Verfahrens (*aktenkundiger Eintrag*) stay of proceedings, nolle prosequi (*scient.*). – **4.** *med.* stoppage, interruption.

Si·strum ['zɪstrʊm] *n* ⟨-s; Sistren⟩ *mus. antiq.* sistrum.

Si·sy·phus ['ziːzyfʊs] *npr m* ⟨-; *no pl*⟩ *myth.* Sisyphus. — **~ˌar·beit** *f* ⟨-; *no pl*⟩ Sisyphean (*od.* Sisyphian) task.

Sit-in [ˌzɪt'ˀɪn] *n* ⟨-(s); -s⟩ *pol.* sit-in.

Sit·te ['zɪtə] *f* ⟨-; -n⟩ **1.** *pl collect.* (*eines Volkes, einer Epoche etc*) customs, manners, mores (*lit.*): die ~n und Gebräuche der alten Germanen the manners and customs of the ancient Teutons; → ander 7. – **2.** (*Gepflogenheit*) custom, practice, convention, usage, manner, habit: eine alte (*od.* althergebrachte) ~ an old (*od.* a long-standing) custom; mit einer alten ~ brechen to break with an old custom; nach der ~ unserer Vorväter according to (*od.* in keeping with) the custom of our forefathers; das ist hier so [hier nicht] ~ that's [not] the custom here; bei uns ist es ~, aufzustehen (*od.* daß man aufsteht), wenn man begrüßt wird it is our custom (*od.* it is customary with us) to stand up when one is greeted; hier herrschen aber rauhe (*od.* rohe) ~n! *colloq. auch iron.* people have a pretty rough way of doing things here! – **3.** *pl* (*Manieren, Benehmen*) manners: gegen die guten ~n verstoßen to offend against good manners; er hat gute [schlechte] ~n he has good [bad] manners, he is well [ill- *od.* bad-]mannered; das sind vielleicht ~n dort! *colloq. iron.* they have dreadful manners there! (*colloq.*). – **4.** *pl* (*Sittlichkeit, Moral*) morals, morality *sg*: lockere (*od.* lose) ~n loose morals; der Verfall der ~n the decay of morals. – **5.** (*Geschäftsbrauch*) (business) practice. – **6.** ⟨*only sg*⟩ (*thieves' Latin*) *cf.* Sittenpolizei.

'Sit·ten|ˌbild *n cf.* Sittengemälde. — **~de·zerˌnat** *n* (*der Polizei*) vice department (of the police), vice squad. — **~ˌfilm** *m film concerned with the morals of an epoch or society.* — **~geˌmäl·de** *n* **1.** (*literature*) portrayal of customs (*od.* manners): seine Romane sind ein ~ jener Zeit his novels are a portrayal of the customs of that time. – **2.** (*art*) *cf.* Genrebild. — **~geˌschich·te** *f* ⟨-; *no pl*⟩ history of customs (*od.* manners). — **~geˌsetz** *n philos.* moral law. — **~ˌko·dex** *m* moral code. — **~ˌleh·re** *f bes. philos.* **1.** (doctrine of) ethics *pl* (*usually construed as sg*), moral philosophy. – **2.** (*Abhandlung*) treatise on ethics.

'sit·ten·los *adj* immoral, licentious, profligate, dissolute, libertine. — **'Sit·ten·lo·sig·keit** *f* ⟨-; *no pl*⟩ immorality, licentiousness, *Br.* licence, *Am.* license, profligacy, profligateness, dissoluteness, dissolution, libertinism.

'Sit·ten|manˌdat *n hist.* sumptuary law. — **~po·liˌzei** *f* vice squad (*od.* detachment): unter der Aufsicht der ~ stehen to be under the surveillance of the vice squad. — **~ˌpre·di·ger** *m contempt.* moralizer *Br. auch* -s-, sermonizer. — **s~ˌrein** *adj* morally incorrupt (*auch* incorrupted, uncorrupted, pure), virtuous. — **~ˌrein·heit** *f* moral incorruption (*od.* uncorruptedness, purity), virtue. — **~ˌrich·ter** *m fig. contempt.* moral censor: sich zum ~ aufwerfen (*od.* machen) to set oneself up as a moral censor. — **~roˌman** *m* (*Gesellschaftsroman*) novel of manners. — **~ˌschil·de·rung** *f cf.* Sittengemälde 1. — **s~ˌstreng** *adj* morally rigorous (*od.* austere), puritanical. — **~ˌstren·ge** *f* moral rigorism (*od.* austerity), puritanism, puritanicalness. — **~ˌstrolch** *m colloq.* sex molester (*colloq.*). — **s~verˌder·bend I** *adj* (*Einflüsse etc*) morally corruptive (*od.* destructive). – **II** *adv* in a morally corruptive (*od.* destructive) way. — **~verˌderb·nis** *f* ⟨-; *no pl*⟩ corruption (*od.* destruction) of morals (*od.* morality), moral corruption. — **~verˌfall** *m* moral decay (*od.* degeneracy), decay of morals (*od.* morality). — **s~ˌwid·rig** *adj* **1.** (*Verhalten, Handlung etc*) offending (against) good morals, conflicting with public morals, immoral: seine Handlung war ~ his action offended (against) good morals. – **2.** *jur.* (*Vertrag*) immoral, contra bonos mores (*scient.*).

Sit·tich ['zɪtɪç] *m* ⟨-s; -e⟩ *zo.* par(r)akeet, *auch* par(r)oquet (*Fam. Psittacidae*).

'sit·tig *adj obs. for* gesittet I, sittsam.

'sitt·lich I *adj* **1.** (*Maßstäbe, Werte, Kraft etc*) moral, ethic(al): die ~en Grundsätze seiner Philosophie the ethical principles (*od.* the ethics) of his philosophy; ein hohes ~es Niveau high moral standards *pl*; es ist seine ~e Pflicht it is his moral duty; ~e Reife moral (*od.* ethical) maturity; dir fehlt die nötige ~e Reife! *meist iron.* you lack the necessary moral maturity! – **2.** (*Empfinden, Einstellung, Verworfenheit etc*) moral: sein ~es Verhalten ist einwandfrei his moral conduct (*od.* his morality) is irreproachable (*od.* above reproach), he is of irreproachable moral character; der Lehrer wurde ~er Verfehlungen beschuldigt the teacher was accused of (conduct involving) moral turpitude (*od.* of immoral conduct); keinen ~en Halt haben to have no moral standards, to be morally unstable; der allgemeine ~e Verfall the general moral decay (*od.* degeneracy), the general decay of morals (*od.* morality); ~e Entrüstung moral indignation. – **3.** *archaic* (*Lebenswandel etc*) decent, respectable. – **II** *adv* **4.** morally, ethically: ein ~ einwandfreier Mensch a morally irreproachable person, a person of irreproachable morals (*od.* morality).

'Sitt·lich·keit *f* ⟨-; *no pl*⟩ **1.** (*sittliches Verhalten*) morality, morals *pl.* – **2.** (*öffentliche Moral*) public morals *pl*: eine Gefährdung der ~ sein to be a danger to (*od.* to endanger) public morals.

'Sitt·lich·keits|deˌlikt *n jur.* sex(ual) offence (*Am.* offense), indecent assault. — **~geˌfühl** *n* sense of morality. — **~verˌbre·chen** *n* sex(ual) crime. — **~verˌbre·cher** *m* sex(ual) criminal.

'sitt·sam *adj* **1.** (*still u. bescheiden*) demure, retiring. – **2.** (*Kind*) well-behaved (*attrib*). – **3.** (*Zurückhaltung vortäuschend, kokettierend*) coy, demure. — **'Sitt·sam·keit** *f* ⟨-; *no pl*⟩ **1.** demureness, retiringness. – **2.** (*eines Kindes*) good behavior (*bes. Br.* behaviour). – **3.** coyness, demureness, demurity.

Si·tua·ti·on [zitŭa'tsĭoːn] *f* ⟨-; -en⟩ **1.** (*Lage*) situation: eine unangenehme [verfängliche] ~ an unpleasant [embarrassing] situation; ich befand mich in einer schwierigen ~ (*auch finanziell*) I was in a difficult situation (*od.* position), I was in a predicament (*od.* pickle, tight spot, squeeze); mit einem Scherz rettete er die ~ he saved the situation with a joke; er war Herr der ~ he was master of the situation; die geistige ~ im ausgehenden Mittelalter the spiritual conditions *pl* at the close of the Middle Ages. – **2.** (*Stand der Dinge, Sachlage*) situation, circumstances *pl*: die augenblickliche politische ~ the present political situation (*od.* state of affairs); der neuen ~ gerecht werden to meet the new situation, to adjust oneself to the new circumstances; in dieser ~ konnte ich nicht anders handeln I could not act otherwise in the situation, I could not act otherwise in (*od.* under) these circumstances; sie zeigte sich der ~ gewachsen she rose to the situation (*od.* occasion); die ~ erfassen to grasp (*od.* understand) the situation. – **3.** dramatische ~ (*theater*) (dramatic) situation, crisis, climax.

si·tua·ti'ons·beˌdingt *adj* conditioned by (*od.* dependent on) the situation.

Si·tua·ti'ons|ˌethik *f bes. philos.* ethics *pl* (*usually construed as sg*) of situation. — **~ˌko·mik** *f* comicality of the situation. — **~koˌmö·die** *f* (*theater*) comedy of situation. — **~ˌplan** *m arch. civ.eng.* site plan.

Si·tu·la ['ziːtula] *f* ⟨-; -tulen [zi'tuːlən]⟩ *antiq.* (*bronzezeitliches Gefäß*) situla.

Si·tus ['ziːtʊs] *m* ⟨-; -⟩ *med.* (*Lage*) situs, position, site. — **~ in'ver·sus** [ɪn'vɛrzʊs] *m* ⟨- -; - -versi [-zi]⟩ (*Heterotaxie*) visceral inversion; heterotaxis, *auch* heterotaxia, heterotaxy (*scient.*).

Sitz [zɪts] *m* ⟨-es; -e⟩ **1.** seat, *Br. colloq.* pew, (*auf einer Mauer, einem Baum etc*) *auch* perch: die Gäste nahmen ihre ~e ein the guests took their seats; von seinem luftigen ~ sah er auf die Leute herunter he looked down on the people from his airy perch. – **2.** (*im Theater, Vortragssaal etc*) seat, (*bei durchgehenden Bankreihen*) *auch* sitting: die Zuschauer erhoben sich von den ~en the spectators rose from their seats; → reißen 2. – **3.** (*im Auto etc*) place, seat: ein verstellbarer ~ an adjustable seat; im Boot sind noch 2 ~e frei there are 2 more seats vacant in the boat; bei diesem Wagen kann man die ~e ausbauen the seats in this car are removable; ein Auto mit 4 ~en a car with 4 seats, a four-seater (car). – **4.** (*Sitzfläche eines Stuhls, Sessels etc*) seat, bottom: ein harter [gepolsterter, gefederter] ~ a hard [an upholstered, a sprung] seat; den ~ hochklappen [herunterklappen] to put the seat up [down]; den ~ eines Stuhls neu beziehen to reseat a chair. – **5.** (*auf Schaukel, Karussell etc*) seat. – **6.** (*des Kut-

schers) coach box, *bes. Br. colloq.* dick(e)y (box). – **7.** *(Sitzhaltung)* seat, posture: die Reiterin hat einen guten ~ the horsewoman has a good seat, the horsewoman sits her horse well. – **8.** *(einer Regierung, Behörde etc)* seat. – **9.** *(einer internationalen Organisation, Kommandozentrale etc)* seat, headquarters *pl (often construed as sg)*. – **10.** *econ.* a) *(eines Unternehmens, einer Firma etc)* (registered) seat, place of business, residence, headquarters *pl (often construed as sg)*, premises *pl*, offices *pl*, b) *(einer Industrie etc)* location. – **11.** *(Wohnsitz)* (place of) residence, domicile, *auch* domicil, abode *(lit.)*, *(eines Grafen, Fürsten etc) auch* seat: er schlug seinen ~ in Berlin auf he took up residence *(od.* he settled down) in Berlin. – **12.** *(eines Bischofs)* see, seat. – **13.** *(von Göttern, Sagengestalten etc)* seat, home, abode *(lit.)*. – **14.** *(eines Volksstamms)* territory, settlement area, home. – **15.** *bes. pol.* *(in einem Ausschuß, Gremium, im Parlament etc)* seat: einen ~ im Aufsichtsrat haben *econ.* to be on *(od.* to have a seat on, to be a member of) the supervisory board; in einer Versammlung ~ und Stimme haben to have seat and vote in an assembly; die zu besetzenden ~e the seats to be filled; die Partei hat im Bundestag 53 ~e the party holds 53 seats in the Bundestag; ein ~ wird frei a seat becomes *(od.* falls) vacant; einen ~ im Parlament erringen to be returned to parliament. – **16.** *(eines Kleidungsstücks)* sit, fit: der Anzug hat einen guten ~ the suit sits *(od.* fits) well, the suit is a good fit. – **17.** *(einer Frisur)* set. – **18.** *(Hosenboden)* seat: die Hose ist am ~ durchgescheuert the trousers are worn through at the seat. – **19.** auf einen ~ *colloq.* at a time, at one go *(colloq.)*: er trank 5 Glas Bier auf einen ~ he drank 5 glasses of beer at one go. – **20.** *(einer Brille, Prothese etc)* fit. – **21.** *tech.* a) *(im Passungswesen)* fit, b) *(eines Deckels, Ventils)* fit, seat. – **22.** *bes. med.* a) *(einer Krankheit, einer Körper- od. Geistesfunktion etc)* seat, site, b) *(einer Wunde)* location, c) *(eines Erregers)* habitation, d) *(der Plazenta)* insertion: das innere Ohr ist der ~ des Gleichgewichtsapparats the internal ear is the seat of the balancing mechanism. – **23.** *(sport)* *(bes. beim Turnen)* sitting position: eine Rolle aus dem ~ a roll from the sitting position.

ˈSitz|ˌanˌord·nung *f* arrangement of (the) seats. — **~ˌbad** *n* hip *(od.* sitz) bath. — **~ˌba·deˌwan·ne** *f* sitz bath. — **~ˌbank** *f* **1.** *(bes. in Wohnküchen u. vor dem Haus)* bench, *(mit Armlehnen u. Rückenstütze) auch* settee, settle. – **2.** *(kleine Couch)* settee. — **~ˌbein** *n med.* ischium.

sit·zen [ˈzɪtsən] **I** *v/i* ⟨sitzt, saß, gesessen, h *u.* sein⟩ **1.** sit, *(auf einem Ast, einer Mauer etc) auch* perch, be perched: aufrecht *(od.* gerade) ~ to sit up *(od.* erect); er saß gebückt am Schreibtisch he sat *(od.* was seated) hunched (up) *(od.* he slouched) at *(od.* over) his desk; in diesem Kino sitzt man so eng the seats are so close together in this cinema *(Am. colloq.* movie theater); wir saßen (gedrängt) wie die Heringe *colloq.* we sat like sardines in a can *(Br.* tin); kannst du denn nicht einmal still *(od.* ruhig) ~? can't you sit still for a while? ~ Sie bequem? are you comfortable? er saß mit gekreuzten Beinen auf dem Fußboden he sat cross-legged on the floor, he sat on the floor with his legs crossed; ~ bleiben *(auf einem Stuhl etc)* to keep one's seat, to remain seated; das Mädchen blieb bei diesem Tanz ~ a) *(wurde nicht aufgefordert)* the girl was left out *(od.* was left sitting) at this dance, b) *(wollte nicht tanzen)* the girl sat out this dance; laß ihn doch ~! a) *(laß ihn da)* let him sit *(od.* stay) there! b) *(biete ihm deinen Platz an)* let him sit down! give him your seat! die Kinder ~ am Tisch the children sit at the table; an diesem Aufsatz habe ich 3 Stunden gesessen I sat at this essay for 3 hours; auf einem Pferd *(od. lit.* zu Pferde) ~ to sit on a horse, to be on horseback; sie saßen gerade beim Essen *(od.* bei Tisch) they were just having their meal; im Bett ~ to sit (up) in bed; über den Büchern ~ to sit *(od.* pore) over one's books; du kannst nicht den ganzen Tag zu Hause ~ *bes. fig.* you can't sit *(od.* stay) at home all day long; j-m zu Füßen ~ to sit at s.o.'s feet; sitz! *(zum Hund)* sit (down)! der Saal saß voller Menschen *fig. colloq.* the hall was full of people; an der Quelle ~ *fig. colloq.* a) *(Waren etc günstiger bekommen)* to be at the source, to have direct access, b) *(Neuigkeiten aus erster Hand erfahren)* to be inside, to hear the news straight from the horse's mouth; er sitzt auf dem *(od.* auf seinem) Geld *fig. colloq.* he won't spend *(od.* he hoards) his money; auf dem trockenen ~ *fig. colloq.* a) *(nicht mehr weiterkommen)* to be left (sitting) high and dry, b) *(nichts mehr zu trinken haben)* to have nothing more to drink, to be left without a drop *(colloq.)*; → glühend 1; Ohr 3; Pelle 3; Roß[1] 1; Sattel 1; Schalk 3. – **2.** *(von Vogel)* sit, perch, be perched: die Hühner ~ auf der Stange the chickens perch on the roost, the chickens roost. – **3.** *(sich befinden)* be: der Schüler sitzt immer noch in der 3. Klasse the pupil is still in the 3rd form *(Am.* grade); an dem Zweig ~ noch einige Blätter there are still some leaves on the twig; der Schmutz sitzt tief im Gewebe the dirt is deep in *(od.* has gone deep into) the fabric; → Boot 1; Patsche 3; Tinte 1. – **4.** *(stecken)* be, be stuck: mir sitzt ein Splitter unter dem Nagel there is a splinter (stuck) under my nail; auf ihrem Hut saß ein Federbusch there was a tuft of feathers stuck on her hat; fest [locker] ~ *(von Nagel, Brett etc)* to be tight *(od.* firm) [loose]; der Haken sitzt fest in der Wand the hook is firmly stuck in the wall; das Messer sitzt ihm locker *fig.* he is quick to draw his knife. – **5.** *colloq.* *(wohnen, leben)* live: mein Bruder sitzt in Hamburg my brother lives in Hamburg. – **6.** *colloq.* *(von Regierung, Behörde etc)* be, have its seat. – **7.** *colloq.* *(von internationaler Organisation, Kommandozentrale etc)* be, have its seat *(od.* headquarters). – **8.** *econ. colloq.* *(von einer Firma)* be, have its seat *(od.* place of business, headquarters, residence), reside. – **9.** *(von Volksstamm)* be settled, have one's territory *(od.* home). – **10.** *colloq.* *(arbeiten, angestellt sein)* work, be (employed), have a job *(colloq.)*: mein Bruder sitzt im Finanzamt my brother works *(od.* has a job) in the tax office. – **11.** *(in einem Ausschuß, Gremium etc)* sit, have a seat: er sitzt im Aufsichtsrat *econ.* he is on *(od.* he has a seat on, he is a member of) the supervisory board. – **12.** *colloq.* *(in einem Parlament, einer Regierung etc)* have a seat: sie sitzt im Bundestag she has a seat in *(od.* is a member of) the Bundestag. – **13.** *(eine Sitzung abhalten)* sit, hold a session *(od.* meeting): die Herren ~ immer noch the gentlemen are still in session. – **14.** *(passen)* sit, fit: die Bluse sitzt gut the blouse fits well *(od.* is a good fit); das Kleid sitzt wie angegossen the dress fits like a glove *(od.* is a perfect fit), the dress sits perfectly; der Mantel sitzt schlecht an den Schultern the coat sits badly across the shoulders. – **15.** *(korrekten Sitz haben)* sit: deine Frisur sitzt nicht richtig your hair is not sitting right; der Hut saß ihm schief auf dem Kopf his hat sat at a tilt *(od. colloq.* all to one side), he had his hat on askew. – **16.** *bes. tech.* a) *(richtig eingepaßt sein)* fit, *(von Deckel, Ventil) auch* seat, b) *(von Werkstücken auf der Maschine)* be mounted (on), be located (on): die Prothese sitzt ausgezeichnet the prosthesis fits excellently *(od.* has an excellent fit). – **17.** (im Gefängnis) ~ *colloq.* to be in clink *(od.* the jug, *Am. auch* the hoos[e]gow) *(sl.)*, to be in prison *(od.* jail, *Br. auch* gaol): er mußte 3 Jahre ~ he had to do 3 years *(colloq.)* *(od. sl.* a 3-year stretch); hinter Schloß und Riegel *(od. colloq.* hinter schwedischen Gardinen) ~ to be locked up, to be behind (prison) bars. – **18.** j-m *(od.* für j-n) ~ *(einem Maler, Bildhauer etc)* to sit to *(od.* pose for) s.o., to give s.o. a sitting: wollen Sie mir Modell ~? would you agree to sit (as a model) to me? – **19.** über j-n zu Gericht ~ to sit in judg(e)ment (up)on s.o. – **20.** *(seinen Herd, seinen Ursprung haben)* lie, be: also hier sitzt das Übel! so that's where the trouble lies; der Haß sitzt tief in ihr (the) hatred lies deep down in her. – **21.** *colloq. auch fig.* *(gut treffen)* hit *(od.* strike) home: die Ohrfeige hat aber gesessen! the box on the ear hit *(od.* struck) home! ich kann dir sagen, die Bemerkung hat gesessen! *fig.* the remark hit home *(od.* made itself felt), I can tell you! – **22.** *colloq.* *(im Gedächtnis haften)* have sunk in: die englischen Vokabeln ~ noch nicht richtig the English vocabulary has not sunk in yet; meine Rolle sitzt endlich my part has finally sunk in, I know my part off pat at last *(colloq.)*; bei ihm sitzt jeder Handgriff he is very deft, he has the knack of it. – **23.** einen ~ haben *fig. colloq.* *(angetrunken sein)* to have a drop in one's eye, to be tipsy *(beide colloq.)*, to be slightly drunk: gestern hatte er gehörig einen ~ he was well away *(od.* far gone) yesterday, *Am. colloq.* he had quite a load on yesterday. – **24.** *med.* *(von Krankheit, Infektionsherd etc)* be, be located *(od.* situated): der Schmerz saß tief in der Brust the pain was deep down in the chest. – **25.** (auf den Eiern) ~ *agr.* *(von Henne etc)* to sit, to brood. – **II** *v/impers* **26.** am Kamin sitzt es sich so gut it's so cozy *(bes. Br.* cosy) by the fireside. – **III S~** *n* ⟨-s⟩ **27.** *verbal noun*: das viele S~ schadet der Gesundheit too much sitting is bad for the health; im S~ sitting (down); j-n zum S~ nötigen to urge s.o. to sit down.

ˈsit·zenˌblei·ben *v/i* ⟨*irr, sep,* -ge-, sein⟩ *fig. colloq.* **1.** *(in der Schule)* (have to) repeat a year: er ist dreimal sitzengeblieben he had to repeat a year three times; wenn du nicht fleißig bist, wirst du ~ if you don't work hard you'll have to repeat a year *(od.* you'll not move up to the next year). – **2.** *(nicht geheiratet werden)* be left on the shelf *(colloq.)*, remain single. – **3.** auf *(dat)* *(od.* mit) etwas ~ *(keinen Abnehmer für etwas finden)* to be left *(od.* saddled, lumbered) with s.th., to be left with s.th. on one's hands: die Warenhäuser sind wegen des schlechten Wetters auf den Badeanzügen sitzengeblieben because of the bad weather the stores have been left with the bathing costumes on their hands. – **4.** der Kuchen ist sitzengeblieben *gastr.* the cake has not risen.

ˈSit·zenˌblei·ber [-ˌblaɪbər] *m* ⟨-s; -⟩, **ˈSit·zenˌblei·be·rin** *f* ⟨-; -nen⟩ *colloq.* repeater.

ˈsit·zend I *pres p.* – **II** *adj* **1.** *(Person, Haltung etc)* sitting. – **2.** *(Beschäftigung, Lebensweise etc)* sedentary. – **III** *adv* **3.** eine Arbeit ~ machen to do a job sitting (down).

ˈsit·zenˌlas·sen *v/t* ⟨*irr, sep, pp* sitzenlassen, *auch* sitzengelassen, h⟩ *fig. colloq.* **1.** j-n ~ a) *(im Stich lassen)* to leave s.o. in the lurch, to let s.o. down, b) *(versetzen)* to stand s.o. up *(colloq.)*, c) *(den Laufpaß geben)* to give s.o. the brush-off *(colloq.)*, to jilt s.o., d) *(verlassen)* to walk out on s.o. *(sl.)*, to leave s.o., e) *(Schüler)* to make s.o. repeat a year: er sollte heute kommen, aber er hat uns ~ he was to come today but he stood us up; in der Not hat ihn sogar sein bester Freund ~ even his best friend let him down when he was in trouble; er hat seine Frau mit vier kleinen Kindern ~ he left his wife with four small children. – **2.** etwas auf *(dat)* sich ~ *(unwidersprochen hinnehmen)* to take s.th. lying down, to swallow *(od.* to pocket) s.th.: diesen Vorwurf lasse ich nicht auf mir sitzen I won't take this reproach lying down.

ˈSitz|flä·che *f* **1.** seat. – **2.** *tech.* a) *(eines Lagers)* bearing *(od.* seating) surface, b) *(eines Ventils)* valve seat(ing). – **3.** *colloq.* sit-upon *(colloq.)*, seat, buttocks *pl*. — **~ˌfleisch** *n fig. colloq.* *(in Wendungen wie)* er hat kein (rechtes) ~ a) *(bes. von einem Schüler)* he is fidgety *(od.* a fidget), b) *(bei der Arbeit)* he has no perseverance *(od.* Sitzfleisch), he cannot stick to *(od.* at) anything; er hat ~ a) *(von einem Gast)* he is in no hurry to go, b) *(bei der Arbeit)* he has perseverance *(od.* Sitzfleisch), he sticks to *(od.* at) it. — **~ge,le·gen·heit** *f* seat: sich nach einer ~ umsehen to look around for a seat; die ~en reichten nicht aus, es waren nicht genügend ~en vorhanden there were not enough seats available, the seating (accommodation) was inadequate; ~ bieten für 50 Leute to have seating accommodation for *(od.* to seat) 50 people, to have a seating capacity of 50. — **~ˌhal·tung** *f* **1.** sedentary *(od.*

sitting) posture. – **2.** (*beim Reiten, Radfahren etc*) seat. — ~ˌ**kis·sen** *n* seat cushion. — ~**komˌfort** *m* seating comfort (*od.* convenience). — ~ˌ**mö·bel** *pl* seating furniture *sg*, seats, chairs. — ~ˌ**ord·nung** *f* seating order. — ~**pi·rouˌet·te** *f* (*sport*) (*beim Eis- u. Rollkunstlauf*) sit spin: **eingesprungene** ~ flying sit spin. — ~ˌ**platz** *m* seat: **das Theater hat 500 Sitzplätze** (*od.* **Sitzplätze für 500 Personen**) the theater (*bes. Br.* theatre) has a seating capacity of 500 (*od.* seats 500 persons); **j-m seinen** ~ **anbieten** to offer s.o. one's seat; **ein Bus mit 40 Sitzplätzen und 20 Stehplätzen** a bus with 40 seats and standing room for 20 passengers. — ~ˌ**pol·ster** *n*, *Austrian m* **1.** seat cushion. – **2.** (*eines Stuhls*) upholstered seat, seat pad. – **3.** (*Puff*) pouf, *auch* pouff(e). — ~ˌ**rei·he** *f* **1.** row (of seats). – **2.** (*im Theater, Stadion etc*) tier. — ~ˌ**stan·ge** *f* (*für Vögel*) perch. — ~ˌ**streik** *m* sit-down strike.

'**Sit·zung** *f* ⟨-; -en⟩ **1.** *pol. jur.* (*des Parlaments etc*) session, sitting, meeting: **geheime** ~ secret session; **gemeinsame** ~ **(beider Häuser) des Parlaments** joint session; ~ **des Gerichts** session (*od.* sitting) of the court, (court) hearing; **nichtöffentliche** ~ closed session, private meeting; **öffentliche** ~ a) open session (*od.* sitting), b) (*bei Gericht*) public hearing; **in öffentlicher** ~ in open court; **die** ~**en werden öffentlich abgehalten** the sittings are held in public; **zu einer ordentlichen** ~ **zusammentreten** to meet in an ordinary (*od.* a regular) session; **außerordentliche** ~ special (*od.* emergency) session; ~ **unter Ausschluß der Öffentlichkeit** meeting in camera; **eine** ~ **einberufen** to call (*od.* convene, convoke, summon) a meeting (*od.* session); **eine** ~ **während der Parlamentsferien einberufen** to recall Parliament; **eine** ~ **anberaumen** to appoint a day (*od.* fix a date) for a meeting, to fix (*bes. Am.* schedule) a meeting; **die** ~ **eröffnen [schließen, aufheben]** to open [to close, to conclude] the meeting (*od.* sitting); **eine** ~ **(ab)halten** a) (*vom Parlament etc*) to meet, to sit, to be in session, b) (*vom Gericht*) to hold a hearing; **die** ~ **vertagen** to adjourn the meeting (*od.* session); **ich erkläre die** ~ **für eröffnet, ich eröffne hiermit die** ~ I declare the meeting (*od.* sitting) open; **die** ~ **ist geschlossen** the meeting is closed; **Eröffnung der** ~ opening of the session; **an der** ~ **teilnehmen** to attend the meeting (*od.* sitting); **das war gestern abend eine lange** ~ *fig. colloq.* (*Zecherei*) we had quite a session last night; ~ **haben** (*od.* **halten**) *fig. colloq. euphem.* (*auf dem WC*) to sit in parliament. – **2.** (*Besprechung*) meeting, conference: **er war bei einer** ~ he was at (*od.* in) a conference. – **3.** *bes. pol. cf.* **Sitzungsperiode.** – **4.** (*spiritistische*) séance, sitting. – **5.** (*für ein Porträt*) sitting, séance: **das Bild wurde in zwei** ~**en gemalt** the picture was painted in two sittings.

'**Sit·zungs|beˌricht** *m* minutes *pl* (*od.* report) of proceedings (*od.* the meeting), proceedings *pl*, transactions *pl.* — ~ˌ**geld** *n* **1.** attendance fee. – **2.** *cf.* **Tagegeld** 2. — ~ˌ**ort** *m* place of meeting. — ~ˌ**pau·se** *f* (*bei Gericht, Verhandlungen etc*) recess: **eine** ~ **machen** (*od.* **einlegen**) to be in recess, to recess. — ~**pe·riˌode** *f* **1.** *pol.* session: **zwischen den** ~**n** during the recess. – **2.** *jur.* (*bei Gericht*) session, *bes. Am.* term, *bes. Br.* sittings *pl.* — ~ˌ**plan** *m* schedule of meetings, *Am.* calendar. — ~**proˌgramm** *n* program (*bes. Br.* programme) of the meeting. — ~**pro·toˌkoll** *n* minutes *pl* (*od.* verbatim report) of proceedings (*od.* the meeting), proceedings *pl*, transactions *pl.* — ~ˌ**raum,** ~ˌ**saal** *m* **1.** conference (*od.* board, committee, meeting) room, assembly (*od.* session) hall. – **2.** (*des Parlaments*) chamber, floor: **im** ~ on the floor. — ~**terˌmin** *m* date fixed for a meeting (*od.* conference). — ~ˌ**zim·mer** *n cf.* **Sitzungsraum.**

'**Sitz|verˌstel·ler** *m auto.* seat adjuster. — ~**verˌstel·lung** *f* seat adjustment. — ~**verˌtei·lung** *f pol.* (*im Parlament*) distribution of seats. — ~ˌ**wel·le** *f* (*sport*) (*beim Turnen*) double knee circle.

Sixt [zɪkst] *f* ⟨-; -en⟩ (*sport*) (*beim Fechten*) sixte.

Six·ti·nisch [zɪks'tiːnɪʃ] *adj* Sistine, Sixtine: ~**e Kapelle** Sistine Chapel; ~**e Madonna** Sistine Madonna, Madonna di San Sisto.

Si·zi·lia·ner [zitsi'lĭaːnər] *m* ⟨-s; -⟩ Sicilian. — **Si·zi·lia·ne·rin** [-'lĭaːnərɪn] *f* ⟨-; -nen⟩ Sicilian (woman *od.* girl). — **si·zi·lia·nisch** [-'lĭaːnɪʃ] *adj* Sicilian: **S**~**e Vesper** *hist.* Sicilian Vespers *pl* (*1282*).

Si·zi·li·er [zi'tsiːlĭər] *m* ⟨-s; -⟩, **Si'zi·lie·rin** *f* ⟨-; -nen⟩ *cf.* **Sizilianer(in).** — **si'zi·lisch** [-lɪʃ] *adj* Sicilian.

Ska·bi·es ['skaːbĭɛs] *f* ⟨-; *no pl*⟩ *med.* scabies. — **ska·bi·ös** [ska'bĭøːs] *adj* scabious.

Ska·bio·se [ska'bĭoːzə] *f* ⟨-; -n⟩ *bot.* scabious, star head (*Gattg Scabiosa*).

Ska·la ['skaːla] *f* ⟨-; Skalen *u.* Skalas⟩ **1.** (*Maßeinteilung an Geräten*) scale, *auch* graduation, (*in Kreisform*) dial scale, graduated dial: **beleuchtete [gleitende]** ~ illuminated [sliding] scale; **Teilstrich einer** ~ graduation line (*od.* mark), scale mark; **direkt ablesbare** ~ direct reading scale (*od.* dial). – **2.** (*Farbskala*) color (*bes. Br.* colour) chart, range of colors (*bes. Br.* colours). – **3.** *mus. cf.* **Tonleiter.** – **4.** *fig.* range, variety: **eine breite** ~ **neuer Waschmittel** a wide range of new detergents. – **5. die ganze** ~ **der Gefühle** *fig. lit.* the whole gamut of feelings.

ska·lar [ska'laːr] **I** *adj* **1.** *math. phys.* (*Größe etc*) scalar: ~**e Werte** scalars. – **II S**~ *m* ⟨-s; -e⟩ **2.** *math. phys.* scalar. – **3.** *zo. cf.* **Blattfisch.**

Skal·de ['skaldə] *m* ⟨-n; -n⟩ (*literature*) skald, scald, medieval Scandinavian poet. — '**Skal·denˌdich·tung** *f* skaldic (*od.* scaldic, Norse) poetry. — '**skal·disch** *adj* skaldic, scaldic.

Ska·le ['skaːlə] *f* ⟨-; -n⟩ *cf.* **Skala** 1.

'**Ska·len|ˌabˌle·sung** *f tech.* scale (*od.* direct) reading. — ~ˌ**einˌtei·lung** *f* graduation (of scale), scale division. — ~ˌ**fak·tor** *m* (*computer*) scale factor. — ~ˌ**schei·be** *f tech.* graduated dial.

Skalp [skalp] *m* ⟨-s; -e⟩ scalp.

Skal·pell [skal'pɛl] *n* ⟨-s; -e⟩ *med.* surgical knife, scalpel (*scient.*).

skal·pie·ren [skal'piːrən] *v/t* ⟨*no* ge-, h⟩ **j-n** ~ to scalp s.o., to take s.o.'s scalp (off).

Skan·dal [skan'daːl] *m* ⟨-s; -e⟩ **1.** scandal: **das ist (ja) ein** ~! that's a scandal! that's scandalous (*od.* outrageous)! **es kam zu einem öffentlichen** ~ there was a public scandal; **einen** ~ **vertuschen** to hush up a scandal; **wir wollen einen** ~ **vermeiden** we want to avoid a scandal; **wenn das herauskommt, gibt es einen** ~ if that comes out, there will be (*od.* it will cause) a scandal. – **2.** (*Tumult, Aufruhr*) scandal, outrage, uproar: **bei der Aufführung des neuen Stückes hat es einen** ~ **gegeben** the performance of the new play caused an outrage (*od.* quite an uproar). – **3.** (*Krach*) row: **als er sah, daß sein Wagen einen großen Kratzer hatte, machte er einen großen** ~ he kicked up an awful (*od.* a hell of a) row when he saw that his car was scratched (*colloq.*). – **4.** (*Schande, Schmach*) disgrace, shame, scandal: **es ist ein** ~, **wie sie sich benimmt** it's a disgrace the way she behaves, her behavio(u)r is a disgrace (*od.* is disgraceful). — ~**afˌfä·re** *f* scandalous affair. — ~ˌ**blatt** *n print. contempt.* scandal sheet. — ~ˌ**chro·nik** *f* chronique scandaleuse, chronicle of scandal. — ~**geˌschich·te** *f* (piece of) scandal (*od.* gossip): ~**n verbreiten** to spread scandal.

skan·da·lie·ren [skanda'liːrən] *v/i* ⟨*no* ge-, h⟩ *obs. for* **lärmen.**

skan·da·lös [skanda'løːs] *adj* **1.** (*einen Skandal erregend*) scandalous: ~**e Affäre** scandalous affair. – **2.** (*empörend*) scandalous, outrageous, shocking, disgraceful: **sein Betragen ist** ~ his behavio(u)r is outrageous; **das sind** ~**e Zustände** those are scandalous goings-on (*colloq.*).

Skan'dal|ˌpres·se *f print.* gutter press. — ~ˌ**sucht** *f* craze for (spreading) scandal. — **s**~ˌ**süch·tig** *adj* fond of (spreading) scandal, scandalmongering: ~**e Person** scandalmonger. — **s**~ˌ**umˌwit·tert** *adj* (*Person*) tainted by rumors (*bes. Br.* rumours) of scandal.

skan·die·ren [skan'diːrən] **I** *v/t* ⟨*no* ge-, h⟩ **1.** (*Verse*) scan. – **II** *v/i* **2.** scan. – **III S**~ *n* ⟨-s⟩ **3.** *verbal noun.* – **4.** *cf.* **Skandierung.** — **skan'die·rend I** *pres p.* – **II** *adj* (*Sprechweise*) scanning, syllabic. – **III** *adv* ~ sprechen to syllabize. — **Skan'die·rung** *f* ⟨-; -en⟩ **1.** *cf.* **Skandieren.** – **2.** scansion.

Skan·di·na·ve [skandi'naːvə] *m* ⟨-n; -n⟩, **Skan·di'na·vi·er** [-vĭər] *m* ⟨-s; -⟩ Scandinavian. — **Skan·di'na·vie·rin** *f* ⟨-; -nen⟩ Scandinavian (woman *od.* girl). — **skan·di'na·visch** [-vɪʃ] **I** *adj* Scandinavian. – **II** *ling.* **S**~ ⟨*generally undeclined*⟩, **das S**~**e** ⟨-n⟩ Scandinavian, the Scandinavian languages *pl.*

Skan·di·um ['skandĭʊm] *n* ⟨-s; *no pl*⟩ *chem. cf.* **Scandium.**

Ska·po·lith [skapo'liːt; -'lɪt] *m* ⟨-s *od.* -en; -e(n)⟩ *min.* scapolite.

Ska·pu·lier [skapu'liːr] *n* ⟨-s; -e⟩ *röm.kath.* (*Teil der Ordenstracht*) scapular(y).

Ska·ra·bä·us [skara'bɛːʊs] *m* ⟨-; -bäen⟩ **1.** *zo.* a) scarabaeus sacer, b) (*Mistkäfer*) scarab(ee), dung beetle (*Fam. Scarabaeidae*). – **2.** (*Amulett, altägypt. Siegel*) scarab(aeus).

Ska·ra·muz [skara'muts] *m* ⟨-es; -e⟩ (*theater*) Scaramouch(e).

ska·ri·fi·zie·ren [skarifi'tsiːrən] *med.* **I** *v/i u. v/t* ⟨*no* ge-, h⟩ **1.** scarify. – **II S**~ *n* ⟨-s⟩ **2.** *verbal noun.* – **3.** scarification.

Skarn [skarn] *m* ⟨-s; -e⟩ *geol.* skarn.

Skat [skaːt] *m* ⟨-(e)s; -e *u.* -s⟩ **1.** ⟨*only sg*⟩ (*Kartenspiel*) skat, scat: ~ **spielen** (*od. colloq.* **dreschen, klopfen**) to play skat. – **2.** (*beiseite gelegte Karten*) discard. — ~ˌ**bru·der** *m colloq.* skat (*od.* scat) mate.

ska·ten ['skaːtən] *v/i* ⟨h⟩ *colloq.* play skat (*od.* scat). — '**Ska·ter** *m* ⟨-s; -⟩ skat (*od.* scat) player.

Ska·tol [ska'toːl] *n* ⟨-s; *no pl*⟩ *chem.* skatole, *auch* skatol, scatole, β-methyl-indole (C_9H_9N).

'**Skat|ˌspiel** *n* (*games*) **1.** game of skat (*od.* scat). – **2.** pack of skat (*od.* scat) cards. — ~ˌ**spie·ler** *m* skat (*od.* scat) player.

'**Skeetˌschie·ßen** ['skiːt-] *n* (*sport*) skeet.

Ske·le·ton ['skɛletən; 'skɛlətən] *m* ⟨-s; -s⟩ (*sport*) (*niedriger Rennschlitten*) skeleton.

Ske·lett [ske'lɛt] *n* ⟨-(e)s; -e⟩ **1.** *med. zo.* skeleton: **ein menschliches** ~ a human skeleton; **er ist das reinste** ~, **er ist zum** ~ **abgemagert** *fig. colloq.* he is like a skeleton, he is nothing but skin and bone. – **2.** (*tragendes Gerüst*) skeleton, framework: ~ **aus Stahl** steel skeleton. – **3.** *fig.* (*Grundriß*) outline, skeleton: **der Plan ist im** ~ **vorhanden** the plan is finished in the outline (*od.* in the rough). — **s**~ˌ**ar·tig** *adj* like a skeleton, skeletal. — ~ˌ**bau** *m* ⟨-(e)s; *no pl*⟩, ~ˌ**bauˌwei·se** *f civ.eng.* skeleton construction (*od.* structure). — ~**beˌschrei·bung** *f med.* skeletography. — ~ˌ**form** *f med.* type of skeleton.

ske·let·tie·ren [skelɛ'tiːrən] *v/t* ⟨*no* ge-, h⟩ *med.* skeletonize *Br. auch* -s-. — **Ske·let'tie·rung** *f* ⟨-; -en⟩ skeletonization *Br. auch* -s-.

Ske'lett|mus·ku·laˌtur *f med.* skeletal muscles *pl.* — ~ˌ**schrift** *f print.* skeleton-face type.

Skep·sis ['skɛpsɪs] *f* ⟨-; *no pl*⟩ **1.** scepsis, *bes. Am.* skepsis, scepticism, *bes. Am.* skepticism, *auch* unbelief: **er begegnete dem Vorschlag mit äußerster** ~ he treated the suggestion with the utmost scepsis, he was very sceptical about the suggestion. – **2.** *philos.* Pyrrhonism.

Skep·ti·ker ['skɛptikər] *m* ⟨-s; -⟩ **1.** sceptic, *bes. Am.* skeptic. – **2.** *philos.* Pyrrhonist.

skep·tisch ['skɛptɪʃ] **I** *adj* **1.** sceptical, *bes. Am.* skeptical, incredulous: **er machte ein** ~**es Gesicht** he looked sceptical; **er war noch sehr** ~, **ob es gelänge** he was still very septical about (*od.* of) its success. – **2.** *philos.* Pyrrhonic. – **II** *adv* **3.** sceptically: **er betrachtete den Himmel** ~ he looked at the sky sceptically; **einer Sache** ~ **gegenüberstehen, eine Sache** ~ **betrachten** to be sceptical about (*od.* of) s.th., to take a sceptical view of s.th.; **er beurteilte die Lage eher** ~ he took a rather sceptical view of (*od.* was rather sceptical about) the situation.

Skep·ti·zis·mus [skɛpti'tsɪsmʊs] *m* ⟨-; *no pl*⟩ **1.** scepticism, *bes. Am.* skepticism, scepsis, *bes. Am.* skepsis, incredulousness, incredulity. – **2.** *philos.* Pyrrhonism.

Sketch [skɛtʃ] *m* ⟨-(es); -e(s) *od.* -s⟩ (*im Kabarett etc*) sketch.

Ski [ʃiː] *m* ⟨-s; -er, *rare* -⟩ (*sport*) ski: ~ **fahren** (*od.* **laufen**) to ski; **auf** ~**ern** on ski(s). — ~ˌ**abˌfahrt** *f* ski run. — ~ˌ**anˌzug** *m* ski suit.

Skia·skop [skia'skoːp] *n* ⟨-s; -e⟩ (*optics*)

skiascope, retinoscope. — **Skia·sko'pie** [-sko'piː] *f* ⟨-; *no pl*⟩ skiaskopy, skiametry.

'Ski|ˌausˌrü·stung *f* (*sport*) ski outfit (*od.* equipment). — **~ˌbin·dung** *f* ski binding. — **~ˌbob** *m* ski bob. — **~ˌbobˌfah·rer** *m* ski bobber. — **~ˌbruch·verˌsi·che·rung** *f econ.* ski-breakage insurance. — **~ˌfah·ren** *n* (*sport*) skiing. — **~ˌfah·rer** *m*, **~ˌfah·re·rin** *f* skier, *Am. auch* skiier.

Skiff [skɪf] *n* ⟨-(e)s; -e⟩ (*sport*) skiff, *Am.* single shell.

'Ski|ˌflie·gen *n* (*sport*) *cf.* Skiflug. — **~ˌflie·ger** *m* ski flyer. — **~ˌflug** *m* **1.** ski flying. – **2.** ski-flying competition. — **~ˌflugˌschan·ze** *f* ski-flying hill. — **~geˌbiet** *n* ski(ing) area. — **~geˌlän·de** *n* **1.** *cf.* Skigebiet. – **2.** (ski) slope(s *pl*): ein leichtes ~ easy (ski) slopes. — **~ˌha·serl** [-ˌhaːzərl] *n* ⟨-s; -(n)⟩ *colloq.* ski bunny. — **~ˌho·se** *f* ski(ing) trousers *pl* (*Am. auch* pants *pl sometimes construed as sg*). — **~ˌhüt·te** *f* ski hut (*bes. Am.* lodge). — **~ˌkjö·ring** [-ˌjøːrɪŋ] *n* ⟨-s; -s⟩ (*sport*) skijoring, skiöring. — **~ˌkurs**, **~ˌkur·sus** *m* ski(ing) course. — **~ˌlangˌlauf** *m* cross-country skiing. — **~ˌlangˌläu·fer** *m*, **~ˌlangˌläu·fe·rin** *f* cross-country skier (*Am. auch* skiier). — **~ˌlauf** *m* skiing. — **~ˌlau·fen** *n* skiing. — **~ˌläu·fer** *m*, **~ˌläu·fe·rin** *f* skier, *Am. auch* skiier. — **~ˌleh·rer** *m* ski(ing) instructor. — **~ˌlift** *m* ski lift. — **~ˌmei·ster·schaft** *f meist pl* ski championship: Alpine [Nordische] ~en Alpine [Nordic] ski championships.

'Skin-Efˌfekt ['skɪn-] *m electr.* skin effect.

Skink [skɪŋk] *m* ⟨-(e)s; -e⟩ *meist pl zo.* skink, scincus (*scient.*) (*Fam. Scincidae*).

'Ski|ˌren·nen *n* (*sport*) **1.** ski racing. – **2.** ski race. — **~ˌrennˌfah·rer** *m*, **~ˌrennˌfah·re·rin** *f* ski racer. — **~ˌschan·ze** *f cf.* Sprungschanze. — **~ˌschuh** *m meist pl* ski boot. — **~ˌschu·le** *f* ski(ing) school. — **~ˌschwung** *m* turn (on skis). — **~ˌspit·ze** *f* ski tip. — **~ˌsport** *m* skiing. — **s~ˌsport·beˌgei·stert** *adj* enthusiastic about skiing, ski-happy (*colloq.*). — **~ˌsprin·gen** *n* **1.** ski jumping. – **2.** ski-jumping competition. — **~ˌsprin·ger** *m* ski jumper. — **~ˌsprung** *m cf.* Skispringen. — **~ˌspur** *f* ski tracks *pl*. — **~ˌstie·fel** *m meist pl* ski boot. — **~ˌstock** *m meist pl* ski pole (*od.* stick). — **~ˌwachs** *n* ski wax. — **~ˌwan·de·rung** *f* ski tour.

Skiz·ze ['skɪtsə] *f* ⟨-; -n⟩ **1.** (*vereinfachte Zeichnung*) sketch, rough drawing, outline: eine ~ von etwas machen (*od.* entwerfen, anfertigen) to make a sketch of s.th., to sketch s.th. – **2.** (*Rohentwurf*) draft, outline, sketch (plan): nach einer ~ arbeiten to work to a draft. – **3.** (*Kartenskizze*) sketch map. – **4.** (*kurze, mündliche Darstellung*) outline, sketch: er gab eine kurze ~ von dem Film he gave a short outline of the film. – **5.** (*literature*) (*fragmentarische Kurzgeschichte*) sketch. – **6.** *tech.* draft.

'Skiz·zen|ˌblock *m* ⟨-(e)s; -s⟩ sketch block, sketching pad. — **~ˌbuch** *n* sketchbook. — **s~haft** *adj* sketchy, in rough outlines. — **~ˌmap·pe** *f* sketchbook. — **~ˌsamm·lung** *f* collection of sketches. — **~ˌzeich·ner** *m* sketcher.

skiz·zie·ren [skɪ'tsiːrən] **I** *v/t* ⟨*no* ge-, h⟩ **1.** (*mit wenigen Strichen*) sketch, make a sketch of, outline, *Br.* rough-draw: etwas in groben Umrissen ~ *auch fig.* to make a rough sketch of s.th. – **2.** *fig.* (*umreißen*) outline, sketch, trace (out): er skizzierte den Inhalt des Buches he outlined the contents of the book. – **3.** *fig.* (*entwerfen*) sketch, outline, make a rough draft of: einen Vortrag nur flüchtig ~ to outline a lecture briefly. – **II S~** *n* ⟨-s⟩ **4.** *verbal noun.* — **Skiz'zie·rer** *m* ⟨-s; -⟩ sketcher. — **Skiz'zie·rung** *f* ⟨-; -en⟩ *cf.* Skizzieren.

Skla·ve ['sklaːvə; 'sklaːfə] *m* ⟨-n; -n⟩ slave (*auch fig.*): mit ~n handeln to trade in slaves; j-n zum ~n machen *auch fig.* to make a slave of s.o., to enslave s.o.; er ist ein ~ seiner Arbeit [Gewohnheiten] *fig.* he is a slave to (*od.* of) (*od.* thrall to) his work [habits]; zum ~n der modernen Technik werden *fig.* to become the slave of modern technology.

'Skla·ven|ˌar·beit *f* **1.** slave labor (*bes. Br.* labour). – **2.** *fig. contempt.* slavery, drudgery. — **~ˌaufˌstand** *m* slave rebellion (*od.* revolt). — **~beˌfrei·ung** *f* emancipation of slaves. — **~beˌsit·zer** *m cf.* Sklavenhalter 1. — **~ˌdienst** *m* slavery. — **~ˌhal·ter** *m* **1.** *hist.* slaveholder, *Br.* slave-holder, slave owner, slaver. – **2.** *pl zo.* (*Ameisen*) slave-making ants, slave-makers. — **~ˌhan·del** *m* slave trade, blackbirding (*sl.*): ~ treiben to engage in slave trade. — **~ˌhänd·ler** *m* slave trader, slaver. — **~ˌkrieg** *m antiq.* Servile War. — **~ˌkü·ste** *f hist.* Slave Coast. — **~ˌmarkt** *m* slave market. — **~moˌral** *f contempt.* slave morality. — **~ˌschiff** *n hist.* slave ship, slaver. — **~ˌsee·le** *f contempt.* slavish (*od.* servile) person. — **~ˌstaa·ten** *pl Am. hist.* slave states.

'Skla·ven·tum *n* ⟨-s; *no pl*⟩ *cf.* Sklaverei 2.

Skla·ve'rei *f* ⟨-; *no pl*⟩ **1.** slavery: in ~ geraten to fall into slavery; j-n in die ~ führen to lead s.o. into slavery, to make s.o. a slave, to enslave s.o.; Gegner der ~ abolitionist. – **2.** *fig.* slavery, thral(l)dom. – **3.** *fig.* (*harte Arbeit*) slavery, drudgery.

'Skla·vin *f* ⟨-; -nen⟩ (female) slave.

'skla·visch I *adj* slavish, servile: ~e Abhängigkeit (von) slavery (to), slavish dependence ([up]on); ~e Nachahmung slavish (*od.* servile) imitation; diese Haltung ist geradezu ~ this attitude is almost slavish; ~e Gesinnung servility, slavishness. – **II** *adv* slavishly, servilely: etwas ~ nachahmen to imitate s.th. slavishly; sich ~ an die Vorschriften halten to keep slavishly to the rules. – **III S~e, das** ⟨-n⟩ the slavishness.

Skle·ra ['skleːra] *f* ⟨-; -ren⟩ *med.* (*des Auges*) sclerotic coat; sclera, sclerotica (*scient.*).

Skle·ri·tis [skle'riːtɪs] *f* ⟨-; -tiden [-ri'tiːdən]⟩ *med.* scleritis.

Skle·ro·der·mie [sklerodɛr'miː] *f* ⟨-; *no pl*⟩ scleroderm(i)a, sclerodermatitis, sclerodermitis.

Skle·ro·me·ter [sklero'meːtər] *n* ⟨-s; -⟩ *min.* sclerometer.

Skle·ro·pro·te·in [skleroprote'iːn] *n chem.* (*Gerüsteiweiß*) scleroprotein, *auch* albuminoid.

Skle·ro·se [skle'roːzə] *f* ⟨-; -n⟩ *med.* sclerosis: multiple ~ multiple (*od.* disseminated) sclerosis. — **skle·ro'sie·ren** [-ro'ziːrən] *v/i* ⟨*no* ge-, h⟩ sclerose, harden, indurate. — **skle'ro·tisch** [-tɪʃ] *adj* sclerotic, sclerosal, sclerous.

Skle·ro·ti·um [skle'roːtsɪum] *n* ⟨-s; -tien⟩ *bot.* sclerotium.

Sko·lex ['skoːlɛks] *m* ⟨-; -lizes [-litsɛs]⟩ (*Bandwurmkopf*) scolex.

Sko·li·on ['skoːlɪɔn] *n* ⟨-s; -lien⟩ *antiq.* scolion, *auch* skolion.

Sko·lio·se [sko'lɪoːzə] *f* ⟨-; -n⟩ *med.* lateral curvature of the spine, scoliosis (*scient.*).

Sko·lo·pen·der [skolo'pɛndər] *m* ⟨-s; -⟩ *zo. cf.* Hundertfüßer.

skon·tie·ren [skɔn'tiːrən] *v/t* ⟨*no* ge-, h⟩ *econ.* allow (*od.* grant) a discount of (*od.* from): einen Betrag von 10 Mark ~ to deduct a (cash) discount of 10 marks; eine Rechnung ~ to deduct a (cash) discount from a bill.

Skon·to ['skɔnto] *m, n* ⟨-s; -s, *rare* Skonti⟩ *econ.* (cash) discount: (auf *acc* etwas) ~ einräumen (*od.* gewähren) to allow (*od.* grant, accord) a (cash) discount (on s.th.); (von etwas) ~ abziehen to deduct a (cash) discount (from s.th.), to take a (cash) discount (off s.th.); abzüglich ~ less (*od.* minus) cash discount. — **~ˌabˌzug** *m* (cash) discount. — **~geˌwäh·rung** *f* discount, granting (*od.* allowance) of a discount. — **~schin·deˌrei** *f contempt.* discount piracy.

Skon·tra·ti·on [skɔntra'tsɪoːn] *f* ⟨-; -en⟩ *econ.* (*in der Lagerbuchführung*) *making entries in a stock book* (*or list*) *of incomings and outgoings.* — **skon'trie·ren** [-'triːrən] *v/i* ⟨*no* ge-, h⟩ make (adjusting) entries in a stock book (*od.* list). — **'Skon·tro** [-tro] *n* ⟨-s; Skontren⟩ stock book (*list of incomings and outgoings of effects, foreign currency, stocks etc*).

Sko·pol·amin [skopola'miːn] *n* ⟨-s; *no pl*⟩ *chem. med. pharm.* scopolamine, *auch* hyoscine ($C_{17}H_{21}NO_4$).

Skor·but [skɔr'buːt] *m* ⟨-(e)s; *no pl*⟩ *med.* scurvy, scorbutus. — **s~ˌähn·lich** *adj* scurvylike, scorbutuslike.

skor'bu·tisch *adj* scorbutic, *auch* scorbutical.

Skor'butˌkran·ke *m, f* patient with scurvy, scorbutic.

Skor·da·tur [skɔrda'tuːr] *f* ⟨-; *no pl*⟩ *mus.* scordatura.

Skor·pi·on [skɔr'pɪoːn] *m* ⟨-s; -e⟩ **1.** *zo.* scorpion (*Ordng Scorpionida*). – **2.** ⟨*only sg*⟩ *astr.* Scorpio(n), Scorpius. — **s~ˌähn·lich**, **s~ˌar·tig** *adj zo.* scorpioid.

Skor·pi'ons|ˌfisch *m zo. cf.* Drachenkopf 3a. — **~ˌflie·ge** *f* scorpion fly (*Gattg Panorpa*).

Skor·pi'on|ˌspin·ne *f zo.* scorpion spider, pedipalp (*scient.*) (*Ordng Pedipalpi*). — **~ˌsta·chel** *m* scorpion sting, telson.

Sko·te ['skoːtə] *m* ⟨-n; -n⟩ *hist.* Scot.

Sko·tom [sko'toːm] *n* ⟨-s; -e⟩ *med.* scotoma.

Skri·bent [skri'bɛnt] *m* ⟨-en; -en⟩ *contempt.* scribbler (*colloq.*), hack.

Skript[1] [skrɪpt] *n* ⟨-(e)s; -s⟩ (*Film-, Funkmanuskript*) script.

Skript[2] *n* ⟨-(e)s; -en⟩ *ped.* lecture notes *pl*.

'Skriptˌgirl *n* (*film*) script girl.

Skrip·tum ['skrɪptʊm] *n* ⟨-s; -ten, -ta [-ta]⟩ **1.** (*Manuskript*) (manu)script. – **2.** *ped. cf.* Skript[2].

'skro·felˌar·tig *adj med.* scrofulous. — **Skro·feln** ['skroːfəln] *pl* scrofula *sg*, king's evil *sg*.

skro·fu·lös [skrofu'løːs] *adj med.* scrofulous.

Skro·fu·lo·se [skrofu'loːzə] *f* ⟨-; -n⟩ *med.* scrofula, king's evil.

skro·tal [skro'taːl] *adj med.* scrotal. — **S~ˌher·nie** *f* scrotal hernia, scrotocele. — **S~ˌsack** *m* scrotum.

Skro·tum ['skroːtʊm] *n* ⟨-s; Skrota [-ta]⟩ *med.* (*Hodensack*) scrotum.

Skrubs [skraps; skrʌbz] (*Engl.*) *pl* (*minderwertige Tabakblätter*) scrubs.

Skru·pel ['skruːpəl] *m* ⟨-s; -⟩ *meist pl* scruple, qualm: ~ haben, sich (*dat*) ~ machen (über *acc* about) to have (one's) scruples, to scruple; keine ~ kennen to have (*od.* know) no scruples; sie handelte ohne (jeden) ~ she acted without scruple; es kamen ihm ~ he began to have scruples (*od.* qualms).

'skru·pel·los I *adj* unscrupulous, without scruple, unconscionable: ein ~er Mensch a man of no scruples, an unprincipled person. – **II** *adv* sich ~ über (*acc*) etwas hinwegsetzen to disregard s.th. without scruple. — **'Skru·pel·lo·sig·keit** *f* ⟨-; *no pl*⟩ unscrupulousness.

Skru·ti·ni·um [skru'tiːnɪʊm] *n* ⟨-s; -nien⟩ *röm.kath.* scrutiny.

Skua ['skuːa] *f* ⟨-; -⟩ *zo.* great skua (*Stercorarius skua*).

Skull [skʊl] *n* ⟨-s; -s⟩ *meist pl* (*Ruder*) scull. — **~ˌboot** *n* (*sport*) sculler, sculling boat.

'skul·len *v/t u. v/i* ⟨h⟩ (*sport*) scull.

'Skul·ler *m* ⟨-s; -⟩ (*sport*) **1.** *cf.* Skullboot. – **2.** (*Person*) sculler.

skulp·tie·ren [skʊlp'tiːrən] *v/t* ⟨*no* ge-, h⟩ (*art*) sculpture.

Skulp·tur [skʊlp'tuːr] *f* ⟨-; -en⟩ (*art*) (piece of) sculpture. — **Skulp'tu·renˌsamm·lung** *f* collection of sculptures.

skulp·tu·rie·ren [skʊlptu'riːrən] *v/t* ⟨*no* ge-, h⟩ (*art*) sculpture.

Skunk[1] [skʊŋk] *m* ⟨-s; -e, *auch* -s⟩ *zo.* skunk (*Unterfam. Mephitinae*).

Skunk[2] *m* ⟨-s; -s⟩ (*Pelz*) skunk.

skur·ril [skʊ'riːl] *adj* **1.** (*possenhaft*) ludicrous, farcical. – **2.** (*bizarr*) peculiar, odd, bizarre. — **Skur·ri·li'tät** [-rili'tɛːt] *f* ⟨-; -en⟩ **1.** (*Possenhaftigkeit*) ludicrousness, farcicalness, farcicality. – **2.** (*Bizarrerie*) peculiarity, oddity, bizarreness.

S-ˌKur·ve ['ɛs-] *f* (*einer Straße*) S-bend, *bes. Am.* S-curve, double hairpin bend (*bes. Am.* curve).

Sky·ba·lum ['skyːbalʊm] *n* ⟨-s; -bala [-la]⟩ *meist pl med.* (*Kotballen*) scybalum.

'Skyeˌter·ri·er ['skaɪ-] *m zo.* Skye terrier, *auch* Skye Terrier.

Sky·light ['skaɪˌlaɪt] (*Engl.*) *n* ⟨-s; -s⟩ *mar.* (*Oberlicht*) skylight.

Sky·line ['skaɪˌlaɪn] (*Engl.*) *f* ⟨-; -s⟩ (*Silhouette, Horizontlinie*) skyline.

Skyl·la ['skʏla] *npr f* ⟨-; *no pl*⟩ *myth. cf.* Szylla.

Sky·the ['skyːtə] *m* ⟨-n; -n⟩ Scythian. — **'sky·thisch** *adj* scythian.

Sla·lom ['slaːlɔm] *m* ⟨-s; -s⟩ (*beim Ski- u. Kanusport*) slalom. — **~ˌfah·rer** *m*, **~ˌfah·re·rin** *f* (*beim Kanusport*) slalom canoeist. — **~ˌkurs** *m* (*beim Ski- u. Kanusport*) *cf.* Slalomstrecke. — **~ˌläu·fer** *m*, **~ˌläu·fe·rin** *f* (*beim Skisport*) slalom racer. — **~ˌstan·ge** *f* (*beim Ski- u. Kanusport*) slalom pole. — **~ˌstrecke** (*getr.* -k·k-) *f* slalom course. — **~ˌtor** *n* slalom gate.

Slang [slɛŋ; slæŋ] (*Engl.*) *m* ⟨-s; -s⟩ *ling.* slang.

Sla·we ['sla:və] *m* ⟨-n; -n⟩ Slav.
'Sla·wen·tum *n* ⟨-s; *no pl*⟩ Slavism, *auch* Slavicism.
'Sla·win *f* ⟨-; -nen⟩ Slav (woman *od.* girl).
'sla·wisch I *adj* Slavic, Slavonic: **~e Sprachen** *ling.* Slavic *sg*, Slavonic *sg*, Slavic (*od.* Slavonic) languages. – **II** *ling.* **S~** ⟨*generally undeclined*⟩, **das S~e** ⟨-n⟩ Slavic, Slavonic, the Slavic (*od.* Slavonic) languages *pl.*
sla·wi·sie·ren [slavi'zi:rən] *v/t* ⟨*no* ge-, h⟩ slavicize, slavize, *auch* slavonize, slavonicize.
Sla·wis·mus [sla'vɪsmʊs] *m* ⟨-; -men⟩ *ling.* Slavism, *auch* Slavicism.
Sla·wist [sla'vɪst] *m* ⟨-en; -en⟩ *ling.* Slavicist, Slavist.
Sla·wi·stik [sla'vɪstɪk] *f* ⟨-; *no pl*⟩ *ling.* study of Slavic (*od.* Slavonic) languages and literatures.
Sli·bo·witz ['sli:bovɪts] *m* ⟨-(es); -e⟩ (*Pflaumenschnaps*) slivovitz, *auch* slivowitz, slivovic.
Slip [slɪp] *m* ⟨-s; -s⟩ **1.** (*beinlose Männerunterhose*) briefs *pl*, *bes. Br.* pants *pl* (*sometimes construed as sg*). – **2.** (*beinloser Damenschlüpfer*) pants *pl* (*sometimes construed as sg*), briefs *pl*, panties *pl* (*colloq.*). – **3.** *econ.* (*Abrechnungsbeleg, Formularstreifen, bes. bei Bank- u. Börsengeschäften*) slip. – **4.** *mar. cf.* **Schlipp.** – **5.** *aer.* (side)slip.
Sli·pon ['slɪpən] *m* ⟨-s; -s⟩ (*fashion*) raglan.
Slip·per ['slɪpər] *m* ⟨-s; -⟩ **1.** (*flacher Schuh ohne Schnürung*) slip-on, slipper. – **2.** *Austrian* (man's) sports coat.
Sli·wo·witz ['sli:vovɪts] *m* ⟨-(es); -e⟩ *cf.* Slibowitz.
Slo·gan ['slo:gən; 'slougən] (*Engl.*) *m* ⟨-s; -s⟩ *bes. econ.* (*in der Werbung*) slogan.
Slop [slɔp] *m* ⟨-s; -s⟩ (*Modetanz*) slop.
Slo·wa·ke [slo'va:kə] *m* ⟨-n; -n⟩ Slovak, *auch* Slovakian, Slovac.
slo'wa·kisch I *adj* Slovak(ian), Slovac. – **II** *ling.* **S~** ⟨*generally undeclined*⟩, **das S~e** ⟨-n⟩ Slovak, *auch* Slovakian, Slovac.
Slo·we·ne [slo've:nə] *m* ⟨-n; -n⟩, **Slo'we·ni·er** [-nĭər] *m* ⟨-s; -⟩ Slovene. — **slo'we·nisch** [-nɪʃ] **I** *adj* Slovene, Slovenian. – **II** *ling.* **S~** ⟨*generally undeclined*⟩, **das S~e** ⟨-n⟩ Slovene, Slovenian.
Slow·fox ['slo:ˌfɔks; 'slou-] (*Engl.*) *m* ⟨-(es); -e⟩ (*Tanz*) slow fox-trot.
'Slum·beˌwoh·ner ['slam-; 'slʌm-] (*Engl.*) *m* slumdweller.
Slums [slams; slʌmz] (*Engl.*) *pl* (*Elendsviertel*) slums.
Slup [slʊp] *f* ⟨-; -s⟩ *mar.* (*Schaluppe*) sloop.
Smal·te ['smaltə] *f* ⟨-; -n⟩ *cf.* Schmalte.
Sma·ragd [sma'rakt] *m* ⟨-(e)s; -e⟩ *min.* emerald, smaragd. — **~ˌei·dech·se** *f zo.* green lizard (*Lacerta viridis*).
sma'rag·den [-dən] *adj* **1.** (of) emerald. – **2.** (*smaragdfarben*) emerald(-green), smaragdine.
sma'ragd|ˌfar·ben *adj* emerald(-green), smaragdine. — **~ˌgrün I** *adj* emerald(-green), smaragdine. – **II S~** *n* emerald (-green), Guignet's green.
smart [sma:rt; smɑ:t] (*Engl.*) *adj* ⟨-er; -est⟩ **1.** (*gewandt u. durchtrieben*) smart, clever. – **2.** (*elegant*) smart, chic.
Smeg·ma ['smɛgma] *n* ⟨-(s); *no pl*⟩ *med.* (*Drüsenabsonderung*) smegma, sebum praeputiale.
SM-ˌOfen [ɛs'ʔɛm-] *m metall. cf.* Siemens-Martin-Ofen.
Smog [smɔk; smɔg] (*Engl.*) *m* ⟨-(s); -s⟩ (*Nebelrauch*) smog.
'Smokˌar·beit *f* (*an Kleidern etc*) smocking. — **smo·ken** ['smo:kən] *v/t* ⟨h⟩ (*Kleider etc*) smock.
Smo·king ['smo:kɪŋ] *m* ⟨-s; -s, *Austrian auch* -e⟩ dinner jacket (*Am. auch* coat), *bes. Am.* tuxedo.
Smör·re|bröd ['smœrəˌbrø:t] *n* ⟨-s; -s⟩, **~ˌbrot** *n* open sandwich.
Smut·je ['smʊtjə] *m* ⟨-s; -s⟩ *mar.* (*Schiffskoch*) ship's cook, doctor (*sl.*).
'Smyr·naˌtep·pich ['smyrna-] *m* Smyrna (carpet).
'Snackˌbar ['snɛk-; 'snækˌbɑ:] (*Engl.*) *f* ⟨-; -s⟩ (*Imbißstube*) snack bar.
Snob [snɔp; snɔb] (*Engl.*) *m* ⟨-s; -s⟩ *contempt.* snob. — **Sno·bis·mus** [sno'bɪsmʊs] *m* ⟨-; -men⟩ snobbery, snobbism, snobbishness. — **sno·bi·stisch** [sno'bɪstɪʃ] *adj* snobbish, snobby.
so [so:] **I** *adv* **1.** (*auf diese Art u. Weise*) so, like this (*od.* that), (in) this way, thus: **er macht das bald ~, bald ~** (*od.* **einmal ~, einmal ~**, *colloq.* **mal ~, mal ~**) he does it now this way now that way (*od.* sometimes this way, sometimes that way); **man kann die Aufgabe ~ oder ~ lösen** one can solve the problem either way, one can solve the problem either this way or that (*od.* the other); **ich werde ihn ~ oder ~ noch sehen** I'll see him anyway (*od.* in any case, at any rate); **und ~ weiter**, *auch* **und ~ fort** and so on, and so forth; **nur ~ kann der Plan gelingen** this is the only way to make the plan succeed (*od.* a success), only thus can the plan be made a success; **das war nicht persönlich gemeint! — ich habe es auch nicht ~ aufgefaßt** that wasn't meant personally. — I didn't take it that way (either); **ich lasse mich von dir nicht ~ behandeln! du kannst mich nicht ~ behandeln!** I won't let you treat me like that! **~ habe ich die Sache noch nie betrachtet** I've never looked at it that way (*od.* in that light) before; **darüber denke ich ~ wie du** I feel the same way about it as you (do), I think so too; **ja, ~ geht es** (*od. colloq.* **~ geht's**)! a) (*so funktioniert es*) that's all right (*od. colloq.* okay) now (*od.* like that), b) (*so geht es an*) it will (have to) do (like that), c) (*so geht es im Leben zu*) such is life! that's life! that's the way it goes! (*colloq.*); **~ (geht das) nicht!** that won't do! you can't do it that way! that's not the way to do it! that's not how it's done! **~ geht es, wenn man zu voreilig ist!** that('s what) comes from being too rash; **ich muß ~ handeln, wie ich es für richtig halte** I must do what I think is right, I must act as (*od.* the way) I think (is) right; **er kommt überall ~ herein** *colloq.* (*umsonst*) he gets in everywhere without paying, he just walks in everywhere (*colloq.*); **und ~ kam es, daß** and it so (*od.* thus) happened that; **das mußte ja eines Tages** (*od.* **einmal**) **~ kommen!** that was bound to happen some day! things had to turn out like that some day! **wenn du mir ~ kommst, wirst du bei mir gar nichts erreichen!** *colloq.* if you speak to me like that you won't get far (*od.* anywhere) with me! **~ sollte der mir mal kommen!** *colloq.* I'd like to see him try (anything like) that on me! he'd better not try anything like that on me! **wie du mir, ~ ich dir** tit for tat; **das macht man ~! ~ wird das gemacht!** that's the way to do it! that's how (*od.* the way) it's done! **~ habe ich das doch nicht gemeint!** I didn't mean it like that (*od.* that way)! **~ sehen wir uns wieder!** thus we meet again! **nun sei doch nicht ~! hab dich doch nicht ~!** *colloq.* a) don't make such a fuss! b) (*sei nicht so kleinlich*) don't be so petty! c) (*zier dich nicht*) don't be such a prude! **na, ich will (ausnahmsweise) mal nicht ~ sein** *colloq. humor.* (*nicht kleinlich sein*) well, let's not be petty; **spricht man ~ mit seinem eigenen Vater?** is that the way to speak to one's own father? **sie tat nur ~, als ob sie weinte** she was only pretending to cry; **er tat ~, als sei das ganz selbstverständlich** he behaved as if it were quite natural; **es konnte nicht länger ~ weitergehen** it (*od.* things) could not go on like that (any longer). – **2.** like this (*od.* that), this (*od.* that) way, so: **~ gefällst du mir** I like you like that; **das ist ein übler Bursche! — ~ sieht er auch aus** he's a bad lot! — he looks like it (*od.* that), too! **~ siehst du aus! das könnte dir ~ passen!** *colloq. iron.* not likely! you've got a hope! (*colloq. iron.*); **bleib ~ wie du bist** stay the way (*od.* as) you are; **~ (und nicht anders) will ich das Kleid haben!** I want the dress to be exactly like this! **ich habe auch ~ schon genug zu tun!** (*sowieso, ohnedies*) I've enough to do as it is! **kann ich ~ kommen oder muß ich mich (erst) umziehen?** can I come like this (*od.* the way I am) or do I have to change? **ich habe alles ~ gelassen, wie es war** I left everything just (*od.* exactly) as (*od.* the way) it was; **(das ist) gut [recht] ~! ~ ist es gut [recht]!** (that's) good [right]! **sie sind nicht mehr befreundet, und das ist auch gut ~** they aren't friends anymore and it's just as well; **es ist besser ~** it is better so (*od.* that way); **~ ist das Leben! ~ ist es (nun einmal) im Leben!** such is life! that's life! life is like that! **ist das (wirklich) ~?** is it really like that? is it really that way? is that so? **~ ist das also! also ~ ist das!** so that's how (*od.* the way) it is! **ja, wenn das ~ ist, sieht die Sache (natürlich) anders aus** if that's how (*od.* the way) it is, things look different; **es war ~, wie er gesagt hatte** it was just (*od.* exactly) as he had said; **~, wie es jetzt ist, kann es nicht bleiben** it can't stay as (*od.* the way) it is now; **~ ist er nun einmal, er ist nun einmal ~** that's just how (*od.* the way) he is; **wie der Vater, ~ der Sohn** (*Sprichwort*) like father, like son (*proverb*); **der eine sagt ~, der andere ~** one says this, the other that; **~ steht es, ~ liegt der Fall** that's how it is, that's how things stand, such is the case; **~ wie die Dinge liegen** the way things are. – **3.** (*folgendermaßen*) as follows, like this, thus: **ich dachte mir das ~** I planned it as follows (*od.* like this, thus); **wir sind ihm schon mal begegnet, und das kam ~** we have already met him (once) — this is how (*od.* the way) it happened (*od.* it happened like this); **die Sache verhält sich ~** the facts are as follows (*od.* are thus). – **4.** (*in solchem Maße, sehr*) so, as ... as (all) that: **~ bald wird er wohl nicht zurück sein, er wird wohl nicht ~ bald zurück sein** he won't be back so soon, he won't be back as soon as (all) that; **ich habe dir das schon ~ (und ~) oft gesagt!** I've told you that so often! **ich bin nicht ~ dumm, Ihnen das zu glauben** I am not so stupid as (*od.* I am not stupid enough) to believe you; **~ einfach ist das auch wieder nicht!** it isn't as easy as (all) that! it isn't (all) that easy! (*colloq.*); **setzen Sie sich doch! — Danke, ich bin ~ frei** take a seat! — Thank you, I will if you don't mind; **wir sind ~ froh, daß du endlich da bist!** we are so glad that you are here at last! **unser Sohn ist schon ~ groß!** a) our son is so big, b) our son is that height already! **ein ~ großer** (*od.* **~ ein großer**) **Junge wird doch nicht weinen!** a big boy like you doesn't cry! **würden Sie wohl ~ gut sein und die Tür schließen?** would you please be so kind as (*od.* would you please be kind enough) to shut the door? **können Sie noch ~ lange warten, bis er zurückkommt?** can you wait (a while) until he comes back? **ich bin ~ müde, daß ich auf der Stelle einschlafen könnte** I am so tired that I could go to sleep right here; **~ schlimm wird es schon nicht werden** it won't be as bad as that, it won't be that bad (*colloq.*); **etwas ~ Schönes** (*od.* **~ etwas Schönes**) **habe ich noch nie gesehen!** I've never seen anything so lovely (*od.* as lovely as this); **sie hat sich ~ sehr darüber gefreut** she was so (very) happy about it; **ich wußte nicht, daß es schon ~ spät ist** I didn't know that it was so (*od. colloq.* that) late (*od.* as late as that) already; **der Wein ist gar nicht ~ übel** *colloq.* a) (*nicht so schlecht, wie behauptet wird*) the wine isn't (all) that bad (*od.* as bad as all that) (*colloq.*), b) (*recht gut*) the wine isn't (half) bad (at all) (*colloq.*); **ich bin schon ~ viele Male vergeblich hier gewesen** I've been here in vain so many times already; **nicht ~ viel hat all mein Reden genützt!** *colloq.* all my talking hasn't helped anything at all; **ich mache mir nicht ~ viel aus ihm** *colloq.* I don't care for him that much (*colloq.*); **er hat ~ viel gegessen, daß ihm jetzt schlecht ist** he ate so much that he feels sick now; **~ weit, ~ gut, aber** so far so good, but; **er ging tatsächlich ~ weit zu behaupten, daß** he actually went so far as to assert that; **es kam ~ weit, daß ich die Beherrschung verlor** it came to the point where I lost (my) control; **ich werde es nicht (erst) ~ weit kommen lassen** I shan't allow things to come to that; **~ weit kommt es noch!** *colloq. iron.* not likely! no fear! I wouldn't dream of it! **~ weit kommt es noch, daß ich dir bei deinen Aufgaben helfe!** *colloq. iron.* I have no intention of helping you with your homework — no fear! **du wirst es noch ~ weit treiben, daß ich dir eine klebe!** *colloq.* you'll keep on until I clout you (one)! (*colloq.*); **ich kann mich noch ~ (sehr) anstrengen** (*od.* **und wenn ich mich noch ~ anstrenge**), **der Erfolg bleibt aus** no matter how hard I try, I don't succeed; **er beeilte sich ~, daß er noch recht-**

zeitig ankam he hurried so much that he still arrived in time; wer wird denn gleich ~ in die Luft gehen! *colloq.* who would just fly off the handle (like that)! who would fly off the handle just like that! (*beide colloq.*); wir haben ~ (sehr) gelacht! we laughed so much! we had such fun! das Boot neigte sich ~ zur Seite, daß es fast kenterte the boat was listing so much (*od.* to such a degree, to such an extent) that it almost capsized; warum rennst du denn ~? why are you running like that (*od.* so fast)? what's the rush? (*colloq.*). – **5.** ~ ... wie as ... as: nicht ~ ... wie not as (*od.* so) ... as; das Fenster ist ~ breit wie lang the window is as broad as it is long; ich komme ~ früh wie (*od.* als) möglich I'll come as early as possible; er ist etwa ~ groß wie sie he is about her height, he is about as tall as she is; mein Stück Kuchen ist doppelt ~ groß wie dein(e)s my piece of cake is twice as big as yours; eine ~ bekannte Persönlichkeit wie er a person as well known as he is; sie meint es nie ~ (böse), wie es sich anhört she never means it as (bad as) (*od.* she never means it the way) it sounds; ich machte es ~ gut (wie) ich konnte I did it as well as I could; das Kleid stand mir nicht ~ gut wie ihr the dress did not suit me as (*od.* so) well as her, the dress suited me less than her; ~ wahr ich hier stehe, ich weiß es nicht! as true as I am standing here, I don't know! ~ wahr mir Gott helfe! *jur.* so help me God! – **6.** ~ gut wie (*fast*) next to, virtually, practically, as good as: du hast ja ~ gut wie nichts gegessen! you've eaten next to (*od.* virtually) nothing! der Posten ist mir ~ gut wie sicher I am virtually assured of the job; das Spiel war ~ gut wie gewonnen the game was as good as won. – **7.** ~ (sehr) ..., ~ ... as much as: ~ gerne ich ihn habe, ~ wenig gefällt mir seine Frau I dislike his wife just as much as I like him. – **8.** um ~ ... all the ..., so much the ...: je ..., um ~ ... the ... the ...; um ~ besser! all the better! so much the better! wenn du dich etwas mehr anstrengst, wird der Erfolg um ~ größer sein if you try a bit harder the success will be all the greater; je früher du damit anfängst, um ~ eher wirst du fertig sein the sooner you start (doing it), the sooner you'll have it done; je mehr ich darüber nachdenke, um ~ weniger verstehe ich es the more I think about it the less I understand it; wir hatten um ~ weniger Bedenken seinetwegen, als we had all the less doubts in his case since. – **II** *demonstrative pron* ⟨*invariable*⟩ **9.** (*solch, derartig*) such, like this (*od.* that), of this (*od.* that) kind (*od.* sort): ~ ein Mensch (wie er) ist mir nie wieder begegnet I have never met a man like him (*od.* such a man) again; das ist auch ~ einer, der nie seine Miete bezahlt *colloq.* he's one of the sort that never pay their rent (*colloq.*); ~ einer bist du also! *colloq.* so that's the sort you are! na, du bist mir ja ~ eine! *colloq.* you are pretty fly, aren't you? you're a fly one! (*beide sl.*); ~ ein Kleid würde mir auch stehen! a dress like that would suit me, too! bei ~ einem Wetter geht er nicht nach draußen he doesn't go outdoors in weather like this (*od.* in such weather); nein, ~ etwas! *colloq.* na, ~ was! well, I never (did)! would you believe it! the (very) idea! of all things! ~ etwas ist noch nie dagewesen! a thing like that (*od.* such a thing) has never happened before! there has never been anything like that! I've never seen the like of it! that beats everything! *Am.* that beats the band! ~ etwas an (*od.* von) Dummheit gibt es nicht noch einmal! *colloq.* you've never seen anything like the stupidity of it! the sheer stupidity of it! er ist Spezialist für Augenheilkunde oder ~ etwas (Ähnliches) he is a specialist in ophthalmology or something like that (*od.* or something of the kind, or something to that effect); wie kannst du ~ etwas von ihm sagen! how can you say a thing like that (*od.* such a thing) about him! mit ~ etwas können Sie mir doch nicht kommen! *colloq.* a) you needn't expect me to believe that! b) don't try that (one) on me! (*colloq.*). – **10.** (*welch*) what: ~ ein Trottel! *colloq.* what an idiot! (*colloq.*); ~ ein Blödsinn! what nonsense (*od.* rubbish)! ~ etwas Dummes! what a stupid thing to do! how silly of me! ~ eine Unverschämtheit von dem Mann! *colloq.* the impertinence of that man! – **11.** ~? indeed? really? is that so? er ist hier. — ~? he is here. — is he? sie hat mich schon danach gefragt. — ~? she has asked me about that already. — has she? ich sah dich gestern in der Stadt. — ~? I saw you in town yesterday. — did you? – **III** *particle* **12.** (*nun*) well: ~, meine Herren, wer ist der Nächste? well, gentlemen, who's next? – **13.** ~ hör [komm] doch! (will you) listen [come]! ~ gehen Sie doch (*od.* schon) endlich! will you go! for heaven's sake, go! why don't you go? – **14.** (*also*) so, then: ~ ist es wahr, was ich gehört habe? so it's true (*od.* then it's true) what I've heard? so what I've heard is true then, isn't it! ~ hast du (also) immer noch nicht angefangen? so you still haven't started? – **15.** (*ungefähr*) about: ich komme ~ gegen 8 Uhr I'll come at 8 o'clock (or so), I'll come eightish (*colloq.*); es waren ~ an die hundert (Leute) da there were about a hundred people there; sie muß doch schon ~ um die 60 herum sein! she must be about 60 or so! – **16.** (*in Wendungen wie*) ~ mancher hat sich (schon) durch ihr Äußeres täuschen lassen many a man has been misled by her outward appearance; das soll ~ eine Art Kuchen werden that is supposed to turn out a sort of cake (*od.* kind of a cake); er kommt da ~ mir nichts dir nichts herein! *colloq.* he just walks in like that! sie summte ~ vor sich hin, als she was humming away (to herself) when; das sagen Sie ~ (in Ihrem jugendlichen Leichtsinn)! *colloq.* it's easy for you to talk (*od.* say that)! ~ ohne weiteres geht das aber nicht! it won't be that easy! (*colloq.*); geht es dir gut? — na, was man ~ gut nennt! are you well? — oh, reasonably well! ich habe ~ meine Erfahrungen mit dem Verleihen von Büchern I know what it's like to lend books; ich habe ~ eine Ahnung, daß es schiefgehen wird I have a feeling that it will turn out badly; ich habe ~ das Gefühl (*od.* mir ist ~), als hätte ich etwas vergessen I have the feeling that I have forgotten something, I feel as if I had forgotten something; die Arbeit hier hat auch ~ ihre Schattenseiten the work here (also) has its drawbacks; diese Antwort ist nicht ~ ganz richtig this answer is not quite right; das kommt ja nicht ~ von ungefähr! it's not without cause (*od.* a reason)! it's not just pure chance! mein Geld reicht noch ~ eben bis Monatsende I have (only) just enough money to keep me going until the end of the month; diesmal sind wir noch gerade ~ davongekommen! we had a narrow escape (*od.* squeak) this time! it was a near thing (*od.* a close [*od.* narrow] shave) this time! das ist nun einmal ~ seine Art that's just his manner; der Wind fegte nur ~ um unser Zelt the wind was just (*od.* simply) raging round our tent; ich habe das (doch) nur ~ gesagt! a) (*ohne besondere Bedeutung*) I just said it like that (without meaning anything in particular)! b) (*ich habe es nicht so gemeint*) I didn't (really) mean it weshalb tust du das? — (ach,) nur ~! why are you doing this? — well, just so! warum fragst du? — (ach,) nur ~! why do you ask? — it just struck (*od.* occurred to) me! er gefällt mir ~ (weit) recht gut, aber I like him quite well, but; ich fühle mich nicht ~ recht wohl I don't feel very well; na, Ihr Auto will wohl nicht ~ recht, was? *colloq.* your car is not in the mood today, is it? wie geht es dir? — ~ leidlich how are you? — so-so (*colloq.*); ich kenne mich hier ~ ziemlich aus I know my way around here quite well; hast du das Geld schon zusammen? — ~ ziemlich! have you scraped together (*bes. Am.* rustled up) the money? — more or less! – **IV** *conj* **17.** (*dann*) and: suchet, ~ werdet Ihr finden *Bibl.* seek, and ye shall find; wenig fehlte, ~ hätte ich ihn geschlagen! I came very near to hitting him, I very nearly hit him. – **18.** (*da, als*) when: kaum war der Besucher gegangen, ~ läutete es (schon) wieder the visitor had scarcely gone when the bell rang again. – **19.** (*folglich*) so, therefore, thus, hence: die Straße war sehr glatt, ~ daß ich nur langsam fahren konnte (*od.* und ~ konnte ich nur langsam fahren) the road was very slippery so that I could only drive slowly (*od.* I could thus only drive slowly). – **20.** ~ ... (auch) (*obwohl, wie sehr*) much as, however: ~ gut das Essen hier (auch) ist, die Preise sind mir zu hoch however (*od.* no matter how) delicious the food may be here (*od.* much as the food here is delicious), the prices are too high for me; mag er auch noch ~ nett sein (*od.* ~ nett er auch sein mag), ich mag sie lieber however nice he may be, I like her better; ~ leid es mir (auch) tut (*od.* ~ sehr ich es [auch] bedaure), ich muß gehen I must go now, much as I regret it; ~ unangenehm dir das (auch) ist, du mußt es ihm sagen much as you hate doing it, you have to tell him. – **21.** *lit.* (*wenn, vorausgesetzt*) if, provided that: ich werde kommen, ~ ich kann I'll come if I can; ~ Gott will, wird alles gutgehen God willing, everything will be all right. – **V** *interj* ~! **22.** that's that! ach ~! (oh,) I see! so that's it! – **23.** (*am Schluß des Satzes, emphatisch*) so there!

so'bald [zo-] *conj* as soon as, the moment: ich komme, ~ ich kann I'll come as soon as (*od.* the moment) I can; schicken Sie mir die Waren, ~ es Ihnen möglich ist send me the goods as soon as possible (*od.* at your earliest convenience).

Söck·chen ['zœkçən] *n* ⟨-s; -⟩ *meist pl* ankle sock.

Socke (*getr.* -k·k-) ['zɔkə] *f* ⟨-; -n⟩ *meist pl* sock: jetzt muß ich mich aber auf die ~n machen! *fig. colloq.* I must be going (*od.* be off, get along, *sl.* get a move on)! er war ganz von den ~n *fig. colloq.* (*überrascht*) he was flabbergasted (*colloq.*), you could have knocked him down with a feather.

Sockel (*getr.* -k·k-) ['zɔkəl] *m* ⟨-s; -⟩ **1.** (*eines Denkmals etc*) socle, base. – **2.** *arch.* plinth, base course. – **3.** *electr.* a) (*einer Röhre*) base, cap, b) (*einer Lampe*) holder, socket, c) (*einer Sicherung*) socket. – **4.** *tech.* a) (*einer Maschine*) base, b) (*für Motoren*) pedestal, c) (*eines Werkzeugmaschinentisches*) knee. — **~ge,sims** *n arch.* base molding (*bes. Br.* moulding). — **~,schal·ter** *m electr.* socket switch. — **~,sims** *m, n arch. cf.* Sockelgesims. — **~,stift** *m electr.* base pin, socket prong.

Socken (*getr.* -k·k-) ['zɔkən] *m* ⟨-s; -⟩ *Southern G. and Austrian for* Socke. — **~,blu·me** *f bot.* barrenwort (*Gattg Epimedium*). — **~,hal·ter** *m meist pl Am.* garter, *Br.* (sock) suspender.

So·da[1] ['zo:da] *f* ⟨-; *no pl*⟩, *n* ⟨-s; *no pl*⟩ *chem.* (carbonate of) soda, sodium cabonate (Na_2CO_3).

'So·da[2] *n* ⟨-s; -s⟩ (*Sodawasser*) soda (water): Whisky (mit) ~ whisk(e)y and soda.

'So·da|fa,brik *f chem. tech.* soda works *pl* (*construed as sg or pl*). — **s~,hal·tig** *adj chem.* containing (carbonate of) soda (*od.* sodium carbonate). — **~,kraut** *n bot. cf.* Salzkraut.

So·da·li·tät [zodali'tɛ:t] *f* ⟨-; -en⟩ *röm.kath.* (*Bruderschaft*) sodality.

So·da·lith [zoda'li:t; -'lɪt] *m* ⟨-s; -e⟩ *min.* sodalite.

so'dann [zo-] *adv* (*dann, danach*) then, after that.

'So·da|,salz *n chem.* sodium carbonate. — **~,was·ser** *n* soda (water), seltzer (water), selter(s water), (*künstliches*) *Am. colloq.* fizzwater, carbonated water (*scient.*).

'Sod,bren·nen ['zo:t-] *n* ⟨-s; *no pl*⟩ *med.* heartburn; cardialgia, pyrosis (*scient.*).

So·de ['zo:də] *f* ⟨-; -n⟩ (*Rasen-, Torfstück*) sod.

So·di·um ['zo:dĭʊm] *n* ⟨-s; *no pl*⟩ *chem. cf.* Natrium.

So·dom ['zo:dɔm] *npr n* ⟨-s; *no pl*⟩ *Bibl.* Sodom: ~ und Gomorr(h)a *meist fig.* Sodom and Gomorrah.

So·do·mie [zodo'mi:] *f* ⟨-; -n [-ən]⟩ *med. jur.* (*Unzucht mit Tieren*) sodomy, crime against nature, bestiality. — **So·do'mit** [-'mi:t] *m* ⟨-en; -en⟩ sodomite, *auch* Sodomite. — **so·do'mi·tisch** *adj* sodomitic(al), *auch* Sodomitic(al).

'So·doms,ap·fel *m bot.* apple of Sodom, Sodom apple (*Calotropis procera*).

so'eben [zo-] *adv* just (now), just this moment (*od.* minute), this very moment (*od.* minute), a moment (*od.* minute) ago: **ich habe ~ noch mit ihm gesprochen** I was speaking to him just now; **~ erfahren wir** (*od.* **wir erfahren ~**), **daß** we have just heard (this minute) that; **das Buch ist ~ erschienen** the book has just been published.

So·fa ['zo:fa] *n* ⟨-s; -s⟩ **1.** sofa, couch, *Am. auch* davenport. – **2.** (*Liegesofa*) lounge, divan. – **3.** (*kleines*) settee. — **~,ecke** (*getr.* -k·k-) *f* sofa corner. — **~,kis·sen** *n* sofa cushion. — **~,leh·ne** *f* back (of a sofa). — **~,scho·ner** *m* tidy, chairback, antimacassar.

so'fern [zo-] *conj* **1.** if, provided (that): **~ das Wetter schön bleibt, werden wir einen Ausflug machen** if (*od.* provided that) the weather remains fine we'll go on a picnic; **~ nur irgend möglich** if at all possible; **er wird es tun, ~ er die nötige Unterstützung bekommt** he'll do it provided (that) he is given the necessary support. – **2. ~ nicht** unless: **~ nicht anders angegeben, finden die Regeln volle Anwendung** the rules are fully applicable unless otherwise stated.

soff [zɔf] *1 u. 3 sg pret*, **söf·fe** ['zœfə] *1 u. 3 sg pret subj of* **saufen.**

Sof·fit·te [zɔ'fɪtə] *f* ⟨-; -n⟩ **1.** *meist pl* (*theater*) border. – **2.** *electr. cf.* **Soffittenlampe.**

Sof'fit·ten|be,leuch·tung *f electr.* festoon lighting. — **~,lam·pe** *f* tubular (*od.* festoon) lamp (*od.* bulb).

so'fort [zo-] *adv* at once, immediately, straightaway, directly, instantly, instantaneously, on the spot (*od.* nail), then and there, right away (*Am. colloq.* off), in short order; forthwith, straightway (*lit.*): **komm ~ nach Hause!** come home at once! **(ich) komme ~!** (I'm) coming! **Anruf genügt! komme ~!** just phone for immediate attention! **willst du (wohl) herkommen, aber ~!** will you come here at once (*od.* this instant, this minute)! **bist du fertig?** — **~!** (*nur noch einen Moment*) are you ready? — just a minute (*od.* moment)! **ich muß nach der Schule ~ zu ihr** I must go and see her immediately (*od.* straight) after school; **~ nach Empfang des Briefes schrieb er eine Antwort** after receiving the letter he wrote an answer then and there (*od.* on the spot), he wrote an answer immediately upon receipt of the letter; **er war ~ tot** he died instantaneously, death was instantaneous; **(ab) ~ gültig** (*od.* **wirksam**) *jur.* immediately effective (*od.* operative); **das Medikament ist ~ wirksam** (*od.* **wirkt ~**) the drug is immediately effective, the drug takes immediate effect; **~ lieferbar [zahlbar]** *econ.* immediately deliverable [payable]; **~ lieferbarer Weizen** *econ.* spot wheat; **für** (*od.* **ab**) **~ wird eine Putzfrau gesucht, gesucht wird ab ~ eine Putzfrau** wanted: a charwoman for immediate employment.

So'fort|be,darf *m econ.* immediate demand (*od.* use): **Waren für den ~** goods for immediate demand. — **~ent,scheid** *m jur.* immediate (*od.* on-the-spot) decision.

So'fort,hil·fe *f* immediate (*od.* emergency) aid, emergency relief aid. — **~ge,setz** *n jur.* **1.** immediate-aid law. – **2.** *cf.* **Notstandsgesetz.** — **~pro,gramm** *n* immediate-aid (*od.* emergency-aid) program (*bes. Br.* programme).

so'for·tig *adj* ⟨*attrib*⟩ immediate, prompt, instant, instantaneous: **~e Entlassung** immediate dismissal; **~e Lieferung [Bezahlung]** *econ.* immediate (*od.* prompt, spot) delivery [payment]; **gegen ~e Barzahlung** (*od.* **Kasse**) *econ.* for ready (*od.* prompt, spot) cash; **das Gesetz tritt mit ~er Wirkung in Kraft** *jur.* the law comes into force (*od.* goes into effect) immediately, the law becomes immediately effective (*od.* operative).

So'fort|,maß,nah·me *f meist pl* immediate (*od.* prompt) measure (*od.* step): **~n ergreifen** to take immediate measures (*od.* steps): **~n am Unfallort** *med.* first-aid measures on the scene of (the) accident. — **~pro,gramm** *n* immediate program (*bes. Br.* programme), schedule of short-term measures.

'Soft-,Eis ['zɔft-] *n gastr.* soft ice, whipped ice cream.

sog [zo:k] *1 u. 3 sg pret of* **saugen.**

Sog *m* ⟨-(e)s; -e⟩ **1.** *phys. tech.* (*Unterdruck*) suction. – **2.** *mar. aer.* suction, wake. – **3.** (*Strudel*) whirlpool, maelstrom, vortex. – **4.** *fig.* whirlpool, maelstrom: **sie geriet in den ~ der Großstadt** she was caught up in the whirlpool of the city. – **5.** *fig.* (*Wirkungsbereich*) wake: **die Hochkonjunktur zog auch die Metallindustrie in ihren ~** in the wake of the boom the metal industry also prospered.

so'gar [zo-] *adv* even: **~ der Präsident war anwesend** even the president was there, the president was there, no less (*colloq.*); **~ er konnte sie nicht beruhigen** not even he could (*od.* even he couldn't) calm her (down); **danach bekam ich eine ~ noch schwerere Aufgabe** then they gave me an even (*od.* a yet) more difficult problem, then they gave me a problem (that was) even more difficult; **es läßt sich ~ vermuten, daß** it is even to be assumed that, one can even assume that, it is to be assumed (*od.* one can assume), indeed, that; **er weigerte sich ~, (auch nur) mit ihr zu sprechen** he even refused to speak to her, he refused even to speak to her; **er hat den berühmten Sänger getroffen und (hat) ~ mit ihm gesprochen** he met the famous singer and, what is more, even spoke to him.

sö·ge ['zø:gə] *1 u. 3 sg pret subj of* **saugen.**

'so·ge,nannt *adj* ⟨*attrib*⟩ **1.** so-called: **Irland, die ~e Grüne Insel** Ireland, the so-called Emerald Isle. – **2.** (*angeblich*) so-called, pretended, alleged, soi-disant (*lit.*): **die ~e Gleichberechtigung (der Frau)** the so-called equal rights for women; **eine ~e Wissenschaft** a so-called (*od.* would-be) science.

'Sog,fah·ren *n* (*im Kanusport*) hanging.

sog·gen ['zɔgən] *v/i* ⟨h⟩ (*von Salz*) crystallize *Br. auch* -s-, *auch* crystalize.

so'gleich [zo-] *adv cf.* **sofort.**

'Sohl,bank ['zo:l-] *f* ⟨-; -bänke⟩ (*des Fensters*) external windowsill (*Br.* window-sill), external window ledge.

Soh·le ['zo:lə] *f* ⟨-; -n⟩ **1.** (*Fußsohle*) sole, planta (*scient.*): **auf leisen ~n** *fig.* softly, noiselessly; **er ist ein Gentleman vom Scheitel bis zur ~** *fig.* he is a gentleman from top to toe, *auch* he is a gentleman cap-à-pie. – **2.** (*Schuhsohle*) sole: **~n aus Gummi [Leder]** rubber [leather] soles; **das haben wir uns (längst) an den ~n abgelaufen** *fig. colloq.* that's nothing new to us, we knew that long ago; **eine flotte** (*od.* **kesse**) **~ aufs Parkett legen** *fig. colloq.* to shake a leg, to trip the light fantastic (*beide colloq.*); **es brennt mir unter den ~n** *fig. colloq.* I'm pressed for time, I'm in an awful hurry (*colloq.*). – **3.** *cf.* **Einlegesohle.** – **4.** *geol.* (*Tal-, Kanal-, Grabensohle*) bottom. – **5.** (*mining*) (mine) level, floor. – **6.** *tech.* a) (*eines Schmelzofens etc*) base, bottom, b) (*einer Maschine*) underside, c) (*eines Maschinenbettes*) bottom, d) (*eines Hobels*) sole, face.

soh·len ['zo:lən] *v/t* ⟨h⟩ (*Schuhe*) (re)sole.

'Soh·len|,berg,bau *m* (*mining*) horizon mining. — **~,gän·ger** *m* ⟨-s; -⟩ *zo.* plantigrade. — **~,he·bung** *f* (*mining*) floor lift. — **~,kle·ber** *m synth.* shoe cementing medium. — **~,le·der** *n cf.* **Sohlleder.** — **~,plat·te** *f* (*Teil der Skibindung*) foot plate. — **~re,flex** *m med.* plantar reflex. — **~,scho·ner, ~,schutz** *m* (*an Skischuhen etc*) cleat. — **~,um,schwung** *m* (*beim Turnen*) sole circle.

söh·lig ['zø:lɪç] *adj* (*mining*) horizontal, on a level with the horizon, aclinal.

'Sohl|,le·der *n* sole leather. — **~,plat·te** *f tech.* **1.** (*eines Maschinenbettes*) soleplate. – **2.** (*eines Schmelzofens*) baseplate.

Sohn [zo:n] *m* ⟨-(e)s; ¨e⟩ son: **der älteste [jüngste] ~** the eldest [youngest] son; **er ist der einzige ~** he is an only son; **der verlorene ~** *Bibl.* the prodigal son; **mein ~!** my son! **Christus, der ~ Gottes** (*od.* **Gottes ~**) *Bibl.* Christ, the Son of God; **er ist der echte** (*od.* **ganz der**) **~ seines Vaters** he is his father's son, he is the true son of his father; **er war mir wie ein ~** he was like a son to me; **das vererbt sich vom Vater auf den ~** that is handed down from father to son; **wie der Vater, so der ~** like father like son; **Firma X u. ~** Messrs. X and Son; **ein ~ der Berge [Wüste]** *fig.* a son of the mountains [desert]; **die Söhne Englands, Englands Söhne** *fig.* the sons of England, England's sons; **der berühmteste ~ unserer Stadt** *fig.* the most famous son of our town.

Söhn·chen ['zø:nçən] *n* ⟨-s; -⟩ **1.** *dim. of* **Sohn.** – **2.** baby son. – **3.** (mein) **~** *colloq.* a) (*zu kleinen Jungen*) sonny, b) (*zu Jüngeren*) sonny, mate, *Am. colloq.* buddy.

'Soh·nes|,lie·be *f* filial love. — **~,pflicht** *f* filial duty.

sohr [zo:r] *adj Low G. for* **dürr** 1.

soi·gniert [zŏan'ji:rt] *adj lit.* (*gepflegt, elegant*) soigné(e).

Soi·ree [zŏa're:] *f* ⟨-; -n [-ən]⟩ *lit.* **1.** (*Abendgesellschaft*) evening party, soiree, soirée. – **2.** (*Abendvorstellung*) evening performance. – **3. musikalische ~** musical evening (*od.* soiree, soirée).

So·ja ['zo:ja] *f* ⟨-; Sojen⟩ *bot. cf.* **Sojabohne.** — **~,boh·ne** *f* soybean, *auch* soya, soja, soy (pea), soya (*od.* soja) bean, soia (*Glycine max*). — **~,mehl** *n* **1.** (*für Viehfutter etc*) soybean (oil) meal. – **2.** *gastr.* soybean (*od.* soy, *Br.* soya) flour. — **~,öl** *n* ⟨-(e)s; *no pl*⟩ soybean (*od.* soya-bean, soja-bean, Chinese bean) oil, *auch* soy oil. — **~,schrot** *m, n* coarse soybean (oil) meal.

So·kra·tik [zo'kra:tɪk] *f* ⟨-; *no pl*⟩ *philos.* Socratism, Socraticism. — **So'kra·ti·ker** [-tikər] *m* ⟨-s; -⟩ Socratic. — **so'kra·tisch** [-tɪʃ] *adj* Socratic, of (*od.* relating to) Socrates: **die ~e Methode** the Socratic method.

Sol[1] [zo:l] *npr m* ⟨-; *no pl*⟩ *myth.* Sol (*Roman sun god*).

Sol[2] *n* ⟨-s; -e⟩ *chem.* (*kolloide Lösung*) sol.

So·la·na·ze·en [zolana'tse:ən] *pl bot. cf.* **Nachtschattengewächse.**

so'lang [zo-], **so'lan·ge** [zo-] *conj* **1.** (*zeitlich*) as long as: **~ es derartig regnet, können wir nicht nach draußen** we cannot go out as long as it's raining like that. – **2.** (*einschränkend*) as (*od.* so) long as: **ich bin mit der Regelung einverstanden, ~ sich für mich keine Nachteile ergeben** I agree to the arrangement as (*od.* so) long as there are no disadvantages for me.

So·la·ni·din [zolani'di:n] *n* ⟨-s; *no pl*⟩ *chem.* solanidine ($C_{27}H_{43}NO$).

So·la·num [zo'la:nʊm] *n* ⟨-s; -nen⟩ *bot.* nightshade, solanum (*scient.*) (*Gattg Solanum*).

so·lar [zo'la:r] *adj astr.* solar. — **S~bat·te,rie** *f* (*space*) solar battery.

So·la·ri·sa·ti·on [zolariza'tsĭo:n] *f* ⟨-; -en⟩ solarization *Br. auch* -s-.

So·la·ri·um [zo'la:rĭʊm] *n* ⟨-s; -rien⟩ solarium.

So'lar|,jahr *n astr.* solar (*od.* tropical) year. — **~kon,stan·te** *f meteor.* solar constant. — **~,öl** *n* solar oil. — **~,ple·xus** *m med.* (*Nervenknotengeflecht*) solar plexus, c(o)eliac plexus (*scient.*). — **S~,schich·ten** *pl astr. phys.* solar layers. — **S~,zel·le** *f* (*space*) solar cell.

'So·la,wech·sel ['zo:la-] *m* ⟨-s; -⟩ *econ. cf.* **Eigenwechsel.**

'Sol,bad *n* **1.** saltwater (*od.* brine) bath. – **2.** (*Kurort*) saltwater (*od.* brine) spa.

solch [zɔlç] *demonstrative pron u. adj* **1.** such, like this (*od.* that), such as this (*od.* that): **~ ein Mann, ein ~er Mann** such a man (as this), a man like (*od.* such as) this; **~ eine Chance, eine ~e Chance** such a chance; **~ ein Wetter, ein ~es Wetter** such weather; **die Folgen eines ~(en)** (*od.* **~ eines,** *auch* **~en**) **schweren Unfalls** the consequences of such a serious accident, the consequences of a serious accident like this; **die Ungerechtigkeit ~er** (*od.* **von ~, von ~en**) **einseitigen Maßnahmen, die Ungerechtigkeit ~ einseitiger** (*auch* **~er einseitigen**) **Maßnahmen** the injustice of such one-sided measures, the injustice of one-sided measures like these; **eine ~e** (*od.* **~ eine**) **Behandlung lasse ich mir nicht länger gefallen!** I won't stand such treatment any longer! I won't stand treatment like this any longer! **es gibt nur einen, der (eine) ~e** (*od.* **~ eine**) **Musik macht!** there's only one person to make such music (*od.* who makes music like that); **wie würde mir ~ ein** (*od.* **ein ~es, ein ~**) **langes Kleid stehen?** how would such a long dress suit me? **ein ~es** (*od.* **~ ein**) **Leben wie er könnte ich nicht führen** I couldn't lead a life like his, I couldn't lead such a life as his; **ich wünsche mir eine ~e** (*od.* **~ eine**) **Tasche**

wie sie eine hat I'd like to have a bag like hers, I'd like to have a bag such as hers; in ~en Fällen in such cases, in cases like that; eine Anleitung für Lexikographen und ~e, die es werden wollen a manual for lexicographers and those who wish to become such; es muß auch ~e geben! es gibt eben ~e und ~e! *colloq.* it takes all sorts to make a world! unter (*od.* bei) diesen Läden gibt es (auch) ~e und ~e! *colloq.* there are shops and shops! ich hätte gerne ~e (Bonbons)! I'd like to have (some of) those (sweets, *bes. Am.* candies); ~e habe ich schon! *colloq.* I already have some like these. – **2.** als ~er [~e, ~es] as such: die Arbeit als ~e ist ganz interessant, aber the work itself (*od.* as such) is quite interesting but; er ist leitender Direktor und als ~er verantwortlich für den Betrieb he is managing director and as such (*od.* and in that capacity) responsible for the firm; ich habe das als dringende Bitte gemeint und möchte es auch als ~e verstanden wissen I meant it as an urgent request and would like you to take it as such (*od.* that way). – **3.** (*so groß*) such: es herrschte eine ~e (*od.* ~ eine) Kälte, daß the cold was such that, it was so cold that; sie hatten mit dem neuen Stück einen ~en (*od.* ~ einen) Erfolg, daß they had such (a) (*od.* such great) success with the new play that. – **4.** *colloq.* (*derartig, fürchterlich*) such: ich habe ~e Kopfschmerzen! I've such a headache; wir haben ~en Hunger [Durst]! we are so hungry [thirsty].

'sol·cher'art I *adv* of such a kind (*od.* sort), of this (*od.* that) kind (*od.* sort). – **II** *adj* ⟨*invariable*⟩ of such a (*od.* of this) kind (*od.* sort): ~ Dinge things of such a kind.

'sol·cher·ge'stalt *adv* in such a way (*od.* manner).

'sol·cher'lei *adj* ⟨*invariable*⟩ of such a kind [(*od.* sort), such.]

'sol·cher'ma·ßen, 'sol·cher'wei·se *adv obs.* in such a way (*od.* manner).

Sold [zɔlt] *m* ⟨-(e)s; -e⟩ **1.** *mil.* (soldier's) pay(ment): j-n auf halben ~ setzen to put s.o. on half pay. – **2.** *lit.* (*bezahlter Dienst*) employ, pay: in j-s ~ stehen *auch contempt.* to be in the employ of s.o.

Sol·da·nel·la [zɔlda'nɛla], **Sol·da'nel·le** *f* ⟨-; -len⟩ *bot. cf.* Troddelblume.

Sol·dat [zɔl'daːt] *m* ⟨-en; -en⟩ **1.** *mil.* a) soldier, serviceman, b) *pl auch* army *sg*, military *sg*: aktiver ~ regular (serviceman); einfacher (*od.* gemeiner) ~ private (soldier), soldier; gedienter (*od.* entlassener) ~ ex-serviceman, ex-soldier, *Am.* veteran; alter (*od.* erfahrener) ~ old soldier, veteran; ~ werden, *colloq.* zu den ~en gehen to enter the army, to join the forces, to enlist, to enrol(l) (oneself), to join up (*colloq.*); er ist bei den ~en *colloq.* he is (*od.* serves) with the forces, he is a serviceman; er hat 10 Jahre als aktiver ~ gedient he served as a regular for 10 years; ihr Bruder hat sich freiwillig als ~ gemeldet her brother has enrol(l)ed in (*od.* has volunteered for) the army, her brother has enlisted as a serviceman; ~en anwerben to enlist (*od.* enrol[l], recruit, raise) soldiers; die Kinder spielen ~(en) the children play (at) soldiers; das Grabmal des Unbekannten ~en the tomb of the Unknown Soldier (*Br.* Warrior). – **2.** *fig.* soldier: ~ (bei) der Heilsarmee *relig.* soldier of (*od.* in) the Salvation Army. – **3.** *zo.* a) (*bei Termiten, Ameisen etc*) soldier, (*bei Ameisen*) *auch* dinergate, b) *cf.* Feuerwanze 1. – **4.** (*games*) (*beim Schach*) pawn.

Sol'da·ten|,bund *m mil.* ex-servicemen's (*Am.* veterans') organization (*Br. auch* -s-). — **~,eid** *m* military oath. — **~,fried,hof** *m* war (*od.* military) cemetery. — **~ge,setz** *n mil.* (*federal*) *law governing soldiers' vocational advancement and pensions.* — **~,grab** *n* war (*od.* soldier's) grave, grave of a soldier. — **~,heim** *n* **1.** (*für Freizeit*) soldiers' recreation center (*bes. Br.* centre). – **2.** (*Wohnheim*) soldiers' boarding house. — **~,kö·nig, der** *hist.* (*Friedrich Wilhelm I.*) the Soldier King. — **~,le·ben** *n* military life. — **~,lied** *n* soldier's song. — **~,rat** *m* ⟨-(e)s; ⸚e⟩ Arbeiter- und ~ *hist.* Workers' and Soldiers' Council. — **~,rock** *m* soldier's coat, uniform. — **~,spra·che** *f* army language (*od.* slang), soldiers' slang, military jargon. — **~,stand** *m* ⟨-(e)s; *no pl*⟩ military profession.

Sol'da·ten·tum *n* ⟨-s; *no pl*⟩ *mil.* **1.** soldiership. – **2.** military tradition.

Sol'da·ten·ver,band *m mil. cf.* Soldatenbund.

Sol·da·tes·ka [zɔlda'tɛska] *f* ⟨-; -ken⟩ *mil.* rabble of soldiers, rowdy (*od.* undisciplined) soldiery.

sol'da·tisch *adj* soldierly, military, soldierlike: ~e Haltung soldierly bearing; ~e Gesinnung military attitude (*od.* mind).

'Sold,buch *n mil.* (military) paybook, soldier's paybook.

Söld·ling ['zœltlɪŋ] *m* ⟨-s; -e⟩ *contempt.* hireling, mercenary.

Söld·ner ['zœldnər] *m* ⟨-s; -⟩ *mil. hist.* mercenary. — **~,heer** *n* mercenary army, army of mercenaries. — **~,trup·pen** *pl* mercenary troops, mercenaries.

So·le ['zoːlə] *f* ⟨-; -n⟩ salt water, brine.

'Sol,ei *n gastr.* hard-boiled egg pickled in brine.

'So·le(n),lei·tung *f* brine conduit.

so·lenn [zo'lɛn] *adj obs.* (*feierlich*) solemn. — **So·len·ni'tät** [-ni'tɛːt] *f* ⟨-; -en⟩ *obs.* (*Feierlichkeit*) solemnity.

So·le·no·id [zoleno'iːt] *n* ⟨-(e)s; -e⟩ *electr.* solenoid.

Sol·fa·ta·ra [zɔlfa'taːra], **Sol·fa'ta·re** *f* ⟨-; -ren⟩ *geol.* solfatara.

sol·feg·gie·ren [zɔlfɛ'dʒiːrən] *v/i* ⟨*no* ge-, h⟩ *mus.* sol-fa, vocalize *Br. auch* -s-. — **Sol'feg·gio** [-dʒo] *n* ⟨-s; -feggien [-dʒiən]⟩ (*Gesangsübung*) solfeggio, solfège.

so·lid [zo'liːt] *adj u. adv cf.* solide.

So·li'dar|,bür·ge [zoli'daːr-] *m econ.* joint (*od.* collective) surety. — **~,bürg·schaft** *f* joint (and several) surety (*od.* guarantee). — **~,haf·tung** *f* joint (and several) liability.

so·li'da·risch I *adj* **1.** (*in Gesinnung, Handlung etc*) solidary: wir erklären uns mit Ihnen ~ we declare our solidarity (*od.* we identify ourselves) with you. – **2.** *jur. econ.* (*gemeinsam verpflichtet*) joint (and several), (*im röm. u. schottischen Recht*) solidary: ~e Haftung joint (and several) liability. – **II** *adv* **3.** in solidarity, solidarily: ~ handeln to act in solidarity. – **4.** *jur. econ.* jointly (and severally): ~ haften (*od.* haftbar sein) to be jointly (and severally) liable.

so·li·da·ri·sie·ren [zolidari'ziːrən] *v/reflex* ⟨*no* ge-, h⟩ sich ~ (mit with) solidarize.

So·li·da·ris·mus [zolida'rɪsmʊs] *m* ⟨-; *no pl*⟩ *röm.kath.* solidarism.

So·li·da·ri·tät [zolidari'tɛːt] *f* ⟨-; *no pl*⟩ (mit with) solidarity, solidarism.

So·li·da·ri'täts|er,klä·rung *f* declaration of solidarity. — **~ge,fühl** *n* feeling of solidarity. — **~,streik** *m* solidarity strike.

So·li'dar|,schuld *f econ.* joint debt. — **~,schuld·ner** *m* joint debtor. — **~ver,pflich·tung** *f* joint obligation.

so·li·de [zo'liːdə] **I** *adj* **1.** (*Möbel etc*) solid, sturdy, stout, robust. – **2.** (*Wände, Gebäude etc*) solid, stout, sturdy, sound, substantial, strong. – **3.** (*Bauweise*) solid, sound. – **4.** (*Arbeit, Verarbeitung etc*) solid, thorough, sound: diese Truhe ist (eine) ~ Handwerksarbeit this chest is (an example of) solid workmanship. – **5.** (*Arbeiter*) thorough, solid, reliable. – **6.** (*Stoff, Material etc*) solid, hard-wearing, durable. – **7.** (*Preise etc*) stable, steady, firm. – **8.** (*Firma etc*) sound, solid, well-established (*attrib*), reliable. – **9.** (*finanzielle Verhältnisse, Geschäfte etc*) sound: eine ~ Anlage a sound investment; eine ~ finanzielle Grundlage a sound financial basis; sie leben in ~n (finanziellen) Verhältnissen they live in sound (financial) circumstances. – **10.** (*Bildung, Wissen etc*) sound, firm, solid, thorough, substantial. – **11.** (*Person*) respectable, serious-minded, steady-going, solid, sober, steady: seit seiner Heirat ist er geradezu ~ geworden *colloq.* he has become almost respectable since his marriage; gestern war ich ganz ~ und bin zu Hause geblieben *colloq.* I was quite respectable yesterday and stayed at home. – **12.** (*Lebensweise*) respectable, sober, steady, solid: sie führen ein sehr ~s Leben they lead a very steady life. – **13.** *colloq.* (*Mahlzeit etc*) solid, square. – **14.** *colloq.* (*ordentlich*) 'regular' (*colloq.*), *bes. Br. colloq.* 'proper': das war ja ein ganz ~s Gewitter heute nacht! that was a proper storm last night! dem fehlt nur mal eine ~ Tracht Prügel! all he needs is a sound thrashing! – **II** *adv* **15.** solidly: das Haus ist ~ gebaut the house is solidly (*od.* sturdily) constructed; ein ~ gearbeiteter Schrank a solidly (*od.* substantially) worked cupboard, a cupboard worked in a solid (*od.* thorough) manner. – **16.** respectably, in a respectable manner: ~ leben to lead a steady (*od.* respectable) life.

So·li·di·tät [zolidi'tɛːt] *f* ⟨-; *no pl*⟩ **1.** (*von Möbeln etc*) solidness, sturdiness, stoutness, robustness. – **2.** (*von Wänden, Gebäuden etc*) solidness, stoutness, sturdiness, soundness, strongness. – **3.** (*einer Bauweise etc*) solidness, soundness. – **4.** (*einer Arbeit, Verarbeitung etc*) solidness, thoroughness, soundness. – **5.** (*eines Stoffes, Materials etc*) solidity, durability, durableness. – **6.** (*von Preisen etc*) stability, stableness. – **7.** (*einer Firma etc*) soundness, solidity. – **8.** (*von Geschäften etc*) soundness. – **9.** (*von Personen*) respectability, respectableness, serious-mindedness, solidity, soberness, steadiness. – **10.** (*der Lebensweise*) respectability, respectableness, soberness, steadiness, solidity.

So·li·lo·qui·um [zoli'loːkviʊm] *n* ⟨-s; -quien⟩ soliloquy.

So·ling ['zoːlɪŋ] *n, m* ⟨-s; -s⟩ (*sport*) (*Kielboot*) Soling.

Sol·ip·sis·mus [zɔlɪ'psɪsmʊs] *m* ⟨-; *no pl*⟩ *philos.* solipsism.

So·list [zo'lɪst] *m* ⟨-en; -en⟩ *mus.* soloist, (*bei Sängern*) *auch* solo singer, (*bei Instrumentalisten*) *auch* solo player, solo (instrumental) performer.

So'li·sten·kon,zert *n mus.* concert of solo performances (by different performers).

So'li·stin *f* ⟨-; -nen⟩ *mus.* lady soloist.

so'li·stisch *adj mus.* soloistic.

So·li·tär [zoli'tɛːr] *m* ⟨-s; -e⟩ **1.** (*jewelry*) (*einzeln gefaßter Diamant*) solitaire. – **2.** (*games*) solitaire. – **3.** *zo. cf.* Dronte. – **4.** *hort.* specimen (bush).

so·li'tär *adj zo. med.* solitary. — **S~fol,li·kel** *m med.* solitary follicle. — **S~tu,ber·kel** *m* solitary (*od.* conglomerate) tubercle.

soll [zɔl] *1 u. 3 sg pres of* sollen¹.

Soll *n* ⟨-(s); -(s)⟩ *econ.* **1.** (*in der Buchhaltung*) debit (side): ~ und Haben debit and credit; einen Betrag ins ~ eintragen (*od.* im ~ buchen) to debit a sum, to enter (*od.* pass, place) a sum to s.o.'s debit. – **2.** (*Plan-, Leistungssoll*) target, quota: der Umsatz blieb hinter dem ~ zurück (*od.* blieb unter dem ~), der Umsatz erreichte das ~ nicht the turnover fell short of the target, the turnover did not reach the target; sein ~ erfüllen a) to reach one's (*od.* the) target, to fulfil(l) one's quota (*od.* objective), b) *fig. colloq.* to do one's duty. – **3.** (*Produktionssoll*) output (*od.* production) target: das ~ von 500 Autos pro Tag wurde nicht erreicht (*od.* erfüllt) the (output) target of 500 cars per day was not achieved. – **4.** (*Liefersoll*) (delivery) quota. – **5.** (*an Ausgaben, Einnahmen, Material etc*) estimate, quota, estimated requirements *pl.* — **~,auf,kom·men** *n econ.* target yield. — **~-,Aus,ga·ben** *pl* estimated (*od.* expected) expenditure *sg* (*od.* expenses). — **~-Be,stand** *m* **1.** (*an Werten, Wertpapieren etc*) estimated (*od.* calculated) balance (*od.* holding). – **2.** (*an Vorräten, Material, Ausrüstung etc*) authorized (*Br. auch* -s-) supplies (*od.* stocks) *pl.* – **3.** *mil. cf.* Soll-Stärke. — **~-Be,trag** *m* nominal (*od.* estimated) amount. — **~-,durch,mes·ser** *m tech.* nominal (*od.* rated, specified) diameter. — **~-,Ein,nah·men** *pl* supposed (*od.* estimated) receipts (*od.* revenue *sg*), receipts due.

sol·len¹ ['zɔlən] **I** *v/aux* ⟨soll, sollte, sollen, h⟩ **1.** be to: er soll jetzt kommen he is to come now; du sollst nicht mit ihr sprechen you are not to speak with her; soll ich jetzt gehen? am I to (*od.* shall I) go now? du sollst damit sofort aufhören (you are to) stop that immediately; du sollst nicht töten *Bibl.* thou shalt not kill; du sollst deinen Vater und deine Mutter ehren *Bibl.* honour thy father and thy mother. – **2.** (*bei Anordnung Dritter*) be to: er sagte, du sollst es sofort tun he said you are to do it at once (*od.* right away); du sollst morgen zum Chef kommen you are to see the boss tomorrow; du sollst ihn heute abend wieder anrufen you are to ring (*bes. Am.* call) him back tonight. – **3.** (*müssen*) have to, be obliged to. – **4.** (*Unentschlossenheit, Re-

signation bezeichnend) be to: ich weiß nicht, was ich tun soll I don't know what (I am) to do, I don't know where to turn; an wen soll ich mich (nur) wenden? who(m) (on earth) am I to turn to? sie wußte nicht, ob sie lachen oder weinen sollte she didn't know whether to laugh or (to) cry; was soll man (da) machen? what is one to do (*od.* what can one do) (about it)? was soll ich Ihnen sagen? how should I put it? how should I say? – **5.** ⟨*subj*⟩ (*innere Verpflichtung bezeichnend*) ich hätte hingehen ~ I ought to have gone; wir tun nicht immer, was wir tun sollten we don't always do what we ought to (do); ich hätte schon lange schreiben ~ I ought to have written long ago; das hättest du nicht tun ~ you ought not to (*od.* you should not) have done that; man sollte es ihm sagen one ought to tell him, he ought to be told. – **6.** man sollte lieber (*es wäre besser*) one had better: du solltest lieber jetzt gehen, sonst kommst du in die Dunkelheit you had better go now, otherwise it'll be getting too dark; man sollte ihn (lieber) warnen, sonst geht er in die Falle he had better be warned, otherwise he'll walk into the trap. – **7.** ⟨*subj*⟩ (*eine Überzeugung bezeichnend*) du solltest es eigentlich besser wissen you really ought to know better; ich sollte ihn eigentlich kennen I (really) ought to know him. – **8.** ⟨*subj*⟩ (*eine Schlußfolgerung bezeichnend*) man sollte doch meinen, daß er daraus gelernt hat one should think that he has learned by (*od.* through) that; fast sollte man glauben, daß er es absichtlich tut one should almost think that he does it on purpose. – **9.** ⟨*subj*⟩ (*eine Möglichkeit bezeichnend*) sollte er es gewesen sein? could it have been him? sollte es wahr sein, was die Leute erzählen? could it be true what people say? sollte ich mich vielleicht doch geirrt haben? might I have been wrong after all? sollten sie vielleicht den Zug versäumt haben? could they have missed the train perhaps? – **10.** (*Absicht, Zusicherung, Drohung bezeichnend*) es soll alles nach Ihren Wünschen geschehen everything shall be done as you wish; er soll es nicht bekommen he shall not have it; du sollst auf deine Kosten kommen you shall get your money's worth; du sollst sehen, es wird alles wieder gut you shall see, everything is going to be all right again; du sollst es nicht bereuen you shan't regret it; das soll uns nicht stören that shan't bother us; es soll nicht wieder vorkommen it shan't happen again; es soll dir nichts abgehen you shall not want for (*od.* lack) anything; das sollst du mir büßen! I'll make you pay for that! you'll regret it! – **11.** (*einräumend*) von mir aus soll sie es behalten she may keep it as far as I am concerned, let her keep it; also gut, du sollst deinen Willen haben all right, have it your own way; du sollst meinetwegen recht haben all right, you win (*od.* whatever you say). – **12.** (*etwas Geplantes bezeichnend*) be to, be planned: dies soll später einmal das Kinderzimmer sein this is to be the nursery later, this room is intended to be the nursery later; hier soll ein Schwimmbad entstehen a swimming pool is to be built here; die Straße soll verbreitert werden it is planned to widen the road; er soll morgen eintreffen he is (due) to arrive tomorrow. – **13.** (*nicht verwirklichte Absicht bezeichnend*) be supposed, be meant, be intended: das sollte ein Witz sein that was supposed to be a joke; das soll ein Kunstwerk sein? that is supposed to be a work of art? was das wohl sein soll? what on earth is that supposed to be? – **14.** (*emphatisch*) be supposed: soll man da etwa nicht wütend werden! and then one is supposed to keep one's temper! ich soll wohl auch noch um Verzeihung bitten! I suppose I'm expected to apologize into the bargain! soll ich das etwa essen? am I supposed to eat that? was soll das heißen? what is that supposed to mean? das soll ich sein? (*auf dem Photo*) is that supposed to be me? – **15.** (*ein Gerücht wiedergebend*) be supposed, be said: er soll sehr reich sein he is supposed to be very rich; sie soll sehr krank gewesen sein she is supposed to have been very ill; wer soll das gesagt haben? who is supposed to have said that? – **16.** (*einen Bericht wiedergebend*) be reported: die Rebellen sollen die Macht übernommen haben the rebels are reported to have seized power. – **17.** (*eine Prophezeiung, ein Schicksal bezeichnend*) be to: er sollte nie mehr zurückkehren he was never to return again; er sollte den Erfolg seines Buches nicht mehr erleben he was not (to live) to see the success of his book; es sollte anders kommen events were to take a different turn; er sollte ein großer Künstler werden he was destined to be (*od.* he was to become) a great artist; sie sollte noch Schlimmeres erleben she was to experience even worse; ein Jahr sollte verstreichen, bis one year was to pass before; es hat nicht sein ~, *colloq.* es hat nicht ~ sein it was not to be. – **18.** (*konditional*) falls er kommen sollte in case he should come; wenn Sie ihn sehen sollten, grüßen Sie ihn bitte von mir if you should meet him, please give him my best regards; wenn es regnen sollte, müßte das Gartenfest verschoben werden if it should rain the garden party would have to be postponed; ich tu es, und sollte ich dabei zugrunde gehen! I'll do it, even if it should be my ruin (*od.* destruction)! – **19.** (*herausfordernd*) let: der soll nur kommen! just let him try it! der soll mir nur unter die Finger kommen! just let me get my hands on him! nun soll mir noch einer sagen, ich sei nicht vorsichtig gewesen let anyone try to tell me I haven't been careful; man soll später nicht sagen können, daß I wouldn't have it said of me (later) that; das soll mir erst mal einer nachmachen! I'd like to see another do it as well! – **20.** (*einen Wunsch bezeichnend*) Sie hätten nur sehen ~, wie you should have seen how; das hätte man mir anbieten ~ they should have offered me that; das sollte mich wirklich freuen I should (*od.* I would) really be delighted; er soll (hoch)leben! three cheers for him! – **II** *v/t* ⟨*pp* gesollt⟩ **21.** (*in Wendungen wie*) du sollst das nicht! you must not do that. – **III** *v/i* ⟨*pp* gesollt⟩ **22.** (*in Wendungen wie*) weshalb sollte ich (auch)? why should I? der Brief soll auf die Post the letter is to be posted (*bes. Am.* mailed). – **23.** was soll das? a) (*bedeuten*) what's the idea? (*colloq.*), b) (*nützen*) what's the good of it? what's the use? was soll mir das Geld jetzt noch? what good (*od.* use) is the money to me now? was soll das Weinen? what's the good of (*od.* the use in) crying? what good is it to cry? was soll ich hier? what am I doing here? was soll der Lärm? what's all the noise about? – **IV S**~ *n* ⟨-s⟩ **24.** *verbal noun.* – **25.** duty, obligation.

'sol·len² *pp of* sollen¹ I.

'sol·lend I *pres p of* sollen¹. – **II** *adj* eine witzig sein ~e Bemerkung *iron.* a remark that is (*od.* was) intended to be witty, a would-be witty remark.

Söl·ler ['zœlər] *m* ⟨-s; -⟩ *archaic od. dial.* **1.** (*Altane*) balcony, gallery. – **2.** *cf.* Speicher 2.

'Soll|-Erˌfül·lung *f DDR econ.* fulfil(l)ment of objectives, achievement of targets. — **~-Freˌquenz** *f electr.* nominal frequency. — **~ˌkaufˌmann** *m* obligatorily registrable trader. — **~-ˌLei·stung** *f* nominal (*Am.* rated) output, planned target. — **~-ˌMaß** *n tech.* specified size. — **~-ˌPo·sten** *m econ.* debit item (*od.* entry). — **~-ˌSei·te** *f* debit side. — **~-ˌStär·ke** *f mil.* authorized (*Br. auch* -s-) (*od.* required) strength. — **~-ˌWert** *m* **1.** *tech.* (*in der Regelungstechnik*) set point, reference input, *bes. Br.* desired value, (*eines Maßes*) theoretical value. – **2.** *civ.eng.* design value. – **3.** *econ.* required (*od.* desired, rated) value. — **~-ˌZahl** *f* required figure. — **~-ˌZeit** *f* required time, time allowed. — **~ˌzin·sen** *pl econ.* interest *sg* on debit balances, debto interest (rate) *sg.*

Sol·mi·sa·ti·on [zɔlmiza'tsĭoːn] *f* ⟨-; *no pl*⟩ *mus.* solmization. — **sol·mi'sie·ren** [-'ziːrən] *v/i* ⟨*no* ge-, h⟩ solmizate, sol-fa.

so·lo ['zoːlo] *adj* ⟨*pred*⟩ **1.** *colloq.* solo, alone, on one's own: ich komme heute abend ~ I'll come alone tonight. – **2.** *mus.* solo: sie singt ~ she sings solo (*od.* unaccompanied).

So·lo¹ *n* ⟨-s; -s *u.* Soli [-li]⟩ **1.** *mus.* (*games*) solo: Kantate für Soli, Chor und Orchester cantata for solo voices, chorus, and orchestra. – **2.** (*sport*) (*beim Fußball etc*) solo run.

'So·lo² *m* ⟨-s; -s *u.* Soli⟩ solo (dance): einen ~ tanzen (*od. colloq.* aufs Parkett legen) to dance a solo.

'So·lo|geˌsang *m* solo (song), solo singing. — **~in·struˌment** *n* solo instrument. — **~kaˌdenz** *f* (*in einem Instrumentalkonzert*) cadenza. — **~maˌschi·ne** *f* (*bes. sport*) motorcycle without sidecar.

so·lo·nisch [zo'loːnɪʃ] *adj* Solonian, *auch* Solonic.

'So·lo|ˌpart *m*, **~parˌtie** *f mus.* solo (part). — **~ˌsän·ger** *m*, **~ˌsän·ge·rin** *f* solo singer, soloist. — **~ˌspie·ler** *m*, **~ˌspie·le·rin** *f* **1.** *mus.* soloist. – **2.** (*games*) solo player. — **~ˌstim·me** *f mus.* **1.** solo voice. – **2.** *cf.* Solopart. — **~ˌstück** *n* solo. — **~ˌsze·ne** *f* (*theater*) soliloquy. — **~ˌtanz** *m choreogr.* solo dance. — **~ˌtän·zer** *m* **1.** solo dancer, dance soloist. – **2.** (*erster Tänzer*) first (*od.* principal, leading) dancer. — **~ˌtän·ze·rin** *f* **1.** *cf.* Solotänzer. – **2.** prima ballerina.

Sol·per ['zɔlpər] *m* ⟨-s; *no pl*⟩ *Western Middle G. for* Salzlake. — **~ˌfleisch** *n Western Middle G. for* Pökelfleisch.

'Sol|ˌquel·le *f* salt well, *auch* brine spring. — **~ˌsalz** *n* brine salt.

Sol·sti·ti·um [zɔl'stiːtsĭʊm] *n* ⟨-s; -tien⟩ *astr.* solstice.

so·lu·bel [zo'luːbəl] *adj chem.* soluble: soluble Substanzen soluble substances.

So·lu·ti·on [zolu'tsĭoːn] *f* ⟨-; -en⟩ *chem.* (*Lösung*) solution.

sol·va·bel [zɔl'vaːbəl] *adj* **1.** *chem.* soluble. – **2.** *econ. obs. for* solvent.

Sol·vens ['zɔlvɛns] *n* ⟨-; -venzien [-'vɛntsĭən] *u.* -ventia [-'vɛntsĭa]⟩ **1.** *med. pharm.* (*Hustenmittel*) expectorant. – **2.** *chem.* solvent.

sol·vent [zɔl'vɛnt] *adj econ.* solvent.

Sol·venz [zɔl'vɛnts] *f* ⟨-; -en⟩ *econ.* solvency.

'Solˌwas·ser *n* ⟨-s; =er⟩ salt water, brine.

So·ma ['zoːma] *n* ⟨-s; -ta [-ta]⟩ *med. biol.* (*Körper*) body, soma (*scient.*). — **so·ma·tisch** [zo'maːtɪʃ] *adj* somatic, somal. — **so·ma·to·gen** [zomato'geːn] *adj* somatogenic, somatogenetic. — **So·ma·to·lo·gie** [zomatolo'giː] *f* ⟨-; *no pl*⟩ somatology.

'So·maˌzel·le *f med. biol.* body cell, somatic cell (*scient.*).

Som·bre·ro [zɔm'breːro] *m* ⟨-s; -s⟩ sombrero.

so'mit [zo-] *adv* consequently, thus, so, therefore, hence: ich habe angerufen, (und) ~ erübrigt sich ein Brief I have phoned and consequently a letter is superfluous; er ist älter und ~ vernünftiger he is older and therefore more sensible; strenge und ~ unpopuläre Maßnahmen severe and hence unpopular measures.

Som·mer ['zɔmər] *m* ⟨-s; -⟩ **1.** summer: im ~ in (the) summer(time); den ganzen ~ lang (*od.* über, hindurch) all (through the) summer, throughout the summer; mitten im ~ in the middle of (the) summer, in midsummer; der ~ naht summer is drawing near; es wird dieses Jahr früh [spät] ~ summer is early [late] this year; er geht ~ und (*od.* wie) Winter ohne Hut he goes without a hat summer and winter (*od.* throughout the year); im ~ des Lebens stehen *fig. lit.* to be in the summer of one's life; → Schwalbe. – **2.** *poet.* summer, year: sie zählte erst 17 ~ she was only 17 (years of age). — **~ˌabend** *m* summer('s) evening. — **~ˌanˌfang** *m* beginning of summer. — **~ˌanˌzug** *m* summer suit. — **~ˌauf·entˌhalt** *m* summer stay. — **~ˌblu·me** *f bot.* summer flower. — **~ˌfä·den** *pl* gossamer *sg.* — **~ˌfahrˌplan** *m* summer timetable. — **~ˌfell** *n zo.* summer coat. — **~ˌfe·ri·en** *pl* summer holidays (*Am.* vacation *sg*). — **~ˌfri·sche** *f* ⟨-; -n⟩ summer holidays *pl* (*Am.* vacation): in die ~ fahren to go on one's summer holidays. — **~ˌfrisch·ler** *m* ⟨-s; -⟩ summer holidaymaker (*Am.* vacationist). — **~ˌgast** *m* summer guest (*od.* visitor). — **~ˌger·ste** *f agr.* spring barley. — **~geˌtrei·de** *n* summer (*od.* spring) corn. — **~geˌwächs** *n bot.* annual, summer plant. — **~ˌhalb·ˌjahr** *n ped.* **1.** (*an Schule*) summer half year (*od.* term). – **2.** (*an Universität*) *cf.* Sommersemester. — **~ˌhaus** *n* summer (*od.* holiday) house. — **~ˌhit·ze** *f* summer heat, heat of summer. — **~ˌhut** *m* summer hat. — **~ˌkleid** *n* **1.** summer dress. – **2.** *zo.* a) *cf.* Sommerfell, b) (*Gefieder*) summer plumage. — **~ˌklei·dung** *f* summer clothes *pl* (*od.* clothing), *bes. econ.* summer wear. — **~ˌkorn** *n agr. cf.* Sommergetreide. — **~ˌkurs, ~ˌkur·sus** *m ped.* (*an Universitäten etc*) summer school.

ˈsom·mer·lich I *adj* summery, summerlike, summerly, (a)estival (*lit.*): ~es Wetter summer(y) weather. – **II** *adv* like in summer, summerly: ~ warm warm like in summer; sich ~ kleiden to wear summer(y) clothes.

ˈSom·mer|ˌluft *f* summer(y) air. — **~ˌman·tel** *m* (*fashion*) summer coat. — **~ˌmo·nat** *m* summer month. — **~ˌmor·gen** *m* summer('s) morning.

ˈsom·mern I *v/impers* ⟨h⟩ **1.** es sommert summer is coming, it is growing (*od.* getting) summery. – **II** *v/t* **2.** (*sonnen*) sun, air. – **3.** *agr.* a) (*Vieh*) summer, b) (*Felder*) sow (*fields*) with spring corn. – **4.** *tech.* (*Reifen*) retread. – **III S~** *n* ⟨-s⟩ **5.** *verbal noun.*

ˈSom·merˌnacht *f* summer('s) night.

ˈSom·mer|olym·pia·de [-ʔolʏmˌpiaːdə] *f* Summer Olympic Games *pl*, *auch* Summer Olympics *pl*. — **~ˌpau·se** *f* **1.** (*im Parlament etc*) summer recess (*Am.* vacation). – **2.** (*radio*) (*des Studienprogramms etc*) summer break. — **~ˌpelz** *m zo.* summer coat. — **~ˌräu·de** *f vet.* mange. — **~ˌrei·se** *f* summer journey (*od.* trip).

ˈsom·mers *adv* in (the) summer: ~ wie winters summer and winter, throughout the year.

ˈSom·mer|ˌsaat *f agr.* spring corn (*od.* seeds *pl*). — **~ˌsa·chen** *pl* summer clothes (*od.* things). — **~saiˌson** *f* summer season (*od.* period).

ˈSom·mersˌanˌfang *m* beginning of summer.

ˈSom·mer|ˌschlaf *m zo.* (a)estivation, *auch* dry-numbness: ~ halten to (a)estivate. — **~ˌschlä·fer** *m* (a)estivator, summer sleeper. — **~ˌschluß·verˌkauf** *m econ.* summer sale: wann beginnt bei Ihnen der ~ when does your summer sale begin? im ~ ist alles billiger everything is cheaper in the summer sales. — **~ˌschuh** *m meist pl* summer shoe. — **~seˌme·ster** *n ped.* summer semester (*od.* term). — **~ˌsitz** *m* summer residence. — **~ˌson·nenˌwen·de** *f astr.* (summer) solstice, midsummer. — **~ˌspie·le** *pl* die Olympischen ~ the Summer Olympic Games, *auch* the Summer Olympics. — **~ˌspros·se** *f meist pl* freckle, sunspot; lentigo, ephelis (*scient.*). — **s~ˌspros·sig** *adj* freckled, freckly. — **~ˌstoff** *m* material (*od.* cloth) for summer wear (*od.* clothes).

ˈsom·mersˈüber *adv* during (the) summer.

ˈSom·mersˌzeit *f* ⟨-; *no pl*⟩ summer (season), summertime.

ˈSom·mer|ˌtag *m* summer('s) day. — **s~ˌtags** *adv* on summer days. — **~thea·ter** [-teˌaːtər] *n* open-air theater (*bes. Br.* theatre). — **~ˌtracht** *f* (*in der Imkerei*) summer flow of honey.

ˈSom·me·rung *f* ⟨-; *no pl*⟩ **1.** *cf.* Sommern. – **2.** *cf.* Sommergetreide.

ˈSom·mer|uniˌform *f* (*der Polizei etc*) summer uniform (*od.* dress). — **~ˌurˌlaub** *m* summer leave (*od.* holidays *pl*, *Am.* vacation). — **~ˌweg** *m* summer path (*od.* road). — **~ˌwei·zen** *m agr.* summer (*od.* spring) wheat. — **~ˌwet·ter** *n*, **~ˌwit·te·rung** *f* summer(y) weather. — **~ˌwohnˌsitz** *m* summer residence. — **~ˌwoh·nung** *f* summer apartment (*bes. Br.* flat). — **~ˌwurz** *f bot.* broomrape (*Gattg Orobanche*). — **~ˌzeit** *f* ⟨-; *no pl*⟩ **1.** (*Vorverlegung der Stundenzählung*) summer time, daylight saving time, *auch* daylight saving (*od.* time). – **2.** *cf.* Sommerszeit. — **~zyˌpres·se** *f bot.* summer cypress (*Kochia scoparia*).

som·nam·bul [zɔmnamˈbuːl] *adj med.* **1.** (*Person*) somnambulant. – **2.** (*Zustand etc*) somnambulistic, somnambulic. — **Som·namˈbu·le** *m, f* ⟨-n; -n⟩ sleepwalker; somnambulist, somnambule (*scient.*). — **Som·nam·buˈlis·mus** [-buˈlɪsmʊs] *m* ⟨-; *no pl*⟩ sleepwalking; somnambulism, noctambulation, noctambulism (*scient.*).

som·no·lent [zɔmnoˈlɛnt] *adj med.* somnolent, sleepy. — **Som·noˈlenz** [-ˈlɛnts] *f* ⟨-; *no pl*⟩ somnolence, *auch* somnolency, sleepiness.

soˈnach [zo-] *adv cf.* somit.

So·nant [zoˈnant] *m* ⟨-en; -en⟩ *ling.* syllabic. — **soˈnan·tisch** *adj* syllabic.

So·na·te [zoˈnaːtə] *f* ⟨-; -n⟩ *mus.* sonata. — **Soˈna·tenˌform** *f* sonata form. — **So·naˈti·ne** [-naˈtiːnə] *f* ⟨-; -n⟩ sonatina, *auch* sonatine.

Son·de [ˈzɔndə] *f* ⟨-; -n⟩ **1.** *med.* probe, sound: eine ~ einführen to insert (*od.* to introduce) a sound. – **2.** (*in der Radartechnik*) sonde, probe. – **3.** *meteor.* a) sonde, b) (*Ballon*) sounding balloon, c) *cf.* Radiosonde. – **4.** (*space*) a) probe, b) *cf.* Raketensonde. – **5.** *civ.eng.* a) (*Schacht*) well, bore, b) (*Bodensonde*) probing staff, c) (*Peillatte*) sounding pole, d) (*für bodenphysikalische Untersuchungen*) soil penetrometer. – **6.** *electr.* (*radio*) sound.

ˈSon·den·erˌnäh·rung *f med.* gavage, feeding by a stomach tube.

son·der [ˈzɔndər] *prep* ⟨*acc*⟩ *obs. od. lit.* [(*ohne*) without.]

ˈSon·der|ˌabˌdruck *m* ⟨-(e)s; -e⟩ *print.* separate, special impression, offprint, *bes. Am.* reprint. — **~ˌabˌga·be** *f econ.* **1.** special tax (*od.* charge, levy, assessment). – **2.** (*der Kommunalsteuern*) special rate (*od.* due). — **~ˌabˌkom·men** *n pol.* special agreement. — **~ˌabˌschrei·bung** *f econ.* special depreciation, special sum set aside for depreciation. — **~ˌabˌtei·lung** *f* **1.** (*eines Betriebes, Warenhauses etc*) special department. – **2.** (*einer Behörde, Verwaltung etc*) special section (*od.* bureau, *bes. Am.* division). – **3.** (*eines Krankenhauses*) special ward (*od.* section). – **4.** (*eines Gefängnisses*) special ward (*Br. auch* division). – **5.** *ped.* (*einer Schule, Fakultät etc*) special department (*od.* branch). – **6.** *mil.* special detachment. — **~ˌanˌfer·ti·gung** *f* special model: dieser Tisch ist eine ~ this table was made to specification. — **~ˌan·geˌbot** *n econ.* special offer, bargain. — **~ˌanˌspruch** *m bes. econ. jur.* special claim. — **~ˌaufˌtrag** *m* **1.** *pol. mil.* special mission. – **2.** *econ.* special order. — **~ˌausˌbil·dung** *f* special training. — **~ˌausˌfüh·rung** *f cf.* Sonderanfertigung. — **~ˌausˌga·be** *f* **1.** *print.* special (*od.* separate) edition. – **2.** *meist pl* (*finanzielle*) extra (*od.* special) expense (*od.* expenditure), extra. — **~ˌausˌschuß** *m pol.* special (*od.* select) committee. — **~ˌausˌstat·tung** *f* **1.** *auto.* special (*od.* extra) equipment, special appointments *pl*, extras *pl*. – **2.** *tech.* (*zu Werkzeugmaschinen*) special equipment, extras *pl*. — **~ˌausˌweis** *m* special pass.

ˈson·der·bar I *adj* **1.** (*Erlebnis, Geschehen, Geräusch etc*) strange, curious, singular: ein ~er Zufall a strange (*od.* an extraordinary) coincidence. – **2.** (*Benehmen, Kleidung etc*) strange, funny, queer, odd, peculiar: ein ~er Kauz (*od.* Heiliger) *colloq.* a queer (*od.* an odd) fish (*od.* bird), *Am.* an oddball (*beide colloq.*), an odd (*od.* eccentric) person; ~e Ansichten hast du! you have strange views! ich finde ihr Benehmen reichlich ~ I find her behavio(u)r rather strange, I think she behaves rather strangely. – **II** *adv* **3.** sich ~ benehmen to behave strangely; mir ist ~ zumute a) I have a strange (*od.* funny) feeling, b) (*ich fühle mich schlecht*) I feel funny (*od.* queer) (*colloq.*). – **III S~e, das** ⟨-n⟩ **4.** (*eines Geschehens etc*) the strangeness (*od.* curiousness, singularity). – **5.** (*des Benehmens, der Kleidung etc*) the strangeness (*od.* queerness, oddity, oddness, peculiarity, funniness): das S~e (an der Sache) war, daß the strange (*od.* funny) thing (about it) was that.

ˈson·der·ba·rerˈwei·se *adv* strangely (*od.* oddly) enough, strange to say.

ˈSon·der·bar·keit *f* ⟨-; -en⟩ **1.** ⟨*only sg*⟩ *cf.* sonderbar III. – **2.** curiosity, curio.

ˈSon·der|beˌaufˌtrag·te *m pol.* special commissioner (*Am.* representative). — **~beˌfehl** *m mil.* special order. — **~beˌga·bung** *f* **1.** particular (*od.* extraordinary) ability (*od.* aptitude, talent). – **2.** (*Person*) person of particular (*od.* extraordinary) talent. — **~beˌhand·lung** *f* special treatment. — **~ˌbeiˌla·ge** *f print.* (*einer Zeitung etc*) (special) supplement, (*bes. Reklamebeilage*) (special) inset (*od.* insertion, *bes. Am.* insert). — **~beˌrech·nung** *f* extra (*od.* special) charge: gegen ~ at an extra charge. — **~beˌricht** *m* special report. — **~beˌricht·erˌstat·ter** *m* special (correspondent). — **~beˌstel·lung** *f* (*von Waren etc*) special order. — **~beˌstim·mung** *f* **1.** (*Sonderregel*) special rule. – **2.** *jur.* a) (*in Gesetzen*) special provision, b) (*in Verträgen etc*) special provision (*od.* stipulation, condition, clause), c) (*in Testamenten*) special clause (*od.* provision). — **~beˌvollˌmäch·tig·te** *m* **1.** *pol.* plenipotentiary. – **2.** *jur.* special agent (*od.* attorney). — **~beˌwa·cher** *m* (*beim Fußball etc*) policeman. — **~beˌwet·te·rung** *f* (*mining*) auxiliary ventilation. — **~ˌbot·schaf·ter** *m pol.* ambassador extraordinary, *auch* Ambassador Extraordinary, ambassador-at-large, *auch* Ambassador(-at-Large). — **~ˌbund** *m* **1.** special league. – **2.** *Swiss. hist.* Separatist League of 1847. – **3.** separate association. — **~ˌbün·de·lei** [ˌzɔndərbʏndəˈlaɪ] *f* ⟨-; -en⟩ *contempt.* separatism. — **~ˌbünd·ler** [-ˌbʏntlər] *m* ⟨-s; -⟩ *contempt.* separatist. — **~ˌbundsˌkrieg, der** *hist.* the Swiss Civil War of 1847. — **~ˌbus** *m* **1.** special (*od.* extra) bus. – **2.** touring (*od.* excursion) coach. — **~ˌdienst** *m* **1.** (*Dienstleistung*) special (*od.* extra, additional, supplementary) service. – **2.** (*Zusatzdienst*) special (*od.* extra) duty. — **~ˌdruck** *m* ⟨-(e)s; -e⟩ *print.* **1.** *cf.* Sonderabdruck. – **2.** *cf.* Sonderausgabe 1. — **~ˌeinˌheit** *f mil.* special unit. — **~ˌeinˌnah·men**, *auch* **~ˌeinˌkünf·te** *pl* **1.** special receipts. – **2.** (*des Staates*) special revenue *sg*, specific revenues. — **~ˌeinˌsatz** *m mil.* **1.** (*Gefecht*) special action (*od.* operation). – **2.** (*Auftrag*) special mission. – **3.** *aer.* special sortie (*od.* mission). — **~entˌwick·lung** *f* special development. — **~erˌlaub·nis** *f cf.* Sondergenehmigung. — **~erˌmä·ßi·gung** *f econ.* special (*od.* extra) (price) reduction (*od.* deduction). — **~ˌfahrt** *f* **1.** (*von Straßen-, Eisenbahn etc*) special (*od.* extra, additional) trip (*od.* run). – **2.** (*Ausflugsfahrt*) excursion, tour. — **~ˌfahrˌzeug** *n* special-purpose vehicle. — **~ˌfall** *m* **1.** (*Spezialfall*) special (*od.* particular) case. – **2.** (*Ausnahme*) exception. — **~ˌflug** *m aer.* special flight. — **~ˌfonds** *m* special fund, special-purpose fund. — **~ˌform** *f* (special) variety. — **~ˌfrie·de(n)** *m pol.* separate peace. — **~geˌneh·mi·gung** *f* **1.** special permission (*od.* authorization *Br. auch* -s-, licence, *Am.* license). – **2.** (*Schriftstück*) special permit. – **3.** (*Heiratserlaubnis*) special licence (*Am.* license). — **~geˌricht** *n jur.* special court. — **~geˌsetz** *n* special law.

ˈson·derˈglei·chen *adj* ⟨*nachgestellt*⟩ das ist eine Unverschämtheit ~! that's an unparaleled (*od.* an unequalled, a matchless, a peerless) impertinence! that's the height of impertinence!

ˈSon·der|ˌheft *n print.* **1.** *cf.* Sondernummer. – **2.** *cf.* Sonderbeilage. — **~in·terˌes·se** *n* special (*od.* private) interest. — **~ˌklas·se** *f* **1.** (*auf Schiffen etc*) special class. – **2.** (*einer Schule*) special class. – **3.** (*beim Segelsport*) sonderclass. — **~komˌman·do** *n mil.* (*Truppenteil*) special detachment (*od.* party). — **~ˌkon·to** *n econ.* special (*od.* separate) account. — **~kor·re·sponˌdent** *m cf.* Sonderberichterstatter. — **~ˌko·sten** *pl econ.* special (*od.* extra) charges (*od.* cost *sg*). — **~ˌlei·stung** *f* **1.** special (*od.* extra, additional) service. – **2.** (*besonders gute*) outstanding (*od.* unparalleled) performance.

ˈson·der·lich I *adj* **1.** ⟨*nur verneint*⟩ particular, special, great: er hat kein ~es Interesse für Autos he has no particular (*od.* specific) interest in cars, he isn't particularly interested in cars; ich habe keine ~e Lust, ins Theater zu gehen I'm not particularly keen on going to the theater (*bes. Br.* theatre); die Reise war für uns kein ~es Vergnügen the journey was not much of a treat for us, the journey was no great pleasure for us. – **2.** (*Mensch*) *cf.* sonderbar 2. – **II** *adv* **3.** nicht ~ not particularly (*od.* much, very): gefällt er dir? — Nicht ~! do you like him? — Not particularly (*od.* not much)! mir geht es heute nicht (so) ~ (gut) I don't feel too (*od.* particularly) well today; dein Benehmen war ja nicht ~ taktvoll, oder? your behavio(u)r wasn't too (*od.* particularly) tactful, was it? – **III S~e, das** ⟨-n⟩ **4.** nichts S~es nothing particular (*od.* unusual, remarkable, worth talking about, special): es ist nichts S~es passiert in eurer Abwesenheit nothing unusual has happened while you've been away.

ˈSon·der·ling *m* ⟨-s; -e⟩ strange (*od.* odd, peculiar) person, eccentric (person), oddity; queer (*od.* odd) fish (*od.* bird), *Am.* oddball, screwball (*colloq.*).

ˈ**Son·der|ˌmar·ke** *f philat.* special stamp (*od.* issue). — **~maˌschi·ne** *f aer.* special(-purpose) aircraft. — **~ˌmel·dung** *f* special announcement. — **~ˌmiˌni·ster** *m pol.* minister without portfolio. — **~mis·siˌon** *f bes. pol.* special mission.

son·dern¹ [ˈzɔndərn] *conj* **1.** but: ich habe nicht dich gemeint, ~ ihn I didn't mean you, but him, I meant him, not you. – **2.** nicht nur ..., ~ auch ... not only ..., but also ...: das Buch informiert nicht nur, ~ es liest sich auch gut the book is not only informative, but also very readable.

ˈ**son·dern**² **I** *v/t* ⟨h⟩ **1.** (*absondern, trennen*) (von from) separate, segregate: die Spreu vom Weizen ~ *auch fig.* to separate the wheat from the chaff. – **2.** (*aussondern, heraussuchen*) (aus from) pick out, single (*od.* sort) out, select. – **II S~** *n* ⟨-s⟩ **3.** *verbal noun.* – **4.** separation, segregation. – **5.** selection.

ˈ**Son·der|ˌnum·mer** *f print.* special edition (*od.* number). — **~ˌpreis** *m econ.* **1.** (*Ausnahmepreis*) special (*od.* exceptional) price. – **2.** (*Vorzugspreis*) preferential price. — **~raˌbatt** *m econ.* special (*od.* extra) discount. — **~ˌrecht** *n jur.* (special) privilege, special right (*od.* immunity). — **~re·feˌrat** *n* (*bei Behörden etc*) special branch (*od.* section). — **~ˌre·ge·lung, ~ˌreg·lung** *f* **1.** (*gesonderte*) separate settlement. – **2.** (*besondere*) special arrangement.

ˈ**son·ders** *adv only in* samt und ~ → samt I.

ˈ**Son·der|ˌschicht** *f econ.* extra shift. — **~ˌschu·le** *f ped.* **1.** (*für Lernbehinderte*) school for mentally handicapped (*od.* retarded) children, *Am.* special school. – **2.** (*für Körperbehinderte*) school for physically handicapped children. — **~ˌschü·ler** *m*, **~ˌschü·le·rin** *f* **1.** child at a school for mentally handicapped (*od.* retarded) children. – **2.** child at a school for physically handicapped children. — **~ˌschulˌleh·rer** *m*, **~ˌschulˌleh·re·rin** *f* **1.** teacher at a school for mentally handicapped (*od.* retarded) children. – **2.** teacher at a school for physically handicapped children. — **~ˌsit·zung** *f* special (*od.* extraordinary) session. — **~ˌspra·che** *f ling.* jargon, lingo, cant. — **~ˌstahl** *m metall.* special alloy steel. — **~ˌstel·lung** *f* **1.** (*Ausnahmestellung*) special (*od.* exceptional) position: eine ~ einnehmen to have (*od.* occupy) a special position. – **2.** (*Vorrechtsstellung*) privileged position. — **~ˌstem·pel** *m philat.* special date stamp, special cancel. — **~ˌsteu·er** *f* **1.** (*Zusatzsteuer*) special (*od.* additional, supplementary) tax. – **2.** (*Ausnahmesteuer*) special (*od.* exceptional) tax, surtax, *auch* additional tax. — **~taˌrif** *m* **1.** (*Ausnahmetarif*) special (*od.* exceptional) tariff. – **2.** (*Vorzugstarif*) preferential tariff. — **~ˌtyp** *m* special type.

ˈ**Son·de·rung** *f* ⟨-; *no pl*⟩ *cf.* Sondern².

ˈ**Son·der|ˌurˌlaub** *m* **1.** (*Extraurlaub*) special (*od.* extra) leave. – **2.** *bes. mil.* (*aus dringenden Gründen*) emergency leave, (*bei Trauerfall*) compassionate leave. — **~verˌband** *m mil.* **1.** special unit. – **2.** (*mit spezifischem Auftrag*) task force. — **~verˌein·ba·rung** *f* **1.** (*besondere*) special agreement. – **2.** (*gesonderte*) separate agreement (*od.* arrangement). — **~verˌgü·tung** *f* special (*od.* extra) allowance, bonus. — **~verˌmö·gen** *n jur.* **1.** (*eines Gesellschafters*) separate estate. – **2.** (*eines Ehegatten*) separate property. — **~verˌpfle·gung** *f* **1.** special food. – **2.** *mil.* special rations *pl.* — **~verˌtrag** *m* **1.** separate contract. – **2.** (*im Völkerrecht*) separate treaty. — **~ˌvollˌmacht** *f* **1.** special power. – **2.** (*Schriftstück*) special power of attorney. — **~ˌvorˌschrift** *f* special regulation. — **~ˌvorˌstel·lung** *f* (*theater, film*) special performance. — **~ˌwunsch** *m meist pl* special wish: Sonderwünsche können nicht berücksichtigt werden special wishes cannot be considered. — **~ˌzie·hungsˌrecht** *n meist pl econ.* (*des Internationalen Währungsfonds*) special drawing right. — **~ˌzug** *m* **1.** special (*od.* extra) train, special: einen ~ einsetzen to run (*od.* put on) a special train. – **2.** (*für Ausflüge etc*) excursion train. — **~ˌzuˌla·ge** *f econ.* special bonus. — **~ˌzuˌschlag** *m* **1.** extra charge, surcharge. – **2.** (*zum Fahrpreis*) special excess fare. — **~ˌzuˌtei·lung** *f* **1.** *cf.* Sonderzulage. – **2.** *bes. mil. cf.* Sonderverpflegung 2. — **~ˌzweck** *m* special (*od.* specific, particular) purpose.

Sonˈdier·balˌlon *m meteor.* sounding balloon.

son·die·ren [zɔnˈdiːrən] **I** *v/t* ⟨*no* ge-, h⟩ **1.** *med.* (*eine Wunde etc*) sound, probe. – **2.** *fig.* (*Gelände, Lage etc*) sound (out), probe, explore: das Terrain ~ to probe the ground; er kam, um zu ~, wie he came to sound out how. – **II S~** *n* ⟨-s⟩ **3.** *verbal noun.* — **Sonˈdie·rung** *f* ⟨-; -en⟩ **1.** *cf.* Sondieren. – **2.** *fig.* (*des Geländes, der Lage etc*) probe, exploration.

Sonˈdie·rungs·geˌspräch *n pol.* exploratory [talk.]

So·nett [zoˈnɛt] *n* ⟨-(e)s; -e⟩ sonnet.

Song [zɔŋ; sɔŋ] (*Engl.*) *m* ⟨-s; -s⟩ song.

ˈ**Sonnˌabend** *m* ⟨-s; -e⟩ *bes. Northern and Middle G. for* Samstag. — ˈ**sonnˌabends** *adv cf.* samstags.

Son·ne [ˈzɔnə] *f* ⟨-; -n⟩ **1.** ⟨*only sg*⟩ (*Himmelskörper*) sun: die aufgehende [untergehende] ~ the rising [setting] sun; die liebe ~ *colloq.* the blessed sun; die ~ scheint the sun is shining; die ~ steht hoch [tief] (am Himmel) the sun is high [low] (in the sky); er ist der glücklichste Mensch unter der ~ *lit.* he is the happiest man under the sun; die ~ des Glücks *fig.* the sun of happiness. – **2.** (*Himmelskörper anderer Systeme*) sun. – **3.** ⟨*only sg*⟩ (*Sonnenschein, Sonnenlicht*) sun(shine): strahlende ~ radiant sun (*od.* sunlight); ich kann keine ~ vertragen I cannot stand the sun; das Zimmer hat (*od.* bekommt) nur nachmittags etwas ~ the room only has some sun in the afternoon; ein Platz an der ~ *fig.* a place in the sun; geh mir aus der ~! *colloq.* get out of my light! in der prallen ~ sitzen to sit in the blazing sun; sich von der ~ bescheinen lassen to bask in the sun, to sun (oneself); sie ist von der ~ verbrannt she is sunburnt; die ~ bringt es an den Tag (*Sprichwort*) truth (*od.* murder) will out (*proverb*). – **4.** *electr. cf.* a) Heizsonne, b) Höhensonne 2. – **5.** (*Feuerwerkskörper*) Catherine wheel.

sön·ne [ˈzœnə] *obs. 1 u. 3 sg pret subj of* sinnen.

son·nen [ˈzɔnən] **I** *v/t* ⟨h⟩ **1.** (*Betten etc*) sun, expose (*s.th.*) to the sun. – **II** *v/reflex* sich ~ **2.** sun oneself, sunbathe, bask in the sun, *auch* sun. – **3.** sich in (*dat*) etwas ~ *fig.* to bask in s.th.: er sonnte sich in seinem Glück he basked in his good fortune.

ˈ**Son·nen|ˌanˌbe·ter** *m relig. auch fig. colloq. humor.* sun worship(p)er. — **~ˌanˌbe·tung** *f relig.* sun worship, heliolatry (*scient.*). — **~ˌaufˌgang** *m* sunrise: bei ~ at sunrise; „Vor ~" "Before Sunrise" (*play by G. Hauptmann*). — **~ˌbad** *n* sunbath: ein ~ nehmen to take a sunbath, to sunbathe. — **s~ˌba·den** *v/i* ⟨*only inf u. pp* sonnengebadet, h⟩ sunbathe, take a sunbath. — **~ˌbahn** *f astr.* orbit of the sun: scheinbare ~ ecliptic. — **~ˌball** *m* ⟨-(e)s; *no pl*⟩ orb (*od.* globe) of the sun. — **~bat·teˌrie** *f* (*space*) solar battery. — **s~beˌschie·nen** *adj* sunlit, sunny. — **~beˌstrah·lung** *f* **1.** *cf.* Sonnenstrahlung. – **2.** *med.* (*als Therapie*) exposure to the sun; insolation, heliation (*scient.*). — **~ˌblen·de** *f* **1.** *phot.* lens hood (*od.* shade). – **2.** (*im Auto*) (sun) visor (*auch* vizor), sunshade, sun shield (*od.* screen). — **~ˌblendˌschei·be** *f* (*bei Autos*) antidazzle (*od.* antiglare) windshield (*bes. Br.* windscreen).

ˈ**Son·nenˌblu·me** *f bot.* sunflower (*Gattg Helianthus, bes. H. annuus*).

ˈ**Son·nenˌblu·men|ˌgelb** *n* sunflower (yellow). — **~ˌkern** *m* sunflower seed. — **~ˌöl** *n* sunflower(-seed) oil.

ˈ**Son·nen|ˌbrand** *m* sunburn, dermatitis actinica (*scient.*): sich (*dat*) einen ~ holen to get a sunburn, to get sunburnt (*od.* sunburned). — **~ˌbräu·ne** *f* suntan. — **~braut** *f bot.* American sneezewort (*Helenium autumnale*). — **~ˌbril·le** *f* pair of sunglasses (*Br.* sun-glasses), sun(-)glasses *pl.* — **~ˌcreme** *f cf.* Sonnenschutzcreme. — **~ˌdach** *n* **1.** (*über Schaufenstern etc*) awning, sunshade, *bes. Br.* sun-blind. – **2.** (*bei Autos*) sunshine (*od.* sliding) roof. – **3.** *mar. cf.* Sonnensegel. — **~ˌdeck** *n* (*auf Schiffen*) sun deck. — **s~ˌdurchˌflu·tet** *adj* flooded with sunlight, sunny. — **~ˌeinˌstrah·lung** *f* ⟨-; *no pl*⟩ *meteor.* insolation. — **~enerˌgie** *f* solar energy. — **~ˌfer·ne** *f astr.* aphelion. — **~ˌfin·ster·nis** *f* solar eclipse, eclipse of the sun: totale [partielle] ~ total [partial] eclipse. — **~ˌfisch** *m zo. cf.* Mondfisch. — **~ˌfleck** *m astr.* sunspot, *Br.* sun-spot. — **s~geˌbräunt** *adj* suntanned, tanned (*od.* bronzed) by the sun. — **~geˌflecht** *n med.* solar (*od. scient.* c[o]eliac) plexus. — **s~geˌreift** *adj* (*Früchte etc*) ripened in the sun. — **~ˌglanz** *m* splendor (*bes. Br.* splendour) of the sun. — **~ˌglut** *f* blazing heat of the sun. — **~ˌgott** *m myth.* sun-god. — **~ˌha·lo** *m meteor.* solar halo. — **~ˌhei·zung** *f* solar heating. — **s~ˌhell** *adj* (as) bright as the sun(shine). — **~ˌhit·ze** *f* sun heat. — **~ˌhö·he** *f* sun's altitude, altitude of the sun. — **~ˌhut** *m* sun hat. — **~ˌjahr** *n astr.* solar (*od.* tropical) year. — **~ˌkälb·chen** *n zo. cf.* Marienkäfer. — **s~ˈklar** *adj fig. colloq.* (*in Wendungen wie*) das ist (doch) ~! a) (*das ist ganz offensichtlich*) that's (as) clear (*od.* plain) as day(light)! that's (as) plain as a pikestaff! that's (as) plain as can be! b) (*das ist selbstverständlich*) that goes without saying! es ist doch ~, daß ich dir helfe! of course I'll help you! — **~ˌko·li·bri** *m zo.* hermit (*Gattg Phaethornis*). — **~ˌkol·ler** *m vet.* sunstroke. — **~ˌkomˌpaß** *m* (*space*) sun (*od.* solar) compass. — **~ˌkö·nig, der** *hist.* (*Ludwig XIV.*) the Sun King, the Roi Soleil. — **~ˌkraftˌwerk** *n electr.* solar power plant (*od.* station). — **~ˌkult** *m relig.* sun cult. — **~ˌla·ge** *f* (*eines Hauses etc*) sunny site.

ˈ**Son·nenˌlicht** *n* ⟨-(e)s; *no pl*⟩ sunlight. — **~beˌstrah·lung** *f med. cf.* Sonnenbestrahlung 2.

ˈ**Son·nen|ˌmes·ser** *m* ⟨-s; -⟩ *astr.* heliometer. — **~ˌmo·nat** *m* solar month. — **~ˌmy·thos, ~ˌmy·thus** *m* solar (*od.* sun) myth. — **~ˌnä·he** *f astr.* perihelion. — **~ˌöl** *n* sun oil. — **~ˌrad** *n tech.* sun gear. — **~ˌral·le** *f zo.* sun-grebe, peacock bittern (*od.* heron), *auch* finfoot, sun bittern (*Eurypyga helias*). — **~ˌrös·chen** *n bot.* sunrose, rockrose, sunflower, helianthemum (*scient.*) (*Gattg Helianthemum*). — **~ˌro·se** *f cf.* Sonnenblume. — **~ˌschei·be** *f astr.* sun (*od.* solar) disk (*od.* disc).

ˈ**Son·nenˌschein** *m* **1.** sunshine, sun, sunlight: es ist strahlender ~, wir haben strahlenden ~ the sun is shining radiantly, there is brilliant sunshine; → Regen 1. – **2.** *fig.* (*bes. Kind*) sunshine. — **~ˌdau·er** *f meteor.* duration of sunshine.

ˈ**Son·nenˌschirm** *m* **1.** (*Damenschirm*) parasol, sunshade. – **2.** (*auf Balkon, Terrasse etc*) sunshade.

ˈ**Son·nenˌschutz** *m* **1.** protection against the sun. – **2.** (*Vorrichtung*) sunshade. — **~ˌcreme** *f* sun(tan) cream. — **~ˌglas** *n* **1.** (*optics*) sun-protective plano lens, dark (*od.* smoked) glass. – **2.** *pl cf.* Sonnenbrille. — **~ˌmit·tel** *n* sunscreen (agent). — **~ˌvorˌhän·ger** *pl* (*optics*) (*für die Brille*) sun clips.

ˈ**Son·nen|ˌse·gel** *n* **1.** *mar.* awning. – **2.** (*space*) solar sail. — **~ˌsei·te** *f* **1.** (*eines Hauses, einer Straße etc*) sunny side, side exposed to the sun. – **2.** *fig.* (*des Lebens etc*) sunny (*od.* bright) side. — **~ˌsen·sor** *m* (*space*) sun sensor. — **~ˌspek·trum** *n phys.* solar spectrum. — **~ˌstand** *m* position of the sun. — **~ˌstein** *m min.* sunstone. — **~ˌstern** *m zo.* **1.** Atlantischer ~ rose star (*Crossaster papposus*). – **2.** Pazifischer ~ sun star (*Gattg Solaster*). — **~ˌstich** *m med.* sunstroke, insolation, heatstroke; heat apoplexy, heliosis (*scient.*): einen ~ haben a) to have sunstroke, b) *fig. colloq.* (*leicht verrückt sein*) to be touched (in the head); du hast wohl einen (kleinen) ~! *fig. colloq.* you must be daft (*colloq.*) (*od. sl.* nuts)! — **~ˌstrahl** *m* **1.** sunbeam, sunray. – **2.** *fig.* (*Kind etc*) sunbeam. — **~ˌstrah·lung** *f* solar radiation. — **~syˌstem** *n astr.* solar (*od.* planetary) system. — **~ˌtag** *m* **1.** sunny day. – **2.** *astr.* solar day. — **~ˌtau** *m bot.* sundew, drosera (*scient.*) (*Gattg Drosera*). — **~terˌras·se** *f* sun deck. — **~ˌtier·chen** *n zo.* sun animalcule, heliozoan (*Klasse Heliozoa*). — **s~ˌüberˌflu·tet** *adj* flooded with sunlight. — **~ˌuhr** *f* sundial, sun-clock. — **~ˌun·terˌgang** *m* sunset, *bes. Am.* sundown, sunfall (*poet.*): „Vor ~" "Before Sunset" (*play by G. Hauptmann*). — **s~verˌbrannt** *adj* sunburnt, sunburned. — **~ˌvo·gel** *m zo.* mesia, Chinese nightingale (*Leiothrix argentauris*). — **~ˌwar·te** *f astr.* solar observatory. — **~ˌwen·de** *f* **1.** *astr.* a) *cf.* Sommersonnenwende, b) *cf.*

Wintersonnenwende. – **2.** *bot. cf.* Heliotrop[1] 1. — **~ˌzeit** *f astr.* solar time: mittlere ~ solar mean time. — **~ˌzir·kel, ~ˌzy·klus** *m* solar cycle.

'son·nig *adj* **1.** (*Wetter, Platz etc*) sunny: ein Haus in ~er Lage a house on a sunny site. – **2.** *fig.* (*Wesen etc*) sunny, merry: du hast ja ein ~es Gemüt, uns alle hier warten zu lassen! *iron.* you (really) have a nerve to keep us all waiting here! (*colloq.*).

'Sonnˌtag *m* ⟨-(e)s; -e⟩ Sunday: am ~ on Sunday; des ~s *lit.* on (*od. lit.* of) a Sunday; (am) ~ morgen (*od.* früh) (on) Sunday morning, early on Sunday; ~ vormittag [mittag, nachmittag] (on) Sunday morning [noon (*od.* midday), afternoon]; ~ abends badet er immer he takes a bath on Sunday evenings (*od.* nights); am nächsten ~ next Sunday; (am) ~ abend (on) Sunday evening (*od.* night); weißer ~ *relig.* Low Sunday; es ist nicht alle Tage ~ (*Sprichwort*) *etwa* Sunday does not come every day. — **~'abend** *m* Sunday evening (*od.* night).

'sonnˌtä·gig *adj* (on) Sunday.

'sonnˌtäg·lich I *adj* **1.** ⟨*attrib*⟩ Sunday('s), on Sunday(s): die ~e Messe Sunday mass. – **2.** (*Kleidung, Benehmen etc*) Sunday (*attrib*), *Am.* Sundayfied: ~e Kleidung Sunday clothes *pl* (*od. colloq.* best). – **II** *adv* **3.** as on a Sunday: alle waren ~ gekleidet all were dressed in their Sunday clothes (*od. colloq.* best).

'Sonnˌtag'mor·gen *m* Sunday morning: am ~ on Sunday morning.

'sonnˌtags *adv* on Sundays, every (*od.* each) Sunday, *bes. Am.* Sundays.

'Sonnˌtags|ˌanˌzug *m* Sunday suit; Sunday best, (Sunday-)go-to-meeting suit (*colloq.*). — **~ˌar·beit** *f* Sunday work. — **~ˌausˌflug** *m* Sunday excursion (*od.* trip). — **~ˌaus·ˌflüg·ler** *m* Sunday excursionist (*bes. Br.* tripper). — **~ˌausˌga·be** *f* (*einer Zeitung*) Sunday issue. — **~ˌausˌgeh·ˌanˌzug** *m colloq. for* Sonntagsanzug. — **~·ˌbeiˌla·ge** *f* (*einer Zeitung*) Sunday supplement. — **~ˌblatt** *n* Sunday paper. — **~·ˌdienst** *m* duty on Sunday: er hat ~ he is on duty on Sunday. — **~entˌhei·li·gung** *f relig.* profanation (*od.* desecration) of the Sabbath. — **~ˌfah·rer** *m colloq. contempt.* Sunday (*od.* amateur) driver. — **~ˌfahr·ver·ˌbot** *n* ban on Sunday pleasure driving. — **~ˌgot·tesˌdienst** *m relig.* Sunday service. — **~ˌhei·li·gung** *f* Sunday observance, observance of the Sabbath. — **~ˌjä·ger** *m colloq. contempt.* Sunday (*od.* would-be) hunter. — **~ˌkind** *n* **1.** Sunday child. – **2.** *fig.* (*Glückskind*) lucky person (*od. colloq.* fellow, devil), child of fortune: ein ~ sein to be born lucky (*od.* under a lucky star, with a silver spoon in one's mouth), to be one of fortune's favo(u)rites. — **~ˌkleid** *n* Sunday dress (*od. colloq.* best), (Sunday-)go-to-meeting dress (*colloq.*). — **~ˌrei·ter** *m colloq. contempt.* Sunday (*od.* would-be) rider. — **~ˌrück·ˌfahrˌkar·te** *f* (*railway*) weekend (*Am. auch* weekend round trip) ticket. — **~ˌru·he** *f* Sunday peace: Einhaltung [Störung] der ~ *bes. jur.* observance [disturbance] of the Sunday peace. — **~ˌschu·le** *f relig. obs.* Sunday school (*auch* School). — **~spaˌzier·ˌgang** *m* Sunday walk. — **~ˌstaat** *m* ⟨-(e)s; *no pl*⟩ Sunday attire (*od.* apparel, *colloq.* best), best bib and tucker (*colloq.*): die Leute gingen im ~ zur Kirche people went to church in their Sunday best; seinen ~ anlegen to dress in one's Sunday best. — **~verˌkehr** *m* Sunday traffic. — **~ˌwet·ter** *n fig. colloq.* perfect (*od.* glorious) weather: heute ist richtiges ~ the weather is really perfect today. — **~ˌzei·tung** *f cf.* Sonntagsblatt.

'Sonn- ˌund 'Fei·erˌta·ge *pl* Sundays and holidays: an ~n geschlossen closed on Sundays and holidays.

'sonn- ˌund 'fei·erˌtags *adv* on Sundays and holidays.

'Sonn- ˌund 'Fei·erˌtagsˌar·beit *f* work on Sundays and holidays.

'sonn·verˌbrannt *adj* sunburned, sunburnt.

'Sonnˌwend|ˌfei·er *f* midsummer festival (*od.* celebration). — **~ˌfeu·er** *n* bonfire lit to celebrate the summer solstice.

so·nor [zo'noːr] *adj* **1.** (*Stimme etc*) sonorous, resonant, rounded. – **2.** ~e Laute *ling.* sonorants.

So·no·ri·tät [zonori'tɛːt] *f* ⟨-; *no pl*⟩ sonority, sonorousness, resonance.

So'norˌlaut *m meist pl ling.* sonorant.

sonst [zɔnst] *adv* **1.** (*außerdem*) else, otherwise (*colloq.*): war außer dir ~ (noch) jemand (*od. colloq.* wer) dort? was anyone else there besides you? was there anyone there other than (*od.* apart from) you? nein, ~ niemand (*od.* niemand ~) no, nobody else; ~ noch etwas? *auch iron.* anything else? is that all? will that be all? danke, ~ nichts! nothing else (*od.* that's all), thank you! er und ~ keiner he and nobody else, nobody else but he, none other than he; meinst du, Peter kann diese Arbeit tun? — Wer (denn) ~? do you think Peter can do this work? — Who else (*od. colloq.* Who can do it otherwise)? er denkt, er ist ~ wer *colloq.* he thinks he is goodness knows who (*od.* what); wo seid ihr ~ überall gewesen? *colloq.* where else were you? where were you apart from that (*od. colloq.* otherwise)? wenn es ~ nichts ist! as long as it (*od.* there) is nothing else, as long as that is all; hast du mir ~ nichts zu sagen? (*vorwurfsvoll*) have you nothing else to say for yourself? ~ gibt es nichts Neues zu berichten other than that (*od. colloq.* otherwise) there is nothing new to report; ~ tut dir nichts weh? a) there is nothing else troubling you, is there? b) *fig. colloq. iron.* is that all that's worrying (*od.* troubling) you? und dann hat sie mir von ihrer Krankheit und wer weiß was ~ noch alles erzählt *colloq.* and then she told me about her illness and goodness (*od.* God) knows what (else); machst du das immer so? — Ja, wie denn ~? do you always do it like that? — How else (*od.* How am I to do it otherwise)? – **2.** (*andernfalls*) (for) otherwise (*od. lit.* elsewise), or, (or) else: komm sofort her, ~ setzt es was! come here at once or you'll catch it! come here at once or else! (*colloq.*); ich muß mich beeilen, ~ komme ich zu spät I have to hurry, (for) otherwise I'll be late. – **3.** (*wenn nicht*) otherwise, if not, (or) else: magst du Spinat? S~ kannst du (auch) Erbsen bekommen do you like spinach? Otherwise you may have peas. – **4.** (*für gewöhnlich, im allgemeinen*) normally, usually, otherwise: was ist mit dir los? Du bist doch ~ nicht so schüchtern! what is wrong with you? You aren't normally so shy (*od.* you're not so shy otherwise); der ~ so schlagfertige Robert blieb diesmal stumm the otherwise quick Robert was silent this time; so etwas tue ich ~ nicht I don't normally do that, I don't do that otherwise; er benimmt sich genau wie ~ auch he is behaving just as he does otherwise; was beklagst du dich? Es ist doch alles wie ~ (auch) why do you complain? It's just the way it always is; du bist heute so anders als ~ you are so different today; heute habe ich mehr als ~ verdient today I earned more than normally (*od.* usually), today I earned more than I do otherwise. – **5.** (*zu einer anderen Zeit, Gelegenheit*) some other time: heute kann ich nicht kommen, vielleicht ~ einmal I can't come today, some other time (*od.* day) perhaps. – **6.** (*früher immer*) always: ~ stand hier doch ein Haus there used to be a house here; wenn er ~ kam, war er immer fröhlich he always used to be gay when he came; nichts war mehr wie ~ nothing was as it used to be. – **7.** (*im übrigen*) otherwise, in other respects, apart from that: ~ ist sie (ja) recht vernünftig she is quite sensible otherwise; wie geht's ~? *colloq.* how are things otherwise? leihst du mir dein Auto? — Aber ~ geht's dir gut? *colloq. iron.* will you lend me your car? — Are you feeling all right (*od.* Are you in your right mind)? – **8.** (*anderweitig*) in other respects (*od.* matters): wir werden uns auch ~ bemühen, unsere Gäste zufriedenzustellen we'll try to satisfy our guests in other respects too; kann ich Ihnen ~ (noch) behilflich sein? may I assist you in any (*od.* some) other way? – **9.** ~ noch *colloq.* (*darüber hinaus, zusätzlich*) besides: wir brauchen Bleistifte, Papier und ~ noch verschiedenes Schreibmaterial we need pencils, paper and various other writing materials besides.

'sonstˌei·ner *indef pron colloq. cf.* sonstjemand.

'son·stig I *adj* ⟨*attrib*⟩ **1.** (*ander, übrig*) other: was seine ~en Fähigkeiten anbetrifft as for his other abilities; ~e Unkosten *econ.* other expenses. – **2.** (*gewöhnlich*) normal, usual. – **3.** (*ehemalig*) former. – **II S~e, das** ⟨-n⟩ **4.** other matters *pl* (*od.* things *pl*): Geld für Büromaterial, Werbung und S~es money for office supplies, publicity and other matters; S~es *econ.* (*als Rubrik auf Buchungsbögen etc*) other expenses.

'sonst|ˌje·mand *indef pron colloq.* anybody, anyone. — **~ˌwas** *indef pron colloq.* anything: er könnte mir ~ schenken, ich würde es nicht annehmen he could give me anything (he likes) (*od.* he could give me whatever he likes), I wouldn't accept it; ich hätte ihm am liebsten ~ gesagt I would have liked to give him a piece of my mind (*bes. Br.* to tell him a few home truths). — **~ˌwer** *indef pron colloq.* **1.** *cf.* sonstjemand. – **2.** (*alle möglichen Leute*) all sorts *pl* of people. — **~ˌwie** *adv colloq.* anyway, anywise, in any way whatever: er kann es so oder ~ machen he can do it that way or anyway he likes. — **~ˌwo** *adv colloq.* **1.** (*irgendwo*) somewhere, goodness (*od.* God) knows where: er ist in Afrika oder ~ he is in Africa or somewhere like that. – **2.** (*woanders*) elsewhere, anywhere else, somewhere else: so etwas kannst du ~ machen, aber nicht hier you can do a thing like that somewhere else (*od.* wherever you like) but not here; der kann mich doch (mal) ~! he can go to hell (*od.* blazes). – **3.** (*überall sonst*) everywhere else: ich habe den Schirm ~ gesucht, nur nicht hier I looked for the umbrella everywhere (else) but here. – **4.** (*weit voraus*) far (*od. colloq.* miles) ahead. — **~woˌher** *adv colloq.* **1.** (*irgendwoher*) from somewhere, from goodness (*od.* God) knows where. – **2.** (*woandersher*) from somewhere else, from elsewhere, from some other place. — **~woˌhin** *adv colloq.* **1.** (*irgendwohin*) somewhere, goodness (*od.* God) knows where. – **2.** (*woandershin*) somewhere (*od.* anywhere) else, elsewhere.

so'oft *conj* **1.** (*jedesmal wenn*) whenever: ~ er kommt, bringt er ein Geschenk mit he brings a present with him whenever he comes. – **2.** (*wann auch immer*) whenever, as often as: du kannst den Rasenmäher haben, ~ du willst you can have the lawn mower as often as you like. – **3.** (*egal wie oft*) whenever, no matter how often: ~ ich auch komme, sie ist nie zu Hause no matter how often I come, she is never at home.

Soor [zoːr] *m* ⟨-(e)s; -e⟩ *med.* thrush, aphthous (*od.* parasitic) stomatitis (*scient.*). — **~ˌpilz** *m* thrush fungus, Candida albicans (*scient.*).

Soot [zoːt] *m* ⟨-(e)s; -e⟩ *Low G.* (*Brunnen*) well.

So'phi·enˌkraut [zo'fiːən-] *n bot.* herb Sophia (*Descurainia sophia*).

So·phis·ma [zo'fɪsma] *n* ⟨-s; -phismen⟩, **So'phis·mus** [-mʊs] *m* ⟨-; -phismen⟩ *philos.* sophism, sophistry. — **So'phist** [-'fɪst] *m* ⟨-en; -en⟩ **1.** *philos.* Sophist. – **2.** *fig.* sophist(er). — **So·phi·ste'rei** [-tə'raɪ] *f* ⟨-; -en⟩ *fig.* sophistry, sophistication. — **So'phi·stik** [-'fɪstɪk] *f* ⟨-; *no pl*⟩ **1.** *philos.* sophistic, *auch* sophistry. – **2.** *fig. cf.* Sophisterei. — **so'phi·stisch** *adj philos. auch fig.* sophistic(al).

so·pho·kle·isch [zofo'kleːɪʃ] *adj* (*literature*) Sophoclean: ~es Denken Sophoclean thought; S~e Tragödien Sophoclean tragedies.

So·por ['zoːpɔr] *m* ⟨-s; *no pl*⟩ *med.* sopor: oberflächlicher ~ semisopor. — **so·po·rös** [zopo'røːs] *adj* soporose, soporous.

So·pran [zo'praːn] *m* ⟨-s; -e⟩ *mus.* **1.** soprano, treble: dramatischer ~ dramatic soprano. – **2.** *cf.* Sopranist, Sopranistin. — **~ˌarie** *f* soprano aria.

So·pra·nist [zopra'nɪst] *m* ⟨-en; -en⟩ *mus.* soprano (*bes. Br.* treble) (singer), male soprano, sopranist.

So·pra'ni·stin *f* ⟨-; -nen⟩ *mus.* soprano (*od.* treble) (singer), sopranist, soprano vocalist.

So'pran|parˌtie *f mus.* (*einer Oper etc*) soprano part. — **~ˌstim·me** *f* **1.** *cf.* Sopran 1. – **2.** (*im gemischten Satz*) treble, soprano.

So·pra·por·te [zopra'pɔrtə] *f* ⟨-; -n⟩ *arch.* headpiece.

Sor·be ['zɔrbə] *m* ⟨-n; -n⟩ Sorb.

Sor·bett [zɔr'bɛt] *m, n* ⟨-(e)s; -e⟩ *gastr. cf.* Scherbett.

Sor'bin,säu·re [zɔr'bi:n-] *f chem.* sorbic (*od.* 2-hexadienoic) acid ($CH_3(CH=CH)_2$-$COOH$).

Sor·bit[1] [zɔr'bi:t; -'bɪt] *m* ⟨-s; *no pl*⟩ *chem.* (*Zuckeralkohol*) sorbitol ($CH_2OH(CHOH)_4$-CH_2OH).

Sor'bit[2] *m* ⟨-s; *no pl*⟩ *metall.* (*Abschreck-*[*gefüge*]) sorbite.

Sor·bo·se [zɔr'bo:zə] *f* ⟨-; *no pl*⟩ *chem.* sorbose ($C_6H_{12}O_6$).

Sor·di·no [zɔr'di:no] *m* ⟨-s; -s *u.* -dini [-ni]⟩ *mus.* sordino, mute.

Sor·ge ['zɔrgə] *f* ⟨-; -n⟩ **1.** *meist pl* worry, trouble, care (*lit.*): **ich habe große** (*od.* **schwere, ernste**) **~n** I have serious worries, I am very (*od.* seriously) worried; **finanzielle [berufliche] ~n** financial [professional] worries; **hast du ~n?** have you worries? are you worried? **sich** (*dat*) **~n machen** to worry; **ich komme aus den ~n nicht mehr heraus, die ~n wachsen mir über den Kopf** *fig.* there is no end to my worries, I can't cope with my worries; **er ist aller ~n ledig** (*od.* **enthoben**) a) he has no more worries, he has no more need to worry, b) *fig.* (*er ist tot*) he is free from earthly cares; **frei von ~n in die Zukunft blicken** to look into the future free from worries; **du hast vielleicht ~n! deine ~n möchte ich haben!** *colloq. iron.* is that all you have to worry about? (*colloq.*); **was die für ~n haben!** *colloq. iron.* they have worries! **laß mich in Ruhe, ich habe andere ~n!** *fig. colloq.* leave me in peace, I have other worries (*od.* I have other fish to fry)! **kleine Kinder, kleine ~n, große Kinder, große ~n** (*Sprichwort*) *etwa* small children, small worries, bigger children, bigger worries; → Borgen. – **2.** (*Besorgnis, Unruhe*) worry, concern, anxiety: **die politische Lage erfüllt uns mit tiefer ~** the political situation causes us deep concern, we are deeply worried (*od.* concerned) about the political situation; **er macht** (*od.* **bereitet**) **seiner Mutter große ~n** he causes his mother a lot of worry (*od.* concern, anxiety), he is an awful worry to his mother (*beide colloq.*); **sie hat sich** (*dat*) **solche ~n gemacht** she was terribly worried, she was in an awful state (*beide colloq.*); **sich** (*dat*) **um j-n [etwas] ~n machen, um j-n [etwas] in ~ sein** to worry about s.o. [s.th.], to be worried (*od.* concerned, anxious) about s.o. [s.th.]; **mach dir** (**darüber** *od.* **darum, deshalb**) **keine ~n!** don't worry (your head [*colloq.*]) about that! never mind! **ich habe keine ~, daß er die Prüfung besteht** I am not worried about him passing the exam; **keine ~! sei ohne ~!** don't (you) worry! – **3.** (*Furcht, Angst*) fear, worry: **deine ~ ist unbegründet** your fear is unjustified; **meine größte ~ beim Autofahren ist, daß** my greatest worry in driving is that, what I fear most in driving is that. – **4.** (*Kummer*) sorrow, distress, care (*lit.*): **seine ~n im Alkohol ertränken** *fig.* to drown one's sorrows. – **5.** (*Problem*) problem, worry, concern: **lassen Sie das meine ~ sein!** a) let me worry about that! don't worry, that's my problem (*od. sl.* headache, *bes. Br. colloq.* pidgin, *Am. colloq.* oyster, baby), b) that's none of your business; **das ist deine ~** that's your problem (*od. colloq.* funeral); **das ist (noch) meine geringste ~** that's the least of my worries; **die ~ bin ich (endlich** *od.* **glücklich) los!** *colloq.* that's one worry less! that's that load off my mind! **j-m eine ~ abnehmen** to take a worry (*od.* a load) off s.o.'s mind. – **6. dafür ~ tragen, daß** to take care that, to see to it that, (*verantwortlich sein*) *auch* to be responsible for seeing that: **dafür haben die Eltern ~ zu tragen** the parents have to see to that (*od.* have to take care of that, are responsible for that). – **7.** (*Fürsorge*) care: **für etwas [j-n] ~ tragen** to take care of (*od.* look after) s.th. [s.o.]; **er trug ~ für ihr Wohlbefinden** he looked after her well-being; **sie vertraute der Nachbarin die ~ für ihr Kind an** she entrusted the neighbo(u)r with the care of her child, she entrusted the care of her child to the neighbo(u)r.

'Sor·ge·be,rech·tig·te *m, f* ⟨-n; -n⟩ *jur.* person entitled to the custody, competent tutor.

sor·gen ['zɔrgən] **I** *v/i* ⟨h⟩ **1. für j-n ~** a) (*für den Lebensunterhalt*) to provide for s.o., to support s.o., b) (*betreuen, pflegen*) to look after (*od.* take care of, see to, care for) s.o.: **er sorgt vorbildlich für seine Familie** he provides for his family in an exemplary way; **da sie arbeitet, kann sie für sich selbst ~** since she is working she can provide (*od.* fend) for herself. – **2. für etwas ~** a) (*aufbieten, bereitstellen*) to see to (*od.* provide, supply, look after, take care of) s.th., b) (*bewirken, herbeiführen*) to see to s.th., to effect s.th.: **ich sorge für Essen und Trinken, und du sorgst für die Unterhaltung der Gäste** I'll provide food and drinks and you'll see to the entertainment of the guests; **bitte ~ Sie für ein Taxi** see to (*od.* arrange for) a taxi, please; **die Polizei sorgte für einen reibungslosen Verkehrsfluß** the police saw to a smooth flow of traffic; **für eine gute Ausbildung der Kinder ~** to see to it that the children are given a good education; **er sorgt immer für Abwechslung** *colloq.* he keeps things lively (*od.* from getting dull), there's never a dull moment when he's around. – **3. dafür ~** (*od. lit.* **~**), **daß** to take care that, to see (to it) that, (*verantwortlich sein*) *auch* to be responsible for seeing that: **wir werden dafür ~, daß so etwas nicht wieder vorkommt** we'll take care that nothing like this will happen again; **Sie ~ mir dafür, daß hier aufgeräumt wird!** you see to it (for me) that this place will be tidied (up)! → Baum 2. – **II** *v/reflex* **sich ~ 4.** worry, be worried, be concerned, be anxious: **sorge dich doch nicht so um die** (*od.* **wegen der**) **Kinder!** don't worry so much about the children!

'Sor·gen\|,bre·cher *m fig. humor.* (*Wein, Schnaps etc*) cure for cares. — **~,fal·ten** *pl* wrinkles of care. — **s~,frei** *adj* (*Leben etc*) carefree, free from care. — **~,frei·heit** *f* ⟨-; *no pl*⟩ carefreeness, freedom from care. — **~,kind** *n* **1.** problem child. – **2.** *fig.* problem, headache (*sl.*): **die neue Abteilung ist unser ~** the new department is our principal headache. — **~,last** *f* load (*od.* weight) of worries (*od.* troubles, *lit.* cares). — **s~los** *adj cf.* sorgenfrei. — **s~,schwer** *adj lit.* **1.** (*Tag etc*) full of worries (*od.* troubles, *lit.* cares). – **2.** (*Gesicht*) careworn, worried. — **~,stuhl** *m obs. humor.* easy chair. — **s~,voll I** *adj* **1.** (*Blick, Miene etc*) worried, anxious: **ein ~es Gesicht machen** to look worried, to have a worried look. – **2.** (*Zeit, Leben etc*) full of worries (*od.* troubles, *lit.* cares). – **II** *adv* **3.** (*mit sorgenvoller Miene*) worriedly, anxiously: **er blickte ~ auf seine Uhr** he looked worriedly at his watch, he glanced at his watch with a worried look; **~ die Stirn in Falten ziehen** to frown worriedly. – **4.** (*angstvoll, beunruhigt*) anxiously, concernedly, with (*od.* full of) concern (*od.* anxiety): **~ in die Zukunft blicken** to look anxiously into the future, to look into the future with concern.

'Sor·ge\|,pflicht *f* ⟨-; *no pl*⟩ *jur.* (*der Eltern*) (für for) obligation to (the) custody. — **~,recht** *n* ⟨-(e)s; *no pl*⟩ (*der Eltern*) (right to [the]) custody (of the child): **das ~ für ein Kind beantragen** to apply for (the) custody (of a child); **das ~ erhalten** (*od.* **zugesprochen bekommen**) to be granted (the) custody.

'Sorg,falt [-,falt] *f* ⟨-; *no pl*⟩ **1.** (*Aufmerksamkeit*) care, attention: **sie verwendet große ~ auf ihre äußere Erscheinung** she gives great care (*od.* she pays careful attention) to her outward appearance; **ich lege große ~ auf Sauberkeit** I pay very careful attention to cleanliness. – **2.** (*Gewissenhaftigkeit*) care, conscientiousness: **er läßt es bei seiner Arbeit nie an der nötigen ~ fehlen** he never lacks the necessary care in his work; **du hast es ohne ~ getan** you did it carelessly, you did it in a careless (*od.* slovenly, slipshod) manner; **sie machte ihre Schulaufgaben mit großer ~** she did her homework with great care (*od.* very carefully, conscientiously). – **3.** (*Genauigkeit*) care, painstaking(ness), meticulousness, meticulosity, exactness: **etwas mit peinlicher ~ überprüfen** to examine s.th. with meticulous (*od.* painstaking) care, to examine s.th. with great painstaking(ness). – **4.** (*Behutsamkeit, Vorsicht*) care(fulness), caution, cautiousness: **etwas mit ~ behandeln** to handle s.th. with care (*od.* carefully, cautiously). – **5.** (*Mühe*) pains *pl*, trouble: **er verwendete viel ~ darauf, die zerbrochene Vase wieder zusammenzusetzen** he took great pains (*od.* he went to much trouble) to piece the broken vase together again. – **6.** *jur. econ.* diligence, care: **angemessene** (*od.* **übliche, gehörige**) **~** ordinary diligence, due care; **(übliche) ~ eines ordentlichen Geschäftsmanns** ordinary diligence of a reliable businessman; **verkehrsübliche ~** due diligence, ordinary care; **bei Anwendung genügender ~** in exercising reasonable diligence.

'sorg,fäl·tig [-,fɛltɪç] **I** *adj* **1.** (*genau*) careful, painstaking, meticulous, thorough(-going), exact: **die ~e Prüfung Ihres Antrages hat ergeben, daß** the careful examination of your request showed that. – **2.** (*gewissenhaft*) conscientious, careful: **das ist eine sehr ~e Arbeit** that's a very conscientious piece of work. – **3.** (*behutsam, vorsichtig*) careful, cautious: **bei ~er Behandlung** if treated (*od.* handled) with care. – **4.** (*sauber u. ordentlich*) neat, careful: **er hat eine ~e Schrift** he has careful handwriting. – **II** *adv* **5.** carefully: **du mußt etwas ~er arbeiten** you have to work a bit more carefully; **ich habe das Buch ~ behandelt** I handled the book carefully (*od.* with care); **ein ~ zusammengestelltes Menü** a carefully composed (*od.* *auch* recherché, *auch* recherché) dinner. — **'Sorg,fäl·tig·keit** *f* ⟨-; *no pl*⟩ *cf.* Sorgfalt.

'Sorg,falts,pflicht *f jur.* **1.** duty of care. – **2.** diligence, care.

sorg·lich ['zɔrklɪç] *adj u. adv cf.* sorgsam.

'sorg·los *adj* **1.** (*sorgenfrei*) carefree, free from care: **ein ~es Leben führen** to lead (*od.* live) a carefree life. – **2.** (*heiter, wohlgemut*) lighthearted, cheerful, gay. – **3.** (*unbekümmert*) unconcerned. – **4.** (*unachtsam, nachlässig*) careless, negligent, heedless. – **5.** (*leichtfertig*) heedless, careless, (*stärker*) reckless, devil-may-care (*attrib*). – **6.** (*zu vertrauensselig*) naively confiding (*od.* trusting). — **'Sorg·lo·sig·keit** *f* ⟨-; *no pl*⟩ **1.** carefreeness, freedom from care. – **2.** lightheartedness, cheerfulness. – **3.** unconcernedness. – **4.** carelessness, negligence, heedlessness. – **5.** heedlessness, carelessness, (*stärker*) recklessness. – **6.** (naive) confidence.

'sorg·sam I *adj* **1.** (*fürsorglich*) solicitous, attentive: **unter ihrer ~en Pflege erholte er sich bald** under her solicitous care he soon recovered. – **2.** (*behutsam, vorsichtig*) careful, cautious. – **3.** (*genau*) careful, painstaking, meticulous, exact: **eine ~e Untersuchung** a careful examination. – **4.** (*gewissenhaft*) conscientious, careful. – **II** *adv* **5. sie deckte ihn ~ zu** she carefully covered him with a blanket; **ein ~ gehütetes Geheimnis** a carefully kept secret; **er war ~ darauf bedacht, keinen Fehler zu machen** he was anxious not to make a mistake. — **'Sorg·sam·keit** *f* ⟨-; *no pl*⟩ **1.** (*Fürsorglichkeit*) solicitude, solicitousness, attentiveness. – **2.** (*Behutsamkeit, Vorsicht*) care(fulness), caution, cautiousness. – **3.** (*Genauigkeit*) care, painstaking(ness), meticulousness, exactness. – **4.** (*Gewissenhaftigkeit*) conscientiousness, care. – **5.** (*Eifer*) anxiousness, anxiety.

Sorp·ti·on [zɔrp'tsǐo:n] *f* ⟨-; -en⟩ *chem. phys.* sorption.

Sor·te ['zɔrtə] *f* ⟨-; -n⟩ **1.** (*Art, Kategorie*) sort, kind, type, variety: **(noch) andere ~n (von) Käse** other kinds of cheese; **ein Tablett mit verschiedenen ~n Keks** a tray with different sorts of biscuits (*od.* with a variety of biscuits, with assorted biscuits); **Waren in allen ~n und Preislagen** goods of all sorts at all price levels. – **2.** *econ.* a) (*Qualität, Klasse*) quality, grade, b) (*Marke*) brand, make: **erste** (*od.* **feinste, beste**) **~** first(-class) (*od.* finest, best, superior, prime) quality, grade A; **eine besonders milde ~ (von) Zigaretten** a particularly mild brand of cigarettes; **mittlere [schlechte] ~** medium (*od.* average) [bad *od.* inferior] quality; **Waren nach ~n einteilen** to grade goods. – **3.** *pl econ.* (*Auslandsgeld*) foreign notes and coin, foreign currency (*od.* money) *sg.* – **4.** *bot. agr.* cultivar, variety: **resistente ~n** resistant varieties. – **5.** *colloq. contempt.* (*auf Menschen bezogen*) sort, kind, type, caliber, *bes. Br.* calibre: **er ist eine seltsame ~ Mensch** he's a peculiar kind of person, he's an odd sort; **ich kenne noch mehr von der ~** I know more people like that; **das ist ein Schwindler übelster ~** that's a fraud of the worst kind; **ich gehöre nicht zu der ~ (Menschen), die sich immer beklagt** I'm not the kind of person who always complains; **der ist eine ~ für sich** that's a man apart; **gestern war ich mit Roberts Freunden zusammen. Das ist vielleicht eine ~!** yesterday I was with Robert's friends. That's a dreadful crowd (*od.* lot)! (*colloq.*).

'Sor·ten|ˌabˌtei·lung *f econ.* (*einer Bank*) foreign money department. — **~ˌamt** *n agr.* (*zur Anmeldung neuer Zuchtsorten*) plant registration office. — **~geˌschäft** *n econ.* (*im Bankwesen, an der Börse*) transactions *pl* in foreign notes and coin. — **~ˌkur·se** *pl* foreign currency rates. — **~ˌli·ste** *f agr. cf.* Sortenverzeichnis. — **~ˌschutz** *m* (*für neue Zuchtsorten*) protection of new plant varieties. — **~verˌzeich·nis** *n* (*von Zuchtsorten*) list of (registered) plant varieties.

sor·tie·ren [zɔrˈtiːrən] **I** *v/t* ⟨*no* ge-, h⟩ **1.** (*Briefe, Kleider etc*) sort, assort: **er sortierte die Akten nach Jahrgängen** he sorted the files according to year(s); **nach Größen ~** to sort (*things*) according to size, to size; **Waren nach Qualität ~** to sort goods according to quality (*od.* grade), to grade goods; **etwas nach Klassen ~** to sort s.th. according to class, to classify s.th.; **sie sortierte die Wäsche in den Schrank** she sorted the washing into the wardrobe. – **2.** (*aussortieren*) sort (out). – **3.** (*textile*) a) (*Wolle*) sort, b) (*Baumwolle etc*) staple. – **II S~** *n* ⟨-s⟩ **4.** *verbal noun.* – **5.** *cf.* Sortierung.

Sor'tie·rer *m* ⟨-s; -⟩ **1.** (*Person*) sorter. – **2.** *cf.* Sortiermaschine.

Sor'tie·re·rin *f* ⟨-; -nen⟩ *cf.* Sortierer 1.

Sor'tier·maˌschi·ne *f* (*für Lochkarten*) sorter.

sor'tiert I *pp.* – **II** *adj econ.* (*hochwertig*) high-grade (*attrib*).

Sor'tie·rung *f* ⟨-; *no pl*⟩ **1.** *cf.* Sortieren. – **2.** (*Sortiment*) assortment. – **3.** (*nach Qualität*) classification.

Sor·ti·le·gi·um [zɔrtiˈleːgĭʊm] *n* ⟨-s; -gien⟩ (*Weissagung durch Lose*) sortilege.

Sor·ti·ment [zɔrtiˈmɛnt] *n* ⟨-(e)s; -e⟩ *econ.* **1.** (an *dat* of) assortment, variety. – **2.** *short for* Sortimentsbuchhandel. — **Sor·ti'men·ter** *m* ⟨-s; -⟩ *cf.* Sortimentsbuchhändler.

Sor·ti'ments|ˌbuchˌhan·del *m* retail book trade. — **~ˌbuchˌhänd·ler** *m* retail bookseller. — **~ˌbuchˌhand·lung** *f* retail bookshop (*bes. Am.* bookstore).

SOS [ɛsʔoːˈʔɛs] *n* ⟨-; *no pl*⟩ *mar. auch fig.* SOS: **das Schiff funkte ~** the ship sent out an SOS.

so'sehr [zo-] *conj* however much, no matter how (much), much as: **~ ich ihn auch liebe, ich muß ihm die Wahrheit sagen** I must tell him the truth, no matter how much I love him; **~ er sich auch bemühte, es wollte ihm nicht gelingen** he didn't succeed, however much (*od.* hard) he tried.

SOS-ˌKin·derˌdorf [ɛsʔoːˈʔɛs-] *n* SOS-Children's Village.

so'so [zo-] **I** *interj* **1.** (*sieh mal einer an*) well, well! – **2.** (*was du nicht sagst*) you don't say! – **II** *adv* **3. ~** (lala)! *colloq.* so-so! middling! (*beide colloq.*): **das Geschäft geht ~** business is so-so; **mit ihm [der Arbeit] steht es ~** he [work] is (just) so-so.

SOS-ˌRuf [ɛsʔoːˈʔɛs-] *m mar. auch fig.* SOS (*od.* distress) call.

So·ße [ˈzoːsə] *f* ⟨-; -n⟩ **1.** *gastr.* a) sauce, b) (*Bratensoße*) gravy, c) (*Salatsoße*) dressing: **weiße** (*od.* **helle**) **~** béchamel (*auch* Béchamel) (sauce), white sauce; **holländische ~** hollandaise sauce, *auch* hollandaise. – **2.** *fig. colloq.* (*schmutziges Wasser, Schlamm etc*) goo, gooey mess (*beide sl.*). – **3.** (*Tabakbeize*) sauce. – **4. die ganze ~** *fig. colloq.* (*etwas Verschüttetes*) the whole mess.

so·ßen [ˈzoːsən] *v/t* ⟨h⟩ *tech. cf.* saucieren.

'So·ßen|ˌlöf·fel *m* sauce ladle (*od.* spoon). — **~ˌschüs·sel** *f* sauceboat, gravy boat.

so·ste·nu·to [zɔsteˈnuːto] *adv mus.* sostenuto.

So·te·rio·lo·gie [zoterĭoloˈgiː] *f* ⟨-; *no pl*⟩ *relig.* soteriology.

sott [zɔt] *1 u. 3 sg pret of* sieden.

Sott *m, n* ⟨-(e)s; *no pl*⟩ *Low G. for* Ruß.

söt·te [ˈzœtə] *1 u. 3 sg pret subj of* sieden.

Sot·ti·se [zɔˈtiːzə] *f* ⟨-; -n⟩ *obs. od. dial. for* a) Dummheit 3—5, b) Grobheit 8, 9.

sot·to vo·ce [ˈzɔto ˈvoːtʃe] *adv mus.* sotto voce.

Sou [zuː] *m* ⟨-; -s [zuː]⟩ (*franz. Münze*) sou.

Sou·bret·te [zuˈbrɛtə] *f* ⟨-; -n⟩ *mus.* soubrette.

Sou·che [ˈzuːʃə] *f* ⟨-; -n⟩ *econ.* (*eines Wertpapiers*) counterfoil.

Sou·chong [ˈzuːʃɔŋ] *m* ⟨-(s); -s⟩, **~ˌtee** *m* souchong (tea).

Souf·flé [zuˈfleː] *n* ⟨-s; -s⟩ *gastr.* soufflé.

Souf·fleur [zuˈfløːr] *m* ⟨-s; -e⟩ (*theater*) prompter. — **~ˌka·sten** *m* prompt box, prompter's box.

Souf·fleu·se [zuˈfløːzə] *f* ⟨-; -n⟩ (*theater*) prompter.

souf·flie·ren [zuˈfliːrən] (*theater*) **I** *v/t* ⟨*no* ge-, h⟩ prompt: **j-m etwas ~** *auch fig.* to prompt s.o. s.th. – **II** *v/i* act as (a) prompter: **den Schauspielern ~** to prompt the actors.

'soˌund'so *colloq.* **I** *adv* **1.** such and such: **~ groß [breit]** (of) such and such a size [a width]; **er sagte ihm, die Mauer sei ~ lang** he told him the wall was (of) such and such a length (*od.* the wall measured such and such); **~ lange** for such and such a length of time; **sie erzählte, er verdiene ~ viel** she said he earned such and such an amount (*od.* a salary), she said he earned so much; **~ viele Leute** a) such and such a number of poeple, b) (*ein paar einzelne*) so many odd (*colloq.*). – **2. ~ oft** (*sehr oft*) (ever) so often, time and again, umpteen times (*sl.*). – **II** *adj* **3.** ⟨*nachgestellt*⟩ so-and-so: **Paragraph [Seite, Nummer] ~** section [page, number] so-and-so. – **III S~** *m, f* ⟨-; -s⟩ **4. Herr [Frau] S~** a) (*Herr, Frau X*) Mr. [Mrs.] so-and-so, b) (*wenn man den Namen vergessen hat*) Mr. [Mrs.] what's-his- [her-]name, Mr. [Mrs.] what-do-you-call-him [-her].

'soˌund·so'vielt [-zoˈfiːlt] *colloq.* **I** *adj* **1.** such and such: **er sagte, er komme am ~en Mai** he said he would come on such and such a date in May. – **2.** (*x-te*) umpteenth, umptieth (*beide sl.*): **erst beim ~en Versuch klappte es** it did not work until we tried the umpteenth time; **das ist schon das ~e Mal, daß ich dir das sage!** this is the umpteenth time that I am telling you (so)! – **II S~e** *m, f* ⟨-n; -n⟩ **3.** such and such a day (*od.* date): **am S~en des Monats** on such and such a day of the month. – **4.** (*X-te*) umpteenth, umptieth (*beide sl.*): **das ist schon die S~e!** this is the umptieth!

Sou·per [zuˈpeː] *n* ⟨-s; -s⟩ (intimate) evening dinner, dîner. — **sou'pie·ren** [-ˈpiːrən] *v/i* ⟨*no* ge-, h⟩ (bei j-m at s.o.'s) have (an intimate) evening dinner, dine.

Sous·chef [ˈzuːʃɛf; suˈʃɛf] (*Fr.*) *m* ⟨-s; -s⟩ **1.** *obs. gastr.* (*Stellvertreter des Küchenchefs*) sous (*od.* assistant) chef. – **2.** *Swiss* (*Stellvertreter des Bahnhofsvorstehers*) assistant stationmaster (*Am.* station agent).

Sou·ta·ne [zuˈtaːnə] *f* ⟨-; -n⟩ *röm.kath.* soutane, cassock.

Sou·ter·rain [zutɛˈrɛ̃ː; ˈzuːtɛrɛ̃] *n* ⟨-s; -s⟩ basement. — **~ˌwoh·nung** *f* basement dwelling, basement apartment (*bes. Br.* flat).

Sou·ve·nir [zuvəˈniːr] *n* ⟨-s; -s⟩ souvenir: **als ~** as a souvenir.

sou·ve·rän [zuvəˈrɛːn] **I** *adj* **1.** *pol.* (*Staat, Herrscher etc*) sovereign. – **2.** *fig.* (*überlegen u. sicher*) confident (and excellent). – **II** *adv* **3. ~ beantwortete er alle Fragen** *fig.* he answered every question excellently and with (great) confidence; **eine Situation ~ beherrschen** *fig.* to be in full command (*od.* to have complete mastery) of a situation; **sie siegten ganz ~** *fig.* they won in superior style. – **III S~** *m* ⟨-s; -e⟩ **4.** *pol.* sovereign.

Sou·ve·rä·ni·tät [zuvərɛniˈtɛːt] *f* ⟨-; *no pl*⟩ *pol.* **1.** (*Unabhängigkeit*) sovereignty, independence. – **2.** (*höchste Gewalt, Oberhoheit*) sovereignty, supremacy. – **3.** (*Eigenstaatlichkeit von Bundesstaaten etc*) sovereignty, *bes. Am.* statehood.

Sou·ve·rä·ni'täts|ˌrech·te *pl* rights of sovereignty, sovereign rights. — **~verˌlet·zung** *f* infringement of sovereignty.

so'viel [zo-] **I** *adv* **1.** so much: **red nicht ~!** don't talk so much. – **2. ~ wie** a) as much as, b) (*so gut wie*) as much as, as good as: **er verdient doppelt [halb] ~ Geld wie du** he earns twice [half] as much money as you, he earns twice [half] your salary; **er hat zehnmal ~ (wie er)** he has ten times as much (as he); **geben Sie mir noch einmal ~ (wie vorher)** give me as much (*od.* the same) again; **versuche, ~ Holz wie möglich zu bekommen** try to get as much wood as possible; **das war ~ wie gar nichts** that was next to nothing, that was nothing to speak of; **das war ~ wie eine Zusage** this was as much (*od.* good) as an assent, this was tantamount to an acceptance. – **3. noch ~** (*wieviel auch immer*) no matter how (much): **und wenn du noch ~ arbeitest** no matter how much you work, work as you may. – **4.** (*abschließend*) so much: **~ für heute** so much for today; **~ ist gewiß** so (*od. colloq.* this) much is certain. – **II** *conj* **5.** as (*od.* so) far as: **~ ich mich erinnern kann** as far as I can remember, to the best of my recollection; **~ ich weiß** as far (*od.* for all) I know, to (the best of) my knowledge; **kommt er morgen?** — **S~ ich weiß, nicht** is he coming tomorrow? — As far as I know, he isn't (*od.* Not as far as I know); **~ ich gehört habe** as far as (*od.* from what) I have heard. – **6.** (*egal wieviel*) no matter how much, however much, much as: **~ du auch gelernt hast** no matter how much you have learned. — **~ˌmal** *adv* so often, so many times, time and again.

Sow·chos [ˈzɔfçɔs; -xɔs] *m, n* ⟨-; -e [-ˈçoːzə; -ˈxoːzə]⟩, **Sow·cho·se** [zɔfˈçoːzə; -ˈxoːzə] *f* ⟨-; -n⟩ (*Staatsgut in der UdSSR*) sovkhoz, *auch* sovkhos, sovhoz.

so'weit [zo-] **I** *adv* **1. ~ sein** (*fertig, bereit*) to be ready: **warte, ich bin noch nicht ~!** wait, I'm not ready yet! – **2. es ist ~** a) (*die Zeit ist gekommen*) it is time, the time has come (*lit.*), b) (*nun wage ich's*) here goes! **wann ist es denn ~?** when will it be time? **jetzt ist es ~** (*wenn etwas Erwartetes eingetroffen ist*) this is it. – **3. ~ wie** (*od.* **als**) as far as: **ich will ihm ~ wie möglich entgegenkommen** I want to oblige him as far as possible. – **4.** (*im großen u. ganzen*) on the whole, by and large, as far as it goes: **es geht mir ~ ganz gut** I'm quite well on the whole; **er ist ~ ganz nett** he is quite nice as far as it goes. – **II** *conj* **5.** as (*od.* so) far as: **~ ich unterrichtet bin** as far as I know, to the best of my knowledge. – **6.** *cf.* sofern.

so'we·nig [zo-] **I** *adv* **1. ~ wie** (*od.* **als**) a) as little as, b) (*nicht besser als*) not any better than: **bewegen Sie sich ~ wie möglich** move as little as possible; **sie hat ~ Geld wie du** she has as little money as you, she has no more money than you; **ich bin ~ dazu bereit wie sie** I am as little inclined (to it) as she is; **er kann es ~ wie du** he can't do it any better than you. – **2. noch ~** no matter how little: **und wenn du noch ~ verdienst** no matter how little you earn. – **II** *conj* **3.** no matter how little, however little, little as: **~ er auch getan hat** no matter how little he did; **~ ich einsehen kann, warum** little as I can see why, even if (*od.* though) I cannot see why.

so'wie [zo-] *conj* **1.** (*sobald*) as soon as, (just) as, the moment: **~ ich fertig bin, komme ich** I'll come as soon as I'm ready. – **2.** (*als auch*) as well as, and ... as well: **er, seine Schwester ~ seine Mutter** he, his sister, and his mother as well.

so·wie'so [zovi-] **I** *adv* **1.** anyway, anyhow, in any case: **er kommt ~ nicht** he won't come (*od.* he's not coming) anyway; **daraus wird ~ nichts** that won't come to anything anyway. – **2.** (das) **~!** *colloq.* (*als Antwort*) of course! certainly! obviously! – **II S~** *m, f* ⟨-; -s⟩ **3.** *cf.* Soundso.

So·wjet [zɔˈvjɛt; ˈzɔvjɛt] *m* ⟨-s; -s⟩ **1.** *pol.* (*Volksvertretung*) soviet: **Oberster ~** Supreme Soviet. – **2.** *pl colloq.* (*Einwohner*) Soviets. — **~arˌmee** *f mil.* Soviet army. — **~ˌbür·ger** *m* Soviet citizen. — **s~ˌfeind·lich** *adj* anti-Soviet.

so·wje·tisch [zɔˈvjɛtɪʃ] *adj* Soviet: **die ~e Besatzungszone** *hist.* the Soviet-occupied zone.

so·wje·ti·sie·ren [zɔvjetiˈziːrən] *v/t* ⟨*no* ge-, h⟩ *pol.* Sovietize, *auch* sovietize. — **So·wje·ti'sie·rung** *f* ⟨-; *no pl*⟩ Sovietization, *auch* sovietization.

So'wjet|reˌgie·rung *f pol.* Soviet government, (*amtlich*) Government of the USSR. — **~re·puˌblik** *f* Soviet republic: Union der Sozialistischen Sowjetrepubliken Union of the Soviet Socialist Republics. — **~ˌrus·se** *m* Soviet Russian. — **s~ˌrus·sisch** *adj* Soviet(-Russian). — **~ˌrußˌland** *n* Soviet Russia. — **~ˌstern** *m* Soviet star. — **~uniˌon** *f* Soviet Union, (*amtlich*) Union of Soviet Socialist Republics, USSR. — **~ˌzo·ne** *f colloq. hist.* Soviet-occupied zone.

so'wohl [zo-] *conj* ~ ... als (auch), ~ ... wie (auch) as well as, both ... and: er kann ~ Englisch als auch Russisch he knows English as well as Russian, he can speak both English and Russian. — **S~-ˌAls-'auch** *n* ⟨-; *no pl*⟩ (*Denkhaltung*) attitude of compromise.

So·zi ['zo:tsi] *m* ⟨-s; -s⟩ *colloq. contempt. for* Sozialdemokrat.

so·zia·bel [zo'tsĭa:bəl] *adj* sociable: soziable Menschen sociable people.

so·zi·al [zo'tsĭa:l] **I** *adj* **1.** (*Arbeit, Frage, Gesetzgebung, Sicherheit etc*) social: ~er Beruf *cf.* Sozialberuf; ~e Einrichtungen social services, social (*od.* welfare) institutions; ~e Fürsorge social welfare work; ~er Wohnungsbau publicly assisted house-building; auf ~em Gebiet in the social field; in ~er Hinsicht ist vieles verbessert worden socially there have been many improvements; ~e Marktwirtschaft *econ.* social market economy. – **2.** (*gesellschaftlich*) social, in society: ~e Stellung social rank, rank in society, (social) status; ~e Strukturen social structures; die ~e Schichtung einer Gesellschaft the social strata *pl* (*od.* stratification) of a society. – **II** *adv* **3.** socially: ~ denken (*od.* gesinnt sein) to be social-minded.

So·zi'al|ˌabˌga·ben, ~ˌabˌzü·ge *pl* social contributions, welfare charges. — **~ˌamt** *n* social welfare (*od.* assistance) office. — **~ˌar·beit** *f* social (*od.* welfare) work. — **~ˌar·bei·ter** *m*, **~ˌar·bei·te·rin** *f* social (*od.* welfare) worker. — **~ˌaufˌwand** *m*, **~ˌauf-ˌwen·dun·gen** *pl*, **~ˌausˌga·ben** *pl pol. econ.* (*einer Regierung etc*) social expenditure *sg*. — **~ˌausˌschuß** *m pol.* social committee. — **~beˌam·te** *m*, **~beˌam·tin** *f* public welfare worker. — **~ˌbeiˌrat** *m bes. pol.* **1.** (*Gremium*) social advisory board (*od.* committee, council). – **2.** (*Person*) social adviser (*od.* counsel[l]or). — **~ˌbeiˌtrag** *m* social insurance contribution. — **~beˌricht** *m pol.* (*der Regierung*) social report, report on social services and expenditure, report on welfare work. — **~beˌruf** *m* occupation in social work: einen ~ ergreifen to go into social work. — **~de·mo-ˌkrat** *m pol.* Social Democrat. — **~de·mo·kraˌtie** *f* social democracy. — **s~de·moˌkra·tisch** *adj* (*Partei etc*) Social Democratic. — **~ˌeinˌkom·men** *n* income from public sources. — **~ˌeinˌrich·tun·gen** *pl* social services, social (*od.* welfare) institutions. — **~ˌethik** *f sociol.* social ethics *pl* (*usually construed as sg*). — **~ˌfürˌsor·ge** *f* social welfare. — **~geˌricht** *n jur.* Social Court. — **~geˌrichts·bar·keit** *f* social jurisdiction. — **~geˌsetzˌge·bung** *f* social legislation. — **~ˌgrup·pe** *f* social group. — **~ˌhausˌhalt** *m pol.* social budget. — **~ˌhil·fe** *f* public assistance. — **~hy·gie·ne** [-hyˌgie:nə] *f med.* social hygiene. — **~in·di·ka·tiˌon** *f* (*bei Schwangerschaftsunterbrechung*) social indication.

so·zia·li·sie·ren [zotsĭali'zi:rən] **I** *v/t* ⟨*no* ge-, h⟩ *pol.* (*Betriebe etc*) socialize *Br. auch* -s-, nationalize *Br. auch* -s-. – **II S~** *n* ⟨-s⟩ *verbal noun.* — **So·zia·li'sie·rung** *f* ⟨-; *no pl*⟩ **1.** *cf.* Sozialisieren. – **2.** socialization *Br. auch* -s-, nationalization *Br. auch* -s-.

So·zia·lis·mus [zotsĭa'lɪsmus] *m* ⟨-; *no pl*⟩ *pol. econ.* socialism: Aufbau des ~ a) development of socialism, b) structure of socialism.

So·zia·list [zotsĭa'lɪst] *m* ⟨-en; -en⟩ *pol.* socialist.

So·zia'li·sten·geˌsetz *n pol. hist.* (Bismarck's) law against socialists.

So·zia'li·stin *f* ⟨-; -nen⟩ socialist.

so·zia'li·stisch *adj pol.* socialist(ic): ~e Errungenschaften socialist achievements; S~e Internationale Socialist International; S~e Einheitspartei Deutschlands (*in der DDR*) Socialist Unity Party of Germany; S~er Realismus (*art*) (*literature*) Socialist Realism.

So·zi'al|kriˌtik *f* social criticism, criticism of society. — **s~ˌkri·tisch** *adj* (*Schriftsteller etc*) sociocritical. — **~ˌkun·de** *f ped.* social studies *pl*. — **~ˌla·sten** *pl pol. econ.* (*des Staates, der Betriebe etc*) social expenditure *sg*, social charges. — **~ˌleh·re** *f relig.* social teaching (*od.* doctrine). — **~ˌlei·stun·gen** *pl* **1.** *cf.* Soziallasten. – **2.** (*private*) social expenditure *sg*: freiwillige ~ voluntary welfare payments (*od.* benefits). – **3.** (*von Firma zusätzlich gewährt*) fringe benefits. — **~ˌlohn** *m econ.* social wages *pl*. — **~me·diˌzin** *f* social medicine. — **~öko·noˌmie** *f* social economics *pl* (*usually construed as sg*). — **~ˌord·nung** *f sociol.* social order (*od.* system). — **~päd·ago·gik** [-pɛd-aˌgo:gɪk] *f ped.* social pedagogics *pl* (*construed as sg*), social p(a)edagogy. — **~ˌpart·ner** *pl econ.* employers and employees, the two sides of industry. — **~phi·lo·soˌphie** *f philos.* social philosophy. — **~po·liˌtik** *f pol.* social policy. — **~poˌli·ti·ker** *m* politician particularly concerned with the needs of society, (*im weiteren Sinne*) sociopolitical thinker. — **s~poˌli·tisch** *adj* sociopolitical. — **~preˌsti·ge** *n* social prestige. — **~proˌdukt** *n econ.* national product. — **~psy·cho·loˌgie** *f psych.* social psychology. — **~ˌrecht** *n jur.* social law, *Br.* social legislation. — **s~ˌrecht·lich** *adj u. adv* with regard to (*od.* in the field of) social law (*Br.* legislation). — **~re·feˌrent** *m* social welfare official, ministerial official for social affairs. — **~reˌform** *f pol.* social reform. — **~reˌfor·mer** *m* social reformer. — **~ˌren·te** *f econ.* social insurance pension, *Br.* National Insurance pension, *Am.* Social Security pension. — **~ˌrent·ner** *m*, **~ˌrent·ne·rin** *f* social insurance pensioner, *Br.* National Insurance pensioner, *Am.* social security (*od.* Social Security) pensioner. — **~ˌstaat** *m* ⟨-(e)s; -en⟩ *pol.* welfare state. — **~staˌti·stik** *f sociol.* social statistics *pl* (*construed as sg or pl*). — **~strukˌtur** *f* social structure. — **~verˌhal·ten** *n* social behavior (*bes. Br.* behaviour).

So·zi'al·verˌsi·che·rung *f* social insurance, *Br.* National Insurance, *Am.* Social Security: Leistungen aus der ~ social insurance benefits.

So·zi'al·verˌsi·che·rungs|ˌbeiˌtrag *m econ.* social insurance (*Br.* National Insurance, *Am.* Social Security) contribution (*od.* tax). — **~ˌfrei·heit** *f* exemption from social insurance. — **~geˌsetz** *n* social insurance act, *Br.* National Insurance Act, *Am.* Social Security Act. — **~ˌgren·ze** *f* (income) limit for social insurance. — **~ˌpflicht** *f* obligation to pay social insurance contributions. — **~ˌträ·ger** *m meist pl* social insurance institution.

So·zi'al|ˌwis·sen·schaft *f* **1.** (*Soziologie*) social science, sociology. – **2.** *pl* (*Wirtschaftswissenschaften, Soziologie u. Politik*) social sciences. — **~ˌwis·sen·schaft·ler** *m* **1.** (*Soziologe*) sociologist. – **2.** social scientist. — **s~ˌwis·sen·schaft·lich** *adj* **1.** sociologic(al). – **2.** ~es Gymnasium für Mädchen *ped. secondary school for girls emphasizing home economics and related fields.* — **~ˌwoh·nung** *f bes. Br.* public-assistance (*bes. Am.* publicly financed) dwelling. — **~zuˌla·ge** *f* welfare (*od.* government) allowance.

'So·zioˌdra·ma ['zo:tsĭo-] *n psych.* sociodrama.

So·zio·gramm [zotsĭo'gram] *n* ⟨-(e)s; -e⟩ *sociol.* sociogram, *bes. Br.* sociogramme. — **So·zio·gra'phie** [-gra'fi:] *f* ⟨-; *no pl*⟩ sociography.

So·zio·lekt [zotsĭo'lɛkt] *m* ⟨-(e)s; -e⟩ *ling.* (*Sondersprache*) social variety.

So·zio·lin·gui·stik [zotsĭolɪŋ'gŭɪstɪk] *f ling.* sociolinguistics *pl* (*usually construed as sg*).

So·zio·lo·ge [zotsĭo'lo:gə] *m* ⟨-n; -n⟩ sociologist. — **So·zio·lo'gie** [-lo'gi:] *f* ⟨-; *no pl*⟩ sociology. — **so·zio'lo·gisch** *adj* sociologic(al).

So·zio·me·trie [zotsĭome'tri:] *f* ⟨-; *no pl*⟩ *sociol.* sociometry.

So·zi·us ['zo:tsĭus] *m* ⟨-; -se⟩ **1.** *econ.* partner. – **2.** (*auf dem Motorrad*) pillion rider (*od.* passenger). — **~ˌsitz** *m* pillion seat.

'so·zu'sa·gen [-tsu-] *adv* so to speak, as it were: er war ~ das Vorbild für seine Brüder he was the example to his brothers, so to speak; sie ist ~ meine Vorgesetzte she is my superior as it were, she is more or less my superior.

Spach·tel ['ʃpaxtəl] *m* ⟨-s; -⟩, *f* ⟨-; -n⟩, *Austrian only f* **1.** *tech.* (*Arbeitsgerät*) a) (*für Glaser*) putty knife, b) (*für Anstreicher*) paint scraper, c) (*für Maurer*) square pointed trowel. – **2.** *tech.* (*Füllstoff*) a) (*für Glaser*) mastic, putty compound, b) (*für Anstreicher*) (paint) filler, surfacer, stopper. – **3.** *med.* spatula. – **4.** (*art*) (*des Kunstmalers*) palette knife. — **~ˌkel·le** *f tech.* square pointed trowel. — **~ˌkitt** *m cf.* Spachtel 2. — **~ma·leˌrei** *f* (*art*) palette-knife painting. — **~ˌmas·se** *f tech. cf.* Spachtel 2. — **~ˌmes·ser** *n* putty knife.

spach·teln ['ʃpaxtəln] **I** *v/t* ⟨h⟩ **1.** (*schadhafte Oberfläche*) scrape (*s.th.*) (down), smoothen, smooth, level out, (*Lackschäden*) *auch* surface. – **2.** (*tiefere Risse, Fugen etc*) fill, stop. – **II** *v/i* **3.** *fig. colloq.* (*tüchtig essen*) tuck in.

Spa·gat[1] [ʃpa'ga:t] *m*, *n* ⟨-(e)s; -e⟩, *Austrian only m* (*Gymnastik-, Ballettfigur*) split(s *pl*), (*quer*) side split(s *pl*): ~ machen to do the splits.

Spa'gat[2] *m* ⟨-(e)s; -e⟩ *Bavarian and Austrian for* Bindfaden.

Spa·ghet·ti [ʃpa'gɛti] *pl gastr.* spaghettis.

spä·hen ['ʃpɛ:ən] *v/i* ⟨h⟩ **1.** (*verstohlen gucken*) peer, peep, *bes. Am.* peek: er spähte durch die Zaunlücke he peeped through the gap in the fence. – **2.** (*neugierig gucken*) pry: der Nachbar spähte über den Zaun the neighbo(u)r pried over the fence. – **3.** (*angestrengt gucken*) peer. – **4.** nach etwas [j-m] ~ (*Ausschau halten*) to look out (*od.* watch, keep a lookout) for s.th. [s.o.]. – **5.** *mil.* scout, look out, be on the lookout, watch.

'Spä·her *m* ⟨-s; -⟩ *mil. hist.* **1.** (*Kundschafter*) (reconnaissance, *auch* reconnoissance) scout. – **2.** (*Ausguckposten*) lookout, *Br.* look-out, scout. — **~ˌau·ge** *n*, **~ˌblick** *m* scrutinizing (*Br. auch* -s-) (*od.* searching) eye (*od.* look).

'SpähˌtruppP *m mil.* reconnaissance (*auch* reconnoissance) (*od.* scout[ing]) patrol (*od.* party). — **~ˌfüh·rer** *m* (reconnaissance) patrol leader. — **~ˌtä·tig·keit** *f*, **~ˌun·ter-ˌneh·men** *n* (reconnaissance) patrol activity, patrol(l)ing.

'Spähˌwa·gen *m* reconnaissance (*auch* reconnoissance) (*od.* scout, patrol) car.

Spa·ke ['ʃpa:kə] *f* ⟨-; -n⟩ *mar.* **1.** (*Spillspake*) capstan bar: die ~n einstecken to rig the capstan. – **2.** *cf.* Handspake.

'spa·kig *adj Low G. for* stockfleckig.

Spa·lett [ʃpa'lɛt] *n* ⟨-(e)s; -e⟩ *Austrian* wooden shutter.

Spa·lier [ʃpa'li:r] *n* ⟨-s; -e⟩ **1.** (*Ehrenspalier*) guard of honor (*bes. Br.* honour): ein ~ bilden to form a guard of hono(u)r; seine Vereinskameraden standen ~ his club fellows stood in a guard of hono(u)r. – **2.** (*Reihe*) rows *pl*: wir mußten durch ein ~ von Neugierigen gehen we had to go through rows of curious onlookers. – **3.** *hort.* trellis, espalier: die Rosen wachsen am ~ the roses grow up a trellis; Pflanzen am ~ (auf)ziehen to train plants. — **~ˌbaum** *m hort.* espalier, trained (*od.* trellis) tree, (*von einer Mauer gestützter*) *auch* wall tree. — **~ˌobst** *n hort.* **1.** espalier (*od.* wall) fruit. – **2.** (*Bäume, Gewächse etc*) espaliers *pl*, espalier culture.

Spalt [ʃpalt] *m* ⟨-(e)s; -e⟩ **1.** (*Tür-, Fensterspalt etc*) opening, crack, chink: laß die Tür einen ~ offen! leave the door open a crack! – **2.** (*Schlitz*) slit: der Vorhang war nur einen winzigen ~ geöffnet the curtain was only open a narrow slit. – **3.** (*Ritze im Fußboden, in einem Bretterzaun etc*) chink, crack. – **4.** (*Lücke, ausgesparte Latte etc*) gap, opening: die Katze schlüpfte durch einen ~ the cat slipped through a gap. – **5.** (*Riß in einer Mauer, im Holz etc*) crack, split, fissure, rent: in der Hauswand klaffte ein tiefer ~ there was a gaping crack in the wall of the house. – **6.** (*im Gestein, Felsen, Erdboden etc*) *cf.* Spalte 2. – **7.** (*im Eis, Gletscher etc*) *cf.* Spalte 3. – **8.** (*in Sparbüchsen, Automaten, Briefkästen etc*) slot. – **9.** *fig.* (*Kluft*) gulf, chasm: zwischen beiden Ideologien klafft ein tiefer ~ there is a deep gulf between the two ideologies. – **10.** *bes. med. biol.* (*Gewebespalt, Einriß*) slit, fissure. – **11.** *tech. metall.* a) (*Riß*) crack, crevice, b) (*schmale Öffnung*) gap, c) (*beim Fugenlöten*) open (*od.* close) joint, d) (*Lichtspalt*) gap, e) (*eines Ölfilters*) interstice. – **12.** *zo.* (*von Huftieren*) cleft. —

~ˌal·gen *pl bot. cf.* Blaualgen. — ~ˌaus·ˌbeu·te *f nucl.* fission yield.

'spalt·bar *adj* **1.** (*Holz etc*) cleavable. – **2.** *nucl. bes. Br.* fissile, *bes. Am.* fissionable: ~es Material fissile (*bes. Am.* fissionable) material. – **3.** *chem.* a) (*Kristalle*) cleavable, scissile (*scient.*), b) (*optische Antipoden*) resolvable. — **'Spalt·bar·keit** *f* ⟨-; *no pl*⟩ **1.** *nucl. bes. Br.* fissility, *bes. Am.* fissionability. – **2.** *chem.* a) (*von Kristallen*) cleavage, scission (*scient.*), b) (*von optischen Antipoden*) resolution.

'Spalt|ˌbil·dung *f med.* **1.** fissuration. – **2.** (*beim Haar*) trichoptilosis, trichorrhexis. – **3.** (*beim Auge*) coloboma. — ~ˌ**breit** *m* ⟨-; *no pl*⟩ er öffnete die Augen einen ~ he opened his eyes a slit. — ~ˌ**bruch** *m med.* fissure fracture.

Spal·te ['ʃpaltə] *f* ⟨-; -n⟩ **1.** *cf.* Spalt 3, 4, 5, 8, 10, 11. – **2.** (*im Gestein, Felsen, Erdboden etc*) cleft, split, fissure, crevice, rent, (*sehr breite u. tiefe*) rift, crevasse, *auch* crevass, chasm. – **3.** (*im Eis, Gletscher etc*) crack, split, crevasse, *auch* crevass. – **4.** *print.* (*in einer Zeitung, einem Buch etc*) column: ~n füllen a) to fill the columns, b) *fig.* (*durch leere Phrasen*) to pad (out) the lines; der Artikel nimmt zwei ~n ein (*od.* füllt zwei ~n) the article takes up (*od.* fills) two columns; das Wörterbuch ist in drei ~n gesetzt the dictionary is printed (*od.* set, composed) in three columns. – **5.** *vulg.* cunt, 'hole' (*beide vulg.*).

spal·ten ['ʃpaltən] **I** *v/t* ⟨*pp* gespaltet *od.* gespalten, h⟩ **1.** split; rend, cleave (*lit.*): der Blitz hat den Baum gespalten the lightning split the tree; etwas in zwei Teile ~ to split s.th. in two (*od.* into two parts); j-m den Schädel ~ to split s.o.'s skull; Haare ~ *fig. colloq.* to split hairs. – **2.** (*Gestein, Felsen, Erdboden etc*) split, (*stärker*) cleave, rift. – **3.** (*Holz*) chop. – **4.** *fig.* (*durch einen Meinungsstreit etc*) split, divide; rend, sever (*lit.*): der Konflikt spaltete die Partei in zwei Lager the conflict divided the party into two camps. – **5.** *fig.* (*durch eine Grenze etc*) divide. – **6.** (*Leder*) skive, scive, split. – **7.** *tech.* a) (*Diamanten*) cleave, split, b) (*Schiefer*) scale, exfoliate. – **8.** *nucl.* split, fission. – **9.** *metall.* (*Kristalle*) cleave. – **10.** *chem.* a) (*Bindung*) cleave, b) (*Verbindung*) decompose, split. – **11.** (*Erdöl*) crack. – **12.** *med.* (*Abszeß etc*) lance, incise, cut (*s.th.*) open. – **II** *v/reflex* sich ~ **13.** (*von Gestein, Felsen, Erdboden etc*) split, (*stärker*), cleave, rift. – **14.** (*von Haaren, Fingernägeln etc*) split: die Haare haben sich an den Spitzen gespaltet the hairs split at the end. – **15.** *fig.* (*von Partei, Nation, Kirche etc*) split (up), divide, sever (*lit.*): die Partei hat sich in zwei Gruppen gespalten the party split (up) into two groups. – **16.** *nucl.* split, fission. – **17.** *chem.* a) (*von Kristallen*) cleave, b) (*von einer Verbindung*) split (up), decompose, c) (*von optischen Antipoden*) resolve. – **18.** *psych.* (*von Bewußtsein*) split. – **19.** *biol.* (*von Sporozoen*) split, undergo schizogenesis (*scient.*). – **III S~** *n* ⟨-s⟩ **20.** *verbal noun.* – **21.** *cf.* Spaltung.

'Spal·ten|ˌbrei·te *f print.* width of column: eine Anzeige in doppelter ~ an advertisement two columns wide. — **s~ˌlang** *adj* covering several columns. — ~ˌ**li·nie** *f* column rule. — **s~ˌreich** *adj* (*bes. Gletscher*) full of cracks (*od.* crevasses). — **s~ˌwei·se** *adv* in columns: etwas ~ setzen *print.* to compose (*od.* set) s.th. in columns. — ~ˌ**zahl** *f* number of columns.

'Spalt|ˌflä·che *f chem. min.* cleavage (*od. scient.* scission) face (*od.* plane). — ~ˌ**flü·gel** *m aer.* slotted wing. — ~ˌ**frucht** *f bot.* schizocarp.

'Spaltˌfü·ßer *m* ⟨-s; -⟩ *meist pl zo.* fissiped.

'Spalt|ˌfußˌgans *f zo.* Australian magpie goose (*Anseranas semipalmata*). — ~ˌ**gas** *n chem.* cracked gas. — ~ˌ**holz** *n* firewood, sticks *pl*, *Am. auch* split wood. — ~ˌ**keil** *m tech.* splitting wedge: stählerner ~ frost (*od.* splitting steel) wedge. — ~ˌ**klap·pe** *f aer.* slotted (*od.* split) flap. — ~ˌ**lam·pe** *f med.* slit lamp. — ~ˌ**le·der** *n* (*leather*) skiver. — ~**ma·te·riˌal** *n nucl.* **1.** fissile (*bes. Am.* fissionable) material. – **2.** (*nach der Spaltung*) fission product. — ~**neu·ˌtro·nen** *pl* fission neutrons. — ~ˌ**pfrop·fen** *n*, ~ˌ**pfrop·fung** *f hort.* split (*od.* cleft) graft(ing) (*od.* graftage). — ~ˌ**pilz** *m meist pl bot.* fission fungus, schizomycete (*scient.*). — ~**proˌdukt** *n nucl.* fission product. — ~**proˌzeß** *m* process of nuclear fission. — ~ˌ**sä·ge** *f tech.* pit (*od.* framed ripping) saw. — ~ˌ**spek·trum** *n nucl.* fission spectrum.

'Spaltˌstoff *m nucl.* (reactor) fuel. — ~**eleˌment** *n* (*des Reaktors*) fuel element.

'Spal·tung *f* ⟨-; -en⟩ **1.** *cf.* Spalten. – **2.** (*von Gestein, Felsen, des Erdbodens etc*) cleavage. – **3.** *fig.* (*Entzweiung*) split, division, disruption, (*stärker*) schism: seit der ~ der Partei in einen rechten und einen linken Flügel *fig.* since the splitting (*od.* division) of the party into a right and a left wing; der Streit bewirkte eine ~ der Gruppe the quarrel caused a split in the group. – **4.** *fig.* (*durch eine Grenze etc*) division. – **5.** *relig.* (*der Kirche*) schism. – **6.** *tech.* a) (*eines Diamanten*) cleavage, b) (*des Schiefers*) exfoliation. – **7.** *nucl.* (nuclear) fission. – **8.** *metall.* (*von Kristallen*) cleavage. – **9.** (*von Erdöl*) cracking. – **10.** *chem.* a) (*einer Bindung*) cleavage, fission, b) (*einer Verbindung*) decomposition, splitting, c) (*eines Razemats*) resolution. – **11.** *med.* (*eines Abszesses etc*) incision. – **12.** *psych.* (*des Bewußtseins*) split.

'Spal·tungs|ˌar·ten *pl nucl.* types of fission. — ~**enerˌgie** *f* energy of fission, fission energy. — ~ˌ**wär·me** *f* fission heat.

'Spalt|verˌfah·ren *n nucl.* fission process. — ~ˌ**wir·bel** *m med.* cleft spine, spina bifida (*scient.*).

Span [ʃpaːn] *m* ⟨-(e)s; ⸚e⟩ **1.** chip, splint: Späne machen [schnitzen] to make [to cut] chips. – **2.** (*zum Feueranmachen*) spill, kindling chip. – **3.** (*Splitter*) splinter, sliver. – **4.** *pl tech.* a) (*Hobelspäne von Holz*) shavings, chip(ping)s, b) (*Hobelspäne von Stahl*) facings, c) (*Bohrspäne*) borings, drillings, d) (*Feilspäne*) filings, e) (*Drehspäne*) turnings, f) (*Frässpäne*) millings, g) (*Schneidspäne*) cuttings, h) (*Schleifspäne*) swarf(s *pl*), grinding chips: aufgerollter ~ curly (*od.* curled) shaving; er arbeitete, daß die Späne flogen *fig.* he worked till the sparks flew; wo gehobelt wird, (da) fallen Späne (*Sprichwort*) omelets are not made without breaking eggs (*proverb*). — **s~ˌabˌhe·bend** *adj metall. tech.* metal-removing, cutting: ~es Werkzeug cutting tool; ~e Bearbeitung cutting, machining; ~e Formung shape cutting.

'Spä·neˌabˌschei·der *m tech.* chip separator.

spa·nen ['ʃpaːnən] *tech.* **I** *v/t* ⟨h⟩ **1.** (*einen Werkstoff*) cut, machine. – **II S~** *n* ⟨-s⟩ **2.** *verbal noun.* – **3.** metal-cutting, chip removal.

spä·nen ['ʃpɛːnən] *v/t* ⟨h⟩ (*das Parkett etc*) scour (*s.th.*) (with steel wool).

'spa·nend I *pres p.* – **II** *adj metall. tech. cf.* spanabhebend.

'Span|ˌfer·kel *n* **1.** *agr.* sucking pig, porkling, piglet. – **2.** *gastr.* (barbecued) sucking pig. — ~ˌ**flä·che** *f tech.* (*eines Meißels*) tool (*od.* cutting) face, rake.

Span·ge ['ʃpaŋə] *f* ⟨-; -n⟩ **1.** (*Haarspange*) hair clasp, *Am.* barrette, *Br.* hair slide. – **2.** (*Haarklammer*) *Am.* bobby pin, *bes. Br.* hair grip. – **3.** (*Schnalle am Gürtel, Schuh etc*) buckle. – **4.** (*Lederstreifen als Verschluß an Damenschuhen*) strap. – **5.** (*an Kleidern, Gewändern*) clasp, buckle, (*bes. reichverzierte*) *auch* agraf(f)e. – **6.** (*Brosche*) brooch, *Am. auch* broach. – **7.** (*Armreif ohne Verschluß*) bangle. – **8.** (*an Büchern*) clasp. – **9.** *med.* (*Zahnspange*) (dental) brace. – **10.** *antiq.* (*Fibel*) fibula. – **11.** *civ. eng.* cross strut.

'spanˌge·bend *adj* ~e Bearbeitung *tech.* machining, cutting.

'Span·genˌschuh *m meist pl* (*fashion*) **1.** strap shoe. – **2.** *cf.* Schnallenschuh.

Spa·ni·el ['ʃpaːnɪel] *m* ⟨-s; -s⟩ (*Hunderasse*) Spaniel, *auch* spaniel.

Spa·ni·er ['ʃpaːnɪər] *m* ⟨-s; -⟩ Spaniard: die ~ the Spaniards, the Spanish; stolz wie ein ~ *fig.* (as) proud as a peacock. — **'Spa·nie·rin** *f* ⟨-; -nen⟩ Spanish girl (*od.* woman), Spaniard.

Spa·nio·le [ʃpa'nɪoːlə] *m* ⟨-n; -n⟩ *hist.* Sephardi.

spa·nisch ['ʃpaːnɪʃ] **I** *adj* Spanish: ~e Wand screen; ~es Rohr a) rattan, *auch* ratan, rattan palm, rotan, b) (*zur Züchtigung*) cane; das kommt mir ~ vor *fig. colloq.* a) that's odd, b) (*das scheint mir verdächtig*) there's something fishy about that, that's fishy (*beide colloq.*); der S~e Erbfolgekrieg *hist.* the War of the Spanish Succession (*1701—14*); die S~e Reitschule the Spanish Riding School in Vienna. – **II** *ling.* **S~** ⟨*generally undeclined*⟩, **das S~e** ⟨-n⟩ Spanish, the Spanish language. — ~**-'deutsch** *adj* (*Beziehungen etc*) Spanish-German, Hispano-German.

'Span|ˌkorb *m* chip (*od.* splint) basket. — ~ˌ**lei·stung** *f tech.* (*einer Maschine*) cutting (*od.* metal-removing) capacity. — **s~los** *tech.* **I** *adj* (*Bearbeitung etc*) noncutting *Br.* non-, chipless. – **II** *adv* etwas ~ bearbeiten to form (*od.* shape) s.th. chipless; etwas ~ drehen to flow-turn s.th.

spann [ʃpan] *1 u. 3 sg pret of* spinnen.

Spann *m* ⟨-(e)s; -e⟩ (*des Fußes*) instep: einen Ball mit dem ~ schießen (*sport*) to kick a ball with the instep, to take an instep kick.

'Spanna·del (*getr.* -nnˌn-) *f* (*für Insekten*) setting needle.

'Spann|ˌbacke (*getr.* -k·k-) *f tech.* gripping (*od.* chuck) jaw. — ~ˌ**bal·ken** *m* **1.** *arch.* tie (*od.* main) beam. – **2.** (*textile*) (*in der Weberei*) crossbar. — ~ˌ**band** *n* ⟨-(e)s; -bänder⟩ **1.** *tech.* clamp strap, brace. – **2.** *phot.* lens cone clamp.

'Spann·beˌton *m civ.eng.* prestressed concrete. — ~ˌ**brücke** (*getr.* -k·k-) *f* prestressed concrete bridge. — ~**kon·struk·tiˌon** *f* prestressed concrete construction.

'Spann|ˌbol·zen *m tech.* tension bolt. — ~ˌ**dienst** *m hist. cf.* Frondienst 1. — ~ˌ**draht** *m* **1.** *tech.* stretching (*od.* tension) wire. – **2.** *electr.* span (*od.* guy, bracing) wire. — ~ˌ**druck** *m* ⟨-(e)s; *no pl*⟩ *tech.* **1.** clamping pressure. – **2.** (*eines Futters*) chucking pressure.

Span·ne ['ʃpanə] *f* ⟨-; -n⟩ **1.** (*Zeitraum, -abschnitt*) space of time, (*längere*) span: eine ~ von 20 Jahren a space of 20 years; die ~ des Lebens the span of life. – **2.** (*Handspanne*) span. – **3.** (*Entfernung, Strecke*) stretch: es ist eine ziemliche ~ bis dorthin it is quite a stretch from here to there. – **4.** (*Unterschied, Abstand*) gap: die ~ zwischen den Preisen ist sehr groß there is a great gap (*od.* difference) between the prices. – **5.** *econ.* (*Gewinn-, Verdienstspanne*) margin, *Am. auch* spread. – **6.** *cf.* Spannweite 1, 2.

spän·ne ['ʃpɛnə] *1 u. 3 sg pret subj of* spinnen.

'Spannˌei·sen *n tech. civ.eng.* (*im Straßenbau*) (*für Spannbeton*) tendon.

span·nen ['ʃpanən] **I** *v/t* ⟨h⟩ **1.** (*befestigen, aufspannen*) put up, string (up), stretch: zwischen den beiden Pflöcken spannten sie eine Leine they put (*od.* strung) up a line between the two posts. – **2.** (*straffziehen*) tighten, draw (*s.th.*) tight, stretch, tauten, (*stärker*) strain: wir müssen noch die Zeltschnüre ~ we still have to tighten the guy ropes; Gardinen ~ to stretch curtains. – **3.** (*Bogen, Bogensehne*) draw, bend: du hast den Bogen zu straff gespannt a) you overdrew (*od.* overbent) the bow, b) *fig.* (*hast zu hohe Anforderungen gestellt*) you overdid it (*od. colloq.* things), you went too far. – **4.** (*Saite*) tighten, screw (up). – **5.** (*Violinbogen etc*) brace, tension. – **6.** (*Muskeln*) tense, brace (up), (*stärker*) strain. – **7.** (*Gewehr-, Revolverhahn, Kameraverschluß etc*) cock, set. – **8.** etwas auf (*acc*) etwas ~ to put (*od.* fit, mount) s.th. on s.th.: Leinwand auf einen Rahmen ~ to put canvas on a frame; neue Saiten auf eine Gitarre ~ to fit new strings on (*od.* to restring) a guitar; → Folter 2. – **9.** etwas in (*acc*) etwas ~ a) (*Schreibmaschinenbogen etc*) to put (*od.* insert, feed) s.th. into s.th., b) *tech.* (*Werkstücke*) to put (*od.* clamp) s.th. into s.th.: etwas in ein Futter ~ *tech.* to chuck s.th. – **10.** Ochsen ins Joch ~ to put oxen to the yoke, to yoke oxen; j-n ins Joch ~ *fig.* (*unterjochen*) to put a yoke (up)on (*od.* to subjugate) s.o. – **11.** etwas über (*acc*) etwas ~ a) (*Plane etc*) to put (*od.* spread) s.th. over s.th., b) (*Leine, Netz etc*) to put up (*od.* string [up], stretch) s.th. across s.th. – **12.** etwas vor (*acc*) etwas ~ a) (*Zugtier*) to harness (*od.* put) s.th. to s.th., b) (*Traktor etc*) to put (*od.* connect) s.th. to s.th. – **13.** *fig.* (*in Wendungen wie*) seine Erwartungen [Hoffnungen, Forderungen] hoch ~ to pitch (*od.* put, place) one's expectations [hopes, demands] high. – **14.** *Bavarian* *and Austrian colloq.* notice, tumble to (*colloq.*): **er hat's gespannt** a) (*bemerkt*) he noticed it, b) (*kapiert*) he caught on (*colloq.*); **ich glaube, der spannt was** I think he smells a rat. – **15.** *tech.* a) (*Feder*) stretch, tension, b) (*Schrauben*) tighten, c) (*Werkstück*) clamp, mount, load, d) (*Seil*) stretch. – **16. einen Ski ~** to put a ski in(to) a (ski) press. – **17.** *phys.* (*Dampf*) put (*vapor*) under tension. – **18.** (*in der Hydraulik*) (*stauen*) dam. – **II** *v/i* **19.** (*von Kleid, Hose etc*) be too tight (*od.* narrow), be taut: **der Rock spannt über den Hüften** the skirt is taut across the hips. – **20.** (*von Schuhen*) be too tight (*od.* narrow), pinch. – **21.** (*von Gesichtshaut*) be taut: **nach einem Sonnenbad spannt die Haut** the skin is taut after a sunbath. – **22. vier Meter ~** (*von Flügeln, Tragflächen etc*) to have a (wing) span (*od.* a [wing] spread, an expanse) of four meters. – **23. auf** (*acc*) **etwas ~** *fig. colloq.* a) (*voller Erwartung sein*) to wait eagerly for s.th., b) (*lauschen, aufpassen*) to listen eagerly to s.th.: **sie spannt auf eine Erbschaft** she is waiting expectantly for an inheritance; **sie ~ auf jedes Wort** they listen eagerly to every word. – **III** *v/reflex* **sich ~ 24.** (*sich straffen*) tighten, become (*od.* get) tight (*od.* taut), tauten: **plötzlich spannte sich das Seil** suddenly the rope tightened; **jeder Muskel spannte sich** every muscle became taut. – **25. sich über** (*acc*) **etwas ~** (*von Brücke, Gewölbe etc*) to span (*od.* stretch across) s.th. – **26. sich über** (*dat*) **etwas [j-m] ~** to stretch (*od.* extend) over s.th. [s.o.]: **über uns spannte sich ein strahlendblauer Himmel** a clear blue sky extended above us. – **IV S~** *n* ⟨-s⟩ **27.** *verbal noun.* – **28.** (*Straffung*) tension. – **29.** (*eines Muskels*) tension.

ˈspan·nend I *pres p.* – **II** *adj* (*Buch, Film etc*) exciting, (*stärker*) thrilling, breathtaking: **im ~sten Augenblick riß der Film** the film tore at the most exciting moment (*od.* at the height of the excitement); **mach's nicht so ~!** *fig. colloq.* a) don't keep me in such suspense (*od.* on such tenterhooks), b) (*beeil dich*) get a move on! (*sl.*). – **III** *adv* **er kann ~ erzählen** he tells stories excitingly, he can tell an exciting story.

ˈSpan·ner *m* ⟨-s; -⟩ **1.** (*für Hosen, Röcke etc*) hanger. – **2.** (*Schuhspanner*) shoe (*od.* boot) tree. – **3.** (*für Skier, Tennisschläger etc*) press. – **4.** (*Zeitungsspanner*) (newspaper) rack. – **5.** (*für Handschuhe etc*) stretcher, (*bes. für Stoffe etc*) tenter. – **6.** *tech.* a) (*für Draht, Riemen etc*) stretcher, tightener, b) (*Futter*) chuck, c) (*am Schraubstock*) vise, *auch* vice, d) (*für Türen*) T-bar clamp. – **7.** *med.* (*Muskel*) tensor. – **8.** *zo.* a) (*Schmetterling*) geometer, geometrid (*Fam. Geometridae*), b) *cf.* Spannerraupe. – **9.** *colloq. for* Voyeur. — **~ˌrau·pe** *f zo.* (*eines Schmetterlings der Fam. Geometridae*) looper, *auch* inchworm, measuring worm, spanworm.

ˈSpann|ˌfe·der *f tech.* tension spring. — **~ˌfut·ter** *n* **1.** (*Klemmfutter*) chuck. – **2.** (*der Drehmaschine*) lathe chuck. — **~geˌwicht** *n* tension weight. — **~ˌhe·bel** *m tech.* **1.** clamping (*od.* tension) lever. – **2.** (*am Gewehr*) cocking lever. — **~ˌhö·he** *f* (*beim Bogenschießen*) fistmele. — **~ˌklaue** *f tech.* **1.** *cf.* Spannpratze. – **2.** (*Drehmaschinenherz*) lathe dog. – **3.** (*Meißelhalter*) plain toolpost. — **~ˌklup·pe** *f* woodworker's vise (*auch* vice). — **~konˌso·le** *f* tensioning bracket. — **~ˌkopf** *m* (*der Drehmaschine*) **1.** (*für Werkstücke*) workhead. – **2.** (*für Meißel*) tool-holding fixture. – **3.** (*Futter*) chuck. — **~ˌkraft** *f* ⟨-; *no pl*⟩ **1.** (*einer Feder etc*) elasticity, (elastic) resilience (*od.* resiliency), springiness. – **2.** *fig.* (*geistige u. körperliche*) elasticity, resilience, resiliency, buoyancy, *auch* buoyance, tone: **er hat an ~ verloren** he has lost buoyancy. – **3.** *phys.* (*des Drucks, Dampfs etc*) tension, expanding force. – **4.** *tech.* (*einer Werkzeugmaschine*) clamping power. – **5.** *med.* (*eines Muskels*) tone, tonicity, tonus (*scient.*). — **s~ˌkräf·tig** *adj* (*geistig u. körperlich beweglich*) elastic, resilient, buoyant. — **~ˌlack** *m* stiffening varnish, dope. — **~ˌmus·kel** *m med.* tensor. — **~ˌmut·ter** *f tech.* clamp nut.

ˈSpann-ˌNut *f tech.* **1.** T-slot, workholding slot. – **2.** (*eines Fräsers*) gash. – **3.** (*eines Schneidwerkzeugs*) flute.

ˈSpann·paˌtro·ne *f tech.* draw-in collet. — **ˈSpann·paˌtro·nenˌfut·ter** *n* draw-in collet chuck.

ˈSpann|ˌplat·te *f tech.* **1.** (*einer Bügelsäge*) stretcher. – **2.** (*für Motoren*) hinged baseplate. — **~ˌprat·ze** *f* clamping jaw (*od.* shoe). — **~ˌrah·men** *m* (*textile*) tenter (frame), stretching frame. — **~ˌrie·gel** *m arch.* collar (*od.* top) beam. — **~ˌrie·men** *m* (*des Schusters*) knee strap. — **~ˌring** *m tech.* locking ring. — **~ˌrol·le** *f* (*eines Riementriebs*) idler pulley, (belt) tightener pulley. — **~ˌsä·ge** *f* web saw. — **~ˌschloß** *n* turnbuckle. — **~ˌschrau·be** *f tech.* **1.** clamping (*od.* locking) bolt. – **2.** (*Anzugschraube*) drawbolt, (*zum Spannen von Werkstücken*) holding-down bolt. — **~ˌseil** *n* **1.** (*zur Sicherung eines Mastes, Pfahls etc*) guy (rope). – **2.** (*sport*) (*für ein Netz*) net cord. — **~ˌtep·pich** *m* wall-to-wall carpet.

ˈSpan·nung *f* ⟨-; -en⟩ **1.** *cf.* Spannen. – **2.** ⟨*only sg*⟩ (*Straffheit*) tension, tightness, tautness, (*stärker*) strain: **die ~ des Seils ließ nach** the tension of (*stärker* the strain on) the rope decreased. – **3.** ⟨*only sg*⟩ (*Gespanntheit, Erregtheit*) suspense, tension, (*stärker*) excitement: **sie erwartete den Tag mit** (*od.* **voll, voller**) **~** she awaited the day with (*od.* full of) excitement, she awaited the day with eager (*od.* in a flutter of) expectation; **ein Buch mit wachsender ~ lesen** to read a book with growing excitement; **voll(er) ~ öffnete er den Brief** he opened the letter full of suspense, he anxiously opened the letter; **im Saal herrschte atemlose ~** there was an atmosphere of breathless suspense in the hall. – **4.** ⟨*only sg*⟩ (*das Spannende in einem Film, Theaterstück etc*) suspense, tension, (*stärker*) thrill: **das Hörspiel war voller ~** the radio play was full of suspense (*od.* was very exciting, was thrilling). – **5.** (*gespanntes Verhältnis*) tension, strained relation: **die ~en zwischen zwei Ländern abbauen** (*od.* **vermindern**) to lessen (*od.* diminish, mitigate) the tension between two countries; **die politischen ~en entluden sich in einem Krieg** the political tensions exploded in a war. – **6.** *tech.* a) (*eines Riemens, einer Schraube, Feder*) tension, b) (*einer Kette, eines Seils*) pull: (**elastische**) **~** stress. – **7.** *metall.* (*im Prüfwesen*) a) (*Beanspruchung unterhalb der Elastizitätsgrenze*) stress, b) (*bleibend verformende*) strain. – **8.** *phys.* (*von Gasen etc*) pressure. – **9.** *electr.* (electric) tension, voltage, electric potential: **hochfrequente [verkettete] ~** high-frequency [interconnected *od.* mesh, delta] voltage; **die Leitung steht unter ~** the line is live (*od.* energized *Br. auch* -s-). – **10.** *psych.* a) stress, strain, b) (*Tonus*) tone, tonus (*scient.*): (**nervöse**) **~** (nervous) stress. – **11.** *med.* (*in der Physiologie*) tension.

ˈSpan·nungs|ˌabˌfall *m*, **~ˌabˌnah·me** *f electr.* voltage drop. — **~ˌanˌzei·ger** *m* voltage indicator. — **~ˌausˌgleich** *m* **1.** *tech.* compensation of stress. – **2.** *electr.* voltage compensation. — **~ˌausˌglei·cher** *m* ⟨-s; -⟩ voltage compensator (*od.* equalizer *Br. auch* -s-). — **~dif·feˌrenz** *f cf.* Spannungsunterschied. — **~erˌhö·hung** *f* voltage increase. — **~ˌfeld** *n* **1.** *electr.* electric field. – **2.** *fig.* field of tension. — **~ˌfe·stig·keit** *f electr.* (di)electric (*od.* disruptive) strength. — **s~ˌfrei** *adj* **1.** *metall.* unstressed. – **2.** *fig.* unstrained. — **s~ˌfüh·rend** *adj electr.* live (*bes. attrib*), energized *Br. auch* -s-, alive (*pred*). — **~geˌbiet** *n pol.* area of tension. — **~geˌfäl·le** *n electr.* potential drop, voltage drop. — **s~geˌla·den** *adj colloq.* **1.** (*Roman, Film etc*) thrilling, full of suspense, suspenseful. – **2.** (*Atmosphäre etc*) full of suspense, suspenseful: **die Atmosphäre im Saal war ~** the atmosphere in the room was full of suspense. — **~imˌpuls** *m electr.* voltage (im)pulse. — **~ko·ef·fi·zi·ent** *m* voltage coefficient. — **~konˌstantˌhal·ter** *m* voltage regulator. — **s~los** *adj* **1.** *electr.* (*Leitung*) dead. – **2.** *tech.* stress-relieved. – **3.** (*Roman, Film etc*) dull, insipid. — **~ˌmes·ser** *m* **1.** *electr.* voltmeter. – **2.** *tech.* strain ga(u)ge. — **~moˌment** *n* (*literature*) element of tension, element creating suspense. — **~ˌop·tik** *f phot.* photoelasticity. — **s~ˌop·tisch** *adj* photoelastic. — **~ˌpe·gel** *m electr.* voltage level. — **~ˌprü·fer** *m* **1.** (*zum Prüfen der Spannung gegen Erde*) voltage indicator. – **2.** *cf.* Spannungsmesser 1. — **~ˌreg·ler** *m* voltage (*od.* potential) regulator. — **~ˌrei·he** *f* **1.** *phys.* contact (*od.* potential) series: **thermoelektrische ~** thermoelectric (*Br.* thermo-electric) series. – **2.** *chem.* electrochemical (*od.* electromotive) series: **elektrolytische ~** electrolytic series. — **~ˌriß** *m metall.* tension (*od.* draw) crack. — **~ˌschwan·kung** *f electr.* voltage fluctuation, variation in voltage. — **~ˌstoß** *m* voltage (im)pulse, surge. — **~ˌun·terˌschied** *m* potential difference. — **~verˌlust** *m cf.* Spannungsabfall. — **~verˌstär·ker** *m* voltage amplifier. — **~ˌwandler** *m* potential (*od.* voltage) transformer.

ˈSpannut (*getr.* -nnˌn-) *f tech. cf.* Spann-Nut.

ˈSpann|ˌvorˌrich·tung *f* **1.** *tech.* a) clamping device, b) (*für Werkstücke*) work-holding fixture, chucking appliance. – **2.** (*textile*) (*für Stoffe*) stretching device, stretcher, tenter. — **~ˌwal·ze** *f* (*paper*) stretching roll. — **~ˌwei·te** *f* **1.** (*von Flügeln, Tragflächen*) (wing)span. – **2.** (*einer Brücke, eines Trägers etc*) span, opening. – **3.** *tech.* (*eines Schraubstocks*) gripping (*od.* opening) capacity. – **4.** *math.* (*eines Zirkels*) span, range. – **5.** (**geistige**) **~** *fig.* (intellectual) scope (*od.* range). — **~ˌwerkˌzeug** *n tech. obs. for* Spannzeug. — **~ˌwir·bel** *m* (*an Rolläden etc*) turnbuckle.

ˈSpannˌzan·ge *f tech.* collet. — **ˈSpannˌzan·genˌfut·ter** *n* draw-in collet chuck.

ˈSpannˌzeug *n tech.* **1.** clamping fixture. – **2.** (*Futter*) chucking tool. – **3.** (*Werkstückaufspannvorrichtung*) work-holding fixture.

ˈSpanˌschach·tel *f* chip (*od.* splint) box.

Spant [ʃpant] *n* ⟨-(e)s; -en⟩ *meist pl* **1.** *mar.* a) (*stählernes*) frame, rib, b) (*hölzernes*) timber, rib. – **2.** *auch m aer.* frame. — **ˈSpan·tenˌriß** *m mar.* body plan.

ˈSpanˌtie·fe *f tech.* (*Schnittiefe*) depth of cut.

ˈSpantˌriß *m mar. cf.* Spantenriß.

ˈSpa·nung *f* ⟨-; *no pl*⟩ **1.** *cf.* Spanen. – **2.** *tech.* (*spangebende Bearbeitung*) machining operation.

ˈSpanˌwin·kel *m tech.* **1.** rake angle. – **2.** (*eines Fräsers, einer Räumnadel etc*) hook angle.

ˈSpar|beˌtrag *m econ.* amount of savings, savings amount. — **~ˌbren·ner** *m* (*für Gas*) economical burner. — **~ˌbuch** *n econ. cf.* Sparkassenbuch. — **~ˌbüch·se** *f* money box.

ˈSpar·ca·tron·verˌfah·ren [ˈsparkatroːn-] *n tech.* electric spark discharge cutting process, spark machining method.

ˈSpar|ˌdeck *n mar.* spar deck. — **~ˌdü·se** *f auto.* economizer (*Br. auch* -s-) jet. — **~ˌeinˌla·ge** *f econ.* savings deposit. — **~ˌeinˌrich·tung** *f tech.* economizer *Br. auch* -s-. — **~ˌeinˌstel·lung** *f* economizing (*Br. auch* -s-) setting.

spa·ren [ˈʃpaːrən] **I** *v/t* ⟨h⟩ **1.** (*Geld*) save (up), put (*s.th.*) away: **von meinem Verdienst kann ich (mir) nicht viel ~** I can't save much from what I earn; **~ Sie sich** (*dat*) **Ihr Geld!** *colloq. iron.* save your money! don't waste your money! don't throw your money away! – **2.** (*Zeit, Mühe, Arbeit etc*) save: **das spart viel Zeit** that saves plenty of time; **er sparte seine Kräfte für den Endspurt** he saved his energy for the final spurt. – **3.** (*einschränken, einsparen*) save, reduce, economize (*Br. auch* -s-) (on), cut down (on): **wie kann ich Produktionskosten ~?** how can I cut down production costs? – **4.** (*haushälterisch umgehen mit*) save, be economical (*od.* saving, sparing) with, economize (*Br. auch* -s-) (on): **wir müssen Proviant ~** we have to be economical with (*od. colloq.* go easy on) our provisions. – **5.** (*ersparen*) save, spare: **den weiten Weg hättest du dir ~ können** you might have spared yourself the long walk; **deine Ratschläge kannst du dir ~!** you can keep your advice! I can do without your advice! **spar dir deine Worte!** spare (*od.* save) your breath! **das neue Verfahren spart uns viel Mühe** the new procedure saves us much trouble; **sie sparten keine Mühe und Kosten, um uns den Aufenthalt angenehm zu machen** they went out of their way (*od.* nothing was too much for them, they did everything they could, *colloq.* they bent over backwards) to make our stay pleasant (for us). – **II** *v/i* **6.** (*Geld zurücklegen*) save (up): **sie hat ihr Leben**

lang gespart she has been saving all her life; **am falschen Ende** (*od.* **Platz**) ~ to save the wrong way, to be penny-wise and pound-foolish. – **7.** (*sparsam sein*) save, be economical (*od.* thrifty, sparing, saving), economize *Br. auch* -s-: **wir müssen sehr** ~ we have to save hard; **spare in der Zeit, so hast du in der Not** (*Sprichwort*) waste not, want not (*proverb*). – **8. an** (*dat*) **etwas** ~ to save (*od.* economize *Br. auch* -s-, cut down) on s.th.: **wir** ~ **lieber an Anschaffungen als am Essen** we rather save on purchases than on food. – **9. auf** (*acc*) (*od.* **für**) **etwas** ~ (*eine Reise, ein Auto etc*) to save (up) for s.th. – **10. mit etwas** ~ a) (*mit Geld, Material etc*) to save on s.th., to be economical (*od.* sparing, saving) with s.th., to economize (*Br. auch* -s-) (on) s.th., b) (*mit Anerkennung etc*) to be sparing in (*od.* chary of) s.th.: **bei der Ausstattung des Gebäudes ist mit Geld nicht gespart worden** no expense has been spared on the furnishings of the building; **der Lehrer sparte nicht mit Lob** the teacher was not sparing (*od.* was generous) in his praise. – **III S**~ *n* ⟨-s⟩ **11.** *verbal noun.* – **12.** economy. – **13.** economization *Br. auch* -s-, reduction.

'Spa·rer *m* ⟨-s; -⟩ *bes. econ.* saver: **die kleinen** ~ the small savers.

'Spar|ˌflam·me *f* (*am Gasherd etc*) economical flame: **seitdem der Geldgeber gestorben ist, muß der Verein auf** ~ **kochen** *fig. colloq.* the club has had to go easy on its funds since its sponsor died (*colloq.*). — ~ˌ**freu·dig·keit** *f econ.* propensity to save. — ~ˌ**gang·geˌtrie·be** *n auto.* overdrive.

Spar·gel ['ʃpargəl] *m* ⟨-s; -⟩, *Swiss auch f* ⟨-; -n⟩ *bot. gastr.* asparagus (*Gattg Asparagus*): ~ **stechen** to cut asparagus; **6 Stangen** ~ 6 stalks of asparagus, 6 asparagus stalks. — ~ˌ**bau** *m* ⟨-(e)s; *no pl*⟩ *agr.* cultivation (*od.* growing) of asparagus. — ~ˌ**beet** *n* asparagus bed.

'Sparˌgeld *n* ⟨-(e)s; -er⟩ *meist pl bes. econ.* savings *pl.*

'Spar·gel|ˌerb·se *f bot.* winged pea (*Lotus tetragonolobus*). — ~ˌ**es·sen** *n* ⟨-s; -⟩ meal of asparagus. — ~ˌ**feld** *n agr.* asparagus field. — ~ˌ**flie·ge** *f zo.* asparagus fly (*Platyparea poeciloptera*). — ~**geˌmü·se** *n gastr.* boiled asparagus served in white sauce. — ~ˌ**hähn·chen** *n*, ~ˌ**kä·fer** *m zo.* asparagus beetle (*Crioceris asparagi u. C. duodecimpunctata*). — ~ˌ**kohl** *m bot.* (sprouting) broc(c)oli (*Brassica oleracea ssp. italica*). — ~ˌ**kopf** *m cf.* Spargelspitze. — ~**luˌzer·ne** *f bot.* alfalfa, *bes. Br.* lucern(e) (*Medicago sativa*). — ~ˌ**mes·ser** *n* asparagus knife. — ~ˌ**pflan·ze** *f bot.* asparag(ino)us plant. — ~**saˌlat** *m gastr.* asparagus salad. — ~ˌ**spit·ze** *f* asparagus tip. — ~ˌ**ste·cher** *m* **1.** (*Person*) asparagus cutter. – **2.** *cf.* Spargelmesser. — ~ˌ**sup·pe** *f gastr.* asparagus soup. — ~ˌ**zeit** *f* asparagus season.

'Spar|geˌmisch *n auto.* lean mixture. — ~ˌ**gi·ro·verˌkehr** *m econ.* cashless transfer through the central giro system of savings banks. — ~ˌ**gro·schen** *m* nest egg. — ~ˌ**gutˌha·ben** *n econ.* savings balance. — ~ˌ**herd** *m* economical stove.

Spark [ʃpark] *m* ⟨-(e)s; *no pl*⟩ **1.** *bot.* spurr(e)y (*Gattg Spergula*). – **2.** *agr. cf.* Ackerspargel.

'Spar·ka·piˌtal *n econ.* savings capital.

'Sparˌkas·se *f econ.* savings bank: **sein Geld auf die** ~ **bringen** to put (*od.* deposit) one's money in the savings bank; **Geld von der** ~ **abheben** to withdraw money from the savings bank.

'Sparˌkas·sen|ˌbuch *n* savings bank (deposit) book. — ~ˌ**we·sen** *n* savings bank system.

Spärk·ling ['ʃpɛrklɪŋ] *m* ⟨-s; -e⟩ *bot.* sand spurr(e)y (*Spergularia rubra*).

'Spar|ˌko·cher *m* (*housekeeping*) (small) economical cooker. — ~ˌ**kon·tenˌinˌha·ber** *m econ.* holder of a savings account, savings bank depositor. — ~ˌ**kon·to** *n* savings account.

spär·lich ['ʃpɛːrlɪç] **I** *adj* **1.** (*Ertrag, Ausbeute, Nahrung, Vorrat, Beleuchtung etc*) scant(y), meager, *bes. Br.* meagre, poor: **von dem Stoff war nur ein** ~**er Rest übriggeblieben** only a scanty remainder of the fabric was left (over); **er verfügt über** ~**e Geldmittel** he has scanty (*od.* meager, slender) means; **unsere Rationen waren sehr** ~ our rations were very scanty (*od.* frugal); **seine Kenntnisse in der englischen Sprache sind sehr** ~ his knowledge of the English language is very meager (*od.* scanty), he has only a smattering of English. – **2.** (*Vegetation, Bevölkerung etc*) sparse, scant(y), meager, *bes. Br.* meagre. – **3.** (*Haarwuchs*) sparse, thin. – **4.** (*Besuch einer Veranstaltung etc*) poor, sparse, thin. – **5.** (*Bekleidung, Möblierung etc*) scant(y), sparse. – **6.** *colloq.* (*Zuschauer, Besucher etc*) scattered. – **7.** *bes. econ.* (*Nachfrage, Absatz etc*) scanty, slack. – **II** *adv* **8. eine** ~ **beleuchtete Straße** a poorly (*od.* scantily) lit street; **die öffentlichen Mittel flossen nur sehr** ~ governmental aid was only very meager; **das Gras wächst hier nur** ~ the grass grows very sparsely here, the grass is very sparse here; **der Vortrag war** ~ **besucht** the lecture was poorly attended; **ein** ~ **besiedelter Landstrich** a sparsely populated area; **sie war nur** ~ **bekleidet** she was only scantily dressed; **sein Taschengeld ist** ~ **bemessen** he is given very meager pocket money. — **'Spär·lich·keit** *f* ⟨-; *no pl*⟩ **1.** (*der Beleuchtung, Rationen etc*) scant(i)ness, meagerness, *bes. Br.* meagreness, poorness. – **2.** (*der Vegetation*) sparseness, sparsity, scant(i)ness.

'Spar|ˌmar·ke *f* **1.** (*Rabattmarke*) (trading) stamp. – **2.** (*beim Prämiensparen etc*) savings stamp. — ~ˌ**maßˌnah·me** *f meist pl* economy (measure): **drastische** ~**n** drastic economy measures (*od.* economies). — ~ˌ**nei·gung** *f econ.* propensity to save. — ~ˌ**ofen** *m cf.* Sparherd. — ~ˌ**pfen·nig** *m cf.* Spargroschen. — ~ˌ**prä·mie** *f econ.* savings premium. — ~ˌ**prä·mi·enˌlos** *n* savings premium lottery ticket. — ~ˌ**quo·te** *f* rate of saving, saving ratio.

Spar·re ['ʃparə] *f* ⟨-; -n⟩ *cf.* Sparren.

Spar·ren ['ʃparən] *m* ⟨-s; -⟩ **1.** (*Dachsparren*) rafter. – **2.** *tech.* (*Kreuzholz*) scantling. – **3.** *mar.* spar. – **4.** *her.* chevron. – **5. einen** ~ (**zuviel**) (*od.* **einen** ~ **im Kopf**) **haben** *fig. colloq.* to have a kink, to have a screw loose.

spar·ren ['ʃparən; 'spa-] *v/i* ⟨h⟩ (*beim Boxen*) spar.

'Spar·renˌwerk *n* (*am Hausdach*) rafters *pl.*

Spar·ring ['ʃparɪŋ; 'spa-] *n* ⟨-s; *no pl*⟩ (*beim Boxen*) sparring.

'Spar·rings|ˌkampf *m* (*beim Boxtraining*) sparring (match). — ~ˌ**part·ner** *m* sparring partner.

'spar·sam I *adj* **1.** economical, thrifty, sparing, saving: **sie ist eine** ~**e Hausfrau** she is a thrifty housewife. – **2.** (*haushälterisch, wirtschaftlich*) economical, sparing, saving: **dieses Putzmittel ist** ~ **im Verbrauch** this cleaning agent is economical (in its application) (*od.* can be applied economically); **mit etwas** ~ **sein** a) (*mit Proviant, Vorrat etc*) to be economical with s.th., to save s.th., to economize (*Br. auch* -s) (on) s.th., b) (*mit Anerkennung, Lob etc*) to be sparing in (*od.* be chary of) s.th. – **3.** (*Anordnung, Möblierung etc*) sparse, scant(y). – **4.** (*zurückhaltend, mäßig*) sparing: **er macht** ~**en Gebrauch von seinen Vollmachten** he makes sparing use of his powers, he uses his powers sparingly; **einen Saal mit** ~**en Mitteln dekorieren** to decorate a hall sparingly. – **II** *adv* **5.** economically: **sie leben sehr** ~ they live very economically (*od.* thriftily); **dieser Ofen brennt** ~ this stove burns economically; ~ **mit etwas umgehen** (*mit Geld, Vorräten, Kräften etc*) to be economical with s.th., to save s.th., to economize (*Br. auch* -s-) (on) s.th., to go easy on s.th. (*colloq.*); **man muß diesen Lack sehr** ~ **auftragen** you have to apply this varnish very sparingly; **ein** ~ **möbliertes Zimmer** a sparsely (*od.* scant[i]ly) furnished room. — **'Spar·sam·keit** *f* ⟨-; *no pl*⟩ economy, thrift(iness), sparingness, savingness: **wir sind aus** ~ **nicht verreist** we did not go away for economical reasons; **falsche** ~, ~ **am falschen Platz** saving the wrong way, irrational economy.

'Spar|ˌschwein *n* piggy bank: **sein** ~ **schlachten** *colloq.* to break open one's piggy bank. — ~ˌ**strumpf** *m* stocking for one's savings.

Spar·ta·kia·de [ʃparta'kiaːdə; spar-] *f* ⟨-; -n⟩ (*sport*) Spartakiade, Spartaciad (*international championships within socialist and communist countries*).

Spar·ta·kist [ʃparta'kɪst; spar-] *m* ⟨-en; -en⟩ *pol. hist.* Spartacist. — **spar·ta'ki·stisch** *adj* Spartacist.

'Spar·ta·kusˌbund ['ʃpartakʊs-; 'spar-] *m* ⟨-(e)s; *no pl*⟩ *pol. hist.* Spartacus party (*od.* association).

Spar·ta·ner [ʃpar'taːnər; spar-] *m* ⟨-s; -⟩ *antiq.* Spartan. — **spar'ta·nisch I** *adj* **1.** Spartan, *auch* Spartanic. – **2.** *fig.* (*einfach, streng*) Spartan: **ein** ~**es Leben führen** to live a Spartan life. – **II** *adv* **3.** *fig.* Spartanically: **ein** ~ **eingerichtetes Zimmer** a Spartanically furnished room, a room with Spartan furnishings; **bei uns geht es recht** ~ **zu** we lead a Spartan life.

Spar·te ['ʃpartə] *f* ⟨-; -n⟩ **1.** (*Teilgebiet, Abteilung*) section, field, area, branch, department: **er kennt sich in allen** ~**n seines Berufes aus** he is quite at home in all sections of his profession. – **2.** (*Zeitungsrubrik*) section.

'Spartˌgras ['ʃpart-] *n bot. cf.* Esparto(gras).

Spar·ti·at [ʃpar'ti̯aːt; spar-] *m* ⟨-en; -en⟩ *antiq.* Spartiate.

spar·tie·ren [ʃpar'tiːrən; spar-] *v/t* ⟨*no* **ge-**, h⟩ *mus.* (*in Partitur setzen*) score.

'Spar|ˌtrieb *m cf.* Sparneigung. — ~**und 'Darˌle·hensˌkas·se** *f econ.* savings and loan bank. — ~**verˌein** *m* savings club. — ~**verˌkehr** *m* savings *pl*, saving activity (*od.* transactions *pl*). — ~**verˌtrag** *m* savings contract (*od.* agreement). — ~ˌ**wo·che** *f* savings week. — ~ˌ**zwang** *m* compulsory saving.

spas·misch ['spasmɪʃ; 'ʃpas-], **spas'mo·disch** [-'moːdɪʃ] *adj med.* convulsive, spastic, spasmodic(al), spasmic.

spas·mo·gen [spasmo'geːn; ʃpas-] *adj med.* convulsant, caused by spasms, spasmogenic.

spas·mo·ly·tisch [spasmo'lyːtɪʃ; ʃpas-] *adj med.* (*krampflösend*) spasmolytic, antispasmodic.

Spas·mus ['spasmʊs; 'ʃpas-] *m* ⟨-; -men⟩ *med.* (*Krampf*) spasm, convulsion, cramp.

Spaß [ʃpaːs] *m* ⟨-es; ⸚e ['ʃpɛːsə]⟩ **1.** ⟨*only sg*⟩ (*Vergnügen, Freude*) fun: **wir hatten viel** ~ **zusammen** we had great (*od.* much) fun together; **wir haben viel** ~ **gehabt** we had great fun, we had a great time (of it *od.* to ourselves); **die Kinder hatten ihren** ~ **an den Geschenken** the children enjoyed (*od. colloq.* got a lot of fun out of) the presents; **das macht viel** (*od.* **großen**) ~! it's great fun! it's a great lark! **die Arbeit macht mir keinen** ~ I do not enjoy the work; **warum tust du das?** — **Weil es mir** ~ **macht!** why do you do that? — Because I find it fun (*od.* Because I enjoy it, Because I like to); **der Film hat mir großen** ~ **gemacht** the film was great fun, I really enjoyed the film; **es macht keinen** ~, **mit dir auszugehen** it's no fun (at all) to go out with you; **er machte sich** (*dat*) **einen** ~ **daraus, mich zu ärgern** he derived great pleasure from (*od.* he got great fun *od. colloq.* a kick out of) annoying me, he loved to annoy me; **na, Sie machen mir** ~! *colloq. iron.* you must be joking! you're a good one! (**ich wünsche euch**) **viel** ~ **heute abend!** have fun (*od.* a good time) this evening! **j-m den** ~ **verderben** to spoil s.o.'s fun (*od.* sport); **seinen** ~ **mit j-m treiben** to make fun (*od.* sport) of s.o.; **das war ein ziemlich teurer** ~ *colloq.* that cost a pretty penny, that ran into (quite a bit of) money; **das haben wir nur zum** ~ **getan** (*od.* **nur getan, um unseren** ~ **zu haben**) we just did it for fun (*od.* a lark, *colloq.* kicks), we just did it for a bit of amusement (for ourselves); **mir ist der** ~ (**daran**) **vergangen** I've had enough of it. – **2.** (*Scherz, Witz*) joke, jest: **ein schlechter** ~ a bad joke; **sich** (*dat*) **einen** ~ **mit j-m erlauben** to play a joke on s.o.; **der** ~ **geht zu weit** this is beyond a joke, this joke has been carried too far; ~ **beiseite!** *colloq.* joking apart (*od.* aside)! ~ **muß sein!** *colloq.* there's no harm in a joke; **seine Späße mit j-m treiben** to play jokes on s.o.; **laß diese albernen Späße!** none (*od.* no more) of your silly jokes! **er ist immer zu Späßen aufgelegt** he is always making jokes; **er ist heute nicht zu Späßen aufgelegt** he's not in the mood for jokes today; **er macht doch nur** ~! *colloq.* he's only joking (*od. sl.* kidding)! **sie hat das**

(doch) nur aus (*od.* im) ~ gesagt she only said it as a joke (*od.* for fun, in jest); **ich habe das nicht zum** (*od.* aus) ~ **gesagt!** I didn't mean it as a joke, I was not joking; **er versteht** ~ he can take (*od.* see) a joke; **keinen** ~ **verstehen** to have no sense of humo(u)r; **in Gelddingen versteht sie keinen** ~ she stands no nonsense where money is concerned; **in dieser Hinsicht kann sie keinen** ~ **vertragen** she stands no joking in this respect. – **3.** *meist pl* (*des Clowns*) antic, jest, prank.

Späß·chen [ˈʃpɛːsçən] *n* ⟨-s; -⟩ *dim. of* Spaß: ~ machen to try to be funny.

spa·ßen [ˈʃpaːsən] **I** *v/i* ⟨h⟩ joke, (make) fun, jest, kid (*sl.*): **damit ist nicht zu** ~ this is no joking matter; **wenn es um Geld geht, läßt er nicht mit sich** ~ (*od.* **ist mit ihm nicht zu** ~) he stands no nonsense in matters of money (*od.* where money is concerned); **Sie** ~ **(wohl)!** you are joking! you don't mean it! you're being funny! – **II S**~ *n* ⟨-s⟩ *verbal noun.*

Spa·ße'rei *f* ⟨-; -en⟩ **1.** *cf.* Spaßen. – **2.** *cf.* [Spaß 2.]

ˈ**spa·ßes,hal·ber** *adv* for the fun of it, (just) for fun, for a joke.

ˈ**spaß·haft** *adj cf.* spaßig. — ˈ**Spaß·haf·tig·keit** *f* ⟨-; *no pl*⟩ *cf.* Spaßigkeit.

ˈ**spa·ßig** *adj* (*Bemerkung, Person etc*) funny, comic(al), jocular, jocose, (*bes. leicht ironisch*) facetious. — ˈ**Spa·ßig·keit** *f* ⟨-; *no pl*⟩ funniness, comicalness, comicality, jocularity, jocosity, (*bes. mit leichter Ironie*) facetiousness.

ˈ**Spaß|,ma·cher** *m* ⟨-s; -⟩ **1.** wag, joker, jester. – **2.** (*im Zirkus etc*) clown, buffoon. — ~**ver,der·ber** *m* ⟨-s; -⟩, ~**ver,der·be·rin** *f* ⟨-; -nen⟩ spoilsport, killjoy, wet blanket (*colloq.*). — ~**,vo·gel** *m fig.* **1.** *cf.* Spaßmacher 1. – **2. du bist mir ein** ~! *colloq. iron.* you're joking, of course! you're a good one!

Spas·ti·ker [ˈspastikər; ˈʃpas-] *m* ⟨-s; -⟩ *med.* spastic.

spa·stisch [ˈspastɪʃ; ˈʃpas-] *med.* **I** *adj* convulsive, spastic, spasmodic(al), spasmic. – **II** *adv* **ein** ~ **Gelähmter** a spastic.

Spat[1] [ʃpaːt] *m* ⟨-(e)s; -e *u.* ⸚e⟩ *min.* spar.

Spat[2] *m* ⟨-(e)s; *no pl*⟩ *vet.* (*Pferdekrankheit*) spavin, *auch* spavine.

spät [ʃpɛːt] **I** *adj* ⟨-er; -est⟩ **1.** late: **am** ~**en Abend** in the late evening, late in the evening; **im** ~**en Herbst** in late autumn, late in autumn; **in den** ~**en dreißiger Jahren** in the late thirties; **das** ~**e 17. Jahrhundert** the late 17th century; **wir unterhielten uns bis in die** ~**e Nacht (hinein)** we talked till late at night (*od.* in the night); **sie trafen sich zu** ~**er Stunde** they met at a late hour; **der** ~**e Goethe** the late Goethe; **ein** ~**er Rembrandt** a late (work of) Rembrandt; **es wird** ~, **wir wollen gehen!** it's getting late, let's go! **warte nicht auf mich, es wird heute** ~ **werden** don't wait (for me), it will go on until late tonight; **es ist gestern (noch) sehr** ~ **geworden** things went on till late yesterday; **wie** ~ **ist es, bitte?** what time is it, please? what's the time, please? how late is it, please? – **2.** (*spät eintretend*) late: ~**es Obst** late fruit(s *pl*); **ein** ~**es Abendessen** a late supper; **wir hatten einen** ~**en Frühling in diesem Jahr** we had a late spring this year; **Ostern ist** (*od.* **liegt, fällt**) **dieses Jahr** ~ Easter is late this year; ~**es Glück** late happiness; ~**e Reue** late repentance; → Mädchen 1. – **II** *adv* **3.** late: ~ **aufstehen** to get up late, to be a late riser; ~ **am Tage [in der Nacht, im Jahr]** late in the day [at night, in the year]; **er arbeitete bis** ~ **in die Nacht (hinein)** he worked till late at night (*od.* in the night); **sie ist von früh bis** ~ **auf den Beinen** she is on her feet from (early) morning till (late at) night; **er hat sich körperlich (erst)** ~ **entwickelt** he developed physically rather late; **zu** ~ too late; **zu** ~ **kommen** to be late; **sie kam 15 Minuten zu** ~ **zur Arbeit** she was 15 minutes late for work, she came 15 minutes late to work; **beeil dich, wir sind ohnehin zu** ~ **d(a)ran (für den Film)!** hurry up, we're late (for the film) as it is! **da sind Sie um zwei Tage zu** ~ **d(a)ran!** you're two days too late! **seine Hilfe kam zu** ~ his help came too late; **besser** ~ **als nie!** (*Sprichwort*) better late than never! (*proverb*).

ˈ**spät'abends** *adv* late in the evening, in the [late evening.]

ˈ**Spät,ap·fel** *m hort.* late apple.

ˈ**spat,ar·tig** *adj min.* sparry, spathic, spathose.

ˈ**Spät|,aus,ga·be** *f* (*einer Zeitung*) late issue (*od.* edition). — ~**ba,rock** *n, m* **1.** *hist.* late Baroque period. – **2.** *arch.* (*art*) late Baroque. — **s**~**,blü·hend** *adj bot.* late-flowering (*attrib*).

ˈ**Spat,ei·sen,stein** *m min.* siderite, chalybite, spathic (*od.* sparry) iron ore.

Spa·tel [ˈʃpaːtəl] *m* ⟨-s; -⟩ *med.* a) spatula, b) (*löffelförmiger*) spoon. — **s**~**,för·mig** *adj* spatulate(d), spatula-shaped.

Spa·ten [ˈʃpaːtən] *m* ⟨-s; -⟩ spade: **die Erde mit dem** ~ **umgraben** to dig up the soil with a spade, to spade the soil. — ~**kul,tur** *f agr.* spade-farming, spade husbandry. — ~**,stich** *m* cut with a spade: **den ersten** ~ **tun** a) to turn the first sod, b) *fig.* to break ground, to lay the cornerstone.

ˈ**spät|ent,wickelt** (*getr.* -k·k-) *adj* ⟨*attrib*⟩ (*Kind*) late-developed. — **S**~**ent,wick·ler** *m* late developer, *Am.* late bloomer. — **S**~**ent,wick·lung** *f* ⟨-; *no pl*⟩ late development.

ˈ**spä·ter I** *comp of* spät. – **II** *adj* **1.** later: **zu einem** ~**en Zeitpunkt** at a later date; **in (den)** ~**en Jahren sahen sie sich kaum** they hardly ever met in later (*od.* subsequent) years; **es ist** ~ **als ich dachte** it is later than I thought. – **2.** (*zukünftig*) future: ~**e Generationen werden unser Werk zu Ende führen** future generations will complete our work; **dort lernte er seine** ~**e Frau kennen** there he met his future wife (*od.* his wife[-]to-be). – **III** *adv* **3.** later: **er kam eine Stunde** ~ **als erwartet** he came an hour later than expected; **ich werde heute abend etwas** ~ **kommen** I'll come a little later tonight. – **4.** (*danach, nachher*) later (on): **eine Stunde** ~ **kam er endlich** he finally came an hour later; **soll ich** ~ **wiederkommen?** shall I come later (on)? **ich sehe dich** ~! **bis** ~! (I'll) see you later! till later! **dazu ist** ~ **noch Zeit, das hat (noch) Zeit bis** ~ there'll be plenty of time for that later on, that can wait until later; **früher oder** ~ sooner or later; **er vertröstete sie auf** ~ he put her off until (some time) later. – **5.** (*in zukünftiger Zeit*) sometime, some day: ~ **wirst du darüber anders denken** sometime you'll think differently about it; **an** ~ **denken** to think of one's future.

ˈ**spä·ter'hin** *adv* later (on).

ˈ**spä·te·stens** *adv* at the latest: **der Zug wird in** ~ (*od.* ~ **in**) **einer Stunde eintreffen** the train will arrive in an hour at the latest; ~ **um 5 Uhr** at 5 o'clock at the latest, not later than 5 o'clock.

ˈ**Spät|,form** *f* (*einer Kunstepoche*) last stage, final phase. — ~**,frost** *m meteor.* (*im Frühling*) late frost. — ~**ge,burt** *f med.* retarded (*od.* post-term) birth. — ~**,go·tik** *f* **1.** *hist.* late Gothic period. – **2.** *arch.* (*art*) late Gothic (style). — **s**~**,go·tisch** *adj* late Gothic, (*bes. in England*) Perpendicular.

Spa·tha [ˈspaːta; ˈʃpaː-] *f* ⟨-; -then⟩ *bot.* (*Blütenscheide*) spathe.

ˈ**spat,hal·tig** *adj min.* sparry.

ˈ**Spät|,heim,keh·rer** *m* late returnee from a prisoner-of-war camp, late-repatriated prisoner (of war). — ~**,herbst** *m* late autumn (*bes. Am.* fall), latter part of autumn (*bes. Am.* fall). — **s**~**,herbst·lich** *adj* of (the) late autumn (*bes. Am.* fall).

ˈ**Spa·ti·en|,brei·te** *f print.* width of space. — ~**,keil** *m* spaceband.

ˈ**spa·tig** *adj vet.* spavined.

spa·tio·nie·ren [ʃpatsĭoˈniːrən; spa-] *v/t* ⟨*no* ge-, h⟩ *print.* (*Schriftsatz, Wörter etc*) space.

spa·ti·ös [ʃpaˈtsĭøːs; spa-] *adj print.* (*Druck etc*) spacious.

Spa·ti·um [ˈʃpaːtsĭum; ˈspaː-] *n* ⟨-s; -tien⟩ *print.* (*Zwischenraum*) space.

ˈ**Spät|,jahr** *n* autumn, *bes. Am.* fall. — ~**la,tein** *n ling.* Late Latin. — **s**~**la,tei·nisch** *adj* Late Latin. — ~**,le·se** *f gastr.* late vintage.

ˈ**Spät·ling** *m* ⟨-s; -e⟩ **1.** (*späte Frucht*) late fruit. – **2.** calf (*od.* lamb) born late in the year. – **3.** *humor.* (*spätes Kind, Nachkömmling*) latecomer, afterthought (*colloq.*).

ˈ**Spät|,mit·tel,al·ter** *n hist.* Late Middle Ages *pl.* — ~**,nach,mit·tag** *m* late afternoon: **am** ~ late in the afternoon. — **s**~**'nach,mit·tags** [ˌʃpɛːt-] *adv* in the late afternoon, late in the afternoon. — ~**,obst** *n* late fruit(s *pl*). — **s**~**,reif** *adj* ⟨*attrib*⟩ **1.** (*Obst etc*) late-ripening. – **2.** *fig.* (*Mensch*) late-maturing. — ~**,rei·fe** *f* late maturity. — ~**re·nais,sance** *f* **1.** *hist.* late Renaissance period, end of the Renaissance. – **2.** *arch.* (*art*) late Renaissance. — ~**ro,man·tik** *f* **1.** late Romanticism, late Romantic period. – **2.** (*art*) late Romanticism, late Romantic school (*od.* style). — ~**,schicht** *f econ.* late shift. — ~**,schmerz** *m med.* delayed (*od.* retarded) pain. — ~**,som·mer** *m* late summer, latter part of summer: **im** ~ in (the) late summer, late in the summer. — ~**,sy·phi·lis** *f med.* retarded syphilis.

Spatz [ʃpats] *m* ⟨-en, *auch* -es; -en⟩ **1.** *zo.* sparrow (*Gattg Passer*): **frech wie ein** ~ *fig.* (as) cheeky as a sparrow; **sie ißt wie ein** ~ *fig.* she eats like a bird, she pecks (*od.* nibbles) at her food; **das pfeifen (schon) die** ~**en von den Dächern** *fig. colloq.* it's being shouted from the housetops, it's all over (the) town, it's everybody's secret; **du hast wohl** ~**en unterm Hut!** *fig. colloq.* can't you raise your hat? **besser en** ~ **in der Hand als eine Taube auf dem Dach** (*Sprichwort*) a bird in hand is worth two in the bush (*proverb*); → Kanone 1. – **2.** *fig. colloq.* (*schmächtiges, kleines Kind*) scrap of a child. – **3. (kleiner)** ~ *colloq.* (*als Anrede*) (little) darling.

ˈ**Spät,zeit** *f* end (of an epoch): **die** ~ **des Barocks** the end (*od.* the closing stage) of the Baroque.

ˈ**Spat·zen|ge,hirn**, ~**,hirn** *n fig. colloq. only in* **du (mit deinem)** ~! you birdbrain (*od. colloq.* nitwit, pinhead)! — ~**,nest** *n* sparrow's nest.

Spätz·le [ˈʃpɛtslə] *pl gastr.* spaetzle(s), spätzle(s) (*kind of homemade noodles*).

Spätz·li [ˈʃpɛtsli] *pl Swiss for* Spätzle.

ˈ**Spät,zün·der** *m* **1.** *mil.* retarded burst projectile. – **2.** *fig. colloq.* **er ist ein** ~ he is slow on (*od.* in) the uptake (*colloq.*); **du** ~! you are slow on (*od.* in) the uptake (*colloq.*).

ˈ**Spät,zün·dung** *f* **1.** *auto.* retarded (*od.* late, delayed) ignition: ~ **haben** *fig. colloq. iron.* to be slow on (*od.* in) the uptake (*colloq.*). – **2.** (*mining*) hangfire.

spa·zie·ren [ʃpaˈtsiːrən] *v/i* ⟨*no* ge-, sein⟩ walk (about), promenade: **sie spazierten vor dem Haus auf und ab** they walked up and down in front of the house; **durch den Wald** ~ to walk (*od.* take a walk, stroll) through the forest; **wir waren im Park** ~ we took a walk (*od.* we were walking) in the park. — ~**,fah·ren I** *v/i* ⟨*irr, sep,* -ge-, sein⟩ **1.** go for a drive (*od.* run, spin, *bes. Am.* ride). – **2.** (*auf dem Wasser*) go for a trip (*od.* spin, *bes. Am.* ride) in a boat, (*mit dem Ruderboot*) *auch* go for a row, (*mit dem Segelboot*) *auch* go for a sail. – **II** *v/t* ⟨h⟩ **3.** j-n ~ to take s.o. for a drive (*od.* run, spin, *bes. Am.* ride). – **4. das Baby** ~ to take the baby (out) for a walk. – **III S**~ *n* ⟨-s⟩ **5.** *verbal noun.* – **6.** *cf.* Spazierfahrt 2, 3. — ~**,füh·ren** *v/t* ⟨*sep,* -ge-, h⟩ j-n [etwas] ~ to take s.o. [s.th.] out for a walk: **den Hund** ~ to take the dog for a walk, to walk the dog. — ~**,ge·hen I** *v/i* ⟨*irr, sep,* -ge-, sein⟩ **1.** go for (*od.* take) a walk (*od.* stroll), walk, stroll. – **II S**~ *n* ⟨-s⟩ **2.** *verbal noun.* – **3.** *cf.* Spaziergang 1. — ~**,rei·ten I** *v/i* ⟨*irr, sep,* -ge-, sein⟩ **1.** go for (*od.* take) a ride. – **II S**~ *n* ⟨-s⟩ **2.** *verbal noun.* – **3.** *cf.* Spazierritt. — ~**,tra·gen** *v/t* ⟨*irr, sep,* -ge-, h⟩ *colloq.* 'sport' (*colloq.*), show off, display: **sie trug ihren neuen Hut spazieren** she sported (*od.* she showed off) her new hat.

Spa'zier,fahrt *f* **1.** *cf.* Spazierenfahren. – **2.** drive, run, spin, *bes. Am.* ride: **eine** ~ **machen** to go for a drive. – **3.** (*auf dem Wasser*) trip (*od.* spin, *bes. Am.* ride) (in a boat), (*mit dem Ruderboot*) *auch* row, (*mit dem Segelboot*) *auch* sail.

Spa'zier,gang *m* **1.** walk, stroll promenade (*lit.*), (*bes. Verdauungsspaziergang*) constitutional (*colloq.*): **einen** ~ **machen** to go for a walk, to (take a) walk. – **2.** *fig. colloq.* walkover, *Br.* walk-over: **das Spiel war für uns ein** (*od.* **der reinste**) ~ the match was a (mere) walk(-)over for us. — **Spa'zier,gän·ger** *m* ⟨-s; -⟩ walker, stroller.

Spa'zier|,ritt *m* ride. — ~**,stock** *m* (walking) stick, cane: **er stützt sich auf seinen** ~ he leans on his stick. — ~**,weg** *m* footpath, *Br.* foot-path, promenade.

Specht [ʃpɛçt] *m* ⟨-(e)s; -e⟩ *zo.* woodpecker, pecker (*Fam. Picidae*). — ~**,mei·se** *f cf.* Kleiber.

ˈSpechts·pa·paˌgei *m zo.* red-breasted pygmy parrot (*Micropsitta bruijnii*).

Speck [ʃpɛk] *m* ⟨-(e)s; -e⟩ **1.** (*beim Schwein*) bacon: durchwachsener [geräucherter, gebratener] ~ streaky [smoked, fried] bacon; ~ zum Spicken larding bacon; dicke Bohnen mit ~ broad beans and bacon; wie die Made im ~ sitzen (*od.* leben) *fig. colloq.* to be (*od.* live) in clover; (na, dann mal) ran an den ~! *fig. colloq.* let's go! go it! (*colloq.*); mit ~ fängt man Mäuse (*Sprichwort*) good bait catches fine fish (*proverb*). – **2.** (*des Wals etc*) blubber. – **3.** *colloq.* (*beim Menschen*) flesh, fat, blubber: ~ auf den Hüften flesh on the hips, padding; ~ ansetzen to get fat, to put on weight. — **~ˌbauch** *m colloq.* paunch, potbelly, 'corporation' (*colloq.*). — **s~ˌbäu·chig** *adj colloq.* paunchy, potbellied. — **~ˌboh·nen** *pl gastr.* beans and bacon, pork and beans. — **~geˌschwulst** *f med. cf.* Fettgeschwulst. — **~ˌgrie·ben** *pl gastr.* greaves, cracklings. — **~ˌhals** *m med.* Madelung's neck, lipoma annulare colli (*scient.*). — **~ˌhaut** *f* (*des Blutes*) buffy coat.

ˈspeckig (*getr.* -k·k-) *adj* **1.** (*Hals, Backen etc*) fat. – **2.** (*Papier, Kleidung etc*) greasy: dreckig und ~ *colloq.* dirty and greasy.

ˈSpeck|ˌkä·fer *m zo.* bacon (*od.* ham) beetle (*auch* bug) (*Fam. Dermestidae*): Gemeiner ~ larder beetle (*Dermestes lardarius*). — **~ˌnacken** (*getr.* -k·k-) *m colloq.* fat neck. — **~ˌschei·be, ~ˌschnit·te** *f* (*zum Braten etc*) slice (*od.* rasher, *bes. Am.* strip) of bacon, rasher, (*zum Einwickeln*) *auch* bard(e). — **~ˌschwar·te** *f* (bacon) rind. — **~ˌsei·te** *f* side (*od.* flitch) of bacon: mit der Wurst nach der ~ werfen *fig.* to throw a sprat to catch a whale (*od.* herring, mackerel). — **~ˌso·ße** *f gastr.* bacon sauce. — **~ˌstein** *m min.* lard stone, soapstone, steatite (*scient.*). — **~ˌstrei·fen** *m* (*zum Spicken*) lardoon, *auch* lardon.

spe·die·ren [ʃpeˈdiːrən] *v/t* ⟨*no* ge-, h⟩ *bes. Swiss econ. for* befördern[1] 1.

Spe·di·teur [ʃpediˈtøːr] *m* ⟨-s; -e⟩ *econ.* **1.** (*als Vermittler*) forwarding agent, forwarder, *Am.* forwarding merchant. – **2.** (*als Frachtführer*) carrier. – **3.** *cf.* Möbelspediteur.

Spe·di·ti·on [ʃpediˈtsĭoːn] *f* ⟨-; -en⟩ *econ.* **1.** forwarding (business). – **2.** *cf.* Speditionsabteilung. – **3.** *cf.* Speditionsfirma.

Spe·di·tiˈons|ˌabˌtei·lung *f econ.* forwarding (*od.* dispatch, despatch, shipping) department. — **~ˌaufˌtrag** *m* **1.** dispatch (*od.* despatch, forwarding) order. – **2.** (*für Überseetransporte*) shipping order. — **~büˌro** *n* **1.** forwarding office. – **2.** (*für Überseetransporte*) shipping office (*od.* agency). — **~ˌfir·ma** *f* **1.** forwarding agency, forwarder(s *pl*). – **2.** (*für Überseetransporte*) shipping agency. – **3.** (*für Möbeltransporte*) (re)moving (*od.* removal) agency, *Am.* moving company, *Br.* removal business (*od.* firm). — **~geˌbüh·ren** *pl* **1.** forwarding (*od.* carrying) charges. – **2.** (*bei Überseetransporten*) shipping charges. — **~geˌschäft** *n* **1.** forwarding transaction. – **2.** *cf.* Speditionsfirma. — **~geˌwer·be** *n* forwarding trade. — **~ˌgü·ter** *pl* goods to be forwarded (*bes.* by an agent). — **~ˌko·sten** *pl cf.* Speditionsgebühren. — **~ˌun·terˌneh·men** *n cf.* Speditionsfirma.

Speech [spiːtʃ] (*Engl.*) *m* ⟨-es; -e *u.* -es [-tʃɪs; -tʃɪz]⟩ *colloq. humor.* speech: einen ~ halten to make (*od.* deliver) a speech.

Speer [ʃpeːr] *m* ⟨-(e)s; -e⟩ **1.** spear. – **2.** (*sport*) (*Wurfspeer*) javelin. — **~ˌkies** *m min.* spear pyrites, marcasite. — **~ˌschaft** *m* shaft of a spear. — **~ˌspit·ze** *f* spearhead. — **~ˌwer·fen** *n* (*sport*) javelin (throw[ing]). — **~ˌwer·fer** *m*, **~ˌwer·fe·rin** *f* ⟨-; -nen⟩ javelin thrower. — **~ˌwurf** *m cf.* Speerwerfen. — **~ˌwur·zel** *f bot.* cut-finger (*Valeriana phu*).

Spei·che [ˈʃpaɪçə] *f* ⟨-; -n⟩ **1.** (*des Rads*) spoke: ~n in ein Rad einziehen to put spokes in a wheel, to spoke a wheel; dem Schicksal in die ~n greifen *fig.* to (try to) arrest the wheel of fate, to influence fate. – **2.** (*eines Regenschirms etc*) rib. – **3.** *med.* spoke bone, radius (*scient.*).

Spei·chel [ˈʃpaɪçəl] *m* ⟨-s; *no pl*⟩ **1.** spittle, spit, saliva: ~ absondern to secrete saliva, to salivate. – **2.** (*Geifer, Sabber*) slaver, slobber, drool. — **~ˌab·ˌson·de·rung** *f med.* salivary secretion, salivation. — **s~ˌar·tig** *adj* sialic, sialine, sialoid. — **~ˌdrü·se** *f* salivary gland. — **~ˌdrü·sen·entˌzün·dung** *f* sialitis, sialo-adenitis. — **~ˌfi·stel** *f* salivary fistula, sialosyrinx (*scient.*). — **~ˌfluß** *m* flow of saliva, salivation: übermäßiger ~ increased flow of saliva; hypersalivation, hypersialosis (*scient.*). — **~ˌflüs·sig·keit** *f* saliva. — **s~ˌför·dernd** *adj* promoting the flow of saliva, salivant; sialagogue, sialogogue (*scient.*). — **~ˌgang** *m* salivary duct. — **~ˌkör·per·chen** *n meist pl* salivary corpuscle.

ˈSpei·chelˌlecker (*getr.* -k·k-) *m contempt.* toady, toadeater, *Br.* toad-eater, lickspittle, bootlicker, *Am. auch* bootlick. — **ˌSpei·chel·leckeˈrei** (*getr.* -k·k-) *f* ⟨-; *no pl*⟩ *contempt.* toadyism, bootlicking.

ˈSpei·chel|ˌstein *m med.* ptyalolith, sialolith, salivary calculus. — **~ˌwurz** *f bot.* pellitory (*Anacyclus pyrethrum*).

spei·chen [ˈʃpaɪçən] *v/t* ⟨h⟩ *tech.* (*ein Rad*) spoke.

ˈSpei·chen|ˌbein *n med. cf.* Speiche 3. — **~ˌbruch** *m* fracture of the radius, Colles' fracture: unterer ~ silver-fork fracture. — **~ˌkranz** *m tech.* wreath of spokes. — **~ˌnip·pel** *m* spoke nipple. — **~ˌrad** *n* spoke(d) wheel. — **~ˌspan·ner** *m* spoke tightener.

Spei·cher [ˈʃpaɪçər] *m* ⟨-s; -⟩ **1.** (*Lagerhaus*) warehouse, store(house). – **2.** (*Dachboden*) attic, garret, loft: auf dem ~ in the attic. – **3.** *agr. cf.* a) Kornspeicher 1, b) Getreidesilo. – **4.** *tech.* a) (*einer Arbeitsmaschine*) magazine, b) (*Trinkwasserreservoir etc*) reservoir, storage basin, c) (*in der Hydraulik*) (*in der Wärmetechnik*) (hydraulic) accumulator. – **5.** (*computer*) memory, store, storage: ~ mit Wortstruktur word-structured store. – **6.** (*in der Vermittlungstechnik*) dial-pulse register. — **~adres·se** [-ʔaˌdrɛsə] *f* (*computer*) memory (*od.* storage) address. — **~bat·teˌrie** *f* storage battery. — **~ˌbecken** (*getr.* -k·k-) *n* (*in der Hydraulik*) reservoir, storage basin. — **~beˌreich** *m* (*computer*) storage area. — **~ˌblock** *m* memory (*od.* storage) block. — **~ˌeinˌga·be** *f* read-in storage, storage entry. — **~ˌein·heit** *f* (record) storage unit. — **~ˌfä·hig·keit** *f cf.* Speicherkapazität. — **~forˌmat** *n* (*computer*) core image format. — **~ˌgrö·ße** *f* memory size. — **~ka·pa·ziˌtät** *f* ⟨-; *no pl*⟩ **1.** (storage) capacity. – **2.** (*computer*) memory (*od.* storage) capacity. — **~ˌkraftˌwerk** *n electr.* storage power station. — **~ˌlei·stung** *f* (*computer*) *cf.* Speicherkapazität 2.

spei·chern [ˈʃpaɪçərn] **I** *v/t* ⟨h⟩ **1.** (*Waren, Vorräte etc*) store (up), (*in einem Lagerhaus*) *auch* warehouse. – **2.** (*horten*) hoard (up). – **3.** etwas in (*dat*) sich ~ *fig. lit.* (*Haß, Liebe etc*) to store (up) s.th. – **4.** *agr.* (*Getreide, Futter etc*) store (up), (*in Silos*) *auch* silo, ensile. – **5.** *tech. electr. med.* store (up), accumulate: der Kachelofen hat Wärme für eine ganze Nacht gespeichert the tiled stove has accumulated heat for a whole night; in dem Stausee hat man Trinkwasser für Millionen Menschen gespeichert drinking water for millions of people has been stored in the reservoir, the reservoir stores drinking water for millions of people; ein Organ, das Nährstoffe speichert an organ which accumulates nutritive substance. – **6.** (*computer*) store. – **II S~** *n* ⟨-s⟩ **7.** *verbal noun.* – **8.** *cf.* Speicherung.

ˈSpei·cher|ˌofen *m tech. cf.* Regenerativofen. — **~orˌgan** *n med.* storage organ. — **s~pro·gramˌmiert** *adj* (*computer*) (*Programm etc*) stored-program, *bes. Br.* stored-programme (*attrib*): ~e Rechenanlage stored-program(me) computer. — **~ˌröh·re** *f* (*einer Fernseh-, Filmkamera etc*) storage camera tube, iconoscope (*scient.*). — **~ˌschlüs·sel** *m* (*computer*) storage key. — **~ˌstel·le** *f* storage position.

ˈSpei·che·rung *f* ⟨-; *no pl*⟩ **1.** *cf.* Speichern. – **2.** (*von Waren, Vorräten etc*) storage. – **3.** *agr.* (*von Getreide, Futter etc*) storage, (*in Silos*) *auch* ensilage. – **4.** *tech. electr. med.* storage, accumulation. – **5.** (*computer*) storage.

ˈSpei·cherˌwerk *n* **1.** *tech.* (*in der Hydraulik*) accumulation station. – **2.** (*computer*) storage unit.

spei·en [ˈʃpaɪən] **I** *v/i* ⟨speit, spie, gespie(e)n, h⟩ **1.** spit: j-m ins Gesicht ~ to spit in s.o.'s face. – **2.** (*sich erbrechen*) be sick, throw up, spew, *auch* spue, vomit, *Br.* cat. – **II** *v/t* **3.** (*Blut, Schleim etc*) spit, bring up, expectorate (*scient.*). – **4.** (*Wasser etc*) spout, spit. – **5.** (*Feuer, Flammen, Rauch etc*) belch, spit; der Vulkan spie Feuer und Lava the volcano belched fire and lava; Gift und Galle ~ *fig.* to fume and (*od.* with) rage; die Geschütze spie(e)n Tod und Verderben *fig. poet.* the guns were spitting forth death and destruction. – **III S~** *n* ⟨-s⟩ **6.** *verbal noun.*

Spei·er·ling [ˈʃpaɪərlɪŋ] *m* ⟨-s; -e⟩ *bot.* serviceberry, service tree (*Sorbus domestica*).

ˈSpeiˌgat(t) *n mar.* scupper (hole).

Speik [ʃpaɪk] *m* ⟨-(e)s; -e⟩ *bot.* **1.** (spike)-nard (*Valeriana celtica*). – **2.** Blauer ~ bird's-eye (primrose) (*Primula farinosa*).

Speil [ʃpaɪl] *m* ⟨-s; -e⟩ **1.** skewer, wooden pin. – **2.** (*in Schlächterei*) prick. — **ˈspei·len** *v/t* ⟨h⟩ **1.** skewer. – **2.** prick.

Speis[1] [ʃpaɪs] *m* ⟨-es; *no pl*⟩ *Southern G. for* Mörtel.

Speis[2] *f* ⟨-; -en⟩ *Bavarian and Austrian colloq. for* Speisekammer.

ˈSpeiˌschlan·ge *f zo.* black-necked (*od.* spitting) cobra (*Naja nigricollis*).

Spei·se [ˈʃpaɪzə] *f* ⟨-; -n⟩ **1.** ⟨*only sg*⟩ (*Nahrung*) food, nourishment, nutriment, aliment (*lit.*): Speis und Trank *humor.* food and drink. – **2.** (*Gericht, Mahlzeit*) dish, meal: erlesene ~n choice dishes; warme und kalte ~n hot and cold dishes; ~n und Getränke meals and beverages; die ~n auftragen to serve the meal. – **3.** *cf.* Süßspeise. – **4.** ⟨*only sg*⟩ *civ.eng. cf.* Mörtel. – **5.** *metall.* a) (*Gemenge von Arseniden*) speiss, b) (*zum Gießen von Glocken*) bell metal. — **~ap·paˌrat** *m tech.* (*für einen Kessel etc*) feeding apparatus, feed(er). — **~au·toˌmat** *m* (*eines Automatenrestaurants etc*) *Am.* (automatic) food (*od.* snack) vendor, food (*od.* snack) vending machine, *Br.* food (*od.* snack) slot-machine. — **~ˌbecken** (*getr.* -k·k-) *n tech.* (*eines Trinkwasserreservoirs etc*) feeding (*od.* storing, storage) basin (*od.* reservoir, tank). — **~ˌbrei** *m med.* chyme. — **~ˌeis** *n* ice (cream), sherbet. — **~ˌfett** *n meist pl* edible (*od.* cooking) fat. — **~ˌhaus** *n* restaurant, eating house. — **~ˌka·bel** *n electr.* feeding (*od.* feeder) cable. — **~ˌkam·mer** *f* **1.** pantry, larder. – **2.** (*Speiseschrank*) food cupboard. — **~ˌkar·te** *f* menu (card), *auch* bill of fare: eine reichhaltige ~ a wide choice of menu; Herr Ober, bitte die ~! waiter, may I have the menu, please? etwas auf die ~ setzen [von der ~ streichen] to put s.th. on [to take s.th. off] the menu. — **~ˌlei·tung** *f* **1.** *electr.* feeder (line), supply main. – **2.** *tech.* (*Zuleitungsrohr*) feed pipe. — **~loˌkal** *n cf.* Speisehaus.

spei·sen [ˈʃpaɪzən] **I** *v/i* ⟨h⟩ **1.** *auch humor.* dine: wollen Sie ~? do you wish to dine? zu Mittag ~ a) to have lunch(eon), to lunch(eon), b) (*wenn es die Hauptmahlzeit ist*) to have dinner, to dine; zu Abend ~ a) to have (evening) dinner, to dine, b) (*wenn die Hauptmahlzeit mittags eingenommen wurde*) to have supper, to sup (*lit.*); ich speise heute im Restaurant I am dining in a restaurant (*od.* I am dining out) today; man speist dort ausgezeichnet the cuisine is excellent there, they serve excellent meals there; (ich) wünsche wohl zu ~ I hope you will enjoy your meal; wann wird gespeist? (*in einer Pension etc*) (at) what time are the meals served? – **II** *v/t* **2.** *auch humor.* have (*s.th.*) for dinner (*mittags* for lunch[eon], *abends* for supper): was hast du heute abend gespeist? what did you have for dinner tonight? – **3.** j-n ~ a) (*Arme, Hungrige etc*) to feed s.o., b) (*Gäste*) to dine (*od.* feed) s.o. – **4.** *electr.* a) feed, supply (*s.th.*) (with electric power), b) (*einen Akkumulator*) charge, load: ein Kraftwerk mit Strom ~ to feed (*od.* supply) a power station with current (*od.* power); einen Motor ~ to energize (*Br. auch* -s-) a motor. – **5.** gespeist werden von (*See, Staudamm etc*) be fed (*od.* supplied) by. – **6.** *agr.* (*einen Teich etc*) (*mit Setzlingen*) stock (*s.th.*) with fry. – **III S~** *n* ⟨-s⟩ **7.** *verbal noun.* – **8.** *cf.* Speisung.

ˈSpei·sen|ˌaufˌzug *m Am.* dumbwaiter, food elevator, *Br.* service (*od.* food) lift. — **~ˌfol·ge** *f gastr.* menu, order of courses.

— **~,kar·te** *f cf.* Speisekarte. — **~,zu·be-,rei·tung** *f* preparation of food (*od.* meals).

'Spei·se|,öl *n gastr.* edible (*od.* cooking) oil. — **~,op·fer** *n relig.* meal offering. — **~,pilz** *m* (edible) mushroom. — **~,pum·pe** *f tech.* (*des Dampfkessels etc*) feed pump. — **~,raum** *m* **1.** dining room. – **2.** *mar.* a) dining saloon, b) (*der Besatzung*) messroom. — **~re,lais** *n electr. tel.* feeder relay. — **~,re·ste** *pl* **1.** (*auf dem Teller etc*) leftovers, *auch* scraps. – **2.** (*in den Zähnen*) bits (*od.* particles) of food. — **~,rohr** *n tech.* (*einer Dampfmaschine etc*) feed (*od.* supply) pipe.

'Spei·se,röh·re *f med.* gullet, (o)esophagus (*scient.*). — **'Spei·se,röh·ren·ver,en·gung** *f* (o)esophagostenosis.

'Spei·se-,Rot,al·ge *f bot.* dulse, *auch* dulce (*Rhodymenia palmata*).

'Spei·se|,saal *m* **1.** (*in Hotels, Internaten etc*) dining hall. – **2.** *mar.* dining saloon. – **3.** *mil.* mess (*od.* dining) hall. – **4.** *hist.* (*auf Ritterburgen, Adelssitzen etc*) dining (*od.* banquet[ing]) hall. – **5.** *relig.* (*in Klöstern*) refectory. — **~,saft** *m med.* chyle. — **~,salz** *n gastr.* **1.** (*für den Eßtisch*) table salt. – **2.** (*für Küchengebrauch*) cooking salt. — **~,schrank** *m* food cupboard. — **~,strom** *m electr.* feed (*od.* supply) current. — **~,strom,kreis** *m* feeder circuit. — **~trans-for,ma·tor** *m* substation (*od.* supply, distribution) transformer. — **~,wa·gen** *m* (*railway*) dining car, *Am. auch* diner. — **~,wär·mer** *m* ⟨-s; -⟩ food warmer. — **~,was·ser** *n* ⟨-s; ⸗⟩ *tech.* feed water. — **~,zet·tel** *m* **1.** (*Küchenzettel*) menu. – **2.** *cf.* Speisekarte. — **~,zim·mer** *n* **1.** dining room. – **2.** (*Mobiliar*) dining room suite (*od.* furniture).

'Speis,ko·balt *m min.* smaltite, *auch* smaltine, speiskobalt, *auch* speisscobalt.

'Spei·sung *f* ⟨-; *no pl*⟩ **1.** *cf.* Speisen: die ~ der Fünftausend *Bibl.* Christ's feeding of the multitude. – **2.** *tech.* (*Versorgung*) supply, feeding. – **3.** *electr.* a) power supply, b) (*einer Antenne, Wicklung*) excitation.

'Spei|,täub·ling, ~,teu·fel *m bot.* pungent (*od.* emetic) russula (*Russula emetica*).

'spei'übel *adj* mir ist ~ *colloq.* I feel queasy (*auch* queazy), I feel like being sick (*od.* throwing up), I feel puky (*od.* pukish).

Spek·ta·bi·li·tät [spɛktabili'tɛ:t; ʃpɛk-] *f* ⟨-; -en⟩ dean: Eure [Seine] ~ Mr. Dean.

Spek·ta·kel[1] [ʃpɛk'ta:kəl] *m* ⟨-s; -⟩ **1.** (*Lärm, Radau*) noise, racket, din, fracas, row; rumpus, shindy (*colloq.*): macht keinen solchen ~ im Treppenhaus! don't make such a racket on the staircase! die Kinder machten einen heillosen ~ the children made (*od.* created, kicked up) an awful (*od.* a tremendous) racket (*colloq.*). – **2.** (*Aufregung*) fuss, excitement, uproar: was soll der ganze ~ wegen eines zerbrochenen Tellers? why all the fuss about a broken plate? – **3.** (*Zank, Krawall*) row, uproar, ruction(s *pl*), rumpus (*colloq.*), *Am. sl.* ruckus, *auch* rookus: wenn das herauskommt, gibt es einen großen ~ if that leaks out there'll be awful ructions (*colloq.*).

Spek'ta·kel[2] *n* ⟨-s; -⟩ *obs. for* Schauspiel 1.

spek·ta·ku·lär [ʃpɛktaku'lɛ:r; spɛk-] *adj* (*Auftritt, Erfolg etc*) spectacular.

spek·ta·ku·lös [ʃpɛktaku'lø:s; spɛk-] *adj obs. for* a) seltsam I, b) abscheulich I.

spek·tral [spɛk'tra:l; ʃpɛk-] *adj phys.* spectral.

Spek'tral|ana,ly·se *f phys.* spectral (*od.* spectrum) analysis, spectroscopic test. — **s~ana,ly·tisch I** *adj* spectroscopic, *auch* spectroscopical. – **II** *adv* spectroscopically, by spectral (*od.* spectrum) analysis. — **~ap-pa,rat** *m* **1.** spectroscopic apparatus, spectrometer. – **2.** *cf.* a) Spektrograph, b) Spektroskop. — **~,auf,nah·me** *f* spectrograph. — **~be,reich** *m* spectral region. — **~,durch-,mu·ste·rung** *f astr.* **1.** (*ein Sternkatalog*) catalog (*bes. Br.* catalogue) of stellar spectra. – **2.** (*als Übersicht*) survey of stellar spectra. — **~,far·be** *f meist pl phys.* spectral (*od.* spectrum) color (*bes. Br.* colour). — **~,klas·se** *f astr.* (*der Sterne*) spectral type (*od.* class). — **~,lam·pe** *f phys.* spectroscopic lamp. — **~,li·nie** *f* spectral (*od.* spectrum) line. — **~pho·to-,me·ter** *n* spectrophotometer. — **~pho·to-me,trie** *f* spectrophotometry.

Spek·tro|graph [spɛktro'gra:f; ʃpɛk-] *m* ⟨-en; -en⟩ *phys.* spectrograph. — **~'me·ter** [-'me:tər] *n phys.* spectrometer, spectroscopic apparatus.

Spek·tro·skop [spɛktro'sko:p; ʃpɛk-] *n* ⟨-s; -e⟩ *phys.* spectroscope. — **Spek·tro-sko'pie** [-sko'pi:] *f* ⟨-; *no pl*⟩ spectroscopy. — **spek·tro'sko·pisch** *adj u. adv cf.* spektralanalytisch.

Spek·trum ['spɛktrum; 'ʃpɛk-] *n* ⟨-s; -tren *u.* -tra [-tra]⟩ *phys. auch fig.* spectrum: fortlaufendes (*od.* lückenloses, kontinuierliches) ~ continuous spectrum; sichtbares ~ visible spectrum; elektromagnetisches ~ electromagnetic spectrum.

Spe·ku·lant [ʃpeku'lant] *m* ⟨-en; -en⟩ **1.** *econ.* operator, (*bes. an der Börse*) speculator, speculative dealer: berufsmäßiger ~ professional speculator; kleiner ~ minor speculator. – **2.** speculator.

Spe·ku·la·ti·on [ʃpekula'tsio:n] *f* ⟨-; -en⟩ **1.** speculation: ~en über (*acc*) etwas anstellen, sich in (*dat*) ~en über (*acc*) etwas ergehen to indulge in speculations (up)on (*od.* about) s.th.; das ist reine ~ that's pure (*od.* mere) speculation; sich in ~en verlieren to be absorbed in speculations. – **2.** *econ.* (*bes. an der Börse*) speculation, venture, jobbery (*contempt.*): geglückte [verfehlte] ~ lucky [bad] speculation; ~ auf Hausse [Baisse] speculation for a rise [a fall], bull [bear] speculation; sich auf gewagte ~en einlassen to engage in risky (*od.* hazardous) speculations. – **3.** *philos.* speculation.

Spe·ku·la·ti'ons|ge,schäft *n meist pl econ.* speculative (*od.* speculating) transaction (*od.* operation): ~ auf Hausse [Baisse] bull [bear] operation. — **~ge,winn** *m* speculative profit (*od.* gains *pl*). — **~,kauf** *m meist pl* speculative buying (*od.* purchase). — **~pa,pier** *n meist pl* speculative security (*od.* stock): unsichere ~e insecure speculative securities (*od.* stocks), *bes. Am.* fancy stocks. — **~ver,kauf** *m meist pl* speculative sale. — **~ver,lust** *m* speculative loss.

Spe·ku·la·ti·us [ʃpeku'la:tsius] *m* ⟨-; -⟩ *gastr. thin almond biscuits (Am. cookies) served especially at Christmas time.*

spe·ku·la·tiv [ʃpekula'ti:f] *adj auch philos.* speculative.

spe·ku·lie·ren [ʃpeku'li:rən] *v/i* ⟨*no* ge-, h⟩ **1.** auf (*acc*) etwas ~ *colloq.* to speculate on s.th.: auf eine Erbschaft [eine Stellung] ~ to speculate on acquiring an inheritance [a post]; er hatte auf eine reiche Heirat spekuliert he had speculated on making a wealthy marriage. – **2.** *econ.* speculate, operate: mit kleinen Gewinnen ~ to speculate in small profits; mit Grundstücken ~ to speculate in property; in Wertpapieren ~ to speculate in stocks (*od.* securities); → Baisse; Börse 1; Hausse 1. – **3.** *archaic* (über *acc* etwas [up]on s.th., about s.th.) speculate, muse, meditate, ponder.

Spe·ku·lum ['spe:kulum; 'ʃpe:-] *n* ⟨-s; -kula [-la]⟩ *med.* speculum.

Spe·läo·lo·ge [spelɛo'lo:gə; ʃpe-] *m* ⟨-n; -n⟩ (*Höhlenforscher*) spel(a)eologist. — **Spe-läo·lo'gie** [-lo'gi:] *f* ⟨-; *no pl*⟩ (*Höhlenkunde*) spel(a)eology. — **spe·läo'lo·gisch** [-'lo:gɪʃ] *adj* spel(a)eological.

Spelt [ʃpɛlt] *m* ⟨-(e)s; -e⟩ *bot. agr.* (*Getreideart*) spelt(z) (*Triticum spelta*).

Spe·lun·ke [ʃpe'lʊŋkə] *f* ⟨-; -n⟩ *colloq. contempt.* **1.** (*verrufene Kneipe*) dive, 'joint' (*sl.*), *bes. Am. sl.* honky-tonk. – **2.** (*schmutzige Keller-, Hinterhofwohnung*) hole, 'dump' (*sl.*).

Spelz [ʃpɛlts] *m* ⟨-es; -e⟩ *bot. agr. cf.* Spelt.

Spel·ze ['ʃpɛltsə] *f* ⟨-; -n⟩ *bot.* **1.** (*Hochblatt*) bract, hypsophyll (*scient.*). – **2.** (*an Gräsern*) glume. — **'spel·zig** *adj* glumaceous.

spen·da·bel [ʃpɛn'da:bəl] *adj colloq.* generous, liberal, openhanded.

Spen·de ['ʃpɛndə] *f* ⟨-; -n⟩ **1.** (*Geld, Kleider, Lebensmittel etc*) donation, contribution, benefaction: bitte eine kleine ~! would you like to make a small contribution? die ~n für die Opfer der Flutkatastrophe the donations to (*od.* for) the victims of the flood disaster; es gingen reiche (*od.* großzügige) ~n ein substantial contributions were received (*od.* poured in). – **2.** (*Stiftung, Schenkung*) donation, endowment, benefaction: er gab seine Sammlung als ~ an das Museum he gave his collection as a donation to the museum, he donated his collection to the museum. – **3.** (*Almosen*) charity, alms *pl*, pittance: von ~n leben to live on (*od.* from, off) charity. – **4.** *bes. relig.* (*für die Kollekte*) offering.

spen·den ['ʃpɛndən] **I** *v/t* ⟨h⟩ **1.** (*Geld, Lebensmittel, Kleider etc*) give, donate, contribute: etwas für das Rote Kreuz ~ to give (*od.* donate, contribute) s.th. to (*od.* for) the Red Cross. – **2.** (*Licht, Energie, Wasser, Kühlung etc*) give, provide, bestow (*lit.*): der Baum spendet Schatten the tree gives shade; der Ofen spendete viel Wärme the stove gave (off) a great deal of heat. – **3.** (*Lob, Anerkennung, Trost etc*) give, bestow (*lit.*): das Publikum spendete dem Künstler begeistert Beifall the audience gave the artist enthusiastic applause, the audience applauded the artist enthusiastically; j-m Freude ~ (*erfreuen*) to give s.o. pleasure (*od.* delight), to make s.o. happy. – **4.** *cf.* spendieren 1. – **5.** (*beitragen*) contribute: wir haben alle etwas zu der Party gespendet we all contributed something to the party. – **6.** *med.* (*Blut, Organ etc*) donate. – **7.** *relig.* a) (*Sakramente*) administer, dispense, give, b) (*den Segen etc*) give, pronounce, bestow (*lit.*). – **II** *v/i* **8.** alle haben reichlich (*od.* großzügig) gespendet everyone donated generously (*od.* freely), everyone made generous donations. – **III S~** *n* ⟨-s⟩ **9.** *verbal noun.* – **10.** (*von Geld, Lebensmitteln etc*) donation, contribution. – **11.** *med.* (*von Blut etc*) donation. – **12.** *relig.* (*der Sakramente*) administration.

'Spen·den|ak·ti,on *f* collection campaign, organizing (*Br. auch* -s-) of a public appeal. — **~,kon·to** *n* account for donations.

'Spen·der *m* ⟨-s; -⟩ **1.** donor, giver, contributor, donator: ein Lob dem edlen ~! *humor.* thanks to the munificent donor! – **2.** *med.* (*von Blut, Organen etc*) donor. – **3.** *relig.* (*der Sakramente*) administrator. – **4.** (*von Seife etc*) dispenser.

spen·die·ren [ʃpɛn'di:rən] *v/t* ⟨*no* ge-, h⟩ *colloq.* **1.** (*stiften, bereitstellen*) provide, supply: einen Kasten Bier ~ to chip in with a case of beer (*colloq.*). – **2.** j-m etwas ~ a) to provide (*od.* supply) s.o. with s.th., b) (*bezahlen, ausgeben*) to stand s.o. s.th., to treat s.o. to s.th., c) (*geben, aushändigen*) to give (*od.* hand) s.o. s.th., to let s.o. have s.th.: er hat mir ein Glas Wein spendiert he stood me a glass of wine. – **3.** (*bezahlen, ausgeben*) stand, pay for: eine Runde ~ to stand a round of drinks. – **4.** (*geben, aushändigen*) give: wieviel (Geld) hat er spendiert? how much (money) did he give?

Spen'dier,ho·sen *pl only in* die ~ anhaben (*od.* angezogen haben) *colloq.* to be in a generous mood, to be feeling generous.

'Spen·dung *f* ⟨-; *no pl*⟩ *cf.* Spenden.

Speng·ler ['ʃpɛŋlər] *m* ⟨-s; -⟩ *Southern and Western Middle G. for* Klempner 2.

Spen·ser ['spɛnzər] *m* ⟨-s; -⟩ (*fashion*) *Austrian for* Spenzer.

Spen·zer ['ʃpɛntsər] *m* ⟨-s; -⟩ (*fashion*) (*kurzes Jäckchen*) spencer.

Sper·ber ['ʃpɛrbər] *m* ⟨-s; -⟩ *zo.* sparrow hawk (*Accipiter nisus*). — **~,eu·le** *f* hawk owl (*Surnia ulula*).

sper·bern ['ʃpɛrbərn] *v/i* ⟨h⟩ *Swiss* look sharply (*od.* keenly).

Spe·renz·chen [ʃpe'rɛntsçən], **Spe'ren-zi·en** [-'rɛntsiən] *pl only in* ~ machen *colloq.* a) (*Umstände machen*) to make a fuss, b) (*Ausflüchte suchen*) to try tricks: mach keine ~! a) come off it! b) don't try any (of your) tricks! none of your tricks!

Sper·gel ['ʃpɛrgəl] *m* ⟨-s; -⟩ *bot. cf.* Spörgel.

Sper·ling ['ʃpɛrlɪŋ] *m* ⟨-s; -e⟩ *zo.* sparrow, *Br. colloq.* spadger (*Gattg Passer*): ein ~ in der Hand ist besser als eine Taube auf dem Dach (*Sprichwort*) a bird in the hand is worth two in the bush (*proverb*).

'Sper·lings|,kauz *m zo.* pygmy owl, sparrow owl (*Glaucidium passerinum*). — **~pa-pa,gei** *m* parrotlet (*Gattg Forpus*). — **~,vo-gel** *m* passerine (bird): die Sperlingsvögel the passerines, the Passeres.

Sper·ma ['sperma; 'ʃpɛr-] *n* ⟨-s; Spermen *u.* -mata [-ta]⟩ *biol.* sperm, semen. — **sper'ma·tisch** [-'ma:tɪʃ] *adj* spermatic, seminal.

Sper·ma·ti·tis [sperma'ti:tɪs; ʃpɛr-] *f* ⟨-;

-titiden [-ti'tiːdən]⟩ *med.* spermatitis, funiculitis.

Sper·ma·to·ge·ne·se [spɛrmatoge'neːzə; ʃpɛr-] *f* ⟨-; *no pl*⟩ *biol. cf.* Spermiogenese.

Sper·ma·tor·rhö(e) [spɛrmato'røː; ʃpɛr-] *f* ⟨-; -rhöen [-ən]⟩ *med.* spermatorrh(o)ea, spermorrh(o)ea.

'**sper·ma**ˌ**tö·tend** *adj med. pharm. cf.* spermizid.

Sper·ma·to·ze·le [spɛrmato'tseːlə; ʃpɛr-] *f* ⟨-; -n⟩ *med.* spermatocele, gonocele.

Sper·ma·to·zo·on [spɛrmato'tsoːɔn; ʃpɛr-] *n* ⟨-s; -zoa [-'tsoːa] *u.* -zoen⟩ *biol.* filament, spermatozoon (*scient.*).

Sper·ma·to·zyt [spɛrmato'tsyːt; ʃpɛr-] *m* ⟨-en; -en⟩ *meist pl biol.* spermatocyte.

Sper·mat·urie [spɛrmatu'riː; ʃpɛr-] *f* ⟨-; -n [-ən]⟩ *med.* spermaturia, seminuria.

Sper·ma·zet [spɛrma'tseːt; ʃpɛr-] *n* ⟨-(e)s; *no pl*⟩, **Sper·ma'ze·ti** [-ti] *n* ⟨-s; *no pl*⟩ *chem. cf.* Walrat.

Sper·min [spɛr'miːn; ʃpɛr-] *n* ⟨-s; *no pl*⟩ *chem. biol.* spermine [$(-CH_2CH_2NH-(CH_2)_3NH_2)_2$].

Sper·mio·ge·ne·se [spɛrmĭoge'neːzə; ʃpɛr-] *f* ⟨-; *no pl*⟩ *biol.* spermatogenesis, spermatogeny.

Sper·mi·um ['spɛrmĭum; 'ʃpɛr-] *n* ⟨-s; -mien⟩ *biol.* spermium, spermatozoon.

sper·mi·zid [spɛrmi'tsiːt; ʃpɛr-] *med. pharm.* **I** *adj* spermicidal. – **II S~** *n* ⟨-(e)s; -e⟩ spermicide.

'**Sperm**ˌ**öl** ['ʃpɛrm-] *n chem.* sperm (whale) oil.

'**Sperrad** (*getr.* -rrˌr-) *n* **1.** *tech.* (*in einem Sperrgetriebe*) ratchet wheel, click wheel. – **2.** (*watchmaking*) locking (*od.* remontoir[e]) wheel.

'**sperr'an·gel'weit** *adv colloq.* (*in Wendungen wie*) die Tür stand (*od.* war) ~ offen (*od.* auf) the door stood (*od.* was) wide open; den Mund ~ aufreißen a) to open one's mouth wide, b) (*gaffen*) to gape; sie rissen ihre Schnäbel ~ auf (*von Vögeln*) they opened their beaks wide.

'**Sperra·ste** (*getr.* -rrˌr-) *f tech.* **1.** stop notch. – **2.** *cf.* Raste 3.

'**Sperr**|**bal**ˌ**lon** *m aer. mil.* barrage balloon. — **~be**ˌ**reich** *m* (*radio*) rejection (*od.* blocking) range (*od.* [band] width). — **~be**ˌ**trag** *m econ.* blocked amount. — **~be**ˌ**zirk** *m* **1.** (*innerhalb einer Stadt etc*) closed (*od.* barred) area. – **2.** *district of a town prohibited to prostitutes.* – **3.** *med.* (*bei Seuchen etc*) quarantine area. – **4.** *mil.* restricted area, *Am.* off-limits area, *Br.* out-of-bounds area. — **~**ˌ**bol·zen** *m tech.* **1.** locking bolt, lockbolt. – **2.** (*eines Revolverkopfes*) index(ing) bolt. — **~**ˌ**druck** *m* ⟨-(e)s; -e⟩ *print.* spaced type.

Sper·re ['ʃpɛrə] *f* ⟨-; -n⟩ **1.** closing, closure: sie ordneten eine zweistündige ~ des Flughafens an they ordered the closure of the airport for two hours. – **2.** (*Hindernis*) obstacle, obstruction. – **3.** (*Absperrung, Barriere*) barrier: die Zuschauer durchbrachen die ~ the spectators broke through the barrier. – **4.** (*der Polizei*) *cf.* Sperrgürtel 1. – **5.** (*Straßensperre*) barricade, roadblock: eine ~ errichten (*od.* anlegen) to set up a roadblock. – **6.** (*Schranke*) barrier, *auch* bar. – **7.** (*Schlagbaum*) barrier, (*an Mautstellen*) *auch* toll bar, tollgate, turnpike. – **8.** (*Bahnsteigsperre*) (ticket) gate, platform barrier: die Fahrkarte an der ~ vorzeigen to show the ticket at the gate. – **9.** (*Strom-, Wassersperre etc*) cut(off). – **10.** (*zeitweiliges offizielles Verbot*) ban: die Behörden verhängten eine ~ über die Einwanderung the authorities imposed a ban on immigration. – **11.** *mil.* a) *cf.* Urlaubssperre 1, Ausgangssperre 1, b) (*Sperrfeuer der Artillerie*) (artillery) barrage, c) (*Blockade*) blockade. – **12.** *aer. mil.* a) *cf.* Ballonsperre, b) (fighter) patrol: ~ fliegen to fly on interception patrol. – **13.** *econ.* a) (*Embargo*) embargo, ban, b) (*Kredit-, Auszahlungssperre etc*) freeze, stop(page): eine ~ über die Einfuhr [Ausfuhr] verhängen to impose (*od.* lay, put) an embargo on imports [exports]; die ~ aufheben to lift (*od.* withdraw) the embargo. – **14.** (*sport*) suspension: er wurde mit einer dreimonatigen ~ belegt he was suspended for three months. – **15.** *tech.* (*Sperrvorrichtung*) a) (*äußerer Sperriegel*) lock(ing device), stop, b) (*Anschlag*) lock, c) (*Klinke*) (locking) pawl: die ~ ist eingerastet the pawl snapped (into place). – **16.** (*watchmaking*) (*Verzahnung*) catch. – **17.** *med.* (*Quarantäne*) quarantine.

'**Sperre**ˌ**lais** (*getr.* -rr·r-) *n tel.* locking relay.

sper·ren ['ʃpɛrən] **I** *v/t* ⟨h⟩ **1.** (*durch ein Verbot*) close, bar: die Straße wird für (*od.* auf) einige Zeit gesperrt the street will be closed for some time (*od.* is closed temporarily); die Autobahn wird für Lastkraftwagen gesperrt the autobahn will be closed to lorries (*Am.* trucks), lorries will be banned from the autobahn. – **2.** (*durch ein Hindernis*) close (off), block (off), obstruct: die Revolutionäre sperrten die Straße mit Barrikaden the revolutionaries blocked the road with barricades, the revolutionaries barricaded the road; eine Kette von Polizisten sperrte den Platz vor dem Gerichtsgebäude a police cordon closed off (*od.* the police cordoned off) the square in front of the court(-)house; man hatte den Bahnsteig mit einem Seil gesperrt the platform had been closed off with a rope, the platform had been roped off. – **3.** (*schließen, dichtmachen*) close: einen Grenzübergang ~ to close a border crossing. – **4.** (*den Verkehr*) stop, hold up. – **5.** (*Strom, Gas, Telephon etc*) cut (*od.* shut) off, stop: dem Mieter wurde das Wasser gesperrt the tenant's water supply was cut off. – **6.** (*Gebrauch, Benutzung, Genuß, Verkauf etc*) stop, (*durch Behörde*) ban, prohibit: die Firma sperrte die weitere Lieferung des Artikels the firm stopped a further supply of the article. – **7.** j-n [ein Tier] in (*acc*) etwas ~ to shut (*od.* lock) s.o. [an animal] (up) in s.th., to confine s.o. [an animal] to s.th.: j-n ins Gefängnis ~ to lock s.o. up (in prison), to put s.o. in prison, to imprison (*od.* confine, *sl.* jug, *lit.* incarcerate) s.o., to clap s.o. into jail; einen Vogel in einen Käfig ~ to lock a bird in a cage, to cage a bird. – **8.** j-n [ein Tier] aus etwas ~ to shut (*od.* lock) s.o. [an animal] out of s.th. – **9.** *bes. mil.* a) (*einen Paß etc*) block (off), b) (*einen Hafen, eine Flußmündung etc*) block (off), blockade, c) (*die Zufuhr, den Nachschub etc*) cut off, block (off), stop, intercept, d) (*den Urlaub, Ausgang*) bar, refuse: ein Gebiet für den Feind ~ to deny an area to the enemy; einer Stadt die Lebensmittelzufuhr ~ to cut off a town's food supply. – **10.** *econ.* a) (*den Warenverkehr, Handel etc*) embargo, lay (*od.* put) an embargo on, ban, block, b) (*ein Guthaben, Konto, Gehälter etc*) block, freeze: die Einfuhr von Luxusartikeln ~ to ban the import of luxury goods; einen Scheck ~ to stop (payment of) a check (*Br.* cheque). – **11.** *mar.* a) (*ein Fahrwasser*) bar, b) (*ein Wehr, eine Schleuse etc*) close, shut. – **12.** j-n ~ (*sport*) a) to suspend s.o., b) (*Gegner*) to block (*od.* obstruct) s.o. – **13.** *tech.* a) (*ein Rad etc*) stop, arrest, block, b) (*Luftzufuhr*) cut off. – **14.** *print.* (*ein Wort, einen Satz etc*) space (*od.* blank) (out). – **15.** *aer.* (*ein Flugzeug, den Piloten etc*) ground. – **16.** *electr.* (*eine Schalteinrichtung*) block. – **II** *v/i* **17.** (*von Tür, Schublade etc*) stick, be stuck (*od.* caught), jam. – **18.** der Schlüssel sperrt nicht a) the key does not fit (the lock), b) the key won't lock (*od.* turn). – **19.** er hat ohne Ball gesperrt (*sport*) he obstructed (without the ball). – **III** *v/reflex* **20.** sich (gegen etwas) ~ to ba(u)lk (*Br. auch* jib) (at s.th.), to oppose (*od.* resist) (s.th.): warum sperrst du dich denn so? why do you ba(u)lk so much? why are you so ba(u)lky (*Br. auch* jibbing)? why do you raise such difficulties? es hat keinen Sinn, sich dagegen zu ~ it's no use ba(u)lking (*Br. auch* jibbing) at it. – **IV S~** *n* ⟨-s⟩ **21.** *verbal noun.* – **22.** *cf.* Sperrung.

'**Sperr**|ˌ**fe·der** *f* **1.** *tech.* a) (*eines Schaltmechanismus*) locking (*od.* retaining) spring, b) (*eines Uhrwerkes*) click spring. – **2.** *mil.* (*am Maschinengewehr*) locking spring. — **~**ˌ**feu·er** *n mil.* **1.** barrage (fire): den Feind mit ~ belegen to barrage the enemy; ~ schießen (*od.* legen) to barrage, to lay down a barrage. – **2.** (*der Flak*) box (*od.* umbrella) barrage. — **~**ˌ**flug** *m aer. mil.* (fighter) patrol flight. — **~**ˌ**fort** *n mil.* outer fort. — **~**ˌ**frist** *f econ.* (*bei Vergleichsverfahren, Sparguthaben, Wertpapiertransaktionen*) blocking (*od.* restrictive) period, period during which dealings (*od.* withdrawals) are not allowed. — **~ge**ˌ**biet** *n* (*an Grenzen, bei Seuchen etc*) prohibited area (*od.* zone). — **~ge**ˌ**trie·be** *n tech.* **1.** (*einer Schaltvorrichtung*) locking mechanism. – **2.** (*als Zahntrieb*) ratchet gearing: Wagenheber mit ~ ratchet jack. — **~**ˌ**gür·tel** *m* **1.** (*von Polizisten, Absperrmannschaften*) (barring) cordon. – **2.** *auch* (*sport*) (*von Verteidigern*) wall, barrier. – **3.** *pol.* (*von Staaten*) cordon sanitaire, sanitary cordon, protective barrier. – **4.** *mil.* a) (*der Artillerie*) barrage, b) (*Befestigungsgürtel*) fortified lines *pl*, c) (*Minengürtel*) (mine) belt. — **~**ˌ**gut** *n*, **~**ˌ**gü·ter** *pl* cumbersome parcel(s *pl*), bulky parcel(s *pl*). — **~**ˌ**gut**ˌ**ha·ben** *n econ.* blocked (credit) balance. — **~**ˌ**hahn** *m tech. cf.* Absperrhahn. — **~**ˌ**ha·ken** *m* **1.** (safety) catch. – **2.** (*Werkzeug*) stake. – **3.** (*des Klempners*) tinner's (*od.* horn) stake. – **4.** (*Dietrich*) skeleton key, picklock. — **~**ˌ**he·bel** *m* locking lever.

'**Sperr**ˌ**holz** *n* plywood. — **~**ˌ**brett** *n* plywood board. — **~**ˌ**plat·te** *f* sheet of plywood.

'**Sperrie·gel** (*getr.* -rrˌr-) *m* **1.** *tech.* safety bolt. – **2.** *cf.* Sperrgürtel 1, 2, 4a, b.

'**sper·rig** *adj* **1.** (*Paket, Gepäckstück etc*) bulky, cumbrous: ~e Güter *cf.* Sperrgut; ~e Werkstücke bulky (*od.* awkwardly shaped) parts. – **2.** (*Möbelstück etc*) unwieldy, cumbersome.

'**Sperring** (*getr.* -rrˌr-) *m tech. cf.* Zwinge 2.

'**Sperr**|ˌ**jahr** *n econ.* (*bei Abwicklung einer Aktiengesellschaft*) restrictive year. — **~**ˌ**ket·te** *f* **1.** (*über Straßen, Wegen etc*) (barring) chain. – **2.** (*von Polizisten etc*) (barring) cordon. — **~**ˌ**klau·sel** *f* (*in einem Vertrag*) **1.** *jur.* barring clause. – **2.** *econ.* prohibitive (*od.* restrictive) clause. — **~**ˌ**klin·ke** *f tech.* pawl, trip dog, catch: Zahnrad mit ~ ratchet wheel. — **~**ˌ**kon·to** *n econ.* blocked account. — **~**ˌ**kraut** *n bot.* Greek valerian (*Polemonium caeruleum*). — **~**ˌ**kreis** *m* (*radio*) trap (*od.* rejector) circuit, wave trap. — **~**ˌ**mark** *f meist pl econ. hist.* blocked mark. — **~**ˌ**mau·er** *f* **1.** *civ.eng.* (*einer Talsperre*) (massive) concrete dam. – **2.** (*sport*) *cf.* Sperrgürtel 2. — **~**ˌ**müll** *m* bulky refuse (*od.* lumber). — **~**ˌ**schal·ter** *m electr.* holding key.

'**Sperr**ˌ**schicht** *f* **1.** *electr.* (*Halbleiter*) barrier (*od.* depletion) layer. – **2.** *synth.* barrier sheet. – **3.** *civ.eng.* impervious course. — **~**ˌ**gleich**ˌ**rich·ter** *m electr.* barrier film rectifier, contact rectifier. — **~**ˌ**pho·to**ˌ**zel·le** *f* rectifier (*od.* photovoltaic) cell. — **~tran**ˌ**si·stor** *m* depletion layer transistor. — **~**ˌ**wir·kung** *f* (*des Halbleiters*) photovoltaic effect. — **~**ˌ**zel·le** *f* barrier layer cell.

'**Sperr**|ˌ**schwin·ger** *m telev.* blocking oscillator. — **~si**ˌ**gnal** *n* **1.** blocking signal. – **2.** (*computer*) inhibiting (*od.* disabling) signal. — **~**ˌ**sitz** *m* **1.** (*im Theater, Varieté etc*) *Am.* orchestra (seats *pl*), *Br.* (orchestra) stalls *pl*: zweimal ~, bitte! two seats in the orchestra (*Br.* stalls), please. – **2.** (*im Kino*) *Br.* back stalls *pl.* — **~**ˌ**stift** *m tech.* (locking) pin. — **~**ˌ**stun·de** *f* **1.** (*für Gaststätten etc*) closing time (*od.* hour), *Br. colloq.* drinking-up time. – **2.** *bes. mil.* (*Ausgehverbot*) curfew. — **~syn·chro·ni**ˌ**sie·rung** *f auto.* (*des Getriebes*) speed-blocking synchromesh. — **~**ˌ**trupp** *m mil.* denial squad, obstacle-construction detachment.

'**Sper·rung** *f* ⟨-; -en⟩ **1.** *cf.* Sperren. – **2.** closing, closure: die ~ der Straße wurde wiederaufgehoben the road was reopened to traffic. – **3.** (*durch ein Hindernis*) blockage, obstruction. – **4.** (*des Verkehrs*) stoppage. – **5.** (*des Verkaufs, der Benutzung, Lieferung etc*) stoppage, (*durch Behörde*) ban, prohibition. – **6.** *mil.* a) (*eines Passes, Übergangs etc*) blockage, b) (*eines Hafens, einer Flußmündung etc*) blockade, blockage, c) (*der Zufuhr, des Nachschubs etc*) cut(off), blockage, stoppage, d) (*totale Handelssperre*) embargo. – **7.** *econ.* (*eines Kontos, Guthabens, Kredits, Gehalts etc*) stop(page), freeze: Auftrag zur ~ (eines Schecks) stop (payment) order. – **8.** *tech. cf.* Sperre 15. – **9.** (*watchmaking*) *cf.* Sperre 16.

'**Sperr**|**ven**ˌ**til** *n tech.* **1.** stop valve. – **2.** (*als Klappenventil*) check valve. – **3.** *mus.* (*der Orgel*) cut-off valve. — **~ver**ˌ**merk** *m* *econ.* (*auf Wertpapieren etc*) blocking note, note of blocking (*od.* nonnegotiability, *Br.* non-negotiability). — **~ˌvorˌrich·tung** *f* 1. *tech. cf.* Sperre 15. – 2. (*watchmaking*) *cf.* Sperre 16. — **s~'weit** *adv colloq. cf.* sperrangelweit. — **~ˌzoll** *m econ. cf.* Schutzzoll. — **~ˌzo·ne** *f cf.* Sperrgebiet.

Spe·sen ['ʃpeːzən] *pl econ.* (petty) expenses, charges: **ich bekomme** (*od. colloq.* **kriege**) **~** I have my expenses paid, I get reimbursed for my expenses; **zuzüglich Ihrer ~** plus your charges; **abzüglich** (*od.* **nach Abzug**) **aller ~** all charges deducted, (after) deducting all charges; **die ~ werden Ihnen erstattet** (*od.* **vergütet**) your expenses will be reimbursed. — **s~ˌfrei** *adj u. adv* expenses paid (*od.* covered), free of charge(s) (*od.* expense[s]). — **~ˌkon·to** *n* expense account. — **~ˌrech·nung** *f* bill of expenses (incurred), expense account, account charges *pl.* — **~ˌsatz** *m meist pl* rate of expenses (*od.* charges). — **~verˌgü·tung** *f* reimbursement of expenses (*od.* charges).

spet·ten ['ʃpɛtən] *v/i* ⟨h⟩ *Swiss* take casual work as a charwoman. — **'Spet·te·rin** *f* ⟨-, -nen⟩ *Swiss* charwoman employed on a casual basis.

Spe·ze·rei·en [ʃpeːtsə'raɪən] *pl obs. od. dial.* (*Gewürze*) spices, spicery *sg.*

Spe·ze'rei|ˌhänd·ler *m Southern G. obs. for* Kolonialwarenhändler. — **~ˌhand·lung** *f Southern G. obs. for* Kolonialwarengeschäft.

Spe·zi ['ʃpeːtsi] *m* ⟨-s; -(s)⟩ *Bavarian, Austrian and Swiss colloq.* (*Busenfreund*) bosom friend, (old) crony, chum, pal (*colloq.*), buddy, *auch* buddie (*sl.*), *bes. Am. sl.* sidekick, *auch* sidekicker.

spe·zi·al [ʃpe'tsǐaːl] *adj u. adv obs. for* speziell.

Spe·zi'al|ˌanˌfer·ti·gung *f* (*von Möbeln etc*) special manufacture (*od.* production). — **~arˌti·kel** *m* special article (*od.* item), speciality, *bes. Am.* specialty. — **~ˌarzt** *m obs. for* Facharzt. — **~ˌaufˌtrag** *m* 1. (*besondere Aufgabe*) special mission. – 2. *econ.* special order. — **~ˌausˌbil·dung** *f auch mil.* special (*od.* specialized *Br. auch* -s-) training. — **~ˌausˌfüh·rung** *f* (*von Fahr-, Feuerzeugen etc*) special design. — **~beˌru·fe** *pl* skilled trades. — **~ˌfach** *n* special subject, speciality, *bes. Am.* specialty: **Geographie ist sein ~** geography is his specialty, he has specialized (*Br. auch* -s-) in geography. — **~ˌfahrˌzeug** *n* special-purpose vehicle. — **~ˌfall** *m* special case. — **~geˌbiet** *n* special field (*od.* line), métier, speciality, *bes. Am.* specialty. — **~geˌschäft** *n* one-line shop (*bes. Am.* store), *bes. Br.* special shop, speciality shop, *bes. Am.* special(ty) store. — **~ˌgriff** *m* (*sport*) *colloq.* (*beim Ringen*) favorite (*bes. Br.* favourite) hold. — **~ˌgü·ter** *pl econ.* speciality (*bes. Am.* specialty) goods (*od.* articles), *bes. Am.* specialties.

Spe·zia·li·en [ʃpe'tsǐaːlǐən] *pl obs.* particulars, details.

Spe·zia·li·sa·ti·on [ʃpetsǐaliza'tsǐoːn] *f* ⟨-; *no pl*⟩ *cf.* Spezialisierung.

spe·zia·li·sie·ren [ʃpetsǐali'ziːrən] I *v/t* ⟨*no* ge-, h⟩ 1. (*Betrieb, Studium etc*) specialize *Br. auch* -s-. – 2. *cf.* spezifizieren 1. – II *v/reflex* 3. **sich auf** (*acc*) (*od.* **für**) **etwas ~** to specialize (*Br. auch* -s-) in s.th.: **er hat sich auf Handelsrecht spezialisiert** he specialized in commercial law. – 4. *biol.* (*von Organismen*) specialize *Br. auch* -s-. – III **S~** *n* ⟨-s⟩ 5. *verbal noun.* — **Spe·zia·li'sie·rung** *f* ⟨-; *no pl*⟩ 1. specialization *Br. auch* -s-. – 2. *biol.* (*von Organismen*) specialization *Br. auch* -s-.

Spe·zia·list [ʃpetsǐa'lɪst] *m* ⟨-en; -en⟩ 1. specialist: **er ist (ein) ~ auf diesem Gebiet** he is a specialist in this field. – 2. *med.* (medical) specialist: **er ist ~ für innere Medizin** he is a specialist in internal medicine, he is an internal specialist (*bes. Am.* an internist).

Spe·zia'li·sten·tum *n* ⟨-s; *no pl*⟩ specialism.

Spe·zia·li·tät [ʃpetsǐali'tɛːt] *f* ⟨-; -en⟩ 1. *bes. Br.* speciality, *bes. Am.* specialty. – 2. ⟨*only sg*⟩ (*starke Seite*) forte, *bes. Br.* speciality, *bes. Am.* specialty: **Pfannkuchen sind die ~ meiner Mutter** pancakes are my mother's speciality. – 3. *colloq.* (*Lieblingsthema, -fach etc*) *bes. Br.* speciality, *bes. Am.* specialty, favorite (*bes. Br.* favourite) subject: **mittelalterliche Geschichte ist seine ~** medi(a)eval history is his favo(u)rite subject. – 4. *gastr.* a) (*eines Restaurants etc*) *bes. Br.* speciality, *bes. Am.* specialty, cook's special, b) (*Lieblingsgericht*) favorite (*bes. Br.* favourite) dish.

Spe·zi'al|ˌkar·te *f* special map. — **~konˌstruk·tiˌon** *f tech.* special construction. — **~ˌkräf·te** *pl econ.* highly trained personnel *sg*, specialists, highly skilled (*od.* expert) staff *sg.* — **~ˌmi·schung** *f* (*Kaffee, Tabak etc*) special blend. — **~prä·ven·tiˌon** *f jur.* special prevention (of crime). — **~ˌschiff** *n mar.* specialized (*Br. auch* -s-) ship. — **~ˌsla·lom** *m* (*beim Skisport*) special slalom. — **~ˌsprungˌlauf** *m* special (ski) jump(ing). — **~ˌstahl** *m metall.* special(-alloy) steel. — **~ˌtrai·ning** *n* (*sport*) special training. — **~ˌtrup·pe** *f meist pl mil.* special-purpose force. — **~verˌfah·ren** *n bes. tech.* special process (*od.* technique). — **~ˌwert** *m meist pl econ.* (*an der Börse*) speciality (share), *bes. Am.* specialty (stock).

spe·zi·ell [ʃpe'tsǐɛl] I *adj* 1. special: **das ist eine ~e Aufgabe für dich** that's a special job for you. – 2. special, particular, especial: **er ist mein ganz ~er Freund** *auch iron.* he is my very special friend; **haben Sie ~e Wünsche?** have you any special requests? – 3. (*individuell*) particular, individual, especial, specific: **in Ihrem ~en Fall** in your particular case. – 4. (*ins einzelne gehend*) specialized *Br. auch* -s-, detailed: **dieser Vortrag war mir zu ~** *colloq.* this lecture was too detailed (*od.* went into too much detail) for me. – II *adv* 5. **das ist ~ für diesen Zweck angefertigt worden** that was made (e)specially for this purpose; **~ du** (*od.* **du ~**) **hättest das wissen müssen** you especially (*od.* you of all people) should have known that. – 6. (*gesondert*) separately: **ich werde dieses Thema noch ~ behandeln** I shall deal with this subject separately. – III **S~e, das** ⟨-n⟩ 7. the special (thing): **auf Ihr (ganz) S~es!** *colloq.* (*Trinkspruch*) to your (very) special health! (*colloq.*).

Spe·zi·es ['speːtsǐɛs; 'ʃpeː-] *f* ⟨-; -⟩ 1. *bes. biol.* species. – 2. **die vier ~** *math.* the first four rules (of arithmetic). – 3. *bes. med. pharm.* (*Teemischung*) species. — **~ˌkauf** *m econ.* purchase of certain definite (*od.* individual species of) goods. — **~ˌschuld** *f* debt in respect of specific objects (*od.* goods).

Spe·zi·fi·ka·ti·on [ʃpetsifika'tsǐoːn; spe-] *f* ⟨-; -en⟩ 1. (*nähere Erläuterung*) specification, particularization *Br. auch* -s-. – 2. *bes. econ.* (*einer Rechnung, Liste etc*) specification, *bes. Am.* itemization.

Spe·zi·fi·ka·ti'onsˌkauf *m econ.* purchase to specification.

Spe·zi·fi·kum [ʃpe'tsiːfikum; spe-] *n* ⟨-s; -fika [-ka]⟩ 1. *rare* (*Besonderes, Eigentümliches*) specific. – 2. *med.* specific (remedy).

spe·zi·fisch [ʃpe'tsiːfɪʃ; spe-] I *adj* 1. (*charakteristisch, eigentümlich*) (**für**) specific (to), characteristic (of), typical (of), peculiar (to): **dieses Symptom ist für die Krankheit ~** this symptom is specific to the disease. – 2. **das ~e Gewicht** *bes. phys.* a) the specific gravity, b) (*Wichte*) the volumetric weight; **das ~e Volumen** *phys.* the specific volume; **~e Wärme** *phys.* specific heat; **~e Reaktionen** *chem.* specific reactions; **~es Drehungsvermögen** (*optics*) specific rotation, rotatory (*od.* rotary) power; **~er Widerstand** *electr.* specific resistance, volume resistivity. – II *adv* 3. specifically: **diese Tierarten haben sich ~ entwickelt** these animal species developed specifically; **eine ~ deutsche Eigenschaft** a specifically (*od.* typically) German characteristic, a trait peculiar to the Germans.

spe·zi·fi·zie·ren [ʃpetsifi'tsiːrən; spe-] I *v/t* ⟨*no* ge-, h⟩ 1. (*näher erläutern*) specify, particularize *Br. auch* -s-. – 2. *bes. econ.* (*eine Rechnung, Liste etc*) specify, *bes. Am.* itemize. – II **S~** *n* ⟨-s⟩ 3. *verbal noun.* – 4. *cf.* Spezifikation. — **spe·zi·fi'ziert** I *pp.* – II *adj* specified: **nicht anderweitig ~** (*Tarif*) not otherwise specified. — **Spe·zi·fi'zie·rung** *f* ⟨-; -en⟩ 1. *cf.* Spezifizieren. – 2. *cf.* Spezifikation.

Spe·zi·men ['speːtsimɛn; 'ʃpeː-] *n* ⟨-s; -zimina [spe'tsiːmina; ʃpe-]⟩ *obs.* (*Probe, Muster*) specimen.

Sphä·re ['sfɛːrə] *f* ⟨-; -n⟩ 1. *astr.* (*Himmelsgewölbe*) sphere. – 2. *fig.* (*Wirkungs-, Einflußbereich*) sphere, domain: **in j-s private ~ eindringen** to intrude (up)on s.o.'s private sphere; **das liegt außerhalb meiner ~** that lies beyond my domain (*od.* purview). – 3. *fig.* (*Region*) sphere, realm, region: **die ~n der höheren Mathematik** the realms of higher mathematics; **in höheren ~n schweben** to have (*od.* to sail along with) one's head in the clouds, to be up in the clouds.

'Sphä·ren|har·moˌnie *f philos.* harmony of the spheres, celestial harmony. — **~muˌsik** *f* music of the spheres.

Sphä·rik ['sfɛːrɪk] *f* ⟨-; *no pl*⟩ *math.* spherics *pl* (*construed as sg*).

sphä·risch ['sfɛːrɪʃ] *adj math.* spheric(al): **~es Dreieck** spherical triangle; **~e Trigonometrie** spherical trigonometry, spherics *pl* (*construed as sg*).

Sphä·ro·id [sfɛro'iːt] *n* ⟨-(e)s; -e⟩ *math.* sph(a)eroid. — **sphä·roi·disch** [-'iːdɪʃ] *adj* spheroidal, *auch* spheroid.

Sphä·ro·kol·lo·id [sfɛrokɔlo'iːt] *n chem.* spherocolloid.

Sphä·ro·lith [sfɛro'liːt; -'lɪt] *m* ⟨-s *u.* -en; -e(n)⟩ *min.* spherulite, sphaerolite.

Sphä·ro·ma·kro·mo·le·kül [sfɛromakromole'kyːl] *n chem.* spheromacromolecule.

Sphä·ro·me·ter [sfɛro'meːtər] *n* ⟨-s; -⟩ *phys.* spherometer.

Sphen [sfeːn] *m* ⟨-s; -e⟩ *min.* sphene, *auch* titanite.

Sphe·no·id [sfeno'iːt] I *n* ⟨-(e)s; -e⟩ 1. *min.* (*Kristallform*) sphenoid. – 2. *med.* sphenoid bone. – II **s~** *adj* 3. *min. cf.* sphenoidal. — **sphe·noi'dal** [-i'daːl] *adj* (*keilförmig*) sphenoid, *auch* sphenoidal.

Sphink·ter ['sfɪŋktər] *m* ⟨-s; -e [-'teːrə]⟩ *med.* (*Schließmuskel*) sphincter. — **~ˌläh·mung** *f* sphincter paralysis. — **~ˌpla·stik** *f* sphincteroplasty.

Sphinx[1] [sfɪŋks] *f* ⟨-; *no pl*⟩ *myth. auch fig.* sphinx.

Sphinx[2] *f* ⟨-; -e⟩, *archeol. meist m* ⟨-; -e *u.* Sphingen ['sfɪŋən]⟩ (*ägyptisches od. griechisches Steinbild*) sphinx.

'Sphinxˌpa·vi·an *m zo.* sphinx baboon (*Papio sphinx*).

Sphra·gi·stik [sfra'gɪstɪk] *f* ⟨-; *no pl*⟩ (*Siegelkunde*) sphragistics *pl* (*usually construed as sg*), sigillography.

Sphyg·mo·gramm [sfʏgmo'gram] *n* ⟨-s; -e⟩ *med.* sphygmogram. — **Sphyg·mo'graph** [-'graːf] *m* ⟨-en; -en⟩ sphygmograph, sphygmometer. — **Sphyg·mo·gra'phie** [-gra'fiː] *f* ⟨-; *no pl*⟩ sphygmography, pulse-tracing. — **Sphyg·mo·ma·no'me·ter** [-mano'meːtər] *n* ⟨-s; -⟩ sphygmomanometer.

Spi·ca ['spiːka] *f* ⟨-; -cae [-tsɛ]⟩ *med.* (*Verband*) spica.

'Spickˌaal *m Low G. gastr.* smoked eel.

spicken[1] (*getr.* -k·k-) ['ʃpɪkən] *v/t* ⟨h⟩ 1. *gastr.* (*einen Braten etc*) lard: **einen Hasenrücken mit Trüffeln ~** to lard a saddle of hare with truffles. – 2. (*eine Mauer, Wand etc*) (**mit** with) stud, cover: **die Mauerkrone mit Glasscherben ~** to stud the wall crest with glass splinters. – 3. (*eine Rede etc*) (**mit** with) (inter)lard, stud: **er spickte seinen Aufsatz mit Zitaten** he interlarded his composition with quotations. – 4. **j-n ~** *fig. colloq. for* bestechen 1.

'spicken[2] (*getr.* -k·k-) *v/i* ⟨h⟩ *ped. colloq.* (*abschreiben*) crib: **der Schüler hat bei** (*od.* **von**) **seinem Nachbarn gespickt** the pupil cribbed from his neighbo(u)r.

'Spicker (*getr.* -k·k-) *m* ⟨-s; -⟩ *ped. colloq.* 1. (*Abschreiber*) cribber. – 2. *cf.* Spickzettel.

'Spick|ˌgans *f Low G. gastr.* smoked breast of goose. — **~ˌna·del** *f* larding needle (*od.* pin). — **~ˌzet·tel** *m ped. colloq.* crib.

Spi·der ['spaɪdər] *m* ⟨-s; -⟩ *auto.* (two-seater) sports (*auch* sport) car.

spie [ʃpiː] *1 u. 3 sg pret of* speien.

Spie·gel ['ʃpiːgəl] *m* ⟨-s; -⟩ 1. mirror, (looking) glass: **ein geschliffener [halbdurchlässiger] ~** a bevel(l)ed [half-silvered] mirror; **der ~ ist blind** the looking glass is clouded (*od.* cloudy, dull); **in den ~ sehen** (*od.* **schauen**, *colloq.* **gucken**) to look in the mirror; **sie betrachtete** (*od.* **besah**) **sich im ~** she looked at herself in the mirror; **das Meer [die Eisfläche] war glatt wie ein ~** the sea [the ice surface] was (as) smooth as glass (*od.* a mirror); **in diesem Roman hält der Autor seiner Zeit den ~ vor** *fig.* in this novel the author holds up a mirror to his time; **das kannst du dir hinter den ~ stecken!** *fig. colloq.*

a) (*finde dich damit ab*) put that in your pipe and smoke it! (*colloq.*), b) (*merk dir das*) remember that! don't forget that! **diesen Brief wird er sich** (*dat*) **nicht hinter den ~ stecken!** *fig. colloq.* this letter will hit home; **der ~ sagt die Wahrheit** (*od.* **schmeichelt nicht**) (*Sprichwort*) *etwa* a mirror tells no lies. – **2.** (*Ankleidespiegel*) (dressing *od.* full-length) mirror, cheval glass. – **3.** (*Drehspiegel*) cheval glass. – **4.** (*Handspiegel*) (hand) mirror (*od.* glass). – **5.** (*großer Wandspiegel, Pfeilerspiegel*) pier glass. – **6.** *cf.* Rückspiegel. – **7.** (*Verkehrsspiegel*) (traffic) mirror. – **8.** *fig.* (*Wiedergabe, Abbild*) mirror: **das Buch ist ein getreuer ~ dieser Epoche** the book is a true mirror of that epoch; **der Artikel zeigt die moderne Kunst im ~ der öffentlichen Meinung** the article shows modern art as (it is) mirrored by (*od.* reflected in) public opinion; **die Augen sind der ~ der Seele** the eyes are the mirror of the soul. – **9.** (*Wasseroberfläche*) surface. – **10.** (*Wasserhöhe, Blut-, Alkoholspiegel etc*) level: **durch die Regenfälle war der ~ des Stausees gestiegen** the rainfall caused the level of the reservoir to rise. – **11.** (*der Schießscheibe*) bull's-eye. – **12.** *tech. phys.* a) (*Reflektor*) reflector, b) (*an einem Sextanten*) index glass. – **13.** (*optics*) (*eines Teleskops*) speculum. – **14.** *med.* (*für Körperhöhlen*) speculum. – **15.** (*fashion*) (*am Frack, Smoking etc*) (silk) lapel. – **16.** *mil.* (*am Uniformkragen*) collar patch, (*ab Oberst*) tab. – **17.** *mar. cf.* Spiegelheck. – **18.** *print. cf.* Satzspiegel. – **19.** *hist.* (*Regelbuch, Gesetzessammlung*) code. – **20.** *geol.* (*Harnisch*) slickenside. – **21.** *zo.* a) (*auf den Flügeln der Vögel, Schmetterlinge*) mirror, speculum (*scient.*), b) (*der Pferde, Rinder*) dapple. – **22.** *hunt.* (*bei Rot- u. Damwild*) escu(t)cheon.

ˈSpie·gel|ˌab|ˌle·sung *f tech.* reading by mirror (*od.* reflection, *Br. auch* reflexion). — **~beˌlag** *m* mirror foil. — **~ˌbild** *n* **1.** (*optics*) (reflected) image, mirror image. – **2.** *auch fig.* reflection, *Br. auch* reflexion: **er sah sein ~ im Wasser** he saw his reflection in the water. – **3.** *cf.* Spiegelung 3. — **s~ˈblank** *adj* **1.** (*Metall, Fußboden etc*) mirrorlike, shining, (as) bright as a mirror, glossy: **etwas ~ putzen** to polish s.th. till it shines (like a mirror). – **2.** *fig.* (*sauber*) spic(k)-and-span. — **~ˌdrehˌbank** *f tech.* polishing lathe. — **~ˌei** *n gastr.* **1.** *meist pl* fried egg. – **2.** ⟨*only sg*⟩ (*Gericht*) fried eggs *pl.* — **~ˌei·sen** *n metall.* spiegeleisen, *auch* spiegel (iron), specular pig iron. — **~faˌbrik** *f* mirror factory. — **~fa·briˌkant** *m* mirror manufacturer. — **~fa·bri·ka·tiˌon** *f* ⟨-; *no pl*⟩ manufacture of mirrors, mirror manufacture. — **~ˌfech·ter** *m fig. contempt.* **1.** (*Blender*) bluff(er), fake(r), phon(e)y (*sl.*). – **2.** (*Schwindler*) humbug, swindler. — **~fech·teˈrei** [ˌʃpiːgəl-] *f* ⟨-; -en⟩ **1.** *fig. contempt.* bluff, tricks *pl*, jugglery. – **2.** *fig. contempt.* humbug, swindle, eyewash (*colloq.*). – **3.** *obs.* sham fight. — **~ˌfernˌrohr** *n* (*optics*) reflecting (*od.* mirror) telescope, reflector (telescope). — **~ˌflä·che** *f* **1.** mirror (surface), reflector (*od.* reflecting) surface. – **2.** *fig.* smooth (*od.* glossy) surface. — **~ˌfo·lie** *f metall.* mirror tinfoil. — **~freˌquenz** *f electr.* image frequency. — **~gal·va·noˌme·ter** *n* mirror (*od.* reflecting) galvanometer. — **~ˌglas** *n* ⟨-es; ¨-er⟩ *tech.* mirror glass. — **~ˌglas·faˌbrik** *f* plate glass factory. — **s~ˈglatt** *adj* **1.** (*Parkett etc*) like glass, (as) slippery as ice, glassy: **die Straße war ~** the road was like glass. – **2.** (*Meer etc*) (as) smooth as glass, glassy, unrippled: **die See war ~** the sea was like glass (*od.* a mirror), the sea was (as) smooth as glass (*od.* a millpond). – **3.** (*Eis*) (as) slippery as glass, glassy. — **s~ˌgleich** *adj math.* mirror-symmetric(al). — **~ˌgleich·heit** *f* mirror symmetry. — **~ˌheck** *n mar.* square stern (*od.* tuck), transom counter. — **~ka·biˌnett** *n* (*auf Jahrmärkten etc*) room lined with distorting mirrors. — **~ˌka·me·ra** *f phot. cf.* Spiegelreflexkamera. — **~ˌkarp·fen** *m zo.* (*Zuchtform*) mirror (*od.* shining) carp (*Cyprinus carpio*). — **s~ˈklar** *adj* (*See etc*) (as) clear as crystal, crystal-clear, glassy. — **~lackie·rung** (*getr.* -kˌk-) *f tech.* mirror varnishing. — **~ˌlin·se** *f* (*optics*) reflecting lens. — **~ma·leˌrei** *f* (*art*) verre églomisé (*with shining metal foil in some places instead of paint*). — **~ˌmei·se** *f zo. cf.* Kohlmeise. — **~meˌtall** *n metall.* speculum metal. — **~mi·kroˌskop** *n* (*optics*) reflecting microscope.

spie·geln [ˈʃpiːgəln] **I** *v/i* ⟨h⟩ **1.** (*glänzen*) sparkle, shine, be bright and shining, be spic(k)-and-span: **der Fußboden spiegelt** the floor sparkles. – **2.** (*in der Sonne etc*) gleam, sparkle, shine: **das Metall spiegelte** the metal gleamed. – **3.** (*Lichtstrahlen reflektieren*) reflect: **das Glas des Schaufensters spiegelt** there are reflections in the glass of the shopwindow. – **II** *v/t* **4.** reflect, mirror: **das Wasser spiegelte den Himmel** the water reflected the sky; **seine Bücher ~ das Elend des Krieges** *fig.* his books reflect the misery of war. – **5.** *phys.* reflect, mirror. – **III** *v/reflex* **sich ~ 6.** be reflected (*od.* mirrored), reflect: **die Bäume ~ sich im See** the trees are mirrored in the lake; **die Münzen spiegelten sich in der Glasplatte** the coins were reflected in the glass top; **auf ihrem Gesicht spiegelte sich ihre Freude** *fig.* her face showed her delight. – **IV S~** *n* ⟨-s⟩ **7.** *verbal noun.* – **8.** *cf.* Spiegelung. — **ˈspie·gelnd I** *pres p.* – **II** *adj* **1.** (*Scheiben etc*) reflecting, specular. – **2.** (*glänzend*) shiny, shining: **die glatte, ~e Fläche des Sees** the smooth, shining surface of the lake.

ˈSpie·gel|ˌop·tik *f* (*optics*) (mirror) optical system. — **~ˌpris·ma** *n phys.* reflecting prism. — **~ˌrah·men** *m* mirror (*od.* looking-glass) frame. — **~re·fle·xiˌon** *f phys.* specular (*od.* mirrorlike) reflection (*Br. auch* reflexion). — **~reˌflexˌka·me·ra** *f phot.* reflex camera: **einäugige ~** single-lens reflex camera; **zweiäugige ~** twin-lens reflex camera; **~ mit abschaltbarer Automatik** automatic single-lens reflex camera with manual override. — **~reˌvers** *n, m, Austrian and Swiss n* (*am Frack, Smoking*) silk revers. — **~ˌrin·de** *f* (*wood*) smooth bark. — **~ˌsaal** *m* (*in Schlössern*) hall of mirrors. — **~ˌschei·be** *f* plate glass pane, pane of plate glass. — **~ˌschlei·fer** *m* mirror polisher (*od.* grinder). — **~ˌschliff** *m tech.* satin finish. — **~ˌschnitt** *m* (*wood*) quartersawed wood. — **~ˌschrank** *m* wardrobe fitted with a mirror. — **~ˌschrift** *f* **1.** mirror writing: **in ~ geschrieben** written in reverse. – **2.** *print.* reflected face, reflected (*od.* mirror) type. — **~sexˌtant** *m astr. mar.* (*optics*) reflecting (*od.* mirror) sextant. — **~ˌsu·cher** *m phot.* reflecting (view)finder. — **~sym·meˌtrie** *f math. phys.* axial symmetry. — **~te·leˌskop** *n* (*optics*) *cf.* Spiegelfernrohr. — **~ˌtisch** *m*, **~ˌtisch·chen** *n* **1.** pier table. – **2.** (*Toilettentisch mit Spiegel*) dressing (*od.* toilet) table, *Am.* dresser.

ˈSpie·ge·lung *f* ⟨-; -en⟩ **1.** *cf.* Spiegeln. – **2.** (*im Wasser, im Schaufenster etc*) reflection, *Br. auch* reflexion. – **3.** (*Luftspiegelung*) mirage, looming, fata morgana.

ˈSpie·ge·lungsˌwin·kel *m* (*optics*) angle of reflection (*Br. auch* reflexion).

ˈspie·gel·verˌkehrt *adj* (*optics*) *phot.* (*Bild*) mirror-inverted.

ˈSpie·gel|verˌklei·dung *f* mirror panel. — **~viˌsier** *n tech.* mirror sight. — **~ˌwir·kung** *f* (*optics*) mirror effect. — **~ˌzim·mer** *n* mirror(ed) room.

ˈSpieg·lung *f* ⟨-; -en⟩ *cf.* Spiegelung.

Spie·ke [ˈʃpiːkə] *f* ⟨-; -n⟩ *bot.* spike lavender (*Lavandula spica*).

Spie·ker [ˈʃpiːkər] *m* ⟨-s; -⟩ *mar.* (*Schiffsnagel*) spike. — **ˈspie·kern** *v/t* ⟨h⟩ spike.

Spiel [ʃpiːl] *n* ⟨-(e)s; -e⟩ **1.** ⟨*only sg*⟩ (*Spielen*) play(ing): **den Kindern beim ~ zusehen** to watch the children play(ing) (*od.* at play); **das Kind war ganz in sein ~ vertieft** the child was quite absorbed in play; **das ~ auf der Straße ist gefährlich** it is dangerous to play in (*Am. auch* on) the street; **aus dem ~ wurde Ernst** play became earnest. – **2.** (*meist nach Regel*) game: **~e für Kinder und Erwachsene** games for children and adults; **~ mit Karten** card game; **ein ~ gewinnen [verlieren]** *auch fig.* to win [to lose] a game; **das ~ war längst verloren, als** *auch fig.* they were playing a losing game when; **es war ein lustiges ~** the game was good fun; **j-m das ~ verderben** a) to spoil (*od.* ruin, mess up) s.o.'s game, b) *fig.* to thwart (*od.* ruin, spoil) s.o.'s plans, to put a spoke in s.o.'s wheel; **das ~ aufgeben** (*od.* **verloren geben**) a) to give the game up (as lost), to concede, b) *fig.* to throw in (*Br.* up) the sponge (*od.* one's cards); **gewonnenes ~ haben** *fig.* to have made it, to be home and dry, to be there (*colloq.*); **wenn der Plan gelingt, haben wir gewonnenes ~** if the plan works, we shall be there; **j-n aus dem ~ lassen** *fig.* to leave s.o. (*od.* keep s.o.'s name) out of it; **laßt mich aus dem ~!** leave me (*od.* keep my name) out of it; **etwas aus dem ~ lassen** *fig.* to leave s.th. out of it; **Brot und ~e** bread and circuses. – **3.** (*Spielart*) play, game: **faires [unfaires] ~** fair (*od.* honest, *sl.* square) [unfair *od.* foul, dishonest] play; **sein ~ ist heute schlecht** he is off his game today; **das geschickte ~ der Mannschaft** the team's subtle play. – **4.** (*Wettkampf, -spiel*) match, game: **die Olympischen ~e** the Olympic Games; **das ~ ist aus** a) the match is over, b) *fig.* the game is up; **es war ein hartes** (*od.* **schweres**) **~** it was a hard-fought match (*od.* a tough game); **ein ~ austragen** to play a game (*od.* match); **an einem ~ teilnehmen** to play (*od.* take part) in a game; **ins ~ kommen** a) (*von Spielern*) to come into (*od.* join) the game, b) *fig.* to become involved; **das ~ gewinnen [verlieren]** to win [to lose] the match; **das ~ steht 3 : 0** the (present) score is 3—0; **das ~ endete 1 : 1** the game ended 1—1 (*od.* with a 1—1 draw); **das ~ ging unentschieden aus** the match ended in a draw; **das ~ steht unentschieden** the score is even; **wie steht das ~?** how is the game going? what is the score? **das ~ wiederholen** to replay the game, to have a replay; **das ~ unterbrechen** to hold up play, to suspend the game. – **5.** *fig.* (*in Wendungen wie*) **er hatte (ein) leichtes ~** it was a walkover for him; **er hatte leichtes ~ mit ihr** he had an easy game with her, she was easy game for him; **etwas ins ~ bringen** (*neue Argumente etc*) to bring (*od.* put) s.th. forward; **bei etwas mit im ~ sein** a) (*von Personen*) to be connected with (*od.* involved in, mixed up in) s.th., to have a hand in s.th., b) (*von Dingen*) to be involved in s.th.; **da ist so einiges mit im ~** there are so many things involved; **die Hand (mit) im ~ haben** to have a hand in it (*od.* a finger in the pie); **er hat überall die Hand im ~** he has a finger in every pie; **auch bei diesem Geschäft hat er seine Finger im ~** he has a finger in this business too. – **6.** (*Glücksspiel*) gambling, (*einzelnes*) gamble, game of chance: **sein Glück im ~ versuchen** to try one's luck at gambling; **er ist dem ~ verfallen** he has become addicted to gambling; **er hat ein Vermögen im** (*od.* **beim**) **~ verloren** he has gambled away a fortune; **Glück im ~ haben** to be lucky at gambling; **verbotene ~e wie Roulette** prohibited gambling games like roulette; **~ mit dem Leben** *fig.* gamble with (one's) life; **sein Leben [seinen Ruf] aufs ~ setzen** *fig.* to risk (*od.* stake, jeopardize *Br. auch* -s-) one's life [one's reputation]; **er hat alles aufs ~ gesetzt** *fig.* he risked everything; **ein Vermögen steht auf dem ~** *fig.* there is a fortune at stake; **für ihn steht viel auf dem ~** a great deal is at stake for him; **Glück im ~, Unglück in der Liebe** (*Sprichwort*) lucky at cards, unlucky in love; → **böse** 4. – **7.** (*Bühnentück*) play: **ein ~ für Laiengruppen** a play for amateur groups; **die geistlichen ~e des Mittelalters** the religious plays of the Middle Ages; **ein ~ im ~** a play within a play. – **8.** ⟨*only sg*⟩ (*theater*) (*schauspielerische Gestaltung*) a) acting, performance, b) (*als Gesamtleistung*) performance: **das ausdrucksvolle ~ des Schauspielers** the expressive performance of the actor; **sein ~ war vortrefflich** his acting was excellent; **das ~ des Hamlet fesselte die Zuschauer** Hamlet's acting captivated the audience. – **9.** ⟨*only sg*⟩ *mus.* (*musikalische Darbietung*) playing, performance: **der Pianist begeisterte alle mit seinem ~** the pianist delighted everyone with his playing. – **10.** **dem ~ der Geige lauschen** *mus.* to listen to the music (*od. lit.* strains) of the violin; → **klingend** 1. – **11.** *fig.* (*leichtfertiges Treiben, Täuschung*) game: **ein gewagtes** (*od.* **gefährliches**) **~ spielen** to play a hazardous (*od.* risky) game, to run a great risk, to steer a dangerous course, to skate on thin ice; **mit j-m**

ein doppeltes ~ spielen to play a double game with s.o., to double-cross s.o. (*colloq.*); **er hat ein falsches ~ (mit ihnen) getrieben** he played an underhand game (with them); **sein ~ mit j-m treiben** to play fast and loose with s.o., to trifle (*od.* play around) with s.o.; **~ mit dem Feuer** playing with fire; **~ mit der Liebe** trifling with love. – **12.** *fig.* (*List, Kunstgriff*) game, trick: **ich habe das [sein] ~ schon lange durchschaut** I saw through (*bes. Am.* caught on to) the [his] game (*od.* tricks) long ago. – **13.** *fig.* (*nicht zweckbedingte Bewegung, wechselndes Hin und Her*) play, movement: **das ~ der Muskeln** the play (*od.* action) of muscles; **das ausdrucksvolle ~ ihrer Hände** the expressive play of her hands; **das wechselseitige ~** the interplay; **das freie ~ der Kräfte** the free play of forces; **das ~ der Wellen [der Farben]** the play of the waves [the colo(u)rs]; **das ~ von Licht und Schatten** the play of light and shade, the chiaroscuro (*lit.*); **das leichte ~ des Windes mit den Blättern** the game (*od.* play) of the wind with the leaves; **lebhaftes ~ der Phantasie** lively play of fancy; **das ~ des Zufalls** the whim of chance; **des Schicksals ~** *lit.* the vagaries *pl* of fate; **ein seltsames ~ der Natur** a freak of nature. – **14.** (*Karten etc*) pack, set, *Am.* deck. – **15.** (*Stricknadeln etc*) set. – **16.** *tech.* a) play, b) (*erwünschtes*) clearance, c) (*unerwünschtes*) slackness, d) (*Totgang von Gewinden etc*) backlash, e) (*Arbeitsspiel eines Motors*) cycle, f) (*eines Kolbens*) stroke. – **17.** *hunt.* (*eines Birkhahns*) tail.

ˈSpielˌabˌbruch *m* (*sport*) abandonment of a match (*od.* game). — **~ˌabˌlauf** *m cf.* Spielverlauf. — **~ˌabˌschnitt** *m* part (*od.* period) of a game. — **~ˌanˌwei·sung** *f* **1.** *mus.* direction (for playing). – **2.** (*theater*) stage direction. — **~ˌanˌzug** *m* (*für Kinder*) playsuit, rompers *pl*, *Am. auch* creepers *pl*. — **~ˌart** *f* **1.** variety: **das ist eine andere ~** that is a different variety. – **2.** *fig.* (*einer Technik*) intricacy. – **3.** *biol. cf.* Abart 2a. – **4.** *mus.* touch: **das Klavier hat eine gute ~** the piano has a good touch. — **~au·toˌmat** *m* a) gambling (*od.* gaming) machine, b) slot machine, one-armed bandit (*sl.*). — **~ˌball** *m* **1.** (*sport*) a) ball, b) (*beim Billard*) cue ball, c) (*beim Tennis*) game point. – **2.** *fig.* plaything, toy, sport, puppet: **ein ~ der Wellen sein** to be the plaything (*od.* at the mercy) of the waves, to be tossed (about) by the waves; **der ~ des Glücks sein** to be the sport of Fortune. — **~ˌbank** *f* ⟨-; -en⟩ (gambling *od.* gaming) casino, gambling (*od.* gaming) house (*od.* establishment). — **~beˌginn** *m* start (*od.* beginning) of play: **~ ist um 5 Uhr** the match begins at 5 o'clock, (*beim Fußball*) kickoff is at 5 o'clock, (*beim Hockey*) bully-off is at 5 o'clock. — **~ˌbein** *n* **1.** (*art*) (*einer Statue*) trailing leg, leg carrying no weight. – **2.** (*sport*) (*beim Eis- u. Rollkunstlauf*) free leg. — **s~beˌrech·tigt** *adj* (*sport*) eligible. — **~beˌrech·ti·gung** *f* eligibility. — **~ˌblätt·chen** *n mus.* (*einer Mandoline*) plectrum. — **~ˌbrett** *n* (*für Brettspiel*) board. — **~ˌbu·de** *f colloq.* gambling (*od.* gaming) booth.

Spiel·chen [ˈʃpiːlçən] *n* ⟨-s; -⟩ **1.** *dim. of* Spiel. – **2.** game: **ein ~ machen** to have (*od.* play) a game. – **3. mit j-m sein ~ treiben** a) (*schikanieren*) to make life difficult for s.o., b) (*an der Nase herumführen*) to lead s.o. up the garden path, to take s.o. for a ride (*beide colloq.*).

ˈSpielˌdau·er *f* **1.** (*sport*) a) length (*od.* duration) of a game, b) (*eines Fußballspiels etc*) time of play. – **2.** (*von Schallplatten etc*) playing time. – **3.** (*film*) a) length of a film, b) (*Aufführungszeit*) run, *Am.* box office life. — **~ˌdo·se** *f* music (*bes. Br.* musical) box. — **~ˌecke** (*getr.* -k·k-) *f* **1.** children's corner. – **2.** (*in einer Zeitung*) games column, *auch* games and puzzle corner. — **~ˌeinˌla·ge** *f*, **~ˌeinˌsatz** *m* stake.

spie·len [ˈʃpiːlən] **I** *v/t* ⟨h⟩ **1.** play: **die Kinder ~ Ball** the children are playing ball; **ein Spiel ~** to play a game; **Karten [eine Partie Skat] ~** to play cards [a game of skat]; **er spielt begeistert Schach** he is an enthusiastic (*od.* a keen) chess player; **Trumpf ~** (*beim Kartenspiel*) to play a trump; **j-m einen Streich ~** *fig.* to play a trick on s.o., to play s.o. a trick; **Tennis ~** to play tennis; **j-m etwas in die Hände ~** *fig.* to bring s.th. (skil[l]fully) into s.o.'s possession, to pass s.th. on to s.o. – **2.** (*schauspielerisch darstellen*) act, play; **er spielt den Hamlet** he acts (*od.* plays) (the part of) Hamlet; **Theater ~** to (play)-act; **sie spielt ja nur Theater** (*od.* **Komödie**) *fig.* she is (play)acting (*od.* shamming, *colloq.* putting on an act); → Rolle 7. – **3.** (*theater*) *mus.* (*aufführen, vortragen*) perform, play: **das Theater spielt heute abend den „Faust"** the theater (*bes. Br.* theatre) is performing (*od.* putting on) "Faust" this evening; **was wird diese Woche (im Theater) gespielt?** what is on (*od.* running) at the theater this week? **sie ~ ein Stück von Brecht** they are performing (*od.* putting on, doing) a play by Brecht; **die Pianistin spielte (Werke von) Chopin** the pianist played (works by) Chopin. – **4.** (*Schallplatte*) play, put on. – **5.** (*Film*) show: **sie spielen einen Film von X** they are showing a film (*bes. Am. colloq.* movie) by X. – **6. was wird hier gespielt?** *fig.* what's going on here? what's the game? what's up? (*colloq.*). – **7.** *mus.* (*ein Instrument*) play, (*Trompete etc*) *auch* blow: **Klavier ~** to play the piano; → **Geige.** – **8.** *fig.* (*vortäuschen, so tun als ob*) play, act: **den Beleidigten [Unschuldigen] ~** to play (*od.* act) (the) offended [(the) innocent], to put on the offended [innocent] act (*colloq.*), to pretend to be offended [innocent]; **den großen Herren ~** to act (*od.* play) the lord, to lord it, to give oneself airs; **er spielte den reichen Mann** he played the wealthy man, he pretended to have money; **die feine Dame ~** to play the lady; **den Kranken ~** to play (*od.* act) sick, to put on the sick act (*colloq.*); **ihre ganze Krankheit war nur gespielt** her whole illness was just an act; **bei ihr ist alles nur gespielt** she (play)acts (*od. colloq.* puts on an act) all the time. – **9.** (*wirken als*) play, act as: **ich mußte die Köchin ~** I had to play (the) cook, I had to act as cook; **(ein wenig) Vorsehung ~** *fig.* to help things on (*od.* along) a bit. – **II** *v/i* **10.** (**mit** with) play: **die Kinder haben im Sandkasten gespielt** the children played in the sandbox; **ich gehe jetzt ~** I'm going (off) to play now; **mit dem Ball [mit Würfeln] ~** to play ball [dice]; **mit der Puppe** (*od.* **mit Puppen**) **~** to play doll (*od.* with dolls); **mit dem Gaspedal ~** *auto.* to rev (up) one's car (impatiently) (*colloq.*). – **11.** *fig.* (*in Wendungen wie*) **mit den Augen ~** a) to steal a glance now and then, b) to throw coquettish glances; **mit dem Feuer ~** *fig.* to play with fire; **ich spiele mit dem Gedanken auszuwandern** *fig.* I am toying (*od.* playing) with the idea of emigrating; **mit Worten ~** *fig.* to play (up)on words, to pun, to play (*od.* juggle) with words. – **12.** (*mit Haar etc*) (**mit** with) play, toy, fiddle. – **13.** (*sport*) play: **gegen j-n ~** to play s.o.; **X spielte gegen Y** X played Y; **unentschieden ~** to draw (the game *od.* the match), to tie; **fair [unfair] ~** to play fair [unfair]; **so spielt man nicht** that is against the rules (of play), that is not allowed; **sie spielten 2 : 0 [1 : 1]** the match ended 2—0 [1—1]. – **14.** (*bei einem Glücksspiel*) gamble: **aus Leidenschaft ~** to have a passion for gambling; **falsch ~** to cheat; **wer spielt?** whose turn (*od. colloq.* go) is it? **mit seinem Leben** (*od.* **dem Tod**) **~** *fig.* to gamble with (one's) life; **mit offenen Karten ~** *auch fig.* to put one's cards on the table. – **15.** (*um einen Einsatz*) game, play (for a stake): **hoch** (*od.* **mit einem hohen Einsatz**) **~** to play for a high stake (*od.* for high stakes); **er spielt um Geld** he plays for money; **vorsichtig ~** to play a cautious game; → **Lotto 1**; **Toto 1.** – **16.** (*theater*) act, play, perform: **sie hat ausgezeichnet gespielt** she acted (*od.* played) excellently, she was excellent; **vor leerem Haus ~** to play to an empty house; **heute wird nicht gespielt** there will be no performance tonight. – **17.** (*film*) play: **sie ~ zusammen in dem Film** they play together (*od.* are partners) in the film (*bes. Am. colloq.* movie); **in den Hauptrollen ~ X und Y** the production features (*od.* stars) X and Y, X and Y play (*od.* feature in) the main roles. – **18.** (*film*) run, play: **dieser Film spielt schon wochenlang** this film has been running for weeks. – **19.** (*vor sich gehen, geschehen*) be set, be laid: **das Stück spielt zur Zeit Ludwigs XIV.** the play is set at the time of Louis XIV; **der Roman spielt in Italien** the scene of the novel is set in Italy. – **20.** *mus.* play: **auf der Orgel ~** to play (on) the organ; **vierhändig ~** to play a duet (*od.* piano duets), *Am. auch* to play four-handed; **sie spielt vom Blatt** (*od.* **nach Noten**) she plays (*od.* reads) at sight, she sight-reads; **er spielt nach Gehör** he plays by ear; **falsch ~** to play out of tune; **zu hoch [zu niedrig] ~** to play sharp [flat]. – **21.** *colloq.* (*von Radio*) be on: **das Radio spielte den ganzen Abend** the radio was on all evening. – **22.** *fig.* (*sich nicht ernst befassen*) (**mit** with) toy, trifle, dally: **er spielt mit der Liebe** he toys (*od.* trifles) with love; **sie spielte nur mit ihm** she was merely flirting (*od.* trifling, playing around) with him. – **23. etwas ~ lassen** *fig.* (*um etwas zu erreichen*) to use s.th., to make use of s.th.: **er ließ sein Geld ~** he used his money to attain his ends; **seine Beziehungen ~ lassen** to make use of one's connections (*Br. auch* connexions); **sie ließ alle ihre Künste ~** she exhibited (*od.* made full use of) all her talents; **sie ließ ihren ganzen Charme ~** she exercised (*od. colloq.* laid on) all her charm. – **24. er ließ seine Muskeln ~** he braced his muscles, his muscles were playing. – **25.** (*sich leicht bewegen*) play: **der Wind spielte in den Blättern** the wind played with the leaves; **das Licht spielt auf dem Wasser** the light is playing on the water; **im Wind ~** (*von Fahnen etc*) play (*od.* flutter, flap) in the wind; **ein Lächeln spielte um ihre Lippen** *fig.* a faint smile played (*od.* flickered) on (*od.* about) her lips. – **26.** (*schillern*) sparkle, glitter: **der Diamant spielt in allen Farben** the diamond sparkles in all colo(u)rs; **die Farbe spielt ins Rötliche** the colo(u)r has a reddish tint. – **27.** *tech.* (*von Kolben*) play. – **III** *v/reflex* **28. diese Szene spielt sich gut** (*theater*) this scene plays well; **sich in den Vordergrund ~** *fig.* to thrust oneself into the foreground; **sich müde ~** (*von Kindern, jungen Tieren etc*) to play till one is tired; **sich um sein Vermögen ~** to gamble away one's fortune. – **IV S~** *n* ⟨-s⟩ **29.** *verbal noun.* – **30.** *cf.* Spiel.

ˈspie·lend I *pres p.* – **II** *adj* **1.** (*Kinder*) playing. – **2.** (*Wellen*) undulating. – **3. das macht er mit ~er Leichtigkeit** he can do that without effort (*od. colloq.* just like that). – **III** *adv* **4.** *fig.* (*mühelos*) without effort, with (effortless *od.* great) ease, very easily, nonchalantly, just like that (*colloq.*): **er lernt die Sprache ~ (leicht)** he learns the language very easily (*od.* without effort, just like that); **er schafft es ~** he will make it with ease; **er nahm die Kurve ~** he took the bend with ease.

ˈSpie·ler *m* ⟨-s; -⟩ **1.** player. – **2.** (*Glücksspieler*) gambler, gamester: **ein leidenschaftlicher ~** a passionate gambler; **ein unehrlicher ~** a) a dishonest gambler, b) a cardsharp(er). – **3.** (*theater, film*) actor, performer.

Spie·leˈrei *f* ⟨-; -en⟩ **1.** ⟨*only sg*⟩ *contempt.* playing (*od.* fooling, fiddling, idling) around (*od.* about): **laß doch die ~ am Fernsehapparat!** stop playing around with the TV set! – **2.** (*Zeitvertreib*) pastime, hobby: **sie betreibt die Astrologie nicht ernsthaft, es ist mehr eine ~ von ihr** she doesn't go in for astrology seriously, it is more of a pastime for (*od.* with) her. – **3.** (*Flirt*) flirtation, bagatelle. – **4.** *pl* (*Tand, Kinkerlitzchen*) trinkets, trifles: **ihr Zimmer war vollgestopft mit Püppchen, Fläschchen, Döschen und ähnlichen ~en** her room was cram-full of dolls, pretty little bottles and boxes and other such trifles. – **5.** *pl* (*technische Raffinessen*) gadgets (*colloq.*): **er hat in seinem Auto 3 verschiedene Hupen, eine Stereoanlage und andere ~en** he has 3 different horns, stereo equipment and other gadgets in his car. – **6.** (*Kinderspiel*) child's play: **diese Übersetzung war für mich die reinste ~** this translation was mere child's play for me.

ˈSpiel·erˌgeb·nis *n* (*sport*) result.

ˈspie·ler·haft *adj* of a gambler.

ˈSpie·le·rin *f* ⟨-; -nen⟩ **1.** (woman) player. – **2.** (woman) gambler (*od.* gamester).

ˈspie·le·risch I *adj* ⟨*attrib*⟩ **1.** (*sport*) as a player: **er weist großes ~es Können auf** he has great talent as a player, he is a talented player. – **2. sich mit ~er Leich-**

tigkeit über etwas hinwegsetzen a) to get over s.th. with perfect ease, b) *fig.* to make light of s.th. – **3.** (*nicht ernsthaft*) playful. – **II** *adv* **4.** eine ~ überlegene Mannschaft (*sport*) a team which is superior in terms of play. – **5.** ~ tänzelte er um seinen Gegner (*sport*) (*beim Boxen*) he danced playfully (a)round his opponent.

'Spiel·erˌlaub·nis *f* (*sport*) permission to play.

'Spie·ler·naˌtur *f* **1.** gambler's (*od.* gamester's) make-up (*od.* attitude). – **2.** (*Person*) gambler (*od.* gamester) by nature (*od.* temperament).

'Spiel|erˌöff·nung *f* (*games*) opening (of a game). — **s~ˌfä·hig** *adj* (*Sportler*) fit to play.

'Spielˌfeld *n* (*sport*) playing field, (*beim Fußball*) *auch* ground, *bes. Br.* pitch: j-n des ~es verweisen to send s.o. off (the field). — **~ˌhälf·te** *f* half (of the field *od.* of the ground): tief in die gegnerische ~ eindringen to break into the opponents' half. — **~ˌrand** *m* **1.** boundary line (of the field). – **2.** *cf.* a) Torlinie 1, b) Seitenlinie 1.

'Spiel|fiˌgur *f* (*beim Brettspiel*) man, token, piece. — **~ˌfilm** *m* feature (film): ~ mit Dokumentarcharakter feature documentary. — **~ˌflä·che** *f* **1.** (*auf dem Eis*) surface. – **2.** (*auf der Bühne*) stage floor, boards *pl.* – **3.** (*beim Billard*) bed. — **~ˌfol·ge** *f* program, *bes. Br.* programme, *auch* sequence of items. — **~ˌfortˌset·zung** *f* continuation of play. — **s~ˌfrei** *adj* **1.** *tech.* free from play (*od.* clearance). – **2.** das Theater hat heute seinen ~en Abend there is no performance tonight. – **3.** unsere Mannschaft ist ~ (*sport*) our team is not playing. — **~ˌfrei·heit** *f tech.* absence of play. — **~ˌfüh·rer** *m* (team) captain, skipper. — **~geˌfähr·te** *m*, **~geˌfähr·tin** *f* playmate, playfellow. — **~geˌlän·de** *n* playpark, playground area, games area. — **~ˌgeld** *n* (*games*) **1.** (*unechtes Geld zum Spielen*) play (*od.* token, toy, imitation) money. – **2.** (*Einsatz*) stake, pool. — **~geˌnos·se** *m*, **~geˌnos·sin** *f cf.* Spielgefährte, Spielgefährtin. — **~geˌrä·te** *pl* (*sport*) (games) equipment *sg.* — **~geˌsche·hen** *n* (*sport*) *cf.* Spielverlauf. — **~geˌwinn** *m* winnings *pl.* — **~ˌhahn** *m zo. cf.* Birkhahn. — **~ˌhälf·te** *f* (*sport*) **1.** (*eines Fußballspiels etc*) half: zweite ~ second half. – **2.** (*Spielfeldhälfte*) half (of the field *od.* of the ground): gegnerische ~ opponents' half. — **~ˌhal·le** *f* **1.** gym(nasium). – **2.** (*mit Spielautomaten*) amusement center (*bes. Br.* centre), amusement hall. — **~ˌhöl·le** *f colloq.* gambling hell (*od.* house, den). — **~ˌhös·chen** *n* (*für Kinder*) rompers *pl*, playsuit, *Am. auch* creepers *pl.* — **~ka·meˌrad** *m*, **~ka·me·raˌdin** *f cf.* Spielgefährte, Spielgefährtin. — **~ˌkar·te** *f* playing card: gezogene ~ card drawn. — **~ˌkar·tenˌsteu·er** *f econ.* tax on playing cards. — **~kaˌsi·no** *n* (gambling *od.* gaming) casino. — **~ˌkas·se** *f* (*beim Glücksspiel*) pool, kitty, pot. — **~ˌkind** *n* nursery child. — **~ˌklas·se** *f* (*sport*) league, division. — **~ˌklub** *m* **1.** card club. – **2.** (*für Glücksspiele*) gambling (*od.* gaming) club. — **~ˌlei·den·schaft** *f* passion for gambling (*od.* gaming). — **~ˌlei·ter** *m* **1.** (*theater*) *cf.* Regisseur b. – **2.** (*film*) *cf.* Regisseur a. – **3.** (*radio*) a) radio producer, b) (*für Hörspiel*) drama producer, c) (*für Quiz*) quizmaster, d) *cf.* Conférencier. – **4.** (*sport*) a) (*bei Jugendspielen*) games leader, b) *cf.* Schiedsrichter 2, 3. — **~ˌlei·tung** *f* **1.** *cf.* Regie 1. – **2.** *cf.* Conférence. – **3.** (*sport*) a) (*beim Fußball etc*) refereeing, b) (*beim Hockey etc*) umpiring. — **~loˌkal** *n* gambling house (*od.* establishment), gaming house (*od.* establishment). — **~ˌma·cher** *m* (*sport*) playmaker.

'Spielˌmann *m* ⟨-(e)s; -leute⟩ **1.** (*eines Spielmannszuges*) bandsman: die Spielleute bandsmen, drums and fifes. – **2.** street player, musician. – **3.** *hist.* (*im Mittelalter*) minstrel, jongleur.

'Spielˌmanns|ˌdich·tung *f* (*literature*) minstrel poetry, minstrelsy. — **~ˌzug** *m* band, drums and fifes *pl.*

'Spiel|ˌmar·ke *f* **1.** (*im Spielkasino*) jeton, jetton, chip, counter. – **2.** (*im Kinderspiel*) token, toy mark (*od.* money). — **~miˌnu·te** *f* (*sport*) minute of play: in der letzten ~ in the last minute of play. — **~ˌoper** *f mus.* comic opera. — **~ˌpas·sung** *f tech.* clearance fit. — **~ˌpau·se** *f* **1.** (*theater*) a) intermission, b) (*Sommerpause*) summer interval. – **2.** (*sport*) (*Halbzeit*) half time, half-time interval. — **~ˌpha·se** *f* (*sport*) phase of play. — **~ˌplan** *m* **1.** (*eines Theaters etc*) repertoire, repertory, program, *bes. Br.* programme: auf dem ~ bleiben to remain running, to be kept in the schedule; das Stück ist vom ~ gestrichen worden the play has been removed from (*od.* taken off) the program(me). – **2.** (*Wochenspielplan etc*) weekly program (*bes. Br.* programme). — **~ˌplatz** *m* **1.** playground. – **2.** (*sport*) *cf.* Spielfeld. — **~ˌrat·te** *f colloq.* child fond of playing. — **~ˌraum** *m* **1.** *cf.* Spielzimmer. – **2.** (*sport*) room (*od.* space) to move (about). – **3.** *fig.* scope, latitude, elbowroom, (free) play: j-m ~ lassen to leave (*od.* allow) s.o. scope, to give s.o. (plenty of) rope; keinen ~ haben to have no scope; seiner Phantasie großen ~ lassen to leave (*od.* give) one's imagination plenty of scope; freien ~ haben to have elbowroom (*od.* latitude). – **4.** *fig.* (*zeitlich*) time. – **5.** *econ.* (*Spanne*) margin, scope, latitude: geringer ~ narrow margin; geben Sie mir 3 Wochen ~ leave me 3 weeks' time (*od.* a margin of 3 weeks); können Sie mir wegen des Preises einigen ~ lassen? can you give me some latitude regarding the price? finanzpolitischer ~ room for fiscal man(o)euver (*bes. Br.* manœuvre). – **6.** *tech.* play, backlash, clearance (space). – **7.** *mil. phys.* (*eines Geschosses im Lauf*) windage, play. — **~ˌre·gel** *f meist pl* rule (of the game): nach den ~n spielen to play according to the rules; die ~n einhalten, sich an die ~n halten to keep to (*od.* observe) the rules, to play the game, to play fair; sich nicht an die ~n halten, gegen die ~n verstoßen (*games*) *auch fig.* to break the rules, (*sport*) *auch* to (commit a) foul; die ~n genau kennen to know the rules of the game. — **~ˌsaal** *m* **1.** gambling (*od.* gaming) hall. – **2.** *cf.* Spielhalle 2. – **3.** (*im Kindergarten etc*) playroom. — **~ˌsa·chen** *pl* toys, playthings. — **~saiˌson** *f cf.* Spielzeit 2. — **~ˌschar** *f* players *pl*, (*bes. theater*) company of players. — **~ˌschluß** *m* (*sport*) end of play. — **~ˌschuld** *f* gambling (*od.* gaming) debt. — **~ˌstand** *m* (*sport*) score: beim ~ von 1 : 1 at 1—1. — **~ˌstär·ke** *f* **1.** (*Anzahl*) strength (of the team). – **2.** *fig.* (*einer Mannschaft*) fighting power, performing strength. — **~ˌstein** *m* **1.** (*games*) piece, man, (*beim Damespiel*) *auch Am.* checker, *Br.* draughtsman. – **2.** (*sport*) (*beim Curling*) stone. — **~ˌstra·ße** *f* play street. — **~ˌstun·de** *f* playtime, games period. — **~ˌsucht** *f cf.* Spielleidenschaft. — **~ˌtak·tik** *f* (*sport*) (playing) tactics *pl.* — **~ˌtan·te** *f* (*child's language*) nursery-school teacher. — **~ˌtech·nik** *f* playing technique. — **~ˌtem·po** *n* speed of play, pace of a match (*od.* game). — **~ˌteu·fel** *m* gambling (*od.* gaming) demon (*od. colloq.* bug): er ist vom ~ besessen (*od. colloq.* gepackt) he has (*od.* he's got, he has been bitten by) the gambling bug, he is a passionate gambler. — **~theoˌrie** *f math.* games theory. — **~ˌtisch** *m* **1.** card table. – **2.** (*beim Glücksspiel*) gambling (*od.* gaming) table. – **3.** *mus.* (organ) console. — **~ˌtrieb** *m* **1.** (*eines Kindes*) play instinct. – **2.** *psych.* gambling (*od.* gaming) addiction. — **~ˌuhr** *f* **1.** musical clock. – **2.** (*sport*) (*beim Basketball etc*) game watch. — **~ˌun·terˌbre·chung** *f* (*sport*) **1.** (*kürzere*) (temporary) interruption (of a match *od.* game): es gab eine ~ von 10 Minuten there was an interruption of 10 minutes. – **2.** (*längere*) suspension of a match (*od.* game). — **~verˌbot** *n* suspension: j-m ~ erteilen, ein ~ über j-n verhängen to suspend s.o. — **~verˌder·ber** *m*, **~verˌder·be·rin** *f* ⟨-; -nen⟩ spoilsport, killjoy, wet blanket (*colloq.*): sei kein ~! don't be a spoilsport! don't be such a bad sport! — **~verˌei·ni·gung** *f* (*sport*) sports club. — **~verˌlän·ge·rung** *f* extra time. — **~verˌlauf** *m* run of the match (*od.* game), trend of play. — **~verˌlust** *m* **1.** (*einer Mannschaft*) match (*od.* game) lost. – **2.** (*eines Glücksspielers*) gambling (*od.* gaming) loss.

'Spielˌwa·ren *pl* toys, playthings. — **~geˌschäft** *n* toy shop (*bes. Am.* store). — **~ˌhan·del** *m* toy trade. — **~ˌhänd·ler** *m* toy dealer, dealer in toys, toyman. — **~ˌhand·lung** *f cf.* Spielwarengeschäft. — **~in·duˌstrie** *f* toy industry.

'Spiel|ˌwei·se *f* style (*od.* manner) of play(ing). — **~ˌwerk** *n* **1.** (*einer Uhr*) chime. – **2.** mechanism (*od.* action) of a music (*bes. Br.* musical) box (*od.* musical clock). — **~ˌwer·tung** *f* (*sport*) scoring. — **~ˌwie·se** *f* **1.** playground with a lawn area. – **2.** *humor.* *for* Glatze 1. — **~ˌwut** *f* passion for gambling (*od.* gaming). — **~ˌzeit** *f* **1.** (*für Kinder*) playtime. – **2.** (*theater, sport*) (*Spielsaison*) season. – **3.** (*sport*) (*eines Fußballspiels etc*) time of play, playing time: die reguläre (*od.* eigentliche, normale) ~ ist vorbei normal time is up; volle ~ full time; effektive ~ (*beim Basketball, Eishockey*) actual playing time. – **4.** (*eines Films, Theaterstückes*) run: nach einer ~ von 4 Wochen after a run of 4 weeks. – **5.** (*Dauer*) duration: das Stück [der Film] hat eine ~ von 2 Stunden the play [the film] lasts 2 hours. – **6.** geänderte ~en changes in performance time.

'Spielˌzeug *n* ⟨-(e)s; *no pl*⟩ **1.** (*Spielsachen*) toys *pl*, playthings *pl*: räum dein ~ weg tidy up your toys. – **2.** toy, plaything: laß das Radio, es ist kein ~ leave the radio alone, it is not a toy (*od.* plaything) (*od.* it's not for playing with); sie ist für ihn nur ein ~ *fig.* she is just a toy (*od.* plaything) for him. – **3.** er braucht immer ein ~ (*um seine Hände zu beschäftigen*) he always has to have s.th. to fiddle with. – **4.** das Schiff trieb dahin wie ein ~ *lit.* the ship was a sport of the waves. — **~ˌei·senˌbahn** *f* model railroad (*Br.* railway). — **~faˌbrik** *f* toy factory. — **~fa·bri·ka·tiˌon** *f* toy manufacture. — **~ˌhan·del** *m cf.* Spielwarenhandel. — **~ˌhänd·ler** *m cf.* Spielwarenhändler. — **~in·duˌstrie** *f cf.* Spielwarenindustrie. — **~ˌka·sten** *m* toy box, *bes. Br.* playbox. — **~ˌla·den** *m cf.* Spielwarengeschäft.

'Spielˌzim·mer *n* **1.** (*für Kinder*) playroom, (*für Kleinkinder*) *auch* nursery. – **2.** (*für Spieler*) a) gambling (*od.* gaming) room, b) cardroom.

Spier [ʃpiːr] *m, n* ⟨-(e)s; -e⟩ *Northern G.* first blade of grass.

Spie·re ['ʃpiːrə] *f* ⟨-; -n⟩ **1.** *mar.* spar, perch, boom. – **2.** *bot. cf.* Spierstaude.

'Spie·renˌton·ne *f mar.* spar buoy.

Spier·ling ['ʃpiːrlɪŋ] *m* ⟨-s; -e⟩ *zo. cf.* Stint[1].

'Spier|ˌstau·de *f*, **~ˌstrauch** *m bot.* spiraea (*Gattg Spiraea*): Filzige ~ hardhack, steeplebush (*S. tomentosa*); Schneeballblätt(e)rige ~ ninebark (*Physocarpus opulifolius*); Weidenblätt(e)rige ~ bridewort (*S. salifolia*).

Spieß [ʃpiːs] *m* ⟨-es; -e⟩ **1.** *gastr.* a) (*Fleischspieß*) skewer, b) (*Bratspieß*) spit, broach: etwas am ~ braten to roast s.th. on the spit, to barbecue s.th.; vom ~ roast(ed) on the spit, barbecue(d). – **2.** *hunt.* hunting spear. – **3.** *mil. hist.* a) spear, pike, b) (*Lanze*) lance. – **4.** *fig.* (*in Wendungen wie*) schreien wie am ~ *colloq.* to cry blue murder, to scream the place down, to scream one's head off, to scream (*od.* yell) like hell (*od.* mad) (*alle colloq.*), to scream at the top of one's voice; den ~ umdrehen (*od.* umkehren) to turn the tables (on one's opponent[s]). – **5.** *mil. colloq.* (*Hauptfeldwebel*) sergeant major, *Am. colloq.* top sergeant, *Am. sl.* topkick. – **6.** *pl hunt.* (*Geweihstangen von jungen Hirschen etc*) first year's antlers, *Am.* spikes. – **7.** *print.* work-up, pick, black.

'Spieß|ˌblattˌna·se *f zo.* leaf-nosed bat, vampire, *auch* vampire bat (*Vampyrus spectrum*). — **~ˌbock** *m* **1.** *hunt.* roebuck of the first year, *Am.* spike buck. – **2.** *zo.* gemsbok (*Oryx gazella*). — **~ˌbra·ten** *m gastr.* joint roasted on the spit.

'Spieß|ˌbür·ger *m contempt. cf.* Spießer 1. — **s~ˌbür·ger·lich** *adj* bourgeois, narrow-minded, philistine, *auch* Philistine, square (*sl.*), *Am. auch* Babbitty, Babbittical: er hat ~e Ansichten he has narrow-minded views. — **~ˌbür·ger·tum** *n* narrow-mindedness, philistinism, *auch* Philistinism, squareness (*sl.*), *Am. auch* Babbittry, Babbittism.

spie·ßen ['ʃpiːsən] *v/t* ⟨h⟩ **1.** (*Fleisch zum Braten*) (auf *acc* etwas on to s.th.) skewer, (*auf den Bratspieß*) spit. – **2.** (*Kartoffel etc*) (auf *acc* etwas on to s.th.) stick, skewer. – **3.** (*Schmetterling etc*) (auf *acc* etwas on to s.th.) pin, fasten, fix. – **4.** *rare* (*Nadel*) (in *acc* etwas into s.th.) stick.

'Spießˌen·te *f zo.* pintail, pin-tailed duck (*Anas acuta*).

'Spie·ßer *m* ⟨-s; -⟩ **1.** *contempt.* (narrow-minded) bourgeois, philistine, *auch* Philistine, square (*sl.*), *Am. auch* Babbitt. – **2.** *hunt.* a) (*Hirsch*) brocket, b) (*Rehbock*) pricket.

'spie·ßer·haft *adj contempt. cf.* spießbürgerlich.

'Spieß|ge,sel·le *m* **1.** *contempt.* (*Mittäter*) accomplice. – **2.** *contempt.* (*Kumpan, Genosse*) associate, companion, fellow rogue, pal (*colloq.*). – **3.** *obs. for* Waffenbruder. — **~,glanz** *m* ⟨-es; -e⟩ *min.* antimony glance, stibnite. — **~,hirsch** *m* **1.** *hunt.* one-year-old buck. – **2.** *zo.* brocket (*Gattg Mazama*).

'spie·ßig *adj* **1.** *contempt. cf.* spießbürgerlich. – **2.** (*leather*) badly tanned (*od.* dressed).

'Spieß|,kant·ka,li·ber *n metall.* diamond pass. — **~,ru·te** *f only in* **~n laufen** *fig. colloq.* (*früher auch als Strafe*) to run the gauntlet. — **~,ru·ten,lau·fen** *n fig. colloq.* (*früher auch als Strafe*) running the gauntlet.

Spikes [spaɪks] (*Engl.*) *pl* **1.** (*Stahlnägel*) spikes. – **2.** *auto.* (*Reifen mit Stahlnägeln*) spike tires (*bes. Br.* tyres). – **3.** (*sport*) spikes.

'Spik,öl ['ʃpiːk-] *n bot. chem.* (*Lavendelöl*) spike (*od.* lavender) oil.

Spill [ʃpɪl] *n* ⟨-(e)s; -e⟩ *mar.* a) winch, b) (*Ankerwinde*) windlass, c) (*Winde mit senkrechter Trommel*) capstan: **das ~ klarmachen** to rig the capstan.

Spil·la·ge [spɪ'laːʒə; ʃpɪ-] *f* ⟨-; -n⟩ *econ.* spillage, spilt powder (*od.* liquid).

Spil·ling ['ʃpɪlɪŋ] *m* ⟨-s; -e⟩ *bot.* white plum (*Prunus insititia*).

'Spill,spa·ke *f mar.* capstan bar.

Spin [spɪn] (*Engl.*) *m* ⟨-s; -s⟩ *nucl.* (*space*) spin.

Spi·na ['spiːna; 'ʃpiː-] *f* ⟨-; -nae [-nɛ]⟩ *med.* spina, spine.

spi·nal [ʃpi'naːl; spi-] *adj med.* spinal: **~e Kinderlähmung** infantile paralysis, polio(myelitis) (*scient.*). — **S~an·äs·the,sie** *f med.* spinal an(a)esthesia. — **S~,flüs·sig·keit** *f* cerebrospinal fluid. — **S~,nerv** *m* spinal nerve. — **S~pa·ra,ly·se** *f* spinal paralysis. — **S~punk·ti,on** *f* spinal (*od.* lumbar) puncture.

Spi·nat [ʃpi'naːt] *m* ⟨-(e)s; -e⟩ *bot.* spinach, spinage (*Spinacia oleracea*). — **~,wach·tel** *f vulg. contempt.* (old) frump.

Spind [ʃpɪnt] *m, n* ⟨-(e)s; -e⟩ wardrobe, *bes. mil.* locker.

Spin·del ['ʃpɪndəl] *f* ⟨-; -n⟩ **1.** spindle. – **2.** (*textile*) (*in Spinnerei*) a) spindle, b) (*Spule*) bobbin. – **3.** *tech.* a) spindle, b) (*Gewindespindel*) screw spindle, c) *cf.* Arbeitsspindel, d) (*Vorschubspindel*) feed screw. – **4.** (*watchmaking*) verge. – **5.** *arch.* (*einer Wendeltreppe*) newel (post): **offene [geschlossene] ~** open [solid] newel. – **6.** *bot.* a) (*der Gräser*) r(h)achis, b) (*einer Traube, Ähre etc*) stalk, axis, culm. – **7.** *chem.* hydrometer, densimeter. – **8.** *zo.* (*von Schneckenhäusern*) spindle, spindle shell. – **9.** *biol.* (*bei der Zellteilung*) spindle. — **~,an,trieb** *m tech.* worm drive. — **~,bank** *f* (*textile*) bobbin and fly frame, spindle rail. — **~,baum** *m bot.* (common) spindle tree (*Evonymus europaeus*). — **~,bei·ne** *pl colloq.* spindly legs, spindleshanks, 'spindles' (*colloq.*). — **s~,bei·nig** [-,baɪnɪç] *adj colloq.* spindle- (*od.* spindly-)legged, spindle-shanked. — **s~'dürr** *adj* (*Gestalt*) (as) thin as a rake, spindling, spindly. — **s~,för·mig** *adj bes. med.* spindle-shaped, fusiform (*scient.*). — **~,füh·rung** *f tech.* spindle support. — **~,gang** *m,* **~,hem·mung** *f* (*watchmaking*) crown escapement. — **~,hül·se** *f tech.* spindle quill (*od.* sleeve). — **~,ka·sten** *m* **1.** (*der Drehmaschine*) head(stock), spindlehead. – **2.** (*der Senkrechtfräsmaschine*) spindle carrier. — **~,ka·sten·ge,trie·be** *n* headstock gearing. — **~,kopf** *m* **1.** (*einer Schleifmaschine*) wheelhead. – **2.** (*einer Fräsmaschine*) spindlehead. – **3.** (*einer Drehmaschine*) spindle nose. — **~öl** *n* spindle oil. — **~,pres·se** *f* screw press (*od.* punch). — **~,schlag,pres·se** *f* percussion press. — **~,schnecke** (*getr.* -k·k-) *f zo.* spindle shell (*Gattgen Fusus u. Rostellaria*): **Verbleichte** (*od.* **Gemeine**) **~** red whelk (*Neptunea antiqua*). — **~,stock** *m tech. cf.* Spindelkasten. — **~,strauch** *m bot.* burning bush (*Evonymus atropurpureus*).

'Spin·del,zel·le *f med.* spindle (*od. scient.* fusiform) cell. — **'Spin·del,zel·len·sar,kom** *n* spindle-cell (*od. scient.* fusocellular) sarcoma.

'Spin|,dreh·im,puls *m nucl.* spin angular momentum. — **~,elek·tron** *n* spinning electron.

Spi·nell [ʃpi'nɛl] *m* ⟨-s; -e⟩ *min.* spinel(le).

'Spin·ener,gie *f nucl.* spin energy.

Spi·nett [ʃpi'nɛt] *n* ⟨-(e)s; -e⟩ *mus.* spinet.

'Spin|im,puls,kopp·lung *f nucl.* spin orbit coupling. — **~ma·gne,tis·mus** *m* spin magnetism.

Spin·na·ker ['ʃpɪnakər] *m* ⟨-s; -⟩ (*sport*) (*beim Segeln*) spinnaker.

'Spinn|,band *n* ⟨-(e)s; ¨er⟩ (*textile*) tow. — **s~bar** *adj* spinnable, suitable (*od.* fit) for spinning. — **~,drü·se** *f zo.* (*der Seidenraupen*) silk (*od.* spinning) gland; serictery, sericterium (*scient.*). — **~,dü·se** *f tech. synth.* spinning nozzle, spinneret.

Spin·ne ['ʃpɪnə] *f* ⟨-; -n⟩ **1.** *zo.* spider (*Ordng Araneae*): **netzwebende ~** spinning spider, telarian (*scient.*); **~ am Morgen (bringt) Kummer und Sorgen, ~ am Abend erquickend und labend** (*proverb*) *etwa* a spider in the morning brings bad luck, a spider in the evening good luck; **pfui, ~!** *colloq.* how horrid! pew! – **2.** *fig. colloq.* spiteful person. – **3.** (*im Straßenbau*) road junction, spider. – **4.** *tech.* (*eines Kardangelenks*) spider. – **5.** (*Lautsprecher*) spider.

'spin·ne'feind *adj only in* **j-m ~ sein** *colloq.* to hate s.o. like poison, to hate s.o.'s guts (*sl.*): **die beiden Nachbarn sind einander** (*od.* **sich**) **~** the two neighbo(u)rs hate each other's guts.

spin·nen ['ʃpɪnən] **I** *v/t* ⟨spinnt, spann, gesponnen, h⟩ **1.** (*Flachs, Hanf, Seide, Fäden etc*) spin: **Wolle zu Garn ~** to spin wool into yarn; **es wurde ein Netz von Lügen (um sie) gesponnen** *fig.* a web of lies was spun ([a]round her); **die beiden ~ keinen guten Faden** (*od.* **keine Seide**) **miteinander** *fig. colloq. archaic* the two of them do not get along very well together (*od.* don't hit it off well, don't see eye to eye); **er spinnt sein Garn, er spinnt Seemannsgarn, er spinnt das alles ja bloß** *fig. colloq.* he is only spinning a yarn (*colloq.*). – **2.** (*Netz*) spin: **die Spinne spann einen Faden, an dem sie sich herunterließ** the spider let itself down on its thread. – **3.** *fig.* (*ersinnen, ausdenken*) hatch, contrive, devise: **Ränke ~** to hatch plots (*od.* a plot). – **II** *v/i* **4.** spin. – **5.** *fig. colloq. contempt.* (*verrückt sein*) be touched (*od. colloq.* daft, cracked, *sl.* nuts): **er spinnt!** he is not all there (*colloq.*), he is nuts (*od.* off his rocker) (*sl.*); **du spinnst!** don't be silly! **du spinnst wohl?** you must be daft! are you nuts? – **6.** *colloq.* (*faseln, Unsinn reden*) talk (a lot of) nonsense (*od.* drivel, blather, rubbish, *Am. colloq.* blatherskite), blather, talk through one's hat (*colloq.*): **spinne nicht (so)!** don't talk (such) nonsense. – **7.** *phys.* (*rasch rotieren*) spin (*od.* whirl) round. – **III S~** *n* ⟨-s⟩ **8.** *verbal noun.* – **9.** (*textile*) a) spin, b) (*von Seide*) silk throwing.

'Spin·nen|,af·fe *m zo.* woolly spider monkey, miriki, black-faced monkey (*Brachyteles arachnoides*). — **s~,ähn·lich, s~,ar·tig** *adj* **1.** spidery, spiderlike. – **2.** *zo.* arachnoid: **~e Tiere** *cf.* Spinnentiere. — **~ge,we·be** *n cf.* Spinnwebe. — **~,gift** *n* spider venom. — **~,netz** *n* cobweb, spider (*auch* spider's) web. — **~,rag,wurz** *f bot.* spider orchid (*auch* orchis) (*Ophrys sphegodes*). — **~,tie·re** *pl zo.* arachnids, arachnid(e)ans, araneid(an)s (*Klasse Arachnida*). — **~,tö·ter** *m cf.* Wegwespe.

'Spin·ner *m* ⟨-s; -⟩ **1.** (*Facharbeiter*) spinner, mill hand. – **2.** (*zum Fang von Raubfischen*) spinner, spinning bait. – **3.** *fig. colloq.* (*Verrückter*) crackbrain, crackpot, *Am. sl.* 'screwball'. – **4.** *fig. colloq.* (*Schwätzer*) blatherer, driveler, *bes. Br.* driveller, *Am. colloq.* blatherskite: **du alter ~!** you silly old thing! – **5.** *fig. colloq.* (*Angeber*) brag, braggart, boaster, *Am. sl.* 'blow': **er war schon immer ein alter ~** he has always been an awful brag (*colloq.*), he has always talked big. – **6.** *zo.* (*Schmetterling*) silkworm moth, bombycid (*scient.*) (*Fam. Bombycidae*).

Spin·ne'rei *f* ⟨-; -en⟩ **1.** ⟨*only sg*⟩ (art of) spinning. – **2.** (*textile*) spinning mill. – **3.** *fig. colloq.* (*Unsinn*) nonsense, drivel, blathe, rubbish, *Am. colloq.* blatherskite. – **4.** *fig. colloq. cf.* Angeberei 1. — **~be,sit·zer** *m* owner of a spinning mill.

'Spin·ne·rin *f* ⟨-; -nen⟩ **1.** (*Facharbeiterin*) spinner, mill girl. – **2.** *fig. colloq. cf.* Spinner 3, 4.

'Spin·ner,lied *n* spinning song.

'Spinn|,fa·den *m* **1.** spinning thread. – **2.** *zo.* spider's thread. – **3.** *pl* (*im Altweibersommer*) gossamer *sg*, floating cobwebs. — **~,fär·bung** *f* **1.** *chem.* dope- (*od.* spun-, mass-)dyeing. – **2.** (*textile*) spun-dyeing.

'Spinn,fa·ser *f* (*textile*) (spinning *od.* textile) fiber (*bes. Br.* fibre). — **~,pflan·ze** *f bot.* fibrous (*od.* fiber, *bes. Br.* fibre) plant.

'Spinn|,fü·ßer *pl zo.* web spinners, embiodea (*scient.*) (*Ordng Embiodea*). — **~ge,we·be** *n cf.* Spinnwebe. — **~ge,webs,haut** *f med.* arachnoid. — **~ma,schi·ne** *f* (*textile*) spinning machine (*od.* frame). — **~,mas·se** *f* spinning solution. — **~mat,tie·rung** *f* delustering fibers (*bes. Br.* delustring fibres) during the spinning process. — **~,rad** *n* spinning wheel. — **~,rocken** (*getr.* -k·k-) *m* distaff. — **~,stoff** *m* (*textile*) spinning material, textile fiber (*bes. Br.* fibre). — **~,stu·be** *f obs.* spinning room. — **~,war·ze** *f zo.* (*der Spinne*) spinner(et), spinning mammilla. — **~,war·zen,feld** *n* cribellum. — **~,we·be** *f* ⟨-; -n⟩ cobweb, spider (*auch* spider's) web. — **~,we·ben,haut** *f med. cf.* Spinnwebhaut.

'Spinn,web|,fa·den *m* spider-web thread, cobweb (thread). — **~,haut** *f med.* (*im Gehirn*) arachnoid (membrane).

'Spinn|,werk,zeug *n zo.* (*der Spinne*) spinning apparatus, arachnidium (*scient.*). — **~,wir·tel** *m* (*in der Weberei*) (spinning) whorl (*auch* wharl, wharve).

Spi·no·zis·mus [spino'tsɪsmʊs; ʃpi-] *m* ⟨-; *no pl*⟩ *philos.* Spinozism. — **Spi·no'zist** [-'tsɪst] *m* ⟨-en; -en⟩ Spinozist. — **spi·no'zi·stisch** *adj* Spinozistic.

'Spin|,quan·ten,zahl *f nucl.* spin quantum number. — **~sta·bi·li·sa·ti,on** *f* (*eines Satelliten*) stabilization (*Br. auch* -s-) of spin.

spin·ti·sie·ren [ʃpɪnti'ziːrən] **I** *v/i* ⟨*no* ge-, h⟩ *colloq.* **1.** (*grübeln, brüten*) brood, muse: **über** (*dat od. acc*) **etwas ~** to brood over (*od.* on) s.th. – **2.** (*phantasieren, träumen*) fancy, daydream. – **II S~** *n* ⟨-s⟩ **3.** *verbal noun.* — **Spin·ti·sie·re'rei** *f* ⟨-; -en⟩ *colloq.* **1.** *cf.* Spintisieren. – **2.** *pl* (*Phantasierereien, Träume*) fancies, daydreams.

Spi·on [ʃpi'oːn] *m* ⟨-s; -e⟩ **1.** spy, secret agent, *mil. pol. auch* secret (*od.* intelligence) agent, *Am. sl.* spook: **er wurde als ~ entlarvt** he was exposed as a spy. – **2.** *colloq.* (*Aufpasser, Schnüffler*) prier, *auch* pryer, snooper. – **3.** (*in Türen*) peephole. – **4.** (*außen an Hausfenstern*) window mirror.

Spio·na·ge [ʃpio'naːʒə] *f* ⟨-; *no pl*⟩ **1.** espionage, *mil. pol. auch* secret service, intelligence: **er war der ~ für England verdächtig, er stand unter dem Verdacht der ~ für England** he was suspected of spying (*od.* of espionage) for England; **~ treiben** (*od.* **begehen**) to commit espionage, to spy. – **2.** *colloq.* (*Schnüffelei*) prying, snooping, snoopery.

Spio'na·ge,ab,wehr *f* counterespionage, *mil. pol. auch* counterintelligence. — **~,dienst** *m* **1.** counterespionage service, *mil. pol. auch* counterintelligence service. – **2.** (*Titel der Organisation*) Counter-Intelligence Corps, *Am. auch* Counterintelligence Agency, *Br. auch* M.I. 5.

Spio'na·ge|af,fä·re *f* spy (*od.* espionage) affair(e) (*od.* case). — **~be,kämp·fung** *f cf.* Spionageabwehr. — **~,dienst** *m bes. mil. pol. cf.* Nachrichtendienst 3, 4. — **~,netz** *n* espionage net. — **~or·ga·ni·sa·ti,on** *f* espionage organization (*Br. auch* -s-). — **~pro,zeß** *m* espionage (*od. colloq.* spy) trial. — **~,ring** *m* **1.** (*Organisation*) espionage ring (*od.* organization *Br. auch* -s-). – **2.** (*Personen*) spy ring. — **s~ver,däch·tig** *adj* suspected of espionage (*od.* spying).

spio·nie·ren [ʃpio'niːrən] **I** *v/i* ⟨*no* ge-, h⟩ **1.** spy, work as a spy (*bes. mil. pol.* as an intelligence agent). – **2.** *colloq.* (*schnüffeln*) pry, snoop: **er spioniert ständig hinter mir her!** he's always snooping on me! – **II S~** *n* ⟨-s⟩ **3.** *verbal noun.* – **4.** espionage. – **5.** *colloq.* (*Schnüffeln*) snoopery. — **Spio·nie·re'rei** *f* ⟨-; -en⟩ *colloq.* prying, snooping, snoopery.

Spio·nin [ʃpi'oːnɪn] *f* ⟨-; -nen⟩ (woman) spy.

Spi'ral,boh·rer [ʃpi'raːl-] *m tech.* twist

drill. — **~ˌschleif·maˌschi·ne** *f* twist drill grinder (*bes. Br.* grinding machine).

Spiˈralˌbruch *m med.* spiral fracture.

Spi·ra·le [ʃpiˈraːlə] *f* ⟨-; -n⟩ **1.** (*Planspirale*) spiral. – **2.** (*schraubenförmige*) helix. – **3.** *tech.* a) (*Wendel*) coil, b) (*eines Spiralbohrers*) twist, c) (*eines Walzenfräsers*) helix. – **4.** *arch.* a) (*Schneckenverzierung*) spiral scroll, b) (*ionische Volute*) Ionic volute. – **5.** *econ.* (*der Preise etc*) spiral.

Spiˈra·lenˌflug *m aer. cf.* Spiralflug.

Spiˈral|ˌfe·der *f tech.* **1.** spiral (*od.* coil) spring: ~ einer Uhr mainspring, clock-spring. – **2.** (*Schraubenfeder*) helical spring. — **~ˌflug** *m aer.* spiral flight. — **s~ˌför·mig** *adj* **1.** spiral. – **2.** (*schraubenförmig*) helical. – **3.** *arch.* (*schneckenförmig*) a) scrolled, scroll-shaped, b) volute(d). – **4.** *tech.* (*Schneidspäne*) curly. – **5.** *med.* spiral-shaped. – **6.** *zo.* a) (*in der Aufsicht*) spiral, b) (*im Längsschnitt*) turbinal, turbinated. – **7.** *bot.* spiral, convolute(d) (*scient.*).

spiˈra·lig *adj cf.* spiralförmig.

Spiˈral|ˌli·nie *f* spiral (line *od.* curve). — **~ˌne·bel** *m astr.* spiral nebula. — **~ˌrohr** *n tech.* spiral tube. — **~ˌsen·ker** *m* three-lipped core drill. — **~turˌbi·ne** *f* spiral turbine. — **~verˌzah·nung** *f* spiral tooth system.

Spi·rans [ˈʃpiːrans; ˈspiː-] *f* ⟨-; -ranten [ʃpiˈrantən; spi-]⟩, **Spi·rant** [ʃpiˈrant; spi-] *m* ⟨-en; -en⟩ *ling. cf.* Reibelaut. — **spiˈran·tisch** *adj* spirant, fricative.

Spi·rem [spiˈreːm; ʃpi-] *n* ⟨-s; -e⟩ *biol.* (*Stadium der Zellteilung*) spireme, *auch* spirem.

Spi·ril·le [spiˈrɪlə; ʃpi-] *f* ⟨-; -n⟩ *meist pl med.* (*Schraubenbakterium*) spirillum. — **spiˈril·lenˌtö·tend** *adj* spirillicidal.

Spi·ril·lo·se [spiriˈloːzə; ʃpi-] *f* ⟨-; -n⟩ *med.* spirillosis.

Spi·ri·tis·mus [ʃpiriˈtɪsmʊs; spi-] *m* ⟨-; *no pl*⟩ spiritualism, spiritism. — **Spi·riˈtist** [-ˈtɪst] *m* ⟨-en; -en⟩ spiritualist, spiritist. — **spi·riˈti·stisch** *adj* spiritualist(ic), spiritistic, spiritual.

spi·ri·tu·al [ʃpiriˈtŭaːl; spi-] *adj cf.* spirituell.

Spi·ri·tu·al[1] [ʃpiriˈtŭaːl; spi-] *m* ⟨-s *u.* -en; -en⟩ *röm.kath.* (*in Klöstern etc*) minister, spiritual adviser.

Spi·ri·tu·al[2] [ˈspɪrɪtjʊəl] (*Engl.*) *m, n* ⟨-s; -s⟩ (Negro) spiritual.

Spi·ri·tua·li·en [ʃpiriˈtŭaːlĭən; spi-] *pl relig.* spirituals, spiritualities.

Spi·ri·tua·lis·mus [ʃpiritŭaˈlɪsmʊs; spi-] *m* ⟨-; *no pl*⟩ *philos.* spiritualism. — **Spi·ri·tuaˈlist** [-ˈlɪst] *m* ⟨-en; -en⟩ spiritualist. — **spi·ri·tuaˈli·stisch** *adj* spiritualist(ic). — **Spi·ri·tua·liˈtät** [-liˈtɛːt] *f* ⟨-; *no pl*⟩ (*geistiges Wesen*) spirituality.

spi·ri·tu·ell [spiriˈtŭɛl; spi-] *adj* spiritual.

spi·ri·tu·os [ʃpiriˈtŭoːs; spi-], **spi·ri·tuˈös** [-ˈtŭøːs] *adj* (*Weingeist enthaltend*) spirituous.

Spi·ri·tuo·sen [ʃpiriˈtŭoːzən; spi-] *pl* spirits, alcoholic (*od.* spirituous) drinks (*od.* beverages, liquors).

Spi·ri·tus[1] [ˈʃpiːritʊs] *m* ⟨-; -se⟩ **1.** *chem. pharm.* (ethyl) alcohol, grain alcohol, spirit(s *pl*) (of wine), ethanol (C_2H_5OH): denaturierter (*od.* vergällter) ~ denatured spirit(s *pl*). – **2.** (*Branntwein*) spirits *pl*, liquors *pl*.

Spi·ri·tus[2] [ˈspiːritʊs] *m* ⟨-; -⟩ *ling.* (*in der griech. Grammatik*) breathing, spiritus. — **~ ˈas·per** [ˈaspər] *m* ⟨- -; - -peri [-peri]⟩ rough breathing, spiritus asper.

ˈSpi·ri·tus|ˌbren·ner *m chem.* spirit (*od.* alcohol) burner. — **~bren·neˌrei** *f* distillery. — **~geˌruch** *m* smell of alcohol, alcoholic smell. — **~ˌko·cher** *m* spirit stove. — **~ˌlack** *m* spirit varnish (*od.* lacquer). — **~ˌlam·pe** *f* spirit lamp.

ˈSpi·ri·tus ˈle·nis [ˈleːnɪs] *m* ⟨- -; - -nes [-nɛs]⟩ *ling.* smooth breathing, spiritus lenis.

ˈSpi·ri·tusˌlötˌlam·pe *f tech.* alcohol blowtorch.

Spi·ri·tus rec·tor [ˈspiːritus ˈrɛktɔr] *m* ⟨- -; *no pl*⟩ (*anregender, treibender Geist*) moving (*od.* animating) spirit.

Spi·ro·chä·te [spiroˈçɛːtə; ʃpi-] *f* ⟨-; -n⟩ *med. zo.* (*bakterieller Krankheitserreger*) spiroch(a)eta, spiroch(a)ete (*Ordng Spirochaetales*). — **spi·roˈchä·tenˌtö·tend** *adj* treponemicidal, spiroch(a)eticidal: ~es Mittel spiroch(a)eticide.

Spi·ro·chä·to·se [spiroçɛˈtoːzə; ʃpi-] *f* ⟨-; -n⟩ *med.* spiroch(a)etosis, treponematosis.

Spi·ro·me·ter [spiroˈmeːtər; ʃpi-] *n* ⟨-s; -⟩ *med.* (*Atmungsmesser*) spirometer, pneumatometer. — **Spi·ro·meˈtrie** [-meˈtriː] *f* ⟨-; *no pl*⟩ spirometry, pneumatometry. — **spi·roˈme·trisch** [-ˈmeːtrɪʃ] *adj* spirometric.

Spir·re [ˈʃpɪrə] *f* ⟨-; -n⟩ *bot.* (*Blütenstand*) anthela *pl*.

Spi·tal [ʃpiˈtaːl] *n* ⟨-s; ⸚er⟩ *Austrian od. obs.* **1.** (*Krankenhaus*) hospital, infirmary. – **2.** *cf.* Armenhaus. – **3.** *cf.* Altersheim.

Spiˈtalsˌabˌtei·lung *f Austrian od. obs. for* Krankenabteilung.

Spiˈtalˌschiff *n bes. Austrian* hospital ship.

Spiˈtalsˌschwe·ster *f Austrian od. obs. for* Krankenschwester.

Spit·tel [ˈʃpɪtəl] *n, auch m* ⟨-s; -⟩ *Southern G. obs. od. dial. od. Austrian for* Spital 1.

spitz [ʃpɪts] **I** *adj* **1.** (*Turm, Torbogen, Pfeil, Feder etc*) pointed: ~er Bleistift pointed (*od.* sharp) pencil; ~es Dach pointed (*od.* peaked) roof; ~e Schuhe a) pointed (*od.* pointy) shoes, b) (*bes. Herrenschuhe*) winkle-pickers (*colloq.*); etwas mit ~en Fingern anfassen *fig.* to pick s.th. up gingerly; er schreibt mit ~er (*od.* mit einer ~en) Feder *fig.* he writes with a pointed pen, he wields a cutting (*od.* sarcastic) pen. – **2.** (*Nase, Kinn etc*) pointed, pointy, sharp, peaked: mit einer ~en Nase sharp-nosed. – **3.** (*Nadel etc*) sharp. – **4.** ~er Ausschnitt (*fashion*) V-neck. – **5.** *math.* (*sport*) (*Winkel*) acute. – **6.** *colloq.* (*Gesicht, Aussehen etc*) peaked, peaky. – **7.** *fig.* (*boshaft, stichelnd*) pointed: ~e Bemerkungen machen to make pointed remarks. – **8.** *fig.* (*beißend, schneidend*) biting, sharp, cutting, caustic: sie hat eine ~e Zunge she has a sharp tongue. – **9.** *fig. colloq.* (*geil*) 'hot' (*colloq.*), randy, lustful. – **II** *adv* **10.** ~ zulaufend tapering (to a point), pointed. – **11.** ~ aussehen *colloq.* to look peaky. – **12.** *fig.* pointedly: Nie? fragte sie ~ Never? she asked pointedly.

Spitz[1] *m* ⟨-es; -e⟩ *zo.* (*Hunderasse*) spitz, *auch* Spitz, Pomeranian, *auch* pomeranian.

Spitz[2] *m* ⟨-es; -e⟩ **1.** ⟨*only sg*⟩ er hat einen ~ *fig. colloq.* (*Schwips*) he is tipsy (*od.* happy, merry) (*colloq.*). – **2.** *Austrian* a) cigarette holder, b) cigar holder. – **3.** *Austrian gastr. cf.* Tafelspitz.

ˈSpitz|ˌahorn *m bot.* Norway maple (*Acer platanoides*). — **~ˌbart** *m* pointed beard, goatee. — **s~ˌbär·tig** *adj* goateed, with a pointed beard. — **~ˌbauch** *m* paunch, protruding stomach. — **s~beˌkom·men** *v/t* ⟨*irr, sep, no* -ge-, h⟩ *colloq. cf.* spitzkriegen. — **~ˌbeut·ler** *m zo. cf.* Ameisenbeutler. — **~ˌbo·gen** *m arch.* pointed arch. — **s~ˌbo·gig** *adj* pointed, with pointed arch(es). — **~ˌboh·rer** *m tech.* **1.** gimlet bit. – **2.** (*Riemenahle mit Griff*) bradawl. – **3.** (*Zentrumbohrer*) center (*bes. Br.* centre) bit.

ˈSpitzˌbu·be *m* **1.** (*Gauner*) *auch humor.* rogue, rascal, scoundrel. – **2.** (*Betrüger*) cheat, swindler, fraud. – **3.** a) (*Dieb*) thief, b) (*Taschendieb*) pickpocket. – **4.** *humor.* (*für Kind*) imp, rogue, rascal. – **5.** *pl Austrian* (*süßes Gebäck*) jam-filled shortbread sandwiches.

ˈSpitzˌbu·ben|geˌsicht *n* roguish face. — **~ˌstreich** *m* roguish trick, prank.

ˌSpitz·bü·beˈrei *f* ⟨-; -en⟩ **1.** ⟨*only sg*⟩ roguishness. – **2.** *cf.* Spitzbubenstreich.

ˈSpitzˌbü·bin *f* **1.** rogue, rascal. – **2.** *humor.* (*Schelmin*) rogue, rascal, minx.

ˈspitzˌbü·bisch I *adj* (*Lächeln etc*) roguish, impish. – **II** *adv* ~ lächeln to smile impishly, to have an impish smile on one's face.

ˈSpitzˌdach *n arch.* pointed (*od.* peaked) roof.

Spit·ze [ˈʃpɪtsə] *f* ⟨-; -n⟩ **1.** (*eines Messers, Pfeils, Bleistifts etc*) point: mir ist die ~ (des Bleistifts) abgebrochen I have broken the point of my pencil; einem Argument die ~ abbrechen *fig.* to take the point out of s.o.'s argument; j-m die ~ bieten *fig.* to oppose (*od.* defy) s.o.; er hat allen Gefahren die ~ geboten he faced all dangers; einen Scherz [Streit] auf die ~ treiben to carry a joke [an argument] too far (*od.* to an extreme), to go (*od.* carry things) too far; es steht ~ auf Knopf *fig. colloq.* it's touch and go. – **2.** (*einer Nadel, Zigarre, eines Schirms etc*) tip, point: ~ einer Feder tip (*od.* nib) of a pen; ~ eines Blattes *bot.* tip (*od. scient.* apex) of a leaf. – **3.** (*der Nase, des Fingers etc*) tip: ~ der Zunge tip (*od.* point, *scient.* apex) of the tongue. – **4.** (*eines Baumes, Mastes etc*) top. – **5.** (*eines Berges*) top, summit, peak, pinnacle, apex (*scient.*): ~ eines Felsens top (*od.* tip) of a rock. – **6.** (*eines Turmes*) spire. – **7.** (*an Stöcken, auf Zäunen etc*) spike. – **8.** (*Zigaretten-, Zigarrenspitze*) holder. – **9.** (*äußerstes Ende*) tip, extremity: die nördliche ~ der Insel the northern tip of the island. – **10.** *fig.* (*Höchststand*) peak: die Verkaufszahlen erreichten in diesem Jahr die absolute ~ the sales figures reached their highest peak this year. – **11.** *fig.* (*Höchstwert*) top (*od.* peak, maximum) value. – **12.** *fig. colloq.* (*Höchstgeschwindigkeit*) maximum (*od.* top) speed: mein Wagen fährt 130 Stundenkilometer ~ my car has (*od.* does) a maximum speed of 130 kilometers per hour. – **13.** *fig.* (*eines Zuges, Unternehmens, Wettbewerbs etc*) head: er marschiert an der ~ der Kolonne *mil.* he marches at the head of the column; damit hat sich der Verein an die ~ der Tabelle gesetzt the club has thus placed itself at the head (*od.* top) to the table; unsere Mannschaft liegt an der ~ (des Wettbewerbs) our team is leading in the competition, our team is in the lead; die ~ halten a) (*im Rennen etc*) to hold the lead, b) (*im Beruf etc*) to hold one's leading (*od.* top) position; er steht an der ~ des Unternehmens a) (*als alleiniger Leiter*) he is the head of the firm, he heads the firm, b) (*mit anderen*) he is at the head (*od.* top) of the firm, he has a leading (*od.* top) position in the firm; sie ist ~ in ihrem Beruf, sie gehört in ihrem Beruf zur ~ she is at the top of her profession. – **14.** *meist pl fig.* (*der Gesellschaft*) cream, elite, *bes. Br.* élite. – **15.** *meist pl fig.* (*führende Persönlichkeit*) head, leader: die ~n der Regierung [Partei] the heads of the government [party]. – **16.** *fig.* (*anzügliche, boshafte Bemerkung*) pointed remark, hit, cut, dig (*colloq.*): die Rede enthielt einige kaum verhüllte ~n gegen die Regierung there were some scarcely disguised hits at the government in the speech; das war eine eindeutige (*od.* deutliche) ~ gegen ihn, diese ~ war eindeutig gegen ihn gerichtet that was clearly a hit at him, that was clearly aimed at him. – **17.** *fig.* (*das Verletzende, die Boshaftigkeit*) sting: ihr Lächeln nahm ihren Worten die ~ her smile took the sting out of her words. – **18.** (*an Kleidern, Wäsche etc*) lace: echte [geklöppelte] ~ real [bone *od.* bobbin, pillow] lace; Brüsseler ~n Brussels lace *sg*; ein mit ~n besetztes Kleid a dress trimmed with lace, a lac(e)y dress. – **19.** *math.* a) (*einer Pyramide etc*) apex, b) (*eines Dreiecks*) vertex. – **20.** *med.* (*von Lunge, Herz etc*) apex. – **21.** *tech.* a) (*einer Werkzeugmaschine*) center, *bes. Br.* centre, b) (*eines Bohrers etc*) point, c) (*eines Meißels etc*) tip, d) (*eines Gewindezahns*) crest, e) (*eines Kegelrades*) cone: tote [mitlaufende] ~ dead [live] center (*bes. Br.* centre). – **22.** (*einer Kurve, bes. statistisch*) peak. – **23.** *econ.* (*Überschuß*) surplus. – **24.** *phot.* (*des Lichtes*) highlight.

Spit·zel [ˈʃpɪtsəl] *m* ⟨-s; -⟩ **1.** (*gewerbsmäßiger*) (common) informer, spy. – **2.** (*Polizeispitzel*) police informer (*od.* spy), *Br. sl.* nark, *Am. sl.* setter. – **3.** (*Lockspitzel*) decoy, undercover man (*od.* agent), stool pigeon. – **4.** *colloq.* (*Schnüffler*) prier, *auch* pryer, snooper. — **~ˌdienst** *m only in* ~e leisten to act as an informer, to spy, to inform.

spit·zeln [ˈʃpɪtsəln] *v/i* ⟨h⟩ **1.** act as an informer, spy, inform. – **2.** *colloq.* (*herumschnüffeln*) pry, snoop (around).

spit·zen [ˈʃpɪtsən] **I** *v/t* ⟨h⟩ **1.** (*Bleistift, Pfeil etc*) point, sharpen. – **2.** (*die Lippen*) purse. – **3.** *fig.* (*die Ohren*) prick (up): der Hund spitzte die Ohren the dog pricked (up) its ears; und jetzt spitzt mal alle die Ohren! *colloq.* and now sit up and pay attention! (*colloq.*). – **II** *v/i* **4.** auf (*acc*) etwas ~ *fig. colloq.* a) (*etwas wünschen*) to be eager to get s.th., b) (*sich auf etwas freuen*) to look forward to s.th., c) (*mit etwas rechnen*) to count on s.th. – **5.** *fig. colloq.* (*aufmerksam schauen, aufpassen*) keep one's eyes skinned (*od.* peeled) (*colloq.*).

ˈSpit·zen|ˌabˌstand *m tech.* (*bei einer Drehmaschine*) distance between centers (*bes. Br.* centres), center (*bes. Br.* centre) distance. — **~ˌar·beit** *f* **1.** (*textile*) lacework. – **2.** *cf.* Qualitätsarbeit. — **~beˌdarf** *m* econ. peak demand. — ~beˌla·stung *f electr.* (*eines Stromerzeugers, -verbrauchers*) peak (load). — ~beˌsatz *m* (*an Kleidern etc*) lace trimming (*od.* edging). — ~beˌtrag *m econ.* highest (*od.* maximum) amount. — ~ˌblu·se *f* lace blouse. — ~ˌdeck·chen *n* 1. lace mat. – 2. (*auf Sesseln, Sofas etc*) lace tidy (*od.* chairback, antimacassar). — ~ˌdreh·maˌschi·ne *f tech.* center (*bes. Br.* centre) lathe: ~ mit Leitspindel engine lathe. — ~ˌdrehˌzahl *f cf.* Spitzengeschwindigkeit. — ~ˌeinˌkom·men *n econ.* peak (*od.* top) income. — ~ˌeinˌsatz *m* (*an Blusen etc*) lace insertion, insertion of lace. — ~entˌla·dung *f electr.* point discharge. — ~erˌkran·kung *f med.* apical affection. — ~erˌzeug·nis *n econ.* product of the highest quality, top-quality (*od.* first-class) product. — ~fa·briˌkant *m* (*textile*) lace manufacturer. — ~fa·bri·ka·tiˌon *f* lace manufacture. — ~ˌfah·rer *m* (*sport*) 1. (*einer Rangliste*) a) top driver, b) (*Motorrad-, Radfahrer*) top rider. – 2. (*in einem Rennen*) a) leading driver, b) leading rider. — ~ˌfahrˌzeug *n* (*einer Kolonne*) leading vehicle. — ~ˌfilm *m* first-class film. — ~funk·tioˌnär *m pol.* top (*od.* leading) functionary (*od.* official). — ~gar·niˌtur *f* (*textile*) lace set. — ~geˌhalt *n econ.* top salary. — ~geˌräusch *n med.* apex murmur. — ~geˌschwin·digkeit *f* 1. (*eines Autos etc*) maximum (*od.* top) speed. – 2. *tech.* a) (*lineare*) peak velocity, b) (*Umdrehung*) maximum speed. — ~ˌgre·mi·um *n* body of leading specialists, council of chief executives. — ~ˌgrup·pe *f* (*sport*) 1. (*in einem Rennen etc*) leading group. – 2. (*einer Tabelle etc*) top group. — ~ˌherd *m med.* (*der Lunge*) apical lesion (*od.* focus). — ~ˌhö·he *f tech.* (*einer Drehmaschine*) height of centers (*bes. Br.* centres), center (*bes. Br.* centre) height. — ~ˌhös·chen *n* lace panties *pl* (*colloq.*). — ~kan·diˌdat *m* (*einer Wahl etc*) leading candidate, front-runner. — ~kaˌtarrh *m med.* pulmonary apicitis. — ~ˌklas·se *f* top (*od.* first) class. — ~ˌkleid *n* 1. lace dress. – 2. (*mit Spitzenbesatz*) dress trimmed with lace, lac(e)y dress. — ~ˌklöpp·le·rin *f* lacemaker. — ~ˌkön·ner *m* (*sport*) *colloq.* 'ace', topnotcher, *auch* top notch (*alle colloq.*). — ~ˌkra·gen *m* lace collar. — ~ˌlei·stung *f* 1. *econ.* a) (*Produktionsleistung*) maximum (*od.* peak) output, b) (*Arbeitsleistung*) maximum (*od.* peak) performance (*od.* achievement). – 2. *tech.* (*eines Verbrennungsmotors etc*) maximum (*od.* peak) performance (*od.* capacity). – 3. *electr.* (*eines Generators etc*) peak output. – 4. (*sport*) record (performance). – 5. (*in Wissenschaft, Kunst etc*) supreme (*od.* highest) achievement. — ~ˌlohn *m econ.* peak (*od.* top) wage(s *pl*). — ~ˌmann·schaft *f* (*sport*) 1. (*einer Rangliste*) top team. – 2. (*in einem Wettbewerb etc*) leading team. — ~or·ga·ni·sa·tiˌon *f* head (*od.* top, central) organization (*Br. auch* -s-). — ~paˌpier *n* lace paper. — ~pi·rou,et·te *f* (*sport*) (*beim Eis- u. Rollkunstlauf*) toe spin. — ~po·si·tiˌon *f* top (*od.* leading) position. — ~ˌpreis *m* top (*od.* maximum, peak) price. — ~qua·liˌtät *f* highest (*od.* top) quality. — ~ˌrei·ter *m* 1. (*sport*) (*einer Rangliste*) top rider. – 2. (*sport*) (*der Fußballtabelle etc*) leading team. – 3. *colloq.* (*Theaterstück, Schlager etc*) (top) hit. — ~ˌschlei·er *m* lace veil. — ~ˌschuh *m* (*Ballettschuh*) point, ballet shoe. — ~ˌspan·nung *f electr.* peak (*od.* crest) voltage. — ~ˌspiel *n* 1. (*sport*) top match (*od.* game). – 2. *tech.* (*eines Gewindes, der Zahnräder*) crest clearance. — ~ˌspie·ler *m* (*sport*) top (*od.* first-rate) player; top man, topnotcher, *auch* top notch (*colloq.*). — ~ˌsport·ler *m* top (*od.* first-rate) sportsman; ace, topnotcher, *auch* top notch (*colloq.*). — ~ˌstoff *m* (*textile*) lace fabric. — ~ˌstoß *m* 1. (*sport*) (*beim Fußball*) toe kick. – 2. *med.* (*beim Herzen*) a) apex beat, b) (*hebender*) heaving apex beat. — ~ˌstrom *m electr.* peak current. — ~ˌtanz *m choreogr.* toe dance. — ~ˌtän·zer *m*, ~ˌtän·ze·rin *f* toe dancer. — ~ˌtuch *n* ⟨-(e)s; ¨er⟩ 1. (*um Kopf, Schultern etc*) lace scarf. – 2. (*als Taschentuch*) lace handkerchief. — ~verˌband *m econ.* head (*od.* top, central) association. — ~verˌbrauch *m* peak (*od.* maximum) consumption. — ~verˌkehr *m* peak traffic. — ~ˌwei·te *f tech. cf.* Spitzenabstand. — ~ˌwert *m* peak (*od.* maximum) value. — ~ˌwin·kel *m tech.* 1. (*einer Drehspitze*) included angle (of point). – 2. (*eines Meißels*) *Am.* nose angle, *Br.* included plan angle. – 3. (*eines Spiralbohrers*) angle of point. — ~ˌwir·kung *f electr.* (*Ionisation*) needle (*od.* point) effect. — ~ˌzei·ten *pl* 1. *econ.* peak period *sg.* – 2. (*des Verkehrs etc*) peak (*od.* rush) hours. – 3. *electr.* peak (load) period *sg.*

ˈSpit·zer *m* ⟨-s; -⟩ (*für Bleistifte*) (pencil) sharpener.

ˈSpitzˌfei·le *f tech.* taper file.

ˈspitzˌfin·dig *adj* 1. (*sehr genau*) subtle, sharp. – 2. (*überscharf, übergenau*) nice. – 3. (*haarspalterisch*) hairsplitting. – 4. (*sophistisch*) sophistic(al). — **ˈSpitzˌfin·digkeit** *f* ⟨-; -en⟩ 1. (*Genauigkeit*) subtlety, sharpness. – 2. (*Übergenauigkeit*) nicety: die ~ der Unterscheidung the nicety of the differentiation; er vermied in seiner Argumentation alle ~en he avoided any niceties in his argumentation. – 3. (*Haarspalterei*) hairsplitting. – 4. (*Sophistik*) sophistry.

ˈSpitzˌfuß *m med.* talipes equinus. — ~ˌgang *m* equine gait. — ~ˌstel·lung *f* foot drop.

ˈSpitz|geˌschoß *n mil.* pointed bullet. — ~geˌwin·de *n tech.* sharp (*od.* angular) thread, sharp V thread (*auch* Vee thread). — ~ˌgie·bel *m arch.* pointed gable, fastigium (*scient.*). — ~ˌglas *n* tapering glass. — ~ˌhacke (*getr.* -k·k-) *f*, ~ˌham·mer *m*, ~ˌhaue *f* pick (hammer), pickax(e). — ~ˌhörn·chen *n zo.* tree (*od.* squirrel) shrew; tupaia, *auch* tupaya (*scient.*) (*Fam. Tupaiidae*). — ~ˌhut *m* steeple(-crowned) hat, steeple-crown.

ˈspit·zig *adj cf.* spitz 1—4, 6—8.

ˈSpitz|ˌkeh·re *f* 1. hairpin bend (*od.* curve). – 2. (*sport*) (*beim Skilaufen*) kick turn: eine ~ machen to do a kick turn. — ~ˌklet·te *f bot.* cocklebur(r), ditchbur, sea burdock (*Xanthium strumarium*). — ~ˌkopf *m med.* oxycephaly, acrocephaly. — s~ˌköp·fig [-ˌkœpfɪç] *adj* acrocephalic, acrocephalous, oxycephalic. — s~ˌkrie·gen *v/t* ⟨*sep*, -ge-, h⟩ *colloq.* (*merken*) cotton on to (*sl.*), *Br. colloq.* twig: sie hat es spitzgekriegt she cottoned (*od. colloq.* caught) on. — ~ˌlötˌkol·ben *m tech.* pointed (style) soldering copper. — ~ˌmar·ke *f print.* head(ing). — ~maˌschi·ne *f tech.* (*zum Bleistiftspitzen*) (pencil) sharpener. — ~ˌmaulˌnasˌhorn *n zo.* black rhinoceros (*Diceros bicornis*). — ~ˌmaus *f* 1. *zo.* shrew(mouse) (*Fam. Soricidae*). – 2. *fig.* (*Person*) mouse- (*od.* weasel-)faced person. — ~ˌmei·ßel *m tech.* 1. (*Werkzeug*) chisel (*od.* moil) point. – 2. (*Schneidmeißel*) single-point tool. — ~ˌmor·chel *f bot.* morel (*Morchella conica*). — ~ˌna·me *m* nickname, byname; so(u)briquet, cognomen (*lit.*): j-m einen ~n geben to give s.o. a nickname, to nickname s.o. — ~ˌna·se *f* pointed (*od.* pointy, sharp) nose. — s~ˌna·sig [-ˌnaːzɪç] *adj* sharp-nosed. — s~ˌoh·rig [-ˌʔoːrɪç] *adj* (*Hunderassen etc*) prick-eared. — ~ˌpocken (*getr.* -k·k-) *pl med.* (*Windpocken*) chicken pox *sg*, varicella *sg* (*scient.*). — ~ˌsäu·le *f arch.* (*Pyramide*) pyramid. — ~ˌsen·ker *m tech.* countersink: ~ für Bohrwinden a) rose bit, b) shell drill. — ~ˌturm *m arch.* steeple. — ~ˌwe·ge·rich *m bot.* ribwort (plantain), chimery sweep, deer's-tongue, hen plant (*Plantago lanceolata*). — s~ˌwin·ke·lig, s~ˌwink·lig *adj math.* acute(-angled), angular. — ~ˌzahn *m med.* (*Eckzahn*) eyetooth, canine (tooth) (*scient.*). — ~ˌzan·ge *f tech.* long-nose pliers *pl* (*construed as sg or pl*). — ~ˌzir·kel *m* (toolmaker's) dividers *pl.* — s~ˌzün·gig [-ˌtsʏŋɪç] *adj fig.* sharp-tongued.

Splanch·no·lo·gie [splançnoloˈgiː] *f* ⟨-; *no pl*⟩ *med.* (*Eingeweidelehre*) splanchnology.

Spleen [ʃpliːn; spliːn] (*Engl.*) *m* ⟨-s; -e *u.* -s⟩ 1. (*Marotte, Schrulle*) whim, notion, fad, crotchet: sie hat den ~, nur Schwarz zu tragen she has a whim about wearing only black. – 2. (*verrückte, fixe Idee*) idée fixe, fixed idea, bee in one's bonnet: er hatte den ~, um die Welt schwimmen zu wollen he had an idée fixe (*od.* a bee in his bonnet) about swimming round the world. – 3. einen ~ haben *colloq.* a) (*merkwürdige, falsche Vorstellungen haben*) to have the oddest ideas, b) (*leicht verrückt sein*) to be (a bit) daft (*od.* cracked, *Br.* balmy) (*colloq.*), to be nuts (*sl.*): in bezug auf sein Aussehen hatte er einen ~ he had the oddest ideas about his appearance; du hast wohl einen ~! you must be daft! — **ˈsplee·nig** *adj* 1. (*schrullig*) whimsical, whims(e)y, faddish, faddy, crotchety. – 2. (*seltsam*) odd. – 3. (*verschroben*) eccentric. – 4. *colloq.* (*leicht verrückt*) daft, 'cracked', *Br.* balmy (*alle colloq.*), nuts (*pred*) (*sl.*).

Spleiß [ʃplaɪs] *m* ⟨-es; -e⟩ 1. (*eines Seils, Taus, Tonbands etc*) splice. – 2. *dial. for* Splitter, Span 3. — **ˈsplei·ßen I** *v/t* ⟨spleißt, spliß, gesplissen, h⟩ 1. (*Seil, Tau, Tonband etc*) splice. – 2. *dial. for* spalten 1—3. – II S~ *n* ⟨-s⟩ 3. *verbal noun.* – 4. *cf.* Spleiß 1.

ˈSpleißˌstel·le *f cf.* Spleiß 1.

splen·did [ʃplɛnˈdiːt; splɛn-] *adj* 1. *colloq.* (*freigebig*) generous, liberal, free, openhanded, *Br.* open-handed, freehanded, *Br.* free-handed. – 2. *print.* (*Satz*) wide, widely spaced, open.

Splen·ek·to·mie [splenɛktoˈmiː] *f* ⟨-; -n [-ən]⟩ *med.* (*Milzentfernung*) splenectomy. — **splen·ek·toˈmie·ren** [-rən] *v/i u. v/t* ⟨*no* ge-, h⟩ splenectomize.

Spließ [ʃpliːs] *m* ⟨-es; -e⟩ (*Schindel*) shingle.

Splint [ʃplɪnt] *m* ⟨-(e)s; -e⟩ 1. *tech.* (*Vorsteckstift*) split pin, cotter (pin). – 2. *bot. cf.* Splintholz. — **Splin·te** [ˈʃplɪntə] *f* ⟨-; -n⟩ *tech. cf.* Splint 1.

ˈSplin·tenˌzie·her *m* ⟨-s; -⟩ *tech.* cotter pin extractor.

ˈSplint|ˌholz *n bot.* sapwood, *auch* alburnum. — ~ˌkä·fer *m zo.* shot(-hole) borer, bark beetle (*Fam. Scolytidae*).

spliß [ʃplɪs] *1 u. 3 sg pret of* spleißen.

Spliß *m* ⟨-sses; -sse⟩ *bes. mar. cf.* Spleiß 1. — **ˈsplis·sen** *v/t* ⟨h⟩ *cf.* spleißen.

ˈSplißˌham·mer *m mar.* spliding hammer.

Splitt [ʃplɪt] *m* ⟨-(e)s; -e⟩ *civ.eng.* 1. broken (*od.* crushed) stone. – 2. (*Rollsplitt*) chippings *pl.*

Split·ter [ˈʃplɪtər] *m* ⟨-s; -⟩ 1. (*Holz-, Metallsplitter etc*) splint(er), *Am. auch* splent, chip. – 2. (*Glas-, Porzellan-, Steinsplitter etc*) fragment, splint(er), *Am. auch* splent. – 3. (*Diamantsplitter*) (diamond) chip (*od.* spark). – 4. (*in der Haut*) splinter: er hat sich (*dat*) einen ~ in die Hand gejagt, er hat sich (*dat*) einen ~ eingezogen he ran a splinter into his hand, he got a splinter in his hand; was siehest du aber den ~ in deines Bruders Auge, und wirst nicht gewahr des Balkens in deinem Auge? *Bibl.* and why beholdest thou the mote that is in thy brother's eye, but considerest not the beam that is in thine own eye? – 5. (*Knochensplitter*) splinter. – 6. *mil.* (*Granatsplitter*) fragment, splinter. — ~ak·tioˌnär *m econ.* owner of a minute shareholding (*bes. Am.* stockholding). — ~ˌbom·be *f mil.* fragmentation bomb. — ~ˌbruch *m med.* splintered (*od.* chip, *scient.* comminuted) fracture. — ~ˌfän·ger *m mil.* 1. (*am Schießstand*) butts *pl.* – 2. (*bei Sprengversuchen*) revetment, fragmentation wall. — s~ˈfa·serˈnackt *adj colloq. cf.* splitternackt. — ~frakˌtur *f med. cf.* Splitterbruch. — s~ˌfrei *adj* splinterproof, splinterless, shatterproof: ~es Glas nonsplintering (*Br.* non-splintering) (*od.* shatterproof) glass. — ~ˌgra·ben *m mil.* slit trench. — ~ˌgrup·pe *f pol.* (*einer Partei etc*) splinter group (*od.* party), faction.

ˈsplit·te·rig *adj* 1. (*leicht splitternd*) splintery, liable to splinter. – 2. (*mit Splittern bedeckt*) splintery. – 3. (*zersplittert*) splintered, splintery.

split·tern [ˈʃplɪtərn] I *v/i* ⟨sein *u.* h⟩ (*von Holz, Glas, Knochen etc*) splinter. – II S~ *n* ⟨-s⟩ *verbal noun.*

ˈsplit·terˈnackt *adj colloq.* stark-naked (*attrib*), stark, without a stitch on (*colloq.*), *Br. sl.* starkers.

ˈSplit·ter|parˌtei *f pol.* splinter party (*od.* group). — ~ˌschutz *m mil.* splinter protection, splinterproof. — s~ˌsi·cher *adj* 1. *mil.* splinterproof. – 2. *tech.* (*Glas etc*) *cf.* splitterfrei.

ˈSplit·te·rung *f* ⟨-; -en⟩ 1. *cf.* Splittern. – 2. (*Abspaltung*) spallation.

ˈSplit·terˌwir·kung *f mil.* fragmentation effect.

Split·ting [ˈsplɪtɪŋ; ˈʃplɪ-] *n* ⟨-s; *no pl*⟩ *econ.* (*im Einkommensteuerrecht*) splitting.

ˈsplitt·rig *adj cf.* splitterig.

Spo·di·um [ˈspoːdiʊm; ˈʃpoː-] *n* ⟨-s; *no pl*⟩ *chem.* bone charcoal, spodium (*scient.*).

Spo·du·men [spoduˈmeːn; ʃpo-] *m* ⟨-s; -e⟩ *min.* spodumene.

Spoi·ler [ˈspɔʏlər; ˈʃpɔʏ-] *m* ⟨-s; -⟩ (*eines Rennwagens etc*) spoiler.

Spö·ke [ˈʃpøːkə] *f* ⟨-; -n⟩ *zo. cf.* Seekatze.
ˈSpö·kenˌkie·ker *m* ⟨-s; -⟩ *Low G. for* Hellseher, Geisterseher.
Spo·li·en [ˈspoːlĭən] *pl hist.* (*im Mittelalter*) (*eines Geistlichen*) estate *sg.* — **~ˌrecht** *n hist. jur.* right of spoliation.
Spo·li·um [ˈspoːlĭʊm; ˈʃpoː-] *n* ⟨-s; -lien⟩ *meist pl antiq.* (*Waffenbeute*) spoil.
spon·de·isch [spɔnˈdeːɪʃ; ʃpɔn-] *adj metr.* spondaic, *auch* spondaical, spondean.
Spon·de·us [spɔnˈdeːʊs; ʃpɔn-] *m* ⟨-; -deen⟩ *metr.* spondee.
Spon·dyl·ar·thri·tis [spɔndylarˈtriːtɪs; ʃpɔn-] *f med.* spondylarthritis, spondylosis, spondylarthrosis.
Spon·dy·li·tis [spɔndyˈliːtɪs; ʃpɔn-] *f* ⟨-; -tiden [-liˈtiːdən]⟩ *med.* spondylitis. — **spon·dyˈli·tisch** [-tɪʃ] *adj* spondylitic.
Spon·dy·lo·se [spɔndyˈloːzə; ʃpɔn-] *f* ⟨-; -n⟩ *med.* spondylosis.
spon·gi·ös [spɔŋˈgiøːs; ʃpɔŋ-] *adj* (*schwammig*) spongy, (*in bezug auf Knochen*) cancellous.
spön·ne [ˈʃpœnə] *1 u. 3 sg pret subj of* spinnen.
Spon·sa·li·en [spɔnˈzaːlĭən; ʃpɔn-] *pl obs.* engagement presents.
Spon·sor [ˈspɔnzər; ˈspɒnsə] (*Engl.*) *m* ⟨-s; -s⟩ (*Förderer*) sponsor. — **~ˌsen·dung** *f* (*radio*) *telev.* sponsored broadcast (*od.* program, *bes. Br.* programme).
spon·tan [ʃpɔnˈtaːn; spɔn-] **I** *adj* **1.** (*unmittelbar, von innen kommend*) spontaneous: eine ~e Reaktion [Antwort] a spontaneous reaction [reply]. – **2.** (*impulsiv, unkontrolliert*) spontaneous, impulsive: ein ~er Einfall [Entschluß] a spontaneous idea [decision]. – **3.** automatic. – **II** *adv* **4.** spontaneously, on the spur of the moment.
Spon·ta·nei·tät [ʃpɔntaneiˈtɛːt; spɔn-] *f* ⟨-; *no pl*⟩ **1.** spontaneity, spontaneousness. – **2.** spontaneity, spontaneousness, impulsiveness, impulsivity.
Sponˈtan|frakˌtur *f med.* spontaneous (*od.* pathological) fracture. — **~ma·te·riˌal** *n ling.* (*in der Sprachgeographie*) incidental material. — **~rupˌtur** *f med.* spontaneous rupture.
Spo·nung [ˈʃpoːnʊŋ] *f* ⟨-; -en *od.* -s⟩ *mar.* (*eines Schiffes*) rabbet, *auch* rebate.
spo·ra·disch [ʃpoˈraːdɪʃ; spo-] **I** *adj* (*vereinzelt vorkommend*) sporadic: das ~e Vorkommen der Pflanze in unserer Gegend the sporadic occurrence of the plant in our region; auf einem seiner ~en Besuche kam er auch bei uns vorbei he also came to see us on one of his sporadic visits; ~e Angriffe (*sport*) isolated attacks. – **II** *adv* diese Krankheit tritt nur ~ auf (*od.* kommt nur ~ vor) this disease occurs only sporadically (*od.* in sporadic cases); wir sehen uns nur ganz ~ we see each other only now and then.
Spor·an·gi·um [spoˈraŋgĭʊm; ʃpo-] *n* ⟨-s; -gien⟩ *bot.* (*Sporenbildner u. -behälter*) sporangium.
Spo·re [ˈʃpoːrə] *f* ⟨-; -n⟩ *biol.* (*bei Algen, Pilzen etc*) spore: kleine ~ sporule.
ˈSpo·ren|beˌhäl·ter *m bot. cf.* Sporangium. — **s~ˌbil·dend** *adj biol.* sporiferous, sporiparous, sporogenous, sporogenic. — **~ˌbil·dung** *f* spore formation, formation of spores, sporogenesis, sporogeny, sporulation. — **~ˌblatt** *n bot.* (*bei Farnen*) spore leaf, sporophyll (*scient.*). — **~ˌfrucht** *f* (*des Wasserfarns etc*) spore fruit, sporocarp (*scient.*). — **~ˌkap·sel** *f* spore capsule, sporogonium (*scient.*).
ˈspo·renˌklir·rend **I** *adj* ⟨*attrib*⟩ spur-jingling. **II** *adv* ~ betrat er den Saal he entered the hall with jingling spurs.
ˈSpo·ren|ˌpflan·zen *pl bot.* cryptogams. — **~ˌtier·chen** *n zo.* (*einzelliger Schmarotzer*) **1.** *pl* (*Stamm*) Sporozoa. – **2.** (*Einzeltierchen*) sporozoan, sporozoon. — **s~ˌtö·tend** *adj biol.* sporicidal: ~es Mittel sporicide. — **~ˌträ·ger** *m biol.* spore case; sporangium, sporophore (*scient.*).
Spör·gel [ˈʃpœrgəl] *m* ⟨-s; -⟩ *bot.* (*Futterpflanze*) (corn) spurr(e)y (*Spergula arvensis*).
Sporn [ʃpɔrn] *m* ⟨-(e)s; Sporen [ˈʃpoːrən]⟩ **1.** *meist pl* (*an Reitstiefeln etc*) spur: die Sporen anschnallen [abschnallen] to put on [take off] one's spurs; sie gab ihrem (*od.* dem) Pferd die Sporen she spurred her horse, she set (*od.* put) spurs to her horse; mit diesem Aufsatz verdiente er sich (*dat*) die (*od.* seine) ersten Sporen als Wissenschaftler *fig.* he earned (*od.* won) his first spurs as a scientist with this paper. – **2.** *mil.* (*an Geschützen*) trail spade. – **3.** *aer.* (*am Flugzeugheck*) (tail) skid. – **4.** *mar.* (*an Kriegsschiffen*) ram. – **5.** (*bei Kampfhähnen*) spur. – **6.** *zo.* (*bei Vögeln etc*) spur, calcar (*scient.*). – **7.** *bot.* (*beim Rittersporn etc*) spur. — **~ˌam·mer** *f zo.* Lapland bunting (*od.* longspur) (*Calcarius lapponicus*). — **~ˌblu·me** *f bot.* centranth (*Centranthus ruber*).
spor·nen [ˈʃpɔrnən] *v/t* ⟨h⟩ **1.** (*Stiefel etc*) spur. – **2.** (*ein Pferd etc*) spur, set (*od.* put) spurs to, give (*a horse*) (the) spur. – **3.** *fig. cf.* anspornen 2.
ˈspornˌför·mig *adj* **1.** spur-shaped. – **2.** *zo. med.* spur-shaped, calcarine (*scient.*).
ˈSporn|ˌku·fe *f aer.* (*am Flugzeugheck*) (tail) skid. — **~ˌpie·per** *m zo.* Richard's pipit (*Anthus richardi*). — **~ˌrad** *n aer.* tail wheel. — **~ˌräd·chen** *n* (*am Sporn*) rowel. — **~ˌschuh** *m aer.* tail skid.
ˈspornˌstreichs [-ˌʃtraɪçs] *adv rare* (*unverzüglich, sofort*) at once, immediately, straightaway, *Br.* straight away.
Spo·ro·phyt [sporoˈfyːt; ʃpo-] *m* ⟨-en; -en⟩ *bot.* sporophyte.
Spo·ro·tri·cho·se [sporotrɪˈçoːzə; ʃpo-] *f* ⟨-; -n⟩ *med.* sporotrichosis.
Spo·ro·zo·on [sporoˈtsoːɔn; ʃpo-] *n* ⟨-s; -zoen⟩ *zo. cf.* Sporentierchen 2.
Sport [ʃpɔrt] *m* ⟨-(e)s; *rare* -e⟩ **1.** sport(s *pl*), athletics *pl* (*sometimes construed as sg*): er treibt viel ~ he goes in for a great deal of sport. – **2.** (*als Schulfach*) physical education. – **3.** (*Sportart*) (kind *od.* branch of) sport: einen ~ sollte jeder ausüben everybody should engage in some kind of sport; er macht sich (*dat*) (geradezu) einen ~ daraus, mich zu ärgern *fig. colloq.* he (more or less) makes a sport out of annoying me; das machte er nur zum ~ *fig. colloq.* he just did it for fun. – **4.** *fig.* (*zeitweilige Liebhaberei*) hobby, sport. – **5.** (*in Zeitung, Radio etc*) *cf.* a) Sportnachrichten, b) Sportsendung. — **~ˌabˌzei·chen** *n* sports badge. — **~ak·roˌba·tik** *f* ⟨-; *no pl*⟩ *cf.* Kunstkraftsport. — **~ˌamt** *n* **1.** (*Büro*) sport(s) office. – **2.** (*Behörde*) sport(s) authorities *pl.* — **~ˌan·geln** *n cf.* Sportfischerei. — **~ˌang·ler** *m* angler. — **~ˌanˌla·ge** *f* sport(s) facilities *pl* (*od.* ground[s *pl*]): ~ für Leichtathletik athletic grounds. — **~ˌanˌzug** *m* (*fashion*) sport(s) (*od.* casual, *Am. auch* slack) suit. — **~ˌart** *f* (kind *od.* branch of) sport. — **~arˌti·kel** *m* sport(s) (*od.* sporting) article. — **~ˌarzt** *m* sport(s) physician. — **~ˌausˌrü·stung** *f* **1.** sport(s) equipment. – **2.** (*Kleidung*) sportswear. — **~ˌausˌübung** *f* (active) engagement in sport(s). — **s~beˌgei·stert** *adj* keen on (*od.* enthusiastic about) sport(s). — **~beˌgei·ster·te** *m, f* ⟨-n; -n⟩ sport(s) enthusiast (*od. colloq.* fan). — **~beˌgei·ste·rung** *f* enthusiasm for sport(s). — **~ˌbeiˌla·ge** *f* (*einer Zeitung*) sport(s) (*od.* sporting) supplement. — **~beˌklei·dung** *f cf.* Sportkleidung. — **~beˌricht** *m* **1.** (*im Radio etc*) sport(s) report, *Am.* sportscast, *auch* sportcast. – **2.** (*in der Zeitung etc*) sports report. — **~beˌricht·erˌstat·ter** *m* **1.** (*beim Rundfunk etc*) sport(s) reporter, *Am.* sportscaster, *auch* sportcaster. – **2.** (*einer Zeitung etc*) sportswriter, sport(s) reporter. — **~ˌboot** *n* sport(s) (*od.* sporting) boat. — **~ˌdreß** *m cf.* Sportkleidung.
Spor·tel [ˈʃpɔrtəl] *f* ⟨-; -n⟩ *meist pl hist. jur.* (*Amtsgebühr, meist im Mittelalter*) **1.** fee. – **2.** perquisite.
spor·teln [ˈʃpɔrtəln] *v/i* ⟨h⟩ *colloq.* (*Sport treiben*) engage in (*od.* go in for) sport(s).
ˈSport|erˌeig·nis *n* sport(s) (*od.* sporting, sportive) event. — **~ˌfeld** *n cf.* Sportplatz. — **~ˌfest** *n* **1.** sport(s) meeting (*od.* festival, *Am. auch* meet). – **2.** (*Schulsportfest*) sport(s) day. — **~ˌfex** *m colloq.* sport(s) fan (*colloq.*). — **~ˌfilm** *m* sport(s) film. — **~fi·scheˌrei** *f* sport(s) fishing. — **~ˌflie·ger** *m* amateur (*od.* private) pilot, (*beim Segelflug*) glider (*od.* sailplane) pilot. — **~flie·geˌrei** *f* flying sport(s *pl*). — **~ˌflugˌplatz** *m* club airfield (*Br. auch* aerodrome, *Am. auch* airdrome). — **~ˌflugˌzeug** *n* sport(s) (*od.* sporting) plane. — **~ˌfreund** *m* sporting friend. — **~ˌfunk** *m* (*radio*) *cf.* Sportsendung. — **~ˌgat·tung** *f cf.* Sportart. — **~ˌgeist** *m* ⟨-(e)s; *no pl*⟩ *cf.* Sportsgeist. — **~geˌlän·de** *n* sport(s) ground(s *pl*), *Am. auch* sport(s) park. — **~geˌrät** *n* **1.** (piece of) sport(s) equipment, sport(s) requisite (*od.* implement): Raum für die ~e room for sport(s) equipment. – **2.** (*zum Geräteturnen etc*) sport(s) (*od.* gymnastic) apparatus. — **s~geˌschä·digt** *adj med.* **1.** (*Organ*) impaired by athletic activity: ~es Herz *cf.* Sportlerherz. – **2.** (*Person*) suffering from an athletic injury. — **~geˌschäft** *n* sport(s) shop (*bes. Am.* store). — **~ˌgrö·ße** *f colloq. cf.* Sportskanone. — **~ˌhal·le** *f* gymnasium, sport(s) hall. — **~ˌhemd** *n* sport(s) shirt. — **~ˌherz** *n med. cf.* Sportlerherz. — **~ˌhochˌschu·le** *f* college of physical education, sport(s) college. — **~ˌho·se** *f* sport(s) trousers *pl*, slacks *pl* (*sometimes construed as sg*). — **~ˌjacke** (*getr.* -k·k-) *f* sport(s) jacket (*od.* coat), blazer. — **~ˌju·gend** *f* youth (actively) engaged in sport(s), sporting youth. — **~ka·brioˌlett** *n auto.* sport(s) (*od.* sporting) cabriolet (*od.* convertible coupé). — **~ka·meˌrad** *m* sport(s) (*od.* sporting) friend (*od. colloq.* pal). — **~ˌklei·dung** *f* sport(s) clothes *pl*, sportswear. — **~ˌklub** *m* sport(s) club. — **~kom·menˌta·tor** *m* sport(s) commentator. — **~koˌstüm** *n* sport(s) suit (*od.* costume). — **~ˌleh·rer** *m* **1.** sport(s) instructor. – **2.** (*an der Schule*) sport(s) teacher, physical education instructor, *bes. Br.* games master. — **~ˌleh·re·rin** *f* **1.** sport(s) instructress. – **2.** sport(s) teacher, physical education instructress, *bes. Br.* games mistress.
ˈSport·ler *m* ⟨-s; -⟩ **1.** sportsman. – **2.** athlete. — **~ˌherz** *n med.* athlete's heart.
ˈSport·le·rin *f* ⟨-; -nen⟩ **1.** sportswoman. – **2.** (woman) athlete.
ˈSport·lerˌlaufˌbahn *f* sport(s) career.
ˈsport·lich **I** *adj* **1.** ⟨*attrib*⟩ (*Veranstaltung, Leistung etc*) sporting, sportive: ein ~es Ereignis a sporting (*od.* sport[s]) event. – **2.** (*Verhalten etc*) sportsmanlike, sporting, sportsmanly, sporty. – **3.** (*Gestalt, Aussehen etc*) athletic. – **4.** (*Person*) athletic, fit. – **5.** (*Kleidung etc*) sport(s) (*attrib*), sporty, sporting, *Am.* sportsy: ~e Bekleidung sport(s) clothes *pl.* – **II** *adv* **6.** er ist ~ veranlagt he is athletically inclined; ~ gesehen from a sporting point of view, from the point of view of sport; ein ~ aussehender junger Mann an athletic-looking young man. — **ˈSport·lich·keit** *f* ⟨-; *no pl*⟩ **1.** (*sportliche Einstellung*) sportsmanship, sportiness. – **2.** (*Figur etc*) athletic appearance. – **3.** (*einer Person*) fitness, athletic constitution. – **4.** (*der Kleidung etc*) sportiness.
ˈSport|ˌman·tel *m* sport(s) coat. — **~me·diˌzin** *f* sport(s) medicine. — **~ˌmel·dung** *f* sport(s) news *pl* (*construed as sg or pl*). — **~moˌdell** *n* **1.** (*Kleid etc*) sport(s) model. – **2.** (*Auto etc*) sport(s) (*od.* sporty) model (*od.* type). — **~ˌmüt·ze** *f* sport(s) (*od.* sporting) cap. — **~ˌnachˌrich·ten** *pl* sport(s) news *pl* (*construed as sg or pl*). — **~paˌlast** *m* sport(s) palace (*od.* hall). — **~ˌplatz** *m* sport(s) ground(s *pl*) (*od.* field), playfield, (*beim Fußball etc*) playing field, ground, *bes. Br.* pitch. — **~ˌpres·se** *f* sport(s) press. — **~ˌrad** *n* sport(s) (*od.* racing) bicycle. — **~re·dakˌteur** *m* sport(s) (*od.* sporting) editor. — **~re·porˌta·ge** *f cf.* Sportbericht. — **~reˌpor·ter** *m cf.* Sportberichterstatter. — **~ruˌbrik** *f* (*einer Zeitung*) sport(s) column. — **~ˌsak·ko** *m, auch n, Austrian only n* sport(s) jacket (*od.* coat). — **~ˌschal·tung** *f auto.* sport(s) gear change (*bes. Am.* gearshift). — **~ˌschau** *f telev.* televison sport(s) news *pl* (*construed as sg or pl*). — **~ˌschlit·ten** *m* (luge) toboggan. — **~ˌschuh** *m meist pl* **1.** (*flacher Straßenschuh*) sport(s) shoe. – **2.** (*Turnschuh etc*) gym shoe, *Br.* plimsoll, *auch* plimsol(e), *bes. Am.* sneaker. — **~ˌschu·le** *f cf.* Sporthochschule. — **~ˌsei·te** *f* (*einer Zeitung etc*) sport(s) (*od.* sporting) page. — **~ˌsen·dung** *f* (*radio*) *telev.* sport(s) broadcast, *Am.* sportscast, *auch* sportcast. — **~sen·sa·tiˌon** *f* sporting (*od.* sport[s]) sensation.
ˈSports|ˌfreund *m* sport(s) enthusiast (*od. colloq.* fan). — **~ˌgeist** *m* ⟨-(e)s; *no pl*⟩ sporting spirit: er hat großen ~ bewiesen he showed great sporting spirit, he has been a good (*od.* great) sport. — **~ka·no·ne** *f colloq.* topnotcher, *auch* top notch, (sport[s]) ace (*alle colloq.*). — **~ˌmann** *m* ⟨-(e)s; -leute, *auch* ⸚er⟩ **1.** (*fairer, anständiger Mensch*) sportsman, sport. – **2.** *cf.* Sportler.
ˈsportsˌmän·nisch [-ˌmɛnɪʃ], **ˈsportsˌmä·ßig** *adj* (*Verhalten etc*) sportsmanlike, sporting, sportmanly, sporty.

'Sport|ˌstrumpf *m meist pl* sport(s) stocking. — **~ˌstuˌdent** *m* sport(s) student. — **~ˌsu·cher** *m phot.* (*in der Sportphotographie*) sport finder, Albada finder. — **~ˌtau·chen** *n* skin diving. — **~ˌtau·cher** *m* skin diver. — **~ˌteil** *m* (*einer Zeitung*) sport(s) (*od.* sporting) section. — **s~ˌtrei·bend** *adj* ⟨*attrib*⟩ sporting, engaging in (*od.* going in for) sport(s). — **~triˌkot** *n* sport(s) (*od.* athletic) jersey (*od.* vest), T-shirt, *auch* tee shirt, *bes. Br.* singlet. — **~ˌüberˌtra·gung** *f* (*radio*) *telev.* transmission of a sport(s) event. — **~ˌunˌfall** *m* sport(s) (*od.* sporting) accident. — **~verˌanˌstal·tung** *f* sport(s) (*od.* sporting) event, sport(s) meeting (*Am. auch* meet). — **~verˌband** *m* sport(s) (*od.* athletic[s]) association (*od.* federation). — **~verˌein** *m* sport(s) (*od.* athletic[s]) club. — **~verˌlet·zung** *f* sport(s) injury. — **~ˌwa·gen** *m* **1.** *auto.* sports car, *auch* sport car: ~ mit Scheren- (*od.* Klapp)verdeck roadster. – **2.** (*Kinderwagen*) *Br.* pushcart, *Am.* stroller. — **~ˌwart** *m* sport(s) manager. — **~ˌwelt** *f* ⟨-; *no pl*⟩ sport(s) (*od.* sporting) world, world of sport(s), sportsdom. — **~ˌwettˌkampf** *m* sport(s) (*od.* athletic[s]) competition (*od.* contest). — **~ˌwo·che** *f* sport(s) week. — **~ˌzeitˌschrift** *f* sport(s) (*od.* sporting) magazine. — **~ˌzei·tung** *f* sport(s) (*od.* sporting) (news)paper, sport(s) (*od.* sporting) news *pl* (*construed as sg or pl*). — **~ˌzweiˌsit·zer** *m auto.* (sport[s]) roadster, twoseater (*Br.* two-seater) sports (*auch* sport) car.

Spot [spɔt] (*Engl.*) *m* ⟨-s; -s⟩ **1.** (*radio*) *telev.* (*der Werbung*) commercial (spot), spot. – **2.** *phot. cf.* Spotlicht. — **~geˌschäft** *n econ.* (*bei Warenbörsen u. Devisenhandel*) spot transaction (*od.* business). — **~ˌlicht** *n phot.* spot(light).

Spott [ʃpɔt] *m* ⟨-(e)s; *no pl*⟩ **1.** *cf.* Spotten. – **2.** mockery, derision, ridicule, scorn, scoff: **leiser [feiner] ~** gentle [subtle] mockery; **ihr ~ prallte an ihm ab** her mockery just glanced (*od.* bounced) off him, her mockery had no effect on him; **er wurde zur Zielscheibe des allgemeinen ~(e)s** he became the object (*od.* target) of general ridicule (*od.* derision, mockery), he became the laughingstock (*Br.* laughing-stock) (*od.* butt, sport) of everyone; **j-n dem ~ der anderen** (*od.* **dem ~ anderer**) **preisgeben** to expose s.o. to the derision of others, to make s.o. the butt (*od.* laughingstock, *Br.* laughing-stock) of others; **j-n mit ~ und Hohn überschütten** to pour scorn on s.o.; **seinen ~ mit j-m treiben** to make a mock of s.o., to mock (*od.* scoff) (at) s.o., to deride (*od.* ridicule) s.o., to laugh s.o. to scorn; → Hohn 1; Schaden 3. – **3.** (*gutmütiger, neckender*) banter, raillery, chaff. – **4.** (*beißender*) sarcasm. – **5.** (*geistreicher, feiner*) irony, satire. – **6.** (*mittels Grimassen, Gesten etc*) fleer. — **~ˌbild** *n* caricature. — **s~'bilˌlig** *colloq.* **I** *adj* dirt cheap: **das Kleid war ~** the dress was dirt cheap, the dress was an absolute bargain. – **II** *adv* dirt cheap: **ich habe das Haus ~ gekauft** I bought the house for a song, the house was an absolute bargain for me. — **~ˌdrosˌsel** *f* **1.** *zo.* a) mock(ing) thrush, thrasher (*Fam. Mimidae*), b) mockingbird, mimic thrush (*Mimus polyglottus*). – **2.** *fig. colloq. cf.* Spottvogel 2.

Spöt·te'lei *f* ⟨-; -en⟩ **1.** *cf.* Spötteln. – **2.** (*spöttische Bemerkung etc*) gibe, jibe, jeer, sneer, taunt. – **3.** (*gutmütige, neckende*) banter, raillery, chaff. – **4.** (*beißende*) sarcasm.

spöt·teln ['ʃpœtəln] **I** *v/i* ⟨h⟩ **1.** (*leicht spotten*) (über *acc*) mock (gently) (at), scoff (at), make (*od.* pass) mocking (*od.* scoffing) remarks (about). – **2.** (*gutmütig, neckend*) (über *acc* about) banter, chaff. – **3.** (*bösartig, stichelnd*) (über *acc* at) gibe, jibe, jeer, sneer, flout. – **II S~** *n* ⟨-s⟩ **4.** *verbal noun.* – **5.** mockery, scoff. – **6.** banter, raillery, chaff.

spot·ten ['ʃpɔtən] **I** *v/i* ⟨h⟩ **1.** (*spöttisch reden*) (über *acc*) mock (at), scoff (at), scorn (at), make (*od.* pass) derisive remarks (about): **sie spotteten über ihn** they mocked (*od.* scoffed) (at) him, they made a mock of him, they derided (*od.* ridiculed) him; **„ach! du Armer!" spottete sie** "you poor thing!" she mocked. – **2.** (*sich lustig machen*) (über *acc*) make fun (*od.* sport) (of), banter (about), chaff (about): **der Ehemann spottete über den neuen Hut seiner Frau** the husband made fun of his wife's new hat. – **3.** (*verächtlich, höhnisch*) (über *acc*) gibe (at), jibe (at), jeer (at), sneer (at), flout (at): **sie ~ über den schlechten Spieler** they sneer at the bad player, they gibe (*od.* jibe, jeer, scorn, flout) (at) (*od.* taunt) the bad player. – **4.** (*beißend*) (über *acc* about) make (*od.* pass) sarcastic remarks. – **5.** (*geistreich*) satirize *Br. auch* -s-. – **6.** **etwas** (*dat*) **~** to defy (*od.* beggar) s.th.: **der Zustand der Straßen spottete jeder Beschreibung** the state of the streets defied (*od.* beggared, surpassed, was beyond) description. – **II S~** *n* ⟨-s⟩ **7.** *verbal noun.* – **8.** mockery, scoff, derision, ridicule. – **9.** banter, raillery, chaff.

'Spöt·ter *m* ⟨-s; -⟩ **1.** mocker, scoffer, scorner. – **2.** (*gutmütiger*) railleur. – **3.** (*verächtlicher, beleidigender*) giber, jiber, jeerer, sneerer, flouter, taunter. – **4.** (*beißender*) sarcast. – **5.** (*geistreicher*) satirist. – **6.** (*mimischer*) fleerer. – **7.** *zo.* warbler (*Gattg Hippolais*).

Spöt·te'rei *f* ⟨-; -en⟩ *colloq.* **1.** *cf.* Spotten. – **2.** *cf.* Spott.

'Spöt·te·rin *f* ⟨-; -nen⟩ *cf.* Spötter 1—6.

'Spott|fiˌgur *f* laughingstock, *Br.* laughing-stock, butt, object of derision. — **~geˌdicht** *n* satiric(al) poem, satire, squib: **~e auf j-n verfassen** to write satirical poems about s.o. — **~ˌgeld** *n* ridiculously small sum: **für** (*od.* **um**) **ein ~** *cf.* spottbillig II.

spöt·tisch ['ʃpœtɪʃ] **I** *adj* **1.** mocking, derisive, scoffing: **ein ~es Lächeln** a mocking smile; **über j-n ~e Bemerkungen machen** to make mocking remarks about s.o., to mock (*od.* scoff) at s.o. – **2.** (*gutmütig neckend*) bantering, quizzical, chaffing. – **3.** (*verächtlich, beleidigend*) gibing, jibing, jeering, sneering, scornful, taunting, flouting. – **4.** (*beißend*) sarcastic, *auch* sarcastical. – **5.** (*ironisch*) ironic(al). – **6.** (*satirisch*) satiric(al). – **II** *adv* **7.** **sie lächelte ~** she smiled quizzically.

'Spott|ˌlied *n* satiric(al) song. — **~ˌlust** *f* **1.** delight in (*od.* love of) mocking (*od.* deriding, ridiculing) others. – **2.** (*Necklust*) delight in (*od.* love of) bantering (*od.* chaffing), delight in raillery. — **s~ˌlu·stig** *adj* **1.** fond of mocking (*od.* deriding, ridiculing) (others). – **2.** (*necklustig*) fond of bantering (*od.* chaffing), fond of raillery: **~ sein** a) to delight in mockery, to love to mock (others), b) to delight in banter (*od.* raillery), to love to banter (*od.* chaff). — **~ˌna·me** *m* derisive nickname. — **~ˌpreis** *m* bargain price, ridiculous(ly low) price: **für** (*od.* **um**) **einen ~, zu einem ~** *cf.* spottbillig II. — **~ˌre·de** *f* satiric(al) speech, satire, squib: **er hielt eine ~ auf ihn** he made a satirical speech on (*od.* about) him. — **~ˌschrift** *f* **1.** satire, satiric(al) piece of writing. – **2.** (*Schmähschrift*) lampoon. — **~ˌsucht** *f* delight in mocking (*od.* deriding, ridiculing) others, delight in mockery. — **s~ˌsüch·tig** *adj* **~ sein** to take a delight in mocking (*od.* deriding, ridiculing) others. — **~ˌvers** *m* satiric(al) verse. — **~ˌvo·gel** *m* **1.** *zo.* a) *cf.* Spottdrossel 1, b) *cf.* Spötter 7. – **2.** *fig. colloq.* teaser, mocker.

sprach [ʃpraːx] *1 u. 3 sg pret of* sprechen.

'Sprach|aka·deˌmie *f ling.* linguistic academy. — **~ˌar·mut** *f* poverty of expression (*od.* speech). — **~ˌat·las** *m* linguistic (*auch* dialect) atlas. — **~bar·rie·re** [-baˌrĭɛːrə] *f* language barrier. — **~ˌbau** *m* structure of (a) language. — **s~beˌgabt** *adj* talented (*od.* gifted) for languages, linguistically talented (*od.* gifted): **~ sein** to have a talent (*od.* gift) for languages. — **~beˌga·bung** *f* talent (*od.* gift) for languages. — **s~beˌhin·dert** *adj* handicapped in one's speech, having a speech defect (*od.* disorder). — **~ˌdenkˌmal** *n meist pl* literary (*od.* linguistic) monument, monument of literature (*od.* language).

Spra·che ['ʃpraːxə] *f* ⟨-; -n⟩ **1.** ⟨*only sg*⟩ (*Sprechvermögen*) speech: **die menschliche ~** human speech; **die ~ verlieren [wiederfinden** *od.* **wiedergewinnen]** to lose [to recover] one's (faculty *od.* power of) speech; **hast du die ~ verloren?** *fig. colloq.* why don't you say something? is your tongue tied? **diese Nachricht raubte** (*od.* **verschlug**) **ihm die ~** this news struck him dumb (*od.* took his breath away); **vor Schreck verschlug es** (*od.* **versagte**) **mir die ~** the shock left me speechless, I was struck dumb by the shock; **Verlust der ~** loss of speech, aphasia (*scient.*). – **2.** (*eines Volkes, Stammes etc*) language, tongue, (*bes. gesprochene*) speech: **die deutsche ~** the German language; **germanische [romanische, slawische] ~n** Germanic [Romance, Slavic] languages; **verwandte ~n** related (*od.* cognate) languages; **lebende [tote] ~n** living [dead] languages; **synthetische [analytische] ~n** synthetic [analytical] languages; **alte [neuere] ~n** ancient [modern] languages; **die gesprochene [geschriebene] ~** the spoken [written] language; **fremde ~n lernen** to learn (*od.* study) foreign languages; **er studiert ~n** he is studying languages; **eine ~ beherrschen** to have a perfect (*od.* good) command of a language, to master a language; **Talent für ~n haben** to have a gift (*od.* talent) for languages; **viele ~n verstehen** to know (*od.* understand) many languages, to be multilingual (*od.* polyglot); **er übersetzt aus der italienischen in die deutsche ~** he translates from Italian into German; **wir sprechen nicht dieselbe ~** *fig.* we do not speak the same language. – **3.** (*Landessprache*) vernacular. – **4.** ⟨*only sg*⟩ (*Aussprache*) (manner of) speech, accent, pronunciation, articulation: **der ~ nach ist er Berliner** judging (*od.* to judge) from his accent he comes from Berlin; **man erkennt ihn an seiner ~ als Norddeutschen** one can tell by his accent that he is a North(ern) German. – **5.** **zur ~ kommen** to come up for discussion, to be discussed: **der Vorfall kam bei der gestrigen Sitzung zur ~** the incident came up (for discussion) (*od.* was raised, brought up) at yesterday's meeting; **etwas zur ~ bringen** to bring s.th. up (for discussion), to broach s.th.; **die ~ auf** (*acc*) **etwas bringen** to bring s.th. up. – **6.** (*in Wendungen wie*) **mit der ~ herausrücken** to speak freely (*od.* out, up), to divulge s.th.: **sie will nicht recht mit der ~ heraus(rücken)** she will not come out with it, she is beating about the bush; **heraus mit der ~!** speak out (*od.* up)! out with it! spit it out! (*colloq.*), cough it up! (*sl.*). – **7.** ⟨*only sg*⟩ (*Ausdrucksweise*) language, speech, parlance, (*Worte*) words *pl*: **gebildete [ungebildete] ~** cultured (*od.* cultivated) [uncultured *od.* uncultivated] language; **die ~ der Gauner** *cf.* Gaunersprache; **eine derbe ~** coarse (*od.* crude) language; **unflätige ~** filth; **in gewöhnlicher ~ heißt das** in plain language (*od.* words) this means; **dieses Wort stammt aus der ~ des Films** this word originated in the language of the cinema (*bes. Am. colloq.* movies); **die ~ des Mediziners** medical jargon (*od.* language); **bei ihm müssen wir eine deutliche ~ reden** *fig.* we must be plain (*od.* frank) with him, *Am. sl.* we must talk turkey with him; **er spricht jetzt eine ganz andere ~** *fig.* he has changed his tune; **die ~ des Alltags** everyday speech; **ortsgebundene ~** local speech, native idiom. – **8.** ⟨*only sg*⟩ (*Stil, Form*) language, style, diction: **eine blumenreiche [gezierte] ~** a flowery (*od.* florid) [an affected] style; **gehobene ~** elevated (*od.* exalted) style; **die ~ der Dichter** poetic diction; **die ~ des Nibelungenliedes** the language (*od.* idiom) of the Nibelungenlied. – **9.** ⟨*only sg*⟩ *contempt.* (*Kauderwelsch*) lingo. – **10.** ⟨*only sg*⟩ *fig.* (*Ausdrucksform*) language: **die ~ der Blumen [der Musik]** the language of flowers [music]; **die ~ der Augen [des Herzens]** the language of the eyes [the heart]; **ihre Augen sprachen eine beredte ~** her eyes reflected (*od.* expressed) her innermost feelings; **die Tatsachen sprechen eine deutliche ~** the facts speak for themselves.

sprä·che ['ʃprɛːçə] *1 u. 3 sg pret subj of* sprechen.

'Sprach|ˌebe·ne *f ling.* speech level. — **~ˌei·gen·heit, ~ˌei·gen·tüm·lich·keit** *f* idiom, idiomatic expression: **deutsche ~** Germanism; **englische [amerikanische] ~** Anglicism [Americanism]; **französische ~** Gallicism.

'Spra·chen|ˌdienst *m* translating and interpreting service. — **~ˌfra·ge** *f pol.* language question (*od.* problem). — **~geˌmisch** *n* medley (*od.* hodgepodge, *bes. Br.* hotchpotch) of languages, polyglot. — **~geˌwirr** *n* confused babble of tongues. — **~ˌgrup·pe**

f ling. language group (*od.* family). — ~ˌ**kampf** *m* language conflict. — ~ˌ**kar·te** *f ling.* language (*od.* linguistic, *auch* dialect) map. — ~ˌ**ler·nen** *n* learning of languages. — ~ˌ**schu·le** *f ped. cf.* Sprachschule.

ˈ**Sprach|entˌwick·lung** *f* evolution of (a) language. — ~**erˌneue·rer** *m* linguistic innovator, neologist. — ~**erˌzie·her** *m ped.* grammarian. — ~**erˌzie·hung** *f* **1.** *cf.* Sprecherziehung. – **2.** teaching of grammar. — ~ˌ**fä·hig·keit** *f cf.* Sprachvermögen. — ~**faˌmi·lie** *f ling.* family of languages, language group (*od.* cluster): **die indogermanische** ~ the Indo-European family (*od.* group) of languages. — ~ˌ**feh·ler** *m* **1.** *med.* speech defect, impairment (*od.* impediment) of speech. – **2.** *ling.* grammatical error. — ~ˌ**fernˌse·hen** *n* foreign language course(s *pl*) by television. — ~ˌ**fer·tig·keit** *f* **1.** proficiency in foreign languages. – **2.** *cf.* Sprachgewandtheit 2. — ~ˌ**form** *f meist pl ling.* linguistic (*auch* speech) form. — ~ˌ**for·scher** *m* **1.** (*Linguist*) linguist. – **2.** (*Philologe*) philologist. — ~ˌ**for·schung** *f* **1.** (*Linguistik*) linguistics *pl* (*usually construed as sg*). – **2.** (*Philologie*) philology. — ~**freˌquenz** *f tel.* voice frequency. — ~ˌ**füh·rer** *m* phrase book. — ~**geˌbiet** *n ling.* speech area: **das gesamte deutsche** ~ the entire German-speaking area. — ~**geˌbrauch** *m* ⟨-(e)s; *no pl*⟩ (linguistic) usage: **diese Wendung ist im deutschen** ~ **nicht üblich** this phrase is not common (in) German usage; **im heutigen englischen** ~ in modern English usage; **im alltäglichen** ~ in everyday language (*od.* speech); **der heutige** ~ contemporary usage. — ~**geˌfühl** *n* ⟨-(e)s; *no pl*⟩ feeling (*od.* flair) for language, linguistic instinct: **ein gutes** ~ **haben** to have a subtle feeling for language. — ~**geˌlehr·te** *m cf.* Sprachforscher. — ~**geˌmein·schaft** *f ling.* speech (*od.* language) community. — ~**geˌnie** *n* linguistic genius. — ~**geo·graˌphie** *f* linguistic (*auch* dialect) geography. — ~**geˌschich·te** *f* history of the language. — ~**geˌsell·schaft** *f hist. ling.* (*literature*) (*bes. im 17. u. 18. Jh.*) *literary society aiming to reform the language.* — ~**geˌsetz** *n ling.* linguistic law, law of language. — **s**~**geˌstört** *adj med.* aphasic, dysarthric. — **s**~**geˌwal·tig** *adj* of powerful expression. — **s**~**geˌwandt** *adj* **1.** proficient in languages. – **2.** eloquent. — ~**geˌwandt·heit** *f* **1.** proficiency in languages. – **2.** eloquence. — ~ˌ**gren·ze** *f ling.* linguistic boundary. — ~ˌ**grup·pe** *f* language group (*od.* family). — ~ˌ**gut** *n* linguistic heritage. — ~ˌ**heil·in·stiˌtut** *n med.* (*für Sprechbehinderte*) speech (*od. scient.* logop[a]edic) clinic. — ~ˌ**heilˌkun·de** *f* logop(a)edics *pl* (*construed as sg or pl*): **die** ~ **betreffend** logop(a)edic. — ~ˌ**heilˌschu·le** *f* logop(a)edic school. — ~ˌ**in·sel** *f* (*im fremden Sprachgebiet*) speech (*auch* linguistic) enclave (*od.* island). — ~ˌ**kar·te** *f cf.* Sprachenkarte. — ~ˌ**ken·ner** *m cf.* Sprachkundige. — ~ˌ**kennt·nis·se** *pl* knowledge *sg* of a language, proficiency *sg* in a (foreign) language: **mit guten englischen** ~**n** with a good knowledge (*od.* command) of English. — ~ˌ**kli·nik** *f med. cf.* Sprachheilinstitut. — ~ˌ**kun·de** *f cf.* Sprachwissenschaft. — **s**~ˌ**kun·dig** *adj* **1.** (well) versed (*od.* learned) in a language. – **2.** (*vielsprachig*) multilingual, polyglot. — ~ˌ**kun·di·ge** *m, f* ⟨-n; -n⟩ **1.** linguist. – **2.** polyglot. — ~ˌ**kunstˌwerk** *n* work of literature. — ~ˌ**kurs**, ~ˌ**kur·sus** *m* language course. — ~**laˌbor** *n*, ~**la·bo·raˌto·ri·um** *n ped.* language laboratory. — ~ˌ**läh·mung** *f med.* paralysis of (the organs of) speech, laloplegia (*scient.*). — ~ˌ**laut** *m ling.* speech sound. — ~ˌ**lehrˌbuch** *n* language primer (*od.* handbook, manual, *auch* textbook). — ~ˌ**leh·re** *f* grammar. — ~ˌ**leh·rer** *m*, ~ˌ**leh·re·rin** *f* language teacher.

ˈ**sprach·lich I** *adj* ⟨*attrib*⟩ **1.** linguistic, of (a) language: ~**e Eigenheiten** peculiarities of a language; ~**es Kunstwerk** linguistic work of art; ~**e Minderheit** linguistic minority. – **2.** (*Fehler etc*) grammatical. – **II** *adv* **3.** linguistically: **j-n** ~ **ausbilden** to train s.o. in a language, to give s.o. (a) linguistic training. – **4.** concerning style: ~ **korrekt** correct as to style. – **5.** with regard to grammar: **inhaltlich und** ~ **ist die Arbeit gut** the essay is good with regard to content and grammar (*od.* as far as content and grammar are concerned); ~ **richtig** grammatical(ly correct).

ˈ**sprach·los** *adj fig.* **1.** speechless, mute: ~**es Erstaunen** speechless amazement, blank astonishment; ~ **dastehen** to stand mute; **er war** ~, **als er das hörte** he was dumbfounded (*od. colloq.* flabbergasted) when he heard the news; **sie war** ~ **vor Wut** she was speechless with rage. – **2. ich bin einfach** ~! *colloq.* well I never (did)! I'll be damned! — ˈ**Sprach·lo·sig·keit** *f* ⟨-; *no pl*⟩ **1.** *fig.* speechlessness, muteness. – **2.** *med.* aphasia, mutism, alalia: **vorübergehende** ~ temporary aphasia.

ˈ**Sprach|me·loˌdie** *f* **1.** *ling.* (*einer Sprache*) intonation, speech melody. – **2.** *mus.* speech melody (*od.* tune), inflection (*Br. auch* inflexion) (of the voice). — **s**~**mo·duˌliert** *adj* (*radio*) voice-modulated. — ~ˌ**neue·rer** *m ling. cf.* Spracherneuerer. — ~ˌ**neue·rung** *f* **1.** linguistic innovation. – **2.** (*Bildung neuer Wörter*) neologism. — ~ˌ**nor·mung** *f* standardization of language. — ~**orˌgan** *n med.* organ of speech, speech organ. — ~ˌ**papst** *m colloq. humor.* prescriptivist, purist. — ~ˌ**pfle·ge** *f* cultivation of (a) language, concern for the purity of (a) language. — ~**phi·lo·soˌphie** *f philos.* philosophy of language, language philosophy. — ~ˌ**plat·te** *f* language record. — ~**psy·cho·loˌgie** *f psych.* psychology of language. — ~ˌ**raum** *m ling.* speech (*od.* linguistic) area. — ~**reˌform** *f* linguistic reform. — ~ˌ**re·gel** *f* grammatical rule, rule of grammar. — ~ˌ**re·ge·lung** *f* (linguistic) prescription(s *pl*), prescriptivism. — ~ˌ**rein·heit** *f* purity of language. — ~ˌ**rei·ni·ger** [-ˌraɪnɪgər] *m* ⟨-s; -⟩ purist, prescriptivist. — ~ˌ**rei·ni·gung** *f* purification of a language. — ~ˌ**rich·tig·keit** *f* grammaticalness. — ~ˌ**rohr** *n* **1.** speaking trumpet (*od.* tube), megaphone. – **2.** *fig.* (*Sprecher*) mouthpiece, *Am. auch* megaphone: **sich zum** ~ **einer Sache machen** to make oneself the mouthpiece (*od.* spokesman) of a cause; **diese Zeitung ist das** ~ **der Partei** this newspaper is the mouthpiece (*od.* organ) of the party. — ~ˌ**schatz** *m* vocabulary (and phrases) (of a language). — ~ˌ**schicht** *f* **1.** language stratum. – **2.** *cf.* Sprachebene. — ~ˌ**schnit·zer** *m colloq.* **1.** (*grammatischer*) grammatical blunder (*od. colloq.* howler). – **2.** (*stilistischer*) solecism. — ~ˌ**schöp·fer** *m* coiner (*od.* creator) of new words (*od.* phrases). — **s**~ˌ**schöp·fe·risch I** *adj* creative in (the use of) language. – **II** *adv* ~ **wirken** to be creative in (the use of) language, to coin new words (*od.* phrases). — ~ˌ**schöp·fung** *f* **1.** coining (*od.* creation) of new words (*od.* phrases). – **2.** *cf.* Sprachneuerung 2. — ~ˌ**schu·le** *f ped.* school of languages, language school. — ~ˌ**schwie·rig·kei·ten** *pl* language difficulties. — ~ˌ**sil·be** *f* syllable. — ~**so·zio·loˌgie** *f sociol.* sociology of language. — ~ˌ**stamm** *m ling.* stock. — ~ˌ**stil** *m* style. — ~ˌ**stö·rung** *f med.* **1.** (*Sprachdefekt*) speech defect (*od.* disorder). – **2.** logopathy: **zentrale** ~ verbal aphasia. — ~**stuˌdent** *m*, ~**stuˌden·tin** *f* student of language(s). — ~ˌ**stu·di·um** *n* study of language(s): **deutsche Sprachstudien** studies in German (language). — ~**syˌstem** *n* language (system). — ~**taˌlent** *n* talent (*od.* gift) for languages. — ~**the·raˌpeut** *m med.* speech therapist. — ~**the·raˌpie** *f* speech therapy. — ~ˌ**trich·ter** *m cf.* Sprachrohr 1. — ~ˌ**übung** *f* **1.** linguistic exercise. – **2.** (*grammatische*) grammatical exercise. — ~ˌ**un·terˌricht** *m ped.* language instruction: **deutschen** ~ **erteilen** to give German lessons. — ~**verˌbes·se·rer** *m* reformer of a language. — ~**verˌbes·se·rung** *f* reform of a language. — ~**verˌder·ber** *m* corrupter (*od.* corruptor) of (a) language. — ~**verˌein** *m* linguistic society. — ~**verˌglei·chung** *f ling.* **1.** (*in der Sprachgeschichte*) comparative philology. – **2.** (*in der modernen Linguistik*) comparative linguistics *pl* (*usually construed as sg*). — ~**verˌmö·gen** *n* faculty (*od.* power) of speech. — ~**verˌwandt·schaft** *f* kinship (*od.* affinity) between languages. — ~**ver·wil·de·rung** *f* degeneration of (a) language. — ~**verˌwir·rung** *f* confusion of tongues, babel, *auch* Babel. — ~ˌ**werkˌzeug** *n med. cf.* Sprachorgan. — **s**~ˌ**wid·rig** *adj* contrary to the rules of grammar (*od.* to the laws of a language), ungrammatic(al). — ~ˌ**wis·sen·schaft** *f* **1.** *cf.* Sprachforschung. – **2.** Sprach- und Literaturwissenschaft study of language and literature, *auch* philology; **vergleichende** ~ comparative study of language(s), comparative philology. — ~ˌ**wis·sen·schaft·ler** *m* **1.** *cf.* Sprachforscher. – **2.** Sprach- und Literaturwissenschaftler student of (*od.* expert in) language and literature, *auch* philologist. — **s**~ˌ**wis·sen·schaft·lich** *adj* **1.** linguistic, *auch* linguistical. – **2.** (*Sprachgeschichte betreffend*) philological, *auch* philologic. — ~ˌ**wur·zel** *f ling.* root. — ~ˌ**zen·trum** *n* **1.** language center (*bes. Br.* centre). – **2.** *med.* speech (*od.* language) center (*bes. Br.* centre): **motorisches** ~ motor speech center; **sensorisches** ~ sensory center of speech. — ~ˌ**zu·geˌhö·rig·keit** *f* affiliation to a language community.

sprang [ʃpraŋ] *1 u. 3 sg pret*, **sprän·ge** [ˈʃprɛŋə] *1 u. 3 sg pret subj of* springen[1] *u.* [2].

Spray [ʃpreː; spreː; spreɪ] *n, m* ⟨-s; -s⟩ **1.** (*Dose*) spray(er), atomizer. – **2.** (*Sprühflüssigkeit*) spray. – **3.** (*Haarspray*) lacquer, *auch* lacker. — ~ˌ**do·se** *f cf.* Spray 1.

spray·en [ˈʃpreːən; ˈspreː-] *v/i u. v/t* ⟨h⟩ spray.

ˈ**Sprech|ˌakt** *m* ⟨-(e)s; *no pl*⟩ (act of) speech. — ~ˌ**anˌla·ge** *f tel.* (*innerhalb eines Hauses*) intercommunication system, intercom (*colloq.*). — ~ˌ**bla·se** *f* (*in Comic strips etc*) balloon. — ~ˌ**büh·ne** *f* (*theater*) living (*Am.* legitimate) stage, theater, *bes. Br.* theatre. — ~ˌ**chor** *m* **1.** (*theater*) speech choir, speaking chorus (*od.* choir). – **2. in Sprechchören rufen** to shout slogans, *Am.* to yell.

spre·chen [ˈʃprɛçən] **I** *v/i* ⟨spricht, sprach, gesprochen, h⟩ **1.** speak: **deutlich** ~ to speak distinctly; **undeutlich** ~ to speak indistinctly, to mumble; **laut** ~ to speak loud(ly) (*od.* in a loud voice); **leise** ~ to speak soft(ly) (*od.* in a low voice); **sprechen Sie lauter, bitte!** speak louder (*od.* up), please! **durch die Nase** ~ to speak through one's nose (*od.* nasally, with a nasal twang); **frei** ~ to speak without notes; **aus dem Stegreif** ~ to speak extemporaneously, to improvise; **er spricht frei von der Leber weg** *colloq.* he speaks straight out (*od.* quite straightforwardly), he speaks out freely; **das Kind lernt** ~ the child is learning to speak; **in befehlendem Ton** ~ to speak in a commanding (*od.* peremptory, an imperious) tone; **allgemein gesprochen** generally speaking; **sprich!** speak out! ~ **Sie!** (*beim Ferngespräch*) go ahead, please! ~ **Sie noch?** are you still speaking? have you finished speaking? *Am.* are you through? **mit amerikanischem Akzent** ~ to speak with an American accent; **sie sprachen nur noch englisch** they spoke nothing but English; **auf j-n schlecht zu** ~ **sein** *fig. colloq.* a) to be very annoyed with (*od. colloq.* highly peeved at) s.o., to be ill disposed toward(s) s.o., b) to have no good opinion of s.o.; **er ist momentan auf sie schlecht zu** ~ she is not in his good graces at the moment; **für j-n** ~ a) (*zu seinen Gunsten, seiner Verteidigung*) to speak in s.o.'s favo(u)r, to speak for s.o., b) (*stellvertretend*) to speak for (*od.* on behalf of) s.o., c) (*für j-n eintreten*) to plead (*od.* put in a good word) for s.o.; **alles spricht für ihn** *fig.* everything speaks (*od.* is) in his favo(u)r; **das spricht für seine Unschuld** *fig.* that speaks for (*od.* points to) his innocence; **vieles spricht dafür** *fig.* there is much to be said for it; **vieles spricht dafür, daß er der Täter ist** *fig.* many facts indicate that he is the culprit; **alle Anzeichen** ~ **dafür, daß** *fig.* everything points to the fact that, there is every indication (*od.* reason to believe) that; **die Tatsache spricht für sich (selbst)** *fig.* the fact speaks for itself; **gegen j-n [etwas]** ~ to speak against s.o. [s.th.]; **das spricht gegen ihn** *fig.* that speaks against him; **gegen unseren Plan spricht vieles** *fig.* there is much to be said against our plan; **mit j-m** ~ a) to speak (*od.* talk) to s.o., b) (*bei j-m vorsprechen*) to see s.o., c) (*ein Gespräch führen*) to converse with s.o.; **schlecht [gut] von j-m** ~ to speak ill [well] of s.o.; **sie** ~ **nicht mehr miteinander** they are no longer on speaking terms, they don't speak to each other anymore; **ich habe mit Ihnen zu** ~ I have s.th. to say to you; **ich muß erst mit meinem Anwalt** ~ I must see my lawyer first; **mit wem spreche ich?** (*am Tele-*

phon) who is speaking, please? ~ **Sie mit ihm über die Angelegenheit** discuss the matter with him; **ausführlich über** (*acc*) **etwas** ~ to discuss s.th. at length. – **2.** (*sich unterhalten*) talk: **viel** ~ to talk a great deal, to be a great talker, to be very talkative; **wenig** ~ not to talk very much, to be quiet (*od.* taciturn); **in Rätseln** ~ to talk in riddles; **wir haben lang miteinander gesprochen** we talked for a long time (together); **mit seinen Freunden über ein Thema** ~ to talk about (*od.* discuss) a subject with one's friends; **darüber ist mit ihm nicht zu** ~ you can't speak to him about that, he won't listen to reason about that; **ich werde mit meiner Frau darüber** ~ I shall speak to my wife about it; **mit sich selbst** ~ to talk to oneself; **über Politik** [**Kunst, Malerei**] ~ to talk politics [art, about painting]; **darüber müssen wir noch** ~ we must talk this over; **über j-n** ~ to talk (*offizieller* to speak) about (*od.* of) s.o.; **von j-m** [**etwas**] ~ to talk (*offizieller* to speak) about (*od.* of) s.o. [s.th.]; **von Geschäften** ~ to talk business (*od.* shop); **sie sprachen von diesem und jenem** (*od.* **über dies und das**) they talked of this and that; **von gleichgültigen Dingen** ~ to talk about trivial (*od.* unimportant) matters, to make small talk; **man spricht viel von ihm** he is much spoken of (*od.* talked about); **jeder spricht davon** it is the talk of the town; **man spricht nur noch von** people are talking about nothing but; **von etwas anderem** ~ to change the subject; ~ **wir nicht davon!** let's not talk about it, let's drop the subject; **da wir gerade davon** ~ talking about that, by the way, since we are on the subject; **man spricht davon, daß** there is talk that, it is said that. – **3. auf** (*acc*) **etwas zu** ~ **kommen** to bring s.th. up, to touch (up)on s.th., to get to talking about s.th.: **wie sind wir eigentlich auf dieses Thema zu** ~ **gekommen?** how did we get on to this subject? how did we come to be talking about this subject? – **4. auf j-n zu** ~ **kommen** to get to talking about s.o., to come to speak about s.o. – **5.** (*eine Rede, einen Vortrag halten*) speak: **der Premierminister spricht heute abend über den** (*od.* **im**) **Rundfunk** the prime minister will speak on the radio tonight; **vor j-m** ~ to speak before s.o.; **vor einer großen Zuhörerschaft** ~ to speak before (*od.* to) a large audience; **vor Gericht** ~ *jur.* to plead in court; **zu j-m** ~ a) to speak (*od.* talk) to s.o., b) (*offizieller*) to speak to s.o., to address s.o.; **zum Volk** ~ to address the people; **er sprach von seinem Platz aus zu den Versammelten** he addresssed the audience from his seat; **ich spreche in meiner Eigenschaft als Vorsitzender** I speak in my capacity as chairman; **der Professor sprach über verschiedene Rechtsfragen** the professor discoursed on various aspects of the law. – **6.** *fig. lit.* (*in Wendungen wie*) **aus seinen Worten spricht Liebe** [**Begeisterung**] his words express love [enthusiasm]; **aus ihm spricht der Neid** he is the voice of jealousy, you can feel the jealousy in his words; **Sie haben mir aus der Seele gesprochen** you expressed my innermost thoughts, I feel exactly as you do (about that); **laßt Blumen** ~ say it with flowers. – **II** *v/t* **7.** (*Worte, Gedicht etc*) speak, say: **er sprach kein Wort** he did not say (*od.* utter) a (single) word; **das Tischgebet** ~ to say grace; **den Segen über j-n** ~ to pronounce a benediction upon s.o.; **das spricht Bände!** *fig. colloq.* that speaks volumes; **das letzte Wort ist noch nicht gesprochen** *fig.* this is not the last word; **ohne ein Wort zu** ~ without (saying) a word; **die Wahrheit** ~ to speak the truth; **Schlechtes** [**Gutes**] **von j-m** ~ to speak ill [well] of s.o. – **8.** (*Sprache, Dialekt etc*) speak: **er spricht fließend Französisch** he speaks fluent French, he speaks French fluently; **sie spricht gebrochen Deutsch** [**kein gutes Englisch**] she speaks broken German [poor English]. – **9.** *jur.* a) (*Urteil etc*) pronounce, b) (*Recht*) administer: **j-n schuldig** ~ to pronounce (*od.* adjudge, find) s.o. guilty; **das Urteil** ~ to pronounce (*od.* pass, give a) judg(e)ment. – **10. j-n** ~ to speak to s.o.: **er möchte Sie in einer dringenden Sache** ~ he wants to speak to (*od.* see) you on urgent business; **kann ich dich einen Augenblick** (*od.* **kurz**) ~? can I see you for a moment? **kann ich Herrn Müller** ~? may I speak to (*od.* may I see) Mr. Müller? **j-n** ~ **wollen** to want to speak to (*od.* to see) s.o.; **wen wünschen Sie zu** ~? who(m) do you wish to speak to? **ist Herr Schmidt zu** ~? is Mr. Schmidt there? may I speak to Mr. Schmidt? **bedaure, er ist nicht zu** ~ I'm afraid he is not here, I'm sorry he is busy at the moment; **für ihn bin ich nicht zu** ~ I do not wish to speak to him, tell him I am busy; **wir** ~ **uns noch!** (*drohend*) you will hear more of this! you haven't heard the last (*od.* end) of this! – **11.** (*Nachrichten*) read. – **III S**~ *n* ⟨-s⟩ **12.** *verbal noun.* – **13.** speech: **beim S**~ while speaking; **j-n zum S**~ **bringen** to get s.o. to talk.

ˈspre·chend I *pres p.* – **II** *adj fig.* revealing, telling: **sein Gesichtsausdruck war** ~ the expression on his face was revealing, his face spoke volumes; ~**e Ähnlichkeit** striking resemblance, speaking likeness. – **III** *adv* **j-m** ~ **ähnlich sehen** to be the spit (and) image of s.o., *auch* to be the spitting image of s.o., *bes. Br.* to be the dead spit of s.o.

ˈSpre·cher *m* ⟨-s; -⟩ **1.** *pol.* (*einer Partei etc*) spokesman: **ein** ~ **des Außenministeriums** a spokesman from the Foreign Ministry (*Am.* State Department, *Br.* Foreign Office). – **2.** (*Wortführer, Vertreter*) spokesman: **sich zum** ~ **einer Gruppe machen** to make oneself the spokesman of a group. – **3.** (*radio*) *telev.* a) broadcaster, (*bes. von Nachrichten*) newsreader, newscaster, b) *cf.* Ansager 2. – **4.** (*beim Film*) narrator, commentator. – **5.** *cf.* Redner. — **ˈSpre·che·rin** *f* ⟨-; -nen⟩ **1.** spokeswoman. – **2.** (*radio*) *telev. cf.* a) Sprecher 3a, b) *cf.* Ansagerin 2. – **3.** *cf.* Rednerin.

ˈSpre·cher·kaˌbi·ne *f* (*radio*) *telev.* commentator's booth.

ˈSprech|erˌzie·her *m ped.* elocutionist. — ~**erˌzie·hung** *f* speech training, *auch* elocution. — **s**~**ˌfaul** *adj* **1.** too lazy to talk. – **2.** (*still*) reluctant to talk, taciturn. — ~**ˌfeh·ler** *m* **1.** slip of the tongue, lapsus linguae (*lit.*). – **2.** *med.* speech defect. — ~**ˌfen·ster** *n* grating, grilled opening (*for communication with outsiders in convents, prisons etc*). — ~**ˌfilm** *m* (*Tonfilm*) talking (*od.* sound) film (*od.* picture), talkie (*colloq.*). — ~**freˌquenz** *f electr.* (*radio*) *tel.* speech (*od.* voice) frequency.

ˈSprechˌfunk *m tel.* radiotelephony. — ~**geˌrät** *n* radiotelephone, radiophone set, (*tragbares*) walkie-talkie, *auch* walky-talky (*colloq.*), portophone. — ~**verˌkehr** *m* radiotelephone traffic.

ˈSprech|geˌbühr *f tel. cf.* Gesprächsgebühr. — ~**geˌrät** *n* (*im Büro*) interoffice communicator, intercom (*colloq.*). — ~**geˌsang** *m mus.* speech-song, inflected speech, sprechgesang. — ~**ˌhö·rer** *m tel.* microtelephone. — ~**kaˌnal** *m* speech (*od.* telephone) channel. — ~**ˌkap·sel** *f* transmitter (capsule). — ~**konˌtakt** *m* voice contact. — ~**ˌkopf** *m* sound head. — ~**ˌkun·de** *f ped.* science of speech, *auch* elocution. — ~**ˌkunst** *f* **1.** (*theater*) elocution, art of reciting. – **2.** art of speech. — ~**ˌla·ge** *f* pitch of speaking voice. — ~**ˌlei·tung** *f tel.* speech line (*od.* circuit), control line. — ~**miˌnu·te** *f* minute (of conversation). — ~**ˌmu·schel** *f* mouthpiece. — ~**orˌga·ne** *pl med.* organs of speech. — ~**ˌpro·be** *f* **1.** (*bei Radiosprechern etc*) voice test. – **2.** *tel.* talking test. — ~**ˌrol·le** *f* (*theater*) (*in der Oper*) speaking part (*od.* role, *auch* rôle). — ~**ˌsil·be** *f ling.* spoken syllable. — ~**si·tua·tiˌon** *f* speech situation. — ~**ˌstel·le** *f tel.* **1.** telephone station. – **2.** *cf.* Fernsprechzelle. — ~**ˌstim·me** *f* speaking voice.

ˈSprechˌstun·de *f* **1.** (*eines Arztes*) *Am.* office hour, *Br.* surgery (*od.* consulting) hour, *Br. colloq.* surgery: ~ **halten** (*od.* **haben**) *Am.* to have office hours, *Br.* to have consultation hours; ~**n täglich von 9—13 Uhr** consultation hours from 9 a.m. — 1 p.m. daily; **in der** ~ (*des Arztes*) in the consulting room, in the surgery (*Am.* office). – **2.** (*eines Lehrers*) consultation hour, *Am. auch* office (*od.* calling) hour. – **3.** (*bei Behörden*) office hour(s *pl*), *Am. auch* calling hour(s *pl*).

ˈSprechˌstun·denˌhil·fe *f* (*des Arztes*) (doctor's) assistant (*od.* receptionist), nurse secretary, office nurse.

ˈSprech|ˌtakt *m ling. metr.* phrase. — ~**ˌtas·te** *f electr.* (*am Mikrophon*) press-to-talk switch, speaking (*od.* microphone) key. — ~**ˌtech·nik** *f* technique of speaking, speech technique. — ~**ˌton** *m* spoken voice. — ~**ˌtrich·ter** *m tel.* mouthpiece. — ~**ˌübung** *f* speech (*auch* elocution) exercise. — ~**ˌun·terˌricht** *m* (*theater*) voice instruction (*od.* coaching). — ~**verˌbin·dung** *f tel.* (*radio*) speech communication, voice connection (*Br. auch* connexion). — ~**verˌkehr** *m* **wechselseitiger** ~ intercommunication, intercom (*colloq.*). — ~**ˌwei·se** *f* manner (*od.* mode) of speaking, diction. — ~**ˌwerkˌzeu·ge** *pl med. cf.* Sprechorgane. — ~**ˌzel·le** *f tel. cf.* Fernsprechzelle. — ~**ˌzim·mer** *n* **1.** (*einer Schule etc*) consultation room. – **2.** (*eines Arztes*) consulting room, *Br.* surgery, *Am.* office. – **3.** (*einer Behörde etc*) office. – **4.** (*eines Klosters*) parlatory, parlor, *bes. Br.* parlour.

Spre·he [ˈʃpreːə] *f* ⟨-; -n⟩ *Northern and Northwestern G. for* Star[1].

Sprei·ßel [ˈʃpraɪsəl] *m, Austrian n* ⟨-s; -⟩ *Southwestern G., Middle G. and Austrian* **1.** *meist pl* (*wood*) edging. – **2.** *cf.* Splitter 4. — ~**ˌholz** *n Austrian for* Kleinholz.

ˈspreizˌbei·nig [-ˌbaɪnɪç] *adv* straddle-legged, with one's legs (wide) apart: ~ **dastehen** to stand with one's legs wide apart.

ˈSpreizˌdü·bel *m tech.* straddling dowel.

Sprei·ze [ˈʃpraɪtsə] *f* ⟨-; -n⟩ (*mining*) sprag.

sprei·zen [ˈʃpraɪtsən] **I** *v/t* ⟨h⟩ **1.** (*Beine*) straddle, spread (*s.th.*) (apart): **die Beine** ~ *colloq.* (*von Frau*) to put one's legs apart, to open one's legs. – **2.** (*Finger, Arme etc*) spread (out). – **3.** (*Flügel, Gefieder etc*) spread. – **4.** *Bavarian and Austrian for* stützen 2. – **II** *v/reflex* **sich** ~ **5.** *fig.* (*sich bitten lassen*) play coy: **sie spreizte sich erst eine Weile, dann machte sie auch mit** she played coy for a while but then joined in. – **6.** *fig.* strut (around), give oneself airs. – **III S**~ *n* ⟨-s⟩ **7.** *verbal noun.*

ˈSpreiz|ˌfuß *m med.* splayfoot, spread (*od.* broad) foot. — ~**kaˌmin** *m* (*in der Alpinistik*) chimney climbed by bridging technique. — ~**ˌklap·pe** *f aer.* split flap.

ˈSpreizˌring *m* **1.** *tech.* (*einer Kupplung*) expanding band (*od.* ring). – **2.** *auto.* expanding ring. — ~**ˌkupp·lung** *f auto.* expanding-band clutch, jaw-friction clutch.

ˈSpreiz|ˌschrau·be *f tech.* expansion screw. — ~**ˌschritt** *m* **1.** straddling step. – **2.** (*bei Pferdedressur*) pace astride. — ~**ˌsprung** *m* (*sport*) (*beim Eiskunstlauf etc*) split jump.

ˈSprei·zung *f* ⟨-; -en⟩ *cf.* Spreizen.

ˈSpreng|ˌar·beit *f civ.eng.* blasting operation (*od.* work). — ~**ˌar·bei·ter** *m cf.* Sprenger[1]. — ~**ˌbom·be** *f mil.* (high-)explosive bomb. — ~**ˌboot** *n mil.* one-man torpedo. — ~**ˌdruck** *m* ⟨-(e)s; ⸗e⟩ blast pressure.

Spren·gel [ˈʃprɛŋəl] *m* ⟨-s; -⟩ **1.** *röm.kath. cf.* Sprengwedel. – **2.** *relig.* a) (*eines Bischofs*) diocese, b) (*eines Pfarrers*) parish. – **3.** *rare* (*Amtsbezirk*) district. — ~**ˌarzt** *m Austrian med.* district physician (*od.* doctor).

spren·gen[1] [ˈʃprɛŋən] **I** *v/t* ⟨h⟩ **1. etwas** (**in die Luft**) ~ to blow up s.th.: **eine Brücke** [**ein Gebäude, ein Schiff**] (**in die Luft**) ~ to blow up a bridge [a building, a ship]. – **2.** (*Felsen etc*) blast, dynamite. – **3.** (*Mine etc*) spring, shoot. – **4.** (*mining*) blast, (*wegsprengen*) shoot (off). – **5.** (*Tür, Schloß etc*) force (*od.* break, burst) (*s.th.*) open. – **6.** (*Ketten, Fesseln etc*) burst. – **7.** (*durch Druck von innen*) burst, break: **das Eis hat das Gefäß gesprengt** the ice broke the jar; **das würde den Rahmen der Diskussion** ~ *fig.* that would go beyond (*od.* would exceed) the scope of the discussion. – **8.** (*Versammlung etc*) break up. – **9.** (*Menschenmenge*) disperse, scatter. – **10. die Bank** ~ (*beim Roulette etc*) to break the bank. – **11.** *med.* (*Gefäße*) rupture, burst. – **12.** *mil.* (*feindliche Umklammerung*) disperse. – **13.** *hunt.* a) (*aus dem Bau aufjagen*) (*Wild*) start, unearth, b) (*eine Kette Hühner*) scatter, c) (*Ricke durch Rehbock*) pursue. – **II S**~ *n* ⟨-s⟩ **14.** *verbal noun.*

ˈspren·gen[2] *v/t* ⟨h⟩ **1.** (*Wäsche*) sprinkle, spray. – **2.** (*Rasen, Garten, Straße etc*) sprinkle, spray, water. – **3.** (*Flüssigkeit*) sprinkle.

ˈspren·gen[3] *v/i* ⟨sein⟩ (*von Reiter*) gallop, ride at full speed.

ˈSpren·ger[1] *m* ⟨-s; -⟩ (*mining*) *civ.eng.* blower, blaster, shot-firer.

'Spren·ger[2] *m* ⟨-s; -⟩ (*Rasensprenger*) sprinkler.

'Spreng|ˌflüs·sig·keit *f* explosive liquid. — **~ˌfu·ge** *f tech.* (*eines Schwungrads*) bursting slot. — **~ge·laˌti·ne** *f* ⟨-; *no pl*⟩ *chem. tech.* explosive (*od.* blasting, dynamite) gelatin (*auch* gelatine), nitrogelatin(e). — **~ge·ˌschoß** *n mil.* high-explosive (*auch* HE) projectile (*od.* shell). — **~graˌna·te** *f* (high-)explosive shell. — **~ˌhö·he** *f civ.eng.* height of burst (*od.* detonation). — **~ˌka·bel** *n tech.* firing (*od.* blasting) wire. — **~ˌkam·mer** *f* demolition (*od.* blast, charge) chamber. — **~ˌkap·sel** *f* **1.** (*mining*) detonator, blasting cap. – **2.** (*eines Feuerwerkskörpers*) cartouch(e). — **~komˌman·do** *n* **1.** *mil.* demolition squad (*od.* party, detail). – **2.** (*zur Bombenentschärfung*) bomb disposal squad. — **~ˌkopf** *m mil.* (*einer Bombe, Rakete etc*) warhead, war nose. — **~ˌkör·per** *m* explosive device. — **~ˌkraft** *f* explosive force (*od.* power), brisance. — **~ˌla·dung** *f* **1.** *tech.* explosive (*od.* bursting, blasting, demolition) charge. – **2.** *mil.* explosive charge. — **~ˌlaut** *m ling. cf.* Verschlußlaut. — **~ˌloch** *n civ.eng.* drill (*od.* bore) hole, (*im Felsblock*) *auch* blast (*od.* shot) hole. — **~ˌmei·ster** *m* blaster. — **~ˌmit·tel** *n tech.* demolition (*od.* blasting, explosive) material. — **~paˌtro·ne** *f* **1.** *mil.* high-explosive cartridge. – **2.** (*petroleum*) torpedo. — **~ˌpul·ver** *n tech.* blasting powder, gunpowder. — **~ˌpunkt** *m mil.* (*eines Explosivgeschosses*) point of burst (*od.* detonation).

'Sprengˌring *m tech.* snap (*od.* retainer) ring, circlip, (*einer Felge*) split locking ring. — **~ˌzan·ge** *f auto.* snap ring (*od.* circlip) pliers (*Am. auch* plyers) *pl* (*construed as sg or pl*).

'Spreng|ˌsatz *m tech.* blasting composition. — **~ˌschnur** *f* detonating cord, fuse. — **~ˌschuß** *m* blast. — **~ˌseis·mik** *f geol.* explosion seismology.

'Sprengˌstoff *m chem. tech.* (blasting) explosive. — **~ˌanˌschlag** *m*, **~at·tenˌtat** *n* a) (*geplant*) bomb attempt, bombing plot, b) (*ausgeführt*) bomb attack, bombing outrage: **auf das Haus wurde ein ~ verübt** a) an attempt was made to blow up the house, b) the house was blown up in a bomb attack (*od.* with dynamite). — **~at·tenˌtä·ter** *m* dynamiter. — **~ˌla·ger** *n* explosive dump. — **~mu·ni·tiˌon** *f* explosive ammunition.

'Spreng|ˌstück *n mil.* (shell) fragment (*od.* splinter). — **~ˌtech·nik** *f* **1.** blasting practice. – **2.** explosive technology. — **~ˌtrich·ter** *m mil.* **1.** crater. – **2.** (*einer Mine*) mine crater. – **3.** (*einer Granate*) shell crater. – **4.** (*einer Bombe*) bomb crater. — **~ˌtrupp** *m cf.* Sprengkommando. — **~- ˌund 'Kehr·maˌschi·ne** *f* mechanical street sweeper. — **~- ˌund 'Zündˌstof·fe** *pl* explosives and inflammables.

'Spren·gung *f* ⟨-; -en⟩ **1.** *cf.* Sprengen[1]. – **2.** explosion. – **3.** (*einer Menschenmenge, der feindlichen Umklammerung etc*) dispersion. – **4.** *med.* (*eines Gefäßes*) rupture.

'Spreng|ˌwa·gen *m* (*zum Sprengen der Straßen*) street sprinkler (truck), *Am.* street flusher truck, *Br.* watering-cart. — **~ˌwe·del** *m röm.kath.* sprinkler, aspergillum, aspergil(l), aspersorium. — **~ˌwei·te** *f tech.* range of burst. — **~ˌwerk** *n* ⟨-(e)s; *no pl*⟩ *arch.* truss frame. — **~ˌwir·kung** *f tech.* explosive effect. — **~ˌwol·ke** *f* burst cloud. — **~ˌzün·der** *m* (explosive) fuse (*Am.* fuze), detonator, blasting cap.

Spren·kel ['ʃprɛŋkəl] *m* ⟨-s; -⟩ (*Tupfen*) speck(le), spot, dot, mottle, dapple, (*bes. auf der Haut*) *auch* freckle. — **'spren·ke·lig** *adj* speckled, spotted, dotted, mottled, dappled, (*Haut*) *auch* freckled. — **'spren·keln** *v/t* ⟨h⟩ **1.** speck(le), spot, dot, mottle, dapple. – **2.** *print.* (*Buchschnitt*) mottle.

spren·zen ['ʃprɛntsən] *Southwestern G.* **I** *v/t* ⟨h⟩ *cf.* sprengen[2]. – **II** *v/impers* es sprenzt it is drizzling.

Spreu [ʃprɔʏ] *f* ⟨-; *no pl*⟩ *agr.* chaff: **die ~ vom Weizen trennen** (*od.* **sondern**) *auch fig.* to separate the chaff from the wheat; **plötzlich waren sie zerstoben wie die ~ im Wind** suddenly they had dispersed like leaves in a storm. — **s~ˌar·tig** *adj bot.* chaffy, paleaceous (*scient.*). — **~ˌblätt·chen** *n* palea. — **~geˌblä·se** *n* (*einer Dreschmaschine*) chaff blower.

'spreu·ig *adj bot. cf.* spreuartig.

'Spreuˌschup·pe *f bot.* (*bes. der Farne*) ramentum.

sprich [ʃprɪç] *imp sg*, **sprichst** [ʃprɪçst] *2 sg pres*, **spricht** [ʃprɪçt] *3 sg pres of* sprechen.

'Sprichˌwort *n* ⟨-(e)s; ⸗er⟩ **1.** proverb: **zum ~ werden** to become a proverb; **wie es im ~ heißt, wie das ~ sagt** as the proverb has it (*od.* says), as the saying goes. – **2.** (*sprichwörtliche Redensart*) proverbial saying; saw, adage (*lit.*).

'Sprichˌwör·ter|ˌle·xi·kon *n* dictionary of proverbs. — **~ˌsamm·lung** *f* collection of proverbs.

'sprichˌwört·lich *adj* **1.** (*Redensart, Wendung etc*) proverbial: **~ werden** to become proverbial. – **2.** *fig.* (*allgemein bekannt*) proverbial, notorious: **sein Geiz ist ~** his stinginess is proverbial; **mit seinem ~en Glück hat er es wieder einmal geschafft** he has made it again with his proverbial good fortune.

Sprie·gel ['ʃpriːgəl] *m* ⟨-s; -⟩ *dial.* **1.** (*Aufhängeholz der Fleischer*) gambrel. – **2.** (*Holzbügel für Planwagen*) hoop, tilt holder, hood stick.

Sprie·ße ['ʃpriːsə] *f* ⟨-; -n⟩ **1.** (*einer Leiter*) *cf.* Sprosse 1. – **2.** *civ.eng.* a) (*am Dach*) cross bar (*od.* member), brace, b) (*im Graben*) strut, *bes. Am.* brace.

sprie·ßen ['ʃpriːsən] **I** *v/i* ⟨sprießt, sproß, gesprossen, sein⟩ **1.** (*aus dem Boden*) sprout, shoot up, spring (up). – **2.** (*ausschlagen, sich schnell entwickeln*) sprout, put forth shoots, shoot. – **3.** (*Knospen bilden*) bud, sprout, germinate. – **4.** *fig.* sprout: **auf seiner Oberlippe sprießt ein Bärtchen** he is sprouting a moustache (*od.* a moustache is sprouting) on his upper lip; **Pickel sprossen überall auf ihrem Gesicht** pimples were sprouting (*od.* coming) out all over her face. – **II S~** *n* ⟨-s⟩ **5.** *verbal noun.* – **6.** (*Knospenbildung*) germination.

Spriet [ʃpriːt] *n* ⟨-(e)s; -e⟩, **~ˌbaum** *m mar.* sprit. — **~ˌse·gel** *n* spritsail.

Spring [ʃprɪŋ] *f* ⟨-; -e⟩ *mar.* spring (line), spring rope.

'Spring|ˌaf·fe *m*, **~ˌäff·chen** *n zo.* titi, teetee (*Gattg Callicebus*). — **~ˌbei·ne** *pl* saltatorial legs. — **~ˌbeut·ler** *m* kangaroo, wallaby (*Fam. Macropodidae*). — **~ˌblen·de** *f phot.* automatic (*Am. auch* auto-)diaphragm. — **~ˌbock** *m zo.* springbok, springbuck, prongbuck, springer, jumper (*Antidorcas marsupialis*). — **~ˌbrun·nen** *m* fountain.

sprin·gen[1] ['ʃprɪŋən] **I** *v/i* ⟨springt, sprang, gesprungen, sein⟩ **1.** jump, leap, spring: **in die Höhe ~** to jump into the air; **ins Wasser ~** a) (*vom Sprungbrett etc*) to jump into the water, b) (*sich hineinwerfen*) to plunge into the water, to take the plunge (*colloq.*); **über einen Graben ~** to leap (over) (*od.* to clear) a ditch; **ein Pferd über einen Graben ~ lassen** to leap a horse across a ditch; **auf einen fahrenden Zug ~** to jump on to a train while it is moving; **auf die** (*od.* **zur**) **Seite ~** to jump aside (*od.* out of the way); **aus dem Bett ~** to jump (*od.* hop) out of bed; **j-m an die Gurgel ~** to jump (*od.* fly) at s.o.'s throat; **von einem Thema zum anderen ~** *fig.* to jump (*od.* leap) from one topic to another; **j-n über die Klinge ~ lassen** *fig.* a) to sacrifice s.o., b) to put s.o. to the sword, to kill s.o.; **für j-n in die Bresche ~** *fig.* to take s.o.'s place, *Am. auch* to pinch-hit for s.o.; → Kehle 1. – **2.** ⟨*auch* h⟩ (*sport*) a) jump, b) (*beim Stabhochsprung*) (pole)-vault, c) (*beim Wasserspringen*) dive: **mit Anlauf ~** a) to take a running jump, b) to take a running dive; **ist** (*od.* **hat**) **X schon gesprungen?** has X jumped yet? – **3.** (*sich schwingen*) vault: **in den Sattel ~** to vault into the saddle. – **4.** (*plötzlich*) spring, leap, shoot. – **5.** (*hüpfen*) hop: → Decke 9. – **6.** (*von Ball etc*) bounce, rebound, hop. – **7.** (*von Kindern, Lämmern etc*) frisk, frolic, romp. – **8.** *colloq.* (*laufen*) 'hop', *bes. Br.* 'nip' (*beide colloq.*), run: **spring doch mal schnell ins Haus und hol mir meine Brille!** run into the house and get me my glasses. – **9.** *colloq.* (*eilfertig zu Diensten sein*) jump: **ein Wort von ihr, und schon springt er** she only has to say a word and he jumps (to attention); **er läßt seine Sekretärin ganz schön** (**für sich**) **~** he really makes his secretary jump. – **10.** (*von Uhrzeiger, Funken etc*) jump: **der Zug ist aus den Schienen gesprungen** the train jumped (*od.* ran off) the rails, the train derailed; **etwas springt in die Augen** *fig.* s.th. strikes (*od.* leaps to) the eye. – **11.** (*games*) (*von Schachfigur etc*) jump. – **12.** (*hervorquellen*) spring, spout, (*stärker*) gush: **Blut sprang aus der Wunde** blood gushed from the wound; **aus dem Loch im Schlauch sprang eine Wasserfontäne** a fountain of water sprang from the hole in the hose. – **13.** (*abplatzen*) come off: **mir ist ein Knopf vom Rock gesprungen** a button has come off my skirt. – **14.** *econ.* (*von Preisen*) jump. – **15.** *tech.* (*von Filmstreifen, Schreibmaschine etc*) jump. – **16.** *aer.* (*von Flugzeug*) bounce. – **17.** *ped.* skip. – **18.** *zo.* (*von Lachsen*) jump. – **19.** **etwas ~ lassen** *fig. colloq.* a) (*Geld*) to cough up (*od.* to fork out) s.th. (*colloq.*), b) (*eine Flasche Wein etc*) to stand s.th.: **an deinem Geburtstag mußt du etwas ~ lassen** you must stand us (*od.* treat us to) something on your birthday. – **II** *v/t* ⟨*auch* h⟩ **20.** (*sport*) a) (*im Weit- u. Hochsprung, beim Skispringen*) (*Weite, Rekord*) jump, (*mit Stab*) (pole-)vault, b) (*beim Wasserspringen, Eiskunstlauf etc*) (*Sprung*) execute, perform, do. – **III S~** *n* ⟨-s⟩ **21.** *verbal noun.*

'sprin·gen[2] **I** *v/i* ⟨springt, sprang, gesprungen, sein⟩ **1.** (*einen Sprung od. Sprünge bekommen*) crack: **das Glas springt, wenn du kochendes Wasser hineingießt** the glass will crack if you pour boiling water into it. – **2.** (*zerbrechen*) break: **die Vase sprang in tausend Stücke** the vase broke in a thousand pieces (*od.* in smithereens). – **3.** *mus.* (*von Saiten*) snap. – **4.** (*platzen, bersten*) burst: **die Knospen sind gesprungen** the buds have burst; **das Herz wollte mir fast ~ vor Freude** *fig.* my heart was almost bursting with joy; **alle Minen ~ lassen** *fig. colloq.* to leave nothing untried. – **5.** *med.* a) (*von Haut*) chap, b) (*von Follikel*) burst. – **II S~** *n* ⟨-s⟩ **6.** *verbal noun.*

'sprin·gend I *pres p.* – **II** *adj* **1.** **der ~e Punkt** *fig.* the salient (*od.* crucial) point. – **2.** *zo.* saltigrade, saltatory, saltatorial.

'Sprin·ger *m* ⟨-s; -⟩ **1.** (*sport*) a) jumper, b) (*beim Stabhochsprung*) (pole-)vaulter, c) (*beim Wasserspringen*) diver. – **2.** *cf.* Fallschirmspringer. – **3.** (*Schachfigur*) knight. – **4.** *zo. cf.* Äsche[1]. – **5.** *agr.* (*Zuchttier*) cover animal. — **~ˌhelm** *m* parachutist's helmet.

'Sprin·ge·rin *f* ⟨-; -nen⟩ **1.** (*sport*) *cf.* Springer 1a, 1c. – **2.** *cf.* Fallschirmspringerin.

Sprin·ger·le ['ʃprɪŋərlə] *n* ⟨-s; -⟩ *gastr.* aniseed-flavored (*bes. Br.* -flavoured) Swabian Christmas biscuit (*Am.* cookie).

'Spring|ˌflut *f mar.* spring tide. — **~ˌform** *f* (*eine Backform*) springform. — **~ˌfrosch** *m zo.* agile frog (*Rana dalmatina*). — **~ˌha·se** *m* jumping hare, springhaas (*Pedetes caffer*). — **~ˌhengst** *m agr.* stallion.

'Springˌinsˌfeld *m* ⟨-(e)s; -e⟩ *colloq. humor.* **1.** madcap, (young) harum-scarum. – **2.** (*lebhaftes Kind*) *Br. colloq.* lively little nipper, *Am.* jumping jack, (*bes. Mädchen*) romp, tomboy, hoyden.

'Spring|ˌkrank·heit *f vet.* louping ill. — **~ˌkraut** *n bot.* touch-me-not, impatiens (*scient.*) (*Gattg Impatiens, bes. I. noli-tangere*). — **s~le'ben·dig** *adj* lively, full of beans (*sl.*). — **~ˌlicht** *n mar.* (*in der Navigation*) occulting light. — **~ˌlu·ke** *f* scuttle. — **~ˌmaus** *f zo.* jerboa (*Fam. Dipodidae*). — **~ˌmi·ne** *f mil.* bounding mine, *auch* antipersonnel mine. — **~ˌnat·ter** *f zo. cf.* Jochnatter. — **~ˌot·ter** *f* jumping viper, Tommy-goff, tamagasse (*Bothrops nummifer*). — **~ˌpferd** *n* (*sport*) jumping horse, show jumper. — **~ˌprü·fung** *f* jumping test. — **~ˌquell** *m poet. for* Springbrunnen. — **~ˌquel·le** *f geol.* geyser, *auch* geysir. — **~ˌrat·te** *f zo.* jumping rat (*Gattg Mesembriomys*). — **~ˌrau·pe** *f cf.* Wickler 3. — **~ˌrei·ten** *n* (*sport*) show jumping. — **~ˌrei·ter** *m*, **~ˌrei·te·rin** *f* show jumper. — **~ˌrol·lo** *n* (*am Fenster*) roller blind. — **~ˌrüß·ler** *m zo.* flea weevil (*Unterfam. Rhynchaeninae*). — **~ˌschnur** *f cf.* Springseil. — **~ˌschrei·ber** *m tel.* start-stop teleprinter. — **~ˌschwanz** *m zo.* springtail, collembolan (*scient.*) (*Ordng Collembola*). — **~ˌseil** *n* (*zum Seilspringen*) jump(ing) (*od.* skip) rope, *bes. Br.* skipping-rope. — **~ˌspin·ne** *f zo.* jumping spider

(*Fam. Salticidae*). — **~ˌstab** *m* (*sport*) *cf.* Sprungstab. — **~ˌstun·de** *f ped.* (*freie Zwischenstunde*) free period. — **~ˌwan·ze** *f zo. cf.* Uferwanze. — **~ˌwurm** *m cf.* Madenwurm 1. — **~ˌwurmˌwick·ler** *m* vine pyralid (*Sparganothis pilleriana*). — **~ˌzeit** *f agr.* (*der Vierfüßer*) mating season.

ˈSprink·ler *m* ⟨-s; -⟩ *tech.* sprinkler. — **~ˌanˌla·ge** *f* sprinkler system.

Sprint [ʃprɪnt] *m* ⟨-s; -s⟩ (*sport*) **1.** sprint. – **2.** sprinting.

ˈsprin·ten *v/i* ⟨h *u.* sein⟩ (*sport*) sprint.

ˈSprin·ter *m* ⟨-s; -⟩ (*sport*) sprinter: er ist ein guter ~ he is a good sprinter, he is good at sprinting.

ˈSprint|ˌstaf·fel *f* (*sport*) sprint relay. — **~ˌstrecke** (*getr.* -k·k-) *f* sprint distance.

Sprit [ʃprɪt] *m* ⟨-(e)s; -e⟩ **1.** *chem. cf.* Spiritus[1] 1. – **2.** *colloq.* (*Benzin*) 'juice' (*colloq.*), *Am. colloq.* 'gas', *Am.* gasoline, *Br.* petrol. — **~ˌblau** *n tech.* spirit (*od.* aniline) blue. — **s~ˌecht** *adj* resistant to spirit (*od.* alcohol).

ˈspri·tig *adj* spirituous, alcoholic: ~er Wein brandied (*od.* fortified) wine.

ˈSprit|ˌlack *m chem.* spirit varnish. — **s~ˌlös·lich** *adj* soluble in spirit, alcohol-soluble.

ˈspritz·aliˌtie·ren *v/t* ⟨*insep, no* -ge-, h⟩ *tech.* alumetize, spray-calorize.

ˈSpritz|ap·paˌrat *m tech.* spray(er), spraying outfit. — **~ˌar·beit** *f* paint spraying. — **~beˌlag** *m hort.* residual deposit. — **~beˌton** *m civ.eng.* shotcrete, air-placed (*od.* gun-applied) concrete, cement-gun (*od.* gunned) concrete, Gunite (*TM*). — **~beˌwurf** *m* roughcast, rough plaster(ing). — **~ˌblech** *n tech.* splash guard. — **~ˌbrett** *n* splashboard. — **~ˌbrü·he** *f hort.* spray mixture. — **~ˌdecke** (*getr.* -k·k-) *f* (*für Faltboot etc*) spray cover. — **~ˌdorn** *m synth.* extruder(-head) core, core of extruder-head. — **~ˌdü·se** *f* **1.** spray nozzle. – **2.** (*für Kunststoff*) injection-molding (*od.* jet-molding) nozzle, *bes. Br.* injection-moulding (*od.* jet-moulding) nozzle. – **3.** (*eines Feuerlöschers*) discharge nozzle. – **4.** *cf.* Einspritzdüse.

Sprit·ze [ˈʃprɪtsə] *f* ⟨-; -n⟩ **1.** syringe, squirt. – **2.** (*Obstbaumspritze*) sprayer. – **3.** (*kleine*) stirrup pump. – **4.** (*Feuerspritze*) fire engine: der (erste) Mann an der ~ *fig. colloq.* the man who has the say. – **5.** (*Fettspritze*) grease gun. – **6.** (*housekeeping*) a) (*Teigspritze*) dough bag, b) (*Sahnespritze*) cream bag, c) (*Glasurspritze*) icing bag. – **7.** *med.* a) (*Injektionsspritze*) hypodermic syringe (*od.* needle), hypo (*colloq.*), b) (*zum Ausspülen*) syringe, c) *cf.* Klistierspritze. – **8.** *med.* (*Injektion*) injection, shot (*colloq.*): j-m eine ~ geben to give s.o. an injection (*od.* a hypodermic); eine ~ gegen Typhus bekommen to be given an injection (*od. colloq.* a shot) against typhoid. – **9.** *fig. econ.* (*Konjunkturspritze*) injection, boost, stimulus, fillip, shot in the arm (*colloq.*).

sprit·zen [ˈʃprɪtsən] **I** *v/t* ⟨h⟩ **1.** squirt, spurt, *auch* spirt: er spritzte das Sodawasser ins Glas he squirted the soda into the glass. – **2.** (*Wasser, Schmutz etc verspritzen*) splash, spatter: der Junge spritzte ihr Wasser ins Gesicht the boy splashed water into her face. – **3.** (*Garten, Rasen etc*) sprinkle, spray, water. – **4.** (*Straße etc*) spray, water. – **5.** (*Obstbäume, Pflanzen etc*) spray (*od.* treat) (*s.th.*) (with an insecticide), syringe: die Weinstöcke gegen Schädlinge ~ to spray the vines against insects. – **6.** (*sprühen*) spray: Parfüm auf ein Kleid ~ to spray perfume on (to) a dress. – **7.** *gastr.* pipe: Schlagsahne auf den Kuchen ~ to pipe cream on (to) the cake. – **8.** *gastr.* (*Wein, Apfelsaft etc*) mix (*s.th.*) with mineral water. – **9.** *tech.* (*spritzlackieren, anstreichen*) spray: den Wagen ~ lassen to have the car sprayed (*od.* spray-lacquered); die Wand ~ to spray the wall. – **10.** *tech.* (*im Spritzverfahren herstellen*) a) (*Metall*) die-cast, b) (*Kunststoff*) inject, spray, c) extrude. – **11.** *auto.* inject, spray. – **12.** *med.* (*mit Injektionsspritze*) inject: Morphium ~ to inject morphine; j-n in die Vene [unter die Haut] ~ to inject s.o. intravenously [subcutaneously]. – **13.** (*mit der Feuerspritze*) play the hose on, hose. – **14.** *zo.* a) Gift ~ to spit poison, b) Wasser ~ (*von Walen*) to spout (*od.* blow) water. – **II** *v/i* ⟨sein *u.* h⟩ **15.** ⟨h⟩ (*planschen*) splash, throw water around (*od.* about): spritz nicht so! don't splash! don't throw the water about! – **16.** ⟨sein *u.* h⟩ (*von Wasser, Straßenschmutz, auch Fahrzeug*) splash, spatter: das Wasser ist bis auf den Gehsteig gespritzt the water spattered up on to the footpath (*Am.* sidewalk); nach allen Seiten ~ to splash in all directions; das vorbeifahrende Auto hat gespritzt the car splashed as it passed. – **17.** ⟨h⟩ (*von heißem Fett etc*) spatter. – **18.** ⟨sein *u.* h⟩ (*in Tropfen*) spray: die Gischt ist (*od.* hat) bis an die Brücke gespritzt the foam sprayed up to the bridge. – **19.** ⟨sein⟩ (*herausspritzen*) spurt, *auch* spirt, spout, (*stärker*) gush: das Wasser spritzte aus dem Schlauch [Leck] the water spurted from the hose [leak]; das Blut spritzte aus der Wunde blood gushed from the wound. – **20.** ⟨h⟩ (*von Schreibfeder*) splutter, blot. – **21.** ⟨h⟩ (*mit Schlauch*) spray. – **22.** ⟨sein⟩ *fig. colloq.* (*eilen*) dash, run, slip (*bes. Br. colloq.* nip) up: ich spritze mal eben zur Post I'll just dash (*bes. Br. colloq.* nip up) to the post office. – **III S~** *n* ⟨-s⟩ **23.** *verbal noun*: hört auf mit dem S~! stop splashing! – **24.** *tech.* a) (*Spritzlackieren*) (paint)-spraying, b) extrusion. – **25.** *med.* (*eines Serums etc*) injection.

ˈSprit·zen|ˌanˌsatz *m* nozzle. — **~beˌhand·lung** *f med.* hypodermic medication (*od.* treatment). — **~ˌhaus** *n obs.* fire station, *Am. auch* firehouse. — **~ˌmei·ster** *m obs.* head fireman.

ˈSprit·zer *m* ⟨-s; -⟩ **1.** (*von Farbe, Fett, Wasser, Schmutz etc*) splash, spatter, spot. – **2.** *gastr.* (*kleine gespritzte Menge*) dash: ein ~ Soda a dash of soda. – **3.** *metall.* a) (*Gußfehler*) scabs *pl*, b) (*verspritztes Eisen*) spillings *pl*, c) cold shut.

ˈSpritz|ˌfahrt *f colloq. cf.* Spritztour 2. — **~ˌfar·be** *f* (*paints*) spraying paint (*bes. Am.* color). — **~ˌflaˌkon** *n, m* (*für Parfüm*) spray (bottle), atomizer *Br. auch* -s-. — **~ˌfla·sche** *f chem.* wash bottle. — **~ˌfleck** *m cf.* Spritzer 1. — **~ˌflüs·sig·keit** *f hort.* spray (fluid). — **~geˌbäck** *n gastr.* fancy shortbread biscuits *pl* (*Am.* cookies *pl*). — **~geˌrät** *n* spraying device. — **~ˌgie·ßen** *n* **1.** *metall. cf.* Druckgießen. – **2.** *synth.* injection molding (*bes. Br.* moulding). — **~ˌgur·ke** *f bot. cf.* Eselsgurke.

ˈSpritzˌguß *m* **1.** *metall. cf.* Druckguß. – **2.** *synth.* injection molding (*bes. Br.* moulding). — **~ˌform** *f* **1.** *metall.* pressure die-casting mold (*bes. Br.* mould). – **2.** *synth.* injection mold (*bes. Br.* mould). — **~maˌschi·ne** *f* **1.** *metall.* pressure die-casting machine. – **2.** *synth.* injection(-molding, *bes. Br.* -moulding) machine. — **~ˌmas·se** *f synth.* injection-molding (*bes. Br.* -moulding) compound. — **~maˌtri·ze** *f cf.* Spritzgußform. — **~ˌstoff** *m synth.* injection-molded (*bes. Br.* -moulded) material. — **~ˌtech·nik** *f* injection-molding (*bes. Br.* -moulding) technique. — **~ˌteil** *n, m* injection-molded (*bes. Br.* -moulded) part (*od.* article, piece), injection molding (*bes. Br.* moulding). — **~verˌfah·ren** *n* **1.** *metall.* pressure die-casting process. – **2.** *synth.* injection-molding (*bes. Br.* -moulding) process, injection mo(u)lding. — **~ˌwerkˌzeug** *n synth.* injection mold (*bes. Br.* mould).

ˈsprit·zig I *adj* **1.** (*Dialog, Lustspiel, Stil etc*) sparkling, witty, lively. – **2.** (*Humor*) sparkling. – **3.** (*Musik*) lively, sprightly. – **4.** (*Unterhalter etc*) witty. – **5.** (*Wein*) sparkling, fizzy. – **6.** (*schnell, sportlich*) ein ~er Wagen a flashy fast car; ein ~er Motor a fast engine. – **II** *adv* **7.** wittily: eine ~ geschriebene Reportage a wittily written report, a report written with wit. —

ˈSprit·zig·keit *f* ⟨-; *no pl*⟩ **1.** (*des Dialogs, Stils etc*) sparkling wit, wittiness, liveliness. – **2.** (*des Humors*) sparkle. – **3.** (*der Musik*) liveliness, sprightliness. – **4.** (*des Autos*) speed and flashiness. – **5.** (*des Motors*) speed.

ˈSpritz|ˌkan·ne *f Swiss for* Gießkanne. — **~ˌklet·te** *f bot.* buttonbur(r), cocklebur(r) (*Xanthium strumarium*). — **~ˌkol·ben** *m synth.* (injection) plunger. — **~ˌku·chen** *m gastr.* cruller. — **~ˌlack** *m* (*paints*) spraying varnish (*od.* lacquer). — **s~lackie·ren** (*getr.* -kˌk-) **I** *v/t* ⟨*insep, no* -ge-, h⟩ (*paints*) spray (*s.th.*) (with paint), spray-lacquer. – **II S~** *n* ⟨-s⟩ *verbal noun.* — **~lackie·rer** (*getr.* -kˌk-) *m* spray painter. — **~ˌloch** *n zo.* (*eines Wals*) spout (hole), breathing hole (*od.* tube), spiracle (*scient.*). — **~ma·leˌrei** *f* (*art*) spatterwork (with airbrush *od.* sprayer). — **~maˌschi·ne** *f* **1.** *civ.eng.* (*für Beton*) gun. – **2.** *synth.* extruding machine, extruder. — **~ˌmas·se** *f* **1.** spraying compound. – **2.** *synth.* injection-molding (*bes. Br.* -moulding) compound. — **~ˌmit·tel** *n agr. hort.* **1.** spray, insecticide. – **2.** (*Pulver für die Zubereitung*) wettable powder. — **~piˌsto·le** *f* **1.** *tech.* spray gun. – **2.** (*Spielzeug*) water pistol (*Am. auch* gun). — **~ˌpres·se** *f synth.* **1.** (*Spritzmaschine*) injection press. – **2.** (*zum Spritzpressen*) transfer-molding (*bes. Br.* -moulding) machine. — **~ˌpres·sen** *n* transfer molding (*bes. Br.* moulding). — **~ˌpum·pe** *f tech.* jet pump, spraying pump. — **~ˌrohr** *n* **1.** *tech.* spray pipe. – **2.** *chem.* (*im Labor*) washbottle tube. — **~ˌschmie·rung** *f tech.* splash lubrication. — **~ˌtour** *f colloq.* **1.** jaunt, outing. – **2.** (*mit einem Fahrzeug*) drive, run, spin, joyride (*sl.*). – **3.** (*mit einem Boot*) joyride (*sl.*), spin, (*mit einem Segelboot*) *auch* sail. — **~verˌfah·ren** *n tech.* spraying method (*od.* process). — **~verˌga·ser** *m auto.* atomizing (*Br. auch* -s-) carburetor (*bes. Br.* carburettor). — **~verˌstel·ler** *m* ⟨-s; -⟩ injection-timing device. — **~ˌwa·gen** *m cf.* Sprengwagen.

ˈSpritzˌwas·ser *n* splash(ed) water. — **s~ˌdicht, s~geˌschützt** *adj tech.* splashproof. — **~ˌschutz** *m* splashproof enclosure.

sprö·de [ˈʃprøːdə] **I** *adj* ⟨-r; -st⟩ **1.** (*Glas, Holz etc*) brittle: ~s Holz brittle (*Am. auch* brash) wood. – **2.** *metall.* brittle, (cold)-short. – **3.** (*Haar*) brittle. – **4.** (*Haut*) chapped. – **5.** *fig.* (*Stimme*) cracked. – **6.** *fig.* (*kühl, abweisend*) standoffish, reserved, demure: er hat eine ~ Art he has a standoffish manner. – **7.** *fig.* (*Mädchen*) coy, demure: eine ~ Schöne a coy beauty; ~ tun to play coy, to simper. – **II** *adv* **8.** sich ~ verhalten to behave coyly.

ˈSprö·de *f* ⟨-n; -n⟩ coy girl.

ˈSpröd|ˌglanzˌerz, ~ˌglasˌerz *n min.* brittle silver ore, stephanite.

ˈSprö·dig·keit *f* ⟨-; *no pl*⟩ **1.** brittleness: die ~ des Holzes the brittleness (*Am. auch* brashness) of the wood. – **2.** *metall.* brittleness, shortness. – **3.** *fig.* standoffishness, reserve, demureness. – **4.** *fig.* (*eines Mädchens*) coyness, demureness.

sproß [ʃprɔs] *1 u. 3 sg pret* of sprießen.

Sproß[1] *m* ⟨-sses; -sse⟩ *lit.* **1.** (*Nachkomme*) scion, *auch* cion, issue (*lit.*); descendant, offspring: ein ~ aus edlem Geschlecht a scion of a noble family; der letzte ~ des Königshauses the last descendant of the royal dynasty. – **2.** *pl collect.* progeny *sg*, issue *sg*, offspring *sg*.

Sproß[2] *m* ⟨-sses; -sse⟩ *bot. obs.* branch, scion, *auch* cion.

Sproß[3] *m* ⟨-sses; -ssen⟩ *hunt. cf.* Sprosse 6.

Spröß·chen [ˈʃprœsçən] *n* ⟨-s; -⟩ young (*od.* tiny) shoot (*od.* sprout, sprig).

Spros·se [ˈʃprɔsə] *f* ⟨-; -n⟩ **1.** (*einer Leiter*) rung, round, step: es fehlen ein paar ~n an der Leiter there are a couple of rungs missing on the ladder, the ladder has a couple of rungs missing (*colloq.*); die höchste ~ seiner Laufbahn erreichen (*od.* erklimmen) *fig.* to reach the top rung of the ladder (*od.* of one's career). – **2.** (*eines Heuwagens etc*) rung, spoke, bar, (*einer Stuhllehne*) *auch* slat. – **3.** (*eines Fensters*) sash (*od.* glazing) bar. – **4.** (*eines Stuhles*) rung, round, crossbar. – **5.** *civ.eng.* (*eines Daches*) crossbar, cross member. – **6.** *hunt.* (*Geweihsprosse*) tine, *Am.* point, branch, broach: verkümmerte ~ bosset.

sprös·se [ˈʃprœsə] *1 u. 3 sg pret subj of* sprießen.

spros·sen [ˈʃprɔsən] *v/i* ⟨sein *u.* h⟩ *lit. for* sprießen.

ˈSpros·sen|ˌkohl *m Austrian for* Rosenkohl. — **~ˌlei·ter** *f* peg ladder. — **s~ˌtra·gend, s~ˌtrei·bend** *adj bot.* proliferous. — **~ˌwand** *f* (*sport*) stall (*od.* wall) bar(s *pl*).

ˈSpros·ser *m* ⟨-s; -⟩ *zo.* thrush (*od.* bastard) nightingale (*Luscinia luscinia*).

Spröß·ling [ˈʃprœslɪŋ] *m* ⟨-s; -e⟩ **1.** *colloq. humor.* son, junior: sein ältester ~ his eldest son, the eldest of his offspring; er und seine ~e he and his offspring; ein hoffnungsvoller ~ *iron.* a young hopeful. – **2.** *bot.* branch, scion, *auch* cion.

'Spros·sung *f* ⟨-; -en⟩ *cf.* Knospung.

'Sproß·vo,kal *m ling.* parasitic vowel, svarabhakti (*scient.*).

Sprot·te ['ʃprɔtə] *f* ⟨-; -n⟩ *zo.* sprat (*Gattg Sprattus*): Kieler ~n smoked (Kiel) sprats.

Spruch [ʃprux] *m* ⟨-(e)s; ⸚e⟩ **1.** (*Ausspruch*) saying; saw, adage (*lit.*): ein alter, weiser ~ a wise old saw. – **2.** (*Lehrspruch*) maxim, axiom, dictum. – **3.** (*Sinnspruch*) aphorism, maxim, apo(ph)thegm: Goethes Sprüche in Prosa Goethe's aphorisms in prose; die Sprüche von Konfuzius the maxims of Confucius; Sprüche sammeln to collect aphorisms. – **4.** (*literature*) *hist.* a) (*lyrisches Gedicht*) lyric (poem), b) (*kurzes Sinngedicht*) gnomic poem, gnome, epigram. – **5.** (*Bibelvers*) scriptural (*auch* Scriptural) text (*od.* quotation), passage (*od.* verse) of Scripture: fromme Sprüche *fig. contempt.* sanctimonious talk *sg.* – **6.** die Sprüche Salomos *Bibl.* the Proverbs (of Solomon). – **7.** (*Wahlspruch*) motto, slogan, device. – **8.** *tel.* (*Funkspruch*) message, signal. – **9.** *jur.* a) (*Urteilsspruch*) judg(e)ment, ruling, b) (*in Strafsachen*) sentence, c) *cf.* Schiedsspruch: einen ~ fällen to pronounce a sentence; der ~ des Gerichts lautete auf zwei Jahre Zuchthaus the sentence of the court was for two years' imprisonment. – **10.** *fig.* (*Entscheidung*) decision. – **11.** (große) Sprüche machen *fig. colloq.* to talk big, to brag. — **s~,ar·tig** *adj* aphoristic, epigrammatic, *auch* epigrammatical. — **~,band** *n* ⟨-(e)s; -bänder⟩ **1.** (*für Propaganda, Reklame etc*) banner. – **2.** *arch.* banderole, *auch* banderol, bannerol. — **~,buch** *n* book of aphorisms (*od.* epigrams, maxims). — **~,dich·ter** *m* epigrammatist, *auch* epigrammist, aphorist. — **~,dich·tung** *f* epigrammatic (*od.* aphoristic, gnomic) poetry. — **~,kam·mer** *f pol. hist.* trial court (*od.* tribunal), (*im Entnazifizierungsverfahren*) denazification trial court (*od.* tribunal).

Sprüch·lein ['ʃprʏçlaɪn] *n* ⟨-s; -⟩ **1.** *dim. of* Spruch. – **2.** sein ~ hersagen (*od.* herbeten) *fig. colloq. humor.* to say one's piece.

'spruch|,reif *adj* **1.** (*in Wendungen wie*) die Sache ist jetzt [noch nicht] ~ *fig.* the matter is now [not yet] ripe for (a) decision; eine Sache ~ werden lassen to let things develop. – **2.** *jur.* ripe for judg(e)ment. — **S~,samm·lung** *f* collection of aphorisms (*od.* epigrams, maxims).

Spru·del ['ʃpruːdəl] *m* ⟨-s; -⟩ mineral (*od.* soda) water: ~ ohne Geschmack unflavo(u)red soda water, pure mineral water; ~ mit Geschmack flavo(u)red soda water. — **~,bad** *n* effervescent bath. — **~ge,tränk** *n* carbonated (*od.* effervescent) beverage. — **~,kopf** *m contempt.* hothead, hotspur.

spru·deln ['ʃpruːdəln] **I** *v/i* ⟨sein *u.* h⟩ **1.** ⟨sein⟩ (*hervorquellen*) gush, well, spout, bubble: eine Quelle sprudelte aus dem Felsen a spring gushed out of (*od.* from) the rock. – **2.** ⟨h *u.* sein⟩ (*von kochendem Wasser etc*) bubble: das Wasser sprudelt (über den Topfrand) the water is bubbling (over the rim); die Worte sprudelten nur so aus ihrem Mund (*od.* von ihren Lippen) *fig.* the words just bubbled out of her. – **3.** ⟨h *u.* sein⟩ (*von Getränk*) bubble, fizz, effervesce: das Mineralwasser sprudelt im Glas mineral water is bubbling in the glass; Sekt sprudelt aus der Flasche champagne bubbles out of the bottle. – **4.** ⟨h⟩ er sprudelt von gescheiten Ideen he is bubbling over with bright ideas. – **II S~** *n* ⟨-s⟩ **5.** *verbal noun.* — **'spru·delnd I** *pres p.* – **II** *adj* **1.** (*Getränk*) fizzy, effervescent. – **2.** (*Quelle etc*) bubbling, bubbly. – **3.** in ~er Laune *fig.* in high (*od.* exuberant) spirits, exuberant.

'Spru·del|,stein *m min. cf.* Aragonit. — **~,was·ser** *n* mineral (*od.* soda) water.

'Sprud·ler *m* ⟨-s; -⟩ *Austrian for* Quirl 1.

'Sprüh|,do·se *f cf.* Spray 1. — **~,druck** *m* spray pressure. — **~,druck,reg·ler** *m* spray pressure regulator.

sprü·hen ['ʃpryːən] **I** *v/t* ⟨h⟩ **1.** (*Flüssigkeit, Insektizid, Lack, Wasser etc*) (auf *acc* on; über *acc* over) spray: sie sprühte etwas Parfüm auf ihr Kleid she sprayed some perfume on her dress. – **2.** (*zerstäuben*) vaporize *Br. auch* -s-, atomize *Br. auch* -s-. – **3.** Funken ~ a) (*von Feuer, Lokomotive etc*) to emit (*od. colloq.* spit) sparks, to spark, to flash, b) (*von Edelstein*) to spark(le), to scintillate. – **4.** (*Feuer*) spit. – **5.** seine Augen sprühten Blitze *fig. poet.* his eyes flashed. – **6.** (*Rasen etc*) sprinkle, spray, water. – **II** *v/i* ⟨h, *in eine Richtung* sein⟩ **7.** ⟨h *u.* sein⟩ (*von Funken*) fly: die Funken sprühten nach allen Seiten the sparks flew in all directions. – **8.** ⟨sein⟩ (*zischend*) fizz(le), hiss. – **9.** ⟨sein⟩ (*von Gischt, Wasser*) spray. – **10.** ⟨h⟩ *fig.* (*in Wendungen wie*) ihre Augen sprühten vor Begeisterung [Eifer] her eyes sparkled (*od.* scintillated, flashed) with enthusiasm [zeal]; von Geist (*od.* Witz) ~ to sparkle with wit. – **III** *v/impers* ⟨h⟩ **11.** es sprüht *colloq.* (*es regnet fein*) it is drizzling. – **IV S~** *n* ⟨-s⟩ **12.** *verbal noun.* — **'sprü·hend I** *pres p.* – **II** *adj* **1.** (*Funken*) flying. – **2.** *fig.* (*Geist, Witz*) sparkling, scintillating, brilliant. – **3.** *fig.* (*Heiterkeit*) exuberant.

'Sprüh|ent,la·dung *f electr.* corona (discharge). — **~,feu·er** *n* spark(l)ing fire. — **~ge,rät** *n agr. hort.* sprayer, atomizer *Br. auch* -s-. — **~,ne·bel** *m* **1.** *meteor.* mist. – **2.** *tech.* (*in Schmierung*) mist. — **~,pul·ver** *n chem.* spray powder. — **~,re·gen** *m* drizzle, fine rain.

Sprung[1] [ʃprʊŋ] *m* ⟨-(e)s; ⸚e⟩ **1.** leap, jump: zum ~ ansetzen a) (*von Sportler*) to get ready to jump, b) (*von Katze etc*) to get ready to spring; ein kühner (*od.* gewagter) ~ a daring leap; einen ~ machen (*od.* tun) to make (*od.* take) a jump; in großen Sprüngen with great leaps; den Ball im ~ fangen to catch the ball in midair; er hat einen großen ~ nach vorn gemacht *fig.* he has been given a substantial promotion (*od.* taken a big step forward); die Lösung ist ein großer ~ nach vorn *fig.* the solution is a great advance; ich bin jetzt froh, daß ich den ~ gewagt habe *fig.* I am glad now that I took the plunge; mit dem Gehalt kann man keine großen Sprünge machen *fig. colloq.* you cannot do much (splurging) (*od.* there is no room for extravagance, you cannot throw your money about) on that salary; ~ ins Ungewisse *fig.* leap in the dark; ich will dir mal auf die Sprünge helfen *fig. colloq.* let me give you a hand (*colloq.*), let me help you on a bit; dir werde ich auf die Sprünge helfen! *fig. colloq.* (*Drohung*) I'll soon make you jump, I'll make you look sharp (*od.* lively); wir sind ihm auf die Sprünge gekommen *fig. colloq.* we are up to his dodges, we caught on to his tricks (*beide colloq.*), we have seen through his (little) game. – **2.** (*Satz*) bound, leap, jump, *auch* bounce, spring: mit einem ~ war er die Treppe hinauf he took the steps at (*od.* in) one bound (*od.* leap); er machte einen großen ~ he took a flying leap. – **3.** (*sport*) (*auch eines Fallschirmspringers*) jump: bei seinem zweiten ~ erreichte er eine Höhe von 1,80 m with his second jump he reached a height of 1.80 meters (*bes. Br.* metres); ~ aus dem Stand (*od.* ohne Anlauf) [mit Anlauf] standing [running] jump. – **4.** (*sport*) (*Pferdsprung*) vault. – **5.** (*beim Wasserspringen*) dive: ~ mit Anlauf [aus dem Stand] running [standing] dive. – **6.** (*beim Reitsport*) jump. – **7.** *choreogr.* leap. – **8.** *fig. colloq.* (*in Wendungen wie*) sie ist immer auf dem ~ a) she is always on the go (*colloq.*), b) she is always in a hurry; ich bin schon auf dem ~ I'm (just) coming. – **9.** ⟨*only sg*⟩ *fig. colloq.* stone's throw, step, short distance: bis zur Bushaltestelle ist es nur ein ~ the bus stop is only a stone's throw away, it is only a step to the bus stop from here. – **10.** ⟨*only sg*⟩ *fig. colloq.* (*kurze Zeit*) minute: auf einen ~ (bei j-m) vorbeikommen to drop in (on s.o.) for a minute (*od.* second), to take a run (*od.* hop) over (to s.o.'s house), to drop (*od.* step) round (to s.o.'s house); ich komme heute abend auf einen ~ zu dir I'll drop in (for a minute) this evening; ich gehe auf einen ~ rüber I am going over for a minute. – **11.** *fig.* a) jump, abrupt transition, b) (*in der Gedankenfolge*) mental jump: ich mache jetzt einen ~ I am going to change the topic now; sie macht öfters solche Sprünge sometimes she jumps from topic to topic (*od.* she is going off at [*od.* on] a tangent). – **12.** *mil.* (*einer vorgehenden Gruppe*) dash: zum ~ vorbereiten to prepare for a dash. – **13.** *zo.* (*bei größeren Säugern*) copulation. – **14.** *hunt.* a) ein ~ Rehe a herd of deer, b) *pl* (*des Hasen*) hindlegs. – **15.** *mar.* (*des Schiffdecks*) sheer. – **16.** *mus.* a) leap, skip, b) (*Kürzung*) cut.

Sprung[2] *m* ⟨-(e)s; ⸚e⟩ **1.** (*in Glas, Porzellan, Schallplatten etc*) crack: die Platte hat einen ~ there is a crack in the record, the record is cracked; durch diesen Vorfall erhielt ihre Freundschaft einen ~ *fig.* this incident caused a rift in their friendship. – **2.** (*Spalt*) gap, crevice. – **3.** *tech.* a) (*Riß*) crack, b) (*Haarriß*) fissure. – **4.** (*im Holz*) split, shake. – **5.** (*Materialfehler*) flaw, fault: ~ in einem Edelstein flaw in a gem. – **6.** *geol.* a) (*im Gletscher*) crevice, fissure, b) (*Verwerfung*) fault, flaw. – **7.** (*mining*) normal (*od.* gravity) fault. – **8.** *med.* (*im Knochen*) crack, fissure. – **9.** (*film*) (*beim Schnitt*) jump cut.

'Sprung|,ab,ta·stung *f telev.* interlaced scanning. — **~,an,la·ge** *f* (*sport*) **1.** (*für Weitsprung etc*) jumping facilities *pl.* – **2.** (*eines Schwimmbades*) diving facilities *pl* (*od.* installation). – **3.** (*für Skispringen*) (ski-)jump hill. — **~,bal·ken** *m* (*beim Weitsprung etc*) takeoff board. — **~,becken** (*getr.* -k·k-) *n* (*beim Wasserspringen*) diving well. — **~,bein** *n* **1.** *med.* anklebone; astragal(us), talus (*scient.*). – **2.** *zo.* a) (*bei Säugern*) cannon bone, b) (*bei Insekten*) talus. – **3.** (*sport*) takeoff (*od.* jumping, follow-up, push-up) leg. — **s~be,reit** *adj* ⟨*pred*⟩ **1.** ready to jump: die Schwimmer waren ~ (*od.* standen ~ da) the swimmers were (*od.* stood) ready for the starting dive. – **2.** (*Arzt etc*) on call. – **3.** *mil.* ready for action. – **4.** (*Katze etc*) ready to pounce. – **5.** *colloq.* ready to go, ready for off (*colloq.*). – **6.** *biol.* (*Follikel*) ready to burst. — **~,brett** *n* **1.** (*sport*) a) (*beim Geräteturnen*) springboard, b) (*beim Wasserspringen*) (spring-)board, diving board. – **2.** *fig.* stepping stone, springboard: er benutzte diese Stellung als ~ für eine höhere he used this position as a stepping stone to a higher one.

'Sprung,deckel (*getr.* -k·k-) *m* (*einer Uhr*) watch cap. — **~,uhr** *f* watch with a cap.

'Sprung,fe·der *f tech.* elastic (*od.* spiral) spring. — **~ma,trat·ze** *f* spring mattress.

'Sprung|ge,lenk *n* **1.** *med.* ankle joint. – **2.** (*eines Pferdes etc*) hock. — **~,gru·be** *f* (*sport*) (landing *od.* jumping) pit (*od.* area).

'sprung·haft I *adj fig.* **1.** (*jäh, abrupt*) precipitous: ~er Anstieg der Preise precipitous rise in prices, jump in prices. – **2.** (*zusammenhanglos verlaufend*) erratic, spasmodic, volatile: die ~e Entwicklung auf dem Börsenmarkt the erratic development on the stock market. – **3.** (*Person, Charakter*) flighty, erratic, desultory, volatile: er ist sehr ~ a) (*in seinen Gedanken*) he is flighty, b) (*in seiner Stimmung*) he is volatile (*od.* erratic); sein ~es Wesen his erratic character; ~es Denken desultory thinking. – **II** *adv fig.* **4.** die Preise sind ~ angestiegen prices have gone up (*od.* risen) by leaps and bounds (*od.* have shot up), prices have soared (*od.* jumped, skyrocketed); sich ~ entwickeln (*von Verkehr etc*) to increase tremendously. — **'Sprung·haf·tig·keit** *f* ⟨-; *no pl*⟩ **1.** (*einer Person, eines Charakters*) flightiness, desultoriness, volatility, volatileness. – **2.** *econ.* a) (*der Preise*) inconsistency, instability, b) (*des Marktes*) irregularity.

'Sprung|,hö·he *f* **1.** (*sport*) a) (*beim Hochsprung etc*) height, (cross)bar level, b) (*beim Wasserspringen*) height of the dive: die ~ beträgt jetzt 2 m (*beim Hochsprung*) the crossbar is now at 2 meters (*bes. Br.* metres), the height is now 2 meters. – **2.** *geol.* a) (*einer Verwerfung*) slip, throw, b) (*einer Senke*) dip, separation: vertikale ~ throw; horizontale ~ heave. – **3.** (*mining*) throw, degree of vertical displacement. — **~,hü·gel** *m* (ski-)jump hill. — **~,ka·sten** *m* (*beim Turnen*) (vaulting) box. — **~,kraft** *f* takeoff power (*od.* momentum). — **~,kur·ve** *f mar.* sheer curve (*od.* line). — **~,lat·te** *f* (*sport*) (cross)bar. — **~,lauf** *m* ski jumping. — **~,lei·ne** *f cf.* Springseil. — **~,mat·te** *f* mat. — **~,netz** *n* (*der Feuerwehr etc*) life (*bes. Br.* jumping) net. — **~re,greß** *m econ.* recourse to a prior (*od.* previous) endorser. — **~,schal·ter** *m electr.* quick-break switch. — **~,schal·tung** *f tech.* jump feed. — **~,schan·ze** *f* (*sport*) (ski)-jump hill. — **~,schnur** *f* (*beim Turnen*) jumping rope. — **~ˌseil** *n cf.* Springseil. — **~ˌstab** *m (beim Stabhochsprung)* (vaulting) pole. — **~ˌstän·der** *m meist pl* upright. — **~tem·pe·raˌtur** *f electr.* transition temperature. — **~ˌtuch** *n* ⟨-(e)s; -tücher⟩ *(der Feuerwehr)* life net, *bes. Br.* jumping sheet. — **~ˌturm** *m* **1.** *(eines Schwimmbades)* diving platform *(od.* stage, tower). – **2.** *(einer Sprunganlage, -schanze)* a) *(aus Beton)* tower, b) *(aus Holz)* trestle. — **s~ˌwei·se** *adv* **1.** in *(od.* by) jumps *(od.* leaps, bounds), bounding along: **sich ~ vorwärtsbewegen** to move along in jumps. – **2.** *(ruck-, stoßweise)* by fits and starts. — **~ˌwei·te** *f (sport)* jumped distance, distance (of jump), jump. — **~ˌwett·beˌwerb** *m* **1.** jumping competition. – **2.** *(beim Wasserspringen)* diving competition.

Spucke *(getr.* -k·k-) ['ʃpʊkə] *f* ⟨-; *no pl*⟩ *colloq.* spittle, spit: **da blieb mir die ~ weg** *fig.* I was simply flabbergasted *(colloq.)*, I was dumbfounded *(od.* thunderstruck), you could have knocked me down with a feather; → Geduld 1.

spucken *(getr.* -k·k-) ['ʃpʊkən] **I** *v/i* ⟨h⟩ **1.** spit: **in die Hände ~** a) to spit on one's palms *(od.* hands), b) *fig. colloq.* to buckle down to work; **j-m ins Gesicht ~** to spit in s.o.'s face; **j-m in die Suppe ~** *fig. colloq.* to put a spoke in s.o.'s wheel, to thwart s.o.'s plans; **er läßt sich nicht auf den Kopf ~** *fig. colloq.* he'll take *(od.* put up with, stand) no nonsense; **j-m auf den Kopf ~ können** *fig. colloq.* a) to be taller than s.o., b) to be superior to s.o. – **2.** *(aushusten)* expectorate. – **3.** *colloq. (erbrechen)* be sick, throw up, puke, vomit, *Br. sl.* 'cat'. – **4.** *tech. (von Motor)* splutter, spit. – **5.** *fig. colloq. (in Wendungen wie)* **meine Waschmaschine spuckt** my washing machine is not working *(od.* does not work) properly; **der Ofen spuckt** a) the stove is roaring, b) the stove is heating well. – **6.** *metall. (von Konverter)* slop. – **II** *v/t* **7.** *med.* spit *(s.th.)* out, expectorate *(scient.)*: **Blut ~** to spit blood. – **8.** *fig. colloq. (in Wendungen wie)* **er spuckt immer große Töne** he's always talking big, he is always bragging; → Gift[1] 3. – **III S~** *n* ⟨-s⟩ **9.** *verbal noun.*

'Spuck|geˌfäß *n med.* sputum cup. — **~ˌnapf** *m* spittoon.

Spuk [ʃpuːk] *m* ⟨-(e)s; *rare* -e⟩ **1.** *(gespenstisches Treiben)* haunting: **Gespenster treiben ihren ~** ghosts are spooking around; **im alten Schloß beginnt um Mitternacht ein ~** ghosts haunt *(od.* appear in) the old castle at midnight; **ich glaube nicht an diesen ~** I don't believe that ghosts haunt there; **wie ein ~ vorüberjagen** to pass *(od.* flit past) like ghosts; **war es ~ oder Wirklichkeit gewesen?** had it been an apparition or reality? – **2.** *cf.* Geist[1] 12, 14. – **3.** *fig. (toller Lärm)* hubbub, uproar. – **4.** *fig. (schauriges Ereignis)* nightmare: **der ganze ~ war in 5 Minuten vorbei** the whole nightmare was over in 5 minutes. – **5.** *fig. colloq. (Aufheben)* to-do, big thing, fuss: **viel ~ um etwas machen** to make a great fuss about *(od.* a big thing of) s.th.

'spu·ken I *v/i* ⟨h⟩ **1.** *(von Geistern)* haunt, walk: **der Geist der Gräfin spukt des Nachts immer noch durch das alte Schloß** the spirit of the countess still haunts (in) the castle at night. – **2.** *fig. colloq. (in Wendungen wie)* **die Idee hat schon lange in seinem Kopf gespukt** he has been obsessed with this idea for a long time; **dieser Aberglaube spukt noch immer in den Köpfen der Leute** this superstitition still haunts people's minds. – **II** *v/impers* **3. es spukt in diesem Haus** this house is haunted; **bei uns spukt es in der Nacht** ghosts haunt (in) our house at night. – **4. bei j-m spukt es (im Kopf)** *fig. colloq.* s.o. is not quite right in the head *(od. colloq.* upstairs, in his upper stor[e]y).

Spu·ke'rei *f* ⟨-; -en⟩ *colloq.* apparition of ghosts.

'Spuk|ˌgeist *m* hobgoblin. — **~geˌschich·te** *f* ghost story. — **~geˌstalt** *f* ghostly *(od.* spectral) figure, apparition. — **s~haft** *adj* **1.** ghostly, spectral, spooky *(colloq.)*. – **2.** *(unheimlich)* eerie, *auch* eery, weird, uncanny, spooky *(colloq.)*. — **~ˌhaus** *n* haunted house.

'Spül|au·toˌmat *m* dishwasher. — **~ˌbad** *n* **1.** *(einer Waschmaschine)* rinse: **letztes ~** final rinse. – **2.** *phot.* (acid) stop bath. — **~ˌbecken** *(getr.* -k·k-) *n* **1.** (kitchen) sink. – **2.** *(des Klosetts)* closet *(od.* WC-)bowl.

Spu·le ['ʃpuːlə] *f* ⟨-; -n⟩ **1.** *(zum Aufwickeln von Garn etc)* spool, reel, bobbin. – **2.** *(textile) (Wickel)* spool, bobbin, cop. – **3.** *electr.* coil, solenoid: **tote ~** dummy coil. – **4.** *(Film-, Tonbandspule etc)* reel. – **5.** *tech.* a) *(von Draht)* reel, coiler, b) *(an der Nähmaschine)* spool. – **6.** *zo. (des Federkiels)* quill.

Spü·le ['ʃpyːlə] *f* ⟨-; -n⟩ **1.** *cf.* Spülbecken 1. – **2.** *(als Küchenmöbel)* sink unit.

'Spülˌei·mer *m* floor bucket.

spu·len ['ʃpuːlən] *v/t* ⟨h⟩ **1.** *(Garn etc)* spool, wind, reel: **etwas auf** *(acc)* **etwas ~** to spool *(od.* wind) s.th. on (to) s.th.; **den Faden von der Rolle ~** to spool the thread off the bobbin. – **2.** *tech. (Draht)* reel.

spü·len ['ʃpyːlən] **I** *v/t* ⟨h⟩ **1.** *(abwaschen)* wash (up): **ich muß noch Geschirr ~** I still have to wash *(od.* do) the dishes. – **2.** *(ausspülen)* rinse (out): **die Wäsche ~** to rinse the washing; **sich** *(dat)* **den Mund ~** to rinse (out) one's mouth. – **3.** *(schwemmen)* wash, *(stärker)* sweep: **die Wellen spülten Treibholz ans Ufer** the waves washed driftwood ashore *(od.* washed up driftwood); **er wurde über Bord gespült** he was swept overboard. – **4.** *med.* a) *(Wunden, Nase, Ohr etc)* wash (out), irrigate, b) *(Harnwege etc)* wash (out), flush. – **5.** *auto.* a) *(Getriebekasten etc)* flush, b) *(Zylinder etc)* scavenge. – **II** *v/i* **6.** *(abwaschen)* wash up, wash *(od.* do) the dishes. – **7.** *(von Wellen, Flut)* wash, *(stärker)* sweep: **das Hochwasser spülte über den Damm** the floodwater washed over the dam. – **8.** *(auf der Toilette)* flush the lavatory, pull the chain *(colloq.)*. – **9.** *(von Waschmaschine)* rinse. – **10.** *med.* a) *(den Mund spülen)* rinse, have a rinse, b) *(Wunden, Nase, Ohr etc spülen)* irrigate, have an irrigation, c) *(Harnwege, Magen etc spülen)* irrigate, rinse. – **III S~** *n* ⟨-s⟩ **11.** *verbal noun.* – **12.** *cf.* Spülung.

'Spu·len|anˌten·ne *f electr.* helical antenna *(bes. Br.* aerial), *bes. Am.* corkscrew antenna. — **s~ˌför·mig** *adj* spool- *(od.* bobbin-)shaped. — **~gal·va·noˌme·ter** *n electr.* (moving) coil galvanometer. — **~ˌkern** *m* coil core. — **~ˌkör·per** *m* coil shell. — **~ˌwick·lung** *f* coil winding.

'Spu·ler *m* ⟨-s; -⟩ *tech. (an der Nähmaschine etc)* spool *(od.* bobbin) holder *(od.* winder).

'Spü·ler *m* ⟨-s; -⟩ **1.** *(Person)* dishwasher, *Br. auch* washer-up. – **2.** *cf.* Spülmaschine. — **'Spü·le·rin** *f* ⟨-; -nen⟩ dishwasher, *Br. auch* washer-up, scullery maid.

'Spül|ˌflüs·sig·keit *f* **1.** rinsing liquid. – **2.** *tech. auto. (für Einspritzpumpe)* flushing agent. – **3.** *civ.eng. (Bohrschlamm)* sludge.

'Spü·licht *n* ⟨-(e)s; -e⟩ *dial.* dishwater, slops *pl.*

'Spül|ˌka·sten *m (des Klosetts)* (closet *od.* WC-)cistern. — **~kloˌsett** *n* water closet, WC. — **~ˌkü·che** *f* scullery. — **~ˌlap·pen** *m* dishcloth. — **~ˌlei·tung** *f* **1.** *(beim Klosett)* flushing pipe. – **2.** *tech. (eines Verbrennungsmotors)* scavenging duct.

'Spülˌluft *f tech* scavenging air. — **~geˌblä·se** *n* scavenge blower.

'Spul·maˌschi·ne *f tech.* **1.** bobbin frame, spooling *(od.* reeling) machine. – **2.** *(zum Feinspinnen)* jack frame.

'Spül|maˌschi·ne *f* dishwashing machine, dishwasher. — **~ˌmit·tel** *n* **1.** *(Reinigungsmittel)* detergent. – **2.** *(Mundwasser)* mouthwash. – **3.** *(für Haar etc)* rinse. – **4.** *(für Wäsche)* fabric softener, softening agent. – **5.** *med.* a) irrigating fluid, b) *(zum Gurgeln etc)* mouthwash, c) *(zum Desinfizieren)* disinfectant, d) *(Augenwasser)* collyrium. — **~ˌöl** *n auto.* wash *(od.* flushing) oil. — **~proˌgramm** *n (eines Geschirrspülers etc)* rinsing cycle. — **~ˌpum·pe** *f* scavenging pump.

'Spulˌrad *n tech.* spool(ing) wheel.

'Spülˌrohr *n* **1.** *(des Klosetts)* flushing pipe. – **2.** *civ.eng. (bei Naßbaggerei)* dredging pipe. – **3.** *civ.eng. (einer Talsperre)* scouring pipe. — **~ˌschüs·sel** *f (zum Abspülen)* washing-up basin *(od.* bowl), *Am.* dishpan. — **~ˌstein** *m* (kitchen) sink. — **~ˌtisch** *m* (double) sink, sink unit.

'Spü·lung *f* ⟨-; -en⟩ **1.** *cf.* Spülen. – **2.** *med.* a) *(des Mundes)* rinse, b) *(der Blase)* irrigation, c) *(von Nase, Ohr, Darm etc)* irrigation, d) *(des Magens)* wash, lavage, e) *(einer Wunde)* irrigation, f) *(vaginale)* douche. – **3.** *(des Klosetts)* a) water flush, b) flushing system. – **4.** *auto. tech.* scavenging.

'Spül|verˌsatz *m (mining)* hydraulic stowing *(od.* filling), slushing, flushing. — **~ˌvorˌrich·tung** *f* **1.** *tech.* rinsing equipment *(od.* device). – **2.** *cf.* Spülung 3. — **~ˌwan·ne** *f* rinsing tub. — **~ˌwas·ser** *n* **1.** *(für Wäsche)* rinsing water. – **2.** *(für Geschirr)* washing-up water. – **3.** *(schmutziges)* dishwater, slops *pl.*

'Spulˌwurm *m zo.* eelworm, mawworm, ascaris *(scient.) (Fam. Ascaridae).*

Spu·man·te [spu'mante] *m* ⟨-s; -s⟩ *gastr.* sparkling wine.

Spund[1] [ʃpʊnt] *m* ⟨-(e)s; ⸚e⟩ **1.** *(eines Fasses)* stopper, bung, plug, spigot. – **2.** *tech. (Falz)* tongue. – **3.** *cf.* Spundloch.

Spund[2] *m* ⟨-(e)s; -e⟩ **junger ~** *colloq. contempt.* youngster, young pup *(od.* brat), yo(u)nker.

'Spund|ˌboh·le *f tech.* sheet pile. — **~ˌboh·rer** *m* bunghole *(od.* tap) borer, taper shell auger.

spun·den ['ʃpʊndən] **I** *v/t* ⟨h⟩ **1.** *(Fässer)* bung. – **2.** *(Bretter)* tongue and groove. – **II S~** *n* ⟨-s⟩ **3.** *verbal noun.*

'Spund|ˌho·bel *m* match *(od.* grooving) plane. — **~ˌloch** *n* bung(hole). — **~maˌschi·ne** *f (für Holzbearbeitung)* tonguing and grooving machine.

'Spun·dung *f* ⟨-; -en⟩ **1.** *cf.* Spunden. – **2.** *(von Holz)* tongue-and-groove joint.

'Spundˌwand *f civ.eng. (einer Kai- od. Ufermauer)* sheet pile *(od.* wall), sheetpiling, pile *(od.* sheeting) wall, sheet-pile bulkhead. — **~ˌram·me** *f* sheeting driver. — **~ˌstahl** *m* sheet piling steel.

'Spund|ˌzap·fen *m cf.* Spund[1] 1. — **~ˌzie·her** *m* bung pick *(od.* drawer).

Spur [ʃpuːr] *f* ⟨-; -en⟩ **1.** *(Fährte, Abdruck von Füßen, Rädern, Schlittenkufen etc)* track(s *pl)*, trace(s *pl)*, trail: **breite [schmale] ~** wide [narrow] track; **eine frische ~** a) fresh tracks *pl*, b) *(bei Fahndung)* a hot scent; **einer ~ folgen** *(des Verbrechers)* to follow a trail *(od.* track); **eine ~ aufnehmen** to pick up a track; **j-m auf der ~ folgen** to track s.o.'s trail; **auf der falschen ~ sein, eine falsche ~ verfolgen** a) *auch fig.* to be on the wrong track, b) *fig.* to be barking up the wrong tree; **j-n von der ~ abbringen** *(od.* **ablenken)** *auch fig.* to put *(od.* throw) s.o. off the scent, to put s.o. on the wrong track; **j-m auf die (richtige) ~ helfen, j-n auf die (richtige) ~ bringen** *fig.* to put s.o. on the scent *(od.* on the right track), to give s.o. a clue; **die ~ führt zu einem Schuppen** the track leads to a shed; **die ~en verlieren sich hier** the tracks end here; **j-m [etwas] (dicht) auf der ~ sein** to be (hot) on the trail of s.o. [s.th.], to be on the tracks of s.o. [s.th.]; **wir sind dem Mörder auf die ~ gekommen** *fig.* we got *(od.* are) on the trail of the killer; **einer Sache auf die ~ kommen** *fig.* to trace a thing, to get wind of a thing; **dies führte auf die ~ des Verbrechers** this helped to track the criminal; **keine ~en hinterlassen** *auch fig.* to leave no trace(s); **alle ~en verwischen** *(od.* **beseitigen)** to cover (over) all traces; **vom Täter fehlt jede ~** *fig.* there is still no trace of the culprit. – **2.** *jur. (in Kriminalistik)* clue. – **3.** *zo. (einer Schnecke etc)* trail. – **4.** *(Abdruck, scharf umrissene Spur)* print. – **5.** *(Fußspuren)* footprints *pl*, footsteps *pl*, track(s *pl)*. – **6.** *(Skispur)* track(s *pl)*, course, trail: **eine ~ legen** *cf.* spuren 1; **in der ~ bleiben** to keep to the track. – **7.** *(Wagenspur)* track: **eine ausgefahrene ~** a beaten track; **tiefe ~** rut. – **8.** *fig. (sichtbares Zeichen, Anzeichen)* mark, trace: **die ~en ihres Kummers waren in ihrem Gesicht zu lesen** sorrow had left its mark in her face; **die ~en des Alters waren zu sehen** signs of old age were visible; **die ~en des Krieges** the traces left by the war. – **9.** *fig. (Rest)* trace, vestige: **~en einer alten Kultur** traces *(od.* remains) of an ancient civilization; **~en einstiger Schönheit** traces of former beauty. – **10. nicht die ~, keine ~** *fig. colloq. (nicht das geringste)* not the slightest trace, not a suspicion, not the least vestige: **keine ~ von Müdigkeit** not a trace *(od.* sign) of fatigue (whatever); **er zeigt keine ~ von Reue** he does not show the slightest contrition (*od.* regret); **bist du müde?** — **keine ~!** are you tired? — not a bit (*od.* not at all, not in the least [*od.* slightest])! – **11.** *fig.* (*winzige Menge*) trace: **man entdeckte ~en von Jod in der Lösung** they discovered traces of iodine in the solution. – **12.** *fig.* (*ein wenig*) touch, trace, soupçon: **hier fehlt noch eine ~ Salz** this needs a touch of (*od.* a trace more, a soupçon of) salt. – **13.** *hunt.* a) track, trail, trace, b) (*Wildfährte*) scent, spoor, slot: **einer ~ folgen** (*von Jagdhunden*) to scent a trail, to spoor. – **14.** (*railway*) ga(u)ge, (*Schienenweg*) track. – **15.** *auto.* a) (*Fahrbahn*) lane, b) (*Radspur*) (wheel) track, tread, c) (*seitlicher Radabstand*) track, d) (*Bremsspur*) skid mark(s *pl*): **in der ~ bleiben** to keep in lane; **die ~ wechseln** to change lane(s), to cut across lines; **ständig die ~ wechseln** to weave between lanes; **der Wagen hält nicht ~** the car does not keep track. – **16.** *tech.* groove, track. – **17.** *chem. phys.* trace.

'Spur·atom [-ˀa,to:m] *n nucl.* tracer atom.

'spür·bar I *adj* **1.** noticeable, perceptible, sensible: **~e Erleichterung** noticeable relief; **~ sein** to be felt. – **2.** (*deutlich*) distinct, marked. – **3.** (*beträchtlich*) considerable: **eine ~e Erhöhung der Preise** a considerable increase in prices. – **II** *adv* **4. es ist ~ kälter geworden** it has become noticeably colder.

'Spur,brei·te *f cf.* Spurweite.

spu·ren ['ʃpu:rən] *v/i* ⟨h⟩ **1.** (*im Skisport*) lay the track (*od.* course). – **2.** *auto.* (*von Rädern*) keep (in) track. – **3.** *fig. colloq.* (*gehorchen*) do as one is told, be obedient. – **4.** *fig. colloq.* (*richtig auf etwas reagieren*) catch on, get the message (*beide colloq.*), take the hint. – **5.** *pol.* (*linientreu sein*) toe the line (*od.* mark).

spü·ren ['ʃpy:rən] **I** *v/t* ⟨h⟩ **1.** (*Schmerz, Kälte, Hitze, Luftzug etc*) feel: **sie spürte die Wirkung der Tablette** she felt the effect of the tablet; **~ Sie etwas?** do you feel anything? **~ Sie eine Besserung?** do you feel better? **ich spüre sämtliche Knochen** every single bone aches; **etwas in allen Knochen ~** to feel s.th. in every bone (*od.* in all one's bones); **er kann sehr viel trinken, ehe er etwas spürt** he can drink a lot before he begins to feel it (*od.* the effect) (*od.* before it affects him); **etwas am eigenen Leibe zu ~ bekommen** to experience in (*od.* on) one's own person what s.th. is like; **er bekam die Peitsche zu ~** he was given a taste of the whip; **ich ließ ihn meine Verachtung ~** I made him feel my contempt. – **2.** (*instinktiv*) feel, sense, be conscious of: **er muß die Gefahr gespürt haben** he must have sensed the danger; **ich spürte, daß ich beobachtet wurde** I felt that I was being watched. – **3.** (*wahrnehmen*) notice, perceive: **wir spürten, wie erschöpft er war** we noticed how exhausted he was. – **4.** *hunt.* scent. – **5.** *mil.* (*Gas, Minen etc*) detect. – **II** *v/i* **6.** *hunt.* (*von Jagdhunden*) (nach) scent (after), track, trail. – **7. nach j-m [etwas] ~** *fig.* to trace (*od.* search for) s.o. [s.th.].

'Spu·ren|ele,men·te *pl biol.* trace elements (*od.* nutrients). — **~,nach,weis** *m jur.* (*bei Verbrechen*) detection of traces. — **~,si·che·rung** *f* securing of clues.

'Spur|er,wei·te·rung *f* (*railway*) ga(u)ge widening. — **~,fe·stig·keit** *f auto.* (*des Reifens*) track-holding property.

'Spür|,gas·ver,fah·ren *n* (*mining*) tracer gas technique (*od.* method). — **~ge,rät** *n mil.* **1.** (*für Gas*) detector. – **2.** (*für Radioaktivität*) radiac detector. — **~,haar** *n zo.* tactile hair.

'Spur|,hal·tig·keit [-,haltɪçkaɪt] *f* ⟨-; *no pl*⟩ *auto.* tracking, track keeping (*od.* holding). — **~,he·bel** *m* trackrod arm.

'Spür,hund *m* **1.** *hunt.* trackhound. – **2.** *fig. colloq.* (*Spitzel, auch findiger Mensch*) sleuth(hound) (*colloq.*).

'Spur|,kranz *m* (*railway*) (*der Räder*) wheel flange. — **~,kreis,durch,mes·ser** *m auto.* turning circle diameter. — **~,lat·te** *f* (*mining*) (*im Schacht*) guide rail (*od.* bar).

'spur,läu·fig *adj auto.* track-keeping (*od.* -holding).

'spur·los I *adj* traceless, trackless. – **II** *adv* without (leaving a) trace: **~ verschwinden** to disappear without (leaving a) trace; **die Kriegsjahre sind nicht ~ an ihr vorübergegangen** the war years left their mark on her (*od.* have told on her).

'Spur,na·gel *m* (*auf der Fahrbahn*) stud, lane spike.

'Spür,na·se *f auch fig.* (good) nose, scent, flair: **eine ~ für etwas haben** *fig.* to have a nose for finding s.th.

Spur·re ['ʃpʊrə] *f* ⟨-; -n⟩ *bot.* umbelliferous jagged chickweed (*Holosteum umbellatum*).

'spur,si·cher *adj auto.* track-keeping (*od.* -holding). — **'Spur,si·cher·heit** *f* ⟨-; *no pl*⟩ track keeping (*od.* holding).

'Spür,sinn *m auch fig.* (good) nose, scent, flair.

'Spur|,stan·ge *f* **1.** *auto.* track rod, (steering) tie rod. – **2.** (*railway*) tie bar (*od.* rod), ga(u)ge rod. — **~,stein** *m metall.* (*bei der Kupfergewinnung*) concentrated matte.

Spurt [ʃpʊrt] *m* ⟨-(e)s; -s, *rare* -e⟩ (*sport*) *auch fig.* spurt, sprint. — **'spur·ten** *v/i* ⟨sein⟩ spurt, sprint.

'Spur,treue *f auto. cf.* Spurhaltigkeit.

'Spür,trupp *m nucl.* (*für Radioaktivität*) radiac detection squad (*od.* team).

'Spur|ver,en·gung *f* (*railway*) ga(u)ge narrowing (*od.* tightening). — **~,wech·sel** *m auto.* **1.** toe change, change of tread. – **2.** (*im Verkehr*) change of lane. — **~,wei·te** *f* **1.** (*railway*) ga(u)ge. – **2.** *auto.* a) (*des Wagens*) (wheel) track, track width, b) (*der Reifen*) tread.

spu·ten ['ʃpu:tən] *v/reflex* ⟨h⟩ **sich ~** hurry (up): **spute dich!** hurry up! look sharp!

Sput·nik ['ʃpʊtnɪk; 'spʊt-] *m* ⟨-s; -s⟩ (*space*) (*sowjetischer Satellit*) sputnik.

Spu·tum ['spu:tʊm; 'ʃpu:-] *n* ⟨-s; Sputa [-ta]⟩ *med.* **1.** (*Auswurf*) sputum, expectoration: **eitriges [schleimiges] ~** purulent [mucous] sputum. – **2.** (*Schleim*) phlegm. — **~,ab,strich** *m* sputum smear. — **s~-,för·dernd** *adj* promoting expectoration. — **~kul,tur** *f* sputum culture.

Squa·ma ['skva:ma] *f* ⟨-; -men⟩ *med.* (*Schuppe*) scale, squama (*scient.*). — **squa·mös** [skva'mø:s] *adj* (*schuppig*) scaly, squamous (*scient.*).

Squaw [skwɔ:] (*Engl.*) *f* ⟨-; -s⟩ squaw.

st [st] *interj* **1.** hush! sh! – **2.** (*um Aufmerksamkeit auf sich zu lenken*) hist!

Staat[1] [ʃta:t] *m* ⟨-(e)s; -en⟩ **1.** (*Land, Nation*) state, country: **ein unabhängiger [neutraler, totalitärer] ~** an independent [a neutral, a totalitarian] state; **die vertragschließenden ~en** the contracting states; **etwas von ~s wegen verfügen** to decree s.th. for reasons of state; **dem ~ dienen** to serve the state (*od.* one's country). – **2.** (*Staatswesen*) state, polity, body politic, commonwealth (*lit.*): **einen ~ im ~e bilden** to form a state within the state; → Trennung 2. – **3.** ⟨*only sg*⟩ (*als juristische Person*) state, *Br. auch* State, government: **der ~ finanziert den Bau der Autobahnen** the construction of the motorways (*Am.* superhighways) is financed by the government; **dieses Land gehört dem ~** this land belongs to the state, this land is state-(*od.* government-)owned; **Vater ~** *colloq. humor.* the government, *Br. auch* Whitehall, *Am. auch* Uncle Sam. – **4.** (*Gliedstaat einer Konföderation etc*) (member *od.* individual) state, *auch* State, (*in einigen amer. Bundesstaaten*) *auch* commonwealth: **die Vereinigten ~en (von Amerika)**, *colloq.* **die ~en** the United States (of America), the States (*colloq.*) (*beide usually construed as sg*); **der ~ New York** the State of New York, New York State; **ich fliege morgen in die ~en** *colloq.* I'm flying to the States (*Am. auch* I'm flying stateside) tomorrow (*colloq.*). – **5. der ~** *fig. colloq.* (*die Regierung*) the government *sg* (*sometimes construed as pl*), *Am.* stateside; „**Der ~**" "The Republic" (*by Plato*). – **6.** *zo.* (*der Bienen, Ameisen*) colony.

Staat[2] *m* ⟨-(e)s; *no pl*⟩ *colloq.* **1.** (*Prunk, Pomp*) display, pomp, show: **er liebt es, großen ~ zu machen** he loves to make a great display (*od. colloq.* to have a lot of pomp), he loves to do things in great style (*od. colloq.* to put on a great show); **mit etwas ~ machen** a) (*prunken, angeben*) to display (*od.* parade, flaunt) s.th., to make a show of s.th., to show off (with) s.th., to show s.th. off, b) (*großen Eindruck machen*) to score (*od.* be) a success with s.th., to star (*od.* make a hit, *colloq.* ring the bell) with s.th.; **mit dem neuen Kleid wirst du großen ~ machen** you'll be a great success (*od.* you'll cut quite a dash) with the new dress; **mit dem Zeugnis kannst du keinen ~ machen!** you'll not star with this report; **damit ist kein ~ zu machen** this is nothing to write home about (*colloq.*); **mit dem alten Mantel ist kein ~ mehr zu machen** this coat has definitely had its day; **nur zum ~** just for show. – **2.** (*Putz, Gala*) finery, array, attire: **die Damen erschienen im vollen ~** the ladies came in all their finery (*od.* in full array, in state, *colloq.* dressed to the hilt, in full fig, in full feather).

'Staa·ten|,bil·dung *f pol.* formation of states. — **~,bund** *m* **1.** staatenbund, confederation (of states), confederacy. – **2.** (*Föderation*) federation, federal union. — **~ge,mein·schaft** *f* community of states, commonwealth. — **~,kun·de** *f obs.* (*Zweig der Staatswissenschaft*) science of states, general theory of state.

'staa·ten·los *adj jur. pol.* (*Flüchtling etc*) stateless. — **'Staa·ten·lo·se** *m, f* ⟨-n; -n⟩ stateless person, person without a nationality. — **'Staa·ten·lo·sig·keit** *f* ⟨-; *no pl*⟩ statelessness.

'Staa·ten|,nach,fol·ge, ~suk·zes·si,on *f jur. pol.* succession of state. — **~uni,on** *f pol. cf.* Staatenbund.

'staat·lich I *adj* **1.** (*Verwaltung, Ausgaben, Unterstützung, Genehmigung etc*) state (*attrib*), *Br. auch* State (*attrib*), government (*attrib*), governmental: **~e Beihilfe** (*für Krankenhäuser, Flüchtlinge etc*) government (*od.* state) aid, (*in Form von Subventionen*) *auch* subsidy, subvention; **diese Einrichtungen unterliegen der ~en Kontrolle** these institutions are under state control (*od.* are controlled by the state, are state-controlled, are government-controlled); **ein ~er Hoheitsakt** *pol.* an act of state; **~e Mittel** *econ.* public funds; **~e Preisüberwachung** *econ.* government control of prices; **~e Vorratsstellen** *econ.* state storage agencies; **~e Wirtschaftslenkung** *econ.* dirigisme, central management of the economy. – **2.** (*Eigentum, Besitz, Betrieb etc*) state(-owned), government(-owned), national: **dieser Wald ist ~** this forest is state-owned (*od.* owned by the state), this is a state (*od.* national) forest. – **3.** (*Einnahmen, Budget etc*) national, public: **die ~en Einkünfte dieses Jahres** the (national *od.* public) revenue *sg* of this year. – **4.** (*Einrichtungen, Krankenhaus, Kindergarten etc*) state (*attrib*), state- (*od.* government-)financed, public, national: **~e Schulen** state(-maintained) schools; **~e Fürsorge** public assistance; **~er Gesundheitsdienst** *bes. Br.* national health service, *bes. Am.* public health service. – **II** *adv* **5. eine ~ anerkannte Schule** a state- (*od.* government-)recognized (*Br. auch* -s-) school; **~ subventionierte Betriebe** state- (*od.* government-)subsidized (*Br. auch* -s-) enterprises; **~ gelenkte Wirtschaft** state- (*od.* government-)controlled economy; **ein ~ geprüfter Übersetzer** a certified (*od.* certificated) translator.

'Staats|af,fä·re *f* **1.** *pol.* affair of state. – **2.** *fig. colloq. cf.* Staatsaktion 2. — **~,akt** *m* ⟨-(e)s; -e⟩ *pol.* **1.** act of state. – **2.** (feierlicher) **~** (*Zeremonie*) state (*od.* official) ceremony. — **~,ak·ten** *pl* state papers (*od.* records). — **~ak·ti,on** *f* **1.** *pol.* government(al) action, action of the government. – **2.** *fig. colloq.* (*großes Aufheben*) great fuss (*od.* to-do), great (*od.* much) ado: **mach doch aus der Sache keine ~!** don't make such a fuss about it (*od.* the matter)! — **~,amt** *n pol.* office of state, public office: **die Bewerber um das höchste ~** the candidates for the highest office of state.

'Staats,an·ge,hö·ri·ge[1] *m pol. jur.* a) citizen (of a state), b) (*einer Monarchie*) subject: **er ist deutscher ~r** he is a German citizen; **er ist britischer ~r** he is a British subject; **ausländische ~** *pl* foreign subjects.

'Staats,an·ge,hö·ri·ge[2] *f pol. jur.* a) citizen(ess) (of a state), b) (*einer Monarchie*) subject.

'Staats,an·ge,hö·rig·keit *f* ⟨-; *no pl*⟩ *pol. jur.* nationality, citizenship: **ursprüngliche [doppelte] ~** original [dual] nationality; **~ durch Geburt [Einbürgerung]** citizenship by birth [naturalization (*Br. auch* -s-)]; **Nachweis der ~** proof of nationality; j-m die ~ verleihen to grant s.o. citizenship, to confer citizenship (up)on s.o.; j-m die ~ aberkennen to deprive s.o. of citizenship; die deutsche ~ besitzen to have German nationality, to be a German citizen (*od.* national); er hat die amerikanische ~ verloren he lost his American citizenship.

ˈStaatsˌan·geˌhö·rig·keits|ˌausˌweis *m*, **~ˌzeug·nis** *n* certificate of nationality (*od.* citizenship), *Am. auch* citizenship papers *pl*.

ˈStaats|ˌan·geˌle·gen·heit *f pol.* matter of state, state affair. — **~ˌan·geˌstell·te** *m, f* state (*od.* government, *bes. Am.* federal) employee, public (*bes. Br.* civil) servant. — **~ˌanˌlei·he** *f econ.* government (*od.* state, public) loan (*od.* bond): fundierte (*od.* konsolidierte) ~ funded (*od.* bonded, consolidated) government loan (*od.* debt), *bes. Br.* consols *pl*, *auch* Consols *pl*.

ˈStaatsˌanˌwalt *m jur.* (public) prosecutor, *Am. auch* prosecuting (*od.* district) attorney, *Br. auch* prosecuting counsel, (*eines amer. Bundesstaats*) *auch* State('s) attorney. — **ˈStaatsˌanˌwalt·schaft** *f* **1.** (*Anklagevertretung*) prosecution. – **2.** (*Behörde*) (public) prosecutor's office, *Am. auch* prosecuting (*od.* district, *eines amer. Bundesstaats* State['s]) attorney's office. – **3.** (*Gesamtheit der Staatsanwälte*) (public) prosecutors *pl*, body of (public) prosecutors.

ˈStaats|ˌanˌzei·ger *m* (*Amtsblatt*) (official) gazette. — **~ap·paˌrat** *m pol.* apparatus of the state, state machinery. — **~arˌchiv** *n* **1.** government archives *pl*. – **2.** *Am.* a) Federal (*od.* Government) Archives *pl*, b) (*eines Bundestaats*) State Archives *pl*. – **3.** *Br.* (Public) Record Office. — **~ˌaufˌsicht** *f jur. pol.* (*über Körperschaften, Stiftungen etc*) government(al) (*od.* state) control: unter ~ stehen to be under government control, to be government- (*od.* state-)controlled. — **~ˌaufˌsichts·beˌhör·de** *f* government (*od.* state) control authority (*od.* board). — **~ˌaufˌtrag** *m econ.* government(al) order. — **~ˌausˌga·ben** *pl* government(al) (*od.* state, public) expenditures (*od.* expenditure *sg*), government spending *sg*. — **~ˌbad** *n officially recognized spa, watering place recognized as a spa.* — **~ˌbahn** *f meist pl* (*railway*) *Am.* federal railroad (corporation), *Br.* national railway (company). — **~ˌbank** *f* ⟨-; -en⟩ *econ.* state (*od.* government) bank, *bes. Am.* national bank. — **~banˌkett** *n* state (*od.* official) banquet. — **~bankˌrott** *m econ.* national bankruptcy. — **~beˌam·te** *m*, **~beˌam·tin** *f* civil servant, government official, *Am. auch* officeholder. — **~beˌgräb·nis** *n* state funeral. — **~beˌhör·de** *f pol.* government(al) authority, *Br. auch* central government office. — **~ˌbeiˌhil·fe** *f econ. pol.* government (*od.* state) grant, aid from the state, grant in aid, (*in Form von Subventionen*) subsidy, *auch* subvention. — **~beˌsitz** *m* state (*od.* government, national) property: dieses Land befindet sich in ~ this land is state- (*od.* government-)owned. — **~beˌsuch** *m pol.* state (*od.* official) visit. — **~beˌtrieb** *m econ.* state(-owned) (*od.* government, government-owned) enterprise. — **~bi·blioˌthek** *f* state (*od.* national) library.

ˈStaatsˌbür·ger *m pol. jur.* **1.** citizen (of a state): ~ in Uniform (*Soldat*) *etwa* citizen in uniform. – **2.** (*einer Monarchie*) subject. — **ˈStaatsˌbür·ge·rin** *f* **1.** citizen(ess) (of a state). – **2.** (*einer Monarchie*) subject.

ˈStaatsˌbür·gerˌkun·de *f* ⟨-; *no pl*⟩ *pol. ped.* civics *pl* (*usually construed as sg*).

ˈstaatsˌbür·ger·lich *adj* civil, civic: ~e Rechte [Pflichten] civic (*od.* civil) rights [duties]; ~e Gesinnung civic(-minded) attitude, civic-mindedness, public spirit.

ˈStaats|ˌbür·gerˌrech·te *pl jur. pol.* civil (*od.* civic) rights, rights of citizenship. — **~ˌbür·ger·schaft** *f Austrian for* Staatsangehörigkeit. — **~ˌbürg·schaft** *f econ.* state guarantee (*od.* bond). — **~ˌchef** *m pol.* head of state. — **~ˌdie·ner** *m obs.* civil servant. — **~ˌdienst** *m* ⟨-(e)s; *no pl*⟩ civil (*Am. auch* public) service: in den ~ eintreten (*od. colloq.* gehen) to enter (the) civil service, to become a civil servant; im ~ stehen (*od.* sein) to be in the civil service, to be a civil servant. — **~ˌdienst·bar·kei·ten** *pl jur. pol.* (*im Völkerrecht*) international (*auch* state) servitudes. — **~doˌmä·ne** *f* (*staatlicher Grundbesitz*) *Am.* public domain, *Br.* state demesne. — **~druckeˌrei** (*getr.* -k·k-) *f* government printing office, (*in Großbritannien*) Her Majesty's Stationery Office. — **s~ˌei·gen** *adj* state(-owned), government(-owned). — **~ˌei·gen·tum** *n* **1.** state (*od.* government, national) property. – **2.** (*als Recht*) public ownership. — **~ˌeinˌkünf·te**, **~ˌeinˌnah·men** *pl econ.* (public *od.* national) revenue *sg*: ~ aus inländischen Steuern und Abgaben internal (*Br.* inland) revenue. — **~empˌfang** *m pol.* state (*od.* official) reception. — **s~erˌhal·tend** *adj* conducive to the maintenance of public order, maintaining the authority of the government. — **~exˌamen** *n* (*an der Universität*) (first) state (*Br. auch* State) examination. — **~ˌfeind** *m* public enemy. — **s~ˌfeind·lich** **I** *adj* (*Gesinnung etc*) subversive, hostile to the central authority: ~e Umtriebe subversive activities. – **II** *adv* sich ~ betätigen to engage in subversive avtivities. — **~fiˌnan·zen** *pl econ.* finances of the state, public finances (*od.* funds). — **~ˌflag·ge** *f* national flag. — **~ˌform** *f pol.* form of government, polity. — **~ˌforst** *m* state (*od.* national) forest. — **~ga·ranˌtie** *f jur. pol.* (*im Völkerrecht*) government guarantee (*od.* guaranty). — **~geˌbäu·de** *n* **1.** government building. – **2.** *fig.* (*Gefüge*) edifice (*od.* structure) of the state. — **~geˌbiet** *n* national territory. — **s~geˌfährdend** *adj* (*Schriften etc*) dangerous to the state, destructive of state authority. — **~geˌfähr·dung** *f* threat to the security of the state. — **s~geˌfähr·lich** *adj cf.* staatsgefährdend. — **~geˌfan·ge·ne** *m jur. pol.* prisoner of State, State prisoner, political prisoner. — **~geˌfäng·nis** *n* state prison, *Am.* state penitentiary. — **~geˌfü·ge** *n pol.* edifice (*od.* structure) of the state. — **~geˌheim·nis** *n* **1.** *pol.* state secret: ein ~ preisgeben to reveal a state secret. – **2.** *fig. colloq. humor.* (*großes Geheimnis*) deadly secret: das ist (ein) ~ that's top secret. — **~ˌgel·der** *pl econ.* public funds. — **~geˌrichtsˌhof** *m* ⟨-(e)s; *no pl*⟩ *jur.* **1.** High (*od.* Supreme) Court. – **2.** (*Verfassungsgerichtshof*) Constitutional Court. — **~geˌschäf·te** *pl pol.* state affairs: die ~ führen to be in charge of state affairs. — **~geˌwalt** *f* ⟨-; *no pl*⟩ **1.** State (*od.* government[al]) authority: die höchste ~ the supreme government authority. – **2.** (*Ordnungsbehörden*) public authority: Widerstand gegen die ~ resistance to public authority. — **~ˌgläu·bi·ger** *m econ.* public creditor. — **~ˌgren·ze** *f pol.* state border (*od.* boundary, frontier), *bes. Am.* (*zwischen zwei Einzelstaaten*) *auch* state line. — **~ˌgut** *n* ⟨-(e)s; -güter⟩ **1.** (*staatliches Landgut*) state(-owned) farm. – **2.** *cf.* Staatsdomäne. — **~hausˌhalt** *m* state (*od.* national) budget: ausgeglichener ~ balanced state budget. — **~ˌho·heit** *f* ⟨-; *no pl*⟩ sovereignty (of the state). — **~in·terˌes·se** *n* interest of the State, national (*od.* public) interest. — **~kanzˌlei** *f pol.* state chancellery (*od.* chancellory). — **~ˌkanz·ler** *m hist.* state chancellor, chancellor of state. — **~ka·pi·taˌlis·mus** *m econ.* state capitalism. — **~kaˌros·se** *f* state carriage (*od.* coach). — **~ˌkas·se** *f econ. pol.* treasury, coffers *pl* of the state, *Br.* exchequer, *auch* Exchequer: die ~n sind leer the treasury is empty. — **~ˌkerl** *m colloq. cf.* Prachtkerl. — **~ˌkir·che** *f* ⟨-; *no pl*⟩ *relig.* established (*od.* state, *auch* State) church: die Englische ~ the Established Church, the Church of England. — **s~ˌklug** *adj* politic, politically shrewd. — **~ˌklug·heit** *f* political wisdom (*od.* shrewdness). — **~kom·misˌsar** *m pol.* state commissioner. — **~ˌko·sten** *pl only in* auf ~ at (the) public expense. — **~kreˌdit** *m econ.* government (*od.* state, public) credit. — **~ˌkun·de** *f* ⟨-; *no pl*⟩ *pol.* civics *pl* (*usually construed as sg*). — **~ˌkunst** *f* ⟨-; *no pl*⟩ statesmanship, statecraft. — **~ˌkut·sche** *f cf.* Staatskarosse. — **~län·deˌrei·en** *pl cf.* Staatsdomäne. — **~ˌleh·re** *f pol. cf.* Staatswissenschaft. — **~lot·teˌrie** *f* state (*od.* national) lottery.

ˈStaatsˌmann *m* ⟨-(e)s; -männer⟩ *pol.* statesman. — **ˈstaatsˌmän·nisch** [-ˌmɛnɪʃ] *adj* (*Fähigkeiten etc*) statesmanlike, statesmanly.

ˈStaats|ˌmei·ster *m Austrian* (*bes. film, sport*) national champion. — **~miˌni·ster** *m pol. bes. Am.* secretary, *bes. Br.* minister, secretary of state. — **~miˌniˌste·ri·um** *n* ministry (*bes. Am.* department) of state. — **~ˌmit·tel** *pl econ.* public funds. — **~moˌnoˌpol** *n* state monopoly. — **~ˌnotˌstand** *m* national emergency. — **~ˌoberˌhaupt** *n pol.* **1.** (*einer Republik etc*) head of state. – **2.** (*einer Monarchie*) sovereign. — **~orˌgan** *n* instrument of state. — **~paˌpie·re** *pl econ.* state (*od.* government) bonds, government papers (*od.* securities, stocks): tilgbare [untilgbare] ~ redeemable [irredeemable] state bonds; fundierte (*od.* konsolidierte) ~ funded (*od.* bonded, consolidated) government papers, *bes. Br.* public funds, consols, *auch* Consols; sein Geld in ~n anlegen to invest one's money in government bonds, *Br. auch* to fund one's money. — **~parˌtei** *f pol.* state party, party in office. — **~phi·lo·soˌphie** *f* philosophy of the state, political philosophy. — **~po·liˌtik** *f* (*Politik eines Staats*) national policy. — **s~poˌli·tisch** *adj* (*Entscheidungen etc*) national political, concerning government policy. — **~po·liˌzei** *f* state police. — **~prä·siˌdent** *m* President (of the State). — **~proˌzeß** *m* state trial. — **~ˌprü·fung** *f* **1.** *cf.* Staatsexamen. – **2.** (*für Beamte*) civil service examination. — **~ˌqual·le** *f zo.* siphonophore (*Ordng Siphonophora*). — **~raiˌson**, **~räˌson** *f pol.* reason of state. — **~ˌrat** *m* ⟨-(e)s; ⸗e⟩ **1.** (*Institution*) council of state: (Geheimer) ~ (*in Großbritannien*) Privy Council. – **2.** (*Mitglied*) councillor (*Am. auch* councilor) (*od.* counsellor, *bes. Am.* counselor) of state: (Geheimer) ~ Privy Councillor. — **~ˌratsˌvorˌsit·zen·de** *m DDR pol.* Chairman of the German Democratic Republic's Council of State. — **~ˌrecht** *n* ⟨-(e)s; *no pl*⟩ *jur.* **1.** (*öffentliches Recht*) public law. – **2.** (*Verfassungsrecht*) constitutional law. — **~ˌrecht·ler** *m* ⟨-s; -⟩ **1.** specialist in public law, public law specialist. – **2.** (*Verfassungsrechtler*) constitutionalist. — **s~ˌrecht·lich** *adj* **1.** (*öffentlich-rechtlich*) under (*od.* relating to, arising from) public law. – **2.** (*verfassungsrechtlich*) under (*od.* relating to, arising from) constitutional law, constitutional. — **~re·gie·rung** *f pol.* (state) government. — **~re·li·giˌon** *f* established (*od.* state) religion. — **~ˌren·te** *f* government annuity. — **~ˌru·der** *n fig.* helm of the state: das ~ fest in der Hand haben to have a firm grip on the helm of the state. — **~ˌsäckel** (*getr.* -k·k-) *m econ. colloq.* public purse (*od.* treasury). — **~ˌschatz** *m* ⟨-es; *no pl*⟩ treasury, coffers *pl* of the state, *Br.* exchequer, *auch* Exchequer. — **~ˌschiff** *n fig.* ship of state: das ~ lenken to pilot the ship of state. — **~ˌschrei·ber** *m Swiss* head clerk of the chancery of a canton.

ˈStaatsˌschuld *f econ.* **1.** national (*od.* public) debt. – **2.** government loan. — **~ˌbuch** *n* (National) Debt Register. — **~ˌschein** *m* national (*od.* state, public) bond certificate. — **~verˌschrei·bung** *f* national (*od.* state, public) bond.

ˈStaats|se·kre·tär *m pol.* undersecretary (of state): parlamentarischer ~ parliamentary undersecretary. — **~se·kre·taˌri·at** *n* (*Amt*) undersecretaryship. — **~ˌsi·cher·heit** *f* ⟨-; *no pl*⟩ security of the state, national (*od.* state) security. — **~ˌsi·cher·heitsˌdienst** *m* ⟨-(e)s; *no pl*⟩ *DDR pol.* state security police. — **~ˌsie·gel** *n* seal of state, *bes. Br.* Great Seal. — **~so·ziaˌlis·mus** *m pol.* state socialism. — **~ˌstra·ße** *f* national (*od.* arterial) road (*od.* highway). — **~ˌstreich** *m pol.* coup (d'état): ein unblutiger ~ a bloodless coup. — **~sub·ven·tiˌon** *f econ.* government (*od.* state) subsidy (*od.* aid, *auch* subvention). — **~te·leˌgramm** *n* Government telegram: ~ mit [ohne] Vorrang Government telegram with [without] priority. — **~thea·ter** [-teˌaːtər] *n* state theater (*bes. Br.* theatre). — **~theoˌrie** *f* theory of the state. — **~ˌtrau·er** *f* national mourning. — **~verˌbre·chen** *n jur. pol.* political (*od.* state) crime. — **~verˌbre·cher** *m* political (*Am.* state) criminal. — **~verˌfas·sung** *f pol.* constitution (of a state). — **~verˌmö·gen** *n econ.* (*Gebäude, Gewässer etc*) public (*od.* state) property, property of (the) state. — **~verˌrat** *m jur. pol. cf.* Landesverrat. — **~verˌschul·dung** *f* indebtedness of the state, government(al) (*od.* state) indebtedness. — **~verˌtrag** *m jur. pol.* international treaty. — **~verˌwal·tung** *f pol.* administration of the state, state (*od.* public) administration. — ~ˌ**volk** *n* leading nation (*od.* national group). — ~ˌ**wap·pen** *n* state (coat of) arms *pl.* — ~ˌ**we·sen** *n pol.* state, polity, body politic, commonwealth (*lit.*). — ~ˌ**wirt·schaft** *f econ.* public sector (of the economy). — ~ˌ**wis·sen·schaft** *f meist pl pol.* political science. — ~ˌ**wis·sen·schaft·ler** *m* **1.** political scientist. – **2.** student of political science. — ~ˌ**wohl** *n* welfare (*od.* well-being, good) of the state. — ~ˌ**zim·mer** *n colloq.* (*Prunkzimmer*) stateroom. — ~ˌ**zu**ˌ**schuß** *m* government (*od.* state) grant(-in-aid), grant(-in-aid) from the state, (*in Form von Subventionen*) subsidy, *auch* subvention: **durch Staatszuschüsse unterstützt werden** a) to receive government grants, to be state-aided, b) (*subventioniert werden*) to be subsidized (*Br. auch* -s-) (by the state).

Stab [ʃtaːp] *m* ⟨-(e)s; ⸗e⟩ **1.** (*aus Holz*) staff, rod, bar: **den ~ über j-n brechen** a) *fig.* to condemn s.o. (utterly), b) *jur. hist.* (*als Symbol für die Todesstrafe*) to pronounce the death sentence on s.o.; **ihr dürft nicht gleich den ~ über ihn brechen** *fig.* you must not condemn him right away. – **2.** (*Eisen-, Gitterstab*) bar, rod. – **3.** (*Wanderstab, Stock*) staff, rod, (walking) stick: **den ~ ergreifen** (*od.* **nehmen**) *fig. poet.* to take to the road. – **4.** (*eines Schirms*) rib. – **5.** (*einer Jalousie*) slat, lath. – **6.** (*Zeltstab*) (tent) pole. – **7.** (*Zauberstab*) wand, staff. – **8.** (*Hirtenstab*) (shepherd's) crook, staff. – **9.** *fig.* (*von Mitarbeitern, Sachverständigen etc*) staff: **der technische [wissenschaftliche] ~ eines Unternehmens** the technical [scientific] staff of an enterprise; **ein ~ von tüchtigen Mitarbeitern** an efficient staff. – **10.** *mil.* a) (*des Marschalls*) baton, b) *fig.* (*Generalstab etc*) staff, c) *fig.* (*Haupt-, Stabsquartier*) headquarters *pl* (*often construed as sg*), staff: **ein Offizier vom ~** a staff officer. – **11.** *pol. fig.* (*eines Diplomaten, Ministers etc*) suite, staff, aides *pl.* – **12.** *tech.* (*Zug-, Verbindungsstab etc*) rod. – **13.** *relig.* (*des Bischofs, Abts*) crosier, crozier, pastoral staff: **einen Bischof mit Ring und ~ belehnen** *hist.* to invest a bishop with ring and crosier. – **14.** *bes. hist.* (*Amtsstab*) mace. – **15.** (*des Dirigenten*) baton, stick (*colloq.*). – **16.** (*sport*) a) (*Staffelstab*) (relay) baton, b) (*für den Stabhochsprung*) pole, c) (*Turngerät*) (gymnastic) bar (*od.* staff). – **17.** *arch.* a) fillet, b) (*Rundstab*) circular molding (*bes. Br.* moulding). – **18.** *civ.eng.* (*beim Stahlhochbau*) member. – **19.** (*fashion*) *obs.* (*eines Korsetts*) bone, staff. – **20.** *metr.* (*im Stabreim*) stave.

ˈ**Stab|**ˌ**an·ker** *m electr.* strip- (*od.* bar)-wound armature. — ~ˌ**an**ˌ**ten·ne** *f* flagpole (*od.* rod) antenna (*bes. Br.* aerial). — ~**bat·te**ˌ**rie** *f* torch battery. — ~ˌ**brand**ˌ**bom·be** *f mil.* stick-type incendiary bomb.

Stäb·chen [ˈʃtɛːpçən] *n* ⟨-s; -⟩ **1.** small rod, rodlet. – **2.** (*für Hemdkragen*) collar stiffener. – **3.** (*als Häkelmasche*) long stitch. – **4.** (*chines. Eßstäbchen*) chopstick. – **5.** *fig. colloq.* cig (*sl.*), 'fag' (*sl.*), *Am. sl.* 'pill', *Br. sl.* 'gasper', cigarette. – **6.** (*games*) (*des Mikadospiels*) jackstraw, spillikin, *auch* spel(l)ican. – **7.** *med.* (*der Netzhaut*) rod. – **8.** *biol.* (*Bazillus*) (rod-shaped) bacillus. – **9.** *mus.* (*des Triangels*) beater. — ~**bak**ˌ**te·rie** *f biol.* (rod-shaped) bacillus. — ~ˌ**form** *f* rod form. — **s**~ˌ**för·mig** *adj* rod-shaped; bacilliform, baculiform, bacillary (*scient.*). — ~ˌ**zel·le** *f med.* staff (*od.* rod) cell.

Sta·bel·le [ʃtaˈbɛlə] *f* ⟨-; -n⟩ *Swiss for* a) Schemel, b) Stuhl 1.

sta·bend [ˈʃtaːbənt] *adj* (*literature*) *obs. for* alliterierend II.

ˈ**Stab|**ˌ**fe·der** *f tech.* bar spring. — **s**~ˌ**för·mig** *adj* **1.** rod- (*od.* bar-)shaped, rhabdoid(al) (*scient.*). – **2.** *biol. cf.* stäbchenförmig. — ~ˌ**füh·rung** *f mus.* direction: **unter der ~ von** under the direction of, conducted by. — ~ˌ**fuß**ˌ**bo·den** *m* inlaid strip floor. — ~ˌ**heu**ˌ**schrecke** (*getr.* -k·k-) *f zo.* stick insect (*Carausius morosus*). — ~ˌ**ho·bel** *m tech.* (*Rundstabhobel*) hollowing (*od.* round) plane. — ~ˌ**hoch**ˌ**sprin·ger** *m* (*sport*) pole vaulter (*od. colloq.* jumper). — ~ˌ**hoch**ˌ**sprung** *m* pole vault(ing) (*od. colloq.* jump[ing]).

sta·bil [ʃtaˈbiːl; sta-] **I** *adj* ⟨-er; -st⟩ **1.** (*Baukonstruktion, Gerüst, Tisch etc*) stable, solid, sturdy, strong: **das Regal ist nicht ~** the shelf unit is not stable (*od.* is unstable). – **2.** (*Gesundheit, Bündnis, Freundschaft etc*) stable, solid, stout. – **3.** (*Regierung, Stimmenmehrheit etc*) stable, firm. – **4.** (*Verhältnisse, Wirtschaftslage, Währung etc*) stable, steady: **die Preise ~ halten** to keep prices stable (*od.* on an even level); **~es Gleichgewicht** stable balance, equilibrium. – **5.** *colloq.* (*Körperbau*) sturdy, robust, stalwart, solid, rugged: **ein ~er Bursche** a sturdy fellow (*colloq.*). – **6.** *chem.* (*Emulsion etc*) stable. – **II** *adv* **7.** stably, solidly: **diese Häuser sind ~ gebaut** these houses are solidly built. – **8. ein ~ gebautes Mädchen** *colloq.* a sturdily built girl, a girl of a sturdy build.

Staˈ**bil|**ˌ**bau**ˌ**ka·sten** *m* (*für Kinder*) steel construction set. — ~**emul·si**ˌ**on** *f chem.* stable emulsion.

sta·bi·lie·ren [ʃtabiˈliːrən; sta-] *v/t u. v/reflex* ⟨*no* ge-, h⟩ *obs. for* stabilisieren.

Sta·bi·li·sa·tor [ʃtabiliˈzaːtɔr; sta-] *m* ⟨-s; -en [-zaˈtoːrən]⟩ **1.** *tech.* a) (*Schwinghebel*) stabilizer *Br. auch* -s-, balancer, b) (*zum Ausgleich des Maschinengangs*) equalizer *Br. auch* -s-. – **2.** *auto. electr.* stabilizer *Br. auch* -s-. – **3.** *chem. med.* a) stabilizer *Br. auch* -s-, stabilizing (*Br. auch* -s-) agent, b) emulsifier, emulsifying agent. – **4.** *mil.* (*eines Panzergeschützes*) stabilizer *Br. auch* -s-. – **5.** *aer. mar.* stabilizer *Br. auch* -s-.

sta·bi·li·sie·ren [ʃtabiliˈziːrən; sta-] **I** *v/t* ⟨*no* ge-, h⟩ **1.** (*Machtverhältnisse, Preise, Währung etc*) stabilize *Br. auch* -s-, stabilitate. – **2.** *aer.* (*ein Flugzeug, eine Rakete*) stabilize *Br. auch* -s-. – **3.** *med.* (*Herz etc*) stabilize *Br. auch* -s-. – **II** *v/reflex* **sich ~** **4.** (*von Wirtschaftslage, Preisen, Kursen etc*) stabilize *Br. auch* -s-, steady, become (*od.* get) steadier, (*allmählich*) grow steadier. – **5.** *med.* (*von Herz, Kreislauf etc*) stabilize *Br. auch* -s-. – **III S~** *n* ⟨-s⟩ **6.** *verbal noun.* — **Sta·bi·li**ˈ**sie·rung** *f* ⟨-; *no pl*⟩ **1.** *cf.* Stabilisieren. – **2.** (*der Wirtschaftslage, Währung, Löhne etc*) stabilization *Br. auch* -s-.

Sta·bi·liˈ**sie·rungs|**ˌ**an**ˌ**lei·he** *f econ.* stabilization (*Br. auch* -s-) loan. — ~ˌ**flos·se** *f* **1.** *aer. mar.* stabilizing (*Br. auch* -s-) fin, stabilizer *Br. auch* -s-. – **2.** *aer. cf.* Höhenflosse. — ~ˌ**fonds** *m econ.* stabilization fund. — ~**po·li**ˌ**tik** *f* stabilization policy, policy of stabilization. — ~ˌ**wi·der**ˌ**stand** *m electr.* stabilization resistance.

Sta·bi·li·tät [ʃtabiliˈtɛːt; sta-] *f* ⟨-; *no pl*⟩ **1.** (*einer Baukonstruktion, eines Gerüstes etc*) stability, robustness, strength, solidity, sturdiness. – **2.** (*eines Bündnisses etc*) stability, solidity. – **3.** (*der Wirtschaftslage, Währung, Preise etc*) stability, steadiness: **mangelnde ~** instability. – **4.** *med.* stability.

Sta·bi·liˈ**täts**ˌ**fak·tor** *m* stability factor.

ˈ**Stab|iso**ˌ**la·tor** *m electr.* stick (*od.* rod) insulator. — **s**~ˌ**ker·nig** *adj* **~e Zellen** *biol.* stab cells, stabs. — ~ˌ**kir·che** *f arch.* (*in Norwegen etc*) stave church. — ~ˌ**lam·pe** *f bes. Br.* (electric) torch, *bes. Am.* flashlight. — ~ˌ**li·ste** *f* (*beim Film*) production list. — ~**ma**ˌ**gnet** *m phys.* bar magnet. — ~ˌ**reim** *m metr.* alliteration. — ~ˌ**rost** *m metall.* mining bar grate, grizzly.

ˈ**Stabs|**ˌ**arzt** *m mil.* captain (medical corps). — ~**be**ˌ**fehl** *m* headquarters order. — ~ˌ**boots**ˌ**mann** *m mar. mil. Am.* master chief petty officer, *Br.* fleet chief petty officer. — ~ˌ**chef** *m mil.* chief of staff. — ~ˌ**feld**ˌ**we·bel** *m Am.* master sergeant, *Br.* Warrant Officer Class II.

ˈ**Stab**ˌ**sich·tig·keit** *f* ⟨-; *no pl*⟩ *med.* astigmatism.

ˈ**Stabs|kom·pa·nie** *f mil.* headquarters company. — ~**of·fi**ˌ**zier** *m* **1.** (*Major bis Oberst*) field (grade) officer. – **2.** (*Offizier beim Stab*) staff officer. — ~**quar**ˌ**tier** *n* headquarters *pl* (*often construed as sg*).

ˈ**Stab**ˌ**stahl** *m metall.* bar steel.

ˈ**Stabs|**ˌ**un·ter·of·fi**ˌ**zier** *m mil.* **1.** (*beim Heer*) sergeant. – **2.** (*bei der Luftwaffe*) *Am.* staff sergeant, *Br.* sergeant. — ~**ve·te·ri**ˌ**när** *m* major (Vet).

ˈ**Stab|**ˌ**ta·schen**ˌ**lam·pe** *f cf.* Stablampe. — ~ˌ**übun·gen** *pl* (*in der Gymnastik*) bar (*od.* staff) exercises. — ~ˌ**walz**ˌ**werk** *n metall.* bar (rolling) mill. — ~ˌ**wan·ze** *f zo. cf.* Stelzenwanze. — ~ˌ**wech·sel** *m* (*sport*) (*beim Staffellauf*) baton exchange, takeover. — ~ˌ**wick·lung** *f electr.* bar winding. — ~ˌ**wurz** *f bot.* southernwood, *auch* old man (*Artemisia abrotanum*).

stac·ca·to [staˈkaːto; ʃta-] *adv mus.* staccato.

stach [ʃtaːx] *1 u. 3 sg pret of* **stechen.**

Staˈ**cha·now|**ˌ**ar·bei·ter** [ʃtaˈxaːnɔf-; sta-] *m* (*in der Sowjetunion*) Stakhanovite. — ~**sy**ˌ**stem** *n* Stakhanovite system.

stä·che [ˈʃtɛːçə] *1 u. 3 sg pret subj of* **stechen.**

Sta·chel [ˈʃtaxəl] *m* ⟨-s; -n⟩ **1.** *bot.* (*an Sträuchern, Kakteen etc*) spine, prick, (*kleiner*) prickle, spinule (*scient.*). – **2.** *zo.* a) (*der Bienen, Wespen, Skorpione etc*) sting, *bes. Am.* stinger, piercer, aculeus (*scient.*), b) (*des Igels, Stachelschweins etc*) spine, quill, prick, c) (*eines Stachelhäuters*) spicule, spiculum, d) (*an den Flossen bestimmter Fische*) spine, ray, acantha (*scient.*): **seine ~n aufstellen** a) (*von Igel etc*) to put up (*od.* raise) its spines, b) *fig. colloq.* to bristle. – **3.** (*an Gürtel-, Schuhschnallen etc*) tongue. – **4.** (*des Stacheldrahts*) barb. – **5.** (*an Rennschuhen, Hundehalsbändern etc*) spike. – **6.** (*am Sporn*) point. – **7.** (*zum Antreiben des Viehs*) goad: **wider den ~ löcken** *fig. lit.* to kick against the pricks. – **8.** *fig.* (*etwas Schmerzendes, Quälendes*) sting, thorn: **durch die Aussprache wurde dem Vorfall der ~ genommen** the discussion took the sting out of the incident; **auch nach der Versöhnung blieb ein ~ zurück** the sting was still there even after the reconciliation. – **9.** *fig.* (*treibende Kraft*) goad, spur, incentive, stimulus: **der ~ des Ehrgeizes trieb ihn immer weiter** the goad of ambition drove him on further. – **10.** *mus.* (*am Cello etc*) tailpin, spike, end-pin. — ~ˌ**ap·fel** *m bot.* soursop (*Annona muricata*). — ~ˌ**bä·ren**ˌ**klau** *f, m* bear's-breech, brankursine (*Acanthus spinosus*).

ˈ**Sta·chel**ˌ**beer**ˌ**blatt**ˌ**wes·pe** *f zo.* green currant worm (*Pristiphora pallipes*).

ˈ**Sta·chel**ˌ**bee·re** *f bot.* **1.** gooseberry. – **2.** *cf.* Stachelbeerstrauch.

ˈ**Sta·chel**ˌ**beer|mar·me**ˌ**la·de** *f gastr.* gooseberry jam. — ~**-**ˌ**Mehl**ˌ**tau, Ame·ri**ˈ**ka·ni·scher** *m bot.* American gooseberry mildew (*Sphaerotheca mors-uvae*). — ~ˌ**span·ner** *m zo. cf.* Harlekin 2a. — ~ˌ**strauch** *m bot.* gooseberry (bush *od.* shrub) (*Ribes uva-crispa*). — ~ˌ**wein** *m gastr.* gooseberry wine.

ˈ**Sta·chel**ˌ**bilch** *m zo.* spiny dormouse (*Platacanthomys lasiurus*).

ˈ**Sta·chel**ˌ**bürz·ler** [-ˌbʏrtslər] *m* ⟨-s; -⟩ *zo.* (*tropischer Singvogel*) cuckoo shrike (*Fam. Campephagidae*).

ˈ**Sta·chel**ˌ**dol·de** *f bot.* sea (*od.* prickly) parsnip (*Echinophora spinosa*).

ˈ**Sta·chel**ˌ**draht** *m* barbed wire: **elektrisch geladener ~** live (*od.* electrically charged) barbed wire. — ~ˌ**hin·der·nis** *n*, ~**ver**ˌ**hau** *m, n* barbed wire obstacle (*od.* entanglement). — ~ˌ**zaun** *m* barbed wire fence.

ˈ**Sta·chel**ˌ**flos·se** *f zo.* (*der Stachelflosser*) spiny (dorsal) fin, acantha (*scient.*). — ˈ**Sta·chel**ˌ**flos·ser** *pl collect.* spiny-finned fishes (*Ordng Acanthopterygii*).

ˈ**sta·chel**ˌ**för·mig** *adj bot.* spine- (*od.* prick-, prickle-)shaped, spinous; spiniform, aculeiform (*scient.*).

ˈ**Sta·chel|**ˌ**fort**ˌ**satz** *m med.* spinous process. — ~ˌ**gras** *n bot.* bur gras (*Gattg Cenchrus*). — ~ˌ**haie** *pl zo.* squaloids, acanthodii (*Ordng Squaloidea*). — ~ˌ**hals**ˌ**band** *n* (*für Hunde*) spiked collar. — ~ˌ**häu·ter** [-ˌhɔʏtər] *m* ⟨-s; -⟩ *zo.* echinoderm: **die ~** the echinoderms, the echinoderma(ta). — ~ˌ**hum·mer** *m* spiny lobster (*Palinurus vulgaris*).

ˈ**sta·che·lig** *adj* **1.** (*Sträucher, Kaktus etc*) prickly, thorny, thistly, bristly, spiny, *auch* spiney; spinous, spinose (*lit.*). – **2.** (*Igel etc*) spiny, *auch* spiney, prickly. – **3.** (*Stoff, Pullover etc*) prickly, coarse. – **4.** (*Bart, Kinn*) stubb(l)y, bristly, prickly. – **5.** *fig.* (*kratzbürstig*) prickly, bristly. — ˈ**Sta·che·lig·keit** *f* ⟨-; *no pl*⟩ **1.** (*von Sträuchern etc*) prickliness, thorniness, spininess, spinosity (*lit.*). – **2.** *fig.* (*Kratzbürstigkeit*) prickliness, bristliness.

ˈ**sta·chel·los** *adj* **1.** *bot.* prickless, thornless, spineless. – **2.** *zo.* (*Biene*) stingless.

ˈ**Sta·chel|ma**ˌ**kre·le** *f zo.* carangid (*Fam. Carangidae*). — ~ˌ**maus** *f* spiny mouse (*Gattg Acomys*). — ~ˌ**mohn** *m bot.* Mexican (*od.* prickly) poppy (*Gattg Argemone, bes. A. mexicana*). — ~ˌ**nuß** *f cf.* Stechapfel. — ~ˌ**pal·me** *f* prickly palm (*Gattg Bactris*): **Große ~** beach palm (*B. major*).

— ~ˌ**rat·te** *f zo.* spiny (*od.* hedgehog, porcupine) rat (*Gattg Echimys*). — ~ˌ**ro·chen** *m cf.* Stechrochen. — ~ˌ**schnecke** (*getr.* -k·k-) *f* **1.** murex (*Fam. Muricidae*). – **2.** sting winkle (*Tritonalia erinacea*). — ~ˌ**schwamm** *m bot.* hydnum (*Gattg Hydnum*). — ~ˌ**schwanz-Le·guˌan** *m zo.* **1.** (*in Südamerika*) spiny-tailed lizard (*Hoplocerus spinosus*). – **2.** (*in Nordamerika*) collared swift (*Sceloporus poinsetti*). — ~ˌ**schwein** *n* porcupine (*Gattg Hystrix*): Gewöhnliches (*od.* Europäisches) ~ common (*od.* European) porcupine (*H. cristata*). — ~ˌ**stock** *m* (*des Viehtreibers*) goad. — ~ˌ**ta·schenˌmaus** *f zo.* spiny (pocket) mouse (*Gattg Heteromys*). — ~ˌ**zel·le** *f med.* prickle cell.

Sta·ches [ˈʃtaxəs] *m* ⟨-; -⟩ *Southwestern G. dial. colloq.* obstinate fellow, mule (*beide colloq.*).

ˈ**stach·lig** *adj cf.* stachelig. — ˈ**Stach·lig·keit** *f* ⟨-; *no pl*⟩ *cf.* Stacheligkeit.

Stack [ʃtak] *n* ⟨-(e)s; -e⟩ *Low G. for* Buhne.

Sta·del [ˈʃtaːdəl] *m* ⟨-s; - *u. Swiss* ⸚⟩ *Southern G., Austrian and Swiss dial.* barn, shed.

Sta·di·on [ˈʃtaːdiɔn] *n* ⟨-s; -dien⟩ (*sport*) stadium, *Am. colloq. auch* bowl.

Sta·di·um [ˈʃtaːdiʊm] *n* ⟨-s; -dien⟩ **1.** stage, phase, phasis (*lit.*): die Verhandlungen sind in ein neues ~ eingetreten the negotiations have entered a new stage. – **2.** *med. biol.* (*einer Krankheit, einer Entwicklung etc*) stage, stadium, period, phase: akutes [chronisches] ~ acute [chronic] stage; Krebs in vorgerücktem ~ cancer in an advanced stage, far-gone cancer; ~ der Heilung healing stage.

Stadt [ʃtat] *f* ⟨-; ⸚e [ˈʃtɛːtə]⟩ **1.** town, (*größere*) city: er wohnt in einer kleinen ~ he lives in a small town; New York ist eine große ~ New York is a large (*od.* big) city; die ~ Berlin the city of Berlin; die Freie ~ Danzig *hist.* the Free Town of Danzig; die Ewige ~ (*Rom*) the Eternal City, Rome; eine ~ von (*od.* mit) 8000 Einwohnern a town of (*od.* with) 8,000 inhabitants; ein Haus am Rande der ~ a house on the outskirts of the city; der Gegensatz zwischen ~ und Land the contrast between town and country; die Nachricht verbreitete sich in ~ und Land the news spread up and down the country; die Leute aus der ~ (the) townsmen; ich bin in der ~ aufgewachsen I grew up in a town (*od.* city), I am town- (*od.* city-)bred; X wurde zur offenen ~ erklärt *mil.* X was declared an open town; die ganze ~ spricht von dem Skandal *fig.* the whole town is talking about the scandal, the scandal is all over (*od.* is the talk of the) town; die ganze ~ war auf den Beinen *fig. colloq.* the whole town was up and about. – **2.** ⟨*only sg*⟩ *colloq.* (*Innenstadt*) town, town (*od.* city) center (*bes. Br.* centre), *Am. auch* downtown: in die ~ gehen to go (in)to town, *bes. Am.* to go downtown; sie ist in der ~ she is in town, *bes. Am.* she is downtown. – **3.** ⟨*only sg*⟩ *colloq.* (*Stadtverwaltung*) municipality; town, (*bei größeren Städten*) city (*colloq.*): mein Mann ist bei der ~ (angestellt) my husband is a municipal employee, *Br.* my husband works for the council (*in Großstädten auch* corporation). — ~ˌ**abˌga·ben** *pl jur. Br.* (municipal) rates, *Am.* municipal taxes. — ~ˌ**adel** *m hist.* town nobility (*od.* aristocracy). — **s**~ˌ**ähn·lich** *adj* (*Siedlungen*) townlike, citied. — ~ˌ**amt** *n* municipal office (*od.* authority). — ~ˌ**anˌlei·he** *f econ.* municipal (*Br. auch* corporation) loan: ~n municipal loans (*od.* bonds). — ~ˌ**anˌschluß** *m tel.* (*in einem Dienstgebäude*) telephone connection (*Br. auch* connexion) with the town (*od.* city), intercity toll system: ~ haben to have a telephone connection with the city, to be on the city telephone exchange. — ~ˌ**arˌchiv** *n* municipal (*od.* town, city) archives *pl.* — **s**~ˈ**ausˌwärts** [ˌʃtat-] *adv* out of town. — ~ˌ**au·toˌbahn** *f Am.* city expressway, *Br.* city motorway. — ~ˌ**bad** *n* **1.** (*Freibad*) municipal (*od.* town, city) swimming pool (*Br. auch* baths *pl*). – **2.** (*Hallenbad*) municipal baths *pl.*

ˈ**Stadtˌbahn** *f* city (*od.* municipal, metropolitan) railroad (*Br.* railway). — ~ˌ**netz** *n* city (*od.* municipal, metropolitan) railroad (*Br.* railway) network (*od.* system).

ˈ**Stadt|ˌbauˌmei·ster** *m civ.eng. arch.* municipal architect. — ~ˌ**bauˌrat** *m* municipal building surveyor. — ~**beˌhör·de** *f* municipal authority, *Br. auch* (municipal) corporation. — **s**~**beˌkannt** *adj* known all over the town, well-known (*attrib*), notorious: er ist eine ~e Persönlichkeit he is known all over the town; das Ereignis ist ~ the event is (known) all over the town. — ~**beˌvöl·ke·rung** *f* town (*bes. bei großen Städten* city, urban) population. — ~**beˌwoh·ner** *m* town (*od.* city) resident (*od.* dweller, *lit.* denizen), inhabitant of a town (*od.* city), citizen. — ~**beˌzirk** *m* **1.** (*Verwaltungseinheit*) (municipal *od.* town, city) district (*od.* ward), (*bes. in London u. New York*) borough. – **2.** *cf.* Stadtteil 1. — ~**bi·blioˌthek** *f* municipal (*od.* town, city) library. — ~ˌ**bild** *n* town picture, townscape. — ~ˌ**bo·te** *m* town messenger. — ~ˌ**bü·cher** *pl hist.* (*im Mittelalter*) municipal records. — ~ˌ**bü·cheˌrei** *f cf.* Stadtbibliothek. — ~ˌ**bum·mel** *m colloq.* stroll (*od.* saunter) through the town (*od.* city) center (*bes. Br.* centre), *Am. auch* downtown stroll: einen ~ machen to go for a stroll (*od.* to stroll, to saunter) through the town center.

Städt·chen [ˈʃtɛːtçən] *n* ⟨-s; -⟩ **1.** *dim. of* Stadt. – **2.** little (*od.* small) town, townlet: andere ~, andere Mädchen (*Sprichwort*) *etwa* there are more fish in the sea.

ˈ**Stadt|ˌchro·nik** *f* town (*od.* city) chronicle. — ~**diˌrek·tor** *m Am.* city manager, *Br.* town clerk.

ˈ**Städ·te|ˌbal·lung** *f* aggregation of cities, conurbation. — ~ˌ**bau** *m* ⟨-(e)s; *no pl*⟩ town (*od.* city) planning. — ~ˌ**bau·er** *m* ⟨-s; -⟩ town (*od.* city) planner. — **s**~ˌ**bau·lich** *adj u. adv* in (the field of) town (*od.* city) building (*od.* construction), from the viewpoint (*od.* in terms) of town (*od.* city) planning: ~e Planung town (*od.* city) planning, urbanism. — ~ˌ**bil·der** *pl* **1.** (*art*) town (*od.* city) panoramas (*od.* views). – **2.** (*literature*) town (*od.* city) tableaux (*auch* tableaus), town sketches. — ~ˌ**bund** *m hist.* league of towns: der Rheinische [Schwäbische] ~ the Rhenish [Swabian *od.* Suabian] League of Towns.

ˌ**stadtˈeinˌwärts** *adv* into town.

ˈ**Städ·te|ˌmann·schaft** *f* (*sport*) town (*od.* city) team. — ~ˌ**ord·nung** *f* municipal statutes *pl*, *Br. etwa* Municipal Corporation Act. — ~ˌ**part·ner·schaft** *f* partnership between towns (*od.* cities). — ~ˌ**pla·ner** *m* town (*od.* city) planner, urbanist. — ~ˌ**pla·nung** *f* town (*od.* city) planning, urbanism.

Städ·ter [ˈʃtɛːtər] *m* ⟨-s; -⟩ townsman, town (*od.* city) dweller, citizen, towny (*colloq.*), *Am. sl.* towner: die ~ the townsmen, the people of the town (*od.* city), the townspeople; the town (*od.* city) folk(s), the townsfolk (*colloq.*). — ˈ**Städ·te·rin** *f* ⟨-; -nen⟩ townswoman.

ˈ**Städ·te|ˌtag** *m* congress of towns, *Br.* convention of municipal authorities. — ~ˌ**zug** *m* (*railway*) interurban train.

ˈ**Stadt|ˌflucht** *f* exodus from the cities, flight from town life. — ~ˌ**gar·ten** *m cf.* Stadtpark. — ~ˌ**gärt·ner** *m* municipal (*od.* town, city) gardener. — ~ˌ**gas** *n* ⟨-es; *no pl*⟩ town (*od.* city) gas. — ~**geˌbiet** *n* municipal (*od.* town, city) area, *Am. auch* city zone. — ~**geˌmein·de** *f* municipality, *bes. Am.* incorporated town (*od.* city), (*kleine*) *auch* township, *bes. Br.* borough. — ~**geˌschich·te** *f* **1.** history of a town (*od.* city). – **2.** (*heutige*) urban history. — ~**geˌspräch** *n* **1.** ⟨*only sg*⟩ talk of the town, town talk: die gestrigen Vorfälle wurden zum ~ the incidents of yesterday became the talk of the town. – **2.** *tel.* local call. — ~ˌ**gra·ben** *m hist.* (town *od.* city) moat. — ~ˌ**gren·ze** *f* town (*od.* city) boundary (*od.* limits *pl*).

ˈ**Stadt·gueˌril·la**[1] *f* ⟨-; *no pl*⟩ *pol.* city guerilla.

ˈ**Stadt·gueˌril·la**[2] *m* ⟨-(s); -s⟩ *meist pl pol.* (*Partisan*) city guerilla.

ˈ**Stadt|ˌhal·le** *f* municipal (*od.* civic, town) hall. — ~ˌ**hauptˌmann** *m hist.* captain of the town militia, *auch* town major. — ~ˌ**haus** *n* **1.** (*Wohnsitz in der Stadt*) town house. – **2.** *cf.* Rathaus. — ~ˌ**in·ne·re** *n cf.* Stadtzentrum.

städ·tisch [ˈʃtɛːtɪʃ] **I** *adj* **1.** (*Verwaltung, Einrichtung, Eigentum etc*) municipal, town (*attrib*), (*bei großen Städten*) *auch* city (*attrib*): die ~en Behörden the municipal authorities; ~er Angestellter municipal employee; die ~e Wasserversorgung the municipal (*od.* town, city) water supply; ~e Sparkasse municipal savings bank; ~e Verkehrsbetriebe municipal (*od.* city, *Br. auch* corporation, *bei Millionenstädten auch* metropolitan) transport *sg*; ~e Anleihe *econ.* municipal loan. – **2.** (*Bevölkerung, Probleme, Belange etc*) town (*attrib*), (*bei großen Städten*) *auch* city (*attrib*), urban: ~es Einzugsgebiet urban (*bei Millionenstädten auch* metropolitan) periphery; ~e Siedlung *bes. geogr.* town, urban settlement. – **3.** (*Kleidung, Lebensweise, Umgangsformen etc*) town (*attrib*); townish, towny (*colloq.*); (*großstädtisch*) *auch* city (*attrib*), urban. – **4.** (*stadtähnlich*) townlike: das Dorf macht einen recht ~en Eindruck the village has a rather townlike appearance. – **II** *adv* **5.** municipally: das Altersheim wird ~ verwaltet the home for the aged is under municipal administration (*od.* is municipally run). – **6.** in townish style, townishly (*colloq.*): ~ gekleidet sein to be dressed in townish style (*od. colloq.* townishly).

ˈ**Stadt|ˌkäm·me·rer** *m* treasurer of a town, city treasurer. — ~ˌ**kas·se** *f* municipal (*od.* town, city) treasury. — ~ˌ**kern** *m cf.* Stadtzentrum. — ~ˌ**kind** *n* town (*od.* city) child. — ~ˌ**klatsch** *m* town gossip. — ~ˌ**kli·ma** *n meteor.* urban climate. — ~**kom·manˌdant** *m mil. Br.* town major, *Am.* commanding officer (of a town). — ~ˌ**kreis** *m pol.* municipal administrative district, *Br.* urban district. — **s**~ˌ**kun·dig** *adj* well acquainted with a town (*od.* city): ein ~er Führer a guide who is well acquainted with the town (*od.* who knows the town well). — ~ˌ**le·ben** *n* town (*in großen Städten* city, urban) life. — ~ˌ**leu·te, die** *pl* the townsmen, the people of the town (*od.* city), the townspeople; the town (*od.* city) folk(s), the townsfolk (*colloq.*). — ~ˌ**luft** *f* ⟨-; *no pl*⟩ town (*od.* city) air. — ~ˌ**mau·er** *f* (*einer mittelalterlichen Stadt*) town (*od.* city) wall. — ~**mis·siˌon** *f relig.* town (*od.* city) mission. — ~ˌ**mit·te** *f* town (*od.* city) center (*bes. Br.* centre). — ~**mu·siˌkant** *m mus. hist.* town musician: → Bremer. — ~ˌ**park** *m* town (*od.* city) park. — ~**par·laˌment** *n pol.* city parliament, city (*od.* town) council. — ~ˌ**pfar·rer** *m röm.kath.* parish priest. — ~ˌ**pfei·fer** *m mus. hist.* town musician. — ~ˌ**pflan·ze** *f fig. colloq. humor.* city girl (*od. sl.* bird, chick). — ~ˌ**plan** *m* town (*od.* city) map. — ~ˌ**pla·ner** *m cf.* Städteplaner. — ~ˌ**pla·nung** *f cf.* Städteplanung. — ~**prä·siˌdent** *m Swiss* mayor.

ˈ**Stadtˌrand** *m* edge (*od.* fringe, periphery) of a town (*od.* city), outskirts *pl* (of a town): wir wohnen am ~ we live on the fringe of the city (*od.* on the outskirts). — ~ˌ**sied·lung** *f* suburban housing development (*Br.* housing estate).

ˈ**Stadt|ˌrat** *m* ⟨-(e)s; ⸚e⟩ **1.** (*Einrichtung*) municipal council (*od.* board), town (*Br. auch* borough, *bei größeren Städten* city) council, board of aldermen, *Am. auch* board of councilmen. – **2.** (*Person*) municipal (*od.* town, city) councillor (*Am. auch* councilor), alderman, *Br. auch* borough councillor, *Am. auch* councilman. — ~ˌ**rä·tin** *f* ⟨-; -nen⟩ municipal (*od.* town, city) councillor (*Am. auch* councilor), lady alderman, *Am. auch* councilwoman. — ~ˌ**ratsˌsit·zung** *f* meeting (*od.* session) of the municipal (*od.* town, city) council, aldermen's (*Am. auch* councilmen's) meeting. — ~ˌ**recht** *n* ⟨-(e)s; -e⟩ **1.** status of a town (*od.* city): einer Gemeinde das ~ verleihen to confer the status of a town (up)on (*bes. Am.* to incorporate) a community, to grant a community a town (*od.* city) charter. – **2.** *jur. hist.* a) (*Urkunde*) charter of a city (*od.* borough), b) (*Rechtsnormen*) city law, *Br. auch* corporation statutes *pl.* — ~ˌ**rohrˌpost** *f* (*postal service*) city-wide pneumatic tube systems *pl.* — ~ˌ**rundˌfahrt** *f* town (*od.* city) sight-seeing tour. — ~ˌ**säckel** (*getr.* -k·k-) *m econ. colloq.* town (*od.* city) purse (*od.* treasury). — ~ˌ**schrei·ber** *m hist.* town clerk. — ~**seˌnat** *m Austrian* (*in Wien*) city senate. — ~ˌ**staat** *m* ⟨-(e)s; -en⟩ *pol.* city-state. — ~ˌ**strei·cher** *m* ⟨-s; -⟩

city vagrant (*od.* tramp), street loafer. — **~ˌta·sche** *f* **1.** (hand)bag. – **2.** (*Reisetasche*) *Br.* holdall, *Am.* carryall, grip(sack). — **~ˌteil** *m* **1.** part of the town (*od.* city), quarter. – **2.** (*feste Verwaltungseinheit*) *cf.* Stadtbezirk 1. — **~thea·ter** [-teˌaːtər] *n* municipal (*od.* town, city) theater (*bes. Br.* theatre). — **~ˌtor** *n* (*in mittelalterlichen Städten*) city gate, gate of the town (*od.* city). — **~ˌvä·ter, die** *pl fig. colloq.* the city fathers. — **~verˌkehr** *m* town (*in großen Städten* city, urban) traffic.

ˈStadt·verˌord·ne·te[1] *m* ⟨-n; -n⟩ *cf.* Stadtrat 2.

ˈStadt·verˌord·ne·te[2] *f* ⟨-n; -n⟩ *cf.* Stadträtin.

ˈStadt·verˌord·ne·ten·verˌsamm·lung *f cf.* a) Stadtrat 1, b) Stadtratssitzung.

ˈStadt|verˌwal·tung *f* municipal (*od.* town, city) administration (*od.* authorities *pl*). — **~ˌvier·tel** *n cf.* Stadtteil 1. — **~ˌwa·che** *f hist.* municipal (*od.* town, city) guard. — **~ˌwap·pen** *n* coat of arms (*od.* arms *pl*) of a town (*od.* city). — **~ˌwoh·nung** *f bes. Am.* city apartment, *bes. Br.* city flat. — **~ˌzen·trum** *n* town (*od.* city) center (*bes. Br.* centre), *Am. auch* downtown: im ~ von Berlin in the center of Berlin, *Am. auch* in downtown Berlin. — **~ˌzuˌbrin·gerˌdienst** *m* (*der Fluggesellschaften*) feeder service.

Sta·fel [ˈʃtaːfəl] *m* ⟨-s; ⸗⟩ *Swiss for* Alm[1].

Sta·fet·te [ʃtaˈfɛtə] *f* **1.** (*zum Überbringen von Nachrichten etc*) relay: eine ~ von Läufern bringt das olympische Feuer an seinen Bestimmungsort a relay of runners brings (*od.* runners relay) the Olympic fire to its destination. – **2.** *hist.* (*Meldereiter*) courier, *Br. auch* express (messenger). – **3.** (*sport*) *obs. for* a) Staffel 1, b) Staffellauf.

Staˈfet·ten|ˌlauf *m* (*sport*) *obs. for* Staffellauf. — **~ˌläu·fer** *m*, **~ˌläu·fe·rin** *f obs. for* Staffelläufer(in).

Staf·fa·ge [ʃtaˈfaːʒə] *f* ⟨-; -n⟩ **1.** (*art*) a) (*Menschen- u. Tierfiguren*) staffage, b) (*schmückendes Beiwerk*) accessories *pl*, (addition of secondary features as) decoration, staffage. – **2.** *fig.* (*leerer Schein*) mere show (*od.* sham, facade, *bes. Br.* façade).

Staf·fel [ˈʃtafəl] *f* ⟨-; -n⟩ **1.** (*sport*) (*von Wettläufern, Schwimmern etc*) relay (team). – **2.** *mil.* a) (*taktische*) echelon, b) (*der Luftwaffe*) squadron. – **3.** (*von Motorradfahrern, Reitern etc*) echelon. – **4.** *econ.* a) (graded) scale, b) (*der Gewinnanteile*) graded scale of profit allocation. – **5.** *Southern G., Austrian and Swiss for* a) Treppenstufe, b) Leitersprosse. — **~ˌanˌlei·he** *f econ.* graduated-interest loan. — **~beˌsteue·rung** *f* graduated taxation. — **~beˌtrieb** *m* ⟨-(e)s; *no pl*⟩ **1.** *electr.* echelon working. – **2.** *tel.* echelon service. — **~ˌbruch** *m geol.* step (*od.* distributive) fault(s *pl*).

Staf·feˈlei *f* ⟨-; -en⟩ **1.** (*art*) easel. – **2.** *Bavarian* stepladder.

ˈStaf·fel|ˌfeu·er *n mil.* **1.** staggered barrages *pl.* – **2.** *mar.* ladder fire. — **~ˌflug** *m*, **~for·ma·tiˌon** *f aer.* echelon formation, flying in echelons. — **s~ˌför·mig** *bes. aer. mil. mar.* **I** *adj* echelon (*attrib*): ~e Formation echelon formation, formation (*od.* disposition) in echelons. – **II** *adv* in echelon(s), by echelons: etwas ~ anordnen to arrange s.th. in echelons, to echelon s.th. — **~geˌbet** *n röm.kath. cf.* Stufengebet. — **~ka·piˌtän** *m aer. mil. Am.* squadron commander, *Br.* officer commanding (*od.* OC) squadron. — **~ˌlauf** *m* (*sport*) relay (race). — **~ˌläu·fer** *m*, **~ˌläu·fe·rin** *f* ⟨-; -nen⟩ **1.** (*in der Leichtathletik*) relay runner. – **2.** (*beim Skilanglauf*) relay racer. — **~ˌlei·tung** *f electr.* echelon (*od.* series) circuit.

staf·feln [ˈʃtafəln] **I** *v/t* ⟨h⟩ **1.** (*Gehälter, Tarife, Steuern etc*) graduate, grade, scale, gradate: die Löhne nach der Leistung ~ to scale pay to output. – **2.** (*Arbeitszeit, Ferientermine etc*) stagger. – **3.** *mil. mar.* (*Truppen, Kriegsschiffe etc*) echelon, dispose (*things*) in echelons. – **4.** (*sport*) (*Hintermannschaft etc*) draw up (*players*) in echelon: die Mannschaft hatte ihre Verteidigung geschickt gestaffelt the defence was skilfully drawn up in echelon. – **II** *v/reflex* sich ~ **5.** (*von Gehältern, Tarifen, Steuern etc*) graduate, grade. – **III S~** *n* ⟨-s⟩ **6.** *verbal noun.* – **7.** *cf.* Staffelung.

ˈStaf·fel|ˌpreis *m econ.* graduated (*auch* graded) price. — **~ˌrech·nung** *f* **1.** accounting based on sliding balances. – **2.** interest calculation based on the respective balances. — **~ˌschwim·mer** *m*, **~ˌschwim·me·rin** *f* (*sport*) relay swimmer. — **~ˌstab** *m* (relay) baton. — **~taˌrif** *m econ.* **1.** (*Rahmentarif*) sliding (*od.* graded, graduated, differential) tariff. – **2.** (*Einzeltarif*) rate, (*bei der Bahn, abgestuft nach Entfernungen*) tapering rates *pl.*

ˈStaf·fe·lung *f* ⟨-; -en⟩ **1.** *cf.* Staffeln. – **2.** (*der Gehälter, Tarife, Steuersätze etc*) graduation, gradation. – **3.** *mar. mil.* (*der Truppen, Kriegsschiffe etc*) echelon.

ˈstaf·felˌwei·se *adv* **1.** by graduation (*od.* gradation). – **2.** *mar. mil.* in echelon(s), by echelons.

ˈStaf·fel|ˌzin·sen *pl econ.* graduated interest *sg.* — **~ˌzinsˌrech·nung** *f* graduated calculation of interest.

Stag [ʃtaːk] *n* ⟨-(e)s; -e(n)⟩ *mar.* (*Stütztau*) stay: durch ein ~ befestigen to stay; über ~ gehen (*wenden*) to go about.

Stag·fla·ti·on [ʃtakflaˈtsioːn; stak-] *f* ⟨-; -en⟩ *econ.* stagflation.

ˈStagˌfock *f mar.* (stay) foresail, fore staysail.

Sta·gna·ti·on [ʃtagnaˈtsioːn; sta-] *f* ⟨-; -en⟩ **1.** (*im kulturellen Leben, in der Politik etc*) stagnation, stagnancy, standstill, stagnance. – **2.** *econ.* (*der Ausfuhr etc*) stagnation, stagnancy, sluggishness. – **3.** (*des Wassers, der Luft etc*) stagnation, stagnancy, stagnance. – **4.** *med.* stagnation, stagnancy, stagnance, stasis (*scient.*).

sta·gnie·ren [ʃtaˈgniːrən; sta-] **I** *v/i* ⟨*no* ge-, h⟩ **1.** (*von Entwicklung, kulturellem Leben etc*) stagnate, be stagnant, be at (*od.* have come to) a standstill. – **2.** *econ.* (*von Geschäften, Ausfuhr etc*) stagnate, be stagnant (*od.* sluggish, dull). – **3.** (*von Wasser, Luft etc*) stagnate, be stagnant. – **4.** *med.* (*von Blutzufuhr etc*) stagnate. – **II S~** *n* ⟨-s⟩ **5.** *verbal noun.* – **6.** *cf.* Stagnation. — **staˈgnie·rend I** *pres p.* – **II** *adj* **1.** (*Entwicklung etc*) stagnant. – **2.** *econ.* (*Wirtschaftslage etc*) stagnant, sluggish. – **3.** (*Wasser*) stagnant, standing. — **Staˈgnie·rung** *f* ⟨-; *no pl*⟩ *cf.* Stagnation.

ˈStagˌse·gel *n mar.* staysail.

stahl [ʃtaːl] *1 u. 3 sg pret of* stehlen.

Stahl *m* ⟨-(e)s; ⸗e *u. rare* -e⟩ **1.** *metall.* steel: legierter [niedriglegierter, unlegierter] ~ alloy [alloy-treated, unalloyed] steel; rostfreier (*od.* nichtrostender) [hitzebeständiger] ~ stainless [heat-resistant] steel; beruhigter [halbberuhigter, unberuhigter] ~ killed [semikilled, rimming *od.* rimmed] steel; schweißbarer ~ weldable steel, steel suitable for welding; die Träger sind aus ~ the girders are (made) of steel; etwas mit ~ überziehen (*od.* belegen) to steel-face s.th.; Eisen zu ~ verarbeiten (*od.* in ~ verwandeln) to convert iron into steel; hart wie ~ *auch fig.* (as) hard as nails; er hat Nerven wie (*od.* aus) ~ *fig.* he has iron nerves. – **2.** *tech.* a) (*als Schneidwerkzeug*) cutting tool, b) (*Anreißnadel*) scriber, marker. – **3.** *fig. poet. archaic* (*stählerne Waffe*) steel, blade: der kalte ~ durchbohrte ihn the cold steel pierced him.

ˈStahl|ˌak·ti·en *pl econ.* steels, steel shares (*Am.* stocks), (the) steel group *sg.* — **~ˌan·ker** *m civ.eng.* steel tie (rod). — **~ˌar·beit** *f* steelwork. — **~ˌar·bei·ter** *m* steelworker. — **s~ˌar·tig** *adj* steellike, *Br.* steel-like, steely. — **~ˌbad** *n* **1.** *med.* a) chalybeate bath, b) (*Badeort*) chalybeate spa. – **2.** *metall.* molten (steel) bath. — **~ˌband** *n* ⟨-(e)s; ⸗er⟩ **1.** *tech.* steel band (*od.* strap, tape). – **2.** *metall.* strip steel. — **~ˌband·ˌmaß** *n tech.* steel measuring tape, steel tape (rule). — **~ˌbau** *m* ⟨-(e)s; -ten⟩ *civ.eng.* **1.** ⟨*only sg*⟩ steel construction, structural steelwork. – **2.** (*Bauwerk*) steel(-framed) structure (*od.* construction). – **3.** ⟨*only sg*⟩ (*als Lehrfach*) structural steel engineering. — **~ˌbauˌteil** *n*, *m* steel structural component (*od.* member). — **~ˌbauˌwei·se** *f* **1.** steel-framed construction. – **2.** steel construction system.

ˈStahl·beˌton *m civ.eng.* reinforced concrete, ferroconcrete. — **~ˌbau** *m* ⟨-(e)s; -ten⟩ **1.** ⟨*only sg*⟩ reinforced concrete construction. – **2.** (*Bauwerk*) reinforced concrete structure (*od.* construction). — **~(ˌbo·gen)ˌbrü·cke** (*getr.* -k·k-) *f* reinforced concrete (*od.* RC) (arch) bridge. — **~ˌfer·tigˌteil** *n*, *m* precast (reinforced) concrete unit.

ˈstahlˌblau I *adj* steel-blue, steel-colored (*bes. Br.* -coloured). – **II S~** *n* steel blue.

ˈStahlˌblech *n metall.* steel plate (*od.* sheet). — **~ˌman·tel** *m* sheet steel jacket.

ˈStahl|ˌblock *m metall.* (steel) ingot. — **~ˌboh·lenˌspundˌwand** *f* reinforced concrete sheet piling. — **~ˌbür·ste** *f* wire brush. — **~ˌdraht** *m* steel wire.

stäh·le [ˈʃtɛːlə] *1 u. 3 sg pret subj of* stehlen.

ˈStahlˌei·sen *n metall.* basic pig iron.

stäh·len [ˈʃtɛːlən] **I** *v/t* ⟨h⟩ **1.** *tech.* steel-face, clad (*s.th.*) with steel. – **2.** *fig. lit.* (*Körper, Muskeln etc*) steel, harden, temper: sie stählte ihren Mut she steeled (*od.* braced up) her courage. – **II** *v/reflex* sich ~ **3.** *fig. lit.* (für for) harden (*od.* toughen) oneself. – **III S~** *n* ⟨-s⟩ **4.** *verbal noun.*

stäh·lern [ˈʃtɛːlərn] *adj* **1.** (*Werkzeug, Gerüst etc*) steel (*attrib*), (made) of steel, steely. – **2.** *fig.* (*Nerven, Blick, Griff etc*) of (*od.* like) steel, steely: ~e Muskeln muscles of steel; er hat einen ~en Willen he has an iron (*od.* a cast-iron) will, he is steel-willed.

ˈStahl·erˌzeu·gung *f metall.* steel manufacture, steelmaking.

ˈStäh·leˌschleif·maˌschi·ne *f tech.* tool and cutter grinder.

ˈStahl|ˌfach *n* (*in der Bank etc*) safe(-deposit box), strongbox. — **~ˌfach·ˌwerk** *n civ.eng.* steel framework, steel skeleton. — **~ˌfe·der** *f* **1.** *tech.* steel spring. – **2.** (*Schreibfeder*) steel pen (*od.* nib). — **~ˌfink** *m zo.* combassou, *auch* combasou (*Hypochera funerea*). — **~ˌfla·sche** *f tech.* (*für Gas*) steel cylinder.

ˈStahlˌform|gie·ßeˌrei *f metall.* steel-casting foundry. — **~ˌguß** *m* steel castings *pl.* — **~ˌgußˌstück** *n* steel casting.

ˈStahl|ˌfri·schen *n metall.* iron (re)fining. — **~geˌhäu·se** *n tech.* steel casing. — **~geˌrüst** *n civ.eng.* **1.** girder (*od.* skeleton) construction. – **2.** (*eines Aufzuges*) overhead gantry. – **3.** (*Baugerüst*) tubular steel scaffold(ing). — **~geˌschoß** *n mil.* steel ball (*od.* bullet). — **~geˌwin·nung** *f metall.* steel manufacture, steelmaking. — **~gie·ßeˌrei** *f* steel(-casting) foundry. — **s~ˌgrau I** *adj* steel-gray (*bes. Br.* -grey). – **II S~** *n* steel gray (*bes. Br.* grey). — **~ˌgür·telˌrei·fen** *m auto.* steel-braced radial-ply tire (*bes. Br.* tyre). — **~ˌguß** *m metall.* **1.** (*als Werkstoff*) cast steel. – **2.** (*als Erzeugnis*) steel castings *pl.* — **s~ˌhal·tig** *adj* containing steel, chalybeate (*scient.*). — **~ˌham·mer** *m tech.* steel hammer. — **s~ˌhart** *adj* (as) hard as steel, steely. — **~ˌhär·tung** *f* steel hardening. — **~ˌhelm** *m mil.* steel helmet, tin hat (*sl.*), *Br. sl.* battle bowler. — **~ˌhül·se** *f* steel cartridge case. — **~ˌhüt·te** *f metall. cf.* Stahlwerk. — **~in·duˌstrie** *f* steel industry. — **~ˌkam·mer** *f* (*einer Bank*) strong room, *Am.* steel vault. — **~ˌkan·te** *f* (*am Ski*) steel edge. — **~kasˌset·te** *f* strongbox. — **~ˌkeil** *m tech.* gad, iron wedge (*od.* quoin, key). — **~ˌkern** *m* steel core. — **~ˌkern·geˌschoß** *n mil.* steel-core (*od.* armor- [*bes. Br.* armour-]piercing) projectile. — **~ˌkern·mu·ni·tiˌon** *f* steel-core (*od.* armor- [*bes. Br.* armour-]piercing) ammunition. — **~ˌket·te** *f* steel chain. — **~ˌkies·geˌblä·se** *n tech.* steel-shot blower. — **~ˌklam·mer** *f* corner iron. — **~ˌklin·ge** *f* steel blade. — **~kon·struk·tiˌon** *f civ.eng. cf.* Stahlbau 1, 2. — **~ˌku·gel** *f tech.* (*des Kugellagers*) steel ball. — **~leˌgie·rung** *f metall.* **1.** steel alloy. – **2.** alloy steel. — **~li·neˌal** *n* steel rule. — **~ˌman·tel·geˌschoß** *n mil.* steel jacket bullet. — **~ˌmaßˌstab** *m* steel rule. — **~ˌmast** *m* **1.** *tech.* steel mast (*od.* column). – **2.** *mar.* steel mast. — **~maˌtrat·ze** *f* steel spring mattress. — **~ˌmö·bel** *pl* steel furniture *sg.* — **~ˌplat·te** *f tech.* steel plate. — **~pro·duk·tiˌon** *f econ.* **1.** (*Ausstoß*) steel output. – **2.** (*Tätigkeit*) steel production.

ˈStahlˌrohr *n tech.* **1.** steel tube. – **2.** (*werkstofftechnisch*) tubular steel, steel tubing. — **~ˌmö·bel** *pl* tubular steel furniture *sg.* — **~ˌträ·ger** *m civ.eng.* tubular steel girder.

ˈStahl|ˌroß *n* **1.** *obs. poet.* (*Lokomotive*) iron horse. – **2.** *humor.* (*Fahrrad*) (iron) steed. — **~ˌsai·te** *f mus.* wire (*od.* steel) string. — **~ˌsand** *m metall.* steel shot (*od.* grit). — **~ˌschnei·der** *m tech.* steel cutter. — **~ˌschrott** *m* steel scrap. — **~ˌschuh** *m* (*für Sandbahnrennen*) steel shoe. — **~ˌschwel·le** *f* (*railway*) steel sleeper (*bes. Am.* tie). —

~ˌseil *n* steel cable, wire (*od.* steel-clad) rope. — **~skeˌlett** *n civ.eng.* steel skeleton. — **~skeˌlettˌbau** *m* ⟨-(e)s; -ten⟩ steel skeleton construction, steel framework. — **~ˌsor·te** *f metall.* steel grade (*od.* quality). — **~ˌspä·ne** *pl* **1.** *tech.* steel chips. – **2.** *cf.* Stahlwolle. — **~ˌspit·ze** *f* (*der Schreibfeder*) steel nib (*od.* pen point). — **~ˌste·cher** *m* (*art*) engraver on (*od.* in) steel, steel(-plate) engraver, siderographer. — **~ˌstem·pel** *m* (*mining*) steel prop. — **~ˌstich** *m* steel(-plate) engraving, *auch* siderographic print (*od.* impression). — **~ˌstift** *m tech.* **1.** (*Nagel*) steel pin. – **2.** (*für Metall- od. Lederarbeiten*) tracer. — **~ˌträ·ger** *m* **1.** *civ.eng.* steel girder. – **2.** *metall.* (*gewalzter*) steel beam. — **~ˌtros·se** *f mar.* steel (*od.* wire) rope (*od.* hawser). — **~ˌtrust** *m econ.* steel trust. — **s~ver·ˌar·bei·tend** *adj only in* ~e Industrie steel-working (*od.* steel-using) industry. — **~verˌfor·mung** *f metall.* steelworking. — **~ˌwalzˌwerk** *n* steel rolling mill. — **~ˌwa·ren** *pl* steel articles, steelware *sg*, hardware *sg*. — **~ˌwel·le** *f tech.* (steel) shaft. — **~ˌwerk** *n* steelworks *pl* (*construed as sg or pl*), steel mill (*od.* plant). — **~ˌwer·ker** *m* ⟨-s; -⟩ steelmaker, steelworker. — **~ˌwer·te** *pl econ. cf.* Stahlaktien. — **~ˌwol·le** *f* steel wool (*od.* shavings *pl*).

stak [ʃtaːk] *1 u. 3 sg pret*, **stä·ke** [ˈʃtɛːkə] *1 u. 3 sg pret subj lit. of* stecken II.

Sta·ke [ˈʃtaːkə] *f* ⟨-; -n⟩ *Low. G.* **1.** (*Stange zum Staken*) (punt) pole. – **2.** (*Pfahl*) stake.

sta·ken [ˈʃtaːkən] **I** *v/t* ⟨h⟩ **1.** punt, pole. – **II** *v/i* ⟨sein⟩ **2.** punt, pole. – **3.** *fig. colloq.* (*mit steifen Schritten gehen*) stalk (along).

ˈ**Sta·ken** *m* ⟨-s; -⟩ *cf.* Stake.

Sta·ket [ʃtaˈkeːt] *n* ⟨-(e)s; -e⟩ stockade, palisade, pale fence.

Sta·ke·te [ʃtaˈkeːtə] *f* ⟨-; -n⟩ *Austrian for* [Holzlatte.]

Staˈke·tenˌzaun *m bes. Austrian for* Staket.

Stak·ka·to [staˈkaːto; ʃta-] *n* ⟨-s; -s *u.* -kati [-ti]⟩ *mus.* staccato. — **~ˌzei·chen** *n* staccato mark.

stak·sen [ˈʃtaːksən] *v/i* ⟨sein⟩ *dial. for* staken 3.

ˈ**stak·sig** *colloq.* **I** *adj* (*von Person*) gawky, lanky and awkward. – **II** *adv* ~ gehen to stalk (along).

Sta·lag·mit [stalaˈgmiːt; ʃta-; -ˈmɪt] *m* ⟨-s *u.* -en; -e(n)⟩ *min. geol.* stalagmite. — **sta·lagˈmi·tisch** *adj* stalagmitic, *auch* stalagmitical.

Sta·lak·tit [stalakˈtiːt; ʃta-; -ˈtɪt] *m* ⟨-s *u.* -en; -e(n)⟩ *min. geol.* stalactite. — **sta·lakˈti·tisch** *adj* stalactitic, *auch* stalactitical, stalactic(al), stalactital.

Sta·li·nis·mus [staliˈnɪsmʊs; ʃta-] *m* ⟨-; *no pl*⟩ *pol.* Stalinism. — **Sta·liˈnist** [-ˈnɪst] *m* ⟨-en; -en⟩ Stalinist. — **sta·liˈni·stisch** *adj* Stalinist.

ˈ**Sta·linˌor·gel** [ˈstaːliːn-; ˈʃtaː-] *f mil. colloq.* multiple rocket launcher.

Stall[1] [ʃtal] *m* ⟨-(e)s; =e⟩ **1.** (*bes. Pferdestall*) stable, *Am. auch* barn: die Pferde aus dem ~ holen to fetch the horses from the stable; ein Pferd in den ~ stellen to stable a horse, to put a horse in the stable; den ~ ausmisten a) to clean the dung out of the stable, b) *fig. colloq.* (*gründlich aufräumen*) to clean the place up, c) *fig. colloq.* (*Mißstände beseitigen*) to make a clean sweep (*od.* general cleanup [*Br.* clean-up] of things); einen ganzen ~ voll Kinder haben *fig. colloq.* to have hordes (*od.* an army) of children. – **2.** (*für einzelnes Tier*) stall. – **3.** (*Kuhstall*) cowshed, cowhouse, *Am. auch* cow barn, *Br. auch* byre. – **4.** (*Schweinestall*) (pig)sty, *Am. auch* pigpen. – **5.** (*Kaninchenstall*) hutch. – **6.** (*sport*) a) (*beim Pferderennsport*) stable, b) (*Gestüt*) stud: der ~ X nimmt an diesem Rennen nicht teil the X stable is not participating in this race; → Pferd 2. – **7.** (*sport*) *cf.* Rennstall 2. – **8.** *colloq. for* a) Garage, b) Flugzeugschuppen. – **9.** (*Schuppen*) shed, outhouse.

Stall[2] *m* ⟨-(e)s; *no pl*⟩ *agr. dial.* (*Pferdeharn*) stale, urine (of a horse).

ˈ**Stallaˌter·ne** (*getr.* -ll·l-) *f* stable lantern.

ˈ**Stall|ˌbaum** *m agr.* (stable) bar. — **~ˌbur·sche** *m* **1.** groom, stableman. – **2.** *cf.* Stalljunge 1.

Ställ·chen [ˈʃtɛlçən] *n* ⟨-s; -⟩ **1.** *dim. of* Stall. – **2.** (*für Kleinkinder*) playpen.

ˈ**Stall|ˌdienst** *m* **1.** stable work. – **2.** *mil.* stable duty, stables *pl.* — **~ˌdün·ger** *m agr. cf.* Stallmist.

stal·len [ˈʃtalən] *v/i* ⟨h⟩ *agr. dial.* (*von Pferd*) stale, urinate.

ˈ**Stall|ˌflie·ge** *f zo. cf.* Wadenbeißer. — **~ˌfüt·te·rung** *f agr.* stable (*Am. auch* barn, indoor) feeding. — **~ˌgang** *m*, **~ˌgas·se** *f* cleaning and milking passage, feeding alley. — **~geˌfähr·te** *m* (*sport*) stablemate, stable companion. — **~ˌgeld** *n* stable (*od.* stabling) money. — **~ˌhal·tung** *f* (*des Viehs*) stabling. — **~ˌha·se** *m colloq.* domestic (*od.* pet) rabbit. — **~ˌjun·ge** *m* **1.** stableboy. – **2.** *cf.* Stallbursche 1. — **~ˌknecht** *m* **1.** (*für Kühe*) cowherd, cowman. – **2.** (*im Rennstall*) *cf.* Stallbursche 1. — **~ˌmagd** *f* (*im Kuhstall*) dairymaid, milkmaid. — **~ˌmast** *f agr.* stable (*od.* winter) fattening, stall-feeding. — **~ˌmei·ster** *m* **1.** (*eines Fürsten*) equerry, master of the horse. – **2.** (*im Rennstall*) riding master. — **~ˌmist** *m agr.* stable (*od.* farmyard, yard, *Am. auch* barnyard) manure, dung.

ˈ**Stal·lung** *f* ⟨-; -en⟩ *meist pl* **1.** *agr.* stable, stabling. – **2.** *pl hist. bes. Br.* mews *pl* (*usually construed as sg*).

ˈ**Stall|ˌvieh** *n agr.* stabled cattle (*usually construed as pl*). — **~ˌwa·che** *f* stable guard.

Stamm [ʃtam] *m* ⟨-(e)s; =e⟩ **1.** (*Baumstamm*) (tree) trunk, bole: ein schlanker ~ a slender trunk; ein dicker [hohler] ~ a thick [hollow] trunk; Stämme schälen to (de)bark (*od.* strip) trunks, to remove bark in strips (*od.* peel the bark) from trunks; Holz auf dem ~ kaufen *econ.* to buy standing timber (*od.* trees); → Apfel 1. – **2.** *bot.* (*einer Pflanze*) stalk, stem, stock. – **3.** (*einer Feder*) shaft. – **4.** *med.* a) (*eines Nervs, Gefäßes etc*) trunk, truncus (*scient.*), b) (*des Hirns*) stalk, stem. – **5.** *relig.* (*des Kreuzes*) tree. – **6.** *ling.* (*Wortstamm*) stem, root, *auch* theme, base, radical (of a word). – **7.** (*Volksstamm*) tribe, race: einen ~ begründen [umsiedeln] to be the founder of [to resettle] a race; die germanischen Stämme the Teutonic tribes. – **8.** (*Familie, Geschlecht*) stock, lineage, family, house, line: eines ~es und Geschlechtes sein to be of one stock and family; der ~ der Hohenstaufen *hist.* the house (*od.* family) of Hohenstaufen; er ist der letzte seines ~es he is the last of his (family) stock; aus königlichem ~ of royal blood; männlicher [weiblicher] ~ male [female] line; aus dem ~e Davids *Bibl.* from the house (*od.* stock, lineage) of David; vom ~e Nimm sein *fig. colloq. humor.* to be a great one for accepting gifts (*colloq.*), to be a sponger. – **9.** *jur.* stirps, stock: Erbfolge nach Stämmen succession per stirpes (*od.* by stocks). – **10.** ⟨*only sg*⟩ (*fester Bestand von Personen*) stock: der Spieler gehört zum ~ der Mannschaft the player belongs to the stock of the team. – **11.** ⟨*only sg*⟩ (*von Arbeitern etc*) regular (*od.* permanent) staff, body of permanent workers, cadre (personnel). – **12.** *mil.* a) permanent staff, b) (*Kader*) cadre (personnel). – **13.** *biol.* a) (*Bakterienstamm*) bacterial strain, b) (*Einteilungseinheit*) phylum. – **14.** *agr.* a) (*Viehbestand*) (live)stock, b) (*Zucht*) breed.

ˈ**Stamm|ˌabˌschnitt** *m* **1.** (*einer Lebensmittelkarte*) central coupon. – **2.** (*wood*) butt, log. — **~akˌkord** *m mus.* basic (*od.* fundamental) chord. — **~ˌak·tie** *f econ.* ordinary (*od.* original) share (*bes. Am.* stock), *Am.* common stock.

ˈ**Stammann·schaft** (*getr.* -mmˌm-) *f* (*sport*) regular team.

ˈ**Stamm|ˌanˌteil** *m econ.* (*in einer GmbH*) share. — **~ˌar·bei·ter** *m* longtime employee, (*in einer Fabrik etc*) *auch* permanent worker. — **~ˌbaum** *m* **1.** family tree, genealogic(al) tree, genealogy, pedigree, lineage, line of ancestors, stemma (*lit.*): langer ~ long pedigree; seinen ~ zurückverfolgen to retrace one's line of ancestors. – **2.** *zo.* pedigree: ein Hund mit [ohne] ~ a pedigree(d) [an unpedigreed] dog; ein Pferd mit edlem ~ a horse with a noble pedigree. – **3.** *biol.* phylogenetic tree. – **4.** *tech.* (*eines Fabrikationsvorgangs*) flow sheet. — **~beˌleg·schaft** *f* regular (*od.* permanent) staff, cadre (personnel), (*in einer Fabrik etc*) *auch* body of permanent workers, permanent labor (*bes. Br.* labour). — **~beˌsat·zung** *f mar.* skeleton crew. — **~ˌblü·ter** [-ˌblyːtər] *m* ⟨-s; -⟩ *bot.* cauliflorous plant. — **s~ˌblü·tig** [-ˌblyːtɪç] *adj* cauliflorous.

ˈ**Stammˌbuch** *n* **1.** family register (*od.* record). – **2.** family album. – **3.** *agr. zo.* a) (*für Vieh, Schweine etc*) herdbook, b) (*für Pferde, Hunde etc*) studbook. – **4.** *obs. for* Gästebuch: das kann (*od.* soll) er sich ins ~ schreiben *fig. colloq.* let him take good note of that. — **~ˌblatt** *n* leaf of a family album (*od.* register, record).

ˈ**Stamm|ˌburg** *f* ancestral castle. — **~caˌfé** *n* favorite (*bes. Br.* favourite) café, café where one is a regular customer.

Stämm·chen [ˈʃtɛmçən] *n* ⟨-s; -⟩ *dim. of* Stamm.

ˈ**Stamm|daˌtei** [-daˌtaɪ] *f* ⟨-; -en⟩ (*computer*) master file. — **~di·viˌden·de** *f econ.* dividend on ordinary (*od.* original) shares (*bes. Am.* stock), *Am.* dividend on common stock. — **~ˌein·heit** *f mil.* **1.** parent unit. – **2.** (*Kadereinheit*) cadre unit. — **~ˌeinˌla·ge** *f econ.* (*bei einer GmbH*) participation, shareholder's contribution (of capital), capital contributed.

stam·meln [ˈʃtaməln] **I** *v/t* ⟨h⟩ **1.** (*aus Unsicherheit, Verlegenheit, Unkenntnis etc*) stammer, stutter, falter: er stammelte ein paar Worte des Dankes he stammered (out) his thanks; eine Entschuldigung ~ to stutter (out) an excuse. – **II** *v/i* **2.** *med.* (*infolge eines Sprachfehlers*) stutter, stammer. – **III S~** *n* ⟨-s⟩ **3.** *verbal noun.* – **4.** *med.* stutter, stammer, traulism (*scient.*): funktionelles S~ dyslalia.

ˈ**Stammˌel·tern** *pl* **1.** progenitors, ancestors. – **2.** *Bibl.* (*Adam u. Eva*) first parents.

stam·men [ˈʃtamən] *v/i* ⟨h⟩ **1.** (*von Personen*) (aus, von from) be descended, come, spring, proceed, *bes. Am.* stem: er stammt aus (*od.* von) einem alten Geschlecht he is from (*od.* of) an old family, he is of ancient lineage; sie stammt aus gutem Hause [aus einer Arztfamilie] she comes from a good family [from a family of physicians]; aus einfachen Verhältnissen ~ to come from a family of modest means (*od.* circumstances). – **2.** (*aus einem Land, einer Stadt*) (aus from) come, hail: die Familie stammt aus Italien the family comes from Italy; er stammt aus München he comes (*od.* is) from Munich; sie ~ aus allen Teilen der Welt they come (*od.* hail) from all parts of the globe (*od. colloq.* from all arts and parts). – **3.** (*von Dingen etc*) (aus, von from) come, be, *bes. Am.* stem: der Schmuck stammt von meiner Großmutter the jewel(le)ry is from (*od.* belonged to) my grandmother; die Nachricht stammt aus zuverlässiger Quelle the news comes from a reliable source; die Risse ~ von fehlerhaften Stellen im Material the cracks stem (*od.* originate) from flaws in the material. – **4.** (*zeitlich*) (aus from, back to) date: diese Urkunde stammt aus dem 16. Jh. this document dates back to the 16th century; dieser Brauch stammt aus der Zeit, als this custom dates from (*od.* originated at) the time when. – **5.** (*zurückgehen auf*) (von) originate (with, from), come (from): dieser Ausspruch stammt von Schopenhauer this saying originated with Schopenhauer (*od.* was originally Schopenhauer's); das Wort stammt von ihm the word was coined by him; das Gedicht stammt von Goethe the poem is (*od.* was written) by Goethe. – **6.** *ling.* (*sich ableiten*) (aus from) be derived, derive: dieses Wort stammt aus dem Lateinischen this word is derived (*od.* derives) from Latin, this word is of Latin origin (*od.* derivation).

ˈ**Stammˌen·dung** *f ling.* termination of the stem.

stam·mern [ˈʃtamərn] *v/t u. v/i* ⟨h⟩ *Low G. dial. for* stammeln.

ˈ**Stam·mes|beˌwußtˌsein** *n* clan spirit, family pride. — **~ˌbräu·che** *pl* tribal customs. — **~ˌei·gen·heit** *f* peculiarity of a tribe (*od.* race), tribal (*od.* racial) peculiarity. — **~entˌwick·lung** *f biol.* phylogeny, phylogenesis, phylesis. — **~ˌfeh·de** *f* tribal feud. — **~geˌnos·se** *m* tribesman. — **~geˌschich·te** *f biol. cf.* Stammesentwicklung. — **s~geˌschicht·lich** *adj biol.* phylogen(et)ic, phyletic. — **~ˌhäupt·ling** *m* chieftain, head of a tribe. — **~ˌkun·de** *f* ethnology. — **~ˌna·me** *m* tribal name. — **~ˌord·nung** *f* tribal organization, tribalism. — **~ˌrech·te** *pl* tribal rights. — **~ˌsa·ge** *f* tribal legend. — **~ˌsit·ten** *pl* tribal customs (*od.* rights, traditions). — **~ˌun·terˌschied** *m* tribal (*od.* racial) difference (*od.* distinction). —

~ˌzu·geˌhö·rig·keit *f* membership in a tribe (*od.* race).

ˈStamm|ˌfäu·le *f* (*forestry*) heart (*od.* trunk, butt) rot. — **~ˌfol·ge** *f* line of descent, genealogical order. — **~ˌform** *f* **1.** *ling.* cardinal (*od.* principal, ground, radical) form. – **2.** *bot. zo.* original (*od.* primitive) form. — **s~ˌfrüch·tig** [-ˌfrʏçtɪç] *adj bot.* caulocarpic, caulocarpous. — **~ˌfrücht·ler** [-ˌfrʏçtlər] *m* ⟨-s; -⟩ caulocarpic (*od.* caulocarpous) plant. — **~ˌgast** *m* **1.** (*eines Restaurants etc*) regular customer (*od.* client), patron, habitué, regular (*colloq.*). – **2.** (*im Hotel etc*) regular guest (*od.* client), patron, habitué. — **~geˌricht** *n gastr.* (*im Restaurant*) regular dish. — **~ˌgut** *n jur.* **1.** family (*od.* entailed) estate. – **2.** (*Familiensitz*) ancestral seat. — **~ˌhal·ter** *m* son and heir, firstborn male descendant. — **~ˌhaus** *n* **1.** (*eines Geschlechts*) principal line. – **2.** *econ.* a) principal (*od.* parent) firm (*od.* company), b) *cf.* Stammsitz 2. — **~ˌholz** *n* (*wood*) (*als Oberbegriff*) trunk wood, logs *pl*, merchantable boles *pl*, roundwood, round timber.

ˈStammie·te (*getr.* -mmˌm-) *f* (*Theaterabonnement*) theater (*bes. Br.* theatre) subscription, subscription for a season ticket. — **ˈStammie·ter** (*getr.* -mmˌm-) *m* season-ticket holder, subscriber.

stäm·mig [ˈʃtɛmɪç] **I** *adj* **1.** (*kräftig*) sturdy, stout, strong, robust: ein kleines, ~es Bäumchen a sturdy little tree; ein Paar ~e Arme a pair of strong (*od.* brawny, *colloq.* husky) arms; ein ~er Kerl a sturdy (*od.* brawny, burly) fellow. – **2.** (*untersetzt*) stocky, sturdy, thickset, chunky: ein ~er kleiner Kerl a stocky little fellow. – **3.** (*Pferd etc*) strong, sturdy. – **II** *adv* **4.** sie ist ~ gebaut she is stockily built, she has a stocky build. — **ˈStäm·mig·keit** *f* ⟨-; *no pl*⟩ **1.** sturdiness, stoutness, strongness, robustness. – **2.** stockiness, sturdiness, chunkiness. – **3.** (*der Pferde etc*) strongness, sturdiness.

ˈStamm|ka·piˌtal *n econ.* **1.** (*Geschäftskapital*) share capital, capital stock. – **2.** (*einer GmbH*) capital. — **~ˌknei·pe** *f colloq.* favorite (*bes. Br.* favourite) pub (*od.* taproom, haunt), habitual haunt, *Am. sl.* hangout. — **~ˌkun·de** *m*, **~ˌkun·din** *f* regular customer, patron, regular (*colloq.*). — **~ˌkund·schaft** *f* regular customers *pl* (*od.* clientele), regulars *pl* (*colloq.*). — **~ˌland** *n* mother country. — **~ˌle·hen** *n hist.* hereditary fief. — **~ˌlei·tung** *f* **1.** (*computer*) trunk circuit. – **2.** *electr.* (*einer Fernsehantenne etc*) main distribution cable.

ˈStamm·ler *m* ⟨-s; -⟩, **ˈStamm·le·rin** *f* ⟨-; -nen⟩ stammerer, stutterer, person with a stammer (*od.* stutter).

ˈStamm|ˌli·ste *f mar. mil. cf.* Stammrolle. — **~loˌkal** *n cf.* Stammkneipe. — **~ˌlö·sung** *f phot.* stock solution. — **~per·soˌnal** *n* permanent (*od.* regular) staff, cadre (personnel). — **~ˌplatz** *m* **1.** usual (*od.* habitual) place (*od.* seat). – **2.** (*theater*) subscription seat. — **~prio·riˌtät(sˌak·tie)** *f econ. cf.* Vorzugsaktie. — **~ˌrol·le** *f mil.* (personnel) roster, muster roll: j-n in die ~ eintragen to list s.o. in the roster. — **~ˌrol·lenˌnum·mer** *f* number (given to a soldier upon call-up). — **~ˌschloß** *n* ancestral castle. — **~ˌsil·be** *f ling.* radical (syllable). — **~ˌsitz** *m* **1.** ancestral (*od.* family) seat. – **2.** *econ.* (original) headquarters *pl* (*often construed as sg*). — **~ˌta·fel** *f* genealogical (*auch* genealogic) table, family tree (*od.* pedigree). — **~ˌtier** *n agr.* (*männliches*) sire.

ˈStammˌtisch *m colloq.* (*im Gasthaus*) **1.** table reserved for regular guests (*od. colloq.* for regulars). – **2.** *meeting of regular guests at their reserved table*: am ~ wird viel politisiert the regulars talk a lot of politics when they meet; montags geht er gewöhnlich zum ~ (*od.* hat er seinen ~) on Mondays he meets his friends at the pub. – **3.** regular guests *pl*, regulars *pl* (*colloq.*) (*circle meeting regularly at a reserved table*): der ~ trifft sich donnerstags the regulars meet on Thursdays. — **~poˌli·ti·ker** *m humor.* armchair politician. — **~ˌrun·de** *f* circle of regular guests at a 'Stammtisch'. — **~straˌte·ge** *m humor.* armchair strategist.

ˈStamm|ˌton *m mus.* natural. — **~ˌtrup·penˌteil** *m mil.* parent unit.

ˈStammut·ter (*getr.* -mmˌm-) *f* **1.** (*Ahne*) ancestress, progenitrix, *auch* progenitress. – **2.** *anthrop.* matriarch. – **3.** *Bibl.* (*Eva*) progenitrix of mankind.

ˈStammˌva·ter *m* **1.** ancestor, progenitor, primogenitor, parent, stirps (*scient.*). – **2.** *Bibl.* (*Adam*) first parent, progenitor of mankind.

ˈStamm|ˌverb, **~ver·bum** *n ling.* radical verb. — **~verˌmö·gen** *n econ. cf.* Stammkapital. — **s~verˌwandt** *adj* **1.** kindred (*attrib*), cognate, of the same race. – **2.** *ling.* related: ~es Wort related word, cognate. — **~verˌwandt·schaft** *f* **1.** kinship, kindredness, cognation, identity of origin. – **2.** *ling.* relationship, kinship. — **~voˌkal** *m* radical vowel. — **~ˌvolk** *n anthrop.* aborigines *pl*, primitive race. — **~ˌwap·pen** *n her.* family coat of arms, family arms *pl.* — **~ˌwort** *n* ⟨-(e)s; ⸚er⟩ *ling.* radical, *auch* root, stem, base. — **~ˌwür·ze** *f brew.* original wort. — **~ˌwur·zel** *f bot.* taproot, trunk root. — **~ˌzel·le** *f biol.* parent cell.

Stam·perl [ˈʃtampərl] *n* ⟨-s; -(n)⟩ *Bavarian and Austrian* **1.** liqueur (*od.* brandy) glass. – **2.** quick one, *Br. colloq.* spot, *Am. sl.* snort: trinken wir ein ~ let's have a quick one.

ˈStampf|ˌach·se *f* (*space*) pitch(ing) axis. — **~anˌla·ge** *f tech.* (*der Kokerei*) coal compressing plant. — **~asˌphalt** *m civ.eng.* compressed natural rock asphalt. — **~ˌbau** *m* ⟨-(e)s; *no pl*⟩ pisé (building), cofferwork of earth, beaten cobwork. — **~beˌton** *m* tamped (*od.* rammed) concrete.

Stamp·fe [ˈʃtampfə] *f* ⟨-; -n⟩ *tech. civ.eng.* wooden rammer (*od.* tamper).

stamp·fen [ˈʃtampfən] **I** *v/t* ⟨h⟩ **1.** (*Erde, Lehm etc*) stamp (*s.th.*) (down). – **2.** *civ.eng.* a) (*Pflaster, Boden*) ram (*od.* tamp) (down), *bes. Br.* pun. – **3.** (*im Mörser*) bray, pound: etwas zu Pulver ~ to pulverize (*Br. auch* -s-) s.th., to crush s.th. – **4.** etwas aus der Erde (*od.* dem Boden) ~ *fig.* to conjure s.th. up (from nowhere), to produce s.th. (as if) by magic: ich kann es doch nicht aus dem Boden ~! I can't conjure it up. – **5.** *gastr.* a) (*Kartoffeln*) mash, b) (*Kraut*) tamp, ram down. – **6.** *agr.* a) (*Trauben*) crush, press, (*mit den Füßen*) tread, tramp, b) (*Korn*) bruise. – **7.** (*textile*) beat, beetle. – **8.** *tech.* a) (*Erze, Kohle*) stamp, pound, crush, b) (*Beschickung im Koksofen*) compress, c) (*Formsand*) ram. – **II** *v/i* ⟨h *u.* sein⟩ **9.** ⟨h⟩ mit dem Fuß ~ to stamp: er stampfte vor Wut (mit dem Fuß) auf den Boden he stamped (his foot) with rage. – **10.** ⟨sein⟩ (*schwer auftreten*) tramp(le), stamp. – **11.** ⟨h⟩ (*von Pferden*) paw: die Pferde stampften mit ihren Hufen the horses pawed (the ground). – **12.** ⟨h⟩ (*von Maschinen, Motoren etc*) stamp, pound. – **13.** ⟨h *u.* sein⟩ *mar.* (*von Schiff bei hohem Seegang*) pitch. – **14.** ⟨h⟩ *aer.* (*von Flugzeug, Raumfahrzeug*) porpoise. **III S~** *n* ⟨-s⟩ **15.** *verbal noun.* – **16.** (*einer Maschine etc*) stamp, pound. – **17.** *mar.* (*des Schiffes*) pitch.

ˈStamp·fer *m* ⟨-s; -⟩ **1.** (*für Kartoffeln*) masher. – **2.** *tech.* tamper. – **3.** (*für verstopften Abfluß*) plunger. – **4.** *metall.* (*in der Gießerei*) tamper, rammer.

ˈStampf|kaˌlan·der *m* (*für Textilien*) beating mill, beetle. — **~karˌtof·feln** *pl gastr.* mashed (*od.* creamed) potatoes. — **~ˌka·sten** *m tech.* tamping box. — **~ˌmas·se** *f metall.* stamping mass. — **~ˌschwin·gung** *f mar.* heaving. — **~ˌwerk** *n tech.* **1.** (*mining*) stamp (*od.* stamping) mill. – **2.** *tech.* tamping (*od.* ramming) machine. — **~ˌwerkˌzeug** *n* ramming tool.

Stam·pi·glie [ʃtamˈpɪljə; -ˈpiːljə] *f* ⟨-; -n⟩ *Austrian* **1.** rubber stamp. – **2.** (*Abdruck*) stamp, seal.

stand [ʃtant] *1 u. 3 sg pret of* stehen.

Stand[1] *m* ⟨-(e)s; *no pl*⟩ **1.** standing. – **2.** (*stehende Stellung*) stand, standing (*od.* upright) position: sich zum ~ aufrichten to raise oneself to a standing position; einen Sprung aus dem ~ machen to take a jump (*od.* to jump) (on two legs) from a standing position; der Tisch hat hier keinen festen ~ the table does not stand firmly here; (bei j-m, mit j-m) keinen leichten (*od.* einen schweren) ~ haben *fig.* a) (*sich nur schwer durchsetzen können*) to have a hard time (of it) (with s.o.), b) (*nicht angesehen sein*) to be in s.o.'s bad (*od.* black) books, to be in bad odo(u)r (*od.* out of favo[u]r) with s.o., to be out of s.o.'s favo(u)r; die Firma hatte gegen ihre Konkurrenten einen schweren ~ the company had a hard time (*od.* had quite a struggle) to hold its own against its competitors. – **3.** (*Halt*) footing, foothold: einen festen (*od.* sicheren) ~ haben to have a firm foothold. – **4.** (*Standplatz von Taxis etc*) stand: seinen ~ an einem bestimmten Ort haben to have one's stand at a particular place. – **5.** (*des Wassers etc*) level, height: den höchsten ~ erreichen to reach the peak (level). – **6.** (*des Barometers, Thermometers etc*) reading. – **7.** (*Niveau*) level, standard: der heutige ~ der Wissenschaft the present level of research; nach dem neuesten ~ der Technik in keeping with the latest technological development(s); etwas auf den neuesten ~ bringen to bring s.th. up to date. – **8.** *econ.* a) (*der Preise, Kurse etc*) level, rate, b) (*Saldo eines Kontos etc*) balance, c) (*Höhe von Aufträgen etc*) number, figure: gegenwärtiger ~ des Ausfuhrhandels current foreign trade figure; der derzeitige ~ der Aufträge the present number (*od.* stock) of orders on hand; ~ vom 30. 6.: DM 300,— as of June 30: DM 300.—; nach (*od.* gemäß, entsprechend) dem ~ vom 1. 1. as of January 1. – **9.** (*Lage*) state: beim jetzigen ~ der Dinge in the present state of affairs, as matters stand (at present), as things are (at the moment). – **10.** (*Beschaffenheit, Zustand*) state, condition: gut im ~e sein, in gutem ~(e) sein (*von Dingen*) to be in good condition (*od.* repair); j-n in den ~ setzen, etwas zu tun to enable s.o. to do s.th., to put s.o. in a position to do s.th.; sein Herz ist in einem schlechten ~ *colloq.* his heart is in a bad way (*od.* is bad) (*colloq.*), his heart is in poor condition. – **11.** *astr.* a) (*eines Gestirns*) position (in a constellation), b) (*der Sonne*) height, position: beim tiefsten ~ der Sonne at the lowest altitude (*od.* position, height) of the sun. – **12.** (*sport*) a) (*eines Spiels nach Punkten*) score, b) (*eines Rennens etc*) state, position: das Spiel wurde beim ~ von 2 : 0 abgebrochen the game was abandoned at a score of 2—0. – **13.** *agr.* (*des Getreides*) stand. – **14.** *hunt.* a) (*des Wildes*) harbor, *bes. Br.* harbour, accustomed haunt, b) *cf.* Wildbestand.

Stand[2] *m* ⟨-(e)s; ⸚e⟩ **1.** ⟨*only sg*⟩ (*gesellschaftliche Stellung, Würde*) social standing (*od.* position), station, rank, status: unter seinem ~e heiraten to marry beneath one's social position (*od.* below one's station); seinem ~e gemäß leben to live according to one's social standing; ein Mann von ~ a man of rank (*od.* high standing); eine Dame von ~ a lady of quality. – **2.** (*Klasse, Berufsgruppe*) class: der ~ der Arbeiter the working class; die höheren [niederen] Stände the upper [lower] classes; Leute aus allen Ständen people of all classes. – **3.** *hist.* estate: die drei Stände (des Mittelalters) the three estates (*od.* orders) (of the Middle Ages); der dritte ~ (*in der franz. Revolution*) the third estate, the bourgeoisie; der weltliche ~ the laity, the secular estate; der bürgerliche ~ the bourgeoisie, the middle class, the commoners *pl.* – **4.** *pl* die Stände *pol.* a) (*Volksvertretung*) the diet *sg*, b) (*die 3 gesetzgebenden Faktoren in Großbritannien*) the estates of the realm. – **5.** ⟨*only sg*⟩ *jur.* (*Personenstand*) status, state: ledigen ~es sein to be single (*od.* unmarried); sie traten in den (heiligen) ~ der Ehe *lit.* they were joined in (holy) matrimony. – **6.** *Swiss for* Kanton 1. – **7.** *obs.* seines ~es Jurist sein to be a lawyer by profession; ~ oder Beruf profession or business.

Stand[3] *m* ⟨-(e)s; ⸚e⟩ **1.** (*Verkaufsstand auf Märkten, Ausstellungs-, Messestand*) stand, booth, *bes. Br.* stall: einen ~ auf dem Jahrmarkt haben to have a booth at the fair. – **2.** (*Zeitungsstand*) newsstand, kiosk, *auch* kiosque. – **3.** *agr.* (*Box*) stall, box. – **4.** *hunt.* (*des Schützen*) stand.

ˈStandˌanˌzei·ger *m tech.* level indicator.

Stan·dard [ˈʃtandart; ˈstan-] *m* ⟨-s; -s⟩ **1.** (*Norm*) standard. – **2.** *fig.* (*Niveau*) standard, level: einen ziemlich hohen ~ aufweisen to show a pretty high level. – **3.** (*Feingehalt einer Münze*) standard. – **4.** *phys.* unit. — **~ˌabˌwei·chung** *f* (*in*

Statistik) standard deviation. — **~at·mo·ˌsphä·re** *f meteor.* standard atmosphere. — **~ˌausˌfüh·rung** *f* standard type (*od.* model, design), standard. — **~ˌausˌga·be** *f* standard edition. — **~ˌausˌrü·stung** *f* (*zur Photographie etc*) standard equipment. — **~ˌausˌspra·che** *f ling.* standard (of) pronunciation. — **~erˌzeug·nis** *n* standard product. — **~ˌgrö·ße** *f* standard size.

stan·dar·di·sie·ren [ʃtandardiˈziːrən; stan-] **I** *v/t* ⟨*no* ge-, h⟩ (*normen*) standardize *Br. auch* -s-, normalize *Br. auch* -s-. – **II S~** *n* ⟨-s⟩ *verbal noun.* — **Stan·dar·diˈsie·rung** *f* ⟨-; *no pl*⟩ **1.** *cf.* Standardisieren. – **2.** standardization *Br. auch* -s-, normalization *Br. auch* -s-.

ˈStan·dard|koˌpie *f* (*eines Films*) standard print. — **~ˌko·sten** *pl* standard cost *sg.* — **~moˌdell** *n* standard model (*od.* type, design), standard. — **~ob·jekˌtiv** *n phot.* standard (*od.* ordinary) lens. — **~qua·liˌtät** *f* standard (quality), stock lines *pl.* — **~ˌspra·che** *f* standard language. — **~ˌtanz** *m meist pl* (*sport*) standard dance. — **~ˌtyp** *m cf.* Standardmodell. — **~ˌwerk** *n* (*literature*) standard work. — **~ˌwer·te** *pl econ.* (*Aktien*) standard stocks (*od.* securities, *bes. Br.* equities), leading shares (*bes. Am.* stocks).

Stan·dar·te [ʃtanˈdartə] *f* ⟨-; -n⟩ **1.** standard, banner, (*kleine*) guidon. – **2.** *antiq.* (*römisches Feldzeichen*) aquila. – **3.** *hunt.* (*des Fuchses, Wolfes*) brush, *Am. auch* tail. – **4.** *phot.* a) (*einer Filmkamera*) lens mount, b) (*eines Photoapparates*) lens carrier.

Stanˈdar·tenˌträ·ger *m* standard-bearer.

ˈStand|ˌbaum *m* (*im Pferdestall*) stall bar. — **~ˌbein** *n* **1.** (*art*) standing leg. – **2.** (*sport*) a) (*beim Eis- u. Rollkunstlauf*) skating leg, b) (*beim Fußball*) nonkicking (*Br.* non-kicking) leg.

ˈStandˌbild *n* **1.** statue: j-m ein ~ errichten to set up (*od.* erect, raise) a statue to s.o. – **2.** (*kleines*) statuette. — **~ˌaufˌnah·me** *f* (*film*) *cf.* Standphoto.

ˈStandˌbrem·se *f* **1.** *auto.* parking brake. – **2.** *tech.* (*railway*) waggon (*bes. Am.* wagon) lock.

Ständ·chen [ˈʃtɛntçən] *n* ⟨-s; -⟩ *mus.* **1.** (*nächtliches*) serenade: j-m ein ~ bringen to serenade s.o. – **2.** (*morgendliches*) morning (love) song, aubade (*lit.*).

stän·de [ˈʃtɛndə] *1 u. 3 sg pret subj of* stehen.

ˈStän·de|ˌhaus *n hist.* assembly house of the estates, parliament house. — **~ˌkam·mer** *f pol.* corporative chamber. — **~ˌord·nung** *f hist.* corporative system.

Stan·der [ˈʃtandər] *m* ⟨-s; -⟩ **1.** (*Dienstflagge am Auto*) pennant. – **2.** *mar.* (*am Schiff*) pennant, pendant.

Stän·der [ˈʃtɛndər] *m* ⟨-s; -⟩ **1.** (*für Kleider, Schirme, Plakate etc*) stand. – **2.** (*Gestell*) rack. – **3.** (*am Fahrrad, Motorrad*) stand, (*am Motorroller*) sprag. – **4.** (*für Bücher*) bookrack, bookstand. – **5.** (*Pfosten*) post, pillar: durchgehender ~ through (*Am. auch* thru) pillar. – **6.** *tech.* a) (*eines Gerätes, einer leichten Maschine*) (floor) stand, pedestal, b) (*einer schweren Maschine*) standard, column, upright, c) (*als Maschinenrahmen*) base, frame, d) (*eines Motors*) stator. – **7.** *civ.eng.* (*des Fachwerks*) a) upright, stud(ding), b) joggle post. – **8.** *electr.* a) frame, b) (*einer Wechselstrommaschine*) stator. – **9.** *hunt.* (*des Federwildes*) leg. – **10.** (*sport*) a) (*für Hochsprung etc*) upright, b) (*eines Sprunghindernisses*) stand, post. – **11.** *her.* gyron, giron. – **12.** *vulg.* 'horn' (*vulg.*).

ˈStän·deˌrat *m* ⟨-(e)s; -räte⟩ *Swiss pol.* **1.** 2nd chamber of Swiss parliament (*2 members per canton*). – **2.** *a member of this chamber.*

ˈStän·der|ˌschleif·maˌschi·ne *f tech.* pedestal-type grinder. — **~ˌstrom** *m electr.* stator current. — **~ˌwick·lung** *f* stator winding.

ˈStän·deˌsaal *m hist.* assembly hall of the estates.

ˈStan·des|ˌamt *n* registry (*Br.* registrar's) office. — **s~ˌamt·lich I** *adj* civil: ~e Trauung civil marriage, marriage at a registry (*Br.* registrar's) office, *Am.* marriage before a civil magistrate. – **II** *adv* sich ~ trauen lassen to be married at a registry (*Br.* registrar's) office, to have a civil marriage ceremony, *Am.* to be married before a civil magistrate. — **~beˌam·te** *m Br.* registrar, *Am.* civil magistrate. — **s~beˌwußt** *adj* class-conscious. — **~beˌwußtˌsein** *n* class consciousness, pride of rank, caste feeling. — **~ˌdün·kel** *m* class arrogance. — **~ˌehe** *f* marriage of rank. — **~ˌeh·re** *f* professional honor (*bes. Br.* honour). — **~erˌhö·hung** *f hist.* elevation to a higher rank. — **s~geˌmäß I** *adj* according to (*od.* in accordance with, in keeping with) one's rank (*od.* social position, status, standing, station): eine ~e Heirat a marriage within one's social class; ~er Unterhalt *jur.* support according to one's social standing. – **II** *adv* ~ leben to live according to one's social standing (*od.* position); du bist aber nicht ~ angezogen *fig. colloq. humor.* you are not dressed up to standard. — **~geˌnos·se** *m* one's equal, compeer, coequal. — **~ˌherr** *m hist.* mediatized (*Br. auch* -s-) prince (*od.* baron). — **~ˌherr·schaft** *f* mediatized (*Br. auch* -s-) territory. — **~in·terˌes·sen** *pl* class interests. — **s~ˌmä·ßig** *adj u. adv cf.* standesgemäß. — **~or·ga·ni·sa·tiˌon** *f* professional organization (*Br. auch* -s-). — **~perˌson** *f* person of rank (*od.* position). — **~ˌpflich·ten** *pl* duties of one's station. — **~pri·viˌle·gi·en** *pl* **1.** (*klerikale*) clerical (*od.* ecclesiastical) prerogatives. – **2.** *hist.* class (*od.* estate) privileges (*od.* prerogatives). — **~ˌrech·te** *pl hist. cf.* Standesprivilegien 2. — **~reˌgi·ster** *n jur. Br.* register of births, deaths and marriages, *Am.* register of births, marriages and burials. — **~ˌrück·ˌsich·ten** *pl* considerations of rank (*od.* standing). — **~ˌspra·chen** *pl* professional jargons.

ˈStän·deˌstaat *m pol.* corporative state.

ˈStan·des|ˌtracht *f* **1.** (*der Geistlichen*) clerical (*od.* priestly) attire. – **2.** *hist.* class (*od.* professional) attire. — **~ˌun·terˌschied** *m meist pl* social difference, class distinction. — **~ˌvorˌur·teil** *n* class prejudice. — **s~ˌwid·rig** *adj* **1.** contrary to one's rank. – **2.** unprofessional, unethical: ~es Verhalten unprofessional conduct, professional misconduct. — **~ˌwür·de** *f* **1.** dignity of rank (*od.* standing). – **2.** professional dignity. — **~ˌzu·geˌhö·rig·keit** *f* belonging to a class.

ˈStän·de|ˌtag *m*, **~verˌsamm·lung** *f hist.* assembly of the representatives of the estates, diet, parliament. — **~ˌwe·sen** *n* ⟨-s; *no pl*⟩ corporative (*od.* estate) system.

ˈstandˌfä·hig *adj* capable of standing.

ˈstandˌfest *adj* **1.** (*Leiter, Tisch, Vase etc*) steady, rigid, stable: nicht mehr ganz ~ sein *fig. colloq. humor.* to be tipsy (*colloq.*). – **2.** *fig.* firm, steady. – **3.** *tech.* rigid, stable. — **ˈStandˌfe·stig·keit** *f* ⟨-; *no pl*⟩ **1.** steadiness, rigidity, stability, stableness. – **2.** *fig.* firmness, steadiness. – **3.** *tech.* rigidity, stability.

ˈStand|ˌflä·che *f tech.* base, (*im Maschinenkatalog*) space occupied. — **~ˌfo·to** *n cf.* Standphoto. — **~ˌfuß** *m* (*sport*) (*beim Eis- u. Rollkunstlauf*) skating foot. — **~geˌfäß** *n chem.* storage vessel. — **~ˌgeld** *n* **1.** (*für den Marktstand etc*) toll, *bes. Br.* stallage, stall (rent *od.* money). – **2.** *mar.* (*railway*) demurrage (charge). — **~geˌricht** *n mil.* court-martial. — **s~geˌricht·lich** *adv only in* j-n ~ verurteilen to court-martial s.o. — **~ˌglas** *n chem.* glass (cylinder).

ˈstand·haft I *adj* **1.** steadfast, *auch* stedfast, firm, steady: ein ~er Mensch bleibt bei der Wahrheit a steadfast man sticks to the truth; ~ bleiben a) to remain steadfast (*od.* firm), to stand firm (*od.* pat), b) (*von Mädchen*) not to yield; ~ sein im Glauben to be steadfast in one's faith, to persevere in one's faith; ~e Weigerung steady refusal. – **2.** (*unerschütterlich*) firm, unflinching, unwavering, unyielding, staunch, stanch, constant. – **3.** (*beharrlich*) persevering, persistent. – **4.** (*entschlossen*) resolute. – **II** *adv* **5.** die Leiden ~ ertragen to bear pain unflinchingly; sich ~ wehren to put up (*od.* offer) stout resistance, to hold out stoutly. — **ˈStand·haf·tig·keit** *f* ⟨-; *no pl*⟩ **1.** steadfastness, firmness, steadiness, fortitude. – **2.** (*Unerschütterlichkeit*) firmness, staunchness, stanchness, constancy. – **3.** (*Beharrlichkeit*) perseverance, persistence. – **4.** (*Entschlossenheit*) resoluteness, resolution.

ˈstandˌhal·ten I *v/i* ⟨*irr, sep,* -ge-, h⟩ **1.** hold one's ground (*od.* own), hold out: die Truppe hielt stand the troups held their ground. – **2.** j-d hält j-m [etwas] stand s.o. withstands s.o. [s.th.], s.o. stands up to s.o. [s.th.], s.o. holds out against s.o. [s.th.], s.o. holds his ground (*od.* stands firm) against s.o. [s.th.]: sie hielten dem Feinde stand they withstood (*od.* held out against) the enemy. – **3.** etwas hält (*dat*) etwas stand a) (*einem Angriff, einer Beanspruchung etc*) s.th. withstands (*od.* resists, sustains) s.th., b) *fig.* (*einem Vergleich etc*) s.th. stands (*od.* bears) s.th.: die Stadt konnte der Belagerung nicht ~ the town could not withstand (*od.* hold out against) the siege; die Brücke hält jeder Belastung stand the bridge will hold any load; einer Prüfung ~ *fig.* to stand the test; einer näheren Untersuchung dürften diese Behauptungen nicht ~ *fig.* these assertions will not bear closer scrutiny. – **II S~** *n* ⟨-s⟩ **4.** *verbal noun.* – **5.** resistance.

stän·dig [ˈʃtɛndɪç] **I** *adj* ⟨*attrib*⟩ **1.** (*fortwährend*) constant, continual, steady, perpetual, persistent: ~er Lärm constant noise; ~e Angst constant (*od.* persistent, perpetual) fear; sie lebt in ~er Sorge she lives in (a state of) constant (*od.* perpetual) anxiety; er steht unter ~em Druck he is constantly under pressure; mit j-m in ~er Verbindung stehen to be (*od.* keep) in touch with s.o. constantly; ein ~es Ansteigen der Produktion *econ.* a steady (*od.* continual) increase in production; ~e Nachfrage nach *econ.* constant (*od.* steady, persistent) demand for; ~er Begleiter constant companion; ~e Niederschläge constant (*od.* continual) rain *sg.* – **2.** (*immer wiederkehrend*) continual, constant, habitual: seine ~en Bemühungen his continual (*od.* sustained) efforts; ihre ~en Klagen her constant complaints. – **3.** (*Adresse, Institution, Konferenz, Mitglied etc*) permanent: ~er Wohnsitz *jur.* permanent residence (*od.* abode), domicile; seinen ~en Wohnsitz nehmen to take up (*od.* set up) one's abode, to settle; ~er Aufenthalt fixed (place of) abode, fixed address; ~er Vertreter a) *pol.* permanent representative, b) *econ.* regular agent; ~er Ausschuß permanent (*od.* standing) committee; ~er Beirat permanent advisory board (*od.* council); ~er Schiedshof Permanent Court of Arbitration; ~es Personal (*Stammpersonal*) permanent staff; in ~er Bereitschaft sein to be permanently on call; ~er Korrespondent (*einer Zeitung*) resident correspondent. – **4.** (*Einkommen etc*) fixed, regular. – **5.** (*Regel, Praxis etc*) established: ~e Rechtsprechung *jur.* established practice. – **6.** *mil.* (*Truppen*) regular. – **7.** ~e Last *civ.eng.* dead load, deadweight. – **II** *adv* **8.** wir haben ~ Ärger mit ihm we are constantly having trouble with him, he is a constant nuisance (to us); sie kommt ~ zu spät she is always late; sie stört ihn ~ she keeps (*od.* is always, *Am. colloq.* is forever) interrupting him; das Telefon läutet ~ the telephone is constantly ringing; die Bevölkerung nimmt ~ zu the population is steadily increasing.

stän·disch [ˈʃtɛndɪʃ] *adj* **1.** *hist.* of (*od.* relating to) the estates (of the realm). – **2.** *pol.* corporative, corporate.

ˈStand|ˌkampf *m* (*sport*) (*beim Ringen*) standing wrestling. — **~ˌlicht** *n auto.* parking light. — **~ˌli·nie** *f* **1.** *tech.* (*in Landvermessung*) base (*od.* station) line (*od.* level). – **2.** *mar. aer.* line of position, position line. — **~mi·kroˌfon, ~mi·kroˌphon** *n* static microphone. — **~ˌmo·tor** *m tech.* stationary engine. — **~ˌnennˌschub** *m aer.* static thrust (*od.* basic dry) rating. — **~ˌöl** *n chem. tech.* stand (*bes. Am.* bodied) oil.

ˈStandˌort *m* ⟨-(e)s; -e⟩ **1.** stand, position: von seinem ~ aus konnte er den Turm nicht sehen he could not see the tower from where he was standing. – **2.** (*eines Betriebes, Reaktors, einer Kamera etc*) site, location. – **3.** *mar. aer.* (*eines Schiffes, Flugzeuges etc*) position: den ~ bestimmen to fix the position; den ~ angeben to give (*od.* indicate) one's position; wahrer ~ true position, (*durch Peilung ermittelter*) fix. – **4.** *mil.* (*Garnison*) garrison, post, station: seinen ~ haben in (*dat*) to be stationed in. – **5.** *biol. zo.* station, site, habitat (*scient.*). – **6.** *bot.* site, habitat (*scient.*). – **7.** *fig.* (*Meinung etc*) position. — **~ˌäl·te·ste** *m mil. Br.* senior officer of a garrison, *Am.* post senior officer. — **~beˌdin·gun·gen** *pl* (*eines Industriebetriebes etc*) local conditions, conditions applying to the locality. — **~beˌreich** *m mil.* garrison (*bes. Am.* post) command. — **~beˌstim·mung** *f* **1.** *mar. aer.* position fixing (*od.* finding). – **2.** *econ.* fixing of a location. – **3.** *fig.* definition of a (theoretical) position (*od.* approach). — **~ka·taˌlog** *m* (*in einer Bibliothek*) shelf list. — **~kom·manˌdant** *m mil.* garrison (*bes. Am.* post) commander. — **~la·zaˌrett** *n* post hospital. — **~ˌmel·dung** *f mar. aer.* position report. — **~ˌmeß·geˌrät** *n aer. mar.* position-finding instrument. — **s~ˌtreu** *adj zo.* sedentary. — **~verˌle·gung** *f*, **~ˌwech·sel** *m* **1.** *mil.* (permanent) change of station. – **2.** (*eines Betriebes*) change of location, transfer to another place (*od.* another site, other premises).

ˈStand|ˌpau·ke *f colloq.* talking-to, lecture, (*stärker*) dressing down; ticking-off, telling-off (*colloq.*): j-m eine ~ halten to read s.o. a lecture, to lecture s.o., to read the riot act to s.o., to give s.o. a (good) talking-to (*od. stärker* dressing down), (*stärker*) to dress s.o. down; to give s.o. a (good) ticking-off (*od.* telling-off), to tick (*od.* tell) s.o. off (*colloq.*). — **~ˌpho·to** *n* (*film*) still. — **~ˌplatz** *m* stand, station.

ˈStandˌpunkt *m* **1.** *fig.* (point of) view, viewpoint, standpoint, position: **sein ~ ist** his point of view is; **auf dem ~ stehen** (*od.* **sich auf den ~ stellen, den ~ vertreten**), **daß** to take the view (*od.* to be of the opinion) that; **von diesem ~ aus betrachtet** (seen) from this point of view (*od.* this angle); **vom ~ der Wissenschaft aus** from the scientific point of view (*od.* standpoint); **seinen ~ behaupten** (*od.* **wahren**) to maintain one's point of view; **sich** (*dat*) **j-s ~ zu eigen machen** to adopt s.o.'s point of view; **j-s ~ verstehen** to understand s.o.'s point of view; **j-m seinen ~ klarmachen** (*od.* **darlegen, auseinandersetzen**) to explain one's point of view to s.o., to make one's point of view clear to s.o.; **j-m den ~ klarmachen** *colloq.* to give s.o. a piece of one's mind; **ich stehe nicht auf Ihrem ~, ich teile nicht Ihren ~** I don't share your view (*od.* opinion); **er vertritt einen** (*od.* **steht auf einem**) **anderen ~** he takes a different point of view, he takes a different view of things; **das ist ein überwundener** (*od.* **überholter**) **~** that is an outmoded point of view; **unter Wahrung des gegenseitigen ~es** each party maintaining its position; **er hat seinen ~ geändert** he has changed his views (*od.* his viewpoint); **das ist auch ein ~!** *auch iron.* that's one way of looking at it. – **2.** (*Beobachtungsplatz*) viewpoint, standpoint, position.

ˈStandˌpunktsˌglei·chung *f math.* station equation.

ˈStand|quarˌtier *n mil.* fixed (*od.* settled) quarters *pl*, (*für Feldtruppen*) cantonment. — **~ˌrecht** *n mil.* martial law: **das ~ verhängen** to proclaim (*od.* impose) martial law. — **s~ˌrecht·lich** *adj u. adv mil.* according to martial law: **~ erschossen werden** to be executed by order (*od.* sentence) of a court-martial. — **~ˌre·de** *f* harangue: **halt keine ~n!** *colloq.* cut the talk (*od.* cackle)! — **~ˌrohr** *n* **1.** *civ.eng.* riser, vertical pipe. – **2.** *tech.* standpipe. — **~ˌschub** *m aer.* (*space*) (*von Luftschraube*) static thrust, (*bei Strahltriebwerk*) *auch* static jet thrust. — **~ˌschwin·gung** *f phys.* static vibration. — **~ˌseilˌbahn** *f* cable railway (at ground level), funicular (railway), *auch* funiculaire. — **s~ˌsi·cher** *adj bes. civ.eng.* stable, steady, rigid. — **~ˌsi·cher·heit** *f* stability, steadiness, rigidity. — **~ˌspie·gel** *m* full-length mirror. — **~ˌuhr** *f* grandfather('s) clock. — **~verˌsuch** *m* **1.** *tech.* stability test. – **2.** *metall.* (*Werkstoffprüfung*) creep test. — **~viˌsier** *n* **1.** *mil.* (*am Gewehr*) fixed (*od.* battle) sight. – **2.** (*bei der Landvermessung*) backsight. — **~ˌvo·gel** *m zo.* nonmigratory (*Br.* non-migratory) (*od.* sedentary) bird. — **~ˌwaa·ge** *f* (*sport*) (*beim Bodenturnen*) horizontal balance. — **~ˌwild** *n hunt.* sedentary game. — **~ˌzeit** *f* **1.** *tech.* a) (*eines Werkzeugs*) tool life, b) (*einer Maschine*) service (*od.* useful) life. – **2.** *metall.* (*Ofentemperatur*) holding (*od.* stay) time. — **~zyˌlin·der** *m chem.* graduated cylinder.

Stan·ge [ˈʃtaŋə] *f* ⟨-; -n⟩ **1.** pole, stick, post: **Anzug von der ~** *colloq. for* **Konfektionsanzug.** – **2.** (*zum Festhalten, Aufhängen etc*) rail. – **3.** (*Fahnenstange*) staff, pole, stick. – **4.** (*für Hühner etc*) perch, roost: **sie saßen da wie die Hühner auf der ~** *fig. colloq.* they perched there one beside the other (like birds on a telegraph wire). – **5.** (*von Lakritze, Rasierseife etc*) stick. – **6.** *gastr.* (*von Spargel*) stem, shoot, stick. – **7.** (*am Pferdezaum*) bridle bit, bar. – **8.** (*des Korsetts*) busk. – **9.** *tech.* a) (*aus Metall*) bar, rod, b) (*einer Schieblehre, eines Zirkels*) beam, c) (*eines Ventils*) stem, d) (*eines Schirms etc*) rib. – **10.** (*sport*) a) (*beim Stabhochsprung*) pole, b) (*beim Springreiten*) (*eines Hindernisses*) pole. – **11.** *choreogr.* bar(re): **an der ~ üben** to practice (*bes. Br.* practise) at the bar. – **12.** *mar.* a) (setting) pole, b) (*Fahrwasserzeichen*) pole, marking post: **mit der ~ treiben** (*od.* **fortstoßen**) to pole. – **13.** *hort. agr.* (*zum Stützen*) stake, pole. – **14.** *hunt.* a) (*eines Hirschgeweihs*) branch, beam, b) (*des Jagdfalken*) block, c) (*Fuchsschwanz*) tail, brush. – **15.** (*forestry*) pole, (*bes. dünne Stange*) stake. – **16.** *fig. colloq.* (*in Wendungen wie*) **sie ist eine lange** (*od.* **dürre**) **~** she is (as) thin as a rake, she is like a bean pole (*od.* a long drink of water) (*colloq.*); **bei der ~ bleiben** a) to stick to business (*od.* to the point), b) (*aushalten*) to stick to one's guns; **j-m die ~ halten** to back s.o. up, to stand by s.o., to take s.o.'s part; **j-n bei der ~ halten** to make s.o. stick to it; **eine ~ angeben** to show off; **das hat mich eine schöne** (*od.* **ordentliche**) **~ Geld gekostet** that cost me a pretty penny (*od. colloq.* a mint of money, *Br. sl.* a packet).

stän·geln [ˈʃtɛŋəln] *v/t* ⟨h⟩ *hort.* (*Pflanzen*) stake.

ˈStan·gen|ˌboh·ne *f bot.* climbing (*od.* pole) bean, *bes. Br.* runner bean, *auch* runner, *Am.* frijol, *auch* frijole (*Phaseolus vulgaris*). — **~ˌboh·rer** *m tech.* hand auger. — **s~ˌför·mig** *adj* shaped like a bar (*od.* rod). — **~geˌbiß** *n* (*Kandare*) curb (*od.* bar) bit. — **~ˌgold** *n metall.* ingot gold. — **~ˌholz** *n* (*forestry*) timber stand of pole trees, pole wood. — **~ˌpferd** *n* wheeler, wheelhorse, pole horse. — **~reˌvol·ver·au·toˌmat** *m tech.* turret-type bar automatic. — **~ˌschlan·genˌboh·rer** *m tech.* hand auger. — **~ˌschwe·fel** *m chem.* roll (*od.* stick) sulfur (*bes. Br.* -ph-), roll brimstone. — **~ˌspar·gel** *m gastr.* asparagus spear, asparagus served whole. — **~viˌsier** *n mil.* bar sight. — **~ˌzieh·maˌschi·ne** *f tech.* rod drawing machine. — **~ˌzir·kel** *m* universal divider, beam compasses *pl* (*Am.* trammels *pl*).

Sta·nit·zel [ʃtaˈnɪtsəl] *m, n* ⟨-s; -⟩ *Bavarian and Austrian colloq.* pointed paper bag.

stank [ʃtaŋk] *1 u. 3 sg pret of* **stinken.**

Stank *m* ⟨-(e)s; *no pl*⟩ *colloq. for* **Zank.**

stän·ke [ˈʃtɛŋkə] *1 u. 3 sg pret subj of* **stinken.**

Stän·ker [ˈʃtɛŋkər] *m* ⟨-s; -⟩ **1.** *colloq. contempt.* troublemaker, quarreler, *bes. Br.* quarreller, mischief-maker, cantankerous person. – **2.** *colloq. cf.* **Stänkerkäse.** — **Stän·keˈrei** *f* ⟨-; -en⟩ *colloq.* **1.** *cf.* **Stänkern.** – **2.** troublemaking, mischief-making. — **ˈStän·ke·rer** *m* ⟨-s; -⟩ *colloq. contempt. cf.* **Stänker 1.**

ˈStän·kerˌkä·se *m colloq.* strong (*od.* stinking) cheese.

stän·kern [ˈʃtɛŋkərn] **I** *v/i* ⟨h⟩ *colloq.* (*Unfrieden stiften*) make trouble (*od.* mischief). – **II S~** *n* ⟨-s⟩ *verbal noun.*

Stan·ni·ol [ʃtaˈnĭoːl; sta-] *n* ⟨-s; -e⟩ **1.** (*Zinnfolie*) tinfoil. – **2.** *colloq.* (*Aluminiumfolie*) tinfoil, aluminium (*Am.* aluminum) foil. — **~beˌlag** *m* tinfoil coating (*od.* surfacing). — **~ˌkap·sel** *f* tinfoil capsule. — **~kon·denˌsa·tor** *m electr.* tinfoil capacitor. — **~paˌpier** *n* tinfoil, silver paper. — **~ˌstrei·fen** *m* **1.** strip of tinfoil. – **2.** *mil.* (*Radarstörfolie*) chaff, window.

stan·te pe·de [ˈstante ˈpeːde; ˈʃtantə ˈpeːdə] *adv colloq. humor.* right away.

ˈStanz|au·toˌmat *m tech.* automatic punch(ing) machine. — **~ˌblech** *n* sheet steel with good punching properties.

Stan·ze¹ [ˈʃtantsə] *f* ⟨-; -n⟩ **1.** *tech.* a) punch(ing) machine, b) bending die, c) flanging die, d) roller die, e) planishing die, f) stamping die, g) blanking die. – **2.** (*beim Kupferstechen*) matrix. – **3.** *med.* (*des Zahnarztes*) punch.

ˈStan·ze² *f* ⟨-; -n⟩ *metr.* stanza.

ˈStanzˌein·heit *f* (*computer*) punching unit, puncher.

stan·zen [ˈʃtantsən] **I** *v/t* ⟨h⟩ *tech.* **1.** (*lochstanzen*) punch. – **2.** (*prägen*) stamp. – **3.** (*Rohlinge*) blank. – **4.** (*bes. Lochstreifen, -karten*) punch. – **II S~** *n* ⟨-s⟩ **5.** *verbal noun.*

ˈStan·zer *m* ⟨-s; -⟩ *tech.* press worker.

Stan·zeˈrei *f* ⟨-; -en⟩ *tech.* punching department. — **~maˌschi·ne** *f* punch(ing) press.

ˈStanz|maˌtri·ze *f tech.* punch(ing) (*od.* stamping) tool (*od.* die). — **~ˌpres·se** *f* punch(ing) press. — **~ˌstahl** *m* steel suitable for presswork. — **~ˌwerkˌzeug** *n* punch(ing) (*od.* stamping) tool, (*für Rohlinge*) blanking die.

Sta·pel [ˈʃtaːpəl] *m* ⟨-s; -⟩ **1.** (*aufgeschichteter*) pile, stock. – **2.** (*ungeordneter*) heap. – **3.** ⟨*only sg*⟩ *mar.* stocks *pl*: **auf ~** on the stocks; **ein Schiff vom ~ (laufen) lassen** to launch a ship; **vom ~ laufen** to be launched, to leave the slips; **ein Schiff auf ~ legen** to lay down a ship. – **4.** (*in Wendungen wie*) **einen Witz vom ~ lassen** *fig. colloq.* to crack a joke; **eine Rede vom ~ lassen** *fig. colloq.* to deliver (*od.* make) a speech; **eine Werbekampagne vom ~ lassen** *fig. colloq.* to launch an advertising campaign; **ich sollte wohl mal wieder einen Brief an ihn vom ~ lassen** *fig. colloq.* I think it's high time I wrote him another letter. – **5.** *econ.* a) (*Handelsplatz*) staple, emporium, b) (*Stapelplatz*) warehouse, stockyard. – **6.** (*textile*) a) (*Faserlänge*) staple, b) tuft of hair. — **~ˌabˌla·ge** *f print.* pile delivery. — **~ˌfa·ser** *f* (*textile*) staple fiber (*bes. Br.* fibre), staple. — **~ˌgü·ter** *pl econ.* staple *sg.* — **~ˌhö·he** *f* **1.** height of a pile, piling height. – **2.** (*eines Staplers*) stacking height. — **~holz** *n* stack wood.

Sta·pe·lie [ʃtaˈpeːlĭə] *f* ⟨-; -n⟩ *bot.* carrion flower, stapelia (*scient.*) (*Gattg Stapelia*).

ˈSta·pelˌkar·ren *m cf.* **Gabelstapler.**

ˈSta·pelˌlauf *m mar.* launch(ing). — **~ˌbahn** *f* launching ways *pl*, launchways *pl* (*beide construed as sg or pl*).

sta·peln [ˈʃtaːpəln] **I** *v/t* ⟨h⟩ **1.** (*Wäsche etc*) pile up, stack (up). – **2.** (*ungeordnet*) heap (up). – **3.** *fig.* (*Reichtümer, Wissen etc*) amass, pile up. – **4.** *econ.* (*einlagern*) store, warehouse. – **II** *v/reflex* ⟨h⟩ **sich ~ 5.** pile up: **auf seinem Schreibtisch stapelt sich die Arbeit** work is piling up on his desk. – **III S~** *n* ⟨-s⟩ **6.** *verbal noun.*

ˈSta·pel|nu,an·ce *f* (*textile*) standard shade. — **~ˌplatz** *m* **1.** *econ.* a) (indoor *od.* outdoor) storage place, b) (*Handelsplatz*) trading center (*bes. Br.* centre) (especially for staple goods), staple, emporium. – **2.** *mil.* dump. — **~ˌrecht** *n hist.* staple right.

ˈSta·pe·lung *f* ⟨-; *no pl*⟩ *cf.* **Stapeln.**

ˈSta·pelˌwa·re *f econ.* staple: **~n** *pl* staple *sg.*

Stap·fe [ˈʃtapfə] *f* ⟨-; -n⟩, **ˈStap·fen** *m* ⟨-s; -⟩ *meist pl* footstep, footprint, track.

ˈstap·fen *v/i* ⟨sein⟩ plod, trudge, stump, slog: **durch den Schnee ~** to plod through the snow.

Sta·phy·le [staˈfyːlə; ʃta-] *f* ⟨-; -n⟩ *med.* (*Zäpfchen*) uvula.

Sta·phy·lo·der·mie [stafyloderˈmiː; ʃta-] *f* ⟨-; -n [-ən]⟩ *med.* staphyloderma.

Sta·phy·loˈkok·ken·in·fek·tiˌon *f med.* staphylococcal infection.

Sta·phy·lo·kok·kus [stafyloˈkɔkus; ʃta-] *m* ⟨-; -ken⟩ *meist pl med.* staphylococcus.

ˈStap·ler *m* ⟨-s; -⟩ *tech.* stacker, (*für Bleche*) piler.

Star¹ [ʃtaːr] *m* ⟨-(e)s; -e⟩ *zo.* starling (*Fam. Sturnidae*): **Gemeiner ~** (common) starling (*Sturnus vulgaris*).

Star² [staːr; ʃtaːr; stɑː] (*Engl.*) *m* ⟨-s; -s⟩ (*in Film, Theater, Sport etc*) star: **als ~ auftreten** to star; **sie war der ~ des Festes** she was the queen of the festival.

Star³ [ʃtaːr] *m* ⟨-(e)s; -e⟩ *med.* (*Augenkrankheit*) cataract: **angeborener ~** congenital cataract; **grauer ~** gray (*bes. Br.* grey) cataract; **grüner ~** glaucoma; **schwarzer ~** black cataract, amaurosis (*scient.*); **j-n am ~ operieren, j-m den ~ stechen** to remove s.o.'s cataract, to couch s.o. (*od.* s.o.'s cataract); **den ~ werde ich ihr stechen** *fig. colloq.* I'll give her an eye-opener.

ˈStar·alˌlü·re *f meist pl* air of a star.

'star,ar·tig *adj med.* cataractous.

starb [ʃtarp] *1 u. 3 sg pret of* sterben.

'Star·be,set·zung *f (theater, film)* star cast.

'star|,blind *adj med.* blind from (*od.* through) cataract. — **S~,blind·heit** *f* blindness caused by cataract. — **S~,bril·le** *f* cataract lenses *pl.*

stä·ren ['ʃtɛːrən] *v/i* ⟨h⟩ *zo.* (*von Schafen*) be in heat.

'Sta·ren,ka·sten *m cf.* Starkasten.

stark [ʃtark] **I** *adj* ⟨=er; =st⟩ **1.** (*körperlich*) strong, stout, mighty: ~e Arme strong (*od.* brawny) arms; das ~e Geschlecht the stronger sex; iß, damit du groß und ~ wirst! you must eat up to grow big and strong (*od.* to grow into a big strong boy); stärker werden to become stronger, to strengthen; er markiert (*od.* mimt) gerne den ~en Mann *colloq.* he likes to play the strong man; sich für etwas [j-n] ~ machen to stand up for s.th. [s.o.]. – **2.** (*gesund, kräftig*) strong, stout: eine ~e Konstitution haben to have a strong constitution, to be robust; fühlst du dich ~ genug, um aufzustehen? do you feel strong enough to get up? – **3.** (*Charakter, Wille etc*) strong, forceful: ~e Nerven strong nerves; ~er Glaube strong faith; im Unglück ~ sein to be strong (*od.* to show strength) in the face of misfortune. – **4.** (*mächtig*) powerful, strong, mighty, strong-armed (*attrib*): eine ~e Organisation a powerful organization; er ist der ~e Mann (in) seiner Partei he is the strong man in his party; Einigkeit macht ~ (*Sprichwort*) union (*od.* unity) is strength (*proverb*). – **5.** (*widerstandsfähig*) strong, stout: eine ~e Festung a strong fortress; ein ~es Seil a strong rope. – **6.** (*in Durchmesser, Umfang etc*) thick: eine ~e Wand a thick wall; eine ein Zentimeter ~e Pappe a sheet of pasteboard one centimeter thick; die Dissertation ist 150 Seiten ~ the dissertation has (*od.* comprises) 150 pages, the dissertation is 150 pages long. – **7.** (*beleibt*) corpulent, stout: er ist stärker geworden he has put on weight; sie ist etwas ~ um die Hüften she is a bit broad about the hips. – **8.** (*Haar*) thick: ~en Haarwuchs haben a) (*dichtes Haar*) to have thick hair, b) (*schnell nachwachsendes Haar*) to have a heavy growth of hair. – **9.** (*zahlenmäßig*) strong: ein 20000 Mann ~es Heer an army 20,000 strong, an army numbering 20,000; wie ~ sind die hier stationierten Einheiten? what is the strength of the units stationed here? ein ~es Aufgebot an Polizei a large (*od.* strong) force of police. – **10.** (*mengenmäßig*) heavy, great: ein ~er Raucher [Trinker] sein to be a heavy (*od.* hard) smoker [drinker]; ein ~er Esser a big eater. – **11.** *dial.* (*bei Zeit-, Entfernungsangaben*) good: der Ort ist eine ~e Stunde von hier the place is a good hour from here. – **12.** (*Regen, Schneefall etc*) heavy: ~er Frost heavy (*od.* hard, severe) frost. – **13.** (*Strömung, Wind etc*) strong, forceful: ~er Wind strong (*od.* hard, stiff, high, violent) wind. – **14.** (*Hitze, Kälte etc*) intense, great. – **15.** (*Verkehr*) heavy. – **16.** (*gehaltvoll, hochprozentig*) strong: ~er Tee [Kaffee] strong tea [coffee]; ~es Bier strong (*od.* heavy, potent) beer; ~er Tabak strong tobacco; eine ~e Lösung a strong (*od.* concentrated) solution; ein ~es Mittel a strong (*od.* potent, powerful) remedy. – **17.** (*Geruch, Duft etc*) strong, penetrating. – **18.** (*Farben, Licht etc*) strong, intense. – **19.** (*Stimme*) strong, loud. – **20.** (*Schmerz etc*) intense, severe: ~e Kopfschmerzen haben to have a severe (*od.* splitting, violent) headache; er hat eine ~e Erkältung he has a heavy (*od.* severe, bad) cold; eine ~e Blutung profuse (*od.* heavy) bleeding. – **21.** (*Fieber*) high: das Fieber ist stärker geworden the temperature has risen (*od.* gone up). – **22.** (*Eindruck, Interesse etc*) strong, intense, great: ~e Anziehungskraft [Abneigung] strong (*od.* keen, quick) attraction [dislike]; ~er Wunsch strong (*od.* keen, urgent, compelling) desire; ich habe stärkste Bedenken dagegen I have the strongest objections to it; eine ~e Ähnlichkeit innerhalb der Familie a strong (*od.* striking) resemblance within the family; ~e Betonung der ersten Silbe strong accentuation of the first syllable; es besteht eine ~e Nachfrage nach there's a keen (*od.* great, big) demand for; er ist in ~em Maß(e) vom Wetter abhängig he is extremely sensitive to the weather; in stärkstem Maß(e) extremely; das ist eine ~e Übertreibung! that is a great (*od.* a gross, an absolute) exaggeration! – **23.** (*Leistung, Begabung etc*) great: er hat eine ~e musikalische Begabung he has great (*od.* considerable) musical talent; in Mathematik war ich nie sehr ~ I was never great (*od.* very good) at mathematics; Englisch ist nicht seine ~e Seite English is not his strong point (*od.* his forte); dieser Roman gehört zu seinen stärksten Werken this novel is one of his greatest works; die Darstellerin wurde im letzten Akt etwas stärker the actress improved in the last act; eine ~e Verteidigung (*sport*) a strong defence (*Am.* defense). – **24.** (*Ausdruck etc*) strong: ~e Worte strong words (*od.* language *sg*). – **25.** das ist ~! das ist ein ~es Stück! *colloq.* that's a bit much (*od. colloq.* thick)! – **26.** (*optics*) (*Brille etc*) strong, powerful. – **27.** *tech.* a) (*Motor, Scheinwerfer etc*) powerful, high-powered, b) (*Druck*) heavy, c) (*Blech*) heavy, thick, d) (*fest*) strong, e) (*mechanische Beanspruchung*) hard, f) (*Hitze*) intense. – **28.** *electr.* (*Strom*) strong, heavy. – **29.** *print.* (*Auflage*) large. – **30.** *ling.* (*Deklination, Konjugation*) strong. – **31.** *hunt.* (*Bock, Hirsch etc*) large. – **32.** (*Kaliber bei Feuerwaffen*) large. – **II** *adv* **33.** strongly: ~ riechende Blumen strong-smelling flowers; eine ~ gesüßte [gesalzene, gewürzte] Speise a strongly sweetened [salted, seasoned] dish; etwas ~ verdünnen to dilute s.th. strongly; das ist ~ übertrieben! that's greatly (*od.* grossly, highly) exaggerated! ich nehme ~ an, daß er nicht mehr kommt I strongly suspect that he won't come anymore; j-n ~ im Verdacht haben to suspect s.o. strongly; er fühlte sich ~ von ihr angezogen he felt strongly (*od.* greatly) attracted to her. – **34.** heavily: ~ trinken [rauchen] to be a heavy drinker [smoker]; ~ essen to be a big (*od.* great) eater; er war ~ betrunken he was very (*od.* dead) drunk; eine ~ blutende Wunde a profusely bleeding wound; ~ erkältet sein to have a heavy (*od.* bad, severe) cold; es hat ~ geregnet it rained heavily (*od.* hard); ein ~ bevölkertes Gebiet a densely (*od.* thickly) populated area; ~ verschuldet sein to be in heavy debt, to be heavily in debt; ~ behaart sein to be (very) hairy (*od. lit.* hirsute). – **35.** greatly: ~ vergrößert [verkleinert] greatly magnified [diminished]; ~ benachteiligt sein to be greatly (*od.* badly) handicapped; (zu) ~ vereinfachend (*od.* verallgemeinernd) simplistic; ein ~ gefragter Artikel an article in great (*od.* high) demand; ein ~ besetzter Saal a well-filled hall; ein ~ besuchtes Konzert a well-attended concert; es geht ~ auf zehn (Uhr) it's going on for ten (o'clock), it's almost ten (o'clock); er ist ~ in den Sechzigern *colloq.* he is well into his sixties, he is in his late sixties, he is going on for seventy, he is well past sixty.

'Star,ka·sten *m* nesting box for starlings.

'Stark,bier *n brew.* strong beer.

'Star·ke *m* ⟨-n; -n⟩ strong man: das Recht liegt auf seiten des Stärkeren justice is on the strong man's side.

Stär·ke[1] ['ʃtɛrkə] *f* ⟨-; -n⟩ **1.** ⟨*only sg*⟩ (*körperliche*) strength, force, stoutness, power, might, *auch* brawn. – **2.** ⟨*only sg*⟩ (*des Charakters, Willens etc*) strength, power. – **3.** (*einer Organisation etc*) power, strength, might(iness). – **4.** ⟨*only sg*⟩ (*Widerstandsfähigkeit*) strength, stoutness. – **5.** (*Durchmesser, Dicke*) thickness, strength, (*von zylindrischen Körpern*) *auch* diameter: die ~ des Drahtes [Bleches] the ga(u)ge of the wire [sheet metal]. – **6.** ⟨*only sg*⟩ (*Beleibtheit*) corpulence, stoutness. – **7.** (*des Haares*) thickness. – **8.** (*eines Aufgebots, Heers etc*) strength. – **9.** (*des Regens etc*) heaviness. – **10.** (*der Strömung, des Winds etc*) force, strength. – **11.** (*von Hitze, Kälte etc*) intensity, intenseness. – **12.** (*des Verkehrs*) heaviness. – **13.** (*Gehalt, Hochprozentigkeit*) strength: die ~ des Medikaments the strength (*od.* potency) of the drug. – **14.** (*eines Geruchs etc*) strength, penetratingness. – **15.** (*von Farben, Licht etc*) strength, intensity, intenseness. – **16.** (*Lautstärke*) strength, loudness. – **17.** (*eines Schmerzes etc*) intensity, intenseness, severity, severeness. – **18.** (*des Fiebers*) height. – **19.** ⟨*only sg*⟩ (*eines Eindrucks, Interesses etc*) strength, intensity, intenseness. – **20.** ⟨*only sg*⟩ (*der Nachfrage etc*) greatness, keenness. – **21.** (*starke Seite*) strong point, forte: Mathematik ist nicht gerade meine ~ mathematics isn't my strong point; ihre ~ liegt auf anderem Gebiet her strong point lies elsewhere (*od.* in another sector). – **22.** (*optics*) (*von Gläsern etc*) power. – **23.** *tech.* a) (*der Scheinwerfer etc*) power, capacity, b) (*eines Motors*) rating, c) (*des Drucks*) heaviness. – **24.** *electr.* (*Stromstärke*) intensity, strength. – **25.** *chem.* (*einer Lösung*) concentration. – **26.** *print.* (*einer Auflage*) volume, circulation.

'Stär·ke[2] *f* ⟨-; -n⟩ *chem. med.* (*auch für Wäsche*) starch, amylum (*scient.*) $(C_6H_{10}O_5)$.

'Stär·ke|,ab,bau *m med.* decomposition of starch. — **s~,ar·tig** *adj chem.* starchy; amylaceous, amyloid(al) (*scient.*). — **~,bil·dung** *f chem. med.* amylogenesis. — **~fa,brik** *f* starch factory. — **~fa·bri,kant** *m* starch manufacturer. — **~fa·bri·ka·ti,on** *f* starch manufacture. — **~ge,halt** *m chem. med.* starch content. — **~,grad** *m* intensity. — **s~,hal·tig** *adj chem. med.* containing starch, starchy; amylaceous, amyloid(al) (*scient.*). — **~,klei·ster** *m chem. pharm.* starch paste (*od.* glue, mucilage). — **~,lö·sung** *f chem.* starch solution. — **~,mehl** *n* starch (flour), cornstarch, *bes. Br.* farina, amylum (*scient.*).

'Stär·ke|,mel·dung *f mil.* strength report (*od.* return). — **~,mes·sung** *f* measurement of strength.

stär·ken[1] ['ʃtɛrkən] **I** *v/t* ⟨h⟩ **1.** (*durch Sport, Arzneien etc*) strengthen, fortify, steel: Schwimmen stärkt die Muskulatur swimming strengthens the muscles. – **2.** (*durch Nahrung*) refresh. – **3.** (*das Selbstgefühl etc*) boost, strengthen: j-s Mut ~ to boost s.o.'s courage; j-m das Rückgrat ~ *fig. colloq.* to back s.o. up, to give s.o. moral support. – **4.** (*kräftigen*) invigorate. – **5.** *cf.* bestärken. – **II** *v/reflex* sich ~ **6.** take some refreshment(s), refresh oneself. – **7.** *colloq. humor.* have (*od.* take) a drink. – **III S~** *n* ⟨-s⟩ **8.** *verbal noun.* – **9.** (*des Selbstbewußtseins etc*) boost.

'stär·ken[2] *v/t* ⟨h⟩ (*Wäsche*) (clear)starch.

'stär·kend I *pres p of* stärken[1] *u.* [2]. – **II** *adj bes. med.* cordial, restorative, roborant (*scient.*): ~es Mittel tonic, restorative, roborant (*scient.*).

'Stär·ke,pu·der *m, colloq. n chem.* starch powder.

'Stär·ke·ver,hält·nis *n* relative strength.

'Stär·ke|,was·ser *n chem.* starch water. — **~,wert** *m* (*bei Viehfutter*) starch equivalent. — **~,zucker** (*getr.* -k·k-) *m* starch sugar, dextrose (*scient.*).

'stark|,glie·de·rig, ~,glied·rig *adj* strong-limbed.

'Stark|,holz *n* (*wood*) heavy timber, siz(e)able wood. — **s~,kno·chig** *adj* big-boned.

'Star,klas·se *f* (*sport*) (*bei Segelbooten*) [Star class.]

'stark|,lei·big [-,laɪbɪç] *adj* corpulent, stout. — **~mo,to·rig** [-mo,toːrɪç] *adj auto.* with a powerful (*od.* high-powered) engine.

'Stark,strom *m electr.* heavy (*od.* power) current. — **~,an,la·ge** *f* (electric) power plant. — **~,frei,lei·tung** *f* overhead power line. — **~in·ge·ni,eur** *m* electrical power engineer. — **~,ka·bel** *n* power cable. — **~kon·den,sa·tor** *m* heavy-current capacitor. — **~,lei·tung** *f* power line. — **~,si·che·rung** *f* high-voltage fuse. — **~,tech·nik** *f* heavy-current (*od.* electrical) power engineering.

'Stark,ton,horn *n* super-tone horn.

'Stär·kung *f* ⟨-; -en⟩ **1.** *cf.* Stärken[1]. – **2.** (*Imbiß etc*) refreshment: darf ich Ihnen eine kleine ~ anbieten? may I offer you a light refreshment? – **3.** (*Kräftigung*) invigoration. – **4.** (*Trost*) comfort, consolation. – **5.** *colloq.* (*Alkohol*) pick-me-up, 'stiffener' (*colloq.*), *Am. colloq.* bracer, 'reviver' (*sl.*).

'Stär·kungs,mit·tel *n bes. med.* tonic, restorative, roborant (*scient.*).

'stark,wan·dig [-,vandɪç] *adj* thick-walled.

Star·let ['staːrlɛt; 'ʃtaːr-; 'stɑːlɪt] (*Engl.*) *n* ⟨-s; -s⟩ (*film*) starlet.

Stär·ling ['ʃtɛːrlɪŋ] *m* ⟨-s; -e⟩ *zo.* troupial, *auch* troopial, grackle (*Fam. Icteridae*).

'Starˌmatz *m* ⟨-es; -e *u.* ¨e⟩ *colloq. humor. for* Star[1].

'Star·ope·ra·tiˌon *f med.* cataract operation, couching (of a cataract), Graefe's operation (*scient.*).

Sta·rost [sta'rɔst; ʃta-] *m* ⟨-en; -en⟩ *hist.* **1.** (*in Polen*) starost. – **2.** (*in Rußland*) starosta. — **Sta·ro·stei** [starɔs'taɪ; ʃta-] *f* ⟨-; -en⟩ (*in Polen*) starosty.

starr [ʃtar] **I** *adj* **1.** (*steif, unbeweglich*) stiff, (*von Toten*) *auch* rigid: ~ **werden** (*von Gliedern, Muskeln etc*) to become (*od.* grow, get) stiff, to stiffen; **ich war ~ vor Schreck** I was scared to death (*od.* stiff, skinny), I was paralyzed (*Br. auch* -s-) with fright; **da bin ich (einfach) ~!** *fig. colloq.* I'm dumbfounded (*od.* thunderstruck)! I'm completely flabbergasted! (*colloq.*), *Br. sl.* well, stone me! – **2.** (*empfindungslos*) numb, benumbed: **meine Finger sind ~ vor Kälte** my fingers are numb with cold. – **3.** (*Blick etc*) staring, fixed: **j-n mit ~en Augen ansehen** to look at s.o. with staring eyes (*od.* with a stare); **der ~e Blick des Toten** the dead man's glassy stare. – **4.** (*Gesichtszüge*) immovable, rigid. – **5.** (*Regeln, Prinzipien, Schema, System etc*) rigid, inflexible: **die ~en Regeln der Etikette** the rigid rules of etiquette. – **6.** (*unnachgiebig*) rigid, inflexible, unbending, adamant, *Am. colloq.* hard-shell(ed): **die ~e Haltung der Delegation in dieser Frage** the rigid attitude of the delegation in this matter. – **7.** (*Papier, Seide etc*) stiff. – **8.** *chem.* (*Fett*) consistent. – **9.** *phys.* (*Körper etc*) rigid, stable, solid. – **10.** *tech. civ.eng.* (*Konstruktion etc*) rigid, rugged. – **11.** *aer.* a) (*Rotorblatt etc*) rigidly mounted, b) (*Luftschraube*) fixed-pitch (*attrib*), c) (*Fahrwerk*) fixed, nonretractable *Br.* non-, d) (*Luftschiff*) rigid. – **12.** *mil.* a) (*Verteidigung, Verteidigungslinie*) rigid, b) (*Kanone, Maschinengewehr etc*) fixed. – **13.** *econ.* (*Marktverhältnisse etc*) rigid, inelastic, intractable, (*Preise*) *auch* pegged. – **14.** *poet.* (*Felsen, Klippen etc*) stern. – **II** *adv* **15.** (*unbeweglich*) stiff(ly), rigidly: **~ (und steif) dasitzen** to sit there stiffly (*od.* like a statue); **der Tote lag ~ (und steif) am Boden** the dead man lay stark (and stiff) on the ground. – **16.** (*mit starrem Blick*) fixedly, with a stare: **j-n ~ ansehen** to stare at s.o., to look at s.o. with a stare; **mit ~ geöffneten Augen** with staring eyes. – **17. ein ~ angebrachtes Verbindungsstück** *tech. civ. eng.* a rigidly mounted connecting piece.

'Starr|ˌach·se *f auto.* rigid axle. — **~ˌbauˌwei·se** *f tech.* rigid design.

Star·re ['ʃtarə] *f* ⟨-; *no pl*⟩ *cf.* Starrheit 1—4.

star·ren ['ʃtarən] **I** *v/i* ⟨h⟩ **1.** stare, *auch* glare: **j-m ins Gesicht ~** to stare s.o. in the face; **er starrte auf seinen Teller** he stared at his plate; **ins Leere ~** *fig.* to stare (*od.* gaze) into space; **sie starrte vor** (*acc*) **sich hin** she stared in front of her. – **2. vor** (*dat*) (*od.* **von**) **etwas ~** to be full of s.th.: **das Zimmer starrte vor Schmutz** the room was full of (*od.* filthy with, thick with) dirt; **dieser Aufsatz starrt von Fehlern** this essay is full of (*od.* is teeming with, teems with) mistakes; **das ganze Land starrte vor Waffen** the whole country bristled with weapons (*od.* arms). – **3.** *poet.* (*ragen*) jut, project: **Gewehrläufe starrten aus den Fenstern** gunbarrels jutted out of the windows; **die Felsen ~ gegen den Himmel** the rocks jut (up) (*od.* stand out) against the sky. – **II** *v/t* **4.** → Loch 1. – **III S~** *n* ⟨-s⟩ **5.** *verbal noun.* – **6.** stare, *auch* glare.

'Starrˌflü·gelˌflugˌzeug *n aer.* fixed wing aircraft.

'Starr·heit *f* ⟨-; *no pl*⟩ **1.** (*Steifheit, Unbeweglichkeit*) stiffness, (*von Toten*) *auch* rigidity, rigidness. – **2.** (*Empfindungslosigkeit*) stiffness, numbness. – **3.** (*des Blicks etc*) stare, fixedness, glassiness. – **4.** (*der Gesichtszüge*) immovability, rigidity, rigidness. – **5.** (*der Regeln, eines Schemas etc*) rigidity, rigidness, inflexibility, *auch* rigor, *bes. Br.* rigour. – **6.** (*Unnachgiebigkeit*) intransigence, rigidity, rigidness, inflexibility, adamancy. – **7.** *tech. civ.eng.* ruggedness, stability, rigidity. – **8.** *econ.* (*der Preise etc*) rigidity, rigidness, inelasticity.

'Starrˌho·bel·maˌschi·ne *f tech.* rigid planing machine.

'Starrˌkopf *m fig. colloq. contempt.* bullhead, mule, headstrong (*od.* bullheaded, *Br.* bull-headed, pigheaded, mulish, obstinate, unyielding) fellow (*colloq.*). — **'starrˌköp·fig** [-ˌkœpfɪç] *adj cf.* starrsinnig. — **'Starrˌköp·fig·keit** *f* ⟨-; *no pl*⟩ *cf.* Starrsinn.

'Starrˌkrampf *m* ⟨-(e)s; *no pl*⟩ *med.* **1.** (*Tetanus*) tetanus. – **2.** (*der Kaumuskulatur*) lockjaw, *auch* locked jaw. — **~baˌzil·lus** *m* tetanus (bacillus), Bacillus (*od.* Clostridium) tetani (*scient.*). — **~ˌse·rum** *n* antitetanic serum, tetanus antitoxin.

'Starrˌschmie·re *f tech.* grease.

'Starrˌsinn *m* ⟨-(e)s; *no pl*⟩ headstrongness, stubbornness, obstinacy, bullheadedness, *Br.* bull-headedness, pigheadedness, mulishness. — **'starrˌsin·nig** *adj* headstrong, stubborn, obstinate, unyielding, bullheaded, *Br.* bull-headed, pigheaded, mulish. — **'Starrˌsin·nig·keit** *f* ⟨-; *no pl*⟩ *cf.* Starrsinn.

'Starrˌsucht *f* ⟨-; *no pl*⟩ *med.* catalepsy. — **'starrˌsüch·tig** *adj* cataleptic.

Start [ʃtart; start] *m* ⟨-(e)s; -s, *rare* -e⟩ **1.** *cf.* Starten. – **2.** (*sport*) a) start, *auch* getaway, b) (*Startlinie, -platz*) start, starting line: **stehender [fliegender] ~** standing [flying] start; **die Pferde gehen an den ~** the horses go to the start; **die Läufer sind an den ~ gegangen** the runners have taken up their starting positions; **das Zeichen zum ~ geben** to give the starting signal; **er hatte einen guten ~, er ist gut vom ~ weggekommen** (*od.* **abgekommen**) he made a good start (*auch* getaway), he was off to a good start; **der Titelverteidiger ist nicht am ~** the titleholder is not among the competitors (*od.* not participating in the race). – **3.** *aer.* a) (*eines Flugzeugs*) takeoff, *Br.* take-off, b) (*Startplatz*) starting (*od.* takeoff, *Br.* take-off) point, takeoff, *Br.* take-off: **den ~ freigeben** a) to give the start, b) to clear for takeoff; **die Maschine rollt zum ~** the aircraft taxies to the takeoff; **~ mit Radar-Hilfe** radar-assisted takeoff. – **4.** (*space*) liftoff, *Br.* lift-off, (*eines Flugkörpers*) launch. – **5.** *fig. colloq.* (*Anfang, Beginn*) start, beginning. – **6.** *fig. colloq.* (*Eintritt, Antritt*) start: **der ~ ins Leben** the start into life; **er hat bei seiner neuen Stellung keinen guten ~ gehabt** he made a poor start in his new post. – **7.** (*Aufschrift*) start. — **~au·toˌma·tik** *f auto.* automatic choke (control).

'Startˌbahn *f aer.* runway. — **~beˌfeue·rung** *f* runway lighting (system), runway lights *pl.*

'Start|ˌband *n* (*für Tonband etc*) head (*od.* start) leader, leader. — **~beˌfehl** *m aer. mil.* order to take off. — **s~beˌrech·tigt** *adj* (*sport*) eligible: **nicht ~** ineligible. — **s~beˌreit** *adj* **1.** (*Sportler, Rennfahrer etc*) ready to start: **sich ~ machen** to get ready (to start), (*von Läufer*) *auch* to set oneself. – **2.** *aer.* (*space*) *cf.* startklar. – **3.** ⟨*pred*⟩ *fig. colloq.* (*ausgeh-, reisefertig*) ready to go, ready for off (*colloq.*). — **~beˌschleu·ni·gung** *f* (*space*) liftoff (*Br.* lift-off) thrust. — **~ˌblock** *m* ⟨-(e)s; ¨e⟩ (*sport*) a) (*beim Laufen*) starting block, b) (*beim Schwimmen*) starting platform (*od.* block).

star·ten ['ʃtartən; 'star-] **I** *v/i* ⟨sein⟩ **1.** (*sport*) a) start, *auch* get away, b) (*an einem Rennen etc teilnehmen*) take part, participate: **die Läufer sind gestartet** the runners have started (*od.* are off); **sie starteten zur 6. Etappe** they started on the 6th stage; **X wird nicht beim** (*od.* **zum**) **Rennen ~** X will not take part (*od.* participate) in the race; **er ist zu früh gestartet** a) he jumped (*od.* beat) the gun (*bes. von Rennfahrer* the flag), b) *fig. colloq.* (*er war zu voreilig*) he jumped (*od.* beat) the gun, he was too hasty. – **2.** *aer.* (*von Flugzeug etc*) take off, start. – **3.** (*space*) lift off, (*von Flugkörper*) be launched, take off. – **4.** *colloq.* (*aufbrechen*) start (out *od.* off), set out: **zu einer Reise ~** to start (*od.* set out) on a journey. – **5.** *colloq.* (*beginnen*) start, begin, tee off: **wann startet die Feier?** when does the party begin? – **6.** *bes. auto.* (*von Motor*) start, run: **der Motor startet nicht** the engine does not start. – **II** *v/t* ⟨h⟩ **7.** (*space*) (*eine Rakete, einen Satelliten etc*) launch. – **8.** (*sport*) (*ein Rennen*) start. – **9.** *colloq.* (*ein Unternehmen, eine Offensive etc*) start, launch. – **10.** *bes. auto.* (*einen Motor*) start (up). – **III S~** *n* ⟨-s⟩ **11.** *verbal noun.* – **12.** *cf.* Start 2a, 3a, 4.

'Star·ter *m* ⟨-s; -⟩ **1.** (*sport*) (*eines Rennens*) starter. – **2.** *auto. tech. cf.* Anlasser 1, 3. — **~ˌklap·pe** *f auto.* (*eines Vergasers*) (air) choke, strangler. — **~ˌkranz** *m* starter ring (*od.* rim) gear, flywheel ring gear.

'Start|erˌlaub·nis *f* **1.** *aer.* takeoff (*Br.* take-off) clearance. – **2.** (*sport*) permission (to take part): **j-m die ~ für ein Rennen entziehen** to withdraw s.o.'s permission to take part in (*od.* to enter) a race, to disqualify s.o. from participation in a race, to suspend s.o. from a race. — **~ˌflag·ge** *f* (*sport*) starting flag. — **~ˌfol·ge** *f* starting order. — **~ˌgeld** *n* **1.** (*für bekannten Rennfahrer, Tennisspieler etc*) starting money. – **2.** (*zur Teilnahme*) entry fee. — **~geˌneh·mi·gung** *f aer.* (*sport*) *cf.* Starterlaubnis. — **~geˌrät** *n* (*space*) (*Oberbegriff*) launcher. — **~geˌrüst** *n* launching rack. — **~geˌschwin·dig·keit** *f* **1.** *aer.* takeoff (*Br.* take-off) speed. – **2.** (*space*) liftoff (*Br.* lift-off) speed. — **~geˌwicht** *n* (*eines Flugzeugs*) takeoff (*Br.* take-off) weight. — **~ˌhil·fe** *f* **1.** *aer.* assisted takeoff (*Br.* take-off): **~ mit Hilfsstrahltriebwerk** jet-assisted take(-)off, jato, *auch* JATO; **~ durch Raketen** rocket-assisted take(-)off, rato, *auch* RATO. – **2.** *fig., auch econ.* start, initial help (*od.* aid): **j-m für ein Geschäft eine ~ geben** to give s.o. a start in (*od.* give s.o. a help in starting) a business. — **~imˌpuls** *m telev.* sync mark (*od.* plop). — **s~ˌklar** *adj* **1.** *aer.* (*Flugzeug etc*) ready for takeoff (*Br.* take-off), ready to take off (*od.* to start). – **2.** (*space*) ready for liftoff (*Br.* lift-off), (*Flugkörper*) ready for launch(ing), ready to be launched. — **~ˌknopf** *m* **1.** *auto.* choke (knob). – **2.** *tech.* (*einer Maschine*) start button. — **~komˌman·do** *n* **1.** (*sport*) *auch fig.* starting command. – **2.** *aer.* a) (*Befehl*) launching (*od.* liftoff, *Br.* lift-off) command, b) (*Mannschaft*) launching team. — **~komˌplex** *m* (*space*) launching complex. — **~konˌtrol·le** *f* check (*od.* inspection) before the start (*bei Flugzeugen* prior to takeoff [*Br.* take-off]). — **~ˌlän·ge** *f aer. cf.* Startstrecke. — **~ˌlei·stung** *f* (*eines Triebwerks*) (maximum) takeoff (*Br.* take-off) power (*od.* rating). — **~ˌleitˌzen·trum** *n* (*space*) ground control center (*bes. Br.* centre). — **~ˌli·nie** *f* (*sport*) starting line, (*beim Rennsport*) *auch* scratch line. — **~ˌli·ste** *f* starting list. — **~ˌloch** *n* (*bei Laufwettbewerben*) starting hole. — **~ˌlu·ke** *f* (*beim Skispringen*) starting hatch. — **~ˌmar·ke** *f* (*film*) start mark. — **~maˌschi·ne** *f* (*sport*) (*bei Pferderennen*) starting gate. — **~ˌmas·se** *f* (*space*) initial mass. — **~ˌmel·dung** *f* (*sport*) (*zu einem Rennen*) entry. — **~ˌnum·mer** *f* starting number. — **~ˌord·nung** *f cf.* Startfolge. — **~ˌpha·se** *f* **1.** *aer.* takeoff (*Br.* take-off) phase. – **2.** (*space*) launching phase. — **~piˌsto·le** *f* (*sport*) starter's pistol. — **~ˌplattˌform** *f* (*space*) launching platform, launch pad. — **~ˌplatz** *m* **1.** (*sport*) start(ing place). – **2.** *aer.* takeoff (*Br.* take-off) point. – **3.** (*von Ballons, Sonden etc*) point of ascent. – **4.** (*space*) launch site. — **~raˌke·te** *f* (*space*) booster rocket. — **~ˌram·pe** *f* launching ramp: **selbstfahrende ~** self-propelled launching ramp. — **~ˌril·le** *f* (*einer Schallplatte*) starting groove. — **~ˌschie·ne** *f aer.* (*für Raketen*) launching rail. — **~ˌschleu·der** *f* catapult, launcher. — **~ˌschub** *m* **1.** *aer.* takeoff (*Br.* take-off) thrust. – **2.** (*space*) liftoff (*Br.* lift-off) thrust. — **~ˌschuß** *m* (*sport*) *auch fig.* starting shot: **den ~ zu etwas geben** to fire (*od.* give) the starting shot for s.th.; **da fällt** (*od.* **da ist**) **der ~!** there's the starting shot! there's the gun! — **~ˌseil** *n aer.* (*beim Segelfliegen*) launching rope. — **~siˌgnal** *n cf.* Startzeichen. — **~ˌsi·lo** *m* (*space*) ground launching silo. — **~ˌsprung** *m* (*sport*) (*beim Schwimmen*) starting dive. — **~ˌstrecke** (*getr.* -k·k-) *f aer.* takeoff (*Br.* take-off) distance (*od.* run). — **~ˌstu·fe** *f* (*space*) launcher stage. — **~ˌtisch** *m* launch pad. — **~ˌtriebˌwerk** *n* booster engine (motor). — **~ˌtriebˌwerkˌbün·del** *n* booster cluster. — **~ˌturm** *m* launch tower. — **~verˌbot** *n* **1.** (*sport*) suspension: **er hat ~** he has been suspended; **einen Sportler mit ~**

belegen to suspend a sportsman. – **2.** *aer.* takeoff (*Br.* take-off) restriction: ~ für ein Flugzeug erlassen to ground an aircraft. — **~ver,lauf** *m* (*space*) launching flight history. — **~ver,zö·ge·rung** *f* **1.** *aer.* delay of (*od.* in) departure. – **2.** (*sport*) delay of start. — **~,vor·be,rei·tun·gen** *pl* **1.** *aer.* preparations for takeoff (*Br.* take-off). – **2.** (*space*) preparations for liftoff (*Br.* lift-off). – **3.** (*sport*) preparations for the start. – **4.** *fig. colloq.* (*vor einer Reise*) preparations for leaving. — **~,zei·chen** *n* (*sport*) *aer., auch fig.* starting signal, start: das ~ geben to give the starting signal. — **~,zeit** *f* **1.** (*space*) launch time. – **2.** (*sport*) starting time.

Sta·se [ˈstaːzə; ˈʃtaː-] *f* ⟨-; -n⟩ *med.* stasis.

Sta·sis [ˈstaːzɪs; ˈʃtaː-] *f* ⟨-; Stasen⟩ *med. cf.* Stase.

Sta·tik [ˈʃtaːtɪk; ˈstaː-] *f* ⟨-; *no pl*⟩ statics *pl* (*usually construed as sg*). — **ˈSta·ti·ker** [-tikər] *m* ⟨-s; -⟩ structural engineer.

Sta·ti·on [ʃtaˈtsĭoːn] *f* ⟨-; -en⟩ **1.** (*Bahnhof*) (railroad, *Br.* railway) station, *Am. auch* depot: frei ~ *econ.* free station. – **2.** (*Haltestelle*) stop: noch 3 ~en bis zum Marktplatz another 3 (*od.* 3 more) stops to the market square. – **3.** (*Halt, Rast*) stop, rest: ~ machen to make a stop, to have a rest. – **4.** (*Reiseunterbrechung, Zwischenstation*) stay, *bes. Am.* stopover: wir machten in Bonn 2 Tage ~ we had a two-day stay in Bonn, we stayed (*bes. Am.* stopped over) in Bonn for 2 days; ich mache bei meinem Bruder ~ I'll have a short stay at my brother's. – **5.** freie ~ (haben) (*Kost u. Logis*) (to have) free board and lodging. – **6.** *fig.* (*des Lebenswegs, einer Entwicklung etc*) stage. – **7.** (*in einem Krankenhaus*) ward: auf welcher ~ liegt der Patient? which ward is the patient in? ambulante ~ outpatient department, *Am. auch* outpatient clinic. – **8.** (*Funk-, Sende-, Polizei-, Wetterstation etc*) station: bemannte ~ attended station; er arbeitet auf einer meteorologischen ~ he is working at a meteorological station. – **9.** *relig.* (*des Kreuzwegs*) station (of the Cross).

sta·tio·när [ʃtatsĭoˈnɛːr] **I** *adj* **1.** (*Bevölkerung, Wirtschaft, Vorgang etc*) stationary, fixed. – **2.** *tech.* (*Maschine etc*) stationary, fixed. – **3.** (*space*) (*Satellit*) stationary. – **4.** *phys. electr.* a) (*Meßanzeige, Strom etc*) stationary, steady, b) (*Schwingung*) undamped: eine ~e Welle a standing (*auch* stationary) wave. – **5.** *med.* a) (*Prozeß*) stationary, b) ~e Behandlung inpatient treatment. – **II** *adv* **6.** j-n ~ behandeln *med.* to give s.o. inpatient treatment.

Sta·tio·nen,fol·ge [ʃtaˈtsĭoːnən-] *f* (*railway*) sequence of stations.

sta·tio·nie·ren [ʃtatsĭoˈniːrən] **I** *v/t* ⟨*no* ge-, h⟩ *bes. mil.* (*Truppen, Flugzeuge etc*) station, position, post. – **II S~** *n* ⟨-s⟩ *verbal noun.* — **sta·tioˈniert I** *pp.* – **II** *adj* ~ sein to be stationed (*od.* based). — **Sta·tioˈnie·rung** *f* ⟨-; *no pl*⟩ *cf.* Stationieren.

Sta·tioˈnie·rungs|,ko·sten *pl mil.* stationing costs. — **~,streit,kräf·te** *pl* stationed forces.

Sta·tiˈons|,an,sa·ge *f* (*radio*) station announcement, network signature. — **~,arzt** *m med.* ward physician. — **~ba·ro,me·ter** *n meteor.* station barometer. — **~,dia** *n telev.* station caption (*od.* identification slide). — **~ge,bäu·de** *n* (*railway*) station (house). — **~,netz** *n meteor.* network of stations. — **~,schwe·ster** *f med. Am.* floor nurse in charge, nurse in charge of a ward, *Br.* ward sister. — **~,vor,stand** *m Austrian and Swiss,* **~,vor,ste·her** *m* (*railway*) *cf.* Bahnhofsvorsteher.

sta·tisch [ˈʃtaːtɪʃ; ˈstaː-] **I** *adj* **1.** (*Elektrizität, Energie etc*) static, *auch* statical: ~e Berechnung static calculation (*od.* test). – **2.** *civ.eng.* structural: ~e Berechnung structural analysis; ~es Moment moment of force, static (*auch* statical) moment. – **II** *adv* **3.** statically: ~ unbestimmt statically indeterminable.

stä·tisch [ˈʃtɛːtɪʃ] *adj* (*Pferd*) *Swiss for* störrisch 2.

Sta·tist [ʃtaˈtɪst] *m* ⟨-en; -en⟩ **1.** (*theater, film*) supernumerary, walk(er)-on, dummy, super (*colloq.*), (*bes. in Massenszenen*) *auch* extra. – **2.** *fig.* supernumerary, super (*colloq.*): der verletzte Spieler konnte nur noch als ~ mitwirken the injured player could merely act as a super. —

Staˈti·sten,rol·le *f* **1.** (*theater, film*) supernumerary (*od.* walking) part, walk-on: eine ~ spielen to have a walking part, to play (*od.* act as) a walk(er)-on. – **2.** *fig.* supernumerary part.

Sta·ti·ste·rie [ʃtatɪstəˈriː] *f* ⟨-; -n [-ən]⟩ (*theater, film*) crowds *pl.*

Sta·ti·stik [ʃtaˈtɪstɪk; sta-] *f* ⟨-; -en⟩ **1.** ⟨*only sg*⟩ (*Wissenschaft*) statistics *pl* (*construed as sg or pl*). – **2.** (*Aufstellung*) statistics *pl* (*construed as sg or pl*): eine ~ über (*acc*) etwas aufstellen to compile statistics on (*od.* about) s.th. — **Staˈti·sti·ker** [-tikər] *m* ⟨-s; -⟩ statistician, statist.

sta·ti·stisch [ʃtaˈtɪstɪʃ; sta-] **I** *adj* statistical: ~e Erhebungen statistical inquiries (*od.* investigations), statistics (*construed as sg or pl*); eine ~e Aufstellung a statistical table (*od.* return), statistics *pl* (*construed as sg or pl*); das S~e Bundesamt the Federal Statistical Office. – **II** *adv* statistically: das Ergebnis ist ~ erwiesen the result has been proved statistically; etwas ~ erfassen to make a statistical survey of s.th.

Sta·tiv [ʃtaˈtiːf] *n* ⟨-s; -e⟩ (*für Kameras, Theodoliten etc*) tripod, support, stand. — **~,fahr,wa·gen** *m* (*film*) *telev.* (tripod) dolly. — **~,ka·me·ra** *f* stand camera. — **~,kopf** *m* tripod head. — **~,wa·gen** *m cf.* Stativfahrwagen.

Sta·to·blast [statoˈblast; ʃta-] *m* ⟨-en; -en⟩ *biol.* statoblast.

Sta·tor [ˈstaːtɔr; ˈʃtaː-] *m* ⟨-s; -en [staˈtoːrən; ʃta-]⟩ *electr. tech.* (*einer Maschine, eines Induktionsmotors*) stator.

Statt [ʃtat] *f* ⟨-; *no pl*⟩ (*in Wendungen wie*) an meiner ~ instead of me, in my place (*od. lit.* stead), *bes. jur. econ. auch* in lieu of me; j-n an Kindes ~ annehmen to adopt s.o.; ich erkläre (*od.* versichere) an Eides ~ *jur.* I declare (*od.* affirm) in lieu of an oath; eine Erklärung an Eides ~ *jur.* an affirmation in lieu of an oath, a statutory declaration; etwas an Zahlungs ~ liefern *econ.* to supply s.th. instead (*od.* in lieu) of payment.

statt I *prep* ⟨*gen, colloq. u. obs. dat*⟩ **1.** instead of, in (the) place of, in lieu of (*lit.*): er wird ~ meiner gehen he will go instead of me (*od.* in my place, *lit.* in my stead); ~ dessen wärest du besser weggegangen you would have done better to go away instead (of doing that); das Buch hatte er nicht; ~ dessen gab er mir eine Zeitschrift he did not have the book but gave me a periodical instead (*od. lit.* in its stead); ~ eines Blumenstraußes instead of a bunch of flowers. – **II** *prep* ⟨*dat*⟩ **2.** ~ Worten instead of words. – **III** *conj* **3.** ~ zu, ~ daß instead (*od. lit.* in lieu) of (*gerund*): ~ zu arbeiten (*od.* ~ daß er arbeitet,) träumt er vor sich hin he dreams away to himself instead of working. – **4.** dieser Brief ist an mich ~ an dich gerichtet this letter is addressed to me and not to you.

Stät·te [ˈʃtɛtə] *f* ⟨-; -n⟩ **1.** place: eine ~ des Grauens [der Verwüstung, der Erinnerung] a place of horror [devastation, commemoration]; eine geweihte ~ a consecrated (*od.* hallowed, sacred) place; die heiligen ~n *relig.* the holy places. – **2.** (*Schauplatz*) site, place: die ~ der Ausgrabungen the site of the excavations; die ~, wo sich das Unglück ereignete the site where the accident took place, the scene of the accident. – **3.** keine bleibende ~ haben *poet.* (*keinen festen Wohnsitz*) to have no fixed abode.

ˈstatt|,fin·den *v/i* ⟨*irr, sep,* -ge-, h⟩ **1.** (*abgehalten werden*) take place, be held (*od.* given), come off, (*von Theaterstück, Oper etc*) *auch* be staged (*od.* performed): die Feier kann heute abend leider nicht ~ unfortunately the celebration cannot take place this evening; der Gottesdienst findet um 11 Uhr statt the service will be held (*od.* celebrated) at 11 o'clock. – **2.** (*sich ereignen*) take place, happen, occur: hier fand das Unglück statt this is where the disaster happened, this is the scene of the disaster. – **3.** *phys.* (*von Reaktion*) occur. — **~,ge·ben** *v/i* ⟨*irr, sep,* -ge-, h⟩ (*dat*) **1.** (*einem Gesuch, einer Bitte etc*) grant (*acc*), comply with: das Amt hat seiner Eingabe stattgegeben the authorities (have) granted his petition. – **2.** *jur.* (*als rechtsgültig anerkennen*) sustain: einem Antrag [Einwand] ~ to sustain a motion [an objection]; → Klagebegehren. — **~,ha·ben** *v/i* ⟨*irr, sep,* -ge-, h⟩ *rare for* stattfinden.

ˈstatt·haft *adj* ⟨*pred*⟩ **1.** (*Maßnahme etc*) admissible, *auch* admissable, permissible, allowable: so ein Betragen ist hier nicht ~ such behavio(u)r is not admissible (*od.* is inadmissible) here; es ist nicht ~, hier zu rauchen smoking is not admissible (*od.* permitted) here. – **2.** *jur.* (*Einwand etc*) (legally) admissible (*auch* admissable), legal: derartige Transaktionen sind nicht ~ such transactions are legally inadmissible (*od.* are illegal).

ˈStatt,hal·ter *m* ⟨-s; -⟩ **1.** *hist.* governor. – **2.** ~ Christi (*Titel des Papstes*) vicar of Christ. — **ˈStatt,hal·ter·schaft** *f* ⟨-; *no pl*⟩ **1.** *hist.* governorship. – **2.** ~ Christi (*des Papstes*) vicariate of Christ.

ˈstatt·lich *adj* **1.** (*Erscheinung, Gestalt etc*) dignified, stately, commanding: ein ~er Fünfziger a dignified man in his fifties. – **2.** (*Gebäude, Tier, Baum etc*) stately, imposing. – **3.** (*Familie, Schar etc*) fairly large, considerable. – **4.** (*Anzahl, Betrag, Vermögen etc*) considerable, handsome, fair: ein ~es Sümmchen *colloq.* a nice little sum, a nice little pile of money (*colloq.*). — **ˈStatt·lich·keit** *f* ⟨-; *no pl*⟩ **1.** (*einer Erscheinung, Gestalt etc*) dignity, dignifiedness, stateliness. – **2.** (*eines Gebäudes, Tiers etc*) stateliness, imposingness.

sta·tua·risch [ʃtaˈtŭaːrɪʃ; sta-] *adj* (*art*) statuary.

Sta·tue [ˈʃtaːtŭə; ˈstaː-] *f* ⟨-; -n⟩ statue.

ˈsta·tu·en·haft *adj* statuesque, statuelike.

Sta·tu·et·te [ʃtaˈtŭɛtə; sta-] *f* ⟨-; -n⟩ small statue, statuette, figurine.

sta·tu·ieren [ʃtatuˈiːrən; sta-] *v/t* ⟨*no* ge-, h⟩ ein Exempel ~ to set a warning example; an j-m ein Exempel ~ to make an example of s.o.

Sta·tur [ʃtaˈtuːr] *f* ⟨-; -en⟩ **1.** (*Größe, Wuchs*) stature, height: er ist von kleiner [mittlerer, großer] ~ he is of short [medium, tall] stature. – **2.** (*Körperbau*) build, physique: er ist von kräftiger ~ he is of strong build.

Sta·tus [ˈʃtaːtʊs; ˈstaː-] *m* ⟨-; -⟩ **1.** (*gesellschaftlicher, sozialer etc*) status, rank, position. – **2.** *pol.* (*einer ehemaligen Kolonie etc*) status. – **3.** (rechtlicher) ~ *jur.* (*eines Minderjährigen etc*) (legal) status: ehelicher ~ (*eines Kindes*) status of legitimacy. – **4.** *rare* (*Zustand, Lage*) status, state, condition. – **5.** *econ.* a) (*eines Unternehmens etc*) (financial) status (*od.* condition), b) (*Vermögensstand*) statement of position, net position on assets and liabilities, c) (*Kreditstatus einer Firma*) credit standing. – **6.** *bes. med. biol.* (*innerhalb eines Entwicklungsvorgangs*) state, status, condition. — **~,kla·ge** *f jur.* action for declaratory judg(e)ment on the status of a person.

ˈSta·tus nasˈcen·di [nasˈtsɛndi] *m* ⟨- -; *no pl*⟩ *bes. chem. med. biol.* nascent state.

ˈSta·tus ˈquo [ˈkvoː] *m* ⟨- -; *no pl*⟩ *bes. pol.* status quo.

ˈSta·tus·sym,bol *n sociol.* status symbol.

Sta·tut [ʃtaˈtuːt; sta-] *n* ⟨-(e)s; -en⟩ **1.** (*eines Vereins, Ordens etc*) statute, constitution, covenant, by(e)law: die ~en aufsetzen to lay down (*od.* draw up, draft) the statutes; das ist gegen die ~en that is contrary to (the) statutes; die ~en the constitution *sg* (of an association); ein durch die ~en bestimmtes Vorrecht a privilege determined by the statutes, a statutory privilege. – **2.** *pl econ.* (*einer Handelsgesellschaft*) articles of association, *Am. auch* by(e)laws. — **sta·tuˈta·risch** [-tuˈtaːrɪʃ] *adj u. adv cf.* statutengemäß.

Sta·tuˈtar,recht [ʃtatuˈtaːr-; sta-] *n jur.* statutory law.

staˈtu·ten|ge,mäß, ~,mä·ßig I *adj* statutory. – **II** *adv* etwas statutenmäßig verankern to embody s.th. in the statutes. — **~,wid·rig** *adj* contrary to (the) statutes.

Stau [ʃtaʊ] *m* ⟨-(e)s; -e, *auch* -s⟩ **1.** *cf.* Stauung. – **2.** das Wasser ist im ~ *mar.* (*zwischen Flut u. Ebbe*) the tide is turning (*od.* about to turn, on the turn). – **3.** *civ.eng.* (*künstliche Hebung des Wasserspiegels*) damming up. – **4.** *meteor.* (*Windstau*) barrier effect (on air flow). — **~,an,la·ge** *f civ.eng.* reservoir installations *pl* (*od.* facilities *pl*), water retaining (*od.* control) structure.

Staub [ʃtaʊp] *m* ⟨-(e)s; *tech.* -e *u.* Stäube⟩

1. dust: auf den Möbeln lag dicker ~ there was a thick layer of dust (*od.* the dust lay thick) on the furniture; ~ wischen to dust; ~ saugen to vacuum(-clean), *Br. colloq.* to hoover; zu ~ zerfallen to crumble (*od.* disintegrate) into dust, *Am. auch* to dust; vor j-m in den ~ sinken, sich vor j-m in den ~ werfen to throw oneself in the dust (*od. lit.* to prostrate oneself) before (*od.* in front of) s.o.; der Vorfall hat viel ~ aufgewirbelt *fig.* the incident made (*od.* created) quite a stir (*od.* sensation), the incident kicked (*od.* stirred) up a lot of dust (*colloq.*); sich aus dem ~(e) machen *fig. colloq.* to bolt, to decamp, to make off (*od.* one's getaway), to hook it (*sl.*), *Am. sl.* to dust; ich habe (mir) den ~ Hamburgs von den Füßen geschüttelt *fig. lit.* I shook (off) the dust of Hamburg from my feet, I left Hamburg for good; wieder zu ~ (und Asche) werden *relig.* to return to dust (and ashes); das geht dich einen feuchten ~ an! *fig. colloq.* that's none of your business! → Erde 10. – **2.** *nucl. astr.* dust: radioaktiver [kosmischer] ~ radioactive [cosmic] dust. – **3.** *bot. short for* Blütenstaub.

ˈStaub|ˌabˌsau·gung *f metall.* dust exhaust (*od.* collection, removal). — **~ˌabˌsau·gungsˌanˌla·ge** *f tech.* dust exhausting equipment. — **~ˌabˌschei·der** *m* dust collector (*od.* arrester). — **~ˌabˌschei·dung** *f* dust separation (*od.* collection, removal). — **s~ˌähn·lich** *adj* dustlike. — **~ˌanˌsamm·lung** *f* (*mining*) dust accumulation. — **s~ˌar·tig** *adj* dustlike. — **~ˌbad** *n* (*der Vögel*) dust bath. — **s~beˌdeckt** *adj* **1.** covered with dust, dusty. – **2.** *bot.* (*mit Blütenstaub*) pollinated, pollinose. — **~beˌkämp·fung** *f* (*mining*) dust suppression. — **~beˌkämp·fungsˌmaßˌnah·men** *pl* dust-control measures (*od.* methods). — **~beˌlä·sti·gung** *f* molestation by dust. — **~beˌla·stung** *f* (*mining*) (*von Bergarbeitern*) dust exposure. — **~beˌla·stungsˌstu·fe** *f* dust exposure index rating, dust exposure category (*od.* group). — **~ˌbe·sen** *m* soft broom, dust brush.

ˈStaubˌbeu·tel *m* **1.** *bot.* anther. – **2.** (*im Staubsauger*) dust bag. — **~ˌfach** *n bot.* pollen sac.

ˈStaub|ˌbil·dung *f* formation of dust: die ~ bekämpfen to suppress dust. — **~ˌbin·dung** *f tech.* dust consolidation. — **~ˌblatt** *n bot.* stamen. — **~ˌblü·te** *f* male flower. — **~ˌbrand** *m agr.* (*Getreidekrankheit*) dust brand.

Stäub·chen [ˈʃtɔʏpçən] *n* ⟨-s; -⟩ speck (*od.* particle, mote, atom) of dust: in der Wohnung war nicht ein ~ zu sehen there wasn't a speck of dust to be seen in the apartment (*bes. Br.* flat), the whole apartment was spic(k)-and-span.

ˈstaubˌdicht *adj* dustproof, dust-tight.

ˈStauˌbecken (*getr.* -k·k-) *n civ.eng.* (*einer Talsperre etc*) storage reservoir (*od.* pool), artificial lake.

stau·ben [ˈʃtaubən] **I** *v/i* ⟨h⟩ make (*od.* raise, stir up) dust: Bettenmachen staubt sehr bed-making makes plenty of dust. – **II** *v/impers* es staubt so auf dieser Straße this road is so dusty; paß auf, sonst staubt's! *fig. colloq.* be careful or there will be trouble (*od. colloq.* the sparks will start flying).

stäu·ben [ˈʃtɔʏbən] **I** *v/i* ⟨h⟩ **1.** *cf.* stauben I. – **2.** (*von Schnee, Spänen etc*) fly up. – **3.** (*von Wasser*) spray. – **4.** *bot.* (*von Blüten*) emit pollen. – **II** *v/t* **5.** *agr. hort.* (*Bäume, Beete etc*) dust, powder. – **III** *v/reflex* sich ~ **6.** (*von Vögeln*) dust, take a dust bath.

ˈStaub|ex·plo·siˌon *f* (*mining*) dust explosion. — **~ex·po·si·tiˌon** *f* exposure to dust, dust exposure. — **~ˌfa·den** *m bot.* filament. — **~ˌfall** *m meteor.* dust fall. — **~ˌfang** *m tech. cf.* Staubfänger 2. — **~ˌfän·ger** *m* **1.** *colloq.* dust trap (*od.* catcher). – **2.** *tech.* dust arrester (*od.* collector). – **3.** *metall.* (*im Hochofen*) dust catcher. — **~ˌfeue·rung** *f metall.* pulverized (*Br. auch* -s-) coal firing, (coal) dust firing. — **~ˌfil·ter** *n, m tech.* (*im Staubsauger etc*) dust filter. — **s~ˌfrei** *adj* (*Luft, Straße etc*) free from dust, dustless. — **~geˌfäß** *n bot.* stamen. — **~geˌhalt** *m meteor.* (*der Atmosphäre*) dust content, atmospheric pollution. — **s~ˌhal·tig** *adj* (*Luft, Atmosphäre etc*) dust-laden.

stau·big [ˈʃtaubɪç] *adj* dusty: ~ werden to become (*od.* get) dusty, *Am. auch* to dust; ein ~er Bruder *fig. colloq. contempt.* a bad egg (*colloq.*).

ˈStauˌbin·de *f med.* rubber bandage.

ˈStaub|ˌkamm *m* fine-tooth (*od.* fine-toothed, fine) comb. — **~ˌkoh·le** *f* ⟨-; *no pl*⟩ (*mining*) pulverized (*Br. auch* -s-) coal. — **~ˌkorn** *n* ⟨-(e)s; =er⟩, **~ˌkörn·chen** *n* **1.** dust particle, speck of dust. – **2.** *bot.* pollen grain. — **~ˌlap·pen** *m cf.* Staubtuch. — **~laˌwi·ne** *f* **1.** (*von Schnee*) avalanche of dry snow, dry (*od.* drift) avalanche. – **2.** (*vulkanologisch*) hot (ash) avalanche.

Stäub·ling [ˈʃtɔʏplɪŋ] *m* ⟨-s; -e⟩ *bot.* (*Pilz*) blindball (*Gattg Lycoperdon*).

ˈStaub|ˌlun·ge *f* (*mining*) *med.* silicosis, pneumoconiosis, *auch* pneumonoconiosis, pneumokoniosis, *auch* pneumonokoniosis, anthracosis, anthracosilicosis. — **~ˌman·tel** *m* (*fashion*) *bes. Br.* dustcoat, *Am.* duster. — **~ˌmas·ke** *f* (*mining*) dust mask. — **~ˌmeß·geˌrät** *n* dust measuring instrument, dust particle counter. — **~ˌpin·sel** *m* dusting brush. — **~ˌpla·ge** *f* dust nuisance. — **~ˌpu·der** *m, colloq. n* dust powder. — **~ˌre·gen** *m* drizzle. — **~ˌsack, ~ˌsamm·ler** *m metall. cf.* Staubfänger 3. — **s~ˌsau·gen** *v/t u. v/i* ⟨*insep,* -ge-, h⟩ vacuum(-clean), *Br. colloq.* hoover. — **~ˌsau·ger** *m* **1.** vacuum cleaner (*auch* sweeper), *Br. auch* hoover (*TM*): einen Teppich mit dem ~ reinigen to vacuum(-clean) (*Br. colloq.* to hoover) a carpet. – **2.** *tech.* vacuum cleaner. — **~ˌschicht** *f* coat (*od.* layer) of dust. — **~ˌschutzˌmas·ke** *f tech.* dust shield (*od.* mask). — **~ˌsturm** *m meteor.* dust storm. — **~ˌteil·chen** *n* dust particle. — **s~ˈtrocken** (*getr.* -k·k-) *adj* bone-dry, (as) dry as a bone, dusty. — **~ˌtrom·be** *f meteor.* dust devil, *auch* dust whirl. — **~ˌtuch** *n* ⟨-(e)s; -tücher⟩ duster, dustcloth. — **s~verˌzin·ken** *v/t* ⟨*insep, no* -ge-, h⟩ dry-galvanize *Br. auch* -s-, sherardize *Br. auch* -s-. — **~verˌzin·kung** *f tech.* dry galvanizing (*Br. auch* -s-), sherardizing *Br. auch* -s-. — **~ˌwe·del** *m* feather duster, whisk. — **~ˌwir·bel** *m meteor.* dust devil (*auch* whirl). — **~ˌwol·ke** *f* cloud of dust, dust cloud, dust, pother (of dust): das Auto hinterließ eine dichte ~ the car left a thick cloud of dust behind. — **~ˌzucker** (*getr.* -k·k-) *m Southern G. and Austrian for* Puderzucker.

stau·chen [ˈʃtauxən] **I** *v/t* ⟨h⟩ **1.** toss, jolt: den Sack mit Korn auf den Boden ~ to toss the sack of corn on to the floor. – **2.** (*mit dem Fuß*) kick. – **3.** *tech.* a) (*kalt*) upset, b) (*warm*) pressure-forge, hot-press, c) (*Bolzenköpfe*) head, d) (*Sägezähne*) swage, e) (*Walzgut*) roll (*s.th.*) on edge, edge. – **4.** *med.* (*bes. Wirbelsäule*) compress. – **5.** *fig. colloq. cf.* zusammenstauchen 1. – **II S~** *n* ⟨-s⟩ **6.** *verbal noun.* – **7.** *cf.* Stauchung.

ˈStau·cher *m* ⟨-s; -⟩ *fig. colloq.* reproof, rebuke.

ˈStauch|geˌrüst *n tech.* edging stand. — **~kaˌli·ber** *n* edging pass. — **~maˌschi·ne** *f* upsetting machine, upsetter. — **~maˌtri·ze** *f* upsetting die. — **~ˌschwei·ßung** *f* upset welding. — **~ˌstem·pel** *m* (*für Schraubenköpfe*) header. — **~ˌstich** *m* edging pass.

ˈStau·chung *f* ⟨-; -en⟩ **1.** *cf.* Stauchen. – **2.** *med.* compression.

ˈStauch|verˌsuch *m tech.* **1.** upsetting test. – **2.** (*von Schraubenköpfen etc*) heading test. — **~ˌwal·ze** *f* edging roll. — **~ˌwerkˌzeug** *n* upsetting tool, (*für Schraubenköpfe*) heading tool.

ˈStauˌdamm *m civ.eng.* embankment-type dam, fill dam.

Stau·de [ˈʃtaudə] *f* ⟨-; -n⟩ *bot.* **1.** (hardy) herbaceous plant. – **2.** (*fälschlich für Strauch*) shrub, bush. – **3.** (*von Salat*) head (of lettuce).

ˈstau·den|ˌar·tig, ~ˌför·mig *adj bot.* herbaceous.

ˈStau·den|geˌwächs *n bot. cf.* Staude 1. — **~raˌbat·te** *f* herbaceous border.

ˈstau·dig *adj bot. cf.* staudenartig.

ˈStauˌdruck *m* **1.** *phys.* dynamic pressure. – **2.** *aer.* ram pressure. – **3.** *tech.* (*Rückdruck*) back pressure. – **4.** *med.* (*im venösen System*) back pressure. — **~ˌdü·se** *f cf.* Staurohr. — **~ˌmes·ser** *m* ⟨-s; -⟩ **1.** *tech.* pressure head. – **2.** *aer.* pitot-static instrument, pitot head.

ˈStau·efˌfekt *m meteor.* (*an Gebirgen*) barrier effect.

stau·en [ˈʃtauən] **I** *v/t* ⟨h⟩ **1.** (*Wasser etc*) dam (up). – **2.** (*Fluß etc*) bank (up), dam (up). – **3.** (*Verkehr*) congest. – **4.** *med.* stop: Blutgefäße ~ a) to apply a tourniquet, b) to cause venous congestion; ein Stein im Gallengang staut die Gallenflüssigkeit a stone in the biliary duct causes backing up of the bile. – **5.** *mar.* (*Güter, Ladung etc*) stow (*s.th.*) (away). – **II** *v/reflex* sich ~ **6.** (*von Wasser*) accumulate, collect, rise. – **7.** (*von Eis, Post etc*) pile up, accumulate, collect, gather: vor dem Eingang stauten sich die Massen crowds gathered at the entrance. – **8.** (*von Autos*) pile up, become jammed (*od.* congested): an der Kreuzung staute sich der Verkehr the traffic piled up (*od.* came to a standstill) at the crossing. – **9.** *fig.* (*von Ärger, Wut etc*) build up. – **10.** *med.* congest. – **III S~** *n* ⟨-s⟩ **11.** *verbal noun.* – **12.** *mar.* stowage. – **13.** *cf.* Stauung.

ˈStau·er *m* ⟨-s; -⟩ *mar.* stevedore. — **~ˌlohn** *m* stowage.

Stau·fe [ˈʃtaufə] *m* ⟨-n; -n⟩, **ˈStau·fer** *m* ⟨-s; -⟩ *hist. cf.* Hohenstaufe. — **ˈStau·ferˌzeit** *f* ⟨-; *no pl*⟩ period of the Hohenstaufen Emperors.

ˈStauf·fer|ˌbüch·se [ˈʃtaufər-] *f tech.* grease cup (*od.* box), Stauffer lubricator. — **~ˌfett** *n* ⟨-(e)s; *no pl*⟩ cup (*od.* consistent, Stauffer) grease.

ˈstau·fisch *adj hist. cf.* hohenstaufisch.

ˈStau|ˌhö·he *f* (*eines Wehrs*) surface level, head of water. — **~ˌholz** *n mar.* dunnage (wood). — **~ˌklap·pe** *f* (*eines Wehrs*) wicket, *bes. Br.* shutter. — **~ko·ef·fiˌziˌent** *m mar.* **1.** (*des Schiffes*) coefficient of loading. – **2.** (*Staumaß der Ladung*) stowage factor. — **~ˌla·ge** *f meteor.* barrier effect. — **~ˌmau·er** *f civ.eng.* (massive) concrete dam.

stau·nen [ˈʃtaunən] **I** *v/i* ⟨h⟩ **1.** (über *acc* at) be astonished, be amazed, marvel, wonder: alle staunten über seine Leistung everybody was astonished (*od.* amazed) at his performance; da staunst du, was! that surprised you, didn't it? ich staunte, wie schnell er die Arbeit fertiggebracht hatte I was astonished how quickly he had finished the work; ich staunte über seine Größe I marvel(l)ed at his height (*od.* at how tall he was); da staunt der Laie(, und der Fachmann wundert sich) *colloq.* that's really quite a startler, that was quite unexpected; man höre und staune! *colloq.* wait till you hear this! just listen to that! worüber ich am meisten staunte, war what struck me most was. – **2.** (*starren*) gaze in astonishment (*od.* amazement), gape. – **II** *v/t* **3.** Bauklötze(r) ~ *fig. colloq.* to be bowled over. – **III S~** *n* ⟨-s⟩ **4.** *verbal noun.* – **5.** astonishment, amazement, wonder, wonderment: starr (*od.* stumm) vor S~ lost in amazement (*od.* wonder), open-mouthed, agape (*pred*); die Kinder kamen aus dem S~ nicht heraus the children could not get over their astonishment; j-n in S~ versetzen to astound (*od.* amaze, astonish) s.o., to fill (*od.* strike) s.o. with amazement (*od.* astonishment). — **ˈstau·nend** I *pres p.* – **II** *adj* **1.** (*Augen*) wondering. – **2.** (*Menge, Zuschauer*) amazed, astonished, wondering. – **III** *adv* **3.** in (*od.* with) astonishment (*od.* amazement): etwas ~ betrachten to look at s.th. in amazement.

ˈstau·nen·erˌre·gend *adj u. adv cf.* erstaunlich I, II.

ˈstau·nensˌwert *adj* **1.** astonishing, astounding, amazing. – **2.** (*wunderbar*) wonderful, marvellous, stupendous.

Stau·pe[1] [ˈʃtaupə] *f* ⟨-; -n⟩ *vet.* distemper.

ˈStau·pe[2] *f* ⟨-; -n⟩ *obs.* (public) flogging (*od.* whipping, scourging).

stäu·pen [ˈʃtɔʏpən] *v/t* ⟨h⟩ *obs.* (*Verbrecher etc*) flog (*od.* whip, scourge) (*s.o.*) (in public). [post.]

ˈStaupˌsäu·le *f hist.* flogging (*od.* whipping)

ˈStau|ˌpunkt *m aer. phys.* stagnation point. — **~ˌraum** *m* **1.** *mar.* stowage room. – **2.** *civ.eng.* storage capacity. — **~ˌrohr** *n aer. phys.* pitot tube.

Stau·ro·lith [stauroˈliːt; ʃtau-; -ˈlɪt] *m* ⟨-s *od.* -en; -e(n)⟩ *min.* staurolite.

Stau·ro·skop [staurоˈskoːp; ʃtau-] *n* ⟨-s; -e⟩ *phys.* stauroscope.

ˈStauˌschei·benˌför·de·rer *m* (*mining*) (disc *od.* disk) retarding conveyer (*od.* conveyor).

ˈStauˌsee *m* artificial (*od.* storage, obstruction) lake.

'Stauˌstrahl|ˌanˌtrieb *m aer.* ramjet propulsion. — **~ˌdü·se** *f* ramjet nozzle. — **~ˌtriebˌwerk** *n* ramjet engine.

'Stau|ˌstu·fe *f civ.eng.* barrage weir with lock. — **~tem·pe·raˌtur** *f (space)* stagnation temperature.

'Stau·ung *f* ⟨-; -en⟩ **1.** *cf.* Stauen. – **2.** *mar.* stowage. – **3.** *(im Verkehr)* congestion, jam, stoppage. – **4.** *(von Wärme, Wasser etc)* accumulation, collection. – **5.** *med.* congestion: venöse ~ venous congestion.

'Stau·ungs|ˌdruck *m* ⟨-(e)s; ⸚e⟩ *med.* back pressure, congestion pressure. — **~ˌgelbˌsucht** *f* mechanical (*od.* obstructive) jaundice (*od. scient.* icterus), regurgitation jaundice. — **~hy·per·ämie** [-ˌmiː] *f* congestive (*od.* passive) hyper(a)emia. — **~ˌle·ber** *f* congestion of the liver, cardiac (*od.* stasis) liver (*scient.*). — **~ˌlun·ge** *f* congested (*od.* engorged) lung; pulmonary congestion, cardiac lung (*scient.*). — **~ˌmilz** *f* congestion spleen. — **~ˌnie·re** *f* congestion kidney. — **~ödem** [-ʔøˌdeːm] *n* **1.** cardiac (o)edema. – **2.** *(lymphbedingtes)* obstructive (o)edema. — **~paˌpil·le** *f (im Auge)* choked disc (*od.* disk) (*od.* papilla), papill(o)edema.

'Stau|verˌband *m med.* tourniquet. — **~ˌwas·ser** *n* **1.** *civ.eng.* impounded water. – **2.** *mar.* *(strömungsloses Wasser)* slack water. — **~ˌwehr** *n* weir, barrage. — **~ˌwerk** *n* control work (*od.* structure).

Steak [steːk; ʃteːk; steɪk] *(Engl.)* *n* ⟨-s; -s⟩ steak.

Stea·rat [stea'raːt; ʃte-] *n* ⟨-s; *no pl*⟩ *chem.* stearate.

Stea·rin [ʃtea'riːn; ste-] *n* ⟨-s; -e⟩ *chem.* stearin. — **~faˌbrik** *f* stearin factory. — **~ˌker·ze** *f*, **~ˌlicht** *n* stearin candle. — **~ˌpech** *n chem.* pitch, *auch* fatty acid (*od.* stearin) pitch. — **s~ˌsau·er** *adj* stearic: stearinsaures Salz stearate. — **~ˌsäu·re** *f* stearic acid ($CH_3(CH_2)_{16}COOH$). — **~ˌsei·fe** *f* stearate, stearic soap.

Stea'rylˌal·ko·hol [stea'ryːl-; ʃte-] *m chem.* stearyl alcohol ($CH_3(CH_2)_{16}CH_2OH$).

Stea·tit [stea'tiːt; ʃte-; -'tɪt] *m* ⟨-s; -e⟩ *min.* steatite.

'Stech|ˌap·fel *m bot.* thorn apple, Jimson(weed), Jamestown weed, datura (*scient.*) (*Datura stramonium*). — **~ˌbahn** *f hist.* tiltyard, tilting yard, lists *pl* (*construed as sg or pl*). — **~ˌbecken** (*getr.* -k·k-) *n med.* bedpan. — **~ˌbee·re** *f bot. cf.* Seidelbast. — **~ˌbei·tel** *m tech.* (firmer) chisel. — **~ˌdorn** *m bot.* *popular name for several thorny plants.* — **~ˌei·che** *f cf.* Stechpalme. — **~ˌei·sen** *n tech. cf.* Stechbeitel.

ste·chen ['ʃtɛçən] **I** *v/t* ⟨sticht, stach, gestochen, h⟩ **1.** stick, run: sich (*dat*) eine Nadel in den Finger ~ to stick a pin into one's finger; → Hafer 2. – **2.** *(mit dem Stachel verletzen)* sting: die Biene hat mich gestochen the bee has stung me. – **3.** *(mit dem Stechrüssel)* bite: die Mücken haben sie gestochen she has been bitten by (the) midges. – **4.** *(durchstechen)* pierce, prick: Löcher in etwas ~ to pierce (*od.* prick, make holes in) s.th., to perforate s.th. – **5.** *(mit einer Waffe verwunden)* stab, jab: j-n mit dem Dolch in den Rücken ~ to stab s.o. in the back with the dagger, to run (*od.* stick) the dagger into s.o.'s back. – **6.** *(Kalb, Schwein)* stick, kill. – **7.** *(Rasen, Spargel, Torf etc)* cut. – **8.** *(Stechuhr)* punch: er muß morgens und abends die Kontrolluhr ~ he has to punch the time clock (*od.* telltale) in the morning and in the evening, he has to clock in (*od.* on) in the morning and clock out (*od.* off) in the evening. – **9.** *(art)* *(einritzen, gravieren)* engrave, cut: ein Bild in Kupfer ~ to engrave a picture in copper. – **10.** *(Aale etc)* spear. – **11.** *hunt.* *(Schnepfen)* dig. – **12.** *(games)* *(Karte)* take, trump, ruff: mit dem König den Buben ~ to take the jack with the king. – **13.** *med.* a) *(einstechen)* prick, b) *(durchstechen)* pierce, c) *(aufstechen)* puncture, lance, open, d) *(Star)* couch. – **II** *v/i* ⟨h *u.* sein⟩ **14.** ⟨h⟩ *(von Distel, Dorn, Nadel etc)* prick. – **15.** ⟨h⟩ *(von Insekt, Nessel)* sting. – **16.** ⟨h⟩ *(von Fliege, Mücke etc)* bite. – **17.** ⟨h⟩ *(von Sonne)* burn, beat down. – **18.** ⟨h⟩ in (*acc*) [durch] etwas ~ to stick (*od.* stab) into [through] s.th.: mit der Nadel in [durch] den Stoff ~ to stick a needle into [through] the material. – **19.** ⟨h⟩ *(mit einer Waffe)* stab: nach j-m ~ a) to stab (*od.* thrust, poke) at s.o., to make a stab at s.o., b) *hist.* *(beim Turnierspiel)* to tilt at s.o.; er hat mit dem Messer nach mir gestochen he thrust at me with a knife. – **20.** ⟨h⟩ in Kupfer ~ to engrave in copper. – **21.** ⟨h⟩ *(von Farben etc)* have a touch (*od.* tinge, dash): ins Rote ~ to have a touch of red, to have a reddish tinge. – **22.** ⟨h⟩ *(games)* a) be trump, b) *(mit Trumpf)* trump, ruff: Karo sticht diamonds are trump(s). – **23.** ⟨h⟩ *(sport)* *(bei Punktegleichheit)* break the (*od.* a) tie, *(beim Schießen)* shoot off. – **24.** ⟨h⟩ *bot.* *(von stacheligen Pflanzen)* sting, prickle. – **25.** ⟨sein⟩ in See ~ *mar.* to put (out *od.* off) to sea. – **26.** ⟨h⟩ *med.* a) *(von Schmerz)* shoot, stab, b) in die Vene ~ to puncture a vein. – **27.** ⟨h⟩ *hunt.* *(vom Dachs)* root. – **28.** ⟨h⟩ *fig. colloq.* *(in Wendungen wie)* es stach ihm in die Augen it caught (*od.* struck) his eye; in ein Wespennest ~ to stir up a nest of hornets, to bring a hornets' nest about one's ears. – **III** *v/reflex* ⟨h⟩ sich ~ **29.** prick oneself: sich (mit einer Nadel) in die Hand ~ to prick one's hand with a needle. – **IV** *v/impers* ⟨h⟩ **30.** es sticht mich (*od.* mir) im Rücken I have (*od.* feel) a sharp (*od.* shooting, stabbing) pain in my back. – **V S~** *n* ⟨-s⟩ **31.** *verbal noun*: auf Hauen und S~ mit j-m stehen *fig.* to be at daggers drawn (*od.* at loggerheads) with s.o. – **32.** *(games)* ruff: kreuzweises S~ cross (*od.* double) ruff. – **33.** *(sport)* a) *(beim Reiten)* jump-off, barrage, b) *cf.* Stichkampf. – **34.** *med.* *(stechender Schmerz)* shooting (*od.* stabbing, sharp, acute, lancinating) pain: ein S~ im Rücken verspüren (*od.* haben) to feel a stabbing pain in one's back. – **35.** *cf.* Stich 1, 2, 5, 6. — **'ste·chend I** *pres p.* – **II** *adj* **1.** *(Schmerz)* shooting, stabbing, sharp, acute, lancinating. – **2.** *(Geruch)* pungent, poignant, acrid, sharp, keen. – **3.** *(Blick)* penetrating, piercing. – **4.** *(Sonne)* burning, scorching, blistering.

'Ste·cher *m* ⟨-s; -⟩ **1.** *(Kupfer-, Stahlstecher)* engraver. – **2.** *hunt.* *(Schnabel der Schnepfenvögel)* bill. – **3.** *(am Jagdgewehr)* hair trigger. – **4.** *(für Käse)* (cheese) scoop.

'Stech|ˌflie·ge *f zo.* **1.** biting (*od.* stinging) fly. – **2.** *cf.* Wadenbeißer. – **3.** *cf.* Bremse[2]. — **~ˌgin·ster** *m bot.* (common) gorse (*od.* furze, *bes. Br.* whin), prickly box (*od.* broom) (*Ulex europaeus*). — **~ˌhe·ber** *m* siphon. — **~ˌim·me** *f zo.* aculeate (*Gruppe Aculeata*). — **~ˌkar·re** *f* (two-wheeled) trolley, barrow, truck. — **~ˌkar·te** *f* **1.** clocking-in card. – **2.** *(beim Kartenspiel)* winning (*od.* trump) card. — **~ˌmei·ßel** *m tech.* cutting-off tool. — **~ˌmücke** (*getr.* -k·k-), **Ge'mei·ne** *f zo.* (Northern house) mosquito, *Br.* gnat (*Culex pipiens*). — **~ˌpad·del** *n (beim Kanusport)* single-bladed paddle. — **~ˌpal·me** *f bot.* holly, ilex (*scient.*) (*Ilex aquifolium*). — **~ˌpal·men·geˌwäch·se** *pl* aquifoliaceae (*Fam. Aquifoliaceae*). — **~ˌro·chen** *m zo.* stingray (*Dasyatis pastinaca*). — **~ˌrüs·sel** *m (der Insekten)* beak, proboscis (*scient.*). — **~ˌschloß** *n (eines Gewehrs)* hair-trigger lock. — **~ˌschritt** *m mil.* goose step. — **~ˌuhr** *f* time clock, telltale. — **~ˌvieh** *n Austrian agr.* calves and swine *pl.* — **~ˌwin·de** *f bot.* a) smilax (*Gattg Smilax*), b) prickly bindweed (*S. aspera*). — **~ˌzir·kel** *m math. tech.* (toolmakers') dividers *pl.*

'Steck|ˌach·se *f auto.* linchpin, *auch* lynchpin. — **~ˌanˌschluß** *m electr.* plug and socket connection (*Br. auch* connexion). — **s~bar** *adj* plug-in (*attrib*). — **~ˌbecken** (*getr.* -k·k-) *n med.* bedpan. — **~ˌbrief** *m jur.* warrant of apprehension (*od.* of arrest for a fugitive), wanted circular (*od.* list, flyer): einen ~ erlassen to issue a warrant of apprehension. — **s~ˌbrief·lich** *adv* *(in Wendungen wie)* j-n ~ verfolgen to take out a warrant against s.o.; er wird ~ gesucht (*od.* verfolgt) a warrant is out against him, he is wanted for arrest (*od.* on a warrant). — **~ˌdo·se** *f electr.* plug connector, (wall) socket: etwas in eine ~ tun to socket s.th.

stecken (*getr.* -k·k-) ['ʃtɛkən] **I** *v/t* ⟨h⟩ **1.** put, stick: einen Bleistift hinters Ohr ~ to stick a pencil behind one's ear; einen Brief in den Briefkasten ~ to put a letter into the letter box (*Am.* mailbox), to post (*bes. Am.* mail) a letter; die Hände in die Taschen ~ a) to put one's hands in(to) one's pockets, b) *fig.* to twiddle one's thumbs, to be idle; j-n in die Tasche (*od.* in den Sack) ~ *fig. colloq.* to outdo (*od.* outwit, get the better of) s.o., to knock spots off s.o. (*colloq.*); den Gewinn in die eigene Tasche ~ *fig. colloq.* to pocket (*od.* to line one's pocket with) the profit; eine Hand durch das Gitter ~ to stick (*od.* put, pass) a hand through the railings; eine Kerze in den Leuchter ~ to stick a candle in(to) the candle holder; den Kopf aus dem Fenster ~ to put one's head out of the window; als sie allein war, steckte sie sich schnell ein(en) Bonbon in den Mund when she was alone she quickly put (*od.* popped) a sweet (*Am.* candy) into her mouth; sich (*dat*) einen Ring an den Finger ~ to put a ring on one's finger; das Schwert in die Scheide ~ *auch fig.* to put one's sword into its sheath, to sheathe one's sword; den Schlüssel ins Schloß ~ to put the key in the lock; sich (*dat*) eine Zigarre ins Gesicht ~ *colloq.* to stick a cigar in one's mouth; er müßte seine Nase mehr in die Bücher ~ *fig. colloq.* he ought to have his nose stuck in his books more; steck deine Nase nicht in anderer Leute Angelegenheiten! *fig. colloq.* don't poke your nose into (*od.* keep your nose out of) other people's business! → Brief 1; Kopf 1. – **2.** *(gleiten lassen)* slip: der Dieb steckte die Geldscheine unbemerkt in seine Manteltasche the thief slipped the banknotes into his coat pocket unnoticed. – **3.** etwas zu sich ~ *colloq.* to take s.th. along (with one): vergiß nicht, etwas Geld zu dir zu ~ don't forget to take some money along (with you). – **4.** *(hineinstopfen)* stick, stuff: sich (*dat*) Watte in die Ohren ~ to stuff cotton wool in one's ears; die Wäsche in einen Sack ~ to stuff the linen into a bag. – **5.** *(hineinzwängen)* ram, jam. – **6.** *(befestigen)* pin, fix, put: ein Abzeichen an den Mantel ~ to pin a badge on (to) one's coat. – **7.** *(mit Nadeln)* pin: einen Saum ~ to pin (up) a hem; ich habe das Kleid erst gesteckt I have only pinned the dress together; sich (*dat*) die Haare zu einem Knoten ~ to pin (*od.* put, do) one's hair up in a bun. – **8.** etwas durch etwas ~ to put (*od.* pass) s.th. through s.th. – **9.** *bes. tech.* *(einsetzen)* insert. – **10.** *hort.* *(Erbsen, Bohnen etc)* set, plant. – **11.** *colloq.* *(in ein Kloster, eine Schule etc)* put, send, stick: sie steckten ihn ins Gefängnis they put him (*od.* shut him up) in prison; sie steckten ihn zu den Soldaten they sent him to (*od.* put him in) the army. – **12.** *colloq.* *(kleiden)* dress, put: er wurde in eine Uniform gesteckt he was put in a uniform. – **13.** etwas in Brand ~ to set s.th. on fire, to set fire to s.th. – **14.** Geld in (*acc*) etwas ~ to put money into s.th., to invest money in s.th. – **15.** sich (*dat*) ein Ziel ~ to set oneself an aim (*od.* a goal). – **16.** j-m etwas ~ *colloq.* to hint s.th. to s.o.: wie kann ich es ihm nur ~, daß how can I hint to him (*od.* drop him the hint, give him the hint) that; ich habe es ihm tüchtig (*od.* ordentlich) gesteckt I really ticked him off, I gave him a good ticking-off (*beide colloq.*). – **II** *v/i* ⟨steckt, steckte *od. lit.* stak, gesteckt, h⟩ **17.** *(feststecken)* stick (fast), be stuck (fast): die Räder ~ im Schlamm the wheels are stuck in the mud. – **18.** *(sein, sich befinden)* be: der Schlüssel steckt (in der Tür) the key is in the door; die Zeitung steckt im Briefkasten the newspaper is in the letter box (*Am.* mailbox); das Kissen steckt voller Nadeln the cushion is full of pins; eine Stange steckt in der Erde a pole is (stuck) in the ground; wo steckst du denn? *colloq.* where are you? da steckt er *colloq.* there he is; da steckt's! *fig. colloq.* *(das ist der Grund)* there's the rub! that's the snag! (*colloq.*); er steckt mitten in der Arbeit *colloq.* he is in the middle of his work, he is stuck at his work; darin steckt viel Arbeit *colloq.* there's a lot of work in it, it involves a lot of work (*beide colloq.*); das Buch steckt voller Fehler *colloq.* the book is full of mistakes; sie steckt voller Bosheit *colloq.* she is full of malice; in ihm steckt etwas *colloq.* he will go far (*od.* a long way, *colloq.* places) (yet), there is some good stuff in him: in ihm scheint eine Krankheit zu ~ *colloq.* he seems to have a germ of some sort; mir steckt die Grippe in den Knochen *colloq.* I feel as if I'm going to have the flu (*colloq.*); der Schreck steckt mir noch in den Gliedern I'm still trembling (all over) with the shock; → Decke 2; Haut 2; Kinderschuh 2; Kopf *Verbindungen mit Präpositionen.* – **19.** (*befestigt sein*) be fixed, be attached. – **20.** (*angesteckt sein*) be pinned: das Preisschild steckt am Ärmel the price tag is pinned on (*od.* to) the sleeve. – **III** *v/reflex* ⟨h⟩ **21.** sich hinter j-n ~ *fig. colloq.* (*um etwas zu erreichen*) to get (*od.* keep) in with s.o.

'Stecken (*getr.* -k·k-) *m* ⟨-s; -⟩ *Southern G. and Austrian* stick: → Dreck 1.

'stecken,blei·ben (*getr.* -k·k-) *v/i* ⟨*irr, sep,* -ge-, sein⟩ **1.** (*im Schlamm etc*) get stuck (fast), get bogged down, stick (fast), bog down: das Auto ist in einer Schneeverwehung steckengeblieben the car is (*od.* has got) stuck in a snowdrift. – **2.** (*im Hals etc*) stick, get stuck: der Bissen blieb ihm im Halse stecken the food stuck in his throat; das Wort blieb mir vor Schreck im Munde stecken *fig.* I was speechless with terror; → Kehle 1. – **3.** (*von Kugel etc*) get stuck, become lodged, lodge. – **4.** *fig.* (*in der Rede etc*) get stuck, falter. – **5.** *fig.* (*von Verhandlungen etc*) reach (a) deadlock, deadlock.

'Stecken,kraut (*getr.* -k·k-) *n bot.* giant fennel (*Ferula communis*).

'stecken,las·sen (*getr.* -k·k-) *v/t* ⟨*irr, sep, pp* steckenlassen, *auch* steckengelassen, h⟩ **1.** leave: den Schlüssel (im Schloß) ~ to leave the key (in the lock); laß dein Geld nur stecken *colloq.* leave your money where it is. – **2.** j-n (in der Not) ~ *fig. colloq.* to leave s.o. in the lurch, to let s.o. down.

'Stecken,pferd (*getr.* -k·k-) *n* **1.** (*Kinderspielzeug*) hobbyhorse, stick horse, cockhorse. – **2.** *fig.* (*Hobby*) hobby(horse): Briefmarkensammeln ist sein ~ stamp collecting is his hobby, he hobbies in stamp collecting; er reitet sein (*od.* auf seinem) ~ he is riding his hobby. – **3.** *fig.* (*Leidenschaft*) passion, fad, craze.

'Stecker (*getr.* -k·k-) *m* ⟨-s; -⟩ *electr.* plug (contact): ~ mit Schalter switch plug; zweipoliger ~ two-pin plug. — **~,an,schluß** *m* plug connection (*Br. auch* connexion). — **~,hül·se** *f* **1.** pin bushing. – **2.** (*Paßstück*) adapter. — **~,schal·ter** *m* plug switch. — **~,schnur** *f* plug-terminated cord. — **~,stift** *m* plug pin.

'Steck|,fas·sung *f electr.* plug-socket holder. — **~,kamm** *m* (*für Frisur*) side comb. — **~kar,tof·feln** *pl agr.* seed potatoes. — **~,kis·sen** *n* baby's pillow. — **~kon,takt** *m electr.* plug (connection, *Br. auch* connexion, *od.* contact).

'Steck·ling *m* ⟨-s; -e⟩ *hort.* slip, cutting, nursery plant, layer: verpflanzter ~ transplant.

'Steck|,lot *n tech.* grain spelter. — **~,mu·schel** *f zo.* wing shell, sea wing, pinna (*scient.*) (*Pinna nobilis*).

'Steck,na·del *f* pin: etwas mit ~n befestigen to pin s.th.; es war so still, daß man eine ~ (zu Boden *od.* zur Erde) hätte fallen hören können it was so quiet that one could have heard a pin drop; in dem Raum hätte keine ~ zu Boden fallen können there wasn't an inch of space in the room, it was a tight squeeze in the room; j-n [etwas] wie eine ~ suchen to hunt for s.o. [s.th.] high (up) and low (down). — **~,kis·sen** *n* pincushion. — **~,kopf** *m* pinhead.

'Steck|,rad *n tech.* pick-off gear. — **~,reis** *n hort. cf.* Steckling. — **~,rü·be, 'Schwe·di·sche** *f bot.* Swedish turnip, swede (*auch* Swede) (turnip), rutabaga (*scient.*) (*Brassica napobrassica*). — **~,schach** *n* portable chess set. — **~,schlüs·sel** *m tech.* box (*od.* socket) wrench (*bes. Br.* spanner). — **~,schuß** *m mil.* bullet lodged in the body. — **~,vor,rich·tung** *f electr.* plug and socket connection (*Br. auch* connexion). — **~,zir·kel** *m* compasses *pl* with shifting points, drawing compasses *pl.* — **~,zwie·bel** *f hort.* bulb for planting.

Steen·bok ['steːn,bɔk; 'ʃteːn-] *m* ⟨-(e)s; -e⟩ *zo.* steenbok, steinbo(c)k (*Raphicerus campestris*).

Stee·ple·chase ['stiːpəl,tʃeːs; 'stiːpl,tʃeɪs] (*Engl.*) *f* ⟨-; -n [-sən]⟩ (*Hindernisrennen im Pferdesport*) steeplechase. — **Steep·ler** ['stiːplər; 'stiːplə] (*Engl.*) *m* ⟨-s; -⟩ (*Pferd*) steeplechaser.

Steg [ʃteːk] *m* ⟨-(e)s; -e⟩ **1.** (*Fußweg*) (foot)path, trail: ich kenne dort Weg und ~ I know every hill and dale there. – **2.** (*kleine Brücke*) (foot)bridge. – **3.** (*Brett als Brücke*) plank. – **4.** (*über eine Bahnlinie etc*) overpass. – **5.** (*an Maschinen*) catwalk. – **6.** (*Boots-, Landungssteg*) landing stage, jetty, pier. – **7.** (*Gangway*) gangway, gangplank, *auch* gangboard. – **8.** (*optics*) (*einer Brille*) a) bridge, nosepiece, rest, b) (*Seitensteg*) pad. – **9.** (*einer Hose*) strap. – **10.** *mus.* (*an Saiteninstrumenten*) bridge, chevalet (*scient.*). – **11.** *tech.* a) crosspiece, bar, b) (*eines Drehmaschinenbetts*) girth, c) (*eines Spiralbohrers*) web, d) (*eines Kettengliedes*) side bar, stem, stud, e) (*an Profilstahl*) web, f) (*eines Sägengestells*) stretcher, g) (*eines Ventils*) web, h) (*eines Kolbens*) land space between the holes. – **12.** *print.* stick, reglet: ~e furniture *sg.* – **13.** *arch.* (*Trägersteg*) web.

'Steg|,ho·se *f* (*fashion*) strapped trousers *pl* (*od.* pants *pl sometimes construed as sg*). — **~,ka·sten** *m print.* furniture case. — **~,ket·te** *f tech.* stud-link chain, stud(ded) chain. — **~,la·den** *m Austrian* (*in der Flußschiffahrt*) (*Gangway, Laufplanke*) *cf.* Steg 7.

Ste·go·ce·pha·le [stegotseˈfaːlə; ʃte-] *m* ⟨-n; -n⟩ *zo.* stegocephalian.

Steg·odon ['steːgodɔn; 'ʃteː-] *m* ⟨-s; -ten [stegoˈdɔntən; ʃte-]⟩ *zo.* (*fossiles Rüsseltier*) stegodon(t) (*Gattg Stegodon*).

Ste·go·sau·ri·er [stegoˈzauriər; ʃte-] *m zo.* (*fossiler Saurier*) stegosaur(us), stegosaurian (*Gattg Stegosaurus*).

'Steg,reif *m only in* aus dem ~ impromptu, extempore, extemporaneously, extemporarily, ad libitum, offhand, ad lib (*colloq.*), *Am. colloq.* off the cuff: etwas aus dem ~ machen to do s.th. extempore, to improvise (*od. colloq.* to ad-lib) s.th.; aus dem ~ sprechen to speak offhand, to extemporize, to improvise, to ad-lib (*colloq.*); eine Rede aus dem ~ an impromptu (*od.* extempore, unpremeditated, *colloq.* ad-lib) speech. — **~,dich·ter** *m* extempore poet, extemporizer. — **~,dich·tung** *f* impromptu (poetry). — **~ge,dicht** *n* impromptu (*od.* extempore) poem, impromptu. — **~ko,mö·die** *f* (*theater*) extempore comedy, commedia dell'arte. — **~,re·de** *f* extempore (*od.* improvised, *Am. colloq.* off-the-cuff) speech. — **~,spiel, ~,stück** *n* (*theater*) extempore play, impromptu.

'Steh|,auf,männ·chen *n* **1.** (*Spielzeug*) tumbler, *bes. Am.* roly-poly, *auch* roley-poley. – **2.** *fig. colloq.* never-say-die fellow (*colloq.*). — **~,bier,hal·le** *f* stand-up beer hall. — **~,bild** *n phot.* still (picture). — **~,bol·zen** *m tech.* stay bolt, stud (bolt).

ste·hen ['ʃteːən] **I** *v/i* ⟨steht, stand, gestanden, h *u.* sein⟩ **1.** stand: aufrecht ~ to stand up(right); auf den Zehenspitzen ~ to stand on tiptoe(s) (*Am. auch* on one's tippy-toe[s]); das Baby kann schon (allein) ~ the baby can stand (up) (on its own) already; einige Leute mußten im Bus ~ some people had to stand in the bus; steh doch still! stand still! don't fidget! die Menschen standen dicht gedrängt people stood crowded together; kannst du dort noch ~? (*im Wasser*) can you still stand there? ich kann vor Müdigkeit kaum noch ~ I'm so tired that I can hardly stand up; auf die Füße zu ~ kommen to fall on one's feet; auf dem Kopf ~ a) (*von Personen*) to stand on one's head, b) (*von Dingen*) to be upside down, c) *fig.* to be upside down (*od.* topsy-turvy); so hat es sich zugetragen, so wahr ich hier stehe! that's the way it was, as true (*od.* sure) as I'm standing here! ein Haarbüschel stand in die Höhe a tuft of hair stood (*od.* stuck) up (*od.* stood on end); mir standen die Haare zu Berge *fig. colloq.* my hair stood on end; auf eigenen Füßen ~ *fig.* to stand on one's own feet (*od.* legs), to be independent; die Beweisführung steht auf schwachen Füßen *fig.* the reasoning has a shaky basis (*od.* foundation); er steht mit beiden Beinen fest auf der Erde *fig.* he has both feet (firmly) on the ground; he has a good head on his shoulders, he has his head screwed on the right way (*colloq.*); der Mantel steht vor Dreck *fig. colloq.* the coat is thick with dirt; er steht ihm *vulg.* he is horny (*vulg.*). – **2.** (*sein, sich befinden*) be, stand: früher stand hier ein Haus there used to be a house here; rechts [links] von j-m ~ to be (*od.* stand) on s.o.'s right [left]; der Keller steht voll Wasser the cellar is full of water; das Haus steht leer the house is (standing) vacant (*od.* empty, unoccupied); die Sonne stand schon ziemlich hoch the sun was already quite high; ich bin zu ihm gefahren, wie ich ging und stand *colloq.* I went to see him just as I was; der Weizen steht gut the wheat stands well (*od.* looks promising); die Sache steht so, daß wir weiterhin hoffen können things are such that we can go on hoping; so wie die Dinge ~, kann man kaum etwas tun as things are one can hardly do anything; so wie die Dinge nun einmal ~, müssen wir versuchen, das Beste daraus zu machen seeing things are as they are we must try to make the best of it; die Sache steht gut [schlecht] things are going well [badly]; wie steht der Dollar? how does the dollar stand? die Aktien ~ gut a) the shares (*bes. Am.* stocks) are at a favo(u)rable price, b) *fig. colloq.* prospects are good; das Spiel steht 2 zu 1 (*sport*) the score is (*od.* stands) (at) 2 to 1; wie steht es (*od.* das Spiel)? (*sport*) what is the score? how does the score stand? am Fenster ~ to stand at the window; an der Front ~ *mil.* to be at the front; am Anfang seiner Karriere ~ to be at the beginning of one's career; ein Gewitter steht am Himmel a thunderstorm is imminent; das Essen steht auf dem Tisch the meal is on the table; der Schweiß stand ihm auf der Stirn the sweat stood on his forehead; auf j-s Seite ~ to be on s.o.'s side, to side with s.o.; auf ihrem Sparbuch ~ 1000 Mark she has 1,000 marks in her savings account; was steht auf dem Programm? *auch fig.* what is on the program(me)? dein Name steht nicht auf der Liste your name is not on (*od.* does not figure in, does not appear in) the list; auf dem Brief steht kein Datum there is no date on the letter, the letter bears no date; es steht auf der ersten Seite it is on the first page; es stand auf des Messers Schneide it was touch and go; es stand viel für sie auf dem Spiel there was much at stake for her; mit j-m auf gutem Fuß ~ to be on good terms with s.o.; das steht außer Frage (*od.* Zweifel) that is beyond question (*od.* doubt), there is no question (*od.* doubt) about it; er stand bei ihr he stood beside her; Geld bei j-m ~ haben to have money standing (*od.* lodged, placed) with s.o.; das Wasser steht ihm bis zum Hals a) the water comes up to his neck, b) *fig.* he's up to his neck in difficulties, he's in deep water(s); diese Parties ~ mir bis hierher *colloq.* I'm sick and tired of these parties (*colloq.*), I'm fed up with these parties (*sl.*); hier steht Aussage gegen Aussage this is a case of statement against statement; der Besen steht hinter dem Schrank the broom is behind the cupboard; die ganze Belegschaft stand hinter ihm *fig.* the whole staff was behind him, he had the whole staff behind him, the whole staff backed him; j-m im Weg(e) ~ *auch fig.* to be in s.o.'s way; bei j-m in Arbeit ~ to be in s.o.'s employ (*od.* pay), to be employed by s.o.; mit j-m in Briefwechsel ~ to correspond (*od.* to be in correspondence) with s.o.; ich werde (alles) tun, was in meinen Kräften steht I will do everything within my power; das steht nicht in meiner Macht that is not within (*od.* is out of) my power; in Blüte ~ to (be in) bloom; in Flammen ~ to be on fire, to be (*od.* stand) in flames; Tränen standen ihr in den Augen there were tears in her eyes; mit j-m [etwas] in Einklang ~ to be in agreement with s.o. [s.th.]; mit einem Fuß im Grabe ~ *fig.* to have one foot in the grave; in j-s (*od.* bei j-m in) Gunst ~ to be in s.o.'s favo(u)r (*od.* good books); im Kampf ~ to be fighting; in Verbindung mit j-m ~ to be in touch with s.o.; in schlechtem Ruf ~ to have a bad reputation; er steht in (*od.* im) Verdacht zu stehlen he is suspected (*od.* under the suspicion) of stealing; ich stehe mit dieser Meinung nicht allein I am not alone in this opinion; gut mit j-m ~ to be on good terms with s.o.; mir steht der Sinn (*od.* mein Sinn steht) nicht nach Vergnügen I am not in the mood for amusement; über den Dingen ~ *fig.* to be above (such) petty things; über [unter] j-m ~ *fig.* to be s.o.'s superior [inferior]; unter Wasser ~ to be under water; unter Druck ~ to be under pressure; unter j-s Einfluß ~ to be under s.o.'s influence; unter j-s Schutz ~ to be under (*od.* in) s.o.'s protection; unter einem bestimmten Motto ~ to be under a special motto; unter j-s Leitung [Befehl] ~ to be under s.o.'s direction [order]; unter Waffen ~ to be under arms; unter Anklage ~ *jur.* (wegen for) to stand trial; vor der Tür ~ to be at the door; vor den Schranken des Gerichts ~ to stand at the bar of the court; es steht mir immer noch vor Augen I can still see it (before me); vor der vollendeten Tatsache ~ to be confronted with the accomplished fact; vor großen Schwierigkeiten [Aufgaben] ~ to face great difficulties [tasks]; etwas steht vor der Verwirklichung s.th. is at the point of realization, s.th. is about to be realized; vor dem Ruin ~ to be on the verge (*od.* brink) of ruin; j-m zur Seite ~ to stand by s.o.; das steht nicht zur Debatte (*od.* Diskussion) that is not at issue (*od.* in question); j-m zur Verfügung (*od.* zu Gebote) ~ to be at s.o.'s disposal; etwas steht [nicht] zur Verfügung s.th. is [not] available; zum Verkauf ~ to be (up) for sale; es ~ 2 Programme zur Wahl there is a choice of 2 program(me)s; was steht zu Diensten? what can I do for you? → abseits 1, 3; Kippe[1] 1; Kopf 1. – **3.** (*geschrieben stehen*) say, be written: hier steht, daß it says here that; wo steht das (geschrieben)? where does it say so (*od.* that)? was steht auf dem Zettel? what does it say on the note? what does the note say? davon steht nichts in dem Brief the letter doesn't say anything about it. – **4.** (*stillstehen*) have stopped: die Uhr [die Maschine] steht the watch [the machine] has stopped; die Autokolonne stand the line of cars had come to a standstill. – **5.** etwas steht j-m *fig.* s.th. suits (*od.* becomes) s.o.: das Kleid steht dir (gut) the dress suits you (well); diese Farbe würde ihr nicht ~ this colo(u)r would not look well on (*od.* be becoming to) her; Blau steht ihr blue suits her, she wears blue well. – **6.** (*bestehen*) stand, exist: das Haus wird noch weitere 30 Jahre ~ the house will stand another 30 years; nur ein paar Mauern ~ noch von dem alten Schloß only a few walls of the old castle are still (*od.* left) standing; das Gebäude steht noch nicht lange the building hasn't been standing very long; solange die Welt steht a) (*zurückschauend*) as long as the world has existed, b) (*in die Zukunft schauend*) as long as the world exists (*od.* remains); der Plan steht und fällt mit dem Wetter the plan stands or falls by (*od.* is completely dependent on) the weather. – **7.** (*fertig sein*) be finished: bis zum Herbst muß das Haus ~ the house must be finished by (the) autumn (*bes. Am.* fall). – **8.** (*seine Stellung halten, nicht weichen*) stand one's ground, stand firm: sosehr die Menge auch drängte — die Wache stand however much the crowd pushed, the sentries held their ground. – **9.** (*anzeigen*) be at, point to: wie steht das Barometer? what is the barometer at? das Thermometer steht auf 10 Grad the thermometer stands at 10 degrees; der Uhrzeiger steht auf 12 the hand of the clock is pointing to 12; die Verkehrsampel steht auf Rot the traffic light is red; die Wetterfahne steht nach Osten the weather vane points to the east. – **10.** auf dieses Verbrechen steht Gefängnis this crime is punishable by imprisonment; auf Mord steht dort die Todesstrafe they have the death penalty for murder there. – **11.** (*ausgesetzt sein*) be put (*od.* set): auf seinen Kopf steht eine hohe Belohnung there is a high reward on his head, a high reward has been put (*od.* set) on his head. – **12.** *ling.* a) (*konstruiert werden*) take, be followed, be construed, b) (*angewendet werden*) be used, be employed, c) (*von Satzzeichen*) be put, be written: folgende Verben ~ mit dem Konjunktiv, nach folgenden Verben steht der Konjunktiv the following verbs take the subjunctive; der bestimmte Artikel steht immer, wenn the definite article is always used when; hier muß ein Komma ~ a comma must be inserted (*od.* put, written) here. – **13.** (*sport*) (*beim Skispringen*) jump: er stand über 90 Meter he jumped more than 90 meters. – **14.** zu etwas ~ a) to stick to (*od.* stand by) s.th., b) to think about s.th.: hoffentlich steht er zu seinem Wort I hope he will stand by (*od.* will keep) his word; wie ~ Sie zu dieser Frage? what do you think (*od.* what is your opinion) about this problem? how do you stand on this problem? – **15.** zu j-m ~ to stand by s.o. – **16.** für etwas ~ a) (*repräsentieren*) to stand for (*od.* to represent) s.th., b) (*einstehen*) to be responsible (*od.* answerable) for s.th.: diese Figur steht (sinnbildlich) für die junge Generation this figure represents (symbolically) the younger generation; du stehst mir dafür, daß das Geld bezahlt wird you are responsible for seeing that the money will be paid. – **17.** auf j-n [etwas] ~ *colloq.* to like (*od.* fancy, be fond of, have a fancy [*od.* soft spot] for, *Am. sl.* dig) s.o. [s.th.]: er steht auf modernen Jazz he goes in for modern jazz. – **18.** zu ~ kommen (*kosten*) cost: das wird ihm (*od.* ihn) teuer zu ~ kommen a) that will cost him a pretty penny, b) *fig.* he will have to pay dearly for that; es kam mich auf 100 Mark zu ~ it cost me 100 marks. – **II** *v/t* ⟨h *u.* sein⟩ **19.** ⟨h *u.* sein⟩ stand: (für j-n) Modell ~ (*art*) to (serve as a) model (for s.o.), to pose (for s.o.), to sit (to s.o.); bei einem Kind Pate ~ to stand sponsor (*od.* godfather) to a child; Wache ~ a) *mil.* to stand (*od.* to be) on guard, to stand guard (*od.* sentry), b) *mar.* to stand watch; Schlange ~ to stand in (a) line, to stand in a queue, to queue (*od.* line) up; Schmiere ~ *colloq.* to keep a lookout (*Br.* look-out); → Antwort 1; Mann 3. – **20.** ⟨h⟩ sich (*dat*) die Beine in den Bauch ~ *fig. colloq.* to stand until one is ready to drop. – **21.** ⟨h *u.* sein⟩ einen Sprung von mehr als 90 Metern ~ (*sport*) (*beim Skispringen*) to stand a jump of more than 90 meters. – **III** *v/reflex* ⟨h⟩ **22.** sich (finanziell) gut [schlecht] ~ to be well [badly] off: Sie stehen sich besser, wenn Sie ein großes Paket kaufen you are better off with (*od.* if you buy) a large packet; er steht sich nicht schlecht dabei he does not do so badly at it; sie ~ sich auf 2000 Mark im Monat they have (an income of) 2,000 marks a month. – **23.** sich gut [schlecht] mit j-m ~ to be on good [bad] terms with s.o.: wie stehst du dich mit deinen neuen Kollegen? how do you get on (*od.* along) (*od.* how do you hit it off) with your new colleagues? – **IV** *v/impers* ⟨h *u.* sein⟩ **24.** wie geht's, wie steht's? how are things? how is life? how's tricks? (*colloq.*); so steht es also! so that's the way it is (*od.* things are)! wie steht's mit der Gesundheit? how is your (*od. colloq.* the) health? wir gehen heute schwimmen, wie steht's mit dir? we go swimming today, what (*od.* how) about you? wie steht's damit? what about it? es steht schlecht mit ihm (*od.* um ihn) a) he is in bad health, b) he is in a bad way, things are going badly for him; es steht schlecht um unseren Plan things look bad for our plan. – **25.** es steht ganz bei Ihnen, ob it is entirely up to you whether; es steht nicht bei mir, das zu entscheiden it is not within my power (*od.* it is not for me) to decide that; es steht nicht in meiner Absicht, das zu tun I do not intend (*od.* it is not my intention) to do that, I have not the intention of doing that. – **26.** es steht zu erwarten [befürchten, hoffen], daß it is to be expected [feared, hoped] that. – **V S~** *n* ⟨-s⟩ **27.** *verbal noun*: das S~ fällt ihm schwer standing is difficult for him; ich könnte im S~ schlafen I could sleep (*od.* fall asleep) on my feet; seine Mahlzeit im S~ einnehmen to have a stand-up meal. – **28.** (*Stillstand*) stop, standstill, halt: etwas zum S~ bringen to bring s.th. to a standstill; eine Blutung zum S~ bringen *med.* to stop (*od.* sta[u]nch, stay) a bleeding; zum S~ kommen to come to a stop. – **29.** *hunt.* (*des Hundes*) point.

'ste·hen,blei·ben *v/i* ⟨*irr, sep,* -ge-, sein⟩ **1.** (*von Personen*) stop, (come to a) halt, stand (*auch* stop) still: bitte nicht (hier) ~! move on (*od.* along), please! – **2.** (*von Autos etc*) stop, come to a halt (*od.* standstill), halt. – **3.** (*von Uhren etc*) stop. – **4.** (*nicht berührt od. verändert werden*) stay, be left, remain: der Schrank bleibt da stehen, wo er immer stand! the cupboard will stay where it has always stood! der Satz kann so nicht ~ the sentence cannot be left like this. – **5.** (*zurückbleiben, vergessen werden*) be left (behind): bei uns ist gestern ein Schirm stehengeblieben an umbrella was left at our place yesterday; sein Essen blieb stehen his meal was left (*od.* remained) untouched. – **6.** (*beim Lesen, Reden etc*) stop, leave off: wo war ich (gerade) stehengeblieben? where did I stop (just now)? – **7.** (*von Zeit, Wissensstand etc*) come to a halt, stop: die Entwicklung ist stehengeblieben the development has come to a halt; hier ist die Zeit stehengeblieben time stands still here. – **8.** *med.* (*von Herzen*) stop (beating): vor Schreck wäre mir fast das Herz stehengeblieben *fig.* my heart nearly stopped (beating) with terror. – **9.** *tech.* (*von Motor etc*) stall, break down, die, conk (out) (*colloq.*).

'ste·hend I *pres p.* – **II** *adj* **1.** (*aufrecht*) upright, erect, standing. – **2.** (*sich nicht bewegend*) stationary, standing, immobile. – **3.** (*Fahrzeug*) standing. – **4.** (*Gewässer*) stagnant, standing. – **5.** *fig.* (*ständig*) permanent, standing: das ist zu einer ~en Einrichtung geworden that has become a permanent institution. – **6.** *fig.* (*allgemein gebräuchlich*) standing; stock, standard (*attrib*): eine ~e Redewendung a stock phrase. – **7.** ~en Fußes *fig.* immediately, at once, straightaway, *Br.* straight away, right away. – **8.** *tech.* a) (*Motor, Ventil etc*) vertical, perpendicular, b) (*Welle*) stationary. – **9.** *mil.* a) (*Heer*) standing, regular, b) (*Ziel*) fixed. – **III** *adv* **10.** ~ k. o. sein (*sport*) (*beim Boxen*) to be out on one's feet. – **11.** (*im Stehen*) in a standing position: er kann ~ schlafen he can sleep standing. – **IV S~e, das** ⟨-n⟩ **12.** er tat alles in seiner Macht S~e he did everything within his power.

'ste·hen,las·sen *v/t* ⟨*irr, sep, pp* stehenlassen, *auch* stehengelassen, h⟩ **1.** (*nicht berühren od. wegnehmen*) leave (*s.th.*) (standing): alles stehen- und liegenlassen to drop all (*od.* everything); für ein Kotelett läßt sie jedes Stück Torte stehen she would give a hundred pieces of cake for a cutlet. – **2.** (*nicht verändern*) leave (*s.th.*) (unchanged): so kannst du die Anrede nicht ~ you can't leave the address as it is. – **3.** (*vergessen*) leave (*s.th.*) (behind): ich habe meinen Schirm im Bus ~ I left my umbrella in the bus. – **4.** (*Fehler etc*) overlook. – **5.** (*Essen etc*) leave (*s.th.*) (untouched): sie läßt ihren Tee (so lange) stehen, bis er kalt ist she leaves her tea (*od. colloq.* she lets her tea stand) until it's cold. – **6.** j-n ~ to leave s.o. standing: sie ließ mich einfach stehen und ging she just left me standing (there) and went off; warum hast du deine Freunde unten ~? why did you leave your friends standing downstairs? – **7.** sich (*dat*) einen Bart ~ to grow a beard. – **8.** (*sport*) (*den Gegner*) give (*s.o.*) the slip, get past.

'Ste·her *m* ⟨-s; -⟩ (*sport*) **1.** (*Rennpferd*) stayer, (long-distance) racehorse. – **2.** (*beim Radsport*) motor-paced rider. — **~,ren·nen** *n* **1.** (*beim Pferdesport*) long-distance (endurance) race. – **2.** (*beim Radsport*) motor-paced (track) race.

'Steh|,gei·ger *m* leader of a café orchestra. — **~,im·biß** *m* **1.** stand-up snack. – **2.** stand-up snack bar. — **~kon,vent** *m humor.* standing meeting (*od.* conference). — **~,kra·gen** *m* stand-up collar. — **~,la·ger** *n tech.* pillow (*od.* plummer) block. — **~,lam·pe** *f* floor (*Br.* standard) lamp. — **~,lei·ter** *f* stepladder.

steh·len ['ʃteːlən] **I** *v/t* ⟨stiehlt, stahl, gestohlen, h⟩ **1.** (*Geld etc*) steal, lift, thieve, *bes. jur.* purloin; pinch, hook, swipe (*colloq.*): j-m die Zeit ~ *fig.* to waste s.o.'s time; dem lieben Gott die Zeit ~ *fig.* to idle (*od.* laze) away one's time, to idle away the day; ich mußte mir die Zeit dafür regelrecht ~ *fig.* I really had to skimp (*od.* steal) the time for it; j-m einen Kuß ~ *fig.* to steal a kiss from s.o.; j-s Herz ~ *fig.* to steal s.o.'s heart; j-m die Schau ~ *fig. colloq.* to steal the show from s.o. (*sl.*); mit ihm kann man Pferde ~ *fig. colloq.*

he is game for anything, he is a good sport. – 2. (Kinder etc) kidnap. – 3. (eine Idee etc) steal, plagiarize Br. auch -s-, lift. – 4. (Vieh) lift, Am. colloq. rustle. – II v/i 5. steal, lift, thieve, bes. jur. commit larceny (od. theft); pinch, swipe (colloq.): du sollst nicht ~ Bibl. thou shalt not steal; woher nehmen und nicht ~? colloq. where do you expect me to get that? → Rabe. – III v/reflex sich ~ 6. (sich heimlich bewegen) steal: er stahl sich nachts aus dem [ins] Haus he stole out of [into] the house at night. – 7. (mit negativer Absicht) sneak: sich in j-s Vertrauen ~ fig. to sneak into s.o.'s confidence. – IV S~ n ⟨-s⟩ 8. verbal noun. – 9. theft, bes. jur. larceny. – 10. (einer Idee etc) plagiarism, plagiary.

'Steh·ler m ⟨-s; -⟩ thief, stealer: → Hehler 1.

'Stehl|,sucht f ⟨-; no pl⟩, **~,trieb** m ⟨-(e)s; no pl⟩ psych. kleptomania, cleptomania.

'Steh,platz m standing room: 100 Stehplätze standing room for 100 persons (od. passengers); ich fand gerade noch einen ~ I (just) found standing room, I found just space to stand in. — **~,in,ha·ber** m 1. (in Straßenbahn, Bus etc) standing passenger, straphanger, Am. colloq. standee. – 2. (im Theater etc) holder of a standing (room) ticket, Am. colloq. standee. — **~,kar·te** f standing (room) ticket.

'Steh|,pult n standing (od. high) desk. — **~,satz** m print. standing matter. — **~ver,mö·gen** n (sport) auch fig. staying power, stamina.

Stei·er·mär·ker ['ʃtaɪər,mɛrkər] m ⟨-s; -⟩ Styrian, native (od. inhabitant) of Styria. — **'stei·er,mär·kisch** adj Styrian.

steif [ʃtaɪf] I adj ⟨-er; -st⟩ 1. (Gelenk etc) stiff: ~er Hals med. stiff neck; vom langen Sitzen ganz ~ werden to stiffen (up) (od. grow stiff) from sitting for a long time; durch die Gicht sind ihre Hände ~ geworden her hands have become stiff from gout; seinen Arm ~ halten to hold one's arm stiff, to stiffen one's arm; ~ wie ein Stock a) (durch langes Sitzen etc) so stiff one can hardly move, b) (Körperhaltung) (as) stiff as a poker, c) fig. (Benehmen etc) stiff and starchy, stilted, terribly stiff (od. formal) (colloq.). – 2. (vor Kälte) (vor dat with) numb, benumbed, stiff. – 3. (bes. sport) (durch Muskelverhärtung) muscle-bound. – 4. (durch Totenstarre) stiff, rigid. – 5. (Stoff, Material etc) stiff, hard: ~e Pappe stiff (od. firm) cardboard; ~er Hut stiff hat. – 6. (gestärkt) (stiffly) starched, starchy, stiff: der Kragen ist nicht ~ genug the collar is not sufficiently starched; die Wäsche war ~ wie ein Brett the linen was (as) stiff as a board. – 7. (Pudding, Brei etc) stiff, firm: Eiweiß ~ schlagen to beat the egg whites (until) stiff. – 8. (Grog) stiff, strong. – 9. (Brise etc) stiff: ~er Wind moderate (od. stiff) gale. – 10. (Bewegung, Gang etc) stiff, stilted. – 11. (Penis) erect(ed). – 12. fig. (förmlich, gezwungen) stiff, stilted, formal, starchy: ~es Benehmen stiff (od. starchy) behavio(u)r; ~es Lächeln stiff (od. wooden) smile; bei ihnen herrscht eine ziemlich ~e Atmosphäre there's a formal atmosphere (od. there's an atmosphere of formality) in their home. – 13. mar. stiff. – II adv 14. stiffly: sich ~ bewegen to move stiffly; ~ lächeln fig. to smile stiffly (od. formally); „Ich danke Ihnen", sagte er ~ "Thank you," he said stiffly; es geht ziemlich ~ bei ihnen zu fig. they behave very formally. – 15. ~ und fest fig. a) (eigensinnig, hartnäckig) stubbornly, obstinately, b) (unerschütterlich, fest) firmly, steadfastly: ~ und fest behaupten, daß to maintain stubbornly that, to persist in saying that; ~ und fest auf (dat) etwas beharren to stick obstinately to s.th.; er glaubte ~ und fest daran he believed in it firmly.

'Stei·fe f ⟨-; -n⟩ 1. (Wäschestärke) starch, synthetic stiffening agents pl. – 2. ⟨only sg⟩ tech. (Steifigkeit) rigidity, stiffness. – 3. civ. eng. (Stütze) stay, support, brace, strut. – 4. ⟨only sg⟩ civ.eng. (des Betons) consistency.

stei·fen ['ʃtaɪfən] I v/t ⟨h⟩ 1. (Muskel etc) stiffen. – 2. (Wäsche etc) starch, stiffen. – 3. tech. civ.eng. cf. absteifen 1, 2. – 4. j-m den Nacken (od. Rücken) ~ fig. to back s.o. up, to give s.o. moral support. – II S~ n ⟨-s⟩ 5. verbal noun.

'steif,hal·ten v/t ⟨irr, sep, -ge-, h⟩ only in die Ohren (od. den Nacken) ~ fig. colloq. to keep a stiff upper lip.

'Steif·heit f ⟨-; no pl⟩ 1. (der Glieder etc) stiffness. – 2. (bei Kälte) numbness, stiffness. – 3. (bei Totenstarre) stiffness, rigidity. – 4. (von Stoff, Material etc) stiffness, hardness. – 5. (von gestärkter Wäsche) starchiness, stiffness. – 6. (von Brei etc) stiffness, consistency. – 7. (von Bewegung, Gang etc) stiffness, stiltedness. – 8. (des Penis) erectness, erection. – 9. fig. (von Benehmen etc) stiffness, stiltedness, formality, starchiness. – 10. tech. cf. Steife 2. – 11. civ.eng. cf. Steife 4.

'Stei·fig·keit f ⟨-; no pl⟩ 1. tech. civ.eng. cf. Steife 2, 4. – 2. bes. tech. (dem Stoff eigentümliche) stiffness.

'steif|,lei·nen adj fig. (förmlich) buckram, stiff, formal, starchy. — **S~,lei·nen** n, **S~,lein,wand** f (textile) buckram, stiffener, stiffening.

'Stei·fung f ⟨-; no pl⟩ 1. cf. Steifen. – 2. cf. Versteifung 2.

'Steif,wer·den n bes. med. 1. (der Gelenke etc) stiffening, ankylosis (scient.). – 2. (einer Leiche) cadaveric rigidity, rigor mortis (scient.). – 3. (des Penis) erection.

Steig [ʃtaɪk] m ⟨-(e)s; -e⟩ (narrow) (foot)path. — **~,bö** f aer. bump, rising (od. ascending) gust.

'Steig,bü·gel m 1. (für den Reiter) stirrup: j-m den ~ halten a) to hold s.o.'s stirrup, b) fig. (in seiner Karriere etc) to help s.o. on, to give s.o. a leg up. – 2. med. (Gehörknöchel) stirrup, stapes (scient.). — **~,hal·ter** m fig. mainstay. — **~,mus·kel** m med. stapedius. — **~,rie·men** m stirrup leather (od. strap).

Stei·ge[1] ['ʃtaɪgə] f ⟨-; -n⟩ obs. for Steigung 2.

'Stei·ge[2] f ⟨-; -n⟩ bes. Southern G. and Austrian 1. (für Obst) hamper. – 2. (für Kleintiere, bes. für Transport) crate. – 3. (Kleintierstall) pen.

'Steig,ei·sen n ⟨-s; -⟩ 1. (eines Bergsteigers) crampon, climbing iron. – 2. (eines Elektrikers etc) climbing iron, climber. – 3. (an Leitungsmasten) pole climber. – 4. (in Schornsteinen, Mauern etc) climbing iron.

stei·gen ['ʃtaɪgən] I v/i ⟨steigt, stieg, gestiegen, sein⟩ 1. step, get: an Land ~ to step (od. go) ashore; auf das Podium ~ to step up on to the platform, to mount the platform; aufs Pferd [Fahrrad] ~ to mount (od. get on [to]) one's horse [bicycle]; vom Pferd [Fahrrad] ~ to dismount from (od. get off) one's horse [bicycle]; aus dem Wasser ~ to come out of the water; aus dem Bus ~ to step (od. get) off (od. out of) the bus, to alight from the bus; aus dem Auto ~ to step (od. get) out of the car; aus dem Bett ~ to get out of bed; in den Keller ~ to go down into the cellar; in das Flugzeug [den Bus, den Zug] ~ to step (od. get) on to (od. into) the plane [bus, train], to board the plane [bus, train]; in die Badewanne ~ to step (od. get) into the bathtub; in die Kleider ~ to get into one's clothes, to get dressed; ins Examen ~ fig. colloq. to take one's examination; vom Stuhl ~ to get off a chair; → Dach 5. – 2. (aufwärts gehen) go (od. walk) uphill: seit ihrer Krankheit kann sie schlecht ~ since her illness she has had difficulty going uphill. – 3. (klettern, auch bei Skiwanderungen) climb: auf einen Berg [eine Leiter] ~ to climb (up) (od. ascend) a mountain [ladder]; durchs Fenster ~ to climb through the window; über eine Mauer ~ to climb over (od. scale) a wall. – 4. (von Tränen etc) rise: (die) Tränen stiegen ihr in die Augen tears rose to her eyes, tears welled up in her eyes; das Blut stieg ihm ins Gesicht blood rushed to his face, his colo(u)r rose; der Duft stieg ihm in die Nase the smell went up his nose; → Kopf Verbindungen mit Präpositionen. – 5. (von Pferden) rear (up), rise on its hind legs. – 6. (von Vögeln, Ballons, Raketen etc) rise (up), soar, climb (up), mount, ascend: (einen) Drachen ~ lassen to fly a kite; eine Rakete ~ lassen (zu Silvester etc) to let off (od. to fire) a rocket. – 7. (von Flugzeugen) climb, soar, (schnell, hoch) auch zoom: auf 3000 Fuß ~ to climb to 3,000 feet. – 8. (von der Sonne, Rauch etc) rise, ascend: der Nebel steigt a) the fog rises, b) (löst sich auf) the fog lifts. – 9. (von Straße, Gelände etc) rise, climb, mount, ascend. – 10. (von Wasser, Flut etc) rise, swell: der Fluß stieg über seine Ufer the river rose above its banks. – 11. (von Barometer, Temperatur etc) rise, climb, mount, increase. – 12. (von Fieber) rise, go up. – 13. (von Anzahl, Menge etc) rise, increase, go up, mount. – 14. (von Preisen, Kursen etc) rise, increase, advance, go (od. move, run) up, climb, improve: die Kurse sind gestiegen the market has risen; im Preis [Wert] ~ to rise in price [value], to be rising; der Preis (der Ware) ist um das Doppelte gestiegen the price (of the article) rose (od. has risen) to double the amount (od. rose by 100 percent), the article (has) doubled in price; die Produktion stieg von ... auf ... production advanced from ... to ...; sprunghaft ~ to soar, to (sky)rocket. – 15. (von Rang, Wertschätzung etc) rise, go up: sie ist in meiner Achtung gestiegen she has risen in my esteem, she has gone up in my estimation. – 16. (von Ungeduld, Spannung, Stimmung etc) rise, mount, grow, increase. – 17. colloq. (von Veranstaltungen etc) come off: wann steigt die Party heute abend? when is the party coming off tonight? eine Rede ~ lassen to launch a speech. – 18. math. a) (von Kurven etc) ascend, b) (von Werten) increase, rise. – 19. med. (von Blutdruck) increase. – 20. hunt. (vom Gams-, Steinwild) climb. – 21. (von Fischen) swim upriver. – II v/t 22. climb, mount, ascend, go up: Treppen ~ to climb stairs; auf der Erfolgsleiter eine Stufe höher ~ fig. to move up a step on the ladder (of success). – III S~ n ⟨-s⟩ 23. verbal noun. – 24. (von Vögeln, Ballons etc) rise, soar, climb, ascent, ascension. – 25. (von Flugzeugen) climb, soar, (schnelles, hohes) auch zoom. – 26. (von der Sonne, Rauch etc) rise, ascent, ascension. – 27. (von Wasser etc) rise, swell. – 28. (von Straße etc) rise, climb, ascent, ascension. – 29. (von Temperatur, Anzahl, Menge etc) rise, increase. – 30. (von Preisen etc) rise, increase, climb, advance, upward movement, Am. colloq. hike: das S~ der Kohlepreise the rise in (the) price of coal; das S~ und Fallen der Aktien the rise and fall (od. the upward and downward movement) of shares (bes. Am. stocks), the ups and downs of share prices; im S~ begriffen sein to be on the rise (od. increase), to be climbing. — **'stei·gend** I pres p. – II adj 1. (Bedeutung, Interesse etc) increasing, growing, mounting. – 2. econ. a) (Kosten, Preise etc) rising, increasing, advancing, b) (Kurstendenz) upward, bullish. – 3. (Blutdruck, Fieber) rising. – 4. (Alter) increasing, advancing.

'Stei·ger m ⟨-s; -⟩ 1. (mining) deputy. – 2. metall. (in der Gießerei) riser (feeding) head.

'Stei·ge·rer m ⟨-s; -⟩ econ. (bei Auktionen) bidder.

stei·gern ['ʃtaɪgərn] I v/t ⟨h⟩ 1. (vermehren, erhöhen) increase, augment, heighten: die Auflage (einer Zeitung) ~ to increase the circulation; die Geschwindigkeit ~ to increase speed, to accelerate; die Lautstärke ~ to increase (od. raise) the volume; die Fassung steigert (noch) den Wert des Steins the setting increases (od. adds to) the value of the stone. – 2. (intensivieren) heighten, intensify, increase: ihre Gelassenheit steigerte seinen Ärger bis zur Raserei her calmness heightened his anger to rage; ihre Schönheit wurde durch das Kleid gesteigert her beauty was heightened (od. enhanced) by the dress, the dress added to her beauty. – 3. (verbessern) improve, better: er muß seine Leistungen (in der Schule) ~ he must improve his work (at school). – 4. (verschlimmern) aggravate. – 5. econ. a) (Preise, Löhne, Ausfuhr etc) increase, raise, mark up, advance, Am. colloq. up, b) (Produktion, Leistung etc) increase, step up, Am. colloq. up. – 6. ling. (Adjektive, Adverbien) compare. – II v/i 7. (bei Auktionen) bid. – III v/reflex sich ~ 8. (sich vermehren) increase, heighten, augment. – 9. (sich intensivieren) heighten, grow, increase, intensify. – 10. (sich verbessern) improve, better: in diesem Jahr hat sie sich (in ihren Leistungen) erstaunlich gesteigert she has improved remarkably (in her work) this year. – 11. (*sich verschlimmern*) become worse (*od.* aggravated). – **12.** *econ.* a) (*von Preisen etc*) rise, increase, advance, go (*od.* move) up, climb, improve, b) (*von Produktion etc*) increase, step up. – **IV S~** *n* ⟨-s⟩ **13.** *verbal noun.* – **14.** increase, augmentation. – **15.** intensification, increase. – **16.** improvement, betterment. – **17.** aggravation. – **18.** *econ.* increase, (*des Gehaltes*) raise. – **19.** *ling.* comparison. — **'Stei·ge·rung** *f* ⟨-; -en⟩ **1.** *cf.* Steigern. – **2.** (*Vermehrung, Erhöhung*) increase, augmentation, growth. – **3.** (*Intensivierung*) intensification, increase, enhancement. – **4.** (*Verbesserung*) improvement. – **5.** (*Verschlimmerung*) aggravation. – **6.** *econ.* a) (*der Preise etc*) increase, rise, advance, upward movement, improvement, b) (*der Produktion, Leistung etc*) increase, step-up. – **7.** *ling.* (next) degree of comparison: ‚schöner' ist die ~ von ‚schön' 'schöner' is the comparative of 'schön'. – **8.** (*literature*) (*rhetorische*) climax.

'Stei·ge·rungs|,grad *m*, **~,stu·fe** *f ling.* degree of comparison.

'Steig|,fä·hig·keit *f* **1.** *aer.* climbing ability (*od.* power). – **2.** *auto.* hill-climbing ability, gradability. — **~,fell** *n meist pl* (*am Ski*) sealskin, climber, *auch* creeper. — **~,flug** *m aer.* climb, climbing flight: steiler ~ steep climb. — **~ge,schwin·dig·keit** *f* rate of climb, climbing speed. — **~,gurt** *m* (*am Ski*) climber, *auch* creeper. — **~,hö·he** *f* **1.** *aer.* height of climb, altitude. – **2.** *mil.* (*Schußhöhe*) vertical range. — **~,lei·stung** *f aer.* **1.** (*des Triebwerks*) climb power. – **2.** (*eines Flugzeugs*) rate of climb, climb performance. — **~,lei·ter** *f* stepladder. — **~,lei·tung** *f* **1.** *electr.* rising main. – **2.** *tech. cf.* Steigrohr. — **~,rad** *n* (*einer Uhr*) balance wheel. — **~,rie·men** *m* (*am Sattel*) stirrup leather (*od.* strap). — **~,rohr** *n tech.* (*für Wasser, Gas etc*) standpipe, rising main, *Am.* riser.

'Steig-| ,und 'Gleit,wachs *n* (*für Skilanglauf*) climbing and gliding wax. — **~ ,und 'Sink·ge,schwin·dig·keits,mes·ser** *m aer.* rate of climb indicator.

'Stei·gung *f* ⟨-; -en⟩ **1.** *cf.* Steigen. – **2.** (*Steigungsgrad*) gradient, incline, ascent, *Am.* grade: die Straße hat eine ~ von 15% the road has a gradient of 15%. – **3.** (*ansteigender Weg, Hang etc*) gradient, incline, (up)grade. – **4.** *tech.* a) (*eines eingängigen Gewindes*) lead, b) (*eines mehrgängigen Gewindes*) pitch, c) (*einer Rampe*) slope, d) (*eines Kegels*) taper, e) (*einer Feder*) pitch. – **5.** *aer.* (*einer Luftschraube*) pitch.

'Stei·gungs|,mes·ser *m tech.* (in)clinometer, climb indicator, gradometer. — **~,win·kel** *m* **1.** (*einer Straße etc*) angle of gradient (*od.* inclination, *Am.* grade). – **2.** *aer.* a) angle of climb, b) (*einer Luftschraube*) pitch angle. – **3.** *tech.* a) (*einer Schraube, Schnecke etc*) helix angle, b) (*eines eingängigen Gewindes*) lead angle.

'Steig,wachs *n* (*für Ski*) climbing wax.

steil [ʃtaɪl] **I** *adj* ⟨-er; -st⟩ **1.** (*Berg, Weg, Abgrund etc*) steep, precipitous, precipitate: ~e Steigung steep (*od.* sharp) gradient; ein ~er Abfall a steep (*od.* an abrupt, a sheer) drop; ~es Ufer steep bank, bluff. – **2.** (*Schrift*) tall, vertical. – **3.** *fig.* (*Karriere etc*) fast, rapid. – **4.** ein ~er Zahn *fig. colloq. cf.* Zahn 6. – **II** *adv* **5.** steeply, precipitously: ~ ansteigen a) (*von Berg, Straße etc*) to rise (*od.* ascend) steeply, to steepen, b) (*von Preisen etc*) to rise (*od.* increase, advance) steeply, to soar, to (sky)rocket; das Flugzeug stieg ~ auf the plane climbed (up) steeply, the plane zoomed (up); ~ abfallen to descend (*od.* drop) steeply, to steepen, to precipitate; der Weg führte ~ bergauf [bergab] the path led steeply uphill [downhill]. — **S~,ab,fall** *m* steep (*od.* precipitous, abrupt) drop, precipice, escarpment.

'Stei·le *f* ⟨-; -n⟩ **1.** ⟨*only sg*⟩ *rare for* Steilheit. – **2.** *cf.* Steilhang.

'Steil,feu·er *n mil.* high-angle fire. — **~ge,schütz** *n* high-angle (*od.* high-trajectory) gun.

'Steil,hang *m* precipice, steep slope (*od.* gradient).

'Steil·heit *f* ⟨-; *no pl*⟩ **1.** (*eines Weges, Abgrunds etc*) steepness, precipitousness, sheerness, abruptness. – **2.** (*einer Handschrift*) tallness. – **3.** *fig.* (*der Karriere etc*) fastness, rapidity, rapidness. – **4.** *electr.* (*einer Röhre*) mutual conductance, transconductance. – **5.** *phot.* (*einer Emulsion*) steepness.

'Steil|,kur·ve *f aer.* steep turn, (*in Bodennähe*) *auch* ground loop. — **~,kü·ste** *f geogr.* steep coast, bluff. — **~,paß** *m* (*sport*) (*beim Fußball etc*) through pass. — **~,schrift** *f* tall (*od.* vertical) writing. — **~,ufer** *n geogr.* steep bank, bluff. — **~,vor,la·ge** *f* (*sport*) *cf.* Steilpaß. — **~,wand** *f* (*im Gebirge*) steep face (*od.* precipice). — **~,wand,fah·rer** *m* (*auf Volksfesten etc*) wall-of-death rider.

Stein [ʃtaɪn] *m* ⟨-(e)s; -e⟩ **1.** (*natürliches Gestein*) stone: ein Denkmal aus ~ a stone monument, a monument of stone; etwas in ~ hauen to carve s.th. in stone; zu ~ werden (*od.* erstarren) *auch fig.* to petrify; sie hat ein Herz aus (*od. lit.* von) ~ *fig.* she has a heart of stone. – **2.** (*Baugestein etc*) brick, building stone. – **3.** (*Gesteinsstück*) stone: kleine ~e small stones, pebbles; ein behauener ~ a) (*grob*) a hewn stone, b) (*künstlerisch*) a carved stone; ~e brechen to break stones; der ~ der Weisen *auch fig.* the philosophers' (*auch* philosopher's) stone; der ~ des Anstoßes *fig.* the stumbling block; der Krieg ließ hier keinen ~ auf dem andern war did not leave a stone standing; es blieb kein ~ auf dem andern there was not a stone left standing; ~e [den ersten Stein] auf j-n werfen *fig.* to throw (*od.* cast) stones [the first stone] at s.o.; j-m ~e in den Weg legen *fig.* to put obstacles in s.o.'s way, to put a spoke in s.o.'s wheel; j-m alle ~e aus dem Weg räumen *fig.* to pave the way for s.o., to remove all obstacles from s.o.'s path; den ~ ins Rollen bringen *fig.* to start the ball rolling, to get things going (*od.* under way); damit kam der ~ ins Rollen *fig.* this set the ball rolling; mir fällt ein ~ vom Herzen! *fig.* that takes a load (*od.* weight) off my mind; ihre Tränen könnten einen ~ erbarmen (*od.* erweichen) *colloq.* her tears could melt a heart of stone; das ist wie (*od.* nur) ein Tropfen auf den (*od.* einen) heißen ~ *fig.* that's only a drop in the bucket (*od.* ocean); über Stock und ~ laufen to run over hedge and ditch; er schwor ~ und Bein *colloq.* he swore black and blue (*colloq.*), he swore by all that's holy; es friert ~ und Bein *colloq.* it is freezing hard, it is freezing (*od.* bitterly) cold; → Tropfen 5. – **4.** (*Grabstein*) (grave)stone, (tomb)stone. – **5.** (*Gedenkstein*) (memorial) stone. – **6.** (*Edelstein*) (precious) stone, (*geschliffen*) jewel, gem: dir würde (auch) kein ~ aus der Krone fallen *fig. colloq.* it wouldn't kill (*od.* hurt) you, it wouldn't break your back. – **7.** (*einer Uhr*) ruby. – **8.** (*im Feuerzeug*) flint. – **9.** (*Bierkrug*) stein, (beer) mug. – **10.** (*games*) a) *cf.* Damestein, b) *cf.* Schachfigur, c) *cf.* Dominostein 1: → Brett 1. – **11.** *bot. agr.* (*bei Steinobst*) stone, kernel. – **12.** *med.* (*Gallen-, Nierenstein etc*) stone; concretion, calculus (*scient.*). — **~,acker** (*getr.* -k·k-) *m agr.* stony field. — **~,ad·ler** *m zo.* golden eagle (*Aquila chrysaetos*). — **s~'alt** *adj colloq.* (as) old as the hills (*od.* as Methuselah). — **s~,ar·tig** *adj bes. min.* stony, *auch* stoney, stonelike; lithoid, *auch* lithoidal (*scient.*). — **~,axt** *f hist.* stone ax(e). — **~,bank** *f* **1.** stone seat (*od.* bench). – **2.** *geol.* stone bed.

'Stein,bau *m* ⟨-(e)s; -ten⟩ *arch.* **1.** ⟨*only sg*⟩ (natural) stone construction method. – **2.** *cf.* Steinbauwerk. — **~,ka·sten** *m* box of (toy) bricks. — **~,wei·se** *f arch. cf.* Steinbau 1. — **~,werk** *n* (natural) stone structure.

'Stein|,bei·ßer [-,baɪsər] *m* ⟨-s; -⟩ *zo.* groundling (*Cobitis taenia*). — **~be,klei·dung** *f civ.eng. arch.* stone lining (*od.* facing, surfacing). — **~be,schrei·bung** *f geol.* petrography. — **~,bet·tung** *f civ.eng.* (*beim Straßenbau*) stone bed(ding). — **~,bild** *n* (*art*) stone statue. — **~,bil·dung** *f med.* formation of stones (*od. scient.* calculi), stone formation; lithogenesis, lithiasis (*scient.*). — **~,block** *m* block of stone. — **~,bock** *m* **1.** *zo.* (*Alpensteinbock*) rock goat, ibex (*Capra ibex*): Nubischer ~ jaal (*od.* Nubian) goat (*C. ibex nubiana*). – **2.** *astr. astrol.* Capricorn: Wendekreis des ~s Tropic (*auch* tropic) of Capricorn. — **~,bo·den** *m* **1.** (*im Haus etc*) stone floor. – **2.** *agr.* stony soil. — **~,boh·rer** *m* **1.** *tech.* rock drill, stone bit. – **2.** *civ.eng.* masonry drill. — **~,brand** *m bot.* bunt, *auch* stinking smut (*Tilletia caries od. T foetida*). — **~,brech** [-,brɛç] *m* ⟨-(e)s; -e⟩ breakstone, saxifrage (*scient.*) (*Gattg Saxifraga*). — **~,bre·cher** *m* **1.** *tech.* (*als Maschine*) rock (*od.* stone) crusher. – **2.** *cf.* Steinbrucharbeiter. — **~,brech·ge,wäch·se** *pl bot.* saxifragaceae (*Fam. Saxifragaceae*). — **~,brocken** (*getr.* -k·k-) *m* (piece of) stone, (lump of) stone, (*größerer*) boulder.

'Stein,bruch *m* quarry. — **~,ar·bei·ter** *m* quarryman, quarrier. — **~be,sit·zer** *m* quarry-owner, owner of a quarry (*od.* of quarries).

'Stein|,brücke (*getr.* -k·k-) *f* stone bridge. — **~,butt** *m zo.* turbot (*Psetta maxima*).

'Stein·chen *n* ⟨-s; -⟩ **1.** *dim. of* Stein. – **2.** (*Kieselstein etc*) pebble.

'Stein|,damm *m mar.* **1.** (*Staudamm*) rock fill dam. – **2.** (*Deich*) stone dike (*od.* dyke). – **3.** (*Hafendamm*) rock fill embankment, breakwater, mole, jetty. — **~,dros·sel** *f zo. cf.* Steinrötel. — **~,druck** *m* ⟨-(e)s; -e⟩ *print.* **1.** ⟨*only sg*⟩ (*Verfahren*) lithography, lithographic printing. – **2.** (*Bild*) lithograph. — **~,drucker** (*getr.* -k·k-) *m* lithographer, lithographic printer. — **~drucke,rei** (*getr.* -k·k-) *f* **1.** lithographic printing office, lithographic printery, litho works *pl* (*construed as sg or pl*). – **2.** ⟨*only sg*⟩ *cf.* Steindruck 1. — **~,ei·be** *f bot.* podocarpus (*Gattg Podocarpus*). — **~,ei·che** *f* chestnut oak, durmast, *auch* durmast oak (*Quercus petraea*). — **~,ein,klem·mung** *f med.* impaction. — **~er,bar·men** *n fig. colloq. cf.* Steinerweichen.

'stei·nern *adj* **1.** (of) stone: eine ~e Brücke a stone bridge. – **2.** *fig.* stony, *auch* stoney, rocky: sie hat ein ~es Herz she has a heart of stone. – **3.** *fig.* (*Miene etc*) stony, *auch* stoney.

'Stein|er,wei·chen *n only in* zum ~ *fig. colloq.* (enough) to melt a heart of stone: sie weinte zum ~ her tears were enough to melt a heart of stone. — **s~er,wei·chend** *adj colloq.* (*Schluchzen etc*) heart-rending, tugging (*od.* tearing, pulling) at the heartstrings. — **~,fall** *m* (*mining*) (*als Unfallursache*) falls *pl* of ground. — **~fi,gur** *f* (*art*) stone statue. — **~,flachs** *m min.* mountain flax, asbestos, *auch* asbestus (*scient.*). — **~,flie·ge** *f zo.* stone fly (*Ordng Plecoptera*). — **~,flie·se** *f* (*Steinplatte*) flag(stone). — **s~,fres·send** *adj zo.* lithophagous. — **~,frucht** *f bot.* stone fruit, drupe (*scient.*). — **s~,frucht,ar·tig** *adj* drupaceous. — **~,fuß,bo·den** *m* stone floor.

'Stein,gar·ten *m hort.* rock garden, rockery, rockwork. — **~,pflan·ze** *f bot.* rock plant.

'Stein|ge,röll *n* rubble, shingle. — **~,grab** *n archeol.* (*bes. in England*) barrow, (*bes. in Irland, Wales*) cromlech. — **s~,grau** *adj* stone-gray (*bes. Br.* -grey), crystal-palace green.

'Stein,gut *n* ⟨-(e)s; -e⟩ **1.** (*Material*) earthenware. – **2.** (*Geschirr*) crockery, earthenware, stoneware. — **~ge,schirr** *n cf.* Steingut 2.

'Stein|,ha·gel *m fig.* shower of stones. — **s~'hart** *adj* (as) hard as stone, stony, *auch* stoney, petrous (*scient.*). — **~,haue** *f tech.* (stone) pick, stone sledge. — **~,hau·er** *m cf.* Steinmetz. — **~,hau·fen** *m* heap of stones. — **~,holz** *n min.* magnesite composition, xylolith (*TM*). — **~,huhn** *n zo.* rock partridge (*Alectoris graeca*). — **~,hum·mel** *f zo.* black bumble-bee (*Bombus lapidarius*).

'stei·nig *adj* **1.** (*Weg, Gelände etc*) stony, *auch* stoney, full of stones. – **2.** *med.* stony, *auch* stoney, calculous (*scient.*).

stei·ni·gen ['ʃtaɪnɪgən] **I** *v/t* ⟨h⟩ stone, lapidate (*archaic*). – **II S~** *n* ⟨-s⟩ *verbal noun.* — **'Stei·ni·gung** *f* ⟨-; -en⟩ **1.** *cf.* Steinigen. – **2.** lapidation.

'Stein|,kauz *m zo.* little owlet (*Athene noctua*). — **~,kern** *m* (zylindrischer) ~ *geol.* (*eines Baums der Steinkohlenflora*) coal pipe. — **~,kitt** *m civ.eng.* cement for stone. — **~,klee** *m bot.* sweet clover, *auch* melilot (*Gattg Melilotus*): Weißer (*od.* Weißblühender) ~ white sweet clover, tree (*od.* Bokhara) clover, *auch* white melilot (*M. albus*). — **~,klop·fer** *m civ.eng.* (*beim Straßenbau etc*) stone breaker.

ˈSteinˌkoh·le *f* mineral (*od.* hard, pit, bituminous) coal.

ˈSteinˌkoh·len|ˌasche *f* ashes *pl* of mineral coal. — **~ˌbecken** (*getr.* -k·k-) *n* (*mining*) hard-coal basin. — **~ˌbergˌbau** *m* ⟨-(e)s; *no pl*⟩ hard-coal mining. — **~ˌbergˌwerk** *n* hard-coal mine, *auch* colliery. — **~ˌflöz** *n* hard-coal seam. — **~ˌför·de·rung** *f* hard-coal extraction (*od.* production, output). — **~for·ma·tiˌon** *f geol.* Carboniferous system. — **~ˌgas** *n* coal gas. — **~ˌgru·be** *f* (*mining*) coal mine, pit. — **s~ˌhal·tig** *adj* (*Schicht etc*) carboniferous, *auch* carbonaceous. — **~ˌhei·zung** *f tech.* hard-coal heating, mineral- (*od.* bituminous-)coal heating. — **~reˌvier** *n* (*mining*) hard-coal district, coalfield. — **~ˌteer** *m tech.* coal tar. — **~ˌvorˌkom·men** *n* (*mining*) hard-coal deposit. — **~ˌzeit** *f geol. cf.* Karbon.

ˈStein|koˌral·le *f zo. cf.* Riffkoralle. — **~ˌkrank·heit** *f med. cf.* Steinleiden. — **~ˌkraut** *n bot.* alyssum, alison (*Gattg Alyssum*). — **~ˌkrebs** *m zo.* (*eine Flußkrebsunterart*) stone crayfish (*Potamobius astacus torrentium*). — **~ˌkrug** *m* **1.** stone (*od.* earthen) jar, (*mit Henkel*) stone (*od.* earthen) jug (*bes. Am.* pitcher). – **2.** (*Bierkrug*) stone (*od.* earthen) mug, stein. — **~ˌku·gel** *f* **1.** stone ball. – **2.** *pl obs.* (*Geschosse*) stone shot *sg.* — **~ˌkun·de** *f min. geol. cf.* Gesteinskunde. — **~ˌkun·di·ge** *m* ⟨-n; -n⟩ *cf.* Gesteinskundige. — **~laˌwi·ne** *f* avalanche of stones (*od.* rocks). — **~ˌlei·den** *n med.* calculosis, lithiasis, (*der Harnorgane*) urolithiasis. — **~ˌlin·de** *f bot.* mock privet, jasmine box (*Gattg Phillyrea*). — **~ˌlun·ge** *f med.* masons' (*od.* stonecutters') lung; silicosis, calcicosis (*scient.*). — **~ˌmann** *m* (*als Wegorientierung*) cairn, *auch* carn. — **~ˌmar·der** *m zo.* stone (*auch* beech) marten (*Martes foina*). — **~ˌmau·er** *f* stone wall. — **~ˌmei·ßel** *m* **1.** *tech.* (*Werkzeug*) stone (*od.* brick) chisel. – **2.** (*des Bildhauers*) stone carver's chisel. — **~ˌmer·gel** *m min.* marlstone.

ˈSteinˌmetz [-ˌmɛts] *m* ⟨-en; -en⟩ stonemason, stonecutter, stoneman.

ˈStein|ˌnuß *f bot. cf.* Elfenbeinnuß. — **~ˌobst** *n* ⟨-(e)s; *no pl*⟩ stone fruit(s *pl*). — **~ˌöl** *n* ⟨-(e)s; *no pl*⟩ *min. cf.* Erdöl. — **~ope·ra·tiˌon** *f med.* lithotomy, lithectomy. — **~ˌpackung** (*getr.* -k·k-) *f civ.eng.* (*im Straßenbau*) pitched slope, hand-placed stone riprap. — **~ˌpap·pe** *f* (*paper*) fireproof pasteboard. — **~ˌpfad** *m* rocky path. — **~ˌpflan·ze** *f bot.* saxicoline (*od.* saxicolous, saxatile) plant. — **~ˌpfla·ster** *n* **1.** *civ.eng.* (*einer Straße*) stone sett pavement. – **2.** (*mit Steinplatten*) block pavement. — **~ˌpicker** (*getr.* -k·k-) [-ˌpɪkər] *m* ⟨-s; -⟩ *zo.* sea poacher (*Agonus cataphractus*). — **~ˌpilz** (, ˈ**Ech·ter**) *m bot.* edible boletus, flat mushroom, cepe, *auch* cep (*Boletus edulis*). — **~ˌpla·stik** *f* ⟨-; -en⟩ **1.** (*art*) stone sculpture. – **2.** ⟨*only sg*⟩ *civ.eng.* (*fugenloser Wandbelag*) jointless wall facing (*od.* lining). — **~ˌplat·te** *f arch. civ.eng.* (stone) slab, flag(stone): einen Weg mit ~n auslegen to pave a path with flagstones. — **~ˌplat·tenˌweg** *m* path paved with (stone) slabs (*od.* flagstones). — **~ˌquen·del** *m bot.* basil thyme (*Satureja acinos*). — **~ˌre·gen** *m fig.* rain of stones.

ˈsteinˌreich[1] *adj* (*reich an Steinen*) rich in (*od* full of) stones.

ˈsteinˈreich[2] *adj fig. colloq.* (*sehr reich*) rolling in (*od.* loaded with, rotten with) money (*colloq.*), immensely rich.

ˈSteinˌrol·ler *m zo.* (*amer. Karpfenfisch*) stone roller (*Campostoma anomalum*).

ˈSteinˌrö·tel *m* ⟨-s; -n⟩ *zo.* rock thrush (*od.* shrike) (*Monticola saxatilis*).

ˈSteinˌsä·ge *f tech.* stone-cutting saw.

ˈSteinˌsalz *n* ⟨-es; *no pl*⟩ *min.* rock salt, halite (*scient.*). — **~ˌla·ger** *n* rock salt (*od. scient.* halite) deposit, bed of rock salt.

ˈStein|ˌsa·men *m bot.* stoneweed, stoneseed (*Gattg Lithospermum*): Echter ~ gromwell (*L. officinale*). — **~ˌsamm·lung** *f* collection of stones. — **~ˌsarg** *m* stone coffin, sarcophagus. — **~ˌsäu·le** *f* **1.** stone column. – **2.** *archeol.* (*Druidenstein*) menhir. — **~ˌschicht** *f* layer of stone(s).

ˈSteinˌschlag *m* **1.** (*im Gebirge*) rockfall: „~" (*Verkehrszeichen*) "falling or fallen rocks"; bei ~ in (the) case of rockfall (*od.* of falling rocks). – **2.** ⟨*only sg*⟩ *civ.eng. cf.* Steinschotter.

ˈSteinˌschlä·gerˌlun·ge *f med.* stonecutters' lungs *pl.*

ˈSteinˌschlag|geˌfahr *f* danger of rockfall (*od.* of falling rocks): „Vorsicht, ~!" "Beware of falling rocks!" — **~ˌham·mer** *m tech.* stone breakers' hammer.

ˈStein|ˌschlei·fer *m tech.* **1.** stone polisher. – **2.** (*Maschine*) stone-rubbing machine. — **~ˌschleu·der** *f* **1.** sling, *Br.* catapult, *Am.* slingshot. – **2.** *mil. hist.* (*Katapult*) stone-throwing catapult (*od.* sling). — **~ˌschloß** *n mil. hist.* (*am Gewehr*) flintlock. — **~ˌschmät·zer** *m zo.* wheatear, fallow chat (*Oenanthe oenanthe*).

ˈSteinˌschnei·deˌkunst *f* (*jewelry*) (art of) gem carving (*od.* cutting), glyptography (*scient.*). — **ˈSteinˌschnei·der** *m* gem carver (*od.* cutter), lapidary.

ˈSteinˌschnitt *m* **1.** *med.* lithotomy. – **2.** *civ.eng.* cutting of stones. — **~ˌla·ge** *f med.* dorsosacral (*od.* lithotomy) position.

ˈStein|ˌschot·ter *m civ.eng.* (*beim Straßenbau etc*) ballast: eine Straße mit ~ belegen to cover a road with ballast, to ballast a road. — **~ˌschrift** *f print.* grotesque. — **~ˌschutt** *m* **1.** *civ.eng.* rubble. – **2.** *geol.* rubble, detritus (*scient.*). — **~ˌset·zer** *m civ.eng.* (*Pflasterer*) paver, pavior, *bes. Br.* paviour. — **~ˌsockel** (*getr.* -k·k-) *m* **1.** (*eines Denkmals etc*) stone socle (*od.* base, pedestal). – **2.** (*eines Bauwerks*) plinth, *bes. Am.* base course. — **~ˌspaltˌham·mer** *m tech.* stone sledge. — **~ˌstaub** *m* (*Gesteinstaub*) stone dust. — **~ˌta·fel** *f* (*an Denkmälern etc*) stone tablet, plaque, *auch* placque. — **~ˌtopf** *m* earthenware pot. — **~ˌwäl·zer** *m zo.* turnstone (*Arenaria interpres*). — **~ˌwels** *m zo.* madtom (*Gattg Noturus*). — **~ˌwerkˌzeug** *n archeol.* (*der Steinzeit*) stone tool, eolith (*scient.*). — **~ˌwild** *n hunt.* ibex. — **~ˌwol·le** *f tech.* rock wool. — **~ˌwurf** *m* stone's throw: das Haus ist nur einen ~ weit (*od.* entfernt) the house is only a stone's throw away (*od.* is within a stone's throw). — **~ˌwü·ste** *f* desert of stones (*od.* rocks). — **~ˌzan·ge** *f med.* lithotomy forceps. — **~ˌzeich·nung** *f* (*art*) *cf.* Lithographie.

ˈSteinˌzeit *f* ⟨-; *no pl*⟩ *geol. hist.* Stone Age: ältere [mittlere, jüngere] ~ Pal(a)eolithic [Mesolithic, Neolithic] period. — **ˈsteinˌzeit·lich** *adj* (of the) Stone Age.

ˈSteinˌzeitˌmensch *m anthrop.* Stone Age man.

ˈSteinˌzel·le *f bot.* (*im Fruchtfleisch der Birne etc*) brachysclereid, *auch* stone cell.

ˈStein·zerˌtrüm·me·rer [-ˌtrʏmərər] *m* ⟨-s; -⟩ *med.* (*für Blasensteine etc*) lithotrite, lithoclast. — **ˈStein·zerˌtrüm·me·rung** *f* lithotrity.

Stei·rer [ˈʃtaɪrər] *m* ⟨-s; -⟩ *geogr.* Styrian. — **ˈstei·risch** *adj* Styrian.

Steiß [ʃtaɪs] *m* ⟨-es; -e⟩ **1.** *med. cf.* Steißbein. – **2.** (*Gesäß*) buttocks *pl*, rump, breech. – **3.** *zo.* a) rump, b) (*eines Vogels*) rump, uropygium (*scient.*), c) (*bei Insekten*) pygidium. — **~ˌbein** *n med.* base of the spine, coccyx (*scient.*). — **~ˌfuß** *m zo.* diver, dabchick (*Fam. Podicipedidae*). — **~geˌburt** *f med.* breech delivery: eine ~ haben to deliver a breech. — **~ˌhuhn** *n zo.* **1.** tataupa (*Crypturellus tataupa*). – **2.** tinamou (*Ordng Tinamiformes*). — **~ˌla·ge** *f med.* (*eines Kindes*) breech (presentation): in ~ liegen to present as a breech. — **~ˌtromm·ler** *m contempt.* (*Lehrer*) seat tanner (*colloq.*). — **~ˌwir·bel** *m med.* caudal (*od. scient.* coccygeal) vertebra.

Ste·le [ˈsteːlə; ˈʃteːlə] *f* ⟨-; -n⟩ *antiq.* stele.

Stel·la·ge [ʃtɛˈlaːʒə] *f* ⟨-; -n⟩ **1.** (*Gestell*) stand, rack. – **2.** *econ. cf.* Stellagegeschäft. – **3.** *mar.* a) *cf.* Stelling 3, b) staging. — **~geˌschäft** *n econ.* put and call, *Br.* spread, *Am.* straddle.

ˈStellˌdichˌein *n* ⟨-(s); -(s)⟩ **1.** rendezvous, tryst (*lit.*), date (*colloq.*): j-m ein ~ geben to arrange a rendezvous with s.o., to date s.o. (*colloq.*). – **2.** *fig.* (*Treffen von Sportlern, Prominenten etc*) meeting, *Am. auch* meet, rendezvous: die bedeutendsten Wissenschaftler gaben sich auf dem Kongreß ein ~ the most distinguished scientists had a rendezvous (*od.* get-together) at the congress.

Stel·le [ˈʃtɛlə] *f* ⟨-; -n⟩ **1.** place, spot, locality: er saß noch immer an derselben ~ he was still sitting in the same place (*od.* on the same spot); das Buch steht an der falschen ~ the book is in the wrong place; das gehört nicht an diese ~ a) this is not the right (*od.* proper) place for that, that does not belong here, b) *fig.* (*ist hier unangebracht*) this is not the place for that, that's quite out of place here; da bist du bei mir an der richtigen ~! *fig. colloq.* you've come to the right place (*od.* person, *colloq.* man)! er fand sich an Ort und ~ ein he arrived on the spot; wir sind an Ort und ~ (*am Ziel*) we are at our destination, we're here (*colloq.*); ich erledige das gleich an Ort und ~ (*gleich hier*) I'll do that here and now; etwas an Ort und ~ legen to put s.th. in its proper place; an dieser ~ ist das Unglück geschehen the accident happened at this place (*od.* on this site); ich weiß eine wunderbare ~ für ein Picknick I know a marvel(l)ous spot for a picnic, I know a wonderful picnic site; eine kahle ~ im Wald a bare place (*od.* area) in the forest; an verschiedenen ~n des Dorfes brach Feuer aus fire broke out at several places (*od.* points) in the village; eine schadhafte ~ im Straßenbelag a damaged place (*od.* area) on the road surface; sie hat eine wunde ~ am Arm she has a sore (spot) on the arm; das ist seine schwache ~ *fig.* that's his sore point (*od.* tender spot); seine Argumentation hat einige schwache ~n *fig.* his argumentation has some weak points (*od.* has its weaknesses, has its deficiencies); an dieser ~ steht sonst immer der Eisverkäufer this is the place where the ice-cream man usually stands, this is usually the ice-cream man's stand; ich kann den Schrank nicht von der ~ rücken I can't move the cupboard (an inch); er kommt nicht von der ~ *auch fig.* he's making no headway (*od.* progress), he's getting nowhere, he's not getting on (*od.* anywhere); die Verhandlungen kamen nicht von der ~ the negotiations were making no headway (*od.* were getting nowhere, were deadlocked); wir wagten uns nicht von der ~ zu rühren we did not dare (to) move (*od.* stir) (from the spot); rühr dich nicht von der ~! don't (you) dare (to) move! sie wichen nicht von der ~ a) (*von ihrem Platz*) they did not move from their place, b) (*im Kampf*) they did not give way; die Polizei war sofort zur ~ the police were on the spot immediately; etwas zur ~ schaffen *fig.* (*beschaffen, organisieren*) to produce s.th.; er ist immer zur ~, wenn man ihn braucht he is always there (*od.* at hand) when he is needed; sich [bei j-m] zur ~ melden *bes. mil.* to report (oneself present) [to s.o.]; Soldat K. zur ~! *mil.* Private K. present, sir! wer wird an seine ~ treten? who will take his place? who will replace him? sie haben dich an seine ~ gesetzt *fig.* they put you in his place, they substituted you for him, they replaced him by (*od.* with) you; Haß ist an die ~ der Liebe getreten hate has replaced love (*od.* has taken the place of love); an ~ von *cf.* anstelle; auf der ~ *colloq.* on the spot, immediately, at once, there and then; das Urteil wurde auf der ~ vollstreckt the sentence was carried out on the spot; er war auf der ~ tot he was killed instantly (*od.* outright); komm auf der ~ hierher! come here at once (*od.* this instant)! etwas auf der ~ erledigen to see to s.th. immediately (*od.* right away); auf der ~ treten *mil. auch fig. colloq.* to mark time; in der Diskussion trat man lange auf der ~ *fig. colloq.* they marked time for ages in the discussion (*colloq.*). – **2.** (*Standort*) site, place, position, location: sie suchten nach einer passenden ~ für die Fabrik they looked for a suitable (building) site for the factory. – **3.** (*in einer Reihenfolge*) place: der Verein steht in der Tabelle an 3. ~ the team is in 3rd place in the table; dieser Punkt steht (*od.* kommt) in meiner Liste an erster [letzter] ~ this item is (*od.* ranks) first [last] on my list; seine Mutter kommt bei ihm an erster ~ his mother comes first for him; an erster ~ möchte ich Herrn X nennen first and foremost I'd like to mention Mr. X. – **4.** (*in einem Text, Musikstück etc*) passage: eine ~ aus einem Buch zitieren to quote a passage from a book. – **5.** (*Lage*) position, place: ich möchte nicht an seiner ~ sein (*od.* stehen) I would not like to be in his position (*od.* place, shoes); ich an deiner ~ würde nicht hingehen if I were in your position (*od.* if I were you) I would not go; **versetz dich mal an meine ~** put (*od.* place) yourself in my position, imagine you were in my position. – **6.** (*Posten, Arbeitsplatz*) post, position, place, situation; berth, billet, job (*colloq.*): **eine ~ suchen** to look for a post; **eine freie** (*od.* **offene, unbesetzte**) **~** a vacant (*od.* an open, an unoccupied) position, a vacancy, an opening; **bei uns ist keine ~ frei** we have no vacancy; **sich um eine ~ als Fahrer bewerben** to apply for a post as a driver (*od.* for a driver's job); **die ~ ist schon besetzt** the vacancy has already been filled. – **7.** (*Amt, Dienststelle*) authority, agency, office: **die amtlichen ~n** the (official) authorities; **die halbamtlichen ~n** the semiofficial authorities; **sich bei der zuständigen ~ erkundigen** to ask (*od.* make inquiries of) the competent authorities; **selbst die höchsten ~n wußten nichts davon** even the highest-ranking authorities knew nothing about it. – **8. undichte ~** *auch fig.* leak. – **9.** *math.* a) (*Ziffer*) figure, digit, b) (*Dezimalstelle*) place: **die Zahl 100 hat 3 ~n** the number 100 has 3 figures; **die zweite ~ hinter dem Komma** the second place after the (decimal) point. – **10.** *med.* a) (*Sitz einer Krankheit, eines Leidens*) seat, location, b) *cf.* **Bruchstelle.**

'Stellei·ste (*getr.* -llˌl-) *f tech.* taper gib.

stel·len ['ʃtɛlən] **I** *v/t* ⟨h⟩ **1.** (*aufrecht hinstellen*) set (*s.th.*) up, stand (*s.th.*) (up), set (*od.* place) (*s.th.*) upright: **die Mutter stellte das Kind wieder auf die Füße** the mother set the child on its feet (*od.* stood the child up) again; **er versuchte, einen Schulchor auf die Beine zu ~** *fig. colloq.* he tried to get a school choir going (*od.* to start a school choir). – **2.** (*Gegenstand etc*) put, set, place: **stell das Glas beiseite** (*od.* **auf die Seite**) put the glass aside; **eine Leiter an die Wand ~** to put (*od.* lean) a ladder against the wall; **ein Kind in die Ecke ~** (*zur Strafe*) to put a child in the corner, to make a child stand in the corner; **etwas über** (*acc*) **etwas ~** *fig.* to put s.th. before (*od.* above) s.th., to value s.th. higher than s.th.; **er hat immer die Sache über die Person gestellt** *fig.* he has always considered the cause more important than the person(s) involved; **j-n über j-n ~** *fig.* a) (*als Vorgesetzten*) to put s.o. above (*od.* over) s.o., to make s.o. s.o.'s superior, b) (*höher schätzen*) to value (*od.* esteem) s.o. more highly than s.o.; **j-n j-m zur Seite ~** *fig.* to assign s.o. to s.o.; → **beiseite**; **Kopf** *Verbindungen mit Präpositionen*; **Licht** 1; **Schatten** 2; **Wand** 1. – **3. ein Auto in die Garage ~** to put a car into the garage, to garage a car. – **4. ein Pferd in den Stall ~** to put (*od.* lead) a horse into the stable, to stable a horse. – **5.** (*in Wendungen wie*) **etwas [j-n] unter j-s Aufsicht ~** to place s.th. [s.o.] under s.o.'s supervision (*od.* care); **man kann die Leute nicht immer unter Aufsicht ~** you can't supervise people all the time; **sich** (*dat*) **etwas vor Augen ~** to imagine s.th.; **dem Leser wurde ein Bild des Chaos vor Augen gestellt** the reader was presented with a picture of chaos; **j-m etwas in Aussicht ~** to lead s.o. to expect s.th.; **etwas unter Beweis ~** (*Fähigkeiten, Behauptungen etc*) to prove (*od.* evidence) s.th., to put s.th. to the proof (*od.* test); **etwas zur Diskussion ~** to put (*od.* bring) s.th. up for discussion; **etwas in j-s Ermessen** (*od.* **Belieben**) **~** to leave s.th. to s.o.'s discretion; **etwas in Frage ~** a) (*anzweifeln*) to question (*od.* query) s.th., b) (*gefährden*) to jeopardize (*Br. auch* -s-) (*od.* endanger) s.th.; **j-n vor Gericht ~** to bring s.o. to court (*od.* to trial), to put s.o. on (*bes. jur.* subject s.o. to) trial; **sie stellt ihr Kind immer in den Mittelpunkt** she always makes her child the center (*bes. Br.* centre) of attention; **er stellte diese Probleme in den Mittelpunkt seiner Rede** he focus(s)ed on these problems in his speech; **j-n vor ein Problem ~** to confront s.o. with a problem; **sein Verhalten stellte mich vor ein Rätsel** his behavio(u)r puzzled me; **j-n zur Rede ~** to make s.o. explain himself; **etwas zur Schau ~** to put s.th. on display, to exhibit s.th.; **etwas unter Strafe ~** to make s.th. punishable (by law); **j-m etwas zur Verfügung ~** to put s.th. at s.o.'s disposal, to make s.th. available to s.o.; **er stellte sein Amt zur Verfügung** he gave in (*od.* handed in, tendered) his resignation; **2 Themen zur Wahl ~** to give (*od.* offer) a choice of 2 topics; → **Abrede** 1; **Bein** 1; **Dienst** 7, 22; **Probe** 5; **Rechnung** 6. – **6.** *gastr.* **etwas kalt ~** a) (*Wein etc*) to put s.th. to cool, to put s.th. in a cool place, b) (*mit Eis kühlen*) to ice s.th.; **etwas warm ~** (*Speisen etc*) to keep s.th. warm (*od.* hot). – **7.** (*anordnen*) arrange, set out: **wie sollen wir die Möbel ~?** how shall we arrange the furniture? – **8.** (*einstellen, schalten*) turn, put: **das Radio leiser [lauter] ~** to turn the radio down [up]; **den Transformator auf Null ~** to turn (*od.* put) the transformer to zero, to set the transformer at zero. – **9.** (*eine Uhr*) set: **stell den Wecker auf 7 Uhr** set the alarm (clock) at (*od.* for) 7; **seine Uhr nach dem Radio ~** to set one's watch by the radio. – **10.** (*eine Szene für ein Bild*) pose, set (*s.th.*) up: **wir haben das Bild nur gestellt** we just posed the picture. – **11.** (*Fallen, Netze etc*) set, lay. – **12.** (*Fragen*) ask, put (forward), pose: **darf ich Ihnen eine Frage ~? darf ich eine Frage an Sie ~?** may I ask you a question? may I put a question to you? → **Frage** 1. – **13.** (*Bedingungen, Forderungen etc*) make, stipulate: **er stellte die Bedingung, daß** he made the condition that. – **14.** (*Ansprüche, Ansinnen etc*) make: **du stellst aber hohe Ansprüche!** you are very exacting (*od.* hard to please)! **einen Antrag ~** a) (*bei einer Behörde*) to make (*od.* file) an application, b) *bes. pol.* (*bei einer Sitzung etc*) to raise (*od.* bring in, put forward, put) a motion; **einen Antrag auf** (*acc*) **etwas ~** *bes. pol.* to move that s.th. be done. – **15.** (*eine Frist, einen Termin etc*) set, fix, appoint. – **16.** (*eine Aufgabe, ein Thema etc*) set: **j-m eine schwere Aufgabe ~** to set s.o. a difficult task; **(j-m) ein Ultimatum ~** *bes. pol.* to deliver (s.o.) an ultimatum. – **17.** (*eine Prognose, Diagnose etc*) make. – **18.** (*Arbeitskräfte, Hilfsmittel etc*) supply, provide, furnish: **dieses Land stellt die meisten Gastarbeiter** this country supplies most of the foreign workers, most of the foreign workers come from this country; **für j-n [etwas] Ersatz ~** to supply a substitute for s.o. [s.th.]. – **19.** (*einen Einbrecher etc*) corner, have (*od.* hold) (*s.o.*) at bay. – **20. gut gestellt sein** to be well off. – **21.** (*railway*) a) (*eine Weiche*) set, throw, *bes. Am.* switch, b) (*ein Signal*) switch: **ein Signal auf „Halt" [„Freie Fahrt"] ~** to switch (*od.* set) a signal to 'stop' ['go']; **sie stellten die Weichen für den Fortschritt** *fig.* they paved the way for progress. – **22.** *tech.* a) (*Schraube, Feder, Meißel etc*) set, adjust, b) (*Hebel etc*) shift (*s.th.*) (into position), place (*s.th.*) in position, move, position, c) (*Zeitzünder etc*) time. – **23.** *jur.* a) (*Bürgschaft, Sicherheit, Kaution etc*) provide, offer, give, b) (*Zeugen*) produce: **können Sie einen Bürgen ~?** can you give (*od.* offer) bail? – **24.** *mil.* a) (*Truppenkontingente, Geiseln etc*) supply, furnish, b) (*den Feind*) engage, c) (*feindliches Flugzeug, Schiff etc*) intercept. – **25.** *mar.* (*Segel*) trim. – **26.** *hunt.* (*Wild*) bring (*game*) to bay, bay, corner, have (*od.* hold) (*game*) at bay. – **II** *v/reflex* **sich ~ 27.** (*sich aufrecht hinstellen*) stand up. – **28.** (*an einen Ort, Platz*) (go and) stand, place oneself: **er stellte sich ans Fenster** he went and stood at the window; **sich auf einen Stuhl ~** to (go and) get up on (to) a chair; **sich auf die Zehen(spitzen) ~** to stand on tiptoe; **stell dich dorthin!** go and stand over there! **stell dich hierher!** come and stand over here! **sich hinter j-n [etwas] ~** a) to go and stand behind s.o. [s.th.], b) *fig.* to back (*od.* support) s.o. [s.th.]; **sich j-m in den Weg ~** to block (*od.* bar) s.o.'s way; **sich vor j-n [etwas] ~** a) to go and stand in front of s.o. [s.th.], b) *fig.* to stand up for s.o. [s.th.]; **sich gegen j-n [etwas] ~** *fig.* to oppose s.o. [s.th.]; **ich tue das nicht, und wenn er sich auf den Kopf stellt!** *fig. colloq.* I won't do it, no matter what he does! I wouldn't do it for the world! **sich in den Dienst einer (guten) Sache ~** *fig.* to devote oneself to (the service of) (*od.* to offer one's services in) a (good) cause; **sich auf einen Standpunkt ~** *fig.* to take (*od.* hold) a point of view; **er stellte sich ihm zur Verfügung** *fig.* he placed (*od.* put) himself at his disposal; **die Frauen ~ sich für die Untersuchung zur Verfügung** *fig.* the women volunteer for the examination; → **Seite** 11. – **29.** (*von Schwierigkeiten, Fragen*) arise: **die Probleme, die sich uns ~** the problems which arise for us (*od.* which confront us, [which] we face). – **30.** (*von Einbrecher, Flüchtling etc*) give oneself up, surrender: **der Dieb stellte sich (freiwillig) der Polizei** the thief gave himself up to the police; **sich den Behörden [der Polizei] ~** to surrender (*od.* give oneself up) to the authorities [the police]. – **31.** (*einem Gegner, Kampf etc*) face (up to): **er stellte sich der allgemeinen Kritik** he faced up to the general criticism; **sich dem Herausforderer zum Kampf ~** to face (up to) the challenger in a fight; **die Einheit stellte sich zum Kampf** *mil.* the unit faced (*od.* accepted) combat. – **32.** (*sich präsentieren*) present oneself: **er stellte sich den Journalisten zu einer Pressekonferenz** he presented himself to the journalists in a press conference. – **33.** (*sich verstellen*) pretend, feign, sham, fake: **sie stellt sich nur so** *colloq.* she is only pretending; **sich krank [taub] ~** to pretend to be sick [deaf], to feign (*od.* sham, fake) illness [deafness]; **ich stellte mich tot** I pretended to be dead; **stell dich nicht so dumm!** *colloq.* don't pretend you don't know! come off it! (*colloq.*). – **34. sich gut [schlecht] ~** (*situiert sein*) to be well [badly] off: **er stellt sich dort besser als hier** he is better off there than here. – **35. sich mit j-m gut ~** *fig. colloq.* to keep (well) in with s.o., to get on good terms with s.o. – **36. sich zu etwas ~** *fig.* (*eingestellt sein*) to feel (*od.* think) about s.th., to be disposed to(ward[s]) s.th.: **ich weiß nicht, wie er sich dazu stellt** I don't know how he feels (*od.* what he thinks) about it, I don't know his opinion on it. – **37. sich (zum Militärdienst) ~** *mil.* to enlist (in the armed forces), to join up (*colloq.*). – **III S~** *n* ⟨-s⟩ **38.** *verbal noun.* – **39.** (*einer Bedingung, Forderung*) stipulation. – **40.** (*einer Frist, eines Termins etc*) fixation, appointment. – **41.** (*eines Ultimatums*) delivery. – **42.** (*von Arbeitskräften, Hilfsmitteln etc*) supply, provision, procurement. – **43.** *jur.* (*einer Sicherheit, Bürgschaft etc*) provision. – **44.** *mil.* (*von Truppen*) supply.

'Stel·len|ˌan·geˌbot *n* offer of a post, vacancy, vacant post: **~e** *pl* (*Überschrift in der Zeitung*) vacancies, positions offered, situations (*od.* positions) vacant, personnel wanted. — **~ˌanˌzei·ge** *f* advertisement (*seltener* -z-) (*od. colloq.* ad, *Br. colloq.* advert) for a position (*od.* post, situation): **~n** *pl* (*Überschrift in der Zeitung*) positions, situations, personnel *sg.* — **~ˌanˌzei·ger** *m* employment gazette. — **~beˌset·zung** *f* filling of a vacancy. — **~beˌwer·ber** *m*, **~beˌwer·be·rin** *f* ⟨-; -nen⟩ applicant (for a position *od.* post). — **~beˌwer·bung** *f* application (for a position *od.* post). — **~geˌsuch** *n* application for a post: **~e** *pl* (*Überschrift in der Zeitung*) positions (*od.* situations) wanted, *Am. colloq.* want ads. — **s~los** *adj cf.* **stellungslos.** — **~ˌmarkt** *m* **1.** employment market. – **2.** (*Stellenanzeigen in der Zeitung*) advertisements (*seltener* -z-) *pl* for positions (*od.* posts, situations, vacancies, appointments). — **~ˌnachˌweis** *m cf.* **Stellenvermittlung** 2. — **~ˌplan** *m* **1.** *econ.* (*für die Besetzung von Stellen*) staff plan(ning), staff appointment scheme, post (*od.* staff) allocation scheme (*bes. Am.* schedule), *Am.* staffing schedule. – **2.** *mil.* table of organization. — **~ˌsu·che** *f cf.* **Stellungssuche.** — **~ˌteil** *m* (*der Zeitung*) personnel advertising (*seltener* -z-) section. — **~ˌüberˌsicht** *f* **1.** (*in einer Zeitung*) survey of positions (*od.* situations) advertised (*seltener* -z-). – **2.** *econ. cf.* **Stellenplan** 1. — **~verˌmitt·ler** *m*, **~verˌmitt·le·rin** *f* employment (*od.* placement) agent. — **~verˌmitt·lung** *f* **1.** (*amtliche*) placement (service). – **2.** (*private*) employment (*od.* placement) agency (*od.* office). — **~verˌmitt·lungs·bü·ro** *n cf.* **Stellenvermittlung** 2. — **~ˌwech·sel** *m cf.* **Stellungswechsel** 1. — **s~ˌwei·se** *adv* in (several) parts (*od.* places), here and there: **~ lag auf den Bergen noch Schnee** there was still snow in several parts of the mountains, there were still some snowy patches (here and there) on the mountains; ~ ist der Roman sehr langweilig the novel is very boring in parts, the novel has some very boring patches; diese Pflanzen kommen hier nur ~ vor these plants only occur here sporadically.

ˈStel·lenˌwert *m* **1.** (*computer*) digit (*od.* place) value. – **2.** *math.* place value. – **3.** *fig.* (*eines Begriffes etc*) rank. — **~ˌschrei·bung** *f* (*computer*) radix notation.

ˈStel·lenˌzuˌla·ge *f econ.* increment attached to the post.

Stel·ler [ˈʃtɛlər] *m* ⟨-s; -⟩ *electr.* **1.** (*für den Ton*) fader, control (knob). – **2.** (*für Licht*) dimmer.

ˈStell|ˌgeld *n econ.* premium for a put and call transaction (*Am.* for a straddle, *Br.* for a spread). — **~geˌschäft** *n cf.* Stellagegeschäft. — **~ˌglied** *n* (*computer*) final control element. — **~ˌgrö·ße** *f tech.* control medium. — **~ˌhe·bel** *m* switch (*od.* adjusting) lever, (*eines Gewinderäderkastens*) tumbler lever.

Stel·ling [ˈʃtɛlɪŋ] *f* ⟨-; -en⟩ *mar.* **1.** (*Gerüst*) stage. – **2.** (*für Außenbordarbeiten*) (hanging) stage. – **3.** (*Laufplanke*) gangway.

ˈStellˌknor·pel *m med.* arytenoid cartilage.

ˈStellˌma·cher *m* ⟨-s; -⟩ *Northern and Middle G.* cartwright, wheelwright. — **ˌStell·ma·cheˈrei** *f* ⟨-; -en⟩ **1.** ⟨*only sg*⟩ (*Arbeit*) cartwright's (*od.* wheelwright's) work. – **2.** (*Werkstatt*) cartwright's (*od.* wheelwright's) shop.

ˈStell|ˌmar·ke *f mil.* (*am Zünder*) register line. — **~ˌmes·ser** *n* switch knife. — **~ˌmo·tor** *m* **1.** *tech.* (*space*) servomotor, booster motor. – **2.** *aer.* (*für Flügelklappen*) flap actuator. — **~ˌmut·ter** *f* adjusting (*od.* set) nut. — **~ˌnetz** *n mar.* fixed net. — **~ˌpro·be** *f* (*theater*) blocking (*od.* first) rehearsal. — **~ˌpult** *n tech.* control desk. — **~ˌrad** *n* (*einer Uhr*) regulating (*od.* set) wheel, regulator. — **~ˌring** *m tech.* (*Wellenteil*) set collar. — **~ˌschie·ne** *f* (*railway*) slide rail. — **~ˌschlüs·sel** *m tech.* adjustable spanner (*bes. Am.* wrench). — **~ˌschmie·ge** *f* (*in der Zimmerei*) bevel (square), T bevel. — **~ˌschrau·be** *f tech.* set(ting) (*od.* adjusting) screw.

ˈStel·lung *f* ⟨-; -en⟩ **1.** *cf.* Stellen. – **2.** (*Körperhaltung*) position, posture, pose, attitude: in gebückter [sitzender, liegender] ~ verharren to remain in a crouched [sitting, lying] position; das Modell nahm eine andere ~ ein the model took up another position (*od.* changed her pose). – **3.** (*eines Hebels, der Augen, Füße, von Spielfiguren etc*) position. – **4.** (*Posten, Arbeitsplatz*) post, position, employment, place, situation; job, berth, billet (*colloq.*): eine leitende ~ an executive (*od.* a leading, a key, a top) position; ich suche eine ~ I'm looking for a post; er hat dort eine ~ als Buchhalter he has a post (*od.* he is employed) as a bookkeeper there; sich um eine ~ bewerben to apply for a post; Herr X ist bei uns in ungekündigter ~ Mr. X is (employed) in our firm without being under notice; eine einflußreiche ~ innehaben (*od. lit.* bekleiden) to hold (*od.* be in) an influential position, to have a position of influence; ohne ~ sein to have no employment, to be jobless (*od.* out of a job) (*colloq.*); → kosten[1] 2. – **5.** (*Rang*) position, status, rank, station: die gesellschaftliche ~ der Frau the social position of women; die Stadt hat ihre beherrschende ~ als Handelsplatz eingebüßt the town has lost its dominating position as a trading center (*bes. Br.* centre); die marktbeherrschende ~ der Kunststoffe *econ.* the dominating market power of plastics. – **6.** (*Amt, Eigenschaft*) position, capacity: ich, in meiner ~ als Botschafter I, in my capacity as (an) ambassador. – **7.** (*geistige Position*) position: er nahm innerhalb der Auseinandersetzung eine exponierte ~ ein he held (*od.* took [up]) an extreme position in the discussion; zu einem Problem ~ nehmen (*od.* beziehen) a) to take (up) a position on (*od.* an attitude to[ward(s)], an approach to) a problem, to take a view on (*od.* of) a problem, b) (*sich äußern*) to comment on (*od.* give one's view on, give one's opinion of) a problem; er hat in dieser Angelegenheit eine neue ~ bezogen he took [up] a new position on (*od.* attitude to) the matter; sie hat immer für mich ~ genommen she always took my part, she always sided with (*od.* backed) me; gegen j-n [etwas] ~ nehmen to oppose s.o. [s.th.]. – **8.** *mil.* a) (*taktische*) position, b) (*Frontlinie*) (front) line(s *pl*), c) (*eines Geschützes*) emplacement: eine taktisch günstige ~ a tactically advantageous position, a point of vantage; eine ausgebaute (*od.* befestigte) ~ a fortified (*od.* an organized) position; eine gedeckte ~ a sheltered (*od.* defilade) position; eine ~ beziehen to occupy (*od.* move into) a position; den Feind aus der ~ werfen to dislodge the enemy from his position; in ~ gehen a) to move into position, b) (*von Schützen etc*) to take up one's position (*od.* stand); (in) ~! (*Befehl*) prepare for action! die ~ halten a) to hold the position, b) *fig. colloq. humor.* to hold the fort; ein Geschütz in ~ bringen to bring a gun into position. – **9.** (rechtliche) ~ *jur.* (legal) status (*od.* position). – **10.** *ling.* a) (*Reihenfolge*) order, b) (*eines Verbs im Satz, eines Vokals in der Silbe etc*) position. – **11.** *med.* (*bei der Geburt*) presentation. – **12.** *astr.* (*eines Planeten, Sterns*) position.

ˈStel·lungˌnah·me *f* ⟨-; *no pl*⟩ **1.** (*Erklärung, Meinungsäußerung*) (zu on) comment(ary), statement: in einer kritischen ~ zu den Vorfällen sagte der Präsident, daß in a critical comment on the incidents the president said that; wir bitten das Gericht um (eine) ~ we request a commentary from the court; er hat sich einer ~ enthalten he withheld (his) comment, he did not commit himself, he was noncommittal. – **2.** (*zu einem Problem etc*) (zu) position (on, concerning), attitude (to, toward[s]), view (on, of). – **3.** (*Kritik, Beurteilung*) (zu of) criticism, critique.

ˈStel·lungs|ˌausˌbau *m* ⟨-(e)s; *no pl*⟩ *mil.* consolidation of field fortifications. — **~ˌbau** *m* ⟨-(e)s; *no pl*⟩ construction of field fortifications. — **~beˌfehl** *m* call-up order(s *pl*), *Am. auch* induction (*od.* draft) order(s *pl*) (*od.* notice). — **~ˌkrieg** *m* **1.** war of position. – **2.** (*Grabenkrieg*) trench warfare.

ˈstel·lungs·los *adj* unemployed, out of work (*od.* employment, *colloq.* a job); without a job, jobless (*colloq.*). — **ˈStel·lungs·lo·se** *m, f* ⟨-n; -n⟩ unemployed (*od. colloq.* jobless) person: die ~n *pl* the unemployed, the jobless (*colloq.*).

ˈstel·lungsˌpflich·tig *adj mil.* liable (*od.* subject) to call-up (*od.* to be called up, *Am. auch* to enlistment *od.* to being drafted).

ˈStel·lungsˌspiel *n* (*sport*) positional play (*od.* game).

ˈStel·lungsˌsu·che *f* search for a post (*od.* a position, [an] employment, *colloq.* a job): er ist auf ~ he is looking for (*od.* is in search of) a post, he is job-hunting (*colloq.*); auf ~ gehen to look for a post, to job-hunt (*colloq.*). — **ˈStel·lungsˌsu·chen·de** *m, f* ⟨-n; -n⟩ person looking for (*od.* in search of) a post, job-hunter (*colloq.*).

ˈStel·lungsˌwech·sel *m* **1.** (*eines Angestellten etc*) change of position (*od.* post, *colloq.* job). – **2.** *mil.* a) change of position, b) (*eines Geschützes*) change of emplacement: die Truppen nahmen einen ~ vor the troops changed their position.

ˈstell·verˌtre·tend **I** *adj* **1.** (*Funktion, Haftung etc*) vicarious, substitutional, substitutionary. – **2.** (*in einem Amt*) deputy (*attrib*), acting (*attrib*): ~er Vorsitzender deputy (*od.* acting) chairman, vice-chairman; ~er Direktor deputy director, vice-director; ~er Geschäftsführer assistant managing director; ~er Kommandeur *mil.* deputy commander, *Br.* second-in-command. – **II** *adv* **3.** ~ für j-n [etwas] a) vicariously (*od.* substitutionally) for s.o. [s.th.], b) (*im Namen von*) on behalf of s.o. [s.th.]: die Qualen, die er ~ für andere erleiden mußte the pains which he had to suffer vicariously for others; ich spreche ~ für meine Kameraden I speak on behalf of my comrades. – **4.** as (a) deputy: ein Amt ~ ausüben to hold an office as (a) deputy.

ˈStell·verˌtre·ter *m* **1.** deputy, substitute: er ernannte ihn zu seinem ~ he appointed him (as) his deputy; als j-s ~ (*od.* als ~ für j-n) fungieren to act as s.o.'s deputy, to act as deputy (*od.* as a substitute) for s.o., to deputize (*Br. auch* -s-) for s.o. – **2.** *bes. jur. pol. econ.* (*Bevollmächtigter*) proxy: Eheschließung durch ~ marriage by proxy; ~ eines Aktionärs proxy holder. – **3.** *relig.* a) ~ Christi (*der Papst*) vicar of Christ, b) (*eines Bischofs*) *bes. Am.* deputy, *bes. Br.* surrogate, c) (*eines Pfarrers*) deputy, vicar, locum (tenens). – **4.** *med.* (*eines Arztes*) locum (tenens), substitute.

ˈStell·verˌtre·tung *f* ⟨-; *no pl*⟩ **1.** substitution, representation: in j-s ~ handeln, j-s ~ übernehmen to act as s.o.'s substitute (*od.* in substitution for s.o., in place of s.o.), to deputize (*Br. auch* -s-) for s.o. – **2.** *bes. jur. pol. econ.* (*auf Grund einer Vollmacht*) proxy: in ~ für Herrn X in proxy for Mr X.

ˈStellˌvorˌrich·tung *f tech.* adjusting (*od.* setting) device (*od.* mechanism), regulator.

ˈStellˌwerk *n* (*railway*) signal box, *Am.* switch (*od.* signal) tower, interlocking station. — **ˈStellˌwerk(s)ˌmei·ster** *m* chief signalman (*Am.* towerman). — **ˈStellˌwerkˌwei·che** *f* interlocking points *pl* (*od.* switch).

ˈStellˌwin·kel *m tech.* sliding T bevel.

ˈStelzˌbein *n rare for* Stelzfuß 1. — **ˈstelzˌbei·nig** *adj fig.* **1.** (*Person*) spindle-legged, spindle-shanked. – **2.** (*steif, geziert*) stilted, stilty.

Stel·ze [ˈʃtɛltsə] *f* ⟨-; -n⟩ **1.** stilt: auf ~n gehen (*od.* laufen) to walk on stilts; sie geht (*od.* läuft) wie auf ~n she has a very stilted walk (*od.* gait). – **2.** *pl fig. colloq.* (*sehr lange Beine*) spindles, spindle (*od.* spindly) legs, spindleshanks. – **3.** *pl zo.* wagtails, motacillids (*Fam. Motacillidae*). – **4.** *Austrian gastr.* pickled knuckle of pork.

stel·zen [ˈʃtɛltsən] *v/i* ⟨sein⟩ (*steif u. geziert gehen*) stalk (*auch* stilt) (along).

ˈStel·zen|gaˌzel·le *f zo. cf.* Lamagazelle. — **~ˌlau·fen** *n* walking on stilts. — **~ˌläu·fer** *m* **1.** stilter, stiltwalker. – **2.** *zo.* black-winged stilt (*Himantopus himantopus*). — **~ˌwan·ze** *f zo.* stilt bug (*Fam. Berytidae u. Neitidae*).

ˈStelzˌfuß *m contempt.* **1.** peg leg, stump. – **2.** *fig.* (*Person*) peg leg.

ˈstel·zig *adj cf.* stelzbeinig.

ˈStelzˌwur·zel *f bot.* (*der Mangroven etc*) prop (*od.* brace) root.

Stem·ma [ˈstɛma; ˈʃtɛ-] *n* ⟨-s; -ta [-ta]⟩ (*literature*) *ling. zo.* stemma.

ˈStemm|ˌbo·gen *m* (*sport*) (*beim Skilauf*) stem turn. — **~ˌei·sen** *n tech.* **1.** ca(u)lking iron. – **2.** *cf.* Stemmeißel.

ˈStemmei·ßel (*getr.* -mm,m-) *m tech.* mortise (*auch* mortice) chisel.

stem·men [ˈʃtɛmən] **I** *v/t* ⟨h⟩ **1.** (*eine Last*) lift (*od.* hoist, heave) (*s.th.*) up: etwas in die Höhe ~ to lift s.th. up in the air; dieser Gewichtheber stemmt 200 Kilo this weightlifter lifts 200 kilos. – **2.** (*pressen, drücken*) press, stem, brace: er stemmte die Füße gegen die Tür he pressed his feet against the door; die Absätze in den Boden ~ to press (*od.* dig) one's heels into the ground. – **3.** sie stemmte die Arme in die Seiten (*od.* die Hände in die Hüften) she put (*od.* planted) her arms on her hips, she stood with her arms akimbo. – **4.** *tech.* a) (*Fugen*) ca(u)lk, b) (*Holz*) mortise, *auch* mortice. – **5.** *colloq.* 'pinch' (*colloq.*), steal. – **II** *v/i* **6.** (*sport*) a) (*beim Skilaufen*) stem, b) (*beim Gewichtheben*) lift. – **III** *v/reflex* **7.** sich gegen etwas [j-n] ~ a) to press (*od.* brace) oneself against s.th. [s.o.], to apply one's weight against s.th. [s.o.], b) *fig.* to resist (*od.* oppose, be set against) s.th. [s.o.]: er stemmt sich gegen alle Neuerungen *fig.* he is (dead) set against all innovations. – **8.** sich auf (*acc*) etwas ~ to press (*od.* brace, prop) oneself on s.th. – **IV S~** *n* ⟨-s⟩ **9.** *verbal noun.* – **10.** (*einer Last*) lift, hoist, heave.

ˈStemm|ˌham·mer *m tech.* ca(u)lking hammer. — **~kri·stia·nia** [-krɪsˌtiaːnĭa] *m* (*sport*) *cf.* Stemmschwung. — **~ˌloch** *n tech.* (*im Holz*) mortise, *auch* mortice. — **~ˌschwung** *m* (*beim Skisport*) stem christiania (*auch* Christiania), stem christy (*colloq.*). — **~ˌtor** *n civ.eng.* (*beim Schleusenbau*) miter (*bes. Br.* mitre) gate.

Stem·pel [ˈʃtɛmpəl] *m* ⟨-s; -⟩ **1.** (*Gerät*) stamp. – **2.** (*Abdruck*) stamp, (*auf einem Dokument etc*) *auch* seal: einen ~ unter ein Schriftstück setzen to put a stamp on (*od.* to) a document, to stamp (*od.* seal) a document. – **3.** (*postal service*) a) (*Poststempel*) postmark, b) (*Werbeaufdruck*) publicity impression, cachet, postmark ad: **der Brief trägt den ~ vom 3. Oktober** the letter bears the postmark of (*od.* was postmarked) October 3. – **4.** *fig.* stamp, mark, impress: **das Werk trägt den ~ seines Genies** the work bears the stamp (*od.* cachet) of his genius; **der Krieg hat einer ganzen Generation seinen ~ aufgedrückt** the war has left (*od.* impressed) its mark on a whole generation; **sein Verhalten trägt den ~ der Unaufrichtigkeit** his behavio(u)r bears the mark of (*od.* is marked by) insincerity. – **5.** *econ.* a) (*auf Waren*) factory mark, brand, b) (*Firmenzeichen*) stamp, mark. – **6.** *tech.* a) (*Lochstempel*) punch, b) (*beim Pochwerk*) stamp, c) (*einer Druckpumpe*) piston, d) (*Gesenkoberteil*) upper die, e) (*einer Richtpresse*) ram. – **7.** *metall.* a) *cf.* Prägestempel 1, b) *cf.* Feingehaltsstempel, c) (*in der Kokerei*) ram. – **8.** (*mining*) prop, post, support: **hydraulische ~** hydraulic supports. – **9.** *civ.eng.* (*Quersteife*) strut, brace. – **10.** *bot.* pistil. — **~ˌdruck** *m* ⟨-(e)s; -e⟩ seal (*od.* stamp) printing. — **~ˌfar·be** *f* stamp(ing) ink. — **s~ˌfrei** *adj* (*mining*) prop-free: **~e Abbaufront** prop-free front face. — **~geˌbühr** *f econ.* stamp duty (*bes. Am.* tax). — **~ˌgeld** *n colloq.* dole (*colloq.*), unemployment benefit (*od.* allowance, *Am.* compensation). — **~ˌkis·sen** *n* (ink *od.* stamp) pad. — **~ˌmar·ke** *f econ.* (revenue) stamp. — **~maˌschi·ne** *f* (*postal service*) (stamp) canceling (*bes. Br.* cancelling) machine.

stem·peln ['ʃtɛmpəln] **I** *v/t* ⟨h⟩ **1.** (*Ausweis, Dokumente etc*) stamp. – **2.** (*postal service*) a) (*Briefe, Dokumente etc*) postmark, b) (*entwerten*) (*Briefmarke*) cancel, obliterate. – **3. etwas mit Datumstempel ~** to date-stamp s.th. – **4.** (*Silber, Gold etc*) (hall)mark. – **5. j-n zu etwas ~** *fig.* a) (*kennzeichnen*) to stamp (*od.* label) s.o. as s.th., b) (*brandmarken*) to brand s.o. (as) s.th., to stigmatize (*Br. auch* -s-) s.o. as s.th. – **II** *v/i* **6. ~** (gehen) *colloq.* (*von Arbeitslosen*) to be (*od.* go, live) on the dole (*colloq.*): **er geht zur Zeit ~** he is on the dole at the moment; **der Bauarbeiter muß im Winter immer ~ gehen** the building worker always has to go on the dole in the winter. – **7. bei Arbeitsantritt** [**Arbeitsende**] **~** (*Stempeluhr betätigen*) to clock in (*od.* on) [out *od.* off]. – **III S~** *n* ⟨-s⟩ **8.** *verbal noun.*

'Stem·pel|paˌpier *n* stamped paper. — **s~ˌpflich·tig** *adj econ.* subject (*od.* liable) to stamp duty (*bes. Am.* tax). — **~ˌricht·ˌpres·se** *f tech.* gag press. — **~ˌschnei·der** *m* ⟨-s; -⟩ stamp (*od.* punch) cutter, (*eines Prägestempels*) *auch* diesinker. — **~ˌstän·der** *m* stamp rack. — **~ˌstel·le** *f econ.* (*für Arbeitslose*) unemployment cash office. — **~ˌsteu·er** *f econ.* stamp duty (*bes. Am.* tax). — **~ˌuhr** *f* time clock, telltale.

'Stem·pe·lung *f* ⟨-; -en⟩ *cf.* Stempeln.

'Stem·pelˌzei·chen *n cf.* Stempel 2, 3.

'Sten·delˌwurz, 'Breitˌblätt·ri·ge ['ʃtɛndəl-] *f bot.* broad helleborine (*Epipactis helleborine*).

Sten·ge ['ʃtɛŋə] *f* ⟨-; -n⟩ *mar.* topmast.

Sten·gel ['ʃtɛŋəl] *m* ⟨-s; -⟩ **1.** *bot.* stalk, stem, caulis (*scient.*). – **2. fall nicht vom ~** *fig. colloq.* a) (*fall nicht herunter*) don't fall off, b) (*verlier nicht gleich die Fassung*) keep your hair (*od.* shirt) on (*sl.*); **als ich die Rechnung bekam, fiel ich fast vom ~** when I got the bill I nearly fainted (*od.* you could have knocked me down with a feather). — **~ˌblatt** *n bot.* stem (*od. scient.* cauline) leaf. — **~ˌfäu·le** *f* stem rot. — **~ˌknol·le** *f* tuber. — **s~los** *adj* stemless, stalkless, unstalked; acaulescent, acauline (*scient.*). — **s~ˌtrei·bend** *adj* stemming, caulescent (*scient.*).

Ste·no ['ʃteːno] *f* ⟨-; *no pl*⟩ *colloq. short for* Stenographie. — **~ˌblock** *m colloq. short for* Stenogrammblock.

Ste·no·dak·ty·lo [ʃteno'daktylo] *f* ⟨-; -s⟩ *Swiss for* Stenotypistin.

Ste·no·graf [ʃteno'graːf] *m* ⟨-en; -en⟩ *cf.* Stenograph. — **Ste·no·gra'fie** [-gra'fiː] *f* ⟨-; -n [-ən]⟩ *cf.* Stenographie. — **ste·no·gra'fie·ren** [-gra'fiːrən] *v/t u. v/i* ⟨*no* ge-, h⟩ *cf.* stenographieren.

Ste·no·gramm [ʃteno'gram] *n* ⟨-s; -e⟩ shorthand notes *pl* (*od.* report), stenograph: **ein ~ aufnehmen** to take (down) shorthand notes; **das Diktat in ~ aufnehmen** to take the dictation down in shorthand. — **~ˌaufˌnah·me** *f* taking (down) (*od.* making) of shorthand notes: **kommen Sie bitte zur ~** please come and take a dictation (in shorthand). — **~ˌblock** *m* shorthand block (*od.* pad). — **~ˌhal·ter** *m* (shorthand) pad holder (*od.* clamp, fixture). — **~ˌheft** *n* shorthand notebook.

Ste·no·graph [ʃteno'graːf] *m* ⟨-en; -en⟩ **1.** shorthand writer (*od.* reporter), stenographer. – **2.** (*an einer Stenographiermaschine*) stenotypist.

Ste·no'gra·phenˌdienst *m* shorthand (*od.* stenographic) service.

Ste·no·gra·phie [ʃtenogra'fiː] *f* ⟨-; -n [-ən]⟩ **1.** shorthand, stenography. – **2.** (*mittels einer Maschine*) stenotypy.

ste·no·gra·phie·ren [ʃtenogra'fiːrən] **I** *v/t* ⟨*no* ge-, h⟩ **1.** write (*s.th.*) in shorthand, take (*od.* put) (*s.th.*) (down) in shorthand, stenograph. – **2.** (*mit der Stenographiermaschine*) stenotype. – **II** *v/i* **3.** write in shorthand, take (down) shorthand notes: **können Sie gut ~?** are you good at shorthand? is your shorthand good?

Ste·no·gra'phier·maˌschi·ne *f* stenotype (machine), stenotyper.

Ste·no'gra·phin *f* ⟨-; -nen⟩ shorthand writer (*od.* reporter), stenographer.

ste·no'gra·phisch I *adj* shorthand (*attrib*), stenographic, *auch* stenographical. – **II** *adv* in shorthand, stenographically: **etwas ~ aufnehmen** to take s.th. (down) in shorthand.

Ste·no·kar·die [stenokar'diː; ʃte-] *f* ⟨-; -n [-ən]⟩ *med.* angina pectoris, stenocardia.

'Ste·no·kon·toˌri·stin *f* girl clerk with shorthand training, shorthand clerk.

ste·no·pä·isch [steno'pɛːɪʃ; ʃte-] *adj* **~e Brille** stenopaic (*auch* stenopeic, stenopaeic) (*od.* pinhole) spectacles *pl.*

Ste·no·se [ste'noːzə; ʃte-] *f* ⟨-; -n⟩ *med.* (*Verengung*) narrowing, stricture, stenosis (*scient.*).

'Ste·no|se·kre·tä·rin *f* shorthand secretary. — **~ˌstift** *m* stenographic (*od.* shorthand) pencil.

ste·no·therm [steno'tɛrm; ʃte-] *adj biol.* stenothermal, *auch* stenothermic.

Ste·no·ty·pie [ʃtenoty'piː] *f* ⟨-; -n [-ən]⟩ stenotypy. — **ste·no·ty'pie·ren** [-rən] *v/t u. v/i* ⟨*no* ge-, h⟩ stenotype.

Ste·no·ty·pist [ʃtenoty'pɪst] *m* ⟨-en; -en⟩, **Ste·no·ty'pi·stin** *f* ⟨-; -nen⟩ shorthand typist.

Sten·tor ['ʃtɛntɔr; 'stɛn-] *m* ⟨-s; -en [-'toːrən]⟩ *zo. cf.* Trompetentierchen.

'Sten·torˌstim·me *f* stentorian (*od.* stentorious) voice.

Stenz [ʃtɛnts] *m* ⟨-es; -e⟩ *contempt.* (*Geck*) fop, swell (*colloq.*).

Step [ʃtɛp; stɛp] (*Engl.*) *m* ⟨-s; -s⟩ tap (*od.* step) dance. — **~ˌei·sen** *n* (*am Schuh*) taps *pl.*

Ste·pha·nit [ʃtefa'niːt; -'nɪt] *m* ⟨-s; *no pl*⟩ *min.* stephanite.

'Steppˌdecke (*getr.* -k·k-) *f* quilt, *Am.* puff, *auch* pouf, *Am.* comforter.

Step·pe ['ʃtɛpə] *f* ⟨-; -n⟩ *geogr.* steppe, (*in Nordamerika*) prairie, (*in Südamerika*) pampa.

step·pen[1] ['ʃtɛpən] *v/t* ⟨h⟩ (*Naht etc*) quilt, stitch.

'step·pen[2] *v/i* ⟨h⟩ (*Step tanzen*) tap-dance.

'Step·pen|ˌad·ler *m zo. cf.* Raubadler. — **~beˌwoh·ner** *m* inhabitant of the steppe(s). — **~ˌbrand** *m* steppe fire. — **~ˌfuchs** *m zo.* corsac, corsak, *auch* Afghan fox (*Vulpes corsac*). — **~ˌgras** *n bot.* steppe grass. — **~ˌhuhn** *n zo.* Pallas's sandgrouse (*Syrrhaptes paradoxus*). — **~ˌkat·ze** *f* steppe (*od.* Pallas['s]) cat, manul (*Felis manul*). — **~ˌmur·melˌtier** *n* bobac, *auch* boback (*Marmota bobak*). — **~ˌschup·penˌtier** *n* Temminck's pangolin (*Manis temmincki*). — **~ˌtier** *n* animal of (*od.* living in) the steppe: **~e** *pl* steppe game *sg.* — **~ˌwolf** *m* **1.** *zo.* coyote, prairie wolf (*Canis latrans*). – **2.** „**Der ~**" "The Steppenwolf" (*novel by Hesse*).

'Step·per *m* ⟨-s; -⟩ *cf.* Steptänzer.

Step·pe'rei *f* ⟨-; -en⟩ quilting, stitching.

'Step·perˌgang *m med.* steppage gait.

'Step·pe·rin[1] *f* ⟨-; -nen⟩ quilter, stitcher.

'Step·pe·rin[2] *f* ⟨-; -nen⟩ *cf.* Steptänzerin.

'Stepp|ˌfuß *m* (*an der Nähmaschine*) (presser) foot. — **~ˌjacke** (*getr.* -k·k-) *f* quilted jacket.

Stepp·ke ['ʃtɛpkə] *m* ⟨-(s); -s⟩ *Northern G.* (*bes. in Berlin*) *colloq. humor.* (*kleiner Kerl*) whippersnapper, 'half-pint' (*sl.*), *bes. Br. colloq.* 'nipper', *Br. colloq.* Tich.

'Stepp|maˌschi·ne *f* (*textile*) *tech.* quilter, stitching machine. — **~ˌna·del** *f* large (*auch* quilting) needle. — **~ˌnaht** *f* quilting seam. — **~ˌnahtˌschwei·ßen** *n tech.* stitch welding. — **~ˌstich** *m* backstitch: **mit ~ nähen** to backstitch.

'Step|ˌtanz *m* tap (*od.* step) dance. — **~ˌtän·zer** *m*, **~ˌtän·ze·rin** *f* tap (*od.* step) dancer, *Am. colloq.* stepper.

Ster [ʃteːr] *m* ⟨-s; -e *u.* -s, *bei Zahlenangaben* -⟩ (*Raummaß für Holz*) stere: **5 ~** 5 steres.

'Ster·be|ˌal·ter *n* age of death. — **~ˌbett** *n* deathbed: **auf dem ~ liegen** to be dying (*od.* at death's door). — **~ˌbuch** *n cf.* Sterberegister. — **~ˌda·tum** *n* date of (*s.o.'s*) death.

'Ster·beˌfall *m* **1.** death, decease, exitus (*scient.*): **wir hatten gerade einen ~ in der Familie** we have just had a death in the family. – **2. im ~(e)** *bes. jur.* in (the) case (*od.* in the event) of death (*od.* decease). — **~verˌsi·che·rung** *f* death insurance, insurance payable at death.

'Ster·be·geˌbet *n relig.* **1.** prayer offered by a dying person. – **2.** prayer offered for a dying person.

'Ster·beˌgeld *n* death benefit, sum payable at death, funeral allowance, *Br.* death grant. — **~verˌsi·che·rung** *f* death benefit insurance, burial insurance.

'Ster·be|geˌsang *m meist pl* funeral hymn. — **~ˌglocke** (*getr.* -k·k-) *f* passing (*od.* death) bell. — **~ˌhemd** *n* shroud. — **~ˌhil·fe** *f* **1.** *cf.* Sterbegeld. – **2.** *med.* euthanasia. — **~ˌjahr** *n* year of (*s.o.'s*) death. — **~ˌkas·se** *f* burial fund. — **~ˌla·ger** *n cf.* Sterbebett. — **~ˌli·ste** *f cf.* Sterberegister.

ster·ben ['ʃtɛrbən] **I** *v/i* ⟨stirbt, starb, gestorben, sein⟩ **1.** die, decease, pass away, expire (*lit.*): **sie ist vor drei Jahren gestorben** she died three years ago; **jung** (*od.* **in jungen Jahren**) **~** to die young; **er ist im Alter von 70 Jahren gestorben, er ist mit 70 (Jahren) gestorben** he died at the age of 70; **kinderlos ~** to die childless (*od. lit.* without issue); **arm ~** to die poor (*od.* in poverty); **als Christ ~** to die a Christian; **leicht ~** to have an easy death; **schwer ~** to have a hard death; **eines natürlichen** [**gewaltsamen**] **Todes ~** to die a natural [violent] death; **an einer Lungenentzündung ~** to die of pneumonia; **an einer Wunde ~** to die from a wound; **er starb an den Folgen eines Unfalls** he died as the result of an accident; **an gebrochenem Herzen ~** to die of a broken heart; **aus Kummer ~** to die of grief; **durch j-n** (*od.* **j-s Hand**) **~** to die (*od.* be killed) by s.o. (*od.* s.o.'s hand); **durch Vernachlässigung ~** to die through neglect; **für j-n** [**etwas**] **~** to die (*od.* give one's life, lose one's life) for s.o. [s.th.]; **er lebt und stirbt für seine Arbeit** *fig.* he lives and dies for his work; **über einem angefangenen Werk ~** to die without finishing (*od.* completing) one's work, to die in the middle of one's work; **vor Hunger ~,** *lit.* **Hungers ~** a) to die of hunger, to starve to death, b) *colloq.* to be dying (*od. colloq.* starving) with hunger; **ich wäre vor Hunger fast gestorben** *colloq.* I was starving with hunger (*colloq.*); **ich bin vor Angst fast gestorben** *colloq.* I nearly died with fright; **vor Neugierde (fast) ~** *colloq.* to be dying with curiosity; **sie wäre vor Langeweile fast gestorben** *colloq.* she was bored to death (*od.* tears), she was bored stiff; **so leicht** (*od.* **schnell**) **stirbt man nicht** *colloq.* you'll survive it; **du wirst schon nicht daran ~** *colloq.* it won't kill (*od.* hurt) you; **der ist für mich gestorben** *fig. colloq.* he no longer exists for me (*od.* as far as I am concerned); **und wenn sie nicht gestorben sind, so leben sie noch heute** (*Schlußsatz der Märchen*) and they lived happily ever after; → Siele 1. – **II S~** *n* ⟨-s⟩ **2.** *verbal noun*: **im S~ liegen** to be dying (*od.* at death's door); **wenn's ans S~ geht, wenn's zum ~ kommt** when we come to die; **das große S~** wide-spread deaths *pl*; **es war zum Leben zuwenig und zum S~ zuviel** it was just enough to keep the wolf from the door; **ich fand die Party zum S~ langweilig** *colloq.* the party bored me to death (*od.* to tears, bored me stiff). – 3. cf. Tod 1. — **'ster·bend** I pres p. – II adj 1. dying, moribund (lit.): die ~e Natur dying (od. fading) nature; „Der ~e Schwan" "The Dying Swan" (scene from the ballet "Swan Lake" by Tchaikovsky). – 2. fig. (Feuer etc) dying.

'Ster·ben·de m, f ⟨-n; -n⟩ dying person, moribund (lit.).

'Ster·bens|ˌangst f mortal (od. deadly) fear (od. terror). — **s~'elend** adj colloq. ghastly: mir ist ~, ich fühle mich ~ I feel ghastly. — **s~'krank** adj dangerously ill. — **s~'langˌwei·lig** adj colloq. deadly boring, terribly dull (beide colloq.): er ist ~ he is deadly boring, he is a perfect (od. colloq. deadly) bore; die Party war ~ the party was terribly dull, the party bored me to death (od. to tears, stiff). — **s~'mü·de** adj dead tired (od. beat). — **~'see·le** f only in keine ~ colloq. not a (living) soul: ich habe keiner ~ etwas davon gesagt I didn't tell a soul. — **~'wort, ~'wört·chen** n only in kein ~ colloq. not a single word, not a syllable: er hat mir kein ~ davon gesagt he didn't breathe a word of it (to me).

'Ster·be|ˌort m ⟨-(e)s; -e⟩ place of death. — **~reˌgi·ster** n register of deaths, (in Klöstern, Stiften) auch necrology. — **~sa·kraˌmen·te** pl relig. last rites: die ~ erhalten to receive the last rites; j-n mit den ~n versehen to administer the last rites to s.o. — **~ˌstun·de** f hour of (s.o.'s) death. — **~ˌtag** m day of (s.o.'s) death, deathday. — **~ˌurˌkun·de** f death certificate. — **~ˌzif·fer** f mortality (rate), death rate. — **~ˌzim·mer** n death chamber.

sterb·lich ['ʃtɛrplɪç] I adj mortal: die ~en Überreste, die ~e Hülle the mortal remains pl. – II adv colloq. (sehr) awfully, terribly (beide colloq.): ~ in j-n verliebt sein to be desperately in love with s.o.; sich ~ blamieren to make an absolute (od. colloq. awful) fool of oneself; ich habe mich ~ gelangweilt I was bored to death (od. tears), I was bored stiff.

'Sterb·li·che m, f ⟨-n; -n⟩ mortal: der gewöhnliche (od. normale) ~ bes. iron. the ordinary man (od. human being), the man in (Am. auch on) the street.

'Sterb·lich·keit f ⟨-; no pl⟩ 1. (Vergänglichkeit) mortality. – 2. (Zahl der Sterbefälle) mortality (rate), death rate.

'Sterb·lich·keitsˌzif·fer f cf. Sterblichkeit 2.

Stereo..., stereo... combining form denoting stereo...

Ste·reo ['ʃteːreo; 'steː-] I n ⟨-s; -s⟩ 1. (radio) stereo: ein Konzert in ~ hören to hear a concert in stereo; haben Sie diese Platte auch in ~? do you have this record in stereo? – 2. print. short for Stereotypplatte. – II s~ adv 3. s~ — auch mono abspielbar (Aufschrift) this record can be played either with stereo or mono equipment. — **~akuˌstik** [ʃtereoˀaˈkʊstɪk; ste-] f ⟨-; no pl⟩ phys. stereo(phonic) acoustics pl (construed as sg). — **~ˌanˌla·ge** f (radio) stereo set (od. equipment). — **~ˌaufˌnah·me** f 1. phot. a) (Belichtungsergebnis) stereoscopic pair of pictures (od. views), b) (für Projektor etc) stereophotograph. – 2. (radio) a) (bes. auf Tonband) stereo(phonic) recording, b) (auf Schallplatte) stereo(phonic) pickup, Am. stereo(phonic) transcription. — **~beˌtrach·tungs·geˌrät** n phot. stereo viewer. — **~ˌbild** n cf. Stereoaufnahme 1. — **~ˌbox** f (radio) stereo(phonic) (loudspeaker) box. — **~che·mie** [stereoçe'miː; ʃte-] f chem. stereochemistry. — **~ˌdia** n phot. stereoscopic slide. — **~efˌfekt** m 1. (radio) stereo(phonic) effect. – 2. phot. stereo(scopic) effect. — **s~elek·tro·nisch** [ʃtereoˀelɛk'troːnɪʃ; ste-] adj stereoelectronic. — **~empˌfang** m (radio) stereo(phonic) reception. — **~ˌfilm** m stereo(scopic) film. — **~geˌrät** n 1. (Radioapparat) stereo(phonic) set (od. equipment). – 2. (Tonbandgerät) stereo(phonic) tape recorder. – 3. (Plattenspieler) stereo(phonic) record player. — **~gno·stik** [ʃtereo'gnɔstɪk; ste-] f ⟨-; no pl⟩ med. (Fähigkeit zur Formerkennung) stereognosis.

Ste·reo·gra·phie [ʃtereogra'fiː; ste-] f ⟨-; -n [-ən]⟩ math. stereography.

ste·reo·iso·mer [ʃtereoˀizo'meːr; ste-] adj chem. stereoisomeric.

'Ste·reo|ˌka·me·ra f phot. stereo(scopic) camera. — **~ˌlautˌspre·cher** m (radio) 1. stereo(phonic) loudspeaker. – 2. cf. Stereobox.

Ste·reo·me·ter [ʃtereo'meːtər; ste-] n ⟨-s; -⟩ math. phys. stereometer. — **Ste·reo·me'trie** [-me'triː] f ⟨-; no pl⟩ stereometry, solid geometry. — **ste·reo'me·trisch** [-'meːtrɪʃ] adj stereometric.

'Ste·reo·mi·kro·pho·to·graˌphie f phot. stereomicrography.

ste·reo·phon [ʃtereo'foːn; ste-] I adj stereophonic, stereo: eine ~e Aufnahme a stereophonic recording, a recording in stereophony. – II adv in stereophony: das Konzert wird ~ ausgestrahlt (od. gesendet) the concert is transmitted in stereophony. — **Ste·reo·pho'nie** [-fo'niː] f ⟨-; no pl⟩ stereophony, stereo. — **ste·reo'pho·nisch** adj cf. stereophon I.

'Ste·reo|pho·to·graˌphie f stereo(scopic) photography. — **~ˌplat·te** f 1. (radio) stereo(phonic) record. – 2. print. cf. Stereotypplatte. — **~proˌgramm** n (radio) stereo(phonic) program (bes. Br. programme). — **~ˌschie·ber** m phot. stereo slide. — **s~se·lek·tiv** [ʃtereozelɛk'tiːf; ste-] adj chem. stereoselective. — **~se·lek·ti·vi·tät** [ʃtereozelɛktivi'tɛːt; ste-] f ⟨-; no pl⟩ stereoselectivity. — **~ˌsen·dung** f (radio) stereo(phonic) broadcast. — **~siˌgnal** n stereo signal.

Ste·reo·skop [ʃtereo'skoːp; ste-] n ⟨-s; -e⟩ (optics, film) phot. stereoscope. — **Ste·reo·sko'pie** [-sko'piː] f ⟨-; no pl⟩ stereoscopy. — **ste·reo'sko·pisch** adj stereoscopic, auch stereoscopical.

ste·reo·spe·zi·fisch [ʃtereospe'tsiːfɪʃ; ste-] adj chem. stereospecific. — **Ste·reo·spe·zi·fi'tät** [-tsifi'tɛːt] f ⟨-; no pl⟩ stereospecificity.

'Ste·reoˌtonˌband·geˌrät n stereo tape recorder.

ste·reo·typ [ʃtereo'tyːp; ste-] adj 1. print. stereotyped. – 2. fig. (Lächeln, Phrasen etc) stereotyped: ~e Antworten stereotyped (od. stock) answers; ~e Redewendung stereotyped (od. stock) phrase, cliché. — **S~ˌdruck** m ⟨-(e)s; -e⟩ print. 1. stereotype (print). – 2. ⟨only sg⟩ cf. Stereotypie 1a.

Ste·reo·ty·peur [ʃtereoty'pøːr; ste-] m ⟨-s; -e⟩ print. stereotyper.

Ste·reo'typ·gie·ßeˌrei f print. foundry, stereotyping room.

Ste·reo·ty·pie [ʃtereoty'piː; ste-] f ⟨-; -n [-ən]⟩ 1. print. a) ⟨only sg⟩ (Verfahren) stereotypy, stereotyping, b) (Raum) stereotyping room, foundry. – 2. ⟨only sg⟩ med. psych. stereotypy. — **~paˌpier** n print. stereotyping (od. backing) paper.

ste·reo·ty·pie·ren [ʃtereoty'piːrən; ste-] v/t ⟨no ge-, h⟩ print. stereotype, make a stereotype of.

ste·reo'ty·pisch adj obs. for stereotyp.

Ste·reo'typ|meˌtall n print. stereo(typing) metal. — **~ˌplat·te** f stereo(type) plate.

'Ste·reo|ˌvorˌsatz m phot. stereo (od. beam-splitting) attachment. — **~ˌwie·der·ˌga·be** f phot. (radio) stereo reproduction.

ste·ril [ʃte'riːl; ste-] I adj 1. (unfruchtbar) sterile, barren, infertile, unproductive. – 2. (keimfrei) sterile, aseptic: etwas ~ machen to make s.th. sterile, to sterilize s.th. – 3. fig. (Diskussion, Roman etc) sterile: eine ~e Atmosphäre a sterile atmosphere, an atmosphere of sterility. – II adv 4. sterilely: ~ arbeiten med. to proceed under sterile conditions.

Ste·ri·li·sa·ti·on [ʃteriliza'tsɪoːn; ste-] f ⟨-; -en⟩ med. 1. (Keimfreimachung) sterilization. – 2. (Unfruchtbarmachung) sterilization. — **Ste·ri·li·sa·ti'ons·meˌtho·de** f method of sterilization.

Ste·ri·li·sa·tor [ʃterili'zaːtər; ste-] m ⟨-s; -en [-za'toːrən]⟩, **Ste·ri·li'sier·ap·paˌrat** m sterilizer: ~ für Instrumente [Verbandstoffe] instrument [dressing] sterilizer.

ste·ri·li·sie·ren [ʃterili'ziːrən; ste-] I v/t ⟨no ge-, h⟩ 1. med. biol. a) (keimfrei machen) sterilize, make (s.th.) sterile (od. aseptic), b) (unfruchtbar machen) sterilize. – 2. gastr. a) (Milch etc) sterilize, pasteurize, process, b) (Gemüse etc) sterilize, preserve. – II S~ n ⟨-s⟩ 3. verbal noun. – 4. cf. Sterilisation.

Ste·ri·li'sier|geˌrät n sterilizer. — **~ˌlö·sung** f germicide.

Ste·ri·li'sie·rung f ⟨-; -en⟩ 1. cf. Sterilisieren. – 2. cf. Sterilisation.

Ste·ri·li·tät [ʃterili'tɛːt; ste-] f ⟨-; no pl⟩ 1. (Unfruchtbarkeit) sterility, barrenness, infertility, unproductiveness. – 2. (Keimfreiheit) sterility, asepsis. – 3. fig. sterility. — **Ste·ri·li'tätsˌpro·be** f med. sterility test.

Ste·rin [ste'riːn; ʃte-] n ⟨-s; -e⟩ chem. sterol.

Ster·ke ['ʃtɛrkə] f ⟨-; -n⟩ Low G. agr. heifer.

Ster·let(t) ['ʃtɛrlɛt] m ⟨-s; -e⟩ zo. sterlet (Acipenser ruthenus).

Ster·ling ['ʃtɛrlɪŋ; 'stɛr-; 'stəː-] (Engl.) m ⟨-s; -e⟩ sterling: 2 Pfund ~ 2 pounds sterling. — **~ˌblock** m, **~geˌbiet** n, **~ˌraum** m sterling area (od. bloc).

Stern[1] [ʃtɛrn] m ⟨-(e)s; -e⟩ 1. star: ein heller (od. glänzender, leuchtender) ~ a bright star; die ~e stehen am Himmel the stars are in the sky; die ~e verblaßten the stars waned; ein mit ~en übersäter Himmel a starry (od. star-spangled) sky; variabler ~ astr. variable (star); ein ~ erster [zweiter] Größe astr. a star of the first [second] magnitude; der Einfluß der ~e astrol. the astral (od. stellar) influence; unter fremden ~en fig. far away from home; in den ~en lesen fig. to read (in) the stars; das steht noch in den ~en (geschrieben) fig. it is written in the stars; nach den ~en greifen fig. to reach for the stars; er wollte für sie die ~e vom Himmel holen fig. he promised her the moon; ~e sehen fig. colloq. to see stars. – 2. fig. (Glücksstern) (lucky) star: unter einem glücklichen ~ geboren sein to be born under a lucky star; sie ist mein guter ~ she is my lucky star; an seinen ~ glauben to believe in one's luck; mein (od. ein) guter ~ hat mich davor bewahrt my (od. a) good star saved me; das Vorhaben stand unter einem ungünstigen (od. unglücklichen) ~ the plan stood under an unlucky star (od. was ill-fated, was ill-starred, was not in favo[u]r with the gods); sein ~ ist im Aufgehen [Sinken] his star is in the ascendant [is setting]. – 3. (sternförmiger Gegenstand) star: ~e aus Goldpapier stars made of gold paper. – 4. (Rangabzeichen) star. – 5. (als Zeichen für Qualität, Besonderes etc) star: dieses Hotel hat im Reiseführer 3 ~e this hotel has 3 stars in the travel guide; Kognak mit 3 ~en three-star brandy. – 6. (für Fußnoten, Anmerkungen etc) star, asterisk. – 7. (Blesse bei Pferden u. Rindern) star. – 8. (Berühmtheit, Star) star: ein neuer [aufgehender] ~ am Filmhimmel a new [rising] star on the film horizon.

Stern[2] m ⟨-s; -e⟩ mar. stern.

ster·nal [stɛr'naːl; ʃtɛr-] adj med. zo. sternal. — **S~punk·tiˌon** f med. sternal puncture.

'Stern|ˌanˌbe·ter m relig. star-worshipper, astrolater (scient.). — **~ˌanˌbe·tung** f worship of stars, astrolatry (scient.). — **~anis** [-ˀaˌniːs] m bot. star (od. Indian, Chinese) anise (Illicium verum). — **~anˌten·ne** f electr. star antenna (bes. Br. aerial). — **~ˌap·fel** m bot. cainito, star apple (Chrysophyllum cainito). — **s~ˌar·tig** adj 1. starlike. – 2. astr. stellar, starlike. — **~ˌat·las** m star atlas. — **~beˌdeckung** (getr. -k·k-) f astr. occultation. — **s~beˌsät** adj poet. starry, star-spangled, starred. — **~beˌwe·gung** f astr. stellar motion. — **~ˌbild** n 1. astr. constellation, configuration. – 2. astrol. (des Tierkreises) sign of the zodiac. — **~ˌblu·me** f bot. aster (Gattg Aster).

'Stern·chen n ⟨-s; -⟩ 1. dim. of Stern[1]. – 2. cf. Stern[1] 5, 6. – 3. colloq. (beim Film etc) starlet. – 4. pl gastr. (Suppeneinlage) star-shaped pasta sg.

'Stern|ˌdeu·ter m astrologer. — **~deu·te'rei** [ˌʃtɛrn-], **~ˌdeu·tung** f ⟨-; no pl⟩ astrology. — **~ˌdreiˌeckˌschal·ter** m electr. star-delta switch. — **~ˌdreiˌeckˌschal·tung** f star-delta connection (Br. auch connexion). — **~ˌdrift** f astr. star drift (od. streaming).

'Ster·nen|ˌall n poet. stellar world. — **~ˌbahn** f orbit of stars. — **~ˌban·ner, das** (der USA) the star-spangled banner, the stars and stripes pl. — **~geˌfil·de, ~geˌwöl·be** n poet. for Sternenhimmel. — **~ˌgucker** (getr. -k·k-) m colloq. stargazer, astronomer. — **s~ˌhell** adj cf. sternenklar. — **~ˌhim·mel** m starry sky, firmament. — **s~ˌklar** adj (Nacht, Himmel etc) starry, starlit. — **~ˌlicht** n ⟨-(e)s; no pl⟩ starlight, starry light. — **s~los** adj (Nacht, Himmel etc) starless, without stars. — **~ˌmeer** n poet. sea of stars. — **~ˌschein** m starlight, starry light. — **~ˌzelt** n poet. firmament.

'Stern|ˌfahrt f (sport) (motor) rally (auch

rallye). — **~ˌflug** *m* air(plane) rally (*auch* rallye). — **~ˌflun·der** *f zo.* starry flounder (*Platichthys stellatus*). — **s~ˌför·mig** *adj* **1.** star-shaped, starlike, starry, stellate, asteroid. – **2.** (*strahlig*) radial. – **3.** *bot.* stellate. — **~ˌfor·scher** *m* astronomer. — **s~geˌschal·tet** *adj electr.* star- (*od.* Y-)connected. — **~geˌwöl·be** *n arch.* star(-ribbed) vault. — **~giˌraf·fe** *f zo.* (yellow) giraffe, four-horned giraffe (*Giraffa camelopardalis*). — **~ˌgrup·pe** *f astr.* constellation, *auch* association. — **~ˌgucker** (*getr.* -k·k-) *m* **1.** *colloq. cf.* Sternengucker. – **2.** *zo. cf.* Himmelsgucker. — **~ˌguß** *m metall.* star cast iron.

ˈ**sternˈha·gel|beˈsof·fen, ~ˈblau, ~ˈvoll** *adj colloq. contempt.* dead (*od. sl.* blind) drunk, (as) drunk as a lord; 'sloshed', 'sozzled', blotto, *Am.* 'canned' (*sl.*).

ˈ**Stern|ˌhai** *m zo.* smooth dogfish (*od.* hound), *auch* smooth dog (*Mustelus mustelus*). — **~ˌhau·fen** *m astr.* cluster (of stars), star cluster. — **s~ˌhell** *adj cf.* sternenklar. — **~ˌhim·mel** *m cf.* Sternenhimmel. — **~ˌhö·henˌmes·ser** *m astr.* astrolabe. — **~ˌjahr** *n astr.* sideral year. — **~ˌkar·te** *f* star chart (*od.* map), astronomical chart. — **~ka·taˌlog** *m* star catalog (*bes. Br.* catalogue). — **~ˌkeilˌwel·le** *f tech.* spline shaft. — **s~ˌklar** *adj cf.* sternenklar. — **~koˌral·le** *f zo. cf.* Riffkoralle. — **~ˌkunde** *f* astronomy. — **~ˌkun·di·ge** *m, f* ⟨-n; -n⟩ astronomer. — **~ˌlicht** *n* starlight. — **s~los** *adj cf.* sternenlos. — **~maˌte·rie** *f phys.* stellar matter. — **~ˌmie·re** *f bot.* stitchwort (*Gattg Stellaria*). — **~ˌmo·tor** *m tech.* radial (cylinder) engine. — **~ˌmull** *m zo.* star-nosed mole, *auch* starnose (*Condylura cristata*). — **~ˌne·bel** *m astr.* star cloud, stellar nebula (*scient.*). — **~ˌort** *m* star place (*od.* position).

ster·no·thy·reo·id [stɛrnotyreoˈiːt; ʃtɛr-] *adj med.* sternothyroid.

ˈ**Stern·phyˌsik** *f astr.* astrophysics *pl* (*construed as sg*).

ˈ**Sternˌpunkt** *m* **1.** *electr.* star point. – **2.** *telev.* television switching network center (*bes. Br.* centre). — **~ˌlei·ter** *m electr.* neutral conductor. — **~ˌspan·nung** *f* Y-voltage, star voltage.

ˈ**Stern|ˌrad·geˌtrie·be** *n tech.* star-wheel mechanism. — **~ˌro·chen** *m zo.* starry ray (*Raja radiata*). — **~ˌschal·tung** *f electr.* star(-delta) connection (*Br. auch* connexion). — **~ˌschnecke** (*getr.* -k·k-) *f zo.* sea lemon, warty slug (*Gattg Doris*).

ˈ**Sternˌschnup·pe** *f astr.* meteor, shooting (*od.* falling) star. — ˈ**Sternˌschnup·penˌre·gen** *m* star (*od.* meteoric) shower, shower of meteors.

ˈ**Stern|ˌschrei·ber** *m* (*im Radarwesen*) plan position indicator. — **~ˌschritt** *m* (*sport*) (*beim Basketball*) pivot: einen ~ machen to pivot. — **~ˌsin·gen** *n* (*am Dreikönigstag*) epiphany carol singing. — **~ˌsin·ger** *m meist pl* epiphany carol singer (*children dressed up as the three Magi*). — **~ˌspan·nung** *f electr.* voltage to neutral. — **~ˌstrah·lung** *f astr.* stellar radiation. — **~ˌstrom** *m cf.* Sterndrift. — **~ˌstun·de** *f* **1.** *astr.* sidereal hour. – **2.** *fig.* decisive moment in history, historic moment: „~n der Menschheit" "The Tide of Fortune" (*by S. Zweig*). – **3.** *fig.* (*Höhepunkt*) highlight, climax. — **~syˌstem** *n astr.* stellar system, (*im weiteren Sinne*) galaxy. — **~ˌtafel** *f* star (*od.* astronomical) chart. — **~ˌtag** *m* star (*od. scient.* sidereal) day.

Ster·num ['stɛrnum; 'ʃtɛr-] *n* ⟨-s; Sterna [-na]⟩ *med. zo.* sternum, breastbone.

ˈ**Stern|ˌwar·te** *f astr.* (astronomical) observatory. — **~ˌwol·ken** *pl* star clouds. — **~ˌwurm** *m zo.* sipuncul(o)id (*Klasse Sipunculoidae*). — **~ˌzahl** *f astr.* (*in einem Sternkatalog*) star number. — **~ˌzei·chen** *n* **1.** *astrol.* sign (of the zodiac). – **2.** *print.* star, asterisk. — **~ˌzeit** *f astr.* star (*od. scient.* sidereal) time.

Ste·ro·id [steroˈiːt] *n* ⟨-(e)s; -e⟩ *chem.* steroid.

Stert [ʃtɛrt] *m* ⟨-(e)s; -e⟩ *Low G.* **1.** *cf.* Sterz[1]. – **2.** *colloq.* (*Gesäß*) 'tail end' (*colloq.*), bottom.

Ster·tor ['stɛrtɔr; 'ʃtɛr-] *m* ⟨-s; *no pl*⟩ *med.* (*Röcheln*) stertor. — **ster·toˈrös** [-toˈrøːs] *adj* stertorous.

Sterz[1] [ʃtɛrts] *m* ⟨-es; -e⟩ **1.** (*der Vögel*) tail. – **2.** *agr.* (*am Pflug*) ploughtail, *bes. Am.* plowtail, plough (*bes. Am.* plow) handles *pl.* – **3.** *tech.* (*einer Windmühle*) tail.

Sterz[2] *m* ⟨-es; -e⟩ *bes. Austrian dial. gastr.* hot sweet polenta (*od.* pasta).

stet [ʃteːt] *adj* ⟨*attrib*⟩ **1.** (*unablässig, beständig*) constant, continuous, perpetual: ~er Fleiß assiduity, assiduousness; in ~er Treue (*als Briefabschluß*) yours faithfully. – **2.** (*beharrlich*) constant, incessant, persistent: seine ~en Vorwürfe his constant reproaches; → Tropfen 5.

Ste·tho·skop [stetoˈskoːp; ʃte-] *n* ⟨-s; -e⟩ *med.* stethoscope.

ˈ**ste·tig I** *adj* **1.** *cf.* stet. – **2.** (*Wind*) steady. – **3.** *math.* constant, continual. – **4.** *econ.* (*Aktienkurs etc*) steady. – **II** *adv* **5.** constantly, continuously, perpetually. — ˈ**Ste·tig·keit** *f* ⟨-; *no pl*⟩ **1.** constancy, continuity, continuousness, perpetualness. – **2.** (*Beharrlichkeit*) constancy, incessantness, persistence, persistency. – **3.** (*des Windes*) steadiness. – **4.** *math.* constancy, continuance. – **5.** *econ.* steadiness, stability.

stets [ʃteːts] *adv* **1.** (*immer*) always: er ist ~ für mich eingetreten he always stood up for me, he stood up for me at all times; du bist (mir) ~ willkommen you are always welcome; ~ zu Ihren Diensten always at your service; ~ der [die] Ihre (*als Briefschluß*) ever yours, yours as ever. – **2.** (*ständig, jedesmal*) always, invariably, continually, constantly: er kommt ~ zu spät he is invariably late. — **~ˌfort** *adv Swiss for* fortwährend III.

Steu·er[1] ['ʃtɔyər] *n* ⟨-s; -⟩ **1.** *auto.* (*Lenkrad*) (steering) wheel: am (*od.* hinter dem) ~ sitzen to be at the wheel, to drive; wer setzt sich ans ~? who is going to take the wheel (*od.* to drive)? j-n ans ~ lassen to let s.o. drive; das ~ herumwerfen a) to swing the wheel round, b) *fig.* to swing right round, to change one's course; → Trunkenheit 2. – **2.** *mar.* a) (*unter Wasser*) rudder, b) (*Gesamtanlage*) steering gear, helm: am ~ stehen to be at the helm; das ~ fest in der Hand haben *auch fig.* to have the helm firmly in one's hand; das ~ übernehmen *auch fig.* to take the helm. – **3.** *aer.* a) controls *pl*, control surface, b) (*Seitensteuer*) rudder.

ˈ**Steu·er**[2] *f* ⟨-; -n⟩ *econ.* a) tax, rate, impost, levy, imposition, b) (*indirekte*) indirect tax, c) (*kommunale*) *Am.* local (*od.* city) tax, *Br.* rate, d) *pl* (*Besteuerung*) taxes, taxation *sg*: staatliche ~ state tax; direkte ~n direct taxes; fällige ~n taxes due (for payment); progressive (*od.* gestaffelte) ~n progressive (*od.* graduated) taxes; drückende ~n heavy taxes (*od.* taxation *sg*); frei von ~n tax-free (*od.* -exempt), free of (*od.* exempt from) tax(ation); ~n abführen to pay in taxes; etwas mit einer ~ belegen, eine ~ auf etwas legen to levy (*od.* put, impose) a tax on s.th., to tax s.th., to make s.th. taxable; j-m eine ~ auferlegen, j-n mit einer ~ belegen to tax s.o.; ~n einziehen (*od.* einnehmen, erheben) to collect taxes; etwas von der ~ absetzen to deduct s.th. from one's taxable income; der ~ unterliegen to be taxable (*od.* liable to taxation); (die) ~n hinterziehen to defraud (*od.* evade) the tax; das Auto kostet 500 Mark ~n im Jahr the car costs 500 marks a year in tax.

ˈ**Steu·er|ˌabˌkom·men** *n econ.* tax convention. — **~ˌabˌzug** *m* deduction of tax, tax deduction: ohne ~, frei von Steuerabzügen free of tax (*od.* of all taxes), tax-free (*od.* -exempt). — **~amneˌstie** *f* tax (*od.* fiscal) amnesty. — **~ˌamt** *n* **1.** (*für Staatsabgaben*) inland (*bes. Am.* internal) revenue office. – **2.** (*für Verbrauchssteuern*) excise office. — **~ˌän·de·rungs·geˌsetz** *n* taxation amendment law. — **~ˌanˌglei·chung** *f* tax adjustment.

ˈ**Steu·erˌanˌla·ge** *f* **1.** *tech.* steering mechanism, control gear. – **2.** *mar.* steering gear, helm.

ˈ**Steu·erˌanˌschlag** *m econ. cf.* Steuerveranlagung.

ˈ**Steu·erˌanˌwei·sung** *f* (*computer*) control statement.

ˈ**Steu·er|ˌaufˌkom·men** *n econ.* tax returns *pl*, yield of taxes, tax yield, inland (*bes. Am.* internal) revenue. — **~ˌaufˌschlag** *m* supplementary (*od.* additional) tax, surtax. — **~ˌaufˌsicht** *f* tax control. — **~ˌaufˌsichts·beˌhör·de** *f* tax control office. — **~ˌausˌfall** *m* shortfall in (*od.* loss of) (tax) revenue. — **~ˌausˌgleich** *m* tax equalization. — **~ˌausˌgleichsˌrückˌla·ge** *f* tax equalization reserve. — **~ˌausˌschuß** *m* tax committee.

ˈ**steu·er·bar**[1] *adj* **1.** (*Auto, Schiff, Flugzeug etc*) steerable, man(o)euverable, *bes. Br.* manœuvrable, manageable, governable, controllable. – **2.** (*Luftschiff*) dirigible. – **3.** *electr. tech.* controllable.

ˈ**steu·er·bar**[2] *adj econ. cf.* steuerpflichtig 1.

ˈ**Steu·er·bar·keit** *f* ⟨-; *no pl*⟩ **1.** (*eines Autos etc*) steerability, man(o)euverability, *bes. Br.* manœuvrability, manageability, governability, controllability. – **2.** (*eines Luftschiffs*) dirigibility. – **3.** *electr. tech.* controllability.

ˈ**Steu·er·beˌam·te** *m* revenue officer.

ˈ**Steu·er|beˌfehl** *m* (*computer*) control impulse. — **~beˌfehlsˌspei·cher** *m* control memory.

ˈ**Steu·er|beˌfrei·ung** *f econ.* tax exemption, exemption from taxes (*od.* taxation). — **s~beˌgün·stigt** *adj* enjoying tax privileges, tax-privileged: ~es Sparen tax-linked saving; ~e Anleihe loan with tax privileges. — **~beˌgün·sti·gung** *f* tax privilege (*od.* allowance), income tax relief, tax concession(s *pl*). — **~beˌhörde** *f* tax authorities *pl*, *bes. Br.* board of inland revenue, *bes. Am.* internal revenue authorities *pl.* — **~ˌbeiˌtrei·bung** *f* tax collection. — **~beˌla·stung** *f* taxation, tax burden: die erhöhte ~ the increased taxation (*od.* tax burden). — **~beˌmes·sungsˌgrundˌla·ge** *f* basis for the assessment of the tax. — **~beˌra·ter** *m* tax adviser (*auch* advisor) (*od.* consultant, expert). — **~beˌrech·nung** *f* calculation of tax, tax assessment. — **~beˌscheid** *m* notice of assessment, tax assessment (bill), tax bill. — **~beˌstim·mung** *f* tax regulation. — **~beˌtrag** *m* tax amount. — **~beˌtrug** *m* tax evasion, evasion of tax(es), tax fraud. — **~beˌwil·li·gung** *f pol.* grant of supply, passing of a finance bill. — **~beˌzirk** *m* assessment (*od.* revenue) area. — **~biˌlanz** *f* balance sheet for taxation purposes, tax balance.

ˈ**Steu·erˌbord** *n* ⟨-(e)s; -e⟩ *mar.* starboard: nach ~ halten to keep to starboard; nicht nach ~ abkommen! nothing to the right! Ruder (nach) ~! starboard the helm! rudder right!

ˈ**steu·erˌbord(s)** *adv mar.* to starboard, to the right.

ˈ**Steu·erˌbord|ˌsei·te** *f mar.* starboard (side). — **~ˌwa·che** *f* starboard watch. — **~ˌwind** *m* wind on the starboard beam.

ˈ**Steu·er·deˌlikt** *n econ. jur.* tax offence (*Am.* offense).

ˈ**Steu·er·diaˌgramm** *n tech.* (*für Ventile*) valve-timing diagram.

ˈ**Steu·er|dif·fe·renˌzie·rung** *f econ.* differential treatment in taxation, fiscal differentiation. — **~ˌdruck** *m* **1.** *econ.* pressure (*od.* burden) of taxation, tax burden. – **2.** *aer.* control feel. — **~ˌdü·se** *f* (*space*) vernier engine. — **~ˌei·gen·schaf·ten** *pl tech.* steering qualities.

ˈ**Steu·er|ˌeinˌgän·ge** *pl econ.* receipt *sg* of taxes, tax receipts. — **~ˌeinˌkom·men** *n*, **~ˌeinˌkünf·te** *pl*, **~ˌeinˌnah·men** *pl cf.* Steueraufkommen. — **~ˌeinˌneh·mer** *m* tax collector, excise man (*od.* officer), receiver of taxes. — **~ˌeinˌzie·hung** *f* tax collection. — **~ela·sti·ziˌtät** *f* tax elasticity.

ˈ**Steu·er·elekˌtro·de** *f electr.* control electrode.

ˈ**Steu·er|entˌla·stung** *f econ.* tax relief. — **~erˌhe·bung** *f* imposition (*od.* levy, raising) of taxes. — **~erˌhö·hung** *f* increase in taxation. — **~erˌklä·rung** *f* tax declaration, (tax) return: eine ~ abgeben (*od.* einreichen) to make (*od.* file) a tax declaration, to send in one's tax return. — **~erˌlaß** *m* remission of taxes, tax remission. — **~erˌleich·te·rung** *f* tax relief (*od.* concession). — **~erˌmä·ßi·gung** *f* tax abatement (*od.* reduction, relief). — **~erˌmitt·lung** *f* ascertainment of taxes. — **~erˌmitt·lungs·verˌfah·ren** *n* tax ascertainment procedure. — **~erˌspar·nis** *f* saving of taxes. — **~erˌstat·tung** *f* refund of (overpaid) tax. — **~erˌtrag** *m cf.* Steueraufkommen. — **~ˌfahn·dung** *f* fiscal investigation, investigation into tax evasion. — **~ˌfehl·beˌtrag** *m* tax deficit (*od.* deficiency). — **~ˌfestˌset·zung** *f cf.* Steuerveranlagung.

ˈ**Steu·er|ˌflä·che** *f aer.* control surface: ~n *pl* flying (*Am.* surface) controls. — **~ˌflos·se** *f* fin.

ˈSteu·er|ˌflucht *f econ.* tax evasion. — **~ˌfor·de·rung** *f* tax (*od.* fiscal) claim. — **s~ˌfrei** *adj econ.* a) tax-free (*od.* -exempt), exempt from (*od.* free of) taxes (*od.* taxation), nonassessable *Br.* non-, b) (*Waren*) duty-free: **~er Betrag** tax-free allowance. — **~ˌfrei·beˌtrag** *m* tax-free allowance. — **~ˌfreiˌgren·ze** *f* limit of tax exemption. — **~ˌfrei·heit** *f* **1.** *econ.* exemption from taxes (*od.* taxation), tax exemption. – **2.** *pol.* (*für Diplomaten etc*) immunity from taxes (*od.* taxation), fiscal immunity.
ˈSteu·er|freˌquenz *f electr.* pilot frequency. — **~funk·tiˌon** *f* (*computer*) control function.
ˈSteu·er|geˌheim·nis *n econ.* fiscal secrecy. — **~ˌgel·der** *pl* tax money *sg* (*od.* receipts).
ˈSteu·er·geˌrät *n* **1.** *electr.* control device, controller, (*einer Stereoanlage*) control unit. – **2.** *mar.* steering apparatus. – **3.** *aer.* control unit.
ˈSteu·er|geˌrech·tig·keit *f econ.* equity of taxation, fiscal equality. — **~geˌsetz** *n* law on taxation, fiscal law. — **~geˌsetz·ˌge·bung** *f* tax (*od.* fiscal) legislation, tax (*od.* revenue) laws *pl.*
ˈSteu·erˌgit·ter *n* (*radio*) control grid.
ˈSteu·er|ˌgläu·bi·ger *m econ.* tax creditor. — **~ˌgleich·heit** *f* fiscal equality. — **~ˌgrundˌla·ge** *f* basis of assessment, basis of taxation (*od.* of the tax). — **~ˌgrup·pe** *f* tax group (*od.* bracket, *Br.* schedule).
ˈSteu·erˌhe·bel *m aer.* control lever.
ˈSteu·er|ˌhel·fer *m econ. cf.* Steuerberater. — **~ˌhin·terˌzie·her** *m* tax evader (*od.* dodger). — **~ˌhin·terˌzie·hung** *f* tax evasion (*od.* fraud), defraudation of the revenue. — **~ˌho·heit** *f jur.* tax sovereignty, jurisdiction in tax (*od.* fiscal) matters.
ˈSteu·er·imˌpuls *m tech.* pilot pulse.
ˈSteu·er|ˌjahr *n econ.* fiscal (*od.* tax) year. — **~ˌkar·te** *f* **1.** tax card. – **2.** (*Lohnsteuerkarte*) wage tax card. — **~ˌklas·se** *f* tax group (*od.* bracket, *Br.* schedule).
ˈSteu·er|ˌknopf *m electr.* control knob. — **~knüp·pel** *m aer.* (control) stick.
ˈSteu·erˌkraft[1] *f* ⟨-; *no pl*⟩ *mar.* steerageway.
ˈSteu·erˌkraft[2] *f* ⟨-; *no pl*⟩ *econ.* taxable capacity.
ˈSteu·er|ˌkreis *m electr.* control circuit. — **~ˌkurs** *m aer. mar.* heading. — **~ˌkur·ve** *f tech.* cam.
ˈSteu·erˌlast *f econ.* burden (*od.* pressure) of taxation, tax burden (*od.* load). — **~ˌquo·te** *f* per capita tax burden.
ˈSteu·erˌlei·stung *f auto.* rated horsepower.
ˈsteu·er·lich I *adj* fiscal: **~e Belastung** tax burden; **~e Erfassung** taxation; **~e Einkünfte** tax revenue *sg* (*od.* yield *sg,* receipts). – **II** *adv* **~ begünstigt** tax-supported (*od.* -privileged); **etwas ~ erfassen** to make s.th. taxable, to impose (*od.* levy, lay) a tax on s.th.; **~ günstig** with low tax liability; **etwas ~ veranlagen** to assess s.th. (for taxation).
ˈSteu·erˌli·ste *f econ.* assessment roll, tax list (*od.* roll).
ˈsteu·er·los *adj mar.* rudderless.
ˈSteu·erˌmah·nung *f econ.* reminder concerning overdue tax.
ˈSteu·erˌmann *m* ⟨-(e)s; -männer *u.* -leute⟩ **1.** *mar.* a) helmsman, steersman, *Am.* wheelsman, b) (*Rang in der Handelsmarine*) mate, *auch* navigator, c) (*Rang in der Kriegsmarine*) chief quartermaster. – **2.** (*sport*) (*eines Ruderboots*) coxswain, *auch* cockswain: **ohne ~** without a coxswain, coxswainless; **Zweier mit ~** pair-oars *pl* with coxswain; **Zweier ohne ~** coxswainless pair-oars *pl.*
ˈSteu·erˌmanns|ˌmaat *m mar.* (*in der Kriegsmarine*) quartermaster's mate. — **~paˌtent** *n* mate's certificate. — **~ˌquit·tung** *f econ.* mate's receipt.
ˈSteu·er|ˌmar·ke *f econ.* **1.** (revenue *od.* tax) stamp. – **2.** (*Hundemarke*) dog tag. — **~ˌmeßˌzahl** *f* ground tax multiplier (*related to standard value of real estate*). — **~meˌtho·de** *f* taxation method. — **~ˌmit·tel** *pl* tax money *sg* (*od.* receipts). — **~moˌral** *f* taxpayer honesty.
steu·ern [ˈʃtɔyərn] **I** *v/t* ⟨h⟩ **1.** (*Auto etc*) drive, steer: **er steuerte den Wagen sicher durch den Verkehr** he drove the car safely through the traffic; **wer steuerte den Wagen?** who was driving the car? who was at the wheel? – **2.** *mar.* steer, navigate, head, (*als Lotse*) *auch* pilot: **ein Schiff in den Hafen ~** to head a ship for the harbo(u)r; **einen Kurs ~** to steer a course. – **3.** *aer.* steer, navigate, pilot. – **4.** *electr.* control. – **5.** *tech.* a) (*Maschine*) control, b) (*regeln*) regulate, c) (*computer*) control, d) (*Lochstreifen*) operate, e) (*Ventil*) time. – **6.** (*radio*) (*Ton*) modulate. – **7.** *fig.* (*lenken*) steer, guide, direct: **die Unterhaltung in die gewünschte Richtung ~** to steer the conversation in the desired direction. – **II** *v/i* ⟨h *u.* sein⟩ **8.** ⟨h⟩ (*im Auto*) drive, steer, be at the wheel. – **9.** *mar.* a) ⟨h⟩ steer, b) ⟨sein⟩ (nach for) steer, stand, head, be bound: **nach dem Kompaß ~** to steer by the compass; **das Schiff steuert nach Süden** the ship stands (*od.* is steering) southward(s). – **10.** ⟨sein⟩ *fig.* (in *acc,* nach for) head: **sie ~ direkt in ihr Unglück** they are heading straight for disaster; **wohin steuert die deutsche Politik?** where are German politics heading? – **11.** ⟨h⟩ **einer Sache ~** *lit.* a) (*Einhalt gebieten*) to check (*od.* control) s.th., b) (*vorbeugen*) to obviate (*od.* prevent) s.th., to ward s.th. off, c) (*abhelfen*) to remedy s.th.: **wir müssen versuchen, diesem Mißstand zu ~** we must try to remedy this grievance. – **III S~** *n* ⟨-s⟩ **12.** *verbal noun.* – **13.** *auto.* steerage. – **14.** *aer. mar.* steerage, navigation. – **15.** *electr.* control. – **16.** (*radio*) modulation. – **17.** *tech.* a) control, b) (*Regulierung*) regulation, c) (*eines Lochstreifens*) operation.
ˈSteu·er|ˌnachˌfor·de·rung *f econ.* subsequent tax claim. — **~ˌnachˌlaß** *m cf.* Steuerermäßigung.
ˈSteu·erˌnocken (*getr.* -k·k-) *m tech.* cam.
ˈSteu·er|noˌvel·le *f econ.* tax(ation) amendment bill (*od.* law). — **~ˌnum·mer** *f* tax office reference number. — **~oa·se** [-ʔoˌaːzə] *f* (*Monaco etc*) tax heaven. — **~obˌjekt** *n* taxable object. — **~ˌord·nung** *f* system of taxation. — **~ˌpacht** *f econ. hist.* tax farming. — **~ˌpäch·ter** *m* tax farmer. — **~pauˌschaˌle** *f econ.* lump sum tax. — **~ˌpfän·dung** *f* distraint (*od.* distress) for taxes overdue. — **~ˌpflicht** *f* liability to pay taxes, tax liability. — **s~ˌpflich·tig** *adj* **1.** (*Einkommen etc*) liable (*od.* subject) to taxation, taxable, assessable, (*für Gemeindesteuern*) *Br. auch* rat(e)able. – **2.** (*Waren*) dutiable. — **~ˌpflich·ti·ge** *m, f* ⟨-n; -n⟩ taxpayer. — **~po·liˌtik** *f* fiscal policy.
ˈSteu·er·proˌgramm *n* (*computer*) master control program (*bes. Br.* programme).
ˈSteu·er|pro·gres·siˌon *f* tax progression (*od.* graduation). — **~ˌprü·fer** *m Am.* tax auditor, *Br.* tax inspector. — **~ˌprü·fung** *f* tax inspection.
ˈSteu·erˌpult *n electr. tech.* control desk (*od.* station).
ˈSteu·erˌquel·le *f econ.* tax (re)source, source of taxation.
ˈSteu·erˌrad *n* **1.** *auto. mar.* (steering) wheel. – **2.** *aer.* control wheel. – **3.** *tech.* timing gear.
ˈSteu·er|ˌra·te *f econ.* tax instal(l)ment. — **~ˌrecht** *n* tax (*od.* fiscal) law. — **s~ˌrecht·lich** *adj* relating to fiscal law. — **~reˌform** *f econ.* tax reform (*od.* revision). — **~reˌgi·ster** *n* tax register.
ˈSteu·er·reˌlais *n electr.* control (*od.* pilot) relay.
ˈSteu·erˌrichtˌli·ni·en *pl econ.* tax instructions (*od.* regulations).
ˈSteu·erˌröh·re *f* (*radio*) modulating tube (*bes. Br.* valve).
ˈSteu·er|ˌrol·le *f econ. cf.* Steuerliste. — **~ˌrück·erˌstat·tung** *f* tax refund (*od.* remission). — **~ˌrückˌla·ge** *f cf.* Steuerrückstellung. — **~ˌrückˌstän·de** *pl* tax arrears. — **~ˌrückˌstel·lung** *f* tax reserve, provision for taxation. — **~ˌrück·verˌgü·tung, ~ˌrückˌzah·lung** *f cf.* Steuerrückerstattung.
ˈSteu·erˌru·der *n* **1.** *mar. cf.* Steuer[1] 2. – **2.** *aer.* control surface.
ˈSteu·er|ˌsa·che *f econ.* tax (*od.* fiscal) matter: **Berater in ~n** tax adviser (*auch* advisor). — **~ˌsach·verˌstän·di·ge** *m* tax expert. — **~ˌsatz** *m* tax rate, rate of assessment.
ˈSteu·er|ˌsäu·le *f* **1.** *auto. cf.* Lenksäule. – **2.** *aer.* control column. — **~ˌschal·ter** *m electr.* controller, control switch.
ˈSteu·er|ˌschät·zung *f econ.* tax estimate. — **~ˌschrau·be** *f only in* **die ~ anziehen** [**lockern**] *fig.* to raise (*od.* increase, tighten) [to reduce *od.* abate] taxation, to tighten [to loosen] the tax screw. — **~ˌschuld** *f* tax(es *pl*) due (*od.* owed), tax liability: **aufgelaufene ~** accrued taxes *pl.* — **~ˌschuld·ner** *m* person with tax liability.
ˈSteu·erˌsen·der *m* (*radio*) drive (unit), driver.
ˈSteu·erˌsen·kung *f econ.* tax reduction (*od.* abatement).
ˈSteu·er·siˌgnal *n* (*computer*) control signal.
ˈSteu·erˌsoll *n econ.* tax(es *pl*) due, amount of tax liability.
ˈSteu·er|ˌspan·nung *f electr.* control voltage. — **~ˌspur** *f* control track. — **~ˌstab** *m* (*im Reaktor*) control rod.
ˈSteu·er|ˌstaf·fe·lung *f econ.* tax graduation (*od.* progression). — **~ˌstra·fe** *f* fiscal penalty. — **~ˌstrafˌrecht** *n* fiscal offence (*Am.* offense) law. — **~ˌstrafˌtat** *f* fiscal (*od.* revenue) offence (*Am.* offense). — **~ˌstu·fe** *f* tax bracket. — **~ˌstun·dung** *f* tax deferment (*Am. auch* deferral), (*Nachfrist*) tax respite. — **~subˌjekt** *n* taxpayer.
ˈSteu·er·syˌstem[1] *n tech.* control system.
ˈSteu·er·syˌstem[2] *n econ.* system of taxation, tax system.
ˈSteu·er|taˌbel·le *f econ.* tax table. — **~taˌrif** *m* tax scale (*auch* schedule). — **s~ˌtech·nisch I** *adj* **1.** fiscal. – **II** *adv* **2.** for fiscal reasons. – **3.** in fiscal terms. — **~ˌträ·ger** *m* taxpayer.
ˈSteu·erˌtriebˌwerk *n* (*space*) *cf.* Steuerdüse.
ˈSteu·er|ˌüber·ˌtre·tung *f econ.* fiscal (*od.* revenue) offence (*Am.* offense), minor offence against tax regulations. — **~ˌüber·ˌwäl·zung** *f* tax shifting, shifting of taxation. — **~ˌumˌge·hung** *f* tax evasion, minor tax offence (*Am.* offense).
ˈSteue·rung *f* ⟨-; -en⟩ **1.** *cf.* Steuern. – **2.** *auto. cf.* Lenkung 2. – **3.** *auto.* (*der Ventile*) a) (*Vorgang*) control, b) (*Anlage*) control system (*od.* mechanism), c) (*Bauteil*) control (*od.* valve, timing) gear. – **4.** *aer.* controls *pl,* control system. – **5.** *electr. tech.* (*computer*) control: **automatische ~** automatic control.
ˈSteu·er·venˌtil *n tech.* control valve, servo-valve.
ˈSteu·er|verˌanˌla·gung *f econ.* (tax) assessment. — **~verˌge·hen** *n* major revenue (*od.* fiscal) offence (*Am.* offense). — **~verˌgün·sti·gung** *f cf.* Steuerbegünstigung. — **~verˌpach·tung** *f econ. hist.* tax farming. — **~verˌtei·lung** *f* distribution of taxation. — **~verˌwal·tung** *f* **1.** tax (*od.* fiscal) administration. – **2.** *cf.* Steuerbehörde. — **~vor·ausˌzah·lung** *f* advance tax instal(l)ment (*od.* payment). — **~ˌvorˌrecht** *n* tax (*od.* fiscal) privilege.
ˈSteu·erˌvorˌrich·tung *f tech.* control device.
ˈSteu·erˌvorˌteil *m meist pl econ.* tax advantage.
ˈSteu·er|ˌwal·ze *f electr.* drum (*od.* barrel) controller. — **~ˌwel·le** *f tech.* (*eines Drehautomaten*) camshaft, backshaft. — **~ˌwerk** *n* (*computer*) control unit.
ˈSteu·er|ˌwert *m econ.* taxable (*od.* rat[e]able) value. — **~ˌwe·sen** *n* taxation, tax system. — **~ˌzah·ler** *m* taxpayer. — **~ˌzah·lung** *f* tax payment, payment of taxes. — **~ˌzah·lungs·terˌmin** *m* tax payment (*od.* tax-maturity) date. — **~ˌzuˌschlag** *m* additional tax, surtax, supertax.
Ste·ven [ˈʃteːvən] *m* ⟨-s; -⟩ *mar.* **1.** (*Vorsteven*) stem. – **2.** (*Achtersteven*) stern post.
Ste·ward [ˈstjuːərt; ˈʃtjuː-] *m* ⟨-s; -s⟩ (*auf Schiffen, in Flugzeugen etc*) steward. — **Ste·war·deß** [ˈstjuːərdɛs; ˈʃtjuːərdɛs; -ˈdɛs] *f* ⟨-; -dessen⟩ stewardess, (*in Flugzeugen*) *auch* air hostess.
sti·bit·zen [ʃtiˈbɪtsən] *v/t* ⟨*no* ge-, h⟩ *colloq. humor.* 'pinch', 'swipe', 'nip' (*alle colloq.*), filch: **wer hat meinen Bleistift stibitzt?** who pinched my pencil?
Sti·bi·um [ˈstiːbɪʊm; ˈʃtiː-] *n* ⟨-s; *no pl*⟩ *min. cf.* Antimon. — **Stib·nit** [stɪˈbniːt; ʃtɪ-; -ˈnɪt] *m* ⟨-s; -e⟩ *cf.* Antimonglanz.
stich [ʃtɪç] *imp sg of* stechen.
Stich *m* ⟨-(e)s; -e⟩ **1.** (*Einstechen einer Nadel, eines Dorns etc*) prick: **sie spürte einen ~ im Arm** she felt a prick in her arm. – **2.** (*Stoß mit einem Messer etc*) stab, thrust: **der ~ ging ins Herz** the stab went (in)to the heart. – **3.** (*Einstichloch einer Nadel, Spritze etc*) prick, puncture. – **4.** (*Stichwunde*) stab (wound *od.* mark),

thrust: **er brachte ihm mehrere ~e mit dem Messer bei** he gave him several stabs with the knife. – **5.** (*einer Biene, eines Skorpions*) sting. – **6.** (*einer Mücke, eines Flohs etc*) bite: **sein Rücken war mit ~en übersät** his back was covered with bites. – **7.** (*beim Nähen, Sticken etc*) stitch: **langer ~** (*Heftstich*) long stitch, tack; **weite [enge] ~e machen** to make loose [close] stitches, to stitch loosely [closely]. – **8.** (*stechender Schmerz*) stab, twinge, pang, (*in der Seite*) *auch* stitch: **~e in der Brust verspüren** to feel pangs in one's chest. – **9.** (*seelischer Schmerz, Kummer*) pang, stab, sting, (*stärker*) wrench: **es gab ihr jedesmal einen ~ (ins Herz), wenn sie ihn sah** she always felt a pang (*od.* it always cut her to the quick) when she saw him. – **10.** *fig.* (*gezielte boshafte Bemerkung*) gibe, jibe, taunt, thrust, passing shot (*colloq.*): **er versetzte ihr laufend ~e** he kept making gibes (*od.* passing shots) at her, he kept gibing (*od.* jibing, taunting, *colloq.* needling) her. – **11. ~ halten** *fig.* to withstand: **seine Behauptungen werden einer Nachprüfung nicht ~ halten** his assertions will not stand (*od.* bear) examination (*od.* scrutiny), his assertions will not hold water. – **12. j-n im ~ lassen** to abandon (*od.* desert, *lit.* forsake) s.o., to leave s.o. in the lurch, to let s.o. down, to go back on s.o., to walk out on s.o. (*sl.*), to leave s.o. holding the baby (*colloq.*): **etwas im ~ lassen** (*Haus u. Hof etc*) to abandon s.th.; **sein Gedächtnis [sein Auto] läßt ihn oft im ~** *fig. colloq.* his memory [his car] often lets him down. – **13. einen ~ haben** a) (*von Milch, Bier, Fleisch etc*) to have gone off, b) (*von Farben*) to have a tinge (*od.* touch), c) *fig. colloq. humor.* (*von Person*) to be touched (*od. colloq.* cracked): **du hast wohl einen (kleinen) ~!** you're not quite right in the head! you're a bit touched! **das Rot hat einen ~ ins Blaue** the red has a blue tinge (*od.* a tinge of blue). – **14.** (*art*) (*Kupfer-, Stahlstich*) engraving, cut: **ein ~ von Dürer** an engraving by Dürer, a Dürer engraving. – **15.** (*beim Kartenspiel*) trick: **ich habe noch keinen einzigen ~ gemacht** (*od.* **gewonnen**) I haven't made (*od.* won) a single trick yet; **alle ~e machen** to make (*od.* take, win) all tricks. – **16.** *metall.* (*in der Walztechnik*) pass. – **17.** *mar. cf.* Knoten 3. – **18.** *arch.* (*Höhe eines Bogens, Gewölbes etc*) camber, hog. – **19.** *phot.* (*bei Negativ, Dia*) color (*bes. Br.* colour) aberration, cast: **dieses Dia hat einen ~ ins Blaue** this slide is excessively blue in colo(u)r (*od.* has a bluish cast [*od.* tinge]).

'Stich|ˌart *f* (*beim Nähen*) (type of) stitch. — **~ˌaxt** *f tech. cf.* Bundaxt. — **~ˌbahn** *f* (*railway*) branch terminal line. — **~ˌbal·ken** *m arch.* dragon beam (*od.* piece). — **~ˌband·keˌra·mik** *f archeol.* stroke-ornamented pottery. — **~ˌblatt** *n* **1.** (*am Degen etc*) guard, coquille. – **2.** (*games*) *cf.* Trumpfkarte. — **~ˌbo·gen** *m arch.* segmental (*od.* flat) arch. — **~ˌda·tum** *n cf.* Stichtag.

Sti·chel ['ʃtɪçəl] *m* ⟨-s; -⟩ **1.** (*des Graveurs, Kupferstechers*) single lip cutter. – **2.** *tech.* cutter bit.

Sti·che'lei *f* ⟨-; -en⟩ **1.** *cf.* Sticheln. – **2.** *meist pl colloq.* gibe, jibe, taunt.

'Sti·chel|ˌhaar *n* **1.** (*von Hunden*) short stubby hair. – **2.** *pl* (*textile*) kemp fibers (*bes. Br.* fibres). — **s~ˌhaa·rig** *adj* stubby-haired.

sti·cheln ['ʃtɪçəln] **I** *v/i* ⟨h⟩ **1.** *colloq.* gibe, jibe, taunt: **gegen j-n [etwas] ~** to gibe at s.o. [s.th.], to make gibes (*od.* jibes) at (*od.* about) s.o. [s.th.]. – **2.** (*mit kleinen Stichen nähen*) sew with small stitches. – **II S~** *n* ⟨-s⟩ **3.** *verbal noun.* – **4.** *cf.* Stichelei.

'Stich|entˌscheid *m* **1.** *pol.* decision (reached) by a final (*Am.* runoff) ballot, *Am.* decision by tie-break. – **2.** (*sport*) (*durch einen Stichkampf*) result reached by a deciding contest. — **s~ˌfest** *adj cf.* hieb- und stichfest. — **~ˌflam·me** *f* **1.** darting (*od.* leaping) flame. – **2.** *tech.* (*am Schweißbrenner etc*) pointed jet flame.

'stichˌhal·tig, *Austrian* **'stichˌhäl·tig** [-ˌhɛltɪç] **I** *adj* (*Gründe, Einwand etc*) sound, valid, solid: **ein ~es Argument** a sound argument, an argument which holds good; **seine Theorie ist nicht ~** his theory is not sound (*od.* is unsound), his theory does not hold good (*od.* water). – **II** *adv* **er hat seine Behauptungen ~ bewiesen** he gave (*od.* brought) sound evidence for his assertions. – **III S~e, das** ⟨-n⟩ (the) sound (*od.* valid, solid) argument: **dagegen läßt sich nichts S~es einwenden** there is no sound argument to be made against it, there is no valid objection to be raised to it. — **'StichˌhaI·tig·keit**, *Austrian* **'Stichˌhäl·tig·keit** *f* ⟨-; *no pl*⟩ soundness, validity, solidity, solidness.

'sti·chig *adj* (*Milch, Fleisch etc*) off (*pred*), tainted.

'Stich|ˌkampf *m* (*sport*) deciding contest, decider (*colloq.*), (*beim Fechten*) fight-off, barrage, (*beim Schießen*) shoot-off. — **~kaˌnal** *m civ.eng.* branch canal. — **~ˌkap·pe** *f arch.* lunette. — **~ˌlän·ge** *f* (*beim Nähen*) **1.** length of stitch. – **2.** *cf.* Stichweite.

'Stich·ler *m* ⟨-s; -⟩ *colloq. contempt.* giber, jiber, taunter.

'Stich·ling *m* ⟨-s; -e⟩ *zo.* stickleback (*Fam. Gasterosteidae*).

'Stichˌloch *n metall.* (*eines Schmelzofens*) taphole. — **~ˌstopf·maˌschi·ne** *f* taphole (plugging) gun, blast furnace gun.

'Stichˌmaß *n tech.* (*Schraublehre*) inside micrometer.

Sti·cho·man·tie [stɪçoman'tiː; ʃtɪ-] *f* ⟨-; -n [-ən]⟩ (*Art der Wahrsagung*) stichomancy.

Sti·cho·my·thie [stɪçomy'tiː; ʃtɪ-] *f* ⟨-; *no pl*⟩ (*literature*) *antiq.* stichomythia, *auch* stichomythy.

'Stichˌpro·be *f* **1.** random sample, spot check: **~n machen** to take random samples, to take samples at random. – **2.** (*in der Statistik*) (random) sample. – **3.** *econ.* (*bei der Rechnungsprüfung*) sample audit. — **'Stichˌpro·ben·erˌhe·bung** *f* (*in der Statistik*) random sample survey.

'Stichˌsä·ge *f tech.* compass saw, (*für Schlüssellöcher*) keyhole saw.

stichst [ʃtɪçst] *2 sg pres*, **sticht** [ʃtɪçt] *3 sg pres of* stechen.

'Stich|ˌtag *m* **1.** fixed (*od.* set, effective, crucial) day (*od.* date), date set. – **2.** (*letzter Termin*) deadline. — **~verˌlet·zung** *f cf.* Stichwunde. — **~ˌwaf·fe** *f* stabbing (*od.* thrust) weapon. — **~ˌwahl** *f pol.* second (*od.* additional) ballot. — **~ˌwei·te** *f* (*beim Nähen*) spacing (between two stitches).

'Stichˌwort[1] *n* ⟨-(e)s; ⸚er⟩ **1.** (*im Wörterbuch*) entry (word), headword, heading, lemma (*scient.*): **ein ~ aufnehmen** to enter a headword. – **2.** (*Kolumnentitel*) catchword.

'Stichˌwort[2] *n* ⟨-(e)s; -e⟩ **1.** (*bes. theater*) cue. – **2.** (*Notiz*) key word, note: **sich** (*dat*) **ein paar ~e aufschreiben** (*od.* **machen**) to note down a few key words, to take (*od.* make, jot down) a few notes. – **3.** *fig.* (*Schlüsselwort, Hinweis*) cue, signal, intimation: **das war das ~ zum Aufbruch** that was the cue to go.

'Stichˌwort·verˌzeich·nis *n* (*in Nachschlagewerken*) index of headings.

'Stich|ˌwun·de *f med.* stab (wound *od.* mark), thrust. — **~ˌzahl** *f* **1.** (*einer Nähmaschine*) number of stitches. – **2.** (*Produktionskontingent etc*) quota.

'Stickˌar·beit *f* embroidery (work).

sticken (*getr.* -k·k-) ['ʃtɪkən] **I** *v/t u. v/i* ⟨h⟩ **1.** embroider, stitch. – **II S~** *n* ⟨-s⟩ **2.** *verbal noun.* – **3.** embroidery.

Sticke'rei (*getr.* -k·k-) *f* ⟨-; -en⟩ **1.** *cf.* Sticken. – **2.** (*Gesticktes*) embroidery, stitchwork. – **3.** (*Fabrik*) embroidery works *pl* (*construed as sg or pl*).

'Sticke·rin (*getr.* -k·k-) *f* ⟨-; -nen⟩ embroiderer, embroideress.

'Stick|ˌgarn *n* embroidery cotton. — **~ˌhu·sten** *m med.* whooping cough.

'stickig (*getr.* -k·k-) **I** *adj* (*Luft, Zimmer etc*) stuffy, (*stärker*) stifling, suffocating. – **II** *adv* **in dem ~ heißen Raum** in the stifling hot room.

'Stick|ˌluft *f* ⟨-; *no pl*⟩ stuffy (*stärker* stifling, suffocating) air. — **~maˌschi·ne** *f* (*textile*) embroidery machine. — **~ˌmu·ster** *n* embroidery pattern. — **~ˌna·del** *f* embroidery needle. — **~oxid** [-ʔɔˌksiːt], **~oxyd** [-ʔɔˌksyːt] *n chem. cf.* Stickstoffmonoxid. — **~oxyˌdul** *n cf.* Lachgas. — **~ˌper·le** *f* (*fashion*) (embroidery) bead. — **~ˌrah·men** *m* embroidery frame. — **~ˌsei·de** *f* embroidery silk.

'Stickˌstoff *m* ⟨-(e)s; *no pl*⟩ *chem.* nitrogen (N): **etwas mit ~ verbinden** to combine s.th. with nitrogen, to nitrogenate (*od.* nitrogenize) s.th. — **s~ˌarm** *adj* (*Stahl*) low-nitrogen (*attrib*), poor in nitrogen. — **~bakˌte·ri·en** *pl biol. med.* nitrobacteria. — **~di·oxid** [-diʔɔˌksiːt], **~di·oxyd** [-diʔɔˌksyːt] *n chem.* nitrogen dioxide, nitrogen peroxide (NO_2). — **~ˌdün·ger** *m agr.* nitrogenous fertilizer (*Br. auch* -s-). — **s~ˌfrei** *adj bes. chem.* (*Zucker, Stärke etc*) nitrogen-free. — **~ˌgrup·pe** *f* nitrogen group. — **s~ˌhal·tig** *adj bes. chem.* nitrogenous. — **~ˌkreisˌlauf** *m biol. chem.* (*in der Natur*) nitrogen cycle. — **~mon·oxid** [-monɔˌksiːt], **~mon·oxyd** [-monɔˌksyːt] *n* nitrogen oxide (NO). — **~phosˌphat** *n agr.* nitrogenous phosphate. — **s~ˌreich** *adj bes. chem.* rich in nitrogen, with high nitrogen content. — **~ˌsät·ti·gung** *f chem.* saturation with nitrogen. — **~tri·chloˌrid** *n* nitrogen trichloride (NCl_3). — **~tri·oxid** [-triʔɔˌksiːt], **~tri·oxyd** [-triʔɔˌksyːt] *n* nitrogen trioxide (N_2O_3). — **~verˌbin·dung** *f* nitrogen compound. — **~ˌwas·serˌstoff·ˌsäu·re** *f* hydrazoic acid, hydrogen azide, *auch* azoimide (HN_3).

stie·ben ['ʃtiːbən] *v/i* ⟨stiebt, stob, *auch* stiebte, gestoben, *auch* gestiebt, sein *u.* h⟩ **1.** ⟨sein, *ohne Richtungsangabe auch* h⟩ (*von Funken etc*) fly, (*von Wassertropfen*) *auch* spray: **der Schnee hat nur so gestoben** the snow was flying about (in all directions); **er galoppierte davon, daß die Funken stoben** he galloped off so fast that the sparks were flying. – **2.** ⟨sein⟩ (*von Menschen*) flee: **die Fußgänger sind nach allen Seiten gestoben** the pedestrians fled in all directions.

'Stiefˌbru·der ['ʃtiːf-] *m* **1.** stepbrother. – **2.** (*Halbbruder*) half brother.

Stie·fel ['ʃtiːfəl] *m* ⟨-s; -⟩ **1.** boot: **(hohe) ~** (high *od.* top, high-leg) boots, Wellingtons, Wellington boots; **(halbhohe) ~** ankle boots, bootees, booties, (half) Wellingtons (*od.* Wellington boots); **Spanischer ~** *hist.* (*Folterwerkzeug*) boot (of torture), Spanish boot. – **2.** (*des Anglers, Fischers*) wader, wading (*od.* hip) boot, *auch* Wellington. – **3.** *cf.* Berg-, Gummistiefel. – **4.** *fig. colloq.* (*in Wendungen wie*) **das zieht einem ja die ~ aus!** (*ist nicht mit anzuhören*) it would make your hair stand on end! **der bildet sich** (*dat*) **vielleicht einen ~ ein!** a) he thinks he's it! he fancies himself! b) (*hält sich für schön*) he thinks he's the cat's whiskers (*od.* the cat's pajamas [*bes. Br.* pyjamas], the dog's dinner)! **er macht** (*od.* **arbeitet**) **seinen (alten) ~ weiter** (*immer im gleichen Trott*) he works (*od.* plods on) in the same old routine (*od.* way); **die hat vielleicht wieder einen ~ zusammengeredet!** (*viel Unsinn*) she talked a lot of rubbish (*colloq.*). – **5.** (*Trinkgefäß*) boot-shaped beer glass: **er kann schon einen (ordentlichen) ~ vertragen** *fig. colloq.* (*viel Alkohol*) he can hold his liquor. – **6.** *tech.* (*einer Pumpe*) barrel, body. — **~ˌabˌsatz** *m* bootheel, *Br.* boot-heel. — **~ˌanˌzie·her** *m* (*bes. für Reitstiefel*) boot hook. — **~ˌbür·ste** *f* black(en)ing brush.

Stie·fe·let·te [ʃtifə'lɛtə] *f* ⟨-; -n⟩ **1.** (*für Damen*) stylish, high-heeled ankle boot. – **2.** (*für Herren*) ankle boot, bootee, bootie, (half) Wellington (*od.* Wellington boot).

'Stie·felˌknecht *m* bootjack, boot tree.

stie·feln ['ʃtiːfəln] *v/i* ⟨sein⟩ *colloq.* **1.** (*mit großen Schritten gehen*) stride. – **2.** *humor.* (*gehen*) hoof it, foot it (*beide colloq.*): **dann bin ich bis zu dir gestiefelt** then I hoofed it all the way to your place.

'Stie·fel|ˌput·zer *m cf.* Schuhputzer. — **~ˌschaft** *m* bootleg. — **~ˌspan·ner** *m* boot tree (*od.* stretcher). — **~ˌstul·pe** *f* boot top.

'Stiefˌel·tern *pl* stepparents. — **~ˌteil** *m* stepparent.

'Stie·felˌwich·se *f* boot polish (*od.* blacking, blackening).

'Stief|geˌschwi·ster *pl* **1.** stepbrother(s) and stepsister(s). – **2.** (*Halbgeschwister*) half brother(s) and half sister(s). — **~ˌkind** *n* **1.** *auch fig.* stepchild: **diese Abteilung ist das ~ der Firma** *fig.* this department is the stepchild of the firm; **er ist ein ~ des Glücks** *fig.* he is a stepchild of fortune; **sie ist von ihren Kameradinnen immer als ~ behandelt worden** *fig.* she has always been treated as a stepchild (*od.* Cinderella) by her friends. – **2.** *cf.* a) Stiefsohn, b) Stieftochter. — **~ˌmut·ter** *f* ⟨-; ⸗⟩ stepmother: **böse ~** wicked stepmother. — **~ˌmüt·ter·chen** *n* ⟨-s; -⟩ *bot.* pansy (*Gattg Viola*): **Wildes ~** wild pansy, *auch* heartsease, Johnny-jump-up (*V. tricolor*). — **s~ˌmüt-**

ter·lich I *adj* **1.** stepmotherly. – **2.** *fig.* (*Behandlung etc*) stepmotherly, unkind. – **II** *adv* **3.** *fig.* in a stepmotherly fashion (*od.* way), unkindly: die Natur hat ihn ~ behandelt nature was not very kind to him. — **~-ˌschwe·ster** *f* **1.** stepsister. – **2.** (*Halbschwester*) half sister. — **~ˌsohn** *m* stepson. — **~ˌtoch·ter** *f* stepdaughter. — **~ˌva·ter** *m* stepfather.

stieg [ʃtiːk] *1 u. 3 sg pret of* steigen.

'Stie·ge *f* ⟨-; -n⟩ **1.** (*schmale, steile Treppe*) poky (*auch* pokey) staircase (*od.* stairs *pl construed as sg or pl*). – **2.** (*Lattenkiste für Obst u. Gemüse*) crate, *Br. auch* chip basket. – **3.** *obs.* (*20 Stück*) score. – **4.** *Southern G. and Austrian for* Treppe 1. — **'Stie·genˌhaus** *n Southern G. and Austrian for* Treppenhaus.

Stieg·litz ['ʃtiːglɪts] *m* ⟨-es; -e⟩ *zo.* goldfinch, thistle finch (*Carduelis carduelis*).

stiehl [ʃtiːl] *imp sg*, **stiehlst** [ʃtiːlst] *2 sg pres*, **stiehlt** [ʃtiːlt] *3 sg pres of* stehlen.

Stiel [ʃtiːl] *m* ⟨-(e)s; -e⟩ **1.** (*einer Axt, Schaufel, eines Hammers etc*) handle, shaft, *bes. tech.* shank: Werkzeuge mit ~ tools with handles (*od.* with a handle), handled (*od.* shanked) tools. – **2.** (*einer Peitsche, Pfanne, eines Besens, Pinsels, Löffels etc*) handle, shaft. – **3.** (*eines Weinglases, einer Pfeife etc*) stem, shank: Gläser ohne ~ glasses without stems (*od.* without a stem), stemless glasses; Gläser mit kurzem [langem] ~ short- [long-]stemmed glasses. – **4.** *bot.* a) (*Stengel einer Pflanze, Blütenstiel*) (foot)stalk, stem; pedicel, pedicle, (*bei mehreren Blüten*) *auch* peduncle (*scient.*), b) (*eines Blattes*) (leaf)stalk, stem; petiole, petiolus (*scient.*), c) (*einer Frucht*) (fruit)-stalk, stem, peduncle (*scient.*): Blumen mit langem [kurzem] ~ flowers with long [short] stalks (*od.* stems), long- [short]-stemmed flowers; → Stumpf 7. – **5.** *med.* (*des Kleinhirns, eines Tumors etc*) peduncle, pedicle. – **6.** *mil.* (*einer Handgranate*) stick. – **7.** *geol.* (*in vulkanischem Gestein*) neck, pipe. – **8.** *zo.* (*Augenträger der Schnecken, Schalenkrebse*) stalk, peduncle (*scient.*). — **~ˌau·ge** *n* **1.** *zo.* a) (*der Schnecken, Schalenkrebse*) stalk eye, b) (*der Fische*) telescope eye. – **2.** ~n machen (*od.* bekommen, kriegen) *fig. colloq. humor.* to goggle, to be pop-eyed: als sie das Paket öffnete, bekamen alle ~n when she opened the parcel their eyes nearly popped out of their heads. — **~ˌau·genˌflie·ge** *f zo.* stalk-eyed fly (*Fam. Diopsidae*). — **s~ˌäu·gig** *adj* a) (*Schalenkrebs, Schnecke etc*) stalk-eyed, b) (*Fisch*) telescope-eyed. — **~ˌbe·sen** *m* broom. — **~ˌblatt** *n bot.* stalked (*od. scient.* petioled, petiolate, *auch* petiolated) leaf. — **~ˌbril·le** *f* lorgnette. — **~ˌdre·hung** *f med.* torsion of a peduncle (*od.* pedicle). — **~ˌei·che** *f bot.* English (*od.* common, *scient.* pedunculate) oak (*Quercus robur*).

stie·len ['ʃtiːlən] *v/t* ⟨h⟩ *rare* (*Werkzeuge, Geräte*) fit (*s.th.*) with a handle.

'Stiel|ˌglas *n* glass with a stem, stemmed glass. — **~ˌhand·graˌna·te** *f mil.* stick hand grenade. — **~ˌlap·pen** *m med.* pedicle(d) (*od.* tubed) flap. — **~ˌloch** *n* (*eines Hammers etc*) eye. — **s~los** *adj* **1.** (*Werkzeug, Gerät*) without a handle, handleless. – **2.** (*Trinkglas etc*) stemless. – **3.** *bot.* (*Blatt, Blüte etc*) stalkless, sessile (*scient.*). — **~ˌpfan·ne** *f* frying pan (with a long handle). — **~ˌstich** *m* (*beim Sticken*) stem (*od.* rope) stitch.

stie·men ['ʃtiːmən] *Low G.* **I** *v/impers* ⟨h⟩ es stiemt it is snowing heavily. – **II** *v/i cf.* qualmen 1.

stier [ʃtiːr] **I** *adj* **1.** (*Blick, Gesichtsausdruck*) fixed (and stupid): mit ~em Blick (*od.* ~en Blick[e]s) ging er durch den Saal he went across the hall with a vacant stare. – **2.** ~ sein *Austrian and Swiss colloq.* (*ohne Geld sein*) to be hard up, to be down to rock bottom, to be broke (*sl.*). – **II** *adv* **3.** er blickte ~ geradeaus he looked straight ahead with an inane stare.

Stier [ʃtiːr] *m* ⟨-(e)s; -e⟩ **1.** *zo.* bull: junger ~ young bull, bullock; er war wütend wie ein ~ *fig.* he was raving (*od. colloq.* hopping) mad; den ~ bei den Hörnern (an)packen (*od.* fassen) *bes. fig.* to take the bull by the horns. – **2.** *astr.* Taurus.

stie·ren¹ ['ʃtiːrən] *v/i* ⟨h⟩ **1.** (*starr u. ausdruckslos schauen*) look with a fixed (and stupid) stare, stare with a vacant look: er stierte vor sich hin he stared in front of him with an inane look. – **2.** (*wütend schauen*) glare, glower, scowl, look daggers. – **3.** *colloq.* (*neugierig schauen*) stare, goggle: was stierst du so auf meinen Teller? what are you staring at my plate for?

'stie·ren² *v/i* ⟨h⟩ (*von Kuh*) be in heat (*od.* season).

'stie·rig *adj only in* ~ sein (*von Kuh*) to be in heat (*od.* season).

'Stierˌkalb *n* bull calf.

'Stierˌkampf *m* bullfight, tauromachy (*lit.*), *Am. auch* corrida. — **~are·na** [-ʔaˌreːna] *f* bullring.

'Stier|ˌkämp·fer *m* bullfighter, torero, (*bes. berittener*) toreador. — **~ˌnacken** (*getr.* -k·k-) *m fig.* bull neck, *auch* bullneck. — **s~ˌnackig** (*getr.* -k·k-) *adj fig.* bullnecked. — **~ˌop·fer** *n antiq.* sacrifice of a bull.

Stie·sel ['ʃtiːzəl] *m* ⟨-s; -⟩ *bes. Northern G. colloq.* (*ungeselliger, langweiliger Mann*) 'drip' (*sl.*), *Am. sl.* 'flat tire', unsociable dull bore. — **'stie·se·lig, 'sties·lig** *adj* (*langweilig, fad*) unattractive, boring, dull.

stieß [ʃtiːs] *1 u. 3 sg pret of* stoßen.

Stift¹ [ʃtɪft] *m* ⟨-(e)s; -e⟩ **1.** *bes. tech.* a) (*Haltestift*) pin, b) (*Nagel ohne Kopf, Drahtstift*) wire brad, c) (*Bolzen*) bolt, d) (*Zapfen*) pin, plug, stud: etwas mit ~en befestigen to fasten s.th. with pins, to pin s.th. – **2.** (*am Schnürsenkel*) tag. – **3.** *short for* a) Bleistift, b) Buntstift. – **4.** *med.* (*eines Stiftzahns*) dowel. – **5.** (*cosmetics*) deodorant stick. – **6.** *fig. colloq.* (*Lehrling*) apprentice boy. – **7.** *fig. colloq.* (*Knirps*) 'squirt' (*colloq.*), *bes. Br. colloq.* 'nipper'.

Stift² *n* ⟨-(e)s; -e, *rare* -er⟩ **1.** (geistliches) ~ *röm.kath.* a) (religious *od.* church, ecclesiastic[al]) foundation (*od.* institution), b) *cf.* Domstift, c) (*Kloster*) convent, d) (*Hochstift*) bishopric, e) (*Erzstift*) archbishopric, f) *cf.* Stiftskirche. – **2.** (weltliches) ~ (*Altersheim, Waisenhaus etc*) (secular) foundation (*od.* institution). – **3.** *cf.* Damenstift.

stif·ten ['ʃtɪftən] **I** *v/t* ⟨h⟩ **1.** (*spenden*) donate, give: er stiftete 10 000 Mark für den Bau der Klinik he donated 10,000 marks for the building of the hospital; einen Preis ~ to donate (*od.* offer) a prize. – **2.** *röm.kath.* a) (*Kloster, Orden etc*) found, establish, endow, institute, b) (*Kerze, Messe etc*) offer. – **3.** *colloq.* (*spendieren*) stand, give: mein Vater hat uns für den Abend eine Kiste Wein gestiftet my father stood us (*od.* treated us to) a crate of wine for the evening. – **4.** (*in Wendungen wie*) eine Ehe ~ to bring about a marriage, to make a match; sie stiftet gern Ehen *humor.* she is quite a matchmaker, she is always matchmaking; Frieden ~ to make (*od.* establish) peace; Unfrieden (*od.* Zwietracht) ~ to sow discord; Unheil ~ to cause disaster; Unruhe ~ to make (*od.* stir up) trouble; Verwirrung ~ to cause (*od.* make) havoc. – **II S~** *n* ⟨-s⟩ **5.** *verbal noun.* – **6.** (*eines Geldbetrags, Preises etc*) donation. – **7.** (*eines Klosters, Ordens etc*) foundation, establishment, endowment, institution. — **~ˌge·hen** *v/i* ⟨*irr, sep,* -ge-, sein⟩ *colloq.* make (*od.* clear, run) off, bolt, take to one's heels. — **S~ˌkopf** *m colloq.* (*ganz kurzer Haarschnitt*) crew (hair)cut.

'Stif·ter *m* ⟨-s; -⟩ **1.** (*Spender*) donor, giver. – **2.** (*eines Klosters, Krankenhauses, Ordens etc*) founder, establisher, institutor. – **3.** *rare* (*Urheber*) author, originator. — **~verˌband** *m* (*für gemeinnützige Zwecke etc*) founders' association.

'Stift|ˌschlüs·sel *m tech.* pin spanner. — **~ˌschrau·be** *f* stud bolt (*od.* screw).

'Stifts|ˌda·me *f*, **~ˌfräu·lein** *n hist.* (*Bewohnerin eines Damenstifts*) canoness. — **~ˌherr** *m relig. hist.* canon, capitular. — **~ˌhüt·te** *f Bibl.* tabernacle, *auch* Tabernacle, *auch* tent of meeting. — **~ˌkir·che** *f relig.* **1.** collegiate church. – **2.** (*eines Hochstiftes*) cathedral.

'Stiftˌsockel (*getr.* -k·k-) *m electr.* pin base.

'Stifts|ˌpfrün·de *f relig.* canonry, canonship. — **~ˌschu·le** *f* cathedral (*od.* chapter) school.

'Stiftˌstecker (*getr.* -k·k-) *m electr.* pin plug.

'Stif·tung *f* ⟨-; -en⟩ **1.** *cf.* Stiften: für die ~ des Krankenwagens hat er einen Teil seines Vermögens geopfert he sacrificed part of his fortune for the donation of the ambulance. – **2.** (*gestifteter Betrag, Schenkung etc*) donation, endowment: eine wohltätige ~ a charitable donation, a charity; eine ~ von 200 Mark an das Rote Kreuz machen to make (*od.* give) a donation of 200 marks to the Red Cross, to endow the Red Cross with 200 marks. – **3.** (*Institution u. Anstalt*) foundation, institution: eine geistliche (*od.* religiöse) ~ a religious (*od.* a church, an ecclesiastic[al]) foundation; eine ~ errichten to create a foundation trust.

'Stif·tungs|ˌbrief *m cf.* Stiftungsurkunde. — **~ˌfei·er** *f*, **~ˌfest** *n* foundation (*od.* commemoration) festival (*od.* day). — **~ˌfonds** *m* endowment fund(s *pl*). — **~ˌrat** *m econ.* **1.** board of trustees (of a foundation). – **2.** (*Mitglied*) member of a board of trustees. — **~ˌurˌkun·de** *f jur.* deed (*od.* charter) of foundation, foundation charter. — **~verˌmö·gen** *n econ.* property (*od.* assets *pl*) of a foundation.

'Stift|ˌzahn *m med.* pivot (*od.* crown) tooth. — **~ˌzeich·nung** *f* crayon (*od.* pastel) drawing (*od.* sketch).

Stig·ma ['stɪgma; 'ʃtɪ-] *n* ⟨-s; Stigmen *u.* -ta [-ta]⟩ **1.** *med. bot. zo.* stigma. – **2.** *relig.* (*Wundmal*) stigma: die ~ta Christi the stigmata (of Christ).

Stig·ma·ti·sa·ti·on [stɪgmatiza'tsĭoːn; ʃtɪ-] *f* ⟨-; -en⟩ *bes. relig.* stigmatization *Br. auch* -s-.

stig·ma·tisch [stɪ'gmaːtɪʃ; ʃtɪ-] *adj* stigmatic.

stig·ma·ti·sie·ren [stɪgmati'ziːrən; ʃtɪ-] *v/t* ⟨*no* ge-, h⟩ *bes. relig.* stigmatize *Br. auch* -s-: stigmatisiert werden to be stigmatized. — **Stig·ma·ti'sier·te** *m, f* ⟨-n; -n⟩ stigmatic, stigmatist. — **Stig·ma·ti'sie·rung** *f* ⟨-; -en⟩ *cf.* Stigmatisation.

Stil [ʃtiːl; stiːl] *m* ⟨-(e)s; -e⟩ **1.** (*eines Schriftstellers, Journalisten etc*) style, pen: er schreibt einen flüssigen ~ he has a fluent (*od.* smooth) style; das Buch ist in lebendigem ~ geschrieben the book is written in a lively style. – **2.** (*sprachliche Ausdrucksweise*) style, diction: in Fragen des ~s gibt dieses Buch Auskunft this book gives information on questions of style (*od.* on stylistic questions). – **3.** (*in der Architektur, Malerei, in einer Sportart etc*) style: der gotische [romanische] ~ the Gothic [Romanesque] style; das Haus ist im ~ des 19. Jahrhunderts erbaut the house is built in the style (*od.* manner) of the 19th century; der ~ Renoirs Renoir's style (*od.* brush, brushwork). – **4.** ⟨*only sg*⟩ (*Form, Manier*) style, manner: ganz im ~ unserer Zeit exactly in the style of our time; sie leben in großem ~ they live in grand style; die Zeitrechnung alten [neuen] ~s old-[new-]style chronology; Betrügereien im großen ~ (*od.* großen ~s) large-scale fraud(s); das ist schlechter ~ that is bad form, that isn't done; sie hat ~ she is a woman of style. — **~anaˌly·se** *f* (*literature, art*) analysis of style, stylistic analysis. — **~ˌart** *f* (*in der Architektur, Malerei etc*) kind (*od.* type, variety) of style.

Stilb [stɪlp; ʃtɪlp] *n* ⟨-s; -⟩ *phys.* (*Einheit der Leuchtdichte*) stilb.

Stil·ben [stɪl'beːn; ʃtɪl-] *n* ⟨-s; *no pl*⟩ *chem.* stilbene, toluylene ($C_6H_5CH = CHC_6H_5$). — **~ˌfarbˌstoff** *m* stilbene dye.

'stilˌbil·dend *adj* (*Lektüre etc*) stylistically instructive.

'Stil|ˌblü·te *f* (*sprachlicher Mißbriff*) (blatant) stylistic lapse (*od. colloq.* howler). — **~ˌbruch** *m* break in style, incongruity of style: es wäre ein ~, nach der Oper in einen Jazzkeller zu gehen *fig.* it would be incongruous (*od.* unfitting) for us to go to a jazz dive after the opera. — **~ˌbüh·ne** *f* (*theater*) presentational setting. — **~ˌebe·ne** *f* level of style. — **s~ˌecht** *adj* (*Nachbildung, Verkleidung etc*) true to style. — **~empˌfin·den** *n* feeling for (*od.* sense of) style. — **~entˌwick·lung** *f* development of style, stylistic (*auch* stylistical) development.

Sti·lett [ʃti'lɛt; sti-] *n* ⟨-s; -e⟩ stiletto, stylet.

'Stil|ˌfeh·ler *m* stylistic (*auch* stylistical) fault, fault in style. — **~geˌfühl** *n* ⟨-s; *no pl*⟩ *cf.* Stilempfinden. — **s~geˌrecht I** *adj* **1.** (*Kleidung, Einrichtung etc*) appropriate in style, in (*od.* of) the appropriate style: es ist eine gemütliche, wenn auch nicht ganz ~e italienische Weinstube it is a cosy (od. cozy) Italian tavern, if not altogether appropriately furnished (od. although the decor is not altogether appropriate in style). – 2. (geziemend, gebührend) fit(ting), appropriate. – II adv 3. ~ gekleidet sein to be appropriately dressed; die Schauspieler waren ~ gekleidet the actors wore costumes appropriate to the period, the actors wore period costume.

sti·li·sie·ren [ʃtiliˈziːrən; sti-] v/t ⟨no ge-, h⟩ (bes. art) (Naturformen etc) stylize Br. auch -s-. — **sti·liˈsiert I** pp. – II adj (Blumen, Ornamente etc) stylized Br. auch -s-. — **Sti·liˈsie·rung** f ⟨-; -en⟩ (der Naturformen etc) stylization Br. auch -s-.

Sti·list [ʃtiˈlɪst; sti-] m ⟨-en; -en⟩ (bes. literature) stylist. — **Stiˈli·stik** [-tɪk] f ⟨-; -en⟩ 1. stylistics pl (construed as sg or pl). – 2. (Buch) stylistic reference book (od. work), book on style. — **stiˈli·stisch I** adj stylistic: die ~en Feinheiten eines Romans the stylistic subtleties of (od. the subtleties of style in) a novel; in ~er Hinsicht ist dieser Autor besser this author is better from the stylistic point of view (od. stylistically, from the point of view of style). – II adv stylistically: der Aufsatz ist ~ gut stylistically the essay is good.

ˈStil|ˌkleid n (fashion) evening dress in a plain but elegant style. — **~ˌkun·de** f ⟨-; -n⟩ cf. Stilistik. — **~ˌkunst** f (literature) style.

still [ʃtɪl] I adj ⟨-er; -st⟩ 1. quiet, silent: ~! quiet! silence! ~! be (od. keep) quiet! ~ werden a) to become (od. grow) quiet, to fall silent, b) (von Meer, Wind etc) to become (od. grow) calm (od. still, tranquil), to calm (down), to subside; sich ~ verhalten a) (nicht sprechen) to keep quiet, b) (sich nicht bewegen) to keep still, c) fig. (geduldig abwarten) to lie low; es wurde ~ im Saal the hall became quiet; sei doch endlich ~ davon! colloq. give it a rest! give over! (sl.); um den berühmten Schauspieler ist es ~ geworden there is no more talk about the famous actor, nobody any longer mentions the famous actor; ~es Gebet quiet (od. silent) prayer; eine ~e Messe röm.kath. a low mass. – 2. (Feierstunde, Tag etc) quiet: eine ~e Hochzeit a quiet wedding; in der ~en Jahreszeit a) in the quiet season, b) econ. (wenn der Geschäftsgang flau ist) in the quiet (od. slack, dull, dead) season; sie genießen ein ~es Glück they enjoy quiet bliss; überleg dir das in einer ~en Stunde think it over in a quiet hour; in ~er Trauer in silent mourning; der S~e Freitag relig. (Karfreitag) Good Friday; die S~e Woche relig. (Karwoche) Holy (od. Passion) Week. – 3. (Gegend, Straße, Ort etc) quiet, peaceful: sie gingen in eine ~e Ecke des Lokals they went into a quiet corner of the bar; das ~e Örtchen fig. colloq. humor. bes. Br. colloq. the loo, bes. Am. colloq. the john. – 4. (Nacht etc) still, quiet, silent, tranquil, peaceful. – 5. (See, Bucht etc) calm, still, tranquil: die Luft ist ~ the air is still; ~e Wasser sind (od. gründen) tief (Sprichwort) still waters run deep (proverb); er ist ein ~es Wasser fig. he is a deep person, he is a dark horse. – 6. (zurückhaltend, in sich gekehrt) quiet, still, silent: er ist ein ~er Mensch he is a quiet person; du bist ja heute so ~ you are so quiet today; ein ~er Beobachter a silent observer; sie ist so verdächtig ~ it's odd that she should be (od. should have got) so quiet, she is (od. has got) so suspiciously quiet. – 7. (heimlich, verborgen) secret: du hast einen ~en Verehrer you have a secret admirer; ~e Liebe secret (od. lit. unavowed) love; ~e Hoffnung secret (od. inward) hope; ein ~er Seufzer an inward sigh; im ~en a) (heimlich) secretly, in secret, on the quiet (od. sly, sl. qt), b) (im Innern) inwardly; er hatte seine Flucht im ~en vorbereitet he had prepared his escape in secret; im ~en amüsierte er sich über ihn he was inwardly amused at him; er hoffte im ~en, daß inwardly he hoped that; ~e Vorbehalte gegen j-n hegen to have (od. harbo[u]r) secret (od. inward, inner) reservations about s.o.; er ist dem ~en Suff ergeben colloq. he drinks on the quiet (od. sly, sl. qt); ~e Reserven haben (an Geld, Kräften etc) to have secret (od. hidden) reserves. – 8. (stillschweigend) tacit, implicit, silent: eine ~e Übereinkunft a tacit understanding. – 9. econ. a) (Geschäftsgang, Börse etc) quiet, slack, dull, dead, b) (Teilhaber) sleeping, silent, c) (Beteiligung, Gesellschaft etc) sleeping, silent. – II adv 10. (ruhig, bewegungslos) still: ein Glas ~ halten to hold a glass still; die Füße ~ halten to keep one's feet still; das Kind lag ~ the child lay still (od. quietly); du mußt die Lampe ~ halten you must hold the lamp still (od. steady). – 11. (ohne zu sprechen) silently: sie ging ~ neben ihm her she walked beside him silently. – 12. (heimlich, insgeheim) secretly, on the quiet (od. sly, sl. qt): heimlich, ~ und leise machten sie sich davon colloq. they stole away secretly. — **~ˌblei·ben** v/i ⟨irr, sep, -ge-, sein⟩ keep quiet.

ˈstil·le adj u. adv colloq. for still 1, 10.

ˈStil·le[1] f ⟨-; no pl⟩ 1. (der Nacht, des Waldes etc) silence, stillness, quiet, quietude, tranquil(l)ity, peace(fulness), quietness: die nächtliche ~ the silence of the night; in der ~ der Nacht in the still(ness) of the night, in the dead of night; die tiefe ~ wurde von keinem Laut unterbrochen not a sound disturbed the deep silence; es herrschte eine unheimliche ~ there was a deathly silence (od. hush); die ~ des Waldes the silence (od. hush) of the forest; die ~ wirkte beruhigend auf ihn the quietude soothed him. – 2. (Schweigen) silence: es herrschte (eine) atemlose ~ there was dead silence; es trat eine peinliche ~ ein there was an embarrassing silence; eine plötzliche ~ a (sudden) hush. – 3. (der See, der Luft etc) calm(ness), stillness, tranquil(l)ity: die ~ vor dem Sturm auch fig. the calm (od. lull) before the storm. – 4. in aller ~, in der ~ a) (ohne Aufsehen) quietly, b) (heimlich) secretly, on the quiet (od. sly, sl. qt): sie heirateten in aller ~ they got married on the quiet; die Beisetzung fand in aller ~ statt the funeral was very quiet; die Wandlung vollzog sich in der ~ the change took place unnoticed; sich in aller ~ davonmachen colloq. to leave secretly, to slip (od. steal) away. – 5. econ. dullness, slackness, deadness.

ˈStil·le[2] f ⟨-; -n⟩ mar. meteor. calm: äquatoriale ~n doldrums.

ˈStil·le[3] m, f ⟨-n; -n⟩ quiet person: die ~n im Lande Bibl. they that are quiet in the land.

ˈStille·ben (getr. -ll,l-) n ⟨-s; -⟩ (art) still life.

ˈstille·gen (getr. -ll,l-) I v/t ⟨sep, -ge-, h⟩ 1. bes. econ. (Bergwerk, Fabrik etc) shut (od. close) down. – 2. (Eisenbahnlinie etc) close (down). – 3. (Autoverkehr) suspend. – 4. (Auto, Schiff etc) lay (s.th.) up. – 5. mar. (Schiff) put (s.th.) out of service (od. commission), Am. tie (s.th.) up. – 6. metall. (Hochofen etc) put (s.th.) out of service (od. operation), shut down. – 7. (lahmlegen) paralyze Br. auch -s-: der Streik hatte viele Betriebe stillgelegt the strike had paralyzed many factories. – 8. econ. (Geld) neutralize Br. auch -s-. – 9. med. a) (unbeweglich machen) immobilize Br. auch -s-, b) (Organ) put (s.th.) out of action. – II S~ n ⟨-s⟩ 10. verbal noun. —

ˈStille·gung (getr. -ll,l-) f ⟨-; -en⟩ 1. cf. Stillegen. – 2. bes. econ. (eines Betriebes, eines Bergwerks, einer Anlage etc) closure, shutdown. – 3. (des Verkehrs) suspension. – 4. (eines Autos, Schiffs etc) lay-up. – 5. (Lahmlegung) paralyzation Br. auch -s-.

ˈStil|ˌleh·re f ⟨-; no pl⟩ cf. Stilistik 1.

stil·len [ˈʃtɪlən] I v/t ⟨h⟩ 1. (Säugling) nurse, suckle, breast-feed: sie kann das Baby selbst ~ she can nurse the baby herself. – 2. (Hunger) assuage, allay, appease, (Appetit) auch pacify, satisfy. – 3. (Durst) quench, slake, appease. – 4. med. a) (Blutung) stop, sta(u)nch, arrest, control, suppress, b) (Schmerz) alleviate, soothe, kill: die Blutung ~ to stop (od. suppress) the bleeding, to arrest the flow of blood. – 5. (Verlangen, Begierde, Neugier etc) satisfy, gratify, still: j-s Sehnsucht ~ to satisfy s.o.'s longing. – II S~ n ⟨-s⟩ 6. verbal noun. – 7. (des Säuglings) lactation. – 8. (des Hungers) assuagement, allayment, appeasement, (des Appetits) auch pacification, satisfaction. – 9. (des Durstes) appeasement. – 10. med. a) (einer Blutung) arrest, control, suppression, b) (des Schmerzes) alleviation: ~ einer Blutung arrest of blood flow, hemostasis (scient.). – 11. (eines Verlangens, einer Begierde etc) satisfaction, gratification. — **ˈstil·lend I** pres p. – II adj 1. (Mutter) nursing. – 2. med. cf. schmerzstillend.

ˈStill|ˌfä·hig·keit f ⟨-; no pl⟩ med. ability to nurse (od. breast-feed). — **~geˌbet** n röm.kath. cf. Sekret[2]. — **~ˌgeld** n ⟨-(e)s; -er⟩ colloq. nursing allowance (od. benefit), nursing mothers' bonus (Br. grant).

ˈstill|geˌlegt I pp. – II adj 1. (Bergwerk etc) shut- (od. closed-)down (attrib), abandoned. – 2. cf. stillstehend 3. — **~geˌstan·den I** pp of stillstehen. – II interj mil. (Kommando) attention! 'shun!

ˈStillˌhal·te|ˌabˌkom·men n ⟨-s; -⟩ econ. jur. pol. standstill agreement. — **~kreˌdit** m standstill credit.

ˈstillˌhal·ten v/i ⟨irr, sep, -ge-, h⟩ 1. (bes. von Kind) keep (od. sit) still: halt doch einen Augenblick still! keep still a minute! – 2. (sich nicht wehren) submit (od. endure things) silently. – 3. pol. (von Staaten) look on, refrain from interference. – 4. econ. (bei Lohnverhandlungen etc) refrain from raising demands.

ˈStillˌhal·te·ˌpflicht f ⟨-; no pl⟩ econ. obligatory standstill.

ˈStillˌhal·tung f ⟨-; no pl⟩ econ. (im zwischenstaatlichen Kreditwesen) standstill, suspension of claims.

ˈstillie·gen (getr. -ll,l-) v/i ⟨irr, sep, -ge-, h u. sein⟩ 1. econ. a) (von Betrieben etc) be shut down, lie (od. be) idle, b) (von Geschäften etc) be at a standstill, stagnate, c) (von Kapital) be dormant. – 2. (von Verkehr) be suspended. – 3. (lahmgelegt sein) be paralyzed (Br. auch -s-). – 4. (von Segelschiff bei Flaute) be in the doldrums. – 5. mar. (von Schiff) be laid up.

ˈstil·los I adj devoid of (od. lacking [in]) style, styleless. – II adv in bad taste. — **ˈStil·lo·sig·keit** f ⟨-; -en⟩ 1. ⟨only sg⟩ lack (od. want, absence) of style, stylelessness. – 2. ⟨only sg⟩ bad taste. – 3. cf. Stilwidrigkeit.

ˈStill·pe·riˌode f med. cf. Stillzeit.

ˈstillˌschwei·gen v/i ⟨irr, sep, -ge-, h⟩ 1. (nichts sagen) be silent, hold one's peace: schweig still! hold your peace, be silent. – 2. zu etwas ~ to say nothing in reply to s.th. – 3. (nichts verraten) keep it to oneself, keep it quiet (od. [a] secret), hold one's tongue: von etwas ~ to keep s.th. to oneself, to keep s.th. quiet (od. [a] secret).

ˈStillˌschwei·gen n 1. silence: etwas mit ~ übergehen, über (acc) etwas mit ~ hinweggehen to pass s.th. over in silence. – 2. (Diskretion) silence, secrecy: über (acc) etwas (strengstes) ~ bewahren to keep (od. preserve, maintain) (strictest) silence on (od. about) s.th.; j-m ~ auferlegen (od. gebieten) to impose (od. enjoin) silence (od. secrecy) (up)on s.o.

ˈstillˌschwei·gend I pres p. – II adj 1. tacit, implicit, implied: ~e Übereinkunft (od. Vereinbarung) tacit agreement; unter der ~en Voraussetzung, daß on the tacit (od. with the implicit) understanding that; ~e Zustimmung implied consent. – III adv 2. in silence, silently, without (saying) a word: sich ~ entfernen to leave (od. go away) in silence; er nahm alle Beleidigungen ~ hin he took (od. accepted) all the insults in silence; etwas ~ übergehen, über (acc) etwas ~ hinweggehen to pass s.th. over in silence. – 3. implicitly, by implication, tacitly: der Vertrag wurde ~ verlängert the contract was renewed implicitly (od. by tacit agreement, automatically); ~ zustimmen to agree tacitly.

ˈstillˌsit·zen v/i ⟨irr, sep, -ge-, h u. sein⟩ 1. (nicht beschäftigt sein) be inactive (od. idle). – 2. nicht ~ können fig. to be always on the go.

ˈStillˌstand m ⟨-(e)s; no pl⟩ 1. cf. Stillstehen. – 2. standstill, stoppage, stop: zum ~ bringen a) (Auto etc) to bring (s.th.) to a standstill, to stop, to halt, b) (Betrieb etc) to bring (s.th.) to a standstill, to paralyze Br. auch -s-, Am. to tie (s.th.) up; zum ~ kommen a) (von Auto etc) to come to a standstill (od. halt), b) (von Betrieb etc) to come to a standstill, to be paralyzed Br. auch -s-, c) fig. (von Verhandlungen etc) to reach (od. come to) a deadlock (od. full stop, auch dead stop, stalemate); ~ ist Rückgang (Sprichwort) etwa not to go forward is to go backward. – 3. (der

Arbeit) stop. – **4.** (*einer Maschine*) idleness. – **5.** *tech.* (*Ruhelage*) standstill, rest. – **6.** *jur.* (*eines Verfahrens*) suspension. – **7.** *fig.* (*einer Entwicklung, des Fortschritts etc*) stagnation, stoppage, cessation. – **8.** *econ.* (*der wirtschaftlichen Entwicklung, der Geschäfte etc*) stagnation, stagnancy, inactivity, *Am. auch* tie-up. – **9.** *med.* a) (*des Herzens*) cardiac arrest, b) (*einer Seuche, eines Prozesses etc*) stop, control, arrest. — **ˈStillˌstandsˌdau·er** *f tech.* (*Bewegungspause eines Maschinentisches*) dwell.

ˈstillˌste·hen I *v/i* ⟨*irr, sep,* -ge-, h *u.* sein⟩ **1.** stand still: **das Herz stand still** the heart stood still (*od.* stopped); **die Zeit schien stillzustehen** time seemed to stand still; **da steht mir** (*od.* **einem**) (**ja**) **der Verstand still!** *fig. colloq.* that really beats everything! **ihr Mundwerk steht nie still** *fig. colloq.* her tongue never stops (wagging). – **2.** (*außer Betrieb sein*) (*von Maschinen*) be idle, lie still. – **3.** (*von Motor etc*) stop, stall. – **4.** *econ.* (*von Betrieben*) a) be shut (*od.* closed) down, be idle, be at a standstill, b) (*lahmgelegt sein*) be paralyzed (*Br. auch* -s-). – **5.** (*stagnieren*) stagnate, be stagnant. – **6.** (*von Verkehr*) be tied up (*od.* blocked, jammed). – **7.** *mil.* stand at (*od.* to) attention. – **II S~** *n* ⟨-s⟩ **8.** *verbal noun.* – **9.** *cf.* Stillstand. — **ˈstillˌste·hend I** *pres p.* – **II** *adj* **1.** at a standstill. – **2.** (*stagnierend*) stagnant. – **3.** (*außer Betrieb*) idle, inactive. – **4.** (*Wasser*) stagnant. – **5.** *tech.* (*ortsfest*) stationary. – **6.** (*Verkehr*) tied-up (*attrib*), blocked, jammed.

ˈstillˌstel·len *med.* **I** *v/t* ⟨*sep,* -ge-, h⟩ **1.** (*fixieren, schienen*) immobilize *Br. auch* -s-. – **II S~** *n* ⟨-s⟩ **2.** *verbal noun.* – **3.** *med.* (*im Gipsverband*) plaster fixation.

ˈStil·lung *f* ⟨-; *no pl*⟩ *cf.* Stillen.

ˈstill|verˌgnügt I *adj* (*Mensch*) inwardly happy. – **II** *adv* **~ lächelte er vor sich hin** he smiled away to himself amusedly; **er saß ~ in der Ecke** he sat in the corner quietly happy. — **S~ˌwas·ser** *n mar.* (*der Tide etc*) slack water. — **S~ˌzeit** *f* **1.** *med.* (*der Mutter*) lactation (period), nursing period. – **2.** nursing time.

ˈStil|ˌmö·bel *n* piece of period furniture: **die ~** *pl* the period furniture *sg.* — **~ˌpro·be** *f* sample of style. — **~ˌübung** *f* exercise in stylistic (*auch* stylistical) composition. — **s~ˌvoll I** *adj* (*Zimmer etc*) with (harmony of) style: **~ sein** to have style. – **II** *adv* **einen Raum ~ gestalten** to design a room in good style (*od.* taste). — **s~ˌwid·rig** *adj* stylistically incongruous (*od.* incongruent), violating stylistic convention. — **~ˌwid·rig·keit** *f* stylistic (*auch* stylistical) incongruity. — **~ˌwör·terˌbuch** *n* dictionary of style.

ˈStimm|ˌabˌga·be *f* vote, voting, poll, polling. — **~ˌaufˌwand** *m* vocal effort: **mit großem ~** with great vocal effort.

ˈStimmˌband *n* ⟨-(e)s; ¨er⟩ *meist pl med.* vocal cord (*auch* chord, band): **falsches** [**wahres**] **~** false [true] vocal cord. — **~ˌläh·mung** *f* phonetic paralysis, paralysis of the vocal cords.

ˈstimm·bar *adj mus.* tunable, *auch* tuneable.

ˈstimm|beˌrech·tigt *adj pol.* entitled (*od.* eligible) to vote, enfranchised: **nicht ~** nonvoting *Br.* non-; **~ sein** to have a vote, to be eligible to vote. — **S~beˌrech·tig·te** *m, f* voter, elector: **dieser Wahlkreis hat 10 000 ~** this constituency has 10,000 voters (*od.* an electorate of 10,000), the voting strength of this constituency is 10,000. — **S~beˌrech·ti·gung** *f* eligibility (*od.* right) to vote, franchise.

ˈStimm|beˌzirk *m pol.* electoral district. — **~ˌbil·dung** *f* **1.** *med.* voice formation, vocalization *Br. auch* -s-, phonation. – **2.** *mus.* vocal (*od.* voice) training. — **~ˌbruch** *m* ⟨-(e)s; *no pl*⟩ *med.* breaking of the voice, change of voice: **er hat** (*od.* **ist im**) **~** his voice is breaking. — **~ˌbuch** *n meist pl mus. hist.* part book. — **~ˌbür·ger** *m Swiss pol.* voter, citizen (having the right to vote). — **~ˌdou·ble** *n* (*film*) dubbing voice.

Stim·me [ˈʃtɪmə] *f* ⟨-; -n⟩ **1.** voice: **belegte ~** husky voice; **dunkle** [**dünne**] **~** dark (*od.* somber, *bes. Br.* sombre) [thin] voice; **heisere** [**helle**] **~** hoarse (*od.* raucous) [clear] voice; **mit lauter** [**leiser**] **~** in a loud [soft *od.* low] voice; **schwache ~** feeble voice; **tiefe** [**tonlose**] **~** deep [toneless *od.* flat] voice; **mit erhobener ~ sagte er** raising his voice he said; **mit zorniger ~** in an angry voice (*od.* tone); **sie hört ~n** she hears voices; **die ~ verlieren** to lose one's voice; **seine ~ verstellen** to disguise (*od.* change) one's voice. – **2.** *mus.* (*Singstimme*) voice: **sie hat eine schöne ~** she has a beautiful voice; **seine ~ ausbilden lassen** to have one's voice trained; [**nicht**] (**gut**) **bei ~ sein** *colloq.* [not] to be in good voice; **er hat eine tragfähige ~** his voice carries well. – **3.** *mus.* a) (*Stimmlage*) voice, b) (*Partie*) voice, (voice) part, c) (*Orgelregister*) (reed) stop: **ein Chor für vier ~n** a chorus for four voices, a four-part chorus; **die erste** [**zweite**] **~** the soprano [alto] part; **die ~ der ersten Geige** the first violin part, the part of the first violin; **gemischte ~n** mixed voices. – **4.** *fig.* (*innere*) *Mahnung*) voice, dictate(s *pl*): **die ~ des Gewissens** the voice of conscience; **die ~ der Vernunft** the dictates *pl* of common sense; **eine innere ~** an inner voice, a still, small voice; **sie folgte der ~ ihres Herzens** *lit.* she followed the call of her heart. – **5.** *fig.* (*Meinung*) voice, opinion: **die ~n der Presse** press comments; **die ~ des Volkes** the voice of the people; **in letzter Zeit mehren sich die ~n gegen diesen Plan** [**, die dafür sind**] objections to this [opinions in favo(u)r of this] plan have been increasing lately. – **6.** *bes. pol.* vote: **abgegebene ~n** votes cast (*od.* polled); **ausschlaggebende** (*od.* **entscheidende**) **~** decisive (*od.* casting) vote; **ungültige ~n** invalid (*od.* spoiled) votes; **wahlberechtigte ~** eligible vote; **seine ~ abgeben** to cast one's vote, to go to the polls, to poll; **sich der ~ enthalten** to abstain from voting; **die Mehrheit der abgegebenen ~n erhalten** (*od.* **auf** *acc* **sich vereinigen**) to receive (*od.* poll) a majority of the votes (*od.* of votes cast); **die meisten** [**wenigsten**] **~n erhalten** to be at the head of (*od.* to head) [to be at the bottom of] the poll; **einem Kandidaten seine ~ geben** to give one's vote to a candidate, to vote for a candidate; **mit einer Mehrheit von 5 ~n zum Vorsitzenden gewählt werden** to be elected chairman with a majority of 5 (votes); **der Antrag wurde mit 7 gegen 5 ~n angenommen** [**abgelehnt**] the proposal was adopted (*od.* passed) [rejected] by 7 votes to 5; **wir haben in der Versammlung Sitz und ~** we have seat and vote in the assembly; **~n sammeln,** (**um**) **~n werben** to collect votes, to canvass, *auch* to canvas, to electioneer; **die ~n zählen** to count (*od.* tell) the votes, (*im Parlament*) to act as teller. – **7. eine beratende ~ haben** to be (*od.* act) in an advisory (*od.* a consultative) capacity.

ˈStimm,ei·sen *n mus. cf.* Stimmhammer.

stim·men [ˈʃtɪmən] **I** *v/t* ⟨h⟩ **1.** *mus.* a) (*Geige, Klavier etc*) (**auf** *acc* to) tune: **das Orchester stimmt die Instrumente** the orchestra is tuning up; **etwas höher** [**tiefer**] **~** a) to tune s.th. up [down], b) to raise [to lower] the pitch of s.th. – **2.** *fig.* (*in Wendungen wie*) **j-n ernst ~** to put s.o. in a serious mood, to make s.o. serious; **j-n fröhlich** (*od.* **heiter**) **~** to put s.o. in a cheerful mood; **er versuchte, mich günstig zu ~** he tried to humo(u)r me, he tried to dispose me favo(u)rably toward(s) him; **seine Antwort stimmte mich nachdenklich** his reply put me in a pensive (*od.* reflective) mood, his reply made me think (*od.* thoughtful); **j-n traurig ~** to make s.o. sad, to sadden s.o.; **j-n versöhnlich ~** to put s.o. in a better mood. – **II** *v/i* **3.** (*von einer Rechnung etc*) be right, be correct, be in order: **die Abmessungen ~** [**nicht**] the measurements are right [wrong *od.* incorrect]; **die Kasse hat nicht gestimmt** the till didn't balance; **stimmt so!** *colloq.* (*bes. zum Kellner*) keep the change! – **4.** (*zutreffen*) be right (*od.* true, correct, so): **stimmt!** quite right! that's right! quite so! exactly! **stimmt's?** isn't that so? is that not so? **das stimmt** that's quite true (*od.* right), that is so; **das stimmt nicht** that's not true (*od.* right, so); **da stimmt** (**doch**) **etwas nicht** a) there's s.th. wrong there (*od.* here), b) (*das ist verdächtig*) there's s.th. fishy about that (*colloq.*); **das kann doch nicht** [**kann unmöglich**] **~** that cannot [possibly] be right; **stimmt es, daß er kommt?** is it true (*od.* right) that he is coming? **bei dir stimmt's wohl nicht?** *fig. colloq.* you must be out of your mind (*od.* off your head, *sl.* off your rocker); **stimmt's oder hab' ich recht?** *colloq.* am I right? – **5. für** [**gegen**] **j-n ~** *bes. pol.* to vote for [against] s.o., [not] to give one's vote to s.o.; **für** [**gegen**] **etwas ~** to vote for [against] s.th. – **6.** (*passen*) (**zu** with) go: **es stimmt zu dem, was er sagt** it tallies with what he says, it bears out his statement. – **III S~** *n* ⟨-s⟩ **7.** *verbal noun*: **das S~ der Instrumente** the tuning up.

ˈStim·men|ˌabˌga·be *f pol. cf.* Stimmabgabe. — **~ˌanˌteil** *m* percentage of votes. — **~ˌanˌzahl** *f* number of votes. — **~ˌeinˌbu·ße** *f* loss of votes. — **~ˌfang** *m* vote catching, canvassing, *Am. auch* vote getting. — **~geˌwinn** *m* votes *pl* gained, gain (*od.* increase) in votes. — **~geˌwirr** *n* babble (*od.* din, confusion) of voices, babble. — **~ˌgleich·heit** *f pol.* **1.** equality (*od.* parity) of votes. – **2.** (*im Parlament*) tie, equal division: **bei ~** in the event of a tie (*od.* of votes being equal); **bei ~ entscheidet die Stimme des Vorsitzenden** the vote of the chairman shall be decisive in the event of a tie, in the event of a tie the chairman has the casting vote. — **~ˌkauf** *m* buying of votes. — **~ˌmehr·heit** *f* majority (*bes. Am.* plurality) (of votes): **absolute** [**einfache**] **~** absolute [simple *od.* bare] majority; **relative ~** relative majority of votes, *bes. Am.* plurality; **eine Entschließung mit ~ annehmen** to pass a resolution by a majority vote; **mit ~ gewählt werden** to be elected by a majority of votes. — **~ˌmin·der·heit** *f* minority of votes, minority vote. — **~ˌtei·lung** *f* splitting of votes, division.

ˈStimm·entˌhal·tung *f pol.* abstention (from voting).

ˈStim·men|ˌun·terˌschied *m pol.* difference of votes (*od.* between votes cast). — **~verˌhält·nis** *n* proportion of votes. — **~ˌwer·ber** *m* canvasser, electioneer. — **~ˌwer·bung** *f* canvassing, electioneering, *Am. auch* vote getting. — **~ˌzahl** *f* number of votes, poll: **erforderliche ~** requisite number of votes. — **~ˌzäh·ler** *m* **1.** counter of votes, *Am. auch* canvasser, *Br. auch* scrutineer. – **2.** (*im Parlament*) teller. — **~ˌzäh·lung** *f* counting of votes, poll, polling, count.

ˈStim·mer *m* ⟨-s; -⟩ (*eines Musikinstrumentes*) tuner.

ˈstimmˌfä·hig *adj pol. cf.* stimmberechtigt.

ˈStimm|ˌfal·te *f med.* true vocal cord. — **~ˌfär·bung** *f mus.* timbre. — **~ˌfre·mi·tus** [-ˌfreːmitus] *m* ⟨-; *no pl*⟩ *med.* pectoral (*od.* vocal, tactile) fremitus. — **~ˌfüh·rung** *f mus.* part writing, *Am.* voice leading, conduct of parts (*od.* voices). — **~ˌga·bel** *f* tuning fork. — **~ˌge·bung** *f* ⟨-; *no pl*⟩ vocalization *Br. auch* -s-. — **s~geˌwal·tig** *adj* loud-voiced, with a powerful voice.

ˈstimm·haft *adj ling.* (*Konsonant, Laut*) voiced, sonant. — **ˈStimm·haf·tig·keit** *f* ⟨-; *no pl*⟩ voicedness, voice vocality, sonancy.

ˈStimmˌham·mer *m mus.* tuning hammer (*od.* lever, wrest).

ˈStimmit·tel (*getr.* -mmˌm-) *n* ⟨-s; -⟩ *mus.* vocal resources *pl*, voice.

ˈStimmˌkraft *f* vocal (*od.* voice) power.

ˈStimmˌla·ge *f* voice, register: **Wechsel in der ~** break; **hohe** [**mittlere, tiefe**] **~** upper [medium, lower] register.

ˈstimm·lich I *adj* vocal: **~e Kraft** vocal power. – **II** *adv* **~ unzureichend** vocally insufficient; **~ auf der Höhe** in good voice; **~ begabt sein** to be a gifted singer, to be gifted with a beautiful voice.

ˈStimm|ˌlip·pe *f med.* vocal cord (*auch* chord). — **~ˌli·ste** *f pol.* voting list, electoral register.

ˈstimm·los *adj* **1.** *ling.* voiceless, unvoiced, surd: **ein ~er Konsonant** a voiceless (*od.* an unvoiced) consonant. – **2.** *med.* voiceless, aphonic (*scient.*). — **ˈStimm·lo·sig·keit** *f* ⟨-; *no pl*⟩ **1.** *ling.* voicelessness. – **2.** *med.* voicelessness, aphonia (*scient.*).

ˈStimm|ˌpfei·fe *f mus.* pitch (*od.* tuning) pipe. — **~ˌpro·be** *f* voice test.

ˈStimmˌrecht *n pol.* a) right to vote, vote, voting right, b) (electoral) franchise, suffrage: **allgemeines ~** universal suffrage; **~ haben** to have a vote, to be entitled (*od.* eligible) to vote; **das ~ ausüben** to exercise (*od.* make use of) one's right to vote (*od.* one's franchise), to vote; **ohne ~** without a vote; **das ~ verlieren** to lose one's vote,

to be dis(en)franchised; Ausübung des ~s exercise of the right to vote.
'Stimm,recht·le·rin [-lərın] *f* ⟨-; -nen⟩ suffragist, suffragette.
'stimm,rechts·los *adj only in* ~e Aktie *econ.* nonvoting (*Br.* non-voting) share (*bes. Am.* stock).
'Stimm,rit·ze *f med.* glottis, glottal chink, rima glottidis (*scient.*).
'Stimm,rit·zen|,deckel (*getr.* -k·k-) *m med.* epiglottis. — **~,krampf** *m* laryngismus, spasm of the glottis, laryngospasm.
'Stimm|,schlüs·sel *m mus. cf.* Stimmhammer. — **~,stock** *m* **1.** (*beim Klavier*) tuning board, pin block, wrest plank. – **2.** (*beim Harmonium*) pan. – **3.** (*bei der Violine*) sound post. – **4.** (*beim Akkordeon*) reed board. — **~,ton** *m* **1.** tuning note (*Am.* tone), tuning standard. – **2.** voice (quality). — **~,übung** *f* vocal exercise: ~en machen to exercise one's voice. — **~,um,fang** *m* range (*od.* compass) of the voice, gamut.
'Stim·mung *f* ⟨-; -en⟩ **1.** (*Gemütslage*) mood, humor, *bes. Br.* humour, spirits *pl*: festliche ~ festive mood; in gedrückter ~ sein to feel depressed (*od.* low), to be in low (*od.* poor) spirits, to be very down (*od.* in the dumps, down in the mouth) (*colloq.*); in gehobener ~ sein to be in an elated (*stärker* exultant) mood, to be in high spirits, *Am. colloq. auch* to be chipper; in gereizter ~ sein to be irritable; in guter ~ sein to be in good humo(u)r (*od.* form), to be in a good mood; in schlechter ~ sein to be in bad humo(u)r (*od.* form), in a bad mood (*od.* temper); er ist wechselnden ~en unterworfen he is moody, he is prone to moods; ich bin jetzt für solche Dinge gar nicht in ~ I am not in the mood for (*od.* I do not feel like) that just now, I am in no mood (*od.* frame of mind) for that just now; das hängt von seiner ~ ab that depends (up)on his mood; die Nachricht hat ihre ~ getrübt the news has damped their spirits. – **2.** (*fröhliche Laune, Frohsinn*) (high) spirits *pl*: ich bin heute in ~ I am in the mood for (*od.* I feel like) action today, I am in good form today; nicht in ~ sein not to be in form; die ~ war glänzend spirits were high; er bringt alle in ~ he livens everyone up; er bringt ~ hinein he makes things go with a swing; nach dem fünften Glas kam er in ~ he livened up after the fifth glass; für ~ sorgen, ~ machen to liven (*od. sl.* pep) things up; j-m die ~ verderben to dash s.o.'s spirits; die ~ wuchs spirits rose. – **3.** (*Atmosphäre*) atmosphere; es herrschte eine gedämpfte (*od.* gedrückte) ~ there was an atmosphere of gloom; das Bild hat ~ the picture has atmosphere; ~ machen (*durch Beleuchtung etc*) to create atmosphere. – **4.** (*Gesamteindruck*) mood, atmosphere: die ~ einer Landschaft the mood (*od.* atmosphere) of a landscape; die düstere ~ des Gemäldes the sinister atmosphere of the picture; die heitere ~ eines Menuetts the gay mood of a minuet; der Maler hat die vorherrschende ~ erfaßt (*od.* eingefangen) the artist has captured the prevailing mood (very well). – **5.** (*der Bevölkerung*) feeling, sentiment, opinion: die allgemeine ~ (the) general feeling, public sentiment. – **6.** (*der Belegschaft, Truppe*) morale. – **7.** (*Geneigtheit*) enthusiasm: ~ für etwas machen to work up (a bit of) enthusiasm for s.th. – **8.** *econ.* a) (*an der Börse*) tendency, tone, b) (*auf dem Markt*) trend. – **9.** *mus.* a) *cf.* Stimmen, b) tuning, temperament, pitch: ~ halten to keep in tune.
'Stim·mungs|,än·de·rung *f* change of (*od.* in) mood. — **~ba·ro,me·ter** *n fig.* barometer of opinion. — **~,bild** *n* **1.** (*art*) a) painting conveying a special atmosphere (*od.* mood), b) impressionistic picture. – **2.** (*literature*) a) description of a certain atmosphere, b) narrative (*od.* poem) conveying a certain mood (*od.* atmosphere). – **3.** *mus.* expression of atmosphere. — **~ka,no·ne** *f* er ist eine ~ *colloq. humor.* he is the life (and soul) of a party. — **~,ma·che** *f* ⟨-; *no pl*⟩ *contempt.* attempt to manipulate public opinion. — **~,ma·cher** *m colloq. cf.* Stimmungskanone. — **~,mensch** *m* moody person (*od.* creature). — **~mu,sik** *f* **1.** (*in einem Restaurant etc*) background (*od.* mood) music. – **2.** (*lustige Musik*) gay (*od.* lively) music. — **~,um,schwung** *m* **1.** (*bei einer Person*) change of (*od.* in) mood. – **2.** (*auf einer Party etc*) change of atmosphere. – **3.** (*Gesinnungswandel*) change (*od.* shift) of opinion, volte-face, about-face. – **4.** *econ.* (*an der Börse etc*) change of tone (*od.* tendency). — **s~,voll** *adj* **1.** (*Abend etc*) entertaining, enjoyable. – **2.** (*Bild etc*) full of atmosphere. – **3.** (*Gedicht etc*) full of genuine feeling, full of (*od.* with) emotional appeal. — **~,wan·del**, **~,wech·sel** *m cf.* Stimmungsumschwung 1—3.
'Stimm|,vieh *n pol. colloq. contempt.* herd (*od.* mob) of voters, uncritical (*od.* easily fooled) voters *pl.* — **~,wech·sel** *m* ⟨-s; *no pl*⟩ *med. cf.* Stimmbruch. — **~,werk,zeug** *n* vocal organ (*od.* instrument). — **~,zäh·ler** *m pol. cf.* Stimmenzähler. — **~,zäh·lung** *f cf.* Stimmenzählung. — **~,zet·tel** *m* ballot (paper), *bes. Br.* voting paper: [un]gültiger ~ [in]valid ballot; leerer (*od.* nicht ausgefüllter) ~ voting paper left blank, blank vote; Abstimmung durch ~ voting by ballot, balloting; durch ~ abstimmen to take a (*od.* to vote by) ballot, to ballot; einen ~ in die Wahlurne werfen to deposit a voting paper in the ballot box. — **~,zug** *mus.* (*an Blechinstrumenten*) tuning slide.
Sti·mu·lans ['ʃtiːmulans; 'stiː-] *n* ⟨-; -lantia [ʃtimu'lantsĭa; sti-] *u.* -lanzien [ʃtimu'lantsĭən; sti-]⟩ *med.* stimulant, excitant.
Sti·mu·la·ti·on [ʃtimula'tsĭoːn; sti-] *f* ⟨-; *no pl*⟩ *rare for* Stimulierung.
sti·mu·lie·ren [ʃtimu'liːrən; sti-] **I** *v/t* ⟨*no* ge-, h⟩ **1.** stimulate. – **II S~** *n* ⟨-s⟩ **2.** *verbal noun.* – **3.** *f.* Stimulierung. — **sti·mu'lie·rend I** *pres p.* – **II** *adj* stimulant. — **Sti·mu'lie·rung** *f* ⟨-; *no pl*⟩ **1.** *cf.* Stimulieren. – **2.** stimulation.
Sti·mu·lus ['ʃtiːmulus; 'stiː-] *m* ⟨-; -li [-li]⟩ stimulus: schädlicher ~ noxious stimulus.
Stin·ka·do·res[1] [ʃtıŋka'doːrɛs] *f* ⟨-; -⟩ *colloq.* stinking weed (*sl.*), bad-smelling cigar.
Stin·ka'do·res[2] *m* ⟨-; -⟩ *colloq.* bad-smelling cheese.
'Stink|asant [-ˀa,zant] *m pharm. cf.* Asant. — **~,baum** *m* sterculia (*Gattg Sterculia*): Echter ~ stinking wood, stavewood (*S. foetida*). — **~,bom·be** *f* stink bomb. — **~,dachs** *m zo.* stinkard, teledu, *auch* Javanese skunk (*Mydaus meliceps*).
stin·ken ['ʃtıŋkən] **I** *v/i* ⟨stinkt, stank, gestunken, h⟩ **1.** stink, stench, smell (*od.* be) rank (*od.* fetid, *auch* foetid), have a rank (*od.* fetid, *auch* foetid) smell; *Br. colloq.* pong, hum: der Komposthaufen stinkt the compost heap stinks; das stinkt wie die Pest *colloq.* that stinks like hell, *Br. colloq.* that fairly pongs; er stinkt aus dem Mund *colloq.* he has bad breath, his breath smells, *Br. colloq.* his breath has an awful pong; der Käse stinkt the cheese stinks (*od. colloq.* is high); etwas stinkt an der Sache *fig. colloq.* there's s.th. fishy about that (*od.* about it somewhere) (*colloq.*); die Sache stinkt mir *fig. colloq.* I am sick (and tired) (*od.* sick to death) of the whole thing (*colloq.*), I am fed up (to the [back] teeth) with the whole thing (*sl.*); → Eigenlob; Faulheit; Geld 1; Himmel 7. – **2.** nach etwas ~ a) to stink (*od.* reek, *Br. colloq.* pong, hum) of s.th., b) *fig. colloq.* to smack (*od.* reek, scent) of s.th.: er stinkt nach Alkohol he stinks (*od.* smells strongly) of alcohol; das stinkt nach Verrat *fig. colloq.* that smacks of treachery. – **II** *v/impers* **3.** es stinkt, hier stinkt's (nach of) this place stinks (*Br. colloq.* pongs, hums), there is an awful stench (*od.* a nasty smell, *Br. colloq.* an awful pong) here. — **'stin·kend I** *pres p.* – **II** *adj* **1.** stinking, vile-smelling, rank, fetid, *auch* foetid, foul, malodorous (*lit.*); stinky, smelly (*colloq.*): ~es Gewässer foul (*od.* stinking) water. – **2.** (*faulig*) foul, putrid, rotten. – **III** *adv* **3.** ~ faul *cf.* stinkfaul.
'stink'faul *adj colloq.* (as) lazy as hell, *Br.* bone-idle (*od.* -lazy): er ist ~ he is a lazy-bones, *Br.* he is bone-idle.
'stin·kig *adj* **1.** *cf.* stinkend II. – **2.** ~e Laune haben *colloq.* to be in a foul (*od.* vile, *sl.* rotten, stinking) mood (*od.* temper).
'stink'lang,wei·lig *adj colloq. contempt.* dead(ly) (*Br. vulg.* bloody) boring, (as) dull as ditchwater: er ist ~ he bores me stiff (*od.* to death, to tears), he is an awful (*Br. auch* a crashing) bore.
'Stink|'lau·ne *f colloq.* foul (*od.* vile, stinking, *Am.* stinky, *sl.* rotten) mood, foul temper: eine ~ haben to be in a rotten mood. — **~,mor·chel** *f bot.* stinkhorn, phalloid, *auch* carrion fungus (*Phallus impudicus*). — **~,na·se** *f med.* atrophic rhinitis, ozena (*scient.*). — **s~'reich** *adj colloq.* stinking (*od.* filthy) with money, stinking (*od.* filthy) rich (*alle colloq.*), rotten (*od.* loaded) with money (*sl.*). — **~,ro·chen** *m zo. cf.* Stechrochen. — **~,tier** *n* skunk (*Unterfam. Mustelidae*): Mexikanisches ~ conepate, *auch* conepatl (*Gattg Conepatus*); Südamerikanisches ~ *cf.* Streifenskunk. — **s~'vor,nehm** *colloq.* **I** *adj* swank(y), swish, posh (*alle colloq.*): ein ~es Hotel a swanky (*bes. Am. sl.* ritzy) hotel. – **II** *adv* ~ tun *contempt.* to be frightfully (*Am.* real) posh. — **~,wan·ze** *f zo.* stinkbug (*Palomena prasina*). — **~'wut** *f colloq.* towering rage: eine ~ haben to be in a towering rage, to be flaming (*od.* rip-roaring, *colloq.* hopping) mad, to fume with rage, *Am. colloq.* to be sore as hell. — **s~'wü·tend** *adj* ~ sein *colloq.* to be flaming mad.
Stint[1] [ʃtınt] *m* ⟨-(e)s; -e⟩ *zo. bes.* Europäischer ~ smelt, sparling (*Osmerus eperlanus*).
Stint[2] *m* ⟨-(e)s; -e⟩ *Low G. colloq.* greenhorn: sich freuen wie ein ~ to be as happy as larry (*od.* a sandboy), *Br. sl.* to be chuffed to pieces.
Sti·pen·di·at [ʃtipɛn'dĭaːt] *m* ⟨-en; -en⟩, **Sti·pen·dia·tin** [-'dĭaːtın] *f* ⟨-; -nen⟩ *ped.* **1.** scholarship holder, student on a scholarship, scholar, *Br. auch* exhibitioner. – **2.** (*Inhaber eines Forschungsstipendiums*) holder of a post-graduate scholarship, *Am. auch* fellowship holder, fellow.
Sti'pen·di·en,fonds *m* scholarship fund, (*für Forschungsarbeit*) *Am. auch* fellowship fund.
Sti·pen·di·um [ʃti'pɛndĭum] *n* ⟨-s; -dien⟩ **1.** scholarship, grant, *Br.* exhibition. – **2.** (*für Forschungsarbeit*) post-graduate scholarship, *Am. auch* fellowship.
Stip·pe ['ʃtıpə] *f* ⟨-; -n⟩ *Low G. for* a) Punkt 1, b) Pustel, c) Soße 1. — **'stip·pen** *v/t* ⟨h⟩ etwas in (*acc*) etwas ~ *Low G.* (*tunken*) to dip (*od.* dunk) s.th. in(to) s.th.
'Stipp,milch *f Northern G. gastr.* cottage cheese thinned with milk and flavo(u)red with fruit juice.
'Stipp·vi,si·te *f colloq.* **1.** flying visit (*colloq.*), short visit: eine ~ nach Paris machen to go on a flying visit to Paris. – **2.** (*private*) flying visit (*colloq.*), short call (*od.* visit): eine ~ bei j-m machen to pop (*od.* drop) in on s.o. (for a visit), to call in on s.o. (*colloq.*), to pay s.o. a short visit, to pay a short call on s.o.; gestern hat er bei uns eine ~ gemacht he came on a flying visit yesterday, he popped (*od.* dropped, called) in (*od.* round) yesterday.
stirb [ʃtırp] *imp sg*, **stirbst** [ʃtırpst] *2 sg pres*, **stirbt** [ʃtırpt] *3 sg pres of* sterben.
Stirn [ʃtırn] *f* ⟨-; -en⟩ **1.** forehead, brow (*lit.*), front (*poet.*), frons (*scient.*): fliehende [gewölbte] ~ receding (*od.* sloping) [bulging] forehead; mit gekrauster ~ with a frown; hohe [niedrige] ~ high [low] forehead; sich (*dat od. acc*) an die ~ greifen (*od.* fassen) to put one's hand to one's forehead; da kann man sich (*dat*) nur an die ~ greifen *fig. colloq.* it really makes you wonder, you couldn't believe it; die ~ runzeln (*od.* in Falten legen) to frown, to knit one's brow (*lit.*); sich (*dat od. acc*) vor (*od.* an) die ~ schlagen to strike one's forehead; der Schweiß stand ihm auf der ~ perspiration stood (out) on his forehead; sie strich sich (*dat*) das Haar aus der ~ she brushed her hair back from her forehead; er wischte sich (*dat*) den Schweiß von der ~ he wiped the perspiration off (*od.* from) his forehead; mit eiserner ~ *fig.* a) (*unerschütterlich*) with unflinching resolution (*od.* determination), resolutely, b) (*unverschämt*) brazenly, brazen-facedly; etwas mit eiserner ~ leugnen *fig.* to deny s.th. brazenly; j-m [etwas] die ~ bieten *fig.* to face (*od.* meet) s.o. [s.th.] boldly, to face s.o. [s.th.] (squarely), to face up to s.o. [s.th.]; er bot dem Feind die ~ *fig.* he faced the enemy boldly, he showed the enemy a bold face (*od. lit.* front); er hatte die ~ zu behaupten *fig.* he had the cheek (*od.* face, *Am. auch* gall, *colloq.* nerve) to maintain,

he had the effrontery (*od.* impudence, insolence) to maintain; **es steht ihm auf der ~ geschrieben** *fig.* it is written all over his face. – **2.** *zo.* forehead. — **~ˌader** *f med.* frontal vein. — **~ˌanˌsicht** *f tech.* front (*od.* end) view, front elevation. — **~ˌband** *n* ⟨-(e)s; ⸚er⟩ **1.** headband, frontlet, browband, (*bes. verziertes*) frontal, fillet. – **2.** (*bes. goldenes*) diadem. – **3.** (*der Juden, Nonnen*) frontlet. – **4.** (*einer Gasmaske etc*) forehead strap. – **5.** *antiq.* taenia, *auch* tenia. — **~ˌbein** *n med.* frontal bone. — **~ˌbin·de** *f cf.* Stirnband 1—3, 5.

Stir·ne [ˈʃtɪrnə] *f* ⟨-; -n⟩ *lit. for* Stirn.

Stir·nen [ˈʃtɪrnən] *n tech.* face milling.

ˈStirn|ˌfal·te *f* wrinkle on the forehead: **tiefe ~** furrow (*od.* deep wrinkle) on the forehead. — **~ˌflä·che** *f* **1.** *tech.* a) end face (*od.* surface), front, b) (*einer Schleifscheibe*) side, c) (*einer Nabe*) boss. – **2.** (*bes. bei Holz*) crosscut end. — **~ˌfrä·ser** *m* facing-type milling cutter, end mill. — **~ˌhaar** *n* front hair, foretop. — **~ˌhöcker** (*getr.* -k·k-) *m zo.* frontal bump.

ˈStirnˌhöh·le *f med.* frontal sinus.

ˈStirnˌhöh·len|ˌei·te·rung *f med. cf.* Stirnhöhlenvereiterung. — **~entˌzün·dung** *f*, **~kaˌtarrh** *m* frontal sinusitis. — **~verˌei·te·rung** *f* chronic suppuration of the frontal sinus.

ˈStirn|ˌholz *n tech.* end-grained wood. — **~ˌjoch** *n agr.* (*für Rinder*) head yoke. — **~ˌkip·per** *m auto. Am.* end-dump truck, *Br.* end-tipping lorry. — **~ˌküh·ler** *m* front radiator. — **~ˌla·ge** *f med.* (*eines Kindes*) brow presentation. — **~ˌla·ger** *n tech.* end journal bearing. — **~ˌlap·pen** *m med.* frontal lobe. — **~ˌlocke** (*getr.* -k·k-) *f* forelock, curl on the forehead. — **~ˌmus·kel** *m med.* frontal muscle. — **~ˌnaht** *f* metopic (*od.* frontal) suture.

ˈStirnˌrad *n tech.* spur gear. — **~geˌtrie·be** *n* spur gearing. — **~verˌzah·nung** *f* spur-gear tooth system. — **~ˌwälzˌfrä·ser** *m* spur-gear hob.

ˈStirn|reˌflek·tor *m* (*des Arztes*) frontal (*od.* head) mirror. — **~ˌreif** *m* bronze (*od.* silver) headband. — **~ˌrie·men** *m* (*am Pferdegeschirr*) browband. — **~ˌrun·zeln** *n* frown(ing). — **~ˌschlei·fen** *n tech.* face grinding. — **~ˌsei·te** *f* **1.** front (side), facade, *bes. Br.* façade, face. – **2.** *tech.* (end) face, front end (*od.* face). – **3.** (*des Holzes*) end grain. — **~ˌspie·gel** *m cf.* Stirnreflektor. — **~ˌwand** *f* **1.** *arch.* front (*od.* end) wall. – **2.** (*railway*) (*eines Waggons*) end wall. – **3.** *auto.* a) (*des Rahmens*) cowl, b) (*Spritzwand*) splashboard. — **~ˌwi·derˌstand** *m aer.* head resistance. — **~ˌwinˌdung** *f med.* frontal convolution. — **~ˌwun·de** *f* wound on the forehead. — **~ˌzie·gel** *m arch. antiq.* antefix (tile).

Stoa [ˈstoːa; ˈʃtoːa] *f* ⟨-; *no pl*⟩ *philos.* (*Schule u. Lehre*) Stoa: **Lehre der ~** Stoicism.

stob [ʃtoːp] *1 u. 3 sg pret*, **stö·be** [ˈʃtøːbə] *1 u. 3 sg pret subj of* **stieben**.

Stö·ber [ˈʃtøːbər] *m* ⟨-s; -⟩, **~ˌhund** *m hunt.* harrier, tufter.

stö·bern [ˈʃtøːbərn] **I** *v/i* ⟨h⟩ **1.** *colloq.* (*kramen*) (in *dat* in; nach for) rummage (about *od.* [a]round), root (a)round (*od.* about): **ich habe in allen Schubläden nach dem Brief gestöbert** I rooted (a)round in every drawer for the letter. – **2.** *colloq.* (*suchen*) (in *dat* in; nach for) hunt, search: **in den Akten ~** to search through the files; **in alten Büchern nach Hinweisen ~** to hunt up references in old books, to look through old books for references. – **3.** *colloq.* (*schnüffeln*) (in *dat* in) poke (a)round (*od.* about). – **4.** (*in Geschäften etc*) look (*od.* poke) (a)round, have a look ([a]round): **darf ich hier ein bißchen ~?** may I just have a look (a)round? – **5. in einem Buch [einer Zeitung] ~** to browse in a book [newspaper]. – **6.** *bes. Southern G.* (*gründlich saubermachen*) do one's spring-cleaning. – **7.** (*von Schneeflocken*) blow about. – **II** *v/t* **8.** *bes. Southern G.* (*Haus, Zimmer*) spring-clean. – **9.** *hunt.* (*Wild etc*) start, rouse, bolt, put (*s.th.*) up. – **III** *v/impers* **10. es stöbert** the snow is blowing about. – **IV S~** *n* ⟨-s⟩ **11.** *verbal noun.*

sto·cha·stisch [stɔˈxastɪʃ; ʃtɔ-] *adj* (*in der Statistik*) (*zufallsabhängig*) stochastic: **~er Prozeß** stochastic process.

ˈStochˌei·sen *n metall.* poker (bar), stoker's rod. — **sto·chen** [ˈʃtɔxən] *v/t* ⟨h⟩ poke, stir, stoke.

ˈSto·cher *m* ⟨-s; -⟩ **1.** toothpick. – **2.** *metall. cf.* Stocheisen.

sto·chern [ˈʃtɔxərn] *v/i* ⟨h⟩ **in** (*dat*) **etwas ~** a) (*mit dem Schürhaken etc*) to poke (about *od.* around in) s.th., b) (*mit dem Zahnstocher etc*) to pick s.th., c) (*mit der Gabel etc*) to pick at s.th.: **in der Glut ~** to poke (*od.* stir up, rake, stoke) the fire; **sie stocherte in den Zähnen** she picked her teeth; **er stocherte in seinem Essen** he picked at his food, he pushed his food around his plate; **in der Erde ~** to poke around in the ground; **im Ausguß ~** to poke the drain.

Stö·chio·me·trie [ʃtøçiomeˈtriː; stø-] *f* ⟨-; *no pl*⟩ *chem.* stoichiometry, *Br. auch* stoicheiometry. — **stö·chioˈme·trisch** [-ˈmeːtrɪʃ] *adj* stoichiometric, *auch* stoichiometrical.

Stock[1] [ʃtɔk] *m* ⟨-(e)s; ⸚e⟩ **1.** (*als Stütze*) stick: **sich auf einen ~ stützen** to lean on a stick; **am ~ gehen** a) to walk with (the help of) a stick, to use a stick, b) *fig. colloq.* (*finanziell*) to be at rock bottom, to be in financial difficulties, c) *fig. colloq.* (*bei viel Arbeit etc*) to be killed with work (*colloq.*). – **2.** (*Spazierstock*) walking stick, cane. – **3.** (*zum Schlagen etc*) stick, cane, rod: **j-n mit einem ~ kräftig verprügeln** to beat s.o. with a stick, to cane s.o., to give s.o. a good caning, to give s.o. a good thrashing (*od.* flogging) (with a stick); **der Hund bekam den ~ zu spüren** the dog was given the stick (*od.* a thrashing); **sich** (*dat*) **einen ~ (zurecht)schneiden** to cut oneself a cane (*od.* rod). – **4.** (*Rohrstock*) cane. – **5.** *fig. colloq.* (*in Wendungen wie*) **steh nicht da wie ein ~!** don't stand there like a post (*od.* dummy); **sie weinte, und er saß da wie ein ~** she was crying and he sat there like a post; **er geht, als wenn er einen ~ verschluckt hätte** he walks as if he had swallowed a ramrod; → **steif** 1. – **6.** (*Billardstock*) cue. – **7.** (*Bergstock*) alpenstock. – **8.** (*des Geometers*) staff. – **9.** *hort.* a) (*Blumenstock*) (flowering) pot plant, b) *cf.* **Rosenstock**, c) *cf.* **Rebstock**. – **10.** *bot.* a) (*Stamm*) trunk, stem, stock, b) (*Wurzelstock*) root stock, c) (*Baumstumpf*) stump (*od.* stub) (of a tree): **über ~ und Stein** *fig.* over hedge and ditch, up hill and down dale. – **11.** (*Gebirgsstock etc*) massif, mountain mass. – **12.** (*Bienenstock*) beehive. – **13.** *print.* (printing) block, cliché. – **14.** (*sport*) a) (*Skistock*) (ski) pole (*od.* stick), b) (*Schlagholz*) trap bat, c) (*Keule*) bat. – **15.** *mil.* (*zum Gewehrreinigen*) (cleaning) rod. – **16.** *hist.* (*Folterwerkzeug*) stocks *pl*: **j-n in den ~ legen** to put s.o. in the stocks.

Stock[2] *m* ⟨-(e)s; - *u.* -werke⟩ **1.** storey, *bes. Am.* story, floor: **das Haus ist fünf ~ hoch** the house is five storeys (*bes. Am.* stories) high; **im ersten ~ wohnen** to live on the first (*Am.* second) floor. – **2.** (*einer Brücke, eines Busses*) deck.

Stock[3] [ʃtɔk; stɔk] (*Engl.*) *m* ⟨-s; -s⟩ *econ.* **1.** (*Grundkapital*) (original) capital, holding. – **2.** (*Vorrat, Warenlager*) stock. – **3.** (*Effekten*) total amount of loan.

ˈstock|beˈsof·fen, ~beˈtrun·ken *adj colloq.* 'plastered' (*colloq.*), blotto (*sl.*), dead drunk, completely drunk. — **S~ˌblech·ˌsche·re** *f tech.* compound lever bench shears *pl.* — **~ˈblind** *adj colloq.* stone-blind: **~ sein** to be as blind as a bat (*od.* mole).

Stöck·chen [ˈʃtœkçən] *n* ⟨-s; -⟩ **1.** *dim. of* **Stock**[1]. – **2.** (*der Offiziere*) swagger stick (*od.* cane).

ˈStock|ˌde·gen *m* sword cane (*od.* stick). — **s~ˈdumm** *adj colloq.* as dumb as they come (*colloq.*), half- (*od. sl.* dim-)witted, thickskulled, asinine, blockheaded: **er ist ~** he is a complete and utter dimwit (*od.* halfwit, thickskull), he is as stupid as they make them (*od.* as they come). — **s~ˈdun·kel** *adj colloq.* pitch-dark (*od.* -black): **eine stockdunkle Nacht** a pitch-black night, a night as black as pitch. — **s~ˈdürr** *adj colloq.* exceedingly thin, just skin and bones.

Stöckel[1] (*getr.* -k·k-) [ˈʃtœkəl] *m* ⟨-s; -⟩ *colloq.* high heel.

ˈStöckel[2] (*getr.* -k·k-) *n* ⟨-s; -⟩ *Austrian* (*Nebengebäude, bes. von Schlössern, Bauernhäusern*) outhouse, outbuilding.

ˈStöckelˌabˌsatz (*getr.* -k·k-) *m colloq.* high heel.

stöckeln (*getr.* -k·k-) [ˈʃtœkəln] *v/i* ⟨sein⟩ *colloq.* trip (*od.* mince, prance) along on high heels.

ˈStöckelˌschuh (*getr.* -k·k-) *m meist pl colloq.* high-heeled shoe.

stocken (*getr.* -k·k-) [ˈʃtɔkən] **I** *v/i* ⟨h⟩ **1.** (*innehalten*) pause, stop: **er stockte mitten im Satz** he paused in the middle of the sentence; **sie stockte plötzlich in ihrer Erzählung** she stopped short in (the middle of) her story. – **2.** (*steckenbleiben*) stop short, falter, hesitate, halt, get stuck (*colloq.*): **er stockte beim Aufsagen des Gedichts** he faltered in his recitation of the poem, he got stuck in the middle of his recitation (*colloq.*). – **3.** (*von Gespräch*) flag. – **4.** (*von Arbeit etc*) come to a standstill (*od.* halt), stop. – **5.** (*von Verkehr*) congest, be jammed (*od.* blocked, congested, *Am. auch* tied up), come to a standstill. – **6.** *econ.* (*von Geschäft, Handel etc*) a) (*stagnieren*) be stagnant, stagnate, come to a standstill, b) (*flau werden*) be slack, slacken (off), fall off, slow down: **der Absatz stockte** a) sales came to a standstill, b) sales fell off (*od.* slackened). – **7.** *med.* a) (*von Kreislauf*) stagnate, b) (*von Herz*) cease to beat (*od.* act, work), stop, c) (*von Puls*) stop, d) (*gerinnen*) coagulate, clot: **ihm stockte der Atem** *fig.* his heart missed a beat, his heart stopped; **das Blut stockte ihm in den Adern** *fig.* his blood curdled (*od.* ran cold). – **8.** *Bavarian and Austrian* (*von Milch*) curdle, thicken. – **9.** (*durch Hitze od. Kälte fest werden*) thicken, solidify, congeal, coagulate. – **10.** (*von Farbe*) cake. – **11.** (*von Motor etc*) stall, conk (out) (*colloq.*). – **12.** (*von Wäsche, Papier etc*) become damp-stained (*od.* mildewed), turn moldy (*bes. Br.* mouldy). – **13.** (*von Holz*) rot. – **II S~** *n* ⟨-s⟩ **14.** *verbal noun*: **ins S~ geraten** a) (*von einem Sprecher*) to stop and start, to begin to falter, b) (*von Verhandlungen etc*) to reach (*od.* come to) a deadlock (*od.* standstill), to deadlock, c) (*von Absatz etc*) to slacken (off), to fall off, to slow down. – **16.** *cf.* **Stockung**. – **17.** (*beim Sprechen*) hesitation: **ohne S~ lesen** to read fluently (*od.* without faltering). – **18.** (*der Arbeit*) standstill. – **19.** *econ.* (*des Handels etc*) a) stagnation, b) (*Flaute*) lull, (the) doldrums *pl.* — **ˈstockend** (*getr.* -k·k-) **I** *pres p.* – **II** *adj* **1.** (*Geschäft etc*) slack, sluggish, dull, stagnant, slow. – **2.** (*zögernd*) hesitant, halting. – **3.** (*unsicher*) faltering: **mit ~er Stimme** with (*od.* in) a faltering voice. – **III** *adv* **4.** hesitantly, haltingly, hesitatingly: **~ sprechen** to speak haltingly.

ˈStockˌen·de *n* **1.** end of a stick. – **2.** (*wood*) butt of the bole.

ˈStockˌen·te *f zo.* mallard, stock (*auch* wild) duck (*Anas platyrhynchos*).

Stöcker (*getr.* -k·k-) [ˈʃtœkər] *m* ⟨-s; -⟩, **~ˌfisch** *m zo.* saurel (*Trachurus trachurus*).

ˈStock|ˌfäu·le *f* **1.** (*an der Wurzel*) root rot. – **2.** (*wood*) rotting of the stem. — **s~ˈfin·ster** *adj colloq. cf.* stockdunkel. — **~ˌfisch** *m* **1.** *gastr.* stockfish, dried cod. – **2.** *fig. colloq.* (*langweiliger, wenig gesprächiger Mensch*) lifeless bore, 'stick' (*colloq.*). — **~ˌfleck** *m* (*auf Stoff, Papier etc*) dampstain, spot of mold (*bes. Br.* mould), spot of mildew, fox mark. — **s~ˌfleckig** (*getr.* -k·k-) *adj* (*Stoff, Papier etc*) damp-stained, moldy, *bes. Br.* mouldy, spotted with mold (*bes. Br.* mould), mildewed, mildewy, foxed, foxy: **~e alte Bücher** foxed old books; **~ werden** to turn mo(u)ldy, to become damp-stained, to mildew. — **s~ˈfremd** *adj colloq.* (*in Wendungen wie*) **~e Leute** complete (*od.* absolute) strangers; **er ist mir ~** he is a complete stranger to me, I would not know him from Adam; **sie sind hier ~** they don't know a soul here, they are absolute strangers here. — **~geˌtrie·be** *n tech.* lantern pinion. — **~ˌhaus** *n hist.* town jail (*Br. auch* gaol). — **s~ˈhei·ser** *adj colloq.* (as) hoarse as a crow (*colloq.*), absolutely (*od. colloq.* terribly) hoarse. — **~ˌhieb** *m meist pl* bat, blow (*od.* stroke) with a stick: **j-m ~e versetzen** to beat s.o. with a stick, to give s.o. a caning (*od.* beating), to give s.o. a thrashing (*od.* flogging) with a stick. — **~ˌholz** *n* (*forestry*) stump wood.

'stockig (*getr.* -k·k-) *adj* **1.** *cf.* stockfleckig. – **2.** (*wood*) dozy, fusty.

'Stock|ˌkampf *m* cudgel play, cudgels *pl*, fighting with sticks. — **s~ka'tho·lisch** *adj colloq.* ultra-Catholic: **er ist ~** he is ultra-Catholic (*od.* an out-and-out Catholic). — **s~kon·ser·va'tiv** *adj pol.* ultraconservative, archconservative, extremely (*od. colloq.* dyed-in-the-wool) conservative. — **~kon·ser·va'ti·ve** *m, f* staunch (*od. colloq.* dyed-in-the-wool) conservative, archconservative. — **~ˌkrank·heit** *f bot.* **1.** (*bes. des Klees*) stem sickness. – **2.** (*bes. des Getreides*) tulip root.

Stöck·lein ['ʃtœklaɪn] *n* ⟨-s; -⟩ *dim. of* Stock[1].

Stöck·li ['ʃtœkli] *n* ⟨-s; -⟩ *Swiss dial. for* Altenteil.

'stock'nüch·tern *adj colloq.* cold sober, (as) sober as a judge.

'Stock|ˌprü·gel *pl* beating *sg*, caning *sg*, flogging (*od.* thrashing) *sg* with a stick. — **~ˌpunkt** *m chem.* (*des Öls*) solidification (*od.* pour, congelation) point, setting (*od.* congeal) point. — **~ˌreis** *n bot.* sprout. — **~ˌro·se** *f bot.* hollyhock, rose mallow (*Althaea rosea*). — **~ˌschal·tung** *f auto.* stick shift. — **~ˌsche·re** *f tech. cf.* Stockblechschere. — **~ˌschirm** *m* walking-stick umbrella. — **~ˌschlä·ge** *pl cf.* Stockprügel. — **~ˌschnup·fen** *m med.* chronic coryza (*od.* rhinitis). — **s~'steif** *colloq.* **I** *adj* **1.** (*Haltung, Glieder etc*) (as) stiff as a poker (*colloq.*), stiff and stark. – **2.** *fig.* (*Benehmen, Gesellschaft etc*) starchy, stiff, formal. – **II** *adv* **3. er saß ~ da** he sat there as stiff as a poker (*colloq.*) (*od.* like a post). — **s~'still** *adj colloq.* stock-still. — **~ˌstra·fe** *f cf.* Prügelstrafe. — **s~'taub** *adj colloq.* stone-deaf, (as) deaf as a post (*od.* stone).

'Stockung (*getr.* -k·k-) *f* ⟨-; -en⟩ **1.** *cf.* Stocken. – **2.** stoppage, holdup, *Br.* hold-up, delay, stop, interruption: **eine ~ hervorrufen** to cause a hold(-)up. – **3.** (*Verkehrsstockung*) traffic jam (*od.* congestion, *Br. auch* block): **der Verkehr ging ohne ~ weiter** the traffic went on without a hold(-)up. – **4.** (*Pause*) pause, break. – **5.** *fig.* (*Stillstand, toter Punkt*) deadlock, standstill, stalemate. – **6.** *med.* a) (*von Kreislauf*) stagnation, b) (*Stillstand*) cessation, arrest, stasis (*scient.*), c) (*Gerinnung*) coagulation, d) (*Blutandrang*) congestion. – **7.** (*von Öl*) solidification, coagulation.

'Stock,werk *n* **1.** storey, *bes. Am.* story, floor: **ein Haus mit 5 ~en** a house of 5 storeys (*bes. Am.* stories), a five-storeyed (*bes. Am.* -storied) house; **im oberen [unteren] ~** on the upper [lower] floor, upstairs [downstairs]; **die Zimmer im oberen [unteren] ~** the upstairs (*auch* upstair) [downstairs, *auch* downstair] rooms. – **2.** *geol.* stratum, (*einer Erzablagerung*) stockwork.

'Stock,werks|ˌan,zei·ger *m* floor indicator. — **~ga,ra·ge** *f auto.* multi-storey (*bes. Am.* -story) parking garage.

'Stock|ˌzahn *m med. Southern G., Austrian and Swiss for* Backenzahn. — **~ˌzwin·ge** *f tech.* ferrule.

Stoff [ʃtɔf] *m* ⟨-(e)s; -e⟩ **1.** (*Gewebe*) material, fabric, cloth, textile, (*Wollstoff*) *auch* stuff: **seidene [wollene, baumwollene] ~e** silk [wool(l)en, cotton] fabrics (*od.* material *sg*); **~ weben [drapieren]** to weave [to drape] fabric; **~ zuschneiden** to cut out a pattern, to cut out material (to *od.* from a pattern); **~ für einen Rock** a) material for a skirt, b) (*Coupon*) a skirt length. – **2.** *bes. chem. phys.* a) substance, matter, body, b) (*Grundstoff*) base material, c) (*Wirkstoff*) agent: **[an]organische ~e** [in]organic substances; **pflanzliche [tierische] ~e** vegetable [animal] substances; **feste [gasförmige, flüssige] ~e** solid [gaseous, liquid] substances; **schädlicher ~** *cf.* Schadstoff; → **kinetisch** 1. – **3.** *philos.* (*Materie*) matter: **Geist und ~** mind and matter. – **4.** (*Material*) material: **Glas ist ein spröder ~** glass is a brittle material; **er ist aus anderem ~ gemacht** *fig.* he is made of different stuff. – **5.** (*geistiges Material*) material: **~ zur Unterhaltung [zum Nachdenken, zum Plaudern]** material (*od.* food) for conversation [reflection, *Br. auch* reflexion, gossip]; **er sammelt ~ für einen** (*od.* **zu einem**) **Roman** he is collecting material for a novel; **eine Fülle von ~** a wealth of material; **nach einer Stunde mühsamer Unterhaltung ist ihnen der ~ ausgegangen** after an hour of strained conversation they ran out of topics. – **6.** (*bes. literature*) subject, (subject) matter: **ein dankbarer [trockener, unergiebiger] ~** a worthwhile [a dry, an unproductive] subject; **der ~ des Films ist sehr interessant** the subject of the film is very interesting; **das gäbe einen guten ~ für eine** (*od.* **zu einer**) **Komödie** that would be a good subject (*od.* that would furnish matter) for a comedy; **dieser Vorfall hat viel ~ zum Lachen gegeben** this incident became a great source of amusement. – **7.** *colloq.* (*Bier, Schnaps etc*) stuff. – **8.** *sl.* (*Rauschgift*) stuff, shit (*sl.*).

'Stoff|ˌab,tei·lung *f* (*im Warenhaus*) textile department. — **~ˌbahn** *f* length of material. — **~ˌbal·len** *m* bale of material (*od.* cloth). — **s~be,spannt** *adj* fabric-covered. — **~be,span·nung** *f* fabric covering. — **~ˌbruch** *m* fold.

Stof·fel ['ʃtɔfəl] *m* ⟨-s; -⟩ *colloq. contempt.* (*ungehobelter Mensch*) boor. — **'stof·fe·lig** *adj* boorish, uncouth.

'Stoffet·zen (*getr.* -ff,f-) *m* rag, tatter, shred.

'Stoff,hand,schuh *m* fabric glove.

'stoff·lich *adj* **1.** (*materiell*) material, substantial: **~e Veränderungen** material changes. – **2. die ~e Qualität des Anzuges ist hervorragend** the material of the suit is first-class (quality). – **3. ~e Ähnlichkeiten zweier Werke feststellen** to discover similarities between two works as regards the subject matter. — **'Stoff·lich·keit** *f* ⟨-; *no pl*⟩ materiality, substantiality.

'stoff·lig *adj colloq. contempt. cf.* stoffelig.

'Stoff|ma·le,rei *f* painting on cloth. — **~ˌmu·ster** *n* **1.** pattern, design. – **2.** (*Stoffprobe*) sample (of material). — **~pa,tent** *n* (*patents*) product patent. — **~ˌpup·pe** *f* rag (*od.* stuffed) doll. — **~ˌrand** *m* edge of the (*od.* a piece of) cloth. — **~ˌrest** *m* remnant. — **~ˌsamm·lung** *f* (*zu einem Aufsatz etc*) collection of material. — **~ˌschuh** *m meist pl* **1.** fabric shoe. – **2.** (*aus Leinen*) canvas (*auch* canvass) shoe. — **~ˌteil·chen** *n chem. phys.* particle, corpuscule. — **~ˌtier** *n* soft animal, stuffed (*od.* cuddly) (toy) animal.

'Stoffül·le (*getr.* -ff,f-) *f* wealth of material.

'Stoff,wahl *f* choice of subject, selection of a subject.

'Stoff,wech·sel *m biol. med.* metabolism, metabolic process: **abbauender ~** catabolism; **aufbauender ~** anabolism; **gestörter ~** disordered metabolism. — **~ˌgleich·ge,wicht** *n med.* metabolic equilibrium. — **~ˌkrank·heit** *f* metabolic disease. — **~pro,dukt** *n* product of metabolism, (*durch Abbau*) *auch* catabolite, (*durch Aufbau*) *auch* anabolite. — **~pro,zeß** *m* metabolic process. — **~ˌstö·rung** *f* metabolic disturbance, disordered (*od.* disturbed) metabolism; dysbolism, pathobolism (*scient.*).

'Stoff,zu,ga·be *f* (*beim Schneidern*) extra (*od.* additional) material.

stöh·le ['ʃtøːlə] *rare 1 u. 3 sg pret subj of* stehlen.

stöh·nen ['ʃtøːnən] **I** *v/i* ⟨h⟩ **1.** groan, moan: **seufzen und ~** to sigh and moan; **ächzen und ~** to moan and groan; **sie stöhnte vor Schmerz** she groaned with pain; **das Volk stöhnte unter der Gewaltherrschaft** *fig.* people groaned under the tyranny. – **2.** (*sich beklagen*) moan, complain, *Am. sl.* gripe: **er stöhnt dauernd über die schwere Arbeit** he is always moaning about his heavy work. – **3.** *fig.* (*von Wind etc*) moan, sigh, sough (*lit.*): **der Wind stöhnte in den Bäumen** the wind moaned in the trees. – **4.** *fig.* (*von Polsterung, Balken etc*) groan: **das Bett hat unter seinem Gewicht gestöhnt** the bed groaned under his weight. – **II S~** *n* ⟨-s⟩ **5.** *verbal noun*: **unter Ächzen und S~** *auch fig.* with great moaning and groaning. – **6.** groan(s *pl*), moan(s *pl*): **ein leises S~** a low moan; **das S~ der Verwundeten** the moans *pl* of the wounded. – **7.** *fig.* (*des Windes*) moan, sough (*lit.*). – **8.** *fig.* (*von Balken etc*) groan.

Stoi·ker ['ʃtoːɪkər; 'stoː-] *m* ⟨-s; -⟩ **1.** *philos.* Stoic, Stoic(al) philosopher. – **2.** *fig.* (*gleichmütiger Mensch*) stoic. — **'sto·isch** [-ɪʃ] *adj* **1.** *philos.* Stoic(al). – **2.** *fig.* (*Gelassenheit, Ruhe*) stoic(al): **mit ~em Gleichmut** with stoic equanimity. — **Stoi·zis·mus** [ʃtoi'tsɪsmʊs; sto-] *m* ⟨-; *no pl*⟩ **1.** *philos.* Stoicism. – **2.** *fig.* stoicism.

Sto·la ['ʃtoːla; 'stoː-] *f* ⟨-; Stolen⟩ **1.** (*breiter Schal*) stole. – **2.** *antiq.* (*Ärmelgewand für Frauen*) stola, stole. – **3.** *relig.* stole.

'Stol·ge,büh·ren ['ʃtoːl-; 'stoːl-] *pl röm.kath.* surplice fees.

Stol·le ['ʃtɔlə] *f* ⟨-; -n⟩ *Middle and Northern G. for* Stollen[1].

Stol·len[1] ['ʃtɔlən] *m* ⟨-s; -⟩ loaf-shaped yeast fruit cake, fruit loaf, *Am. auch* stollen.

'Stol·len[2] *m* ⟨-s; -⟩ **1.** (*mining*) adit, drift, *auch* tunnel: **einen ~ (vor)treiben** to drive an adit, to tunnel. – **2.** *mil.* gallery. – **3.** (*am Hufeisen*) calk, *auch* calkin, rough. – **4.** (*an Fußballstiefeln etc*) stud, *Am.* cleat. – **5.** *metr.* stollen (*a repeated section of the bar in 'Minnesang' and 'Meistergesang'*). – **6.** (*am Ski*) cleats *pl* of snow (clinging to the soles of the skis).

'Stol·len|ˌbau *m* ⟨-(e)s; *no pl*⟩ (*mining*) tunneling, *bes. Br.* tunnelling. — **~ˌgang** *m* tunnel. — **~ˌsoh·le** *f* (adit) level. — **~ˌvor,trieb** *m* driving a tunnel. — **~ˌwei·te** *f* tunnel width. — **~ˌzim·me·rung** *f* timbering of adits, tunnel timbering.

Sto·lo ['stoːlo; 'ʃtoː-] *m* ⟨-s; -nen [sto'loːnən; ʃto-]⟩ *bot. zo.* stolon.

'Stol·per,draht *m mil.* trip wire. — **~ˌmi·ne** *f* trip-wire mine.

'Stol·pe·rer *m* ⟨-s; -⟩ *dial. for* Fehltritt 1.

'stol·pe·rig *adj* (*holperig*) uneven, bumpy.

stol·pern ['ʃtɔlpərn] **I** *v/i* ⟨sein⟩ **1.** (**über** *acc* over) stumble, trip: **das Kind stolperte und fiel (hin)** the child stumbled and fell; **über die** (*od.* **seine**) **eigenen Füße** (*od.* **Beine**) **~** to trip over one's own feet; **über einen Strohhalm** (*od.* **Zwirnsfaden**) **~** *fig. colloq.* to stumble over a straw; **über ein Wort ~** *fig. colloq.* a) (*sich versprechen*) to stumble (*od.* trip) over a word, b) (*stutzig werden*) to be puzzled by (*od.* at) a word; **nach dem dritten Glas stolperte sie schon ein wenig mit der Zunge** *fig. colloq.* after the third glass her tongue tripped a little. – **2.** (*taumeln, wanken*) stumble, blunder: **er stolperte durch den dunklen Flur** he stumbled through the dark hall. – **3. über j-n ~** *fig. colloq.* to bump (*od.* to run) into s.o., to come across s.o.: **wir stolperten in Italien dauernd über Bekannte** we were continually running into acquaintances in Italy. – **II S~** *n* ⟨-s⟩ **4.** *verbal noun*: **j-n zum S~ bringen** *auch fig. colloq.* to trip s.o. up; **über** (*acc*) **etwas ins S~ kommen** (*od.* **geraten**) *auch fig. colloq.* to stumble (*od.* trip) over s.th.

stolz [ʃtɔlts] *adj* ⟨-er; -est⟩ **1.** (*von Stolz erfüllt*) proud: **~ auf** (*acc*) **etwas [j-n] sein** to be proud of (*od.* to take pride in) s.th. [s.o.]; **darauf** (*od.* **darüber**) **kannst du ~ sein** you can be proud of that, that is something for you to be proud of; **ich bin ~ darauf, ihn zu kennen** I'm proud to know (*od.* of knowing) him; **er ist ~ wie ein Spanier** he is (as) proud as a Spaniard; **die Auszeichnung macht mich ~** the distinction makes (*od. colloq.* does) me proud. – **2.** (*hochmütig, eingebildet*) haughty, proud, disdainful, arrogant, lofty: **ein kalter, ~er Blick** a cold and haughty look; **eine ~e Haltung [ein ~er Gang]** a proud bearing [gait]; **eine ~e Schöne** a haughty young beauty; **er ist ~ wie ein Pfau** he is (as) proud (*od.* vain) as a peacock; **er ist zu ~, (um) andere um Hilfe zu bitten** he is too proud to ask others for help; **wir wollen ihn nicht zu ~ machen** let's not make him too conceited. – **3.** ⟨*attrib*⟩ (*stattlich, prächtig*) splendid, magnificent, proud, noble, fine: **ein ~es Gebäude [Schloß]** a splendid building [castle]; **ein ~er Anblick** a splendid sight; **eine ~e Erscheinung** a noble appearance. – **4.** ⟨*attrib*⟩ (*ruhmvoll*) proud, glorious: **ein ~er Tag [Moment] in der Geschichte der Menschheit** a proud day [moment] in the history of man.

Stolz *m* ⟨-es; *no pl*⟩ **1.** pride: **voller** (*od.* **mit**) **~ berichtete er von seinem Erfolg** full of pride (*od.* with pride, proudly) he told of his success; **der ~ der Mutter [Eltern] (auf ihre Kinder)** maternal [parental] pride; **er hat keinen ~** he has no pride (in him); **ich habe auch meinen ~** I have my pride, too; **j-s ~ verletzen** to wound s.o.'s pride; **er setzte seinen ~ darein, alles selbst zu machen** he took (a) pride in (*od.* he prided himself on) doing everything himself; er ist der ~ seiner Eltern he is the pride of his parents, he is the apple of his parents' eye; der Garten ist ihr ganzer ~ she takes great pride in her garden. – 2. (Hochmut, Dünkel, Einbildung) haughtiness, pride, arrogance, disdain, loftiness, conceit(edness): falscher ~ false pride; wir werden ihm den ~ schon noch austreiben we'll cure him of his haughtiness; Dummheit und ~ wachsen auf einem Holz (Sprichwort) etwa arrogance and stupidity grow on the same tree.

stol·zie·ren [ʃtɔlˈtsiːrən] v/i ⟨no ge-, sein⟩ 1. (hochmütig gehen) stalk, strut: ohne ein weiteres Wort stand sie auf und stolzierte aus dem Zimmer without another word she got up and stalked out of the room. – 2. (auffällig, pomphaft einhergehen) swagger, prance, parade: die Mädchen stolzierten in ihren neuen Kleidern über die Promenade the girls were swaggering along the promenade in their new dresses.

Sto·ma [ˈstoːma; ˈʃtoː-] n ⟨-s; -ta [-ta]⟩ 1. med. (Öffnung, Mund) opening, orifice, mouth, stoma (scient.). – 2. biol. stoma.

sto·ma·chal [stomaˈxaːl; ʃto-] adj med. stomachic(al), stomachal.

Sto·ma·chi·kum [stoˈmaxikum; ʃto-] n ⟨-s; -chika [-ka]⟩ med. pharm. stomachic.

Sto·ma·ti·tis [stomaˈtiːtɪs; ʃto-] f ⟨-; -titiden [-tiˈtiːdən]⟩ med. sore mouth, stomatitis (scient.).

Sto·ma·to·lo·gie [stomatoloˈgiː; ʃto-] f ⟨-; no pl⟩ med. stomatology. — **sto·ma·toˈlo·gisch** [-ˈloːgɪʃ] adj stomatologic(al).

stop [ʃtɔp; stɔp] I interj 1. (halt) stop! – 2. tel. (Punkt) stop. – II **S~** m ⟨-s; -s⟩ 3. (sport) (beim Tennis etc) stop.

ˈStopf|ˌbuch·se, **~ˌbüch·se** f tech. stuffing box. — **~ˌei** n darning egg, darner.

stop·fen[1] [ˈʃtɔpfən] I v/t ⟨h⟩ 1. (Socken, Strümpfe, Pullover etc) darn, mend: ein Loch im Strumpf ~ to darn a hole in a stocking. – 2. (pressen) (in acc into) stuff, cram: sie stopfte alles in ihre Tasche she stuffed everything into her bag; er stopfte sich (dat) die Taschen voller Nüsse he stuffed his pockets with nuts; sie stopfte ein großes Stück Schokolade in den Mund she stuffed a large piece of chocolate into her mouth; er stopfte die fünf Kinder in sein Auto humor. he crammed (od. packed, piled) the five children into his car. – 3. (stecken) put: sich (dat) Watte in die Ohren ~ to put cotton (wool) into one's ears. – 4. (füllen) stuff, fill: ein Kissen mit Daunen ~ to stuff a cushion with down. – 5. (Pfeife) fill: er stopfte seine (od. sich dat eine) Pfeife he filled his pipe. – 6. (Wurst) fill, make. – 7. (zustopfen, verschließen) stop (od. plug, stuff, fill) (up): ein Loch ~ a) to stuff up a hole, b) fig. to fill a gap; ein Leck mit Werg ~ to plug a leak with tow; ein Loch ~ und ein anderes aufreißen fig. to rob Peter to pay Paul; → Maul 2; Mund 2. – 8. (mästen) stuff, cram, fatten: Gänse ~ to stuff geese. – 9. gastr. (füllen) stuff. – 10. mus. (Blechinstrumente) stop, mute, muffle. – 11. das Feuer ~ mil. to cease (od. stop) firing. – 12. vulg. 'stuff' (vulg.). – II v/i 13. med. pharm. (Verstopfung auslösen) constipate, be constipating, cause constipation: Schokolade stopft chocolate constipates. – 14. (sättigen) be filling. – 15. colloq. (schlingen) gorge, wolf (od. bolt) one's food. – III **S~** n ⟨-s⟩ 16. verbal noun. – 17. ein Mittel zum S~ med. pharm. an antidiarrh(o)eal, an astringent, an emplastic (rare).

ˈStop·fen[2] m ⟨-s; -⟩ Northwestern G. for Stöpsel 2, Korken.

ˈstop·fend I pres p of stopfen[1]. – II adj med. pharm. constipating, astringent, binding.

ˈStop·fenˌpfan·ne f metall. bottom-pour (od. teeming, bottom-tap, stopper) ladle.

ˈStop·fer m ⟨-s; -⟩ 1. (Gerät zum Stopfen, Füllen) stopper. – 2. (Stopfhacke) tamping pick. – 3. med. plugger. – 4. (Flicker) darner, mender. — **ˈStop·fe·rin** f ⟨-; -nen⟩ (woman) darner (od. mender).

ˈStopf|ˌgarn n darning yarn. — **~ˌhacke** (getr. -k·k-) f tamping pick. — **~ˌholz** n bes. Austrian for a) Stopfei, b) Stopfpilz. — **~ˌkorb** m (Handarbeitskorb) workbasket. — **~ˌmit·tel** n med. pharm. antidiarrh(o)eal, astringent, emplastic (rare). — **~ˌna·del** f darning needle, darner. — **~ˌnaht** f darn. — **~ˌnu·del** f (für Gänse etc) flour ball. — **~ˌpilz** m darning mushroom, darner. — **~ˌton** m mus. (beim Horn) stopped tone (od. note). — **~ˌtwist** m darning yarn. — **~ˌwol·le** f darning wool.

stopp [ʃtɔp] interj (halt) stop!

Stopp m ⟨-s; -s⟩ 1. (Unterbrechung) stop(page). – 2. ⟨only sg⟩ colloq. hitchhiking. – 3. econ. a) (für Import) ban, b) (für Löhne, Gehälter, Preise etc) freeze. – 4. (film) telev. (Ende einer Aufnahme) stop: ~! cut! hold it! — **~ˌball** m (sport) (beim Tennis etc) stop. — **~beˌfehl** m (computer) breakpoint (od. stop, halt) instruction.

Stop·pel[1] [ˈʃtɔpəl] f ⟨-; -n⟩ meist pl 1. agr. (Halmrest) stubble: die ~n stürzen to plough (bes. Am. plow) stubble, to clear the stubbles. – 2. (Bartstoppel) stubble: er hat schon wieder ziemliche ~n he has rather a lot of stubble (od. bristles) on his chin again (colloq.). – 3. pl (Haarstoppeln) stubble sg, stubbly (od. bristly) hair sg. – 4. zo. cf. Stoppelfeder.

ˈStop·pel[2] m ⟨-s; -(n)⟩ Austrian for Stöpsel 2.

ˈStop·pel|ˌbart m colloq. stubbly (od. bristly) beard, stubble. — **~ˌfe·der** f zo. pinfeather. — **~ˌfeld** n stubble (field). — **~ˌhaar** n colloq. stubbly (od. bristly) hair, stubble.

ˈstop·pe·lig adj (Bart, Wange, Kinn etc) stubbly, bristly.

ˈStop·pel|ˌklee m agr. stubble clover. — **~ˌkorn** n ⟨-(e)s; no pl⟩ corn (bes. Am. grain) grown (od. reaped) on a stubble field.

stop·peln [ˈʃtɔpəln] I v/i ⟨h⟩ agr. (Ähren lesen) glean. – II v/t fig. colloq. cf. zusammenstoppeln.

ˈStop·pel|ˌrü·be f (late) turnip (Brassica rapa var. communis). — **~ˌschei·benˌpflug** m agr. disk (od. disc) top soil plough (bes. Am. plow), disk (od. disc) tiller, disk (od. disc) stubble cleaner. — **~ˌstür·zen** n stubble cleaning (od. ploughing, bes. Am. plowing). — **~ˌwerk** n ⟨-(e)s; no pl⟩ colloq. (Stückwerk) patchwork. — **~ˌzie·her** m Austrian for Korkenzieher.

stop·pen [ˈʃtɔpən] I v/t ⟨h⟩ 1. (Fahrzeug, Verkehr, Person, Ablauf, Entwicklung etc) stop. – 2. (abbrechen) stop, break off: die Jagd ~ to stop the chase. – 3. (sport) (beim Fußball etc) a) (Gegner) stop, tackle, b) (Ball) stop, trap, kill. – 4. (mit der Stoppuhr messen) time, clock: einen Läufer (od. die Geschwindigkeit eines Läufers) ~ (sport) to time a runner. – II v/i 5. (anhalten) stop: der Fahrer stoppte bei einem Zeitungskiosk the driver stopped (od. pulled up [od. in]) at a newsstand.

ˈStop·per m ⟨-s; -⟩ 1. mar. stopper. – 2. (sport) a) (beim Fußball) center (bes. Br. centre) half(back), b) colloq. (Zeitnehmer) timekeeper. – 3. (Türstopper) holdback. – 4. colloq. hitchhiker.

ˈStopp·ler m ⟨-s; -⟩ agr. (Ährenleser) gleaner.

ˈStoppˌlicht n 1. auto. (Bremslicht) stoplight. – 2. (Verkehrssignal) red light, stoplight.

ˈstopp·lig adj cf. stoppelig.

ˈStopp|ˌpreis m econ. ceiling (od. controlled) price. — **~ˌschild** n (Halteschild) stop sign. — **~siˌgnal** n (railway) (Haltesignal) stop signal. — **~ˌstra·ße** f stop street. — **~ˌta·ste** f (an Tonbandgerät etc) 1. stop bar. – 2. temporary stop button. — **~ˌuhr** f stopwatch, timer, split-second watch. — **~ˌzei·chen** n stop signal, signal to stop.

Stöp·sel [ˈʃtœpsəl] m ⟨-s; -⟩ 1. (Flaschenverschluß, Pfropfen) stopper, plug. – 2. (Korken) cork: den ~ aus der Flasche ziehen to uncork a bottle. – 3. (Spund, Zapfen) plug, bung, stopper. – 4. electr. (Stecker) plug. – 5. (Stift, Pflock) peg, pin. – 6. fig. colloq. (Knirps, kleiner Junge) whippersnapper, bes. Br. colloq. 'nipper', Br. colloq. 'tiddler', 'half-pint' (sl.).

stöp·seln [ˈʃtœpsəln] v/t ⟨h⟩ 1. stopper, plug. – 2. cork. – 3. tech. electr. plug.

Stör[1] [ʃtøːr] m ⟨-(e)s; -e⟩ zo. sturgeon (Fam. Acipenseridae): Gemeiner (od. Atlantischer) ~ common Atlantic sturgeon (Acipenser sturio).

Stör[2] f ⟨-; -en⟩ Bavarian, Austrian, auch Swiss auf (od. in) die ~ gehen obs. (bes. von Schneiderinnen) to work at the customer's home.

ˈStör|ak·tiˌon f bes. pol. deliberate interruption, planned disruption. — **s~anˌfäl·lig** adj 1. (radio) susceptible to interference. – 2. (Auto etc) susceptible to breakdown. — **~anˌfäl·lig·keit** f 1. susceptibility to interference. – 2. breakdown susceptibility. — **~anˌgriff** m mil. harassing (od. nuisance) attack. — **~anˌzei·geˌlam·pe** f tech. trouble-indicating light.

Sto·rax [ˈstoːraks; ˈʃtoː-] m ⟨-(es); -e⟩ bot. cf. Styrax.

Storch [ʃtɔrç] m ⟨-(e)s; =e⟩ zo. stork (Fam. Ciconiidae): Weißer ~ white stork (Ciconia ciconia); Schwarzer ~ black stork (C. nigra); er geht wie ein ~ im Salat colloq. he is picking his way very gingerly; der ~ hat die Mutter ins Bein gebissen fig. colloq. the stork has brought mummy a new baby; bei den Nachbarn kommt bald der ~ fig. colloq. the neighbo(u)rs are expecting the stork soon, the stork is due to call on our neighbo(u)rs soon; na, nun brat mir aber einer 'nen ~! colloq. well, I never (did)! well, blow me down! — **~ˌbei·ne** pl fig. colloq. spindly legs, spindleshanks. — **s~ˌbei·nig** adj spindle-legged, spindle-shanked. — **~ˌblu·me** f bot. flowering rush (Butomus umbellatus).

stor·chen [ˈʃtɔrçən] v/i ⟨sein⟩ colloq. pick one's way gingerly.

ˈStor·chenˌnest n stork's nest.

Stör·chin [ˈʃtœrçɪn] f ⟨-; -nen⟩ zo. female stork.

ˈStorch|ˌschna·bel m 1. stork's bill. – 2. bot. cranesbill, geranium (scient.) (Gattg Geranium). – 3. tech. (Zeichengerät) pantograph. – 4. med. (Zange) cranesbill. — **~ˌvo·gel** m zo. stork (Fam. Ciconiidae).

Store [ʃtoːr] m ⟨-s; -s⟩ 1. (durchsichtiger Fenstervorhang) net curtain. – 2. Swiss roller blind.

stö·ren [ˈʃtøːrən] I v/t ⟨h⟩ 1. disturb: den Frieden [die Eintracht] ~ to disturb the peace [harmony]; j-n bei der Arbeit ~ to disturb s.o. at his work; ich will Sie nicht ~ I don't want to disturb you; störe ich? am I disturbing you? am I intruding? lassen Sie sich nicht ~ don't let me disturb you; stört es Sie, wenn ich rauche? do you mind my (od. me) smoking (od. if I smoke)? – 2. (unterbrechen) interrupt: eine Vorlesung ~ to interrupt a lecture; entschuldigen Sie, wenn ich (Sie) störe excuse me for interrupting (you). – 3. (belästigen) bother, plague: störe mich nicht fortwährend! don't bother me all the time! – 4. (ärgern) bother, annoy, worry: seine langen Haare ~ mich nicht his long hair doesn't bother me, I don't mind his long hair. – 5. (irritieren) irritate, annoy: der Kratzer auf der Brille stört mich the scratch on my glasses irritates me. – 6. (bemühen) trouble. – 7. (Eindruck, Wirkung etc) spoil. – 8. a) (radio) telev. (ungewollt) interfere with, b) (radio) (gewollt) jam. – 9. mil. harass. – 10. jur. interfere with: → Besitz 1. – II v/reflex 11. sich an (dat) etwas ~ to let s.th. bother (od. annoy, worry) one: ich störe mich nicht an seinem Äußeren I don't let his appearance bother me. – III v/i 12. disturb: bitte nicht ~! please do not disturb! – 13. (lästig sein) be annoying, be irritating, be disturbing. – 14. (im Wege sein) be in the way. – 15. (Wirkung verderben) spoil the effect. – IV **S~** n ⟨-s⟩ 16. verbal noun. – 17. cf. Störung. — **ˈstö·rend** I pres p. – II adj 1. (Geräusch, Besucher, Begleiterscheinungen etc) disturbing, annoying. – 2. (irritierend) irritating, annoying. – 3. (unangenehm) troublesome, inconvenient.

ˈStö·renˌfried [-ˌfriːt] m ⟨-(e)s; -e⟩ contempt. 1. troublemaker: das ist wieder der alte ~ von nebenan that's the old troublemaker (od. colloq. there's trouble) from next door again. – 2. (Eindringling) intruder.

ˈStö·rer m ⟨-s; -⟩ 1. contempt. cf. Störenfried. – 2. (radio) cf. Störsender.

Stö·reˈrei f ⟨-; no pl⟩ colloq. constant disturbance.

ˈStörˌfak·tor m (radio) interference factor.

ˈStörˌfeld n (radio) interference field. — **~ˌstär·ke** f interference field intensity.

ˈStör|ˌfeu·er n mil. harassing fire. — **~ˌfil·ter** n, m (radio) anti-interference filter, (wave) trap, rejector (circuit). — **~ˌflug** m aer. mil. nuisance raid. — **~ˌflugˌzeug** n nuisance raider. — **~freˌquenz** f (radio) interference frequency. —

~ˌfunk *m* jamming transmission. — **~geˌbiet** *n* area of interference, jamming (*od.* disturbed) area, mush area. — **~geˌräusch** *n* (*radio*) a) background noise, b) (*atmosphärisches*) statics *pl*, interference, c) (*beabsichtigtes*) jamming. — **~ˌklap·pe** *f aer.* spoiler. — **~maˌnö·ver** *n pol.* disruptive action, troublemaking. — **~ˌne·bel** *m* (*radio*) chief interference zone.

stor·nie·ren [stɔr'niːrən; ʃtɔr-] **I** *v/t* ⟨*no* ge-, h⟩ *econ.* **1.** (*Buchung*) reverse. – **2.** (*Auftrag*) cancel. – **3.** (*Prämie*) return. – **II S~** *n* ⟨-s⟩ **4.** *verbal noun.* — **Stor'nie·rung** *f* ⟨-; -en⟩ **1.** *cf.* Stornieren. – **2.** reversal, contra-entry. – **3.** cancelation, *bes. Br.* cancellation. – **4.** return (of premium).

'Stör·niˌveau *n* (*radio*) noise level.

Stor·no ['stɔrno; 'ʃtɔr-] *m, n* ⟨-s; Storni [-ni]⟩ *econ. cf.* Stornierung.

'Störˌpe·gel *m* (*radio*) *cf.* Störniveau. — **~ˌquel·le** *f* (*radio*) *telev.* noise source.

stör·rig ['ʃtœrɪç] *adj cf.* störrisch. — **'Stör·rig·keit** *f* ⟨-; *no pl*⟩ **1.** (*eines Esels, Pferds etc*) stubbornness, obstinacy. – **2.** (*eines Pferds*) stubbornness, disobedience. – **3.** (*einer Person*) stubbornness, headstrongness, obstinacy. – **4.** (*Uneinsichtigkeit, Sturheit*) mulishness, pigheadedness. – **5.** (*eines Materials*) stubbornness, resistance, refractoriness.

stör·risch ['ʃtœrɪʃ] *adj* **1.** (*Esel*) stubborn, obstinate. – **2.** (*Pferd*) stubborn, disobedient. – **3.** (*Person*) stubborn, headstrong, obstinate. – **4.** (*uneinsichtig, stur*) mulish, pigheaded. – **5.** (*Material*) stubborn, resistant, refractory.

'Störˌschutz *m electr.* (*radio*) **1.** noise suppression, interference elimination. – **2.** (*Gerät*) anti-interference device. — **~kon·denˌsa·tor** *m* (*radio*) anti-interference (*od.* noise-suppressor) capacitor.

'Störˌsen·der *m* (*radio*) jamming station, interfering transmitter. — **~ˌsen·dung** *f* jamming (transmission). — **~ˌspan·nung** *f* (*radio*) *telev.* disturbing (*od.* interfering) voltage. — **~ˌsper·re** *f electr.* (*radio*) *cf.* Störschutz. — **~ˌstrei·fen** *m telev.* interference pattern. — **~ˌstrom** *m* (*radio*) noise (*od.* random) current. — **~ˌsu·cher** *m*, **~ˌsuch·geˌrät** *n* (*radio*) *telev.* interference detector. — **~ˌtä·tig·keit** *f* ⟨-; *no pl*⟩ (*radio*) jamming.

Stor·ting ['ʃtoːrˌtɪŋ] *n* ⟨-s; -e *u.* -s⟩ *pol.* (*norweg. Volksvertretung*) Storting, *auch* Storthing.

'Stö·rung *f* ⟨-; -en⟩ **1.** *cf.* Stören. – **2.** disturbance. – **3.** (*Unterbrechung*) interruption: entschuldigen Sie die ~ excuse the interruption (*od.* intrusion), excuse me for interrupting (*od.* intruding). – **4.** a) (*radio*) (*atmosphärische*) statics *pl*, atmospherics *pl*, b) (*radio*) *telev.* (*durch Sender*) interference, c) (*radio*) (*gewollte*) jamming. – **5.** *tech.* a) (*Defekt*) fault, trouble, b) (*Betriebsstörung*) failure, breakdown, operating trouble, c) (*Funktionsstörung*) malfunction: technische ~en technical faults (*od.* trouble *sg*); eine ~ beseitigen to remedy (*od.* clear) a fault; wegen einer technischen ~ because of a technical fault, because of technical trouble. – **6.** *mil.* harassment. – **7.** *meteor.* disturbance, perturbation: gewittrige ~en thundery disturbance *sg*. – **8.** *med.* a) (*gesundheitliche*) disturbance, complaint, disorder, b) (*geistige*) disturbance, disorder, aberration, derangement, c) (*Magen-, Darmstörung*) indigestion, gastric upset, d) (*des Sehvermögens*) defect, impairment, e) (*von außen*) interference: funktionelle [geistige, nervöse] ~ functional [mental, nervous] disorder. – **9.** *astr.* (*in Himmelsmechanik*) *phys.* perturbation. – **10.** *geol.* fault. – **11.** *math.* disturbance.

'Stö·rungsˌanˌnah·me *f* (*radio*) *telev.* (*Dienststelle*) interference group. — **~beˌsei·ti·gung** *f tech.* elimination of faults, fault clearance, troubleshooting. — **~ˌdia** *n telev.* fault caption. — **~ˌdienst** *m* **1.** (*radio*) *telev.* interference elimination service. – **2.** *tel.* fault-clearing service. – **3.** *electr.* line fault service. — **~ˌfeu·er** *n mil. cf.* Störfeuer. — **s~ˌfrei** *adj* **1.** undisturbed. – **2.** (*radio*) *telev.* interference-free. – **3.** *tech.* trouble-free. – **4.** (*radar*) static-free. — **~ˌstel·le** *f cf.* Störungsdienst. — **~ˌsu·che** *f* **1.** *tech.* troubleshooting. – **2.** (*radio*) interference location. — **~ˌsu·cher** *m* **1.** *tel.* lineman, *auch* linesman, faultsman. – **2.** *tech.* troubleshooter, trouble man. — **~ˌsuchˌtrupp** *m tech. tel.* fault-locating gang. — **~ˌzei·chen** *n meist pl electr.* (*auf dem Radarschirm*) clutter, hash.

Sto·ry ['stoːri; 'stɔːrɪ] (*Engl.*) *f* ⟨-; -s⟩ (*Geschichte, Inhaltsangabe, Bericht*) story.

Stoß [ʃtoːs] *m* ⟨-es; =e⟩ **1.** push, shove, thrust: j-m einen ~ geben to give s.o. a push; dieses Erlebnis hat ihm einen ziemlichen ~ versetzt *fig.* this experience was (*od.* came as) quite a shock (*od.* blow) to him, this experience shook him greatly; sein Selbstbewußtsein hat einen gewaltigen ~ erlitten *fig.* his self-confidence has been greatly shaken; gib deinem Herzen einen ~ (und tu es) *fig.* (go on,) have a heart, (go on,) be a sport. – **2.** (*Schlag*) blow, knock: einen ~ abwehren to ward (*od.* fend) off a blow; den ersten ~ führen *auch fig.* to deal the first blow; er kann einen ~ vertragen *fig. colloq.* he can take a knock. – **3.** (*Rippenstoß*) dig (in the ribs), nudge: er gab seinem Nachbarn einen ~ in die Seite he gave his neighbo(u)r a dig in the ribs, he dug his neighbo(u)r in the ribs. – **4.** (*mit dem Fuß*) kick. – **5.** (*mit dem Kopf, den Hörnern*) butt, hit, bump. – **6.** (*mit der Faust*) punch, cuff, blow. – **7.** (*mit etwas Spitzem*) poke, prod. – **8.** *auch fig.* (*Anstoß*) impulse. – **9.** *auch tech.* (*Aufprall*) impact, shock, blow. – **10.** (*Erschütterung beim Fahren*) jolt, jerk, bump, jog. – **11.** (*Erdstoß*) shock (of an earthquake). – **12.** (*in eine Trompete etc*) blast, blow. – **13.** (*starke Luftbewegung*) gust, blast. – **14.** (*beim Schwimmen*) stroke. – **15.** (*beim Kugelstoßen*) throw, put. – **16.** (*beim Fechten*) thrust. – **17.** (*beim Billard*) stroke. – **18.** (*Rückstoß eines Gewehrs*) recoil, kick. – **19.** *electr.* surge. – **20.** *med.* (*des Herzens*) apex beat. – **21.** *med. pharm.* (*große Dosis*) massive dose, stoss. – **22.** *phys.* (*Druck, Schub*) thrust. – **23.** *tech.* (*Verbindungsstelle bei Tapeten*) (butt) joint: auf ~ tapeziert butt-jointed. – **24.** *civ.eng.* (*Fuge*) joint. – **25.** (*railway*) rail joint. – **26.** (*fashion*) (*Stoßband*) seam, hem. – **27.** (*mining*) stope, face. – **28.** (*Haufen, Stapel*) pile, stack: ein ~ Bücher [Zeitschriften, Wäsche, Teller] a pile of books [magazines, washing, plates]; ganze Stöße von schmutzigem Geschirr regular stacks of dirty dishes (*colloq.*); ein ~ Banknoten a pile (*od.* wad, bundle, sheaf) of bank notes; ein ~ Briefe a) a pile of letters, b) (*einer Sendung*) a batch of letters; die Gäste kamen alle auf einen ~ *colloq.* the guests came all in one batch (*od. colloq.* at one go). – **29.** *mil.* (auf *acc* for) thrust. – **30.** *hunt.* (*Schwanz aller größeren Federwildarten*) tail.

'Stoßˌband *n* ⟨-(e)s; =er⟩ (*am Hosenbein etc*) seam, hem. — **~beˌanˌspru·chung** *f* **1.** *tech.* impact (*od.* shock) stress. – **2.** *civ.eng.* dynamic load. — **~beˌdarf** *m econ.* emergency needs *pl*, rush demand. — **~ˌbor·te** *f cf.* Stoßband. — **~briˌga·de** *f DDR pol.* shock brigade. — **~ˌdämp·fer** *m auto.* shock absorber, *Br. auch* damper. — **~ˌde·gen** *m* rapier. — **~ˌdruck** *m* ⟨-(e)s; =e⟩ *tech.* thrust.

Stö·ßel ['ʃtøːsəl] *m* ⟨-s; -⟩ **1.** (*des Mörsers*) pestle. – **2.** *tech.* a) (*einer Presse*) slide ram, b) (*eines Ventils*) tappet, c) (*beim Diesel*) pushrod, d) (*einer Pumpe*) tappet. – **3.** *auto.* (*Ventilstößel*) tappet.

'stoß·empˌfind·lich *adj tech.* sensitive to shock.

sto·ßen ['ʃtoːsən] **I** *v/t* ⟨stößt, stieß, gestoßen, h⟩ **1.** push, shove: j-n ins Wasser ~ to push s.o. into the water; etwas zur Seite ~ to push s.th. aside; j-n von sich ~ a) to push s.o. off (*od.* away), b) *fig.* to disown s.o.; j-n aus dem Haus ~ *fig.* to put (*od.* turn) s.o. out; j-n vom Thron ~ *fig.* to dethrone s.o., to put s.o. off the throne; ich mußte ihn mit der Nase darauf ~ *fig.* I had to shove it under his nose; → Bescheid 2; Kopf *Verbindungen mit Präpositionen.* – **2.** (*mit einer Waffe*) thrust, stab: j-m das Messer in die Brust ~ to thrust a knife into s.o.'s chest, to stab s.o. in the chest with a knife. – **3.** (*anrempeln*) jostle, push, shove. – **4.** (*bes. mit dem Ellenbogen*) nudge, dig: j-n (mit dem Ellenbogen) in die Rippen ~ to dig (*od.* elbow) s.o. in the ribs. – **5.** (*mit dem Fuß*) kick: er hat den Stein zur Seite gestoßen he kicked the stone aside. – **6.** (*mit dem Kopf, den Hörnern*) butt. – **7.** (*mit der Faust*) punch, cuff. – **8.** (*mit etwas Spitzem*) poke, prod. – **9.** sich (*dat*) etwas (an *dat* etwas) ~ to knock (*od.* bump, hit) s.th. on (*od.* against) s.th.: ich habe mir den Kopf an der Tür gestoßen I knocked (*od.* hit) my head on the door. – **10.** (*zerstoßen*) pound: Zucker [Pfeffer, Zimt] ~ to pound sugar [pepper, cinnamon]. – **11.** (*pulverisieren*) powder, pulverize *Br. auch* -s-. – **12.** (*sport*) (*Kugel*) throw, put. – **II** *v/reflex* sich ~ **13.** bump oneself: ich habe mich an der Tischkante gestoßen I bumped myself on the edge of the table. – **14.** sich an (*dat*) etwas ~ *fig.* (*Anstoß nehmen*) to be put off (*od.* disturbed) by s.th.: ich stoße mich nicht an seinem Äußeren I'm not put off by (*od.* I don't mind) his appearance, I don't let his appearance disturb (*od.* bother) me. – **III** *v/i* ⟨h *u.* sein⟩ **15.** ⟨h⟩ (*von Bock, Stier etc*) butt. – **16.** ⟨h⟩ (*rütteln, schütteln*) jolt, jerk, jog. – **17.** ⟨h⟩ (*von Gewehr*) kick, recoil. – **18.** ⟨sein⟩ an (*acc*) (*od.* gegen) etwas ~ to knock (*od.* bump) against s.th., to hit s.th.: → Kopf *Verbindungen mit Präpositionen.* – **19.** ⟨sein⟩ an (*acc*) etwas ~ *fig.* (*angrenzen*) to border on s.th., to adjoin s.th., to abut (on) s.th.: unser Garten stößt an einen Park our garden borders on a park. – **20.** ⟨sein⟩ auf (*acc*) etwas ~ *fig.* a) (*von Raubvogel*) to pounce on s.th., to swoop (down) on s.th., b) (*auf Widerstand, Schwierigkeiten etc*) to meet with (*od.* to encounter) s.th., c) (*zufällig entdecken*) to come across (*od.* to discover, to stumble on) s.th., d) (*direkt erreichen*) to come straight to s.th.: er stieß auf unerwartete Schwierigkeiten he met with unexpected difficulties; ich stieß auf folgenden interessanten Satz I came across the following interesting sentence; auf Erdöl ~ to strike oil; wenn Sie dieser Straße folgen, ~ Sie direkt auf den Bahnhof if you follow this road you will come straight to the station. – **21.** ⟨sein⟩ auf j-n ~ *fig.* to run (*od.* to bump) into s.o., to come across s.o.: ich stieß (zufällig) auf einen alten Bekannten I ran into an old acquaintance (of mine). – **22.** ⟨h⟩ ins Horn ~ to blow (*od.* give a blast on) the horn. – **23.** ⟨sein⟩ zu j-m ~ to join up with s.o.: die Nachhut stieß zur Truppe the rear guard joined up with the main body (of the troops). – **24.** ⟨sein⟩ *mar.* vom Land ~ to lie off, to put to sea, to set sail; auf Grund ~ to run aground. – **IV S~** *n* ⟨-s⟩ **25.** *verbal noun.* – **26.** (beidarmiges) S~ (*sport*) (*beim Gewichtheben*) (two hands) clean and jerk.

Stö·ßer ['ʃtøːsər] *m* ⟨-s; -⟩ **1.** (*eines Mörsers*) pestle. – **2.** *zo. cf.* Sperber.

Sto·ße'rei *f* ⟨-; *no pl*⟩ *colloq.* (*Rempelei*) pushing and shoving, jostling.

'Stoßˌfän·ger *m* **1.** *tech.* bumper, buffer, shock absorber. – **2.** *auto. cf.* Stoßdämpfer. — **~ˌfe·der** *f tech.* buffer spring. — **s~ˌfest** *adj* shockproof, shock-resistant. — **~ˌfe·stig·keit** *f* shock resistance, shock (*od.* impact) strength. — **~ˌflä·che** *f tech.* **1.** abutting surface. – **2.** (*bei der Schweißtechnik*) abutting face. — **s~ˌfrei** *adj* shockless, bumpless, elastic, smooth: ~er Lauf smooth running; ~er Eingriff (*von Zahnrädern*) sliding engagement; ~e Umschaltung bumpless transfer. — **~ˌfu·ge** *f* **1.** *civ.eng.* (*in Mauerwerk*) vertical joint. – **2.** *metall.* (*einer Gießform*) joint face. – **3.** *auto.* (*eines Kolbenrings*) gap. — **~geˌbet** *n* fervent prayer: ein ~ zum Himmel schicken to send up a fervent prayer to heaven. — **~ge·neˌra·tor** *m electr.* impulse generator. — **s~geˌsi·chert** *adj tech.* shock-protected.

stö·ßig ['ʃtøːsɪç] *adj* (*Bock, Kuh, Stier etc*) apt (*od.* liable) to butt.

'Stoßˌkan·te *f* **1.** (*an Hosenaufschlägen, Ärmeln etc*) bottom edge. – **2.** (*bei Tapeten*) selvage, selvedge. — **~ˌkeil** *m mil.* spearhead. — **~ˌkis·sen** *n* (*sport*) (*beim Fechten*) protective pad. — **~ˌkraft** *f* **1.** *tech.* impact load, striking power, energy of blow. – **2.** *mil.* combat strength. – **3.** *phys.* impulse load (*od.* force). — **~ˌkreis** *m* (*sport*) (*beim Kugelstoßen*) throwing circle. — **~ˌla·de** *f tech.* shooting board. — **~ˌla·sche** *f* (*railway*) fishplate. — **~ˌlü·cke** (*getr.* -k·k-) *f* (*der Schienen*) expansion gap. — **~maˌschi·ne** *f tech.* slotter, slotting machine. — **~ˌmei·ßel** *m* slotting tool. — **~ˌnaht** *f* butt joint. — **~ˌpres·se** *f* (*beim Schmieren*) handgun. — **~raˌpier** *n* rapier.

ˈ**Stoßˌräum|maˌschi·ne** *f tech.* push-type broaching machine. — **~ˌna·del** *f* push broach. — **~ˌpres·se** *f* broaching press.

ˈ**Stoß|ˌrich·tung** *f* **1.** *tech.* direction of impact. – **2.** *electr.* direction of impulse. – **3.** *mil.* direction of assault. — **~ˌseuf·zer** *m* deep (heartfelt) sigh. — **s~ˌsi·cher** *adj tech.* shockproof. — **~ˌspan·nung** *f electr.* transient (*od.* impulse, pulse) voltage. — **~ˌstan·ge** *f auto.* **1.** bumper (bar): vordere [hintere] ~ front [rear] bumper. – **2.** (*eines Ventils*) pushrod.

stößt [ʃtøːst] *2 u. 3 sg pres of* stoßen.

ˈ**Stoß|the·raˌpie** *f med.* massive dose therapy, stosstherapy. — **~ˌträn·kung** *f* (*mining*) water infusion.

ˈ**Stoßˌtrupp** *m mil.* combat patrol. — **~ˌun·terˌneh·men** *n* raid.

ˈ**Stoß|verˌbin·dung** *f tech.* joint. — **~verˌkehr** *m* **1.** rush-hour (*od.* peak) traffic. – **2.** *cf.* Stoßzeit. — **~ˌwaf·fe** *f* thrust weapon. — **s~ˌwei·se** *adv* **1.** (*ruckweise*) by jerks, jerkily. – **2.** (*unregelmäßig*) intermittently, discontinuously, by (*auch* in) fits and starts, by fits. – **3.** ~ atmen to pant, to puff (and pant). – **4.** *electr.* a) (*pulsierend*) pulsatingly, pulsatorily, b) (*aussetzend*) intermittently, c) vibratorily. — **~ˌwel·le** *f phys.* shock (*od.* percussion) wave. — **~ˌwir·kung** *f* shock effect. — **~ˌzahl** *f phys.* (*von Gasmolekülen*) impact coefficient. — **~ˌzahn** *m zo.* tusk, (*bei Elefanten*) *auch* ivory. — **~ˌzeit** *f meist pl* rush hour. — **~ˌzün·dung** *f mil.* percussion ignition. — **~ˌzuˌschlag** *m civ.eng.* impact allowance.

Stot·teˈrei *f* ⟨-; *no pl*⟩ stuttering (and stammering), stammering.

ˈ**Stot·te·rer** *m* ⟨-s; -⟩ stutterer, stammerer.

stot·tern [ˈʃtɔtərn] **I** *v/i* ⟨h⟩ **1.** *bes. med.* stutter, stammer. – **2.** (*von Motor*) splutter, falter. – **II** *v/t* **3.** (*aus Verlegenheit, Unsicherheit etc*) stutter, stammer: verlegen stotterte er ein paar Worte he stuttered a few words in embarrassment. – **III S~** *n* ⟨-s⟩ **4.** *verbal noun.* – **5.** *bes. med.* stutter, stammer, traulism (*scient.*). – **6.** etwas auf S~ kaufen *fig. colloq.* to buy s.th. by instal(l)ments (*bes. Br.* on hire purchase, *Br. colloq.* on the never-never).

Stöv·chen [ˈʃtøːfçən] *n* ⟨-s; -⟩ *Low G.* tea(pot) warmer.

Sto·ve [ˈʃtoːvə] *f* ⟨-; -n⟩ *Low G.* drying (*od.* dry) room.

Stra·bis·mus [straˈbɪsmʊs; ʃtra-] *m* ⟨-; *no pl*⟩ *med.* (*Schielen*) squint, strabismus (*scient.*). — **Stra·bo** [ˈstraːbo; ˈʃtraː-] *m* ⟨-s; -s⟩ squinter.

stracks [ʃtraks] *adv cf.* schnurstracks.

Stra·di·va·ri [stradiˈvaːri] *f* ⟨-; -(s)⟩, **Stra·diˈva·ri·us** [-rĭʊs] *f* ⟨-; -⟩ *mus.* Stradivarius, Strad (*colloq.*).

ˈ**Straf|ˌabˌtei·lung** *f jur.* criminal division (*od.* department). — **~ak·tiˌon** *f* punitive (*od.* punitory) action. — **~ˌän·de·rung** *f cf.* Strafumwandlung. — **~ˌanˌdro·hung** *f* sanction, threat of punishment: bei (*od.* unter) ~ on (*od.* under) penalty. — **~ˌanˌstalt** *f jur.* **1.** penal establishment (*od.* institution), house of correction, *Am.* correctional institution. – **2.** (*für Jugendliche*) detention center (*bes. Br.* centre) for juveniles, *Br. auch* remand home, *Am.* reformatory, reform school. – **3.** *cf.* a) Gefängnis 1, b) Zuchthaus 1. – **4.** *mil.* detention (*Am.* disciplinary) barracks *pl* (*usually construed as sg*). — **~ˌanˌtrag** *m* demand for a stated penalty: einen ~ stellen to demand a stated penalty; einen ~ zurückziehen to withdraw one's demand for a stated penalty. — **~ˌanˌtritt** *m* commencement of (a) sentence (*od.* of imprisonment). — **~ˌanˌzei·ge** *f* (penal) charge: ~ gegen j-n erstatten a) to bring (*od.* lay, prefer) a charge against s.o., b) (*denunzierend*) to inform against s.o. — **~ar·beit** *f ped.* (*in der Schule*) imposition, pensum, lines *pl.* — **~ˌaufˌga·be** *f cf.* Strafarbeit. — **~ˌaufˌhe·bung** *f jur.* **1.** reversal (*od.* quashing, disaffirmance, disaffirmation) of a sentence (*od.* penalty). – **2.** (*zeitweilige*) suspension of a sentence (*od.* penalty). — **~ˌaufˌhe·bungsˌgrund** *m* reason for reversal of (a) sentence (*od.* penalty). — **~ˌaufˌschub** *m* reprieve, suspension of sentence: j-m ~ gewähren to reprieve s.o. — **~ˌausˌschlie·ßungsˌgrund** *m* reason for exemption from punishment. — **~ˌausˌset·zung** *f* suspension of sentence, (*vorübergehende*) *auch* interruption of sentence: ~ zur Bewährung (suspension of sentence on) probation; bedingte ~ im Gnadenwege suspension of sentence on probation by an act of clemency (*od.* grace). — **~ˌbank** *f* (*sport*) (*beim Eishockey*) penalty bench: er mußte zwei Minuten auf die ~ he was sent off for two minutes, he got a two minutes' penalty.

ˈ**straf·bar** *adj jur.* (*Person, Handlung*) punishable, liable to punishment (*od.* penalty), (*verbrecherisch*) criminal: eine ~e Handlung begehen to commit a penal (*od.* punishable, criminal) offence (*Am.* offense) (*od.* act); sich ~ machen to incur a penalty (*od.* criminal liability), to make (*od.* render) oneself liable to a penalty (*od.* to prosecution); die Tat ist ~ nach Paragraph the act is an offence (*Am.* offense) under section, the crime is punishable under section. — ˈ**Straf·bar·keit** *f* ⟨-; *no pl*⟩ **1.** punishability, liability to punishment (*od.* penalty). – **2.** (*das Verbrecherische einer Handlung etc*) criminality, criminal nature.

ˈ**Straf|ba·tailˌlon** *n mil.* delinquent battalion. — **~beˌfehl** *m jur.* order of punishment: einen ~ erlassen to issue an order of punishment. — **~beˌfug·nis** *f* **1.** penal authority. – **2.** (*eines Richters*) right (*auch* power) to punish. — **~beˌscheid** *m* (*einer Verwaltungsbehörde*) notice inflicting punishment. — **~beˌstim·mung** *f* **1.** penal (*od.* penalty) clause (*od.* provision, regulation). – **2.** *pl cf.* Strafgesetz. — **~ˌdienst** *m mil.* **1.** extra duty. – **2.** extra fatigue.

Stra·fe [ˈʃtraːfə] *f* ⟨-; -n⟩ **1.** (*für Ungehorsam etc*) punishment, penalty: das ist (nun) die ~ für deinen Leichtsinn that is the punishment for your carelessness; das ist die ~ dafür, daß du gelogen hast that is (the payment) for lying; dafür wirst du von deinen Eltern ~ bekommen your parents will punish you for that; sie hat ihre (verdiente) ~ bekommen, *colloq.* sie hat ihre ~ (weg) she has been given her (due) punishment (*od.* her deserts); er hat ~ verdient he deserves punishment (*od.* to be punished); er wird seiner gerechten ~ nicht entgehen he will not escape his just punishment; zur ~ bleibst du heute zu Hause! you'll stay at home today as a punishment! die ~ blieb nicht aus, die ~ folgte auf dem Fuße the punishment did not fail to come; ~ muß sein it is a question (*od.* matter) of discipline, discipline is discipline. – **2.** (*körperliche*) corporal punishment, chastisement, discipline. – **3.** *jur.* a) penalty, punishment, sentence, b) (*Freiheitsstrafe*) (sentence of) imprisonment, c) (*Geldstrafe*) fine, (pecuniary) penalty: leichte [schwere] ~ light [heavy] penalty; angemessene [empfindliche] ~ reasonable (*od.* adequate) [severe] penalty; gerichtliche ~ legal punishment; bei (Androhung) einer ~ von on (*od.* under) penalty (*od.* pain) of; etwas bei ~ verbieten (*od.* unter ~ stellen) to forbid s.th. on penalty (*od.* pain), to sanction s.th., to make s.th. punishable; Betreten (des Geländes) bei ~ verboten! trespassers (will be) prosecuted; darauf stehen hohe ~n that is punished (*od.* punishable) with high penalties; j-m eine ~ auferlegen (*od.* zuerkennen, *colloq.* aufbrennen, aufbrummen), eine ~ über (*od.* gegen) j-n verhängen, gegen j-n auf ~ erkennen a) to impose (*od.* inflict, award) a penalty on s.o., b) (*bei Geldstrafen*) to fine s.o., to impose (*od.* levy) a fine on s.o.; j-m eine ~ androhen to threaten s.o. with punishment; ~ zumessen to mete out punishment; eine ~ aufheben a) to quash (*od.* rescind, set aside) a sentence, b) (*zeitweilig*) to suspend a sentence; die ~ zur Bewährung aussetzen to suspend the sentence on probation; j-m die ~ erlassen to remit s.o.'s penalty; eine ~ erhöhen (*od.* verschärfen) to increase a penalty; eine ~ herabsetzen (*od.* mildern) to reduce (*od.* mitigate) a penalty; eine ~ umwandeln in (*acc*) to commute (*od.* convert) a sentence to; eine ~ verbüßen (*od.* absitzen, *colloq.* abbrummen) to serve one's term (of imprisonment), to complete (*od.* serve) one's sentence, to serve (*od.* do) one's time (*colloq.*); 10 Mark ~ zahlen to pay a fine of 10 marks, to be fined 10 marks, to pay 10 marks' fine; zu einer ~ von drei Monaten Gefängnis verurteilt werden to be sentenced to (a term of) three months' imprisonment. – **4.** *fig.* (*in Wendungen wie*) sie ist eine (wahre) ~ she is a (perfect) pain (in the neck, *bes. Am. vulg.* ass); es ist eine ~ für mich, mit ihm zu arbeiten it is a pain (*od. colloq.* grind, punishment) for me to (have to) work with him. – **5.** (*sport*) (*beim Eishockey etc*) penalty.

ˈ**Strafˌecke** (*getr.* -k·k-) *f* (*sport*) (*beim Hockey*) penalty corner.

stra·fen [ˈʃtraːfən] **I** *v/t* ⟨h⟩ **1.** punish: j-n hart ~ to punish s.o. severely; j-n für ein Vergehen ~ to punish s.o. for an offence (*Am.* offense); j-n mit dem Entzug seiner Güter ~ to punish s.o. with the deprivation of his estates; j-n mit Verachtung ~ *fig.* to show one's contempt for s.o., to scorn s.o. openly. – **2.** (*züchtigen*) punish, chastise, discipline. – **3.** j-n Lügen ~ a) to belie s.o., b) to show s.o.'s story up, to show up s.o.'s story (as false): ihre Verlegenheit strafte ihre Worte Lügen her embarrassment belied her words. – **II S~** *n* ⟨-s⟩ **4.** *verbal noun.* – **5.** punishment. – **6.** punishment, chastisement, discipline. — ˈ**stra·fend I** *pres p.* – **II** *adj* **1.** *bes. jur.* punitive, punitory, penal. – **2.** (*rächend*) avenging: ~e Gerechtigkeit avenging justice. – **3.** (*vorwurfsvoll, tadelnd*) reproachful, reproaching: ~e Worte reproachful words; ein ~er Blick a reproachful look.

ˈ**Straf|ˌen·de** *n jur.* expiration (*od.* completion) of the sentence (of imprisonment). — **~entˌlas·se·ne** *m, f* ⟨-n; -n⟩ ex-convict, *Br.* discharged prisoner: bedingt ~r prisoner discharged on parole, *Am.* parolee, *Br.* ticket-of-leave man. — **~entˌlas·sung** *f* release, discharge: bedingte ~ (release on) parole, *Br.* release on ticket of leave. — **~erˌlaß** *m* remission of a penalty (*od.* sentence): teilweiser ~ remission of part of the sentence. — **~erˌmä·ßi·gung** *f cf.* Strafnachlaß. — **~ex·erˌzie·ren** *n mil.* pack drill. — **~ex·pe·di·tiˌon** *f pol.* punitive expedition.

straff [ʃtraf] **I** *adj* ⟨-er; -(e)st⟩ **1.** (*Muskulatur, Brust, Haut etc*) firm. – **2.** (*gespannt etc*) taut, tight: ein Seil ~ spannen to tauten (*od.* tighten) a rope; eine Schraube ~ anziehen to tighten a screw; das Bettuch ~ ziehen to tighten the sheet, to pull the sheet tight; → Zügel 2. – **3.** (*Haltung etc*) straight, erect. – **4.** (*Zucht, Leitung etc*) strict, rigid, austere: ~e Organisation strict organization (*Br. auch* -s-); ein ~es Regiment führen to rule with a firm hand. – **5.** (*Stil, Handlung etc*) concise. – **II** *adv* **6.** tightly: der Gummizug sitzt sehr ~ the elastic is very tight; ~ zurückgekämmtes Haar hair combed straight back.

ˈ**Strafˌfall** *m jur. cf.* Strafsache.

ˈ**strafˌfäl·lig** *adj jur.* punishable, liable to a penalty (*od.* to prosecution): ~ werden to incur a penalty (*od.* criminal liability), to make (*od.* render) oneself liable to a penalty. — ˈ**Strafˌfäl·li·ge** *m, f* ⟨-n; -n⟩ offender, delinquent. — ˈ**Strafˌfäl·lig·keit** *f* ⟨-; *no pl*⟩ punishability, liability to a penalty (*od.* to prosecution).

straf·fen [ˈʃtrafən] **I** *v/t* ⟨h⟩ **1.** (*Seil etc*) tauten, tighten. – **2.** (*Tuch, Decke etc*) tighten. – **3.** (*Zügel*) rein (*od.* pull) up, draw in, tighten. – **4.** (*Haut, Muskulatur etc*) lift: sich (*dat*) die Gesichtshaut ~ lassen to have a face-lift(ing); sich (*dat*) die Büste ~ lassen to have one's bust lifted, to have an uplift (*colloq.*). – **5.** (*Text, Handlung etc*) render (*s.th.*) concise. – **II** *v/reflex* sich ~ **6.** (*von Seil etc*) tauten, tighten. – **7.** (*von Muskulatur etc*) become firm. – **8.** (*von Haut*) tauten. – **9.** (*von Haltung etc*) straighten. – **III S~** *n* ⟨-s⟩ **10.** *verbal noun.* – **11.** (*der Muskulatur etc*) lift. – **12.** (*der Gesichtshaut*) face-lifting, *auch* face-lift.

ˈ**Straff·heit** *f* ⟨-; *no pl*⟩ **1.** (*der Muskulatur, Haut etc*) firmness. – **2.** (*Gespanntheit*) tautness, tightness. – **3.** (*der Haltung*) straightness, erectness. – **4.** (*einer Organisation etc*) strictness, rigidity, rigidness, austerity, austereness. – **5.** (*des Stils etc*) conciseness, concision.

ˈ**strafˌfrei** *jur.* **I** *adj* unpunished, scot-free, exempt from (*od.* free of) penalty. – **II** *adv* er ging ~ aus he went unpunished, he got off scot-free, he got (*od.* was let) off (*colloq.*). — ˈ**Strafˌfrei·heit** *f* ⟨-; *no pl*⟩ impunity, exemption from penalty.

ˈ**Straf|geˌbühr** *f* fine, penal due (*od.* fee, impost). — **~geˌfan·ge·ne** *m, f jur.* prisoner under (*od.* undergoing a) sentence, convict. — **~,geld** *n* fine, penalty. — **~ge,richt** *n* **1.** *jur. cf.* Strafkammer. – **2.** *fig. lit.* (*Strafe*) punishment, chastisement: das ~ des Himmels the punishment of heaven; ein ~ heraufbeschwören to provoke punishment. – **3.** göttliches ~ *relig.* Judg(e)ment (of God). — **~ge,richts·bar·keit** *f* penal (*od.* criminal) jurisdiction (*od.* justice). — **~ge,setz** *n* penal (*od.* criminal) law (*od.* statute). — **~ge,setz,buch** *n* penal (*od.* criminal) code. — **~ge,setz,ge·bung** *f* penal legislation. — **~ge,walt** *f* **1.** *jur.* penal authority, power of sentence. – **2.** *bes. mil.* disciplinary power. — **~,kammer** *f* (*beim Landgericht*) criminal court (*od.* division). — **~,kla·ge** *f* penal (*od.* criminal) action, penal suit. — **~ko·lo,nie** *f* convict (*od.* penal) settlement, penal colony. — **~kom·pa,nie** *f mil.* delinquent company. — **~,la·ger** *n* detention camp.

sträf·lich ['ʃtrɛːflɪç] **I** *adj* **1.** reproachable, reprovable: ~er Leichtsinn reproachable carelessness. – **2.** (*unverzeihlich*) inexcusable, unpardonable. – **II** *adv* **3.** dreadfully: er hat sie ~ vernachlässigt he has neglected her dreadfully.

Sträf·ling ['ʃtrɛːflɪŋ] *m* ⟨-s; -e⟩ prisoner, convict.

'**Sträf·lings|,für,sor·ge** *f* prison welfare, welfare (services *pl od.* activity) for prisoners. — **~,klei·dung** *f* convict's (*od.* prison) clothes *pl* (*od.* clothing).

'**straf·los** *adj u. adv cf.* straffrei. — '**Straf·lo·sig·keit** *f* ⟨-; *no pl*⟩ *cf.* Straffreiheit.

'**Straf|man,dat** *n* ticket. — **~,maß** *n jur.* sentence, degree of penalty (*od.* punishment): das höchste [niedrigste] ~ the maximum [minimum] penalty (*od.* punishment). — **~,maß,nah·me** *f* sanction, punitive (*od.* punitory) measure. — **s~,mil·dernd I** *adj* mitigating, extenuating: j-m ~e Umstände zubilligen to allow s.o. mitigating (*od.* extenuating) circumstances; ~e Umstände geltend machen to plead mitigating circumstances, to plead in mitigation. – **II** *adv* in mitigation (of sentence): etwas ~ berücksichtigen to consider s.th. in mitigation; ~ wirken to be considered in mitigation. — **~,mil·de·rung** *f* mitigation (*auch* commutation) of sentence (*od.* penalty). — **~mi,nu·te** *f* (*sport*) (*beim Eishockey*) penalty minute: er erhielt zwei ~n he was given (*od.* he got) a two minutes' penalty. — **~,mit·tel** *n* means *pl* (*construed as sg or pl*) of punishment. — **s~,mün·dig** *adj* penally (*od.* criminally) liable, liable for a criminal offence (*Am.* offense), responsible. — **~,mün·dig·keit** *f* penal (*od.* criminal) liability, criminal discretion, responsibility, responsible age (*rare*). — **~,nach,laß** *m* reduction (*od.* abatement) of a penalty (*od.* sentence). — **~,pfle·ge** *f cf.* Strafrechtspflege. — **~,por·to** *n* (*postal service*) *cf.* Nachgebühr. — **~,pre·digt** *f colloq.* (severe) reprimand (*od.* reproof), lecture: j-m eine ~ halten to reprimand (*od.* reprove) s.o. severely, to take s.o. to task, to lecture s.o., *Am. sl.* to bawl s.o. out.

'**Straf·pro,zeß** *m jur.* criminal procedure (*od.* proceedings *pl*, trial, case, *Am. rare* suit). — **~,ord·nung** *f* code of criminal procedure.

'**Straf|,punkt** *m* (*sport*) penalty point. — **~,raum** *m* (*beim Fußball*) penalty area. — **~,recht** *n jur.* criminal (*od.* penal) law, *Br. auch* crown law. — **~,recht·ler** *m* ⟨-s; -⟩ penologist. — **s~,recht·lich I** *adj* penal, criminal: ~es Delikt criminal offence (*Am.* offense); ~e Verfolgung criminal prosecution (*od.* action); sich einer ~en Verfolgung aussetzen to incur a penalty (*od.* criminal liability), to make (*od.* render) oneself liable to a penalty (*od.* to prosecution). – **II** *adv* criminally, penally: j-n ~ verfolgen to prosecute s.o., to take criminal proceedings against s.o. — **~,rechts,leh·rer** *m ped.* professor of criminal (*od.* penal) law, penologist. — **~,rechts,pfle·ge** *f* criminal justice. — **~,rechts·re,form** *f* reform of the penal (*od.* criminal) law, penal reform. — **~,re·de** *f* philippic. — **~re,gi·ster** *n* **1.** *jur.* criminal (*od.* police) record, penal register: Vermerk im ~ entry in the criminal record; Auszug aus dem ~ extract from (the) police records. – **2.** *colloq. humor.* (*Sündenregister*) blacklist, black book. — **~,rich·ter** *m* judge in a criminal court, criminal judge. — **~,sa·che** *f* criminal case (*od.* matter): Zuständigkeit in ~n criminal jurisdiction. — **~,schlag** *m* (*sport*) (*beim Hockey*) penalty stroke. — **~,schuß** *m* (*beim Eishockey*) penalty shot. — **~se,kun·de** *f* penalty second. — **~se,nat** *m jur.* criminal division, division of a criminal court. — **~,stoß** *m* (*sport*) (*beim Fußball*) penalty kick: einen ~ verhängen (*od.* geben), auf ~ erkennen (*od.* entscheiden) to award a penalty kick; den ~ ausführen to take the penalty kick.

'**Straf,tat** *f* criminal (*od.* penal, punishable) offence (*Am.* offense) (*od.* act), *auch* crime. — **~be,stand** *m* statutory offence (*Am.* offense).

'**Straf|,tä·ter** *m jur.* (criminal) offender, criminal. — **~,til·gung** *f* (*im Strafregister*) extinction in the criminal record. — **~,um,wand·lung** *f* commutation of penalty (*od.* sentence). — **s~,un,mün·dig** *adj* not liable for a criminal offence (*Am.* offense), not criminally liable. — **~ver,bü·ßung** *f* serving of one's term of imprisonment (*od.* one's prison term, one's term, one's sentence). — **~ver,fah·ren** *n* **1.** criminal proceedings *pl* (*od.* procedure): ein ~ gegen j-n einleiten to institute criminal proceedings against s.o.; ein ~ durchführen to carry on (*od.* take) criminal proceedings. – **2.** *cf.* Strafprozeß. — **~ver,fol·gung** *f* (criminal) prosecution, criminal action. — **~ver,fü·gung** *f* **1.** (*durch die Polizei*) police order (inflicting punishment). – **2.** (*durch den Richter*) penal order of the court. — **s~ver,schär·fend** *adj* increasing the penalty (*od.* sentence). — **~ver,schär·fung** *f* increase of penalty (*od.* sentence). — **s~ver,set·zen** *v/t* ⟨*only inf u. pp* strafversetzt, h⟩ j-n ~ to transfer s.o. for disciplinary reasons, to remove s.o. — **~ver,set·zung** *f* transfer for disciplinary reasons, removal. — **~ver,tei·di·ger** *m* counsel for the defence (*Am.* defense). — **~,voll,streckung** (*getr.* -k·k-) *f* execution of (a) sentence (*od.* [a] punishment). — **~,voll,zie·hung** *f cf.* Strafvollstreckung.

'**Straf,voll,zug** *m jur.* **1.** *cf.* Strafvollstreckung. – **2.** treatment of prisoners, prison methods *pl*.

'**Straf,voll,zugs|,an,stalt** *f jur. cf.* Strafanstalt 1. — **~be,hör·de** *f* prison authority (*od.* administration). — **~,ord·nung** *f* prison system, *bes. Am.* penitentiary system.

'**straf|,wei·se** *adj u. adv bes. jur.* as a punishment: j-n ~ versetzen to transfer s.o. for disciplinary reasons, to remove s.o. — **~,wür·dig** *adj* punishable, penal.

'**Straf,wurf** *m* (*sport*) (*beim Hand- u. Wasserball*) penalty throw. — **~,mar·ke** *f* (*beim Handball*) penalty line.

'**Straf,zeit** *f* **1.** *jur.* term, term of imprisonment (*od.* confinement). – **2.** (*sport*) penalty time. — **~,neh·mer** *m* (*sport*) (*beim Eishockey*) penalty timekeeper.

'**Straf|,zet·tel** *m cf.* Strafmandat. — **~,zu,mes·sung** *f jur.* award (*od.* determination) of punishment. — **~,zu,schlag** *m bes. econ.* penal surcharge.

Stra·gel ['ʃtraːgəl] *m* ⟨-s; -⟩ *bot.* tragacanth (*Gattg Astragalus*).

Strahl [ʃtraːl] *m* ⟨-(e)s; -en⟩ **1.** (*Lichtstrahl*) ray, beam, (*wenn er durch Wolken bricht*) shaft of light: die ~en der Sonne the rays of the sun; einfallender ~ incident ray. – **2.** (*Blitzstrahl*) flash. – **3.** (*Wasser-, Luftstrahl*) jet, stream, (*nur von Wasser*) squirt: den ~ auf das brennende Haus richten to train (*od.* play) the jet on the burning house. – **4.** *poet.* ray: ~ der Hoffnung ray of hope. – **5.** *pl phys.* (*Energiestrom*) rays, beams: schädliche ~en noxious rays; kosmische [ionisierende, radioaktive, ultraviolette] ~en cosmic [ionizing, radioactive, ultraviolet] rays. – **6.** *math.* half line, *auch* half ray. — **~,ab,wei·ser** *m* (*space*) blast deflector. — **~,an,trieb** *m aer. mar.* jet propulsion. — **~,bren·ner** *m tech.* jet burner. — **~,dü·se** *f* **1.** *tech.* blast nozzle. – **2.** *aer.* exhaust nozzle. — **~,ein,sprit·zung** *f auto.* solid injection. — **~emp,fän·ger** *m* (*radio*) beam receiver.

strah·len ['ʃtraːlən] **I** *v/i* ⟨h⟩ **1.** (*von Licht etc*) beam, emit rays, radiate, ray: die Sonne strahlte am Himmel the sun was beaming (*od.* shining radiantly) in the sky. – **2.** (*funkeln, glänzen*) sparkle, flash, glitter, scintillate: der Edelstein strahlte im Licht the jewel sparkled (*od.* shone) in the light. – **3.** *fig.* (vor *dat* with) beam, be radiant: er strahlte förmlich vor Glück he was literally beaming (*od.* was simply radiant) with happiness; über das ganze Gesicht (*od.* über beide Backen) ~ to beam all over one's face, to beam from ear to ear; ihre Augen strahlten vor Freude her eyes shone (*od.* sparkled, were radiant) with joy. – **II** *v/t* **4.** (*radio*) (*mit Richtstrahler*) (nach at) beam: das Programm wird nach Europa gestrahlt the program(me) is beamed at Europe. – **III S~** *n* ⟨-s⟩ **5.** *verbal noun.* – **6.** (*von Licht, Funkwellen etc*) emission of rays, radiation. – **7.** (*von Edelsteinen etc*) sparkle, scintillation.

'**Strah·len|ana·ly,sa·tor** *m phys.* radiation analyzer (*Br. auch* -s-). — **~,bahn** *f* **1.** *phys.* ray path. – **2.** (*optics*) path of light. — **~be,hand·lung** *f med.* **1.** ray treatment, radiotherapy. – **2.** (*mit Lichtstrahlen*) actinotherapy. – **3.** (*mit Radium*) (radium) beam therapy. — **~be,la·stung** *f* **1.** *phys.* radiant (*od.* radiation) load. – **2.** *nucl.* exposure (to radiation): ~ der Haut exposure of the skin; berufliche ~ occupational exposure; ~ der Gesamtbevölkerung exposure of the population at large. — **~bio·lo,gie** *f* radiobiology. — **s~,bre·chend** *adj* (*optics*) refractive, refracting, refractile. — **~,bre·chung** *f* refraction. — **~,bün·del** *n* **1.** *phys.* (*optics*) pencil (*od.* beam, bundle) of rays, beam. – **2.** *math.* pencil of lines. — **~,bü·schel** *n math.* pencil of rays. — **~che,mie** *f chem.* **1.** actinochemistry. – **2.** radiation chemistry.

'**strah·lend I** *pres p.* – **II** *adj* **1.** radiant: ein ~es Lächeln a radiant (*od.* beaming) smile, a beam; ~e Augen sparkling (*od.* shining, radiant) eyes; eine ~e Schönheit a radiant beauty. – **2.** (*Wetter, Sonnenschein etc*) bright, glorious. – **3.** (bei) ~er Laune sein to be in high spirits. – **III** *adv* **4.** radiantly: j-n ~ anlächeln to beam at s.o., to smile at s.o. radiantly; ~ vor Freude begrüßte sie ihn she welcomed him radiant (*od.* beaming) with joy. – **5.** (*in Wendungen wie*) ein ~ heller Tag a bright and sunny day; ~ schönes Wetter glorious weather; ~ blaue Augen bright (*od.* vivid) blue eyes; ~ weiße Zähne sparkling (*od.* dazzling) white teeth; er war ~ (gut) gelaunt he was in high spirits.

'**Strah·len|der·ma,ti·tis** *f med.* **1.** Roentgen-ray (*od.* X-ray) dermatitis. – **2.** actinic dermatitis, actinodermatitis. – **3.** (*nach Bestrahlung*) radiothermitis. — **~de,tek·tor** *m phys.* ray detector. — **~,do·sis** *f* **1.** *med. nucl.* (radiation) dose: höchstzulässige ~ maximum permissible dose; genetische ~ der Bevölkerung genetic dose to the population. – **2.** *pl nucl.* radiation levels: von außen höchstzulässige ~ permissible external radiation levels. — **~,ein,fall** *m phys.* incidence of rays. — **s~emp,find·lich** *adj med. nucl.* radiosensitive. — **~emp,find·lich·keit** *f* radiosensitivity. — **s~ex·po,niert** *adj nucl.* exposed to radiation: beruflich ~e Personen individuals occupationally exposed; beruflich ~e Arbeitskräfte radiation workers; beruflich nicht ~e Arbeitskräfte nonradiation (*Br.* non-radiation) workers. — **~,feld** *n nucl.* radiation field. — **~,fil·ter** *n, m tech. med.* ray filter. — **s~,för·mig I** *adj* **1.** (*Anordnung etc*) radial, radiate(d). – **2.** *bot. zo.* radiate; actiniform, actinoid, actinomorphic, *auch* actinomorphous (*scient.*). – **II** *adv* **3.** ~ angeordnet arranged radially, radial, radiate(d); ~ auseinanderlaufen to diverge (radially), to radiate. — **~,for·scher** *m phys.* radiologist. — **~,for·schung** *f* radiology. — **~,gang** *m cf.* Strahlenbahn. — **~ge,fahr** *f meist pl nucl.* radiation hazard. — **~ge,fähr·dung** *f* radiation (*od.* radiological) hazard. — **~ge,schä·dig·te** *m, f* radiation victim, person suffering from radiation damage. — **s~ge,schützt** *adj* protected against radiation, radiation-protected. — **~,här·te** *f phys.* hardness of radiation, ray hardness. — **~,heil,kun·de** *f med.* radiotherapeutics *pl* (*construed as sg*). — **~,ke·gel** *m phys.* cone of rays. — **~,krank·heit** *f med.* radiation sickness. — **~,kranz** *m*, **~,kro·ne** *f* (*art*) *cf.* Heiligenschein 1. — **~,kun·de** *f med. phys.* radiology. — **~,leh·re** *f med. phys.* **1.** radiology. – **2.** actinology. — **~,meer** *n* *poet.* ocean of light. — **~ˌmes·ser** *m phys.* **1.** radiometer. – **2.** (*in Astrophysik*) actinometer. — **~ˌmes·sung** *f* **1.** radiometry. – **2.** actinometry. — **~ˌnachˌweis·geˌrät** *n nucl.* radiation monitor.

ˈStrah·lenˌpilz *m bot.* ray fungus, actinomycete (*scient.*) (*Gattg Actinomyces*). — **~erˌkran·kung**, **~ˌkrank·heit** *f* ⟨-; *no pl*⟩ *med. vet.* actinomycosis.

ˈStrah·len|ˌschä·den *pl*, **~ˌschä·di·gung** *f med.* radiation damage (*od.* injury), (*bes. der Haut*) irradiation burn.

ˈStrah·lenˌschutz *m med. nucl.* **1.** radiation protection (*od.* safety practice), (*technische Vorrichtung*) radiation shielding: Beauftragter für ~ radiological health and safety officer. – **2.** (*als Vorrichtung*) protective screen (against radiation). — **~ˌanˌzug** *m* antiradiation (*od.* radiationproof) suit, *auch* frog suit (*colloq.*).

ˈStrah·len|ˌsen·der *m* (*radio*) *cf.* Strahlsender. — **s~ˌsi·cher** *adj med. phys.* radiationproof. — **~ˌsi·cher·heitsˌmaß·ˌnah·men** *pl* radiation safety measures (*od.* rules). — **~sym·meˌtrie** *f math.* radial symmetry. — **~the·raˌpie** *f med. cf.* Strahlenbehandlung. — **~ˌtier·chen** *n zo. cf.* Radiolarie. — **~ˌüberˌwa·chung** *f nucl.* radiation monitoring. — **s~ˌunˌdurchˌläs·sig** *adj med. phys.* radiopaque. — **~ˌwir·kung** *f* radiological (*od.* radiation) effect. — **~zerˌset·zung** *f chem.* decomposition by irradiation.

ˈStrah·ler *m* ⟨-s; -⟩ **1.** *phys. tech.* (*für Licht, Wärme etc*) radiator. – **2.** (*radio*) (*Antenne*) antenna, *bes. Br.* aerial. – **3.** *aer. colloq.* (*Düsenjäger*) 'blowtorch' (*sl.*).

ˈStrahl|ˌflugˌzeug *n aer.* jet aircraft (*od.* plane). — **~geˌblä·se** *n tech.* jet blower, (*für Gasreinigung*) jet washer.

ˈstrah·lig *adj u. adv cf.* strahlenförmig.

ˈStrahl|ˌjä·ger *m aer.* jet fighter (*od.* interceptor). — **~ˌmo·tor** *m aer. cf.* Strahltriebwerk. — **~ˌpum·pe** *f tech.* injector pump. — **~ˌrohr** *n* **1.** *tech.* (*eines Sandstrahlgebläses*) nozzle holder. – **2.** (*eines Feuerlöschschlauches*) jet pipe. – **3.** *aer.* tailpipe. – **4.** *metall.* (oxygen) lance. — **~ˌröh·re** *f electr.* ray tube. — **~ˌrückˌlauf** *m* (*im Radarwesen*) flyback. — **~ˌru·der** *n* (*space*) jet (*od.* blast) vane. — **~ˌsen·der** *m* (*radio*) ray (*od.* beam) transmitter (*od.* generator). — **~ˌstein** *m min.* actinolite. — **~ˌstrom** *m*, **~ˌströ·mung** *f meteor.* jet stream. — **~ˌtriebˌwerk** *n aer.* **1.** jet engine, jet unit (*od.* power plant). – **2.** (*Turbinenstrahltriebwerk*) turbojet (engine). – **3.** (*Propellerstrahltriebwerk*) propjet (engine). – **4.** (*Staustrahltriebwerk*) ramjet (engine).

ˈStrah·lung *f* ⟨-; -en⟩ *meteor. electr. phys.* radiation: atomare [kosmische] ~ atomic [cosmic] radiation; infrarote [ultraviolette] ~ infrared [ultraviolet] radiation; schwarze ~ blackbody (*od.* Planckian) radiation.

ˈStrah·lungs|biˌlanz *f meteor.* balance of radiation, radiation balance. — **~cha·rak·teˌri·stik** *f* (*radio*) radiation (field) pattern. — **~ˌdämp·fung** *f phys.* loss of radiant energy (*od.* radiation). — **~deˌtek·tor** *m nucl.* radiation detector (*od.* monitor). — **~ˌdich·te** *f* radiation density. — **~ˌdruck** *m* ⟨-(e)s; =e⟩ *phys.* radiation pressure. — **s~ˌdurchˌläs·sig** *adj* permeable to radiation, transmitting rays. — **~enerˌgie** *f* radiation energy. — **~ˌfeld** *n* radiation field. — **s~ˌfrei** *adj* nonradiating *Br.* non-, without radiation, *auch* radiationless. — **~ˌfrost** *m meteor.* radiation frost. — **~ge·ˌfähr·dung** *f nucl.* radiation hazard. — **~ˌgür·tel** *m* Van Allen radiation belt. — **~ˌhei·zung** *f tech.* radiant (*od.* panel) heating. — **~ˌherd** *m ling.* (*in Sprachgeographie*) focal area. — **~ˌhö·he** *f phys.* radiation height. — **~in·ten·siˌtät** *f nucl.* intensity (*od.* dose, rate) of radiation. — **~ˌkli·ma** *n meteor.* radiation climate. — **~ˌkrank·heit** *f nucl. med.* radiation sickness. — **~ˌküh·lung** *f* (*space*) radiation cooling. — **~ˌlei·stung** *f* (*einer Antenne*) radiated power. — **s~los** *adj cf.* strahlungsfrei. — **~ˌmen·ge** *f nucl.* quantity (*od.* dose) of radiation. — **~ˌmeß·geˌrät** *n* radiation monitor (*od.* detector), counter tube, Geiger counter. — **~mu·ta·tiˌon** *f med. biol.* radiomutation. — **~ˌofen** *m metall.* radiation furnace. — **~ˌpe·gel** *m nucl. med.* radiation background. — **~py·roˌme·ter** *n metall.* radiation pyrometer. — **~ˌquant** *n phys.* photon. — **~ˌquel·le** *f nucl.* radiation source. — **~ˌschä·den** *pl med. cf.* Strahlenschäden. — **~tem·pe·raˌtur** *f astr. phys.* radiation temperature. — **~ˌüberˌwa·chung** *f nucl. cf.* Strahlenüberwachung. — **~verˌmö·gen** *n phys.* radiating (*od.* emissive) power (*od.* capacity), emissivity. — **~ˌwär·me** *f* radiant (*od.* radiation) heat. — **~ˌwet·ter** *n meteor.* radiation weather. — **~ˌwi·derˌstand** *m phys.* radiation resistance. — **~ˌwir·kung** *f* radiation effect. — **~ˌzo·ne** *f* zone of radiation, radiation zone.

ˈStrahlˌwir·kungsˌgrad *m* (*space*) propulsive efficiency.

Strähn [ʃtrɛːn] *m* ⟨-(e)s; -e⟩ *Austrian for* Strähne 3.

Sträh·ne [ˈʃtrɛːnə] *f* ⟨-; -n⟩ **1.** (*Haarsträhne*) strand: sie hat schon einige weiße ~n im Haar her hair has already some white strands; das nasse Haar hing ihr in ~n ins Gesicht the wet hair hung in strands (*od.* straggles, *bes. Br.* rat's tails) around her face. – **2.** *pl* (*gefärbte*) streaks: sich (*dat*) ~n machen lassen to have one's hair streaked. – **3.** (*Garnsträhne etc*) skein, strand, hank. — **ˈsträh·nig** *adj* (*Haar*) in strands, (*wenn naß*) straggly.

Strak [ʃtraːk] *n* ⟨-s; -e⟩ *mar.* **1.** (*Plankengang*) strake. – **2.** (*Sprungkurve des Schiffes*) sheer curve (*od.* line). — **ˈstra·ken I** *v/t* ⟨h⟩ (*ausrichten*) sheer. – **II** *v/i* ⟨sein⟩ (*bes. von Sprungkurven*) sheer.

Stra·min [ʃtraˈmiːn] *m* ⟨-s; -e⟩ (*für Stickereien*) canvas, *auch* canvass.

stramm [ʃtram] **I** *adj* ⟨-er; -st⟩ **1.** (*Gürtel, Hose etc*) tight, close. – **2.** (*Seil etc*) taut, tight: Schrauben ~ anziehen *tech.* to tighten screws. – **3.** *bes. mil.* (*Haltung*) straight, erect: (eine) ~e Haltung annehmen to stand (*od.* pull oneself) up straight, to stand to attention. – **4.** (*Zucht, Disziplin etc*) strict, rigid, austere. – **5.** (*anstrengend, hart*) strenuous, hard: ~er Dienst strenuous work. – **6.** (*zügig, schnell*) brisk, lively, smart: ein ~er Marsch a brisk march. – **7.** (*schneidig*) smart, snappy (*colloq.*): ein ~er Soldat a smart soldier. – **8.** (*kräftig, gesund*) bouncing: sie hat einen ~en Sohn geboren she gave birth to a bouncing baby boy. – **9.** ein ~er Bursche *colloq.* a strapping (*od.* sturdy, hefty, stalwart) fellow (*colloq.*); ein ~es Mädel *colloq.* a buxom (*od.* sturdy) girl. – **10.** S~er Max *gastr. open sandwich of boiled ham and fried egg.* – **II** *adv* **11.** tightly: der Rock sitzt ziemlich ~ the skirt fits rather tightly (*od.* sits rather close). – **12.** *colloq.* hard: ~ arbeiten to work hard. – **13.** *colloq.* briskly, smartly: ~ marschieren to march briskly. — **~ˌste·hen** *v/i* ⟨*irr, sep*, -ge-, h *u.* sein⟩ *mil.* stand to (*od.* at) attention. — **~ˌzie·hen** *v/t* ⟨*irr, sep*, -ge-, h⟩ **1.** (*eine Schraube etc*) tighten. – **2.** einem Kind die Hose(n) ~ *fig. colloq.* to warm a child's bottom (*Br. auch* jacket) (*colloq.*), to give a child a (proper) spanking, to spank a child.

ˈStram·pelˌhös·chen *n* rompers *pl.*

stram·peln [ˈʃtrampəln] *v/i* ⟨h *u.* sein⟩ **1.** ⟨h⟩ kick: das Baby strampelt mit Armen und Beinen the baby is kicking (and waving its arms); er strampelte vor Vergnügen mit den Beinen he kicked with delight. – **2.** ⟨sein⟩ *colloq.* (*radfahren*) cycle, (*mit Anstrengung*) pedal, treadle.

ˈStram·pelˌsack *m* (baby's) sleeping bag, sleeper.

Strand [ʃtrant] *m* ⟨-(e)s; =e, *rare* -e⟩ **1.** (*Meeresstrand*) (sea)shore, strand: auf (den) ~ geraten (*od.* laufen) *mar.* to run ashore, to strand, to be stranded; ein Schiff auf (den) ~ setzen *mar.* to beach (*od.* ground) a ship, to run (*od.* haul) a ship ashore; an den ~ getrieben werden to be driven ashore. – **2.** (*Badestrand*) beach, strand: sandiger [steiniger] ~ sandy [stony, *auch* stoney] beach; an den (*od.* zum) ~ gehen to go to the beach; am ~ liegen to lie on the beach. — **~ˌanˌzug** *m* beach suit. — **~ˌas·sel** *f zo.* rock (*od.* sea) slater, sea wood louse (*Ligia oceanica*). — **~ˌaster** *f bot.* hog's-bean, sea starwort, *auch* sea aster (*Aster tripolium*). — **~ˌbad** *n* **1.** (*am Meer*) open-air saltwater swimming pool. – **2.** bathing place (at a lake, river *etc*). — **~ˌburg** *f* sand castle. — **~ˌdi·stel** *f bot.* sea holly, eryngo (*scient.*) (*Eryngium maritimum*). — **~ˌdorn** *m* ⟨-(e)s; *no pl*⟩ *cf.* Sanddorn.

stran·den [ˈʃtrandən] **I** *v/i* ⟨sein⟩ **1.** *mar.* (*von Schiffen etc*) strand, be stranded, (take) ground, run aground (*od.* ashore). – **2.** *fig.* (*scheitern, verkommen*) founder, go to wreck (*od.* ruin, seed, *sl.* pot). – **II S~** *n* ⟨-s⟩ **3.** *verbal noun.*

ˈStrand|fi·scheˌrei *f* strand fishery. — **~ˌfloh** *m zo.* beach flea (*Gattgen Talitrus u. Orchestia*). — **~ˌgut** *n* stranded goods *pl* (*od.* property), wreckage, (*schwimmendes*) flotsam, (*über Bord geworfenes*) jetsam. — **~ˌha·fer** *m bot.* beach (*od.* marram) grass, sand reed, matgrass, matweed (*Ammophila arenaria*). — **~hauˌbit·ze** *f only in* voll (*od.* blau, geladen) wie eine ~ *colloq.* (as) drunk as a fiddler, (as) drunk as a lord, 'tight' (*colloq.*). — **~hoˌtel** *n* **1.** seaside hotel. – **2.** (*an einem See etc*) beach hotel. — **~ˌkie·fer** *f bot.* maritime pine, cluster pine (*auch* fir) (*Pinus pinaster*). — **~ˌkleid** *n* beach dress. — **~ˌklei·dung** *f* beach wear. — **~ˌkorb** *m* canopied wicker beach chair. — **~ˌkrab·be** *f zo.* shore (*od.* green) crab (*Carcinus maenas*). — **~ˌläu·fer** *m* **1.** *zo.* sandpiper, sand runner (*Gattg Calidris*). – **2.** *colloq. humor.* beach promenader. — **~ˌli·nie** *f* shore line. — **~ˌnel·ke** *f bot.* sea lavender (*Gattg Limonium*). — **~pro·me·ˌna·de** *f* (beach) promenade, *Am.* (*aus Holzplanken*) *auch* boardwalk. — **~ˌräu·ber** *m* wrecker. — **~ˌschnecke** (*getr.* -k·k-) *f zo.* periwinkle, lit(t)orina (*scient.*) (*Fam. Lit(t)orinidae*). — **~ˌschuh** *m meist pl* beach shoe, sandshoe. — **~ˌsee** *m geogr.* lagoon. — **~ˌta·sche** *f* beach bag.

ˈStran·dung *f* ⟨-; -en⟩ **1.** *cf.* Stranden. – **2.** (*Resultat*) stranding, shipwreck.

ˈStran·dungsˌord·nung *f jur. mar.* regulations *pl* respecting flotsam and jetsam.

ˈStrand|ˌvo·gel *m zo.* beach bird. — **~ˌwäch·ter** *m* lifeguard, *bes. Br.* lifesaver. — **~ˌwa·gen** *m auto.* beach buggy. — **~ˌwär·ter** *m cf.* Strandwächter. — **~ˌweg** *m* (beach) path. — **~ˌwolf** *m zo.* brown hyena, strand wolf (*Hyaena brunnea*).

Strang [ʃtraŋ] *m* ⟨-(e)s; =e⟩ **1.** (*Seil, Strick*) rope, cord: der ~ einer Glocke the bell rope. – **2.** (*des Henkers*) halter, death rope (*od.* cord): j-n zum Tod durch den ~ verurteilen *jur.* to sentence s.o. to death by hanging. – **3.** (*beim Pferdegeschirr*) trace, tug: über die Stränge schlagen (*od.* hauen) *fig.* a) to kick over the traces, b) (*hemmungslos, ausgelassen sein*) to run riot (*od.* wild); wenn wir alle an einem (*od.* am gleichen) ~ ziehen, können wir es schaffen *fig.* we can succed (*od.* do it) if we all pull together (*od.* if we all join forces); wir ziehen (doch) alle an einem (*od.* am gleichen) ~ *fig.* we are all in the same boat; wenn alle Stränge reißen *fig. colloq.* if it (*od.* if the worst) comes to the worst, if all else fails. – **4.** (*railway*) (*Schienenstrang*) track: toter ~ dead track. – **5.** (*textile*) (*Strähne*) skein, skean(e), hank: ein ~ Seidengarn a skein of silk yarn. – **6.** *med.* a) (*von Muskeln, Sehnen, Nerven etc*) cord, *auch* chord; funicle, funiculus, funis (*scient.*), b) (*des Rückenmarks*) cord, *auch* chord. – **7.** (*literature*) *hist.* (*logisch zusammenhängender Teil eines Romans*) strand. – **8.** *tech.* a) (*einer Kette*) strand, b) (*von Rohren*) line, run, c) (*Wellenstrang*) line, d) (*eines Riementriebes*) strand. – **9.** *metall.* (*beim Strangguß*) slab, billet. – **10.** *electr.* a) (*Teil einer Mehrphasenwicklung*) phase belt, b) (*eines Kabels*) harness.

Stran·ge [ˈʃtraŋə] *f* ⟨-; -n⟩ *Swiss for* Strang 5, Strähne 3.

ˈstrang·geˌpreßt I *pp.* – **II** *adj metall.* extruded.

ˈStrang|ˌguß *m metall.* continuous casting. — **~ˌpres·se** *f* extrusion press. — **s~ˌpres·sen** *v/t* ⟨*insep*, -ge-, h⟩ extrude.

Stran·gu·la·ti·on [ʃtrangulaˈtsĭoːn; straŋ-] *f* ⟨-; -en⟩ **1.** *cf.* Strangulieren. – **2.** *bes. med. jur.* strangulation: Tod durch ~ death by strangulation.

Stran·gu·la·tiˈons|ˌile·us *m med.* strangulation ileus. — **~ˌmar·ke** *f* furrow after strangulation, strangulation mark.

stran·gu·lie·ren [ʃtraŋguˈliːrən; straŋ-] **I** *v/t* ⟨no ge-, h⟩ **1.** (*erwürgen*) strangle, strangulate. – **2.** *med.* (*Gefäß, Gang etc*) strangulate. – **II S~** *n* ⟨-s⟩ **3.** *verbal noun.* – **4.** strangulation. — **Stran·guˈlie·rung** *f* ⟨-; -en⟩ *bes. med. jur. cf.* Strangulation.

Strang·urie [ʃtraŋguˈriː; straŋ-] *f* ⟨-; -n [-ən]⟩ *med. cf.* Harnzwang.

Stra·pa·ze [ʃtraˈpaːtsə] *f* ⟨-; -n⟩ strain, exertion, drag (*colloq.*): er war den ~n der Reise nicht gewachsen he was not able to stand (*od.* not up to) the strain of the journey; die Fahrt war eine ~ the trip was very wearing, the trip was an awful strain (*od.* drag, *Br.* fag) (*colloq.*).

straˈpa·zenˌreich *adj cf.* strapaziös 1.

stra·pa·zie·ren [ʃtrapaˈtsiːrən] **I** *v/t* ⟨*no* ge-, h⟩ **1.** (*überanstrengen*) be a strain on, be wearing for, overtax, take a lot out of (*colloq.*): die Reise hat ihn sehr strapaziert the trip was a great strain on him, the trip took an awful lot (*od.* quite a bit) out of him. – **2.** (*Kleidung*) be hard on: ich habe den Mantel in letzter Zeit sehr strapaziert I have been very hard on the coat lately, I have given the coat a lot of hard wear lately (*colloq.*); die Schuhe wurden auf der Wanderung sehr strapaziert the hike was very hard on the shoes, the shoes took some hard wear(ing) (*od.* some battering) on the hike. – **3.** *fig.* (*Ausdruck, Wendung etc*) flog. – **4.** *fig.* (*in Wendungen wie*) j-s Geduld ~ to try s.o.'s patience; j-s Nerven ~ to try (*od.* fray, be wearing on) s.o.'s nerves. – **II** *v/reflex* sich ~ **5.** (*bei einer Arbeit etc*) exert oneself, (*stärker*) overexert oneself.

stra·paˈzierˌfä·hig *adj* (*Stoff, Material etc*) durable, hard-wearing.

stra·pa·zi·ös [ʃtrapaˈtsǐøːs] *adj* **1.** (*Arbeit, Reise etc*) strenuous, wearing, arduous, exhausting. – **2.** (*Person*) trying, wearing, exhausting.

Straps [ʃtraps; straps; stræps] (*Engl.*) *m* ⟨-es; -e⟩ (*Strumpfhalter*) *Am.* garter, *Br.* (stocking) suspender.

Straß [ʃtras] *m* ⟨- *u.* -sses; -sse⟩ (*jewelry*) strass, paste.

ˌstraßˈab *adv* down the street: → straßauf.

ˌstraßˈauf *adv* up the street: ~, straßab up and down the street.

Sträß·chen [ˈʃtrɛːsçən] *n* ⟨-s; -⟩ **1.** *dim. of* Straße. – **2.** streetlet, alley.

Stra·ße [ˈʃtraːsə] *f* ⟨-; -n⟩ **1.** (*in einer Stadt*) street: breite [schmale] ~ broad [narrow] street; belebte [ruhige] ~ busy [quiet] street; verstopfte ~n jammed (*od.* congested) streets; die ~ überqueren to cross the street; eine ~ weiter a block further (on); Herrschaft der ~ *fig.* rule of the street; auf der ~ in (*Am. auch* on) the street; auf offener ~ a) in the open street, b) *fig.* in broad daylight; bei diesem Wetter schickt (*od.* jagt) man (noch) nicht einmal einen Hund auf die ~! I wouldn't send a dog out in this weather! auf die ~ gehen *fig.* a) (*demonstrieren*) to make a public demonstration, to protest publicly, b) (*von Prostituierten*) to walk the streets; j-n auf die ~ setzen *fig. colloq.* a) (*einen Mieter*) to throw s.o. out, b) (*einen Angestellten*) to give s.o. the sack (*od.* his cards), to sack s.o. (*alle colloq.*); auf der ~ sitzen (*od.* liegen, stehen) *fig. colloq.* to be on the street; durch die ~n irren to roam (through) the streets; in welcher ~ wohnen Sie? which street do you live in (*Am. auch* on)? in die nächste ~ einbiegen to turn into (*od.* off at) the next street, to take the next turn(ing) (*od.* street); Verkauf an (*od.* auf) der ~ street sale (*od.* vending); etwas über die ~ verkaufen to sell s.th. for consumption off the premises; j-n von der ~ auflesen *fig.* to pick s.o. up (*od.* to take s.o.) from (*od.* out of) the gutter; ein Mädchen von der ~ a streetwalker, a prostitute; mein Zimmer liegt zur (*od.* nach der) ~ (hin) my room overlooks (*od.* faces) the street; → Geld 1; Mann 2; Verkauf 3. – **2.** (*Land-, Zufahrtsstraße*) road, *Am. auch* street: kurvenreiche ~ winding (*od.* twisting, twisty) road; vereiste [verschneite] ~n icy [snow-covered] roads; ~ erster [zweiter] Ordnung primary (*od.* major) [secondary] road; ~ mit Vorfahrtsrecht priority road; nichtöffentliche ~ private road; ~ mit zwei (getrennten) Fahrbahnen dual carriageway, *Am.* divided (*auch* dual) highway; ~ mit drei Spuren three-lane carriageway (*Am.* highway); ~ frei! freie ~! road clear (ahead); ~ (wegen Bauarbeiten) gesperrt! road up! eine ~ sperren to close (*od.* block, bar) a road; diese ~ führt (*od.* geht) nach München this road leads (*od.* goes) to Munich; dort kreuzen sich zwei ~n two roads cross (*od.* intersect) there; an der ~ at the side of the road, at (*od.* by) the roadside. – **3.** (*Prachtstraße, Allee*) avenue, boulevard. – **4.** (*Fernverkehrsstraße*) highroad, *bes. Am.* highway. – **5.** *mar.* (*Schiffahrtsstraße*) sea-lane, sea road, sea route, (navigable) waterway. – **6.** (*Meerenge*) strait(s *pl construed as sg*): die ~ von Gibraltar the Strait(s) of Gibraltar. – **7.** *metall.* rolling (mill) train: gestaffelte ~ staggered rolling train.

ˈStra·ßen|ˌabˌschnitt *m* road section. — **~ˌanˌla·ge** *f cf.* Straßenführung. — **~ˌanˌzug** *m* (*fashion*) *Am.* business suit, *Br.* lounge suit. — **~ˌar·bei·ten** *pl* roadworks: „~!" (*Warnschild*) "roadworks (ahead)!" *Br. auch* "road up!" — **~ˌar·bei·ter** *m* roadman, *Am.* road laborer. — **~ˌaufˌlauf** *m* street brawl. — **~ˌaufˌse·her** *m* road surveyor. — **~ˌausˌbes·se·rung** *f cf.* Straßeninstandsetzung.

ˈStra·ßenˌbahn *f Am.* streetcar, trolley (car), *Br.* tram(way), tramcar: mit der ~ fahren to go by (*od.* take the, take a) streetcar (*Br.* tram). — **~ˌdeˌpot** *n Am.* carbarn, *Br.* tram(way) depot.

ˈStra·ßenˌbah·ner *m* ⟨-s; -⟩ *colloq. Am.* streetcar employee, *Br.* tramwayman, tramway employee.

ˈStra·ßenˌbahn|ˌfah·rer *m* motorman, *Br.* tram(way) (*od.* tramcar) driver. — **~ˌhal·teˌstel·le** *f Am.* streetcar stop, *Br.* tram stop. — **~ˌli·nie** *f Am.* streetcar (*od.* trolley) line, *Br.* tramline, tramway. — **~ˌnetz** *n* streetcar (*od.* trolley [car], *Br.* tramway) network (*od.* system). — **~reˌkla·me** *f* streetcar (*Br.* tram[way], tramcar) advertising (*auch* -z-). — **~ˌschaff·ner** *m* streetcar (*Br.* tram) conductor. — **~ˌschaff·ne·rin** *f* streetcar (*Br.* tram) conductress. — **~ˌschie·ne** *f Am.* streetcar rail, *Br.* tram(way) rail. — **~verˌkehr** *m Am.* streetcar traffic, *Br.* tram(way) traffic. — **~ˌwa·gen** *m Am.* streetcar, *Br.* tramcar.

ˈStra·ßenˌbau *m* ⟨-(e)s; -ten⟩ *civ.eng.* **1.** ⟨*only sg*⟩ road construction (*od.* building, making), road (*od.* highway) engineering. – **2.** (*Anlage*) road construction. — **~ˌamt** *n* office for road construction, road construction office. — **~ˌar·bei·ten** *pl* road construction work *sg.* — **~beˌhör·de** *f* road construction authorities *pl*, road (*od.* highway) authorities *pl*, *Br.* highway authority. — **~in·ge·niˌeur** *m* road (*od.* highway) engineer. — **~maˌschi·nen** *pl* road construction machinery *sg* (*od.* plant *sg*, equipment *sg*). — **~ˌstel·le** *f* road construction site: „~!" (*Warnschild*) "roadworks ahead!" *Br. auch* "road up!"

ˈStra·ßen|beˌkannt·schaft *f* chance (*od.* passing) acquaintance, pickup (*sl.*). — **~beˌlag** *m civ.eng.* road surfacing (*od.* pavement). — **~beˌleuch·tung** *f* street lighting. — **~beˌnut·zer** *m* road user. — **~beˌnut·zungs·geˌbühr** *f* (road) toll. — **~beˌschaf·fen·heit** *f* road condition. — **~beˌschot·te·rung** *f civ.eng.* crushed-stone (*od.* crushed-rock) bed. — **~be·toˌnie·rung** *f* road (*od.* highway) concreting. — **~ˌbett** *n* ballast (*od.* crushed-stone, crushed-rock) bed. — **~ˌbie·gung** *f* (road) bend (*od.* curve, turn), turning. — **~ˌbild** *n* (*einer Stadt etc*) layout (*Br.* lay-out) of streets, streetscape. — **~ˌbö·schung** *f* slope of a road (*od.* highway). — **~ˌbrücke** (*getr.* -k·k-) road bridge, (*bei Fern-, Landstraßen*) *auch* highway bridge. — **~ˌdamm** *m* road (*od.* highway) embankment. — **~ˌdecke** (*getr.* -k·k-) *f civ.eng.* road (*od.* highway) surfacing, road pavement. — **~ˌdir·ne** *f cf.* Straßenmädchen. — **~ˌdorf** *n geogr.* ribbon-built village (along main road). — **~ˌdreiˌeck** *n* triangular road junction. — **~ˌecke** (*getr.* -k·k-) *f* street corner: an der ~ at the corner of the street. — **~ˌeinˌmün·dung** *f* road junction. — **~ˌfah·ren** *n* (*beim Radsport*) road cycling. — **~ˌfah·rer** *m* road rider. — **~ˌfahr·zeug** *n* road vehicle. — **~ˌflucht** *f* road building line. — **~ˌfront** *f* (*eines Hauses etc*) street front, facade, *bes. Br.* façade. — **~ˌfüh·rung** *f civ.eng.* route configuration. — **~ˌga·be·lung** *f* road (*od.* fork) junction, bifurcation. — **~ˌgang** *m auto.* (*des Getriebes*) (on-the-)road gear. — **s~geˌbun·den** *adj* (*Fahrzeug*) road-bound. — **~ˌglät·te** *f* slippery road (*od.* surface): „Achtung, ~!" (*Warnschild*) "Slippery road". — **~ˌgra·ben** *m* (road) ditch: (mit dem Wagen) im ~ landen *colloq.* to land in the ditch, to ditch one's car. — **~ˌhaf·tung** *f auto.* **1.** (*der Reifen*) road adhesion, road-holding power. – **2.** (*des Wagens*) roadability. — **~ˌhal·tung** *f cf.* Straßenlage 1. — **~ˌhan·del** *m* street sale (*od.* trading, vending, hawking). — **~ˌhänd·ler** *m* street trader (*od.* seller, vendor, hawker), (*bes. für Obst*) *Br.* coster(monger). — **~ˌhilfsˌdienst** *m* road service. — **~inˌstandˌhal·tung** *f* road maintenance, maintenance (*od.* upkeep) of roads. — **~inˌstandˌset·zung** *f* road repair (*od.* reinstatement) (work). — **~ˌjun·ge** *m contempt.* street urchin, guttersnipe, ragamuffin, street Arab (*auch* arab), *Br. auch* street-boy, *Am. colloq.* dead-end kid. — **~ˌkampf** *m* street fight: Straßenkämpfe street fights, street fighting *sg*; im ~ in street fighting. — **~ˌkar·te** *f* **1.** street map. – **2.** road map. — **~ˌkeh·re** *f* road bend, sharp turn. — **~ˌkeh·rer** *m* ⟨-s; -⟩ street cleaner (*od.* sweeper), *bes. Br.* scavenger. — **~ˌkeh·richt** *m, n* street sweepings *pl.* — **~ˌkehr·maˌschi·ne** *f* road sweeper. — **~ˌkleid** *n* (*fashion*) outdoor dress. — **~ˌknie** *n* sharp road bend (*od.* curve). — **~ˌkno·tenˌpunkt** *m* road junction. — **~konˌtrol·le** *f* road (*od.* street) check. — **~konˌtrollˌpunkt** *m* checkpoint. — **~ˌkot** *m cf.* Straßenschmutz. — **~ˌkreu·zer** *m auto. colloq.* 'battleship' (*colloq.*). — **~ˌkreu·zung** *f* crossroads *pl* (*construed as sg or pl*), *auch* crossroad, (street) crossing, (road) junction, *bes. Am.* intersection. — **~ˌkundˌge·bung** *f* (street) demonstration, manifestation. — **~ˌla·ge** *f auto.* **1.** road-holding property, roadability: dieser Wagen hat eine gute ~ this car holds the road well, this is a road-hugging car. – **2.** (*im Verkehrsfunk*) traffic conditions *pl.* — **~ˌlärm** *m* street noise. — **~laˌter·ne** *f* streetlight, streetlamp. — **~-ˌLeuchtˌna·gel** *m* reflectorizing (traffic) stud. — **~ˌmäd·chen** *n* streetwalker, street girl, prostitute. — **~mei·steˌrei** *f* highway maintenance depot. — **~mu·siˌkant** *m* street (*od.* strolling) musician. — **~ˌna·me** *m* name of a street, street name. — **~ˌnetz** *n* road network (*od.* system). — **~ˌpfla·ster** *n* pavement. — **~ˌpfla·ste·rung** *f* (*Vorgang*) paving. — **~po·liˌzei** *f cf.* Verkehrspolizei. — **~ˌradˌrennˌfah·rer** *m cf.* Straßenfahrer. — **~ˌrand** *m* roadside, wayside, (*ungepflasterter*) shoulder: am ~ at (*od.* by) the roadside, at the side of the road. — **~ˌraub** *m* highway robbery. — **~ˌräu·ber** *m* **1.** hijacker, high-jacker, footpad, *Am. colloq.* road agent. – **2.** *hist.* highwayman. — **~ˌred·ner** *m* street (*od. colloq.* soapbox) orator. — **~ˌrei·ni·gung** *f* street cleaning, *bes. Br.* scavenging, scavengery. — **~ˌrei·ni·gungs·maˌschi·ne** *f* roadway flusher, street-cleaning machine. — **~ˌren·nen** *n* (*sport*) (*Radrennen*) road race. — **~ˌrenn·maˌschi·ne** *f* road cycle. — **~ˌrol·ler** *m cf.* Straßenwalze. — **~ˌsamm·lung** *f* street collection. — **~ˌsän·ger** *m* street singer. — **~ˌschild** *n* **1.** (*Namensschild*) street sign. – **2.** (*Hinweisschild*) road sign. — **~ˌschlacht** *f* street battle. — **~ˌschmutz** *m* dirt (in the streets). — **~ˌschot·ter** *m civ.eng.* crushed (*od.* broken) stone (*od.* rock), *bes. Br.* road metal. — **~ˌschuh** *m* (*fashion*) walking shoe. — **~ˌsei·te** *f* **1.** roadside, wayside: auf beiden ~n on both sides of the road. – **2.** (*eines Hauses*) *cf.* Straßenfront. — **~ˌsper·re** *f* **1.** roadblock, (road) barricade. – **2.** *cf.* Straßensperrung. — **~ˌsper·rung** *f* blocking (*od.* closing) of a road. — **~ˌspin·ne** *f* multiple road junction. — **s~ˌtaug·lich** *adj* (*Auto*) roadworthy. — **~ˌtaug·lich·keitsˌprü·fung** *f* road serviceability test. — **~ˌtest** *m* road test. — **~thea·ter** [-teˌaːtər] *n* street theater (*bes. Br.* theatre). — **~transˌport** *m* road transport (*od.* haulage). — **~ˌtun·nel** *m* vehicular tunnel, underpass. — **~ˌüberˌfüh·rung** *f* flyover, (road) overpass, viaduct. — **~ˌüberˌgang** *m* pedestrian (*od.* street) crossing, *Am.* crosswalk, (*mit Zebrastreifen*) *auch* zebra crossing. — **~ˌumˌlei·tung** *f* detour, *Br.* diversion. — **~ˌun·terˌfüh·rung** *f* **1.** (*für Autos*) underpass, undercrossing. – **2.** (*für Fußgänger*) (pedestrian) subway. — **~ˌun·terˌhal·tung** *f cf.* Straßeninstandhaltung. — **~verˌen·gung** *f* (road) bottleneck, road narrows *pl.* — **~verˌhält·nis·se** *pl cf.* Straßenzustand. — **~verˌkauf** *m econ.* street sale. — **~verˌkäu·fer** *m* street seller (*od.* vendor).

'Stra·ßen·ver,kehr *m* (road) traffic, (*in der Stadt*) *auch* street traffic: Vorsicht im ~! watch the traffic!

'Stra·ßen·ver,kehrs|,amt *n* Road Traffic Licensing (*Br. auch* Licencing) Department. — **~,la·ge** *f* traffic conditions *pl.* — **~,ord·nung** *f* Road Traffic Act, Road Traffic Regulations *pl, Br.* Highway Code. — **~-,schild** *n* traffic sign. — **~-,Zu,las·sungs-,Ord·nung** *f* Motor Vehicles Regulations *pl*, Road Licensing (*Br. auch* Licencing) Regulations *pl.*

'Stra·ßen|ver,stop·fung *f* traffic jam (*od.* congestion). — **~ver,zeich·nis** *n* street directory. — **~,wacht** *f* road maintenance squad. — **~,wal·ze** *f civ.eng.* road roller. — **~,wasch·ma,schi·ne** *f* street washer (*od.* flusher). — **~,wöl·bung** *f* barrel camber. — **~,zoll** *m* (road) toll. — **~,zug** *m* street of (*od.* lined with) houses. — **~,zu,stand** *m* road conditions *pl.* — **~,zu,stands·be,richt** *m* (*im Radio etc*) report (*od.* information) on (the) road conditions, road news *pl* (*construed as sg or pl*).

Stra·te·ge [ʃtraˈteːɡə; stra-] *m* ⟨-n; -n⟩ *mil.* strategist. — **Stra·te'gie** [-teˈɡiː] *f* ⟨-; -n [-ən]⟩ *bes. mil.* strategy. — **stra'te·gisch I** *adj* strategic: ~es Material strategic material; ~e Aufklärung strategic reconnaissance; ~e Luftkriegführung strategic air warfare. – **II** *adv* ~ gefährdetes Gebiet strategically exposed area; ~ wichtig strategically important, of strategic importance.

Stra·ti·fi·ka·ti·on [ʃtratifikaˈtsĭoːn; stra-] *f* ⟨-; -en⟩ **1.** *geol.* (*Schichtenbildung*) stratification. – **2.** *agr.* (*von Saatgut*) stratification. — **stra·ti·fi'zie·ren** [-ˈtsiːrən] *v/t* ⟨*no* ge-, h⟩ **1.** *geol.* stratify. – **2.** *agr.* (*Saatgut*) stratify.

Stra·ti·gra·phie [ʃtratiɡraˈfiː; stra-] *f* ⟨-; -n [-ən]⟩ *geol.* stratigraphy. — **stra·ti'gra·phisch** [-ˈɡraːfɪʃ] *adj* stratigraphic, *auch* stratigraphical.

Stra·to·sphä·re [ʃtratoˈsfɛːrə; stra-] *f* ⟨-; *no pl*⟩ stratosphere.

Stra·to'sphä·ren|,auf,stieg *m aer.* ascent into the stratosphere. — **~bal,lon** *m* stratosphere balloon, *Am. colloq.* skyhook (balloon). — **~,flug** *m aer.* stratosphere flight. — **~,flug,zeug** *n* stratoliner, stratocruiser.

stra·to'sphä·risch *adj* stratospheric, *auch* stratospherical.

Stra·tus [ˈʃtraːtʊs; ˈstraː-] *m* ⟨-; -ti [-ti]⟩, **~,wol·ke** *f meteor.* stratus (cloud).

sträu·ben [ˈʃtrɔybən] **I** *v/t* ⟨h⟩ **1.** (*Fell*) bristle: die Katze sträubt ihr Fell the cat bristles (its hairs). – **2.** (*Gefieder*) ruffle (*s.th.*) (up). – **II** *v/reflex* sich ~ **3.** (*von Fell*) bristle, stand on end. – **4.** (*von Gefieder*) ruffle (up). – **5.** (*von Haaren*) stand on end: ihm sträubten sich vor Entsetzen die Haare his hair stood on end with fright; da ~ sich einem ja die Haare! that's (enough) to make your hair stand on end! – **6.** *fig.* (*sich widersetzen*) refuse: sie sträubte sich mit Händen und Füßen dagegen she really balked (at it), she kicked against it, she dug her heels in, she resisted with might and main, she refused to do it; die Feder sträubt sich, das Erlebte zu schildern my pen refuses to describe the experience. – **III S~** *n* ⟨-s⟩ **7.** *verbal noun.* – **8.** *fig.* refusal, resistance: da hilft kein S~ there is no use (in) resisting.

Strauch [ʃtraʊx] *m* ⟨-(e)s; ⸗er⟩ **1.** bush, shrub, (*in Südaustralien*) scrub. – **2.** *pl* (*Gesträuch*) shrubbery *sg*, bushes, shrubs, bush *sg.* — **s~,ar·tig** *adj bot.* shrublike, bushlike, shrubby; fruticose, frutescent (*scient.*). — **~,dieb** *m contempt.* prowler, footpad.

strau·cheln [ˈʃtraʊxəln] **I** *v/i* ⟨sein⟩ **1.** (*stolpern*) stumble, trip: über einen Stein ~ to stumble over a stone. – **2.** *fig.* (*über Schwierigkeiten, Hindernisse etc*) (über *acc* at) stumble, trip. – **3.** *fig.* (*auf Abwege geraten*) go astray (*od.* wrong). – **II S~** *n* ⟨-s⟩ **4.** *verbal noun.* – **5.** stumble, trip.

'Strauch|,erb·se *f bot.* pigeon pea (*Cajanus cajan*). — **~,eu·le** *f zo.* small angle shades moth (*Euplexia lucicapra*).

'strau·chig *adj* bushy, shrubby.

'strauch·los *adj* (*Gegend etc*) without a bush (*od.* shrub), bushless.

'Strauch|,mal·ve *f bot.* sea mallow (*Gattg Lavatera*). — **~,rit·ter** *m contempt. cf.* Strauchdieb. — **~,ro·se** *f hort.* shrub rose. — **~,werk** *n cf.* Strauch 2.

Strauß[1] [ʃtraʊs] *m* ⟨-es; -e⟩ *zo.* ostrich (*Struthio camelus*): Vogel~ *auch fig.* ostrich.

Strauß[2] *m* ⟨-es; ⸗e⟩ **1.** (*Blumenstrauß*) bunch, (*von kleinen Blumen*) *auch* nosegay, posy: ein ~ Rosen a bunch of roses; ich habe einen ~ Feldblumen gepflückt I gathered a bunch of wild flowers; einen ~ binden to tie (up) a bunch of flowers. – **2.** (*Bukett*) bouquet. – **3.** *bot.* (*Blütenstand*) des Flieders etc) thyrse, thyrsus.

Strauß[3] *m* ⟨-es; ⸗e⟩ *lit.* (*Kampf*) fight, struggle: ein harter ~ a hard struggle; einen ~ mit j-m ausfechten a) to (have a) fight with s.o., b) *fig.* to have it out with s.o.

Sträuß·chen [ˈʃtrɔysçən] *n* ⟨-s; -⟩ **1.** *dim. of* Strauß[2]. – **2.** (*als Hut- od. Kleiderschmuck etc*) spray, nosegay, posy, (*fürs Knopfloch*) *auch* boutonniere, *bes. Br.* buttonhole.

'Strau·ßen|,ei *n* ostrich egg. — **~,farm** *f* ostrich farm. — **~,fe·der** *f* ostrich feather (*od.* plume). — **~,zucht** *f* ostrich farming.

'Strauß|,farn *m bot.* ostrich fern (*Matteuccia struthiopteris*). — **~,gras** *n* bent (grass), redtop (grass) (*Gattg Agrostis*). — **~-,vo·gel** *m meist pl zo.* (African) ostrich; struthio, struthioid (bird) (*scient.*) (*Fam. Struthionidae*). — **~,wirt·schaft** *f dial.* (*im Rheingau etc*) *florally decorated vintner's cottage where wine is sold in the harvest season.*

stra·wan·zen [ʃtraˈvantsən] *v/i* ⟨*no* ge-, sein⟩ *Bavarian and Austrian colloq.* loaf (around). [Kladde 4.]

Straz·ze [ˈʃtratsə] *f* ⟨-; -n⟩ *econ. cf.*

Streb [ʃtreːp] *m* ⟨-(e)s; -e⟩ (*mining*) coal face, *auch* face working: schwebender [streichender] ~ rise [strike] face. — **~,an,lauf** *m* commencement of face (operation). — **~,aus,bau** *m* face supports *pl.* — **~au·to·ma·ti,sie·rung** *f* coal face automation. — **~,bau** *m* ⟨-(e)s; *no pl*⟩ longwall mining.

Stre·be [ˈʃtreːbə] *f* ⟨-; -n⟩ **1.** *bes. arch. civ.eng.* a) (*Stützpfeiler, senkrechter Träger*) prop, stay, support, (*um etwas vor dem Absinken zu bewahren*) *auch* shore, b) (*Querstrebe*) crossbeam, traverse, brace, c) (*Verbindungsstrebe*) tie rod, d) *cf.* Strebebogen, e) *cf.* Strebepfeiler: etwas mit einer ~ abstützen to prop s.th., to shore s.th. up. – **2.** *aer.* (*eines Flugzeugs*) stay, strut. – **3.** *mar.* a) brace, stay, b) (*Rippe*) rib, c) (*Schore*) shore. – **4.** (*mining*) a) deviation from the vertical of a sloping prop, b) sprag. — **~,bal·ken** *m* **1.** (*eines Bohrturms*) derrick brace. – **2.** (*schräger Stützbalken*) diagonal brace (*bes. Br.* strut). — **~,bo·gen** *m arch.* arched buttress. — **~,mau·er** *f arch. civ.eng.* supporting (*od.* retaining) wall.

stre·ben [ˈʃtreːbən] **I** *v/i* ⟨h *u.* sein⟩ **1.** ⟨h⟩ (*nach Geld, Erkenntnis etc*) (nach) strive (for, *lit.* after), aspire (to, *lit.* after), aim (at, *auch* for): er strebt nach größerer Macht he strives for (*od.* he seeks) greater power. – **2.** ⟨h⟩ (*hingezogen sein, angezogen werden*) (nach, zu) strive (for, *lit.* after), be drawn (*od.* attracted) (by): die Pflanzen ~ nach dem (*od.* zum) Licht the plants strive for (*od.* are drawn by) the light. – **3.** ⟨h *u.* sein⟩ (*drängen, expandieren*) (nach, in *acc* to, toward[s]) push, press, expand: die Germanen strebten nach dem Süden the Teutons pushed to the south (*od.* southward[s]). – **4.** ⟨h⟩ (*tendieren, sich orientieren*) (nach to, toward[s]) tend. – **5.** ⟨h⟩ danach ~, etwas zu tun to strive (*od.* endeavor, *bes. Br.* endeavour) to do s.th.: ich strebe danach, meine Kenntnisse zu vervollkommnen I strive to perfect my knowledge. – **6.** ⟨sein⟩ in die Höhe (*od.* nach oben, in den Himmel) ~ to rise up into the air (*od.* sky). – **7.** ⟨h⟩ *lit.* (*sich bemühen*) endeavor, *bes. Br.* endeavour. – **8.** ⟨sein⟩ nach Hause [in den Park, zum Fest] ~ *lit.* to make (*od.* head) for home [for the park, for the party]. – **II S~** *n* ⟨-s⟩ **9.** *verbal noun.* – **10.** (*nach Geld, Ruhm etc*) (nach to, *lit.* after) aspiration: sein ganzes S~ ist darauf gerichtet, Erfolg zu haben it is his one (and only) aspiration to be successful; S~ ist Leben (*Sprichwort*) *etwa* life without aspiration is not worth living. – **11.** (*Drängen, Expansion*) (nach, in *acc* to, toward[s]) push, expansion. – **12.** (*Tendenz, Orientierung*) (nach to, toward[s]) tendency, trend.

'Stre·be,pfei·ler *m arch. civ.eng.* (arched) buttress, flying buttress.

'Stre·ber *m* ⟨-s; -⟩ *contempt.* **1.** (*allzu ehrgeiziger Mensch*) pushing (*od.* overambitious) person (*od. colloq.* fellow), pusher (*colloq.*), *Am. colloq.* thruster. – **2.** (*j-d, der sich lieb Kind machen will*) eager beaver (*colloq.*), ambitious toady. – **3.** *ped. cf.* Büffler.

Stre·be'rei *f* ⟨-; *no pl*⟩ *colloq. contempt. for* Strebertum.

'stre·ber·haft, 'stre·be·risch *adj contempt.* **1.** pushing, overambitious. – **2.** (*Schüler, Student*) grinding, *Br.* swotting.

'Stre·ber·na,tur *f contempt. cf.* Streber 1, 2.

'Stre·ber·tum *n* ⟨-s; *no pl*⟩ *contempt.* **1.** pushingness, pushiness. – **2.** (*in der Schule, Universität*) grind (*colloq.*), *Br.* swot.

'Stre·be,werk *n arch.* (*bes. an gotischen Kirchen*) flying buttresses *pl*, abutment system.

'Streb|,för·de·rer *m* (*mining*) face conveyor (*auch* conveyer). — **~,her,rich·tung** *f* development of face. — **~,lei·stung** *f* face O.M.S. (*od.* output per man shift).

'streb·sam *adj* industrious (*od.* diligent, assiduous) and ambitious: ein ~er junger Mann an industrious and ambitious young man. — **'Streb·sam·keit** *f* ⟨-; *no pl*⟩ ambitious industry (*od.* diligence, assiduity, assiduousness).

'streb,sei·tig *adj* (*mining*) inbye, *auch* inby (*away from the shaft*).

'Streck|ap·pa,rat *m med.* traction (*od.* extension) apparatus, tractor. — **~,bank** *f hist.* (*Folterwerkzeug*) rack.

'streck·bar *adj* **1.** (*Gegenstand, Material*) stretchable, extensible, extendible, extendable, extensile. – **2.** *metall.* ductile, extensible. — **'Streck·bar·keit** *f* ⟨-; *no pl*⟩ **1.** stretchability, extensibility, extendibility, extendability. – **2.** *metall.* ductility, extensibility.

'Streck,bett *n med.* orthop(a)edic (*od.* extension) bed.

Strecke (*getr.* -k·k-) [ˈʃtrɛkə] *f* ⟨-; -n⟩ **1.** (*Entfernung*) distance: die ~ von X nach Y beträgt etwa 800 km the distance from X to Y is about 800 km; die zurückgelegte ~ the distance covered; er lief die ~ in 10 Sekunden he ran the distance in 10 seconds. – **2.** (*Weg, Wegstrecke*) way, stretch, distance: eine lange (*od.* weite, große) ~ a long way (*od.* distance); es ist eine gute (*od. colloq.* tüchtige, schöne) ~ (Wegs) bis dorthin it's quite a stretch (*od.* long way, good bit) from here to there; er ging einen Teil der ~ zu Fuß he went part of the way on foot; bis zum nächsten Urlaub ist es noch eine gute ~ *fig. colloq.* it's still a good while (*od.* bit) until the next holiday (*Am.* vacation); auf der ~ bleiben *fig.* a) (*umkommen*) to be killed, b) *colloq.* (*zurückbleiben u. aufgeben*) to drop out; bei der Rallye blieben die meisten Wagen auf der ~ *colloq.* most of the cars at the rally dropped out (*od.* did not finish); die kleinen Ladenbesitzer blieben im Konkurrenzkampf auf der ~ *colloq.* the stiff competition put the small shop owners out of business. – **3.** (*Teilstück, Abschnitt*) stretch, part: wir haben ihn eine ~ (des Wegs) begleitet we accompanied him part (*od.* a leg) of the way (*od.* for a stretch); die ~ von X nach Y war die interessanteste auf unserer Reise the stretch from X to Y was the most interesting part of our journey; eine gutausgebaute ~ a well-built stretch of road; die Autobahn ist auf einer ~ von 10 km gesperrt the autobahn is closed for a stretch of 10 km. – **4.** (*Route*) route, *Am. auch* rout, run: der Zug befuhr die ~ München—Köln the train travel(l)ed on the route from Munich to Cologne; auf der ~ nach München on the Munich route; eine regelmäßig beflogene ~ a route regularly flown, a regular route. – **5.** (*Fläche, Gebiet*) expanse, stretch, extent, tract: eine riesige ~ Wald (*od. lit.* Waldes) a vast stretch of woodland. – **6.** (*eines Flußlaufs*) stretch, section, (*bes. gerade*) reach. – **7.** (*in einem Buch, Film, Musikstück etc*) passage, part: lange ~n des Romans sind furchtbar langweilig *colloq.* long sections of the novel are terribly boring (*colloq.*). – **8.** (*in einem sportlichen Wettkampf etc*) stretch, part, period, section:

das Spiel war über weite ~n nur mittelmäßig long periods of the match were just average. – 9. (*railway*) a) track, line, b) (*Fahrweg*) route, *Am. auch* rout, c) (*Streckenabschnitt*) section (of line): zweigleisige [elektrifizierte] ~ double [electrified] track; der Zug hielt auf freier ~ the train stopped in the middle of nowhere; die ~ ist frei the track is clear; eine ~ abgehen to pace off a track; die ~ blockieren to block the line. – **10.** (*sport*) (*Rennstrecke*) course: gerade ~ straight course. – **11.** *math.* distance, line segment: die ~ AB halbieren to bisect the line between A and B. – **12.** *hunt.* (*Jagdbeute*) kill, bag: die ~ betrug 50 Fasanen the kill was 50 pheasants; einen Hasen zur ~ bringen to kill (*od.* shoot, bag) a hare. – **13.** j-n zur ~ bringen a) to kill s.o., to shoot s.o. down, b) *fig.* to hunt s.o. down, to get hold of s.o., to catch s.o. – **14.** (*mining*) a) (*im Kohlenbergbau*) roadway, *auch* gate road, b) (*im Erzbergbau etc*) drift, gallery. – **15.** *tel.* line. – **16.** *metall.* (*im Walzwesen*) (mill *od.* rolling) train. – **17.** *telev.* cable, line: Aufzeichnung über ~ recording from line.

strecken (*getr.* -k·k-) [ˈʃtrɛkən] **I** *v/t* ⟨h⟩ **1.** (*ausstrecken*) stretch (*s.th.*) (out), extend: er stand auf und streckte die (*od.* seine) Glieder he got up and stretched (his limbs *od.* himself); die Beine unter den Tisch ~ to stretch one's legs (out) under the table; er streckt die Beine noch unter Vaters Tisch *fig. colloq.* he is still living off his father (*od.* parents); die Arme in die Höhe (*od.* nach oben) ~ to stretch one's arms up, to raise (*od.* put up) one's arms; den Hals ~ to crane one's neck; den Finger ~ a) to stretch one's finger out, b) (*in der Schule*) to put one's hand up, to raise one's hand; „Arme streckt!" (*Kommando bei der Gymnastik*) "stretch your arms!", "arms up (*od.* out)!"; alle viere von sich ~ *fig. colloq.* a) (*sich bequem ausstrecken*) to stretch (oneself) out, b) (*von Tier*) to die; → Waffe 3. – **2.** (*stecken*) stick, put: die Zunge aus dem Mund ~ to stick (*od.* put) one's tongue out; den Kopf aus dem Fenster [ins Zimmer] ~ to stick (*schnell u. plötzlich auch* pop) one's head out of the window [into the room]. – **3.** j-n zu Boden ~ to knock s.o. down, to fell (*od.* floor, *colloq.* flatten) s.o. – **4.** *gastr.* (*Suppe etc*) eke out, make (*s.th.*) go further (*colloq.*), (*verdünnen*) *auch* dilute: eine Bouillon mit Wasser ~ to eke out a bouillon with water, to water down a bouillon. – **5.** (*Vorräte, Budget etc*) eke out, stretch. – **6.** (*Arbeit, Tätigkeit etc*) prolong(ate), protract. – **7.** (*Aufsatz, Artikel etc*) pad out, expand. – **8.** (*Farben etc*) extend, fill, (*verdünnen*) dilute. – **9.** *med.* a) (*Muskel, Arm etc*) extend, stretch, b) (*geraderichten*) (*Glieder*) apply traction to. – **10.** *tech.* a) (*Draht, Seile etc*) stretch, draw, extend (*s.th.*) in length, b) (*Glas*) flatten. – **11.** *metall.* (*Eisen, Blech etc*) a) lengthen, elongate, b) (*durch Hämmern*) hammer out, c) (*Walzgut*) rough (down), roll (out). – **12.** *mar.* a) (*Tauwerk, stehendes Gut etc*) stretch, set up, b) den Kiel ~ to lay the keel. – **II** *v/i* **13.** create a slimming effect: ein Kleid mit Längsstreifen streckt a dress with vertical stripes is slimming. – **III** *v/reflex* sich ~ **14.** (*sich ausstrecken*) stretch (oneself) out: er streckte sich ins Gras he stretched (himself) out on the grass. – **15.** (*sich recken*) stretch (oneself): er dehnte und streckte sich he stretched himself (*od.* his limbs); → Decke 2. – **16.** (*sich hoch aufrichten*) stretch (up): ich mußte mich ~, um die Decke zu erreichen I had to stretch up to reach the ceiling. – **17.** sich (in die Länge) ~ (*von Weg etc*) to drag on, to go on and on (*colloq.*). – **18.** sich (im Lauf) ~ (*von Rennpferden*) to run at full speed. – **19.** (*sport*) (*beim Wasserspringen*) open. – **IV S~** *n* ⟨-s⟩ **20.** *verbal noun.* – **21.** *cf.* Streckung.

ˈ**Strecken|ˌabˌschnitt** (*getr.* -k·k-) *m* (*railway*) section (of line). — **~ˌar·bei·ter** *m cf.* Rottenarbeiter. — **~ˌaufˌse·her** *m Br.* ganger platelayer, *Am.* trackwalker. — **~ˌausˌbau** *m* (*mining*) roadway supports *pl.* — **~ˌausˌschal·ter** *m electr.* track switch. — **~beˌge·hung** *f* ⟨-; -en⟩ (*railway*) track-walking, *Br. auch* line inspection. — **~be-ˌgleitˌdamm** *m* (*mining*) roadway (*od.* roadside) packs *pl.* — **~beˌla·stung** *f* (*railway*) train path loading. — **~beˌtrieb** *m* (*mining*) (ore) drift mining. — **~ˌblock** *m* (*railway*) block section. — **~ˌför·de·rung** *f* (*mining*) roadway haulage (*od.* transport). — **~ˌfüh·rung** *f* **1.** (*railway*) *civ.eng.* routing. – **2.** *aer.* route survey. – **3.** (*sport*) course. — **~geˌschwin·dig·keit** *f* course speed. — **~ˌkar·te** *f* **1.** (*railway*) route map. – **2.** road map. – **3.** *aer.* route chart. — **~ˌläu·fer** *m* (*railway*) *Br.* line walker, *Am.* trackwalker. — **~marˌkie·rung** *f* **1.** course marking. – **2.** (*railway*) route indicator (*od.* indicating) signals *pl*, route signaling (*bes. Br.* signalling) system. — **~na·vi-ga·tiˌon** *f aer.* route (*od.* surface) navigation. — **~ˌnetz** *n* **1.** (*railway*) network (*od.* system) of railroad (*Br.* railway) lines. – **2.** *aer.* network, route pattern, air routes *pl.* — **~ˌplan** *m* (*sport*) plan of the course. — **~ˌpo·sten** *m* course judge. — **~ˌprü·fer** *m* (*railway*) line (*Am.* track) spotter. — **~re-ˌkord** *m* (*sport*) course record. — **~siˌgnal** *n* (*railway*) block signal. — **~ˌstück** *n* **1.** (*railway*) section. – **2.** *aer.* route segment, leg. — **~verˌkehr** *m* (*railway*) local traffic. — **~ˌvorˌtrieb** *m civ.eng.* (*mining*) **1.** tunneling, *bes. Br.* tunnelling, road heading, roadway drivage. – **2.** (*als Leistungseinheit*) rate of advance. — **~ˌvorˌtriebs·maˌschi-ne** *f* tunneling (*bes. Br.* tunnelling) (*od.* road-heading) machine. — **~ˌwär·ter** *m* lineman, signal man. — **s~ˌwei·se** *adv* in parts (*od.* places), here and there.

ˈ**Strecker** (*getr.* -k·k-) *m* ⟨-s; -⟩ **1.** *med.* (*Muskel*) a) extensor (muscle), b) (*Anspanner*) tensor (muscle). – **2.** *civ.eng.* (*Binder*) header.

ˈ**Streck|ˌfol·ter** *f hist.* rack. — **~geˌrüst** *n metall.* (*in Blechwalzerei*) breakdown stand. — **~geˌsenk** *n* fuller. — **~ˌgren·ze** *f* yield point. — **~ˌhang** *m* (*sport*) (*beim Turnen*) stretched hang. — **~kaˌli·ber** *n metall.* breaking-down pass. — **~ˌla·ge** *f* (*sport*) stretched position. — **~ˌlei·ter** *f hist. cf.* Streckbank. — **~maˌschi·ne** *f tech.* **1.** stretching machine, (*für Blech*) stretcher-leveler (*bes. Br.* -leveller), (*für Draht*) flattening machine. – **2.** (*in der Spinnerei*) drawing frame. — **~meˌtall** *n metall.* expanded metal. — **~ˌmit·tel** *n bes. tech.* **1.** extender (thinner), adulterant, filler. – **2.** (*für Flüssigkeiten*) diluent. – **3.** *gastr.* diluting agent, diluter. — **~ˌmus·kel** *m med.* extensor (muscle). — **~ˌpro·be** *f tech.* yield point test. — **~ˌseh·ne** *f med.* extensor tendon. — **~ˌsei·te** *f* extensor surface (*od.* side). — **~ˌstütz** *m* (*sport*) (*beim Turnen*) stretched support.

ˈ**Streckung** (*getr.* -k·k-) *f* ⟨-; -en⟩ **1.** *cf.* Strecken. – **2.** extension. – **3.** (*der Arbeit etc*) protraction. – **4.** (*eines Artikels etc*) expansion. – **5.** *gastr.* dilution. – **6.** *metall. tech.* extension, elongation. – **7.** *med.* a) extension, stretching, b) (*Geraderichten*) straightening, c) (*einer Verrenkung*) redressment. – **8.** *aer.* (*eines Flugkörpers*) aspect ratio.

ˈ**Streck|verˌband** *m med.* extension bandage, Thomas splint: ein Bein im ~ one leg in high traction. — **~ˌwal·ze** *f metall.* roughing (*od.* breaking-down) roll. — **s~-ˌwal·zen** *v/t* ⟨*only inf u. pp* streckgewalzt, h⟩ break down, rough, (*bes. Blöcke*) *Am.* bloom, *Br.* cog. — **~ˌwerk** *n* (*textile*) *cf.* Streckmaschine 2. — **s~ˌzie·hen** *v/t* ⟨*only inf u. pp* streckgezogen, h⟩ *metall.* stretch-form. — **~ˌziehˌpres·se** *f* stretching press.

streh·len [ˈʃtreːlən] *v/t* ⟨h⟩ *tech.* (*Gewinde*) chase. — ˈ**Streh·ler** *m* ⟨-s; -⟩ (*Werkzeug*) chaser.

Streich [ʃtraɪç] *m* ⟨-(e)s; -e⟩ **1.** blow, (*mit der offenen Hand*) *auch* slap, smack: zu einem ~ ausholen to raise one's hand to deal a blow. – **2.** (*mit einem Werkzeug, einer Waffe etc*) blow, stroke, lick: er versetzte ihm einen tödlichen ~ he dealt him a fatal blow; zwei Gegner auf einen ~ töten to kill two enemies at (*od.* with) one (*od.* a single) blow; gestern habe ich zwei gute Abschlüsse auf einen ~ gemacht *fig.* yesterday I made (*od.* struck) two good bargains at one go (*colloq.*). – **3.** (*Scherz, Schabernack*) trick, prank, caper, joke: dumme [übermütige] ~e machen to play silly (*od.* foolish) [wanton *od.* wild] pranks; er ist stets zu lustigen ~en aufgelegt he is always up to practical jokes (*od.* mischievous pranks, funny tricks); j-m einen ~ spielen to play a trick (*od.* prank, joke) on s.o., *auch* to play s.o. a trick; er spielte ihr einen üblen (*od.* bösen, gemeinen) ~ he played a mean (*od.* nasty, *colloq.* dirty, *sl.* rotten) trick on her; mein Gedächtnis hat mir wieder einen ~ gespielt *fig. colloq.* my memory has been playing tricks on me again, my memory has let me down again; er hat noch ganz andere ~e gemacht he has done worse things than that.

ˈ**Streich|ˌbal·ken** *m civ.eng.* wall plate. — **~ˌbaß** *m mus.* string bass. — **~ˌbaum** *m* **1.** (*textile*) (*in der Weberei*) whip roll. – **2.** (*leather*) (*in der Gerberei*) horse. — **~ˌblech** *n* **1.** *agr.* (*am Pflug*) moldboard, *bes. Br.* mouldboard, breast board. – **2.** *tech.* (*zum Schaben*) bolt plate, scraper. — **~ˌbrett** *n* **1.** *agr. cf.* Streichblech 1. – **2.** *metall.* (*der Former*) straight edge. – **3.** *civ.eng.* (*Holzspachtel der Maurer etc*) wooden float. — **~ˌbür·ste** *f* (*paper*) (*zum Tapezieren etc*) spreading brush.

strei·cheln [ˈʃtraɪçəln] *v/t* ⟨h⟩ **1.** (*Tier*) stroke, pet, (*bes. zärtlich*) fondle. – **2.** j-n ~ to stroke (*od.* caress, fondle) s.o.: er streichelte ihren Arm (*od.* ihr den Arm) he stroked (*od.* caressed) her arm; der Wind streichelte ihre erhitzten Gesichter *poet.* the wind caressed their heated faces.

ˈ**Strei·cheˌma·cher** *m* ⟨-s; -⟩ *colloq.* practical joker, prankster, pranker.

strei·chen [ˈʃtraɪçən] **I** *v/t* ⟨streicht, strich, gestrichen, h⟩ **1.** (*mit Farbe*) paint, coat: die Tür muß frisch (*od.* neu) gestrichen werden the door must be freshly painted (*od.* be repainted), the door must be given a fresh (*od.* new) coat of paint. – **2.** (*schmieren*) spread, *auch* daub: (sich *dat*) Butter auf ein Brötchen ~, (sich *dat*) ein Brötchen mit Butter ~ to spread butter on (*od.* to butter) a roll; das läßt sich ja wie Butter ~! that spreads like butter! die Farbe läßt sich gut ~ the paint spreads (*od.* goes on) well; Salbe auf eine Wunde ~ to spread ointment on (*od.* apply ointment to) a wound. – **3.** (*Mörtel, Kitt in Fugen etc*) (in *acc* into) fill. – **4.** *lit.* (*streicheln*) stroke, caress: leicht strich er ihre Wange he gently stroked her cheek. – **5.** sich (*dat*) den Bart ~, seinen Bart ~ to stroke one's beard; sich (*dat*) [j-m] die Haare aus dem Gesicht ~ to stroke (*od.* push) one's [s.o.'s] hair back from one's [s.o.'s] face. – **6.** (*Wort, Zeile etc*) stroke (*od.* strike, cross, scratch) out, stroke (*od.* strike, cross, scratch) (*s.th.*) out, delete, cancel; expunge, elide (*lit.*): Nichtzutreffendes bitte ~! delete what does not apply. – **7.** j-n (von einer Liste) ~ to stroke (*od.* strike) s.o. off (*od.* from) a list, to delete s.o. from a list, (*Sportler*) *auch* to drop s.o. (from a list); einen Punkt von der Tagesordnung ~ to delete an item from the agenda; sie haben seinen Namen aus dem Verzeichnis gestrichen they struck his name off (*od.* took his name out of, cancel[l]ed his name from) the directory. – **8.** (*Aufträge, Gehaltszulagen etc*) cancel, revoke, countermand: unsere Ferienreise werden wir ~ müssen I think we'll have to cancel (*od.* drop) our holiday (*Am.* vacation) trip; einen Artikel ~ *print.* to cancel (*od. colloq.* kill) an article. – **9.** (*Schulden, Rechnungsbeträge etc*) cancel, delete, annul. – **10.** *fig.* (*auslöschen*) wipe out, obliterate; erase, expunge, efface (*lit.*): man kann nicht 10 Jahre seines Lebens einfach ~ you can't simply wipe out 10 years of your life; ich habe ihn aus meinem Gedächtnis gestrichen I have erased his name from my memory. – **11.** (*Rasiermesser, -klingen*) strop, strap, set. – **12.** *mus.* (*Streichinstrumente*) play, bow. – **13.** (*theater*) (*Szene etc*) cut. – **14.** *mar.* a) (*Segel*) strike, b) (*Stengen*) strike, lower, send down, c) (*Riemen*) back: → Flagge 2; Segel. – **15.** (*textile*) (*Wolle*) card. – **16.** *cf.* glätten 1, 2, 6, glattstreichen. – **II** *v/i* ⟨h *u.* sein⟩ **17.** ⟨h⟩ (mit etwas) über (*acc*) etwas ~ to stroke s.th. (with s.th.): die Mutter strich zärtlich über sein Haar the mother stroked (*od.* caressed) his hair tenderly, the mother gently ran her hand over his hair. – **18.** ⟨sein⟩ (*schweifen, wandern*) roam, ramble: sie strichen durch die Stadt they roamed (through) the streets of the town. – **19.** ⟨sein⟩ (*von Wind, Brise etc*) waft, (*stärker*) sweep. – **20.** ⟨sein⟩ (*von

Vogel, Segelflugzeug etc) (über *acc* over) skim. – **21.** ⟨sein⟩ (*von Raubtieren, Einbrechern etc*) prowl: der Fuchs streicht durch die Wälder the fox prowls (through) the woods; ein fremder Mann streicht um unser Haus a stranger is prowling (a)round our house. – **22.** ⟨sein⟩ j-m um die Beine ~ (*von Katze, Hund etc*) to sidle round s.o.'s legs. – **23.** ⟨sein⟩ das Gebirge streicht von Norden nach Süden *geogr.* the mountains range (*od.* the mountain range stretches [*od.* extends, runs]) from north to south. – **24.** ⟨sein⟩ *geol.* (*von Gesteinsschichten*) strike. – **25.** ⟨h⟩ *mus.* bow. – **26.** ⟨h⟩ einen ~ lassen *colloq.* to let one go (*colloq.*), to fart (*vulg.*). – **III S~** *n* ⟨-s⟩ **27.** *verbal noun.* – **28.** (*mining*) strike. – **29.** *cf.* Streichung.

ˈStrei·cher *m* ⟨-s; -⟩ *mus.* string instrument player: die ~ the strings, the string section *sg.* — **~ˌgrup·pe** *f* (*eines Orchesters*) string section, strings *pl.*

ˈstreich|ˌfä·hig *adj* **1.** *gastr.* (*Butter, Käse etc*) easy to spread. – **2.** (*Farbe, Lack etc*) suitable for painting, brushable. — **S~ˌfä·hig·keit** *f* ⟨-; *no pl*⟩ **1.** *gastr.* (*von Butter, Käse etc*) spreading property. – **2.** (*von Farben, Lacken etc*) suitability for painting, brushability. — **~ˌfer·tig** *adj* **1.** *gastr.* ready for spreading, ready to spread. – **2.** (*Farbe etc*) ready for application (*od.* brushing, painting). — **S~ˌflä·che** *f* **1.** (*paints*) area to be painted. – **2.** *cf.* Reibfläche 2.

ˈStreichˌgarn *n* (*textile*) carded yarn. — **~spin·neˌrei** *f* carded-yarn spinning mill.

ˈStreichˌholz *n* match: ein ~ anzünden to strike (*od.* light) a match. — **~ˌheft, ~ˌheft·chen** *n* matchbook, book of matches. — **~ˌschach·tel** *f* matchbox.

ˈStreich|in·struˌment *n mus.* bowed string instrument, string(ed) instrument: die ~e *collect.* the strings. — **~ˌkä·se** *m gastr.* cheese spread, spreading cheese. — **~ˌkör·per** *m mus. cf.* Streichergruppe. — **~ˌlack** *m* (*paints*) brushing lacquer. — **~ˌle·der** *n cf.* Streichriemen. — **~ˌli·nie** *f geol.* strike line. — **~ˌmaß** *n tech.* (*des Zimmermanns*) scratch (*od.* marking) ga(u)ge. — **~masˌsa·ge** *f med.* effleurage. — **~ˌmas·se** *f* **1.** *tech.* coating compound. – **2.** *synth.* spreading paste. – **3.** *gastr.* spread. — **~muˌsik** *f mus.* music for strings. — **~orˌche·ster** *n* string orchestra. — **~paˌpier** *n tech.* coated paper. — **~quarˌtett** *n mus.* string quartet(te). — **~quinˌtett** *n* string quintet(te). — **~ˌrich·tung** *f geol. cf.* Streichlinie. — **~ˌrie·men** *m* (razor) strop (*od.* strap). — **~ˌtrio** *n mus.* string trio.

ˈStrei·chung *f* ⟨-; -en⟩ **1.** *cf.* Streichen. – **2.** (*eines Worts, einer Zeile etc*) deletion, cancel(l)ation, expunction (*lit.*). – **3.** (*eines Namens, Bewerbers, Listenpunktes etc*) deletion. – **4.** (*eines Auftrages etc*) cancel(l)ation, revocation. – **5.** (*einer Schuld, eines Betrags etc*) cancel(l)ation, deletion, annulment. – **6.** (*theater*) (*einer Szene*) cut.

ˈStreichˌwol·le *f* (*textile*) carded (*od.* clothing) wool.

Streif [ʃtraɪf] *m* ⟨-(e)s; -e⟩ *poet. for* Streifen.

ˈStreifˌband *n* ⟨-(e)s; ⸚er⟩ **1.** (*postal service*) wrapper: eine Zeitung unter ~ verschicken to send a newspaper under (*od.* in) wrapper. – **2.** *econ.* (*beim Bankwesen*) special wrapper for securities held in banker's safe custody. — **~deˌpot** *n econ.* safe custody deposit. — **~ˌzei·tung** *f* (*postal service*) newspaper (sent) under (*od.* in) wrapper.

Strei·fe [ˈʃtraɪfə] *f* ⟨-; -n⟩ **1.** (*Polizei-, Soldatenpatrouille*) patrol: motorisierte ~ motor patrol. – **2.** (*patrouillierender Polizist od. Soldat*) *bes. Br.* patrol, *bes. Am.* patrolman. – **3.** (*Kontrollgang eines Polizisten od. Wächters*) beat, round: er ist auf ~ he is on his beat.

strei·fen[1] [ˈʃtraɪfən] **I** *v/t* ⟨h⟩ **1.** touch, brush (against): sie streifte die Vase mit ihrem Ärmel she brushed against the vase with her sleeve; ein Windhauch streifte ihre Wange *poet.* a gentle breeze touched (*od.* caressed) her cheek. – **2.** (*darüberstreichen*) touch, brush (over), skim (over): ihr langes Kleid streifte den Fußboden her long dress skimmed over the floor; das Flugzeug streifte die Wasseroberfläche the aircraft skimmed (over) the water surface. – **3.** (*knapp verfehlen*) graze: die Kugel hat seinen Arm nur gestreift the bullet only grazed his arm; der Wagen streifte den Baum the car grazed the tree. – **4.** etwas von etwas ~ a) (*einen Ring vom Finger etc*) to slip s.th. off s.th., b) (*ein Insekt vom Ärmel, Blätter von den Bäumen etc*) to brush s.th. off s.th.: er streifte ihr den Mantel von den Schultern he slipped her coat off her shoulders. – **5.** etwas auf (*acc*) [über *acc*] etwas ~ to slip s.th. on [over] s.th.: sich (*dat*) das Hemd über den Kopf ~ a) (*es anziehen*) to slip one's shirt on (over one's head), b) (*es ausziehen*) to slip one's shirt off (over one's head). – **6.** etwas in die Höhe ~ (*Ärmel etc*) to push s.th. up. – **7.** (*von Blick, Augen*) skim over: sein verstohlener Blick streifte mich, er streifte mich mit einem verstohlenen Blick his furtive glance skimmed over me, he glanced at me furtively. – **8.** *fig.* (*ein Thema, Problem etc*) touch (up)on, skirt, glance at: wir haben den Ort auf unserer Reise nur gestreift we only glanced at the place on our journey. – **9.** *hunt.* a) (*das Fell abziehen*) (*Hasen etc*) skin, b) (*durch Streifschuß*) wound. – **II** *v/i* ⟨sein *u.* h⟩ **10.** ⟨sein⟩ an (*acc*) (*od.* gegen) etwas ~ a) (*leicht berühren*) to touch (*od.* brush [against]) s.th., b) (*knapp verfehlen*) to graze s.th. – **11.** ⟨sein⟩ (*schweifen, wandern*) roam, ramble: durch die Felder ~ to roam (*od.* ramble) through the fields, to roam the fields. – **12.** ⟨sein⟩ (*von Raubtier, Einbrecher etc*) prowl: Wölfe streiften durch die Wälder wolves prowled (through) the forests. – **13.** ⟨sein⟩ *fig.* (*von Blick*) skim: er ließ seinen Blick über die Schulklasse ~ he let his glance skim over the class. – **14.** ⟨h⟩ an (*acc*) etwas ~ *fig.* (*grenzen an*) to verge (*od.* border) on s.th.

ˈstrei·fen[2] *v/t* ⟨h⟩ **1.** (*regelmäßig*) stripe. – **2.** (*unregelmäßig*) streak. – **3.** *bot.* striate. – **4.** *civ.eng.* channel, flute.

ˈStrei·fen *m* ⟨-s; -⟩ **1.** (*in regelmäßiger Anordnung*) stripe: ein Kleid mit schmalen ~ a dress with narrow stripes; die ~ eines Zebras the stripes of a zebra. – **2.** (*in unregelmäßiger Anordnung*) streak: sie hat schon einige graue ~ im Haar she has some gray (*bes. Br.* grey) streaks (*od.* some streaks of gray) in her hair already; Fleisch mit einem ~ Fett *gastr.* meat with a streak of fat; dunkelrote ~ am Abendhimmel dark red streaks in the evening sky. – **3.** (*Papier-, Stoff-, Metallstreifen*) strip, (*bes. schmaler u. langer*) shred: ein Tuch in ~ schneiden to cut a cloth into strips. – **4.** (*Geländestreifen*) strip, tract: ein ~ fruchtbaren Landes a strip of fertile land. – **5.** (*Linie, Strich*) line, *bes. Am.* stripe: der weiße ~ in der Fahrbahnmitte the white line in the middle of the road. – **6.** *fig. colloq.* (*in Wendungen wie*) das paßt mir nicht in den ~ that's a nuisance, that doesn't suit me one bit, that's inconvenient for me. – **7.** (*film*) *phot.* a) film (strip), b) *cf.* Spielfilm, c) (*Negativ*) streak, d) (*Video*) striation. – **8.** *mil.* (*Rangabzeichen*) (grade) stripe. – **9.** *min.* a) (*im Marmor etc*) vein, streak, stripe, b) (*auf der Oberfläche von Kristallen*) band, lamella. – **10.** *med.* a) (*Gaze, Heftpflaster*) strip, b) (*Hautstreifen*) stria, c) (*im Sputum*) streak, d) (*der Schwangeren*) stria (gravidarum). – **11.** *tech.* a) (*an der Glasoberfläche*) cord, wreath, b) (*bei der Rohrherstellung*) skelp. – **12.** *tel.* tape. – **13.** *aer.* (*Kondensstreifen*) trail. – **14.** *astr.* a) (*des Jupiters etc*) belt, b) (*eines Meteors*) trail. – **15.** *her.* (*für die Devise*) scroll.

ˈStrei·fen|ˌbil·dung *f med.* striation. — **~ˌblech** *n metall.* strip steel. — **~ˌboot** *n mar.* (*der Wasserschutzpolizei*) patrol boat. — **~ˌbuntˌbarsch** *m zo.* port (*od.* black) acara (*Aequidens portalegrensis*). — **~ˌdienst** *m* **1.** (*eines Polizisten, Soldaten*) patrol duty: ~ haben to be on patrol duty. – **2.** (*Patrouille*) patrol. — **~ˌdrucker** (*getr.* -k·k-) *m tel.* (*Telegraphenapparat*) perforator. — **~ˌfarn** *m bot.* spleenwort, finger fern (*Gattg Asplenium*). — **~ˌfisch** *m zo.* silversides *pl* (*construed as sg or pl*), *auch* silverside (*Fam. Atherinidae*). — **~ˌfrosch** *m* Senegal frog (*Gattg Kassina*). — **~geˌfü·ge** *n metall.* banded structure. — **~ˌhecht·ling** [-ˌhɛçtlɪŋ] *m* ⟨-s; -e⟩ *zo.* panchax lineatus (*Aplocheilus lineatus*). — **~hyä·ne** [-hyˌɛːnə] *f* striped hyena (*Hyaena hyaena*). — **~kulˌtur** *f agr.* (*zur Verhinderung der Erosion*) strip-cropping, strip farming. — **~ˌmaus** *f zo.* striped mouse (*od.* rat) (*Arvicanthus barbarus*). — **~po·liˌzist** *m* patrol, *bes. Am.* patrolman. — **~schaˌkal** *m zo.* side-striped jackal (*Canis adustus*). — **~ˌschrei·ber** *m tel. cf.* Streifendrucker. — **~ˌsi·che·rung** *f electr.* strip (*od.* link) fuse. — **~ˌskink** *m zo.* blue-tailed skink (*od.* lizard), *auch* five-lined (*od.* redheaded) lizard (*Eumeces fasciatus*). — **~ˌskunk** *m* Canadian skunk (*Mephitis mephitis*). — **~ˌwa·gen** *m* (police) patrol car, *Am. auch* squad (*od.* cruise, *colloq.* prowl) car, cruiser, *Br. colloq.* Z-car. — **s~ˌwei·se** *adv* **1.** in stripes. – **2.** in strips, in shreds. — **~ˌwie·sel** *n zo.* **1.** snake marten (*Poecilictis libyca*). – **2.** African souslik (*Poecilogale albinucha*). — **~ˌwolf** *m cf.* Streifenschakal. — **~ˌzie·sel** *m, Austrian n* North American thirteen-lined ground squirrel, *auch* thirteen-lined gopher (*Citellus tridecimlineatus*).

ˈStreifˌhieb *m* (*mit einem Säbel etc*) grazing blow.

ˈstrei·fig *adj* **1.** *cf.* gestreift II. – **2.** (*als unerwünschter Nebeneffekt*) streaky: das Kleid ist nach dem Waschen ~ geworden the dress has become streaky in the wash. – **3.** *min.* a) (*Marmor etc*) veined, streaked, streaky, b) (*Kristalle*) striate(d). – **4.** *med.* (*Gewebe etc*) streaky, striate(d). – **5.** *tech.* (*Glas etc*) corded. – **6.** *metall.* (*Gefüge*) banded, lamellar.

ˈStreif|ˌjagd *f hunt.* drive. — **~ˌlicht** *n* ⟨-(e)s; -er⟩ **1.** flash (of light), faint ray of light. – **2.** *fig.* sidelight, side lighting: ~er auf (*acc*) etwas werfen to throw sidelights (up)on s.th., to provide incidental information about s.th. – **3.** (*art*) accidental light(s *pl*). – **4.** *phot.* glancing light.

ˈStreif·ling *m* ⟨-s; -e⟩ *hort.* (*Apfelsorte*) redstreak.

ˈStreifˌschuß *m* **1.** graze, grazing shot. – **2.** (*Wunde*) graze, grazing (*od.* tangential) wound: er hat einen ~ am Arm bekommen he received a graze on the arm, a bullet grazed his arm.

ˈStrei·fung *f* ⟨-; -en⟩ **1.** striping. – **2.** *med.* (*im Gewebe*) striation.

ˈStreif|ˌwun·de *f med. cf.* Streifschuß 2. — **~ˌzug** *m* **1.** scout(ing trip): laß uns einen ~ durch die Stadt machen let us make a scout through (*od.* let us scout [out]) the town. – **2.** *fig.* (*durch ein Wissensgebiet etc*) (durch on) discourse.

Streik [ʃtraɪk] *m* ⟨-(e)s; -s⟩ strike, walkout (*colloq.*), *bes. Br. colloq.* turn-out: [un]befristeter ~ [un]limited strike; wilder ~ unauthorized (*Br. auch* -s-) (*od.* informal, wildcat, *Am. colloq. auch* quicky) strike, walkout; einen ~ ausrufen, zum ~ aufrufen to call a strike; in (den) ~ treten to go (out) (*od.* come out) on strike, to strike, to walk out (*colloq.*); die Belegschaft des Betriebes befindet sich im ~ the personnel of the firm is (out) on strike (*od.* is striking, *colloq.* is out); einen ~ abbrechen (*od. colloq.* abblasen) [beilegen] to call off [to settle] a strike; die vom ~ betroffenen Fabriken the factories affected (*od.* made idle) by the strike, the strikebound factories, *Am. auch* the factories struck. — **~ˌabˌstim·mung** *f* strike voting (*od.* ballot, vote). — **~ˌanˌdro·hung** *f* threat of (a) strike. — **~ˌar·beit** *f* ⟨-; *no pl*⟩ work done by nonstrikers, strikebreaker's work, scab work (*colloq.*). — **~ˌaufˌruf** *m* call to strike. — **~ˌausˌschuß** *m* strike committee. — **~beˌfehl** *m* (*der Gewerkschaft*) strike order, order to strike: den ~ zurücknehmen to countermand the strike (order). — **~beˌwe·gung** *f* strike movement. — **~ˌbre·cher** *m* strikebreaker, scab (*colloq.*), *bes. Br. colloq.* blackleg, *Br. colloq. auch* knobstick, rat (*sl.*), *Am. sl.* fink. — **~ˌbruch** *m* breaking of a strike. — **s~ˌbrü·chig** *adj only in* ~ werden to break a strike. — **~ˌdro·hung** *f* threat of (a) strike.

strei·ken [ˈʃtraɪkən] *v/i* ⟨h⟩ **1.** (*sich im Streik befinden*) strike, be (out) on strike, be out (*colloq.*). – **2.** (*in Streik treten*) strike, go (out) (*od.* come out) on strike, walk out (*colloq.*): für höhere Löhne ~ to strike for higher wages. – **3.** *fig. colloq.* (*sich weigern, es zu tun*) refuse (to do it), ba(u)lk at it (*colloq.*): da streike ich! I refuse! (you can) count me out! – **4.** *fig. colloq.* (*die Teilnahme an etwas verweigern*) refuse to take part (*od.* participate), *bes. Br.*

colloq. cry off. – **5.** *fig. colloq.* (*sich weigern, etwas fortzusetzen*) refuse to go on (*od.* continue): nach einem Marsch von 6 Stunden streikte ich after six hours' walk I refused to go any further. – **6.** *fig. colloq.* (*von Magen etc*) rebel, revolt. – **7.** *fig. colloq.* (*von Motor, Maschine etc*) stall, conk (out) (*colloq.*). — **ˈstrei·kend I** *pres p.* – **II** *adj* (*Arbeiter etc*) striking, on strike.

ˈStrei·ken·de *m, f* ⟨-n; -n⟩ striker.

ˈStreik|ge,fahr *f* danger of a strike: die ~ abwenden to avert the danger of a strike. — **~ˌgeg·ner** *m* opponent of a strike. — **~ˌgeld** *n* ⟨-(e)s; -er⟩ **1.** ⟨*only sg*⟩ *cf.* Streiklohn. – **2.** *pl* (*von der Gewerkschaft gezahlte*) strike benefits. — **~ˌkas·se** *f* strike fund. — **~ˌlei·tung** *f cf.* Streikausschuß. — **~ˌlohn** *m* strike pay. — **~paˌro·le** *f* strike slogan. — **~ˌpo·sten** *m* picket(er), *auch* piquet: ~ stehen to picket; etwas mit ~ besetzen to picket s.th. — **~ˌrecht** *n* right to strike. — **~ˌsper·re** *f* picket line. — **~verˌbot** *n* prohibition of strike(s), ban on strikes: ein ~ verhängen to put a ban on (*od.* to ban) strikes. — **~ˌwa·che** *f cf.* Streikposten. — **~ˌwel·le** *f fig.* chain (*od.* series) of strikes.

Streit [ʃtraɪt] *m* ⟨-(e)s; -e⟩ **1.** quarrel, row, *Am. sl.* run-in: zwischen ihnen entbrannte ein heftiger ~ um (*od.* über) die Erbschaft a violent quarrel about (*od.* over) the inheritance flared up between them; die beiden haben dauernd ~ the two of them are constantly quarrel(l)ing (*od.* are constantly having rows); bei uns zu Hause ist (*od.* gibt es) immer ~ there are always rows at home; sie gerieten miteinander in ~ they started a row (*od.* started quarrel[l]ing, started to quarrel) with each other; unser Nachbar wollte ~ mit mir anfangen our neighbo(u)r wanted to start a row with me; einen ~ vom Zaun brechen to pick a quarrel; er sucht immer (nur) ~ he's always out (*od.* looking) for a quarrel; einen ~ schlichten (*od.* beilegen) [begraben] to settle [to bury] a quarrel; sie trugen den ~ mit den Fäusten aus they ended the quarrel with a fight, they came to fisticuffs; wir hatten gestern einen kleinen ~ we had a bit of a quarrel yesterday, we had a tiff (*bes. Am.* spat) yesterday. – **2.** (*Meinungsstreit, Wortgefecht*) dispute, controversy, altercation (*lit.*): ein gelehrter ~ a learned (*od.* scholarly) controversy; ein ~ um nichts (*od. colloq.* um des Kaisers Bart) a dispute about nothing (*od.* about mere bagatelles, about trifles). – **3.** (*Gezänk, Krawall*) row, fracas, rumpus (*colloq.*): ich wachte von einem ~ auf der Straße auf I was wakened by a row in the street. – **4.** (*handgreiflicher*) fight, brawl, scuffle, scrap (*colloq.*). – **5.** (*Konflikt, Zwiespalt*) conflict, variance: mit sich selbst im ~ liegen to be in conflict (*od.* at variance) with oneself; Neid und Bewunderung lagen miteinander im ~ envy and admiration were in conflict (*od.* conflicted) with each other. – **6.** (*Fehde*) feud: die beiden Familien lagen jahrzehntelang miteinander im ~ the two families had a (*od.* were at) feud with each other for decades. – **7.** *lit.* (*Kampf mit Waffen*) fight: sich zum ~e rüsten to arm oneself for the fight. – **8.** *jur. short for* Rechtsstreit.

ˈStreit,axt *f hist.* war hatchet, battle-ax(e), poleax(e), pollax(e): zweischneidige ~ twibil(l); die ~ begraben *fig.* to bury the hatchet. — **~kulˌtur** *f archeol.* battle-ax(e) culture.

ˈstreit·bar *adj* **1.** (*kampflustig*) quarrelsome, pugnacious, disputatious, contentious: ~ sein, eine ~e Gesinnung haben to be quarrelsome. – **2.** (*aggressiv*) aggressive. – **3.** (*kriegerisch*) warlike, belligerent. – **4.** (*mutig*) valiant. – **5.** (*für eine Idee etc*) militant.

strei·ten [ˈʃtraɪtən] **I** *v/i* ⟨streitet, stritt, gestritten, h⟩ **1.** quarrel, argue, row: müßt ihr immer ~? must you always be quarrel(l)ing? sie haben den ganzen Abend lang gestritten they were quarrel(l)ing (*od.* having words) with each other the whole evening. – **2.** (*einen Meinungsstreit austragen*) dispute, controvert, haggle, tussle, argue: wir haben über die Frage gestritten, ob we have been disputing (on *od.* about, over) the question of whether; über (den) Geschmack läßt sich (nicht) ~ tastes differ, there is no accounting for tastes; darüber läßt sich ~ that's a debatable point. – **3.** (*krakeelen, sich laut zanken*) (have a) row (*od.* brawl), broil: in unserer Nachbarschaft haben zwei Familien miteinander gestritten two families rowed (*od.* had a row) with each other in our neighbo(u)rhood. – **4.** (*handgreiflich*) have a fight (*od.* scuffle, *colloq.* scrap), fight, scuffle, scrap (*colloq.*). – **5.** *lit.* (*mit Waffen kämpfen*) fight, struggle, combat: sie stritten tapfer gegen die gewaltige Übermacht they fought bravely against the tremendous superior force. – **6.** *lit.* (*im Konflikt sein*) conflict, be in conflict (*od.* at variance): Furcht und Ehrlichkeit stritten in ihm fear and honesty were at adds within him. – **7.** für [gegen] etwas ~ *fig.* (*sich einsetzen*) to fight (*od.* struggle, contend) for [against] s.th.: für seine Überzeugungen [gegen j-s Behauptung] ~ to fight for one's convictions [against s.o.'s assertion]. – **8.** um etwas ~ a) *fig.* (*wetteifern*) to fight (*od.* vie, contend) for s.th., b) *jur.* (*vor Gericht*) to be in litigation about s.th., *auch* to litigate (for) s.th.: vier Mannschaften ~ um den Sieg four teams compete for (the) victory. – **9.** *jur.* (*prozessieren*) litigate. – **II** *v/reflex* sich ~ **10.** quarrel, argue, row: sie ~ sich fortwährend they are constantly quarrel(l)ing (*od.* having quarrels), they live like cat and dog; gestern habe ich mich mit meinem Vater gestritten I quarrel(l)ed (*od.* had an argument, had words) with my father yesterday; sie ~ sich um nichts (*od. colloq.* um des Kaisers Bart) they quarrel about (mere) bagatelles (*od.* trifles); wenn zwei sich ~, freut sich der Dritte (*Sprichwort*) *etwa* when two people quarrel there is always a third who rejoices. – **11.** (*einen Meinungsstreit austragen*) dispute, controvert, haggle, tussle, argue. – **12.** (*sich laut zanken*) row, have a brawl. – **13.** (*handgreiflich werden*) have a fight (*od.* scuffle, *colloq.* scrap), fight, scuffle, scrap (*colloq.*). – **III S~** ⟨-s⟩ **14.** *verbal noun.* – **15.** *cf.* Streit. — **ˈstrei·tend I** *pres p.* – **II** *adj* **1.** die ~en Parteien *jur.* the litigant parties, the litigants. – **2.** die ~e Kirche *relig.* the church militant.

ˈStrei·ten·de *m, f* ⟨-n; -n⟩ *meist pl* **1.** quarrel(l)er, arguer. – **2.** (*bei einem Meinungsstreit*) disputant, disputer, controversialist. – **3.** (*bei einer Streiterei*) brawler. – **4.** (*bei einer Schlägerei etc*) fighter, scrapper (*colloq.*). – **5.** die ~n *jur.* (*vor Gericht*) the litigants, the litigant parties.

ˈStrei·ter *m* ⟨-s; -⟩ **1.** *lit.* (*Kämpfer, Krieger*) fighter, combatant. – **2.** *fig.* (*für eine Überzeugung, Idee etc*) (für) fighter (for), proponent (of), advocate (of), champion (of).

Strei·teˈrei *f* ⟨-; -en⟩ **1.** *cf.* Streiten. – **2.** constant (*od.* continuous) quarrels *pl* (*od.* arguments *pl*, rows *pl*). – **3.** (*Disputieren*) constant (*od.* continuous) disputes *pl* (*od.* disputation, controversy, *lit.* altercation). – **4.** (*Gezänk*) constant (*od.* continuous) rows *pl* (*od.* brawls *pl*, broils *pl*).

ˈStreit|ˌfall *m* **1.** dispute, difference, conflict. – **2.** *jur.* case (at law), litigation, issue: einen ~ vor Gericht bringen to take a case to court; einen ~ gütlich beilegen to settle (*od.* arrange) a case amicably. — **~ˌfra·ge** *f* **1.** (*Gegenstand eines Streites*) (question at) issue, (point of) controversy, point at issue, question: internationale ~n international controversies. – **2.** (*umstrittene Angelegenheit*) moot question, debatable point, controversial subject. — **~geˌdicht** *n* (*literature*) poem of invective, contentious poem. — **~ˌge·genˌstand** *m bes. jur.* **1.** matter in dispute (*od.* at issue). – **2.** object of dispute. — **~geˌhil·fe** *m jur.* intervener, *auch* intervenor. — **~geˌnos·senschaft** *f* joinder. — **~geˌspräch** *n* dispute, debate, discussion, disputation.

ˈStreit|ˌhahn, ~ˌham·mel *m colloq. contempt.* squabbler, wrangler, brawler. — **~ˌhan·del** *m* quarrel, dispute.

ˈStreitˌhän·gig·keit *f* ⟨-; *no pl*⟩ *jur.* pendency.

ˈStreit|ˌhan·sel, ~ˌhansl [-ˌhanzəl] *m* ⟨-s; -n⟩ *Bavarian and Austrian colloq. for* Streithahn, Streithammel.

ˈstrei·tig *adj* **1.** *cf.* strittig. – **2.** *jur.* (*Gerichtsbarkeit, Zivilsache etc*) contentious, litigious. – **3.** j-m (das Recht auf *acc*) etwas ~ machen to contest (*od.* dispute) s.o.'s right to s.th.; j-m [etwas] den Rang ~ machen to compete (*od.* vie) with s.o. [s.th.], to rival s.o. [s.th.].

ˈStrei·tig·keit *f* ⟨-; -en⟩ *meist pl* dispute, difference, conflict, (*Rechtsstreitigkeit*) litigation: Beilegung von ~en *bes. jur.* settlement of disputes.

ˈStreit|ˌkräf·te *pl mil.* (armed) forces, troops. — **~ˌlust** *f* ⟨-; *no pl*⟩ eagerness to fight, readiness for a quarrel, quarrelsome disposition. — **s~ˌlu·stig** *adj* **1.** ready for (*od.* fond of) a quarrel: er ist ~ he is (always) ready for a quarrel, he enjoys (*od.* likes) a (good) fight. – **2.** *cf.* streitsüchtig 1. — **~ˌmacht** *f mil. cf.* Streitkräfte. — **~obˌjekt** *n cf.* Streitgegenstand. — **~ˌpunkt** *m bes. jur.* (point [*od.* question] at) issue, point in (*od.* under) dispute, point of controversy. — **~ˌroß** *n obs. od. poet.* war-horse, steed, charger. — **~ˌsa·che** *f* **1.** (matter of) controversy, matter in (*od.* under) dispute, contentious (*od.* controversial) matter. – **2.** *jur.* a) (*Prozeß*) litigation, lawsuit, b) (*Rechtssache*) case. — **~ˌschrift** *f* polemic(al) (*od.* controversial) treatise (*od.* pamphlet, writing), pamphlet. — **~ˌsucht** *f* ⟨-; *no pl*⟩ quarrelsomeness, pugnacity, pugnaciousness, cantankerousness, contentiousness, disputatiousness. — **s~ˌsüch·tig** *adj* **1.** quarrelsome, pugnacious, cantankerous, contentious, disputatious. – **2.** *cf.* streitlustig 1. — **~ˌsüch·tig·keit** *f* ⟨-; *no pl*⟩ **1.** *cf.* Streitsucht. – **2.** *cf.* Streitlust. — **~ˌwa·gen** *m antiq.* (war) chariot. — **~ˌwert** *m jur.* value (*od.* sum) in (the matter of) dispute, value in litigation, amount (*od.* money) involved.

Stre·lit·zia [ʃtreˈlɪtsĭa] *f* ⟨-; -zien⟩ *bot.* bird-of-paradise (flower), bird's-tongue flower (*Strelitzia reginae*).

strem·men [ˈʃtrɛmən] *Middle G. dial. colloq.* **I** *v/t* ⟨h⟩ *cf.* beengen 1. – **II** *v/reflex* sich ~ *cf.* anstrengen 1.

streng [ʃtrɛŋ] **I** *adj* ⟨-er; -st⟩ **1.** (*hart, unerbittlich*) severe, strict, rigorous, rigid: ein ~er Lehrer [Richter] a severe (*od.* stern) teacher [judge]; ein ~er Vater a severe (*od.* an austere, a stern) father; ~e Erziehung strict upbringing; ~e Disziplin strict (*od.* rigid, stringent) discipline; ~e Prüfung severe (*od.* stiff, tough) test; ~es Gesetz severe law; ~e Bestrafung severe punishment; ~er Verweis severe rebuke; ~e Sitten *auch humor.* strict (*od.* rigid) morals; ~ mit j-m (*od.* gegen j-n) sein to be strict (*od.* severe) with s.o.; er ist ~ gegen sich und (gegen) andere he is hard on himself and on others, he is severe with himself and with others; ein ~es Regiment führen to rule with a heavy (*od.* firm) hand, to keep a tight rein; ~e Maßnahmen ergreifen to take strict (*od.* stringent) measures; j-n zu ~em Arrest verurteilen *jur.* to sentence s.o. to close arrest (*od.* confinement). – **2.** (*Kritik, Beurteilung*) severe. – **3.** (*Blick, Gesichtsausdruck etc*) stern, severe: ein ~es Gesicht machen to look stern (*od.* severe). – **4.** (*Kleiderschnitt etc*) severe, austere. – **5.** (*unbedingt, genau*) strict: ~e Diät halten to observe a strict (*od.* rigid) diet; ~e Grundsätze haben to have strict (*od.* rigid) principles; ~e Befehle [Verbote] strict orders [prohibitions]; ~e Einhaltung der Gesetze strict observance of (*od.* rigid [*od.* close] adherence to) the laws; im ~en Sinn des Wortes in the strict sense of the word; in ~er Abgeschlossenheit leben to live in strict seclusion; zu ~ster Geheimhaltung verpflichtet sein to be liable to strict (observance of) secrecy; zu ~stem Stillschweigen verpflichtet sein to be obliged to observe strict silence. – **6.** (*strenggläubig*) strict, rigid: (ein) ~er Katholik a strict Catholic. – **7.** (*Kälte, Frost etc*) severe: ~er Winter severe (*od.* hard, rigorous) winter; ~e Kälte severe (*od.* bitter, biting) cold; ~es Klima severe (*od.* rigorous, inclement, harsh) climate. – **8.** (*Geschmack, Geruch*) pungent, acrid, harsh: ~ schmecken [riechen] to have a pungent taste [smell], to taste [smell] pungent. – **9.** *mus.* (*Kontrapunkt*) strict. – **II** *adv* **10.** severely, strictly, rigorously, in a severe (*od.* strict, rigorous) manner: j-n

~ bestrafen to punish s.o. severely; ~ durchgreifen to take strict (*od.* stringent) measures; seine Kinder ~ erziehen to bring one's children up very strictly, to give one's children a strict upbringing; ~ urteilen to judge severely. – **11.** sternly, severely: j-n ~ ansehen to look sternly at s.o., to give s.o. a stern look. – **12.** ~ geschnitten a) (*von Kleidern etc*) with a severe (*od.* an austere) cut, b) (*von Gesichtern*) with severe (*od.* harsh, austere) features. – **13.** strictly: ~ geheim strictly (*od.* top) secret; ~ vertraulich strictly confidential(ly), in strict confidence; etwas ~ sachlich betrachten to regard s.th. from a strictly objective point of view; eine ~ wissenschaftliche Methode a strictly scientific method; sie ist ~ katholisch erzogen worden she was given a strict (*od.* rigid) Catholic upbringing, she was brought up a strict (*od.* rigid) Catholic; die Vorschriften ~ einhalten, sich ~ an die Vorschriften halten to adhere (*od.* keep) strictly (*od.* rigidly, closely) to the regulations, to observe the regulations (very) strictly; ~ nach Vorschrift handeln to act in strict accordance with the regulations; ~ auf (*acc*) etwas achten (*od.* bedacht sein) to pay strict attention to s.th., to take strict care of s.th.; j-m etwas ~ untersagen (*od.* verbieten) to prohibit (*od.* forbid) s.o. s.th. strictly; Parken ~ verboten! parking strictly prohibited. – **14.** etwas geht ~ s.th. is stiff: der Verschluß geht ~ the fastener is stiff. – **15.** ~ im Takt (*od.* Zeitmaß) *mus.* strictly in time.

'Stren·ge *f* ⟨-; *no pl*⟩ **1.** (*Härte, Unerbittlichkeit*) severity, severeness, strictness, rigorousness, rigidity. – **2.** (*des Urteils etc*) severeness. – **3.** (*des Gesichtsausdrucks etc*) sternness, severeness. – **4.** (*in Kleidung etc*) severeness, austerity. – **5.** (*strikte Genauigkeit*) strictness. – **6.** (*des Glaubens*) strictness, rigidity. – **7.** (*der Kälte, des Frostes etc*) severity, severeness. – **8.** (*von Geschmack od. Geruch*) pungency, acridity, harshness.

'streng|,flüs·sig *adj chem.* viscous, viscid. — **~ge,nom·men** *adv* **1.** strictly speaking, to be exact: ~ heißt das strictly speaking, this means. – **2.** (*eigentlich*) actually, in actual fact, really. — **~,gläu·big** *adj* orthodox, rigid, strict: ein ~er Katholik an orthodox Catholic. — **S~,gläu·big·keit** *f* orthodoxy.

'streng·stens *adv* most severely (*od.* strictly): ~ bestraft werden to be punished most severely; Rauchen ~ verboten (*od.* untersagt)! smoking strictly prohibited, *Am. auch* absolutely no smoking; Betreten ~ verboten! no (*Am. auch* absolutely no) admittance, trespassers will be prosecuted.

Strep·to·kok·ke [strɛpto'kɔkə; ʃtrɛp-] *f* ⟨-; -n⟩, **Strep·to·kok·kus** [-'kɔkus] *m* ⟨-; -ken⟩ *meist pl med.* streptococcus.

Strep·to·ly·sin [strɛptoly'ziːn; ʃtrɛp-] *n* ⟨-s; -e⟩ *med.* streptolysin, streptococcolysin.

Strep·to·my·cin [strɛptomy'tsiːn; ʃtrɛp-] *n* ⟨-s; *no pl*⟩ *med. pharm.* streptomycin.

Strep·to·my·zet [strɛptomy'tseːt; ʃtrɛp-] *m* ⟨-en; -en⟩ *med. biol.* streptomyces.

'Stre·se,mann ['ʃtreːzə-] *m* ⟨-s; *no pl*⟩ (*fashion*) *colloq. gentleman's dark suit with waistcoat and striped trousers.*

Streß [strɛs; ʃtrɛs] *m* ⟨-sses; -sse⟩ **1.** *med. psych.* stress. – **2.** *geol.* stress. — **~si·tua·ti,on** *f med. psych.* stress situation.

Stretch [strɛtʃ] *m* ⟨-(es) ['strɛtʃ(əs)]; -es ['strɛtʃɪs]⟩ (*textile*) elastic (*od.* stretch) material. — **~,garn** *n* stretch yarn. — **~,strumpf** *m* **1.** elastic (*od.* stretch) stocking. – **2.** *pl* elastic (*od.* stretch) stockings, *collect. auch* elastic (*od.* stretch) hosiery *sg* (*od.* hose *sg*).

Stret·ta ['strɛta] *f* ⟨-; -ten *od.* -s⟩ *mus.* [stretto, stretta.]

Streu [ʃtrɔy] *f* ⟨-; -en⟩ (*bes. für Vieh*) litter. — **~be,reich** *m tech.* (*von Prüfwerten*) scattering range, range of variation. — **~be,sitz** *m agr.* scattered (farm) holding (*od.* property). — **~,blu·men** *pl* **1.** (*bei Prozessionen etc*) flowers for strewing. – **2.** (*auf Stoff, Tapete etc*) scattered flowers. — **~,brei·te** *f* **1.** *math. tech.* (*in Statistiken*) (width of) scattering range. – **2.** *bes. mil.* a) (*von Geschossen*) zone of dispersion, b) (*von Torpedos*) spacing. — **~,büch·se, ~,do·se** *f cf.* Streuer 1. — **~,dü·se** *f tech.* spray nozzle.

streu·en ['ʃtrɔyən] **I** *v/t* ⟨h⟩ **1.** (*Körner, Sand etc*) strew, scatter: Samen ~ to sow (seed), to strew seed; Blumen auf den Weg ~ to strew flowers on the path; → Sand 1. – **2.** (*Zucker, Salz, Mehl etc*) sprinkle, scatter: Zucker auf den Kuchen ~ to scatter (*od.* dust, dredge) sugar on the cake, to sprinkle (*od.* dust, dredge) the cake with sugar; Zucker [Salz, Pfeffer, Mehl] auf (*acc*) etwas ~ to sprinkle sugar [salt, pepper, flour] on s.th., to sugar [salt, pepper, flour] s.th. – **3.** (*Dünger, Mist etc*) spread. – **4.** *agr.* (*Stroh*) litter. – **5.** *phys.* (*Strahlen*) spread. – **6.** *med.* (*Bakterien*) disseminate, scatter. – **II** *v/i* **7.** (*von Salz-, Zuckerstreuern etc*) sprinkle: der Salzstreuer streut nicht the salt shaker does not work (*od.* is clogged). – **8.** *bes. mil.* a) (*von Gewehren etc*) scatter, b) (*absichtlich, der Länge nach*) search, c) (*absichtlich, der Seite nach*) sweep. – **9.** (*optics*) (*von Linsen*) disperse. – **10.** *phys.* (*von Strahlen*) scatter, disperse. – **11.** *electr.* leak. – **12.** *math.* diverge. – **13.** *med.* (*von Bakterien*) disseminate, scatter. – **III S~** *n* ⟨-s⟩ **14.** *verbal noun.* – **15.** scatter. – **16.** *phys.* scatter, dispersion. – **17.** *med.* dissemination, scatter. – **18.** *mil.* dispersion.

'Streu·er *m* ⟨-s; -⟩ **1.** (*für Zucker, Salz, Pfeffer etc*) shaker, caster, *auch* castor, sifter. – **2.** (*Puderstreudose*) dusting box. – **3.** *med.* (*Person*) carrier.

'Streu|,fak·tor *m* **1.** *phys.* scattering coefficient. – **2.** *electr.* leakage coefficient. — **~,feld** *n electr.* stray (electric) field. — **~,feu·er** *n mil.* **1.** scattered fire. – **2.** (*über eine Fläche*) area fire. – **3.** (*längs*) searching fire. – **4.** (*seitlich*) sweeping fire. — **~,flä·che** *f electr.* (*des Lichtes*) scattering surface. — **~ge,mein·de** *f relig.* scattered parish. — **~,gold** *n tech.* gold dust. — **~,gut** *n* (*auf Straßen*) abrasive (*od.* gritting) material, grit. — **~,ke·gel** *m* **1.** *bes. mil.* (*einer Waffe*) dispersion cone. – **2.** (*radio*) (*eines Lautsprechers*) dispersion cone. — **~,kü·gel·chen** *n med.* pellet, pil(l)ule.

'Streu,licht *n phot. phys.* stray light, scattered light. — **~,schirm** *m phot.* diffusing screen.

streu·nen ['ʃtrɔynən] *v/i* ⟨sein⟩ stray, roam (about). — **'streu·nend I** *pres p.* – **II** *adj* (*Hund, Kind etc*) stray (*attrib*): ein ~es Tier a stray (animal); ~e Kinder stray children, waifs.

'Streu·ner *m* ⟨-s; -⟩ **1.** (*streunendes Tier*) stray (animal). – **2.** *contempt.* (*Herumtreiber, Landstreicher*) stray, tramp, vagabond, (*streunendes Kind*) *auch* waif.

'Streu|,neu·tron *n phys.* stray neutron. — **~,pflicht** *f obligation (of house owners, shopkeepers etc) to strew sand, gravel, ashes etc in case of icy or snowy pavements.* — **~,pul·ver** *n med. pharm.* dusting powder. — **~,punkt** *m phot.* dispersion point. — **~,salz** *n* (*bei Glatteis, Schneeglätte*) (denatured) thawing salt. — **~,sand** *m* **1.** (*bei Glatteis etc*) gritting sand. – **2.** *obs.* (*zum Trocknen der Tinte*) pounce, writing sand (*od.* powder).

Streu·sel ['ʃtrɔyzəl] *n* ⟨-s; -⟩ *meist pl gastr.* **1.** *cake decoration of chocolate flakes, chopped nuts etc.* – **2.** (*Streuselkuchenbelag*) sweet pastry crumbs *pl.* — **~,ku·chen** *m* crumble cake.

'Streu|,sied·lung *f* scattered settlement. — **~,strah·len** *pl phys.* scattered rays. — **~,strah·lung** *f* scattered radiation. — **~,strom** *m electr.* leakage (*od.* stray) current.

'Streu·ung *f* ⟨-; -en⟩ **1.** *cf.* Streuen. – **2.** *bes. mil.* a) (*bei Geschossen*) dispersion, spread, b) (*einer Salve*) pattern. – **3.** *phys.* a) (*von Strahlen*) dispersion, b) (*von Licht*) diffusion. – **4.** *nucl.* (*eines Teilchens, Photons*) scattering: [in]elastische ~ [in]elastic scattering. – **5.** *electr.* (*bei Magnetfeldern*) leakage. – **6.** *med.* (*von Bakterien*) dissemination, scatter. – **7.** *math.* (*in Statistiken*) mean error. – **8.** *tech.* scattering. – **9.** *civ.eng.* (*gegen Eisglätte*) gritting. – **10.** *telev.* scattering.

'Streu·ungs·ko·ef·fi·zi,ent *m math. tech.* (*bei Statistiken*) scattering coefficient.

'Streu|,wert *m math.* erratic value. — **~,win·kel** *m* **1.** *phys.* (*von Strahlen etc*) angle of dispersion. – **2.** *bes. mil.* (*von Geschossen*) angular latitude (*od.* spacing). – **3.** *telev.* angle of scatter (*od.* divergence, spread). — **~,zucker** (*getr.* -k·k-) *m gastr.* caster (*auch* castor) sugar.

Stria ['striːa; 'ʃtriːa] *f* ⟨-; -ae ['striːɛ; 'ʃtriːɛ]⟩ *med.* (*Schwangerschaftsnarbe*) stria, stretch mark.

strich [ʃtrɪç] *1 u. 3 sg pret of* streichen.

Strich *m* ⟨-(e)s; -e⟩ **1.** (*mit Bleistift, Pinsel etc*) stroke: ein dünner [dicker] ~ a thin [thick] stroke; mit wenigen [kräftigen] ~en ein Bild entwerfen to sketch a picture with (*od.* in) a few [with *od.* in bold] strokes; mit einigen (wenigen) ~en eine Situation umreißen *fig.* to outline a situation broadly; einen ~ durch etwas machen to cross (*od.* stroke) s.th. out, to run one's pen through s.th.; j-m einen ~ durch die Rechnung machen *fig. colloq.* to thwart (*od.* spoil, cross) s.o.'s plans, to upset s.o.'s applecart, to knock s.o.'s plans on the head (*colloq.*); ich habe heute keinen ~ getan *fig. colloq.* I haven't done a stroke (of work) today, I haven't lifted a finger today; er ist nur ein ~ (in der Landschaft) *fig. colloq.* he is nothing but skin and bone, he is (as) thin as a rake; → Konzept 4. – **2.** (*Linie*) line: einen geraden ~ ziehen to draw a straight line; einen ~ unter (*acc*) etwas machen (*od.* ziehen) a) to underline s.th., to underscore s.th., b) *fig.* to make a clean break with s.th.; er machte (*od.* zog) einen (dicken) ~ unter seine Vergangenheit *fig.* he made a clean break with his past, he put an end to things past, he turned over a new leaf; ~ d(a)runter! *fig. colloq.* let's forget it! let no more be said about it; unterm ~ stehen *fig. colloq.* (*in einer Zeitung*) to be in the feuilleton; die Prüfungsarbeit war unterm ~ *fig. colloq.* the examination paper was not up to the mark (*od.* up to scratch); er kann noch auf dem ~ gehen *colloq. humor.* (*ist nicht so betrunken*) he is still able to walk on a straight line. – **3.** (*Gedanken-, Morsestrich*) dash. – **4.** *colloq.* (*gestrichene Textstelle*) cut: im Manuskript einige ~e machen to make some cuts in (*od.* to edit) the manuscript. – **5.** (*Bürstenstrich*) stroke: hundert ~(e) mit der Bürste machen to give one's hair a hundred strokes with the brush. – **6.** ⟨*only sg*⟩ (*bei Haar, Fell etc*) pile: Haar gegen den ~ bürsten [kämmen] to brush [comb] one's hair the wrong way. – **7.** (*bei Stoffen*) nap: das Material gegen den ~ verarbeiten to work (on) the material against the nap; nach ~ und Faden *fig. colloq.* right and left, right, left, and center (*bes. Br.* centre), through and through; j-n nach ~ und Faden betrügen *fig. colloq.* to cheat s.o. right, left, and center (*bes. Br.* centre); j-n nach ~ und Faden verprügeln *fig. colloq.* to give s.o. a good hiding (*od. colloq.* tanning). – **8.** ⟨*only sg*⟩ (*bei Teppichen*) pile. – **9.** ⟨*only sg*⟩ (*bei Holz*) grain: mit (*od.* nach) dem ~ with the grain; das geht mir (entschieden) gegen den ~ *fig. colloq.* it goes against the grain with me. – **10.** (*Landstrich*) strip (*od.* tract) (of land). – **11.** (*Vogelzug*) migration, passage, flight: der ~ der Stare the migration of the starlings. – **12.** *fig. colloq.* (*in Wendungen wie*) den habe ich vielleicht auf dem ~ a) (*kann ich nicht leiden*) I simply cannot stand (*od.* abide) him, b) I am very down on him, I have (*od.* bear) a grudge against him; auf den ~ gehen to walk the streets; ein Mädchen auf den ~ schicken (*von Zuhälter*) to make a girl walk the streets. – **13.** *mus.* (*Bogenstrich*) bow, stroke: einen kräftigen [weichen, guten] ~ haben to have a firm [soft, good] stroke. – **14.** *tech.* (*als Skaleneinteilung*) graduation (*od.* division) line (*od.* mark), graduation. – **15.** *mar.* (*beim Kompaß*) point: acht ~ eight points. – **16.** *mil.* (*Winkeleinheit, Teilstrich*) mil. – **17.** *math.* prime: a ~, a' a prime, a'; b zwei ~, b'' b double prime, b''. – **18.** *min.* streak.

'Strich|,ät·zung *f print.* line etching (*od.* engraving, plate, block), linecut. — **~,dü·ne** *f geogr.* seif dune.

stri·cheln ['ʃtrɪçəln] **I** *v/i* ⟨h⟩ **1.** draw (in) a series of little strokes. – **II** *v/t* **2.** (*Linien etc*) draw (*s.th.*) in a series of little strokes: eine Linie ~ to draw a broken line. – **3.** (*schraffieren*) hatch, hachure, *auch* hatchure. – **4.** *med. biol.* (*Bakterienkultur*) streak. – **III S~** *n* ⟨-s⟩ **5.** *verbal noun.* —

'Stri·che·lung *f* ⟨-; -en⟩ **1.** *cf.* Stricheln. – **2.** (*Striche*) series of little strokes. – **3.** (*gestrichelte Linie*) broken line. – **4.** (*Schraffierlinien*) hatches *pl*, hachures *pl*, *auch* hatchures *pl*.

'Strich|ˌfarn *m bot. cf.* Streifenfarn. — **~ˌjun·ge** *m colloq.* male prostitute. — **~kulˌtur** *f med. biol.* streak (*od.* stroke) culture. — **~ˌmäd·chen** *n colloq.* streetwalker, prostitute. — **~ˌmar·ke** *f* line (*od.* locating) mark, datum (*od.* reference) line. — **~ˌmaß** *n*, **~ˌmaßˌstab** *m tech.* (*Meßlineal*) (graduated) steel straightedge, steel rule. — **~ˌpro·be** *f min.* (*zur Mineralbestimmung*) assay. — **~ˌpunkt** *m ling.* (*Satzzeichen*) semicolon. — **~ˌra·sterˌtestˌbild** *n telev.* bar (test) pattern. — **~ˌre·gen** *m meteor.* local (*od.* localized *Br. auch* -s-, regional) rain (*od.* showers *pl*). — **~ˌska·la** *f tech.* graduated scale. — **~ˌta·fel** *f min.* streak plate. — **~ˌtei·lung** *f tech.* (line) graduation. — **~ˌvö·gel** *pl zo.* birds of passage, visitants. — **s~ˌwei·se** *adv* **1.** (*in manchen Gebieten*) here and there, in local areas, in some areas (*od.* regions): ~ Regen [Hagel] local (*od.* localized *Br. auch* -s-, regional) showers *pl* [hail], showers *pl* [hail] here and there. – **2.** *zo.* (*beim Vogelzug*) in flights, in flocks. — **~ˌzeich·nung** *f* line drawing. — **~ˌzeit** *f zo.* (*der Vögel*) time of passage, time of flight (*od.* migration), migration time.

Strick [ʃtrɪk] *m* ⟨-(e)s; -e⟩ **1.** (*Seil, Tau*) cord, (*dicker*) rope: ein Pferd am ~ führen to lead a horse by the rope; der ~ des Henkers the (hangman's) rope (*od.* halter, noose); dann kann ich gleich einen ~ nehmen (*od.* zum ~ greifen)! I might as well hang myself! am ~ baumeln *colloq.* to swing (on the gallows) (*colloq.*); j-m einen ~ aus etwas drehen *fig. colloq.* to use s.th. against s.o., to put a noose round s.o.'s neck; wenn alle ~e reißen *fig. colloq.* if it (*od.* if the worst) comes to the worst, if all else fails. – **2.** *fig. colloq. humor.* (*Schelm, Schlingel*) (young *od.* little) rascal, scamp, little beggar (*colloq.*): du bist mir ein (rechter) ~! you're a little rascal!

'Strick|ˌar·beit *f* **1.** *cf.* Stricken. – **2.** (*Produkt*) piece of knitting. — **~ˌart** *f* (knitting) stitch, knit. — **~ˌbeu·tel** *m* knitting bag.

stricken (*getr.* -k·k-) ['ʃtrɪkən] **I** *v/t* ⟨h⟩ (*Pullover, Strümpfe etc*) knit. – **II** *v/i* knit: an einem Schal ~ to knit (at) a scarf; zwei rechts, zwei links ~ to knit two plain, two purl, to knit two and purl two. – **III S~** *n* ⟨-s⟩ *verbal noun.*

'Stricker (*getr.* -k·k-) *m* ⟨-s; -⟩ knitter.

Stricke'rei (*getr.* -k·k-) *f* ⟨-; -en⟩ **1.** *cf.* Stricken. – **2.** (*Strickstoff, -material*) knitted fabric (*od.* material), knit. – **3.** *cf.* Strickarbeit 2.

'Stricke·rin (*getr.* -k·k-) *f* ⟨-; -nen⟩ knitter.

'Strick|ˌgarn *n* knitting yarn. — **~ˌgras** *n bot. cf.* Esparto(gras). — **~ˌhandˌschuh** *m meist pl* knitted glove. — **~ˌjacke** (*getr.* -k·k-) *f* cardigan, knitted jacket. — **~ˌkleid** *n* knitted dress. — **~ˌklei·dung** *f* knitwear. — **~ˌlei·ter** *f* rope ladder. — **~ˌma·sche** *f* stitch. — **~maˌschi·ne** *f* knitting machine, knitter. — **~ma·te·riˌal** *n* knitting yarn (*od.* material). — **~ˌmu·ster** *n* **1.** (*Anleitung*) knitting pattern. – **2.** (*Strickart*) (knitting) stitch, knit. – **3.** (*Probe*) knitting sample. — **~ˌna·del** *f* knitting needle. — **~ˌstrumpf** *m* **1.** stocking which is being knitted. – **2.** *colloq.* (*Strickzeug*) knitting: nach dem ~ greifen to do some knitting. — **~ˌwa·ren** *pl* knit(ted) goods (*od.* articles), knitwear *sg.* — **~ˌwe·ste** *f* **1.** knitted vest (*bes. Br.* waistcoat). – **2.** *cf.* Strickjacke. — **~ˌwol·le** *f* knitting wool. — **~ˌzeug** *n* knitting (things *pl*).

Stri·dor ['stri:dɔr; 'ʃtri:-] *m* ⟨-s; *no pl*⟩ *med.* stridor: inspiratorischer ~ inspiratory stridor.

Stri·du·la·ti·on [stridula'tsi̯o:n; ʃtri-] *f* ⟨-; *no pl*⟩ *zo.* (*bei Insekten*) stridulation. — **Stri·du·la·ti'ons·orˌgan** *n* (*der Grillen*) stridulatory organ.

Strie·gel ['ʃtri:gəl] *m* ⟨-s; -⟩ (*Stallgerät*) currycomb. — **'strie·geln** *v/t* ⟨h⟩ **1.** (*Pferd etc*) curry(comb), groom. – **2.** (*Hund etc*) brush. – **3.** j-n ~ *fig. colloq.* to make s.o. sweat.

Strie·me ['ʃtri:mə] *f* ⟨-; -n⟩ *rare for* Striemen.

Strie·men ['ʃtri:mən] *m* ⟨-s; -⟩ (*auf der Haut*) welt, weal, *bes. Am.* wale. — **'strie·mig** *adj* (*mit Striemen bedeckt*) marked (*od.* covered) with welts (*od.* weals, *bes. Am.* wales), welted, wealed, *bes. Am.* waled.

Strie·zel ['ʃtri:tsəl] *m* ⟨-s; -⟩ *Bavarian and Austrian yeast dough baked in the shape of a plait.*

strie·zen ['ʃtri:tsən] *v/t* ⟨h⟩ *colloq.* **1.** *cf.* triezen 1. – **2.** *Northern G. for* stibitzen.

strikt [ʃtrɪkt; strɪkt] **I** *adj* ⟨-er; -est⟩ ⟨*meist attrib*⟩ **1.** (*streng, hart*) severe, strict, rigorous: ~e Maßnahmen ergreifen to take severe (*od.* stringent) measures. – **2.** (*genau, unbedingt*) strict: ~e Befehle [Verbote] strict orders [prohibitions]; ~e Einhaltung der Vorschriften strict (*od.* rigid) observance of (*od.* adherence to) the regulations; ~e Grundsätze haben to have strict (*od.* rigid) principles; ~e Diät halten to keep to a strict diet. – **II** *adv* **3.** ~ durchgreifen to take severe (*od.* stringent) measures; eine Anweisung ~ befolgen, sich ~ an eine Anweisung halten to adhere (*od.* keep) strictly (*od.* rigidly) to an instruction; j-m etwas ~ befehlen [verbieten] to order [to forbid] s.o. strictly to do s.th.; er hat es ~ abgelehnt, mir zu helfen he flatly refused to help me.

strik·te ['ʃtrɪkte; 'strɪkte] *adv cf.* strikt II.

Strik·tur [ʃtrɪk'tu:r; strɪk-] *f* ⟨-; -en⟩ *med.* (*Verengung*) narrowing, stricture. — **strik·tu'riert** [-tu'ri:rt] *adj* strictured.

String [strɪŋ] (*Engl.*) *m* ⟨-(e)s; -s⟩ (*computer*) string.

strin·gen·do [strɪn'dʒɛndo] *mus.* **I** *adv u. adj* stringendo. – **II S~** *n* ⟨-s; -s *u.* -di [-di]⟩ stringendo.

strin·gent [strɪŋ'gɛnt; ʃtrɪŋ-] *adj u. adv cf.* zwingend II, III.

Strin·ger ['ʃtrɪŋər] *m* ⟨-s; -⟩ *aer. mar.* (*space*) (*Bauteil*) stringer.

Strip[1] [ʃtrɪp; strɪp] *m* ⟨-s; -s⟩ *med. pharm.* adhesive strip.

Strip[2] *m* ⟨-s; -s⟩ *colloq. for* Striptease.

Strip·pe ['ʃtrɪpə] *f* ⟨-; -n⟩ *bes. Northern G. colloq.* **1.** (*Kordel, Schnur*) string: j-n fest an der ~ haben (*od.* halten) *fig.* to keep a tight rein on s.o., to keep s.o. on a tight rein. – **2.** (*Schnürsenkel*) shoelace, shoestring. – **3.** (*in der Straßenbahn*) strap. – **4.** *humor.* (*Telefon*) phone (*colloq.*): ich hänge mich gleich an die ~ I'll get on the phone in a minute; ich habe ihn gerade an der ~ I've got him on the phone (*od.* line) just now; sie hängt dauernd an der ~ she is never off the phone, she is on the phone all day long.

'Strip·pe·rin *f* ⟨-; -nen⟩ *colloq.* 'stripper' (*colloq.*), *bes. Am. colloq.* 'teaser', 'peeler' (*sl.*).

Strip·ping ['ʃtrɪpɪŋ; 'strɪ-] *n* ⟨-s; *no pl*⟩ *nucl.* stripping.

'StripˌteaseJ ['ʃtrɪpˌti:s; 'strɪpˌti:z] (*Engl.*) *m*, *auch n* ⟨-; *no pl*⟩ striptease: einen ~ machen to (do a) striptease. — **~loˌkal** *n* striptease theater (*bes. Br.* theatre). — **~ˌtän·ze·rin** *f* stripteaser, striptease artist, exotic dancer, stripper (*colloq.*).

stritt [ʃtrɪt] *1 u. 3 sg pret of* streiten.

strit·tig ['ʃtrɪtɪç] *adj* **1.** (*umstritten*) contentious, controversial, in dispute, at issue, moot (*attrib*): ~e Frage controversial question, question at issue; ~er Punkt (point at) issue, contentious (*od.* moot) point. – **2.** *jur.* (*streitig*) contentious, litigious. – **3.** (*bestreitbar, diskutierbar*) debatable, disputable, contestable.

Striz·zi ['ʃtrɪtsi] *m* ⟨-s; -s⟩ *Southern G. and Austrian colloq.* gay spark, fast one (*od.* fellow) (*colloq.*).

Stro·be ['ʃtro:bə] *f* ⟨-; -n⟩ *bot.* white pine (*Pinus strobus*).

stro·be·lig ['ʃtro:bəlɪç] *adj colloq. cf.* strubbelig.

Stro·bo·skop [strobo'sko:p; ʃtro-] *n* ⟨-s; -e⟩ (*optics*) stroboscope. — **stro·bo'skopisch** *adj* stroboscopic.

Stroh [ʃtro:] *n* ⟨-(e)s; *no pl*⟩ **1.** straw: ein Bündel ~ a bundle (*od.* bunch) of straw; dem Vieh frisches ~ aufschütten to litter the cattle, to supply the cattle with fresh straw; das Haus brannte wie ~ the house burnt like straw; das Essen schmeckte wie ~ *fig. contempt.* the food had no taste at all, the food was absolutely tasteless; er hat (nur) ~ im Kopf *fig. colloq.* he hasn't got much upstairs (*od.* in the top stor[e]y, in the upper stor[e]y) (*colloq.*), he is empty-headed; → dreschen 1. – **2.** (*zum Dachdecken*) thatch: ein Haus mit ~ decken to thatch a house, to cover a house with thatch. — **~ˌbal·len** *m* bale of straw. — **~ˌbe·sen** *m* straw broom, whisk. — **~ˌbett** *n* straw bed. — **~ˌbin·der** *m agr.* straw trusser (*od.* binder). — **s~ˌblond** *adj* straw(-colored, *bes. Br.* -coloured), flaxen. — **~ˌblu·me** *f bot.* everlasting (flower), strawflower, immortelle (*Gattg Helichrysum*). — **~ˌbund** *n* ⟨-(e)s; -e⟩ bundle of straw. — **~ˌdach** *n* thatch(ed) roof, thatch. — **s~'dumm** *adj fig. colloq.* blockheaded, empty-headed.

'stro·hern *adj* **1.** (*aus Stroh*) straw(y). – **2.** *fig.* (*fade*) insipid, flat. – **3.** *fig.* (*trocken*) dry.

'Stroh|ˌfackel (*getr.* -k·k-) *f* straw torch. — **s~ˌfar·ben** *adj* straw(-colored, *bes. Br.* -coloured), stramineous. — **~ˌfa·ser** *f meist pl* (*zum Flechten*) chip. — **~ˌfeu·er** *n* **1.** straw fire. – **2.** *fig.* passing fancy, flash in the pan: ihre große Liebe war nur ein ~ her great love was short-lived (*od.* was only a flash in the pan). — **~ˌflech·ter** *m* straw plaiter. — **~geˌflecht** *n* straw plait, plait of straw. — **s~ˌgelb I** *adj* straw(-yellow), straw-colored (*bes. Br.* -coloured). – **II S~** *n* straw (yellow). — **~ˌhäcks·ler** [-ˌhɛkslər] *m* ⟨-s; -⟩ *agr.* chaffcutter. — **~ˌhalm** *m* **1.** straw: nach einem ~ greifen *fig.* to clutch at a straw; der rettende ~ the saving straw; → klammern 3. – **2.** (*zum Trinken*) (drinking) straw. — **~ˌhau·fen** *m* heap of straw, (*geschichteter*) (straw)stack. — **~ˌhut** *m* straw (hat). — **~ˌhüt·te** *f* thatched hut.

'stro·hig *adj* **1.** (*Haar*) flaxen. – **2.** (*fade schmeckend*) tasteless, insipid, flat. – **3.** (*Apfelsinen etc*) turnipy.

'Stroh|ˌkopf *m fig. colloq.* blockhead, fathead, blockheaded (*od.* empty-headed) fellow (*colloq.*). — **~ˌla·ge** *f* layer of straw. — **~ˌla·ger** *n* bed of straw. — **~ˌmann** *m* ⟨-(e)s; =er⟩ **1.** *cf.* Strohpuppe 1, 2. – **2.** *fig. bes. jur.* man of straw, straw man, figurehead, dummy: er ist nur ein ~ he is a mere figurehead. – **3.** (*games*) dummy. — **~ˌmat·te** *f* straw mat. — **~ˌmie·te** *f agr.* heap (*od.* stack) of straw, straw silo. — **~ˌmist** *m* straw manure. — **~ˌpap·pe** *f* (*minderwertige Pappe*) strawboard. — **~ˌpres·se** *f agr. tech.* straw (baling) press, straw baler. — **~ˌpup·pe** *f* **1.** straw doll. – **2.** (*als Vogelscheuche*) scarecrow. – **3.** *mil.* (*bei Schießübungen*) dummy. – **4.** *fig. contempt. for* Strohmann 2. — **~ˌsack** *m* **1.** straw mattress (*od.* bed), palliasse, paillasse. – **2.** (du) heiliger (*od.* gerechter) ~! *fig. colloq.* good heavens (*od.* gracious)! dear me! — **~ˌschicht** *f* layer of straw. — **~ˌscho·ber** *m bes. Southern G. and Austrian agr.* **1.** strawstack. – **2.** (*Scheune*) barn. — **~ˌseil** *n* (*zum Garbenbinden*) straw rope. — **~ˌstoff** *m* straw pulp (*od.* stuff). — **~ˌta·sche** *f* straw bag. — **~ˌwein** *m* straw wine. — **~ˌwisch** *m* wisp (*od.* whisk) of straw. — **~ˌwit·we** *f colloq. humor.* grass widow. — **~ˌwit·wer** *m colloq. humor.* grass widower. — **~zel·luˌlo·se** *f* straw cellulose.

Strolch [ʃtrɔlç] *m* ⟨-(e)s; -e⟩ **1.** (*Landstreicher*) tramp, vagabond, vagrant, *Am. sl.* bum. – **2.** (*Gauner, Spitzbub*) rascal, scoundrel, scalawag, scallywag, *auch* scallawag, skalawag, scamp. – **3.** *colloq. humor.* (*Schlingel*) (young *od.* little) rascal, scamp.

strol·chen ['ʃtrɔlçən] *v/i* ⟨sein⟩ **1.** (*umherstreifen*) roam, rove, wander. – **2.** (*vagabundieren*) tramp, vagabond(ize).

'Strol·chen|ˌfah·rer *m Swiss* joyrider (*sl.*). — **~ˌfahrt** *f* joyride (*sl.*).

Strom [ʃtro:m] *m* ⟨-(e)s; =e⟩ **1.** (*Fluß*) (large) river: breiter ~ broad river; reißender ~ torrent, torrential river. – **2.** (*Strömung*) current, stream, flow: mit dem ~ schwimmen a) to swim with the current, to swimm downstream, b) *fig.* to swim (*od.* go) with the tide; gegen den ~ schwimmen a) to swim against the current, to swim upstream, b) *fig.* to swim against the tide; gegen den ~ ankämpfen to fight against the current. – **3.** (*von Flüssigkeiten etc*) stream, flood, flow: ein ~ von Lava a stream of lava. – **4.** (*in Wendungen wie*) ein ~ von Tränen a stream (*od.* flood) of tears; das Blut floß in Strömen blood poured (*od.* streamed, flowed in streams); der Sekt floß in

Strömen champagne flowed freely (*od.* like water); **es regnet in Strömen** it is pouring (*od.* teeming) (with rain), it is raining in floods, it is raining cats and dogs, it is bucketing (*colloq.*). – **5.** (*von Licht*) stream, flood. – **6.** (*von Autos, Verkehr etc*) stream: **der ~ des Verkehrs** the stream (*od.* flow) of traffic. – **7.** (*von Menschen*) flood, stream: **ein ~ von Menschen ergoß sich auf die Straße** a flood of people poured out into the street, people streamed out into the street; **sich vom ~ der Menge treiben lassen** to drift along with the crowd. – **8.** (*von Worten etc*) torrent, flood, stream, pour. – **9. der ~ der Zeit** *fig.* the flow of time. – **10.** *electr.* a) (electric) current, juice (*colloq.*), b) (*Leistung, Kraftstrom*) (electric) power: **elektrischer [magnetischer] ~** electric [magnetic] current; **starker [schwacher] ~** heavy [weak] current; **gestern fiel der ~ aus** there was a power failure yesterday, the electricity was cut (off) yesterday; **den ~ einschalten [ausschalten]** to turn (*od.* switch) on [off] the (electric) current; **der ~ fließt** the (electric) current flows; **viel [wenig] ~ verbrauchen** to use (*od.* consume) a great deal of [little] electricity; **~ sparen** to save electricity; **mit ~ versorgen** (*od.* **beliefern**) to supply with electricity, to power; **unter ~ stehen** to be live.

Stro·ma ['stro:ma; 'ʃtro:-] *n* ⟨-s; -ta [-ta]⟩ *med. biol. bot.* (*Grundsubstanz*) stroma, ground substance.

ˌstrom'ab *adv cf.* stromabwärts.

'Strom|ˌabˌfall *m electr.* current drop. — **~ˌabˌga·be** *f* current output, delivery (*od.* supply) of current. — **~ˌabˌlei·tung** *f* **1.** (*einer Stromleitung*) shunt. – **2.** (*durch Streuung*) leakage. — **~ˌabˌnah·me** *f* **1.** (*der Stromstärke*) fall of current. – **2.** (*Entnahme*) current drain, discharge of electricity. – **3.** (*Anzapfung*) collection of current.

'Stromˌabˌneh·mer *m electr.* **1.** (*bei Straßenbahnen etc*) (current) collector, sliding contact, trolley arm. – **2.** *econ. cf.* Stromverbraucher. — **~ˌbü·gel** *m* bow (of a collector). — **~ˌstan·ge** *f* (*der Straßenbahn*) troll(e)y boom. [(*od.* switchoff).]

'Stromˌabˌschalˑtung *f electr.* power cut

ˌstrom'abˌwärts *adv* downstream, downriver, down the river.

'Strom|ag·gre·gat *n electr.* generating set. — **~ˌan·ker** *m mar.* stern (*od.* stream) anchor. — **~ˌanˌschluß** *m electr.* branch connection (*Br. auch* connexion), connection to the mains. — **~ˌart** *f* type of current. — **s~'auf** [ˌʃtro:m-] *adv cf.* stromaufwärts. — **~ˌaufˌnah·me** *f electr.* power (*od.* current) consumption, power (*od.* current) input. — **s~'aufˌwärts** [ˌʃtro:m-] *adv* upstream, upriver, up the river. — **~ˌausˌfall** *m electr.* (electric) power breakdown, failure of the electrical supply. — **~ˌausˌlö·ser** *m* circuit breaker. — **~ˌba·ke** *f mar.* river beacon. — **~beˌdarf** *m electr.* current demand, (*eines Gerätes*) power consumption. — **~beˌgren·zer** *m* ⟨-s; -⟩ current limiter. — **~beˌla·stung** *f* power (*od.* current) load (*od.* loading). — **~ˌbett** *n geogr.* riverbed. — **~ˌdich·te** *f electr.* current density. — **~ˌdurchˌgang** *m* current passage (*od.* flow). — **~ˌein·heit** *f* unit of current.

strö·men ['ʃtrø:mən] **I** *v/i* ⟨sein⟩ **1.** (*von Wasser*) stream, flow: **der Fluß strömt ins Tal** the river streams into the valley. – **2.** (*in Wendungen wie*) **Blut strömte aus der Wunde** blood streamed (*od.* poured) from the wound; **Tränen strömten über ihre Wangen** tears were flowing (*od.* running, streaming) down her cheeks. – **3.** (*von Regen*) pour (down), teem, (*stärker*) lash. – **4.** (*von Gas, Luft etc*) stream: **kalte Luft strömte ins Zimmer** cold air streamed into the room. – **5.** (*von Licht*) stream, flood. – **6.** (*von Menschen*) stream, pour: **die Menge strömte aus dem Theater** the crowd poured out of the theater (*bes. Br.* theatre). – **7.** (*von Worten etc*) stream. – **II S~** *n* ⟨-s⟩ **8.** *verbal noun.* — **'strö·mend I** *pres p.* – **II** *adj* **in ~em Regen** in the pouring rain, in a downpour of rain.

'Strom|ˌen·ge *f* narrows *pl* (*sometimes construed as sg*) of a river. — **~entˌnah·me** *f electr.* discharge of electricity, current drain.

Stro·mer ['ʃtro:mər] *m* ⟨-s; -⟩ *colloq.* **1.** (*Landstreicher*) tramp, vagabond, vagrant, *Am. sl.* bum. – **2.** (*streunendes Tier*) stray (animal). – **3.** roamer, rover, ranger.

'Strö·mer *m* ⟨-s; -⟩ *zo.* stroemer (*Leuciscus souffia*).

stro·mern ['ʃtro:mərn] *v/i* ⟨sein⟩ *colloq.* **1.** (*vagabundieren*) tramp, vagabond(ize), *Am. sl.* bum. – **2.** (*streunen*) stray.

'Strom|erˌzeu·ger *m electr.* generator. — **~erˌzeu·gung** *f* generation of current. — **s~ˌfüh·rend** *adj* (*Draht, Teile*) alive, live (*bes. attrib*), current-carrying. — **~geˌbiet** *n geogr.* river basin, *auch* river system. — **~geˌbühr** *f electr.* electricity rate (*od.* charge). — **~ˌka·bel** *n* electric (*od.* power) cable. — **~ˌkreis** *m* (electrical *od.* power) circuit: **offener ~** open circuit; **den ~ schließen** to close the circuit. — **~ˌlauf(ˌplan)** *m* circuit (*od.* wiring) diagram. — **~ˌlei·ter** *m* (current) conductor. — **~ˌlei·tung** *f* circuit line. — **~lie·feˌrant** *m* current supplier. — **~ˌlie·fe·rung** *f* current (*od.* power) supply, supply of current (*od.* power).

'StromˌliˑnieΑ *f* **1.** *meteor.* (*u. Aerodynamik*) streamline. – **2.** *civ.eng.* (*in Bodenmechanik*) flow line.

'Stromˌli·ni·en|ˌform *f tech.* streamlined contour: **eine Karosserie in ~** a streamlined body. — **s~ˌför·mig** *adj* streamlined: **etwas ~ gestalten** to streamline s.th. — **~ka·ros·seˌrie** *f auto.* streamlined body. — **~ˌwa·gen** *m* streamlined car.

'strom·los *adj electr.* dead, at earth potential, de-energized, without current.

'Strom|ˌmen·ge *f electr.* quantity of electricity. — **~ˌmes·ser** *m* ⟨-s; -⟩ ammeter, amperemeter. — **~ˌmit·te** *f mar.* midstream.

'Stromˌnetz *n electr.* (electric) power supply system, supply mains *pl*, line circuit, power line.

'Strom|ˌpreis *m econ. cf.* Stromtarif. — **~ˌquel·le** *f electr.* power (*od.* current) source. — **~ˌrech·nung** *f econ.* electricity bill. — **~ˌre·ge·lung** *f* current control. — **~ˌreg·ler** *m* current regulator. — **~ˌrei·ni·ger** *m* ⟨-s; -⟩ ripple filter. — **~reˌlais** *n* current relay. — **~re·soˌnanz** *f* parallel (*od.* current) resonance. — **~ˌrich·ter** *m* static converter (*od.* convertor, inverter). — **~ˌrich·tung** *f* **1.** direction of current. – **2.** *electr.* direction of current, flow. — **~ˌrück·ge̦ˌwin·nung** *f electr.* power (*od.* current) regeneration (*od.* recuperation). — **~ˌrückˌlei·tungsˌka·bel** *n* return cable (*od.* line). — **~ˌsamm·ler** *m* **1.** accumulator, storage battery. – **2.** (*Kollektor*) current collector. — **~ˌschal·ter** *m* current switch. — **~ˌschie·ne** *f* **1.** conductor (*od.* contact, third) rail. – **2.** *cf.* Sammelschiene. — **~ˌschnel·le** *f* ⟨-; -n⟩ rapid(s *pl construed as sg or pl*), shoot, chute, *auch* shute, *Am. auch* riffle. — **~ˌschwan·kung** *f meist pl electr.* current undulation (*od.* variation, fluctuation). — **~ˌsi·che·rung** *f* fusible cutout, fuse. — **~ˌspan·nung** *f* voltage, tension. — **s~ˌspa·rend** *adj* current- (*od.* power-)saving. — **~ˌsper·re** *f* **1.** *electr.* power cut. – **2.** (*bei Flößerei*) boom. — **~ˌspit·ze** *f electr.* maximum (*od.* peak) current. — **~ˌspu·le** *f* current (*od.* series) coil.

'Stromˌstär·ke *f electr.* **1.** current intensity (*od.* strength). – **2.** (*in Ampere*) amperage. — **~ˌmes·ser** *m* ⟨-s; -⟩ *cf.* Strommesser.

'Strom|ˌstö·rung *f electr.* current (*od.* power) interference (*od.* failure). — **~ˌstoß** *m* **1.** *electr.* current rush (*od.* impulse). – **2.** *phys.* (electric) shock: **er wurde durch einen ~ getötet** he was killed by a(n electric) shock. – **3.** *tel.* (im)pulse. — **~taˌrif** *m econ.* **1.** electricity tariff. – **2.** (*Einzeltarif*) rate. — **~ˌtei·ler** *m electr.* center- (*bes. Br.* centre-)tapped choke. — **~ˌtor** *n* **1.** thyratron. – **2.** (*Entladungsröhre*) discharge tube (*bes. Br.* valve). — **~ˌüber·ˌgang** *m* current passage. — **~ˌüberˌla·stung** *f* current overload. — **~ˌufer** *n* river bank. — **~ˌumˌkeh·rung** *f electr.* current reversal. — **s~ˌunˌabˌhän·gig** *adj* independent of current.

'Strö·mung *f* ⟨-; -en⟩ **1.** *cf.* Strömen. – **2.** (*in Fluß, Meer etc*) current, stream: **kalte [warme] ~en des Meeres** cold [warm] currents of the sea; **der Fluß hat eine starke [reißende] ~** the river has a strong [raging] current; **gegen die ~ ankämpfen** to struggle against the current; **sich mit der ~ treiben lassen** to drift with the current; **von der ~ fortgerissen [mitgerissen] werden** to be swept away [along] by the current. – **3.** (*in Aerodynamik*) flow. – **4.** *electr.* (*im Magnetismus*) flux. – **5.** *fig.* (*Tendenz, Richtung*) current, trend, tendency, drift: **eine neue ~ in der Romanliteratur** a new current in fiction; **revolutionäre ~en des 20. Jahrhunderts** revolutionary trends (*od.* movements) of the 20th century.

'Strö·mungs|ˌbild *n* (*in Aerodynamik*) flow pattern (*od.* diagram). — **~geˌschwin·dig·keit** *f* velocity of flow, current. — **~geˌtrie·be** *n auto.* hydraulic (drive) unit, fluid drive. — **~ˌleh·re** *f phys.* theory of flow, fluid dynamics *pl* (*often construed as sg*), (*von Flüssigkeiten*) hydrodynamics *pl* (*usually construed as sg*), (*von Gasen*) aerodynamics *pl* (*construed as sg*). — **~ma·noˌme·ter** *n* transpiration manometer. — **~meˌcha·nik** *f* mechanics *pl* (*construed as sg or pl*) of fluids. — **~ˌmes·ser** *m* ⟨-s; -⟩ (*in Aerodynamik*) flow (*od.* current) meter. — **~ˌreg·ler** *m* flow regulator, control valve. — **~ˌrich·tung** *f mar. phys.* drift, direction of flow. — **~ˌwi·der·ˌstand** *m phys.* flow resistance.

'Strom|ˌun·terˌbre·cher *m electr.* circuit (*od.* contact) breaker, current interrupter (*auch* interruptor). — **~ˌun·terˌbre·chung** *f* interruption of current. — **~verˌbrauch** *m* **1.** current consumption. – **2.** (*einer Glühbirne etc*) power consumption. — **~verˌbrau·cher** *m* **1.** (*Maschine*) power consumer, power-consuming aggregate. – **2.** (*Mensch*) consumer of electric current. — **~verˌhält·nis·se** *pl* river conditions. — **~verˌlust** *m electr.* loss of current (*od.* power), current loss.

'Strom·verˌsor·gung *f electr.* power (*od.* current) supply.

'Strom·verˌsor·gungs|ˌanˌla·ge *f electr.* power (*od.* generating) plant. — **~geˌbiet** *n* power supply area. — **~ˌka·bel** *n* power cable. — **~ˌnetz** *n* (power) supply mains *pl.*

'Strom·verˌstär·kung *f* **1.** *electr.* power gain. – **2.** (*radio*) current gain.

'Strom·verˌtei·ler *m electr.* power distribution. — **~ˌka·sten** *m* power distribution box. — **~ˌta·fel** *f* power distribution panel.

'Strom|verˌtei·lung *f* current (*od.* power) distribution. — **~verˌzwei·gung** *f* current branching. — **~ˌwäch·ter** *m* automatic controller. — **~ˌwand·ler** *m* (current) transformer. — **~ˌwär·me** *f* resistance-heating effect, Joule effect. — **~ˌwech·sel** *m electr.* alternation (*od.* reversal) of current. — **~ˌwel·le** *f* current wave (*od.* surge).

'Stromˌwen·der *m electr.* commutator. — **~ˌmo·tor** *m* commutator motor.

'Strom|ˌwen·deˌspan·nung *f electr.* commutation voltage. — **~ˌwen·dung** *f* commutation (*od.* reversion) (of current). — **~ˌzäh·ler** *m* electric current meter. — **~ˌzuˌfuhr, ~ˌzuˌfüh·rung** *f* current (*od.* power) supply, supply of electricity. — **~ˌzweig** *m* current branch, branch circuit.

Stron·tia·nit [strɔntsĭa'ni:t; ʃtrɔn-; -'nɪt] *m* ⟨-s; -e⟩ *min.* strontianite.

Stron·ti·um ['strɔntsĭum; 'ʃtrɔn-] *n* ⟨-s; *no pl*⟩ *chem.* strontium (Sr).

Stroph·an·thin [strofan'ti:n; ʃtro-] *n* ⟨-s; *no pl*⟩ *med. pharm.* strophantin.

Stro·phe ['ʃtro:fə] *f* ⟨-; -n⟩ **1.** *metr.* stanza, verse, stave (*lit.*), (*bes. der Antike*) strophe: **ein Gedicht aus** (*od.* **mit**) **vier ~n** a poem of four stanzas. – **2.** *mus.* (*eines Liedes*) verse, stanza.

'Stro·phen|ˌbau *m metr.* structure (*od.* scheme) of a stanza, stanzaic structure. — **~ˌform** *f* form of a stanza, stanzaic form. — **~ˌlied** *n* strophic song.

'stro·phisch *adj metr.* in stanzas (*od.* verses), stanzaic, *auch* stanzical, strophic, *auch* strophical: **~e Gliederung** stanzaic structure; **~e Dichtung** poetry in stanzas (*od.* verses), stanzaic poetry.

Stropp [ʃtrɔp] *m* ⟨-(e)s; -s⟩ *mar.* (*Tauschlinge*) (rope) sling.

Stros·se ['ʃtrɔsə] *f* ⟨-; -n⟩ (*mining*) **1.** (*eines Fahrwegs, eines Tunnels*) floor. – **2.** (*im Untertagebau*) level.

strot·zen ['ʃtrɔtsən] *v/i* ⟨h⟩ **1.** (*vor Kraft, Energie etc*) (von, **vor** *dat* with) brim (over): **er strotzt vor Gesundheit** he is brimming (over) with health. – **2.** (*vor*

Schmutz etc) (von, vor *dat* with) be thick: seine Hose strotzt vor Dreck his trousers are thick with dirt. – **3.** (*übervoll sein*) (von, vor *dat* with) be teeming: der Aufsatz strotzt von Fehlern the essay is teeming with (*od.* brimful of) mistakes; ihr Kleid strotzte von Juwelen her dress was dripping with jewel(le)ry. — **'strot·zend** **I** *pres p.* – **II** *adj* **1.** ~ vor Gesundheit bursting (*od.* brimming) with health. – **2.** (*Vegetation etc*) exuberant, luxuriant. – **3.** ~es Euter (*einer Kuh etc*) udder brimful of milk.

strub·be·lig ['ʃtrʊbəlɪç] *adj colloq.* (*Haar*) dishevel(l)ed, tousled, unkempt.

'Strub·bel,kopf ['ʃtrʊbəl-] *m colloq.* **1.** (*Haar*) dishevel(l)ed (*od.* tousled, unkempt) hair. – **2.** (*Person*) tousle-headed person, person with dishevel(l)ed (*od.* tousled) hair.

'strubb·lig *adj colloq. cf.* strubbelig.

Stru·del ['ʃtruːdəl] *m* ⟨-s; -⟩ **1.** (*Wasserwirbel*) whirl(pool), eddy, swirl, vortex, (*größerer*) *auch* maelstrom: in einen ~ geraten to be caught up in a whirlpool. – **2.** (*in Aerodynamik*) swirl, eddy, vortex. – **3.** *fig.* (*Wirbel*) whirl(pool), whirlwind, maelstrom, swirl: in den ~ der Ereignisse gezogen (*od.* hineingerissen) werden to be caught up in (*od.* drawn into) the whirlpool of events; sich in den ~ der Vergnügungen stürzen to abandon oneself to a whirlpool of pleasure; im ~ der Geschehnisse untergehen to be lost in the whirlpool of events. – **4.** *bes. Southern G. and Austrian gastr.* (*Mehlspeise*) strudel.

'stru·de·lig *adj* (*Wasser etc*) whirling, swirling, whirly.

stru·deln ['ʃtruːdəln] *v/i* ⟨h⟩ **1.** (*sich wirbelnd bewegen*) whirl, swirl, eddy. – **2.** (*brodeln*) bubble.

'Stru·del|,teig *m bes. Southern G. and Austrian gastr.* strudel dough (*od.* pastry, paste). — **~,wurm** *m zo. meist pl* flatworm (*Klasse Turbellaria*).

Struk·tur [ʃtrʊk'tuːr; strʊk-] *f* ⟨-; -en⟩ **1.** (*innere Gliederung, Gefüge*) structure: ~ des Gewebes *biol.* structure of tissue; soziale [wirtschaftliche] ~ social [economic] structure (*od.* pattern); seelische ~ *psych.* mental structure; die ~ eines Romans [Gedichts] the structure of a novel [poem]. – **2.** (*textile*) (*eines Stoffes*) texture, structure. – **3.** (*von Tapeten*) embossment.

Struk·tu·ra·lis·mus [ʃtrʊktura'lɪsmʊs; strʊk-] *m* ⟨-; *no pl*⟩ *ling.* structuralism. — **Struk·tu·ra'list** [-'lɪst] *m* ⟨-en; -en⟩ structuralist. — **struk·tu·ra'li·stisch** *adj* structuralist, *auch* structuralistic.

Struk'tur|ana,ly·se *f* structural analysis. — **~,än·de·rung** *f cf.* Strukturveränderung. — **s~be,dingt** *adj econ.* (*Arbeitslosigkeit, Probleme etc*) structural. — **~,bo·den** *m geol.* patterned ground. — **~ele,ment** *n chem.* structural constituent.

struk·tu·rell [ʃtrʊktu'rɛl; strʊk-] *adj* **1.** structural: ~e Veränderungen structural changes (*od.* alterations); ~e Arbeitslosigkeit *econ.* structural unemployment. – **2.** (*textile*) structural.

Struk'tur|,for·mel *f chem.* structural (*od.* constitutional) formula. — **~ge,we·be** *n* (*textile*) textured pattern. — **~,gleich·heit** *f chem. math.* isomorphism.

struk·tu·rie·ren [ʃtrʊktu'riːrən; strʊk-] **I** *v/t* ⟨*no* ge-, h⟩ **1.** structure. – **2.** (*textile*) (*Stoff etc*) texture. – **II S~** *n* ⟨-s⟩ **3.** *verbal noun.* — **struk·tu'riert** **I** *pp.* – **II** *adj sociol.* (*Gesellschaft etc*) structured. — **Struk·tu'rie·rung** *f* ⟨-; -en⟩ **1.** *cf.* Strukturieren. – **2.** *cf.* Struktur.

Struk'tur|iso·me,rie *f chem.* structural isomerism. — **~,kri·se** *f econ.* structural crisis. — **~po·li,tik** *f econ. pol.* structural policy. — **s~po,li·tisch** *adj* (*Maßnahmen etc*) relating to structural policy, structural. — **~prin,zip** *n* structural principle. — **~re-,form** *f* structural reform. — **~ta,pe·te** *f* embossed wallpaper. — **~ver,än·de·rung** *f* structural change (*od.* alteration). — **~-,wan·del** *m* change in structure, structural change.

Stru·ma ['struːma; 'ʃtruː-] *f* ⟨-; -men *u.* -mae [-mɛ]⟩ *med.* (*Kropf*) goiter, *bes. Br.* goitre, struma (*scient.*).

Strum·ek·to·mie [strumɛkto'miː; ʃtru-] *f* ⟨-; -n [-ən]⟩ *med.* strumectomy.

stru·mös [stru'møːs; ʃtru-] *adj med.* strumous.

Strumpf [ʃtrʊmpf] *m* ⟨-(e)s; ⸚e⟩ *meist pl* **1.** (*langer*) stocking: ein Paar Strümpfe a pair of stockings; wollene [seidene] Strümpfe wool(l)en [silk] stockings; Strümpfe aus Nylon nylon stockings, nylons; nahtlose Strümpfe seamless stockings; Strümpfe mit Naht seam(ed) stockings; er schlich auf Strümpfen durchs Zimmer he went across the room on his stocking(ed) soles (*od.* feet); sich auf die Strümpfe machen *fig. colloq.* to get going, to get a move on (*sl.*); sein Geld in den ~ stecken *fig.* a) (*sparen*) to save one's money, to put something aside for a rainy day, b) (*nicht auf die Bank bringen*) to keep one's money under the bed (*od. colloq.* in an old sock). – **2.** (*Kniestrumpf*) knee stocking, knee-high stocking. – **3.** (*Herrensocke*) sock, half hose. – **4.** *obs.* (*des Gaslichts*) mantle.

'Strumpf,band *n* ⟨-(e)s; -bänder⟩ garter. — **~,fisch** *m zo.* scabbard fish (*Lepidopus caudatus*). — **~,nat·ter** *f zo.* garter snake (*Gattg Thamnophis*).

'Strumpf|fa,brik *f* stocking (*auch* hosiery) factory. — **~fa·bri,kant** *m* stocking (*auch* hosiery) manufacturer. — **~,garn** *n* stocking (*auch* hosiery) yarn, knitting yarn. — **~,gür·tel** *m cf.* Strumpfhalter 2.

'Strumpf,hal·ter *m* **1.** garter, *Br.* suspender. – **2.** garter (*Br.* suspender) belt, girdle, (*als Hose*) *auch* pantie (*od.* panty) girdle. — **~,gür·tel** *m cf.* Strumpfhalter 2.

'Strumpf|,ho·se *f* pantie (*od.* panty) hose, tights *pl.* — **~in·du,strie** *f cf.* Strumpfwarenindustrie.

'Strumpf,wa·ren *pl* hosiery *sg.* — **~-,händ·ler** *m*, **~,händ·le·rin** *f* hosier. — **~,hand·lung** *f* hosiery. — **~in·du,strie** *f* hosiery industry.

'Strumpf|,wir·ker *m* hosier, stockinger, stocking knitter (*od.* weaver). — **~wir·ke-,rei** *f* **1.** hosiery, manufacture of stockings. – **2.** stocking (*auch* hosiery) factory. — **~,wir·ke·rin** *f cf.* Strumpfwirker. — **~-,wirk·ma,schi·ne** *f tech.* stocking frame (*od.* loom, machine).

Strunk [ʃtrʊŋk] *m* ⟨-(e)s; ⸚e⟩ *bot.* **1.** (*dicker Pflanzenstengel*) stalk, stem. – **2.** (*Baumstumpf*) stump, stub.

strun·zen ['ʃtrʊntsən] *v/i* ⟨h⟩ *colloq. for* prahlen 1.

strup·pie·ren [ʃtrʊ'piːrən] *v/t* ⟨*no* ge-, h⟩ (*Pferde*) overstrain, *Br.* over-strain, overexert, *Br.* over-exert.

strup·pig ['ʃtrʊpɪç] *adj* **1.** (*Haar*) a) (*zerzaust*) dishevel(l)ed, tousled, unkempt, b) (*zottig*) shaggy. – **2.** (*Bart*) scrubby, bristly. – **3.** (*Fell*) shaggy. – **4.** (*Gebüsch etc*) thick. — **'Strup·pig·keit** *f* ⟨-; *no pl*⟩ **1.** a) dishevelment, tousle, unkemptness, b) shagginess. – **2.** scrubbiness, bristliness. – **3.** shagginess. – **4.** thickness.

'Struw·wel,pe·ter ['ʃtrʊvəl-] *m* ⟨-s; -⟩ *colloq.* **1.** Shock-headed Peter. – **2.** *cf.* Strubbelkopf 2.

Strych·nin [strʏç'niːn; ʃtrʏç-] *n* ⟨-s; *no pl*⟩ *chem. med.* strychnine ($C_{21}H_{22}N_2O_2$). — **~,säu·re** *f* strychnic acid. — **~ver,gif·tung** *f med.* strychninism, strychnism, strychnic (*od.* strychnine) poisoning.

'Stu·art|,kra·gen ['stuːart; 'ʃtuː-] *m* (*fashion*) Stuart collar. — **~-Mo,del·le** *pl chem.* (*für Unterricht*) Stuart's atomic models.

Stub·ben ['ʃtʊbən] *m* ⟨-s; -⟩ *bes. Northern G.* stump (of a tree), stub.

Stüb·chen ['ʃtyːpçən] *n* ⟨-s; -⟩ **1.** *dim. of* Stube. – **2.** (*gemütliches Zimmerchen*) cozy (*bes. Br.* cosy) little room (*od.* den), cubby(hole), *Br.* cubby(-hole), *Br. auch* snuggery.

Stu·be ['ʃtuːbə] *f* ⟨-; -n⟩ **1.** (*Zimmer*) room: die gute ~ the parlor, *bes. Br.* the parlour; er hockt immer in der ~ *colloq.* he always stays (*od.* sits around) indoors (*od.* at home). – **2.** (*Wohnzimmer*) drawing (*od.* sitting, living) room. – **3.** *mil.* (*in einer Kaserne*) room.

'Stu·ben|,äl·te·ste *m* ⟨-n; -n⟩ *mil.* senior soldier (of the room). — **~ap,pell** *m* bunk inspection. — **~ar,rest** *m* **1.** *mil.* confinement to barracks (*bes. Am.* quarters), *Br. auch* C.B., *Am.* arrest in quarters: ~ haben to be confined to barracks. – **2.** *cf.* Hausarrest. — **~be,leg·schaft** *f mil.* room complement. — **~,dienst** *m* barrack room duty (*Br. auch* fatigue): ~ haben to be on barrack room duty. — **~,far·be** *f colloq.* pale (*od.* pasty) complexion. — **~,flie·ge** *f zo.* **1.** (common) housefly (*Musca domestica*). – **2.** common fly. — **~ge,lehr·sam·keit** *f* book learning. — **~ge,lehr·te** *m* ⟨-n; -n⟩ bookish (*od.* book-wise) person. — **~ge,nos·se** *m* roommate, *Br.* room-mate. — **~,hocker** (*getr.* -k·k-) *m colloq. contempt.* stay-at-home, *Am. colloq.* homebody. — **~hocke'rei** (*getr.* -k·k-) [,ʃtuːbən-] *f* ⟨-; *no pl*⟩ *colloq. contempt.* perpetual staying at home. — **~,hocke·rin** (*getr.* -k·k-) *f* ⟨-; -nen⟩ *colloq. contempt. cf.* Stubenhocker. — **~ka·me,rad** *m cf.* Stubengenosse. — **~,luft** *f* indoor air. — **~,mäd·chen** *n* **1.** parlormaid, *bes. Br.* parlourmaid. – **2.** (*im Hotel etc*) chambermaid. — **s~,rein** *adj* **1.** (*Hunde etc*) clean, *Am.* housebroke(n), *bes. Br.* house-trained. – **2.** (*in der Wendung*) dieser Witz ist nicht ganz ~ *fig. colloq.* this joke is a little off colo(u)r (*od.* not for polite company, *colloq.* a bit off). – **3.** *fig. colloq.* (*politisch zuverlässig*) with a clean (*od.* clear) record. — **~,vo·gel** *m meist pl* captive (*od.* cage) bird. — **~,wa·gen** *m* bassinet (*auch* basinette) (on wheels).

Stü·ber ['ʃtyːbər] *m* ⟨-s; -⟩ *cf.* Nasenstüber.

Stü·berl ['ʃtyːbərl] *n* ⟨-s; -⟩ *Bavarian and Austrian* small room.

'Stubs,na·se ['ʃtʊps-] *f cf.* Stupsnase.

Stuck [ʃtʊk] *m* ⟨-(e)s; *no pl*⟩ *arch.* (*art*) **1.** (*Material*) plaster of Paris: mit ~ verzieren to (decorate *s.th.* with) stucco, to parget. – **2.** (*Stuckverzierung*) stucco(work), parget(t)ing, parget, ornamental plasterwork. – **3.** *cf.* Stuckmarmor.

Stück [ʃtʏk] *n* ⟨-(e)s; -e, *nach Zahlangaben* -⟩ **1.** (*als Ganzes od. Teil eines Ganzen*) piece: ein dünnes ~ Kuchen a thin piece (*od.* a sliver) of cake; große ~e big pieces, chunks, hunks; ein kleines ~ a small piece, a bit; ein winziges ~ a morsel; ein ~ Brot a) a piece of bread, b) (*Schnitte*) a slice of bread; ein ~ Butter a piece (*od.* lump) of butter; ein ~ Schokolade a piece of chocolate; ein ~ Stoff a piece of cloth; 2 Mark das ~, pro ~ 2 Mark, das ~ für 2 Mark 2 marks each (*od.* apiece); aus einem ~ a) (*in einem Stück geschnitten*) cut (*od.* made) in one piece, b) *tech.* (*in einem Stück gegossen*) cast integral; ~ für ~ piece by piece; Käse [Wurst] im ~ kaufen to buy cheese [sausage] in one piece, to buy cheese [sausage] unsliced; in ~e gehen to break into pieces (*od.* bits); in ~e zerfallen to crumble to pieces; alles in ~e schlagen to knock (*od.* smash, break) everything to pieces (*od.* bits, smithereens); in ~e schneiden (*Gemüse etc*) to cut (*s.th.*) into pieces. – **2.** (*in Wendungen wie*) das Kleid ist mein bestes ~ *colloq.* this is my best number (*colloq.*); Vater ist unser bestes ~ *colloq. humor.* father is a brick (*colloq.*); aus freien ~en *fig.* of one's own (free) will, of one's own accord, voluntarily, by one's own choice; etwas aus freien ~en tun *fig.* to do s.th. voluntarily; sich (*dat*) große ~e einbilden *fig.* to think very highly (*od.* have a high opinion) of oneself, to be self-opinionated; auf j-n große ~e halten *fig.* to think highly (*od.* the world) of s.o., to hold s.o. in high esteem, to have a high opinion of s.o., to set (*od.* lay) great store by (*od.* on) s.o.; er behandelte ihn wie ein ~ Dreck *colloq.* he treated him like dirt; ein schönes (*od.* hübsches) ~ Geld kosten *colloq.* to cost a pretty penny (*od.* a tidy bit, a tidy [*od.* nice little] sum) (*colloq.*), to take plenty of dough (*sl.*); damit kannst du dir ein hübsches (*od.* schönes) ~ Geld verdienen *colloq.* you can make a tidy sum (*od.* quite a bit, pots of money) with that (*colloq.*); ein schweres ~ Arbeit *colloq.* a) a tough bit of work, b) (*Aufgabe*) a tough (*od.* stiff) job; das ist ein starkes ~! *colloq.* that's a bit much (*od. sl.* thick)! sich (*dat*) ein tolles ~ leisten *colloq.* to make a nice mess (*od.* hash) of things. – **3.** (*ein bißchen*) bit: hast du ein ~ Schnur? have you (got) (*Am.* do you have) a bit of string? – **4.** (*geschnittenes*) cut, piece: ein schönes ~ Rindfleisch a nice cut of beef. – **5.** (*abgerissenes*) shred, bit, fragment, piece: etwas in ~e reißen to tear s.th. into (*od.* to, in) pieces (*od.* bits, shreds); sie läßt sich für ihre Kinder in ~e reißen *fig. colloq.* she would go through fire and water for her children. – **6.** (*Bruchstück*) fragment, piece, bit: er leimte die ~e wieder zusammen he glued the fragments (*od.* pieces) together. – **7.** (*Teilstück*) part, portion: sie teilte den Apfel in vier gleiche ~e she cut the apple into four equal parts (*od.* pieces); ich hörte nur ein ~ seiner Rede I only heard part of his speech. – **8.** (*Probestück*) specimen, sample: wir lassen Ihnen je ein ~ zugehen we will send you a specimen each. – **9.** (*einer Sammlung etc*) piece, item: die wertvollsten ~e the most valuable pieces; er hat in seiner Sammlung ein paar herrliche ~e he has got a few marvel(l)ous pieces (*od.* specimens) in his collection. – **10.** (*Zucker, Kohle etc*) lump: ich nehme zwei ~ Zucker I take two lumps of sugar. – **11.** (*Holz*) log, piece. – **12.** (*Papier*) piece, slip: diese Aktie ist nur noch ein ~ Papier *fig.* this share is just a piece (*od.* scrap) of paper. – **13.** (*Seife*) bar, cake, tablet. – **14.** (*Land etc*) piece of land, plot, lot: ein ~ Garten a garden plot. – **15.** *agr.* a) (*Vieh, Wild etc*) head, b) (*Geflügel*) piece: 50 ~ Vieh 50 head of cattle. – **16.** (*als Maßeinheit nach Zahlen im Englischen oft unübersetzt*) wieviel Eier wollen Sie? 40 ~ how many eggs do you want? 40 (*od.* two-score), please. – **17.** (*Buchexemplar, Durchschlag*) copy: von diesem Buch wurden 1000 ~ verkauft 1,000 copies of this book were sold. – **18.** (*Abschnitt aus einem Buch etc*) passage, section: er wußte ganze ~e aus dem „Faust" auswendig he knew whole passages of "Faust" by heart; er las mir ein ~ aus seinem Buch vor he read me a passage (*od.* section) from his book. – **19.** (*Wegstück, Strecke*) distance, way, stretch, bit: begleitest du mich noch ein ~? will you come along another bit? will you accompany me part of the way? bis zum Bahnhof ist es noch ein schönes ~ it is quite a way (*od.* distance, stretch) from here to the station; j-n ein ~ mitnehmen (*im Auto*) to give s.o. a lift; wir hatten bereits ein gutes ~ (Weges) zurückgelegt we had already covered a fair distance; wir [die Verhandlungen] sind ein gutes ~ vorwärtsgekommen *fig.* we [the negotiations] have made considerable headway (*od.* good progress), we [the negotiations] have come on (*od.* progressed) quite a bit. – **20.** *mus.* piece (of music), composition: drei ~e für Klavier three pieces for piano; ein ~ von Mozart a composition by Mozart. – **21.** (*theater*) play, piece: ein ~ von Shakespeare a play by Shakespeare; die Personen des ~es the characters of the play, dramatis personae; überarbeitetes ~ adaptation; ein zugkräftiges ~ a popular play, *bes. Am.* a drawing card, a box-office success. – **22.** *pl econ.* debentures, (debenture) bonds, stocks, shares, securities: ~e einer Anleihe individual bonds. – **23.** (ausgegeben) in ~en zu 100 DM *econ.* (issued) in denominations of 100 marks. – **24.** (*Geldstück, Münze*) coin, piece (of money). – **25.** (*Arbeitsstück*) piece, unit: Lohnkosten je ~ wage cost *sg* per unit produced. – **26.** *tech.* (*einzelnes Gerät*) unit. – **27.** *colloq. contempt.* (*in Wendungen wie*) ein freches ~ a cheeky brat (*od.* thing, devil), a saucy one; ein dummes [albernes] ~ a stupid [silly] thing. – **28.** in allen [vielen] ~en in all [many] respects: j-m in allen ~en recht geben to agree with s.o. in every respect (*od.* on all points); sie gleicht ihrer Mutter in vielen ~en she takes after her mother in many ways (*od.* respects). – **29.** ~er zehn *colloq. archaic* about ten.

'Stück·ak,kord *m econ.* piece-rate work.

'Stuck,ar·beit *f arch.* stucco(work), plaster of Paris work.

'Stück,ar·bei·ter *m econ. cf.* Akkordarbeiter.

'Stück·chen *n* ⟨-s; -⟩ **1.** *dim. of* Stück. – **2.** j-n ein ~ begleiten to accompany s.o. part of the way.

'Stuck,decke (*getr.* -k·k-) *f arch.* stucco (*od.* plaster of Paris) ceiling.

'Stücke,kon·to (*getr.* -k·k-) *n econ. obs.* stock account.

stückeln (*getr.* -k·k-) ['ʃtʏkəln] **I** *v/t* ⟨h⟩ **1.** (*in Stücken zusammensetzen*) piece (*s.th.*) together, patch (*s.th.*) up: der Ärmel des Kleides mußte gestückelt werden the sleeve of the dress had to be pieced together. – **2.** (*in Stücke zerteilen*) cut (*s.th.*) in (*od.* to, into) pieces (*od.* bits). – **3.** (*Wertpapiere*) denominate. – **II** *v/i* **4.** (*ein Stück einsetzen*) insert (*od.* add) a piece: hier mußte ich ~ (*beim Schneidern*) I had to insert a piece of material here. – **III S~** *n* ⟨-s⟩ **5.** *verbal noun.* — **'Stücke·lung** (*getr.* -k·k-) *f* ⟨-; -en⟩ **1.** *cf.* Stückeln. – **2.** (*von Anleihen, Aktien, Banknoten*) denomination.

stucken (*getr.* -k·k-) ['ʃtʊkən] *v/t u. v/i* ⟨h⟩ *Austrian colloq. cf.* büffeln.

stücken (*getr.* -k·k-) ['ʃtʏkən] **I** *v/t* ⟨h⟩ *rare for* stückeln 1. – **II S~** *n* ⟨-s⟩ *verbal noun.*

'Stücken,zucker (*getr.* -k·k-) *m Northern G. for* Würfelzucker.

'Stück,erz *n metall.* lump (*od.* coarse) ore.

'Stücke,schrei·ber (*getr.* -k·k-) *m* playwright.

'Stücke·ver,zeich·nis (*getr.* -k·k-) *n econ.* list of securities purchased, list of stocks bought.

'Stück|,fär·bung *f* piece dyeing. — **~,faß** *n* (*Weinmaß*) butt: ein ~ Wein a butt of wine. — **~,fracht** *f econ. mar. cf.* Stückgut b, c. — **~ge,wicht** *n* individual (*od.* item) weight.

'Stuck,gips *m tech. chem. arch.* plaster of Paris stucco, *auch* calcined gypsum ($CaSO_4 \cdot \frac{1}{2}H_2O$). — **~,ar·beit** *f cf.* Stuckarbeit.

'Stück,grö·ße *f* size of piece (*od.* lump).

'Stück,gut *n econ.* a) parcel(l)ed goods *pl*, piece goods *pl*, b) (*Stückfracht*) parcel(l)ed freight, *bes. Am.* less-than-carload freight (*od.* lot), LCL, c) (*als Seefracht*) general cargo: etwas als ~ versenden a) (*per Bahn*) to forward (*od.* convey, *Am.* ship) s.th. by ordinary goods (*Am.* freight) train, b) (*per Schiff*) to ship s.th. LCL. — **~,bahn,hof** *m* parcels station. — **~,la·dung** *f econ.* general (*od.* mixed) cargo (*od.* carload), less-than-carload (*od.* part-load) consignment. — **~,sen·dung** *f* less-than-carload consignment, small consignment. — **~ta,rif** *m* part-load (freight) rate, general goods tariff, *Am.* LCL rates *pl.* — **~,um,schlag** *m* general cargo handling. — **~ver,frach·tung** *f econ.* **1.** carriage of general goods. – **2.** (*Seefrachtgeschäft*) carriage of general cargo. — **~ver,kehr** *m* part-load traffic, *Am.* LCL freight traffic. — **~wag,gon** *m* part-load railway truck (*bes. Am.* freight car).

'stückig (*getr.* -k·k-) *adj* (*mining*) (*Erze, Kohle etc*) produced in (*od.* containing) large lumps.

'Stück|,kauf *m* purchase of specified goods (*od.* items). — **~,koh·le** *f* **1.** (*mining*) large coal, lumps *pl*, lump coal. – **2.** *pl bes. Br.* cobbles, cobble coal *sg.* — **~,koks** *m* lump coke. — **~,ko·sten** *pl econ.* unit cost, cost per article. — **~,ko·sten,rech·nung** *f* job order cost accounting. — **~,lei·stung** *f* (*einer Maschine etc*) piece-handling time. — **~,li·ste** *f econ. tech.* parts list, list of items, specification, (*der Seefracht*) tally sheet. — **~,lohn** *m cf.* Akkordlohn.

'Stück·lung *f* ⟨-; -en⟩ *cf.* Stückelung.

'Stuck,mar·mor *m* artificial (*od.* stucco) marble.

'Stück|no,tie·rung *f econ.* (*bei der Börse*) stock quotation per unit. — **~,pfor·te** *f mar. hist.* port(hole), gun hole. — **~,preis** *m econ.* price by the (*od.* per) piece, price per unit, unit price. — **~,rech·nung** *f* item-costing. — **~ver,kauf** *m* selling by the piece. — **~ver,zeich·nis** *n cf.* Stückliste. — **~,wa·re** *f econ.* piece goods *pl.* — **s~,wei·se I** *adj* **1.** *econ.* retail (*attrib*), by the piece: ~r Verkauf selling by the piece, retail selling. – **II** *adv* **2.** (*Stück für Stück*) piece by piece. – **3.** (*nach Stück*) by the piece: ~ verkaufen *econ.* to sell retail (*od.* by the piece); ~ bezahlen *econ.* (*im Akkord*) to pay by the piece. – **4.** (*in kleinen Posten*) by (*od.* in) parcels: Ware ~ versenden to send goods by (*od.* in) parcels, to send goods in small units. – **5.** *cf.* schrittweise II.

'Stück,werk *n* ⟨-(e)s; *no pl*⟩ *fig. lit. contempt.* patchwork, scrappy (*od.* patchy) work: dies Buch ist ~ this book is patchy (*od.* scrappy); unser Wissen ist ~ a) our knowledge is fragmentary (*od.* scrappy, patchwork, very incomplete), b) *Bibl.* we know in part.

'Stück|,zahl *f econ.* number of pieces (*od.* items, units), piece number. — **~,zeich·nung** *f tech.* detail (*od.* parts, component) drawing. — **~,zeit** *f tech.* machining (*od.* production) time per piece. — **~,zin·sen** *pl econ.* broken-period interest *sg.* — **~,zucker** (*getr.* -k·k-) *m cf.* Würfelzucker.

Stu·dent [ʃtu'dɛnt] *m* ⟨-en; -en⟩ **1.** student, (*nichtgraduierter*) *auch* undergraduate, undergrad (*colloq.*), (*graduierter*) *auch* graduate, (*eines College*[*s*]) *auch* collegian: ~ der Medizin [Naturwissenschaften, Rechte] medical [science, law] student; ~ der Technik technology student, student of technology; ~ der Theologie divinity (*od.* theology) student, student of divinity (*od.* theology); ehemaliger ~ (einer Universität) former student (of a university), *bes. Am.* alumnus; ein ewiger ~ an eternal student. – **2.** *pl collect.* students, gown (*collect.*). – **3.** *Austrian pupil at a secondary* (*od. grammar*) *school.*

Stu'den·ten|,arzt *m* students' doctor. — **~,aus,schuß** *m* student council: Allgemeiner ~ Students' Representative Council. — **~,aus,tausch** *m* student exchange. — **~,aus,weis** *m* student('s) card, *Am.* identification card. — **~,ball** *m* students' dance (*od.* ball), *Am. colloq.* prom. — **~,blu·me** *f bot.* grass-of-Parnassus, bog star (*Parnassia palustris*). — **~,bu·de** *f colloq.* student's digs *pl* (*colloq.*). — **~,bund** *m* students' association. — **~,fut·ter** *n colloq.* assortment of almonds, raisins and nuts. — **~ge,mein·de** *f* Christian student community. — **~,haus, ~,heim** *n bes. Br.* (student[s']) hostel, (student[s']) hall (of residence), *Am.* dormitory, *Am. colloq.* dorm. — **~,jah·re** *pl* student days, college days, university years, years spent at college (*od.* a university). — **~,jahr,gang** *m* year. — **~,le·ben** *n* student life, college life, (*in Großbritannien*) *auch* undergraduate life. — **~,lied** *n meist pl* student('s) song. — **~,mit·ver,ant,wor·tung** *f* joint responsibility between students and teachers. — **~,müt·ze** *f* student's cap, (*bes. in Großbritannien*) college cap. — **~,nel·ke** *f bot. cf.* Studentenblume. — **~,pfar·rer** *m* college chaplain, student pastor. — **~,rös·chen** *n bot. cf.* Studentenblume.

Stu'den·ten·schaft *f* ⟨-; -en⟩ students *pl*, student body, body of students, (*nichtgraduierte*) *auch* undergraduates *pl*, undergrads *pl* (*colloq.*), (*graduierte*) *auch* graduates *pl*: die ~ unserer Stadt the students *pl* of our town.

Stu'den·ten|,spra·che *f* student(s') slang. — **~,streich** *m* student(s') prank (*od.* trick, hoax).

Stu'den·ten·tum *n* ⟨-s; *no pl*⟩ **1.** student's life. – **2.** (the) body of students.

Stu'den·ten|ver,bin·dung *f Br.* students' society, *Am.* fraternity, *Am. colloq.* frat. — **~,vier·tel** *n* student(s') quarter. — **~,werk** *n* **1.** student administration. – **2.** students' union. — **~,wohn,heim** *n cf.* Studentenhaus. — **~,zeit** *f* student (*od.* college) days *pl*, years *pl* spent at a university (*od.* at college, *Am. auch* at school): in unserer ~ in our student days.

Stu'den·tin *f* ⟨-; -nen⟩ (woman) student, (*nichtgraduierte*) *auch* (woman) undergraduate, undergrad (*colloq.*), (*graduierte*) *auch* (woman) graduate, *Br. colloq. auch* undergraduette, *Am. colloq. auch* coed. — **Stu'den·tin·nen·ver,ei·ni·gung** *f* women students' association, *Am.* sorority.

stu'den·tisch *adj* student (*attrib*), relating to students: ~e Bräuche student customs; die ~e Jugend the students *pl*; ~e Verbindung (*od.* Korporation) *cf.* Studentenverbindung.

Stu·die ['ʃtu:diə] *f* ⟨-; -n⟩ **1.** (*kurze, literarische Darstellung*) essay, study, sketch: eine ~ über moderne Musik schreiben to write a study on modern music. – **2.** (*wissenschaftliche Untersuchung*) study: er (be)treibt ~n über das Verhalten der Bienen he pursues studies on the behavio(u)r of bees. – **3.** (*Vorarbeit zu einem Kunstwerk*) sketch: für dieses Bild hat er mehrere ~n gemacht he made several sketches for this picture. – **4.** (*kleines künstlerisches Werk eines Malers etc*) study: seine ~n über Bettler und Straßenmusikanten sind weltberühmt his studies of beggars and street musicians are world-famous.

'Stu·di·en|,an,stalt *f ped.* secondary school, *Br. etwa* grammar school, *Am. etwa* high school. — **~as,ses·sor** *m*, **~as·ses,so·rin** *f teacher at a secondary school having passed the stage of a 'Studienreferendar(in)' and the* *second state examination.* — **~ˌauf·entˌhalt** *m* educational stay, stay for the purpose of study. — **~ˌausˌga·be** *f* text(book) edition. — **~ˌausˌschuß** *m* research committee (*od.* commission, group), study group. — **~ˌbei-ˌhil·fe** *f* (educational) grant. — **~beˌra·ter** *m ped.* counsel(l)or, adviser (*auch* advisor) (of studies), tutor. — **~beˌra·tung** *f* guidance and counsel(l)ing (on one's course of study). — **~ˌdau·er** *f cf.* Studienzeit 2. — **~diˌrek·tor** *m,* **~di·rekˌto·rin** *f vice-principal and head of a 'Studienseminar' at a secondary school ranking above an 'Oberstudienrat'.* — **~ˌfach** *n* subject (*od.* field) (of study). — **~ˌfahrt** *f cf.* Studienreise. — **~ˌfernˌse·hen** *n* adult education television program (*bes. Br.* programme). — **~-ˌfreund** *m,* **~ˌfreun·din** *f* student (*od.* university, college) friend. — **~ˌgang** *m* course of studies. — **~geˌbüh·ren** *pl* (university) fees, tuition *sg, Br.* tuition fees. — **~ˌgeld** *n* money for one's studies, study allowance. — **~geˌmein·schaft** *f* study group (*od.* seminar). — **~geˌnos·se** *m cf.* Studienkamerad. — **~ˌgrup·pe** *f* study group. — **s~ˌhal·ber** *adv* for the purpose of study. — **~ˌjahr** *n* **1.** academic year. – **2.** *pl* university (*od.* college) years, years of study. — **~ka·meˌrad, ~kolˌle·ge** *m* fellow student. — **~kom·mis·siˌon** *f cf.* Studienausschuß. — **~ˌkreis** *m* group (*od.* circle) of students. — **~ˌlei·ter** *m ped.* supervisor (of studies), tutor. — **~ˌord·nung** *f* university regulations *pl.* — **~par·tiˌtur** *f mus.* study score. — **~ˌplan** *m* **1.** plan of studies. – **2.** (*Lehr-, Unterrichtsplan*) curriculum, syllabus. — **~proˌfes·sor** *m,* **~pro·fesˌso·rin** *f Bavarian obs. teacher at a secondary school ranking between a 'Studienrat' and an 'Oberstudienrat'.* — **~proˌgramm** *n* program(me) of studies. — **~ˌrat** *m,* **~ˌrä·tin** [-ˌrɛːtɪn] *f* ⟨-; -nen⟩ *teacher at a secondary school having served in his* (*od. her*) *profession for several years after the second state examination.* — **~re·fe·renˌdar** *m,* **~re·fe·renˌda·rin** *f* ⟨-; -nen⟩ *teacher at a secondary school having passed the first state examination and still undergoing training.* — **~re-ˌform** *f* university reform. — **~ˌrei·se** *f* educational (*od.* study) trip. — **~ˌrich·tung** *f* branch (*od.* field) of study. — **~seˌme·ster** *n cf.* Semester 1. — **~se·miˌnar** *n seminary for 'Studienreferendare'.* — **~ˌstif·tung** *f* scholarship fund. — **~ˌzeit** *f* **1.** student (*od.* college) days *pl,* years *pl* at a university (*od.* at college). – **2.** (*Dauer*) duration of studies: **die ~ für Medizinstudenten beträgt etwa sieben Jahre** the course for medical students takes (*od.* lasts) approximately seven years. — **~ˌzweck** *m* purpose of study: **zu ~en, für ~e** for the purpose of study. — **~ˌzweig** *m* branch of study.

stu·die·ren [ʃtuˈdiːrən] **I** *v/t* ⟨*no* ge-, h⟩ **1.** (*Sprache, Fach etc*) study, *bes. Br.* read: **er will Medizin ~** he wants to study medicine, *Am. auch* he wants to go to medical school; **er studiert Jura** (*od.* **Rechtswissenschaften, die Rechte**) he is studying law, he is a law student, *bes. Br.* he is reading for the bar. – **2.** (*Frage etc*) study, investigate: **ich habe die Materie studiert** I studied (*od.* read up on) the (subject) matter; **sie ~ das Problem eingehend** they are making a detailed investigation of the problem. – **3.** (*Börsenbericht, Fahrplan, Speisekarte, Zeitung etc*) study. – **4.** (*Bilder, Photos etc*) study, look at (*s.th.*) closely, take a close look at. – **5.** (*film, theater*) study, rehearse: **die Rolle des Hamlet ~** to study the part of Hamlet. – **II** *v/i* **6.** study, *bes. Br.* read, be at a university (*od.* at college, *Am. auch* at school), be a student: **er studiert** he is at a university; **sie hat in München bei Prof. X studiert** she studied under Professor X in Munich; **sie studiert an der Hochschule für Musik** she is studying at (*od.* is a student of [*od.* at]) the conservatory; **was studiert er?** what is he studying? what is his subject? **wo hat er studiert?** which university did he go to (*od.* was he at)? **sie studiert nun im fünften Semester Medizin** she is in her third year (*Am. auch* fifth semester) of medicine; **er hat studiert** he has had an academic (*od.* a university) education, he has been to a university; **er will seinen Sohn ~ lassen** he wants to send his son to the university. – **III S~** *n* ⟨-s⟩ **7.** *verbal noun.* – **8.** study, studies *pl*: **Probieren geht über S~** (*Sprichwort*) an ounce of practice is worth a pound of theory (*proverb*), the proof of the pudding is in the eating (*proverb*).

Stuˈdie·ren·de *m, f* ⟨-n; -n⟩ student, (*nichtgraduiert*) *auch* undergraduate, (*graduiert*) *auch* graduate: **alle ~n werden gebeten** zu all students are kindly requested to; **Zahl der ~n** number of students, enrol(l)ment.

Stuˈdierˌstu·be *f cf.* Studierzimmer.

stuˈdiert I *pp.* – **II** *adj colloq.* educated, lettered: **er ist ein ~er Mann** he is an educated man, he is a man of letters, he has been to a university, he has had an academic education.

Stuˈdier·te *m, f* ⟨-n; -n⟩ *colloq.* educated person, academically trained person, graduate: **das ist ein ~r** a) he is an educated man, he has been to a (*od.* the) university, he has taken a degree (*od.* is a graduate), b) *contempt. iron.* he is an intellectual.

Stuˈdierˌzim·mer *n* study.

Stu·di·ker [ˈʃtuːdikər] *m* ⟨-s; -⟩ *colloq. humor. for* Student.

Stu·dio [ˈʃtuːdĭo] *n* ⟨-s; -s⟩ **1.** (*eines Künstlers*) studio, atelier. – **2.** (*film, theater*) *telev.* studio: **fahrbares ~** mobile studio. — **~beˌleuch·tung** *f* (*radio, film*) *telev.* studio lighting. — **~ˌbüh·ne** *f* (*theater*) studio. — **~ˌlei·ter** *m* (*radio*) *telev.* station manager. — **~pro·duk·tiˌon** *f* studio production. — **~re·dakˌteur** *m* presenting editor. — **~-ˌsen·dung** *f* studio broadcast.

Stu·dio·sus [ʃtuˈdĭoːzʊs] *m* ⟨-; -sen *od.* -si [-zi]⟩ *colloq. humor. for* Student.

ˈStu·dioˌüberˌtra·gung *f* (*radio*) *telev. cf.* Studiosendung.

Stu·di·um [ˈʃtuːdĭʊm] *n* ⟨-s; Studien⟩ **1.** studies *pl*: **er hat sein ~ in München absolviert** he graduated from (*od.* is a graduate of) Munich University; **sein ~ abbrechen [aufgeben]** to break off [to give up] one's studies; **sein ~ (mit einem Examen) abschließen** to conclude one's studies (with a degree); **ich mußte mir mein ~ verdienen** I had to work (*od.* pay) my way through the university, I had to support myself through the university; **ich bereite mich auf das ~ vor** I am preparing for (my studies at) a university; **er muß sich jetzt seinem ~ widmen** he has to devote himself now to (*od.* concentrate now on) his studies; **er hat ein abgeschlossenes ~** he has academic qualifications, he has a (university) degree; **vor Beginn des ~s** before commencing one's studies; **während seines ~s in Berlin** during his studies (*od.* while he was studying) in Berlin. – **2.** (*eines einzelnen Fachgebietes*) study: **das ~ der Medizin** the study of medicine; **nächstes Jahr beginnt er mit dem ~ der Rechtswissenschaften** he will take up law at the university next year. – **3.** study: **naturwissenschaftliche Studien (be)treiben** to engage in (*od.* carry on) studies (*od.* research) in science; **an das ~ einer politischen Frage herangehen** to study (*od.* investigate) a political question; **das ~ der einschlägigen Fachliteratur** the study(ing) of relevant literature; **in das ~ einer Pflanze versunken** absorbed in the study of a plant.

Stu·di·um ge·ne·ra·le [ˈʃtuːdĭʊm geneˈraːle; ˈstuː-] *n* ⟨-; *no pl*⟩ **1.** liberal arts *pl.* – **2.** (*im Mittelalter*) studium generale.

Stu·fe [ˈʃtuːfə] *f* ⟨-; -n⟩ **1.** (*einer Treppe*) step, stair: **~ aus Stein** stone step; **~ einer Leiter** rung (*od.* step) of a ladder; **~ vor der Haustür** doorstep; **~n des Altars** altar steps; **ausgetretene ~n** worn steps; **Achtung** (*od.* **Vorsicht**), **~(n)!** mind the step(s)! **die ~n hinaufsteigen [hinuntergehen]** to go upstairs (*od.* up the stairs) [downstairs *od.* down the stairs]; **~n steigen** to go up steps; **die zweite ~ von oben** the second step from the top; **er nimmt zwei ~n auf einmal** he takes two steps at once (*od.* at a time); **die ~n zum Erfolg emporklimmen** (*od.* **hinaufsteigen**) *fig.* to climb the ladder to success; **~ um ~** a) step by step, b) *fig.* step by step, by degrees; **von ~ zu ~** a) from step to step, b) *fig.* rung by rung; **auf der Leiter des Erfolges von ~ zu ~ steigen** *fig.* to climb the ladder to success rung by rung; **die höchste ~ des Glücks** *fig.* the height of happiness; **er erreichte die höchste ~ des Ruhms** *fig.* he reached the top rung (*od.* the summit, the pinnacle) of fame. – **2.** *fig.* (*Niveau*) level: **mit j-m auf gleicher** (*od.* **auf derselben**) **~ stehen** to be on a level (*od.* on a par) with s.o.; **du kannst ihn doch nicht mit mir auf eine** (*od.* **die gleiche**) **~ stellen** you cannot put (*od.* place) him on a level with me; **auf einer höheren gesellschaftlichen ~ stehen** to be on a higher social level (*od.* rank); **die Kultur dieses Volkes stand auf einer hohen [niedrigen] ~** the civilization of this people was of a high [low] order. – **3.** *fig.* (*Rangstufe*) rank, grade: **die nächste ~ in der Laufbahn** the next rank (*od.* step up) in one's career; **die unterste ~ der Offizierslaufbahn** the lowest rank of (commissioned) officer; **um mehrere ~n aufrücken** (*od.* **aufsteigen**) to move up (*od.* be promoted) (by) several ranks. – **4.** *fig.* (*Stadium, Phase*) stage, phase: **die Entwicklung des Kindes läßt verschiedene ~n erkennen** the development of a child shows various stages; **die kritische ~ einer Krankheit** the critical stage of a disease. – **5. j-m die Haare in ~n schneiden** to cut s.o.'s hair in tiers, to tier s.o.'s hair. – **6.** (*fashion*) (*im Kleid*) frill, flounce. – **7.** *mus.* (*Tonstufe*) degree: **tonische ~n** tonal degrees; **zweite ~** (*der Tonleiter*) second degree, supertonic. – **8.** *ped.* a) (*in der Volksschule*) grade, *Br. auch* class, b) (*in der Oberschule*) class, *Am.* grade, *bes. Br.* form. – **9.** (*paints*) (*Farbton*) shade, hue. – **10.** (*im Gelände*) step, terrace. – **11.** *geol.* (*Formation*) stage, assise (*scient.*). – **12.** (*mining*) a) reference mark, b) (*klar erzhaltiges Stück*) lump of ore. – **13.** *ling.* (*der Steigerung*) degree. – **14.** *arch.* step. – **15.** *civ.eng.* (*einer Treppe etc*) tread. – **16.** *electr.* a) (*eines Verstärkers*) stage, b) (*eines Schalters*) step. – **17.** *metall.* (*einer Prüfung*) stage. – **18.** *tech.* a) (*einer Schaltung*) step, b) (*einer Bearbeitung*) stage, c) (*eines Drehzahlbereiches*) range, d) (*eines Geschwindigkeitsbereiches*) increment, e) (*eines Getriebes*) speed, step, f) (*einer Temperatur*) level. – **19.** (*space*) (*einer Rakete*) stage: **erste [zweite] ~** first [second] stage. – **20.** *econ.* (*des Einkommens etc*) level, class, grade, bracket, tier.

stu·fen [ˈʃtuːfən] **I** *v/t* ⟨h⟩ **1.** cut steps in(to), step. – **2.** (*stufenförmig anlegen*) step, terrace. – **3.** (*Haare*) cut (*s.th.*) in tiers, tier. – **4.** *fig.* (*staffeln*) graduate, gradate, grade. – **5.** (*Farben*) gradate, grade, shade. – **6.** *tech.* (*Drehzahlen*) grade. – **II S~** *n* ⟨-s⟩ **7.** *verbal noun.* – **8.** *cf.* Stufung.

ˈStu·fen|ˌanˌord·nung *f tech.* stepped arrangement. — **s~ˌar·tig I** *adj* **1.** (*Anordnung etc*) steplike. – **2.** (*Landschaft etc*) terraced. – **3.** (*Konstruktion*) stepped. – **4.** *fig.* gradual, gradational. – **II** *adv* **5. ~ angeordnet** arranged in steps, stepped. – **6.** *fig.* gradually. — **~ˌbar·ren** *m* (*sport*) asymmetric (*od.* uneven) bars *pl.* — **~-ˌboot** *n mar.* step-bottom(ed) (*od.* stepped) boat. — **~ˌbrei·te** *f arch.* width of stairs. — **~ˌfol·ge** *f* **1.** arrangement of steps. – **2.** *fig.* grad(u)ation, sequence of stages. — **s~-ˌför·mig I** *adj* **1.** in the form of steps, in steps, stepped: **~e Verwerfung** *geol.* distributive (*auch* step) fault. – **2.** *fig.* (*Entwicklung etc*) gradual, gradational. – **II** *adv* **3.** in steps, in tiers: **etwas ~ anordnen** to tier (*od.* step) s.th.; **~ angeordnete Sitzreihen** *arch.* seats arranged in tiers, tiered rows of seats; **~ ansteigen** to rise in steps. – **4.** *fig.* gradually. — **~ˌgang** *m fig. cf.* Stufenfolge 2. — **~geˌbet** *n röm.kath.* preparatory prayer at the steps of the altar. — **~geˌtrie·be** *n tech.* variable speed transmission, cluster gear, *auch* gear cluster. — **~ˌhär·tung** *f metall.* hot-quenching, austempering. — **~ˌheck** *n auto.* notchback. — **~ˌkeil** *m phot.* step wedge. — **~ˌkol·ben** *m tech.* differential (*od.* stepped) piston. — **~konˌtakt** *m electr.* step-resistance contact. — **~ˌland·schaft** *f geol.* terraced (*od.* cuesta) landscape. — **~ˌlei·ter** *f* **1.** stepladder: **die ~ zum Erfolg** *fig.* the ladder to success. – **2.** *fig.* (*progressive*) scale, gradation. – **3.** *fig.* (*der Gefühle*) scale, gamut. — **~ˌlin·se** *f* (*optics*) step (*od.* echelon) lens. — **s~los** *tech.* **I** *adj* (*Getriebe etc*) infinitely variable. – **II** *adv* **~ regelbar, ~ regulierbar** infinitely variable; **~ einstellbar** steplessly adjustable. — **~ˌmo·tor** *m* adjustable speed motor. — **~ˌplan** *m econ.* graduated plan. — **~ˌpres·se** *f* multiple-plunger (*od.* -die) press. — ~ˌ**psalm** *m meist pl relig.* degree psalm. — ~**py·raˌmi·de** *f* stepped pyramid. — ~ˌ**rad** *n tech.* cluster gear. — ~ˌ**rä·der·geˌtrie·be** *n* cone gear drive. — ~**raˌke·te** *f* (*space*) stage rocket, multistage rocket. — ~ˌ**schal·ter** *m electr.* step(-up) (*od.* sequence, multiple-contact) switch. — ~ˌ**schal·tung** *f* variable speed control. — ~ˌ**schei·be** *f* cone (*Br.* stepped) pulley. — ~ˌ**schei·ben·ˌanˌtrieb** *m* cone- (*Br.* stepped-)pulley drive. — ~**taˌrif** *m econ.* (*im Steuerwesen*) graduated tax rate (system). — ~**theoˌrie** *f* (*in der Wirtschaftsgeschichte*) theory dividing economic evolutions into historical stages. — ~**trans·forˌma·tor** *m electr.* tapping transformer. — ~ˌ**tren·nung** *f* (*space*) stage separation. — ~**voˌlant** *m* (*fashion*) tiered flounces *pl.* — **s~ˌwei·se** **I** *adj* **1.** gradual, progressive, in progressive steps: ~r Abbau der Zollschranken *econ.* gradual reduction (*od.* removal) of tariffs. – **2.** *bes. tech.* (*Bewegung*) stepwise. – **II** *adv* **3.** step by step, by degrees, gradually: etwas ~ erreichen to reach s.th. gradually; ~ fortschreitend progressive, gradual. – **4.** *bes. tech.* stepwise, in stages. — ~ˌ**wick·lung** *f electr.* bank(ed) winding. — ~ˌ**wi·derˌstand** *m* decade (*od.* banked) resistor. — ~ˌ**win·kel** *m math.* corresponding angle. — ~ˌ**wir·kung** *f tech.* step-by-step action. — ~ˌ**zahl** *f* number of steps.

ˈ**stu·fig** *adj* (*Gelände etc*) having steps (*od.* terraces), stepped, terraced, formed into steps (*od.* terraces).

ˈ**Stu·fung** *f* ⟨-; -en⟩ **1.** *cf.* Stufen. – **2.** *fig.* (*Staffelung*) graduation, gradation. – **3.** (*von Farben*) gradation, shade, shading.

Stuhl [ʃtuːl] *m* ⟨-(e)s; ⸚e⟩ **1.** chair: geflochtener ~ wicker(work) chair; gepolsterter ~ a) upholstered chair, b) (*Sessel*) easy chair; ~ mit hoher [niedriger] Lehne high- [low-]backed chair; ~ ohne Lehne stool; als ich die Rechnung bekam, wäre ich beinahe vom ~ gefallen *colloq.* I was flabbergasted (*od.* I nearly died) when I got the bill (*colloq.*); sich zwischen zwei Stühle setzen *fig. colloq.* to fall between two stools; j-m den ~ vor die Tür setzen *fig. colloq.* a) to put (*od.* turn) s.o. out, b) (*j-n entlassen*) to give s.o. the sack (*colloq.*), to sack (*od.* fire) s.o. (*colloq.*). – **2.** *cf.* Drehstuhl 1, 2, 4, Garten-, Küchen-, Lehn-, Liegestuhl. – **3.** (*Sitz, Platz*) seat, chair: j-m einen ~ anbieten to offer s.o. a seat. – **4.** (*Hocker, Schemel*) stool. – **5.** (*Kirchenstuhl*) pew. – **6.** *jur.* a) der elektrische ~ the electric chair, the hot seat, *Am.* the chair: → hinrichten 1; Hinrichtung 2, b) vor dem ~ des Richters before the judge. – **7.** a) der Apostolische (*od.* Heilige, Päpstliche) ~, der ~ Petri *röm. kath.* the Apostolic (*od.* Holy, Papal) See, the See of Rome, b) vor Gottes ~ gerufen werden *relig.* to be called before the judg(e)ment (*auch* Judg[e]ment) seat (*od.* throne) (of God). – **8.** *ped.* (*Lehrstuhl*) chair, professorship. – **9.** Meister vom ~ (*Leiter einer Freimaurerloge*) master of the lodge. – **10.** *tech.* (*Webstuhl*) loom, frame. – **11.** *metall.* (*für Walzblöcke*) stand. – **12.** ⟨*only sg*⟩ *med.* a) *cf.* Stuhlgang 1, b) (*Kot*) stool(s *pl*), f(a)eces *pl* (*scient.*).

ˈ**Stuhlˌabˌgang** *m med.* motion; def(a)ecation, evacuation (*od.* passing) of f(a)eces (*scient.*).

ˈ**Stuhlˌbein** *n* leg of a chair, chair leg.

Stühl·chen [ˈʃtyːlçən] *n* ⟨-s; -⟩ *dim. of* Stuhl 1.

ˈ**Stuhl|ˌdrang** *m med. cf.* Stuhlzwang. — ~**entˌlee·rung** *f* discharge of the bowels, (bowel) movement; evacuation, def(a)ecation, dejection (*scient.*): unwillkürliche ~ involuntary def(a)ecation, incontinence. — ~ˌ**fei·er** *f* Petri ~, ~ Petri *röm.kath.* St. Peter's Day. — ~ˌ**flech·ter** *m*, ~ˌ**flech·te·rin** *f* ⟨-; -nen⟩ chair bottomer.

ˈ**stuhlˌför·dernd** *adj med. pharm.* laxative, purgative, cathartic, aperient: ~es Mittel laxative, purgative, cathartic, aperient.

ˈ**Stuhlˌgang** *m* ⟨-(e)s; *no pl*⟩ *med.* **1.** discharge of the bowels, (bowel) movement, motion, evacuation; def(a)ecation, dejection (*scient.*): regelmäßiger ~ regular movement, regularity of the bowels; der ~ ist in Ordnung the bowels are regular; regelmäßigen ~ haben to have open bowels, to have regular bowel movement; keinen ~ haben to have no bowel movement; haben Sie heute schon ~ gehabt? have you had a bowel movement today? have your bowels moved (*od.* acted) today? für regelmäßigen ~ sorgen to keep one's bowels regular; träger ~ constipation. – **2.** *cf.* Stuhl 11b.

ˈ**Stuhl|geˌricht** *n hist.* secret tribunal (of the Fehme). — ~**geˌstell** *n* chair frame. — ~ˌ**kis·sen** *n* chair cushion. — ~ˌ**leh·ne** *f* back of a chair, backrest. — ~ˌ**ma·cher** *m* chairmaker. — ~ˌ**rol·le** *f* chair caster (*auch* castor). — ~ˌ**säu·le** *f civ.eng.* post. — ~ˌ**schie·ne** *f* (*railway*) bull-headed rail. — ~ˌ**sitz** *m* (chair) bottom, seat.

ˈ**Stuhl|ˌun·terˌsu·chung** *f med.* examination of the f(a)eces, tamisage. — ~**verˌhal·tung** *f* obstipation, suppressed evacuation, retention of f(a)eces. — ~**verˌhär·tung** *f* f(a)ecal impaction.

ˈ**Stuhl|verˌmie·ter** *m*, ~**verˌmie·te·rin** *f* person who hires out chairs.

ˈ**Stuhl|ˌzäpf·chen** *n med. pharm.* rectal suppository. — ~ˌ**zwang** *m med.* urgent need to relieve the bowels, (rectal) tenesmus (*scient.*).

Stuk·ka·teur [ʃtʊkaˈtøːr] *m* ⟨-s; -e⟩ *arch.* plaster of Paris worker.

Stul·le [ˈʃtʊlə] *f* ⟨-; -n⟩ *Northern G.* **1.** slice of bread. – **2.** slice of bread and butter, (*belegte, zusammengeklappte Brotschnitte*) sandwich.

ˈ**Stulpˌär·mel** [ˈʃtʊlp-] *m cf.* Stulpenärmel.

Stul·pe [ˈʃtʊlpə] *f* ⟨-; -n⟩ **1.** (*am Ärmel*) cuff, turnback, wrist, (*größere*) gauntlet cuff. – **2.** (*am Handschuh*) cuff, top. – **3.** (*am Hosenbein*) *bes. Br.* turn-up, *Am.* cuff. – **4.** (*am Stiefel*) turndown.

stül·pen [ˈʃtʏlpən] *v/t* ⟨h⟩ **1.** (*umdrehen*) turn (*s.th.*) upside down. – **2.** (*umschlagen*) turn (*s.th.*) inside out. – **3.** (*hochstülpen*) turn (*s.th.*) up. – **4.** (*nach innen*) turn (*od.* tuck) (*s.th.*) in. – **5.** etwas über (*acc*) etwas ~ to put s.th. over (*od.* [up]on) s.th. – **6.** etwas auf (*acc*) etwas ~ to put (*od.* lay) s.th. (up)on (*od.* on top of) s.th. – **7.** (sich *dat*) den Helm auf den Kopf ~ to clap (*od.* stick) one's helmet on one's head; er stülpte (sich *dat*) den Hut übers linke Ohr he cocked his hat over his left ear.

ˈ**Stul·pen|ˌär·mel** *m* turnback (*od.* turned-back) sleeve. — ~ˌ**handˌschuh** *m cf.* Stulphandschuh. — ~ˌ**stie·fel** *m meist pl* **1.** turndown (*od.* top) boot. – **2.** (*langer*) Wellington (boot).

ˈ**Stulpˌhandˌschuh** *m* **1.** gauntlet, *auch* gauntlet glove. – **2.** (*sport*) a) (*beim Fechten*) fencing glove, b) (*beim Boxen*) boxing glove.

ˈ**Stülpˌkorb** *m* (*bei der Imkerei*) straw hive.

ˈ**Stulpˌna·se**, ˈ**Stülpˌna·se** *f* snub(bed) (*od.* turnup, *Br.* turn-up, turned-up, pug) nose.

ˈ**Stülpˌna·senˌot·ter** *f zo.* Lataste's viper (*Vipera latastei*).

ˈ**Stulpˌstie·fel** *m cf.* Stulpenstiefel.

stumm [ʃtʊm] **I** *adj* ⟨-er; -st⟩ **1.** dumb, *auch* mute: von Geburt an ~ dumb from birth; er ist ~, aber nicht taub he is dumb, but not deaf; durch einen Schock ~ werden to become dumb as the result of a shock; sich ~ stellen to pretend to be dumb. – **2.** *fig.* (*still, schweigsam*) silent, mum, mute: ~ wie ein Fisch a) (*schweigsam*) (as) mute as a fish, b) (*verschlossen*) (as) close as a clam; auf alle Fragen ~ bleiben to remain silent to all questions; j-n ~ machen *euphem.* to silence s.o., to knock (*od.* bump) s.o. off (*sl.*); → Diener[1] 9. – **3.** *fig.* (*nicht von Worten begleitet*) silent, inarticulate: ~es Flehen silent (*od.* mute) appeal; ~es Gebet silent prayer; er machte eine ~e Geste he made a silent gesture; (eine) ~e Klage a silent complaint; ~er Schmerz silent grief; ~er Vorwurf lag in ihrem Blick silent reproach was in her eyes; ~e Zwiesprache silent conversation. – **4.** *fig.* (*still, geheim*) silent, secret: ~e Gedanken secret (*od.* unspoken) thoughts. – **5.** *fig.* (*sprachlos*) dumb, mute, speechless, inarticulate: er war ~ vor Schreck he was struck dumb with terror, he was mute (*od.* speechless) with terror; er war ~ vor Zorn he was speechless with anger (*od.* rage). – **6.** ~e Person a) (*theater*) walking part, walk-on, mute, b) (*film*) extra; ~e Rolle silent (*od.* nonspeaking) part; ~es Spiel dumb show, pantomime. – **7.** *ling.* mute, silent, quiescent: das ~e ‚h' the silent (*od.* mute) 'h'. – **II** *adv* **8.** *fig.* silently, without saying a word: ~ reichte er mir den Brief he handed me the letter without (saying) a word; ~ sah sie ihn an she looked at him silently; sie saß ~ dabei, während wir uns unterhielten she sat there mum (*od.* without a word) while we were talking; ~ und steif stand er da he stood there like a post.

ˈ**Stummˌabˌstim·mung** *f* (*radio*) silent (*od.* quiet) tuning, quiet automatic volume control.

ˈ**Stum·me** *m, f* ⟨-n; -n⟩ dumb person, mute (person): die ~n *collect.* the dumb.

Stum·mel [ˈʃtʊməl] *m* ⟨-s; -⟩ **1.** (*einer Zigarre, Kerze etc*) end, stub, stump, *bes. Am.* butt: der ~ einer Zigarette a cigarette end, *bes. Br. sl.* a fag end. – **2.** (*Bleistiftstummel*) stub. – **3.** (*von Gliedmaßen, Zahn*) stump. – **4.** *zo.* (*verkümmertes Glied*) a) stub, stump, b) (*Stummelschwanz*) dock. – **5.** *tech.* (*einer Achse*) stub. — ~ˌ**af·fe** *m zo.* guereza, colobin (*Gattg Colobus*). — ~ˌ**fü·ßer** *m* ⟨-s; -⟩ *meist pl* Onychophoran, peripatus (*Stamm Onychophora*). — ~ˌ**pfei·fe** *f* short(-stemmed) pipe, *bes. Br.* cutty (pipe). — ~ˌ**schwanz** *m zo.* dock(ed tail).

ˈ**Stummˌfilm** *m* silent film (*Am.* [motion] picture, *bes. Am. colloq.* movie). — ~ˌ**zeit** *f* silent film era: in der ~ in the days of the silents (*colloq.*).

ˈ**Stumm·heit** *f* ⟨-; *no pl*⟩ **1.** dumbness, muteness, mutism. – **2.** *fig.* (*Schweigen*) silence, muteness. – **3.** *fig.* (*Sprachlosigkeit*) dumbness, muteness, speechlessness, inarticulateness.

Stum·pen[1] [ˈʃtʊmpən] *m* ⟨-s; -⟩ *Southern G. for* Baumstumpf.

ˈ**Stum·pen**[2] *m* ⟨-s; -⟩ **1.** (hat) stump (*od.* body). – **2.** (*Zigarre*) cheroot, *bes. Am.* stogie, stogy, *auch* stogee.

Stüm·per [ˈʃtʏmpər] *m* ⟨-s; -⟩ *colloq. contempt.* **1.** (*Pfuscher, Nichtskönner*) bungler, botcher, tinker, duffer, *Br. colloq.* hash(er), *Am. sl.* 'dub': er ist ein rechter ~ he is an absolute (*Br.* a proper) bungler; hier waren ~ am Werk this has been bungled (*od.* botched). – **2.** (*Dilettant*) dilettante, *auch* dilettant, dabbler, dabster. – **3.** (*schlechter Spieler*) bungler, (*am Klavier etc*) *auch* strummer, thrummer.

Stüm·peˈrei *f* ⟨-; -en⟩ *colloq. contempt.* **1.** ⟨*only sg*⟩ bungling, botching, *Br. colloq.* 'hashing': die ~, mit der diese Arbeit gemacht wurde, ist unbeschreiblich it is indescribable the way the work has been bungled (*od.* botched, *Br. colloq.* hashed). – **2.** (*stümperhafte Arbeit*) bungle, botch, botchy (*od.* bad) job, amateur work, *Br. colloq.* 'hash'. – **3.** (*Dilettantismus*) dilettantism, *auch* dilettanteism, dabbling. – **4.** (*dummer Fehler*) blunder.

ˈ**stüm·per·haft** *colloq. contempt.* **I** *adj* **1.** (*Ausführung, Entwurf etc*) botched, bungled, botchy, *Br. colloq.* 'hashed': eine ~e Arbeit a botch, a bad job, a bungle, *Br. colloq.* a 'hash'. – **2.** (*Kenntnisse etc*) poor, scanty. – **3.** (*Versuch, Spiel etc*) clumsy, unskil(l)ful. – **4.** (*dilettantisch*) dilettante (*attrib*), dabbling. – **II** *adv* **5.** das ist sehr ~ gemacht that has been bungled (*od.* botched, *Br. colloq.* hashed), that is a botch.

ˈ**Stüm·pe·rin** *f* ⟨-; -nen⟩ *colloq. contempt. cf.* Stümper.

stüm·pern [ˈʃtʏmpərn] *colloq. contempt.* **I** *v/i* ⟨h⟩ **1.** (*bei Arbeit etc*) bungle, boggle, make a mess (*Br. colloq.* hash), *Br. colloq.* 'hash', foozle (*sl.*). – **2.** (*dumme Fehler machen*) blunder. – **3.** (*auf dem Klavier*) strum, thrum. – **4.** (*beim Spiel*) play poorly, play like an amateur. – **II** *v/t* **5.** bungle, botch, make a mess (*Br. colloq.* hash) of, *Br. colloq.* 'hash', foozle (*sl.*). – **III S~** *n* ⟨-s⟩ **6.** *verbal noun.* – **7.** *cf.* Stümperei 2, 4.

stumpf [ʃtʊmpf] **I** *adj* ⟨-er; -(e)st⟩ **1.** (*Messer, Klinge, Schere, Zähne, Werkzeug etc*) blunt, dull, edgeless: dieses Messer ist völlig ~ this knife is absolutely blunt (*od.* has no edge at all); ein Werkzeug ~ machen to blunt (*od.* to take the edge off, to dull, to blunt the edge of) a tool. – **2.** (*Nadel, Spitze, Bleistift etc*) blunt, dull, pointless: der Bleistift ist ~ the pencil is blunt (*od.* has no point). – **3.** ~e Nase a) flat (*od.* pug) nose, b) (*Stupsnase*) snubby (*od.* snub[bed], turned-up, turnup, *Br.* turn-up) nose. – **4.** *math.* a) (*Winkel*) obtuse, b) (*Kegel etc*) truncated: ~e Pyramide truncated pyramid, frustrum (*scient.*). – **5.** *metr.* (*Reim*) masculine, male. – **6.** *fig.* (*nicht glänzend*) dull, lusterless, *bes. Br.*

lustreless, mat, matt(e): ihr Haar ist ~ her hair is dull. – **7.** *fig.* (*Farbe*) dull, dead. – **8.** *fig.* (*teilnahmslos, abgestumpft*) dull, impassive, stolid, apathetic: ein ~er Blick a dull look; durch die schweren Schicksalsschläge ist sie ~ geworden the heavy blows of fate have made her impassive. – **9.** *fig.* (*unempfänglich, unempfindlich*) insensitive, insensible, indifferent: ~ gegen alles Schöne insensitive to everything beautiful. – **10.** *fig.* (*träge*) dull, lethargic, torpid. – **11.** *fig.* (*stumpfsinnig, beschränkt*) dull, dense, obtuse, thick. – **12.** *aer.* (*Körper*) blunt. – **II** *adv* **13.** j-n ~ anblicken to look at s.o. impassively. – **14.** etwas ~ zusammenfügen (*od.* verbinden) *tech.* to butt-joint s.th.; die beiden Flächen stoßen ~ zusammen the two surfaces butt-joint (*od.* abut).

Stumpf *m* ⟨-(e)s; ¨e⟩ **1.** (*Baumstumpf*) stump (of a tree), stub. – **2.** (*von Gliedmaßen*) stump. – **3.** (*einer Kerze, eines Bleistifts etc*) end, stub, stump. – **4.** (*Zahnstumpf*) stump. – **5.** (*Schwanzstummel*) dock, stump, stub. – **6.** *math.* (*eines Kegels, einer Pyramide*) a) frustrum, b) (*schief abgeschnittener*) ungula. – **7.** etwas mit ~ und Stiel ausrotten *fig. colloq.* to destroy s.th. root and branch; etwas mit ~ und Stiel aufessen (*od.* vertilgen) *fig. colloq.* to eat s.th. bones and all.

stump·fen ['ʃtʊmpfən] *v/t* ⟨h⟩ *rare* **1.** (make) (*s.th.*) blunt, (make *s.th.*) dull. – **2.** *fig. cf.* abstumpfen 3, 4.

'Stumpf,gleis *n* (*railway*) dead-end siding [(track).]

'Stumpf·heit *f* ⟨-; *no pl*⟩ **1.** (*eines Messers, Werkzeugs, Bleistifts, einer Schere, Klinge, Nadel etc*) bluntness, dul(l)ness. – **2.** *fig.* (*von Seide, Haaren etc*) dul(l)ness. – **3.** *fig.* (*einer Farbe*) dul(l)ness, deadness. – **4.** *fig.* (*Teilnahmslosigkeit, Abgestumpftheit*) dul(l)ness, impassiveness, impassivity, stolidness, stolidity, apathy. – **5.** *fig.* (*Unempfänglichkeit, Unempfindlichkeit*) (gegen to) insensitiveness, insensitivity, insensibility, indifference. – **6.** *fig.* (*Trägheit*) dul(l)ness, lethargy, torpidity. – **7.** *fig.* (*Stumpfsinn, Beschränktheit*) dul(l)ness, denseness, obtuseness.

'stumpf,kan·tig *adj tech.* blunt-edged.

'Stumpf|,ke·gel *m math.* truncated cone. — **~,kle·be,pres·se** *f* (*film*) butt joiner. — **~,kopf,ei·dech·se** *f zo.* Nucras lizard (*Gattg Nucras*). — **~kro·ko,dil** *n* dwarf crocodile (*Osteolaemus tetraspis*). — **~,la·sche** *f tech.* butt strap.

'Stumpf,naht *f tech.* butt weld. — **~,schwei·ßung** *f* butt-seam welding.

'Stumpf|,näs·chen *n dial. for* Stupsnase. — **~,na·se** *f* **1.** *dial. for* Stupsnase. – **2.** *zo.* pig-tailed monkey (*Simias concolor*). — **~,na·sen,af·fe** *m* snub-nosed langur (*od.* monkey) (*Gattg Rhinopithecus*). — **~,nas,horn** *n cf.* Breitmaulnashorn. — **s~,na·sig** [-,naːzɪç] *adj* **1.** flat- (*od.* pug-)nosed. – **2.** (*stupsnasig*) snub-nosed, snubby.

'Stumpf,schnau·zen|,mull *m zo. cf.* Blindmaus. — **~,nas,horn** *n cf.* Breitmaulnashorn.

'stumpf,schwei·ßen *tech.* **I** *v/t* ⟨*insep*, -ge-, h⟩ butt-weld. – **II S~** *n* ⟨-s⟩ butt welding.

'Stumpf|,schweiß,naht *f tech.* butt weld. — **~,schwei·ßung** *f* butt welding.

'Stumpf,sinn *m* ⟨-(e)s; *no pl*⟩ **1.** (*Teilnahmslosigkeit*) dul(l)ness, impassiveness, impassivity, stolidness, stolidity, apathy. – **2.** *colloq.* (*Langweiligkeit, Monotonie*) dul(l)ness, monotony, tediousness, drabness. – **3.** *psych.* emotional dul(l)ness, hebetude (*scient.*). — **'stumpf,sin·nig** *adj* **1.** (*Person*) dull, impassive, stolid, apathetic: bei dieser Arbeit wird man ja ~ this work really dulls the brain. – **2.** (*Arbeit etc*) dull, monotonous, tedious, drab. – **3.** *psych.* dull, apathetic.

'Stumpf|,stoß *m tech.* butt joint. — **~ver,zah·nung** *f* stub-tooth gearing. — **s~,win·ke·lig, s~,wink·lig** *adj math.* obtuse-angled, *auch* obtuse-angular, obtuse.

Stünd·chen ['ʃtʏntçən] *n* ⟨-s; -⟩ **1.** *dim. of* Stunde. – **2.** *colloq.* (little) while: ich komme auf (*od.* für) ein ~ vorbei I'll drop in for a (little) while (*od.* for an hour or so); nur noch ein ~ just another hour or so. – **3.** *cf.* Stündlein 1.

Stun·de ['ʃtʊndə] *f* ⟨-; -n⟩ **1.** hour: eine viertel ~ a quarter of an hour, *bes. Am.* a quarter hour; eine halbe ~ half an hour, *bes. Am.* a half hour; in einer dreiviertel ~, in drei viertel ~n in three quarters of an hour; fünfviertel ~n an hour and a quarter; anderthalb ~n an hour and a half; es dauerte eine ganze (*od. colloq.* geschlagene) ~ it took a full (*od.* whole, solid) hour; alle zwei ~n every two hours, every other hour; die Wirkung hält 24 Stunden an the effect lasts for 24 hours; eine Verzögerung von zwei ~n a two-hour delay, two hours' delay, a delay of two hours; ich könnte ganze ~n (lang) davon erzählen I could talk about it for hours (and hours) (*od.* for hours on end); eine ~ nach der andern (*od.* ~ um ~) verrann hour after hour passed; vier ~n hintereinander four hours running (*od.* at a stretch); in einer ~ bin ich zurück I shall be back in an hour('s time); wir warteten von ~ zu ~ we waited from hour to hour; auf (*od.* für) eine ~ vorbeikommen to drop in for an hour; eine knappe ~ vorher barely an hour before; das Auto fährt 120 Kilometer in der (*od. colloq.* die) ~ the car does 120 kilometers an (*od.* per) hour. – **2.** (*Zeitpunkt, Moment*) hour, moment, time: seit dieser ~ (*od.* von Stund an) war er wie verwandelt from that (very) hour (*od.* from that hour on, *lit.* from that time forth) he was a different person; seit dieser ~ sind wir Feinde we have been enemies ever since; die Verhandlungen dauern zur ~ noch an the negotations are still under way; es ist (bis) zur ~ noch unbekannt, ob to this moment (*od.* so far, as yet) it is still unknown whether; sie können jede (*od.* zu jeder) ~ kommen they will arrive (*od.* be here) any minute (*od.* time) (now); in (*od.* zu) vorgerückter ~ wurden Witze erzählt people were telling jokes at an advanced hour; in letzter (*od.* elfter, zwölfter) ~ at the eleventh hour, at the very last moment, at a late hour; zur rechten ~ at the right time; er kam zu recht ungelegener ~ he came at quite an inconvenient time; zur vereinbarten ~ at the appointed time (*od. lit.* hour); er kam zur gewohnten (*od.* zu gewohnter) ~ he came at the usual time; zu später ~ at a late hour, late at night; das Gebot der ~ erfordert es the demands of the moment make it necessary; sie hat seitdem keine ruhige ~ mehr she has not had a quiet moment (*od.* a minute's peace) since; seine (*od.* die Gunst der) ~ wahrnehmen (*od.* nutzen) to make use of an opportune moment; das waren schwere ~n that was a difficult time; ihre schwere ~ war gekommen (*der Zeitpunkt der Entbindung*) her time had come; seine ~ ist gekommen (*od.* hat geschlagen) (*sein Ende naht*) his time has come, his sands are running out; die ~ der Rache ist gekommen (*od.* hat geschlagen) the time (*od.* hour) has come to take revenge; von den ersten Zeilen des Briefes an wußte er schon, was die ~ geschlagen hatte he knew from the first lines of the letter what was in store for him (*od. colloq.* what was up); warte nur, meine ~ kommt (schon) noch! (*als Drohung*) just wait, my chance (*od.* opportunity, turn) will come; er hat ihr den Nerzmantel in einer schwachen ~ versprochen he promised her the mink coat in a weak moment (*od.* in a moment of weakness); die ~ X (*noch unbekannter Zeitpunkt*) such and such a time; dem Glücklichen schlägt keine ~ happiness takes no account of time, the happy never think of time. – **3.** (*als Längenmaß*) hour('s journey): eine gute ~ (Weg[e]s) a good hour('s journey); sie wohnt nur drei ~n von uns entfernt she lives only three hours (*od.* hours' journey) away from us; bis Berlin sind es noch gut zwei ~n it's still a good two hours to Berlin. – **4.** (*Schulstunde*) class, period, lesson: die erste ~ fällt aus the first class is cancel(l)ed; was haben wir nächste (*od.* in der nächsten) ~? what's our next class? what do we have next period? morgen fallen alle ~n aus there will be no classes tomorrow. – **5.** (*Privatstunde*) lesson: j-m ~n (in Englisch) geben to give s.o. (English) lessons; bei j-m ~n nehmen to take lessons from s.o.; er bekommt 10 Mark für die (*od.* pro, *colloq.* die) ~ he gets 10 marks a (*od.* per) lesson. – **6.** (working) hour.

stün·de ['ʃtʏndə] *1 u. 3 sg pret subj of* stehen.

stun·den ['ʃtʊndən] *econ.* **I** *v/t* ⟨h⟩ **1.** j-m die Zahlung ~ to grant (*od.* allow) s.o. respite in (*od.* a delay of) payment: können Sie mir die (Zahlung der) Miete drei Wochen ~? could you grant (*od.* give) me three weeks for (*od.* to pay) the rent? – **II S~** *n* ⟨-s⟩ **2.** *verbal noun.* – **3.** *cf.* Stundung.

'Stun·den|,buch *n relig. hist.* book of hours. — **~,durch,schnitt** *m* average per hour. — **~,ei·bisch** *m bot.* flower-of-an-hour, bladder ketmia (*Hibiscus trionum*). — **~,frau** *f dial. for* Putzfrau. — **~ge,bet** *n meist pl relig.* horary prayer, hours *pl.* — **~,geld** *n* fee for tuition. — **~ge,schwin·dig·keit** *f* speed per hour: mittlere ~ average speed per hour. — **~,glas** *n* hourglass. — **~,halt** *m Swiss* hourly rest. — **~ho,tel** *n* hotel of ill repute (*od.* fame), ill-famed hotel. — **~ki·lo,me·ter** *m* kilometer (*bes. Br.* kilometre) per hour. — **s~,lang** *adj u. adv* for hours (and hours), for hours on end: nach ~em Warten after waiting for hours; sie führt ~e Telefongespräche she is on the telephone for hours on end; ich könnte ihm ~ zusehen I could watch him for hours. — **~,lei·stung** *f econ.* (*eines Arbeiters, einer Maschine*) hourly output, output per hour. — **~,lohn** *m* hourly wage(s *pl*), wage rate (*od.* wages *pl*) per hour, pay by the hour: er arbeitet im ~ he is paid by the hour. — **~,plan** *m* timetable, *bes. Am.* schedule. — **~,rad** *n* (*watchmaking*) hour (*od.* count, pattern) wheel. — **~,satz** *m econ.* hourly rate, rate per hour. — **~,schlag** *m* **1.** stroke of the clock (*od.* hour): mit dem ~ on the stroke (of the clock), on the hour, as the clock strikes (*od.* struck); mit dem ~ fünf on the stroke of five, as the clock strikes (*od.* struck) five. – **2.** *cf.* Glockenschlag. — **~ver,dienst** *m econ. cf.* Stundenlohn. — **s~,wei·se** *adj u. adv* by the hour: ~e Bezahlung payment by the hour; ~e Beschäftigung a) (*unregelmäßig*) employment by the hour, casual employment, b) (*regelmäßig*) part-time employment; j-n ~ einstellen to employ s.o. by the hour; etwas ~ mieten to rent s.th. by the hour. — **s~,weit** *adv* ~ entfernt several hours away. — **~,win·kel** *m astr.* hour angle. — **~,zei·ger** *m* (*watchmaking*) hour hand. — **~,zet·tel** *m econ.* (*zur Arbeitszeitkontrolle*) time card (*bes. Am.* ticket).

Stünd·lein ['ʃtʏntlaɪn] *n* ⟨-s; -⟩ **1.** *dim. of* Stunde: sein letztes ~ ist gekommen (*od.* hat geschlagen) *fig. colloq.* his last hour has come. – **2.** *cf.* Stündchen 1, 2.

stünd·lich ['ʃtʏntlɪç] **I** *adj* **1.** hourly. – **II** *adv* **2.** every hour, hourly: dreimal ~ three times an hour; der Bus verkehrt ~ the bus runs (once) every hour (*od.* hourly); ich muß ihn täglich und ~ daran erinnern I have to remind him (of it) over and over again. – **3.** (*jeden Moment*) any time, any minute: wir erwarten ihn ~ we are expecting him any minute (now).

'Stun·dung *f* ⟨-; -en⟩ *econ.* **1.** *cf.* Stunden. – **2.** respite, delay, moratorium, delay (*od.* deferment, prolongation) of payment: um ~ bitten to ask for a postponement (*od.* deferment) of payment.

'Stun·dungs|,an,trag *m econ. cf.* Stundungsgesuch. — **~,frist** *f* time (*od.* grace) allowed for payment. — **~ge,such** *n* request for postponement (*od.* deferment) of payments.

Stunk [ʃtʊŋk] *m* ⟨-s; *no pl*⟩ *colloq.* **1.** (*Unfrieden, Zank*) hullabaloo, *auch* hullaballoo, row, ruction(s *pl*), rumpus (*colloq.*): ~ machen to cause a hullabaloo, to kick up a row (*colloq.*), to raise hell (*sl.*). – **2.** (*Nörgelei*) nagging, grumbling, carping.

Stunt·man ['stʌntmən] (*Engl.*) *m* ⟨-s; Stuntmen [-mən]⟩ (*film*) (*Double*) stunt man.

stu·pend [ʃtu'pɛnt; stu-] *adj* ⟨-er; -est⟩ (*erstaunlich*) stupendous, tremendous, amazing, astounding.

Stupf [ʃtʊpf] *m* ⟨-(e)s; -e⟩ *Southern G. and Swiss dial. for* Stups. — **'stup·fen** *v/t* ⟨h⟩ *Southern G. and Austrian colloq., Swiss dial. for* stupsen, anstoßen 4.

stu·pid [ʃtu'piːt; stu-], **stu'pi·de** [-də] *adj* **1.** stupid, dull, dense, obtuse, thick. – **2.** *cf.* stumpfsinnig 1, 2. — **Stu·pi·di·tät** [-pidi'tɛːt] *f* ⟨-; *no pl*⟩ **1.** stupidity, dul(l)ness, denseness, obtuseness, thickness. – **2.** *cf.* Stumpfsinn 1, 2.

Stu·por ['ʃtuːpɔr; 'ʃtuː-] *m* ⟨-s; *no pl*⟩ *psych.* stupor. — **stu·po·rös** [ʃtupo'røːs; ʃtu-] *adj* stuporous, stuporose.

Stups [ʃtʊps] *m* ⟨-es; -e⟩ *colloq.* push, jog, (*bes. mit dem Ellbogen*) nudge: j-m einen ~ geben to give s.o. a push. — '**stup·sen** *v/t* ⟨h⟩ *colloq.* push, jog, (*bes. mit dem Ellbogen*) nudge.

'**Stups|ˌnäs·chen** *n colloq. cf.* Stupsnase. — **~ˌna·se** *f colloq.* snub(bed) (*od.* snubby, turnup, *Br.* turn-up, turned-up, tip-tilted) nose. — **s~ˌna·sig** [-ˌnaːzɪç] *adj colloq.* snub-nosed, snubby.

stur [ʃtuːr] **I** *adj* ⟨-er; -st⟩ *colloq. contempt.* **1.** (*starrsinnig*) stubborn, obstinate, (*stärker*) mulish, pigheaded, cussed (*colloq.*): so ein ~er Bock such a mule (*colloq.*); ~ wie ein Panzer (as) stubborn as a mule; sosehr ich auch bat, er blieb ~ (*od.* er gab seine ~e Haltung nicht auf) no matter how much I pleaded, he was stubborn (*od.* he refused stubbornly, he did not move an inch). – **2.** (*verbissen, zäh*) dogged: sie zwang sich zu ~em Weitergehen she forced herself to go on doggedly. – **3.** (*stumpf, gleichgültig*) impassive, stolid, indifferent. – **4.** (*Arbeit etc*) dull, monotonous, tedious, drab. – **5.** *cf.* starr 3, stier 1. – **II** *adv* **6.** er führte den Befehl ~ aus he carried out the order without intelligent thought; ~ und steif behaupten, daß to swear black and blue that; er bleibt ~ bei seiner Meinung he sticks obstinately to his opinion.

stür·be ['ʃtʏrbə] *1 u. 3 sg pret subj of* sterben.

'**Stur·heit** *f* ⟨-; *no pl*⟩ *colloq. contempt.* **1.** stubbornness, obstinacy, (*stärker*) mulishness, pigheadedness, cussedness (*colloq.*). – **2.** doggedness. – **3.** impassiveness, impassivity, stolidness, indifference. – **4.** dul(l)ness, monotony, tediousness, drabness.

Sturm [ʃtʊrm] *m* ⟨-(e)s; ⸗e⟩ **1.** strong wind, storm, (*stärker*) gale: draußen tobte ein heftiger (*od.* schwerer) ~ a heavy storm was raging outside, it was blowing a gale (*od.* great guns) outside; der ~ entwurzelte viele Bäume the storm uprooted many trees; vom ~ gepeitschte Bäume storm-tossed trees; ein ~ brach los *auch fig.* a storm broke (out); der ~ legte sich *auch fig.* the storm abated (*od.* subsided); gegen den ~ ankämpfen to struggle against the storm; ~ im Wasserglas *fig. colloq.* storm in a teacup, *Am.* tempest in a teapot; ein ~ der Entrüstung *fig.* a storm (*od.* an outcry) of indignation; ein ~ des Beifalls [des Protests] *fig.* a storm of applause [protest(s)]; ein innerer ~ an inner turmoil, a commotion; er entfesselte einen ~ des Gelächters *fig.* he raised peals of laughter; den Stürmen des Lebens trotzen *fig.* to weather the storms of life; wer Wind sät, wird ~ ernten (*Sprichwort*) he that sows the wind will reap the whirlwind (*proverb*). – **2.** (*Unwetter*) storm, tempest (*lit.*): das Barometer steht auf ~ a) the barometer points to storm, b) *fig.* there is a storm brewing; sein Barometer steht heute auf ~ *fig. colloq.* he is in a rage (*od.* fury) today; die Ruhe vor dem ~ *auch fig.* the calm (*od.* lull) before the storm; ~ läuten *fig. colloq.* to ring (the doorbell) vehemently. – **3.** (*Windstoß*) gust, blast, bluster, (*stärker*) squall. – **4.** (*Orkan*) hurricane. – **5.** ⟨*only sg*⟩ *mil.* (*Angriff, Ansturm*) storm, assault, attack, charge, onset: zum ~ blasen to sound the attack; eine Stellung im ~ nehmen (*od.* erobern) to take (*od.* carry) a position by storm, to storm a position; der ~ auf die Bastille *hist.* the storming of the Bastille (*1789*); ein ~ auf die Geschäfte setzte ein *fig.* there was a rush for (*od.* on) (*od.* a run on) the shops; ein ~ auf die Banken *fig.* a run on the banks; es gab einen ~ auf die Sitzplätze *fig.* there was a rush for seats; die Bevölkerung lief gegen die Steuererhöhung ~ *fig.* the population was up in arms against the increase in taxes; j-n [j-s Herz] im ~ erobern *fig.* to take s.o. [s.o.'s heart] by storm. – **6.** ⟨*only sg*⟩ (*sport*) a) (*beim Fußball etc*) forward line, b) (*beim Rugby*) pack. – **7.** „Der ~" "The Tempest" (*play by Shakespeare*).

'**Sturm|ˌabˌtei·lung** *f hist.* (*in NS-Zeit*) Storm Troopers *pl.* — **~ˌanˌgriff** *m mil.* assault, charge. — **~ar·til·leˌrie** *f* assault artillery. — **~ˌbahn** *f meteor.* track (*od.* trajectory) (of storm). — **~ˌband** *n* ⟨-(e)s; -bänder⟩ (*am Helm etc*) chin strap. — **~ba·tailˌlon** *n mil.* assault battalion. — **s~beˌreit** *adj mil.* ready to attack. — **~beˌse·ge·lung** *f mar.* storm canvas (*od.* sails *pl*). — **s~beˌwegt** *adj* **1.** (*Meer etc*) storm-beaten. – **2.** (*Bäume etc*) storm-tossed. — **~ˌbö** *f* squall. — **~ˌbock** *m mil. hist.* battering ram. — **~ˌboot** *n mil.* assault boat. — **~ˌdeck** *n mar.* hurricane deck.

stür·men ['ʃtʏrmən] **I** *v/impers* ⟨h⟩ **1.** es stürmt there is a storm; draußen stürmte es heftig it was blowing a gale (*od.* great guns) outside; es stürmt und schneit it is storming and snowing. – **II** *v/i* ⟨h *u.* sein⟩ **2.** ⟨h *u.* sein⟩ (*von Wind*) storm, rage, bluster, blast, blow: der Wind stürmte ums Haus the wind was raging round the house. – **3.** ⟨h *u.* sein⟩ *mil.* storm, (make an) assault, charge. – **4.** ⟨h *u.* sein⟩ (*sport*) attack, rush. – **5.** ⟨sein⟩ *fig.* (*rennen, jagen*) rush, dash, dart, (*wütend*) storm, tear: sie stürmte ins Zimmer she rushed into the room; er stürmte nach oben he dashed upstairs. – **III** *v/t* ⟨h⟩ **6.** *mil.* take (*s.th.*) by storm (*od.* assault), storm, assault, assail: die gegnerische Stellung ~ to take (*od.* carry) the enemy's position by assault; als es keine Karten mehr gab, stürmte man die Türen *fig.* when the tickets were sold out (the) people stormed the doors. – **7.** *fig.* (*sich stürzen auf, herfallen über*) make a rush for, descend (up)on: am ersten Tag des Ausverkaufs wurden die Geschäfte gestürmt on the first day of the sales people made a rush for the shops; eine Bank ~ to make a run on a bank.

'**Stür·mer** *m* ⟨-s; -⟩ **1.** (*sport*) forward. – **2.** *fig.* (*Hitzkopf*) hot-tempered person, hothead, hotspur. — **~ˌrei·he** *f* (*sport*) *cf.* Sturm 6.

'**Stür·mer ˌund 'Drän·ger** *m* ⟨-s - -s; ---⟩ *meist pl* (*literature*) poet (*od.* writer) of the Storm and Stress period.

'**Stur·mesˌbrau·sen** *n poet.* raging (*od.* blustering) of the storm.

'**Sturm|ˌfah·ne** *f* (*als Warnung in Seebädern*) warning flag. — **~ˌfeld** *n meteor.* storm area. — **s~ˌfest** *adj* stormproof. — **~ˌflut** *f* storm tide (*od.* flood). — **~ˌfock** *f* (*beim Segeln*) storm jib. — **s~ˌfrei** *adj* **1.** sheltered from the storm. – **2.** *mil.* (*Stellung etc*) unassailable. – **3.** eine ~e Bude *colloq.* (*Studentenbude*) *bes. Br. colloq.* trouble-free digs *pl.* — **~geˌpäck** *n mil.* combat (*od.* light) pack. — **s~geˌpeitscht** *adj* **1.** (*Meer etc*) stormlashed (*od.* -tossed). – **2.** (*Baum etc*) storm-tossed. — **~geˌschütz** *n mil.* (self-propelled) (assault) gun. — **~geˌwehr** *n* automatic rifle. — **~ˌglocke** (*getr.* -k·k-) *f* alarm (*od.* storm) bell, tocsin. — **~ˌhau·be** *f* **1.** *mil. hist.* helmet, basinet, armet, burgonet. – **2.** *zo.* helmet shell (*Cassis cornuta*). — **~ˌhut** *m bot.* monkshood, helmetflower, aconite (*Gattg Aconitum, bes. A. napellus*).

stür·misch ['ʃtʏrmɪʃ] **I** *adj* **1.** (*Wetter*) stormy, tempestuous (*lit.*), (*böig*) squally. – **2.** (*Meer, Überfahrt etc*) stormy, rough, turbulent. – **3.** (*Tag, Nacht etc*) stormy, wild. – **4.** (*Wind*) strong, rough, violent; tempestuous, rude (*lit.*). – **5.** *fig.* (*Schritte etc*) brisk, lively. – **6.** *fig.* (*Begrüßung etc*) stormy. – **7.** *fig.* (*Beifall etc*) tumultuous, roaring, (*stärker*) wild, frenzied. – **8.** *fig.* (*Debatte, Protest, Auseinandersetzung etc*) stormy, vehement. – **9.** *fig.* (*Leben, Zeit etc*) stormy, turbulent. – **10.** *fig.* (*Entwicklung, Aufschwung etc*) rapid. – **11.** *fig.* (*Leidenschaften etc*) stormy, violent, turbulent. – **12.** *fig.* (*ungestüm*) impetuous, unruly: nicht so ~! take it easy! *Am. colloq.* easy on! – **13.** *fig.* (*leidenschaftlich*) passionate, ardent: ein ~er Liebhaber a passionate lover. – **14.** *econ.* a) (*Handel etc*) brisk, b) (*Nachfrage*) keen, great: bei teilweise ~em Geschäft with dealings brisk at times; es herrschte eine ~e Nachfrage nach diesem Artikel this article was in great demand. – **II** *adv* **15.** er wurde ~ begrüßt he was given a stormy welcome.

'**Sturm|ˌke·gel** *m mar.* storm-cone. — **~laˌter·ne** *f bes. Am.* hurricane lamp (*od.* lantern), tornado lantern, *bes. Br.* storm lantern (*od.* lamp). — **~ˌlauf** *m mil.* assault. — **~ˌläu·ten** *n* sounding of the alarm, (sounding of the) tocsin. — **~ˌlei·ter** *f mil. hist.* scaling ladder. — **~ˌmö·we** *f zo.* sea mew (*od.* gull), common gull, mall (*Larus canus*). — **s~ˌreif** *adj* ready to be assaulted: ~ schießen *mil.* (*Stellung*) to soften up. — **~ˌrei·he** *f* (*sport*) *cf.* Sturm 6. — **~ˌrie·men** *m* (*am Helm etc*) chin strap. — **~ˌscha·den** *m* damage caused by storm. — **~ˌschritt** *m mil.* double time, *auch* double-quick: im ~ kam er auf mich zu *fig. colloq.* he came toward(s) me at (*Am.* on) the double. — **~ˌschwal·be** *f zo.* storm petrel, *auch* stormy petrel, Mother Carey's chicken (*Hydrobates pelagicus*). — **~ˌse·gel** *n mar.* storm sail (*od.* canvas), (*auf Jachten*) trysail. — **~siˌgnal** *n* **1.** *mar.* (*an Küste*) storm signal. – **2.** *mil.* charge. — **~ˌspit·ze** *f* (*sport*) (*beim Fußball*) spearhead. — **~ˌtau·cher** *m zo.* shearwater (*Gattg Puffinus*): Dunkler ~ sooty shearwater (*P. griseus*); Großer ~ great shearwater (*P. gravis*); Nordischer ~ Manx shearwater (*P. puffinus*). — **~ˌtief** *n meteor.* (severe) storm, cyclone. — **~ˌtrupp** *m mil.* assault party.

'**Sturm ˌund 'Drang** *m* ⟨---([e]s); *no pl*⟩ (*literature*) Sturm und Drang, Storm and Stress.

'**Sturm-ˌund-'Drang|-Pe·riˌode, ~-ˌZeit** *f* period of Sturm und Drang (*od.* Storm and Stress).

ˌ**Sturm|ˌvo·gel** *m zo.* petrel, stormbird (*Ordng Procellariiformes*). — **~ˌwar·nung** *f mar.* **1.** gale (*od.* storm) warning. – **2.** *cf.* Sturmsignal 1. — **~ˌwel·le** *f mil.* assault wave. — **~ˌwet·ter** *n* stormy weather. — **~ˌwind** *m* stormy wind, storm, gale. — **~ˌzei·chen** *n* **1.** *cf.* Sturmsignal. – **2.** *fig.* storm signal (*od.* warning). — **~ˌzen·trum** *n meteor.* storm center (*bes. Br.* centre). — **~ˌzo·ne** *f* storm belt (*od.* area).

Sturz [ʃtʊrts] *m* ⟨-es; ⸗e, *arch. u. tech.* -e⟩ **1.** fall, (*bei kleinen Kindern*) *auch* tumble: ein schwerer [tödlicher] ~ a bad [fatal] fall; ein ~ aus dem Fenster a fall from the window; ein ~ vom Pferd a fall (*od.* spill) from a horse, a cropper (*colloq.*); einen ~ bauen (*od.* drehen) *colloq.* to come a cropper (*colloq.*), to (have a) fall; einen tiefen ~ überleben to survive a fall from a great height. – **2.** *fig.* (*eines Ministers etc*) (down)fall, overthrow, tumble, (*einer Regierung*) *auch* subversion: den ~ eines Ministers herbeiführen to bring about a minister's downfall. – **3.** *fig.* (*eines Monarchen*) dethronement, deposal. – **4.** *fig.* (*der Temperatur etc*) drop, fall. – **5.** *fig.* (*Wettersturz*) sudden change. – **6.** *econ.* (*der Kurse, Preise etc*) fall, drop, decline, slump, tumble, (*stärker*) collapse. – **7.** ein Glas auf einen ~ leeren *colloq.* to empty a glass in (*od.* at) one gulp. – **8.** *auto.* (*Radsturz*) camber. – **9.** *arch.* (*Fenster-, Türsturz*) lintel. – **10.** *bes. Austrian* glass cover. — **~ˌacker** (*getr.* -k·k-) *m agr.* new-ploughed field, *bes. Am.* plowed field (*od.* land). — **~ˌanˌgriff** *m aer. mil.* dive-bomb(ing) attack, diving attack. — **~ˌbach** *m auch fig.* torrent: ein ~ von Worten *fig.* a torrent of words. — **~ˌbom·ber** *m aer.* dive bomber.

Stür·ze ['ʃtʏrtsə] *f* ⟨-; -n⟩ **1.** *mus.* bell. – **2.** *Middle G., Bavarian and Austrian for* a) Deckel 1, b) Glasglocke 1.

stür·zen ['ʃtʏrtsən] **I** *v/i* ⟨sein⟩ **1.** fall, have a fall, topple, come (*Am. auch* get) a cropper (*colloq.*), (*von Kindern*) *auch* tumble: schwer ~ to have a bad (*od.* nasty) fall, to come an awful (*od.* a nasty) cropper (*colloq.*); unglücklich ~ to have an awkward fall; auf dem Eis [auf der Treppe] ~ to fall on the ice [on the stairs]; von einem Gerüst ~ to fall from (*od.* off) a scaffold; in den Abgrund ~ to fall into the abyss; mit dem Fahrrad ~ to have a fall with one's bicycle; vom Pferd ~ to fall from (*od.* off) one's horse, to come (*Am. auch* get) a cropper (*colloq.*); das Flugzeug stürzte ins Meer the plane crashed (*od.* plummeted) into the sea. – **2.** (*eilen, rennen*) rush, dash, shoot: sie stürzte ans Fenster she rushed to the window; er stürzte auf die Straße he dashed on to the street; er kam ins Zimmer gestürzt he rushed (*od.* burst, barged) into the room; in j-s Arme ~ to rush (*od.* fling oneself) into s.o.'s arms. – **3.** (*hervorströmen*) stream, flow, pour: Tränen stürzten ihr aus den Augen tears flowed from her eyes; Blut stürzte aus der Wunde blood flowed (*od.* gushed) from the wound. – **4.** (*steil abfallen*) drop (*od.* fall) abruptly: der Fels stürzt dort 200 Meter in die Tiefe the cliff drops straight down for 200 meters (*od.* has a drop of 200 meters) there. – **5.** *econ.* (*von Kursen, Preisen etc*) fall, drop, decline, slump, tumble, (*stärker*) collapse, (*plötzlich*) *auch* plummet. – **II** *v/reflex* ⟨h⟩ **6.** sich in (*acc*) [aus, von] etwas ~ to throw (*od.* fling, hurl) oneself into [out of, from] s.th.: sich aus dem Fenster ~ to throw oneself out of the window; sich in j-s Arme ~ to fling oneself into s.o.'s arms; sich ins Wasser ~ a) to plunge into the water, b) to drown oneself; sich in sein Schwert ~ *lit.* to throw oneself on one's sword. – **7.** sich auf j-n ~ a) to pounce (*od.* descend) (up)on s.o., b) *fig.* to assail s.o., to descend up(on) s.o., c) *mil.* to assail (*od.* assault) s.o.: drei Männer stürzten sich auf den Einbrecher three men pounced on the burglar; die Reporter stürzten sich auf den Filmstar *fig.* the reporters descended on the film star; die Armee stürzte sich auf den Feind the army assaulted the enemy. – **8.** sich auf (*acc*) etwas ~ *fig.* to make (a beeline) for s.th., to make straight for s.th., to (make a) dive at s.th.: sie stürzten sich auf die wenigen leeren Plätze they made a beeline for the few empty seats; die Kinder stürzten sich auf die Süßigkeiten the children made a beeline for the sweets (*Am.* candies). – **9.** sich auf seine Beute ~ (*von Raubtieren*) to pounce (*od.* spring) (up)on the prey, (*von Raubvögeln*) *auch* to swoop down (up)on the prey. – **10.** sich in (*acc*) etwas ~ *fig.* to plunge into s.th.: sich in die Arbeit ~ to plunge into work; sich (tief) in Schulden ~ to plunge (deep) into debt; sich ins Vergnügen ~ to plunge into a world of pleasure; du wirst dich noch ins Elend (*od.* Verderben) ~ you will bring misery upon yourself one day; er stürzte sich blindlings in die Gefahr he rushed headlong into danger; → Kosten 1. – **III** *v/t* ⟨h⟩ **11.** (*stoßen*) throw, hurl, cast (*lit.*): j-n [etwas] in einen Abgrund ~ to throw s.o. [s.th.] into an abyss; du wirst uns alle ins Elend (*od.* Verderben) ~ *fig.* you'll be the death of us all. – **12.** (*Kisten etc*) overturn, turn (*s.th.*) upside down, upset: „Nicht ~!" (*Aufschrift auf Kisten etc*) "This side (*od.* way) up!" *auch* "Keep upright!" "Do not tip over!" – **13.** (*Pudding etc*) turn (*s.th.*) out of (*od.* remove *s.th.* from) a mold (*bes. Br.* mould), unmold, *bes. Br.* unmould. – **14.** (*Minister etc*) overthrow, tumble, bring about the downfall of, (*eine Regierung*) *auch* subvert, bring down. – **15.** (*Monarchen*) dethrone, depose. – **16.** die Kasse ~ to count the cash. – **17.** etwas über (*acc*) etwas ~ to put s.th. over s.th., to cover s.th. with s.th. – **18.** *agr.* (*umpflügen*) plough, *bes. Am.* plow: die Stoppeln ~ to return the stubble. – **IV S~** *n* ⟨-s⟩ **19.** *verbal noun.* – **20.** *cf.* Sturz 1—6.

'stür·zend I *pres p.* – **II** *adj* ~e Linien *phot.* converging verticals.

'Sturz,flug *m aer.* a) nose dive, b) (*mit Vollgas*) power dive: einen ~ machen, im ~ hinuntergehen to take a nose dive, to nose-dive; einen ~ abfangen to pull out of a nose dive. — **~,brem·se** *f* dive brake. — **~ge,schwin·dig·keit** *f* diving speed.

'Sturz|ge,burt *f med.* precipitate labor (*bes. Br.* labour) (*od.* delivery), oxytocia (*scient.*). — **~,glas** *n Austrian cf.* Sturz 10. — **~,hang** *m* (*sport*) (*am Barren, Reck etc*) bent inverted hang. — **~,helm** *m* crash helmet. — **~,kampf,bom·ber** *m*, **~,kampf,flug,zeug** *n aer. mil.* dive bomber. — **~,kap·pe** *f* (*beim Radrennen*) helmet. — **~,pflug** *m agr.* fallow plough (*bes. Am.* plow). — **~,see** *f mar.* heavy (*od.* breaking) sea, surge, (*große*) roller: eine ~ übernehmen to ship a heavy sea.

Stuß [ʃtʊs] *m* ⟨-sses; *no pl*⟩ *colloq.* **1.** *cf.* Quatsch 1. – **2.** nonsense, something silly: mach keinen ~! nonsense! don't be silly!

'Stut,buch *n agr.* studbook.

Stu·te ['ʃtuːtə] *f* ⟨-; -n⟩ mare: trächtige ~ mare in foal.

Stu·ten ['ʃtuːtən] *m* ⟨-s; -⟩ *Low G.* (sweet) milk bread (*od.* roll).

'Stu·ten|,foh·len, **~,fül·len** *n agr.* filly. — **~,milch** *f* mare's milk.

Stu·te'rei *f* ⟨-; -en⟩ *agr.* stud.

Stutz [ʃtʊts] *m* ⟨-es; -e, *Swiss auch* ⸚e⟩ *dial.* **1.** push, shove: auf den ~ all of a sudden, suddenly. – **2.** *cf.* Stutzen 1. – **3.** *cf.* Federbusch 1, 2. – **4.** *cf.* Wandbrett. – **5.** *Swiss* steep slope.

Stütz [ʃtʏts] *m* ⟨-es; -e⟩ (*sport*) (*am Gerät*) rest, support. — **~ap·pa,rat** *m med.* support(ing apparatus), brace, (*für die Wirbelsäule*) *auch* Taylor's splint. — **~,arm** *m* **1.** *civ.eng.* outrigger, stabilizer. – **2.** *tech.* (*eines Fräsdorns*) arbor support. – **3.** (*sport*) supporting arm. — **~,bal·ken** *m arch.* supporting bar.

'Stutz,bart *m* trimmed (*od.* square) beard.

'Stütz,bein *n* (*sport*) **1.** supporting leg. – **2.** (*beim Basketball*) pivot foot.

'Stutz,beut·ler *m* ⟨-s; -⟩ *zo.* pig-footed bandicoot (*Chaeropus ecaudatus*).

Stüt·ze ['ʃtʏtsə] *f* ⟨-; -n⟩ **1.** *tech.* support, stay: der Stock dient ihm als ~ the stick serves him as a support; die Pflanze braucht eine ~ the plant needs a prop (*od.* needs to be propped up). – **2.** *civ.eng.* column. – **3.** (*für Kopf, Arm etc*) rest. – **4.** *fig.* (*Beistand, Halt*) mainstay, staff: sie ist die ~ seines Alters she is the mainstay of his old age; in j-m eine ~ haben to have a mainstay in s.o. – **5.** (*Pfeiler*) *auch fig.* pillar: die ~n der Regierung [Gesellschaft] *fig.* the pillars of government [society]. – **6.** *fig.* (*Hilfe*) help, aid: die ~ der Hausfrau the (home *od.* domestic) help; eine ~ für das Gedächtnis a reminder, s.th. to jog one's memory, a memory aid, an aide-mémoire. – **7.** *fig.* (*Rückendeckung, Unterstützung*) support, backing, help, underpinning: du warst mir wirklich keine ~ in der Diskussion you gave me no support (*od.* you were no help to me) at all in the discussion. – **8.** (*mining*) stay. – **9.** *med.* sustentaculum.

'Stutz,ech·se *f zo.* stump-tail(ed lizard) (*Trachysaurus rugosus*).

stut·zen[1] ['ʃtʊtsən] *v/t* ⟨h⟩ **1.** (*beschneiden*) cut (*s.th.*) (short), curtail, pare. – **2.** (*Bart, Haar etc*) trim. – **3.** (*sehr kurz schneiden*) crop, bob. – **4.** (*Schwanz*) dock, bob. – **5.** (*Ohren*) crop. – **6.** (*Flügel*) clip: → Flügel 2. – **7.** *hort.* a) (*zurechtstutzen*) trim, clip, b) (*kappen*) prune, lop, cut (*s.th.*) back.

'stut·zen[2] *v/i* ⟨h⟩ **1.** be puzzled, wonder: bei dem letzten Satz des Artikels stutzte ich I was puzzled by (*od.* I wondered about) the last sentence of the article. – **2.** (*argwöhnisch werden*) become suspicious. – **3.** (*innehalten, stocken*) stop short, hesitate. – **4.** (*vom Pferd, Hund, Wild etc*) start (back), startle, stop short: das Pferd stutzte vor dem Graben the horse stopped short at the ditch.

'Stut·zen *m* ⟨-s; -⟩ **1.** *bes. Southern G., Austrian and Swiss* (*kurzes Gewehr*) short rifle, carbine. – **2.** *bes. Bavarian and Austrian* a) (*Wadenstrumpf*) footless stocking, b) (*Kniestrumpf*) knee sock, knee-length stocking. – **3.** (*Fußballstrumpf*) football sock. – **4.** *tech.* a) connecting piece, b) (*für Rohre*) fitting, pipe connection (*Br. auch* connexion), c) (*Muffe*) socket. – **5.** *auto.* filler neck (*od.* pipe).

stüt·zen ['ʃtʏtsən] **I** *v/t* ⟨h⟩ **1.** (*Person*) support: die alte Dame wurde von zwei Krankenschwestern gestützt the old lady was supported by two nurses. – **2.** (*Baum, Ast, Pflanze, Mauer, Gebäude etc*) support, prop (up), stay: eine Wand durch Strebepfeiler ~ to support a wall by buttresses, to buttress a wall. – **3.** (*Ellbogen, Kopf etc*) rest, prop, lean: die Ellbogen auf den Tisch ~ to prop one's elbows on the table; → Hand[1] *Verbindungen mit Präpositionen*; Kinn. – **4.** *fig.* (*untermauern*) support, uphold, back (up): er stützte seine Darlegung durch Beweise he supported his statement with evidence. – **5.** *fig.* (*aufbauen*) base, found, ground: er stützt seine Arbeit auf das Buch seines berühmten Kollegen X his work is based on the book of his famous colleague X. – **6.** *econ.* a) (*Preise, Kurse etc*) support, peg, b) (*Währung, Unternehmen etc*) back, (*Währung*) *auch* peg. – **II** *v/reflex* **7.** sich auf j-n [etwas] ~ to lean on s.o. [s.th.]: die alte Dame stützte sich auf den Arm ihres Begleiters the old lady leaned (*bes. Br.* leant) on her companion's arm. – **8.** sich auf (*acc*) etwas ~ *fig.* (*von Argument, Behauptung, Theorie, Verteidigung etc*) to be based (*od.* founded, grounded) on s.th., to rest (*od.* to stay) on s.th.: die Anklage stützte sich auf die Aussage eines Zeugen the charge was based on the statement of a witness; meine Behauptung stützt sich auf Tatsachen my statement is based on facts. – **III S~** *n* ⟨-s⟩ **9.** *verbal noun.* – **10.** *cf.* Stützung.

'Stut·zer *m* ⟨-s; -⟩ **1.** *rare for* Geck. – **2.** *colloq.* short overcoat for men, *Br. colloq.* bumfreezer. – **3.** *Swiss for* Stutzen 1. — **'stut·zer·haft** *adj cf.* geckenhaft. — **'Stut·zer·tum** *n* ⟨-s; *no pl*⟩ foppishness, dandyism, swellishness (*colloq.*).

'Stütz,flä·che *f arch. tech.* supporting surface.

'Stutz,flü·gel *m mus.* baby grand (piano).

'Stütz|,frucht *f agr.* supporting crop. — **~ge,rüst** *n* **1.** *civ.eng.* supporting framework (*od.* structure). – **2.** *med.* supporting structure; sustentaculum, retinaculum (*scient.*). — **~ge,we·be** *n med.* supporting tissue; sustentacular tissue, stroma, pseudocartilage (*scient.*). — **~,griff** *m* (*sport*) (*beim Geräteturnen*) supporting grip (*od.* hold). — **~,holz** *n* (*mining*) studdle, *auch* strut.

'stut·zig *adj* (*in Wendungen wie*) ~ werden a) (*verwundert, erstaunt*) to be puzzled, to (begin to) wonder, b) (*argwöhnisch*) to become suspicious, to smell a rat; das hat mich ~ gemacht a) that puzzled me, that made me (begin to) wonder, I thought that odd, b) that made me suspicious, that started me thinking.

'Stütz|iso,la·tor *m electr.* base (*od.* pin-type) insulator. — **~,keh·re** *f* (*sport*) (*am Barren u. Pferd*) support turn, swinging half turn. — **~,kip·pe** *f* (*am Barren*) short (*od.* drop) upstart, drop kip. — **~,la·ger** *n tech.* thrust bearing, one-direction locating type bearing. — **~,mau·er** *f* **1.** *tech.* retaining wall. – **2.** *civ.eng.* (*am Fuß eines Abhangs*) revetment wall. — **~,pfahl** *m* (*einer Seilbahn*) supporting mast. — **~,pfei·ler** *m* supporting column, buttress, abutment. — **~,pfo·sten** *m cf.* Stützpfahl. — **~,punkt** *m* **1.** point of support. – **2.** *tech.* (*des Hebels*) fulcrum, pivot. – **3.** *mil.* base, station, strongpoint: schwimmender ~ floating base. — **~,punkt,ab,kom·men** *n mil.* agreement covering the use of military bases. — **~,rad** *n* (*am Pflug etc*) supporting wheel.

'Stutz,schwanz *m* bobtail.

'Stütz|,sprung *m meist pl* (*sport*) (*am Pferd*) vault with support. — **~,stan·ge** *f* stay bar. — **~,übun·gen** *pl* (*sport*) exercises with (hand) support.

'Stutz,uhr *f* mantelpiece (*od.* shelf) clock.

'Stüt·zung *f* ⟨-; *no pl*⟩ **1.** *cf.* Stützen. – **2.** *bes. econ.* support.

'Stüt·zungs|ak·ti,on *f econ.* support(ing action): ~ der Banken banking support. — **~,käu·fe** *pl* (*an der Börse*) support(ing) purchases, backing *sg* of prices by purchases. — **~kre,dit** *m* supporting (*od.* standby) credit, emergency credit (loan). — **~,maß,nah·me** *f* support(ing) action. — **~,preis** *m* support (*od.* pegged) price.

'Stütz|ver,band *m med.* **1.** fixed dressing. – **2.** (*des Skrotums*) suspensory bandage. — **~,waa·ge** *f* (*sport*) (*am Barren, Pferd, beim Bodenturnen*) support lever. — **~,wech·sel** *m* change of support. — **~,wort** *n ling.* prop word.

sty·gisch ['styːgɪʃ; 'ʃtyː-] *adj myth. auch fig.* Stygian, *auch* stygian.

Sty·ling ['staɪlɪŋ] (*Engl.*) *n* ⟨-s; *no pl*⟩ *bes. auto.* styling.

Sty·lit [sty'liːt; ʃty-] *m* ⟨-en; -en⟩ *relig.* (*Säulenheiliger*) stylite.

Sty·lo·bat [stylo'baːt; ʃty-] *m* ⟨-en; -en⟩ *antiq. arch.* stylobate.

Sty·lo·gra·phie [stylogra'fiː; ʃty-] *f* ⟨-; *no pl*⟩ *print.* stylography.

Styp·ti·kum ['stʏptikʊm; 'ʃtʏp-] *n* ⟨-s; -tika⟩ *med. pharm.* styptic, astringent. — **'styp·tisch** [-tɪʃ] *adj* (*blutstillend*) styptic, arresting h(a)emorrhage.

Sty·rax ['styːraks; 'ʃtyː-] *m* ⟨-(es); -e⟩ *bot. med. pharm.* storax, styrax (*Gattg Styrax*). — **~,baum** *m bot.* benzoin tree, benjamin tree, storax (*scient.*) (*Styrax benzoin*).

Sty·rol [sty'roːl; ʃty-] *n* ⟨-s; *no pl*⟩ *chem.* styrene, *auch* styrol ($C_6H_5CH = CH_2$).

Sua·da [ˈzŭaːda] *f* ⟨-; Suaden⟩, **Sua·de** [ˈzŭaːdə] *f* ⟨-; Suaden⟩ **1.** (*Redefluß*) torrent of words: eine zornige ~ a torrent of rage (*od.* anger). – **2.** (*Beredsamkeit*) eloquence.
Sua·he·li[1] [zŭaˈheːli] *m* ⟨-(s); -(s)⟩ Swahili.
Suaˈhe·li[2] *n* ⟨-(s); *no pl*⟩ *ling.* Swahili.
sua·so·risch [zŭaˈzoːrɪʃ] *adj* (per)suasive, *auch* persuasory.
sub..., Sub... *combining form denoting sub...*
sub·akut [zʊpʔaˈkuːt] *adj med.* subacute.
sub·al·pin [zʊpʔalˈpiːn], **sub·alˈpi·nisch** *adj geogr.* subalpine.
sub·al·tern [zʊpʔalˈtɛrn] **I** *adj* **1.** (*Beamter, Stellung etc*) subaltern, subordinate. – **2.** *contempt.* subordinate, underling (*attrib*): er hat einen ~en Charakter he lacks independence, he cannot assert himself. – **II** *adv* **3.** seinen Vorgesetzten gegenüber verhielt er sich äußerst ~ *contempt.* he was obsequious in his relations with his superiors. — **S~beˌam·te** *m* subordinate (*od.* inferior) official.
Sub·alˈter·ne *m, f* ⟨-n; -n⟩ **1.** subaltern, subordinate. – **2.** *contempt.* underling. – **3.** *mil.* subaltern.
Sub·alˈtern·of·fiˌzier *m mil.* subaltern (*od.* company grade) officer.
sub·ant·ark·tisch [zʊpʔantˈʔarktɪʃ] *adj geogr.* subantarctic.
sub·apen·ni·nisch [zʊpʔapɛˈniːnɪʃ] *adj geogr.* subapenine.
sub·ark·tisch [zʊpˈʔarktɪʃ] *adj geogr.* subarctic.
ˈSub·diaˌkon [ˈzʊp-] *m röm.kath.* subdeacon. — **ˈSub·dia·koˌnat** *n* subdiaconate, subdeaconate, subdeaconry.
Sub·do·mi·nan·te [zʊpdomiˈnantə] *f mus.* subdominant.
sub·du·ral [zʊpduˈraːl] *adj med.* subdural.
Su·beˈrinˌsäu·re [zubeˈriːn-] *f chem. cf.* Korksäure.
sub·fe·bril [zʊp-feˈbriːl] *adj med.* subfebrile.
sub·fos·sil [zʊp-fɔˈsiːl] *adj biol.* (*Tiere, Pflanzen*) subfossil.
sub·gla·zi·al [zʊpglaˈtsĭaːl] *adj geol.* subglacial.
Sub·jekt [zʊpˈjɛkt] *n* ⟨-(e)s; -e⟩ **1.** *ling.* subject. – **2.** *philos.* subject, self. – **3.** *contempt.* individual (*colloq.*): ein verdächtiges [verkommenes] ~ a suspicious [depraved] individual (*od.* character); ein übles ~ a nasty individual, a blackguard, a bad lot (*od.* egg) (*colloq.*). – **4.** *mus. hist.* (*Thema*) subject, theme.
Sub·jek·ti·on [zʊpjɛkˈtsĭoːn] *f* ⟨-; -en⟩ *ling.* (*in der Rhetorik*) *putting of a question and its being answered by the questioner himself.*
sub·jek·tiv [zʊbjɛkˈtiːf] **I** *adj* (*Betrachtungsweise, Urteil etc*) subjective: ~es Recht *jur.* right; → Tatbestand 1. – **II** *adv* er urteilt immer viel zu ~ he is always much too subjective in his judg(e)ment.
Sub·jek·ti·vis·mus [zʊpjɛktiˈvɪsmʊs] *m* ⟨-; *no pl*⟩ *philos.* subjectivism. — **sub·jek·tiˈvi·stisch** [-tɪʃ] *adj* subjectivistic.
Sub·jek·ti·vi·tät [zʊpjɛktiviˈtɛːt] *f* ⟨-; *no pl*⟩ subjectivity.
Subˈjektˌsatz *m ling.* nominative clause.
ˈSub·kon·tiˌnent *m geogr.* subcontinent.
ˈSub·kulˌtur *f* ⟨-; -en⟩ *sociol.* (*der Jugend, des Undergrounds etc*) subculture.
sub·ku·tan [zʊpkuˈtaːn] *adj med.* (*Einspritzung etc*) subcutaneous, hypodermic, subdermal.
sub·le·tal [zʊpleˈtaːl] *adj med. chem.* (*Giftdosis etc*) sublethal.
sub·lim [zuˈbliːm] *adj lit.* (*Unterschied, Prosa etc*) sublime.
Sub·li·mat [zubliˈmaːt] *n* ⟨-(e)s; -e⟩ *chem.* **1.** (*Niederschlag*) sublimate. – **2.** (*Quecksilberchlorid*) mercury chloride, *auch* mercury (II) chloride, corrosive sublimate, mercuric chloride ($HgCl_2$).
Sub·li·ma·ti·on [zublimaˈtsĭoːn] *f* ⟨-; -en⟩ *chem. meteor.* sublimation. — **Sub·li·ma·tiˈonsˌküh·lung** *f* (*space*) sublimation cooling.
Sub·liˈmat·verˌgif·tung *f med.* sublimate poisoning.
sub·li·mie·ren [zubliˈmiːrən] **I** *v/t* ⟨*no* ge-, h⟩ **1.** *chem.* sublime, sublimate: sublimiert werden to be sublimed, to sublime, to sublimate. – **2.** *bes. psych.* (*Erlebnisse, Triebe etc*) sublime, sublimate. – **II S~** *n* ⟨-s⟩ **3.** *verbal noun.* — **Sub·liˈmie·rung** *f* ⟨-; -en⟩ **1.** *cf.* Sublimieren. – **2.** sublimation.
sub·lin·gu·al [zʊplɪŋˈgŭaːl] *adj med.* sublingual, hypoglossal.
sub·lu·na·risch [zʊpluˈnaːrɪʃ] *adj* sublunar(y).
Sub·lu·xa·ti·on [zʊplʊksaˈtsĭoːn] *f med.* subluxation, incomplete (*od.* partial) dislocation.
sub·ma·rin [zʊpmaˈriːn] *adj biol. geol.* submarine.
sub·ma·xil·lar [zʊpmaksɪˈlaːr] *adj med.* submaxillary, inframaxillary.
sub·mers [zʊpˈmɛrs] *adj bot.* (*Pflanzen*) submerse(d).
Subˈmers-Verˌfah·ren *n chem.* submersion process.
Sub·mi·kron [zʊpˈmiːkrən] *n* ⟨-s; -en [-miˈkroːnən]⟩ *meist pl chem. phys.* submicron.
Sub·mis·si·on [zʊpmɪˈsĭoːn] *f* ⟨-; -en⟩ *econ.* **1.** (*Ausschreibung*) invitation of (*od.* call for) tenders (*od.* bids), invitation to tender (*od.* bid): einen Auftrag über eine ~ erhalten to obtain an order by tendering; öffentliche Arbeiten in ~ (ver)geben to invite tenders (*od.* bids) for the execution of public works, to put the execution of public works up for tender. – **2.** (*Vertrag*) contract by tender. – **3.** *obs. for* a) Ehrerbietigkeit, Unterwürfigkeit, b) Unterwerfung 4.
Sub·mis·siˈons|ˌan·geˌbot *n econ.* tender, bid. — **~beˌdin·gun·gen** *pl* conditions of tender (*od.* bid). — **~verˌfah·ren** *n* procedure of tendering (*od.* bidding). — **~ˌweg** *m* ⟨-(e)s; *no pl*⟩ *only in* einen Auftrag auf dem (*od.* im) ~e vergeben to place an order by way of inviting tenders (*od.* bids).
Sub·mit·tent [zʊpmɪˈtɛnt] *m* ⟨-en; -en⟩ *econ.* (*bei Ausschreibungen*) tenderer, bidder.
sub·mu·kös [zʊpmuˈkøːs] *adj med.* submucous, submucosal. — **Sub·muˈko·sa** [-ˈkoːza] *f* ⟨-; *no pl*⟩ submucosa, submucous membrane.
sub·ok·zi·pi·tal [zʊpʔɔktsipiˈtaːl] *adj med.* suboccipital. — **S~punk·tiˌon** *f* suboccipital (*od.* cisternal) puncture.
Sub·or·di·na·ti·on [zʊpʔɔrdinaˈtsĭoːn] *f* ⟨-; -en⟩ *bes. ling.* subordination. — **sub·or·di·na·tiˈonsˌwid·rig** *adj* insubordinate.
sub·or·di·nie·ren [zʊpʔɔrdiˈniːrən] *v/t* ⟨*no* ge-, h⟩ *bes. ling.* subordinate. — **sub·or·diˈnie·rend I** *pres p.* – **II** *adj ling.* (*Konjunktion etc*) subordinating.
Sub·oxid [zʊpʔɔˈksiːt], **Sub·oxyd** [-ˈksyːt] *n chem.* suboxide.
sub·ozea·nisch [zʊpʔotseˈaːnɪʃ] *adj geol.* suboceanic.
sub·phre·nisch [zʊpˈfreːnɪʃ] *adj med.* (*Abszeß etc*) subphrenic, subdiaphragmatic.
sub·po·lar [zʊppoˈlaːr] *adj geol. meteor.* subpolar.
Sub·ro·ga·ti·on [zʊprogaˈtsĭoːn] *f* ⟨-; -en⟩ *jur.* subrogation. — **Sub·ro·ga·tiˈonsˌrecht** *n* right of subrogation.
sub·se·rös [zʊpzeˈrøːs] *adj med.* subserous: ~es Gewebe subserosa.
sub·si·di·är [zʊpziˈdĭɛːr], **sub·si·dia·risch** [-ˈdĭaːrɪʃ] *adj* (*Zahlungen, Recht etc*) subsidiary.
Sub·si·di·en [zʊpˈziːdĭən] *pl* (*Hilfsgelder*) subsidies: durch ~ unterstützen to subsidize *Br. auch* -s-.
Sub·si·stenz [zʊpzɪsˈtɛnts] *f* ⟨-; -en⟩ **1.** ⟨*only sg*⟩ *philos.* subsistence, subsistency. – **2.** *obs. for* Lebensunterhalt. — **s~los** *adj obs.* without means of subsistence (*od.* subsistency).
sub·si·stie·ren [zʊpzɪsˈtiːrən] *v/i obs.* ⟨*no* ge-, h⟩ subsist.
Sub·skri·bent [zʊpskriˈbɛnt] *m* ⟨-en; -en⟩ *econ.* (*bes. im Buchhandel*) (*gen* to, *Am. auch* for) subscriber.
sub·skri·bie·ren [zʊpskriˈbiːrən] *econ.* **I** *v/t* ⟨*no* ge-, h⟩ **1.** (*Lexikon etc*) subscribe to (*Am. auch* for). – **2.** *obs. for* zeichnen 7. – **II** *v/i* **3.** (auf *acc* to, *Am. auch* for) subscribe.
Sub·skrip·ti·on [zʊpskrɪpˈtsĭoːn] *f* ⟨-; -en⟩ subscription.
Sub·skrip·tiˈons|ˌanˌzei·ge *f* (*im Buchhandel*) prospectus (of a new publication). — **~ˌli·ste** *f* list of subscribers, subscription list. — **~ˌpreis** *m* subscription price. — **~ˌschein** *m* receipt issued for a subscription.
Sub·spe·zi·es [zʊpˈspeːtsĭɛs] *f* ⟨-; -⟩ *biol.* subspecies.
Sub·stan·tia·li·tät [zʊpstantsĭaliˈtɛːt] *f* ⟨-; *no pl*⟩ substantiality, materiality.
sub·stan·ti·ell [zʊpstanˈtsĭɛl] *adj* **1.** substantial. – **2.** *bes. philos.* (*wirklich vorhanden, wesenhaft*) substantial, material.
sub·stan·ti·ie·ren [zʊpstantsĭˈiːrən] *v/t* ⟨*no* ge-, h⟩ *philos.* substantiate.
Sub·stan·tiv [ˈzʊpstantiːf; -ˈtiːf] *n* ⟨-s; -e⟩ *ling.* noun, substantive.
sub·stan·ti·vie·ren [zʊpstantiˈviːrən] *v/t* ⟨*no* ge-, h⟩ *ling.* (*Verben etc*) substantiv(iv)ize, substantivate. — **Sub·stan·tiˈvie·rung** *f* ⟨-; -en⟩ substantivization, substantivation.
sub·stan·ti·visch [zʊpstanˈtiːvɪʃ; ˈzʊp-] *ling.* **I** *adj* (*Konstruktion etc*) substantive, substantival, nominal. – **II** *adv* ~ gebraucht werden to be used substantively (*od.* substantivally, as a noun, as a substantive).
Sub·stan·ti·vum [zʊpstanˈtiːvʊm] *n* ⟨-s; -tiva [-va]⟩ *ling. rare for* Substantiv.
Sub·stanz [zʊpˈstants] *f* ⟨-; -en⟩ **1.** ⟨*only sg*⟩ (*wesentlicher Bestandteil, Grundlage*) substance: die moralische ~ eines Menschen the moral substance (*od.* fiber, *bes. Br.* fibre) of a person; dem Parteiprogramm fehlt es an politischer ~ the party program(me) lacks political substance; die ~ eines Vorrats angreifen to touch the substance of a reserve. – **2.** *bes. chem. phys. biol.* substance, body: eine klebrige ~ a sticky substance. – **3.** *med.* a) (*anatomische*) substance, matter, material, substantia (*scient.*), b) (*Widerstandskraft*) (power of) resistance, stamina (*scient.*): graue [weiße, lebende] ~ gray (*bes. Br.* grey) [white, living] matter. – **4.** *econ.* a) (*aktive Vermögenswerte*) (actual) capital, property, assets *pl*, resources *pl*, b) (*Kapital[betrag], Besitzstand*) principal: die ~ angreifen to draw on one's resources; von der ~ leben (*od.* zehren) to live on one's capital. – **5.** *philos.* substance, essence. – **6.** (*games*) (*beim Schach-, Damespiel etc*) substance. — **~erˌhal·tung** *f* **1.** preservation of (the) substance. – **2.** *econ.* a) (*bei aktiven Vermögenswerten*) maintenance of (one's) (actual) capital (*od.* assets, resources), b) (*bei verzinslichem Kapital*) maintenance of one's principal. — **~ˌfor·mel** *f chem.* empirical formula. — **s~los** *adj* unsubstantial. — **~ˌschwund, ~verˌlust** *m* **1.** loss of substance. – **2.** *med.* a) loss of substance, b) (*in der Histologie*) loss of tissue. – **3.** *econ.* a) (*bei aktiven Vermögenswerten*) loss of (actual) capital (*od.* real assets, resources), b) (*bei verzinslichem Kapital*) loss of principal. — **~verˌmin·de·rung** *f econ.* depletion. — **~verˌzehr** *m* (*bei aktiven Vermögenswerten*) waste (*od.* loss) of capital (*od.* real assets). — **~ˌwech·sel** *m biol.* metastasis. — **~ˌwert** *m econ.* real value, value of material asset.
Sub·sti·tu·ent [zʊpstiˈtŭɛnt] *m* ⟨-en; -en⟩ *electr. tel.* substituted group.
sub·sti·tu·ie·ren [zʊpstituˈiːrən] *v/t* ⟨*no* ge-, h⟩ **1.** (*Begriffe, Moleküle, Atome etc*) substitute: A durch B ~ to substitute B for A. – **2.** (*computer*) extract. — **Sub·sti·tuˈie·rung** *f* ⟨-; -en⟩ *cf.* Substitution.
Sub·sti·tut [zʊpstiˈtuːt] *m* ⟨-en; -en⟩ **1.** *econ.* a) (*Anwärter*) assistant of sales manager, b) (*Verkaufsleiter*) departmental sales manager. – **2.** *archaic for* Stellvertreter, Ersatzmann 1. – **3.** *rare* subagent.
Sub·sti·tu·ti·on [zʊpstituˈtsĭoːn] *f* ⟨-; -en⟩ **1.** substitution: die ~ von Sauerstoff durch Schwefel the substitution of sulfur (*bes. Br.* -ph-) for oxygen. – **2.** *econ. ling.* substitution.
Sub·sti·tu·tiˈons|beˌfehl *m* (*computer*) extract instruction. — **~efˌfekt** *m econ.* substitution effect. — **~ˌgü·ter** *pl* substitutable goods. — **~iso·meˌrie** *f chem.* substitutional (*od.* structural) isomerism. — **~the·ra·pie** *f med.* substitution (*od.* replacement) therapy.
Sub·strat [zʊpˈstraːt] *n* ⟨-(e)s; -e⟩ **1.** *biol. ling. philos.* substrate, substratum. – **2.** *chem.* a) (*enzymchemisch*) reactant, substrate, substratum, b) (*zum Aufbau von Farblacken*) substrate, substratum, carrying base. — **~ˌfar·be** *f chem.* lake.
sub·su·mie·ren [zʊpzuˈmiːrən] *v/t* ⟨*no* ge-, h⟩ *bes. philos.* (*unterordnen*) subsume. — **Sub·sum·tiˈon** [-zʊmˈtsĭoːn] *f* ⟨-; -en⟩ subsumption. — **sub·sumˈtiv** [-zʊmˈtiːf] *adj* subsumptive.
Sub·tan·gen·te [zʊptaŋˈgɛntə] *f math.* subtangent.
sub·til [zʊpˈtiːl] **I** *adj lit.* **1.** (*feinsinnig*)

subtle, delicate: eine ~e Beschreibung a subtle description. – **2.** (*fein, kaum erheblich*) subtle, fine: ~e Unterscheidungen subtle distinctions. – **3.** (*kompliziert, schwierig*) subtle: ein ~er Charakter a subtle character. – **4.** (*spitzfindig*) subtle, shrewd, subtile. – **II** *adv* **5.** subtly, *auch* subtlely: er hat ihren Charakter sehr ~ herausgearbeitet he delineated her character very subtly (*od.* with great subtlety). – **6.** subtilely.

Sub·ti·li·tät [zʊptiliˈtɛːt] *f* ⟨-; -en⟩ *lit.* **1.** (*Feinsinnigkeit*) subtlety, delicacy. – **2.** (*Feinheit*) subtlety, fineness. – **3.** (*Schwierigkeit, Kompliziertheit*) subtlety. – **4.** (*Spitzfindigkeit*) subtlety, shrewdness, subtility.

Sub·tra·hend [zʊptraˈhɛnt] *m* ⟨-en; -en⟩ *math.* subtrahend.

sub·tra·hie·ren [zʊptraˈhiːrən] *math.* **I** *v/t* ⟨*no* ge-, h⟩ subtract, subduct: 3 von 8 ~ to subtract 3 from 8. – **II** *v/i* subtract: die Schüler lernen ~ the pupils are learning to subtract, the pupils are learning subtraction.

Sub·trak·tiˈon *f* ⟨-; -en⟩ *math.* subtraction.

Sub·trak·tiˈons|auf,ga·be *f math.* subtraction problem. — ~**,zei·chen** *n* subtraction sign (*od.* mark).

ˈSub,tro·pen *pl geogr.* subtropical regions, subtropics, semitropics. — **ˈsub,tro·pisch** *adj* subtropical, *auch* subtropic, semitropic(al), subtorrid.

Sub·ven·ti·on [zʊpvɛnˈtsi̯oːn] *f* ⟨-; -en⟩ *meist pl* subsidy, *auch* subvention: die Landwirtschaft erhält vom Staat beträchtliche ~en farmers receive considerable subsidies from the state, agriculture is heavily subsidized (*Br. auch* -s-) by the state.

sub·ven·tio·nie·ren [zʊpvɛntsi̯oˈniːrən] *v/t* ⟨*no* ge-, h⟩ (*Industriezweige etc*) subsidize *Br. auch* -s-, *auch* subvention, subventionize *Br. auch* -s-. — **sub·ven·tioˈniert I** *pp.* – **II** *adj* (*Betrieb etc*) subsidized *Br. auch* -s-, *auch* subventioned, subventionized *Br. auch* -s-: staatlich ~ state-subsidized. — **Sub·ven·tioˈnie·rung** *f* ⟨-; -en⟩ subsidization *Br. auch* -s-.

Sub·ven·tiˈons|emp,fän·ger *m* receiver (*od.* recipient) of subsidies (*auch* subventions). — ~**po·li,tik** *f* policy of granting subsidies (*auch* subventions), support policy.

Sub·ver·si·on [zʊpvɛrˈzi̯oːn] *f* ⟨-; -en⟩ *pol. rare* (*Umsturz*) subversion. — **sub·verˈsiv** [-ˈziːf] *adj bes. pol.* (*Elemente, Tätigkeit etc*) subversive, subversionary.

ˈSuch|ak·ti,on *f* search operation, (*nach Kriegsvermißten etc*) *auch* tracing operation: eine ~ (nach j-m) einleiten to start a search operation (for s.o.). — ~**,an,zei·ge** *f* **1.** advertisement (*seltener* -z-) for missing persons. – **2.** advertisement (*seltener* -z-) for lost animals. — ~**,ar·beit** *f* **1.** painstaking research. – **2.** (*nach Kriegsvermißten etc*) work involved in tracing (*od.* search for) missing persons. — ~**,bild** *n* (*in der Verhaltensforschung*) searching image. — ~**bü,ro** *n cf.* Suchstelle. — ~**,dienst** *m* (*des Roten Kreuzes etc*) tracing (*od.* missing persons) service.

Su·che[1] [ˈzuːxə] *f* ⟨-; *no pl*⟩ **1.** search, hunt, quest (*lit.*): die ~ nach Bodenschätzen verlief ergebnislos the search for mineral resources was unsuccessful; sich auf die ~ (nach j-m [etwas]) machen, auf die ~ (nach j-m [etwas]) gehen to go and search (*od.* hunt, *lit.* seek) (for s.o. [s.th.]), to start searching (*od.* the search) (for s.o. [s.th.]); ich bin auf der ~ nach einem Hotel I'm looking for a hotel; auf der ~ nach einer Siedlung fuhren sie den Fluß hinauf they went up the river in search of (*od.* to search for, *lit.* in quest of) a settlement. – **2.** ~ nach Minen *mil.* a) location of mines, b) (*mit einem Minensuchboot*) sweep for mines.

ˈSu·che[2] *f* ⟨-; -n⟩ *hunt.* tracking.

su·chen [ˈzuːxən] **I** *v/t* ⟨h⟩ **1.** (*vermißte Gegenstände, Personen, Wohnung, Ort, Arbeitskräfte, Stellung, Pilze, Spur, Ursache, Fehler etc*) look for, (*intensiver*) search (*od.* hunt) for; seek, quest (*lit.*): was [wen] suchst du? what [whom, *colloq.* who] are you looking for? ich habe das Buch in allen Ecken und Winkeln gesucht I've been searching for the book in every nook and cranny; du wirst gesucht, man sucht dich they are looking for you; die Polizei suchte die Ausbrecher [die Vermißten] the police searched for (*od.* tried to trace, tried to track down) the escaped prisoners [the missing persons]; er wird polizeilich gesucht the police are looking for him, he is wanted by the police; ich muß dir immer deine Sachen ~ *colloq.* I always have to find you your things (*od.* to find your things for you); er suchte (sich *dat*) einen Weg durch das Getümmel he searched for a (*od.* he picked his) way through the crowd; Angestellte durch Inserate ~ to look for employees by advertisement (*seltener* -z-), to advertise (*seltener* -z-) for employees; tüchtige Sekretärin gesucht wanted: an efficient secretary, efficient secretary wanted; er sucht hinter allem etwas *fig.* he is always looking for (*od.* he always tries to find) hidden meanings in everything; → Laterne 1; Stecknadel. – **2.** (*Beistand, Trost, Ausweg, Erholung etc*) look for, seek: er sucht Anschluß a) he seeks contact (*od.* company), b) he is trying to make friends; sie suchten Schutz vor dem Regen they sought (*od.* took) shelter from the rain; bei j-m Rat ~ to seek advice from s.o., to ask s.o.'s advice; er sollte sich (*dat*) eine Frau ~ he ought to look for a wife (for himself); die beiden haben sich gesucht und gefunden *fig. colloq.* those two have really found each other. – **3.** (*bedacht sein auf, trachten nach*) look (*od.* be out) for, seek: er sucht immer Streit he is always out for a quarrel, he is always ready to pick a quarrel; er sucht stets den eigenen Vorteil he is always out for his own advantage, he knows which side his bread is buttered (on) (*colloq.*). – **4.** ~ etwas zu tun to try (*od.* seek, endeavor, *bes. Br.* endeavour, strive) to do s.th.: sie suchte ihm zu gefallen she tried to please him; er suchte ihn von seinem Plan zu überzeugen he sought to convince him of his plan. – **5.** *fig.* (*in Wendungen wie*) das Weite ~ to run away, to make (*od.* run) off, to take to one's heels, to hook it (*sl.*); was suchst du hier? was hast du hier zu ~? *colloq.* what are you (*od.* what do you think you are) doing here? du hast hier nichts zu ~! *colloq.* you've no business (to be) here! das hat hier nichts zu ~! *colloq.* (*ist hier am falschen Platz*) that is out of place here, what is that doing here? wir haben dort nichts mehr zu ~ *colloq.* there's no point in going there; dieser Wein sucht seinesgleichen this wine stands alone (*od.* is unrival[l]ed, is unparalleled); das hätte ich nicht hinter ihm gesucht *colloq.* I wouldn't have thought him (to be) capable of that; → Heil 1. – **6.** *hunt.* (*Wild*) track, scent (out), hunt up. – **7.** Minen ~ *mil.* a) to look for (*mit einem Stab auch* to prod) mines, b) (*mit einem Minensuchboot*) to sweep mines. – **II** *v/i* **8.** look, (*intensiver*) search: suchet, so werdet ihr finden *Bibl. auch colloq.* seek and ye shall find. – **9.** Such, such! (*Befehl an den Hund*) fetch (it)! – **10.** nach j-m ~ to look (*od.* hunt, *intensiver* search) for s.o.: sie suchten vier Tage nach dem Flüchtling they looked for (*od.* tried to trace) the fugitive for four days. – **11.** nach etwas ~ a) to look (*od.* hunt, *intensiver* search) for s.th., b) (*nach einem Vorwand, Ausweg etc*) to look for (*od.* seek) s.th., c) (*nach Worten, Ausdrücken etc*) to be at a loss (*od.* grope) for s.th.: sie suchte in ihrer Handtasche nach den Papieren she searched (in) her handbag for the papers; in dem dunklen Zimmer suchte er verzweifelt nach einem Lichtschalter he searched (*od.* groped) desperately for a switch in the dark room. – **12.** nach Minen ~ *mil. cf.* suchen 7. – **III S~** *n* ⟨-s⟩ **13.** *verbal noun.* – **14.** *cf.* Suche. — **ˈsu·chend I** *pres p.* – **II** *adj* searching. – **III** *adv* sie blickte sich ~ um she looked around (*od.* about) her with a searching glance (*od.* searchingly). — **ˈSu·chen·de** *m, f* ⟨-n; -n⟩ searcher.

ˈSu·cher *m* ⟨-s; -⟩ **1.** *cf.* Suchende. – **2.** (*der Wahrheit, Gottes etc*) seeker, searcher. – **3.** (*von verlorenen Gegenständen in der Eisenbahn etc*) tracer. – **4.** *cf.* Suchscheinwerfer. – **5.** *phot.* viewfinder. – **6.** *tel.* line selector. – **7.** *med.* (*für Suche nach Fremdkörpern*) probe, (*fürs Auge*) electroacoustic probe. – **8.** *tech. cf.* Suchgerät 1. – **9.** *astr.* (*am Teleskop*) finder. – **10.** *mil. cf.* Minensuchgerät. — ~**,bild** *n phot.* viewing image.

Su·cheˈrei *f* ⟨-; *no pl*⟩ *colloq.* constant searching: diese ewige ~ habe ich satt! I am sick of this constant (*od.* eternal) searching! (*colloq.*).

ˈSu·cher,fen·ster *n phot.* viewfinder window.

ˈSu·che·rin *f* ⟨-; -nen⟩ *cf.* Suchende.

ˈSu·cher|oku,lar *n phot.* viewfinder eyepiece. — ~**,rah·men** *m* viewfinder frame.

ˈSuch|ge,rät *n* **1.** *electr.* (*radio*) a) search device (*od.* equipment), b) (*im Radarwesen*) search radar. – **2.** *mil. cf.* Minensuchgerät. – **3.** *auto.* spot lamp. — ~**,git·ter** *n cf.* Gitter 10. — ~**kar,tei** *f* **1.** (*einer Suchstelle*) card index for missing persons. – **2.** (*der Polizei*) card index for wanted persons, wanted persons file. — ~**,kind** *n* missing child. — ~**,licht** *n* ⟨-(e)s; -er⟩ **1.** (*eines Wachtturms etc*) searchlight. – **2.** *cf.* Suchscheinwerfer. — ~**,li·ste** *f* **1.** (*einer Suchstelle*) list of missing persons. – **2.** (*der Polizei*) list of wanted persons, wanted persons list. — ~**,mann·schaft** *f* search party. — ~**,mel·dung** *f* **1.** (*polizeiliche*) police announcement about wanted persons. – **2.** radio call. — ~**,schein,wer·fer** *m* **1.** (*eines Schiffs etc*) searchlight, spotlight. – **2.** (*am Auto*) spot (*od.* guide) lamp, spotlight. — ~**,stel·le** *f* agency for tracing missing persons.

Sucht [zʊxt] *f* ⟨-; ¨e⟩ **1.** (*nach Geld, Reichtum etc*) (nach for) greed. – **2.** (*nach Abwechslung, Vergnügen etc*) (nach) mania (for), craze (for), addiction (to): die ~, alles zu kritisieren the mania for criticizing everything; das Sparen ist bei ihr zu einer wahren (*od.* reinen) ~ geworden saving money has become an absolute craze with her. – **3.** *med.* a) (*nach Rauschgift, Drogen, Alkohol etc*) (nach) addiction (to), b) (*Manie*) mania: er leidet an der krankhaften ~ zu stehlen he is suffering from kleptomania (*od.* cleptomania). – **4.** fallende ~ *med. archaic for* Epilepsie. — **s~er,re·gend, s~er,zeu·gend** *adj med.* (*Droge etc*) habit-forming. — ~**ge,fahr** *f med.* danger of habit formation, danger of being habit-forming.

süch·tig [ˈzʏçtɪç] *adj med.* a) (*rauschgift-, drogensüchtig etc*) addicted, b) (*manisch, besessen*) manic: dieses Schlafmittel macht ~ this soporific is habit-forming (*od.* addiction-producing); ~ sein a) to be addicted (*od.* an addict), to suffer from addiction, b) *fig.* (*nach Abwechslung, Vergnügen etc*) (nach) to have a mania (*od.* craze) (for), to be addicted (to).

ˈSüch·ti·ge *m, f* ⟨-n; -n⟩ *med.* addict.

ˈSüch·tig·keit *f* ⟨-; *no pl*⟩ addiction.

ˈSuch|,trupp *m* **1.** search party. – **2.** *mil.* a) search detachment, b) (*zur Minensuche*) mine detection squad. — ~**- ,und ˈRet·tungs,dienst** *m* (*Luftnotdienst*) search and rescue (service).

suckeln (*getr.* -k·k-) [ˈzʊkəln] *v/i* ⟨h⟩ *dial.* (an *dat* at, on) suck.

Sud [zuːt] *m* ⟨-(e)s; -e⟩ **1.** *gastr.* stock, broth. – **2.** *med. pharm.* (*Absud*) decoction, extract. – **3.** *brew.* a) (*Abkochen*) boiling (down), brewing, b) (*Abgekochtes*) brew. – **4.** *chem.* a) decoction, b) extract, essence, extracted liquor.

Süd[1] [zyːt] ⟨*invariable*⟩ **1.** south: Nord und ~ north and south; der Wind kommt aus ~ the wind comes from the south. – **2.** → Nord[1] 2.

Süd[2] *m* ⟨-(e)s; *rare* -e⟩ *meteor.* (*Südwind*) south wind, *auch* south, southerly.

ˈSüd|afri'ka·ner *m*, ~**afriˈka·ne·rin** *f* South African. — **s~afriˈka·nisch** *adj* South Africa(n). — ~**ame·riˈka·ner** *m*, ~**ame·riˈka·ne·rin** *f* South American. — **s~ame·riˈka·nisch** *adj* South America(n).

Su·da·ner [zuˈdaːnər] *m* ⟨-s; -⟩, **Suˈda·ne·rin** *f* ⟨-; -nen⟩, **Su·daˈne·se** [-daˈneːzə] *m* ⟨-n; -n⟩, **Su·daˈne·sin** *f* ⟨-; -nen⟩ Sudanese, *auch* Soudanese, Sudani. — **su·daˈne·sisch** [-daˈneːzɪʃ] *adj* Sudan(ese), *auch* Soudanese, Sudani(c): die S~e Republik the Sudanese Republic.

Suˈdan|,farb,stof·fe *pl* (*paints*) Sudans, Sudan dyes. — ~**,gras** *n bot.* Sudan grass, *auch* Sudan (*Sorghum vulgare sudanensis*).

su·da·nisch [zuˈdaːnɪʃ] *adj cf.* sudanesisch.

Suˈdan,ne·ger *m* Sudan(ese) (*auch* Soudanese) negro.

ˈSüd·asi·at [-ʔaˈzi̯aːt] *m*, **ˈSüd·asia·tin**

[-ʔa'zĭa:tɪn] *f* South Asian. — **'süd·asia·tisch** [-ʔa'zĭa:tɪʃ] *adj* South Asiatic.

Su·da·ti·on [zuda'tsĭo:n] *f* ⟨-; *no pl*⟩ *med.* (*Schwitzen*) sudation, sweating. — **Su·da·'to·ri·um** [-'to:rĭʊm] *n* ⟨-s; -rien⟩ (*Schwitzbad*) sudatorium, sudatory, sudarium.

'Süd,bu·che *f bot.* evergreen beech (*Gattg Nothofagus*).

'süd,deutsch I *adj* South(ern) German: S~er Rundfunk South German Broadcasting Service. – **II** *ling.* **S~** ⟨*generally undeclined*⟩, **das S~e** ⟨-n⟩ South(ern) German (idiom). — **'Süd,deut·sche** *m, f* ⟨-n; -n⟩ South(ern) German.

Su·del ['zu:dəl] *m* ⟨-s; -⟩ *Swiss* **1.** (*flüchtiger Entwurf*) rough copy. – **2.** *cf.* Kladde. — **~,ar·beit** *f colloq. cf.* Sudelei 3.

Su·de'lei *f* ⟨-; -en⟩ *colloq.* **1.** *cf.* Sudeln. – **2.** (*Schmiererei, Geschmier*) mess. – **3.** (*unsaubere, liederliche Arbeit*) slovenly (*od.* slapdash) work, botch, botchery.

'Su·de·ler *m* ⟨-s; -⟩ *colloq. cf.* Sudler.

'su·de·lig *adj colloq.* **1.** (*dreckig*) messy. – **2.** (*schlampig, liederlich*) slovenly, botchy, slapdash. – **3.** (*bekleckst, unsauber geschrieben*) messy, blotchy.

su·deln ['zu:dəln] *colloq.* **I** *v/i* ⟨h⟩ **1.** (*im Schmutz wühlen*) wallow. – **2.** (*Dreck machen*) mess about (*od.* around), make a mess. – **3.** (*unsauber, liederlich arbeiten*) do slovenly (*od.* slapdash) work, botch (*od.* bungle) one's work, *Br. colloq.* (make a) hash. – **4.** (*schlecht u. unsauber schreiben*) scribble, scrawl. – **II S~** *n* ⟨-s⟩ **5.** *verbal noun.*

'Su·del,wet·ter *n* ⟨-s; *no pl*⟩ *dial.* filthy (*od.* foul) weather.

Sü·den ['zy:dən] *m* ⟨-s; *no pl*⟩ **1.** (*Himmelsrichtung*) south: im ~ in the south, *Am. colloq.* down south; im ~ von to the south of; nach ~ (gerichtet) southward(s); von ~, aus ~ southerly; dies Schiff geht nach ~ this boat is southbound; ein Flug in Richtung ~ a southbound flight; das Zimmer geht (*od.* liegt) nach (*od. poet.* gen) ~ the room faces south. – **2.** (*Landstrich, Gegend*) South, *auch* south: er stammt (*od.* kommt) aus dem ~ he comes (*od.* is) from the South, he is a Southerner; ich lebe im ~ Bayerns (*od.* von Bayern) I live in the south of Bavaria, I live in South (*od.* Southern) Bavaria; wir fahren in den ~ a) we are going (down) south, b) we are going to spend our holidays (*Am.* vacation) in Italy (*od.* on the Mediterranean). – **3.** das Kreuz des ~s *astr.* the Southern Cross.

Su'de·ten,deut·sche [zu'de:tən-] *m, f* ⟨-n; -n⟩ Sudeten (German).

su'de·tisch *adj* Sudeten (*attrib*), *auch* Sudetic.

'Süd|eu·ro'pä·er *m*, **~eu·ro'päe·rin** *f* South European. — **s~eu·ro'pä·isch** *adj* South (*od.* Southern) European.

'Süd,früch·te *pl* tropical and subtropical fruits.

'Süd,früch·ten,händ·ler *m Austrian for* Südfruchthändler.

'Süd,frucht|,händ·ler *m* dealer in tropical and subtropical fruits. — **~,hand·lung** *f* tropical and subtropical fruit shop (*Am.* store).

'Sud,haus *n brew.* brewing (*od.* brew, boiling) house (*od.* room).

'Süd|,ka·per *m* ⟨-s; -⟩ *zo.* southern right whale (*Eubalaena glacialis*). — **~ko·rea·ner** [-kore'a:nər] *m*, **~ko·rea·ne·rin** [-kore'a:nərɪn] *f* ⟨-; -nen⟩ South Korean. — **s~ko·rea·nisch** [-kore'a:nɪʃ] *adj* South Korean. — **~,kü·ste** *f* south(ern) coast. — **~,la·ge** *f* ⟨-; *no pl*⟩ (*eines Hauses, Berghangs etc*) exposure to the south.

'Süd,län·der *m* ⟨-s; -⟩, **'Süd,län·de·rin** *f* ⟨-; -nen⟩ *inhabitant of Italy, Greece, Spain or Portugal.* — **'süd,län·disch** *adj of* (*od. pertaining to*) *Italy, Greece, Spain or Portugal.*

'Sud·ler *m* ⟨-s; -⟩ *colloq.* **1.** (*liederlicher Arbeiter, Pfuscher*) botcher, bungler, sloven, messy (*od.* untidy) worker. – **2.** messy writer.

süd·lich ['zy:tlɪç] **I** *adj* **1.** (*Landesteil etc*) south(ern), southerly: ~st southernmost; ~e Breite south(ern) latitude; die ~e Halbkugel the southern hemisphere; die ~en Stadtbezirke von London the southern urban districts of London. – **2.** (*Wind, Richtung*) south, souther(n)ly, southwardly: Wind aus ~en Richtungen *meteor.* souther(n)ly wind. – **3.** *cf.* südländisch. – **II** *adv* **4.** south, southward(s), souther(n)ly: ~ von Berlin (to the) south of Berlin. – **III** *prep* ⟨*gen*⟩ **5.** ~ des Waldes (to the) south of the forest; ~ Berlins (to the) south of Berlin.

'Süd,licht *n* ⟨-(e)s; *no pl*⟩ *astr.* southern lights *pl*, aurora australis (*scient.*).

'sud·lig *adj colloq. cf.* sudelig.

,Süd'ost[1] ⟨*invariable*⟩ southeast.

,Süd'ost[2] *m* ⟨-(e)s; -e⟩ *meteor. cf.* Südostwind.

,Süd|'osten *m* southeast. — **s~'öst·lich I** *adj* **1.** (*Landes-, Stadtteil etc*) southeast(ern). – **2.** (*Wind, Richtung*) southeast(ward), southeasterly. – **II** *adv* **3.** southeast(ward[s]), southeasterly: ~ von dieser Stelle (to the) southeast of that place; ~ von Berlin (to the) southeast of Berlin. – **III** *prep* ⟨*gen*⟩ **4.** (to the) southeast of. — **~'ost·pas,sat** *m meteor.* southeast trade wind. — **s~'ost,wärts** *adv* southeastward(s), (to the) southeast, southeasterly. — **~'ost,wind** *m* southeast (wind), southeasterly, *bes. mar.* (*stürmischer*) southeaster.

'Süd,pol *m* ⟨-s; *no pl*⟩ *geogr.* South Pole, south pole.

'Süd·po,lar|ex·pe·di·ti,on *f* Antarctic expedition, expedition to Antarctica (*od.* the South Pole). — **~,for·schung** *f* ⟨-; *no pl*⟩ exploration of Antarctica (*od.* of the Antarctic continent, of (the) South Polar regions). — **~ge,biet** *n* antarctic (*od.* Antarctic) region, (the) Antarctic. — **~,kreis** *m* Antarctic Circle. — **~,län·der** *pl* Antarctic countries. — **~,meer** *n* Antarctic Ocean.

'Süd,punkt *m astr.* south point.

'Süd,see *f* ⟨-; *no pl*⟩ *geogr.* South Seas *pl*. — **~,gecko** (*getr.* -k·k-) *m zo.* South Sea gekko (*Gehyra oceanica*). — **~,in·sel** *f* South Sea island. — **~in·su,la·ner** *m* South Sea Islander.

'Süd|,sei·te *f* south side. — **~,sla·we** *m* **1.** *pl* South Slavs. – **2.** *obs. for* Jugoslawe. — **~,sla·win** *f obs. for* Jugoslawin. — **s~,sla·wisch** *adj* **1.** (*Völker, Sprachen etc*) South Slavic. – **2.** *obs. for* jugoslawisch. — **~,spit·ze** *f geogr.* southern tip.

'Süd,staa·ten, die *pl* (*der USA*) the Southern States, the South *sg*; Dixieland *sg*, *auch* Dixie *sg* (*colloq.*): der Krieg gegen die ~ *hist.* the War of Secession (*1861—65*). — **'Süd,staat·ler** *m* ⟨-s; -⟩ **1.** (*in den USA*) Southerner. – **2.** *hist.* (*im amer. Bürgerkrieg*) Confederate, Secessionist.

,Süd,süd|'ost ⟨*invariable*⟩, **~'osten** *m* (*Himmelsrichtung*) south-southeast. — **~'west** ⟨*invariable*⟩, **~'we·sten** *m* (*Himmelsrichtung*) south-southwest.

'Süd|ti,ro·ler *m*, **~ti,ro·le·rin** *f* ⟨-; -nen⟩ South Tyrolean (*od.* Tyrolese, *auch* Tirolean, Tirolese). — **s~ti,ro·lisch** *adj* South Tyrolean (*od.* Tyrolese, *auch* Tirolean, Tirolese).

'süd,wärts *adv* southward(s), (to the) south, southerly.

'Süd,wein *m gastr.* fortified wine.

,Süd'west[1] ⟨*invariable*⟩ southwest.

,Süd'west[2] *m* ⟨-(e)s; -e⟩ *meteor. cf.* Südwestwind.

,Süd'we·sten *m* ⟨-s; *no pl*⟩ southwest.

,Süd'we·ster *m* ⟨-s; -⟩ (*Seemannshut*) sou'wester, southwester.

,süd|'west·lich I *adj* **1.** (*Landes-, Stadtteil etc*) southwest(ern). – **2.** (*Wind, Richtung*) southwest(ward), southwesterly. – **II** *adv* **3.** southwest(ward[s]), southwesterly: ~ von Berlin (to the) southwest of Berlin. – **III** *prep* ⟨*gen*⟩ **4.** (to the) southwest of. — **~'west,wärts** *adv* southwestward(s), (to the) southwest, southwesterly. — **S~'west,wind** *m* southwest (wind), southwester(ly), *bes. mar.* (*stürmischer*) southwester.

'Süd,wind *m* south wind, *auch* south, southerly.

Sue·be ['zŭe:bə], **Sue·ve** ['zŭe:və] *m* ⟨-n; -n⟩ *hist. cf.* Swebe.

Suff [zʊf] *m* ⟨-(e)s; *no pl*⟩ *colloq.* **1.** (*Handlung*) boozing, *auch* boosing (*colloq.*), drinking: sich dem ~ ergeben to take to boozing (*od.* to the bottle); er ist dem stillen ~ ergeben he is a secret drinker, he drinks on the quiet (*colloq.*). – **2.** (*Zustand*) state of drunkenness, drunken stupor: er hat es im ~ gesagt he said it while (he was) drunk (*od. colloq.* tight).

Süf·fel ['zʏfəl] *m* ⟨-s; -⟩ *bes. Northern G. colloq.* tippler.

suf·feln ['zʊfəln] *v/i u. v/t* ⟨h⟩ *Austrian colloq. cf.* süffeln.

süf·feln ['zʏfəln] *colloq.* **I** *v/i* ⟨h⟩ (*gern einen trinken*) tipple, (like to) have (*od.* take) a couple (*od.* one or two). – **II** *v/t* (*genüßlich trinken*) tipple.

süf·fig ['zʏfɪç] *adj colloq.* (*Wein, Bier etc*) pleasant to drink: dieser Wein ist ~ this wine drinks well.

Süf·fi·sance [zʏfi'zã:s] *f* ⟨-; *no pl*⟩ **1.** (*Selbstgefälligkeit*) (self-)complacency, self-satisfaction. – **2.** (*Dünkel*) (self-)conceit, conceitedness. — **süf·fi'sant** [-'zant] *adj* **1.** (*Lächeln etc*) (self-)complacent, self-satisfied. – **2.** (*dünkelhaft*) (self-)conceited.

Suf·fix [zʊ'fɪks; 'zʊ-] *n* ⟨-es; -e⟩ *ling.* suffix.

suf·fi·zi·ent [zʊfi'tsĭɛnt] *adj* (*ausreichend, genügend*) sufficient. — **Suf·fi·zi'enz** [-'tsĭɛnts] *f* ⟨-; *no pl*⟩ sufficiency.

'Süff·ler *m* ⟨-s; -⟩, **Süff·ling** ['zʏflɪŋ] *m* ⟨-s; -e⟩ *obs.* tippler.

Suf·fo·ka·ti·on [zʊfoka'tsĭo:n] *f* ⟨-; -en⟩ *med.* (*Erstickung*) suffocation, asphyxia (*scient.*).

Suf·fra·gan [zʊfra'ga:n] *m* ⟨-s; -e⟩ *röm. kath.* suffragan (bishop).

Suf·fra·get·te [zʊfra'gɛtə] *f* ⟨-; -n⟩ *hist.* (*Frauenrechtlerin*) suffragette. — **Suf·fra·'get·ten·tum** *n* ⟨-s; *no pl*⟩ suffragettism.

Suf·fu·si·on [zʊfu'zĭo:n] *f* ⟨-; -en⟩ *med.* suffusion, extravasation.

Su·fi ['zu:fi] *m* ⟨-(s); -⟩ *relig.* (*im Islam*) Sufi.

Su·fis·mus [zu'fɪsmʊs] *m* ⟨-; *no pl*⟩ *relig.* (*im Islam*) Sufism, *auch* Sufiism. — **Su'fist** *m* ⟨-en; -en⟩ Sufi.

sug·ge·rie·ren [zʊge'ri:rən] *v/t* ⟨*no* ge-, h⟩ j-m etwas ~ *bes. psych.* to suggest s.th. to s.o., to convey s.th. to s.o. by suggestion: der Hypnotiseur suggerierte ihm, er sei ein Held the hypnotist suggested to him that he was a hero.

sug·ge·sti·bel [zʊgɛs'ti:bəl] *adj bes. psych.* suggestible: suggestible Menschen suggestible persons. — **Sug·ge·sti·bi·li'tät** [-tibili'tɛ:t] *f* ⟨-; *no pl*⟩ suggestibility.

Sug·ge·sti·on [zʊgɛs'tĭo:n] *f* ⟨-; -en⟩ *bes. psych.* suggestion.

Sug·ge·sti'ons|,kraft *f* ⟨-; *no pl*⟩ *bes. psych.* power of suggestion. — **~the·ra,pie** *f med. psych.* suggestion therapy.

sug·ge·stiv [zʊgɛs'ti:f] *adj bes. psych.* (*Wirkung, Macht etc*) suggestive: er stellte dem Zeugen ~e Fragen he put suggestive questions to the witness. — **S~,fra·ge** *f* suggestive question.

Su·gil·la·ti·on [zugɪla'tsĭo:n] *f* ⟨-; -en⟩ *med.* ecchymosis, suggillation, suffusion.

Suh·le ['zu:lə] *f* ⟨-; -n⟩ **1.** (*der Tiere*) wallow. – **2.** (*Lache, kleiner Tümpel*) wallow, slough, *auch* slew, slue.

suh·len ['zu:lən] *v/i u.* sich ~ *v/reflex* ⟨h⟩ **1.** (*von Schwarz- u. Rotwild*) wallow, welter: das Schwein suhlt (sich) im Schlamm the pig wallows in the mud. – **2.** *fig.* (*in Obszönitäten etc*) wallow.

'sühn·bar *adj archaic od. lit.* (*Verbrechen etc*) expiable, atonable, *auch* atoneable.

Süh·ne ['zy:nə] *f* ⟨-; -n⟩ **1.** atonement, expiation: sie verlangten (*od.* forderten) ~ für das Verbrechen they demanded atonement of (*od.* for, expiation of) the crime; die Untat fand gerechte ~ the misdeed met just atonement (*od.* was justly atoned *od.* expiated). – **2.** (*Wiedergutmachung, Entschädigung*) recompense, atonement, reparation: ~ von j-m für etwas fordern to demand recompense (*od.* reparation) for s.th. from s.o., to demand atonement of (*od.* for) s.th. from s.o. – **3.** *jur.* (*Schlichtung bei Scheidungsprozessen etc*) conciliation. – **4.** *relig.* (*Christi*) atonement, propitiation. — **~al,tar** *m relig.* (*für Sühnopfer*) altar of expiation. — **~,geld** *n hist. for* Bußgeld. — **~,maß·,nah·me** *f* (measure of) atonement (*od.* expiation).

süh·nen ['zy:nən] **I** *v/t* ⟨h⟩ **1.** (*ein Vergehen, einen Frevel etc*) atone (for), expiate: er hat das Verbrechen mit dem Tod gesühnt he atoned (*od.* paid for) his crime with death. – **2.** (*wiedergutmachen, entschädigen*) atone (for), recompense. – **II** *v/i* **3.** für etwas ~ a) (*für ein Vergehen etc*) to atone (for) (*od.* expiate) s.th., b) (*für einen Schaden etc*) to atone (for) s.th., to make recompense for s.th.: er hat für seine Tat gesühnt he atoned for (doing) this. – **III S~** *n* ⟨-s⟩ **4.** *verbal noun.* – **5.** *cf.* Sühnung. — **'süh·nend I** *pres p.* – **II** *adj* (*Opfer etc*) expiatory, atoning.

'Süh·ne|,op·fer *n relig. cf.* Sühnopfer. — **~,rich·ter** *m jur.* (*bei Scheidungsprozessen etc*) conciliation judge. — **~ter,min** *m* conciliation hearing. — **~ver,fah·ren** *n* conciliation proceedings *pl.* — **~ver,hand·lung** *f cf.* Sühnetermin. — **~ver,such** *m* attempt at conciliation.

'Sühn,op·fer *n relig.* **1.** ~ (Christi) propitiation, atonement. – **2.** (*zur Versöhnung der Götter*) expiation, expiatory sacrifice.

'Süh·nung *f* ⟨-; *no pl*⟩ **1.** *cf.* Sühnen. – **2.** (*eines Verbrechens etc*) (*gen*) atonement (of, for), expiation (of).

Sui·te ['sviːtə; zu'iːtə] *f* ⟨-; -n⟩ **1.** *mus.* suite. – **2.** (*eines Hotels etc*) suite (of rooms). – **3.** (*Gefolge*) entourage, suite, retinue, train.

Sui·zid [zui'tsiːt] *m, n* ⟨-(e)s; -e⟩ (*Selbstmord*) suicide.

Su·jet [zy'ʒeː; sy'ʒeː; sy'ʒɛ] (*Fr.*) *n* ⟨-s; -s⟩ (*literarisches od. künstlerisches Thema*) subject.

Suk·ka·de [zʊ'kaːdə] *f* ⟨-; -n⟩ *gastr.* (*kandierte Fruchtschale*) candied peel, succade.

Suk·ku·bus ['zʊkubʊs] *m* ⟨-; -kuben [-'kuːbən]⟩ *myth.* succubus.

suk·ku·lent [zʊku'lɛnt] *adj bes. bot.* (*Pflanze, Obst*) succulent. — **Suk·ku'len·te** *f* ⟨-; -n⟩ *meist pl bot.* succulent. — **Suk·ku'lenz** [-'lɛnts] *f* ⟨-; *no pl*⟩ (*Saftfülle*) succulence, succulency.

Suk·ti·on [zʊk'tsĭoːn] *f* ⟨-; -en⟩ *med.* suction.

suk·ze·die·ren [zʊktse'diːrən] *v/i* ⟨*no* ge-, sein⟩ j-m ~ *obs.* to succeed s.o.

Suk·zes·si·on [zʊktsɛ'sĭoːn] *f* ⟨-; -en⟩ succession: apostolische ~ *relig.* apostolic succession.

Suk·zes·si'ons,staat *m* ⟨-(e)s; -en⟩ *jur. pol.* (*bes. im Völkerrecht*) succession state.

suk·zes·siv [zʊktsɛ'siːf] **I** *adj* successive, gradual. – **II** *adv cf.* sukzessive. — **suk·zes'si·ve** [-ve] *adv* successively, gradually, little by little.

Suk·zes·sor [zʊk'tsɛsər] *m* ⟨-s; -en [-'soːrən]⟩ *obs. for* Rechtsnachfolger.

Sul·fa·dia·zin [zʊlfadia'tsiːn] *n* ⟨-s; *no pl*⟩ *chem.* sulfadiazine *bes. Br.* -ph- ($H_2NC_6H_4SO_2NHC_4H_3N_2$).

Sul·fa·mat [zʊlfa'maːt] *n* ⟨-(e)s; *no pl*⟩ *chem.* sulfamate *bes. Br.* -ph-.

Sul·fa·me·ra·zin [zʊlfamera'tsiːn] *n* ⟨-s; *no pl*⟩ *chem.* sulfamerazine *bes. Br.* -ph- ($C_{11}H_{12}N_4O_2S$).

Sulf·amid [zʊlfa'miːt] *n* ⟨-(e)s; -e⟩ *chem.* sulfamide *bes. Br.* -ph- ($SO_2(NH_2)_2$). — **~,harz** *n* sulfamide resin.

Sulf·amin,säu·re [zʊlfa'miːn-] *f chem.* sulfamic (*bes. Br.* -ph-) acid (H_2NSO_3H).

Sul·fat [zʊl'faːt] *n* ⟨-(e)s; -e⟩ *chem.* sulfate *bes. Br.* -ph-. — **sul·fa·tie·ren** [zʊlfa'tiːrən] *v/t* ⟨*no* ge-, h⟩ **1.** sulfate *bes. Br.* -ph-. – **2.** sulfate *bes. Br.* -ph-, sulfatize, *bes. Br.* sulphatize *auch* -s-. — **Sul·fa'tie·rung** *f* ⟨-; -en⟩ sulfation *bes. Br.* -ph-.

Sul·fid [zʊl'fiːt] *n* ⟨-(e)s; -e⟩ *chem.* sulfide *bes. Br.* -ph-.

Sul'fin,säu·re [zʊl'fiːn-] *f chem.* sulfinic (*bes. Br.* -ph-) acid (RSO_2H).

Sul·fit [zʊl'fiːt; -'fɪt] *n* ⟨-s; -e⟩ *chem.* sulfite *bes. Br.* -ph-. — **~,lau·ge** *f cf.* Lignin. — **~,zell,stoff** *m Am.* sulfite pulp, *Br.* sulphite cellulose.

Sul·fo|chlo·rid [zʊlfoklo'riːt] *n chem.* a) sulfuric (*bes. Br.* -ph-) oxychloride (SO_2Cl_2), b) *pl* sulfonyl (*bes. Br.* -ph-) chlorides (RSO_2Cl). — **~chlo'rie·rung** [-klo'riːrʊŋ] *f* sulfochlorination *bes. Br.* -ph-.

Sul·fon [zʊl'foːn] *n* ⟨-s; -e⟩ *chem.* sulfone *bes. Br.* -ph-.

Sul·fo·nal [zʊlfo'naːl] *n* ⟨-(e)s; *no pl*⟩ *med. pharm. chem.* sulfonal *bes. Br.* -ph-, sulfonmethane *bes. Br.* -ph- [$(CH_3)_2C(SO_2C_2H_5)_2$].

Sul·fon·amid [zʊlfona'miːt] *n* ⟨-(e)s; -e⟩ *meist pl med. pharm.* sulfonamide *bes. Br.* -ph-, sulfa (*bes. Br.* -ph-) drug.

Sul·fo·nat [zʊlfo'naːt] *n* ⟨-(e)s; -e⟩ *chem.* sulfonate *bes. Br.* -ph-. — **sul·fo'nie·ren** [-'niːrən] *v/t* ⟨*no* ge-, h⟩ *cf.* sulfurieren.

Sul'fon,säu·re *f chem.* sulfonic (*bes. Br.* -ph-) acid (RSO_3H).

Sulf|oxid [zʊlfˀɔ'ksiːt], **~oxyd** [-'ksyːt] *n chem.* sulfoxide *bes. Br.* -ph-.

Sul·fur ['zʊlfʊr] *n* ⟨-s; *no pl*⟩ *chem.* sulfur *bes. Br.* -ph- (S).

sul·fu·rie·ren [zʊlfu'riːrən] *v/t* ⟨*no* ge-, h⟩ *chem.* sulfonate *bes. Br.* -ph-. — **Sul·fu'rie·rung** *f* ⟨-; -en⟩ sulfonation *bes. Br.* -ph-.

Sul·ky ['zʊlki; 'sʌlkɪ] (*Engl.*) *n* ⟨-s; -s⟩ (*beim Trabrennen*) sulky.

Süll [zʏl] *m, n* ⟨-(e)s; -e⟩ *Low G.* **1.** *mar.* coaming, *auch* coamings *pl.* – **2.** (*hohe Türschwelle*) sill.

Sul·tan ['zʊltaːn] *m* ⟨-s; -e⟩ sultan. — **Sul·ta'nat** [-ta'naːt] *n* ⟨-(e)s; -e⟩ sultanate. — **Sul'ta·nin** *f* ⟨-; -nen⟩ sultana.

Sul·ta·ni·ne [zʊlta'niːnə] *f* ⟨-; -n⟩ (*kernlose Rosine*) sultana.

Sulz [zʊlts] *f* ⟨-; -en⟩, **'Sul·ze** *f* ⟨-; -n⟩ *Southern G., Austrian and Swiss for* Sülze.

Sül·ze ['zʏltsə] *f* ⟨-; -n⟩ **1.** *gastr.* brawn, jellied meat. – **2.** *min.* (*Salzlake*) brine. – **3.** *hunt. cf.* Salzlecke.

sul·zen ['zʊltsən] *v/t* ⟨h⟩ *Southern G., Austrian and Swiss for* sülzen.

sül·zen ['zʏltsən] *v/t* ⟨h⟩ *gastr.* (*Fleisch, Fisch*) boil (*s.th.*) until jellified.

'Sülz|,fleisch *n gastr.* jellied meat. — **~ko·te,lett** *n* cutlet in aspic. — **~,wurst** *f* ⟨-; *no pl*⟩ (jellied) brawn, *Am. auch* headcheese.

Su·mach ['zuːmax] *m* ⟨-s; -e⟩ *bot.* sumac(h), *auch* shumac (*Gattg Rhus*).

Su'ma·tra|,nas,horn *n zo.* Sumatran (*od.* Chittagong) rhinoceros (*Dicerorhinus sumatrensis*). — **~,roll,schlan·ge** *f* Weber's cylinder snake (*Anomalochilus weberi*).

Su·me·rer [zu'meːrər] *m* ⟨-s; -⟩ *hist.* Sumerian. — **su'me·risch I** *adj* Sumerian. – **II** *ling.* **S~** ⟨*generally undeclined*⟩, **das S~e** ⟨-n⟩ Sumerian.

summ [zʊm] *interj only in* ~, ~! buzz, buzz!

Sum·ma ['zʊma] *f* ⟨-; Summen⟩ **1.** *philos. hist.* (*in der Scholastik*) summa. – **2.** *obs. for* Summe: in s~ *archaic cf.* summa summarum.

sum·ma cum lau·de ['zʊma kʊm 'laude] *adv ped.* summa cum laude.

Sum·mand [zʊ'mant] *m* ⟨-en; -en⟩ *math.* summand, addend.

sum·ma·risch [zʊ'maːrɪʃ] **I** *adj* (*Bericht, Darstellung etc*) summary: ~e Gerichtsbarkeit (*od.* Rechtsprechung) *jur.* (*in angelsächsischen Ländern*) summary jurisdiction. – **II** *adv* summarily: er hat das Thema nur sehr ~ behandelt he only treated the subject very summarily; ~ zu bestrafende Delikte *jur.* offences (*Am.* offenses) summarily punishable.

sum·ma sum·ma·rum ['zʊma zʊ'maːrʊm] *adv* (*alles in allem*) all in all, all things considered.

Sum·ma·ti·on [zʊma'tsĭoːn] *f* ⟨-; -en⟩ *math.* summation.

Sümm·chen ['zʏmçən] *n* ⟨-s; -⟩ *dim. of* Summe 1: ein nettes (*od.* hübsches, rundes) ~ *colloq.* a fair amount, a nice (*od. colloq.* tidy) sum, a pretty penny (*colloq.*).

Sum·me ['zʊmə] *f* ⟨-; -n⟩ **1.** (*Geldbetrag*) sum, amount: eine große (*od.* hohe) ~ für etwas bereitstellen to provide a large sum (*od.* amount) for s.th.; die höchste [niedrigste] ~ für etwas bieten to bid the highest (*od.* maximum) [lowest, minimum] (amount) for s.th.; sie waren sich (*dat*) über die Höhe der ~ nicht einig they could not agree on the sum; das hat eine runde (*od. colloq.* hübsche) ~ gekostet that cost a fair amount (*od. colloq.* a tidy sum, a pretty penny); das Projekt hat ungeheure ~n verschlungen the project cost a tremendous sum (*od.* cost tremendous sums) (of money), the project cost the earth (*colloq.*). – **2.** *math.* (*einer Addition*) sum, aggregate (*scient.*): die ~ ziehen to add up, to tot up. – **3.** (*Gesamtheit*) sum (total), totality: die ~ aller Erkenntnis the sum (total) of all knowledge.

sum·men¹ ['zʊmən] **I** *v/i* ⟨h⟩ **1.** (*bes. von Biene*) buzz, (*weicher*) hum, (*tiefer*) drone. – **2.** (*bes. von Fliege, Mücke, Käfer etc*) buzz, (*weicher*) hum. – **3.** (*mit geschlossenen Lippen singen*) hum: er summte vor sich hin he hummed (away) to himself. – **4.** (*von elektrischen Leitungen, Transformator etc*) buzz, (*weicher*) hum. – **5.** (*von Ohren, Kopf, Blut etc*) sing, ring, hum: es summt mir in den Ohren my ears are ringing. – **6.** (*von Wasserkessel etc*) sing, hum. – **7.** *fig.* (*vor Betriebsamkeit, Geschäftigkeit etc*) (*vor dat* with) buzz, hum: das Dorf summte wie ein Bienenkorb the village buzzed like a beehive. – **II** *v/t* **8.** (*ein Lied, eine Melodie etc*) hum. – **III S~** *n* ⟨-s⟩ **9.** *verbal noun.* – **10.** (*bes. von Biene*) buzz, (*weicher*) hum, (*tiefer*) drone. – **11.** (*bes. von Fliege etc*) buzz, (*weicher*) hum. – **12.** (*eines Liedes etc*) hum. – **13.** (*eines Telefondrahts etc*) buzz, (*weicher*) hum. – **14.** (*in den Ohren etc*) hum. – **15.** (*des Wasserkessels*) hum.

'sum·men² *v/t u.* sich ~ *v/reflex* ⟨h⟩ *obs. for* summieren.

'Sum·men|bi,lanz *f econ.* turnover balance. — **~,for·mel** *f chem.* molecular formula. — **~fre,quenz** *f electr.* (*radio*) sum (*od.* summation) frequency. — **~,gleichung** *f math.* summation equation. — **~ver,si·che·rung** *f econ.* insurance of fixed sums. — **~,zäh·ler** *m tech.* summation meter, summator.

'Sum·mer *m* ⟨-s; -⟩ *electr. tel.* buzzer, hummer. — **~,ton** *m*, **~,zei·chen** *n cf.* Summton 2.

sum·mie·ren [zʊ'miːrən] **I** *v/t* ⟨*no* ge-, h⟩ **1.** *math.* sum (up), add (*od.* tot) (up), cast up. – **2.** (*zusammenfassen*) sum up. – **II** *v/reflex* sich ~ **3.** (*von Beträgen, Fehlern, kleinen Vergehen etc*) add up, tot up: das summiert sich! *colloq.* it all adds up! – **4.** sich auf (*acc*) etwas ~ (*von Kosten etc*) to add up (*od.* amount) to s.th. – **III S~** *n* ⟨-s⟩ **5.** *verbal noun.* — **Sum'mie·rung** *f* ⟨-; *no pl*⟩ **1.** *cf.* Summieren. – **2.** *math.* summation. – **3.** (*der Erkenntnisse, Erfahrungen etc*) summing-up, summation.

'Summ,ton *m* **1.** *cf.* Summen 10, 11, 13. – **2.** *electr. tel.* buzzer signal, buzzing tone.

Sumpf [zʊmpf] *m* ⟨-(e)s; =e⟩ **1.** swamp, marsh, slough, *auch* slew, slue: er versank im ~ he sank into a swamp, he bogged down (in a swamp); einen ~ trockenlegen to drain a swamp; in einen ~ geraten a) to get lost in a swamp, b) *fig.* (*in schlechte Gesellschaft kommen*) to fall into (*od.* get caught up in) bad company. – **2.** *fig.* (*der Verzweiflung, Unmoral etc*) slough, quagmire: er ging im ~ der Großstadt unter *lit.* he sank into the slough of the big city. – **3.** (*mining*) (*eines Schachts*) sump. – **4.** *tech.* (*in der Schmiertechnik*) sump. – **5.** *auto.* (*einer Kurbelwanne*) oil pan, sump. — **~,aal** *m zo.* American short-tail eel, symbranch (*scient.*) (*Fam. Symbranchidae*). — **~an·ti,lo·pe** *f* sitatunga, situtunga (*Strepsiceros spekei*). — **~aza,lee** *f bot.* swamp (*auch* clammy) azalea, *auch* swamp (*od.* white) honeysuckle (*Rhododendron viscosum*). — **~,bi·ber** *m zo. cf.* Nutria 1. — **~,bo·den** *m* swampy (*od.* marshy) ground. — **~,deckel,schnecke** (*getr.* -k·k-) *f zo.* pond (*od.* river) snail (*Viviparus viviparus*). — **~,dot·ter,blu·me** *f bot.* marsh marigold, cowslip (*Caltha palustris*).

sump·fen ['zʊmpfən] *v/i* ⟨h⟩ *fig. colloq. humor.* **1.** (*durch Nachtlokale ziehen*) *Am. colloq.* barhop, go barhopping, *bes. Br.* pub-crawl, go on a pub crawl. – **2.** (*ausschweifend leben*) live it up, lead a fast life.

sümp·fen ['zʏmpfən] *v/t* ⟨h⟩ **1.** (*mining*) drain. – **2.** (*in der Töpferei*) knead.

'Sumpf|,erz *n min.* bog iron (ore). — **~,fie·ber** *n med. cf.* Malaria. — **~,frosch** *m zo.* **1.** Amerikanischer ~ pickerel (*od.* swamp, marsh) frog (*Rana palustris*). – **2.** Australischer ~ banjo frog (*Gattg Limnodynastes*). — **~,gar·be** *f bot.* sneezewort (*Achillea ptarmica*). — **~,gas** *n* marsh gas. — **~,ge·gend** *f* swampy (*od.* marshy, sloughy) district. — **~,herz,blatt** *n bot. cf.* Studentenblume. — **~,hirsch** *m zo.* marsh deer (*Dorcelaphus dichotomus*). — **~,huhn** *n* **1.** *fig. colloq. humor.* (*Nachtschwärmer*) *Am. colloq.* barhopper, *bes. Br.* pub crawler. – **2.** *zo.* crake (*Gattg Porzana*).

'sump·fig *adj* (*Gelände etc*) swampy, marshy, sloughy.

'Sumpf|,kie·fer *f bot.* pond (*od.* yellow) pine (*Pinus serotina*). — **~kro·ko,dil** *n zo.* mugger, marsh crocodile (*Crocodylus palustris*). — **~,land** *n* ⟨-(e)s; *no pl*⟩ swamp(land), marsh(land). — **~,loch** *n* slough, mire. — **~,luchs** *m zo.* jungle cat (*Felis chaus*). — **~,mei·se** *f* marsh tit, *auch* marsh titmouse (*Parus palustris*). — **~,moos** *n bot.* muskeg moss, sphagnum (moss) (*scient.*) (*Gattg Sphagnum*). — **~,ohr,eu·le** *f zo.* short-eared owl (*Asio flammeus*). — **~,ot·ter** *m cf.* Nerz 1. — **~,pflan·ze** *f bot.* marsh (*od. scient.* paludal) plant (*od.* weed). — **~,porst** *m* marsh tea (*Ledum palustre*). — **~,schild,krö·te** *f zo.*

mud turtle (*od.* terrapin, tortoise) (*Fam. Emydidae*): Europäische ~ European pond turtle, European pond tortoise (*Emys orbicularis*). — ~ˌ**schnep·fe** *f* bleater, common snipe (*Capella gallinago*). — ~ˌ**vö·gel** *pl* marsh birds, waders, wading birds. — ~ˌ**was·ser** *n* bog water. — ~ˌ**wie·se** *f* swampy (*od.* marshy) meadow (*od.* pasture). — ~ˌ**wurz** *f bot.* helleborine (*Gattg Epipactis*). — ~ˌ**ze·der**, ~**zyˌpres·se** *f* deciduous cypress, *Am.* bald (*od.* black, white) cypress (*Taxodium distichum*).

Sums [zʊms] *m* ⟨-es; *no pl*⟩ *Northern and Middle G. colloq. only in* (einen) großen (*od.* viel) ~ (mit j-m *od.* um j-n [etwas]) machen to make a great fuss (*od.* ado) (about s.o. [s.th.]); mach keinen ~! don't make a fuss!

sum·sen [ˈzʊmzən] *v/i* ⟨h⟩ **1.** *dial. for* summen[1] I. – **2.** *Bavarian and Austrian colloq.* (*von Kindern*) whine.

Sund [zʊnt] *m* ⟨-(e)s; -e⟩ (*Meerenge*) sound, strait(s *pl construed as sg*), (*in Dänemark*) belt.

Sün·de [ˈzʏndə] *f* ⟨-; -n⟩ **1.** *relig.* sin: läßliche ~ venial sin; die ~ des Hochmuts the sin of pride; eine ~ begehen to (commit a) sin; seine ~n beichten (*od.* bekennen) to confess one's sins; j-m seine ~n vergeben to forgive (*od.* pardon, remit) s.o. his sins; Vergebung der ~n forgiveness (*od.* remission) of sins, pardon for one's sins; in ~ leben to live in sin. – **2.** sin: es ist eine ~, Eßbares wegzuwerfen it is a sin to throw food away; es ist eine ~ und Schande, wie er sich ihr gegenüber benimmt it is a sinful (*od.* crying, wicked) shame (*od.* a downright scandal) the way he behaves toward(s) her; das ist eine ~ gegen den guten Ton that's an offence (*Am.* offense) against good form; sie ist häßlich wie die ~ she is (as) ugly as sin; er meidet (den) Alkohol wie die ~ he avoids alcohol like the plague; ich hasse ihn wie die ~ I hate him like poison; das ist doch keine ~ it's no crime.

ˈ**Sün·den**|ˌ**ba·bel** *n* ⟨-s; *no pl*⟩ *meist humor.* sink of iniquity, hotbed of vice, *Am. colloq.* hell's kitchen. — ~**beˌkennt·nis** *n bes. relig.* confession (of sins). — ~ˌ**bock** *m colloq.* scapegoat, whipping boy, *Am. colloq.* 'goat', *Am. sl.* fall guy: den ~ spielen (*od.* abgeben), als ~ dienen to be the scapegoat; j-n zum ~ machen to make a scapegoat of s.o. — ~**erˌlaß** *m relig. cf.* Sündenvergebung. — ~ˌ**fall** *m* (the) Fall, fall of man. — s~ˌ**frei** *adj* **1.** free of sin, sinless. – **2.** (*unschuldig*) innocent. — ~ˌ**geld** *n* **1.** ill-gotten money (*od.* gains *pl*). – **2.** *colloq.* enormous sum, mint (of money) (*colloq.*): dieses Kleid hat ein ~ gekostet this dress cost a mint of money. — ~ˌ**kon·to** *n fig. colloq. cf.* Sündenregister. — ~ˌ**last** *f* burden of sin. — ~ˌ**le·ben** *n* life of sin, sinful life: ein ~ führen to live a life of sin. — ~ˌ**lohn** *m* **1.** wages *pl* (*construed as sg or pl*) of sin. – **2.** *colloq. cf.* Hungerlohn.

ˈ**sün·den·los** *adj relig. cf.* sündenfrei. — ˈ**Sün·den·lo·sig·keit** *f* ⟨-; *no pl*⟩ **1.** sinlessness. – **2.** innocence.

ˈ**Sün·den**|ˌ**maß** *n only in* sein ~ war voll the measure of his sins was full. — ~ˌ**pfuhl** *m contempt.* cesspool (*od.* sink) of vice. — ~**reˌgi·ster** *n fig. colloq.* list of sins: j-m sein ~ vorhalten to go through the list of s.o.'s sins; das kommt auf sein ~ that is another black mark (in the book) for him; der Engel, der das ~ führt the recording angel. — ~ˌ**schuld** *f relig.* (sum of) sins. — ~**verˌge·bung** *f* absolution, forgiveness (*od.* remission) of sins.

ˈ**Sün·der** *m* ⟨-s; -⟩ **1.** *relig.* sinner. – **2.** (*Missetäter*) sinner: ein hartgesottener ~ a hardened sinner (*od.* offender). – **3.** (du bist ein) alter ~! *colloq. humor.* (you're an) old scamp! – **4.** armer ~ *archaic* criminal under sentence of death.

ˈ**Sün·de·rin** *f* ⟨-; -nen⟩ *cf.* Sünder 1, 2.

ˈ**Sün·derˌmie·ne** *f colloq. humor.* hangdog expression.

ˈ**Sündˌflut** *f relig. cf.* Sintflut 1.

ˈ**sünd·haft I** *adj* **1.** *relig.* (*Gedanken, Taten etc*) sinful, iniquitous (*lit.*): der ~e Mensch the sinful man, the sinner; ein ~es Leben führen to lead a sinful life (*od.* a life of sin). – **2.** *fig. colloq.* 'frightful', 'wicked' (*beide colloq.*): das Kleid hat ein ~es Geld gekostet the dress cost a wicked amount of money. – **II** *adv* **3.** *relig.* sinfully, iniquitously (*lit.*). – **4.** *fig. colloq.* 'frightfully', 'wickedly' (*beide colloq.*): ~ teuer frightfully expensive. — ˈ**Sünd·haf·tig·keit** *f* ⟨-; *no pl*⟩ *relig.* sinfulness; iniquity, iniquitousness (*lit.*).

ˈ**sün·dig** *adj relig. cf.* sündhaft 1.

sün·di·gen [ˈzʏndɪgən] *v/i* ⟨h⟩ **1.** *relig.* (commit a) sin: gegen (*od.* wider) Gottes Gebote ~ to sin against God's commandments. – **2.** (*gegen Natur, Gesundheit etc*) (gegen against) sin. – **3.** an j-m ~ to wrong s.o. – **4.** *colloq.* indulge: ich darf zwar keinen Alkohol trinken, aber heute werde ich einmal ~ I'm not allowed to drink alcohol but I'm going to indulge today.

ˈ**sünd·los** *adj relig. cf.* sündenfrei. — ˈ**Sünd·lo·sig·keit** *f* ⟨-; *no pl*⟩ *cf.* Sündenlosigkeit.

Sun·nit [zʊˈniːt] *m* ⟨-en; -en⟩ *relig.* (*im Islam*) Sunnite.

Su·per[1] [ˈzuːpər] *n* ⟨-s; *no pl*⟩ *colloq.* (*Benzin*) super (*grade of gasoline* [*Br. petrol*]): ~ fahren to drive on (*od.* use) super; ~ tanken to use super.

ˈ**Su·per**[2] *m* ⟨-s; -⟩ (*radio*) *short for* Superheterodynempfänger.

ˈ**su·per** *adj* ⟨*invariable*⟩ *colloq.* super (*colloq.*): sein neues Auto ist (einfach) ~ his new car is (absolutely) super.

ˌ**Su·per-8**|**-ˌFilm** [-ˈʔaxt-] *m phot.* Super-8 film. — ~**-ˌFilm·kasˌset·te** *f* Super-8 (film) cartridge.

ˈ**Su·per**|ˌ**au·to** *n colloq.* super car. — ~**azi·di·tät** [zupɛrʔatsidiˈtɛːt] *f med.* **1.** superacidity, hyperacidity. – **2.** (*des Magensafts*) hyperchlorhydria.

su·perb [zuˈpɛrp], *bes. Austrian* **sü·perb** [zyˈpɛrp] *adj* superb, splendid.

ˈ**Su·per-Balˌlonˌrei·fen** *m auto.* super-balloon tire (*bes. Br.* tyre).

ˈ**Su·per**|ˌ**ding** *n colloq.* super job: ein ~ drehen to pull off a super (*od.* perfect) job. — ~**di·viˌden·de** *f econ.* **1.** extra dividend on preferential shares (*bes. Am.* stocks). – **2.** super-dividend (in high-profit years), *Am. auch* bonus. — s~ˌ**fein** *adj bes. econ.* (*Qualität*) superfine. — ~**fe·kun·da·ti·on** [zupɛrfekundaˈtsǐoːn] *f biol. med.* superfecundation. — ~ˌ**fe·stung** *f aer. mil.* superfort(ress).

su·per·fi·zi·ell [zupɛrfiˈtsǐɛl] *adj med.* (*oberflächlich*) superficial.

ˈ**Su·per**|ˌ**frau** *f colloq.* super woman. — s~**geˌscheit** *adj colloq. iron.* **1.** (*neunmalklug*) too clever by half, highbrow. – **2.** (*töricht*) brilliant: das war (aber) ~ von dir! that was brilliant of you! — ~**geˌschei·te** *m, f* ⟨-n; -n⟩ *colloq. iron.* smart aleck, *auch* smart-alec, wiseacre, wise guy, *Am. colloq.* w(e)isenheimer: du bist ja ein ganz ~r! you're a real smart aleck! — ~ˌ**hausˌfrau** *f colloq.* **1.** perfect housewife, *Br. contempt. auch* hausfrau. – **2.** (*übertrieben sorgfältige*) house-proud woman.

Su·per·het [ˈzuːpɛrhɛt] *m* ⟨-s; -s⟩ *colloq.* (*radio*) superhet (receiver).

Su·per·he·te·roˈdyn·empˌfän·ger [zupɛrheteroˈdyːn-] *m* (*radio*) superheterodyne (receiver).

Su·per|**in·fek·ti·on** [zupɛrʔɪnfɛkˈtsǐoːn] *f med.* superinfection. — ~**in·tenˈdent** [-ʔɪntɛnˈdɛnt] *m* ⟨-en; -en⟩ *relig.* superintendent. — ~**in·ten·denˈtur** [-ʔɪntɛndɛnˈtuːr] *f* ⟨-; -en⟩ **1.** superintendency. – **2.** house of a superintendent.

Su·pe·ri·or [zuˈpeːrǐɔr] *m* ⟨-s; -en [-peˈrǐoːrən]⟩ *röm.kath.* (*in Klöstern etc*) superior: Vater ~ Father Superior. — **Su·pe·rio·rin** [zupeˈrǐoːrɪn] *f* ⟨-; -nen⟩ superior: Mutter ~ Mother Superior.

Su·pe·rio·ri·tät [zuperǐoriˈtɛːt] *f* ⟨-; *no pl*⟩ **1.** (*Überlegenheit*) superiority. – **2.** (*Übergewicht*) superiority, preponderance.

ˈ**Su·perˌkar·go** *m* ⟨-s; -s⟩ *econ. mar.* supercargo.

ˈ**su·perˌklug** *adj colloq. iron. cf.* supergescheit. — ˈ**Su·perˌklu·ge** *m, f* ⟨-n; -n⟩ *colloq. iron. cf.* Supergescheite.

Su·per·la·tiv [ˈzuːpɛrlatiːf; zupɛrlaˈtiːf] *m* ⟨-s; -e⟩ **1.** *ling.* superlative (degree). – **2.** *fig.* superlative, exaggerated expression: in ~en reden to speak in superlatives. — **su·per·la·ti·visch** [ˈzuːpɛrlatiːvɪʃ; zupɛrlaˈtiːvɪʃ] *adj* **1.** *ling.* superlative. – **2.** *fig.* superlative, exaggerated.

ˈ**Su·per**|ˌ**mäd·chen** *n colloq.* super girl. — ~ˌ**mann** *m colloq.* superman. — ~ˌ**markt** *m* supermarket. — s~**moˌdern** *adj colloq.* ultramodern. — ~**na·tu·ra·lis·mus** [zupɛrnaturaˈlɪsmʊs] *m philos.* supernaturalism. — ~**na·tu·ra·list** [zupɛrnaturaˈlɪst] *m* supernaturalist. — s~**na·tu·raˈli·stisch** *adj* supernaturalistic. — ~**oxyd** [-ʔɔˌksyːt], ~**oxyd** [-ʔɔˌksyːt] *n chem.* peroxide. — ~**phosˌphat** *n chem. agr.* superphosphate. — ~**po·si·ti·on** [zupɛrpoziˈtsǐoːn] *f math. phys.* superposition. — ~ˌ**schwer·geˌwicht** *n* (*sport*) superheavyweight. — ~**se·kre·ti·on** [zupɛrzekreˈtsǐoːn] *f med.* hypersecretion.

Su·per·sti·ti·on [zupɛrstiˈtsǐoːn] *f* ⟨-; *no pl*⟩ *obs. for* Aberglaube(n).

Su·per·strat [zupɛrˈstraːt] *n* ⟨-(e)s; -e⟩ *ling.* superstratum.

ˈ**Su·perˌtan·ker** *m mar.* supertanker.

Su·pi·num [zuˈpiːnʊm] *n* ⟨-s; -na [-na]⟩ *ling.* supine.

Süpp·chen [ˈzʏpçən] *n* ⟨-s; -⟩ *dim. of* Suppe 1: sein ~ am Feuer anderer kochen *fig. colloq.* to (try to) get an advantage to the detriment of others.

Sup·pe [ˈzʊpə] *f* ⟨-; -n⟩ **1.** *gastr.* a) soup, b) (*Fleischbrühe*) broth, bouillon, consommé, *auch* consomme: klare [legierte] ~ clear [cream] soup; dicke [dünne] ~ thick [thin] soup; ein Teller ~ a plate of soup; ~ aus der Tüte [Dose] dried (*od.* powdered) [*bes. Am.* canned, *bes. Br.* tinned] soup; ~ mit Einlage garnished soup; die ~ versalzen to oversalt the soup; j-m die ~ versalzen, j-m in die ~ spucken *fig. colloq.* to spoil s.o.'s fun; sie hat sich die ~ eingebrockt, jetzt muß sie sie auch auslöffeln, sie muß die ~ auslöffeln, die sie sich (selbst) eingebrockt hat *fig. colloq.* she'll have to face the music (*colloq.*); die ~ hat er sich selbst eingebrockt *fig. colloq.* he has only himself to blame (for it); da hast du dir ja eine schöne ~ eingebrockt! *fig. colloq.* you got yourself into a nice (*od.* fine) mess (*od.* a nice fix)! → Haar 3. – **2.** *fig. colloq.* (*Nebel*) soup.

ˈ**Sup·pen**|ˌ**fleisch** *n gastr.* **1.** meat for making soup. – **2.** boiled beef. — ~**geˌmü·se** *n* vegetables *pl* for soup-making. — ~**geˌwürz** *n cf.* Suppenwürze. — ~ˌ**grün** *n* bunch of herbs and vegetables for soup-making. — ~ˌ**huhn** *n* boiling fowl. — ~ˌ**kas·per** *m* ⟨-s; -⟩ *colloq. nickname for a child who will not eat its soup.* — ~ˌ**kel·le** *f Northern G.* soup ladle. — ~ˌ**kno·chen** *m* soupbone. — ~**konˌser·ve** *f meist pl* canned (*bes. Br.* tinned) soup. — ~ˌ**kraut** *n* **1.** *meist pl* potherb. – **2.** *cf.* Suppengrün. — ~ˌ**löf·fel** *m* **1.** soup spoon. – **2.** *cf.* Suppenkelle. — ~ˌ**nu·deln** *pl* soup noodles. — ~ˌ**schildˌkrö·te** *f zo.* green turtle (*Chelonia mydas*). — ~ˌ**schüs·sel** *f* (soup) tureen (*auch* terrine). — ~ˌ**tas·se** *f* soup cup. — ~ˌ**tel·ler** *m* soup plate. — ~**terˌri·ne** *f cf.* Suppenschüssel. — ~ˌ**topf** *m* **1.** soup pot, stockpot. – **2.** *gastr.* pot-au-feu. — ~ˌ**wür·fel** *m* bouillon (*od.* soup) cube. — ~ˌ**wür·ze** *f* soup seasoning.

ˈ**sup·pig** *adj* (*zu flüssig*) soupy.

Sup·ple·ant [zʊpleˈant] *m* ⟨-en; -en⟩ *Swiss for* Ersatzmann 1.

Sup·ple·ment [zʊpleˈmɛnt] *n* ⟨-(e)s; -e⟩ **1.** supplement. – **2.** *math.* (*eines Winkels, Bogens etc*) supplement. — **sup·ple·men·ˈtär** [-ˈtɛːr] *adj bes. math.* supplementary, supplemental.

Sup·pleˈment|ˌ**band** *m* ⟨-(e)s; ⸚e⟩ supplement, supplementary (*od.* supplemental) volume. — ~ˌ**lie·fe·rung** *f* supplementary (*od.* supplemental) issue (*od.* fascicle). — ~ˌ**win·kel** *m math.* supplement, supplemental (*od.* supplementary) angle.

Sup·ple·ti·on [zʊpleˈtsǐoːn] *f* ⟨-; -en⟩ *ling.* suppletion.

Sup·plik [zʊˈpliːk] *f* ⟨-; -en⟩ *obs. for* a) Bittgebet, b) Bittgesuch. — **Sup·pli·ˈkant** [-pliˈkant] *m* ⟨-en; -en⟩ *obs. for* Bittsteller.

sup·po·nie·ren [zʊpoˈniːrən] *v/t* ⟨*no* ge-, h⟩ *bes. philos.* suppose, presume.

Sup·port [sʊˈpɔrt] *m* ⟨-(e)s; -e⟩ *tech.* **1.** slide rest: drehbarer ~ swivel (*od.* swivel[l]ing) slide rest (*od.* toolholder). – **2.** (*Planschlitten*) cross slide (rest). – **3.** (*Kreuzschlitten*) compound (slide) rest. – **4.** top slide. – **5.** (*Meißelhalter*) toolholder. – **6.** (*einer Hobelmaschine*) toolhead, railhead. – **7.** turret(head).

Sup·po·si·ti·on [zupozi'tsĭoːn] f ⟨-; -en⟩ *bes. philos.* supposition, assumption.

Sup·po·si·to·ri·um [zupozi'toːrĭum] n ⟨-s; -rien⟩ *med. pharm.* suppository.

Sup·pres·si·on [zuprɛ'sĭoːn] f ⟨-; -en⟩ *med. psych.* suppression.

sup·pri·mie·ren [zupri'miːrən] v/t ⟨*no* ge-, h⟩ *med. psych.* suppress.

Sup·pu·ra·ti·on [zupura'tsĭoːn] f ⟨-; -en⟩ *med.* (*Eiterung*) suppuration. — **sup·pu·ra'tiv** [-'tiːf] *adj* festering, suppurative, suppurating, purulent.

'su·pra|ˌflüs·sig ['zuːpra-] *adj phys.* superfluid. — **S~ˌflüs·sig·keit** f superfluidity.

su·pra·kla·vi·ku·lar [zupraklaviku'laːr] *adj med.* supraclavicular. — **S~ˌgru·be** f supraclavicular fossa.

'Su·pra|ˌleit,fä·hig·keit f *electr. phys.* superconductivity, supraconductivity. — **s~na·tio·nal** [zupranatsĭo'naːl] *adj pol.* (*Organisation, Kongreß etc*) supranational. — **~na·tu·ra·lis·mus** [zupranatura'lɪsmus] m *relig. philos.* supernaturalism. — **~na·tu·ra·list** [zupranatura'lɪst] m supernaturalist. — **s~na·tu·ra'li·stisch** *adj* supernaturalistic.

Su·pre·mat [zupre'maːt] m, n ⟨-(e)s; -e⟩, **Su·pre·ma'tie** [-ma'tiː] f ⟨-; -n [-ən]⟩ *bes. relig.* supremacy. — **Su·pre'mats,eid** m *relig. hist.* (*in England*) oath of supremacy.

Su·re ['zuːrə] f ⟨-; -n⟩ *relig.* (*im Koran*) sura, *auch* surah.

Sur·fing ['sœːfɪŋ] (*Engl.*) n ⟨-s; *no pl*⟩ (*sport*) surfing, surfboarding, surf-riding, riding the surf.

'Sur,fleisch ['zuːr-] n *Austrian gastr. for* Pökelfleisch.

Surf·rid·ing ['sœːfˌraɪdɪŋ] (*Engl.*) n ⟨-s; *no pl*⟩ (*sport*) *cf.* Surfing.

Su·ri·ka·te [zuri'kaːtə] f ⟨-; -n⟩ *zo.* suricate, *auch* suricat meerkat, mierkat (*Suricata tetradactyla*).

Sur·plus ['sœːpləs] (*Engl.*) n ⟨-; -⟩ *econ.* surplus.

sur·re·al [zyre'aːl; zu-] *adj cf.* surrealistisch. — **Sur·rea'lis·mus** [-a'lɪsmus] m ⟨-; *no pl*⟩ (*art*) (*literature*) surrealism. — **Sur·rea'list** [-a'lɪst] m ⟨-en; -en⟩, **Sur·rea'li·stin** f ⟨-; -nen⟩ surrealist. — **sur·rea'li·stisch** *adj* surrealist(ic), *auch* surreal.

sur·ren ['zurən] v/i ⟨h, *nach Richtungsangabe* sein⟩ **1.** (*von Insekten*) buzz. – **2.** (*surrend fliegen*) buzz, whiz(z). – **3.** (*von einem Pfeil etc*) whiz(z), zip: der Pfeil surrte durch die Luft the arrow whiz(z)ed through the air. – **4.** (*von einem Spinnrad etc*) whir, *auch* whirr. – **5.** (*von einem Motor*) purr, whir, *auch* whirr. – **6.** (*von Filmkamera*) buzz.

Sur·ro·gat [zuro'gaːt] n ⟨-(e)s; -e⟩ *lit.* **1.** *bes. econ.* (*Ersatzmittel, -stoff*) substitute, surrogate. – **2.** (*Behelf*) makeshift. – **3.** *jur.* surrogate.

Sur·ro·ga·ti·on [zuroga'tsĭoːn] f ⟨-; -en⟩ *jur.* surrogation.

Su·san·ne [zu'zanə] **I** *npr* f ⟨-; *no pl*⟩ Susanna(h). – **II** f ⟨-; *no pl*⟩ eine keusche ~ a prude.

su·spekt [sus'pɛkt] *adj lit.* **1.** (*verdächtig*) suspicious, suspect: ich finde sein Benehmen reichlich ~ I find his behavio(u)r rather suspicious. – **2.** (*fragwürdig*) dubious, questionable.

sus·pen·die·ren [zuspɛn'diːrən] **I** v/t ⟨*no* ge-, h⟩ **1.** (*Beamte etc*) suspend: j-n vom Dienst ~ to suspend s.o. from office. – **2.** *bes. jur.* (*Verfahren, Gesetz, Beschluß etc*) suspend, stop (*s.th.*) temporarily. – **3.** *med.* suspend. – **4.** *chem.* (*feste Teilchen*) suspend. – **II S~** n ⟨-s⟩ **5.** *verbal noun.* – **6.** suspension.

Sus·pen·si·on [zuspɛn'zĭoːn] f ⟨-; -en⟩ **1.** *cf.* Suspendieren. – **2.** suspension.

sus·pen·siv [zuspɛn'ziːf] *adj* suspensive, suspensory: ~es Veto suspensive veto.

Sus·pen·so·ri·um [zuspɛn'zoːrĭum] n ⟨-s; -rien⟩ *med.* suspensory, support.

süß [zyːs] **I** *adj* ⟨-er; -est⟩ **1.** (*süß schmeckend*) sweet: ~e Kirschen [Mandeln] sweet cherries [almonds]; ~er Wein sweet wine; ~e Speisen *gastr.* sweet dishes, sweets; ~ schmecken to taste sweet, to have a sweet taste; ich trinke meinen Tee gern(e) sehr ~ I like my tea very sweet (*od.* strongly sugared); der Pudding ist (*od.* schmeckt) mir zu ~ the pudding is too sweet for me; widerlich ~ terribly (*od.* sickly) sweet; ~ machen a) to sweeten, b) (*Tee, Kaffee etc*) to sugar, to sweeten; ein Gericht ~ abschmecken to give a dish a sweet taste; den Salat ~ anmachen to make a sweet dressing for the salad. – **2.** (*süß riechend*) fragrant, sweet. – **3.** (*Klang, Stimme, Melodie etc*) sweet, dulcet (*lit.*). – **4.** (*angenehm*) sweet, pleasant, delightful: ~e Träume sweet dreams; das ~e Leben la dolce vita; das ~e Nichtstun sweet idleness, il dolce far niente; Rache ist ~! *colloq.* I'll get you for that! I'll pay you back! – **5.** (*lieb, nett*) sweet, dear, charming: sie haben zwei ~e Kinder they have two sweet (*od.* darling) children; ist er nicht (einfach) ~? isn't he sweet? isn't he a dear (*od.* darling)? ich finde es ~ von dir, daß du mir hilfst (I think) it's really sweet of you to help me. – **6.** (*unaufrichtig, schmeichlerisch*) sugary, honeyed, *auch* honied: ihr dauerndes ~es Lächeln geht mir auf die Nerven her constant sugary smile gets on my nerves. – **7.** (*süßlich, sentimental*) sugary. – **8.** (*hübsch, niedlich*) sweet, lovely: ein ~es Gesicht a sweet face; in dem neuen Kleid sieht sie (einfach) ~ aus she looks (simply) sweet in her new dress. – **II** *adv* **9.** sweetly: eine ~ duftende Rose a fragrant (*od.* sweet-scented, sweetly smelling) rose. – **10.** (*angenehm, sanft*) sweetly: ~ träumen to have sweet dreams, to dream sweetly. – **III S~e, das** ⟨-n⟩ **11.** Appetit auf etwas S~es haben to feel like (having) something sweet. – **12.** sweet little thing(s *pl*): der kleine Hund war so etwas S~es (*od. colloq.* so etwas von S~)! the puppy was such a sweet (*od.* darling) little thing!

'Süß,dol·de f *bot.* sweet cicely (*Myrrhis odorata*).

'Sü·ße[1] f ⟨-; *no pl*⟩ *lit.* **1.** (*süßer Geschmack*) sweetness. – **2.** (*süßer Duft*) fragrance, sweetness. – **3.** (*einer Stimme, Melodie etc*) sweetness. – **4.** (*Zauber, Lieblichkeit*) sweetness, charm: die ~ ihres Lächelns the sweetness of her smile. – **5.** (*Unaufrichtigkeit*) sugariness, honeyedness. – **6.** (*Süßlichkeit, Sentimentalität*) sugariness.

'Sü·ße[2] m, f ⟨-n; -n⟩ *colloq.* (*bes. als Anrede*) sweetheart, sweetie (pie) (*colloq.*), *bes. Am. colloq.* 'sugar', 'honey': hallo, (mein) ~r! hi, sugar!

sü·ßen ['zyːsən] **I** v/t ⟨h⟩ **1.** sweeten. – **2.** (*mit Zucker*) sweeten, sugar. – **3.** (*mit Saccharin*) saccharify. – **II S~** n ⟨-s⟩ **4.** *verbal noun.* – **5.** saccharification.

'Süß,gras n *bot.* sweet grass.

'Süß,holz n **1.** *bot. cf.* Lakritze 1. – **2.** ~ raspeln *fig. colloq.* to whisper sweet nothings (*colloq.*). — **~,rasp·ler** [-ˌrasplər] m ⟨-s; -⟩ *fig. colloq. contempt.* soft-soaper. — **~tra,gant** m *bot. cf.* Bärenschote.

'Sü·ßig·keit f ⟨-; -en⟩ **1.** ⟨*only sg*⟩ *cf.* Süße[1]. – **2.** *pl* sweet things, sweets, sweetmeats, *bes. Am.* candies, goodies (*colloq.*): ~en lieben, gerne ~en essen to like sweet things, to have a sweet tooth.

'Süß|kar,tof·fel f *bot.* sweet potato, batata (*Ipomoea batatas*). — **~,kir·sche** f **1.** *meist pl* (*Frucht*) sweet cherry. – **2.** (*Baum*) sweet cherry (*Prunus avium*). — **~,kir·schen,baum** m *cf.* Süßkirsche 2. — **~,klee** m **1.** hedysarum (*Gattg Hedysarum*). – **2.** *cf.* Esparsette.

'süß·lich *adj* **1.** (*Geruch etc*) sweetish. – **2.** *fig.* (*Lächeln, Rede etc*) honeyed, *auch* honied, sugary, saccharine. – **3.** *fig. contempt.* (*Musik, Gedicht etc*) sugary, mawkish, treacly. – **4.** *fig. contempt.* (*Mensch*) sugary, sugar-sweet. — **'Süß·lich·keit** f ⟨-; *no pl*⟩ **1.** sweetishness. – **2.** *fig. contempt.* sugariness. – **3.** *fig. contempt.* sugariness, mawkishness, treacle.

'Süß|,maul n *colloq.* (*Leckermaul*) person with a sweet tooth. — **~,most** m unfermented fruit juice. — **~,rahm,but·ter** f creamery butter. — **s~-'sau·er I** *adj* **1.** sour-sweet. – **2.** *fig.* (*Lächeln etc*) sour-sweet. – **II** *adv* **3.** ~ lächeln *fig.* to smile sourly, to force a smile. — **~,spei·se** f *gastr.* sweet dish, *Br.* sweet, (*als Nachspeise*) *auch* dessert. — **~,stoff** m **1.** (synthetic) sweetening agent, sweetener. – **2.** (*Saccharin*) saccharin.

'Süß,wa·ren *pl* **1.** confectionery *sg*, confections. – **2.** *cf.* Süßigkeit 2. — **~ge,schäft** n, **~,la·den** m confectionery, confectioner's (shop, *bes. Am.* store), *Am.* candy store, *Br.* sweetshop, *Br. colloq. auch* tuck-shop.

'Süß,was·ser n ⟨-s; *no pl*⟩ freshwater. — **~,al·gen** *pl bot.* freshwater algae. — **~,fisch** m *zo.* freshwater fish. — **~me,du·se** f freshwater medusa (*Gattg Craspedacusta*). — **~po,lyp** m hydra (*Gattg Hydra*). — **~,schild,krö·te** f *cf.* Sumpfschildkröte. — **~,schwamm** m spongillid, freshwater sponge (*Fam. Spongillidae*). — **~,tank** m *aer. mar.* freshwater tank. — **~,zun·ge** f *zo.* hogchoker, *auch* hogchoke (*Trinectes maculatus*).

'Süß,wein m *gastr.* sweet (*od.* dessert) wine.

Sus·zep·ti·bi·li·tät [zustsɛptibili'tɛːt] f ⟨-; *no pl*⟩ **1.** *obs.* susceptibility. – **2.** *electr.* susceptibility.

Su·ta·ne [zu'taːnə] f ⟨-; -n⟩ *röm.kath. cf.* Soutane.

Su·tra ['zuːtra] n ⟨-; -s⟩ *meist pl* (*literature*) (*ind. Lehrgedicht*) sutra, *auch* sutta.

'Süt·ter·lin,schrift ['zʏtərliːn-] f ⟨-; *no pl*⟩ *a kind of writing in German* (*type*) *characters.*

Su·tur [zu'tuːr] f ⟨-; -en⟩, **Su'tu·ra** [-ra] f ⟨-; -rae [-rɛ]⟩ *med.* suture, sutura (*scient.*).

Su·um cui·que ['zuːum ku'iːkve] to each his own, suum cuique (*lit.*).

Su·ze·rän [zutse'rɛːn] m ⟨-s; -e⟩ *pol.* suzerain. — **Su·ze·rä·ni'tät** [-rɛni'tɛːt] f ⟨-; *no pl*⟩ suzerainty, suzerainship.

'Swap·ge,schäft ['svɔp-; 'swɔp-] (*Engl.*) n *econ.* (*im Devisenhandel*) swap business (*od.* transaction).

Swa·sti·ka ['svastika] f ⟨-; -ken⟩, **~,kreuz** n swastika, *auch* svastika, swastica.

Swea·ter ['sveːtər; 'swɛtə] (*Engl.*) m ⟨-s; -⟩ *archaic for* Pullover.

Swe·be ['sveːbə] m ⟨-n; -n⟩ *hist.* Suevian, Sueve: die ~n the Suevi, the Suebi. — **'swe·bisch** *adj* Suevian, Suevic.

'Swim·ming-,pool ['svɪmɪŋ-; 'swɪ-] (*Engl.*) m ⟨-s; -s⟩ swimming (*Am. auch* swim) pool.

Swing [svɪŋ; swɪŋ] (*Engl.*) m ⟨-(s); *no pl*⟩ **1.** *mus.* (*Jazzrichtung*) swing (music). – **2.** (*rhythmischer Schwung u. Tanz*) swing: diese Melodie hat ~ this melody has swing, this melody swings, this is a swinging melody. – **3.** *econ.* (*Kreditmarge*) swing.

swin·gen ['svɪŋən] v/i ⟨h⟩ **1.** *mus.* (*von Melodie etc*) swing. – **2.** (dance a) swing.

'Swing,fox m (*Tanz*) swing fox.

'Switch·ge,schäft ['svɪtʃ-; 'swɪtʃ-] (*Engl.*) n *econ.* (*beim Außenhandel*) switch(ed) business (*od.* transaction).

Sy·ba·rit [zyba'riːt] m ⟨-en; -en⟩ *fig.* Sybarite, voluptuous person. — **sy·ba'ri·tisch** *adj* sybaritic(al), given to luxury, voluptuous.

Sye·nit [zye'niːt; -'nɪt] m ⟨-s; -e⟩ *min.* syenite.

Sy·ko·mo·re [zyko'moːrə] f ⟨-; -n⟩ *bot.* (*Maulbeerfeige*) sycamore (fig), *auch* sycomore (fig), mulberry fig (*Ficus sycomorus*).

Sy·ko·phant [zyko'fant] m ⟨-en; -en⟩ *antiq.* (*in Athen*) sycophant.

Sy·ko·se [zy'koːzə] f ⟨-; -n⟩, **Sy'ko·sis** [-zɪs] f ⟨-; -kosen⟩ *med.* sycosis.

syl·la·bisch [zy'laːbɪʃ] *adj bes. ling.* syllabic.

Syl·la·bus ['zylabus] m ⟨-; - *u.* -bi [-bi]⟩ **1.** (*Verzeichnis, Zusammenfassung*) syllabus. – **2.** *röm.kath.* syllabus (of errors).

Syl·lep·se [zy'lɛpsə; -'leːpsə] ⟨-; -n⟩ *ling. metr.* syllepsis. — **syl'lep·tisch** [-tɪʃ] syllleptic.

Syl·lo·gis·mus [zylo'gɪsmus] m ⟨-; -men⟩ *philos.* syllogism. — **Syl·lo'gi·stik** [-tɪk] f ⟨-; *no pl*⟩ syllogistic(s *pl sometimes construed as sg*). — **syl·lo'gi·stisch** [-tɪʃ] *adj* syllogistic(al).

Syl·phe ['zylfə] m ⟨-n; -n⟩, *auch* f ⟨-; -n⟩ *myth.* (*Luftgeist*) sylph.

Syl·phi·de [zyl'fiːdə] f ⟨-; -n⟩ **1.** *myth.* sylphid. – **2.** *fig. lit.* (*anmutiges, schlankes Mädchen*) sylph.

Syl·vin [zyl'viːn] n ⟨-s; -e⟩ *min.* sylvite, *auch* sylvin(e).

Sym·bi·ont [zymbi'ɔnt] m ⟨-en; -en⟩ *biol.* symbiont, symbion.

Sym·bio·se [zymbi'oːzə] f ⟨-; -n⟩ *biol. auch fig.* symbiosis: die beiden Länder gingen eine wirtschaftlich äußerst fruchtbare ~ ein *fig.* the two countries entered into a most profitable economic symbiosis. — **sym·bio·tisch** [-'oːtɪʃ] *adj* symbiotic, *auch* symbiotical.

Sym·bol [zym'boːl] n ⟨-s; -e⟩ **1.** symbol: die Waage ist das ~ für die Gerechtigkeit the balance is the symbol of (*od.* stands for, represents) justice. – **2.** *bes. math. chem.* symbol, (conventional) sign. – **3.** *her.* emblem. — **~cha,rak·ter** m symbolic character (*od.* nature). — **~ge͵halt** *m* ⟨-(e)s; -e⟩ symbolic content.

Sym·bo·lik [zʏmˈboːlɪk] *f* ⟨-; *no pl*⟩ symbolism, *auch* symbology.

symˈbo·lisch I *adj* **1.** (*Darstellung, Gestalt etc*) symbolic(al): die ~e Darstellung des Todes the symbolization (*od.* symbolic representation) of death; das ist ~ für that is a symbol of, that is symbolic of, that symbolizes (*od.* represents). – **2.** (*computer*) (*Adresse*) symbolic. – **II** *adv* **3.** symbolically: das muß ~ aufgefaßt werden that is meant symbolically (*od.* as a symbol). – **III S~e, das** ⟨-n⟩ **4.** the symbolicalness.

sym·bo·li·sie·ren [zʏmboliˈziːrən] **I** *v/t* ⟨*no* ge-, h⟩ symbolize, typify. – **II S~** *n* ⟨-s⟩ *verbal noun.* — **Sym·bo·liˈsie·rung** *f* ⟨-; *no pl*⟩ **1.** *cf.* Symbolisieren. – **2.** symbolization.

Sym·bo·lis·mus [zʏmboˈlɪsmʊs] *m* ⟨-; *no pl*⟩ (*literature*) symbolism. — **Sym·boˈlist** [-ˈlɪst] *m* ⟨-en; -en⟩ symbolist. — **sym·boˈli·stisch** *adj* symbolist(ic).

Symˈbol|͵kraft *f* symbolic power. — **~͵spra·che** *f* **1.** *ling.* symbolic language. – **2.** (*computer*) symbolic language.

Sym·ma·chie [zʏmaˈxiː] *f* ⟨-; -n [-ən]⟩ *antiq.* (*Bundesgenossenschaft der griech. Stadtstaaten*) symmachy, alliance.

Sym·me·trie [zymeˈtriː] *f* ⟨-; -n [-ən]⟩ **1.** (*in Anordnung, Struktur etc*) symmetry. – **2.** (*der Gesichtszüge etc*) symmetry, harmony. – **3.** *math.* symmetry. — **~͵ach·se** *f math.* axis of symmetry, symmetric(al) axis. — **~͵ebe·ne** *f* plane of symmetry. — **~͵fak·tor** *m electr.* symmetry factor. — **~prin͵zip** *n* symmetry principle.

sym·me·trie·ren [zymeˈtriːrən] *electr.* **I** *v/t* ⟨*no* ge-, h⟩ **1.** balance, symmetrize *Br. auch* -s-. – **II S~** *n* ⟨-s⟩ **2.** *verbal noun.* – **3.** *cf.* Symmetrierung.

Sym·meˈtrier|͵glied *n electr.* balancing network. — **~trans·for͵ma·tor** *m* balancing (*od.* phase-inverter) transformer.

Sym·meˈtrie·rung *f* ⟨-; *no pl*⟩ **1.** *cf.* Symmetrieren. – **2.** symmetrization *Br. auch* -s-.

sym·me·trisch [zyˈmeːtrɪʃ] **I** *adj* **1.** (*Anordnung etc*) symmetric(al). – **2.** (*Gesichtszüge etc*) symmetric(al), harmonious. – **3.** *math.* symmetric(al): ~e Funktion symmetrical function. – **4.** *electr.* symmetric(al), balanced. – **II** *adv.* **5.** symmetrically: etwas ~ anordnen to arrange s.th. symmetrically.

sym·pa·the·tisch [zʏmpaˈteːtɪʃ] *adj* (*mit Geheimkraft*) sympathetic: ~e Kur sympathetic cure; ~e Tinte sympathetic (*od.* secret) ink.

Sym·pa·thie [zʏmpaˈtiː] *f* ⟨-; -n [-ən]⟩ **1.** (*Zuneigung, Wohlwollen*) liking: für j-n ~ empfinden to have a liking for s.o.; er hat sich durch sein Verhalten alle ~n verscherzt he is no longer liked (*od.* he is now disliked) because of his behavio(u)r, his behavio(u)r has turned everyone against him. – **2.** (*innere Anteilnahme, Übereinstimmung*) sympathy: die ~n der Zuschauer lagen auf seiten des Verlierers the sympathies of the spectators were on the loser's side; er bringt dem Gedanken der Todesstrafe keine große(n) ~(n) entgegen he shows no great sympathy for (*od.* has no great sympathy with) the idea of the death penalty. — **~͵kund͵ge·bung** *f* demonstration of sympathy, sympathetic (*od.* sympathy) demonstration. — **~͵streik** *m* sympathetic (*od.* sympathy) strike: in ~ treten to come out (*od.* go) on a sympathetic strike; in ~ mit j-m (*od.* für j-n) treten to strike (*od.* come out) in sympathy with s.o.

Sym·pa·thi·kus [zʏmˈpaːtikʊs] *m* ⟨-; *no pl*⟩ *med.* **1.** (*Grenzstrang*) sympathetic trunk. – **2.** (*System*) sympathetic (nervous system), sympathetic system. – **3.** (*Nerv*) sympathetic nerve.

Sym·pa·thi·sant [zʏmpatiˈzant] *m* ⟨-en; -en⟩ sympathizer *Br. auch* -s-.

sym·pa·thisch [zʏmˈpaːtɪʃ] *adj* **1.** pleasant, lik(e)able, genial, congenial: er hat ein ~es Lächeln he has a pleasant smile. – **2.** j-d [etwas] ist mir ~ I like s.o. [s.th.]: sie waren sich sofort ~ they immediately took a liking to each other; dieser Vorschlag ist mir sehr ~ I like this proposal very much. – **3.** *med.* sympathetic: das ~e Nervensystem the sympathetic (nervous system), the sympathetic system; ~e Augenentzündung (*od.* Ophthalmie) sympathetic ophthalmia (*od.* ophthalmitis).

sym·pa·thi·sie·ren [zʏmpatiˈziːrən] *v/i* ⟨*no* ge-, h⟩ sympathize *Br. auch* -s-: er sympathisiert mit der neuen Linken he sympathizes with the new left; ich sympathisiere mit seiner Abneigung gegen derartige Ansichten I sympathize with his dislike of such views.

Sym·pho·nie [zʏmfoˈniː] *f* ⟨-; -n [-ən]⟩ *mus. cf.* Sinfonie. — **Symˈpho·ni·ker** [-ˈfoːnikər] *m* ⟨-s; -⟩ *cf.* Sinfoniker: die Wiener ~ the Vienna Symphony Orchestra *sg.* — **symˈpho·nisch** [-ˈfoːnɪʃ] *adj cf.* sinfonisch.

Sym·phy·se [zʏmˈfyːzə] *f* ⟨-; -n⟩, **Sym·phy·sis** [ˈzʏmfyzɪs] *f* ⟨-; -sen [-ˈfyːzən]⟩ *med.* symphysis.

Sym·po·si·on [zʏmˈpoːziɔn], **Symˈpo·si·um** [-ziʊm] *n* ⟨-s; -sien⟩ **1.** *antiq.* (*Trinkgelage*) symposium, banquet. – **2.** (*wissenschaftlicher Meinungsaustausch*) symposium.

Sym·ptom [zʏmpˈtoːm] *n* ⟨-s; -e⟩ **1.** (*Kennzeichen, Merkmal*) symptom, sign: das ist ein ~ unserer (*od.* für unsere) Gesellschaftsstruktur that is a symptom of our social structure. – **2.** (*Anzeichen*) symptom, indication: die ~e des Verfalls mehren sich the symptoms of decay are increasing. – **3.** *med.* a) (*objektives*) sign, b) (*subjektives*) symptom: die charakteristischen ~e einer Krankheit the characteristic symptoms of a disease; warnendes ~ premonitory (*od.* precursory) symptom.

sym·pto·ma·tisch [zʏmptoˈmaːtɪʃ] *adj* (für of) **1.** (*kennzeichnend*) symptomatic, characteristic: die hohe Zahl der Herzkrankheiten ist ~ für unsere Zeit the high number of heart diseases is symptomatic of (*od.* is a symptom of, symptomizes) our time. – **2.** (*hinweisend, anzeigend*) symptomatic, indicative. – **3.** *med.* symptomatic: ~e Veränderungen symptomatic changes; ~e Therapie symptomatic therapy.

Sym·pto·ma·to·lo·gie [zʏmptomatoloˈgiː] *f* ⟨-; *no pl*⟩ *med.* (*Semiotik*) symptomatology, semeiotics *pl* (*construed as sg or pl*), semeiology, *auch* semiology.

Symˈpto·men·kom͵plex *m med.* symptom complex, syndrome.

Syn·ago·ge [zynaˈgoːgə] *f* ⟨-; -n⟩ *relig.* synagog(ue).

Syn·al·la·ge [zyˈnalage; zʏnˈʔa-] *f* ⟨-; -n [-ˈlaːgən]⟩ *jur.* reciprocal (*od.* mutual, synallagmatic) agreement.

Syn·alö·phe [zynaˈløːfə; zʏnˈʔa-] *f* ⟨-; -n⟩ *ling. metr.* synal(o)epha.

syn·an·drisch [zyˈnandrɪʃ; zʏnˈʔan-] *adj bot.* synantherous.

Syn·ap·se [zyˈnapsə; zʏnˈʔapsə] *f* ⟨-; -n⟩, **Synˈap·sis** [-psɪs] *f* ⟨-; -apses [-psɛs]⟩ *med.* (*bei Nerven*) synapse, synapsis.

Syn·äre·se [zynɛˈreːzə; zʏnʔɛ-] *f* ⟨-; -n⟩, **Syn·äre·sis** [zyˈnɛːrezɪs; zʏnˈʔɛː-] *f* ⟨-; -sen [zynɛˈreːzən; zʏnʔɛ-]⟩ *ling.* syn(a)eresis.

Syn·ar·thro·se [zynarˈtroːzə; zʏnʔar-] *f* ⟨-; -n⟩ *med.* coarticulation, synarthrosis (*scient.*).

Syn·äs·the·sie [zynɛsteˈziː; zʏnʔɛs-] *f* ⟨-; -n [-ən]⟩ *med. philos.* syn(a)esthesia.

Syn·chon·dro·se [zʏnçɔnˈdroːzə] *f* ⟨-; -n⟩ *med.* synchondrosis.

syn·chron [zʏnˈkroːn] *adj phys. tech.* (*gleichzeitig, gleichlaufend*) synchronous.

Synˈchron|͵bahn *f* (*space*) synchronous orbit. — **~͵dreh͵zahl** *f tech.* synchronous speed. — **~emp͵fang** *m* (*radio*) synchronous reception. — **~͵fir·ma** *f* (*film*) dubbing company. — **~ge͵lenk** *n auto.* constant velocity (*od.* homokinetic) joint. — **~ge·ne͵ra·tor** *m electr.* synchronous generator, alternator. — **~ge͵trie·be** *n auto.* synchromesh gear (*od.* transmission).

Syn·chro·nie [zʏnkroˈniː] *f* ⟨-; *no pl*⟩ *ling.* synchrony.

Synˈchron·im͵puls *m electr.* synchronization (*Br. auch* -s-) pulse.

Syn·chro·ni·sa·ti·on [zʏnkronizaˈtsĭoːn] *f* ⟨-; -en⟩ **1.** *cf.* Synchronisieren. – **2.** *tech. telev.* synchronization *Br. auch* -s-.

synˈchro·nisch *adj ling.* synchronic, *auch* synchronical, descriptive: ~e Sprachbetrachtung synchronic linguistics *pl* (*usually construed as sg*), synchrony.

Syn·chro·ni·sier·be͵reich *m electr.* synchronizing (*Br. auch* -s-) range.

syn·chro·ni·sie·ren [zʏnkroniˈziːrən] **I** *v/t* ⟨*no* ge-, h⟩ *tech. telev.* **1.** synchronize *Br. auch* -s-, (*Tonfilm*) *auch* dub: ~ nach Vorlage (*film*) to dub to script. – **II S~** *n* ⟨-s⟩ **2.** *verbal noun.* – **3.** *cf.* Synchronisation.

Syn·chro·niˈsier|ge͵rät *n electr.* (*radar, radio*) synchronizer *Br. auch* -s-, synchronizing (*Br. auch* -s-) device (*od.* set). — **~͵schal·tung** *f* synchronizing (*od.* balanced) circuit.

Syn·chro·niˈsie·rung *f* ⟨-; -en⟩ **1.** *cf.* Synchronisieren. – **2.** *cf.* Synchronisation.

Syn·chro·niˈsie·rungs͵dros·sel *f electr.* synchronizing (*Br. auch* -s-) reactor.

Syn·chro·nis·mus [zʏnkroˈnɪsmʊs] *m* ⟨-; -men⟩ **1.** *bes. hist.* (*Gleichzeitigkeit*) synchronism, simultaneity, simultaneousness. – **2.** *tech.* (*film*) (*Gleichlauf*) synchronism. — **syn·chroˈni·stisch** [-tɪʃ] *adj* synchronistic(al), synchronological, synchronous: ~e Tabelle (*in der Geschichtsschreibung*) synchronological table, synchronism.

Syn·chro·ni·tät [zʏnkroniˈtɛːt] *f* ⟨-; *no pl*⟩ *tech.* (*film*) synchronism.

Synˈchron|͵lauf *m tech.* (*film*) synchronous running. — **~͵mar·ke** *f* (*film*) synchronizing (*Br. auch* -s-) mark. — **~ma͵schi·ne** *f electr.* synchronous machine. — **~͵mi·scher** *m* synchronous mixer. — **~͵mo·tor** *m* synchronous motor.

Syn·chro·no·skop [zʏnkronoˈskoːp] *n* ⟨-s; -e⟩ *electr.* synchroscope, synchronoscope.

Synˈchron|͵rech·ner *m tech.* synchronous computer. — **~sa·tel͵lit** *m* (*space*) *telev.* synchronous satellite. — **~͵schal·tung** *f* **1.** *auto.* synchronized (*Br. auch* -s-) shifting. – **2.** *tech.* synchronization *Br. auch* -s-, synchromesh (mechanism). — **~si͵gnal** *n telev.* synchronizing (*Br. auch* -s-) signal. — **~͵uhr** *f* synchronous (*od.* electric) clock, synchronometer. — **~͵um͵lauf·ge͵schwin·dig·keit** *f tech.* synchronous speed.

Syn·chro·tron [ˈzʏnkrotroːn] *n* ⟨-s; -e, *auch* -s⟩ *nucl.* synchrotron.

Syn·dak·ty·lie [zʏndaktyˈliː] *f* ⟨-; -n [-ən]⟩ *med.* syndactylism, syndactylia, syndactyly.

syn·de·tisch [zʏnˈdeːtɪʃ] *adj bes. ling.* syndetic.

Syn·di·ka·lis·mus [zʏndikaˈlɪsmʊs] *m* ⟨-; *no pl*⟩ *pol.* (anarcho-)syndicalism. — **Syn·di·kaˈlist** [-ˈlɪst] *m* ⟨-en; -en⟩ syndicalist. — **syn·di·kaˈli·stisch** *adj* syndicalist(ic).

Syn·di·kat [zʏndiˈkaːt] *n* ⟨-(e)s; -e⟩ **1.** *econ.* syndicate: sich zu einem ~ zusammenschließen to (form a) syndicate; Vereinigung zu einem ~ syndication. – **2.** *jur.* (*Amt eines Syndikus*) syndicate. – **3.** (*Verbrechersyndikat*) syndicate.

Syn·di·kus [ˈzʏndikʊs] *m* ⟨-; -se *u.* -dizi [-ditsi]⟩ *econ. jur.* syndic, *Am.* corporation lawyer.

Syn·drom [zʏnˈdroːm] *n* ⟨-s; -e⟩ *med.* syndrome, symptom complex.

Syn·echie [zynɛˈçiː; zʏnʔɛ-] *f* ⟨-; -n [-ən]⟩ *med.* (*Verklebung, Verwachsung*) adhesion, synechia (*scient.*).

Syn·edri·on [zyˈneːdriɔn; zʏnˈʔeː-] *n* ⟨-s; -edrien⟩ *antiq.* **1.** (*altgriechische Ratsbehörde*) council, senate. – **2.** *cf.* Synedrium.

Syn·edri·um [zyˈneːdrium; zʏnˈʔeː-] *n* ⟨-s; -edrien⟩ (*Hoher Rat der Juden*) Sanhedrin, Sanhedrim, Synedrion, Synedrium.

Syn·ek·do·che [zyˈnɛkdɔxe; zʏnˈʔɛk-] *f* ⟨-; -n [-ˈdɔxən]⟩ (*in der Rhetorik*) synecdoche.

syn·er·ge·tisch [zynɛrˈgeːtɪʃ; zʏnʔɛr-] *adj bes. med.* (*zusammenwirkend*) synergetic, *auch* synergetical, synenergetic.

Syn·er·gie [zynɛrˈgiː; zʏnʔɛr-] *f* ⟨-; *no pl*⟩ **1.** *bes. med.* (*von Muskeln, Organen etc*) synergy. – **2.** *relig. cf.* Synergismus 1.

Syn·er·gis·mus [zynɛrˈgɪsmʊs; zʏnʔɛr-] *m* ⟨-; *no pl*⟩ **1.** *relig.* synergism. – **2.** *med. pharm.* (*mehrerer Arzneimittel etc*) synergism. – **3.** *med.* (*mehrerer Muskeln etc*) synergism. — **syn·erˈgi·stisch** *adj* **1.** *relig.* synergistic, *auch* synergistical. – **2.** *med. pharm.* synergistic, *auch* synergistical.

Syn·esis [ˈzyːnezɪs; ˈzʏnʔe-] *f* ⟨-; -esen [zyˈneːzən; zʏnˈʔeː-]⟩ *ling.* synesis.

Syn·ize·se [zyniˈtseːzə; zʏnʔi-] *f* ⟨-; -n⟩, **Syn·ize·sis** [zyˈniːtsezɪs; zʏnˈʔiː-] *f* ⟨-; -sen [zyniˈtseːzən; zʏnʔi-]⟩ *metr.* (*in antiker Metrik*) synizesis.

Syn·ki·ne·se [zʏnkiˈneːzə] *f* ⟨-; -n⟩ *med.* (*Mitbewegung*) synkinesis, synkinesia.

Syn·kli·na·le [zʏnkliˈnaːlə], *auch* **Synˈkli·ne** [-ˈkliːnə] *f* ⟨-; -n⟩ *geol.* (*Mulde*) syncline.

Syn·ko·pe *f* ⟨-; -n [zʏnˈkoːpən]⟩ **1.** [ˈzʏnkope] *ling.* (*eines Vokals*) syncope, syncopation. – **2.** [ˈzʏnkope] *metr.* (*einer Senkung*) syncope. – **3.** [zʏnˈkoːpə] *mus.* syncopation. – **4.** [ˈzʏnkope] *med.* (*tiefe Ohnmacht, auch Herzstillstand*) syncope. — **syn·koˈpie·ren** [-koˈpiːrən] **I** *v/t* ⟨*no* ge-, h⟩ *ling. metr. mus.* syncopate. – **II** *v/i* ⟨sein⟩ *med.* faint, lose consciousness, swoon (away).

syn·ko·pisch [zʏnˈkoːpɪʃ] *adj* **1.** *ling. metr. mus.* syncopated. – **2.** *med.* syncopal.

Syn·kre·tis·mus [zynkreˈtɪsmʊs] *m* ⟨-; *no pl*⟩ *ling. philos. relig.* syncretism. — **Syn·kreˈtist** *m* ⟨-en; -en⟩ syncretist.

Syn·od [zyˈnoːt] *m* ⟨-(e)s; -e⟩ *only in* Heiliger ~ *relig.* (*in der russischen Kirche*) Holy Synod.

syn·odal [zynoˈdaːl] *adj relig.* synodal, synodic(al). — **S~beˌschluß** *m* synodal decision.

Syn·oda·le [zynoˈdaːlə] *m* ⟨-n; -n⟩ *relig.* synodalist, member of a synod.

Syn·odal|verˌfas·sung [zynoˈdaːl-] *f relig.* synodal (constitution). — **~verˌsamm·lung** *f cf.* Synode.

Syn·ode [zyˈnoːdə] *f* ⟨-; -n⟩ *relig.* **1.** (*Kirchenversammlung*) synod, (church) council. – **2.** (*Verwaltungsorgan*) synod. – **3.** *röm. kath. cf.* Konzil 1. — **synˈodisch** *adj* **1.** *astr.* synodic(al): ~e Umlaufzeit synodic period. – **2.** *relig. rare for* synodal.

syn·onym [zynoˈnyːm] *adj ling.* synonymous, synonymic(al).

Syn·onym [zynoˈnyːm] *n* ⟨-s; -e *u.* Synonyma [zyˈnonyma]⟩ *ling.* synonym, synonymous word.

Syn·ony·mie [zynonyˈmiː] *f* ⟨-; *no pl*⟩ *ling.* synonymy, synonymity.

Syn·ony·mik [zynoˈnyːmɪk] *f* ⟨-; -en⟩ *ling.* **1.** ⟨*only sg*⟩ synonymics *pl* (*usually construed as sg*). – **2.** (*Buch*) dictionary of synonyms.

syn·ony·misch [zynoˈnyːmɪʃ] *adj ling. rare for* synonym.

Syn·onymˌwör·terˌbuch [zynoˈnyːm-] *n ling.* dictionary of synonyms.

Syn·op·se [zyˈnɔpsə; zʏnˈʔɔpsə] *f* ⟨-; -n⟩, **Syn·op·sis** [ˈzyːnɔpsɪs; ˈzʏnʔɔpsɪs] *f* ⟨-; -sen [zyˈnɔpsən; zʏnˈʔɔpsən]⟩ **1.** (*Zusammenfassung*) synopsis. – **2.** *Bibl.* synoptic Gospels *pl*, Synoptics *pl*.

Syn·op·tik [zyˈnɔptɪk; zʏnˈʔɔp-] *f* ⟨-; *no pl*⟩ *meteor.* synoptic meteorology, synoptics *pl* (*construed as sg*).

Syn·op·ti·ker [zyˈnɔptikər; zʏnˈʔɔp-] *pl Bibl.* Synoptists. — **synˈop·tisch** [-tɪʃ] *adj* **1.** synoptic, *auch* synoptical. – **2.** *Bibl.* Synoptic, *auch* Synoptical: ~e Evangelien Synoptic Gospels. – **3.** *meteor.* synoptic, *auch* synoptical: ~e Meteorologie *cf.* Synoptik.

Syn·ovia [zyˈnoːvĭa] *f* ⟨-; *no pl*⟩ *med.* (*Gelenkschmiere*) synovia, synovial fluid.

Syn·özie [zynøˈtsiː; zʏnʔø-] *f* ⟨-; -n [-ən]⟩ *biol.* synoecy, *auch* synoeky.

Syn·tag·ma [zʏnˈtagma] *n* ⟨-s; -men⟩ *ling.* syntagm.

syn·tak·tisch [zʏnˈtaktɪʃ] *adj* ⟨*attrib*⟩ *ling.* syntactic(al).

Syn·tax [ˈzʏntaks] *f* ⟨-; -en [-ˈtaksən]⟩ **1.** *ling.* (*Lehre u. Lehrbuch*) syntax. – **2.** *philos. math.* (logical) syntax.

Syn·the·se [zʏnˈteːzə] *f* ⟨-; -n⟩ **1.** *bes. ling. philos.* (*Vereinigung*) synthesis. – **2.** *chem.* synthesis.

Syn·the·tics [zʏnˈteːtɪks] *pl* (*textile*) synthetics.

syn·the·tisch [zʏnˈteːtɪʃ] **I** *adj* **1.** *chem.* synthetic, *auch* synthetical, man-made: ~es Verfahren synthetic process, syntheticism; ~e Fasern (*textile*) synthetic (*od.* man-made) fibers (*bes. Br.* fibres), synthetics. – **2.** *bes. philos.* synthetic, *auch* synthetical: ~e Methode synthetic method, syntheticism; ~es Urteil synthetic judg(e)ment. – **3.** *ling.* synthetic, *auch* synthetical: ~e Sprache synthetic (*od.* inflectional) language. – **II** *adv* **4.** *chem.* synthetically: ~ hergestellt produced synthetically, synthetized, man-made.

Syn·zy·ti·um [zynˈtsyːtsĭʊm] *n* ⟨-s; -tien⟩ *biol. med.* syncytium.

Sy·phi·lis [ˈzyːfilɪs] *f* ⟨-; *no pl*⟩ *med.* syphilis, lues; syph, pox (*colloq.*). — **Sy·phi·li·ti·ker** [zyfiˈliːtikər] *m* ⟨-s; -⟩ syphilitic (*od.* luetic) patient, syphilitic. — **sy·phi·li·tisch** [zyfiˈliːtɪʃ] *adj* syphilitic, luetic.

Sy·rer [ˈzyːrər], *auch* **ˈSy·ri·er** [-rĭər] *m* ⟨-s; -⟩ Syrian.

Sy·rin·ge [zyˈrɪŋə] *f* ⟨-; -n⟩ *bot. cf.* Flieder 1.

Sy·rin·go·mye·lie [zyrɪŋgomyeˈliː] *f* ⟨-; -n [-ən]⟩ *med.* spinal gliosis, syringomyelia.

Sy·rinx [ˈzyːrɪŋks] *f* ⟨-; -ringen [zyˈrɪŋən]⟩ **1.** *zo.* (*Stimmkehlkopf der Vögel*) lower larynx, syrinx (*scient.*). – **2.** *mus. myth.* (*Panflöte*) syrinx, panpipe.

sy·risch [ˈzyːrɪʃ] **I** *adj* Syrian. – **II** *ling.* **S~** ⟨*generally undeclined*⟩, **das S~e** ⟨-n⟩ Syriac, the Syriac language.

Sy·stem [zʏsˈteːm] *n* ⟨-s; -e⟩ **1.** (*Arbeits-, Ordnungsprinzip*) system, method: ~ in (*acc*) etwas bringen to bring system into s.th., to system(at)ize s.th.; er tut alles mit ~ he does everything with system (*od.* systematically), he has great system; nach einem bestimmten ~ arbeiten to work according to a specific system; er wettet nach seinem eigenen ~ he bets according to his own system; in seinem Vorgehen liegt ~ there's method in his actions; dahinter steckt ~ there's method in that. – **2.** (*Aufbauprinzip, Aufbau*) system: das ~ einer Sprache *ling.* the system of a language; das zoologische [botanische] ~ *biol.* the zoological [botanical] system; das periodische ~ der Elemente *chem.* the periodic system of elements. – **3.** (*Gedanken-, Lehrgebäude*) system: das Hegelsche ~ the Hegelian system. – **4.** (*Staats-, Gesellschaftsform*) system: das sozialistische [kapitalistische] ~ the socialist(ic) [capitalist(ic)] system; das bestehende ~ ablehnen [unterstützen] to reject [to support] the prevailing system (*od.* the establishment). – **5.** *bes. tech.* (*von Straßen, Leitungen etc*) system, network. – **6.** *phys.* system, method. — **~anaˌly·se** *f* (*computer*) system analysis. — **~anaˌly·ti·ker** *m* system analyst.

Sy·ste·ma·tik [zʏsteˈmaːtɪk] *f* ⟨-; -en⟩ **1.** (*systematischer Aufbau*) systematics *pl* (*construed as sg*), system. – **2.** (*Lehre, Wissenschaft*) systematics *pl* (*construed as sg*), taxonomy (*scient.*). – **3.** *bot. zo.* systematics *pl* (*construed as sg*), taxonomy (*scient.*).

Sy·steˈma·ti·ker [-tikər] *m* ⟨-s; -⟩ **1.** (*Wissenschaftler*) systematist, system(at)izer, systematician. – **2.** (*systematischer Arbeiter*) systematic person (*od.* worker). – **3.** *bot. zo.* systematist, taxonomist (*scient.*).

sy·steˈma·tisch [-tɪʃ] **I** *adj* **1.** (*Gliederung, Arbeitsweise etc*) systematic, *auch* systematical, methodic(al): ~e Theologie systematic theology. – **2.** *bot. zo.* systematic, *auch* systematical, taxonomic (*scient.*): ~e Botanik systematic botany. – **3.** ~er Fehler (*computer*) systematic error. – **II** *adv* **4.** systematically, methodically: ~ vorgehen [arbeiten] to proceed [to work] systematically (*od.* with system); j-n ~ fertigmachen *colloq.* to wear s.o. down systematically.

sy·ste·ma·ti·sie·ren [zʏstematiˈziːrən] **I** *v/t* ⟨*no* ge-, h⟩ **1.** system(at)ize, methodize *Br. auch* -s-. – **2.** *bot. zo.* system(at)ize, classify. – **II S~** *n* ⟨-s⟩ **3.** *verbal noun.* — **Sy·ste·ma·tiˈsie·rung** *f* ⟨-; -en⟩ **1.** *cf.* Systematisieren. – **2.** systematization, methodization *Br. auch* -s-. – **3.** *bot. zo.* systematization, classification.

sysˈtem|beˌdingt *adj* systematic: ~er Fehler *tech.* systematic error. — **S~erˌkran·kung** *f med.* **1.** (*eines physiologischen Systems*) system disease. – **2.** (*des Körpers*) systemic disease. — **~ˌfremd** *adj pol. sociol.* alien to the (prevailing [economic]) system. — **~geˌrecht** *adj* in accordance with the system (*od.* principles). — **~im·maˌnent** *adj bes. pol.* immanent (*od.* inherent) in a system. — **S~ˌkri·tik** *f* criticism of a system. — **~los** *adj* unsystematic, *auch* unsystematical, unmethodical, without system (*od.* method). — **S~ˌtreue** *f pol.* loyalty to a (political) system. — **S~ˌzwang** *m* **1.** *bes. ling.* (paradigmatic) level(l)ing. – **2.** *pol.* obligation of conforming to a system.

Sy·sto·le [ˈzʏstole; -ˈtoːlə] *f* ⟨-; -n [-ˈtoːlən]⟩ *med.* systole. — **sy·sto·lisch** [zʏsˈtoːlɪʃ] *adj* systolic.

Sy·zy·gie [zytsyˈgiː] *f* ⟨-; -n [-ən]⟩, **Sy·zy·gi·um** [zyˈtsyːgĭʊm] *n* ⟨-s; *no pl*⟩ *astr. metr.* syzygy.

Sze·nar [stseˈnaːr] *n* ⟨-s; -e⟩, *obs.* **Szeˈna·ri·um** [-rĭʊm] *n* ⟨-s; -rien⟩ (*theater*) scenario.

Sze·ne [ˈstseːnə] *f* ⟨-; -n⟩ **1.** (*im Theater*) scene: Akt III, ~ 4, dritter Akt, vierte ~ Act III, Scene 4; eine ~ proben to rehearse a scene. – **2.** (*Filmszene*) scene, shot: eine ~ drehen to shoot a scene. – **3.** (*Bühne, Schauplatz*) stage, (*bes. im Altertum*) scene: Applaus auf offener ~ applause during the action; hinter der ~ a) backstage, b) *fig.* behind the scenes; etwas in ~ setzen a) (*Theaterstück etc*) to stage (*od.* mount) s.th., to put s.th. on the stage, b) *fig.* to stage s.th.; in ~ gehen to be staged; sie versteht es doch immer, sich in ~ zu setzen! *fig.* she always knows how to put herself in(to) the limelight (*od.* how to draw attention to herself)! er beherrschte vollkommen die ~ *fig.* he dominated the scene completely. – **4.** (*Vorgang, Geschehen*) scene: vor dem wartenden Zug spielten sich rührende ~n ab there were touching scenes in front of the waiting train. – **5.** (*Anblick, Ausblick*) scene, view. – **6.** (*Zank, Streit*) scene: häusliche ~n domestic scenes; sie hat wieder eine solche ~ gemacht she made (*od.* created) such a scene again, she had (*od.* was in) another of her tantrums; sie machte ihm eine ~ she laid into him (*colloq.*); es kam zu erregten ~n zwischen den Eheleuten there were heated scenes between the married couple.

ˈSze·nen|apˌplaus *m* (*theater*) applause during the action. — **~ˌaufˌnah·me** *f* (*film*) take, shot. — **~ˌbild** *n* (*film, theater*) set, setting, scenery. — **~ˌbild·ner** *m* (set) designer, scenery (*od.* scenic) designer. — **~ˌüberˌgang** *m* (*film*) interscene (*Br.* inter-scene) transition. — **~ˌwech·sel** *m* (*film, theater*) scene change, shifting of scenes.

Sze·ne·rie [stsenəˈriː] *f* ⟨-; -n [-ən]⟩ **1.** (*theater*) scenery. – **2.** (*Landschaftsbild etc*) scenery.

ˈsze·nisch I *adj* (*theater*) (*Einteilung, Folge etc*) scenic, scenical. – **II** *adv* scenically: etwas ~ darstellen a) to put s.th. on the stage, to stage s.th., b) (*im Roman etc*) (*Handlung*) to present s.th. in scenes (*od.* scenically).

Szep·ter [ˈstsɛptər] *n* ⟨-s; -⟩ *obs. and Austrian for* Zepter 1.

Szi·en·tis·mus [stsĭɛnˈtɪsmʊs] *m* ⟨-; *no pl*⟩ **1.** *philos.* scientism. – **2.** *relig.* (Christian) Scientism. — **Szi·enˈtist** [-ˈtɪst] *m* ⟨-en; -en⟩ *relig.* (Christian) Scientist.

Szil·la [ˈstsɪla] *f* ⟨-; Szillen⟩ *bot.* Scilla (*Gattg Scilla*).

Szin·til·la·ti·on [stsɪntɪlaˈtsĭoːn] *f* ⟨-; *no pl*⟩ **1.** *astr.* scintillation, twinkling. – **2.** *phys.* scintillation.

Szin·til·la·tiˈons|deˌtek·tor *m phys.* scintillation detector. — **~ˌzäh·ler** *m* scintillometer, scintillation counter.

szin·til·lie·ren [stsɪntɪˈliːrən] *v/i* ⟨*no* ge-, h⟩ **1.** *astr.* scintillate, twinkle. – **2.** *phys.* scintillate.

ˈSzon·di-ˌTest [ˈsɔndi-] *m med. psych.* Szondi test.

Szyl·la [ˈstsʏla] *npr f* ⟨-; *no pl*⟩ *myth.* Scylla: → Charybdis.

Szy·the [ˈstsyːtə] *m* ⟨-n; -n⟩ *cf.* Skythe. — **ˈszy·thisch** *adj cf.* skythisch.

T

T, t [teː] *n* ⟨-; -⟩ **1.** T, t (*twentieth letter of the German alphabet; sixteenth consonant*): ein großes T a capital (*od.* large) T; ein kleines T a small (*od.* little) t. – **2.** T *chem.* (*Tritium*) T. – **3.** t (*Tonne*) ton. – **4.** *phys.* a) t (*Zeit*) t, b) T (*Zeitkonstante*) time constant, c) T (*Temperatur*) t, *auch* T. – **5.** t *econ.* (*Tara*) t. – **6.** T (*something having the shape of the capital letter T*) T.

Tab [taːp; tæb] (*Engl.*) *m* ⟨-(e)s [taːps; 'taːbəs], -s [tæbz]; -e ['taːbə], -s [tæbz]⟩ **1.** (*einer Karteikarte*) tab. – **2.** *cf.* Tabulator.

Ta·bak ['taːbak; ta'bak] *m* ⟨-s; -e⟩ **1.** (smoking) tobacco, baccy (*colloq.*), weed (*sl.*): ~ rauchen to smoke tobacco; geschnittener [roher] ~ cut [raw] tobacco; leichter [schwerer] ~ mild [strong] tobacco; in dem Zimmer roch es stark nach ~ there was a strong smell of tobacco in the room; das ist starker ~ *fig. colloq.* that's a bit thick (*od.* much), that's too much of a good thing. – **2.** (*Schnupftabak*) snuff: ~ schnupfen to (take) snuff. – **3.** (*Kautabak*) chewing tobacco: ~ kauen to chew tobacco. – **4.** *bot.* tobacco (*Gattg Nicotiana*): ~ (an)bauen [ernten] to cultivate [to harvest] tobacco. — **~ˌbau** *m* ⟨-(e)s; *no pl*⟩ cultivation of tobacco, tobacco growing. — **~ˌbei·ze** *f tech.* sauce. — **~ˌblatt** *n* tobacco leaf. — **~ˌbrü·he** *f cf.* Tabakbeize. — **~ˌern·te** *f* tobacco crop. — **~faˌbrik** *f* tobacco factory. — **t~ˌfar·ben** *adj* tobacco-colored (*bes. Br.* -coloured), tobacco-brown. — **~geˌruch** *m* smell of tobacco. — **~geˌschäft** *n* tobacco shop (*bes. Am.* store), *Am. auch* cigar store, *Br.* tobacconist's (shop). — **~ˌhan·del** *m* tobacco trade. — **~ˌhänd·ler** *m* **1.** tobacconist, *Am.* tobacco dealer. – **2.** (*im Großhandel*) tobacco merchant. — **~in·duˌstrie** *f* tobacco industry. — **~ˌla·den** *m cf.* Tabakgeschäft. — **~ˌlun·ge** *f med.* (*vom Tabakstaub*) tobacco lung, tabacosis (*scient.*). — **~mo·noˌpol** *n* tobacco monopoly. — **~ˌpflan·ze** *f bot.* tobacco (plant) (*Gattg Nicotiana*). — **~ˌpflan·zer** *m* tobacco grower (*od.* planter). — **~ˌpflan·zung, ~planˌta·ge** *f* tobacco plantation. — **~ˌpres·se** *f tech.* tobacco press. — **~ˌqualm** *m* thick tobacco smoke. — **~ˌrauch** *m* tobacco smoke. — **~reˌgie** [ta'bak-] *f* ⟨-; *no pl*⟩ *Austrian* Tobacco Monopoly. — **~ˌrest** *m* (*in der Pfeife etc*) dottle, *auch* dottel, heel. — **~ˌrol·le** *f* roll of tobacco.

'Ta·baksˌbeu·tel *m* tobacco pouch.

'Ta·bak|ˌschnei·de·maˌschi·ne *f tech.* tobacco cutter (*od.* cutting machine). — **~ˌschnup·fer** *m* snuff-taker, snuffer.

'Ta·baks|ˌdo·se *f* **1.** tobacco box. – **2.** (*für Schnupftabak*) snuffbox. — **~kolˌle·gi·um, das** *hist.* tobacco club (*of King Frederick William I of Prussia*).

'Ta·bakˌsor·te *f* tobacco brand, brand of tobacco.

'Ta·baksˌpfei·fe *f* **1.** (tobacco) pipe. – **2.** *zo.* pipe mouth cornetfish, tobacco pipe fish (*Fistularia tabaccaria*).

'Ta·bak|ˌsteu·er *f econ.* tobacco tax, duty on tobacco. — **~ˌstrauch** *m bot. cf.* Tabakpflanze. — **~traˌfik** [ta'bak-] *f Austrian for* Tabakgeschäft. — **~verˌbrauch** *m econ.* tobacco consumption.

'Ta·bakˌwa·ren *pl* **1.** (tobacco and) tobacco products, smokes (*colloq.*). – **2.** (*Ladenschild*) Tobacco Shop (*bes. Am.* Store), *Am. auch* Cigar Store, *Br.* Tobacconist. — **~ˌla·den** *m cf.* Tabakgeschäft.

Ta·ba·ni·de [taba'niːdə] *f* ⟨-; -n⟩ *zo.* (*Bremse*) tabanid (fly) (*Fam. Tabanidae*).

Ta·ba·tie·re [taba'tɪ̯ɛːrə] *f* ⟨-; -n⟩ **1.** snuffbox. – **2.** *Austrian for* a) Tabaksdose 1, b) Zigarettenetui.

ta·bel·la·risch [tabɛ'laːrɪʃ] **I** *adj* tabular, tabulated. – **II** *adv* in tabular form.

ta·bel·la·ri·sie·ren [tabɛlari'ziːrən] **I** *v/t* ⟨*no* ge-, h⟩ **1.** tabulate. – **II T~** *n* ⟨-s⟩ **2.** *verbal noun.* – **3.** tabulation. — **Ta·bel·la·ri'sie·rung** *f* ⟨-; *no pl*⟩ *cf.* Tabellarisieren.

Ta·bel·le [ta'bɛlə] *f* ⟨-; -n⟩ **1.** table: mathematische [statistische] ~ mathematical [statistical] table; ~n aufstellen to compile tables. – **2.** (*Übersicht in Listenform*) table, schedule, list: die Ergebnisse wurden in einer ~ dargestellt the results were set out in a table (*od.* were tabulated). – **3.** (*bes. Inhaltsverzeichnis*) index, register. – **4.** (*Diagramm*) diagram, graph, chart. – **5.** (*Zusammenstellung*) tabulation. – **6.** (*sport*) table: die ~ anführen to lead (*od.* head) the table.

Ta'bel·len|ˌbuch *n math. tech.* table book. — **~ˌen·de** *n* (*sport*) bottom (*od.* foot) of the table. — **~ˌform** *f* tabular form: in ~ in tabular form; Aufstellung in ~ tabular statement, tabulation; etwas in ~ zusammenstellen (*od.* darstellen, bringen) to tabulate (*od.* schedule) s.th. — **t~ˌför·mig** *adj* tabular. — **~ˌfüh·rer** *m* (*sport*) top club (of the table), table leader: dieser Club ist ~ this club heads (*od.* leads) the table. — **~ˌfuß** *m print.* boxfoot. — **~ˌkopf** *m* boxhead, box heading, boxed head. — **~ˌle·sen** *n* (*computer*) table look-up. — **~ˌletz·te** *m* (*sport*) bottom(-of-the-table) team. — **~ˌplatz** *m* position. — **~ˌpunk·te** *pl print.* leaders. — **~ˌsatz** *m* tabular matter, table work. — **~ˌspit·ze** *f* (*sport*) top (*od.* head) of the table. — **~ˌwerk** *n* tabular compilation. — **~ˌwert** *m math.* tabular value.

ta·bel·lie·ren [tabɛ'liːrən] *v/t* ⟨*no* ge-, h⟩ tab(ulate).

Ta·bel'lie·rer *m* ⟨-s; -⟩ **1.** (*Person*) tabulator. – **2.** *cf.* Tabelliermaschine.

Ta·bel'lier·maˌschi·ne *f* tabulator, tabulating machine.

Ta·ber·na·kel [tabɛr'naːkəl] *n, auch m* ⟨-s; -⟩ *röm.kath.* tabernacle.

Ta·ber·ne [ta'bɛrnə] *f* ⟨-; -n⟩ *obs. for* Taverne.

Ta·bes ['taːbɛs] *f* ⟨-; *no pl*⟩ *med.* (*Rückenmarksschwindsucht*) tabes (dorsalis), locomotor ataxia, posterior sclerosis. — **'Ta·bi·ker** [-bikər] *m* ⟨-s; -⟩, **'Ta·bi·ke·rin** *f* ⟨-; -nen⟩ tabetic. — **'ta·bisch** [-bɪʃ] *adj* tabetic, tabic, tabid.

Ta·blar ['tablaːr] *n* ⟨-s; -e⟩ *Swiss* shelf (of a rack): ausziehbares ~ pull-out shelf.

Ta·bleau [ta'bloː] *n* ⟨-s; -s⟩ **1.** (*bes. theater*) tableau. – **2.** *Austrian* series of diagrams (*od.* charts). – **3.** *obs. for* Gemälde 1, 3.

Ta·ble d'hôte [tablə'doːt] (*Fr.*) *f* ⟨-; *no pl*⟩ *gastr.* table d'hôte.

Ta·blett [ta'blɛt] *n* ⟨-(e)s; -s *u.* -e⟩ tray, (*bes. aus Metall*) salver, server, waiter.

Ta·blet·te [ta'blɛtə] *f* ⟨-; -n⟩ *med. pharm.* a) tablet, tabella, (*kleine runde*) *auch* troche, b) (*Komprette*) lozenge: eine ~ einnehmen to take a tablet.

Ta'blet·ten|ˌeinˌnah·me *f* taking of tablets. — **~ˌform** *f* tablet form. — **~ˌröhr·chen** *n* tablet tube. — **~ˌsucht** *f* pharmacophilia, (*krankhafte*) pharmacomania.

Ta·bli·num [ta'bliːnʊm] *n* ⟨-s; -blina [-na]⟩ *antiq.* tablinum (*room between atrium and peristyle of a Roman house*).

Ta·bo·rit [tabo'riːt] *m* ⟨-en; -en⟩ *relig. hist.* (*radikaler Hussit*) Taborite.

ta·bu [ta'buː; 'taːbu] *adj only in* ~ sein to be taboo (*od.* tabu): dieses Thema ist für ihn ~ this subject is taboo for him.

Ta·bu [ta'buː; 'taːbu] *n* ⟨-s; -s⟩ taboo, tabu: ein ~ brechen to break a taboo; ein ~ verletzen to offend (against) a taboo; sich über alle ~s der Gesellschaft hinwegsetzen to ignore all social taboos.

ta·bu·ie·ren [tabu'iːrən] *v/t* ⟨*no* ge-, h⟩ taboo, tabu, put (*s.th.*) under taboo (*od.* tabu).

Ta·bu·la ra·sa ['taːbula 'raːza] *f* ⟨- -; *no pl*⟩ *meist fig.* tabula rasa: tabula rasa (mit etwas) machen *fig.* to make a clean sweep (of s.th.).

Ta·bu·la·ten [tabu'laːtən] *pl geol. zo.* (*fossile Korallen*) tabulata (*Gattg Tabulata*).

Ta·bu·la·tor [tabu'laːtər] *m* ⟨-s; -en [-la'toːrən]⟩ (*an Rechen-, Schreibmaschine etc*) tab(ulator). — **~ˌlöschˌta·ste** *f* tabulator clearance key. — **~ˌsetzˌta·ste** *f* tabulator set key.

Ta·bu·la·tur [tabula'tuːr] *f* ⟨-; -en⟩ *mus. hist.* a) (*der Meistersinger*) tabulatur (*system of rules for poetic and musical composition*), b) tablature (*instrumental musical notation*): in ~ absetzen to transcribe (*s.th.*) into tablature, to intabulate.

Ta·bu·rett [tabu'rɛt] *n* ⟨-(e)s; -e⟩ *obs. and Swiss* tabo(u)ret, stool.

Ta·che·les ['taxələs] *m* ⟨-; *no pl*⟩ *colloq.* (*in Wendungen wie*) ~ reden a) (*offen reden*) to speak in plain terms, b) (*gestehen*) to make a clean breast of it; mit j-m ~ reden to tell (*od.* tick) s.o. off (*colloq.*).

ta·chi·nie·ren [taxi'niːrən] *v/i* ⟨*no* ge-, h⟩ *Austrian colloq.* slack, shirk. — **Ta·chi'nie·rer** *m* ⟨-s; -⟩ slacker, shirker.

Ta·chis·mus [ta'ʃɪsmʊs] *m* ⟨-; *no pl*⟩ (*art*) tachism(e), action painting.

Ta·cho ['taxo] *m* ⟨-s; -s⟩ *auto. short for* Tachometer.

Ta·cho·graph [taxo'graːf] *m* ⟨-en; -en⟩ *tech.* tachograph.

Ta·cho·me·ter [taxo'meːtər] *m, auch n* ⟨-s; -⟩ *auto.* (*Geschwindigkeitsmesser*) speedometer, tachometer, (*mit Kilometerzähler*) odometer: ~ für Fahrräder cyclometer. — **~ˌstand** *m* (*beim Fahrzeug*) odometer reading.

Ta·chy·graph [taxy'graːf] *m* ⟨-en; -en⟩ **1.** *tech. cf.* Tachograph. – **2.** *antiq.* tachygrapher.

Ta·chy·gra·phie [taxygraˈfiː] *f* ⟨-; -n [-ən]⟩ *antiq.* tachygraphy. — **ta·chyˈgra·phisch** [-ˈgraːfɪʃ] *adj* tachygraphic(al).

Ta·chy·kar·die [taxykarˈdiː] *f* ⟨-; -n [-ən]⟩ *med.* tachycardia, tachyrhythmia.

Ta·chy·me·ter [taxyˈmeːtər] *n* ⟨-s; -⟩ *tech.* (*im Vermessungswesen*) tachymeter. — **Ta·chy·meˈtrie** [-meˈtriː] *f* ⟨-; *no pl*⟩ tachymetry. — **ta·chyˈme·trisch** [-ˈmeː-trɪʃ] *adj* tachymetric.

ta·ci·te·isch [tatsiˈteːɪʃ] *adj* Tacitean: **die T~e Geschichtsschreibung** (the) Tacitean historiography.

Tack·ling [ˈtɛklɪŋ; ˈtæklɪŋ] (*Engl.*) *n* ⟨-s; -s⟩ (*sport*) (*beim Fußball*) tackle.

Tacks [taks] *m* ⟨-es; -e⟩ *Austrian for* Täcks.

Täcks [tɛks] *m* ⟨-es; -e⟩ (*in der Schuhmacherei*) tack, tingle.

Tack·tack [ˈtakˈtak] **I** *n* ⟨-s; *no pl*⟩ (*des Maschinengewehrs etc*) ack-ack. – **II t~** *interj* ack-ack!

Ta·del [ˈtaːdəl] *m* ⟨-s; -⟩ **1.** (*Verweis, Rüge*) reproach, rebuke, reprimand, reprehension, reproof: **[un]gerechter ~** [un]just reprimand; **kein Wort des ~s** not a word of reproach; **er ist über jeden ~ erhaben** he is above (*od.* beyond) reproach, he is irreproachable; **j-m einen scharfen ~ erteilen** to give s.o. a sharp rebuke, to rebuke s.o. sharply, to reprimand s.o. severely; **er hat einen ~ verdient** he deserved a reprimand; **sich j-s ~ zuziehen** to earn s.o.'s rebuke; **du wirst dir einen ~ zuziehen** you will be reprimanded. – **2.** (*Kritik*) criticism, censure, blame. – **3.** (*Schuld*) blame: **ihn trifft kein ~** he is not to be blamed (*od.* to blame). – **4. ohne ~** *lit.* a) (*von Person, vom Lebenswandel etc*) irreproachable, blameless, above (*od.* beyond) reproach, b) (*von Kleidung etc*) impeccable, perfect: **ein Mann ohne ~** a man of unimpeachable character; → Furcht 1. – **5.** (*in der Schule*) bad mark: **einen ~ bekommen** to be given a bad mark.

Ta·deˈlei *f* ⟨-; -en⟩ *colloq.* constant faultfinding (*od.* nagging).

ˈta·del|ˌfrei *adj u. adv cf.* tadellos. — **~haft** *adj cf.* tadelnswert. — **~los I** *adj* **1.** (*einwandfrei*) irreproachable, impeccable, blameless, above (*od.* beyond) reproach, unimpeachable: **sein Benehmen ist ~** his conduct is beyond reproach. – **2.** (*Charakter etc*) impeccable, without fault (*od.* flaw), faultless, flawless, sterling. – **3.** (*vollkommen*) perfect, impeccable: **er antwortete in ~em Deutsch** he answered in perfect (*od.* faultless) German; **die Ware ist in ~em Zustand** the goods are in perfect condition; **~e Kleidung** impeccable clothes *pl.* – **4.** (*makellos*) perfect, faultless, flawless: **~e Ausführung** perfect finish. – **5.** (*ausgezeichnet, vorzüglich*) excellent, perfect, first-class (*attrib*): **~e Arbeit** excellent work. – **II** *adv* **6. er hat sich ~ benommen** he behaved irreproachably (*od.* impeccably). – **7.** (*ausgezeichnet*) perfectly: **das Kleid sitzt ~** the dress sits perfectly; **ein ~ sitzender Anzug** a suit which sits perfectly (*od.* which is a perfect fit); **der Motor läuft ~** the engine runs perfectly.

ta·deln [ˈtaːdəln] **I** *v/t* ⟨h⟩ **1.** (*bemängeln*) (**wegen, für** for) criticize *Br. auch* -s-, find fault with, blame, censure: **j-n wegen** (*od.* **für**) **etwas ~, etwas an j-m ~** to criticize s.o. for s.th.; **sie findet an allem etwas zu ~** she finds fault with everything. – **2.** (*zurechtweisen*) (**wegen, für** for) reproach, rebuke, reprimand, reprehend, reprove, chide, castigate: **sie tadelte ihn, weil er geflucht hatte** she rebuked him for using bad language. – **3.** (*schuld geben*) (**wegen, für** for) blame: **man tadelte ihn wegen des Zwischenfalls** he was blamed for the incident. – **4.** (*bekritteln*) cavil (*od.* carp) at, nag at. – **5.** (*mißbilligen*) disapprove (of). – **II** *v/i* **6.** criticize *Br. auch* -s-, find fault: **ich tad(e)le nicht gerne** I don't like to criticize (people); **tadle heimlich, lobe öffentlich** (*Sprichwort*) *etwa* criticize discretely but praise openly. – **III T~** *n* ⟨-s⟩ **7.** *verbal noun.* – **8.** *cf.* Tadel 1. — **ˈta·delnd I** *pres p.* – **II** *adj* (*Blick, Bemerkung etc*) reproachful, reproving, rebukeful, upbraiding, chiding.

ˈta·delnsˌwert *adj* (*Verhalten etc*) reproachable, blameworthy, culpable, blameful, blamable, *auch* blameable, reprehensible, censurable, rebukable.

ˈTa·delsˌanˌtrag *m pol.* motion of censure (*od.* no confidence): **einen ~ stellen** to present a motion of censure.

ˈTa·del|ˌsucht *f* ⟨-; *no pl*⟩ love of criticism (*od.* finding fault), faultfinding, censoriousness, criticalness, captiousness. — **t~ˌsüch·tig** *adj* censorious, faultfinding, critical, carping, captious.

ˈTa·delsˌvo·tum *n pol. cf.* Tadelsantrag.

ˈTad·ler *m* ⟨-s; -⟩, **ˈTad·le·rin** *f* ⟨-; -nen⟩ faultfinder, criticizer *Br. auch* -s-, critic, censurer.

Ta·dschi·ke [taˈdʒiːkə] *m* ⟨-n; -n⟩ Ta(d)jik, Tadzhik. — **taˈdschi·kisch** *adj* Ta(d)jik, Tadzhik: **~e Sprache** Tajiki.

Tadsch Ma·hal, der [ˈtaːtʃ ˈmahal] ⟨- -⟩ (*Mausoleum in Agra, Indien*) Taj Mahal.

Ta·fel [ˈtaːfəl] *f* ⟨-; -n⟩ **1.** (*Wandtafel in der Schule etc*) blackboard, *Am. auch* chalkboard: **die ~ löschen** to wipe (*od.* clean) the blackboard; **etwas an die ~ schreiben** to write s.th. on the blackboard. – **2.** (*Schiefertafel*) slate. – **3.** (*Anschlagtafel, -brett*) (bulletin, *bes. Br.* notice) board. – **4.** (*Aushängeschild etc*) sign(board). – **5.** (*Warntafel*) notice. – **6.** (*Hinweistafel im Verkehr*) sign. – **7.** (*Gedenktafel etc*) tablet, plaque: **an einem Haus eine ~ anbringen** to fix a plaque on the wall of a house. – **8.** (*Wandplakette etc*) plaque. – **9.** *relig.* (*Altartafel*) altarpiece. – **10.** (*Holztafel für Gemälde etc*) panel, board. – **11.** (*zur Wandverkleidung*) panel, (*Betontafel*) concrete panel. – **12.** (*Platte aus Metall*) plate, slab, (*dünne*) sheet. – **13.** (*Steintafel*) slab. – **14.** (*Glastafel*) plate, pane. – **15.** (*Schokoladetafel*) bar. – **16.** (*Leim, Wachs, Fette etc*) tablet, bar. – **17.** (*zum Schreiben*) tablet, table: **die alten Ägypter schrieben auf ~n** the ancient Egyptians wrote on tablets; **die zwölf ~n** *jur. antiq. cf.* Zwölftafelgesetz. – **18.** *lit.* (*Eßtisch*) (dinner *od.* dining) table: **eine festlich geschmückte ~** a festive board (*od.* table); **die ~ decken** to lay the table; **die ~ aufheben** to rise from the table; **j-n zur ~ bitten** to ask s.o. to table; **die ~ abdecken** to clear the table; **an j-s ~ speisen** to dine (*od. lit.* sup) with s.o. – **19.** (*festliche Mahlzeit*) formal meal, dinner: **große ~** gala dinner; **während der ~ wurden Reden gehalten** speeches were made during the dinner. – **20.** (*Tabelle*) table. – **21.** (*zur Illustration in Büchern*) plate. – **22.** (*graphische Darstellung*) diagram, (*statistische*) *auch* chart. – **23.** *tech.* (*Schalttafel*) panel, (switch)board. – **24.** (*jewelry*) (*der Edelsteine*) table.

ˈTa·fel|ˌap·fel *m* eating (*od.* dessert) apple. — **t~ˌar·tig** *adj cf.* tafelförmig. — **~ˌauf·ˌsatz** *m* centerpiece, *bes. Br.* centrepiece. — **~ˌband** *m* ⟨-(e)s; -bände⟩ *print.* volume containing (illustrative) plates. — **~ˌberg** *m geogr.* table mountain. — **~beˌsteck** *n* (set of) flatware. — **~ˌbild** *n* (*art*) panel painting. — **~ˌbir·ne** *f* eating (*od.* dessert) pear. — **~ˌblechˌsche·re** *f tech.* **1.** circular blade tinners' snip. – **2.** plate-shearing machine. — **~ˌblei** *n metall.* sheet lead. — **~ˌbut·ter** *f gastr.* butter for the table. — **~diaˌmant** *m* (*jewelry*) table diamond. — **~ˌdruck** *m* ⟨-(e)s; -e⟩ *print.* **1.** block print. – **2.** woodcut printing. — **~ˌen·te** *f zo.* pochard, dunbird (*Nyroca ferina*). — **t~ˌfer·tig** *adj.* ready-to-serve, ready-to-eat (*beide attrib*). — **~ˌform** *f only in* **in ~** in plates (*od.* bars). — **t~ˌför·mig** *adj* **1.** tabular. – **2.** *min.* tabular. — **~ˌfreu·den** *pl lit.* pleasures (*od.* delights) of the table. — **~geˌbir·ge** *n geogr.* table mountains *pl.* — **~geˌdeck** *n* set of table linens. — **~geˌrät** *n* table utensils *pl*, tableware, dinnerware. — **~ge·ˌschirr** *n cf.* a) Geschirr 1, 2, b) Tafelservice. — **~ˌglas** *n tech.* **1.** sheet (*od.* flat) glass. – **2.** (*Spiegelglas*) plate glass.

ˈTa·felˌholz *n* (*wood*) panel(l)ing wood, wainscot(t)ing, *Br. auch* wainscot.

ˈTa·fel|klaˌvier *n mus.* square piano. — **~ˌland** *n geogr.* tableland, plateau, *auch* mesa. — **~ˌlap·pen** *m* (*für Schultafel*) blackboard wiper, (*für Schiefertafel*) slate wiper. — **~ˌleim** *m tech.* tablet glue. — **~ˌleuch·ter** *m* ornate (silver) candlestick, (*mehrarmiger*) *auch* candelabrum, candelabra. — **~ma·leˌrei** *f* (*art*) panel painting, painting on wooden panels. — **~muˌsik** *f* *music composed for and performed at mealtimes.*

ta·feln [ˈtaːfəln] *v/i* ⟨h⟩ *lit.* **1.** (*speisen*) dine. – **2.** (*schmausen*) feast, banquet: **er tafelt gern** he is fond of good food, he likes to eat well.

tä·feln [ˈtɛːfəln] **I** *v/t* ⟨h⟩ **1.** *tech.* (*Wand, Decke*) panel, wainscot. – **II T~** *n* ⟨-s⟩ **2.** *verbal noun.* – **3.** *cf.* Täfelung.

ˈTa·fel|ˌobst *n* dessert fruit. — **~ˌöl** *n* salad oil. — **~ˌrun·de** *f* **1.** (*Gäste*) company (at table), table. – **2.** *myth.* (*des Königs Artus*) Round Table. — **~ˌsalz** *n gastr.* table salt. — **~ˌsche·re** *f tech.* plate shears *pl.* — **~ˌschie·fer** *m* **1.** (*Schieferplatte*) slate in slabs. – **2.** *min.* shiver. — **~ˌschmuck** *m* table decoration. — **~ˌschwamm** *m* **1.** (*für Schultafel*) sponge. – **2.** *bot. cf.* Brachmännchen. — **~serˌvice** *n* table (*od.* dinner) service. — **~ˌsil·ber** *n* silver plate, (table) silver, (*Besteck*) flat silver. — **~ˌspitz** *m Austrian gastr.* boiled fillet of beef. — **~ˌstein** *m* (*jewelry*) table diamond, thin table. — **~ˌtrau·ben** *pl* dessert grapes. — **~ˌtuch** *n* ⟨-(e)s; -tücher⟩ (large) tablecloth.

ˈTä·fe·lung *f* ⟨-; -en⟩ **1.** *cf.* Täfeln. – **2.** (*einer Wand, Decke*) wainscot.

ˈTa·fel|ˌwaa·ge *f tech.* **1.** platform scale (*od.* balance). – **2.** (*für Autos, Vieh etc*) weighbridge. — **~ˌwa·gen** *m* dray. — **~ˌwas·ser** *n gastr.* mineral (*bes. Br.* table) water. — **~ˌwein** *m* table wine. — **~ˌwerk** *n cf.* Täfelung 2.

Tä·fer [ˈtɛːfər] *n* ⟨-s; -⟩ *Swiss for* Täfelung 2.

ˈTäf·lung *f* ⟨-; -en⟩ *cf.* Täfelung.

Taft [taft] *m* ⟨-(e)s; -e⟩ (*textile*) taffeta, *auch* taffety, taffata: **das Kleid ist ganz auf ~ gearbeitet** (*od.* **mit ~ gefüttert**) the dress is fully lined with taffeta. — **~ˌband** *n* ⟨-(e)s; ⸚er⟩ taffeta ribbon.

ˈtaf·ten *adj* ⟨*attrib*⟩ (made of) taffeta.

ˈTaftˌkleid *n* taffeta dress.

Tag [taːk] *m* ⟨-(e)s; -e⟩ **1.** day: **der heutige ~** today, this day; **jeden ~, alle ~e** every day; **alle zwei ~e, jeden zweiten ~** every other (*od.* second) day; **alle paar ~e** every few days, every so often; **zweimal am ~(e)** twice a day, twice daily; **zwei ~e lang** for two days; **am nächsten** (*od.* **folgenden**) **~(e), am ~(e) darauf, am anderen ~(e)** next day, (on) the next (*od.* following) day; **am selben** (*od.* **gleichen**) **~(e)** (on) the same day; **am ~(e) vor [nach] seiner Abreise** the day before [after] his departure; **vor einigen ~en** a few days ago; **am ~e des 12. August** *archaic* on the day of the 12th of August; **am ~(e) zuvor** the day before, (on) the previous day; **noch an diesem ~(e)** (on) the same day; **an einem dieser ~e** (on) one of these days; **an jenem** (*od.* **an dem betreffenden**) **~(e)** on that particular day, on the day in question; **an einem bestimmten ~** on a given day; **auf** (*od.* **für**) **ein paar ~e verreisen** to go away for a few days; **einen ~ [zwei ~e] Urlaub nehmen** to take a day [two days] off; **auf den ~ genau ankommen** to arrive on the very day; **es ist jetzt auf den ~ genau ein Jahr her, daß** it is a year to a (*od.* the) day since; **heute jährt sich der ~, an dem wir uns kennengelernt haben** it is a year today since (the day) we met; **bis auf den heutigen ~** to this (very) day; **binnen drei ~en** within three days; **~ für ~** day after (*od.* by) day; **in acht ~en** in a week('s time); **heute in acht ~en, heute über acht ~e** a week (from) today, *bes. Br.* this day week, a week hence (*lit.*); **morgen in 14 ~en** two weeks (*bes. Br.* a fortnight) (from) tomorrow, tomorrow in two weeks, *bes. Br.* tomorrow fortnight, in two weeks' (*bes. Br.* in a fortnight's) time; **in den nächsten ~en** (with)in the next few days; **in wenigen ~en** in a few days; **zahlbar 30 ~e nach Sicht** *econ.* (*von Wechseln*) payable 30 days' sight (*od.* 30 days after sight); **100 Stück pro ~** 100 pieces per (*od.* a) day; **seit dem ~e, an dem er angekommen ist** since the day (when) he arrived; **es verging ein ~ um den anderen, aber er kam nicht** the days (*od.* day after day) went by (*od.* passed) and still he did not come; **vom ersten ~ an** from the very first day (on); **sich von einem ~ auf den anderen entschließen** to decide from one day to the next; **es geht ihm von ~ zu ~ besser** he is getting better (*od.* is improving) from day to day (*od.* day by day, with every day); **gestern vor acht ~en** a week ago yesterday, yesterday week ago; **eines (schönen) ~es** a) (*auf Vergangenheit u. Zukunft bezogen*) one (fine) day, b) (*nur auf die Zukunft bezogen*) one of these days, one day, some day, *Am.* someday; **du wirst es eines ~es bereuen** you will regret it some day, you will live to regret it; **ganze ~e lang** for days on end, for days and days; **einen ganzen ~ lang** for a whole day; **den lieben langen ~** all day long, the whole day long, the livelong day (*lit.*); **er hat den ganzen ~ schwer gearbeitet** the whole day long he worked hard; **er muß jetzt jeden ~ ankommen** *colloq.* he should (*od.* will) arrive any day now; **es kann sich nur noch um ~e handeln** it is only a matter of days (now); **sie wird uns dieser ~e besuchen** *colloq.* she'll come to see us some (*od.* one) of these days (*od.* in a day or so); **er hat ihn dieser ~e gesprochen** *colloq.* he talked to him the other day (*od.* recently, lately); **es vergingen ~e, ehe er kam** it was days before he came; **es vergeht kein ~, ohne daß er mich anruft** not a day goes by (*od.* hardly a day passes) without his (*od. colloq.* him) phoning me; **morgen ist auch (noch** *od.* **wieder) ein ~** there is always tomorrow, tomorrow is another (*od.* a new) day; **im Laufe des ~es** in the course of the day; **ein denkwürdiger ~** a memorable day, a red-letter day; **heute ist ihr freier ~** it's her day off (*od.* her off day) today; **heute ist sein großer ~** this is his big day; **sie hat heute ihren guten ~** *colloq.* a) this is one of her better days, b) she is in good form (*od.* in a good mood) today; **sie hat heute ihren schlechten ~** *colloq.* a) this is one of her bad days, b) she is in bad (*od.* poor) form (*od.* in a bad mood) today; **sich** (*dat*) **einen guten ~ machen** *colloq.* a) to take it (*od.* things) easy for the day, b) to make (quite) a day of it; **ein schwarzer ~** *fig.* a black day; **einen ~ festlich begehen** to celebrate a day; **diesen ~ werde ich mir rot im Kalender anstreichen** I shall mark this day as a red-letter day; **der ~ des Herrn** *relig. lit.* the Lord's Day, the Day of the Lord, Sunday, the Sabbath (Day); **der Jüngste ~** *Bibl.* Judg(e)ment Day, the Day of Judg(e)ment, doomsday; **der Held des ~es** the hero of the day; (sorglos) **in den ~ hineinleben** to live for the day (*od.* moment), not to worry about tomorrow (*od.* the future); **seit Jahr und ~** *fig.* for many years, ever such a long time, ever so long; **dem lieben Gott den ~** (*od.* **die ~e) stehlen** *fig. colloq.* to laze away the time; **ewig und drei ~e** *colloq. humor.* for ever and a day; **er redet viel, wenn der ~ lang ist** *colloq. humor.* he would talk till the cows come home; **man soll den ~ nicht vor dem Abend loben** (*Sprichwort*) don't count your (*od.* one should not count one's) chickens before they are hatched (*proverb*), don't hallo(o) till you are out of the wood(s) (*proverb*); **es ist noch nicht aller ~e Abend** a) that's not the last we have heard of that, b) don't count your chickens before they are hatched, c) we must await the outcome; → **Gesicht**[1] 2; **Rom** 1; **Tür** 5. – **2.** (*helle Tageszeit*) day: **am** (*od.* **bei**) **~e, während des ~es, unter ~s** a) by day, in the daytime, during the day, b) by daylight; **~ und Nacht arbeiten** to work night and day, to work morning, noon, and night; **ein Unterschied wie ~ und Nacht** (as) different as chalk and cheese, (as) like as chalk to cheese; **den ganzen ~ arbeiten** to work all day (long); **die Geschäfte sind den ganzen ~ über geöffnet** the shops (*bes. Am.* stores) are open all day long (*od.* throughout the day); **ein sonniger [nebliger, regnerischer] ~** a sunny [foggy, rainy] day; **der kürzeste [längste] ~ des Jahres** the shortest [longest] day of the year; **die ~e werden länger [kürzer]** the days are getting longer [shorter], the days are drawing out [in]; **bis in den ~ hinein schlafen** to sleep long in the morning, to be a lie-abed; **bei Anbruch des ~es** at daybreak (*od.* dawn), at the break of day (*lit.*); **es wird ~, der ~ bricht an** (the) day is breaking (*od.* dawning), dawn is breaking; **der ~ neigt sich** (*od.* **sinkt, geht zur Neige**) *lit.* the day is drawing to a close; **es ist noch früh am ~e** it is still early in the day, it is early yet, (*bes. abends*) the night is young; **jetzt wird's ~** *fig. colloq.* a) that takes the cake (*colloq.*), b) (*überrascht*) goodness gracious, gracious me, *Br. vulg.* blimey. – **3.** (*Tageslicht*) (day)light: **es ist noch ~** it's still daylight; **es ist heller ~** it is broad daylight; **am hell(icht)en ~e** in broad daylight; **solange es noch ~ ist** while it is still light; **wir werden noch bei ~(e) ankommen** it will still be daylight when we arrive; **etwas bei ~e besehen** *fig.* to look at s.th. in the proper light; **etwas kommt an den ~** *fig.* s.th. comes to light, s.th. comes out; **etwas an den ~ bringen** *fig.* to bring s.th. to light, to expose (*od.* unearth) s.th.; **es kommt alles an den ~** *fig.*, **die Sonne bringt es an den ~** (*Sprichwort*) truth will out. – **4. etwas an den ~ legen** to show (*od.* display, exhibit) s.th.: **sie hat großen Eifer an den ~ gelegt** she showed great zeal. – **5.** (*Datum*) date: **was für ein ~ ist heute? welchen ~ haben wir heute?** a) (*Datum*) what date is it today? what's today? (*colloq.*), b) (*Wochentag*) what day is it today? what's today? (*colloq.*); **~ und Stunde für ein Treffen festlegen** (*od.* **bestimmen**) to fix a date and a time for a meeting; **die beiden Veranstaltungen fallen auf einen ~** the two events fall on one (*od.* the same) day; **ein Brief vom selben ~** a letter of even (*od.* the same) date. – **6.** *meist pl* (*Zeit*) day(s *pl*): **in unseren** (*od.* **diesen**) **~en** nowdays, these days; **bis in unsere ~e** to this (very) day; **die ~e der Jugend** the days of youth; **sie hat schon bessere ~e gesehen** she has seen better days; **seine ~e sind gezählt** his days are numbered; **daß er das auf seine alten ~e noch erleben mußte!** who would have thought that he would have to go through this in his old age! **j-m in guten und bösen ~en die Treue halten** to remain faithful to s.o. in good and in bad times (*od.* through thick and thin); **den Anforderungen des ~es entsprechen** to meet present-day demands. – **7. guten ~!** (*als Gruß*) a) good day! *auch* how do you do? b) (*vormittags*) good morning! c) (*nachmittags*) good afternoon! d) (*beim Vorstellen*) how do you do? **~!** hello! (*colloq.*), *bes. Br. colloq.* hallo! hullo! *Am. colloq.* hi! howdy! **j-m guten ~ sagen, j-m (einen) guten ~ wünschen** to wish (*od.* bid) s.o. good day, to pass the time of day with s.o.; **ich wollte nur mal guten ~ sagen** I just came to say hello. – **8.** (*mining*) **unter ~e arbeiten** to work in a mine (*od.* pit), to work underground; **über ~e arbeiten** to work at the surface, to do pithead work. – **9.** *pl colloq.* (the) curse *sg* (*colloq.*), (menstrual) period *sg*, menstruation *sg*: **sie hat ihre ~e** she has her period.

ˈTagˌanˌgriff *m aer. mil. cf.* Tagesangriff.

ˌtagˈaus *adv only in* **~, tagein** day in, day out; day after day (after day): **er tut ~, tagein die gleiche Arbeit** he does the same work day in, day out; **~, tagein dasselbe Lied** *colloq.* the same old story day after day.

ˈTag|ˌbau *m* (*mining*) *Southern G., Austrian, and Swiss for* Tagebau. — **~ˌblatt** *n Southern G., Austrian, and Swiss for* Tageblatt. — **t~ˌblind** *adj med. zo.* affected with day blindness, hemeralopic (*scient.*). — **~ˌblin·de** *m, f med.* hemeralope. — **~ˌblind·heit** *f med. zo.* day blindness, hemeralopia (*scient.*). — **~ˌbo·gen** *m astr.* diurnal arc. — **~ˌbom·ber** *m aer. mil.* day bomber. — **~ˌdieb** *m Southern G., Austrian, and Swiss for* Tagedieb. — **~ˌdienst** *m* day duty.

ˈTa·ge|ˌar·beit *f obs.* day labor (*bes. Br.* labour). — **~ˌbau** *m* ⟨-(e)s; -e⟩ (*mining*) opencast (*od.* opencut, open-pit) mining, *auch* stripping, *Am.* strip mining. — **~ˌblatt** *n* daily (paper), journal. — **~ˌbruch** *m* (*mining*) surface subsidence (due to mining).

ˈTa·geˌbuch *n* **1.** diary, journal: **ein ~ führen** to keep a diary. – **2.** *econ.* (*in der Buchhaltung*) journal, daybook. – **3.** *mar.* ship's log book. — **~ˌeinˌtrag** *m*, **~ˌeinˌtra·gung** *f* entry in a diary (*od.* journal, daybook).

ˈTa·ge|ˌdieb *m* idler, sluggard, loafer, lazybones *pl* (*construed as sg or pl*). — **~ˌgeld** *n* **1.** daily (*Am.* per diem) allowance, *Am.* per diem. – **2.** (*für Delegierte etc*) attendance fees *pl*, maintenance allowance.

ˌtagˈein *adv* → tagaus.

ˈta·geˌlang I *adj* lasting for days. – **II** *adv* for days on end, day after day.

ˈTa·ge|ˌlied *n* (*literature*) morning song, alba, aubade. — **~ˌlohn** *m* daily (*od.* day's) wage(s *pl*) (*od.* pay): **im ~ arbeiten** to work by the day, to work as a day laborer (*bes. Br.* labourer).

ˈTa·geˌlöh·ner [-ˌløːnər] *m* ⟨-s; -⟩ day laborer (*bes. Br.* labourer), dayman, *auch* handy man. — **~ˌar·beit** *f* day labor (*bes. Br.* labour).

ˈTa·geˌlöh·ne·rin *f* ⟨-; -nen⟩ day laborer [(*bes. Br.* labourer).]

ˈta·geˌlöh·nern [-ˌløːnərn] *v/i* ⟨*insep, pp* tagegelöhnert, h⟩ work by the day, work as a day laborer (*bes. Br.* labourer), to work for daily wages.

ˈTa·geˌmarsch *m* day's march.

ta·gen[1] [ˈtaːgən] *v/i u. v/impers* ⟨h⟩ **es** (*od.* **der Morgen**) **tagt** it is dawning, (the) day is breaking (*od.* dawning).

ˈta·gen[2] *v/i* ⟨h⟩ **1.** (*von Geschäftsleuten, Politikern, Lehrern etc*) meet, hold a meeting, sit (in conference): **der Ausschuß tagt schon wochenlang** the committee has been meeting for weeks (now); **sie tagten bis zum frühen Morgen** a) they sat until morning, b) *fig. colloq.* they celebrated until the small hours (of the morning) (*od.* until all hours). – **2.** (*von Parlament, Gericht etc*) be in session. – **3.** (*beraten*) deliberate, confer.

ˈTa·geˌrei·se *f* day's journey, day: **nach Bagdad sind es zwei ~n** it is a two-day journey (*od.* it is two days' journey) to Bag(h)dad; **das ist ja eine ~!** *colloq. humor.* that's quite a long way!

ˈTa·ges|ˌabˌlauf *m* (daily) routine, daily round. — **~ˌanˌbruch** *m* daybreak, dawn, break of day (*lit.*): **bei ~** at daybreak, at dawn; **vor ~** before daybreak (*od.* daylight). — **~ˌanˌgriff** *m* **1.** *mil.* daylight attack. – **2.** *aer. mil.* daylight raid. — **~ˌanˌzug** *m* (*fashion*) business suit. — **~ˌar·beit** *f* **1.** day's work. – **2.** (*regelmäßig wiederkehrende*) daily routine, daily round. — **~ˌausˌflug** *m* (one-)day trip (*od.* excursion). — **~ˌausˌzug** *m econ.* daily statement of account. — **~beˌdarf** *m* **1.** daily requirement. – **2.** *cf.* Tagesration. — **~beˌfehl** *m mil.* order of the day. — **~beˌla·stung** *f electr. tel.* daily load. — **~beˌricht** *m* daily report (*od.* bulletin). — **~ˌcreme** *f* (*cosmetics*) vanishing cream. — **~ˌdecke** (*getr.* -k·k-) *f* bedspread. — **~ˌdienst** *m* (*in Internaten, Kasernen etc*) day duty. — **~ˌdo·sis** *f med. pharm.* daily dose. — **~ˌdurchˌschnitt** *m* **1.** daily (*od.* per diem) average. – **2.** average of the day. — **~ˌeinˌnah·me** *f* **1.** daily receipts *pl* (*od.* takings *pl*). – **2.** day's receipts *pl* (*od.* takings *pl*). — **~erˌeig·nis** *n* event of the day: **über die ~se berichten** to report on the events of the day (*od.* on current events). — **~erˌfolg** *m* momentary (*od.* short-lived) success. — **~ˌfahrt** *f* (one-)day trip (*od.* excursion). — **~ˌför·de·rung** *f* (*mining*) daily output (*od.* production). — **~ˌfra·ge** *f meist pl* question of the day. — **~ˌga·ge** *f* (*film, theater*) **1.** daily fee (*od.* rate). – **2.** fee of the day. — **~geˌbühr** *f* day rate. — **~ˌgeld** *n econ.* day-to-day loan (*od.* money). — **~geˌricht** *n gastr.* day's menu, *auch* special dish of the day. — **~geˌsche·hen** *n* **1.** events *pl* of the day. – **2.** *telev.* daily TV news and current affairs transmission. — **~geˌspräch** *n* **1.** talk (*od.* topic) of the day: **das ~ bilden, ~ sein** to be the talk of the day. – **2.** *tel.* daytime call (*at regular charge*). — **~geˌstirn** *n astr.* daytime celestial object. — **~ˌgrau·en** *n cf.* Tagesanbruch. — **~ˌheim** *n* day home (*od.* center, *bes. Br.* centre). — **~ˌheimˌschu·le** *f ped.* all-day school. — **t~ˈhell** *adj cf.* taghell. — **~ˌhel·le** *f lit.* light of day. — **~ˌkar·te** *f* **1.** (*für öffentliche Verkehrsmittel*) rover ticket. – **2.** *gastr.* menu of the day. — **~ˌkas·se** *f* **1.** (*theater*) box office. – **2.** *econ.* a) (*für kleine Ausgaben*) petty cash, b) (*Tageseinnahmen*) receipts *pl* (*od.* takings *pl*) of the day. — **~ki·loˌme·terˌzäh·ler** *m tech.* trip odometer, (daily) trip mileage counter. — **~ˌki·no** *n* cinema with morning, afternoon, and evening performances, all-day cinema. — **~ˌkleid** *n* day dress. — **~kom·menˌtar** *m* (*radio*) *telev.* daily commentary. — **~ˌkurs** *m* **1.** *econ.* a) (*von Devisen*) current rate (of exchange), current exchange, day rate, day's rate (of exchange), rate (*od.* exchange) of the day, b) (*von Effekten*) daily quotation, quotation (*od.* price) of the day, current price: **zum ~ kaufen** to buy at the current (rate of) exchange (*od.* at value); **der heutige ~** today's rate (of exchange). – **2.** *ped.* (*einer Schule*) day course. — **~ˌlei·stung** *f* **1.** (*eines Unternehmens etc*) a) daily output (*od.* production), b) output (*od.* production) of the day. – **2.** (*einer Maschine etc*) a) daily output (*od.* capacity), per diem capacity, b) output of the day. – **3.** (*mining*) *cf.* Tagesförderung. — ~ˌ**leuchtˌfar·be** *f print.* daylight luminous (*od.* fluorescent) ink (*od.* paint).

ˈTa·gesˌlicht *n* daylight: **bei ~** in (the) daylight; **in vollem ~** in broad daylight; **ans ~ kommen** *fig.* to come to light, to come out, to transpire, to become known; **es kam erst jetzt ans ~** *fig.* it has only now come to light, it has only now transpired (*Am. auch* developed); **etwas ans ~ bringen** *fig.* to bring s.th. to light, to expose (*od.* unearth) s.th.; **das ~ scheuen** *fig.* to shun the light of day. — ~ˌ**aufˌnah·me** *f phot.* daylight shot. — ~ˌ**bildˌschirm** *m* (*Radarschirm*) bright display screen. — ~**ent·ˌwick·ler** *m phot.* daylight developer. — ~**entˌwick·lungsˌdo·se** *f* daylight (processing) tank. — ~ˌ**farbˌfilm** *m* daylight color (*bes. Br.* colour) film. — ~ˌ**lam·pe** *f electr. phot.* daylight lamp. — ~**paˌpier** *n phot.* daylight paper.

ˈTa·ges|ˌlohn *m* **1.** daily wage(s *pl*) (*od.* pay), day rate. – **2.** day's wage(s *pl*) (*od.* pay). — ~ˌ**lo·sung** *f* **1.** *bes. mil.* password, parole, motto. – **2.** *econ. obs. for* Tageseinnahme. — ~ˌ**marsch** *m cf.* Tagemarsch. — ~ˌ**meldung** *f* daily report (*od.* return). — ~ˌ**menge** *f* **1.** daily quantity (*od.* amount). – **2.** *med.* a) daily dose, b) (*an Urin*) daily output. — ~ˌ**mit·tel** *n meteor.* daily mean: **~ der Temperatur** daily mean of (air) temperature. — ~ˌ**nachˌrich·ten**, ~ˌ**neu·ig·kei·ten** *pl* news *pl* (*construed as sg or pl*) (of the day). — ~**noˌtie·rung** *f econ.* rate (*od.* price, quotation) of the day. — ~ˌ**ord·nung** *f* **1.** agenda, order of business (*od.* the day), *Am. auch* docket: **das ist an der ~** *fig. colloq.* that is the order of the day, that's nothing out of the ordinary; **etwas auf die ~ setzen** to place s.th. (*od.* put s.th. down) on the agenda, to include s.th. in the agenda; **auf der ~ stehen** to be (*od.* appear) on the agenda; **auf der ~ steht ...** the agenda calls for the discussion of ...; **zur ~ übergehen** a) to proceed (*od.* pass on) to the agenda, to get down to the day's business, b) *fig.* to get down (*od.* straight) to business; **ein Punkt auf der ~** an item on the agenda; **wir kommen zu Punkt 2 der ~** we now come to item 2 of the agenda; **die ~ aufstellen** to prepare (*od.* draw up) the agenda; **die ~ annehmen** to adopt the order of the day; **einen Punkt von der ~ streichen** (*od.* **absetzen**) to remove (*od.* withdraw) an item from the agenda; **zur ~!** keep to the agenda, stick to the matter in hand (*od.* under discussion). – **2.** (*im Parlament*) order of the day, day's business. — ~ˌ**plat·te** *f gastr. cf.* Tagesgericht. — ~**po·liˌtik** *f* politics *pl* (*construed as sg or pl*) of the day. — ~ˌ**preis** *m econ.* **1.** day's (*od.* ruling, actual, current) price: **der heutige ~** today's price. – **2.** *cf.* Tageskurs 1. — ~ˌ**pres·se** *f* daily press. — ~**pro·duk·tiˌon** *f* **1.** daily production. – **2.** output of the day. — ~**ra·tiˌon** *f* daily ration(s *pl*). — ~ˌ**raum** *m* dayroom. — ~ˌ**satz** *m* **1.** *econ.* a) day (*od.* daily, per diem) rate, b) (*an der Börse*) current rate. – **2.** (*Verpflegungssatz*) daily ration, one day's supply. — ~ˌ**schau** *f telev.* daily TV news transmission, news *pl* (*construed as sg or pl*). — ~ˌ**schicht** *f* **1.** *econ.* day shift (*od.* turn). – **2.** (*mining*) day shift. — ~ˌ**schwan·kung** *f med.* daily variation (*od.* fluctuation). — ~ˌ**stem·pel** *m* date stamp. — ~**tem·pe·raˌtur** *f* **1.** *med.* diurnal temperature. – **2.** *meteor.* a) daytime temperature, b) today's temperature. — ~ˌ**umˌsatz** *m econ.* **1.** daily turnover. – **2.** sales *pl* of the day. — ~ˌ**urˌlaub** *m* day's (*od.* one-day) leave. — ~**verˌbrauch** *m* **1.** daily consumption. – **2.** consumption of the day. — ~**verˌdienst** *m* **1.** daily earnings *pl*. – **2.** earnings *pl* of the day. — ~**verˌpfle·gung** *f* **1.** one day's supply of food. – **2.** *bes. mil.* daily ration(s *pl*). — ~ˌ**wech·sel** *m econ.* bill (expressed as) payable on a specified date. — ~ˌ**wert** *m* current (*od.* market, present) value. — ~ˌ**zeit** *f* **1.** time (*od.* hour) of (the) day: **zu jeder ~** at any time of the day, at any hour; **zu dieser ~** at this time of day. – **2.** (*Gegensatz zu Nachtzeit*) daytime. — ~ˌ**zei·tung** *f* daily (news)paper, daily. — ~ˌ**ziel** *n mil.* day's objective. — ~ˌ**zin·sen** *pl econ.* interest *sg* on daily balances. — ~ˌ**zug** *m* day train.

Ta·ge·tes [taˈgeːtəs] *f* ⟨-; *no pl*⟩ *bot. cf.* Samtblume 1.

ˈta·geˌwei·se *adv* **1.** by the day: **~ bezahlt werden** to be paid by the day. – **2.** on certain days: **~ kann sie nicht aufstehen** there are (certain) days when she is not able to get up.

ˈTa·geˌwerk *n* **1.** day's (*od.* daily) work (*od.* task): **sein ~ verrichten, seinem ~ nachgehen** to do (*od.* go about) one's daily work. – **2.** (*Arbeitseinheit*) man-day. – **3.** (*mining*) *cf.* Gedinge 2.

ˈTag|ˌfahrt *f* **1.** day journey. – **2.** (*mining*) *cf.* Ausfahrt 5. — ~ˌ**fal·ter** *pl zo.* butterflies; diurnals, diurnal lepidoptera (*scient.*). — ~ˌ**gecko** (*getr.* -k·k-) *m* Madagascar gecko (*Gattg Phelsuma*). — ~ˌ**greifˌvö·gel** *pl* diurnal birds of prey (*Ordng Accipitres*). — **t~ˈhell** *adj* (as) light as day.

täg·lich [ˈtɛːklɪç] **I** *adj* **1.** daily; day-to-day, day-by-day (*attrib*), quotidian, per diem: **der ~e Bedarf an Nahrungsmitteln** the daily food requirements *pl*; **die ~e Arbeit** one's daily work; **über die ~en Vorfälle berichten** to report on (the) daily events; **unser ~(es) Brot gib uns heute** *Bibl.* give us this day our daily bread; **sich** (*dat*) **das ~e Brot verdienen** *fig.* to earn one's living (*od.* daily bread); **~es Geld** *econ.* call money, day-to-day money; **auf ~e Kündigung** *econ.* at call. – **2.** (*alltäglich*) everyday (*attrib*): **im ~en Leben** in everyday life. – **3.** *bes. astr. meteor.* diurnal. – **II** *adv* **4.** every day, daily, day by day, per diem: **diese Zeitung erscheint ~** this newspaper is published daily; **so etwas geschieht ~** (*od.* **kommt ~ vor**) things like this happen every day; **es wird ~ schwieriger** it's getting more difficult every day; **~ wiederkehrende Anfälle** *med.* daily attacks, quotidian fits; **~ kündbares Darlehen** *econ.* call loan, loan repayable on demand; **~ fällige Gelder** (*od.* **Einlagen**) call money *sg*, sight (*Am.* demand) deposits. – **5.** (*pro Tag*) a (*od.* per) day, daily: **zweimal ~ eine Medizin nehmen** to take a medicine twice daily (*od.* a day).

ˈTag|ˌli·lie *f bot.* day lily, hemerocallis (*scient.*) (*Gattg Hemerocallis*). — ~ˌ**lohn** *m Southern G., Austrian, and Swiss for* Tagelohn. — ~ˌ**löh·ner** [-ˌløːnər] *m* ⟨-s; -⟩ *Southern G., Austrian, and Swiss for* Tagelöhner. — ~ˌ**löh·ne·rin** *f* ⟨-; -nen⟩ *Southern G., Austrian, and Swiss for* Tagelöhnerin. — ~ˌ**marsch** *m* day march. — ~ˌ**nel·ke, ˈWei·ße** *f bot.* campion (*Melandrium album*). — ~ˌ**pfau·enˌau·ge** *n zo.* peacock (*od.* argus) butterfly (*Inachis io*).

tags [taːks] *adv only in* **~ darauf** (the) next day, (on) the following day, the day after; **~ zuvor** the day before, (on) the previous day.

ˈTag|ˌsat·zung *f* **1.** *Austrian for* Gerichtstermin 2. – **2.** *Swiss hist.* Diet. — ~**ˌschicht** *f econ.* day shift (*od.* turn): **~ haben** to be on day shift. — ~ˌ**schlä·fer** *pl zo.* urutau (*Fam. Nyctibiidae*). — ~ˌ**schmet·ter·lin·ge** *pl cf.* Tagfalter.

ˈtagsˌüber *adv* during the day, in the daytime.

ˈtagˈtäg·lich I *adj* daily, everyday (*attrib*). – **II** *adv* every single day, day in, day out, day after day (after day).

ˈTagˌtraum *m psych.* daydream, waking dream.

Ta·gu·an [ˈtaːgŭaːn] *m* ⟨-s; -e⟩ *zo.* taguan, giant flying squirrel (*Petaurista petaurista*).

ˈTa·guaˌnüs·se [ˈtaːgŭa-] *pl bot.* ivory (*od.* corozo) nuts, vegetable ivories, taguas.

ˈTag- ˌund ˈNacht·beˌtrieb, ˈTag- ˌund ˈNachtˌdienst *m* day and night (*od.* [a]round-the-clock) service.

ˈTagˌundˈnachtˌglei·che *f* ⟨-; -n⟩ *astr.* equinox.

ˈTa·gung *f* ⟨-; -en⟩ **1.** meeting, conference, congress, convention: **eine ~ abhalten** to hold a meeting; **eine ~ einberufen** to call (*od.* convene) a meeting; **an einer ~ teilnehmen** to participate in a meeting. – **2.** *pol.* (*eines Ausschusses*) session, sitting. – **3.** (*Beratung*) deliberation, conference.

ˈTa·gungs|beˌricht *m* proceedings *pl.* — ~ˌ**ort** *m* meeting place, venue. — ~ˌ**teil·ˌneh·mer** *m*, ~ˌ**teilˌneh·me·rin** *f* participant in a meeting (*od.* conference).

ˈtag|ˌwei·se *adv cf.* tageweise. — **T~ˌwerk** *n* **1.** *cf.* Tagewerk. – **2.** *Southern G. and Swiss obs. a land measure varying between 27 and 47 ares.*

ta·hi·tisch [taˈhiːtɪʃ] *adj* Tahitian.

Tahr [taːr] *m* ⟨-s; -s⟩ *zo.* tahr, thar (*Hemitragus jemlaicus*).

Tai·fun [taɪˈfuːn] *m* ⟨-s; -e⟩ *meteor.* typhoon. — **t~ˌar·tig** *adj* typhonic.

Tai·ga [ˈtaɪga] *f* ⟨-; *no pl*⟩ *geogr.* (*bes. in Sibirien*) taiga.

Tail·le [ˈtaljə] *f* ⟨-; -n⟩ **1.** waist: **eine schlanke ~ haben** to have a slim (*od.* slender) waist; **j-n um die ~ fassen** to put one's arm (a)round s.o.'s waist; **das Kleid ist auf ~ gearbeitet** the dress is waisted, the dress is fitted (*od.* close-fitting) at the waist. – **2.** (*fashion*) (*des Kleides*) bodice, corsage. – **3.** (*beim Kartenspiel*) shuffle and cut. – **4.** *hist.* (*in Frankreich*) taille.

ˈTail·len|ˌumˌfang *m*, ~ˌ**wei·te** *f* waist (measurement).

Tail·leur[1] [taˈjøːr] *m* ⟨-s; -s⟩ *obs. for* Schneider 1, 2.

Tailˈleur[2] *n* ⟨-s; -s⟩ *bes. obs. od. Swiss* (*fashion*) tailleur (*woman's tailored costume*).

tail·lie·ren [taˈjiːrən] **I** *v/t* ⟨*no* ge-, h⟩ (*Kleid, Anzug etc*) waist, fit (*s.th.*) at the waist. – **II** *v/i* (*games*) shuffle and cut (the cards).

tailˈliert I *pp.* – **II** *adj* waisted, fitted (*od.* close-fitting) at the waist.

Tai·lor·made [ˈteɪləˌmeɪd] (*Engl.*) *n* ⟨-; -s⟩ (*fashion*) *cf.* a) Schneiderkostüm, b) Schneiderkleid.

Tai·pan [ˈtaɪpan] *m* ⟨-; -s⟩ *zo.* (*austral. Giftnatter*) taipan (*Oxyuranus scutellatus*).

Ta·kel [ˈtaːkəl] *n* ⟨-s; -⟩ *mar.* a) tackle, b) (*schweres*) purchase: **großes ~** main tackle; **loses ~** pendant tackle.

Ta·ke·la·ge [takəˈlaːʒə] *f* ⟨-; -n⟩ *mar.* (*sport*) rig(ging): **zu schwere ~ haben** to be overrigged.

ˈTa·ke·ler *m* ⟨-s; -⟩ *mar.* (ship) rigger.

ta·keln [ˈtaːkəln] *v/t* ⟨h⟩ *mar.* (*sport*) **1.** (*Schiff*) rig. – **2.** (*Tauende*) whip. — **ˈTa·ke·lung** *f* ⟨-; -en⟩ *cf.* Takelage.

ˈTa·kelˌwerk *n mar.* (*sport*) *cf.* Takelage.

Ta·kin [ˈtaːkɪn] *m* ⟨-s; -s⟩ *zo.* takin (*Budorcas taxicolor*).

Ta·ko·nit [takoˈniːt; -ˈnɪt] *m* ⟨-(e)s; -e⟩ *min.* taconite.

Takt[1] [takt] *m* ⟨-(e)s; -e⟩ **1.** *bes. mus.* time, measure, meter, *bes. Br.* metre: **den ~ schlagen** to beat (the) time; **im ~ spielen** to play in time; **den ~ halten, im ~ bleiben** a) to keep time, b) (*beim Rudern etc*) to keep stroke; **aus dem ~ kommen** (*od.* **fallen**) a) to lose beat, b) *fig.* to be put out of one's stride; **aus dem ~ (gekommen) sein** to be off time (*od.* off [the] beat); **j-n aus dem ~ bringen** a) to put s.o. out of time, to put s.o. off (the) beat, b) *fig.* to disconcert s.o., to put s.o. out of his stride; **den ~ angeben** a) to give the time, b) *fig.* to be the leader; **sich im ~ bewegen** to move in time to the music; **im ~ marschieren** *bes. mil.* to march in time, to keep (in) step; **gegen den ~ marschieren** to march out of time, to be out of step; **gegen den** (*od.* **nicht im**) **~ spielen** to play out of time (*od.* off the beat); **den ~ wechseln** to change time; **zweiteiliger ~** simple time. – **2.** *mus. Br.* bar, *Am.* measure: **er spielte die ersten ~e eines Liedes** he played the first few bars of a song; **zwei ~e voraus sein** to be two bars ahead (of time); **setzen Sie im vierten ~ ein** (you) cut in at bar four; **5 ~e nach E** five bars after E; **hier sind drei ~e Pause** there are three bars' rest here, there is a rest of three bars here; **mitten im ~ abbrechen** to break off in the middle of a bar; **einen ~ vorgeben** (*od.* **vorzählen**) to count in (*od.* off) one measure. – **3.** *metr.* (*Rhythmus*) rhythm, cadence, measure. – **4.** (*der Maschinen etc*) cycle. – **5.** (*Arbeitstakt der Fließbandproduktion etc*) phase, cycle. – **6.** *auto.* a) cycle, b) (*Hub*) stroke. – **7.** *tel.* cadence. – **8.** (*sport*) (*in Dressur*) rhythm.

Takt[2] *m* ⟨-(e)s; *no pl*⟩ tact(fulness), delicacy: **~ haben** to have tact; **die Angelegenheit mit ~ behandeln** to handle the affair with tact (*od.* great delicacy, discretion, savoir faire); **es fehlt ihm an ~** he lacks tact; **j-m Mangel an ~ vorwerfen** to accuse s.o. of tactlessness (*od.* lacking tact, having no tact); **den ~ verletzen, gegen den ~ verstoßen** to offend against tact (*od.* delicacy).

ˈTakt|ˌart *f mus.* time, measure, meter, *bes. Br.* metre. — ~**beˌzeich·nung** *f* time signature. — ~ˌ**feh·ler** *m* **1.** *mus.* break in time. – **2.** *cf.* Taktlosigkeit. — **t~ˌfest** *adj mus.* steady (in keeping time), beat-

-conscious: ~ sein to keep good time. — ~,ge·ber *m* (*computer*) clock. — ~ge,fühl *n* ⟨-(e)s; *no pl*⟩ tact(fulness), delicacy, sense of tact: kein ~ haben to have no tact, to lack tact.

tak·tie·ren[1] [tak'tiːrən] **I** *v/i* ⟨*no* ge-, h⟩ **1.** *mus.* beat (the) time, give (*od.* indicate) the beat. – **2.** *tech.* a) (*von Maschinen*) time, index, b) (*von Arbeitsvorgängen*) cycle. – **II T~** *n* ⟨-s⟩ **3.** *verbal noun.*

tak'tie·ren[2] *v/i* ⟨*no* ge-, h⟩ proceed tactically.

Tak'tie·rung *f* ⟨-; *no pl*⟩ *cf.* Taktieren[1].

Tak·tik ['taktɪk] *f* ⟨-; -en⟩ **1.** *mil.* tactics *pl* (*usually construed as sg*). – **2.** *fig.* (*planmäßiges Vorgehen*) tactics *pl*: eine raffinierte ~ anwenden to use subtle tactics; nach einer bestimmten ~ vorgehen to proceed according to certain tactics.

Tak·ti·ker ['taktikər] *m* ⟨-s; -⟩ *mil. auch fig.* tactician.

'tak·tisch *adj* **1.** *mil.* (*Einheit, Einsatz, Erprobung, Zeichen etc*) tactical: ~er Führer officer in tactical command; ~e Luftunterstützung tactical air support; ~e Waffen tactical arms. – **2.** *fig.* (*Vorgehen etc*) tactical.

'takt·los *adj* **1.** (*Mensch, Benehmen, Frage, Bemerkung etc*) tactless, without (*od.* lacking) tact, untactful, indelicate. – **2.** (*indiskret*) indiscreet, indelicate. — **'Takt·lo·sig·keit** *f* ⟨-; -en⟩ **1.** ⟨*only sg*⟩ tactlessnees, lack of tact, untactfulness, indelicacy. – **2.** (*taktloses Verhalten*) tactless thing: das war eine ~ that was a tactless thing to do; eine ~ begehen to do s.th. tactless, to drop a brick (*colloq.*). – **3.** (*taktlose Bemerkung etc*) tactless (*od.* indelicate) remark. – **4.** (*Indiskretion*) indiscretion, indelicacy.

'takt,mä·ßig *mus.* **I** *adj* measured, well-timed (*attrib*), square: ~er Rhythmus measure. – **II** *adv* in time.

'Takt|,mes·ser *m mus.* metronome. — ~,**pau·se** *f* bar rest. — ~,**stock** *m* (conductor's) baton, stick (*colloq.*): den ~ schwingen to wield the baton. — ~,**stra·ße** *f tech.* conveyor (*auch* conveyer) line. — ~,**strich** *m mus.* bar (line). — ~,**teil** *m* beat, part of the bar: guter ~ good (*od.* strong) beat; schlechter ~ weak beat, offbeat.

'takt,voll I *adj* **1.** tactful, delicate: ein ~er Mensch a tactful person, a person of tact. – **2.** (*diskret*) discreet, delicate. – **II** *adv* **3.** ~ über (*acc*) etwas hinweggehen to pass s.th. over tactfully (*od.* with [great] tact [*od.* delicacy], delicately).

'Takt|,vor,zei·chen *n*, ~,**vor,zeich·nung** *f mus.* time signature. — ~,**wech·sel** *m* change of time (*od.* meter, *bes. Br.* metre). — ~,**zahl** *f* bar number. — ~,**zeit** *f tech.* cycle time.

Tal [taːl] *n* ⟨-(e)s; ⸚er, *poet. obs.* -e⟩ valley; vale, dale (*poet.*): ein enges ~ a narrow (*od.* steep-sided) valley; ein weites ~ a wide (*od.* broad) valley; über Berg und ~ wandern to hike cross-country; zu ~ a) downhill, down into the valley, b) *mar.* downstream.

,tal'ab(,wärts) *adv* **1.** down into the valley. – **2.** *mar.* downstream.

Ta·lar [ta'laːr] *m* ⟨-s; -e⟩ **1.** (*der Richter u. Geistlichen*) robe, gown, *auch* toga. – **2.** (*der Professoren*) gown, robe.

,tal'auf(,wärts) *adv* **1.** up the valley. – **2.** *mar.* upstream.

'Tal|be,woh·ner *m* inhabitant of a (*od.* the) valley. — ~,**bil·dung** *f* valley formation. — ~,**bo·den** *m* valley floor (*od.* bottom).

'Tal·bot,wa·gen ['talbɔt-] *m* (*railway*) self-dumping car.

Ta·le'gal·la,huhn [tale'gala-] *n zo.* brush (*od.* wattle) turkey (*Alectura lathami*).

'Tal|,ein,schnitt *m geol.* section of a valley. — ~,**en·ge** *f* **1.** narrow of a valley, defile. – **2.** *cf.* Schlucht 1.

Ta·lent [ta'lɛnt] *n* ⟨-(e)s; -e⟩ **1.** (*Begabung, Gabe*) talent, (natural) gift (*od.* endowment): sie hat ~ zum Schauspielen she has a talent for acting; ein ~ brachliegen lassen to let a talent lie fallow, to waste a talent; er hat ein ~, im richtigen Augenblick das Falsche zu sagen *colloq. iron.* he has a particular talent for (*od. colloq.* he is great at) saying the wrong thing at the wrong time. – **2.** (*Person*) talent, talented (*od.* gifted) person: er ist ein großes ~ he is a great talent; junge ~e fördern to promote young talents. – **3.** *antiq.* (*altgriech. Gewichts- u. Münzeinheit*) talent.

ta·len·tiert [talɛn'tiːrt] *adj* talented, gifted: sehr ~ of great talent, highly talented (*od.* gifted).

ta'lent·los *adj* untalented, ungifted, without talent (*od.* gifts), talentless. — **Ta'lent·lo·sig·keit** *f* ⟨-; *no pl*⟩ lack of talent.

Ta'lent,pro·be *f* proof of one's talent.

ta'lent,voll *adj cf.* talentiert.

'Ta·ler *m* ⟨-s; -⟩ *hist.* (*ehemalige dt. Silbermünze*) taler, *auch* thaler, German dollar: → Pfennig 2. — ~,**fisch** *m zo.* silver tetra (*Ctenobrycon spilurus*).

'Tal,fahrt *f* **1.** (*mit dem Auto*) downhill drive (*od.* run, trip). – **2.** (*auf Skiern*) downhill run, descent. – **3.** (*mit Seilbahn*) descent, trip down. – **4.** *mar.* a) downstream run (*od.* trip), b) downhill navigation. – **5.** *bes. econ. pol. fig.* downward trend, downswing.

Talg [talk] *m* ⟨-(e)s; -e⟩ **1.** (*roh u. eßbar*) suet. – **2.** (*ausgelassener*) a) (*eßbarer*) dripping, b) (*ungenießbarer*) tallow. – **3.** *med.* (*der Talgdrüsen*) sebaceous matter, sebum. — **t~,ab,son·dernd** *adj med.* sebaceous, sebiparous. — ~,**ab,son·de·rung** *f* **1.** ⟨*only sg*⟩ secretion of sebaceous matter, sebaceous secretion. – **2.** sebum deposit.

'talg,ar·tig *adj* **1.** suety. – **2.** *med.* sebaceous.

'Talg,drü·se *f med.* sebaceous (*od.* oil) gland. — **'Talg,drü·sen,zy·ste** *f* sebaceous cyst.

tal·gen ['talgən] *v/t* ⟨h⟩ grease (*s.th.*) with tallow, tallow.

tal·gig ['talgɪç] *adj* **1.** *cf.* talgartig 1. – **2.** *med.* a) (*Haut*) sebaceous, b) (*seborrhoisch*) seborrhoic. – **3.** *fig.* (*Gesichtsfarbe etc*) tallowy.

'Talg|,ker·ze *f*, ~,**licht** *n* tallow candle.

'Tal|,grund *m cf.* Talboden. — ~,**hän·ge** *pl* slopes (*od.* sides) of a valley.

Ta·li·on [ta'lioːn] *f* ⟨-; -en⟩ *jur. hist.* talion, lex talionis. — **Ta·li'ons·prin,zip** *n* talionic principle.

Ta·li·pes ['taːlipeːs] *m* ⟨-; -pedes [ta'liːpedɛs]⟩ *med.* talipes, clubfoot.

'Ta·li·pot,pal·me ['taːlipɔt-] *f bot.* talipot (palm) (*Corypha umbraculifera*).

Ta·lis·man ['taːlɪsman] *m* ⟨-s; -e⟩ talisman, mascot, (good-luck) charm.

Tal·je ['taljə] *f* ⟨-; -n⟩ *mar.* tackle: mit einer ~ holen (*od.* heben) to tackle, to purchase. — **'tal·jen** *v/t* ⟨h⟩ *mar. tech.* tackle, purchase.

'Tal·jen,läu·fer *m mar.* tackle fall.

'Tal·je,reep *n mar.* lanyard, *auch* laniard.

Talk [talk] *m* ⟨-(e)s; *no pl*⟩ *min.* talc(um), soapstone, steatite. — **t~,ar·tig** *adj* talcose, talcous, talcky, *Br. auch* talky. — ~,**er·de** *f min.* magnesia, magnesium oxide, talcite, earthy talc.

'Tal,kes·sel *m geol.* (valley) basin, hollow, deep circular valley.

'talk,hal·tig *adj min.* talcose, talcous, talcky, *Br. auch* talky.

'Talk|,pu·der *m*, *colloq. n* talcum powder, talc (*colloq.*). — ~,**spat** *m min.* magnesite.

Tal·kum ['talkʊm] *n* ⟨-s; *no pl*⟩ **1.** *min. cf.* Talk. – **2.** *tech.* powdered talc (*od.* soapstone). – **3.** *cf.* Talkpuder.

tal·ku·mie·ren [talku'miːrən] *v/t* ⟨*no* ge-, h⟩ (*Handschuhe etc*) powder (*s.th.*) with talcum.

'Tal·kum,pu·der *m*, *colloq. n cf.* Talkpuder.

tal·lie·ren [ta'liːrən] *v/t* ⟨*no* ge-, h⟩ *mar.* tally.

Tal·lith [ta'liːt] *m* ⟨-; -⟩ (*jüdischer Gebetsmantel*) tallit(h), tal(l)is, *auch* talit(h).

'Tall,öl ['tal-] *n chem. tech.* tall oil, (*raffiniertes*) gloss oil.

'Tal·ly,mann ['tali-] *m* ⟨-(e)s; ⸚er⟩ *mar.* tallyman, (cargo) checker, *Br. auch* tally clerk.

tal·mi ['talmi] *adj* ⟨*pred*⟩ *Austrian* sham, fake.

'Tal·mi *n* ⟨-s; *no pl*⟩ **1.** *cf.* Talmigold. – **2.** *fig.* (*Unechtes*) sham, pinchbeck, *Am. colloq.* goldbrick. — ~,**gold** *n* talmi (*od.* imitation, Abyssinian) gold, pinchbeck. — ~,**wa·re** *f* imitation (*od.* fake) goods *pl*, spurious articles *pl.*

Tal·mud ['talmuːt] *m* ⟨-(e)s; -e⟩ *relig.* Talmud. — **tal'mu·disch** [-'muːdɪʃ] *adj* Talmudic, *auch* Talmudical. — **Tal·mu'dis·mus** [-mu'dɪsmʊs] *m* ⟨-; *no pl*⟩ Talmudism. — **Tal·mu'dist** [-mu'dɪst] *m* ⟨-en; -en⟩ Talmudist.

'Tal|,mul·de *f geol.* valley basin, hollow. — ~,**ne·bel** *m* valley fog.

Ta·lon [ta'lõː] *m* ⟨-s; -s⟩ **1.** *econ.* (*Erneuerungsschein*) talon, coupon, renewal certificate. – **2.** (*games*) a) (*Kartenrest beim Geben*) stock, talon, b) (*Kartenstamm bei Glücksspielen*) stock. – **3.** *mus. cf.* Frosch 5.

'Tal·schaft *f* ⟨-; -en⟩ *Swiss* (*auch in Vorarlberg*) (all the) inhabitants *pl* of a valley.

'Tal|,schlucht *f geogr.* a) (*große*) canyon, gorge, b) (*kleinere*) ravine. — ~,**schluß** *m* end of a valley, valley's end, valley head. — ~,**sen·ke** *f cf.* Talmulde. — ~,**soh·le** *f* **1.** *cf.* Talboden. – **2.** *bes. econ. pol. fig.* depression. — ~,**sper·re** *f civ.eng.* dam, barrage. — ~**sta·ti,on** *f* (*einer Seilbahn*) valley station. — ~**ter,ras·se** *f geol.* valley terrace. — ~,**über,füh·rung** *f civ.eng.* viaduct.

Ta·lus ['taːlʊs] *m* ⟨-; Tali [-li]⟩ *med.* (*Sprungbein*) ankle bone; talus, astragalus (*scient.*).

'tal,wärts *adv cf.* talab(wärts).

'Tal|,weg *m* **1.** valley path. – **2.** *geogr.* thalweg. — ~,**wind** *m* valley breeze.

Ta·man·dua [ta'mandŭa] *m* ⟨-(s); -(s)⟩ *zo.* tamandua, caguare (*Tamandua tetradactyla*; *arboreal anteater*).

Ta·ma·rin [tama'riːn] *m* ⟨-s; -s⟩ *zo.* (*Krallenäffchen*) tamarin (*Gattg Tamarin*).

Ta·ma·rin·de [tama'rɪndə] *f* ⟨-; -n⟩ *bot.* **1.** (*Baum*) tamarind (*auch* tamarindo) (tree) (*Tamarindus indica*). – **2.** (*Frucht*) tamarind, *auch* tamarindo.

Ta·ma·ris·ke [tama'rɪskə] *f* ⟨-; -n⟩ *bot.* tamarisk (*Gattg Tamarix*).

Tam·bour ['tambuːr] *m* ⟨-s; -e, *Swiss* Tambouren [-'buːrən]⟩ **1.** (*Trommel*) drum. – **2.** (*eines Spielmannszuges etc*) drummer. – **3.** *arch.* (*eines Kuppelgewölbes*) drum. – **4.** *tech.* (*in der Spinnerei*) cylinder. — ~**ma,jor** *m* drum major. — ~,**stock** *m* (drum major's) baton.

Tam·bur ['tambuːr] *m* ⟨-s; -e⟩ **1.** (*Stickrahmen*) tambour (frame), embroidery ring (*od.* frame). – **2.** *tech. cf.* Tambour 4. — **tam·bu'rie·ren** [-bu'riːrən] *v/t* ⟨*no* ge-, h⟩ (*sticken*) embroider (*s.th.*) on a tambour.

Tam·bu·rin [tambu'riːn] *n* ⟨-s; -e⟩ **1.** *mus. cf.* Schellentrommel. – **2.** *cf.* Tambur 1. – **3.** (*sport*) a) (*Gerät für Ballspiel*) tabor-shaped racket, b) (*für Gymnastik*) tambourine.

Ta·mil ['taːmɪl] *n* ⟨-(s); *no pl*⟩ *ling.* Tamilian (*auch* Tamilic) language. — **Ta·mi·le** [ta'miːlə] *m* ⟨-n; -n⟩ Tamil(ian). — **ta·mi·lisch** [ta'miːlɪʃ] *adj* Tamil(ian), *auch* Tamilic: ~e Sprache *ling. cf.* Tamil.

Tamp [tamp] *m* ⟨-s; -e⟩, **'Tam·pen** *m* ⟨-s; -⟩ *mar.* rope end.

Tam·pon ['tampɔn; tã'põː] *m* ⟨-s; -s⟩ **1.** *med.* tampon, plug: aufsaugender [medikamentöser] ~ absorbent [medicated] tampon. – **2.** (*Vaginaltampon*) tampon. – **3.** *print.* (*zum Einschwärzen*) tampon, ink ball.

Tam·po·na·de [tampo'naːdə] *f* ⟨-; -n⟩ *med.* tamponade, tamponage.

tam·po·nie·ren [tampo'niːrən] *v/t* ⟨*no* ge-, h⟩ *med.* tampon, plug, pack.

Tam·tam [,tam'tam; 'tam'tam] *n* ⟨-s; -s⟩ **1.** *mus.* (*Instrument*) tam-tam. – **2.** (*lautmalend für Trommelschlagen*) tom-tom, tum-tum. – **3.** ⟨*only sg*⟩ *colloq.* fuss, to-do, ado: viel ~ (um j-n) machen to make a lot of fuss (about s.o.), to make a big fuss (of s.o., *Am.* over s.o.). – **4.** ⟨*only sg*⟩ *colloq.* (*Reklamerummel*) ballyhoo: die Festspiele wurden mit großem ~ eröffnet the festival was opened with a lot of ballyhoo.

Ta·mu·le [ta'muːlə] *m* ⟨-n; -n⟩ *cf.* Tamile. — **ta'mu·lisch** *adj cf.* tamilisch.

Ta·na ['taːna] *f* ⟨-; -s⟩ *zo.* tana (*Tana tana*).

'Ta·na·gra·fi,gur ['taːnagra-] *f meist pl antiq.* Tanagra (figurine).

Tand [tant] *m* ⟨-(e)s; *no pl*⟩ **1.** (*glänzende, wertlose Dinge*) baubles *pl*, gewgaws *pl.* – **2.** (*hübsche Kleinigkeiten*) trinkets *pl*, knicknacks *pl*, *auch* nic(k)nac(k)s *pl*, bric-a-brac, trifles *pl.* – **3.** (*Flitterkram*) tinsel, glitter. – **4.** (*Spielzeug*) playthings *pl*, toys *pl.* – **5.** (*Trödelkram*) junk, trash, trumpery.

Tän·de'lei *f* ⟨-; -en⟩ **1.** *cf.* Tändeln. – **2.** (*Liebelei*) flirt(ation); philander, dalliance (*lit.*).

'Tän·de·ler *m* ⟨-s; -⟩ *cf.* Tändler.

'Tan·del,markt ['tandəl-] *m Austrian colloq.*, **'Tän·del,markt** *m dial. for* Trödelmarkt.

tän·deln ['tɛndəln] **I** *v/i* ⟨h⟩ *lit.* **1.** play

about, dally. – **2.** (*liebeln*) flirt; philander, dally (*lit.*). – **II T~** *n* ⟨-s⟩ **3.** *verbal noun.*

'Tän·del͵schür·ze *f* fancy (*od.* frilly) apron.

Tan·dem ['tandɛm] *n* ⟨-s; -s⟩ **1.** (*Fahrrad*) tandem (bicycle). – **2.** (*Pferdegespann*) tandem (cart). – **3.** *tech.* tandem arrangement. — **~͵an͵ord·nung** *f tech.* tandem arrangement. — **~͵fah·rer** *m* **1.** (*eines Fahrrades*) tandem rider. – **2.** (*eines Pferdegespannes*) tandem driver. — **~͵flug͵zeug** *n aer.* tandem (aircraft). — **~ma͵schi·ne** *f tech.* tandem engine. — **~͵pum·pe** *f* tandem pump. — **~͵ren·nen** *n* (*sport*) tandem race.

Tand·ler ['tandlər] *m* ⟨-s; -⟩ *Bavarian and Austrian colloq. for* Trödler 1.

'Tänd·ler *m* ⟨-s; -⟩ **1.** (*Schäker*) flirt(er), philanderer (*lit.*). – **2.** *dial. for* Trödler 1.

Tang [taŋ] *m* ⟨-(e)s; -e⟩ *bot.* seaweed.

Tan·ga·re [taŋ'gaːrə] *f* ⟨-; -n⟩ *zo.* (*Singvogel*) **1.** tanager (*Fam. Thraupidae*). – **2.** organist (*Gattg Euphonia*).

Tan·gens ['taŋgɛns] *m* ⟨-; -⟩ *math.* tangent. — **~͵kur·ve** *f* tangent curve.

Tan·gen·te [taŋ'gɛntə] *f* ⟨-; -n⟩ **1.** *math.* tangent. – **2.** (*in Städteplanung*) tangential trunk road. – **3.** *mus.* (*am Klavichord*) tangent.

Tan'gen·ten|bus͵so·le *f electr.* tangent galvanometer. — **~͵kur·ve** *f math.* tangent curve. — **~͵schar** *f* (*einer Kurve*) web (*od.* family) of tangent lines. — **~͵schnitt͵punkt** *m* point of intersection of tangents.

tan·gen·ti·al [taŋgɛn'tsĭaːl] *adj math.* tangential. — **T~be͵schleu·ni·gung** *f phys.* tangential acceleration. — **T~͵ebe·ne** *f math.* tangent(ial) plane, plane of tangency. — **T~͵kraft** *f* **1.** *phys.* tangential force. – **2.** *geol.* shear, shearing stress. — **T~͵punkt** *m math.* tangent point. — **T~͵schnitt** *m* chordal surface.

tan·gie·ren [taŋ'giːrən] *v/t* ⟨*no* ge-, h⟩ **1.** *math.* touch, be tangent to. – **2.** *fig.* affect, concern: **diese Bestimmung tangiert mich nicht** this regulation does not affect me.

Tan·go ['taŋgo] *m* ⟨-s; -s⟩ (*Gesellschaftstanz*) tango: ~ **tanzen** to dance the tango, to tango. — **~be͵leuch·tung** *f colloq.* dim lighting. — **~͵jüng·ling** *m colloq. contempt.* dandy, playboy, *Br. sl. auch* spiv.

Tank [taŋk] *m* ⟨-(e)s; -s, *rare* -e⟩ **1.** (*Flüssigkeitsbehälter*) tank, container, receptacle. – **2.** (*eines Autos*) (gasoline, *colloq.* gas, *Br.* petrol) tank. – **3.** *mil.* (*Panzer, bes. im 1. Weltkrieg*) tank. — **~͵an͵hän·ger** *m auto.* tank trailer. — **~͵an͵la·ge** *f* fuel tank, fuel-storage depot. — **~͵dampf·fer** *m mar.* (oil) tanker. — **~͵deckel** (*getr.* -k·k-) *m cf.* Tankverschluß.

tan·ken ['taŋkən] **I** *v/i* ⟨h⟩ **1.** fill up, (re)fuel, *bes. Am.* refill, *Am. colloq.* gas up: **ich muß unbedingt ~** I really must fill up (*od.* stop to refuel); **er hat zuviel getankt** *fig. colloq.* he has had one too many (*colloq.*). – **2.** *aer.* (re)fuel: **in der Luft ~** *aer.* to refuel in flight. – **II** *v/t* **3.** fill up with, *Am.* tank: **20 Liter (Benzin) ~** to fill up with 20 liters (of gasoline, *Br.* petrol); **frische Luft ~** *fig. colloq.* to get a breath of fresh air; **frische Kräfte ~** *fig. colloq.* to work up one's strength. – **4.** *fig. colloq.* (*Feuerzeug, Füllfederhalter etc*) refill. – **III T~** *n* ⟨-s⟩ **5.** *verbal noun.*

'Tan·ker *m* ⟨-s; -⟩ *mar.* (oil) tanker. — **~͵flot·te** *f* tanker fleet.

'Tank|͵flug͵zeug *n aer.* tanker plane. — **~͵in͵halt** *m* **1.** contents *pl* of a tank. – **2.** (*Fassungsvermögen*) tank capacity. — **~͵la·dung** *f bes. mar.* tank cargo. — **~͵last͵zug** *m auto.* tank truck train. — **~͵lösch͵fahr͵zeug** *n* fire extinguishing tanker. — **~re͵ak·tor** *m nucl.* tank-type reactor. — **~͵rei·ni·gung** *f* tank cleaning. — **~͵säu·le** *f Am.* gasoline (*od. colloq.* gas) pump, *Br.* petrol pump. — **~͵schiff** *n mar.* (oil) tanker. — **~͵schiffahrt** (*getr.* -ff͵f-) *f* tank shipping.

'Tank͵stel·le *f auto.* service (*od.* filling) station, *Am.* gasoline (*od. colloq.* gas) station, *Br.* petrol station: **freie ~** independent (*od.* free, private-contract) service (*od.* filling) station.

'Tank͵stel·len|͵wart *m cf.* Tankwart. — **~͵zu·be͵hör** *n* service-station equipment.

'Tank|͵uhr *f* (*der Tanksäule*) gasoline (*od. colloq.* gas, *Br.* petrol) pump meter, fuel ga(u)ge. — **~ver͵schluß** *m* **1.** *auto.* filler cap. – **2.** tank lid. — **~͵wa·gen** *m* **1.** *auto.* tanker, *Am.* tank truck, *Br.* petrol (*od.* tank) lorry, *Br.* tank car, road transport tanker. – **2.** (*railway*) tank car (*od.* waggon, *bes. Am.* wagon). — **~͵wart** *m auto.* service-station (*Br.* [petrol-]pump) attendant.

Tann [tan] *m* ⟨-(e)s; -e⟩ *poet. for* Tannenwald.

Tan·nat [ta'naːt] *n* ⟨-(e)s; -e⟩ *chem.* (*Gerbsäuresalz*) tannate.

Tan·ne ['tanə] *f* ⟨-; -n⟩ **1.** *bot.* a) fir (tree) (*Gattg Abies*), b) (*Weiß- od. Edeltanne*) silver fir (*A. alba*): **schlank wie eine ~** (as) slender as a young sapling (*od.* as a blade); **kerzengerade (gewachsen) wie eine ~** (as) straight as a rod (*od.* die). – **2.** *bot.* (*Rottanne, Fichte*) spruce (fir), Norway spruce (*Picea abies*). – **3.** *cf.* Tannenholz.

Tän·nel ['tɛnəl] *m* ⟨-s; -⟩ *bot.* waterwort (*Gattg Elatine*).

'tan·nen *adj* (made of) deal, made of fir.

'Tan·nen|͵baum *m* **1.** *bot. cf.* Tanne 1, 2. – **2.** *cf.* Weihnachtsbaum. — **~ge͵hölz** *n* fir grove. — **~͵grün** *n* fir sprigs *pl.* — **~͵hä·her** *m zo.* nutcracker, nutbreaker (*Nucifraga caryocatactes*). — **~͵harz** *n* fir resin. — **~͵holz** *n* fir (wood), spruce. — **~͵laus** *f zo.* pine blight (*Fam. Adelgidae*). — **~͵mei·se** *f* coal tit, coletit (*Parus ater*). — **~͵na·del** *f* fir needle. — **~͵wald** *m* fir wood (*od.* forest), forest of fir trees. — **~͵we·del, (Ge'mei·ner)** *m bot.* horsetail, mare's tail, bottlebrush (*Hippuris vulgaris*). — **~͵zap·fen** *m* fir cone. — **~͵zweig** *m* **1.** (*kleiner*) fir twig (*od.* sprig). – **2.** (*großer*) fir branch.

'Tan·nicht, Tän·nicht ['tɛnɪçt] *n* ⟨-(e)s; -e⟩ *obs.* thicket of young firs.

tan·nie·ren [ta'niːrən] *v/t* ⟨*no* ge-, h⟩ *tech.* (*Leder*) tan, treat (*s.th.*) with tannic acid.

Tan·nin [ta'niːn] *n* ⟨-s; *no pl*⟩ *chem.* tannin. — **~͵bei·ze** *f* tannin mordant. — **~͵säu·re** *f chem.* tannic acid.

Tänn·ling ['tɛnlɪŋ] *m* ⟨-s; -e⟩ *bot.* young fir (tree).

Tan·rek ['tanrɛk] *m* ⟨-s; -s⟩ *zo.* (*Borstenigel*) tenrec, *auch* tanrec (*Tenrec ecaudatus*).

Tan·se ['tanzə] *f* ⟨-; -n⟩ *Swiss a vat for carrying milk, wine, grapes etc on the back.*

Tan·tal ['tantal] *n* ⟨-s; *no pl*⟩ *chem.* tantalum (Ta).

Tan·ta·li·de [tanta'liːdə] *m* ⟨-n; -n⟩ *myth.* Tantalid. — **Tan·ta'li·den·ge͵schlecht** *n* ⟨-(e)s; *no pl*⟩ race of the Tantalids.

Tan·ta·lit [tanta'liːt; -'lɪt] *m* ⟨-s; *no pl*⟩ *min.* tantalite.

'Tan·tal͵lam·pe *f electr.* tantalum lamp.

Tan·ta·lus ['tantalʊs] *npr m* ⟨-; *no pl*⟩ *myth.* Tantalus. — **~-͵Meer͵kat·ze** *f zo.* Tantalus monkey (*Cercopithecus aethiops tantalus*). — **~͵qua·len** *pl fig. u. myth.* torments of Tantalus: **j-m ~ bereiten, j-n ~ ausstehen lassen** to tantalize (*Br. auch* -s-) s.o.; **~ leiden** (*od.* **ausstehen**) to suffer agonies, to go through hell (*colloq.*).

'Tant·chen *n* ⟨-s; -⟩ auntie, aunty.

Tan·te ['tantə] *f* ⟨-; -n⟩ **1.** aunt. – **2.** (*in der Anrede*) aunt, auntie, aunty: **liebe ~ Agathe** dear aunt(ie) Agatha. – **3.** (*child's language*) lady: **sag der ~ auf Wiedersehen!** say good-bye to the lady! – **4.** (*child's language*) *cf.* Kindergärtnerin. – **5. eine (alte) ~** *colloq. contempt.* a(n old) woman. – **6.** *sl.* (*Homosexueller*) 'queer', 'pansy' (*beide sl.*), *bes. Am. sl.* 'fairy'. – **7. zu ~ Meier gehen** *colloq.* (*austreten*) to pay a visit (*od.* call), *Br.* to spend a penny, *Am.* to go see Mrs. Jones (*alle colloq.*).

'tan·ten·haft *adj fig. contempt.* spinsterish, old-maidish, grannyish.

T-An͵ten·ne ['teː-] *f* (*radio*) T-antenna, *bes. Br.* T-aerial.

Tan·tie·me [tɑ̃'tĭeːmə] *f* ⟨-; -n⟩ **1.** (*eines Autors, Erfinders etc*) royalty. – **2.** *econ.* tantième, percentage (of profits), bonus, director's fee. — **~͵steu·er** *f* tax on tantième (*od.* director's fee).

Tanz [tants] *m* ⟨-es; =e⟩ **1.** dance: **ein moderner [ländlicher] ~** a modern [rustic *od.* rural] dance; **j-n zum ~ auffordern** to ask (*od.* to invite) s.o. to dance, to ask s.o. for a dance (*colloq.*); **darf ich um den nächsten ~ bitten?** may I have the pleasure of the next dance? **die Kapelle spielte zum ~ auf** the band struck up for a dance; **einen ~ aussetzen** to sit out a dance; **sich im ~(e) drehen** to spin (*od.* whirl) (a)round in a dance; **einen ~ hinlegen** (*od.* **aufs Parkett legen**) *colloq.* to cut a dash (on the dance floor). – **2.** *fig.* (*in Wendungen wie*) **der ~ ums Goldene Kalb** the worship of the golden calf; → Vulkan. – **3.** *fig. poet.* (*der Mücken, Wellen, Blätter etc*) dance, dancing. – **4.** (*Tanzveranstaltung*) dance, hop (*colloq.*): **zum ~ gehen** to go to a dance, to go dancing; **j-n zum ~ führen** to take s.o. out to a dance; **heute abend ist ~ bei X** there is a dance (on) tonight at X's. – **5.** (*Ball*) ball. – **6.** *mus.* dance. – **7.** *fig. colloq.* (*Aufhebens, Getue*) fuss, to-do, ado, (*stärker*) row, rumpus (*colloq.*): **einen ~ machen** (*od.* **aufführen**) to make a fuss (*od.* a scene), to make a (big) song and dance (*colloq.*). – **8.** *fig. colloq. iron.* (*Rummel*) 'fun' (*colloq.*): **jetzt kann der ~ beginnen** (*od.* **losgehen**)! now for the (*od.* some) fun! **einen ~ mit j-m haben** to have a quarrel with s.o.; **dann ging der ~ erst richtig los** this was but the beginning of the fun. — **~͵abend** *m* evening's dancing. — **~͵bar** *f* bar with dancing. — **~͵bär** *m* dancing bear. — **~͵bein** *n only in* **das ~ schwingen** *colloq.* to shake a leg (*colloq.*), to trip the light fantastic (*humor.*). — **~͵bo·den** *m* **1.** dance hall. – **2.** *cf.* Tanzfläche. — **~ca͵fé** *n* coffee-house (*Br.* coffee-house) with dancing.

Tänz·chen ['tɛntsçən] *n* ⟨-s; -⟩ *dim. of* Tanz: **wollen wir ein ~ wagen?** shall we venture a dance?

'Tanz|͵da·me *f* (dancing) partner. — **~͵die·le** *f cf.* Tanzlokal.

tän·zeln ['tɛntsəln] *v/i* ⟨h, *in eine Richtung* sein⟩ **1.** skip, caper: **sie tänzelte durch das Zimmer** she skipped through the room. – **2.** (*von Pferden*) prance. – **3.** (*von Boxer*) dance, shuffle.

tan·zen ['tantsən] **I** *v/i* ⟨h *u.* sein⟩ **1.** ⟨h, *in eine Richtung* sein⟩ dance: **er tanzt gut** he dances well, he is a good dancer; **sie hat leidenschaftlich gern getanzt** she adored dancing; **sie sind durch den ganzen Saal getanzt** they danced right through the ballroom; **möchtest du ~?** would you like to dance (*od. colloq.* shake a leg)? **wir wollen heute abend ~ gehen** let's go dancing (*od. humor.* let's trip the light fantastic) tonight; **auf der Terrasse wurde getanzt** there was dancing on the terrace; **heute abend gibt es den „Feuervogel" — es tanzt das Ballett X** the "Firebird" is on the program(me) tonight, danced by the X ballet; **auf dem Seil ~** to dance on (*od.* to walk) the tightrope, to tightrope; **nach Radiomusik ~** to dance to music from (*od.* on) the wireless (*bes. Am.* radio); → Pfeife 1; Reihe 1; Vulkan. – **2.** ⟨sein⟩ (*hüpfen*) dance, skip, jump, hop: **die Kinder tanzten vor Freude um den Tisch** the children danced (a)round the table with joy. – **3.** ⟨h *u.* sein⟩ *fig. poet.* dance: **das Boot tanzt auf den Wellen** the boat dances (*od.* rocks, bobs) on the waves; **die Mücken ~ über dem Wasser** the midgets are dancing over the water; **Schatten tanzten an der Wand** shadows were dancing (*od.* playing) on the wall; **die Buchstaben tanzten mir vor den Augen** the letters were dancing (*od.* swimming) before my eyes. – **II** *v/t* ⟨h⟩ **4.** dance: **Walzer ~** to dance the waltz, to waltz; **sich** (*dat*) **Löcher in die Schuhe ~** to dance holes in one's shoes. – **III T~** *n* ⟨-s⟩ **5.** *verbal noun*: **zum T~ gehen** to go dancing. – **6. T~ des Bildes** (*film*) trembling.

Tän·zer ['tɛntsər] *m* ⟨-s; -⟩ **1.** (*j-d, der tanzen kann*) dancer: **er ist ein guter ~** he is a good dancer. – **2.** (*Tanzpartner*) (dancing) partner: **sie hat keinen ~ gefunden** she didn't find a partner. – **3.** (*Ballettänzer*) (ballet) dancer, danseur.

Tan·ze'rei *f* ⟨-; -en⟩ **1. eine (kleine) ~** *colloq.* (*Tanzparty*) a bit of a dance (*od. colloq.* hop). – **2.** *contempt.* capers *pl.*

'Tän·ze·rin *f* ⟨-; -nen⟩ **1.** dancer: **sie ist keine besondere ~** she is not much of a dancer. – **2.** (*Tanzpartnerin*) (dancing) partner: **seine ~ war sehr schüchtern** his partner was very shy; **es mangelte an ~nen auf dem Ball** there were not enough young ladies to dance with at the ball. – **3.** (*Ballettänzerin*) (ballet) dancer, danseuse, ballerina. – **4.** (*Revuetänzerin*) chorus (*od.* dancing) girl.

'tän·ze·risch *adj* **~e Fähigkeiten** dancing talent *sg*, talent *sg* for dancing; **die ~e Leistung war hervorragend** the dancing was first-class.

'Tanz|͵fest *n* **1.** dance: **ein kleines ~ geben** (*od.* **veranstalten**) to give a a small dance.

– 2. (*Ball*) ball. — **~ˌfiˌgur** *f* figure, phrase. — **~ˌflä·che** *f* **1.** dance floor. – **2.** dancing room (*od.* area). — **~ˌflie·ge** *f zo.* dancing fly, empis (*Fam. Empididae*): **Gewürfelte ~** tesselate empis (*Empis tesselata*). — **~geˌsell·schaft** *f* dance, dancing party, *Am. auch* dansant. — **~ˌgirl** *n* chorus girl. — **~ˌgrup·pe** *f* chorus, group of dancers (*od.* chorus girls). — **~kaˌpel·le** *f* dance band. — **~ˌkar·te** *f obs.* (*einer Dame auf Bällen*) (ball) program(me). — **~ˌkleid** *n* **1.** dancing dress. – **2.** (*festliches*) ballroom gown. — **~ˌkunst** *f* (art of) dancing, choreography. — **~ˌkurs** *m* dancing lessons *pl.* — **~ˌleh·rer** *m* dancing instructor (*od.* teacher). — **~ˌleh·re·rin** *f* dancing instructress (*od.* teacher).

Tänz·lein [ˈtɛntslaɪn] *n* ⟨-s; -⟩ *dim. of* Tanz.

ˈ**Tanz|ˌlied** *n* dancing song. — **~loˌkal** *n* **1.** restaurant (*od.* bar) with dancing. – **2.** dance hall. — **~ˌlust** *f* love of (*od.* enthusiasm for) dancing. — **t~ˌlu·stig** *adj* fond of dancing: **sie ist ~** she enjoys dancing, she loves to dance. — **~ˌmei·ster** *m obs.* (*bei Gruppentänzen*) dancing master. — **~me·loˌdie** *f* dance melody (*od.* tune). — **~muˌsik** *f* ⟨-; -en⟩ dance music. — **~orˌche·ster** *n* dance band (*od.* orchestra). — **~ˌpaar** *n* dancing couple. — **~ˌpart·ner** *m*, **~ˌpart·ne·rin** *f* (dancing) partner. — **~ˌpar·ty** *f* dancing party. — **~ˌplat·te** *f* dance record, record of dance music. — **~ˌplatz** *m* (*für kultische Tänze*) dancing ground. — **~ˌrhyth·mus** *m* dance (*od.* dancing) rhythm. — **~ˌsaal** *m* **1.** (*in einem Hotel, Schloß etc*) ballroom, dancing room. – **2.** (*großes Tanzlokal*) dance hall. — **~ˌschritt** *m* (dance *od.* dancing) step. — **~ˌschuh** *m* dance (*od.* dancing) shoe. — **~ˌschu·le** *f* dancing school. — **~ˌschü·ler** *m*, **~ˌschü·le·rin** *f* dancing pupil. — **~ˌsport** *m* dancing. — **~ˌstun·de** *f* **1.** dancing lesson. – **2.** (*Tanzunterricht*) dancing lessons *pl* (*od.* class): **in die ~ gehen** to go to dancing lessons (*od.* class), to take dancing lessons. — **~ˌsucht** *f psych.* choreomania, dinomania. — **~ˌtee** *m* afternoon(-tea) dance, *bes. Am. colloq.* tea dance, (thé) dansant. — **~turˌnier** *n* dancing contest (*od.* competition). — **~ˌun·terˌricht** *m* **1.** dancing lessons *pl* (*od.* class). – **2.** *cf.* Tanzstunde 1. — **~verˌanˌstal·tung** *f*, **~verˌgnü·gen** *n* **1.** dance. – **2.** (*Ball*) ball. — **~ˌwei·se** *f* **1.** *cf.* Tanzmelodie. – **2.** way (*od.* style) of dancing. — **~ˌwut** *f psych.* dancing mania, tarantism.

Tao [ˈtaːo; taʊ] *n* ⟨-; *no pl*⟩ *philos.* tao. — **Tao·is·mus** [taoˈɪsmʊs; taʊ-] *m* ⟨-; *no pl*⟩ Taoism. — **Tao·ist** [taoˈɪst; taʊ-] *m* ⟨-en; -en⟩ Taoist. — **tao'istisch** *adj* Taoist(ic).

ˈ**Ta·perˌgreis** *m colloq. contempt.* doddering old man, dodderer. — ˈ**ta·pe·rig** *adj Northern G.* doddery, doddering. — **ta·pern** [ˈtaːpərn] *v/i* ⟨sein⟩ *Northern G.* dodder.

Ta·pet [taˈpeːt] *n* ⟨-s; -s⟩ **1.** *obs. for* Tischdecke. – **2.** *fig.* (*in Wendungen wie*) **etwas aufs ~ bringen** to bring s.th. up, to broach s.th., to bring s.th. on the tapis (*od.* carpet); **etwas kommt aufs ~** s.th. comes (*od.* is brought) up for discussion.

Ta·pe·te [taˈpeːtə] *f* ⟨-; -n⟩ **1.** wallpaper: **die ~n wechseln** *fig. colloq.* a) to have a change of scenery (*od. colloq.* wallpaper), b) (*umziehen*) to move (to another house). – **2.** *auch pl* paper hangings *pl.* – **3.** (*gewirkte*) tapestry.

Taˈpe·ten|ˌbahn *f* length (*od.* strip) of wallpaper. — **~geˌschäft** *n* wallpaper shop (*bes. Am.* store). — **~ˌhänd·ler** *m* wallpaper dealer. — **~ˌklei·ster** *m* wallpaper glue (*od.* paste). — **~ˌlei·ste** *f* border. — **~ˌmot·te** *f zo.* carpet moth (*Trichophaga tapetzella*). — **~ˌmu·ster** *n* wallpaper design (*od.* pattern). — **~ˌna·gel** *m* paperhanger's nail. — **~ˌrol·le** *f* roll of wallpaper. — **~ˌtür** *f* jib (*od.* concealed) door. — **~ˌwech·sel** *m fig. colloq.* **1.** change of scenery (*od. colloq.* wallpaper). – **2.** move to another house.

ta·pe·zie·ren [tapeˈtsiːrən] *v/t u. v/i* ⟨*no* ge-, h⟩ (wall)paper, decorate: **ein Zimmer neu** (*od.* **frisch**) **~ lassen** to have a room redecorated (*od.* repapered).

Ta·peˈzie·rer *m* ⟨-s; -⟩ **1.** decorator, paperhanger, paperer. – **2.** (*Polsterer*) upholsterer. — **~ˌar·beit** *f* **1.** (wall)papering, decorating, paperhanging. – **2.** (*Polsterarbeit*) upholstering, upholstery (work). — **~ˌna·del** *f tech.* upholstering needle. — **~ˌna·gel** *m* upholstering nail, *bes. Br.* tin tack. — **~ˌwerkˌstatt** *f* **1.** decorator's (*od.* paperhanger's) workshop. – **2.** (*eines Polsterers*) upholsterer's workshop.

Tap·fe [ˈtapfə] *f* ⟨-; -n⟩, ˈ**Tap·fen** *m* ⟨-s; -⟩ *meist pl dial. for* Stapfe(n).

tap·fer [ˈtapfər] **I** *adj* ⟨-er; -st⟩ **1.** (*kühn, heldenhaft*) brave, courageous, valiant, valorous, heroic, gallant: **~en Widerstand leisten** to resist bravely. – **2.** (*mutig*) brave, bold, plucky, daring, manly, stouthearted, manful. – **3.** (*furchtlos*) dauntless, fearless, intrepid. – **4.** (*nicht wehleidig*) brave, courageous: **ein ~er Patient** a brave patient. – **II** *adv* **5.** bravely, courageously, manfully: **sich ~ schlagen** *auch fig.* to fight bravely, to put up a brave fight; **sich ~ halten** a) (*von Soldaten etc*) to hold out bravely, b) (*in einer Diskussion etc*) to hold one's ground (*od.* own), to stand up for oneself, to put up a good fight; **obwohl sie müde waren, sind sie ~ weitermarschiert** although they were tired they marched on bravely; **einer Versuchung ~ widerstehen** to resist a temptation bravely; **~ seine Schmerzen ertragen** to bear one's pain(s) courageously; **~ zugreifen** *colloq.* (*beim Essen*) to tuck in with gusto, to take a hearty helping. — ˈ**Tap·fer·keit** *f* ⟨-; *no pl*⟩ **1.** (*Kühnheit, Heldenhaftigkeit*) bravery, braveness, courage, valiancy, valor, *bes. Br.* valour, heroism, gallantry. – **2.** (*Mut*) bravery, braveness, boldness, pluck, daring, manliness, stoutheartedness, manfulness. – **3.** (*Furchtlosigkeit*) dauntlessness, fearlessness, intrepidness, intrepidity. – **4.** (*im Ertragen von Schmerzen etc*) bravery, braveness, courage.

ˈ**Tap·fer·keits|ˌausˌzeich·nung**, **~meˌdail·le** *f* medal (awarded) for bravery.

Ta·pio·ka [taˈpioːka] *f* ⟨-; *no pl*⟩ **1.** *bot.* tapioca (plant), cassava, *auch* casava, manioc (*Gattg Manihot*). – **2.** *gastr.* tapioca. — **~ˌstär·ke** *f gastr.* tapioca starch. — **~ˌsup·pe** *f* tapioca soup.

Ta·pir [ˈtaːpiːr; *Austrian* taˈpiːr] *m* ⟨-s; -e⟩ *zo.* tapir (*Fam. Tapiridae*). — **~ˌrüs·selˌfisch** *m* mormyrid, *auch* mormyr (*Fam. Mormyridae*).

Ta·pis·se·rie [tapɪsəˈriː] *f* ⟨-; -n [-ən]⟩ **1.** (*gewirkte Tapete, Handteppich*) tapestry. – **2.** (*Tapeten-, Teppichwirkerei*) tapestry (work *od.* embroidery). – **3.** *obs.* (*Handarbeitsgeschäft*) needlework shop (*bes. Am.* store). — **~ˌwa·ren** *pl* tapestry goods, tapestries.

tap·pen [ˈtapən] *v/i* ⟨h *u.* sein⟩ **1.** ⟨sein⟩ (*unsicher gehen*) grope one's way: **wir tappten durch** (*od.* **über**) **den dunklen Flur** we groped our way through the dark hall. – **2.** ⟨sein⟩ (*stapfen*) tramp. – **3.** ⟨h⟩ **nach etwas ~** (*tasten*) to grope (about) for s.th., to feel (*od.* to fumble) for s.th.: **er tappte nach dem Lichtschalter** he groped about for the light switch; **die Polizei tappt noch im dunkeln** (*od.* **finstern**), **wer es gewesen ist** *fig. colloq.* the police are still (groping) in the dark as to who did it.

ˈ**tap·pig** *adj Southwestern G. dial. for* täppisch.

täp·pisch [ˈtɛpɪʃ] *adj* (*Bewegungen, Person, Benehmen etc*) awkward, clumsy, gawky.

tapp·rig [ˈtaprɪç], **tap·rig** [ˈtaːprɪç] *adj cf.* taperig.

Taps [taps] *m* ⟨-es; -e⟩ **1.** *colloq.* awkward fellow (*colloq.*). – **2.** *dial.* tap, pat.

tap·sen [ˈtapsən] *v/i* ⟨h *u.* sein⟩ *colloq.* **1.** ⟨sein⟩ (*schwerfällig gehen*) tramp, stump. – **2.** ⟨sein⟩ (*von Hunden, Kindern etc*) pat. – **3.** ⟨h⟩ (*klopfen*) tap, pat.

ˈ**tap·sig** *adj colloq. for* täppisch.

Ta·ra [ˈtaːra] *f* ⟨-; Taren⟩ *econ.* tare: **wirkliche ~** actual (*od.* real) tare. — **~geˌwicht** *n* tare weight.

Ta·ran·tel [taˈrantəl] *f* ⟨-; -n⟩ *zo.* tarantula (*Lycosa tarentula*): **er sprang auf wie von der ~ gestochen** *colloq.* he jumped up as if something had bitten him.

Ta·ran·tel·la [taranˈtɛla] *f* ⟨-; -s *u.* -tellen⟩ *mus.* tarantella, tarantelle: **~ tanzen** to dance the tarantella.

ta·ra·ta·ta [tarataˈtaː] *interj* tantara(ra)! *auch* tara(ta)ntara!

ˈ**Ta·ra·verˌgü·tung** *f econ.* allowance for tare (weight), tare.

Tar·busch [tarˈbuːʃ] *m* ⟨-(e)s; -e⟩ (*fesartiger Hut*) tarboosh, *auch* tarb(o)ush.

ˈ**Tarˌbutt** [ˈta(ː)r-] *m* ⟨-(e)s; -e⟩ *zo. cf.* Steinbutt.

Tar·de·noi·si·en [tardənŏaˈziɛ̃ː] *n* ⟨-s; *no pl*⟩ *archeol.* (*Kulturstufe der Mittelsteinzeit*) Tardenoisian culture.

Ta·ren·ter [taˈrɛntər], *bes. hist.* **Ta·renˈti·ner** [-ˈtiːnər] *m* ⟨-s; -⟩ Tarentine, native (*od.* inhabitant) of Taranto (*od. hist.* Tarantum). — **ta·renˈti·nisch** *adj* Tarentine.

Tar·get [ˈtɑːgɪt] (*Engl.*) *n* ⟨-s; -s⟩ *nucl.* target. — **~ˌkern** *m* target nucleus. — **~ma·te·riˌal** *n* target material (*od.* substance).

ta·rie·ren [taˈriːrən] *v/t* ⟨*no* ge-, h⟩ *econ.* **1.** (*Tara bestimmen*) tare, ascertain the tare of. – **2.** (*Tara vergüten*) tare.

Taˈrierˌwaa·ge *f tech.* tare balance.

Ta·rif [taˈriːf] *m* ⟨-s; -e⟩ **1.** *econ.* a) (*Gebührentabelle*) tariff, (table *od.* scale of) rates (*od.* charges) *pl*, b) (*Zollgebührenliste*) tariff, c) (*Einzeltarif*) rate, d) (*für Steuern etc*) tax scale, scale of tax rates, e) (*Lohntarif*) wage (*od.* salary) scale, scale (of wages *od.* salaries), f) *short for* Tarifvertrag: **gleitender ~** sliding scale; **gültiger ~** tariff in force; **laut ~** according to the (*od.* as per) tariff; **über** [**unter**] **~ bezahlt werden** to be paid above [below] agreed wage (*od.* salary) scale; **einen ~ aufstellen** to set up a tariff (*od.* scale of rates [*od.* charges, salaries]); **einen ~ für etwas festsetzen** to tariff s.th. – **2.** (*railway*) a) (*für Personen*) tariff (*od.* list, table) of fares, b) (*für Fracht*) freight rates *pl*, *Am.* railroad freight rates *pl*, *Br.* railway rates *pl.* – **3.** (*postal service*) *cf.* Postgebühr. – **4.** *tel.* tariff. – **5.** (*radio*) *telev.* rate: **~ für Werbesendungen** time charge. — **~ˌabˌkom·men** *n econ. cf.* Tarifvertrag. — **~ˌän·de·rung** *f* change of (*od.* in) tariff. — **~ˌan·geˌstell·te** *m, f* employee covered by (*od.* under) collective agreement, employee drawing standard earnings, scale-wage employee. — **~ˌausˌschuß** *m econ.* **1.** tariff committee. – **2.** (*bei Arbeitsverträgen*) wages council (*od.* board, committee). – **3.** (*für Arbeitsplatzbewertung*) merit-rating committee. — **~au·to·noˌmie** *f* **1.** (*im Zollwesen*) (customs) tariff autonomy. – **2.** (*bei Lohnverhandlungen*) autonomy in negotiating wage rates. — **t~beˌsteu·ert** *adj* (*Wertpapiere*) subject to standard tax. — **~beˌsteue·rung** *f* subjection to standard tax. — **~beˌstim·mung** *f meist pl* **1.** tariff regulation. – **2** (*für Sozialpartner*) wage regulation. — **~beˌzirk** *m* collective-agreement area. — **~ˌbruch** *m* breach of (the) tariff, breach of wage regulation. — **~erˌhö·hung** *f* **1.** (*railway, postal service etc*) increase of (*od.* in) tariff (*od.* charges). – **2.** *econ.* increase of (*od.* in) scale wages (*od.* salaries), increase of standard wage. — **~erˌmä·ßi·gung** *f* tariff reduction. — **~ˌfestˌset·zung** *f* fixing of the tariff. — **~geˌbühr** *f meist pl* tariff charge. — **~geˌhalt** *n* scale (*od.* collectively agreed) salary. — **~geˌmein·schaft** *f* tariff community. — **~geˌstal·tung** *f* **1.** determination of tariffs. – **2.** (*bei Lohnverhandlungen*) collective wage formation. — **~ˌgrundˌla·ge** *f* tariff basis. — **~ˌgrup·pe** *f* **1.** (*bei Steuern*) tax bracket. – **2.** (*bei Löhnen u. Gehältern*) standard-wage bracket. — **~ˌho·heit** *f* right to conclude collective agreements.

ta·ri·fie·ren [tariˈfiːrən] **I** *v/t* ⟨*no* ge-, h⟩ *econ.* **1.** (*bes. bei Verzollung*) tariff, *auch* classify (*s.th.*) for custom purposes. – **2.** (*in einen Tarif aufnehmen*) put (*s.th.*) on the tariff. – **3.** (*einem Tarif unterwerfen*) tariffize. – **II T~** *n* ⟨-s⟩ **4.** *verbal noun.* — **Ta·riˈfie·rung** *f* ⟨-; -en⟩ *cf.* Tarifieren.

ta·ri·fisch *adj u. adv econ. cf.* tariflich.

Taˈrif|ˌklas·se *f econ.* tariff class, tax-rate (*od.* wage-rate) bracket. — **~kom·misˌsiˌon** *f* **1.** (*zur Festsetzung von kommerziellen Tarifen*) tariff commission. – **2.** (*bei Lohnverhandlungen*) commission for collective wage agreement. — **~konˌflikt** *m* **1.** dispute over wages (*od.* rates). – **2.** wage (*od.* salaries) dispute. — **~ˌkün·di·gung** *f* **1.** (notice of) termination of scale of rates (*od.* charges). – **2.** (notice of) termination of agreed wages (*od.* salaries).

taˈrif·lich **I** *adj* **1.** (*Löhne, Arbeitszeit, Kündigungsfrist etc*) contractual. – **II** *adv* **2.** according to (*od.* as per) tariff. – **3.** (*auf Löhne bezogen*) according to wage scale (agreed).

Ta'rif|ˌlohn *m econ.* contractual (*od.* agreed, standard) wage(s *pl*), union rate. — **t~ˌmä·ßig** *adj u. adv cf.* tariflich. — **~ˌord·nung** *f* wage scale (*od.* schedule), wages (*od.* pay scale) regulations *pl.* — **~ˌpart·ner** *m* party to a (collective) wage agreement: die ~ the employers and the employed, the two sides of (the) industry, union and employers' representatives. — **~po·liˌtik** *f* **1.** (*bei Zöllen*) tariff policy. – **2.** (*bei Lohnverhandlungen*) wage(-scale) policy. — **t~po·liˌti·sch** *adj* ~e Auseinandersetzung wage dispute. — **~ˌsatz** *m* **1.** rate. – **2.** (*für Löhne*) agreed wage (*od.* standard) rate. — **~ˌsen·kung** *f cf.* Tarifermäßigung. — **~ˌstrei·tig·keit** *f meist pl* **1.** (*Arbeitskampf*) wage dispute. – **2.** (*bei kommerziellen Tarifen*) dispute on tariffs (*od.* rates). — **~strukˌtur** *f* tariff (*od.* wage-rate) structure. — **~syˌstem** *n* tariff(ing) system. — **~taˌbel·le** *f* tariff, scale of rates. — **~ˌträ·ger·verˌband** *m* association of carriers. — **~ˌüberˌwa·chung** *f* supervision (*od.* control) of tariffs (*od.* rates). — **~ˌurˌlaub** *m* collectively agreed holidays *pl* (*Am.* vacation). — **~verˌhand·lung** *f meist pl* collective bargaining, union negotiations *pl.* — **~verˌtrag** *m* industrial agreement, collective (wage) agreement (*od.* contract): einen ~ aushandeln to negotiate an industrial agreement, to bargain collectively.

'Tarn|ˌanˌstrich *m mil.* camouflage (*od.* dazzle, pattern) coating. — **~ˌanˌzug** *m* camouflage suit (*od.* dress). — **~beˌzeich·nung** *f* camouflage (*od.* disguise) name, cover (name). — **~beˌzug** *m mil.* camouflage cover(ing).

tar·nen ['tarnən] **I** *v/t* ⟨h⟩ **1.** *mil.* a) camouflage, mask, b) (*durch Bemalung*) dazzle(-paint): die Geschütze mit Zweigen (*od.* durch Zweige) ~ to camouflage the guns with branches. – **2.** *fig.* (*verschleiern, kaschieren*) camouflage, disguise, hide, conceal, mask, veil, cover (up), cloak, screen: er versuchte, seine wahre Absicht zu ~ he tried to camouflage his real intention. – **II** *v/reflex* sich ~ **3.** *mil.* camouflage oneself. – **4.** *fig.* disguise (*od.* camouflage, mask) oneself: die Partei mußte sich ~ the party had to disguise itself. – **III T~** *n* ⟨-s⟩ **5.** *verbal noun.* – **6.** *cf.* Tarnung.

'Tarn|ˌfar·be *f* **1.** camouflage (color, *bes. Br.* colour). – **2.** camouflage paint, (*bei Schiffen*) *auch* dazzle (paint). — **~ˌkap·pe** *f myth.* magic cap (*od.* hood). — **~ˌnetz** *n mil.* camouflage net. — **~or·ga·ni·sa·tiˌon** *f pol.* cover organization (*Br. auch* -s-), seemingly innocuous organization hiding its true aims. — **~ˌscheinˌwer·fer** *m auto.* masked headlamp, blackout lamp.

'Tar·nung *f* ⟨-; -en⟩ **1.** *cf.* Tarnen. – **2.** *mil.* camouflage. – **3.** *fig.* camouflage, disguise, cloak, front.

Ta·rock [ta'rɔk] *n, m, Austrian n* ⟨-s; -s⟩ (*Kartenspiel*) tarok, *auch* taroc(k), tarots *pl.* — **~ˌkar·ten** *pl* tarots. — **~ˌspiel** *n cf.* Tarock.

Tar·pan [tar'pa:n] *m* ⟨-s; -e⟩ *zo.* (*ausgestorbenes Wildpferd*) tarpan (*Equus gmelini*).

Tar'pe·ji·sche 'Fels (*od.* **'Fel·sen**), **der** [tar'pe:jɪʃə] *antiq.* (*Richtstätte im alten Rom*) the Tarpeian Rock.

Tar·pon [tar'po:n], **Tar'pun** [-'pu:n] *m* ⟨-s; -s⟩ *zo.* a) Atlantischer ~ tarpon (*Megalops atlanticus*), b) Pazifischer ~ tarpon, oxeye (herring) (*M. cyprinoides*).

tar·sal [tar'za:l] *adj med. zo.* tarsal. — **T~ˌdrü·se** *f* tarsal (*od.* meibomian) gland. — **T~ˌkno·chen** *m* tarsal bone.

Tar·sus ['tarzʊs] *m* ⟨-; -sen⟩ *med. zo.* tarsus.

Tar·tar [tar'ta:r] *m* ⟨-en; -en⟩ *fälschlich für* Tatar[1].

tar·ta·re·isch [tarta're:ɪʃ] *adj myth.* (*unterweltlich*) Tartarean, infernal.

Tar·ta·ros ['tartarɔs] *m* ⟨-; *no pl*⟩ *myth. cf.* Tartarus[1].

Tar·ta·rus[1] ['tartarʊs] *m* ⟨-; *no pl*⟩ *myth.* Tartarus.

'Tar·ta·rus[2] *m* ⟨-; *no pl*⟩ *chem.* (*Weinstein*) tartar.

Tar·trat [tar'tra:t] *n* ⟨-(e)s; -e⟩ *chem.* tartrate.

Tart·sche ['tartʃə] *f* ⟨-; -n⟩ *hist.* (*mittelalterlicher Schild*) targe(t).

Tar·tüff [tar'tʏf] *m* ⟨-s; -e⟩ (*Heuchler*) hypocrite, Tartuf(f)e.

Täsch·chen ['tɛʃçən] *n* ⟨-s; -⟩ *dim. of* Tasche.

Ta·sche ['taʃə] *f* ⟨-; -n⟩ **1.** (*in Hose, Rock, Schürze etc*) pocket: aufgesetzte ~n patch pockets; Hosen ohne ~n trousers without pockets, pocketless trousers; die Hände in die ~n stecken a) to put one's hands in(to) one's pockets, b) *fig. colloq.* not to lift a finger, not to do a stroke; er grub seine Hände tief in die ~n he dug his hands deep into his pockets; sich (*dat*) die ~n füllen a) to fill one's pockets, b) *fig. colloq.* to line one's pocket(s); j-n in die ~ stecken (können) *fig. colloq.* to be more than a match for s.o., to be head and shoulders above s.o., to run rings round s.o.; den stecke ich leicht in die ~ *fig. colloq.* I am well able to cope with him; den hab' ich in der ~ *fig. colloq.* I've got him in my pocket (*od.* where I want him); die Stelle habe ich in der ~ *fig. colloq.* I have the job in the bag (*Am. auch* in my pocket) (*colloq.*); → Faust 1. – **2.** (*Handtasche*) (ladies') (hand)bag, *Am. auch* purse. – **3.** (*Geldtasche*) purse, (money) bag: in die eigene ~ arbeiten (*od.* wirtschaften) *fig.* to line one's own pocket(s); den Gewinn in die eigene ~ stecken *fig. colloq.* to put the profit into one's own pocket, to pocket the profit; ich mußte es aus meiner eigenen ~ bezahlen *fig.* I had to pay it out of my own pocket; er mußte tief in die ~ greifen *fig.* he had to dip deep into his pocket, he had to fork out (*od.* cough up) a lot of money (*colloq.*); er liegt seinen Eltern noch immer auf der ~ *fig. colloq.* he is still living off his parents (*od.* at his parents' expense); die Hand auf die (*od.* der) ~ halten *fig. colloq.* to tighten the purse strings; alle ~n voll haben *fig. colloq.* to be well off, to be wealthy; → Geld 1. – **4.** (*Einkaufstasche*) (shopping) bag. – **5.** (*Aktentasche*) briefcase, portfolio, *auch* attaché case. – **6.** (*Reisetasche*) (travel[l]ing) bag, holdall, *Am.* grip, *auch* gripsack. – **7.** (*Schultasche*) schoolbag, satchel. – **8.** (*Umhängetasche*) shoulder bag. – **9.** (*Beutel*) bag, pouch, purse. – **10.** (*Etui*) case. – **11.** (*Schallplattenhülle*) sleeve, jacket, cover. – **12.** *med.* a) pocket, pouch, purse, bag, b) (*Sack, Beutel*) sac, c) (*Höhle*) cavity, space. – **13.** *mil.* (*taschenförmiger Raum*) pocket.

'Tä·schelˌkraut ['tɛʃəl-] *n bot.* shepherd's purse (*od.* pouch, bag) (*Capsella bursa-pastoris*).

'Ta·schen|apoˌthe·ke *f* pocket first-aid kit. — **~ˌausˌga·be** *f* (*eines Buches*) pocket edition. — **~ˌband** *n med.* false vocal cord, vestibular (*od.* ventricular) fold (*scient.*).

'Ta·schenˌbuch *n* **1.** *print.* paperback (book), pocket book, *auch* pocketbook, paperbound, paper- (*od.* soft-)cover, paperbook. – **2.** (*Notizbuch*) pocketbook, (pocket) notebook, memorandum book. – **3.** (*Handbuch, Nachschlagewerk*) handbook, vade mecum. — **~ˌausˌga·be** *f* paperback (*od.* pocket-book) edition. — **~forˌmat** *n* paperback (*od.* pocket-book) size. — **~ˌrei·he** *f* paperback (*od.* pocket-book) series. — **~verˌlag** *m* pocket-book publishers *pl.*

'Ta·schen|ˌbür·ste *f* pocket clothes brush. — **~ˌdieb** *m*, **~ˌdie·bin** *f* pickpocket: vor ~en wird gewarnt beware of pickpockets. — **~ˌdiebˌstahl** *m* pocket-picking, picking pockets. — **~empˌfän·ger** *m* (*radio*) pocket receiver. — **~ˌfahrˌplan** *m* pocket timetable (*Am. auch* schedule). — **~ˌfeu·erˌzeug** *n* (pocket) lighter. — **~forˌmat** *n* pocket size: in ~ pocket-size(d); ein Buch in ~ a pocket(-size) book. — **~ˌfut·ter** *n* **1.** (*bei Rock-, Hosentaschen etc*) pocketing. – **2.** (*einer Handtasche etc*) lining. — **~ˌgeld** *n* pocket money, spending money, allowance. — **~kaˌlen·der** *m* pocket diary. — **~ˌkamm** *m* pocket comb. — **~ˌklap·pe** *f* **1.** pocket flap. – **2.** *med.* (*des Herzens*) semilunar valve. — **~ˌkom·paß** *m* pocket compass. — **~ˌkrebs** *m zo.* **1.** (common) crab (*Cancer pagurus*). – **2.** *cf.* Strandkrabbe. — **~ˌlam·pe** *f* flashlight, *Br.* (electric) torch, pocket lamp (*od.* torch). — **~ˌma·cher** *m* pursemaker. — **~ˌmaus** *f zo.* kangaroo rat (*Fam. Heteromyidae*). — **~ˌmes·ser** *n* pocketknife, *Br.* pocket-knife, jackknife, *Br.* jack-knife, clasp knife, (*kleines*) penknife. — **~piˌsto·le** *f* pocket pistol. — **~ˌrat·te** *f zo.* gopher, *auch* pocket gopher (*od.* rat) (*Fam. Geomyidae*). — **~ˌschirm** *m* collapsible (*od.* folding, telescopic) umbrella (*Br. colloq.* brolly). — **~ˌschrau·benˌzie·her** *m* baby screwdriver. — **~ˌspie·gel** *m* pocket mirror.

'Ta·schenˌspie·ler *m* conjurer, magician, juggler.

ˌTa·schen·spie·le'rei *f* **1.** conjury, conjuring, jugglery, juggling, sleight of hand, magic, legerdemain, *Br. sl. auch* hanky-panky. – **2.** (*Kunststück*) conjuring (*od.* juggling) trick, juggle, sleight (of hand).

'Ta·schenˌspie·ler|ˌkunst *f* **1.** *cf.* Taschenspielerei 1. – **2.** *pl* conjuring (*od.* juggling) tricks. — **~(ˌkunst)ˌstück** *n*, **~ˌtrick** *m cf.* Taschenspielerei 2.

'Ta·schen|ˌsprin·ger *m zo. cf.* Känguruhratte. — **~ˌtuch** *n* ⟨-(e)s; ¨er⟩ handkerchief; hankie, hanky, *auch* hankey (*colloq.*), (*großes, buntes*) *auch* bandanna, *auch* bandana. — **~ˌuhr** *f* (pocket) watch, ticker (*colloq.*). — **~ˌwör·terˌbuch** *n* pocket dictionary.

'Ta·scheˌvoll *only in* eine ~ a bagful.

Täsch·lein ['tɛʃlaɪn] *n* ⟨-s; -⟩ *dim. of* Tasche.

Tasch·ner ['taʃnər], **Täsch·ner** ['tɛʃnər] *m* ⟨-s; -⟩ *Southern G. and Austrian for* Taschenmacher.

Tas·ma·ni·er [tas'ma:nɪər] *m* ⟨-s; -⟩, **Tas'ma·nie·rin** *f* ⟨-; -nen⟩ Tasmanian. — **tas'ma·nisch** [-nɪʃ] *adj* Tasmanian.

Täß·chen ['tɛsçən] *n* ⟨-s; -⟩ **1.** *dim. of* Tasse 1. – **2.** ein ~ Kaffee [Tee] trinken *colloq.* to have a nice cup of coffee [tea].

Tas·se ['tasə] *f* ⟨-; -n⟩ **1.** cup: eine ~ Kaffee a cup of coffee; hoch die ~n! *fig. colloq. humor.* cheers! – **2.** (*mit Untertasse*) cup and saucer. – **3.** *fig. colloq.* (*in Wendungen wie*) du bist (vielleicht) eine trübe ~ you are a proper drip (*od.* wet blanket), *Am. auch* you are a flat tire (*alle colloq.*); du hast wohl nicht alle ~n im Schrank you're not quite all there, you're not quite right in the head, you must be daft (*alle colloq.*). – **4.** *Austrian for* Tablett.

'tas·sen|ˌfer·tig *adj* (*Kaffee, Tee etc*) instant (*attrib*). — **T~ˌkopf** *m gastr.* (*als Maßangabe*) ein ~ voll Zucker a cup(ful) of sugar.

Ta·sta·tur [tasta'tu:r] *f* ⟨-; -en⟩ **1.** *mus. cf.* Klaviatur. – **2.** (*einer Schreibmaschine etc*) keyboard, keys *pl.*

'tast·bar *adj bes. med.* tactile, tactual, palpable.

Ta·ste ['tastə] *f* ⟨-; -n⟩ **1.** (*eines Klaviers etc*) key: die weißen ~n the white (*od.* lower, natural) keys, the naturals; die schwarzen ~n the black (*od.* upper, chromatic) keys; der Pianist griff mächtig in die ~n the pianist played the piano with verve; auf die ~n hauen (*od.* dreschen) *colloq.* to thump the piano (*od.* keyboard). – **2.** (*einer Schreibmaschine*) key. – **3.** *tech.* (*Drucktaste*) (press) key, push-button key: eine ~ bedienen to operate a key; auf eine ~ drücken to (de)press a key. – **4.** *tel.* (*des Morseapparats*) (Morse) key.

'Tast·empˌfin·dung *f med.* sense of touch, thigm(a)esthesia (*scient.*).

ta·sten ['tastən] **I** *v/i* ⟨h⟩ **1.** (nach for) feel, grope: er tastete nach dem Lichtschalter he groped for the light switch; sie tastete nach seiner Hand she felt for his hand; der Blinde tastete mit seinem Stock nach dem Weg the blind man groped (for) his way with his cane. – **2.** *fig.* (nach for) grope: Scheinwerfer tasteten durch (*od.* in) das Dunkel searchlights groped through the dark; mit vorsichtigen Fragen tastete er nach der Ursache für ihr Verhalten with careful questions he groped for the reason for her behavio(u)r. – **II** *v/reflex* sich ~ **3.** feel (*od.* grope) one's way, grope along: wir tasteten uns durch den dunklen Gang we groped our way through the dark passage; er tastete sich zum Ausgang he groped his way to the exit; sich zu der Lösung eines Problems ~ *fig.* to grope (one's way) toward(s) the solution of a problem. – **III** *v/t* **4.** (*tastend wahrnehmen*) feel, touch. – **5.** *med.* touch, palpate (*scient.*). – **6.** *tel.* (*Funkspruch etc*) key. – **IV T~** *n* ⟨-s⟩ **7.** *verbal noun.* – **8.** *med.* palpation.

'Ta·stenˌbrett *n cf.* Tastatur.

'ta·stend I *pres p.* – **II** *adj* **1.** (*Hände etc*) groping. – **2.** *fig.* (*Versuche, Bemühungen etc*) tentative, groping.

'Ta·sten|ˌfeld *n cf.* Tastatur 2. — **~ˌge·ber** *m tel.* key transmitter. — **t~geˌsteu·ert** *adj electr.* key-operated (*od.* -driven). — **~in·struˌment** *n mus.* keyboard instrument. — **~ˌrei·he** *f* row of keys. — **~ˌschnell·te·leˌgraph** *m tel.* keyboard printing telegraph. — **~ˌscho·ner** *m* key cover.

'Ta·ster *m* ⟨-s; -⟩ **1.** *tech.* a) (*Werkzeug*) machinist's (*od.* toolmaker's) cal(l)ipers *pl*, b) (*zum Kopierfräsen*) tracer, c) (*eines Registriergerätes*) stylus. – **2.** *tel.* (*Morsetaste*) (Morse) key. – **3.** *print.* a) (*einer Setzmaschine*) keyboard, b) (*Setzer*) keyboarder, typesetter. – **4.** *zo.* a) (*dünner, langer*) feeler, antenna, b) (*dicker, kurzer*) palp(us). – **5.** *med.* (*zur Schädelmessung*) cal(l)ipers *pl.* — **~ˌleh·re** *f tech.* snap ga(u)ge. — **~ˌzir·kel** *m* **1.** *tech. cf.* Taster 1. – **2.** *med.* (a)esthesiometer.

'Tast|geˌfühl *n* sense of touch. — **~ˌhaar** *n zo.* tactile hair, (*Schnurrhaar*) vibrissa, smeller. — **~ˌkör·per·chen** *n med. zo.* tactile cell, touch corpuscle. — **~orˌgan** *n* organ of touch. — **~ˌreiz** *m* contact stimulus. — **~ˌsinn** *m* ⟨-(e)s; *no pl*⟩ tactile sense, sense of touch; pselaphesia, thigm(a)esthesia (*scient.*). — **~ˌwerkˌzeug** *n cf.* Tastorgan. — **~ˌzir·kel** *m cf.* Taster 1.

tat [taːt] *1 u. 3 sg pret of* tun.

Tat *f* ⟨-; -en⟩ **1.** act, deed: eine edle [böse, tapfere] ~ a noble [an evil, a brave] deed; eine grausame ~ a cruel act, an act of cruelty; eine ~ der Verzweiflung an act of despair; ~en der Nächstenliebe acts of charity; diese ~ sollte er noch bitter bereuen he was to regret this act bitterly; damit hast du eine gute ~ getan (*od.* vollbracht) you have done a good deed (*od.* turn); den guten Willen (*od.* die gute Absicht) für die ~ nehmen to take the good will (*od.* intention) for the deed; das war zweifellos seine ~ that was undoubtedly his deed (*od.* doing); in seiner Wut ließ er sich zu dieser ~ hinreißen his rage drove him to commit this deed; j-m mit Rat und ~ beistehen (*od.* zur Seite stehen) to assist (*od.* to stand by) s.o. in word and deed. – **2.** (*Handeln, Tun*) action: ein Mann der ~ a man of action (*od.* enterprise, initiative); er muß seine Worte durch die ~ beweisen he must prove his words by his actions; ich kann mich zu keiner ~ aufraffen I can't bring myself to do anything; zu seinen ~en stehen to stand up for one's actions; einen Plan in die ~ umsetzen to put a plan into action (*od.* practice), to put a plan into effect; den Worten (die) ~ folgen lassen to suit the action to the words; schreiten wir zur ~! *humor.* let's proceed to action! let's get to work! let's get down to it! – **3.** (*Groß-, Heldentat*) deed, feat, exploit, achievement: eine geschichtliche ~ a(n) historic deed; große ~en vollbringen to accomplish great feats. – **4.** *jur.* (*Straftat, Vergehen*) act, offence, *Am.* offense, (*stärker*) criminal act, crime: eine verbrecherische ~ a criminal act; eine vorsätzliche ~ a wil(l)ful (*od.* an intentional) act; j-n auf frischer ~ ertappen to catch s.o. in the (very) act (*od.* red-handed, [in] flagrante delicto); eine ~ begehen to commit a crime; eine ~ zugeben, sich zu einer ~ bekennen to own up (*od.* confess) to having done s.th., to own up (*od.* confess) to an offence; j-n einer ~ überführen to convict s.o. of a criminal act. – **5.** in der ~ (*wirklich*) indeed, in fact, really: in der ~, du hast recht! indeed, you are right! er ist in der ~ ein Dickkopf he is indeed (*od.* he really is) a headstrong person; ich würde mich in der ~ sehr ärgern I would be very angry indeed.

Ta·tar[1] [ta'taːr] *m* ⟨-en; -en⟩ Ta(r)tar.

Ta'tar[2] *n* ⟨-(s); *no pl*⟩ *gastr.* a) *high-quality beef minced and served uncooked with egg yolk and seasoning*, b) *cf.* Tatarbeefsteak.

Ta'tarˌbeefˌsteak *n gastr.* steak tartare.

Ta'ta·rin *f* ⟨-; -nen⟩ Ta(r)tar.

ta'ta·risch I *adj* Ta(r)tar, Ta(r)tarian, *auch* Tataric. – **II** *ling.* **T~** ⟨*generally undeclined*⟩, **das T~e** ⟨-n⟩ Tatar, the Tatar language.

Ta'tar|ˌso·ße, ~ˌtun·ke *f gastr.* tartar(e) sauce, sauce tartare.

ta·tau·ie·ren [tatau'iːrən] *v/t* ⟨*no* ge-, h⟩ *cf.* tätowieren.

'Tat·beˌricht *m jur.* report of the circumstances, charge report.

'Tat·beˌstand *m* **1.** *jur.* facts *pl* (of the case), state(ment) of fact(s), factual situation, elements *pl* of an offence (*Am.* offense): objektiver [subjektiver] ~ physical (*od.* material) [mental] element of an offence; den ~ eines Delikts erfüllen to constitute an offence; den ~ aufnehmen to state the evidence, to establish the facts of a case; einen ~ erfüllen a) to come within (the terms of) a statute, b) (*ein Tatbestandsmerkmal erfüllen*) to constitute an offence. – **2.** (*bes. wissenschaftlicher*) findings *pl.*

'Tat·beˌstands|ˌaufˌnah·me *f jur.* statement of fact(s), summary of evidence. — **~ˌmerkˌmal** *n* element of an offence (*Am.* offense): die ~e einer strafbaren Handlung erfüllen to constitute an offence.

'Tat|beˌweis *m jur.* practical proof, proof of the fact. — **~ˌchri·sten·tum** *n* practical Christianity.

tä·te ['tɛːtə] *1 u. 3 sg pret subj of* tun.

'Tatˌein·heit *f jur.* coincidence: in ~ mit in coincidence with; Raub in ~ mit Mord robbery (attended) with murder.

'Ta·ten|ˌdrang, ~ˌdurst *m* **1.** desire (*od.* thirst, zest) for action (*od.* activity), desire (*od.* eagerness) to do things. – **2.** (*Unternehmungslust*) (spirit of) enterprise, enterprising spirit. — **t~ˌdur·stig** *adj* **1.** thirsty (*od.* burning) for action (*od.* activity), eager to do things. – **2.** (*unternehmungslustig*) enterprising, full of go (*colloq.*). — **t~ˌfroh** *adj* enterprising, full of enterprise (*od.* initiative, *colloq.* go).

'ta·ten·los I *adj* inactive, idle, passive. – **II** *adv* inactively, idly, passively: ~ zusehen a) to watch idly (*od.* without lifting a finger), b) (*ohne einzugreifen*) to watch without taking action. — **'Ta·ten·lo·sig·keit** *f* ⟨-; *no pl*⟩ inactivity, inaction, idleness, passivity.

'ta·tenˌlu·stig *adj cf.* tatenfroh.

Tä·ter ['tɛːtər] *m* ⟨-s; -⟩ **1.** doer. – **2.** (*Übeltäter*) wrongdoer, culprit, evildoer. – **3.** *jur.* a) delinquent, culprit, b) (*im Strafrecht*) perpetrator: X kommt als ~ für den Mord nicht in Frage X cannot be considered responsible for the murder; durch einen unbekannten ~ by an unknown person; der ~ konnte bisher nicht ermittelt werden it has not yet been ascertained who did it; wer war der ~? who did it? — **'Tä·te·rin** *f* ⟨-; -nen⟩ *cf.* Täter.

'Tä·ter·schaft *f* ⟨-; *no pl*⟩ *jur.* a) perpetration (of a crime), b) (*Schuld*) guilt: die ~ (ab)leugnen a) to deny one's guilt, to deny having done it, b) (*vor Gericht*) to plead not guilty.

'Tat|ˌform *f ling. cf.* Aktiv[1]. — **~ˌfra·ge** *f jur.* question (*od.* point) of fact. — **~ˌherˌgang** *m* progression (*od.* course) of events (in [committing] a crime).

tä·tig ['tɛːtɪç] *adj* **1.** (*aktiv*) active: ~e Mitarbeit (*od.* Mitwirkung) active assistance (*od.* cooperation); ~en Anteil an (*dat*) etwas nehmen to take an active part in s.th.; → Reue 1. – **2.** (*geschäftig, rührig*) busy, up-and-doing, stirring: sie ist immer ~ she is always busy (*od.* doing s.th.). – **3.** (*fleißig, arbeitsam*) busy, industrious: ich war heute unheimlich ~ *colloq. humor.* I was as busy as a bee today. – **4.** (*beschäftigt*) busy: sie war eifrig in der Küche ~ she was very busy (working) in the kitchen. – **5.** (beruflich) ~ sein to be employed, to work, to have a job (*colloq.*): in einer Firma ~ sein to be employed by (*od.* with) a firm, to be in the employ of (*od.* to work in) a firm; in der Industrie ~ sein to work in industry; er ist für eine Organisation ~ he works for an organization (*Br. auch* -s-). – **6.** ~ sein als a) to work as, to have a job as (*colloq.*), b) (*fungieren*) to act (*od.* officiate) as: er ist als Journalist ~ he works as (*od.* he is) a journalist; er war als Vermittler ~ he acted as middleman. – **7.** *econ.* (*Gesellschafter*) active. – **8.** *geol.* (*Vulkan*) active.

'Tä·ti·ge *m, f* ⟨-n; -n⟩ employee: die in der Industrie ~n those (*od.* people) employed (*od.* working) in industry.

tä·ti·gen ['tɛːtɪgən] *bes. econ.* **I** *v/t* ⟨h⟩ **1.** effect, transact, conclude: Abschlüsse ~ to transact deals; Einkäufe ~ a) *econ.* to effect purchases, b) (*einkaufen*) to do some shopping, to buy a few things; Geschäfte ~ to transact (*od.* to do) business; Verkäufe ~ to effect (*od.* to undertake, to make) sales. – **II T~** *n* ⟨-s⟩ **2.** *verbal noun.* – **3.** *cf.* Tätigung.

'Tä·tig·keit *f* ⟨-; -en⟩ **1.** (*Aktivität, Tätigsein*) activity: eine fieberhafte ~ entfalten to become feverishly active; den Schauplatz seiner ~ verlegen to move (*bes. Am.* shift) the scene of one's activity; den werden wir schon in ~ setzen *colloq.* we'll get him going (*od.* moving), we'll make him do something. – **2.** (*Arbeit*) work: eine geistige [praktische] ~ ausüben to do intellectual [practical] work; häusliche ~ housework, domestic work; sich an eine geregelte ~ gewöhnen to get used to regular work; eine langjährige ~ in einer Firma a long period of work (*od.* activity, employment) in a firm; seine ~ wiederaufnehmen to resume one's work (*od.* duties, activities); jedermann ging wieder seiner ~ nach everyone went back to work (*od.* went back to his work again), everyone attended to (*od.* went about) his business again; er hat seine schriftstellerische ~ aufgegeben he has given up writing. – **3.** (*Beschäftigung*) occupation, activity: er betrachtet Gartenarbeit als angenehme ~ he considers gardening a pleasant occupation; Briefeschreiben ist eine lästige ~ letter-writing is a tiresome occupation (*od.* business, job), writing letters is a bother. – **4.** (*Beruf*) job (*colloq.*), occupation, work: er muß im Rahmen seiner beruflichen ~ viel reisen he has to travel much in his job; die freiberufliche ~ eines Journalisten the free-lance work of a journalist; welche ~ üben Sie aus? what is your job? ein Arzt hat eine verantwortliche ~ a doctor has a responsible job (*od.* does responsible work). – **5.** (*Dienst*) service: seine ~ im Ministerium his service in the ministry. – **6.** (*Amtstätigkeit, Funktion*) function, role: seine ~ in der Partei umfaßt folgende Aufgabengebiete his function in the party includes (*od.* comprises) the following duties. – **7.** (*Aktion*) action: Scotland Yard wurde in ~ gesetzt Scotland Yard was called in(to action); die Vereinten Nationen treten in ~, wenn der Weltfrieden gefährdet ist the United Nations take action (*od.* go into action, intervene) when world peace is jeopardized; eine Aktion außer ~ setzen to call off (*od.* stop, cancel) a campaign. – **8.** *tech.* (*Betrieb*) operation, action, function, motion: in ~ sein to operate; die Alarmanlage in [außer] ~ setzen to put the alarm system in [out of] action, to actuate [to stop] the alarm system. – **9.** *geol.* activity, action: vulkanische ~ volcanic activity, plutonic action, volcanicity; der Vulkan ist noch in ~ the volcano is still active. – **10.** *med.* (*des Herzens*) action.

'Tä·tig·keits|beˌreich *m* **1.** field (*od.* sphere, domain) of activity (*od.* activities). – **2.** (*Arbeitsbereich*) field of work, line (of work). — **~beˌricht** *m* account of one's activity, action (*od.* progress) report. — **~ˌdrang** *m cf.* Tatendrang 1. — **~ˌfeld** *n cf.* Tätigkeitsbereich. — **~ˌform** *f ling. cf.* Aktiv[1]. — **~geˌbiet** *n*, **~ˌkreis** *m cf.* Tätigkeitsbereich. — **~ˌtrieb** *m cf.* Tatendrang 1. — **~ˌwort** *n* ⟨-(e)s; ⸗er⟩ *ling.* verb.

'Tä·tigˌsein *n* ⟨-s; *no pl*⟩ activity.

'Tä·ti·gung *f* ⟨-; -en⟩ *bes. econ.* **1.** *cf.* Tätigen. – **2.** transaction, conclusion.

'Tatˌkraft *f* ⟨-; *no pl*⟩ **1.** (*Energie*) energy, vigor, *bes. Br.* vigour. – **2.** (*Initiative*) initiative. — **'tatˌkräf·tig** *adj* **1.** energetic, active, vigorous: ein ~er Mann an energetic man, a man of action. – **2.** (*Hilfe etc*) efficacious, effective.

tät·lich ['tɛːtlɪç] **I** *adj* violent: ~ werden to become violent, to resort to violence; sie wurden ~ they became violent, they came to blows; gegen j-n ~ werden to assault s.o.; ~e Bedrohung (*od.* Beleidigung) *jur.* assault; ~e Beleidigung *jur.* assault and battery. – **II** *adv* j-n ~ beleidigen (*od.* bedrohen) *jur.* to assault s.o. — **'Tät·lich·keit** *f* ⟨-; -en⟩ *meist pl* **1.** violence: es kam zu ~en zwischen ihnen they resorted to violence, they came to blows; die Diskussion artete in ~en aus the discussion ended in blows; in seiner Wut ließ er sich zu ~en hinreißen his rage drove him to violence. – **2.** *jur.* battery, assault (and battery).

'Tat|ˌmensch *m* energetic (*od.* active, vigorous) person, man of action, live wire, hustler. — **~ˌort** *m bes. jur.* place (*od.* location, scene) of a (*od.* the) crime: Besichtigung des ~es visit to the scene.

tä·to·wie·ren [tɛto'viːrən] **I** *v/t* ⟨*no* ge-, h⟩ tattoo, *auch* tatoo: der Seemann ließ sich (*dat*) ein Herz auf den Arm ~ the sailor had a heart tatooed on his arm. – **II T~** *n* ⟨-s⟩ *verbal noun.* — **Tä·to'wie·rer** *m* ⟨-s; -⟩ tat(t)ooer, tat(t)ooist. — **Tä·to'wier·te** *m, f* ⟨-n; -n⟩ tattooed (*auch* tatooed) person. — **Tä·to'wie·rung** *f* ⟨-; -en⟩ **1.** *cf.* Tätowieren. – **2.** (*Muster*) tattoo(ing), *auch* tatoo(ing).

'Tatˌsa·che *f* ⟨-; -n⟩ fact: wesentliche [grundlegende, anerkannte, feststehende] ~n essential [basic, recognized *Br. auch* -s-, established] facts; unabänderliche (*od.* unumstößliche) ~n hard (*od.* unalterable) facts; offenkundige [unleugbare] ~ glaring [undeniable] fact; gegebene ~n given facts, data; nüchterne (*od.* nackte) ~n cold facts; das sind die nackten ~n those are the hard facts; ~ ist, daß er keinen Pfennig Geld hat the fact (of the matter) (*od.* the truth) is that he hasn't a penny, in actual fact he hasn't a penny; (das ist) ~! *colloq.* it's a fact! it's true! (ist das eine) ~? *colloq.* is that a fact? is that true? angesichts (*od.* in Anbetracht) der ~, daß considering the fact that; auf Grund dieser ~ for that reason, because of that; das ändert nichts an der ~, daß that doesn't alter the fact that; unter Vorspiegelung falscher ~n under false pretences (*Am.* pretenses); etwas als ~ hinstellen to lay s.th. down as fact, to aver s.th.; alle ~n sprechen dafür, daß the (*od.* all) facts (*auch* circumstances) indicate that; die ~n sprechen für sich the facts speak for themselves; er verschließt sich den ~n he is blind (*od.* he shuts his eyes) to the facts; sich an die ~n halten to keep (*od.* stick) to the facts; die ~n verdrehen (*od.* auf den Kopf stellen) to twist the facts; sich mit den ~n abfinden to put up with (*od.* resign oneself to) the facts; den ~n ins Auge blicken to face the facts; sich auf den Boden der ~n stellen, auf dem Boden der ~n bleiben to face the facts, to be realistic, to take a realistic view (of things); eine ~ festhalten (*od.* feststellen) to establish a fact; dieser Bericht entspricht nicht den ~n this report does not tally with (*od.* is not borne out by) fact (*od.* the facts); (zur) ~ werden to become fact, to materialize *Br. auch* -s-; etwas zur ~ machen to make s.th. a fact, to materialize (*Br. auch* -s-) (*od.* to realize *Br. auch* -s-) s.th.; j-n vor vollendete ~n stellen to confront s.o. with accomplished facts (*od.* with a fait accompli).

'Tatˌsa·chen|beˌricht *m* documentary (report), factual account. — **~ˌfilm** *m* documentary (film). — **~ˌirr·tum** *m jur.* error in fact. — **~ma·te·riˌal** *n* factual material. — **~ˌmensch** *m* (*Realist*) realist.

tat·säch·lich ['taːtˌzɛçlɪç; ˌtaːt'zɛçlɪç] **I** *adj* ⟨*attrib*⟩ **1.** real, actual, factual, *auch* virtual: die ~en Umstände the (real) facts, the actual circumstances; ~er Bestand *econ.* real stock; ~e Einnahmen *econ.* actual takings; der ~e Wert the real (*od.* true, effective) value. – **2.** (*wahrhaftig*) true. – **3.** *pol. jur.* de facto: in ~er und in rechtlicher Hinsicht in fact and in law. – **II** *adv* **4.** in actual fact, in (point of) fact, actually, really: er ist ~ ein schlechter Autofahrer he really is a bad driver; ~ ist alles ganz anders gewesen actually everything was quite different. – **5.** (*wirklich*) really, positively: das ist ~ eine Schande that's really a shame, that's a real (*od.* positive) shame, that is positively shameful. – **6.** (*in der Tat*) really, indeed: ja, ~! yes, indeed! ist er es ~? is it really him? er hatte ~ recht he was right indeed; es ist ~ so (indeed) it is a fact; er drohte zu kündigen, und er kündigte ~ he threatened to give notice and so (*od.* sure enough) he did; ich weiß es ~ nicht I really don't know, I'm sure I don't know; er kommt heute abend. — T~? he is coming tonight. — Really? (*od.* Indeed? Is that so?). – **7.** *pol. jur.* de facto, in fact: rechtlich und ~ in fact and in law, de facto et de jure.

tät·scheln ['tɛ(ː)tʃəln] *v/t* ⟨h⟩ **1.** (*liebkosen*) caress, fondle, (*bes. Tiere*) pet. – **2.** (*streicheln*) stroke. – **3.** (*klopfen*) pat: er tätschelte ihre Hand he patted her hand.

tat·schen ['tatʃən] *v/i* ⟨h⟩ *colloq.* finger, paw: auf den Kuchen ~ to finger (*od.* paw) (over) the cake.

'Tat·terˌgreis *m colloq.* dodderer (*colloq.*).

Tat·te·rich ['tatərɪç] *m* ⟨-(e)s; -e⟩ *colloq.* **1.** ⟨*only sg*⟩ (*Zittern, bes. der Hände*) shake, tremble: den (*od.* einen) ~ haben a) to have the shakes (*od.* a shake in one's hands), b) (*von alten Leuten*) to be doddery (*od.* doddering) (*colloq.*). – **2.** *cf.* Tattergreis. — **'tat·te·rig** *adj colloq.* **1.** shaky, trembly. – **2.** (*von alten Leuten*) doddery, doddering (*beide colloq.*). — **'tat·tern** *v/i* ⟨h⟩ *colloq.* **1.** shake, tremble. – **2.** dodder (*colloq.*).

Tat·ter·sall ['tatərˌzal] *m* ⟨-s; -s⟩ (*Reitschule*) riding school, manege, *auch* manège.

'tatt·rig *adj colloq. cf.* tatterig.

Ta·tu ['taːtu] *n* ⟨-s; -s⟩ *zo.* great armadillo, tat(o)u (*Dasypus gigas*).

'Tat|umˌstand *m meist pl jur.* circumstance (of a case). — **~verˌdacht** *m* suspicion: der ~ fiel auf ihn suspicion fell on him, he was suspected of (having committed) the crime. — **~verˌdäch·ti·ge** *m, f* person suspected of a crime. — **~ˌwaf·fe** *f* murder (*od.* murderous) weapon, (*unidentifizierte*) *auch* blunt instrument. — **~ˌzeit** *f time when a* (*od. the*) *crime was committed.*

Tat·ze ['tatsə] *f* ⟨-; -n⟩ **1.** *zo.* paw. – **2.** *fig. colloq.* (*große Hand*) 'paw' (*colloq.*). – **3.** *Southern G. ped. colloq.* rap over (*od.* on) the knuckles.

'Tat·zelˌwurm ['tatsəl-] *m myth.* winged dragon (*legendary alpine animal*).

'Tat·zenˌhieb *m* blow with a (*od.* the) paw.

Tau[1] [tau] *m* ⟨-(e)s; *no pl*⟩ dew: an den Gräsern funkelte (*od.* glitzerte) der ~ dew was sparkling (*od.* glistening) on the grass; der ~ fällt the dew falls (*od.* comes down); vor ~ und Tag aufstehen *poet.* to rise at the break of dawn.

Tau[2] *n* ⟨-(e)s; -e⟩ **1.** *mar.* a) rope, b) (*Kabeltau*) cable, hawser: geschlagenes ~ laid rope. – **2.** (*sport*) rope: am ~ klettern to climb the rope.

Tau[3] *n* ⟨-(s); -s⟩ tau (*19th letter of the Greek alphabet*).

taub [taup] *adj* ⟨-er; -st⟩ **1.** *med.* deaf: er ist auf einem Ohr ~ he is deaf in one ear; ~ machen to make (*s.o.*) deaf, to deafen; ~ werden to grow deaf; sie ist ~ geboren she was born deaf; schrei nicht so, ich bin doch nicht ~! don't shout like that, I'm not deaf! sich ~ stellen to pretend to be deaf, to feign deafness; sie waren ~ gegen alle Ermahnungen *fig.* they were deaf (*od.* turned a deaf ear) to all warnings; ~en Ohren predigen *fig.* to talk to deaf ears; auf dem Ohr ist er ~ *fig. colloq. humor.* he's deaf to that. – **2.** (*Glieder etc*) numb, benumbed: meine Fingerspitzen sind ~ vor Kälte my fingertips are numb with cold; mein Fuß ist ~ a) my foot is numb, b) (*eingeschlafen*) my foot has gone to sleep. – **3.** (*Nuß*) empty, hollow. – **4.** (*Ähre, Ei etc*) empty. – **5.** (*Gewürze*) stale. – **6.** ~es Gestein (*mining*) barren ground, rock with no coal in it. — **~ˌblind** *adj med.* deaf and blind.

Täub·chen ['tɔʏpçən] *n* ⟨-s; -⟩ **1.** *dim. of* Taube[1]. – **2.** mein ~ (*Kosewort*) my love, *bes. Br. colloq.* ducky, *auch* duckie.

Tau·be[1] ['taubə] *f* ⟨-; -n⟩ *zo.* pigeon, dove (*Fam. Columbidae*): ~n gurren pigeons coo; sanft wie eine ~ (as) gentle as a dove; die gebratenen ~n fliegen einem nicht ins Maul (*Sprichwort*) *etwa* money does not grow on trees; → Spatz 1; Sperling.

'Tau·be[2] *m, f* ⟨-n; -n⟩ *med.* deaf person.

'Tau·benˌar·ti·ge *pl zo. obs. for* Taubenvögel.

'Tau·ben|ˌaus,stel·lung *f* pigeon show. — **t~ˌblau** *adj cf.* taubengrau. — **~ˌei** *n* pigeon's egg.

'tau·beˌnetzt *adj* moistened (*od.* sprinkled) with dew, bedewed (*lit.*).

'tau·benˌgrau *adj* dove-gray (*bes. Br.* -grey), dove-color(ed), *bes. Br.* dove-colour(ed), columbine-blue.

'Tau·ben|ˌhaus *n cf.* Taubenschlag. — **~ˌkropf** *m* **1.** *zo.* pigeon's crop. – **2.** *bot.* campion (*Cucubalus baccifer*). — **~ˌpaar** *n* pair of pigeons. — **~ˌschie·ßen** *n* **1.** pigeon shooting. – **2.** (*sport*) trap shooting, skeet (shooting). — **~ˌschlag** *m* pigeon house, dovecot(e), pigeonry, loft, columbary: hier geht's ja zu wie in einem ~! *fig. colloq.* it's like a railway station here! — **~ˌschwanz** *m* **1.** dove's tail. – **2.** *zo.* hummingbird moth, hawkmoth (*Macroglossum stellatarum*). — **~ˌvö·gel** *pl zo.* columbaceous birds (*Ordng Columbiformes*). — **~ˌzucht** *f* pigeon breeding. — **~ˌzüch·ter** *m* pigeon breeder (*od.* keeper).

Tau·ber ['taubər], **Täu·ber** ['tɔʏbər] *m* ⟨-s; -⟩, **'Tau·be·rich** [-rɪç], **'Täu·be·rich** [-rɪç] *m* ⟨-s; -e⟩ *zo.* cock pigeon.

'Taub·heit *f* ⟨-; *no pl*⟩ **1.** *med.* deafness, auditory impairment; hypacusia, hypoacusis (*scient.*): völlige ~ anacousia, anacusis. – **2.** *psych.* psychic (*od.* hysterical, functional) deafness. – **3.** (*von Gliedern*) numbness. – **4.** (*von Nüssen*) emptiness, hollowness. – **5.** (*von Ähren, Eiern etc*) emptiness. – **6.** (*von Gewürzen*) staleness. – **7.** *geol.* (*mining*) barrenness, deadness.

'Taub·heits·geˌfühl *n* (*in den Gliedern*) (sensation of) numbness.

'Tauˌbil·dung *f* dewfall, formation of dew.

Täu·bin ['tɔʏbɪn] *f* ⟨-; -nen⟩ *zo.* hen pigeon.

'Tauˌblatt *n bot.* **1.** (Portugiesisches) ~ drosophyllum (*Drosophyllum lusitanicum*). – **2.** *cf.* Frauenmantel 2.

'Taub·le·guˌan *m zo.* greater earless lizard (*Gattg Holbrookia*).

Täub·ling ['tɔʏplɪŋ] *m* ⟨-s; -e⟩ *bot.* russula (*Gattg Russula; fungus*).

'Taubˌnes·sel *f bot.* dead nettle (*Gattg Lamium*): Rote ~ red archangel, red dead nettle, dog nettle (*L. purpureum*); Weiße ~ white dead nettle (*L. album*); Gelbe ~ yellow archangel (*L. galeobdolon*).

'taub|ˌstumm *adj med.* deaf and dumb, deaf-mute, surdomute (*scient.*). — **T~ˌstum·me** *m, f* ⟨-n; -n⟩ deaf and dumb person, deaf-mute, surdomute (*scient.*): die ~n the deaf and dumb.

'Taubˌstum·men|al·phaˌbet *n* deaf-and-dumb (*od.* manual, finger) alphabet. — **~anˌstalt** *f* institute (*od.* clinic) for the deaf and dumb, deaf-and-dumb asylum. — **~ˌleh·rer** *m*, **~ˌleh·re·rin** *f* deaf-and-dumb teacher, articulationist. — **~ˌschu·le** *f* school for the deaf and dumb. — **~ˌspra·che** *f* deaf-and-dumb (*od.* finger) language (*od.* signs *pl*); cheirology, dactylology (*scient.*). — **~ˌun·terˌricht** *m* instruction (*od.* training) of the deaf and dumb.

'Taubˌstumm·heit *f* ⟨-; *no pl*⟩ *med.* deaf-mutism, deaf-muteness.

'Taub·waˌran *m zo.* gila monster, beaded lizard (*Lanthanotus borneensis*).

'Tauch|ˌanˌla·ge *f tech.* dipping machine. — **~arˌti·kel** *m meist pl* dipped goods *pl.* — **~ˌbad** *n* **1.** *med.* plunge (*od.* immersion) bath. – **2.** *tech.* dipping. — **~ˌbadˌschmie·rung** *f tech.* oil bath lubrication. — **~bat·teˌrie** *f electr.* plunge (*od.* dipping) battery. — **~ˌboot** *n mar.* submarine, submersible (boat). — **~elekˌtro·de** *f electr.* dipped (*od.* coated) electrode. — **~eleˌment** *n* (*einer Batterie*) bichromate cell. — **~email·le·ˌlack** [-ˀeˌmaljə-] *m tech.* dipping enamel.

tau·chen ['tauxən] **I** *v/t* ⟨h⟩ **1.** dip: die Hände ins Wasser [die Feder in die Tinte] ~ to dip one's hands into the water [the pen into the ink]. – **2.** (*plötzlich u. kräftig*) plunge, douse, *auch* dowse: er tauchte seinen Kopf in eine Schüssel mit kaltem Wasser he plunged his head into a bowl of cold water. – **3.** j-n (mit dem Kopf ins *od.* unter Wasser) ~ to duck s.o.: er hat mich so lange getaucht, bis ich keine Luft mehr bekam he ducked me until I couldn't breathe any more. – **4.** *fig.* (*in Wendungen wie*) der Garten wurde von der Abendsonne in rotes Licht getaucht the garden was bathed in red light by the evening sun. – **5.** *tech.* a) immerse, dip, b) (*schwemmen*) steep. – **II** *v/i* ⟨h *u.* sein⟩ **6.** ⟨h *u.* sein⟩ (*tief*) dive: er ist in die Flut getaucht he dived into the flood; sie haben nach Perlen getaucht they dived for pearls; sie ist bis auf den Grund des Sees getaucht she dived to the bottom of the lake. – **7.** ⟨h *u.* sein⟩ swim (*od.* stay) underwater, (*als Sport*) skin dive: er kann lange ~ he can stay underwater for a long time. – **8.** ⟨sein⟩ (*kräftig u. plötzlich*) plunge. – **9.** ⟨sein⟩ (*auftauchen*) rise, come up: der Schwimmer tauchte aus dem Wasser the swimmer came up to the surface. – **10.** ⟨sein⟩ dip: der Bug des Schiffes tauchte in die Wogen the bow of the ship dipped into the waves. – **11.** ⟨sein⟩ *fig.* dip, sink: die

Sonne tauchte ins Meer the sun dipped into the sea. – **12.** ⟨sein⟩ *fig.* (*erscheinen*) appear, emerge, loom up: eine Gestalt tauchte aus dem Dunkel a figure emerged out of the dark(ness). – **13.** ⟨sein⟩ *fig.* (*verschwinden*) disappear: der Einbrecher entkam durch das Fenster und tauchte in die Dunkelheit der Nacht the burglar escaped through the window and disappeared into the darkness of the night. – **14.** ⟨h *u.* sein⟩ *mar.* (*von U-Boot*) submerge, dive. – **15.** ⟨h *u.* sein⟩ (*sport*) (*beim Boxen*) duck. – **III T~** *n* ⟨-s⟩ **16.** *verbal noun.* – **17.** *cf.* Tauchsport.

'Tauch,en·te *f zo.* scaup (duck), broadbill, *Am.* bluebill (*Fam. Aythinae*).

'Tau·cher *m* ⟨-s; -⟩ **1.** (*als Beruf*) diver. – **2.** (*sport*) *cf.* Sporttaucher. – **3.** Cartesischer ~ *phys.* Cartesian diver. – **4.** *zo. cf.* a) Lappentaucher, b) Seetaucher. — **~,an,zug** *m* diving suit (*od.* dress), diver's dress. — **~,aus,rü·stung** *f* diving equipment, diver's gear. — **~,bril·le** *f* diver's goggles *pl.* — **~,glo·cke** (*getr.* -k·k-) *f* (diving) bell. — **~,helm** *m* (diving) helmet. — **~,hühn·chen** *n zo.* sun-grebe, sunbird, *auch* finfoot, sun bittern (*Fam. Heliornithidae*). — **~,krank·heit** *f med.* divers' paralysis, caisson disease, compressed-air illness, decompression sickness. — **~,ku·gel** *f* (*zur Tiefseeforschung*) bathysphere. — **~,lei·ne** *f* diving line, lifeline. — **~,mas·ke** *f* diver's mask. — **~,sturm,vo·gel** *m zo.* diving petrel (*Fam. Pelecanoididae*). — **~,vo·gel** *m cf.* a) Lappentaucher, b) Seetaucher.

'tauch,fä·hig *adj mar.* (*U-Boot etc*) submersible. — **'Tauch,fä·hig·keit** *f* ⟨-; *no pl*⟩ submersibility.

'Tauch|,fahrt *f mar.* dive. — **~,fal·te** *f geol.* dipping fold. — **~,frä·sen** *n tech.* plunge milling. — **~ge,rät** *n* diving apparatus. — **~,här·ten** *n tech.* dip hardening, hardening by immersion. — **~,hart,lö·tung** *f* dip brazing.

'Tauch,kern|re,lais *n electr.* plunger (*od.* solenoid) relay. — **~,spu·le** *f* slug coil.

'tauch,klar *adj mar.* (*U-Boot*) ready to submerge.

'Tauch,kol·ben *m tech.* plunger (piston). — **~,pum·pe** *f* plunger pump.

'Tauch|,lack *m tech.* dipping varnish. — **t~lackie·ren** (*getr.* -k,k-) *v/t* ⟨*only inf u. pp* tauchlackiert⟩ dip-varnish. — **~-,La·tex,mi·schung** *f* (*rubber*) dipping latex. — **~,lö·sung** *f* dipping solution. — **~,lö·ten** *n tech.* dip brazing. — **~,mi·schung** *f* (*rubber*) dipping compound. — **~pa·ten,tie·ren** *n metall. tech.* batch patenting. — **~,ret·ter** *m mar.* escape gear. — **~,schleu·der,schmie·rung** *f tech.* splash lubrication. — **~,sie·der** *m electr.* immersion heater. — **~,sport** *m* skin diving. — **~,spu·le** *f electr.* moving coil. — **~sta·ti,on** *f mar.* (*eines U-Boots*) diving station: auf ~ at diving station. — **~,tank** *m* (*eines U-Boots*) ballast tank. — **~,tie·fe** *f mar.* **1.** (*eines Tauchers*) diving depth. – **2.** (*eines U-Boots*) diving depth, depth of immersion. – **3.** (*Tiefgang*) designed draft (*bes. Br.* draught), molded draft, *bes. Br.* moulded draught. — **~,über,zug** *m tech.* dip coat(ing). — **~ver,ed(e)·lung** *f* hot dip(ping) process. — **~ver,fah·ren** *n* dipping (*od.* immersion) process. — **~ver,such** *m mar.* diving experiment, trial dive. — **~,zeit** *f* diving time.

tau·en[1] ['tauən] **I** *v/impers* ⟨h⟩ **1.** es taut it is thawing. – **II** *v/i* ⟨sein⟩ **2.** thaw, melt: der Schnee taut von den Dächern the snow is thawing off the roofs; der Eiszapfen ist über Nacht getaut the icicle has melted overnight. – **III** *v/t* ⟨h⟩ **3.** melt, thaw: die Sonne taut den Schnee the sun melts the snow. – **IV T~** *n* ⟨-s⟩ **4.** *verbal noun.* – **5.** thaw.

'tau·en[2] *v/impers* ⟨h⟩ es taut dew is falling.

'tau·en[3] *v/t* ⟨h⟩ *mar.* (*schleppen*) tow.

'Tau,en·de *n mar.* rope('s) end.

Taue'rei *f* ⟨-; *no pl*⟩ *mar.* towing, towage.

'Tauf,akt *m relig.* christening ceremony, (ceremony of) baptism.

'Tau,fall *m* dewfall.

'Tauf|,becken (*getr.* -k·k-) *n relig.* (baptismal) font. — **~be,kennt·nis** *n* baptismal profession (*od.* testimony). — **~,brun·nen** *m cf.* Taufbecken. — **~,buch** *n cf.* Taufregister.

Tau·fe ['taufə] *f* ⟨-; -n⟩ **1.** *relig.* baptism, christening: die ~ empfangen to be baptized (*Br. auch* -s-) (*od.* christened); die ~ spenden (*od.* erteilen) to christen, to baptize *Br. auch* -s-, to administer baptism; Wiedergeburt durch die ~ baptismal regeneration. – **2.** *relig.* (*Taufbecken*) font: das Kind über die ~ halten to present the child at the font; ein Kind aus der ~ heben to stand sponsor to a child; einen Verein aus der ~ heben *fig. colloq.* to found (*od.* inaugurate, initiate) an association. – **3.** (*Tauffeier*) christening (celebration): auf der ~ ging's lustig her people were in high spirits at the christening celebration. – **4.** *fig.* (*eines Flugzeugs, Schiffes etc*) christening, baptism.

tau·fen ['taufən] **I** *v/t* ⟨h⟩ **1.** *relig.* baptize *Br. auch* -s-, christen: seine Kinder ~ lassen to have one's children baptized; er ließ sich ~ he was baptized, he received baptism; das Kind ist noch nicht getauft worden the child has not been baptized yet. – **2.** (*einen Namen geben*) christen, baptize *Br. auch* -s-, name: das Kind wurde (auf den Namen) Peter getauft the child was christened Peter. – **3.** *fig.* (*mit Bei- od. Spottnamen*) nickname, dub: seine Freunde haben ihn Mickey Mouse getauft his friends nicknamed him Mickey Mouse. – **4.** (*Flugzeug, Schiff*) christen, baptize *Br. auch* -s-, name. – **5.** j-n ~ *mar.* (*bei der Äquatortaufe*) to duck s.o. – **6.** *colloq.* (*Wein etc*) water, adulterate. – **7.** *colloq.* (*durchnässen*) soak: der Gewitterschauer hat uns tüchtig getauft we were (*od.* got) soaked to the skin in the thundershower. – **II T~** *n* ⟨-s⟩ **8.** *verbal noun.* – **9.** *colloq.* (*des Weins*) adulteration. – **10.** *cf.* Taufe 1, 4.

Täu·fer ['tɔyfər] *m* ⟨-s; -⟩ **1.** Johannes der ~ *Bibl.* John the Baptist. – **2.** *pl relig.* (*Glaubensrichtungen*) Baptists.

'tau,feucht *adj* (*Gras etc*) moist with dew, dewy, bedewed (*lit.*).

'Tauf|,for·mel *f relig.* baptismal formula. — **~ge,lüb·de** *n* baptismal vow. — **~ge,schenk** *n* christening gift. — **~,hand·lung** *f relig. cf.* Taufakt. — **~ka,pel·le** *f arch.* baptist(e)ry. — **~,kind** *n relig. cf.* Täufling. — **~,kis·sen** *n* baptismal cushion. — **~,kleid(·chen)** *n* baptismal dress.

'Tau,flie·ge *f zo.* fruit fly, drosophila (*scient.*) (*Fam. Drosophilidae*).

Täuf·ling ['tɔyflɪŋ] *m* ⟨-s; -e⟩ child (*od.* person) to be baptized (*Br. auch* -s-).

'Tauf|,na·me *m* Christian (*od.* first, *Am. auch* given) name, forename. — **~,pa·te** *m* godfather, godparent, sponsor, godpapa (*colloq.*). — **~,pa·ten·ge,schenk** *n* godparent's gift. — **~,pa·tin** *f* godmother, godparent, sponsor, godmamma (*colloq.*). — **~re,gi·ster** *n* parish register.

tau·frisch *adj* **1.** ['tau,frɪʃ] (*Rasen, Morgen etc*) fresh with dew, dewy. – **2.** ['tau'frɪʃ] *fig.* dewy: sich ~ fühlen to feel as fresh as a daisy.

'Tauf|,scha·le *f relig. cf.* Taufbecken. — **~,schein** *m* certificate of baptism. — **~,schmaus** *m* christening feast. — **~,stein** *m cf.* Taufbecken. — **~,tag** *m* christening day. — **~,was·ser** *n* baptismal water. — **~ze·re·mo,nie** *f* baptismal ceremony (*od.* rites *pl*). — **~,zeu·ge** *m cf.* Taufpate. — **~,zeu·gin** *f cf.* Taufpatin. — **~,zeug·nis** *n cf.* Taufschein.

tau·gen ['taugən] *v/i* ⟨h⟩ **1.** (*geeignet sein*) (zu, für for) be good (*od.* fit, of use), be suited (*od.* suitable): er taugt nicht zur Arbeit he is useless for (*od.* as regards) work; er taugt nicht zum Lehrer he is not suited to teaching, he is not cut out to be a teacher; dieses Buch taugt nicht für Kinder this book is not suited for children; ich fürchte, dieses Werzeug wird wenig ~ I'm afraid this tool will not be any (*od.* much) good; das taugt für ihn that will do for him; das taugt mir *Bavarian and Austrian colloq.* that's exactly what I like. – **2.** (*wert sein*) be good: taugt der Film etwas? is the film any good? der neue Lehrling taugt nichts the new apprentice is good for nothing (*od.* is no good); diese billige Ware taugt nicht viel this cheap merchandise is no good (*od.* is not up to much); er hat nie viel getaugt he has never been any good; in der Schule taugt er überhaupt nichts he is no earthly good at school; er taugt zu nichts he is a good-for-nothing (*od.* ne'er-do-well).

'Tau·ge,nichts *m* ⟨- *u.* -es; -e⟩ *contempt.* **1.** good-for-nothing, ne'er-do-well: „Aus dem Leben eines ~" "The Happy-go-lucky" (*by Eichendorff*). – **2.** (*Schuft, Schurke*) rascal, rogue, bad egg (*od.* lot) (*colloq.*).

taug·lich ['tauklɪç] *adj* (zu, für for) **1.** good, useful, fit, apt, suited. – **2.** (*geistig*) qualified, competent. – **3.** (*fähig*) capable, able. – **4.** (*nützlich*) useful. – **5.** (*geeignet*) suitable, appropriate. – **6.** *mil.* fit (for service), able-bodied: er ist für ~ erklärt worden he has been passed as fit; nicht ~ unfit (for service). — **'Taug·lich·keit** *f* ⟨-; *no pl*⟩ **1.** usefulness, fitness, aptness. – **2.** (*geistige*) qualification, competence, aptitude. – **3.** (*Fähigkeit*) capability, ability. – **4.** (*Nützlichkeit*) usefulness. – **5.** (*Eignung*) suitability, appropriateness. – **6.** *mil.* fitness.

'Taug·lich·keits|,grad *m mil. cf.* Tauglichkeitsstufe. — **~,nach,weis** *m* certificate of qualification. — **~,stu·fe** *f mil.* grade (*od.* degree) of fitness. — **~,zeug·nis** *n* certificate of fitness.

'tau·ig *adj cf.* taufeucht.

'Tau|,klet·tern *n* (*sport*) climbing the rope. — **~,kreuz** *n* (*art*) tau cross. — **~,län·ge** *f* **1.** lenght of a rope. – **2.** (*mar. u Maß*) cable's length. — **~,man·tel** *m bot. cf.* Frauenmantel 2.

Tau·mel ['tauməl] *m* ⟨-s; *no pl*⟩ **1.** (*Schwindelgefühl*) dizziness, giddiness: ein ~ erfaßte (*od.* ergriff, überkam) ihn he was seized (*od.* overcome) by a sudden giddiness. – **2.** (*nach Schlaf, Narkose etc*) grogginess, *Am.* wooziness: als der Wecker mich aus dem Schlaf riß, war ich noch halb (*od.* wie) im ~ I was still groggy when the alarm clock woke me from my sleep. – **3.** (*Taumelgang*) staggering, reeling. – **4.** *fig.* (*Überschwang, Rausch*) frenzy, whirl, delirium, transport: ein ~ der Freude erfaßte (*od.* ergriff, überkam) sie she was overcome by a frenzy (*od.* rapture) of joy, she went into raptures (*od.* ecstasy); im ~ der Begeisterung in the whirl of excitement.

'Tau·me·ler *m* ⟨-s; -⟩ *vet.* animal with staggers.

'Tau·mel,feh·ler *m tech.* (*eines Gewindes*) drunkenness.

'tau·me·lig *adj* **1.** (*Gang etc*) reeling, staggering. – **2.** (*schwindlig*) dizzy, giddy. – **3.** (*nach Schlaf, Narkose etc*) groggy, *Am.* woozy.

'Tau·mel|,kä·fer *m zo.* whirligig (beetle) (*Fam. Gyrinidae*). — **~,käl·ber,kropf** *m bot.* rough chervil (*Chaerophyllum temulum*). — **~,lolch** *m bot.* darnel, ryegrass (*Lolium temulentum*).

tau·meln ['tauməln] **I** *v/i* ⟨h *u.* sein⟩ **1.** (*vor Trunkenheit, Schwäche, Müdigkeit etc*) reel, stagger, totter, teeter, sway: zu Boden ~ to stagger and fall to the ground. – **2.** ⟨sein⟩ (*von Schmetterling etc*) sway about (*od.* around). – **3.** ⟨h⟩ *tech.* a) (*von Messerkopf, Welle, Zahnrädern etc*) wobble, b) (*von einer Verzahnung*) run out radially. – **4.** ⟨h⟩ (*space*) (*von Satellit*) tumble. – **II T~** *n* ⟨-s⟩ **5.** *verbal noun.* – **6.** reel, stagger, teeter, sway. – **7.** (*von Insekten*) sway. – **8.** *tech.* a) wobble, b) radial runout (*Br.* run-out).

'Tau·mel,schei·be *f tech.* (*einer Hydraulikpumpe*) swash plate.

'Tau,mes·ser *m* ⟨-s; -⟩ *phys.* drosometer.

Tau·ner ['taunər] *m* ⟨-s; -⟩ *Swiss dial. for* Tagelöhner.

'Tau|,per·le *f poet.* pearl of dew. — **~,punkt** *m* ⟨-(e)s; *no pl*⟩ *phys.* dew point.

Tau·rin [tau'riːn] *n* ⟨-s; *no pl*⟩ *chem.* taurine ($H_2NCH_2CH_2SO_3H$).

Tau·ro'chol,säu·re [tauro'xoːl-] *f chem.* taurocholic acid [$(HO)_3C_{23}H_{36}CONHCH_2$-$CH_2SO_3H$].

Tausch [tauʃ] *m* ⟨-(e)s; -e⟩ **1.** *cf.* Tauschen. – **2.** (*von Briefmarken, Arbeitsplätzen etc*) exchange. – **3.** *bes. econ.* exchange, (*beim Tauschhandel*) barter, truck, *bes. Am. colloq.* swap, *auch* swop, *bes. Br. colloq.* swop, *auch* swap: einen guten [schlechten] ~ machen to make a good [bad] exchange; etwas in ~ geben [nehmen] für (*od.* gegen) etwas anderes to give [to take] s.th. in exchange for s.th. else; etwas zum ~ anbieten to offer s.th. for exchange. — **~,an·ge,bot** *n* offer for exchange, barter offer.

tau·schen ['taʊʃən] **I** *v/t* ⟨h⟩ **1.** exchange, trade, *bes. Am. colloq.* swap, *auch* swop, *bes. Br. colloq.* swop, *auch* swap: **Briefmarken ~** to exchange stamps; **die Plätze ~** to exchange (*od.* change) places (*od.* seats); **den Arbeitsplatz [Studienplatz] mit j-m ~** to exchange one's place of work [one's place at (the) university] with s.o.; **Blicke ~** to exchange glances; **die Rollen ~** to exchange roles (*od.* parts). – **2.** *bes. econ.* (**gegen** for) exchange, (*im Tauschhandel*) barter, truck, *bes. Am. colloq.* swap, *auch* swop, *bes. Br. colloq.* swop, *auch* swap: **tausche Radio gegen Fernsehapparat** (*Zeitungsinserat*) exchange radio (set) for television set. – **II** *v/i* **3. mit j-m ~** a) to exchange (*od.* trade, *bes. Am. colloq.* swap, *auch* swop, *bes. Br. colloq.* swop, *auch* swap) with s.o., b) to (ex)change with s.o.: **(ich) suche j-n, der mit mir tauscht** I am looking for s.o. who will change (*od.* make an exchange) with me; **ich möchte um keinen Preis mit ihr ~** I would not change (places) with her for anything, I would not like to be in her place (*od.* in her shoes) for anything. – **4.** *bes. econ.* barter, truck, *bes. Am. colloq.* swap, *auch* swop, *bes. Br. colloq.* swop, *auch* swap. – **III T~** *n* ⟨-s⟩ **5.** *verbal noun.* – **6.** exchange. – **7.** *bes. econ.* exchange, barter, truck, *bes. Am. colloq.* swap, *auch* swop, *bes. Br. colloq.* swop, *auch* swap.

täu·schen ['tɔʏʃən] **I** *v/t* ⟨h⟩ **1.** deceive, delude, (*irreführen*) mislead: **ihre Verkleidung täuschte sogar ihre Freunde** her disguise even deluded her friends; **laß dich durch seine Liebenswürdigkeit nicht ~!** don't be misled (*od.* don't let yourself be deceived) by his friendliness! **j-s Vertrauen ~** to deceive s.o.'s confidence. – **2.** (*hinters Licht führen*) fool, hoodwink, dupe, bamboozle (*colloq.*). – **3.** (*betrügen*) cheat. – **4.** (*trügen*) deceive: **wenn mich mein Gedächtnis nicht täuscht** if I remember rightly (*od.* correctly), if my memory is not deceiving me (*od.* serves me right); **wenn mich meine Augen nicht ~** if my eyes do not deceive me, if I am seeing right. – **5.** (*enttäuschen*) disappoint: **ich sah mich in meinen Erwartungen getäuscht** I was disappointed in my expectations, my expectations were disappointed. – **6. sich in seiner Annahme getäuscht sehen** to be mistaken in one's assumption. – **7.** (*sport*) *mil.* (*durch eine Finte*) feint, deceive. – **II** *v/i* **8.** be deceptive: **der Schein täuscht** appearances are deceptive; **sein harmloses Äußeres täuscht gewaltig** his harmless outward appearance is very deceptive. – **9.** *ped.* (*in der Schule etc*) cheat. – **10.** (*sport*) a) *auch mil.* (*durch eine Finte*) (make a) feint, b) (*betrügen*) cheat. – **III** *v/reflex* **sich ~ 11.** be mistaken, be wrong: **sie hat sich gründlich in ihm getäuscht** she has been completely mistaken about him; **ich kann mich natürlich ~, aber** I may be wrong (*od.* mistaken) but; **da täuschst du dich aber gewaltig!** you are completely mistaken! **wenn mich nicht alles täuscht** if I am not altogether mistaken. – **IV T~** *n* ⟨-s⟩ **12.** *verbal noun.* – **13.** delusion, deception. – **14.** dupery. – **15.** *cf.* Täuschung. — '**täu·schend I** *pres p.* – **II** *adj* **1.** (*trügerisch*) deceptive, delusive, misleading. – **2.** (*Ähnlichkeit etc*) remarkable, striking: **du hast eine ~e Ähnlichkeit mit meiner Schwester** you are remarkably like my sister, you are the spit (and) image (*auch* the spitting image) of my sister, there is a striking (*od.* remarkable) resemblance between you and my sister; **das Bild ist eine ~e Nachahmung des Originals** the picture is a remarkably good imitation of the original. – **III** *adv* **3.** deceptively, delusively. – **4.** remarkably, strikingly: **er sieht seinem Vater ~ ähnlich** he is remarkably like his father, he is the spit (and) image (*auch* the spitting image) of his father; **eine ~ echte Nachahmung des Originals** a remarkably good imitation of the original.

Tau·sche'rei *f* ⟨-; -en⟩ *colloq.* **1.** *cf.* Tauschen. – **2.** (endless) bartering, (continual) exchange.

'**Tausch|ˌge·genˌstand** *m econ.* object of exchange, bartering object. — **~geˌschäft** *n econ.* exchange deal (*od.* transaction), barter (deal), bartering, truck, *bes. Am. colloq.* swap, *auch* swop, *bes. Br. colloq.* swop, *auch* swap. — **~ˌgut** *n* object(s *pl*) of exchange, bartering object(s *pl*).

'**Tauschˌhan·del** *m* ⟨-s; *no pl*⟩ barter(ing), trade by barter, truck: **~ (be)treiben** to barter, to truck, to trade by barter (*od.* exchange).

'**Tauschˌhan·dels|ˌabˌkom·men** *n econ.* barter agreement. — **~geˌschäft** *n* exchange (*od.* barter) transaction.

'**Tausch|ˌmit·tel** *n econ.* medium of exchange. — **~obˌjekt** *n cf.* Tauschgegenstand. — **~ˌpart·ner** *m* exchange partner.

'**Täu·schung** *f* ⟨-; -en⟩ **1.** *cf.* Täuschen. – **2.** deception, deceit, delusion, misrepresentation: **arglistige ~** *bes. jur.* wilful deceit, fraud, (*durch falsche Angaben*) fraudulent misrepresentation; **bewußte ~** deliberate (*od.* intentional) deceit. – **3.** (*Hintergehung*) dupery, hoodwinking. – **4.** (*Betrug*) cheat. – **5.** (*Sinnestäuschung*) illusion: **optische ~** optical illusion. – **6.** (*Selbsttäuschung*) delusion, illusion: **gib dich keinen ~en über die zu erwartenden Schwierigkeiten hin** don't delude yourself about the difficulties (that are) to be expected; **ich gebe mich keinerlei ~en über ihn hin** I have (*od.* am under) no illusions about him. – **7.** (*Irrtum*) error. – **8.** (*Trugschluß*) fallacy, false conclusion. – **9.** *ped.* (*in Prüfungen etc*) cheating: **auch der Versuch einer ~ wird bestraft** even the attempt to cheat will be punished. – **10.** (*sport*) a) *auch mil.* (*Finte*) feint, deception, b) (*Betrug*) cheat.

'**Täu·schungs|ˌabˌsicht** *f* **1.** *bes. jur.* intention to deceive. – **2.** *ped.* (*sport*) intention to cheat. — **~ˌanˌgriff** *m mil.* feint attack. — **~maˌnö·ver** *n* **1.** *mil.* feint. – **2.** *fig.* deception tactics *pl* (*usually construed as pl*), feint. — **~verˌsuch** *m* **1.** *bes. jur.* attempt to deceive. – **2.** *ped.* (*sport*) attempt to cheat.

'**Tausch|verˌtrag** *m econ.* barter contract (*od.* agreement), contract of exchange. — **~ˌwa·re** *f meist pl* barter goods *pl* (*od.* commodity), goods *pl* for exchange. — **~ˌweg** *m only in* **im ~(e)** by way of exchange (*od.* barter). — **t~ˌwei·se** *adv* by way of exchange (*od.* barter). — **~ˌwert** *m* exchange (*od.* barter) value. — **~ˌwirt·schaft** *f* economy based on exchange (*od.* barter), barter economy.

tau·send ['taʊzənt] *adj* ⟨*cardinal number*⟩ **1.** thousand, a (*od.* one) thousand: **~ Mark** a thousand marks; **ein paar** (*od.* **einige**) **~ Exemplare** several (*od.* some few) thousand copies, several thousands of copies; **an die ~ Zuschauer** about a thousand (*od.* some thousand, a thousand or so) spectators; **vor vielen ~ Jahren** (many) thousands of years ago; **einer unter** (*od.* **von**) **~** one in (*od.* out of) a thousand; **Finnland, das Land der ~ Seen** Finland, the land of the thousand lakes. – **2.** (*sehr viele*) a thousand: **immer muß ich an ~ Dinge zugleich denken!** I always have to think of a thousand things at once! **der Teller zersprang in ~ Stücke** the plate smashed into a thousand pieces; **~ und aber ~ Insekten** thousands upon (*od.* and) thousands of insects; **in ~ Ängsten schweben, ~ Ängste ausstehen** to die a thousand deaths; **~ Dank!** thanks a million! many, many thanks! **~ Grüße!** lots (and lots) of love (*colloq.*).

'**Tau·send**[1] *f* ⟨-; -en⟩ figure one thousand: **die ~ in Ziffern schreiben** to write the thousand in figures.

'**Tau·send**[2] *n* ⟨-s; -e⟩ thousand: **ein halbes ~** five hundred; **ein paar** (*od.* **einige**) **~** several (*od.* some few) thousand; **soeben ist das erste ~ erschienen** the first thousand (copies) have just come out; **(viele) ~e begeisterter Zuschauer, (viele) ~e von begeisterten Zuschauern** (many) thousands of enthusiastic spectators; **~e und aber ~e von Menschen** thousands and (*od.* upon) thousands of people; **der Protest mehrerer ~e (von Menschen)** the protest of several thousands (of people); **das Leben von ~en von Einwohnern war gefährdet** the life of thousands of inhabitants was in danger; **im ~** *econ.* per thousand; **die Teilnehmerzahl ging in die ~e** the number of participants went into the thousands; **einer unter** (*od.* **von**) **~en** one in thousands, one in a thousand; **zu Hunderten und ~en strömten sie ins Stadion** they streamed into the stadium in (their, *Am.* the) hundreds and thousands.

'**Tau·send**[3] *m euphem. for* Teufel 1: **ei der ~!** *archaic u. iron.* a) goodness (gracious) me! gracious me! good gracious (*od.* grief)! b) what the deuce (*od.* devil)!

'**Tau·sendˌblatt** *n* ⟨-(e)s; *no pl*⟩ *bot.* **1.** water milfoil (*Gattg Myriophyllum*). – **2.** *cf.* Schafgarbe.

'**tau·send'eins** *adj* ⟨*cardinal number*⟩ *cf.* tausendundeins.

Tau·sen·der ['taʊzəndər] *m* ⟨-s; -⟩ **1.** *colloq. for* Tausend[1]. – **2.** *colloq. for* Tausendmarkschein. – **3.** *meist pl math.* (*im Dezimalsystem*) thousand.

'**tau·sen·der'lei** *adj* ⟨*invariable*⟩ of a thousand (different) kinds (*od.* sorts, types): **ich habe noch ~ Dinge zu erledigen** I still have a thousand things to do.

'**tau·sendˌfach I** *adj* thousandfold: **in ~er Vergrößerung** (*optics*) magnified a thousand times. – **II** *adv* (a) thousandfold, a thousand times: **etwas ~ vergrößern** to magnify s.th. a thousand times. – **III T~e, das** ⟨-n⟩ the thousandfold (amount): **das T~e von zwei** one (*od.* a) thousand times two; **sich um das T~e vermehren** to increase (*od.* multiply) one thousandfold.

'**tau·sendˌfäl·tig I** *adj* **1.** *cf.* tausendfach I. – **2.** of a thousand (different) kinds (*od.* sorts). – **II** *adv* **3.** *cf.* tausendfach II. – **4.** in a thousand (different) ways.

'**Tau·send|ˌfuß** *m* ⟨-es; ⸚er⟩, **~ˌfü·ßer, ~ˌfüß·ler** [-ˌfyːslər] *m* ⟨-s; -⟩ *zo.* millipede, millepede, *auch* milliped, thousand-legs *pl* (*construed as sg or pl*); myriopod, myriapod (*scient.*) (*Klasse Myriapoda*). — **~'gul·denˌkraut, ~'gül·denˌkraut** [ˌtaʊzənt-] *n* ⟨-(e)s; *no pl*⟩ *bot.* centaury (*Gattg Centaurium*). — **~'jahrˌfei·er** [ˌtaʊzənt-] *f* millenial, *auch* millenary celebration, millenium. — **t~ˌjäh·rig** *adj* **1.** thousand-year-old (*attrib*): **eine ~e Eiche** a thousand-year-old oak tree. – **2.** of a thousand years: **eine ~e Entwicklung** a development of (*od.* over) a thousand years. – **3.** lasting a thousand years, millennial, millenary, millennian: **das T~e Reich** *Bibl.* the millennium; **das ~e Reich** *hist. u. iron.* the thousand-year Reich. — **~ˌkünst·ler** *m* **1.** (*Gaukler*) conjurer, magician, juggler. – **2.** *fig.* (*Alleskönner*) jack-of-all-trades, *bes. Br.* Jack of all trades. — **t~ˌmal** *adv* a thousand times: **ich bitte ~ um Verzeihung!** a thousand apologies! **das habe ich dir schon ~ gesagt!** I told you (so *od.* that) a (hundred) thousand times (*od.* time and [time] again)! **tausend- und aber ~** thousands and thousands of times. — **~'markˌschein** [ˌtaʊzənt-] *m* thousand-mark note.

'**Tau·sendˌsa·sa** [-ˌsasa] *m* ⟨-s; -(s)⟩ *colloq.* **1.** (*Teufelskerl, Mordskerl*) devil of a fellow. – **2.** (*Alleskönner*) jack-of-all-trades, *bes. Br.* Jack of all trades.

'**Tau·sendˌsas·sa** [-ˌsasa] *m* ⟨-s; -(s)⟩ *Southern G., Austrian and Swiss for* Tausendsasa.

'**Tau·sendˌschön** *n* ⟨-s; -e⟩, '**Tau·sendˌschön·chen** *n* ⟨-s; -⟩ *bot.* daisy, *Am.* English daisy (*Bellis perennis*).

'**tau·sendst** *adj* ⟨*ordinal number*⟩ thousandth: **der ~e Teil** the thousandth part; **zum ~en Mal** for the thousandth time.

'**Tau·send·ste** *m, f* ⟨-n; -n⟩, *n* ⟨-n; *no pl*⟩ thousandth: **jeder ~** every thousandth person; → **Hundertste.**

'**Tau·send·stel I** *n, Swiss meist m* ⟨-s; -⟩ thousandth (part), millesimal. – **II t~** *adj* ⟨*attrib*⟩ thousandth, millesimal: **ein t~ Kilometer** the thousandth (part) of a kilometer, a millesimal kilometer.

'**tau·sendˌund'eins** *adj* ⟨*cardinal number*⟩ a (*od.* one) thousand and one: „**Tausendundeine Nacht**" "A Thousand and One Nights", "A Thousand Nights and One Night", "The Arabian Nights" (*colloq.*) (*collection of Oriental tales*).

Tau·to·lo·gie [tautolo'giː] *f* ⟨-; -n [-ən]⟩ (*in der Logik, Stilistik etc*) tautology. — **tau·to'lo·gisch** [-'loːgɪʃ] *adj* tautological, *auch* tautologic, tautologous.

Tau·to·me·rie [tautome'riː] *f* ⟨-; -n [-ən]⟩ *chem.* tautomerism.

'**Tauˌtrop·fen** *m* dewdrop, *Br.* dew-drop.

'**Tauˌwerk** *n* ⟨-(e)s; *no pl*⟩ *bes. mar.* **1.** ropes *pl*, cordage. – **2.** (*Takelwerk*) rigging: **laufendes ~** running rigging; **stehendes ~** standing rigging, dead ropes *pl*.

'**Tauˌwet·ter** *n* **1.** *meteor.* thawing weather:

es hat ~ eingesetzt a thaw has set in. – **2.** *fig.* (*bes. in der Politik*) thaw.

'Tau,zie·hen *n* (*sport*) tug-of-war: es begann ein heftiges ~ um den Posten *fig.* there was a violent tug-of-war for the post.

Ta·ver·ne [ta'vɛrnə] *f* ⟨-; -n⟩ tavern.

Ta·xa·me·ter [taksa'meːtər] *m* ⟨-s; -⟩ **1.** (*in Taxis*) taximeter. – **2.** *obs. for* Taxi.

'Tax,amt *n econ.* (*Schätzamt*) assessment (*od.* valuation) office (*od.* board).

Ta·xa·ti·on [taksa'tsĭoːn] *f* ⟨-; -en⟩ *econ. jur. cf.* Taxierung 2.

Ta·xa·tor [ta'ksaːtər] *m* ⟨-s; -toren [-ksa'toːrən]⟩ *econ. jur.* appraiser, *bes. Br.* valuer, valuator, (*bes. bei Versicherungen*) assessor.

Ta·xa·ze·en [taksa'tseːən] *pl bot. cf.* Eibengewächse.

Ta·xe[1] ['taksə] *f* ⟨-; -n⟩ *cf.* Taxi.

'Ta·xe[2] *f* ⟨-; -n⟩ *econ.* **1.** (*Gebühr, Abgabe*) rate, tax, charge, fee: einer ~ unterliegen to be subject to a tax. – **2.** (*amtlich festgesetzter Schätzwert*) fixed (*od.* agreed) value. – **3.** (*Schätzung*) rating, (e)valuation, estimate, appraisal, appraisement, (*bes. bei Steuern*) assessment: ~ über [unter] dem Wert overvaluation [undervaluation].

Ta·xem [ta'kseːm] *n* ⟨-s; -e⟩ *ling.* taxeme.

'Tax|ge,bühr *f meist pl econ.* appraiser's (*od.* assessor's) (*bes. Br.* valuer's, valuator's) fee. — **~ge,wicht** *n* appraised weight.

Ta·xi ['taksi] *n, Swiss auch m* ⟨-(s); -(s)⟩ taxi(cab), cab: ein ~ nehmen to take a taxi; (mit dem *od.* im) ~ fahren to go by taxi, to ride in a taxi, to taxi. — **~chauf,feur** *m* taxi driver, cabdriver, *Br.* cab-driver.

Ta·xie [ta'ksiː] *f* ⟨-; -n [-ən]⟩ *biol.* taxis.

ta'xier·bar *adj econ.* rat(e)able, assessable, valuable.

ta·xie·ren [ta'ksiːrən] **I** *v/t* ⟨*no* ge-, h⟩ **1.** *bes. econ. jur.* (*Gegenstände*) (auf *acc* at) rate, value, valuate, evaluate, make an estimate of, (*bes. amtlich*) appraise, (*bes. bei Steuern, Schäden etc*) assess: etwas zu hoch ~ to overrate (*od.* overvalue) s.th.; etwas zu niedrig ~ to underrate (*od.* undervalue) s.th. – **2.** (*ungefähr einschätzen*) estimate: der Wert des Bildes wird auf 5000 Mark taxiert the value of the picture is estimated at 5,000 marks; ich taxiere ihn auf etwa 40 Jahre I estimate (*Br.* should say, *bes. Am.* would say) he is about 40 years old, I'd put him down as (*od.* at) about 40. – **3.** *colloq.* (*abschätzen, einstufen*) sum (*od. colloq.* size) (*s.o.*) up: ich taxierte ihn kurz und ließ ihn (dann) herein I summed him up briefly and (then) let him in. – **II T~** *n* ⟨-s⟩ **4.** *verbal noun.* – **5.** *cf.* Taxierung.

Ta'xie·rer *m* ⟨-s; -⟩ *econ. jur. cf.* Taxator.

Ta'xie·rung *f* ⟨-; -en⟩ **1.** *cf.* Taxieren. – **2.** *bes. econ. jur.* (auf *acc* at) rating, valuation, evaluation, estimate, (*bes. amtliche*) appraisal, *auch* appraisement, (*bes. bei Steuern, Schäden etc*) assessment. – **3.** (*ungefähre Einschätzung*) estimation, estimate.

'Ta·xi|,fah·rer *m* taxi driver, cabdriver, *Br.* cab-driver, cabman, *bes. Br.* taximan. — **~,fah·re·rin** *f* (woman) taxi driver (*od.* cabdriver, *Br.* cab-driver). — **~,girl** *n* (*in Tanzlokalen etc*) taxi dancer.

Ta·xis[1] ['taksɪs] *f* ⟨-; Taxen⟩ *biol.* taxis.

'Ta·xis[2] *f* ⟨-; *no pl*⟩ *med.* reduction (*od.* reducing, setting) of a fracture.

'Ta·xi,stand *m* taxi stand, cabstand.

'Tax,kurs *m econ.* (*bes. bei Wertpapieren*) estimated quotation.

Ta·xo·no·mie [taksono'miː] *f* ⟨-; *no pl*⟩ *biol. ling.* taxonomy, taxinomy. — **ta·xo'no·misch** [-'noːmɪʃ] *adj* taxonomic, *auch* taxonomical.

'Tax,preis *m econ.* estimated price.

'Tax,uhr *f cf.* Taxameter 1.

Ta·xus ['taksʊs] *m* ⟨-; -⟩ *bot.* (*Eibe*) yew, taxus (*scient.*) (*Gattg Taxus*). — **~,hecke** (*getr.* -k·k-) *f* yew hedge.

'Tax,wert *m econ. jur.* estimated (*od.* appraised) value, (*bes. im Steuerwesen*) assessed value.

'Tay·lor·sy,stem ['teɪlə-] (*Engl.*) *n* ⟨-s; *no pl*⟩ *econ.* Taylor principles *pl* (*od.* system).

Ta·zet·te [ta'tsɛtə] *f* ⟨-; -n⟩ *bot.* polyanthus (narcissus) (*Narcissus tazetta*).

'Taz·zel,wurm ['tatsəl-] *m cf.* Tatzelwurm.

Tb(c) [teː'beː (teːbeː'tseː)] *short for* Tuberkulose. — **~-,krank** *adj med. cf.* tuberkulosekrank.

Teach-in [,tiːtʃ'ʔɪn] *n* ⟨-(s); -s⟩ *pol.* (*Protestdiskussion*) teach-in.

Teak [tiːk] *n* ⟨-s; *no pl*⟩, **~,holz** *n* teak(wood): ein Tisch aus ~ a table in teak(wood), a teak(wood) table.

Team [tiːm] (*Engl.*) *n* ⟨-s; -s⟩ (*Mannschaft, Arbeitsgruppe*) team. — **~,ar·beit** *f*, **~,work** [-,wɔːk] (*Engl.*) *n* ⟨-s; *no pl*⟩ teamwork.

Tech·ne·ti·um [tɛç'neːtsĭʊm] *n* ⟨-s; *no pl*⟩ *chem.* technetium (Tc).

Tech·ni·co·lor [tɛçniko'loːr] (*TM*) *n* ⟨-s; *no pl*⟩ *phot.* Technicolor (*TM*).

Tech·nik ['tɛçnɪk] *f* ⟨-; -en⟩ **1.** ⟨*only sg*⟩ technology, technics *pl* (*construed as sg or pl*), engineering science: das Zeitalter der ~ the age of technology; die Wunder der ~ the marvels of technology; auf dem neuesten Stand der ~ sein to be constructed according to the latest technological (*od.* technical) developments, to be the latest technological (*od.* technical) development. – **2.** (*Verfahren, Arbeitsweise*) technique, practice, mechanical skill: eine neue ~ (in) der Malerei a new technique in painting, a new painting technique; die ~ des Schweißbrennens the technique of welding, (the) welding practice; er hat eine neue ~ des Romans entwickelt he developed a new technique in fiction; eine (bestimmte) ~ beherrschen to master a (specific) technique; er beherrscht die ~, nie dazusein, wenn man ihn braucht *colloq.* he has it down to a fine art never to be there (*od.* he masters the technique of never being there) when he is needed; seine ~ verbessern to improve one's technique. – **3.** (*Kunstfertigkeit*) execution, technique: der Maler [Musiker] hat eine ausgezeichnete ~ the artist [musician] has an excellent technique. – **4.** *Austrian* (*technische Hochschule*) institute (*bes. Br.* college) of technology.

Tech·ni·ker ['tɛçnikər] *m* ⟨-s; -⟩ **1.** technician, technicist. – **2.** (*Ingenieur*) engineer. – **3.** (*in Kunst, Sport etc*) technician, technicist.

Tech·ni·kum ['tɛçnikʊm] *n* ⟨-s; -ka [-ka], *auch* -ken⟩ technical (*od.* engineering) school.

tech·nisch ['tɛçnɪʃ] **I** *adj* **1.** technical, technological, engineering (*attrib*): das ~e Zeitalter the technological age; ~er Fortschritt technical (*od.* engineering) progress; ~es Verfahren technical (*od.* engineering) process; der Bau ist ein ~es Wunder the construction is a technical marvel (*od.* a marvel of technology); ~e Ausbildung technical training; ich habe keinerlei ~e Begabung I have no technical talent whatever, I am not technically inclined at all; ~es Versagen, (eine) ~e Störung a technical failure, a breakdown; ~e Daten technical data; ~e Einzelheiten technical details, technicalities; ~e Abteilung technical department; ~es Personal technical staff; ~er Leiter (*od.* Direktor) eines Unternehmens technical director (*od.* manager) of a company; ~er Angestellter technical employee; ~er Kaufmann sales engineer; ~er Zeichner draftsman, technical drawer; ~es Zeichnen technical (*od.* engineering) drawing; ~e Fächer technical subjects, engineering fields; ~e Lehranstalten technical institutes (*od.* training centers [*bes. Br.* centres]), engineering colleges; ~e Hochschule institute (*bes. Br.* college) of technology; ~e Universität university of technology, technical university; ~e Hilfe *bes. econ.* technical assistance; T~e Nothilfe *hist.* Technical Emergency Corps (*Br.* Service); ~e Truppe *mil.* technical troops *pl*; T~es Hilfswerk Technical Emergency Corps (*Br.* Service); T~er Überwachungsverein Technical Control Board. – **2.** (*fachgerecht*) technical: er spielt [malt] in ~er Vollendung he plays [paints] with technical perfection. – **3.** (*den äußeren Umständen entsprechend*) technical: es war mir aus rein ~en Gründen nicht möglich, rechtzeitig dort zu sein I was not able to be there in time for purely technical (*od.* practical) reasons. – **4.** (*sport*) technical: ~er K. o. technical knockout. – **II** *adv* **5.** technically: er ist ~ sehr begabt he is very gifted technically, he is very talented technically; das Radiogerät ist ~ einwandfrei the radio is technically in order. – **6.** (*die technische Durchführung betreffend*) technically: sein Spiel war ~ vollkommen his play was technically perfect. – **7.** (*die äußeren Umstände betreffend*) technically: es ist mir rein ~ unmöglich, heute abend zu dir zu kommen it's impossible for me to come to see you this evening for purely technical (*od.* practical) reasons. — **~'wis·sen·schaft·lich** *adj* ⟨*attrib*⟩ ~er Verein industrial science association.

tech·ni·sie·ren [tɛçni'ziːrən] **I** *v/t* ⟨*no* ge-, h⟩ technicalize, technicize. – **II T~** *n* ⟨-s⟩ *verbal noun.* — **Tech·ni'sie·rung** *f* ⟨-; -en⟩ **1.** *cf.* Technisieren. – **2.** technicalization. – **3.** mechanization.

Tech·no·krat [tɛçno'kraːt] *m* ⟨-en; -en⟩ *econ.* technocrat. — **Tech·no·kra'tie** [-kra'tiː] *f* ⟨-; *no pl*⟩ technocracy.

Tech·no·lo·ge [tɛçno'loːgə] *m* ⟨-n; -n⟩ technologist. — **Tech·no·lo'gie** [-lo'giː] *f* ⟨-; -n [-ən]⟩ technology. — **tech·no'lo·gisch** *adj* technologic(al).

Tech·tel·mech·tel [,tɛçtəl'mɛçtəl] *n* ⟨-s; -⟩ *colloq.* affair, flirtation.

Teckel (*getr.* -k·k-) ['tɛkəl] *m* ⟨-s; -⟩ *zo. cf.* Dachshund, Dackel 1.

Ted·dy ['tɛdi] *m* ⟨-s; -s⟩, **~,bär** *m* teddy (bear), *auch* Teddy bear.

Te·de·um [te'deːʊm] *n* ⟨-s; -s⟩ *relig.* Te Deum.

Tee [teː] *m* ⟨-s; -s⟩ **1.** (*Teeblätter*) tea (leaves), *Br.* tea(-leaves): grüner [schwarzer] ~ green [black] tea; ~ ernten to crop tea; die ~s (*Teesorten*) the teas, the sorts of tea, the tea blends. – **2.** (*Getränk*) eine Tasse ~ a cup of tea; ~ mit Zitrone [Rum] tea and lemon [rum]; ~ kochen (*od.* aufgießen) to make (*od.* brew) tea, *bes. Br. auch* to wet the tea; ~ trinken to have (*od.* drink) tea; er trinkt den ~ gern stark [schwach] he likes his tea strong [weak]; den ~ ziehen lassen to let the tea draw (*od.* stand, infuse); abwarten und ~ trinken! *fig. colloq.* (let's) wait and see! – **3.** (*aus Heilkräutern etc*) (herb) tea, infusion of herbs. – **4.** (*Teegesellschaft*) tea (party), *Br.* tea(-party): einen ~ geben to give a tea(-)party; j-n zum ~ bitten to ask (*od.* invite) s.o. to tea. – **5.** *bot. cf.* Teestrauch: ~ anbauen to grow tea. — **~,an,bau** *m* ⟨-(e)s; *no pl*⟩ cultivation (*od.* growing) of tea. — **~,bee·re** *f bot.* teaberry, checkerberry, wintergreen, gaultheria (*scient.*) (*Gaultheria procumbens*). — **~,beu·tel** *m* tea bag, *Br.* tea-bag. — **~,blatt** *n* tea leaf, *Br.* tea-leaf. — **~,brett** *n cf.* Teetablett. — **~,büch·se**, **~,do·se** *f* (tea) caddy, *Br.* tea-caddy. — **~-,Ei** *n* tea ball (*od.* egg), infuser. — **~-,Ern·te** *f* tea harvest. — **~ge,bäck** *n* ⟨-(e)s; *no pl*⟩ **1.** (*Plätzchen, Kekse etc*) *Br.* tea (*od.* fancy) biscuits *pl*, *Am.* cookies *pl*. – **2.** (*kleine Kuchen*) small cakes *pl*, petit(s) fours *pl*. — **~ge,schirr** *n* tea service (*od.* set), *Br.* tea-service (*od.* -set), tea things *pl* (*colloq.*). — **~ge,sell·schaft** *f* tea party, *Br.* tea-party. — **~,glas** *n* tea glass, *Br.* tea-glass. — **~,hau·be** *f cf.* Teewärmer. — **~,haus** *n* (*bes. in Japan*) teahouse. — **~,kan·ne** *f* teapot. — **~,kes·sel** *m* teakettle, *Br.* tea-kettle. — **~,licht** *n* ⟨-(e)s; -e⟩ teapot warmer, teakettle (*Br.* tea-kettle) lamp.

'Tee,löf·fel *m* teaspoon, *Br.* tea-spoon: ein ~ (voll) Honig one teaspoon(ful) (*Br.* tea-spoon[ful]) of honey; ein gehäufter ~ (voll) one heaped teaspoon(ful); zwei gestrichene ~ Butter two level teaspoons (*od.* teaspoonfuls, teaspoonsful) of butter. — **t~,wei·se** *adv* by the teaspoonful (*Br.* tea-spoonful), in tea(-)spoonfuls, in tea(-)spoonsful.

'Tee|ma,schi·ne *f* tea urn, *Br.* tea-urn, *auch* samovar. — **~,mil·be** *f zo.* **1.** Gelbe ~ yellow mite (*Hemitarsomemus latus*). – **2.** Orangefarbene ~ orange (*od.* scarlet) mite (*Brevipalpus obovatus*). – **3.** a) Purpurrote ~ purple (*od.* ribbed tea) mite (*Eriophyes carinatus*), b) Rosafarbene ~ pink tea mite (*E. theoe*). — **~,mi·schung** *f* tea blend, blend of tea. — **~,müt·ze** *f cf.* Teewärmer.

Teen [tiːn] (*Engl.*) *m* ⟨-s; -s⟩ *colloq.* teen-ager, teener, *pl auch* teens: ~s und Twens teens and twens, teen-agers and people in their twenties.

Teen·ager ['tiːn,eɪdʒə] (*Engl.*) *m* ⟨-s; -⟩ **1.** teen-age(d) girl, girl in her teens. – **2.** *cf.* Teen.

'Tee|,pflan·zung, **~plan,ta·ge** *f* tea plantation.

Teer [teːr] *m* ⟨-(e)s; -e⟩ tar. — **~,ab,schei·der** *m chem. tech.* tar separator (*od.*

extractor), detarrer. — **~ˌabˌschei·dung** *f* tar separation (*od.* extraction), detarring. — **t~ˌar·tig** *adj* tarry. — **~asˌphalt** *m* tar asphalt, coal-tar pitch. — **~ˌdachˌpap·pe** *f cf.* Teerpappe. — **~ˌdecke** (*getr.* -k·k-) *f civ.eng.* (*einer Straße*) tar surfacing (*od.* pavement). — **~de·stil·la·tiˌon** *f chem. tech.* tar distillation.

tee·ren [ˈte:rən] **I** *v/t* ⟨h⟩ tar: ein Schiff ~ *mar.* to tar (*od.* pitch) a vessel, to give a vessel a coat of tar; j-n ~ und federn (*als Lynchjustiz*) to tar and feather s.o. – **II T~** *n* ⟨-s⟩ *verbal noun.*

ˈTeer|faˌbrik *f* tar factory. — **t~ˌfar·big** *adj bes. med.* (*Stuhl etc*) tar-colored (*bes. Br.* -coloured). — **~ˌfarbˌstof·fe** *pl chem. tech.* coal-tar (*od.* aniline) dyes. — **~ˌfaß** *n* tar barrel. — **~ˌfleck** *m* tar stain.

ˈtee·rig *adj* **1.** (*mit Teer bedeckt, teerhaltig*) tarry, tarred. – **2.** *cf.* teerartig.

ˈTeer|ˌjacke (*getr.* -k·k-) *f mar. humor.* jack-tar, *auch* Jack-tar, jack, *auch* Jack. — **~ˌkes·sel** *m tech.* tar boiler. — **~ˌkrebs** *m med.* tar (*od.* pitchworker's) cancer. — **~ˌleinˌwand** *f* tarpaulin. — **~ma·kaˌdam-ˌstra·ße** *f civ.eng.* tar-macadam road. — **~ˌöl** *n* tar oil.

ˈTeeˌro·se *f bot.* tea rose, *Br.* tea-rose (*Rosa odorata*).

ˈTeer|ˌpap·pe *f* tarred felt. — **~schwe·leˌrei** *f* ⟨-; -en⟩ tar distillery. — **~ˌsei·fe** *f* tar soap. — **~ˌspritz·maˌschi·ne** *f tech.* tarsprayer. — **~ˌstra·ße** *f civ.eng.* **1.** tarred road. – **2.** *cf.* Teermakadamstraße. — **~ˌstuhl** *m* ⟨-(e)s; *no pl*⟩ *med.* tarry stool.

ˈTee·rung *f* ⟨-; -en⟩ tarring.

ˈTee|saˌlon *m* tea salon. — **~serˌvice** *n* tea service (*od.* set), *Br.* tea-service (*od.* -set). — **~ˌsieb** *n* tea strainer. — **~ˌsteu·er** *f econ.* excise (*Am. auch* excise tax) on tea, tea tax. — **~ˌstrauch** *m bot.* tea (plant), tea shrub (*Camellia sinensis*). — **~ˌstun·de** *f* teatime, *Br.* tea-time. — **~taˌblett** *n* tea tray, *Br.* tea-tray, teaboard, *Br.* tea-board. — **~ˌtas·se** *f* teacup. — **~ˌtisch** *m* tea table, *Br.* tea-table. — **~ˌtrin·ker** *m* tea drinker. — **~ˌwa·gen** *m* tea waggon (*bes. Am.* wagon), tea cart (*bes. Br.* trolley). — **~ˌwär·mer** *m* ⟨-s; -⟩ tea cosy (*bes. Am.* cozy). — **~ˌwas·ser** *n* water for (making) tea: (das) ~ aufsetzen to put on (some) water for tea. — **~ˌwick·ler** *m zo.* **1.** (*Schmetterling*) tea tortrix (*Homona coffearia*). – **2.** (*Raupe*) sandwich caterpillar, flush worm.

TEE-ˌZug [te:ʔe:ˈʔe:-] *m* (*railway*) TEE, Trans-European Express (train).

Te·gel [ˈte:gəl] *m* ⟨-s; *no pl*⟩ *geol. min.* marl.

Teich [taɪç] *m* ⟨-(e)s; -e⟩ **1.** pond, pool. – **2.** *cf.* Fischteich. – **3.** der große ~ *colloq. humor.* (*der Atlantische Ozean*) the herring pond: über den großen ~ fahren to cross the herring pond. — **~ˌfrosch** *m zo.* common (*od.* brown) frog (*Rana temporaria*). — **~ˌhuhn** *n* moorhen, *auch* water hen, swamphen, gallinule (*scient.*) (*Gallinula chloropus*). — **~ˌkol·ben** *m bot. cf.* Rohrkolben. — **~ˌläu·fer** *m zo. a family of semiaquatic bugs* (*Fam. Hydrometridae*). — **~ˌli·lie** *f bot.* water (*od.* pond) lily (*Nymphaea alba*). — **~ˌlin·se** *f cf.* Wasserlinse. — **~ˌmolch** *m zo.* smooth (*auch* spotted) newt (*Triturus vulgaris*). — **~ˌmu·schel** *f* swan mussel, anodon (*scient.*) (*Anodonta cygnea*). — **~ˌro·se, ˈGel·be** *f bot.* yellow water lily, candock (*Nuphar lutea*). — **~ˌwirt·schaft** *f* fish culture, pisciculture.

Teig [taɪk] *m* ⟨-(e)s; -e⟩ **1.** (*Knetteig*) dough, paste, pastry: geriebener ~ short paste (*od.* pastry); der ~ geht auf the dough rises; den ~ kneten to knead the dough. – **2.** (*geschlagener Teig*) batter. — **~geˌricht** *n* pie, pastry.

tei·gig [ˈtaɪgɪç] *adj* **1.** (*dickflüssig*) doughy. – **2.** (*nicht durchgebacken*) doughy, sodden, soggy, pasty: ~es Brot doughy bread. – **3.** (*Obst etc*) mealy. – **4.** *fig.* (*Gesichtsfarbe etc*) pasty, doughy.

ˈTeig|ˌknet·maˌschi·ne *f* dough-kneading machine. — **~ˌmas·se** *f* dough, paste, pastry. — **~ˌmul·de** *f cf.* Backtrog. — **~ˌräd·chen** *n* (pastry) jagging wheel. — **~ˌrol·le** *f* rolling pin. — **~ˌscha·ber** *m* (dough) scraper. — **~ˌsprit·ze** *f cf.* Spritze 6a. — **~ˌwa·ren** *pl* farinaceous products, pasta *sg.*

Teil [taɪl] *m, n* ⟨-(e)s; -e⟩ **1.** (*eines Ganzen*) part: der obere [untere, mittlere] ~ the upper (*od.* top) [the lower *od.* bottom, the middle] part; der südliche [nördliche] ~ des Landes the southern [northern] part of the country; „Faust", erster [zweiter] ~ "Faust", Part One [Two]; ein ~ Whisky auf zwei ~e Wasser one part of whisk(e)y to two parts of water; die Straße ist nur (für) einen ~ des Jahres befahrbar the road is passable only part of the year; sie hat den größten ~ ihres Lebens in Afrika verbracht she spent most (*od.* the greater part) of her life in Africa; der größere ~ seines Vermögens ist fest angelegt the greater part (*od.* the bulk) of his fortune is permanently invested; wir wohnen im schönsten ~ der Stadt we live in the most beautiful part of the town; der schwierigste ~ der Aufgabe kommt erst (noch) the most difficult part of the problem is still to come; ich hoffe, du hast dir keine edle(re)n ~e verletzt I hope you did not hurt anything vital (*od.* any vital parts); sie kamen aus allen ~en der Welt they came from all over (*od.* from all parts [*od.* quarters] of) the world; ein Roman in vier ~en a novel in four parts; sie teilte den Kuchen in 12 ~e she divided the cake (up) into 12 parts; zu einem ~ von etwas werden to become part of s.th.; zum ~ *cf.* teilweise II; die Straßen sind zum ~ (schon) schneefrei a) the roads are already free of snow in parts (*od.* places), b) some roads are already free of snow; ich habe den Roman zum großen ~ gelesen I have read most (*od.* the greater part) of the novel; der Garten gehört zum ~ dem Nachbarn the garden belongs to the neighbo(u)r in part; das Land gehört zum größten ~ dem Staat the land belongs to the State for the most part, most (*od.* the greater part) of the land belongs to the State; ich wohne zum ~ hier, zum ~ bei meinen Eltern I live partly here, partly with my parents. – **2.** jetzt können wir (endlich) zum gemütlichen ~ (des Abends) übergehen! now we can have a more relaxed evening! – **3.** (*eines Volkes, einer Versammlung etc*) number: ein großer ~ der Leute a large number of the people; der größte ~ der Zuschauer most (*od.* the majority) of the spectators. – **4.** (*einer Zeitung*) section: der politische [lokale] ~ the political [local] section. – **5.** (*Anteil*) share, part: zu gleichen ~en a) in equal shares, b) *econ. jur.* share and share alike; Gewinn und Verlust zu gleichen ~en tragen *econ.* to go shares, to divide (*od.* share) profit and loss; sein(en) ~ beitragen to do one's share (*od.* bit), to pull one's weight; er hat sein(en) ~ bekommen (*od. colloq.* weg) a) he got his share, b) *fig. colloq.* (*seine verdiente Strafe*) he got (*od.* had) his due (*bes. Br. colloq.* gruel), he got what he asked for (*od.* what was coming to him); ich habe (zwar) nichts gesagt, aber mir mein(en) ~ gedacht *fig.* I did not say anything but had my own thoughts (*od.* opinion) about it (*od. colloq.* but I thought plenty); du hast (doch) den besseren ~ gewählt (*od. colloq.* erwischt) *fig.* you made the better bargain, you came off better; er hatte keinen ~ an der Verschwörung he had nothing to do with (*od.* he took no part in) the conspiracy; ich für mein(en) ~ bin anderer Meinung I for my part don't agree (with you). – **6.** ein gut ~ a good deal (*od.* bit): er ist ein gut ~ kleiner als sie he is a good bit smaller than she is (*od. colloq.* than her). – **7.** (*Abschnitt*) section, part: der zweite ~ der Strecke ist fertig the second section of the road has been finished. – **8.** *meist n* (*Bestandteil*) component (part), constituent (part), piece, part, element, bit: er prüft jedes ~ sorgfältig he checks every piece carefully; etwas in seine ~e (*od.* in einzelne ~e) zerlegen to take s.th. apart (*od.* to pieces, to bits), to dismantle s.th. – **9.** *meist n* (*Bauteil*) (structural) member, construction member. – **10.** *meist n* (*Zubehörteil*) attachment, accessory part. – **11.** *meist n* (*Ersatzteil*) spare (part), (replacement *od.* repair) part. – **12.** *math.* part: der dritte ~ von neun ist drei the third part of nine is three. – **13.** *bes. jur.* (*Partei, Seite*) party: der beklagte [klagende] ~ the defendant (*od.* defending party) [plaintiff]; der geschädigte [schuldige] ~ the injured [guilty] party; beide ~e müssen gehört werden both parties (*od.* sides) have to be heard; ein für beide ~e vorteilhaftes Abkommen an agreement of mutual advantage. – **14.** bildwichtiger ~ *phot.* center (*bes. Br.* centre) of interest.

ˈTeil|ˌabˌkom·men *n pol.* partial agreement. — **~ˌabˌrech·nung** *f econ.* partial accounting (*od.* settlement). — **~ˌabˌschnitt** *m* (*einer Autobahn etc*) section. — **~akˌzept** *n econ.* partial acceptance. — **~ˌanˌsicht** *f* partial view. — **~ap·paˌrat** *m tech.* indexing (*od.* dividing) attachment. — **~ˌausˌga·be** *f print.* (*eines Gesamtwerkes*) partial edition.

ˈteil·bar *adj* **1.** divisible, dividable, partible: ~er Vertrag *jur.* divisible contract; ~e Leistung *econ.* divisible performance. – **2.** *math.* divisible: 30 ist durch 6 ~ 30 is divisible by 6. — **ˈTeil·bar·keit** *f* ⟨-; *no pl*⟩ **1.** divisibility, divisibleness, partibility. – **2.** *math.* divisibility, divisibleness.

ˈTeil|beˌgriff *m* partial notion. — **~be-ˌlich·tung** *f phot.* partial exposure. — **~beˌreich** *m cf.* Teilgebiet. — **~be-ˌschäf·tig·te** *m, f econ.* part-time worker (*od.* employee), part-timer. — **~be-ˌschäf·ti·gung** *f* part-time employment. — **~beˌtrag** *m econ.* **1.** partial amount. – **2.** (*Rate*) installment, *bes. Br.* instalment. – **3.** (*Anleihe*) tranche. — **~ˌbild** *n telev.* frame, *Am.* field.

ˈTeil·chen *n* ⟨-s; -⟩ **1.** *dim. of* Teil. – **2.** *chem. phys. nucl.* particle, corpuscle: negativ [positiv] geladenes ~ negatively [positively] charged particle. — **~ˌbahn** *f nucl.* particle orbit. — **~beˌschleu·ni·ger** *m* particle accelerator. — **~ˌfluß** *m* particle flux. — **~ˌgrö·ße** *f* particle size. — **~strukˌtur** *f* particle structure. — **~ˌzahl** *f* number of particles. — **~ˌzäh·ler** *m* particle counter.

tei·len [ˈtaɪlən] **I** *v/t* ⟨h⟩ **1.** divide: einen Apfel in zwei Hälften ~ to divide (*od.* split) an apple in(to) two (halves) (*od.* in half); etwas in gleiche Teile ~ to divide (*od.* split) s.th. (up) equally (*od.* in[to] equal parts); in zwei gleiche Teile ~ to bisect; sie teilten sich (*dat*) den Kuchen they divided the cake (up) among(st) themselves, they shared the cake (out) among(st) themselves. – **2.** (*zerschneiden, trennen*) part, divide: der Schiffsbug teilte die Wellen the ship's bow parted the waves; die Grenze teilt das Land in zwei Teile the border divides the country in(to) two parts. – **3.** (*Kosten, Wohnung etc*) share: die Kosten ~ to share expenses (*od.* the costs); etwas brüderlich (mit j-m) ~ to share s.th. equally (*od.* fairly) (with s.o.); mit j-m die Wohnung ~ to share the apartment (*bes. Br.* flat) with s.o.; den letzten Groschen mit j-m ~ to give s.o. one's last penny; Freud und Leid mit j-m ~ to share s.o.'s joys and sorrows; sie teilten den Gewinn untereinander they shared (*od.* divided) the profit among(st) themselves. – **4.** (*j-s Ansichten, Schicksal etc*) share: j-s Schicksal ~ to share s.o.'s lot (*od.* fate); ich teile deine Meinung über ihn I share your views on him, I am of (*od.* I agree with) your opinion about him. – **5.** *math.* divide: man kann 20 nicht durch 6 ~, 20 läßt sich nicht durch 6 ~ 20 is not divisible (*od.* cannot be divided) by 6; 35 geteilt durch 7 ist (*od.* macht, gibt) 5 35 divided by 7 is 5. – **6.** *tech.* a) (*Lager, Schloßmutter*) split, b) (*Maßstäbe*) graduate, c) (*Gewinde, Zahnräder*) index, divide. – **II** *v/reflex* sich ~ **7.** (*von Straßen, Flüssen etc*) branch (in two), fork (in two), divide (in two), bifurcate. – **8.** (*von Vorhängen etc*) part: der Vorhang teilte sich, das Stück begann the curtain parted, and the play began. – **9.** (*von Parteien etc*) split (up). – **10.** sich in (*acc*) etwas ~ to share s.th.: er teilt sich mit ihr in die Hausarbeit he shares the housework with her; sich in die Kosten ~ to share expenses (*od.* the costs), (*zu zweit*) *auch* to go halves in the costs. – **11.** (*von Ansichten etc*) differ, diverge: hier ~ sich unsere Meinungen that's where our opinions differ. – **12.** *biol. med.* (*von Zellen etc*) divide. – **13.** *phys.* (*von Atomkernen etc*) divide. – **III** *v/i* **14.** divide: teile und herrsche! divide and rule! divide et impera! (*lit.*). – **IV T~** *n* ⟨-s⟩ **15.** *verbal noun.* – **16.** *cf.* Teilung.

ˈTeil·entˌschä·di·gung *f jur.* partial indemnity.

ˈTei·ler *m* ⟨-s; -⟩ *math.* divisor: der größte

[kleinste] gemeinsame ~ the greatest [smallest] common divisor.

ˈTeil|erˌfolg *m* partial success. — **~erˌgeb·nis** *n* partial result. — **~erˌneue·rung** *f* partial renovation (*od.* renewal). — **~fi·nanˌzie·rung** *f econ.* partial financing. — **~ˌfin·ster·nis** *f astr.* partial eclipse. — **~ˌfu·ge** *f tech.* joint (line), parting line. — **~geˌbiet** *n* (*einer Wissenschaft etc*) branch, subsection.

ˈteilˌha·ben *v/i* ⟨*irr, sep,* -ge-, h⟩ **1.** an (*dat*) etwas ~ to share (*od.* participate, have a part) in s.th., to partake of s.th. – **2.** j-n an (*dat*) etwas ~ lassen to share s.th. with s.o.: **sie ließ ihn an ihrer Freude ~** she shared her joy with him.

ˈTeilˌha·ber *m* ⟨-s; -⟩ *econ.* **1.** (*Gesellschafter*) partner, associate: **geschäftsführender ~** managing partner; **beschränkt haftender ~** limited (*od.* special) partner; **unbeschränkt** (*od.* **persönlich**) **haftender ~** unlimited (*od.* general, *bes. Br.* ordinary) partner; **stiller ~** silent (*od.* dormant, sleeping, *Am.* secret) partner; **er ist ~ der Firma** he is a partner in the firm, he has a share (*od.* an interest) in the firm; **als ~ in eine Firma eintreten** to enter (*od.* join) a firm as a partner; **j-n als ~ in einer Firma aufnehmen** to admit (*od.* accept) s.o. as a partner in a firm, to take s.o. into partnership. – **2.** (*Miteigentümer*) joint owner (*od.* proprietor), part owner.

ˈTeilˌha·ber·schaft *f* ⟨-; *no pl*⟩ partnership: **stille ~** silent (*od.* dormant, sleeping, *Am.* secret) partnership; **eine ~ auflösen** to dissolve a partnership; **mit j-m eine ~ eingehen, mit j-m in ~ treten** to enter (*od.* go) into partnership with s.o.

ˈTeilˌha·ber·verˌtrag *m* partnership contract.

ˈteilˌhaf·tig, *auch* **ˈteil·haft** *adj* **einer Sache ~ sein** (*od.* **werden**) *lit.* a) to partake of s.th., to share in s.th., b) (*bes. eines Lobes, Vorteils etc*) to enjoy s.th., c) (*der göttlichen Gnade, eines Glückes etc*) to be blessed with s.th.: **der Segnungen der Zivilisation ~ werden** to enjoy the blessings of civilization; **er wurde ihres Anblicks ~** he was allowed to set eyes upon her.

ˈTeil|ˌhaf·tung *f econ.* partial liability. — **~ˌhär·tung** *f metall.* selective (*od.* decremental) hardening. — **~in·va·li·diˌtät** *f* partial invalidity (*od.* disablement, disability).

ˈteilˌkas·ko|verˌsi·chert *adj econ.* insured under partial cover(age) insurance. — **T~verˌsi·che·rung** *f* partial cover(age) insurance.

ˈTeil|ˌkopf *m tech.* (*an Werkzeugmaschinen*) dividing (*od.* indexing) head. — **~ˌko·stenˌrech·nung** *f econ.* partial cost accounting (*od.* calculation). — **~ˌkreis** *m* **1.** *tech.* (*eines Zahnrades*) pitch circle. – **2.** *math.* (*an Winkelmeßinstrumenten*) graduated circle. — **~ˌlei·stung** *f econ. jur.* part performance. — **~ˌlie·fe·rung** *f econ.* **1.** (*Liefervorgang*) part (*od.* partial) delivery. – **2.** (*Ware*) part shipment (*od.* consignment). — **~maˌschi·ne** *f tech.* dividing machine. — **t~möˌbliert** *adj* partly furnished. — **~monˌta·ge** *f tech.* subassembly. — **t~mo·to·riˌsiert** *adj mil.* partly motorized (*Br. auch* -s-): **~e Einheit** semimobile unit.

ˈTeilˌnah·me *f* ⟨-; *no pl*⟩ **1.** *cf.* Teilnehmen. – **2.** (*an Veranstaltungen etc*) (an *dat* in) participation. – **3.** (*Mitarbeit, Mitwirkung*) cooperation *Br. auch* co-, collaboration. – **4.** (*Interesse*) interest. – **5.** (*Anteilnahme*) sympathy: **~ an j-s Schicksal zeigen** to show sympathy for s.o.'s lot; **j-n seiner ~ versichern** to commiserate with s.o., to condole with s.o. – **6.** *lit.* (*Beileid*) sympathy, condolence: **in** (*od.* **mit**) **tiefer** [**aufrichtiger**] **~** in deep [sincere] sympathy; **meine aufrichtige ~ zum Tod Ihres Gatten!** (please accept) my (sincere) condolence(s) (*od.* I would like to convey [*od.* express] my sincere sympathy) on the death of your husband; **j-m seine** (**herzliche**) **~ ausdrücken** to express one's sympathy to s.o., to condole with s.o. – **7.** *jur.* (*im Strafrecht*) complicity. — **~beˌdin·gun·gen** *pl* conditions of participation. — **t~beˌrech·tigt** *adj* eligible, qualified to participate (*od.* take part, *in einem Wettbewerb auch* enter): **~ sind nur Jugendliche über 18** only young people over 18 are eligible (to participate). — **~beˌrech·tig·te** *m, f* eligible (person), person qualified to participate (*od.* take part, *in einem Wettbewerb auch* enter). — **~beˌrech·ti·gung** *f* eligibility, eligibleness, qualification for participation (*in einem Wettbewerb auch* for entry).

ˈteilˌnahms·los I *adj* **1.** (*gleichgültig*) indifferent, unconcerned, unsympathetic. – **2.** (*gefühllos*) impassive, unfeeling, impassible. – **3.** (*uninteressiert*) disinterested, uninterested, dull. – **4.** *bes. med.* (*apathisch*) apathetic, listless, indifferent. – **II** *adv* **5. ~ dasitzen** to sit there impassively; **~ zusehen** to watch indifferently (*od.* with indifference). — **ˈTeilˌnahms·lo·sig·keit** *f* ⟨-; *no pl*⟩ **1.** indifference. – **2.** impassivity, impassiveness, unfeelingness, impassibility. – **3.** disinterest, uninterestedness. – **4.** *bes. med.* apathy, listlessness, indifference.

ˈteilˌnahmsˌvoll I *adj* (*mitfühlend, mitleidig*) sympathetic. – **II** *adv* **sich ~ nach j-s Befinden erkundigen** to inquire (*auch* enquire) about s.o. sympathetically.

ˈteilˌneh·men I *v/i* ⟨*irr, sep,* -ge-, h⟩ **1.** (*an einer Veranstaltung etc*) (an *dat* in) take part, participate, partake: **an der Aussprache ~** *pol.* to take part in the debate; **an einem Lehrgang ~** to take (part in) a course; **aktiv** [**passiv**] **an einem Seminar ~** to take an active [a passive] part (*od.* to take part actively [passively]) in a seminar; **an einem Wettbewerb ~** to take part in (*od.* to enter) a competition; **an einer strafbaren Handlung ~** *jur.* to participate in committing an offence (*Am.* offense). – **2.** (*mitwirken, mitarbeiten*) cooperate *Br. auch* co-, collaborate. – **3.** (*Interesse zeigen*) (an *dat* in) take (*od.* show) interest. – **4.** (*Anteil nehmen*) (an *dat* in) share, participate: **an j-s Freude ~** to share in s.o.'s joy. – **5.** (*Mitleid haben*) sympathize *Br. auch* -s-: **an j-s Kummer ~** to sympathize with s.o. – **II T~** *n* ⟨-s⟩ **6.** *verbal noun.* – **7.** *cf.* Teilnahme 2—5, 7. — **ˈteilˌneh·mend I** *pres p.* – **II** *adj* **1.** (*Mannschaft, Mitglied etc*) taking part. – **2.** *cf.* teilnahmsvoll I. – **3.** (*interessiert*) (an *dat* in) interested.

ˈTeilˌneh·mer *m* ⟨-s; -⟩ **1.** (*an einer Veranstaltung etc*) (an *dat* in) participant, participator. – **2.** (*eines Lehrgangs*) student. – **3.** (*bes. sport*) (*eines Wettkampfes*) a) competitor, contestant, entrant, b) (*an der Endrunde*) finalist. – **4.** *jur.* (*im Strafrecht*) participant, participator: **~ an einer strafbaren Handlung** participant in an offence (*Am.* offense). – **5.** *tel.* subscriber: **angerufener** [**anrufender**] **~** called [calling] subscriber; **der ~ meldet sich nicht, der ~ antwortet nicht** there is no reply. – **6.** *pl* (*Anwesende*) those present. — **~ˌanˌschluß** *m tel.* subscriber's station.

ˈTeilˌneh·me·rin *f* ⟨-; -nen⟩ *cf.* Teilnehmer.

ˈTeilˌneh·mer|ˌli·ste *f* **1.** list of participants (*od.* participators). – **2.** (*bes. sport*) list of competitors (*od.* contestants, entrants). — **~ˌnum·mer** *f tel.* subscriber's number. — **~ˌquo·te** *f* (*bei Lehrgängen*) student quota. — **~reˌgie·rung** *f meist pl pol.* participating government. — **~ˌstaat** *m meist pl* participating state. — **~verˌzeich·nis** *n tel.* telephone directory. — **~ˌzahl** *f* **1.** number of participants (*od.* participators). – **2.** (*bes. sport*) number of competitors (*od.* contestants, entrants). – **3.** *tel.* number of subscribers.

ˈTeil|ˌpacht *f* **1.** *agr.* share-tenancy, share farming (*od.* leasing). – **2.** *econ.* partial lease (*od.* rent). — **~ˌpäch·ter** *m* share-tenant, *auch* share-renter. — **~pen·siˌon** *f* (*im Hotel etc*) *cf.* Halbpension. — **~ˌrechtsˌnachˌfol·ge** *f pol.* partial succession.

teils *adv* **1.** in part: **die Straßen sind ~ schon vereist** a) the roads are already icy in parts (*od.* places), b) some roads are already icy. – **2. ~ ..., ~ ...** a) some ... some ..., b) partly ... partly ...: **sie kamen ~ zu Fuß, ~ mit dem Wagen** some of them came on foot, some by car; **es waren 200 Leute dort, ~ Kinder, ~ Erwachsene** there were 200 people present, some of them children, some adults; **der Film war ~ gut, ~ weniger gut** parts of the film were good, parts rather bad (*od.* not so good), the film was good in parts and bad in others; **ich bin gestern nicht gekommen, ~ aus Zeitmangel, ~ weil ich keine Lust hatte** I didn't come yesterday partly because I hadn't the time and partly because I didn't feel like it. – **3. ~ wolkig, ~ heiter** *meteor.* cloudy with sunny intervals, sunny with cloudy intervals. – **4.** (**na,**) **~, ~!** a) not too bad, (it) could be worse, so-so (*colloq.*), b) (*es gefällt einigermaßen*) (I like it) fairly well: **wie fühlst du dich? T~, ~!** how are you feeling? (I feel) fairly (*od.* tolerably) well, (I feel) not too bad (*od.* so-so); **hat dir der Film gefallen? T~, ~!** did you like the film? (I liked it) fairly well (*od.* I did and I didn't, it was all right, I suppose); **haben Sie Lust, heute abend ins Theater zu gehen? T~, ~!** do you feel like going to the theater tonight? I do and I don't; **freust du dich auf den Besuch deiner Eltern? T~, ~!** are you looking forward to your parents' visit? I am and I'm not.

ˈTeil|ˌscha·den *m* (*im Versicherungsrecht*) part (*od.* partial) damage, *bes. mar. auch* partial loss. — **~ˌschei·be** *f tech.* index (*od.* indexing) plate. — **~ˌschuld·verˌschrei·bung** *f econ.* bond (*forming part of a loan issue*). — **~ˌsen·dung** *f* part consignment (*od.* shipment). — **~ˌstaat** *m pol.* constituent state. — **~ˌstrecke** (*getr.* -k·k-) *f* **1.** *bes.* (*railway*) *aer.* stage. – **2.** (*bei der Straßenbahn*) (fare) stage. – **3.** (*sport*) a) (*bei Staffelwettbewerben*) leg, section, b) (*Etappe*) stage. – **4.** (*Etappe*) stage: **eine Reise in ~n zurücklegen** to travel by (easy) stages. — **~ˌstreik** *m econ.* sectional strike. — **~ˌstrich** *m* **1.** (*einer Skala*) graduation (*od.* division) line, graduation (*od.* scale) mark, line of graduation. – **2.** *mil.* mil. — **~ˌstück** *n* **1.** fragment. – **2.** (*Abschnitt*) section. – **3.** *cf.* Teilstrecke. — **~ˌtief** *n meteor.* secondary (depression).

ˈTei·lung *f* ⟨-; -en⟩ **1.** *cf.* Teilen. – **2.** division: **die ~ Deutschlands** *pol.* the division (*od.* partition) of Germany; **die ~ der Gewalten** *pol.* the division (*od.* separation) of powers; **~ einer Erbmasse** *jur.* division (*od.* partition) of an estate. – **3.** (*eines Weges, Flusses etc*) division, bifurcation. – **4.** (*einer Partei etc*) split(-up). – **5.** *math.* division. – **6.** *biol. med.* a) (*Spaltung*) fission, b) (*Graduierung*) graduation, c) (*Furchung*) segmentation, d) (*von Zellen etc*) division. – **7.** *phys.* (*Kernteilung etc*) division.

ˈTei·lungs|arˌti·kel *m ling.* partitive article. — **~aufˌstel·lung** *f econ. jur. cf.* Teilungsplan. — **~ˌbruch** *m math.* partial fraction. — **~ˌebe·ne** *f med. biol. phys.* plane of division. — **~ˌkla·ge** *f jur.* action for a division, (*bei Grundstücksteilung*) *auch* action for a partition. — **~ˌmas·se** *f econ.* (*Konkursmasse*) bankrupt's estate (*od.* assets *pl*). — **~ˌplan** *m econ. jur.* scheme of partition. — **~urˌkun·de** *f* deed (*od.* instrument) of division (*od.* distribution), (*der Miteigentümer einer Liegenschaft*) *auch* deed of partition. — **~verˌhält·nis** *n math.* division ratio. — **~verˌtrag** *m pol.* partition treaty, treaty of partition. — **~ˌzahl** *f tech.* number of divisions. — **~ˌzei·chen** *n math.* division sign. — **~ˌzwang** *m jur.* compulsory partition.

ˈTeil|verˌlust *m* partial loss. — **~verˌsatz** *m* (*mining*) strip packing. — **t~ˌwei·se I** *adj* **1.** partial. – **II** *adv* **2.** partially, partly, in part: **ganz oder ~** in whole or in part. – **3.** (*in einigen Fällen*) in some cases. – **4.** (*hier und da*) in parts. – **5. wie ~ berichtet** a) (*im Rundfunk etc*) as has been reported in several instances, b) (*in Zeitungen*) as has been reported in some editions. — **~ˌwert** *m econ.* subjective value of a piece of goods. — **~ˌzahl** *f* **1.** *math.* quotient. – **2.** *tech.* (*einer Teilscheibe*) number of divisions.

ˈTeilˌzah·lung *f* ⟨-; -en⟩ *econ.* **1.** part (*od.* partial) payment. – **2.** (*Ratenzahlung*) payment by installments (*bes. Br.* instalments): **etwas auf ~ kaufen** *Br.* to buy s.th. on the hire purchase system (*od. colloq.* on the HP, *sl.* on the never-never), *Am.* to buy s.th. on the installment plan; **auf Wunsch ~** payment by instal(l)ments on request. – **3.** (*Teilleistung, Rate*) installment, *bes. Br.* instalment: **erste ~** first instal(l)ment; **~en leisten** to pay by instal(l)ments, to make part payments; **monatliche ~en** payment by monthly instal(l)ments.

ˈTeilˌzah·lungs|ˌbank *f* ⟨-; -en⟩ *econ.* instal(l)ment credit institution. — **~beˌdin·gun·gen** *pl* **1.** *Br.* hire purchase terms, *Am.* installment terms. – **2.** (*Zielkauf*) deferred payment terms. — **~geˌschäft** *n* **1.** *Br.* hire purchase business, *Am.* installment business. – **2.** (*Transaktion*) *Br.* hire purchase transaction, *Am.* installment transaction. – **3.** (*Laden*) *Br.* hire purchase shop. — **~kreˌdit** *m Br.* hire purchase credit, *Am.* installment credit. — **~syˌstem** *n Br.* hire purchase system, *Am.* installment plan (*od.* system). — **~verˌkauf** *m Br.* hire purchase, *Am.* installment sale. — **~verˌtrag** *m Br.* hire purchase agreement, *Am.* installment contract, conditional sales contract.

ˈTeilˌzeich·nung *f arch. tech.* component (*od.* detail) drawing: eine ~ machen to detail.

ˈTeilˌzeit|beˌschäf·ti·gung *f* part-time employment. — **~ˌschu·le** *f* part-time school.

Teint [tɛ̃ː] *m* ⟨-s; -s⟩ complexion: einen gesunden ~ haben to have a healthy complexion (*od.* colo[u]r); ein unreiner [reiner] ~ a blemished [clear] complexion.

Teˈju-ˌEch·se [teˈʒuː-] *f zo.* teju, *auch* tegu (*Fam. Teiidae*).

tek·tie·ren [tɛkˈtiːrən] *v/t* ⟨*no* ge-, h⟩ *print.* **1.** (*Gedrucktes*) paste an amendment slip over. – **2.** print (*s.th.*) on one side only.

Tek·tit [tɛkˈtiːt; -ˈtɪt] *m* ⟨-s; -e⟩ *geol.* tektite.

Tek·to·ge·ne·se [tɛktogeˈneːzə] *f* ⟨-; -n⟩ *geol.* tectogenesis.

Tek·to·nik [tɛkˈtoːnɪk] *f* ⟨-; *no pl*⟩ *geol. arch.* tectonics *pl* (*usually construed as sg*). — **tekˈto·nisch** *adj* tectonic.

Tek·tur [tɛkˈtuːr] *f* ⟨-; -en⟩ *print.* **1.** amendment slip. – **2.** circular printed on one side only.

Te·le [ˈteːlə] *n* ⟨-s; -⟩ *phot. short for* Teleobjektiv.

te·le..., Te·le... *combining form denoting* [tele...]

Te·le·an·gi·ek·ta·sie [teleˀaŋgiˀɛktaˈziː] *f* ⟨-; -n [-ən]⟩ *med.* telangiectasia, telangiectasis.

Te·le·fon [teleˈfoːn] *n* ⟨-s; -e⟩ *cf.* Telephon.

Te·le·fon... *cf.* Telephon...

te·le·fo·nie·ren [telefoˈniːrən] *v/i* ⟨*no* ge-, h⟩ *cf.* telephonieren.

te·le·gen [teleˈgeːn] *adj telev.* telegenic.

Te·le·graf [teleˈgraːf] *m* ⟨-en; -en⟩ *cf.* Telegraph.

Te·le·gra·fen... *cf.* Telegraphen...

te·le·gra·fie·ren [telegraˈfiːrən] *v/t u. v/i* ⟨*no* ge-, h⟩ *cf.* telegraphieren. — **te·leˈgra·fisch** *adj u. adv cf.* telegraphisch.

Te·le·gramm [teleˈgram] *n* ⟨-s; -e⟩ telegram, *Am. auch* telegraph, wire (*colloq.*), (*von od. nach Übersee*) *meist* cable: ein dringendes ~ an urgent telegram; ein ~ aufgeben a) to hand in (*od.* tender, *Am.* file) a telegram, b) (*telephonisch*) to tender a telegram (by telephone), c) (*schicken*) to send a telegram; ein ~ aufnehmen to accept a telegram; ein ~ zustellen to deliver a telegram; telephonisch übermitteltes (*od.* zugesprochenes) ~ telegram delivered by telephone; Aufgabe eines ~s *cf.* Telegrammaufgabe. — **~adres·se** [-ˀaˌdrɛsə] *f cf.* Telegrammanschrift. — **~ˌanˌnah·me** *f* telegram acceptance. — **~ˌanˌnah·meˌstel·le** *f* **1.** telegram accepting office. – **2.** telegram counter. — **~ˌanˌschrift** *f* telegraphic address, (*bes. auf Briefköpfen*) cable address. — **~ˌaufˌga·be** *f* handing in (*od.* tendering, *Am.* filing) of a telegram. — **~ˌaufˌga·beˌformˌblatt, ~ˌaufˌga·be·for·muˌlar** *n* telegram form, message blank. — **~ˌbo·te** *m cf.* Telegrammzusteller. — **~ˌformˌblatt** *n cf.* Telegrammaufgabeformblatt. — **~for·muˌlar** *n cf.* Telegrammaufgabeformblatt. — **~geˌbühr** *f* telegram rate (*od.* charge). — **~ˌschal·ter** *m* (*Annahmestelle*) telegram counter. — **~ˌstil** *m fig.* telegram style: ein Brief im ~ a telegraphic letter. — **~ˌüberˌmitt·lung** *f* transmission of telegrams. — **~ˌzuˌstel·ler** *m* telegram messenger. — **~ˌzuˌstel·lung** *f* delivery of telegrams.

Te·le·graph [teleˈgraːf] *m* ⟨-en; -en⟩ telegraph.

Te·leˈgra·phen|agenˌtur *f* telegraphic agency. — **~ˌamt** *n* telegraph office. — **~ˌbauˌamt** *n* telegraph construction office. — **~beˌam·te** *m* **1.** (*am Schalter*) telegraph clerk. – **2.** (*im Betrieb*) telegraph operator, telegrapher. — **~beˌam·tin** *f* **1.** (*am Schalter*) (female) telegraph clerk. – **2.** (*im Betrieb*) (female) telegraph operator, telegrapher. — **~büˌro** *n cf.* Telegraphenagentur. — **~ˌdienst** *m* telegraph service. — **~ˌdraht** *m* telegraph wire. — **~ˌka·bel** *n* telegraph cable. — **~ˌkode** *m* telegraph code. — **t~ˌla·gernd** *adj* to be called for at the telegraph office. — **~ˌlei·tung** *f* telegraph line. — **~ˌmast** *m electr.* telegraph pole (*od.* mast). — **~ˌnetz** *n* telegraph system (*od.* network). — **~ˌord·nung** *f* telegraph regulations *pl.* — **~reˌlais** *n electr.* telegraph relay. — **~ˌschlüs·sel** *m* telegraph code. — **~ˌstan·ge** *f electr. cf.* Telegraphenmast. — **~ˌstel·le** *f* telegraph office. — **~ˌzan·ge** *f tech.* linemen's pliers *pl* (*construed as sg or pl*).

Te·le·gra·phie [telegraˈfiː] *f* ⟨-; *no pl*⟩ telegraphy: drahtlose ~ wireless (telegraphy), radiotelegraphy. — **te·le·graˈphie·ren** [-rən] *v/t u. v/i* ⟨*no* ge-, h⟩ telegraph, send (*Am.* file) a telegram, wire (*colloq.*), (*von od. nach Übersee*) *meist* cable.

te·leˈgra·phisch **I** *adj* telegraphic, by telegraph, by wire (*colloq.*), (*gekabelt*) *meist* by cable: ~e Postanweisung telegraph(ic) money order; ~e Überweisung telegraphic remittance (*od.* transfer); ~e Mitteilung telegraphic message; auf ~em Wege by telegraph (*od.* telegram, *colloq.* wire); ~e Antwort reply by telegram (*od. colloq.* wire), wired reply (*colloq.*). – **II** *adv* by telegraph, by wire (*colloq.*), (*gekabelt*) *meist* by cable: etwas [Geld] ~ überweisen to remit (*od.* transmit, transfer, send) s.th. [money] by telegraph; ~ anfragen to inquire by telegram; man wird Sie ~ verständigen they will let you know by telegram (*od. colloq.* wire); ~ antworten to reply by telegram.

Te·le·gra·phist [telegraˈfɪst] *m* ⟨-en; -en⟩ *cf.* Telegraphenbeamte. — **Te·le·graˈphi·stin** *f* ⟨-; -nen⟩ *cf.* Telegraphenbeamtin.

Te·le|ki·ne·se [telekiˈneːzə] *f* ⟨-; *no pl*⟩ (*beim Okkultismus*) telekinesis. — **t~kiˈne·tisch** [-tɪʃ] *adj* telekinetic. — **~kolˌleg** [ˈteːlə-] *n telev.* (in *dat* on) course of television lectures.

Te·le·mark [ˈteːləmark] *m* ⟨-s; -s⟩, **~ˌschwung** *m* (*ein Skischwung*) telemark, *auch* Telemark.

Te·le·me·ter [teleˈmeːtər] *n* ⟨-s; -⟩ (*optics*) *cf.* Entfernungsmesser 1. — **Te·le·meˈtrie** [-meˈtriː] *f* ⟨-; *no pl*⟩ telemetry.

ˈTe·le·ob·jekˌtiv *n* ⟨-s; -e⟩ *phot.* telephoto lens, telelens.

Te·leo·lo·gie [teleoloˈgiː] *f* ⟨-; *no pl*⟩ *philos.* teleology, finality. — **te·leoˈlo·gisch** [-ˈloːgɪʃ] *adj* teleologic(al), finalist(ic): ~er Gottesbeweis teleological argument (*od.* proof of the existence of God).

Te·leo·sau·rus [teleoˈzaurus] *m* ⟨-; -saurier [-riər]⟩ *zo.* (*fossiles Krokodil*) teleosaurus (*Fam. Teleosauridae*).

Te·le·path [teleˈpaːt] *m* ⟨-en; -en⟩ telepathist, telepath. — **Te·le·paˈthie** [-paˈtiː] *f* ⟨-; *no pl*⟩ thought transference, telepathy (*scient.*). — **te·leˈpa·thisch** *adj* telepathic, psychic.

Te·le·phon [teleˈfoːn] *n* ⟨-s; -e⟩ telephone, phone (*colloq.*): am ~ on the (tele)phone; durchs ~ over the (tele)phone; ans ~ gehen to answer the (tele)phone; j-n ans ~ rufen to call s.o. to the (tele)phone; das ~ läutet the (tele)phone is ringing, there's the phone; Sie werden am ~ verlangt you are wanted on the (tele)phone; bleiben Sie bitte am ~! hold on (*od.* the line), please! das ~ ist gestört the (tele)phone is out of order. — **~ˌanˌla·ge** *f tel. cf.* Fernsprechanlage. — **~ˌanˌruf** *m* (tele)phone call. — **~ˌanˌschluß** *m cf.* Fernsprechanschluß. — **~ap·paˌrat** *m cf.* Fernsprecher.

Te·le·pho·nat [telefoˈnaːt] *n* ⟨-(e)s; -e⟩ (tele)phone call.

Te·leˈphon|ˌbuch *n cf.* Fernsprechbuch. — **~ˌdraht** *m* (tele)phone wire. — **~ˌfräu·lein** *n cf.* Telephonistin. — **~geˌbühr** *f cf.* Fernsprechgebühr. — **~geˌheim·nis** *n* **1.** secrecy of the telephone service. – **2.** secret of the (tele)phone service. — **~geˌspräch** *n* **1.** (tele)phone conversation: ein ~ führen to carry on a telephone conversation. – **2.** (*Anruf*) ([tele]phone) call: ein ~ anmelden to book (*Am.* place, put in) a call; ~e abhören to intercept telephone calls, to tap the line (*od.* wire), to wiretap. — **~ˌgrund·geˌbühr** *f* basic rate (*bes. Br.* rental charge) for (tele)phone subscribers. — **~ˌhö·rer** *m* ([tele]phone) receiver.

Te·le·pho·nie [telefoˈniː] *f* ⟨-; *no pl*⟩ telephony: drahtlose ~ wireless telephony, radiotelephony.

te·le·pho·nie·ren [telefoˈniːrən] *v/i* ⟨*no* ge-, h⟩ make a telephone (*od. colloq.* phone) call, telephone, phone (*colloq.*): er telephoniert gerade he is (tele)phoning (*od.* on the [tele]phone) at the moment; mit j-m ~ a) (*j-n anrufen*) to call (*bes. Br.* ring) s.o. (up), to give s.o. a call (*od. colloq.* buzz, *bes. Br.* ring, *Br. colloq.* tinkle), to telephone s.o., to phone s.o. (up) (*colloq.*), b) (*gerade am Telephon sprechen*) to speak (*od.* be speaking) to s.o. on the (tele)phone, to be on the phone to s.o. (*colloq.*); sie hat lange telephoniert she was on the phone for a long time; von der Telephonzelle aus ~ to call from a (tele)phone booth.

te·leˈpho·nisch **I** *adj* telephonic: ~e Anfrage inquiry by (tele)phone; eine ~e Durchsage a telephonic (*od.* [tele]phone) announcement; ~e Mitteilung (tele)phone message. – **II** *adv* by (*od.* over the) telephone (*od. colloq.* phone), telephonically: j-n ~ benachrichtigen to inform s.o. by (tele)phone, to tell s.o. over the phone (*colloq.*); ~ anfragen to inquire by (tele)phone; eine Meldung ~ durchgeben to (tele)phone a message; ich habe ~ mit ihm gesprochen I spoke to him on the (tele)phone; sind Sie ~ zu erreichen? can I call you? can I get in touch with you by (tele)phone? *Br. auch* are you on the (tele)phone? er ist ~ erreichbar unter Nummer 4850 you can reach him on the (*od.* get in touch with him by) (tele)phone under number 4850.

Te·le·pho·nist [telefoˈnɪst] *m* ⟨-en; -en⟩ telephonist, (telephone *od.* switchboard, *colloq.* phone) operator. — **Te·le·phoˈni·stin** *f* ⟨-; -nen⟩ telephonist, (telephone *od. colloq.* phone) operator, switchboard (*Am. colloq.* hello) girl.

Te·leˈphon|ˌka·bel *n tel.* (tele)phone cable. — **~ˌlei·tung** *f cf.* Fernsprechleitung. — **~ˌnetz** *n cf.* Fernsprechnetz. — **~ˌnum·mer** *f cf.* Fernsprechnummer. — **~ˌrech·nung** *f* (tele)phone bill. — **~verˌbin·dung** *f* **1.** (tele)phone connection (*Br. auch* connexion): eine ~ herstellen to put through (*od.* to connect) a call. – **2.** (*Fernsprechverkehr*) (tele)phone communication. — **~verˌkehr** *m cf.* Fernsprechverkehr. — **~verˌmitt·lung** *f cf.* Fernsprechvermittlung. — **~verˌzeich·nis** *n cf.* Fernsprechbuch. — **~ˌzan·ge** *f* linemen's pliers *pl* (*construed as sg or pl*). — **~ˌzel·le** *f cf.* Fernsprechzelle. — **~zenˌtra·le** *f cf.* Fernsprechvermittlung.

Te·le·pho·to·gra·phie [telefotograˈfiː] *f* ⟨-; -n [-ən]⟩ *phot.* **1.** ⟨*only sg*⟩ telephotography. – **2.** (*Aufnahme*) telephotograph, telephoto (shot) (*colloq.*).

Te·le·plas·ma [teleˈplasma] *n* ⟨-s; -men⟩ *philos.* teleplasm, ectoplasm.

Te·le·skop [teleˈskoːp] *n* ⟨-s; -e⟩ (*Fernrohr*) telescope. — **~ˌarm** *m tech.* telescopic arm. — **~ˌau·ge** *n zo.* telescope eye. — **~ˌfisch** *m zo.* telescope goldfish (*Carassius auratus auratus*). — **~ˌga·bel** *f* (*beim Motorrad*) telescopic fork.

te·leˈsko·pisch *adj* (*optics*) telescopic, *auch* telescopical.

Te·leˈskopˌstoßˌdämp·fer *m auto.* telescopic shock absorber.

Te·le·vi·si·on [televiˈzioːn; ˈtɛlɪvɪʒən] (*Engl.*) *f* ⟨-; *no pl*⟩ television.

Te·lex [ˈteːlɛks] *n* ⟨-; *no pl*⟩ *tel.* **1.** *cf.* Fernschreiben. – **2.** *cf.* Fernschreiber 1. — **~ˌdienst** *m* telex service. — **~-ˌNetz** *n* (automatic) telex network.

Tel·ler [ˈtɛlər] *m* ⟨-s; -⟩ **1.** plate: flacher ~ a) flat (*od.* shallow) plate, b) dinner plate; tiefer ~ a) deep plate, b) soup plate; kleine ~ *pl* a) small (*od.* side) plates, b) cake plates; bunter ~ plate of assorted delicacies; sie aßen aus (*od.* von) einem ~ they ate from (*od.* off) one (*od.* the same) plate; einen ~ (voll) Suppe essen to have (*od.* eat) a plate(ful) of soup. – **2.** *pl* (*Geschirr*) dishes: (die) ~ waschen to wash the dishes, to wash up. – **3.** *cf.* Holzteller. – **4.** (*als Wandschmuck etc*) plate, plaque, *auch* placque, (*größerer*) *auch* platter. – **5.** (*Opferteller*) collection (*od.* offering) plate: mit dem ~ sammeln gehen to pass round the collection plate. – **6.** (*Handteller*) palm. – **7.** (*am Skistock*) snow ring, disk, disc. – **8.** *tech.* a) (*eines Ventils*) disk, disc, head, b) (*einer Luftpumpe*) table. – **9.** *auto.* (*einer Öldruckbremse*) retainer disk (*od.* disc). – **10.** *hunt.* ear of a wild pig. – **11.** Bunter ~ (*Radioprogramm*) disk (*od.* disc) jockey program(me) of assorted music. — **t~ˌar·tig** *adj* platelike. — **~ˌbrett** *n* plate rail. — **~ˌdre·hen** *n* (*in Artistik*) plate spinning (*od.* twirling). — **~ˌei·sen** *n hunt.* spring (*od.* steel) trap. — **~ˌfe·der** *f tech.* plate (*od.* disk, disc, Belleville-type) spring. — **~ˌfleisch** *n gastr.* boiled beef. — **t~ˌför·mig** *adj* plate-shaped. — **~ge-ˌklap·per** *n* clatter (*od.* rattling) of plates. — **~geˌricht** *n gastr.* one-pot course, casserole, stew. — **~ˌmi·ne** *f mil.* antitank mine. — **~ˌmüt·ze** *f* **1.** flatcap, tam-o'-shanter, tammy. – **2.** (*Baskenmütze*) beret. — **~ˌrad** *n tech.* rim (*od.* crown) gear (*od.* wheel). — **~ˌsamm·lung** *f* **1.** collection of plates, plate collection. – **2.** (*Geldsammlung*) (plate) collection, *bes. Br.* whip-round. — **~ˌschnecke** (*getr.* -k·k-) *f zo.* pond snail; planorbid, planorbis (*scient.*) (*Fam. Planorbidae*). — **~ˌschrank** *m* plate cupboard. — **~ˌsta·pel** *m* pile (*od.* stack) of plates. — **~ˌtuch** *n* ⟨-(e)s; -tücher⟩ *Am.* dish towel, *Br.* tea cloth. — **~venˌtil** *n tech.* cup (*od.* disk, disc, globe, plate, puppet) valve. — **~ˌvoll** *m* ⟨-s; -⟩ ein [zwei] ~ a plateful [two platefuls, *auch* platesful]. — **~ˌwär·mer** *m* plate-warmer. — **~ˌwä·scher** *m* ⟨-s; -⟩ dishwasher, *Br.* dish-washer.

'Tellˌmu·schel ['tɛl-] *f zo.* sunset shell, tellin (*scient.*) (*Tellina radiata*).

Tel·lur [tɛ'luːr] *n* ⟨-s; *no pl*⟩ *chem.* tellurium (Te): mit ~ verbinden to tellurize; mit ~ verbunden telluret(t)ed. — **~di·oxid** [-diˀɔˌksiːt], **~di·oxyd** [-diˀɔˌksyːt] *n min.* tellurite, tellurium dioxide.

tel'lu·rig *adj chem.* tellurous: ~e Säure a) tellurous acid (H_2TeO_3), b) tellurium dioxide (TeO_2).

tel'lu·risch *adj geol.* tellurian, telluric: ~e Kräfte tellurian (*od.* telluric) energy *sg.*

Tel·lu·rit [tɛlu'riːt; -'rɪt] *n* ⟨-s; -e⟩ *chem.* tellurite (TeO_2).

Tel·lu·ri·um [tɛ'luːrĭʊm] *n* ⟨-s; -ien⟩ **1.** ⟨*only sg*⟩ *chem. cf.* Tellur. – **2.** *astr.* tellurian, tellurion.

Tel'lur|ˌnickel (*getr.* -k·k-) *n* **1.** *chem.* nickel telluride ($NiTe_2$). – **2.** *min.* melonite. — **t~ˌsau·er** *adj chem.* telluric: tellursaures Salz tellurate. — **~ˌsäu·re** *f* telluric acid (H_6TeO_6). — **~ˌsil·ber** *n min.* hessite. — **~ˌwas·serˌstoff** *m chem.* hydrogen telluride (H_2Te).

Tem·pel ['tɛmpəl] *m* ⟨-s; -⟩ **1.** temple: kleiner ~ templet; der ~ zu Jerusalem *Bibl.* the Temple; jüdischer ~ synagogue; heidnischer ~ pagan (*od.* heathen) temple; ein ~ der Artemis *antiq.* a temple of Artemis; das ist ein ~ der Kunst *fig. lit.* this is a temple of art; j-n zum ~ hinauswerfen *fig. colloq.* to throw (*od.* turn) s.o. out. – **2.** (*Heiligtum*) sanctuary. – **3.** (*der Mormonen*) temple, tabernacle. – **4.** (*Pagode*) pagoda. — **~ˌbau** *m* ⟨-(e)s; -ten⟩ temple (building). — **~ˌdienst** *m* temple service. — **~geˌsell·schaft** *f* temple society. — **~ˌherr** *m hist.* (Knight) Templar. — **~ˌhüp·fen** *n* (*games*) (*Hüpfspiel der Kinder*) (kind of) hopscotch.

tem·peln ['tɛmpəln] (*games*) **I** *v/i* ⟨h⟩ **1.** play games of chance, gamble. – **II T~** *n* ⟨-s⟩ **2.** *verbal noun.* – **3.** game of chance.

'Tem·pel|ˌor·den *m hist. cf.* Templerorden. — **~ˌraub** *m* (temple) sacrilege. — **~ˌräu·ber** *m cf.* Tempelschänder. — **~ˌrit·ter** *m* **1.** *cf.* Tempelherr. – **2.** (*Mitglied eines Freimaurerordens*) Knight Templar. — **~ˌschän·der** *m* desecrater (*od.* desecrator) of a temple. — **~ˌschän·dung** *f* (temple) sacrilege. — **~ˌtanz** *m* temple dance. — **~ˌtän·ze·rin** *f* temple dancer.

Tem·pe·ra ['tɛmpera] *f* ⟨-; -s⟩, **~ˌfar·be** *f* (*paints*) distemper, tempera: mit ~ malen to paint with (*od.* in) distemper. — **~ma·leˌrei** *f* (painting in) distemper, tempera(-painting). — **~maˌnier** *f* distemper: in ~ malen to paint in tempera.

Tem·pe·ra·ment [tɛmpera'mɛnt] *n* ⟨-(e)s; -e⟩ **1.** (*Wesensart*) temperament: das hängt vom ~ ab that depends on (one's) (*od.* that is a question of) temperament; eine Frau von feurigem ~ a woman with a fiery temperament; ein melancholisches ~ a melancholic temperament (*od.* disposition, temper); ein ruhiges ~ haben to have a calm (*od.* quiet) disposition. – **2.** (*Schwung, Feuer*) temperament, fire, vivacity, spirits *pl*: sie hat ~ she is full of spirits, she has vivacity, she is vivacious; sein ~ ist mit ihm durchgegangen his temperament (*od.* impulsiveness) got the better of him; er hat kein ~ there is no life in him, he has no pep (*sl.*); seinem ~ die Zügel schießen lassen to give vent to one's temperament; eine Rede mit viel ~ vortragen to deliver a speech with great vivacity (*od.* fervo[u]r, animation); das südliche ~ Latin temperament (*od.* fire). – **3.** sein hitziges ~ his hot temper: er hat ein hitziges ~ he is hot-tempered. – **4.** die vier ~e the four humors (*bes. Br.* humours).

tem·pe·ra'ment·los *adj* spiritless, lifeless, fireless: ~ sein to be spiritless, to lack temperament (*od.* vivacity). — **Tem·pe·ra'ment·lo·sig·keit** *f* ⟨-; *no pl*⟩ spiritlessness, lifelessness, lack of temperament (*od.* vivacity).

tem·pe·ra'mentˌvoll *adj* **1.** (*Person*) full of spirits, (high-)spirited, vivacious: sie ist sehr ~ she is full of spirits (*od. sl.* beans), she has great vivacity. – **2.** (*Äußerungen etc*) fervent, ebullient: eine ~e Rede a fervent speech. – **3.** (*feurig*) fiery, passionate. – **4.** (*ungestüm*) impetuous, temperamental. – **5.** *auto.* spirited, lively.

Tem·pe·ra·tur [tɛmpera'tuːr] *f* ⟨-; -en⟩ **1.** *bes. meteor. phys.* temperature: es wurde die tiefste ~ seit Jahren gemessen the lowest temperature for years was recorded; zulässige ~ temperature limit; bei ~en unter Null at temperatures below zero; eine ~ von 20° Celsius a temperature of 20 degrees centigrade; die ~ ist unter null Grad gesunken the temperature has dropped below zero (*od.* freezing [point]); die ~ ist gestiegen the temperature has risen (*od.* gone up). – **2.** *med.* temperature: erhöhte ~ temperature above normal; ~ haben (*Fieber*) to have a temperature; j-m die ~ messen to take s.o.'s temperature. – **3.** *mus.* temperament: [un]gleichschwebende ~ [un]equal temperament. — **~abˌfall** *m* drop (*od.* fall) in temperature. — **t~ˌabˌhän·gig** *adj* temperature-dependent. — **~ˌän·de·rung** *f* temperature change. — **~ˌanˌstieg** *m* rise in (*od.* of) temperature. — **~ˌausˌgleich** *m* (*Gleichgewicht*) temperature balance (*od.* compensation). — **~beˌreich** *m* temperature range. — **~ˌeinˌfluß** *m* influence of temperature. — **~erˌhö·hung** *f cf.* Temperaturanstieg. — **~geˌfäl·le** *n*, **~gra·diˌent** *m* temperature gradient. — **~ˌkur·ve** *f* temperature curve. — **~ˌma·xi·mum** *n* maximum temperature. — **~ˌmeß-ˌfar·ben** *pl chem.* temperature-sensitive (*od.* thermo-indicator, chameleon, *auch* cameleon) paints. — **~ˌmeß·geˌrät** *n* temperature recorder. — **~ˌmes·sung** *f* **1.** temperature measurement, thermometry. – **2.** *med.* taking (*od.* measuring) of temperature. — **~ˌre·ge·lung** *f* temperature adjustment (*od.* regulation). — **~ˌreg·ler** *m* temperature controller, thermostat, thermoregulator. — **~ˌrückˌgang** *m* drop (*od.* fall) in temperature. — **~ˌschrei·ber** *m* thermograph, temperature recorder. — **~ˌschwan·kung** *f* **1.** variation (*od.* change) in (*od.* of) temperature. – **2.** *bes. med.* fluctuating temperature, fluctuation of temperature. — **~ˌska·la** *f phys.* thermometric (*od.* pyrometric) scale. — **~ˌsturz** *m meteor.* sudden drop (*od.* fall) in temperature. — **~ˌsum·me** *f* accumulated temperature. — **t~ˌunˌabˌhän·gig** *adj phys.* temperature-independent. — **~ˌun·terˌschied** *m* difference in (*od.* of) temperature. — **~ver-ˌtei·lung** *f* distribution of temperature. — **~ˌwech·sel** *m* change in (*od.* of) temperature. — **~ˌzuˌnah·me** *f cf.* Temperaturanstieg.

Tem·pe·renz·ler [tɛmpe'rɛntslər] *m* ⟨-s; -⟩ (total) abstainer, teetotaler, *bes. Br.* teetotaller: er ist ~ he is a teetotal(l)er, he has taken (*od.* signed) the pledge, he is on the (water) wag(g)on (*colloq.*).

'Tem·per|ˌerz ['tɛmpər-] *n metall.* annealing ore. — **~gie·ßeˌrei** *f* malleable-iron foundry. — **~ˌglühˌofen** *m* malleable annealing furnace. — **~ˌguß** *m* malleable (cast) iron. — **~ˌgußˌstück** *n* malleable (iron) casting.

tem·pe·rie·ren [tɛmpe'riːrən] *v/t* ⟨*no* ge-, h⟩ **1.** (*Zimmer etc*) keep (*s.th.*) at a moderate temperature. – **2.** *mus.* temper. — **tem·pe'riert I** *pp.* – **II** *adj* **1.** Wein sollte gut ~ sein *gastr.* wine should be served at the right temperature; der Raum ist gut ~ the room has a pleasant temperature. – **2.** ~e Stimmung *mus.* (*eines Instruments*) tempered tuning.

'Tem·perˌkoh·le *f metall.* temper (*od.* graphitic) carbon.

tem·pern ['tɛmpərn] *metall.* **I** *v/t* ⟨h⟩ a) malleableize *Br. auch* -s-, *auch* malleablize *Br. auch* -s-, anneal, b) (*Leichtmetalle*) age-harden, age (*s.th.*) artificially. – **II T~** *n* ⟨-s⟩ *verbal noun.*

'Tem·per|ˌofen *m metall.* malleableizing (*Br. auch* -s-) (*od.* annealing, *auch* malleablizing *Br. auch* -s-) furnace. — **~ˌroh-ˌei·sen** *n* malleable pig iron. — **~ˌrohˌguß** *m* malleable hard iron. — **~ˌtopf** *m* annealing pot.

'Tem·pe·rung *f* ⟨-; -en⟩ *metall. cf.* Tempern.

'Tem·perˌweißˌguß *m tech.* white malleable (cast) iron.

Tem·pest ['tɛmpɛst] *m* ⟨-; -⟩ *mar.* (*sport*) (*Segelboot*) tempest.

tem·pie·ren [tɛm'piːrən] *v/t* ⟨*no* ge-, h⟩ ein Geschoß ~ *mil. hist.* to cut fuses for given ranges.

Temp·ler ['tɛmplər] *m* ⟨-s; -⟩ *hist.* (Knight) Templar. — **~ˌor·den** *m* Order of the (Knights) Templar(s), *auch* Order of the Temple (*od.* of Saint John of Jerusalem).

Tem·po ['tɛmpo] *n* ⟨-s; -s *u.* -pi [-pi]⟩ **1.** ⟨*only sg*⟩ (*Geschwindigkeit*) speed, pace: ein halsbrecherisches ~ (a) breakneck speed; langsames [schnelles] ~ *auto.* slow [high *od.* great] speed, slow [fast] pace; ein mörderisches ~ fahren to drive like a lunatic (*od.* at a lunatic speed), to drive (at) full tilt, to drive flat out (*colloq.*); in rasendem ~ at (a) breakneck speed, at a breakneck pace, at a tremendous lick (*od.* clip) (*colloq.*); ein tolles ~ vorlegen *colloq.* to put the boot down, to step on it (*beide colloq.*); er raste in vollem ~ gegen den Baum he crashed (*od.* ran) into the tree at full speed (*od.* [at] full tilt); das ~ erhöhen to increase one's speed, to accelerate, to speed up; das ~ vermindern to reduce (*od.* slow down) one's speed, to decelerate; ein ~ von 100 km/h (*od.* ~ 100) einhalten to keep to the speed limit of 100 km per hour; der hat aber ein ~ drauf *colloq.* he is going at a tremendous (*od.* right) lick (*od.* clip) (*colloq.*); ~, ~! (*Anfeuerung zu größerer Schnelligkeit*) a) come on! go on! b) (*beim Fahren*) put the boot down! step on it! (*beide colloq.*); (nun aber) ~! *colloq.* hurry up! step on it! (*colloq.*). – **2.** ⟨*only sg*⟩ (*beim Gehen, Laufen etc*) pace (*auch fig.*), speed: in gemächlichem ~ at a leisurely (*od.* an easy) pace (*od.* gait), leisurely; das ~ verschärfen to pile on (*od. colloq.* hot up) the pace; das ~ angeben (*od.* bestimmen) a) (*sport*) to set the pace, b) *mus.* to beat (*od.* mark) (the) time; er kann das ~ nicht durchhalten *auch fig.* he cannot stand the pace (*od.* keep pace). – **3.** ⟨*only sg*⟩ (*Schnelligkeit*) rate: bei diesem ~ werden wir nie fertig werden we'll never finish at this rate. – **4.** (*Schwimmtempo*) (swimming) stroke. – **5.** ⟨*pl* Tempi⟩ *mus.* time, tempo: im ~ nachlassen to reduce tempo, to slacken the time.

'Tem·po|ak·tiˌon *f* (*beim Fechtsport*) counterattack. — **~ˌanˌga·be**, **~beˌzeich·nung** *f mus.* tempo mark (*od.* indication). — **~geˌfühl** *n* ⟨-s; *no pl*⟩ (*sport*) pace judg(e)ment. — **~ˌge·genˌstoß** *m* (*beim Handball etc*) fast break. — **~ˌläu·fer** *m* (*bei der Leichtathletik*) front runner.

tem·po·ral [tɛmpo'raːl] *adj* **1.** *ling.* temporal: eine ~e Bestimmung a temporal element (*od.* phrase, modifier). – **2.** *med.* temporal. – **3.** *obs. for* weltlich 2, 5.

Tem·po·ra·li·en [tɛmpo'raːlĭən] *pl relig.* temporals, temporalities.

Tem·po'ralˌsatz *m ling.* temporal clause.

tem·po·rär [tɛmpo'rɛːr] **I** *adj* temporary. – **II** *adv* temporarily, for the time being.

'Tem·poˌschwung *m* (*sport*) (*beim Skilaufen*) tempo (turn).

Tem·pus ['tɛmpʊs] *n* ⟨-; -pora [-pora]⟩ *ling.* tense. — **~geˌbrauch** *m* use of (the) tenses.

Te·na·kel [te'naːkəl] *n* ⟨-s; -⟩ *print.* (*des Schriftsetzers*) copyholder, visorium.

Te·na·zi·tät [tenatsi'tɛːt] *f* ⟨-; *no pl*⟩ *chem. phys.* tenacity.

Ten·denz [tɛn'dɛnts] *f* ⟨-; -en⟩ **1.** (*Richtung, Streben*) trend, tendency: **gewisse ~en machen sich in der Partei bemerkbar** certain trends (*od.* currents) are beginning to show in the party; **eine ~ verfolgen** to follow a trend; **die ~ einer Entwicklung** the trend of a development; **eine Partei mit liberaler ~** a party with a liberal tendency (*od.* with liberal tendencies). – **2.** (*eines Buches etc*) trend, bias, slant (*colloq.*): **die politische [religiöse] ~ eines Romans** the political [religious] tendency (*od.* bias) of a novel. – **3.** **~ zu etwas** (*Hang, Neigung etc*) tendency to (*od.* toward[s]) s.th.: **in ihren Büchern zeigt sich eine ~ zum Mystischen** her books show a tendency toward(s) mysticism (*od.* show her mystic inclinations). – **4.** (*Absicht*) intention: **er sagte das mit der deutlichen ~, die Wahrheit zu verschleiern** he said that with the obvious intention of concealing the truth. – **5.** *econ.* (*an der Börse*) trend, tendency: **die an der Börse herrschende ~** the trend prevailing on the stock exchange; **die Preise zeigen eine steigende ~** prices show a tendency to rise, prices show a bullish (*od.* an upward) trend (*od.* tendency); **fallende** (*od.* **rückläufige**) **~** bearish (*od.* downward) trend (*od.* tendency); **lustlose ~** dull (*od.* flat) tendency; **einheitliche ~** uniform tendency; **nicht einheitliche ~** irregular trend. — **~ˌdich·tung** *f* tendentious literature.

ten·den·zi·ell [tɛndɛn'tsiɛl] *adv* according to tendency.

ten·den·zi·ös [tɛndɛn'tsiøːs] **I** *adj* **1.** tendentious, *auch* tendencious, bias(s)ed: **ein ~er Bericht** a tendentious report. – **2.** (*politisch gefärbt*) politically bias(s)ed: **das Buch war ~** the book was politically bias(s)ed (*od.* politically not impartial). – **II** *adv* **3. etwas ist ~ gefärbt** s.th. is bias(s)ed, s.th. has a (certain) bias.

Ten'denz|roˌman *m* novel with a purpose (*od.* revealing a commitment): **sozialer ~** novel with a social purpose. — **~ˌstück** *n* (*theater*) thesis play.

Ten·der ['tɛndər] *m* ⟨-s; -⟩ **1.** (*railway*) (engine) tender. – **2.** *mar. cf.* Begleitschiff 1. – **3.** *econ.* tender. — **~lo·ko·moˌti·ve** *f* tank (*od.* tender) locomotive, tank engine.

ten·die·ren [tɛn'diːrən] *v/i* ⟨*no* ge-, h⟩ (nach, zu to, toward[s]) show a tendency, tend, incline: **die Einstellung des Politikers tendierte zum Liberalismus** the politician's outlook (*od.* attitude) tended to(wards) liberalism.

Ten·di·ni·tis [tɛndi'niːtɪs] *f* ⟨-; -nitiden [-ni'tiːdən]⟩ *med.* (*Sehnenentzündung*) tendinitis.

Ten·do·va·gi·ni·tis [tɛndovagi'niːtɪs] *f* ⟨-; -nitiden [-ni'tiːdən]⟩ *med.* (*Sehnenscheidenentzündung*) tendovaginitis.

Te·nes·mus [te'nɛsmʊs] *m* ⟨-; *no pl*⟩ *med.* (*Darmzwang*) straining, tenesmus (*scient.*).

Tenn [tɛn] *n* ⟨-s; -e⟩ *agr. Swiss for* Tenne.

Ten·ne ['tɛnə] *f* ⟨-; -n⟩ *agr.* threshing (*od.* barn) floor.

Ten·nis ['tɛnɪs] *n* ⟨-; *no pl*⟩ (*sport*) (lawn) tennis: **~ spielen** a) to play tennis, b) to have a game of tennis. — **~ˌarm** *m med.* tennis arm (*od.* elbow). — **~ˌaufˌga·be** *f* (*sport*) (*beim Volleyball*) overhead service. — **~ˌball** *m* (*sport*) tennis ball. — **~ˌhal·le** *f* indoor tennis court. — **~ˌho·se** *f* **1.** (*kurze*) tennis shorts *pl.* – **2.** (*lange*) tennis trousers *pl.* — **~ˌkleid** *n* tennis dress. — **~ˌklub** *m* (lawn) tennis club. — **~ˌmei·ster·schaft** *f meist pl* (lawn) tennis championship. — **~ˌplatz** *m* **1.** tennis court. – **2.** (*auf Rasen*) grass (*od.* lawn) court. – **3.** (*Hartplatz*) hard court. — **~ˌschlä·ger** *m* tennis racket (*auch* racquet), *Am. auch* tennis bat. — **~ˌschuh** *m meist pl* tennis shoe. — **~ˌspiel** *n* game of tennis. — **~ˌspie·ler** *m*, **~ˌspie·le·rin** *f* tennis player. — **~turˌnier** *n* (lawn) tennis tournament.

Te·no·ni·tis [teno'niːtɪs] *f* ⟨-; -nitiden [-ni'tiːdən] *med.* (*Sehnenentzündung*) tenonitis.

Te·nor[1] [te'noːr] *m* ⟨-s; =e⟩ *mus.* a) (*Stimmlage*) tenor (voice), b) (*Sänger*) tenor(-singer), tenor vocalist: **lyrischer ~** lyric tenor; **er singt** (*od.* **ist**) **~** he sings tenor, he is a tenor.

Te·nor[2] ['teːnɔr] *m* ⟨-s; *no pl*⟩ **1.** (*einer Rede, eines Vortrages etc*) tenor, substance. – **2.** (*entscheidender Teil eines Urteils*) substance, tenor, wording, text.

Te'nor|ˌba·ri·ton *m mus.* tenor baritone. — **~ˌbuf·fo** *m* buffo tenor. — **~ˌhorn** *n* tenor (*od.* alto, baritone) (saxhorn), althorn. — **~parˌtie** *f* tenor part. — **~ˌschlüs·sel** *m* tenor clef. — **~ˌstim·me** *f* tenor (voice).

Te·no·tom [teno'toːm] *n* ⟨-s; -e⟩ *med.* tenotome, tenotomy knife. — **Te·no·to'mie** [-to'miː] *f* ⟨-; -n [-ən]⟩ (*Sehnendurchtrennung*) tenotomy, tendotomy.

Ten·si·on [tɛn'zioːn] *f* ⟨-; -en⟩ *phys. med.* tension.

Ten·sor ['tɛnzɔr] *m* ⟨-s; -en [-'zoːrən]⟩ *med.* (*Spanner*) tensor.

Ten·ta·kel [tɛn'taːkəl] *m, n* ⟨-s; -⟩ *meist pl* **1.** *zo.* a) tentacle, vibraculum, b) (*eines Nautilus*) sail. – **2.** *bot.* tentacle, sensitive hair. — **~ˌtie·re** *pl zo.* tentacular animals (*Stamm Tentaculata*).

Ten·ta·ku·lat [tɛntaku'laːt] *n* ⟨-s; -e⟩ *meist pl zo.* (*Fühlerkranztier*) tentaculate, tentacular animal (*Stamm Tentaculata*).

Ten·ta·ku·lit [tɛntaku'liːt; -'lɪt] *m* ⟨-en; -en⟩ *zo.* (*fossiles Tier*) tentaculite (*Gattg Tentaculites*).

Ten·ta·ku'li·tenˌkalk *m min.* tentaculite chalk.

Ten·ta·men [tɛn'taːmən] *n* ⟨-s; -mina [-mina]⟩ *ped. obs.* preliminary examination.

ten·tie·ren [tɛn'tiːrən] *v/t* ⟨*no* ge-, h⟩ *Austrian colloq.* intend.

Te·nu·is ['teːnʊɪs] *f* ⟨-; -nues [-ɛs]⟩ *ling.* tenuis, voiceless stop.

Te·phrit [te'friːt; -'frɪt] *m* ⟨-s; -e⟩ *geol.* tephrite.

Te·pi·da·ri·um [tepi'daːrɪʊm] *n* ⟨-s; -rien⟩ *antiq.* tepidarium.

Tep·pich ['tɛpɪç] *m* ⟨-s; -e⟩ **1.** carpet: **ein orientalischer ~** an oriental carpet (*od.* rug); **den ~ klopfen** to beat the carpet; **geknüpfter ~** knotted (*od.* tufted) carpet; **ein Zimmer mit ~en auslegen** to carpet a room; **sie haben schöne ~e in ihrer Wohnung** they have beautiful carpets (*od.* carpeting) in their home, their home is beautifully carpeted; **ein ~ von Moos** *fig. poet.* a carpet of moss; **bleib auf dem ~!** *fig. colloq.* a) keep your feet on the ground! b) draw it mild! come off it! (*colloq.*). – **2.** (*Brücke, Vorleger*) rug. – **3.** (*Wandteppich*) tapestry. – **4.** (*Läufer*) runner. — **~ˌbe·sen** *m cf.* Teppichbürste. — **~ˌbo·den** *m* carpeted floor, *auch* carpet(ing). — **~ˌbür·ste** *f* carpet brush. — **~ˌhai** *m zo.* carpet shark (*Orectolobus barbatus*). — **~ˌhänd·ler** *m* carpet dealer. — **~ˌkä·fer** *m zo.* carpet beetle, *auch* buffalo carpet beetle, buffalo bug (*Anthrenus scrophulariae*). — **~ˌkeh·rer** *m* ⟨-s; -⟩, **~ˌkehr·maˌschi·ne** *f* carpet sweeper. — **~ˌklop·fer** *m* carpet beater. — **~ˌklopf·maˌschi·ne** *f* carpet-cleaning machine. — **~ˌklopfˌstan·ge** *f* carpet rail. — **~ˌknüp·fer** [-ˌknʏpfər] *m* ⟨-s; -⟩ *cf.* Teppichweber. — **~ˌmu·schel** *f zo.* carpet shell (*Fam. Veneridae*). — **~ˌmu·ster** *n* carpet pattern. — **~ˌschlan·ge** *f zo.* carpet snake (*Python variegatus od. spilotes*). — **~ˌscho·ner** *m* drugget. — **~ˌstab** *m* stair (*od.* carpet) rod. — **~ˌstan·ge** *f cf.* Teppichklopfstange. — **~ˌstift** *m* carpet tack. — **~un·terˌla·ge** *f* carpet felt. — **~ˌwe·ber**, **~ˌwir·ker** *m* carpet weaver. — **~wir·keˌrei** *f* carpet weaving (*od.* manufacture).

Te·ra·to·id [terato'iːt] *n* ⟨-s; -e⟩, **~geˌschwulst** *f med.* teratoma.

Te·ra·to·lo·gie [teratolo'giː] *f* ⟨-; *no pl*⟩ *med.* teratology.

Te·ra·tom [tera'toːm] *n* ⟨-s; -e⟩ *med.* teratoma, teratoid tumor (*bes. Br.* tumour).

Ter·bi·um ['tɛrbɪʊm] *n* ⟨-s; *no pl*⟩ *chem.* terbium (Tb).

Te·re·bin·the [tere'bɪntə] *f* ⟨-; -n⟩ *bot.* terebinth (tree), turpentine tree (*Pistacia terebinthus*).

Te·re'phthalˌsäu·re [tere'ftaːl-] *f chem.* terephthalic acid ($C_6H_4(COOH)_2$).

Term [tɛrm] *m* ⟨-s; -e⟩ *math. nucl.* term.

Ter·min [tɛr'miːn] *m* ⟨-s; -e⟩ **1.** (*Zeitpunkt*) (appointed *od.* fixed, set) date: **einen ~ (für etwas) anberaumen** to fix (*od.* set) a date (*od.* time) (for s.th.), to appoint (*od.* fix) a day (for s.th.), to schedule (s.th.); **einen ~ festlegen** (*od.* **festsetzen**) a) to fix (*od.* appoint, set) a date, b) (*Frist*) to set a term, to fix a time limit; **zu einem früheren ~** at an earlier date; **frühester ~ für die Fertigstellung** earliest date of completion; **etwas auf einen späteren ~ verschieben** (*od.* **verlegen**) to postpone s.th. to a later date; **vereinbarter ~** date set (*od.* agreed upon); **bis zu diesem ~** by this (*od.* that) date; **der ~ für die Invasion** *mil.* the target date for the invasion. – **2.** (*Frist*) term, time limit: **äußerster** (*od.* **letzter**) **~** a) deadline, final (*od.* latest) date, b) (*für die Teilnahme an einem Wettbewerb etc*) closing (*od.* final) date, deadline; **den ~ [nicht] einhalten** [to fail] to keep to schedule, [to fail] to keep to (*od.* observe) a time limit, [to fail] to meet a deadline, [to fail] to comply with a(n agreed) term; **einen ~ überschreiten** (*od.* **verpassen**) to exceed the time limit (*od.* deadline); **die Arbeit ist an einen ~ gebunden** the work has a deadline (*od.* is scheduled). – **3.** *econ.* a) (*für eine Zahlung etc*) term, time, date, b) (*für die Erfüllung eines Vertrages*) date: **gesetzter ~** set (*od.* fixed, agreed) date, (*Stichtag*) appointed day. – **4.** *jur.* a) (*Gerichtssitzung*) (court) hearing, day of hearing (*od.* trial), b) (*Vorladung vor Gericht*) summons (to appear in court): **der Angeklagte hat heute ~** the defendant is summoned to appear in court today; **einen ~ festsetzen** to fix (*od.* appoint) a day for a hearing (*od.* trial); **einen ~ versäumen** to default. – **5.** (*beim Rechtsanwalt, Arzt etc*) appointment. – **6.** (*sport*) scheduled time (of event). — **~ˌabˌschluß** *m econ.* time bargain.

ter·mi·nal [tɛrmi'naːl] *adj* terminal.

Ter'min|ˌar·beit *f* scheduled work. — **~ˌbör·se** *f econ.* futures exchange. — **~ˌeinˌla·ge** *f* (*bei der Bank*) time (*od.* fixed) deposit. — **t~geˌbun·den** *adj* (*Arbeit etc*) scheduled. — **t~geˌmäß**, **t~geˌrecht I** *adj* (*Zahlung, Lieferung etc*) on time, in due time, on schedule. – **II** *adv* in due time, on the due date, on schedule. — **~geˌschäft** *n econ.* (*an der Börse*) time bargain, forward business (*od.* transaction), futures business: **~e abschließen** to make a forward transaction; **~e betreiben** to trade in futures. — **~ˌgrün·de** *pl only in* **aus ~n** owing to (*od.* because of) a previous arrangement.

ter·mi·nie·ren [tɛrmi'niːrən] *v/t* ⟨*no* ge-, h⟩ *econ. jur. cf.* befristen. — **Ter·mi'nie·rung** *f* ⟨-; -en⟩ *cf.* Befristung.

Ter'min|kaˌlen·der *m* appointment book, memo(randum) book, *bes. Am.* tickler. — **~ˌkauf** *m econ.* forward (*od.* future) purchase. — **~konˌtrol·le** *f* time-schedule control. — **~ˌkurs** *m* forward (*od.* future) rate (*od.* price).

ter'min·lich I *adj* **aus ~en Gründen** owing to (*od.* because of) a previous arrangement. – **II** *adv cf.* terminmäßig 1.

Ter'min|ˌlie·fe·rung *f econ.* forward (*od.* future) delivery. — **~ˌli·ste** *f cf.* Terminkalender. — **~ˌmap·pe** *f* follow-up file. — **~ˌmarkt** *m econ.* futures (*od.* forward) market. — **t~ˌmä·ßig** *adv* **1.** according to schedule: **~ geht es mir nicht aus** I cannot fit it into my schedule. – **2.** *cf.* rechtzeitig 3.

Ter·mi·no·lo·ge [tɛrmino'loːgə] *m* ⟨-n; -n⟩ terminologist. — **Ter·mi·no·lo·gie** [tɛrminolo'giː] *f* ⟨-; -n [-ən]⟩ terminology, nomenclature, technical language. — **ter·mi·no'lo·gisch** [-'loːgɪʃ] *adj* terminological.

Ter'min|ˌpla·nung *f* scheduling. — **~ˌschwie·rig·kei·ten** *pl* (*in Wendungen wie*) **in ~ sein** to have difficulty in keeping to a set date; **wegen ~ muß ich absagen, ~ zwingen mich abzusagen** I am forced to decline (the invitation) owing to a previous arrangement (*od.* engagement) (on that date).

Ter·mi·nus ['tɛrminʊs] *m* ⟨-; -ni [-ni]⟩ term, expression. — **~ 'tech·ni·cus** ['tɛçnikʊs] *m* ⟨- -; -ni -ci [-tsi]⟩ technical term.

Ter'min|verˌkauf *m econ.* forward (*od.* future) sale. — **~verˌlän·ge·rung** *f* extension. — **~verˌpflich·tung** *f* timing, scheduling, time-limit obligation. — **~verˌtrag** *m econ. cf.* Terminabschluß. — **~ˌzah·lung** *f* (*termingerechte Zahlung*) payment on due date (*od.* on schedule).

Ter·mi·te [tɛr'miːtə] *f* ⟨-; -n⟩ *meist pl zo.* termite, white ant (*Ordng Isoptera*).

Ter'mi·ten|ˌbau *m zo.* termitarium, termitary. — **~ˌhü·gel** *m* termitarium, termitary, termite hill. — **~ˌstaat** *m* termite colony.

Ter·mo·ne [tɛr'moːnə] *pl biol.* termones.

ter·när [tɛr'nɛːr] *adj chem.* ternary.

Ter·ne ['tɛrnə] *f* ⟨-; -n⟩, *Austrian* **Ter·no** ['tɛrno] *m* ⟨-s; -s⟩ (*bei der Lotterie*) tern.

Ter·pe·ne [tɛr'peːnə] *pl chem.* terpene ($C_{10}H_{16}$).

Ter·pen·tin [tɛrpɛn'tiːn] *n, Austrian m, Austrian colloq. n* ⟨-s; *Arten* -e⟩ *chem.* **1.** turpentine, turps *pl* (*usually construed as sg*) (*colloq.*). – **2.** *cf.* Terpentinöl. — **~ˌöl** *n* turpentine (oil), *auch* spirit(s *pl*) of turpentine.

Ter·psi·cho·re [tɛr'psiːçore] *npr f* ⟨-; *no pl*⟩ *myth.* Terpsichore (*Greek Muse of dancing and choral song*).

Ter·rain [tɛ'rɛ̃ː] *n* ⟨-s; -s⟩ **1.** terrain: **hügeliges ~** hilly terrain; **in unwegsamem ~ vorrücken** *mil.* to advance in difficult terrain (*od.* country); **das ~ sondieren** a) to reconnoiter (*bes. Br.* reconnoitre) (*od.* explore) the terrain, b) *fig.* to see how the land lies, to feel one's way, to make tentative inquiries. – **2.** *fig.* ground: **sich auf** (*od.* **in**) **unbekanntem ~ bewegen** to be on unfamiliar (*od.* new) ground; **(an) ~ gewinnen** a) to gain ground, b) (*bes. sport*) to gain ground, to close the gap; **(an) ~ verlieren** a) to lose ground, b) (*bes. sport*) to lag behind, to lose ground; **in der nächsten Runde versuchte er, das ~ wieder aufzuholen** he tried to close the gap in the following round; **an politischem ~ verlieren** to lose ground in the political sphere (*od.* politically). – **3.** (*Grundstück*) plot of land. – **4.** (*Baugelände*) building ground (*od.* site). — **~ˌaufˌnah·me** *f geogr.* ground survey, establishing area boundaries. — **~beˌschrei·bung** *f* description of a terrain.

Ter·ra in·co·gni·ta ['tɛra ɪn'kɔgnita] *f* ⟨- -; *no pl*⟩ **1.** terra incognita, unknown territory. – **2.** *fig.* terra incognita, unfamiliar (*od.* new) ground.

Ter'rain|ˌskiz·ze *f geol.* topographic(al) sketch. — **~spe·ku·la·tiˌon** *f econ. cf.* Bodenspekulation. — **~ˌstu·fe** *f geol.* scarp. — **~verˌhält·nis·se** *pl* ground conditions, site *sg.*

Ter·ra·kot·ta [tɛra'kɔta] *f* ⟨-; -kotten⟩ **1.** ⟨*only sg*⟩ (*gebrannter Ton*) terra-cotta. – **2.** (*Figur, Gefäß etc*) terra-cotta. — **~fiˌgur** *f* terra-cotta (figure).

Ter·ra·kot·te [tɛra'kɔtə] *f* ⟨-; -n⟩ *cf.* Terrakottafigur.

Ter·ra·my·cin [tɛramy'tsiːn] (*TM*) *n* ⟨-s; *no pl*⟩ *chem. med. pharm.* terramycin, oxytetracycline ($C_{22}H_{24}N_2O_9$).

Ter'ra·ri·enˌkun·de *f* ⟨-; *no pl*⟩ *zo.* terrariatology.

Ter·ra·ri·um [tɛ'raːrĭum] *n* ⟨-s; -rien⟩ *zo.* terrarium.

Ter·ras·se [tɛ'rasə] *f* ⟨-; -n⟩ **1.** terrace. – **2.** (*Dachterrasse*) roof garden. – **3.** *geol.* terrace, undercliff.

ter'ras·sen|ˌar·tig *adj u. adv cf.* terrassenförmig. — **T~ˌdach** *n arch.* terrace roof. — **~ˌför·mig** *adj u. adv* terrace(d), in terraces, in the form of (*od.* like) a terrace. — **T~ˌgar·ten** *m* terraced garden. — **T~kulˌtur** *f agr.* terracing, terrace cultivation (*od.* cropping).

ter·ras·sie·ren [tɛra'siːrən] *v/t* ⟨*no* ge-, h⟩ terrace, bench.

Ter·raz·zo [tɛ'ratso] *m* ⟨-(s); -zi [-tsi]⟩ terrazzo. — **~ˌfußˌbo·den** *m* terrazzo floor(ing).

ter·re·strisch [tɛ'rɛstrɪʃ] *adj* terrestrial.

ter·ri·bel [tɛ'riːbəl] *adj obs. for* schrecklich I.

Ter·ri·er ['tɛrĭər] *m* ⟨-s; -⟩ (*Hunderasse*) terrier.

ter·ri·gen [tɛri'geːn] *adj geol.* terrigenous.

Ter·ri·ne [tɛ'riːnə] *f* ⟨-; -n⟩ **1.** tureen, *auch* terrine. – **2.** *cf.* Suppenschüssel.

ter·ri·to·ri·al [tɛrito'rĭaːl] *adj* ⟨*attrib*⟩ (*Integrität, Verteidigung etc*) territorial. — **T~ˌanˌsprü·che** *pl pol.* territorial claims. — **T~arˌmee** *f mil.* territorial army. — **T~geˌwalt** *f pol.* (absolute) territorial authority. — **T~geˌwäs·ser** *pl mar.* (*eines Staates*) territorial waters. — **T~ˌho·heit** *f pol.* territorial jurisdiction (*od.* sovereignty).

Ter·ri·to·ria·lis·mus [tɛritorĭa'lɪsmʊs] *m* ⟨-; *no pl*⟩ *jur. hist.* territorialism.

Ter·ri·to·ria·li·tät [tɛritorĭali'tɛːt] *f* ⟨-; *no pl*⟩ *pol.* territoriality. — **Ter·ri·to·ria·li'täts·prinˌzip** *n* **1.** principle of territoriality. – **2.** *jur.* jus soli.

Ter·ri·to·ri'al|ˌstaa·ten *pl hist.* territorial states. — **~syˌstem** *n jur. hist. cf.* Territorialismus. — **~ˌtrup·pe** *f meist pl mil.* territorials *pl*, territorial force.

Ter·ri·to·ri·um [tɛri'toːrĭum] *n* ⟨-s; -rien⟩ territory: **sich auf fremdem ~ befinden** to be in foreign territory.

Ter·ror ['tɛrɔr] *m* ⟨-s; *no pl*⟩ **1.** terror: **es kam zu blutigem ~** there was terror and bloodshed; **in diesem Land herrscht der ~** this country is ruled by terror. – **2.** (*Terrorismus*) terrorism, terror: **das Land stand unter dem ~ dieser Organisation** the country was under the terrorism of this organization; **der organisierte ~** organized terrorism. – **3.** (*Schrecken*) terror: **Augen voll ~** eyes full of terror. — **~ˌakt** *m meist pl* act of terrorism, terror act: **~e** terrorist activity *sg.* — **~ak·tiˌon** *f* terrorist campaign. — **~ˌanˌgriff** *m mil.* (*bes. durch Flugzeuge*) terror attack (*od.* raid). — **~ˌban·de** *f* terror gang. — **~ˌherr·schaft** *f* reign of terror.

ter·ro·ri·sie·ren [tɛrori'ziːrən] **I** *v/t* ⟨*no* ge-, h⟩ **1.** (*Bevölkerung etc*) terrorize *Br. auch* -s-. – **2.** (*Untergebene etc*) intimidate, bully, browbeat, bulldoze. – **3.** (*in Furcht versetzen*) terrify. – **II T~** *n* ⟨-s⟩ **4.** *verbal noun.* — **Ter·ro·ri'sie·rung** *f* ⟨-; -en⟩ **1.** *cf.* Terrorisieren. – **2.** terrorization *Br. auch* -s-.

Ter·ro·ris·mus [tɛro'rɪsmʊs] *m* ⟨-; *no pl*⟩ terrorism, terror.

Ter·ro·rist [tɛro'rɪst] *m* ⟨-en; -en⟩ terrorist.

ter·ro'ri·stisch *adj* ⟨*attrib*⟩ (*Regime etc*) terrorist, terroristic: **~e Kampfmaßnahmen** terrorist(ic) action *sg*; **~e Drohungen** terrorist threats.

'Ter·ror|or·ga·ni·sa·tiˌon *f* terrorist organization. — **~ˌwel·le** *f* wave of terror.

Ter·tia[1] ['tɛrtsĭa] *f* ⟨-; -tien⟩ *ped. fourth and fifth years of a German secondary school.*

'Ter·tia[2] *f* ⟨-; *no pl*⟩ *print.* great primer, Columbian.

Ter·tia·ner [tɛr'tsĭaːnər] *m* ⟨-s; -⟩, **Ter·tia·ne·rin** [-'tsĭaːnərɪn] *f* ⟨-; -nen⟩ *ped. pupil of a 'Tertia'.*

Ter·ti·är [tɛr'tsĭɛːr] **I** *n* ⟨-s; *no pl*⟩ **1.** *geol.* Tertiary (period). – **II t~** *adj* **2.** *geol.* Tertiary. – **3.** *chem. med.* tertiary. — **~for·ma·tiˌon** *f geol.* Tertiary (formation). — **~ˌlu·es** *f med.* tertiary syphilis. — **~ˌsta·di·um** *n* tertiary (*od.* third) stage. — **~wick·lung** *f electr.* tertiary winding.

'Ter·tiaˌwech·sel *m econ.* third of exchange.

Terz [tɛrts] *f* ⟨-; -en⟩ **1.** *mus.* a) third, tierce, b) (*bei der Orgel*) tierce: **große [kleine] ~** major [minor] third. – **2.** (*sport*) (*beim Fechten*) tierce. – **3.** *röm.kath.* (*Gebet des Breviers um die 3. Tagesstunde*) t(i)erce.

Ter·zel ['tɛrtsəl] *m* ⟨-s; -⟩ *hunt.* (*abgerichteter Jagdfalke*) t(i)ercel, tassel.

Ter·ze·ro·ne [tɛrtsə'roːnə] *m* ⟨-n; -n⟩, **Ter·ze'ro·nin** *f* ⟨-; -nen⟩ *anthrop.* terceron, quadroon.

Ter·zett [tɛr'tsɛt] *n* ⟨-(e)s; -e⟩ *mus.* trio, terzet(to).

Ter·zi·ar [tɛr'tsĭaːr] *m* ⟨-s; -en⟩, **Ter·zia·rin** [-'tsĭaːrɪn] *f* ⟨-; -nen⟩ *röm.kath.* tertiary.

Ter·zi·ne [tɛr'tsiːnə] *f* ⟨-; -n⟩ *meist pl metr.* t(i)ercet, terza rima.

'Te·saˌfilm ['teːza-] (*TM*) *m* ⟨-s; *no pl*⟩ (transparent) adhesive (*od. colloq.* sticky) tape, *bes. Am.* Scotch tape (*TM*), *Br.* Sellotape (*TM*).

'Tes·la|ˌspu·le ['tɛsla-] *f electr.* Tesla coil. — **~ˌstrom** *m* Tesla current. — **~transforˌma·tor** *m* Tesla coil (*od.* transformer).

tes·sel·la·risch [tɛsɛ'laːrɪʃ] *adj* (*art*) (*gewürfelt*) tessellate(d), tesselar, *auch* tesselate(d).

Tes·si·ner [tɛ'siːnər] *m* ⟨-s; -⟩, **Tes'si·ne·rin** *f* ⟨-; -nen⟩ Ticinese.

Test [tɛst] *m* ⟨-(e)s; -s, *auch* -e⟩ **1.** (*Prüfung, Eignungsprüfung*) test: **die Bewerber mußten sich einem ~ unterziehen** (*od.* **einen ~ mitmachen**) the applicants had to undergo (*od.* take) a test. – **2.** *psych.* (*Intelligenz-, Leistungs-, Persönlichkeitstest etc*) test: **einen ~ mit j-m durchführen** to conduct a test with s.o. – **3.** *tech.* a) (*Nachweis der Wirksamkeit*) test, b) (*Probe, Probeversuch*) trial: **die Maschine wurde einer Reihe von ~s unterworfen** the machine was subjected to a series of tests. – **4.** *chem. med.* a) (*Bestimmungsmethode*) test, b) (*Versuch*) experiment, trial: **der ~ verlief negativ** the test was negative.

Te·sta·ment [tɛsta'mɛnt] *n* ⟨-(e)s; -e⟩ **1.** *jur.* (last) will, (*formell*) last will and testament: **sein ~ machen** to make one's will; **er starb, ohne ein ~ zu hinterlassen, er starb ohne ~, er starb ohne Hinterlassung eines ~s** he died without leaving a will, he died intestate; **ordnungsgemäß errichtetes ~** properly executed will; **formloses ~** informal will; **eigenhändig geschriebenes ~** holograph(ic) will; **mündliches [ordentliches] ~** nuncupative (*od.* verbal) [formal] will; **jederzeit widerrufliches ~** ambulatory will; **ein ~ eröffnen [errichten]** to open [to execute] a will; **ein ~ gerichtlich bestätigen** to probate a will, to grant probate of a will; **ein ~ aufsetzen [widerrufen]** to draft (*od.* draw up) [to revoke] a will; **ein ~ anfechten** to contest (*od.* dispute) a will; **j-n in seinem ~ bedenken** to include (*od.* remember, mention) s.o. in one's will; **er wurde in einem ~ bedacht** he benefit(t)ed by (*od.* under) a will, he was the beneficiary of a will; **etwas durch ~ vermachen** a) to leave (*od.* bequeath) s.th. by will, to will s.th., b) (*Grund u. Boden*) to devise s.th.; **durch ~ verfügen** to provide (*od.* dispose, stipulate) by will; **Anerkennung des ~s** probate; **Errichtung eines ~s** execution of a will; **Hinterlassung eines gültigen ~s** testacy; **ist kein ~ vorhanden, bei Fehlen eines ~s** in case of intestacy; **~e über Liegenschaften** wills devising realty, devises; **wenn ich dich erwische, kannst du dein ~ machen** *fig. colloq.* (*drohend*) if I catch you, you've had it (*sl.*). – **2. Altes [Neues] ~** *Bibl.* Old [New] Testament: **dies steht im Alten ~** this is written in the Old Testament.

te·sta·men·ta·risch [tɛstamɛn'taːrɪʃ] **I** *adj* ⟨*attrib*⟩ *jur.* testamentary: **~er Erbe** *cf.* Testamentserbe; **~e Verfügung** testamentary disposition. – **II** *adv* by will: **~ verfügen** to dispose by will; **etwas ~ vermachen** a) to leave (*od.* bequeath) s.th. by will, to will s.th., b) (*Grund u. Boden*) to devise s.th.; **der ~ Bedachte** the beneficiary under a will.

Te·sta'ments|ˌanˌfech·tung *f jur.* will contest. — **~beˌstä·ti·gung** *f* probate. — **~beˌstim·mung** *f* testamentary provision. — **~ˌer·be** *m* **1.** testamentary heir. – **2.** (*von Grundbesitz*) devisee. — **~ˌer·bin** *f* **1.** testamentary heiress. – **2.** (*von Grundbesitz*) devisee. — **~erˌöff·nung** *f* opening (*od.* reading) of the will. — **~ˌnachˌtrag** *m* codicil. — **~verˌfü·gung** *f cf.* Testamentsbestimmung. — **~ˌvollˌstrecker** (*getr.* -k·k-) *m* executor. — **~ˌvollˌstrecke·rin** (*getr.* -k·k-) *f* ⟨-; -nen⟩ executrix. — **~ˌvollˌstreckerˌzeug·nis** (*getr.* -k·k-) *n* letters *pl* testamentary. — **~ˌvollˌstreckung** (*getr.* -k·k-) *f* execution of a will. — **~ˌzeu·ge** *m* witness to a will. — **~ˌzuˌsatz** *m cf.* Testamentsnachtrag.

Te·stat [tɛs'taːt] *n* ⟨-(e)s; -e⟩ **1.** *jur.* certificate, attestation. – **2.** *ped.* (*eines Dozenten etc*) signature attesting student's attendance at lectures.

Te·sta·tor [tɛs'taːtɔr] *m* ⟨-s; -en [-ta'toːrən]⟩ *jur.* **1.** testator, legator, bequeather. – **2.** (*von Grundbesitz*) devisor.

Te·sta·zee [tɛsta'tseːə] *f* ⟨-; -n⟩ *meist pl biol. zo.* testacean (*Ordng Testacea*).

'Test|beˌfra·gung *f* opinion poll. — **~benˌzin** *n chem.* white (*od.* petroleum) spirits *pl*; ligroin, *auch* ligroine (*scient.*). — **~ˌbild** *n telev.* test pattern.

te·sten ['tɛstən] **I** *v/t* ⟨h⟩ **1.** *bes. psych.* (*prüfen*) test: **j-n ~** to test s.o.; **die Bewerber mußten sich vom Psychologen ~ lassen** the applicants had to undergo a test by a psychologist. – **2.** *chem. tech.* (*Maschinen, Materialien, Qualität etc*) test, try out: **die Haltbarkeit des Gewebes ~** to test the durability of the fabric; **eine Maschine ~** to test (*od.* try out) a machine. – **II T~** *n* ⟨-s⟩ **3.** *verbal noun.* – **4.** test, trial.

'Te·ster *m* ⟨-s; -⟩ tester.

'Test|erˌgeb·nis *n* result of a (*od.* the) test. — **~ˌfilm** *m* test film. — **~ˌflug** *m aer.* test flight. — **~ˌfra·ge** *f* **1.** test question. – **2.** (*Fangfrage*) catch (*od.* trick) question.

te·stie·ren [tɛs'tiːrən] **I** *v/i* ⟨*no* ge-, h⟩ **1.** *jur.* make a will. – **II** *v/t* **2.** *bes. ped.* (*bescheinigen*) certify, attest: **den Besuch einer Vorlesung ~** to certify attendance at a course of lectures. – **3.** *jur.* a) (*bezeugen*) testify, attest, b) (*letztwillig verfügen*) dispose (of *s.th.*) by will, c) (*vermachen*) bequeath. – **III T~** *n* ⟨-s⟩ **4.** *verbal noun.* – **5.** *bes. ped.* (*Bescheinigung*) certification, attestation. – **6.** *jur.* a) (*durch einen Zeugen*) attestation, b) (*letztwillige Verfügung*) disposition by will.

Teˈstie·rer *m* ⟨-s; -⟩ *jur. cf.* Testator.

teˈstierˌfä·hig *adj* capable of making a will, testable, competent as testator: ~ **sein** to be capable of making a will, to have testamentary capacity. — **Teˈstierˌfä·hig·keit** *f* ⟨-; *no pl*⟩ testamentary capacity, capacity to make a will.

teˈstierˌunˌfä·hig *adj* incapable of making a will, not testable, incompetent as testator. — **Teˈstierˌunˌfä·hig·keit** *f* ⟨-; *no pl*⟩ incapacity to make a will.

Teˈstie·rung *f* ⟨-; -en⟩ *jur. ped. cf.* Testieren.

Te·sti·kel [tɛsˈtiːkəl] *m* ⟨-s; -⟩ *biol. med. zo.* (*Hoden*) testicle, testis, spermary. — **t~ˌar·tig, t~ˌför·mig** *med.* testicular. — **~horˌmon** *n* testis hormone.

ˈTest|koˌpie *f* **1.** (*film*) rush print, rushes *pl.* – **2.** (*im Kopierwerk*) first trial print, grading copy. — **~meˌtho·de** *f* method of testing, test(ing) method. — **~obˌjekt** *n* test object.

Te·sto·ste·ron [tɛstosteˈroːn] *n* ⟨-s; *no pl*⟩ *biol. chem.* testosterone ($C_{19}H_{28}O_2$).

ˈTest|paˌpier *n chem. cf.* Reagenzpapier. — **~perˌson** *f bes. psych. med.* testee, test subject. — **~piˌlot** *m aer.* test pilot. — **~ˌrei·he** *f cf.* Testserie. — **~ˌsen·dung** *f* (*radio*) *telev.* **1.** (*Programm*) pilot (*od.* trial) program (*bes. Br.* programme), pilot. – **2.** test transmission. — **~ˌse·rie** *f* **1.** series of tests. – **2.** *psych.* scale, test battery. — **~ˌstopp-Verˌtrag** *m pol.* Test-Ban Treaty, Treaty Banning Nuclear Weapon Tests. — **~ˌteil·chen** *n nucl.* test particle.

Te·stu·do [tɛsˈtuːdo] *f* ⟨-; -dines [-dinɛs]⟩ **1.** *med.* figure-of-eight bandage. – **2.** *zo. cf.* Schildkröte 1. – **3.** *mil. hist.* testudo.

ˈTe·stung *f* ⟨-; -en⟩ test(ing).

ˈTest|verˌfah·ren *n* **1.** test(ing) procedure. – **2.** *cf.* Testmethode. — **~verˌsuch** *m* experiment.

Te·ta·nie [tetaˈniː] *f* ⟨-; -n [-ən]⟩ *med.* tetany, tetania. — **~ˌstel·lung** *f* obstetrician's hand.

te·ta·nisch [teˈtaːnɪʃ] *adj med.* tetanic.

Te·ta·nus [ˈteːtanʊs] *m* ⟨-; *no pl*⟩ *med.* (*Starrkrampf*) tetanus, lockjaw. — **t~ˌähn·lich** *adj* tetanoid, tetaniform. — **~an·ti·toˌxin** *n* tetanus antitoxin, antitetanic serum. — **~baˌzil·lus, ~erˌre·ger** *m* Clostridium tetani, Bacillus tetani. — **~ˌimp·fung** *f* tetanus vaccination. — **~ˌse·rum** *n* antitetanic serum, tetanus antitoxin.

Tête-à-Tête [tɛtaˈtɛːt] *n* ⟨-; -s⟩ (**mit** with) tête-à-tête.

Te·tra..., te·tra... *combining form denoting* tetra...

Te·tra·chlor|äthan [tetraˈkloːrˀɛˌtaːn] *n* ⟨-s; *no pl*⟩ *chem.* tetrachloroethane ($C_2H_2Cl_4$). — **~äthyˌlen** *n* tetrachloroethylene ($CCl_2 = CCl_2$). — **~ˌkoh·lenˌstoff** *m* carbon tetrachloride (CCl_4).

Te·tra·chord [tetraˈkɔrt] *m, n* ⟨-(e)s; -e⟩ *mus.* tetrachord.

Te·tra·chro·mie [tetrakroˈmiː] *f* ⟨-; -n [-ən]⟩ *print.* tetrachromatic print.

Te·tra·cy·clin [tetratsyˈkliːn] *n* ⟨-s; -e⟩ *chem.* tetracycline ($C_{22}H_{24}H_2O_8$).

Te·tra·eder [tetraˈˀeːdər] *n* ⟨-s; -⟩ *math.* tetrahedron. — **te·traˈedrisch** [-ˈˀeːdrɪʃ] *adj* tetrahedral.

Te·tra·edrit [tetraˀeˈdriːt; -ˈdrɪt] *m* ⟨-s; -e⟩ *min.* tetrahedrite.

Te·tra·gon [tetraˈgoːn] *n* ⟨-s; -e⟩ *math.* tetragon. — **te·tra·goˈnal** [-goˈnaːl] *adj* (*in der Kristallographie*) tetragonal.

Te·tra·lo·gie [tetraloˈgiː] *f* ⟨-; -n [-ən]⟩ (*bes. bei Dramen*) tetralogy.

Te·tra·me·ter [teˈtraːmetər] *m* ⟨-s; -⟩ *metr.* tetrameter.

Te·tra·ple·gie [tetrapleˈgiː] *f* ⟨-; -n [-ən]⟩ *med.* quadriplegia, *auch* tetraplegia.

Te·tra·pod [tetraˈpoːt] *m* ⟨-s; -en⟩, **Te·traˈpo·de** [-də] *m* ⟨-n; -n⟩ *zo.* tetrapod, quadruped (animal).

Te·tra·po·die [tetrapoˈdiː] *f* ⟨-; *no pl*⟩ *metr.* tetrapody.

Te·trarch [teˈtrarç] *m* ⟨-en; -en⟩ *antiq.* tetrarch. — **Te·trarˈchie** [-ˈçiː] *f* ⟨-; -n [-ən]⟩ tetrarchy.

Te·tro·de [teˈtroːdə] *f* ⟨-; -n⟩ *electr.* tetrode, four-electrode tube (*bes. Br.* valve).

teu·er [ˈtɔʏər] **I** *adj* ⟨teurer; -st⟩ **1.** (*kostspielig*) dear, expensive, costly: **ein sündhaft teures Kleid** *colloq.* an exorbitantly expensive dress; **wie ~ ist** (*od.* **kommt**) **dieser Wagen?** how much (*od.* what price) is this car? how much (*od.* what) does this car cost? **etwas für teures Geld kaufen** to buy s.th. dear(ly) (*od.* at a high price), to pay dear(ly) (*od.* through the nose) for s.th.; **hier ist der Wein um vier Mark teurer als dort** the wine is four marks dearer (*od.* costs four marks more) here than there; **teurer werden** to become (*od.* get) dearer, to increase in price, to go up (in price); **das war ein teurer Spaß** (*od.* **ein teures Vergnügen**) *colloq.* that was an expensive game (*od.* joke); **da war guter Rat ~!** *fig.* we were in a (nice) pickle! – **2.** (*Geschäft, Lokal, Hotel etc*) dear, expensive, *Br. sl.* pric(e)y: **teure Zeiten** expensive times; **das Hotel ist ~** the hotel is expensive, the hotel has steep prices (*colloq.*); **die Riviera ist ein teures Pflaster** *colloq.* the Riviera is a pretty expensive place. – **3.** (*kostbar, wertvoll*) costly, precious, valuable. – **4.** *archaic* (*lieb, wert*) dear: **teuerster Vater!** dearest father! **meine teure Mutter ist gestern gestorben** my dear (*od.* beloved, cherished) mother died yesterday; **sie ist mir lieb und ~** she is very dear to me. – **II** *adv* **5.** dear(ly): **eine Ware ~ kaufen [verkaufen]** to buy [to sell] an article dear(ly) (*od.* at a high price); **sie waren entschlossen, ihr Leben ~ zu verkaufen** *fig.* they were determined to sell their lives dearly; **er hat sich** (*dat*) **sein Glück ~ erkauft** *fig.* he paid dear(ly) for his happiness; **sie mußte ihren Fehler ~ bezahlen** *fig.* she had to pay dear(ly) for her mistake; **der Urlaub kam mich** (*auch* **mir**) **~ zu stehen** the holidays cost me a great deal (*od.* a nice bit, *colloq.* a lot); **das wird dich** (*auch* **dir**) (**noch**) **~ zu stehen kommen!** *fig. colloq.* I'll make you pay (*od.* smart) for that! you'll pay for that!

ˈTeu·er·ste *f* ⟨-n; -n⟩ *archaic od. iron.* (*als Anrede*) dearest.

ˈTeue·rung *f* ⟨-; -en⟩ (*Vorgang u. Resultat*) (general) increase (*od.* rise) in prices, (general) price increase.

ˈTeue·rungs|ˌwel·le *f econ.* wave of price increases. — **~ˌzuˌla·ge** *f*, **~ˌzuˌschlag** *m* allowance for high cost of living, cost-of-living bonus (*od.* allowance).

Teu·fe [ˈtɔʏfə] *f* ⟨-; -n⟩ (*mining*) depth.

Teu·fel [ˈtɔʏfəl] *m* ⟨-s; -⟩ **1.** devil: **der ~** *bes. relig.* the devil, *auch* the Devil, Satan, Old Nick (*colloq.*); **er ist ein ~ in Menschengestalt** (*od.* **der leibhaftige ~**) he is the devil incarnate; **seine Frau ist ein richtiger ~** his wife is a real devil (*od.* a she-devil, a vixen, *sl.* a bitch); **das Mädchen ist ein kleiner ~** *fig.* the girl is a (little) devil (in petticoats), the girl is a minx; **er ist ein kleiner ~** *fig.* he is a little devil (*od. sl.* a holy terror); **sie sieht aus wie des ~s Großmutter** she is as ugly as sin (*colloq.*); **seine Seele dem ~ verschreiben** to sell one's soul to the devil; **den ~ austreiben** to drive out (*od.* exorcise, *auch* exorcize) the devil; **das hieße, den ~ mit** (*od.* **durch**) **Beelzebub austreiben** *fig.* that would be robbing Peter to pay Paul; **mit dem ~ im Bunde sein** to be in league with the devil; **vom ~ besessen sein** *auch fig.* to be possessed by (*od.* with) the devil; **er fürchtet weder Tod noch ~** he fears neither death nor (the) devil, he is afraid of nothing; **den ~ im Leib(e) haben** *fig. colloq.* a) (*von Pferden etc*) to be possessed by (*od.* of) the devil, b) (*von Menschen*) to be full of devilment; **ihn reitet (wohl) der ~, er wird (wohl) vom ~ geritten, der ~ ist (wohl) in ihn gefahren** *fig. colloq.* the devil has got into him (*od.* has got hold of him); **bist du des ~s?** *fig. colloq.* are you mad (*od.* crazy)? **hier ist der ~ los** *fig. colloq.* (now) the fat is in the fire, (all) hell is let loose; **mal den ~ nicht an die Wand!** *fig. colloq.* don't tempt fate (*od.* providence)! **wenn man vom ~ spricht(, dann kommt er)** *fig. colloq.* speak of the devil (and he will appear); **er fragt den ~ danach** (*od.* **er schert sich den ~ drum**), **was die Leute von ihm denken** *fig. colloq.* he does not care (*od.* give) a rap (*od. colloq.* hang, *Am.* a dime, *Br.* twopence) (*od. colloq.* care a hoot, give a damn) about what people think of him; **ich werde den ~ tun (und mich bei ihm entschuldigen)!** *fig. colloq.* I'm (*od.* I'll be) damned (*od.* hanged, blowed) (if I am going to apologize to him) (*colloq.*); **es müßte schon mit dem ~ zugehen** (*od.* **der ~ müßte schon seine Hand im Spiel haben**), **wenn ich die Stellung nicht bekäme** *fig. colloq.* it would be a stroke of very bad luck if I did not get the job; **du arbeitest heute ja auf ~ komm raus!** *fig. colloq.* why, you are working like mad (*od. colloq.* like the devil, like blazes, like hell) today! **er reitet [läuft, arbeitet] wie der ~** *fig. colloq.* he rides [runs, works] like mad (*od. colloq.* like the devil, like blazes, like hell); **sie ist hinter dem Geld her wie der ~ hinter der armen Seele** she is after money like the devil after a poor soul; **mein ganzes Geld ist beim ~!** **mein ganzes Geld ist zum ~ (gegangen)!** *fig. colloq.* all my money is down the drain (*od. colloq.* has gone to blazes, has gone phut, *sl.* has gone to pot); **bei dem Unfall ging mein Auto zum ~** *fig. colloq.* in the accident my car was smashed to pieces (*od.* smithereens); **mein Ruf als guter Fahrer ist seither beim ~** *fig. colloq.* my reputation of being a good driver has since gone to blazes (*colloq.*); **j-n zum ~ jagen** *fig. colloq.* to send s.o. packing; to tell s.o. to go to hell (*od.* to blazes, to the devil), to tell s.o. where to go (*od.* where to get off) (*colloq.*); **ich wünschte ihn (innerlich) zum ~** *fig. colloq.* I could have seen him far enough; **in der Not frißt der ~ Fliegen** (*Sprichwort*) any port in a storm; **weiß der ~, wann dieses Buch endlich fertig werden wird!** *fig. colloq.* goodness (*od.* heaven, *colloq.* the devil) knows when this book will ever be finished! **hol's der ~! (zum) ~ (nochmal)! ~ auch!** *fig. colloq.* dash (*od.* darn, damn, hang, blast, blow, drat, confound) it (all)! (*colloq.*); **Tod und ~!** *fig. colloq.* hell's bells! hellfire! (*beide colloq.*); **in drei** (*od.* **des**) **~s Namen!** *fig. colloq.* in the name of heaven (*od.* goodness, pity)! **pfui ~!** a) (*angeekelt*) ugh! pew! b) (*entrüstet*) disgusting! **~, ~, ist das ein Mädchen!** *fig. colloq.* boy (*od.* man, *sl.* gosh, Jesus Christ, *bes. Am. sl.* wow), what a girl! **hol' dich der ~! der ~ soll dich holen! geh** (*od.* **scher dich**) **zum ~!** *fig. colloq.* go to hell (*od.* to blazes, to the devil)! (*colloq.*); **hol (doch) der ~ den ganzen Kram! der ~ soll den ganzen Kram holen! zum ~ mit dem ganzen Kram** *fig. colloq.* to hell with the whole lot (*od.* thing)! (*colloq.*); **wer zum ~ war das?** who the devil (*od.* the dickens, the hell, the heck, the deuce) was that? (*colloq.*); → Küche 1; kümmern 3. – **2.** *fig. colloq.* (*Bursche, Kerl*) devil, fellow (*colloq.*): **ein armer ~** a poor devil (*od.* wretch).

Teu·feˈlei *f* ⟨-; -en⟩ devilry, deviltry, devilment, devilishness.

ˈTeu·fe·lin *f* ⟨-; -nen⟩ **1.** (*böses Weib*) devil, (*stärker*) she-devil, vixen, bitch (*sl.*). – **2.** (*Schelmin*) devil in petticoats, minx.

ˈTeu·fels|ˌabˌbiß *m* ⟨-sses; -sse⟩ *bot.* blue scabious, devil's bit (scabious) (*Succisa pratensis*). — **~ˌar·beit** *f only in* **das ist eine ~** *colloq.* that's a hell (*od.* heck) of a job (*colloq.*). — **~ˌausˌtrei·ber** *m* exorcist. — **~ˌausˌtrei·bung** *f* exorcism. — **~beˌschwö·rer** *m cf.* Teufelsaustreiber. — **~beˌschwö·rung** *f cf.* Teufelsaustreibung. — **~ˌblu·me** *f zo.* phantom shrike (*Idolum diabolicum; a mantis*). — **~ˌbra·ten** *m colloq. contempt.* limb of the devil (*od.* of Satan). — **~ˌbrut** *f* ⟨-; *no pl*⟩ *colloq.* Satan's brood, brood (*od.* spawn) of Satan. — **~ˌdreck** *m pharm.* as(s)af(o)etida, *auch* asfetida. — **~ˌhaar** *n bot. cf.* Teufelszwirn. — **~ˌjun·ge, ~ˌkerl** *m colloq.* (*bewundernd*) devil of a fellow (*colloq.*). — **~ˌkir·sche** *f bot. cf.* Tollkirsche. — **~ˌkrab·be** *f zo. cf.* Meerspinne. — **~ˌkral·le** *f bot.* rampion (*Gattg Phyteuma*). — **~ˌkreis** *m* vicious circle. — **~ˌkunst** *f* black (*od.* diabolic) art, black magic, diablerie, devilry, deviltry. — **~ˌlist** *f* diabolic (*od.* devilish) trick. — **~ˌna·del** *f zo.* blue darner (*Gattg Aeschna*). — **~ˌro·chen** *m cf.* Manta. — **~ˌweib** *n* **1.** *only in* **das ist ein ~** *colloq.* (*bewundernd*) she is quite a woman. – **2.** *contempt. for* Teufelin 1. — **~ˌwerk** *n colloq.* work of the devil. — **~ˌzwirn** *m bot.* dodder, *auch* love vine (*Gattg Cuscuta*).

teuf·lisch [ˈtɔʏflɪʃ] **I** *adj* **1.** devilish, diabolic(al), fiendish, infernal, satanic: **ein ~er Plan** a fiendish plan; **ein ~es Grinsen** a diabolic(al) grin. – **2.** *fig. colloq.* (*in Wendungen wie*) **er war (in) ~er Laune** he was in a heck (*od.* hell) of a mood (*colloq.*); **in ~er Eile sein** to be in a heck of a hurry (*colloq.*). – **II** *adv* **3.** devilishly, diabolically, fiendishly, infernally, satanically: j-n ~ quälen to torment s.o. diabolically. – **4.** *fig. colloq.* (*sehr, schrecklich*) fiendishly, devilish, hellish (*alle colloq.*): es ist ~ kalt it is devilish cold. – **III T~e, das** ⟨-n⟩ **5.** the devilish thing.

Teu·rung ['tɔʏrʊŋ] *f* ⟨-; -en⟩ *cf.* Teuerung.

Teu·to·ne [tɔʏ'to:nə] *m* ⟨-n; -n⟩ Teuton. — **teu'to·nisch** *adj* Teutonic.

Te·xa·ner [tɛ'ksa:nər] *m* ⟨-s; -⟩ Texan, *auch* Texian. — **te'xa·nisch** *adj* Texan, *auch* Texian, Texas (*attrib*).

'Te·xas|-ˌEi·che ['tɛksas-] *f bot.* red oak (*Quercus texana*). — **~ˌfie·ber** *n vet.* Texas (cattle) fever.

Text[1] [tɛkst] *m* ⟨-(e)s; -e⟩ **1.** text: der authentische (*od.* maßgebende) ~ the authentic text; ein verschlüsselter ~ a coded text; ich hatte in der Prüfung einen schweren ~ I had a difficult text in the exam; der genaue ~ des neuen Gesetzes wird noch veröffentlicht the exact text (*od.* wording) of the new law will be published (later); wie ist der genaue Wortlaut des ~es? what is the exact wording (*od.* phrasing) (*od.* what are the exact words) of the text? meiner Untersuchung liegt folgender ~ zugrunde my treatise is based on the following text; einen ~ kommentieren to comment (on) a text, to make comments on a text; einen ~ interpretieren to interpret a text; kannst du deinen ~ schon? (*bes. theater*) have you learned your lines? bleiben Sie (bei Ihrer Übersetzung) am ~! keep (*od.* stick) to the text (in your translation)! j-m den ~ lesen *fig. colloq.* to give s.o. a lecture, to lecture s.o.; aus dem ~ kommen *auch fig.* to lose the thread; j-n aus dem ~ bringen *fig.* to make s.o. lose his (*od.* to interrupt s.o.'s) train of thought; weiter im ~! *colloq.* (let's) go (*od.* carry) on! – **2.** (*unter Bildern etc*) text, caption, legend. – **3.** (*eines Liedes etc*) text, words *pl*, lyrics *pl*: den ~ zu einem Lied schreiben to write the text (*od.* the words) to (*od.* for) a song. – **4.** *cf.* Textbuch 1. – **5.** *relig.* (*Bibelstelle*) text, Scriptural (*od.* Bible) text: über einen ~ sprechen (*od.* predigen) to speak (*od.* preach) on a text. – **6.** *print.* text, reading matter, *bes. Br.* letterpress: ein Buch mit viel ~ und wenig Bildmaterial a book with a great deal of text and little pictorial matter; der redaktionelle ~ the editorial matter. – **7.** (*radio, film*) *telev.* a) (*zum Ablesen*) text script, b) (*verbindende Worte*) continuity (script).

Text[2] *f* ⟨-; *no pl*⟩ *print.* (*Schriftgrad*) text face.

'Text|ˌab·bil·dung *f* text illustration. — **~ˌab·fas·sung** *f* formulation (*od.* drafting) of a text. — **~ˌab·schnitt** *m* passage. — **~ˌana·ly·se** *f* analysis of a (*od.* the) text. — **~ˌan·zei·ge** *f print.* reader advertisement (*auch* -z-). — **~ˌauf·ga·be** *f math.* problem. — **~ˌaus·ga·be** *f* (*für den Schulunterricht etc*) text edition. — **~ˌaus·le·gung** *f* **1.** *cf.* Textinterpretation. – **2.** *relig.* exegesis. — **~be·rich·ti·gung** *f* emendation of a text. — **~ˌbuch** *n* **1.** (word)book. – **2.** (*theater*) a) text, b) (*einer Oper, Operette*) libretto. — **~ˌdich·ter** *m* (*einer Oper etc*) librettist.

tex·ten ['tɛkstən] **I** *v/i* ⟨h⟩ **1.** *mus.* write the lyrics (*od.* words, text). – **2.** (*in der Werbung*) copywrite. – **3.** (*radio*) *telev.* script: auf Bild ~ to script to film. – **II** *v/t* **4.** *mus.* write the lyrics (*od.* words, text) to (*od.* for). — **'Tex·ter** *m* ⟨-s; -⟩ **1.** *mus.* lyric (*od.* text) writer. – **2.** (*in der Werbung*) copywriter, writer of advertising (*seltener* -z-) texts. – **3.** (*radio*) *telev.* scriptwriter, scripter.

'Text|ˌfäl·schung *f* interpolation. — **t~ge·ˌmäß** *adj* textual, textuary, according to the text. — **~ge·ˌstal·tung** *f* wording of a text. — **~gram·ˌma·tik** *f ling.* text grammar.

Tex'til|ˌar·bei·ter *m* textile worker. — **~fa·ˌbrik** *f* textile mill (*od.* factory). — **~fa·bri·ˌkant** *m* textile manufacturer. — **~ˌfa·ser** *f* (textile) fiber (*bes. Br.* fibre), textile. — **~ˌgür·tel·ˌrei·fen** *m auto.* textile radial-ply tire (*bes. Br.* tyre).

Tex·ti·li·en [tɛks'ti:liən] *pl* textiles, textile goods.

Tex'til|ˌin·du·ˌstrie *f* textile industry. — **~ˌkauf·ˌmann** *m* textile merchant. — **~ma·ˌschi·ne** *f* textile machine. — **~ˌmes·se** *f* textile (goods) fair. — **~ˌpflan·zen** *pl* textile (*od.* fiber, *bes. Br.* fibre) plants. — **~ˌsek·tor** *m* textile branch (*od.* field, sector). — **~ver·ˌede·lung**, **~ver·ˌed·lung** *f* textile finishing. — **~ˌwa·ren** *pl cf.* Textilien. — **~ˌwirt·schaft** *f* textile field.

'text·im·ma·ˌnent *adj* (*literature*) (*Interpretation, Kritik etc*) formalist, intrinsic: ~e Deutung formalist (*od.* intrinsic) interpretation, explication de texte.

'Text|in·ter·pre·ta·ti·ˌon *f* explanation (*od.* interpretation) of a text, stylistic interpretation (*od.* criticism). — **~kri·ˌtik** *f* textual criticism. — **~ˌkri·ti·ker** *m* textual critic. — **t~ˌkri·tisch** *adj* ~e Methode method of textual criticism; ~e Errungenschaft achievement in textual criticism.

'text·lich I *adj* textual, textuary. – **II** *adv* ~ gesehen as far as the text is concerned, as regards the text.

Text·lin·gui·stik ['tɛkstlɪŋˌgŭɪstɪk] *f* text linguistics *pl* (*usually construed as sg*).

Tex·to·lo·gie [tɛkstolo'gi:] *f* ⟨-; *no pl*⟩ textology.

'Text|ˌschrift *f print.* text face. — **~ˌstel·le** *f auch Bibl.* passage (of a text). — **~ˌteil** *m* (*eines Bildwerkes etc*) text part. — **~ˌüber·ˌlie·fe·rung** *f* tradition of the text, textual tradition.

Tex·tur [tɛks'tu:r] *f* ⟨-; -en⟩ **1.** *chem. tech.* texture. – **2.** *print. cf.* Textura.

Tex·tu·ra [tɛks'tu:ra] *f* ⟨-; *no pl*⟩ *print.* (*Schriftart*) black letter, *auch* Old English, Gothic.

'Text|va·ri·ˌan·te *f* text(ual) variant. — **~ver·ˌgleich** *m*, **~ver·ˌglei·chung** *f* text comparison, collation. — **~ˌwort** *n* ⟨-(e)s; -e⟩ *relig.* passage (from the Bible).

Te·zett ['te:tsɛt; te'tsɛt] *n colloq.* (*in Wendungen wie*) bis ins (letzte) ~, bis zum ~ completely, entirely: etwas bis ins ~ kennen to know s.th. inside out, to know s.th. down to the last detail.

T-ˌför·mig ['te:-] *adj* T-shaped, tee (*attrib*): mit ~em Kopf *tech.* T-headed.

Thai[1] [taɪ] *m* ⟨-(s); -(s)⟩ Thai, Thailander.

Thai[2] *n* ⟨-; *no pl*⟩ *ling.* Thai, *auch* Siamese.

'Thaiˌlän·der *m* ⟨-s; -⟩, **'Thaiˌlän·de·rin** *f* ⟨-; -nen⟩ *cf.* Thai[1]. — **'thaiˌlän·disch** *adj* Thailand (*attrib*).

'Thaiˌspra·chen *pl ling.* Thai languages.

Tha·la·mus ['ta:lamʊs] *m* ⟨-; -mi [-mi]⟩ *med.* (*Sehhügel*) thalamus. — **~ˌhirn** *n* diencephalon, *auch* thalamencephalon. — **~sym·ˌptom** *n meist pl* thalamic symptom (*od.* sign).

Tha·lia [ta'li:a] *npr f* ⟨-; *no pl*⟩ *myth.* Thalia (*Greek Muse of comedy and pastoral poetry*).

Thal·li·um ['talium] *n* ⟨-s; *no pl*⟩ *chem.* thallium (Tl).

Thal·lo·phyt [talo'fy:t] *m* ⟨-en; -en⟩ *bot.* thallophyte, thalloid plant (*Abteilung Thallophyta*).

Thal·lus ['talʊs] *m* ⟨-; Thalli [-li]⟩ *bot.* thallus. — **~ˌpflan·ze** *f meist pl cf.* Thallophyt.

Tha·na·to·pho·bie [tanatofo'bi:] *f* ⟨-; *no pl*⟩ *psych.* thanatophobia.

Thau·ma·to·lo·gie [taumatolo'gi:] *f* ⟨-; *no pl*⟩ (*Wunderlehre*) thaumatology.

Thau·mat·urg [tauma'tʊrk] *m* ⟨-en; -en⟩ (*Wundertäter*) thaumaturg(e), thaumaturgist.

Thea·ter [te'a:tər] *n* ⟨-s; -⟩ **1.** theater, *bes. Br.* theatre: städtisches [privates] ~ municipal [private] theater; staatlich subventioniertes ~ state-subsidized theater; ~ spielen a) to act, to playact, b) *fig.* to playact, to put on an act (*colloq.*); gutes [schlechtes] ~ machen to play good [poor] theater; sie ist beim ~ she acts, she is an actress, she is in the theater (*od.* on the stage); er will zum ~ he wants to go on (*od.* take to) the stage, he wants to act (*od.* to become an actor); heute abend habe ich ~ this is my day for the theater; ein Abonnement für das ~ haben, auf das ~ abonniert sein to have a season ticket for (*od.* a subscription to) the theater; morgen abend gehen wir ins ~ we are going to the theater tomorrow night; was gibt es heute im ~? what's on (*od.* playing) at the theater tonight? im ~ gibt es heute ein Stück von Shakespeare (*od.* wird heute ein Stück von Shakespeare gespielt) there is a Shakespeare play on (*od.* they are performing a Shakespeare play) at the theater tonight. – **2.** ⟨*only sg*⟩ (*Theaterwesen, Gesamtheit der Stücke*) theater, *bes. Br.* theatre: das romantische ~ Romantic theater; das ~ des 20. Jahrhunderts the theater of the 20th century, (the) 20th century theater. – **3.** (*Gebäude*) theater, *bes. Br.* theatre, playhouse: die ~ öffnen [schließen] demnächst the theaters will be opening [closing] soon; ein neues ~ bauen to build a new theater. – **4.** (*Haus, Theatersaal*) house, theater, *bes. Br.* theatre: das ~ ist ausverkauft [voll besetzt] the house is sold out (*od.* booked up) [is full, is filled to capacity]; allmählich füllte sich das ~ the house gradually filled (up). – **5.** ⟨*only sg*⟩ (*Publikum*) house, audience: das (ganze) ~ klatschte begeistert the (whole) house applauded enthusiastically. – **6.** ⟨*only sg*⟩ (*Aufführung*) performance: das ~ ist um zehn Uhr aus (*od.* zu Ende) the performance is over (*od.* finishes) at ten p.m.; was machen wir nach dem ~? what shall we do after the performance (*od.* theater)? – **7.** (*Filmtheater*) *bes. Br.* cinema, *Am.* (motion-)picture theater (*od.* house): (diesen Film sehen Sie) demnächst in diesem ~ (this film is) coming shortly to this cinema. – **8.** *fig. colloq.* (*Getue*) 'act' (*colloq.*): ihr Mitleid ist reines ~ her sympathy is just a big act. – **9.** *fig. colloq.* ~ machen a) (*Rummel machen*) to make a fuss (*od.* ado, to-do), to carry on, b) (*eine Szene machen*) to make (*od.* create) a fuss (*od.* ado, to-do, hullaballoo); um diesen Schauspieler wird viel (*od.* ein großes) ~ gemacht people make a great fuss of (*od.* about) (*od.* a great to-do about) this actor; er machte ein großes ~ um die zerbrochene Fensterscheibe he made an awful hullaballoo about the broken windowpane (*colloq.*). – **10.** *fig. colloq.* (*Ärger, Umstand*) trouble, bother: es ist (doch) immer wieder das gleiche ~ mit ihm! it's always the same old trouble (*od.* story) with him, he is always causing the same old bother.

Thea·ter|ˌabend [te'a:tər-] *m* evening at the theater (*bes. Br.* theatre). — **~abon·ne·ˌment** *n* **1.** (*Platzmiete*) (theater) subscription. – **2.** (*Platzkarte*) season (*od.* subscription) ticket (for the theater). — **~agent** [-ʔaˌgɛnt] *m* theatrical agent. — **~agen·ˌtur** *f* theatrical agency. — **~ˌan·ˌrecht** *n cf.* Theaterabonnement. — **~ˌauf·ˌfüh·rung** *f* (theatrical) performance. — **~be·ˌricht** *m* **1.** (*in der Zeitung*) theater review (*od.* critique, criticism). – **2.** (*der Theaterleitung*) theater program (*bes. Br.* programme) for the season. — **t~be·ˌses·sen** *adj* stagestruck. — **~be·ˌsuch** *m* **1.** visit to the theater: regelmäßiger ~ regular visits *pl* to the theater, regular theatergoing (*Br.* theatre-going); für heute abend ist ein ~ vorgesehen arrangements have been made for spending this evening at the theater, a visit to the theater has been arranged for this evening. – **2.** ⟨*only sg*⟩ theater attendance, theatergoing, *Br.* theatre-going: der ~ in dieser Saison war überdurchschnittlich gut theater attendance this season was above average. — **~be·ˌsu·cher** *m* theatergoer, *Br.* theatre-goer, playgoer, *Br.* play-goer, *pl auch* audience *sg.* — **~bil·ˌlet** *n* theater ticket. — **~ˌbüh·ne** *f* (theater) stage. — **~ˌcoup** *m* coup de théâtre. — **~di·ˌrek·tor** *m* manager of a theater, *bes. Am.* producer. — **~ef·ˌfekt** *m* stage effect. — **~ˌfe·ri·en** *pl* theater holidays (*Am.* vacation *sg*). — **~ˌfim·mel** *m only in* den ~ haben *colloq.* to be a stage (*od.* theater) fan (*od.* buff) (*colloq.*). — **~fri·ˌseur** *m* theater hairdresser, theatrical coiffeur. — **~ˌglas** *n cf.* Operngglas. — **~ˌgrup·pe** *f* theater group (*od.* company). — **~ˌkar·te** *f* theater ticket. — **~ˌkas·se** *f* box (*od.* booking, ticket) office. — **~ˌklatsch** *m* theater (*auch* greenroom) gossip. — **~kri·ˌtik** *f* theater critique, play review. — **~ˌkri·ti·ker** *m* theater (*od.* drama) critic. — **~ˌle·ben** *n* ⟨-s; *no pl*⟩ theater life. — **~ˌlei·ter** *m cf.* Theaterdirektor. — **~ˌlei·tung** *f* **1.** theater directors *pl*, theater management. – **2.** ⟨*only sg*⟩ (*Amt*) theater management (*od.* direction), management (*od.* direction) of the theater. — **~li·te·ra·ˌtur** *f* literature on the theater. — **~ˌlo·ge** *f* (theater) box, loge. — **~ˌma·ler** *m* scene painter. — **~ma·schi·ne·ˌrie** *f* theater machinery. — **~ma·schi·ˌnist** *m* theater engineer. — **~ˌpro·be** *f* rehearsal. — **~ˌpu·bli·kum** *n* (theater) audience. — **~ˌraum** *m* auditorium. — **~re·ˌgie** *f Am.*

(stage) direction, *Br.* (stage) producing. — **~re·qui,si·ten** *pl* (stage) properties, props (*colloq.*). — **~,ring** *m* **1.** theater club. – **2.** balcony, dress circle. — **~,saal** *m* theater hall, auditorium. — **~sai,son** *f* theater (*od.* theatrical) season. — **~,schnei·der** *m*, **~,schnei·de·rin** *f* costumer. — **~,spiel,zeit** *f cf.* Theatersaison. — **~,stück** *n* (stage) play, drama. — **~,über,tra·gung** *f* (*radio*) *telev.* direct broadcast from a theater, theater live transmission. — **~,un·ter-,neh·mer** *m* impresario. — **~,vor,stel·lung** *f* theatrical performance, show (*colloq.*). — **~,welt** *f* theatrical (*od.* theater) world, world of the theater. — **~,werk,statt** *f* theatrical workshop, scene shop. — **~-,wis·sen·schaft** *f* discipline of theater, theater study (*od.* studies *pl*), studies *pl* of dramaturgy. — **~,wo·che** *f* theater week. — **~,zei·tung** *f* theater journal (*od.* gazette, news *pl construed as sg or pl*). — **~zen,sur** *f* censorship of stage plays. — **~,zet·tel** *m* theater program (*bes. Br.* programme), playbill.

Thea·ti·ner [tea'tiːnər] *m* ⟨-s; -⟩ *röm.kath.* Theatine.

Thea·tra·lik [tea'traːlɪk] *f* ⟨-; *no pl*⟩ (*in Gestik, Ausdruck etc*) theatricality, theatricalness, staginess.

thea·tra·lisch [tea'traːlɪʃ] *adj* **1.** (*bühnengerecht*) theatric(al): **~e Effekte** theatrical effects. – **2.** *fig. contempt.* (*übertrieben dramatisch, pathetisch*) theatric(al), staged, stagy, *auch* stagey, histrionic, *auch* histrionical, melodramatic, *auch* melodramatical.

The·ba·ner [te'baːnər] *m* ⟨-s; -⟩ *antiq.* Theban. — **the'ba·nisch, the·bisch** ['teːbɪʃ] *adj bes. antiq.* Theban, Thebaic.

The·in [te'iːn] *n* ⟨-s; *no pl*⟩ *chem. cf.* Koffein.

The·is·mus [te'ɪsmus] *m* ⟨-; *no pl*⟩ *relig.* theism. — **The'ist** [-'ɪst] *m* ⟨-en; -en⟩ theist. — **thei·stisch** [-'ɪstɪʃ] *adj* theistic, *auch* theistical.

The·ke ['teːkə] *f* ⟨-; -n⟩ **1.** (*Ladentisch*) counter: **etwas unter der ~ verkaufen** *fig.* to sell s.th. under the counter. – **2.** (*in einer Schenke, einer Imbißstube etc*) bar, counter.

The·li·tis [te'liːtɪs] *f* ⟨-; -tiden [-li'tiːdən]⟩ *med.* inflammation of the nipple, thelitis (*scient.*).

The·ma ['teːma] *n* ⟨-s; -men, *auch* -mata [-ta]⟩ **1.** (*eines Aufsatzes, Vortrages etc*) subject, topic, theme: **ein interessantes [heikles] ~** an interesting [a delicate] subject; **etwas zum ~ haben** to have s.th. as (a) theme; **j-m ein ~ zur Bearbeitung stellen** to assign s.o. a subject to work on; **ein ~ erschöpfend behandeln** to deal exhaustively with a subject; **das ~ wechseln, auf ein anderes ~ übergehen** to change the subject; **vom ~ abschweifen** (*od.* **abweichen**) to wander (*od.* stray) from the subject, to go (*od.* fly) off at a tangent; **beim ~ bleiben** to keep to the subject, to keep (*od.* stick) to the point; **ein ~ fallenlassen** to drop (*od.* dismiss) a subject; **das gehört nicht zum ~** that has nothing to do with the subject, that is completely irrelevant; **kehren wir zum ~ zurück** let's get back to the subject; **ein unerschöpfliches ~ für die Unterhaltung liefern** to provide an inexhaustible topic of conversation; **sich nicht von einem ~ abbringen lassen** not to allow oneself to be sidetracked; **bevor ich auf das eigentliche ~ eingehe, möchte ich sagen** before dealing with (*od.* before proceeding to) the subject proper I should like to say; **zum ~ Essen** a) as regards food, b) (*da wir gerade davon sprechen*) apropos (of) food, talking about food. – **2.** *mus.* a) (*einer Symphonie, eines Satzes etc*) theme, subject, *Am. auch* lead, b) (*bes. eines Kanons etc*) antecedent: **Variationen über ein ~ von Bach** variations on a theme by Bach. – **3.** *cf.* Filmthema. — **~mu,sik** *f* theme music.

The·ma·tik [te'maːtɪk] *f* ⟨-; -en⟩ **1.** (*literature*) theme, subject matter. – **2.** *mus.* themes *pl*, thematic material, theme invention (*od.* construction), subject matter. — **the'ma·tisch I** *adj* thematic. – **II** *adv* thematically.

'The·ma·vo,kal *m ling.* thematic vowel.

'The·men|,auf,stel·lung *f mus. cf.* Exposition 5. — **~be,reich** *m cf.* Themenkreis. — **~,durch,füh·rung** *f bes. mus.* development, *Am.* elaboration, (*einer Fuge*) exposition. — **~,kreis** *m* allied (*od.* inter-related) subjects *pl* (*od.* topics *pl*). — **~ver-,ar·bei·tung** *f cf.* Themendurchführung.

The·mis ['teːmɪs] *npr f* ⟨-; *no pl*⟩ *myth.* Themis (*ancient Greek goddess of justice*).

The·nar ['teːnar] *m* ⟨-s; -e [te'naːrə]⟩ *med.* (*Daumenballen*) ball of the thumb, thenar (*scient.*).

The·nar·dit [tenar'diːt; -'dɪt] *m* ⟨-s; -e(n)⟩ *min.* thenardite.

Theo·di·zee [teodi'tseː(ə)] *f* ⟨-; -n [-ən]⟩ *philos.* (*Rechtfertigung Gottes*) theodicy.

Theo·do·lit [teodo'liːt] *m* ⟨-(e)s; -e⟩ *tech.* (*Winkelmeßgerät*) theodolite. — **theo·do-'li·tisch** *adj* theodolitic.

Theo·gno·sie [teogno'ziː], **Theo'gno·sis** [-'gnoːzɪs] *f* ⟨-; *no pl*⟩ *philos.* (*Gotteserkenntnis*) theognosis.

Theo·go·nie [teogo'niː] *f* ⟨-; -n [-ən]⟩ *myth.* theogony: **die ~ betreffend** theogonic.

Theo·krat [teo'kraːt] *m* ⟨-en; -en⟩ theocrat. — **Theo·kra'tie** [-kra'tiː] *f* ⟨-; -n [-ən]⟩ **1.** theocracy. – **2.** ⟨*only sg*⟩ (*politisches System*) theocracy, thearchy. — **theo'kra·tisch** *adj* **1.** theocratic. – **2.** (*Staatswesen*) theocratic, thearchic.

theo·kri·tisch [teo'kriːtɪʃ] *adj lit.* (*idyllisch*) Theocritean, *auch* Theocritan, idyllic, pastoral.

Theo·la·trie [teola'triː] *f* ⟨-; -n [-ən]⟩ *relig. obs.* theolatry.

Theo·lo·ge [teo'loːgə] *m* ⟨-n; -n⟩ **1.** theologian, divine. – **2.** *cf.* Theologiestudent.

Theo·lo·gie [teolo'giː] *f* ⟨-; -n [-ən]⟩ theology, divinity: **Doktor der ~** Doctor of Theology (*od.* Divinity); **dialektische ~** dialectical theology. — **~stu,dent** *m* student of theology (*od.* divinity), theological (*od.* theology, divinity) student, *Am. colloq.* theologue.

theo'lo·gisch *adj* theological, *auch* theologic.

Theo·ma·nie [teoma'niː] *f* ⟨-; -n [-ən]⟩ *psych.* (*religiöser Wahnsinn*) religious insanity, theomania (*scient.*).

Theo·pha·nie [teofa'niː] *f* ⟨-; -n [-ən]⟩ (*Gotteserscheinung*) theophany.

The·or·be [te'ɔrbə] *f* ⟨-; -n⟩ *mus. hist.* (*Baßlaute*) theorbo.

Theo·rem [teo'reːm] *n* ⟨-s; -e⟩ *math. philos.* theorem, proposition.

Theo·re·ti·ker [teo'reːtikər] *m* ⟨-s; -⟩ theorist, theoretician, theorizer, speculator.

theo·re·tisch [teo'reːtɪʃ] **I** *adj* **1.** (*Unterricht, Physik etc*) theoretical, *auch* theoretic. – **2.** (*Lösung, Möglichkeit etc*) theoretical, *auch* theoretic, hypothetical, *auch* hypothetic, speculative: **seine Behandlung des Themas ist zu ~** his treatment of the topic is too theoretical (*od.* academic). – **II** *adv* **3.** theoretically, in theory, hypothetically: **~ mag das richtig sein, aber** theoretically (*od.* on paper) that may be right but.

theo·re·ti·sie·ren [teoreti'ziːrən] **I** *v/i* ⟨*no* ge-, h⟩ **1.** theorize, speculate. – **II T~** *n* ⟨-s⟩ **2.** *verbal noun.* – **3.** theorization, speculation.

Theo·rie [teo'riː] *f* ⟨-; -n [-ən]⟩ **1.** theory, speculation, supposition, hypothesis, conjecture, *philos. auch* abstraction: **eine ~ aufstellen [widerlegen, verwerfen]** to evolve (*od.* develop) [to disprove, to reject] a theory; **er hat da so seine eigene ~** *colloq.* he has his own (peculiar) theory about that; → **kinetisch** 1. – **2.** (*Gegensatz zu Praxis*) theory: **~ und Praxis** theory and practice; **nur in der ~** only in theory; **das ist alles graue ~** that is all mere theory.

Theo·soph [teo'zoːf] *m* ⟨-en; -en⟩ *philos. relig.* theosophist, theosoph(er). — **Theo-so'phie** [-zo'fiː] *f* ⟨-; -n [-ən]⟩ theosophy. — **theo'so·phisch** *adj* theosophical, *auch* theosophic, theosophistic, *auch* theosophistical.

The·ra·peut [tera'pɔʏt] *m* ⟨-en; -en⟩ *med.* therapist, therapeutist. — **The·ra'peu·tik** [-tɪk] *f* ⟨-; *no pl*⟩ therapeutics *pl* (*construed as sg or pl*). — **The·ra'peu·ti·kum** [-tikum] *n* ⟨-s; -tika [-ka]⟩ therapeutic agent. — **the·ra'peu·tisch** *adj* therapeutic, *auch* therapeutical.

The·ra·pie [tera'piː] *f* ⟨-; -n [-ən]⟩ *med.* therapy, treatment: **chirurgische ~** surgical intervention. — **~,feh·ler** *m* false therapy. — **~,leh·re** *f* therapeutics *pl* (*construed as sg or pl*).

The·ri·ak ['teːrɪ̆ak] *m* ⟨-s; *no pl*⟩, **~,wur·zel** *f* (*in der Alchimie*) treacle.

ther·mal [tɛr'maːl] *adj* thermal. — **T~,bad** *n* **1.** thermal bath. – **2.** (*Ort*) thermal springs resort (*od.* spa, baths *pl*). — **T~prä-zi·pi,ta·tor** [-prɛtsipi,taːtər] *m* ⟨-s; -en [-ta,toːrən]⟩ (*mining*) (*Staubmeßgerät*) thermal precipitator. — **T~,quel·le** *f* thermal spring. — **T~,salz** *n* thermal salt. — **T~,was·ser** *n* thermal water.

Ther·me ['tɛrmə] *f* ⟨-; -n⟩ *meist pl* thermal (*od.* hot) spring.

Ther·mik ['tɛrmɪk] *f* ⟨-; *no pl*⟩ **1.** *phys.* (*Wärmelehre*) thermionics *pl* (*usually construed as sg*). – **2.** *meteor.* (*bes. für Segelflug*) thermal (*od.* thermic, warm-air) current, updraft (*bes. Br.* updraught) of warm air. — **~,flug** *m aer.* thermic flight.

ther·misch ['tɛrmɪʃ] *adj chem. phys.* thermal, thermic.

Ther·mi·stor [tɛrmɪs'toːr] *m* ⟨-s; -en⟩ *chem. phys.* thermistor.

Ther·mit [tɛr'miːt; -'mɪt] *n* ⟨-s; -e⟩ *chem. tech.* thermit(e).

Ther·mo..., ther·mo... *combining form denoting* thermo...

Ther·mo|che·mie [tɛrmoçe'miː] *f chem.* thermochemistry. — **~'che·mi·ker** [-'çeːmikər] *m* thermochemist. — **t~'che·misch** [-'çeːmɪʃ] *adj* thermochemical.

Ther·mo·chro·mie [tɛrmokro'miː] *f* ⟨-; *no pl*⟩ *chem. phys.* thermochromism.

Ther·mo|dif·fu·si·on [tɛrmodɪfu'zi̯oːn] *f* ⟨-; -en⟩ *phys.* thermal diffusion, thermodiffusion. — **~,dü·se** ['tɛrmo-] *f aer. cf.* Thermotriebwerk. — **~dy'na·mik** [-dy'naːmɪk] *f phys.* thermodynamics *pl* (*construed as sg or pl*). — **t~dy'na·misch** [-dy'naːmɪʃ] *adj* thermodynamic, *auch* thermodynamical. — **t~elek·trisch** [-ʔe'lɛktrɪʃ] *adj* thermoelectric, *Br.* thermo-electric. — **~elek·tri·zi'tät** [-ʔelɛktritsi'tɛːt] *f* thermoelectricity, *Br.* thermo-electricity. — **~ele'ment** [-ʔele'mɛnt] *n meist pl* thermocouple. — **t~fi'xie·ren** [-fɪ'ksiːrən] *v/t* ⟨*no* ge-, h⟩ *synth.* heat-set. — **~gal·va·no'me·ter** [-galvano'meːtər] *n electr. phys.* thermogalvanometer.

Ther·mo·graph [tɛrmo'graːf] *m* ⟨-en; -en⟩ *meteor.* thermograph.

Ther·mo|gra·vi·me·trie [tɛrmogravime'triː] *f* ⟨-; *no pl*⟩ *chem.* termogravimetric analysis. — **t~io·nisch** [-ʔi'oːnɪʃ] *adj* thermoionic, *Br.* thermo-ionic. — **~'kau·stik** [-'kaustɪk] *f med.* thermocautery. — **~'kau·ter** [-'kautər] *m* cauter. — **t~la'bil** [-la'biːl] *adj* thermolabile.

Ther·mo·ly·se [tɛrmo'lyːzə] *f* ⟨-; -n⟩ *chem.* thermolysis. — **ther·mo·ly'sie·ren** [-ly'ziːrən] *v/t* ⟨*no* ge-, h⟩ thermolyze. — **ther·mo'ly·tisch** [-tɪʃ] *adj* thermolytic.

Ther·mo·ma·gne·tis·mus [tɛrmomagne'tɪsmus] *m phys.* thermomagnetism.

Ther·mo·me·ter [tɛrmo'meːtər] *n* ⟨-s; -⟩ *phys.* thermometer: **das ~ zeigt** (*od.* **steht auf**) **5° über [unter] Null** the thermometer is at (*od.* shows) 5° above [below] zero; **das ~ steigt [fällt]** the thermometer is rising (*od.* going up) [falling *od.* going down]. — **~,glas** *n* thermometer glass. — **~,ku·gel** *f* thermometer bulb. — **~,säu·le** *f* thermometer column. — **~,ska·la** *f* scale of a thermometer, thermometric scale. — **~,stand** *m* thermometer reading.

Ther·mo|me·trie [tɛrmome'triː] *f* ⟨-; -n [-ən]⟩ *phys. med.* thermometry. — **t~'me·trisch** [-'meːtrɪʃ] *adj phys.* thermometric. — **t~nu·kle'ar** [-nukle'aːr] *adj nucl.* (*Bombe, Reaktion etc*) thermonuclear.

ther·mo·phil [tɛrmo'fiːl] *adj biol.* (*wärmeliebend*) thermophile, *auch* thermophil. — **Ther·mo·phi'lie** [-fi'liː] *f* ⟨-; *no pl*⟩ thermophily.

Ther·mo·phor [tɛrmo'foːr] *m* ⟨-s; -e⟩ *tech.* (*wärmespeicherndes Gerät*) thermophore.

Ther·mo·phy·sik [tɛrmofy'ziːk] *f* thermophysics *pl* (*usually construed as sg*).

Ther·mo|plast [tɛrmo'plast] *n* ⟨-(e)s; -e⟩ *meist pl chem.* thermoplastic. — **t~'pla·stisch** *adj* thermoplastic. — **t~re·si'stent** [-rezɪs'tɛnt] *adj* heat-stable, heat-resistant, thermoresistant, thermostable. — **~re'zep·tor** [-re'tsɛptər] *m med.* thermoreceptor. — **~,säu·le** ['tɛrmo-] *f phys.* thermopile, thermoelectric (*Br.* thermo-electric) pile (*od.* battery), thermobattery.

'Ther·mos|be,häl·ter ['tɛrmɔs-] (*TM*) *m* thermos (*od.* vacuum) container. — **~,fla·sche** (*TM*) *f* thermos flask (*od.* bottle), vacuum bottle, thermos.

'Ther·mo·si,phon *m phys. tech.* thermosiphon.

Ther·mo·skop [tɛrmo'skoːp] *n* ⟨-s; -e⟩ *phys.* thermoscope. — **ther·mo'sko·pisch** *adj* thermoscopic.

ther·mo·so·lie·ren [tɛrmozo'liːrən] *v/t* ⟨*no* ge-, h⟩ *chem.* thermosolate.

ther·mo·sta·bil [tɛrmosta'biːl] *adj cf.* thermoresistent.

Ther·mo·stat [tɛrmo'staːt] *m* ⟨-(e)s *u.* -en; -e(n)⟩ *tech.* (*Wärmeregler*) thermostat. — **Ther·mo'sta·tik** [-tɪk] *f phys.* thermostatics *pl* (*usually construed as sg*). — **ther·mo'sta·tisch** *adj* thermostatic.

'Ther·mo,strom *m phys. electr.* thermocurrent.

ther·mo·tak·tisch [tɛrmo'taktɪʃ] *adj med. biol.* thermotactic, thermotaxic, thermotropic. — **Ther·mo'ta·xis** [-'taksɪs] *f* thermotaxis.

Ther·mo|the·ra·pie [tɛrmotera'piː] *f med.* (*Wärmebehandlung*) thermotherapy. — **~,trieb,werk** ['tɛrmo-] *n aer.* thermal jet engine.

ther·mo·trop [tɛrmo'troːp] *adj biol.* thermotropic, caloritropic. — **Ther·mo·tro'pis·mus** [-tro'pɪsmʊs] *m* ⟨-; *no pl*⟩ thermotropism, thermotaxis.

Ther·mo|vul·ka·ni·sa·ti·on [tɛrmovʊlkaniza'tsǐoːn] *f synth.* heat vulcanization (*Br. auch* -s-). — **~,zel·le** ['tɛrmo-] *f electr. phys. cf.* Thermoelement.

the·sau·rie·ren [tezaʊ'riːrən] *v/t* ⟨*no* ge-, h⟩ *econ.* (*Geld, Edelmetall*) hoard (up), accumulate.

The·sau·rus [te'zaʊrʊs] *m* ⟨-; -ren *u.* -ri [-ri]⟩ *ling.* (*Wortschatzsammlung*) thesaurus, vocabulary.

The·se ['teːzə] *f* ⟨-; -n⟩ *philos.* thesis: eine ~ aufstellen [erhärten, widerlegen] to evolve [to confirm, to refute] a thesis.

The·seus ['teːzɔʏs] *npr m* ⟨-; *no pl*⟩ *myth.* Theseus.

The·sis ['teːzɪs] *f* ⟨-; -sen⟩ *metr.* thesis.

Thes·mo·pho·ri·en [tɛsmo'foːrǐən] *pl antiq.* (*altgriech. Fruchtbarkeitsfest*) Thesmophoria *sg.*

'Thes·pis,kar·ren ['tɛspɪs-] *m humor.* (*Wanderbühne*) Thespian cart: mit dem ~ ziehen to be a strolling actor.

Thes·sa·li·er [tɛ'saːlǐər] *m* ⟨-s; -⟩, **Thes'sa·lie·rin** *f* ⟨-; -nen⟩ *geogr.* Thessalian. — **thes'sa·lisch** [-lɪʃ] *adj* Thessalian.

Thes·sa·lo·ni·cher [tɛsa'loːnɪçər] *m* ⟨-s; -⟩ Thessalonian: (Brief des Paulus an die) ~ *Bibl. cf.* Thessalonicherbrief. — **~,brief** *m Bibl.* Epistle (of St. Paul) to the Thessalonians, Thessalonians *pl* (*construed as sg*).

'The·ta·funk·ti,on ['teːta-] *f math.* theta function.

The·ur·gie [teʊr'giː] *f* ⟨-; *no pl*⟩ *relig.* theurgy.

Thia·di·azol [tiadia'tsoːl] *n* ⟨-s; *no pl*⟩ *chem.* thiadiazole ($C_2H_2N_2S$).

Thi·amin [tia'miːn] *n* ⟨-s; *no pl*⟩ *chem. med. cf.* Aneurin.

Thi·azin [tia'tsiːn] *n* ⟨-s; *no pl*⟩ *chem.* thiazine (C_4H_5NS).

Thi·azol [tia'tsoːl] *n* ⟨-s; *no pl*⟩ *chem.* thiazole (C_3H_3NS).

Thing [tɪŋ] *n* ⟨-(e)s; -e⟩ **1.** *pol.* (*Parlament in Skandinavien*) Thing, *auch* Ting. – **2.** *hist.* (*germanische Volksversammlung*) thing, meeting. — **~,ort, ~,platz** *m hist.* thingstead.

'Thio|,äther ['tiːo-] *m* ⟨-s; -⟩ *chem.* sulfide *bes. Br.* -ph-, *auch* organic sulfide, thioether [$(C_2H_5)_2S$]. — **~,harn,stoff** *m* ⟨-s; *no pl*⟩ thiourea, thiocarbamide, sulfourea *bes. Br.* -ph- ($CS(NH_2)_2$).

Thio·phen [tio'feːn] *n* ⟨-s; -e⟩ *chem.* thiophene, *bes. Br.* thiophen, thiofuran (C_4H_4S).

Thio·plast [tio'plast] *m* ⟨-(e)s; -e⟩ *meist pl synth.* thioplast, thioplastic, polysulfide (*bes. Br.* -ph-) rubber, elastothiomer.

Thi·xo·tro·pie [tɪksotro'piː] *f* ⟨-; *no pl*⟩ *chem.* thixotropy.

Tho·los ['toːlɔs] *m* ⟨-; -loi [-lɔʏ] *u.* -len⟩ *antiq.* (*altgriech. Rundbau*) tholos, tholus.

Tho·ma·ner [to'maːnər] *m* ⟨-s; -⟩ *mus.* **1.** *pupil* (*od. alumnus*) *of the Thomasschule at Leipzig.* – **2.** *pl cf.* Thomanerchor. — **~,chor** *m* Thomas choir (*consisting of pupils of the Thomasschule*).

Tho·mas ['toːmas] *m* ⟨-; -se⟩ *only in* ungläubiger ~ doubting Thomas. — **~,bir·ne** *f metall. bes. Am.* basic Bessemer converter, *Br.* Thomas converter. — **~,kan·tor** *m cantor at the Thomaskirche at Leipzig.* — **~,mehl** *n* ⟨-(e)s; *no pl*⟩ **1.** *agr.* (*Düngemittel*) Thomas meal. – **2.** *metall. bes. Am.* ground basic Bessemer slag, *Br.* ground Thomas slag, Thomas meal. — **~,schlacke** (*getr.* -k·k-) *f metall. bes. Am.* basic Bessemer slag, *Br.* Thomas slag. — **~,stahl** *m* basic converter steel, *bes. Am.* basic Bessemer steel, *Br.* Thomas steel. — **~ver,fah·ren** *n* basic converter process, *bes. Am.* basic Bessemer process, *Br.* Thomas process.

Tho·mis·mus [to'mɪsmʊs] *m* ⟨-; *no pl*⟩ (*philos. System nach Thomas von Aquin*) Thomism. — **Tho'mist** [-'mɪst] *m* ⟨-en; -en⟩ Thomist. — **tho'mi·stisch** *adj* Thomist(ic).

Thor [toːr] *npr m* ⟨-s; *no pl*⟩ *myth.* Thor (*Old Norse god of thunder*).

Tho·ra [to'raː; 'toːra] *f* ⟨-; *no pl*⟩ *Bibl.* (*die 5 Bücher Mose*) (Sepher *od.* Sefer) Torah.

tho·ra·kal [tora'kaːl] *adj med.* thoracic, *auch* thoracical.

Tho·ra·ko·pla·stik [torako'plastɪk] *f* ⟨-; -en⟩ *med.* plastic surgery of the chest, thoracoplasty (*scient.*).

Tho·ra·ko·sko·pie [torakosko'piː] *f* ⟨-; -n [-ən]⟩ *med.* thoracoscopy, pleural endoscopy, pleuroscopy.

Tho·ra·ko·zen·te·se [torakotsɛn'teːzə] *f* ⟨-; -n⟩ *med.* (*Brusthöhlenpunktion*) puncture of the thorax (*od.* pleura), thoracocentesis (*scient.*).

Tho·rax ['toːraks] *m* ⟨-(es); -e⟩ *med. zo.* thorax, chest. — **~er,öff·nung** *f med.* thoracotomy.

Tho·ria·nit [torǐa'niːt; -'nɪt] *m* ⟨-s; -e⟩ *min.* thorianite.

Tho·rit [to'riːt; -'rɪt] *m* ⟨-(e)s; -e⟩ *min.* thorite.

Tho·ri·um ['toːrǐʊm] *n* ⟨-s; *no pl*⟩ *chem.* thorium (Th). — **~di·oxyd** [-diˀɔ,ksyːt], **~oxyd** [-ˀɔ,ksyːt] *n* thorium oxide (*od.* dioxide), *auch* thoria (ThO_2).

Tho·ron [to'roːn; 'toːrɔn] *n* ⟨-s; *no pl*⟩ *chem.* thoron, *auch* thorium emanation.

'Thors,hühn·chen ['toːrs-] *n zo.* red (*bes. Br.* grey) phalarope (*Phalaropus fulicarius*).

Thra·ker ['traːkər] *m* ⟨-s; -⟩ *geogr.* Thracian. — **'thra·kisch** *adj* Thracian.

Throm·bin [trɔm'biːn] *n* ⟨-s; -e⟩ *med.* thrombin, thrombase.

Throm·bo|ar·te·ri·itis [trɔmboˀarteri'iːtɪs] *f* ⟨-; -riitiden [-rii'tiːdən]⟩ *med.* thromboarteritis, *Br.* thrombo-arteritis. — **~em·bo'lie** [-ˀɛmbo'liː] *f* thromboembolism, *Br.* thrombo-embolism. — **~ki'na·se** [-ki'naːzə] *f* thrombokinase, thromboplastin. — **~ki'ne·se** [-ki'neːzə] *f* ⟨-; *no pl*⟩ thrombokinesis. — **~phle'bi·tis** [-fle'biːtɪs] *f* ⟨-; -bitiden [-bi'tiːdən]⟩ thrombophlebitis, venous thrombosis. — **~pla'stin** [-plas'tiːn] *n* ⟨-s; *no pl*⟩ thromboplastin.

Throm·bo·se [trɔm'boːzə] *f* ⟨-; -n⟩ *med.* thrombosis: fortschreitende ~ creeping thrombosis. — **throm'bo·tisch** [-tɪʃ] *adj* thrombotic.

Throm·bo·zyt [trɔmbo'tsyːt] *m* ⟨-en; -en⟩ *meist pl med.* (*Blutplättchen*) (blood) platelet, thrombocyte (*scient.*). — **Throm·bo·zy·to·pe'nie** [-tsytope'niː] *f* ⟨-; *no pl*⟩ thrombo(cyto)penia, lack of thrombocytes. — **throm·bo·zy·to'pe·nisch** [-tsyto'peːnɪʃ] *adj* thrombo(cyto)penic. — **Throm·bo·zy'to·se** [-tsy'toːzə] *f* ⟨-; *no pl*⟩ thrombocytosis.

Throm·bus ['trɔmbʊs] *m* ⟨-; -ben⟩ *med.* (*Blutgerinnsel*) thrombus, blood clot. — **~ex·zi·si,on** *f* thrombectomy.

Thron [troːn] *m* ⟨-(e)s; -e⟩ **1.** throne: den ~ besteigen to ascend (*od.* mount) the throne; j-n auf den ~ erheben to raise s.o. to the throne; j-n vom ~ stoßen (*od.* stürzen) to dethrone (*od.* depose) s.o.; dem ~ entsagen to abdicate; auf den ~ verzichten to renounce the throne; j-m auf den ~ folgen to succeed s.o. (*od.* to be s.o.'s successor) to the throne; die Stützen des ~es *fig.* the pillars of the throne; steigen Sie herab von Ihrem ~! *fig. colloq.* come down from your high horse; vor dem ~e Gottes *relig.* before the throne (*od.* in the presence) of God. – **2.** *colloq. humor.* chamber (pot), 'throne' (*sl.*): er sitzt auf dem ~ he is (sitting) on the throne, he is enthroned (*sl.*). – **3.** *cf.* Thronsessel. — **~,an,wär·ter** *m* heir apparent, heir to the throne. — **~be,stei·gung** *f* accession to the throne. — **~be,wer·ber** *m* pretender to the throne.

thro·nen ['troːnən] *v/i* ⟨h⟩ **1.** be enthroned: er thronte auf einem Sessel *fig. colloq.* he sat enthroned on an armchair. – **2.** *colloq. humor.* be (seated) on the throne (*sl.*). — **'thro·nend I** *pres p.* – **II** *adj* (*art*) ~er Christus Christ in majesty; ~e Madonna enthroned Madonna, Majesty.

'Thron|ent,sa·gung *f* abdication (*od.* renunciation) of the throne (*od.* crown). — **~,er·be** *m* heir to the throne: gesetzmäßiger [mutmaßlicher] Thronerbe heir apparent [presumptive]. — **~,er·bin** *f* heiress to the throne.

'Thron,fol·ge *f* succession to the throne. — **~ge,setz** *n* **1.** law of succession. – **2.** *hist.* Act of Settlement.

'Thron|,fol·ger *m* ⟨-s; -⟩, **~,fol·ge·rin** *f* ⟨-; -nen⟩ successor to the throne. — **~,him·mel** *m* canopy, baldachin(o), baldacchino, baldaquin. — **~prä·ten,dent** *m* pretender (*od.* pretendant, claimant) to the throne. — **~,räu·ber** *m* usurper (of the throne). — **~,re·de** *f* **1.** speech from the throne. – **2.** (*im britischen Parlament*) King's (*od.* Queen's) speech. — **~,saal** *m* throne room. — **~,ses·sel** *m* chair of state, *auch* throne-chair. — **~,wech·sel** *m* change of sovereign(s).

Thu·ja ['tuːja] *f* ⟨-; -jen⟩ *bot.* thuja, arborvitae (*Fam. Cupressaceae*).

Thu·je ['tuːjə] *f* ⟨-; -n⟩ *bot. Austrian for* Thuja.

thu·ky·di·de·isch [tukydi'deːɪʃ] *adj hist.* [Thucydidean.]

Thu·le ['tuːlə] *npr n* ⟨-; *no pl*⟩ *myth.* Thule (*mythical isle in the far North*).

Thu·li·um ['tuːlǐʊm] *n* ⟨-s; *no pl*⟩ *chem.* thulium (Tm).

'Thun,fisch ['tuːn-] *m zo.* tuna (*Fam. Thunnidae*): Gemeiner (*od.* Roter) ~ tunny, bluefin, *auch* bluefin tuna (*Thunnus thynnus*); ~ in Dosen *gastr.* canned (*bes. Br.* tinned) tuna (fish). — **~,netz** *n* tunny net.

Thü·rin·ger[1] ['tyːrɪŋər] *m* ⟨-s; -⟩ *geogr.* Thuringian.

'Thü·rin·ger[2] *f* ⟨-; -⟩ *gastr.* (*Wurst*) Thüringer, *auch* Thüringer sausage.

'thü·rin·gisch *adj* Thuringian.

Thyl·le ['tʏlə] *f* ⟨-; -n⟩ *bot.* tylosis, tylose.

Thy·mi·an ['tyːmǐaːn] *m* ⟨-s; -e⟩ *bot.* thyme (*Gattg Thymus*). — **~,öl** *n med. pharm.* thyme oil.

thy·reo·id [tyreo'iːt] *adj med.* thyroid.

Thy·reo·idea [tyreo'iːdea] *f* ⟨-; *no pl*⟩ *med.* (*Schilddrüse*) thyroid gland (*od.* body), thyroid.

Thy·reo·id·ek·to·mie [tyreoidɛkto'miː] *f* ⟨-; -n [-ən]⟩ *med.* thyroidectomy.

Thy·reo·idi·tis [tyreoi'diːtɪs] *f* ⟨-; -itiden [-di'tiːdən]⟩ *med.* thyroiditis.

Thy·reo'id,knor·pel *m med.* thyroid cartilage.

Thy·reo|to·xi·ko·se [tyreotɔksi'koːzə] *f* ⟨-; -n⟩ *med.* thyrotoxicosis, thyro-intoxication. — **t~'to·xisch** [-'tɔksɪʃ] *adj* thyrotoxic.

Thy·ro·to·mie [tyroto'miː] *f* ⟨-; -n [-ən]⟩ *med.* thyrotomy.

Thyr·oxin [tyrɔ'ksiːn] *n* ⟨-s; *no pl*⟩ *chem. med.* thyroxine, *auch* thyroxin ($C_{15}H_{11}I_4NO_4$).

Tia·ra ['tǐaːra] *f* ⟨-; -ren⟩ **1.** (*des Papstes*) tiara, papal (*od.* triple) crown. – **2.** *antiq.* tiara.

Ti·be·ta·ner [tibe'taːnər] *m* ⟨-s; -⟩, **Ti·be'ta·ne·rin** *f* ⟨-; -nen⟩ *cf.* Tibeter(in). — **ti·be'ta·nisch** *adj cf.* tibetisch I.

Ti·be·ter ['tiːbɛtər; ti'beːtər] *m* ⟨-s; -⟩, **Ti·be·te·rin** ['tiːbɛtərɪn; ti'beːtərɪn] *f* ⟨-; -nen⟩ *geogr.* Tibetan.

'Ti·bet·ga,zel·le *f zo.* goa (*Gazella picticaudata*).

ti·be·tisch ['tiːbɛtɪʃ; ti'beːtɪʃ] **I** *adj* Tibetan. – **II** *ling.* **T~** ⟨*generally undeclined*⟩, **das T~e** ⟨-n⟩ Tibetan, the Tibetan language.

Ti·bia ['tiːbǐa] *f* ⟨-; Tibiae [-bǐɛ]⟩ **1.** *med. zo.* (*Schienbein*) shinbone, tibia (*scient.*). – **2.** *mus. antiq.* (*beinerne Flöte*) tibia.

Tic [tɪk] *m* ⟨-s; -s⟩ *med.* (*nervöses Zucken*) tic, twitching. — **~ dou·lou'reux** [dulu'røː] *m* ⟨- -; - - ['tɪk -]⟩ trigeminal paroxysmal neuralgia, tic douloureux.

Tick [tɪk] *m* ⟨-(e)s; -s⟩ *colloq.* **1.** (*Schrulle, Eigenart*) kink, quirk, tic, crotchet: er hat einen kleinen ~ a) he has a bit of a kink, he is a bit crazy (*od. colloq.* soft in the head), b) (*er ist eingebildet*) he is a bit conceited; er hat einen ~ ins Große he likes to act the big man. – **2.** auf j-n einen ~ haben (*Groll*) to have (*od.* bear) a grudge against s.o. – **3.** *med. cf.* Tic.

ticken (*getr.* -k·k-) [ˈtɪkən] I *v/i* ⟨h⟩ 1. (*von Uhr, Holzwurm etc*) tick: die Uhr tickt unregelmäßig the clock is out of beat. – 2. (*von Fernschreiber etc*) click. – II T⁓ *n* ⟨-s⟩ 3. *verbal noun*. – 4. (*der Uhr, des Holzwurms etc*) tick. – 5. (*des Fernschreibers etc*) click.

ˈtickˈtack [-ˈtak] *interj* (*von Uhren*) tic(k)-toc(k)! ticktick! *Am. auch* tic(k)tac(k)!

ˈTickˈtack¹ *n* ⟨-s; *no pl*⟩ (*von Uhren*) tic(k)-toc(k), ticktick, *Am. auch* tic(k)tac(k).

ˈTickˈtack² *f* ⟨-; -s⟩ (*child's language*) (*Uhr*) tic(k)toc(k).

Ti·de [ˈtiːdə] *f* ⟨-; -n⟩ *mar.* tide: auflaufende [fallende] ⁓ rising [falling] tide. — **⁓ˌbecken** (*getr.* -k·k-) *n* tidal basin (*od.* dock). — **⁓ˌha·fen** *m* tidal harbor (*bes. Br.* harbour).

ˈTi·den|ˌfall *m mar.* tidal fall. — **⁓ˌhub** *m* tidal amplitude (*od.* range): hoher [niedriger] ⁓ spring [neap] tide(s *pl*).

tief [tiːf] I *adj* ⟨-er; -st⟩ 1. (*Brunnen, Wasser, See, Tal, Wunde etc*) deep: ein ⁓er Fall a) (*von einer Leiter etc*) a long drop, b) *fig.* (*moralisch, sittlich*) a great (*od.* grave) fall; ein ⁓er Teller a) a deep plate, b) a soup plate; es liegt ⁓er Schnee the snow lies (*od.* is) deep on the ground; ein ⁓er Seufzer *fig.* a deep (*od. lit.* profound) sigh; aus ⁓stem Herzen *fig.* from the bottom of one's heart; in der ⁓sten Tiefe seiner Seele *fig.* in the very depths of one's soul; das ist ihr aus ⁓ster Seele verhaßt *fig.* she hates that from the depths of her soul. – 2. (*Schrank, Bühne, Regal, Zimmer etc*) deep. – 3. (*niedrig*) low: ⁓e Temperaturen [⁓er Schmelzpunkt] low temperatures [melting point]; eine ⁓e Verbeugung a low (*od.* deep) bow; ein ⁓er Ausschnitt a low neckline. – 4. (*Stimme, Ton etc*) deep, low. – 5. (*Farbton*) deep, strong, saturated, intense: ein ⁓es Rot a deep red; ⁓e Schatten dark shadows. – 6. *fig.* (*Elend, Schmerz etc*) deep, utter, extreme: in ⁓er Trauer in deep grief, deeply grieved. – 7. *fig.* (*Frieden, Stille, Schlaf etc*) deep, profound, sound. – 8. *fig.* (*Wissen, Verständnis, Denken etc*) profound, deep. – 9. *fig.* (*Grund, Ursache, Sinn etc*) deep. – 10. im ⁓(st)en Wald [Afrika] in the depths of the forest [of Africa]; im ⁓sten Süden [Norden] far (*od. colloq.* away) down in the south [up in the north], in the extreme south [north]; in ⁓ster Nacht [im ⁓sten Winter] in the depths (*od.* dead) of the night [of winter]; ein Dorf im ⁓sten Frieden überfallen to raid a village in the midst of peace; das ist ja ⁓stes Mittelalter that's as bad as (*od.* like) in the Dark Ages, that's absolutely medi(a)eval. – 11. bis in die ⁓e Nacht far on (*od.* deep) into the night. – II *adv* 12. deep(ly): ⁓ unten im Tal deep down in the valley; ⁓ graben to dig deep; zwei Etagen ⁓er two floors down (*od.* below); die Straßen sind ⁓ verschneit the streets are covered deep with snow; ihre Augen liegen ⁓ she has deep-set eyes; den Hut ⁓ ins Gesicht ziehen to pull one's hat down over one's eyes; ⁓ im Schlamm stecken to be stuck deep in the mud; ⁓ in der Arbeit [in Schulden] stecken *fig.* to be deep in work [in debt]; er ist ⁓ gesunken *fig.* he fell very low; ⁓er blicken *fig.* to see beneath the surface; das läßt ⁓ blicken *fig.* that is very revealing, that speaks volumes; j-m ⁓ in die Augen schauen *fig.* to look deep into s.o.'s eyes; er hatte zu ⁓ ins Glas geschaut *colloq. humor.* he has had one too many (*od.* one over the eight) (*colloq.*); er hat seinen Teilhaber ⁓ hineingeritten *fig. colloq.* he got his partner into a terrible mess (*colloq.*). – 13. (*niedrig*) low: ⁓ fliegen a) (*von Vögeln etc*) to fly low, b) *aer.* to fly low (*od.* at a low altitude), to hedgehop (*colloq.*); die Sonne steht ⁓ the sun is low (in the sky); das Barometer steht ⁓ the barometer is (at) (*od.* points to) low; er bückte sich ⁓ he bent (down) low, he stooped (down); ein ⁓ ausgeschnittenes Kleid a low-necked dress. – 14. *mus.* deep, low: zu ⁓ singen to sing flat; einen Ton ⁓er a whole tone lower; ein Instrument ⁓er stimmen to tune down an instrument. – 15. (*kräftig*) deeply: ⁓ erröten to blush deeply; er war ⁓ gebräunt he was deeply tanned, he had a deep tan. – 16. *fig.* (*sehr, äußerst*) deeply, gravely, seriously, utterly, extremely: ⁓ gekränkt (*od.* verletzt) sein to be deeply hurt, to be cut to the quick; ⁓ empört sein to be utterly indignant (*od.* scandalized *Br. auch* -s-); etwas aufs ⁓ste bedauern to regret s.th. deeply (*od.* profoundly, with all one's heart); ⁓ in j-s Schuld stehen to be deeply indebted to s.o. – 17. *fig.* (*intensiv*) deeply: ⁓ seufzen to sigh deeply (*od. lit.* profoundly); ⁓ atmen to breathe deeply; ⁓ schlafen to sleep soundly. – 18. *fig.* (*nicht oberflächlich*) deeply, profoundly: sie empfindet sehr ⁓, sie ist sehr ⁓ veranlagt she has very deep emotions; seine Anteilnahme war ⁓ empfunden his sympathy was deeply felt; das Erlebnis ging bei ihr sehr ⁓ the experience affected her deeply (*od.* had a profound effect [up]on her). – 19. (*weit*) deep, far: ⁓ ins Landesinnere vordringen to penetrate deep into the country. – 20. (*spät*) deep, late, far: bis ⁓ in die Nacht hinein till late at (*od.* into the) night, far on (*od.* deep) into the night; bis ⁓ ins 19. Jh. late (*od.* well on) into the 19th century.

Tief *n* ⟨-s; -s⟩ 1. *meteor.* low-pressure area, low, depression, cyclone (*scient.*): abziehendes ⁓ departing low. – 2. *mar.* a) (*Seetief*) oceanographic deep, b) (*Einfahrt in ein Wattenfahrwasser*) creek. – 3. *fig.* (state of) depression: sie befindet sich zur Zeit in einem seelischen ⁓ she is very depressed (*od.* down) at the moment.

ˈTiefˌanˌgriff *m aer. mil. cf.* Tieffliegerangriff.

ˈTiefˌbau *m* ⟨-(e)s; *no pl*⟩ 1. *civ.eng.* underground (*od.* civil) engineering. – 2. (*mining*) deep mining. — **⁓ˌamt** *n* civil engineering inspectorate. — **⁓ˌfir·ma** *f* civil engineering contractors *pl* (*od.* company). — **⁓in·ge·niˌeur** *m* civil engineer.

ˈtief|beˌtrübt *adj* ⟨*attrib*⟩ (über *acc*) deeply grieved (at, about), deeply afflicted (at, by). — **⁓beˌwegt** *adj* ⟨*attrib*⟩ deeply moved. — **⁓ˌblau** *adj* dark- (*od.* deep-)blue. — **T⁓ˌblick** *m fig.* penetration, (keen) insight. — **⁓ˌblickend** (*getr.* -k·k-) *adj* penetrating, acute, astute. — **T⁓ˌboh·rer** *m tech.* deep-well drilling tool. — **T⁓ˌboh·rung** *f* 1. (*Arbeitsvorgang*) deep drilling. – 2. (*Brunnenbau*) deep boring, deep-well drilling. – 3. (*Tiefbohrloch*) deep borehole. — **T⁓ˌbun·ker** *m mil.* deep (*od.* underground) shelter. — **T⁓ˌdecker** (*getr.* -k·k-) *m* ⟨-s; -⟩ *aer.* low-wing aircraft (*od.* monoplane).

ˈTiefˌdruck¹ *m* ⟨-(e)s; -e⟩ *print.* 1. ⟨*only sg*⟩ intaglio (printing), rotogravure. – 2. intaglio (print), rotogravure.

ˈTiefˌdruck² *m* ⟨-(e)s; *no pl*⟩ *meteor.* low pressure.

ˈTiefˌdruck|geˌbiet *n meteor. cf.* Tief 1. — **⁓ˌrin·ne** *f* trough of low pressure. — **⁓ro·ta·tiˌons·maˌschi·ne** *f print.* photogravure rotary press, rotogravure press. — **⁓ˌzo·ne** *f meteor. cf.* Tief 1.

ˈTie·fe *f* ⟨-; -n⟩ 1. (*des Meeres, eines Brunnens etc*) depth, deepness: beim Graben weiter in die ⁓ gehen to dig down deeper; bei einer Erörterung in die ⁓ gehen *fig.* to go (*od.* to probe) deeper into the subject of an argument; aus der ⁓ des Herzens *fig.* from the depth(s) (*od.* bottom) of one's heart; die Höhen und ⁓n des Lebens *fig.* the ups and downs of life. – 2. (*eines Raumes etc*) depth: das Gebäude hat eine ⁓ von 10 Meter(n) the building has a depth of 10 meters (*bes. Br.* metres) (*od.* is 10 meters [*bes. Br.* metres] deep); das Photo hat keine ⁓ the photograph has no depth. – 3. (*Abgrund*) deep, abyss. – 4. (*einer Stimme etc*) depth, deepness. – 5. ⟨*only sg*⟩ *fig.* (*von Gedanken etc*) profoundness, profundity, depth. – 6. ⟨*only sg*⟩ *fig.* (*von Gefühlen*) depth, deepness. – 7. *mil.* (*von Truppenteilen etc*) depth. – 8. *mar.* (*gemessene Wassertiefe*) soundings *pl.* – 9. *pl mus.* bass notes, gravity *sg.* – 10. *pl* (*radio*) (*Klangregler*) bass *sg.* – 11. *pl bes. telev.* (*eines Bildes*) dark-picture areas.

ˈTief|ˌebe·ne *f geogr.* low plain, lowland, low-lying area. — **t⁓empˌfun·den** *adj* ⟨*attrib*⟩ (*Dank etc*) heartfelt.

ˈTie·fen|ˌausˌdeh·nung *f* extension in depth. — **⁓beˌstrah·lung** *f med.* deep X-ray treatment. — **⁓ˌfeu·er** *n mil.* searching fire. — **⁓geˌstein** *n geol.* plutonic rock, pluton, irruptive rock. — **⁓ˌglie·de·rung** *f mil.* echelonment in depth. — **⁓ˌlot** *n mar.* depth-sounder, bathometer, fathometer (*TM*). — **⁓ˌmes·sung** *f* 1. measurement of depth, sounding. – 2. *cf.* Tiefseelotung. — **⁓psy·choˌlo·ge** *m psych.* depth psychologist. — **⁓psy·cho·loˌgie** *f* depth psychology. — **⁓ˌrausch** *m med.* (*bei Tauchern*) rapture of the deep (*od.* depths). — **⁓ˌru·der** *n mar.* hydrofoil, hydrovane, depth fin, horizontal rudder.

ˈTie·fenˌschär·fe *f phot.* depth of field (*od.* focus): Einstellung der ⁓ bracketing, zone focus(s)ing.

ˈTie·fenˌschär·fen|beˌreich *m phot.* zone of sharpness, field of focus. — **⁓ˌring** *m* depth of field setting, bracketing (*od.* zone-focus[s]ing) control. — **⁓ˌska·la** *f* depth of field scale.

ˈTie·fen|ˌschrift *f* ⟨-; *no pl*⟩ (*einer Schallplatte*) vertical cut. — **⁓ˌstreu·ung** *f* (*in der Ballistik*) range dispersion. — **⁓ˌwahr·neh·mung** *f* perception of depth. — **⁓ˌwir·kung** *f* 1. (*eines Bildes, einer Bühne etc*) plastic (*od.* stereoscopic) effect. – 2. (*Intensität*) intensity. – 3. *mil.* (*Eindringtiefe eines Geschosses*) depth of penetration.

ˈtiefˈernst *adj* very grave, very solemn.

ˈtief·erˌschüt·tert *adj* ⟨*attrib*⟩ *fig.* 1. deeply shocked (*od.* upset). – 2. deeply moved (*od.* affected).

ˈTiefˌflie·ger *m aer. mil.* low-flying aircraft, strafer, hedgehopper (*colloq.*). — **⁓ˌan·ˌgriff** *m* low-level attack, (*mit Bordwaffenbeschuß*) strafing. — **⁓beˌschuß** *m* strafing.

ˈTief|ˌflug *m aer.* low-level flight, hedgehopping (*colloq.*): im ⁓ über einen See fliegen to make a low-level flight (*od.* fly low, *colloq.* hedgehop) over a lake. — **⁓ˌgang** *m* ⟨-(e)s; *no pl*⟩ 1. *mar.* draft, *bes. Br.* draught: den ⁓ ablesen to check the draft. – 2. *fig.* depth: ein Roman ohne ⁓ a novel lacking (in) depth. — **⁓gaˌra·ge** *f* basement garage. — **t⁓geˌbeugt** *adj* ⟨*attrib*⟩ 1. (*vom Alter etc*) very stooped, bowed-down. – 2. *fig.* (*von Sorgen, vom Schicksal etc*) bowed-down, deeply afflicted. — **t⁓geˌfrie·ren** *v/t* ⟨*only inf u. pp* tiefgefroren, h⟩ *cf.* tiefkühlen 1. — **t⁓geˌfro·ren** I *pp of* tiefgefrieren. – II *adj cf.* tiefgekühlt 1. — **t⁓geˌfühlt** *adj* ⟨*attrib*⟩ *cf.* tiefempfunden. — **t⁓ge·hend** *adj* 1. (*Wunde, Wurzel etc*) deep. – 2. *fig.* (*Wirkung*) deep, penetrating. – 3. *fig.* (*Untersuchung etc*) thorough, profound, intensive. – 4. *mar.* (*Schiff*) deep-drawing, of great draft (*bes. Br.* draught). — **t⁓geˌkühlt** I *pp.* – II *adj* 1. deepfrozen, quick-frozen, deepfreeze (*attrib*). – 2. (*Getränk etc*) chilled, refrigerated. — **t⁓ˌgrei·fend** *adj* 1. (*weitreichend*) far-reaching. – 2. (*grundlegend*) fundamental, radical. — **t⁓ˌgrün** *adj* dark- (*od.* deep-)green. — **t⁓ˌgrün·dig** [-ˌgrʏndɪç] *adj* 1. (*Bemerkung etc*) profound, deep. – 2. (*Lächeln*) knowing.

ˈTiefˌkühlˌanˌla·ge *f tech.* deepfreezing plant, deepfreeze, *auch* deep freezer.

ˈtiefˌküh·len *v/t* ⟨*only inf u. pp* tiefgekühlt, h⟩ 1. deepfreeze, quick-freeze. – 2. (*Getränk etc*) chill, refrigerate.

ˈTiefˌkühl|ˌfach *n* (*im Kühlschrank*) deepfreeze chamber (*od.* compartment). — **⁓ˌket·te** *f* cold chain. — **⁓ˌkost** *f* frozen foods *pl.* — **⁓ˌmö·bel** *n* deepfreeze equipment. — **⁓ˌobst** *n* deepfrozen fruit. — **⁓schrank** *m* deepfreeze cabinet. — **⁓ˌtech·nik** *f* deepfreeze technique. — **⁓ˌtru·he** *f* deepfreeze chest, freezer, Deepfreeze (*TM*), *auch* deep (*Am.* home) freezer.

ˈTiefˌküh·lung *f* deepfreeze, deepfreezing, quick-freezing.

ˈTiefˌla·de|ˌanˌhän·ger *m auto.* low-bed (*od.* low-body) trailer. — **⁓ˌli·nie** *f mar.* load (water)line.

ˈTiefˌla·der *m* (*railway*) low loader.

ˈTiefˌla·deˌwa·gen *m* (*railway*) well waggon (*bes. Am.* wagon), *Am. auch* flatcar.

ˈTief|ˌland *n* ⟨-(e)s; -e *u.* ⁼er⟩ *geogr.* lowland(s *pl*). — **t⁓ˌlie·gend** *adj* 1. (*Gebiet etc*) low-lying. – 2. (*Augen*) deep-set, sunken. – 3. (*Schmerz*) deep-seated. – 4. *geol.* (*Schichten etc*) deep-seated. — **⁓ˌlot** *n mar. cf.* Tiefenlot. — **⁓ˌofen** *m metall.* vertical ingot heating (*od.* pit) furnace, soaking pit. — **⁓ˌpflug** *m agr.* subsoil plough (*bes. Am.* plow). — **⁓ˌpunkt** *m fig.* low point, low, nadir: einen seelischen ⁓ haben to be terribly depressed (*colloq.*); ich habe heute einen ausgesprochenen ⁓ I am at my lowest today, I am (down) in the dumps today (*colloq.*); er befindet sich auf dem absoluten ⁓ he has reached an all-time low (*colloq.*).

ˈ**tiefˌschäf·tig** [-ˌʃɛftɪç] (*textile*) **I** *adj* basse-lisse. – **II** *adv* ein ~ gewebter Stoff a basse-lisse material.
ˈ**Tief|ˌschlaf** *m* **1.** deep sleep. – **2.** *med.* a) (*in der Narkose*) deep sleep, b) (*in der Hypnose*) trance. — ~ˌ**schlag** *m* **1.** (*sport*) (*beim Boxen*) low blow, punch (*od.* blow) below the belt. – **2.** *fig.* (gegen) nasty (*od.* unfair) blow (at), blow below the belt. — **t**~ˌ**schür·fend** *adj fig.* (*Gespräche, Gedanken etc*) profound. — ~ˌ**schutz** *m* (*beim Boxsport*) cup protector. — **t**~ˌ**schwarz** *adj* deep- (*od.* jet-)black.
ˈ**Tiefˌsee** *f* deep sea. — ~ˌ**aal** *m zo.* deep-sea eel (*Fam. Synaphobranchidae u. Serrivomeridae*). — ~ˌ**for·schung** *f* deep-sea research. — ~ˌ**gra·ben** *m* deep, (deep-sea) trench. — ~ˌ**ka·bel** *n tel.* deep-sea cable. — ~ˌ**lot** *n mar.* deep-sea lead. — ~ˌ**lo·tung** *f* deep-sea sounding, bathymetry. — ~ˌ**tauch·ˌku·gel** *f* bathysphere. — ~ˌ**tier** *n zo.* deep-sea animal.
ˈ**Tiefˌsinn** *m* ⟨-(e)s; *no pl*⟩ **1.** (*eines Gedankens etc*) profundity, profoundness, depth of meaning. – **2.** (*Nachdenklichkeit*) thoughtfulness, pensiveness, meditativeness. – **3.** (*schwermütig*) melancholy, melancholic, pensive. — ˈ**Tiefˌsin·nig·keit** *f* ⟨-; *no pl*⟩ *cf.* Tiefsinn.
ˈ**tiefˌsin·nig** *adj* **1.** profound. – **2.** (*nachdenklich*) thoughtful, pensive, meditative.
ˈ**Tief|ˌstand** *m* ⟨-(e)s; *no pl*⟩ **1.** (*des Wasserstandes*) low level. – **2.** *bes. econ.* (*einer Entwicklung*) low level (*od.* point, water). – **3.** (*einer Kultur etc*) nadir. — **t**~ˌ**sta·peln** *v/i* ⟨*sep*, -ge-, h⟩ be overmodest, (tend to) make understatements. — ~ˌ**start** *m* (*sport*) (*bei der Leichtathletik*) crouch start. — **t**~ˌ**ste·hend** *adj* **1.** (*Sonne etc*) low. – **2.** *fig.* (*rangmäßig*) low, inferior. — ~ˌ**strah·ler** *m* **1.** (*Straßenleuchte*) narrow-angle lighting fitting. – **2.** (*über Boxring*) ring lamp.
ˈ**Tiefstˌwert** *m* **1.** minimum (value). – **2.** *meteor.* lowest value: die ~e der vergangenen Nacht the lowest temperatures recorded last night.
ˈ**Tiefˌton** *m* **1.** low tone. – **2.** *ling.* secondary accent (*od.* stress). — ~**beˌreich** *m* (*radio*) low audio (frequency) range.
ˈ**tiefˌtö·nend** *adj* (*Stimme, Glocke etc*) sonorous, booming.
ˈ**Tiefˌtonˌlautˌspreˑcher** *m* (*radio*) woofer (speaker), *bes. Br.* low-frequency loudspeaker.
ˈ**tief|**ˈ**trau·rig** *adj* very sad. — ~ˌ**wur·zelnd** *adj fig.* (*Haß, Vorurteil etc*) deep-rooted. — ~ˌ**zie·hen** *v/t* ⟨*only inf u. pp* tiefgezogen, h⟩ *metall.* deep-draw. — **T**~ˌ**ziel** *n mil.* low-flying target.
Tie·gel [ˈtiːgəl] *m* ⟨-s; -⟩ **1.** (*kleiner Topf*) shallow saucepan. – **2.** *metall.* (*Schmelztiegel*) crucible, melting pot. – **3.** *print.* platen (press). – **4.** (*für Creme etc*) jar.
ˈ**Tie·gelˌdruck** *m* ⟨-(e)s; -e⟩ *print.* **1.** ⟨*only sg*⟩ platen printing. – **2.** platen print. — ~ˌ**pres·se** *f* platen press.
ˈ**Tie·gelˌguß** *m metall.* crucible cast steel. — ~ˌ**stahl** *m* crucible steel.
ˈ**Tie·gelˌofen** *m metall.* crucible furnace.
Tiek [tiːk] *n* ⟨-s; *no pl*⟩, ˈ**Tiekˌholz** *n* ⟨-es; *no pl*⟩ teak(wood).
Tier [tiːr] *n* ⟨-(e)s; -e⟩ **1.** animal: wildes ~ (wild *od.* savage) beast; dressiertes ~ trained animal; männliches [weibliches] ~ male [female] (animal); reinrassiges ~ pureblood (*od.* pure-blooded, purebred) animal, pureblood, purebred; mikroskopisch kleines ~ animalcule. – **2.** *fig. contempt.* beast, brute: er ist ein ~ he is a brute. – **3.** *fig.* (*tierisches Wesen*) brute, beast, animal: das ~ in j-m wecken to bring out the brute in s.o.; das ~ in (*dat*) sich bekämpfen to overcome the brute in oneself, to overcome one's baser instincts (*od.* one's bestiality). – **4.** *fig. colloq.* (*in Wendungen wie*) ein großes (*od.* hohes) ~ a V.I.P.; a swell, a big gun (*colloq.*); a bigwig, a big shot (*sl.*); sie ist ein armes ~ a) she has a hard time of it, b) she has awfully bad luck (*colloq.*); du bist ein gutes ~ you are a dear (*Br. colloq. auch* love). — ~ˌ**anˌbe·ter** *m relig.* zoolater. — ~ˌ**anˌbe·tung** *f* zoolatry. — ~ˌ**art** *f zo.* (animal) species. — ~**arzˌneiˌkun·de** *f vet.* veterinary pharmacology. — ~ˌ**arzt** *m* veterinarian, *Br.* veterinary surgeon, veterinary, vet (*colloq.*), *Am. colloq.* horse doctor. — **t**~ˌ**ärzt·lich** *adj* veterinary. — ~**asyl** [-ʔaˌzyːl] *n* animal home. — ~ˌ**bän·di·ger** *m* **1.** (*für Löwen etc*) (animal) tamer. – **2.** (*Abrichter*) (animal) trainer. — ~**beˌschrei·bung** *f zo.* zoography, systematics *pl* (*construed as sg*). — ~ˌ**bild** *n* (*art*) animal painting (*od.* piece). — ~ˌ**buch** *n* book about animals, (*als Titel*) *auch* book of animals.
ˈ**Tier·chen** *n* ⟨-s; -⟩ **1.** *dim. of* Tier: jedem ~ sein Pläsierchen *colloq.* every man to his taste. – **2.** *biol.* (*mikroskopisch kleines*) animalcule.
ˈ**Tier|ˌdich·tung** *f* **1.** poetry about animals. – **2.** (*Sammlung von Tiergeschichten*) bestiary. — ~**ex·pe·riˌment** *n med. zo.* animal experiment. — ~ˌ**fa·bel** *f* (animal) fable. — ~ˌ**fän·ger** *m* animal trapper, (*für zool. Sammlungen*) animal collector. — ~ˌ**fett** *n* animal fat. — ~ˌ**fres·ser** *m zo. cf.* Fleischfresser. — ~ˌ**freund** *m* animal lover. — ~ˌ**gar·ten** *m* **1.** zoological garden(s *pl*), zoo. – **2.** (*Wildgehege*) deer park. — ~ˌ**gat·tung** *f zo.* genus. — ~**geˌhe·ge** *n* preserve. — ~**geo·graˌphie** *f* zoogeography. — ~**geˌschich·te** *f* story about animals. — ~**geˌschlin·ge** *n* (*in Kunstgeschichte*) interlacing animal pattern. — ~**geˌsell·schaft** *f zo.* a) (*der gleichen Art*) population, b) (*verschiedener Arten*) synusia. — ~ˌ**hal·ter** *m* animal owner: sind Sie ~? do you keep an animal (*od.* animals)? — ~ˌ**han·del** *m* trade in animals. — ~ˌ**hand·lung** *f* pet shop. — ~ˌ**haut** *f* hide. — ~ˌ**heilˌkun·de** *f vet.* veterinary medicine. — ~ˌ**heim** *n* animal home.
ˈ**tie·risch** *adj* **1.** (*Produkte, Öle, Fette etc*) animal (*attrib*): → Kohle 3. – **2.** *fig.* (*Benehmen, Roheit, Gelüste etc*) brute (*attrib*), bestial, brutal. – **3.** mit ~em Ernst *fig. colloq.* dead seriously, with dead seriousness.
ˈ**Tier|ˌkampf** *m* animal fight. — ~ˌ**ken·ner** *m* animal expert. — ~ˌ**kli·nik** *f* veterinary hospital. — ~ˌ**koh·le** *f* (*für medizinische Zwecke*) animal charcoal.
ˈ**Tierˌkreis** *m* ⟨-es; *no pl*⟩ *astrol.* zodiac. — ~ˌ**zei·chen** *n* sign of the zodiac.
ˈ**Tier|ˌkult** *m relig.* zoolatry. — ~ˌ**kun·de** *f zo.* zoology. — ~ˌ**laus** *f* louse (*Ordng Anoplura*). — ~ˌ**laut** *m meist pl* animal sound, sound produced by an animal. — ~ˌ**le·ben** *n* animal life. — **t**~ˌ**lieb** *adj* ⟨*pred*⟩ fond of animals. — ~ˌ**lie·be** *f* **1.** love (*od.* fondness) of animals. – **2.** *psych.* (*krankhafte*) zoomania. — **t**~ˌ**lie·bend** *adj* animal-loving. — ~ˌ**ma·ler** *m* animal painter. — ~**me·diˌzin** *f vet.* veterinary medicine. — ~**pa·raˌsit** *m zo.* zooparasite. — ~ˌ**park** *m cf.* Tiergarten. — ~ˌ**pfle·ger** *m cf.* Tierwärter. — ~**psy·cho·loˌge** *m* animal psychologist, zoopsychologist. — ~**psy·cho·loˌgie** *f* animal psychology, zoopsychology. — ~ˌ**quä·ler** *m* tormentor of animals. — ~**quä·leˈrei** [ˌtiːr-] *f* cruelty to animals, zoosadism (*scient.*). — ~ˌ**reich** *n* animal kingdom (*od.* regnum). — ~ˌ**schau** *f* animal (*od.* menagerie) show. — ~ˌ**schutz** *m* protection of animals. — ~ˌ**schutz·geˌbiet** *n* (game) reservation, preserve. — ~ˌ**schutz·verˌein** *m* Society for the Prevention of Cruelty to Animals. — ~ˌ**seu·che** *f* livestock epidemic. — ~ˌ**spra·che** *f* animal language. — ~ˌ**stim·me** *f meist pl* animal voice (*od.* noise). — ~ˌ**stück** *n* (*art*) *cf.* Tierbild. — ~**verˌsuch** *m med. zo.* animal experiment. — ~ˌ**wär·ter** *m* keeper. — ~ˌ**welt** *f* animal world. — ~ˌ**zucht** *f agr.* animal husbandry, livestock breeding. — ~ˌ**züch·ter** *m* (animal) breeder. — ~ˌ**zuchtˌschau** *f* cattle show.
Ti·ger [ˈtiːgər] *m* ⟨-s; -⟩ *zo.* tiger (*Panthera tigris*): gestreift wie ein ~ striped like a tiger, tigered; sich wie ein ~ auf die Arbeit stürzen *fig. colloq.* to set to work like a madman. — ~ˌ**au·ge** *n min.* tigereye, *auch* tiger's-eye. — ~ˌ**fell** *n* tiger skin. — ~ˌ**frosch** *m zo.* tiger frog (*Rana tigrina*). — ~ˌ**hai** *m* tiger shark (*Galeocerdo cuvieri*). — ~ˌ**il·tis** *m* tiger weasel, marbled polecat (*Vormela peregusna*).
ˈ**Ti·ge·rin** *f* ⟨-; -nen⟩ *zo.* tigress.
ˈ**Ti·gerˌkat·ze** *f zo.* tiger (*od.* leopard) cat (*Gattg Prionailurus*).
ti·gern [ˈtiːgərn] **I** *v/t* ⟨h⟩ (*Stoff etc*) spot, speckle. – **II** *v/i* ⟨sein⟩ *colloq.* (*schlendern*) traipse, *auch* trapes (*beide colloq.*), trail.
ˈ**Ti·ger|ˌot·ter** *f zo.* tiger snake (*Notechis scutatus*). — ~ˌ**pferd** *n cf.* Bergzebra. — ~ˌ**py·thon** *m* Indian (*od.* tiger) python (*Python molurus*). — ~**sa·laˌman·der** *m* tiger salamander (*Ambystoma tigrinum*). — ~ˌ**salm·ler** *m cf.* Wasserhund. — ~ˌ**schlan·ge** *f cf.* Tigerpython. — ~ˌ**schnecke** (*getr.* -k·k-) *f* tiger cowry (*Cypraea tigris*). — ~ˌ**wolf** *m cf.* Tüpfelhyäne.
Til·de [ˈtɪldə] *f* ⟨-; -n⟩ **1.** *print.* swung dash, tilde. – **2.** *ling.* (*Aussprachezeichen im Spanischen, Portugiesischen etc*) tilde.
ˈ**tilg·bar** *adj* **1.** (*auslöschbar*) extinguishable. – **2.** *econ.* a) (*Anleihe, Staatsschuld etc*) redeemable, b) (*rückzahlbar*) repayable, amortizable *Br. auch* -s-: nicht ~ irredeemable.
til·gen [ˈtɪlgən] **I** *v/t* ⟨h⟩ **1.** (*auswischen, ausradieren*) wipe out, rub off (*od.* out), erase. – **2.** (*streichen*) strike out: einen Posten im Schuldbuch ~ to strike out an entry in a ledger. – **3.** *fig.* (*auslöschen*) blot (*od.* wipe) out, efface, expunge, obliterate: etwas aus seinem Gedächtnis ~ to wipe out the memory of s.th.; einen Makel ~ to efface a disgrace. – **4.** (*ungültig machen*) cancel, annul, nullify. – **5.** (*zerstören, vernichten*) eradicate, extirpate, exterminate, annihilate, extinguish: ein Volk vom Erdboden ~ to exterminate (*od.* wipe out) a nation from the face of the earth; Unkraut ~ to eradicate weeds. – **6.** *econ.* a) (*Schuld*) repay, pay (*od.* clear) off, amortize *Br. auch* -s-, liquidate, discharge, extinguish, b) (*Anleihen, Obligationen, Renten*) redeem, c) (*abschreiben*) write off. – **7.** *print.* delete. – **8.** etwas im Strafregister ~ *jur.* to erase s.th. in the penal register. – **II T**~ *n* ⟨-s⟩ **9.** *verbal noun.* — ˈ**Til·gung** *f* ⟨-; -en⟩ **1.** *cf.* Tilgen. – **2.** erasure, erasion. – **3.** *fig.* (*aus dem Gedächtnis etc*) effacement, expunction, obliteration. – **4.** (*Aufhebung*) cancellation, *auch* cancelation, annulment, nullification. – **5.** (*Vernichtung*) eradication, extirpation, extermination, annihilation, extinction, extinguishment. – **6.** *econ.* a) (*einer Schuld*) repayment, amortization *Br. auch* -s-, liquidation, discharge, extinction, extinguishment, b) (*von Anleihen, Obligationen, Renten*) redemption. – **7.** *print.* deletion.
ˈ**Til·gungs|ˌabˌkom·men** *n econ.* repayment (*od.* redemption, amortization *Br. auch* -s-) agreement. — ~ˌ**anˌlei·he** *f* redemption (*od.* amortization) loan. — ~ˌ**beiˌhil·fe** *f* redemption (*od.* amortization) subvention (*od.* grant). — ~**beˌtrag** *m* redemption amount. — ~ˌ**darˌle·hen** *n* redeemable (*od.* amortizable) loan. — ~ˌ**dau·er** *f* term of redemption. — ~ˌ**fäl·lig·keit** *f* date of redemption. — ~ˌ**fonds** *m* sinking (*od.* redemption, amortization) fund. — ~**kreˌdit** *m* redemption credit. — ~ˌ**plan** *m* scheme of redemption, redemption plan (*od.* table). — ~ˌ**quo·te**, ~ˌ**ra·te** *f* redemption (*od.* amortization) rate (*od.* installment, *bes. Br.* instalment, quota). — ~ˌ**rückˌla·ge** *f* redemption reserve. — ~ˌ**satz** *m* redemption rate. — ~ˌ**schuld** *f* redemption debt. — ~**terˌmin** *m* redemption date. — ~ˌ**zei·chen** *n print.* dele.
Til·si·ter [ˈtɪlzɪtər] **I** *adj* ~ Käse *gastr. cf.* Tilsiter II. – **II** *m* ⟨-s; -⟩ *gastr.* Tilsit, Tilset cheese, Tilsiter.
Tim·bre [ˈtɛ̃ːbər] *n* ⟨-s; -s⟩ *mus. cf.* Klangfarbe 1, Tonfarbe.
ti·men [ˈtaɪmən] *v/t* ⟨h⟩ *colloq.* time. — **Ti·ming** [ˈtaɪmɪŋ] *n* ⟨-s; -s⟩ timing.
Ti·mo·kra·tie [timokraˈtiː] *f* ⟨-; -n [-ən]⟩ timocracy.
Ti·mo·theeˌgras [timoˈteː-; ˈtiːmote-] *n* ⟨-es; *no pl*⟩ *bot.* timothy (grass) (*Phleum pratense*).
Ti·mo·the·us [tiˈmoːteʊs] *npr m* ⟨-; *no pl*⟩ *Bibl.* Timothy: (Brief des Paulus an) ~ *cf.* Timotheusbrief. — ~ˌ**brief** *m* Epistle (of St. Paul) to Timothy. — ~ˌ**gras** *n* ⟨-es; *no pl*⟩ *bot. cf.* Timotheegras.
Tin·gel·tan·gel [ˈtɪŋəlˌtaŋəl] *m, n* ⟨-s; -⟩ *colloq.* **1.** (*Lokal*) cheap (*od.* low) nightclub with variety show, honky-tonk (*sl.*). – **2.** (*billige Unterhaltung*) cheap (*od.* low) variety entertainment in a nightclub, honky-tonk entertainment (*sl.*).
Tink·tur [tɪŋkˈtuːr] *f* ⟨-; -en⟩ **1.** *med. pharm.* tincture, tinctura. – **2.** *tech.* (*Färbemittel*) tincture.
Tin·nef [ˈtɪnɛf] *m* ⟨-s; *no pl*⟩ *colloq.* **1.** (*wertloses Zeug*) junk, trash. – **2.** (*Unsinn*) nonsense: er soll ein Lügner sein? so ein ~! him a liar? stuff and nonsense!
Tin·ni·tus [tɪˈniːtʊs] *m* ⟨-; *no pl*⟩ *med.*

(*Ohrenklingen*) ringing in the ears, tinnitus (*scient.*).

Tin·te ['tɪntə] *f* ⟨-; -n⟩ **1.** ink: **unauslöschliche ~** indelible (*od.* marking) ink; **viel rote ~ verbrauchen** *fig.* (*viel korrigieren*) to use a lot of red ink; **in der ~ sitzen** *fig. colloq.* to be in the soup (*colloq.*), to be in a (nice) pickle; → **dick** 9. – **2.** *zo.* (*des Tintenfisches*) ink, sepia (*scient.*).

'Tin·ten|,faß *n* **1.** inkpot, *Br.* ink-pot, inkwell, *Br.* ink-well, ink bottle, *Br.* ink-bottle, inkstand. – **2.** (*im Tisch eingelassenes*) inkwell, *Br.* ink-well. — **~,fisch** *m zo.* cuttlefish, octopus (*scient.*) (*Klasse Cephalopoda*). — **~,fla·sche** *f* ink bottle, *Br.* ink-bottle. — **~,fleck** *m* **1.** ink stain (*od.* spot). – **2.** *cf.* Tintenklecks. — **~,gum·mi** *m* ink eraser (*Br. auch* rubber). — **~,klecks** *m* (*in einem Heft, auf einem Brief etc*) inkblot. — **~,ku·li** *m* stylographic pen. — **~,lö·scher** *m* (rocker) blotter. — **~,pilz** *m bot. cf.* Tintling. — **~,stift** *m cf.* Kopierstift 1. — **~,wi·scher** *m* pen wiper.

'tin·tig *adj* **1.** (*wie Tinte*) inky: **ein ~es Blau** an inky blue. – **2.** (*voller Tinte*) inky, ink-stained: **~e Finger** ink-stained fingers.

'Tint·ling *m* ⟨-s; -e⟩ *bot.* inky cap (*Gattg Coprinus*).

Tip [tɪp] *m* ⟨-s; -s⟩ **1.** (*Rat, Vorschlag etc*) tip, hint, idea, wrinkle (*colloq.*): **gib mir einen ~, wie ich das Kleid ändern soll** give me an idea about how to alter the dress. – **2.** (*Wink, Hinweis etc*) clue, hint: **ein Unbekannter gab der Polizei den ~** a stranger gave the police the clue. – **3.** (*Warnung, Verweis etc*) tip, warning: **ich gebe dir den guten ~, es nicht wieder zu tun** let me give you a good tip — don't do that again, I warn you not to do it again. – **4.** (*bei Wetten*) tip: **ein sicherer ~** a hot (*od.* straight) tip, straight dope (*sl.*). – **5.** (*im Toto, Lotto*) round: **beim letzten ~ habe ich drei Richtige gehabt** I had three right in the last round.

'Tip·pel,bru·der *m colloq.* tramp, *Am.* [*sl.* hobo.]

Tip·pe'lei *f* ⟨-; *no pl*⟩ *colloq.* traipse, *auch* trapes (*beide colloq.*).

tip·peln ['tɪpəln] *v/i* ⟨sein⟩ *colloq.* **1.** (*gehen*) traipse, *auch* trapes, 'trot' (*alle colloq.*): **ich mußte den ganzen Weg ~** I had to traipse all the way there. – **2.** (*von Landstreichern*) tramp. – **3.** *cf.* **trippeln**.

tip·pen[1] ['tɪpən] **I** *v/i* ⟨h⟩ **1.** tap, tip, touch: **j-m auf die Schulter ~** to tap s.o. on the shoulder; **sich** (*dat*) **an die Stirn ~** to tap one's forehead mockingly; **an den Hut ~** (, **um j-n zu grüßen**) to tip one's hat (to s.o.); **im Gespräch an einen wunden Punkt ~** *fig.* to touch a sore point in a conversation. – **2. an j-n nicht ~ können** *fig. colloq.* not to be able (*od.* fit) to hold a candle to s.o. – **3. daran ist nicht zu ~** *fig. colloq.* that is an incontestable (*od.* indisputable) fact. – **II** *v/t* **4. j-n auf die Schulter ~** to tap s.o. on the shoulder. – **5.** *auto.* (*Vergaser*) tickle, tip, prime.

'tip·pen[2] *v/t u. v/i* ⟨h⟩ *colloq.* (*auf der Maschine schreiben*) type(write).

'tip·pen[3] **I** *v/i* ⟨h⟩ **1.** guess, suppose: **wir ~ auf ihn als den Mörder** we guess (*od.* would say, would make a guess) that he is the murderer. – **2.** (*im Lotto*) do the Lotto. – **3.** (*im Toto*) do the football pool(s). – **II** *v/t* **4. 3 Richtige ~** to have three right.

'Tip·per *m* ⟨-s; -⟩ **1.** *cf.* Lottospieler. – **2.** *cf.* Totospieler.

'Tipp|,feh·ler *m colloq.* typing error (*od.* mistake). — **~,fräu·lein** *n colloq.* typist.

'Tipp·ler *m* ⟨-s; -⟩ *Austrian colloq.* drunkard.

'Tipp·mam,sell *f colloq. contempt.* typist.

Tipp·se ['tɪpsə] *f* ⟨-; -n⟩ *colloq. contempt.* typist.

tipp, tapp ['tɪp 'tap] *interj* (*von nackten Füßen*) pitter-patter! pit-a-pat!

tipp·topp ['tɪp'tɔp] *colloq.* **I** *adj* ⟨*pred*⟩ tip-top (*colloq.*), first-class (*attrib*). – **II** *adv* **~ sauber** immaculately clean, spic(k)-and-span; **~ aufgeräumt** immaculately tidy, shipshape; **~ gekleidet** immaculately dressed.

'Tipp,zet·tel *m* **1.** *cf.* Lottoschein. – **2.** *cf.* Totoschein.

Ti·ra·de [ti'raːdə] *f* ⟨-; -n⟩ **1.** tirade, harangue: **sich in ~n ergehen** to go into tirades. – **2.** *mus.* tirade.

ti·ri·li [tiri'liː] *interj* (*von Singvögeln*) tirralirra! — **ti·ri'lie·ren** [-'liːrən] *v/i* ⟨*no* ge-, h⟩ warble, carol, trill.

Ti·ro·ler [ti'roːlər] *m* ⟨-s; -⟩ *geogr.* Tyrolean, *auch* Tirolean, Tyrolese, *auch* Tirolese, Tyrolian. — **~,hut** *m* Tyrolean (*auch* Tirolean) hat.

ti'ro·lisch, *auch* **ti'ro·le·risch** *adj* Tyrolean, *auch* Tirolean, Tyrolese, *auch* Tirolese, Tyrolian.

Tisch [tɪʃ] *m* ⟨-(e)s; -e⟩ **1.** table: **ein ~ zum Ausziehen** a pull-out (*od.* an extension) table; **am ~ sitzen** a) to sit at the table, b) (*beim Essen*) to sit at table; **den ~ decken** to lay (*od.* set) the table; **den ~ abräumen** to clear the table; **vom ~ aufstehen** to leave (*od.* get up from) the table; **es war so reichlich gedeckt, daß sich die ~e bogen** *fig.* there was a tremendous spread (*colloq.*); **die Beine** (*od.* **Füße**) **unter einen fremden ~ stecken** (*od.* **strecken**) to sponge (up)on other people; **sich an den gedeckten ~ setzen** a) to sit down to a prepared meal, b) *fig.* to have everything set in front of one; **etwas unter den ~ fallen lassen** *fig.* to let s.th. drop; **mit der Faust auf den ~ hauen** a) to bang one's fist on the table, b) *fig.* to put one's foot down; **reinen ~ machen** *fig.* to make a clean sweep (of it); **100 Mark (bar) auf den ~ des Hauses** *fig.* 100 marks cash down, 100 marks on the nail (*Am.* barrelhead); **j-n unter den ~ trinken** *fig. colloq.* to drink s.o. under the table. – **2.** ⟨*only sg*⟩ (*Mahlzeit*) meal, table: **bei ~** during the meal, at table; **die Kinder sitzen mit (uns) bei ~** the children eat with us at table; **nach [vor] ~** after [before] a (*od.* the) meal; **zu ~ gehen** a) to go (in) to table, b) (*Mittagspause haben*) to have one's lunch hour (*od.* lunchtime); **sich zu ~ setzen** a) to sit down to a meal, b) (*bei Festessen etc*) to go (in) to table; **(bitte) zu ~!** breakfast (*od.* lunch, dinner, supper) is served (*od.* ready); **j-n zu ~ bitten** (*od.* **einladen**) a) *lit.* to ask (*od.* invite) s.o. for a meal, b) to ask s.o. to come to table; **bei j-m zu ~ sein** to eat with s.o.; **es wird gegessen, was auf den ~ kommt** you will eat everything that is put in front of you (*od.* that you are given). – **3.** ⟨*only sg*⟩ (*Tischrunde*) table: **der ganze ~ lachte** the whole table laughed. – **4.** ⟨*only sg*⟩ (*Konferenztisch*) table: **etwas vom grünen ~ aus** (*od.* **am grünen Tisch**) **entscheiden** *fig.* to make decisions based on theoretical considerations (and ignoring reality); **am runden ~ verhandeln** *fig.* to negotiate by way of a conference; **zwei Parteien an einen ~ bringen** *fig.* to initiate conciliatory talks between two parties; **etwas auf den ~ des Hauses legen** *fig. pol.* to lay s.th. on the table of the house, to submit s.th. to everyone's scrutiny. – **5.** ⟨*only sg*⟩ (*Unterhalt*) board: **~ und Bett miteinander teilen** to share bed and board; **Trennung von ~ und Bett** *jur.* separation from bed and board, judicial separation, divorce a mensa et thoro (*scient.*). – **6. der ~ des Herrn** *relig.* the Lord's table, the communion table: **zum ~ des Herrn gehen** to partake of the Lord's Supper, to receive communion, to commune.

'Tisch|ap·pa,rat *m tel. cf.* Tischtelefon. — **~,band,sä·ge** *f tech.* narrow band saw. — **~,bein** *n* table leg. — **~,be·sen** *m* crumb brush. — **~be,steck** *n* a) (*einzelnes Eßbesteck*) (set of) knife, fork and spoon, b) (*für mehrere Personen*) (set of) cutlery. — **~,blatt** *n cf.* Tischplatte. — **~,bohr·ma,schi·ne** *f tech.* bench(-type) drilling machine.

'Tisch·chen *n* ⟨-s; -⟩ **1.** *dim. of* Tisch. – **2.** stand.

'Tisch|,da·me *f* dinner partner, lady partner at table. — **~,decke** (*getr.* -k·k-) *f* tablecloth. — **~emp,fän·ger** *m telev.* table (television) set, table model. — **~,en·de** *n* end of the table: **am oberen [unteren] ~** at the top (*od.* head) [bottom *od.* end, *Am.* foot] of the table. — **~,feu·er,zeug** *n* table (cigarette, *auch* cigaret) lighter. — **~,fräs·ma,schi·ne** *f tech.* spindle molder (*bes. Br.* moulder). — **~,gast** *m* (dinner) guest, diner. — **~ge,bet** *n* grace, benediction: **das ~ sprechen** to say grace (*od.* the benediction), to give thanks. — **~ge,nos·se** *m* **1.** table companion. – **2.** *mil. mar.* messmate. — **~ge,rät** *n* **1.** *telev. cf.* Tischempfänger. – **2.** *cf.* Tischgeschirr. — **~ge,schirr** *n* tableware. — **~ge,sell·schaft** *f* **1.** dinner party. – **2.** company at table. — **~ge,spräch** *n* conversation at table, table talk. — **~,glocke** (*getr.* -k·k-) *f* **1.** (*kleine Glocke mit Stiel*) handbell. – **2.** (*zu den Mahlzeiten ertönende*) dinner bell. — **~,herr** *m* dinner partner, partner at table. — **~,kan·te** *f* edge of a (*od.* the) table. — **~,kar·te** *f* place (*od.* name) card. — **~,ka·sten** *m cf.* Tischschublade. — **~,klap·pe** *f* (*zum Hochklappen*) table leaf (*od.* flap). — **~,klop·fen** *n* (*im Spiritismus*) spirit rapping, table rapping (*od.* tapping). — **~,koch,plat·te** *f electr.* table cooker. — **~,la·de** *f cf.* Tischschublade. — **~,lam·pe** *f* **1.** table lamp. – **2.** (*für Schreibtisch*) desk lamp. — **~,läu·fer** *m* table runner.

'Tisch·lein'deck,dich *n* ⟨-; *no pl*⟩ *fig. house* (*od. place*) *where s.o.'s every need is provided for, Am. sl.* easy street.

'Tisch·ler *m* ⟨-s; -⟩ **1.** joiner. – **2.** *cf.* Kunsttischler. – **3.** *cf.* Bautischler. — **~,ar·beit** *f* joinery.

Tisch·le'rei *f* ⟨-; -en⟩ **1.** ⟨*only sg*⟩ joinery, joiner's trade (*od.* craft, art): **die ~ erlernen** to learn joinery. – **2.** *cf.* Tischlerwerkstatt.

'Tisch·ler|ge,sel·le *m* journeyman joiner. — **~,hand,werk** *n cf.* Tischlerei 1. — **~,lehr·ling** *m* joiner's apprentice. — **~,leim** *m* joiner's glue. — **~,mei·ster** *m* master joiner.

tisch·lern ['tɪʃlərn] **I** *v/i* ⟨h⟩ do joiner's work, do joinery. – **II** *v/t* join, joint.

'Tisch·ler|,plat·te *f* blockboard. — **~,werk,statt** *f* joiner's workshop. — **~,werk,zeug** *n* **1.** joiner's tool. – **2.** *collect.* joiner's tools *pl.*

'Tisch|,mes·ser *n* table knife. — **~mi·kro,fon,** **~mi·kro,phon** *n* desk (*od.* table) microphone. — **~,nach·bar** *m* neighbor (*bes. Br.* neighbour) at table. — **~,ord·nung** *f* seating order (at table). — **~,plat·te** *f* **1.** tabletop, *auch* table-board. – **2.** (*zum Einsetzen*) table leaf. — **~,re·de** *f* **1.** after-dinner speech, speech made at table: **eine ~ halten** to make a speech at table. – **2.** „**Luther's ~n**" "Luther's Table Talk" *sg.* — **~,red·ner** *m* speaker (at table). — **~,rücken** (*getr.* -k·k-) *n* (*im Spiritismus*) table tipping (*od.* tilting, turning). — **~,run·de** *f* table: **die ganze ~ lachte** the whole table laughed. — **~,schlit·ten** *m tech.* **1.** (*einer Fräsmaschine*) table slide. – **2.** (*einer Zahnradhobelmaschine*) table saddle. – **3.** (*einer Schleifmaschine für Messer*) worktable. — **~,schub,la·de** *f* drawer of a (*od.* the) table. — **~te·le,fon,** **~te·le,phon** *n* desk telephone.

'Tisch,ten·nis *n* (*sport*) table tennis. — **~,ball** *m* table-tennis ball. — **~,schlä·ger** *m* table-tennis bat (*od.* racket, *auch* racquet, *Am. auch* paddle). — **~,spiel** *n* game of table tennis. — **~,spie·ler** *m* table-tennis player. — **~,tisch** *m* table-tennis table.

'Tisch,tuch *n* tablecloth: **ein frisches ~ auflegen** to put on (*od.* spread, lay) a new tablecloth; **das ~ zwischen sich und j-m zerschneiden** *fig.* to break off all relations with s.o. — **~,klam·mer** *f* table clamp.

'Tisch|,wä·sche *f* table linen. — **~,wein** *m gastr.* (ordinary) table (*od.* dinner, light) wine. — **~,zeit** *f* **1.** mealtime. – **2.** (*Mittagspause in Firmen*) lunch hour, lunchtime. — **~,zeug** *n* **1.** *cf.* Tischwäsche. – **2.** *cf.* Tischgeschirr.

Ti·tan[1] [ti'taːn] *m* ⟨-en; -en⟩ *meist pl* **1.** *myth.* Titan. – **2.** *fig.* (*überragender Mensch*) titan, *auch* Titan, giant.

Ti'tan[2] *n* ⟨-s; *no pl*⟩ *chem.* titanium (Ti).

Ti'tan|di·oxid [-diˀɔ,ksiːt], **~di·oxyd** [-diˀɔ,ksyːt] *n chem. min.* titanium dioxide, *auch* anatase (TiO_2).

Ti·ta·ne [ti'taːnə] *m* ⟨-n; -n⟩ *cf.* Titan[1].

Ti'tan,ei·sen,erz *n min.* titaniferous iron ore, ilmenite.

ti'ta·nen·haft *adj fig.* (*überragend*) titanic, *auch* Titanic, gigantic.

ti'tan,hal·tig *adj chem. min.* titaniferous.

Ti·ta·nia [ti'taːnɪa] *npr f* ⟨-; *no pl*⟩ *myth.* Titania.

Ti·ta·ni·de [tita'niːdə] *m* ⟨-n; -n⟩ *myth.* descendant of the Titans.

ti'ta·nisch *adj fig. cf.* titanenhaft.

Ti·ta·nit [tita'niːt; -'nɪt] *m* ⟨-s; -e⟩ *min.* titanite, sphene.

Ti·ta·no·ma·chie [titanoma'xiː] *f* ⟨-; *no pl*⟩ *myth.* Titanomachy.

Ti'tan|,säu·re *f chem.* titanic acid. — **~,stahl** *m metall.* titanium(-alloyed) steel.

Ti·tel ['ti:tәl] *m* ⟨-s; -⟩ **1.** (*Standes-, Dienst-, Ehrenbezeichnung*) title: **einen ~ führen** to hold (*od.* bear) a title; **j-n mit seinem ~ anreden** to address s.o. with his title; **sich** (*dat*) **einen ~ erwerben** to acquire a title; **j-m einen ~ verleihen** to bestow a title (up)on s.o.; **der Weltmeister verteidigte seinen ~** (*sport*) the world champion defended his title. – **2.** (*eines Buches, Films etc*) title: **das Buch trägt den ~ „Vampire"** the book is entitled (*od.* the title of the book is) "Vampires". – **3.** (*Motto, Leitfaden*) slogan, motto, title: **die Aktion läuft unter dem ~ ‚Brot für die Welt'** the campaign is being run under the slogan 'Bread for the World'. – **4.** *print.* a) title, b) (*Titelseite*) title (page), c) (*Buch*) title, book. – **5.** *jur.* a) (*Rechtsgrund*) title, b) (*als Urkunde*) title deed, c) (*Anspruch*) title, (legal) claim: **einen ~ erwirken** to procure a title. – **6.** *jur.* (*Abschnitt eines Gesetzestextes*) title, section, rubric. – **7.** *econ.* a) (*im Haushaltsplan*) item, b) *pl* (*Wertpapiere*) securities: **einen ~ im Etat streichen** to cancel a budget item (*od.* an item of the budget). – **8.** *telev.* (*film*) a) title, b) (*Titelinsert*) caption: **rollender ~** roller titles *pl* (*od.* caption). — **~,an,fer·ti·ger** *m* (*film*) caption (*od.* titling) artist. — **~,an,wär·ter** *m* (*sport*) aspirant to the title. — **~,auf,la·ge** *f print.* reissue (*Br.* re-issue) under a new title. — **~,auf,nah·me** *f* **1.** *phot.* a) title photograph, b) (*Tätigkeit*) titling, photographing a title card. – **2.** (*film*) caption shooting.

'Ti·tel,bild *n* **1.** (*eines Buches*) frontispiece. – **2.** (*einer Zeitschrift etc*) cover picture. — **~,mäd·chen** *n* cover girl.

'Ti·tel|,blatt *n* **1.** (*einer Zeitschrift etc*) cover, front page. – **2.** (*eines Buches*) title page, title. — **~,bo·gen** *m print.* title sheet, *Br.* preliminaries *pl*, *bes. Br.* oddment(s *pl*), *Am.* front matter.

Ti·te'lei *f* ⟨-; -en⟩ *print.* title sheet(s *pl*).

'Ti·tel|,füh·rung *f* use of a title: **unbefugte ~** unlawful assumption of a title. — **~ge,rät** *n phot.* titling bench (*od.* set), titler. — **~,hal·ter** *m* (*sport*) titleholder, holder of the title. — **~,held** *m* (*bes. theater*) title (*od.* eponymous, *auch* eponymic) hero. — **~,her,stel·lung** *f phot.* titling. — **~,in,ha·ber** *m* titleholder. — **~,in,sert** [-ˀɪn,zɛrt; -,ɪnsәːt] (*Engl.*) *n* ⟨-s; -s⟩ *telev.* (*film*) caption. — **~,jagd** *f* (*sport*) *contempt.* title hunt (*od.* chase). — **~,kampf** *m* (*sport*) (*beim Boxen*) title bout (*od.* fight). — **~kar,ton** *m* (*paper*) art (*od.* fashion) board. — **~,kopf** *m print.* heading, head(line). — **t~los** *adj* untitled, having no title. — **~,mäd·chen** *n* cover girl. — **~me·lo,die** *f mus.* theme song. — **~,rah·men** *m phot.* title (*od.* titling) frame. — **~,rol·le** *f* (*film, theater*) title role (*auch* rôle), title (*od.* name) part, eponymous (*auch* eponymic) role: **ein Film mit X in der ~** a film featuring (*od.* with) X in the title role. — **~,schrift** *f* **1.** *print.* titling (*od.* display) type. – **2.** *phot.* title (*od.* caption) lettering. — **~,schutz** *m jur.* copyright (of a title). — **~,sei·te** *f cf.* **Titelblatt.** — **~,sucht** *f contempt.* mania for titles. — **t~,süch·tig** *adj* fond of (*od.* keen on) titles, title-conscious. — **~,trä·ger** *m* holder of a title, titulary. — **~ver,tei·di·ger** *m* (*sport*) defending champion, titleholder. — **~vi,gnet·te** *f print.* title vignette (*od.* piece). — **~,vor,la·ge** *f phot.* title card. — **~,vor,spann** *m* (*film*) opening titles *pl* (*od.* credits *pl*). — **~,wort** *n* ⟨-(e)s; ⸚er⟩ (*im Wörterbuch*) *cf.* **Stichwort**[1] 1. — **~,zei·le** *f* title line, head(line), heading.

Ti·ter ['ti:tәr] *m* ⟨-s; -⟩ **1.** *chem.* titer, *bes. Br.* titre. – **2.** (*textile*) count.

Ti·tra·ti·on [titra'tsĭoːn] *f* ⟨-; -en⟩, **Ti'trier·ana,ly·se** [ti'triːr-] *f chem.* titration, volumetric analysis.

ti·trie·ren [ti'triːrәn] *v/t* ⟨*no* ge-, h⟩ *chem.* titrate.

Ti'trier|,flüs·sig·keit *f chem.* standard solution, titrant. — **~ver,fah·ren** *n* titrimetry.

tit·schen ['tɪtʃәn] *v/t* ⟨h⟩ *dial. for* eintauchen 2.

Ti·tu·lar [titu'laːr] *m* ⟨-s; -e⟩ *obs. for* Titelträger. — **~,bi·schof** *m röm.kath.* titular bishop. — **~,fürst** *m hist.* titular sovereign, nominal ruler. — **~pro,fes·sor** *m* honorary professor. — **~,rat** *m* ⟨-(e)s; ⸚e⟩ titular councillor (*auch* councilor).

Ti·tu·la·tur [titula'tuːr] *f* ⟨-; -en⟩ form of address.

ti·tu·lie·ren [titu'liːrәn] **I** *v/t* ⟨*no* ge-, h⟩ **1.** **j-n (mit) etwas ~** to address s.o. as s.th., to call s.o. s.th.: **j-n (mit) Herr Professor ~** to address s.o. as professor. – **2.** **j-n (als) etwas ~** *colloq. humor.* to call (*od.* dub) s.o. s.th.: **j-n einen** (*od.* **als**) **Esel ~** to call s.o. a silly ass (*od.* a jackass). – **3.** **etwas mit etwas ~** to call (*od.* name) s.th. s.th. – **II T~** *n* ⟨-s⟩ **4.** *verbal noun.* — **Ti·tu'lie·rung** *f* ⟨-; -en⟩ *cf.* **Titulieren.**

Ti·tu·lus ['tiːtulus] *m* ⟨-; -tuli [-li]⟩ (*Bildunterschrift*) caption.

Ti·tus ['tiːtus] *npr m* ⟨-; *no pl*⟩ **1.** *Bibl.* Titus: (**der Brief des Paulus an**) **~** *cf.* **Titusbrief.** – **2.** „**~**" "Titus" (*opera by Mozart*). — **~,brief, der** *Bibl.* Epistle (of St. Paul) to Titus. — **~,kopf** *m* (head of) short frizzy (*od.* curly) hair.

Ti·vo·li ['tiːvoli] *n* ⟨-(s); -s⟩ (*games*) tivoli.

ti·zia·nisch [ti'tsĭaːnɪʃ] *adj* (*art*) **1.** by Titian: **T~es Gemälde** Titian painting. – **2.** (*Stil etc*) Titianesque.

ti·zi·an,rot ['tiːtsĭaːn-; ti'tsĭaːn-] *adj* titian, *auch* Titian.

tja [tja] *adv colloq.* well! hm!

Tjalk [tjalk] *f* ⟨-; -en⟩ *mar.* tjalk.

Tjost [tjɔst] *f* ⟨-; -en⟩, *m* ⟨-(e)s; -e⟩ *hist.* (*Turnierkampf*) joust.

Tme·sis ['tmeːzɪs] *f* ⟨-; Tmesen⟩ *ling.* tmesis.

T-,Nut ['teː-] *f tech.* T slot, *auch* tee slot.

Toast [toːst] *m* ⟨-(e)s; -e *u.* -s⟩ **1.** *gastr.* toast, toasted bread. – **2.** (*Trinkspruch*) toast: **einen ~ auf j-n ausbringen** to propose (*od.* drink, give) a toast to s.o.

toa·sten ['toːstәn] **I** *v/t* ⟨h⟩ (*Brot*) toast. – **II** *v/i* **auf j-n ~** to toast (*od.* pledge) (to) s.o., to propose (*od.* drink, give) a toast to s.o.

'Toa·ster *m* ⟨-s; -⟩, **'Toast,rö·ster** *m* toaster.

To·bak ['toːbak] *m* ⟨-(e)s; -e⟩ **1.** *obs. od. humor. for* Tabak. – **2.** *fig. colloq.* (*in Wendungen wie*) **das ist starker ~!** that's a bit much (*od. colloq.* thick)! → **Anno.**

to·ben ['toːbәn] *v/i* ⟨h *u.* sein⟩ **1.** ⟨h *u.* sein⟩ (*lärmend spielen*) romp, caper, frolic, gambol, (*stärker*) rampage: **die Kinder haben den ganzen Morgen im Garten getobt** the children have romped in (*od.* about) the garden all morning; **die Kinder sind durch den Garten getobt** the children romped through the garden. – **2.** ⟨h⟩ (*wüten, rasen*) rage, storm: **sie schrie und tobte wie wild** she ranted and raged like mad; **der Gefangene tobt in der Zelle** the prisoner storms about the cell; **die Menge tobt** the crowd rages; **das Publikum tobte vor Begeisterung** the audience was wild with enthusiasm. – **3.** ⟨h⟩ *fig.* (*von Wind, Meer etc*) rage, storm: **ein Unwetter tobte über München** a storm raged over Munich; **der Wind tobte um das Haus** the wind raged (*od.* blustered) round the house. – **4.** ⟨h⟩ *fig.* (*von Leidenschaften, Gefühlen etc*) rage. – **5.** ⟨h⟩ *fig.* (*von Schlacht, Kampf etc*) rage. — **'to·bend I** *pres p.* – **II** *adj* **1.** (*Person*) enraged, furious, frantic. – **2.** *fig.* (*See, Wellen etc*) stormy, boisterous, (*stärker*) tempestuous, tumultuous.

'Tob,sucht *f* ⟨-; *no pl*⟩ maniacal fury, raving madness, frenzy: **in ~ verfallen** to become (*od. colloq.* go) raving mad. — **t~,süch·tig** *adj* maniacal, raving mad, frantic. — **~,süch·ti·ge** *m, f* maniac.

'Tob,suchts,an,fall *m psych.* attack of acute mania, raving fit: **einen ~ bekommen** a) to become raving mad, b) *fig. colloq.* to go into (*od.* have, *sl.* throw) a tantrum; to blow one's top, to hit the roof (*od.* ceiling) (*colloq.*).

Toch·ter ['tɔxtәr] *f* ⟨-; ⸚⟩ **1.** daughter: **die ~ des Hauses** the daughter (*od.* young lady) of the house; **höhere Töchter** well-educated young ladies; **natürliche ~** illegitimate (*od.* natural) daughter; **Ihre** (*od.* **Ihr Fräulein**) **~** your daughter; **die Töchter des Landes** *lit.* the daughters of the land; **eine ~ Evas** *fig.* a daughter of Eve, a woman. – **2.** *econ. cf.* **Tochtergesellschaft.** – **3.** *Swiss* a) (*Hausangestellte*) maid(servant), b) (*Kellnerin*) waitress. – **4.** *fig. lit.* daughter: **Vorsicht ist eine ~ der Klugheit** caution is the daughter of wisdom.

Töch·ter·chen ['tœçtәrçәn] *n* ⟨-s; -⟩ **1.** little daughter. – **2.** baby daughter.

'Toch·ter|ge,schwulst *f med.* metastasis. — **~ge,sell·schaft** *f econ.* subsidiary company, subsidiary.

'Töch·ter,heim *n ped.* (**höheres**) **~** finishing school.

'Toch·ter|,kind *n archaic* daughter's child, grandchild. — **~,kir·che** *f relig.* daughter (*od.* filial, branch) church, chapel of ease.

Töch·ter·lein ['tœçtәrlaɪn] *n* ⟨-s; -⟩ *cf.* **Töchterchen.**

töch·ter·lich ['tœçtәrlɪç] *adj* daughterly, filial.

'Toch·ter|,lie·be *f* daughterly (*od.* filial) love. — **~pro,dukt** *n nucl.* daughter product.

'Töch·ter,schu·le *f ped. obs.* (**höhere**) **~** *cf.* **Lyzeum** 1.

'Toch·ter|,spra·che *f ling.* derivative (*od.* daughter) language. — **~,stadt** *f* satellite town. — **~,un·ter,neh·men** *n econ. cf.* **Tochtergesellschaft.** — **~,zel·le** *f biol.* daughter cell. — **~,zy·ste** *f med.* daughter (*od.* satellite, secondary) cyst.

Tod [toːt] *m* ⟨-(e)s; -esfälle, *rare* -e⟩ **1.** death; decease, demise (*lit.*): **ein gewaltsamer** [**langsamer, sanfter**] **~** a violent [a lingering, an easy] death; **ein seliger ~** a happy (*od.* peaceful, Christian) death; **jäher** (*od.* **plötzlicher**) **~** sudden death; **bürgerlicher ~** *pol.* loss of civil rights, civil death; **~ durch Entkräftung** [**Ersticken**] death from exhaustion [by suffocation]; **~ auf dem Schlachtfeld** [**fürs Vaterland**] death on the battlefield [for one's country]; **den ~ erleiden** [**suchen**] to suffer [to seek] death; **den ~ finden** to meet one's death, to be killed; **den ~ herbeisehnen** (*od.* **herbeiwünschen**), **sich** (*dat*) **den ~ wünschen** to wish for death (*od.* to die), to long for death('s relief); **den ~ verdienen** to deserve to die; **sich** (*dat*) (**selbst**) **den ~ geben** to kill oneself, to commit suicide; **den ~ eines Helden sterben** to die a hero's death; **einen leichten ~ haben** to die (*od.* have) an easy death; **einen tausendfachen ~** (*od.* **eines tausendfachen ~es**) **sterben, tausend ~e sterben** *fig. lit.* to die a thousand deaths; **j-m den ~ schwören** to swear to kill s.o., to vow death (up)on s.o.; **eines sanften** [**natürlichen, unnatürlichen**] **~es sterben** to die an easy [a natural, an unnatural] death; **eines elenden** [**gewaltsamen**] **~es sterben** to die a wretched (*od.* dog's) [a violent] death; **an der Schwelle des ~es** at death's door, at the point of death; **dem ~ geweiht** doomed (to death *od.* destruction, to die); **auf den ~ krank sein** (*od.* **liegen**) to be dangerously (*od.* gravely, mortally) ill; **ein Kampf auf Leben und ~** a life-and-death struggle; **sich auf den ~ erkälten** to catch one's death of cold (*colloq.*); **du wirst dir noch den ~ holen** *colloq.* you'll catch your death (of cold) (*colloq.*); **bis zum** (*od.* **in den**) **~** till death, to the last, to one's dying day, to the bitter end; **bis über den ~ hinaus** beyond the grave; **für j-n** [**etwas**] **in den ~ gehen** to die (*od.* give one's life) for s.o. [s.th.]; **in den sicheren ~ gehen** to go to meet certain death; **im ~e sind alle gleich** in death all are equal; **mit dem ~e bestraft werden** *jur.* to be under pain of death; **nach j-s ~ veröffentlicht, nach dem ~ des Verfassers veröffentlicht** posthumous; **es geht** (*od.* **handelt sich**) **um Leben und ~** it is a matter (*od.* question) of life and death; **j-n vom ~e erretten** to save (*od.* rescue) s.o. from death, to save s.o.'s life; **j-n vom ~e erwecken** to raise (*od.* wake) s.o. from the dead; **j-n zum ~e verurteilen** *jur.* to sentence (*od.* condemn) s.o. to death, to pass a sentence of death on s.o.; **zum ~e verurteilt** (**worden**) **sein** *jur.* to be sentenced to death; **ein zum ~e verurteilter Verbrecher** *jur.* a criminal under sentence of death; **j-n vom Leben zum ~e befördern** to put an end to s.o.'s life; **zu ~e kommen** to meet (*od.* come by) one's death; **zwischen Leben und ~ schweben** to hover between life and death; **gegen den ~ ist kein Kraut gewachsen** (*Sprichwort*) there is no medicine against death (*proverb*), there is a remedy for everything (*od.* all things) but death (*proverb*), death defies the doctor; **umsonst ist (nur) der ~, und der kostet das Leben** (*Sprichwort*) *etwa* only death is free to all and it costs a man his life; einen ~ kann der Mensch nur sterben (*Sprichwort*) man can die but once; → kämpfen 1. – **2.** *fig.* (*personifiziert*) death: der Schwarze ~ the Black Death, the plague; der Weiße ~ death in the snow; der ~ als Sensenmann Death, the grim reaper, *auch* the Grim Reaper; der ~ hat schon bei ihr angepocht (*od.* steht schon vor ihrer Tür) she is at death's door; aussehen wie der leibhaftige ~ to look like death warmed up; bleich wie der ~ sein to be deathly (*od. lit.* ghastly) pale; ein Wettlauf mit dem ~ a race with death; dem ~ noch einmal entrinnen to escape death; mit dem ~e ringen to fight (*od.* struggle with) death. – **3.** *fig.* (*in Wendungen wie*) du bist (ein Kind) des ~es, wenn you are a dead man if; er fürchtet weder ~ noch Teufel he fears neither death nor devil; ~ und Teufel! *colloq.* hell's bells! hellfire! (*beide colloq.*); das kann ich auf (*od.* für) den ~ nicht leiden (*od.* ausstehen), das ist mir auf den ~ zuwider (*od.* verhaßt) I hate that like poison, I simply loathe (*od.* cannot abide) that; sich zu ~e arbeiten (*od. colloq.* schinden) [ärgern] to work (*od.* slave) oneself to death [to be really annoyed, (*stärker*) *bes. Am. colloq.* to be absolutely mad]; j-n zu ~e erschrecken to scare s.o. to death, to frighten s.o. to death (*od.* out of his wits); zu ~e erschrocken frightened (*od.* scared) to death, scared stiff (*colloq.*); zu ~e betrübt grieved to death, mortally grieved; zu ~e erschöpft utterly exhausted; einen Gedanken [ein Gleichnis] zu ~e hetzen *fig.* to flog (*od.* do) a thought [simile] to death; j-n [sich] zu ~e langweilen to bore s.o. [oneself] to death (*od.* to tears, stiff). – **4.** *fig.* (*Ende*) end, death: das wäre der ~ der Demokratie that would be the end of democracy; das wird noch mein ~ sein that will be the death of me yet. – **5.** *med.* death, exitus (*scient.*): klinischer ~ clinical death; drohender (*od.* bevorstehender) ~ impending death; etwas führt zum (*od.* endet mit dem) ~e, etwas hat den ~ zur Folge s.th. leads to (*od.* ends in) death; der ~ trat ein death took place; der ~ trat auf der Stelle ein death was instantaneous; den ~ feststellen to pronounce life to be extinct; den ~ bei j-m feststellen to pronounce s.o. dead. – **6.** *hunt.* (*des Wildes*) fall: Wild zu ~e hetzen to run (*od.* hunt) down game.

'tod|ˌähn·lich *adj* deathly, deathlike, resembling death, thanatoid (*scient.*). — **~ˌbrin·gend** *adj* deadly, fatal, lethal.

Tod·dy ['tɔdi] *m* ⟨-(s); -s⟩ *gastr.* **1.** (*grogartiges Getränk*) toddy. – **2.** *cf.* Palmwein.

'tod|'elend *adj colloq.* (absolutely) wretched (*od.* ghastly). — **~'ernst** *adj colloq.* dead(ly) (*od.* very) serious.

'To·des|ˌah·nung *f* presentiment (*od.* foreboding) of death. — **~ˌangst** *f* **1.** fear of death. – **2.** *fig.* mortal fear (*od.* terror, dread) (*colloq.*): j-n in ~ versetzen to frighten s.o. to death; (eine) ~ vor etwas haben to have a mortal fear of s.th., to be in mortal terror of s.th., to be in a blue funk about s.th. (*sl.*); in ~ sein, in Todesängsten schweben, Todesängste ausstehen to be in mortal dread. — **~ˌan·zei·ge** *f* **1.** death notice. – **2.** (*in der Zeitung*) obituary (notice). — **~ˌart** *f* manner of death. — **t~beˌreit** *adj* ready to die, ready for death. — **~beˌreit·schaft** *f* readiness to die (*od.* for death). — **~ˌbläs·se** *f* deathly (*od.* deadly) pallor. — **~ˌbot·schaft** *f cf.* Todesnachricht 1. — **~ˌda·tum** *n* date of (*s.o.'s*) death, deathday. — **~ˌdo·sis** *f med.* lethal dose. — **~ˌen·gel** *m* angel of death. — **~erˌklä·rung** *f jur.* declaration of death.

'To·desˌfall *m* **1.** im ~ *bes. jur.* in the event of death. – **2.** (*Sterbefall*) (case of) death: wegen ~(s) geschlossen closed because of (a) death (*bes. Br.* a bereavement). – **3.** *mil.* casualty. – **4.** *med.* (*bei einer Operation*) fatality. — **~verˌsi·che·rung** *f econ.* insurance payable at death.

'To·des|ˌfol·ge *f only in* mit ~ *jur.* fatal, with a fatal result. — **~ˌfurcht** *f* fear of death: übertriebene ~ *psych.* necrophobia. — **~geˌdan·ke** *m* thought of death: sich ~n machen to think of death. — **~geˌfahr** *f* danger (*od.* peril) of (one's) life, deadly peril: in ~ sein (*od.* schweben) to be in mortal (*od.* imminent) danger, to be in danger of death (*od.* one's life); j-n aus ~ retten to save s.o.'s life, to save s.o. from (certain) death. — **~ˌjahr** *n* year of (*s.o.'s*) death. — **~ˌkampf** *m* ⟨-(e)s; *no pl*⟩ death struggle, throes *pl* of death, agony: im ~ liegen to be struggling with death, to lie in one's agony. — **~kan·diˌdat** *m* **1.** (*Todkranker*) death-marked patient, doomed man, goner (*sl.*). – **2.** (*zum Tode Verurteilter*) condemned (man). – **3.** (*Ausführender eines gefährlichen Auftrages etc*) person engaged in (*od.* sent on) a suicidal mission. – **4.** *pol.* marked man. — **~ˌkeim** *m* germ (*od.* mark, seeds *pl*) of death: er trug den ~ schon in (*dat*) sich he carried the germ of death in him. — **~ˌku·gel** *f* fatal (*od.* deadly) bullet. — **~ˌmut** *m* courage which defies death. — **t~ˌmu·tig** *adj* undaunted by death: ~ sein to defy death. — **~ˌnach·ˌricht** *f* **1.** news *pl* (*construed as sg or pl*) of (*s.o.'s*) death. – **2.** *cf.* Todesanzeige. — **~ˌnä·he** *f* nearness of death. — **~ˌnot** *f* great (*od.* deadly) peril, peril of death: in Todesnöten sein a) to be in peril of death, b) *fig. colloq.* to be in dire distress. — **~ˌop·fer** *n* death, casualty, fatality: Zahl der ~ number of casualties, death toll; → fordern 7. — **~ˌot·ter** *f zo.* death adder (*Acanthophis antarcticus*). — **~ˌpein** *f* **1.** throes *pl* of death, agony (of death). – **2.** *fig.* agony. — **~ˌqua·len** *pl* **1.** pangs of death. – **2.** *fig.* agony: ~ ausstehen to suffer agony (*od.* a million deaths). — **~ˌritt** *m* death ride. — **~ˌrö·cheln** *n* death rattle. — **~ˌschau·er** *m lit.* fear of death. — **~ˌschrecken** (*getr.* -k·k-) *m only in* einen ~ bekommen to be frightened to death (*od.* out of one's wits). — **~ˌstoß** *m* **1.** deathblow, *Br.* death-blow, final (*od.* fatal) blow: j-m den ~ versetzen *auch fig.* to deal s.o. the death(-)blow. – **2.** *cf.* Gnadenstoß. — **~ˌstra·fe** *f jur.* capital punishment, death (*od.* extreme) penalty: bei ~ verboten forbidden on penalty (*od.* under pain) of death; die ~ abschaffen [einführen] to abolish [to introduce] capital punishment; darauf steht die ~ this carries the death penalty; gegen j-n auf ~ erkennen to pass (*od.* impose) a sentence of death on s.o., to pass the death sentence on s.o. — **~ˌstrah·len** *pl phys.* death rays. — **~ˌstreich** *m cf.* Todesstoß. — **~ˌstun·de** *f* hour of (*s.o.'s*) death, dying (*od.* last, mortal) hour: in der ~ in one's hour of death. — **~ˌsturz** *m* death fall. — **~ˌtag** *m* **1.** day of (*s.o.'s*) death, deathday. – **2.** (*Jahrestag*) anniversary of (*s.o.'s*) death: die 50. Wiederkehr seines ~es the 50th anniversary of his death. — **~ˌurˌsa·che** *f* cause of death. — **~ˌur·teil** *n* **1.** *jur.* a) death sentence, sentence of death, capital sentence, b) (*Dokument*) death warrant: ein ~ fällen [vollstrecken] to pronounce [to carry out] a death sentence (*od.* a sentence of death). – **2.** *fig.* death warrant. — **~verˌach·tung** *f* **1.** contempt (*od.* defiance) of death. – **2.** etwas mit ~ tun [essen] *fig. colloq.* to do [to eat] s.th. with utter repugnance. — **~verˌlan·gen** *n* longing (*od.* yearning) for death. — **~verˌmu·tung** *f jur.* presumption of death. — **t~ˌwür·dig** *adj* deserving (*od.* worthy) of death: ~es Verbrechen *jur.* capital crime. — **~ˌzeit** *f* time of (*s.o.'s*) death. — **~ˌzel·le** *f* condemned cell, death cell.

'Tod|ˌfeind *m* sworn (*od.* deadly, mortal) enemy. — **t~'feind** *adj only in* j-m ~ sein to be s.o.'s sworn enemy. — **~ˌfeind·schaft** *f* deadly (*od.* mortal) hatred (*od.* enmity): sie haben sich ~ geschworen they are sworn enemies. — **t~geˌweiht** *adj* doomed. — **~geˌweih·te** *m, f* ⟨-n; -n⟩ doomed person, moribund.

To·di ['toːdi] *m* ⟨-s; -s⟩ *zo.* (*Vogel*) tody (*Fam. Todidae*).

'tod|ˌkrank *adj* dangerously (*od.* mortally) ill. — **~'langˌwei·lig** *adj colloq.* dead(ly) boring: den Film fand ich ~ the film bored me to death (*od.* to tears, stiff).

töd·lich ['tøːtlɪç] **I** *adj* **1.** (*Krankheit, Wunde, Verletzung, Wirkung etc*) fatal, mortal, deadly. – **2.** (*Waffe, Geschoß etc*) deadly: ~ für deadly to. – **3.** (*Unfall, Schuß, Kugel etc*) fatal: ~er Unfall, Unfall mit ~em Ausgang fatal accident, accident with a fatal result. – **4.** (*Gift, Dosis etc*) lethal, lethiferous (*scient.*). – **5.** (*Gefahr etc*) deadly, mortal. – **6.** (*mörderisch*) murderous. – **7.** ⟨*attrib*⟩ *fig.* (*Blässe, Stille etc*) deadly, deathly. – **8.** ⟨*attrib*⟩ *fig.* (*Haß, Angst, Langeweile etc*) deadly, mortal: das ist eine ~e Beleidigung that is a deadly insult; mit ~er Sicherheit (as) sure as death. – **II** *adv* **9.** mortally: ~ erkrankt [verwundet] mortally ill [wounded]; j-n ~ treffen *auch fig.* to strike s.o. a mortal blow; ~ wirken to have a deadly effect; ~ wirkendes Gift lethal poison. – **10.** fatally: er wurde bei dem Unfall ~ verletzt he was fatally injured in the accident; er ist ~ verunglückt he had a fatal accident, he was killed in an accident; ~ ausgehen (*od.* verlaufen) to end (*od.* terminate) fatally, to have a fatal end. – **11.** *fig.* (*aufs äußerste*) mortally: j-n ~ beleidigen to offend s.o. mortally; ~ erschrocken frightened (*od.* scared) to death, scared stiff (*colloq.*); j-n ~ hassen to hate s.o. like poison, to have a deadly (*od.* mortal) hatred of s.o.; sich ~ langweilen to be bored to death (*od.* to tears, stiff).

'tod|'matt *adj colloq. cf.* todmüde 2. — **~'mü·de** *adj colloq.* **1.** dead tired. – **2.** (*ermattet*) dead beat; tired- (*od.* worn-)out (*attrib*); 'done' (*pred*), 'dead' (*colloq.*). — **~'schick** *adj colloq.* (*Kleid, Frisur etc*) classy, nifty, swell (*alle colloq.*), *Am. sl.* snazzy; very stylish (*od.* smart). — **~'si·cher** *colloq.* **I** *adj* **1.** dead certain: eine ~e Sache a dead certainty, *Br. sl.* a dead cert, *Am. sl.* a cinch; ein ~er Tip a dead certain tip; ich bin ~, daß I am dead certain that; das ist ~ that is dead certain, that is (as) sure as death (*od.* goodness, God). – **2.** (*unfehlbar*) dead certain, surefire, unerring: eine ~e Methode a dead certain method. – **3.** (*narrensicher*) foolproof. – **II** *adv* **4.** (as) sure as death (*od.* goodness, God): er kommt ~ he will come as sure as death, he is sure (*od.* bound) to come. — **T~ˌsün·de** *f röm.kath.* mortal (*od.* deadly) sin: → sieben[2]. — **~'trau·rig** *adj colloq.* desperately sad. — **~'unˌglück·lich** *adj colloq.* desperately (*od. colloq.* dreadfully) unhappy. — **~verˌurˌsa·chend** *adj* killing, causing death. — **~ˌwund** *adj* mortally wounded.

Tof·fee ['tɔfi; 'tɔfɪ] (*Engl.*) *n* ⟨-s; -s⟩ (*Karamelbonbon*) toffee, *auch* toffy, *Am. auch* taffy.

Tof·fel ['tɔfəl], **Töf·fel** ['tœfəl] *m* ⟨-s; -⟩ *colloq. contempt.* booby.

töff, töff ['tœf'tœf] *interj* **1.** (*für Fahrgeräusch eines Autos*) phut-phut(-phut)! – **2.** (*für Hupgeräusch*) honk! honk!

Töff·töff ['tœf'tœf] *n* ⟨-s; -s⟩ *colloq. humor.* phut-machine (*colloq.*).

To·ga ['toːga] *f* ⟨-; Togen⟩ *antiq.* toga.

To·hu·wa·bo·hu [tohuva'boːhu] *n* ⟨-(s); -s⟩ (*Durcheinander, Wirrwarr*) chaos, confusion, tohubohu.

Toi·le [tŏaːl; twal] (*Fr.*) *m* ⟨-s; -s⟩ (*textile*) toile.

Toi·let·te[1] [tŏa'lɛtə] *f* ⟨-; -n⟩ **1.** (*Abort*) lavatory, toilet, water closet, W.C., *bes. Am. euphem.* bathroom, *bes. Br. colloq.* loo, (*für Damen*) *auch* ladies' room, powder room, *bes. Br.* Ladies *pl* (*construed as sg*), (*für Herren*) *auch* gentlemen's room, *bes. Br. colloq.* gents *pl* (*construed as sg*): öffentliche ~n public lavatories (*od.* conveniences), *Am. auch* comfort station *sg*; auf die ~ gehen to go to the lavatory, *Br. colloq.* to spend a penny. – **2.** *cf.* Toilettenbecken.

Toi'let·te[2] *f* ⟨-; -n⟩ **1.** (*Ankleiden u. Körperpflege*) toilet: ~ machen to make one's toilet, to dress, to get dressed. – **2.** (*Gesellschaftskleidung*) dress, clothes *pl*: in großer ~ erscheinen to appear in full dress. – **3.** *cf.* Frisiertisch.

Toi'let·ten|arˌti·kel *m meist pl* toilet article (*od.* requisite), *Am. auch* toiletry. — **~ˌbecken** (*getr.* -k·k-) *n* lavatory (*od.* toilet) pan (*od.* bowl). — **~ˌbeu·tel** *m* toilet bag (*od.* case), *Br. auch* sponge bag. — **~ˌei·mer** *m* slop bucket (*od.* pail). — **~ˌfrau** *f* (woman) lavatory (*od.* toilet) attendant. — **~gar·niˌtur** *f* toilet set (*od.* service). — **~ge·genˌstand** *m cf.* Toilettenartikel. — **~geˌheim·nis·se** *pl* (*der Kosmetik*) mysteries of the toilet. — **~komˌmo·de** *f cf.* Frisiertisch. — **~paˌpier** *n* toilet paper: eine Rolle ~ a toilet roll. — **~ˌsei·fe** *f* toilet soap. — **~ˌspie·gel** *m* toilet (*od.* dressing) glass (*od.* mirror). — **~ˌta·sche** *f* toilet bag (*od.* case), *Br. auch* sponge bag.

— ~ˌ**tisch** *m cf.* Frisiertisch. — ~ˌ**was·ser** *n* toilet water.

toi, toi, toi [ˈtɔʏˈtɔʏˈtɔʏ] *interj colloq.* **1.** (unberufen,) ~, ~, ~! touch wood! – **2.** (*viel Glück*) good luck!

To'kai·er(ˌwein) [toˈkaɪər(-)], **To'ka·jer(ˌwein)** [-ˈkaɪər(-)] *m* Tokay (wine).

To·kee [ˈtoːke] *m* ⟨-s; -s⟩ *zo.* (*Geckoart*) tokay (*Gekko gecko*).

To·kio·er [ˈtoːkĭoər], **To·kio·ter** [toˈkĭoːtər] **I** *m* ⟨-s; -⟩ native (*od.* inhabitant) of Tokyo (*auch* Tokio). – **II** *adj* ⟨*attrib*⟩ (of) Tokyo (*auch* Tokio).

Tok·ka·ta [tɔˈkaːta] *f* ⟨-; -katen⟩ *mus.* toccata.

To·ko [ˈtoːko] *m* ⟨-s; -s⟩ *zo. cf.* Pfefferfresser.

To·ko·go·nie [tokogoˈniː] *f* ⟨-; -n [-ən]⟩ *biol.* tocogony, reproduction.

Tö·le [ˈtøːlə] *f* ⟨-; -n⟩ *Northern G. colloq. contempt.* (*Köter*) cur.

To·le·da·ner [toleˈdaːnər] **I** *m* ⟨-s; -⟩ Toledan. – **II** *adj* ⟨*attrib*⟩ Toledo, *auch* Toledan: ~ Klinge Toledo (blade).

to·le·rant [toleˈrant] *adj* **1.** tolerant: gegen j-n [etwas] ~ sein, j-m [einer Sache] gegenüber ~ sein to be tolerant of (*od.* toward[s]) s.o. [of s.th.]. – **2.** (*großzügig, liberal*) broad- (*od.* large-)minded, liberal.

To·le·ranz [toleˈrants] *f* ⟨-; -en⟩ **1.** ⟨*only sg*⟩ tolerance, tolerant attitude, toleration: ~ üben to have tolerance, to be tolerant. – **2.** ⟨*only sg*⟩ (*großzügige, liberale Haltung*) broad- (*od.* large-)mindedness, liberal attitude. – **3.** (*Spielraum*) margin. – **4.** *tech.* a) tolerance, allowance, allowable (*od.* permissible) deviation (*od.* variation), b) (*zulässiges Spiel*) clearance, c) (*Zugabe*) extra. – **5.** ⟨*only sg*⟩ *med.* tolerance, toleration. – **6.** ⟨*only sg*⟩ *relig.* tolerance, toleration, latitudinarianism. — ~ˌ**do·sis** *f med.* tolerance dose. — ~**edikt** [-ʔeˌdɪkt] *n hist.* Toleration Act (*313*). — ~ˌ**gren·ze** *f tech.* tolerance (limit). — ~ˌ**test,** ~**ver·ˌsuch** *m* tolerance test.

to·le·rie·ren [toleˈriːrən] **I** *v/t* ⟨*no* ge-, h⟩ tolerate. – **II T**~ *n* ⟨-s⟩ *verbal noun.* — **To·le'rie·rung** *f* ⟨-; *no pl*⟩ **1.** *cf.* Tolerieren. – **2.** toleration.

toll [tɔl] **I** *adj* ⟨-er; -st⟩ **1.** (*verrückt, wahnsinnig*) mad, crazy, daft (*colloq.*): du bist wohl ~! you must be mad (*od.* out of your mind)! you must have taken leave of your senses! dieser Krach macht mich noch (ganz) ~! this noise is enough to drive me mad (*od. sl.* bats, *Br. sl.* scatty); er gebärdete sich wie ~ he carried on like mad; er arbeitete [lief] wie ~ he worked [ran] like mad; er wird jedesmal ~, wenn he goes mad whenever; ~es Zeug daherreden to talk a lot of nonsense (*od.* rubbish) (*colloq.*); je ~er, desto besser the madder the merrier. – **2.** (*rasend, wild*) raving (mad), raging, wild, furious, frantic, frenzied: ~ vor Wut sein to be wild with anger. – **3.** (*ausgelassen, übermütig*) wild, boisterous: das war eine ~e Zeit that was a wild time; die drei ~en Tage (*vor Aschermittwoch*) the three wild days; auf den Straßen herrschte ein ~es Treiben there were wild antics in the streets. – **4.** *colloq.* (*großartig*) great, marvel(l)ous; 'terrific', 'fantastic' (*colloq.*), 'smashing' (*sl.*): ~es Wetter marvel(l)ous (*od. colloq.* gorgeous) weather; das ist eine ~e Sache! that's terrific! eine ~e Frau a fantastic woman, a smasher (*sl.*), *bes. Am. sl.* a humdinger; eine tolle Figur [Frisur] a fantastic figure [hairstyle]; er hat ein ~es Auto he has a smashing car; das ist eine ~e Idee that's a great idea; du siehst ~ aus in dem Kleid you look smashing in that dress; die Party gestern abend war ~ the party last night was terrific (*bes. Am. sl.* went a humdinger); der Film war nicht so ~ the film was not so hot (*sl.*); sie führt ein ~es Leben she has a marvel(l)ous life. – **5.** (*verwegen*) daring, bold, daredevil (*attrib*): ein ~er Bursche (*od.* Kerl, Hecht) *colloq.* a daredevil; er hat sich ein ~es Stück geleistet he did something really daring. – **6.** *colloq.* (*atemberaubend*) breathtaking. – **7.** *colloq.* (*halsbrecherisch*) breakneck (*attrib*). – **8.** *colloq.* (*schrecklich*) 'frightful', 'dreadful', 'atrocious', 'terrible' (*alle colloq.*): ein ~es Gedränge a frightful crowd; ein ~er Lärm a frightful (*od.* an infernal) noise (*od.* din); das ist ja eine ~e Wirtschaft! that's a dreadful (*od.* terrible) mess! nach der Party war das Zimmer in einem ~en Zustand after the party the room was in an atrocious state. – **9.** (*arg, schlimm*) bad: das ist denn doch zu ~! that's a bit much (*od. colloq.* thick)! that's pushing it a bit too far! die Zustände dort werden immer ~er conditions there are going from bad to worse (*od.* are getting worse and worse); es kommt noch ~er there's worse to come, the worst is yet to come. – **10.** *colloq.* (*begierig*) crazy; 'mad', 'wild' (*colloq.*): sie ist ~ nach Männern (*od.* hinter Männern her) she is wild about men, she is man-mad. – **11.** *colloq.* (*unglaublich*) incredible, fantastic, absurd: ~e Gerüchte verbreiten to spread fantastic (*od.* wild) rumo(u)rs. – **12.** *archaic for* geistesgestört. – **13.** *vet.* (*tollwütig*) rabid. – **14.** *tech.* (*Schraube*) drunken (*bes. attrib*). – **II** *adv* **15.** es ging ~ her *colloq.* a) (*ausgelassen*) there were high jinks, there were wild (*od. colloq.* mad) carryings-on, b) (*wild durcheinander*) things were at sixes and sevens; er treibt es (gar) zu ~ he goes (*od.* carries things) too far, he overdoes it (*od.* things); er hat ~ viel Geld *colloq.* he has a fantastic amount of money, he has pots (*od.* loads) of money (*alle colloq.*); es hat in der Nacht ~ geregnet *colloq.* it rained like mad (*od. sl.* heck) during the night. – **III T**~**e, das** ⟨-n⟩ **16.** das Tollste dabei ist, daß *colloq.* the best of it is that; das ist das Tollste, was ich je gehört habe *colloq.* that takes the cake (*colloq.*), that's the best yet; das Tollste kommt noch there is worse to come, the worst is yet to come.

'tollˌdreist *adj* (as) bold as brass, madly reckless (*colloq.*).

'Tol·le *f* ⟨-; -n⟩ *colloq.* **1.** (*hochgebürsteter Haarschopf*) tuft, *Br.* quiff. – **2.** (*zu einer Rolle gedrehte Haare*) topknot. – **3.** (*in die Stirn fallender Haarschopf*) lock, *Br.* quiff. – **4.** *zo.* (*bei Vögeln*) crest, tuft, frill. – **5.** *rare for* Quaste 1, 2.

tol·len [ˈtɔlən] *v/i* ⟨h *u.* sein⟩ romp (about), caper, rollick, frolic, gambol: die Kinder haben den ganzen Morgen getollt [sind durch den Garten getollt] the children romped about all morning [romped through the garden].

'Tollˌhaus *n* **1.** *obs.* lunatic asylum, madhouse (*colloq.*). – **2.** *fig.* (*Chaos, Durcheinander*) bedlam, madhouse (*colloq.*).

'Toll·heit *f* ⟨-; -en⟩ **1.** ⟨*only sg*⟩ madness, frenzy, fury, furor, craziness, rage, *med. auch* mania. – **2.** (*Verrücktheit, toller Streich*) mad trick (*colloq.*), piece of folly.

'Toll|ˌkir·sche *f bot.* deadly nightshade, banewort, belladonna (*Atropa belladonna*). — ~ˌ**kopf** *m colloq.* (*ungestümer, wagemutiger Mensch*) madcap. — ~ˌ**kraut** *n bot. cf.* Tollkirsche. — **t**~ˌ**kühn** *adj* **1.** (*Bursche, Tat etc*) foolhardy, reckless, rash, daredevil (*attrib*): ein ~es Unternehmen a foolhardy (*od.* risky) undertaking; ein ~er Mensch a daredevil. – **2.** (*aus Verzweiflung*) desperate. — ~ˌ**kühn·heit** *f* ⟨-; -en⟩ **1.** ⟨*only sg*⟩ foolhardiness, recklessness, rashness. – **2.** (*aus Verzweiflung*) act of desperation. — ~ˌ**wut** *f med. vet.* rabies. — **t**~ˌ**wü·tig** [-ˌvyːtɪç] *adj* rabid.

Tol·patsch [ˈtɔlpatʃ] *m* ⟨-(e)s; -e⟩ *colloq.* awkward (*od.* clumsy) fellow (*colloq.*), butterfingers *pl* (*construed as sg*). — **'tol·pat·schig I** *adj* awkward, clumsy, butterfingered. – **II** *adv* er hat sich sehr ~ benommen he acted very awkwardly (*od.* clumsily). — **'Tol·pat·schig·keit** *f* ⟨-; *no pl*⟩ awkwardness, clumsiness.

Töl·pel [ˈtœlpəl] *m* ⟨-s; -⟩ **1.** *colloq. cf.* Tolpatsch. – **2.** *colloq.* (*Dummkopf*) blockhead, duffer, oaf. – **3.** *zo.* booby, gannet (*Fam. Sulidae*). — **Töl·pe'lei** *f* ⟨-; -en⟩ *colloq. cf.* Tolpatschigkeit. — **'töl·pel·haft** *adj u. adv cf.* tolpatschig. — **'Töl·pel·haf·tig·keit** *f* ⟨-; *no pl*⟩ *cf.* Tolpatschigkeit.

Tol·te·ke [tɔlˈteːkə] *m* ⟨-n; -n⟩ *anthrop.* (*in Altmexiko*) Toltec, *auch* Tolteca. — **tol'te·kisch** *adj* Toltecan.

'To·luˌbal·sam [ˈtoːlu-] *m med. pharm.* balsam of tolu, tolu (balsam). — ~ˌ**baum** *m* tolu tree (*Myroxylon balsamum*).

To·lu·ol [toˈlŭoːl] *n* ⟨-(e)s; *no pl*⟩ *chem.* toluene, toluol ($C_6H_5CH_3$).

To'lylˌrest [toˈlyːl-] *m* ⟨-s; *no pl*⟩ *chem.* tolyl group (CC_7H_7).

To·ma·hawk [ˈtɔmahaːk; -hoːk] *m* ⟨-s; -s⟩ (*Streitaxt der Indianer*) tomahawk.

To·ma·te [toˈmaːtə] *f* ⟨-; -n⟩ *bot.* (*Pflanze u. Frucht*) tomato (*Solanum lycopersicum*): gefüllte ~n *gastr.* stuffed tomatoes; sie wurde rot wie eine ~ *colloq.* she went crimson (*od.* [as] red as a beet); treulose ~ *fig. colloq. humor.* faithless friend.

To'ma·ten|ˌkrem·ˌsup·pe *f gastr.* cream of tomato soup. — ~ˌ**mark** *n* tomato pulp. — ~ˌ**pflan·ze** *f hort.* tomato (plant). — ~ˌ**saft** *m gastr.* tomato juice. — ~**saˌlat** *m* tomato salad. — ~ˌ**schwär·mer** *m zo.* tomato sphinx, tobacco hawkmoth. — ~ˌ**so·ße** *f gastr.* tomato sauce. — ~ˌ**sup·pe** *f* tomato soup: gebundene ~ tomato bisque (*auch* bisk), cream of tomato soup.

Tom·bak [ˈtɔmbak] *m* ⟨-s; *no pl*⟩ *metall.* (*Legierung*) tombac, *auch* tombak, tambac, pinchbeck, high brass, red metal.

Tom·bo·la [ˈtɔmbola] *f* ⟨-; -s, *rare* -bolen⟩ raffle, *Br. auch* tombola: eine ~ veranstalten to organize (*Br. auch* -s-) (*od.* hold) a raffle.

Ton[1] [toːn] *m* ⟨-(e)s; *Sorten* -e⟩ *min.* clay, argil, potter's clay (*od.* earth): feuerfester ~ fire-resistant (*od.* -resisting, -resistive) clay; gebrannter ~ fireclay, burned clay.

Ton[2] *m* ⟨-(e)s; =e⟩ **1.** (*Schall, Laut*) tone, sound: helle [tiefe] Töne clear [dark] tones; kurzer, hoher ~ pip; ein dumpfer ~ a thud; er konnte keinen ~ hervorbringen he was not able to utter a sound (*od. colloq.* cheep); davon hat er keinen ~ gesagt he did not say a word about it; große Töne spucken *fig. colloq.* to talk big, to boast; hast du (*od.* haste, hat der Mensch) Töne! *colloq.* well, I never (did)! can you beat it (*od.* that)! did you ever! – **2.** *mus.* a) (*einzelner Ton*) note, *Am.* tone, b) (*Tonart*) key, c) (*Ganzton*) whole tone (*od.* step), d) (*Tonhöhe*) (tone) pitch, e) *cf.* Klangfarbe: von C nach D ist ein ganzer ~ from C to D is a whole tone (*od.* step); halber ~ semitone; den ~ halten to keep (*od.* to sustain) the pitch, to keep in tune; den ~ angeben a) to give the pitch (*od.* [key]note), b) (*intonieren*) to intonate, c) *fig.* to set the tone, to call the tune; der ~ macht die Musik *fig.* it is the tone that makes the music. – **3.** (*Art zu sprechen*) tone: in barschem [spöttischem] ~ in a harsh (*od.* rough) [derisive] tone, harshly (*od.* roughly) [derisively]; einen frechen [anderen] ~ anschlagen to adopt an impudent [a different] tone; den richtigen ~ treffen to find the right tone, to strike the right note; in den höchsten Tönen von j-m [etwas] sprechen *fig.* to praise s.o. [s.th.] to the skies, to speak in lofty words (*od.* strains) of s.o. [s.th.], to gush about s.o. [s.th.]; er hat sich im ~ vergriffen he used the wrong tone; ich verbitte mir diesen ~! I refuse to be spoken to (*od.* don't speak to me) in that tone of voice! hier herrscht ein freier ~ people have a rather casual tone here; ein rauher, aber herzlicher ~ a rough but genial (*od.* warm-hearted) tone. – **4.** der gute ~ a) good form (*od.* manners *pl*), b) the done thing: der gute ~ erfordert es good form requires it, good manners require it; es gehört zum guten ~ it is the done thing, *Br. colloq.* it is very (*od.* definitely) U. – **5.** (*radio*) *telev.* a) tone (quality), b) (*im Gegensatz zum Bild*) sound: den ~ (aus)steuern to modulate; ~ ab! (*beim Vertonen*) turn over sound! ~ läuft! sound running! ~ unterlegen to dub sound, to lay the sound. – **6.** *auch ling.* (*Betonung*) accent, stress: den ~ auf (*acc*) etwas legen to put the stress on s.th.; der ~ liegt auf der ersten Silbe the stress is on the first syllable. – **7.** (*in der Phonetik*) a) (*Tonhöhe*) tone, pitch, b) *cf.* Tonfall 2, 3. – **8.** *metr.* (*Hebung*) beat.

Ton[3] *m* ⟨-(e)s; =e⟩ **1.** (*Farbe*) tone, color, *bes. Br.* colour, shade, hue (*lit.*): ein Gemälde in lebhaften Tönen a painting in bright tones. – **2.** (*leichter Farbton, Tönung*) tinge, tint, touch: dieses Bild hat einen rötlichen ~ this picture has a reddish tinge (*od.* a tinge [*od.* touch] of red). – **3.** (*Schattierung, Nuance*) shade, tone, nuance: einen ~ zu hell [dunkel] a shade too bright [dark]; im gleichen ~ to match, matching; ein blauer Teppich und Vorhänge im gleichen ~ a blue carpet and curtains to match (*od.* and matching curtains); den gleichen ~ haben to be the same shade, to match, to tone; ~ in ~ in toning shades, in matching tones. – 4. *phot.* tone.

'Ton|ˌabˌneh·mer *m* (*am Plattenspieler*) pickup, cartridge. — **~ˌabˌstim·mung** *f mus.* tone tuning.

to·nal [to'na:l] *adj mus.* tonal. — **To·na·li'tät** [-nali'tɛ:t] *f* ⟨-; *no pl*⟩ tonality, key.

'Tonˌanˌga·be *f mus.* 1. giving the pitch. – 2. (*Intonation*) intonation.

'tonˌanˌge·bend *adj fig.* 1. (*Person, Gesellschaftsschicht etc*) leading, (pre)dominant, trend-setting. – 2. ~e Rede *pol.* keynote (*Br.* platform) address (*od.* speech). — **'Tonˌanˌge·ben·de** *m* ⟨-n; -n⟩, **'Tonˌanˌge·ber** *m* ⟨-s; -⟩ 1. leader, boss (*colloq.*). – 2. (*einer Gesellschaftsschicht*) leader of fashion, leading member of society.

'Ton|ˌanˌsatz *m mus.* intonation. — **~ˌarm** *m* (*am Plattenspieler*) tone (*od.* pickup) arm.

'Tonˌart[1] *f mus.* 1. key: in welcher ~ steht diese Sinfonie? what is the key of this symphony? er hat ihn in allen ~en gelobt *fig.* he praised him in every possible strain; eine andere ~ anschlagen *fig.* to change one's tune. – 2. (*Kirchentonart*) mode: Phrygische ~ *antiq.* Phrygian mode.

'Tonˌart[2] *f min.* type of clay.

'tonˌar·tig *adj geol. min.* clayey, clayish, claylike; argill(ace)ous, argilloid (*scient.*).

'tonˌart·lich *adj mus.* tonal.

'TonˌartˌvorˌZeich·nung *f mus.* key signature.

'Ton|as·siˌstent *m* 1. (*radio*) sound operator. – 2. (*film*) sound camera operator: zweiter ~ sound assistant, boom operator. — **~ate·liˌer** *n* (*radio*) sound (recording) studio. — **~ˌaufˌnah·me** *f* 1. (sound) recording. – 2. (*radio*) (*für eine Sendung*) (electrical) transcription. — **~ˌaufˌnah·me·geˌrät** *n* sound recorder, sound-recording machine. — **~ˌaufˌzeich·nung** *f* sound recording. — **~ˌausˌblen·dung** *f* sound fade. — **~ˌausˌfall** *m* loss of sound, sound breakdown. — **~ˌbad** *n phot.* toner, *auch* toning bath.

'Tonˌband *n* 1. (recording) tape: etwas auf ~ aufnehmen to record s.th. on tape, to tape-record s.th. – 2. *cf.* Tonbandgerät. — **~ama·teur** *m* tape recording enthusiast. — **~ˌaufˌnah·me** *f* tape recording. — **~ˌfreund** *m cf.* Tonbandamateur. — **~geˌrät** *n* tape recorder. — **~ˌjä·ger** *m* amateur sound recordist. — **~kasˌset·te** *f* tape cassette. — **~ˌspu·le** *f* tape spool (*od.* reel).

'Ton|beˌreich *m* audio range, gamut. — **~beˌzeich·nung** *f* 1. *metr.* accentuation. – 2. *mus.* designation of a note. — **~ˌbildˌschau** *f phot.* slide show with synchronized (*Br. auch* -s-) sound (*od.* commentary). — **~ˌbil·dung** *f mus.* sound production (*od.* formation). — **~ˌblen·de** *f* (*radio*) tone control. — **~ˌbo·den** *m geogr.* clay(ey) soil. — **~ˌbrei** *m tech.* clay slip (*od.* pulp). — **~ˌbuchˌsta·be** *m mus.* tone letter. — **~chaˌrak·ter** *m* (*eines Instruments etc*) timbre, tone quality. — **~ˌdämp·fer** *m cf.* Dämpfer 1. — **~ˌdau·er** *f* duration. — **~ˌdecke** (*getr.* -k·k-) *f geol.* clay cover. — **~ˌdich·ter** *m mus.* composer, tone poet. — **~ˌdich·tung** *f* tone poem. — **~do·kuˌment** *n* sound document. — **~ˌdruck** *m* ⟨-(e)s; -e⟩ *print.* 1. ⟨*only sg*⟩ printing on a colored (*bes. Br.* coloured) surface. – 2. print on a colored (*bes. Br.* coloured) surface. — **~efˌfekt** *m* (*radio*) sound effect. — **~ˌeinˌblen·dung** *f* fade-up. — **~ˌei·senˌstein** *m min.* clay ironstone.

to·nen ['to:nən] *v/t* ⟨h⟩ 1. *phot.* tone. – 2. *print.* (*beim Steindruck*) tint, scum.

tö·nen[1] ['tø:nən] *v/i* ⟨h⟩ 1. (*klingen, schallen*) sound, ring, (*von Glocken*) *auch* chime, ding, (*von Totenglocke*) *auch* toll, knell (*lit.*): von fern tönte sanfte Musik soft music could be heard from the distance. – 2. (*widerhallen*) resound, echo, reverberate. – 3. von etwas ~ *fig. colloq.* (*prahlerisch sprechen*) to sound off about s.th.: er hat ständig von seinen Erfolgen getönt he was always sounding off about his successes.

'tö·nen[2] **I** *v/t* ⟨h⟩ 1. (*färben*) tinge, tint, tone: etwas dunkler ~ to tone (*od.* shade) s.th. (down). – 2. (*Haare, Papier*) tint. – **II T~** *n* ⟨-s⟩ 3. *verbal noun.* – 4. *cf.* Tönung.

'tö·nend I *pres p of* tönen[1] *u.* [2]. – **II** *adj* 1. sounding, resounding, sonorous. – 2. *fig.* (*Worte*) empty, hollow.

'Tonˌer·de *f* 1. *chem.* aluminium (*Am.* aluminum) oxide (*auch* oxyde), argillaceous earth, alumina (Al_2O_3): essigsaure ~ basic aluminium acetate ($Al(C_2H_3O_2)_3$); schwefelsaure ~ aluminium sulfate (*bes. Br.* -ph-) ($Al_2(SO_4)_3$). – 2. *geol.* argillaceous earth. – 3. (*paper*) china clay.

tö·nern ['tø:nərn] *adj* 1. (*Geschirr etc*) earthen, of clay, fictile, clayey: sein Plan steht auf ~en Füßen *fig.* his project has a fragile (*od.* shaky) basis. – 2. *min.* of clay, clayey, argill(ace)ous (*scient.*).

'Ton|ˌfall *m* ⟨-(e)s; *no pl*⟩ 1. (*Stimmführung*) modulation, (*in einem Satz*) *auch* cadence. – 2. accent, intonation: er sprach mit ausländischem ~ he spoke with a foreign accent. – 3. *ling.* intonation. – 4. *mus.* inflection (*Br. auch* inflexion) (of the voice). — **~ˌfar·be** *f mus.* timbre, (tone) quality, tone color (*bes. Br.* colour). — **~ˌfas·sung** *f* (*radio*) sound version. — **~ˌfen·ster** *n* sound gate. — **~ˌfilm** *m* sound film, *bes. Am.* sound motion picture, *bes. hist.* talking film, talkie (*colloq.*). — **~ˌfil·ter** *n, m* (*radio*) tone (*od.* audio) filter. — **~fiˌxierˌbad** *n phot.* (tone) fixing bath. — **~ˌfol·ge** *f mus.* 1. sequence of notes (*od.* tones). – 2. melody.

'Ton·freˌquenz *f electr.* audio (*od.* voice, sonic) frequency. — **~ge·neˌra·tor** *m* tone (*od.* audio-signal, audio-frequency) generator, low-frequency oscillator. — **~ˌmes·sung** *f* audiometry.

'Ton|ˌfüh·rung *f* (*radio*) (*im Lautsprecher*) labyrinth. — **~ˌfül·le** *f mus.* volume of sound, sonority. — **~ˌfunk** *m* (*radio*) sound radio. — **~ˌgal·gen** *m* microphone boom. — **~ˌge·bung** [-ˌge:bʊŋ] *f* ⟨-; *no pl*⟩ *mus.* intonation. — **~geˌdicht** *n* tone poem. — **~geˌfäß** *n* earthen(ware) vessel. — **~geˌmäl·de** *n mus.* tonal picture. — **~geˌschirr** *n* pottery, earthenware. — **~geˌschlecht** *n mus.* mode. — **~ˌgru·be** *f tech.* clay pit.

'tonˌhal·tig *adj* 1. *geol. min.* clayey; argill(ace)ous, argilliferous (*scient.*). – 2. *metall.* aluminous.

'Tonˌhö·he *f* 1. *mus. phys.* pitch. – 2. *ling.* (*in der Phonetik*) pitch, tone.

'Tonˌhö·hen|ˌschwan·kung *f phys.* pitch variation. — **~ˌschwan·kungsˌmes·ser** *m* pitch-variation indicator. — **~ˌzei·chen** *n ling.* (*in der Phonetik*) intonation (*od.* pitch) mark.

'to·nig *adj geol. min. cf.* tonartig, tonhaltig 1.

To·ni·ka ['to:nika] *f* ⟨-; -niken⟩ *mus.* tonic, keynote.

To·ni·kum ['to:nikʊm] *n* ⟨-s; -nika [-ka]⟩ *med. pharm.* tonic.

'Ton·in·ge·niˌeur *m* 1. (*radio*) sound (*od.* studio) engineer. – 2. *telev.* audio-control engineer.

'Ton-ˌin-'Ton-ˌFar·ben *pl* toning shades, matching tones.

'to·nisch[1] *adj mus.* tonic.

'to·nisch[2] *adj* 1. *med.* (*Krampf*) tonic. – 2. *med. pharm.* tonic.

'Ton·kaˌbi·ne *f* (*bes. film*) sound booth.

'Ton·kaˌboh·ne ['tɔŋka-] *f bot.* tonka (*od.* tonca, tonga) bean (*Dipteryx odorata*).

'Ton|ˌkalk *m min.* argillaceous limestone. — **~ˌka·me·ra** *f* (*film*) sound camera. — **~kaˌnal** *m* (*radio*) sound channel. — **~ˌkle·beˌstel·le** *f* (*film*) sound join (*od.* splice). — **~ˌkopf** *m tech.* (*am Plattenspieler*) pickup (head), recorder head. — **~koˌpie** *f* (*film*) sound print (*od.* copy). — **~ˌkunst** *f mus.* music, musical (*od.* tonal) art. — **~ˌkünst·ler** *m* musician. — **~ˌla·ge** *f* 1. pitch (level), register. – 2. (*einer Vokalkomposition*) tessitura. — **~ˌla·ger** *n geol.* clay bed. — **~ˌlei·ter** *f mus.* scale, gamut, sol-fa: ~n üben to practice (*bes. Br.* practise) (*od.* run over, learn) one's scales. — **~ˌlei·tung** *f* (*radio*) audio (*od.* sound) circuit.

'ton·los *adj* 1. (*klanglos*) toneless, tuneless. – 2. *ling.* (*unbetont*) unaccented, unstressed. – 3. *electr. tel.* unmodulated.

ˌTon·ma·le'rei *f* 1. *ling.* (*Lautmalerei*) onomatopoeia. – 2. *mus.* tone painting (*od.* poem).

'Ton|ˌmei·ster *m cf.* Toningenieur. — **~ˌmer·gel** *m min.* clay (*od.* argillaceous) marl. — **~ˌmes·ser** *m*, **~ˌmeß·geˌrät** *n phys.* tonometer, volume meter (*od.* indicator). — **~ˌmes·sung** *f* tonometry. — **~ˌmi·scher** *m* (*film, radio*) tone fader and mixer. — **~ˌmischˌpult** *n* sound mixer. — **~ˌmi·schung** *f* sound mixing. — **t~mo·duˌliert** *adj* (*radio*) tone-modulated. — **~ˌmör·tel** *m metall.* clay mortar. — **~ˌnachˌah·mung** *f ling.* onomatopoeia.

Ton·na·ge [tɔ'na:ʒə] *f* ⟨-; -n⟩ *mar.* tonnage.

'Tönn·chenˌschnecke (*getr.* -k·k-) ['tœnçən-] *f zo.* chrysalis shell (*Gattg Pupilla*).

Ton·ne[1] ['tɔnə] *f* ⟨-; -n⟩ (*Gewichtsmaß*) 1. (*metrische Gewichtstonne*) metric ton (= 1 000 kg, 2,204.6 lbs.). – 2. (*engl. Gewichtstonne*) *Br.* (long) ton (= 1 016 kg, 2,240 lbs.), *Am.* short ton (= 907,18 kg, 2,000 lbs.). – 3. *mar.* a) shipping ton, b) *cf.* Registertonne.

'Ton·ne[2] *f* ⟨-; -n⟩ 1. (*großes Faß*) tun, butt, puncheon. – 2. (*kleines Faß*) barrel, keg, cask: sie ist eine regelrechte ~ *fig. colloq.* she is a regular barrel (*od.* tub), she is very tubby. – 3. (*offenes Faß*) tub, vat. – 4. *mar.* (*Seezeichen*) buoy: ~n auslegen to put (*od.* moor) buoys.

'Ton·nen|ˌblech *n tech.* arched plate. — **~ˌbrücke** (*getr.* -k·k-) *f civ.eng.* cask (*od.* floating) bridge. — **~ˌdach** *n arch.* barrel (*od.* waggon, *bes. Am.* wagon, tunnel, cylindrical) roof. — **t~ˌför·mig** *adj* 1. barrel-shaped, tubby. – 2. *zo.* dolioform. — **~ˌfracht** *f* freight (charged) by the ton. — **~geˌhalt** *m mar.* tonnage. — **~ˌgeld** *n* tonnage (dues *pl od.* tax). — **~geˌwöl·be** *n arch.* barrel (*od.* waggon, *bes. Am.* wagon, tunnel, cylindrical) vault. — **~ki·loˌme·ter** *m* (*railway*) ton-kilometer, *bes. Br.* ton-kilometre. — **~ˌla·ger** *n tech.* spherical roller bearing. — **~ˌle·ger** *m mar.* buoy-laying vessel. — **~ˌma·cher** *m* cooper. — **~ˌrei·fen** *m* hoop (of a barrel). — **~ˌschnecke** (*getr.* -k·k-) *f zo.* (helmet) tun shell (*Fam. Doliidae*). — **t~ˌwei·se** *adv* 1. by the ton. – 2. (*faßweise*) by the barrel.

tonn·lä·gig ['tɔnˌlɛ:gɪç] *adj* (*mining*) inclined, at an angle, sloping.

'Tonˌpe·gel *m* (*radio*) sound level. — **~konˌtrol·le** *f* sound check. — **~ˌschwan·kung** *f* variation in sound level.

'Ton|ˌpfei·fe *f* clay pipe. — **~ˌplat·te** *f print.* toned (*od.* tinted) plate, tint block. — **~proˌjek·tor** *m* (*film*) sound projector. — **~qua·liˌtät** *f* tone (*od.* sound) quality. — **~ˌquel·le** *f* sound (*od.* tone) source. — **~ˌrad** *n electr.* (*im Rundfunkgerät*) phonic (*od.* tone) wheel. — **~re·gisˌseur** *m* (*film, radio*) sound engineer. — **~ˌrei·he** *f mus.* tone row (*od.* series). — **t~ˌrein** *adj* pure in tone, just. — **~ˌröh·re** *f tech.* (*für Kanäle etc*) clay conduit, earthenware pipe. — **~ˌrundˌfunk** *m* sound broadcasting, radio. — **~ˌsatz** *m mus.* composition. — **~ˌsäu·le** *f electr.* 1. loudspeaker assembly (*od.* column). – 2. public address pillar. — **~ˌschicht** *f* 1. *geol.* claybank. – 2. (*mining*) sheet (*od.* band) of argillaceous material. — **~ˌschie·fer** *m min.* argillaceous slate (*od.* schist, *auch* shist), argillite. — **~ˌschlamm** *m* (*in der Töpferei*) claywash. — **~ˌschnitt** *m* (*radio*) sound editing. — **~ˌschön·heit** *f mus.* beauty of sound. — **~ˌschöp·fung** *f* composition. — **~ˌschrei·ber** *m electr.* sound recorder. — **~ˌschrift** *f* notation. — **~ˌschwin·gung** *f phys.* sound vibration. — **~ˌset·zer** *m mus.* composer (of music). — **~ˌsieb** *n electr.* audio (*od.* tone, acoustic) filter. — **~siˌgnal** *n* audio (*od.* aural, sound) signal. — **~ˌsil·be** *f* 1. *ling.* tonic (syllable). – 2. *mus.* tone syllable.

Ton·sil·le [tɔn'zɪlə] *f* ⟨-; -n⟩ *meist pl med.* tonsil.

Ton·sill·ek·to·mie [tɔnzɪlɛkto'mi:] *f* ⟨-; -n [-ən]⟩ *med.* tonsillectomy.

Ton'sil·len|hy·per·troˌphie *f* ⟨-; *no pl*⟩ *med.* (*Mandelvergrößerung*) tonsillar hypertrophy. — **~ˌmes·ser** *n* tonsillotome, (tonsil) guillotine. — **~ˌschlin·ge** *f* tonsil snare.

Ton·sil·li·tis [tɔnzɪ'li:tɪs] *f* ⟨-; -litiden [-li'ti:dən]⟩ *med.* (*Mandelentzündung*) tonsillitis: eitrige ~ quinsy.

'Ton|ˌskiz·ze *f mus.* (musical) sketch. — **~ˌspek·trum** *n phys.* sound spectrum. — **~ˌspur** *f* 1. (*auf Tonband, Film*) sound track. – 2. (*in Platte*) groove. — **~ˌstär·ke** *f* 1. (*Lautstärke*) volume (of sound), intensity. – 2. *ling.* volume. — **~ˌstartˌmar·ke** *f* (*film*) sound start mark. — **~ˌstö·rung** *f* (*radio*) *telev.* audio interference. — **~ˌstrei·fen** *m* (*film*) sound film (*od.* reel). — **~ˌstu·dio** *n* sound studio. — **~ˌstu·fe** *f mus.* degree.

Ton·sur [tɔn'zu:r] *f* ⟨-; -en⟩ *relig.* (*der Mönche*) tonsure, shaven crown.

'Tonˌtau·be *f* (*sport*) clay pigeon, bird. — **'Tonˌtau·benˌschie·ßen** *n* **1.** trapshooting. – **2.** skeet (shooting).

'Ton|ˌtech·nik *f* (*radio, film*) sound (*od.* audio) engineering. — **~ˌtech·ni·ker** *m* sound (*od.* tone) technician, sound man, *Am.* arranger. — **~ˌteil** *m* sound section. — **~ˌträ·ger** *m* (*radio*) sound carrier. — **~ˌtren·nung** *f phot.* tone separation. — **~ˌtren·nungs·verˌfah·ren** *n* tone separation process. — **~ˌtreue** *f* (*radio*) (high) fidelity. — **~ˌumˌfang** *m* **1.** *mus.* (*einer Stimme, eines Instruments*) compass, range, scale, gamut, register. – **2.** *phot.* tone scale, range of tones.

'Ton- ˌund 'Bildˌüberˌtra·gung *f telev.* sound and vision transmission.

'Tö·nung *f* ⟨-; -en⟩ **1.** *cf.* Tönen². – **2.** (*Schattierung*) tint, hue, shade, tone, nuance.

'Tonˌun·terˌma·lung *f* (*radio, film*) background music, (*bes. beim Film*) *auch* sound track.

To·nus ['to:nʊs] *m* ⟨-; Toni [-ni]⟩ *med.* a) (*Spannung*) tonus, tonicity, tone, b) (*Spannungszustand*) tension.

'Ton|verˌstär·ker *m* (*radio*) sound amplifier. — **~verˌstär·kung** *f* audio (*od.* sound) amplification. — **~ˌwa·gen** *m* sound (location) truck (*Br.* van), recording car. — **~ˌwa·re** *f cf.* Tongeschirr. — **~ˌwa·ren·fa·bri·ka·tiˌon** *f* pottery. — **~ˌwert** *m phot.* tone value. — **~ˌwie·derˌga·be** *f* **1.** (*radio*) a) sound reproduction, b) (*Klangtreue*) (high) fidelity. – **2.** *phot.* tone rendering. — **~ˌzei·chen** *n* **1.** *mus.* note. – **2.** *ling.* accent.

To·pas [to'pa:s] *m* ⟨-es; -e⟩ *min.* topaz. — **t~ˌfar·ben** *adj* topazine.

Topf [tɔpf] *m* ⟨-(e)s; ⸚e⟩ **1.** pot: ein ~ voll Milch a potful of milk; Pflanzen in Töpfe setzen to pot plants; alles in einen ~ werfen *fig. colloq.* a) to lump everything together, b) to measure everything with the same yardstick (*od.* by the same measure). – **2.** (*zum Kochen*) saucepan, pot: sie hat es nicht gern, wenn er ihr in den ~ guckt she does not like him to inspect her cooking; seine Nase in alle Töpfe stecken *fig. colloq.* to (poke one's) nose into other people's business; jeder ~ findet seinen Deckel (*Sprichwort*) there's a nut for every bolt (*proverb*). – **3.** (*Krug*) jar. – **4.** (*Gefäß*) vessel. – **5.** (*Nachttopf*) (chamber) pot. – **6.** (*in Apotheken*) gallipot. — **~ˌanˌfas·ser** *m* ⟨-s; -⟩ (*housekeeping*) *cf.* Topflappen. — **~ˌblu·me** *f cf.* Topfpflanze.

Töpf·chen ['tœpfçən] *n* ⟨-s; -⟩ **1.** *dim. of* Topf. – **2.** (*für Kosmetika etc*) jar: ~ und Tiegelchen little pots and jars. – **3.** *colloq.* (*Nachttopf*) potty: aufs ~ gehen to go to the potty; ich muß mal aufs ~ (*child's language*) I want to do potty, I want to go to (*od.* on) the potty.

'Topfˌdeckel (*getr.* -k·k-) *m* potlid, saucepan lid.

Top·fen ['tɔpfən] *m* ⟨-s; *no pl*⟩ *Bavarian and Austrian gastr. for* Quark 2. — **~pa·la·ˌtschin·ke** *f meist pl Austrian* rolled pancake filled with sweetened cottage cheese. — **~ˌstru·del** *m Bavarian and Austrian* strudel with sweetened cottage cheese filling.

Töp·fer ['tœpfər] *m* ⟨-s; -⟩ **1.** potter. – **2.** *cf.* Ofensetzer. — **~ˌar·beit** *f* **1.** ⟨*only sg*⟩ (*Vorgang*) pottery, ceramics *pl* (*usually construed as sg*). – **2.** *pl cf.* Töpferware. – **3.** (*einzelnes Stück*) piece of pottery (*od.* ceramics). — **~ˌdrehˌschei·be** *f* potter's wheel.

Töp·fe'rei *f* ⟨-; -en⟩ **1.** ⟨*only sg*⟩ (*als Kunsthandwerk*) pottery, ceramics *pl* (*usually construed as sg*). – **2.** (*Werkstatt*) pottery.

'Töp·fer|ˌer·de *f* potter's clay (*od.* earth), argil. — **~ˌhandˌwerk** *n* potter's trade. — **~ˌkunst** *f* **1.** (art of) pottery, ceramic art, ceramics *pl* (*usually construed as sg*). – **2.** (*antike*) fictile art. — **~ˌmarkt** *m* pottery market.

töp·fern¹ ['tœpfərn] *v/i* ⟨h⟩ make pottery, pot.

'töp·fern² *adj* earthen, made of potter's (clay (*od.* earth).

'Töp·fer|ˌofen *m* (potter's) kiln. — **~ˌschei·be** *f* potter's wheel. — **~ˌton** *m* ⟨-(e)s; -e⟩ *cf.* Töpfererde. — **~ˌvo·gel** *m zo.* ovenbird (*Furnarius rufus*). — **~ˌwa·re** *f* pottery (ware), ceramic ware, ceramics *pl*, crockery, earthenware. — **~ˌwerkˌstatt** *f* potter's workshop, pottery. — **~ˌwes·pe, (Ge'mei·ne)** *f zo.* potter wasp (*Trypoxylon figulus*).

'Topf|ˌflicker (*getr.* -k·k-) *m* tinker. — **~ˌfruchtˌbaum** *m bot.* a) pot tree (*od.* plant), sapucaia, sapucaja, *auch* supucaya (*Lecythis ollaria*), b) (*Frucht*) monkey('s porridge) pot. — **~geˌwächs** *n hort. cf.* Topfpflanze. — **~ˌglühˌofen** *m metall.* pot annealing furnace. — **~ˌgucker** (*getr.* -k·k-) *m colloq. person who is fond of looking into the cooking pot to see what meal is being prepared.* — **~ˌhen·kel** *m* handle of a pot. — **~ˌhut** *m* (*fashion*) cloche (hat).

'topˌfit ['tɔp-] *adj* ⟨*pred*⟩ *colloq.* very fit: ~ sein (*bes. von Sportler*) to be in top form; ich fühle mich heute ~ I feel very fit today, I am in top (*od. colloq.* tip-top) form today.

'Topf|ˌkie·ker *m* ⟨-s; -⟩ *Low G. colloq. cf.* Topfgucker. — **~ˌku·chen** *m gastr. cf.* Napfkuchen. — **~ˌlap·pen** *m* (*housekeeping*) oven cloth, pot cloth, pot holder. — **~maˌgnet** *m electr.* bell-shaped (*od.* pot-type) magnet. — **~manˌschet·te** *f* (*für Blumentöpfe*) (flower)pot cover, frill. — **~ˌpflan·ze** *f* pot plant. — **~ˌrei·ni·ger** *m* (*housekeeping*) (pot) scourer, scouring pad. — **~ˌscher·be** *f meist pl* potsherd. — **~ˌschleifˌschei·be** *f tech.* cup wheel. — **~ˌstein** *m min.* potstone, steatite. — **~ˌstür·ze** *f dial. for* Topfdeckel. — **~ˌvoll** *m* ⟨-; -⟩ potful. — **~ˌwes·pe** *f zo.* potter wasp (*Trypoxylon figulus*).

To·pi ['to:pi] *n* ⟨-s; -s⟩, **~an·tiˌlo·pe** *f zo.* topi (*Damaliscus corrigum jimela*).

To·pik ['to:pɪk] *f* ⟨-; *no pl*⟩ *philos.* topics *pl* (*construed as sg*) (*a special method of finding arguments*).

To·pi·nam·bur [topinam'bu:r] *m* ⟨-s; -s *u.* -e⟩, *f* ⟨-; -en⟩ *bot.* Jerusalem artichoke, topinambour, *auch* topinambou, topinambur (*Helianthus tuberosus*).

to·pisch ['to:pɪʃ] *adj med.* (*örtlich, äußerlich wirkend*) topical.

Top·ma·na·ge·ment ['tɔpˌmænɪdʒmənt] (*Engl.*) *n* ⟨-s; -s⟩ top management.

To·po·graph [topo'gra:f] *m* ⟨-en; -en⟩ *geogr.* topographer. — **To·po·gra'phie** [-gra'fi:] *f* ⟨-; -n [-ən]⟩ topography. — **to·po'gra·phisch** *adj* topographic(al).

To·po·lo·gie [topolo'gi:] *f* ⟨-; *no pl*⟩ *math.* topology.

To·pos ['to:pɔs; 'tɔpɔs] *m* ⟨-; Topoi [-pɔʏ]⟩ (*literature*) topos.

To·po·ta·xis [topo'taksɪs] *f* ⟨-; *no pl*⟩ *biol.* topotaxis, tropism.

topp [tɔp] *interj* done! it's a deal! (it's) agreed!

Topp *m* ⟨-s; -e(n) *u.* -s⟩ **1.** *mar.* masthead: über ~ (*od.* die ~en) flaggen to dress ship overall; über die ~en geflaggt dressed overall. – **2.** (*theater*) *colloq. humor.* (the) gods *pl*, gallery.

top·pen ['tɔpən] **I** *v/t* ⟨h⟩ **1.** *mar.* peak (up), top. – **2.** (*beim Golfsport*) top. – **II** *v/i* **3.** (*petroleum*) top (*od.* strip, skim) benzine.

'Topp|ˌflag·ge *f mar.* masthead flag: ~n setzen to hoist (*od.* dress the ship with) masthead flags. — **~ˌgast** *m* ⟨-(e)s; -en⟩ (*Matrose*) topman. — **~laˌter·ne** *f* masthead (*od.* steaming) light. — **~ˌlei·ne** *f* top halyard. — **~ˌlicht** *n cf.* Topplaterne. — **~ˌmast** *m* topmast.

Topp·nant ['tɔpnant] *f* ⟨-; -en⟩ *mar.* topping lift.

'Toppˌse·gel *n mar.* topsail.

'Toppsˌgast *m* ⟨-(e)s; -en⟩ *mar. cf.* Toppgast.

'Toppˌzei·chen *n mar.* topmark.

Tor¹ [to:r] *n* ⟨-(e)s; -e⟩ **1.** gate, door: das ~ schließen [öffnen] to close (*od.* shut) [to open] the gate; vor den ~en der Stadt *fig.* outside the town; der Feind steht vor den ~en *hist.* the enemy is at the gates; der Totogewinn öffnete ihm das ~ zu einem völlig neuen Leben *fig.* his win in the football pools was the beginning of a new life for him; dieses Gesetz öffnet der Unmoral Tür und ~ *fig.* this law opens the door (wide) to immorality; er stand da wie die Kuh vorm neuen ~ *fig. colloq. humor.* he was completely bowled over (*od. colloq.* flummoxed, *auch* flummixed, flummuxed), he was completely at a loss, he didn't know where (*od.* which way) to turn. – **2.** (*Einfahrt*) gateway. – **3.** *arch.* (*Portal*) portal. – **4.** (*sport*) (*beim Fußball, Eishockey etc*) a) goal, b) (*erzieltes*) goal: ein ~ schießen to kick a goal, to score (a goal); das ~ hüten, im ~ stehen to keep goal; sie siegten mit 3 : 2 ~en they won 3—2; ~! (*Ausruf*) (it's a) goal! – **5.** a) (*beim Skisport*) gate, b) (*beim Kanusport*) gate, c) (*beim Krocket*) *Br.* hoop, *Am.* wicket: er schneidet die ~e an he cuts into the gates.

Tor² *m* ⟨-en; -en⟩ *lit.* fool, simpleton.

To·ra ['to:ra] *f* ⟨-; -s⟩ *zo.* tora (*Alcelaphus tora*).

'Tor|ˌabˌwurf *m* (*sport*) throw-out. — **~ˌbal·ken** *m* **1.** bar of a gate. – **2.** (*sport*) goalpost, *Br.* goal-post. — **~ˌbo·gen** *m* archway, arch. — **~ˌchan·ce** *f* (*sport*) scoring chance: eine ~ herausspielen to create a scoring chance.

'Tordˌalk ['tɔrt-] *m* ⟨-(e)s *od.* -en; -e(n)⟩ *zo.* razorbill, *auch* razor-billed auk (*Alca torda*).

'Tor|dif·feˌrenz *f* (*sport*) goals difference. — **~ˌdurchˌfahrt** *f* passageway, archway.

To·re·a·dor [torea'do:r] *m* ⟨-s *u.* -en; -e(n)⟩ (*berittener Stierkämpfer*) toreador.

'Tor|ˌeinˌfahrt *f* gateway. — **~erˌfolg** *m* (*sport*) goal: er kam in diesem Spiel zu keinem ~ in this game he failed to score.

To·re·ro [to're:ro] *m* ⟨-(s); -s⟩ (*Stierkämpfer*) torero.

'To·resˌschluß *m* ⟨-sses; *no pl*⟩ *cf.* Torschluß.

To·reu·tik [to'rɔʏtɪk] *f* ⟨-; *no pl*⟩ toreutics *pl* (*construed as sg*).

Torf [tɔrf] *m* ⟨-(e)s; *no pl*⟩ **1.** *geol.* peat, turf: ~ stechen to cut peat. – **2.** *hort.* peat. — **t~ˌar·tig** *adj* peaty. — **~ˌbal·len** *m* bale of peat. — **~ˌbo·den** *m*, **~ˌer·de** *f* peat(y) soil. — **~ˌfeue·rung** *f* peat firing (*od.* heating). — **~geˌwin·nung** *f* peat cutting (*od.* extraction). — **~ˌgru·be** *f* peat bank, peatery. — **t~ˌhal·tig** *adj* peaty.

'tor·fig *adj cf.* torfhaltig.

'Torf|ˌkoh·le *f* peat coal. — **~ˌla·ger** *n* **1.** peat (*od.* turf) bed (*od.* layer). – **2.** *cf.* Torfmoor.

'Torˌflü·gel *m* wing of a gate (*od.* door).

'Torf|ˌmoor *n* peat bog (*od.* moor). — **~ˌmoos** *n bot.* peat (*od.* bog, swamp) moss, sphagnum (moss) (*Gattg Sphagnum*). — **~ˌmull** *m hort.* peat mold (*bes. Br.* mould), (granulated) peat, garden peat. — **~ˌso·de** *f* (sod of) peat. — **~ˌste·chen** *n* peat cutting. — **~ˌste·cher** *m* peat cutter. — **~ˌstich** *m* **1.** *cf.* Torfstechen. – **2.** (*Ort*) peat bank, peatery. — **~ˌstreu** *f* peat litter. — **~ˌstück** *n* lump (*od.* piece) of peat.

'Torˌhal·le *f arch.* porch.

'Tor·heit *f* ⟨-; -en⟩ **1.** ⟨*only sg*⟩ folly, foolishness, silliness: jugendliche ~ folly of youth, youthful folly; Alter schützt vor ~ nicht (*Sprichwort*) there is no fool like an old fool (*proverb*). – **2.** (*törichte Handlung*) (act *od.* piece of) folly, foolish (*od.* unwise) act(ion), foolery: eine ~ begehen to do s.th. foolish.

'Torˌhü·ter *m* **1.** gatekeeper. – **2.** (*sport*) *cf.* Torwart.

tö·richt ['tø:rɪçt] **I** *adj* **1.** (*Frage, Handlung, Person*) foolish, unwise, silly: es wäre ~, länger zu warten it would be foolish to wait any longer; die sieben ~en Jungfrauen *Bibl.* the seven foolish virgins. – **2.** (*einfältig*) simple(minded). – **II** *adv* **3.** sich ~ benehmen to behave foolishly (*od.* like a fool), to make a fool of oneself. — **'tö·rich·ter'wei·se** *adv* foolishly (enough), like a fool: ich habe mir ~ ein Auto gekauft I have bought myself a car, foolishly enough (*od.* fool that I am).

Tö·rin ['tø:rɪn] *f* ⟨-; -nen⟩ *lit.* fool(ish girl *od.* woman).

'Torˌjä·ger *m* (*sport*) goalgetter.

Tor·kel ['tɔrkəl] *m* ⟨-s; -⟩, *f* ⟨-; -n⟩ *Swiss and Southwestern G. for* Weinkelter.

tor·keln ['tɔrkəln] *v/i* ⟨sein⟩ (*von Betrunkenen*) stagger, reel, totter, sway.

Tor'kret·beˌton [tɔr'kre:t-] (*TM*) *m civ.eng.* (*ein Spritzbeton*) shotcrete, jetcrete, Gunite (*TM*), gunned concrete. — **tor·kre·tie·ren** [tɔrkre'ti:rən] *v/t* ⟨*no* ge-, h⟩ gunite.

Törl [tø:rl] *n* ⟨-s; -⟩ *Austrian* (*in den Alpen*) gap.

'Tor|ˌlat·te *f* (*sport*) crossbar. — **~ˌlauf** *m* (*beim Skisport*) slalom. — **~ˌli·nie** *f* **1.** goal line. – **2.** (*beim Skisport*) line between the flags. — **t~los** *adj* goalless: ~ enden to end in a goalless draw; die erste Halbzeit verlief ~ the first half was scoreless. — **~ˌmann** *m* ⟨-(e)s; ⸚er⟩ *cf.* Torwart.

Tor·men·till [tɔrmen'tɪl] *m* ⟨-s; *no pl*⟩ *bot.* tormentil(la) (*Potentilla tormentilla*).

Törn [tœrn] *m* ⟨-(e)s; -s⟩ **1.** *Low G.* (*Reihenfolge, Turnus*) turn. – **2.** *mar.* turn, lay.

Tor·na·do [tɔr'na:do] *m* ⟨-s; -s⟩ *meteor.* tornado, *Am. auch* twister.

'Tor,netz *n* (*sport*) goal net.

Tor·ni·ster [tɔr'nɪstər] *m* ⟨-s; -⟩ **1.** *mil.* knapsack, (field) pack, kit bag. – **2.** (*der Schulkinder*) satchel, schoolbag. — **~emp,fän·ger** *m* (*radio*) portable receiver. — **~,sprech,funk·ge,rät** *n* portable two-way radio set, walkie-talkie, *auch* walky-talky (*colloq.*).

to·ro·id [toro'iːt] *adj electr.* toroidal.

tor·pe·die·ren [tɔrpe'diːrən] **I** *v/t* ⟨*no* ge-, h⟩ **1.** *mar. mil.* (*Schiff*) torpedo. – **2.** *fig. colloq.* (*einen Plan, eine Konferenz etc*) torpedo, wreck. – **II T~** *n* ⟨-s⟩ **3.** *verbal noun.* — **Tor·pe'die·rung** *f* ⟨-; -en⟩ *cf.* Torpedieren.

Tor·pe·do [tɔr'peːdo] *m* ⟨-s; -s⟩ *mar. mil.* torpedo: einen ~ abschießen to launch (*od.* fire) a torpedo. — **~an,griff** *m* torpedo attack. — **~,bahn** *f* torpedo wake.

Tor'pe·do,boot *n mar. mil.* torpedo boat. — **~zer,stö·rer** *m* torpedo-boat destroyer.

Tor'pe·do|,fisch *m zo. cf.* Zitterrochen. — **~,flug,zeug** *n aer. mil.* torpedo aircraft. — **~,jä·ger** *m mar. mil. cf.* Torpedobootzerstörer. — **~,netz** *n cf.* Torpedoschutznetz. — **~,rohr** *n* torpedo (launching) tube. — **~,schnell,boot** *n* motor torpedo high-speed boat. — **~,schutz,netz** *n* torpedo net(ting).

'Tor|,pfört·chen *n* wicket. — **~,pfo·sten** *m* **1.** doorpost, doorjamb. – **2.** (*sport*) goalpost, *Br.* goal-post.

tor·pid [tɔr'piːt] *adj med.* (*schwach, träge*) torpid.

Tor·por ['tɔrpɔr] *m* ⟨-s; *no pl*⟩ *med.* torpor, torpidity.

tor·quie·ren [tɔr'kviːrən] *v/t* ⟨*no* ge-, h⟩ *obs. for* peinigen, quälen I.

Torr [tɔr] *n* ⟨-s; -⟩ *phys.* (*Maßeinheit*) torr.

'Tor|,raum *m* (*sport*) **1.** (*beim Fußball*) goal area. – **2.** (*beim Eishockey*) (goal) crease. – **3.** (*beim Handball*) throwing circle. — **~,rich·ter** *m* **1.** (*beim Eishockey, Wasserball*) goal judge. – **2.** (*beim Kanu- u. Skisport*) gate judge. — **~,rie·gel** *m* door (*od.* gate) bar.

'Tor,schluß *m* ⟨-sses; *no pl*⟩ closing time: kurz vor ~ a) at the last minute, b) *fig.* at the last minute, at the eleventh hour. — **~,pa·nik** *f* ⟨-; *no pl*⟩ *fig. colloq.* **1.** last-minute panic: ~ haben to be in a last-minute panic; kurz vor dem Examen geriet er in ~ he got into a last-minute panic just before the examination. – **2.** (*einer Frau*) fear of being left on the shelf (*colloq.*): sie hat ~ she is afraid of being left on the shelf; bei ihr brach ~ aus she became afraid of being left on the shelf.

'Tor|,schuß *m* (*sport*) shot at goal. — **~,schüt·ze** *m* scorer.

Tor·si·on [tɔr'zioːn] *f* ⟨-; -en⟩ **1.** *tech.* (*eines Federstabs*) torsion, twist. – **2.** *med.* (*eines Organs*) torsion. – **3.** *math.* (*Raumkurve*) torsion, second curvature.

Tor·si'ons|be,an,spru·chung *f tech. cf.* Verdrehungsbeanspruchung. — **~,fe·stig·keit** *f* torsional strength. — **~,kraft** *f* torsional force. — **~,span·nung** *f* torsional stress. — **~,stab** *m auto. cf.* Drehstab 2. — **~,stei·fig·keit** *f* torsional stiffness (*od.* rigidity). — **~,waa·ge** *f* torsion balance.

Tor·so ['tɔrzo] *m* ⟨-s; -s *u.* Torsi [-zi]⟩ **1.** (*art*) torso. – **2.** (*unvollendetes Werk*) torso: der Roman ist ein ~ geblieben the novel has remained a torso.

'Tor|,stand *m* (*sport*) score. — **~,ste·her** *m cf.* Torwart.

Tort [tɔrt] *m* ⟨-(e)s; *no pl*⟩ (*in Wendungen wie*) j-m einen ~ antun to do s.o. a wrong; er hat es ihm zum ~ getan (*zum Trotz*) he did it to spite him.

Tört·chen ['tœrtçən] *n* ⟨-s; -⟩ *gastr.* **1.** *dim. of* Torte. – **2.** (*Obsttörtchen etc*) tart(let).

Tor·te ['tɔrtə] *f* ⟨-; -n⟩ *gastr.* fancy cake, gateau, flan.

Tor·te·lett [tɔrtə'lɛt] *n* ⟨-s; -s⟩ *gastr. cf.* Törtchen 2.

'Tor·ten|,bo·den *m gastr.* baked pastry case. — **~,form** *f* cake (*od.* baking) tin, cake mold (*bes. Br.* mould). — **~,guß** *m* **1.** (*für Obsttorten*) jelly, glaze. – **2.** (*für Schokoladentorten etc*) (cake) icing (*Am. auch* frosting). — **~,he·ber** *m* cake server (*od.* slice). — **~,plat·te** *f* cake plate (*od.* stand). — **~,schach·tel** *f* confectioner's carton. — **~,schau·fel** *f cf.* Tortenheber.

Tor·ti·kol·lis [tɔrti'kɔlɪs] *m* ⟨-; *no pl*⟩ *med.* (*Schiefhals*) torticollis, wryneck.

Tor·tur [tɔr'tuːr] *f* ⟨-; -en⟩ **1.** *fig.* (*Qual, große Strapaze*) torture, agony, ordeal: es war die reine (*od.* eine wahre) ~ it was absolute torture. – **2.** *hist.* (*Folter*) torture: j-n der ~ unterwerfen to subject s.o. to torture, to torture s.o.

To·rus ['toːrʊs] *m* ⟨-; -ri [-ri]⟩ **1.** *arch. antiq.* (*einer Säule*) torus. – **2.** *math.* (*Ringfläche*) torus, ring surface.

'Tor|ver,hält·nis *n* (*sport*) goals ratio. — **~,wa·che** *f hist.* guard (at the gate), gatekeeper. — **~,wäch·ter** *m* (*sport*) *cf.* Torwart. — **~,wart** *m* (*sport*) (*beim Fußball etc*) goalkeeper, goalie (*colloq.*), *bes. Am.* goaltender. — **~,weg** *m* gateway. — **~,wurf** *m* (*sport*) (*beim Hand- u. Wasserball*) throw (*od.* shot) at goal.

To·ry ['tɔri; 'toːri; 'tɔːrɪ] (*Engl.*) *m* ⟨-s; -s *u.* Tories [-riːs; -rɪz]⟩ *pol.* Tory, Conservative.

'Tor,zoll *m hist.* gate toll.

'Tos,becken (*getr.* -k·k-) *n civ.eng.* stilling basin (*od.* box, pool, well), *auch* still box.

to·sen ['toːzən] **I** *v/i* ⟨h⟩ **1.** (*von Brandung, Wildbach etc*) roar, thunder. – **2.** (*von Sturm etc*) roar, storm, rage. – **3.** (*von Verkehr*) roar. – **4.** (*von Beifall*) thunder. – **II T~** *n* ⟨-s⟩ **5.** *verbal noun.* – **6.** (*der Brandung etc*) roar, thunder. – **7.** (*des Sturms, Verkehrs etc*) roar. — **'to·send I** *pres p.* – **II** *adj* **1.** (*Brandung etc*) roaring, thundering, thunderous, (*stärker*) tumultuous. – **2.** (*Sturm etc*) roaring. – **3.** (*Beifall*) thundering, thunderous, (*stärker*) tumultuous, frantic.

Tos·ka·ner [tɔs'kaːnər] *m* ⟨-s; -⟩, **Tos'ka·ne·rin** *f* ⟨-; -nen⟩ Tuscan. — **tos'ka·nisch** *adj* Tuscan.

tot [toːt] *adj* **1.** (*Person, Tier, Baum etc*) dead: er ist schon lange ~ he has been dead for a long time; er war sofort ~ (*bei einem Unfall*) death was instantaneous, he was killed outright; er fiel ~ hin he dropped dead; er blieb ~ liegen he lay there dead; sie lag wie ~ da she was lying there as if she were dead (*od.* [as] still as death); ~ oder lebendig dead or alive, alive or dead; mehr ~ als lebendig sein *fig.* to be more dead than alive; das Kind wurde ~ geboren the child was born dead (*od.* was stillborn [*Br.* still-born]); er konnte nur noch ~ geborgen werden his dead body was recovered; für ~ gelten to be presumed dead; einen Vermißten für ~ erklären *jur.* to declare a missing person (legally) dead; ~ und begraben *auch fig.* dead and buried; sie war halb ~ vor Angst *fig.* she was half dead with fear; seit diesem Ereignis ist er für mich ~ *fig.* he does not exist for me anymore since this incident; ~e Sprache *ling.* dead language; → Buchstabe 1; Mann 2, 11; umfallen 1. – **2.** (*verstorben*) late (*attrib*), dead; deceased, defunct (*lit.*): seine ~e Tante his late (*od. lit.* deceased) aunt. – **3.** (*leblos*) lifeless, inanimate, dead: ~e Materie dead matter. – **4.** (*abgestorben, taub*) dead, numb, benumbed: ich habe ein ~es Gefühl im Arm my arm feels (*od.* is, has gone) dead. – **5.** ⟨*pred*⟩ *fig. colloq.* (*erschöpft*) 'dead', 'done' (*beide colloq.*), dead beat, worn (*od.* fagged) out, completely exhausted: eine Mutter von fünf Kindern ist abends einfach ~ a mother of five children is absolutely dead (*od.* finished) in the evening. – **6.** *fig.* (*ohne Ausdruck*) lifeless, dull: ~e Augen a) lifeless (*od.* dull) eyes, b) (*eines Blinden*) blind eyes; ohne Bilder wirkt der Raum ~ the room looks dead without pictures. – **7.** *colloq.* (*Feuer, Flamme, Zigarette, Vulkan etc*) dead, extinct: ihre Liebe war ~ *fig.* her love was dead. – **8.** (*Farben*) dead, dull, lusterless, *bes. Br.* lustreless. – **9.** (*Gegend, Stadt, Straße etc*) dead, deserted. – **10.** (*Zeit, Saison etc*) dead, quiet, dull. – **11.** (*Gewässer*) dead, stagnant, standing. – **12.** (*nicht weiterführend*) dead: ~er Flußarm dead arm (*od.* branch) of a river; eine ~e Leitung *tel.* a dead line; → Gleis 1; Punkt 10. – **13.** (*ohne Nutzwert, ertraglos*) dead: ~es Gewicht (*eines Fahrzeugs*) deadweight, dead load; → Kapital 1. – **14.** ~er Gang *tech.* → Gang[1] 19. – **15.** ~er Winkel a) (*beim Autofahren, von Brillenträgern etc*) blind corner, b) *mil.* dead (*od.* shielded) angle, blind spot; ~e Zone a) (*beim Radar*) dead (*od.* blind) zone, b) (*radio*) blind spot (*od.* area), c) (*bei der Artillerie*) dead zone. – **16.** ~es Rennen (*sport*) dead heat, tie.

to·tal [to'taːl] **I** *adj* **1.** (*Zerstörung, Erschöpfung, Fehlschlag etc*) total, complete, utter. – **2.** (*Machtfülle, Erfolg etc*) complete, absolute. – **3.** (*Krieg*) total. – **4.** *astr.* (*Mond-, Sonnenfinsternis*) total. – **5.** *cf.* totalitär. – **II** *adv colloq.* **6.** completely, downright: er machte alles ~ verkehrt he did everything completely wrong; der Matrose war ~ betrunken the sailor was completely (*od.* dead) drunk; sie ist ~ verrückt she is completely out of her mind, she is stark raving mad; ich bin ~ pleite I am completely (*od.* stone-)broke (*sl.*), I am (completely) at rock bottom.

To'tal *n* ⟨-s; -e⟩ *Swiss* total (amount *od.* sum), sum total.

To'tal|,an,sicht *f cf.* Gesamtansicht. — **~,aus,fall** *m* total loss. — **~,aus·ver,kauf** *m* clearance sale. — **~bi,lanz** *f econ.* total balance.

To'ta·le *f* ⟨-; -n⟩ (*film*) long shot.

To'tal|er,trag *m econ.* total proceeds *pl* (*od.* returns *pl*). — **~,fin·ster·nis** *f astr.* total eclipse. — **~im,puls** *m electr.* total impulse.

To·ta·li·sa·tor [totali'zaːtɔr] *m* ⟨-s; -en [-za'toːrən]⟩ **1.** (*beim Rennsport*) totalizator *Br. auch* -s-, totalizer *Br. auch* -s-, pari-mutuel machine, tote (*colloq.*). – **2.** *meteor.* totalizator *Br. auch* -s-.

to·ta·li·sie·ren [totali'ziːrən] *v/t* ⟨*no* ge-, h⟩ *econ.* (*addieren*) total, totalize *Br. auch* -s-, add up, tot up.

to·ta·li·tär [totali'tɛːr] *adj pol.* (*Staat etc*) totalitarian.

To·ta·li·ta·ris·mus [totalita'rɪsmʊs] *m* ⟨-; *no pl*⟩ *pol.* totalitarianism.

To·ta·li·tät [totali'tɛːt] *f* ⟨-; *no pl*⟩ **1.** (*Gesamtheit*) totality, entirety. – **2.** *pol.* totality. – **3.** *astr.* (*totale Verfinsterung*) totality.

To·ta·li'täts|,an,spruch *m* claim to unlimited authority. — **~prin,zip** *n pol.* totalitarian principle.

To'tal|re·flek·to,me·ter *n phys. tech.* total reflectometer. — **~re·fle·xi,on** *f phys.* total reflection (*Br. auch* reflexion). — **~,scha·den** *m* **1.** *econ.* total loss. – **2.** (*an Fahrzeugen*) total wreckage: an einem der Fahrzeuge entstand ~ one of the vehicles was totally wrecked (*od. colloq.* was a complete write-off). — **~,sum·me** *f* total, total amount (*od.* sum), sum total. — **~ver,lust** *m econ.* total loss.

'tot|,ar·bei·ten *v/reflex* ⟨*sep*, -ge-, h⟩ sich ~ *colloq.* kill oneself (with work), slave (*od.* work) oneself to death, work oneself to the bone (*od. colloq.* to a frazzle). — **~,är·gern** *colloq.* **I** *v/t* ⟨*sep*, -ge-, h⟩ j-n ~ to torment the life out of s.o. – **II** *v/reflex* sich ~ be absolutely mad, be highly peeved (*beide colloq.*), be really annoyed: ich hätte mich ~ können I was absolutely mad, I was annoyed (*od.* irritated) beyond words.

'To·te[1] *m* ⟨-n; -n⟩ **1.** dead man (*od.* person): die ~n begraben [beklagen] to bury [to grieve for] the dead; der ~n gedenken to commemorate the dead; laß die ~n ruhen leave the dead in peace, never speak ill of the dead; die ~n sind stumm dead men tell no tales; das ist ein Lärm, um ~ aufzuwecken *fig.* that noise would (*od.* is enough to) (a)waken the dead; von ~n soll man nur gut reden (*Sprichwort*) speak well (*od.* never speak ill) of the dead. – **2.** (*Verstorbene*) deceased, defunct, departed (*alle lit.*). – **3.** (*Leiche*) (dead) body, corpse: der ~ wurde in seine Heimat übergeführt the body was taken to his native country. – **4.** (*Todesopfer*) casualty, death, fatality: bei dem Unfall gab es zwei ~ und drei Verletzte two (persons) were killed and three injured (*od.* hurt) in the accident; es gab viele ~ there were heavy casualties, the death (*od.* casualty) toll was high.

'To·te[2] *f* ⟨-n; -n⟩ **1.** dead (woman). – **2.** *cf.* Tote[1] 2—4.

To·tem ['toːtɛm] *n* ⟨-s; -s⟩ (*der Indianer*) totem.

'To·te-,Manns-,Hand *f zo.* (*Lederkoralle*) dead-man's- (*od.* -men's-)fingers *pl* (*construed as sg or pl*) (*Alcyonium digitatum*).

'To·tem|fi,gur *f* totem. — **~,glau·be** *m* totemism.

To·te·mis·mus [tote'mɪsmʊs] *m* ⟨-; *no pl*⟩ *anthrop.* totemism. — **to·te'mi·stisch** [-tɪʃ] *adj* totem(ist)ic.

ˈ**To·tem,pfahl** *m* totem pole (*auch* post).

tö·ten [ˈtøːtən] **I** *v/t* ⟨h⟩ **1.** kill, put (*s.o.*) to death, slay (*lit.*): einen Menschen [ein Tier] ~ to kill a person [an animal]; bei diesem Unfall wurden drei Menschen getötet three persons were killed in this accident; j-n durch Ersticken ~ to suffocate (*od.* smother) s.o.; j-n mit Gift ~ to poison s.o.; der Kummer wird sie noch ~ she will worry herself to death some day; wenn Blicke ~ könnten *colloq.* if looks could kill; er tötet mir noch den (letzten) Nerv *fig. colloq.* he is driving me mad (*od.* crazy, *sl.* bats, *Br. sl.* scatty); die Zeit ~ *fig.* to kill (the) time. – **2.** *cf.* ermorden. – **3.** (*Ungeziefer, Bakterien etc*) kill, destroy. – **4.** *fig.* (*Gefühle etc*) kill, destroy, extinguish: j-s Liebe ~ to kill s.o.'s love; j-s Selbstgefühl ~ to kill s.o.'s self-confidence. – **5.** *lit.* (*Fleisch, Begierde etc*) deaden, mortify. – **6.** *colloq.* (*Zigarette*) stub (*od.* put) out. – **7.** *med.* (*Nerv*) deaden, kill. – **8.** *tech. metall.* (*Flotationsschaumbildung*) kill, deaden. – **9.** *chem. tech.* (*Quecksilber*) deaden. – **10.** *hunt.* kill, bag, account for. – **II** *v/i* **11.** kill, murder: du sollst nicht ~ *Bibl.* thou shalt not kill. – **III** *v/reflex* sich ~ **12.** kill oneself, take one's own life, put an end to one's life, lay hands on oneself, commit suicide. – **IV T~** *n* ⟨-s⟩ **13.** *verbal noun*: das T~ der Singvögel ist verboten it is prohibited to kill songbirds. – **14.** *cf.* Tötung.

ˈ**To·ten|,acker** (*getr.* -k·k-) *m poet. for* Friedhof 1, 2. — **t~,ähn·lich** *adj* deathly, deathlike, deadly: er verfiel in einen ~en Schlaf he fell into a deathlike sleep. — **~,amt** *n röm.kath. cf.* Totenmesse. — **~,bah·re** *f* bier. — **~be,schau·er** *m med. cf.* Leichenbeschauer. — **~be,schwö·rer** *m* necromancer. — **~be,schwö·rung** *f* necromancy. — **~be,stat·tung** *f* burial, interment, inhumation, sepulture. — **~,bett** *n* deathbed: Reue auf dem ~ deathbed repentance. — **t~ˈblaß** *adj* deathly (*od.* deadly) pale, (as) pale as death, (as) white as a sheet (*colloq.*), ghastly (pale) (*lit.*). — **~ˈbläs·se** *f* deadly (*od.* deathly, deathlike) pallor (*od.* paleness). — **t~ˈbleich** *adj cf.* totenblaß. — **~,eh·rung** *f* honoring (*bes. Br.* honouring) of the dead. — **~,far·be** *f* **1.** death (*od.* livid) color (*bes. Br.* colour). – **2.** *cf.* Totenblässe. — **~,fei·er** *f* funeral, burial (*od.* funeral) rites *pl*, obsequies *pl*, exequies *pl.* — **~,fest** *n* festival in commemoration of the dead. — **~,fleck** *m med.* postmortem lividity; livor mortis, cadaveric ecchymosis (*scient.*). — **~,frau** *f* layer-out. — **~ge,bei·ne** *pl* dead men's bones. — **~ge,bet** *n relig.* prayer for the dead. — **~ge,läut, ~ge,läu·te** *n* tolling of the death (*od.* funeral, passing) bell, (tolling of the) (death) knell (*lit.*). — **~ge,leit** *n only in* j-m das ~ geben to pay s.o. one's last respects, to attend s.o.'s funeral. — **~ge,rip·pe** *n* skeleton. — **~ge,ruch** *m* smell of death, cadaverous (*od.* cadaveric) smell. — **~ge,rüst** *n* catafalque. — **~ge,sang** *m* funeral chant, dirge. — **~,glocke** (*getr.* -k·k-) *f* death (*od.* funeral, passing) bell, (death) knell (*lit.*). — **~,got·tes,dienst** *m* funeral (*od.* memorial) service, office for the dead. — **~,grä·ber** *m* **1.** gravedigger, *Br.* grave-digger. – **2.** *zo.* burying (*od.* sexton) beetle, grave(-)digger, necrophore (*scient.*) (*Gattg Necrophorus*). — **~,gruft** *f* (funeral) vault, tomb, sepulcher, *bes. Br.* sepulchre. — **~,grün** *n bot.* periwinkle (*Vinca minor*).

ˈ**to·ten·haft** *adj* **1.** deathlike, deathly, deadly: ~e Stille deathlike silence. – **2.** (*leichenhaft*) cadaverous, cadaveric.

ˈ**To·ten|,hal·le** *f cf.* Totenhaus. — **~,hand** *f* **1.** hand of a dead person. – **2.** *fig.* hand as cold as death, hand like a dead fish (*colloq.*). — **~,haus** *n* mortuary, *Am.* funeral home (*od.* parlor). — **~,hemd** *n* shroud, winding-sheet, cerement(s *pl*). — **~,hü·gel** *m archeol.* barrow, tumulus. — **~,kä·fer** *m zo.* churchyard (*od.* darkling [ground]) beetle (*Blaps mortisaga*). — **~,kam·mer** *f antiq.* (*in den Katakomben*) cubiculum. — **~,kla·ge** *f* **1.** lamentation (*od.* keening, bewailing) of the dead. – **2.** (*Klagelied*) lament(ation), dirge, keen. – **3.** (*literature*) elegy, dirge, monody, threnody.

ˈ**To·ten,kopf** *m* **1.** death's-head, skull. – **2.** (*als Giftzeichen etc*) skull and crossbones. – **3.** *zo.* death's-head (hawk)moth (*Acherontia atropos*). — **~,äff·chen** *n zo.* squirrel monkey, saimiri (*scient.*) (*Saimiri sciurea*). — **~,flag·ge** *f hist.* (*eines Piratenschiffs*) Jolly Roger. — **~,schwär·mer** *m zo. cf.* Totenkopf 3.

ˈ**To·ten|,kranz** *m* **1.** funeral wreath. – **2.** memorial wreath. — **~,kult** *m* cult of the dead. — **~,licht** *n* watch candle. — **~,lied** *n* funeral song (*od.* chant), dirge. — **~,li·ste** *f* **1.** list of the dead, list of casualties, *bes. mil.* death roll. – **2.** (*standesamtliche*) register of deaths. – **3.** (*bes. eines Klosters etc*) necrology, list of the dead. — **~,mahl** *n* funeral repast. — **~,mal** *n* monument to the dead, funeral monument. — **~,mas·ke** *f* death mask. — **~,mes·se** *f röm.kath.* **1.** mass for the dead, funeral service. – **2.** (*gesungene*) requiem (mass). — **~,op·fer** *n antiq.* sacrifice offered for the dead (*od.* to appease the Manes). — **~re,gi·ster** *n* register of deaths. — **~,reich** *n lit.* realm of the dead, shades *pl*, netherworld, lower regions *pl.* — **~,schä·del** *m cf.* Totenkopf 1, 2. — **~,schau** *f med. jur. cf.* Leichenschau. — **~,schein** *m* death certificate: den ~ ausstellen to issue the death certificate. — **~,schlaf, ~,schlum·mer** *m* **1.** *poet.* sleep of death. – **2.** *fig.* deathlike sleep. — **~,sonn,tag** *m* Sunday in commemoration of the dead (*in German Protestant Church last Sunday before Advent*). — **~,stadt** *f antiq.* city of the dead, necropolis (*scient.*). — **~,star·re** *f med.* cadaveric rigidity, rigor mortis (*scient.*). — **t~ˈstill** *adj* ⟨*pred*⟩ deathly (*od.* deadly) still, (as) still as death, (as) silent as the grave. — **~ˈstil·le** *f* deathly (*od.* deadly, deathlike) silence, silence of the grave: es herrschte ~ there was (a) deathly silence. — **~,tanz** *m* (*art*) danse macabre, death dance, *auch* dance of death. — **~,tuch** *n cf.* Leichentuch. — **~,uhr** *f zo.* deathwatch (beetle), death tick (*Anobium punctatum*). — **~,ur·ne** *f* funeral (*od.* funerary, sepulchral, cinerary) urn. — **~ver,bren·nung** *f* cremation (of the dead). — **~ver,eh·rung** *f* worship (*od.* veneration) of the dead, necrolatry, manes worship. — **~,vo·gel** *m zo. colloq. for* Steinkauz. — **~,wa·che** *f* deathwatch, vigil, *auch* wake: die ~ halten to keep the deathwatch, to watch over the dead. — **~,wa·gen** *m cf.* Leichenwagen.

ˈ**Tö·ter** *m* ⟨-s; -⟩ **1.** killer. – **2.** *cf.* Zigarettentöter.

ˈ**Tot|er,klär·te** *m, f* ⟨-n; -n⟩ person declared (*od.* certified as) dead. — **t~,fah·ren I** *v/t* ⟨*irr, sep,* -ge-, h⟩ ein Kind ~ to knock a child down (*od.* to run over a child) and kill it. – **II** *v/reflex* er wird sich in seinem Auto noch einmal ~ *colloq.* he'll kill himself yet in that car of his. — **t~ge,bo·ren** *adj* ⟨*attrib*⟩ **1.** (*Kind*) stillborn, *Br.* still-born. – **2.** *fig. colloq.* abortive: → Kind 4. — **t~ge,brannt** *adj metall.* dead-burned. — **~ge,burt** *f* **1.** stillbirth, *Br.* still birth: die Zahl der ~en the number of stillbirths. – **2.** stillborn (*Br.* still-born) (child), dead birth. — **t~ge,glaubt** *adj* believed (*od.* supposed) to be dead. — **~ge,glaub·te** *m, f* ⟨-n; -n⟩ person believed to be dead. — **t~,ge·hen** *v/i* ⟨*irr, sep,* -ge-, sein⟩ *colloq.* (*von Tier*) die. — **t~ge,sagt I** *pp.* – **II** *adj* reputed to be dead. — **~ge,sag·te** *m, f* ⟨-n; -n⟩ person reputed to be dead. — **t~,krie·gen** *v/t* ⟨*sep,* -ge-, h⟩ (*in Wendungen wie*) er ist nicht totzukriegen *colloq.* you can't wear him out, he has endless energy, he can go on for ever (*colloq.*); etwas ist nicht totzukriegen *colloq.* s.th. wears for ages (*colloq.*), s.th. never wears out. — **t~,la·chen** *colloq.* **I** *v/reflex* ⟨*sep,* -ge-, h⟩ sich ~ **1.** split one's sides (*od.* kill oneself) laughing (*od.* with laughter), nearly die laughing (*od.* of, with laughter): ich lach' mich tot! a) well, that's a hoot (*od. colloq.* scream, riot)! that's absolutely killing! b) well, I never (did)! well, honestly! – **II T~** *n* ⟨-s⟩ **2.** *verbal noun.* – **3.** (*in Wendungen wie*) es (*od.* das) ist zum T~ it's too funny for words, it's a (perfect) hoot (*od. colloq.* scream, riot); der Witz ist zum T~ that's a hilarious (*od. colloq.* killing) joke, that's a sidesplitter (*colloq.*). — **~,la·ge** *f aer.* stagnation point. — **~,last** *f econ.* dead load, deadweight. — **~,lauf** *m tech.* lost motion. — **t~,lau·fen** *v/reflex* ⟨*irr, sep,* -ge-, h⟩ sich ~ *fig. colloq.* (*von selbst zu Ende gehen*) run its course, peter out, be exhausted: die Popmusik wird sich eines Tages ~ pop music will run its course; das läuft sich tot it will run its course, things will work themselves out. — **t~,le·gen** *v/t* ⟨*sep,* -ge-, h⟩ *electr.* (*Leitung*) dead-end. — **t~,lie·gend** *adj econ.* (*Kapital etc*) dead, idle, inactive, unemployed, dormant. — **~,lie·gen·de** *n* ⟨-n; *no pl*⟩ **1.** *geol.* lower new red sandstone. – **2.** (*mining*) dead heaps *pl*, waste. — **t~,ma·chen** *colloq.* **I** *v/t* ⟨*sep,* -ge-, h⟩ **1.** kill, put (*s.o., animal*) to death. – **2.** *fig.* (*durch Wettbewerb*) eliminate: er hat seinen Konkurrenten totgemacht he eliminated his competitor. – **II** *v/reflex* sich ~ **3.** *cf.* totarbeiten.

ˈ**Tot,mann,knopf** *m* (*railway*) dead man's handle.

To·to [ˈtoːto] *m, colloq. auch n* ⟨-s; -s⟩ **1.** (*Fußballtoto*) football pool(s *pl*): im ~ spielen to do the pools; im ~ gewinnen to have a win on the pools. – **2.** *cf.* Totalisator 1. — **~er,geb·nis** *n meist pl* **1.** result of the football pools. – **2.** (*im Rennsport*) totalizator (*Br. auch* -s-) results *pl*, odds *pl*, tote board result (*colloq.*). — **~ge,winn** *m* **1.** winnings *pl* on the football pools. – **2.** (*im Rennsport*) totalizator (*Br. auch* -s-) winnings *pl*, tote board winnings *pl* (*colloq.*). — **~ge,win·ner** *m* **1.** pools winner. – **2.** (*im Rennsport*) totalizator (*Br. auch* -s-) winner, tote winner (*colloq.*). — **~,schein** *m Br.* football (pool) coupon, *Am.* pool entry blank. — **~,spieler** *m* pool player. — **~,zet·tel** *m cf.* Totoschein.

ˈ**Tot,punkt** *m auto. tech.* dead center (*bes. Br.* centre): unterer [oberer] ~ bottom [top] dead center. — **~,la·ge** *f* dead-center (*bes. Br.* -centre) position. — **~,zün·dung** *f auto.* dead-center (*bes. Br.* -centre) ignition.

ˈ**tot|,re·den** *v/t* ⟨*sep,* -ge-, h⟩ j-n ~ *colloq.* to talk s.o.'s head off. — **~,sa·gen** *v/t* ⟨*sep,* -ge-, h⟩ j-n [etwas] ~ to declare s.o. [s.th.] dead: man hatte den Kranken schon totgesagt the patient had already been said to be dead. — **~,schä·men** *v/reflex* ⟨*sep,* -ge-, h⟩ sich ~ be thoroughly ashamed (of oneself). — **~,schie·ßen I** *v/t* ⟨*irr, sep,* -ge-, h⟩ j-n ~ to shoot s.o. dead, to blow s.o.'s brains out (*colloq.*), to bump s.o. off (*sl.*). – **II** *v/reflex* sich ~ shoot oneself (dead). — **T~,schlag** *m jur.* manslaughter, homicide: einen ~ verüben to commit homicide; → Mord. — **~,schla·gen** *v/t* ⟨*irr, sep,* -ge-, h⟩ **1.** j-n [etwas] ~ to kill s.o. [s.th.], to put s.o. [s.th.] to death, to slay s.o. [s.th.] (*lit.*): er läßt sich eher ~, als daß er seinen Freund verriete *fig.* he would rather cut off his arm than betray his friend; dafür lasse ich mich ~ *fig.* I'd stake my life on it; du kannst mich ~ (*od.* und wenn du mich totschlägst), ich weiß es nicht mehr *fig. colloq.* I'll be blowed if I remember (*sl.*). – **2.** (*Fliege etc*) swat, kill. – **3.** *fig. colloq.* (*Zeit*) kill. — **T~,schlä·ger** *m* **1.** (*Verbrecher*) killer, homicide, manslayer. – **2.** (*Knüppel*) *bes. Br.* life preserver, *Am. sl.* blackjack, *Br. sl.* cosh. — **~,schwei·gen** *v/t* ⟨*irr, sep,* -ge-, h⟩ **1.** etwas ~ a) to keep quiet (*od.* silent, mum) about s.th., to hush s.th. up, to keep s.th. quiet (*od.* dark), to burke s.th., (*bes. Nachricht*) to suppress s.th., b) to pass over s.th. in silence: man versuchte, die Angelegenheit totzuschweigen they tried to hush the matter up. – **2.** j-n ~ never to speak about (*od.* mention) s.o. — **~,se·geln** *v/t* ⟨*sep,* -ge-, h⟩ *mar.* **1.** (*Strom, Wind, Tide etc*) stem. – **2.** (*Schiff*) forereach, outsail, beat. — **T~si,gnal** *n hunt.* mort: das ~ blasen to blow a mort. — **~,ste·chen** *v/t* ⟨*irr, sep,* -ge-, h⟩ j-n ~ to stab s.o. to death. — **~,stel·len** *v/reflex* ⟨*sep,* -ge-, h⟩ sich ~ pretend to be dead, to play possum (*colloq.*). — **~,stür·zen** *v/reflex* ⟨*sep,* -ge-, h⟩ sich ~ fall to one's death. — **~,tram·peln** *v/t* ⟨*sep,* -ge-, h⟩ j-n [ein Tier] ~ to trample s.o. [an animal] to death. — **~,tre·ten** *v/t* ⟨*irr, sep,* -ge-, h⟩ j-n [ein Tier] ~ to tread (*od.* kick) s.o. [an animal] to death.

ˈ**Tö·tung** *f* ⟨-; *no pl*⟩ **1.** *cf.* Töten. – **2.** *jur.* (*Totschlag*) homicide, manslaughter: fahrlässige ~ involuntary manslaughter; rechtmäßige ~ justifiable homicide; versuchte ~ homicidal attempt; vorsätzliche ~ voluntary manslaughter; ~ mit Vorbedacht malice aforethought (*od.* prepense) murder; ~ der Leibesfrucht prolicide, f(o)eticide; ~ auf Verlangen (*od.* aus Mitleid) mercy killing. – **3.** (*Mord*) murder, assassination.

– **4.** *fig.* (*des Gefühls etc*) killing, destruction, extinction. – **5.** *lit.* (*des Fleisches, der Begierde*) mortification. – **6.** *hunt.* (*eines Wildes*) kill.

'tot|,wei·nen *v/reflex* ⟨*sep*, -ge-, h⟩ sich ~ *colloq.* cry one's heart (*od.* eyes) out. — **T~,zeit** *f tech.* dead (*od.* nonproductive, *Br.* non-productive, idle) time, downtime.

Tou·pet [tu'pe:] *n* ⟨-s; -s⟩ (*Halbperücke*) toupee, toupet.

tou·pie·ren [tu'pi:rən] **I** *v/t* ⟨*no* ge-, h⟩ (*Haar*) back-comb: sie toupiert ihr Haar sehr hoch she back-combs her hair very high. – **II T~** *n* ⟨-s⟩ *verbal noun.* — **Tou'pie·rung** *f* ⟨-; *no pl*⟩ *cf.* Toupieren.

Tour [tu:r] *f* ⟨-; -en⟩ **1.** (*Ausflug, Fahrt*) tour, trip, excursion: eine ~ machen to do (*od.* go on) a tour, to go on (*od.* make) a trip; eine ~ durch Europa machen to tour (through) Europe; auf ~ gehen (*bes. von Zirkus etc*) to take (to) the road. – **2.** (*Tagesausflug mit Auto, Fahrrad etc*) run, tour, day trip, *Br.* day-trip. – **3.** (*Wanderung*) hike. – **4.** *tech.* (*Umdrehung*) turn, revolution, rev (*colloq.*): die Maschine macht (*od.* läuft mit) 3000 ~en in der Minute the engine runs at 3,000 revolutions per minute (*od.* at 3,000 rpm); einen Motor auf ~en bringen to rev up an engine (*colloq.*); j-n auf ~en bringen *fig. colloq.* to speed s.o. up, to prod s.o., to spur (*od.* urge) s.o. into action; auf vollen ~en laufen a) (*von Motor*) to run at full speed, b) *fig. colloq.* (*von Betrieb, Arbeit etc*) to go full blast, to be in full swing, *Am. sl.* to go a humdinger; auf ~en kommen a) (*von Motor*) to pick up (speed), to gather speed, b) *fig. colloq.* to get going (*od.* moving), to get into one's stride, c) *fig. colloq.* (*in Zorn geraten*) to fly into a rage (*od.* temper), to fly off the handle (*colloq.*). – **5.** (business) trip: der Vertreter war viel auf ~ the salesman was often away on business trips. – **6.** (*Strecke*) way: ich bin eine ~ gegangen und eine mit dem Bus gefahren I went one way on foot and returned by bus. – **7.** (*eines Bus-, Straßenbahnfahrers etc*) run. – **8.** (*Wende, Drehung*) figure, set, tour: die ~en der Quadrille the figures of the quadrille. – **9.** (*beim Stricken*) row. – **10.** (*Runde*) turn, round: die nächste ~ the next round. – **11.** *fig. colloq.* (*Art, Weise*) way, manner, mode: er macht es auf die langsame ~ he is doing it the slow way (*od.* in slow motion); jetzt versucht er es auf diese ~ now he is trying it this way; komm mir bloß nicht auf diese ~! don't try that one on me! – **12.** *fig. colloq.* (*Trick*) trick, dodge: auf diese ~ falle ich nicht herein I won't fall for that one, I am not to be fooled (*od.* duped, taken in) by your tricks; etwas auf die krumme ~ versuchen to try s.th. by devious ways and means (*od.* by skul[l]duggery, by hook or by crook); er reist auf die dumme ~ he's trying his tricks on people, he's trying to dodge (*od.* dupe) people (*od.* to take people in), he cons people (*sl.*); er reitet keine krummen ~en he is straight (*od. colloq.* on the level). – **13.** *fig. colloq.* (*Vorhaben, Plan etc*) plan, intention: j-m die ~ vermasseln to queer s.o.'s pitch, to spoil things for s.o., to spoil (*od.* thwart) s.o.'s plans. – **14.** in einer ~ *fig. colloq.* a) at a stretch, without stopping (*od.* a break), b) incessantly, constantly, continuously: er fuhr acht Stunden in einer ~ he drove eight hours at a stretch; er redete in einer ~ he talked incessantly (*od.* without pausing for breath, *colloq.* a blue streak). – **15.** er hat seine ~ *fig. colloq.* this is one of his days, he is in one of his moods.

'Tou·ren|,fahrt *f* (*im Motorsport*) touring competition. — **~,rad** *n* touring bicycle, *Br.* roadster. — **~,schrei·ber** *m tech.* gyrograph. — **~,ski** *m* (*sport*) touring ski. — **~,wa·gen** *m auto.* touring car, *auch* tourer. — **~,zahl** *f tech. auto.* number of revolutions. — **~,zäh·ler** *m* revolution (*od.* speed) indicator (*od.* counter), tachometer, revmeter, speedometer.

Tou·ris·mus [tu'rɪsmʊs] *m* ⟨-; *no pl*⟩ (*Fremdenverkehr*) tourism.

Tou·rist [tu'rɪst] *m* ⟨-en; -en⟩ tourist.

Tou'ri·sten|,her·ber·ge *f* hostel, inn. — **~,klas·se** *f* **1.** (*im Flugzeug*) economy (*od.* tourist) class. – **2.** (*auf Schiffen*) tourist class. — **~,strom** *m* stream of tourists. — **~ver,kehr** *m* tourist traffic, tourism.

Tou·ri·stik [tu'rɪstɪk] *f* ⟨-; *no pl*⟩ tourism.

Tou'ri·stin *f* ⟨-; -nen⟩ (female) tourist.

tou'ri·stisch *adj* touristic, *auch* touristical.

Tour·né [tʊr'ne:] *n* ⟨-s; -s⟩ (*games*) turnup.

Tour·nee [tʊr'ne:] *f* ⟨-; -s *u.* -n [-ən]⟩ **1.** (*theater*) (starring) tour: auf ~ gehen, eine ~ machen to go on (a) tour; auf ~ sein to be on tour. – **2.** *mus.* (*eines Orchesters, Sängers etc*) (concert) tour.

tour·nie·ren [tʊr'ni:rən] **I** *v/t* ⟨*no* ge-, h⟩ *gastr.* (*Butter, Gemüse etc*) form (*s.th.*) into decorative shapes. – **II** *v/i* (*games*) turn the card(s) (up).

Tox·ämie [tɔksɛ'mi:] *f* ⟨-; -n [-ən]⟩ *med.* (*Blutvergiftung*) tox(a)emia, toxic(a)emia, septic(a)emia. — **tox·ämisch** [-'ksɛ:mɪʃ] *adj* tox(a)emic, septic.

To·xi·ko·lo·ge [tɔksiko'lo:gə] *m* ⟨-n; -n⟩ *med.* toxicologist. — **To·xi·ko·lo'gie** [-lo'gi:] *f* ⟨-; *no pl*⟩ *med.* (*Giftlehre*) toxicology. — **to·xi·ko'lo·gisch** *adj* toxicologic, *auch* toxicological.

To·xi·ko·se [tɔksi'ko:zə] *f* ⟨-; -n⟩ *med.* (*Vergiftung*) toxicosis.

To·xi·kum ['tɔksikʊm] *n* ⟨-s; -ka [-ka]⟩ *med.* (*Gift*) poison, toxic substance.

To·xin [tɔ'ksi:n] *n* ⟨-s; -e⟩ *med.* (*Giftstoff*) toxin: im Serum enthaltenes ~ serotoxin.

to·xisch ['tɔksɪʃ] *adj med.* toxic(ant), poisonous.

To·xi·zi·tät [tɔksitsi'tɛ:t] *f* ⟨-; *no pl*⟩ *med.* (*Giftigkeit*) toxicity.

To·xo·id [tɔkso'i:t] *n* ⟨-(e)s; -e⟩ *chem.* toxoid.

To·xo·plas·mo·se [tɔksoplas'mo:zə] *f* ⟨-; -n⟩ *med. vet.* (*Tierseuche*) toxoplasmosis.

T-Pro,fil ['te:-] *n* ⟨-s; -e⟩ *tech.* T-section.

Trab [tra:p] *m* ⟨-(e)s; *no pl*⟩ **1.** (*Gangart des Pferdes*) trot: im ~ at a trot; starker [verkürzter, versammelter] ~ extended [short, collected] trot; in vollem ~ at full trot; in raschem ~ at a quick (*od.* brisk, smart) trot; (im) ~ reiten to trot; ein Pferd in ~ bringen (*od.* setzen) to trot a horse, to bring (*od.* raise) a horse to a trot, to put a horse into a trot; in ~ fallen to fall into a trot; einen ~ anschlagen, sich in ~ setzen to break into a trot, to begin to trot. – **2.** *fig. colloq.* (*in Wendungen wie*) er setzte sich in ~ he broke into a trot (*od.* run), he began to trot (*od.* run); j-n auf (*od.* in) ~ bringen to make s.o. smarten up (*od. colloq.* get a move on); etwas in ~ bringen to set s.th. in motion, to get s.th. moving (*od.* going); j-n in ~ halten to keep s.o. on the go (*od.* move), to keep s.o. at it; er ist immer auf (dem) ~ he is always on the go (*od.* move), he is always up and doing; mach (*od.* nun aber) ein bißchen ~! *colloq.* hurry up! get a move on! (*colloq.*), make it snappy! (*colloq.*).

Tra·bant [tra'bant] *m* ⟨-en; -en⟩ **1.** *astr.* (*Begleitplanet*) moon, satellite. – **2.** *hist.* (*Leibwächter, Diener*) trabant. – **3.** *pol. cf.* Trabantenstaat. – **4.** *telev.* (*Impuls*) equalizing (*Br. auch* -s-) pulse.

Tra'ban·ten|,sied·lung *f* satellite colony. — **~,staat** *m pol.* satellite (state). — **~,stadt** *f* (*Randsiedlung einer Großstadt*) satellite town.

Tra·be·kel [tra'be:kəl] *f* ⟨-; -n⟩ *med.* (*Balken*) trabecula, trabecle. — **~,bla·se** *f* trabeculated bladder.

tra·be·ku·lär [trabeku'lɛ:r] *adj med. bot.* trabecular, *auch* trabeculate(d).

tra·ben ['tra:bən] **I** *v/i* ⟨sein⟩ **1.** (*von Pferd etc*) trot, pace: ein Pferd ~ lassen to trot a horse, to put a horse to a trot. – **2.** *colloq.* (*von Person*) trot, jog, run: der Junge trabte nach Hause the boy trotted home. – **II T~** *n* ⟨-s⟩ **3.** *verbal noun.* – **4.** trot.

'Tra·ber *m* ⟨-s; -⟩ **1.** (*Pferd*) trotter, trotting horse, pacer, *bes. Am.* harness racer. – **2.** (*Fahrer*) sulky driver, *bes. Am.* harness racer. — **~,bahn** *f cf.* Trabrennbahn. — **~,pferd** *n cf.* Traber 1. — **~,sport** *m* trotting sport, *bes. Am.* harness racing. — **~,wa·gen** *m* sulky.

'Trab|,rei·ten *n* trotting. — **~,renn,bahn** *f* trotting (*bes. Am.* harness) course. — **~,ren·nen** *n* trotting (*bes. Am.* harness) race, pacing.

Tra·chea [tra'xe:a] *f* ⟨-; Tracheen⟩ *med.* (*Luftröhre*) windpipe, trachea (*scient.*). — **tra·che'al** [-xe'a:l] *adj* **1.** *med.* tracheal. – **2.** *zo.* (*bei Arthropoden*) spiracular.

Tra·che'al|ka,nü·le *f med.* tracheotomy tube (*od.* cannula, *auch* canula). — **~ka,tarrh** *m* tracheal catarrh, tracheitis. — **~ka,the·ter** *m* endotracheal catheter. — **~,öff·nung** *f zo.* spiracle. — **~,ras·seln** *n med.* tracheal rale. — **~ste,no·se** *f* (*Luftröhrenverengerung*) tracheostenosis, tracheal stenosis. — **~,trom·mel** *f zo.* tympanum.

Tra·chee [tra'xe:ə] *f* ⟨-; -n⟩ *zo.* trachea, spiracle: mit einer ~ (versehen) tracheate, spiraculate.

Tra'che·en|,öff·nung *f zo.* (*eines Insekts*) stigma. — **~,tie·re** *pl zo.* Tracheata.

Tra·chei·de [traxe'i:də] *f* ⟨-; -n⟩ *bot.* tracheid.

Tra·cheo·to·mie [traxeoto'mi:] *f* ⟨-; -n [-ən]⟩ *med.* (*Luftröhrenschnitt*) tracheotomy: blitzartige ~ fire-drill tracheotomy; obere ~ superior (*od.* high) tracheotomy; untere ~ inferior (*od.* low) tracheotomy.

Tra·chom [tra'xo:m] *n* ⟨-s; -e⟩ *med.* (*Körnerkrankheit*) trachoma, granular lids *pl* (*od.* conjunctivitis).

Tracht [traxt] *f* ⟨-; -en⟩ **1.** (*Volkstracht*) traditional (*od.* folk, national) costume: einfache [malerische] ~en simple [picturesque] costumes; sie hatten ihre alten ~en angelegt they had dressed in their old traditional costumes. – **2.** (*einer Epoche*) period costume. – **3.** (*Amtskleidung*) official dress, garb: die geistliche ~ the clerical garb (*od.* cloth). – **4.** (*der Krankenschwestern etc*) uniform. – **5.** *obs.* (*Traglast*) load, charge: eine ~ Holz [Heu] a load of wood [hay]. – **6.** j-m eine gehörige ~ Prügel verabreichen *fig. colloq.* to give s.o. a sound thrashing (*od. colloq.* a good hiding). – **7.** *zo.* (*Schwärmzeit der Bienen*) swarming time. – **8.** *bot.* a) (*Nektarangebot der Pflanzen*) nectar (*od.* honey) flow, b) (*Wachstumsart*) habit. – **9.** *hunt.* a) (*Junge*) litter, b) (*Gebärmutter des Haarwilds*) womb. – **10.** (*am Sattel*) curve of the saddletree, saddle(tree) bar.

'Tracht,bie·ne *f zo.* field (*od.* foraging) bee.

trach·ten ['traxtən] **I** *v/i* ⟨h⟩ **1.** (danach) ~ zu to endeavor (*bes. Br.* endeavour) to, to try (*stärker* strive, seek) to: er trachtete (danach), alles Beweismaterial zu vernichten he tried to destroy all evidence; er trachtet nur danach, Geld zu verdienen his sole object (*od.* aim) is to make money, he is only out for money (*colloq.*). – **2.** nach etwas ~ a) (*erstreben*) to aspire to (*od.* after) s.th., to seek s.th., to aim at s.th., (*stärker*) to strive for (*od.* after) s.th., to endeavor (*bes. Br.* endeavour) after s.th., to be out for s.th. (*colloq.*), b) (*begehren*) to covet s.th., to have one's (*od.* an) eye on s.th. (*colloq.*): nach Ruhm [Reichtum] ~ to aspire to (*stärker* strive for) fame [wealth]; → Leben 1. – **II T~** *n* ⟨-s⟩ **3.** *verbal noun.* – **4.** aspiration, aim, endeavor(s *pl*), *bes. Br.* endeavour(s *pl*), (*stärker*) striving(s *pl*): mein Sinnen und T~ my aim and endeavo(u)r; sein ganzes Sinnen und T~ ist auf Profit gerichtet (*od.* geht auf Profit aus) his every thought and wish is (aimed at) profits, all his aspirations aim at profit(s); sein ganzes T~ war his sole aim (*od.* object) was.

'Trach·ten|,an,zug *m* (*fashion*) suit in the style of a traditional costume. — **~,fest** *n* festival of traditional (*od.* national) costumes. — **~,grup·pe** *f* group in traditional costume: ~n aus Bayern groups in (traditional) Bavarian costume. — **~ka,pel·le** *f* band in traditional costume. — **~ko,stüm** *n* (*fashion*) (woman's) suit in the style of a traditional costume. — **~ver,ein** *m society for the continued use of traditional costumes.* — **~,zug** *m* parade of traditional costumes.

träch·tig ['trɛçtɪç] *adj* **1.** (*Tier*) pregnant: ~ werden to conceive. – **2.** *fig. lit.* pregnant: ein von Gedanken ~es Werk a work pregnant with thought, a pithy work. — **'Träch·tig·keit** *f* ⟨-; *no pl*⟩ (*von Tieren*) pregnancy, gestation, gravidity.

'Träch·tig·keits,dau·er *f zo. cf.* Tragezeit.

Tra·chyt [tra'xy:t; -'xʏt] *m* ⟨-s; -e⟩ *geol.* (*ein Ergußgestein*) trachyte.

Track [trɛk; træk] (*Engl.*) *m* ⟨-s; -s⟩ *mar.* (*Route, Seeweg*) track.

'Track·ing·sta·ti,on ['trækɪŋ-] (*Engl.*) *f* (*space*) tracking station.

Tra·des·kan·tie [tradɛs'kantsiə] *f* ⟨-; -n⟩ *bot.* spiderwort, dayflower (*Gattg Tradescantia*).

tra·die·ren [tra'diːrən] *v/t* ⟨*no* ge-, h⟩ (*überliefern*) hand down.

Tra·di·ti·on [tradi'tsĭoːn] *f* ⟨-; -en⟩ **1.** (*Überlieferung*) tradition: nach alter ~ according to an old (*od.* ancient) tradition; eine ~ pflegen [hochhalten] to cultivate [to keep up] a tradition; an der ~ festhalten to adhere to tradition; einer ~ folgen to follow a tradition; mit der ~ brechen to break with tradition; durch ~ gefestigte (wohlerworbene) Rechte *jur.* traditional (vested) rights. – **2.** (*Gepflogenheit*) convention, tradition: die ~ schreibt vor, daß convention prescribes that; das entspricht der ~ this is in keeping with tradition. – **3.** (*Gewohnheit, Brauch*) tradition, (old) custom: das jährliche Treffen ist bei uns bereits zur (festen) ~ geworden our annual meeting has become a (real) tradition.

Tra·di·tio·na·lis·mus [traditsĭona'lɪsmʊs] *m* ⟨-; *no pl*⟩ *bes. relig.* traditionalism.

tra·di·tio·nell [traditsĭo'nɛl] *adj* **1.** (*herkömmlich*) traditional. – **2.** (*konventionell*) conventional, traditional.

tra·di·ti'ons|be,wußt *adj* traditionalistic. — **T~be,wußt,sein** *n* traditionalism. — **~,feind·lich** *adj* hostile to tradition. — **~ge,bun·den** *adj* traditionalistic: ~er Mensch traditionalist. — **~ge,mäß I** *adj* traditional, in keeping with tradition. – **II** *adv* traditionally, according to tradition. — **T~pa,pie·re** *pl econ.* negotiable (*od.* transferable, endorsable) papers (*od.* instruments), documents of title. — **~,reich** *adj* rich in tradition. — **~ver,band** *m* *association of (war) veterans of a certain military branch.*

traf [traːf] *1 u. 3 sg pret*, **trä·fe** ['trɛːfə] *1 u. 3 sg pret subj of* treffen.

Tra·fik [tra'fɪk] *m* ⟨-s; -s⟩, *Austrian only f* ⟨-; -en⟩ *bes. Austrian* tobacconist's shop. — **Tra·fi'kant** [-fi'kant] *m* ⟨-en; -en⟩, **Tra·fi'kan·tin** *f* ⟨-; -nen⟩ tobacconist.

Tra·fo ['traːfo] *m* ⟨-(s); -s⟩ *electr. colloq.* transformer.

träg [trɛːk] *adj u. adv* ⟨-er; -st⟩ *rare for* träge.

'Trag|,ach·se *f tech.* supporting axle. — **~al,tar** *m röm.kath.* portable altar.

Tra·gant [tra'gant] *m* ⟨-(e)s; -e⟩ **1.** *bot.* tragacanth, goat's thorn, rattleweed (*Gattg Astragalus*). – **2.** (*Gummisubstanz*) (gum) tragacanth. — **~,gum·mi** *n, m cf.* Tragant 2.

'Trag|,arm *m* **1.** *tech. civ.eng.* supporting arm (*od.* bracket). – **2.** *auto.* a) *cf.* Längslenker, Querlenker, b) (*eines Wagenhebers*) carrier arm. — **~,bah·re** *f* stretcher, litter. — **~,bal·ken** *m* **1.** *civ.eng.* a) supporting beam, girder, b) (*Querträger*) cross girder, c) (*Längsträger*) longitudinal beam, d) (*für Fenster, Türen*) transom, e) *cf.* Deckenbalken. – **2.** *arch. antiq. cf.* Architrav. — **~,band** *n* ⟨-(e)s; ⸚er⟩ **1.** *electr.* a) (*einer Batterie*) suspension strap, b) (*für Luftkabel*) cable suspender. – **2.** *med.* a) (*an Prothesen*) strap, brace, b) (*Suspensorium*) suspensory. – **3.** (*Schlinge*) sling.

'trag·bar I *adj* **1.** (*Gerät*) portable: leicht ~ easy to carry; ~er Fernseher portable (television set). – **2.** (*Kleidung*) wearable, fit for wear(ing). – **3.** *fig.* (*Verhältnisse etc*) bearable, tolerable, endurable: dieser Zustand ist nicht mehr ~ this state of affairs is no longer bearable; schwer ~ hard to bear. – **4.** *fig.* (*Preis, Vorschlag*) reasonable, acceptable. – **5.** *fig.* (*Person*) acceptable: er ist als Lehrer nicht ~ he is impossible as a teacher; der Kandidat ist für alle Parteien ~ the candidate is acceptable to all parties. – **II T~e, das** ⟨-n⟩ **6.** *only in* im Rahmen (*od.* in den Grenzen) des T~en within reason(able limits).

'Trag|,baum *m* (*einer Sänfte*) carrying pole. — **~,bett** *n* portable bed. — **~,bü·gel** *m* carrying handle. — **~,draht** *m electr.* supporting (*od.* suspension, catenary) wire.

'Tra·ge *f* ⟨-; -n⟩ *cf.* a) Tragbahre, b) Tragkorb 3.

trä·ge ['trɛːgə] **I** *adj* ⟨-r; träg(e)st⟩ **1.** (*faul, bequem*) lazy, indolent, sluggish, slothful: alt und ~ werden to become old and sluggish. – **2.** (*müßig, untätig*) idle, inactive, truant (*lit.*). – **3.** (*langsam*) slow, sluggish: ein ~r Fluß a sluggish river. – **4.** (*schwerfällig*) heavy, torpid: er ist geistig ~ he has a torpid (*od.* dull, sluggish) mind. – **5.** (*schläfrig*) sleepy, drowsy, dozy: die Hitze macht mich ganz ~ the heat makes me quite sleepy. – **6.** (*schlaff, schwunglos, lethargisch*) listless, languid, lethargic, torpid. – **7.** *fig.* (*Geschäft etc*) slack, dull, sluggish, stagnant: ~ werden to stagnate. – **8.** *phys.* (*Masse etc*) inert. – **9.** *chem.* inert, inactive, unreactive. – **10.** *med.* a) (*Organe*) inactive, b) (*Reflexe*) sluggish. – **11.** ~ Sicherung *electr.* delay(-action) (*od.* time-lag) fuse. – **II** *adv* **12.** er erhob sich ~ he rose lazily; der Fluß fließt ~ dahin the river flows along slowly (*od.* sluggishly).

tra·gen ['traːgən] **I** *v/t* ⟨trägt, trug, getragen, h⟩ **1.** carry, bear (*lit.*): etwas in der Hand [auf dem Rücken] ~ to carry s.th. in one's hand [on one's back]; etwas bei sich tragen to carry s.th. on (*od.* with) one; er trägt den Arm in einer Binde (*od.* Schlinge) he has his arm in a sling; Waffen ~ to bear arms. – **2.** (*hinbringen, mitnehmen*) take: trag(e) den Brief zur (*od.* auf die) Post take the letter to the post office; etwas nach Hause ~ to take (*od.* carry) s.th. home; → Eule 1; Grab 1; Haut 2. – **3.** (*befördern*) carry, convey: der Wind trug den Schall [Geruch] zu uns the wind carried (*od.* wafted) the sound [smell] toward(s) us; er eilte davon, so schnell ihn die Füße trugen he ran off as fast as his legs would carry him; infolge übergroßer Geschwindigkeit wurde das Auto aus der Bahn getragen due to excessive speed the car was carried (*od.* flung) off (its) course; Neuigkeiten von Haus zu Haus ~ to bear (*od.* spread) news from door to door; → Hoffnung 1; Kirche 1; Schau 1. – **4.** (*Kleider, Schmuck, Brille, Haar etc*) wear: Schwarz [Trauer] ~ to wear (*od.* be in) black [mourning]; sie trägt gerne Grün she likes to wear green; sie trug eine Brille [ein Kleid] she wore glasses [a dress], she had glasses [a dress] on; das kannst du (doch) noch ~ (surely) you can still wear it; die Jacke läßt sich noch ~ the jacket is still wearable; sie trägt ihr Haar lang [offen, in einem Knoten] she wears her hair long [loose, in a bun]; er trägt einen Scheitel he wears (*od.* has) a part (*bes. Br.* parting); eine Krone ~ to wear a crown; sie trug die Ehrungen mit anmutiger Würde *fig.* she wore her hono(u)rs gracefully; → Horn 1; Scheuklappe. – **5.** *fig.* (*in Wendungen wie*) den Kopf (sehr) hoch ~ to carry (*od.* hold) one's head (very) high; die Nase (zu) hoch ~ *colloq.* to go along with one's nose in the air, to give oneself airs. – **6.** *fig.* (*haben*) bear, have: er trägt einen berühmten Namen he bears a famous name; das Buch trägt den Titel the book bears the title (*od.* is entitled); der Brief trägt das Datum vom dritten the letter is dated the third; das Schreiben trägt kein Datum the letter bears (*od.* has) no date; er trägt den Keim des Todes in sich *lit.* he bears the seeds of death in him; j-s Bild im Herzen ~ to carry s.o.'s image in one's heart; → Achsel 1; Hand[1] *Verbindungen mit Präpositionen*; Herz *Bes. Redewendungen.* – **7.** (*stützen, halten*) carry, support, bear (*lit.*): die Füße ~ mich kaum noch my legs will hardly carry me any longer; das Dach wird von Säulen getragen the roof is carried (*od.* supported, held up) by pillars. – **8.** (*Schwimmer*) buoy (*s.o.*) up. – **9.** *fig.* (*unterstützen*) support, uphold, sustain, maintain, carry: die Regierung wird vom Vertrauen des Volkes getragen the government is supported by the people's confidence. – **10.** (*unterhalten, ernähren*) support: das Land trägt so viele Ausländer nicht the country cannot support so many foreigners. – **11.** (*aushalten*) carry, take: die Brücke trägt schwere Lastwagen the bridge carries heavy lorries. – **12.** *fig.* (*Unglück, Leid etc*) bear, endure, suffer: er trägt sein Schicksal tapfer he bears his fate bravely; er hat ein schweres Los zu ~ his is a hard lot; wie trägt sie es? how is she bearing up? how is she taking it? sein Kreuz (geduldig) ~ to bear one's cross (patiently); leicht zu ~ bearable, tolerable; → Fassung 3. – **13.** (*Verantwortung etc*) bear, take: sie müssen die Folgen ihres Tuns ~ they must bear the consequences of their doings; wer trägt das Risiko? who takes the risk? die Schuld an (*dat*) etwas ~ to bear the blame for s.th., to be to blame for s.th.; wer trägt die Schuld? whose fault is it? who is responsible (*od.* to blame) (for it)? – **14.** (*bezahlen*) pay, defray: die Versicherung trägt den Schaden [Verlust] the insurance company pays (for) the damage [loss]; die Hälfte der Kosten ~ to share expenses (with s.o.). – **15.** (*decken*) cover, bear: das Geschäft trägt die Kosten nicht the business does not cover the expenses. – **16.** sie trägt ein Kind unter dem Herzen *poet.* she is carrying a (*od.* is with) child. – **17.** die Kuh trägt ein Kalb the cow is in (*od.* with) calf. – **18.** (*Früchte*) bear, yield, produce: ich hoffe, daß seine Arbeit Früchte trägt *fig.* I hope (that) his work will bear fruit; Samen ~ to bear seed(s). – **19.** *econ.* (*Zinsen*) bear, yield, pay, return, produce, bring in: das Kapital trägt 4 Prozent Zinsen the capital bears 4 percent interest; Kapital trägt Zinsen capital produces interest. – **20.** (*in Verbindung mit bestimmten Substantiven*) Bedenken ~, etwas zu tun to have misgivings about doing s.th.; einer Sache Rechnung ~ to take s.th. into account; für etwas Sorge ~ to see to s.th.; dafür Sorge ~, daß to see (to it) that; nach etwas Verlangen ~ to long (*od.* have a longing) for s.th. – **II** *v/i* **21.** (*tragfähig sein*) hold: das Eis trägt schon the ice holds already; das Eis trägt noch nicht the ice will not hold yet. – **22.** (*von Wasser*) be buoyant. – **23.** (*fruchtbar sein*) bear: der Baum [Boden] trägt gut the tree [soil] bears well. – **24.** (*trächtig sein*) be pregnant: die Kuh trägt the cow is pregnant (*od.* with calf). – **25.** (*von Stimme, Schall etc*) carry. – **26.** *mil.* (*von Geschützen etc*) carry. – **27.** er hat schwer zu ~ he has a heavy load to carry, he is heavily laden (*od.* he is burdened) with s.th.; kann ich Ihnen ~ helfen? can I help you carry that? – **III** *v/reflex* sich ~ **28.** (*von einer Last etc*) carry: der Koffer trägt sich gut [leicht] the suitcase carries well [is easy to carry]. – **29.** (*von Kleidungsstücken, Stoffen etc*) wear: der Stoff trägt sich gut the fabric wears well, this is (a) good wearing material. – **30.** (*sich lohnen od. bezahlt machen*) pay (one's way): das Unternehmen trägt sich selbst the firm pays its way; das Geschäft trägt sich nicht the business does not pay. – **31.** (*in Wendungen wie*) sich mit der Absicht (*od.* dem Gedanken) ~, etwas zu tun a) (*erwägen*) to be considering (*od.* thinking of) doing s.th., to have s.th. in mind, b) (*fest vorhaben*) to have the intention of doing s.th., to intend to do s.th.; er trägt sich mit der Hoffnung, daß he lives in (*od.* cherishes) the hope that; er trägt sich mit Heiratsabsichten he is thinking of getting married, he has marriage in mind. – **IV T~** *n* ⟨-s⟩ **32.** *verbal noun.* – **33.** zum T~ kommen *fig.* to have an effect.

'tra·gend I *pres p.* – **II** *adj* **1.** (*Stimme*) clearly audible: sie hat eine ~e Stimme her voice carries well. – **2.** (*Rolle*) leading, main (*attrib*). – **3.** (*Gedanke, Idee, Motiv etc*) basic, main (*attrib*). – **4.** *cf.* trächtig 1. – **5.** *phys.* carrying. – **6.** *civ.eng.* (*stützend*) supporting: ~e Decke supporting floor. – **7.** *aer.* load-carrying: ~e Außenhaut stress-bearing skin.

Trä·ger ['trɛːgər] *m* ⟨-s; -⟩ **1.** (*von Lasten*) carrier. – **2.** (*auf dem Bahnhof*) porter. – **3.** *civ.eng.* girder. – **4.** *metall.* a) (*gewalzter*) beam, b) (*geschweißter*) girder. – **5.** *tech.* a) (*Halter*) bracket, stay, bearer, b) (*Stütze*) support: vorspringender ~ cantilever; senkrechter ~ upright. – **6.** (*an Wäsche, Kleidern etc*) (shoulder) strap. – **7.** (*Hosenträger*) *bes. Br.* braces *pl*, *bes. Am.* suspenders *pl*. – **8.** (*von Kleidung, Krone etc*) wearer: ~ des gelben Trikots (*bei Radrennen*) wearer of the yellow jersey. – **9.** *fig.* (*von Titeln, Ämtern*) bearer, holder. – **10.** *jur.* subject: ~ des Völkerrechts subject of international law; ~ von Rechten und Pflichten subject of rights and duties; ~ des öffentlichen Rechts subject of public law. – **11.** (*Vertreter*) representative: die ~ der Staatsgewalt the representatives of supreme power. – **12.** *fig.* (*einer Idee, Bewegung*) supporter, upholder. – **13.** (*Vermittler, Medium*) vehicle: die Sprache ist der ~ des Gedankens language is the vehicle of thought. – **14.** *econ.* a) (*Faktor*) factor, b) (*Institution*) institution, agency: ~ der Sozialversicherung social insurance institutions. – **15.** *mar. mil. cf.* Flugzeugträger. – **16.** *med.* a) (*Krankheitsträger*) carrier, b) (*Lösungsmittel für Medizin*) vehicle. – **17.** *med. mil.* (*Krankenträger*) stretcher-bearer. – **18.** *chem.* (*Trägersubstanz*) support, carrier. – **19.** *biol.* (*Medium*) vehicle, carrier. – **20.** *zo.* (*Stiel*) peduncle, column. – **21.** ~ der Flechten *bot.* podetium. – **22.** eine Pflanze [ein Baum] ist ein guter [schlechter] ~ *hort.* a plant [a tree] is a good [poor] cropper (*od.* bears a good [poor] crop). – **23.** *electr.* carrier. – **24.** *math.* (*einer Punktreihe*) base. – **25.** *tech.* a) (*in der Goldschmiedekunst*) piping, b) (*in der Glasfabrikation*) fascet, c) (*Gestell, Unterbau*) mount. – **26.** *mus.* (*der Harfe*) pillar. – **27.** (*Golfjunge*) cad(d)ie, caddy. – **28.** (*Zeitungsträger*) news(paper)-boy. – **29.** *hunt.* (stag's) neck. – **30.** umlaufender ~ (*space*) orbiting vehicle. – **31.** (*film*) base.

'Trä·ger|ˌband *n* (*an Kleidungsstücken*) (shoulder) strap. — **~ˌbrücke** (*getr.* -k·k-) *f civ.eng.* girder bridge. — **~enerˌgie** *f electr.* carrier energy. — **~ˌflugˌzeug** *n aer. mil.* a) (*auf Flugzeugträgern*) carrier(-based) aircraft, b) (*auf anderen Schiffen*) shipboard plane. — **~freˌquenz** *f electr.* carrier frequency. — **~ˌgas** *n chem. tech.* carrier gas. — **~geˌbühr** *f* (*für Kofferträger*) porterage, porter's fee. — **~ˌkleid** *n* dress with shoulder straps. — **~ˌlohn** *m* (*für Lastenträger*) carriage, carrier's fee. — **t~los** *adj* (*Kleid etc*) strapless. — **~raˌke·te** *f* (*space*) launch vehicle, launcher (rocket). — **~ˌrau·schen** *n electr.* carrier noise. — **~ˌrock** *m* (*fashion*) skirt with shoulder straps. — **~ˌschür·ze** *f* apron with shoulder straps. — **~ˌsei·te** *f* (*film*) base side. — **~ˌstra·ße** *f metall.* joist (*od.* beam) rolling mill, structural shape mill. — **~ˌstrom** *m electr.* carrier current. — **~subˌstanz** *f chem.* support, carrier. — **~syˌstem** *n* (*space*) launcher system. — **~ˌwel·le** *f electr.* (*radio*) *tel.* carrier (wave).

'Tra·geˌzeit *f zo.* (period *od.* time of) gestation.

'tragˌfä·hig *adj* **1.** *tech.* (*belastbar*) load-carrying (*od.* -bearing): die Brücke ist nicht ~ genug the load-carrying capacity of the bridge is insufficient. – **2.** *civ.eng.* load-carrying. – **3.** (*stabil*) strong. – **4.** *phys.* portative. – **5.** (*Wasser*) buoyant. — **'Tragˌfä·hig·keit** *f* ⟨-; *no pl*⟩ **1.** *tech.* (*Belastbarkeit*) a) load-carrying capacity, carrying (*od.* bearing) power, loadability, b) (*eines Flugzeugs*) lifting capacity, c) (*einer Brücke*) safe load: die Brücke hat eine ~ von 20 Tonnen the safe (*od.* maximum) load for this bridge is 20 tons. – **2.** *phys.* portative force. – **3.** *mar.* a) deadweight tonnage, b) (*Schwerguttragfähigkeit*) deadweight-loading (*od.* -carrying) capacity, deadweight tonnage. – **4.** *econ.* (*Nutzlast*) payload. – **5.** *civ.eng.* (*eines Baugrundes*) bearing capacity. – **6.** (*des Wassers*) buoyancy. – **7.** *sociol.* population capacity.

'Trag|ˌfe·der *f tech.* bearing (*od.* supporting) spring. — **t~ˌfest** *adj* (*Fußboden etc*) load- (*od.* weight-)resistant. — **~ˌfe·stig·keit** *f* **1.** resistance to load (*od.* weight). – **2.** *civ.eng.* (*des Baugrunds*) bearing resistance. – **3.** breaking strength.

'Tragˌflä·che *f* **1.** *aer.* wing: unverspreizte (*od.* freitragende) ~ cantilever (wing); Flugzeug mit tiefliegenden ~n low-wing aircraft. – **2.** *tech.* bearing surface (*od.* area).

'Tragˌflä·chen|be·la·stung *f aer.* wing loading. — **~beˌspan·nung** *f* wing (fabric) covering. — **~ˌboot** *n mar. cf.* Tragflügelboot. — **~ˌholm** *m aer.* spar. — **~ˌküh·ler** *m* wing radiator. — **~proˌfil** *n* wing section. — **~verˌei·sung** *f* wing icing.

'Tragˌflü·gel *m* **1.** *aer.* airfoil, *bes. Br.* aerofoil. – **2.** *mar.* hydrofoil. — **~ˌboot** *n mar.* hydrofoil, flying boat. — **~theoˌrie** *f* (*in Aerodynamik*) airfoil (*od.* wing) theory.

'Trag|geˌstell *n* **1.** (*am Fahrrad etc*) carrier. – **2.** (*bes. für den Rücken*) pack frame. – **3.** *tech.* carrying (*od.* supporting) framework. – **4.** *electr.* (*für Kabel*) cable support rack. — **~ˌgriff** *m* carrying handle. — **~ˌgurt** *m* carrying strap.

'Träg·heit *f* ⟨-; *no pl*⟩ **1.** (*Faulheit*) laziness, indolence, sluggishness, sloth(fulness). – **2.** (*Müßigkeit*) idleness, inaction, inactivity, truancy (*lit.*). – **3.** (*Langsamkeit*) slowness, sluggishness. – **4.** (*Schwerfälligkeit*) heaviness, torpidity, torpidness: geistige ~ dullness. – **5.** (*Schläfrigkeit*) sleepiness, drowsiness, doziness. – **6.** (*Schlaffheit*) listlessness, languidness, languor, lethargy, torpidity, torpidness. – **7.** *econ.* (*des Geschäfts*) dullness, sluggishness, slackness, stagnancy. – **8.** *phys.* inertia. – **9.** *chem.* inertia, inactivity. – **10.** *med.* a) (*von Organen*) inactiveness, b) (*von Reflexen*) sluggishness. – **11.** *tech.* (*Verzögerung*) time lag.

'Träg·heits|ˌach·se *f phys.* axis of inertia. — **~geˌsetz** *n* law of inertia. — **~ˌhalbˌmes·ser** *m tech.* radius of gyration. — **~ˌkraft** *f phys.* force of inertia. — **~ˌlen·kung** *f* (*space*) inertial guidance. — **~moˌment** *n* moment(um) of inertia. — **~na·vi·ga·tiˌon** *f* (*space*) inertial navigation. — **~ˌsteue·rung** *f cf.* Trägheitslenkung. — **~verˌmö·gen** *n cf.* Trägheitskraft.

'Trag|ˌhim·mel *m röm.kath. cf.* Baldachin 1. — **~ˌholz** *n* (*für Eimer*) yoke.

Tra·gik ['tra:gɪk] *f* ⟨-; *no pl*⟩ **1.** (*schicksalhaftes Leid*) tragedy: die innere ~ eines unverstandenen Menschen the inner tragedy of one who is misunderstood. – **2.** (*tragisches Element*) tragedy, tragic thing (*od.* element): die ~ lag darin, daß the tragedy (about it) was that, the tragic thing about it was that. — **'Tra·gi·ker** [-gikər] *m* ⟨-s; -⟩ tragic poet, tragedian.

Tra·gi·ko·mik [tragi'ko:mɪk] *f* ⟨-; *no pl*⟩ tragicomedy. — **tra·gi'ko·misch I** *adj* tragicomic(al). – **II** *adv* tragicomically. — **Tra·gi·ko'mö·die** [-ko'mø:dĭə] *f* ⟨-; -n⟩ *auch fig.* tragicomedy.

tra·gisch ['tra:gɪʃ] **I** *adj* **1.** (*theater*) tragic(al): ~e Rolle tragic part (*od.* role). – **2.** *fig.* (*erschütternd*) tragic(al): ein ~es Ereignis a tragic event; eine ~e Wendung nehmen to take a tragic turn; ein ~es Ende nehmen to come to a tragic end; ein ~es Schicksal a tragic fate. – **II** *adv* **3.** tragically: ~ enden to end tragically, to come to a tragic end. – **4.** etwas ~ nehmen *fig. colloq.* to take s.th. hard (*od.* to heart): nimm's nicht so ~! don't take it to heart, don't let it upset you, don't take it too seriously; ich nehme es nicht ~ I don't let it upset me, I don't let it get me down. – **III T~e, das** ⟨-n⟩ **5.** the tragic, the tragicalness: die Theorie des T~en the theory of the tragic.

'Trag|ˌjoch *n cf.* Tragholz. — **~ˌka·bel** *n civ.eng.* (*einer Hängebrücke*) suspension cable. — **~kon·struk·tiˌon** *f* load-carrying system. — **~ˌkorb** *m* **1.** (*zum Einkaufen*) basket. – **2.** (*meist mit Deckel*) hamper. – **3.** (*Kiepe*) pack basket, pannier, dosser. — **~ˌkör·per** *m* body. — **~ˌkraft** *f* **1.** *cf.* Tragfähigkeit. – **2.** *tech.* (*eines Krans*) lifting capacity. — **~ˌkranz** *m metall.* (*eines Hochofens*) lintel (*od.* mantel) ring. — **~ˌla·ger** *n tech.* journal (*od.* thrust) bearing: geteiltes ~ one-direction locating type bearing. — **~ˌlast** *f* **1.** load, burden. – **2.** (Abteil) für Reisende mit ~en (*railway*) (compartment) for passengers with bulky (*od.* heavy) luggage (*bes. Am.* baggage). – **3.** *civ.eng.* working load. — **~ˌlei·ne** *f aer.* (*am Fallschirm*) shroud, *auch* shroud line. — **~ˌmul·de** *f* (*für Mörtel etc*) hod.

Tra·gö·de [tra'gø:də] *m* ⟨-n; -n⟩ (*theater*) tragic actor, tragedian.

Tra·gö·die [tra'gø:dĭə] *f* ⟨-; -n⟩ **1.** (*theater*) tragedy, tragic drama: eine ~ in fünf Akten a tragedy in five acts. – **2.** *fig.* (*Unglück*) tragedy, tragic event: in diesem Haus hat sich eine (wahre) ~ abgespielt a tragic event happened in this house. – **3.** mach doch keine (*od.* nicht gleich eine) ~ daraus! *fig. colloq.* don't make such a big thing of it!

Tra'gö·di·en|ˌdarˌstel·ler *m cf.* Tragöde. — **~ˌdich·ter** *m cf.* Tragiker.

Tra'gö·din *f* ⟨-; -nen⟩ tragic actress, tragedienne.

'Trag|ˌpfahl *m civ.eng.* bearing pile. — **~ˌpfei·ler** *m* supporting pillar. — **~ˌpferd** *n* packhorse, sumpter horse. — **~ˌrie·men** *m* **1.** carrying (*od.* shoulder, neck) strap. – **2.** *mil.* (*am Gewehr*) sling. – **3.** (*einer Kutsche*) main brace. — **~ˌring** *m* **1.** *metall. cf.* Tragkranz. – **2.** *tech.* (*einer Kniehebelkupplung*) toggle ring. — **~ˌsat·tel** *m* pack-saddle, *Br.* pack-saddle. — **~ˌschicht** *f civ.eng.* (*im Straßenbau*) base (course). — **~ˌschlin·ge** *f med.* sling.

'Tragˌschrau·be *f aer.* rotor, lifter propeller (*auch* propellor). — **'Tragˌschrau·ber** *m* ⟨-s; -⟩ gyroplane, autogiro, *auch* autogyro.

'Trag|ˌseil *n* **1.** *tech.* a) carrying rope, supporting cable, lift wire, b) (*einer Schwebebahn*) suspension rope (*od.* cable). – **2.** *tel.* suspension wire. — **~ˌses·sel** *m* sedan (chair): ~ des Papstes *hist.* gestatorial chair.

'Trägˌsi·che·rung *f electr.* slow-blow fuse.

trägst [trɛ:kst] *2 sg pres of* tragen.

'Trag|ˌstein *m arch.* **1.** *cf.* Konsole 1. – **2.** (*Schlußstein*) keystone. — **~ˌstuhl** *m cf.* Tragsessel.

trägt [trɛ:kt] *3 sg pres of* tragen.

'Trag|ˌta·sche *f* carrier bag. — **~ˌtie·fe** *f tech.* (*eines Gewindes*) depth of engagement.

'Tragˌtier *n* pack animal. — **~koˌlon·ne** *f* mule column, *bes. Am.* packtrain.

'Tra·gung *f* ⟨-; *no pl*⟩ *only in* zur ~ der Kosten verurteilt werden *jur.* to have to pay the costs; Verurteilung zur ~ der Prozeßkosten judg(e)ment for the payment of legal costs.

'Trag|verˌmö·gen *n* **1.** *phys.* (*statischer Auftrieb*) buoyancy, *auch* buoyance. – **2.** *tech. cf.* Tragfähigkeit 1. — **~ˌvorˌrich·tung** *f* **1.** *tech.* supporting structure. – **2.** *aer.* stowing device. — **~ˌwa·gen** *m* (*railway*) carrier (waggon, *bes. Am.* wagon). — **~ˌwei·te** *f* ⟨-; *no pl*⟩ **1.** (*von Stimme etc*) range, reach, carry. – **2.** (*von Ereignissen, Entscheidungen etc*) importance, significance, magnitude, import, consequence: er war sich (*dat*) der ~ seines Entschlusses nicht bewußt he failed to recognize the importance of his decision; eine Entscheidung von großer ~ a decision of great importance (*od.* moment, consequence). — **~ˌwerk** *n* **1.** *aer.* wing assembly (*od.* unit). – **2.** *civ.eng.* a) (*einer Brücke*) structural member, b) (*eines Bauwerkes*) load-bearing member. — **~ˌzeit** *f zo. cf.* Tragezeit.

Trail·le [tra:j; 'traljə] *f* ⟨-; -n [-jən]⟩ (*Fähre*) ferry.

Train [trɛ̃:; trɛ:n] *m* ⟨-s; -s⟩ *mil. hist.* (baggage) train.

Trai·ner ['trɛ:nər] *m* ⟨-s; -⟩ (*sport*) trainer, *auch* instructor, (*bes. von Mannschaften*) coach.

trai·nie·ren [trɛ'ni:rən] **I** *v/t* ⟨*no* ge-, h⟩ **1.** train, (*bes. Mannschaft*) coach. – **2.** (*Muskulatur, Herz etc*) train, exercise: → Körper 1. – **3.** (*Gedächtnis*) train. – **4.** (*Pferd*) train, school. – **II** *v/i* **5.** (für for) train, be in training. – **III** *v/reflex* sich ~ **6.** train (oneself).

Trai·ning ['trɛ:nɪŋ] *n* ⟨-s; -s⟩ **1.** training: [nicht] im ~ sein to be in [out of] training; ein scharfes ~ stiff training; mit dem ~ beginnen to go into training. – **2.** (*des Gedächtnisses etc*) training.

'Trai·nings|ˌanˌstalt *f* (*beim Pferdesport*) training farm, (*mit Gestüt*) stud farm. — **~ˌanˌzug** *m* track suit. — **~ˌar·beit** *f* (*sport*) training. — **~ˌball** *m* training ball. — **~beˌla·stung** *f* training load. — **~ˌbo·xen** *n* sparring. — **~ˌhal·le** *f* training hall. — **~ˌhandˌschu·he** *pl* (*beim Boxen*) sparring gloves. — **~ˌho·se** *f* track-suit trousers *pl.* — **~ˌla·ger** *n* training camp. — **~ˌlauf** *m* **1.** (*für Läufer*) training run. – **2.** (*für Bob etc*) practice run. — **~ˌleh·re** *f* theory of training (*od.* exercises). — **~meˌtho·de** *f* training method. — **~ˌpart·ner** *m*, **~ˌpart·ne·rin** *f* training partner. — **~ˌplatz** *m* training ground. — **~ˌschiff** *n mar.* training ship. — **~ˌspiel** *n* (*sport*) practice match (*od.* game). — **~ˌzen·trum** *n* training center (*bes. Br.* centre).

Tra·jekt [tra'jɛkt] *m, n* ⟨-(e)s; -e⟩ *mar.* **1.** traject, ferry (bridge), railway (*od.* train, car) ferry, sea train. – **2.** *obs.* (*Überfahrt*) crossing, passage.

Tra·jek·to·rie [trajɛk'to:rĭə] *f* ⟨-; -n⟩ *math.* trajectory.

Tra'jektˌschiff *n mar.* train (*od.* car) ferry.

Tra·keh·ner [tra'ke:nər] *m* ⟨-s; -⟩ horse bred in the Trakehnen stud (*a former stud in East Prussia*).

Trakt [trakt] *m* ⟨-(e)s; -e⟩ **1.** (*eines Gebäudes*) tract, section. – **2.** (*einer Versorgungsleitung, projektierten Straße etc*) tract, run, stretch. – **3.** *med. zo.* (*Gang im Körper, Duktus*) tract, canal, duct.

Trak·tan·den [trak'tandən] *pl*, ~**ˌli·ste** *f Swiss (einer Versammlung)* agenda *sg*.

Trak·tat [trak'taːt] *m*, *n* ⟨-(e)s; -e⟩ **1.** *(wissenschaftliche Abhandlung)* treatise, tractate. – **2.** *(religiöse Schrift, Broschüre)* tract, (religious) pamphlet (*od.* brochure). – **3.** *obs. for* Vertrag. — **Trak'tät·chen** [-'tɛːtçən] *n* ⟨-s; -⟩ **1.** *dim. of* Traktat. – **2.** *contempt. for* Traktat 2.

trak·tie·ren [trak'tiːrən] *v/t* ⟨*no* ge-, h⟩ **1.** j-n (mit etwas) ~ a) *(mißhandeln)* to maltreat s.o. (with s.th.), b) *colloq.* *(peinigen, quälen)* to torture s.o. (with s.th.), c) *colloq.* *(plagen, belästigen)* to torment (*od.* plague, pester, badger) s.o. (with s.th.), d) *colloq. humor.* *(überreichlich bewirten)* to ply s.o. (with s.th.), e) *archaic (bewirten)* to treat s.o. (to s.th.), to regale s.o. (with s.th.): er wurde mit Fußtritten traktiert he was maltreated with kicks, he was kicked; j-n mit Schlägen ~ to maltreat (*od.* maul, *auch* mall) s.o. with blows, to beat s.o. up; ich bin in der Prüfung ganz schön traktiert worden *colloq.* the examination was quite an ordeal, I was given the once over in the examination (*colloq.*). – **2.** etwas (mit etwas) ~ *colloq. humor.* *(unsachgemäß behandeln)* to maltreat (*od.* violate) s.th. (with s.th.).

Trak·tor ['traktɔr] *m* ⟨-s; -en [-'toːrən]⟩ tractor. — ~**ˌfah·rer** *m* tractor driver.

Trak·to·rist [trakto'rɪst] *m* ⟨-en; -en⟩ *DDR cf.* Traktorfahrer.

'Trak·torˌrei·fen *m* tractor tire (*Br.* tyre).

Trak·trix ['traktrɪks] *f* ⟨-; Traktrizes [-'triːtsɛs]⟩ *math.* tractrix.

Trak·tur [trak'tuːr] *f* ⟨-; -en⟩ *mus.* *(der Orgel)* action.

Trak·tus ['traktʊs] *m* ⟨-; -⟩ *mus. röm.kath.* tract, *auch* Tract.

Tral·je ['traljə] *f* ⟨-; -n⟩ *Low G.* **1.** *(Stab eines Gitters, Geländers)* bar, rod. – **2.** *cf.* Gitter 1—8.

tral·la [tra'laː], **tral·la(·la)·la** [trala(la)-'laː; 'trala(la),laː] *interj* tra-la(-la)! *auch* tralira! tri, tra, ~, Kasperle ist wieder da! hurrah, hurrah, Punch is back again!

Tral·la·la [trala'laː] *n* ⟨-s; *no pl*⟩ *colloq. contempt.* *(modischer Firlefanz)* frippery, gewgaw(s *pl*), *Am. colloq.* doodad.

'Träl·ler *m* ⟨-s; -⟩ *(beim Jodeln etc)* trill, *auch* thrill, warble.

träl·lern ['trɛlərn] *v/t u. v/i* ⟨h⟩ **1.** *(vor sich hin singen)* lilt. – **2.** *(laut u. tremulierend singen)* warble, troll, quaver.

Tram[1] [tram] *f* ⟨-; -s⟩, *Swiss n* ⟨-s; -s⟩ *Bavarian, Austrian and Swiss for* Straßenbahn.

Tram[2] [traːm] *m* ⟨-(e)s; -e *u.* ⸗e⟩ *bes. Southern G. and Austrian for* Balken 1.

'Tramˌbahn *f Bavarian for* Straßenbahn.

Trä·mel ['trɛːməl] *m* ⟨-s; -⟩ *dial. for* Baumstumpf.

'Trameˌsei·de ['traːm-] *f (textile)* tram.

Tra·mi·ner [tra'miːnər] *m* ⟨-s; -⟩ *(Weinsorte)* Traminer (wine).

Tram·lot ['tramlət] *n* ⟨-s; *no pl*⟩ *(sport)* *(Übung am Seitpferd)* tramelot.

Tramp [tramp; trɛmp; træmp] *(Engl.) m* ⟨-s; -s⟩ *(Landstreicher)* tramp, vagabond, bum(mer) *(sl.)*, *Am. sl.* hobo. — ~**ˌdamp·fer** *m mar. econ. cf.* Trampschiff.

Tram·pel ['trampəl] *m*, *n* ⟨-s; -⟩, *auch f* ⟨-; -n⟩ *colloq. contempt.* *(plumpe Person, bes. Frau)* bumpkin, clod.

tram·peln ['trampəln] **I** *v/i* ⟨h *u.* sein⟩ **1.** ⟨h⟩ *(mit den Füßen stampfen)* trample, stamp. – **2.** ⟨h *u.* sein⟩ *(schwerfällig gehen, laut auftreten)* tramp, trample, stamp, clump: trample doch nicht so! don't trample like that! die Ochsen sind über die frische Saat getrampelt the oxen trampled over the freshly sown field. – **3.** ⟨h⟩ *auto.* *(seitlich ausbrechen)* veer, swerve. – **II** *v/t* ⟨h⟩ **4.** *(stampfen)* trample: die Zuschauer trampelten ihn halb tot the spectators nearly trampled him to death; einen Weg durch den Schnee ~ to trample (*od.* tread) a path through the snow. – **III T**~ *n* ⟨-s⟩ **5.** *verbal noun.* – **6.** trample.

'Tram·pel|ˌpfad *m colloq.* beaten path (*od.* track), trail. — ~**ˌtier** *n* **1.** *zo.* *(zweihöckeriges Kamel)* (Bactrian) camel, *auch* Bactrian *(Camelus bactrianus)*. – **2.** *fig. colloq. contempt. cf.* Trampel.

tram·pen ['trampən; 'trɛmpən] *colloq.* **I** *v/i* ⟨sein⟩ **1.** hitchhike, thumb lifts (*Am.* rides): ich bin durch ganz Dänemark getrampt I hitchhiked (*od.* thumbed lifts) all through Denmark. – **2.** *mar.* tramp. – **II** *v/t* **3.** *(eine Strecke)* hitchhike, *Am. auch* thumb.

Tram·per ['trampər; 'trɛmpər] *m* ⟨-s; -⟩ *colloq.* *(Anhalter)* hitchhiker, *Am. auch* thumber.

'Trampˌfahrt *f mar. econ.* tramp trade.

Tram·po·lin [trampo'liːn] *n* ⟨-s; -e⟩ *(sport)* trampoline, *auch* trampolin, *bes. Am.* bounding table, tramp *(colloq.)*. — ~**ˌsprin·gen** *n (Disziplin)* trampoline jumping. — ~**ˌsprung** *m* trampoline jump. — ~**ˌtur·nen** *n* trampoline gymnastics *pl (construed as sg)*, trampoline jumping.

'Tramp|ˌree·der *m mar. econ.* owner of tramp ships. — ~**ˌschiff** *n* tramp (ship *od.* steamer), tramper. — ~**ˌschiffahrt** (*getr.* -ff,f-) *f* tramp shipping (*od.* navigation), tramping.

Tram·way ['tramve; 'træmweɪ] *(Engl.) f* ⟨-; -s⟩ *Austrian obs. for* Straßenbahn.

Tran [traːn] *m* ⟨-(e)s; -e⟩ **1.** train (*od.* fish) oil. – **2.** *(Walspeck etc)* blubber. – **3.** *fig. colloq.* *(in Wendungen wie)* im ~ sein a) *(schläfrig u. unaufmerksam sein)* to be half asleep, b) *(betrunken sein)* to be drunk (*od. colloq.* tight); das muß ich im ~ gemacht haben a) I must have done that without thinking (*od.* when I was half asleep), b) I must have done that when I was drunk.

Tran·ce [trɑ̃ːs; trɑ̃ːsə; traːns] *f* ⟨-; -n [-sən]⟩ trance: in ~ fallen to go (off) (*od.* fall) into a trance; j-n in ~ versetzen to put s.o. into a trance. — ~**ˌzuˌstand** *m* trance.

Tran·che [trɑ̃ːʃ; 'trɑ̃ːʃə] *f* ⟨-; -n [-ʃən]⟩ **1.** *gastr.* *(Scheibe Fleisch od. Fisch)* slice, tranche. – **2.** *econ.* *(einer Anleihe)* tranche.

Tran'chier|beˌsteck *n* carving set, carvers *pl*, set (*od.* pair) of carvers. — ~**ˌbrett** *n* trencher, carving board.

tran·chie·ren [trɑ̃'ʃiːrən] *v/t* ⟨*no* ge-, h⟩ *gastr.* *(Geflügel, Braten, Fisch)* carve, cut up.

Tran'chier|ˌga·bel *f* carving fork, carver. — ~**ˌmes·ser** *n* carving knife, carver.

Trä·ne ['trɛːnə] *f* ⟨-; -n⟩ **1.** tear: ~n der Freude [Rührung] weinen to weep tears of joy [emotion]; bittere [heiße] ~n vergießen to shed bitter [hot] tears; in ~n ausbrechen to burst (*od.* dissolve) into tears, to turn on the waterworks *(colloq.)*; ihre Augen standen voll(er) [schwammen in] ~n her eyes were full of [brimmed with] tears; sie war in ~n aufgelöst, sie zerfloß in ~n she was (dissolved) in tears, she was in floods of tears; mir stiegen (*od.* traten) die ~n in die Augen tears welled to (*od.* up in) my eyes; den ~n nahe sein to be on the verge of tears (*od.* of crying), to be very near to tears; mit ~n in den Augen (*od.* unter ~n) teilte sie ihm die Nachricht mit amid tears she told him the news; der Rauch trieb ihm die ~n in die Augen the smoke brought tears to his eyes (*od.* made his eyes water); j-m die ~n trocknen a) to dry s.o.'s tears, b) *fig.* to help s.o. to get over it; wir haben ~n gelacht we laughed till the tears ran down our cheeks (*od.* till we cried); das Lied rührte sie zu ~n the song moved her to tears; sie ist leicht zu ~n gerührt she is easily moved to tears, she is a bit weepy *(colloq.)*; die ~n hinunterschlucken *fig.* to swallow one's tears; diesem Mann brauchst du keine ~ nachzuweinen, dieser Mann ist keine ~ wert *colloq.* this man is not worth crying over; ich weine meiner alten Stelle keine ~ nach *fig. colloq.* I shed no tears over my old job; → kämpfen 1; Knopfloch. – **2.** *fig. colloq. bes. Northern G.* *(Tropfen Alkohol)* drop: es war keine ~ mehr in der Flasche there wasn't a drop left in the bottle. – **3.** *tech.* *(bei der Glasherstellung)* tear.

trä·nen ['trɛːnən] *v/i* ⟨h⟩ *(von Augen)* **1.** *(durch Reizung)* water: bei dem Rauch ~ mir die Augen my eyes water in the smoke, the smoke makes my eyes water. – **2.** *(beim Weinen)* be full of tears, *(stärker)* brim with tears.

'Trä·nen|ap·paˌrat *m med.* lacrimal (*od.* lachrymal) apparatus (*od.* organs *pl*). — ~**ˌbein** *n* lacrimal (*od.* lachrymal) bone.

'trä·nend I *pres p.* – **II** *adj* ~e Augen a) *(durch Reizung)* watery (*od.* watering) eyes, b) *(beim Weinen)* tearful eyes, *(stärker)* eyes brimming with tears.

'Trä·nen|ˌdrü·se *f med.* lacrimal (*od.* lachrymal) gland: dieser Film drückt auf die ~n *fig. colloq. humor.* this film turns the tear taps on, this film is a tearjerker. — ~**erˌguß** *m* outburst (*od.* outpour) of tears. — **t**~**erˌstickt** *adj only in* mit ~er Stimme in a voice choked with tears. — **t**~**ˌfeucht** *adj (Augen, Gesicht)* moist (*od.* wet) with tears. — ~**ˌfi·stel** *f med.* lacrimal (*od.* lachrymal) fistula, dacryosyrinx. — ~**ˌfluß** *m* ⟨-sses; *no pl*⟩ *bes. med.* flow of tears; epiphora, lacrimation, *auch* lachrymation, dacryorrh(o)ea *(scient.)*. — ~**ˌflüs·sig·keit** *f* ⟨-; *no pl*⟩ *med.* lacrimal (*od.* lachrymal) fluid. — ~**ˌflut** *f* ⟨-; *no pl*⟩ *poet.* flood of tears.

'Trä·nenˌgang *m med.* **1.** tear duct, lacrimal (*od.* lachrymal) duct (*od.* canal) *(scient.)*. – **2.** *cf.* Tränennasengang. — ~**ˌson·de** *f* lacrimal (*od.* lachrymal) sound (*od.* probe).

'Trä·nenˌgas *n* ⟨-es; *no pl*⟩ *chem. mil.* tear gas, lacrimator, lachrymator. — ~**ˌbom·be** *f* tear (*od.* lacrimatory, lachrymatory) bomb.

'Trä·nen|ˌgras *n* ⟨-es; *no pl*⟩ *bot.* Job's tears *pl (construed as sg)*, tear grass *(Coix lacryma-jobi)*. — ~**kaˌnal** *m med. cf.* Tränengang 1. — ~**ˌkie·fer** *f bot.* Himalayan (*od.* Asiatic white) pine *(Pinus excelsa)*. — ~**ˌkrug** *m archeol.* *(Totengabe)* lacrimatory, lachrymatory, *auch* tear bottle. — **t**~**ˌleer** *adj (Augen)* tearless, dry. — **t**~**los** *adj (Abschied etc)* tearless, without tears. — ~**ˌna·senˌgang** *m med.* nasolacrimal (*auch* nasolachrymal) duct (*od.* canal). — **t**~**ˌreich** *adj (Abschied etc)* tearful, lachrymose.

'Trä·nenˌsack *m* **1.** *med.* tear sac; lacrimal (*od.* lachrymal) sac, dacryocyst *(scient.)*. – **2.** *zo.* *(der Hirsche, Antilopen etc)* tearpit, tear sac. — ~**entˌzün·dung** *f med.* inflammation of the lacrimal (*od.* lachrymal) sac, dacryocystitis *(scient.)*.

'Trä·nen|ˌstrom *m* ⟨-(e)s; *no pl*⟩ *poet.* flood of tears. — **t**~**ˌüberˌströmt** *adj* tear-stained, stained with tears. — **t**~**ˌvoll** *adj* tearful, lachrymose.

'Tran|ˌfun·zel *f colloq. contempt.* **1.** wretched lamp. – **2.** *cf.* Transuse. — ~**ˌgerbung** *f (leather)* fish-oil tannage. — ~**geˌruch** *m* ⟨-(e)s; *no pl*⟩ smell of train (*od.* fish) oil.

trä·nie·ren [trɛ'niːrən] *v/t*, *v/i u. v/reflex* ⟨*no* ge-, h⟩ *cf.* trainieren.

'tra·nig *adj* **1.** *(nach Tran schmeckend)* tasting of (*od.* like) train (*od.* fish) oil. – **2.** *(nach Tran riechend)* smelling of (*od.* like) train (*od.* fish) oil. – **3.** *(Tran enthaltend)* containing train (*od.* fish) oil. – **4.** *fig. colloq.* *(schläfrig u. unaufmerksam)* sleepy-headed *(colloq.)*, sluggish. – **5.** *fig. colloq.* *(trödelig u. langsam)* painfully slow, dawdling. – **6.** *fig. colloq.* *(langweilig, träge)* dull, languid, torpid.

trank [traŋk] *1 u. 3 sg pret of* trinken.

Trank *m* ⟨-(e)s; ⸗e⟩ **1.** *meist poet.* drink, *(bes. alkoholischer) auch* potation *(lit.)*: vielen Dank für Speis und ~ *auch humor.* many thanks for food and drink. – **2.** *meist poet.* *(extra zubereiteter, gemischter)* potion, drink: einen giftigen ~ brauen to brew (*od.* concoct) a poisonous potion (*od.* drink). – **3.** *med. pharm.* *(Heiltrank)* a) (medicinal) potion (*od.* draft, *bes. Br.* draught), b) *(als Aufguß)* infusion, c) *(Abkochung)* decoction. – **4.** *vet.* potion.

trän·ke ['trɛŋkə] *1 u. 3 sg pret subj of* trinken.

'Trän·ke *f* ⟨-; -n⟩ **1.** *(des Viehs, Wilds)* watering place: Rinder zur ~ führen to lead cattle to the watering place, to water cattle. – **2.** *(Pferdeschwemme)* horsepond, *Br.* horse-pond. – **3.** *(Trog)* drinking trough. – **4.** *(Mengfutter für Pferde u. Rinder)* mash.

trän·ken ['trɛŋkən] **I** *v/t* ⟨h⟩ **1.** *(Vieh, Pferde etc)* water. – **2.** etwas mit etwas ~ to soak (*od.* drench) s.th. with s.th., to steep s.th. in s.th.: einen Lappen mit Öl ~ to soak a cloth with oil; seine Rede war mit Hohn und Spott getränkt *fig.* his speech brimmed (*od. lit.* was imbued) with scorn and derision. – **3.** *tech.* *(bei Holzimprägnierung)* preserve, impregnate. – **4.** *civ.eng.* *(beim Straßenbau)* a) *(Schotterdecke)* grout, b) *(Straßendecke)* penetrate. – **5.** *chem.* digest. – **6.** *poet.* drench, soak: der Regen tränkt die Erde the rain drenches the ground. – **7.** j-n ~ *poet. od. obs.* to give s.o. to drink. – **II T**~ *n* ⟨-s⟩ **8.** *verbal noun.*

'Tränk|,lack *m tech.* impregnating varnish. — **~,mas·se** *f* impregnating compound.

'Trank,op·fer *n relig. antiq.* drink offering, libation (*lit.*).

'Trank·sa·me [-za:mə] *f* ⟨-; *no pl*⟩ *Swiss for* Getränk 1.

'Tränk,stoff *m tech.* **1.** (*zur Holzkonservierung*) preservative. – **2.** (*für Papier*) steep. – **3.** *cf.* Imprägniermittel.

'Trän·kung *f* ⟨-; *no pl*⟩ *cf.* Tränken.

'Trän·kungs,schie·ßen *n* (*mining*) pulsed-infusion shotfiring.

'Tran,lam·pe *f* train-oil lamp.

Tran·qui·li·zer ['trɛŋkvilaɪzər; 'træŋkwɪlaɪzə] (*Engl.*) *m* ⟨-s; -⟩ *med. pharm.* (*Beruhigungsmittel*) tranquilizer, *bes. Br.* tranquillizer.

tran·quil·lo [traŋ'kvɪlo] *mus.* **I** *adv u. adj* tranquillo. – **II T~** *n* ⟨-s; -s *u.* -quilli [-li]⟩ tranquillo.

Trans·ak·ti·on [trans^ʔak'tsio:n] *f* ⟨-; -en⟩ *econ.* transaction: eine ~ vornehmen to make a transaction, to transact business.

trans·al·pin [trans^ʔal'pi:n], **trans·al'pi·nisch** *adj* transalpine.

Trans·ami·na·se [trans^ʔami'na:zə] *f* ⟨-; -n⟩ *chem.* transaminase.

Trans·at'lan·tik|,flug [trans^ʔat'lantɪk-] *m aer.* transatlantic flight. — **~,ka·bel** *n tel.* transatlantic cable. — **~ver,kehr** *m* transatlantic traffic.

trans·at·lan·tisch [trans^ʔat'lantɪʃ] *adj* transatlantic.

tran·schie·ren [trã'ʃi:rən] *v/t* ⟨*no* ge-, h⟩ *Austrian gastr. cf.* tranchieren.

Trans·co·der [trans'ko:dər; træns'koudə] (*Engl.*) *m* ⟨-s; -⟩ *telev.* transcoder.

Tran·sept [tran'zɛpt] *m, n* ⟨-(e)s; -e⟩ *arch.* (*einer Kirche*) transept.

'Trans-Eu'rop-Ex,press ['trans^ʔɔy'ro:p-] *m* ⟨-es; -züge⟩ (*railway*) Trans-Europe-Express (train), TEE.

Trans·fer [trans'fe:r] *m* ⟨-s; -s⟩ **1.** *econ.* (*im internationalen Zahlungsverkehr*) transfer, (*von Geld*) *auch* transferal. – **2.** (*von Berufssportlern etc*) transfer. – **3.** (*Zubringerdienst*) transfer. – **4.** *ped.* transfer. — **~,ab,kom·men** *n econ.* transfer agreement. — **~be,schrän·kung** *f* transfer restriction, restriction on transfer(s). — **~,dienst** *m* transfer (service), remittance. — **~ge,bühr** *f* transfer fee.

trans·fe'rier·bar *adj econ.* (*Betrag etc*) transferable: frei ~ freely transferable.

trans·fe·rie·ren [transfe'ri:rən] **I** *v/t* ⟨*no* ge-, h⟩ **1.** *econ.* (*Zahlungen, Devisen etc*) transfer. – **2.** (*Berufssportler etc*) transfer. – **3.** *Austrian for* versetzen 4. – **II T~** *n* ⟨-s⟩ **4.** *verbal noun.* — **Trans·fe'rie·rung** *f* ⟨-; -en⟩ **1.** *cf.* Transferieren. – **2.** (*von Devisen, Berufssportlern etc*) transfer. – **3.** *Austrian for* Versetzung 3.

Trans'fer|,li·ste *f* (*für Berufssportler etc*) transfer list. — **~ma,schi·ne** *f tech.* transfer machine. — **~,schwie·rig·kei·ten** *pl econ.* transfer difficulties. — **~,sper·re** *f* ban on transfers, transfer ban. — **~,stra·ße** *f tech.* transfer line (*od.* train). — **~,sum·me** *f* (*für einen Berufssportler*) transfer fee. — **~,zah·lun·gen** *pl econ.* transfer payments.

Trans·fi·gu·ra·ti·on [transfigura'tsio:n] *f* ⟨-; *no pl*⟩ *relig.* transfiguration.

trans·fi·nit [transfi'ni:t] *adj math.* (*in der Mengenlehre*) transfinite.

Trans·for·ma·ti·on [transfɔrma'tsio:n] *f* ⟨-; -en⟩ **1.** transformation. – **2.** *lit. for* Umwandlung 2, 3.

Trans·for·ma·ti'ons|gram,ma·tik *f ling.* transformational grammar. — **~,re·gel** *f* transformational rule.

Trans·for·ma·tor [transfɔr'ma:tɔr] *m* ⟨-s; -en [-ma'to:rən]⟩ *electr.* (static *od.* stationary) transformer: luftgekühlter ~ ventilated transformer.

Trans·for·ma'to·ren|,an,la·ge *f electr.* transformer plant. — **~,blech** *n* transformer sheet (*od.* stamping). — **~,haus, ~,häus·chen** *n* transformer house (*od.* station). — **~,öl** *n* transformer oil. — **~sta·ti,on** *f* transformer station.

Trans·for'ma·tor|,span·nung *f electr.* transformer voltage. — **~sta·ti,on** *f* transformer station.

trans·for·mie·ren [transfɔr'mi:rən] **I** *v/t* ⟨*no* ge-, h⟩ **1.** *electr.* transform: Strom auf eine höhere [niedrigere] Spannung ~ to transform current to a higher [lower] tension, to step up [to step down] current. – **2.** *lit. for* umwandeln[1] 1, 2. – **3.** *math. phys. psych.* transform. – **II T~** *n* ⟨-s⟩ **4.** *verbal noun.* — **Trans·for'mie·rung** *f* ⟨-; -en⟩ **1.** *cf.* Transformieren. – **2.** *cf.* Transformation.

Trans·for·mis·mus [transfɔr'mɪsmus] *m* ⟨-; *no pl*⟩ *biol.* (*Entwicklungslehre*) transformism.

trans·fun·die·ren [transfun'di:rən] *v/t* ⟨*no* ge-, h⟩ *med.* (*Blut*) transfuse.

Trans·fu·si·on [transfu'zio:n] *f* ⟨-; -en⟩ *med.* (*Bluttübertragung*) transfusion: ~ in eine Arterie [Vene] arterial [venous] transfusion.

Trans·fu·si'ons|ap·pa,rat *m med.* transfusion apparatus. — **~re·ak·ti,on** *f* transfusion reaction.

Trans·gres·si·on [transgrɛ'sio:n] *f* ⟨-; -en⟩ *geol.* transgression.

'Tran·sie·de,rei *f* ⟨-; -en⟩ *tech.* **1.** ⟨*only sg*⟩ boiling of train (*od.* fish) oil. – **2.** (*Anlage*) tryworks *pl* (*construed as sg or pl*).

Tran·si·stor [tran'zɪstɔr] *m* ⟨-s; -en [-'to:rən]⟩ **1.** *electr.* transistor. – **2.** (*radio*) *telev. short for* Transistorgerät. — **t~be,stückt** *adj* transistorized *Br. auch* -s-. — **~emp,fän·ger** *m* transistorized (*Br. auch* -s-) receiver. — **~,fas·sung** *f* transistor socket. — **~ge,rät** *n* (*radio*) *telev.* transistor set.

tran·si·sto·ri·sie·ren [tranzɪstori'zi:rən] *v/t* ⟨*no* ge-, h⟩ *electr.* (*Radio etc*) transistorize *Br. auch* -s-. — **tran·si·sto·ri'siert I** *pp.* – **II** *adj* transistorized *Br. auch* -s-.

Tran'si·stor,ra·dio *n, colloq., bes. Swiss, auch m* transistor radio (set).

Tran·sit [tran'zi:t; tran'zɪt; 'tranzɪt] *m* ⟨-s; -e⟩ *econ. pol.* (*von Waren, Personen durch das Gebiet eines Staates*) transit: Lastwagen, die ein Land im ~ durchqueren lorries (*bes. Am.* trucks) passing through a country in transit (*od.* transiting a country). — **~,ab,ga·be** *f* transit charge. — **~,ab,kom·men** *n* transit agreement. — **~,aus,fuhr** *f* third-country export. — **~ge,bühr** *f* transit charge. — **~ge,schäft** *n* third-country business (*od.* transaction). — **~,gut** *n*, **~,gü·ter** *pl* transit goods *pl*, goods *pl* in transit. — **~,ha·fen** *m* port of transit. — **~,han·del** *m* merchanting trade (involving third-country mediation). — **~,händ·ler** *m* merchanting trader engaged in 'Transithandel'.

tran·si·tie·ren [tranzi'ti:rən] *econ. pol.* **I** *v/t* ⟨*no* ge-, h⟩ (*ein Land*) transit, pass through (*a country*) in transit. – **II** *v/i* (*von Waren, Lastwagen etc*) pass through a country.

Tran·si·ti·on [tranzi'tsio:n] *f* ⟨-; -en⟩ *obs.* (*Übergang*) transition.

tran·si·tiv ['tranziti:f; -'ti:f] *ling.* **I** *adj* (*Verb*) transitive. – **II** *adv* dieses Verb wird ~ verwendet this verb is used transitively. – **III T~** *n* ⟨-s; -e⟩ *cf.* Transitivum. — **tran·si·ti'vie·ren** [-ti'vi:rən] *v/t* ⟨*no* ge-, h⟩ *ling.* transitivize. — **Tran·si·ti·vum** [tranzi'ti:vum] *n* ⟨-s; -tiva [-va]⟩ *ling.* **1.** (*Aktionsform*) transitive. – **2.** (*transitives Verb*) transitive verb.

Tran'sit|,la·ger *n econ.* transit store. — **~,lei·tung** *f electr.* transit circuit.

tran·si·to·risch [tranzi'to:rɪʃ] *adj* **1.** (*Bestimmung, Anordnung etc*) transitory, transient, transitional. – **2.** *econ.* a) (*Posten, Passiva etc*) deferred, b) (*Kredit*) transmitted.

Tran·si·to·ri·um [tranzi'to:rium] *n* ⟨-s; -rien⟩ *econ. pol.* (*im Staatshaushalt*) deferred item.

Tran'sit|,schein *m pol.* transit bond (*od.* permit). — **~,stra·ße** *f* transit road. — **~ver,kehr** *m* transit traffic. — **~,vi·sum** *n pol.* transit visa. — **~,wa·re** *f econ. cf.* Transitgut. — **~,zoll** *m* duty on goods in transit.

trans|kau·ka·sisch [transkau'ka:zɪʃ] *adj geogr.* Transcaucasian. — **~kon·ti·nen'tal** [-kɔntinɛn'ta:l] *adj* transcontinental.

tran·skri·bie·ren [transkri'bi:rən] *v/t* ⟨*no* ge-, h⟩ **1.** *ling.* transliterate, transcribe. – **2.** *mus.* (*Musikstück*) transcribe: eine Sinfonie für Klavier ~ to transcribe a symphony for the piano. — **Tran·skrip·ti'on** [-krɪp'tsio:n] *f* ⟨-; -en⟩ **1.** *ling.* transliteration, transcription. – **2.** *mus.* transcription.

trans·ku·tan [transku'ta:n] *adj med.* transcutaneous.

Trans·la·ti·on [transla'tsio:n] *f* ⟨-; -en⟩ **1.** *phys. tech.* translation, translational (*od.* translatory) motion. – **2.** *min.* (*in der Kristallographie*) translation, slipping.

Trans·la·ti'ons|,flä·che *f min.* (*in der Kristallographie*) slip plane. — **~,li·nie** *f* slip band.

Trans·li·te·ra·ti·on [translɪtera'tsio:n] *f* ⟨-; -en⟩ *ling.* transliteration. — **trans·li·te'rie·ren** [-'ri:rən] *v/t* ⟨*no* ge-, h⟩ transliterate.

Trans·lo·ka·ti·on [transloka'tsio:n] *f* ⟨-; -en⟩ *biol.* (*eines Gens*) translocation. — **trans·lo'zie·ren** [-'tsi:rən] *v/t* ⟨*no* ge-, h⟩ (*Gene*) translocate.

Trans·mis·si·on [transmɪ'sio:n] *f* ⟨-; -en⟩ **1.** *tech. cf.* Transmissionswelle. – **2.** (*optics*) transmission.

Trans·mis·si'ons|,an,trieb *m tech.* overhead transmission drive, lineshaft drive (*od.* transmission). — **~,grad** *m* (*optics*) transmittance, transmission factor. — **~,ket·te** *f tech.* transmission (*od.* driving) chain, power transmission chain. — **~,rie·men** *m* transmission belt. — **~,schei·be** *f* pulley. — **~,wel·le** *f* transmission shaft, lineshaft.

Trans·mit·tanz [transmɪ'tants] *f* ⟨-; *no pl*⟩ *phys. tel.* transmittance.

trans·mit·tie·ren [transmɪ'ti:rən] *v/t* ⟨*no* ge-, h⟩ *phys. tel.* (*Schwingung etc*) transmit.

Trans'oze·an|,damp·fer [trans'^ʔo:tsea:n-] *m* transocean(ic) steamer (*od.* liner). — **~,flug** *m* transocean(ic) flight.

trans·oze·a·nisch [trans^ʔotse'a:nɪʃ] *adj* transoceanic, transocean (*attrib*).

trans·pa·rent [transpa'rɛnt] *adj* **1.** (*Glas, Papier etc*) transparent, pellucid. – **2.** (*Stoff, Gewebe etc*) transparent, diaphanous. – **3.** *fig.* (*Stil, Redeweise etc*) transparent, perspicuous, pellucid, diaphanous. – **4.** *fig.* intelligible, clear.

Trans·pa'rent *n* ⟨-(e)s; -e⟩ **1.** (*Spruchband*) banner. – **2.** (*durchscheinendes Bild*) transparency. — **~,druck** *m* ⟨-(e)s; -e⟩ *print.* transparent printing. — **~pa,pier** *n* (*paper*) transparent paper.

Trans·pa·renz [transpa'rɛnts] *f* ⟨-; *no pl*⟩ **1.** (*von Glas, Papier etc*) transparency, transparence, pellucidity. – **2.** (*eines Stoffs, Gewebes etc*) transparency, transparence, diaphaneity. – **3.** *fig.* (*des Stils etc*) transparency, transparence, perspicuity, pellucidity, diaphaneity. – **4.** *fig.* intelligibility, clarity.

Tran·spi·ra·ti·on [transpira'tsio:n] *f* ⟨-; *no pl*⟩ **1.** (*Schwitzen*) perspiration, transpiration. – **2.** *bot.* transpiration. — **tran·spi'rie·ren** [-'ri:rən] **I** *v/i* ⟨*no* ge-, h⟩ **1.** (*schwitzen*) perspire, transpire: stark ~ to perspire profusely. – **2.** *bot.* transpire. – **II T~** *n* ⟨-s⟩ **3.** *verbal noun.* – **4.** *cf.* Transpiration.

Trans·plan·tat [transplan'ta:t] *n* ⟨-(e)s; -e⟩ *med.* a) (*Gewebe*) graft(ing), b) (*Organ*) transplant(ed organ): ~ innerhalb der gleichen Art homograft, isograft, isotransplant.

Trans·plan·ta·ti·on [transplanta'tsio:n] *f* ⟨-; -en⟩ **1.** *cf.* Transplantieren. – **2.** *med.* a) (*eines Gewebes*) graft, b) (*eines Organs*) transplant(ation): eine ~ vornehmen to carry out a transplantation. – **3.** *hort.* transplant(ation). — **trans·plan'tie·ren** [-'ti:rən] **I** *v/t* ⟨*no* ge-, h⟩ **1.** *med.* a) (*Gewebeteile*) graft, b) (*Organe*) transplant. – **2.** *hort.* transplant. – **II T~** *n* ⟨-s⟩ **3.** *verbal noun.* – **4.** *cf.* Transplantation.

trans·po·nie·ren [transpo'ni:rən] **I** *v/t* ⟨*no* ge-, h⟩ **1.** *mus.* transpose: eine Komposition höher [tiefer] ~ to transpose a composition upward(s) [downward(s)] (*od.* to a higher [lower] pitch). – **2.** *math.* (*Zahlen*) transpose. – **II** *v/i* **3.** *mus.* transpose. – **III T~** *n* ⟨-s⟩ **4.** *verbal noun.* – **5.** *cf.* Transponierung. — **trans·po'nie·rend I** *pres p.* – **II** *adj* ~e Instrumente *mus.* transposing instruments. — **Trans·po'nie·rung** *f* ⟨-; *no pl*⟩ **1.** *cf.* Transponieren. – **2.** *mus. math.* transposition.

Trans·port [trans'pɔrt] *m* ⟨-(e)s; -e⟩ **1.** ⟨*only sg*⟩ (*Transportieren*) transport, transit, *bes. Am.* transportation, conveyance, shipment, (*mit Lastwagen, mit der Eisenbahn*) *auch* haulage, (*mit dem Schiff*) *auch* shipment: ~ zu Lande [zu Wasser, in der Luft, mit der Eisenbahn], ~ auf dem Landweg [Wasserweg, Luftweg, Schienenweg] transport by land [by water, by air, by rail], land [water, air, rail (*Am. auch* railroad, *Br. auch* railway)] transport; die Waren sind auf dem ~ (*od.* beim ~, während des ~[e]s) verlorengegangen the goods have been lost in transit (*od.* transport). – **2.** (*von Autos etc*) shipment, (*mit Lastwagen, mit der Eisenbahn*) *auch* haulage: dieser ~ geht nach Hamburg this shipment is bound for Hamburg. – **3.** (bewachter) ~ *mil.* (*von Gefangenen, Waffen etc*) convoy. – **4.** ⟨*only sg*⟩ *tech.* a) transport, *bes. Am.* transportation, conveyance, forwarding, b) (*eines Schlittens*) traverse. – **5.** ⟨*only sg*⟩ *phys.* (*von Wärme, Strahlungen etc*) convection.

trans·por·ta·bel [transpɔr'ta:bəl] *adj* transportable: ein transportables Möbelstück a transportable piece of furniture.

Trans'port,an,la·ge *f tech.* conveying machinery, conveyer (*od.* conveyor) plant, haulage equipment.

Trans'port,ar·bei·ter *m* transport (*bes. Am.* transportation) worker. — **~ge·,werk·schaft** *f*, **~ver,band** *m* Transport and General Workers' Union.

Trans'port|,band *n* ⟨-(e)s; ⸗er⟩ *tech. cf.* Förderband. — **~be,fehl** *m* (*computer*) transfer instruction. — **~be,häl·ter** *m* container.

Trans'por·ter *m* ⟨-s; -⟩ **1.** *auto.* cargo carrier. – **2.** *cf.* a) Transportfahrzeug, b) Transportflugzeug, c) Transportschiff 1, d) Truppentransporter.

Trans·por·teur [transpɔr'tø:r] *m* ⟨-s; -e⟩ **1.** transporter. – **2.** *cf.* Spediteur. – **3.** *bes. math.* (*Winkelmesser*) protractor. – **4.** *tech.* (*Förder-, Umladevorrichtung*) conveyer, conveyor. – **5.** (*an der Nähmaschine*) feed point.

trans'port,fä·hig *adj* (*Güter, Patient etc*) transportable: der Verwundete ist noch nicht ~ the wounded man is not transportable (*od.* cannot be moved) yet. — **Trans'port,fä·hig·keit** *f* ⟨-; *no pl*⟩ transportability.

Trans'port|,fahr,zeug *n* transport vehicle. — **~,fir·ma** *f cf.* Transportunternehmen 1. — **~,flug,zeug** *n* **1.** transport (aircraft, *colloq.* plane). – **2.** *mil. cf.* Truppentransporter 2. — **~,füh·rer** *m mil.* troop transport commander. — **~ge,bühr** *f* transport (*bes. Am.* transportation) charge (*od.* fee), carriage. — **~ge,fahr** *f* transport (*bes. Am.* transportation) risk, risk of transport (*bes. Am.* transportation). — **~ge,le·gen·heit** *f* transport (*bes. Am.* transportation) facility. — **~ge,schäft** *n econ.* **1.** ⟨*only sg*⟩ (*Geschäftszweig*) transport business, carrying trade. – **2.** (*Geschäftsvorgang*) transport operation. – **3.** *cf.* Transportunternehmen 1. — **~ge·,sell·schaft** *f* **1.** transport company (*Am.* corporation). – **2.** *cf.* Speditionsfirma. — **~ge,wer·be** *n* ⟨-s; *no pl*⟩ **1.** transport industry, carrying trade. – **2.** *cf.* Speditionsgewerbe. — **~,hin·der·nis** *n* circumstances *pl* preventing carriage, obstacle to transport(ation).

trans·por'tier·bar *adj* transportable.

trans·por·tie·ren [transpɔr'ti:rən] **I** *v/t* ⟨*no* ge-, h⟩ **1.** (*Waren, Personen*) transport, forward, convey, (*mit Lastwagen, mit der Bahn*) *auch* haul, (*verschiffen*) *auch* ship. – **2.** *bes. phot.* wind (*s.th.*) (on): die Kamera transportiert den Film nicht mehr the camera does not advance (*od.* wind on) the film. – **3.** *econ. obs. for* übertragen[1] 17. – **II** *v/i* **4.** *tech.* (*von Schreibmaschine etc*) move.

Trans'port|,ket·te *f tech.* transfer (*od.* conveyor, conveyer) chain. — **~,ki·ste** *f* (*für Warensendungen, Umzüge etc*) transport (*bes. Am.* transportation) box, container. — **~ko,lon·ne** *f bes. mil.* motor transport column (*od.* convoy). — **~kon·,trol·le** *f* (*computer*) transfer check. — **~·,ko·sten** *pl econ.* **1.** transport (*bes. Am.* transportation) cost *sg* (*auch* costs), carriage *sg*: ~ bezahlt carriage paid. – **2.** (*bes. mit Lastkraftwagen*) haulage *sg*. – **3.** (*Verschiffungskosten*) shipping charges. – **4.** *cf.* Speditionsgebühren. – **5.** *cf.* Frachtkosten. — **~,lei·stung** *f econ.* **1.** (*Kapazität*) transport (*bei Lastwagen, Eisenbahn auch* hauling) capacity. – **2.** (*Lieferleistung*) transport service(s *pl*). — **~ma,schi·ne** *f aer. cf.* Transportflugzeug. — **~me·ta·bo,li·ten** [-metabo,li:tən] *pl chem.* carrier metabolites. — **~,mit·tel** *n* means *pl* (*construed as sg or pl*) of conveyance (*od.* transport, *bes. Am.* transportation), *Am. auch* transportation: öffentliches ~ *jur.* common carrier. — **~,mög·lich·keit** *f* transport (*bes. Am.* transportation) facility. — **~of·fi,zier** *m mil.* **1.** (*bei einem Verband*) motor transport officer. – **2.** (*bei Transportoperationen*) transportation officer. — **~pa,pie·re** *pl* transport (*bes. Am.* transportation, shipping) documents (*od.* papers). — **~,pfan·ne** *f metall.* transfer ladle. — **~,quer,schnitt** *m nucl.* transport cross section. — **~,raum** *m* transport (*bes. Am.* transportation) capacity, (*eines Schiffes*) cargo space. — **~,ri·si·ko** *n econ. cf.* Transportgefahr. — **~,rol·le** *f phot.* (*einer Filmkamera*) sprocket. — **~,scha·den** *m* transport (*bes. Am.* transportation) damage, loss on goods in transit. — **~,schiff** *n mar.* **1.** transport (ship *od.* vessel), transporter. – **2.** *mar. mil. cf.* Truppentransporter 1. — **~,schlit·ten** *m tech.* (*einer Schneidemaschine etc*) feed slide. — **~,schnecke** (*getr.* -k·k-) *f tech.* **1.** (*einer Förderanlage*) conveyor (*od.* conveyer) worm, screw conveyor (*od.* conveyer). – **2.** (*einer Werkzeugmaschine*) feed worm. — **~,schwim·men** *n* (*beim Rettungsschwimmen*) carry swimming. — **~te·ta,nie** *f vet.* (transport)-tetany. — **~,un·ter,neh·men** *n* **1.** transport (*bes. Am.* transportation) company (*od.* agency), carriers *pl*, haulers *pl*, *bes. Br.* hauliers *pl*. – **2.** *cf.* Speditionsfirma. — **~,un·ter,neh·mer** *m* **1.** transport (*bes. Am.* transportation) agent, carrier, hauler, *bes. Br.* haulier, (*für den Nahverkehr*) *auch* carter. – **2.** *cf.* Spediteur. — **~ver,si·che·rung** *f* transport insurance, insurance of goods in transit. — **~vo,lu·men** *n* (*der Eisenbahn etc*) volume of transport. — **~·,weg** *m* **1.** (*Schiene, Straße etc*) transport (*bes. Am.* transportation) route. – **2.** (*Strecke*) transport (*bes. Am.* transportation) distance, *bes. Am.* haul. — **~,wert** *m* carriage value. — **~,we·sen** *n* ⟨-s; *no pl*⟩ **1.** transport (*bes. Am.* transportation) (system). – **2.** *cf.* Transportgewerbe.

Trans·po·si·ti·on [transpozi'tsǐo:n] *f* ⟨-; -en⟩ *bes. mus. med.* transposition.

trans·si·bi·risch [transzi'bi:rɪʃ] *adj geogr.* Trans-Siberian: die T~e Eisenbahn the Trans-Siberian Railroad (*Br.* Railway).

trans·so·nisch [trans'zo:nɪʃ] *adj phys.* (*Luftströmungen etc*) transonic, *auch* trans-sonic.

Trans·sub·stan·tia·ti·on [transzupstantsǐa'tsǐo:n] *f* ⟨-; -en⟩ *relig.* transubstantiation, *auch* transsubstantiation.

Trans·su·dat [transzu'da:t] *n* ⟨-(e)s; -e⟩ *med.* transudate. — **Trans·su·da·ti'on** [-da'tsǐo:n] *f* ⟨-; -en⟩ transudation.

Trans·uran [trans^ʔu'ra:n] *n* ⟨-s; -e⟩, **~ele,ment** *n meist pl nucl.* transuranic element.

'Tran,su·se [-,zu:zə] ⟨-; -n⟩ *colloq. contempt.* slow coach, *bes. Am.* slowpoke.

trans·ver·sal [transvɛr'za:l] **I** *adj* (*Welle, Schwingung etc*) transverse, transversal. – **II** *adv* transversely, transversally.

Trans·ver'sal|,be·ben *n geol.* transverse earthquake. — **~,durch,mes·ser** *m bes. math. med.* transverse diameter.

Trans·ver'sa·le *f* ⟨-; -n⟩ *math.* transversal.

Trans·ver'sal|,schwin·gung *f bes. phys.* transverse (*od.* transversal) vibration. — **~·ver,schie·bung** *f geol.* transverse fault.

Trans·ve·stis·mus [transvɛs'tɪsmus] *m* ⟨-; *no pl*⟩ *psych.* transvestism, *auch* transvestitism. — **Trans·ve'stit** [-'ti:t] *m* ⟨-en; -en⟩ transvestite. — **Trans·ve·sti'tis·mus** [-ti'tɪsmus] *m* ⟨-; *no pl*⟩ *cf.* Transvestismus.

tran·szen·dent [transtsɛn'dɛnt] *adj* **1.** transcendent(al), *auch* transcendant. – **2.** *math.* (*Zahl, Gleichung*) transcendental.

tran·szen·den·tal [transtsɛndɛn'ta:l] *adj philos.* (*Logik etc*) transcendental, metempirical. — **Tran·szen·den·ta'lis·mus** [-ta'lɪsmus] *m* ⟨-; *no pl*⟩ transcendentalism.

Tran·szen·denz [transtsɛn'dɛnts] *f* ⟨-; *no pl*⟩ transcendence, transcendency.

'Tran,tü·te *f colloq. contempt. cf.* Transuse.

Tra·pez [tra'pe:ts] *n* ⟨-es; -e⟩ **1.** *math. bes. Br.* trapezium, *bes. Am.* trapezoid. – **2.** (*bes. in der Artistik, im Turnen*) trapeze. – **3.** (*sport*) (*beim Segeln für Vorschotmann*) trapeze (wire). — **~,akt** *m* (*Artistennummer*) trapeze act. — **~ef,fekt** *m telev.* keystone effect. — **~,flü·gel** *m aer.* tapered wing. — **t~,för·mig** *adj* trapeziform, trapezoid(al). — **~ge,win·de** *n tech. Am.* Acme standard screw thread, *Br.* trapezoidal thread.

Tra·pe·zi·us [tra'pe:tsǐus] *m* ⟨-; *no pl*⟩ *med.* (*Kapuzenmuskel*) trapezius.

Tra'pez|,künst·ler *m*, **~,künst·le·rin** *f* trapeze artist, trapezist.

Tra·pe·zo·eder [trapetso'^ʔe:dər] *m* ⟨-s; -⟩ (*Kristallform*) trapezohedron.

Tra·pe·zo·id [trapetso'i:t] *n* ⟨-(e)s; -e⟩ *math. bes. Br.* trapezium, *bes. Am.* trapezoid.

trapp [trap] **I** *interj* ~, ~! a) (*von Pferden*) clip-clop! clippety-clop! b) (*von Personen*) clitter-clatter!: die Hufe machten ~, ~ the hooves went clip-clop, the hooves clip-clopped; die Kinder kamen ~, ~ die Treppe herunter the children came clitter-clatter down the stairs. – **II** *adv* ~, ~! *colloq.* (*in Wendungen wie*) hol den Hammer, aber ~, ~! (go and) fetch the hammer and hurry up (*od. colloq.* make it snappy, get a move on, get cracking)!

Trapp *m* ⟨-(e)s; -e⟩ *geol. min.* trap.

Trap·pe ['trapə] *m* ⟨-n; -n⟩, *auch f* ⟨-; -n⟩ *hunt. only m zo.* bustard (bird) (*Fam. Otididae*).

trap·peln ['trapəln] **I** *v/i* ⟨h *u.* sein⟩ **1.** (*von Pferden etc*) clop. – **2.** (*von Kindern etc*) patter. – **II T~** *n* ⟨-s⟩ **3.** *verbal noun.* – **4.** (*von Pferden etc*) clop. – **5.** (*von Kindern etc*) patter.

trap·pen ['trapən] *v/i* ⟨h *u.* sein⟩ (*schwer auftreten*) tramp, clump, stump.

'Trap·per *m* ⟨-s; -⟩ (*nordamer. Pelztierjäger*) trapper.

Trap·pist [tra'pɪst] *m* ⟨-en; -en⟩ *röm.kath.* Trappist.

Trap'pi·sten|,kä·se *m gastr.* Trappist cheese, *auch* Port du Salut. — **~,klo·ster** *n röm.kath.* Trappist monastery. — **~,or·den** *m* order of Trappists (*od.* of La Trappe).

Trap'pi·stin *f* ⟨-; -nen⟩ *röm.kath.* Trappistine.

'Trap,schie·ßen ['trɛp-] *n* (*beim Schießsport*) trap shooting.

trap·sen ['trapsən] *v/i* ⟨h *u.* sein⟩ *Northern G. colloq.* tramp, clump, stump: Nachtigall, ich (*dial.* ick) hör dir ~ *fig. colloq. humor.* huh, big hint! you wouldn't be dropping a hint, would you?

tra·ra [tra'ra:] *interj* tantara! *auch* tantara! tar(at)antara!

Tra'ra *n* ⟨-s; *no pl*⟩ **1.** (*Hörner-, Trompetenschall*) tantara, *auch* tantarara, tar(at)antara. – **2.** *fig. colloq. contempt.* (*Aufhebens*) fuss, to-do: mach doch deswegen nicht so ein ~! don't make such a fuss about it! sie macht immer viel ~ um ihre Kinder she always makes an awful fuss of her children (*colloq.*); wenn wir zu spät kommen, macht er ein großes ~ if we are late, he makes (*od.* creates) a fuss (*od. colloq.* a song and dance) about it.

Traß [tras] *m* ⟨-sses; -sse⟩ *geol.* trass, *auch* terrace, tarras.

Tras·sant [tra'sant] *m* ⟨-en; -en⟩ *econ.* (*eines Wechsels*) drawer. — **Tras'sat** [-'sa:t] *m* ⟨-en; -en⟩ (*eines Wechsels*) drawee.

Tras·se ['trasə] *f* ⟨-; -n⟩ *civ.eng.* (*im Straßen-, Eisenbahnbau etc*) location line, route.

Tras·see ['trase] *n* ⟨-s; -s⟩ *Swiss for* [Trasse.]

'Tras·sen,füh·rung *f civ.eng.* profile of the alignment (*auch* alinement).

tras·sie·ren [tra'si:rən] **I** *v/t* ⟨*no* ge-, h⟩ **1.** *civ.eng.* (*Straße, Eisenbahnlinie etc*) plot (*od.* trace) (out), locate. – **2.** einen Wechsel (auf j-n) ~ *econ.* to draw (*od.* make out) a bill (of exchange) (*od.* a draft) (on *od.* to s.o.). – **II** *v/i* **3.** (auf j-n) ~ *econ.* to draw (*od.* make out) a bill (of exchange) (*od.* a draft) (on *od.* to s.o.). – **III T~** *n* ⟨-s⟩ **4.** *verbal noun.*

Tras'sie·rung *f* ⟨-; -en⟩ **1.** *cf.* Trassieren. – **2.** *civ.eng.* (*einer Straße, Eisenbahnlinie etc*) a) location, b) *cf.* Trasse. – **3.** *econ.* (*eines Wechsels*) drawing of a bill of exchange (*especially on importer's bank*). — **Tras'sie·rungs·kre,dit** *m econ.* reimbursement (*od.* acceptance) credit.

trat [tra:t] *1 u. 3 sg pret*, **trä·te** ['trɛ:tə] *1 u. 3 sg pret subj of* treten.

Tratsch [tra:tʃ] *m* ⟨-(e)s; *no pl*⟩ *colloq. contempt.* (*Gerede über andere*) gossip, scandal, lowdown (*colloq.*): hast du schon den neuesten ~ über unsere Nachbarin gehört? have you heard the latest gossip about (*od.* scandal about, *colloq.* lowdown on) our neighbo(u)r? das ist alles nur Klatsch und ~ that's all pure gossip.

'Trat·sche *f* ⟨-; -n⟩ *colloq.* gossip(monger), scandalmonger.

trat·schen ['traːtʃən] *colloq.* **I** *v/i* ⟨h⟩ **1.** (*über andere reden*) gossip: **sie tratschten über den neuen Mieter** they gossip(p)ed about the new tenant, they exchanged gossip about (*od.* scandal about, *colloq.* the lowdown on) the new tenant. – **2.** (*schwatzen*) chat, gossip, prattle, chin-wag (*sl.*), *bes. Am.* visit. – **II T~** *n* ⟨-s⟩ **3.** *verbal noun.* – **4.** gossip. – **5.** (*Schwatzen*) chat, gossip, prattle, chin-wag (*sl.*).

Trat·sche'rei *f* ⟨-; -en⟩ *colloq. cf.* Tratschen.

'tratschˌsüch·tig *adj colloq.* gossipy.

Trat·te ['tratə] *f* ⟨-; -n⟩ *econ.* (*gezogener Wechsel*) draft: **eine ~ auf j-n ausstellen** (*od.* **ziehen**) to draw (*od.* make out) a draft on (*od.* to) s.o.; **eine ~ einziehen [in Umlauf setzen]** to collect [to circulate] a draft; **eine ~ weitergeben** (*od.* **indossieren**) to endorse (*bes. Am.* indorse) a draft.

'Trat·ten|avis [-ʔaˌviː] *m econ.* advice of draft. — **~kreˌdit** *m* credit on acceptance(s).

'Trau·alˌtar *m* marriage altar: **seine Braut zum ~ führen** to lead one's bride to the altar; **vor den ~ treten** to go to the altar.

Träub·chen ['trɔʏpçən] *n* ⟨-s; -⟩ *dim. of* Traube.

Trau·be ['traubə] *f* ⟨-; -n⟩ **1.** (*einzelne Weinbeere*) grape: **frühe [späte] ~n** early [late] grapes; **~n lesen** (*od.* **ernten**) to gather (*od.* harvest) grapes; **die ~n hängen ihm zu hoch** (*od.* **sind ihm zu sauer**) *fig.* it is a case of (*od.* it is just) sour grapes on his part. – **2.** a) (*Büschel von Wein-, Johannisbeeren etc*) bunch, cluster, b) (*Blütenstand*) raceme (*scient.*): **sie reichte ihm eine dicke ~ (Wein)** she gave him a thick bunch of grapes; **zusammengesetzte ~, ~ zweiten Grades** compound raceme. – **3.** *fig.* bunch, cluster: **die Menschen standen in dichten ~n an den Eingängen** the people clustered (a)round the entrances. – **4.** *metall.* (*von Gußstücken*) cluster.

Träu·bel ['trɔʏbəl] *n* ⟨-s; -⟩ *bot.* grape hyacinth (*Gattg Muscari*).

'Trau·ben|ˌei·che *f bot.* durmast (oak), chestnut oak (*Quercus sessiliflora u. Q. petraea*). — **~ˌern·te** *f cf.* Traubenlese. — **~ˌfäu·le** *f bot.* vine mildew.

'trau·benˌför·mig *adj* **1.** clustered. – **2.** (*Ohrringe, Gläser etc*) shaped like a cluster of grapes. – **3.** *bot.* (*Blütenstand etc*) clustered, bunchy; racemose, racemous (*scient.*). – **4.** *min.* (*Erz etc*) acinose, acinous, botryoidal, *auch* botryoid. – **5.** *biol.* (*Struktur*) botryoidal, *auch* botryoid, botryose.

'Trau·ben|ˌhaut *f med.* (*des Auges*) uvea, uveous coat, tunica uveae (*scient.*). — **~ˌhei·de** *f bot.* (sweet) pepper bush (*Leucothoë racemosa*). — **~hoˌlun·der** *m* red-berried elder (*Sambucus racemosus*). — **~hyaˌzin·the** *f cf.* Träubel. — **~ˌkern** *m* grape seed, grapestone. — **~ˌkir·sche** *f bot.* (European) bird cherry (*Prunus padus*). — **~ˌkok·kus** *m med.* staphylococcus. — **~ˌkrank·heit** *f agr.* grape (*od.* vine) disease. — **~ˌkur** *f med.* grape cure, botryotherapy (*scient.*). — **~ˌle·se** *f* vintage, grape harvest. — **~ˌmo·le** *f med.* (*Blasenmole*) hydatid (*od.* hydatidiform, cystic, vesicular) mole. — **~ˌmost** *m agr.* grape must. — **~ˌpres·se** *f* winepress. — **~ˌris·pe** *f bot.* compound raceme. — **~ˌrü·ster** *f* Dutch elm (*Ulmus hollandica var. major*). — **~ˌsaft** *m* grape juice: **unvergorener ~** unfermented grape juice, stum, must. — **~ˌsäu·re** *f chem.* racemic acid ($C_4H_6O_6$). — **~ˌsche·re** *f* (*für die Weinlese*) grape scissors *pl* (*sometimes construed as sg*). — **~ˌschim·mel** *m bot.* botrytis (*Gattg Botrytis*). — **~ˌstiel** *m* grape stalk. — **~ˌwick·ler** *m zo.* (*Schmetterling*) **1. Bekreuzter ~** grape-fruit moth (*Polychrosis botrana*). – **2. Einbindiger ~** grape-berry moth (*Cochylis ambiguella*).

'Trau·benˌzucker (*getr.* -k·k-) *m chem. med.* **1.** grape (*od.* corn, honey, starch) sugar; glucose, dextrose, dextro-glucose (*scient.*) ($HOCH_2(CHOH)_4CHO$). – **2.** (*zum Lutschen*) glucose: **ein Stück ~** a piece of glucose, a glucose lozenge. — **~in·fu·siˌon** *f med.* infusion of glucose. — **~ˌlö·sung** *f* dextrose solution.

'trau·big *adj cf.* traubenförmig 1, 3, 4, 5.

trau·en[1] ['trauən] *v/t* ⟨h⟩ (*ein Brautpaar*) marry, wed: **das Paar ist gestern getraut worden** the couple was married yesterday; → kirchlich 3; standesamtlich II.

'trau·en[2] **I** *v/i* ⟨h⟩ **1. j-m [etwas] ~** to trust s.o. [s.th.]: **j-m [etwas] nicht ~** not to trust s.o. [s.th.], to mistrust s.o. [s.th.]; **es gibt keinen, dem ich ~ kann** there is no one (whom) I can trust; **ich traue der Sache** (*od.* **dem Frieden**) **nicht (recht)** *colloq.* I don't like the look(s) of it, it's too good to be true; **sie traut ihm nicht über den Weg** (*od.* **von hier bis dort**) *colloq.* she doesn't trust him out of sight, she doesn't trust him an inch (*od.* a minute, round the corner); **dem Glück ist nicht zu ~** fortune is fickle; **trau, schau, wem!** (*Sprichwort*) (*skeptisch*) I wonder if he (*od.* she, they) can be trusted. – **2.** (*glauben*) believe: **sie traute seinen Worten nicht** she did not believe what he said; **ich traute meinen Augen [Ohren] nicht** I could hardly believe my eyes [ears]. – **II** *v/reflex* **3. sich ~, etwas zu tun** a) (*wagen*) to dare (to) do s.th., to venture (*od.* have the courage, *colloq.* have the nerve) to do s.th., b) (*sich zutrauen*) to consider oneself (*od.* feel) able to do (*od.* capable of doing) s.th.: **sie traute sich nicht, das Zimmer zu verlassen** she did not dare (to) leave the room; **ich traue mich nicht nach Hause [ins Haus]** *colloq.* I daren't go home [go into the house]; **du traust dich nur nicht!** you haven't the courage (*od. colloq.* nerve, guts)! **ich traue mich durchaus, diese Arbeit zu tun** I feel fully capable of doing the work, I feel up to the work. – **III** *v/t* **4. sich** (*dat*) **etwas ~, sich** (*dat*) **~, etwas zu tun** a) (*wagen*) to dare (to) do s.th., to venture (*od.* have the courage, *colloq.* have the nerve) to do s.th., b) (*sich zutrauen*) to consider oneself (*od.* feel) able to do (*od.* capable of doing) s.th.: **ich traue mir das durchaus** I consider myself fully capable of doing that.

Trau·er ['trauər] *f* ⟨-; *no pl*⟩ **1.** (*Schmerz, Kummer*) grief, sorrow: **~ über** (*acc*) **etwas empfinden** to feel grief (*od.* sorrow) at s.th., to sorrow for (*od.* mourn) s.th., to sorrow (*od.* grieve) at (*od.* for, over) s.th.; **sein plötzlicher Tod erfüllte alle mit tiefer** (*od.* **versetzte alle in tiefe**) **~** his sudden death filled everyone with deep grief; **voll(er) ~ sah sie ihn an** she looked at him full of sorrow (*od.* sorrowfully); **in tiefer ~** (*auf Todesanzeigen*) in deep grief (*od.* sorrow). – **2.** (*Trauern*) mourning: **die ~ um den Verstorbenen** the mourning of (*od.* for) the dead; **~ haben** a) to be mourning, to mourn, b) (*in Trauer gekleidet sein*) to be (dressed) in mourning, to wear mourning, to mourn. – **3.** (*Trauerkleidung*) mourning: **~ anlegen** to go into mourning; **nach einem halben Jahr legte sie die ~ ab** she went out of mourning after six months; **~ tragen, in ~ gehen** (*od.* **gekleidet sein**) to be (dressed) in mourning, to wear mourning, to mourn; **eine Dame in ~** a lady in mourning. – **4.** (*Trauerzeit*) (period of) mourning: **der Staatspräsident ordnete eine dreitägige ~ an** the President of the State ordered three days' mourning. — **~ˌanˌzei·ge** *f* **1.** (*als Postsendung*) obituary (notice). – **2.** (*in der Zeitung*) obituary, announcement of (*s.o.'s*) death. — **~ˌbachˌstel·ze** *f zo.* pied wagtail (*Motacilla yarrellii*). — **~ˌbie·ne** *f* nest-parasiting bee (*Gattg Melecta*). — **~ˌbin·de** *f* (black) crape (*od.* crêpe, crepe) (band), black (*od.* mourning) band, (*am Hut*) *auch* weeds *pl*. — **~ˌbot·schaft** *f cf.* Trauernachricht 1. — **~ˌbu·che** *f bot.* weeping beech (*Fagus sylvatica var. pendula*). — **~ˌdron·go** *m zo.* black drongo (*Dicrurus macrocercus*). — **~ˌen·te** *f* black (*od.* common) scoter (*od.* duck) (*Oidemia nigra*). — **~ˌesche** *f bot.* weeping ash (*Fraxinus excelsior var. pendula*). — **~ˌfah·ne** *f* flag of mourning. — **~ˌfall** *m* ⟨-(e)s; ⸚e⟩ death: **wir haben in unserer Familie einen ~** we have had a death in our family; **wegen ~(s) geschlossen** closed because of (a) death (*bes. Br.* a bereavement). — **~ˌfar·be** *f* color (*bes. Br.* colour) of mourning. — **~ˌfei·er** *f* **1.** memorial ceremony (*od.* service). – **2.** *relig. cf.* Trauergottesdienst. — **~ˌfei·er·lich·keiten** *pl* memorial ceremonies, obsequies (*lit.*). — **~-ˌFlie·genˌschnäp·per** *m zo.* pied flycatcher (*Ficedula hypoleuca*). — **~ˌflor** *m* (*im Knopfloch, an einer Fahne etc*) small (black) crape (*od.* crêpe, crepe) (band), *Br. auch* weeds *pl*. — **~geˌfol·ge, ~geˌleit** *n* mourners *pl*, cortege, *auch* cortège. — **~geˌmein·de** *f* mourning congregation: **liebe ~!** (*bei einer Trauerrede*) fellow mourners! — **~geˌsang** *m* dirge, epicede, epicedium. — **~ˌglocke** (*getr.* -k·k-) *f bot.* mohawk weed, mealy bellwort (*Uvularia perfoliata*). — **~ˌgot·tesˌdienst** *m relig.* funeral (*od.* burial) service. — **~ˌhaus** *n* house of mourning. — **~ˌjahr** *n* year of mourning, sad year. — **~ˌkar·te** *f* condolence (*od.* condolatory) card. — **~ˌklei·dung** *f* mourning: **~ anlegen** to go into mourning; **~ anhaben** (*od.* **tragen**) to be (dressed) in mourning, to wear mourning, to mourn; **die ~ ablegen** to go out of mourning. — **~ˌkloß** *m colloq. contempt.* 'wet blanket' (*colloq.*), 'drip' (*sl.*). — **~ˌmai·na** [-ˌmaɪna] *m* ⟨-s; -s⟩ *zo.* common myna(h) (*Acridotheres tristis*).

'Trau·erˌman·tel *m zo.* mourning cloak (butterfly), Camberwell beauty (*Nymphalis od. Vanessa antiopa*). — **~ˌsalm·ler** *m* black tetra, blackamoor petticoatfish (*Gymnocorymbus ternetzi*).

'Trau·er|ˌmarsch *m mus.* funeral (*od.* dead) march. — **~ˌmei·se** *f zo.* somber (*auch* sombre) tit (*Parus lugubris*). — **~ˌmie·ne** *f* sad face. — **~ˌmü·cke** (*getr.* -k·k-) *f* fickle midge (*Fam. Sciaridae*). — **~muˌsik** *f* funeral music.

trau·ern ['trauərn] *v/i* ⟨h⟩ **1.** mourn, grieve, sorrow: **um j-n ~** to mourn (for *od.* over) s.o., to grieve (*od.* sorrow) for s.o.; **sie trauert um** (*od.* **über**) **den Verlust** (*od.* **Tod**) **ihres Kindes** she mourns (for *od.* over) (*od.* grieves [*od.* sorrows] for [*od.* at, over], *lit.* bemoans) the loss (*od.* death) of her child. – **2.** (*Trauerkleidung tragen*) mourn, be (dressed) in (*od.* wear) mourning. – **3.** *colloq.* (*brüten, grübeln*) brood.

'Trau·erˌnachˌricht *f* **1.** sad news *pl* (*construed as sg or pl*), news *pl* of the (*od.* s.o.'s) death. – **2.** *cf.* Traueranzeige 1.

'trau·ernd I *pres p.* – **II** *adj* **die ~en Hinterbliebenen** (*auf Todesanzeigen*) the bereaved (family).

'Trau·ern·de *m, f* ⟨-n; -n⟩ mourner.

'Trau·er|paˌpier *n* ⟨-s; *no pl*⟩ black-edged (note)paper, mourning paper. — **~ˌrand** *m* **1.** (*am Briefpapier*) black edge (*od.* edging, border), *bes. Br.* mourning-border: **Papier mit ~** *cf.* Trauerpapier. – **2.** *pl fig. colloq. humor.* (*unter den Fingernägeln*) black lines (under the fingernails), *bes. Br. colloq.* 'mourning-borders': **du hast Trauerränder** you have black lines under your fingernails, your fingernails are black with dirt. — **~ˌre·de** *f* obituary (*od.* memorial) speech (*od.* oration). — **~ˌschlei·er** *m* veil of mourning, weeper, weeds *pl*. — **~ˌschnäp·per** *m zo. cf.* Trauer-Fliegenschnäpper. — **~ˌspiel** *n* **1.** (*theater*) tragedy: **ein ~ in drei Akten** a tragedy in three acts, a three-act tragedy. – **2.** *fig. colloq.* (*in Wendungen wie*) **es ist ein ~ mit ihm!** it's a shame about him! **es ist ein ~, wie der Staat mit dem Geld umgeht** it's a shame (*od.* a calamity) how (*od.* the way) the state handles money. — **~ˌtag** *m* **1.** day of mourning. – **2.** *fig.* (*trauriger Tag*) sad day. — **t~ˌvoll** *adj* mournful, sorrowful. — **~ˌwei·de** *f* **1.** *bot.* weeping willow (*Salix babylonica*). – **2.** *fig. colloq. contempt. cf.* Trauerkloß. — **~ˌzeit** *f* (period of) mourning. — **~ˌzug** *m* funeral procession, cortege, *auch* cortège. — **~zyˌpres·se** *f bot.* rimu, imou (*od.* red) pine (*Dacrydium cupressinum*).

Trau·fe ['traufə] *f* ⟨-; -n⟩ **1.** (*das von der überstehenden Dachrinne laufende Wasser*) eavesdrop, *auch* (eaves)drip: → Regen 1. – **2.** (*überhängende Dachrinne*) eaves *pl* (*construed as sg or pl*). – **3.** *cf.* Dachrinne 1.

träu·feln ['trɔʏfəln] **I** *v/t* ⟨h⟩ **etwas in [auf]** (*acc*) **etwas ~** to drip (*od.* trickle) s.th. into [on to] s.th. – **II** *v/i* ⟨h *u.* sein⟩ *cf.* tropfen I, tröpfeln I. – **III T~** *n* ⟨-s⟩ *verbal noun.*

träu·fen ['trɔʏfən] *v/t u. v/i* ⟨h *u.* sein⟩ *dial. for* träufeln.

'Traufˌlei·ste *f arch.* eaves molding (*bes. Br.* moulding).

'Trauˌfor·mel *f* (*bei der Eheschließung*) marriage formula.

'Trauf|ˌrin·ne *f cf.* Dachrinne 1. — **~ˌröh·re** *f cf.* Regenfallrohr. — **~ˌstein** *m* watershoot.

ˈTrauˌhand·lung *f* (solemnization [*Br. auch* -s-] of) marriage: standesamtliche ~ marriage before the registrar, civil marriage (*od.* wedding); kirchliche ~ marriage in a church, church wedding.

ˈtrau·lich I *adj* **1.** (*gemütlich, anheimelnd*) cozy, *bes. Br.* cosy, *Br. auch* homely, *bes. Am.* homey, homy: ein ~es Plauderstündchen a cozy chat. – **2.** (*liebgeworden, vertraut*) dear old: die ~en Gassen seiner Heimatstadt the dear old streets of his home town. – **3.** (*einträchtig, harmonisch*) harmonious: das ~e Zusammenleben des alten Ehepaars the harmonious life of the old couple. – **II** *adv* **4.** sie saßen ~ beieinander they were sitting together cozily (*bes. Br.* cosily); ~ zusammen leben to live together harmoniously (*od.* in harmony). — **ˈTrau·lich·keit** *f* ⟨-; *no pl*⟩ **1.** (*das Anheimelnde*) coziness, *bes. Br.* cosiness, *Br. auch* homeliness, *bes. Am.* homeyness, hominess. – **2.** (*Eintracht, Harmonie*) harmony.

Traum [traum] *m* ⟨-(e)s; ⸚e⟩ **1.** dream: ein schöner ~ a beautiful (*od. colloq.* lovely) dream; gestern nacht hatte ich einen ~ I had (*od.* dreamed, dreamt) a dream last night; einen ~ deuten (*od.* auslegen) to interpret (*od.* read, explain) a dream; ihr verstorbener Mann ist ihr im ~ erschienen her late husband appeared to her in a dream; der Wecker riß mich aus meinen Träumen the alarm clock woke me from (*od.* interrupted) my dreams; du hast gestern im ~ gesprochen you talked in your sleep last night; es ist (*od.* es kommt mir vor) wie ein ~, wenn ich daran denke it is like a dream (*od.* it seems like a dream to me) when I think of it; wie im ~ tat er die Handgriffe he went through the movements like in a dream; ich denke nicht im ~ daran, ihn zu heiraten *fig.* I wouldn't dream (*od.* think) of marrying him; Geschirr spülen? Fällt mir (ja) nicht im ~ ein! *fig. colloq.* do the dishes? I wouldn't dream (*od.* think) of it! im Reich der Träume sein *fig. poet. auch humor.* to be in dreamland, to be in the land of dreams (*od.* Nod); Träume sind Schäume (*Sprichwort*) dreams are but shadows (*od.* are empty) (*proverb*). – **2.** (*Wunschtraum*) (wishful) dream: es war immer ihr ~, Filmstar zu werden she always dreamed of becoming a film star; ihr ~ ist ein Eigenheim it's her dream to have a house of her own; der ~ ist ausgeträumt (*od. colloq.* ist aus)! aus der ~! *colloq.* that's the end of that dream! that dream is over! seine Träume erfüllten sich nicht (*od.* gingen nicht in Erfüllung) his dreams did not come true; → kühn 6. – **3.** (*Träumerei, Tagtraum*) (day)dream, reverie, revery: sie war in Träumen versunken she was lost in reveries (*od.* daydreams); er wurde jäh aus seinen Träumen gerissen he was rudely awakened from his dreams. – **4.** *fig. colloq.* (*etwas traumhaft Schönes*) (perfect) dream: sein Haus ist ein ~ his house is a (perfect) dream (*od.* is heavenly); dieses Kleid ist ein ~ aus Taft und Seide this dress is a dream of taffeta and silk. – **5.** *colloq.* (*Traummann, Traumfrau*) 'dreamboat' (*sl.*), dream.

Trau·ma [ˈtrauma] *n* ⟨-s; -men *u.* -mata [-ta]⟩ *psych. med.* trauma: schweres [leichtes] ~ severe [minor] trauma.

ˈTraum|anaˌly·se *f psych.* dream analysis (*od.* interpretation). — **~ˌar·beit** *f* dreamwork.

trau·ma·tisch [trauˈmaːtɪʃ] *adj psych. med.* traumatic.

ˈTraum|ˌausˌle·ger *m cf.* Traumdeuter. — **~beˌruf** *m* dreamt-of profession, dream job. — **~ˌbild** *n* **1.** (*Szene in einem Traum*) dream (*od. scient.* oneiric) image. – **2.** (*Phantasievorstellung, Halluzination*) fantasy, phantasy, hallucination. – **3.** (*Wunschbild, Vision*) dream, vision. – **4.** *cf.* Traumgestalt. — **~ˌbuch** *n* dream book. — **~ˌdeu·ter** *m* interpreter of dreams, oneirocritic (*scient.*). — **~ˌdeu·tung** *f* interpretation of dreams; oneirocriticism, oneirocritics *pl* (*usually construed as sg*) (*scient.*).

träu·men [ˈtrɔymən] **I** *v/t* ⟨h⟩ **1.** dream: hast du etwas geträumt? did you dream anything? did you have a dream? ich habe etwas Furchtbares geträumt I had (*od.* dreamed, dreamt) a horrible dream; ich träumte, es hätte geschneit I dreamed (that) it had snowed; träum(e) (et)was Schönes! *colloq.* sweet (*od.* plesant, happy) dreams! das hätte ich mir nicht ~ lassen *fig. colloq.* I would never have dreamed of that. – **2.** (*sich etwas einbilden, zusammenträumen*) dream (*s.th.*) up: das hast du ja nur geträumt! you've dreamt that up! – **II** *v/i* **3.** dream: ich habe schlecht [schwer] geträumt I had bad [oppressing *od.* oppressive] dreams; von j-m ~ a) to dream about s.o., b) *colloq.* (*für j-n schwärmen*) to fancy (*od. colloq.* have a crush on) s.o.; von etwas ~ a) to dream about (*od.* of) s.th., b) *colloq.* (*sich etwas sehnlich wünschen*) to dream of (having) s.th.; sie träumt davon, Stewardeß zu werden she dreams of becoming a stewardess; mir träumte, sie wäre gekommen *lit.* I dreamed (that) she had come. – **4.** (mit offenen Augen) ~ to (day)-dream: träume nicht! stop (day)dreaming! er saß am Ufer und träumte vor sich hin (*od.* in den Tag hinein, *colloq.* ins Blaue) he sat on the bank daydreaming (*od.* dreaming away to himself, and daydreamed); du träumst wohl (*od.* ja)! *colloq.* a) (*du paßt ja nicht auf*) are you (day)dreaming? b) *fig.* (*du phantasierst ja*) you must be dreaming! c) *fig.* (*das kommt überhaupt nicht in Frage*) you must be daft (*od.* cracked, off your head)! (*alle colloq.*). – **III T~** *n* ⟨-s⟩ **5.** *verbal noun.*

ˈTräu·men·de *m, f* ⟨-n; -n⟩ dreamer.

ˈTraum·entˌstel·lung *f psych.* dream distortion.

ˈTräu·mer *m* ⟨-s; -⟩ **1.** *cf.* Träumende. – **2.** (*verträumter Mensch*) (day)dreamer. – **3.** (*Phantast, Schwärmer*) dreamer, castle-builder, (*stärker*) visionary, fantast, phantast.

Träu·meˈrei *f* ⟨-; -en⟩ **1.** *cf.* Träumen. – **2.** (*Tag-, Wachtraum*) (day)dream, reverie, revery: das sind alles nur ~en! those are mere (*od.* pure) daydreams! – **3.** *cf.* Phantasterei 1. – **4.** „~" *mus.* "Rêverie" (*by Schumann*).

ˈTräu·me·rin *f* ⟨-; -nen⟩ *cf.* Träumer.

ˈträu·me·risch I *adj* **1.** dreamy, moony, *auch* mooney: ~e Augen dreamy eyes; ~es Wesen dreaminess, mooniness. – **2.** (*sehnsüchtig*) wistful. – **II** *adv* **3.** sie sah ihn ~ an she looked at him dreamily (*od.* wistfully).

ˈTraum|faˌbrik *f* (*film*) dream factory. — **~ˌfor·schung** *f psych.* dream research. — **~ˌfrau** *f* dream woman, woman of one's dreams. — **~geˌbil·de** *n* **1.** (*Wahngebilde, falsche Vorstellung*) phantasm, fantasm, phantom, *auch* fantom. – **2.** *cf.* Traumbild 3. — **~geˌsicht** *n* ⟨-(e)s; -e⟩ **1.** vision. – **2.** *cf.* Traumgestalt. — **~geˌstalt** *f* vision, phantom, *auch* fantom.

ˈtraum·haft I *adj* **1.** (*wie im Traum*) dreamlike, dreamy. – **2.** *fig. colloq.* (*wunderbar*) marvel(l)ous: ihr neues Haus ist einfach ~ her new house is simply marvel(l)ous (*od.* is a [perfect] dream). – **II** *adv* **3.** ein ~ schönes Kleid *fig. colloq.* an absolutely (*od.* a perfectly) beautiful dress, a (perfect) dream of a dress.

ˈTraum|ˌhaus *n* dream (of a) house. — **~ˌhochˌzeit** *f* fairy-tale (*od.* dream) wedding. — **~ˌinˌhalt** *m psych.* dream content. — **~ˌland** *n* ⟨-(e)s; *no pl*⟩ **1.** dreamland, never-never (land, *auch* country). – **2.** *fig. colloq.* (*wunderschönes Land*) dreamland, land of one's dreams. — **~ˌland·schaft** *f* **1.** (*auf einem Gemälde etc*) dream landscape. – **2.** *fig. colloq.* (*wunderschöne Landschaft*) dream landscape, landscape of one's dreams. — **t~los I** *adj* (*Schlaf*) dreamless. – **II** *adv* ~ schlafen to sleep dreamlessly, to have (a) dreamless sleep. — **~ˌmäd·chen** *n* dream girl, girl of one's dreams. — **~ˌmann** *m* dream man, man of one's dreams. — **~ˌno·te** *f* (*sport*) (*beim Eiskunstlauf, Turnen etc*) dream score (*od.* mark). — **~ˌrei·se** *f* dream journey. — **~symˌbo·lik** *f psych.* dream symbolism. — **~ˌurˌlaub** *m* dream holiday (*Am.* vacation). — **t~verˌlo·ren, t~verˌsun·ken I** *adj* (*Gesichtsausdruck etc*) dreamy: das Mädchen war ganz ~ the girl was all dreamy (*od.* completely lost in dreams). – **II** *adv* ~ blickte sie in die Ferne she looked in(to) the distance dreamily (*od.* lost in dreams). — **~ˌvorˌstel·lung** *f* **1.** dream (*od. scient.* oneiric) imagination. – **2.** *cf.* Traumbild 2, 3. — **t~ˌwand·le·risch** [-ˌvandlərɪʃ] *adj fig. cf.* nachtwandlerisch. — **~ˌwelt** *f* dreamworld, world of dreams, (*eines Kindes*) *auch* world of make-believe (*auch* make-belief): in einer ~ leben to live in a world of dreams. — **~ˌzuˌstand** *m psych.* **1.** dreamlike (*od. scient.* oneiric) state. – **2.** hypnotischer ~ trance.

traun [traun] *interj obs.* truly! indeed! forsooth! (*lit.*).

Trau·ner [ˈtraunər] *m* ⟨-s; -⟩ *Austrian* flatboat, *Br.* flat-boat.

ˈTrau|ˌre·de *f* **1.** (*des Geistlichen*) marriage sermon (*od.* address). – **2.** (*des Standesbeamten*) marriage address. — **~reˌgi·ster** *n* marriage register, register of marriages.

trau·rig [ˈtraurɪç] **I** *adj* **1.** (*Lied, Geschichte, Film etc*) sad: eine ~e Nachricht a sad piece of news; unsere Reise nahm ein ~es Ende our journey came to a sad end (*od.* ended sadly). – **2.** (*Augen, Blick, Lächeln, Stimme, Gedanken, Stimmung etc*) sad, sorrowful, mournful, melancholy, melancholic: mach nicht so ein ~es Gesicht! don't look so sad! don't wear (*od.* put on) such a mournful expression! → Ritter 1. – **3.** ⟨*pred*⟩ (*bekümmert, betrübt*) sad, upset, (*stärker*) distressed, grieved: sie ist ~, weil ihr Vater gestorben ist, sie ist ~ über den Tod ihres Vaters she is sad because her father has died, she is sad (*stärker* grieved, distressed) at (*od.* about) her father's death; du siehst ~ aus you look sad; seine harten Worte machten (*od.* stimmten) sie ~ his harsh words made her sad (*od.* saddened her, upset her, *stärker* distressed her, grieved her); als ich das hörte, wurde ich ~ (*od.* wurde mir ~ zumute) I was (*od.* grew) sad (*od.* I saddened) when I heard that; sei nicht ~ darüber! a) don't be (*od.* feel) sad about it! b) (*mach dir nichts daraus*) don't let it upset you! – **4.** (*Vorfall, Ereignis, Verhältnisse, Los, Schicksal etc*) sad, sorry, (*stärker*) deplorable, lamentable: dort herrschen ~e Zustände! there is a very sad state of affairs there! das ~e Einerlei des Tages the sad (*od.* sorry) routine of the day; dieser Ort hat eine ~e Berühmtheit erlangt this place acquired a sad (*od.* notorious) reputation; er hat ein ~es Schicksal gehabt he met with (*od.* his was) a sorry fate; der Schüler X ist ein ~er Fall the pupil X is a sad case; (es ist) ~, aber wahr! it is sad but true! it is the sad truth! – **5.** es ist ~(, daß) it is sad (*od.* it is a pity, *colloq.* it is too bad) (that), (*stärker*) it is distressing (*od.* deplorable, lamentable) (that): es ist ~ genug, daß du es nicht gemerkt hast it is really too bad (*od. colloq.* it's a poor show) that you shouldn't have noticed it. – **6.** (*Pflicht, Notwendigkeit, Erkenntnis, Erfahrung etc*) sad, sorry, painful: es ist meine ~e Pflicht, Ihnen sagen zu müssen, daß it's my sad duty to (have to) tell you that. – **7.** (*unerfreulich, freudlos*) sad, joyless: er hatte eine ~e Jugend he had a sad youth. – **8.** (*leer u. hoffnungslos*) bleak, dismal, dreary, *auch* drear (*lit.*): auf einmal erschien ihr das Leben sehr ~ suddenly life seemed very bleak to her. – **9.** (*Fabrikmauer, Landschaft, Himmel, Wetter etc*) sad, gloomy, bleak, dreary, murky, *auch* mirky. – **10.** *fig.* (*unbedeutend, armselig*) sad, meager, *bes. Br.* meagre, scanty: es ist nur noch ein ~er Rest vorhanden there are only a few sad remains left. – **11.** *fig.* (*enttäuschend*) disappointing, poor: das Ergebnis der Sammlung war ~ the result of the collection was poor. – **12.** *fig. colloq.* (*jämmerlich, verächtlich*) poor, sorry: du hast eine ~e Figur gemacht *colloq.* you looked a sorry sight, you cut a poor (*od.* sorry) figure. – **13.** *fig. colloq.* (*schwunglos, ohne Unternehmungsgeist*) dull, insipid; 'sorry', 'sad', 'poor' (*colloq.*): deine Freunde sind vielleicht ein ~er Haufen! *colloq.* your friends are a sorry lot! – **II** *adv* **14.** sie sah ihn ~ an she looked at him sadly (*od.* sorrowfully), she gave him a sad look; die Blumen ließen ~ die Köpfe hängen *fig.* the flowers drooped sadly (*od.* were sad-looking, were sorry-looking). – **III T~e, das** ⟨-n⟩ **15.** the sad thing: das T~e daran ist, daß er nicht mehr zurückkehren kann the sad part about it is that he cannot come (*od.* go) back anymore. — **ˈTrau·rig·keit** *f* ⟨-;

no pl⟩ **1.** (*eines Liedes, Films etc*) sadness. – **2.** (*des Blicks, der Miene, Stimme, Gedanken etc*) sadness, sorrowfulness, mournfulness, melancholy. – **3.** (*Betrübnis, Kummer*) sadness, sorrow, (*stärker*) distress, grief: eine tiefe ~ erfüllte ihn he was filled with deep sadness; sie ist kein Kind von ~ *fig. colloq.* she is no child of sorrow. – **4.** (*eines Vorfalls, Ereignisses, Schicksals etc*) sadness, sorriness. – **5.** (*Freudlosigkeit*) sadness, joylessness. – **6.** (*einer Landschaft, Straße, Häuserfassade etc*) sadness, gloom(iness), dreariness, bleakness.

'**Trau|,ring** *m* wedding ring. — **~,schein** *m* marriage certificate: sie leben ohne ~ miteinander *colloq.* they are living together; keiner fragt nach ihrem ~ *colloq.* nobody cares whether (*od.* if) they are married or not.

traut [traut] *adj* ⟨-er; -est⟩ **1.** (*vertraut, intim*) intimate: im ~en Freundeskreis in an intimate circle of friends. – **2.** *archaic od. iron.* (*gemütlich, anheimelnd*) cozy, *bes. Br.* cosy, *Br. auch* homely, *bes. Am. colloq.* homey, *auch* homy: → Heim 1. – **3.** *obs.* (*lieb u. wert*) dear, beloved.

'**Trau,tag** *m* wedding day.

Trau·te ['trautə] *f* ⟨-; *no pl*⟩ *colloq.* (*in Wendungen wie*) die ~ [keine (*od.* nicht die) ~] haben, etwas zu tun, die ~ [keine (*od.* nicht die) ~] zu etwas haben to have [to lack] the courage (*od.* nerve, *colloq.* gumption, guts) to do s.th.; er hat nicht (*od.* ihm fehlt) die ~ (dazu) he has not the guts (to do it) (*colloq.*).

'**Trau·ung** *f* ⟨-; -en⟩ **1.** marriage (*od.* wedding) ceremony. – **2.** marriage, wedding: standesamtliche ~ marriage before the registrar, civil marriage (*od.* wedding); kirchliche ~ church wedding, marriage in a church.

'**Trau·ungs|ma,tri·kel** *f Austrian officialese for* Trauregister. — **~,tag** *m* wedding day. — **~ze·re·mo,nie** *f cf.* Trauung 1.

'**Trau|,zeu·ge** *m* witness to a marriage (*od.* wedding): erster ~ first witness, best man; zweiter ~ second witness, groomsman; bei einer Hochzeit ~ sein (*od. colloq.* spielen), bei einer Hochzeit den ~n machen *colloq.* to be a witness to a marriage, to be (the) best man (*od.* groomsman) at a wedding. — **~,zeu·gin** *f* witness to a marriage (*od.* wedding).

'**Tra·vel·ler,scheck** ['trɛvələr-] *m econ. cf.* [Reisescheck.]

Tra·vers [tra'vɛːr; tra'vɛrs] *n* ⟨- [-'vɛːrs; -'vɛrs]; *no pl*⟩ (*sport*) (*in der Hohen Schule*) quarters-in.

Tra·ver·sa·le [travɛr'zaːlə] *f* ⟨-; -n⟩ (*sport*) (*beim Dressurreiten*) half-pass.

Tra·ver·se [tra'vɛrzə] *f* ⟨-; -n⟩ **1.** *arch.* (*Querbalken, -träger*) crossbeam, *Br.* cross-beam. – **2.** *tech.* (*an Maschinengestellen*) bridgepiece, *Br.* bridge-piece, crossrail, *Br.* cross-rail. – **3.** (*im Alpinismus*) (*Quergang*) traverse. – **4.** *mil.* a) (*Schutzwall auf Schießständen*) traverse, b) *hist.* (*einer Festung*) traverse.

tra·ver·sie·ren [travɛr'ziːrən] *v/i u. v/t* ⟨*no* ge-, h⟩ (*sport*) (*beim Reiten, Fechten, Bergsteigen etc*) traverse.

Tra·ver·tin [travɛr'tiːn] *m* ⟨-s; -e⟩ *min.* travertine.

Tra·ve·stie [travɛs'tiː] *f* ⟨-; -n [-ən]⟩ (*literature*) travesty. — **tra·ve'stie·ren** [-rən] *v/t* ⟨*no* ge-, h⟩ (*Gedicht etc*) travesty.

Trawl [trɔːl; trɔːl] (*Engl.*) *n* ⟨-s; -s⟩ *mar.* (*Schleppnetz*) trawl (net). — **Traw·ler** ['trɔːlər; 'trɔːlə] (*Engl.*) *m* ⟨-s; -⟩ trawler.

Treat·ment ['triːtmənt] (*Engl.*) *n* ⟨-s; -s⟩ (*film*) treatment.

Tre·ber ['treːbər] *pl* **1.** (*Traubenrückstände beim Keltern*) marc *sg*, rape *sg*. – **2.** *brew.* (*Malzrückstände*) draff *sg*. — **~,brannt,wein** *m* marc (brandy), eau-de-vie de marc. — **~,wein** *m* piquette.

Treck [trɛk] *m* ⟨-s; -s⟩ (*von Siedlern, Flüchtlingen etc*) trek: der Große ~ *hist.* (*der Buren*) the Great Trek (*1835—38*).

trecken (*getr.* -k·k-) ['trɛkən] *v/i* ⟨sein⟩ (*von Siedlern, Flüchtlingen etc*) trek.

Trecker (*getr.* -k·k-) ['trɛkər] *m* ⟨-s; -⟩ *bes. Northern G. for* Traktor.

Treff[1] [trɛf] *m* ⟨-s; -s⟩ *colloq.* **1.** (*Treffen, Zusammenkunft*) meeting. – **2.** (*Treffpunkt*) meeting place. – **3.** (*Verabredung*) appointment.

Treff[2] *n* ⟨-s; -s⟩ (*Spielkartenfarbe*) club(s *pl*).

Treff[3] *m* ⟨-(e)s; -e⟩ *colloq.* hit, blow: einen ~ weghaben *fig.* to have undergone a change for the worse.

,**Treff'as** *f* (*Spielkarte*) ace of clubs.

tref·fen ['trɛfən] **I** *v/t* ⟨trifft, traf, getroffen, h⟩ **1.** (*mit einem Hieb, Schlag, Stoß etc*) hit, strike: der Faustschlag traf sein (*od.* traf ihn am, *colloq. auch* traf ihn ans) Kinn the blow hit (*od.* struck) his chin, the blow hit (*od.* struck, caught) him on the chin; der Axthieb hat ihn tödlich getroffen the cut with the ax(e) hit him fatally (*od.* struck him a mortal blow); → Schlag 27. – **2.** (*mit einem Schuß, Wurf etc*) hit: die Kugel hat ihn tödlich getroffen the bullet hit him fatally (*od.* wounded him mortally); j-n ins Auge ~ to hit s.o. in the eye; der Schneeball traf sie voll ins Gesicht the snowball hit her right (*od. colloq.* bang) in the face; er traf das Ziel nicht he did not hit (*od.* he missed) the target; er trifft nicht einmal einen Elefanten auf 1 m Entfernung *colloq. humor. contempt.* he couldn't hit a thing if you paid him; nichts getroffen, Schnaps gesoffen! (*Spottruf der Kinder*) missed! missed! – **3.** (*schwache Stelle, wunden Punkt etc*) hit: die Aktion traf den Nerv des Spionagerings the action hit the nerve of the espionage (*od.* spy) ring; er hat sie an ihrer empfindlichsten Stelle getroffen he hit her sore spot. – **4.** (*seelisch verletzen, kränken*) hurt, (*stärker*) wound: der Vorwurf trifft mich nicht the reproach does not hurt me; diese Bemerkung hat sie tief (*od.* schwer) getroffen this remark hurt her badly (*od.* hit her hard, hit home). – **5.** (*heimsuchen*) strike, afflict, befall (*lit.*): uns hat ein schweres Unglück getroffen a cruel disaster has struck us, we have been struck (*od.* we are stricken) by a cruel disaster. – **6.** (*folgenschwer sein für*) hit, affect: der Verlust traf ihn hart the loss hit him hard, the loss affected him severely; die ganze Schärfe des Gesetzes soll diejenigen ~, die the whole severity of the law shall affect those who. – **7.** (*zurückzuführen sein auf*) be attributed to: die Schuld trifft den Fahrer the blame is to be attributed to the driver; ihn trifft an dem Unglück keine Schuld no blame for the accident can be attributed to him, he is in no way to blame for the accident; wen trifft die Schuld? who is to blame (for it)? whose fault is it? – **8.** (*fallen auf, bestimmen*) fall (up)on: das Los traf meinen Bruder the lot fell on my brother. – **9.** (*begegnen*) meet, (*zufällig*) *auch* come across, run (*od.* bump) into: er traf einen Bekannten auf der Straße he met an acquaintance (of his) in the street. – **10.** sich ~ (*einander*) a) (*von Personen*) to meet, (*zufällig*) *auch* to come across (*od.* run into, bump into) each other, b) (*von Blicken etc*) to meet, c) *bes. math.* (*von Geraden etc*) to meet, to intersect: wir ~ uns morgen alle am Bahnhof we all will meet at the station tomorrow; die Linien ~ sich im Punkt 0 *math.* the lines meet (*od.* intersect) at (the point) 0. – **11.** (*antreffen, vorfinden*) find: er traf sie bei der Gartenarbeit he found her working in the garden. – **12.** (*Ton, Einsatz etc*) hit: der Sänger traf den Ton nicht the singer did not hit the note; bei einer Unterredung den richtigen Ton ~ *fig.* to find the right tone (*od.* use the right approach) in a conversation. – **13.** (*die richtige Lösung, den richtigen Zeitpunkt etc*) hit (up)on: mit dieser Vermutung hast du das Richtige getroffen you have hit on the right thing with this presumption; du hast es genau getroffen a) (*hast richtig geantwortet*) you have hit on the right answer, b) (*hast es erraten*) you have guessed right; wir haben es in unserem Urlaub gut [schlecht] getroffen we hit on the right [wrong] thing on our holiday (*Am.* in our vacation); du hättest es nicht besser ~ können(, als) you couldn't have done better (than), you couldn't be better off (than); → Nagel 2. – **14.** (*beim Malen, Photographieren etc*) capture: er hat die Abendstimmung gut getroffen he has captured (*od.* conveyed) the evening mood well; der Maler hat dich auf dem Porträt gut getroffen the painter captured you (*od.* has hit you off) well in the portrait. – **15.** (*in Verbindung mit bestimmten Substantiven*) ein Abkommen ~ to make (*od.* enter into) an agreement; Anordnungen ~ to give (*od.* issue) orders (*od.* instructions); Anstalten [Vorbereitungen] ~ to make provisions (*od.* arrangements) [preparations]; eine (Aus)Wahl (aus *od.* unter Dingen [Leuten]) ~ to make a selection (*od.* to select) (from things [people]), to take one's choice (among things [people]); eine Entscheidung ~ to make (*od.* reach, come to) a decision, to make up one's mind; eine Feststellung ~ to make a statement; Maßnahmen ~ to take measures; eine Verabredung ~ to arrange a meeting; Vorkehrungen (gegen etwas [j-n]) ~ to take precautions (against s.th. [s.o.]); Vorsichtsmaßregeln ~ to take precautionary measures. – **II** *v/i* **16.** (*mit einem Hieb, Schlag, Stoß etc*) hit (*od.* strike) the mark, hit (*od.* strike) home: seine Schläge trafen nicht his blows did not strike home, his blows missed; getroffen! a) you have hit the mark! you've hit it! b) (*sport*) (*beim Fechten*) touché! – **17.** (*mit einem Schuß, Wurf etc*) hit the (*od. lit.* find one's) mark, hit home: → schwarz 17. – **18.** (*von Vorwurf, Bemerkung etc*) hit home. – **19.** auf j-n ~ a) (*zusammentreffen mit*) to meet s.o., (*zufällig*) *auch* to come across (*od.* run into, bump into) s.o., b) (*bes. sport*) (*auf einen Gegner*) to encounter s.o., c) *bes. mil.* (*auf den Feind*) to get into contact with s.o., to meet s.o. – **20.** auf (*acc*) etwas ~ a) (*entdecken, finden*) to strike (up)on (*od.* to discover) s.th., b) (*auf Ablehnung, Widerstand etc*) to meet with s.th.: sie trafen auf Öl they struck (on) oil. – **III** *v/reflex* **21.** sich mit j-m ~ to meet s.o., (*zu einer offiziellen Unterredung*) *auch* to have a meeting with s.o. – **22.** das trifft sich ja großartig! wie sich das trifft! *colloq.* that's most convenient! that's very handy! (*colloq.*). – **IV** *v/impers* **23.** es trifft sich gut [schlecht] it is convenient [inconvenient]; es trifft sich gut, daß du auch kommst it's convenient (*od. colloq.* handy) that you are coming, too; es traf sich gerade (so) (, daß) it so happened (that); wir machen es so, wie es sich gerade trifft *colloq.* we'll just take things as they come.

'**Tref·fen** *n* ⟨-s; -⟩ **1.** (*Zusammenkunft*) meeting. – **2.** (*sportlicher Wettkampf*) encounter, contest, (*beim Boxen, Ringen, Fechten*) *auch* bout: er ging aus dem ~ als Sieger hervor he emerged victorious from the encounter. – **3.** *mil.* a) (*Gefecht, Kampf*) combat, encounter, engagement, b) (*Scharmützel*) skirmish: neue Truppen ins ~ führen to lead new troops into combat; er führte neue Gründe ins ~ *fig.* he put forward new arguments. – **4.** (*Verabredung*) appointment.

'**tref·fend I** *pres p.* – **II** *adj* **1.** (*Antwort, Ausdruck, Bezeichnung, Urteil etc*) apt, fitting, appropriate, pertinent, apposite: die Formulierung ist sehr ~ the formulation is very appropriate. – **2.** (*Bemerkung etc*) very apt. – **3.** (*Ähnlichkeit, Übereinstimmung*) striking. – **4.** (*Bild, Photographie, Schilderung etc*) well-captured, well-done (*beide attrib*), accurately conveyed: das Porträt von ihm ist wirklich ~ the portrait of him really does him justice (*od.* portrays him really well, has hit him off really well). – **III** *adv* **5.** fittingly, appropriately, pertinently: etwas ~ bezeichnen to define s.th. fittingly, to give a pertinent definition of s.th.; das ist ~ gesagt that is very well put (*od.* phrased). – **6.** er hat ihn ~ nachgeahmt his imitation of him was strikingly good.

'**Tref·fer** *m* ⟨-s; -⟩ **1.** (*beim Schießen, Werfen, Schlagen etc*) hit: bei ihm ist jeder Schuß ein ~ every one of his shots hits the mark; das Schiff erhielt einige ~ the ship was hit in several places; einen ~ erzielen a) to score (*od.* make) a hit, b) (*in der Lotterie etc*) to have a win, c) *fig. colloq.* (*einen Erfolg buchen*) to score (a hit) (*colloq.*), to be successful, d) (*sport*) (*beim Fußball, Hockey etc*) to score a goal; einen ~ landen (*od.* anbringen) (*bes. sport*) a) (*beim Boxen*) to land a blow (*od.* punch), b) (*beim Fechten etc*) to land a hit; erhaltener ~ (*beim Fechten*) hit received; gegebener ~ hit scored. – **2.** *pl* (*in einer Wertungstabelle*) score *sg*: er gewann mit 80 ~n he won with a score of 80. – **3.** (*in der Lotterie, beim Toto, Lotto etc*) win: bei sechs ~n gewinnt man 500 000 Mark with six wins you'll get 500,000 marks. – **4.** *cf.* Volltreffer. – **5.** *fig. colloq.* (*Glückstreffer*) lucky hit. – **6.** *fig. colloq.* (*Erfolg, erfolgreicher Schachzug*) 'hit' (*colloq.*), success. – **7.** (*sport*) a) (*Torerfolg*) goal, score, b) (*beim Boxen*) hit, c) (*beim Fechten*) hit, touché, touch. — **~ˌanˌzei·ger** *m* (*sport*) (*beim Fechten etc*) judging apparatus. — **~ˌbild** *n* **1.** (*beim Schießsport*) grouping pattern of hits, hit pattern. – **2.** *mil.* a) (*beim Artilleriebeschuß*) dispersion ladder (*od.* table, pattern), b) (*beim Bombenangriff*) bomb dispersion pattern. — **~ˌdich·te** *f* density of hits. — **~theoˌrie** *f biol.* (*in der Ionisation*) hit theory. — **~ˌzahl** *f* **1.** (*beim Schießen, Werfen etc*) number of hits. – **2.** (*erzielte Punktzahl*) score. – **3.** (*sport*) a) (*Torerfolge*) number of goals (*od.* scores), score, b) (*beim Fechten*) number of hits (*od.* touchés, touches).

'Treff|ˌflä·che *f* (*beim Fechten*) target (area): gültige ~ valid target. — **~geˌnau·ig·keit** *f* (*beim Schießen*) accuracy of fire.

'treff·lich *archaic od. lit.* **I** *adj* **1.** (*vortrefflich, vorzüglich*) excellent, outstanding. – **2.** (*erlesen, exquisit*) exquisite; select, choice (*attrib*). – **II** *adv* **3.** excellently: sie haben ~ gespeist they dined excellently; diese Methode hat sich ~ bewährt this method has proved excellent. — **'Treff·lich·keit** *f* ⟨-; *no pl*⟩ **1.** excellence. – **2.** (*Erlesenheit*) exquisiteness, selectness, choiceness.

'Treff·nis *n* ⟨-ses; -se⟩ *Swiss for* Anteil 1.

'Treffˌpunkt *m* **1.** (*eines Liebespaares, zweier Geschäftsfreunde etc*) meeting place, rendezvous: einen ~ ausmachen (*od.* vereinbaren) to arrange a meeting place. – **2.** (*Sammelpunkt, -platz*) meeting place (*od.* point), venue. – **3.** (*Zentrum*) meeting place, center, *bes. Br.* centre: die Stadt wurde zu einem ~ der Wintersportler the town became a meeting place (*od.* center) for winter sportsmen. – **4.** *math.* (*zweier Geraden etc*) point of incidence. – **5.** *mil.* a) (*von Einheiten eines Verbandes*) meeting place, rendezvous, b) (*Auftreffpunkt*) point of impact, c) (*Zielpunkt beim Feuern*) future (*od.* predicted) position: mittlerer ~ a) (*bei Ermittlung des Treffbildes*) mean point (*od.* center, *bes. Br.* centre) of impact, b) (*bei der Flugabwehr, mittlerer Sprengpunkt*) center (*bes. Br.* centre) of burst.

'treffˌsi·cher *adj* **1.** (*Schütze, Golfspieler etc*) sure, *Am. auch* surefire. – **2.** *fig.* (*Ausdrucksweise, Definition etc*) precise. – **3.** *fig.* (*Urteil, Entscheidung etc*) sound. — **'Treffˌsi·cher·heit** *f* ⟨-; *no pl*⟩ **1.** (*eines Schützen etc*) sureness, surety. – **2.** *fig.* (*des Ausdrucks, einer Definition etc*) precision, preciseness. – **3.** *fig.* (*des Urteils, einer Entscheidung etc*) soundness.

'Treffˌwahrˌschein·lich·keit *f bes. mil.* hit probability.

'Treib|ˌach·se *f tech.* (*einer Lokomotive*) driving (*od.* live) axle. — **~ˌan·ker** *m mar.* sea anchor, drag, *auch* drag anchor. — **~ˌar·beit** *f* (*art*) *tech.* (*mit dem Hammer*) embossment, embossed work. — **~ˌball** *m* (*sport*) (*beim Badminton*) drive. — **~ˌbeet** *n hort.* growing (*od.* forcing) bed, hotbed.

'Treibˌeis *n geogr.* drift (*od.* floating) ice: starkes ~ ice floes *pl*, ice field. — **~ˌschol·le** *f* ice floe.

trei·ben[1] ['traɪbən] **I** *v/t* ⟨treibt, trieb, getrieben, h⟩ **1.** (*an einen, von einem Platz*) drive: das Vieh auf die Weide ~ to drive the cattle to (the) pasture; sie trieben die Gefangenen zu den Waggons they drove the prisoners to the wag(g)ons; den Feind aus dem Land ~ to drive the enemy out of the country. – **2.** (*antreiben*) drive, (*mit Elektrizität, einem Kraftstoff etc*) *auch* power: das Wasser treibt das Rad the water drives the wheel; das U-Boot wird mit Atomenergie getrieben the submarine is driven (*od.* powered) by atomic energy. – **3.** (*ein-, vortreiben*) drive: einen Haken in die Wand ~ to drive a hook into the wall; einen Tunnel durch den Berg ~ *civ.eng.* to drive (*od.* cut) a tunnel through the mountain; eine Strecke ~ (*mining*) to drive a roadway; → Keil 1. – **4.** (*mit sich führen, forttragen*) drive, drift: die Strömung treibt die Baumstämme the current drives (*od.* drifts) the logs, the logs drift with the current; das Boot wurde ans Ufer getrieben the boat was driven ashore; der Wind treibt die Wolken vor sich her the wind drives the clouds along (before it). – **5.** j-n (zur Eile) ~ (*hetzen*) to rush (*od.* hurry, push, press) s.o.: du sollst mich nicht immer so ~! stop rushing me like this! I won't always be rushed like this! – **6.** j-n dazu ~, (etwas zu tun), j-n (zu etwas) ~ a) (*ungestüm bedrängen*) to urge (*od.* press, push, *stärker* goad, incite) s.o. (to do s.th.), b) (*veranlassen*) to drive (*od.* impel) s.o. (to do s.th.), c) (*zwingen, keinen Ausweg lassen*) to force (*od.* compel, reduce) s.o. (to do s.th.): j-n zur (*od.* an die) Arbeit ~ to urge s.o. to work; er wurde von einem maßlosen Ehrgeiz getrieben he was driven (*od.* impelled) by an unbounded ambition; seine finanzielle Lage trieb ihn zum Selbstmord his financial situation drove him to suicide; treibe mich nicht zum Äußersten! don't push me too far; j-n zur Raserei (*od.* zum Wahnsinn) ~ to drive s.o. mad (*od.* insane, out of his mind [*od.* senses]); → Verzweiflung. – **7.** (*in Verbindungen mit Präpositon u. Substantiv*) j-n in den Tod ~ to drive s.o. to (his) death; j-n in die Enge ~ to corner s.o., to drive s.o. into a corner; er trieb die Verfolger in die Flucht he put his pursuers to flight, he routed his pursuers; Preise [Angebote] in die Höhe ~ to force (*od.* send) prices [bids] up, to escalate prices [bids]; der Hunger [die Sehnsucht] trieb ihn nach Hause hunger [yearning] drove him home; → Arm 1. – **8.** (*ausbrechen lassen*) cause to appear: die Anstrengung trieb ihm den Schweiß ins Gesicht (*od.* aus den Poren) the exertion made him sweat; der Rauch treibt mir die Tränen in die Augen the smoke makes my eyes water (*od.* brings tears to my eyes). – **9.** (*Blätter, Blüten, Wurzeln etc*) put forth, sprout: der Strauch treibt Knospen the shrub puts forth buds, the shrub buds; die Mode treibt seltsame (*od.* wunderliche) Blüten *fig.* fashion produces some strange phenomena. – **10.** (*Reifen, Kreisel etc*) trundle, bowl. – **11.** (*Sport, Gymnastik, Musik etc*) do, go in for: was treibst du denn den ganzen Tag? what do you do all day long? er treibt nebenher Französisch he does French as a sideline. – **12.** (*Gewerbe, Handwerk, Studium etc*) pursue, follow, carry on (*od.* out): eine bestimmte Politik ~ to pursue a certain policy; → Studie 2. – **13.** es (toll *od.* wild, arg, bunt) ~ *colloq.* a) to carry on (like mad), b) (*sich ausleben*) to live it up: wenn er es weiterhin so treibt if he carries (*od.* goes) on like that; treibt es nicht zu bunt! a) don't go too far! b) stop carrying on! – **14.** etwas zu weit (*od.* auf die Spitze, [bis] zum Äußersten) ~ to carry s.th. too far (*od.* to extremes, to excess): er treibt es noch so weit, daß er entlassen wird he will carry matters (*od.* things) so far (*od.* to such a length) that he will be dismissed. – **15.** (*in Verbindung mit bestimmten Substantiven*) (großen) Aufwand (*od.* Luxus) ~ to live in grand style (*od.* in luxury); sie treibt mit ihren Kindern zuviel Aufwand she is too extravagant with her children; Scherz (*od.* seinen Spaß, seinen Spott) mit j-m ~ to make fun of (*stärker* to ridicule) s.o.; sein Spiel(chen) mit j-m [etwas] ~ to play one's little game with s.o. [s.th.]; → Allotria; Handel[1] 1; Schindluder; Unfug 1; Unwesen 2; Unzucht. – **16.** es (mit j-m) ~ *colloq.* (*Geschlechtsverkehr haben*) to have it off (with s.o.) (*sl.*). – **17.** *hort.* (*Pflanzen im Treibhaus, Mistbeet etc*) force, advance, stimulate. – **18.** (*art*) *tech.* (*mit dem Hammer*) emboss: eine Schale aus Silber ~ to emboss a bowl in (*od.* out of) silver. – **19.** *metall* (*zur Metalltrennung im Probiertiegel*) cupel. – **20.** *med.* a) (*Schweiß*) produce, b) (*Urin*) promote, produce. – **21.** (*sport*) (*bes. beim Fußball, Golf etc*) drive. – **22.** *hunt.* (*das Wild*) drive: → Bau[2] 1. – **II** *v/i* ⟨sein *u.* h⟩ **23.** ⟨sein *u.* h⟩ (*von Schiff, Floß, Leiche, Ballon etc*) drift: auf dem Fluß haben Eisschollen getrieben ice floes drifted on the river; die Baumstämme sind mit der Strömung getrieben the logs drifted with the current; die Kiste trieb an Land (*od.* ans Ufer) the box drifted ashore; die Jacht treibt vor Anker *mar.* the yacht is dragging anchor; im Strom des Lebens ~ *fig. poet.* to drift with the current (of life); etwas ~ lassen a) (*ein Stück Holz etc*) to let s.th. drift (along), b) *fig.* (*Angelegenheit*) to let s.th. drift, c) *mar.* (*Segelboot*) to cut s.th. adrift; sich ~ lassen a) (*von der Strömung*) (von with) to (let oneself) drift (along), to float (along), b) (*vom Wind*) (von) to let oneself be driven (along) (by), to drift along (with), c) (*beim Schwimmen*) to float, d) *fig.* (*von einer Stimmung, Menschenmenge etc*) (von) to let oneself be carried along (by), to drift (with), e) *fig.* (*ziellos dahinleben*) to drift (along). – **24.** ⟨sein⟩ (*von Rauch, Wolken, Duft etc*) drift, waft. – **25.** ⟨sein⟩ *fig.* (*in eine Krise, einen Krieg etc*) (in *acc* into) drift. – **26.** ⟨h⟩ (zur Eile) ~ to hurry, to push. – **27.** ⟨h⟩ *fig.* (*drängen, Druck ausüben*) urge, press, push. – **28.** ⟨h⟩ (*von Teig, Hefe etc*) work, ferment. – **29.** ⟨h *u.* sein⟩ (*von Baum, Strauch, Saat etc*) sprout, shoot: der Baum hat kräftig getrieben the tree shot up powerfully; aus dem Zweig sind Knospen getrieben buds have sprouted from the twig, the twig has budded. – **30.** ⟨h⟩ *med.* a) (*schweißtreibend sein*) produce sweat(ing) (*od.* perspiration), be sudorific (*scient.*), b) (*harntreibend sein*) promote (*od.* produce) urine, be diuretic (*scient.*). – **III** *v/impers* ⟨h⟩ **31.** es treibt mich, dir zu sagen, daß I am forced (*od.* compelled) to tell you that, I feel compelled (*od.* impelled) to tell you that; es trieb ihn zu ihr he felt compelled (*od.* he felt an inner compulsion) to go to her. – **IV T~** *n* ⟨-s⟩ **32.** *verbal noun.* – **33.** (*von Vieh, Holz*) drive. – **34.** (*beim Segeln etc*) drift. – **35.** (*ungestümes Drängen*) urge, (*stärker*) incitement. – **36.** (*eines Gewerbes, Handwerks etc*) pursuance. – **37.** (Tun und) T~ activity, doings *pl*: sein Tun und T~ verstehe ich nicht I don't (*od.* fail to) understand what he is up to. – **38.** (*Geschehen*) happenings *pl*, goings-on *pl* (*colloq.*): unberührt von dem T~ um sie herum unaffected by the goings-on (*od.* by what was going on) around her. – **39.** (*heimliche Machenschaften*) underhand dealings *pl*, goings-on *pl* (*colloq.*). – **40.** (*Geschäftigkeit*) hustle and bustle, stir, bustling activity: auf dem Marktplatz herrschte ein geschäftiges (*od.* lebhaftes) T~ there was (a) hustle and bustle on the market square, the market square bustled with activity. – **41.** (*auf Jahrmärkten, beim Karneval etc*) medley: ich stürzte mich in das bunte T~ I plunged into the colo(u)rful medley. – **42.** (ausgelassenes *od.* wildes, wüstes) T~ high jinks *pl*, *auch* hijinks *pl*, high jinx *pl*, (*von Kindern, Jugendlichen*) *auch* horseplay (*alle colloq.*). – **43.** (müßiges *od.* eitles) T~ *poet.* toil: das T~ der Welt the toil of the world.

'Trei·ben[2] *n* ⟨-s; -⟩ *hunt.* (*Treibjagd*) *Br.* battue, *Am.* drive.

'trei·bend I *pres p.* – **II** *adj* **1.** ~e Kraft *fig.* driving force, incentive, propellant, *auch* propellent: er war bei dem Plan die ~e Kraft he was the driving force behind the plan. – **2.** (*Boot, Stück Holz etc*) drifting: ein ~es Wrack a derelict. – **3.** *med.* a) (*schweißtreibend*) sudorific, b) (*harntreibend*) diuretic.

'Trei·ber *m* ⟨-s; -⟩ **1.** (*Viehtreiber*) driver, drover. – **2.** *fig.* (*Antreiber, Schinder*) (slave) driver, taskmaster, *bes. Am. colloq.* rawhider. – **3.** *hunt.* beater, driver. – **4.** (*textile*) (*am Webstuhl*) picker. – **5.** *tech. cf.* Treibwerkzeug 1. – **6.** (*paints*) (*bei Tapezierarbeiten*) active material. – **7.** *civ.eng.* (*Kalkteile in einer Putzfläche*) popping particulars *pl.* — **~ˌamei·se** *f zo. cf.* Wanderameise.

Trei·be'rei *f* ⟨-; *no pl*⟩ *colloq. contempt.* **1.** (*dauerndes Hetzen*) constant hurrying (*od.* pushing). – **2.** *fig.* (*unmäßiges Antreiben, Schinden*) (relentless) driving, slave-driving, *bes. Am. colloq.* rawhiding.

'Treib|ˌfäu·stel *m* (*mining*) hammer, sledge(hammer). — **~ˌgas** *n* ⟨-es; *no pl*⟩ *tech.* (*für Verbrennungsmotoren*) power (*od.* liquefied petroleum, L.P.) gas, fuel gas. — **~ˌgut** *n* ⟨-(e)s; *no pl*⟩ *mar.* flotsam. — **~ˌham·mer** *m metall.* embossing (*od.* striking) hammer.

'Treibˌhaus *n hort.* hothouse: im Sommer ist unser Büro ein einziges ~ *fig. colloq.* our office is like a hothouse in (the) summer. — **~kulˌtur** *f* hothouse culture (*od.* tillage). — **~ˌluft** *f* ⟨-; *no pl*⟩ hothouse air:

hier herrscht eine richtige ~ *colloq.* it's like a hothouse in here. — **~ˌpflan·ze** *f* hothouse plant.

'Treib|ˌholz *n* ⟨-es; *no pl*⟩ driftwood. — **~ˌjagd** *f* **1.** *hunt. Br.* battue, *Am.* drive. – **2.** *fig.* roundup, *Br.* round-up: **die Polizei veranstaltete eine ~ auf den Ausbrecher** the police started a round(-)up for the escaped prisoner. — **~ˌkraft** *f* ⟨-; *no pl*⟩ *tech.* **1.** *cf.* Triebkraft 3. – **2.** (*der Munition*) propelling force. — **~ˌla·dung** *f mil.* (*Munition*) propelling charge: **normale ~** normal charge. — **~ˌmei·ßel** *m tech.* (*für Treibarbeiten*) chaser. — **~ˌmi·ne** *f mar. mil.* floating mine. — **~ˌmit·tel** *n* **1.** (*zum Backen*) raising agent. – **2.** *chem. tech.* (*space*) propellant, *auch* propellent. – **3.** (*eines Feuerlöschers*) actuating medium.

'Treibˌnetz *n mar.* drift net. — **~ˌfi·scher** *m* (herring) drifter, *auch* drift boat. — **~-fi·scheˌrei** *f* drift-net fishery.

'Treib|ˌöl *n tech.* **1.** (*für Dieselmotoren etc*) fuel (*od.* motor, diesel) oil. – **2.** (*für hydraulische Systeme*) hydraulic oil. — **~ˌrad** *n* **1.** *tech.* driving gear. – **2.** *mil.* (*eines Panzers*) sprocket wheel. — **~ˌrie·men** *m tech.* (*zur Kraftübertragung*) driving (*od.* drive) belt. — **~ˌrol·le** *f* **1.** (*einer Ablaufhaspel*) pinch roll. – **2.** (*eines Getriebes*) driving pulley. — **~ˌsand** *m mar.* quicksand.

'Treibˌsatz *m* (*space*) (*einer Rakete*) rocket motor, (*einer Feststoffrakete*) solid propellant (*auch* propellent) rocket motor (*od.* grain). — **~verˌhält·nis** *n* charge-weight ratio.

'Treib|ˌschei·be *f tech.* (*einer Fördermaschine etc*) driving pulley. — **~ˌschlag** *m* (*beim Golf*) drive. — **~ˌschrau·be** *f aer.* pusher propeller. — **~ˌstan·ge** *f* (*einer Maschine, Lokomotive etc*) connecting rod, *bes. Am.* pitman.

'Treibˌstoff *m tech.* **1.** *cf.* Kraftstoff 1. – **2.** *aer.* aviation fuel. – **3.** (*space*) (*für Raketen*) propellant, *auch* propellent, (rocket) fuel: **fester [flüssiger] ~** solid [liquid] fuel. – **4.** *cf.* Benzin 1. — **~ˌla·ger** *n* fuel dump (*od.* depot). — **~ˌtank** *m* fuel tank. — **~verˌbrauch** *m* fuel consumption. — **~verˌhält·nis** *n* fuel ratio.

'Treib|ˌtech·nik *f* (*art*) embossing technique. — **~ˌwal·ze** *f metall.* pinch roll. — **~ˌwe·hen** *pl med. cf.* Preßwehen. — **~ˌwerkˌzeug** *n* **1.** *tech.* (*mining*) driving tool. – **2.** (*art*) *metall.* chasing (*od.* embossing) tool, chaser.

Trei·del ['traɪdəl] *m* ⟨-s; -n⟩, **~ˌlei·ne** *f mar.* towrope, *Br.* tow-rope, towline, *Br.* tow-line.

trei·deln ['traɪdəln] *mar. v/t u. v/i* ⟨h⟩ tow.

'Trei·del|ˌpfad, ~ˌweg *m* (*Uferweg*) tow(ing) path. [tracker, tower.]

'Treid·ler *m* ⟨-s; -⟩ *mar.* (*eines Schiffes*)

trei·fe ['traɪfə] *adj relig.* (*Speise*) tref, terefa(h), trefa(h) impure, unclean, not kosher.

'Treiˌse·gel ['traɪ-] *n mar.* trysail, *auch* trisail.

Tre·ma ['treːma] *n* ⟨-s; -s *u.* -ta [-ta]⟩ **1.** *ling.* (*Zeichen über Vokalen*) diaeresis, *auch* dieresis. – **2.** *med.* (*Schneidezahnlücke*) diastema.

Tre·ma·to·de [trema'toːdə] *f* ⟨-; -n⟩ *meist pl zo. cf.* Saugwurm.

tre·mo·lan·do [tremo'lando] *adv mus.* tremolando, *auch* tremulando.

tre·mo·lie·ren [tremo'liːrən] *v/i* ⟨*no* ge-, h⟩ *mus.* quaver, trill, shake.

Tre·mo·lit [tremo'liːt; -'lɪt] *m* ⟨-s; -e⟩ *min.* tremolite.

Tre·mo·lo ['treːmolo] *n* ⟨-s; -s *u.* -moli [-li]⟩ *mus.* tremolo, (*eines Akkordeons*) tremolo, tremulant, (*einer Trommel*) roll.

Tre·mor ['treːmɔr] *m* ⟨-s; -es [tre'moːrɛs]⟩ *med.* (*eines Muskels etc*) tremor, trepidation.

Tre·mu·lant [tremu'lant] *m* ⟨-en; -en⟩ *mus.* (*der Orgel*) tremolo (stop), tremulant.

tre·mu·lie·ren [tremu'liːrən] *v/i* ⟨*no* ge-, h⟩ *cf.* tremolieren.

Trench·coat ['trɛntʃˌkoːt; -ˌkoʊt] (*Engl.*) *m* ⟨-(s); -s⟩ (*fashion*) trench coat.

Trend [trɛnt] *m* ⟨-s; -s⟩ **1.** (zu toward[s]) trend, tendency: **der ~ geht dahin, das Wahlalter herabzusetzen** there is a trend (*od.* tendency) toward(s) reducing the voting age; **der ~ in der Preisentwicklung geht nach oben [unten]** there is an upward [a downward] trend in the development of prices. – **2.** *math.* (*in der Statistik*) trend. – **3.** *biol.* trend.

tren·deln ['trɛndəln] *v/i* ⟨h⟩ *Southwestern G. dial.* dawdle (along).

'Trendˌwert *m math.* trend ordinate.

'trenn·bar *adj* **1.** (*Gruppe, Material, Erbteil etc*) separable, divisible, partible, severable (*lit.*). – **2.** (*Begriffe etc*) differentiable, distinguishable, discriminable. – **3.** *ling.* a) (*durch Trennungsstriche etc*) divisible, b) (*Präfix u. Verb*) separable: **einsilbige Wörter sind nicht ~** monosyllables cannot be divided. – **4.** *tech.* (*Werkstoffe etc*) severable, separable. – **5.** *math.* divisible. – **6.** *chem. phys.* (*Gemenge, Substanz etc*) separable. — **'Trenn·bar·keit** *f* ⟨-; *no pl*⟩ **1.** (*eines Materials, Erbteils etc*) separability, severability (*lit.*). – **2.** (*von Begriffen*) distinguishability, discriminability. – **3.** *tech.* (*eines Werkstoffs*) severability, separability. – **4.** *math.* divisibility. – **5.** *chem. phys.* (*eines Gemenges etc*) separability.

'Trenn-Emul·siˌon *f chem. tech.* releasing emulsion.

tren·nen ['trɛnən] **I** *v/t* ⟨h⟩ **1.** separate, divide, part, sever (*lit.*); sunder, put (*things*) asunder (*poet.*): **bei dem Lehrgang wurden die verschiedenen Altersgruppen (voneinander) getrennt** the different age groups were separated (from one another) at the course of instruction; **uns ~ Welten (voneinander)** *fig.* we are worlds apart. – **2.** (*teilen, spalten*) divide, part, split, sever (*lit.*): **einen Vorhang in zwei Hälften ~** to cut a curtain in(to) two halves; **du kannst die Menschen nicht einfach in Gut und Böse ~** you cannot simply divide people into groups of good and bad. – **3.** (*auseinanderbringen*) separate, part, (dis)sever (*lit.*): **durch den Krieg wurden sie für immer getrennt** the war separated them forever; **er versuchte, die beiden Kampfhähne zu ~** he tried to part the two fighters; **es gibt nichts, was uns ~ kann** there is nothing that can separate us. – **4.** (*entzweien*) divide, disunite, divorce, disjoin, unjoin: **es sind deine politischen Ansichten, die uns ~** it's your political outlook that disunites us. – **5.** (*unterscheiden, auseinanderhalten*) distinguish (*od.* differentiate, discriminate) (between): **diese Begriffe sind nicht zu ~, das sind nicht zu trennende Begriffe** these conceptions cannot be distinguished (between) (*od.* are indistinguishable). – **6.** (*eine Ehe etc*) separate: **sie trennten sich** (*gingen auseinander*) a) (*von Eheleuten*) they separated, b) (*von Freunden etc*) they separated, they parted (company), (*nach Streit*) *auch* they split up. – **7.** *ling.* (*durch Trennungsstriche etc*) divide, split: **dieses Wort kann man ~** this word can be divided; **ein Wort nach Silben ~** to divide a word according to (its) syllables. – **8.** (*Telephon-, Funkgespräch etc*) cut off, disconnect, interrupt. – **9.** *cf.* auftrennen I. – **10. j-n von j-m [etwas] ~** a) to separate (*od.* part, *lit.* sever, dissever) s.o. from s.o. [s.th.], b) (*absondern, isolieren*) to separate (*od.* isolate, segregate) s.o. from s.o. [s.th.]: **sie wurde im Gedränge von ihrer Mutter getrennt** she was separated from her mother in the crowd; **er wurde von den übrigen Häftlingen getrennt** he was isolated from the other prisoners. – **11. etwas von etwas ~** a) to separate (*od.* divide, part, *lit.* sever, dissever, winnow) s.th. from s.th., b) (*unterscheiden, auseinanderhalten*) to distinguish (*od.* discriminate, differentiate) between s.th. and s.th., to separate (*od.* dissociate) s.th. from s.th., c) (*Ärmel vom Kleid, Kragen vom Hemd etc*) to rip s.th. off s.th., d) *chem. tech.* (*Metall von Erz etc*) to separate (*od.* part) s.th. from s.th.: **der Hieb trennte ihm den Kopf vom Rumpf** the stroke severed his head from his body; **eine große Wüste trennt diesen Landesteil von dem anderen** a great desert separates (*od.* cuts off, detaches) this part of the country from the rest; **die Person von der Sache ~** to distinguish between the matter and the person; **das Wahre vom Falschen ~** to winnow truth from falsehood. – **12. etwas aus etwas ~** (*Futter aus einem Mantel etc*) to rip s.th. out of s.th. – **13.** *tech.* (*Werkstoffe etc*) sever, cut off. – **14.** *chem.* a) (*Stoffgemische etc*) separate, b) (*Razemat*) resolve, c) (*scheiden*) part, d) (*Bindung*) cleave. – **15.** *phys. nucl.* decompose. – **16.** *electr.* (*Stromkreis*) disconnect, isolate, break, open. – **17.** (*space*) (*Raketenstufe*) separate. – **18.** *med.* (*in der Chirurgie*) separate, sever, resect. – **19.** (*radio*) (*Wellenbereiche*) divide. – **II** *v/i* **20.** (*Uneinigkeit od. Zwietracht bewirken*) cause disunion (*od.* disunity). – **21. zwischen** (*dat*) **A und B ~** *colloq.* (*unterscheiden*) to distinguish (*od.* differentiate, discriminate) between A and B. – **22.** (*radio*) select: **gut** (*od.* **scharf**) **~** to have high selectivity. – **III** *v/reflex* **sich ~ 23. sich von j-m ~** to separate (*od. lit.* sever) from s.o., to part from (*od.* with) s.o., (*nach einer Auseinandersetzung*) *auch* to split with s.o.: **sie hat sich von ihrem Mann getrennt** she parted from her husband. – **24. sich von etwas ~** a) to part with (*auch* from) s.th., b) (*abweichen von*) to depart from s.th.: **ich konnte mich von dem Anblick kaum ~** I could hardly take my eyes off it (*od.* the sight); **er trennte sich von seinen früheren Leitbildern** he departed from his former concepts. – **25.** (*von Wegen, Linien, Richtungen, Zeitabschnitten etc*) separate, divide, part, diverge, sever (*lit.*), sunder (*poet.*): **hier ~ sich unsere Wege** *auch fig.* this is where our roads part. – **26.** (*sich aufspalten*) (*in acc* into) divide, split, sever (*lit.*). – **27.** (*space*) (*von Raketenstufe*) separate. – **IV T~** *n* ⟨-s⟩ **28.** *verbal noun.* – **29.** *cf.* Trennung. — **'tren·nend I** *pres p.* – **II** *adj* (*Element, Wesenszug etc*) separative, separating.

'Trenn|ˌfe·stig·keit *f* rupture strength. — **~ˌflä·che** *f* **1.** *phys.* (*zwischen Flüssigkeiten*) interface. – **2.** (*in der Kristallographie*) parting (*od.* cleavage) plane. — **~ˌflüs·sig·keit** *f chem.* (*in der Chromatographie*) liquid phase. — **~ˌfu·ge** *f tech.* **1.** *metall.* (*eines Formkastens*) parting line. – **2.** *civ.eng.* (*Dehnfuge*) expansion joint. — **~komˌman·do** *n* (*sport*) (*beim Boxen*) break. — **~ˌkreis** *m electr.* buffer. — **~-ˌkreisˌsä·ge** *f tech.* circular cut-off saw. — **~ˌli·nie** *f* **1.** (*auf Spielfeldern, Parkplätzen etc*) dividing line. – **2.** (*zum Abreißen*) perforated line. – **3.** *fig.* division, divide. — **~maˌschi·ne** *f tech.* cutting-off machine. — **~ˌmes·ser** *n* (*für Nähte*) ripper, ripping tool. — **~po·ten·tiˌal** *n nucl.* separation potential. — **~ˌpunkt** *m* **1.** *ling.* (*zur Darstellung der Silbentrennung*) division mark. – **2.** *pl* (*Trema*) diaeresis *sg*, *auch* dieresis *sg*. — **~raˌke·te** *f* (*space*) stage-separating rocket. — **~reˌlais** *n tel.* disconnecting (*od.* cut-off) relay. — **~ˌrohr** *n chem. phys. nucl.* separation tube, thermal diffusion column. — **~ˌschal·ter** *m electr.* circuit breaker, isolating (*od.* disconnecting) switch, isolator. — **t~ˌscharf** *adj* (*radio*) selective. — **~ˌschär·fe** *f* **1.** *electr.* (*radio*) selectivity. – **2.** *sociol.* (*in der Statistik*) power. — **~ˌschicht** *f* separating (*od.* separative, separatory) layer. — **~ˌschlei·fen** *n tech.* cut-off grinding. — **~ˌschleif·maˌschi·ne** *f* abrasive cutting machine. — **~ˌschleu·der** *f cf.* Zentrifuge. — **~ˌstrei·fe** *f chem. tech.* (*in der Destillation*) theoretical plate. — **~ˌstrich** *m* **1.** *cf.* Trennlinie. – **2.** *cf.* Trennungsstrich 1, 2. — **~ˌta·ste** *f electr.* cut key.

'Tren·nung *f* ⟨-; -en⟩ **1.** *cf.* Trennen. – **2.** separation, severance (*lit.*): **er leidet sehr unter der ~ von seiner Frau** he suffers greatly from the separation (*od.* from being parted) from his wife; **~ von Staat und Kirche** *pol.* separation of Church and State. – **3.** (*Ein-, Aufteilung*) division, partition, severance (*lit.*), *relig. auch* schism: **die ~ der Schüler nach Altersklassen** the separation (*od.* dividing up) of the pupils according to age groups; **die ~ eines Paragraphen in verschiedene Absätze** the division of a section into different paragraphs. – **4.** (*Absonderung, Isolation*) separation, isolation, segregation: **die ~ der Rassen** segregation. – **5.** (*nach einem Zerwürfnis, Streit etc*) separation, split, (*stärker*) breach. – **6.** (*Abwendung, Abweichung*) departure: **nach der ~ von seinen alten Vorbildern** after his departure from his old ideals (*od.* paragons). – **7.** (*von Begriffen, Bedeutungsinhalten etc*) distinction, differentiation, discrimination, dissociation. – **8.** (*einer Ehe*) separation: **auf ~ von Tisch und Bett klagen** *röm.kath. jur.* to sue for (a) separation from bed and board; **gerichtliche ~** *jur.* judicial separation; **einverständliche ~** *jur. Br.* separation by (mutual) consent, *Am.* voluntary separation. – **9.** (*durch Trennstriche od. -punkte*) division. – **10.** (*eines Telephon-, Funkgesprächs etc*) disconnection, *Br. auch* disconnexion. – **11.** *tech.* (*eines Werkstoffs etc*) severance, separation. – **12.** *chem. phys.* (*eines Gemenges etc*) separation. – **13.** *electr.* (*eines Stromkreises*) disconnection, *Br. auch* disconnexion, isolation, interruption. – **14.** *med.* (*in der Chirurgie*) separation, severance, resection. – **15.** (*radio*) (*der Wellenbereiche*) selection. – **16.** ~ der Stufen (*space*) (*einer Trägerrakete*) stage separation.

ˈ**Tren·nungs|entˌschä·di·gung** *f econ.* separation allowance. — **~ˌflä·che** *f min.* (*bei Kristallen*) cleavage face, plane of cleavage. — **~geˌwe·be** *n bot.* abscission layer. — **~ˌli·nie** *f cf.* Trennlinie. — **~ˌpunkt** *m cf.* Trennpunkt. — **~ˌschmerz** *m* ⟨-es; *no pl*⟩ wrench, pain of separation. — **~ˌstrich** *m* **1.** (*am Ende einer Zeile*) hyphen. – **2.** (senkrechter) ~ (vertical) dash. – **3.** einen (klaren) ~ ziehen (zwischen *dat* between) *fig.* to make a (clear *od.* definite) distinction, to draw a (clear *od.* clean) line. — **~ˌstun·de** *f poet.* parting hour, hour of parting. — **~verˌfah·ren** *n* **1.** *chem. phys. nucl.* a) (*bei Stoffgemischen etc*) separation method (*od.* process), b) (*bei Kathoden*) resolution method (*od.* process). – **2.** *tech.* (*bei Werkstoffen*) severing (*od.* severance) process. — **~ˌwand** *f cf.* Trennwand. — **~ˌwi·derˌstand** *m* **1.** *tech.* resistance to fracture (*od.* rupture). – **2.** *chem.* cohesive resistance. — **~ˌzei·chen** *n* **1.** division mark (*od.* sign). – **2.** *print.* (*Divis*) hyphen. – **3.** *cf.* a) Trennungsstrich 1, 2, b) Trennpunkt 1, c) Trema 1. – **4.** *tel. cf.* Trennzeichen. — **~ˌzuˌla·ge** *f econ.* separation allowance.

ˈ**Trenn|verˌfah·ren** *n* **1.** *chem. nucl.* separation process. – **2.** *tech.* (*in der Schweißtechnik*) cutting process. — **~verˌmö·gen** *n chem.* **1.** (*eines Stoffgemisches*) separation power. – **2.** (*in der Chromatographie*) resolving power. — **~verˌstär·ker** *m* **1.** *electr.* (*radio*) multi-coupler, buffer amplifier. – **2.** *tel.* trap amplifier. — **~ˌwand** *f* **1.** dividing wall, partition (wall): zwischen den beiden Abteilungen errichtete (*od.* zog) man eine ~ a partition was built between the two sections, the two sections were partitioned off by a wall. – **2.** *fig.* barrier, wall. — **~ˌwerkˌzeug** *n tech.* cutting-off (*od.* parting) tool. — **~ˌwi·derˌstand** *m chem. cf.* Trennungswiderstand 2. — **~ˌzei·chen** *n tel.* cut-off (*od.* clearing) signal.

Tren·se [ˈtrɛnzə] *f* ⟨-; -n⟩ (*Pferdezaum*) snaffle (bit): einem Pferd die ~ anlegen to snaffle a horse.

tren·sen [ˈtrɛnzən] *v/i* ⟨h⟩ *mar.* (*von Tau*) worm.

Trente-et-qua·rante [trɑ̃tekaˈrɑ̃ːt] (*Fr.*) *n* ⟨-; *no pl*⟩ (*Kartenglücksspiel*) trente-(et)-quarante, rouge et noir.

Tre·pan [treˈpaːn] *m* ⟨-s; -e⟩ *med.* (*in der Chirurgie*) trephine, trepan.

Tre·pa·na·ti·on [trepanaˈtsioːn] *f* ⟨-; -en⟩ *med.* trepanation, trephination.

Tre·pang [ˈtreːpaŋ] *m* ⟨-s; -e *u.* -s⟩ *zo.* (*eßbare Seewalze*) trepang, *auch* bêche-de-mer (*Holothuria edulis*).

tre·pa·nie·ren [trepaˈniːrən] *med.* **I** *v/t* ⟨*no* ge-, h⟩ **1.** trepan, trephine. – **II T~** *n* ⟨-s⟩ **2.** *verbal noun.* – **3.** *cf.* Trepanation.

Tre·po·ne·ma [trepoˈneːma] *n* ⟨-s; -men⟩ *biol.* (*Mikroorganismus*) treponema (*Fam. Treponemataceae*).

ˌ**trepp'ab** *adv* downstairs, down the stairs.

ˌ**trepp'auf** *adv* upstairs, up the stairs: ~ muß er immer keuchen he is always short of breath when he goes upstairs; ~, treppab upstairs, downstairs, up and down; sie war den ganzen Tag ~, treppab gelaufen she had run up and down the stairs all day long.

Trep·pe [ˈtrɛpə] *f* ⟨-; -n⟩ **1.** staircase, stairs *pl* (*construed as sg or pl*), *auch* stair, stairway: eine ~ führte ins Obergeschoß a staircase (*od.* a flight of stairs) led to the upper floor; eine breite [enge, gewundene] ~ a broad [narrow, winding] staircase; die ~ hinaufgehen [hinuntergehen] to go upstairs [downstairs], to go up [down] the stairs; er eilte in großen Sprüngen (*od.* er sprang mit großen Sätzen) die ~ hinunter he ran down the stairs by leaps and bounds; sie steigt nicht gern ~n she hates climbing stairs; das Kind ist die ~ hinuntergefallen the child fell down the stairs; j-n die ~ hinunterwerfen to push s.o. down the stairs (*od.* downstairs); wir sind diese Woche mit der ~ dran *colloq.* we have to clean (*od.* do) the stairs this week; sie wohnen fünf ~n (hoch) *bes. Northern G. colloq.* they live on the fifth (*Am.* sixth) floor; meine Eltern wohnen eine ~ höher *colloq.* my parents live one floor up (*colloq.*); → hinauffallen. – **2.** (*Freitreppe*) flight of steps (*od.* stairs), perron. – **3.** *fig.* stairway: die ~ zum Erfolg the stairway (*od.* ladder) to success. – **4.** *pl fig. colloq.* (*bei ungleichmäßigem Haarschnitt*) uneven bits: j-m ~n ins Haar schneiden to cut s.o.'s hair unevenly (*od.* in steps), to cut lumps out of s.o.'s hair. – **5.** *Southern G.* (*Stufe*) step.

ˈ**Trep·pen|ˌabˌsatz** *m arch.* landing. — **~ˌarm** *m* (straight) flight, flight of stairs. — **~ˌaufˌgang** *m* stairway. — **~ˌau·ge** *n* (stair)well. — **~beˌleuch·tung** *f* staircase lights *pl* (*od.* lighting). — **~ˌen·de** *n* (*Austritt*) staircase end. — **~ˌfen·ster** *n* staircase window. — **~ˌflucht** *f* ⟨-; -en⟩ *cf.* Treppenarm. — **~ˌflur** *m cf.* Treppenhaus 2. — **t~ˌför·mig I** *adj* **1.** (*Anlage, Anordnung etc*) in the form of stairs (*od.* steps), stair-step (*attrib*). – **2.** *zo.* (*Zellen etc*) scalariform. – **II** *adv* **3.** ~ angeordnet sein to be arranged in the form of stairs (*od.* steps). — **~geˌlän·der** *n* **1.** banister(s *pl construed as sg or pl*), *auch* bannister(s *pl*): das ~ hinunterrutschen to slide down the banisters. – **2.** (*Handlauf*) handrail, banister(s *pl construed as sg or pl*), *auch* bannister(s *pl*). — **~ˌhaus** *n* **1.** *cf.* Treppenschacht. – **2.** staircase. — **~ˌlauf** *m cf.* Treppenarm. — **~ˌläu·fer** *m* stair (*od.* Venetian) carpet. — **~ˌlei·ter** *f cf.* Trittleiter. — **~ˌloch** *n cf.* Treppenauge. — **~ˌnat·ter** *f zo.* ladder snake (*Elaphe scalaris*). — **~ˌpfo·sten** *m arch.* **1.** (*Geländersäule*) banister, *auch* bannister, upright. – **2.** (*am Anfang einer Treppe*) banister (*auch* bannister) post, newel(-post). — **~poˌdest** *n, m cf.* Treppenabsatz. — **~po·lyˌgon** *n math.* staircase polygon (*od.* curve). — **~ˌrost** *m tech.* (*in Feuerungsanlagen*) inclined grate. — **~ˌschacht** *m arch.* stairwell. — **~ˌschritt** *m* (*sport*) (*beim Skilaufen*) side step. — **~ˌschutzˌlei·ste** *f arch.* nosing. — **~ˌspin·del** *f* newel. — **~ˌstu·fe** *f* stairstep. — **~ˌwan·ge** *f* string. — **~ˌwitz** *m* **1.** afterthought. – **2.** ~ der Weltgeschichte paradox (*od.* bad joke) of history.

Tre·sen [ˈtreːzən] *m* ⟨-s; -⟩ *Low and Middle G. for* a) Ladentisch, b) Theke 2.

Tre·sor [treˈzoːr] *m* ⟨-s; -e⟩ **1.** (*Panzerschrank*) safe, strongbox. – **2.** (*Stahlkammer in einer Bank etc*) strong room, safe deposit, *Am. auch* vault: Wertpapiere in den ~ geben to deposit securities in the strong room. — **~ˌabˌtei·lung** *f* (*einer Bank*) safe-deposit department. — **~ˌfach** *n* safe-deposit (*auch* safe) box, strongbox. — **~ˌraum** *m cf.* Tresor 2. — **~ˌschlüs·sel** *m* safe-deposit (*od.* strong-room) key.

Tres·pe [ˈtrɛspə] *f* ⟨-; -n⟩ *bot.* brome(grass) (*Gattg Bromus*): Weiche ~ soft chess (*B. mollis*).

Tres·se [ˈtrɛsə] *f* ⟨-; -n⟩ **1.** *meist pl* (*an einer Uniform*) stripe, braid, lacing: die ~n bekommen [verlieren] to get [to lose] one's stripes. – **2.** (*Borte, Besatz*) braid, galloon.

ˈ**Tres·sen|ˌrock** *m* (*eines Portiers etc*) braided (*od.* gallooned) coat. — **~ˌstrei·fen** *pl bes. mil.* (*einer Uniform*) (lacing) stripes, lacing *sg*, braid *sg*. — **~ˌwin·kel** *m* chevron.

Tre·ster [ˈtrɛstər] *pl cf.* Treber. — **~ˌbranntˌwein** *m cf.* Treberbranntwein. — **~ˌwein** *m cf.* Treberwein.

ˈ**Tret|ˌanˌlas·ser** *m tech.* (*eines Motorrads etc*) kick starter. — **~ˌau·to** *n* (*für Kinder*) pedal car. — **~ˌboot** *n* pedal boat.

tre·ten [ˈtreːtən] **I** *v/i* ⟨tritt, trat, getreten, h *u.* sein⟩ **1.** ⟨h⟩ (*mit dem Fuß ausschlagen*) kick: Vorsicht, das Pferd tritt! beware, the horse kicks! vor Wut trat er gegen die Tür he kicked (against) the door with rage; er hat mir ans (*od.* gegen das) Schienbein getreten he gave me a kick on the shin, he kicked my shin; j-m in den Hintern (*od. vulg.* Arsch) ~ a) to kick s.o. on the (*od. vulg.* up the) backside (*bes. Br. vulg.* arse, *Am. vulg.* ass), to kick s.o.'s backside, b) *fig. colloq.* (*zur Eile antreiben*) to give s.o. a kick in the pants (*colloq.*) (*od. colloq.* backside, *bes. Br. vulg.* arse, *Am. vulg.* ass); nach j-m ~ to kick (*od.* take a kick) at s.o. – **2.** ⟨sein⟩ (*die Füße setzen*) step, walk, put one's feet: der Gang war so voll, daß man nicht wußte, wohin man ~ sollte the corridor was so crowded that one did not know where to step. – **3.** ⟨sein⟩ (*schreiten*) step, walk: er trat aus dem Haus he stepped out of (*od.* left) the house; bitte nicht auf den Rasen ~! please keep off the lawn! please do not walk on the lawn! sie trat ins Zimmer she walked (*od.* came) into the room; nach vorn ~ to step (*od.* move) forward; er trat zu ihnen he walked (*od.* went) over to them; auf den Plan ~ *fig.* a) to appear, to make one's appearance, b) (*in den Kampf eingreifen*) to enter the lists. – **4.** ⟨sein⟩ (*sich hinstellen*) go and stand, step: sie trat ans Fenster she went and stood at the window, she stepped (over) to the window; er trat auf den Balkon he stepped out on(to) the balcony; beiseite (*od.* auf die Seite, zur Seite) ~ to step aside; in den Vordergrund ~ a) (*von Personen*) to come forward, to step into the foreground, b) *fig.* (*von Problem, Frage etc*) to come to the fore, to become significant (*od.* important); in den Hintergrund ~ a) (*von Personen*) to step into the background, b) *fig.* (*von Problem, Frage etc*) to become insignificant (*od.* unimportant); sie trat hinter [neben, vor] ihn she went and stood (*od.* she stepped) behind [beside, in front of] him; vor den Spiegel ~ to go and stand in front of (*od.* to step over to) the mirror; j-m in den Weg ~ to (go and) stand in s.o.'s way, to block s.o.'s way; bitte ~ Sie näher! a) please come (*od.* step) nearer! b) (*kommen Sie herein*) come in, please! ich will Ihnen ja nicht zu nahe ~, aber *fig.* I don't want to hurt your feelings, but; auf j-s Seite ~ *fig.* to take sides (*od.* to side) with s.o., to back s.o. up; er wagte es nicht, ihm unter die Augen zu ~ *fig.* he did not dare to face him; → Gewehr 2; Stelle 1. – **5.** ⟨h *u.* sein⟩ (*um etwas zu bedecken, hinunterzudrücken etc*) step: er trat mit dem Absatz auf das Geldstück he stepped on the coin with his heel; auf die Bremse ~ to step (*od. colloq.* jump) on the brake; dann trat sie aufs Gaspedal then she stepped on the accelerator, *bes. Am.* then she stepped on the gas. – **6.** ⟨h *u.* sein⟩ (*aus Versehen, Rücksichtslosigkeit etc*) step, tread, walk: er hat mir auf den Fuß getreten he stepped (*od.* trod, walked) on my foot; einem Hund auf den Schwanz ~ to tread on a dog's tail; vor Ungeduld trat ich von einem Fuß auf den anderen I shuffled (*od.* shifted) about impatiently from one foot to the other; in eine Pfütze ~ to step in(to) a puddle; → Fußstapfe(n); Hühnerauge; Schlips. – **7.** ⟨h⟩ (*beim Radfahren etc*) pedal, treadle: er trat mächtig in die Pedale he pedal(l)ed (*od.* treadled) away vigorously. – **8.** ⟨sein⟩ (*an einen Platz rücken*) move: der Mond tritt hinter die Wolken the moon moves behind the clouds; wenn der Mond vor die Sonne tritt when the moon moves across (*od.* crosses) the sun; sie trat an die Spitze des Zuges she moved to the head of the procession; der Verein trat an die Spitze der Tabelle the team moved to the top (*od.* head) of the table; → Stelle 1. – **9.** ⟨sein⟩ (*an einen Platz gestellt, gesetzt werden*) come, be put (*od.* set): das Verb tritt an den Anfang des Satzes the verb comes (*od.* is set) at the beginning of the sentence. – **10.** ⟨sein⟩ (*hinzugefügt, angehängt werden*) be added: die Endung tritt an den Stamm the ending is added to the stem. – **11.** ⟨sein⟩ (*hervorkommen, zum Ausbruch kommen*) come: ihr traten die Tränen in die Augen tears came to her eyes; ihm trat Schaum vor den Mund he foamed at the mouth. – **12.** ⟨sein⟩ (*eintreten*) enter: ins Leben ~ to enter life; in den Ehestand ~ to enter into matrimony (*od.* marriage); er tritt ins 20. Lebensjahr he enters the 20th year of his life; die Sonne tritt in das Zeichen des Krebses the sun enters the sign of Cancer; die Verhandlungen traten in ein neues Stadium the negotiations entered (*od.* reached) a new stage; **in den Ruhestand ~** to go into retirement, to retire. – **13.** ⟨sein⟩ (*in Wendungen wie*) **in Aktion ~** to go (*od.* come) into action; **zu j-m in Beziehung** (*od.* **Kontakt**) **~** to enter into relations with s.o.; **in Erscheinung ~** a) (*von Person*) to make one's appearance, to appear, b) (*von Merkmal, Symptom etc*) to appear, to enter the picture; **in Streik ~** to go (*od.* come) out on strike; **der Fluß tritt über die Ufer** the river overflows (its banks), the river bursts its banks; → Kraft 10. – **II** *v/t* ⟨h⟩ **14.** (*mit einem Fußtritt*) kick: **er hat mich in den Bauch getreten** he kicked me (*od.* he gave me a kick) in the stomach; **den Ball ~** (*sport*) (*beim Fußball*) to kick the ball, to take a kick; **eine Ecke [einen Freistoß] ~** to take a corner [a free kick]; → Fuß[1] 1; Glück 1. – **15.** **j-n ~, etwas zu tun** *fig. colloq.* to keep at s.o. to do s.th.: **er muß immer erst getreten werden** he always needs to be pushed to do s.th., he always needs a kick in the pants before he will do s.th. (*colloq.*). – **16.** (*um etwas herunterzudrücken, zu betätigen*) tread(le), work: **den Blasebalg ~** to tread (*od.* work) the bellows; **die Nähmaschine ~** to treadle (*od.* work the treadle of) the sewing machine. – **17.** **j-n (auf den Fuß) ~** to tread on (*od.* step on, walk on, tread) s.o.('s foot): **paß auf, daß du niemanden trittst!** mind that you don't tread on anyone! – **18.** (*trampeln*) tread, trample: **einen Weg durch den Schnee ~** to tread a path through the snow; **etwas in den Staub ~** *auch fig.* to trample (*od.* crush) s.th. into the dust. – **19.** **sich** (*dat*) **etwas in den Fuß ~** to run s.th. into one's foot. – **20.** (*in Wendungen wie*) **Wasser ~** (*beim Schwimmen, bei der Kneippkur etc*) to tread water; **den Takt ~** to mark time; → Pflaster 3. – **21.** *zo.* (*Henne*) tread.

'Tre·ter *pl colloq. contempt.* (*derbe, alte Schuhe*) clodhoppers.

'Tret,he·bel *m* treadle, pedal.

'Tret,kur·bel *f* (*am Fahrrad, Moped etc*) (pedal) crank. — **~,an,trieb** *m* pedal-crank drive.

'Tret,la·ger *n* (*des Fahrrads etc*) pedal(-crank) bearing. — **~ge,häu·se** *n* (*des Fahrrads etc*) bottom bracket shell.

'Tret|,luft,pum·pe *f tech.* foot pump. — **~,mi·ne** *f mil.* antipersonnel mine. — **~,müh·le** *f* **1.** *fig. colloq.* 'grind' (*colloq.*), treadmill, monotonous routine: **am Montag muß ich zurück in die (alte) ~** it's back to the grind for me on Monday; **endlich sind wir heraus aus der ~ des Alltags** we can forget the grind for a while at last. – **2.** (*zur Bewässerung*) treadmill. — **~,rad** *n* **1.** treadwheel. – **2.** (*Schöpfrad*) tympanum. — **~,rol·ler** *m* (*für Kinder*) treadle scooter. — **~,schal·ter** *m electr.* foot switch, floor switch. — **~,schlit·ten** *m* (*sport*) *obs.* (Swedish) sleigh. — **~,start** *m* (*beim Eisschnellauf*) forward start. — **~,strah·ler** *m tech.* (*eines Pedals*) reflector. — **~,werk** *n* foot-operated mechanism.

treu [trɔʏ] **I** *adj* ⟨-er; -(e)st⟩ **1.** (*in der Gesinnung*) faithful, loyal: **ein ~er Freund** a faithful (*od. lit.* constant, sta[u]nch) friend; **ein ~er Diener** a loyal servant; **~e Freundschaft** faithful (*od.* loyal) friendship; **j-m ~ bleiben** to remain faithful (*od. lit.* true) to s.o.; **~ bis in den Tod** *lit.* true unto death; **~ wie Gold** (as) true as steel. – **2.** (*in der Ehe*) faithful: **er ist seiner Frau ~** he is faithful to his wife. – **3.** (*ergeben*) devoted: **eine ~e Seele** *colloq.* a devoted soul. – **4.** (*zuverlässig*) trusty, trustworthy. – **5.** (*Anhänger, Verfechter etc*) stanch, *bes. Br.* staunch, true-blue, loyal. – **6.** **einer Sache ~ sein** (*od.* **bleiben**) to be (*od.* remain) true to s.th., to stick to s.th.: **seinem Eid ~ sein** to be true (*od.* loyal) to one's oath, to keep one's oath; **er war** (*od.* **blieb**) **seinem Glauben ~** he was true to (*od.* kept) his faith; **das Glück ist ihm ~ geblieben** *fig.* he was blessed with (*od.* always had) good luck; **sich selbst [seinen Grundsätzen] ~ bleiben** to remain true to oneself [to one's principles]; **ich bleibe meinem Vorsatz ~** I shall stick to my purpose (*od.* colo[u]rs); → Versprechen[2] 1. – **7.** (*anhänglich*) faithful: **ein ~er Hund** a faithful dog. – **8.** *fig.* (*Abbild, Bild, Schilderung, Wiedergabe etc*) faithful, true, accurate, exact: **eine ~e Wiedergabe des Originals** a faithful reproduction of the original. – **9.** (*radio*) (*Tonwiedergabe*) high-fidelity, hi-fi (*colloq.*) (*beide attrib*). – **10.** **zu ~en Händen** *bes. jur.* in (*od.* [up]on) trust: **ich übergebe Ihnen dieses Buch zu ~en Händen** I hand over this book to you for safe keeping. – **11.** **Dein ~er Freund X** (*als Grußformel in Briefen*) Yours truly, X. – **12.** **der ist ja ~!** *Northern G. colloq.* (*naiv*) he's hopeful! – **II** *adv* **13.** faithfully, devotedly: **seine Pflicht ~ erfüllen** to do one's duty faithfully (*od.* loyally); **sie hat der Familie 20 Jahre ~ gedient** she worked for (*od.* served) the family devotedly for 20 years; **sein Freund ist ihm ~ ergeben** his friend is (truly) devoted to him.

Treu *f* ⟨-; *no pl*⟩ **1.** *obs. od. poet. for* Treue: **(bei) meiner ~!** upon my soul! struth! **üb immer ~ und Redlichkeit** (*Sprichwort*) *etwa* be ever faithful and upright. – **2.** *jur.* (*in Wendungen wie*) **~ und Glauben** good faith, bona fides (*scient.*): **auf ~ und Glauben** on trust; **eine Vereinbarung auf ~ und Glauben** a gentleman's (*od.* gentlemen's) agreement; **ein auf ~ und Glauben abgeschlossenes Geschäft** a bona fide transaction. — **~,bruch** *m* **1.** breach of faith. – **2.** (*Untreue*) disloyalty. – **3.** (*Verrat*) perfidy, treachery, treason. – **4.** *jur. hist.* (*Bruch der Lehenstreue*) felony. — **t~,brü·chig** *adj* **1.** faithless. – **2.** (*untreu*) disloyal. – **3.** (*verräterisch*) perfidious.

'Treue *f* ⟨-; *no pl*⟩ **1.** (*der Gesinnung etc*) loyalty, (*von Untertanen etc*) *auch* allegiance: **er hat uns mehr als einmal die ~ bewiesen** he has more than once shown (*od.* given) us proof of his loyalty; **j-m ~ schwören** (*od.* **geloben**) a) (*dem König etc*) to vow allegiance (*od.* loyalty) to s.o., b) (*Gott*) to pledge (*God*) one's faith; **die ~ zu seinem Vaterland** loyalty (*od.* allegiance) to one's fatherland. – **2.** (*der Ehegatten*) fidelity, faithfulness: **eheliche ~** conjugal fidelity; **dem Ehepartner ~ geloben** to vow fidelity to one's partner; **sie hielten sich die ~** they were faithful to each other; **ich glaube an seine [zweifle an seiner] ~** I believe [doubt] that he is faithful. – **3.** (*Ergebenheit*) devotion. – **4.** (*Zuverlässigkeit*) trustiness. – **5.** (*im Halten des gegebenen Wortes*) faith: **unverbrüchliche ~** unswerving faith; **j-m die ~ halten** (*od.* **bewahren**) to keep faith with s.o., to be (*od.* remain) loyal (*od.* faithful) to s.o.; **er bewahrte seinem Land die ~** he was (*od.* remained) loyal to his country; **sie hielten einander die ~** (*von Freunden etc*) they kept faith with each other; **(j-m) die ~ brechen** a) to break (one's) faith (with s.o.), to be untrue (to s.o.), b) (*verraten*) to betray (s.o.). – **6.** (*Anhänglichkeit*) faithfulness: **der Hund hing mit rührender ~ an seinem Herrn** the dog stayed by his master with touching faithfulness. – **7.** *fig.* (*Genauigkeit*) faithfulness, accuracy, exactness: **bei diesen Sagen fehlt es oft an der ~ der Überlieferung** the transmission of these legends is often not very accurate (*od.* faithful). – **8.** (*radio*) (*der Tonwiedergabe*) high fidelity. – **9.** *hist. cf.* Lehenstreue. – **10.** **in guten ~n** *Swiss* in good faith.

'Treue·ge,löb·nis *n* **1.** pledge of fidelity. – **2.** *cf.* Treueid.

'Treu,eid *m* **1.** oath of allegiance, *Am.* (*bei Beamten*) loyalty oath: **(j-m) den ~ abnehmen** to administer the oath of allegiance (to s.o.); **den ~ leisten** to swear (*od.* take) the oath of allegiance. – **2.** *jur. hist.* (*der Lehensleute*) homage.

'Treue|,pflicht *f jur.* a) (*des Staatsbürgers etc*) (duty of) allegiance (*od.* loyalty), b) (*des Arbeitnehmers*) trust: **Verletzung der ~** breach of trust; **seine ~ erfüllen** to fulfil(l) one's trust. — **~,prä·mie** *f econ.* **1.** (*für langjährige Dienste*) bonus for loyal service. – **2.** (*für Kunden*) bonus for long-standing custom, bonus to long-standing customers. — **~ra,batt** *m econ.* **1.** discount allowed to long-standing (*od.* regular) customers. – **2.** (*bes. im Reedereigeschäft*) rebate.

'treu·er,ge·ben *adj* ⟨*attrib*⟩ **1.** (*Freund etc*) (*dat* to) truly devoted. – **2.** *cf.* treugesinnt.

'Treue,schwur *m cf.* Treuegelöbnis.

'treu·ge,sinnt *adj* ⟨*attrib*⟩ (*dat* to) loyal.

'Treu,hand *f* ⟨-; *no pl*⟩ *jur. cf.* Treuhandschaft. — **~,ab,kom·men** *n pol.* trusteeship agreement. — **~,bank** *f* ⟨-; -en⟩ *econ.* trust bank.

'Treu,hän·der [-,hɛndər] *m* ⟨-s; -⟩ *econ. jur.* **1.** trustee, (*Verwahrer*) custodian, fiduciary: **sein Vermögen einem ~ übergeben** to hand one's property to a trustee, *bes. Am.* to trustee one's property; **etwas als ~ verwalten** to hold s.th. in (*od.* on) trust. – **2.** *cf.* Konkursverwalter. — **~de,pot** *n econ.* trust deposit.

'treu,hän·de·risch I *adj* on a trust basis, on trust, fiduciary. – **II** *adv* **etwas ~ verwalten** to hold s.th. in (*od.* on) trust.

'Treu,hän·der,rat *m pol. cf.* Treuhandschaftsrat.

'Treu,hän·der·schaft *f* ⟨-; *no pl*⟩ *econ.* (*der Banken etc*) trusteeship, custodianship, guardianship.

'Treu,hand|ge,biet *n pol.* **1.** trust territory. – **2.** (*ehemaliges Mandat des Völkerbundes*) trusteeship territory. — **~ge,sell·schaft** *f econ.* trust company (*od.* corporation). — **~,kon·to** *n* trust account.

'Treu,hand·schaft *f* ⟨-; *no pl*⟩ *econ. jur.* (*Treuhandverhältnis*) fiduciary relationship.

'Treu,hand·schafts,rat *m pol.* (*Organ der Vereinten Nationen*) Trusteeship Council.

'Treu,hand|,staat *m pol.* trustee (*od.* administering) state. — **~sy,stem** *n* (*im Völkerrecht*) trusteeship system. — **~ver,hält·nis** *n econ. jur.* **1.** fiduciary relationship. – **2.** (*Trust*) trust: **ein ~ begründen** to constitute (*od.* create) a trust. — **~ver,mö·gen** *n econ.* trust estate (*od.* funds *pl*, property). — **~ver,trag** *m* **1.** *econ.* trust agreement (*bes. Am.* indenture). – **2.** *jur.* (*Urkunde*) trust deed. – **3.** (*im Völkerrecht*) *cf.* Treuhandabkommen. — **~ver,wal·tung** *f econ. pol.* trusteeship, custodianship.

'treu,her·zig I *adj* **1.** (*ohne Falsch, arglos*) guileless, artless: **ein ~er Charakter** a guileless character. – **2.** (*unbefangen, naiv*) ingenuous, naïve, *auch* naive, simpleminded: **sie ist ein ~es Mädchen** she is an ingenuous girl. – **3.** (*offen*) candid, frank. – **II** *adv* **4.** **er blickte mich ~ an** a) he looked at me guilelessly, b) (*von Hund etc*) he looked at me trustingly (*od.* with trusting eyes). – **5.** **~ erzählte er dem Fremden von seinen Ersparnissen** ingenuously he told the stranger of his savings. — **'Treu,her·zig·keit** *f* ⟨-; *no pl*⟩ **1.** (*Arglosigkeit*) guilelessness, artlessness. – **2.** (*Unbefangenheit, Naivität*) ingenuousness, naïveté, *auch* naiveté, naïvety, simplemindedness. – **3.** (*Offenheit*) candidness, frankness.

'treu·lich *adv lit.* **1.** faithfully. – **2.** (*getreu, genau*) faithfully, exactly, truly.

'treu·los I *adj* (gegen, gegenüber to) **1.** (*Freund etc*) faithless, disloyal. – **2.** (*untreu*) unfaithful: **er hat eine ~e Frau** his wife is unfaithful to him. – **3.** (*abtrünnig*) disloyal, unfaithful, faithless. – **4.** (*verräterisch*) treacherous, traiterous, perfidious, false. – **II** *adv* **5.** **~ an j-m handeln** to behave disloyally to(ward[s]) s.o. — **'Treu·lo·sig·keit** *f* ⟨-; *no pl*⟩ (gegen, gegenüber to) **1.** faithlessness, disloyalty. – **2.** (*eines Ehegatten*) infidelity, unfaithfulness. – **3.** (*Abtrünnigkeit*) disloyalty, unfaithfulness, faithlessness. – **4.** (*Verrat*) treachery, perfidy, perfidiousness, treason. – **5.** (*als Handlung*) treason, treasonable act, treacherous (*od.* disloyal) deed.

'Treu|,pflicht *f jur. cf.* Treuepflicht. — **~,schwur** *m cf.* Treuegelöbnis. — **t~,sor·gend** *adj* ⟨*attrib*⟩ (*Vater, Mutter*) loving, devoted.

Tria·de [tri'aːdə] *f* ⟨-; -n⟩ *metr. philos. relig.* triad.

Tria·ge [tri'aːʒə] *f* ⟨-; -n⟩ (*Ausschuß, bes. bei Kaffeebohnen*) refuse of coffee beans, *bes. Br.* triage.

Tri·al[1] ['triːaːl; tri'aːl] *m* ⟨-s; -e⟩ *ling.* trial.

Tri·al[2] ['traɪəl] (*Engl.*) *n* ⟨-s; -s⟩ (*sport*) (*beim Motorradgeländesport*) trial. — **~,fah·rer** *m* trial rider.

Tri·an·gel ['triːaŋəl] *m* ⟨-s; -⟩ **1.** *mus.* triangle. – **2.** *colloq.* three-cornered rip: **sich** (*dat*) **einen ~ in die Hose reißen** to tear a three-cornered rip in one's trousers.

tri·an·gu·lär [triaŋgu'lɛːr] *adj* triangular.

Tri·an·gu·la·ti·on [triaŋgula'tsioːn] *f* ⟨-; -en⟩ *tech.* (*in der Landvermessung*) triangulation. — **Tri·an·gu·la·ti'ons,punkt** *m* triangulation point.

tri·an·gu·lie·ren [triaŋgu'liːrən] **I** *v/t* ⟨*no* ge-, h⟩ triangulate, survey (*s.th.*) by triangulation. – **II T~** *n* ⟨-s⟩ *verbal noun.* —

Tri·an·gu'lie·rung *f* ⟨-; -en⟩ **1.** *cf.* Triangulieren. – **2.** triangulation.

Tri·as ['tri:as] *f* ⟨-; *no pl*⟩ *geol.* Triassic, Trias. — **~for·ma·ti,on** *f* Triassic (*od.* Trias) (formation).

tri·as·sisch [tri'asıʃ] *adj geol.* Triassic, Trias (*attrib*).

Tri·azin [tria'tsi:n] *n* ⟨-s; -e⟩ *chem.* triazine ($C_3H_3N_3$).

Tri·azol [tria'tso:l] *n* ⟨-s; -e⟩ *chem.* triazole ($C_2H_3N_3$).

Tri·ba·de [tri'ba:də] *f* ⟨-; -n⟩ tribade, Lesbian. — **Tri·ba'die** [-ba'di:] *f* ⟨-; *no pl*⟩ tribadism, tribady, lesbianism, Lesbian love, sapphism. — **tri'ba·disch** *adj* tribadic, Lesbian.

Tri'brom·ätha,nol [tri'bro:m-] *n* ⟨-s; -e⟩ *chem.* tribromoethanol (CBr_3CH_2OH).

Tri·bun [tri'bu:n] *m* ⟨-s *u.* -en; -e(n)⟩ *antiq.* (*im alten Rom*) tribune.

Tri·bu·nal [tribu'na:l] *n* ⟨-s; -e⟩ *jur.* tribunal, court of justice.

Tri·bu·nat [tribu'na:t] *n* ⟨-(e)s; -e⟩ *antiq.* tribuneship, tribunate.

Tri·bü·ne [tri'by:nə] *f* ⟨-; -n⟩ **1.** (*Rednertribüne*) platform, rostrum, tribune. – **2.** (*Zuschauertribüne*) stand, *Am.* *auch* bleacher(s *pl sometimes construed as sg*).

tri·bu·ni·zisch [tribu'ni:tsıʃ] *adj antiq.* tribunician, tribunitian, *auch* tribunicial, tribunitial.

Tri·bus ['tri:bus] *f* ⟨-; -⟩ *antiq.* tribe.

Tri·but [tri'bu:t] *m* ⟨-(e)s; -e⟩ **1.** *hist.* (*auferlegte Steuer, Abgaben*) tribute, dues *pl*: (einen) ~ zahlen (*od.* entrichten) to pay tribute; einem Volke einen ~ auferlegen to impose (*od.* lay) a tribute (up)on a people, to lay a people under tribute. – **2.** *fig.* toll: ~ fordern (von of) to take toll; der Krieg forderte einen hohen ~ an Menschenleben the war exacted a high toll in human lives; das ist der ~ dafür, daß that is the toll (*od.* payment) for. – **3.** einer Sache (ihren) ~ zollen *fig.* a) (*einer Sache Opfer bringen*) to make sacrifices to s.th., b) (*etwas gebührend anerkennen*) to pay tribute to s.th. — **~,ab,kom·men** *n hist.* agreement on tribute. — **~,last** *f* burden of tribute.

tri'but,pflich·tig *adj hist.* (j-m to s.o.) tributary: j-n ~ machen to lay s.o. under tribute, to impose (*od.* lay) a tribute (up)on s.o. — **Tri'but,pflich·tig·keit** *f* ⟨-; *no pl*⟩ obligation to pay tribute.

Tri'but,zah·lung *f hist.* payment of tribute.

Tri·ceps ['tri:tsɛps] *m* ⟨-; -e⟩ *med. cf.* Trizeps.

Tri·chi·ne [trı'çi:nə] *f* ⟨-; -n⟩ *zo. vet.* trichina, trichinella (*Trichina spiralis*).

Tri'chi·nen|,krank·heit *f med. vet. cf.* Trichinose. — **~,schau** *f vet.* examination for trichinosis.

tri·chi·nös [trıçi'nø:s] *adj vet.* (*Schweinefleisch etc*) trichinous, trichiniferous.

Tri·chi·no·se [trıçi'no:zə] *f* ⟨-; -n⟩ *med. vet.* trichinosis, trichinasis, trichinellosis, trichinelliasis.

Tri·chi·no·skop [trıçino'sko:p] *n* ⟨-s; -e⟩ *med.* trichinoscope.

Tri'chlor|äthy,len [tri'klo:r-] *n chem.* trichloroethylene ($CHClCCl_2$). — **~,es·sig,säu·re** *f* trichloroacetic (*auch* trichloracetic) acid (CCl_2COOH).

Tri·chom [trı'ço:m] *n* ⟨-s; -e⟩ *bot.* hair; trichome, trichoma (*scient.*).

Tri·cho·mo'na·den·be,fall [trıçomo'na:dən-] *m med.* trichomoniasis.

Tri·cho·phy·tie [trıçofy'ti:] *f* ⟨-; -n [-ən]⟩ *med.* trichophytosis, tinea.

Tri·cho·se [trı'ço:zə] *f* ⟨-; -n⟩ *med. cf.* Haarkrankheit.

Tri·cho·spo·rie [trıçospo'ri:] *f* ⟨-; -n [-ən]⟩ *med.* trichomycosis, piedra, trichosporosis tropica.

Tri·cho·to·mie [trıçoto'mi:] *f* ⟨-; *no pl*⟩ *philos.* trichotomy. — **tri·cho'to·misch** [-'to:mıʃ] *adj* trichotomic, trichotomous.

Trich·ter ['trıçtər] *m* ⟨-s; -⟩ **1.** funnel, filler: etwas durch einen ~ gießen to pour s.th. through a funnel. – **2.** *fig. colloq.* (*in Wendungen wie*) jetzt bin ich auf den (richtigen) ~ gekommen I have it now, I'm on the right track now, I'm (*od.* I have got) on to it now; j-n auf den ~ bringen to start (*od.* get) s.o. off on the right foot; der Nürnberger ~ *humor.* the royal road to learning. – **3.** (*eines Vulkans, einer Granate, einer Bombe etc*) crater. – **4.** *tech.* a) (*Aufgabetrichter*) feeding hopper, b) (*Mahltrichter*) hopper. – **5.** *metall.* a) (*in Gießerei*) funnel, gate, downgate, sprue, b) (*für Stumpfschweißung von Rohren*) bell, c) (*eines Hochofens*) cone, hopper. – **6.** *mus.* (*Schalltrichter der Blasinstrumente*) bell, pavilion. – **7.** (*eines Lautsprechers etc*) horn. – **8.** (*als Sprachrohr*) megaphone. – **9.** *tel.* a) trumpet, b) (*Sprechtrichter*) mouthpiece. – **10.** *auto.* (*des Vergasers*) choke. – **11.** *med.* (*des Zwischenhirns*) infundibulum. – **12.** *bot.* (*einer Blüte*) funnel-shaped corolla. – **13.** *zo.* (*Bewegungsglied der Kopffüßer*) (jet propulsion) funnel. – **14.** *geogr. cf.* Trichtermündung 1. — **~,brust** *f med.* funnel chest (*od.* breast). — **~,feld** *n mil.* shell-torn (*od.* shelled, shell-pitted, shell-pocked) ground (*od.* area). — **t~,för·mig** *adj* funnel-shaped; infundibular, infundibulate, infundibuliform (*scient.*). — **~ge,wöl·be** *n arch.* fan vaulting. — **~,laut,spre·cher** *m electr.* horn-type loudspeaker, cone speaker.

'Trich·ter·ling *m* ⟨-s; -e⟩ *bot.* (*Blätterpilz*) clitocybe (*Gattg Clitocybe*).

'Trich·ter|,lun·ker *m metall.* pipe, axial cavity. — **~,mün·dung** *f* **1.** *geogr.* (*eines Flusses*) estuary. – **2.** *metall.* (*in der Gießerei*) gate opening.

trich·tern ['trıçtərn] *v/t* ⟨h⟩ pour (*s.th.*) through a funnel (*od.* filler).

'Trich·ter|,spin·ne *f zo.* grass spider, funnel weaver, agalena (*scient.*) (*Fam. Agalenidae*). — **~,wa·gen** *m* (*railway*) (*für Schüttgut*) traveling (*bes. Br.* travelling) loading hopper. — **~,wick·ler** *m zo. cf.* Blattroller. — **~,win·de** *f bot.* morning glory; ipomaea, ipomoea (*scient.*) (*Gattg Ipomoea, bes. I. purpurea*).

Trick [trık] *m* ⟨-s; -s, *auch* -e⟩ **1.** (*Kniff*) trick: einen ~ anwenden to use a trick; einen ~ für etwas haben to have (*od.* know) a trick for doing s.th.; das ist der ganze ~ *colloq.* that's all there is to it. – **2.** (*Dreh*) knack: den ~ heraushaben to have (got) the knack of it, to have the know-how (*colloq.*). – **3.** (*List, Täuschung*) trick, game, ruse, artifice, sleight (of hand), man(o)euver, *bes. Br.* manœuvre, dodge (*colloq.*): keine ~s! none of your tricks (*od.* dodges)! sie kennt alle ~s she is up to all the dodges (*od.* every dodge, every game); mit allerlei ~s with all sorts of tricks (*od.* ruses); er fiel auf den billigsten ~ herein he fell for the cheapest trick; ein raffinierter ~ a clever trick; ein neuer ~, den Gegner zu täuschen (*sport*) a new trick (*od.* dodge, artifice, feint) in deceiving the opponent; rhetorische ~s rhetorical tricks, strategems of rhetoric; der ~ eines Schwindlers the trick (*od. sl.* hanky-panky) of a swindler. – **4.** (*eines Zauberkünstlers*) trick, act: da ist ein ~ dabei there is a trick in it; einen ~ vorführen to perform a trick. – **5.** (*Reklametrick*) gag; stunt, gimmick (*colloq.*). – **6.** (*Stich über Sechs im Whist*) trick. – **7.** (*sport*) a) (*beim Wasserski-Figurenlauf*) trick, b) (*beim Ringen*) chip. – **8.** (*film*) special effect(s *pl*), animation.

'Trick|,auf,nah·me *f* **1.** (*film*) trick shot. – **2.** (*beim Tonband*) trick recording. — **~be,trü·ger** *m* trickster.

'Trick,film *m* (*film*) **1.** trick (*od.* stunt) film. – **2.** *cf.* Zeichentrickfilm. — **~,zeich·ner** *m* cartoon-film artist, cartoonist, animator. — **~,zeich·nung** *f* cartoon-film drawing, animation.

trick·sen ['trıksən] *v/i* ⟨h⟩ *colloq.* (*bes. beim Fußball*) feint, trick.

'Trick|,sze·ne *f* (*film*) trick scene. — **~,ta·ste** *f* (*des Tonbandgeräts etc*) trick button. — **~,tisch** *m* (*film*) cartoon camera bench, rostrum bench, animation board. — **~,ti·tel** *m* animated title (*od.* caption). — **~,über,blen·dung** *f* **1.** (*film*) animation superimposition. – **2.** *telev.* split-screen effect.

Trick·track ['trık,trak; ,trık'trak] *n* ⟨-s; -s⟩ (*games*) trictrac, *auch* tricktrack, backgammon.

tri·cus·pi·dal [trikuspi'da:l] *adj med. cf.* trikuspidal.

tri·cy·klisch [tri'tsy:klıʃ] *adj bes. chem.* (*Verbindung etc*) tricyclic.

Tri·dent [tri'dɛnt] *m* ⟨-(e)s; -e⟩ (*Dreizack, bes. des Poseidon*) trident.

tri·den·ti·nisch [tridɛn'ti:nıʃ] *adj* Tridentine, of Trent: das T~e Konzil *röm.kath. hist. cf.* Tridentinum; das T~e Glaubensbekenntnis *röm.kath. hist.* the Tridentine profession of faith.

Tri·den·ti·num, das [tridɛn'ti:num] ⟨-s⟩ *röm.kath. hist.* the Council of Trent.

Tri·du·um ['tri:duum] *n* ⟨-s; -duen [-dŭən]⟩ triduum, triduo (*a term of three days*).

Tri·dy·mit [tridy'mi:t; -'mıt] *m* ⟨-(e)s; -e⟩ *chem. min.* silicon dioxide, tridymite (SiO_2).

trieb [tri:p] *1 u. 3 sg pret of* treiben[1].

Trieb[1] *m* ⟨-(e)s; -e⟩ **1.** *bot. agr.* (*Schößling*) (young) shoot, sprout: junge ~e growth *sg*; erster [zweiter] ~ first [second] shoot; geile ~e rank growth *sg* (*od.* shoots), proud branches. – **2.** *bot.* (*Keimkraft*) germinating power, growth.

Trieb[2] *m* ⟨-(e)s; -e⟩ **1.** (*Instinkt*) instinct: natürlicher ~ (natural) instinct; dem ~ der Natur gehorchen to follow one's natural instinct; von seinen niederen ~en beherrscht werden to be dominated by one's lower instincts; der böse, zerstörerische ~ des Menschen the evil destructive instinct of man. – **2.** (*innerer Antrieb*) impulse: einem inneren (dunklen) ~ folgen to follow (*od.* act on) an inner impulse; aus eigenem ~ of one's own accord, spontaneously; krankhafter ~ morbid impulse. – **3.** (*Drang*) urge, compulsion, drive, motive, need: einen unwiderstehlichen ~ zur Macht fühlen to feel an irresistible urge for power. – **4.** (*Wunsch, Verlangen*) desire, urge: seine (sinnlichen) ~e befriedigen [zügeln, beherrschen] to gratify [bridle, curb] one's (sensual) desire; er gibt seinen ~en zu sehr nach he yields too easily to his sensual desire. – **5.** (*Geschlechtstrieb*) sexual drive (*od.* instinct), libido (*scient.*). – **6.** (*Fortpflanzungstrieb*) instinct of propagation, reproductive instinct (*od.* drive). – **7.** (*Selbsterhaltungstrieb*) (instinct of) self-preservation. – **8.** ich habe nicht den geringsten ~ dazu I don't feel like (doing) it at all. – **9.** (*Hang*) propensity, tendency, inclination: er hat einen ~ zum Verbrechen he has a propensity for crime, he has criminal tendencies (*od.* inclinations). – **10.** *fig.* (*treibende Kraft*) driving force. – **11.** *tech.* a) drive, transmission, b) (*über Zahnräder*) gear drive, gearing, c) (*Triebling*) pinion.

'Trieb|,ach·se *f tech.* driving (*od.* live) axle. — **t~,ar·tig** *adj psych.* instinctive, instinctual, impulsive. — **~be,frie·di·gung** *f* gratification of instinct. — **~,fahr,zeug** *n* **1.** (*railway*) a) tractive (*od.* motive-power) unit, b) *pl* tractive stock *sg.* – **2.** *auto.* motor vehicle. — **~,fe·der** *f* **1.** *tech.* mainspring, spiral power spring, elastic (*od.* master, driving, motive) spring. – **2.** (*der Uhr*) driving spring. – **3.** *fig.* mainspring, prime mover, motive: die ~ sein von etwas to be at the bottom of s.th.; Haß und Neid waren die ~n seines Handelns hatred and envy were the mainspring of his actions.

'trieb·haft I *adj psych.* **1.** instinctual, instinctive. – **2.** carnal: ein ~er Mensch a carnal person, a person who is a slave to his instincts. – **3.** (*Handeln, Handlung*) carnal, sexually motivated. – **II** *adv* **4.** ~ handeln to act on an (instinctive) impulse. — **'Trieb·haf·tig·keit** *f* ⟨-; *no pl*⟩ instinctiveness.

'Trieb|,hand·lung *f psych.* instinctive act (*od.* behavior, *bes. Br.* behaviour), instinctual (*od.* affective) act. — **~,knos·pe** *f bot.* leaf bud. — **~kon,flikt** *m psych.* conflict between instincts (*od.* drives). — **~,kraft** *f* **1.** *fig.* (*treibende Kraft*) driving (*od.* motive) force. – **2.** *psych.* impulse, driving force, motive. – **3.** *tech.* driving (*od.* motive) power (*od.* force), propelling force. – **4.** *bot.* germinating (*od.* vegetative) power, growth, vegetativeness. — **~,le·ben** *n psych.* **1.** instinctive (*od.* instinctual) life. – **2.** (*Sexualleben*) sex life: ein starkes ~ haben to have (*od.* lead) a very active sex life.

Trieb·ling ['tri:plıŋ] *m* ⟨-s; -e⟩ *tech.* (*Ritzel*) (drive) pinion.

'trieb,mä·ßig *adj psych.* **1.** instinctive, instinctual, impulsive. – **2.** (*libidinös*) libidinal.

'Trieb|,mit·tel *n cf.* Treibmittel. — **~,rad** *n tech.* **1.** (*als Maschinenantrieb*) driving wheel, driver. – **2.** (*eines Getriebes*) pinion, driving gear. — **~,sand** *m mar. cf.* Treibsand. — ~ˌsphä·re *f psych.* instinctual sphere. — ~ˌstahl *m* (*watchmaking*) pinion steel (*od.* wire). — ~ˌstan·ge *f tech. cf.* Pleuelstange. — ~ˌstock *m* lantern gear. — ~ˌtä·ter *m jur. psych. cf.* Triebverbrecher. — ~verˌbre·chen *n* sex crime. — ~verˌbre·cher *m* sex offender. — ~verˌdrän·gung *f psych.* drive displacement.

'Triebˌwa·gen *m* **1.** (*railway*) railcar, motor (rail) coach, autorail, self-propelled carriage: elektrischer ~ electric railcar. – **2.** (*einer Straßenbahn*) tramcar, motor car (*od.* carriage), prime mover. – **3.** *auto.* (*Zugwagen*) tractor vehicle. — ~ˌzug *m Br.* railway-motor train, *Am.* railroad motor train.

'Triebˌwel·le *f* **1.** *tech.* drive (*od.* driving) shaft. – **2.** *auto.* pinion shaft.

'Triebˌwerk *n* **1.** *aer.* a) (*Flugtriebwerk*) aero-engine, b) (*mit Hilfsgeräten*) power plant (*od.* unit). – **2.** (*space*) (*einer Rakete*) engine, motor. – **3.** *tech.* a) (*Antriebsvorrichtung*) gear (*od.* driving) mechanism, b) (*Getriebe*) gear (drive), transmission, c) (*Motor*) engine, d) (*eines Wassermessers*) clockwork, counting mechanism. – **4.** *mil.* (*eines Panzers*) power plant. — ~ˌbün·del *n* (*space*) (engine) cluster.

Tri'eder·binˌokel [tri'ˀeːdər-] *n* (*optics*) (*Prismenbinokel*) binocular telescope, prism binoculars *pl* (*sometimes construed as sg*).

'Trief|ˌau·ge *n med.* blear (*od.* watering) eye; lippitude, marginal blepharitis (*scient.*). — t~ˌäu·gig *adj* blear(y)-eyed, bleared.

trie·fen ['triːfən] **I** *v/i* ⟨trieft, triefte, *lit. auch* troff, getrieft, *rare* getroffen, h *u.* sein⟩ **1.** ⟨h *u.* sein⟩ drip: er trieft vor (*od.* von) Schweiß he is dripping with perspiration, perspiration is rolling off him; der Schweiß triefte ihm von der Stirn the perspiration was dripping from (*od.* rolling off) his forehead. – **2.** ⟨h⟩ (*tropfnaß sein*) be dripping (*od.* soaking, *colloq.* sopping) wet: sein Mantel [er] triefte vor (*od.* von) Nässe his coat [he] was dripping (*od.* soaking) wet. – **3.** ⟨sein⟩ (*tröpfeln*) trickle, ooze: aus der Wunde troff Blut blood trickled from the wound. – **4.** ⟨h⟩ (*von Augen*) water, run. – **5.** ⟨h⟩ (*von Nase*) run. – **6.** ⟨h⟩ *fig.* be stained: seine Hände trieften von Blut his hands were stained with blood. – **7.** ⟨h⟩ *fig. meist iron.* gush, ooze: sie trieft vor Freundlichkeit she gushes with friendliness; er trieft von Weisheit he overflows with wisdom. – **8.** ⟨h⟩ (*von Kerze*) gutter. – **II T~** *n* ⟨-s⟩ **9.** *verbal noun.* — **'trie·fend I** *pres p.* – **II** *adj* **1.** dripping (*od.* soaking, *colloq.* sopping) (wet). – **2.** (*Augen*) watering, blear(y), bleared. – **3.** (*Nase*) running, runny. – **III** *adv* **4.** er ist ~ naß he is dripping (*od.* soaking, *colloq.* sopping) wet, he is absolutely soaked (*od.* drenched).

'Trief|ˌna·se *f med.* running (*od.* runny) nose. — t~ˌna·sig [-ˌnaːzɪç] *adj* runny-nosed, with a running (*od.* runny) nose. — t~'naß *adj* dripping (*od.* soaking, *colloq.* sopping) wet, absolutely soaked (*od.* drenched).

Triel [triːl] *m* ⟨-(e)s; -e⟩ *zo.* stone curlew, thick-knee (*Burhinus oedicnemus*).

trie·len ['triːlən] *v/i* ⟨h⟩ *Southwestern G. dial.* slobber (*od.* drivel) over (*od.* on) oneself. — **'Trie·ler** *m* ⟨-s; -⟩ bib.

Tri·en·ni·um [tri'ɛnĭʊm] *n* ⟨-s; -nien⟩ *obs.* period (*od.* space) of three years, triennial period, triennium: akademisches ~ three-year university course.

Trie·re [tri'eːrə] *f* ⟨-; -n⟩ *mar. antiq.* [trireme.]

Trie·rer ['triːrər] *m* ⟨-s; -⟩ native (*od.* inhabitant) of Treves.

'trie·risch *adj* of Treves.

Tri·eur [tri'øːr] *m* ⟨-s; -e⟩ *agr. tech.* (*zur Getreidereinigung u. Saatgutaufbereitung*) cereal-seed dresser.

trie·zen ['triːtsən] *v/t* ⟨h⟩ *colloq.* **1.** (*quälen*) plague, pester, badger, bother. – **2.** (*necken*) 'rag', 'rib' (*beide colloq.*), tease. – **3.** (*ärgern*) annoy, vex, irritate.

triff [trɪf] *imp sg*, **triffst** [trɪfst] *2 sg pres*, **trifft** [trɪft] *3 sg pres of* treffen.

Tri·fo·li·um [tri'foːlĭʊm] *n* ⟨-s; -lien⟩ *bot.* trefoil, trifolium (*scient.*) (*Gattg Trifolium*).

Trift [trɪft] *f* ⟨-; -en⟩ **1.** *agr.* a) driving of cattle to pasture, b) (*Weg zur Weide*) cattle track, driveway, passage for cattle, c) (*Weide*) pasture, pasturage. – **2.** (*forestry*) drifting (of timber in wild water), (*im Fluß*) stream (*od.* log) driving. – **3.** *mar. cf.* Drift[1]. — ~ˌeis *n cf.* Treibeis.

trif·ten ['trɪftən] *v/t* ⟨h⟩ (*Baumstämme*) drift, drive.

'Triftˌholz *n* (*forestry*) *cf.* Treibholz.

'trif·tig[1] *adj mar.* drifting, adrift (*pred*): der Anker ist ~ the anchor drives.

'trif·tig[2] *adj* **1.** (*stichhaltig*) valid, sound, strong: aus ~en Gründen for good reasons; er muß einen ~en Grund haben he must have good (*od.* a sound) reason. – **2.** (*gewichtig*) weighty, important. – **3.** (*zwingend*) cogent. – **4.** (*überzeugend*) convincing, conclusive. – **5.** (*ausreichend*) satisfactory. – **6.** (*einleuchtend*) plausible.

'Trif·tig·keit *f* ⟨-; *no pl*⟩ **1.** validity, soundness, strength. – **2.** weight(iness), importance. – **3.** cogency. – **4.** convincingness, conclusiveness. – **5.** satisfactoriness. – **6.** plausibility.

Tri·ga ['triːga] *f* ⟨-; -s *u.* -gen⟩ (*Dreigespann*) triga, three-horse team.

Tri·ge·mi·nus [tri'geːminʊs] *m* ⟨-; -mini [-ni]⟩, ~ˌnerv *m med.* trigeminus, trigeminal (*od.* fifth cranial) nerve. — ~neur·alˌgie *f* trigeminal (*od.* trifacial) neuralgia, prospalgia.

Trig·ger ['trɪgər; 'trɪgə] (*Engl.*) *m* ⟨-s; -⟩ *electr.* trigger.

Tri·glyph [tri'glyːf] *m* ⟨-s; -e⟩, **Tri'gly·phe** *f* ⟨-; -n⟩ *arch. antiq.* (*eines dorischen Tempels*) triglyph.

tri·go·nal [trigo'naːl] *adj math. min.* trigonal. — T~aspekt [-ˀasˌpɛkt] *m astrol.* (*zweier Gestirne*) trine. — T~ˌzahl *f math.* trigonal number.

Tri·go·no·me·trie [trigonome'triː] *f* ⟨-; *no pl*⟩ *math.* trigonometry: ebene ~ plane trigonometry; sphärische ~ spherical trigonometry, spherics *pl* (*construed as sg*). — **tri·go·no'me·trisch** [-'meːtrɪʃ] *adj* trigonometric, *auch* trigonometrical: ~e Funktion trigonometric function (*auch* ratio); ~er Punkt triangulation (*od.* trigonometric) point.

Tri·kar'bonˌsäu·reˌzy·klus [trikar'boːn-] *m chem. cf.* Zitronensäurezyklus.

tri·klin [tri'kliːn], **tri'kli·nisch** *adj min.* triclinic, anorthic, triclinohedric.

Tri·ko·lo·re [triko'loːrə] *f* ⟨-; -n⟩ tricolor, *bes. Br.* tricolour.

Tri·kot[1] [tri'koː; 'trɪko] *n* ⟨-s; -s⟩ **1.** (*der Akrobaten, Tänzer etc*) leotard, maillot, (*langes*) *auch* tights *pl*: fleischfarbenes ~ flesh-colo(u)red tights *pl*, fleshings *pl*. – **2.** (*der Turnerinnen*) leotard. – **3.** (*bei Fußball, Radrennen*) shirt, jersey, T-shirt: das Gelbe ~ (*des Spitzenreiters bei der Tour de France*) the yellow jersey. – **4.** (*Turnhemd*) vest, T-shirt, *bes. Br.* singlet, jersey. – **5.** *obs.* bathing suit, maillot.

Tri·kot[2] [tri'koː; 'trɪko] *m*, *rare n* ⟨-s; -s⟩ (*textile*) (*Wirkwaren*) tricot.

Tri·ko·ta·gen [triko'taːʒən] *pl* (*textile*) knitted garments, knitwear *sg*: die Herstellung von ~ the manufacture of knitted goods.

Tri'kot|ˌhemd *n* vest, T-shirt, *bes. Br.* singlet. — ~ˌwa·re *f* (*textile*) **1.** *cf.* Trikot[2]. – **2.** *pl cf.* Trikotagen. — ~ˌwä·sche *f* tricot underwear.

tri·kus·pi·dal [trikuspi'daːl] *adj med.* tricuspid. — T~ˌin·suf·fi·zi·enz *f* tricuspid insufficiency. — T~ˌklap·pe *f* (*des Herzens*) tricuspid valve.

Tri·lith [tri'liːt; -'lɪt] *m* ⟨-s; -en⟩ *archeol.* [trilith(on).]

Tril·ler ['trɪlər] *m* ⟨-s; -⟩ **1.** *mus.* trill, *auch* thrill, shake. – **2.** (*der Lerchen etc*) warble, trill, *auch* thrill, roll. – **3.** einen ~ (unter dem Pony) haben *fig. colloq.* to be not all there (*od.* not right in the head), to be daft (*alle colloq.*).

tril·lern ['trɪlərn] **I** *v/i* ⟨h⟩ **1.** *mus.* trill, shake, quaver. – **2.** (*von Lerchen etc*) warble, trill, roll. – **3.** (*auf einer Signal-, Trillerpfeife*) blow shrilly, trill. – **II** *v/impers* **4.** bei ihm trillert es wohl *fig. colloq.* he is not all there (*od.* not right in the head), he is daft (*alle colloq.*). – **III T~** *n* ⟨-s⟩ **5.** *verbal noun.* – **6.** *cf.* Triller 2: das T~ der Lerche the warble of the lark.

'Tril·lerˌpfei·fe *f* thunderer whistle.

Tril·li·ar·de [trɪ'lĭardə] *f* ⟨-; -n⟩ *Am.* sextillion, *Br.* a thousand trillions.

Tril·li·on [trɪ'lĭoːn] *f* ⟨-; -en⟩ *Am.* quintillion, *Br.* trillion.

Tri·lo·bit [trilo'biːt; -'bɪt] *m* ⟨-en; -en⟩ *meist pl zo.* (*fossiler Krebs*) trilobite (*Klasse Trilobita*).

Tri·lo·gie [trilo'giː] *f* ⟨-; -n [-ən]⟩ (*literature*) trilogy.

Tri·me·ster [tri'mɛstər] *n* ⟨-s; -⟩ **1.** trimester. – **2.** *ped.* three-month term, *bes. Am.* trimester.

Tri·me·ter ['triːmetər] *m* ⟨-s; -⟩ *metr.* trimeter. — **tri·me·trisch** [tri'meːtrɪʃ] *adj* trimetric(al).

Trimm [trɪm] *m* ⟨-(e)s; *no pl*⟩ **1.** *mar.* trim: das Schiff ist gut in ~ she ship is in good trim. – **2.** *aer. cf.* Trimmung 3a. — ~ˌach·se *f* trimming axis. — ~ak·tiˌon *f* (*sport*) keep-fit program (*bes. Br.* programme). — ~ˌanˌzei·ger *m aer. cf.* Trimmungsanzeiger.

trim·men ['trɪmən] **I** *v/t* ⟨h⟩ **1.** *aer. mar.* trim. – **2.** *electr.* (*radio*) trim, track. – **3.** (*Hunde*) trim, clip. – **4.** *colloq.* (*Motor etc*) (auf *acc* to) tune (*s.th.*) up. – **5.** *colloq.* (*zurechtmachen*) do up: das Lokal ist auf Wildwest getrimmt the restaurant is done up in wild West style. – **6.** j-n ~ *colloq.* (*Sportler etc*) to condition s.o., to put (*od.* get) s.o. into shape. – **II** *v/reflex* sich ~ **7.** (*sport*) *colloq.* (für for) keep fit, do keep-fit exercises. – **III T~** *n* ⟨-s⟩ **8.** *verbal noun.* – **9.** *tech.* (*eines Schwingkreises*) trim, track. – **10.** *nucl.* shimming. – **11.** *colloq.* (*Motors etc*) tune-up.

'Trim·mer *m* ⟨-s; -⟩ **1.** *mar.* (*Kohlentrimmer*) trimmer. – **2.** *electr.* (*radio*) (*Kondensator*) trimmer (capacitor), padding capacitor.

'Trimm|ˌklap·pe *f aer.* trim(ming) tab (*od.* flap). — ~kon·denˌsa·tor *m electr.* (*radio*) *cf.* Trimmer 2. — ~ˌpfad *m* (*sport*) *an outdoor path used for performing a physical* (*od.* body) *fitness program(me).* — ~ˌru·der *n* **1.** *aer. cf.* Trimmklappe. – **2.** (*einer Rakete*) external control vane. – **3.** *aer.* balance tab. — ~spiˌra·le *f* (*sport*) *chart showing the exercises performed of a keep-fit program(me).* — ~ˌstab *m nucl.* shim rod. — ~ˌtank *m mar.* trim(ming) tank.

'Trim·mung *f* ⟨-; *no pl*⟩ **1.** *cf.* Trimmen. – **2.** *mar.* trim. – **3.** *aer.* a) (*Zustand*) trim, b) (*Anlage*) trim system.

'Trim·mungsˌanˌzei·ger *m aer.* trim position indicator, trim meter.

'Trimmˌwi·derˌstand *m electr.* trimming resistor.

tri·morph [tri'mɔrf] *adj bot.* (*Blüten etc*) trimorphic. — **Tri·mor'phis·mus** [-'fɪsmʊs] *m* ⟨-; *no pl*⟩ trimorphism.

Tri·ne ['triːnə] *f* ⟨-; *rare* -n⟩ *Northern G. only in* dumme ~ *colloq. contempt.* silly goose.

Tri·ni·ta·ri·er [trini'taːrĭər] *m* ⟨-s; -⟩ *röm. kath.* Trinitarian. — **tri·ni'ta·risch** [-rɪʃ] *adj* Trinitarian.

Tri·ni'tät [-'tɛːt] *f* ⟨-; *no pl*⟩ *relig.* Trinity.

Tri·ni·ta·tis [trini'taːtɪs] *m* ⟨*undeclined*⟩ (der Sonntag) ~ *relig.* Trinity Sunday. — ~ˌfest *n cf.* Trinitatis.

Tri·ni·tro|ben·zol [trinitrobɛn'tsoːl] *n chem.* trinitrobenzene ($C_6H_3(NO_2)_3$). — ~kre'sol [-kre'zoːl] *n* trinitrocresol [$(NO_2)_3C_6H$-$(CH_3)OH$]. — ~phe'nol [-fe'noːl] *n cf.* Pikrinsäure. — ~to·lu'ol [-to'lŭoːl] *n* (*Sprengstoff*) trinitrotoluene, TNT (CH_3-$C_6H_2(NO_2)_3$).

'trink·bar *adj* **1.** (*Wasser etc*) drinkable, potable. – **2.** *colloq.* (*Wein etc*) drinkable. — **'Trink·bar·keit** *f* ⟨-; *no pl*⟩ drinkableness, potability, potableness.

'Trink|ˌbe·cher *m* drinking cup. — ~ˌbranntˌwein *m* potable spirits *pl.* — ~ˌbrun·nen *m* (water) fountain.

trin·ken ['trɪŋkən] **I** *v/t* ⟨trinkt, trank, getrunken, h⟩ **1.** drink, have: (ein Glas) Milch ~ to drink (a glass of) milk; Tee ~ to drink (*od.* have) tea; was ~ Sie? what would you like to drink? what will you have? er trank einen Liter (Bier) he drank two pints (of beer); ich möchte (gern) etwas ~ I'd like (to have) s.th. to drink, I'd like to have a drink; etwas in einem Zug ~ to drink s.th. in one gulp, to toss down s.th., *Br. sl.* to knock back s.th.; ein Glas [eine Flasche] leer ~ to empty a glass [a bottle]; der Wein läßt sich ~ *colloq.* the wine is drinkable; Wasser aus der hohlen Hand ~ to drink water from one's cupped hand; ~ wir noch ein Gläschen (*od.* noch eins) let's have another drink (*od. colloq.* peg); er trinkt den Whisky pur he drinks (*od.* takes) his whisk(e)y neat (*bes. Br.* straight); → abwarten 4; Brüderschaft 1; Durst 1; Tisch 1. – **2.** (*dem Alkohol zusprechen*) drink, tipple: es wurde an diesem Abend viel getrunken a lot of drinking (*Am. colloq. auch* liquoring [up]) went on that evening; er trinkt gern einen (*od.* eins) he is fond of a drop, he likes a drink now and then; ich möchte lieber nichts ~ I'd rather not have anything to drink. – **3.** *fig. bes. poet.* drink in, *auch* imbibe: die Erde trinkt den Regen *poet.* the soil drinks in the rain. – **II** *v/i* **4.** drink: er trank aus einem Glas [aus der Flasche] he drank out of (*od.* from) a glass [from the bottle]; in langen Zügen ~ to take long drafts (*bes. Br.* draughts), to quaff; an einer Quelle ~ to drink from a spring; sie trank in kleinen Schlucken she drank in sips, she sipped. – **5.** (*bes. von Vögeln, Wild etc*) drink, (*von Pferden etc*) *auch* water. – **6.** (*dem Alkohol zusprechen*) drink, *Am. colloq. auch* liquor (up): sie hatten schon am Morgen getrunken they had already been drinking (*od.* tippling) in the morning, they had already had a drink in the morning; er war es nicht gewohnt, auf nüchternen Magen zu ~ he was not used to drinking on an empty stomach; sie haben tüchtig getrunken they consumed a lot of liquor; sie hatten bis zum frühen Morgen getrunken they had caroused until the morning. – **7.** auf j-n [etwas] ~ to drink to (*od.* to toast) s.o. [s.th.]: ich trinke auf Ihr Wohl (*od.* auf Ihre Gesundheit) I drink (to) your health; worauf wollen wir ~? what shall we drink to (*od.* toast)? darauf müssen wir ~! we'll have to celebrate that! – **8.** (*der Trunksucht verfallen sein*) drink, tipple, be fond of (*od.* go on, take to) the bottle (*colloq.*), *Am. colloq. auch* liquor (up), (*stärker*) to be a heavy (*od.* hard) drinker, to be a drunkard: ihr Mann trinkt her husband drinks (*od.* is a heavy drinker). – **9.** (*von Baby an der Mutterbrust*) suck ([at] the breast). – **III** *v/reflex* sich ~ **10.** (*in Wendungen wie*) sich toll und voll ~ to drink to one's heart's content; er hat sich um den Verstand getrunken he drank himself silly (*od. colloq.* daft); er hat sich zu Tode getrunken he drank himself to death; er hat sich arm getrunken he drank every penny he had. – **IV T~** *n* ⟨-s⟩ **11.** *verbal noun*: sich (*dat*) das T~ angewöhnen to take to drinking (*od. colloq.* to the bottle), to get into the habit of drinking; durch vieles T~ from excessive drinking (*od.* tippling); → Essen[1] 5; Essen[2] 1.

'Trin·ker *m* ⟨-s; -⟩ heavy (*od.* hard) drinker, (*Säufer*) drunkard, alcoholic, dipsomaniac: er ist ein gewohnheitsmäßiger ~ he is a habitual drunkard (*od.* drinker), he is an a alcoholic. — **~deˌmenz** *f psych.* alcoholic dementia. — **~ˌfürˌsor·ge** *f cf.* Alkoholikerfürsorge. — **~ˌheilˌanˌstalt, ~ˌheilˌstät·te** *f* institution for the cure of alcoholics.

'Trin·ke·rin *f* ⟨-; -nen⟩ *cf.* Trinker.

'Trin·ker|ˌle·ber *f med.* hobnail liver. — **~psyˌcho·se** *f psych.* alcoholic psychosis.

'trink|ˌfaul *adj only in* ~er Säugling lazy feeder. — **~ˌfest** *adj only in* ~ sein *colloq.* to hold one's liquor well, to be able to carry a lot (*colloq.*).

'Trink|ˌfla·sche *f* **1.** water bottle (*od.* flask, canteen) with a cup. – **2.** (*für Baby*) feeding (*od.* nursing) bottle. — **~geˌfäß** *n* drinking vessel, can. — **~geˌla·ge** *n* drinking bout (*od.* spree), binge, carouse, carousal. — **~ˌgeld** *n* tip, gratuity: j-m (ein) ~ geben to tip s.o., to give s.o. a tip; ~ inbegriffen gratuity included; ein ordentliches ~ a good (*od. colloq.* decent) tip; etwas für ein ~ tun *fig.* to do s.th. for a mere pittance (*od.* for next to nothing). — **~ˌglas** *n* (drinking) glass, tumbler. — **~ˌhal·le** *f* **1.** (*in Heilbädern*) pump room. – **2.** (*auf Jahrmärkten, auf der Straße etc*) refreshment stall (*od.* booth). — **~ˌhalm** *m* (drinking) straw. — **~ˌhorn** *n obs.* drinking horn. — **~kumˌpan** *m colloq.* drinking mate (*od.* crony, *colloq.* pal). — **~ˌkur** *f med.* mineral water cure: eine ~ machen to take the waters. — **~ˌlied** *n* drinking song, wassail (*lit.*). — **~ˌmilch** *f gastr.* certified milk. — **~ˌnapf** *m* (*für Vögel*) fountain. — **~ˌscha·le** *f* bowl, drinking cup. — **~ˌspruch** *m* toast: einen ~ auf j-n ausbringen to propose (*od.* give) a toast to s.o. — **~ˌstu·be** *f* taproom.

'Trinkˌwas·ser *n* drinking (*od.* fresh, potable) water: kein ~! (*Aufschrift*) no drinking water. — **~ˌauf·beˌrei·tungsˌanˌla·ge** *f tech.* drinking water conditioning plant. — **~beˌhäl·ter** *m* fresh water tank. — **~ˌnot** *f* shortage of drinking water. — **~verˌseu·chung** *f* contamination of drinking water. — **~verˌsor·gung** *f* drinking water supply.

'Trinkˌzwang *m* obligation to order alcoholic beverages (*od.* drinks).

Tri·nom [tri'noːm] *n* ⟨-s; -e⟩ *bes. math.* trinomial. — **tri'no·misch** *adj* trinomial.

Trio ['triːo] *n* ⟨-s; -s⟩ **1.** *mus.* (*Musikstück u. Ausführende*) trio. – **2.** *fig. contempt.* trio, triumvirate: ein fideles ~ *humor.* a merry trio; nach dem Einbruch wurde das ~ verhaftet the trio was (*od.* were) arrested after the burglary.

Tri·ode [tri'oːdə] *f* ⟨-; -n⟩ *electr.* triode, three-electrode tube (*bes. Br.* valve).

Trio·le [tri'oːlə] *f* ⟨-; -n⟩ *mus.* triplet.

Trio·lett [trio'lɛt] *n* ⟨-(e)s; -e⟩ *metr.* triolet.

'Trio|soˌna·te *f mus. hist.* sonata a tre, sonata of three parts. — **~ˌwalzˌwerk** *n metall.* three-high mill.

Trip [trɪp] (*Engl.*) *m* ⟨-s; -s⟩ **1.** (*kurze, bes. unvorbereitete Reise*) trip: wir machten einen ~ nach Wien we went on a trip to Vienna. – **2.** *fig. colloq.* (*mit Rauschgift*) trip: auf einen ~ gehen to take a trip.

'Tri·pel|al·liˌanz ['triːpəl-] *f pol. hist.* Triple Alliance (*bes. 1882*). — **~enˌten·te** *f* Triple Entente (*bes. 1907*). — **~ˌfu·ge** *f mus.* triple fugue. — **~ˌpunkt** *m chem. phys.* (*in der Ballistik*) triple point. — **~ˌtakt** *m mus.* triple time.

Tri·phe'nyl|meˌthan [trife'nyːl-] *n chem.* triphenylmethane ($CH(C_6H_5)_3$). — **~phosˌphat** *n* triphenyl phosphine [$(C_6H_5)_3PO_4$].

Tri·phthong [trɪf'tɔŋ] *m* ⟨-s; -e⟩ *ling.* triphthong.

tri·plie·ren [tri'pliːrən] *v/t u.* sich ~ *v/reflex* ⟨*no* ge-, h⟩ *obs. for* verdreifachen.

Tri·plik [tri'pliːk] *f* ⟨-; -en⟩ *jur. rare* surrejoinder.

Tri·pli·kat [tripli'kaːt] *n* ⟨-(e)s; -e⟩ *rare* triplicate.

Tri·pli·zi·tät [triplitsi'tɛːt] *f* ⟨-; *no pl*⟩ *rare* (*dreifaches Vorkommen*) triplicity.

'Trip·maˌdam *f* ⟨-; -en⟩ *bot.* stone orpine, dwarf houseleek (*Sedum rupestre*).

Tri·po·die [tripo'diː] *f* ⟨-; -n [-ən]⟩ *metr.* tripody.

trip·peln ['trɪpəln] **I** *v/i* ⟨sein⟩ **1.** trip, mince along: sie trippelte vor uns her she minced (*od.* tripped) along in front of us. – **2.** (*von kleinen Kindern*) toddle: das Kind kam zu mir getrippelt the child came toddling over to me. – **3.** (*von Hunden etc*) trot. – **II T~** *n* ⟨-s⟩ **4.** *verbal noun.* – **5.** *cf.* Getrippel.

trip·pen ['trɪpən] *v/i* ⟨h⟩ *Low G. for* tropfen I.

Trip·per ['trɪpər] *m* ⟨-s; -⟩ *med.* gonorrh(o)ea, (the) clap (*colloq.*).

'trippˌtrapp *interj* **1.** (*Geräusch von Pferdehufen*) clip-clop, clippety-clop. – **2.** (*von Kindern*) pitter-patter, pit-(a-)pat: das Kind ging ~ die Treppe hinunter the child (pitter-)pattered (*od.* went pitter-patter, pit-a-pat) down the stairs.

'Tripp-ˌtrapp *n* ⟨-s; *no pl*⟩ **1.** (*von Pferdehufen*) clip-clop, clippety-clop. – **2.** (*von Kinderfüßen etc*) pitter-patter, pit-a-pat.

Trip·tan [trɪp'taːn] *n* ⟨-s; -e⟩ *chem.* triptane [$(CH_3)_3CCH(CH_3)_2$].

Tri·ptik ['trɪptɪk], **Tri·ptyk** ['trɪptʏk] *n* ⟨-s; -s⟩ (*für Kraftfahrzeuge etc*) triptyque, *auch* tryptique, tryptyque.

Tri·pty·chon ['trɪptʏçɔn] *n* ⟨-s; -chen *u.* -cha [-ça]⟩ (*dreiteiliger Altaraufsatz*) triptych, *auch* triptich.

Tri·pus ['triːpʊs] *m* ⟨-; -poden [tri'poːdən]⟩ (*Dreifuß*) tripod.

Tri·sac·cha·rid [trizaxa'riːt] *n* ⟨-s; *no pl*⟩ *chem.* trisaccharide.

Tris'azo,farbˌstof·fe [tri'zatso-] *pl chem.* trisazo dyes.

Tris·mus ['trɪsmʊs] *m* ⟨-; *no pl*⟩ *med.* (*Kiefersperre*) lockjaw, trismus (*scient.*).

trist [trɪst] *adj* (*Häuser, Ort, Stimmung, Leben etc*) dismal, dreary, *auch* drear, cheerless, bleak: eine ~e Gegend a bleak (*od.* dismal) place; ~es Wetter dismal (*od.* murky, mirky) weather.

Tri·ste ['trɪstə] *f* ⟨-; -n⟩ *Bavarian, Austrian and Swiss agr.* hay (*od.* straw) heaped round a pole.

Tri·sti·chon ['trɪstɪçɔn] *m* ⟨-s; -chen⟩ *metr.* tristich.

Trit·ago·nist [tritago'nɪst] *m* ⟨-en; -en⟩ *antiq.* (*theater*) tritagonist.

Tri·the·is·mus [trite'ɪsmʊs] *m* ⟨-; *no pl*⟩ *relig.* tritheism.

Tri·ti·um ['triːtsɪʊm] *n* ⟨-s; *no pl*⟩ *chem.* tritium, heavy hydrogen (T).

Tri·ton[1] ['triːtɔn] *npr m* ⟨-en [tri'toːnən]; -en [tri'toːnən]⟩ *myth.* triton, *auch* Triton (*Greek sea deity*).

'Tri·ton[2] *n* ⟨-s; -en⟩ *nucl.* (*Kern eines Tritiumatoms*) triton.

Tri·to·nie [tri'toːnɪə] *f* ⟨-; -n⟩ *bot.* tritonia, montbretia (*Gattg Tritonia*).

'Tri·tonsˌhorn *n* **1.** *myth.* Triton's horn (*od.* trumpet). – **2.** *zo.* great triton, sea trumpet (*Tritonium tritonis*; *seashell*).

Tri·to·nus ['triːtonʊs] *m* ⟨-; *no pl*⟩ *mus.* tritone.

tritt [trɪt] *imp sg u. 3 sg pres of* treten.

Tritt *m* ⟨-(e)s; -e⟩ **1.** (*hörbarer Schritt*) footstep, footfall: er hörte leise ~e he heard faint footsteps (*od.* hushed footfalls). – **2.** ~e im Schnee [Sand] a) (*Fußspur*) footprints (*od.* footmarks, footsteps, treads) in the snow [sand], b) (*Fährte von Wild*) track *sg* (*od.* trace *sg*, trail *sg*) in the snow [sand]. – **3.** (*Fußtritt*) kick: j-m einen ~ geben (*od.* versetzen) a) to give s.o. a kick, to kick s.o., b) *fig.* to kick s.o. out, to give s.o. the push(-off) (*od.* the sack) (*alle colloq.*); ein ~ in den Hintern *colloq.* a kick in the backside (*od.* pants) (*colloq.*); die Tür mit einem ~ öffnen to kick the door open. – **4.** (*eines Pferdes*) kick. – **5.** (*Schritt*) tread, step, pace: j-n an seinem ~ erkennen to recognize s.o. by his step; einen leichten [schweren] ~ haben to have a light [heavy] tread (*od.* step). – **6.** (*beim Bergsteigen etc*) step, pace, tread: einen sicheren ~ haben to be surefooted; einen falschen ~ tun a) to miss one's step, b) to go over on (*od.* turn) one's ankle. – **7.** *bes. mil.* (*Gleichschritt*) step: im ~! in step! im ~ marschieren to march in step; im falschen ~ out of step; ~ fassen to fall in(to) step; ~ halten *auch fig.* (mit with) to keep (in) step, to keep pace; aus dem ~ geraten (*od.* kommen) a) to get out of step, b) *fig.* not to be in form; ohne ~, marsch! *Br.* march, at ease! break step! *Am.* route step, march! ohne ~ marschieren (*auf Brücke*) to break step. – **8.** (*Stufe, Sprosse*) step, rung: vom ~ abrutschen to slip off the step. – **9.** *cf.* Trittbrett 1, 2. – **10.** (*kleine Stehleiter*) step stool. – **11.** (*erhöhter Platz im Raum, Plattform*) raised area (*od.* flooring), platform, pace. – **12.** (*einer Nähmaschine, eines Webstuhls, Spinnrads etc*) treadle, pedal. – **13.** *hunt.* (*der Hühner, Tauben etc*) a) footprint, b) (*Fuß*) foot.

'Tritt|ˌbrett *n* **1.** (*beim Wagen*) running board, footboard. – **2.** (*bei der Kutsche*) carriage step, footstep. – **3.** (*bei Straßenbahn etc*) step. — **~ˌei·sen** *n hunt.* steel (*od.* spring) trap. — **t~ˌfest** *adj* (*Teppich, Rasen*) hard-wearing, durable. — **~ˌflä·che** *f* (*einer Stufe, Leiter etc*) tread. — **~ˌhocker** (*getr.* -k·k-) *m* step stool. — **~ˌlei·ter** *f* stepladder, steps *pl*, pair of steps.

trittst [trɪtst] *2 sg pres of* treten.

Tri·umph [tri'ʊmf] *m* ⟨-(e)s; -e⟩ **1.** (*Sieg, Erfolg*) (über *acc* over) triumph, victory: das war ein ~ für ihn this was a great triumph (*od.* victory) for him; der Sänger feierte ~e the singer achieved great triumphs; ein ~ der Medizin a triumph of medical science; ein ~ über seine Schwäche a victory over one's weakness. – **2.** (*Genugtuung*) triumph: in seiner Miene spiegelte sich der ~ über die Niederlage seines Gegners there was (an expression of) triumph on his face at (*od.* over) the defeat of his opponent. – **3.** im ~ a) (*im festlichen Zug*) in a triumphal procession, b) *antiq.* in triumph, triumphantly: j-n im ~ durch die Straßen geleiten to lead s.o. through the streets in a triumphal procession.

tri·um·phal [trium'faːl] *adj* (*Einzug, Empfang etc*) triumphant, triumphal.

Tri·um·pha·tor [triʊm'faːtor] *m* ⟨-s; -en [-fa'toːrən]⟩ *antiq.* triumphator, triumphant victor.

Tri'umph|ˌbo·gen *m arch.* triumphal arch. — **~geˌheul** *n* cheers *pl* (*od.* shouts *pl*) of triumph. — **t~geˌkrönt** *adj* crowned with success (*od.* triumph). — **~geˌsang** *m* triumphal (*od.* triumphant) song.

tri·um·phie·ren [triumˈfiːrən] *v/i* ⟨*no* ge-, h⟩ (über *acc*) **1.** (*frohlocken*) triumph (over), exult (over, in), glory (in), (*hämisch*) gloat (over): **sie triumphierte innerlich** she triumphed inwardly; **triumphiere nicht zu früh!** *colloq.* don't triumph too soon, don't count your chickens before they are hatched; **sie triumphierten über ihr Glück** they exulted (*od.* gloried) in their good luck. – **2.** (*siegen*) triumph (over): **er triumphierte über seine Gegner** he triumphed over his opponents. – **3.** (*die Oberhand, das Übergewicht haben*) prevail (over, against), be triumphant (over) (*lit.*): **am Ende triumphierte die Gerechtigkeit** justice prevailed in the end. — **tri·um-ˈphie·rend I** *pres p.* – **II** *adj* **1.** (*Gesichtsausdruck, Lächeln etc*) triumphant, exultant, (*stärker*) cock-a-hoop (*colloq.*). – **2.** die ~e Kirche *röm.kath.* (the) church triumphant. – **III** *adv* **3.** „ich hatte recht", sagte er ~ "I was right," he said triumphantly.

Triˈumph|ˌkreuz *n röm.kath.* triumphal cross. — **~ˌmarsch** *m mus.* triumphal march. — **~ˌwa·gen** *m antiq.* triumphal chariot. — **~ˌzug** *m* triumphal procession.

Tri·um·vir [triˈʊmvɪr] *m* ⟨-s *u.* -n; -n⟩ *antiq.* triumvir.

Tri·um·vi·rat [triumviˈraːt] *n* ⟨-(e)s; -e⟩ *antiq.* triumvirate.

tri·va·lent [trivaˈlɛnt] *adj chem.* trivalent, tervalent.

tri·vi·al [triˈvi̯aːl] *adj* **1.** (*abgedroschen, banal*) trite, commonplace, banal, hackneyed: eine ~e Bemerkung a trite remark, a banality, a commonplace, a truism. – **2.** (*alltäglich, gewöhnlich*) trivial, ordinary, common: **ein großes Ereignis in ihrem sonst so ~en Leben** a great event in her otherwise trivial life. – **3.** (*unwichtig, unerheblich*) trivial, petty, insignificant: **ein ~er Einwand** a trivial objection. — **Tri·via·liˈtät** [-vi̯aliˈtɛːt] *f* ⟨-; -en⟩ **1.** ⟨*only sg*⟩ (*Abgedroschenheit*) triteness, commonplaceness, banality. – **2.** ⟨*only sg*⟩ (*Alltäglichkeit*) triviality, ordinariness, commonness. – **3.** ⟨*only sg*⟩ (*Unerheblichkeit*) triviality, pettiness, insignificance. – **4.** (*banale Äußerung*) banality, commonplace, truism.

Tri·viˈal·li·te·raˌtur *f* **1.** *cf.* Unterhaltungsliteratur. – **2.** light fiction (*highly improbable in plot and written in trite style*). – **3.** *cf.* Schundliteratur.

Tri·vi·um [ˈtriːvi̯ʊm] *n* ⟨-s; *no pl*⟩ *ped. hist.* trivium.

Tri·zeps [ˈtriːtsɛps] *m* ⟨-; -e⟩ *med.* triceps.

tro·chä·isch [trɔˈxɛːɪʃ] *adj metr.* trochaic: ~e Verse trochaic lines, trochaics.

Tro·chan·ter [trɔˈxantər] *m* ⟨-s; -⟩ *med. zo.* trochanter.

Tro·chä·us [trɔˈxɛːʊs] *m* ⟨-; -chäen⟩ *metr.* trochee, trochaic.

Tro·chi·lus [ˈtrɔxilʊs] *m* ⟨-; -chilen [-ˈxiːlən]⟩ *arch. antiq.* (*an ionischen Säulenbasen*) trochilus.

Tro·chit [trɔˈxiːt; -ˈxɪt] *m* ⟨-s *u.* -en; -en⟩ *geol.* (*Versteinerung*) trochite. — **Tro-ˈchi·tenˌkalk** *m* crinoidal limestone.

Troch·lea [ˈtrɔxlea] *f* ⟨-; -leae [-leɛ]⟩ *med. zo.* trochlea.

troch·le·ar [trɔxleˈaːr] *adj bot. med. zo.* trochlear. — **T~ˌnerv** *m med.* trochlear nerve.

Tro·choi·de [trɔxoˈiːdə] *f* ⟨-; -n⟩ *math.* trochoid.

Tro·cho·pho·ra [trɔˈxoːfora] *f* ⟨-; -phoren [-xoˈfoːrən]⟩, **~ˌlar·ve** *f zo.* (*Larve der Ringelwürmer*) trochophore.

trocken (*getr.* -k·k-) [ˈtrɔkən] **I** *adj* ⟨trock(e)ner; -st⟩ **1.** (*Klima, Luft, Jahreszeit, Handtuch, Haare etc*) dry: **trock(e)nes Brot** a) dry bread, b) (*altes*) stale bread, c) (*ohne Belag*) plain bread; **trock(e)nes Holz** a) dry wood, b) (*abgelagertes*) seasoned wood; **trock(e)ne Schuhe und Strümpfe anziehen** to put on dry shoes and socks; **trock(e)nen Fußes nach Hause kommen** to get home dry(-shod); **das Heu ~ einfahren** *agr.* to bring the hay in dry; **das Schiff liegt ~** *mar.* the ship is in dry dock (*Br.* dry-dock); **das Schiff liegt hoch und ~** *mar.* the ship is high and dry (*od.* has stranded, has run aground); **noch nicht ~ hinter den Ohren sein** *fig. colloq.* to be still wet (*od.* not yet dry) behind the ears, to be still green; **~ Brot macht Wangen rot** (*Sprichwort*) *etwa* simple fare gives you a healthy complexion; → Faden[1] 1; Kehle 1. – **2.** (*Boden, Land etc*) dry, arid. – **3.** (*Husten*) dry, unproductive: **ein ~er Husten** a dry cough, a hack. – **4.** (*ohne Tränen*) dry, tearless: **ein ~es Schluchzen** a dry sob; **~en Auges zusehen** to watch without shedding a tear; → Auge 1. – **5.** (*ohne Getränke, ohne Alkohol*) dry: **~e Party** dry party; **~ dasitzen** to sit without a drink; **~es Gedeck** *gastr.* meal excluding beverages. – **6.** (*Wein, Wermut etc*) dry: **ein trock(e)ner Sekt** a dry champagne. – **7.** *fig.* (*Lektüre, Fach, Zahlen, Menschen etc*) dry, dull, tedious, jejune, dryasdust (*attrib*). – **8.** *fig.* (*Humor, Witz etc*) dry: **er hat so eine trock(e)ne Art, Witze zu erzählen** he has a way of telling dry jokes. – **9.** *chem.* (*als Reaktionsbedingung*) anhydrous. – **10.** *chem. tech.* (*Destillation*) dry, destructive. – **11.** *agr.* (*Kuh etc*) dry. – **12.** **~er Wechsel** *econ.* promissory note. – **13.** *bot.* (*Pflanzen*) xerophilous. – **14.** **mit einer ~en Rechten schlug er ihn k.o.** (*sport*) *colloq.* he knocked him out with a sharp right(-hander). – **II** *adv* **15.** **~ aufbewahren!** (*Aufschrift*) keep dry (*od.* in a dry place); **etwas kühl und ~ aufbewahren** to keep s.th. in a cool dry place; **sich ~ rasieren** to dry-shave. – **16.** dry(ly), *auch* drily, wryly: **etwas ~ bemerken** to remark s.th. dryly. – **17.** (*langweilig*) dryly: **er schreibt sehr ~** he has a very tedious style. – **III T~e, das** ⟨-n⟩ **18.** **auf dem Trock(e)nen stehen** to be on a dry spot; **im Trock(e)nen sein** (*od.* **sitzen**) to be out of the rain. – **19.** (*mit Kleinschreibung*) *fig. colloq.* (*in Wendungen wie*) **auf dem trockenen sitzen** (*od.* **sein**) a) to be stranded, to be in low water, b) to be short of funds; **im trockenen sein** (*geborgen sein*) to be in safety, to be out of the wood(s); → Schäfchen 1.

ˈTrocken|ˌanˌla·ge (*getr.* -k·k-) *f* **1.** *tech.* drying plant (*od.* equipment). – **2.** *cf.* Trocknungsanlage 2. — **~ap·paˌrat** *m* **1.** *tech.* drying apparatus. – **2.** *chem.* desiccator. – **3.** (*paper*) festoon dryer (*auch* drier). — **~ˌbag·ger** *m tech.* excavator. — **~bat·teˌrie** *f electr.* dry (cell) battery, *auch* dry cell. — **~ˌbee·renˌausˌle·se** *f gastr.* *choice wine made from selected grapes left to partly-dry on the vine.* — **~ˌbett** *n geogr.* dry stream bed, dry (*od.* dead) valley. — **~beˌwirt·schaf·tung** *f agr.* dry farming. — **~ˌblu·me** *f bot. cf.* Strohblume. — **~-ˌbo·den** *m* drying loft. — **~ˌbrett** *n* (*für Keramik etc*) pallet, drying board. — **~ˌdampf** *m tech.* dry steam. — **~de·stil·la·tiˌon** *f chem. tech.* **1.** dry distillation. – **2.** (*von Kohle*) destructive distillation, carbonization *Br. auch* -s-, coking. — **~ˌdock** *n mar.* dry dock, *Br.* dry-dock, graving dock: **ein Schiff ins ~ bringen** to dry-dock a ship. — **~ˌei** *n gastr.* dried (*od.* dehydrated) egg. — **~ˌeis** *n* **1.** Dry Ice (*TM*). – **2.** *tech.* carbon-dioxide snow. — **~eleˌment** *n electr.* dry cell. — **~ˌfar·be** *f* (*paints*) dry (*od.* pastel) color (*bes. Br.* colour). — **~ˌfarm** *f agr.* dry farm. — **~ˌfäu·le** *f bot. cf.* Baumfäule. — **~ˌfil·ter** *n, m tech.* dry filter. — **~ˌfir·nis** *m* (*paints*) siccative varnish. — **~ˌfleisch** *n gastr.* dried beef. — **~ˌflie·ge** *f* (*sport*) (*zum Angeln*) dry fly. — **~ˌfracht** *f mar.* dry cargo (*od.* freight). — **~ˌfrach·ter** *m*, **~ˌfrachtˌschiff** *n* dry-cargo carrier (*od.* vessel). — **~ˌfut·ter** *n agr.* provender, dry feed. — **~ˌfüt·te·rung** *f* stall-feeding. — **~geˌbiet** *n geogr.* arid region (*od.* district). — **~geˌfrie·ren** *n* ⟨-s; *no pl*⟩ *gastr.* dehydro-freezing. — **~geˌhalt** *m* dry content. — **~-geˌmü·se** *n gastr.* dried (*od.* dehydrated) vegetables *pl.* — **~geˌstell** *n* **1.** drying frame. – **2.** (*für Wäsche*) clotheshorse, *Br.* clothes-horse. – **3.** (*für Handtücher*) towel rack (*od.* horse). – **4.** (*für Fische etc*) hack, flake. — **~geˌwicht** *n econ.* dry weight. — **~gleich-ˌrich·ter** *m electr.* dry disk (*od.* disc, plate) rectifier, metal oxide (*auch* oxyde) rectifier. — **~ˌgrünˌfut·ter** *n agr.* dried forage (*od.* green) fodder. — **~ˌguß** *m metall.* dry sand casting. — **~ˌhau·be** *f* **1.** hair dryer (*auch* drier). – **2.** (*für Haartrockner*) drying hood. — **t~ˌhäu·tig** *adj bot.* scarious, *auch* scariose. — **~ˌhe·fe** *f gastr.* dry yeast.

ˈTrocken·heit (*getr.* -k·k-) *f* ⟨-; *no pl*⟩ **1.** dryness. – **2.** (*des Klimas, eines Landes etc*) dryness, aridity. – **3.** (*Dürre*) drought. – **4.** *fig.* (*Langweiligkeit*) dryness, dul(l)ness, tediousness, jejuneness. – **5.** *med.* (*der Haut*) xerosis.

ˈTrocken|ˌhohlˌmaß (*getr.* -k·k-) *n cf.* Trockenmaß. — **~ˌkam·mer** *f tech.* drying chamber. — **~karˌtof·feln** *pl gastr.* dried (*od.* dehydrated) potatoes. — **~-ˌkle·beˌpres·se** *f* (*film*) dry film splicer. — **~ˌkost** *f med.* dry diet. — **~ˌkupp·lung** *f tech.* dry clutch. — **~ˌkurs** *m* (*sport*) *cf.* Trockenskikurs. — **~ˌla·dung** *f econ.* dry cargo. — **~ˌlaufˌei·gen·schaft** *f tech.* dry-running quality. — **t~ˌle·gen I** *v/t* ⟨*sep*, -ge-, h⟩ **1.** einen Säugling ~ *Am.* to diaper an infant, to change an infant's diaper (*bes. Br.* napkin, *colloq.* nappy, nappie), to change an infant. – **2.** (*Moor, Sumpf etc*) drain, dewater. – **II T~** *n* ⟨-s⟩ **3.** *verbal noun.* — **~ˌle·gung** *f* ⟨-; -en⟩ **1.** *cf.* Trockenlegen. – **2.** (*eines Moors, Sumpfes etc*) drainage. — **~ˌlei·ne** *f* clothesline, *Br.* clothes-line. — **~ˌlö·schen** *n tech.* (*in Kokerei*) dry quenching. — **~ˌluft** *f* dry air. — **~-ma·leˌrei** *f* (*art*) crayon drawing (*od.* sketching), *auch* chalking-out. — **~maˌschi·ne** *f tech.* extractor. — **~ˌmaß** *n* dry measure. — **~masˌsa·ge** *f med.* massage without application of lubricating oils. — **~ˌmas·se** *f agr.* dry matter. — **~ˌmau·er** *f* pack wall. — **~ˌmilch** *f gastr.* dried (*od.* powdered, desiccated) milk, milk powder. — **~-ˌmit·tel** *n* **1.** *tech.* dry (*od.* drying) agent. – **2.** (*paints*) siccative. – **3.** *med.* desiccant, siccative. – **4.** *chem.* dehydrating agent. — **~ˌobst** *n gastr.* dried (*od.* dehydrated) fruit. — **~ˌofen** *m* **1.** *tech.* drying oven (*od.* kiln), baking oven, drying furnace. – **2.** (*wood*) seasoning kiln. — **~ˌöl** *n* drying oil, dryer, *auch* drier. — **~parˌtie** *f* (*paper*) dryer (*auch* drier) part, dry end. — **~pe·riˌode** *f meteor.* dry spell, drought. — **~ˌpflan·ze** *f bot.* xerophyte, xerophytic plant. — **~ˌplas·ma** *n med. pharm.* dried plasma. — **~ˌplatz** *m* place for drying laundry. — **~ˌprä·pa·rat** *n med. pharm.* dry preparation. — **~ˌpul·ver** *n* drying powder. — **~ˌrah·men** *m* (*textile*) tenter. — **~ra-ˌsie·rer** *m* ⟨-s; -⟩ *colloq.* **1.** (*Gerät*) dry shaver. – **2.** (*Person*) dry shaver: **ich bin ~** I dry-shave. — **~raˌsur** *f* dry shave. — **~ˌraum** *m* **1.** *tech.* baking oven, drying (*od.* dry, hot-air) room. – **2.** (*paper*) drying loft. – **3.** room for drying laundry. — **t~-ˌrei·ben** *v/t* ⟨*irr, sep*, -ge-, h⟩ rub (*s.th.*) dry. — **~ˌrei·bung** *f tech.* dry friction. — **~re·siˌstenz** *f* drought resistance. — **~ˌriß** *m geol.* mud crack. — **~ˌrohr** *n chem. tech.* drying tube. — **~ˌru·dern** *n* (*sport*) practice on the rowing machine (*od.* simulator). — **~schamˌpun** *n* dry shampoo. — **~-ˌschei·benˌkupp·lung** *f tech.* dry-plate clutch. — **~ˌschleu·der** *f* **1.** *tech.* (*auch für Wäsche*) spin dryer (*auch* drier). – **2.** *chem.* centrifugal dryer (*auch* drier), hydro-extractor, *Br.* hydro-extractor. — **~-ˌschliff** *m tech.* dry grinding. — **~ˌschmier-ˌmit·tel** *n* dry lubricant. — **~ˌschnee-ˌar·ten** *pl* types of dry (*od.* light) snow. — **~ˌschrank** *m* drying (*od.* airing) cupboard. — **~shamˌpoo** *n* dry shampoo. — **t~-ˌsit·zen** *v/i* ⟨*irr, sep*, -ge-, h *u.* sein⟩ *colloq.* be left without a drink: **j-n ~ lassen** to offer s.o. no refreshment. — **~ˌski-ˌkurs** *m* (*sport*) dry skiing (course *od.* instruction). — **~ˌspi·ri·tus** *m chem.* white coal. — **~ˌstän·der** *m* (*für Wäsche etc*) *cf.* Trockengestell 2, 3. — **~ˌstan·ge** *f* clothespole, *Br.* clothes-pole. — **~ˌstar·re** *f med. biol.* anabiosis. — **~ˌstäu·ben** *n agr.* dry dusting. — **t~ˌste·hen** *v/i* ⟨*irr, sep*, -ge-, h *u.* sein⟩ *agr.* (*von Kühen*) be dry, give no milk. — **~ˌstem·pel** *m print.* embossed seal. — **~ˌstoff** *m chem.* (*paints*) dryer, *auch* drier, siccative. — **~subˌstanz** *f* dry substance, solid matter. — **~ˌtal** *n geogr. cf.* Trockenbett. — **~trans·for-ˌma·tor** *m electr.* dry(-type) (*od.* air-cooled) transformer. — **~ˌtrom·mel** *f* drying drum, rotary dryer (*auch* drier). — **~ˌtuch** *n cf.* Abtrockentuch. — **~ˌtuff** *m geol.* dry tuff. — **t~ˌtup·fen** *v/t* ⟨*sep*, -ge-, h⟩ sponge (*od.* dab) (*s.th.*) dry. — **~ˌturm** *m* **1.** (*zur Kohleaufbereitung*) drainage bunker. – **2.** (*für Lederbehandlung*) turret dryer (*auch* drier). — **~verˌfah·ren** *n* drying process. — **~verˌlust** *m* loss in drying. — **~ˌvorˌrich·tung** *f* dryer, *auch* drier, drying apparatus. — **~ˌwald** *m bot.* savanna(h) (forest). — **~ˌwä·sche** *f* **1.** (*Waschmethode*) dry wash. – **2.** (*Wäsche*) roughdry (*Br.* rough-dry) clothes *pl*, dry washing (*Am.* wash). – **3.** *metall.* dry scrubbing. — **t~ˌwi·schen** *v/t* ⟨*sep*, -ge-, h⟩ wipe (*s.th.*) dry. — **t~ˌwoh·nen** *v/t* ⟨*sep*, -ge-, h⟩ ein Haus ~ to be the first occupant of a newly built house. — **~ˌzeit** *f* **1.** drying time. – **2.** *geogr.* dry season, period of drought (*od.* prolonged dry weather), *auch* dry spell. — **~ˌzel·le** *f electr. cf.* Trockenelement. — **~zen·triˌfu·ge** *f tech.* dry centrifuge. — **~zyˌlin·der** *m* (*paper*) drying (*od.* desiccating) cylinder.

trock·nen ['trɔknən] **I** *v/i* ⟨sein⟩ **1.** dry, become (*od.* get) dry: schnell ~ to dry quickly; etwas trocknet in der Sonne [an der frischen Luft] s.th. dries in the sun [in the open air]. – **II** *v/t* ⟨h⟩ **2.** dry: Wäsche ~ to dry linen; Holz ~ a) to dry wood, b) (*durch spezielle Lagerung*) to season wood; sich (*dat*) den Schweiß von der Stirn ~ to dry (*od.* wipe) the perspiration off one's forehead; seine Tränen ~ to dry one's tears. – **3.** (*Früchte, Kräuter etc*) dry, desiccate, dehydrate. – **4.** *tech.* a) dry, b) (*Steine*) kiln. – **5.** *metall.* (*in der Gießerei*) (*Kerne*) bake. – **6.** *cf.* trockenlegen 2. – **III T~** *n* ⟨-s⟩ **7.** *verbal noun*: etwas zum T~ aufhängen to hang s.th. up to dry. – **8.** *cf.* Trocknung. — **'trock·nend I** *pres p.* – **II** *adj chem.* drying, desiccative, desiccatory, desiccant, siccative: ~e Öle drying oils.

'Trock·ner *m* ⟨-s; -⟩ dryer, *auch* drier, desiccator.

'Trock·nung *f* ⟨-; *no pl*⟩ **1.** *cf.* Trocknen. – **2.** drying process, desiccation, dehydration.

'Trock·nungsˌanˌla·ge *f* **1.** *tech.* drying plant. – **2.** *agr.* drying installation, dehydrator, dryer, *auch* drier.

Trod·del ['trɔdəl] *f* ⟨-; -n⟩ **1.** tassel, tuft. – **2.** *mil.* (*am Degengriff*) sword knot. — **~ˌblu·me** *f bot.* soldanel, soldanella (*Gattg Soldanella*). — **~ˌmüt·ze** *f* cap with a tassel (*od.* tuft).

Trö·del ['trøːdəl] *m* ⟨-s; *no pl*⟩ **1.** (*Altwaren*) junk, secondhand (*Br.* second-hand) articles *pl* (*od.* goods *pl*). – **2.** *colloq. contempt.* (*billiger, wertloser Kram*) junk, trash, rubbish, jumble: ich würde den ganzen ~ wegwerfen I would get rid of all that junk. — **~ˌbu·de** *f colloq. contempt.* junk shop (*bes. Am.* store).

Trö·de'lei *f* ⟨-; *no pl*⟩ *colloq. cf.* Trödeln.

'Trö·del|ˌfritz *m* ⟨-en; -en⟩, **~ˌfrit·ze** *m colloq. contempt.* slow coach, *bes. Am.* slowpoke, dawdler, dillydallier. — **~ˌhan·del** *m* secondhand (*Br.* second-hand) trade. — **~ˌhänd·ler** *m cf.* Trödler 1.

'trö·de·lig *adj colloq.* dawdling, slow, lackadaisical.

'Trö·del|ˌkram *m colloq. contempt. cf.* Trödel 2. — **~ˌla·den** *m* secondhand (*Br.* second-hand) (*od.* junk) shop (*bes. Am.* store). — **~ˌlie·se** *f colloq. contempt.* slow coach, *bes. Am.* slowpoke, dawdler, dillydallier. — **~ˌmarkt** *m colloq.* jumble (*od.* flea) market, *auch* flea fair.

trö·deln ['trøːdəln] **I** *v/i* ⟨h *u.* sein⟩ *colloq.* **1.** ⟨h⟩ dawdle, dillydally, linger: er hat schon immer bei der Arbeit getrödelt he has always dawdled with his work; trödel nicht so! stop dawdling! – **2.** ⟨sein⟩ (*langsam gehen*) dawdle: wir sind nach Hause getrödelt we dawdled (off) home. – **II T~** *n* ⟨-s⟩ **3.** *verbal noun.*

'Trö·delˌwa·ren *pl* secondhand (*Br.* second-hand) goods (*od.* articles), junk *sg.*

'Tröd·ler *m* ⟨-s; -⟩ **1.** secondhand (*Br.* second-hand) (*od.* junk) dealer. – **2.** (*für gebrauchte Kleidung*) old-clothesman. – **3.** *colloq.* (*langsamer Mensch*) dawdler, dillydallier, slow coach, *bes. Am.* slowpoke.

'Tröd·le·rin *f* ⟨-; -nen⟩ *cf.* Trödler 1, 3.

'Tröd·lerˌschnecke (*getr.* -k·k-) *f zo.* carrier (shell) (*Gattg Xenophora*).

Tro·er ['troːər] *m* ⟨-s; -⟩ *cf.* Trojaner.

troff [trɔf] *1 u. 3 sg pret lit.*, **tröf·fe** ['trœfə] *1 u. 3 sg pret subj lit. of* triefen.

trog [troːk] *1 u. 3 sg pret of* trügen.

Trog *m* ⟨-(e)s; =e⟩ **1.** (*Wasch-, Futter-, Backtrog etc*) trough. – **2.** (*Bottich*) vat. – **3.** (*des Maurers*) mason's hod. – **4.** *tech.* (*eines Schleifsteins*) frame. – **5.** (*paper*) vat, pan. – **6.** *electr.* (*einer Batterie*) tray. — **~bat·teˌrie** *f electr.* trough battery.

trö·ge ['trøːgə] *1 u. 3 sg pret subj of* trügen.

Tro·glo·dyt [troglo'dyːt] *m* ⟨-en; -en⟩ (*Höhlenbewohner*) troglodyte.

'Trogˌmu·schel *f zo.* solid surf clam (*Mactra solidissima*).

Tro·gon ['troːgɔn] *m* ⟨-s; -s *u.* -ten [tro'gɔntən]⟩ *zo.* trogon (*Ordng Trogones*).

T-ˌRohr ['teː-] *n tech.* T-tube, T-pipe.

Troi·ka ['trɔʏka] *f* ⟨-; -s⟩ (*russ. Gespann aus drei Pferden*) troika.

tro·isch ['troːɪʃ] *adj cf.* trojanisch.

Tro·ja·ner [tro'jaːnər] *m* ⟨-s; -⟩ *antiq.* Trojan, Dardanian.

tro'ja·nisch *adj* Trojan, Dardanian: der T~e Krieg the Trojan War; das T~e Pferd the Trojan horse.

Tro·kar [tro'kaːr] *m* ⟨-s; -e *u.* -s⟩ *med.* (*Stichinstrument*) trocar, *auch* trochar.

Troll [trɔl] *m* ⟨-(e)s; -e⟩ *myth.* (*Kobold*) troll.

'Trollˌblu·me *f bot.* (European) globeflower (*Trollius europaeus*).

trol·len ['trɔlən] *v/reflex* ⟨h⟩ sich ~ *colloq.* toddle (*od.* trot) off: troll dich! be off (with you)!

'Trol·leyˌbus ['trɔli-] *m* (*Oberleitungsbus*) trolleybus.

Trom·be ['trɔmbə] *f* ⟨-; -n⟩ *meteor.* **1.** (*Wasserhose*) waterspout. – **2.** (*Sand-, Windhose*) dust devil (*od.* whirl), sand spout.

Trom·mel ['trɔməl] *f* ⟨-; -n⟩ **1.** *mus.* drum: große ~ big (*od.* bass) drum; kleine ~ side (*Am. auch* snare) drum; die ~ schlagen (*od.* rühren) to beat (*od.* play) the drum; die ~ für etwas [j-n] rühren *fig. colloq.* to beat the drum for s.th. [s.o.]; mein Bauch ist wie eine ~ *colloq.* a) (*aufgebläht*) my stomach is like a balloon, b) (*nach zu reichlichem Essen*) my stomach is like a drum. – **2.** *tech.* a) (*zylindrischer Behälter*) drum, barrel, b) (*der Waschmaschine*) drum, tumbler, c) *der Trockenschleuder*) (drying) drum, rotary dryer (*auch* drier), d) (*Seiltrommel*) (cable) drum, e) (*einer Schraublehre*) barrel, f) (*des Revolverkopfes eines Drehautomaten*) round turret head, g) (*der Zentrifuge*) centrifugal, h) (*einer Bremse*) (brake) drum, i) (*der Spinnmaschine*) drum (cylinder), barrel, j) (*des Revolvers*) drum magazine. – **3.** *electr.* (*für Kabel*) reel. – **4.** magnetische ~ (*Speicher im Computer*) magnetic drum. – **5.** *arch.* a) (*einer Kuppel*) drum, tambour, b) (*eines Kapitells*) tambour, c) (*des Säulenschafts*) cylindrical piece, drum. – **6.** *med.* (*des Ohrs*) eardrum, tympanum (*scient.*). – **7.** *cf.* Botanisierbüchse.

'Trom·mel|ˌan·ker *m electr.* drum armature. — **~ˌbauch** *m med.* potbelly, *Br.* pot-belly, abdominal distension (*scient.*). — **~ˌbrem·se** *f tech.* drum brake.

Trom·me'lei *f* ⟨-; *no pl*⟩ *contempt.* (continual) drumming: die ~ geht mir auf die Nerven this drumming is getting on my nerves.

'Trom·melˌfell *n* **1.** *med.* eardrum, tympanic membrane (*scient.*). – **2.** *mus.* drumhead, drumskin. — **~entˌzün·dung** *f med.* tympanitis, myringitis. — **t~erˌschüt·ternd** *adj colloq.* (*Lärm, Gelächter etc*) earsplitting, *Br.* ear-splitting, deafening. — **~per·fo·ra·tiˌon** *f med.* perforation of the eardrum; myringotomy, tympanotomy (*scient.*). — **~reˌflex** *m* Politzer's cone.

'Trom·mel|ˌfeu·er *n* **1.** *mil.* drumfire, heavy barrage. – **2.** *fig.* volley, barrage, drumfire: ein ~ von Fragen prasselte auf ihn nieder he was bombarded with questions. — **~ˌfisch** *m zo.* freshwater drum (*Aplodinotus grunniens*). — **t~ˌför·mig** *adj* drum-shaped, cylindrical. — **~konˌver·ter** *m metall.* barrel converter. — **~ˌkör·per** *m mus.* body of a drum. — **~ma·gaˌzin** *n* (*des Gewehrs*) drum magazine, ammunition drum.

trom·meln ['trɔməln] **I** *v/i* ⟨h⟩ **1.** (*die Trommel schlagen*) (beat the) drum. – **2.** (*mit den Fingern, auf einen Gegenstand etc*) drum: er trommelte nervös (mit den Fingern) auf dem Tisch he drummed nervously (with his fingers) on the table, he beat the devil's tattoo. – **3.** (*mit den Fäusten*) drum, bang, hammer, beat, pound, pummel: gegen die Tür ~ to bang (on) the door. – **4.** (*von Regen, Hagel etc*) (gegen against) pelt, drum, beat, hammer. – **5.** *hunt.* (*von Hasen u. Kaninchen*) tap, drum. – **II** *v/t* **6.** drum, beat: einen Marsch ~ to drum a march; Gott sei's getrommelt und gepfiffen! *colloq. humor.* thank goodness! thank God! – **7.** j-n aus dem Bett (*od.* Schlaf) ~ *fig. colloq.* to get s.o. out of bed, *Br. colloq.* to knock s.o. up. – **III T~** *n* ⟨-s⟩ **8.** *verbal noun.* – **9.** drum beat.

'Trom·mel|ˌrad *n tech.* drum wheel. — **~reˌvol·ver** *m* revolver. — **~reˌvol·verˌkopf** *m tech.* drum turret. — **~ˌschlag** *m mus.* drumbeat. — **~ˌschlä·ger** *m cf.* Trommler.

'Trom·melˌschle·gel *m mus.* drumstick. — **~ˌfin·ger** *m med.* clubbed (*od.* drumstick, Hippocratic) finger.

'Trom·mel|ˌsieb *n tech.* revolving (*od.* drum, rotary) screen. — **~ˌspei·cher** *m* (*computer*) drum storage (*od.* memory). — **~ˌspra·che** *f* language of drums, bush telegraph. — **~ˌstock** *m mus.* drumstick. — **~ˌsucht** *f* **1.** *med.* meteorism, tympanites, *auch* tympanitis, tympanism. – **2.** *vet.* bloat. — **~ˌwasch·maˌschi·ne** *f* tumbler-type washing machine. — **~ˌwick·lung** *f electr.* drum winding. — **~ˌwir·bel** *m mil. mus.* **1.** (*lauter*) roll of (*od.* on) the drum(s). – **2.** (*gedämpfter*) ruffle.

'Tromm·ler *m* ⟨-s; -⟩ drummer, tambour.

Trom·pe ['trɔmpə] *f* ⟨-; -n⟩ *arch.* squinch (arch).

Trom·pe·te [trɔm'peːtə] *f* ⟨-; -n⟩ **1.** *mus.* trumpet: schmetternde ~n blaring trumpets; die (*od.* auf der) ~ blasen to sound the trumpet; → Pauke 1, 2. – **2.** *med.* a) (*des Ohrs*) Eustachian tube, b) (*Eileiter*) oviduct, Fallopian tube. – **3.** *mar.* sheepshank.

trom·pe·ten [trɔm'peːtən] **I** *v/i* ⟨*no* ge-, h⟩ **1.** (*Trompete blasen*) trumpet, blow (*od.* sound) the trumpet. – **2.** *fig.* (*von Elefanten*) trumpet. – **3.** *fig. colloq.* (*sich laut schneuzen*) honk one's nose. – **II** *v/t* **4.** (*Melodie etc*) trumpet. – **5.** *fig. cf.* posaunen II. – **III T~** *n* ⟨-s⟩ **6.** *verbal noun.*

Trom'pe·ten|ˌbaum *m bot.* trumpetwood, trumpet tree (*Gattg Catalpa*). — **~ˌblä·ser** *m mus. cf.* Trompeter. — **~ˌblatt** *n bot.* a) trumpet-leaf, sidesaddle flower, Indian cup, pitcher plant (*Gattg Sarracenia*), b) trumpets *pl* (*S. flava*). — **~ˌblu·me** *f cf.* Narzisse. — **~ˌfisch** *m zo.* trumpet fish, tubenose (*Fam. Aulorhynchidae*). — **t~ˌför·mig** *adj* **1.** trumpetlike, trumpet-shaped. – **2.** *bot.* trumpet-shaped. — **~geˌschmet·ter** *n* blare of trumpets. — **~jasˌmin** *m bot. cf.* Klettertrompete. — **~ˌmoos** *n cf.* Becherflechte. — **~narˌzis·se** *f cf.* Narzisse. — **~reˌgi·ster** *n mus.* (*der Orgel*) trumpet (stop). — **~ˌruf** *m cf.* Trompetensignal. — **~ˌschall** *m* trump, sound of trumpets: unter ~ with trumpets sounding. — **~ˌschnecke** (*getr.* -k·k-) *f zo. cf.* Tritonshorn 2. — **~siˌgnal** *n bes. mil.* trumpet call (*od.* signal). — **~ˌstoß** *m* **1.** flourish, blast on the trumpet. – **2.** *fig.* (*eines Elefanten*) trumpet(ing). — **~ˌstück** *n mus.* **1.** tune (*od.* air) for the trumpet, piece (set) for trumpets. – **2.** (trumpeter's) flourish. — **~ˌtier·chen** *n zo.* stentor (*Gattg Stentor*). — **~ˌzug** *m mus.* (*der Orgel*) cf. Trompetenregister. — **~ˌzun·ge** *f bot.* salpiglossis (*Gattg Salpiglossis*).

Trom'pe·ter *m* ⟨-s; -⟩ *mus.* trumpeter. — **~ˌmus·kel** *m med.* trumpeter (muscle), buccinator (*scient.*). — **~ˌschwan** *m zo.* trumpeter swan (*Cygnus buccinator*). — **~ˌvo·gel** *m* trumpeter, agami (*Psophia crepitans*).

Tro·pan [tro'paːn] *n* ⟨-s; *no pl*⟩ *chem.* tropane ($C_8H_{15}N$).

'Tro·paˌsäu·re ['troːpa-] *f* ⟨-; *no pl*⟩ *chem.* tropic acid ($HOCH_2CH(C_6H_5)COOH$).

Tro·pe ['troːpə] *f* ⟨-; -n⟩ (*literature*) *cf.* Tropus 2.

'Tro·pen, die *pl geogr.* the tropics.

'Tro·pen|ˌanˌzug *m* tropical suit. — **~ˌausˌfüh·rung** *f* (*von Geräten*) tropical finish (*od.* design). — **~ˌausˌrü·stung** *f* tropical kit. — **t~beˌstän·dig** *adj cf.* tropenfest 1. — **~dys·en·teˌrie** *f med.* am(o)ebic dysentery. — **t~ˌfest** *adj* **1.** suitable for the tropics, withstanding tropical conditions. – **2.** *med.* tropicalized: ~ machen to tropicalize. — **~ˌfe·stig·keit** *f* resistance to tropical conditions. — **~ˌfie·ber** *n med.* tropical fever (*malignant tertian malaria*). — **~geˌbiet** *n geogr.* tropical region. — **~ˌhelm** *m* sun helmet, topee, topi. — **~hy·gie·ne** [-hyˌgieːnə] *f med.* tropical hygiene. — **~in·stiˌtut** *n* institute for tropical diseases. — **~ˌklei·dung** *f* tropical clothes *pl.* — **~ˌkli·ma** *n* tropical climate. — **~ˌkol·ler** *m psych.* tropical frenzy. — **~ˌkran·ken-**

ˌhaus *n* hospital for tropical diseases. — **~ˌkrank·heit** *f* tropical disease. — **~ˌland** *n* **1.** tropical country. – **2.** *pl* tropical countries, tropics. — **~me·diˌzin** *f med.* tropical medicine. — **~me·diˌzi·ner** *m* specialist in tropical diseases. — **~ˌpflan·ze** *f bot.* tropical plant. — **t~ˌtaug·lich** *adj med.* fit for service in tropical climates. — **~uniˌform** *f* tropical uniform, khakis *pl*, *auch* khakees *pl.* — **~ve·ge·ta·tiˌon** *f bot.* tropical vegetation. — **~ziˌtro·ne** *f* lime (*Citrus aurantifolia*). — **~ˌzo·ne** *f geogr.* tropical zone.

Tropf[1] [trɔpf] *m* ⟨-(e)s; ¨e⟩ *colloq. contempt.* **1.** (einfältiger) ~ simpleton, nincompoop, *Br. sl.* twit. – **2.** armer [elender] ~ poor [miserable] devil (*od.* wretch). – **3.** *Southern G.* good-for-nothing.

Tropf[2] *m* ⟨-(e)s; *no pl*⟩ *only in* am ~ hängen *med. colloq.* to be on an intravenous drip.

'Tropf|ap·pa,rat *m med.* intravenous infusion set. — **~ˌbank** *f* ⟨-; ¨e⟩ *tech.* drain board. — **t~bar** *adj tech.* capable of forming drops. — **~ˌbernˌstein** *m min.* liquid amber. — **~ˌblech** *n tech.* drip (*od.* drain) pan. — **~ˌbrett** *n* **1.** (*in der Färberei*) drip(ping) (*od.* drain) board. – **2.** (*bei der Zuckerfabrikation*) drainer.

Tröpf·chen ['trœpfçən] *n* ⟨-s; -⟩ **1.** *dim. of* Tropfen. – **2.** droplet. – **3.** das ist ein gutes ~! *colloq.* that's good stuff! (*colloq.*), this wine is excellent! — **~ˌbil·dung** *f* droplet formation. — **~in·fek·tiˌon** *f med.* droplet (*od.* airborne) infection. — **~kulˌtur** *f biol.* hanging-drop culture. — **~moˌdell** *n nucl.* (*ein Atommodell*) liquid drop model (*od.* theory) of the nucleus. — **t~ˌwei·se** *adv cf.* tropfenweise.

'Tropfˌeinˌlauf *m med.* Murphy (*od.* continuous rectal) drip; drop enema, enteroclysis (*scient.*).

tröp·feln ['trœpfəln] **I** *v/i* ⟨h *u.* sein⟩ **1.** ⟨sein⟩ (*von Flüssigkeiten*) drip, dribble, trickle, drop: der Kaffee tröpfelt in die Kanne the coffee dribbles into the pot. – **2.** ⟨h⟩ *med.* (*von Ekzemen*) weep. – **II** *v/t* ⟨h⟩ **3.** (*Medizin etc*) (auf *acc* on to; in *acc* into) drip, drop. – **III** *v/impers* ⟨h⟩ **4.** es tröpfelt *colloq.* it is spitting (with rain).

trop·fen ['trɔpfən] **I** *v/i* ⟨h *u.* sein⟩ **1.** ⟨sein⟩ (*von Wasser, Regen*) drip, drop, fall in drops: das Wasser ist von der Decke getropft the water was dripping from the ceiling. – **2.** ⟨sein⟩ (*von Blut, Schweiß*) drip: Schweiß tropfte ihm von der Stirn sweat was dripping from (*od.* off) his forehead. – **3.** ⟨sein⟩ (*von Tränen*) trickle: Tränen tropften über ihre Wangen tears trickled down her cheeks. – **4.** ⟨h⟩ (*von Wasserhahn*) drip, leak. – **5.** ⟨h⟩ (*von Topf etc*) (have a) leak. – **6.** ⟨h⟩ (*von Kerze*) drip, gutter. – **7.** ⟨h⟩ (*von Bäumen etc*) drip: die Bäume ~ von Tau the trees are dripping with dew; der Mantel tropft the coat is dripping wet. – **8.** ⟨h⟩ *colloq.* (*von Nase*) drip: deine Nase tropft your nose is dripping, you have a drop on (the end of) your nose. – **9.** ⟨sein⟩ (*von Harz*) trickle, exude: aus dem Stamm tropft Harz resin trickles out of (*od.* exudes from) the trunk. – **10.** ⟨h⟩ (*von Weinstock*) weep. – **II** *v/t* ⟨h⟩ **11.** (*Medizin etc*) drip, drop. – **III** *v/impers* ⟨h⟩ **12.** es tropft (nur) it is (only) spitting.

'Trop·fen *m* ⟨-s; -⟩ **1.** (*Wasser-, Regen-, Blutstropfen etc*) drop: es regnet in (großen) dicken ~ the rain is falling in (*od.* it is raining) (great) big drops; etwas bis auf den letzten ~ austrinken to drink s.th. (down) to the last drop; wir haben keinen ~ Milch mehr im Haus *colloq.* we haven't a drop of milk left in the house; so ähnlich wie ein ~ Wasser dem andern as like as two peas (in a pod); das Volk bis auf den letzten ~ (Blut) aussaugen *fig.* to suck the life blood of the people. – **2.** (*Schweißtropfen*) bead: der Schweiß stand ihm in (dicken) ~ auf der Stirn (large) beads of perspiration stood on his forehead. – **3.** (*Farbtropfen*) blob, drop. – **4.** ein guter (*od.* edler) ~ *fig.* (*Wein*) a splendid (*od.* capital) wine, a good drop; einen guten ~ zu schätzen wissen to be a connoisseur of wine(s). – **5.** *fig.* (*in Wendungen wie*) ein ~ Wermut (*od.* ein bitterer ~) im Becher der Freude *poet.* a drop of bitterness in the cup of joy; dieser ~ brachte das Faß zum Überlaufen this was the last straw (that broke the camel's back); nur ein ~ auf den heißen Stein a mere drop in the bucket, no more than a pebble dropped into the sea; steter ~ höhlt den Stein (*Sprichwort*) constant dropping wears the stone (*proverb*). – **6.** *pl med. pharm.* drops: j-m ~ verschreiben to prescribe drops for s.o.; ~ (ein)nehmen to take drops. – **7.** (*jewelry*) pear-shaped jewel, drop. – **8.** *min.* drop of water (*colourless transparent topaz*).

'Trop·fen|ˌfän·ger *m* drip catcher. — **~ˌfla·sche** *f med.* drop bottle. — **~ˌform** *f* **1.** shape (*od.* form) of a drop: in ~ in the shape of a drop. – **2.** in ~ *med.* as drops. — **t~ˌför·mig** *adj* drop-shaped. — **~ˌschildˌkrö·te** *f zo.* spotted turtle (*Clemmys guttata*). — **t~ˌwei·se** *adv* **1.** by (*od.* in) drops (*od.* driblets), drop by drop: etwas ~ trinken to sip (at) s.th. – **2.** *fig. colloq.* in dribs and drabs, in bits and pieces: j-m eine Nachricht ~ beibringen to tell s.o. a piece of news in bits and pieces. — **~ˌzäh·ler** *m med.* drop counter.

'Trop·fer *m* ⟨-s; -⟩ *med.* dropper.

'Tropf|ˌfett *n gastr.* dripping. — **~ˌfla·sche** *f med.* dropper (*od.* dropping) bottle. — **t~ˌflüs·sig** *adj tech.* liquid. — **~in·fu·siˌon** *f med.* **1.** (*in Vene*) intravenous drip (*od.* infusion). – **2.** (*subkutan*) hypoderm(at)oclysis. — **~kliˌstier** *n cf.* Tropfeinlauf.

Tröpf·lein ['trœpflaɪn] *n* ⟨-s; -⟩ *cf.* Tröpfchen.

'Tropf|ˌloch *n tech.* drain hole. — **t~'naß** *adj* dripping wet. — **~ˌöler** *m tech.* sight-feed oiler, drip-feed oiler. — **~ˌpfan·ne** *f* (*housekeeping*) dripping pan. — **~ˌpunkt** *m chem. phys.* **1.** drop point. – **2.** (*des Öls*) pour point. — **~ˌrin·ne** *f auto.* drip molding (*bes. Br.* moulding). — **~ˌrohr** *n tech.* trickling (*od.* percolating) tube. — **~ˌschale** *f* **1.** drip(ping) pan. – **2.** *med.* drip tray. — **~ˌschmie·rung** *f tech.* drip-oil lubrication.

'Tropfˌstein *m geol.* dripstone: herabhängender ~ stalactite; stehender ~ stalagmite. — **t~ˌar·tig** *adj* stalactiform, stalactitic, *auch* stalactitical, stalactic(al), stalactital. — **~ˌbil·dung** *f* stalactitic formation. — **~ˌhöh·le** *f* stalactite cave (*od.* cavern), limestone cave with stalactites.

'Tropf|trans·fu·siˌon *f med.* drip transfusion. — **~ˌtrich·ter** *m chem.* dropping funnel. — **t~ˌwas·ser·geˌschützt** *adj tech.* (*Motor etc*) drip-proof. — **~ˌzündˌpunkt** *m chem. phys.* drop ignition temperature.

Tro·phäe [tro'fɛːə] *f* ⟨-; -n⟩ **1.** (*Beutestück*) *auch fig.* trophy. – **2.** *hunt.* huntsman's trophy.

tro·phisch ['troːfɪʃ] *adj biol. med.* trophic.

Tro·pho·bio·se [trofobi'oːzə] *f* ⟨-; -n⟩ *zo.* trophobiosis.

Tro·pho·blast [trofo'blast] *m* ⟨-en; -en⟩ *biol.* trophoblast, trophoderm.

Tro·pho·plas·ma [trofo'plasma] *n* ⟨-s; -plasmen⟩ *biol.* trophoplasm.

Tro·pi·cal ['trɔpɪkəl; 'trɔpɪkəl] (*Engl.*) *m* ⟨-s; -s⟩ (*textile*) tropical.

Tro·pi·ka ['troːpika] *f* ⟨-; *no pl*⟩ *med.* Malaria tropica.

'Tro·pik|ˌluft ['troːpɪk-] *f* ⟨-; *no pl*⟩ *meteor.* tropical air (mass). — **~ˌvo·gel** *m zo.* tropic bird, boatswain (*Fam. Phaëthontidae*).

Tro·pin [tro'piːn] *n* ⟨-s; *no pl*⟩ *chem.* tropine ($C_8H_{15}NO$).

'tro·pisch *adj* **1.** *geogr.* tropic(al), intertropical: ~e Hitze tropical heat; ~er Regenwald tropical rain forest; ~e Zone (the) tropics *pl*, tropical zone; ~e Konvergenzzone intertropical convergence zone; ~e Luftmassen tropical air masses. – **2.** *biol.* tropic. – **3.** ~es Jahr *astr.* tropical (*od.* solar) year. – **4.** (*literature*) metaphorical, *auch* metaphoric.

Tro·pis·mus [tro'pɪsmus] *m* ⟨-; -pismen⟩ **1.** *biol.* tropism. – **2.** (*literature*) tropism.

tro·pi·stisch [tro'pɪstɪʃ] *adj biol.* tropistic.

Tro·po·lon [tropo'loːn] *n* ⟨-s; *no pl*⟩ *chem.* tropolone, cycloheptatrienolone ($C_7H_6O_2$).

Tro·po·pau·se [tropo'paʊzə] *f* ⟨-; *no pl*⟩ *meteor.* tropopause.

Tro·po·phyt [tropo'fyːt] *m* ⟨-en; -en⟩ *bot.* tropophyte.

Tro·po·sphä·re [tropo'sfɛːrə] *f* ⟨-; *no pl*⟩ *meteor. geogr.* troposphere.

Tro·pus ['troːpus] *m* ⟨-; Tropen⟩ **1.** *mus.* trope. – **2.** (*literature*) trope, metaphor.

Troß [trɔs] *m* ⟨-sses; -sse⟩ **1.** *mil. hist.* a) baggage (train), b) (*Marketender etc*) camp followers *pl*, hangers-on *pl.* – **2.** *fig.* (*Gefolge*) train, followers *pl*: einen großen ~ mit sich führen to have a crowd (*od.* train) of followers (*od.* a great following). – **3.** *fig.* (*Schar*) company, crowd.

Tros·se ['trɔsə] *f* ⟨-; -n⟩ **1.** *mar.* (*Tau*) hawser, towrope. – **2.** (*Kabel*) steel hawser, cable. — **'Tros·senˌwin·de** *f mar.* hawser reel (*od.* winch).

'Troß|ˌknecht *m mil. hist.* baggage servant, baggager, waggoner, *bes. Am.* wagoner. — **~ˌpferd** *n obs.* baggage horse, pack-horse, *Br.* pack-horse. — **~ˌschiff** *n mil. mar.* supply ship. — **~ˌwa·gen** *m mil. hist.* baggage waggon (*bes. Am.* wagon) (*od.* cart).

Trost [troːst] *m* ⟨-es; *no pl*⟩ **1.** comfort, consolation, solace (*lit.*): zum ~(e) as a consolation; welch ein ~! what (a) comfort! ein ~, daß it is a comfort that; das ist ihr einziger [ganzer] ~ that is her only [one] consolation; ein schlechter (*od.* schwacher) ~ (a) poor consolation, (a) cold comfort; ein wirklicher ~ a real comfort; geistlicher ~ spiritual comfort; (das ist mir) ein schöner ~! *iron.* nice comfort that! j-m ~ zusprechen to comfort (*od.* console, *lit.* solace) s.o.; ~ aus etwas schöpfen to derive comfort from (*od.* take comfort in) s.th., to draw consolation from s.th.; ~ in (*dat*) etwas finden to find solace in s.th.; bei j-m [in (*dat*) etwas] ~ suchen to seek comfort from s.o. [in s.th.]; die Worte haben ihm ~ gebracht the words consoled him. – **2.** (*Person*) comfort: j-m ~ und Hilfe sein to be s.o.'s comforter and helper. – **3.** du bist wohl nicht (recht *od.* ganz) bei ~(e) *colloq.* you must be out of your mind, you are not in your right mind, you must have taken leave of your senses. — **t~beˌdürf·tig** *adj* in want (*od.* need) of comfort (*od.* consolation), needing comfort. — **~ˌbrief** *m* consoling (*od.* consolatory) letter, (*bes. bei Todesfall*) letter of sympathy (*od.* condolence). — **t~ˌbrin·gend** *adj* comforting, consoling, consolatory.

trö·sten ['trøːstən] **I** *v/t* ⟨h⟩ **1.** comfort, console, solace (*lit.*): ich tröstete ihn über seinen Verlust I consoled him on his loss; sie war nicht zu ~ she was inconsolable (*od.* unconsolable); das kann mich nicht ~ I find (*od.* there is) small comfort in that. – **2.** *cf.* aufheitern 1. – **II** *v/reflex* sich ~ **3.** console (*od.* comfort, *lit.* solace) oneself, take (*od.* find) comfort: tröste dich! *colloq.* don't let it worry you! tröste dich, mir geht's genau so! I'm in the same boat, if it's any comfort (to know)! sich über (*acc*) etwas ~ to get over (*od.* forget) s.th.; sich mit einer Hoffnung ~ to comfort oneself (*od.* buoy oneself up) with a hope; ich tröste mich mit (*od.* bei, über) einer Flasche Wein I comfort myself with a bottle of wine; er tröstete sich mit einer anderen Frau he sought consolation with another woman; sie hat sich schnell getröstet *fig.* she soon remarried. – **III T~** *n* ⟨-s⟩ **4.** *verbal noun.* – **5.** *cf.* Tröstung. — **'trö·stend I** *pres p.* – **II** *adj* (*Wort, Zuspruch etc*) comforting, consoling, consolatory.

'Trö·ster *m* ⟨-s; -⟩ **1.** comforter, consoler: der Alkohol war sein stiller ~ *fig.* alcohol was his secret comfort(er). – **2.** der ~ *relig.* (*der Heilige Geist*) the Comforter, the Paraclete.

'Trostˌfah·ren *n* (*sport*) *cf.* Trostrennen.

'tröst·lich I *adj* **1.** comforting, consoling, consolatory: das ist nicht eben sehr ~ that is hardly (very) comforting, there is small comfort in that; es ist ein ~er Gedanke, daß it is a comforting thought that, it is comforting (*od.* a comfort) to think that. – **2.** (*beruhigend*) comforting, reassuring. – **3.** (*erfreulich*) comforting, cheering: das klingt ~ that sounds comforting (*od.* promising), that has a cheerful ring. – **II T~e, das** ⟨-n⟩ **4.** the comforting (*od.* consoling) thing: das einzig T~e bei der Sache the only (*od.* one) comforting thing about it.

'trost·los *adj* **1.** (*Situation etc*) bleak, hopeless, desolate. – **2.** (*Aussichten etc*) bleak, hopeless, cheerless, disconsolate. – **3.** (*Verhältnisse etc*) hopeless, deplorable. – **4.** (*Ergebnis*) disheartening, pathetic. – **5.** (*Wetter, Landschaft etc*) desolate, bleak, cheerless. – **6.** *colloq.* (*Vorstellung etc*) pathetic, hopeless: diese Vorstellung war einfach ~ this performance was absolutely pathetic. – **7.** (*elend, jämmerlich*) pathetic, wretched, miserable: eine ~e Gestalt a wretched figure. – **8.** *colloq.* (*langweilig*) pathetic, dull, boring, tedious: **ein ~es Programm** a dull program(me). – **9.** *colloq. for* **untröstlich.** — ˈ**Trost·lo·sig·keit** *f* ⟨-; *no pl*⟩ **1.** (*von Situation etc*) bleakness, hopelessness, desolateness. – **2.** (*von Aussichten etc*) bleakness, hopelessness, cheerlessness, disconsolateness. – **3.** (*von Verhältnissen etc*) hopelessness, deplorableness, deplorability. – **4.** (*einer Person*) wretchedness.

ˈ**Trost|ˌpreis** *m* consolation (*od.* booby) prize. — **~ˌre·de** *f* consolatory speech (*od.* address), words *pl* of comfort. — **t~ˌreich** *adj* (*Worte etc*) consoling, comforting, consolatory. — **~ˌren·nen** *n* (*sport*) consolation race (*od.* contest). — **~ˌrun·de** *f* consolation round. — **~ˌschrei·ben** *n cf.* Trostbrief. — **~ˌspruch** *m* comforting words *pl.*

ˈ**Trö·stung** *f* ⟨-; -en⟩ **1.** *cf.* **Trösten.** – **2.** *lit.* comfort, consolation, relief, solace (*lit.*): **mit den ~en der heiligen Kirche versehen** *röm.kath.* provided with the (last) rites of the Church.

ˈ**Trostˌwort** *n* ⟨-(e)s; -e⟩ word of comfort (*od.* consolation), comforting (*od.* soothing) word.

Trott [trɔt] *m* ⟨-(e)s; -e⟩ **1.** trot: **im ~ reiten** to trot; **ein leichter ~** a jog trot. – **2.** *fig. colloq.* jog trot, routine: **wir dürfen nicht in den alten ~ zurückfallen** we must not fall back into the old jog trot (*od.* the same old rut); **der tägliche ~** the daily routine.

Trot·tel [ˈtrɔtəl] *m* ⟨-s; -⟩ *colloq. contempt.* idiot, moron, nincompoop, num(b)skull, duffer, sap (*sl.*), *Am. sl.* 'dope': **so ein ~!** such a(n addlepated) nincompoop!

ˈ**trot·tel·haft,** ˈ**trot·te·lig I** *adj* **1.** (*ungeschickt*) awkward, clumsy. – **2.** (*vergeßlich*) forgetful, absent-minded. – **3.** (*blöde*) idiotic, moronic, brainless. – **II** *adv* **4. sich ~ benehmen** to behave idiotically.

ˈ**Trot·telˌlum·me** *f zo.* foolish guillemot, murre (*Uria aalge*).

trot·teln [ˈtrɔtəln] *v/i* ⟨sein⟩ *colloq.* **1.** *cf.* **trotten.** – **2.** *cf.* **trödeln** 2.

trot·ten [ˈtrɔtən] *v/i* ⟨sein⟩ *colloq.* **1.** (*schwerfällig gehen*) plod, trudge, jog. – **2.** (*traben*) trot.

Trot·ti·nett [ˈtrɔtinɛt] *n* ⟨-s; -e⟩ *Swiss* (children's) scooter.

Trot·toir [trɔˈtŏaːr] *n* ⟨-s; -e *u.* -s⟩ *dial. od. obs. for* **Bürgersteig, Gehsteig.**

Tro·tyl [troˈtyːl] *n* ⟨-s; *no pl*⟩ *chem.* trinitrotoluene, trotyl ($CH_3C_6H_2(NO_2)_3$).

trotz [trɔts] *prep* **I** ⟨*gen, rare dat*⟩ in spite of, despite, notwithstanding: **~ seiner Verdienste** despite of (*od.* for all) his merits; **~ seines Verbotes** in spite of his prohibition. – **II** ⟨*dat*⟩ **~ allem** (*od.* **alledem**) in spite of all that, for all that, for all you may say. – **III** ⟨*nom*⟩ **~ Schnee und Kälte** despite the snow and the cold.

Trotz *m* ⟨-es; *no pl*⟩ **1.** defiance: **j-m [etwas] ~ bieten** to defy s.o. [s.th.], to bid defiance to s.o. [s.th.] (*lit.*); **j-m [etwas] zum ~** in defiance of s.o. [s.th.]; **einer Gefahr ~ bieten** to defy (*od.* brave) a danger; **dem Sturm ~ bieten** to brave (*od.* weather) the storm; **dem Schicksal ~ bieten** to fight against fate; **dem Unglück ~ bieten** to bear up under (*od.* against) adversity (*od.* misfortune). – **2.** (*Boshaftigkeit*) spite, malice: **aus purem** (*od.* **reinem**) **~** out of sheer spite; **aus reinem ~ gegen seinen Vater** purely to spite his father. – **3.** (*Eigensinn*) obstinacy, stubbornness: **j-s ~ brechen** to knock the obstinacy out of s.o.

ˈ**Trotzˌal·ter** *n psych. cf.* **Trotzphase.**

ˈ**trotzˌdem** [-ˌdeːm] **I** *adv* (*dennoch*) nevertheless, nonetheless, still, all (*od.* just) the same, for all that: **er sagte es ~ nicht** nevertheless (*od.* yet) he did not say it; **du kannst sagen, was du willst, ich gehe ~** I don't care what you say, I am still going to go (*od.* I am going to go nevertheless, I am going to go despite what you say); **~ kann man nicht glauben, daß** one still cannot believe that, yet one cannot believe that. – **II** *conj* (*obwohl*) (al)though, even though, notwithstanding that; **~ sie sich anstrengte, versagte sie** although she made an effort she failed.

trot·zen [ˈtrɔtsən] *v/i* ⟨h⟩ **1. j-m [einer Sache] ~** to defy s.o. [s.th.]: **der Staatsgewalt ~** to defy the supreme power. – **2.** (*bes. einer Gefahr etc*) brave, defy: **dem Sturm ~** *auch fig.* to brave (*od.* weather) the storm. – **3.** (*schmollen*) sulk, pout, be sulky (*od.* in the sulks): **er trotzte den ganzen Tag** he was in the sulks all day. – **4.** (*störrisch sein*) be obstinate. – **5.** (*Widerstand leisten*) resist.

ˈ**trot·zig I** *adj* ⟨-er; -st⟩ **1.** (*schmollend*) sulky: **das Kind machte ein ~es Gesicht** the child pouted (*od.* put on a sulky face). – **2.** (*Antwort etc*) defiant. – **3.** (*widerspenstig*) defiant, refractory, obstreperous, froward. – **4.** (*eigensinnig*) obstinate, stubborn, headstrong, (*stärker*) pigheaded, mulish. – **5.** (*eigenwillig*) wilful, *bes. Am.* willful, *auch* perverse. – **II** *adv* **6. ~ schweigen** to keep silent defiantly. – **7. sich ~ wehren** to resist bravely (*od.* valiantly, doggedly).

Trotz·kis·mus [trɔtsˈkɪsmʊs] *m* ⟨-; *no pl*⟩ *pol.* Trotskyism. — **Trotzˈkist** [-ˈkɪst] *m* ⟨-en; -en⟩ Trotskyist, Trotskyite. — **trotzˈki·stisch** *adj* Trotskyist, Trotskyite.

ˈ**Trotzˌkopf** *m* **1.** (*trotziges kleines Kind*) sulky child: **seinen ~ aufsetzen** to sulk, to pout. – **2.** *contempt.* stubborn (*od.* obstinate, *stärker* pigheaded) person: **er ist ein alter ~** he is a stubborn old so-and-so. — ˈ**trotzˌköp·fig** [-ˌkœpfɪç] *adj cf.* **trotzig** 1, 3, 4.

ˈ**Trotz|ˌpha·se** *f psych.* (*eines Kindes*) phase of defiance (*od.* obstinacy). — **~re·ak·tiˌon** *f* act of defiance.

Trou·ba·dour [ˈtruːbaduːr; trubaˈduːr] *m* ⟨-s; -e *u.* -s⟩ (*provenzalischer Minnesänger*) troubadour.

Trou·vère [truˈvɛːr] *m* ⟨-s; -s⟩ *hist.* (*nordfranz. Minnesänger*) trouvère, trouveur.

ˈ**Troy·geˌwicht** [ˈtrɔʏ-] *n* ⟨-(e)s; *no pl*⟩ *econ.* troy weight.

trüb [tryːp] *adj* ⟨-er; -st⟩ *cf.* **trübe.**

trü·be [ˈtryːbə] *adj* ⟨-r; trübst⟩ **1.** cloudy, clouded, turbid, troubled, nebulous: **~ werden** (*von Flüssigkeit etc*) to go (*od.* turn) cloudy. – **2.** (*Wein etc*) cloudy, muddy. – **3.** (*Glas, Spiegel*) clouded, cloudy, opaque. – **4.** (*Metall*) dull, tarnished. – **5.** (*Edelsteine*) clouded, cloudy. – **6.** (*Farben*) dull, somber, *bes. Br.* sombre, dim, grave, sad. – **7.** (*Licht, Sterne*) dim, wan. – **8.** (*Sicht*) blurred, dim. – **9.** (*Augen*) dull. – **10.** (*Wetter*) dull, murky, mirky, dreary, gloomy. – **11.** (*Himmel*) overcast, cloudy; darksome, lowering (*lit.*): **es wird ~** it is getting cloudy, it is clouding over. – **12.** *fig.* (*Stimmung, Gedanken, Aussichten, Zustände etc*) gloomy, dismal, somber, *bes. Br.* sombre, gray, *bes. Br.* grey, doleful, bleak: **in ~r Stimmung sein** to be in a gloomy mood, to be downcast (*od.* depressed, *stärker* dejected); **~n Zeiten entgegensehen** to foresee gloomy days; **~ Tage durchmachen** to go through a trying time; **das sieht ~ aus** that's a gloomy (*od.* bleak, dreary) prospect; **es sieht ~ damit aus** things are looking bad; → **Tasse** 3. – **13.** *fig.* (*Erfahrungen*) unhappy, unfortunate. – **14.** *med.* a) (*Urin*) cloudy, turbid, nepheloid (*scient.*), b) (*Hornhaut*) steamy. – **15.** (*substantiviert mit Kleinschreibung*) **im ~n fischen** *fig.* to fish in troubled waters.

Tru·bel [ˈtruːbəl] *m* ⟨-s; *no pl*⟩ **1.** (*Gewühl*) hubbub, bustle, hurly-burly: **sich in den ~ des Verkehrs stürzen** to plunge into the hubbub of (the) traffic; → **Jubel.** – **2.** *fig.* (*Durcheinander*) fuss, excitement, turbulence, rumpus (*colloq.*): **wir kommen aus dem ~ nicht mehr heraus** there is no end to this fuss and excitement. – **3.** (*Menschenmenge*) milling crowd, throng.

trü·ben [ˈtryːbən] **I** *v/t* ⟨h⟩ **1.** (*Flüssigkeit, Wasser*) make (*s.th.*) cloudy (*od.* turbid), trouble, muddy, cloud: **er sieht aus, als ob er kein Wässerchen ~ könnte** *fig. colloq.* he looks as if butter would not melt in his mouth, he looks the picture of innocence. – **2.** (*Glas*) cloud, dim. – **3.** (*Metall*) tarnish, dull. – **4.** (*Blick, Sicht, Sinn*) blur, dim, blear: **Tränen trübten ihren Blick** her eyes were dimmed (*od.* blinded) by tears. – **5. kein Wölkchen trübte den Himmel** not a cloud obscured the sky. – **6.** *fig.* (*Stimmung*) sour, cast a cloud over (*od.* on). – **7.** *fig.* (*Freude, Heiterkeit, Aussichten etc*) spoil, mar, darken: **dein Kummer hat mir die Freude getrübt** your trouble marred my joy; **j-s Heiterkeit ~** to damp s.o.'s spirits, to act as a wet blanket on s.o. – **8.** *fig.* (*Blick, Urteil*) obscure: **j-m den (klaren) Blick (für etwas) ~** to obscure s.o.'s judg(e)ment (of s.th.), to bias (*od.* prejudice) s.o. (against s.th.); **j-s Urteil ~** to bias (*od.* warp) s.o.'s judg(e)ment. – **9.** *fig.* (*Geist, Verstand*) dull, becloud, obscure, overcloud. – **10.** *fig.* (*Beziehungen*) (over)cloud, poison. – **II** *v/reflex* **sich ~ 11.** (*von Flüssigkeit, Wasser*) cloud, grow (*od.* become) cloudy (*od.* turbid). – **12.** (*von Glas*) cloud, grow (*od.* become) clouded (*od.* cloudy, dim, opaque). – **13.** (*von Metall*) (become) dull, tarnish. – **14.** (*von Blick, Sicht, Sinn*) become blurred (*od.* dim[med]). – **15. der Himmel trübt sich** the sky is clouding over (*od.* becoming overcast). – **16.** *fig.* (*von Stimmung*) cloud. – **17.** *fig.* (*von Geist, Verstand*) (become) dull: **sein Geist hat sich getrübt** his mind has become dull. – **18.** *fig.* (*von Beziehungen etc*) become strained. – **III T~** *n* ⟨-s⟩ **19.** *verbal noun.* – **20.** *cf.* **Trübung.**

ˈ**Trübˌglas** *n* ⟨-es; ⸚er⟩ *tech.* opaque (*od.* opal) glass.

ˈ**Trüb·heit** *f* ⟨-; *no pl*⟩ **1.** (*von Flüssigkeit, Wasser*) cloudiness, turbidity, turbidness. – **2.** (*von Wein etc*) cloudiness, muddiness. – **3.** (*von Glas, Spiegel*) cloudiness, dimness, opacity, opaqueness. – **4.** (*von Edelsteinen*) cloudiness. – **5.** (*von Farben*) dul(l)ness, somberness, *bes. Br.* sombreness, dimness. – **6.** (*von Licht*) dimness, wanness. – **7.** (*von Sicht*) blurredness, dimness. – **8.** (*von Augen*) dul(l)ness. – **9.** (*von Wetter*) dul(l)ness, murkiness, mirkiness, dreariness, gloominess. – **10.** (*von Himmel*) cloudiness. – **11.** *fig.* (*von Stimmung, Gedanken etc*) gloominess, dismalness, somberness, *bes. Br.* sombreness, grayness, *bes. Br.* greyness, dolefulness. – **12.** *med.* (*im Urin*) nebulae *pl.*

Trüb·nis [ˈtryːpnɪs] *f* ⟨-; -se⟩ *poet.* **1.** *cf.* **Trübheit.** – **2.** *cf.* **Betrübnis.**

Trüb·sal [ˈtryːpzaːl] *f* ⟨-; -e⟩ *poet.* **1.** (*seelischer Schmerz*) sorrow, grief, affliction, woe. – **2.** (*Elend*) misery. – **3.** (*Not*) distress. – **4.** (*Drangsal*) tribulation, trouble. – **5.** (*Unglück*) misfortune. – **6.** *Bibl.* tribulation, affliction. – **7. ~ blasen** *fig. colloq.* to mope, to be in the doldrums; to be (down) in the dumps, to have the blues, to be in the blues (*colloq.*).

ˈ**trübˌse·lig** *adj* **1.** (*Gedanken etc*) gloomy, melancholy, melancholic, doleful. – **2.** (*Leben, Stunden etc*) wretched, miserable. – **3.** (*Person*) woeful, woebegone, forlorn. – **4.** *colloq.* (*Wetter, Tag*) dismal, gloomy, dreary. – **5.** (*Gegend*) bleak, dismal, dreary. – **6. ~er Rest** *fig. colloq.* sad remains *pl.* — ˈ**Trübˌse·lig·keit** *f* ⟨-; *no pl*⟩ **1.** gloominess, melancholy, dolefulness. – **2.** wretchedness, misery. – **3.** (*von Personen*) woefulness, forlornness: **in ihrer ganzen ~** in all her forlornness. – **4.** (*einer Gegend*) bleakness, dismalness, dreariness.

ˈ**Trübˌsinn** *m* ⟨-(e)s; *no pl*⟩ **1.** melancholy, gloom(iness), low spirits *pl*; blues *pl*, blue devils *pl* (*colloq.*). – **2.** *med.* melancholia. — ˈ**trübˌsin·nig** *adj* melancholy, melancholic, gloomy, low-spirited.

ˈ**Trü·bung** *f* ⟨-; -en⟩ **1.** *cf.* **Trüben.** – **2.** (*einer Flüssigkeit*) cloudiness, turbidity, turbidness. – **3.** (*von Glas, Spiegel etc*) cloudiness, opacity, opaqueness: **der Spiegel weist eine leichte ~ auf** the mirror is slightly cloudy. – **4.** (*als einzelne Stelle*) opacity. – **5.** (*von Metall*) tarnishing, dulling. – **6.** (*von Öl*) cloudiness. – **7.** (*einer Sichtscheibe*) discoloration, *bes. Br.* discolouration. – **8.** *chem.* (*einer Lösung*) turbidity. – **9. ~ des Bewußtseins, ~ des Geistes** *cf.* **Bewußtseinstrübung.** – **10.** *fig.* (*Störung*) disturbance: **~ der diplomatischen Beziehungen** disturbance (*od.* straining) of diplomatic relations. – **11.** *med.* a) (*der Linse*) opacity, b) (*im Urin*) cloudiness, c) (*beim Röntgen*) haziness, shadow: **wolkige ~** albuminoid (*od.* parenchymatous) degeneration. – **12.** (*paints*) (*bei Lacken*) blushing.

ˈ**Trü·bungs|ˌkreis** *m* (*optics*) blur circle. — **~ˌmes·ser** *m* **1.** *chem. med.* nephelometer. – **2.** *phys.* a) (*für Flüssigkeiten*) turbidimeter, b) (*für Keramik, Glas*) opacimeter. — **~ˌpunkt** *m chem.* cloud (*od.* turbidity) point. — **~re·ak·tiˌon** *f med.* flocculation reaction. — **~ˌzo·ne** *f* (*optics*) *cf.* **Trübungskreis.**

Truch·seß [ˈtrʊxzɛs] *m* ⟨-sses; -sse⟩ *hist.* sewer, (*in England*) *etwa* lord high steward.

ˈ**Truck·syˌstem** [ˈtrak-] *n econ. hist.* truck (system), tommy system.

ˈ**Tru·delˌfallˌschirm** *m aer.* antispin parachute.

tru·deln [ˈtruːdəln] I *v/i* ⟨sein⟩ **1.** *aer.* spin. – **2.** (*von Reifen etc*) wobble. – **II T~** *n* ⟨-s⟩ **3.** *verbal noun.* – **4.** *aer.* (tail) spin: ins T~ kommen to fall into a spin, to start to spin.

ˈ**tru·delˌsi·cher** *adj aer.* nonspinning *Br.* non-.

Trüf·fel [ˈtrʏfəl] *f* ⟨-; -n⟩, *colloq. meist m* ⟨-s; -⟩ **1.** *bot.* a) truffle (*Tuber cibarium*), b) Weiße ~ white truffle (*Choiromyces maeandriformis*). – **2.** mit ~n *gastr.* with truffles, truffled. – **3.** (*Praline*) truffle. — **~ˌbo·den** *m* truffle ground (*od.* soil). — **~ˌle·ber·paˌste·te** *f gastr.* truffled liver paste.

trüf·feln [ˈtrʏfəln] *v/t* ⟨h⟩ *gastr.* flavor (*bes. Br.* flavour) (*od.* enrich) (*s.th.*) with truffles.

trug [truːk] *1 u. 3 sg pret of* tragen.

Trug *m* ⟨-(e)s; *no pl*⟩ **1.** (*Täuschung*) deceit, fraud, imposture: → Lug. – **2.** (*Unwahrheit*) falsehood, lie. – **3.** *psych.* (*der Sinne*) delusion. — **~ˌbild** *n psych.* **1.** (*durch Sinnestäuschung*) illusion, hallucination, mirage. – **2.** (*Erscheinung*) phantom, *auch* fantom, vision, phantasm, fantasm. — **~ˌdol·de** *f bot.* cyme, false umbel, pleiochasium (*scient.*).

trü·ge [ˈtryːgə] *1 u. 3 sg pret subj of* tragen.

trü·gen [ˈtryːgən] I *v/t* ⟨trügt, trog, getrogen, h⟩ deceive: wenn mein Gedächtnis mich nicht trügt if I remember rightly, if my memory serves me right; wenn meine Augen mich nicht ~ if my eyes do not deceive me (*od.* are not deceiving me); die Hoffnung trog ihn he was disappointed in his hope. – **II** *v/i* be deceptive (*od.* deceitful): wenn nicht alle Zeichen ~ unless all signs fail; sein gutes Aussehen trügt (*in Wirklichkeit ist er krank*) he looks deceptively well; der Schein trügt appearances are deceptive; diese Zahlen ~ these numbers (*od.* figures) are deceptive.

ˈ**trü·ge·risch** *adj* **1.** (*Person*) deceitful, deceptive, guileful, mendacious. – **2.** (*Aussehen, Gedächtnis, Glück etc*) deceptive, deceitful: ein ~es Spiel mit j-m treiben to play a deceitful game with s.o., to play s.o. false; ~es Glück deceptive happiness, a fool's paradise. – **3.** (*Hoffnung, Glanz*) false, fallacious, illusory, illusive, delusive. – **4.** (*Wetter, Eis, Boden etc*) treacherous.

ˈ**Trug|geˌbil·de** *n cf.* Trugbild 2. — **~ˌhecht** *m zo. cf.* Makrelenhecht. — **~ˌhirsch** *m* odocoileus (*Unterfam. Odocoileinae*).

trüg·lich [ˈtryːklɪç] *adj obs. for* trügerisch 2—4.

ˈ**Trug|ˌnat·ter** *f meist pl zo.* poisonous colubrid snake (*Unterfam. Boiginae*). — **~ˌrat·te** *f meist pl* octodont (*Fam. Octodontidae*).

ˈ**TrugˌschIuß** *m* **1.** fallacy, wrong (*od.* erroneous) conclusion: das ist ein ~ von dir you are wrong there, you have got the wrong idea there. – **2.** *philos.* paralogism, false syllogism, sophism. – **3.** *mus.* deceptive (*od.* delusive) cadence.

Tru·he [ˈtruːə] *f* ⟨-; -n⟩ **1.** chest. – **2.** (*für Radio etc*) cabinet, console.

Trum [trʊm] *m, auch n* ⟨-(e)s; -e *u.* Trümmer⟩ **1.** *geol.* apophysis. – **2.** (*mining*) *cf.* Trumm[2].

Trumm[1] [trʊm] *n* ⟨-(e)s; ¨er⟩ *Bavarian and Austrian dial.* **1.** (*Stück*) piece, lump. – **2.** das ist ein ~ Mannsbild he is a hulk of a (*od.* a hulking big) man.

Trumm[2] *m, auch n* ⟨-(e)s; -e *u.* ¨er⟩ (*mining*) **1.** shaft compartment. – **2.** upper (*od.* lower) half of conveyer (*od.* conveyor) belt (*od.* chain).

Trüm·mer [ˈtrʏmər] *pl* **1.** (*Schutt*) rubble *sg*, debris *sg*: aus den ~n erstehen to rise from the ashes. – **2.** (*von Gebäuden*) ruins: etwas in ~ legen to lay s.th. in ruins; in ~n liegen to be (*od.* lie) in ruins. – **3.** (*Stücke*) pieces, bits, fragments: etwas in ~ schlagen to smash s.th. to pieces (*od.* bits), to wreck s.th.; in ~ gehen to go to (*od.* break in) pieces (*od.* bits), to disintegrate. – **4.** (*Schiffstrümmer*) wreckage *sg*, wreck *sg*. – **5.** (*Überreste*) remnants, remains. – **6.** *geol.* debris *sg*. — **~achat** [-ˀaˌxaːt] *m min.* quartz (*od.* brecciated) agate, agate breccia. — **~ˌberg** *m* (*Schuttberg*) mountain of rubble (*od.* debris). — **t~beˌsät** *adj* strewn with debris, covered with wreckage. — **~beˌsei·ti·gung** *f* rubble clearance, clearing of rubble (and debris). — **~ˌfeld** *n* **1.** expanse of ruins. – **2.** *fig. cf.* Trümmerhaufen 2. — **~ˌflo·ra** *f bot.* ruderal flora. — **~geˌstein** *n geol.* rubble, brash, (*mit runden Steinen*) conglomerate, (*mit eckigen Bruchstücken*) breccia. — **~ˌgrundˌstück** *n* bombed (*od.* bomb-damaged) site. — **~ˌhau·fen** *m* **1.** heap of ruins (*od.* rubble, debris), wreckage. – **2.** *fig.* shambles *pl* (*usually construed as sg*): eine Stadt in einen ~ verwandeln to turn a town into a shambles. — **~li·te·raˌtur** *f literature set among the ruins of the Second World War.* — **~ˌstät·te** *f cf.* Trümmerfeld 1. — **~verˌwer·tung** *f tech.* rubble (*od.* debris) salvage.

ˈ**Trummˌsä·ge** *f* (*für Holzbearbeitung*) one-man crosscut saw.

Trumpf [trʊmpf] *m* ⟨-(e)s; ¨e⟩ **1.** (*games*) (*Farbe*) trump: ~ spielen to play trumps; ~ ausspielen to lead off a trump; mit (einem) ~ stechen to trump; was ist ~? what are trumps? Pik ist ~ spades are trumps; seinen letzten [besten] ~ ausspielen to play one's last trump [best card]; der letzte ~ (*der im Spiel ist*) the long trump. – **2.** *cf.* Trumpfkarte. – **3.** *fig.* (*Vorteil*) trump: alle Trümpfe in der Hand haben to have all the trumps in one's hand; j-m die Trümpfe aus der Hand nehmen to steal s.o.'s thunder; seinen letzten ~ ausspielen to play one's last trump; seine besten Trümpfe aus der Hand geben to give away one's best trumps. – **4.** *fig.* (*tonangebende Richtung*) Höflichkeit ist ~ courtesy is the word; dieses Jahr ist Midi ~ midi is in this year. — **~ˌas** *n* (*Spielkarte*) ace of trumps. — **~ˌbu·be** *m* jack (*od.* knave) of trumps. — **~ˌda·me** *f* queen of trumps.

trump·fen [ˈtrʊmpfən] *v/i u. v/t* ⟨h⟩ (*games*) trump.

ˈ**Trumpf|ˌfar·be** *f* (*games*) trump (suit). — **~ˌkar·te** *f* trump (card). — **~ˌkö·nig** *m* king of trumps.

ˈ**Trumˌscheit** *n* ⟨-(e)s; -e⟩ *mus.* trumpet marine, marine trumpet, *auch* monochord.

Trun·cus [ˈtrʊŋkʊs] *m* ⟨-; Trunci [ˈtrʊntsi]⟩ *med.* (*Stamm*) trunk, truncus (*scient.*).

Trunk[1] [trʊŋk] *m* ⟨-(e)s; *rare* ¨e⟩ *archaic od. lit.* **1.** drink: j-m einen ~ reichen to give s.o. a drink, to give s.o. to drink; j-m den Krug zum ~e reichen to pass s.o. the pitcher to drink; ein guter ~ macht Alte jung (*Sprichwort*) *etwa* a good drop to drink makes the old young again. – **2.** *med. pharm.* draught, potion.

Trunk[2] *m* ⟨-(e)s; *no pl*⟩ **1.** (*Trunksucht*) drinking: sich dem ~ ergeben to take to drinking; dem ~ verfallen (*od.* ergeben) sein to be given (*od.* addicted, a slave) to drink, to be on the bottle (*colloq.*). – **2.** (*Rausch*) drunkenness: er hat es im ~ getan he did it while (he was) drunk (*od.* intoxicated).

ˈ**Trun·kelˌbee·re** [ˈtrʊŋkəl-] *f bot.* bog bilberry (*od.* whortleberry), moorberry (*Vaccinium uliginosum alpinum*).

trun·ken [ˈtrʊŋkən] *adj* **1.** *obs. od. poet.* drunken (*attrib*), drunk (*pred*), inebriated, intoxicated: er war ~ von Wein he was drunk with wine; ich wollte ihn ~ machen I tried to make him drunk. – **2.** *fig.* (*in Wendungen wie*) ~ vor (*od.* von) Begeisterung drunk (*auch* drunken) (*od.* intoxicated) with enthusiasm; der Sieg machte sie ganz ~ they were quite drunk (*auch* drunken) with victory.

ˈ**Trun·kenˌbold** [-ˌbɔlt] *m* ⟨-(e)s; -e⟩ *contempt.* drunkard, inebriate, sot, soak(er) (*sl.*).

ˈ**Trun·ken·heit** *f* ⟨-; *no pl*⟩ **1.** *archaic for* Betrunkenheit. – **2.** ~ am Steuer drunkenness at the wheel; wegen ~ am Steuer *jur.* for driving while under the influence of drink (*od.* alcohol), for drunken (*Am. auch* drunk) driving, *Am.* for driving while intoxicated. – **3.** *fig. lit.* drunkenness, inebriation, intoxication.

ˈ**Trunkˌsucht** *f* ⟨-; *no pl*⟩ **1.** drunkenness, intemperance. – **2.** *med.* dipsomania: chronische ~ inebriety. — ˈ**trunkˌsüch·tig** *adj* **1.** drunken (*attrib*), addicted (*od.* given) to drink, intemperate, bibulous. – **2.** *med.* dipsomaniac.

Tru·pia·le [truˈpi̯aːlə] *pl zo.* troupials, *auch* troopials (*Fam. Icteridae*).

Trupp [trʊp] *m* ⟨-s; -s⟩ **1.** (*von Arbeitern etc*) gang, crew, troop. – **2.** (*von Polizisten etc*) squad. – **3.** *mil.* group, section, detachment, party. – **4.** *civ.eng.* gang of construction workers. – **5.** (*von Tieren*) troop, herd.

Trup·pe [ˈtrʊpə] *f* ⟨-; -n⟩ **1.** *mil.* a) troop, body (of men), b) (*Einheit*) unit, c) *cf.* Truppengattung: die ~n *pl* the troops, *collect.* the services, the (armed) forces; kämpfende ~ fighting forces *pl*, combat element; ~n zusammenziehen [verlegen] to concentrate (*od.* mass) [to move] troops. – **2.** (*theater*) company, troupe. – **3.** *cf.* Artistentruppe.

ˈ**Trup·pen|ˌabˌbau** *m mil.* reduction of forces, force reduction. — **~ˌamt** *n* (*Heeresamt*) General Army Offices *pl.* — **~ˌanˌsamm·lung** *f cf.* Truppenkonzentration. — **~ˌart** *f cf.* Truppengattung. — **~ˌarzt** *m* (unit) medical officer. — **~ˌaufˌstel·lung** *f* disposition of troops. — **~ˌausˌhe·bung** *f* levy (of troops), conscription. — **~beˌfehlsˌha·ber** *m cf.* Truppenführer. — **~beˌreitˌstel·lung** *f* assembly of troops. — **~beˌsich·ti·gung** *f* inspection of (the) troops, field day. — **~beˌstand** *m cf.* Truppenstärke. — **~beˌtreu·ung** *f* troop welfare. — **~beˌwe·gung** *f* movement (of troops), man(o)euver, *bes. Br.* manœvre. — **~ˌein·heit** *f* unit, element. — **~ˌeinˌschif·fung** *f* embarkation (*auch* embarcation) of troops. — **~ˌfüh·rer** *m* commander, military leader. — **~ˌfüh·rung** *f* **1.** command. – **2.** (*als Lehrfach*) applied tactics *pl* (*usually construed as sg*). — **~ˌgat·tung** *f* arm, branch (of service). — **~ˌglie·de·rung** *f* order of battle. — **~ˌhel·fe·rin** *f* woman auxiliary. — **~koˌlon·ne** *f* column. — **~kom·manˌdeur** *m cf.* Truppenführer. — **~komˌman·do** *n cf.* Truppenführung 1. — **~kon·tinˌgent** *n* contingent. — **~kon·zen·tra·tiˌon** *f* concentration (*od.* massing) of troops. — **~ˌkör·per** *m* body (of troops). — **~ˌla·ger** *n* camp. — **~ˌlan·dungsˌboot** *n* landing craft. — **~ˌmu·ste·rung** *f* parade, review, inspection. — **~of·fiˌzier** *m* line (*od.* regimental) officer. — **~paˌra·de** *f* (military) review. — **~re·duˌzie·rung** *f* reduction of forces, force reduction: beiderseitige [ausgewogene] ~ mutual [balanced] force reduction. — **~ˌschau** *f cf.* Truppenparade. — **~ˌschiff** *n cf.* Truppentransporter 1. — **~ˌschu·le** *f* branch school, training establishment. — **~ˌstandˌort** *m* garrison. — **~ˌstär·ke** *f* (troop) strength: Verminderung der ~ force reduction. — **~ˌteil** *m* unit, formation. — **~transˌport** *m* troop transport (*bes. Am.* transportation) (*od.* movement). — **~transˌpor·ter** *m mil.* **1.** *mar.* troopship, transport, *auch* transport ship (*od.* vessel). – **2.** *aer.* troop carrier, troop carrier aircraft. — **~ˌübung** *f* field exercise. — **~ˌübungsˌplatz** *m* training area. — **~- ˌund ˈWaf·fenˌgatˌtun·gen** *pl* arms and branches of service. — **~ˌun·ter·ˌkunft** *f* billet, barracks *pl* (*construed as sg or pl*), quarters *pl.* — **~verˌband** *m* **1.** unit, formation. – **2.** (*für besondere Aufgaben*) task force. — **~verˌband(s)ˌplatz** *m Br.* regimental aid post, aid station, advanced field dressing station; *Am.* local aid post, clearing station. — **~verˌla·dung** *f* **1.** (*auf Eisenbahn*) entrainment. – **2.** (*auf Schiff, Flugzeug*) embarkation, *auch* embarcation. – **3.** (*auf LKW*) entrucking. — **~verˌle·gung** *f cf.* Truppenverschiebung. — **~verˌpfle·gung** *f* **1.** provisioning of troops. – **2.** (*als Mahlzeit*) rations *pl.* — **~verˌschie·bung** *f* **1.** movement of troops. – **2.** redeployment. — **~verˌsor·gung** *f* supply support. — **~verˌstär·kung** *f* reinforcements *pl*, (*Ersatz*) replacements *pl.* — **~verˌwal·tung** *f* interior administration. — **~ˌzei·chen** *n* unit badge, unit insignia *pl.* — **~ˌzug** *m* troop train. — **~zuˌsam·menˌzie·hung** *f cf.* Truppenkonzentration. — **~ˌzweig** *m cf.* Truppengattung.

ˈ**Trupp|ˌfüh·rer** *m* detachment leader. — **t~ˌwei·se** *adv* in gangs, in squads.

Trü·sche [ˈtryːʃə] *f* ⟨-; -n⟩ *zo.* burbot (*Lota lota*).

Trust [trast; trʊst; trʌst] (*Engl.*) *m* ⟨-(e)s; -e *u.* -s⟩ *econ.* (*Konzern*) trust: in ~s zusammenfassen to combine into trusts, to trustify. — **~ˌbil·dung** *f* formation of trusts, trustification. — **~ˌfonds** *m* trust fund.

ˈ**Trutˌhahn** [ˈtruːt-] *m* **1.** *zo.* turkey(-cock), gobbler (*Meleagris gallopavo*): der ~ kollert the turkey gobbles. – **2.** *gastr.* turkey. — **~ˌgei·er** *m zo.* gallinazo, turkey buzzard (*Cathartes aura*).

ˈ**Trutˌhen·ne** *f zo.* turkey(-hen).

ˈ**Trutˌhüh·ner** *pl zo.* turkey fowls, turkeys.

Trutz [trʊts] *m* ⟨-es; *no pl*⟩ *obs. od. poet.*

for Trotz 1: → Schutz 2. — ~ˌ**far·be,** ~ˌ**fär·bung** *f zo.* warning color(ation) (*bes. Br.* colour[ation]).

Try'panˌblau [try'paːn-] *n* ⟨-s; *no pl*⟩ *chem.* trypan (*od.* naphthylamine, Niagara) blue.

Try·pa·no·so·ma [trypano'zoːma] *n* ⟨-s; -nosomen⟩ *med. zo.* trypanosoma, trypanosome (*Fam. Trypanosomidae*).

Try·pa·no·so·mia·sis [trypanozo'miːazɪs] *f* ⟨-; -miasen [-'miaːzən]⟩ **1.** *med.* trypanosomiasis. – **2.** amerikanische ~ *vet.* mal de caderas.

Try·pars·amid [tryparza'miːt] *n* ⟨-s; *no pl*⟩ *med. pharm.* tryparsamide.

Tryp·sin [trʏ'psiːn] *n* ⟨-s; *no pl*⟩ *biol.* (*Ferment*) trypsin.

Trypt·amin [trʏpta'miːn] *n* ⟨-s; *no pl*⟩ *chem.* tryptamine ($C_8H_6NCH_2CH_2NH_2$).

Tryp·to·phan [trʏpto'faːn] *n* ⟨-s; *no pl*⟩ *chem.* tryptophan, *auch* tryptophane [$(C_8H_6N)CH_2CH(NH_2)COOH$].

Tscha·ko ['tʃako] *m* ⟨-s; -s⟩ (*helmartige Kopfbedeckung*) shako.

Tschar·dasch ['tʃardaʃ] *m* ⟨-(es); -(e)⟩ *mus. cf.* Csárdás.

tschau [tʃaʊ] *interj colloq.* bye-bye, *Am. auch* by-by, *Br. auch* bye (now), so long, *bes. Br.* cheerio (*alle colloq.*).

Tsche·che ['tʃɛçə] *m* ⟨-n; -n⟩ Czech.

'Tsche·chenˌkeh·re *f* (*sport*) (*am Barren u. Seitpferd*) Czechkehre.

'Tsche·chin *f* ⟨-; -nen⟩ Czech (woman *od.* girl).

'tsche·chisch I *adj* Czech. – **II** *ling.* **T~** ⟨*generally undeclined*⟩, **das T~e** ⟨-n⟩ Czech, the Czech language.

Tsche·cho·slo·wa·ke [tʃɛçoslo'vaːkə] *m* ⟨-n; -n⟩, **Tsche·cho·slo'wa·kin** *f* ⟨-; -nen⟩ Czechoslovak(ian). — **tsche·cho·slo'wa·kisch** *adj* Czechoslovak(ian).

Tscher·kes·se [tʃɛr'kɛsə] *m* ⟨-n; -n⟩, **Tscher'kes·sin** *f* ⟨-; -nen⟩ Circassian. — **tscher'kes·sisch** *adj* Circassian.

Tschet·nik ['tʃɛtnɪk] *m* ⟨-s; -s⟩ *hist.* (*jugoslawischer Partisane*) Chetnik.

Tschi·buk [tʃi'bʊk] *m* ⟨-s; -s⟩ (*lange türkische Tabakspfeife*) chibouk, chibouque.

tschil·pen ['tʃɪlpən] *v/i* ⟨h⟩ (*vom Sperling*) chirp, twitter.

Tschi·nel·len [tʃi'nɛlən] *pl mus. cf.* Becken 7.

'Tschirr·an·tiˌlo·pe ['tʃɪr-] *f zo.* guib (*Tragelaphus scriptus*).

tschüs [tʃʏs] *interj colloq.* bye-bye, *Am. auch* by-by, *Br. auch* bye (now), so long, *bes. Br.* cheerio (*alle colloq.*).

tschut·ten ['tʃʊtən] *v/i* ⟨h⟩ *Swiss* play football.

'Tse·tse|ˌflie·ge ['tsɛtse-] *f zo.* tsetse (fly) (*Glossina morsitans*). — ~ˌ**krank·heit** *f med. cf.* Schlafkrankheit.

T-ˌStück ['teː-] *n bes. electr.* T-joint, tee(-piece), Tee.

T-ˌTrä·ger ['teː-] *m tech.* T-beam, T-girder, tees *pl.*

Tua·reg ['tŭaːrɛk; 'tuːarɛk] ⟨*generally undeclined*⟩, **das** ~ ⟨-(s)⟩ *ling.* T(o)uareg.

Tu·ba ['tuːba] *f* ⟨-; Tuben⟩ **1.** *mus.* tuba. – **2.** *med. cf.* Tube 3.

tu·bar [tu'baːr] *adj med.* tubal. — **T~gra·vi·diˌtät** *f* ampullar (*od.* Fallopian, tubal, oviduct) pregnancy.

Tu·be ['tuːbə] *f* ⟨-; -n⟩ **1.** tube: eine ~ Zahnpasta a tube of toothpaste. – **2.** auf die ~ drücken *fig. colloq.* (*die Geschwindigkeit erhöhen*) to put the boot down (*colloq.*), to step on it (*sl.*), *bes. Am. colloq.* to step on the gas. – **3.** *med.* a) tube, tuba (*scient.*), b) *cf.* Eileiter.

'Tu·ben|ˌblu·tung *f med.* tubal h(a)emorrhage. — ~ˌ**durchˌbla·sung** *f* tubal insufflation. — ~ˌ**durchˌgän·gig·keit** *f* tuba patency. — ~**entˌzün·dung** *f* **1.** (*des Eileiters*) salpingitis. – **2.** (*im Ohr*) inflammation of the Eustachian tube. — ~**kaˌthe·ter** *m* (*am Ohr*) Eustachian catheter. — ~ˌ**riß** *m,* ~**rupˌtur** *f* tubal rupture. — ~ˌ**schwan·ger·schaft** *f cf.* Tubargravidität. — ~**verˌkle·bung** *f* tubal adhesion. — ~**verˌschluß** *m* tubal obstruction (*od.* occlusion).

Tu·ber ['tuːbər] *m* ⟨-s; -⟩ *med.* (*Höcker, Vorsprung*) tuber, tuberosity.

Tu·ber·cu·lum [tu'bɛrkulʊm] *n* ⟨-s; -cula [-la]⟩ *med. cf.* Tuberkel.

Tu·be·rin [tube'riːn] *n* ⟨-s; *no pl*⟩ *chem.* tuberin.

Tu·ber·kel [tu'bɛrkəl] *m* ⟨-s; -⟩, *Austrian auch f* ⟨-; -n⟩ *med.* tubercle, tuberculum (*scient.*). — **t~ˌähn·lich** *adj* tuberculoid. — ~**baˌzil·lus** *m* Koch's (*od.* tubercle) bacillus (*Mycobacterium tuberculosis*). — ~ˌ**bil·dung** *f* tuberculation. — ~ˌ**knöt·chen** *n* (miliary) tubercle. — **t~ˌkrank** *adj* tuberculous, consumptive.

Tu·ber·ku·lin [tubɛrku'liːn] *n* ⟨-s; *no pl*⟩ *med. pharm.* Koch's lymph, tuberculin. — ~**beˌhand·lung,** ~ˌ**imp·fung** *f* tuberculization *Br. auch* -s-. — ~ˌ**pro·be** *f* tuberculin test.

tu·ber·ku·lös [tubɛrku'løːs] *adj med.* tuberculous, consumptive.

Tu·ber·ku·lo·se [tubɛrku'loːzə] *f* ⟨-; -n⟩ *med. vet.* a) tuberculosis, b) (*der Lunge*) pulmonary tuberculosis, consumption, phthisis (*scient.*).

Tu·ber·ku'lö·se *m, f* ⟨-n; -n⟩ *med.* patient suffering from tuberculosis, tuberculous (*od.* tuberculotic) patient.

Tu·ber·ku'lo·se|beˌkämp·fung *f med.* tuberculosis control. — ~**erˌre·ger** *m cf.* Tuberkelbazillus. — ~ˌ**for·schung** *f* tuberculosis research, phthisiology (*scient.*). — ~ˌ**fürˌsor·ge** *f* welfare for tuberculosis patients. — ~ˌ**imp·fung** *f* (*zur Vorbeugung*) BCG vaccination. — **t~ˌkrank** *adj* tuberculous, consumptive.

tu·ber·ku·lo·sta·tisch [tubɛrkulo'staːtɪʃ] *adj med. chem.* (*Wirkung*) tuberculostatic.

Tu·be·ro·se [tube'roːzə] *f* ⟨-; -n⟩ *bot.* tuberose (*Polianthes tuberosa*).

tu·bu·lär [tubu'lɛːr] *adj med.* tubular.

tu·bu·lös [tubu'løːs] *adj med.* tubulous, tubular.

Tu·bu·lus ['tuːbulʊs] *m* ⟨-; Tubuli [-li]⟩ *med.* tubule, tubulus (*scient.*).

Tu·bus[1] ['tuːbʊs] *m* ⟨-; Tubi [-bi]⟩ *med.* a) tube, b) (*beim Röntgen*) cone.

'Tu·bus[2] *m* ⟨-; -ben *u.* -se⟩ (*optics*) (*am Mikroskop, Fernrohr etc*) tube.

'Tu·bus|ˌschlit·ten *m* (*am Mikroskop*) tube slide. — ~ˌ**trä·ger** *m* tube support.

Tuch[1] [tuːx] *n* ⟨-(e)s; -e⟩ (*textile*) cloth, fabric.

Tuch[2] *n* ⟨-(e)s; ⸚er⟩ **1.** cloth. – **2.** (*Kopftuch*) scarf, kerchief. – **3.** (*Umhängetuch*) shawl. – **4.** (*Halstuch*) scarf, neckerchief, muffler. – **5.** (*Staubtuch*) duster. – **6.** (*Wischtuch*) cloth, rag: mit einem ~ über den Tisch wischen to wipe the table with a cloth. – **7.** (*Badetuch*) bath towel. – **8.** *fig.* das wirkt auf ihn wie (*od.* das ist für ihn) ein rotes ~ that makes him see red, to him it is like a red rag to a bull.

'Tuch|ˌbal·len *m* bale of cloth. — ~ˌ**baum** *m* (*beim Weben*) cloth beam, *auch* fore beam. — ~ˌ**bin·dung** *f* ⟨-; *no pl*⟩ *cf.* Leinwandbindung.

Tu·chent ['tuxənt] *f* ⟨-; -en⟩ *bes. Austrian for* Federbett 1.

'Tuch|faˌbrik *f* cloth mill (*od.* factory). — ~**fa·briˌkant** *m* cloth manufacturer, *auch* clothier. — ~ˌ**fal·te** *f* **1.** (*Knitterfalte*) crease, crumple, wrinkle, crinkle. – **2.** (*Rockfalte*) pleat. — ~ˌ**füh·lung** *f* **1.** *mil.* close touch (*od.* interval): in ~ shoulder to shoulder. – **2.** (*in Wendungen wie*) mit j-m ~ haben (*od.* in ~ stehen) to be in close contact with s.o., to rub shoulders with s.o.; auf ~ gehen (*nahe aneinanderrücken*) to huddle together. — ~ˌ**ga·ser** [-ˌgaːzər] *m* ⟨-s; -⟩ *tech.* gasser. — ~ˌ**han·del** *m econ.* cloth trade, *Br.* drapery business (*od.* trade). — ~ˌ**händ·ler** *m* cloth merchant, *auch* clothier, *Br.* draper. — ~ˌ**kle·ber** *m chem.* cloth adhesive. — ~ˌ**ma·cher** *m* clothworker, cloth maker. — ~ˌ**rauh·maˌschi·ne** *f* gig. — ~ˌ**sieb** *n* (*housekeeping*) tammy, strainer, (*für Gelee*) *auch* jelly bag.

tüch·tig ['tʏçtɪç] **I** *adj* **1.** (*fähig*) capable, competent, able: ein ~er Lehrer a capable teacher. – **2.** (*gut*) proficient: in (*dat*) etwas ~ sein to be proficient in (*od.* at) s.th., to be good at (*od.* strong in) s.th.; er ist (sehr) ~ in Mathematik he is (very) proficient at (*od.* in) (*od.* good at, clever at) mathematics; er ist sehr ~ in seinem Fach he knows (*od.* understands) his business well. – **3.** (*geübt*) skilled, skillful, *bes. Am.* skilful: ein ~er Handwerker a skilled craftsman. – **4.** (*arbeitsam*) hardworking, industrious. – **5.** (*leistungsfähig*) efficient: eine ~e Hausfrau [Geschäftsfrau] an efficient housewife [businesswoman]. – **6.** (*vortrefflich*) excellent, capital: eine ~e Arbeit an excellent piece of work; eine ~e Leistung excellent work, an excellent performance; ~, ~! *colloq.* pretty (*Br. colloq.* jolly) good! good for you (*od.* him, them)! – **7.** ⟨*attrib*⟩ *bes. Northern G. colloq.* (*sehr viel, heftig, groß*) good: ein ~er Stoß a good (hard) punch; ein ~er Schlag a resounding blow; eine ~e Ohrfeige a good (*od. colloq.* smart) box on the ear; eine ~e Tracht Prügel a good beating, a good (*od.* sound) hiding (*od.* thrashing); eine ~e Mahlzeit a good (*od.* a square, a good square) meal; ein ~er Appetit a good (*od.* hearty) appetite; ein ~er Esser a good eater; einen ~en Schluck nehmen to take a (good) swig (*colloq.*); eine ~e Portion a good (*od.* fair-sized) helping; nimm dir ein ~es Stück (Kuchen)! take a good (*od.* decent) piece (of cake)! ein ~es Stück Weg a good (long) way; ein ~es Stück Arbeit (pretty) hard work; ein ~er Schritt a good (*od.* round) pace; ich hatte ~e Halsschmerzen I had a pretty sore throat, I had quite a sore throat. – **II** *adv bes. Northern G. colloq.* **8.** ~ arbeiten [lernen] to work [study] hard. – **9.** j-n ~ verprügeln to give s.o. a good beating, to give s.o. a good (*od.* sound) hiding (*od.* thrashing). – **10.** ~ zulangen (*beim Essen*) to tuck in, to eat up, to fall to; dem Wein ~ zusprechen to do justice to the wine.

'Tüch·ti·ge *m, f* ⟨-n; -n⟩ efficient (*od.* hardworking, industrious) person: → Bahn[2] 1.

'Tüch·tig·keit *f* ⟨-; *no pl*⟩ **1.** (*Fähigkeit*) capability, competence, ability: dank seiner ~ haben wir es geschafft we made it thanks to his capability. – **2.** (*Können*) proficiency. – **3.** (*Geübtheit*) skill: seine ~ als Kletterer ist unübertroffen his skill as a climber is unparallel(l)ed. – **4.** (*Arbeitsamkeit*) industry. – **5.** (*Leistungsfähigkeit*) efficiency: körperliche ~ fitness.

'Tuch|ˌwal·ker *m* (*textile*) fuller. — ~ˌ**wa·ren** *pl* cloths, *Br.* drapery *sg, Am.* dry goods *pl* (*sometimes construed as sg*). — ~**we·beˌrei** *f* **1.** (*Tätigkeit*) cloth weaving. – **2.** (*Fabrik*) cloth weaving mill. — ~ˌ**zei·chen** *n aer.* ground (*od.* code) panel, ground signal.

Tücke (*getr.* -k·k-) ['tʏkə] *f* ⟨-; -n⟩ **1.** ⟨*only sg*⟩ malice, spite, maliciousness: er ist voller ~ he is full of malice. – **2.** (*Hinterlist*) guile, deceit(fulness), (*stärker*) insidiousness, treachery, treacherousness, perfidy: → List 1. – **3.** (*tückische Handlung*) wile, deceit, perfidy, knavery: sie waren machtlos gegen die ~n der Gegner they were helpless against the wiles (*od.* trickery) of the enemy. – **4.** (*des Glücks, Schicksals etc*) trick. – **5.** (*verborgene Gefahr*) die ~ des Objekts the cussedness of things; der Strom hat seine ~n the river is treacherous; das hat seine ~n that's rather intricate (*od.* involved).

tuckern (*getr.* -k·k-) ['tʊkərn] *v/i* ⟨h *u.* sein⟩ **1.** ⟨h⟩ (*von langsamem Motorboot oder Traktor*) chug, put(t)-put(t). – **2.** ⟨h⟩ (*vom Auto*) splutter, chug. – **3.** ⟨sein⟩ (*mit einem Motorboot fahren*) chug: wir sind über den See getuckert we chugged across the lake.

'tückisch (*getr.* -k·k-) *adj* **1.** malicious, spiteful. – **2.** (*hinterlistig*) guileful, sly, deceitful, (*stärker*) insidious, treacherous, perfidious. – **3.** (*Plan etc*) insidious, subtle. – **4.** (*Tier, Angriff etc*) vicious. – **5.** (*Krankheit*) insidious, malignant. – **6.** (*Eis, Straße etc*) treacherous.

tuck·tuck [ˌtʊk'tʊk] *interj* (*Lockruf für Hühner*) chuck-chuck, cluck-cluck.

'Tu·dor|ˌblatt ['tuːdər-] *n,* ~ˌ**blu·me** *f arch.* Tudor flower. — ~ˌ**bo·gen** *m* (*gedrückter Spitzbogen*) Tudor arch. — ~ˌ**ro·se** *f* Tudor rose. — ~ˌ**stil** *m* ⟨-s; *no pl*⟩ Tudor style.

Tue·rei [tuːə'raɪ] *f* ⟨-; *no pl*⟩ *colloq. contempt. cf.* Getue 2.

Tuff [tʊf] *m* ⟨-s; -e⟩ *geol.* **1.** tuff. – **2.** *cf.* Tuffstein. — **t~ˌar·tig** *adj* **1.** tuffaceous. – **2.** tufaceous. — ~ˌ**er·de** *f* ⟨-; *no pl*⟩ tufaceous earth. — ~ˌ**ke·gel** *m* tuff cone. — ~ˌ**la·va** *f min.* ataxite. — ~ˌ**stein** *m* ⟨-s; *no pl*⟩ *geol.* tufa, *auch* calcareous tufa, calc-tufa.

'Tüf·telˌar·beit *f* ⟨-; *no pl*⟩ tedious and delicate work (*od.* job).

Tüf·te'lei *f* ⟨-; -en⟩ *colloq.* **1.** *fig.* hair-splitting, subtleties *pl,* sophistry. – **2.** *cf.* Tüftelarbeit.

'Tüf·te·ler *m* ⟨-s; -⟩ *colloq.* fiddler.

'tüf·te·lig *adj colloq.* punctilious, fussy.

tüf·teln ['tʏftəln] *v/i* ⟨h⟩ **1.** (an *dat* at, with) fiddle: er tüftelt gern(e) he is always fiddling at s.th. – **2.** *fig.* a) (über *acc* about, over) subtilize, quibble, b) split hairs. – 3. (an *dat* over) pore, puzzle.

'Tüft·ler *m* ⟨-s; -⟩ *colloq. cf.* Tüfteler. — **'tüft·lig** *adj colloq. cf.* tüftelig.

Tu·gend ['tu:gənt] *f* ⟨-; -en⟩ **1.** ⟨*only sg*⟩ (*sittlich einwandfreie Haltung*) virtue: ~ **und Laster** virtue and vice; **die ~ in Person** *fig.* virtue in person, virtue personified; **auf dem Pfad der ~ wandeln** *fig. iron.* to follow the path of virtue, to keep to the straight and narrow; **vom Pfad der ~ abweichen** *fig. iron.* to wander from the path of virtue; **ein Ausbund an ~** *iron.* a perfect (*od.* an absolute, a regular) prig, a paragon of virtue; **es sich zur ~ machen, etwas zu tun** to make a virtue of doing s.th.; → Not 2. – **2.** (*gute Eigenschaft*) virtue, (good) quality: **ein Mann mit vielen ~en** a man of many (good) qualities.

'Tu·gend,bold [-,bɔlt] *m* ⟨-(e)s; -e⟩ *iron.* (*tugendhafte Person*) paragon of virtue, self-righteous person, (pompous) prig.

'tu·gend·haft *adj* **1.** virtuous. – **2.** (*ehrbar*) honest. – **3.** (*keusch*) virtuous, chaste. — **'Tu·gend·haf·tig·keit** *f* ⟨-; *no pl*⟩ **1.** virtue, virtuousness. – **2.** (*Ehrbarkeit*) honesty, integrity. – **3.** (*Keuschheit*) virtue, chastity.

'Tu·gend|,held *m iron. cf.* Tugendbold. — **~,leh·re** *f cf.* Ethik 2.

'tu·gend·los *adj* virtueless, destitute (*od.* devoid) of virtue.

'Tu·gend|,pfad *m fig.* path of virtue. — **~,pre·di·ger** *m iron.* moralizer *Br. auch* -s-. — **t~,reich** *adj* most virtuous. — **~,ro·se** *f röm.kath.* (*päpstlicher Orden*) Golden Rose. — **t~sam** *adj lit.* **1.** virtuous. – **2.** (*keusch*) virtuous, chaste. — **~,wäch·ter** *m colloq. iron.* guardian of virtue.

Tu·kan ['tu:kan; tu'ka:n] *m* ⟨-s; -e⟩ *zo. cf.* Pfefferfresser.

Tu·lar·ämie [tularɛ'mi:] *f* ⟨-; -n [-ən]⟩ *med.* rabbit (*od.* deer-fly) fever, tular(a)emia (*scient.*).

'Tu·la,sil·ber ['tu:la-] *n* tula metal.

Tu·li·pa·ne [tuli'pa:nə] *f* ⟨-; -n⟩ *poet. for* Tulpe 1.

Tüll [tʏl] *m* ⟨-s; -e⟩ (*textile*) tulle. — **~,blu·se** *f* (*fashion*) tulle blouse.

Tül·le ['tʏlə] *f* ⟨-; -n⟩ **1.** (*an der Tee-, Kaffeekanne etc*) spout. – **2.** *tech.* (*kurzes Rohrstück*) a) (*eines Leuchters*) socket, b) (*eines Blasebalgs*) nozzle, c) (*einer Öllampe*) burner, wick holder, d) (*eines Spatens*) hose, e) (*am Schloß*) socket, f) (*Dichtungsring*) grommet, g) (*Hülse*) bush, h) (*Mundstück*) mouthpiece, i) (*eines Meßgefäßes*) lip. – **3.** (*housekeeping*) (*zum Spritzen von Gebäck*) icing bag. – **4.** *mil.* (*am Bajonett*) socket.

'Tüll|fa·bri·ka·ti,on *f* tulle (*od.* net) manufacture. — **~gar,di·ne** *f* (*textile*) net (*od.* lace) curtain. — **~,schlei·er** *m* (*fashion*) tulle veil. — **~,spit·ze** *f* net lace. — **~,vor,hang** *m cf.* Tüllgardine.

Tul·pe ['tʊlpə] *f* ⟨-; -n⟩ **1.** *bot.* tulip (*Gattg Tulipa*): **Wilde ~** wild tulip (*T. silvestris*). – **2.** *Northern G. colloq.* (*Bierglas*) tulip-shaped glass, tulip.

'tul·pen,ar·tig *adj* tuliplike.

'Tul·pen|,baum *m bot.* tulip tree (*od.* poplar) (*Liriodendron tulipifera*). — **~,beet** *n hort.* bed of tulips. — **~,zucht** *f* tulip growing, cultivation of tulips. — **~,züch·ter** *m* tulip grower. — **~,zwie·bel** *f bot.* tulip bulb.

Tum·ba ['tʊmba] *f* ⟨-; -ben⟩ *röm.kath.* altar (*od.* high) tomb.

Tu·mes·zenz [tumɛs'tsɛnts] *f* ⟨-; -en⟩ *med.* swelling, tumescence (*scient.*).

tu·mes·zie·ren [tumɛs'tsi:rən] *v/i* ⟨*no* ge-, h⟩ *med.* (*anschwellen*) swell, tumefy (*scient.*).

tum·meln ['tʊməln] **I** *v/reflex* ⟨h⟩ **sich ~** **1.** (*herumtollen u. spielen*) romp (about *od.* around), frolic, gambol, (*von Hunden, Katzen etc*) *auch* frisk: **die Kinder tummelten sich auf der Wiese** the children were romping around on the grass. – **2.** (*herumplantschen*) splash (about *od.* around), romp (about *od.* around). – **3.** (*von Fischen*) dart about (*od.* around). – **4.** *fig. colloq.* (*sich beeilen*) get a move on (*colloq.*), get going (*od. colloq.* cracking), look sharp (*Br. colloq.* slippy), smarten up (*colloq.*), hurry (up), *Am.* hustle: **ich muß mich ~, unsere Gäste kommen gleich** I must get going, our guests will be here any minute; **tummle dich!** get a move on! (*colloq.*), look sharp (about it)! look alive! make it snappy! – **II** *v/t* **5.** (*Pferd*) exercise, work.

'Tum·mel,platz *m* **1.** *auch fig.* playground. – **2.** (*beim Reitsport*) exercise (*od.* working) ground.

'Tumm·ler *m* ⟨-s; -⟩ (*fuß- u. henkelloses Trinkglas*) tumbler.

Tümm·ler ['tʏmlər] *m* ⟨-s; -⟩ *zo.* **1.** **Kleiner ~** *cf.* Braunfisch. – **2.** **Großer ~** *cf.* Flaschennase. — **~,tau·be** *f* tumbler (pigeon) (*Columba livia gyratrix*).

Tu·mor ['tu:mɔr] *m* ⟨-s; -en [tu'mo:rən], *colloq.* -e [tu'mo:rə]⟩ *med.* (*Geschwulst*) tumor, *bes. Br.* tumour, growth: **gutartiger** (*od.* **benigner**) ~ benign tumo(u)r; **bösartiger** (*od.* **maligner**) ~ malignant tumo(u)r (*od.* neoplasm).

Tüm·pel ['tʏmpəl] *m* ⟨-s; -⟩ **1.** (*sumpfiger Teich*) marshy pool, slough. – **2.** (*Sumpfloch*) slough, swamp hole, (*im Moor*) *auch* bog pool. – **3.** *contempt.* (*See mit niedrigem Wasserstand*) puddle. – **4.** *metall.* (*beim Gießen*) pouring basin, well.

Tu·mult [tu'mʊlt] *m* ⟨-(e)s; -e⟩ **1.** (*lärmendes Getümmel*) commotion, uproar, tumult: **ein großer ~ erhob sich** a great tumult arose, there was a great tumult, there was a terrific commotion. – **2.** (*Auflauf, Aufruhr*) turmoil, (*stärker*) riot, rumpus (*colloq.*): **einige Studenten waren auch an dem ~ beteiligt** some students were also involved in the row; **einen ~ erregen** to stir up a row. – **3.** (*Lärm*) row, racket, hubbub. – **4.** (*geistiger, seelischer*) turmoil, tumult. — **~,schä·den** *pl* damage *sg* (caused) by riots.

tu·mul·tua·risch [tumʊl'tŭa:rɪʃ] *adj* ⟨*attrib*⟩ **1.** (*lärmend, bewegt*) tumultuous, tumultuary, uproarious. – **2.** (*aufrührerisch*) riotous.

Tu·mu·lus ['tu:mulʊs] *m* ⟨-; -li [-li]⟩ *hist.* (*Hügelgrab*) tumulus.

tun [tu:n] **I** *v/t* ⟨tue, tust, tut; tat, getan, h⟩ **1.** do: **was tust du heute abend?** what are you doing tonight? **ich weiß nicht, was ich ~ soll** I don't know what (I am) to do, I don't know where to turn; **was soll ich ~** what shall I do? what am I to do? **ich muß heute noch viel ~** I still have a lot to do today; **ich habe nichts zu ~** I have nothing to do; **er tut den ganzen Tag nichts** he doesn't do a thing (*od.* he does nothing, *colloq.* he does damn all) all day (long); **er tut nichts als schimpfen** a) he does nothing but scold, b) he does nothing but complain; **tu doch endlich was!** a) (*arbeite*) do (*od.* get down to) a bit of work! b) (*unternimm etwas dagegen*) do s.th. about it! **du mußt ein bißchen was ~** *colloq.* you must (*od.* you'll have to) do (*od.* get down to) a bit of work; **was ist zu ~?** what is to be done? what wants (*od.* needs) doing? (*colloq.*); **wir wollen sehen, was sich ~ läßt** we'll see what can be done (about it); **ich habe getan, was ich konnte** I did what I could; **ich kann ~, was ich will, es gelingt mir nicht** no matter how (much) I try (*od.* try as I may), I can't do it; **ich kann ~, was ich will, es gelingt mir nicht, ihn zu überzeugen** no matter what I do, I don't succeed in persuading him; **was ich auch tue, ich komme nicht weiter** I (can) make no headway (*od.* I don't get any farther), no matter what I do; **sie tat, was in ihren Kräften stand** she did what she could, she did her utmost (*od.* best); **ich habe mein möglichstes getan** I have done my level best (*od.* my utmost); **er hat alles (erdenkliche) für sie getan** he did everything (imaginable *od.* one could think of) for her; **ich tue etwas für meine Bildung** I do s.th. for my education; **ich habe alles selbst [allein] getan** I did everything (by) myself [on my own]; **er hat die Arbeit nur halb getan** he only half did the job, he only did a half job (on it), *Am.* he only did the job halfway; **das wäre getan** that's that, that's (done); **das ist so gut wie getan** it's as good as done; **das ist schnell getan** that doesn't (*od.* won't) take long (*od.* a minute); **das will getan sein** that wants (*od.* needs) doing (*od.* to be done); **auch diese Arbeit will getan sein** this, too, requires proper attention, it's no easy job; **da muß etwas getan werden** s.th. must be done about it; **ich kann nichts dazu ~** I cannot do anything about it, I can do nothing about it; **tu, was du willst!** do whatever you like, do as you please; **tu, was du nicht lassen kannst** do it if you must (*od.* insist); **das können Sie ~ oder auch lassen** (you can) do it or leave it; **er weiß genau, was man zu ~ und zu lassen hat** he knows exactly what is done and what is not done, he knows all the do's and the don't's; **du weißt nicht, was du da tust** you don't know what you are doing (there); **das** (*od.* **so etwas**) **tut man (doch) nicht** that (simply) is not done; **so was tue ich nicht** I wouldn't do a thing like that; **unter diesem Betrag tut er's nicht** he won't do it for less (than that amount); **er hat andere Dinge zu ~** he has other things to do (*od.* other fish to fry); **er hat es von sich aus getan** he did it on his own (initiative), he did it off his own bat; **j-m etwas zu ~ geben** to give s.o. s.th. to do; **etwas an** (*dat*) **etwas ~** to do some work on s.th., to work at s.th.; **ich habe an meinem Aufsatz noch nichts getan** I have not done any work on my essay yet; **etwas gegen etwas [j-n] ~** to do s.th. about s.th. [s.o.]; **was du ~ willst, tue bald** never put off till tomorrow what may be done today. – **2.** (*verrichten*) do, perform: **eine Arbeit ~** to do work (*od.* a job); → **Pflicht** 1; **übrig** 11, 12. – **3.** *colloq.* (*an od. auf einen Platz*) put: **tu es dorthin** put it there; **etwas in eine Schachtel ~** to put s.th. in(to) a box; **Geld auf die Bank ~** to put money in the bank; **etwas beiseite ~** to put s.th. aside; **Salz an die Speisen ~** to put salt in the food, to add salt to (*od.* to salt) the food; **tu das noch auf den Haufen dort** put that on the heap there, add this to the heap. – **4.** (*genügen, ausreichen, gut genug sein*) do: **dieser Stuhl hier tut's auch** this chair will do; **Sparen allein tut es nicht** saving alone is not enough; **damit ist es (noch) nicht getan** it's not as simple as all that, that's only half the battle. – **5.** *colloq.* (*von Auto etc*) go: **der alte Wagen tut's nicht mehr** the old car won't (*od.* doesn't) go anymore; **tut er es nicht mehr?** will it not go? has it given up? – **6.** (*verüben, begehen*) do: **was hat er denn getan?** what has he done? **ich habe es nicht getan** I didn't do it, it wasn't me; **wer hat das getan?** who did that? who was it? **tu es nicht wieder!** don't do it again! don't let that happen again! – **7.** **j-m etwas (zuleid[e]) ~** to do s.th. (harmful) to s.o.: **was hat er dir getan?** what did he do to you? **tu mir nichts, ich tu dir auch nichts** (you) leave me alone and I'll leave you alone; **was du nicht willst, daß man dir tu, das füg auch keinem anderen zu** (*Sprichwort*) do as you would be done by. – **8.** **j-m etwas zuliebe ~** to do s.th. to please s.o., to do s.th. for s.o.'s sake. – **9.** **nichts mit j-m zu ~ haben** to have nothing to do with s.o.: **mit ihr habe ich nichts zu ~** I have nothing to do with her; **ich will mit ihr nichts mehr zu ~ haben** I will have nothing (*od.* I won't have anything) more to do with her, I have done (*Am.* I'm through) with her. – **10.** **etwas mit etwas zu ~ haben** to have s.th. to do with s.th., to be somehow connected with s.th.: **das hat mit Physik nichts zu ~** that has nothing to do with physics; **das hat ja damit nichts zu ~** (but) that has nothing to do with it (*od.* that); **damit will ich nichts zu ~ haben** I will have nothing to do with that, I wash my hands of it, I have done (*Am.* I'm through) with it; **was habe ich damit zu ~?** what has that (got) to do with me? (and) where do I come in? – **11.** **es mit j-m zu ~ haben** (*od.* **bekommen**, *colloq.* **kriegen**) a) (*Schwierigkeiten bekommen*) to get into trouble with s.o., b) (*konfrontiert sein*) to find oneself up against s.o., to be confronted with s.o.: **wenn du das machst, dann bekommst du es mit dem Chef [dem Finanzamt] zu ~** if you do that you will get into trouble with the boss [the tax authorities]; **im Endspiel hatten sie es mit dem Vorjahressieger zu ~** they found themselves up against last year's winner in the final match; **in dieser Angelegenheit haben Sie es mit dem Chef zu ~** you are dealing with the boss in this matter. – **12.** **es mit etwas zu ~ bekommen** (*od. colloq.* **kriegen**) to have trouble with s.th.: **im Gebirge bekomme ich es immer mit dem Herzen zu ~** I always have trouble with my heart (*od.* I always have [*od.* I always get] heart trouble) in the mountains. –

13. es mit der Angst zu ~ bekommen to get scared, *Br. sl.* to get the wind up. – **14.** (*in Verbindung mit Substantiven*) **Abbitte** ~ to offer (*od.* make) an apology, to apologize *Br. auch* -s-; **eine Äußerung** ~ to make a remark (*od.* statement); **ich kann nichts Besseres** ~(, **als**) I cannot do better (than), I can do no better (than); **eine Bitte** ~ to make a request; **einen flüchtigen Blick in** (*acc*) **etwas** ~ to take (*od.* have) a fleeting (*od.* cursory) glance at s.th., to catch a glimpse of s.th., to glance (*Am. auch* glimpse) at s.th.; **j-m Böses** ~ to do s.o. harm (*od.* an injury), to harm s.o., to inflict an injury on s.o.; **j-m einen Gefallen** ~ to do s.o. a favor (*bes. Br.* favour); **j-m Gutes** ~ to do s.o. a good turn; **er hat ihm schon viel Gutes getan** he has done him many a good turn, he has done a lot for him; **des Guten zuviel** ~ to overdo it (*od.* things); **einen Schluck [Zug] aus der Flasche** ~ to take a drink [draft, *bes. Br.* draught, pull, *colloq.* swig] from the bottle; **einen Schrei** ~ to give (*od.* utter) a shout; **einen Schritt** ~ to take a step; **er hat wieder einen Schritt vorwärts getan** *fig.* he has come another step forward, he has made further progress; **das Seinige** ~ to do one's share (*od.* bit), to pull one's weight; **einen Seufzer** ~ to give (*od.* heave) a sigh; **einen Sprung** ~ to take a jump; **Unrecht** ~ to do wrong; **j-m Unrecht** ~ to do s.o. wrong (*od.* an injustice); **j-m seinen Willen** ~ to do what s.o. wishes, to let s.o. have (*od.* to give s.o.) his way; → **Abbruch** 4, 8; **Buße** 1; **Fehltritt** 3; **Mißgriff**; **Wirkung** 1; **Wunder** 2. – **15.** (*mit vorangestelltem Infinitiv*) **singen tut sie gern** she does like to sing. – **16.** *colloq.* (*inkorrekt, zur Umschreibung des Präsens*) **sie tut schreiben** she is writing. – **17.** es mit j-m ~ *colloq.* (*Geschlechtsverkehr haben*) to do it with s.o. (*colloq.*), to have it off with s.o. (*sl.*). – **18.** (*in Wendungen wie*) **j-n bei j-m in die Lehre** ~ *colloq.* to put s.o. indentured as an apprentice with s.o., to apprentice s.o. to s.o.; **j-n auf die Schule** ~ *colloq.* to send s.o. to school; **das tut nichts** it doesn't matter, never mind; **das tut nichts zur Sache** that is neither here nor there, that is of no significance; **was tut's** (, **wenn**), **was tut das** (**schon**) (, **wenn**) what does it matter if. – **II** *v/i* **19.** zu ~ **haben** (*arbeitsmäßig*) to have work to do: **stör mich bitte nicht, ich habe im Augenzu** ~ please don't disturb me, I have work to do (*od.* I am busy) at the moment; **ich habe alle** (*od.* **beide**) **Hände voll zu** ~ I have my hands full; **ich habe noch in der Stadt zu** ~ a) I have a few errands (*od.* things) to do in town, b) I have some business (to do) in town, I have some matters to attend to in town; **ich hatte** (**schön**) **zu** ~, **um das Stück fertigzubekommen** I had (quite) a job to finish (*od.* I had ([quite] a job finishing) the piece, I had to keep (hard) at it to get the piece finished; **wir haben noch zu** ~, **wenn wir den 11-Uhr-Zug erreichen wollen** *colloq.* we('ll) have to hurry (*od. colloq.* to smarten up, to get a move on) if we want to catch the 11 o'clock train. – **20.** **mit j-m zu** ~ **haben** to have dealings with s.o., to have to do with s.o.: **hast du in deiner Arbeit je mit Herrn X zu** ~ **gehabt?** did you ever have anything to do with (*od.* did you ever come across) Mr. X in your work? – **21.** **mit etwas zu** ~ **haben** a) (*verbunden sein*) to have (s.th.) to do with s.th., to be connected with s.th., b) (*geschäftlich*) to have to do business (*od.* dealings) with s.th.: **er hat mit der Exportabteilung zu** ~ (*arbeitet dort*) he has (s.th.) to do (*od.* he is somehow connected) with the export department; **er hat mit dieser Behörde oft zu** ~ (*kommt öfter dorthin*) he often has (business) to do (*od.* he has a lot to do, he often has dealings) with that authority. – **22.** (**so**) ~, **als ob** a) to behave (*od.* act) as if, b) (*etwas vortäuschen*) to pretend (that): **er tut so, als ob er der Chef wäre** he behaves as if he were the boss, he thinks he is the boss; ~ **Sie, als wenn Sie zu Hause wären** make yourself (quite) at home; **er tut, als sei er nicht zu Hause** he is pretending to be out; **er tut nur so** a) it's all put on, he's putting on an act (*od.* just doing that), b) he's just pretending; ~ **Sie doch nicht so!** don't make (such) a fuss! come off it! – **23.** (*in Verbindung mit Adverbien*) **sie tut immer so freundlich** she always pretends to be on the best of terms, she is always all over you (*colloq.*); **würdig** ~ to pretend to be dignified, to assume an air of (*od.* to affect) dignity; **spröde** ~ to play (*od.* pretend to be) coy, to simper; **er tut immer so fein** he puts on (*od.* gives himself) airs, *bes. Br. colloq.* he is so frightfully posh; **er tut immer so gescheit** he always pretends to be (*od.* he thinks he is) so clever, he is such a know-(it-)all; **er tut immer so wichtig** he thinks he is so important, he is so officious, he thinks he's it (*od.* the be-all and end-all); **tu doch nicht so blöd!** don't be so silly! **es tut mir leid** I am sorry; **er tut mir leid** I am (*od.* feel) sorry for him; **sich** (*dat*) **weh** ~ to hurt oneself; **j-m weh** ~ *auch fig.* to hurt s.o.; **das hat** (**aber**) **weh getan** a) that hurt, that was painful, b) *fig.* it hurt; **Sie tun gut** (*od.* **klug**) **daran zu gehen** you had better go, it would be wiser (for you) to go; **Sie haben gut daran getan, es ihm zu sagen** you did well to tell him (that); **Sie täten besser daran zu** you would do (*od. colloq.* be) better to; **tue recht und scheue niemand** (*Sprichwort*) do right and fear no man (*proverb*); → **Kopf** 1. – **24.** **es ist ihr** [**ihm**] **um etwas zu** ~ she [he] is concerned about s.th., s.th. is of great consequence to her [him]: **es ist ihm nur um das Geld zu** ~ a) (*ist daran interessiert*) he is only concerned about (*od.* interested in) money, money is the only thing that interests him, b) (*scheut die Geldausgabe*) it's a question of (the) money for him; **es ist mir um die Zukunft zu** ~ I am concerned about the future; **es ist mir allein darum zu** ~ **zu wissen** it is my sole interest to know, the one (and only) thing that interests me is to know. – **25.** **du weißt nicht, wie das tut** you have no idea what it will feel like. – **III** *v/reflex* **26.** (*in Wendungen wie*) **sich an** (*dat*) **etwas gütlich** ~ a) to treat oneself to s.th., b) to help oneself to s.th. – **27.** **etwas tut sich, es tut sich etwas** *colloq.* there is s.th. going on (*od.* brewing, in the wind) here, there is s.th. up here (*colloq.*): **heute abend tut sich was in der Stadt** there is s.th. going on in town tonight. – **IV** *v/impers* **28.** **plötzlich tat es einen Schlag, und wir saßen im Dunkeln** suddenly there was a bang and there we were in the dark. – **29.** **wie geht's** — **na, es tut sich** *colloq.* how are things — all right (*od.* so-so). – **V T~** *n* ⟨-s⟩ **30.** *verbal noun.* – **31.** (*Handlungen*) deeds *pl*, acts *pl*, activities *pl*: **heimliches T~** a) secret acts *pl*, b) (*Machenschaften*) underhand doings *pl* (*od.* goings-on *pl*); **verräterisches T~** perfidious (*od.* treacherous) acts *pl* (*od.* activities *pl*); **die Verantwortung hinsichtlich meines T~s und Lassens** the responsibility for what I do and what I do not do; **Sagen und T~ ist zweierlei** (*Sprichwort*) *etwa* saying is one thing and doing is another. – **32.** (*Handlungsweise*) actions *pl*, dealings *pl*. – **33.** (*Verhaltensweise*) conduct, behavior, *bes. Br.* behaviour, doings *pl*: **sein T~ gefällt mir nicht** I don't like his conduct; **sein T~ und Treiben** (**all**) his activities *pl*.

'Tünch,ar·beit *f* **1.** (*Anstrich*) whitewash, limewash. – **2.** (*Tätigkeit*) whitewashing, limewashing.

Tün·che ['tʏnçə] *f* ⟨-; -n⟩ **1.** (*paints*) a) (*weiße*) ~ whitewash, b) (*Kalktünche*) limewash, whitewash, c) (*Leimfarbe*) distemper. – **2.** *cf.* **Tünchfarbe.** – **3.** *fig. contempt.* (*äußerer Anstrich*) veneer, varnish: **seine Höflichkeit ist nur** ~ his politeness is a mere varnish (*od.* is merely a veneer). – **4.** *fig. colloq. contempt.* (*Make-up*) heavy make-up: **sie hat viel** ~ **im Gesicht** she is painted up, her face is plastered with makeup.

tün·chen ['tʏnçən] (*paints*) **I** *v/t* ⟨h⟩ **1.** whitewash, (*mit Kalktünche*) limewash: **eine Wand zweimal** ~ to give a wall two coats of limewash. – **2.** (*mit Leimfarbe*) distemper. – **II T~** *n* ⟨-s⟩ **3.** *verbal noun.*

'Tün·cher *m* ⟨-s; -⟩ (*Maler*) whitewasher, limewasher.

'Tünch|,far·be *f* (*farbige Tünche*) distemper. — **~,kü·bel** *m* pail of whitewash (*od.* limewash). — **~,schicht** *f* coat of whitewash (*od.* limewash, distemper): **oberste** ~ finishing coat of limewash.

Tun·dra ['tʊndra] *f* ⟨-; -dren⟩ *geogr.* tundra.

Tu·nell [tu'nɛl] *n* ⟨-s; -e⟩ *Southern G., Austrian and Swiss for* **Tunnel** 1, 2.

Tu·ner ['tjuːnər] *m* ⟨-s; -⟩ (*radio*) *telev.* tuner.

Tu·ne·si·er [tu'neːziər] *m* ⟨-s; -⟩, **Tu'ne·sie·rin** *f* ⟨-; -nen⟩ *geogr.* Tunisian. — **tu'ne·sisch** [-zɪʃ] *adj* Tunisian, Tunisia (*attrib*).

'Tung|,baum ['tʊŋ-] *m bot.* tung (oil) tree, *auch* tung (*Aleurites fordii*). — **~,öl** *n tech. cf.* **Holzöl.**

Tung·sten ['tʊŋsteːn] *m* ⟨-; *no pl*⟩ *chem. cf.* **Wolfram.** — **Tung·ste'nit** [-te'niːt; -te'nɪt] *m* ⟨-; *no pl*⟩ *min.* tungstenite.

'Tu,nicht,gut *m* ⟨- *u.* -(e)s; -e⟩ ne'er-do-well: **die Mutter nannte ihren mißratenen Sohn einen** ~ the mother called her wayward son a ne'er-do-well; **er ist und bleibt ein** ~ he is and always will be a ne'er-do-well, he will never do any good.

Tu·ni·ka ['tuːnika] *f* ⟨-; Tuniken⟩ **1.** *hist.* (*römisches Gewand*) tunic. – **2.** (*fashion*) tunic.

Tu·ni·ka·te [tuni'kaːtə] *f* ⟨-; -n⟩ *meist pl zo. cf.* **Manteltier.**

Tu·ning ['tjuːnɪŋ] *n* ⟨-s; *no pl*⟩ *auto.* (*des Motors*) tuning.

Tun·ke ['tʊŋkə] *f* ⟨-; -n⟩ *bes. Northern G. gastr. for* **Soße** 1.

tun·ken ['tʊŋkən] **I** *v/t* ⟨h⟩ **1.** **etwas in** (*acc*) **etwas** ~ a) (*Kekse, Watte etc*) to dip (*od.* soak, sop) s.th. in s.th., b) (*Feder, Finger etc*) to dip s.th. in(to) s.th. – **2.** **j-n in** (*acc*) **etwas** ~ to dip (*od.* duck) s.o. in(to) s.th.: **sie tunkten ihn ins Wasser** they ducked him in(to) the water, they gave him a ducking. – **II** *v/i* ⟨sein⟩ **3.** **mit etwas in** (*acc*) **etwas** ~ to dip s.th. in(to) s.th.: **er tunkte mit dem Finger ins Wasser** he dipped his finger in(to) water. – **III T~** *n* ⟨-s⟩ **4.** *verbal noun.*

'tun·lich I *adj* **1.** (*ratsam*) advisable, expedient: **ich hielt es nicht für** ~, **die Sache weiterzuverfolgen** I did not consider it advisable to pursue the matter any further. – **2.** (*möglich*) possible: **wo immer es** ~ **war, haben wir geholfen** we helped wherever (it was) possible. – **3.** (*ausführbar*) feasible, practicable: **soweit** ~ **haben wir die Anordnungen befolgt** we followed the instructions as far as was feasible. – **II** *adv* **4.** *cf.* **tunlichst.**

'tun·lichst *adv* (*möglichst*) if at all possible: **das wirst du** ~ **vermeiden** avoid that if at all possible (*od.* if you possibly can); ~ **bald** as soon as possible.

Tun·nel ['tʊnəl] *m* ⟨-s; -(s)⟩ *civ.eng.* **1.** (*unterirdischer Gang, Stollen*) tunnel: **einen** ~ (**durch den Berg**) **ansetzen** [**bohren**] to collar [to drill] a tunnel (through the mountain), to tunnel the mountain. – **2.** (*Unterführung*) subway, underpass. – **3.** (*mining*) tunnel. — **~an·ämie** [-ˀanɛ,miː] *f med. cf.* **Hakenwurmkrankheit.** — **~,an,la·ge** *f civ.eng.* tunnel system. — **~,bau** *m civ.eng.* tunnel construction. — **~ef,fekt** *m phys.* tunnel effect. — **~,ofen** *m tech.* tunnel kiln, continuous-type furnace. — **~,schacht** *m civ.eng.* tunnel shaft.

Tun·te ['tʊntə] *f* ⟨-; -n⟩ *Northern G. colloq. contempt.* (*langweilige u. zimperliche Frau*) prude. — **'tun·ten·haft, 'tun·tig** *adj* prudish.

Tupf [tʊpf] *m* ⟨-(e)s; -e(n)⟩ *Southern G., Austrian and Swiss for* **Tupfen.**

'Tupf|,bäll·chen [-,bɛlçən] *n* ⟨-s; -⟩, **~,ballen** *m print.* printer's ball, dabber.

Tüp·fel ['tʏpfəl] *m, bes. Austrian n* ⟨-s; -⟩ **1.** (*kleiner Punkt*) dot, point, tittle. – **2.** (*kleiner Fleck*) small spot, speck. – **3.** *bot.* pit. — **~ana,ly·se** *f chem.* drop (*od.* spot) analysis. — **~,bärb·ling** [-,bɛrblɪŋ] *m* ⟨-s; -e⟩ *zo.* blackstriped danio (*Danio nigrofasciatus*). — **~,beu·tel,mar·der** *m* common native cat (*Dasyurus viverrinus*).

'Tüp·fel·chen *n* ⟨-s; -⟩ tiny spot (*od.* dot): **bis aufs letzte** ~ *fig. colloq.* down to the last T, down to the last detail; **da fehlt noch das** ~ **auf dem i** *fig. colloq.* it lacks the finishing touch; **da darf kein** ~ **fehlen** everything has to be (absolutely) perfect.

'Tüp·fel|,farn *m bot.* polypody (*Gattg Polypodium*): **Gemeiner** ~ wall fern (*P. vulgare*). — **~,hart,heu** *n* common Saint-John's-wort (*Hypericum perforatum*). — **~hyä·ne** [-hy,ɛːnə] *f zo.* spotted (*od.* laughing) hyena (*Crocuta crocuta*).

'tüp·fe·lig *adj* **1.** (*gefleckt*) spotted, speckled. – **2.** (*punktiert*) dotted.

tüp·feln ['tʏpfəln] *v/t* ⟨h⟩ **1.** (*mit kleinen Punkten*) stipple. – **2.** (*mit Tinten-, Farbklecksen etc*) dot. – **3.** (*sprenkeln*) speckle, fleck.

tup·fen ['tʊpfən] **I** *v/t* ⟨h⟩ **1.** (*mit einem Taschentuch etc*) dab: sich (*dat*) mit dem Taschentuch das Gesicht ~ to dab one's face with one's handkerchief. – **2.** *bes. med.* (*mit Watte etc*) (*Wunde*) swab, swob, (*mit einem Schwamm*) *auch* sponge: Jod auf die Wunde ~ to swab iodine on the wound, to swab the wound with iodine. – **3.** *cf.* tüpfeln. – **II** *v/i* **4.** j-m auf die Schulter ~ to tap s.o. on the shoulder.

'Tup·fen *m* ⟨-s; -⟩ (*Punkt*) dot, spot: ganz kleiner ~ (small) speck.

'Tup·fer *m* ⟨-s; -⟩ **1.** *med.* swab, sponge, gauze pad. – **2.** *tech.* (*am Vergaser*) neddle valve, tickler. – **3.** *cf.* Tupfen. – **4.** *colloq.* (*leichte Berührung*) tap: er gab ihm einen ~ auf die Schulter he gave him a tap on the shoulder. — **~,trä·ger** *m med.* applicator.

Tu·pi [tu'piː] **I** *m* ⟨-(s); -(s)⟩ *anthrop.* (*südamer. Indianer*) Tupi. – **II** *n* ⟨*generally undeclined*⟩ *ling.* Tupi.

Tur [tuːr] *m* ⟨-(s); -s⟩ *zo.* (*Steinbockrasse*) tur (*Capra cylindricornis*).

Tür [tyːr] *f* ⟨-; -en⟩ **1.** (*Wohnungs-, Haus-, Schrank-, Auto-, Käfig-, Waggontür etc*) door: die ~ aufmachen (*od.* öffnen) [zumachen *od.* schließen] to open [to shut, to close] the door; die ~ zum Hof the door into (*od.* leading to) the courtyard; es klingelte an der ~ the doorbell rang; an die ~ gehen (*um zu öffnen*) to go to (answer) (*od.* to answer) the door; mein Vater stand vor der ~ my father was (standing) at the door; sie kam zur ~ herein she came in (through) the door; er hörte die ~ gehen he heard the door; nach der ~ sehen a) to look at the door, b) (*aufmachen gehen*) to go to (answer) (*od.* to answer) the door, c) (*in einer bedrängten Lage*) to look for a way out (*od.* for the door); j-m die ~ aufhalten to hold the door open for s.o.; sie steckte den Kopf zur ~ herein she put her head round the door; er macht nie die ~ hinter sich zu he never closes the door behind (*od.* after) him; ~ zu, es zieht! *colloq.* close (*od.* shut) the door, there's a draught! die ~en zuschlagen, mit den ~en schlagen to slam (*od.* bang) the doors (shut); j-m die ~ vor der Nase zumachen (*od.* zuschlagen, zuhauen) *colloq.* to shut (*od.* slam) the door in s.o.'s face; etwas unter der ~ durchschieben to slip (*od.* push, slide) s.th. in under the door; sie wohnen ~ an ~ they live door to door; er wohnt mit ihr ~ an ~ he lives next door to her; zwei ~en von hier the next door but one, two doors up (*od.* down); das Wartezimmer ist die nächste ~ links the waiting room is the next door on the left; er hat die Bushaltestelle direkt vor der ~ *colloq.* the bus stop is right at (*od.* just outside) his door, the bus stop is right on his doorstep; alles spielte sich vor meiner ~ ab everything happened at (*od.* outside) my door; von ~ zu ~ gehen (*von Milchmann, Bettler, Hausierer etc*) to go from door to door, to go round the houses; er ist ein wenig (mit dem Hund) vor die ~ gegangen he has gone (with the dog) to stretch his legs; wir standen vor verschlossenen ~en *auch fig.* a closed door faced (*od.* confronted) us. – **2.** (*in einem Zaun, einer Mauer etc*) gate. – **3.** (*Türöffnung*) doorway: er stand in der ~ he stood in the doorway; der Schreibtisch ist in der ~ steckengeblieben the desk got stuck in the door(way). – **4.** *fig.* gateway, doorway: die ~ zum Erfolg the gateway to success. – **5.** *fig.* (*in Wendungen wie*) j-m die ~ weisen, j-n (*od.* j-m den Stuhl) vor die ~ setzen *colloq.* a) (*bei einem Besucher etc*) to show s.o. the door, to turn (*od.* throw, *Br. sl.* turf) s.o. out, b) (*bei einem Angestellten, Arbeiter etc*) to give notice to (*od. colloq.* to sack) s.o., to give s.o. the sack (*colloq.*), c) (*bei einem Mieter etc*) to put s.o. in the street, to turn (*od.* throw, *Br. sl.* turf) s.o. out; er findet überall offene ~en he finds an open door (*od.* he is welcome) everywhere; ihm stehen alle ~en offen a) (*hat gute Beziehungen, Berufsaussichten etc*) all doors are (*od.* every door is) open to him, b) (*ist gern gesehen*) he is welcome everywhere; Tag der offenen ~ (*bei der Feuerwehr, Polizei etc*) open house; Haus der offenen ~ House of Welcome; Politik der offenen ~ *pol.* open-door policy; die Gespräche wurden hinter verschlossenen ~en geführt the talks were held behind closed doors; die ~(en) zu weiteren Verhandlungen offenlassen to leave the door open for further negotiations; da rennst du (bei mir) offene ~en ein! you need not tell me that! das hieße ja dem Laster ~ und Tor öffnen! this would mean (*od.* be) leaving the door open to vice! damit war die ~ für eine Versöhnung endgültig zugefallen thus the door for reconciliation was closed for good; er fällt immer gleich mit der ~ ins Haus he always blurts out everything; Weihnachten steht vor der ~ Christmas is almost upon us (*od. colloq.* is just [a]round the corner); ein Krieg steht vor der (*od.* klopft an die) ~ a war is (knocking) at the door (*od.* is imminent); kehren Sie erst mal vor Ihrer eigenen ~! put your own house in order first! du kriegst die ~ nicht zu! *colloq.* can you beat it (*od.* that)! well, I never (did)! did you ever! → Angel 2. — **~,ab·,tre·ter** *m* doormat.

Tu·ra·ko [tu'raːko] *m* ⟨-(s); -s⟩ *zo.* t(o)uraco (*Fam. Musophagidae*).

'Tür,an·gel *f* door hinge.

Tu·ra·ni·er [tu'raːniər] *m* ⟨-s; -⟩ *anthrop.* Turanian. — **tu'ra·nisch** [-nɪʃ] *adj* Turanian: eine ~e Sprache *ling.* a Turanian language.

'Tür,an,schlag *m* doorstop.

Tu·ras ['tuːras] *m* ⟨-; -se⟩ *tech.* (*Gleiskettenrad*) sprocket wheel.

'Tur·ba,chor ['tʊrba-] *m mus.* (*in Oratorien etc*) crowd (*od.* turba) chorus, chorus for the crowd.

Tur·ban ['tʊrba(ː)n] *m* ⟨-s; -e [-baːnə]⟩ turban.

'Tür,band *n* door hinge.

'Tur·ban,tuch *n* turban cloth.

Tur·bel·la·rie [tʊrbɛ'laːrɪə] *f* ⟨-; -n *u.* -laria [-'laːrĭa]⟩ *meist pl zo. cf.* Strudelwurm.

'Tür·be,schlag *m* door mounting.

tur·bi·nal [tʊrbi'naːl] *adj* (*gewunden*) turbinal, turbinate.

Tur·bi·ne [tʊr'biːnə] *f* ⟨-; -n⟩ *tech.* turbine.

Tur'bi·nen|,an,la·ge *f tech.* turbine plant (*od.* installation). — **~,an,las·ser** *m* turbine starter. — **~,an,trieb** *m* turbine drive. — **~,au·to** *n auto.* turbocar. — **~,boh·ren** *n tech.* turbodrilling. — **~,boh·rer** *m* turbodrill. — **~,dampf·er** *m mar.* turbine steamer (*od.* steamship). — **~,flug,zeug** *n aer. cf.* Düsenflugzeug, Strahlflugzeug. — **~ge,blä·se** *n tech.* turboblower. — **~ge,häu·se** *n* turbine casing (*od.* cylinder, housing). — **~,hal·le** *f* (*in einem Kraftwerk*) turbine hall. — **~,haus** *n* power house. — **~,kraft,stof·fe** *pl chem.* (aviation) turbine fuels, jet fuels, *Am. auch* aviation turbine gasoline *sg.* — **~,läu·fer** *m tech.* turbine rotor. — **~lo·ko·mo,ti·ve** *f* turbine(-driven) locomotive (*od.* engine). — **~,luft,strahl,trieb,werk** *n aer.* turbojet (engine). — **~,mo·tor** *m tech.* turbine engine.

Tur'bi·nen-Pro'pel·ler|-,Flug,zeug *n aer.* turboprop (aircraft). — **~-,Strahl,trieb,werk** *n* turbo-propeller (*od.* turboprop) engine, turboprop (engine).

Tur'bi·nen|,rad *n tech.* turbine wheel (*od.* impeller). — **~,rück,stoß,trieb,werk** *n aer.* turbojet (engine). — **~,schau·fel** *f mar. tech.* turbine blade. — **~,schiff** *n mar. cf.* Turbinendampfer. — **~,tan·ker** *m* turbine tanker. — **~,trom·mel** *f tech.* turbine drum.

'Tur·bo|,auf,la·dung ['tʊrbo-] *f aer.* turbocharging. — **~,dü·sen,mo·tor** *m cf.* Turbinenluftstrahltriebwerk. — **~dy,na·mo** *m tech. electr.* turbodynamo. — **t~·elek·trisch** [tʊrboʔe'lɛktrɪʃ] *adj* turboelectric. — **~ge,blä·se** *n tech.* turboblower.

'Tür,bo·gen *m arch.* door arch.

'Tur·bo|ge·ne,ra·tor *m tech. electr.* turbine generator, turbogenerator. — **~,hö·hen,la·der** *m aer.* turbosupercharger. — **~kom,pres·sor** *m* centrifugal supercharger, turbocompressor.

'Tur·bo-'Prop|-,Flug,zeug [-'prɔp-] *n*, **~-Ma,schi·ne** *f aer.* turboprop (aircraft). — **~-,Trieb,werk** *n* turboprop (*od.* turbo-propeller) engine, turboprop.

'Tur·bo-'Strahl|,jä·ger *m aer. mil.* turbojet fighter. — **~,mo·tor** *m aer.* turbojet (engine). — **~,trieb,werk** *n* turbojet (engine).

'Tur·bo·ven·ti,la·tor *m tech.* (*Kreiselverdichter*) turbofan.

tur·bu·lent [tʊrbu'lɛnt] **I** *adj* **1.** (*stürmisch, lärmend*) turbulent: die Sitzung nahm einen ~en Verlauf the meeting took a turbulent course. – **2.** (*Gewässer*) turbulent. – **3.** *phys.* (*Strömung*) turbulent, eddy (*attrib*). – **II** *adv* **4.** in der Sitzung ging es ~ zu things became quite turbulent (*od.* agitated) at the meeting.

Tur·bu·lenz [tʊrbu'lɛnts] *f* ⟨-; -en⟩ *aer. phys.* turbulence. — **~theo,rie** *f astr.* theory of turbulence.

'Tür,drücker (*getr.* -k·k-) *m* **1.** (*Knopf für Türöffner*) door button. – **2.** *cf.* Türknauf. – **3.** *cf.* Türklinke.

Tü·re ['tyːrə] *f* ⟨-; -n⟩ *cf.* Tür.

'Tür,ein,fas·sung *f* doorframe.

'Tü·ren,schla·gen *n* banging (*od.* slamming) of doors.

Turf [tʊrf; təːf] (*Engl.*) *m* ⟨-s; *no pl*⟩ (*sport*) (*Pferderennbahn u. -sport*) turf.

'Tür|,flü·gel *m* leaf (*od.* wing) of a door. — **~,fries** *m* head casing. — **~,fül·lung** *f* door panel. — **~,fut·ter** *n* door panel lining. — **~ge,sims** *n* cornice of a door.

Tur·ges·zenz [tʊrgɛs'tsɛnts] *f* ⟨-; -en⟩ *med.* (*Anschwellung*) turgescence, turgor.

Tur·gor ['tʊrgər] *m* ⟨-s; *no pl*⟩ *med.* turgor. — **~,span·nung** *f* turgor tension.

'Tür|,griff *m* **1.** door handle. – **2.** *cf.* Türknauf. — **~,he·ber** *m tech.* door lifter. — **~,hü·ter** *m obs.* doorkeeper, porter.

Tür·ke ['tʏrkə] *m* ⟨-n; -n⟩ **1.** *geogr.* Turk. – **2.** einen ~n bauen *colloq.* to put up a facade (*bes. Br.* façade).

'Tür·ken *m* ⟨-s; *no pl*⟩ *Austrian dial. for* Mais.

'Tür·ken|,bund *m* ⟨-(e)s; ¨e⟩ *bot.* Turk's-cap lily, *auch* Turk's cap, martagon (*scient.*) (*Lilium martagon*). — **~,hüt·chen** *n zo.* European limpet (*Patella vulgata*). — **~,krieg** *m meist pl hist.* Turkish war. — **~,li·lie** *f bot. cf.* Türkenbund. — **~,pfei·fe** *f* Turkish tobacco pipe, chibouk, chibouque. — **~,sä·bel** *m hist.* (Turkish) scimitar. — **~,sitz** *m only in* im ~ sitzen to sit cross-legged, to sit with one's legs crossed.

'Tür,ket·te *f* door chain.

'Tür·kin *f* ⟨-; -nen⟩ Turk(ish woman *od.* girl).

Tür·kis [tʏr'kiːs] *m* ⟨-es; -e⟩ *min.* (*blaugrüner Edelstein*) turquoise, *auch* turquois, *auch* calaite.

tür'kis *adj* turquoise, *auch* turquois. — **~,blau** *adj* turquoise-blue.

'tür·kisch I *adj* Turkish: ~es Bad Turkish bath; ~er Knoten Turk's head (*od.* cap), double crown; ~es Reich *hist.* Ottoman Empire; → Honig 1. – **II** *ling.* **T~** ⟨*generally undeclined*⟩, **das T~e** ⟨-n⟩ Turkish, the Turkish language. — **T~,blau** *n* Turkish (*auch* Turkey) blue. — **T~,rot** *n* Turkey (*auch* Turkish, Adrianople, Levant) red.

'Tür·kisch,rot,öl *n chem.* turkey-red oil.

tür'ki·sen *adj* turquoise, *auch* turquois.

tür'kis|,far·ben, **~,far·big** *adj* turquoise, *auch* turquois. — **~,grün** *adj* turquoise-green.

tür·ki·sie·ren [tʏrki'ziːrən] *v/t* ⟨*no* ge-, h⟩ Turki(ci)ze.

'Tür|,klin·ke *f* door handle: ~n putzen *colloq.* a) (*betteln*) to go begging from door to door, to go round the houses begging, b) (*hausieren*) to peddle, to hawk, c) (*Spenden sammeln*) to go from door to door collecting money for charity, to go round the houses collecting; heute gab wieder ein Vertreter dem anderen die ~ in die Hand *fig.* one salesman came after the other today; sie hatte schon die ~ in der Hand, als sie nochmals zum Chef gerufen wurde she was on the point of going (out of the door) when she was called back to the boss. — **~,klop·fer** *m* (door) knocker.

Turk·me·ne [tʊrk'meːnə] *m* ⟨-n; -n⟩ Turkman, Turcoman, Turkoman.

turk'me·nisch I *adj* Turkmenian. – **II** *ling.* **T~** ⟨*generally undeclined*⟩, **das T~e** ⟨-n⟩ Turcoman, Turkoman, Turkmen.

'Tür,knauf *m* doorknob, *bes. Br.* door handle.

Tur·ko·lo·ge [tʊrko'loːgə] *m* ⟨-n; -n⟩ Turcologist. — **Tur·ko·lo'gie** [-lo'giː] *f* ⟨-; *no pl*⟩ Turcology. — **tur·ko'lo·gisch** *adj* turcologic(al).

'Turk|ˌspra·chen ['tʊrk-] *pl ling.* Turkic languages. — **~taˌta·ren** *pl anthrop.* Turko-Tatars. — **~ˌvöl·ker** *pl* Turkic peoples.

Turm [tʊrm] *m* ⟨-(e)s; ¨e⟩ **1.** tower: **die Türme der Stadt waren schon von weitem sichtbar** the towers of the town could be seen from a distance; **einen ~ besteigen** to climb a tower; **der ~ zu Babel, der Babylonische ~** the tower of Babel; **der schiefe ~ von Pisa** the leaning tower of Pisa. – **2.** *hist. cf.* Bergfried. – **3.** (*spitzer Kirchturm*) steeple. – **4.** (*Glockenturm*) (*einer Kirche*) belfry, bell tower. – **5.** *mar.* (*eines U-Boots*) conning tower. – **6.** *mil.* (*eines Geschützes, Panzers etc*) turret: **drehbarer ~** revolving turret. – **7.** *hist.* (*Schuldturm*) debtors' prison, (*im weiteren Sinne*) prison, jail: **j-n in den ~ werfen [lassen]** to throw (*od.* cast) s.o. into prison [to have s.o. thrown into prison]. – **8.** (*beim Schachspiel*) castle, rook. – **9.** (*sport*) (*Sprungturm*) diving platform. – **10.** (*im Theater*) (light) tower.

Tur·ma·lin [tʊrma'li:n] *m* ⟨-s; -e⟩ *min.* tourmaline, *auch* turmaline: **roter ~** rubellite; **schwarzer ~** schorl(ite), *auch* shorl.

'turmˌar·tig *adj* towerlike.

'Türˌmat·te *f* doormat.

'Turmˌbau *m* building (*od.* construction) of a tower: **der ~ zu Babel** *Bibl.* the building of the Tower of Babel.

Türm·chen ['tʏrmçən] *n* ⟨-s; -⟩ **1.** *dim. of* Turm. – **2.** turret.

'Turm|ˌdach *n arch.* tower roof. — **~ˌdreh·ˌkran** *m tech.* tower crane.

tür·men[1] ['tʏrmən] **I** *v/reflex* ⟨h⟩ **sich ~ 1.** (*sich aufhäufen*) pile up, heap (up): **im Keller ~ sich die Kisten** the boxes are piling up in the cellar, the cellar is stacked high with boxes; **die Hindernisse türmten sich** *fig.* the obstacles were piling up. – **2.** (*von Wolken*) pile up, bank up, accumulate. – **3.** *lit.* (*sich erheben*) tower (up), rise (up): **die Berge ~ sich im Hintergrund** the mountains tower up in the background. – **II** *v/t* **4.** (*aufstapeln*) pile (up), stack (up). – **5.** (*Wellen etc*) make (*s.th.*) tower up.

'tür·men[2] *v/i* ⟨sein⟩ **1.** *colloq.* (*sich davonmachen*) bolt, decamp, run away, skedaddle (*colloq.*), *bes. Am. colloq.* skip; vamoose, beat (*od.* hook, hop) it (*sl.*): **die Diebe sind getürmt** the thieves bolted (*od. colloq.* made a bolt for it). – **2.** (*von Gefangenen*) get away, break out, escape, break jail (*Br. auch* gaol), flee.

'Tür·mer *m* ⟨-s; -⟩ *obs.* watchman on a tower, warder (of a tower), lookout, *Br.* look-out.

'Turm|ˌfah·ne *f* vane. — **~ˌfal·ke** *m zo.* kestrel, *Br. auch* windhover (*Falco tinnunculus*). — **~geˌschütz** *n mil.* turret gun. — **~ˌglockenˌspiel** (*getr.* -k·k-) *n mus.* carillon, chime. — **~ˌhau·be** *f arch. cf.* Turmdach. — **~ˌhelm** *m* spire. — **t~hoch** [-ˌho:x; -'ho:x] **I** *adj* ⟨*attrib* turmhoh-⟩ **1.** (*Häuser, Bäume etc*) towering, lofty: **turmhohe Wellen** towering (*od.* mountain-high) waves. – **2.** *fig.* towering: **seine turmhohe Überlegenheit war offensichtlich** his towering superiority was obvious. – **II** *adv* **3. der Baum überragte das Haus ~** the tree towered high above the house; **j-m ~ überlegen sein** *fig.* to tower (high) above (*od.* over) s.o., to be head and shoulders above s.o., to be vastly superior to s.o., to excel s.o. by far; **sie steht ~ über jeder Verleumdung** *fig.* she is (far) above (*od.* beyond) any kind of slander. — **t~ˌho·he** *adj* ⟨*attrib*⟩ *cf.* turmhoch I. — **~ˌknauf** *m arch.* steeple ball. — **~ˌkraut** *n bot.* tower cress (*Gattg Turritis*): **Kahles ~** tower mustard (*T. glabra*). — **~laˌfet·te** *f mil.* turret (mount[ing]).

Türm·lein ['tʏrmlaɪn] *n* ⟨-s; -⟩ **1.** *dim. of* Turm. – **2.** turret.

'Turm|ˌluk [-ˌlu:k] *n* ⟨-(e)s; -e⟩ *mar. mil.* (*eines U-Boots*) turret hatch. — **~ˌlu·ke** *f mil.* (*beim Panzer etc*) turret hatch. — **~ˌschä·del** *m med.* tower (*od.* steeple) head; oxycephaly, turricephaly (*scient.*). — **~ˌschnecke** (*getr.* -k·k-) *f zo.* screw (*od.* tower) shell (*Gattg Turitella*). — **~ˌschwal·be** *f cf.* Mauersegler. — **~ˌspit·ze** *f arch.* spire. — **~ˌsprin·gen** *n* (*beim Wasserspringen*) high diving. — **~ˌsprin·ger** *m* high diver. — **~ˌuhr** *f* (*am Kirchturm*) church clock. — **~verˌlies** *n* **1.** dungeon. – **2.** (*einer Burg*) keep. — **~ˌwäch·ter** *m obs. cf.* Türmer. — **~ˌzin·ne** *f arch.* tower battlement.

Turn [tœrn; tə:n] (*Engl.*) *m* ⟨-s; -s⟩ *aer.* (*Kunstflugfigur*) turn.

'Turn|ˌanˌzug, ~ˌdreß *m* (*sport*) gym clothes *pl* (*od.* outfit, dress).

tur·nen ['tʊrnən] **I** *v/i* ⟨h *u.* sein⟩ **1.** ⟨h⟩ do gymnastics (*od. colloq.* gym), do gymnastic exercises: **er kann gut ~** he is good at gym; **am Pferd ~** to do exercises (*od.* work) on the (pommel) horse (*od.* vaulting horse, *Br.* vaulting-horse); **ich gehe ~** I do gymnastics (*od. colloq.* gym), I go to the gym (*colloq.*). – **2.** ⟨sein⟩ **die Kinder turnten über die Tische** *fig. colloq.* the children climbed up and down all over the tables. – **3.** ⟨sein⟩ *fig. colloq.* (*sich durchzwängen*) perform acrobatics: **der Kellner turnte durch die Reihen, um an unseren Platz zu gelangen** the waiter performed acrobatics to get to our table. – **II** *v/t* ⟨h⟩ **4.** (*eine Turnübung*) do, perform: **was habt ihr heute geturnt?** what gymnastic exercises did you do today? – **III T~** *n* ⟨-s⟩ **5.** *verbal noun*: **sich beim T~ verletzen** to get hurt while doing gymnastics (*od. colloq.* gym, *in der Schule auch* at PT, at PE). – **6.** (*als Unterrichtsfach*) physical education (*od.* training), PE, PT: **er ist vom T~ befreit** he is excused from PT. – **7.** (*als Sport*) gymnastics *pl* (*construed as sg*). – **8.** (*Freiübungen*) exercises *pl*, cal(l)isthenics *pl* (*sometimes construed as sg*), Swedish movements *pl* (*od.* drill).

'Tur·ner *m* ⟨-s; -⟩ gymnast, *Am. auch* turner. — **~ˌbund** *m* gymnastics association.

Tur·ne'rei *f* ⟨-; *no pl*⟩ *colloq.* gymnastics *pl* (*construed as sg*).

'Tur·ne·rin *f* ⟨-; -nen⟩ *cf.* Turner.

'tur·ne·risch I *adj* ⟨*attrib*⟩ (*Leistung etc*) gymnastic, *auch* gymnastical. – **II** *adv* gymnastically, as regards gymnastics.

'Tur·nerˌrie·ge *f* (*sport*) *cf.* Turnriege.

'Tur·ner·schaft *f* ⟨-; -en⟩ (*sport*) **1.** gymnastic club. – **2.** gymnasts *pl*, group of gymnasts.

'Turn|ˌfest *n* gym(nastic) display (*od.* festival). — **~geˌrät** *n* (gymnastic) apparatus, piece of gymnastic equipment: **~e** (gymnastic) apparatus(es) (*od.* equipment *sg*). — **~ˌhal·le** *f* gymnasium, gym (*colloq.*), *Am. auch* turnhall(e). — **~ˌhemd** *n* gym (*in der Schule auch* PE, PT) shirt (*bes. Br.* vest), *bes. Br.* singlet. — **~ˌho·se** *f* gym (*in der Schule auch* PE, PT) shorts *pl.*

Tur·nier [tʊr'ni:r] *n* ⟨-s; -e⟩ **1.** *hist.* a) tournament, tourney, j(o)ust(s) *pl*, b) (*Zweikampf*) tilt, j(o)ust(ing): **Teilnehmer eines ~s** combatant in a tournament, tilter, j(o)uster. – **2.** (*Wettkampf in Sport u. Spiel*) tournament. — **~ˌbahn** *f hist. cf.* Turnierplatz 1.

tur·nie·ren [tʊr'ni:rən] *v/i* ⟨*no* ge-, h⟩ *obs. hist.* **1.** hold a tournament. – **2.** (*im Turnier kämpfen*) take part in a tournament, tourney, tilt, j(o)ust.

Tur'nier|ˌhelm *m hist.* tilting (*od.* j[o]usting) helm(et). — **~ˌkämp·fer** *m* tilter, j(o)uster. — **~ˌlan·ze** *f* tilting lance. — **~ˌlei·tung** *f* (*sport*) tournament management (*od.* administration). — **~ˌplatz** *m* **1.** *hist.* tiltyard, tilting field (*od.* yard), j(o)usting field, lists *pl* (*construed as sg or pl*). – **2.** (*im Reitsport*) (show jumping) arena. — **~ˌrei·ter** *m*, **~ˌrei·te·rin** *f* (*sport*) *cf.* Springreiter(in). — **~ˌschranken** *pl hist.* lists *pl* (*construed as sg or pl*). — **~ˌspiel** *n cf.* Turnier 1. — **~ˌtanz** *m* (championship) ballroom dancing.

'Turn|ˌklei·dung *f* gym (*in der Schule auch* PE, PT) clothes *pl* (*od.* outfit, dress, *colloq.* things *pl*). — **~ˌleh·rer** *m* **1.** *ped.* gymnastics (*od. colloq.* gym) (*in der Schule auch* PE, PT) teacher (*Br. auch* master). – **2.** (*in Gymnastikkursen etc*) gymnastics (*od. colloq.* gym) instructor, *Am. colloq.* coach. — **~ˌleh·re·rin** *f* **1.** *ped.* gymnastics (*od. colloq.* gym) (*od.* PE, PT) teacher (*Br. auch* mistress). – **2.** gymnastics (*od. colloq.* gym) instructress. — **~ˌleib·chen** *n cf.* Turnhemd. — **~ˌmat·te** *f* mat. — **~ˌrie·ge** *f* (gym) squad (*od.* team, group), squad (*od.* team, group) of gymnasts. — **~ˌsaal** *m cf.* Turnhalle. — **~ˌschuh** *m meist pl* gym shoe, *Am.* sneaker. — **~ˌspie·le** *pl* **1.** (ball) games. – **2.** (*Hallenspiele*) indoor games. — **~ˌstun·de** *f ped.* gymnastics (*od. colloq.* gym) (*od.* PE, PT) lesson (*od.* class). — **~ˌübung** *f* gymnastic exercise: **~en machen** to do gymnastics. — **~- ˌund 'Sportˌleh·rer** *m ped. cf.* Turnlehrer 1. — **~ˌun·terˌricht** *m ped.* **1.** instruction in gymnastics. – **2.** (*Stunde*) gymnastics (*od. colloq.* gym) (*od.* PE, PT) lesson (*od.* class).

Tur·nü·re [tʊr'ny:rə] *f* ⟨-; -n⟩ (*fashion*) bustle, tournure.

Tur·nus ['tʊrnʊs] *m* ⟨-, *Austrian* -ses; -se⟩ **1.** (*regelmäßiger Wechsel*) rotation: **im ~** in rotation, rotationally; **sie lösen sich im ~ ab** they relieve each other in rotation (*der Reihe nach* in turn), they take turns; **die Zeitschrift erscheint in einem ~ von zwei Wochen** (*od.* **im zweiwöchigen ~**) the journal is published in a two-week (*od.* fortnightly, biweekly) rotation (*od.* cycle), the journal is published every second (*od.* other) week. – **2.** *bes. Austrian* (*Dienstturnus*) rotation, *bes. Br.* rota. — **t~geˌmäß** *adv cf.* turnusmäßig II. — **t~ˌmä·ßig I** *adj* **1.** (*Überprüfung etc*) regular(ly recurring). – **2.** (*festgelegt*) rotational: **die Resolution sieht den ~en Wechsel des Vorsitzenden vor** the resolution provides for rotation of the chairmanship. – **II** *adv* **3.** regularly. – **4.** in (*od.* by) rotation, rotationally: **Personal in einem Amt ~ wechseln** to rotate personnel in an office; **der nächste Kurs findet ~ am 1. April statt** the next rotational course is due to begin on April 1.

'Turn|ˌva·ter *m colloq.* founder of gymnastics (*nickname of F. L. Jahn*). — **~verˌein** *m* gymnastic (*od. colloq.* gym) club. — **~ˌwart** *m* **1.** gymnastics supervisor (*od.* captain). – **2.** (*Riegenführer*) squad leader. — **~ˌwettˌkampf** *m* gymnastic competition (*od.* contest). — **~ˌzeug** *n* gymnastics (*od. colloq.* gym) outfit (*od. colloq.* things *pl*).

'Tür|ˌöff·ner *m* door opener (*od.* handle, latch). — **~ˌöff·nung** *f arch.* doorway, door opening.

Tu·ron [tu'ro:n] *n* ⟨-s; *no pl*⟩ *geol. hist.* Turonian.

'Tür|ˌpfo·sten *m* doorpost. — **~ˌrah·men** *m* doorframe, doorcase. — **~ˌrie·gel** *m* **1.** door latch. – **2.** (*selbsttätiger*) snap bolt. — **~ˌrit·ze** *f* crack (*od.* chink) in a door. — **~ˌschild** *n* doorplate, nameplate. — **~ˌschlie·ßer** *m* **1.** *tech.* (*Vorrichtung*) a) (*selbsttätiger*) door check (*od.* closer), b) *cf.* Türschnäpper. – **2.** (*Person*) doorkeeper. – **3.** (*im Theater etc*) *bes. Am.* doorman, (head) usher, *Br.* commissionaire, (*Logenschließer*) boxkeeper. — **~ˌschlie·ße·rin** *f* **1.** doorkeeper. – **2.** (*im Theater etc*) (head) usherette, (*Logenschließerin*) boxkeeper. — **~ˌschloß** *n* (door) lock. — **~ˌschlüs·sel** *m* (door) key, (*Hausschlüssel*) *auch* latchkey. — **~ˌschnal·le** *f Southern G. and Austrian for* Türklinke. — **~ˌschnäp·per** *m* door catch. — **~ˌscho·ner** *m* finger plate. — **~ˌschwel·le** *f* **1.** threshold, (door)sill. – **2.** *metall.* (*eines Schmelzofens*) sill. — **~ˌspalt** *m* crack of the door. — **~ˌste·her** *m* **1.** (*in Hotels etc*) doorkeeper, porter, janitor, concierge, *bes. Am.* doorman. – **2.** (*im Gericht*) usher.

'Türˌstock *m* ⟨-(e)s; ¨e⟩ **1.** (*mining*) square set. – **2.** *arch.* architrave. – **3.** *bes. Southern G. and Austrian* doorframe. — **~ˌausˌbau** *m* (*mining*) square set, rectilinear support.

'Tür|ˌstop·per *m* doorstop, holdback. — **~ˌsturz** *m* ⟨-es; -e *u.* ¨e⟩ *arch.* door lintel.

tur·teln ['tʊrtəln] *v/i* ⟨h⟩ **1.** (*girren*) coo. – **2.** *fig. colloq. humor.* (*von Verliebten*) bill and coo.

'Tur·tel|ˌtäub·chen *n* **1.** *dim. of* Turteltaube. – **2.** *fig. colloq.* (*Kosename für die Geliebte*) turtledove. — **~ˌtau·be** *f* **1.** *zo.* turtledove (*Streptopelia turtur*). – **2. verliebt wie die ~n** *fig. colloq. humor.* billing and cooing; all lovey-dovey, crazy about each other (*colloq.*), nuts on (*od.* about) each other (*sl.*).

'Tür|verˌklei·dung *f arch.* door lining. — **~ˌvorˌhang** *m* **1.** portiere. – **2.** (*zum Schutz vor Kälte etc*) door curtain. — **~ˌvorˌla·ge** *f Southwestern G. and Swiss*, **~ˌvorˌle·ger** *m* doormat.

Tusch [tʊʃ] *m* ⟨-(e)s; -e⟩ *mus.* fanfare, flourish: **die Kapelle spielte einen ~** the band played a flourish.

Tu·sche ['tʊʃə] *f* ⟨-; -n⟩ **1.** (*schwarze, chinesische*) India (*Br.* Indian) ink, *auch* China (*od.* Chinese) ink, tusche: **lithographische ~** lithographic (*od.* autographic writing) ink. – **2.** (*Zeichen-, Ausziehtusche*) drawing ink. – **3.** (*Wimperntusche*) mascara. – **4.** *cf.* Tuschfarbe 1.

Tu·sche'lei *f* ⟨-; -en⟩ *colloq.* (constant) whispering.

tu·scheln ['tuʃəln] **I** *v/i* ⟨h⟩ **1.** whisper (secretively): **miteinander ~** to whisper to each other. – **II** *v/t* **2.** whisper: **was tuschelt ihr die ganze Zeit?** what are you whispering about all the time? – **III T~** *n* ⟨-s⟩ **3.** *verbal noun.* – **4.** whisper.

tu·schen ['tuʃən] **I** *v/t* ⟨h⟩ **1.** (*art*) a) (color-, *bes. Br.* colour-)wash, b) (*mit schwarzer Tusche*) ink, draw (*s.th.*) in India (*Br.* Indian, *auch* China, Chinese) ink, c) (*aquarellieren*) paint (*s.th.*) in watercolors (*bes. Br.* water-colours). – **2.** (*cosmetics*) (*Wimpern*) mascara, put mascara on: **ich muß mir noch die Wimpern ~** I must put mascara on (*od.* I must make up) my eyelashes. – **II** *v/i* **3.** *cf.* tuschen 1. – **III T~** *n* ⟨-s⟩ **4.** *verbal noun.*

'Tusch|,far·be *f meist pl* **1.** (*Wasserfarbe*) watercolor, *bes. Br.* water-colour. – **2.** *cf.* Tusche 1. — **~,fe·der** *f* India (*Br.* Indian, *auch* China, Chinese) ink pen.

tu·schie·ren [tu'ʃiːrən] *v/t* ⟨*no* ge-, h⟩ **1.** *tech.* (*Metall*) touch up. – **2.** *obs. for* beleidigen 1.

Tu'schier|li·ne,al *n tech.* level(l)ing straightedge. — **~,plat·te** *f* surface plate.

'Tusch|,ka·sten *m* box of watercolors (*bes. Br.* water-colours). — **~ma·le,rei** *f* (*art*) drawing (*od.* painting) in India (*Br.* Indian, *auch* China, Chinese) ink. — **~ma,nier** *f* aquatint: **Kupferstich in ~** aquatint engraving (*od.* etching). — **~,pin·sel** *m* **1.** ink brush. – **2.** watercolor (*bes. Br.* water-colour) brush. — **~,zeich·nung** *f* drawing (*od.* sketch) in India (*Br.* Indian, *auch* China, Chinese) ink.

Tus·ku·lum ['tuskulum] *n* ⟨-s; -la [-la]⟩ (*ruhiger Landsitz*) country estate (*od.* seat).

'Tus·sah|,sei·de ['tusa-] *f* (*textile*) tussah, tussore, *auch* tusser, tussur. — **~,spin·ner** *m zo.* tussah, tussore, *auch* tusser, tussur (*Antheraea paphia*).

tut[1] [tuːt] *3 sg pres of* tun.

tut[2] *interj* (*child's language*) **~, ~!** (*von Autos*) toot, toot!

'Tüt·chen *n* ⟨-s; -⟩ *dim. of* Tüte.

Tu·te ['tuːtə] *f* ⟨-; -n⟩ **1.** *colloq.* trumpet, horn, bugle. – **2.** *dial. for* Tüte.

Tü·te ['tyːtə] *f* ⟨-; -n⟩ **1.** (*aus Papier*) (paper) bag, (*spitze*) cornet: **eine ~ Bonbons** a bag (*Am. auch* sack) of sweets (*bes. Am.* candies); **eine ~ voll Kirschen** a bagful of cherries; **die ~ war geplatzt** the paper bag had burst; **eine ~ drehen** (*aus Zeitungspapier etc*) to make a bag; **er muß ~n kleben** *fig. colloq.* he's sewing (*od.* stitching) mailbags (*colloq.*), he is in prison; **(das) kommt nicht in die ~!** *fig. colloq. humor.* nothing doing! not on your life! no go! *Br.* not likely! *Am.* no dice! **du möchtest meinen Wagen ausleihen? Kommt nicht in die ~!** you want to borrow my car? not on your life! (*Br. auch* catch me!). – **2.** (*abgepackte*) packet, bag: **eine ~ Zucker** a bag of sugar. – **3.** (*Eistüte*) (ice-cream) cone, ice-cream cornet. – **4.** *cf.* Zuckertüte.

Tu·tel [tu'teːl] *f* ⟨-; -en⟩ *jur.* (*Vormundschaft*) guardianship, tutelage. — **tu·te'la·risch** [-te'laːrɪʃ] *adj* tutelary.

tu·ten ['tuːtən] **I** *v/i* ⟨h⟩ **1.** (*blasen*) toot(le): **er tutete auf seiner** (*od.* in seine) **Trompete** he tooted (*od.* sounded, blew) his trumpet; **in der Ferne tutete ein Horn** a horn tooted (*Br. auch* hooted) in the distance. – **2.** (*hupen*) blow (*od.* honk, sound) one's horn, honk, toot, *Br. auch* hoot: **er fuhr vor und tutete laut** he drew up and honked (his horn) loudly (*od.* and gave a loud honk on the horn). – **3.** (*von Triebwagen, Diesellok etc*) toot. – **4.** (*von Schiffen*) toot, honk, sound (*od.* honk) its (*od.* her) siren. – **II** *v/t* **5.** (*blasen*) toot(le), sound, blow. – **III** *v/impers* **6. es tutet** *tel.* you can hear the dial (*od.* dial[l]ing) tone. – **IV T~** *n* ⟨-s⟩ **7.** *verbal noun*: **er hat von T~ und Blasen keine Ahnung** *fig. colloq.* he doesn't know the first thing about it. – **8.** toot(le). – **9.** (*Hupen*) toot, honk, *Br. auch* hoot. – **10.** (*einer Diesellokomotive etc*) toot. – **11.** (*eines Schiffes*) toot, honk.

'Tü·ten|,eis *n* (ice-cream) cone, ice-cream cornet. — **~pa,pier** *n* bag (*od.* cap, grocery) paper.

Tu·tio·ris·mus [tutsĭo'rɪsmus] *m* ⟨-; *no pl*⟩ *relig. philos.* tutiorism.

Tu·tor ['tuːtɔr] *m* ⟨-s; -en [tu'toːrən]⟩ *bes. ped.* tutor.

Tut·te ['tutə], **Tüt·te** ['tʏtə] *f* ⟨-; -n⟩ *vulg.* tit(ty) (*vulg.*), nipple.

Tüt·tel·chen ['tʏtəlçən] *n* ⟨-s; -⟩ *Northern G.* **1.** dot, tittle. – **2. kein ~** *fig. colloq.* a) not a jot (*od.* bit, tittle), b) not an inch.

Tut·ti ['tuti] *n* ⟨-(s); -(s)⟩ *mus.* tutti, ripieno.

Tut·ti·frut·ti [tuti'fruti] *n* ⟨-(s); -(s)⟩ **1.** tutti-frutti. – **2.** (*Eis mit verschiedenen Früchten*) tutti-frutti. – **3.** *obs. for* Allerlei 1.

Tweed [tviːt; twiːd] (*Engl.*) *m* ⟨-s; -s *u.* -e⟩ (*textile*) tweed. — **~ko,stüm** *n* tweed suit (*od.* costume).

Twen [tvɛn] *m* ⟨-(s); -s⟩ *colloq.* **1.** young man in his 20's. – **2.** young woman in her 20's. – **3.** *pl* young people (between 20 and 30).

Twie·te ['tviːtə] *f* ⟨-; -n⟩ *Low G.* (*Seitengäßchen*) (narrow) side street, alley.

Twill [tvɪl] *m* ⟨-s; -s *u.* -e⟩ (*textile*) twill.

Twin·set ['tvɪnzɛt; 'twɪn,sɛt] (*Engl.*) *m, n* ⟨-(s); -s⟩ (*fashion*) twin set.

Twist[1] [tvɪst] *m* ⟨-es; -e⟩ (*Stopfgarn*) (cotton) twist, darning cotton.

Twist[2] *m* ⟨-s; -s⟩ (*Tanz*) twist.

twi·sten ['tvɪstən] *v/i* ⟨h⟩ (dance the) twist.

Two·step ['tuːstɛp] *m* ⟨-s; -s⟩ (*Tanz*) two-step.

Ty·chis·mus [ty'çɪsmus] *m* ⟨-; *no pl*⟩ *philos.* tychism (*theory that chance is an objective reality*).

Tym·pa·nie [tʏmpa'niː] *f* ⟨-; *no pl*⟩ *med.* **1.** (*Blähsucht*) tympanites, tympanism. – **2.** abdominal distension.

Tym·pa·ni·tis [tʏmpa'niːtɪs] *f* ⟨-; *no pl*⟩ (*Trommelfellentzündung*) tympanitis.

tym·pa·ni·tisch [tʏmpa'niːtɪʃ] *adj* (*Schall*) tympanitic.

Tym·pa·non ['tʏmpanɔn] *n* ⟨-s; -na [-na]⟩ *arch.* (*Bogenfeld*) tympanum.

Tym·pa·num ['tʏmpanum] *n* ⟨-s; -na [-na]⟩ **1.** *med.* tympanum, tympanic cavity and middle ear. – **2.** *mus. cf.* Pauke 1b.

'Tyn·dall·ef,fekt ['tɪndəl-] *m phys.* Tyndall effect (*auch* phenomenon).

Typ [tyːp] *m* ⟨-s; -en⟩ **1.** type: **ein athletischer ~** an athletic type; **er ist der ~ eines Wissenschaftlers** he is a typical scientist, he is (just) the type of a scientist; **bei Menschen seines ~s ist man besser vorsichtig** with persons of his type (*od.* cast, stamp) it is better to be careful. – **2.** *colloq.* (*Art, Schlag*) type, sort, kind: **er gehört zu dem ~ von Menschen, die** he is one of the type (*od.* sort) of people who; **sie mag dunkle ~en** she likes the dark type; **er ist ein melancholischer ~** he is a melancholy type (*od.* sort, kind) of man, he has a melancholic disposition, he is the melancholy type (*od.* sort); **ein Mädchen von südländischem ~** a girl with Latin looks; **sie ist ein blonder ~** she is a blonde. – **3.** *colloq.* (*in Wendungen wie*) **sie ist genau mein ~** she is just my type (*od.* sort *od.* kind of girl), she is just what I like, she is a girl after my (own) heart; **Blond ist nicht sein ~** blondes are not his type, he does not care for blondes; **dein ~ wird verlangt** you are wanted; **hau ab, dein ~ wird hier nicht verlangt!** clear off! we don't want your sort here! – **4.** *sl. auch contempt.* fellow (*colloq.*), *Am. sl.* guy: **er ist ein ganz netter ~** he is a nice fellow (*od.* chap), he is a good sort (*alle colloq.*), *bes. Br. sl.* he is a nice bloke. – **5.** (*Gepräge*) type: **eine Gemeinschaft neuen ~s** a new type of community. – **6.** *geol.* type. – **7.** *tech.* (*Bauart, Modell*) type, design, model: **er hat einen Opel vom ~ Admiral** he has an Opel of the Admiral type; **die Firma wird drei neue ~en herausbringen** the firm will put three new models (*od.* types) on the market; **Kamera ~ S 88** type S 88 camera.

Ty·pe ['tyːpə] *f* ⟨-; -n⟩ **1.** *print.* type, (printing) letter: **die ~n** *pl* the letter (*collect.*). – **2.** (*der Schreibmaschine*) type. – **3.** *mil. tech.* type, model. – **4.** *colloq. contempt.* (*komischer Mensch*) queer fish, queer (*od.* odd) bird (*od.* character, customer) (*alle colloq.*), *bes. Br. sl.* rum: **finstere ~n** a) *bes. Br. sl.* rum customers, b) (*gewalttätige*) hooligans; **so 'ne ~** what a character; **du bist eine richtige ~** you are a real character; **er ist eine komische ~** he is a queer (*od.* an odd) bird, he's a strange fellow, he is an odd (*od.* a strange, a funny) one (*alle colloq.*). – **5.** *rare for* Typ 4.

ty·pen ['tyːpən] **I** *v/t* ⟨h⟩ **1.** (*Waren*) standardize *Br. auch* -s-. – **II T~** *n* ⟨-s⟩ **2.** *verbal noun.* – **3.** standardization *Br. auch* -s-.

'Ty·pen|be,schrän·kung *f econ.* limitation of the number of types. — **~be,zeich·nung** *f tech.* model (*od.* type) designation. — **~,druck** *m* ⟨-(e)s; -e⟩ *print.* type printing. — **~,drucker** (*getr.* -k·k-) *m* type printer, type-printing telegraph. — **~,gieß·ma,schi·ne** *f print.* type-casting machine. — **~,he·bel** *m* (*einer Schreibmaschine*) type bar. — **~,leh·re** *f psych.* typology. — **~,nor·mung** *f tech.* type standardization (*Br. auch* -s-), standardization (*Br. auch* -s-) of types. — **~,num·mer** *f* model (*od.* type) number. — **~psy·cho·lo,gie** *f psych.* typology. — **~,rei·ni·ger** *m* (*für die Schreibmaschine*) type cleaner. — **~,schild** *n tech.* type plate, nameplate, (model) identification plate, (*eines Motors*) rating plate. — **~,setz·ma,schi·ne** *f print.* typesetting (*Br.* type-setting) machine.

'typ·ge,recht *adj tech.* true to type.

Ty·phli·tis [ty'fliːtɪs] *f* ⟨-; -tiden [-fli'tiːdən]⟩ *med.* typhlitis.

ty·phös [ty'føːs] *adj med.* typhous, typhic.

Ty·phus ['tyːfus] *m* ⟨-; *no pl*⟩ *med.* typhoid (fever): **er ist an ~ erkrankt** he has typhoid fever. — **t~,ähn·lich** *adj* typhoidal, resembling typhoid fever. — **t~,ar·tig** *adj* typhoid. — **~ba,zil·len,trä·ger** *m* typhoid carrier, typhophor. — **~ba,zil·lus** *m* typhoid bacillus. — **~be,kämp·fung** *f* antityphoid measures *pl.* — **~epi·de,mie** *f* typhoid epidemic. — **~er,re·ger** *m cf.* Typhusbazillus. — **~,imp·fung** *f* antityphoid vaccination. — **~in·fek·ti,on** *f* infection with typhoid (fever). — **t~,krank** *adj* suffering from typhoid (fever). — **~,kran·ke** *m, f* ⟨-n; -n⟩ typhoid patient (*od.* case), patient suffering from typhoid (fever). — **~,se·rum** *n med. pharm.* typhoid antiserum. — **~vak,zi·ne** *f med.* typhoid vaccine. — **t~ver,däch·tig** *adj* suspected of typhoid (fever).

Ty·pik ['tyːpɪk] *f* ⟨-; -piken⟩ *psych.* (*Lehre vom Typ*) typology.

'ty·pisch I *adj* (für of) typical, characteristic, *auch* paradigmatic: **~ sein für** to be typical (*od.* characteristic) of, to typify; **dies ist ein ~es Beispiel ihrer Methoden** this typifies their methods; **die ~en Merkmale einer Krankheit** the typical (*od.* characteristic) symptoms of a disease; **die ~en Eigenschaften** the characteristics; **ein ~er Vertreter des Naturalismus** a typical (*od.* exemplary) representative of naturalism; **seine Gedichte sind in keiner Weise ~ für seine Zeit** his poems are quite untypical (*od.* unrepresentative) of his time; **dieses Verhalten ist ~ für ihn** this way of acting is typical of him, that's just his way (*colloq.*); **(das ist) ~ Walter!** *colloq.* (that is) Walter all over (*od.* typically Walter)! trust Walter! **~ Mann!** *colloq.* that's just men all over! that's just typical of men! **(das ist wieder einmal) ~!** *colloq.* that's (just) typical! – **II T~e, das** ⟨-n⟩ the typical thing (*od.* feature[s *pl*], characteristic[s *pl*]): **das T~e an der Sache ist, daß** the typical thing about it is that; **das T~e seines Charakters** the typical feature of his character; **etwas T~es** something typical.

ty·pi·sie·ren [typi'ziːrən] **I** *v/t* ⟨*no* ge-, h⟩ **1.** (*art, literature*) (*als Typ darstellen*) typify, stylize (*Br. auch* -s-) (by the creation of types). – **2.** *econ. tech.* standardize *Br. auch* -s-. – **3.** (*Fahrzeuge etc*) type, classify (*s.th.*) (in types). – **II T~** *n* ⟨-s⟩ **4.** *verbal noun.* — **Ty·pi'sie·rung** *f* ⟨-; -en⟩ **1.** *cf.* Typisieren. – **2.** (*art, literature*) stylization (*Br. auch* -s-) (by the creation of types), typification. – **3.** *tech.* type rationalization (*Br. auch* -s-) (*od.* classification).

Ty·po·graph [typo'graːf] *m* ⟨-en; -en⟩ *print.* **1.** (*Setzer*) typographer, typesetter, *Br.* type-setter, compositor, typo (*colloq.*). – **2.** (*Setzmaschine*) typograph. — **Ty·po·gra'phie** [-gra'fiː] *f* ⟨-; -n [-ən]⟩ typography, typographic art. — **ty·po'gra·phisch I** *adj* (*Gestaltung etc*) typographic(al). – **II** *adv* typographically.

Ty·po·lo·gie [typolo'giː] *f* ⟨-; -n [-ən]⟩ *psych. cf.* Typenlehre.

ty·po·lo·gisch [typo'loːgɪʃ] **I** *adj psych. relig.* typological, *auch* typologic. – **II** *adv* typologically.

'Typ,schein *m* type certificate.

'Ty·pung *f* ⟨-; *no pl*⟩ *tech.* **1.** *cf.* Typen. –

2. standardization *Br. auch* -s-. – **3.** (*Typenreihe*) type series.

Ty·pus ['ty:pʊs] *m* ⟨-; -pen⟩ **1.** type: **er ist der ~ eines kühl berechnenden Chefs** he is the type of a cold, calculating boss (*sl.*). – **2.** *biol.* type (specimen): **untergeordneter ~** subtype.

Tyr·amin [tyra'mi:n] *n* ⟨-s; *no pl*⟩ *chem.* tyramine ($HOC_6H_4CH_2NH_2$).

Ty·rann[1] [ty'ran] *m* ⟨-en; -en⟩ **1.** tyrant, despot. – **2.** *antiq.* tyrant, autocrat, absolute ruler: **die Dreißig ~en** the Thirty Tyrants. – **3.** (*Unterdrücker*) oppressor. – **4.** *fig.* (*herrschsüchtiger Mensch*) tyrant, despot. – **5.** *fig.* (*Peiniger*) tyrant: **das Kind war ein kleiner ~** the child was a little tyrant (*od.* a little Lord Fauntleroy).

Ty'rann[2] *m* ⟨-en; -en⟩ *zo.* tyrant flycatcher (*od.* wren, *auch* bird), tyrant (*Gattg Tyrannus*).

Ty·ran'nei *f* ⟨-; -en⟩ **1.** tyranny, despotism, tyrannic (*od.* despotic) rule. – **2.** (*Unterdrückung*) oppression.

Ty'ran·nen|,herr·schaft *f* tyranny, despotism, tyrannic (*od.* despotic) rule. — **~,mord** *m* tyrannicide. — **~,mör·der** *m*, **~,mör·de·rin** *f* tyrannicide.

Ty'ran·nen·tum *n* ⟨-s; *no pl*⟩ *cf.* Tyrannenherrschaft.

Ty'ran·nin *f* ⟨-; -nen⟩ *fig. cf.* Tyrann[1] 4.

Ty·ran·nis [ty'ranɪs] *f* ⟨-; *no pl*⟩ *antiq.* tyranny.

ty'ran·nisch I *adj* **1.** tyrannical, despotic, tyrannous. – **2.** (*herrschsüchtig*) tyrannical, despotic, domineering. – **3.** (*grausam*) oppressive. – **II** *adv* **4.** tyrannically, despotically.

ty·ran·ni·sie·ren [tyrani'zi:rən] **I** *v/t* ⟨*no* ge-, h⟩ **1.** tyrannize (*Br. auch* -s-) (over), rule (over) (*s.th.*) despotically: **er tyrannisierte das Land dreißig Jahre lang** he tyrannized the country for thirty years. – **2.** (*unterdrücken*) oppress. – **3.** *fig.* tyrannize *Br. auch* -s-, domineer, bully: **er tyrannisierte seine ganze Familie** he tyrannized (*od.* bullied) his whole family; **ich lasse mich nicht von dir ~!** I won't be bullied by you. – **4. sich von etwas ~ lassen** *fig.* to follow the dictates of s.th. – **II T~** *n* ⟨-s⟩ **5.** *verbal noun.* – **6.** (*Unterdrückung*) oppression. — **Ty·ran·ni'sie·rung** *f* ⟨-; *no pl*⟩ **1.** *cf.* Tyrannisieren. – **2.** *cf.* Tyrannei 2.

Ty·ran·no·sau·rus [tyrano'zaurʊs] *m* ⟨-; -saurier [-rɪər]⟩ *zo.* tyrannosaurus (*Gattg Tyrannosaurus*).

tyr·rhe·nisch [ty're:nɪʃ] *adj* Tyrrhenian: **das T~e Meer** the Tyrrhenian Sea.

Tz ['te:tsɛt; te'tsɛt] *n* ⟨-s; *no pl*⟩ *colloq. cf.* Tezett.

U

U, u [uː] *n* ⟨-; -⟩ **1.** U, u (*twenty-first letter of the German alphabet; fifth vowel*): **ein großes U** a capital (*od.* large) U; **ein kleines U** a small (*od.* little) u; **das u in ‚Hund'** the u in 'Hund'; → X 2. – **2. U** *chem.* (*Uran*) U. – **3. U** *electr.* (*Spannung*) E, V. – **4. U** (*something having the shape of the capital letter U*) U.

Ü, ü [yː] *n* ⟨-; -⟩ U (*od.* u) modified, U (*od.* u) umlaut.

ˈU-ˌBahn *f* **1.** *Am.* subway, *bes. Br.* underground (railway), (*in London*) tube. – **2.** (*Zug*) *Am.* subway (train), *bes. Br.* underground (train), (*in London*) tube: **er fährt jeden Morgen mit der ~** *Am.* he goes on the (*od.* by) subway every morning, *bes. Br.* he takes the underground every morning.

ˈU-ˌBahnˌhof *m* subway (*bes. Br.* underground) station.

ˈU-ˌBahn|-ˌNetz *n* subway (*bes. Br.* underground) system (*od.* network). — **~-ˌSchacht** *m* **1.** (*beim Bau, zur Belüftung etc*) subway (*bes. Br.* underground) shaft. – **2.** (*Zugang zur Station*) access to the subway (*bes. Br.* underground) station. — **~-ˌTun·nel** *m* subway (*bes. Br.* underground) tube (*od.* tunnel).

übel [ˈyːbəl] **I** *adj* ⟨übler; -st⟩ **1.** (*Zustand, Folgen, Angewohnheit, Krankheit, Wunde etc*) bad, nasty, rotten (*sl.*): **sich in einer üblen Lage befinden** to be in a bad (*od.* nasty, *auch* an ugly) situation (*od.* mess), (*finanziell*) *auch* to be in a tight spot (*od.* in a fix); **sich in einem üblen Zustand befinden** a) (*von Haus, Auto etc*) to be in a bad state (of repair), to be in very bad condition, b) (*von Patient etc*) to be in a bad state (*od.* way); **er ist in eine üble Geschichte** (*od.* **Sache**) **geraten** (*od.* **verwikkelt worden**) *colloq.* he has got mixed up in a nasty affair; **die Angelegenheit hat ein übles Ende** (*od.* **einen üblen Ausgang**) **genommen** the affair has come to a nasty end; **eine üble Erkältung** a bad (*od.* nasty, *sl.* rotten) cold; **er sieht ~ aus** a) (*krank, bleich*) he doesn't look well, he looks unwell (*od.* *colloq.* poorly), b) (*übel zugerichtet*) he looks really bad. – **2.** (*Person, Charakter, Gesinnung etc*) bad, nasty, wicked, (*stärker*) evil: **ein übler Kerl** (*od.* **Bursche, Geselle, Patron**), **ein übles Subjekt** *colloq.* a nasty customer, a bad lot (*od.* egg) (*alle colloq.*); **er ist kein übler Kerl** *colloq.* he's not a bad fellow (*od.* chap) (*colloq.*); **ein Verbrecher übelster Sorte** a criminal of the worst kind (*od.* of the first water). – **3. nicht ~** *colloq.* not bad (at all), not half bad (*colloq.*): **sein Zeugnis ist gar nicht so ~** his school report is not half bad; **das wäre gar nicht ~, dieser Gedanke ist nicht ~, das ist kein übler Gedanke** that is not (*od.* wouldn't be) a bad idea, that idea is not (half) bad; **ein Glas Bier wäre jetzt nicht ~** a glass of beer wouldn't be a bad idea (*od.* thing) just now, a glass of beer would be quite acceptable just now. – **4.** (*Streich, Trick, Tat, Behandlung etc*) nasty, mean, evil, wicked, vile, dirty (*colloq.*): **man hat ihn auf (die) übelste Weise hereingelegt, man hat ihm auf (die) übelste** (*od.* **in der übelsten**) **Weise mitgespielt** a) they played the nastiest game with him, b) (*mit bösen Streichen*) they played the meanest (*od.* nastiest) trick on him; **ein übles Foul** (*beim Fußball etc*) a nasty (*od.* dirty) foul; → **Nachrede** 1. – **5.** (*Geruch, Geschmack etc*) bad, nasty, unpleasant, vile (*colloq.*), rotten (*sl.*), (*stärker*) foul, nauseating, nauseous: **die Flüssigkeit hat einen üblen Geruch** the liquid has a nasty smell. – **6.** (*Laune, Stimmung etc*) nasty, wicked, filthy, ill (*attrib*): **er war übler Laune** he was in a filthy mood. – **7.** (*Gesellschaft, Umgang etc*) bad, rotten (*sl.*): **in üble Gesellschaft geraten** to get into bad company. – **8.** (*Gegend, Stadtviertel etc*) bad, low, *bes. Am.* tough: **eine üble Spelunke** a low dive (*od.* *sl.* joint). – **9.** (*Ruf, Leumund etc*) ill (*attrib*), bad, evil: **sie hat einen üblen Ruf, sie steht in üblem Ruf** she is in ill repute (*od.* fame), she has a bad reputation; **dieses Lokal steht in üblem** (*od.* **hat einen üblen**) **Ruf** this place is in ill repute, this is a place of ill (*od.* bad) repute, this is an ill-famed (*od.* a disreputable) place. – **10. ihm [ihr] ist ~** he [she] feels sick (*stärker* ill): **mir ist leicht ~** I feel a bit sick, I feel (a bit) queasy (*auch* queazy, squeamish); **beim** (*od.* **vom**) **Autofahren wird mir immer ~** I always feel (*od.* get) sick in the car, I tend to (*od.* I always) get carsick (*Br.* car-sick); **da kann einem ja ~ werden(, wenn man so etwas sieht)** *colloq.* it would make (*od.* it's enough to make) you sick (to look at it), it would turn your stomach (to look at it). – **11.** (*Wetter etc*) bad, nasty, filthy, wicked, rotten (*sl.*), (*stärker*) foul. – **12.** (*Witz, Scherz etc*) nasty, filthy, dirty. – **13.** *colloq.* (*minderwertig, von schlechter Qualität*) pretty awful (*colloq.*), wicked: **ein übles Gesöff** *colloq.* wicked stuff, poison. – **II** *adv* **14.** badly: **das hätte ~ (für dich) ausgehen können** that could have turned out pretty badly (*od.* nasty) (for you); **j-n ~ zurichten** to beat s.o. up, to do s.o. over (*sl.*); **der Überfallene war ~ zugerichtet** the assaulted man had been beaten up badly; **etwas ~ zurichten** to ruin s.th., to make a (nice) mess of s.th.; **der Sturm hat die Häuser ~ zugerichtet** the storm ruined (*od.* played havoc with) the houses (*od.* damaged the houses badly); **Sie wären ~ beraten(, wenn Sie das täten)** you would be ill-advised (to do that); **es steht ~ mit ihm, es geht ihm ~, er ist ~ dran** *colloq.* a) he is in a bad (*od.* nasty) situation, b) (*gesundheitlich*) he is in a bad state (*od.* way), c) (*finanziell*) he is in a tight spot (*od.* in a fix); **~ von j-m denken** to think badly (*od.* ill) of s.o.; **es ist ihm ~ ergangen** he fared (*od.* came off) badly, things went badly for him, he had a rough time of it (*colloq.*); **er hat es ~ aufgenommen** (*od.* **vermerkt**), **daß ich ihn nicht eingeladen habe** he took it badly that I did not invite him; **sein freches Gerede ist ihm ~ bekommen** his impudent talk did him no good, he had to pay (dearly) for his impudent talk; **der Wein von gestern ist mir ~ bekommen** the wine I drank yesterday did not agree with me (*od.* *colloq. humor.* had repercussions); **es steht dir ~ an, ihn zu kritisieren** you have no room (*od.* you are in no position) to criticize (*Br. auch* -s-) him. – **15.** (*kümmerlich, unzureichend*) poorly: **sie hat mir meine Hilfsbereitschaft ~ gelohnt** (*od.* **gedankt**) she gave me poor reward for my helpfulness; **mit diesem Programm ist er beim Publikum ~ angekommen** the audience gave his program(me) a poor reception. – **16. nicht ~** *colloq.* quite well: **das klingt [schmeckt, riecht] nicht ~** that sounds [tastes, smells] quite good (*od.* not bad); **die Sache läßt sich nicht ~ an** the affair is quite promising; **wie geht's? Danke, nicht ~!** how are you? Not (too *od.* so) bad, thank you! I'm quite well, thank you! I can't complain! **das Kleid gefällt mir nicht ~** I like the dress quite well, I think the dress isn't bad; **ich hätte nicht ~ Lust gehabt, ihm eine runterzuhauen** I really felt like landing him one (*sl.*). – **17.** (*gemein, niederträchtig*) nastily, meanly: **j-m ~ mitspielen** a) to play a nasty game with s.o., b) (*mit bösen Streichen etc*) to play mean (*od.* nasty) tricks on s.o. – **18. ~ nach etwas riechen [schmecken]** to smell [to taste] strongly of s.th., to have a strong (*od.* nasty, *colloq.* vile, *sl.* rotten, *stärker* foul) smell [taste] of s.th.: **es riecht ganz ~ nach Knoblauch** there is a nasty smell of garlic. – **19. ~ gelaunt sein** to be in a nasty (*od.* filthy, wicked) mood, to be ill-humored (*bes. Br.* -humoured); **j-m ~ gesinnt** (*od.* **gesonnen**) **sein** to be ill-disposed to (*od.* toward[s]) s.o., to have it in for s.o. (*colloq.*); **~ beleumdet sein** to be in ill repute (*od.* fame), to have an ill (*od.* a bad, an evil) reputation. – **20.** → **wohl** 4. – **21. [nicht] ~ daran tun, etwas zu tun** *lit. od. archaic* to be ill- [well-]advised to do s.th. – **III ˈÜb·le, das** ⟨-n⟩ **22.** the evil: **j-m Übles (an)tun** to do s.o. evil (*od.* ill, wrong, a wrong); **Übles von j-m reden, j-m Übles nachsagen** to speak evil (*od.* ill, badly) of s.o. – **23.** the bad (*od.* nasty, *sl.* rotten) thing: **das Üble an der Sache ist, daß** the nasty thing about it (*od.* the matter) is that.

ˈÜbel *n* ⟨-s; -⟩ **1.** evil, ill: **das kleinere [größere] ~** the lesser [greater] evil; **von zwei ~n das kleinere wählen** to choose the lesser of two evils; **etwas [j-n] als notwendiges ~ betrachten** to consider s.th. [s.o.] as a necessary evil (*od.* ill); **das ist die Wurzel** (*od.* **der Grund**) **allen** (*od.* **alles**) **~s** that is the root of all evil; **zuviel Alkohol ist von** (*auch* **vom**) **~** too much alcohol is an evil. – **2.** (*Mißstand, Übelstand*) evil, trouble, grievance, ill: **das ist das alte ~** that's the old trouble; **einem ~ abhelfen, ein ~ beseitigen** to remedy (*od.* put an end to) a grievance (*od.* an ill); **wir müssen das ~ bekämpfen** we have to combat the trouble; **das ~ an der Wurzel packen** to get down to the root of the grievance. – **3.** (*Ärgernis*) nuisance. – **4.** (*Unglück, Unheil*) misfortune, (*stärker*) disaster, calamity: **von einem ~ betroffen** (*od.* **heimgesucht**) **werden** to be afflicted with misfortune; zu allem ~ fing es auch noch an zu regnen to crown (it) all it started to rain. – 5. *archaic for* Krankheit 1—3.

'Übel·beˌfin·den *n med.* indisposition.

'übel|beˌleum·det, ~beˌleuˌmun·det *adj* ⟨*attrib*⟩ of ill (*od.* bad) repute, disreputable.

'übel·beˌra·ten *adj* ⟨*attrib*⟩ ill-advised.

'übel·geˌlaunt *adj* ⟨*attrib*⟩ ill-humored (*bes. Br.* -humoured).

'übel·geˌsinnt, 'übel·geˌson·nen *adj* ⟨*attrib*⟩ ill-disposed.

'Übel·keit *f* ⟨-; *no pl*⟩ sickness, queasiness, squeamishness, nausea, (*stärker*) illness: leichte ~ slight (*od.* mild) sickness (*od.* nausea); sie wurde von einer ~ befallen she was overcome by a feeling (*od.* an attack) of sickness; gegen eine plötzliche ~ ankämpfen to struggle against a sudden attack of sickness; der Geruch erregt (*od.* verursacht) mir ~, ich verspüre ~ von dem Geruch the smell makes me (feel) sick (*od.* turns my stomach); ein ~ erregender (*od.* verursachender) Anblick a sickening (*od.* nauseating) sight.

'Übel·keits|ˌanˌfall *m* attack (*od.* wave) of sickness (*od.* nausea), qualm (*lit.*). — **~geˌfühl** *n* feeling of sickness (*od.* nausea).

'übelˌlau·nig *adj cf.* übelgelaunt.

'übelˌneh·men I *v/t* ⟨*irr, sep,* -ge-, h⟩ **1.** etwas ~ to take s.th. badly (*od.* amiss, ill), to take s.th. in bad (*od.* ill) part, to be offended at s.th., to take umbrage (*od.* offence, *Am.* offense) at s.th.: er hat es nicht übelgenommen he did not take it badly, he took it in good part; er nahm es übel, daß man sich über ihn lustig machte he took it badly that people laughed at him, he was offended (*od.* he took offence) at being ridiculed. – **2.** j-m etwas ~ to be offended (*od.* take umbrage) at s.o. for s.th.: sie hat dir diese Bemerkung sehr übelgenommen she was very much offended at your remark, she took your remark in very bad part; er nimmt es ihm übel, daß er ihn nicht eingeladen hat he has taken it badly that he did not invite him; nehmen Sie mir es nicht übel, wenn ich Ihnen sage, daß I hope you won't take offence (*od.* you won't get me wrong) if I tell you that, I hope you won't mind my (*od.* me) telling you that; ich kann es Ihnen nicht ~(, wenn) I can't blame you(, if); bitte nimm es mir nicht übel! no offence (*od.* harm) (meant), don't get me wrong. – **II** *v/i* **3.** *colloq. humor.* (*schmollen*) sulk, huff, be in the sulks, be in a huff.

'übelˌneh·me·risch *adj* **1.** (*schnell beleidigt*) easily offended, huffy, touchy. – **2.** (*nachtragend*) resentful.

'übelˌrie·chend *adj* **1.** (*Flüssigkeit, Stoff etc*) evil- (*od. colloq.* vile-, *stärker* foul-)smelling, smelly (*colloq.*), malodorous (*lit.*), (*stärker*) stinking, fetid, *auch* foetid. – **2.** (*Atem*) bad, foul, offensive. – **3.** *med.* (*Lochien, Stuhl etc*) fetid, *auch* foetid, malodorous.

'übelˌschmeckend (*getr.* -k·k-) *adj* evil- (*od. colloq.* vile-, *stärker* foul-)tasting.

'Übelˌsein *n* ⟨-s; *no pl*⟩ (feeling of) sickness (*od.* nausea), (*stärker*) illness: ein plötzliches ~ a sudden attack (*od.* wave) of sickness, a qualm (*lit.*); bei ~ in case of sickness.

'Übelˌstand *m* evil, trouble, grievance, ill: einem ~ abhelfen, einen ~ beseitigen to remedy (*od.* put an end to) a grievance; die Luftverschmutzung ist ein großer ~ unserer Zeit pollution of the air is a great grievance of our time.

'Übelˌtat *f* **1.** (*böse Tat, Missetat*) misdeed, evildoing, *Br.* evil-doing, misdemeanor, *bes. Br.* misdemeanour, maleficence (*lit.*). – **2.** (*Verbrechen*) misdeed, malfeasance, crime. — **'Übelˌtä·ter** *m* **1.** (*Missetäter*) evildoer, *Br.* evil-doer, wrongdoer, malefactor, misdemeanant. – **2.** (*Verbrecher*) culprit, criminal.

'übelˌwol·len I *v/i* ⟨*irr, sep,* -ge-, h⟩ **1.** j-m ~ a) (*übel gesinnt sein*) to be ill-disposed to(ward[s]) s.o., to have it in for s.o. (*colloq.*), b) (*Böses zufügen wollen*) to wish s.o. ill, to be malevolent toward(s) s.o. – **II Ü~** *n* ⟨-s⟩ **2.** *verbal noun.* – **3.** (*üble Gesinnung*) evil-mindedness. – **4.** (*Böswilligkeit*) ill will, malevolence. — **'übelˌwol·lend I** *pres p.* – **II** *adj* **1.** (*übel gesonnen*) ill-disposed, evil-minded. – **2.** (*böswillig, bösartig*) ill--willed, malevolent.

üben ['yːbən] **I** *v/t* ⟨h⟩ **1.** (*Musikstück, Lied, Arbeitsvorgang, Handgriff, Lesen etc*) practice, *bes. Br.* practise: etwas fleißig ~ to practice s.th. hard. – **2.** (*Geige, Klavier etc*) practice (*bes. Br.* practise) (on). – **3.** (*Fingerfertigkeit, Muskeln etc*) exercise, train. – **4.** (*Gedächtnis, Geist etc*) exercise, train, school. – **5.** j-n in (*dat*) etwas ~ to train (*od.* school, practice, *bes. Br.* practise, *stärker* drill) s.o. in s.th.: wir wurden schon als Kinder in Höflichkeit geübt we were trained in politeness from childhood. – **6.** *fig.* (*Zurückhaltung etc*) exercise, show: Geduld ~ to exercise (*od.* show, have) patience; Höflichkeit ~ to show (*od.* practice) politeness; er hat immer Gerechtigkeit geübt he always showed fairness, he always exercised justice; Gewalt ~ to exercise (*od.* exert) power; → Barmherzigkeit; Kritik 3; Rache 1; Vergeltung 2; Verrat 2. – **7.** *obs. for* ausüben 1. – **II** *v/i* **8.** practice, *bes. Br.* practise: er übt jeden Tag eine Stunde he practices (for) one hour every day; du mußt noch viel ~ you need much more practice; auf der Geige [dem Klavier] ~ *colloq.* to practice (on) the violin [the piano]. – **9.** (*trainieren*) (für for) train. – **III** *v/reflex* **10.** sich (in *dat* etwas) ~ a) (*im Lesen, Schreiben, Schwimmen etc*) to practice (*bes. Br.* practise) (s.th.), to train (in *od.* at s.th.), to school (*stärker* drill) oneself (in s.th.), b) *fig.* (*in Geduld, Bescheidenheit, Zurückhaltung etc*) to practice (*bes. Br.* practise) (s.th.), to school oneself (in s.th.): sich im Gebrauch einer Waffe [eines Werkzeugs] ~ to practice the handling of a weapon [of a tool]; früh übt sich, was ein Meister werden will (*Sprichwort*) just as the twig is bent, the tree is inclined (*proverb*). – **IV Ü~** *n* ⟨-s⟩ **11.** *verbal noun.* – **12.** (*eines Musikstücks, Arbeitsvorgangs etc*) practice: beim Ü~ ist mir eine Saite zersprungen a string broke while I was practicing (*od.* during practice); durch regelmäßiges Ü~ by regular practice. – **13.** (*der Muskeln, des Gedächtnisses etc*) exercise.

über ['yːbər] **I** *prep* ⟨*dat*⟩ **1.** (*oberhalb*) above, over: der Ballon schwebte ~ dem Tal the balloon hovered above (*od.* over) the valley; die Lampe hängt ~ dem Tisch the lamp hangs above the table; A ~ B *math.* A over B; die Familie, die ~ uns wohnt the family living over us; zehn Grad ~ Null (*od.* ~ dem Gefrierpunkt) 10 degrees above zero (*od.* above freezing point). – **2.** (*erhöht im Verhältnis zur Umgebung*) above: sie stand ~ ihm auf einer Mauer she stood above him on a wall; der Mond steht hoch ~ den Bäumen the moon stands high above the trees; 1000 Meter ~ dem Meeresspiegel 1,000 meters (*bes. Br.* metres) above sea level; sie steht ~ der Situation (*od.* ~ den Dingen) *fig.* she is above trivialities (*od.* petty things, petty matters). – **3.** (*bedeckend*) over: sie trug einen Mantel ~ dem Kleid she wore a coat over her dress; Nebel lag ~ der Stadt fog lay over the city; ~ der Sache liegt ein Geheimnis *fig.* the matter is shrouded in mystery; ~ den Büchern sitzen (*od. colloq.* hocken) *fig.* to sit (*od.* pore) over one's books. – **4.** *colloq.* (*jenseits, auf der anderen Seite*) over, across: sie wohnen ~ der Straße they live across (*od.* over) the street. – **5.** (*in einer Rangordnung, Folge*) above: ~ dem Durchschnitt above (the) average (*od.* standard); der Oberst steht ~ dem Major colonel is a rank above major; er steht ~ mir a) (*geistig*) he is above (*od.* intellectually superior to) me, b) (*als Vorgesetzter*) he is over (*od.* above) me, he is my superior; was ihr Wissen anbelangt, so steht sie haushoch ~ ihm *colloq.* as far as her knowledge is concerned she is head and shoulders (*od.* she is miles) above him; er erkannte niemanden ~ sich an he did not recognize anyone as his superior, he did not acknowledge anyone to be his superior. – **6.** (*infolge von*) over, on account of, because of: ~ dem Streit ging ihre Freundschaft in die Brüche their friendship broke up over the quarrel; ~ dem Lärm hat er das Klingeln nicht gehört he did not hear the ringing (*od.* the bell) over (*od.* for) the noise; ~ dem Lesen vergaß sie, ihn anzurufen she forgot to ring him up over (*od.* because of) a book. – **7.** (*bei, während*) over: ~ der Arbeit schlief sie ein she fell asleep over her work; etwas ~ einem Glas Wein besprechen to discuss s.th. over a glass of wine. – **8.** (*vor lauter*) over, in: ~ unserer Begeisterung dürfen wir nicht die Nachteile vergessen we must not forget the disadvantages over (*od.* in) our enthusiasm, our enthusiasm must not blind us to the disadvantages. – **9.** Strub ~ Berchtesgaden (*postal service*) Strub (Berchtesgaden). – **II** *prep* ⟨*acc*⟩ **10.** (*quer hinüber, von Punkt zu Punkt*) across, over: ~ die Straße gehen to go across (*od.* over) the street, to cross the street; er fuhr ~ die Brücke he drove across (*od.* over) the bridge, he crossed the bridge; sie entkamen ~ die Grenze they escaped over the border; ~ einen Graben springen to jump across (*od.* over) a ditch, to clear a ditch; ~ Land fahren (*od.* reisen) to travel cross-country; der Übergang ~ den Fluß war schwierig the crossing over the river was difficult; jetzt ist er wohl schon ~ den Kanal *colloq.* he is across (*od.* is over, has crossed) the channel by now; einen Stock quer ~ den anderen legen to put one stick across the other; Getränke ~ die Straße verkaufen *fig.* to sell beverages for consumption off the premises. – **11.** (*hoch hinüber*) over: das Pferd sprang ~ das Hindernis the horse jumped over (*od.* cleared, took) the obstacle; er warf einen Blick ~ den Zaun he cast a glance over the fence; ~ Stock und Stein over hedge and ditch; ~ etwas hinwegkommen *auch fig.* to get over s.th.; → Bord[1] 1. – **12.** (*über etwas hin*) over: sich (*dat*) ~ die Stirn fahren to pass one's hand over one's forehead; er strich ihr ~ das (*od. colloq.* übers) Haar he ran his hand over her hair; der Wind weht ~ die Heide the wind blows over (*od.* across) the heath; das Rennen ging ~ eine Distanz von the race went over a distance of; → Berg 1. – **13.** (*an einen höherliegenden Platz*) above, over: sie hängte das Bild ~ das Sofa she hung the picture over the sofa. – **14.** (*von einem höherliegenden Platz aus*) (out) over: vom Turm aus blickte er ~ die Stadt he looked out over the town from the tower. – **15.** (*auf*) (up)on, on top of: einen Balken ~ den anderen schichten to put one beam on top of the other. – **16.** (*überdeckend*) over: er legte seinen Mantel ~ den Arm he put his coat over his arm; eine Decke ~ den Tisch breiten to spread a cloth over the table; er goß Wasser ~ sich he poured water over himself. – **17.** ~ etwas (hinunter) down: Tränen liefen ihr ~ die Wangen tears ran down her cheeks; es lief ihm kalt ~ den Rücken *fig.* a shiver ran (up and) down his spine. – **18.** ~ etwas (hinaus), (bis) ~ (*räumlich*) a) (*bis jenseits*) beyond, b) (*höher als*) (up) over, c) (*hinabreichend*) below: unser Spaziergang führte uns ~ die Stadtgrenze hinaus our walk took us beyond the city boundary; er ist weit ~ das (*od. colloq.* übers) Ziel hinausgeschossen *fig.* he overshot the mark; sie steckte bis ~ die Knie im Schnee she was in snow (*od.* the snow was) up over her knees; das Wasser ging ihm ~ die Schultern the water reached up over his shoulders; der Fluß trat ~ die Ufer the river overflowed (its banks) (*od.* burst its banks); er kommt nicht ~ das hohe C hinaus he doesn't get beyond top C; die Röcke reichen wieder ~ das Knie skirts have come down over the knees again; → Berg 2. – **19.** ~ etwas (hinaus) a) (*zeitlich*) beyond, past, b) (*mehr als*) more than, beyond, c) *fig.* beyond, above: du solltest doch ~ dieses Alter hinaus sein you should be beyond (*od.* past) that age by now; sie ist ~ die besten Jahre hinaus she is past (*od.* beyond) her prime; ~ die Zeit arbeiten a) (*länger als vorgeschrieben*) to work over the set time, b) (*Überstunden machen*) to work overtime (*od.* over hours); er ist zwei Stunden ~ die Zeit *colloq.* he is two hours overdue; das geht ~ meine Kräfte that is beyond my strength (*od.* beyond me); ich bin ~ mein Verdienst gelobt worden I have been praised more than I deserved (*od.* beyond my merit); j-n [etwas] ~ alles (*od.* alle Maßen) lieben to love s.o. [s.th.] above all else (*od.* beyond all measure); sie ist ~ alle Maßen (*od.* Begriffe) schön she is incomparably beautiful; ~ jeden Tadel erhaben sein *fig.* to be beyond reproach (*od.* [all] blame); er ist ~ solche Kleinigkeiten erhaben *fig.* he is above such trivialities (*od.* petty things, petty matters); → **Horizont** 2. – **20.** (*vermittels*) over: ~ **eine schmale Treppe gelangten wir in sein Zimmer** we reached his room over (*od.* by) a small staircase; **einen Aufruf** ~ **den Rundfunk verlesen** to make an appeal over the radio (*od.* the air). – **21.** (*durch, über die Vermittlung von*) through, from: **wir haben die Wohnung** ~ **einen Makler bekommen** we got the apartment (*bes. Br.* flat) through a broker; **ich erfuhr seine Nummer** ~ **die Auskunft** I got his number from (the) information. – **22.** (*bei Streckenangaben*) by: **bist du** ~ **die Autobahn gefahren?** did you come by the expressway (*bes. Br.* motorway)? – **23.** (*bei Ortsangaben*) by (way of), via: ~ **München nach Rom fahren** to go to Rome by (*od.* via) Munich; **fährt der Bus** ~ **den Bahnhof?** does the bus go by (*od.* go via, pass) the station? – **24.** (*über einen Zeitraum hinweg*) over: **bleibst du** ~ **Nacht?** will you stay overnight (*od.* [for] the night)? *Am. auch* will you stop over? **seine Haare waren** ~ **Nacht weiß geworden** his hair had grown white overnight; **ich bin** ~ **Weihnachten bei meinen Eltern** I'm staying with my parents over (*od.* for) Christmas. – **25.** (*während eines Zeitraums*) over, during: ~ **Mittag kommt er nach Hause** he comes home over lunchtime, he comes home for lunch. – **26.** *colloq.* (*nach einem Zeitraum*) in: **übers Jahr** in a year('s time); **heute** ~ **drei Wochen** three weeks (from) today, today in three weeks, this day three weeks; ~ **Jahr und Tag** (*dereinst*) in a year and a day; ~ **kurz oder lang** sooner or later. – **27.** (*in einer Rangordnung, Folge*) above: **er wurde rangmäßig** ~ **seine Kollegen gestellt** he was placed above his colleagues in rank; **Musik geht ihm** ~ **alles** he puts music above all (*od.* before all else); **es geht nichts** ~ **ein gutes Buch** there is nothing better than (*od.* nothing like) a good book. – **28.** (*bei Herrschaft, Autorität*) over: **Herr** ~ **etwas [j-n] sein** to be master over s.th. [s.o.]; **der Herr** ~ **Leben und Tod** *fig.* Lord over life and death; **ich habe keine Gewalt** ~ **ihn** I have no power over him; **sie vermag viel** ~ **ihn** she has great influence over (*od.* on) him; **der Sieg der Römer** ~ **die Gallier** the victory of the Romans over the Gauls. – **29.** (*betreffend*) about, (*bei etwas fest Umrissenem*) *auch* on: ~ **etwas [j-n] sprechen** a) to talk about s.th. [s.o.], b) (*einen Vortrag halten*) to talk on s.th. [s.o.]; **er berichtete** ~ **seine Reise nach Afrika** he reported about (*od.* on) his journey to Africa; **ein Buch** ~ **Architektur** a book on architecture; **sie sprachen** ~ **Geschäfte** they talked (about) business. – **30.** (*bei einer Häufung*) upon: **er macht Schulden** ~ **Schulden** he incurs debts upon (*od.* and more) debts; **hier wurden Fehler** ~ **Fehler gemacht** mistake upon mistake was made here, they made one mistake after the other here; **er sagte einmal** ~ **das andere (Mal), daß** he said over and over (again) that, he said time and (time) again that. – **31.** (*im Wert von*) for: **ein Scheck** ~ **5000 Mark** a check (*Br.* cheque) for 5,000 marks. – **32. es** ~ **sich** (*od.* **übers Herz**) **bringen, etwas zu tun** to bring oneself to do s.th., to find it in one's heart to do s.th.: **er brachte es nicht** ~ **sich, den Fisch zu essen** he could not bring himself to eat the fish. – **33.** *bes. Northern G. colloq.* (*,nach' bei Zeitangaben*) past, *Am. auch* after: **20 Minuten** ~ **12** 20 (minutes) past 12. – **34.** *lit.* (*bei Verwünschungen*) **Fluch [die Pest]** ~ **dich!** curse [the plague] (up)on you! **weh** ~ **die Schurken!** woe to the villains! – **35.** (*wegen*) **sich** ~ **etwas [j-n] ärgern** to be annoyed about (*od.* at) s.th. [at s.o.]; **laß dir** ~ **diesen Vorfall keine grauen Haare wachsen!** *colloq.* don't lose any sleep over this incident! – **36. sich** (*dat*) ~ **etwas einig werden** to agree (up)on s.th.; **deine Meinung** ~ **ihn** your opinion about (*od.* on, of) him; ~ **einen Witz lachen** to laugh at (*od.* over) a joke; **sich** ~ **etwas hinwegsetzen** to ignore (*od.* disregard) s.th.; **eine Wandlung kam** ~ **ihn** a change came over him; **es kam plötzlich** ~ **mich** it suddenly came over me; ~ **etwas erfreut sein** to be pleased with s.th. – **III** *adv* **37.** (*während*) long (*nachgestellt*): **den ganzen Tag** ~ all (*od.* the whole) day long; **den ganzen Sommer** ~ **sind wir am Meer** we are at the seaside all summer (long); **das ganze Jahr** ~ all (the) year round. – **38.** (*mehr als*) over, more than, (*bes. bei Altersangaben*) *auch* past: **Städte von** ~ **50000 Einwohnern, Städte** ~ **50000 Einwohner** towns of over (*od.* more than) 50,000 inhabitants; **er verdient** ~ **2000 Mark im Monat** he earns more than 2,000 marks per month; **Gepäckstücke** ~ **50 kg** pieces of luggage over (*od.* of more than, exceeding) 50 kg; **sie ist** ~ **40 (Jahre alt)** she is over 40 (years old), she is past 40, she is on the wrong (*od.* shady) side of 40 (*humor.*); **Kinder** ~ **zehn (Jahre)** children over ten (years); **es ist schon** ~ **drei Wochen her** it is over three weeks since. – **39.** ~ **und** ~ all over: **er war** ~ **und** ~ **mit Dreck bespritzt** *colloq.* he was covered with dirt all over; **sie wurde** ~ **und** ~ **rot** she blushed all over (*od.* up to her ears); **sie stecken** ~ **und** ~ **in Schulden** they have debts upon debts, they are up to their ears in debt. – **40. das Gewehr** ~! *mil.* (*Kommando*) shoulder arms! *Am.* right (*od.* left) shoulder arms! *Br.* slope arms! – **IV** *adj* ⟨*pred*⟩ **41.** *colloq.* (*übrig*) over, left (over): **es sind fünf Mark** ~ there are five marks left. – **42. j-m** (*in dat* **etwas**) ~ **sein** *colloq.* to outmatch (*od.* outstrip, outdo) s.o. (in s.th.): **er ist mir weit** ~ a) (*kräftemäßig*) he outmatches me by far (in strength), he is more than a match for me, I am no (*od.* a poor) match for him, b) (*geistig*) he outmatches me by far in intelligence, he is miles (*od.* head and shoulders) above me (in intelligence). – **43. eine Sache** ~ **sein** *colloq.* (*satt haben*) to be sick (and tired) of s.th. (*colloq.*), to be fed up (*od.* browned off) with s.th. (*sl.*).

,über'ackern[1] (*getr.* -k·k-) *v/t* ⟨*insep, no* -ge-, h⟩ *agr.* (*Feld etc*) plough (*bes. Am.* plow) (*s.th.*) over (*od.* again).

'über,ackern[2] (*getr.* -k·k-) *v/t* ⟨*sep,* -ge-, h⟩ *agr.* plough (*bes. Am.* plow) (*s.th.*) lightly.

'über·ak,tiv *adj* overactive. — **'Über·ak·ti·vi,tät** *f* ⟨-; *no pl*⟩ overactivity.

,über'all *adv* **1.** everywhere, all over, all over (*od.* round) the place (*colloq.*), all over the shop (*od.* joint) (*sl.*): **ich habe dich** ~ **gesucht** I've looked for you everywhere; **Gott ist** ~ God is everywhere (*od. lit.* omnipresent), God is in all places; ~ **in Deutschland** everywhere in Germany, throughout Germany; **diese Pflanze ist** ~ **zu finden** this plant is found everywhere; **man kann nicht** ~ **zugleich sein** you can't be in two places at one (*od.* the same) time; **er ist** ~ **bekannt** he is known everywhere; **er ist** ~ **zu gebrauchen** he is very versatile, he can turn his hand to anything (*od.* everything), he is a good hand at anything (*od.* everything); **diese Ware ist** ~ **verbreitet** this merchandise is available everywhere; **er ist** ~ **und nirgends zu Hause** he is at home everywhere and nowhere; **die Leute kamen von** ~ **her** people came from all (arts and) parts (*od.* from all quarters). – **2.** (*bei jeder Gelegenheit*) always, wherever possible: **er drängt sich** ~ **vor** he always presses to the fore. – **3.** (*auf allen Gebieten*) in every field: **sie weiß** ~ **Bescheid** she is at home in every field.

,über,all'her *adv* from all parts, from everywhere, from all over (*od.* round) the place (*colloq.*): **die Glückwünsche kamen** ~ the congratulations came from all parts; **zu diesem Fest kamen die Leute** ~ people came to this festival from all (arts and) parts (*od.* from all quarters).

,über,all'hin *adv* everywhere, all over (*od.* round) the place (*colloq.*): **er begleitete sie** ~ he accompanied her everywhere.

,über'al·tert *adj* ⟨*meist pred*⟩ **1.** (*Person*) superannuated. – **2.** *sociol.* (*Bevölkerung, Belegschaft etc*) overly aged: **die Stadt ist** ~ the city has too high a percentage of old people. – **3.** (*überholt, nicht mehr aktuell*) obsolete. – **4.** (*forestry*) (*Baum*) overmature. — **,Über'al·te·rung** *f* ⟨-; *no pl*⟩ **1.** (*einer Person*) superannuation. – **2.** ~ **eines Volkes** *sociol.* rise in the ratio of old people to the total population. – **3.** obsolescence. – **4.** (*forestry*) (*von Bäumen*) overmaturity.

'Über,an·ge,bot *n econ.* (an *dat* of) **1.** (*an Waren*) surplus, glut, excess(ive) supply. – **2.** (*an Arbeitskräften*) surplus.

'über,ängst·lich *adj* (*Person*) overanxious, oversolicitous. — **'Über,ängst·lich·keit** *f* ⟨-; *no pl*⟩ overanxiousness, oversolicitude.

,über'an,stren·gen I *v/t* ⟨*insep, no* -ge-, h⟩ **1.** j-n ~ to overexert s.o. – **2.** (*Herz, Muskeln etc*) (over)strain: **dieses schlechte Licht überanstrengt meine Augen** this poor light strains (*od.* tries, is trying for) my eyes. – **3.** (*Kräfte etc*) overtax, overexert. – **4.** (*Pferde etc*) overstrain, overexert, overtax. – **II** *v/reflex* **sich** ~ **5.** overexert oneself, (over)strain oneself: **er hat sich bei der Bergtour überanstrengt** he overexerted himself on his mountain hike. – **III Ü~** *n* ⟨-s⟩ **6.** *verbal noun.* – **7.** *cf.* **Überanstrengung.** — **,über'an,strengt I** *pp.* – **II** *adj* (over)strained: **du siehst recht** ~ **aus** you look rather strained (*od.* exhausted); **meine** ~**en Nerven** my strained (*od.* frayed) nerves. — **,Über'an,stren·gung** *f* ⟨-; *no pl*⟩ **1.** *cf.* **Überanstrengen.** – **2.** strain. – **3.** (*Überbelastung*) overexertion, overstrain. – **4.** (*Zustand*) overstress.

,über'ant,wor·ten I *v/t* ⟨*insep, no* -ge-, h⟩ *lit.* (*dat* to) **1.** (*Verantwortung übertragen*) commit, entrust, hand (*s.o., s.th.*) over: **das Kind wurde den Großeltern überantwortet** the child was handed over (*od.* committed) to the grandparents(' charge); **der Direktor überantwortete mir die Exportabteilung** the director put me in charge of the export department. – **2.** *jur.* (*ausliefern*) hand (*od.* give) (*s.o.*) over, surrender: **der Verbrecher wurde dem Gericht überantwortet** the criminal was surrendered to the court (of justice). – **II** *v/reflex* **sich** ~ **3.** *jur.* surrender oneself: **sich dem Gericht [der Polizei]** ~ to surrender oneself to the court (of justice) [the police]. – **III Ü~** *n* ⟨-s⟩ **4.** *verbal noun.* — **,Über'ant,wor·tung** *f* ⟨-; *no pl*⟩ **1.** *cf.* **Überantworten.** – **2.** *jur.* surrender, (*Einlieferung*) delivery.

'Über,an,zug *m* **1.** (*fashion*) overalls *pl,* dungarees *pl.* – **2.** (*space*) (*Raumfahrerkombination*) outer suit.

,über'ar·bei·ten I *v/t* ⟨*insep, no* -ge-, h⟩ **1.** (*Aufsatz, Manuskript, Roman etc*) revise, touch (*s.th.*) up, retouch: **du mußt diesen Artikel nochmals** ~ you'll have to revise this article again. – **2.** (*Gemälde, Skulpturen etc*) touch (*s.th.*) up, retouch. – **3.** (*handwerklich*) rework. – **II** *v/reflex* **sich** ~ **4.** overwork (oneself), work oneself to the bone: **er hat sich vollkommen überarbeitet** he has been overworking completely, he has been working himself to the bone. – **III Ü~** *n* ⟨-s⟩ **5.** *verbal noun.* – **6.** *cf.* **Überarbeitung.** — **,über'ar·bei·tet I** *pp.* – **II** *adj* **1.** (*Aufsatz etc*) revised, retouched, touched-up (*attrib*). – **2.** (*Gemälde etc*) retouched, touched-up (*attrib*), done over (*pred*). – **3.** (*handwerkliches Arbeitsstück*) reworked. – **4.** (*Mensch*) overworked, (*bes. bei nervlicher Beanspruchung*) overwrought. — **,Über'ar·bei·tung** *f* ⟨-; -en⟩ **1.** *cf.* **Überarbeiten.** – **2.** (*eines Aufsatzes etc*) revision, retouch. – **3.** (*eines Gemäldes etc*) retouch. – **4.** ⟨*only sg*⟩ overwork: **ich bin durch ständige** ~ **völlig erschöpft** I am completely exhausted from continuous overwork.

'Über,är·mel *m* (*Ärmelschoner*) oversleeve, sleevelet.

'über,aus *adv* exceedingly, extremely: **er war** ~ **freundlich** he was exceedingly friendly; **er hat** ~ **heftig reagiert** he reacted extremely violently.

,über'backen[1] (*getr.* -k·k-) *v/t* ⟨*irr, insep, no* -ge-, h⟩ *gastr.* gratinate, brown (*s.th.*) (on top), crust.

,über'backen[2] (*getr.* -k·k-) **I** *pp of* **überbacken**[1]. – **II** *adj gastr.* au gratin, gratiné, browned on top.

'Über,bau[1] *m* ⟨-(e)s; -e *u.* -ten⟩ **1.** *civ.eng.* a) (*einer Brücke etc*) superstructure, b) (*vorstehender Teil*) projecting part. – **2.** *fig.* (*von Institutionen*) superstructure.

'Über,bau[2] *m* ⟨-(e)s; *rare* -e⟩ *philos.* superstructure.

,über'bau·en *v/t* ⟨*insep, no* -ge-, h⟩ *civ.eng.* build (*s.th.*) over, overbuild: **der Hof wurde mit einem Dach überbaut** the yard was built over with a roof.

'über·be,an,spru·chen I *v/t* ⟨*insep, no* -ge-, h⟩ **1.** j-n ~ to overtax (*od.* overwork) s.o. – **2.** (*Gebrauchsgegenstände*) overuse. – **3.** *tech.* (*Werkstoffe*) a) (*elastisch*) overstress, b) (*verformend*) overstrain, c) (*belastend*) overload. – **II Ü~** *n* ⟨-s⟩ **4.** *verbal noun.* – **5.** *cf.* **Überbeanspruchung.** —

'über·beˌanˌsprucht I *pp.* – II *adj* 1. (*Person*) overtaxed, overworked. – 2. (*Gebrauchsgegenstand*) overused. – 3. *tech.* a) overstressed, b) overstrained, c) overloaded. — **'Über·beˌanˌspru·chung** *f* ⟨-; *no pl*⟩ 1. *cf.* Überbeanspruchen. – 2. overtaxation. – 3. overuse. – 4. *tech.* a) overstress, b) overstrain, c) overload.

'Über·beˌbau·ung *f* ⟨-; *no pl*⟩ *arch.* overbuilding.

'Über·beˌdarf *m econ.* (an *dat* for) excess(ive) demand.

'über·beˌhal·ten *v/t* ⟨*irr, sep, no* -ge-, h⟩ 1. (*Mantel, Umhang etc*) keep (*s.th.*) round one's shoulders. – 2. *colloq. for* übrigbehalten.

'Überˌbein *n* 1. *med.* a) (*Ganglion*) ganglion, synovial cyst, b) (*Knochenvorsprung*) exostosis, c) (*Knoten*) node. – 2. *vet.* (*am Pferdefuß*) ringbone.

'über·beˌla·den *v/t* ⟨*only inf u. pp* überbeladen, h⟩ (*Auto, Schiff, Flugzeug etc*) overload, (*Schiff*) *auch* overlade.

'über·beˌla·sten I *v/t* ⟨*only inf u. pp* überbelastet, h⟩ 1. *tech.* (*Maschinen etc*) overload. – 2. *electr. cf.* überlasten 2. – 3. (*Fahrzeuge*) overload, overcharge. – 4. *econ.* a) (*Fonds*) surcharge, overcharge, overdraw, b) (*Budget*) overtax, overburden. – II Ü~ *n* ⟨-s⟩ 5. *verbal noun.* – 6. *cf.* Überbelastung. — **'über·beˌla·stet** I *pp.* – II *adj* 1. *tech.* (*Maschine etc*) overloaded. – 2. *electr. cf.* überlastet 2. – 3. (*Fahrzeug*) overloaded, overcharged. – 4. *econ.* a) (*Konto*) surcharged, overcharged, overdrawn, b) (*Budget*) overtaxed, overburdened. — **'Über·beˌla·stung** *f* ⟨-; *no pl*⟩ 1. *cf.* Überbelasten. – 2. *tech.* a) (*Vorgang*) overloading, b) (*Überlast*) excess load, overload. – 3. *electr. cf.* Überlastung 3.

'über·beˌle·gen *v/t* ⟨*only inf u. pp* überbelegt, h⟩ (*Hotel, Krankenhaus, Zimmer etc*) overcrowd, fill (*s.th.*) beyond (its intended) capacity. — **'über·beˌlegt** I *pp.* – II *adj* overcrowded, filled beyond capacity.

'über·beˌlich·ten *phot.* I *v/t* ⟨*only inf u. pp* überbelichtet, h⟩ 1. (*Film, Platte etc*) overexpose. – II Ü~ *n* ⟨-s⟩ 2. *verbal noun.* – 3. *cf.* Überbelichtung. — **'über·beˌlich·tet** I *pp.* – II *adj* overexposed. — **'Über·beˌlich·tung** *f* ⟨-; *no pl*⟩ 1. *cf.* Überbelichten. – 2. overexposure.

'über·beˌlie·fern *v/t* ⟨*only inf u. pp* überbeliefert, h⟩ *econ.* (*Geschäft, Lagerhaus etc*) overstock.

'Über·beˌschäf·ti·gung *f* ⟨-; *no pl*⟩ *econ.* overemployment.

'über·beˌset·zen *v/t* ⟨*only inf u. pp* überbesetzt, h⟩ 1. (*Schulklasse etc*) overcrowd. – 2. (*Behörde, Betrieb etc*) overstaff. — **'über·beˌsetzt** I *pp.* – II *adj* 1. overcrowded. – 2. overstaffed.

'über·beˌsie·delt *adj sociol.* (*Gebiet etc*) overpopulated.

'Über·beˌsie·de·lung, 'Über·beˌsied·lung *f* ⟨-; *no pl*⟩ *sociol.* (*einer Gegend*) overpopulation, excessive density of population.

'über·beˌsteu·ern *econ.* I *v/t* ⟨*only inf u. pp* überbesteuert, h⟩ overtax. – II Ü~ *n* ⟨-s⟩ *verbal noun.* — **'Über·beˌsteue·rung** *f* ⟨-; *no pl*⟩ 1. *cf.* Überbesteuern. – 2. overtaxation, excessive taxation.

'über·beˌto·nen I *v/t* ⟨*insep, no* -ge-, h⟩ *auch fig.* overstress, overemphasize *Br. auch* -s-, overaccentuate: **eine Silbe [ein Wort] ~** to overstress a syllable [a word]; **er hat diese Entwicklung überbetont** *fig.* he has overemphasized this development. – II Ü~ *n* ⟨-s⟩ *verbal noun.* — **'Über·beˌto·nung** *f* ⟨-; *no pl*⟩ 1. *cf.* Überbetonen. – 2. overstress, overemphasis, overaccentuation.

'über·beˌvöl·kern *v/t* ⟨*only inf u. pp* überbevölkert, h⟩ *cf.* übervölkern. — **'über·beˌvöl·kert** I *pp.* – II *adj cf.* übervölkert II. — **'Über·beˌvöl·ke·rung** *f* ⟨-; *no pl*⟩ *cf.* Übervölkerung.

'über·beˌwer·ten I *v/t* ⟨*insep, no* -ge-, h⟩ 1. *econ.* overrate, overestimate, overvalue: **sein Vermögen ist vom Finanzamt überbewertet worden** his assets have been overestimated by the tax authorities. – 2. *fig.* overrate, overestimate, overvalue, overprize: **sie haben seine Fähigkeiten überbewertet** *fig.* they have overrated his abilities. – 3. (*sport*) (*Kür etc*) overmark. – II Ü~ *n* ⟨-s⟩ 4. *verbal noun.* – 5. *cf.* Überbewertung 2. — **'Über·beˌwer·tung** *f* ⟨-; -en⟩ 1. *cf.* Überbewerten. – 2. overestimation. – 3. *econ.* (*Ergebnis*) overestimate.

'über·beˌzah·len I *v/t* ⟨*insep, no* -ge-, h⟩ 1. **j-n ~** to overpay s.o. – 2. **etwas ~** to pay too much (*od.* in excess) for s.th., to overpay (on *od.* for) s.th., to pay through the nose for s.th. – II Ü~ *n* ⟨-s⟩ 3. *verbal noun.* — **'Über·beˌzah·lung** *f* ⟨-; *no pl*⟩ 1. *cf.* Überbezahlen. – 2. overpayment.

'überˌbie·gen¹ *v/reflex* ⟨*irr, sep,* -ge-, h⟩ **sich ~** bend over: **die Turnerin bog sich nach vorne über** the gymnast bent over forward(s).

ˌüber'bie·gen² *v/t* ⟨*irr, insep, no* -ge-, h⟩ overbend.

ˌüber'bie·ten I *v/t* ⟨*irr, insep, no* -ge-, h⟩ 1. (*bei einer Versteigerung*) outbid, overbid: **sein hohes Angebot wurde noch um 5000 Mark überboten** his high offer was outbid by 5,000 marks. – 2. **j-n in** (*dat*) **etwas ~** to excel (*od.* outdo, surpass) s.o. in (*od.* at) s.th.: **sie überboten sich in Höflichkeiten** they outdid each other (*od.* one another) in civilities. – 3. (*übertreffen*) beat, best (*colloq.*): **niemand konnte bis jetzt seinen Rekord ~** nobody has yet managed to beat his record; **das überbietet alles bisher Dagewesene** that beats (*od.* crowns, surpasses) all; **diese Frechheit ist nicht zu ~** this is the height of insolence. – II *v/i* 4. (*games*) make a higher call (*od.* bid): **wer überbietet?** who makes a higher call? – III *v/reflex* 5. **sich selbst in** (*dat*) **etwas ~** to outdo (*od.* excel, pass) oneself in s.th.: **er überbot sich mit dieser Leistung selbst** he outdid himself with this achievement. – IV Ü~ *n* ⟨-s⟩ 6. *verbal noun.* – 7. *cf.* Überbietung. — **ˌüber'bie·tend** I *pres p.* – II *adj* (*in Wendungen wie*) **eine alles ~e Leistung** a record achievement; **das ist ein nicht zu ~er Erfolg** this is an unrival(l)ed (*od.* unparallel[l]ed) success.

ˌÜber'bie·ter *m* ⟨-s; -⟩ (*bei Versteigerungen*) outbidder.

ˌÜber'bie·tung *f* ⟨-; *no pl*⟩ 1. *cf.* Überbieten. – 2. (*höheres Angebot*) overbid. – 3. (*games*) higher call (*od.* bid).

'überˌbin·den¹ *v/t* ⟨*irr, sep,* -ge-, h⟩ bind (*s.th.*) over.

ˌüber'bin·den² *v/t* ⟨*irr, insep, no* -ge-, h⟩ *Swiss* **j-m etwas ~** (*Aufgabe etc*) to charge s.o. with s.th.

'Überˌbiß *m med.* overbite, supraocclusion (*scient.*).

ˌüber'bla·sen *v/t u. v/i* ⟨*irr, insep, no* -ge-, h⟩ *mus.* overblow.

ˌüber'blat·ten *v/t* ⟨*insep, no* -ge-, h⟩ *tech.* 1. (*Bauholz*) rebate, scarf, half the joint of. – 2. (*Schienen*) scarf.

ˌüber'blät·tern¹ *v/t* ⟨*insep, no* -ge-, h⟩ (*Buchstelle, Seite etc*) skip (over), miss out on.

ˌüber'blät·tern² *v/t* ⟨*insep, no* -ge-, h⟩ *cf.* durchblättern¹.

'überˌblei·ben *v/i* ⟨*irr, sep,* -ge-, sein⟩ *colloq. for* übrigbleiben 1.

'Überˌbleib·sel [-ˌblaɪpsəl] *n* ⟨-s; -⟩ 1. (*einer Speise*) leftover: **die ~ unseres Mittagessens** the leftovers (*od.* leavings, remains) of our lunch. – 2. *fig.* (*überkommene Einrichtung, Institution etc*) survival, relic, remnant: **dieser Aberglaube ist ein ~ aus alter Zeit** this superstition is a survival from earlier times. – 3. (*Stoff-, Papierreste etc*) remnant, oddment: **aus diesem ~ kann ich noch ein Puppenkleid machen** I can still make a doll's dress from this remnant. – 4. *meist pl* (*eines Bauwerks, Tempels etc*) remains *pl*, ruins *pl*, (*Trümmer*) *auch* debris.

ˌÜber'blend·au·toˌma·tik *f* (*an Filmkamera*) 1. electro- (*od.* auto-)fade, electronic fade-in/fade-out control. – 2. (*für Bildüberlagerung*) automatic (*auch* lap) dissolve.

ˌüber'blen·den I *v/i* ⟨*insep, no* -ge-, h⟩ 1. (*film*) a) change from one film scene to another (by fade-in/fade-out), b) (*durch Bildüberlagerung*) dissolve, c) (*durch sofortigen Szenenübergang*) cut, d) (*zwischen Projektoren*) change over, e) (*durch Szenenwechsel zwischen Simultanereignissen*) crosscut, intercut: **nach der nächsten Szene ~ wir** we have a transition after the next sequence. – 2. (*bei Tontechnik*) fade over. – II Ü~ *n* ⟨-s⟩ 3. *verbal noun.* — **ˌÜber'blen·dung** *f* ⟨-; -en⟩ 1. *cf.* Überblenden. – 2. (*film*) a) (*durch Abblenden*) fade (*od.* fade-in/fade-out) effect, b) (*durch Bildüberlagerung*) automatic (*auch* lap) dissolve, c) (*durch sofortigen Szenenübergang*) cut, d) (*zwischen Projektoren*) changeover. – 3. (*beim Ton*) fade-over.

'Überˌblick *m* 1. (*Aussicht*) general view, (*weite Aussicht*) panorama, panoramic view: **von dieser Stelle hat man einen schönen ~ über die Stadt** there is a good panoramic view of the town from this point. – 2. *fig.* survey, general account, view: **der Vortragende gab einen umfassenden ~ über die moderne Physik** the lecturer gave a comprehensive survey of modern physics; **dieses Buch gibt einen ausgezeichneten ~ über die moderne Kunst** this book gives an excellent general account of modern art. – 3. *fig.* (*Bild, Vorstellung*) general idea: **ich muß mir erst einmal einen ~ verschaffen** I must first study the lie of the land, I must first see what's what; **ich muß mir erst einen ~ über dieses Fachgebiet verschaffen** I must first acquire (*od.* get) a general idea of this field, I must first orient(ate) myself (with)in (*od.* with) this field; **er hat einen guten ~ über dieses Fachgebiet** he has a good general knowledge of this field. – 4. ⟨*only sg*⟩ (*Übersicht*) grasp: **ihm fehlt der rechte ~** he lacks the proper grasp; **er hatte den ~ über die Lage verloren** he had completely lost track of things. – 5. *cf.* Abriß¹ 1.

ˌüber'blicken (*getr.* -k·k-) *v/t* ⟨*insep, no* -ge-, h⟩ 1. *cf.* übersehen¹ 1. – 2. *fig.* (*Lage etc*) sum up, grasp, have a clear view of: **er überblickte die Lage sofort** he summed up the situation immediately, he immediately saw how things were standing; **er überblickt noch nicht, was hier vorgeht** he does not grasp what is going on here; **das kann ich noch nicht genau ~** I am not clear about (*od.* on) that yet, I can't say yet exactly; **es ist noch nicht zu ~, ob** it is still unclear whether; **soweit ich die Angelegenheit überblicke** as far as I can see, the way I see it (*od.* things).

'überˌbor·den¹ [-ˌbɔrdən] *v/i* ⟨*sep,* -ge-, sein⟩ (*von Fluß etc*) overflow (its banks), burst its banks.

ˌüber'bor·den² *v/i* ⟨*insep, no* -ge-, h *u.* sein⟩ *Swiss for* ausarten 1.

ˌÜber'bord|ˌspü·len *n mar.* washing overboard. — **~ˌwer·fen** *n* jettison.

'Überˌborˌsäu·re *f* ⟨-; *no pl*⟩ *chem.* perboric acid (HBO_3).

'Überˌbre·cher *m mar.* breaker.

ˌüber'brin·gen I *v/t* ⟨*irr, insep, no* -ge-, h⟩ 1. **j-m etwas ~** to bring (*od.* deliver, *gehobener* present) s.th. to s.o.: **ich überbrachte ihm eine Nachricht von seiner Frau** I delivered him a message from his wife; **er überbrachte ihm unsere Glückwünsche** he gave (*od.* conveyed) him our congratulations. – II Ü~ *n* ⟨-s⟩ 2. *verbal noun.* – 3. *cf.* Überbringung.

ˌÜber'brin·ger *m* ⟨-s; -⟩ 1. bringer, deliverer, (*gehobener*) presenter, *auch* presentor. – 2. *econ.* (*eines Schecks, Wechsels etc*) bearer: **zahlbar an ~** payable to bearer; **durch ~** per bearer. — **~ˌklau·sel** *f econ.* bearer clause. — **~ˌscheck** *m econ.* bearer check, *Br.* bearer-cheque.

ˌÜber'brin·gung *f* ⟨-; *no pl*⟩ 1. *cf.* Überbringen. – 2. delivery, (*gehobener*) presentation.

ˌüber'brück·bar *adj* 1. (*Gegensätze, Zwiespälte etc*) reconcilable, bridgeable. – 2. (*Zeitspannen etc*) bridgeable.

ˌüber'brücken (*getr.* -k·k-) I *v/t* ⟨*insep, no* -ge-, h⟩ 1. (*Fluß, Tal etc*) bridge, span (*s.th.*) with a bridge. – 2. *fig.* (*Gegensätze, Zwiespälte etc*) bridge, reconcile: **es gelang ihm, die Kluft zwischen ihnen zu ~** he succeeded in bridging the gulf between them. – 3. *fig.* (*Zeitspannen, Geldmangel etc*) bridge: **um den Geldmangel zu ~, bekamen wir von unserer Bank einen Kredit** our bank granted us an interim loan (*od.* a loan to tide us over). – 4. *electr.* a) (*Widerstand*) bypass, b) (*Pole*) bridge, c) (*nebenschließen*) shunt. – II Ü~ *n* ⟨-s⟩ 5. *verbal noun.* — **ˌÜber'brückung** (*getr.* -k·k-) *f* ⟨-; *no pl*⟩ 1. *cf.* Überbrücken. – 2. (*Brücke, Überführung*) bridge, viaduct. – 3. (*von Gegensätzen etc*) reconciliation. – 4. *electr.* a) bypass, b) bridging, c) (*Nebenschluß*) shunt.

ˌÜber'brückungs|ˌbeiˌhil·fe (*getr.* -k·k-) *f econ. cf.* Überbrückungshilfe. — **~ˌdraht** *m electr.* jumper. — **~ˌgel·der** *pl econ.*

tiding-over funds, stopgap moneys (*Am. auch* monies). — ~,**hil·fe** *f* stopgap relief, readjustment allowance, interim aid. — ~,**klem·me** *f electr.* bridge (*od.* bypass, shunt) connector. — ~**kre,dit** *m econ.* interim (*od.* temporary) credit (*od.* loan), stopgap loan. — ~**re,ser·ve** *f*, ~,**vor,rat** *m* interim (*od.* tiding-over, stopgap) reserve.

,**über'brül·len** *v/t* ⟨*insep, no* -ge-, h⟩ j-n ~ to outyell s.o.

,**über'bür·den** [-'byrdən] **I** *v/t* ⟨*insep, no* -ge-, h⟩ overburden: j-n mit Steuern ~ to overburden s.o. with taxes, to overtax s.o.; j-n mit Arbeit ~ to overburden s.o. with work, to overwork (*od.* overtask) s.o. – **II Ü**~ *n* ⟨-s⟩ *verbal noun.* — ,**Über'bür·dung** *f* ⟨-; *no pl*⟩ *cf.* Überbürden.

'**über,chlor|,sau·er** *adj chem.* perchloric: überchlorsaures Salz perchlorate. — **Ü**~**,säu·re** *f* ⟨-; *no pl*⟩ perchloric acid ($HClO_4$).

'**Über,chrom,säu·re** *f* ⟨-; *no pl*⟩ *chem.* perchromic acid ($H_3CrO_8 \cdot 2H_2O$).

,**über'da·chen I** *v/t* ⟨*insep, no* -ge-, h⟩ **1.** (*ein Stadion etc*) roof in (*od.* over). – **2.** *fig.* canopy. – **II Ü**~ *n* ⟨-s⟩ **3.** *verbal noun.*

,**über'dacht**[1] **I** *pp of* überdachen. – **II** *adj* (*Stadion etc*) roofed: ~e Vorhalle porch.

,**über'dacht**[2] *pp of* überdenken.

,**Über'da·chung** *f* ⟨-; -en⟩ **1.** *cf.* Überdachen. – **2.** (*Dach*) roof(ing).

'**Über,dampf** *m* ⟨-(e)s; *no pl*⟩ *tech.* excess steam.

,**über'dau·ern I** *v/t* ⟨*insep, no* -ge-, h⟩ **1.** (*Kriege, Zeitraum etc*) outlast, outlive, survive: sein Werk hat sein Leben überdauert his work outlasted him. – **2.** (*bes. von Produkten etc*) outwear, outlast. – **II Ü**~ *n* ⟨-s⟩ **3.** *verbal noun.* — ,**über'dau·ernd I** *pres p.* – **II** *adj bot. cf.* ausdauernd 4.

'**Über,decke** (*getr.* -k·k-) *f* cover(let), bedspread, bedcover.

,**über'decken**[1] (*getr.* -k·k-) **I** *v/t* ⟨*insep, no* -ge-, h⟩ **1.** etwas mit (*od.* durch) etwas ~ to cover s.th. over with s.th., to overlay s.th. with s.th. – **2.** (*Farbe*) (mit, durch with) cover. – **3.** *fig.* veil, disguise, mask, shroud. – **4.** *gastr.* (*Geschmack*) mask. – **5.** *tech.* a) (*verbergen*) conceal, mask, b) (*überlappen*) overlap, c) (*Räderzähne*) engage, overlap, d) (*Führungsbahnen*) guard. – **6.** (*durch Störsender*) blanket. – **7.** *phot.* mask. – **II Ü**~ *n* ⟨-s⟩ **8.** *verbal noun.*

'**über,decken**[2] (*getr.* -k·k-) *v/t* ⟨*sep*, -ge-, h⟩ *colloq.* (*Decke, Tischtuch etc*) lay, spread: ein neues Tischtuch ~ to lay (*od.* put) a new tablecloth on the table.

,**über'deckt I** *pp of* überdecken[1]. – **II** *adj* **1.** *biol.* (*Erbfaktor*) recessive. – **2.** *med.* (*Symptom*) masked, disguised.

,**Über'deckung** (*getr.* -k·k-) *f* ⟨-; -en⟩ **1.** *cf.* Überdecken[1]. – **2.** (*radio*) *telev.* (covering) range.

,**Über'deckungs,kar·te** (*getr.* -k·k-) *f* (*radio*) *telev.* range map.

,**über'deh·nen I** *v/t* ⟨*insep, no* -ge-, h⟩ **1.** overstretch, elongate (*s.th.*) excessively. – **2.** *tech.* strain. – **3.** *med.* (*Sehne*) overstretch. – **II Ü**~ *n* ⟨-s⟩ **4.** *verbal noun.* — ,**Über'deh·nung** *f* ⟨-; -en⟩ **1.** *cf.* Überdehnen. – **2.** *med.* a) (*eines Gelenks*) hyperextension, b) (*eines Muskels, einer Sehne*) strain, c) (*Überspannung*) overdistension, overtraction.

,**über'den·ken** *v/t* ⟨*irr, insep, no* -ge-, h⟩ think (*s.th.*) over, turn (*s.th.*) over in one's mind, consider: er wollte die Sache noch einmal ~ he wanted to think the matter over (*od.* to give the matter further consideration, to reconsider the matter).

,**über'dies** *adv* **1.** (*ohnehin*) anyway, anyhow, in any case. – **2.** (*außerdem*) besides, moreover, furthermore, what is more.

'**über·di·men·sio,nal** *adj* (*Bild etc*) oversize, mammoth (*beide attrib*).

'**über·di·men·sio,niert** *adj* oversized.

'**über,ding·lich** *adj philos.* supersubstantial.

'**über·do,sie·ren** *bes. med.* **I** *v/t* ⟨*insep, no* -ge-, h⟩ overdose, exceed the proper dose of. – **II Ü**~ *n* ⟨-s⟩ *verbal noun.* — '**Über·do,sie·rung** *f* ⟨-; *no pl*⟩ **1.** *cf.* Überdosieren. – **2.** overdosage.

'**Über,do·sis** *f* overdose.

,**über'dre·hen**[1] *v/t* ⟨*insep, no* -ge-, h⟩ *tech.* **1.** (*Uhrfeder etc*) overwind. – **2.** (*Motor*) overspeed. – **3.** (*Gewinde*) strip. – **4.** (*Schrauben*) overturn.

'**über,dre·hen**[2] *v/t* ⟨*sep*, -ge-, h⟩ *tech.* finish-turn, give (*s.th.*) a light cut.

,**über'dreht I** *pp of* überdrehen[1]. – **II** *adj fig. colloq.* **1.** *oft contempt.* eccentric. – **2.** (*bes. Kind*) overexcited.

'**Über,druck**[1] *m* ⟨-(e)s; ⸗e⟩ **1.** *tech.* overpressure, excess pressure. – **2.** *phys.* pressure above the atmosphere.

'**Über,druck**[2] *m* ⟨-(e)s; -e⟩ **1.** *print.* surprint, overprint. – **2.** *philat.* (*auf Briefmarken*) overprint.

'**Über,druck·at·mo,sphä·re** *f phys.* high-pressure atmosphere.

,**über'drucken** (*getr.* -k·k-) *v/t* ⟨*insep, no* -ge-, h⟩ **1.** *print.* surprint, overprint. – **2.** *philat.* overprint.

'**Über,druck|ka,bi·ne**, ~,**kam·mer** *f tech.* pressure (*od.* pressurized) cabin. — ~**pa,pier** *n* ⟨-s; *no pl*⟩ *print.* (*in der Lithographie*) transfer paper. — ~**tur,bi·ne** *f tech.* reaction turbine. — ~,**tu·sche** *f print.* (*in der Lithographie*) transfer ink. — ~**ven,til** *n tech.* pressure relief valve. — ~,**wind·ka,nal** *m* compressed-air tunnel.

'**Über,druß** [-,drus] *m* ⟨-sses; *no pl*⟩ **1.** (an *dat* of) weariness, tiredness: ~ am Leben weariness of life. – **2.** (*Übersättigung*) satiety, surfeit: bis zum ~ to (the point of) satiety, to (a) surfeit. – **3.** (*Ekel*) disgust.

'**über,drüs·sig** [-,drysɪç] *adj* **1.** einer Sache [Person] ~ sein to be weary (*od.* tired, *poet.* aweary) of s.th. [s.o.]: des Wartens ~ tired of waiting; der Welt ~ weary of the (*od.* this) world, world-weary; sie ist meiner (*od. colloq.* mich) ~ she is (*od.* has) tired of me. – **2.** einer Sache [Person] ~ werden to weary (*od.* tire, sicken) of s.th. [s.o.], to grow weary (*od.* tired) of s.th. [s.o.].

'**über,durch,schnitt·lich I** *adj* **1.** above average: seine Leistungen sind ~ his achievements are above average. – **2.** (*sehr gut*) outstanding, exceptional. – **II** *adv* **3.** ~ gut outstandingly (*od.* exceptionally, extraordinarily) good; ein ~ begabtes Kind a child with above-average intelligence.

,**über'eck** *adv* diagonally, crosswise, at an angle.

'**Über,ei·fer** *m* ⟨-s; *no pl*⟩ **1.** overeagerness, overkeenness, overzealousness, oversolicitude. – **2.** (*übertriebene Geschäftigkeit*) officiousness, busybodyism. — '**über,eif·rig** *adj* **1.** overeager, overkeen, overzealous, oversolicitous. – **2.** (*übertrieben geschäftig*) officious: ein ~er Mensch an officious person, a busybody.

,**über'eig·nen I** *v/t* ⟨*insep, no* -ge-, h⟩ j-m etwas ~ to make s.th. over to s.o., to convey (*od.* assign) s.th. to s.o., to place s.th. in s.o.'s custody: etwas zur Sicherung ~ to assign s.th. for security. – **II Ü**~ *n* ⟨-s⟩ *verbal noun.* — ,**Über'eig·nung** *f* ⟨-; -en⟩ **1.** *cf.* Übereignen. – **2.** assignment, (*bes. von Grundeigentum*) conveyance, assurance (*rare*): unentgeltliche ~ voluntary conveyance.

,**Über'eig·nungs|,klau·sel** *f jur.* granting clause. — ~,**ur,kun·de** *f* **1.** bill of sale. – **2.** (*Abtretungsurkunde*) deed of assignment. — ~**ver,trag** *m* contract of assignment.

'**Über,ei·le** *f* (over)haste: in der ~ hat er die Autopapiere vergessen in his haste he forgot his car papers.

,**über'ei·len I** *v/t* ⟨*insep, no* -ge-, h⟩ **1.** (*Abreise, Entschluß, Vorhaben etc*) rush, hurry, precipitate: ~ Sie nichts! don't rush things (*od.* matters). – **2.** *obs. for* ereilen. – **II** *v/reflex* sich ~ **3.** hurry: übereil dich nicht damit! don't do it too hurriedly, don't rush (*od.* hurry) through it, take your time (with it). – **III Ü**~ *n* ⟨-s⟩ **4.** *verbal noun.*

'**über,ei·lig** *adj* ⟨*pred*⟩ rash, overhasty: du warst in deinem Entschluß etwas ~ you were rather rash in your decision.

,**über'eilt I** *pp.* – **II** *adj* **1.** (*Schritt, Zusage, Lob etc*) rash, overhasty, precipitate, precipitant, brash (*colloq.*): ~e Schlüsse ziehen to jump to conclusions; das war zu ~ that was too rash. – **2.** (*voreilig*) premature. – **3.** (*überstürzt*) headlong. – **III** *adv* **4.** ~ handeln to act rashly.

,**Über'ei·lung** *f* ⟨-; *no pl*⟩ **1.** *cf.* Übereilen. – **2.** rashness, haste, precipitation, precipitancy, *auch* precipitance.

,**über,ein'an·der** *adv* **1.** (*liegend*) one on top of the other, on top of each other (*od.* one another), one upon another (*od.* the other). – **2.** (*hängend, stehend*) one above (*od.* over) the other. – **3.** (*Gegenseitigkeit ausdrückend*) ~ sprechen to talk about each other (*od.* one another). — ~**ge,schla·gen I** *pp of* übereinanderschlagen. – **II** *adj* mit ~en Armen [Beinen] with one's arms folded [legs crossed]. — ~,**grei·fen** *v/i* ⟨*irr, sep*, -ge-, h⟩ (*von Dachziegeln etc*) overlap. — ~,**le·gen I** *v/t* ⟨*sep*, -ge-, h⟩ **1.** lay (*od.* put) (*things*) on top of each other (*od.* one another), lay (*od.* put) (*things*) one upon (*od.* on top of) another (*od.* the other): ich habe die Bücher übereinandergelegt I laid the books one upon another. – **2.** (*in einem Haufen*) stack (up), pile up. – **3.** *bes. math.* superpose. – **II Ü**~ *n* ⟨-s⟩ **4.** *verbal noun.* — ~,**lie·gen** *v/i* ⟨*irr, sep*, -ge-, h *u.* sein⟩ lie on top of each other (*od.* one another). — ~,**lie·gend I** *pres p.* – **II** *adj* **1.** (*Gegenstände etc*) superimposed, lying on top of each other (*od.* one another). – **2.** *bes. geol. math.* overlying, superposed. – **3.** *tech.* (*Stoß etc*) overlapping. – **4.** *zo.* (*Schuppen etc*) imbricated. — ~,**schich·ten I** *v/t* ⟨*sep*, -ge-, h⟩ **1.** arrange (*od.* pile) (*things*) in layers, pile up, stack (up). – **2.** *geol.* superimpose, superpose. – **II Ü**~ *n* ⟨-s⟩ **3.** *verbal noun.* — **Ü**~,**schich·tung** *f* ⟨-; *no pl*⟩ **1.** *cf.* Übereinanderschichten. – **2.** arrangement in layers. – **3.** *bes. geol.* superimposition, superposition. — ~,**schla·gen** *v/t* ⟨*irr, sep*, -ge-, h⟩ **1.** (*Arme*) fold. – **2.** (*Beine*) cross. — **Ü**~,**ste·hen** *n bot.* (*von Blättern*) anteposition, superposition. — ~,**stel·len I** *v/t* ⟨*sep*, -ge-, h⟩ **1.** put (*od.* set) (*things*) on top of each other (*od.* one another), put (*od.* set) (*things*) one upon (*od.* on top of) another (*od.* the other). – **2.** (*in einem geordneten Haufen*) stack (up), pile up. – **II Ü**~ *n* ⟨-s⟩ **3.** *verbal noun.* — ~,**wer·fen** *v/t* ⟨*irr, sep*, -ge-, h⟩ throw (*things*) on top of each other (*od.* one another), throw (*things*) one upon (*od.* on top of) another (*od.* the other).

,**über'ein,kom·men** *v/i* ⟨*irr, sep*, -ge-, sein⟩ **1.** (darin) ~, daß to agree that: man kam darin überein, daß die Sondersteuer unzulässig sei it was agreed that the extra tax (*od.* surtax) was inadmissible; man kam überein zu it was agreed that. – **2.** (darin) ~, etwas zu tun to agree to do s.th., to agree on doing s.th.: sie kamen überein, die Forderung abzulehnen they agreed to refuse (*od.* on refusing) the demand. – **3.** über (*acc*) etwas ~ to agree (up)on s.th., *bes. jur. econ.* (*vertraglich*) *auch* to stipulate for s.th.: sie kamen über folgendes überein they agreed on the following; wir müssen mit ihnen über eine Lösung des Falles ~ we have to reach an agreement (*od.* have to come to terms) with them on a solution of the case.

,**Über'ein,kom·men** *n* ⟨-s; -⟩ (über *acc* on, about, concerning) **1.** agreement, understanding: ein stillschweigendes ~ a tacit (*od.* an implicit) agreement; (mit j-m) ein ~ treffen to make (*od.* enter into) an agreement (with s.o.), to come to terms (with s.o.); es konnte kein ~ erzielt werden no agreement (*od.* understanding) could be reached. – **2.** *jur.* a) (*bes. im Völkerrecht*) agreement, convention, b) (*nach einem vorangegangenen Streit*) settlement.

,**Über'ein,kunft** *f* ⟨-; ⸗e⟩ *cf.* Übereinkommen: Zahlungsweise nach (*od.* laut, gemäß) ~ mode (*od.* method) of payment as per (*od.* as arranged by, according to) agreement (*od.* understanding), mode of payment (as) agreed upon; zu einer ~ gelangen to reach (*od.* come to) an agreement, to come to terms.

,**über'ein,stim·men I** *v/i* ⟨*sep*, -ge-, h⟩ **1.** mit j-m (in *dat* etwas) ~, mit j-s Meinung (*od.* Auffassung) (über *acc* etwas) ~ to agree with s.o. (on s.th. *od.* about s.th.), to concur with s.o. (in s.th.), to share s.o.'s opinion (on s.th.): in politischen Fragen stimmen wir immer (miteinander) überein we always agree (with each other) on political questions, we are always of the same opinion on political questions; hierin (*od.* in diesem Punkt) stimmen sie nicht [mit uns] überein they do not agree (*od.* they disagree) [with us] on (*od.* in) this matter, they differ [with us *od.* from us] on (*od.* in) this matter; alle stimmen vollkommen darin überein, daß everyone agrees wholeheartedly that. – **2.** mit etwas (in *dat* etwas) ~ a) (*in äußerer Form u. Gestalt*) to correspond with s.th. (in s.th.), (*genauer*) to be identical with (*od.* to) s.th. (in s.th.), b) (*inhalts-, aussagemäßig*) to correspond (*od.* tally, agree) with s.th. (in s.th.), (*genauer*) to be identical with (*od.* to) s.th. (in s.th.), c) (*wert-, zahlenmäßig*) to tally (*od.* correspond) with s.th. (in s.th.), (*genauer*) to be identical with (*od.* to) s.th. (in s.th.), d) (*zeitlich*) to correspond (*od.* synchronize *Br. auch* -s-) with s.th. (in s.th.), e) (*in Farbe, Muster, Struktur etc zueinander passen*) to match s.th. (in s.th.), to harmonize (*Br. auch* -s-) (*od.* blend, go well) with s.th. (in s.th.), f) *ling.* (*von Verb, Adjektiv etc*) to agree with s.th. (in s.th.): die beiden Busse stimmen in Größe und Farbe genau (miteinander) überein the two bus(s)es correspond exactly (*od.* are identical) (with each other) in size and colo(u)r; der Artikel stimmt in allen Punkten mit den Tatsachen überein the article corresponds exactly (*od.* tallies, agrees) with the facts in all points; die Zeugenaussagen stimmten nicht überein the witnesses' statements did not correspond (*od.* tally, agree) (with each other), the witnesses' statements differed; der Gegenstand stimmt mit der Beschreibung überein the object corresponds with (*od.* answers [to]) the description; Soll und Haben müssen ~ debit and credit must tally; die beiden Farben stimmen gut überein the two colo(u)rs match (*od.* blend) well; die Tapete stimmt mit dem Vorhang nicht überein the wallpaper does not match (*od.* go well with) the curtain; bei einem Tonfilm müssen Ton und Handlung genau (miteinander) ~ in a sound film sound and action must synchronize exactly; das deutsche Verb stimmt in Person und Zahl mit seinem Subjekt überein the German verb agrees with its subject in person and number. – 3. (*aufeinanderpassen*) match, be matched: das Muster des Kleides stimmt an der Schulternaht nicht überein the pattern of the dress does not match (*od.* has not been matched) at the shoulder seam. – II Ü~ *n* ⟨-s⟩ 4. *verbal noun.* — **ˌüber'einˌstim·mend** I *pres p.* – II *adj* 1. (*Meinung, Auffassung etc*) concurrent, unanimous. – 2. (*Berichte, Meldungen etc*) concurrent, correspondent, corresponding: ~en Meldungen zufolge according to concurrent reports. – 3. (in *dat* etwas) ~ a) (*gestalts-, inhalts-, wertmäßig*) corresponding (*genauer* identical) (in s.th.), b) (*zueinander passend*) matching (*od.* harmonizing *Br. auch* -s-) (in s.th.): zwei in Form und Farbe ~e Gegenstände two objects identical in form and colo(u)r. – III *adv* 4. die Zeugen sagten ~, daß er zuerst geschossen habe the witnesses said concurrently (*od.* unanimously) that he had been the first to shoot. – 5. ~ mit den Satzungen haben wir folgendes beschlossen in accordance (*od.* conformity, keeping) with the by(e)laws (*od.* statutes) we have resolved the following.

ˌÜber'einˌstim·mung *f* ⟨-; -en⟩ 1. *cf.* Übereinstimmen. – 2. (*der Meinungen etc*) agreement, accord(ance), concord(ance), concurrence: in vielen Punkten ~ erreichen (*od.* erzielen), in vielen Punkten zur ~ kommen to reach an agreement (*od.* an accord) on many points; es herrscht allgemeine ~ darüber, daß there is general agreement (on the fact) that; etwas (mit etwas) in ~ bringen a) (*Meinungen, Auffassungen etc*) to bring s.th. into agreement (*od.* accord[ance]) (with s.th.), to conciliate s.th. (with s.th.), b) (*äußere Form u. Gestalt*) to bring s.th. into correspondence (with s.th.), c) (*inhalts-, aussagemäßig*) to bring s.th. into correspondence (*od.* agreement) (with s.th.), to tally s.th. (with s.th.), d) (*Einnahmen u. Ausgaben, Soll u. Haben etc*) to tally s.th. (with s.th.), e) (*zeitlich*) to bring s.th. into correspondence (with s.th.), to synchronize (*Br. auch* -s-) s.th. (with s.th.), f) (*farblich, strukturmäßig etc*) to match s.th. (with s.th.), to harmonize (*Br. auch* -s-) s.th. (with s.th.), g) *ling.* (*Verben, Substantive etc*) to bring s.th. into agreement (with s.th.); in ~ mit den Ausführungen meines Vorredners in accordance (*od.* conformity, keeping) with the remarks of the previous speaker. – 3. *philos.* (*in äußerer Form u. Gestalt*) correspondence, congruence, (*genauer*) identicalness, identicality. – 4. (*farb-, strukturmäßige etc*) harmony: farbliche ~ harmony of colo(u)rs. – 5. (*zeitliche*) correspondence, synchronization *Br. auch* -s-. – 6. (*Zusammenfallen, Koinzidenz*) coincidence: die ~ der Ereignisse the coincidence of (the) events. – 7. *ling.* agreement.

ˌüber'einˌtref·fen *v/i* ⟨*irr, sep,* -ge-, sein⟩ *cf.* übereinkommen.

ˌüber'ei·sen *v/t* ⟨*insep, no* -ge-, h⟩ cover (*s.th.*) with ice. — **ˌüber'eist** I *pp.* – II *adj* frozen over.

'über·eleˌgant *adj* overelegant.

'über·emo·tioˌnell *adj* overemotional.

'über·empˌfind·lich *adj* 1. (gegen to) oversensitive, hypersensitive, supersensitive. – 2. (*überreizt*) high-strung, highly strung: ~e Nerven haben to be high-strung (*od.* highly strung). – 3. *med.* (gegen to) hypersensitive: ~ gegen Berührung hyper(a)esthetic; ~ gegen Erdbeeren allergic (*od.* supersensitive, hypersensitive) to strawberries; ~ gegen Schmerzen hyperalgesic. — **'Über·empˌfind·lich·keit** *f* 1. (gegen to) hypersensitivity, oversensitivity, hypersensitiveness, supersensitiveness. – 2. *med.* (gegen to) hypersensitivity: ~ gegen Berührung hyper(a)esthesia; ~ gegen Erdbeeren allergy (*od.* hypergia) to strawberries; ~ gegen Lebensmittel idiosyncrasy; ~ gegen Schmerzen hyperalgesia; ~ gegen Wärme hyperthermalgesia; ~ gegen Reize hyperaffectivity, idiosyncrasy.

'über·empˌfind·sam *adj* oversensitive.

'überˌend·lich *adj math.* transfinite.

'überˌeng *adj med.* (*Becken*) justo minor.

'über·entˌwickeln (*getr.* -k·k-) I *v/t* ⟨*insep, no* -ge-, h⟩ 1. *bes. phot.* overdevelop. – II Ü~ *n* ⟨-s⟩ 2. *verbal noun.* – 3. *cf.* Überentwicklung. — **'über·entˌwickelt** (*getr.* -k·k-) I *pp.* – II *adj* 1. *bes. phot.* overdeveloped. – 2. *med.* a) overdeveloped, b) (*hypertroph*) hypertrophic, c) (*überreif*) hypermature. — **'Über·entˌwick·lung** *f* ⟨-; *no pl*⟩ 1. *cf.* Überentwickeln. – 2. *bes. phot.* overdevelopment. – 3. *med.* a) overdevelopment, b) hypertrophy, c) overmaturity.

'über·erˌfül·len I *v/t* ⟨*insep, no* -ge-, h⟩ *econ.* (*Soll, Plan etc*) overfulfil, *bes. Am.* overfulfill, exceed. – II Ü~ *n* ⟨-s; *sg*⟩ *verbal noun.* — **'Über·erˌfül·lung** *f* ⟨-; *no pl*⟩ 1. *cf.* Übererfüllen. – 2. overfulfilment, *bes. Am.* overfulfillment.

'über·erˌnäh·ren I *v/t* ⟨*insep, no* -ge-, h⟩ overfeed. – II Ü~ *n* ⟨-s⟩ *verbal noun.* — **'Über·erˌnäh·rung** *f* 1. *cf.* Überernähren. – 2. *med.* a) hyperalimentation, b) (*Krankheitsbild*) hyperalimentosis.

'über·erˌreg·bar *adj med.* hyperexcitable, overexcitable, erethic (*scient.*). — **'Über·erˌreg·bar·keit** *f* hyperexcitability, overexcitability, erethism (*scient.*).

ˌüber'es·sen¹ *v/reflex* ⟨*irr, insep, pp* übergessen, h⟩ sich ~ (an *dat* with) overeat (oneself), *bes. med.* overload one's stomach: der Junge hat sich an Süßigkeiten übergessen the boy overate (himself) with sweets (*bes. Am.* candies); du hast dich übergessen you have eaten too much.

'überˌes·sen² *v/t* ⟨*irr, sep, pp* übergegessen, h⟩ sich (*dat*) etwas ~ to sicken oneself of s.th.: ich habe mir die Süßigkeiten übergegessen I grew tired (*od. colloq.* sick) of the sweets (*bes. Am.* candies).

'über·euˌtek·tisch *adj metall.* (*Legierung*) hypereutectic.

ˌüber'fah·ren¹ *v/t* ⟨*irr, insep, no* -ge-, h⟩ 1. (*mit einem Auto, Motorrad etc*) run over (*od.* down), knock (*s.o., s.th.*) down. – 2. (*Ampel, Signal*) go through. – 3. (*Mittellinie*) go over, cross. – 4. (*Stoppschild*) go past, overshoot. – 5. (*eine andere Straße*) overpass. – 6. *fig. colloq.* (*übertölpeln*) walk (all) over: ich lasse mich nicht ~ I won't let people walk over me.

'überˌfah·ren² I *v/t* ⟨*irr, sep,* -ge-, h⟩ take (*s.o.*) across, ferry (*s.o.*) over. – II *v/i* ⟨sein⟩ (*über einen Fluß, See etc fahren*) cross. – III Ü~ *n* ⟨-s⟩ *verbal noun.*

'Überˌfahrt *f* ⟨-; -en⟩ 1. (*über einen Fluß etc*) crossing: während (*od.* auf) der ~ during the crossing, on the way over (*od.* across). – 2. (*übers Meer*) crossing, (sea) passage, transit: eine stürmische ~ a rough (*od.* stormy) crossing.

'Überˌfall¹ *m* ⟨-(e)s; ⸚e⟩ (auf *acc*) 1. (*um j-n zu berauben, zu verprügeln etc*) assault ([up]on). – 2. (*auf eine Bank, einen Laden etc*) raid ([up]on), (*mit vorgehaltener Schußwaffe*) *auch* holdup ([up]on): bewaffneter ~ armed raid; ein ~ auf eine Bank a bank holdup; einen ~ auf die Sparkasse verüben (*od.* machen) to carry out (*od.* make) a raid on the savings bank. – 3. (*auf feindliche Truppen, Stellungen, auf ein Lager, Dorf etc*) raid (*od.* assault, descent) ([up]on): nächtlicher ~ night raid. – 4. (*auf ein Land etc*) invasion (of). – 5. *fig. colloq.* (*überraschender Besuch*) onslaught (on): wir haben einen ~ auf euch vor we are planning an onslaught on you, we are planning to descend (*od.* land in) on you.

'Überˌfall² *m civ.eng.* (*einer Schleuse, eines Wehrs*) overfall.

ˌüber'fal·len¹ *v/t* ⟨*irr, insep, no* -ge-, h⟩ 1. (*um j-n zu berauben, zu verprügeln etc*) assault: der Kassenbote ist gestern ~ worden the bank messenger was assaulted (*od.* an assault was made on the bank messenger) yesterday. – 2. (*eine Bank, einen Laden etc*) raid, make a raid (up)on, (*mit vorgehaltener Schußwaffe*) *auch* hold (*s.th.*) up. – 3. (*feindliche Truppen, Stellung, Flotte, ein Lager, Dorf etc*) raid ([up]on), assault, descend (*od.* make a raid) (up)on. – 4. (*ein Land, eine Provinz etc*) invade. – 5. *fig. colloq.* (*überraschend besuchen*) descend (up)on, land in on. – 6. j-n mit etwas ~ *fig. colloq.* a) (*mit Fragen, Vorwürfen etc*) to bombard s.o. with s.th., b) (*mit einer Nachricht, Neuigkeit etc*) to spring s.th. on s.o. – 7. *fig. lit.* (*in Wendungen wie*) er wurde von einer plötzlichen Schwäche ~ he was overcome by a sudden fit of weakness; tiefe Traurigkeit überfiel ihn he was overcome by deep sadness; eine seltsame Krankheit hatte sie ~ a curious illness had befallen her; Schlaf überfiel uns sleep came over (*od.* overcame) us, we were overcome by sleep; ein Schauder überfiel mich a shudder seized (*od.* overcame) me; ein Gewitter [die Nacht] hatte sie ~ a thunderstorm [night] had come upon them.

'überˌfal·len² *v/i* ⟨*irr, sep,* -ge-, sein⟩ fall over: nach vorn ~ to fall over forward(s).

'ÜberˌfallˌHo·se *f* (*fashion*) 1. knickerbockers *pl.* – 2. powder pants *pl* (*sometimes construed as sg*).

'überˌfäl·lig *adj* 1. ⟨*meist pred*⟩ overdue, (*wenn Unglück vermutet wird*) missing: das Flugzeug ist seit vier Stunden ~ the plane has been overdue for four hours. – 2. (*längst fällig*) overdue: die Kündigung war schon lange ~ the notice was long overdue. – 3. *econ.* (*Wechsel*) overdue, *Am.* past-due.

'Überˌfall|komˌman·do *n* flying (*Am.* riot) squad: das ~ rufen to call the police. — **~ˌrohr** *n civ.eng.* overflow pipe.

'Überˌfalls|komˌman·do *n Austrian for* Überfallkommando. — **~ˌrecht** *n jur.* the right to appropriate the fruit that falls on one's premises over a wall (*od.* fence, hedge).

'Überˌfall|ˌwa·gen *m* (*der Polizei*) squad car. — **~ˌwas·ser** *n* ⟨-s; ⸚er⟩ *civ.eng.* overflow (*od.* overfall) water. — **~ˌwehr** *n civ. eng.* overfall (*od.* overflow) weir.

'Überˌfal·tung *f* ⟨-; -en⟩ *geol.* inversion, inverted fold.

'ÜberˌfangˌGlas *n* (*optics*) flashed (*od.* cover) glass.

ˌüber'fär·ben *v/t* ⟨*insep, no* -ge-, h⟩ 1. color (*bes. Br.* colour) (*s.th.*) over, overcolor, *bes. Br.* overcolour, overdye. – 2. (*Farbe*) repaint. – 3. (*textile*) cross-dye.

ˌüber'fei·len *v/t* ⟨*insep, no* -ge-, h⟩ *fig.* touch up.

'überˌfein *adj* 1. (*Gehör etc*) superfine, highly sensitive. – 2. (*Differenzierung etc*) overnice, oversubtle.

ˌüber'fei·nert [-'faɪnərt] *adj* 1. (*Geschmack, Person*) fastidious. – 2. (*Kultur, Sitten, Person etc*) overrefined.

ˌÜber'fei·ne·rung [-'faɪnərʊŋ] *f* ⟨-; *no pl*⟩ 1. (*im Geschmack*) fastidiousness. – 2. (*von Kultur, Sitten etc*) overrefinement.

ˌüber'fet·tet *adj* 1. (*Seife*) superfatted. – 2. (*Haut*) excessively greasy.

'überˌflei·ßig *adj* overdiligent.

ˌüber'flie·gen¹ *v/t* ⟨*irr, insep, no* -ge-, h⟩ 1. fly over (*od.* across), overfly: den Atlantik ~ to fly (across) the Atlantic. – 2. *fig.* (*mit den Augen*) glance over, skim (over), scan, run one's eyes over.

'überˌflie·gen² *v/i* ⟨*irr, sep,* -ge-, sein⟩ *colloq. for* hinüberfliegen.

'überˌflie·ßen¹ I *v/i* ⟨*irr, sep,* -ge-, sein⟩ 1. (*von Flüssigkeiten*) run over, overflow, flood. – 2. (*von Gefäßen, Behältern etc*) overflow, brim (over): → Mund 2. – 3. *lit.* (*von Augen*) brim, swim: ihre Augen flossen (von Tränen) über her eyes were swimming (with tears). – **4.** *fig.* (*in Wendungen wie*) von Mitleid ~ to overflow with pity; von Freude ~ to brim over with joy; von Reichtum ~ *obs.* to overflow with riches. – **5.** ineinander ~ to interflow, to intermingle. – **II Ü~** *n* ⟨-s⟩ **6.** *verbal noun.* – **7.** zum Ü~ voll filled to overflowing, brimful, *auch* brimfull.

ˌüber'flie·ßen[2] *v/t* ⟨*irr, insep, no* -ge-, h⟩ flood.

ˌüber'flos·sen I *pp of* überfließen[2]. – **II** *adj* (von with) flooded.

ˌüber'flü·geln I *v/t* ⟨*insep, no* -ge-, h⟩ **1.** j-n ~ *fig.* to outstrip (*od.* outdistance, outmatch, outdo) s.o., to leave s.o. behind. – **2.** *mil. rare* outflank. – **II Ü~** *n* ⟨-s⟩ **3.** *verbal noun.* — **ˌÜber'flü·ge·lung, ˌÜber'flüg·lung** *f* ⟨-; *no pl*⟩ *cf.* Überflügeln.

'Über,fluß *m* ⟨-sses; *no pl*⟩ **1.** (an *dat* of) abundance, (*bes. reichliche Menge*) superabundance, superfluity: **während in einigen Ländern ~ an Lebensmitteln herrscht** while there is superabundance of food in some countries; **im ~** in abundance, in plenty; **Geld im ~** money in abundance, money galore; **etwas im ~ besitzen** (*od.* **haben**), **an** (*dat*) **etwas ~ haben** to abound in s.th., to have s.th. in abundance (*od.* plenty), to have plenty (*od. colloq.* oodles) of s.th.; **im ~ vorhanden sein** (*od.* **zur Verfügung stehen**) to be (super)abundant (*od.* plentiful), to (super)abound; **Mittel sind im ~ vorhanden** (the) means are available in plenty. – **2.** (*Wohlstand*) affluence, opulence, abundance, luxury: **im ~ leben** to live in affluence (*od.* luxury). – **3.** (*Reichtum, Fülle*) wealth: **etwas von seinem ~ hergeben** to give of one's wealth; **~ bringt Überdruß** (*Sprichwort*) *etwa* great wealth, great weariness. – **4.** *econ.* (*Überangebot*) glut, oversupply. – **5.** *econ.* (*Überschuß*) (*bes. an Arbeitskräften*) surplus, redundancy. – **6.** (*Überfülle*) profusion. – **7.** **zu allem ~**, **zum ~** *fig.* to crown (it) all, to make matters worse.

'Über,fluß·ge,sell·schaft *f* ⟨-; *no pl*⟩ *sociol.* affluent society.

'über,flüs·sig *adj* **1.** (*entbehrlich*) superfluous: **dieser Stuhl ist hier völlig ~** this chair is completely superfluous here; **etwas ~ machen** to make (*od.* render) s.th. superfluous, to obviate (*od.* supersede) s.th. – **2.** (*unnötig*) unnecessary, superfluous, needless, uncalled-for (*attrib*): **diese Arbeit wäre ~ gewesen, wenn** this work would have been unnecessary if; **~e Bemerkung** superfluous remark, superfluity; **seine Bemerkung war höchst ~** his remark was quite unnecessary; **es ist wohl ~ zu sagen, daß** I don't think it necessary to say that; **ich will keine ~en Worte machen** I shan't talk unnecessarily long, I'm going to make it short (*od.* brief); **jedes weitere Wort ist hier ~** any further discussion is completely superfluous (*od.* unnecessary) here. – **3.** (*unerwünscht*) superfluous, unwanted, undesired, undesirable, not wanted (*pred*): **ich habe das Gefühl, hier ~ zu sein** I feel (I am) superfluous here, I have the impression that I'm not wanted here; **er ist hier ~** he (*od.* his company) is superfluous here, we can certainly do without him. – **4.** (*überschüssig*) extra, spare, surplus (*alle attrib*): **die drei ~en Zimmer ihres Hauses haben sie vermietet** they have let the three spare rooms of their house. — **'über,flüs·si·ger'wei·se** *adv* superfluously, needlessly, unnecessarily: **und ~ entschuldigte sie sich** and then she apologized, which was quite superfluous (*od.* unnecessary).

'Über,flüs·sig·keit *f* ⟨-; *no pl*⟩ **1.** (*Entbehrlichkeit*) superfluity, superfluousness. – **2.** (*Unnötigkeit*) unnecessariness, superfluity, superfluousness, needlessness. – **3.** (*Unerwünschtheit*) superfluity, superfluousness, undesirability.

ˌüber'flu·ten[1] **I** *v/t* ⟨*insep, no* -ge-, h⟩ **1.** *cf.* überschwemmen 1. – **2.** (*Damm*) overflow, come (*od.* flow) over (the top of), (over)top. – **3.** (*absichtlich*) flood. – **4.** *fig.* inundate, swamp, deluge, flood: **Touristen überfluteten die malerische Insel** tourists inundated the picturesque island; **ausländische Erzeugnisse ~ unseren Markt** foreign products are flooding our market. – **5.** *fig.* (*von Licht*) (*Platz etc*) flood, inundate. – **II Ü~** *n* ⟨-s⟩ **6.** *verbal noun.*

'über,flu·ten[2] **I** *v/i* ⟨*sep*, -ge-, sein⟩ *lit.* (*von Fluß etc*) overflow (its banks), burst its banks. – **II Ü~** *n* ⟨-s⟩ *verbal noun.*

ˌÜber'flu·tung *f* ⟨-; -en⟩ **1.** *cf.* Überfluten[1]. – **2.** *cf.* Überschwemmung 2. – **3.** *fig.* inundation.

ˌüber'for·dern I *v/t* ⟨*insep, no* -ge-, h⟩ **1.** j-n ~ a) (*geistig*) to ask too much of s.o., to expect too much of (*od.* from) s.o., to make excessive demands (up)on s.o., b) (*körperlich*) to overtax (*od.* overstrain) s.o.: **du darfst das Kind nicht ~** you must not ask too much of the child; **diese Aufgabe überfordert meine Kräfte** this task is too much for me; **mit diesem Spaziergang hat der Kranke seinen Körper überfordert** the patient overtaxed his body (*od.* overdid it) with this walk. – **2.** j-n ~ *econ.* to overcharge (*od.* surcharge) s.o. – **II Ü~** *n* ⟨-s⟩ **3.** *verbal noun.* — **ˌÜber'for·de·rung** *f* ⟨-; *no pl*⟩ **1.** *cf.* Überfordern. – **2.** (*geistige u. körperliche*) overstrain, excessive (*od.* exorbitant) demand: **die ~ eines Kindes** the excessive demand(s *pl*) made (up)on a child. – **3.** *econ.* overcharge, surcharge.

'Über·for,mat *n* oversize.

'Über,fracht *f* **1.** *econ.* excess freight, overfreight. – **2.** (*railway*) (*Gepäck*) overweight.

ˌüber'fragt *adj* ⟨*pred*⟩ **~ sein** to be asked too much: **da bin ich ~** I am afraid I don't know that (*od. colloq.* the answer to that one), I'm afraid I can't answer that (one *colloq.*), I am stumped (*colloq.*); **in diesem Punkt war er sichtlich ~** that question was obviously beyond him.

ˌüber'frem·den [-'frɛmdən] **I** *v/t* ⟨*insep, no* -ge-, h⟩ **1.** foreignize, give a foreign character to. – **2.** *econ.* control (*s.th.*) by foreign capital. – **II Ü~** ⟨-s⟩ **3.** *verbal noun.* – **4.** *cf.* Überfremdung. — **ˌüber'frem·det I** *pp.* – **II** *adj* durch (*od.* mit) etwas ~ sein [werden] to be [to become] infiltrated with (*od.* by) s.th. — **ˌÜber'frem·dung** *f* ⟨-; *no pl*⟩ **1.** *cf.* Überfremden. – **2.** foreignization. – **3.** *econ.* control by foreign capital.

ˌüber'fres·sen *v/reflex* ⟨*irr, insep, no* -ge-, h⟩ **sich ~ 1.** (*von Tieren*) overeat (itself), overfeed. – **2.** *vulg.* (*von Menschen*) overeat (oneself), eat oneself silly, glut (*od.* gorge) oneself: **sich an** (*dat*) **etwas ~** to eat oneself silly on s.th., to glut oneself with s.th., to gorge oneself with (*od.* on) s.th.

'über,frie·ren *v/i* ⟨*irr, sep*, -ge-, sein⟩ (*von Gewässer etc*) freeze over.

'Über,fuhr *f* ⟨-; -en⟩ *Austrian for* Fähre.

ˌüber'füh·ren[1] **I** *v/t* ⟨*insep, no* -ge-, h⟩ **1.** transport, transfer: **die Leiche nach Deutschland ~** to transport the body to Germany; **der Kranke wurde in ein anderes Krankenhaus überführt** the patient was transferred to another hospital. – **2.** *aer.* ferry. – **3.** *chem.* transform. – **II Ü~** *n* ⟨-s⟩ **4.** *verbal noun.* – **5.** *cf.* Überführung[1] 2—4, 6.

'über,füh·ren[2] **I** *v/t* ⟨*sep*, -ge-, h⟩ **1.** *cf.* überführen[1] 1, 2. – **II Ü~** *n* ⟨-s⟩ **2.** *verbal noun.* – **3.** *cf.* Überführung[1] 2, 3, 6.

ˌüber'füh·ren[3] *jur.* **I** *v/t* ⟨*insep, no* -ge-, h⟩ **1.** j-n einer Sache (*od.* Schuld) ~ to prove (*od.* find) s.o. guilty of s.th., to convict s.o. of s.th.; **j-n eines Verbrechens ~** to find s.o. guilty (*od.* to convict s.o.) of a crime. – **II Ü~** *n* ⟨-s⟩ **2.** *verbal noun.* – **3.** *cf.* Überführung[3].

ˌÜber'füh·rung[1] *f* ⟨-; -en⟩ **1.** *cf.* Überführen[1]. – **2.** ⟨*only sg*⟩ (*einer Leiche, eines Patienten etc*) transport, *bes. Am.* transportation, transfer. – **3.** *aer.* ferry. – **4.** *chem.* transformation. – **5.** *civ.eng.* (*im Brücken-, Straßenbau*) road bridge, overbridge, overspan bridge, viaduct, overpass, overcrossing, *Br.* flyover. – **6.** (*im Transportwesen*) transfer, conveyance, transport, *bes. Am.* transportation.

'Über,füh·rung[2] *f* ⟨-; -en⟩ **1.** *cf.* Überführen[2]. – **2.** *cf.* Überführung[1] 2, 3, 6.

ˌÜber'füh·rung[3] *f* ⟨-; *no pl*⟩ *jur.* **1.** *cf.* Überführen[3]. – **2.** conviction.

ˌÜber'füh·rungs|,flug *m aer.* ferrying flight. — **~kom,man·do** *n* (*Besatzung*) ferry crew. — **~,zahl** *f chem.* transference (*od.* transport) number.

'Über,fül·le *f* ⟨-; *no pl*⟩ (von of) **1.** (*große Menge*) profusion, (super)abundance, affluence, opulence. – **2.** (*übergroße Menge*) superfluity, overabundance, superabundance, redundancy, plethora (*lit.*).

ˌüber'fül·len I *v/t* ⟨*insep, no* -ge-, h⟩ **1.** (*Gefäß etc*) overfill: **sich** (*dat*) **den Magen ~** (mit) to glut oneself (with), to gorge oneself (with, on), to overload one's stomach (with). – **2.** (*Kissen etc*) overstuff, stuff (*s.th.*) too full. – **3.** *econ.* a) (*Lager*) overstock, overfill, b) (*Markt*) glut. – **II Ü~** *n* ⟨-s⟩ **4.** *verbal noun.*

ˌüber'füllt I *pp.* – **II** *adj* **1.** (*Gefäß etc*) overfilled. – **2.** (*Saal, Straßenbahn, Universität, Beruf etc*) (over)crowded: **~e Straßen** a) crowded roads, b) (*blockiert, verstopft*) blocked (*od.* congested) roads; **die Züge sind ~** the trains are overcrowded (*od.* jammed with people); **~e Mietskasernen** overcrowded tenement houses. – **3.** (*Magen*) overloaded. – **4.** *econ.* a) (*Lager etc*) overstocked, overfilled, b) (*Markt*) glutted. – **5.** *mar.* (*Hafen etc*) congested. — **ˌÜber'fül·lung** *f* ⟨-; *no pl*⟩ **1.** *cf.* Überfüllen. – **2.** (*von Straßen, Gebäuden etc*) (over)crowding: **wegen ~ geschlossen** full up, house full. – **3.** (*Verkehrsverstopfung*) congestion. – **4.** *econ.* (*des Marktes*) glut. – **5.** *mar.* (*eines Hafens etc*) congestion of shipping.

'Über·funk·ti,on *f med.* hyperactivity, overactivity, hyperfunction(ing): **~ der Leber** hyperhepatia; **~ der Schilddrüse** hyperthyroidism; **~ der Schweißdrüsen** hyperhidrosis, *auch* hyperidrosis.

ˌüber'füt·tern I *v/t* ⟨*insep, no* -ge-, h⟩ **1.** (*mit Speisen*) overfeed. – **2.** *fig.* (*mit Informationen, Lektüre etc*) cram, surfeit, stuff. – **II Ü~** *n* ⟨-s⟩ **3.** *verbal noun.* — **ˌÜber'füt·te·rung** *f* ⟨-; *no pl*⟩ **1.** *cf.* Überfüttern. – **2.** *med.* hyperalimentation, superalimentation, supernutrition, hypernutrition. – **3.** *fig.* (*Übersättigung*) (mit of) surfeit.

'Über,ga·be *f* ⟨-; *no pl*⟩ **1.** *cf.* Übergeben[1]. – **2.** (*von Briefen, Waren etc*) delivery. – **3.** (*eines Amtes etc*) assignment. – **4.** feierliche ~ presentation. – **5.** *jur.* a) (*eines Besitzes, Eigentums, Vermögens etc*) delivery, b) (*letztwillige*) bequeathal, bequest, c) (*eines Verbrechers*) surrender, d) *bes. jur. pol.* (*Auslieferung*) extradition. – **6.** *mil.* (*einer Festung etc*) surrender: **bedingungslose ~** unconditional surrender. — **~be,din·gun·gen** *pl mil. pol.* conditions of surrender (*od.* capitulation). — **~be,schei·ni·gung** *f econ.* **1.** (bill of) receipt. – **2.** bill of transfer. — **~,lot·se** *m aer.* handover controller. — **~,pro·be,fahrt** *f* handing-over test run (*od.* drive). — **~pro·to,koll** *n mil. pol.* instrument of surrender. — **~ver,hand·lun·gen** *pl* negotiations for surrender. — **~ver,wei·ge·rung** *f jur. econ.* refusal to deliver.

'Über,gang *m* ⟨-(e)s; ⸚e⟩ **1.** (*über Straßen, Flüsse etc*) crossing: **kein ~** no crossing. – **2.** (*Überqueren*) (*der Berge etc*) crossing, passage. – **3.** (*Zebrastreifen*) (für for) zebra (*od.* pedestrian) crossing. – **4.** (*Fußgängerbrücke*) footbridge. – **5.** (*Bahnübergang*) crossing: **schienengleicher ~** *Am.* grade crossing, *bes. Br.* level crossing. – **6.** (*in ein anderes Stadium*) transition, change: **der ~ vom Wachen zum Schlafen** the transition from waking to sleep. – **7.** (*zu einer Partei, Religion etc*) change, switch, conversion. – **8.** (*auf ein anderes Thema*) transition, gradual change (*od.* shift), (*in der Rhetorik*) *auch* metabasis: **ohne ~** without introduction. – **9.** (*Übergangszeit, Zwischenlösung*) interim: **für den ~** as an interim. – **10.** *jur.* a) (*von Rechten*) devolution, b) (*durch Übereignung*) assignment, transfer. – **11.** (*railway*) change: **~ von der zweiten in die erste Klasse** change from second to first class. – **12.** *mus.* a) transition, b) (*zwischen den Registern*) break.

'Über,gangs|,bahn *f* (*space*) intermediate orbit. — **~,bahn,hof** *m* (*railway*) transit station. — **~,bei,hil·fe** *f* (*für Soldaten nach dem Wehrdienst*) gratuity. — **~be,stim·mung** *f* interim, transitional (*od.* interim, provisional, temporary) regulation (*od.* arrangement, provision). — **~er,schei·nung** *f* phenomenon of transition. — **~,fahr,kar·te** *f* (*railway*) surcharge ticket. — **~,far·be** *f* transition color (*bes. Br.* colour). — **~,form** *f* intergrade. — **~ge,setz** *n jur.* temporary (*od.* transitional) law. — **~,klei·dung** *f* interseasonal wear (*od.* clothes *pl*). — **~,man·tel** *m* interseasonal coat. — **~pe·ri,ode** *f* transition period. — **~re,gie·rung** *f pol.* transition (*od.* interim) government, caretaker government (*od.* administration). — **~,sta·di·um** *n* **1.** transition(al) stage. – **2.** (*Zustand*) transitional state. — **~ˌstel·le** *f* crossing (place). — **~ˌstil** *m arch.* transition style. — **~ˌzeit** *f* **1.** transition(al) period. – **2.** (*zwischen Winter u. Frühling etc*) interseasonal (*od. colloq.* in-between) period. — **~ˌzuˌstand** *m* transitional state.

ˈüberˌgar *adj* **1.** *gastr.* overdone. – **2.** *metall.* a) (*Kupfer*) dry, b) (*Stahl*) overblown, c) (*Schmelzofen*) too hot.

ˈÜber·garˌdi·ne *f* **1.** (*Einzelstück*) (over)-drape, curtain. – **2.** *meist pl* (over)drapes *pl*, curtains *pl*, (over)drapery, curtaining, hangings *pl*.

ˌüberˈge·ben[1] I *v/t* ⟨*irr, insep, no* -ge-, h⟩ **1. j-m etwas ~** a) to hand s.th. over to s.o., to deliver s.th. to s.o., b) (*anvertrauen*) to commit (*od.* consign, entrust) s.th. to s.o. (*od.* s.o.'s custody), to entrust s.o. with s.th., c) (*Amt, Aufgabe, Arbeit etc*) to assign s.th. to s.o., d) (*feierlich überreichen*) to present s.th. to s.o. (*od.* s.o. with s.th.), e) (*vermachen, vererben*) to bequeath (*od.* leave) s.th. to s.o., f) *mil.* (*Festung etc*) to surrender (*od.* yield) s.th. to s.o.: **j-m etwas zum Aufbewahren ~** to hand s.th. over to s.o. to keep, to commit s.th. to s.o.'s custody; **eine Sache dem Rechtsanwalt ~** to turn a matter over to one's lawyer; **etwas dem Gericht ~** to take s.th. to court; **dem Bürgermeister den Schlüssel der Stadt ~** to present the key of the town to the mayor; → Kommando 2. – **2. eine Straße [Brücke] dem Verkehr ~** *fig.* to open a street [bridge] to traffic. – **3. den Leichnam der Erde ~** *fig.* to commit the body to the ground, to bury the body; **etwas den Flammen ~** *fig.* to consign s.th. to the flames. – **II** *v/reflex* **sich ~ 4.** vomit, be sick, throw up. – **III Ü~** *n* ⟨-s⟩ **5.** *verbal noun.*

ˈüberˌge·ben[2] *v/t* ⟨*irr, sep,* -ge-, h⟩ *colloq.* **1. j-m etwas ~** a) to put s.th. (a)round s.o.'s shoulders, b) (*wenn er liegt*) to put s.th. over s.o. – **2. j-m eins ~** *fig.* to smack (*od.* slap) s.o.

ˈÜber·geˌbot *n econ.* (*bei einer Zwangsversteigerung*) higher bid, overbid.

ˈÜber·geˌbühr *f* overcharge, surcharge.

ˈüber·geˌbühr·lich *adv* excessively, unduly, supererogatorily: **j-s Dienste [Zeit] ~ in Anspruch nehmen** to make excessive use of (*od.* demands on) s.o.'s services [time].

ˈüberˌge·hen[1] I *v/i* ⟨*irr, sep,* -ge-, sein⟩ **1. auf j-n** (*od.* **in j-s Besitz, Hände**) **~** to go (*od.* pass) over to s.o., to devolve (up)on (*od.* to) s.o., to become the property of s.o.: **das Hotel wird in fremde Hände ~** the hotel will change hands (*od.* will pass into other hands, will become s.o. else's property). – **2. zu etwas ~** to proceed (*od.* pass on, go on) to s.th.: **laßt uns zum nächsten Punkt ~** let us proceed to the next topic (*od.* item); **zum Angriff ~** *auch fig.* to proceed to attack; → Tagesordnung 1. – **3. zu j-m ~** to go (*od.* change) over to s.o.: **zur Gegenpartei ~** to change sides, to rat, *Am. colloq.* to flop over; **zum Feind ~** to go over to the enemy. – **4. ~ in** (*acc*) a) (*in ein anderes Stadium*) to change (*od.* turn) (in)to, b) (*in einen anderen Farbton*) to merge (*od.* fade, blend) into: **in Verwesung ~** to decay, to putrefy; **in ein anderes Tempo ~** *mus.* to change to another time; **von Braun in Rot ~** to merge (*od.* blend) from brown into red; → Fleisch 3. – **5. ineinander ~** a) (*von Farbtönen*) to (inter)fuse, b) (*von Epochen etc*) to merge, c) (*von Begriffen etc*) to overlap. – **6.** *fig.* (*in Wendungen wie*) **die Augen gingen ihm über** a) *lit.* his eyes filled (*od.* brimmed) with tears, b) *colloq.* his eyes nearly popped out (of his head); → Mund 2. – **7.** *mar.* (*von Ladung etc*) shift. – **II Ü~** *n* ⟨-s⟩ **8.** *verbal noun.* – **9.** *cf.* Übergang 6—8.

ˌüberˈge·hen[2] I *v/t* ⟨*irr, insep, no* -ge-, h⟩ **1. etwas ~** a) (*über etwas hinweggehen*) to pass s.th. over, to ignore (*od.* disregard, overlook, neglect) s.th., b) (*auslassen*) to skip (*od.* miss) s.th., to leave s.th. out, c) (*vergessen*) to forget s.th., d) (*unbeachtet lassen*) to ignore s.th.: **etwas mit Stillschweigen ~** to pass s.th. over without comment; **einige Seiten im Buch ~** to skip some pages in the book; **seinen Hunger ~** to ignore one's hunger. – **2. j-n ~** a) to pass s.o. over, to leave s.o. out, to omit s.o., *Am. auch* to overslaugh s.o., b) (*zurücksetzen*) to slight s.o.: **er wurde bei der Beförderung übergangen** he was left out in the promotion (*od.* passed over in [the course of] the promotions); **sie fühlte sich übergangen** she had been passed over. – **II Ü~** *n* ⟨-s⟩ **3.** *verbal noun.*

ˌÜberˈge·hung *f* ⟨-; *no pl*⟩ **1.** *cf.* Übergehen[2]. – **2.** disregard, neglect. – **3.** (*bei einer Beförderung etc*) omission. – **4.** *jur.* (*eines Deszendenten*) (*bei einer letztwilligen Verfügung*) *Am.* pretermission, *Br.* preterition. – **5.** (*in der Rhetorik*) pretermission.

ˈüber·geˌla·gert *adj geol.* (*Schicht*) overlying.

ˈüber·geˌnau *adj* **1.** (*sehr sorgfältig u. gewissenhaft*) meticulous, fastidious, scrupulous. – **2.** (*überkritisch, pedantisch*) fussy, hypercritical.

ˈüber·geˌnug *adv* more than enough, enough and to spare.

ˈüber·geˌord·net I *pp.* – **II** *adj* **1.** (*Problem etc*) paramount, overriding, primary: **von ~er Bedeutung** of overriding significance. – **2.** (*Behörde etc*) superior, superordinate, higher, paramount. – **3.** *ling.* a) (*Satz*) main (*attrib*), principal, b) (*Begriff*) generic. – **4.** (*sozial*) (*bei Tieren*) dominant.

ˈÜber·geˌpäck *n* excess luggage (*bes. Am.* baggage).

ˈüber·geˌschnappt I *pp.* – **II** *adj* ⟨*pred*⟩ *colloq.* crazy, off one's rocker (*od.* block) (*sl.*), gone round the bend (*sl.*).

ˈÜber·geˌwand *n* overgarment.

ˈÜber·geˌwicht *n* ⟨-(e)s; *no pl*⟩ **1.** (*von Personen, Briefen, Paketen etc*) overweight, excess weight: **ein ~ von zehn Prozent haben** to be ten percent overweight. – **2. das ~ bekommen** a) (*von Gegenständen*) to overbalance, to lose equilibrium (*od.* balance), to become top-heavy, b) (*von Personen*) to overbalance, to lose one's balance, c) (*umkippen*) to topple over. – **3.** *fig.* (*Übermacht*) preponderance, predominance, supremacy, superiority, ascendancy, *auch* ascendency: **militärisches [politisches] ~ haben** to have military [political] preponderance; **das ~ über j-n bekommen** to gain (*od.* get) the upper hand over s.o. – **4.** *fig.* (*Vorherrschen*) predominance: **ein ~ technischer Fächer im Lehrplan** a predominance of technical subjects in the curriculum. – **5.** *econ.* excess weight.

ˌüberˈgie·ßen[1] I *v/t* ⟨*irr, insep, no* -ge-, h⟩ **1.** *cf.* aufbrühen. – **2.** (*besprengen*) water, sprinkle. – **3.** (*mit Zuckerguß*) ice, candy. – **4.** (*Braten*) baste. – **5.** *fig.* (*mit Licht*) bathe, flood, inundate. – **II** *v/reflex* **6. sich (mit Wasser) ~** to douse (*auch* dowse) oneself (with water), to pour water over oneself. – **III Ü~** *n* ⟨-s⟩ **7.** *verbal noun.*

ˈüberˌgie·ßen[2] I *v/t* ⟨*irr, sep,* -ge-, h⟩ **1.** (*verschütten*) spill. – **2.** (*Soße etc*) pour (*s.th.*) over. – **3. eine Flüssigkeit in ein anderes Gefäß ~** to pour a liquid (out) into another receptacle. – **II Ü~** *n* ⟨-s⟩ **4.** *verbal noun.*

ˌÜberˈgie·ßung *f* ⟨-; -en⟩ **1.** *cf.* Übergießen[1]. – **2.** *med.* (*bei einer Wasserkur*) affusion, suffusion, sponge bath.

ˌüberˈgit·tern [-ˈgɪtərn] *v/t* ⟨*insep, no* -ge-, h⟩ **1.** cover (*s.th.*) with latticework (*od.* trelliswork). – **2.** (*optics*) divide (*s.th.*) into squares.

ˌüberˈgla·sen [-ˈglaːzən] *v/t* ⟨*insep, no* -ge-, h⟩ **1.** glaze (*s.th.*) over. – **2.** *tech.* (*Keramik etc*) vitrify.

ˈüberˌglück·lich *adj* overjoyed, delirious with joy, extremely happy.

ˌüberˈgos·sen I *pp of* übergießen[1]. – **II** *adj fig.* **mit Schamröte ~ sein** to be crimson with shame; **von Licht [mit Schweiß] ~ sein** to be bathed in light [perspiration].

ˈüberˌgrei·fen I *v/i* ⟨*irr, sep,* -ge-, h⟩ **1. auf** (*acc*) **etwas ~** a) (*beim Geigenspielen, Geräteturnen etc*) to shift to s.th., b) (*beim Klavierspielen*) to cross to s.th., c) *fig.* (*von Feuer, Epidemie, Streik etc*) to spread to s.th. – **2. auf** (*od.* **in**) **j-s Rechte ~** *fig.* to encroach (*od.* infringe) (up)on s.o.'s rights. – **3. ineinander ~** *fig.* (*von Begriffen etc*) to overlap. – **II Ü~** *n* ⟨-s⟩ **4.** *verbal noun.*

ˈÜberˌgriff *m* ⟨-(e)s; -e⟩ **1.** *cf.* Übergreifen. – **2.** (*kriegerischer, feindlicher*) (auf *acc*) inroad ([up]on), incursion (into), trespass ([up]on). – **3.** (*in j-s Rechte etc*) (in *acc*) encroachment ([up]on), infringement (of), trespass ([up]on).

ˈüberˌgroß *adj* **1.** (*sehr groß*) outsize(d), oversize(d), extra large, overlarge. – **2.** (*riesenhaft*) vast, immense, huge, colossal, enormous, gigantic.

ˈÜberˌgrö·ße *f* **1.** (*bei Kleidern, Schuhen etc*) outsize, oversize, extra large size. – **2.** (*bei Dimensionsangaben*) overproportion, oversize, outsize.

ˈüberˌha·ben *v/t* ⟨*irr, sep,* -ge-, h⟩ **1. etwas ~** a) (*anhaben*) to have s.th. on, b) *fig. colloq.* (*übrig haben*) to have s.th. left (over), to have s.th. over, c) *fig. colloq.* (*einer Sache überdrüssig sein*) to be sick (and tired) of s.th. (*colloq.*), to be fed up (*od.* browned off) with s.th. (*sl.*), to have had enough of s.th.: **ich war froh, daß ich einen Mantel überhatte** I was glad that I had a coat on; **ich habe dein ewiges Gerede über** I'm sick and tired of your constant talking. – **2. für etwas nichts ~** *colloq.* to have no time for (*od.* not to be interested in) s.th.: **sie hat für die moderne Musik nichts über** she is not interested in modern music.

ˈüberˌhal·ten[1] *v/t* ⟨*irr, sep,* -ge-, h⟩ *colloq.* hold (*s.th.*) over (*s.th.*).

ˌüberˈhal·ten[2] *v/t* ⟨*irr, insep, no* -ge-, h⟩ *Austrian obs. for* übervorteilen 1.

ˈÜberˌhäl·ter [-ˌhɛltər] *m* ⟨-s; -⟩ (*forestry*) **1.** standard holdover. – **2.** (*zur Saatgutgewinnung*) seed tree.

ˌÜberˈhandˌnah·me *f* ⟨-; *no pl*⟩ **1.** *cf.* Überhandnehmen. – **2.** (*von Kriminalität, Ungeziefer, Lärm etc*) spread, increase. – **3.** (*von einer Meinung, Lebensweise etc*) prevalence.

ˌüberˈhandˌneh·men I *v/i* ⟨*irr, sep,* -ge-, h⟩ **1.** (*von Kriminalität, Ungeziefer, Lärm etc*) spread, increase: **dein Zuspätkommen nimmt allmählich überhand** your coming late is gradually increasing (*od.* is becoming too frequent); **Diebstahl nimmt immer mehr überhand** theft is spreading more and more (*od.* is growing rife, becoming rampant). – **2.** (*von Unfällen, Selbstmorden etc*) multiply, increase. – **3.** (*von Unkraut*) run riot, become rampant. – **4.** (*von Meinungen, Ideen, Lebensweise etc*) become widespread (*od.* prevalent), gain prevalence: **darauf achten, daß etwas nicht überhandnimmt** to take care that s.th. does not become widespread. – **II Ü~** *n* ⟨-s⟩ **5.** *verbal noun.* – **6.** *cf.* Überhandnahme.

ˈÜberˌhang *m* ⟨-(e)s; ⸚e⟩ **1.** (*Gardine*) curtain, hanging(s *pl*). – **2.** (*von Felsen*) overhanging rock (*od.* ledge), overhang. – **3.** (*von Schneewächte*) overhanging section (*od.* ledge). – **4.** *arch.* a) overhang, b) projection. – **5.** *aer. auto.* overhang: **~ der Karosserie hinter den Rädern** *auto.* (rear) overhang. – **6.** *econ.* a) (*Geldüberhang*) surplus money, b) (*bei Buchung*) carry-over, c) (*Restbetrag*) residue, d) *cf.* Auftragsüberhang. – **7.** *hort.* overhanging branches *pl*.

ˈüberˌhän·gen[1] *v/t* ⟨*sep,* -ge-, h⟩ **1. j-m etwas ~** (*Mantel, Decke, Stola etc*) to put s.th. (a)round s.o.'s shoulders. – **2. sich** (*dat*) **etwas ~** a) (*Mantel etc*) to put s.th. (a)round one's shoulders, b) (*Tasche, Gewehr etc*) to hang s.th. on (*od.* [a]round) one's shoulder, c) (*mit Schwung*) to sling s.th. (a)round one's shoulder.

ˈüberˌhän·gen[2] *v/i* ⟨*irr, sep,* -ge-, h⟩ (*von Felsen, Dächern, Zweigen etc*) project, hang over, overhang.

ˌüberˈhän·gen[3] *v/t* ⟨*insep, no* -ge-, h⟩ **etwas mit etwas ~** to hang s.th. over s.th.: **den Vogelkäfig mit einem Tuch ~** to hang a cloth over the birdcage.

ˈüberˌhän·gend I *pres p of* überhängen[1] *u.* [2]. – **II** *adj* **1.** (*Felsen, Dach, Zweig etc*) overhanging. – **2.** *arch.* a) cantilevering, b) (*vorstehend*) projecting.

ˈÜberˌhang·manˌdat *n pol.* excessive mandate.

ˈÜberˌhangsˌrecht *n* ⟨-(e)s; *no pl*⟩ *jur. the right to cut off overhanging branches.*

ˌüberˈhapps [-ˈhaps] *adv Austrian colloq. for* a) übereilt III, b) flüchtig II.

ˌüberˈhar·ken *v/t* ⟨*insep, no* -ge-, h⟩ rake over.

ˌüberˈha·sten *v/t* ⟨*insep, no* -ge-, h⟩ *cf.* übereilen 1. — **ˌüberˈha·stet I** *pp.* – **II** *adj u. adv cf.* übereilt 1—4.

ˌüberˈhaucht *adj* **ihr Gesicht war von einem sanften Rot ~** *poet.* her cheeks had a rosy hue.

ˌüberˈhäu·fen I *v/t* ⟨*insep, no* -ge-, h⟩ **1. j-n mit etwas ~** *fig.* a) (*mit Geschenken, Ehrungen, Komplimenten etc*) to heap s.th.

(up)on s.o., to overwhelm s.o. with s.th., b) (*mit Arbeit, Aufgaben, Pflichten etc*) to swamp (*od.* overburden) s.o. with s.th., c) (*mit Vorwürfen, Schimpfwörtern etc*) to shower s.o. with s.th., to rain (*od.* heap, shower) s.th. (up)on s.o.: **ein Kind mit Liebe ~** to lavish one's affection(s) on a child; **j-n mit Fragen ~** a) (*plagen*) to shower (*od.* ply) s.o. with questions, b) (*bombardieren*) to pelt (*od.* bombard) s.o. with questions; **mit Arbeit überhäuft werden** to be swamped (*od.* snowed under) with work. – **2. etwas mit etwas ~** to swamp (*od.* load) s.th. with s.th., to heap (*od.* pile) s.th. high with s.th. – **3.** *econ.* a) (*Markt*) glut, b) (*Lager*) overstock. – **II Ü~** *n* ⟨-s⟩ **4.** *verbal noun.* – **5.** *cf.* Überhäufung. —

,über'häuft I *pp.* – **II** *adj* **der Tisch war mit Papieren ~** the table was swamped (*od.* piled high) with papers. — **,Über'häu·fung** *f* ⟨-; *no pl*⟩ **1.** *cf.* Überhäufen. – **2.** *fig.* (*mit Schimpfwörtern, Vorwürfen etc*) shower, rain. – **3.** *fig.* (*Schwall, Flut*) volley.

,über'haupt *adv* **1.** at all: **wie konnte das denn ~ geschehen?** how could that happen at all? **arbeitet er denn ~?** does he (do any) work at all? **hast du ~ schon etwas gegessen?** have you had anything to eat at all? **was ist ~ mit dir los?** what is wrong with you anyway? – **2.** (*eigentlich, tatsächlich*) actually, at all: **wie ist das ~ passiert?** how did that actually happen? how did that happen at all (*od.* in the first place)? – **3.** (*außerdem, überdies, sowieso*) anyway, anyhow, in the first place: **was willst du ~?** what are you driving at, anyway? **~ wollte ich nicht Sie, sondern Herrn X sprechen** I did not want (*od. colloq.* I never wanted) to speak to you in the first place, I wanted (to speak to) Mr. X. – **4. ~ nicht** (*ganz und gar nicht*) not at all: **daran habe ich ~ nicht gedacht** I did not think of that at all, I did not even think of that, I never thought of that; **das war ~ nicht vorgesehen** that was not planned at all; **du hättest es ~ nicht tun sollen** you should not have done it at all (*od.* in the first place); **hat er sich bedankt?** — **~ nicht!** *colloq.* did he thank you (for it)? — not at all! not a (*od.* one) bit of it! (*colloq.*); **du hast dich wieder meinetwegen in Unkosten gestürzt!** — **~ nicht!** you've gone to (such) a lot of expense again! — not at all! (*od.* it's nothing!); **er hat ~ kein Geld** he has no money at all, he has no money what(so)ever; **er ließ sich ~ nicht aus der Fassung bringen** he was not at all (*od.* not in the least) perturbed, he was not perturbed in the least (*od.* slightest), he was not the least (*od.* slightest) bit perturbed; **er hat ~ keine Ahnung** *colloq.* he hasn't the slightest (*od.* faintest) idea, he hasn't the ghost of an idea; **du besuchst mich ~ nie** you never come to see me at all, you never come to see me. – **5. ~ nichts** nothing at all, nothing what(so)ever: **du weißt ~ nichts** you know nothing at all, you know absolutely nothing; **davon versteht er ~ nichts** he knows nothing what(so)ever (*od.* absolutely nothing) about it, he doesn't know a (*od.* the first) thing about it; **das hat ~ nichts damit zu tun** that has nothing at all (*od.* nothing whatever) to do with it; **es schadet ~ nichts, wenn er warten muß** it won't do him the slightest (*od.* the least bit of) harm to wait; **das macht ~ nichts** that does not matter at all (*od.* in the least, one bit, a bit); **macht es dir was aus? ~ nichts!** do (*od.* would) you mind (awfully *colloq.*)? not at all! not in the least (*od.* slightest)! **möchten Sie Kaffee oder Tee? danke, ~ nichts** would you like coffee or tea? I'll have nothing (*od.* I'd rather not have anything) at all, thank you; **davon hat er ~ nichts erwähnt** he did not mention anything about it at all, he didn't say a word (*od.* thing) about it, he didn't breathe a word of it. – **6.** (*als Einschränkung*) at all: **vorausgesetzt, daß das ~ der Fall ist** provided that that is the case at all; **gibt es ~ eine Möglichkeit?** is there any chance at all (*od.* what[so]ever)? – **7.** (*als beiläufige Aussage od. Feststellung*) **kannst du mir fünf Mark leihen? du bist mir ~ noch zehn Mark schuldig** can you lend me five marks? now that I think of it (*od.* come to think of it, indeed), you still owe me ten marks; **du kannst noch nicht gehen, ~ muß ich mit dir noch einiges besprechen** you can't go yet, in fact (*od.* now that I mention it), I have several things to say to you (*od.* several bones to pick with you); **ich höre gern Bach, ~ höre ich gern klassische Musik** I like Bach, in fact (*od.* indeed), I like classical music in general; **das glaube ich dir nicht, ~ ist die Behauptung absurd** I don't believe you, indeed (*od.* in fact), your statement is quite absurd; **in Deutschland und Frankreich, und ~ in ganz Europa** in Germany and France, and indeed all over Europe; **es ist ~ lächerlich, daß er das von uns verlangt** it (really) is quite (*od.* altogether) absurd that he expects us to do that; **das ist ~ die Höhe, das ist die Höhe ~** *colloq.* that really is the limit! that really tops the lot! (*beide colloq.*); **das ist ~ der netteste Kerl** *colloq.* he's the nicest fellow ever, he really is the nicest fellow (*beide colloq.*); **der beste Witz ~** the best joke out; **das ist ~ die beste Lösung** that's the best solution yet (*od.* of all); **das ist ein Feigling, ~ ist das ein Angsthase** *colloq.* he's a coward, in fact, he is always such a scaredy-cat; **er sagte, sie wäre falsch und ~ recht unzuverlässig** (*od.* **und recht unzuverlässig ~**) he said she was two-faced and (indeed) pretty unreliable in general; **er sagte, ich wäre ~ ein Spielverderber** he said I was always such a spoilsport; **er ist ~ ein alter Meckerer** *colloq.* he's an old grumbler anyway; **das Lärmen ist verboten, ~ in der Nacht** *colloq.* noisemaking is prohibited, particularly (*od.* especially) at night.

,über'he·ben[1] *v/reflex* ⟨*irr, insep, no* -ge-, h⟩ **sich ~ 1.** (*beim Tragen*) *etc*) (over)strain oneself, injure (*od.* rupture) oneself with lifting. – **2. sich über j-n ~** *fig.* (*überheblich sein*) to consider oneself above (*od.* better than) s.o.: **ohne mich ~ zu wollen** without wanting to seem presumptuous (*od.* to boast myself, to blow my own trumpet).

'über,he·ben[2] *v/t* ⟨*irr, sep,* -ge-, h⟩ *colloq.* lift (*od.* carry) (*s.th.*) over.

,über'heb·lich [-'heːplɪç] *adj* overbearing, presumptuous, arrogant. — **,Über'heb·lich·keit** *f* ⟨-; *no pl*⟩ presumption, arrogance, hauteur.

,Über'he·bung *f* ⟨-; *no pl*⟩ *cf.* Überheblichkeit.

,über'hei·zen *v/t* ⟨*insep, no* -ge-, h⟩ overheat: **das Zimmer ist überheizt worden** the room has been overheated.

,über'hin *adv obs.* (*oberflächlich*) superficially.

,über'hit·zen I *v/t* ⟨*insep, no* -ge-, h⟩ **1.** overheat. – **2.** *phys. tech.* (*Dampf etc*) superheat. – **II Ü~** *n* ⟨-s⟩ **3.** *verbal noun.* — **,Über'hit·zer** *m* ⟨-s; -⟩ *tech.* superheater. — **,über'hitzt I** *pp.* – **II** *adj* **1.** overheated: **~e Gemüter** *fig.* frayed tempers; **~e Phantasie** *fig.* wild imagination; **~e Konjunktur** *econ.* overheated boom. – **2.** *phys. tech.* (*Dampf etc*) superheated. — **,Über'hit·zung** *f* ⟨-; *no pl*⟩ *cf.* Überhitzen.

'über,ho·beln *v/t* ⟨*sep,* -ge-, h⟩ *tech.* finish-plane.

'über,hoch *adj* ⟨*attrib* **überhoh-**⟩ extremely (*od.* excessively) high.

'über,höf·lich *adj* overpolite, overcourteous, excessively polite (*od.* courteous).

,über'hö·hen I *v/t* ⟨*insep, no* -ge-, h⟩ **1.** *civ.eng.* (*Schienen, Straßen, Kurven etc*) superelevate, bank. – **2.** *tech.* a) (*Profilträger*) camber, hog, b) (*Schweißnaht*) reinforce. – **3.** *arch.* (*Spitzbogen*) lancet. – **4.** (*Preise*) force (*s.th.*) up, raise (*s.th.*) excessively, jack (*s.th.*) up (*sl.*). – **II Ü~** *n* ⟨-s⟩ **5.** *verbal noun.* — **,über'höht I** *pp.* – **II** *adj* **1.** *civ.eng.* (*Schiene, Straße, Kurve etc*) superelevated, banked. – **2.** *tech.* a) (*Träger*) cambered, b) (*Profil*) lifted, c) (*Schweißnaht*) reinforced. – **3.** *arch.* pointed, lanceted. – **4.** (*Preise*) excessive, prohibitive, exorbitant. – **5.** (*Geschwindigkeit*) excessive: **mit ~er Geschwindigkeit fahren** to exceed (*od.* drive over) the speed limit, to speed. — **,Über'hö·hung** *f* ⟨-; *no pl*⟩ **1.** *cf.* Überhöhen. – **2.** *civ.eng.* (*von Schienen, Straßen, Kurven etc*) superelevation, bank. – **3.** *tech.* a) (*eines Profilträgers*) camber, hog, b) (*einer Schweißnaht*) reinforcement. – **4.** *arch.* (*eines Spitzbogens*) lancet. – **5.** (*von Preisen*) excess, excessive rise.

,über'ho·len[1] **I** *v/t* ⟨*insep, no* -ge-, h⟩ **1.** (*im Straßenverkehr*) pass, *bes. Br.* overtake: **rechts ausweichen, links ~** keep right, overtake on the left; **j-n ~ wollen** to prepare to overtake s.o.; **beschleunige nicht, wenn du überholt wirst** do not accelerate when (you are) being overtaken. – **2.** (*sport*) (*beim Laufen, im Motorsport etc*) overtake, outdistance, outpace, outstrip. – **3.** *fig.* (*übertreffen, überflügeln*) outstrip, outdo, surpass. – **4.** *bes. tech.* (*auf Fehler prüfen u. ausbessern*) overhaul, service, recondition: **das Auto müßte einmal gründlich überholt werden** the car really needs a complete overhaul. – **II** *v/i* **5.** pass, *bes. Br.* overtake. – **III Ü~** *n* ⟨-s⟩ **6.** *verbal noun.* – **7.** (*im Verkehr*) **Ü~ verboten!** no passing (*bes. Br.* overtaking)! do not pass (*bes. Br.* overtake)! **Vorsicht beim Ü~** pass (*bes. Br.* overtake) with care (*od.* caution). – **8.** *cf.* Überholung.

'über,ho·len[2] *mar.* **I** *v/t* ⟨*sep,* -ge-, h⟩ **1. j-n (mit dem Boot) ~** to fetch s.o. over (in a boat). – **II** *v/i* **2. hol über!** (*Ruf an den Fährmann*) ferryman ahoy! – **3.** (*sich auf die Seite neigen*) heel (over). – **III Ü~** *n* ⟨-s⟩ **4.** *verbal noun.*

,Über'hol|,fahr,bahn *f cf.* Überholspur. — **~ma,nö·ver** *n* passing man(o)euver, *bes. Br.* overtaking manœuvre. — **~,spur** *f* overtaking (*Br. auch* fast) lane. — **~,strecke** (*getr.* -k·k-) *f* overtaking stretch of road. — **~,strei·fen** *m* overtaking stripe (*od.* line).

,über'holt I *pp of* überholen[1]. – **II** *adj* **1.** *bes. tech.* (*Fahrzeug, Schiff etc*) overhauled, reconditioned. – **2.** *fig.* (*Meinung, Theorie etc*) outdated, outmoded, out-of-date (*attrib*), antiquated, obsolete, passé(e): **durch etwas ~ sein** to be superseded by s.th.; **diese Neuigkeit ist schon längst ~** that is no news (*od.* nothing new), that news is old rope (*od.* hat) (*colloq.*).

,Über'ho·lung *f* ⟨-; -en⟩ **1.** *cf.* Überholen[1]. – **2.** *bes. tech.* (*von Autos, Maschinen etc*) overhaul.

,Über'ho·lungs|,ar·bei·ten *pl tech.* overhaul work *sg.* — **ü~be,dürf·tig** *adj bes. tech.* in need of an overhaul (*od.* a repair). — **~,gleis** *n* (*railway*) siding, passing track.

,Über'hol|ver,bot *n* **1.** ban on passing (*bes. Br.* overtaking). – **2.** (*als Schild*) "No Passing" (*bes. Br.* "No Overtaking") sign. – **3.** (*als Strecke*) **im ~** überholen to pass (*bes. Br.* overtake) within a passing (*bes. Br.* overtaking) limit. — **~,vor,gang** *m* **1.** passing, *bes. Br.* overtaking: **während des ~s** while passing. – **2.** *cf.* Überholmanöver.

,über'hö·ren[1] *v/t* ⟨*insep, no* -ge-, h⟩ **etwas ~** a) (*versehentlich*) to miss s.th., not to hear s.th., b) (*akustisch nicht verstehen*) not to hear (*od.* catch) s.th., c) (*absichtlich*) to ignore s.th., not to listen to s.th.: **ich habe sein Kommen ganz überhört** I did not hear him come; **das will ich überhört haben!** I will ignore that! I didn't hear that!

'über,hö·ren[2] *v/t* ⟨*sep,* -ge-, h⟩ **1.** *cf.* abhören 1, 4. – **2. sich** (*dat*) **etwas ~** to be tired (*od. colloq.* sick) of hearing s.th.

'Über,ho·se *f* **1.** (*Arbeitshose*) overalls *pl*, dungarees *pl.* – **2.** (*beim Skifahren etc*) wet pants *pl*, over-pants *pl* (*beide sometimes construed as sg*), slip-over trousers *pl.*

'Über-,Ich *n psych.* superego.

'über,imp·fen *v/t* ⟨*sep,* -ge-, h⟩ *med.* (**von** from; **auf** *acc* to) inoculate.

'über,ir·disch *adj* **1.** (*über der Erde*) superterranean, superterrestrial. – **2.** (*übernatürlich*) supernatural, unearthly, unworldly, supermundane: **~e Geister** supernatural creatures. – **3.** (*himmlisch*) heavenly, celestial, ethereal: **~es Wesen** heavenly (*od.* celestial) being. – **4.** (*göttlich*) divine: **von ~er Schönheit** of divine beauty.

'über,jäh·rig *adj obs.* **1.** more than a year old. – **2.** (*zu alt*) superannuated, too old.

'Über,jod,säu·re *f* ⟨-; *no pl*⟩ *chem.* periodic acid (J_2O_7).

,über'kal·ken *v/t* ⟨*insep, no* -ge-, h⟩ whitewash (*od.* limewash) (*s.th.*) over.

'über·kan,di·delt [-kan,diːdəlt] *adj colloq.* crazy, crackbrained, odd, eccentric, erratic, 'nutty' (*sl.*).

'Über·ka·pi·ta·li,sie·rung *f econ.* overcapitalization *Br. auch* -s-.

'über,kip·pen *v/i* ⟨*sep,* -ge-, sein⟩ **1.** (*das Gleichgewicht verlieren*) overbalance, lose one's balance, (*von Gegenständen*) *auch* lose equilibrium. – **2.** (*umfallen*) topple (*od.* tip) over. – **3.** *fig.* (*von Stimme*) crack, break.

ˌüberˈkle·ben[1] *v/t* ⟨*insep, no* -ge-, h⟩ etwas (mit etwas) ~ to paste (*od.* glue) s.th. over (with s.th.).

ˈüberˌkle·ben[2] *v/t* ⟨*sep,* -ge-, h⟩ etwas ~ to paste (*od.* glue, stick) s.th. on (*od.* over) (*s.th.*).

ˈÜberˌklei·dung[1] *f* ⟨-; *no pl*⟩ outerwear.

ˌÜberˈklei·dung[2] *f* ⟨-; -en⟩ *arch. civ.eng. tech. cf.* Verkleidung 5, 6, 7.

ˌüberˈklei·stern *v/t* ⟨*insep, no* -ge-, h⟩ *colloq. for* überkleben[1].

ˌüberˈklet·tern *v/t* ⟨*insep, no* -ge-, h⟩ climb over.

ˈüberˌklug *adj* know-(it-)all, would-be wise, sapient, overwise, too clever by half: ein ~er Mensch a know-(it-)all, a wiseacre.

ˈüberˌko·chen[1] *v/i* ⟨*sep,* -ge-, sein⟩ **1.** (*von Milch, Suppe etc*) boil over. – **2.** (vor Wut) ~ *fig.* to explode (with rage), to fly into a rage (*od.* temper); noch ein Wort, und er kocht über one more word and he will explode.

ˌüberˈko·chen[2] *v/t* ⟨*insep, no* -ge-, h⟩ *gastr.* (*Eingemachtes etc*) boil (*s.th.*) up again, reboil.

ˌüberˈkom·men[1] **I** *v/t* ⟨*irr, insep, no* -ge-, h⟩ etwas überkommt j-n a) (*von Empfindungen*) s.th. overcomes (*od.* comes over) s.o., b) (*von plötzlichen Gedanken*) s.th. suddenly strikes (*od.* occurs to) s.o.: ein Anflug von Schwäche überkam sie a wave of weakness came over her; plötzlich überkam ihn ein Gefühl des Ekels he was suddenly overcome by a feeling of disgust, he was suddenly revolted. – **II** *v/impers* es überkam mich ganz plötzlich, daß ich die Tür nicht abgeschlossen hatte it suddenly struck me that I had not locked the door.

ˌüberˈkom·men[2] **I** *pp of* überkommen[1]. – **II** *adj* (*Sitten, Gebräuche etc*) traditional, conventional: ein von den Vorfahren ~es Gut a legacy.

ˈüber·kom·penˌsie·ren *v/t* ⟨*insep, no* -ge-, h⟩ overcompensate. — **ˈÜber·kom·penˌsie·rung** *f* ⟨-; *no pl*⟩ overcompensation.

ˈüber·kon·fes·sioˌnell *adj relig.* interdenominational.

ˈÜber·kon·junkˌtur *f econ.* overheated (*od.* super) boom.

ˈÜber·kor·rekˌtur *f med. psych.* overcompensation, overcorrection.

ˌüberˈkra·gen [-ˈkraːgən] *v/i* ⟨*insep, no* -ge-, h⟩ *tech.* (*von Bauholz etc*) overhang, project.

ˌüberˈkreu·zen *v/t* ⟨*insep, no* -ge-, h⟩ *mus.* (*Hand*) cross.

ˈüberˌkrie·gen *v/t* ⟨*sep,* -ge-, h⟩ etwas ~ *colloq.* to get sick (and tired) of s.th. (*colloq.*), to get fed up (*od.* browned off) with s.th. (*sl.*).

ˈüberˌkri·tisch *adj* overcritical, hypercritical.

ˌüberˈkrit·zeln *v/t* ⟨*insep, no* -ge-, h⟩ etwas ~ to scribble over s.th., to scribble s.th. out.

ˌüberˈkro·nen [-ˈkroːnən] *v/t* ⟨*insep, no* -ge-, h⟩ *med.* (*Zähne*) crown.

ˌüberˈkru·sten I *v/reflex* ⟨*insep, no* -ge-, h⟩ sich ~ crust (over), form crusts. – **II** *v/t* etwas ~ *bes. gastr.* to crust s.th. (over).

ˌüberˈku·geln *v/reflex* ⟨*insep, no* -ge-, h⟩ sich ~ a) roll over (and over), b) roll (*od.* go, turn) head over heels.

ˈÜber·kulˌtur *f* overcivilization *Br. auch* -s-, overrefinement.

ˌüberˈla·den[1] **I** *v/t* ⟨*irr, insep, no* -ge-, h⟩ **1.** (*Auto, Schiff, Flugzeug*) overload, overlade. – **2.** *fig.* (*Bild, Zimmer, Stil etc*) clutter, overcharge. – **3.** (*Schußwaffe*) overcharge. – **4.** (*Batterie etc*) overcharge. – **5.** sich (*dat*) den Magen ~ to overload one's stomach, to overeat (oneself). – **6.** j-n mit etwas ~ (*mit Arbeit etc*) to swamp (*od.* overburden) s.o. with s.th. – **II** *v/reflex* **7.** sich mit etwas ~ (*mit Schmuck etc*) to festoon (*od.* clutter) oneself with s.th. – **III Ü~** *n* ⟨-s⟩ **8.** *verbal noun.* – **9.** *cf.* Überladung[1].

ˈüberˌla·den[2] *bes. mar.* **I** *v/t* ⟨*irr, sep,* -ge-, h⟩ **1.** (*umladen*) transship, *auch* tranship, transfer, shift. – **II Ü~** *n* ⟨-s⟩ **2.** *verbal noun.* – **3.** *cf.* Überladung[2].

ˌüberˈla·den[3] **I** *pp of* überladen[1]. – **II** *adj* **1.** (*Auto, Schiff, Flugzeug etc*) overloaded, overladen. – **2.** (*Magen*) overloaded. – **3.** (*Gewehr etc*) overcharged. – **4.** *fig.* (*Bild, Zimmer*) overladen, cluttered, overcharged: das Zimmer war mit Krimskrams ~ *colloq.* the room was cluttered (up) (*od.* plastered) with knickknacks (*Br.* knick-knacks), the room was filled with a clutter of knickknacks. – **5.** *fig.* (*Stil*) overladen, redundant.

ˌÜberˈla·den·heit *f* ⟨-; *no pl*⟩ *fig.* **1.** (*eines Zimmers etc*) cluttered state. – **2.** (*Stil*) redundancy, floridness.

ˌÜberˈla·dung[1] *f* ⟨-; *no pl*⟩ **1.** *cf.* Überladen[1]. – **2.** (*mit Waren, Gepäck etc*) overload. – **3.** (*eines Gewehrs, einer Batterie etc*) overcharge. – **4.** *fig. cf.* Überladenheit.

ˈÜberˌla·dung[2] *f* ⟨-; *no pl*⟩ **1.** *cf.* Überladen[2]. – **2.** transshipment, *auch* transhipment, transfer.

ˌüberˈla·gern I *v/t* ⟨*insep, no* -ge-, h⟩ **1.** (*überdecken*) super(im)pose, overlay. – **2.** *geol.* overlie. – **3.** *bes. tech. cf.* überlappen. – **4.** *electr.* (*radio*) *tel.* superheterodyne. – **5.** *med.* (*in der Röntgenologie*) overshadow, mask, disguise, conceal. – **II** *v/reflex* sich ~ **6.** (*von Ereignissen*) overlap. – **7.** *med.* a) overlap, b) (*von Knochenenden*) override. – **III Ü~** *n* ⟨-s⟩ **8.** *verbal noun.* — **ˌÜberˈla·ge·rung** *f* ⟨-; *no pl*⟩ **1.** *cf.* Überlagern. – **2.** *electr.* (*radio*) *tel.* super(im)position. – **3.** *med.* (*in der Röntgenologie*) disguise. – **4.** *psych.* psychic overtone, superimposed psychic cause.

ˌÜberˈla·ge·rungs|empˌfang *m* (*radio*) superhet(erodyne) reception. — **~empˌfän·ger** *m* superhet(erodyne) receiver. — **~freˌquenz** *f* heterodyne frequency.

ˈÜberˌland|ˌbahn *f* (*railway*) *Am.* interurban railroad, *Br.* interurban railway, intercity train. — **~ˌbus** *m* (cross-)country (*od.* interurban) bus, *bes. Br.* coach. — **~ˌflug** *m aer.* cross-country flight. — **~ˌlei·tung** *f electr.* long-distance (*od.* power) transmission line, overhead supply line. — **~ˌom·ni·bus** *m cf.* Überlandbus. — **~ˌstra·ße** *f* cross-country road (*bes. Am.* highway). — **~transˌport** *m* overland transport (*bes. Am.* transportation), long-distance haulage. — **~verˌkehr** *m* interurban traffic. — **~zenˌtra·le** *f electr.* district (*od.* rural) power station.

ˈüberˌlang *adj* extra (*od.* exceptionally, particularly) long. — **ˈÜberˌlän·ge** *f* exceptional length: wegen ~ geänderte Anfangszeiten (*film*) showing times altered due to exceptional length of film.

ˌüberˈlap·pen *v/t u.* sich ~ *v/reflex* ⟨*insep, no* -ge-, h⟩ *bes. tech.* overlap. — **ˌÜberˈlap·pung** *f* ⟨-; -en⟩ overlap, overlapping.

ˌÜberˈlap·pungs|ˌnie·tung *f tech.* lap(-joint) riveting. — **~ˌstoß** *m* overlapped joint.

ˌüberˈlas·sen[1] **I** *v/t* ⟨*irr, insep, no* -ge-, h⟩ **1.** j-m etwas ~ a) (*hinterlassen*) to leave s.o. (with) s.th., b) (*verkaufen*) to sell s.th. to s.o., c) (*vermieten*) to rent (*od.* lease, *bes. Br.* let) s.th. to s.o., d) (*preisgeben*) to let s.o. have s.th., to hand s.th. over to s.o., (*Festung etc*) to relinquish (*od.* surrender, abandon) s.th. to s.o., e) *jur.* to leave (*od.* cede) s.th. to s.o.: sie haben es mir für zehn Mark ~ they sold it to me for ten marks; sie überließ es ihm widerstandslos she let him have it without resistance; er überließ ihr alle seine Schulden he left her (with) all his debts. – **2.** j-m ein Urteil [die Entscheidung] ~ to leave a judg(e)ment [the decision] to s.o. (*od.* s.o.'s discretion): ~ Sie das nur mir (you) just leave that to me; das bleibt Ihnen ~ it (*od.* that, the decision) is entirely up to you, it is entirely your decision, you are entirely free (*od.* at liberty) to decide. – **3.** j-n j-m ~ to entrust (*od.* commit, resign) s.o. to s.o.'s care: man kann ihn unbesorgt ihrer Pflege ~ we can leave (*od.* entrust) him to her care without (need to) worry. – **4.** j-n seinem Schicksal ~ to leave s.o. to his fate. – **5.** j-n sich (*dat*) selbst ~ to leave s.o. on his own (*od.* to himself): das Kind war sich immer selbst ~ the child was always left on its own (*od.* left to its own devices [*od.* resources]); wir ~ die beiden besser sich selbst we had better leave the two alone (*od.* to themselves). – **6.** etwas etwas (*dat*) ~ (*dem Schicksal, der Zukunft etc*) to leave s.th. to s.th.: das muß man dem Zufall ~ that must be left to chance. – **II** *v/reflex* **7.** sich seinem Kummer [Schmerz, seiner Freude, seinen Erinnerungen] ~ to give oneself over (*od.* up) to (*od.* to yield oneself to) sorrow [pain, joy, memories]. – **8.** sich j-s Führung ~ to let oneself be guided by s.o. – **III Ü~** *n* ⟨-s⟩ **9.** *verbal noun.* – **10.** *cf.* Überlassung.

ˈüberˌlas·sen[2] *colloq.* **I** *v/t* ⟨*irr, sep,* -ge-, h⟩ (*übriglassen*) leave (*s.th.*) (over): wir müssen ihm etwas Kuchen ~ we must leave him some cake. – **II Ü~** *n* ⟨-s⟩ *verbal noun.*

ˌÜberˈlas·sung *f* ⟨-; *no pl*⟩ **1.** *cf.* Überlassen[1]. – **2.** (*Preisgabe*) relinquishment, surrender, abandonment. – **3.** *jur.* a) (*Abtretung*) cession, transfer, b) (*durch Verkauf*) sale.

ˈÜberˌlast *f* ⟨-; -en⟩ **1.** overload, overweight. – **2.** ⟨*only sg*⟩ *fig.* burden.

ˌÜberˈlast·bar·keit *f* ⟨-; *no pl*⟩ *tech.* overload capacity.

ˌüberˈla·sten I *v/t* ⟨*insep, no* -ge-, h⟩ **1.** (*Auto, Fahrstuhl etc*) overload, overlade. – **2.** (*Maschine, Stromnetz etc*) overload. – **3.** j-n ~ (*mit Arbeit etc*) to overburden (*od.* overtax, overstrain) s.o. – **II** *v/reflex* sich ~ **4.** overburden oneself: er hat sich finanziell vollkommen überlastet he has overburdened himself financially (*od.* overtaxed his financial strength). – **III Ü~** *n* ⟨-s⟩ **5.** *verbal noun.* – **6.** *cf.* Überlastung. — **ˌüberˈla·stet I** *pp.* – **II** *adj* **1.** (*Auto, Fahrstuhl etc*) overloaded, overladen. – **2.** (*Maschine, Stromnetz etc*) overloaded. – **3.** (*Person*) overburdened, overtaxed, overstrained. — **ˌÜberˈla·stung** *f* ⟨-; *no pl*⟩ **1.** *cf.* Überlasten. – **2.** (*eines Autos etc*) overload. – **3.** *electr. tech.* (*einer Maschine etc*) overload: plötzliche ~ sudden overload, surge. – **4.** (*einer Person*) overstrain, overstress.

ˌÜberˈla·stungs|ˌfä·hig·keit *f* ⟨-; *no pl*⟩ *tech.* overload capacity. — **~ˌkupp·lung** *f* overload clutch. — **~ˌschutz** *m* overload protection.

ˈÜberˌlauf *m civ.eng.* overflow, spillway, wasteway.

ˈüberˌlau·fen[1] **I** *v/i* ⟨*irr, sep,* -ge-, sein⟩ **1.** (*von Flüssigkeit, Gefäß etc*) overflow, run over: paß auf, die Badewanne läuft über! be careful, the bathtub is overflowing! sie läuft vor Betriebsamkeit und Eifer über *fig.* she gushes with activity and officiousness. – **2.** (*überkochen*) boil over: → Galle 3. – **3.** *cf.* übergehen[1] 3. – **4.** ineinander ~ (*von Farben etc*) to run. – **II Ü~** *n* ⟨-s⟩ **5.** *verbal noun*: zum Ü~ voll filled to overflowing, brimful, *auch* brimfull.

ˌüberˈlau·fen[2] **I** *v/t* ⟨*irr, insep, no* -ge-, h⟩ **1.** Angst (*od.* Schauder) [Zittern] überläuft j-n s.o. is seized (*od.* overcome) with fear [shudders]. – **2.** overrun. – **II** *v/impers* **3.** es überlief mich kalt cold shudders went up and down my spine.

ˌüberˈlau·fen[3] **I** *pp of* überlaufen[2]. – **II** *adj* ⟨*meist pred*⟩ **1.** (*Ort, Ausflugsziel etc*) (von) overcrowded (with), overrun (with, by): von Touristen ~ overcrowded with (*od.* inundated with, invaded by) tourists. – **2.** (*Beruf*) overcrowded. – **3.** (*Arzt*) besieged (*od.* inundated) with patients. – **4.** (*durch Bettler, Hausierer etc*) pestered, plagued, importuned.

ˈÜberˌläu·fer *m* ⟨-s; -⟩ **1.** *mil.* deserter. – **2.** *pol.* turncoat, renegade. – **3.** *bes. relig.* renegade, apostate, convert. – **4.** *hunt.* boar of the second year.

ˈÜberˌlauf|ˌrohr *n tech.* overflow pipe. — **~venˌtil** *n* overflow (*od.* bypass) valve.

ˈüberˌlaut I *adj* **1.** overloud, too loud; stentorian, stentorious (*lit.*): er sprach mit ~er Stimme he spoke too loudly (*od. lit.* stentoriously). – **2.** (*Sirenengeheul etc*) deafening. – **3.** (*lärmend*) too noisy. – **II** *adv* **4.** ~ sprechen to speak too loudly (*od. lit.* stentoriously).

ˌüberˈle·ben I *v/t* ⟨*insep, no* -ge-, h⟩ **1.** (*eine Person*) (um by) survive, outlive: er hat seine Frau (um drei Jahre) überlebt he outlived his wife (by three years); der wird uns noch alle ~ *colloq.* he will outlive us all, he will live longer than any (*od.* all) of us. – **2.** (*Katastrophe, Krieg etc*) survive: du wirst es ~! *colloq. humor.* you'll survive (it). – **3.** (*eine bestimmte Frist*) last, live out: der Kranke wird die Nacht nicht ~ the patient will not last the night. – **4.** *fig. colloq.* (*in Wendungen wie*) das überlebe ich nicht! I'll never survive it! that will be the death of me! er glaubte, er werde den Verlust seines Sohnes nicht ~ he thought he would never get over the death of his son. – **II** *v/reflex* sich ~ **5.** outlive (*od.* outlast) one's use(fulness): **dieses System hat sich überlebt** this system has outlived its use(fulness); **das hat sich überlebt** that has had its day. – **III Ü~** *n* ⟨-s⟩ **6.** *verbal noun.* – **7.** survival. – **8.** *bes. jur.* survivorship. — **ˌüber'le·bend I** *pres p.* – **II** *adj* **der ~e Teil** (*od.* **Ehegatte**) *jur.* the surviving party (*od.* widow[er]).

ˌÜber'le·ben·de *m, f* ⟨-n; -n⟩ (*einer Katastrophe etc*) survivor: **er ist der einzige ~** he is the only survivor.

ˌÜber'le·bens|ˌchan·ce *f* chance of survival. — **~ˌfall** *m only in* **im ~** *jur.* in case of survival.

'über̩le·bensˌgroß *adj* (*Bild, Statue etc*) larger than life-size(d), larger than life, monumental. — **'Überˌle·bensˌgrö·ße** *f* ⟨-; *no pl*⟩ (*in Wendungen wie*) **eine Statue in ~** a statue larger than life (*od.* larger than life-size[d]), a monumental statue.

ˌÜber'le·bens|ˌren·te *f jur.* survivorship annuity. — **~ˌzeit** *f* survival time.

ˌüber'lebt I *pp.* – **II** *adj* (*Vorstellungen etc*) antiquated, outmoded, out-of-date (*attrib*): **das sind ~e Anschauungen** these are antiquated views; **an dem ~en Prinzip festhalten** to stick to the out-of-date principle; **~ sein** to be out of date, to belong to the past, to be a thing of the past.

ˌüber'le·gen¹ I *v/t* ⟨*insep, no* -ge-, h⟩ **1.** think (*s.th.*) over, give (*s.th.*) (some) thought, think about, consider, deliberate: **etwas ~** to give s.th. some thought; **ich muß es mir noch ~** I'll think about it, I'll think it over; **überleg dir's doch mal** think about it, think it over, give it (some) thought, consider it; **etwas gründlich ~** to think s.th. over very carefully, to give s.th. careful thought, to weigh s.th. (up); **sich** (*dat*) **etwas reiflich ~** to consider s.th. well, to weigh s.th. (up), to revolve s.th.; **~ Sie sich das gut!** give it careful thought, consider it well, weigh it well before deciding; **seine Worte genau ~** to weigh one's words; **das will genau überlegt sein** that requires careful consideration; **~ Sie sich das in Ruhe** give it some quiet thought, think about it at your leisure; **etwas hin und her ~** to turn s.th. over (*od.* to revolve s.th.) in one's mind, to consider s.th. from every angle, to consider and reconsider s.th.; **ich werde** (*od.* **will**) **es mir ~** a) I shall consider the matter, I shall think it over, b) I'll think (*od.* see) about it, I'll see what can be done (about it); **ich werde mir noch ~, ob** I'll consider whether; **sich** (*dat*) **~, was man tun soll** to deliberate (*od.* think about) what to do; **etwas noch einmal ~** to reconsider s.th.; **das würde ich mir zweimal ~** I should think twice before doing it; **ich habe es mir überlegt** a) I have made up my mind, b) (*anders*) I have changed my mind (*od.* I have had second thoughts) (about it); **wenn ich es mir recht überlege** on second thoughts, when I think about it (properly), (when I) come to think of it; **das hättest du dir vorher ~ müssen** you should have thought of that (*od.* weighed the consequences) beforehand; **das Für und Wider ~** to weigh (up) the pros and cons; **das wäre zu ~** that is worth considering (*od.* a thought); **was gibt es denn da noch zu ~?** what is there to think about? – **2.** (*ausdenken*) work out, *Am. auch* figure out: **ich habe mir folgendes überlegt** this is what I (have) worked out, I came (*od.* have come) to the following conclusion. – **3. überleg dir mal, was es kosten würde!** *colloq.* just think (*od.* imagine) what it would cost! – **II** *v/i* **4.** (*nachdenken*) think, reflect, deliberate, ponder: **lassen Sie mich mal ~** let me think; **er überlegte eine Weile, dann sagte er** he deliberated for a while, and then he said; **sie mußte lange ~** she had to put on her thinking cap (*colloq.*); **sie ~ nicht lange** they don't think twice, they don't give anything much thought; **etwas niederschreiben, ohne lange zu ~** to write s.th. down without giving it much thought. – **III Ü~** *n* ⟨-s⟩ **5.** *verbal noun*: **wie lange habe ich Zeit zum Ü~?** how much time do I have to think about it (*od.* to think it over)? – **6.** *cf.* **Überlegung 2.**

'über̩le·gen² I *v/t* ⟨*sep*, -ge-, h⟩ *colloq.* **1.** lay (*od.* put) (*s.th.*) on: **j-m eine Decke ~** to put a blanket on (*od.* over) s.o., to cover s.o. with a blanket; **wir haben die Balken quer übergelegt** we laid the beams across. – **2.** (*Kind*) put (*a child*) across one's knee, give (*a child*) a spanking. – **II** *v/reflex* **sich ~ 3.** lean over: **ich hatte mich zu weit übergelegt** (*über die Reling etc*) I had leaned (*Br. auch* leant) over too far. – **4.** *mar. cf.* **krängen.**

ˌüber'le·gen³ I *adj* **1.** (an *dat* in) superior: **j-m ~ sein** a) (*mächtiger, stärker sein*) to be superior to s.o., b) (*geistig, an Talent, Geschicklichkeit etc*) to outclass (*od.* outdo, surpass, outdistance) s.o., to be s.o.'s superior, to be superior to s.o., to be more than a match for s.o.; **j-m weitaus ~ sein** to be head and shoulders above s.o., to be streets ahead of s.o., (*im Sport*) *auch* to be points better than s.o.; **er ist mir in keiner Weise ~** I am a match for him, he has nothing on me (*colloq.*); **im Tennis ist er mir ~** he is better than I am (*od. colloq.* than me) at tennis; **der ~e Feind** the superior enemy; **sich j-m in einer Sache ~ zeigen** to prove superior to s.o. in s.th.; **sich ~ fühlen** to think (*od.* consider) oneself superior, to feel superior; **zahlenmäßig ~** superior in numbers; **j-m zahlenmäßig ~ sein** to outnumber s.o. – **2.** ⟨*attrib*⟩ (*unübertroffen*) unsurpassed, surpassing, preeminent, *Br.* pre-eminent: **ein ~er Könner** an unsurpassed expert. – **3.** ⟨*attrib*⟩ (*herablassend*) superior, supercilious: **mit ~er Miene** a) with a supercilious expression (on one's face), b) (*in einer überlegenen Art*) with a superior air, with an air of superiority, in a superior (*od.* an overbearing, a lofty) manner; **~es Lächeln** superior (*od.* supercilious) smile. – **4.** ⟨*attrib*⟩ (*gelassen*) serene: **an** (*acc*) **etwas mit ~er Ruhe herangehen** to tackle a problem serenely (*od.* with serene composure). – **II** *adv* **5.** (*hervorragend*) in superior style. – **6.** (*sport*) (*mit Abstand*) by a wide margin: **die Mannschaft siegte ~ mit 6 : 2 (Toren)** the team won by a wide margin of 6 to 2; **gegen j-n ~ siegen** to outclass s.o., to wipe (*od.* mop) the floor with s.o. – **7.** (*herablassend*) in a superior manner, superciliously: **~ lächeln** to smile superciliously. – **8.** (*gelassen*) serenely. – **9. ~ wirken** to give the impression of being superior (*od.* of superiority).

ˌÜber'le·ge·ne *m, f* ⟨-n; -n⟩ superior: **die ihm geistig ~n** his intellectual superiors (*od.* betters), those superior to him intellectually.

ˌÜber'le·gen·heit *f* ⟨-; *no pl*⟩ **1.** (an *dat* in) superiority: **geistige [wirtschaftliche] ~** intellectual [economic] superiority; **j-s ~ anerkennen** to recognize (*Br. auch* -s-) s.o.'s superiority; **die ~ dieser Mannschaft war unverkennbar** the superiority of this team was unmistakable, the advantage lay definitely with this team. – **2.** (*zur See, in der Luft etc*) preponderance, advantage, superiority: **zahlenmäßige ~** superiority in numbers. – **3.** (*Vorrangstellung*) preeminence, *Br.* pre-eminence. – **4.** (*überlegene Art*) superiority, superciliousness, superior (*od.* supercilious, overbearing, lofty) manner.

ˌüber'legt I *pp of* **überlegen¹.** – **II** *adj* **1.** (*durchdacht*) deliberate, studied, considered: **ein ~es Urteil** a deliberate judg(e)ment; **eine bis ins einzelne ~e Komposition** a studied (*od.* well-considered) composition. – **2.** (*besonnen*) deliberate, considerate, circumspect: **ein nüchterner, ~er Mann** a calm, considerate man. – **3.** (*klug, vorsichtig*) prudent. – **4.** *jur.* (*vorsätzlich*) premeditated. – **III** *adv* **5.** deliberately, considerately: **~ handeln** to act deliberately; **etwas ~ tun** to do s.th. deliberately (*od.* with deliberation, with circumspection). — **ˌÜber'legt·heit** *f* ⟨-; *no pl*⟩ deliberation, consideration, circumspection.

ˌÜber'le·gung *f* ⟨-; -en⟩ **1.** *cf.* **Überlegen¹.** – **2.** ⟨*only sg*⟩ thought, consideration, deliberation, reflection, *Br. auch* reflexion: **bei nüchterner [sachlicher] ~** after serious [objective] thought; **nach reiflicher ~** upon mature (*od.* due) consideration, after careful consideration, after due deliberation; **bei näherer ~** on second thoughts, on thinking it over again, when one takes a closer look at it; **mit voller ~** in full awareness (*od.* fully aware) of the facts; **sie hat ohne ~ ihr ganzes Geld ausgegeben** she thoughtlessly (*od.* rashly) spent all her money, she spent all her money on the spur of the moment (*od.* on a blind impulse); **ohne gründliche ~** without adequate (*od.* due) reflection (*od.* consideration); **mit ~ handeln** to act deliberately (*od.* with due deliberation). – **3.** *pl* (*Gedanken*) considerations, reflections, *Br. auch* reflexions: **~en anstellen, ob** to consider (*od.* contemplate) whether; **~en über** (*acc*) **etwas [j-n] anstellen** to think about s.th. [s.o.]; **etwas in seine ~en einbeziehen** to include s.th. in one's considerations. – **4.** *jur.* premeditation.

ˌÜber'le·gungsˌzeit *f* ⟨-; *no pl*⟩ *cf.* **Bedenkzeit.**

'überˌleh·nen *v/reflex* ⟨*sep*, -ge-, h⟩ **sich ~** lean over.

'überˌlei·ten I *v/i* ⟨*sep*, -ge-, h⟩ **1. zu etwas ~** *fig.* to lead up to s.th.: **im Aufsatz von einem Thema zum anderen ~** to lead up (*od.* go on) from one essay topic to the next; **diese Passage leitet zum nächsten Thema über** *mus.* this section leads up (*od.* forms a transition) to the following theme. – **II** *v/t* **2.** *bes. chem.* pass (*od.* conduct) over. – **3.** (*Blut*) transfuse. – **4.** (*elektrischen Strom*) conduct. – **5.** *tech.* (*Schwingungen etc*) communicate. – **III Ü~** *n* ⟨-s⟩ **6.** *verbal noun.* – **7.** *cf.* **Überleitung.** — **'überˌlei·tend I** *pres p.* – **II** *adj* **1.** *mus.* transient, transitional. – **2.** (*Worte etc*) transitional.

'Überˌlei·tung *f* ⟨-; -en⟩ **1.** *cf.* **Überleiten.** – **2.** (*Übergang*) (zu to) transition: **ohne ~ zum nächsten Thema [Abschnitt] übergehen** to go on to the next theme [section] without transition. – **3.** *mus.* transition, connecting (*od.* bridge) passage. – **4.** *med.* (*des Blutes*) transfusion. – **5.** *tel.* cutover, *Br.* cut-over.

'Überˌlei·tungs·verˌtrag *m jur.* transition agreement.

ˌüber'le·sen *v/t* ⟨*irr, insep, no* -ge-, h⟩ **1.** (*flüchtig durchlesen*) glance through, skim over: **er hat den Brief nur ~** he only glanced through the letter. – **2.** (*genau durchlesen*) read (*s.th.*) over, peruse: **ein Schriftstück noch einmal ~** to peruse a document a second time. – **3.** (*übersehen*) overlook: **einen Druckfehler ~** to overlook a printing error.

ˌüber'lie·fern *v/t* ⟨*insep, no* -ge-, h⟩ **1.** hand (*s.th.*) down, pass (*s.th.*) on, transmit, bequeath: **der Nachwelt ~** to hand down to posterity; **überliefert werden** to come down; **diese Gebräuche wurden uns überliefert** these customs have been handed (*od.* have come) down to us. – **2.** *archaic* (*ausliefern*) deliver (*od.* hand) (*s.o.*) over, surrender: **man überlieferte ihn dem Gericht** he was handed over to the court. — **ˌüber'lie·fert I** *pp.* – **II** *adj* (*Sitten, Gebräuche, Formen etc*) traditional: **überliefertes Wissen** (*einer bestimmten Klasse*) traditional knowledge, lore; **die uns von den Ahnen ~e Sitte** the custom bequeathed (to) us by our ancestors; **der Text ist nur in Bruchstücken ~** the text has been transmitted (*od.* handed down) only in fragments; **diese Sage ist mündlich [schriftlich] ~** this legend has been handed down (*od.* transmitted) by word of mouth [in writing]. – **III Ü~e, das** ⟨-n⟩ the tradition.

ˌÜber'lie·fe·rung *f* ⟨-; -en⟩ **1.** tradition: **mündliche ~** oral tradition; **schriftliche ~** written tradition. – **2.** (*als Werk*) record.

'Überˌlie·geˌgeld *n econ. mar.* demurrage.

'überˌlie·gen *mar.* **I** *v/i* ⟨*irr, sep*, -ge-, h *u.* sein⟩ **1.** (*von Schiff im Hafen*) be on demurrage. – **II Ü~** *n* ⟨-s⟩ **2.** *verbal noun.* – **3.** demurrage, detention.

'Überˌlie·ge|ˌta·ge *pl mar.* demurrage days. — **~ˌzeit** *f* (time of) demurrage.

ˌüber'li·sten [-'lɪstən] **I** *v/t* ⟨*insep, no* -ge-, h⟩ **1.** outwit, dupe, trick, outsmart (*colloq.*): **den Feind ~** to outwit the enemy; **j-n zu ~ suchen** to try to outwit s.o. – **II Ü~** *n* ⟨-s⟩ **2.** *verbal noun.* – **3.** dupery. — **ˌÜber'li·stung** *f* ⟨-; *no pl*⟩ *cf.* **Überlisten.**

überm ['yːbərm] *colloq. for* **über dem.**

ˌüber'ma·chen *v/t* ⟨*insep, no* -ge-, h⟩ **j-m etwas ~** *obs.* a) (*vermachen*) to make s.th. over to s.o., b) (*zukommen lassen*) to give (*od.* grant) s.o. s.th.

'Überˌmacht *f* ⟨-; *no pl*⟩ **1.** superiority, superior strength: **wir sind in der ~** we have the superior strength; **die Truppe ergab sich angesichts der vielfachen ~**

des Gegners the combat group surrendered in face of the tremendous superiority (*od.* superior strength) of the enemy; ~ des Feindes superiority of the enemy. – **2.** (*der übermächtige Feind*) superior force: der ~ weichen to yield to the superior force; gegen eine ~ kämpfen to struggle against a superior force. – **3.** *fig.* predominance, preponderance.

'überˌmäch·tig I *adj* **1.** (*Gegner, Feind etc*) superior (in strength): ~ sein to be superior in strength, to be too powerful. – **2.** (*sehr mächtig*) all-powerful, paramount, predominant. – **3.** *fig.* (*sehr stark*) very strong, tremendous: sein Glaube war so ~, daß his faith was so strong that; er fühlte ein ~es Verlangen he felt a very strong desire, he was seized with an overwhelming (*od.* overpowering) desire. – **II** *adv* **4.** tremendously, overwhelmingly.

ˌüber'ma·len[1] **I** *v/t* ⟨*insep, no* -ge-, h⟩ **1.** (*Bild etc*) paint (*s.th.*) over (*od.* out), overpaint. – **2.** (*nachbessern*) touch (*s.th.*) up, repaint. – **II Ü~** *n* ⟨-s⟩ **3.** *verbal noun.*

'überˌma·len[2] *v/i* ⟨*sep*, -ge-, h⟩ *colloq.* (*über vorgezeichnete Linien*) paint over the line(s).

ˌÜber'ma·lung *f* ⟨-; -en⟩ **1.** *cf.* Übermalen[1]. – **2.** (*auf einem Gemälde etc*) repaint.

'über·manˌganˌsau·er *adj chem.* permanganic: übermangansaures Kali potassium permanganate ($KMnO_4$).

ˌüber'man·nen [-'manən] *v/t* ⟨*insep, no* -ge-, h⟩ **1.** *fig.* (*überkommen*) overcome: der Schlaf übermannte ihn sleep overcame him; die Rührung hat ihn übermannt he was overcome with emotion. – **2.** *archaic* (*Feind etc*) overpower.

'Überˌman·tel *m* overcoat.

'Überˌmaß *n* ⟨-es; -e⟩ **1.** (*textile*) oversize. – **2.** ⟨*only sg*⟩ excess, excessive amount, plethora (*lit.*): ein ~ an Arbeit an excess of work; ein ~ an Leiden an excess of sufferings; ein ~ an Vertraulichkeit excessive familiarity; im ~ in excess, excessively; etwas im ~ produzieren to overproduce s.th.; bis zum ~ to excess, to an excessive degree, (*von Eigenschaften*) *auch* to a fault. – **3.** ⟨*only sg*⟩ (*im Essen etc*) excess: etwas im ~ essen to eat s.th. to excess, to eat an excessive amount of s.th. – **4.** ⟨*only sg*⟩ *fig.* (*positiv*) transport: im ~ der Freude in a transport of joy, in one's extremity of joy. – **5.** ⟨*only sg*⟩ *fig.* (*Übertreibung*) excess, immoderacy, immoderation: das ~ schadet immoderation is harmful.

'überˌmä·ßig I *adj* **1.** excessive: einer Sache ~e Bedeutung beimessen to attach excessive importance to a matter; ~es Wachstum *med.* excessive growth, overgrowth. – **2.** (*unmäßig*) excessive, immoderate, inordinate: ~es Rauchen excessive (*od.* immoderate) smoking. – **3.** (*unangemessen*) undue, unjustified: ~er Aufwand undue extravagance. – **4.** *mus.* augmented, sharp, extreme: ~er Akkord augmented chord. – **II** *adv* **5.** excessively, to excess, too much: ~ rauchen to smoke too much, to overindulge in tobacco; ~ arbeiten to work too hard; ~ hohe Preise exorbitant (*od.* inordinate, excessive) prices; der Wagen braucht ~ viel Öl the car uses an excessive (*od.* exorbitant) amount of oil. – **6.** (*allzu*) overmuch, overly: er zeigte sich nicht ~ besorgt he did not show overmuch concern.

'über·me·cha·niˌsiert *adj fig.* (*Gesellschaft etc*) overmechanized *Br. auch* -s-, supermechanized *Br. auch* -s-.

'Überˌmensch *m auch iron.* superman, superhuman. — **'Über·men·schen·tum** *n* ⟨-s; *no pl*⟩ superhumanity.

'überˌmensch·lich I *adj* **1.** *fig.* superhuman, Herculean, extraordinary: mit ~er Anstrengung in a superhuman effort; eine ~e Leistung a Herculean achievement. – **2.** *cf.* übernatürlich 1. – **II Ü~e, das** ⟨-n⟩ **3.** *only in* sie haben Ü~es geleistet *fig.* they did Herculean work.

'Über·mi·kroˌskop *n* (*optics*) *cf.* Elektronenmikroskop.

'überˌmit·telˌgroß *adj* above medium height.

ˌüber'mit·teln [-'mɪtəln] **I** *v/t* ⟨*insep, no* -ge-, h⟩ **1.** convey: j-m seine Glückwünsche ~ to convey one's congratulations to s.o. (by letter); bitte ~ Sie ihm meinen Dank please convey my thanks to him; eine Nachricht telegraphisch ~ to send (*od.* transmit) a message by telegraph, to telegraph a message. – **2.** (*überbringen*) deliver, bring: er hat die freudige Nachricht übermittelt he delivered (*od.* brought) the good news. – **3.** *econ.* (*übersenden, überlassen*) transmit, pass on: einen Auftrag ~ to transmit an order. – **II Ü~** *n* ⟨-s⟩ **4.** *verbal noun.* – **5.** *cf.* Übermittelung.

ˌÜber'mit·te·lung, ˌÜber'mitt·lung *f* ⟨-; -en⟩ **1.** *cf.* Übermitteln. – **2.** (*von Glückwünschen etc*) conveyance. – **3.** (*Überbringung*) delivery. – **4.** *econ.* transmission.

ˌÜber'mitt·ler *m* **1.** (*von Glückwünschen etc*) conveyer, conveyor. – **2.** (*Überbringer*) deliverer, bringer. – **3.** *econ.* transmitter.

'über·moˌdern *adj cf.* hypermodern.

'Über·mo·du·la·tiˌon *f tel.* overmodulation. — **'über·mo·duˌlie·ren** *v/t* ⟨*insep, no* -ge-, h⟩ overmodulate.

'überˌmor·gen *adv* the day after tomorrow: ~ abend the day after tomorrow in the evening.

'überˌmor·gig *adj* ⟨*attrib*⟩ (*Sitzung etc*) of the day after tomorrow.

ˌüber'mü·den [-'myːdən] **I** *v/t* ⟨*insep, no* -ge-, h⟩ **1.** overtire, tire (*od.* fag) (*s.o.*) out, overweary. – **2.** (over)fatigue. – **II Ü~** *n* ⟨-s⟩ **3.** *verbal noun.* – **4.** *cf.* Übermüdung. — **ˌüber'mü·det I** *pp.* – **II** *adj* **1.** overtired, tired- (*od.* fagged-)out (*attrib*), overweary, overwearied. – **2.** (over)fatigued.

ˌÜber'mü·dung *f* ⟨-; *no pl*⟩ **1.** *cf.* Übermüden. – **2.** (over)fatigue, great weariness.

ˌÜber'mü·dungs|erˌschei·nung *f*, **~ˌzei·chen** *n* sign of (over)fatigue.

'Überˌmut *m* ⟨-(e)s; *no pl*⟩ **1.** high (*od.* boisterous, exuberant) spirits *pl*, boisterousness, frolicsomeness: jugendlicher ~ high spirits of youth; die Kinder wissen vor lauter ~ (*od.* in ihrem ~) nicht, was sie tun sollen the children are in such high spirits (*od.* are so full of fun, *sl.* are so full of beans) that they are up to all sorts of mischief (*od.* high jinks). – **2.** (*der Fohlen etc*) frolicsomeness, friskiness. – **3.** aus ~ (*Mutwillen*) out of wantonness: das hat er aus reinem ~ getan he did it from (*od.* out of) sheer wantonness (*od. colloq.* just for kicks). – **4.** *obs. contempt.* haughtiness, presumption: ~ tut selten gut (*Sprichwort*) pride goes before a fall (*proverb*).

'überˌmü·tig I *adj* **1.** (*bes. Kind*) high-spirited, boisterous, rollicking, frolicsome, in high spirits, full of fun (*od. sl.* beans): ~e Streiche boisterous pranks; in ~er Laune in high spirits, full of fun (*od. sl.* beans). – **2.** (*Fohlen etc*) frolicsome, frolicking, frisky. – **3.** (*Party*) rollicking, boisterous, roistering, roystering, gay. – **4.** (*keck, dreist*) pert, cheeky, perky; cocky, coxy (*colloq.*): werde (nur) nicht ~! don't be so cocky! er wird ~ he is getting too big for his boots (*colloq.*). – **II** *adv* **5.** die Kinder sprangen ~ umher the children romped about in high spirits.

übern ['yːbərn] *colloq. for* über den.

ˌüber'nach·ten I *v/i* ⟨*insep, no* -ge-, h⟩ **1.** spend (*od.* stay) the night, stay overnight, *Am. auch* overnight: wir ~ im Hotel we spend the night at a hotel; im Freien (*od.* unter freiem Himmel) ~ to sleep (*od.* spend the night) in the open (air) (*od.* out of doors, outdoors); sie übernachteten bei Freunden they stayed overnight (*od.* the night) with friends; kann er bei euch ~? can he stay the night with you? can he stay with you (*od.* can you put him up) for the night? – **II Ü~** *n* ⟨-s⟩ **2.** *verbal noun.* – **3.** *cf.* Übernachtung.

'überˌnächst *adj* next but one: sie wohnen im ~en Haus [in der ~en Straße] they live in the next house [street] but one, they live two houses (*od.* doors) [streets] up (*od.* down); ~e Woche [~es Jahr] the week [year] after next; am ~en Tag two days later.

ˌüber'näch·tigt, *auch* **'überˌnäch·tig** *adj* exhausted (*od.* worn out) (from lack of sleep *od.* from a late night): ~ sein to have had a late night, to have stayed up until late hours (*od.* all night); ~ aussehen to look worn out (*od.* haggard) from lack of sleep, to be blear(y)-eyed; blasse, ~e Gestalten pale, blear(y)-eyed figures; er machte einen ~en Eindruck he looked as if he had not had much sleep.

ˌÜber'nächt·ler [-'nɛçtlər] *m* ⟨-s; -⟩ *Swiss person who spends the night in a barn.*

ˌÜber'nach·tung *f* ⟨-; -en⟩ **1.** *cf.* Übernachten. – **2.** overnight accommodation, night's lodging: Preis für ~ und Frühstück price for bed and breakfast.

ˌÜber'nach·tungs|ˌgeld *n* overnight accommodation allowance, lodging allowance (for one night). — **~ˌko·sten** *pl* overnight expenses. — **~ˌmög·lich·keit** *f* overnight accommodation, lodging for the night.

'Überˌnah·me *f* ⟨-; -n⟩ **1.** *cf.* Übernehmen[1]. – **2.** *econ.* a) (*einer Schuld, Forderung*) receipt, b) (*laut Abmachung*) acceptance. – **3.** die feste ~ neuer Effektenemissionen *econ.* underwriting new issues of securities. – **4.** *econ.* (*eines Betriebes etc*) takeover, *Br.* take-over, (*vollkommene*) absorption. – **5.** (*der Verantwortung etc*) assumption: seit der ~ des Geschäftes (*od.* der Leitung) durch ihn since he has taken charge (*od.* assumed control) of the business. – **6.** (*eines Amtes*) succession (to). – **7.** (*einer Erbschaft*) succession (to), acceptance. – **8.** (*der Macht*) assumption, (*mit Gewalt*) seizure. – **9.** *ling.* (*eines Wortes in eine andere Sprache*) adoption. — **~be̩din·gun·gen** *pl econ.* conditions of acceptance. — **~ˌkurs** *m* transfer (*od.* taking-over) rate. — **~ˌpreis** *m* takeover (*Br.* take-over) (*od.* contract) price. — **~pro·vi·siˌon** *f* (*bei Wertpapieren*) underwriting commission. — **~ˌri·si·ko** *n* takeover (*Br.* take-over) risk. — **~ˌschein** *m* receipt.

'Überˌnahmsˌstel·le *f Austrian for* Annahmestelle.

'über·na·tioˌnal *adj pol.* supranational, supernational.

'über·naˌtür·lich I *adj* **1.** supernatural, supranatural, preternatural: ~es Wesen supernatural being, spirit; ~e Erscheinung supranatural phenomenon; j-m ~e Kräfte zuschreiben to ascribe supernatural faculties to s.o. – **2.** (*wunderbar*) miraculous: ein ~es Ereignis a miracle. – **II Ü~e, das** ⟨-n⟩ **3.** the supernatural, the supranatural, the preternatural: Lehre vom Ü~en preternaturalism. – **4.** the miraculous.

ˌüber'neh·men[1] **I** *v/t* ⟨*irr, insep, no* -ge-, h⟩ **1.** (*ein Geschäft, den väterlichen Hof, ein Amt etc*) take over: er hat die Praxis seines Vaters übernommen he took over his father's practice; Angestellte von einem anderen Betrieb (mit) ~ to take over employees from another firm; ein Amt [einen Posten] ~ to take over (*od.* assume) an office [a post]; j-s Amt ~, ein Amt von j-m ~ to take over (*od.* assume) an office from s.o., to succeed to s.o.'s (*od.* to succeed s.o. in) office; der Staat übernahm die Besitzungen der Kirche the State took over the possessions of the Church, (*mit Gewalt*) *auch* the State took possession of Church holdings; eine Sendung vom Bayerischen Rundfunk ~ to take over a broadcast from the Bavarian Broadcasting Station. – **2.** (*Verpflichtung, Aufgabe, Arbeit etc*) (under)take, assume, take on, accept: dafür übernehme ich keine Verantwortung I won't take any (*od.* I decline all) responsibility for that; es wird keine Gewähr übernommen no responsibility is taken (*od.* accepted) for that; ein Risiko ~ to (under)take a risk; → Bürgschaft 1, 2; Garantie 6. – **3.** (*Auftrag, Bestellung etc*) (under)take, accept, take on. – **4.** es ~, etwas zu tun, etwas ~ a) (*etwas auf sich nehmen*) to undertake to do s.th., to take it upon oneself to do s.th., b) (*etwas besorgen, erledigen*) to deal with (*od.* to look after, *colloq.* to take care of) s.th.: würden Sie es ~, das Geschenk zu kaufen? würden Sie den Kauf des Geschenks ~? would you undertake to buy the gift? would you take care of the purchase of the gift? der Architekt konnte den Bau der Brücke nicht ~ the architect could not undertake the construction of the bridge; die Wohnraumbeschaffung wird von der Firma übernommen the firm undertakes to find (*od.* supply) living quarters; sie wollte die Erziehung der verwaisten Kinder ~ she wanted to be responsible for bringing up (*od.* for the rearing of) the orphan children; er hat ihre Schulden übernommen he undertook to pay her debts; die Verfahrenskosten ~ to undertake to pay the costs of the proceedings; die Auswertung der Ergebnisse wurde von Herrn X übernommen Mr. X dealt with (*od.* took care of, looked after) the evaluation of the results; ~ **Sie das, bitte** take care of that, please; **etwas freiwillig** ~ to volunteer to do s.th.; **den Anführer der Bande übernehme ich!** *colloq.* I'll take care of the leader of the gang! – **5.** (*Kommando, Befehl, Funktion, Leitung etc*) take over, assume: **die Führung einer Partei** ~ to take over (*od.* assume) the leadership of a party; **die Mannschaft übernahm in der Tabelle [bei der Staffel] die Führung** the team took the lead in the table [in the relay race]; **den Vorsitz** ~ a) (*das Amt*) to take over the chairmanship, b) (*bei einer Versammlung*) to take the chair. – **6.** (*Rolle, Part etc*) take. – **7.** (*Macht, Regierungsgewalt etc*) take over, assume, (*mit Gewalt*) seize. – **8.** (*Gedanken, Ideen, System, Verfahrensweise etc*) take over, adopt. – **9.** (*Personen, Güter, Treibstoff von einem havarierten Schiff, Flugzeug etc*) take over: **die Passagiere wurden von einem Hubschrauber übernommen** the passengers were taken over by a helicopter. – **10.** (*in Empfang nehmen*) (*Waren etc*) accept, take delivery of: **ich kann die Waren erst** ~, **wenn** I cannot take delivery until (*od.* before). – **11.** (*Textstellen, Wörter aus anderen Sprachen etc*) borrow: **einen Absatz wörtlich aus einem anderen Buch [von einem anderen Autor]** ~ to borrow (*od.* take) a paragraph word for word from another book [author]; **das Wort wurde aus dem Französischen übernommen** the word has been borrowed (*od.* taken) from the French language. – **12.** (*eine Erbschaft*) accept, enter (up)on. – **13.** *jur.* (*einen Fall, Prozeß*) undertake, take up: **dieser Anwalt übernahm seine Verteidigung** this attorney undertook to defend him, this attorney undertook (*od.* took up) his defence (*Am.* defense). – **14.** *econ.* a) (*Versicherung*) underwrite, effect, b) (*Haftung*) accept, c) (*Lieferverpflichtung*) undertake. – **15.** (*sport*) (*den Ball, Puck etc*) receive. – **II** *v/reflex* **sich** ~ **16.** (*zuviel auf sich nehmen*) undertake too much, take on too much: **es war klar, daß er sich damit übernommen hatte** it was obvious that he had taken on too much. – **17.** (*sich überanstrengen*) (**bei, in** *dat* in) to (over)strain oneself, to overdo it (*od.* things): **ich habe mich beim Umzug übernommen** I strained myself during the move, I overdid it when I was moving (house); **übernimm dich nur nicht!** *fig. iron.* don't strain yourself! mind you don't do too much! don't kill yourself! (*colloq.*); **sich im** (*od.* **beim**) **Essen** ~ to overeat (oneself). – **III Ü~** *n* ⟨-s⟩ **18.** *verbal noun.* – **19.** *cf.* **Übernahme** 2—9.

ˈüberˌneh·men[2] *v/t* ⟨*irr, sep,* -ge-, h⟩ **1.** (*Mantel, Schal etc*) put (*s.th.*) (a)round one's shoulders. – **2.** (*Gewehr*) shoulder, slope. – **3. Wasser** ~ (*beim Segeln etc*) to ship water.

ˌÜberˈneh·mer *m* ⟨-s; -⟩ **1.** (*Empfänger*) receiver, recipient. – **2.** *jur.* (*Rechtsnachfolger*) assign(ee), transferee.

ˈüber·nerˌvös *adj* overnervous, high-strung, highly strung.

ˈüberˌord·nen I *v/t* ⟨*sep,* -ge-, h⟩ **1. j-n [etwas] einem anderen** ~ to put (*od.* place) s.o. [s.th.] over another person: **er wurde ihm übergeordnet** he was put over him. – **2. etwas einer Sache** ~ a) to put (*od.* place) s.th. above s.th., b) *bes. philos.* to superordinate s.th. to s.th.: **ich muß diese Angelegenheit allen anderen Fragen** ~ I must put this matter above all else, I must give precedence to this matter over all (the) other questions. – **II Ü~** *n* ⟨-s⟩ **3.** *verbal noun.* — **ˈÜberˌord·nung** *f* ⟨-; *no pl*⟩ **1.** *cf.* **Überordnen.** – **2.** *bes. philos.* superordination.

ˈÜber·or·ga·ni·sa·tiˌon *f* overorganization *Br. auch* -s-. — **ˈüber·or·ga·niˌsie·ren** *v/t* ⟨*insep, no* -ge-, h⟩ overorganize *Br. auch* -s-.

ˈüber·parˌtei·lich *adj* nonpartisan *Br.* non-; nonparty *Br.* non-, *Br.* crossbench (*attrib*), above party lines (*od.* considerations). — **ˈÜber·parˌtei·lich·keit** *f* ⟨-; *no pl*⟩ nonpartisanship *Br.* non-.

ˈüber·perˌsön·lich *adj* more-than-personal (*attrib*).

ˈÜberˌpflan·ze *f bot.* epiphyte.

ˈüberˌpflan·zen[1] **I** *v/t* ⟨*sep,* -ge-, h⟩ *colloq.* **1.** *hort.* a) (*Sträucher etc*) transplant, b) (*Topfpflanzen auf ein Beet*) bed out. – **2.** *med.* (**auf** *acc* to, on; **von** from) transplant, graft. – **II Ü~** *n* ⟨-s⟩ **3.** *verbal noun.* – **4.** *cf.* **Überpflanzung.**

ˌüberˈpflan·zen[2] **I** *v/t* ⟨*insep, no* -ge-, h⟩ (**mit** with) plant. – **II Ü~** *n* ⟨-s⟩ *verbal noun.*

ˌüberˈpflanzt I *pp of* **überpflanzen**[2]. – **II** *adj* ~ **sein mit** to be planted with.

ˌÜberˈpflan·zung *f* ⟨-; -en⟩ **1.** *cf.* **Überpflanzen**[1] *u.* [2]. – **2.** *med.* transplant(ation).

ˌüberˈpin·seln[1] *v/t* ⟨*insep, no* -ge-, h⟩ (*nochmals*) paint (*s.th.*) over.

ˈüberˌpin·seln[2] *v/i* ⟨*sep,* -ge-, h⟩ *colloq. cf.* **übermalen**[2].

ˈüberˌplanˌmä·ßig *adj* **1.** (*Bezüge etc*) extra, supplementary, additional, noncontractual *Br.* non-. – **2.** (*Stellen etc*) supernumerary, nonschedule *Br.* non- (*attrib*).

ˈüberˌplät·ten *v/t* ⟨*sep,* -ge-, h⟩ iron (*s.th.*) over again, press (*od.* smooth) (*s.th.*) over again (with an iron).

ˌüberˈpol·stern *v/t* ⟨*insep, no* -ge-, h⟩ (*Möbel etc*) overstuff.

ˈÜberˌpreis *m econ.* exorbitant (*od.* excessive) price, overcharge: **von j-m** ~**e verlangen** to overcharge s.o.

ˈÜber·pro·duk·tiˌon *f* **1.** *econ.* overproduction, surplus (*od.* excess) production. – **2.** *med.* a) overproduction, b) (*der Schilddrüse etc*) oversecretion, overactivity.

ˈüber·pro·por·tioˌniert *adj only in* **sie ist** ~ *humor.* she is top-heavy.

ˌüberˈprü·fen I *v/t* ⟨*insep, no* -ge-, h⟩ **1.** (*Frage, Situation etc*) examine, look into, go into, investigate, review, study, vet (*colloq.*). – **2.** (*Standpunkt, Entscheidung etc*) consider, examine: **dieser Vorschlag wird überprüft** this proposal is being considered (*od.* is under consideration); **etwas erneut** ~ to reexamine (*Br.* re-examine) (*od.* reconsider) s.th. – **3.** (*Ergebnis*) examine, check up on, investigate. – **4.** (*Gepäck, Ware etc*) check, inspect, examine, look through. – **5.** (*kontrollieren*) check, inspect, scrutinize *Br. auch* -s-: **die Papiere** ~ to scrutinize the papers. – **6.** (*auf die Richtigkeit*) verify, check: **eine Aussage** ~ to verify a statement; **die Richtigkeit von etwas** ~ to verify (*od.* check) s.th. – **7.** (*auf Brauchbarkeit*) test. – **8.** (*einen Wagen etc*) inspect, check, (*bes. vor einem Rennen*) scrutinize *Br. auch* -s-. – **9. j-n** ~ (*politisch*) to screen s.o. – **10.** *econ.* (*Kassenbücher etc*) audit. – **11.** *jur.* (*Gesetz*) revise, review. – **II Ü~** *n* ⟨-s⟩ **12.** *verbal noun.* — **ˌÜberˈprü·fung** *f* **1.** *cf.* **Überprüfen.** – **2.** (*einer Frage, Situation etc*) examination, investigation, review, study. – **3.** (*eines Standpunktes, Vorschlags, einer Entscheidung etc*) consideration, examination. – **4.** (*eines Ergebnisses*) examination, investigation, checkup, *Br.* check-up. – **5.** (*des Gepäcks etc*) check, inspection, examination. – **6.** (*der Personalien*) check, inspection, scrutiny. – **7.** (*einer Aussage*) verification. – **8.** (*auf Brauchbarkeit*) inspection, control, check. – **9.** (*eines Wagens etc*) inspection, check. – **10.** (*der Bilanzen etc*) audit. – **11.** *jur.* (*von Verwaltungsakten, eines Urteils etc*) revision, review.

ˌÜberˈprü·fungs|ˌausˌschuß *m,* **~kom·mis·siˌon** *f jur.* board of review, screening (*od. colloq.* vetting) panel.

ˈüberˌquel·len *v/i* ⟨*irr, sep,* -ge-, sein⟩ **1.** *auch fig.* (**von** with) overflow: **die Tribüne quoll von Zuschauern über** the grandstand was overflowing with spectators. – **2.** (*von Teig*) rise over the edge. — **ˈüberˌquel·lend I** *pres p.* – **II** *adj* (*Freude, Dankbarkeit etc*) overflowing, exuberant, ebullient (*lit.*).

ˌüberˈquer *adv obs.* crosswise, crossways, diagonally.

ˌüberˈque·ren I *v/t* ⟨*insep, no* -ge-, h⟩ **1.** (*Straße, Kreuzung etc*) cross: **die Straße unachtsam** (*od.* **verkehrswidrig**) ~ to jaywalk. – **2.** (*Ozean, Fluß etc*) cross, traverse. – **II Ü~** *n* ⟨-s⟩ **3.** *verbal noun*: **unachtsames** (*od.* **verkehrswidriges**) **Ü~ der Straße** jaywalking. — **ˌÜberˈque·rung** *f* ⟨-; -en⟩ **1.** *cf.* **Überqueren**: **die** ~ **des Atlantiks** a) the crossing of the Atlantic, b) (*Überfahrt*) the Atlantic crossing. – **2.** traversal, traverse. – **3.** (*bes. eines Sees*) transit across.

ˌüberˈra·gen[1] *v/t* ⟨*insep, no* -ge-, h⟩ **1. j-n** ~ a) (*an Größe*) to tower above (*od.* over) s.o., (*geringfügig*) to be taller than s.o., b) *fig.* (**an** *dat* in) to tower above (*od.* over) s.o., to outdo (*od.* outstrip, outclass, excel, outmatch) s.o.: **er hat alle überragt** he towered above everyone; **j-n um Haupteslänge** ~ to be a head taller than s.o.; **j-n haushoch** ~ *fig. colloq.* to be head and shoulders above s.o.; **j-n an Leistungen [weit]** ~ *fig.* to [far] outstrip s.o. in performance. – **2. etwas** ~ to tower above (*od.* over) s.th., to rise above s.th., to overtop (*od.* surpass) s.th.: **der Kirchturm überragt die Dächer der Häuser** the church tower rises above the roofs of the houses.

ˈüberˌra·gen[2] *v/i* ⟨*sep,* -ge-, h⟩ jut (*od.* stick) out, project, protrude: **der Balken ragt über** the beam juts out.

ˌüberˈra·gend[1] **I** *pres p of* **überragen**[1]. – **II** *adj* **1.** paramount, overriding: **eine Frage von** ~**er Bedeutung** a question of paramount importance, a paramount question. – **2.** (*Persönlichkeit etc*) outstanding, prominent. – **3.** (*Leistung etc*) outstanding, brilliant, excellent, *Am.* banner (*attrib*).

ˈüberˌra·gend[2] **I** *pres p of* **überragen**[2]. – **II** *adj* (*Balken etc*) projecting, protruding.

ˌüberˈra·schen [-ˈraʃən] *v/t* ⟨*insep, no* -ge-, h⟩ **1.** surprise, *Am. auch* surprize, give (*s.o.*) a surprise (*Am. auch* surprize): **seine Äußerung hat mich überrascht** his remark surprised me, I was surprised at his remark; **j-n mit einem Geschenk [Besuch]** ~ to surprise s.o. with a present [visit]; **j-n angenehm [unangenehm]** ~ to give s.o. a pleasant [an unpleasant] surprise; **du überraschst mich!** you surprise me! I'm surprised at you! **das überrascht mich nicht** that doesn't surprise me at all, I'm not at all surprised; **lassen wir uns** ~! *colloq.* let's wait and see (what happens)! **ich lasse mich gern** ~ *colloq.* well, let it be a surprise then. – **2.** (*verblüffen, befremden*) surprise, take (*s.o.*) by surprise, astonish, astound, amaze. – **3.** (*überrumpeln*) take (*s.o.*) by surprise, take (*od.* catch) (*s.o.*) unawares. – **4.** (*aus der Fassung bringen*) take (*s.o.*) aback – **5. j-n bei etwas** ~ to catch (*od.* surprise) s.o. at s.th., to catch (*od.* surprise) s.o. (in the act of) doing s.th.: **der Vater überraschte seinen Sohn beim Rauchen** the father surprised his son smoking; **er hat ihn dabei überrascht** he caught him at it, he caught him in the act. – **6. von einem Gewitter [vom Regen, von der Dunkelheit] überrascht werden** to get (*od.* be) caught in a thunderstorm [in the rain, in the dark]. — **ˌüberˈra·schend I** *pres p.* – **II** *adj* **1.** (*erstaunlich*) surprising: **die Untersuchung hat** ~**e Ergebnisse gebracht** the investigation brought surprising results. – **2.** (*verblüffend*) surprising, astonishing, astounding, amazing. – **3.** (*unerwartet*) surprising, unexpected: **ein** ~**er Besuch** an unexpected (*od.* a surprise) visit; **die Dinge haben eine** ~**e Wendung genommen** things have taken an unexpected turn. – **III** *adv* **4.** ~ **schnell [groß, genau]** surprisingly fast [big, exact]; **ich mußte** ~ **verreisen** I had to go away unexpectedly; **sein Tod kam für uns alle sehr** ~ his death came as a great surprise to all of us.

ˌüberˈra·schen·derˈwei·se *adv* to one's surprise (*od.* astonishment, amazement).

ˌüberˈrascht I *pp.* – **II** *adj* (**über** *acc* at) **1.** surprised: **ich war** ~ **über deine Bemerkung** I was surprised at your remark; **ich war angenehm** ~ I was pleasantly surprised; **ich glaube, er war unangenehm** ~, **als er das hörte** I think it was an unpleasant surprise for him to hear that; **sie zeigte sich nicht** ~ she showed no surprise, she did not look at all surprised. – **2.** (*verblüfft, befremdet*) surprised, astonished, astounded, amazed. – **III** *adv* **3.** in surprise, surprisedly: **sie blickte** ~ **auf** she looked up full of surprise (*od.* surprised[ly]). —

ˌÜberˈra·schung *f* ⟨-; -en⟩ **1.** ⟨*only sg*⟩ surprise: **zu meiner größten** ~ to my great(est) surprise. – **2.** ⟨*only sg*⟩ (*Verblüffung, Befremdung*) astonishment, amazement. – **3.** (*unerwartetes Geschenk, Ereignis etc*) surprise: **eine angenehme [unangenehme]** ~ a pleasant [an unpleasant] surprise; **ist das aber eine** ~! what a surprise! **so eine** ~, **dich hier zu treffen!** what a surprise to see you here! fancy seeing you here! **j-m eine** ~ **bereiten** to give s.o. a surprise; **ich habe eine** ~ **für dich** I have a surprise for you; das sollte eine ~ für dich sein that was meant as (*od.* to be) a surprise for you; das war vielleicht eine ~! *colloq.* that was a surprise and a half!

ˌ**Über'ra·schungs|ˌanˌgriff** *m mil.* surprise attack (*od.* raid). — **~efˌfekt** *m* surprise effect. — **~maˌnö·ver** *n* surprise man(o)euver (*bes. Br.* manœuvre). — **~moˌment** *n* element of surprise: das ~ ausnutzen to take advantage of the element of surprise. — **~ˌsieg** *m (sport)* surprise (*od.* unexpected) win (*od.* victory). — **~ˌsie·ger** *m* surprise (*od.* unexpected) winner.

ˌ**über'rech·nen** *v/t* ⟨*insep, no* -ge-, h⟩ **1.** *cf.* überschlagen[2] 3. – **2.** (*nachprüfen*) check.

ˌ**über're·den I** *v/t* ⟨*insep, no* -ge-, h⟩ persuade, talk (*s.o.*) over (*od.* round), (*durch Schmeicheln*) *auch* coax, cajole: j-n zu etwas ~ a) to persuade (*od.* talk, argue) s.o. into s.th., *bes. Am. colloq.* to sell s.o. on s.th., b) to coax (*od.* cajole, inveigle) s.o. into s.th.; j-n überreden, etwas zu tun a) to persuade (*od.* prevail [up]on, induce) s.o. to do s.th., to persuade (*od.* talk, argue) s.o. into doing s.th., b) to coax s.o. to do s.th., to coax (*od.* cajole, inveigle) s.o. into doing s.th.; er hat ihn nicht zum Kauf ~ können he could not talk him into buying; ich überredete ihn, daheim zu bleiben I persuaded (*od.* prevailed [up]on) him to stay at home; sie hat sich ~ lassen she allowed herself to be persuaded, she came round; sie ließ sich ~, mit ihm zu fahren she allowed herself to be persuaded to go (*od.* into going) with him; laß dich nicht ~! don't let yourself be talked into it (*od.* anything). – **II Ü~** *n* ⟨-s⟩ *verbal noun.* — ˌ**Über're·dung** *f* ⟨-; -en⟩ **1.** *cf.* Überreden. – **2.** persuasion, suasion (*lit.*). – **3.** (*durch Schmeichelei*) cajolement, inveiglement.

ˌ**Über're·dungs|ˌga·be** *f cf.* Überredungskunst. — **~ˌkraft** *f* power(s *pl*) of persuasion, persuasiveness. — **~ˌkunst** *f* **1.** art of persuasion. – **2.** (*Schmeichelei*) cajolery.

'**über·re·gioˌnal** *adj* supraregional.

'**überˌreich I** *adj* **1.** too (*od.* extremely) rich. – **2.** ~ an (*dat*) etwas abounding in (*od.* overflowing with, replete with) s.th.: ~ an Verzierungen overflowing (*od.* lush) with ornament. – **II** *adv* **3.** ~ ausgestattet mit richly (*od.* lavishly, abundantly) provided with; j-n ~ beschenken to shower s.o. with presents, to lavish presents on s.o.

ˌ**über'rei·chen I** *v/t* ⟨*insep, no* -ge-, h⟩ **1.** (j-m) etwas ~ to hand s.th. over (to s.o.), to present s.th. (to s.o.): der Botschafter überreichte sein Beglaubigungsschreiben the ambassador presented his credentials; überreicht von presented by. – **2.** *bes. econ.* (*beifügen*) enclose: wir ~ Ihnen in der Anlage unsere Preisliste we enclose our price list, enclosed please find our price list. – **II Ü~** *n* ⟨-s⟩ **3.** *verbal noun.* – **4.** *cf.* Überreichung.

'**überˌreich·lich I** *adj* (more than) ample, superabundant. – **II** *adv* amply: wir waren mit Vorräten ~ versehen we were amply supplied with provisions, we had a more than ample supply of provisions.

ˌ**Über'rei·chung** *f* ⟨-; *no pl*⟩ **1.** *cf.* Überreichen. – **2.** presentation: ~ des Beglaubigungsschreibens presentation of one's credentials.

'**Überˌreichˌwei·te** *f* (*radio*) *telev.* (*eines Senders*) transhorizon range, overshoot.

'**überˌreif** *adj* **1.** overripe, overmature: ~es Getreide [~er Käse] overripe grain [cheese]; ~es Obst overripe (*auch* overmellow) fruit. – **2.** *med.* overripe, hypermature.

'**Überˌrei·fe** *f* ⟨-; *no pl*⟩ **1.** overripeness, overmaturity, (*des Obstes*) *auch* overmellowness. – **2.** *med.* overripeness, hypermaturity.

ˌ**über'rei·ten** *v/t* ⟨*irr, insep, no* -ge-, h⟩ **1.** j-n ~ to ride over s.o., to ride s.o. down, to override s.o. – **2.** (*ein Pferd*) founder, override.

ˌ**über'rei·zen I** *v/t* ⟨*insep, no* -ge-, h⟩ **1.** *med.* a) overexcite, overstimulate, b) (*Nerven*) overstrain. – **II** *v/reflex* sich ~ **2.** (*beim Skat etc*) overbid, *Br. auch* overcall. – **III Ü~** *n* ⟨-s⟩ **3.** *verbal noun.* – **4.** *cf.* Überreizung.

ˌ**über'reizt I** *pp.* – **II** *adj med.* **1.** (*Mensch*) overexcited, overstimulated: nervlich ~ sein to be overwrought, to be very irritable (*bes. Br. colloq.* nervy). – **2.** (*Nerven*) overstrained, unstrung. — ˌ**Über'reizt·heit** *f* ⟨-; *no pl*⟩ *med.* (*Zustand*) **1.** overexcitedness, excessive irritation. – **2.** (*der Nerven*) overstrained (*od.* overwrought) state, irritability.

ˌ**Über'rei·zung** *f* ⟨-; -en⟩ **1.** *cf.* Überreizen. – **2.** overstimulation, overexcitement, superexcitation. – **3.** *cf.* Überreiztheit.

ˌ**über'ren·nen** *v/t* ⟨*irr, insep, no* -ge-, h⟩ **1.** j-n ~ a) to run s.o. over (*od.* down), b) *fig.* (*mit Argumenten etc*) to crush s.o. – **2.** *mil.* a) (*feindliche Stellungen etc*) overrun, b) (*Feind*) rush.

'**Überˌrest** *m meist pl* **1.** remains *pl*, relic, rest: das sind die ganzen ~e dieses prächtigen Bauwerks these are the only remains of this magnificent building. – **2.** die sterblichen ~e *lit.* the (mortal) remains, the relics (*lit.*). – **3.** *pl* (*Trümmer*) ruins. – **4.** *pl fig.* (*aus der Vergangenheit*) relics, remnants, vestiges, *Am.* hangovers: ~e einer alten Kultur vestiges (*od.* remnants) of an ancient civilization (*Br. auch* -s-). – **5.** *pl* (*einer Mahlzeit*) remains, leftovers, *Br.* left-overs. – **6.** (*bes. Tuchrest*) remnant. – **7.** *chem.* (*Rückstand*) residue, residuum. – **8.** *geol.* detritus.

ˌ**über'rie·seln**[1] *lit.* **I** *v/t* ⟨*insep, no* -ge-, h⟩ **1.** (*Wiesen etc*) irrigate. – **2.** *med.* irrigate. – **3.** ein kalter Schauer überrieselte mich *fig.* a cold shiver ran (up and) down my spine. – **II** *v/impers* **4.** es überrieselte mich (kalt) *fig.* I had the shivers. – **III Ü~** *n* ⟨-s⟩ **5.** *verbal noun.* – **6.** *agr. med.* irrigation.

'**überˌrie·seln**[2] *v/i* ⟨*sep,* -ge-, sein⟩ (*von Wasser etc*) trickle over.

ˌ**Über'rie·se·lung**, ˌ**Über'ries·lung** *f* ⟨-; *no pl*⟩ *cf.* Überrieseln[1].

'**Überˌrock** *m* (*fashion*) **1.** (*Überzieher*) overcoat, topcoat. – **2.** *obs. for* Gehrock.

'**Überˌrollˌbü·gel** *m auto.* overroll bar.

'**überˌrol·len**[1] *v/i* ⟨*sep,* -ge-, sein⟩ (*von Auto*) roll over.

ˌ**über'rol·len**[2] *v/t* ⟨*insep, no* -ge-, h⟩ **1.** (*Person*) run (*s.o.*) over (*od.* down). – **2.** *mil. cf.* überrennen 2.

'**Überˌroll-ˌSi·cher·heitsˌbü·gel** *m auto. cf.* Überrollbügel.

ˌ**über'rum·peln I** *v/t* ⟨*insep, no* -ge-, h⟩ **1.** j-n ~ to surprise s.o., to take s.o. by surprise, to take (*od.* catch) s.o. unawares: sich ~ lassen to be taken unawares, to be caught napping; er hat ihn mit seiner Frage überrumpelt his question caught him unawares. – **2.** *mil.* a) (*Gegner*) take (*s.o.*) by surprise, surprise, b) (*Festung, Stellung etc*) take (*s.th.*) by surprise. – **II Ü~** *n* ⟨-s⟩ **3.** *verbal noun.* — ˌ**Über'rum·pe·lung**, ˌ**Über'rump·lung** *f* ⟨-; *no pl*⟩ **1.** *cf.* Überrumpeln. – **2.** surprise. – **3.** *mil.* surprise attack.

ˌ**über'run·den I** *v/t* ⟨*insep, no* -ge-, h⟩ **1.** (*sport*) lap. – **2.** j-n ~ *fig.* to run rings (a)round s.o.: er hat in Latein seine Mitschüler längst überrundet he ran rings round his classmates in Latin. – **II Ü~** *n* ⟨-s⟩ **3.** *verbal noun.* — ˌ**Über'run·dung** *f* ⟨-; *no pl*⟩ *cf.* Überrunden.

übers ['yːbərs] *colloq. for* über das.

ˌ**über'sä·en** *v/t* ⟨*insep, no* -ge-, h⟩ *fig.* (mit with) strew, prank (*lit.*).

ˌ**über'sät I** *pp.* – **II** *adj* (mit with) **1.** (*mit Blumen, Blüten etc*) strewn, carpeted. – **2.** (*mit Sternen*) (be)spangled, studded: ein mit Sternen ~er Himmel a sky bespangled with stars, a star-spangled sky. – **3.** (*mit Papierfetzen etc*) littered. – **4.** (*mit Narben, Flecken etc*) covered: sein Körper war mit Narben ~ his body was covered with scars. – **5.** *fig.* (*mit Fehlern etc*) studded.

'**überˌsatt** *adj* (von with) glutted, replete, too full (*colloq.*).

ˌ**über'sät·ti·gen I** *v/t* ⟨*insep, no* -ge-, h⟩ **1.** *chem.* supersaturate. – **2.** *tech.* (*Dampf*) supersaturate, oversaturate. – **II Ü~** *n* ⟨-s⟩ **3.** *verbal noun.* — ˌ**über'sät·tigt I** *pp.* – **II** *adj* **1.** (von with) surfeited, replete, glutted, gorged. – **2.** *fig.* sated, satiated, cloyed, surfeited, glutted, gorged: von Süßigkeiten ~ sein to be cloyed with (*od. colloq.* sick and tired of, *sl.* fed up with) sweets (*Am.* candy). – **3.** *chem.* (*Lösung*) supersaturated. – **4.** *tech.* (*Dampf*) supersaturated, oversaturated. — ˌ**Über'sät·tigt·ˌsein** *n* ⟨-s; *no pl*⟩ *cf.* Übersättigung 2, 3. — ˌ**Über'sät·ti·gung** *f* ⟨-; *no pl*⟩ **1.** *cf.* Übersättigen. – **2.** surfeit, repletion. – **3.** *fig.* satiety, surfeit, satiation. – **4.** *chem.* supersaturation. – **5.** *tech.* supersaturation, oversaturation.

ˌ**über'säu·ern I** *v/t* ⟨*insep, no* -ge-, h⟩ **1.** *chem.* overacidify. – **2.** *med.* (*Magen*) produce acidity of. – **II Ü~** *n* ⟨-s⟩ **3.** *verbal noun.* — ˌ**über'säu·ert I** *pp.* – **II** *adj* overacid, overacidified. — ˌ**Über'säue·rung** *f* ⟨-; *no pl*⟩ **1.** *cf.* Übersäuern. – **2.** *chem.* overacidification. – **3.** *med.* a) hyperacidity, superacidity, b) (*des Magens*) hyperpepsia, c) (*des Blutes*) acidosis, acid(a)emia.

'**Überˌschall** *m phys.* supersound, ultrasound.

Über·schall... *combining form denoting* supersonic, ultrasonic.

'**Überˌschall|ˌflug** *m aer.* supersonic flight. — **~ˌflugˌzeug** *n* supersonic aircraft. — **~freˌquenz** *f phys.* supersonic (*od.* supertonic) frequency, supersonic. — **~geˌschwin·dig·keit** *f aer.* supersonic speed. — **~kaˌnal** *m cf.* Überschallwindkanal. — **~ˌknall** *m* sonic boom (*Br.* bang). — **~raˌke·tenˌflugˌzeug** *n aer.* supersonic rocket-propelled aircraft. — **~ˌstrah·len** *pl phys.* supersonic rays. — **~ˌwind·kaˌnal** *m* supersonic wind tunnel.

ˌ**über'schat·ten I** *v/t* ⟨*insep, no* -ge-, h⟩ **1.** overshadow: die Bäume überschatteten den Hof the trees overshadowed the yard; die Erde überschattete den Mond the earth overshadowed (*od.* obscured) the moon. – **2.** *fig.* (*trüben*) (over)shadow, cast a shadow (*od.* cloud, gloom) (up)on (*od.* over): ein tödlicher Unfall überschattete das Rennen a fatal accident cast a cloud over the race; ihre Freundschaft wurde überschattet durch their friendship was overshadowed by. – **3.** *fig.* (*in den Schatten stellen*) overshadow, eclipse, cast (*od.* put) (*s.th.*) into the shade: der Ruhm des Vaters überschattet seinen eigenen his father's fame casts his own into the shade. – **II Ü~** *n* ⟨-s⟩ **4.** *verbal noun.* — ˌ**Über'schat·tung** *f* ⟨-; *no pl*⟩ *cf.* Überschatten.

ˌ**über'schät·zen I** *v/t* ⟨*insep, no* -ge-, h⟩ overrate, overestimate: j-n (bei weitem) ~ to overrate s.o. (by far); seine Kräfte ~ to overestimate one's strength; ich habe die Entfernung überschätzt I overestimated the distance. – **II** *v/reflex* sich ~ overestimate (*od.* overrate) oneself. – **III Ü~** *n* ⟨-s⟩ *verbal noun.* — ˌ**Über'schät·zung** *f* ⟨-; *no pl*⟩ **1.** *cf.* Überschätzen. – **2.** overestimation.

'**Überˌschau** *f* ⟨-; *no pl*⟩ (über *acc* of) brief outline (*od.* review, survey), synopsis: eine kurze ~ (über *acc* etwas) geben to give a brief outline (of s.th.).

ˌ**über'schau·bar** *adj* **1.** visible at a glance. – **2.** *fig.* (*in Wendungen wie*) jetzt sind die Dinge ~ now we can see how things stand, now we can see what's what; die Bestimmungen sind nicht mehr ~ the regulations have become extremely involved.

ˌ**über'schau·en** *v/t* ⟨*insep, no* -ge-, h⟩ *cf.* überblicken 2, übersehen[1] 1, 3.

'**überˌschäu·men** *v/i* ⟨*sep,* -ge-, sein⟩ **1.** (*von Sekt etc*) bubble over. – **2.** (*von Bier, Milch etc*) foam (*od.* froth) over. – **3.** *fig.* (*in Wendungen wie*) vor Wut ~ to fume (*od.* boil, seethe) with rage; vor Freude [Temperament] ~ to bubble over with joy [temperament]. — '**überˌschäu·mend I** *pres p.* – **II** *adj* (*Temperament, Lebensfreude etc*) exuberant, effusive, ebullient (*lit.*).

'**Überˌschicht** *f econ.* extra shift: eine ~ machen to work in an extra shift.

ˌ**Über'schie·bung** *f geol.* upthrow, upcast, overthrust (fault).

'**überˌschie·ßen**[1] *v/i* ⟨*irr, sep,* -ge-, sein⟩ **1.** (*von Summe*) be in excess. – **2.** (*von Flüssigkeit*) overflow.

ˌ**über'schie·ßen**[2] *v/t* ⟨*irr, insep, no* -ge-, h⟩ *mil.* **1.** (*Ziel*) overshoot. – **2.** (*eigene Truppen*) fire over, deliver overhead fire on.

'**überˌschie·ßend I** *pres p of* überschießen[1]. – **II** *adj econ.* (*Betrag, Summe etc*) surplus, excess, exceeding (*alle attrib*).

'**überˌschläch·tig** [-ˌʃlɛçtɪç] *adj tech.* (*Wasserrad*) *cf.* oberschlächtig.

ˌ**über'schla·fen** *v/t* ⟨*irr, insep, no* -ge-, h⟩ etwas ~ *colloq.* to sleep on s.th.: ich werde es ~ I'll sleep on it.

ˈÜberˌschlag *m* ⟨-(e)s; ⸗e⟩ **1.** *cf.* Purzelbaum. – **2.** (*sport*) a) (*freier*) somersault, *auch* summersault, b) *cf.* Handstandüberschlag. – **3.** *aer.* a) (*beim Kunstflug*) loop, b) (*beim Landen*) nose-over. – **4.** *econ.* (*flüchtige Berechnung*) estimate, rough calculation (*od.* computation). – **5.** *electr.* flashover, sparkover, arc-over, disruptive discharge.

ˈüberˌschla·gen¹ **I** *v/t* ⟨*irr, sep,* -ge-, h⟩ **1.** (*Tuch etc*) put (*s.th.*) (a)round one's shoulders. – **2.** (*Beine*) cross. – **3.** *mus.* (*Hand*) cross. – **II** *v/i* ⟨sein⟩ **4.** (*von Wellen*) break. – **5.** *electr.* (*von Funken*) flash (*od.* spark, arc, jump) over. – **6.** (*von Boot*) *cf.* kentern 1. – **7.** *fig.* (in *acc* into) turn abruptly: **seine Begeisterung schlug leicht ins Ekstatische über** his enthusiasm tended to turn abruptly into ecstasy. – **8.** *mus.* (*von Stimme*) crack, break.

ˌüberˈschla·gen² **I** *v/t* ⟨*irr, insep, no* -ge-, h⟩ **1.** (*Kapitel, Seiten beim Lesen*) skip (out), omit. – **2.** (*Mahlzeit etc*) skip: **heute überschlage ich das Mittagessen** I am going to skip (*od.* cut) lunch today. – **3.** (*ungefähr berechnen, abschätzen*) calculate (*od.* estimate) roughly, make a rough estimate of: **ich überschlug die Kosten** I made a rough estimate of the costs; **er überschlug, ob das Geld noch für ein Eis reichte** he made a rough estimate to see if he had enough (money) for an ice cream; **er hatte rasch alle Möglichkeiten** ~ he had quickly gone over all the possibilities (in his mind). – **II** *v/reflex* **sich** ~ **4.** (*von Personen*) go head over heels, tumble over, roll over (and over): **ich hatte mich mehrmals** ~ I had gone head over heels several times. – **5.** (*sport*) (turn a) somersault (*auch* summersault). – **6.** (*von Auto*) turn (right) over, overturn. – **7.** (*von Motorrad-, Radfahrer*) go over the handle bars. – **8.** *aer.* a) (*im Kunstflug*) loop the loop, b) (*bei Landung*) turn (*od.* nose) over, somersault, *auch* summersault. – **9.** (*von Stimme*) break, crack: **seine Stimme überschlug sich im Zorn** his voice broke in (his) anger. – **10.** *mus. cf.* umschlagen 16b. – **11.** *fig.* (*von Ereignissen etc*) follow in quick succession. – **12.** *fig. colloq.* (*in Wendungen wie*) **er überschlägt sich förmlich vor Diensteifer** he nearly trips over himself with zeal; **sich vor Liebenswürdigkeit fast** ~ to fall over oneself (*od.* bend over backwards) to be nice.

ˌüberˈschla·gen³ **I** *pp of* überschlagen². – **II** *adj* (*Wasser etc*) lukewarm, tepid, blood-warm, with the chill taken off.

ˈÜberˌschlagˌfun·ken *m electr.* jump spark.

ˈüberˌschlä·gig [-ˌʃlɛːgɪç] **I** *adj* (*Berechnung etc*) rough. – **II** *adv* **etwas** ~ **berechnen** to estimate s.th. roughly, to make a rough estimate of s.th.

ˈÜberˌschlagˌla·ken *n* **1.** (*oberes Bettuch*) top sheet. – **2.** (*zum Aufknöpfen auf Woll- od. Steppdecke*) (button-over) quilt (*od.* eiderdown) cover.

ˈüberˌschläg·lich [-ˌʃlɛːklɪç] *adj u. adv cf.* überschlägig.

ˈÜberˌschlagˌspan·nung *f electr.* flashover (*od.* sparkover, arc-over, breakdown) voltage.

ˈÜberˌschlagsˌrech·nung *f econ.* rough estimate (*od.* calculation).

ˈÜberˌschlagˌstrecke (*getr.* -k·k-) *f electr.* sparkover path, spark length.

ˈÜberˌschlagˌwen·de *f* (*sport*) (*beim Schwimmen*) somersault (*auch* summersault) turn, (*beim Rückenschwimmen*) back somersault (*auch* summersault) turn.

ˈüberˌschlau *adj* smart-aleck(y), *auch* smart-alec, superclever: **sei nicht so** ~ don't be such a smart aleck (*od.* know-[-it]-all).

ˈüberˌschnap·pen *v/i* ⟨*sep,* -ge-, h *u.* sein⟩ **1.** ⟨h *u.* sein⟩ (*von Riegel, Schloß etc*) snap (*od.* click) over. – **2.** ⟨h *u.* sein⟩ (*watchmaking*) (*vom Zahn eines Rädchens*) trip. – **3.** ⟨sein⟩ (*von Stimme*) crack, break. – **4.** ⟨sein⟩ *colloq.* go crazy (*od.* mad): **du bist wohl übergeschnappt** you must be cracked (*od.* crazy); **er wird eines Tages noch** ~ he'll go crazy (*od. sl.* off his rocker, *Br. sl.* round the bend) one of these days.

ˌüberˈschnei·den I *v/t* ⟨*irr, insep, no* -ge-, h⟩ **sich (gegenseitig)** ~ **1.** (*von Linien, Flächen etc*) intersect. – **2.** (*von Problemen, Arbeitsgebieten etc*) overlap, intersect. – **3.** (*von Veranstaltungen, Vorlesungen etc*) coincide, clash, overlap. – **4.** (*von Rhythmen etc*) overlap. – **5.** (*von Interessen etc*) clash, collide, interfere with each other. – **II** *v/reflex* **6. sich mit etwas** ~ a) (*von Problem, Arbeitsgebiet etc*) to overlap with s.th., to intersect with s.th., b) (*von Veranstaltung, Vorlesung etc*) to coincide (*od.* clash, overlap) with s.th., c) (*von Rhythmus etc*) to overlap with s.th., d) (*von Interesse etc*) to collide (*od.* interfere) with s.th.: **Peters Thema überschneidet sich mit dem seines Freundes** Peter's subject overlaps with that of his friend, Peter and his friend's subjects overlap. – **III Ü**~ *n* ⟨-s⟩ **7.** *verbal noun.* — **ˌÜberˈschnei·dung** *f* ⟨-; -en⟩ **1.** *cf.* Überschneiden. – **2.** (*von Linien*) (point of) intersection. – **3.** (*von Problemen etc*) overlap, intersection. – **4.** (*von Veranstaltungen etc*) clash, overlap. – **5.** (*von Rhythmen etc*) overlap. – **6.** (*von Interessen etc*) clash, collision.

ˌüberˈschneit *adj* snow-covered, snowy, besnowed (*lit.*).

ˈüberˌschnell I *adj* **1.** *cf.* übereilig. – **2.** *cf.* übereilt II. – **3.** (*Auto etc*) superfast. – **II** *adv* **4.** *cf.* übereilt 4.

ˌüberˈschraubt *adj fig. colloq.* eccentric, queer.

ˌüberˈschrei·ben I *v/t* ⟨*irr, insep, no* -ge-, h⟩ **1.** (*hinwegschreiben über*) write over, overwrite, overscore. – **2.** (*betiteln*) head(line), (en)title, superscribe. – **3. j-m etwas** ~, **etwas auf j-n** ~ *jur.* to register (*od.* enter) s.th. in s.o.'s name, to settle s.th. (up)on s.o., to make over s.th. to s.o.: **er hat das Haus (auf den Namen) seiner Frau** ~ **lassen** he had the house entered (*od.* registered) in his wife's name; **er überschrieb sein Geschäft auf seinen Sohn** he made over his business to his son. – **4. etwas auf j-s Konto** ~ *econ.* to transfer (*od.* pass) s.th. to s.o.'s account. – **II Ü**~ *n* ⟨-s⟩ **5.** *verbal noun.* — **ˌÜberˈschrei·bung** *f* ⟨-; -en⟩ **1.** *cf.* Überschreiben. – **2.** *jur.* registration, entry.

ˌÜberˈschrei·bungsˌurˌkun·de *f jur.* **1.** (*Schenkungsurkunde*) deed of donation (*od.* gift). – **2.** (*bei Grundstücken*) deed of conveyance.

ˌüberˈschrei·en I *v/t* ⟨*irr, insep, no* -ge-, h⟩ outcry, shout (*od.* cry) (*s.o.*) down. – **II** *v/reflex* **sich** ~ (over)strain one's voice.

ˌüberˈschreit·bar *adj* passable, crossable: **der Fluß ist um diese Jahreszeit nicht** ~ the river is not passable (*od.* cannot be passed *od.* crossed) at this time of (the) year.

ˌüberˈschrei·ten I *v/t* ⟨*irr, insep, no* -ge-, h⟩ **1.** (*Grenze, Fluß, Straße etc*) cross, go over (*od.* across): **die Grenze** ~ to cross (*od.* pass) the border. – **2.** (*Schwelle*) cross, pass. – **3.** *fig.* (*Maß, Grenze etc*) exceed, pass, go beyond, transcend: **das überschreitet alles Maß** that exceeds all bounds. – **4. die zulässige Höchstgeschwindigkeit** ~ to exceed (*od.* break) the speed limit. – **5.** *econ.* (*Kredit*) exceed, strain. – **6.** *fig.* (*Befugnisse, Kompetenzen etc*) exceed, stretch, transgress. – **7.** *fig.* (*Kräfte*) overtax. – **8.** *fig.* (*Zeit*) overrun, exceed: **wir haben die Sendezeit überschritten** we have overrun our time, we are running over time. – **9.** *fig.* (*Urlaub etc*) overstay. – **10.** *fig.* (*in Wendungen wie*) **die Party hatte den Höhepunkt überschritten** the party was beginning to lag; **der Höhepunkt dieser Entwicklung ist bereits [längst] überschritten** the peak (*od.* climax) of this development is already [well] past; **sie hat die 40 [längst] überschritten** she is [well] over 40, she is [well] on in her 40's (*od.* forties). – **11.** *mar.* (*Lademarke*) submerge. – **II Ü**~ *n* ⟨-s⟩ **12.** *verbal noun*: **Ü**~ **der Geleise verboten** do not cross the tracks. – **13.** *fig.* (*der Befugnisse etc*) transgression. — **ˌÜberˈschrei·tung** *f* ⟨-; -en⟩ *cf.* Überschreiten.

ˈÜberˌschrift *f* ⟨-; -en⟩ **1.** (*Titel*) head(ing), title, *bes. Am.* caption: **mit einer** ~ **versehen** to entitle (*od.* head, *Am. auch* caption). – **2.** (*Schlagzeile*) headline. – **3.** *print.* (*über die ganze Spaltenbreite*) crosshead, *auch* crossheading. – **4.** *jur.* (*eines Gesetzes, einer Klage etc*) title, rubric.

ˈÜberˌschuh *m meist pl* **1.** (*halbhoher*) galosh, overshoe: ~**e aus Gummi** rubbers. – **2.** (*für Skischuhe etc*) overshoe.

ˌüberˈschul·det *adj econ.* heavily indebted. — **ˌÜberˈschul·dung** *f* ⟨-; -en⟩ heavy (*od.* excess[ive]) indebtedness, overindebtedness.

ˈÜberˌschuß *m* ⟨-sses; ⸗sse⟩ **1.** *econ.* a) (*Gewinn*) profit, b) (*Verdienstspanne*) (gross) margin, c) (*Mehrbetrag*) surplus: **einen** ~ **abwerfen** to yield a profit; **sie erzielten hohe Überschüsse** they made high profits. – **2.** *econ.* (*an Waren*) (**an** *dat* of) surplus(age), overflow, (over)plus, *Am.* overage. – **3.** *econ.* (*Saldo*) balance. – **4.** *fig.* (*an Energie, Kraft etc*) (**an** *dat* of) surplus, excess. – **5.** *fig.* (*an Geburten, Zuwachs etc*) (**an** *dat* of) surplus: ~ **an Frauen** *cf.* Frauenüberschuß. – **6.** *print.* surplus, overrun. — ~**ˌgas** *n tech.* surplus gas. — ~**geˌbiet** *n econ.* surplus area.

ˈüberˌschüs·sig [-ˌʃʏsɪç] *adj* **1.** *econ.* surplus, excess (*beide attrib*): ~**e Erzeugnisse** surplus (*od.* excess, overplus) goods (*od.* products); ~**e Kaufkraft** excess purchasing power. – **2.** (*Kraft etc*) surplus (*attrib*), spare.

ˈÜberˌschußˌˌland *n econ.* surplus country. — ~**ˌluft** *f tech.* excess air. — ~**proˌduk·te** *pl econ.* surplus products. — ~**re·ak·ti·viˌtät** *f nucl.* excess reactivity. — ~**reˌser·ve** *f econ.* excess reserve.

ˌüberˈschüt·ten¹ *v/t* ⟨*insep, no* -ge-, h⟩ **1. j-n [etwas] mit etwas** ~ a) (*mit Sand etc*) to pour s.th. over s.o. [s.th.], to cover s.o. [s.th.] with s.th., b) (*mit Wasser etc*) to pour s.th. over s.o. [s.th.]. – **2. j-n mit etwas** ~ *fig.* a) (*mit Geschenken etc*) to shower (*od.* overwhelm, inundate, load) s.o. with s.th., to shower (*od.* lavish) s.th. on s.o., b) (*mit Fragen etc*) to shower (*od.* overwhelm) s.o. with s.th., c) (*mit Angeboten etc*) to inundate (*od.* swamp) s.o. with s.th.: **sie überschüttete ihn mit Vorwürfen** she showered him with reproaches, she heaped reproaches (up)on him (*od.* his head); **er wurde mit Angeboten überschüttet** he was inundated (*od.* snowed under) with offers.

ˈüberˌschüt·ten² *v/t* ⟨*sep,* -ge-, h⟩ **1. etwas** ~ to spill s.th. – **2. j-m etwas** ~ to pour s.th. over s.o.: **er hat mir einen Eimer Wasser übergeschüttet** he poured a bucket of water over me.

ˈÜberˌschwang [-ˌʃvaŋ] *m* ⟨-(e)s; *no pl*⟩ rapture, exuberance, exaltation: **im** ~ **der Leidenschaft** in the rapture of passion; **im** ~ **der Gefühle** in the exuberance of one's feelings; **in jugendlichem** ~ in youthful exuberance.

ˈÜberˌschwän·ge·rung *f med.* superimpregnation, superfecundation.

ˈüberˌschwap·pen *v/i* ⟨*sep,* -ge-, sein⟩ *colloq.* splash (*od.* slop) over, spill.

ˈüberˌschwe·felˌsau·er *adj chem.* **überschwefelsaures Salz** per(oxydi)sulfate *bes. Br.* -ph-. – **ˈÜberˌschwe·felˌsäu·re** *f* ⟨-; *no pl*⟩ per(oxydi)sulfuric (*bes. Br.* -ph-) acid ($H_2S_2O_8$).

ˈüberˌschwel·lig [-ˌʃvɛlɪç] *adj psych.* supraliminal.

ˌüberˈschwem·men I *v/t* ⟨*insep, no* -ge-, h⟩ **1.** flood, inundate, swamp, submerge, overflow, deluge, drown. – **2.** *fig.* (mit with) inundate, swamp, deluge, flood: **der Leser wird heute mit einer Flut von Zeitungen überschwemmt** the reader is deluged with a flood of newspapers nowadays; **jeden Sommer wird Berchtesgaden von Touristen überschwemmt** Berchtesgaden is inundated with (*od.* invaded by, overrun by) tourists every summer. – **3.** *econ.* a) (*Markt*) glut, b) (*Lager*) overstock. – **4.** *biol.* invade. – **II Ü**~ *n* ⟨-s⟩ **5.** *verbal noun.* — **ˌÜberˈschwem·mung** *f* ⟨-; -en⟩ **1.** *cf.* Überschwemmen. – **2.** inundation, flood, spate, freshet, overflow: **plötzliche** ~ sudden (*od.* flash) flood. – **3.** *geol.* deluge, cataclysm. – **4. er hat im Badezimmer eine** ~ **angerichtet** *colloq. humor.* he has flooded the whole bathroom. – **5.** *biol.* invasion.

ˌÜberˈschwem·mungsˌgeˌbiet *n* **1.** (*überschwemmtes Gebiet*) flood(ed) (*od.* inundated) area. – **2.** *geogr.* floodplain. — ~**geˌfahr** *f* danger of flooding. — ~**ka·taˌstro·phe** *f* flood disaster.

ˈüberˌschweng·lich [-ˌʃvɛŋlɪç] **I** *adj* **1.** (*Worte etc*) rapturous, rhapsodic: **mit** ~**en Worten** in rapturous (*od.* lavish) terms. – **2.** (*Gefühl, Stil etc*) effusive, gushing, gushy: **eine** ~**e Rede** an effusive (*od.* exuberant, a luxuriant) speech. – **II** *adv* **3. j-m** ~ **danken** to thank s.o. effusively (*od.* gushingly, lavishly, gushily); ~ **grüßen** to greet effusively (*od.* with great effusion). — **ˈÜberˌschweng·lich·keit** *f* ⟨-; *no pl*⟩ **1.** (*in Rede, Stil etc*) effusion, effusiveness, gush(iness), exuberance, exuberancy. – **2.** (*von Gefühl etc*) effusion, effusiveness, gush(iness). [overheavy.]

ˈüberˌschwer *adj* (*Fahrzeug, Panzer etc*)

ˈÜberˌschwingˌfak·tor *m* (*radio*) overshoot ratio.

ˈÜberˌsee ⟨*invariable*⟩ overseas *pl* (*usually construed as sg*): **nach ~ gehen** to go overseas; **in ~ leben** to live overseas; **aus ~ zurückkommen** to return from overseas; **Märkte in ~** overseas markets; **Exporte nach ~** overseas exports; **Gäste aus ~** visitors from overseas. — **~ˌdamp·fer** *m mar.* ocean(-going) (*od.* transoceanic, transocean) steamer (*od.* liner). — **~geˌbie·te** *pl* overseas territories. — **~geˌspräch** *n tel.* overseas call. — **~ˌha·fen** *m mar.* transatlantic harbor (*bes. Br.* harbour). — **~ˌhan·del** *m* overseas trade.

ˈüberˌsee·isch *adj* **1.** (*Gebiet, Markt etc*) oversea(s). – **2.** (*Schiffsroute, -verbindung*) transocean(ic). – **3.** (*Kabel*) transatlantic, submarine.

ˈÜberˌsee|ˌka·bel *n tel.* transatlantic (*od.* submarine) cable. — **~ˌkof·fer** *m* trunk.

ˈÜberˌsee·le *f philos.* (*im Transzendentalismus*) oversoul.

ˈÜberˌsee|ˌli·nie *f mar.* transoceanic (*od.* transocean) line. — **~ˌmarkt** *m econ.* overseas market. — **~ˌrei·se** *f* journey overseas. — **~ˌschiff** *n* overseas ship, transoceanic (*od.* transocean) vessel. — **~ˌschiffahrt** (*getr.* -ffˌf-) *f* transoceanic navigation. — **~-Te·leˌgramm** *n* transoceanic telegram, cablegram, *auch* cable. — **~verˌkehr** *m* **1.** overseas (*od.* transoceanic) traffic. – **2. drahtloser ~** *tel.* transoceanic radio service.

ˌüberˈseh·bar *adj* **1.** visible at a glance, surveyable. – **2.** *fig.* (*in Wendungen wie*) **die Folgen sind nicht ~** the consequences are unforeseeable (*od.* cannot be foreseen); **der Schaden ist bei dem Unglück entstandene Schaden ist noch nicht ~** the damage caused by the accident is not yet estimable.

ˌüberˈse·hen[1] *v/t* ⟨*irr, insep, no* -ge-, h⟩ **1.** (*überblicken*) overlook, survey, oversee: **von seinem Fenster kann er die ganze Straße ~** he can overlook (*od.* he has a view of) the whole street from his window. – **2.** *fig.* (*Lage etc*) *cf.* **überblicken** 2. – **3.** *fig.* (*abschätzen, erkennen*) estimate: **der Schaden läßt sich in seinem Ausmaß noch nicht ~** the extent of the damage cannot yet be estimated (*od.* ascertained) (*od.* is not yet estimable). – **4.** (*nicht bemerken*) overlook, miss, fail to see (*od.* notice): **~ werden** to escape (s.o.'s) notice; **ich habe es ~** it escaped my notice; **etwas ist nicht zu ~** s.th. cannot be missed, s.th. is as big as a barn door (*colloq.*); **das findest du schon, es ist nicht zu ~** you are sure to find it, you can't miss (*od.* fail to see) it. – **5.** (*vergessen*) leave (*s.th.*) out, omit, forget: **bei der Übersetzung habe ich ein Wort ~** I left a word out in the translation. – **6.** (*hinweggehen über*) let (*s.th.*) pass, overlook, ignore, excuse: **ich will diesen Fehler noch einmal ~** I will let this mistake pass this once. – **7.** (*unbeachtet lassen*) disregard, overlook, neglect, pass over, blink (at), wink (at). – **8. j-n ~** (*absichtlich*) to slight (*od.* snub, ignore) s.o.

ˈüberˌse·hen[2] *v/t* ⟨*irr, sep,* -ge-, h⟩ **sich** (*dat*) **etwas ~** (*Farbe etc*) to tire (*od.* grow tired, sicken) of (seeing) s.th., to see too much of s.th., to see s.th. too often.

ˈüberˌse·lig *adj lit.* overjoyed, delirious with joy.

ˌüberˈsen·den I *v/t* ⟨*meist irr, insep, no* -ge-, h⟩ **1.** (*Grüße, Wünsche etc*) send, convey. – **2.** (*Pakete, Geschenke etc*) send: **Waren ~** to send (*od.* consign, *Am. auch* ship) goods. – **3.** (*Geld*) remit. – **II Ü~** *n* ⟨-s⟩ **4.** *verbal noun.* — **ˌÜberˈsen·der** *m* **1.** sender, conveyer, conveyor. – **2.** (*von Waren*) sender, consignor. – **3.** (*von Geld*) remitter. — **ˌÜberˈsen·dung** *f* ⟨-; *no pl*⟩ **1.** *cf.* **Übersenden.** – **2.** conveyance. – **3.** (*von Waren*) consignment, *Am. auch* shipment. – **4.** (*von Geld*) remittance.

ˌüberˈsetz·bar *adj* translatable: **dieser Ausdruck ist nicht ins Englische ~** this expression cannot be translated into English.

ˌüberˈset·zen[1] **I** *v/t* ⟨*insep, no* -ge-, h⟩ (in *acc* into) **1.** *ling.* translate, render: **etwas aus dem Französischen ins Englische ~** to translate (*od.* put, render) s.th. from French into English; **einen Text in gutes Englisch ~** to translate (*od.* turn) a text into good English; **einen Abschnitt genau [wörtlich] ~** to translate a paragraph faithfully [literally]; **dieses Buch läßt sich gut ~** this book translates well. – **2.** *tech.* a) (*Zoll etc in das metrische System*) transpose, translate, b) (*in der Mechanik*) transmit. – **II** *v/i* **3.** translate: **er kann nicht ~** he can't translate, he is a poor translator; **ich habe drei Stunden an diesem Text übersetzt** it took me three hours to translate this text. – **III Ü~** *n* ⟨-s⟩ **4.** *verbal noun.* – **5.** *cf.* **Übersetzung.**

ˈüberˌset·zen[2] **I** *v/t* ⟨*sep,* -ge-, h⟩ **1.** ferry (*s.o., s.th.*) over (*od.* across). – **2. den Finger ~** *mus.* to put one's finger over. – **3. den Fuß ~** (*beim Tanzen*) to cross one's foot, to put one foot across the other. – **II** *v/i* ⟨h *u.* sein⟩ **4.** cross (over): **wir haben** (*od.* **sind**) **mit drei Booten zum** (*od.* **nach dem**) **anderen Ufer übergesetzt** we crossed to the other shore with three boats.

ˌÜberˈset·zer *m* **1.** translator: **freiberuflicher [vereidigter] ~** free-lance [sworn] translator. – **2.** *tel.* (*eines Drucktelegraphen*) translator.

ˌÜberˈset·ze·rin *f* ⟨-; -nen⟩ *cf.* **Übersetzer** 1.

ˌÜberˈset·zung *f* ⟨-; -en⟩ **1.** *cf.* **Übersetzen**[1]. – **2.** *ling.* translation, rendition, rendering, version: **eine wörtliche [freie] ~** a literal [free] translation; **eine ~ aus dem Englischen ins Deutsche** a translation from English into German; **die englische ~ des Buches ist besser als die französische** the English translation (*od.* version) of the book is better than the French one. – **3.** *tech.* a) gear (*od.* transmission) ratio, b) (*eines Hebels*) leverage: **eine kleine [große] ~** a small [big] gear ratio; **das Getriebe hat eine ~ von 1 : 4** the gearbox ratio is 1 : 4; **die ~ wechseln** to change (*bes. Am.* shift) gear.

ˌÜberˈset·zungs|büˌro *n* translation agency (*od.* bureau, office), translating bureau. — **~ˌfeh·ler** *m* translation error, error in translation. — **~geˌbühr** *f* translation fee. — **~geˌtrie·be** *n tech.* transmission gearing: **~ ins Langsame** speed-reducing gear; **~ ins Schnelle** speed-increasing gear. — **~maˌschi·ne** *f* translating machine, language translation computer. — **~ˌübung** *f* translation exercise. — **~verˌhält·nis** *n* **1.** *tech.* gear (*od.* transmission) ratio. – **2.** *electr.* (*eines Transformators*) transformation ratio. — **~ˌwis·sen·schaft** *f* ⟨-; *no pl*⟩ science of translation.

ˈÜberˌsicht *f* ⟨-; -en⟩ (**über** *acc* of) **1.** ⟨*only sg*⟩ (*Bild, Vorstellung*) general idea, (overall) view: **eine ~ bekommen, ~ gewinnen** to obtain (*od.* get) a general idea (of how things stand); **er hat die ~ völlig verloren** he has become completely (*od.* utterly) confused, he has no idea of what's going on (*colloq.*). – **2.** ⟨*only sg*⟩ (*Kontrolle*) control: **die ~ über** (*acc*) **etwas verlieren** to lose control of (*od.* over) s.th.; **man verlor jede ~** the matter got completely out of hand. – **3.** ⟨*only sg*⟩ *cf.* **Überblick** 4. – **4.** (*Aufstellung*) list: **eine ~ über den Spielplan der kommenden Saison** a list of the repertoire for the coming season; **eine ~ über die Kohlenwasserstoffverbindungen** a list (*od.* table) of carbohydrate compounds; **eine tabellarische ~ über das Erdzeitalter** a table of the eras (*od.* ages). – **5.** (*zusammenfassende Darstellung*) outline, summary, resumé, précis, synopsis, abstract, review, conspectus: **eine ~ über die englische Literatur** an outline of English literature. – **6.** *cf.* **Übersichtstafel.**

ˈüberˌsich·tig *adj med.* longsighted, farsighted; hyperopic, hypermetropic (*scient.*). — **ˈÜberˌsich·tig·keit** *f* ⟨-; *no pl*⟩ longsightedness, farsightedness; hyperopia, hypermetropia (*scient.*).

ˈüberˌsicht·lich I *adj* **1.** (*leicht überblickbar*) easy to survey, easily surveyed. – **2.** (*klar gegliedert*) clear(ly arranged), distinct: **eine ~e Anordnung** a clear arrangement. – **II** *adv* **3.** (*klar, gut faßbar*) clearly, distinctly: **der Aufsatz war ~ gegliedert** the essay was clearly organized; **etwas ~ darstellen** to describe s.th. clearly. — **ˈÜberˌsicht·lich·keit** *f* ⟨-; *no pl*⟩ **1.** (*von Gelände etc*) openness: **die ~ dieser Straße wird durch nichts beeinträchtigt** visibility on this road is unimpaired. – **2.** (*einer Anordnung etc*) clarity, clearness, distinctness: **der besseren ~ halber** for clarity's sake, for the sake of clarity.

ˈÜberˌsichts|ˌkar·te *f* general map. — **~ˌplan** *m* layout plan. — **~ˌskiz·ze** *f* general sketch (*od.* draft). — **~taˌbel·le** *f* chart. — **~ˌta·fel** *f* synoptic table.

ˈüberˌsie·deln[1] **I** *v/i* ⟨*sep,* -ge-, sein⟩ (nach to) **1.** (*umziehen*) (re)move. – **2.** (*auswandern*) emigrate. – **II Ü~** *n* ⟨-s⟩ **3.** *verbal noun.*

ˌüberˈsie·deln[2] *v/i* ⟨*insep, no* -ge-, sein⟩ *cf.* **übersiedeln**[1].

Über·sie·de·lung [ˈyːbərˌziːdəluŋ; ˌyːbərˈziːdəluŋ] *f* ⟨-; *no pl*⟩ **1.** *cf.* **Übersiedeln**[1]. – **2.** (*Umzug*) (nach to) move, removal. – **3.** (*Auswanderung*) (nach to) emigration.

ˈüberˌsie·den *v/i* ⟨*sep,* -ge-, sein⟩ boil over.

Über·sied·lung [ˈyːbərˌziːdluŋ; ˌyːbərˈziːdluŋ] *f* ⟨-; *no pl*⟩ *cf.* **Übersiedelung.**

ˈÜberˌsied·lungsˌgut *n* ⟨-(e)s; *no pl*⟩ **1.** removal goods *pl.* – **2.** emigration goods *pl.*

ˈüberˌsinn·lich *adj* **1.** supersensible, suprasensuous: **~e Kräfte** psychic(al) forces (*od.* powers). – **2.** *philos.* transcendent, *auch* transcendant, transcendental, metaphysical.

ˌüberˈsom·mern *v/i* ⟨*insep, no* -ge-, h⟩ **1.** *zo.* (a)estivate. – **2.** *agr.* (*von Vieh*) summer.

ˌüberˈsonnt *adj* sun-drenched.

ˌüberˈspan·nen I *v/t* ⟨*insep, no* -ge-, h⟩ **1.** (*Fluß, Tal etc*) span, traverse: **eine neue Brücke überspannt den Fluß** a new bridge spans (*od.* [over]arches) the river. – **2.** (*Fläche, Raum*) (mit with) span, cover. – **3.** *arch.* (*überwölben*) vault, span, (over)arch. – **4.** *tech.* (*zu stark spannen*) (*Feder etc*) (over)strain. – **5.** *mus.* (*Saite*) overstretch. – **6.** *fig.* (*in Wendungen wie*) **seine Forderungen ~** to carry one's claims (*od.* demands) too far (*od.* to extremes), to exaggerate one's claims, to stretch it (a bit) (*colloq.*); → **Bogen** 9. – **7.** *phys. tech.* (*Dampf*) superheat. – **8.** *med.* (*Sehne, Haut*) superextend, overstretch. – **II Ü~** *n* ⟨-s⟩ **9.** *verbal noun.* – **10.** *cf.* **Überspannung**[1]. — **ˌüberˈspannt I** *pp.* – **II** *adj fig.* **1.** (*Forderung, Hoffnung etc*) exaggerated, extravagant. – **2.** (*Redeweise, Ansichten etc*) eccentric, extravagant: **~e Vorstellungen** eccentric (*od.* fantastic, wild, outré) ideas. – **3.** (*Person*) eccentric; crazy, cracked (*colloq.*): **sie ist ~** she is (quite) eccentric. — **ˌÜberˈspannt·heit** *f* ⟨-; *no pl*⟩ *fig.* **1.** (*von Forderungen, Hoffnungen etc*) exaggeration, extravagance. – **2.** (*von Redeweise, Ansichten etc*) eccentricity, extravagance. – **3.** (*von Person*) eccentricity, craziness (*colloq.*). – **4.** (*Zustand*) overwrought state, exaltation of mind.

ˌÜberˈspan·nung[1] *f* **1.** *cf.* **Überspannen.** – **2.** *fig.* (*Übertreibung*) exaggeration. – **3.** *tech.* (*einer Feder etc*) (over)strain.

ˈÜberˌspan·nung[2] *f electr.* excess voltage, overvoltage.

ˈÜberˌspan·nungs|ˌschal·ter *m electr.* overvoltage circuit breaker. — **~ˌschutz** *m* overvoltage (*od.* transient) protection.

ˌüberˈspie·len I *v/t* ⟨*insep, no* -ge-, h⟩ **1.** (*Schallplatte, Tonband, Musikstück etc*) rerecord, transfer: **etwas auf ein Tonband ~** to rerecord s.th. on a tape, to make a tape recording of s.th. – **2.** (*Gegner*) outplay, outman(o)euver, *bes. Br.* outmanœuvre, pass. – **3.** *fig.* (*Fehler, Schwächen etc*) cover (up), veil. – **4.** (*theater*) overplay, overact. – **II Ü~** *n* ⟨-s⟩ **5.** *verbal noun.* – **6.** *cf.* **Überspielung.**

ˌÜberˈspielˌlei·tung *f* (*radio*) *telev.* closed circuit.

ˌüberˈspielt I *pp.* – **II** *adj* (*sport*) a) (*Gegner*) outplayed, outman(o)euvered, *bes. Br.* outmanœuvred, b) (*Spieler*) played out: **er scheint ~ zu sein** he seems to have played too many matches.

ˌÜberˈspie·lung *f* ⟨-; -en⟩ **1.** *cf.* **Überspielen.** – **2.** (*radio*) *telev.* rerecording, transfer: **die ~ von Lichtton auf Magnetton** magnetic transfer.

ˌüberˈspin·nen *v/t* ⟨*irr, insep, no* -ge-, h⟩ (*mit Spinngewebe überziehen*) spin a web over, web.

ˌüberˈspit·zen I *v/t* ⟨*insep, no* -ge-, h⟩ **1.** (*Argument, Bemerkung etc*) exaggerate, overstate. – **2.** (*Angelegenheit etc*) exaggerate, carry (*s.th.*) to extremes (*od.* too far). – II Ü~ *n* ⟨-s⟩ 3. *verbal noun.* — **ˌüber-ˈspitzt** I *pp.* – II *adj* (*Argument, Bemerkung etc*) oversubtle, pushed to extremes. – III *adv* einen Sachverhalt ~ formulieren to state facts oversubtly. — **ˌÜberˈspit·zung** *f* ⟨-; -en⟩ 1. *cf.* Überspitzen. – 2. ⟨*only sg*⟩ oversubtlety, extreme (*od.* exaggerated) subtlety. – 3. exaggeration, oversubtle (*od.* extreme) formulation.

ˌüberˈspon·nen I *pp of* überspinnen. – II *adj electr.* (*Draht*) covered, braided.

ˈÜberˌspre·chen *n tel.* cross talk.

ˌüberˈspren·keln *v/t* ⟨*insep, no* -ge-, h⟩ etwas mit etwas ~ to sprinkle s.th. with s.th.

ˌüberˈsprin·gen[1] *v/t* ⟨*irr, insep, no* -ge-, h⟩ 1. (*Zaun, Hürde etc*) jump (*od.* leap) (over, *von Ufer zu Ufer auch* across), clear: im letzten Versuch konnte er diese Höhe ~ he was able to clear this height in his last attempt. – 2. (*eine Weitsprungmarke etc*) overleap, overjump: er hat die 6-Meter--Marke übersprungen he has overlept the 6-meter (*bes. Br.* -metre) mark. – 3. *fig.* (*Abschnitt, Seite etc*) skip (over), leave out, jump, (*bes. aus Versehen*) miss (out): er hat diese heiklen Fragen übersprungen he left out (*od.* skipped over) these delicate questions. – 4. *fig.* (*Klasse, Generation etc*) jump, skip.

ˈüberˌsprin·gen[2] *v/i* ⟨*irr, sep,* -ge-, sein⟩ 1. von etwas auf (*acc*) etwas ~ *fig.* to jump from s.th. to s.th.: der Redner sprang auf ein anderes Thema über the speaker jumped to another subject. – 2. (*von Funken etc*) spring (*od.* dart, flash) over: die Funken sprangen von dem brennenden Haus auf die Scheune über the sparks sprang over from the burning house on to the barn. – 3. ~ auf (*acc*) *med.* a) (*von Krankheiten*) to shift to, b) (*von Epidemien*) to spread to.

ˈüberˌspru·deln I *v/i* ⟨*sep,* -ge-, sein⟩ 1. bubble over: das kochende Wasser ist übergesprudelt the boiling water bubbled over. – 2. *fig.* bubble over, effervesce: von (*od.* vor) Witz ~ to bubble over with wit; vor Lebensfreude ~ to bubble over with zest (*od.* the joy of life). – II Ü~ *n* ⟨-s⟩ 3. *verbal noun.* – 4. exuberance, effervescence. — **ˈüberˌspru·delnd** I *pres p.* – II *adj* (*Laune, Temperament, Witz etc*) exuberant, effervescent.

ˌüberˈsprü·hen[1] *v/t* ⟨*insep, no* -ge-, h⟩ spray (over).

ˈüberˌsprü·hen[2] I *v/t* ⟨*sep,* -ge-, h⟩ etwas nochmals ~ to spray s.th. again, to respray s.th. – II *v/i* ⟨sein⟩ *fig.* (vor *dat* with) sparkle, scintillate, bubble over.

ˈÜberˌsprungˌhand·lung *f* 1. *zo.* displacement (*od.* sparking-over) activity, irrelevant movement. – 2. *psych.* substitute activity.

ˌüberˈspü·len *v/t* ⟨*insep, no* -ge-, h⟩ 1. wash (over): die steigende Flut überspülte das Wrack the rising tide washed over the wreck. – 2. flood, overflow: der Fluß überspült die Ufer the river floods its banks. — **ˌüberˈspült** I *pp.* – II *adj* (*Straße, Schiffsdeck*) flooded, awash (*pred.*).

ˈüberˌstaat·lich *adj* (*Institution etc*) supranational, supernational.

ˈÜberˌstand *m* ⟨-(e)s; ⸚e⟩ excess length.

ˈÜberˌstän·der *m* (*forestry*) *cf.* Überhälter. — **ˈüberˌstän·dig** *adj* (*von Bäumen*) declining, overmature.

ˌüberˈste·chen *v/t* ⟨*irr, sep, no* -ge-, h⟩ 1. (*games*) (*mit Trumpf*) overtrump. – 2. (*überwendlich nähen*) oversew.

ˌüberˈste·hen[1] *v/t* ⟨*irr, insep, no* -ge-, h⟩ 1. (*Krankheit*) get over, recover from, (*Operation*) *auch* stand: er hat es gut überstanden he has got(ten) over it well. – 2. (*Krise, Gefahr*) weather, ride out: eine Krise glücklich ~ to weather a crisis. – 3. (*Unglück, Katastrophe*) survive. – 4. (*in Wendungen wie*) das wäre überstanden! *colloq.* (phew!) that's that (*od.* that's behind us at last)! du wirst's schon ~ *colloq.* you'll survive (it); er hat es überstanden *euphem.* (*er ist tot*) he is at rest.

ˈüberˌste·hen[2] *v/i* ⟨*irr, sep,* -ge-, sein⟩ (*vorspringen*) project, jut (out).

ˈÜberˌsteig *m* (*über einen Zaun*) stile.

ˌüberˈsteig·bar *adj* surmountable, surpassable.

ˌüberˈstei·gen[1] *v/t* ⟨*irr, insep, no* -ge-, h⟩ 1. (*Mauer etc*) climb over, surmount. – 2. (*Zaun etc*) climb (*mit einem Schritt* step) over. – 3. (*Hindernis*) cross, traverse, surmount: Hannibals Truppen überstiegen die Alpen Hannibal's troops crossed the Alps. – 4. *fig.* exceed, go beyond, (sur)pass: das übersteigt alle unsere Erwartungen that exceeds all our expectations; das übersteigt unsere Kräfte that exceeds (*od.* outreaches) our strength; das übersteigt meine Fähigkeiten that's beyond me (*od.* my abilities); das Angebot übersteigt die Nachfrage the supply exceeds the demand; eine Frechheit, die alle Grenzen übersteigt an impudence that exceeds (*od.* outreaches, *lit.* transcends) all limits; das übersteigt meinen Horizont that is beyond me; das übersteigt alles! that beats all! (*colloq.*); das übersteigt (ja) alles, was ich bisher gehört habe I never heard the like of that, that beats all (*colloq.*). – 5. *fig.* (*Deutung etc*) transcend.

ˈüberˌstei·gen[2] *v/i* ⟨*irr, sep,* -ge-, sein⟩ *colloq.* (*hinüberklettern*) (zu to) climb (*mit einem Schritt* step) over, cross over.

ˌüberˈstei·gern I *v/t* ⟨*insep, no* -ge-, h⟩ 1. (*Preis etc*) force up. – 2. (*übertreiben*) exaggerate, go too far with: du sollst deine Forderungen nicht ~ you should not exaggerate (*od. colloq.* overdo it with) your demands. – 3. j-n ~ (*überbieten*) to outbid (*od.* overbid) s.o. – II *v/reflex* sich ~ 4. (*in Gefühlsäußerungen*) (in *dat* with) gush. – III Ü~ *n* ⟨-s⟩ 5. *verbal noun.* — **ˌüberˈstei·gert** I *pp.* – II *adj* exaggerated, excessive: ~er Nationalismus ultranationalism; ~es Selbstbewußtsein overconfidence. — **ˌÜberˈstei·ge·rung** *f* ⟨-; *no pl*⟩ 1. *cf.* Übersteigern. – 2. (*Übertreibung*) exaggeration.

ˌüberˈstel·len I *v/t* ⟨*insep, no* -ge-, h⟩ 1. j-n j-m ~ to put (*od.* place) s.o. over (*od.* above) s.o. – 2. j-n einer Behörde (*od.* an eine Behörde) ~ (*officialese*) to commit s.o. to an authority. – II Ü~ *n* ⟨-s⟩ 3. *verbal noun.* — **ˌÜberˈstel·lung** *f* ⟨-; *no pl*⟩ 1. *cf.* Überstellen. – 2. (an *acc* to) commitment.

ˌüberˈstem·peln *v/t* ⟨*insep, no* -ge-, h⟩ *cf.* stempeln 2.

ˈÜberˌsterb·lich·keit *f* excessive mortality.

ˌüberˈsteu·ern I *v/t* ⟨*insep, no* -ge-, h⟩ 1. (*Mikrophon etc*) overmodulate, overdrive. – 2. (*Auto*) oversteer. – II Ü~ *n* ⟨-s⟩ 3. *verbal noun.* — **ˌÜberˈsteu·e·rung** *f* ⟨-; *no pl*⟩ 1. *cf.* Übersteuern. – 2. overmodulation.

ˈÜberˌstich *m* (*games*) higher trump, (*beim Bridge*) overtrick.

ˌüberˈstim·men *v/t* ⟨*insep, no* -ge-, h⟩ *bes. pol.* 1. (*Person*) outvote. – 2. (*Antrag*) vote (*s.th.*) down.

ˈüberˌstolz *adj* overproud.

ˌüberˈstop·fen *v/t* ⟨*insep, no* -ge-, h⟩ *colloq.* (*dünne Stellen*) darn over, reinforce (*s.th.*) with a darn.

ˌüberˈstrah·len I *v/t* ⟨*insep, no* -ge-, h⟩ 1. (*in Licht tauchen*) shine (up)on, irradiate. – 2. *auch fig.* (*verdunkeln*) outshine, eclipse: der Ruhm des Sohnes wird von dem des Vaters überstrahlt *fig.* the son's fame is outshone by that of his father. – 3. *phot.* irradiate. – II Ü~ *n* ⟨-s⟩ 4. *verbal noun.* — **ˌÜberˈstrah·lung** *f* ⟨-; -en⟩ 1. *cf.* Überstrahlen. – 2. *telev.* irradiation, halation, flare, overshoot distortion, bloom. – 3. *phot.* a) (*im Filmmaterial*) halation, irradiation, b) (*in der Optik*) flare.

ˌüberˈstrecken (*getr.* -k·k-) I *v/t* ⟨*insep, no* -ge-, h⟩ *med.* (*Arm, Gelenk etc*) overstretch, superextend. – II Ü~ *n* ⟨-s⟩ *verbal noun.* — **ˌÜberˈstreckung** (*getr.* -k·k-) *f* 1. *cf.* Überstrecken. – 2. (*von Sehne, Muskel etc*) overextension, hyperextension, parectasis (*scient.*). – 3. (*von Gelenk*) hyperdistension.

ˌüberˈstrei·chen[1] I *v/t* ⟨*irr, insep, no* -ge-, h⟩ 1. etwas mit etwas ~ to coat s.th. with (*od.* give s.th. a coat of) s.th.: etwas mit Firnis ~ to varnish s.th. – II Ü~ *n* ⟨-s⟩ 2. *verbal noun.* – 3. *cf.* Überstreichung.

ˈüberˌstrei·chen[2] *v/t* ⟨*irr, sep,* -ge-, h⟩ etwas noch einmal ~ to give s.th. another coat of paint, to paint s.th. again (*od.* over), to repaint s.th.

ˌÜberˈstrei·chung *f* ⟨-; -en⟩ 1. *cf.* Überstreichen[1]. – 2. *math.* vinculum.

ˈüberˌstrei·fen *v/t* ⟨*sep,* -ge-, h⟩ 1. j-m etwas ~ to slip s.th. on s.o. – 2. sich (*dat*) etwas ~ to slip s.th. on.

ˌüberˈstreu·en *v/t* ⟨*insep, no* -ge-, h⟩ (mit with) strew, sprinkle.

ˈÜberˌstrom *m* ⟨-(e)s; *no pl*⟩ *electr.* excess current, overcurrent.

ˌüberˈströ·men[1] *v/t* ⟨*insep, no* -ge-, h⟩ 1. *cf.* überschwemmen 1. – 2. (*Felsen etc*) surge, rush over. – 3. *fig.* (*in Wendungen wie*) Tränen überströmten ihr Gesicht tears poured down her cheeks.

ˈüberˌströ·men[2] *v/i* ⟨*sep,* -ge-, sein⟩ *lit.* 1. (*von Wasser*) (von with) overflow, run over: von Tränen ~ to brim with tears. – 2. *fig.* (von, vor *dat* with) overflow: von Dankesbezeigungen ~ to overflow with gratitude; vor Freude ~ to exult with joy; vor Liebenswürdigkeit ~ to overflow with kindness. – 3. auf j-n ~ *fig.* to be conveyed (*od.* communicated) to s.o.

ˈüberˌströ·mend I *pres p of* überströmen[2]. – II *adj auch fig.* overflowing: aus ~em Herzen overflowing with emotion; ~e Freundlichkeit a) overflowing (*od.* exuberant) friendliness, b) (*überschwengliche*) gushing friendliness.

ˈÜberˌstrom|ˌschal·ter *m electr.* line circuit breaker (*od.* contactor). — ~**ˌschutz** *m*, ~**ˌsi·che·rung** *f* overcurrent protection.

ˌüberˈströmt I *pp of* überströmen[1]. – II *adj* 1. flooded, inundated. – 2. *fig.* (*von Licht*) inundated, suffused. – 3. (*in Wendungen wie*) ihr von Tränen ~es Gesicht her tear-stained face; der Ort ist im Winter von Touristen ~ *fig.* the town is inundated with tourists in (the) winter.

ˈÜberˌström·venˌtil *n tech.* overflow (*od.* bypass) valve.

ˈüberˌstül·pen *v/t* ⟨*sep,* -ge-, h⟩ j-m etwas ~ to clap s.th. on (*od.* over) s.o.('s head); sich (*dat*) etwas ~ to clap s.th. on, to clap s.th. on (*od.* over) one's head.

ˈÜberˌstun·den *pl* overtime *sg*: bezahlte ~ paid overtime; ~ machen to work overtime. — ~**ˌar·beit** *f* overtime work. — ~**ˌgel·der** *pl*, ~**ˌlohn** *m* overtime pay *sg*.

ˌüberˈstür·zen I *v/t* ⟨*insep, no* -ge-, h⟩ 1. (*ohne Überlegung tun*) rush into: er hat seine Reise überstürzt he rushed into his trip; wir wollen nichts ~ don't let's rush into anything, don't let's act rashly; ~ Sie nichts! don't rush into anything, don't act rashly, don't be overhasty. – 2. sich ~ (*von Ereignissen etc*) to follow in rapid succession. – II *v/reflex* sich ~ 3. (*von Person*) rush into things, act rashly (*od.* overhastily, precipitately). – III Ü~ *n* ⟨-s⟩ 4. *verbal noun.* – 5. *cf.* Überstürzung.

ˌüberˈstürzt I *pp.* – II *adj* (*Abreise, Flucht, Tat, Handeln etc*) overhasty, headlong, rash, precipitous, precipitate: ~e Eile headlong rush (*od.* haste), hurry-scurry. – III *adv* ~ handeln to act overhastily (*od.* rashly, precipitously, precipitately), *bes. Am.* to go off half-cocked, *Br.* to go at half cock.

ˌÜberˈstür·zung *f* ⟨-; *no pl*⟩ 1. *cf.* Überstürzen. – 2. headlong rush (*od.* haste), rashness, precipitation, precipitancy, precipitance: nur keine ~! there is no hurry! take your time! hold your horses!

ˈüberˌsüß *adj* oversweet, too sweet.

ˈÜberˌta·ge|ˌar·beit *f* (*mining*) surface work. — ~**ˌar·bei·ter** *m* surface worker.

ˌüberˈta·kelt *adj mar.* overcanvased, *auch* overcanvassed.

ˈÜberˌta·ra *f econ.* excess tare.

ˈüber·taˌrif·lich *adj econ.* in excess of (collectively agreed) scale.

ˌüberˈtäu·ben [-ˈtɔʏbən] *v/t* ⟨*insep, no* -ge-, h⟩ (*Schmerz etc*) (durch with, by) deaden, dull.

ˈüber·taˌxie·ren *v/t* ⟨*insep, no* -ge-, h⟩ *econ.* overestimate.

ˌüberˈteu·ern [-ˈtɔʏərn] I *v/t* ⟨*insep, no* -ge-, h⟩ etwas ~ to overcharge (*od.* charge too much for) s.th. – II Ü~ *n* ⟨-s⟩ *verbal noun.* — **ˌüberˈteu·ert** I *pp.* – II *adj* (*Ware*) too expensive. — **ˌÜberˈteue·rung** *f* 1. *cf.* Überteuern. – 2. overcharge.

ˌüberˈtöl·peln [-ˈtœlpəln] I *v/t* ⟨*insep, no* -ge-, h⟩ dupe, gull, outwit, take (*s.o.*) in (*colloq.*). – II Ü~ *n* ⟨-s⟩ *verbal noun.* — **ˌÜberˈtöl·pe·lung** *f* ⟨-; -en⟩ 1. *cf.* Übertölpeln. – 2. dupery.

ˌüberˈtö·nen *v/t* ⟨*insep, no* -ge-, h⟩ 1. (*Stimme, Lärm*) drown. – 2. (*Ton, Klang*) overtone.

ˌüberˈtourt [-ˈtuːrt] *adj tech.* overdriven.

ˈÜberˌtrag [-ˌtraːk] *m* ⟨-(e)s; ⸚e⟩ (*in der Buchführung*) 1. (*Betrag*) amount carried over (*od.* [brought] forward). – 2. (*Handlung*) transfer, carrying over (*od.* forward), carry-over: einen ~ machen to make a transfer.

ˌüberˈtrag·bar *adj* 1. (*Idee, Prinzip etc*)

(auf *acc* to) applicable, appliable, transferable, *auch* transferrable. – **2.** (*Text*) (in *acc* into) translatable. – **3.** *jur.* (auf *acc* to) a) (*Dokumente, Ausweise, Wahlstimmen etc*) transferable, *auch* transferrable, b) (*Rechte*) alienable, conferrable, c) (*Titel*) conveyable: dieser Ausweis ist nicht ~ this identity card is not transferable. – **4.** *jur. econ.* (*Besitztum*) (auf *acc* to) conveyable, demisable, assignable: nicht ~ a) unassignable, b) (*durch Indossament*) not negotiable, nonnegotiable *Br.* non-; durch Indossament ~ negotiable (by endorsement). – **5.** *med.* (*Krankheit*) (auf *acc* to) a) (*ansteckend*) contagious, infectious, communicable, catching, b) transmissible, transmittable. — ˌ**Über'trag·bar·keit** *f* ⟨-; *no pl*⟩ **1.** transferability, applicability. – **2.** translatability. – **3.** *jur.* a) transferability, b) alienability. – **4.** *jur. econ.* demisability, assignability, negotiability. – **5.** *med.* a) contagiousness, infectiousness, communicability, b) transmissibility.

ˌ**über'tra·gen**[1] **I** *v/t* ⟨*irr, insep, no* -ge-, h⟩ **1.** (*eine Kopie anfertigen von*) copy, transcribe, transfer: sie übertrug den Text aus dem Buch in ihr Heft she copied (*od.* transcribed) the text from the book into her notebook; ein Manuskript ins reine ~ to make a fair copy of a manuscript; Korrekturen auf die zweite Druckfahne ~ to transfer corrections (on) to the second galley. – **2.** (*auf Stoff etc*) (*Muster etc*) (auf *acc* on to) transfer. – **3.** (*auf einen anderen Bereich anwenden*) apply, transfer: man darf unser System nicht einfach auf die dortigen Verhältnisse ~ one cannot simply apply our system to the conditions there; dieselben Prinzipien auf ein anderes Sachgebiet ~ to apply the same principles to another field. – **4.** (*senden*) broadcast: etwas im Rundfunk (*od.* Radio) ~ to broadcast (*od.* transmit) s.th. on (the) (*od.* over the) radio; etwas im Fernsehen ~ to broadcast s.th. on (*od.* by) television, to televise (*od.* telecast) s.th.; der Hessische Rundfunk überträgt das Fußballspiel live aus London Radio Hessen is broadcasting (*im Fernsehen auch* televising) the football match live from London. – **5.** (*auf Tonband, Schallplatten etc*) (*Sendung*) (auf *acc* on) record, make a recording of: ich habe das Konzert auf Band ~ I recorded the concert on tape, I made a tape recording of the concert. – **6.** (*Amt, Befugnisse, Vollmachten etc*) transfer: ihm wurde das Amt des Staatssekretärs ~ the office of undersecretary was transferred to him; der Diktator übertrug seinem Sohn die Macht im Staat the dictator transferred the power in the state to his son. – **7.** (*eine Würde, einen Titel etc*) confer, transfer: ihm wurde die Bischofswürde ~ the episcopate (*od.* the dignity of [a] bishop) was conferred on him. – **8.** (*Aufgabe, Arbeit, Verantwortung, Posten etc*) assign, consign, entrust: die Stadt übertrug dem Architekten X den Bau der Brücke the city assigned (*od.* consigned, entrusted) the construction of the bridge to architect X; die Arbeit wurde einem tüchtigen Goldschmied ~ the work was assigned (*od.* entrusted) to a competent goldsmith, a competent goldsmith was assigned (*od.* entrusted with) the work; man übertrug ihm die Professur he was assigned (*od.* awarded) the professorship. – **9.** *tech. phys.* a) (*Kraft, Bewegung etc*) transmit, transfer, b) (*Maße*) transfer, c) (*Gewinde*) transpose, d) (*Ätzbilder*) duplicate: durch die Kolbenbewegung wird die Kraft vom Motor auf die Räder ~ power is transmitted from the motor to the wheels by the piston movement. – **10.** (*computer*) transfer. – **11.** (*Begeisterung, Vorurteile etc*) (auf *acc*) transmit (to), transfuse ([in]to) (*lit.*). – **12.** (*in eine andere Sprache, in Prosa etc*) (*Text, Gedicht*) (in *acc*) translate (into), transpose (into), render (in): ein englisches Buch ins Deutsche ~ to translate an English book into (*od.* to render an English book in) German; eine Dichtung in die Volkssprache ~ to translate a work of poetry into the vernacular, to vernacularize (*Br. auch* -s-) a work of poetry. – **13.** (*in Maschinenschrift, in Lautschrift etc*) (*Text*) (in *acc* into) transcribe, translate. – **14.** *psych.* transfer. – **15.** *med.* a) (*Erbeigenschaften*) (auf *acc* to) transfer, b) (*Krankheit, Infektion, Bazillus, Virus etc*) transmit, pass on, c) (*Haut, Gewebe etc*) (auf *acc* to) graft, transplant, d) (*Blut*) transfuse, e) (*Herztöne*) transmit: im Mittelalter wurde die Pest von Ratten ~ in the Middle Ages the plague was transmitted by rats; sie übertrug die Krankheit auf ihren Mann she gave the illness to her husband, she infected her husband; ihm wurde ein Liter Blut ~ he was given a transfusion of a liter (*bes. Br.* litre) of blood. – **16.** *jur.* a) (*überschreiben*) (*Besitz, Vermögen etc*) transfer, convey (*s.th.*) (away), b) (*Rechte*) devolve, c) (*Patente, Rechtstitel, Privilegien etc*) assign: sie übertrug das Grundstück ihrem (*od.* auf ihren, an ihren, auf den Namen ihres) Neffen she transferred the estate to (*od.* conveyed the estate to, devolved the estate [up]on) her nephew (*od.* her nephew's name); der Erfinder hat der Firma das Patent ~ the inventor assigned the patent to the firm. – **17.** *econ.* a) (*einen Buchungsbetrag, Schulden, Haushaltsmittel etc*) (auf *acc* to) transfer, b) (*in ein anderes Geschäftsbuch, ins Hauptbuch etc*) (*Posten*) (in *acc* to) carry (*s.th.*) over (*od.* forward), c) (*Summe, Forderung, Wechsel etc*) (auf *acc* to) transfer, assign, transmit. – **18.** *mus. cf.* transponieren 1. – **19.** *hort.* (*Edelreis*) inlay. – **20.** *her.* (*Wappenschild*) charge. – **II** *v/reflex* sich ~ **21.** sich auf j-n ~ a) (*von guter Stimmung, schlechter Laune etc*) to be passed on to s.o., to infect s.o., b) (*von Erregung, Panik etc*) to spread to s.o., c) (*von Krankheit, Infektion etc*) to be communicated (*od.* transmitted, passed on) to s.o. – **22.** *hort.* (*von Bäumen, Sträuchern etc*) bear too much fruit. – **III Ü**~ *n* ⟨-s⟩ **23.** *verbal noun.*

ˌ**über'tra·gen**[2] **I** *pp of* übertragen[1]. – **II** *adj* **1.** (*Bedeutung*) figurative, metaphorical, *auch* metaphoric. – **2.** *Austrian* (*Kleidung*) (over)worn. – **3.** ⟨*pred*⟩ *Austrian* (*bes. Auto*) second-hand. – **4.** über Satelliten ~ (*radio*) *telev.* satellite-transmitted.

ˌ**Über'tra·gen·de** *m, f* ⟨-n; -n⟩ *jur.* **1.** (*Zedent*) conveyor, transferer, *auch* transferrer, transfer(r)or. – **2.** (*Veräußerer*) alienor.

ˌ**Über'tra·ger** *m* ⟨-s; -⟩ **1.** *jur. cf.* Übertragende. – **2.** *tel.* audio-frequency transformer. – **3.** *electr.* repeating coil.

ˌ**Über'trä·ger** *m* **1.** *chem.* carrier, transmitter, transporter. – **2.** *med.* carrier, vector (*scient.*).

ˌ**Über'tra·gung** *f* ⟨-; -en⟩ **1.** *cf.* Übertragen. – **2.** (*von Text, Korrektur etc*) transcription, transfer(ence), transferal, *auch* transferral. – **3.** (*eines Musters auf Stoff, einer Zeichnung auf Platten etc*) (auf *acc* on to) transfer(ence), transferal, *auch* transferral. – **4.** (*eines Systems auf andere Verhältnisse etc*) (auf *acc* to) application, transfer(ence), transferal, *auch* transferral. – **5.** (*Sendung*) broadcast: die ~ des Wettkampfes im Rundfunk (*od.* Radio) the broadcast of the contest on (the) (*od.* over the) radio, the radio broadcast of the competition; die ~ der Konferenz im Fernsehen the broadcast of the conference on (*od.* by) television, the television broadcast (*od.* the telecast) of the conference. – **6.** (*einer Sendung auf Tonband, Schallplatte etc*) recording: ~en machen to make recordings. – **7.** (*eines Amts, von Befugnissen, Vollmachten etc*) (auf *acc* to) transfer(ence), transferal, *auch* transferral. – **8.** (*einer Würde, eines Titels etc*) (auf *acc* to) transfer(ence), conferment. – **9.** (*einer Aufgabe, Arbeit, Verantwortung, eines Postens etc*) (auf *acc* to) assignment, consignment, entrustment. – **10.** *tech. phys.* a) (*einer Kraft, Bewegung etc*) (auf *acc* to) transmission, transfer, b) (*von Maßen*) transfer, c) (*eines Gewindes*) transposition, d) (*von Schwingungen*) communication, e) (*von Ätzbildern*) duplication. – **11.** (*computer*) transfer. – **12.** (*eines Textes in eine andere Sprache, eines Gedichts in Prosa etc*) (in *acc* into) translation, transposition. – **13.** (*eines Stenogramms in Maschinenschrift, eines Textes in Lautschrift etc*) (in *acc* into) transcription, translation. – **14.** *psych.* transference. – **15.** *med.* a) (*von Erbeigenschaften*) (auf *acc* to) transference, b) (*einer Krankheit, Infektion, eines Virus etc*) (auf *acc* to) transmission, c) (*von Haut, Gewebe etc*) (auf *acc* to) grafting, transplant(ation), d) (*von Blut*) (auf *acc* to) transfusion, e) (*der Herztöne*) transmission. – **16.** *jur.* (auf *acc*, an) a) (*eines Besitzes, Vermögens etc*) transfer(ence) (to), conveyance (to), b) (*eines Rechtes*) devolution ([up]on), c) (*eines Patents, Rechtstitels, von Privilegien etc*) assignment (to): die ~ des Hofs auf (*od.* an) seinen Sohn, die ~ des Hofs auf den Namen seines Sohns the transfer of the farm to (*od.* the devolution of the farm [up]on) his son('s name). – **17.** *econ.* a) (*eines Buchungsbetrags, von Schulden, Haushaltsmitteln etc*) (auf, in *acc* to) transfer(ence), b) (*einer Summe auf ein anderes Konto, einer Forderung auf einen anderen Gläubiger etc*) (auf *acc* to) transfer(ence), transmission. – **18.** *mus. cf.* Transposition.

ˌ**Über'tra·gungs|be**ˌ**fehl** *m* (*computer*) move statement. — ~**er**ˌ**klä·rung** *f jur.* deed of transfer, transfer deed. — ~ˌ**feh·ler** *m* **1.** *econ.* (*in der Buchführung*) transfer (*od.* booking, transcription) error. – **2.** *cf.* Übersetzungsfehler. – **3.** *tel.* line transmission error. – **4.** *tech.* (*beim Nachformfräsen*) copying inaccuracy. – **5.** (*computer*) transfer error. — ~**ge**ˌ**bühr** *f* **1.** *jur.* a) transfer fee, b) (*Umschreibegebühr*) registration fee. – **2.** *econ.* (*im Aktiengeschäft*) transfer (*od.* registration, endorsement) fee. — ~**ge**ˌ**rät** *n* (*optics*) transfer equipment. — ~ˌ**ka·bel** *n* (*radio*) *telev.* transmission cable. — ~**ka**ˌ**nal** *m* (*computer*) channel. — ~ˌ**lei·tung** *f* (*radio*) transmission line. — ~ˌ**recht** *n jur.* right of cession. — ~ˌ**schein** *m econ.* (*im Clearingverkehr*) transfer certificate (*od.* voucher). — ~ˌ**steu·er** *f jur.* transfer tax. — ~ˌ**tech·nik** *f* **1.** *electr.* transmission technique. – **2.** *tel.* communication engineering. — ~**ur**ˌ**kun·de** *f jur.* **1.** (*für Rechte, Patente etc*) deed. – **2.** (*für Grundbesitz, Vermögen etc*) deed of conveyance (*od.* transfer). – **3.** (*für Aktien*) transfer deed. — ~**ver**ˌ**fü·gung** *f* **1.** (*von Befugnissen*) delegation order. – **2.** (*bei Grund u. Boden*) vesting order. — ~**ver**ˌ**merk** *m* (*auf einem Wechsel*) endorsement. — ~ˌ**wa·gen** *m* (*radio*) *telev.* mobile transmission unit. — ~ˌ**wel·le** *f tech.* transmission shaft.

'**über·trai**ˌ**niert** *adj* (*sport*) overtrained.

ˌ**über'tref·fen I** *v/t* ⟨*irr, insep, no* -ge-, h⟩ **1.** (*besser sein als*) outdo, outmatch, outstrip, excel, surpass: j-n [etwas] weit (*od.* bei weitem, um vieles) ~ to outdo s.o. [s.th.] by far, to outdistance (*od. lit.* eclipse) s.o. [s.th.]; er übertrifft ihn um vieles he surpasses him by far, he is by far the better (of the two); j-n im Weitsprung [Kopfrechnen] ~ to outdo s.o. in broad (*Br.* long) jump [mental arithmetic]; j-n an Ausdauer [Kühnheit, Mut] ~ to outstrip s.o. in perseverance (*od.* endurance) [bravery *od.* boldness, courage]; j-n an Fleiß ~ to be more industrious than s.o.; etwas an Reichweite ~ *mil.* (um by) to outrange s.th.; darin ist er nicht zu ~ he is unparallel(l)ed (*od.* unrival[l]ed, unsurpassed) at that; j-n nach Punkten ~ (*sport*) to outpoint s.o. – **2.** (*an Bedeutung, Größe, Umfang etc*) surpass, excel, exceed, *auch* overshadow: dieses Fest übertraf alle anderen an Glanz this festival excelled all others in splendo(u)r, this festival outshone (*od. lit.* eclipsed) all others; dieser Herrscher übertraf alle seine Vorgänger an Größe this monarch surpassed all his predecessors in greatness; das übertraf meine schlimmsten Erwartungen (*od.* Befürchtungen) it was worse than I had ever expected (*od.* anticipated); sein Reichtum übertrifft jede Vorstellung his wealth surpasses description (*od.* is indescribable, is beyond description); das übertrifft alles bisher Dagewesene that beats everything (yet), that bears the palm, that takes the cake (*colloq.*); München übertrifft Stuttgart an Einwohnern Munich surpasses (*od.* outnumbers) Stuttgart in population; → kühn 6. – **II** *v/reflex* **3.** sich (selbst) ~ to excel oneself, to outdo oneself: du hast dich darin selbst übertroffen you excelled yourself there. — ˌ**über'tref·fend I** *pres p.* – **II** *adj* alles ~ matchless, unequal(l)ed, unparallel(l)ed, unrival(l)ed: das Buch war ein alles ~er Erfolg the book was an unequal(l)ed success.

ˌ**über'trei·ben I** *v/t* ⟨*irr, insep, no* -ge-, h⟩ **1.** (*eine Tätigkeit*) overdo, carry (*od.* take) (*s.th.*) too far (*od.* to extremes), hyperbolize (*lit.*), overdo it with (*colloq.*): **er übertreibt den Sport** he overdoes sport; **sie übertreibt die Sparsamkeit** she carries her thrift(iness) too far, she is overthrifty; **er sollte seine Ansprüche nicht ~** he should not carry his demands too far; **übertreib es nicht!** don't overdo it, don't carry things too far. – **2.** (*eine Erzählung, einen Bericht etc*) exaggerate, overstate, magnify, overdraw, overcharge, hyperbolize (*lit.*): **du übertreibst seine Schwächen [Vorzüge]** you exaggerate his weaknesses (*od.* foibles) [good points]; **in seiner Erzählung übertrieb er die Gefahren** he magnified the dangers in his story. – **3. es mit etwas ~** *colloq.* to overdo it with s.th. (*colloq.*), to do too much of s.th.: **du übertreibst es mit dem Schwimmen** you are overdoing the swimming (*colloq.*), you do too much swimming; **übertreib es mit der Arbeit nicht** don't do too much work, don't work too hard, don't overwork, don't (over)strain yourself. – **4.** (*theater*) (*Rolle*) overact, overplay. – **II** *v/i* **5.** (*aufschneiden*) exaggerate, talk big, *bes. Br.* draw the long bow: **übertreibe nicht!** don't exaggerate; come off it, draw it mild (*colloq.*); **stark** (*od.* **maßlos**) **~** to exaggerate grossly, to lay it on thick (*od.* with a trowel), to pile it on (*colloq.*). – **III Ü~** *n* ⟨-s⟩ **6.** *verbal noun.* – **7.** *cf.* **Übertreibung.** — **ˌüber'trei·bend I** *pres p.* – **II** *adj* exaggerating, exaggerative, *auch* exaggeratory, hyperbolic, *auch* hyperbolical (*lit.*): **stark ~e Worte [Gerüchte]** highly exaggerating words [rumo(u)rs]. — **ˌÜber'trei·bung** *f* ⟨-; -en⟩ **1.** *cf.* **Übertreiben.** – **2.** exaggeration, overstatement, *Am. sl.* stretcher. – **3.** (*in der Rhetorik*) hyperbole.

'über,tre·ten[1] I *v/i* ⟨*irr, sep,* -ge-, h *u.* sein⟩ **1.** ⟨sein⟩ (*von Fluß etc*) overflow: **im Frühjahr ist der Fluß übergetreten** the river overflowed (its banks) in spring. – **2.** ⟨h *u.* sein⟩ (*sport*) (*bei der Leichtathletik*) a) (*beim Weit- u. Dreisprung*) foul (a jump), b) (*beim Diskuswurf, Hammerwurf u. Kugelstoßen*) foul (a throw), c) (*beim Speerwurf*) overstep the scratch line. – **3.** ⟨h *u.* sein⟩ (*sport*) (*beim Handball*) step into the circle. – **4.** ⟨sein⟩ (*zu einer Partei etc*) (zu to) go over: **zur Opposition ~** *pol.* to change sides. – **5.** ⟨sein⟩ (*konvertieren*) (zu) go over (to), convert (to), turn (*colloq.*): (**zu einem anderen Glauben**) **~** to change one's faith, to turn (*colloq.*); **er ist zum Katholizismus übergetreten** he turned Roman Catholic. – **6.** ⟨sein⟩ (*in eine andere Abteilung, Schule etc*) (in *acc* to) change (over), go: **er ist in eine andere Schule übergetreten** he changed (over) (*od.* was transferred) to another school, he changed schools. – **II Ü~** *n* ⟨-s⟩ **7.** *verbal noun.*

ˌüber'tre·ten[2] I *v/t* ⟨*irr, insep, no* -ge-, h⟩ **1.** (*ein Gesetz, Verbot etc*) break, violate, infringe, transgress, trespass ([up]on), contravene, *bes. Am.* infract. – **2.** (*Grenze*) cross (over), pass. – **3.** (**sich** *dat*) **den Fuß ~** to sprain one's ankle. – **4.** (*Diät*) break (the rules of). – **II Ü~** *n* ⟨-s⟩ **5.** *verbal noun.* – **6.** *cf.* **Übertretung[2].**

ˌÜber'tre·ter *m* ⟨-s; -⟩, **ˌÜber'tre·te·rin** *f* ⟨-; -nen⟩ (*von Gesetzen, Verboten etc*) transgressor, violator, breaker, trespasser, contravener, *bes. Am.* infractor.

'Über,tre·tung[1] *f* ⟨-; -en⟩ *cf.* **Übertreten[1].**

ˌÜber'tre·tung[2] *f* ⟨-; -en⟩ **1.** *cf.* **Übertreten[2].** – **2.** (*eines Gesetzes, Verbots etc*) violation, infringement, transgression, trespass, contravention, *bes. Am.* infraction. – **3.** *jur.* (*Straftat*) misdemeanor, *bes. Br.* misdemeanour, offence, *Am.* offense: **sich einer ~ schuldig machen** to commit a misdemeano(u)r, to trespass, to offend.

ˌÜber'tre·tungs,fall *m only in* **im ~(e)** a) in case of transgression (*od.* contravention), b) (*bei Nichtbefolgung einer Vorschrift*) in case of noncompliance (*Br.* non-).

ˌüber'trie·ben I *pp of* **übertreiben.** – **II** *adj* **1.** (*Verbeugung etc*) overdone. – **2.** (*Sauberkeit etc*) exaggerated, excessive, extreme: **~e Vorsicht** exaggerated caution, overcaution; **aus ~em Eifer etwas falsch machen** to do s.th. wrong(ly) out of excessive zeal; **in ~er Weise** in an exaggerated way, exaggeratedly: **in ~em Maße** excessively, to an excessive (*od.* exaggerated) extent. – **3.** (*Bericht etc*) exaggerated, overdrawn: **das ist leicht ~** that is slightly (*od.* mildly) exaggerated; **es ist nicht ~ zu sagen** it is no exaggeration (*od.* it is not exaggerating) to say. – **4.** (*unmäßig*) exorbitant, excessive: **~e Forderungen** exorbitant demands. – **5.** (*Ansicht etc*) exaggerated, extravagant, extreme: **sich** (*dat*) **von etwas ~e Vorstellungen machen** to have exaggerated ideas about s.th. – **II** *adv* **6.** excessively, exaggeratedly: **etwas ~ darstellen** to give an overdrawn account of s.th., to exaggerate (*od.* overdraw, overstate) s.th.; **du denkst ~ schlecht von ihr** you have an exaggeratedly low (*od.* poor) opinion of her; **er ist ~ vorsichtig** he is exaggeratedly cautious, he is overcautious; **~ streng sein mit j-m** to be too strict with (*od.* hard on) s.o. — **ˌÜber'trie·ben·heit** *f* ⟨-; *no pl*⟩ **1.** (*von Forderungen, eines Stils etc*) exaggeration. – **2.** (*einer Ansicht etc*) extravagance, extravagancy.

'Über,tritt *m* ⟨-(e)s; -e⟩ **1.** (*zu einer anderen Partei, Konfession etc*) (zu to) change, conversion: **nach seinem ~ zur kommunistischen Partei** after his change to the Communist Party. – **2.** (*in eine andere Schule, einen anderen Beruf etc*) (in *acc* to) change, move, transfer: **die ~e in höhere Schulen häuften sich** the number of moves to secondary (*Br.* grammar) schools increased. – **3.** (*über eine Grenze*) (frontier *od.* border) crossing.

'Über,tritts,li·nie *f* (*sport*) (*beim Kegeln*) foul line.

ˌüber'trump·fen *v/t* ⟨*insep, no* -ge-, h⟩ **1.** (*übertreffen, überbieten*) outdo, surpass, trump: **er versuchte, seinen Kollegen zu ~** he tried to outdo (*od.* go one better than) his colleague. – **2.** (*games*) (*Farbe, Spieler*) overtrump, trump.

'über,tun[1] *v/t* ⟨*irr, sep,* -ge-, h⟩ **sich** (*dat*) [**j-m**] **etwas ~** *colloq.* a) (*über eine Schulter*) to hang (*od.* put) s.th. over one's [s.o.'s] shoulder, b) (*über beide Schultern*) to put s.th. (a)round one's [s.o.'s] shoulders, c) (*über den Kopf*) to put s.th. on (one's [s.o.'s] head): **sie tat sich die Kapuze über** she put her hood on (her head), she put her hood up.

ˌüber'tun[2] *v/reflex* ⟨*irr, insep, no* -ge-, h⟩ **sich ~** *colloq. for* **übernehmen[1] II.**

ˌüber'tün·chen I *v/t* ⟨*insep, no* -ge-, h⟩ **1.** whitewash, limewash. – **2.** *fig.* (*verdecken*) whitewash, gloss over, varnish (over): **er versuchte, seine Verbrechen zu ~** he tried to whitewash his crimes. – **II Ü~** *n* ⟨-s⟩ **3.** *verbal noun.* — **ˌÜber'tün·chung** *f* ⟨-; *no pl*⟩ *cf.* **Übertünchen.**

'über,über,mor·gen *adv colloq.* the day after the day after tomorrow (*colloq.*), three days from today, in three days.

'Über·ven·ti·la·ti,on *f med.* hyperventilation. — **'Über·ven·ti·la·ti,ons·te·ta,nie** *f* hyperventilation tetany.

'über·ver,dich·ten I *v/t* ⟨*insep, no* -ge-, h⟩ **1.** *tech.* (*bei Verbrennungsmotoren*) supercharge. – **2.** *civ.eng.* (*Straßenbelag*) overcompact. – **II Ü~** *n* ⟨-s⟩ **3.** *verbal noun.* — **'Über·ver,dich·tung** *f* ⟨-; -en⟩ **1.** *cf.* **Überverdichten.** – **2.** *tech.* supercharge. – **3.** *civ.eng.* overcompaction.

'Über·ver,dienst *m* ⟨-(e)s; -e⟩ *econ.* extra earnings *pl.*

'über·ver,si·chern *econ.* **I** *v/t* ⟨*insep, no* -ge-, h⟩ overinsure. – **II** *v/reflex* **sich ~** overinsure oneself. – **III Ü~** *n* ⟨-s⟩ *verbal noun.* — **'Über·ver,si·che·rung** *f* **1.** *cf.* **Überversichern.** – **2.** overinsurance.

ˌüber'völ·kern [-'fœlkərn] *v/t* ⟨*insep, no* -ge-, h⟩ overpopulate, overpeople. — **ˌüber'völ·kert I** *pp.* – **II** *adj* overpopulated, overpeopled. — **ˌÜber'völ·ke·rung** *f* ⟨-; *no pl*⟩ overpopulation, congestion of population.

'über,voll I *adj* (von, mit) **1.** (*mit Gegenständen, Substanzen etc*) overfull (of), brimful (*auch* brimfull) (of), brimming (with), filled to overflowing (with), bursting (with), cram-full (of) (*colloq.*). – **2.** (*mit Menschen, Tieren*) crowded (with), cram-full (of) (*colloq.*): **~ sein mit** to teem with. – **II** *adv* **3. der Wagen ist ~ beladen** the car is overloaded (*od.* overladen).

'über,vor,sich·tig *adj* overcautious, overcareful.

ˌüber'vor,tei·len [-'fɔr-] **I** *v/t* ⟨*insep, no* -ge-, h⟩ **1. j-n ~** a) (*beim Kauf, Verkauf etc*) to overcharge (*od.* overreach, defraud, *colloq.* do) s.o., to make s.o. pay through the nose, b) (*bei Verhandlungen, Verträgen etc*) to overreach (*od.* dupe, get the better of, *colloq.* best) s.o. – **2.** *cf.* **betrügen** 1. – **II Ü~** *n* ⟨-s⟩ **3.** *verbal noun.* – **4.** defraudation, dupery. — **ˌÜber'vor,tei·lung** *f* ⟨-; *no pl*⟩ *cf.* **Übervorteilen.**

'über,wach *adj* **1.** (*wach u. angespannt*) tensely (*od.* nervously) awake: **das Aufputschmittel machte sie ~** the stimulant made her tensely awake. – **2.** *fig.* farsighted: **einige ~e Beobachter sagten schon damals voraus, daß** some farsighted observers even then predicted that.

ˌüber'wa·chen I *v/t* ⟨*insep, no* -ge-, h⟩ **1. j-n ~** a) (*beaufsichtigen*) to supervise (*od.* oversee) s.o., to keep tab (*od.* tabs, an eye) on s.o. (*colloq.*), b) (*polizeilich*) to keep s.o. under surveillance, to shadow s.o., c) (*wissenschaftlich*) to observe s.o. closely: **er überwacht die Arbeiter in der Werkstatt** he supervises the workers in the workshop; **er wird von seinem Vorgesetzten streng überwacht** his superior keeps a sharp eye on him; **der Patient wurde von einem Ärzteteam überwacht** the patient was closely observed by a team of doctors. – **2. etwas ~** a) (*Produktion, Projekt, Abteilung, Verkehr etc*) to supervise (*od.* superintend) s.th., b) (*Rundfunksendung, Telefongespräch etc*) to monitor s.th., c) (*polizeilich*) to supervise s.th., d) (*wissenschaftlich*) to observe s.th. closely: **ich überwachte die Ausführung des Befehls** I supervised the execution of the command; **meine Aufgabe war, die Maschinen zu ~** my job was to supervise the machines, I was in charge of the machines; **die Polizei überwacht den Verkehr** the police supervises (*od.* controls) the traffic; **der Geldtransport wird von der Polizei überwacht** the money transport is supervised (*od.* safeguarded) by the police; **während der ersten Tage wurden die Pflanzen ständig überwacht** during the first few days the plants were observed closely and continuously. – **3. etwas ~** (*space*) *telev. nucl.* to monitor s.th. – **4. etwas ~** *mil.* (*Gebiet etc*) to control s.th. – **II Ü~** *n* ⟨-s⟩ **5.** *verbal noun.* – **6.** *cf.* **Überwachung.**

ˌüber'wach·sen[1] *v/t* ⟨*irr, insep, no* -ge-, h⟩ overgrow.

ˌüber'wach·sen[2] I *pp of* **überwachsen[1].** – **II** *adj* **~** mit overgrown with.

ˌÜber'wa·chung *f* ⟨-; *no pl*⟩ **1.** *cf.* **Überwachen.** – **2.** (*des Verkehrs, der Lebensmittel etc*) supervision, control: **scharfe ~** close supervision; **die technische ~ eines Fahrzeugs** the technical supervision of a vehicle. – **3.** (*von Angestellten, Behörden etc*) supervision, oversight, superintendence, surveillance: **ihm unterlag die ~ dreier Abteilungen** he had (*od.* was in charge of) the supervision of three departments. – **4.** (*polizeiliche*) supervision, surveillance: **die ~ politischer Versammlungen durch die Polizei** the supervision of political meetings by the police. – **5.** (*wissenschaftliche*) close observation. – **6.** *med.* a) supervision, control, b) (*nach Behandlung*) follow-up (check): **~ von Kontaktpersonen** control of contacts; **~ der Schwangerschaft** prenatal supervision (*Am.* care). – **7.** *mil.* (*eines Gebietes*) a) control, b) (*Beobachtung*) surveillance.

ˌÜber'wa·chungs|,an,la·ge *f* **1.** *electr. tech.* monitor, monitoring device (*od.* equipment). – **2.** *tech.* control system (*od.* plant), supervisor equipment. — **~,aus,schuß** *m pol.* supervisory (*od.* watch, *bes. Am.* vigilance) committee, control commission. — **~,dienst** *m* **1.** (*Stelle, Abteilung*) supervisory department. – **2.** supervisory service: **technischer ~** technical control service; **der ärztliche ~ in Fabriken** medical supervision in factories. — **~ge,rät** *n* **1.** *tech.* control unit. – **2.** *electr. telev. nucl.* monitor (instrument). – **3.** *aer.* control instrument. — **~,stel·le** *f* (*einer Organisation, einer Behörde etc*) supervisory department. — **~,un·ter,su·chung** *f med.* follow-up (*bes. Br.* routine) examination, *bes. Am.* (medical) checkup. — **~ver,ein** *m* **Technischer ~** (*für Kraftfahrzeuge etc in der BRD*) Technical Control Board.

'über,wal·len[1] *v/i* ⟨*sep,* -ge-, sein⟩ *lit.* **1.** (*von Suppe etc*) boil over. – **2. sein Zorn**

wallte über *fig.* he boiled with rage, his blood boiled, he seethed with rage.

ˌüber'wal·len[2] **I** *v/t* ⟨*insep, no* -ge-, h⟩ *lit.* **1.** (*durchdringen*) surge through, well up in: **ein Gefühl überwallte mich** a feeling surged through me. – **2.** (*überkommen, ergreifen*) strike: **der Gedanke überwallte mich, daß** the thought struck me that; **die Angst überwallte ihn** fear struck (*od.* seized) him, he was seized with fear. – **II** *v/impers* **3. es überwallte mich heiß** I went all hot and cold.

ˌüber'wäl·ti·gen [-'vɛltɪɡən] **I** *v/t* ⟨*insep, no* -ge-, h⟩ **1. j-n ~** to overpower (*od.* overwhelm) s.o.: **die Gefangenen überwältigten den Aufseher** the prisoners overpowered the guard. – **2. j-n ~** *fig.* (*überkommen, erfassen*) (*von Mitleid, Furcht etc*) to overwhelm (*od.* overcome, overpower) s.o.: **Angst überwältigte ihn** fear overwhelmed (*od.* overcame) him, he was overcome (*od.* overwhelmed) by (*od.* with) fear; **ihre Schönheit überwältigte ihn** her beauty overwhelmed (*od. colloq.* stunned) him; **er läßt sich vom Zorn ~** he lets his anger get the better of him. – **3. j-n mit etwas ~** *fig.* to overwhelm (*od.* overpower) s.o. with s.th.: **er überwältigte die Zuhörer mit seinen Reden** he overpowered the audience with his speeches. – **4. von etwas überwältigt werden** *fig.* a) (*von Mitleid, Angst etc*) to be overwhelmed (*od.* overcome) by (*od.* with) s.th., b) (*von Schlaf etc*) to be overcome by s.th.: **er wurde von Müdigkeit überwältigt** he was overcome by fatigue. – **II Ü~** *n* ⟨-s⟩ **5.** *verbal noun.* — **ˌüber'wäl·ti·gend I** *pres p.* – **II** *adj* overwhelming, overpowering: **mit ~er Mehrheit wiedergewählt** reelected (*Br.* re-elected) with an overwhelming majority; **ein ~er Erfolg** an overwhelming (*od. colloq.* a smashing) success; **die ~e Schönheit der Alpen** the overwhelming beauty of the Alps; **ihre Schönheit ist ~** *colloq.* her beauty is stunning (*colloq.*); **deine Leistungen sind nicht gerade** (*od.* **sehr**) **~** *colloq.* your achievements are not exactly overwhelming (*od.* are not up to much, *colloq.* are no great shakes); **das Nordlicht zu sehen war ein ~er Anblick** it was an overwhelming sight to see the northern lights; **dich so in Lockenwicklern zu sehen ist kein ~er Anblick** *colloq. iron.* it's not exactly a pretty sight to see you in curlers. – **III Ü~e, das** ⟨-n⟩ (*in Wendungen wie*) **das Ü~e an der Sache ist** the overwhelming thing about it is; **das ist nichts Ü~es** it's nothing much (*od.* fantastic), it's not so hot, it's nothing to write home about (*colloq.*). — **ˌüber'wäl·tigt I** *pp.* – **II** *adj* **~ sein** (*von Schönheit, Größe etc*) (**von** by) to be overwhelmed (*od.* overpowered, *colloq.* stunned): **als er sie sah, war er völlig ~** he was swept off his feet when he saw her. — **ˌÜber'wäl·ti·gung** *f* ⟨-; *no pl*⟩ *cf.* Überwältigen.

ˌüber'wäl·zen *v/t* ⟨*insep, no* -ge-, h⟩ *econ. cf.* abwälzen 3.

'Überˌwas·ser|ˌfahrˌzeug *n mar.* surface vessel (*od.* craft). — **~ˌstreitˌkräf·te** *pl mar. mil.* surface forces.

'überˌwech·seln *v/i* ⟨*sep*, -ge-, h⟩ **~ auf** (*acc*) a) (*auf ein anderes Fach etc*) to change (*od.* switch) (over) to, b) (*auf eine andere Schule etc*) to change over to: **von einem Fach auf ein anderes ~** to change over from one subject to another.

'Überˌwechs·ler *m* ⟨-s; -⟩ *pol.* turncoat, renegade.

'Überˌweg *m* **1.** (*railway*) *cf.* Bahnübergang 1. – **2.** *cf.* Fußgängerüberweg. — **~ˌschran·ke** *f* (*railway*) grade- (*Br.* level)-crossing gate.

ˌüber'wei·sen I *v/t* ⟨*irr, insep, no* -ge-, h⟩ **1.** *econ.* (*Geld*) remit, transfer: **Geld auf ein Konto** [**an eine Bank**] **~** to transfer money to an account [to a bank]; **eine Bank anweisen, Geld zu ~** to instruct a bank to remit money; → telegraphisch II. – **2.** *jur.* (*einen Fall*) remit, transfer: **einen Fall an ein anderes Gericht ~** to remit a case to another court. – **3.** *pol.* (*Antrag, Sache etc*) refer, commit, remit, pass, transfer: **einen Antrag an einen Ausschuß ~** to refer a motion to a committee. – **4.** *med.* (*Patienten*) refer: **einen Patienten an einen** (*od.* **zu einem**) **Facharzt ~** to refer a patient to a specialist. – **5.** *Austrian rare for* überführen[3]. – **II Ü~** *n* ⟨-s⟩ **6.** *verbal noun.* – **7.** *cf.* Überweisung.

ˌüber'wei·ßen *v/t* ⟨*insep, no* -ge-, h⟩ **1.** give (*s.th.*) another coat of white paint. – **2.** (*mit Tünche*) whitewash, limewash.

ˌÜber'wei·sung *f* ⟨-; -en⟩ **1.** *cf.* Überweisen. – **2.** *econ.* (*von Geld*) remittance, transfer: **telegraphische ~** telegraphic (*od.* cable) transfer. – **3.** *jur.* (*eines Falles*) transference, transferal, *auch* transferral, transfer, relegation. – **4.** *pol.* (*eines Antrages*) commitment, reference, devolution. – **5.** *med.* (*eines Patienten*) transfer.

ˌÜber'wei·sungs|ˌaufˌtrag *m econ.* remittance order. — **~empˌfän·ger** *m* remittee. — **~for·muˌlar** *n* transfer form. — **~geˌbühr** *f* (*postal service*) remittance (*od.* transfer) fee. — **~ˌscheck** *m* (*im Bundesbankverkehr*) transfer order (from account to account). — **~verˌkehr** *m* money transfer business (*od.* system).

'überˌweit *adj* extra (*od.* exceptionally, particularly) wide. — **'Überˌwei·te** *f* (*fashion*) *cf.* Übergröße 1.

'Überˌwelt *f philos. relig.* (the) world beyond the scope of human experience. — **'überˌwelt·lich** *adj* ultramundane, supermundane, supramundane.

'überˌwend·lich [-ˌvɛntlɪç] **I** *adj* (*Näherei, Naht*) whipped, oversewn, overcast, sewn overhand. – **II** *adv* **etwas ~ nähen** to whip (*od.* oversew, overcast) s.th., to sew s.th. overhand.

'überˌwer·fen[1] *v/t* ⟨*irr, sep*, -ge-, h⟩ **1. sich** (*dat*) [**j-m**] **etwas ~** (*Mantel, Tuch, Schal etc*) to wrap s.th. round one's [s.o.'s] shoulders. – **2. j-n ~** (*beim Ringen*) to throw s.o. over.

ˌüber'wer·fen[2] **I** *v/t* ⟨*irr, insep, no* -ge-, h⟩ **sich ~** (**wegen** over, because of) to fall out (with each other), to break (with each other). – **II** *v/reflex* **sich mit j-m ~** (**wegen** over, because of) to fall out with s.o., to break with s.o.

ˌÜber'wer·fung *f* ⟨-; -en⟩ (*beim Straßenbau*) overpass.

'Überˌwert *m econ.* surplus (*od.* excess) value.

ˌüber'wer·ten *v/t* ⟨*insep, no* -ge-, h⟩ *rare for* überbewerten.

'überˌwer·tig *adj* **1.** *econ.* standing (*od.* quoted) above standard value (*bei Wertpapieren* above par). – **2. ~e Idee** *psych.* obsessive idea.

'Überˌwe·sen *n* superhuman (*od.* supernatural) creature (*od.* being).

ˌüber'wie·gen[1] **I** *v/t* ⟨*irr, insep, no* -ge-, h⟩ **1. etwas überwiegt etwas** s.th. outweighs (*od.* outbalances, overbalances, overweighs) s.th.: **die Vorteile ~ die Nachteile** the advantages outweigh the disadvantages; **ihr Verstand überwiegt ihre Schönheit** her intelligence outbalances her beauty. – **II** *v/i* **2.** (*das Übergewicht haben, vorherrschen*) preponderate, predominate, prevail: **hier überwiegt die Meinung des Vorstandes** the opinion of the executive prevails on this point; **in dieser Gesellschaft überwiegt die Toleranz** tolerance prevails in this society. – **III Ü~** *n* ⟨-s⟩ **3.** *verbal noun.* – **4.** preponderance, *auch* preponderancy, predominance, *auch* predominancy, predomination.

'überˌwie·gen[2] *v/i* ⟨*irr, sep*, -ge-, h⟩ *colloq.* (*von Brief etc*) be overweight.

ˌüber'wie·gend I *pres p of* überwiegen[1]. – **II** *adj* preponderant, predominant: **der ~e Teil der Bevölkerung ist katholisch** the predominant portion (*od.* the majority) of the population is (Roman) Catholic; **die ~e Mehrheit** the vast (*od.* overwhelming) majority. – **III** *adv* (*hauptsächlich, in erster Linie*) mainly, predominantly: **~ heiter und trocken** *meteor.* mainly (*od.* predominantly) bright and dry; **der Ort ist ~ von Negern bewohnt** the village is inhabited mainly (*od.* predominantly) by Negroes; **es waren ~ arme Leute, denen er begegnete** the majority of the people he met were poor, the people he met were for the most part poor.

ˌüber'wind·bar *adj* **1.** (*Schwierigkeiten, Hindernisse etc*) surmountable, superable. – **2.** (*Berg, Fluß etc*) negotiable. – **3.** *lit.* (*Feind, Gegner*) vincible.

ˌüber'win·den I *v/t* ⟨*irr, insep, no* -ge-, h⟩ **1.** (*Schwierigkeiten, Hindernisse etc*) overcome, surmount, get over, overpass: **eine Krise ~** to overcome a crisis. – **2.** (*Berg, Fluß etc*) negotiate: → Klippe 3. – **3.** *lit.* (*Feind, Gegner*) overcome, bear down, overbear: **er überwand selbst seinen stärksten Gegner** he overcame even his strongest opponent. – **4.** *cf.* besiegen 1. – **5.** (*Angst, Leidenschaften etc*) overcome, get over, subdue, vanquish: **seine Abneigung gegen etwas ~** to overcome one's aversion to (*od.* for) s.th.; **ein Vorurteil ~** to overcome (*od.* outgrow) a prejudice. – **II** *v/reflex* **6. sich ~, etwas zu tun** to bring (*stärker* will) oneself to do s.th.: **ich konnte mich nicht ~, es zu tun** I could not bring (*od.* will) myself to do it; **dazu muß ich mich erst ~** I have to make a conscious effort first. – **III Ü~** *n* ⟨-s⟩ **7.** *verbal noun.* – **8.** *cf.* Überwindung.

ˌüber'wind·lich [-'vɪntlɪç] *adj archaic for* überwindbar.

ˌÜber'win·dung *f* ⟨-; *no pl*⟩ **1.** *cf.* Überwinden. – **2.** (*Anstrengung*) (conscious) effort: **es gehört viel ~ dazu** it takes a great deal of effort; **es hat mich ~ gekostet, das zu tun** it cost me quite some effort (*od.* willpower) to do that. – **3.** *cf.* Selbstüberwindung. – **4.** (*Widerstreben*) reluctance, *auch* reluctancy: **er tat es nur mit ~** he did it only with reluctance.

ˌüber'win·tern I *v/i* ⟨*insep, no* -ge-, h⟩ **1.** (*bes. von Vögeln u. Pflanzen*) winter: **die Störche ~ in Afrika** the storks winter in Africa. – **2.** (*Winterschlaf halten*) hibernate. – **II Ü~** *n* ⟨-s⟩ **3.** *verbal noun.* — **ˌÜber'win·te·rung** *f* ⟨-; *no pl*⟩ **1.** *cf.* Überwintern. – **2.** hibernation.

'überˌwis·sen·schaft·lich *adj* overscientific.

ˌüber'wöl·ben I *v/t* ⟨*insep, no* -ge-, h⟩ *arch.* (*Raum, Keller etc*) vault, arch (over), overarch. – **II Ü~** *n* ⟨-s⟩ *verbal noun.* — **ˌüber'wölbt I** *pp.* – **II** *adj* vaulted, arched. — **ˌÜber'wöl·bung** *f* ⟨-; *no pl*⟩ *cf.* Überwölben.

ˌüber'wu·chern I *v/t* ⟨*insep, no* -ge-, h⟩ (*Garten, Beet, Grab etc*) overgrow, overrun. – **II Ü~** *n* ⟨-s⟩ *verbal noun.* — **ˌüber'wu·chert I** *pp.* – **II** *adj* overgrown, overrun. — **ˌÜber'wu·che·rung** *f* ⟨-; *no pl*⟩ **1.** *cf.* Überwuchern. – **2.** overgrowth.

ˌüber'wun·den I *pp of* überwinden. – **II** *adj* **1.** outdated: **das ist ein längst ~er Standpunkt** this is an outdated view; **der Faschismus ist längst ~** Fascism has long been outdated (*od.* overcome). – **2. ich gab mich ~** I admitted defeat.

'Überˌwurf *m* **1.** (*loses Überkleid*) wrap, wrapper, *bes. Am.* robe. – **2.** (*loser Umhang*) wrap, shawl, wrapper. – **3.** *Austrian for* Zierdeckchen. – **4.** (*Tagesdecke fürs Bett*) bedspread, counterpane, bedcover, coverlet. – **5.** (*sport*) (*beim Ringen*) sit-back. – **6.** *tech.* (*Schließband am Vorhängeschloß*) hasp. – **7.** *hist.* (*der Rüstung*) surcoat. — **~ˌmut·ter** *f tech.* cap (*od.* sleeve, union) nut.

'Überˌzahl *f* ⟨-; *no pl*⟩ **1.** (*Mehrzahl*) majority: **die Männer waren in der ~** the men were in the majority. – **2.** (*zahlenmäßige Übermacht*) (numerical) superiority, superior number(s *pl*), (*des Feindes*) superior forces *pl*: **der Feind erschien in großer ~** the enemy appeared (vastly) superior in number; **der ~ weichen** a) to yield to (the) superior forces, b) (*bei einer Abstimmung*) to give in to the majority.

ˌüber'zah·len *v/t* ⟨*insep, no* -ge-, h⟩ *cf.* überbezahlen.

ˌüber'zäh·len *v/t* ⟨*insep, no* -ge-, h⟩ *Northern G. colloq. for* nachzählen.

'überˌzäh·lig *adj* **1.** supernumerary: **bei der Party waren einige Damen ~** there were several ladies too many at the party. – **2.** (*überflüssig*) superfluous: **ich glaube, wir sind hier ~** I think we are superfluous here. – **3.** (*überschüssig*) surplus, excess (*beide attrib*): **die ~en Bestände im Warenlager** the surplus stocks in the warehouse. – **4.** (*übrig*) odd, spare: **ich habe hier einen ~en Schuh** I have an odd shoe here; **hast du noch ~es Geld?** have you any spare money (*od.* money to spare)? – **5.** *mil.* (*Artikel etc*) excess (*attrib*). – **6.** *metr.* (*Silbe*) superfluous, hypermetric.

'Überˌzahn *m med.* projecting tooth.

'überˌzart *adj* very tender, soft, delicate.

'überˌzärt·lich *adj* very gentle, overdelicate, affectionate.

ˌüber'zeich·nen[1] **I** *v/t* ⟨*insep, no* -ge-, h⟩ **1.** *econ.* (*Aktien, Anleihe etc*) (**um** by) oversubscribe. – 2. *fig.* (*Romanfigur, Person, Charakter etc*) overdraw. – **II Ü~** *n* ⟨-s⟩ **3.** *verbal noun.*

ˈüberˌzeich·nen[2] *v/i* ⟨*sep*, -ge-, h⟩ *colloq.* (*über den Rand, vorgezeichnete Linie*) draw (*od.* go) over the line.

ˌÜberˈzeich·nung *f* ⟨-; *no pl*⟩ **1.** *cf.* Überzeichnen[1]. – **2.** *econ.* oversubscription.

ˈÜberˌzeit *f* ⟨-; *no pl*⟩ *bes. Swiss* overtime: ~ machen to work (*od.* do) overtime. — **~ˌar·beit** *f* overtime work.

ˈüberˌzei·tig *adj cf.* überreif 1.

ˈüberˌzeit·lich *adj* supertemporal.

ˌüberˈzeug·bar *adj* convincible, persuadable, persuasible. — **ˌÜberˈzeug·bar·keit** *f* ⟨-; *no pl*⟩ persuadability.

ˌüberˈzeu·gen I *v/t* ⟨*insep, no* -ge-, h⟩ **1.** convince, persuade, *bes. jur.* satisfy: auch dieses Argument konnte ihn nicht ~ not even this argument could convince him; er läßt sich nicht ~ there is no convincing him, he will not be convinced; j-n von etwas ~ to convince (*od.* persuade) s.o. of s.th.; ich habe sie von seiner Unschuld überzeugt I convinced her of his innocence. – **II** *v/i* **2.** be convincing: du mußt auch ~ können you must be able to convince (people) (*od.* to be convincing); ~, nicht überreden it is better to convince than to persuade. – **3.** (*überzeugend wirken*) prove oneself: er konnte durch seine Leistungen ~ he was able to prove himself through (*od.* by) his achievements. – **III** *v/reflex* **4.** sich (selbst) von etwas ~ to convince (*od.* persuade) oneself of s.th., to satisfy oneself about s.th.: ich überzeugte mich (selbst) von der Richtigkeit seiner Behauptungen I convinced myself of the correctness of his assertions; ~ Sie sich (selbst) go and convince (*od.* see for) yourself; sie können sich (selbst) (davon) ~, daß you can convince yourself that; ich überzeugte mich davon mit meinen eigenen Augen I went to see for myself. – **IV Ü~** *n* ⟨-s⟩ **5.** *verbal noun.* — **ˌüberˈzeu·gend I** *pres p.* – **II** *adj* **1.** (*Argument, Beweis, Darstellung etc*) convincing, persuasive, suasive: seine Rede war nicht ~ his speech was unconvincing; ~ wirken to be convincing, to carry conviction. – **2.** (*zwingend*) compelling, forcible. – **III** *adv* **3.** ~ sprechen to speak convincingly. — **ˌüberˈzeugt I** *pp.* – **II** *adj* **1.** ⟨*attrib*⟩ convinced, persuaded: ein ~er Christ a convinced Christian, a Christian by conviction; ein ~er Nationalist a nationalist by conviction, an ardent nationalist. – **2.** ⟨*pred*⟩ ~ sein, daß to be convinced (*od.* persuaded, sure) that; von etwas ~ sein to feel (*od.* to be) sure of s.th.; von etwas voll und ganz (*od.* felsenfest) ~ sein to be firmly (*od.* absolutely) convinced of s.th.; ich bin fest (davon) ~, daß I am quite sure (*od.* positive) that, I have every confidence that; ich bin von ihrem Können nicht ~ I am not convinced of her skill; Sie dürfen ~ sein, daß you may rest assured that; er ist sehr von sich (selbst) ~ he is very sure (*od.* full) of himself.

ˌÜberˈzeu·gung *f* ⟨-; *no pl*⟩ **1.** *cf.* Überzeugen. – **2.** conviction, persuasion: zu einer ~ gelangen (*od.* kommen) to reach (*od.* come to) a conviction; er ist nicht von seiner ~ abzubringen(, daß) he is not to be dissuaded (that); ich bin der festen ~, daß, es ist meine feste ~, daß it is my firm conviction that, I am firmly convinced (*od.* persuaded) that; ich habe die ~ gewonnen, daß I have come to the conviction that; etwas aus ~ tun to do s.th. out of conviction; sie sprach aus [mit] innerer ~ she spoke out of [with] (inner) conviction (*od.* certitude); → Brustton. – **3.** (*Grundsätze*) convictions *pl*, principles *pl*: nach seiner ~ leben [handeln] to live [to act] according to one's convictions; gegen seine ~ handeln to act contrary to one's convictions. – **4.** (*Gewißheit*) certainty, assurance.

ˌÜberˈzeu·gungs|ˌkraft *f* ⟨-; *no pl*⟩ persuasive power, power of persuasion: aber diesmal sprach er ohne die rechte ~ but this time he spoke unconvincingly. — **~ˌtat** *f jur. punishable offence* (*Am. offense*) *committed out of conviction.* — **~ˌtä·ter** *m person committing a punishable offence* (*Am. offense*) *out of conviction.*

ˈÜberˌziehˌär·mel *m* **1.** oversleeve. – **2.** (*eines Schlächters*) butcher's sleeve.

ˈüberˌzie·hen[1] *v/t* ⟨*irr, sep*, -ge-, h⟩ **1.** (*Kleidungsstück*) put (*od.* slip) (*s.th.*) on: ich zieh mir noch schnell meinen Mantel über I'll just go and put my coat on; zieh (dir) noch etwas über put s.th. else on. – **2.** j-m eins ~ *colloq.* to clout (*od.* land) s.o. one (*colloq.*), to hit s.o. one (*od.* a blow): ich werde dir gleich eins ~ I'll clout you one in a minute; er zog ihm mit dem Stock eins über he clouted him one (*od.* he hit him a wallop) with the cane.

ˌüberˈzie·hen[2] **I** *v/t* ⟨*irr, insep, no* -ge-, h⟩ **1.** (*mit Stoff, Leder, Papier etc*) cover, (*von innen*) line: einen Sessel mit Leder ~ to cover a chair with leather; ich muß das Sofa neu ~ lassen I have to have the couch re-covered. – **2.** (*mit Zucker, Schokolade etc*) ice, *Am.* frost: einen Kuchen mit Zuckerguß ~ to ice (*Am.* frost) a cake; einen Kuchen mit Schokolade ~ to ice (*Am.* frost) a cake with chocolate. – **3.** *med. pharm.* (*Pillen, Dragées etc*) (sugar)coat. – **4.** *metall.* (mit with) a) (*in Galvanisation*) plate, b) (*in Tauchveredelung*) coat: etwas mit Kupfer ~ to copper(-plate) s.th.; etwas mit Silber ~ to silver(-plate) s.th. – **5.** (*paints*) (*mit Lacken, Farben*) coat. – **6.** (*in Wendungen wie*) ein Bett (frisch) ~ to change the bed (*od.* bedlinen), to put clean linen (*od.* fresh sheets) on a bed; ein Kissen [Polster] ~ to put a cover on a pillow [cushion]. – **7.** *econ.* (*Konto, Geld*) overdraw: ich habe diesen Monat 50 Mark überzogen I have overdrawn (*od.* I have an overdraft of) 50 marks this month. – **8.** (*Himmel etc*) cover, spread over (*od.* across): Wolken ~ den Himmel clouds are covering the sky, the sky is beginning to cloud over; Nebel überzog das Land fog covered (*od.* spread over) the countryside. – **9.** ein Land mit Krieg [einem Heer] ~ to invade a country [with an army]. – **10.** *fig.* (*zu weit treiben*) carry (*s.th.*) too far. – **11.** (*Uhren, Spielwerk etc*) overwind. – **12.** *colloq.* (*Feder, Gummi etc*) overstretch. – **13.** *lit.* spread over: flammende Röte überzog ihr Gesicht a blush spread over her face, her face flushed. – **14.** *auto. cf.* übersteuern 2. – **15.** *aer.* (*Flugzeug*) stall. – **16.** *fig.* (*Sendezeit, Redezeit etc*) overrun. – **II** *v/i* **17.** *aer.* fly nose high. – **III** *v/reflex* sich ~ **18.** (*von Himmel*) become overcast, cloud over: es überzieht sich *meteor.* it is becoming cloudy, it is clouding over. – **19.** (*mit Belag etc*) (mit with) become encrusted (*od.* covered): sich mit Kesselstein ~ to fur. – **20.** sich mit einem Häutchen ~ to film over. – **IV Ü~** *n* ⟨-s⟩ **21.** *verbal noun.* – **22.** *cf.* Überziehung.

ˈÜberˌzie·her *m* ⟨-s; -⟩ (*fashion*) (*für Herren*) **1.** *cf.* Mantel 1, 2. – **2.** (*loser Mantel*) paletot. – **3.** (*leichter Mantel*) topcoat. – **4.** raincoat.

ˈÜberˌzieh|ˌho·se *f cf.* Überhose. — **~ˌsocken** (*getr.* -k·k-) *pl* golf socks. — **~ˌstrumpf** *m med.* stockinet(te).

ˌÜberˈzie·hung *f* ⟨-; *no pl*⟩ **1.** *cf.* Überziehen[2]. – **2.** *econ.* (*eines Kontos*) overdraft.

ˌÜberˈzie·hungs|kreˌdit *m econ.* overdraft credit. — **~pro·vi·siˌon** *f* overdraft commission (*od.* charge).

ˈüber·zi·vi·liˌsiert *adj* overcivilized *Br. auch* -s-, supercivilized *Br. auch* -s-.

ˌüberˈzo·gen I *pp of* überziehen[2]. – **II** *adj* **1.** *econ.* (*Konto*) overdrawn. – **2.** *med.* (*Schleimhaut*) covered. – **3.** frisch ~e Betten fresh(ly made) beds, beds with fresh sheets. – **4.** *med. pharm.* (*Pillen*) (sugar)coated, sugared. – **5.** *aer.* (*Flugzustand*) stalled.

ˌüberˈzüch·ten I *v/t* ⟨*insep, no* -ge-, h⟩ **1.** (*Pflanzen, Tiere*) overbreed. – **2.** *tech.* (*Motor*) soup up (*sl.*). – **II Ü~** *n* ⟨-s⟩ **3.** *verbal noun.* — **ˌüberˈzüch·tet I** *pp.* – **II** *adj* ein ~er Hund an overbred dog. — **ˌÜberˈzüch·tung** *f* ⟨-; *no pl*⟩ *cf.* Überzüchten.

ˌüberˈzuckern (*getr.* -k·k-) *v/t* ⟨*insep, no* -ge-, h⟩ **1.** (*Kuchen, Gebäck etc*) ice, *Am.* frost. – **2.** *cf.* kandieren. – **3.** *med. pharm.* (*Pillen etc*) sugarcoat, coat (*s.th.*) with sugar. – **4.** j-m die bittere Pille ~ *fig. colloq.* to sweeten the pill for s.o.

ˈÜberˌzug *m* **1.** (*für Bett, Sessel etc*) cover. – **2.** (*für Kissen u. Federbett*) cover, case, (*für Kopfkissen*) *auch* slip. – **3.** *tech.* (*Schicht*) coat(ing), (*sehr dünner*) film. – **4.** *med.* (*der Zunge*) fur, coat. – **5.** (*Auskleidung*) lining. – **6.** *gastr.* icing, *Am.* frosting: ein ~ aus Schokolade a chocolate icing (*Am.* frosting). — **~ˌblei** *n tech.* lead for coating. — **~ˌhül·le** *f aer.* balloon envelope.

ˈÜberˌzugs|kreˌdit *m econ. cf.* Überziehungskredit. — **~ˌlack** *m* (*paints*) coating varnish.

ˈüberˌzwerch *adv Southern and Western G. dial.* (*überquer, über Kreuz*) crosswise, crossways, across.

Ubi·quist [ubiˈkvɪst] *m* ⟨-en; -en⟩ *zo.* ubiquist. — **ubi·quiˈtär** [-kviˈtɛːr] *adj* ubiquitous.

Ubi·qui·tät [ubikviˈtɛːt] *f* ⟨-; *no pl*⟩ *relig.* (*Allgegenwart Gottes*) ubiquity.

üb·lich [ˈyːplɪç] **I** *adj* **1.** (*Verfahren, Weise, Preis, Lohn, Programm, Treiben, Worte etc*) usual, customary, normal: die ~e Begrüßung the usual welcome; dieses Produkt wurde im ~en Verfahren hergestellt this product was produced in the usual (*od.* ordinary) way; er ist nicht im ~en Sinn aufsässig he is not rebellious in the usual (*od.* normal) sense (of the word); wie ~ as usual, as always, de règle (*lit.*); er verspätete sich wie ~ he was late as usual; wir sehen uns, wie ~, am Sonntag we'll see each other (*od.* meet) as usual on Sunday; auf dem ~en diplomatischen Weg through the usual diplomatic channels. – **2.** es ist (allgemein) ~, daß it is the (common *od.* general) practice that, it is common practice that: es ist ~, daß Frauen das tun it is common practice that women do that (*od.* for women to do that); in Deutschland ist das nicht ~ in Germany it is not the practice (*od.* custom), in Germany it is not customary (*od.* practiced, *bes. Br.* practised); wie es ~ war as was the practice; das ist schon lange nicht mehr ~ that has not been the practice for years; es ist nicht mehr ~ it is no longer the practice (*od.* custom), it is no longer customary; es ist bei ihm so ~ it is the habit with him, that's the way he always does it. – **3.** (*gewohnt*) usual, habitual, accustomed: er kam mit der ~en Verspätung he came with the usual (*od.* with his habitual) delay; sie nahm bei Tisch ihren ~en Platz ein she took her habitual place at the table. – **II Ü~e, das** ⟨-n⟩ **4.** the usual (thing). – **5.** (*mit Kleinschreibung*) es ist das ~e, daß it is common practice that.

ˈüb·li·cherˈwei·se *adv* usually, normally, generally, customarily: ~ lassen wir so etwas aus we usually leave these things out.

ˈU-ˌBo·gen *m* loop over the U.

ˈU-ˌBol·zen *m tech.* U-bolt.

ˈU-ˌBoot *n mar. mil.* submarine. — **~-ˌAbˌwehr** *f cf.* U-Boot-Bekämpfung. — **~-BeˌgleitˌSchiff** *n* (submarine) tender. — **~-Beˌkämp·fung** *f* antisubmarine defence (*Am.* defense). — **~-ˌBun·ker** *m* submarine pen. — **~-ˌFal·le** *f* mystery ship, Q-boat. — **~-GeˌFahr** *f* submarine threat. — **~-ˌHa·fen** *m* submarine base. — **~-ˌJä·ger** *m* **1.** *mil. mar.* submarine chaser, *bes. Am.* subchaser. – **2.** *mil. aer.* antisubmarine aircraft. — **~-Kom·manˌdant** *m* submarine commander. — **~-ˌKrieg** *m* submarine warfare. — **~-ˌMann** *m* submariner. — **~-ˌMut·terˌschiff** *n* submarine tender. — **~-ˌNetz** *n* submarine net. — **~-ˌOr·tungs·geˌrät** *n* submarine detecting gear, asdic, *bes. Am.* sonar. — **~-ˌRu·del** *n* submarine (*od.* wolf) pack. — **~-ˌSper·re** *f* antisubmarine barrier. — **~-ˌStützˌpunkt** *m* submarine base. — **~-ˌTurm** *m* conning tower. — **~-ˌWaf·fe** *f* submarine forces *pl.* — **~-ˌWerft** *f* submarine shipyard (*od.* dockyard).

üb·rig [ˈyːbrɪç] *adj* **1.** ⟨*attrib*⟩ (*übriggeblieben*) remaining, *bes. math. chem.* residual, residuary: die ~en Gäste blieben bis nach Mitternacht the remaining guests stayed until after midnight; die ~en Sachen aufheben to keep the remaining things (*od.* the rest of the things, the remainder); die ~en Abschnitte (*od.* Paragraphen) the remaining paragraphs. – **2.** ⟨*attrib*⟩ (*ander*) other: die ~en Nationen verhielten sich neutral the other (*od.* the rest of the) nations remained neutral; das ~e Europa the rest of Europe. – **3.** ⟨*attrib*⟩ (*weiter, zusätzlich*) further, additional. – **4.** ⟨*pred*⟩ left (over), over: ist noch etwas Kuchen ~? is there any cake left (over)? is there any cake over? von den 100 Mark ist nichts mehr ~

I have nothing left of the 100 marks; es sind noch einige Kinokarten ~ there are a few cinema (*Am.* movie) tickets left (over); **etwas ~ haben** to have s.th. left; **ich habe dafür keine Zeit ~** I have no time left (*od.* to spare) for that; **hier habe ich einen Schuh ~** I've an odd shoe here; **hast du eine Zigarette ~?** can you spare me a cigarette? would you have a cigarette for me (*od.* a cigarette to spare)? **die Stadt hat dafür kein Geld ~** a) the town will not spare the money for it, b) the town cannot afford it (*od.* does not have the money for it). – **5. etwas für j-n ~ haben** to be fond of s.o., to have a soft spot for s.o.: **er hatte schon immer viel für sie ~** he has always been very fond of her; **sie hat nichts für ihn ~** she doesn't care much (*od.* have much time) for him, she is not greatly taken with him (*colloq.*). – **6. etwas für etwas ~ haben** to be interested (*od.* have an interest) in s.th.: **er hat viel für das Theater ~** he is very interested in (*od. colloq.* keen on) the theater (*bes. Br.* theatre); **dafür habe ich nicht viel ~** I am not particularly interested in that, I have no time for that. – **7.** (*substantiviert mit Kleinschreibung*) **die ~en** (*Personen*) the others, the rest *sg*: **die ~en waren gegangen** the rest (*od.* remainder) had left; **ihr [wir] ~en** you [we] others, the rest of you [us]. – **8.** (*substantiviert mit Kleinschreibung*) **das ~e** the rest, the remainder: **alles ~e soll den Kindern gehören** all the rest (*od.* remainder) is for the children; **soviel für heute, das ~e das nächste Mal** so much for today, the rest (*od.* remainder) next time; **das** (*od.* **alles**) **~e können Sie sich denken** you can imagine the rest. – **9.** (*substantiviert mit Kleinschreibung*) **ein ~es tun** a) to do s.th. else, to go a step further, b) to be a further reason: **wenn Sie ein ~es tun wollen, dann sprechen Sie mit seinen Eltern** if you want to do s.th. else, (then) speak to his parents; **ich hatte schlechte Schuhe, und der Regen tat ein ~es, daß ich zu Hause blieb** I had bad shoes and the rain was a further reason for (my) staying at home; **die Krise tat ein ~es, die Spannungen zu verschärfen** the crisis contributed to the increase in tension. – **10.** (*substantiviert mit Kleinschreibung*) **im ~en** a) as for the rest, b) *cf.* **übrigens**: **im ~en halte ich nicht viel davon** as for the rest, I don't think much of it.

'**üb·rig·be,hal·ten** *v/t* ⟨*irr, sep, no* -ge-, h⟩ keep (*s.th.*) (over): **ich habe mir von dem Geld fünf Mark ~** I have kept five marks of the money (over).

'**üb·rig,blei·ben** *v/i* ⟨*irr, sep,* -ge-, sein⟩ **1.** be left (over), remain: **von dem Kuchen ist nichts übriggeblieben** nothing was left of the cake. – **2. es bleibt mir nichts** (**anderes** *od.* **weiter**) **übrig, als ihn zu grüßen** there is nothing else I can do but greet him, I have no other choice than to greet him.

'**üb·ri·gens** *adv* by the way, incidentally, by the by(e): **~, weißt du schon, daß** by the way, do you know that; **ich habe dich ~ gestern gesehen** I saw you yesterday, by the way.

'**üb·rig·ge,blie·ben I** *pp of* **übrigbleiben**. – **II** *adj* ⟨*attrib*⟩ **1.** leftover, *Br.* left-over, remaining, remnant, remainder: **die ~en Essen** the left(-)over meals. – **2.** *bes. chem. math.* residual, residuary.

'**üb·rig,las·sen** *v/t* ⟨*irr, sep,* -ge-, h⟩ **1.** leave: **er hat von seiner Portion nichts übriggelassen** he did not leave any of his helping; **nichts ist übriggelassen worden** nothing was left (over). – **2. die Arbeit läßt viel zu wünschen übrig** the work leaves much (*od. colloq.* a lot) to be desired.

'**Übung** *f* ⟨-; -en⟩ **1.** *cf.* **Üben**. – **2.** ⟨*only sg*⟩ (*eines Musikstücks, eines Arbeitsvorgangs, Handgriffs, einer Rolle etc*) practice: **nach einiger ~ gelang ihm der Salto** after some practice he managed to do the somersault; **ein Stück zur ~ spielen** to play a piece for practice; **~ macht den Meister** (*Sprichwort*) practice makes perfect (*proverb*). – **3.** ⟨*only sg*⟩ (*Praxis, Erfahrung*) practice, experience: **sie hat im Kochen schon viel ~** she has had a great deal of practice (*od.* experience) at (*od.* in) cookery already; **es fehlt dir an der nötigen** (*od.* **rechten**) **~, dir fehlt die nötige** (*od.* **rechte**) **~** you lack the necessary practice; (**das ist**) **alles nur ~!** **das macht alles nur die ~!** *colloq.* it's a question of practice (*od.* experience); **aus der** (*od.* **außer**) **~ kommen [sein]** to get [to be] out of practice; **du mußt in ~ bleiben** you have to keep in practice, you've got to keep your hand in. – **4.** (*Probe für den Ernstfall*) exercise: **militärische ~** military exercise; **die Feuerwehr rückte zu einer ~ aus** the fire brigade went out on an exercise. – **5.** *ped.* exercise: **grammati(kali)sche ~** grammatical exercise; **schriftliche ~** a) (*in der Schule*) written exercise, b) (*als Hausaufgabe*) written homework (*od.* exercise). – **6.** (*Übungsstunde an Universitäten etc*) practical course (involving student participation): **eine ~ über moderne Lyrik (ab)halten** to give (*od.* hold) a practical course on modern lyrics. – **7. geistliche ~en** *pl* (*eines Mönches*) spiritual exercises. – **8.** (*sport*) exercise: **eine ~ am Reck** an exercise on the horizontal bar.

'**Übungs|ar·beit** *f ped.* (*der Schüler*) exercise. — **~,auf,ga·be** *f* (*des Schülers*) exercise. — **~,ball** *m* (*sport*) practice ball. — **~,bei,spiel** *n* example. — **~,boot** *n* (*sport*) *cf.* **Gigboot**. — **~,buch** *n ped.* book of exercises. — **~,flug** *m aer.* practice flight. — **~,flug,zeug** *n* training aircraft, trainer. — **~ge,län·de** *n* training ground (*od.* area). — **~ge,rät** *n* (*sport*) **1.** training apparatus (*od.* equipment). – **2.** (*Heimtrainer*) home trainer. — **~ge,schoß** *n mil.* practice round. — **~,grup·pe** *f* (*sport*) training group.

'**übungs,hal·ber** *adv* for practice: **~ wollen wir das noch mal machen** we'll do that again for practice.

'**Übungs|,hand·gra,na·te** *f mil.* practice hand grenade. — **~,hang** *m* (*beim Skisport*) practice (*od.* nursery) slope. — **~,heft** *n ped.* exercise book. — **~kla·via,tur** *f mus.* practice (*od.* dumb) clavier, dummy keyboard. — **~,kurs** *m* **1.** (*sport*) training course. – **2.** (*an Schulen, Instituten etc*) practical course. — **~,la·dung** *f mil.* (*bei Munition*) practice charge. — **~,la·ger** *n* training camp. — **~,lei·ter** *m* (*sport*) training supervisor. — **~,marsch** *m mil.* training march. — **~mu·ni·ti,on** *f* practice ammunition. — **~,platz** *m* **1.** (*sport*) training ground. – **2.** *mil.* a) training area, b) (*Exerzierplatz*) drill ground. — **~-,schan·ze** *f* (*sport*) practice skijump. — **~,schie·ßen** *n mil.* (*sport*) target practice. — **~,se·gel,flug,zeug** *n aer.* training glider. — **~,spiel** *n* (*sport*) practice match (*od.* game). — **~,stück** *n* **1.** *ped.* (*zum Übersetzen etc*) exercise, lesson. – **2.** *mus.* a) exercise, b) étude, study. — **~,stun·de** *f* practice hour. — **~,teil** *m* (*sport*) (*beim Turnen*) part of the exercise. — **~the·ra,pie** *f med.* therapeutic exercises *pl.* — **~,zeit** *f* practice time. — **~,zweck** *m* purpose of practice.

Ucke·lei (*getr.* -k·k-) ['ʊkəlaɪ] *m* ⟨-s; -e *u.* -s⟩ *zo. cf.* **Ukelei**.

Udi·to·re [udi'to:rə] *m* ⟨-(n); -tori [-ri] *u.* -n⟩ *röm.kath.* (*im Vatikan*) Auditor Papae.

Ud·mur·te [ʊt'mʊrtə] *m* ⟨-n; -n⟩ *anthrop.* Udmurt, Votyak, Votiak. — **ud'mur·tisch I** *adj* Udmurt, Votyak, Votiak. – **II** *ling.* **U~** ⟨*generally undeclined*⟩, **das U~e** ⟨-n⟩ Udmurt, Votyak, Votiak.

'**U-,Ei·sen** *n* ⟨-s; -⟩ *tech.* U-iron.

Ufer ['u:fər] *n* ⟨-s; -⟩ **1.** (*eines Flusses*) bank, strand (*poet.*): **ein steil abfallendes ~** a steep (*od.* precipitous) bank; **der Fluß trat über seine ~** the river overflowed its banks; **ans andere ~ fahren** to cross to the other bank. – **2.** (*eines Sees*) shore, border, bank: **das sichere ~ erreichen** to reach the shore in safety; **vom ~ abstoßen** to push off from the shore. – **3.** (*eines Meeres*) (sea)shore: **der Schiffbrüchige wurde ans ~ gespült** the shipwrecked person was washed ashore (*od.* up). — **~,aas** *n zo.* (*Eintagsfliege*) white worm, mayfly (*Polymitarcis virgo*). — **~,ab,bruch** *m geol.* washing of a bank, bank erosion.

'**Ufer,an,lie·ger** *m jur.* riparian. — **~,recht** *n* riparian right.

'**Ufer|,an,rai·ner** *m Southern G. and Austrian for* **Uferanlieger**. — **~,bahn** *f* (*railway*) shore (*od.* seaboard) railroad (*Br.* railway). — **~,bau** *m civ.eng.* bank construction. — **~,bau·ten** *pl* bank (protection) structures. — **~be,fe·sti·gung** *f* **1.** (*Anlage*) bank stabilization system. – **2.** (*Tätigkeit*) bank stabilization. — **~be,woh·ner** *m* riparian. — **~be,zirk** *m* waterfront. — **~,bö·schung** *f* embankment, sloping bank, bankside. — **~,damm** *m civ.eng.* **1.** (*eines Flusses*) embankment. – **2.** (*des Meeres, der See*) quay. — **~,ei·gen·tü·mer** *m jur.* riparian (owner *od.* proprietor). — **~fa,schi·ne** *f civ.eng.* fascine, (brushwood) faggot. — **~,flie·ge** *f zo. cf.* **Steinfliege**. — **~,land** *n* **1.** (*am Meer*) shoreland. – **2.** (*Küstenland*) coastland, littoral. — **~,läu·fer** *m zo.* **1.** *cf.* **Flußuferläufer**. – **2. Amerikanischer ~** spotted sandpiper (*Actitis macularia*). – **3. Bartrams ~** Bartram's sandpiper (*Bartramia longicauda*). — **~,li·nie** *f* (*eines Flusses, Sees*) shoreline.

'**ufer·los I** *adj* **1.** shoreless. – **2.** *fig.* (*Debatte, Gespräch etc*) endless. – **3.** *fig.* (*grenzenlos*) boundless, vast. – **II U~e, das** ⟨-n⟩ **4.** (*in Wendungen wie*) **er gerät ins U~e, er verliert sich ins U~e** he rambles on (aimlessly) from one thing to the next. – **5.** (*mit Kleinschreibung*) **seine Pläne gingen ins ~e** his plans went on to infinity, his plans snowballed ad infinitum.

'**Ufer|,mau·er** *f civ.eng.* **1.** *cf.* **Uferdamm**. – **2.** (*Anlegestelle*) quay. — **~pro·me,na·de** *f* **1.** (*am Fluß*) embankment walk (*od.* promenade). – **2.** (*am Meer, an einem See*) promenade (along the shore *od.* strand). — **~,recht** *n jur. cf.* **Uferanliegerrecht**. — **~,schnep·fe** *f zo.* black-tailed godwit (*Limosa limosa*). — **~,schutz** *m civ.eng. cf.* **Uferbefestigung**. — **~,schutz,bau·ten** *pl* **1.** (*am Fluß*) bank (protection) structures. – **2.** (*Deiche*) dikes, dykes. — **~,schwal·be** *f zo.* bank swallow (*auch* martin), *Br.* sand martin (*Riparia riparia*). — **~,staat** *m* riparian state. — **~,stra·ße** *f* embankment road, *auch* shore boulevard. — **~,strö·mung** *f geogr.* littoral (*od.* coastal) current (*od.* stream). — **~,wan·ze** *f zo.* water bug (*Fam. Saldidae*).

'**ufer,wärts** *adv* **1.** (*bei einem Fluß*) toward(s) the bank. – **2.** (*bei einem Meer, See*) shoreward(s): **das Schiffswrack treibt ~** the shipwreck drifts shoreward(s).

'**Ufer,win·de** *f bot.* greater bindweed (*Calystegia sepium*).

uff [ʊf] *interj* whew: **~, das hätten wir geschafft!** whew, that's that (done)!

Ufo ['u:fo] *n* ⟨-(s); -s⟩ (*space*) UFO, unidentified flying object.

'**U-,för·mig** *adj* U-shaped.

Ugri·er ['u:grɪər] *m* ⟨-s; -⟩ *anthrop.* Ugrian. — **ugrisch** ['u:grɪʃ] **I** *adj* Ugrian, Ugric. – **II** *ling.* **U~** ⟨*generally undeclined*⟩, **das U~e** ⟨-n⟩ Ugric, Ugrian, the Ugric language.

uh [u:] *interj* oh! **~, bin ich erschrocken!** oh, that gave me an awful fright! oh, what a fright I got!

'**U-,Ha·ken** *m cf.* **U-Bogen**.

UHF [u:ha:'ʔɛf] (*radio*) *telev.* ultra-high frequency. — **~-,Band** *n* ultra-high-frequency band. — **~-'Fern,seh,sen·der** *m* UHF television transmitter.

Uhl [u:l] *f* ⟨-; -en⟩ **1.** *Low G. for* **Eule 1**: → **Nachtigall**. – **2.** *Low G. for* **Handbesen**.

Uhr [u:r] *f* ⟨-; -en⟩ **1.** (*Armbanduhr, Taschenuhr etc*) watch, timepiece: **eine goldene ~** a gold watch; **sieh mal nach der ~, bitte** see what time it is, please; **die ~ stellen** to set one's watch; **die ~ vorstellen** to put one's watch on (*od.* forward), to set one's watch ahead; **die ~ aufziehen** to wind (up) one's watch; **meine ~ geht richtig [falsch]** a) (*im Augenblick*) my watch is right [wrong *od.* out], b) (*im allgemeinen*) my watch keeps good [bad *od.* poor] time; **ihre ~ geht vor [nach]** a) (*im Augenblick*) her watch is fast [slow], b) (*im allgemeinen*) her watch gains (time) (*od.* goes fast) [loses (time) *od.* goes slow]; **seine ~ geht zehn Minuten vor [nach]** his watch is ten minutes fast [slow]; **meine ~ geht täglich acht Minuten vor [nach]** my watch gains [loses] eight minutes a day, my watch goes eight minutes fast [slow] a day; **nach meiner ~ ist es zehn** it is ten o'clock by my watch, I make it ten (o'clock) (*colloq.*); **meine ~ ist stehengeblieben** my watch has stopped; **deine ~ geht nach dem Mond** *colloq.* your watch is completely unreliable; **seine ~ ist abgelaufen** *fig.*

his sands are running out; **rund um die ~** *colloq.* (a)round the clock. – **2.** (*Turmuhr, Wanduhr, Standuhr, Wecker etc*) clock: **die ~ schlägt fünf** the clock strikes five; **ich werde ihm sagen, was die ~ geschlagen hat** *fig. colloq.* I'll give him a (good) piece of my mind, I'll tell him a thing or two (*od. colloq.* where to get off); **er weiß, was die ~ geschlagen hat** *fig. colloq.* he knows what he is in for (*od.* what is coming to him, what is in store for him), he knows which way the wind blows. – **3.** ⟨*only sg*⟩ (*bei Zeitangaben*) **es ist ein ~** it is one o'clock (*od.* one p.m.); **es hat 12 ~ geschlagen** it (*od.* the clock) has just struck 12; **in zehn Sekunden ist es 15 ~** in ten seconds it will be three o'clock (*od.* three p.m., fifteen hours, [*bei offiziellen Zeitansagen*] *auch* fifteenhundred hours); **es ist 12 ~ (mittags)** it is 12 o'clock (noon), it is noon, it is 12 p.m.; **es ist 12 ~ (nachts)** it is 12 o'clock (midnight), it is midnight; **es ist Punkt zwei ~** it is exactly two o'clock, it is two o'clock on the dot (*colloq.*); **er kam um Punkt drei ~** he came at the stroke of three, he came at three o'clock on the dot (*colloq.*); **es ist 14.30 ~** it is two thirty (p.m.); **wieviel ~ ist es?** what time is it? what is the time? **was ist die ~?** *Northern G. colloq.* what time is it? **wissen Sie, wieviel ~ es ist?** could you tell me the time (*od.* what time it is), please? **es ist 12 ~ 10** it is ten past (*Am. auch* after) twelve, it is twelve ten; **um wieviel ~?** (at) what time? when? – **4.** (*Stoppuhr*) (stop)-watch: **die ~ läuft** the watch has been started; **ein Rennen gegen die ~** a race against time.

ˈUhr|armˌband *n* **1.** (*aus Leder, Stoff*) watch strap, watchband. – **2.** (*aus Gold, Silber etc*) watch bracelet, watchband. – **3.** (*elastisches*) expansion band. — **~ˌauf·ˌzug** *m* **1.** (*einer Armbanduhr etc*) winding pinion. – **2.** (*einer Standuhr etc*) (clock) winder. — **~ˌband** *n cf.* Uhrarmband 1, 3.

ˈUh·ren|etui [-ˀɛtˌviː] *n* watchcase. — **~faˌbrik** *f* watch factory. — **~fa·bri·kant** *m* watch manufacturer. — **~geˌschäft** *n* watchmaker's (shop, *bes. Am.* store). — **~ˌhan·del** *m* trade in clocks and watches. — **~in·duˌstrie** *f* watch-and-clock-making industry. — **~verˌgleich** *m* time check: **einen ~ machen** to check (*od.* synchronize *Br. auch* -s-) the watches.

ˈUhr|ˌfe·der *f* watch spring. — **~ge·ˌhän·ge** *n* watch chain with ornaments. — **~geˌhäu·se** *n* clock case. — **~geˌtrie·be** *n* pinion of a watch. — **~geˌwicht** *n* weight of a clock. — **~ˌglas** *n* **1.** watch glass, (watch) crystal. – **2.** *chem.* beaker cover. — **~ˌket·te** *f* watch chain (*od.* guard, fob), fob, *auch* fob chain.

ˈUhrˌma·cher *m* ⟨-s; -⟩ watchmaker, clockmaker, horologist, horologer. — **ˌUhr·ma·cheˈrei** *f* ⟨-; -en⟩ **1.** ⟨*only sg*⟩ watchmaking, horology. – **2.** (*Werkstätte*) watchmaker's workshop.

ˈUhr|ˌpen·del *n* pendulum (of a clock). — **~ˌschlüs·sel** *m* clock key. — **~ˌta·sche** *f* watch pocket, (*in der Hose*) *auch* fob (pocket).

ˈUhrˌwerk *n* **1.** (*einer Uhr*) clockwork, works *pl* (*od.* movement) (of a clock). – **2.** (*einer Armbanduhr*) watchwork, works *pl* (*od.* movement) of a watch. – **3.** *tech.* (*einer mechanischen Vorrichtung*) clockwork, driving mechanism. — **u~beˌtrie·ben** *adj* clockwork-driven. — **~ˌzün·der** *m* (*einer Zeitzünderbombe*) clockwork fuse.

ˈUhrˌzei·ger *m* hand (of a watch *od.* clock): **den ~ zurückdrehen** *auch fig.* to turn the clock back. — **~ˌrich·tung** *f cf.* Uhrzeigersinn. — **~ˌsinn** *m only in* **im ~** clockwise; **entgegen dem ~** anticlockwise, counterclockwise, *Br.* counter-clockwise.

ˈUhrˌzeit *f* time: **die ~ vergleichen** to compare (*od.* check) the time, to synchronize (*Br. auch* -s-) the watches; **j-n nach der ~ fragen** to ask s.o. the time. — **~ˌge·ber** *m* (*computer*) real-time clock.

Uhu [ˈuːhu] *m* ⟨-s; -s⟩ **1.** *zo.* eagle owl (*Bubo bubo*): **Virginischer ~** great horned owl (*B. virginianus*). – **2.** *Bavarian colloq. for* Spinner 3.

Ui·sti·ti [uɪsˈtiːti] *m* ⟨-(s); -(s)⟩ *zo.* common marmoset (*Callithrix jacchus*).

Ukas [ˈuːkas; uˈkas] *m* ⟨-ses; -se⟩ **1.** (*Verordnung, Befehl*) ukase, edict, decree. – **2.** *hist.* (*Erlaß des Zaren*) ukase, *auch* ukaz.

Uke·lei [ˈuːkəlaɪ] *m* ⟨-s; -e *u.* -s⟩ *zo.* (*Karpfenfisch*) bleak (*Alburnus lucidus*).

uk-geˌstellt [uːˈkaː-] *adj mil.* deferred. — **UK-GeˌstelI·te** [uːˈkaː-] *m* ⟨-n; -n⟩ deferee.

Ukrai·ner [ukraˈiːnər; uˈkraɪnər] *m* ⟨-s; -⟩ Ukrainian, Little Russian. — **ukrai·nisch** [ukraˈiːnɪʃ; uˈkraɪnɪʃ] **I** *adj* Ukrainian. – **II** *ling.* **U~** ⟨*generally undeclined*⟩, **das U~e** ⟨-n⟩ Ukrainian, the Ukrainian language, Little Russian.

Uku·le·le [ukuˈleːlə] *n* ⟨-; -n⟩ *mus.* ukulele.

UKW [uːkaːˈveː] *short for* **Ultrakurzwelle.** — **~-Anˌten·ne** *f* (*radio*) very-high-frequency (*od.* VHF-, *auch* vhf-)antenna (*bes. Br.* aerial). — **~-Beˌreich** *m* very-high-frequency (*od.* VHF-, *auch* vhf)-range. — **~-Empˌfän·ger** *m* very-high-frequency (*od.* VHF-, *auch* vhf-)receiver. — **~-ˌSen·der** *m* very-high-frequency (*od.* VHF-, *auch* vhf-)transmitter.

Ulan [uˈlaːn] *m* ⟨-en; -en⟩ *mil. hist.* uhlan, lancer.

Ulan·ka [uˈlaŋka] *f* ⟨-; -s⟩ *mil. hist.* (*Waffenrock der Ulanen*) uhlan's tunic.

Ul·cus [ˈʊlkʊs] *n* ⟨-; Ulcera [-tsera]⟩ *med. cf.* Ulkus.

Ule·ma [uleˈmaː] *m* ⟨-s; -s⟩ (*islamischer Rechts-, Gottesgelehrter*) ulama, ulema.

ulen [ˈuːlən] *v/t* ⟨h⟩ *Low G. for* **reinigen** 1.

Ulen·spe·gel [ˈuːlənˌʃpeːgəl] *npr m* ⟨-s; *no pl*⟩ (*literature*) *cf.* Eulenspiegel.

Ulk [ʊlk] *m* ⟨-(e)s; -e⟩ *colloq.* **1.** (*Scherz, Unfug*) joke: **seinen ~ mit j-m treiben** to play jokes on s.o.; **~ machen** to joke (*od.* to lark) (around); **etwas aus ~ tun** to do s.th. for a (*od.* the) lark (*od.* gag), to do s.th. for a joke (*od.* for fun, for the fun of it, *colloq.* for kicks). – **2.** (*Streich*) practical joke. — **ˈul·ken** *v/i* ⟨h⟩ joke (*od.* lark) (around).

ˈul·kig *adj colloq.* **1.** (*lustig, komisch*) funny, droll, comical: **er ist sehr ~** he is very funny, he is a scream (*colloq.*). – **2.** (*sonderbar, wunderlich*) odd, queer, peculiar, strange: **ein ~er Vogel** a queer bird, an odd fish (*beide colloq.*).

Ul·kus [ˈʊlkʊs] *n* ⟨-; Ulzera [-tsera]⟩ *med.* (*Geschwür*) ulcus, ulcer.

Ul·me [ˈʊlmə] *f* ⟨-; -n⟩ *bot.* elm (*Gattg Ulmus*): **Nordamerikanische ~** slippery elm (*U. rubra*).

ˈUl·men|ˌholz *n* elm (wood). — **~ˌkä·fer** *m zo.* elm beetle (*Galerucella luteola*). — **~ˌsplintˌkä·fer** *m* elm bark beetle (*Scolytus scolytus*). — **~ˌster·ben** *n bot.* Dutch elm disease. — **~ˌwäld·chen** *n* elm grove.

Ul·na [ˈʊlna] *f* ⟨-; Ulnae [-nɛ]⟩ *med.* (*Elle*) ulna. — **ulˈnar** [-ˈnaːr] *adj* ulnar.

Ul·na·ris [ʊlˈnaːrɪs] *m* ⟨-; *no pl*⟩ *med.* ulnar nerve. — **~ˌläh·mung, ~paˌre·se** *f* paralysis (*od.* paresis) of the ulnar nerve.

Ulˈnarˌnerv *m med.* ulnar nerve.

Ul·ster [ˈʊlstər] *m* ⟨-s; -⟩ (*Herrenmantel*) ulster.

Ul·ti·ma ra·tio [ˈʊltima ˈraːtsĭo] *f* ⟨- -; *no pl*⟩ *lit.* ultima ratio, last resort.

ul·ti·ma·tiv [ʊltimaˈtiːf] **I** *adj* **1.** **eine ~e Forderung an j-n richten** to make a demand on s.o. in the form of an ultimatum; **in ~er Form** in the form of an ultimatum. – **2.** *fig. cf.* nachdrücklich 1. – **II** *adv* **3.** **etwas ~ fordern** to demand s.th. in the form of an ultimatum (*od.* peremptorily).

Ul·ti·ma·tum [ʊltiˈmaːtʊm] *n* ⟨-s; -maten *u.* -s⟩ (an *acc* to) ultimatum: (**j-m**) **ein ~ stellen** to issue (*od.* deliver) an ultimatum (to s.o.); **in einem ~ wurde er aufgefordert, das Land binnen vier Tagen zu verlassen** he was ordered in an ultimatum to leave the country within four days.

ul·ti·mo [ˈʊltimo] *adv econ.* **~ März** at the end of March, on the last day of March; **bis ~ April** by the end (*od.* last day) of April.

ˈUl·ti·mo *m* ⟨-s; -s⟩ *econ.* end of month, last day of the month: **per ~** for settlement at the end of month. — **~ˌabˌrech·nung** *f* monthly settlement. — **~efˌfek·ten** *pl* (*an der Börse*) securities to be delivered at the end of a month. — **~ˌfäl·lig·keit** *f* end-of-month maturity. — **~ˌgeld** *n* last-day money. — **~geˌschäft** *n* (*an der Börse*) last-day business. — **~li·qui·da·tiˌon** *f* monthly settlement. — **~paˌpie·re** *pl cf.* Ultimoeffekten. — **~re·guˌlie·rung** *f* monthly clearance (*od.* settlement), settlement at the end of a (*od.* each) month. — **~ˌwech·sel** *m* bill maturing at the end of a month.

Ul·tra [ˈʊltra] *m* ⟨-s; -s⟩ *pol.* ultra(ist), radical, extremist.

ul·tra..., Ul·tra... *combining form denoting* ultra...

Ul·tra|ˈdyn·empˌfän·ger [ʊltraˈdyːn-] *m* (*radio*) ultradyne receiver. — **~ˌfil·ter** [ˈʊltra-] *n, m chem.* ultrafilter. — **u~ˌhart** [ˈʊltra-] *adj nucl.* (*Strahlen*) very energetic, high-energy (*attrib*). — **u~ˌhoch** [ˈʊltra-] *adj* (*Frequenz etc*) ultrahigh. — **u~kon·ser·vaˌtiv** [ˈʊltra-] *adj pol.* ultraconservative, extremely conservative.

ˈUl·traˌkurzˌwel·le *f* **1.** (*radio*) very high frequency, VHF, *auch* vhf, ultrashort wave. – **2.** *med.* ultrashort wave.

ˈUl·traˌkurzˌwel·len|anˌten·ne *f* (*radio*) *cf.* UKW-Antenne. — **~ˌsen·der** *m cf.* UKW-Sender.

ˈUl·traˌlin·ke *f* ⟨-n; *no pl*⟩ *pol.* extreme left.

Ul·tra·ma·rin [ʊltramaˈriːn] **I** *n* ⟨-s; *no pl*⟩ (*Farbe*) ultramarine (blue). – **II u~** *adj cf.* kornblumenblau 1.

ˈUl·tra|mi·kroˌskop *n med.* ultramicroscope. — **u~mi·kroˌsko·pisch** *adj* ultramicroscopic. — **u~moˌdern** *adj* ultramodern.

ul·tra·mon·tan [ʊltramɔnˈtaːn] *adj hist.* (*streng päpstlich*) ultramontane. — **Ul·tra·monˈta·ne** *m* ⟨-n; -n⟩ ultramontanist, ultramontane. — **Ul·tra·mon·taˈnis·mus** [-taˈnɪsmʊs] *m* ⟨-; *no pl*⟩ ultramontanism.

ˈul·traˌrot *adj phys.* ultrared, infrared. — **~ˌdurchˌläs·sig** *adj* transparent to infrared. — **U~ˌstrah·lung** *f* infrared radiation.

ˈUl·traˌschall *m* ⟨-(e)s; *no pl*⟩ *med. phys.* **1.** ultrasound: **mit ~ behandeln** *med.* to treat (*s.o.*) with ultrasound. – **2.** supersonics *pl* (*usually contrued as sg*), ultrasonics *pl* (*construed as sg*). — **~beˌhand·lung** *f med.* treatment with ultrasound. — **~ˌboh·ren** *n tech.* ultrasonic drilling. — **~ˌbohr·ma·ˌschi·ne** *f* ultrasonic drilling machine. — **~diaˌgno·stik** *f med.* ultrasonic diagnosis. — **~ˌechoˌlot** *n aer. mar.* supersonic (*od.* ultrasonic) altimeter. — **~ˌechoˌlo·tung** *f* ultrasonic height-finding (*od.* sounding). — **~freˌquenz** *f* supersonic (*od.* ultrasonic) frequency. — **~geˌrät** *n med.* supersonic (*od.* ultrasonic) apparatus, ultrasonoscope. — **~ˌheil·verˌfah·ren** *n* ultrasonography. — **~ˌprü·fung** *f tech. metall.* ultrasonic test(ing). — **~ˌschwei·ßen** *n metall.* ultrasonic welding. — **~ˌschwin·gun·gen** *pl phys.* supersonic (*od.* ultrasonic) vibrations. — **~ˌtech·nik** *f* ultrasonics *pl* (*construed as sg*), *auch* supersonics *pl* (*usually construed as sg*). — **~the·raˌpie** *f med.* ultrasonography. — **~ˌwel·le** *f phys.* supersonic (*od.* ultrasonic) wave. — **~ˌwel·len·freˌquenz** *f* supersonic (*od.* ultrasonic) sound wave frequency.

ˈUl·tra|ˌstrah·len *pl* cosmic rays. — **~ˌstrah·lung** *f* (cosmic) ultraradiation.

ˈul·tra·vioˌlett I *adj* (*Licht, Strahlen etc*) ultraviolet: **j-n mit ~en Strahlen behandeln** *med.* to uviolize s.o. – **II U~** *n* ⟨-s; *no pl*⟩ ultraviolet. — **~ˌdurchˌläs·sig** *adj* transparent to ultraviolet.

ˈul·tra|viˌsi·bel *adj med. phys.* ultramicroscopic. — **U~zen·triˌfu·ge** *f* (*im Labor*) ultracentrifuge.

Ul·ze·ra·ti·on [ʊltseraˈtsĭoːn] *f* ⟨-; -en⟩ *med.* ulceration.

ul·ze·rie·ren [ʊltseˈriːrən] *v/i* ⟨*no* ge-, sein⟩ *med.* (*geschwürig werden*) ulcerate.

ul·ze·rös [ʊltseˈrøːs] *adj med.* (*geschwürig*) ulcerous, ulcerative.

um [ʊm] **I** *prep* ⟨*acc*⟩ **1.** (*räumlich*) (a)round: **~ den Tisch (herum) sitzen** to sit (a)round the table; **das Mutterschiff kreist ~ den Mond** (*space*) the command module is circling (a)round (*od.* is looping) the moon; **die Touristen sammelten sich ~ den Reiseleiter** the tourists gathered (a)round the guide; **er ist immer ~ sie herum** he is always hanging (a)round her; **~ ein Haus herumgehen** to go (a)round a house; **~ den Garten läuft ein Zaun** a fence runs (a)round the garden; **er wohnt gleich ~ die Ecke** he lives just (a)round the corner; **~ die Ecke biegen** to turn ([a]round) the corner; (**sich** *dat*) **ein Tuch ~ den Hals binden** to tie a scarf (a)round one's neck; **j-m ~ den Hals fallen** to throw one's arms (a)round s.o.'s neck; **~ sich schauen** to look around (*od.* about) one; **wild ~ sich schlagen** to kick around wildly; **er wirft**

mit dem Geld nur so ~ sich he throws his money around; die Seuche griff ~ sich the epidemic spread; alles dreht sich ~ das (*od.* ~s) Geld everything revolves around money, money makes the world go round (*colloq.*); es ist ~ ihn recht ruhig geworden there's not so much talk about him now; die Frauen ~ Goethe the women around Goethe; ihr wurde leicht ~s Herz she felt relieved (*od. lit.* light of heart); mir ist weh ~s Herz I am sore at heart, my heart is grieved; wenn du wüßtest, wie mir ~s Herz ist if you knew how I felt (*od.* feel); → schlagen 6. – **2.** (*zeitlich*) a) (*etwa, ungefähr*) (round) about, (some time) around, about ... or so, b) (*genau*) at: die Vorstellung beginnt ~ acht Uhr the performance starts at eight o'clock; kannst du ~ zehn (herum) kommen? can you come round about ten? can you come about ten or so? *Br. colloq.* can you come tenish? das muß ~ Ostern (herum) gewesen sein that must have been some time around Easter. – **3.** (*für, nach*) for: er fragte mich ~ Rat he asked me for advice; ~ Hilfe rufen to shout for help; sie flehte ~ Gnade she begged for mercy; er bat ~ Aufschub he asked for postponement; der Sohn schrieb an seinen Vater ~ Geld the son wrote to his father for money; ich gäbe viel ~ meine Gesundheit I would give a lot for my health; → Verzeihung 2; Wette 2. – **4.** (*in bezug auf*) about: sie wußte ~ sein Geheimnis she knew about his secret; schade ~ ihn! it's a pity (*od.* it's too bad) about him! bei dieser Geschichte geht es ~ das Problem der Freiheit this story is about (*od.* deals with) the problem of freedom; es geht mir nicht ~ das (*od.* ~s) Geld I'm not concerned about the money, it's not so much the money; hier geht es ~ das Prinzip this is a question of principle; es steht schlecht ~ ihn a) (*gesundheitlich*) he's in a bad way, b) (*finanziell etc*) he's in a bad way, things are going badly for him; er hat sich ~ die Stadt verdient gemacht he did the town good service; das hat er nicht ~ sie verdient he did not deserve that from her; → bemühen 2, 3; geschehen² II; kümmern I. – **5.** (*wegen*) for: ~ j-n weinen to weep for s.o.; es tut mir leid ~ dich I'm sorry for you; j-n ~ etwas beneiden to envy s.o. s.th. – **6.** (*eine Aufeinanderfolge, einen Wechsel bezeichnend*) after: Woche ~ Woche verging one week went by after the other, week after week went by, the weeks went by one after the other; er arbeitet nur einen Tag ~ den anderen (*Northern G.* einen ~ den anderen Tag) he works only every other (*od.* second) day; einer ~ den anderen verließ den Raum a) one left the room after the other, they left the room one after the other (*od.* one by one), b) every second (*od.* other) person left the room; wir bekamen Absage ~ Absage we received one negative reply after the other. – **7.** (*einen Austausch bezeichnend*) for: er arbeitet ~ einen sehr geringen Lohn he works for very low wages; ich habe das ~ eine geringe Summe gekauft I bought that for very little (*od.* for a low price); ~ Geld spielen to play for money; was tut man nicht alles ~s liebe Geld! what one doesn't do for money! ~ zehn Mark wetten to bet ten marks; ~ jeden Preis at all costs; ~ keinen Preis on no account; nicht ~ alles in der Welt not for a mint of money, not for a pension, not if you paid me (*colloq.*); es geht ~ Leben und Tod it's a matter (*od.* question) of life and death; es geht ~s Ganze everything is at stake, it's all (*od.* neck) or nothing; Auge ~ Auge(, Zahn ~ Zahn) an eye for an eye(, and a tooth for a tooth). – **8.** (*in Wendungen wie*) ~ etwas kommen to be done out of s.th.; j-n ~ etwas bringen a) to rob (*od.* deprive) s.o. of s.th., b) (*betrügerisch*) to cheat (*od.* do) s.o. out of s.th.; ich bin ~ mein ganzes Geld gekommen a) I have lost all my money, b) (*durch Betrug*) I've been cheated (*od.* done) out of all my money; die unerwünschte Heirat hat ihn ~ sein Erbteil gebracht the undesirable marriage deprived him of his inheritance; durch den Besuch bin ich ~ meinen Mittagsschlaf gekommen I was done out of my nap by the visitors; ~s Leben kommen to lose one's life. – **9.** (*einen Unterschied bezeichnend*) by: ~ ein bedeutendes (*od.* beträchtliches, erkleckliches) kleiner smaller by far; ~ so mehr [weniger], als (*od.* weil, da) all the more so [all the less] because (*od.* since); das neue Modell ist ~ vieles besser the new model is better by far; er hat sich ~ nichts gebessert he hasn't improved in the slightest; du bist ~ zehn Zentimeter [einen Kopf] kleiner als ich you are ten centimeters (*bes. Br.* centimetres) [a head] smaller than I (*od.* me, than I am); du kommst genau ~ eine Stunde zu spät you are exactly one hour (too) late; sie hat sich ~ zehn Mark verrechnet she was ten marks out in her calculation; dieser Artikel ist dort ~ die Hälfte billiger this article is only half the price there; ~ ein Haar wäre ich gefallen I was very near to (*od.* I was within an ace of) falling; ~ so besser [schlimmer]! so much the better! all the better! [so much the worse!]. – **II** um ... willen *prep* ⟨*gen*⟩ **10.** ~ j-s [einer Sache] willen for the sake of s.o. [s.th.]: ~ meinetwillen for my sake; ~ des lieben Friedens willen for the sake of peace; ~ Himmels willen! a) for heaven's sake! b) (*als Ausdruck des Erstaunens*) heavens (above)! good(ness) gracious! ~ Gottes willen! for goodness' (*stärker* God's) sake! – **III** *conj* **11.** ~ zu (*final*) (in order) to: er ging ins Nebenzimmer, ~ zu telephonieren he went into the next room (in order) to make a telephone call; sie ist noch zu jung, ~ das zu verstehen she is too young to understand that. – **12.** ~ zu (*konsekutiv*) to: er wanderte nach Amerika aus, ~ dort drei Jahre später zu sterben he emigrated to America to die there three years later; sie heirateten, ~ sich schon nach wenigen Monaten wieder scheiden zu lassen they (got) married (only) to be divorced again after a few months. – **IV** *adv* **13.** ~ und ~ a) all around, b) (*völlig*) completely, totally, c) (*durcheinander*) inside out: Feinde ~ und ~ enemies all around; ich kehrte die Schublade ~ und ~ I turned the drawer inside out. – **14.** *colloq.* (*etwa*) about, around: er verdient so ~ (die) tausend Mark he earns something around (*od.* in the vicinity of) a thousand marks; es waren so ~ die 20 Leute dort there were about (*od.* some) 20 people there.

'um,ackern (*getr.* -k·k-) *v/t* ⟨*sep*, -ge-, h⟩ *agr.* plough (*bes. Am.* plow) (*s.th.*) up.

'um·adres,sie·ren I *v/t* ⟨*sep*, *no* -ge-, h⟩ readdress, redirect. – **II U~** *n* ⟨-s⟩ *verbal noun.* — **'Um·adres,sie·rung** *f* ⟨-; -en⟩ **1.** *cf.* Umadressieren. – **2.** redirection.

'um,än·dern I *v/t* ⟨*sep*, -ge-, h⟩ **1.** change, alter. – **2.** (*teilweise*) modify. – **3.** (*Kleid etc*) alter. – **II U~** *n* ⟨-s⟩ **4.** *verbal noun.* — **'Um,än·de·rung** *f* ⟨-; -en⟩ **1.** *cf.* Umändern. – **2.** change, alteration. – **3.** (*teilweise*) modification. – **4.** (*eines Kleides etc*) alteration.

'um,ar·bei·ten I *v/t* ⟨*sep*, -ge-, h⟩ **1.** etwas zu etwas ~ to make (*od.* turn) s.th. into s.th. – **2.** (*Kleid etc*) refashion, remodel, *Am.* make over: ein Kleid nach der neuesten Mode ~ lassen to have a dress remodel(l)ed to (*od.* after) the latest fashion. – **3.** (*Buch, Artikel, Aufsatz etc*) revise: einen Roman ~ to rewrite a novel. – **4.** (*für den Film etc*) adapt: er arbeitete seinen Roman zu einem Drama um he adapted his novel for the stage. – **5.** (*modifizieren*) modify. – **6.** (*neu gestalten, umorganisieren*) remodel, recast, refashion. – **II U~** *n* ⟨-s⟩ **7.** *verbal noun.* — **'Um,ar·bei·tung** *f* ⟨-; -en⟩ **1.** *cf.* Umarbeiten. – **2.** (*eines Buches etc*) revision. – **3.** (*für den Film etc*) adaptation. – **4.** (*Modifizierung*) modification.

,um'ar·men I *v/t* ⟨*insep*, *no* -ge-, h⟩ **1.** embrace, clasp (*s.o.*) in one's arms: die beiden Liebenden umarmten sich the two lovers embraced (each other). – **2.** (*an sich drücken*) hug: das Kind umarmte die Mutter the child hugged its mother. – **II U~** *n* ⟨-s⟩ **3.** *verbal noun.* — **,Um'ar·mung** *f* ⟨-; -en⟩ **1.** *cf.* Umarmen. – **2.** embrace. – **3.** hug. – **4.** *fig.* (*Liebesakt*) embrace, union.

'Um,bau *m* ⟨-(e)s; -ten *u.* -e⟩ **1.** *cf.* Umbauen¹. – **2.** renovation(s *pl*), structural alteration(s *pl*): wegen ~(s) geschlossen closed for renovations. – **3.** *tech.* reconstruction, redesign, rebuilding. – **4.** (*umgebautes Gebäude*) altered section: im ~ wurde eine Ölheizung installiert an oil stove was installed in the altered section. – **5.** *fig.* (*einer Verwaltung etc*) reorganization *Br. auch* -s-, reconstruction. – **6.** (*theater*) change of set (*od.* scenery). – **7.** (*um Couch, Bett etc*) (wooden) surround(s *pl*).

'um,bau·en¹ I *v/t* ⟨*sep*, -ge-, h⟩ **1.** (*Haus etc*) renovate, alter, make structural alterations to, convert. – **2.** (*völlig*) rebuild. – **3.** (*anders arrangieren*) rearrange, change (*s.th.*) round. – **4.** *tech.* rebuild, reconstruct, redesign. – **5.** *fig.* (*Verwaltung etc*) reorganize *Br. auch* -s-, reconstruct. – **6.** (*zu einem neuen Zweck*) (in *acc* into) convert. – **7.** das Bühnenbild ~ (*theater*) to change the set(ting) (*od.* scenery). – **II U~** *n* ⟨-s⟩ **8.** *verbal noun.*

,um'bau·en² *v/t* ⟨*insep*, *no* -ge-, h⟩ etwas mit etwas ~ to build s.th. (a)round s.th., to surround s.th. with s.th.

,um'baut I *pp of* umbauen². – **II** *adj* ~er Raum enclosed area, interior space.

'um·be,hal·ten *v/t* ⟨*irr*, *sep*, *no* -ge-, h⟩ (*Schal, Stola, Kette etc*) keep (*s.th.*) on.

'um·be,nen·nen I *v/t* ⟨*irr*, *sep*, *no* -ge-, h⟩ rename. – **II U~** *n* ⟨-s⟩ *verbal noun.* — **'Um·be,nen·nung** *f* ⟨-; -en⟩ *cf.* Umbenennen.

Um·ber¹ ['umbər] *m* ⟨-s; *no pl*⟩ *min.* (*paints*) *cf.* Umbra.

'Um·ber² *m* ⟨-s; -n⟩, **~,fisch** *m zo.* sciaenoid, grunt drum(fish) (*Fam. Sciaenidae*).

'Um·ber,fle·der,maus *f zo.* northern serotine (*Eptesicus nilsoni*).

'um·be,set·zen I *v/t* ⟨*sep*, *no* -ge-, h⟩ **1.** (*Posten, Stelle etc*) appoint a different person to: die Stelle wurde umbesetzt a different person was appointed to the post. – **2.** *pol.* reshuffle, *Am.* shake up. – **3.** (*theater*) (*Rolle*) recast. – **II U~** *n* ⟨-s⟩ **4.** *verbal noun.* — **'Um·be,set·zung** *f* ⟨-; -en⟩ **1.** *cf.* Umbesetzen. – **2.** *pol.* reshuffle, *Am.* shake-up. – **3.** (*theater*) recast, change of cast.

'um,bet·ten I *v/t* ⟨*sep*, -ge-, h⟩ **1.** (*Kranke etc*) put (*s.o.*) in(to) (*od.* transfer [*s.o.*] to) another bed. – **2.** (*Leiche*) transfer (*body*) to another grave. – **3.** *civ.eng.* (*Fluß*) rechannel. – **II U~** *n* ⟨-s⟩ **4.** *verbal noun.* — **'Um,bet·tung** *f* ⟨-; -en⟩ **1.** *cf.* Umbetten. – **2.** (*eines Kranken*) transfer (to another bed). – **3.** (*einer Leiche*) transfer (to another grave).

'um·be,zeich·nen *v/t* ⟨*sep*, *no* -ge-, h⟩ relabel.

'um,bie·gen I *v/t* ⟨*irr*, *sep*, -ge-, h⟩ **1.** etwas nach oben [unten] ~ a) (*Ärmel, Kragen etc*) to turn s.th. up [down], b) (*Draht, Eisenstange etc*) to bend (*od.* turn) s.th. up [down]. – **2.** *tech.* a) deflect, b) (*Rand von Blechteilen*) fold. – **3.** (*Buchseite etc*) turn (*od.* fold) down, dog-ear. – **4.** *fig. colloq.* (*Urteil etc*) deflect. – **II** *v/reflex* sich ~ **5.** (*von Kragenecken, Seitenrändern etc*) curl up. – **III** *v/i* ⟨sein⟩ **6.** (*eine Biegung machen, umkehren*) turn (back), double back.

'um,bil·den I *v/t* ⟨*sep*, -ge-, h⟩ **1.** (*neu gestalten*) recast, remodel, refashion. – **2.** (*neu organisieren*) reorganize *Br. auch* -s-, reconstruct. – **3.** (*umwandeln*) transform, metamorphose. – **4.** (*reformieren*) reform. – **5.** *pol.* (*Kabinett etc*) reshuffle, reorganize *Br. auch* -s-, *Am.* shake up. – **II U~** *n* ⟨-s⟩ **6.** *verbal noun.* — **'Um,bil·dung** *f* ⟨-; -en⟩ **1.** *cf.* Umbilden. – **2.** reorganization *Br. auch* -s-, reconstruction. – **3.** transformation, metamorphosis (*lit.*). – **4.** reform. – **5.** *pol.* (*des Kabinetts etc*) reshuffle, reorganization *Br. auch* -s-, *Am.* shake-up: eine ~ der Regierung vornehmen to reshuffle the government; in der ~ begriffen sein to be undergoing a reshuffle.

Um·bi·li·cus [um'biːlikus] *m* ⟨-; -lici [-tsi]⟩ *med.* (*Nabel*) navel, umbilicus (*scient.*). — **um·bi·li'kal** [-bili'kaːl] *adj* umbilical.

'um,bin·den¹ *v/t* ⟨*irr*, *sep*, -ge-, h⟩ **1.** (*Schal, Tuch, Kette, Gürtel, Schürze etc*) put (*s.th.*) on: sich (*dat*) einen Schal ~ to put a scarf on, to put (*od.* tie) a scarf (a)round one's neck. – **2.** *print.* (*Buch etc*) rebind.

,um'bin·den² *v/t* ⟨*irr*, *insep*, *no* -ge-, h⟩ etwas mit etwas ~ to tie (*od.* bind) s.th. (a)round s.th.

'um,bla·sen¹ *v/t* ⟨*irr*, *sep*, -ge-, h⟩ blow (*s.th.*, *s.o.*) down (*od.* over): sie ist so dünn, daß man sie ~ könnte *fig.* she is so thin (that) you could knock her down with a feather.

ˌumˈbla·sen[2] *v/t* ⟨*irr, insep, no* -ge-, h⟩ *poet.* (*umwehen*) blow (a)round.

ˈUmˌblatt *n* (*der Zigarre*) binder.

ˈumˌblät·tern I *v/t* ⟨*sep*, -ge-, h⟩ (*Buchseite etc*) turn (over). – **II** *v/i* turn (over) the (*od.* a) page, turn over (*colloq.*).

ˈumˌblicken (*getr.* -k·k-) *v/reflex* ⟨*sep*, -ge-, h⟩ sich ~ **1.** look back (*od.* round), revert the eyes: **sich nach j-m [etwas] ~** a) to look back at s.o. [s.th.], b) (*im Vorübergehen*) to look round after s.o. – **2.** (*im Kreise*) look round (*od.* about) (one).

Um·bra [ˈumbra] *f* ⟨-; *no pl*⟩ *min.* (*paints*) umber. — **~ˌer·de** *f min.* umber earth.

ˌumˈbran·den *v/t* ⟨*insep, no* -ge-, h⟩ *poet.* surge (*od.* foam) (a)round.

ˌumˈbrau·sen *v/t* ⟨*insep, no* -ge-, h⟩ *poet.* roar round.

ˈumˌbre·chen[1] **I** *v/t* ⟨*irr, sep*, -ge-, h⟩ **1.** (*Stock, Zaun, Baum etc*) break (*s.th.*) down. – **2.** *agr.* (*Boden*) turn (over), break (up), plough, *bes. Am.* plow. – **II** *v/i* ⟨sein⟩ **3.** (*von Zaun, Baum etc*) break.

ˌumˈbre·chen[2] *v/t* ⟨*irr, insep, no* -ge-, h⟩ *print.* **1.** (*Satz*) make up. – **2.** (*Zeile*) overrun.

ˌUmˈbre·cher *m* ⟨-s; -⟩ *print.* makeup (*Br.* make-up) man.

ˈumˌbrin·gen I *v/t* ⟨*irr, sep*, -ge-, h⟩ **1.** j-n ~ to kill (*od.* murder) s.o., to take s.o.'s life, to do away with s.o. (*colloq.*): **diese Arbeit wird mich noch eines Tages ~** *fig. colloq.* this work will kill me one day. – **2.** *fig. colloq.* (*in Wendungen wie*) **etwas ist nicht umzubringen** s.th. wears forever (*od.* for ages), s.th. never wears out; **j-d ist nicht umzubringen** s.o. has endless energy, s.o. is indefatigable, s.o. can go on for ever (*colloq.*). – **II** *v/reflex* **sich ~ 3.** kill oneself, take one's own life, commit suicide, do away with oneself (*colloq.*): **sie brachte sich fast** (*od.* **bald, halb**) **um, als sie den Nagel in die Wand schlug** *fig. colloq.* she nearly (*od.* half) killed herself hammering the nail into the wall; **er brachte sich fast um vor Hilfsbereitschaft** *fig. colloq.* he was tripping over himself to be helpful (*colloq.*); **bring dich bloß nicht um!** *iron.* (mind you) don't kill (*od.* hurt, strain) yourself!

um·brisch [ˈumbrɪʃ] **I** *adj* Umbrian. – **II** *ling.* **U~** ⟨*generally undeclined*⟩, **das U~e** ⟨-n⟩ Umbrian, the Umbrian language.

ˈUmˌbruch *m* ⟨-(e)s; ¨e⟩ **1.** *print.* a) makeup, *Br.* make-up, b) *cf.* Umbruchkorrektur: **durch diese Korrektur entsteht viel ~** this correction involves a great deal of overrunning. – **2.** *agr.* newly broken soil. – **3.** (*mining*) by-pass. – **4.** *fig.* (*grundlegende Änderung*) (radical) change: **diese Entdeckung kennzeichnet einen ~ in der Geschichte der Medizin** this discovery marks a radical change (*od.* a revolution) in the history of medicine. – **5.** *bes. pol.* a) upheaval, revolution, b) (*im Parlament*) landslide. — **~ˌabˌzug** *m print.* page proof. — **~kor·rekˌtur** *f* page proof. — **~re·dakˌteur** *m* editorial makeup (*Br.* make-up) man.

ˈumˌbu·chen I *v/t* ⟨*sep*, -ge-, h⟩ **1.** (*Flug etc*) change one's reservation for: **ich mußte den Flug auf Samstag ~** I had to change my flight reservation to Saturday. – **2.** *econ.* transfer (*s.th.*) (to another account). – **II U~** *n* ⟨-s⟩ **3.** *verbal noun.* — **ˈUmˌbu·chung** *f* ⟨-; -en⟩ **1.** *cf.* Umbuchen. – **2.** change in reservation: **ich möchte eine ~ vornehmen** I would like to make a change in reservation. – **3.** *econ.* (book) transfer.

ˈumˌdecken (*getr.* -k·k-) *v/t* ⟨*sep*, -ge-, h⟩ **1.** (**den Tisch**) ~ to lay (*od.* set) the table differently, to change the table setting. – **2.** (*Dach*) retile.

ˈumˌden·ken I *v/i* ⟨*irr, sep*, -ge-, h⟩ reorient one's opinion. – **II U~** *n* ⟨-s⟩ reorientation.

ˈumˌdeu·ten *v/t* ⟨*sep*, -ge-, h⟩ **etwas ~** to give a new interpretation to s.th., to reinterpret s.th.: **diese Theorie wurde später von Forschern umgedeutet** this theory was later given a new interpretation by scientists. — **ˈUmˌdeu·tung** *f* ⟨-; -en⟩ reinterpretation.

ˈumˌdich·ten *v/t* ⟨*sep*, -ge-, h⟩ recast.

ˈum·di·riˌgie·ren *v/t* ⟨*sep, no* -ge-, h⟩ **1.** (*Verkehr*) redirect, divert, detour. – **2.** *fig.* redirect.

ˈum·dis·poˌnie·ren I *v/i* ⟨*sep, no* -ge-, h⟩ make new arrangements, replan, change one's arrangements. – **II** *v/t* replan, reorganize *Br. auch* -s-.

ˌumˈdrän·gen *v/t* ⟨*insep, no* -ge-, h⟩ throng (*od.* crowd, press) (a)round.

ˈumˌdre·hen I *v/t* ⟨*sep*, -ge-, h⟩ **1.** (*ganz herum*) turn (*s.th.*) (round): **den Schlüssel im Schloß ~** to turn the key in the lock; **schon der Gedanke daran drehte mir den Magen um** *fig. colloq.* the very thought (of it) turned my stomach; → Pfennig 2; Spieß 4. – **2.** (*Blatt Papier, Matratze etc*) turn (*s.th.*) over. – **3.** (*Buchseite*) turn (over). – **4.** (*abdrehen*) wring: **einem Huhn den Hals** (*od.* **Kragen**) ~ to wring a chicken's neck; **ich werde dir den Hals ~** *fig. colloq.* I'll wring your neck. – **5.** (*verdrehen*) twist: **j-m den Arm ~** to twist s.o.'s arm; **j-m das Wort im Mund ~** *fig. colloq.* to twist s.o.'s every word. – **6.** (*von innen nach außen*) turn (*s.th.*) inside out: **Taschen [Socken, Handschuhe] ~** to turn pockets [socks, gloves] inside out. – **II** *v/reflex* **sich ~ 7.** turn (round): **sie drehte sich auf dem Absatz um und verließ das Zimmer** she turned on her heel and left the room; **alle drehten sich um** everybody turned round; **sich nach j-m ~** a) to turn round to look at s.o., to look round at s.o., b) (*im Vorübergehen*) to turn round to look after s.o., to look round after s.o.; **deine Großmutter würde sich im Grabe ~, wenn sie das hörte** *fig. colloq.* your grandmother would turn in her grave if she heard that; **das Herz drehte sich mir im Leibe um vor Kummer** *fig.* my heart bled with sorrow; **wenn ich schon daran denke, dreht sich mir der Magen um** *fig. colloq.* my stomach turns (over) (*od.* heaves) at the very thought of it. – **8.** *mar.* (*von Schiff*) (*umkippen*) turn over. – **9.** (*space*) (*von Kapsel etc*) spin. – **10.** *aer.* (*von Flugzeug*) rotate. – **III** *v/i* ⟨sein⟩ **11.** *colloq.* (*umkehren*) turn (back), double back.

Um·dre·hung [ˌumˈdreːuŋ; ˈumˌdreːuŋ] *f* ⟨-; -en⟩ **1.** turn: **eine einmalige ~** a single turn; **eine ~ nach links** a turn to the left. – **2.** *astr. phys. tech.* a) (*um die eigene Achse*) rotation, revolution, turn, b) (*um einen Mittelpunkt*) revolution: **5000 ~en in der Minute** 5,000 revolutions (*od. colloq.* revs) per minute. – **3.** (*sport*) (*beim Fechten*) volte-face.

ˌUmˈdre·hungsˌˌach·se *f astr. phys. tech.* axis of rotation. — **~be·ˌwe·gung** *f* rotary motion. — **~geˌschwin·dig·keit** *f* speed of rotation, rotational speed. — **~ˌpunkt** *m* center (*bes. Br.* centre) of rotation. — **~ˌzahl** *f tech.* number of revolutions, speed. — **~ˌzäh·ler** *m* revolution counter.

ˌumˈdü·stert *adj* (*Blick etc*) obscured, gloomy.

ˌumˌeinˈan·der *adv* **1.** (*örtlich*) a) (*bei zwei Personen*) (a)round each other, b) (*bei mehreren Personen*) (a)round one another: **~ herumtanzen** to dance (a)round each other. – **2.** (*modal*) a) (*bei zwei Personen*) about each other, b) (*bei mehreren Personen*) about one another: **die beiden Schwestern kümmern sich gar nicht mehr ~** the two sisters don't bother about each other at all now.

ˈum·entˌwickeln (*getr.* -k·k-) *phot.* **I** *v/t* ⟨*sep, no* -ge-, h⟩ redevelop. – **II U~** *n* ⟨-s⟩ *verbal noun.* — **ˈUm·entˌwick·lung** *f* ⟨-; *no pl*⟩ **1.** *cf.* Umentwickeln. – **2.** redevelopment.

ˈumˌerˌzie·hen *v/t* ⟨*irr, sep, no* -ge-, h⟩ reeducate, *Br.* re-educate. — **ˈUm·erˌzie·hung** *f* ⟨-; *no pl*⟩ reeducation, *Br.* re-education.

ˌumˈfä·cheln *v/t* ⟨*insep, no* -ge-, h⟩ **1.** fan. – **2.** *poet.* fan, caress.

ˈumˌfah·ren[1] **I** *v/t* ⟨*irr, sep*, -ge-, h⟩ **j-n [etwas] ~** to run over s.o. [s.th.], to knock (*od.* run) s.o. [s.th.] down. – **II** *v/i* ⟨sein⟩ *colloq.* make a detour. – **III U~** *n* ⟨-s⟩ *verbal noun.*

ˌumˈfah·ren[2] **I** *v/t* ⟨*irr, insep, no* -ge-, h⟩ **1.** (*rund um etwas herumfahren*) drive (a)round, circumvent: **auf dieser Straße kann man den See ganz ~** on this road you can drive right (*od.* all the way) (a)round the lake. – **2.** (*ausweichend*) drive round, circumvent: **es gelang ihm gerade noch, das Hindernis zu ~** he just managed to drive (*od.* get) round the obstacle. – **3.** (*auf einer Umgehungsstraße*) bypass, circumvent. – **4.** *mar.* a) (*Insel etc*) (sail) (a)round, b) (*Kap etc*) double, c) (*Welt*) circumnavigate. – **II U~** *n* ⟨-s⟩ **5.** *verbal noun.*

ˈUmˌfahrt *f* ⟨-; -en⟩ **1.** (*Umweg*) detour. – **2.** (*Rundfahrt*) round trip, *bes. Br.* circular tour.

ˌUmˈfah·rung *f* ⟨-; -en⟩ **1.** *cf.* Umfahren[2]. – **2.** *mar.* (*der Welt*) circumnavigation.

ˌUmˈfah·rungsˌstra·ße *f Austrian* bypass.

ˈUmˌfall *m* ⟨-(e)s; *no pl*⟩ *fig. colloq.* **1.** change of mind (*od.* opinion). – **2.** *pol.* defection.

ˈumˌfal·len I *v/i* ⟨*irr, sep*, -ge-, sein⟩ **1.** (*von Personen*) fall down (*od.* over), drop to the ground: **ich bin so müde, daß ich fast umfalle** I am (so tired I'm) about to drop; **tot ~** to drop (down) dead; **ich will (auf der Stelle) tot ~, wenn** *colloq.* I'll eat my hat if; **ich will tot ~, wenn das nicht die Wahrheit ist** *colloq.* cross my heart and hope to die. – **2.** (*schwer u. plötzlich*) slump (to the ground). – **3.** (*ohnmächtig werden*) faint, swoon, pass out (*colloq.*): **bei der Hitze fielen die Leute um wie die Fliegen** *colloq.* people fainted (*od.* dropped off) like flies in the heat; **ich wäre vor Schreck fast umgefallen** *colloq.* I nearly fainted of (*od.* with) fright. – **4.** (*von Gegenständen*) fall down (*od.* over), topple over. – **5.** (*umkippen, umschlagen*) turn over, tip over, overturn. – **6.** *fig. colloq.* (*bes. von Politikern*) go back on (*od.* break) one's word. – **II U~** *n* ⟨-s⟩ **7.** *verbal noun*: **zum U~ müde sein** to be (so tired that one is) about to drop.

ˈumˌfal·zen *v/t* ⟨*sep*, -ge-, h⟩ *cf.* falzen 1.

ˈUmˌfang *m* ⟨-(e)s; *no pl*⟩ **1.** *tech.* a) (*des Kreises, der Kugel etc*) circumference, periphery, (*eines Rades*) *auch* perimeter. – **2.** (*eines Baumes etc*) girth, circumference: **der Baum hat einen ~ von acht Metern** the tree has a girth of eight meters (*bes. Br.* metres); **Herr X hat einen ganz schönen ~** *colloq. humor.* Mr. X has quite a girth. – **3.** (*einer Stadt etc*) perimeter. – **4.** (*Volumen*) size, proportion, volume, compass, girth: **das Buch hat einen ~ von 300 Seiten** the book has (*od.* contains) 300 pages; **welchen ~ soll der Aufsatz haben?** what size (*od.* how long) should the essay be? – **5.** (*räumliche Ausdehnung*) dimension, size: **das Grundstück hat einen ~ von tausend Quadratmetern** the estate has a dimension of a thousand square meters (*bes. Br.* metres), the estate is a thousand square meters (*bes. Br.* metres) in dimension (*od.* size). – **6.** (*in der Schneiderei*) width. – **7.** *fig.* (*Ausmaß*) extent, dimension(s *pl*): **ich konnte die Auswirkungen damals noch nicht in ihrem vollen ~ übersehen** I could not foresee the full extent of the consequences at the time; **er hat es in vollem ~ zugegeben** he fully admitted his guilt. – **8.** *fig.* (*Maßstab*) scale: **sie konnten die Produktion nur in kleinerem ~ fortsetzen** they could only continue production on a smaller scale. – **9.** *fig.* (*des Verkehrs, Verkaufs etc*) volume. – **10.** *fig.* (*eines Begriffes*) range, extension, breadth. – **11.** *mus.* (*einer Stimme*) volume, compass. – **12.** *econ.* (*einer Versicherung*) coverage. – **13.** (*radio*) (*des Tonbereichs*) range.

ˌumˈfan·gen *v/t* ⟨*irr, insep, no* -ge-, h⟩ **1.** clasp. – **2.** (*umarmen*) embrace. – **3.** *fig. lit.* surround, envelop, *auch* envelope, encompass: **Dunkelheit umfing sie** darkness enveloped her.

ˈumˌfäng·lich [-ˌfɛŋlɪç] *adj* extensive.

ˈumˌfangˌreich *adj* **1.** (*dick, voluminös*) voluminous. – **2.** *fig.* (*Studien, Bestellungen, Beziehungen, Erkundigungen etc*) extensive. – **3.** *fig.* (*Gebiet etc*) extensive, expansive. – **4.** *fig.* (*Arbeiten, Werke etc*) extensive. – **5.** (*geräumig*) spacious, capacious. – **6.** *colloq.* (*Person*) voluminous. – **7.** *mus.* (*Stimme*) of great range (*od.* ambitus).

ˈUmˌfangsˌtei·lung *f tech.* (*des Zahnrads*) circular pitch.

ˈumˌfär·ben *v/t* ⟨*sep*, -ge-, h⟩ dye (*s.th.*) a different color (*bes. Br.* colour).

ˈUmˌfärbˌha·se *m zo.* white rabbit (*Lepus americanus*).

ˌumˈfas·sen[1] **I** *v/t* ⟨*insep, no* -ge-, h⟩ **1.** clasp: **j-n von hinten ~** to clasp s.o. from behind; **er hatte meine Hände umfaßt** he had clasped my hands. – **2.** (*umarmen*) embrace: **sie umfaßten sich lange** they embraced (each other) for a long time. –

3. *fig.* (*enthalten, in sich schließen*) comprise, include, contain, encompass: **diese Ausgabe umfaßt sämtliche wichtigen Werke des Schriftstellers** this edition contains all the important works of the author; **das Buch umfaßt 300 Seiten** the book has 300 pages (*od.* is 300 pages long). – **4.** *fig.* (*zeitlich*) cover: **die Erzählung umfaßt einen Zeitraum von drei Tagen** the story covers a period of three days. – **5.** *fig.* (*einfassen*) surround, enclose: **etwas mit einem Zaun ~** to surround s.th. with a fence, to fence s.th. in. – **6.** *mil.* encircle, envelop, *auch* envelope. – **II U~** *n* ⟨-s⟩ **7.** *verbal noun.* – **8.** *cf.* Umfassung.

ˈumˌfas·sen² *v/t* ⟨*sep*, -ge-, h⟩ (*Ring, Stein etc*) give (*s.th.*) a different setting, set (*s.th.*) differently, reset.

ˌumˈfas·send I *pres p of* umfassen¹. – **II** *adj* **1.** (*Kenntnisse, Vollmachten etc*) extensive, wide, large, comprehensive. – **2.** (*Geständnis, Beichte etc*) complete, full, comprehensive. – **3.** (*durchgreifend, weitreichend*) sweeping, drastic, extensive.

ˌUmˈfas·sung *f* ⟨-; *no pl*⟩ **1.** *cf.* Umfassen¹. – **2.** (*Einfassung*) enclosure. – **3.** *mil.* envelopment, encirclement: **zangenförmige ~** pincers *pl* (*sometimes construed as sg*).

ˌUmˈfas·sungs|beˌwe·gung *f*, **~maˌnö·ver** *n mil.* encircling (*od.* enveloping, pincers) movement. — **~ˌmau·er** *f civ.eng.* exterior (*od.* external) wall.

ˈUmˌfeld *n* **1.** *phot.* (*eines Projektionsbilds etc*) ambient (*od.* outer) field. – **2.** *psych.* surrounding field. — **~ˌbild** *n phot.* cut-off (*od.* out-of-frame) area. — **~ˌhel·lig·keit** *f* ambient brightness.

ˌumˈflat·tern *v/t* ⟨*insep, no* -ge-, h⟩ flutter (a)round.

ˌumˈflech·ten *v/t* ⟨*irr, insep, no* -ge-, h⟩ **1. etwas mit etwas ~** to weave s.th. round s.th.: **eine Flasche mit Bast ~** to weave a raffia cover round a bottle; **eine Flasche ~** to weave a wicker cover round a bottle. – **2.** plait (*s.th.*) round. – **3.** (*Draht*) braid.

ˌumˈflie·gen¹ *v/t* ⟨*irr, insep, no* -ge-, h⟩ **1.** fly (a)round. – **2.** (*um zu umgehen*) fly (a)round, bypass.

ˈumˌflie·gen² *v/i* ⟨*irr, sep*, -ge-, sein⟩ *colloq.* (*umfallen*) fall over: **der Sonnenschirm ist umgeflogen** the sunshade fell over.

ˌumˈflie·ßen *v/t* ⟨*irr, insep, no* -ge-, h⟩ **1. etwas ~** to flow (a)round s.th.: **vom Meer umflossen werden** to be surrounded (*od.* washed) by the sea. – **2. das Kleid umfloß ihre Gestalt in weichen Falten** *lit.* the folds of the dress flowed smoothly (a)round her figure.

ˌumˈfloch·ten I *pp of* umflechten. – **II** *adj* **1. ~e Flasche** wicker bottle. – **2.** (*Draht*) braided.

ˌumˈflort [-ˈfloːrt] *adj only in* **~er Blick** *lit.* eyes *pl* dim with tears (*od.* sadness).

ˌumˈflos·sen I *pp of* umfließen. – **II** *adj* **von Licht ~** *lit.* bathed in (*stärker* flooded with) light.

ˌumˈflu·ten *v/t* ⟨*insep, no* -ge-, h⟩ *cf.* umfließen 1.

ˈUmˌform·bar·keit *f* ⟨-; *no pl*⟩ *tech.* deformability, forming property (*od.* capacity).

ˈumˌfor·men I *v/t* ⟨*sep*, -ge-, h⟩ **1.** (*Hut etc*) remodel, refashion. – **2.** *fig.* (*System etc*) remodel, refashion, recast, reshape, convert. – **3.** *fig.* (*Menschen*) transform, remold, *bes. Br.* remould: **das Leben hat ihn umgeformt** life has transformed him. – **4.** *econ. cf.* umwandeln¹ 3. – **5.** *electr.* (in *acc* into) convert, transform. – **6.** *tech.* a) form, shape, b) (*verformen*) deform. – **II U~** *n* ⟨-s⟩ **7.** *verbal noun.* – **8.** *cf.* Umformung.

ˈUmˌfor·mer *m* ⟨-s; -⟩ *electr.* converter, convertor. — **~sta·tiˌon** *f* (power) converter station.

ˈUmˌfor·mung *f* ⟨-; -en⟩ **1.** *cf.* Umformen. – **2.** *fig.* (*eines Systems etc*) recast, conversion. – **3.** *fig.* (*eines Menschen*) transformation. – **4.** *econ.* (*einer Handelsgesellschaft etc*) transformation. – **5.** *electr.* conversion. – **6.** *tech.* a) metal-forming, b) (*spezifische*) plastic deformation. – **7.** *math.* transformation.

ˈUmˌfra·ge *f* **1.** (bei with) (general) inquiry (*auch* enquiry): **meine ~ ergab, daß** my inquiry revealed that; **Sie können ja bei Ihren sämtlichen Kollegen (eine) ~ halten** you can make inquiries with (*od.* ask, question) all your colleagues. – **2.** (*Meinungsumfrage*) opinion poll: **öffentliche ~** (public opinion *od.* Gallup) poll; **das Institut wird eine ~ veranstalten** (*od.* **durchführen**) the institute will carry out an opinion poll; **eine ~ unter der Bevölkerung hat ergeben, daß** a public opinion poll showed that.

ˈumˌfra·gen *v/i* ⟨*sep*, -ge-, h⟩ ask around, inquire (*auch* enquire) around: **du kannst ja zuerst einmal ~** ask around a bit first.

ˌumˈfrie·den [-ˈfriːdən], *auch* **ˌumˈfrie·di·gen** [-dɪgən] **I** *v/t* ⟨*insep, no* -ge-, h⟩ enclose, fence (*s.th.*) in. – **II U~** *n* ⟨-s⟩ *verbal noun.* — **ˌUmˈfrie·dung**, *auch* **ˌUmˈfrie·di·gung** *f* ⟨-; -en⟩ **1.** *cf.* Umfrieden. – **2.** enclosure, fence.

ˈumˌfüh·ren *v/t* ⟨*sep*, -ge-, h⟩ *metall.* (*Walzgut etc*) loop, repeat.

ˈUmˌfüh·rung¹ *f* ⟨-; -en⟩ *metall.* looper, repeater.

ˌUmˈfüh·rung² *f* ⟨-; -en⟩ *cf.* Umleitung 2.

ˈumˌfül·len I *v/t* ⟨*sep*, -ge-, h⟩ **1. etwas (in einen Behälter) ~** a) to fill (*od.* put) s.th. into another container, b) (*Flüssigkeiten*) to fill (*od.* pour) s.th. into another container, to pour s.th. over: **die Milch (in eine andere Flasche) ~** to pour the milk into another bottle; **Wein in eine Karaffe ~** to decant wine. – **2.** *brew.* re-rack. – **3.** *metall.* (*Pfanneneisen*) reladle. – **4.** *chem.* (*Gas etc*) transfer. – **II U~** *n* ⟨-s⟩ **5.** *verbal noun.*

ˈUmˌfüll|ˌpfan·ne *f tech.* transfer ladle. — **~ˌpum·pe** *f* transfer pump.

ˈUmˌfül·lung *f* ⟨-; *no pl*⟩ *cf.* Umfüllen.

ˈum·funk·tioˌnie·ren I *v/t* ⟨*sep, no* -ge-, h⟩ **1.** (zu into) remodel: **die SPD zu einer Partei der Privilegierten ~** to remodel (*od.* reform) the Social Democrats into a party of the privileged; **der Passagierdampfer wurde zu einem Lazarettschiff umfunktioniert** the passenger steamer was remodel(l)ed (*od.* turned into) a hospital ship; **sie hat ihn umfunktioniert** *colloq. humor.* she has remodel(l)ed him. – **2. etwas in** (*acc*) **etwas ~** to turn s.th. into s.th.: **das Treffen wurde in eine politische Diskussion umfunktioniert** the meeting (was) turned into a political discussion. – **II U~** *n* ⟨-s⟩ **3.** *verbal noun.* — **ˈUm·funk·tioˌnie·rung** *f* ⟨-; *no pl*⟩ *cf.* Umfunktionieren.

ˈUmˌgang¹ *m* ⟨-s; *no pl*⟩ **1.** (*Verkehr, Beziehung*) dealings *pl*, association, (social) intercourse, relations *pl*: **jeden ~ mit den Nachbarn meiden** to avoid all dealings with the neighbo(u)rs; **mit j-m ~ haben** (*od.* **pflegen**) to associate (*od.* mix, mingle) with s.o., to keep company with s.o.; **freundschaftlicher ~** fraternization; **gesellschaftlicher ~** social intercourse; **der vertrauliche ~, der zwischen ihnen entstanden war** the confidential relationship which had developed between them; **er hat keinen ~ mit ihnen** he has no relations with them; **er hat mit niemandem ~** he has no social life, he does not associate with anyone, he lives in seclusion. – **2.** (*Bekannte*) company, acquaintances *pl*, (circle of) friends *pl*: **sein ~** the company he keeps, his acquaintances *pl*; **er hat wenig ~** he has few acquaintances, he does not mix much, he keeps himself to himself, he does not have much company; **schlechten ~ haben** to keep bad company; **das ist kein ~ für dich** that's no (fit) company for you. – **3. ~ mit j-m [etwas]** dealings *pl* with s.o. [s.th.]: **im ~ mit Untergebenen ist er stets liebenswürdig** he is always obliging in his dealings with subordinates; **Erfahrung im ~ mit Menschen [Kindern] haben** to have experience in dealing with (*od.* in handling) people [children], to have a (great) way with people [children]; **beim ~ mit Tieren** when dealing with animals; **beim ~ mit Büchern** when handling (*od.* working with) books. – **4.** (*sexueller*) intercourse.

ˈUmˌgang² *m* ⟨-(e)s; ⸚e⟩ **1.** *röm.kath.* (*feierlicher*) procession: **~ um die Felder** procession for the blessing of the fields (of the parish). – **2.** *arch.* (circular) passage, gallery, (de)ambulatory. – **3.** *phys.* rotation, revolution. – **4.** *tech.* (*Umdrehung*) turn. – **5.** (*Teil des Pferdegeschirrs um die Hinterhand*) breeching. – **6.** *electr.* (*einer Wicklung*) convolution.

ˈumˌgäng·lich [-ˌgɛŋlɪç] *adj* **1.** sociable, companionable: **er ist ein ~er Mensch** he is a sociable person, he is a good mixer (*colloq.*); **~ sein** to be companionable (*od.* pleasant company); **nicht ~** unsociable, uncompanionable. – **2.** (*verträglich*) affable, easy to get along (*od.* on) with. — **ˈUmˌgäng·lich·keit** *f* ⟨-; *no pl*⟩ **1.** sociability, sociableness, companionableness. – **2.** (*Verträglichkeit*) affability, affableness.

ˈUmˌgangs|ˌfor·men *pl* **1.** (social) manners, deportment *sg*, (social) address *sg*: **gute [schlechte] ~ haben** to have good [bad] manners; **er hat keine ~** he has no manners. – **2.** etiquette *sg*: **strenge** (*od.* **erstarrte**) **~** strict etiquette *sg*. — **~ˌspra·che** *f ling.* colloquial (*od.* informal) speech (*od.* language): **die deutsche ~** colloquial German; **eine Wendung der ~** a colloquialism, a colloquial phrase. — **u~ˌsprach·lich** *adj* colloquial, informal: **~e Wendung** colloquialism, colloquial phrase.

ˌumˈgar·nen [-ˈgarnən] **I** *v/t* ⟨*insep, no* -ge-, h⟩ **j-n ~** *fig.* to ensnare (*od.* benet) s.o. – **II U~** *n* ⟨-s⟩ *verbal noun.* — **ˌUmˈgar·nung** *f* ⟨-; *no pl*⟩ **1.** *cf.* Umgarnen. – **2.** ensnarement.

ˌumˈgau·keln *v/t* ⟨*insep, no* -ge-, h⟩ flutter (*od.* flit) (a)round: **der Schmetterling umgaukelte die Blüten** the butterfly fluttered (a)round the blossoms.

ˌumˈge·ben¹ I *v/t* ⟨*irr, insep, no* -ge-, h⟩ **1.** (*auf allen Seiten einfassen*) surround, enclose, encircle: **er umgab den Garten mit einem Zaun** he enclosed the garden with a fence, he fenced in the garden, he built a fence (a)round the garden; **sie haben das Grundstück mit einer Mauer ~** they surrounded the plot (*od.* piece of land) with a wall, they walled in the plot. – **2.** (*auf allen Seiten herum sein*) surround, enclose, encircle, bound: **eine Mauer umgibt den Garten** a wall surrounds the garden; **dichter Nebel umgab den See** a thick fog surrounded (*od.* encompassed) the lake. – **3.** (*Personen*) surround: **Menschen, die dich täglich ~** people who surround you every day, people of your (daily) environment. – **4.** *fig.* (*in Wendungen wie*) **j-n mit liebevoller Fürsorge ~** to treat s.o. with loving care. – **II** *v/reflex* **5. sich mit j-m ~** to surround oneself with s.o.: **er umgab sich mit Gelehrten** he surrounded himself with scholars.

ˌumˈge·ben² I *pp of* umgeben¹. – **II** *adj* **1.** (*eingefaßt*) **die Stadt ist ringsum von Wald ~** the city is surrounded (*od.* encircled, environed) on all sides by forest, forest bounds (*od.* encircles, environs) the city on all sides. – **2.** (*eingehüllt, verborgen*) **von Geheimnissen ~** *fig.* surrounded by (*od.* wrapped in, *lit.* shrouded in) mystery. – **3.** (*inmitten*) **der Redner war ~ von zahlreichen Zuhörern** the speaker was surrounded by a large audience.

ˈumˌge·ben³ *v/t* ⟨*irr, sep*, -ge-, h⟩ **j-m etwas ~** (*umhängen*) to put s.th. (a)round s.o.: **er hat mir den Mantel umgegeben** he put the coat (a)round me (*od.* my shoulders).

ˌumˈge·bend I *pres p of* **umgeben¹**. – **II** *adj tech.* (*Luft etc*) ambient.

ˈum·geˌbo·gen I *pp of* umbiegen. – **II** *adj* **1.** bent over. – **2.** (*Kragenecken*) turned in.

ˌUmˈge·bung *f* ⟨-; -en⟩ **1.** (*eines Ortes etc*) surroundings *pl*, environs *pl*, environment: **die Stadt hat eine malerische ~** the city has picturesque surroundings; **einen Ausflug in die ~ Münchens** (*od.* **von München**) **machen** to make an excursion into the surroundings of (*od.* the countryside surrounding) Munich; **Salzburg und ~** Salzburg and its environs, Salzburg and the surrounding countryside; **die nähere ~** the outskirts *pl*, the vicinity, the precincts *pl*, the purlieus *pl*; **in der weiteren ~** in the environs. – **2.** (*umgebender Bezirk, Nachbarschaft*) vicinity, neighborhood, *bes. Br.* neighbourhood: **alle Tankstellen in der ~ waren geschlossen** all the service (*Am. colloq.* gas) stations in the vicinity were closed; **in der ~ des Domes** in the vicinity (*od.* precincts) of the cathedral. – **3.** *fig.* (*Umwelt*) surroundings *pl*, environment: **die ~, in der er aufgewachsen ist** the surroundings in which he grew up; **in vertrauter [fremder] ~** in [un]familiar surroundings; **in dieser ~ könnte ich mich nicht wohlfühlen** I could not feel at ease in this environment; das Kind mußte sich erst an die neue ~ gewöhnen (*od.* mit seiner neuen ~ vertraut machen) the child first had to get accustomed (*od.* used) to its new surroundings; sich seiner ~ anpassen to adapt (oneself) to one's environment. – **4.** *fig.* (*einen Menschen umgebende Personen*) people *pl* in one's milieu (*od.* circle), people *pl* around one: in seiner ~ tuschelt man darüber, daß people in his circle are whispering that; er ist ganz abhängig von seiner ~ he is wholly dependent on the people around him (*od.* on his circle of friends); nur seine nähere ~ wußte davon only the people closest to him knew about it. – **5.** *fig.* (*eines Staatspräsidenten, Monarchen etc*) entourage, suite. – **6.** *biol.* environment.

ˌUmˈge·bungs·tem·pe·raˌtur *f tech.* ambient temperature.

ˈUmˌge·gend *f* ⟨-; -en⟩ environs *pl*, surroundings *pl*: die nähere ~ the vicinity.

ˈumˌge·hen¹ I *v/i* ⟨*irr, sep,* -ge-, sein⟩ **1.** (*sich verbreiten*) go (a)round: die Grippe geht wieder um (the) flu is going (a)round again, there is a lot of flu about at the moment (*beide colloq.*); es ging das Gerücht um, daß the rumo(u)r went around (*od.* circulated) that, it was rumo(u)red that, there were rumo(u)rs that, stories were abroad that; eine Anwesenheitsliste ~ lassen to pass (a)round (*od.* circulate) an attendance list. – **2.** (*spuken*) haunt, walk: ein Geist geht dort um that place is haunted; im Schloß geht ein Gespenst um a ghost haunts the castle, the castle is haunted. – **3.** mit j-m ~ a) to deal with (*od.* handle) s.o., b) (*mit j-m verkehren*) to associate (*od.* mix, keep company) with s.o.: er kann mit den Leuten ~, er weiß, wie man mit den Leuten umgehen muß he knows how to deal with (*od.* handle) people, he has a (great) way with people; er weiß mit Kindern umzugehen he has a way with children; mit Kindern behutsam ~ to be gentle with children; grob mit j-m ~ to treat s.o. rudely (*od.* roughly, harshly); mit Künstlern und Schauspielern ~ to associate with artists and actors; sage mir, mit wem du umgehst, und ich sage dir, wer du bist (*Sprichwort*) as a man is, so is his company (*proverb*), *etwa* tell me the company you keep, and I will tell you who you arc. – **4.** mit etwas ~ a) to usc (*od.* handle) s.th., b) (*mit etwas in bestimmter Weise verfahren*) to use (*od.* treat, deal with) s.th. (in a certain way): er lernte mit Zirkel und Lineal [mit dem Gewehr] um(zu)gehen he learned (how) to use (*od.* handle) dividers and ruler [a gun]; mit etwas umzugehen wissen to know how to handle s.th.; er kann mit Pferden ~ he knows how to deal with (*od.* handle) horses, he has a way with horses; sie kann mit der Maschine ~ she knows how to handle (*od.* use, operate) the machine; ich kann damit nicht ~, ich verstehe (es) nicht, damit umzugehen I don't know how to use (*od.* handle) it; großzügig mit einem Text ~ to take liberties with a text; mit Geld leichtsinnig ~ to spend right and left, to spend (money) lavishly; du gehst mit deinen Sachen sehr liederlich um you are very careless with your things; schonend mit etwas ~ to nurse s.th., to be careful with s.th.; sparsam mit etwas ~ to economize (*Br. auch* -s-) on s.th.; sparsam mit seinem Geld [Vorrat] ~ to use one's money [provisions] sparingly, to go easy on one's money [provisions] (*colloq.*); er geht sehr vorsichtig mit der Uhr um he minds the watch like the apple of his eye. – **5.** (*sich in Gedanken mit etwas beschäftigen*) toy: mit dem Gedanken (*od.* Plan) ~, etwas zu tun to toy with the idea of doing s.th., to contemplate (*od.* think of, think about) doing s.th.; er geht mit dem Gedanken (*od.* Plan) um, sich ein Auto zu kaufen he is contemplating (*od.* thinking of *od.* about) buying a car; er war schon lange mit dem Gedanken umgegangen, nach Griechenland zu fliegen he had contemplated (*od.* thought about) flying to Greece for a long time. – **6.** *colloq.* (*einen Umweg machen*) make a detour, go a roundabout way, take a circuitous route. – **7.** *colloq.* (*von Rad etc*) turn, rotate, go round, revolve. – **II** *v/impers* **8.** es geht dort um that place is haunted.

ˌumˈge·hen² I *v/t* ⟨*irr, insep, no* -ge-, h⟩ **1.** (*einen Bogen machen um*) bypass, circumvent, circuit, avoid: den Sumpf ~ to bypass the swamp; um den Verkehr zu ~ *fig.* (in order) to bypass (*od.* circumvent) traffic. – **2.** *fig.* (*vermeiden*) avoid, circumvent, evade, bypass, dodge, get (a)round: er umging die Antwort auf ihre Frage, indem er eine Gegenfrage stellte he avoided (*od. colloq.* got out of) answering (*od.* he evaded, he dodged) her question by asking her another; sie verstand es, solche Hindernisse zu ~ she knew how to avoid (*od.* bypass) such obstacles; man kann die Schwierigkeiten ~ there is a way (of getting) (a)round the difficulties; das läßt sich nicht ~ it cannot be avoided (*od.* helped). – **3.** *fig.* (*Gesetze, Bestimmungen, Verordnungen etc*) circumvent, evade, elude, bypass, dodge, get (a)round: er hat diese Vorschrift umgangen he got (a)round this regulation. – **4.** den Feind ~ *mil.* to outflank (*od.* envelop, *auch* envelope) the enemy, to turn the enemy's flank, (*vorbeistoßen an*) to bypass the enemy. – **5.** (*um etwas herumgehen*) go (*od.* walk) (a)round. – **II U~** *n* ⟨-s⟩ **6.** *verbal noun.*

ˈumˌge·hend I *pres p of* umgehen¹. – **II** *adj* (*sofortig*) (*Erledigung, Antwort etc*) immediate: ~e Antwort erbeten kindly inform us at your earliest convenience (*od.* by return); mit ~er Post by return ([of] mail, *bes. Br.* [of] post). – **III** *adv* (*sofort*) immediately: j-m ~ antworten to reply immediately, to reply by return ([of] mail, *bes. Br.* [of] post); bitte geben Sie uns ~ Bescheid please reply by return, please let us know by return.

ˌUmˈge·hung *f* ⟨-; *no pl*⟩ **1.** *cf.* Umgehen². – **2.** (*eines Hindernisses, des Verkehrs etc*) avoidance, circumvention. – **3.** *fig.* (*einer Antwort etc*) avoidance, circumvention, evasion. – **4.** *fig.* (*eines Gesetzes, einer Vorschrift etc*) circumvention, evasion, elusion. – **5.** ~ des Feindes *mil.* a) outflanking (man[o]euver, *bes. Br.* manœuvre), b) bypass(ing).

ˌUmˈge·hungs|ˌbahn *f* (*railway*) bypass railroad (*Br.* railway). — **~beˌwe·gung** *f mil.* **1.** (*Umfassung*) outflanking man(o)euver (*bes. Br.* manœuvre), turning movement. – **2.** (*am Feinde vorbei*) bypass movement. — **~maˌnö·ver** *n cf.* Umgehungsbewegung 1. — **~ˌstra·ße** *f* bypass (motorway).

ˈum·geˌkehrt I *pp.* – **II** *adj* **1.** reverse, inverted: im ~en Falle in the reverse case, if circumstances are reversed; in ~er Reihenfolge in (the) reverse (*od.* in inverted) order, reversed in order; das Angebot steht im ~en Verhältnis zur Nachfrage supply is in inverse proportion to demand. – **2.** (*entgegengesetzt*) opposite, reverse, inverse: (es ist) gerade ~! it is exactly the opposite (*od.* reverse), it is (just) exactly the other way round; in ~er Richtung in the opposite (*od.* converse) direction; den ~en Eindruck gewinnen to get the opposite impression; mit ~en Vorzeichen a) *math.* with opposite signs, b) *fig.* with completely reversed premises. – **3.** ~er Prozeß *chem.* reciprocal process. – **III** *adv* **4.** die Sache verhielt sich gerade ~ it was exactly the opposite (*od.* the other way round), the reverse was the case (*od.* true); vom Englischen ins Deutsche, und ~ from English into German, and vice versa (*od.* conversely); ~ proportional *math.* inversely proportional; → Schuh 1. – **IV** *conj* **5.** *colloq.* (*dagegen*) on the other hand: ~ kann man von ihm nicht erwarten, daß on the other hand he can hardly be expected to. – **6.** conversely. – **V U~e, das** ⟨-n⟩ **7.** the reverse, the opposite: sollte nicht das U~e der Fall sein? should not the reverse be the case? should it not be the other way round?

ˈum·geˌlau·tet I *pp.* – **II** *adj* ~er Vokal *ling.* mutated (*od.* modified, fronted) vowel, vowel modified by umlaut.

ˈum·geˌstal·ten I *v/t* ⟨*sep, pp* umgestaltet, h⟩ **1.** alter, modify: er hat seine Pläne umgestaltet he altered his plans; diese Entdeckung hat das Weltbild umgestaltet this discovery has completely altered our picture of the world. – **2.** (*literarisches Werk etc*) recast, transform. – **3.** (*Park, Raum etc*) redesign, rearrange. – **4.** (*umorganisieren*) remodel, reorganize *Br. auch* -s-, reform. – **5.** *tech.* remodel, redesign, reconstruct. – **II U~** *n* ⟨-s⟩ **6.** *verbal noun.* — **ˈUm·geˌstal·tung** *f* **1.** *cf.* Umgestalten. – **2.** alteration, modification. – **3.** (*eines literarischen Werkes etc*) recast. – **4.** (*eines Parks etc*) redesign, rearrangement. – **5.** (*Umorganisation*) reorganization *Br. auch* -s-, reform. – **6.** *tech.* redesign, reconstruction.

ˈum·geˌwan·delt I *pp of* umwandeln¹. – **II** *adj only in* er ist wie ~ *fig.* he is a completely different person, he has changed completely.

ˈum·geˌwöh·nen *v/reflex* ⟨*sep, pp* umgewöhnt, h⟩ sich ~ get into the way of it (*od.* things), adapt to a different way of doing things: ich mußte mich völlig ~ I had to adapt to a completely different way of doing things.

ˈumˌgie·ßen¹ I *v/t* ⟨*irr, sep,* -ge-, h⟩ **1.** *cf.* umfüllen 1. – **2.** *metall.* recast. – **II U~** *n* ⟨-s⟩ **3.** *verbal noun*: beim U~ der Flüssigkeit when decanting the liquid, during (the) decantation of the liquid. – **4.** *metall.* recast.

ˌumˈgie·ßen² I *v/t* ⟨*irr, insep, no* -ge-, h⟩ **1.** pour round. – **2.** *metall.* cast round. – **3.** *bes. tech.* (mit with) grout: eine Maschine mit Zement ~ to grout a machine with cement. – **II U~** *n* ⟨-s⟩ **4.** *verbal noun.*

ˌumˈgit·tern [-ˈgɪtərn] *v/t* ⟨*insep, no* -ge-, h⟩ surround (*s.th.*) with a grating.

ˌumˈglänzt *adj only in* von Licht [Sonnenhelle] ~ *lit.* resplendent [sun-drenched].

ˈumˌglie·dern I *v/t* ⟨*sep,* -ge-, h⟩ (*Partei, Truppen etc*) reorganize *Br. auch* -s-, regroup. – **II U~** *n* ⟨-s⟩ *verbal noun.* — **ˈUmˌglie·de·rung** *f* ⟨-; -en⟩ **1.** *cf.* Umgliedern. – **2.** reorganization *Br. auch* -s-, regroupment.

ˈumˌgra·ben *v/t* ⟨*irr, sep,* -ge-, h⟩ *hort.* (*Beet, Garten, Erde etc*) dig (up), turn (up) the soil of.

ˌumˈgren·zen I *v/t* ⟨*insep, no* -ge-, h⟩ **1.** (*umschließen*) border, bound, encircle: die Wiese wird von Bäumen umgrenzt the meadow is bordered by trees, trees border (*od.* bound) the meadow. – **2.** (*einfrieden*) enclose. – **3.** *fig.* (*Begriff, Aufgabe, Vollmacht etc*) define, circumscribe: j-s Befugnisse genau ~ to define s.o.'s powers (*od.* authority). – **II U~** *n* ⟨-s⟩ **4.** *verbal noun.* — **ˌumˈgrenzt I** *pp.* – **II** *adj* **1.** vom Meer ~ bounded by the sea. – **2.** genau ~ *fig.* (*Begriff, Aufgabe, Vollmacht etc*) clearly defined. — **ˌUmˈgren·zung** *f* ⟨-; -en⟩ **1.** *cf.* Umgrenzen. – **2.** ⟨*only sg*⟩ *fig.* (*von Begriffen, Aufgaben, Vollmacht etc*) definition, circumscription. – **3.** (*Einfriedung*) enclosure. – **4.** *tech.* boundary.

ˌUmˈgren·zungsˌli·nie *f tech.* boundary line.

ˈumˌgrün·den *v/t* ⟨*sep,* -ge-, h⟩ *econ.* (*Firma*) convert (*a firm*) from one legal form to another. — **ˈUmˌgrün·dung** *f* conversion.

ˈum·grupˌpie·ren I *v/t* ⟨*sep, no* -ge-, h⟩ **1.** *mil.* (*Truppen*) regroup, reorganize *Br. auch* -s-. – **2.** regroup, recompose. – **3.** (*sport*) reshuffle. – **4.** *pol.* reshuffle, *Am.* shake up. – **5.** *math.* rearrange. – **II U~** *n* ⟨-s⟩ **6.** *verbal noun.* — **ˈUm·grupˌpie·rung** *f* ⟨-; -en⟩ **1.** *cf.* Umgruppieren. – **2.** *mil.* regroupment, reorganization *Br. auch* -s-. – **3.** recomposition. – **4.** (*sport*) reshuffle. – **5.** *pol.* reshuffle, *Am.* shake-up. – **6.** *math.* rearrangement.

ˈumˌgucken (*getr.* -k·k-) *v/reflex* ⟨*sep,* -ge-, h⟩ sich ~ *colloq. for* umsehen.

ˈumˌgür·ten¹ *v/t* ⟨*sep,* -ge-, h⟩ sich (*dat*) das Schwert ~ *lit.* to gird on one's sword (*lit.*).

ˌumˈgür·ten² *v/reflex* ⟨*insep, no* -ge-, h⟩ sich (mit dem Schwert) ~ *lit.* to gird oneself with one's sword (*lit.*).

ˌumˈgür·tet I *pp of* umgürten². – **II** *adj* mit etwas ~ sein *lit.* to be girded (*od.* girt) with s.th. (*lit.*).

ˈUmˌguß *m* **1.** transfusion. – **2.** *metall.* recast(ing). — **~verˌfah·ren** *n metall.* recasting process.

ˈumˌha·ben *v/t* ⟨*irr, sep,* -ge-, h⟩ *colloq.* (*Schürze, Tuch, Jacke, Armbanduhr etc*) have (*s.th.*) on: sie hatte einen Mantel um she had a coat on (*od.* [a]round her shoulders).

'um,hacken (*getr.* -k·k-) ⟨*sep*, -ge-, h⟩ **1.** (*fällen*) cut (*od.* hew) (*s.th.*) down, fell: **der Baum wurde umgehackt** the tree was cut down. – **2.** *hort.* (*durch Hacken auflockern*) hoe (up), break (*s.th.*) up with the hoe.

,um'hal·sen I *v/t* ⟨*insep*, *no* -ge-, h⟩ j-n ~ to hug s.o., to put one's arms (a)round s.o.'s neck. – **II U~** *n* ⟨-s⟩ *verbal noun.* — **,Um'hal·sung** *f* ⟨-; -en⟩ **1.** *cf.* Umhalsen. – **2.** hug.

'Um,hang *m* ⟨-(e)s; ⸚e⟩ **1.** (*Cape*) (hooded) cape. – **2.** (*Überwurf*) cloak. – **3.** (*Regenumhang*) (plastic) rain cape. – **4.** (*loser*) wrap. – **5.** *cf.* Frisierumhang.

'Um,hän·ge·mi·kro,fon, ~mi·kro,phon *n* necklace microphone.

'um,hän·gen[1] *v/t* ⟨*sep*, -ge-, h⟩ **1.** (*Mantel etc*) put (*s.th.*) (a)round one's shoulders: **sich** (*dat*) [j-m] **etwas ~** to put s.th. (a)round one's [s.o.'s] shoulders. – **2.** (*Schal, Tuch etc*) wrap (*s.th.*) (a)round one: **er hatte eine Decke umgehängt** he was wrapped up in a blanket; → Katze 2. – **3.** (*Tasche, Gewehr*) put (*s.th.*) over one's shoulder, (*mit Schwung*) *auch* sling (*s.th.*) over one's shoulder. – **4.** (*quer über die Schulter*) string (*s.th.*) (a)round one's shoulder. – **5.** (*Rucksack, Tornister etc*) put (*s.th.*) on. – **6.** *fig.* (*in Wendungen wie*) **sie weiß nicht, was sie sich noch alles ~ soll** *colloq.* she is dripping (*od.* festooned, coming down) with jewelry (*bes. Br.* jewellery); → Mäntelchen 2. – **7.** (*Bild etc*) change (*s.th.*) (a)round, rehang.

,um'hän·gen[2] *v/t* ⟨*insep*, *no* -ge-, h⟩ **etwas mit etwas ~** to hang s.th. round (*od.* festoon s.th., decorate s.th.) with s.th.: **das Bild wurde mit einem Flor umhängt** the picture was decorated with a mourning band.

'Um,hän·ge|,rie·men *m* shoulder strap. — **~,ta·sche** *f* shoulder bag. — **~,tuch** *n* ⟨-(e)s; -tücher⟩ shawl, wrap.

'Um,häng,ta·sche *f cf.* Umhängetasche.

'Um,hang,tuch *n* ⟨-(e)s; -tücher⟩ *cf.* Umhängetuch.

'Um,has·pel·ma,schi·ne *f tech.* recoiler.

'um,has·peln *v/t* ⟨*sep*, -ge-, h⟩ *tech.* recoil.

'um,hau·en *v/t* ⟨*irr*, *sep*, -ge-, h⟩ **1.** (*mit der Axt*) fell, cut (*od.* hew) (*s.th.*) down: **er haute** (*lit.* **hieb**) **den Baum um** he cut the tree down. – **2. etwas ~** *colloq.* to knock s.th. over. – **3. j-n ~** *colloq.* to knock s.o. down: **etwas haut j-n um** *fig. colloq.* a) (*vor Erstaunen*) s.th. bowls s.o. over, b) (*vor Gestank etc*) s.th. nearly knocks s.o. down; **das haut mich** (*od.* **einen**) **glatt um** that bowls me (*od.* one) over completely, that strikes me (*od.* one) all of a heap (*colloq.*); **es hat mich fast umgehauen, als ich davon hörte** I was more or less bowled over (*od. colloq.* struck all of a heap) when I heard it; **der Gestank haut einen (ja) um!** the smell here would nearly knock you down.

,um'he·gen *v/t* ⟨*insep*, *no* -ge-, h⟩ j-n [etwas] ~ *lit.* to look after s.o. [s.th.] with loving care.

,um'her *adv* about, (a)round: **rings** (*od.* **weit**) ~ all around, round about, all about. — **~,blicken** (*getr.* -k·k-) *v/i* ⟨*sep*, -ge-, h⟩ look (*od.* glance) around (*od.* about) (one): **er blickte unschlüssig [ängstlich] umher** he looked around indecisively [anxiously]. — **~,bum·meln** *v/i* ⟨*sep*, -ge-, sein⟩ *colloq. cf.* herumbummeln 1. — **~,fah·ren I** *v/t* ⟨*irr*, *sep*, -ge-, h⟩ **1.** j-n [etwas] ~ to drive (*od.* take) s.o. [s.th.] (a)round (*od.* about). – **II** *v/i* ⟨sein⟩ **2.** drive (*od.* tour, go, ride) around (*od.* about): **wir sind in der Stadt mit dem Bus umhergefahren** we drove (*od.* toured) around the town by bus. – **3.** (*mit dem Fahrrad*) cycle around (*od.* about). — **~,flat·tern** *v/i* ⟨*sep*, -ge-, sein⟩ flutter around (*od.* about). — **~,flie·gen** *v/i* ⟨*irr*, *sep*, -ge-, sein⟩ fly around (*od.* about). — **~,füh·ren** *v/t* ⟨*sep*, -ge-, h⟩ j-n ~ a) to lead s.o. (a)round, b) to show s.o. (a)round. — **~,ge·hen** *v/i* ⟨*irr*, *sep*, -ge-, sein⟩ go (*od.* walk) (a)round (*od.* about): **im Park ~** to walk (*od.* stroll) around the park; **im Zimmer ~** to walk about the room, to pace the floor (*od.* [up and down] the room), to pace up and down (in the room). — **~,gei·stern** *v/i* ⟨*sep*, -ge-, sein⟩ *cf.* herumgeistern. — **~,ir·ren** *v/i* ⟨*sep*, -ge-, sein⟩ wander (*od.* roam) about (*od.* around): **sie irrten in der Gegend umher** they wandered around (*od.* about) (all over the place); **ich bin in den Straßen umhergeirrt** I wandered around the streets; **seine Augen irren umher** *fig.* his eyes wander (*od.* roam) about. — **~,ja·gen I** *v/i* ⟨*sep*, -ge-, sein⟩ **1.** (*von Personen*) chase (*od.* rush, dash, race, tear, hare) around (*od.* about): **ich bin den ganzen Nachmittag in der Stadt umhergejagt, um noch alles zu erledigen** I chased around town all afternoon to get everything done. – **2.** (*von Tieren*) chase (*od.* race, tear) around (*od.* about): **der Hund jagt im Garten umher** the dog chases around the garden. – **II** *v/t* ⟨h⟩ **3.** j-n ~ to chase s.o. around (*od.* about). — **~,krie·chen** *v/i* ⟨*irr*, *sep*, -ge-, sein⟩ creep (*od.* crawl) around (*od.* about): **auf allen vieren ~** to creep around on all fours. — **~,lau·fen** *v/i* ⟨*irr*, *sep*, -ge-, sein⟩ run around (*od.* about), run up and down (*od.* hither and thither): **kopflos liefen sie umher** they ran around in bewilderment. — **~,lie·gen** *v/i* ⟨*irr*, *sep*, -ge-, h *u.* sein⟩ *cf.* herumliegen 2. — **~,rei·sen** *v/i* ⟨*sep*, -ge-, sein⟩ *cf.* herumreisen. — **~,rei·ten** *v/i* ⟨*sep*, -ge-, sein⟩ ride around (*od.* about): **im Wald ~** to ride around the woods. — **~,schau·en** *v/i* ⟨*sep*, -ge-, h⟩ look (a)round (*od.* about) (one). — **~,schlei·chen** *v/i* ⟨*irr*, *sep*, -ge-, sein⟩ **1.** creep (*od.* prowl, sneak) around (*od.* about). – **2.** (*von Kindern*) slink about. — **~,schlen·dern** *v/i* ⟨*sep*, -ge-, sein⟩ *cf.* herumschlendern. — **~,schlep·pen** *v/t* ⟨*sep*, -ge-, h⟩ *cf.* herumschleppen 1, 2. — **~,schwei·fen** *v/i* ⟨*sep*, -ge-, sein⟩ *cf.* herumschweifen. — **~,schwir·ren** *v/i* ⟨*sep*, -ge-, sein⟩ *cf.* herumschwirren. — **~,se·hen** *v/i* ⟨*sep*, -ge-, h⟩ *cf.* umherblicken. — **~,spä·hen** *v/i* ⟨*sep*, -ge-, h⟩ glance around (*od.* about). — **~,sprin·gen** *v/i* ⟨*irr*, *sep*, -ge-, sein⟩ **1.** jump (*od.* leap, skip) around (*od.* about). – **2.** *fig.* (*von Licht etc*) dart about (*od.* here and there). — **~,ste·hen** *v/i* ⟨*irr*, *sep*, -ge-, h *u.* sein⟩ stand (*od. colloq.* hang) around (*od.* about). — **U~ste·he'rei** [,um,heːr-] *f* ⟨-; *no pl*⟩ **die übliche ~** *colloq.* the usual standing about (*od.* around). — **~,strei·chen** *v/i* ⟨*irr*, *sep*, -ge-, sein⟩ *cf.* herumstreichen 1. — **~,strei·fen** *v/i* ⟨*sep*, -ge-, sein⟩ (*in den Wäldern, in der Gegend etc*) roam (*od.* rove, wander) around (*od.* about). — **~,streu·nen** *v/i* ⟨*sep*, -ge-, sein⟩ (*von herrenlosen Hunden*) stray (around *od.* about), (*von Personen*) *auch* roam around (*od.* about). — **~,strol·chen** *v/i* ⟨*sep*, -ge-, sein⟩ *cf.* herumstrolchen. — **~,tap·pen** *v/i* ⟨*sep*, -ge-, sein⟩ **1.** grope (*od.* feel) around (*od.* about). – **2.** *fig.* grope around (*od.* about). — **~,ta·sten** *v/i* ⟨*sep*, -ge-, h⟩ (nach for) feel (*od.* grope, fumble) about (*od.* around). — **~,tra·gen** *v/t* ⟨*irr*, *sep*, -ge-, h⟩ j-n [etwas] ~ to carry s.o. [s.th.] around (*od.* about). — **~,trei·ben I** *v/i* ⟨*irr*, *sep*, -ge-, h *u.* sein⟩ drift about (on the water): **das Schiff trieb auf dem Meer umher** the boat drifted about on the sea. – **II** *v/reflex* ⟨h⟩ **sich ~** *cf.* herumtreiben. — **~,wan·dern** *v/i* ⟨*sep*, -ge-, sein⟩ **1.** wander (*od.* roam) around (*od.* about): **in der Welt ~** to wander (*od.* travel) (about) the world; **im Wald ~** to wander (*od.* roam) about the wood; **er wandert im Land umher** he roams (around) (*od.* he tramps) the country, he is on the tramp. – **2.** *fig.* (*von Augen, Gedanken etc*) wander (*od.* roam) about. — **~,wim·meln** *v/i* ⟨*sep*, -ge-, sein⟩ (*von Menschenmenge, kleinen Tieren etc*) swarm around (*od.* about). — **~,zie·hen I** *v/i* ⟨*irr*, *sep*, -ge-, sein⟩ **1.** (*von Zigeunern, Händlern, Hausierern etc*) wander (*od.* move, roam) about (*od.* around). – **2.** (*vom Zirkus*) travel (*od.* move) about (*od.* around). – **3.** (*von Schauspielern einer Wanderbühne*) stroll. – **II** *v/t* ⟨h⟩ **4. etwas ~** to pull (*od.* drag) s.th. around (*od.* about). — **~,zie·hend I** *pres p.* – **II** *adj* **1.** (*Zigeuner, Hausierer etc*) wandering. – **2.** (*Zirkus*) travel(l)ing. – **3.** (*Schauspieler*) strolling.

,um'hin,kön·nen *v/i* ⟨*irr*, *sep*, -ge-, h⟩ **nicht ~, etwas zu tun** a) (*keine andere Wahl haben*) not to be able to help (*od.* avoid, get [a]round, *colloq.* get out of) doing s.th., b) (*sich nicht zurückhalten können*) not to be able to help (*od.* refrain from, stop oneself from) doing s.th.: **er wird kaum ~, seinen Bruder auch einzuladen** he will hardly be able to help (*od.* avoid) inviting his brother too, he will be more or less obliged to invite his brother too; **ich konnte nicht umhin, ich mußte gratulieren** I could not help (*od.* avoid, get round) it, I had to express my congratulations; **ich konnte nicht umhin, ihr meine Meinung zu sagen** I could not help (*od.* stop myself from) telling her what I thought; **sie können nicht umhin, auch die anderen mitzunehmen** they cannot avoid taking (*od.* they will have to take) the others along too; **er sprach so überzeugend, daß ich nicht umhinkonnte, ihm Glauben zu schenken** he spoke so convincingly that I could not help believing (*od.* that I could not help but believe, that I had to believe) him.

'um,hö·ren *v/reflex* ⟨*sep*, -ge-, h⟩ **sich ~** to ask around, to keep one's eyes and ears open: **sich nach etwas ~** to ask around about s.th.

,um'hül·len I *v/t* ⟨*insep*, *no* -ge-, h⟩ (mit) **1.** wrap (*s.o.*, *s.th.*) up (in), cover (with), envelop (*auch* envelope) (in), enwrap (in): **der Verletzte wurde mit einer Decke umhüllt** the injured person was wrapped up in a blanket. – **2. etwas mit Papier ~** to wrap s.th. (up) in paper, to enwrap s.th. in paper. – **3. etwas mit einem Schleier ~** to veil s.th. – **4.** *tech.* a) (*Kabel, Draht*) coat, b) (*beim Schweißen*) shield, c) (*Elektrode etc*) cover, d) (*ummanteln*) encase. – **5.** *math.* envelop, *auch* envelope. – **6.** *nucl.* (*Uranstab*) clad, *auch* can, jacket. – **II U~** *n* ⟨-s⟩ **7.** *verbal noun.* — **,Um'hül·len·de** *f* ⟨-n; -n⟩ *math.* envelope. — **,um'hüllt I** *pp.* – **II** *adj* **die Affäre bleibt wohl immer von einem Geheimnis ~** *fig.* the affair will always be veiled (*od. lit.* shrouded) in secret. — **,Um'hül·lung** *f* ⟨-; -en⟩ **1.** *cf.* Umhüllen. – **2.** (*Hülle, Verpackung*) wrapper, wrapping, cover(ing), wrap, encasing, envelope (*lit.*). – **3.** *nucl.* (*von Stäben*) cladding, *auch* canning, jacket.

,um'ju·beln *v/t* ⟨*insep*, *no* -ge-, h⟩ j-n ~ to cheer (*od.* greet) s.o. enthusiastically.

,um'kämpft *adj only in* **hart ~ sein** *mil.* (*Stellung etc*) to be hotly contested.

,um'kap·seln *v/t* ⟨*insep*, *no* -ge-, h⟩ *med.* encapsulate, encyst.

'Um,kehr *f* ⟨-; *no pl*⟩ **1.** turning (*od.* going) back, return: **der Sturm zwang die Männer zur ~** the storm forced the men to return (*od.* turned the men back); **den Feind zur ~ zwingen** to force the enemy (to turn) back (*od.* to retreat); **sich zur ~ entschließen** to decide to go (*od.* turn) back. – **2.** *fig. lit.* (*Abkehr vom Bösen*) change of ways, fresh start: **er gelobte ~ und Besserung** he promised to change (*od.* mend) his ways (*od.* to make a fresh start) and turn over a new leaf; **den Sünder zur ~ bewegen** to make the sinner change his ways. – **3.** *fig. lit.* (*Bekehrung*) conversion. – **4.** *pol.* about-face, turnabout, volte-face. – **5.** *jur.* (*der Beweislast*) reversal. – **6.** *bes. tech. electr.* reversal. – **7.** *phot.* (*im Kopierwerk*) reversal. — **~,an,stalt** *f phot.* reversal film process(ing) lab(oratory), *auch* reversing station. — **~,bad** *n* reversing bath.

'um,kehr·bar *adj* **1.** *phys.* (*optics*) *med.* reversible. – **2.** *phot.* reversible, invertible. — **'Um,kehr·bar·keit** *f* ⟨-; *no pl*⟩ *phys.* (*optics*) *med.* reversibility.

'Um,kehr|,dienst *m phot.* reversal film processing service. — **~du·pli,kat** *n* reversal duplicate. — **~emul·si,on** *f* reversal emulsion.

'um,keh·ren I *v/i* ⟨*sep*, -ge-, sein⟩ **1.** turn back, go back, return: **er mußte ~, weil die Straße gesperrt war** he had to turn back because the street was blocked; **wir wollen jetzt lieber ~** we would do better to (*od.* we had better) go back now; **Sie haben den falschen Weg eingeschlagen, Sie müssen ~** you have come the wrong way, you must turn back (*od.* retrace your steps); **er kehrte auf halbem Wege um** a) he turned back halfway, b) *fig.* he stopped halfway. – **2.** *fig. lit.* (*sich vom Bösen abkehren*) change (*od.* mend) one's ways, turn over a new leaf, make a fresh start: **in seiner Predigt ermahnte er sie umzukehren** he admonished them in his sermon to change their ways. – **II** *v/t* ⟨h⟩ **3.** (*Taschen, Hemden, Strümpfe etc*) turn (*s.th.*) inside out, turn out. – **4.** *fig.* (*in Wendungen wie*) **alles [das ganze Haus] ~** (*um etwas zu finden*) to turn everything [the whole house] inside out (*od.* upside down). – **5. die Beweislast ~** *jur.* to shift the burden of proof. – **6.** *ling.* invert, transpose. – **7.** *mus.* invert. – **8.** *math.* invert, reverse. – **9.** *phot.* a) (*Film, Negativ*) reverse, b) (*Objektiv*) invert. – **10.** (*optics*) *phys. tech. electr.* reverse. – **III** *v/reflex* ⟨h⟩ **sich ~ 11.** *Northern G.* (*von Personen*) turn round (*od.* about). – **12.** (*von Dingen*) be reversed (*od.* inverted), turn about: **die Verhältnisse haben sich völlig umgekehrt** the conditions have been completely reversed (*od.* inverted). – **13. mir kehrt sich der Magen um, wenn ich das sehe** *colloq.* a) (*vor Übelkeit*) it makes my stomach turn (*od.* it makes me sick) to see that, my stomach turns (over) when I see that, b) *fig.* (*vor Entsetzen*) it makes me sick to see that. – **IV U~** *n* ⟨-s⟩ **14.** *verbal noun.* – **15.** *cf.* Umkehrung. – **16.** return.

'Umˌkehr|entˌwick·lung *f phot.* reversal processing. — **~ˌfilm** *m* reversal film. — **~funk·tiˌon** *f math.* inverse function. — **~geˌtrie·be** *n tech.* reversing gear mechanism. — **~ˌlin·se** *f* (*optics*) erector lense. — **~ˌmo·tor** *m tech.* reversible motor. — **~ˌpris·ma** *n* (*optics*) *phot.* inverting (*od.* reversing) prism. — **~ˌpunkt** *m* **1.** *tech. math.* point of reversal: **thermischer ~** inversion temperature. – **2.** *mar.* (*des Wasserstandes*) slack. — **~ˌschal·ter** *m electr.* pole changer (*od.* reversing) switch. — **~ˌspie·gel** *m* (*optics*) inverting (*od.* reversion) mirror.

'Umˌkeh·rung *f* ⟨-; *no pl*⟩ **1.** *cf.* Umkehren. – **2.** overturning. – **3.** *electr.* (*optics*) *phot.* reversal. – **4.** *ling. mus.* inversion. – **5.** *philos.* converse, conversion. – **6.** *math.* conversion, inversion. – **7.** *fig.* (*der Verhältnisse etc*) reversal. – **8.** *tech.* reversal, reverse. – **9.** *psych.* inversion.

'Umˌkehr·verˌfah·ren *n phot.* reversal process.

'umˌkip·pen I *v/i* ⟨*sep*, -ge-, sein⟩ **1.** (*von Vasen, Tassen, Tintenfässern etc*) fall (*od.* topple) over, overturn. – **2.** (*auf eine Seite*) tip up (*od.* over), tilt over: **als er auf die Lehne kletterte, kippte der Sessel um** when he climbed on the armrest, the chair tilted over. – **3.** (*von Personen*) topple over, go over backward(s): **sie schaukelte so lange, bis sie mit dem Stuhl umkippte** she rocked the chair until she toppled over. – **4.** *colloq.* (*ohnmächtig werden*) pass out (*colloq.*): **plötzlich kippte die Frau um** the woman suddenly passed out. – **5.** (*von Fahrzeug etc*) overturn, turn (*od.* tip) over. – **6.** (*von Boot etc*) capsize, tip (*od.* keel) over, overturn, turn right over. – **7.** *fig. colloq. cf.* umfallen 6. – **II** *v/t* ⟨h⟩ **8.** (*Tasse, Tintenfaß etc*) knock (*od.* tip) over, upset. – **9.** (*Korb, Schubkarren, Faß, offenen Eisenbahngüterwagen etc*) tip up.

ˌum'klam·mern I *v/t* ⟨*insep*, *no* -ge-, h⟩ **1.** (*Geländer, Handgelenk etc*) clasp, (*in Angst, Not etc*) clench, clutch: **das Tier umklammerte den Ast mit allen vieren** the animal clung to the branch with all fours. – **2. j-n ~** (*von Kind etc*) to cling to s.o.: **j-n mit beiden Armen ~** to cling to s.o., to clasp both arms (a)round s.o., (*beim Rettungsschwimmen*) *auch* to clutch s.o. – **3. sich** (*od.* **einander**) **~** (*sport*) a) (*von Boxern*) to clinch, b) (*von Ringern*) to lock, to tie up. – **4.** *mil.* (*Feind*) encircle, envelop, *auch* envelope. – **II U~** *n* ⟨-s⟩ **5.** *verbal noun.* – **6.** *cf.* Umklammerung. — **ˌum'klam·mert I** *pp.* – **II** *adj* **~ halten** to clasp. — **ˌUm'klam·me·rung** *f* ⟨-; *no pl*⟩ **1.** *cf.* Umklammern. – **2.** (*von Geländer, Stock etc*) clasp, (*stärker*) clutch, clench. – **3.** (*sport*) a) (*beim Boxen*) clinch, b) (*beim Ringen, Rettungsschwimmen*) clutch. – **4.** *mil.* pincer movement, envelopment.

'umˌklapp·bar *adj* collapsible, folding.

'umˌklap·pen *v/t* ⟨*sep*, -ge-, h⟩ **1.** (*herunterschlagen*) turn (*od.* fold) down: **ich habe die Lehne des Sitzes umgeklappt** I turned down the armrest. – **2.** (*heraufschlagen*) fold back (*od.* up). – **3.** *colloq.* (*ohnmächtig werden*) pass out (*colloq.*). – **4.** *med.* (*Oberlid*) evert, ectropionize (*scient.*).

'Umˌklei·de·kaˌbi·ne *f* **1.** (*im Schwimmbad*) changing (*bes. Br.* bathing) box (*od.* cubicle). – **2.** (*in einem Kleidergeschäft*) changing cubicle.

'umˌklei·den[1] **I** *v/reflex* ⟨*sep*, -ge-, h⟩ **sich ~ 1.** change (one's clothes): **ich habe mich zum Abendessen umgekleidet** I changed for dinner. – **II** *v/t* **2. j-n ~** to change s.o.'s clothes. – **III U~** *n* ⟨-s⟩ **3.** *verbal noun.* – **4.** *cf.* Umkleidung[1].

ˌum'klei·den[2] **I** *v/t* ⟨*insep*, *no* -ge-, h⟩ **1. etwas mit etwas ~** to cover s.th. (up) with s.th.: **etwas mit schwarzem Tuch ~** to cover s.th. (up) with black cloth; **etwas mit schönen Worten ~** *fig.* to cover s.th. up with euphemistic words. – **2.** *tech.* a) (*Kabel etc*) coat, sheathe, b) (*Elektrode etc*) cover, c) (*ummanteln*) encase, jacket. – **II U~** *n* ⟨-s⟩ **3.** *verbal noun.* – **4.** *cf.* Umkleidung[2].

'Umˌklei·deˌraum *m* **1.** changing room, (*mit Spinden*) locker room. – **2.** (*theater, sport*) dressing room.

'Umˌklei·dung[1] *f* ⟨-; *no pl*⟩ **1.** *cf.* Umkleiden[1]. – **2.** change of clothes.

ˌUm'klei·dung[2] *f* ⟨-; -en⟩ **1.** *cf.* Umkleiden[2]. – **2.** (*einer Tribüne etc*) cover. – **3.** *tech.* a) (*eines Drahtes, Kabels etc*) coat, b) (*einer Elektrode etc*) cover.

'umˌknicken (*getr.* -k·k-) **I** *v/t* ⟨*sep*, -ge-, h⟩ **1.** (*Zweig etc*) bend (*s.th.*) over (*od.* in two). – **2.** (*Blatt Papier etc*) fold (*s.th.*) over (*od.* down). – **3.** (*Buchecke etc*) fold (*s.th.*) in (*od.* down). – **II** *v/i* ⟨sein⟩ **4.** (**mit dem Fuß**) **~** a) to twist (*od.* go over on) one's ankle, b) to sprain one's ankle. – **5.** (*von Mast*) snap.

'umˌknif·fen *v/t* ⟨*sep*, -ge-, h⟩ (*Papier*) fold (*s.th.*) over (*od.* down).

'umˌkom·men I *v/i* ⟨*irr*, *sep*, -ge-, sein⟩ **1.** die, lose one's life: **er ist bei einer Flugzeugkatastrophe umgekommen** he lost his life (*od.* was killed) in a plane crash; **sie kamen in den Flammen kläglich um** they died a pitiful death in the flames; **im Kriege [in der Schlacht] ~** to be killed in the war [in (the) battle]; **durchs Schwert ~** to fall (*od.* perish) by the sword; **viele Menschen kamen in der Wüste um** many people died (*od.* perished) in the desert; **wer sich in Gefahr begibt, kommt darin um** (*Sprichwort*) *etwa* he who looks for trouble finds it, he that seeks trouble never misses (*proverb*). – **2.** (*von Tieren*) die, perish, (*bei einem Unfall*) *auch* be killed. – **3. vor** (*dat*) **etwas ~** *fig. colloq.* to be dying with s.th.: **ich komme um vor Hitze** I am dying (*od.* sweltering) in the heat, the heat is killing me; **ich komme um vor Hunger** I am simply starving (to death), I am absolutely ravenous. – **4.** (*von Lebensmitteln*) go bad, go off, spoil: **ich lasse nichts ~** I don't let anything go bad. – **II U~** *n* ⟨-s⟩ **5.** *verbal noun*: **es ist eine Hitze zum U~** *colloq.* this heat is killing.

ˌum'krän·zen *v/t* ⟨*insep*, *no* -ge-, h⟩ *cf.* bekränzen. — **ˌUm'krän·zung** *f* ⟨-; *no pl*⟩ *cf.* Bekränzung.

'Umˌkreis *m* ⟨-es; *no pl*⟩ **1. im ~ von** within a radius (*od.* compass) of: **im ~ von 10 Metern, 10 Meter im ~** within a radius of 10 meters, for 10 meters (a)round. – **2.** (*nähere Umgebung*) neighborhood, *bes. Br.* neighbourhood, vicinity: **im ganzen ~** in the whole vicinity. – **3.** *geogr.* circumference, circuit. – **4.** *math.* circumscribed circle, circumcircle.

ˌum'krei·sen I *v/t* ⟨*insep*, *no* -ge-, h⟩ **1.** (*im Flug*) circle (a)round, encircle: **der Adler umkreiste seine Beute** the eagle circled (a)round his prey. – **2.** (*herumspringen um*) jump (*od.* run) (a)round: **der Hund umkreist seinen Herrn** the dog jumps around its master. – **3.** *astr.* revolve (a)round: **die Erde umkreist die Sonne** the earth revolves (a)round the sun. – **4.** (*space*) orbit: **den Mond ~** to orbit the moon. – **II U~** *n* ⟨-s⟩ **5.** *verbal noun.* – **6.** *cf.* Umkreisung.

'Umˌkreisˌmit·telˌpunkt *m math.* circumcenter, *bes. Br.* circumcentre.

ˌUm'krei·sung *f* ⟨-; -en⟩ **1.** *cf.* Umkreisen. – **2.** *astr.* revolution. – **3.** (*space*) orbit.

'umˌkrem·peln I *v/t* ⟨*sep*, -ge-, h⟩ **1.** (*Ärmel, Hosenbeine*) roll (*s.th.*) up, (*nur einmal*) turn (*s.th.*) up. – **2.** (*umwenden*) turn (*s.th.*) inside out. – **3.** *fig. colloq.* (*beim Suchen in Unordnung bringen*) turn (*s.th.*) upside down (*od.* inside out): **ich habe die ganze Wohnung umgekrempelt und die Dokumente nicht gefunden** I turned the whole apartment inside out but did not find the documents. – **4. j-n [etwas] ~** *fig. colloq.* to change s.o. [s.th.]: **man kann einen Menschen nicht ~** you can't change people; **wir haben unseren Plan völlig umgekrempelt** we changed our plan completely. – **II** *v/reflex* **sich ~ 5.** *fig. colloq.* change one's nature (*od.* character).

'Umˌla·de|ˌbahnˌhof *m* **1.** reloading (*od.* transfer) station. – **2.** *mar.* transshipment (*auch* transhipment) station. — **~geˌbühr** *f econ.* charge for reloading, transloading charge. — **~ˌgü·ter** *pl* **1.** goods to be reloaded (*od.* transshipped, *auch* transhipped). – **2.** *mar.* transshipment (*auch* transhipment) cargo *sg.* — **~ˌha·fen** *m mar. cf.* Umschlaghafen. — **~ˌko·sten** *pl econ.* **1.** reloading (*od.* transloading) charges. – **2.** *mar. cf.* Umschlagkosten 1.

'umˌla·den I *v/t* ⟨*irr*, *sep*, -ge-, h⟩ **1.** (*einen Wagen etc*) reload, transload. – **2.** (*Güter etc*) reload, transfer, transship, *auch* tranship, rehandle. – **3.** *mar.* a) (*umschlagen*) transship, *auch* tranship, b) (*weiterverladen*) reship. – **II U~** *n* ⟨-s⟩ **4.** *verbal noun.* – **5.** *mar.* a) transshipment, *auch* transhipment, b) reshipment.

'Umˌla·deˌplatz *m* **1.** place of transshipment (*auch* transhipment), transfer point, rehandling yard. – **2.** *mar. cf.* Umschlagplatz 2.

'Umˌla·der *m* ⟨-s; -⟩ *mar.* stevedore.

'Umˌla·dung *f* ⟨-; *no pl*⟩ **1.** *cf.* Umladen. – **2.** *cf.* Umschlag 7.

'Umˌla·ge *f econ.* **1.** a) rate, levy, apportioned (*od.* special) fee (*to cover communal expenses*), b) (*im Versicherungswesen*) (cost-covering) contribution: **die ~ beträgt pro Person drei Mark** the apportioned fee is three marks per head. – **2.** (*Verteilung der Beträge*) apportionment. – **3.** (*Abgabenumlage*) assessment, levy, *Br. auch* rating.

'umˌla·gern[1] **I** *v/t* ⟨*sep*, -ge-, h⟩ **1.** (*Güter, Waren etc*) re-store. – **2.** *econ.* (*Kredite etc*) redirect. – **3.** *chem.* rearrange. – **II U~** *n* ⟨-s⟩ **4.** *verbal noun.*

ˌum'la·gern[2] *v/t* ⟨*insep*, *no* -ge-, h⟩ **1.** *mil.* (*Stadt*) besiege, beset, beleaguer. – **2.** *fig.* besiege, crowd (a)round, beleaguer: **der Verkaufsstand wurde von Kauflustigen umlagert** the stand was besieged by prospective buyers; **die Reporter umlagerten den Eingang** the reporters crowded (a)round the entrance.

'Umˌla·ge·rung *f* **1.** *cf.* Umlagern[1]. – **2.** *chem.* rearrangement. – **3.** *econ.* (*von Krediten*) redirection.

'Umˌla·ge·verˌfah·ren *n econ.* contribution (*od.* redirection, apportionment) procedure.

'Umˌlauf *m* **1.** *econ.* (*des Geldes etc*) circulation: **die im ~ befindlichen Banknoten** the bank notes in circulation; **Geld im ~** currency, current money; **im ~ sein** (*von Geld etc*) to circulate, to float; **Geld in ~ bringen** to bring money into circulation; **Papiergeld in ~ setzen** to issue bank notes, to put bank notes into circulation; **diese Münzen sind nicht mehr im ~** these coins are out of (*od.* withdrawn from) circulation. – **2.** *fig.* (*in Wendungen wie*) **im ~ sein** (*von Gerüchten*) to be abroad, to go (a)round; **ein Gerücht in ~ setzen** to spread (*od.* start, circulate) a rumo(u)r; **die tollsten Gerüchte sind im ~** the wildest rumo(u)rs are afloat (*od.* have been spread, have been going [a]round); **wer hat denn diese Geschichte über mich in ~ gesetzt?** who has started that rumo(u)r about me? – **3.** (*Rundschreiben*) circular (letter). – **4.** (*space*) orbit. – **5.** *phys.* a) (*Umdrehung*) rotation, revolution, b) (*Zyklus*) cycle, c) (*eines Kreisels*) gyration. – **6.** *astr.* revolution. – **7.** *med.* a) (*Blutkreislauf*) (blood) circulation, b) (*Nagelgeschwür*) whitlow, felon, panaritium (*scient.*). – **8.** (*railway*) (*der Güterwagen etc*) turn-round. — **~ˌbahn** *f astr.* (*space*) orbit: **elliptische ~** elliptical orbit; **äquatornahe [erdnahe, polarnahe] ~** near-equatorial [near-earth, near-polar] orbit; **~ um den Mond** lunar orbit; **Rendezvous auf einer ~ um die Erde** rendez-vous in earth orbit; **das Raum-**

schiff auf eine ~ bringen (*od.* in die ~ einschießen) to insert (*od.* inject) the spacecraft into orbit, to orbit the spacecraft; auf einer ~ sein to orbit; in eine ~ gelangen to enter an orbit. — **~ˌberg** *m geol.* meander core. — **~beˌwe·gung** *f* ⟨-; *no pl*⟩ **1.** *tech.* rotary movement, rotation. – **2.** *astr.* orbital motion, revolution. — **~ˌblen·de** *f phot.* rotary shutter. — **~ˌdurchˌmes·ser** *m tech.* (*einer Drehmaschine*) swing(-over bed).

ˈumˌlau·fen[1] **I** *v/i* ⟨*irr, sep,* -ge-, sein⟩ **1.** (*von Geld, Rundschreiben etc*) circulate. – **2.** *fig.* (*von Neuigkeiten, Gerüchten etc*) circulate, go (a)round. – **3.** *print.* (*übergreifen*) overlap. – **4.** *colloq.* (*einen Umweg machen*) make a detour. – **II** *v/t* ⟨h⟩ **5.** j-n [etwas] ~ to run (*od.* knock) s.o. [s.th.] over (*od.* down). – **III U~** *n* ⟨-s⟩ **6.** *verbal noun.* – **7.** *cf.* Umlauf 1, 2.

ˌumˈlau·fen[2] *v/t* ⟨*irr, insep, no* -ge-, h⟩ etwas ~ a) to run (a)round s.th., b) *astr.* (*space*) to orbit s.th.

ˈumˌlau·fend I *pres p of* umlaufen[1]. – **II** *adj* **1.** (*Gerücht, Rundschreiben etc*) circulating. – **2.** *econ.* a) (*Banknoten, Münzen etc*) circulating, b) (*Kapital etc*) floating. – **3.** *bes. tech.* (*um eine Achse drehend*) rotary, rotating, revolving, gyrating: ~e Schere rotary shear(s *pl*). – **4.** *meteor.* (*Winde*) variable, shifting.

ˈUmˌlauf|ˌför·de·rer *m tech.* endless conveyor (*od.* conveyer). — **~geˌblä·se** *n* centrifugal blower. — **~geˌschwin·dig·keit** *f* **1.** *tech.* a) speed of rotation, b) (*einer Schleifscheibe, eines Rades*) peripheral speed. – **2.** (*space*) orbital velocity. — **~geˌtrie·be** *n tech.* **1.** epicyclic transmission. – **2.** (*Planetengetriebe*) planetary gearing. — **~ka·piˌtal** *n econ. cf.* Umlaufvermögen. — **~ˌküh·lung** *f* **1.** *tech.* closed-circuit circulation cooling. – **2.** (*space*) regenerative cooling. — **~ˌmap·pe** *f* (*im Büro*) circulation (*od.* float) file. — **~ˌmit·tel** *pl econ.* circulating media, currency *sg.* — **~ˌmo·tor** *m aer. tech.* rotary engine. — **~ˌöl** *n tech.* circulation oil. — **~ˌpum·pe** *f* rotary pump. — **~ˌrad** *n tech.* planet gear. — **~ˌreg·ler** *m tech.* bypass regulator. — **~ˌrich·tung** *f* direction of rotation. — **~ˌrührˌwerk** *n* rotary agitator. — **~ˌschmie·rung** *f* circulation (*od.* closed-circuit) lubrication (*od.* oiling). — **~ˌschrei·ben** *n* circular (letter). — **~ˌseil** *n tech.* circulation rope. — **~ˌsinn** *m* direction (*od.* sense) of rotation. — **~ˌspei·cher** *m* (*computer*) circulating memory (*od.* register). — **~verˌdich·ter** *m tech.* rotary compressor. — **~verˌmö·gen** *n econ.* current assets *pl.* — **~ˌzahl** *f tech. cf.* Drehzahl. — **~ˌzeit** *f* **1.** *astr.* period (of revolution). – **2.** (*space*) orbital period: ~ eines Weltraumkörpers period of an object in space. – **3.** *econ.* period of circulation. – **4.** *tech.* period of rotation. – **5.** (*railway*) period for turn-round.

ˈUmˌlaut *m* ⟨-(e)s; -e⟩ *ling.* **1.** ⟨*only sg*⟩ (*Veränderung eines Vokals*) umlaut, (vowel) mutation. – **2.** (*als Laut*) umlaut, mutated (*od.* modified) vowel. — **ˈumˌlau·ten** *v/t* ⟨*sep,* -ge-, h⟩ (*Vokal*) modify, mutate.

ˈumˌleg·bar *adj* **1.** *cf.* umklappbar. – **2.** *econ.* (*Kosten, Steuern etc*) (re)apportionable.

ˈUmˌle·ge·kaˌlen·der *m* (turnover) desk calendar.

ˈUmˌle·geˌkra·gen *m* turndown (*od.* turnover) collar.

ˈumˌle·gen[1] *v/t* ⟨*sep,* -ge-, h⟩ **1.** put (*od.* lay) (*s.th.*) down. – **2.** (*durch Hagel, Sturm etc*) break (*od.* beat) (*s.th.*) down. – **3.** (*Baum*) fell. – **4.** (*Hemd-, Mantelkragen*) a) (*nach unten*) turn (*s.th.*) down, b) (*nach oben*) turn (*s.th.*) up. – **5.** (*Stoff*) turn (*s.th.*) in. – **6.** sich (*dat*) [j-m] etwas ~ to put s.th. (a)round oneself [s.o.]: sie legte ihm eine Decke um she put a blanket (a)round his shoulders; sie legte sich eine Kette um she put on a necklace. – **7.** (*Verband etc*) apply. – **8.** (*wenden*) turn (*s.th.*) over, flip: du mußt eine Karte ~ (*beim Kartenspiel*) you must turn one card over (*od.* flip one card). – **9.** (*umleiten*) (*Verkehr*) divert. – **10.** (*railway*) (*Schiene*) relay. – **11.** *econ.* a) (*gleichmäßig aufteilen*) (*Kosten*) (re)apportion, b) (*Steuern*) assess, c) (*transferieren*) (*Depots*) transfer, shift. – **12.** *jur.* (*Bauland, Grundbesitz*) regroup. – **13.** (*Termin*) change. – **14.** (*Patienten*) move (*s.o.*) (to another place). – **15.** j-n ~ *colloq.* (*zu Boden strecken*) to knock s.o. down, to lay s.o. low. – **16.** j-n ~ *colloq.* (*kaltblütig töten*) to do s.o. in, to finish (*od.* bump) s.o. off (*alle sl.*), to kill (*od.* murder) s.o. – **17.** *vulg.* (*Frau, Mädchen*) 'lay', 'make' (*beide sl.*), *Am. vulg.* knock up: eine ~ to screw a woman (*sl.*). – **18.** *tel.* (*Gespräch*) (auf *acc* to) transfer, put (*a call*) through. – **19.** *electr.* a) (*Leitung*) relay, b) (*Schalter*) reverse. – **20.** *mil.* (*Einheit, Truppe etc*) shift. – **21.** *mar.* a) (*Schornstein*) hinge, pull down, b) (*Schiff*) lay (*a boat*) on the side, careen. – **22.** (*leather*) (*Fleisch-, Haarseite*) reverse. – **23.** *tech.* a) (*Hebel etc*) shift, reposition, b) (*Blechkante*) bead, fold (*od.* bend) (*s.th.*) over, c) (*Riemen*) shift. – **24.** (*kippen*) tilt. – **25.** (*textile*) (*Saum*) tuck. – **26.** *colloq.* (*sport*) *cf.* legen 12. – **II** *v/reflex* sich ~ **27.** (*von Baum, Mast etc*) bend (*od.* tilt) over. – **28.** (*nach Hagel, Sturm etc*) lie down. – **29.** (*vom Wind*) shift, change, veer (round). – **III** *v/i* **30.** *mar.* tack about. – **IV U~** *n* ⟨-s⟩ **31.** *verbal noun.*

ˌumˈle·gen[2] *v/t* ⟨*insep, no* -ge-, h⟩ etwas mit etwas ~ to lay s.th. (a)round s.th.

ˈUmˌlegˌkra·gen *m cf.* Umlegekragen.

ˈUmˌle·gung *f* ⟨-; *no pl*⟩ **1.** *cf.* Umlegen[1]. – **2.** (*eines Grundbesitzes*) regroupment. – **3.** *econ.* (*von Kosten*) (re)apportionment. – **4.** (*von Steuern*) assessment. – **5.** *tech.* relocation. – **6.** *tel.* (*von Gesprächen*) transfer.

ˈumˌlei·ten I *v/t* ⟨*sep,* -ge-, h⟩ **1.** (*Verkehr*) divert, detour, reroute. – **2.** (*Post etc*) redirect. – **3.** (*Versandgüter*) reroute. – **4.** (*railway*) (*Zug*) redirect, detour. – **5.** *civ.eng.* (*Fluß etc*) divert, deviate, bypass. – **6.** *med.* (*Blut*) shunt. – **7.** *electr.* reroute. – **8.** *aer.* (*Flugzeug*) divert. – **II U~** *n* ⟨-s⟩ **9.** *verbal noun.*

ˈUmˌlei·tung *f* ⟨-; -en⟩ **1.** *cf.* Umleiten. – **2.** a) (*des Verkehrs*) (temporary) diversion, (route) deviation, b) (*Straße*) bypass, *bes. Am.* detour: „(Achtung) ~!" "Diversion", *bes. Am.* "Detour"; wir mußten eine ~ fahren we had to take a bypass. – **3.** (*railway*) (*eines Zuges*) redirection. – **4.** *civ.eng.* diversion, deviation. – **5.** *aer.* (*eines Flugzeugs*) diversion.

ˈUmˌlei·tungs|ˌschild *n* diversion (*bes. Am.* detour) sign. — **~ˌstra·ße** *f* bypass, *bes. Am.* detour.

ˈUmˌlenk|ˌbahn *f* (*space*) midcourse guidance flight path. — **~ˌblech** *n tech.* baffle plate, deflector.

ˈumˌlen·ken *v/t* ⟨*sep,* -ge-, h⟩ turn (*s.th.*) round (*od.* back).

ˈUmˌlenk|ˌhe·bel *m* **1.** *tech.* reversing lever. – **2.** *auto.* (*für die Benzinzuleitung*) bell crank. — **~ˌrol·le** *f* (*einer Seilbahn, eines Riementriebes*) idler (*od.* guide) pulley.

ˈumˌler·nen I *v/i* ⟨*sep,* -ge-, h⟩ **1.** a) (*in der Denkweise*) change one's view(s), reorient(ate) oneself, b) (*im Verhalten*) change one's ways: du wirst noch sehr ~ müssen you will have to change your ways. – **2.** (*im Beruf etc*) learn a new trade. – **II** *v/t* **3.** learn (*s.th.*) anew.

ˈumˌlie·gend *adj* **1.** surrounding, (*nah*) neighboring, *bes. Br.* neighbouring: in den ~en Wäldern in the surrounding woods; ~e Gegend surrounding country(side), environs *pl.* – **2.** *med.* (*Organe*) circumjacent, adjoining.

ˌumˈlo·dern *v/t* ⟨*insep, no* -ge-, h⟩ blaze (*od.* flare) around.

ˌumˈman·teln I *v/t* ⟨*insep, no* -ge-, h⟩ **1.** *tech.* (*Kessel etc*) jacket, encase. – **2.** *electr.* (*Elektrode etc*) sheathe, cover. – **II U~** *n* ⟨-s⟩ **3.** *verbal noun.* — **ˌUmˈman·te·lung** *f* ⟨-; -en⟩ **1.** *cf.* Ummanteln. – **2.** *tech.* (*eines Kessels etc*) jacket, encasement. – **3.** *electr.* sheath, cover. – **4.** (*einer Zündkerze*) screen.

ˈum·marˌkie·ren *v/t* ⟨*sep, no* -ge-, h⟩ re-mark.

ˌumˈmau·ern *v/t* ⟨*insep, no* -ge-, h⟩ wall (*s.th.*) in, surround (*s.th.*) with a wall.

ˈumˌmo·deln *v/t* ⟨*sep,* -ge-, h⟩ *colloq.* **1.** (*Form*) reshape, remodel. – **2.** (*Kleidung*) remodel, refashion. – **3.** (*Zimmereinrichtung*) rearrange. – **4.** (*Arbeitsweise, Schema etc*) alter. – **5.** (*Person*) change, alter, reform: seine neue Freundin hat ihn völlig umgemodelt he has been completely changed by his new girl friend. – **II U~** *n* ⟨-s⟩ **6.** *verbal noun.* — **ˈUmˌmo·de·lung, ˈUmˌmod·lung** *f* ⟨-; *no pl*⟩ **1.** *cf.* Ummodeln. – **2.** (*einer Zimmereinrichtung etc*) rearrangement. – **3.** (*einer Arbeitsweise, eines Schemas etc*) alteration.

ˈum·monˌtie·ren *v/t* ⟨*sep, no* -ge-, h⟩ *tech.* remount.

ˈumˌmün·zen I *v/t* ⟨*sep,* -ge-, h⟩ **1.** (*neu schmelzen*) remint. – **2.** (*neu prägen*) recoin. – **3.** eine Erfahrung in bares Geld ~ *fig.* to make money out of an experience, to cash in on an experience. – **II U~** *n* ⟨-s⟩ **4.** *verbal noun.* — **ˈUmˌmün·zung** *f* ⟨-; *no pl*⟩ **1.** *cf.* Ummünzen. – **2.** (*Neuprägung*) recoinage.

ˌumˈnach·tet *adj only in* geistig ~ *lit.* mentally disturbed, (*stärker*) mentally deranged, insane. — **ˌUmˈnach·tung** *f* ⟨-; *no pl*⟩ *only in* geistige ~ mental disturbance, (*stärker*) mental derangement, obnubilation (*lit.*): er starb in geistiger ~ he died in a state of mental derangement; das muß er in geistiger ~ gesagt haben *fig. colloq.* he must have said that in a moment of madness.

ˈumˌnä·hen[1] *v/t* ⟨*sep,* -ge-, h⟩ (*umschlagen u. festnähen*) (*Stoffrand*) hem.

ˌumˈnä·hen[2] *v/t* ⟨*insep, no* -ge-, h⟩ (*durch Nähen befestigen*) fell, sew (*s.th.*) round, (*Saum*) tuck, (*überwendlich*) overcast.

ˌumˈne·beln *v/t* ⟨*insep, no* -ge-, h⟩ *fig.* **1.** (be)fog, daze, obfuscate, becloud. – **2.** (*durch Alkoholgenuß*) befuddle.

ˌumˈne·belt I *pp.* – **II** *adj* mit ~em Blick vor sich hinstarren to stare at nothing quite befuddled.

ˈumˌneh·men *v/t* ⟨*irr, sep,* -ge-, h⟩ put (*od.* wrap) (*s.th.*) (a)round one.

ˈum·nu·meˌrie·ren *v/t* ⟨*sep, no* -ge-, h⟩ renumber.

ˈumˌord·nen *v/t* ⟨*sep,* -ge-, h⟩ rearrange, reorder.

ˈUm·or·ga·ni·sa·tiˌon *f* ⟨-; *no pl*⟩ reorganization *Br. auch* -s-: drastische ~ drastic reorganization, *bes. Am.* shake-up. — **ˈum·or·ga·niˌsie·ren I** *v/t* ⟨*sep, no* -ge-, h⟩ reorganize *Br. auch* -s-, (*drastisch*) *bes. Am.* shake up. – **II U~** *n* ⟨-s⟩ *verbal noun.* — **ˈUm·or·ga·niˌsie·rung** *f* ⟨-; *no pl*⟩ **1.** *cf.* Umorganisieren. – **2.** *cf.* Umorganisation.

ˈum·ori·enˌtie·ren *v/reflex* ⟨*sep, no* -ge-, h⟩ sich ~ reorient(ate) oneself. — **ˈUm·ori·enˌtie·rung** *f* ⟨-; *no pl*⟩ reorientation.

ˈumˌpacken (*getr.* -k·k-) *v/t* ⟨*sep,* -ge-, h⟩ repack.

ˌumˈpan·zern *v/t* ⟨*insep, no* -ge-, h⟩ **1.** *mil. hist.* cover (*s.th.*) with armor (*bes. Br.* armour) (*od.* a coat of mail). – **2.** *tech.* armor, *bes. Br.* armour.

ˈumˌpflan·zen[1] *v/t* ⟨*sep,* -ge-, h⟩ *hort.* transplant, replant.

ˌumˈpflan·zen[2] *v/t* ⟨*insep, no* -ge-, h⟩ etwas mit Bäumen [Sträuchern, Blumen] ~ to surround s.th. with trees [bushes, flowers], to plant trees [bushes, flowers] (a)round s.th.

ˈumˌpfla·stern *v/t* ⟨*sep,* -ge-, h⟩ repave.

ˈumˌpflü·gen *v/t* ⟨*sep,* -ge-, h⟩ *auch fig.* plough (*bes. Am.* plow) (*s.th.*) up.

ˈumˌpfrop·fen *v/t* ⟨*sep,* -ge-, h⟩ *hort.* regraft.

ˈumˌpo·len *electr.* **I** *v/t* ⟨*sep,* -ge-, h⟩ change the polarity of. – **II** *v/i* reverse polarity. – **III U~** *n* ⟨-s⟩ *verbal noun.*

ˈUmˌpo·ler *m* ⟨-s; -⟩ *electr.* pole-changer.

ˈUmˌpolˌschal·ter *m electr.* commutating switch.

ˈUmˌpo·lung *f* ⟨-; -en⟩ **1.** *cf.* Umpolen. – **2.** pole changing, reversal of polarity.

ˈumˌprä·gen I *v/t* ⟨*sep,* -ge-, h⟩ **1.** (*Münzen, Geld etc*) recoin. – **2.** *fig.* (*Volk, Charakter*) remold, *bes. Br.* remould. – **II U~** *n* ⟨-s⟩ **3.** *verbal noun.* — **ˈUmˌprä·gung** *f* **1.** *cf.* Umprägen. – **2.** recoinage.

ˈumˌpres·sen *v/t* ⟨*sep,* -ge-, h⟩ *tech.* re-press.

ˈumˌpur·zeln *v/i* ⟨*sep,* -ge-, sein⟩ *colloq.* tumble (*od.* topple) over (*od.* down).

ˈumˌpu·sten *v/t* ⟨*sep,* -ge-, h⟩ blow (*s.th.*) down: der leiseste Windhauch pustet sie um *fig.* you could knock her down with a feather.

ˈum·quarˌtie·ren I *v/t* ⟨*sep, no* -ge-, h⟩ **1.** j-n ~ to move s.o. to other accommodations: wir müssen den Patienten (in ein anderes Zimmer) ~ *colloq.* we must move the patient (to another room). – **2.** *mil.* a) (*Truppen*) shift, b) (*Soldaten*) rebillet, requarter. – **II U~** *n* ⟨-s⟩ **3.** *verbal* *noun.* — **'Um·quar,tie·rung** *f* ⟨-; -en⟩ **1.** *cf.* Umquartieren. – **2.** move to other accommodations.

,um'rah·men[1] **I** *v/t* ⟨*insep, no* -ge-, h⟩ (*Bild etc*) form a frame around, enframe: **ein dichter Bart umrahmte sein Gesicht** his face was framed in a bushy beard; **der Vortrag wurde von Musik umrahmt** *fig.* the lecture was given a musical setting. – **II U~** *n* ⟨-s⟩ *verbal noun.*

'um,rah·men[2] **I** *v/t* ⟨*sep,* -ge-, h⟩ reframe, change the frame of. – **II U~** *n* ⟨-s⟩ *verbal noun.*

,um'rahmt I *pp of* umrahmen[1]. – **II** *adj* **die Traueranzeige war schwarz ~** the obituary was framed with a black border.

,Um'rah·mung *f* ⟨-; -en⟩ **1.** *cf.* Umrahmen[1]. – **2.** frame. – **3.** *print.* box.

,um'ran·den [-'randən] **I** *v/t* ⟨*insep, no* -ge-, h⟩ **1. etwas mit etwas ~** a) (*ein Blatt*) to edge (*od.* border, rim) s.th. with s.th., b) (*mit Litze, Borte etc*) to edge (*od.* trim, border) s.th. with s.th., c) (*mit Steinen, Büschen etc*) to surround (*od.* border, edge) s.th. with s.th. – **2.** (*auf einem Bestellvordruck etc*) mark (*s.th.*) with a circle: **der Korrektor hat die Fehler rot umrandet** the corrector has marked the mistakes with a red circle, the corrector has drawn red circles (a)round the mistakes. – **II U~** *n* ⟨-s⟩ **3.** *verbal noun.*

,um'rän·dern *v/t* ⟨*insep, no* -ge-, h⟩ *cf.* umranden. — **,um'rän·dert I** *pp.* – **II** *adj* **1.** *cf.* umrandet II. – **2. rot ~e Augen haben** to have red circles (*od.* rims) (a)round one's eyes.

,um'ran·det I *pp.* – **II** *adj* **1. rot [schwarz] ~ sein** to be red- [black-]rimmed. – **2.** *med.* a) bordered, surrounded, b) (*Augen*) circled.

,Um'ran·dung *f* ⟨-; -en⟩ **1.** *cf.* Umranden. – **2.** (*aus Stoff etc*) edging, trimming, border. – **3.** (*mit Steinen, Büschen etc*) border, edging, *bes. Br.* surround. – **4.** *cf.* Bettumrandung.

,Um'ran·dungs,feu·er *n aer.* (*auf dem Flugplatz*) boundary light.

'um·ran,gie·ren *v/t* ⟨*sep, no* -ge-, h⟩ (*railway*) shunt, switch.

,um'ran·ken *v/t* ⟨*insep, no* -ge-, h⟩ **1.** twine (a)round, entwine: **Wicken ~ den Baumstamm** sweet peas twine (a)round (*od.* entwine) the trunk of the tree. – **2. etwas mit etwas ~** to twine s.th. (a)round s.th. — **,um'rankt I** *pp.* – **II** *adj* wreathed (*od.* entwined, *stärker* covered) with creeper(s) (*od.* climbing plants): **mit Efeu ~** wreathed with ivy, ivy-clad; **das Haus ist von wildem Wein ~** the house is covered with Virginia creeper; **der Berg ist von Märchen und Sagen ~** *fig.* the mountain is wreathed (*od.* enveloped) in fairy tales and legends.

'um,räu·men I *v/t* ⟨*sep,* -ge-, h⟩ **1.** (*anders anordnen*) rearrange, change (*s.th.*) (a)round: **sie räumt mal wieder die Möbel um** she is rearranging the furniture (*od.* changing the furniture [a]round) again. – **2.** (*umlagern, umstellen*) move, shift: **wir müssen sämtliche Waren ~** we have to shift all the goods. – **II** *v/i* **3.** rearrange the furniture.

,um'rau·schen *v/t* ⟨*insep, no* -ge-, h⟩ surge (*od.* roar) (a)round: **Wasser umrauscht den Felsen** water surges (a)round the rock.

'um,rech·nen I *v/t* ⟨*sep,* -ge-, h⟩ **1. etwas** (in *acc* **etwas**) **~** *bes. math.* to convert s.th. (into s.th.), to reduce s.th. (to s.th.): **ein Pfund in Schillinge ~** to reduce a pound to shillings; **einen Meter in Zentimeter ~** to convert a meter (*bes. Br.* metre) into centimeters (*bes. Br.* centimetres). – **2. etwas auf** (*acc*) **etwas ~** to divide s.th. amongst (*od.* apportion s.th. to) s.th. – **3.** *tech. tel.* translate. – **II U~** *n* ⟨-s⟩ **4.** *verbal noun.* — **'Um,rech·nung** *f* ⟨-; -en⟩ **1.** *cf.* Umrechnen. – **2.** *bes. math.* conversion, reduction.

'Um,rech·nungs|,fak·tor *m math.* conversion factor. — **~,kurs, ~,satz** *m econ.* (*der Devisen*) conversion rate. — **~,schlüs·sel** *m* conversion key. — **~ta,bel·le** *f* conversion table. — **~ver,hält·nis** *n* conversion (*od.* exchange) ratio. — **~,wert** *m* exchange value.

,um'rei·sen *v/t* ⟨*insep, no* -ge-, h⟩ **die Welt ~** to travel (*od.* tour) ([a]round) the world (*od.* globe).

'um,rei·ßen[1] **I** *v/t* ⟨*irr, sep,* -ge-, h⟩ **1. etwas ~** (*Mauer, Zaun etc*) to pull (*od.* break) s.th. down: **er tut, als ob er alles ~ wollte** *fig. colloq.* he goes at things hammer and tongs. – **2. j-n ~** to take s.o. with one, (*umfahren*) *auch* to knock s.o. down: **der Wagen fuhr auf den Gehsteig und riß mehrere Leute um** the car drove up on the footpath (*Am.* sidewalk) and took several people with it (*od.* and knocked several people down); **du hättest mich fast umgerissen** you almost took me with you. – **II U~** *n* ⟨-s⟩ **3.** *verbal noun.*

,um'rei·ßen[2] **I** *v/t* ⟨*irr, insep, no* -ge-, h⟩ **1.** (*Plan, Methode etc*) outline, sketch: **etwas in wenigen Worten ~** to sketch s.th. in a few words. – **2.** (*Rede, Vortrag etc*) summarize *Br. auch* -s-. – **3.** (*Lebensweg etc*) survey. – **II U~** *n* ⟨-s⟩ **4.** *verbal noun.*

'um,rei·ten[1] **I** *v/t* ⟨*irr, sep,* -ge-, h⟩ **j-n [etwas] ~** to ride s.o. [s.th.] over (*od.* down). – **II** *v/i* ⟨sein⟩ ride back.

,um'rei·ten[2] *v/t* ⟨*irr, insep, no* -ge-, h⟩ ride (a)round.

'um,ren·nen *v/t* ⟨*irr, sep,* -ge-, h⟩ run (*od.* knock) (*s.o., s.th.*) over (*od.* down).

'um,rich·ten *v/t* ⟨*sep,* -ge-, h⟩ *tech.* (*Werkzeugmaschine etc*) reset.

'Um,rich·ter *m* ⟨-s; -⟩ *electr.* frequency changer (*od.* converter, convertor).

'Um,rich·te,zeit *f tech.* resetting (*od.* set-up) time.

,um'rin·gen *v/t* ⟨*insep, no* -ge-, h⟩ **1. j-n ~** a) to crowd (*od.* gather) (a)round s.o., b) (*umdrängen*) to throng around s.o., c) *bes. mil.* (*feindlich*) to ring (*od.* encircle, invest) s.o.: **die Kinder ~ den Vater** the children gather (a)round the(ir) father; **Indianer umringten das Fort** (Red) Indians encircled the fort. – **2. etwas ~** (*von Wasser, Bergen, Wald etc*) to encircle (*od.* encompass) s.th.

'Um,riß *m* ⟨-sses; -sse⟩ **1.** *cf.* Umreißen[2]. – **2.** (*Kontur, Silhouette*) outline, contour, profile, silhouette: **etwas im ~ entwerfen** *auch fig.* to outline s.th.; **nur die Umrisse der Berge waren in der Dunkelheit zu erkennen** only the contours (*od.* silhouette[s]) of the mountains could be made out in the darkness. – **3.** (*gegen den Himmel*) skyline. – **4.** *fig.* outline: **eine Weltgeschichte in Umrissen** an outline of world history; **eine Epoche in großen Umrissen schildern** to give a rough outline of an epoch. – **5.** *tech.* a) contour, outline, b) (*Profil*) profile. – **6.** *med.* (*in der Röntgenologie*) silhouette.

,um'ris·sen I *pp of* umreißen[2]. – **II** *adj* **scharf** (*od.* **klar**) **~** a) (*Profil, Konturen etc*) sharply defined (*od.* outlined), b) (*Programm, Plan etc*) clearly defined (*od.* outlined, delineated); **fest ~** (*Ansichten etc*) clear-cut; **grob ~** (*Bericht, Inhaltsangabe etc*) rough(ly sketched).

'Um,riß|,kar·te *f geogr.* outline (*od.* skeleton) map. — **~,li·nie** *f cf.* Umriß 2, 3. — **~,zeich·nung** *f* contour drawing.

'um,rol·len *v/t* ⟨*sep,* -ge-, h⟩ **1.** *tech.* (*Gießform*) roll (*s.th.*) over. – **2.** (*film*) rewind, respool.

'Um,rol·ler *m* (*film*) rewinder.

'Um,roll,tisch *m* (*film*) rewind bench.

'um,rüh·ren *v/t* ⟨*sep,* -ge-, h⟩ (*Farbe, Speisen etc*) stir (up).

,um'run·den *v/t* ⟨*insep, no* -ge-, h⟩ **1.** (*sport*) lap. – **2.** (*space*) orbit.

'um,rü·sten I *v/t* ⟨*sep,* -ge-, h⟩ **1.** *mil.* (*Armee etc*) reequip, *Br.* re-equip. – **2.** *tech.* (*Maschine etc*) reset, *Br.* re-set. – **3.** *electr.* convert (*s.th.*) (by replacing certain units). – **II U~** *n* ⟨-s⟩ **4.** *verbal noun.* — **'Um,rü·stung** *f* ⟨-; *no pl*⟩ **1.** *cf.* Umrüsten. – **2.** *mil.* reequipment, *Br.* re-equipment.

ums [ums] *short for* **um das.**

'um,sacken[1] (*getr.* -k·k-) *v/i* ⟨*sep,* -ge-, sein⟩ *colloq.* crumple (*od.* double) (up), slump.

'um,sacken[2] (*getr.* -k·k-) *v/t* ⟨*sep,* -ge-, h⟩ put (*od.* fill) (*s.th.*) in(to) another sack.

'um,sä·gen *v/t* ⟨*sep,* -ge-, h⟩ (*Baum etc*) saw (*s.th.*) down.

'um,sat·teln I *v/t* ⟨*sep,* -ge-, h⟩ **ein Pferd ~** to resaddle a horse, to change a horse's saddle. – **II** *v/i fig. colloq.* **auf** (*acc*) **etwas ~** to change (*od.* switch) to s.th.: **er hat von Tier- auf Humanmedizin umgesattelt** he has switched from veterinary (medicine) to human medicine.

'Um,satz *m* **1.** *econ.* a) (*bes. Verkaufsmenge*) sales *pl*, b) (*bes. Wertumsatz*) turnover, c) (*Einnahmen*) returns *pl*, d) (*an der Börse*) transactions *pl*, business: **den ~ steigern** to step up (on) (*od.* increase) sales; **einen guten ~ haben** a) to have good sales, b) to have a big turnover. – **2.** *med.* a) (*von Energie*) transformation, b) (*Verbrauch*) consumption, c) (*beim Stoffwechsel*) metabolism. — **~ana,ly·se** *f econ.* sales analysis. — **~,aus,gleich,steu·er** *f* turnover equalization (*Br. auch* -s-) tax. — **~be,steue·rung** *f* taxation of (the) sales (*od.* turnover). — **~be,tei·li·gung** *f* participation in sales (*od.* the turnover). — **~,för·de·rung** *f* sales promotion. — **~ge,schwin·dig·keit** *f* rate of turnover. — **~,hö·he** *f* amount (*od.* level) of turnover. — **~,kur·ve** *f* sales curve, turnover schedule. — **u~los** *adj* **1.** without turnover. – **2.** (*Guthaben*) dormant. – **3.** (*Konto*) inactive. — **~,prä·mie** *f* sales bonus. — **~pro·vi·si,on** *f* turnover (*od.* sales) commission. — **~,rück,gang** *m* recession (*od.* decrease, falling-off) in sales. — **~,stei·ge·rung** *f* increase in sales, stepping up of sales. — **~,steu·er** *f* turnover tax, *bes. Am.* sales tax. — **~,zah·len, ~,zif·fern** *pl* turnover (*od.* index, guidance) figures.

'um,säu·men[1] *v/t* ⟨*sep,* -ge-, h⟩ **1.** (*Kleid etc*) hem. – **2.** (*Spitze*) purl.

,um'säu·men[2] *v/t* ⟨*insep, no* -ge-, h⟩ **1.** surround, border. – **2.** (*Straße*) line, border.

,um'sau·sen *v/t* ⟨*insep, no* -ge-, h⟩ whistle (*od.* howl) (a)round.

'um,schaf·fen I *v/t* ⟨*irr, sep,* -ge-, h⟩ transform, remodel. – **II U~** *n* ⟨-s⟩ *verbal noun.* — **'Um,schaf·fung** *f* ⟨-; -en⟩ **1.** *cf.* Umschaffen. – **2.** transformation.

'Um,schalt,ein,rich·tung *f electr.* **1.** automatic transfer equipment. – **2.** distribution switchboard.

'um,schal·ten I *v/t* ⟨*sep,* -ge-, h⟩ **1.** *electr.* a) switch over, b) (*Stromwender, Motor etc*) commutate, c) (*Stromkreis*) switch (to a different circuit), d) (*Stromrichtung*) reverse, change. – **2.** *tech.* a) (*Hebel*) change, reposition, shift, b) (*Treibriemen*) shift, c) (*Getriebe*) change (over), d) (*Spindel einer Werkzeugmaschine*) reverse, e) (*Millimetergewinde auf Zollsystem*) transpose, f) (*Revolverkopf*) index, g) (*Maschinentisch*) reverse. – **3.** *auto.* (*Gänge*) shift. – **II** *v/i* **4.** (*radio*) *telev.* (**auf ein anderes Programm**) **~** to switch to another program (*bes. Br.* programme); **wir schalten um nach Hamburg** we are going over (*od.* switching) to Hamburg. – **5.** *fig. colloq.* (*im Denken*) switch: **ich kann nicht so schnell ~** I can't switch so quickly. – **6.** *fig. colloq.* (*in den Gewohnheiten*) readapt: **nach den Ferien wieder auf den Alltag ~** to readapt to daily routine after the holidays. – **III U~** *n* ⟨-s⟩ **7.** *verbal noun.* – **8.** *auto.* changeover, *Br.* gear-change, *Am.* gearshift. – **9.** *cf.* Umschaltung.

'Um,schal·ter *m* **1.** *tech.* (changeover *od.* throw-over) switch: **selbsttätiger ~** cutout, *Br.* cut-out. – **2.** (*an der Schreibmaschine*) shift key. – **3.** *electr.* (*für Stromrichtung*) commutator, reversing switch.

'Um,schalt|,fest,stel·ler *m* (*an der Schreibmaschine*) shift-key lock. — **~,he·bel** *m* **1.** *tech.* change lever. – **2.** *electr.* a) (changeover) switch, b) (*eines Tonbandes*) tape-speed lever. — **~,pau·se** *f* (*radio*) *telev. cf.* Schaltpause. — **~re,lais** *n electr.* changeover relay. — **~,stöp·sel** *m* switch plug. — **~sy,stem** *n* switching (*od.* changeover) system. — **~,ta·ste** *f* **1.** (*an einer Schreibmaschine*) shift key. – **2.** *electr.* reversing key.

'Um,schal·tung *f* ⟨-; *no pl*⟩ **1.** *cf.* Umschalten. – **2.** *electr.* a) (*des Stroms*) changeover, b) (*eines Motors, Stromwenders*) commutation. – **3.** *tech.* changeover.

,um'schat·ten *v/t* ⟨*insep, no* -ge-, h⟩ surround (*s.th.*) with shadow.

'Um,schau *f* ⟨-; *no pl*⟩ **1.** (*in Wendungen wie*) **~ halten** to look (a)round; **nach etwas ~ halten** to look out (*od.* be on the lookout [*Br.* look-out]) for s.th.; **nach j-m ~ halten** to look out for s.o.; **nach einer Frau ~ halten** to look out for a wife. – **2.** (*als Zeitungsname*) review. – **3.** (*radio*) *telev.* (*Programmteil*) current affairs magazine, topical magazine.

'umˌschau·en *v/reflex* ⟨*sep*, -ge-, h⟩ sich ~ **1.** (*in der Runde*) look (a)round: ich habe mich ein wenig im Lande umgeschaut I had a look (a)round the country; ich werde mich mal für dich ~ I'll have a look (a)round for you. – **2.** (*auskundschaften*) spy about, scout. – **3.** (*zurückblicken*) look back (*od.* round): er schaute sich flüchtig um he glanced round (*od.* back).

'umˌschau·feln *v/t* ⟨*sep*, -ge-, h⟩ **1.** turn (*s.th.*) (over) with a shovel, shovel (*s.th.*) (over). – **2.** Zucker [Mehl] (in einen anderen Behälter) ~ to scoop sugar [flour] into another container. – **3.** *agr.* (*Korn*) stir, cast.

ˌum'schäu·men *v/t* ⟨*insep*, *no* -ge-, h⟩ (*Felsen*, *Riff etc*) foam (a)round.

'umˌschich·ten I *v/t* ⟨*sep*, -ge-, h⟩ **1.** repile, restack. – **2.** *fig.* (*nach Aufbau od. Struktur ändern*) regroup, rearrange, restructure. – **II** *v/reflex* sich ~ **3.** (*von Partei etc*) change in structure (*od.* structurally). – **III U~** *n* ⟨-s⟩ **4.** *verbal noun.*

'umˌschich·tig *adv* **1.** in turns, alternately. – **2.** *econ.* in shifts: ~ arbeiten to work in shifts.

'Umˌschich·tung *f* **1.** *cf.* Umschichten. – **2.** *fig.* regroupment, rearrangement: ~ des Vermögens *econ.* reapportionment of property; ~ von Investitionen *econ.* redirection of investments; ~ der Nachfrage *econ.* shifts *pl* in the demand structure (*od.* pattern); soziale ~ social upheaval, shifts *pl* in social structure.

'Umˌschich·tungs·proˌzeß *m sociol.* process of regroupment, shifts *pl* in social structure: gesellschaftlicher ~ process of social regroupment.

'umˌschie·ßen *v/t* ⟨*irr*, *sep*, -ge-, h⟩ **1.** j-n [etwas] ~ to shoot s.o. [s.th.] down. – **2.** *print.* (*eine Form*) reimpose.

ˌum'schif·fen[1] **I** *v/t* ⟨*insep*, *no* -ge-, h⟩ **1.** (*ein Kap*, *Riff etc*) double, round. – **2.** *fig.* (*Schwierigkeit*, *Hindernis etc*) circumvent, overcome: → Klippe 3. – **II U~** *n* ⟨-s⟩ **3.** *verbal noun.*

'umˌschif·fen[2] *mar.* **I** *v/t* ⟨*sep*, -ge-, h⟩ **1.** (*umladen*) transship, *auch* tranship. – **2.** (*weiterverschiffen*) reship. – **3.** (*Passagiere*) transfer. – **II U~** *n* ⟨-s⟩ **4.** *verbal noun.*

ˌUm'schif·fung[1] *f* ⟨-; -en⟩ **1.** *cf.* Umschiffen[1]. – **2.** *fig.* circumvention.

'Umˌschif·fung[2] *f* ⟨-; *no pl*⟩ *mar.* **1.** *cf.* Umschiffen[2]. – **2.** (*Umschlag*) transshipment, *auch* transhipment. – **3.** (*Weiterverschiffung*) reshipment. – **4.** (*von Passagieren*) transfer.

'Umˌschlag *m* ⟨-(e)s; ⸚e⟩ **1.** *cf.* Umschlagen. – **2.** (*Briefhülle*) envelope: im gefütterten [verschlossenen] ~ in a lined [closed *od.* sealed] envelope; einen ~ adressieren [zukleben] to address [to seal] an envelope. – **3.** (*Buchumschlag*) (book *od.* dust) jacket, (*aus Leder*, *Plastik*) cover. – **4.** (*Schutzhülle*) folder. – **5.** (*fashion*) a) (*am Ärmel*) cuff, b) (*am Hosenbein*) *bes. Br.* turn-up, *Am.* cuff, c) (*am Kleid*) hem. – **6.** ⟨*only sg*⟩ *fig.* (*der Stimmung*, *Gesinnung*, *Politik etc*) change. – **7.** ⟨*only sg*⟩ *econ.* a) (*von Gütern*, *Lagern*) (cargo) handling, turnover, b) (*bei Verkehrsträgern*) transloading, (*bes. auf Schiffen*) transshipment, *auch* transhipment, c) (*eines Hafens*) (amount of) traffic (*od.* goods *pl*) handled. – **8.** ⟨*only sg*⟩ *meteor.* (*des Wetters*) sudden change, turn, break. – **9.** *med.* a) (*als Kompresse*) compress, b) (*aus Brei*) poultice, cataplasm, c) (*warmer u. feuchter*) fomentation, stupe, d) (*nasser*) stupe, water dressing: einen heißen ~ machen (*od.* anlegen) to put on (*od.* apply) a hot fomentation (*od.* stupe); → kalt 10. – **10.** *tech.* (*beim Fräsen*, *Bohren*) shift. – **11.** ⟨*only sg*⟩ *mus.* (*der Stimme*) break, crack.

'Umˌschlag|ˌanˌla·ge *f mar.* transshipment (*auch* transhipment) facility. — **~ˌar·bei·ten** *pl* handling operations. — **~ˌbahnˌhof** *m cf.* Umladebahnhof. — **~ˌbild** *n* cover picture. — **~ˌbo·gen** *m* sheet of wrapping paper. — **~ˌboh·ren** *n tech.* shift drilling. — **~ˌdeckel** (*getr.* -k·k-) *m* cover. — **~ˌein·ˌrich·tun·gen** *pl mar.* transshipping (*auch* transhipping) facilities. — **~ˌei·sen** *n tech.* (*Schröter*) (blacksmith's) hardy.

'umˌschla·gen I *v/t* ⟨*irr*, *sep*, -ge-, h⟩ **1.** (*Blatt*, *Seite*) turn (over). – **2.** (*Kragen*) turn (*s.th.*) down. – **3.** (*Ärmel*, *Hose etc*) turn (*s.th.*) up. – **4.** (*Tuch*, *Schal*) wrap (*od.* put) (*s.th.*) (a)round (one *od.* one's shoulders). – **5.** (*Teppich*, *Decke etc*) fold (*s.th.*) over. – **6.** (*Bäume*, *Büsche etc*) fell, cut (*s.th.*) down. – **7.** (*Nagel etc*) bend, hammer (*s.th.*) crooked. – **8.** *econ.* a) (*Güter*, *Lager*) handle, turn (*s.th.*) over, b) (*von einem auf den anderen Verkehrsträger*) transload, (*bes. auf Schiffen*) transship, *auch* tranship. – **9.** *tech.* (*in der Klempnerei*) bend, fold. – **10.** *print.* (*Druckbogen*) work and turn. – **II** *v/i* ⟨sein⟩ **11.** (*von Wagen*, *Auto etc*) overturn, turn over. – **12.** *mar. cf.* kentern 1. – **13.** *meteor.* (*vom Wind*) change, veer, shift, chop about. – **14.** (*vom Wetter*) change, break. – **15.** *gastr.* (*von Wein*, *Bier*) turn sour. – **16.** *mus.* a) (*von Stimme*) break, crack, b) (*von Blasinstrumenten*) (*in einen Oberton*) (in *acc* to) fly off, (*in die Oktave*) jump. – **17.** *fig.* (*von Stimmung*, *Meinung etc*) change: ins Gegenteil ~ to change completely (*od.* to the contrary); ganz plötzlich ist die Stimmung umgeschlagen the mood changed all of a sudden; seine Stimmung schlägt rasch um (*er ist launisch*) his mood changes quickly, he is moody. – **III U~** *n* ⟨-s⟩ **18.** *verbal noun.* – **19.** Druckform zum U~ *print.* work-and-turn form. – **20.** *cf.* Umschlag 6—8, 11.

'Umˌschla·geˌtuch *n cf.* Umschlagtuch.

'Umˌschlag|geˌschwin·dig·keit *f econ.* **1.** rate (*od.* speed) of turnover. – **2.** handling speed, speed of transloading (*od.* transshipment, *auch* transhipment). — **~ˌha·fen** *m mar.* port of transshipment (*auch* transhipment). — **~ka·pa·ziˌtät** *f mar. econ.* handling capacity. — **~karˌton** *m print.* cover cardboard. — **~ˌko·sten** *pl* **1.** *mar.* a) handling charges, cost *sg* of loading and discharging, b) transshipment (*auch* transhipment) charges, cost *sg* of transshipment (*auch* transhipment) (*od.* transloading). – **2.** (*railway*) transfer charges. — **~ˌkra·gen** *m* (*fashion*) turndown (*od.* turnover) collar. — **~manˌschet·ten** *pl* turn-up (*Br.* turn-up) cuffs. — **~paˌpier** *n* wrapping paper. — **~ˌplatz** *m* **1.** *econ.* reloading point. – **2.** *mar.* a) place of transshipment (*auch* transhipment), b) (*zur Weiterverschiffung*) place of reshipment. — **~ˌsaum** *m* (*am Kleid etc*) double hem. — **~ˌsei·te** *f print.* **1.** (*äußere*) cover (*od.* front) page. – **2.** (*innere*) inner cover. — **~ˌstel·le** *f econ. mar. cf.* Umschlagplatz. — **~ˌtuch** *n* ⟨-(e)s; ⸚er⟩ shawl, wrap. — **~verˌkehr** *m econ. mar.* transfer, transit, transloading (*od.* transshipment, *auch* transhipment) activities *pl* (*od.* business). — **~ˌzeich·nung** *f* cover design. — **~ˌzeit** *f econ.* **1.** turnover time. – **2.** (*im Warentransport*) transit time.

ˌum'schlei·chen *v/t* ⟨*irr*, *insep*, *no* -ge-, h⟩ **1.** etwas [j-n] ~ to creep (*od.* prowl) (a)round s.th. [s.o.]. – **2.** j-n ~ *fig.* to hang around s.o.

ˌum'schlei·ern [-'ʃlaɪərn] *v/t* ⟨*insep*, *no* -ge-, h⟩ *rare for* verschleiern 4.

ˌum'schlie·ßen[1] **I** *v/t* ⟨*irr*, *insep*, *no* -ge-, h⟩ **1.** (*mit den Armen*) clasp, enfold: j-n mit den Armen ~ to clasp s.o. in one's arms, (*bes. von einem Kind*) to hug s.o. – **2.** (*mit den Händen*) clasp: die Hände des Mörders umschlossen den Hals des Opfers the murderer's hands clasped the victim's neck. – **3.** (*von Schmuckkette*, *Gürtel etc*) encircle, ring. – **4.** (*umgeben*) surround, enclose, encircle: eine Mauer [ein Zaun] umschließt den Garten a wall [fence] surrounds the garden, the garden is walled in [fenced in]. – **5.** *fig.* (*einschließen*, *beinhalten*) embrace, encompass, comprehend, include: die Erzählung umschließt den Zeitraum von der Pionierzeit bis zur Gegenwart the narrative encompasses the period from the pioneer days to the present. – **6.** *mil.* (*Lager*, *Festung etc*) a) invest, b) (*belagern*) besiege. – **7.** *tech.* encircle, surround. – **8.** *civ.eng.* enclose. – **9.** *print.* (*Kolumnen*) reimpose. – **10.** (*sport*) (*bes. beim Ringen*) hug. – **II U~** *n* ⟨-s⟩ **11.** *verbal noun.*

'umˌschlie·ßen[2] *v/i* ⟨*irr*, *sep*, -ge-, h⟩ turn the key.

ˌUm'schlie·ßung *f* ⟨-; *no pl*⟩ **1.** *cf.* Umschließen[1]. – **2.** enclosure, encirclement. – **3.** *mil.* a) (*einer Festung*) investment, b) (*Belagerung*) siege. – **4.** *tech.* embedment.

ˌum'schlin·gen[1] **I** *v/t* ⟨*irr*, *insep*, *no* -ge-, h⟩ **1.** etwas ~ (*von Efeu*, *Wein etc*) to twist (*od.* twine) (a)round s.th., to entwine s.th. – **2.** j-n ~ to clasp (*od.* embrace, hug) s.o.: mit beiden Armen umschlang er ihren Hals he clasped his arms around her neck, he clasped her neck in his arms. – **3.** (*beim Ringen*) lock, encircle. – **II U~** *n* ⟨-s⟩ **4.** *verbal noun.*

'umˌschlin·gen[2] *v/t* ⟨*irr*, *sep*, -ge-, h⟩ sich (*dat*) einen Schal [ein Tuch] ~ to wrap a shawl [a cloth] (a)round oneself.

ˌUm'schlin·gung *f* ⟨-; *rare* -en⟩ **1.** *cf.* Umschlingen[1]. – **2.** (*Umarmung*) embrace, hug.

ˌum'schlos·sen I *pp of* umschließen[1]. – **II** *adj* ~es Bauteil *civ.eng.* boundary structure.

ˌum'schlun·gen I *pp of* umschlingen[1]. – **II** *adj* **1.** ein leidenschaftlich ~es Liebespaar a pair of lovers clasped in each other's arms; sie hielten sich eng ~ they were locked in each other's arms. – **2.** ~e Naht *med.* figure-of-eight suture.

ˌum'schmei·cheln *v/t* ⟨*insep*, *no* -ge-, h⟩ j-n ~ a) to flatter (*od.* cajole) s.o., b) to caress s.o.

'umˌschmei·ßen *v/t u. v/i* ⟨*irr*, *sep*, -ge-, h⟩ *colloq. cf.* umwerfen.

'Umˌschmelz|beˌtrieb *m metall.* remelting foundry. — **~ˌei·sen** *n* remelt iron.

'umˌschmel·zen *metall.* **I** *v/t* ⟨*irr*, *sep*, -ge-, h⟩ **1.** remelt. – **2.** convert. – **II U~** *n* ⟨-s⟩ **3.** *verbal noun.* — **'Umˌschmel·zung** *f* ⟨-; *no pl*⟩ *cf.* Umschmelzen.

'umˌschmie·den *v/t* ⟨*sep*, -ge-, h⟩ reforge.

'Umˌschmiß *m* ⟨-sses; -sse⟩ *mus. colloq.* 'clinker' (*sl.*), *Am. sl.* 'boner'.

'umˌschnal·len *v/t* ⟨*sep*, -ge-, h⟩ (sich *dat*) etwas ~ (*Säbel*, *Koppel*, *Pistole etc*) to buckle s.th. on.

ˌum'schnü·ren *v/t* ⟨*insep*, *no* -ge-, h⟩ (*Paket etc*) **1.** cord. – **2.** (*verschnüren*) tie (*s.th.*) up.

'umˌschrei·ben[1] **I** *v/t* ⟨*irr*, *sep*, -ge-, h⟩ **1.** (*noch einmal schreiben*) rewrite, redraft: den ganzen Brief ~ to rewrite the whole letter. – **2.** (*Theaterstück etc*) rewrite. – **3.** (*abschreiben*) transcribe. – **4.** (*ändern*) alter, change: ein Ticket ~ to alter a ticket. – **5.** (*in eine andere Schriftart*) transliterate: Sanskrit in lateinische Schrift ~ to transliterate Sanskrit into roman letters. – **6.** *jur.* (auf j-n to s.o.) a) (*Besitz etc*) transfer, convey, b) (*Recht*) transfer: ich will das Haus auf seinen Namen ~ lassen I intend to have the house transferred to him (*od.* his name). – **7.** *econ.* (*Wertpapiere*) transfer, reregister, *Br.* re-register, register (*s.th.*) (in the name of a specified receiver). – **II U~** *n* ⟨-s⟩ **8.** *verbal noun.*

ˌum'schrei·ben[2] **I** *v/t* ⟨*irr*, *insep*, *no* -ge-, h⟩ **1.** (*mit Worten*) paraphrase, circumvent: dafür gibt es keine genaue Übersetzung, man kann es nur ~ there is no exact translation for it, it can only be paraphrased. – **2.** (*erläutern*, *umgrenzen*) describe, define, delineate: eine Aufgabe in wenigen Worten ~ to outline a task in a few words (*od.* briefly); ein neues Arbeitsgebiet ~ to define a new field of activity. – **3.** *math.* circumscribe: ein Dreieck mit einem Kreis ~ to circumscribe a triangle with a circle, to describe a circle around a triangle. – **4.** *ling.* a) circumlocute, b) construct (*s.th.*) periphrastically, expand, c) transcribe, (*in eine anderes Alphabet*) transliterate: eine Zeitform mit einem Hilfsverb ~ to construct a tense form with an auxiliary; ein Verb mit einem Hilfsverb ~ to expand a verb by an auxiliary. – **II U~** *n* ⟨-s⟩ **5.** *verbal noun.* – **6.** *cf.* Umschreibung[2].

ˌum'schrei·bend I *pres p of* umschreiben[2]. – **II** *adj* **1.** paraphrastic, *auch* paraphrastical. – **2.** (*beschreibend*) descriptive, definitive, delineative. – **3.** *ling.* periphrastic.

'Umˌschrei·bung[1] *f* ⟨-; -en⟩ **1.** *cf.* Umschreiben[1]. – **2.** ⟨*only sg*⟩ (*Kopieren*) transcription. – **3.** ⟨*only sg*⟩ (*in eine andere Schriftart*) transliteration. – **4.** *jur.* transfer, conveyance. – **5.** *econ.* (*von Wertpapieren*) transfer, (re)registration, *Br.* (re-)registration.

ˌUm'schrei·bung[2] *f* ⟨-; -en⟩ **1.** *cf.* Umschreiben[2]. – **2.** ⟨*only sg*⟩ (*mit Worten*) paraphrase, circumlocution. – **3.** (*Erläuterung*, *Umgrenzung*) description, delineation. – **4.** ⟨*only sg*⟩ *math.* (*in der Geometrie*) circumscription. – **5.** *ling.* a) circumlocution, b) periphrasis, c) transcription, (*in ein anderes Alphabet*) transliteration: die englische ~ mit ‚to do' anwenden to use the English periphrasis 'to do'.

'Umˌschrei·bungs·geˌbühr *f* alteration fee.

ˌum'schrie·ben I *pp of* umschreiben[2]. – **II** *adj* **1.** *math.* (*Kreis*) circumscribed. – **2.** *med.* (*lokalisiert*) localized *Br. auch* -s-, circumscribed, limited: ein genau ~es Ekzem a precisely localized eczema. – **3.** ~e Form (mit ‚to do') *ling.* expanded form (with the periphrasis 'to do').

'Umˌschrift[1] *f* ⟨-; -en⟩ **1.** (*geänderter Text*) new version, rewritten passage, rewrite. – **2.** *ling.* (*in Phonetik*) transcription: enge [weite] ~ narrow [broad] transcription.

'Umˌschrift[2] *f* ⟨-; -en⟩ *econ.* (*auf einer Münze etc*) legend, (marginal *od.* surrounding) inscription, *bes. Am.* epigraph.

'umˌschul·den *econ.* **I** *v/t* ⟨*sep*, -ge-, h⟩ **1.** (*Anleihen, Kredite etc*) convert, (re)fund, refinance. – **2.** (*Unternehmen*) change (*od.* modify) the terms of debt (*od.* indebtedness) of. – **II U~** *n* ⟨-s⟩ **3.** *verbal noun.* — **'Umˌschul·dung** *f* ⟨-; -en⟩ **1.** *cf.* Umschulden. – **2.** *econ.* conversion (of a debt): ~ landwirtschaftlicher Betriebe conversion of the terms of agricultural loans.

'Umˌschul·dungs·kreˌdit *m econ.* conversion credit.

'umˌschu·len I *v/t* ⟨*sep*, -ge-, h⟩ **1.** (*Schulkind*) (re)move (*od.* transfer) (*s.o.*) to another school. – **2.** *bes. pol.* reeducate, *Br.* re-educate. – **3.** (*Berufstätige, Piloten etc*) retrain, train (*s.o.*) on different lines: er wurde auf einen anderen Flugzeugtyp umgeschult he was retrained on a new type of aircraft. – **II** *v/i* **4.** ich muß ~ I must train for (*od.* I must learn) another profession. – **III U~** *n* ⟨-s⟩ **5.** *verbal noun.*

'Umˌschü·ler *m* retrainee.

'Umˌschu·lung *f* ⟨-; -en⟩ **1.** *cf.* Umschulen. – **2.** (*eines Schulkindes*) removal (*od.* transfer) to another school. – **3.** *bes. pol.* reeducation, *Br.* re-education. – **4.** (*eines Berufstätigen*) (vocational) retraining. – **5.** *mil. aer.* conversion (*od.* transition) training: ~ auf einen Zivilberuf training for a civilian profession.

'Umˌschu·lungs|ˌkurs, ~ˌkur·sus *m* (vocational) retraining course.

'umˌschüt·teln *v/t* ⟨*sep*, -ge-, h⟩ shake (*s.th.*) (up).

'umˌschüt·ten *v/t* ⟨*sep*, -ge-, h⟩ **1.** (*in ein anderes Gefäß*) pour (*s.th.*) (out) into another vessel, decant. – **2.** *colloq.* (*verschütten*) (*Flüssigkeit*) spill. – **3.** *colloq.* (*umwerfen*) (*Glas etc*) overturn, upset.

ˌum'schwär·men *v/t* ⟨*insep*, *no* -ge-, h⟩ **1.** etwas ~ (*von Bienen, Fliegen etc*) a) to swarm (a)round s.th., b) (*umsummen*) to buzz (a)round s.th. – **2.** j-n ~ *fig.* a) (*von Verehrern*) to swarm (a)round s.o., b) (*von Bettlern etc*) to swarm (*od.* crowd) (a)round s.o., to besiege s.o.: sie wird von vielen Jungen umschwärmt (the) boys simply swarm (a)round her. — **ˌum'schwärmt I** *pp.* – **II** *adj* surrounded by many adorers.

ˌum'schwe·ben *v/t* ⟨*insep*, *no* -ge-, h⟩ etwas ~ to hover (*od.* float) (a)round s.th.

'Umˌschwei·fe *pl* (*in Wendungen wie*) ohne ~ etwas sagen (*od.* erklären) to say s.th. straight out (*od.* plainly, bluntly, directly); mach keine (langen) ~ come (*od.* get) to the point, stop beating about the bush, don't give us such a rigmarole, stop mincing matters; etwas ohne ~ tun to do s.th. without further ado.

'umˌschwen·ken *v/i* ⟨*sep*, -ge-, h *u.* sein⟩ **1.** ⟨h *u.* sein⟩ *fig.* change one's mind (*od.* tune). – **2.** ⟨h *u.* sein⟩ *fig.* (*von Partei etc*) change (*od.* veer from) one's policy: die Partei schwenkte auf einen anderen Kurs um the party veered (*od.* changed) to another line of policy. – **3.** ⟨sein, *auch* h⟩ (*von Kran etc*) swing (*od.* wheel, veer) round. – **4.** ⟨sein⟩ *mil.* wheel about (*od.* round). – **5.** ⟨h⟩ (*vom Wind*) (von ... nach from ... to) veer round.

ˌum'schwir·ren *v/t* ⟨*insep*, *no* -ge-, h⟩ etwas ~ (*von Vögeln, Insekten etc*) to buzz (*od.* whiz[z]) (a)round s.th.

'Umˌschwung *m* **1.** reversal, change, turnabout, *Br.* turn-about, about-face: plötzlicher ~ sudden change (*od.* reversal), revulsion; plötzlich trat ein ~ ein there was a sudden change (*od.* reversal); ein ~ der öffentlichen Meinung [der allgemeinen Stimmung] a reversal in (the) public opinion [of the general mood]. – **2.** ~ des Glückes vicissitudes *pl*, turn of the tide. – **3.** (*Gefühlsumschwung*) sudden change (*od.* revulsion) of feelings. – **4.** *pol.* a) revolution, b) (*als Reaktion zum Vorhergegangenen*) backlash, c) (*zum alten System etc*) swingback: einen ~ herbeiführen to bring about a change. – **5.** *econ.* a) change, b) (*Rückschlag*) reaction. – **6.** (*paints*) (*der Farben*) change. – **7.** (*literature*) reversal. – **8.** (*sport*) (*beim Turnen*) circle: ~ nach vorn forward circle.

ˌum'se·geln *mar.* **I** *v/t* ⟨*insep*, *no* -ge-, h⟩ (*mit Segelschiff etc*) **1.** (*die Welt*) sail (a)round, circumnavigate. – **2.** (*Kap, Klippe etc*) double, round. – **II U~** *n* ⟨-s⟩ **3.** *verbal noun.* — **ˌUm'se·ge·lung** *f* ⟨-; -en⟩ **1.** *cf.* Umsegeln. – **2.** circumnavigation. — **ˌUm'seg·ler** *m* circumnavigator. — **ˌUm'seg·lung** *f* ⟨-; -en⟩ *cf.* Umsegelung.

'umˌse·hen I *v/reflex* ⟨*irr*, *sep*, -ge-, h⟩ sich ~ **1.** look (a)round: er sah sich unschlüssig um he looked around vaguely (*od.* undecidedly); er soll sich anderswo ~ *fig.* he should look around elsewhere. – **2.** look back (*od.* round): er ging, ohne sich umzusehen he left without looking back. – **3.** sich ~ in (*dat*) etwas a) (*im Kreis, in einem Land etc*) to (have a) look (a)round s.th., b) (*in einem Raum, Kaufhaus etc*) to (have a) look (a)round (*od.* about) s.th.: ich will mich heute in der Stadt ~, ob I want to look around (the) town today to see if; ich hab' mich mal in unserer Hauptstadt umgesehen I took a look around our capital; er hat sich viel in der Welt umgesehen he has seen a lot of the world; heute darfst du dich bei mir nicht ~ don't take too close a look (*od.* don't look too closely) at my place today. – **4.** sich ~ nach etwas to look (a)round for s.th.: er sah sich vergeblich nach einem Taxi um he looked (a)round in vain for a taxi; sie muß sich nach einer neuen Stelle ~ she has to look around for a new job; ich werde mich danach ~ I'll (have a) look around for that. – **5.** sich ~ nach j-m a) to look round (*od.* back) after (*od.* at) s.o., b) (*suchen*) to (have a) look (a)round for s.o., c) (*aus Neugierde*) to look round at s.o.: sich nach einer Frau ~ *fig.* to (have a) look (a)round for a wife. – **6.** ihr werdet euch noch ~ *fig.* you'll get a surprise or two. – **II U~** *n* ⟨-s⟩ **7.** *verbal noun*: im U~ in the twinkling of an eye, before you could say Jack Robinson, in a jiffy (*colloq.*).

'umˌsein *v/i* ⟨*irr*, *sep*, -ge-, sein⟩ *colloq.* (*zeitlich*) **1.** (*von Zeit, Vorstellung etc*) be over: meine Zeit ist um my time is up. – **2.** (*von Frist etc*) have expired.

'umˌsei·tig I *adj* ⟨*attrib*⟩ overleaf (*nachgestellt*): die ~e Abbildung the diagram (shown) overleaf. – **II** *adv* overleaf, on the next page.

'umˌseits *adv* (*officialese*) *for* umseitig II.

'umˌsetz·bar *adj econ.* **1.** (*marktgängig*) marketable, sal(e)able. – **2.** (*Währung*) convertible. – **3.** (*in Geld*) realizable *Br. auch* -s-.

'umˌset·zen I *v/t* ⟨*sep*, -ge-, h⟩ **1.** (*Pflanzen*) transplant, move, shift. – **2.** (*Schüler*) move, shift. – **3.** (*Waren*) sell, turn over, dispose of: es wurde wenig umgesetzt there was a small turnover, business was poor. – **4.** (*Nährstoffe*) assimilate. – **5.** etwas in (*acc*) etwas ~ a) (*umwandeln*) to turn (*od.* convert) s.th. into s.th., b) (*übertragen*) to translate s.th. into (*od.* reduce s.th. to) s.th.: etwas in bares Geld ~ to turn (*od.* convert) s.th. into cash, to realize (*Br. auch* -s-) s.th.; einen Plan in die Tat ~ to put (*od.* translate) a plan into action. – **6.** *print.* reset. – **7.** *ling.* transliterate. – **8.** *tech.* change over, reset. – **9.** *auto.* (*Räder*) interchange. – **10.** *math.* convert. – **11.** (*computer*) (*Daten*) convert, translate. – **12.** (*sport*) (*beim Gewichtheben*) clean. – **13.** etwas ~ in (*acc*) *chem.* to convert (*od.* transform) s.th. into. – **II** *v/reflex* sich ~ **14.** (*von Personen*) move, shift places. – **15.** *chem.* a) sich ~ in (*acc*) to be converted (*od.* transformed) into, b) sich ~ mit to react with. – **III U~** *n* ⟨-s⟩ **16.** *verbal noun.* – **17.** (*sport*) (*beim Gewichtheben*) clean.

'Umˌset·zer *m* **1.** *electr.* (frequency) converter (*od.* mixer). – **2.** (*radio*) *telev.* relay (transmitter), translator. – **3.** (*computer*) converter.

'Umˌset·zung *f* ⟨-; -en⟩ **1.** *cf.* Umsetzen. – **2.** *tech.* transposition, translation. – **3.** *math.* permutation. – **4.** *chem.* conversion, reaction, transformation. – **5.** *electr.* transformation, conversion.

'Umˌsichˌgrei·fen *n* spread(ing), rampancy.

'Umˌsicht *f* ⟨-; *no pl*⟩ circumspection, consideration, prudence, discretion: bei etwas große ~ beweisen to take account of everything in dealing with s.th.

'umˌsich·tig I *adj* circumspect(ive), considerate, prudent. – **II** *adv* ~ handeln to act prudently (*od.* with circumspection). — **'Umˌsich·tig·keit** *f* ⟨-; *no pl*⟩ *cf.* Umsicht.

'umˌsie·deln I *v/t* ⟨*sep*, -ge-, h⟩ (*Flüchtlinge*) (nach to) resettle, transplant, relocate. – **II** *v/i* ⟨sein⟩ (*umziehen*) move, remove: sie sind nach Berlin umgesiedelt they moved to (*od.* resettled in) Berlin. – **III U~** *n* ⟨-s⟩ *verbal noun.* — **'Umˌsie·de·lung** *f* ⟨-; -en⟩ *cf.* Umsiedlung. — **'Umˌsied·ler** *m* resettler, transplant. — **'Umˌsied·lung** *f* ⟨-; -en⟩ **1.** *cf.* Umsiedeln. – **2.** resettlement, transplantation, relocation: die ~ der Deutschen aus Polen the resettling of Germans from Poland in Germany. – **3.** (*Umzug*) move, removal.

'umˌsin·ken *v/i* ⟨*irr*, *sep*, -ge-, sein⟩ **1.** (*von Baum etc*) sink (to the ground). – **2.** ich könnte vor Müdigkeit ~ *fig.* I am ready to drop with fatigue, I am fit to drop. – **3.** (*ohnmächtig werden*) faint, swoon.

ˌum·so 'mehr [-zo], **ˌum·so'mehr** [-zo-] *adv Austrian* all the more.

ˌum'sonst I *adj* ⟨*pred*⟩ **1.** (*unentgeltlich*) free (of charge), gratis, gratuitous; for free, free gratis and for nothing (*colloq.*); → Tod 1. – **2.** (*vergeblich*) in vain, useless, futile, fruitless: unsere Bemühungen waren völlig ~ our efforts were completely in vain (*od.* a complete waste of time). – **II** *adv* **3.** (*unentgeltlich*) free (of charge), gratis, for nothing; for free, free gratis and for nothing (*colloq.*): er tut nichts ~ he doesn't do anything for nothing; das gibt es ~ you can have it for the asking; etwas fast ~ bekommen to get s.th. for a mere song (*od.* for next to nothing). – **4.** (*vergeblich*) in vain, to no avail (*od.* purpose). – **5.** nicht ~ (*ohne Grund*) not without (good) reason, not for nothing. – **6.** das hast du nicht ~ getan! *colloq. iron.* I'll get my own back on you for that! I'll pay you back for that!

ˌum'sor·gen *v/t* ⟨*insep*, *no* -ge-, h⟩ care for, look after.

'um·sorˌtie·ren *v/t* ⟨*sep*, *no* -ge-, h⟩ re-sort.

ˌum·so 'we·ni·ger, ˌum·so'we·ni·ger *adv Austrian* all the less.

ˌum'span·nen[1] *v/t* ⟨*insep*, *no* -ge-, h⟩ **1.** (*mit der Hand, dem Arm*) clasp: er umspannte ihre Taille mit seinem Arm he clasped her with his arm around the waist. – **2.** *fig.* (*räumlich*) comprise, cover, encompass, embrace: das Römische Reich umspannte den ganzen Mittelmeerraum the Roman Empire comprised (*od.* extended over) the entire Mediterranean region. – **3.** *fig.* (*zeitlich*) span: diese Entwicklung umspannt einen Zeitraum von vielen Jahren this development spans a period of many years.

'umˌspan·nen[2] I *v/t* ⟨*sep*, -ge-, h⟩ **1.** (*Pferde*) change. – **2.** *electr.* transform. – **3.** *tech.* (*Werkstück*) reclamp, reset, reload, relocate. – **II U~** *n* ⟨-s⟩ **4.** *verbal noun.*

'Umˌspan·ner *m electr.* transformer.

'Umˌspann|ˌlei·stung *f electr.* transformer power (*od.* capacity). — **~sta·tiˌon** *f* transformer station (*od.* plant).

'Umˌspan·nung *f* ⟨-; *no pl*⟩ **1.** *cf.* Umspannen[2]. – **2.** *electr.* transformation.

'UmˌspannˌWerk *n electr. cf.* Umspannstation.

ˌum'spie·len[1] I *v/t* ⟨*insep*, *no* -ge-, h⟩ **1.** *auch fig.* play (a)round: die Wellen umspielten das Boot the waves played (*od.* danced) (a)round the boat; ein spöttisches Lächeln umspielte seine Lippen *lit.* a mocking smile played (a)round (*od.* on) his lips. – **2.** (*sport*) (*beim Fußball etc*) dodge, dribble round. – **3.** *mus.* a) paraphrase, b) den Hauptton ~ to wind about the principal note (*bes. Am.* tone). – **II U~** *n* ⟨-s⟩ **4.** *verbal noun.*

'umˌspie·len[2] *v/t* ⟨*sep*, -ge-, h⟩ (*radio*) (*Aufnahme*) play (*s.th.*) back.

ˌUm'spie·lung *f* ⟨-; *no pl*⟩ **1.** *cf.* Umspielen[1]. – **2.** *mus.* a) paraphrase, b) ornamentation of a note (*bes. Am.* tone), c) ornamental variation of a theme (*od.* melody).

ˌ**Um'spie·lungs|ˌton** *m mus.* ornamental note (*bes. Am.* tone) winding about the principal note (*bes. Am.* tone). — **~va·ria·tiˌon** *f* ornamental variation.

ˌ**um'spin·nen** *v/t* ⟨*irr, insep, no* -ge-, h⟩ **1.** spin a web (right) round. – **2.** *fig.* ensnare, trap. – **3.** *mus.* (*Saite*) cover, wrap, gimp. – **4.** *tech.* (*Draht*) cover, braid.

'**umˌsprin·gen**[1] **I** *v/i* ⟨*irr, sep,* -ge-, sein⟩ **1.** (*vom Wind*) shift, change (suddenly): häufig ~ to baffle. – **2.** *mar.* (*von der Tide*) (be on the) turn. – **3.** (*sport*) (*beim Skilauf*) jump-turn. – **4.** mit etwas ~ *fig. colloq.* to handle (*od.* treat) s.th. roughly: wie der mit seinen Sachen umspringt! (you should see) how (*od.* the way) he handles his things! – **5.** mit j-m ~ *fig. colloq.* to treat (*od.* deal with) s.o. roughly: so kannst du nicht mit ihm ~! that's not the way to deal with him! – **II U~** *n* ⟨-s⟩ **6.** *verbal noun.* – **7.** (*des Windes*) shift.

ˌ**um'sprin·gen**[2] *v/t* ⟨*irr, insep, no* -ge-, h⟩ skip (*od.* leap, jump) (a)round.

'**Umˌsprung** *m* **1.** *mar.* (*der Tide*) turn. – **2.** (*sport*) (*beim Skilauf*) jump turn.

'**umˌspu·len** *v/t* ⟨*sep,* -ge-, h⟩ **1.** (*Tonband etc*) rewind. – **2.** (*Film*) rewind, reroll.

ˌ**um'spü·len** *v/t* ⟨*insep, no* -ge-, h⟩ *lit.* wash (a)round, bathe (*poet.*): die Wellen umspülten das Boot the waves washed (a)round the boat.

'**Umˌspu·ler** *m,* '**Umˌspulˌvorˌrich·tung** *f tech.* (*film*) rewinder.

'**Umˌstand** *m* **1.** (*Sachverhalt*) circumstance: ein [un]glücklicher ~ a [an un]fortunate circumstance; der ~, daß the circumstance (*od.* fact) that; Umstände, die zum Tode führten circumstances (*od.* factors) which led to death; nähere Umstände angeben to state the circumstances, to give (further) particulars (*od.* details); alle Umstände darlegen to go into (*od.* give full) details (*od.* particulars); mildernde Umstände geltend machen *jur.* to plead in mitigation, to plead mitigating circumstances; j-m mildernde Umstände zubilligen *jur.* to allow s.o. extenuating circumstances. – **2.** *pl* (*Lage, Verhältnisse*) circumstances, conditions: günstige Umstände favo(u)rable circumstances; unter verdächtigen Umständen under suspicious circumstances; unter diesen (*od.* den gegebenen) Umständen wäre das sicher das beste under (*od.* in) the circumstances (*od.* as matters stand) that would surely be (the) best; unter gewissen Umständen in certain circumstances; unter Umständen a) possibly, perhaps, potentially, b) (*notfalls*) if need be, should the need arise; unter allen Umständen at all events, in any case; unter keinen Umständen under no circumstances, on no (*od.* not on any) account; je nach den Umständen according to the circumstances, as the case may be (*colloq.*); es geht ihm den Umständen entsprechend gut he is as well as can be expected in the circumstances. – **3.** in anderen Umständen sein *colloq.* to be in the family way (*colloq.*), to be expecting. – **4.** Umstände machen a) (*von Sachen od. Personen*) to cause inconvenience (*od.* trouble), b) (*von Personen*) to be formal (*od.* ceremonious): mach (dir) meinetwegen keine Umstände don't put yourself out (*od.* don't [go to any] trouble) on my account; ohne viel Umstände a) (*ohne zu zögern*) without further ado, b) (*sachlich*) without ceremony, without making a fuss; mit j-m [etwas] nicht viel Umstände machen to make short work (*od.* shrift) of s.o. [s.th.].

'**umˌstän·de·ˌhal·ber** *adv* owing to circumstances.

'**umˌständ·lich** [-ˌʃtɛntlɪç] **I** *adj* **1.** (*verwickelt*) intricate, complicated, involved: eine ~e Arbeit intricate work. – **2.** (*unbequem*) troublesome: das ist mir viel zu ~ that's much (*od.* far) too much trouble (*od.* bother) (to *od.* for me). – **3.** (*weitschweifig*) long-winded, circuitous, roundabout, circular: eine ~e Erzählung a long-winded (*od.* long-drawn-out, *auch* long-drawn) narrative. – **4.** (*zu genau*) circumstantial, detailed, particular, minute: eine ~e Schilderung a circumstantial description. – **5.** (*förmlich*) ceremonious, formal. – **6.** (*schwerfällig*) ponderous, awkward, fussy: ein ~er Mensch a ponderous person; er ist so ~ he has such an awkward (*od.* a roundabout, a complicated) way of doing (*od.* going about) things; sei doch nicht so ~! don't be so awkward (*od.* fussy, pedantic). – **II** *adv* **7.** etwas ~ erzählen a) to give a long-winded (*od.* long-drawn-out, *auch* long-drawn) account of s.th., b) to narrate s.th. in great detail (*od.* at great length), to go into detail(s), to particularize *Br. auch* -s-; er macht alles immer so ~ he has such an awkward (*od.* a roundabout, a complicated) way of doing things. — '**Umˌständ·lich·keit** *f* ⟨-; *no pl*⟩ **1.** (*Weitschweifigkeit*) long-windedness, circuitousness, circuity, circularity. – **2.** (*übergroße Genauigkeit*) circumstantiality, detail(edness), particularity, minuteness. – **3.** (*Förmlichkeit*) ceremoniousness, formality. – **4.** (*Schwerfälligkeit*) ponderousness, ponderosity, awkwardness, fussiness, pedantry.

'**Umˌstands|ˌanˌga·be,** **~beˌstim·mung, ~erˌgän·zung** *f ling.* adverb(ial) modification (*od.* phrase, element, *auch* adjunct). — **u~ˌhal·ber** *adv cf.* umständehalber. — **~ˌka·sten** *m colloq. contempt. cf.* Umstandskrämer. — **~ˌkleid** *n* maternity dress (*od.* frock). — **~ˌklei·dung** *f* maternity wear (*od.* clothes *pl*). — **~ˌkrä·mer** *m, Austrian* **~ˌmei·er** *m colloq. contempt.* fusspot, *Am. auch* fussbudget (*beide colloq.*). — **~ˌsatz** *m ling.* adverb(ial) clause. — **~ˌwort** *n* adverb: ~ der Zeit temporal adverb; verbindendes ~ conjunctive adverb.

'**umˌstau·en** *v/t* ⟨*sep,* -ge-, h⟩ *mar.* **1.** shift. – **2.** (*umpacken*) restow: die Ladung ~ to shift the cargo.

ˌ**um'ste·chen**[1] *v/t* ⟨*irr, insep, no* -ge-, h⟩ **1.** stitch (*od.* sew) (right) round. – **2.** *med.* a) suture (*od.* secure) (*s.th.*) with a purse-string ligature, apply a suture-ligature to, b) undersew.

'**umˌste·chen**[2] *v/t* ⟨*irr, sep,* -ge-, h⟩ **1.** *hort.* (*Beet etc*) grub, dig (up), turn. – **2.** (*art*) (*beim Kupferstich*) cut (*od.* engrave) again, reengrave, *Br.* re-engrave. – **3.** (*Getreide umschaufeln*) turn (*s.th.*) (with a shovel).

'**umˌstecken** (*getr.* -k·k-) *v/t* ⟨*sep,* -ge-, h⟩ **1.** (*zum Kürzen*) pin (*s.th.*) up. – **2.** (*anders stecken*) repin. – **3.** *electr.* (*Stecker etc*) move, plug (*s.th.*) into a different socket. – **4.** *tech.* (*Wechselräder*) change.

ˌ**um'ste·hen**[1] *v/t* ⟨*irr, insep, no* -ge-, h⟩ stand round, surround.

'**umˌste·hen**[2] *v/i* ⟨*irr, sep,* -ge-, sein⟩ (*von Baum*) lean to one side.

'**umˌste·hend I** *pres p of* umstehen[2]. – **II** *adj* ⟨*attrib*⟩ **1.** (*Seite*) next. – **2.** (*Text*) printed overleaf, on the next page. – **3.** (*Menschen*) standing (a)round, onlooking: die ~en Leute the people standing (a)round, the bystanders, the onlookers. – **III** *adv* **4.** overleaf: wie ~ a) as stated overleaf, b) *econ.* as booked overleaf. — '**Umˌste·hen·de** *pl* bystanders, onlookers.

'**Umˌstei·ge·ˌkar·te** *f* transfer (ticket).

'**umˌstei·gen** *v/i* ⟨*irr, sep,* -ge-, sein⟩ (in *acc* to; in [*einem Ort*] in, at; nach for) change: in einen Bus ~ to change (*od.* transfer) to a bus; in einen anderen Bus [Zug] ~ to change buses [trains]; nach Paris [in Nürnberg] ~ to change for Paris [at Nuremberg]; alles ~! all change! *Am.* all out!

'**Umˌstei·ger** *m colloq. for* Umsteigekarte.

'**Umˌstei·ge·sta·tiˌon** *f* (*der U-Bahn*) interchange (*Am.* transfer) station.

'**Umˌsteigˌkar·te** *f cf.* Umsteigekarte.

ˌ**um'stel·len**[1] *bes. mil.* **I** *v/t* ⟨*insep, no* -ge-, h⟩ (*umzingeln*) surround. – **II U~** *n* ⟨-s⟩ *verbal noun.*

'**umˌstel·len**[2] **I** *v/t* ⟨*sep,* -ge-, h⟩ **1.** (*anders stellen*) rearrange, change (*bes. Am.* shift) (*s.th.*) (a)round. – **2.** (*in Reihenfolge austauschen*) turn (*bes. Am.* switch) (*s.th.*) round. – **3.** *ling.* a) (*Wörter*) transpose, b) (*Subjekt u. Prädikat*) invert, c) (*Satz*) recast. – **4.** *fig.* (*anders ausrichten*) (auf *acc* to) convert: einen Betrieb ~ to convert an enterprise; eine Fabrik auf Maschinenbetrieb ~ to mechanize (*Br. auch* -s-) a factory; wieder ~ (*auf Friedensproduktion, den früher verwendeten Brennstoff etc*) to reconvert. – **5.** *econ.* a) (*Produktion etc*) (auf *acc* to) switch, b) (*Versorgungssätze etc*) recalculate, c) (*Kosten*) convert: die Produktion auf Konsumgüter ~ to switch production (*od.* to switch over) to consumer goods. – **6.** *tech.* a) (*Arbeitsweise etc*) (auf *acc* to) change (over), b) (*Maschine*) reset, c) (*Schneidzeuganordnung auf der Maschine*) retool. – **7.** *math.* transpose. – **8.** (*sport*) (*Mannschaft*) reshuffle. – **9.** *med.* (*Diät eines Patienten*) (auf *acc* to) change. – **II** *v/reflex* sich ~ **10.** accustom oneself to new conditions, change one's attitude. – **11.** (auf *acc* to) adapt (*od.* readjust, accommodate) (oneself). – **III U~** *n* ⟨-s⟩ **12.** *verbal noun.*

'**Umˌstellˌhe·bel** *m tech.* reversing lever.

ˌ**Um'stel·lung**[1] *f* ⟨-; -en⟩ *cf.* Umstellen[1].

'**Umˌstel·lung**[2] *f* ⟨-; -en⟩ **1.** *cf.* Umstellen[2]. – **2.** *fig.* (auf *acc* to) adaptation, readjustment, accommodation. – **3.** *fig.* (*Veränderung*) change: die ~ war zu groß für ihn the change was too great for him. – **4.** *fig.* (*eines Betriebes, einer Maschine etc*) (auf *acc* to) conversion, changeover. – **5.** *ling.* a) (*von Wörtern*) transposition, b) (*von Subjekt u. Prädikat*) inversion. – **6.** *med.* (auf *acc* to) changeover. – **7.** *econ.* (auf *acc* to) switch, conversion, transformation. – **8.** *tech.* a) (auf *acc* to) changeover, b) rearrangement, c) (*eines Hebels*) shifting, d) (*der Schneidwerkzeuge*) retooling, resetting.

'**Umˌstel·lungs|kreˌdit** *m econ.* reorganization (*Br. auch* -s-) (*od.* reequipment, *Br.* re-equipment) loan. — **~ˌrech·nung** *f* conversion account (*od.* sheet).

'**umˌsteu·er·bar** *adj tech.* reversible: nicht ~ irreversible; direkt ~er Motor direct reversible engine.

'**Umˌsteu·er|geˌtrie·be** *n tech.* reversing gear. — **~ˌhe·bel** *m* **1.** reversing (*od.* reverse) lever (*od.* handle). – **2.** (*für eine Kupplung*) clutch lever.

ˌ**um'steu·ern**[1] *v/t* ⟨*insep, no* -ge-, h⟩ steer round, steer clear of.

'**umˌsteu·ern**[2] *electr. tech.* **I** *v/t* ⟨*sep,* -ge-, h⟩ reverse. – **II U~** *n* ⟨-s⟩ *verbal noun.*

'**Umˌsteue·rung** *f* ⟨-; -en⟩ *tech.* **1.** *cf.* Umsteuern[2]. – **2.** (*Einrichtung*) reversing gear (*od.* mechanism). – **3.** (*Vorgang*) reversal (operation), reversion, reverse. – **4.** (*computer*) transfer of control.

'**Umˌsteue·rungs|ˌhe·bel** *m tech. cf.* Umsteuerhebel. — **~syˌstem** *n mar.* reversing gear.

'**Umˌsteu·erˌwel·le** *f tech.* reversing shaft, weightshaft.

'**Umˌsteu·rung** *f* ⟨-; -en⟩ *tech. cf.* Umsteuerung.

'**umˌstim·men** *v/t* ⟨*sep,* -ge-, h⟩ **1.** (*Musikinstrument*) retune, tune (*s.th.*) to another pitch, change the tuning of. – **2.** j-n ~ *fig.* to talk (*od.* bring, win) s.o. round, to change s.o.'s (*od.* make s.o. change his) mind: er läßt sich nicht leicht ~ he does not give in easily, he is difficult to move (*od.* convince, persuade).

'**umˌsto·ßen I** *v/t* ⟨*irr, sep,* -ge-, h⟩ **1.** (*Dinge*) overturn, overthrow. – **2.** (*Menschen*) knock (*s.o.*) over (*od.* down). – **3.** *jur.* (*Urteil etc*) reverse, overrule, annul, set aside, disaffirm. – **4.** *fig.* (*Entschluß, Prinzipien etc*) reverse, change. – **5.** *fig. cf.* umwerfen 7. – **6.** *fig.* (*Testament*) change. – **7.** *fig.* (*Befehl*) countermand. – **II U~** *n* ⟨-s⟩ **8.** *verbal noun.* – '**Umˌsto·ßung** *f* ⟨-; *no pl*⟩ **1.** *cf.* Umstoßen. – **2.** *jur.* (*eines Urteils etc*) reversal, annulment, disaffirmance, disaffirmation. – **3.** *fig.* (*eines Entschlusses etc*) reversal, change. – **4.** *fig.* (*eines Plans, Testaments etc*) change.

ˌ**um'strah·len** *v/t* ⟨*insep, no* -ge-, h⟩ irradiate, surround (*s.th.*) with (*od.* bathe [*s.th.*] in) light. — ˌ**um'strahlt I** *pp.* – **II** *adj* von Licht ~ surrounded with (*od.* bathed in) light, irradiate.

ˌ**um'stricken**[1] (*getr.* -k·k-) **I** *v/t* ⟨*insep, no* -ge-, h⟩ *fig.* (*umgarnen*) (en)snare, entangle, benet. – **II U~** *n* ⟨-s⟩ *verbal noun.*

'**umˌstricken**[2] (*getr.* -k·k-) *v/t* ⟨*sep,* -ge-, h⟩ reknit.

ˌ**Um'strickung** (*getr.* -k·k-) *f* ⟨-; -en⟩ *fig.* **1.** *cf.* Umstricken[1]. – **2.** entanglement.

ˌ**um'strit·ten** *adj* **1.** (*umkämpft*) contested. – **2.** *fig.* (*nicht gesichert*) disputed, contested: die Herkunft dieses Wortes ist (nach wie vor) ~ the derivation of this word is (still) disputed. – **3.** *fig.* (*diskutiert*) debatable, controversial: diese Frage ist ~ this is a debatable (*od.* moot) point, this is a controversial (*od.* an open) question; eine ~e Frage a vexed question.

ˌ**um'strö·men** *v/t* ⟨*insep, no* -ge-, h⟩ **1.** (*von fließenden Gewässern*) surge (*od.* flow) (a)round. – **2.** (*vom Meer*) lash (*od.* surge) (a)round, wash. – **3.** *fig.* stream (*od.* surge) past.

'um·struk·tuˌrie·ren I *v/t* ⟨*sep, no* -ge-, h⟩ restructure. – **II U~** *n* ⟨-s⟩ *verbal noun.* — **'Um·struk·tuˌrie·rung** *f* ⟨-; -en⟩ **1.** *cf.* Umstrukturieren. – **2.** (*Ergebnis*) new structure. – **3.** change in pattern.

'umˌstu·fen *v/t* ⟨*sep,* -ge-, h⟩ reclassify, *Br.* re-classify, regrade, *Br.* re-grade.

'umˌstülp·bar *adj med.* eversible.

ˌum'stül·pen¹ *v/t* ⟨*insep, no* -ge-, h⟩ *print.* tumble, turn (*s.th.*) crosswise.

'umˌstül·pen² **I** *v/t* ⟨*sep,* -ge-, h⟩ **1.** (*Gefäß*) turn (*s.th.*) upside down (*od. colloq.* the other way up), upend, invert. – **2.** (*Hut, Tasche etc*) turn (*s.th.*) inside out, turn out: ich habe meine Hosentasche umgestülpt, aber den Schlüssel immer noch nicht gefunden I turned my trouser pocket inside out, but I still have not found the key; der Wind hat den Schirm umgestülpt the wind has turned the umbrella inside out. – **3.** (*umkrempeln*) turn up: zum Abspülen mußt du dir die Ärmel ~ when you wash up you must turn up your sleeves. – **4.** *med.* a) invert, b) (*nach außen*) evert, c) (*Lid*) ectropionize. – **5.** (*in der Lexikographie*) reverse. – **II** *v/reflex* sich ~ **6.** (*von Regenschirm etc*) turn (*od.* blow) inside out. – **III U~** *n* ⟨-s⟩ **7.** *verbal noun.*

'Umˌstül·pung *f* ⟨-; -en⟩ **1.** *cf.* Umstülpen². – **2.** *med.* a) inversion, b) (*nach außen*) eversion, c) (*des Lids*) ectropion: angeborene ~ extroversion. – **3.** (*in der Lexikographie*) reversion.

ˌum'stür·men *v/t* ⟨*insep, no* -ge-, h⟩ *lit.* storm (*od.* rage) (a)round.

'Umˌsturz *m* ⟨-es; -stürze⟩ *pol.* overthrow, subversion, bouleversement, overturn: ~ der Verfassung subversion of the constitution; politischer ~ revolution, cataclysm; einen ~ planen (*od.* vorbereiten) to prepare (*od.* plot) an overthrow (*od.* a take-over, a putsch); ein gewaltsamer ~ an overthrow by force. — **~beˌstre·bun·gen** *pl* subversive (*od.* subversionary, revolutionary) tendencies. — **~beˌwe·gung** *f* subversive (*od.* subversionary, revolutionary) movement.

'umˌstür·zen I *v/t* ⟨*sep,* -ge-, h⟩ **1.** (*zu Boden stürzen*) overturn, overthrow, knock (*od.* topple) (*s.th.*) over (*od.* down). – **2.** (*Eimer etc*) upset, knock (*od.* topple) (*s.th.*) over, overturn. – **3.** (*Form*) invert, turn (*s.th.*) upside down. – **4.** *fig.* (*Pläne etc*) *cf.* umwerfen 7. – **5.** *fig.* (*ins Gegenteil verkehren*) reverse. – **6.** *fig.* (*gewaltsam ändern od. beseitigen*) subvert: die Gesellschaftsordnung ~ to subvert the social order. – **II** *v/i* ⟨sein⟩ **7.** (*von Turm etc*) tumble, fall down (*od.* over). – **8.** (*von Bäumen*) fall (down), come down. – **9.** (*von Wagen*) overturn, turn over, overset. – **10.** (*von Boot*) *cf.* kentern 1. – **III U~** *n* ⟨-s⟩ **11.** *verbal noun.* – **12.** *fig.* (*gewaltsame Änderung od. Beseitigung*) subversion.

'Umˌsturzˌleh·ren *pl pol.* subversive (*od.* revolutionary) doctrines.

'Umˌstürz·ler *m* ⟨-s; -⟩ *pol.* **1.** rebel, revolutionary, revolutionist, subverter. – **2.** anarchist. — **'umˌstürz·le·risch** *adj* **1.** revolutionary, subversive, subversionary. – **2.** anarchistic.

'Umˌsturz|parˌtei *f pol.* revolutionary party, party of subversion. — **~verˌsuch** *m* subversive attempt, attempted putsch.

'Umˌsud *m brew.* distillate.

ˌum'sum·men *v/t* ⟨*insep, no* -ge-, h⟩ buzz (*od.* hum) (a)round.

ˌum'tan·zen *v/t* ⟨*insep, no* -ge-, h⟩ dance (a)round.

'umˌtau·fen *v/t* ⟨*sep,* -ge-, h⟩ **1.** (*umbenennen*) rename, rechristen, change the name of. – **2.** *relig.* rebaptize *Br. auch* -s-, rechristen. – **3.** sich ~ lassen *colloq.* to change one's religion (*od.* faith).

'Umˌtausch *m* ⟨-es; *rare* -e⟩ *econ.* **1.** (*von gekauften Gegenständen*) exchange: diese Waren sind vom ~ ausgeschlossen these goods will not be exchanged (*od.* are not exchangeable); ~ nicht gestattet no goods exchanged; zwecks ~ for the purpose of exchange. – **2.** (*von Geld*) exchange, conversion. – **3.** (*von Wertpapieren*) conversion: ~ zum Nennwert conversion at face value.

'umˌtausch·bar *adj econ.* **1.** (*Gegenstände*) exchangeable. – **2.** (*Wertpapiere*) convertible. — **'Umˌtausch·bar·keit** *f* ⟨-; *no pl*⟩ **1.** exchangeability. – **2.** (*von Wertpapieren*) convertibility.

'umˌtau·schen *v/t* ⟨*sep,* -ge-, h⟩ *econ.* **1.** (*gekaufte Gegenstände*) (gegen for) exchange. – **2.** (*Geld*) (in *acc,* gegen) exchange (for), convert (into). – **3.** (*Wertpapiere*) (gegen into) convert.

'Umˌtausch|ˌfrist *f econ.* exchange term. — **~ˌrecht** *n* **1.** right to exchange. – **2.** (*bei Wertpapieren*) conversion right. — **~ˌstel·le** *f* exchange office (*od.* counter, department).

ˌum'to·ben *v/t* ⟨*insep, no* -ge-, h⟩ rage (*od.* rave, storm) (a)round.

'umˌtop·fen [-ˌtœpfən] *v/t* ⟨*sep,* -ge-, h⟩ (*Pflanzen, Blumen*) repot.

ˌum'to·sen *v/t* ⟨*insep, no* -ge-, h⟩ beat. — **ˌum'tost I** *pp.* – **II** *adj* von Wind und Wellen ~ beaten by the wind and the waves.

'umˌtrei·ben I *v/t* ⟨*irr, sep,* -ge-, h⟩ j-n ~ *fig.* to worry (*od.* bother) s.o., to be on s.o.'s mind: sein schlechtes Gewissen treibt ihn um his guilty conscience is bothering (*od.* disturbing) him (*od.* is making him restless). – **II** *v/i Southern G. colloq.* be noisy.

'umˌtre·ten I *v/i* ⟨*irr, sep,* -ge-, sein⟩ **1.** (*sport*) (*beim Skilauf*) step-turn. – **II U~** *n* ⟨-s⟩ **2.** *verbal noun.* – **3.** (*sport*) step turn.

'Umˌtrieb *m* **1.** *pl fig.* machinations, intrigues, (subversive) activities, practices, stratagems, engineering *sg* (*colloq.*): feindliche ~e inimical (*od.* enemy) intrigues. – **2.** *fig. colloq.* activity, bustle. – **3.** (*forestry*) rotation, cutting cycle. – **4.** (*mining*) bypass.

'Umˌtrunk *m* (sociable) drink: einen ~ halten to have a drink (all round).

'umˌtun I *v/t* ⟨*irr, sep,* -ge-, h⟩ *colloq.* **1.** (*umlegen*) put on: ich tat ihr den Mantel um I put her coat (a)round her shoulders. – **II** *v/reflex* sich ~ **2.** (be)stir oneself. – **3.** sich nach etwas [j-m] ~ to look out (*od.* [a]round) for s.th. [s.o.]: sich nach (einer) Arbeit ~ to look out for a job.

ˌum'wach·sen¹ *v/t* ⟨*irr, insep, no* -ge-, h⟩ grow (a)round, overgrow, entwine, *auch* intwine.

'umˌwach·sen² **I** *v/t* ⟨*sep,* -ge-, h⟩ (*sport*) (*Langlaufski etc*) change the wax on. – **II** *v/i* change the wax.

ˌum'wach·sen³ **I** *pp of* umwachsen¹. – **II** *adj* ein von Efeu ~er Baum an ivy-covered tree, a tree entwined (*auch* intwined) with ivy.

ˌum'wal·len *v/t* ⟨*insep, no* -ge-, h⟩ **1.** *mil.* (*Festung etc*) rampart, wall (in), circumvallate. – **2.** Nebelschwaden ~ die Berggipfel *fig. poet.* clouds of mist cloak (*od.* envelop, *auch* envelope) the mountain peaks. – **3.** *lit.* (*in Wendungen wie*) goldenes Haar umwallte ihre Stirn her golden hair fell in waves (a)round her brow. — **ˌUm'wal·lung** *f* ⟨-; -en⟩ *mil.* circumvallation, enceinte.

'Umˌwälz|ˌanˌla·ge *f civ.eng.* **1.** circulation equipment. – **2.** *cf.* Umwälzbecken. — **~ˌbecken** (*getr.* -k·k-) *n* spiral flow tank.

'umˌwäl·zen I *v/t* ⟨*sep,* -ge-, h⟩ **1.** (*Stein*) heave (*od.* roll) (*s.th.*) over. – **2.** *tech.* (*Wasser*) circulate. – **3.** *fig.* (*Ideen, Lebensgewohnheiten*) revolutionize *Br. auch* -s-. – **II** *v/reflex* sich ~ **4.** heave (*od.* roll) over. – **III U~** *n* ⟨-s⟩ **5.** *verbal noun.* — **'umˌwäl·zend I** *pres p.* – **II** *adj fig.* (*Erfindung, Ereignis, Idee etc*) revolutionary, epochal, epoch-making, cataclysmic, cataclysmal.

'Umˌwälzˌpumˌpe *f tech.* (*für Heizung etc*) circulation pump.

'Umˌwäl·zung *f* ⟨-; -en⟩ **1.** *cf.* Umwälzen. – **2.** (*grundlegende Änderung*) radical change: auf diesem Gebiet haben sich gewaltige ~en vollzogen there has been a tremendous upheaval in this sector (*od.* field). – **3.** *sociol.* upheaval, radical change, cataclysm: das 19. Jahrhundert ist ein Zeitalter sozialer ~en the 19th century is an era of social upheavals. – **4.** *pol.* upheaval, revolution(ary change).

'umˌwan·del·bar *adj* **1.** (*verwandelbar*) transformable, transmutable. – **2.** (*für Zweckbestimmungsänderung*) convertible. – **3.** *econ.* a) (*Anleihe, Vermögenswert etc*) convertible, b) (*Gesellschaft etc*) transformable. – **4.** *jur.* (*bes. Strafe*) commutable. – **5.** *electr. math. phys.* transformable. – **6.** *nucl.* transmutable. – **7.** *chem.* introconvertible. — **'Umˌwan·del·bar·keit** *f* ⟨-; *no pl*⟩ **1.** transformability, transmutability. – **2.** convertibility. – **3.** *econ.* a) (*einer Anleihe etc*) convertibility, b) (*einer Gesellschaft etc*) transformability. – **4.** *jur.* (*einer Strafe*) commutability. – **5.** *electr. math. phys.* transformability. – **6.** *nucl.* transmutability. – **7.** *chem.* introconvertibility.

'umˌwan·deln¹ **I** *v/t* ⟨*sep,* -ge-, h⟩ **1.** (*in Form, Aussehen, Wesen etc ändern*) (in *acc* into) transform, turn, transmute, convert, metamorphose. – **2.** (*in der Zweckbestimmung ändern*) (in *acc* into) convert, turn: Handelsschiffe in Kriegsschiffe ~ to convert merchant ships into warships. – **3.** *econ.* (in *acc* into) a) convert, b) transform: eine Anleihe ~ to convert a loan; eine Kapitalgesellschaft in eine Personalgesellschaft ~ to transform (*od.* convert) a joint-stock company into a partnership. – **4.** *jur.* (in *acc* into) (*mildernd*) commute: eine Freiheitsstrafe in eine Geldstrafe ~ to commute a prison sentence into a fine. – **5.** *phys.* transform, transmute. – **6.** *nucl.* transmute. – **7.** *tech.* modify. – **8.** *electr.* a) transform, b) convert: Gleichstrom in Wechselstrom ~ to transform direct current into alternating current. – **9.** *chem.* convert, transform. – **10.** *biol. chem.* metabolize. – **11.** *relig.* transubstantiate. – **12.** *med. zo.* transform, assimilate. – **13.** (*games*) (*beim Schachspiel*) promote. – **II U~** *n* ⟨-s⟩ **14.** *verbal noun.*

ˌum'wan·deln² *v/t* ⟨*insep, no* -ge-, h⟩ etwas ~ *poet.* to walk (a)round s.th.

'Umˌwan·de·lung *f* ⟨-; -en⟩ *cf.* Umwandlung.

'Umˌwand·ler *m* ⟨-s; -⟩ **1.** *electr.* a) (*Umformer*) converter, convertor, b) (*Meßwertwandler*) transducer. – **2.** (*computer*) a) conversion unit, b) (*in Datenverarbeitung*) modifier, converter.

'Umˌwand·lung *f* ⟨-; -en⟩ **1.** *cf.* Umwandeln¹. – **2.** (*Änderung in Form, Aussehen, Wesen etc*) (in *acc* into) transformation, transmutation, conversion, metamorphosis. – **3.** (*Änderung der Zweckbestimmung*) (in *acc* into) conversion: ~ von Handelsschiffen in Kriegsschiffe conversion of merchant ships into warships. – **4.** *econ.* (in *acc* into) a) conversion, b) transformation: ~ einer Anleihe conversion of a loan; ~ einer Gesellschaft transformation of a company. – **5.** *jur.* (in *acc* into) commutation: ~ einer Strafe commutation of (a) sentence (*od.* penalty). – **6.** *phys.* transformation, transmutation: die ~ von Masse in Energie the transmutation of mass into energy. – **7.** *electr.* a) transformation, b) conversion. – **8.** *tech. mil. math.* conversion. – **9.** *chem.* conversion, transformation, transmutation. – **10.** *biol.* metamorphosis, transmutation. – **11.** *med. zo.* transformation, assimilation. – **12.** (*games*) (*beim Schachspiel*) promotion. – **13.** (*computer*) assembly.

'Umˌwand·lungs|ˌanˌla·ge *f nucl.* converter reactor. — **~eˌnerˌgie** *f phys.* energy of transmutation. — **u~ˌfä·hig** *adj cf.* umwandelbar. — **~ˌkonˌstan·te** *f astr.* constant of transformation. — **~ˌproˌdukt** *n* conversion product. — **~ˌproˌzeß** *m* process of change (*od.* transformation), metamorphosis. — **~ˌpunkt** *m phys.* critical (transformation) point. — **~ˌtaˌbel·le** *f* conversion table. — **~ˌtem·pe·raˌtur** *f* **1.** *phys.* transmutation point. – **2.** *metall.* transformation (*od.* equilibrium) temperature, *auch* critical temperature. — **~verˌfah·ren** *n* process of conversion. — **~verˌhält·nis** *n* degree of transformation. — **~ˌwär·me** *f metall.* (critical) heat, heat of transformation.

'umˌwech·seln I *v/t* ⟨*sep,* -ge-, h⟩ **1.** *econ.* a) (*Geld*) change, b) (*Währungen*) exchange. – **2.** (*Reifen*) change (*s.th.*) round. – **II U~** *n* ⟨-s⟩ **3.** *verbal noun.* — **'Umˌwechs·lung** *f* ⟨-; *no pl*⟩ **1.** *cf.* Umwechseln. – **2.** exchange.

'Umˌwechs·lungsˌkurs *m econ.* rate of exchange.

'Umˌweg *m* **1.** detour, *Br. auch* détour, circuit(ous route), roundabout (way): einen ~ machen to make a detour, to go (*od.*take) a roundabout way, to take a circuitous route; auf ~en by a roundabout (*od.* circuitous) route, by circuits. – **2.** (*längere Zeit od. Entfernung*) detour, *Br. auch* détour: es ist nur ein ~ von fünf Kilometern [Minuten] it is only a detour of five kilometers [minutes], it is only five kilometers [minutes] out of the way. – **3.** *fig.* roundabout (*od.* circuitous, indirect) way: auf ~en in a roundabout (*od.* circuitous) way, by devious (*od.* indirect) means; etwas auf

~en zu erreichen suchen to try to achieve s.th. by devious ways and means; **etwas auf ~en erfahren** to learn s.th. in a roundabout way (*od.* indirectly); **er ging ohne ~e auf sein Ziel los** he went (*od.* aimed) straight for his goal. — **~ˌhand·lung** *f psych.* detour action. — **~ˌlen·kung, ~ˌsteue·rung** *f* (*computer*) (*einer Nachricht*) alternate routing.

ˌumˈwe·hen[1] *v/t* ⟨*insep, no* -ge-, h⟩ blow (a)round: **sanft ~** to waft (a)round, to fan.

ˈumˌwe·hen[2] *v/t* ⟨*sep,* -ge-, h⟩ blow (*s.th.*) over (*od.* down).

ˈUmˌwelt *f* ⟨-; *no pl*⟩ **1.** *auch biol.* (*eines Lebewesens*) environment, (*Umgebung*) surroundings *pl*: **eine fremde [gewohnte] ~** a strange (*od.* an unfamiliar) [a familiar] environment; **sich seiner ~ anpassen** to adapt to one's environment; **jeder ist den Einflüssen seiner ~ ausgesetzt** everyone is influenced by his environment. – **2.** *sociol.* milieu. — **u~beˌdingt** *adj* environmental, due to environmental factors. — **~beˌdin·gun·gen** *pl* environmental conditions. — **~beˌob·ach·tungs·sa·telˌlit** *m* (*space*) environmental monitoring satellite. — **~ˌein·ˌfluß** *m* environmental influence. — **~erˌhal·tung** *f* environmental preservation. — **~ˌfak·tor** *m psych.* environmental factor. — **u~ˌfeind·lich** *adj* ecologically harmful (*od.* noxious). — **~ˌfor·schung** *f* **1.** environmental research. – **2.** *bes. med.* study of environmental relations, ecology. — **u~ˌfreund·lich** *adj* ecologically beneficial. — **~geˌfahr** *f* ecological (*od.* environmental) hazard. — **u~geˌschä·digt** *adj* impaired by environmental influences. — **u~geˌstört** *adj sociol.* maladjusted. — **~hy·gie·ne** [-hyˌgieːnə] *f* environmental sanitation. — **~ka·pa·ziˌtät** *f zo.* environmental (*od.* carrying) capacity. — **~ˌkri·se** *f* environmental crisis. — **~ˌleh·re** *f* ecology, mesology. — **~me·diˌzin** *f* environmental medicine. — **~ˌpla·nung** *f* environmental planning. — **~po·liˌtik** *f* environ-politics *pl* (*construed as sg or pl*). — **~proˌblem** *n* environmental problem. — **~psy·cho·loˌgie** *f* environmental psychology. — **~ˌscha·den** *m* impairment caused by environmental influences. — **~ˌschutz** *m* environmental control, preservation of the environment, environment protection. — **~ˌschutz·beˌwe·gung** *f* ecology movement, environmentalism. — **~ˌschüt·zer** *m* environmentalist. — **~ˌschutz·geˌsetz** *n jur.* environmental law. — **~ˌschutzˌvorˌschrif·ten** *pl* environmental standards. — **~tech·no·loˌgie** *f* pollution-control (*od.* environmental) technology. — **~verˌän·de·rung** *f* environmental change. — **u~verˌschmut·zend** *adj* pollutive. — **~verˌschmut·zer** *m* ⟨-s; -⟩ polluter: **Prozeß gegen ~** *jur.* environmental lawsuit. — **~verˌschmut·zung** *f* environmental pollution: **~ durch die Industrie** industrial pollution. — **~verˌseu·chung** *f* environmental contamination. — **~ˌwir·kung** *f* environmental effect.

ˈumˌwen·den I *v/t* ⟨*auch irr, sep,* -ge-, h⟩ **1.** (*Blatt, Seite*) turn (over). – **2.** (*wenden*) turn (*s.th.*) (round). – **II** *v/i* **3.** (*von Fahrzeug*) turn. – **III** *v/reflex* **sich ~ 4.** turn round: **sie wandte sich um und verließ das Zimmer** she turned round and left the room; **sich nach j-m ~** to turn round to look at s.o.

ˌumˈwer·ben *v/t* ⟨*irr, insep, no* -ge-, h⟩ **1.** (*Frau etc*) court, woo: **sie wird sehr umworben** she has many admirers (*od.* suitors). – **2.** *econ.* (*Kunden etc*) court, solicit: **die Konsumgüterindustrie umwirbt den Verbraucher** the consumer goods industry courts the consumer.

ˈumˌwer·fen I *v/t* ⟨*irr, sep,* -ge-, h⟩ **1.** (*Vase, Stuhl etc*) upset, knock (*s.th.*) over (*od.* down), tip over, overturn, overthrow. – **2.** (*Kegel etc*) knock (*od.* bowl) (*s.th.*) over (*od.* down). – **3.** (*Personen*) knock (*s.o.*) down. – **4.** *fig. colloq.* (*physisch schwächen*) knock (*s.o.*) out: **das wirft den stärksten Mann um** that would knock anyone out; **das Gläschen Wein wird dich nicht gleich ~** that small glass of wine won't knock you out. – **5.** *fig. colloq.* (*erschüttern*) disturb, perturb: **die Nachricht wird ihn nicht ~** the news won't disturb him greatly. – **6.** *fig. colloq.* (*beeindrucken*) stun, bowl (*s.o.*) over: **ihre Schönheit warf ihn um** he was stunned by her beauty. – **7.** *fig.* (*Pläne etc*) a) change (*od.* alter) (*s.th.*) completely, b) upset, disturb, thwart: **das hat meinen Plan total umgeworfen** that has completely upset my plan, that has made me change my plan completely; **hast du deinen Plan schon wieder umgeworfen?** have you changed your plan again? – **8. sich** (*dat*) **etwas ~** a) (*Mantel, Umhang etc*) to throw (*od.* fling) s.th. on (*od.* [a]round one's shoulders), b) (*Gewehr*) to sling s.th. on (*od.* over one's shoulder). – **9.** (*sport*) (*Hürde*) knock down. – **II** *v/i* **10.** (*von Wagen*) overturn. – **11.** *mus. colloq.* blunder, *Am. sl.* pull a boner. – **12.** (*mit einer Last*) drop one's load. — **ˈumˌwer·fend I** *pres p.* – **II** *adj* **das Stück war von einer ~en Komik** *colloq.* the play was screamingly (*od.* hilariously, excruciatingly) funny; **ihre Leistungen waren nicht gerade ~** *colloq.* her achievements were no great shakes (*colloq.*). – **III** *adv colloq.* (*sehr*) **~ komisch** screamingly (*od.* hilariously, excruciatingly) funny; **~ gut** fantastic(ally good).

ˈumˌwer·ten I *v/t* ⟨*sep,* -ge-, h⟩ **1.** *econ.* revalue, reassess. – **2.** *philos.* reevaluate, *Br.* re-evaluate. – **II U~** *n* ⟨-s⟩ **3.** *verbal noun.* — **ˈUmˌwer·tung** *f* **1.** *cf.* Umwerten. – **2.** *econ.* revaluation, reassessment. – **3.** *philos.* reevaluation, *Br.* re-evaluation.

ˈUmˌwickel·maˌschi·ne (*getr.* -k·k-) *f tech.* (*für Draht etc*) recoiler.

ˌumˈwickeln[1] (*getr.* -k·k-) **I** *v/t* ⟨*insep, no* -ge-, h⟩ **1. eine Sache mit etwas ~** a) to bind a thing with s.th., b) to wind s.th. (a)round a thing, *auch* to enwind (*auch* inwind) a thing with s.th., b) (*einwickeln*) to wrap a thing (up) in (*od.* with) s.th., to wrap s.th. (a)round a thing: **etwas mit Stroh ~** to cover s.th. with straw; **das Handgelenk mit einer Binde ~** to bind one's wrist with a bandage, to bandage (up) one's wrist; **etwas mit Speck ~** *gastr.* to wrap s.th. with strips of bacon. – **2.** *tech.* cover, wrap. – **II U~** *n* ⟨-s⟩ **3.** *verbal noun.*

ˈumˌwickeln[2] (*getr.* -k·k-) *v/t* ⟨*sep,* -ge-, h⟩ **1.** (*Spule, Garn etc*) rewind. – **2.** *tech.* (*Draht*) recoil.

ˌUmˈwicke·lung (*getr.* -k·k-), **ˌUmˈwick·lung** *f* **1.** *cf.* Umwickeln[1]. – **2.** envelope, cover.

ˌumˈwim·meln *v/t* ⟨*insep, no* -ge-, h⟩ flock (*od.* swarm) (a)round. — **ˌumˈwim·melt I** *pp.* – **II** *adj* **~ von** surrounded (*od.* besieged) by.

ˌumˈwin·den *v/t* ⟨*irr, insep, no* -ge-, h⟩ (mit with) enwreathe, *auch* inwreathe, entwine, *auch* intwine, entwist, *auch* intwist.

ˌumˈwir·beln *v/t* ⟨*insep, no* -ge-, h⟩ whirl (*od.* swirl) (a)round.

ˌumˈwit·tert *adj fig.* (von by) surrounded: **von Skandalen ~** surrounded by scandal; **von Geheimnissen ~** veiled in secrecy, shrouded in mystery.

ˌumˈwo·ben *adj only in* **von Sagen ~** wreathed (*od.* [en]shrouded) in legend(ary lore).

ˌumˈwo·gen *v/t* ⟨*insep, no* -ge-, h⟩ *poet.* (*Insel etc*) wash (a)round. — **ˌumˈwogt I** *pp.* – **II** *adj* **vom Beifall ~** *fig.* amid(st) thunderous applause; **von goldenen Ähren ~** *fig. poet.* surrounded by rippling golden corn.

ˈumˌwoh·nend *adj* neighboring, *bes. Br.* neighbouring. — **ˈUmˌwoh·nen·de, ˈUmˌwoh·ner** [-ˌvoːnər] *pl* neighbors, *bes. Br.* neighbours, people living in the neighbo(u)rhood.

ˌumˈwöl·ken I *v/t* ⟨*insep, no* -ge-, h⟩ **1.** *fig.* (*verdüstern*) cloud, darken: **Unmut umwölkte seine Stirn** displeasure clouded his brow. – **II** *v/reflex* **sich ~ 2.** cloud (over), become overcast, darken, *auch* overcast: **der Himmel umwölkt sich** the sky is clouding (over). – **3.** *fig.* cloud, darken: **seine Stirn umwölkte sich vor Unmut** his brow clouded with displeasure.

ˈumˌwüh·len *v/t* ⟨*sep,* -ge-, h⟩ **1.** (*Boden, Erde etc*) grub up, grub in, root in, dig up: **die ganze Stadt wurde umgewühlt** *fig.* the whole town was dug up. – **2.** (*Schublade, Wohnung etc*) rummage (through), root (about) in, ransack, rake.

ˌumˈzäu·nen I *v/t* ⟨*insep, no* -ge-, h⟩ (*Grundstück etc*) (mit with) fence (in, up), fence (*s.th.*) round, enclose (*od.* surround) (*s.th.*) with a fence. – **II U~** *n* ⟨-s⟩ *verbal noun.* — **ˌUmˈzäu·nung** *f* ⟨-; -en⟩ **1.** *cf.* Umzäunen. – **2.** (*Zaun*) fence, enclosure.

ˈumˌzeich·nen *v/t* ⟨*sep,* -ge-, h⟩ **1.** (*Bild*) draw (*s.th.*) (over) again. – **2.** (*Waren*) mark (*s.th.*) differently.

ˈumˌzie·hen[1] *v/i* ⟨*irr, sep,* -ge-, sein⟩ **1.** (*Haus, Wohnung wechseln*) move (house): **in ein anderes Haus ~** to move (to another) house; **dreimal umgezogen ist einmal abgebrannt** (*Sprichwort*) *etwa* three moves are as bad as a fire. – **2.** (*Zimmer wechseln*) move (rooms), move one's lodgings: **in ein anderes Zimmer ~** to move to another room (*od.* to other lodgings). – **3.** (*Wohnort wechseln*) (nach to) move, remove.

ˈumˌzie·hen[2] **I** *v/t* ⟨*irr, sep,* -ge-, h⟩ **ein Kind ~** to change a child's clothes. – **II** *v/reflex* **sich ~** change (one's clothes): **sich zum Abendessen ~** to change (*od.* dress) for dinner.

ˌumˈzie·hen[3] *v/reflex* ⟨*irr, insep, no* -ge-, h⟩ **sich ~** (*vom Himmel*) cloud (over), become overcast, darken, *auch* overcast.

ˌumˈzin·geln [-ˈtsɪŋəln] **I** *v/t* ⟨*insep, no* -ge-, h⟩ surround, encompass, encircle, envelop, *auch* envelope, (*bes. Festung*) invest. – **II U~** *n* ⟨-s⟩ *verbal noun.* — **ˌUmˈzin·ge·lung** *f* ⟨-; *no pl*⟩ **1.** *cf.* Umzingeln. – **2.** encompassment, encirclement, envelopment, (*bes. einer Festung*) investment.

ˈUmˌzug *m* ⟨-(e)s; -züge⟩ **1.** (*Wohnungswechsel*) move, removal, remove: **Umzüge besorgen** (*von Spediteur*) to undertake (*od.* look after) removals. – **2.** (*Festzug*) parade, procession: **historischer ~** pageant; **einen ~ veranstalten** to (hold a) parade. – **3.** *pol.* a) (political) procession, demonstration, b) *cf.* Demonstrationszug.

ˈUmˌzugsǀˌgeld *n* removal allowance. — **~ˌgut** *n* ⟨-(e)s; *no pl*⟩ personal and household effects *pl* in course of removal. — **u~ˌhal·ber** *adv* for removal (purposes), owing to removal: **~ geschlossen** closed for removal (purposes). — **~ˌko·sten** *pl* removal expenses, expense *sg* of moving (house). — **~ˌko·sten·verˌgü·tung** *f* compensation for removal expenses. — **~ˌtag, ~terˌmin** *m* day (*od.* date) of the move.

ˌumˈzün·geln *v/t* ⟨*insep, no* -ge-, h⟩ (*von Flammen*) leap (up) (*od.* lick) (a)round.

un·ab·än·der·lich [ˌʊnˌʔapˈʔɛndərlɪç; ˈʊn-] **I** *adj* **1.** (*Tatsache, Vorschrift, Klausel, Gesetz etc*) unalterable, inalterable. – **2.** (*Entschluß, Entscheidung, Urteil etc*) irrevocable, unalterable, inalterable, irreversible: **mein Entschluß ist ~** my resolution is irrevocable. – **3.** (*Geschick, Los, Fügung etc*) inevitable. – **II** *adv* **4. mein Entschluß steht ~ fest** my resolution is irrevocable. – **III U~e, das** ⟨-n⟩ **5.** the inevitable: **sich ins U~e fügen** (*od.* **schicken**) to resign oneself to (*od.* to submit to, to bow to, to accept) the inevitable. – **5.** *cf.* Unabänderlichkeit. — **ˌUnˌabˈän·der·lich·keit** *f* ⟨-; *no pl*⟩ **1.** (*einer Tatsache, Vorschrift etc*) unalterability, inalterability, unalterableness. – **2.** (*eines Entschlusses, Urteils etc*) irrevocability, irrevocableness, unalterability, irreversibility. – **3.** (*des Schicksals*) inevitability, inevitableness.

un·ab·ding·bar [ˌʊnˌʔapˈdɪŋbaːr; ˈʊn-] *adj* **1.** (*Voraussetzung, Folge, Forderung etc*) indispensable, *auch* indispensible. – **2.** *bes. jur.* (*Recht, Privileg etc*) inalienable, unalienable. — **ˌUn·abˈding·bar·keit** *f* ⟨-; *no pl*⟩ **1.** (*einer Voraussetzung etc*) indispensability. – **2.** *bes. jur.* (*eines Rechts etc*) inalienability.

un·ab·ding·lich [ˌʊnˌʔapˈdɪŋlɪç; ˈʊn-] *adj cf.* unabdingbar 1.

ˈunˌab·geˌfer·tigt *adj* **1.** (*Gepäck, Postsendung etc*) undispatched, undespatched. – **2.** (*Schalterkunde*) unattended. – **3.** (*Passagier, Reisender*) unchecked.

ˈunˌab·geˌkocht *adj* (*Wasser, Milch etc*) unboiled.

ˈunˌab·geˌstimmt *adj* (*radio*) untuned.

ˈunˌabˌhän·gig I *adj* **1.** (von of) independent: **voneinander ~e Entwicklungen** developments (which are) independent of each other; **sie ist von ihren Eltern ~** she is independent of her parents, she does not depend (up)on her parents; **durch die Erbschaft wurde er finanziell ~** the inheritance made him financially independent; **ein ~es Leben führen** to lead an independent life, to live independently; **unser Plan ist vom Wetter [von seiner Entscheidung] ~** our plan is independent of (*od.* does not depend [up]on) the weather [his decision]; **(politisch) ~e**

Zeitung (politically) independent newspaper; **ein wirtschaftlich ~er Unternehmenszweig [Staat]** *econ.* an economically independent (*od.* a self-contained, a self-sufficient, a self-supporting) line of business [state]. – **2.** (*freiberuflich tätig*) self-employed, free-lance (*attrib*). – **3.** *pol.* a) (*Land, Nation etc*) independent, sovereign, self-governing, autonomous, b) (*Politik, Abgeordneter, Zeitung etc*) independent, nonpartisan *Br.* non-, (*Abgeordneter*) *Br.* cross-bench (*attrib*), c) (*zu keiner Mächtegruppe gehörig*) nonaligned *Br.* non-. – **4.** *tech.* (*Aggregat etc*) self-contained. – **5.** *math.* (*Veränderliche*) independent. – **6.** *ling.* absolute, independent. – **II** *adv* **7.** independently: ~ **leben** to live independently; **sie machten ~ voneinander die gleiche Entdeckung** they made the same discovery independent(ly) of each other. – **8.** ~ **von** (*ohne Rücksicht auf*) irrespective (*auch* irrespectively) of, regardless of: ~ **davon, ob du das Angebot annimmst oder nicht** irrespective (*od.* regardless) of whether you accept the offer or not. — **'Unˌabˌhän·gi·ge** *m, f* ⟨-n; -n⟩ *pol.* independent, *Br.* cross-bencher. — **'Unˌabˌhän·gig·keit** *f* ⟨-; *no pl*⟩ **1.** (**von** of) independence: (**wirtschaftliche**) ~ *econ.* (*eines Unternehmenszweigs, Staates etc*) (economic) independence, self-sufficiency, *auch* self-sufficience, autarky. – **2.** *pol.* (*eines Landes, einer Nation etc*) independence, independency, sovereignty, autonomy: **einer Kolonie die ~ gewähren** to grant independence to a colony, to grant a colony independence.

'Unˌabˌhän·gig·keits|beˌwe·gung *f pol.* independence movement. — **~erˌklä·rung** *f* **1.** declaration of independence. – **2.** *Am. hist.* Declaration of Independence (*4. 7. 1776*). — **~ˌkrieg** *m hist.* War of Independence (*1775—1783*). — **~ˌtag** *m Am.* Independence Day, *auch* Fourth of July.

un·ab·kömm·lich [ˌʊnˌʔapˈkœmlɪç; ˈʊn-] *adj* ⟨*meist pred*⟩ **1.** indispensable, *auch* indispensible: **er ist im Augenblick ~** he is indispensable (*od.* he can't be spared, he can't get away) at the moment. – **2.** *mil.* (*im Zivilberuf*) in a reserved occupation: ~ **gestellt werden** to be in a reserved occupation.

ˌUnˌab'kömm·li·che *m* ⟨-n; -n⟩ *mil.* (*im Zivilberuf*) person in a reserved occupation.

ˌUnˌab'kömm·lich·keit *f* ⟨-; *no pl*⟩ **1.** indispensability. – **2.** *mil.* (*im Zivilberuf*) reserved occupation.

ˌUnˌab'kömm·lichˌstel·lung *f* ⟨-; *no pl*⟩ *mil.* deferment (of a person).

un·ab·läs·sig [ˌʊnˌʔapˈlɛsɪç; ˈʊn-] **I** *adj* ⟨*attrib*⟩ **1.** (*unaufhörlich, ständig*) incessant, persistent, constant, ceaseless, continuous: **~e Klagen** incessant complaints. – **2.** (*stetig u. gleichmäßig*) continuous, constant, unremitting, steady, unabated: **sein ~er Fleiß** his constant (*od.* unflagging) industriousness. – **II** *adv* **3. es regnete ~** it was raining incessantly (*od. colloq.* without a letup [*Br.* let-up]); **er war ~ darum bemüht, die Verhältnisse zu bessern** he was constantly striving for an improvement of (*od.* he was persistent in his efforts to improve) the state of affairs.

un·ab·lös·bar [ˌʊnˌʔapˈløːsbaːr; ˈʊn-], **un·ab·lös·lich** [ˌʊnˌʔapˈløːslɪç; ˈʊn-] **I** *adj* **1.** (*Material, Etikett etc*) undetachable, irremovable. – **2.** *econ.* a) (*Schuld, Anleihe, Hypothek etc*) irredeemable, b) (*Rente*) irredeemable, perpetual, c) (*Verpflichtung*) incommutable. – **II** *adv* **3. diese Insel ist ~ mit der Republik verbunden** this island is an undetachable part of the republic.

un·ab·seh·bar [ˌʊnˌʔapˈzeːbaːr; ˈʊn-] **I** *adj* **1.** (*Folgen, Auswirkungen etc*) unforeseeable, unpredictable, incalculable: **eine Ablehnung der Verträge würde ~e Folgen haben** the rejection of the treaties would have unforeseeable consequences; **auf ~e Zeit** for an unforeseeable length of time; **das liegt noch in ~er Zukunft** that is still in an unforeseeable (*od.* a distant) future. – **2.** (*Schaden, Verlust etc*) immeasurable, tremendous, immense, vast, incalculable. – **3.** (*Weite, Ebene etc*) vast, immense, interminable, boundless, unbounded (*lit.*). – **II** *adv* **4. die Ebene erstreckt sich ~ nach Osten** the plain stretches eastward(s) for a vast (*od.* an incalculable) distance. — **ˌUnˌab'seh·bar·keit** *f* ⟨-; *no pl*⟩ **1.** (*der Folgen, Auswirkungen etc*) unpredictability, unpredictableness, incalculability. – **2.** (*von Schaden, Verlust etc*) immeasurability, immensity, vastness, incalculability.

un·ab·setz·bar [ˌʊnˌʔapˈzɛtsbaːr; ˈʊn-] *adj* **1.** (*Herrscher, Beamter etc*) irremovable. – **2.** *econ.* (*Betrag etc*) undeductible. — **ˌUnˌab'setz·bar·keit** *f* ⟨-; *no pl*⟩ **1.** (*eines Beamten etc*) irremovability. – **2.** *econ.* undeductibility.

'unˌabˌsicht·lich I *adj* **1.** (*Kränkung, Verwechslung etc*) unintentional, unintended, unwitting, undeliberate, undesigned, (*unbedacht*) inadvertent. – **2.** (*nicht mutwillig*) unmalicious, (*nicht vorsätzlich*) unpremeditated, involuntary. – **II** *adv* **3. ich habe das Geld ~ eingesteckt** I took the money unintentionally (*od.* by mistake). — **'Unˌabˌsicht·lich·keit** *f* ⟨-; *no pl*⟩ **1.** undeliberateness, absence of intent(ion) (*od.* design). – **2.** inadvertence, inadvertency.

un·ab·tret·bar [ˌʊnˌʔapˈtreːtbaːr; ˈʊn-] *adj jur.* **1.** (*Anspruch, Forderung etc*) unassignable. – **2.** (*Recht etc*) intransferable, untransferable.

un·ab·weis·bar [ˌʊnˌʔapˈvaɪsbaːr; ˈʊn-], **un·ab·weis·lich** [ˌʊnˌʔapˈvaɪslɪç; ˈʊn-] *adj* **1.** (*Bitte, Gesuch etc*) unrefusable, irrefusable, irrecusable. – **2.** (*Notwendigkeit, Pflicht etc*) imperative, peremptory. – **3.** (*Argumente etc*) irrefutable, irrebuttable, (*unbestreitbar*) incontrovertible: **~e Rechtsvermutung** *jur.* irrebuttable presumption.

un·ab·wend·bar [ˌʊnˌʔapˈvɛntbaːr; ˈʊn-] *adj* (*Verhängnis, Schicksal, Katastrophe etc*) unpreventable, inescapable, unavoidable: **die Zerstörung der Stadt war ~** the destruction of the town was unpreventable (*od.* could not be prevented). — **ˌUnˌab'wend·bar·keit** *f* ⟨-; *no pl*⟩ unpreventableness, inescapableness, unavoidableness.

'unˌacht·sam *adj* **1.** (*Zuhörer, Schüler, Bedienung, Gastgeber etc*) inattentive, unattentive. – **2.** (*Zuschauer, Wachtposten etc*) inattentive, unattentive, unobservant. – **3.** (*unvorsichtig, fahrlässig*) careless, negligent: **ein ~er Fahrer** a careless driver. – **4.** (*nachlässig, gedankenlos*) inattentive, unattentive, thoughtless, inadvertent: **ich war ihm gegenüber ~** I was inattentive toward(s) him. – **5.** (*unbedacht*) thoughtless: **eine ~e Bemerkung** a thoughtless remark. – **6.** (*versehentlich*) inadvertent. — **'Unˌacht·sam·keit** *f* ⟨-; *no pl*⟩ **1.** (*eines Zuhörers, Schülers, Gastgebers etc*) inattentiveness, inattention. – **2.** (*eines Zuschauers, Wachtpostens etc*) inattentiveness, unattentiveness. – **3.** (*Unvorsichtigkeit, Fahrlässigkeit*) carelessness, negligence: **er hat die Vase aus ~ umgeworfen** a) he knocked the vase down through carelessness, b) (*aus Versehen*) he knocked the vase down inadvertently. – **4.** (*Nachlässigkeit, Gedankenlosigkeit*) inattentiveness, unattentiveness, thoughtlessness. – **5.** (*Unbedachtheit*) thoughtlessness. – **6.** (*Versehen*) inadvertence, inadvertency.

'unˌähn·lich *adj* dissimilar; unalike, unlike (*pred*): **die beiden Brüder sind einander ~** the two brothers are unalike, the two brothers bear no resemblance to each other. — **'Unˌähn·lich·keit** *f* ⟨-; -en⟩ dissimilarity, unlikeness.

'U-ˌNaht *f tech.* (*beim Schweißen*) single-U butt weld.

'unˌal·ters·geˌmäß *adj* not corresponding to age.

'un·ame·riˌka·nisch *adj* un-American.

'unˌanˌbring·lich *adj* (*postal service*) *cf.* unzustellbar.

'unˌanˌdäch·tig *adj* (*in der Kirche, beim Gebet etc*) undevout, indevout.

un·an·fecht·bar [ˌʊnˌʔanˈfɛçtbaːr; ˈʊn-] *adj* **1.** (*Beweis, Argument, Ergebnis etc*) incontestable, incontestible, indisputable, undisputable, unimpeachable, unchallengeable. – **2.** *jur.* (*Urteil*) a) unappealable, incontestable, incontestible, b) (*rechtskräftig*) nonappealable *Br.* non-. — **ˌUnˌan'fecht·bar·keit** *f* ⟨-; *no pl*⟩ **1.** (*eines Beweises, Arguments etc*) incontestability, indisputability, indisputableness, unimpeachability, unimpeachableness. – **2.** *jur.* (*eines Urteils*) incontestability, unappealableness.

ˌUnˌan'fecht·bar·keitsˌklau·sel *f econ.* incontestable clause.

'unˌan·geˌbracht *adj* **1.** (*den Umständen nicht angemessen*) inappropriate, untoward, unsuitable, inapt, unfitting, out-of-place (*attrib*), malapropos, inapposite (*lit.*): **diese Bemerkung war hier äußerst ~** this remark was completely out of place here. – **2.** (*unzweckmäßig, unklug*) inexpedient, mistaken, misplaced; impolitic, *auch* impolitical (*lit.*): **~e Sparsamkeit** misplaced thrift. – **3.** (*dem Zeitpunkt nicht angemessen*) inopportune, untimely.

'unˌan·geˌbro·chen *adj* (*Packung, Dose etc*) unopened.

'unˌan·geˌfoch·ten I *adj* **1.** (*Sieger, Führungsposition etc*) undisputed, unchallenged, unquestioned. – **2. j-n ~ lassen** a) (*den Sieg etc überlassen*) to leave s.o. unchallenged, b) (*nicht behindern*) to leave s.o. unhindered: **die Zollbeamten ließen ihn ~** the customs officers let him through unhindered. – **3. etwas ~ lassen** a) (*Maßnahme, Resultat etc*) to leave s.th. uncontested (*od.* unimpeached, unchallenged), b) *jur.* (*Testament, Patent etc*) to leave s.th. uncontested (*od.* undisputed). – **4.** *jur.* (*Recht*) undisputed. – **II** *adv* **5. er siegte ~** he had a comfortable win; **die Mannschaft führt ~ die Tabelle an** the team heads the table unchallenged; **sie kam ~ über die Grenze** she crossed the border unhindered (*od.* without hindrance).

un·an·geh·bar [ˌʊnˌʔanˈgeːbaːr; ˈʊn-] *adj med.* inaccessible, inapproachable. — **ˌUnˌan'geh·bar·keit** *f* ⟨-; *no pl*⟩ inaccessibility.

'unˌan·geˌklei·det *adj* undressed, not dressed, en déshabillé, *Br. colloq.* not civilized (*auch* -s-).

'unˌan·geˌmel·det I *adj* **1.** (*Besucher etc*) unannounced. – **2.** *econ. jur.* (*Vermögen, Zollgut, Forderung etc*) undeclared. – **II** *adv* **3. er kam ~** he came unannounced, he came without notice, he came without telling (*od.* advising) me (*od.* us) beforehand; **diese Waren sind ~ eingegangen** *econ.* these goods arrived without previous notice.

'unˌan·geˌmes·sen I *adj* **1.** (*in einem Mißverhältnis stehend*) disproportionate, disproportional, out of proportion, incommensurate (*lit.*): **eine dem Wert der Arbeit ~e Bezahlung** a payment which is in no proportion to (*od.* is out of all proportion with, is disproportionate to) the value of the work. – **2.** (*übermäßig, übertrieben*) unreasonable, (*stärker*) excessive, exorbitant: **~e Forderungen stellen** to make excessive demands; **ein ~er Preis** an unreasonable price, a price which is out of all proportion. – **3.** (*unzureichend, unzulänglich*) inadequate, unfit(ting). – **4.** *cf.* unangebracht. – **II** *adv* **5.** disproportionately: ~ **hoch [niedrig]** disproportionately high [low]. — **'Unˌan·geˌmes·sen·heit** *f* ⟨-; *no pl*⟩ **1.** disproportion(ateness). – **2.** excessiveness, exorbitance. – **3.** inadequacy, inadequateness.

'unˌan·geˌnehm I *adj* **1.** (*Zeit, Wetter, Reise, Stimme, Behandlung, Nachricht, Mitteilung etc*) unpleasant: **eine ~e Geschichte** an unpleasant affair; **der Besuch beim Zahnarzt war sehr ~** the visit to the dentist was very unpleasant. – **2.** (*Arbeit, Pflicht, Angelegenheit, Erinnerungen etc*) unpleasant, distasteful, irksome: **ich hatte die ~e Aufgabe, ihr dies zu sagen** I had the unpleasant task of telling her that. – **3.** (*Geschmack, Gefühl etc*) unpleasant, disagreeable, nasty: **die Suppe hat einen ~en Geschmack** the soup has an unpleasant taste, the soup is distasteful (*od.* unpalatable); **einen ~en Geruch haben** to have an unpleasant (*od.* a disagreeable, an offensive) smell. – **4.** (*Folgen, Wirkung, Überraschung etc*) unpleasant, awkward, nasty: **das könnte sehr ~ für Sie werden** this could be very unpleasant for you; **ich befand mich in einer ~en Lage** (*od.* **Situation**) a) (*in Schwierigkeiten*) I was in an unpleasant (*od.* awkward) situation (*od.* in a predicament), (*finanziell*) *auch* I was in a tight squeeze (*od. colloq.* spot), b) (*in einer peinlichen Lage*) I was in an embarrassing (*od.* uncomfortable) situation. – **5.** (*Vorfall, Ereignis, Begegnung, Auseinandersetzung etc*) embarrassing: **es wäre mir sehr ~, wenn** it would be very embarrassing for me if; **die Verspätung war mir ~** it was embarrassing for me to be late. – **6.** (*Person*) unpleasant, nasty, disagreeable, objectionable, troublesome: **er ist ein ~er Zeitgenosse** *colloq.* he's an old so-and-so (*colloq.*); **er kann recht ~ werden** *colloq.* he can become rather nasty. – **II** *adv* **7.** unpleasantly: **ihre Stimme klang ~ hoch** her voice was unpleasantly high-pitched (*od.* had an unpleasantly high pitch); **es ist mir ~ aufgefallen** (*od.* **es berührte mich ~**), **daß** I noticed to my distaste (*od.* displeasure, *stärker* disgust) that; **~ riechen** to have an unpleasant (*od.* offensive) smell; → **auffallen** 1. – **III U~e, das** ⟨-n⟩ **8. das U~e daran** (*od.* **dabei**) **ist, daß** the unpleasant thing about it is that. – **9. ich muß dir etwas U~es sagen** I have something unpleasant to tell you; **er hat etwas U~es an sich** he has (*od.* there is) something unpleasant (*od.* disagreeable) about him.

ˈunˌan·geˌse·hen *adj* unexamined: **er schickte die Bilder ~ zurück** he returned the pictures unexamined (*od.* without looking at them).

ˈunˌan·geˌta·stet *adj* **1.** untouched: **etwas ~ lassen** to leave s.th. untouched. – **2.** *fig.* unaffected, untouched: **die Rechte der Kirche bleiben ~** the rights of the church remain (*od.* are) unaffected. – **3. j-n ~ lassen** *fig.* to leave s.o. unharmed.

un·an·greif·bar [ˌʊnˌʔanˈɡraɪfbaːr; ˈʊn-] *adj* **1.** *mil.* (*Land, Festung etc*) unattackable, unassailable. – **2.** *fig.* (*Stellung, Position, Ruf etc*) unassailable. – **3.** *chem. tech.* (*Metall, Substanz etc*) incorrodable, *auch* incorrodible, noncorrosive *Br.* non-, noncorrodible *Br.* non-. – **4.** *jur. cf.* **unanfechtbar** 2.

un·an·nehm·bar [ˌʊnˌʔanˈneːmbaːr; ˈʊn-] *adj* (*Bedingung etc*) unacceptable: **sie stellten ~e Forderungen an die Regierung** they made unacceptable demands (up)on the government; **sein Vorschlag ist für uns ~** his proposal is unacceptable to us. — **ˌUnˌanˈnehm·bar·keit** *f* ⟨-; *no pl*⟩ (*der Bedingungen etc*) unacceptability, unacceptableness.

ˈUnˌanˌnehm·lich·keit *f* ⟨-; -en⟩ **1.** *meist pl* (*Unbequemlichkeit*) inconvenience, incommodity: **dieser Umweg bringt kleine ~en mit sich** this detour causes (a) slight inconvenience. – **2.** *pl* (*Schwierigkeiten, Verdruß*) trouble *sg*, difficulties: **wenn du das tust, bekommst du ~en** if you do that you will get (*od.* run) into trouble, if you do that you will incur difficulties; **Sie können sich unnötige ~en ersparen, wenn** you can save yourself unnecessary trouble by. – **3.** *pl* (*Scherereien, zusätzliche Mühe*) bother *sg*, trouble *sg*: **ich will Ihnen keine ~en machen** (*od.* **bereiten**) I don't want to cause you (*od.* put you to) any trouble. – **4.** (*Nachteil, Übelstand*) disadvantage, drawback, inconvenience: **eine der ~en ist** one of the inconveniences (*od.* drawbacks) is.

ˈunˌanˌsehn·lich *adj* **1.** (*nicht hübsch, reizlos*) unattractive, plain, unhandsome, *Am.* homely: **sie ist recht ~** she is rather unattractive, she is not much to look at (*colloq.*). – **2.** (*häßlich*) unsightly, ugly. – **3.** (*armselig, schäbig*) unsightly, shabby, dowdy: **eine ~e Verpackung** an unsightly packing. — **ˈUnˌanˌsehn·lich·keit** *f* ⟨-; *no pl*⟩ **1.** (*Reizlosigkeit*) unattractiveness, plainness, unhandsomeness, *Am.* homeliness. – **2.** (*Häßlichkeit*) unsightliness, ugliness. – **3.** (*Armseligkeit, Schäbigkeit*) unsightliness, shabbiness, dowdiness.

ˈunˌanˌstän·dig I *adj* **1.** (*Benehmen, Manieren, Kleidung etc*) indecent, improper, unseemly, indecorous: **er fiel durch sein ~es Betragen auf** he was conspicuous because of his indecent behavio(u)r. – **2.** (*unmanierlich*) unmannerly, ill-mannered: **es ist ~, beim Essen zu schmatzen** it is bad manners (*od.* it is unmannerly) to make smacking noises while eating. – **3.** (*Buch, Bild, Bemerkung, Geste etc*) indecent, improper, (*stärker*) coarse, obscene, foul, bawdy, ribald: **ein ~er Witz** an indecent (*od. colloq.* an off-colo[u]r, a blue) joke; **~e Wörter** indecent (*od. colloq.* four-letter) words; **~e Reden** indecent (*stärker* foul) language *sg*, obscenities, bawdy *sg*, ribaldry *sg*; **~e Reden führen** to talk smut. – **4.** (*Handlungsweise, Verhalten*) dishonorable, *bes. Br.* dishonourable: **es war sehr ~ von ihm, 100 Mark zu verlangen** it was very dishono(u)rable of him to charge 100 marks. – **II** *adv* **5. du hast dich ~ benommen** (*od.* **betragen**) you behaved indecently (*od.* improperly). — **ˈUnˌanˌstän·dig·keit** *f* ⟨-; -en⟩ **1.** ⟨*only sg*⟩ (*des Benehmens, der Kleidung etc*) indecency, improperness, impropriety, unseemliness, indecorousness, indecorum. – **2.** ⟨*only sg*⟩ (*eines Buches, Bildes etc*) indecency, improperness, impropriety, (*stärker*) coarseness, obscenity, foulness. – **3.** ⟨*only sg*⟩ (*einer Handlungsweise, des Verhaltens*) dishonorableness, *bes. Br.* dishonourableness. – **4.** *pl* (*unanständige Bilder, Bücher, Redensarten etc*) indecencies, (*stärker*) obscenities, (*Reden*) smut *sg*.

ˈunˌanˌstö·ßig *adj* **1.** (*Benehmen, Kleidung etc*) decent, proper, seemly, inoffensive. – **2.** (*Buch, Bild etc*) decent, decorous, proper.

un·an·tast·bar [ˌʊnˌʔanˈtastbaːr; ˈʊn-] *adj* **1.** (*Gesinnung etc*) irreproachable, unimpeachable, untouchable. – **2.** (*Vorrat, Reserve etc*) untouchable. – **3.** (*Stellung, Position, Ruf etc*) inviolable, unassailable. – **4.** *fig. auch iron.* (*Werte, Bereich etc*) sacred, inviolable, untouchable, sacrosanct. – **5.** *jur.* (*Recht, Rechtspersönlichkeit*) inviolable. — **ˌUnˌanˈtast·bar·keit** *f* ⟨-; *no pl*⟩ **1.** (*der Gesinnung etc*) irreproachability, irreproachableness, unimpeachability, unimpeachableness, untouchability. – **2.** (*der Stellung, Position etc*) inviolability. – **3.** *fig. auch iron.* (*von Werten, eines Bereichs etc*) sacredness, inviolability, inviolableness, sacrosanctity. – **4.** *jur.* (*eines Rechts etc*) inviolability, inviolableness.

un·an·wend·bar [ˌʊnˌʔanˈvɛntbaːr; ˈʊn-] *adj* (*Methode, Mittel etc*) inapplicable: **auf** (*acc*) **etwas ~ sein** to be inapplicable to s.th. — **ˌUnˌanˈwend·bar·keit** *f* ⟨-; *no pl*⟩ inapplicability, inapplicableness.

ˈun·ap·peˌtit·lich I *adj* **1.** (*Speise*) unappetizing *Br. auch* -s-, unsavory, *bes. Br.* unsavoury. – **2.** (*Anblick, Zubereitung etc*) unappetizing *Br. auch* -s-, unsavory, *bes. Br.* unsavoury: **die Küche sieht so ~ aus** the kitchen looks so unappetizing; **ein ~ aussehendes Essen** a meal looking rather unappetizing. – **3.** *fig. colloq.* (*Person*) looking rather uninviting, unprepossessing. – **II** *adv* **4. das Essen war ~ zubereitet** the meal was unappetizingly prepared. — **ˈUn·ap·peˌtit·lich·keit** *f* ⟨-; *no pl*⟩ **1.** (*einer Speise*) unsavoriness, *bes. Br.* unsavouriness. – **2.** (*unsauberes, unordentliches Aussehen*) unappetizing (*Br. auch* -s-) (*od.* unsavory, *bes. Br.* unsavoury) appearance.

ˈUnˌart[1] *f* ⟨-; -en⟩ **1.** (*schlechte Angewohnheit*) bad (*od. sl.* rotten) habit, bad (*od. sl.* rotten) trick: **das ist so eine ~ von ihm** that's one of his bad habits. – **2.** (*Ungezogenheit, schlechtes Benehmen*) bad manners *pl*, bad behavior (*bes. Br.* behaviour), bad conduct: **es ist eine ~, die Beine auf den Tisch zu legen** it is bad manners (*od.* it is very rude) to put one's legs on the table. – **3.** (*Unhöflichkeit*) impoliteness, rudeness, incivility. – **4.** *pl* (*eines Kindes*) mischief *sg*, tricks: **machst du schon wieder ~en?** are you up to mischief again? are you up to your tricks again?

ˈUnˌart[2] *m* ⟨-(e)s; -e⟩ *colloq.* naughty child, rascal, 'pickle' (*colloq.*), *Am. colloq.* hellion.

ˈunˌar·tig *adj* **1.** (*Kind*) naughty, mischievous. – **2.** *obs. for* **unhöflich**. — **ˈUnˌar·tig·keit** *f* ⟨-; *no pl*⟩ **1.** (*eines Kindes*) naughtiness, mischievousness, mischief. – **2.** *obs. for* **Unhöflichkeit**.

ˈun·ar·ti·kuˌliert *adj* **1.** inarticulate: **~e Laute** inarticulate sounds. – **2.** (*nicht ausgesprochen*) unarticulated.

ˈun·äsˌthe·tisch *adj* un(a)esthetic, inaesthetic.

Unau [ˈuːnaʊ] *m* ⟨-s; -s⟩ *zo. cf.* **Zweifingerfaultier**.

ˈunˌaufˌdring·lich *adj* **1.** (*Mensch, Verhalten, Kleidung, Eleganz etc*) unobtrusive, inobtrusive, discreet: **ein ~es Parfüm** an unobtrusive perfume. – **2.** (*Musik, Farben etc*) subdued, soft. — **ˈUnˌaufˌdring·lich·keit** *f* **1.** (*einer Person, eines Parfüms etc*) unobtrusiveness, discreetness. – **2.** (*von Farben, Musik etc*) softness.

ˈunˌaufˌfäl·lig I *adj* **1.** (*Kleidung, Benehmen, Auftreten, Muster etc*) unobtrusive, inobtrusive, unostentatious, discreet: **sie kleidet sich mit ~er Eleganz** she dresses with unobtrusive elegance. – **2.** (*Bewegung, Geste etc*) inconspicuous, unconspicuous, discreet. – **3.** (*Erscheinung, Äußeres, Tätigkeit, Wirken etc*) inconspicuous, unconspicuous: **ein ~er junger Mann** an inconspicuous young man. – **4.** (*Farbe etc*) subdued, soft. – **II** *adv* **5. ein ~ gemusterter Stoff** a discreetly patterned fabric; **folgen Sie mir ~!** follow me inconspicuously. — **ˈUnˌaufˌfäl·lig·keit** *f* ⟨-; *no pl*⟩ **1.** unobtrusiveness, discreetness. – **2.** inconspicuousness, discreetness. – **3.** inconspicuousness.

un·auf·find·bar [ˌʊnˌʔaʊfˈfɪntbaːr; ˈʊn-] *adj* **1.** (*vermißte Person, verlorener Gegenstand*) unfindable, undiscoverable, indiscoverable: **der Schlüssel war ~** the key was unfindable (*od.* could not be found anywhere). – **2.** (*von der Polizei etc Gesuchter*) unfindable, untraceable, undiscoverable, indiscoverable. – **3.** (*Versteck etc*) undetectable, undiscoverable, indiscoverable.

ˈunˌauf·geˌfor·dert I *adj* **1.** unasked, unsolicited, unbidden. – **II** *adv* **2.** without being asked: **er hat ~ den Raum verlassen** he left the room without being asked. – **3.** (*aus eigenem Antrieb, freiwillig*) of one's own accord (*od.* free will): **sie schickte ihm ~ Geld** she sent him money of her own accord.

ˈunˌauf·geˌführt *adj* **1.** (*Theaterstück*) unperformed, unacted. – **2.** (*in Liste etc*) unlisted, not appearing on a list: **~ bleiben** to remain unlisted.

ˈunˌauf·geˌklärt *adj* **1.** (*Irrtum, Mißverständnis etc*) unclarified. – **2.** (*Verbrechen, Fall etc*) unsolved. – **3.** (*unwissend*) unenlightened, uninformed, ignorant. – **4.** (*sexuell*) **~** ignorant of the facts of life.

ˈunˌauf·geˌlöst *adj mus.* (*Akkord, Vorhalt*) undissolved.

ˈunˌauf·geˌräumt *adj* (*Zimmer etc*) untidy.

ˈunˌauf·geˌschlos·sen *adj* (*Mensch, Charakter*) hidebound, *Br.* hide-bound: **er ist neuen Ideen gegenüber ~** he is unreceptive to new ideas.

un·auf·halt·bar [ˌʊnˌʔaʊfˈhaltbaːr; ˈʊn-] *adj u. adv cf.* **unaufhaltsam**.

un·auf·halt·sam [ˌʊnˌʔaʊfˈhaltzaːm; ˈʊn-] **I** *adj* **1.** (*nicht aufzuhaltend*) unstoppable, uncheckable: **ein ~er Verfall** an unstoppable decay, a decay which cannot be stopped (*od.* checked). – **2.** (*unerbittlich*) (*Schicksal*) inexorable, merciless. – **II** *adv* **3. die technische Entwicklung schreitet ~ voran** technical development cannot be stopped (*od.* cannot be checked, is unstoppable); **der Zeiger der Uhr rückte ~ weiter** the hand of the clock advanced inexorably.

un·auf·hör·lich [ˌʊnˌʔaʊfˈhøːrlɪç; ˈʊn-] **I** *adj* ⟨*attrib*⟩ (*Regen, Schmerzen, Gerede, Klagen etc*) incessant, ceaseless, unceasing, constant, continuous, unremitting, perpetual, eternal (*colloq.*). – **II** *adv* **es schneite ~** it snowed incessantly (*od. colloq.* without a letup [*Br.* let-up]); **sie mußte ~ an ihn denken** she could not stop thinking of him.

un·auf·lös·bar [ˌʊnˌʔaʊfˈløːsbaːr; ˈʊn-] *adj* **1.** (*Rätsel, Gleichung etc*) unsolvable, insolvable, insoluble. – **2.** *cf.* **unauflöslich I**. — **ˌUnˌaufˈlös·bar·keit** *f* ⟨-; *no pl*⟩ **1.** (*eines Rätsels, einer Gleichung etc*) insolvability, unsolvability, insolubility. – **2.** *cf.* **Unauflöslichkeit**.

un·auf·lös·lich [ˌʊnˌʔaʊfˈløːslɪç; ˈʊn-] **I** *adj* **1.** (*Einheit, Bund etc*) indissoluble, irresolvable. – **2.** (*Ehe*) indissoluble. – **II** *adv* **3.** indissolubly: **sie sind ~ miteinander verbunden** they are indissolubly united. — **ˌUnˌaufˈlös·lich·keit** *f* ⟨-; *no pl*⟩ (*einer Einheit, Ehe etc*) indissolubility.

ˈunˌaufˌmerk·sam *adj* **1.** (*Zuhörer, Schüler, Bedienung, Gastgeber etc*) inattentive, unattentive. – **2.** (*Zuschauer, Wachtposten etc*) inattentive, unattentive, unobservant, inobservant. – **3.** (*unvorsichtig, fahrlässig*) careless: **ein ~er Fahrer** a careless driver. – **4.** (*nachlässig, gedankenlos*) inattentive, unattentive, inadvertent, thoughtless: **ich war ihr gegenüber ~** I was inattentive toward(s) her. — **ˈUnˌaufˌmerk·sam·keit** *f* ⟨-; *no pl*⟩ **1.** (*eines Zuhörers, Schülers, Gastgebers etc*) inattentiveness, inattention. – **2.** (*eines Zuschauers, Wachtpostens etc*) inattentiveness, inattention, unattentiveness, inobservance, unobservance, nonobservance *Br.* non-. – **3.** (*Unvorsichtigkeit, Fahrlässigkeit*) carelessness: **er hat das Verkehrszeichen aus ~ übersehen** he overlooked the traffic sign out of carelessness. – **4.** (*Nachlässigkeit, Gedankenlosigkeit*) inattentiveness, inattention, unattentiveness, inadvertence, inadvertency, thoughtlessness.

'un,auf,rich·tig *adj* **1.** (*nicht ehrlich, heuchlerisch*) insincere: **sein Mitleid ist ~** his pity is insincere (*od.* feigned, lip-deep). – **2.** (*nicht offen, nicht freimütig*) uncandid, unfrank, disingenuous. – **3.** *cf.* **falsch** 12. — **'Un,auf,rich·tig·keit** *f* ⟨-; -en⟩ **1.** ⟨*only sg*⟩ (*Unehrlichkeit, Heuchelei*) insincerity. – **2.** ⟨*only sg*⟩ (*fehlende Freimütigkeit*) uncandor, *bes. Br.* uncandour, uncandidness, unfrankness, disingenuity, disingenuousness. – **3.** (*Unwahrheit*) insincerity: **er ertappte sie bei einer ~** he caught her being insincere.

un·auf·schieb·bar [,ʊn,ʔaʊf'ʃiːpbaːr; 'ʊn-] *adj* **1.** (*Termin, Entscheidung etc*) undeferrable, *auch* undeferable, unpostponable: **die Reise ist ~** the journey is undefer(r)able, the journey cannot be put off (*od.* deferred, postponed, delayed). – **2.** urgent, pressing.

un·aus·bleib·lich [,ʊn,ʔaʊs'blaɪplɪç; 'ʊn-] *adj* (*Folgen, Wirkung etc*) inevitable: **diese Mißverständnisse waren ~** these misunderstandings were inevitable, these misunderstandings were bound (*od.* sure) to come.

un·aus·denk·bar [,ʊn,ʔaʊs'dɛŋkbaːr; 'ʊn-] *adj* (*Greueltaten, Wirkung etc*) unimaginable, unthinkable: **die Folgen wären ~** the consequences would be unimaginable (*od.* would be beyond [all] imagination).

un·aus·führ·bar [,ʊn,ʔaʊs'fyːrbaːr; 'ʊn-] *adj* **1.** (*Plan, Vorhaben, Tat etc*) impracticable, unpracticable, infeasible, unfeasible, unworkable, impractical: **die Idee ist ~** the idea is impracticable (*od.* cannot be carried out, cannot be put into effect). – **2.** (*Auftrag, Aufgabe etc*) unfulfillable, impossible. – **3.** (*Befehl*) inexecutable. — **,Un,aus'führ·bar·keit** *f* ⟨-; *no pl*⟩ **1.** (*eines Plans, Vorhabens etc*) impracticability, unpracticability, unpracticableness, infeasibility, unfeasibility, unworkability, impracticality. – **2.** (*eines Auftrags etc*) impossibility of fulfil(l)ment, inability to be fulfilled. – **3.** (*eines Befehls*) impossibility of being executed, inability to be executed.

'un,aus·ge,bil·det *adj* **1.** (*Arbeitskräfte, Personal, Stimme, Gehör etc*) untrained, unschooled, (*Handwerker*) *auch* unskilled. – **2.** (*Fähigkeiten, Talente, Wesenszug, Verfahren etc*) undeveloped. – **3.** *mil.* (*Rekrut*) untrained. – **4.** *med. biol.* (*Organe etc*) a) (*noch nicht voll entwickelt*) undeveloped, unevolved, b) (*rudimentär*) rudimentary, rudimental.

'un,aus·ge,führt *adj* **1.** (*Vorhaben, Befehl etc*) unexecuted: **sie ließen den Plan ~** they did not carry out (*od.* execute) the plan. – **2.** (*Tat, Verbrechen etc*) uncommitted. – **3.** (*Auftrag etc*) unfulfilled.

'un,aus·ge,füllt *adj* **1.** (*Lücke, Fuge etc*) unfilled, unstopped. – **2.** (*Formular, Fragebogen etc*) blank, unfilled: **er gab das Formular ~ zurück** he returned the form blank. – **3.** (*ungenutzt*) unused, (*stärker*) wasted: **eine ~e Zimmerecke** an unused corner in the room. – **4.** (*arbeitsmäßig*) not fully occupied (*od.* employed). – **5.** (*geistig u. seelisch*) unfulfilled: **ein ~es Leben** an unfulfilled life.

'un,aus·ge,gli·chen *adj* **1.** *bes. psych.* unstable: **ein ~er Charakter** an unstable character. – **2.** (*launisch*) moody, of uneven temper: **sie ist sehr ~** she is very moody, she is a person of very uneven temper. – **3.** (*Verhältnis, Erscheinungsbild etc*) unbalanced, disproportionate: **die Statistik zeigt ein ~es Bild** statistics show an unbalanced picture. – **4.** (*Stil, Anordnung etc*) unbalanced, disharmonious, disharmonic, *auch* disharmonical, inharmonious. – **5.** *meteor.* (*Klima*) unstable, instable, unequable. – **6.** *econ.* (*Haushalt, Bilanz etc*) unbalanced. – **7.** *biol.* (*Stoffwechsel*) unbalanced. — **'Un,aus·ge,gli·chen·heit** *f* ⟨-; *no pl*⟩ **1.** *bes. psych.* (emotional) instability. – **2.** moodiness, uneven temper. – **3.** imbalance, disproportion(ateness). – **4.** disharmony, disharmonism. – **5.** *meteor.* instability, unstability. – **6.** *econ.* imbalance.

'un,aus·ge,go·ren *adj fig. colloq.* **1.** (*junger Mann*) immature; half-baked, unlicked (*colloq.*). – **2.** **das ist alles noch ~** (*ein Vorhaben, Plan etc*) all that needs time to settle (*od.* has to be allowed to mature).

'un,aus·ge,la·stet *adj* **1.** (*Produktionsanlage etc*) not working (*od.* running) to capacity, not fully utilized (*Br. auch* -s-). – **2.** (*Person*) not fully occupied (*od.* employed), not (working) at full stretch.

'un,aus·ge,prägt *adj* (*Wesens-, Charakterzug etc*) indistinctive, undistinctive, not clearly defined.

'un,aus·ge,schla·fen *adj* **~ sein** not to have had enough sleep.

'un,aus·ge,setzt *adj u. adv cf.* **unaufhörlich, unablässig.**

'un,aus·ge,spro·chen *adj* (*Vorwurf etc*) unuttered, unspoken, unexpressed, unsaid.

'un,aus·ge,wo·gen *adj cf.* **unausgeglichen** 3—5. — **'Un,aus·ge,wo·gen·heit** *f* ⟨-; *no pl*⟩ *cf.* **Unausgeglichenheit** 3—5.

un·aus·lösch·lich [,ʊn,ʔaʊs'lœʃlɪç; 'ʊn-] **I** *adj* **1.** (*Eindruck, Erinnerung etc*) indelible, ineffaceable. – **2.** (*Tinte, Schrift etc*) indelible. – **II** *adv* **3.** **das Erlebnis hat sich ihm ~ eingeprägt** the experience engraved (*od.* fixed) itself indelibly on his mind, the experience left an indelible impression on him.

un·aus·rott·bar [,ʊn,ʔaʊs'rɔtbaːr; 'ʊn-] *adj* (*Vorurteil, Aberglaube etc*) ineradicable, uneradicable, inveterate; inexpungible, *auch* inexpungeable, inextirpable (*lit.*).

un·aus·sprech·bar [,ʊn,ʔaʊs'ʃprɛçbaːr; 'ʊn-] *adj cf.* **unaussprechlich** 1.

un·aus·sprech·lich [,ʊn,ʔaʊs'ʃprɛçlɪç; 'ʊn-] **I** *adj* **1.** (*Wort etc*) unpronounceable, jawbreaking, *Br.* jaw-breaking (*colloq.*): **dieser Name ist ~** this name is unpronounceable (*od.* is a tongue-twister, *colloq.* is a jawbreaker [*Br.* jaw-breaker]). – **2.** *fig.* (*Freude, Schmerz, Elend etc*) inexpressible, unexpressible, *auch* unexpressable, ineffable, unutterable, unspeakable, untold (*lit.*): **ein ~es Glück** (an) inexpressible happiness, (a) happiness beyond all expression. – **II** *adv* **3.** **er tat mir ~ leid** *fig.* I felt inexpressibly (*od.* unspeakably) sorry for him.

un·aus·steh·lich [,ʊn,ʔaʊs'ʃteːlɪç; 'ʊn-] **I** *adj* (*Mensch, Lärm etc*) intolerable, insufferable: **er ist heute wieder ~!** he is intolerable (*od.* at his worst) again today; **ein ~er Kerl** *colloq.* an intolerable fellow (*colloq.*), an old so-and-so; **sie ist mir ~, ich finde sie ~** I find her intolerable, I can't bear (the sight of) her. – **II** *adv* intolerably: **er ist ~ neugierig** he is intolerably curious (*od.* inquisitive). — **,Un,aus'steh·lich·keit** *f* ⟨-; *no pl*⟩ intolerability, intolerableness, insufferableness.

un·aus·tilg·bar [,ʊn,ʔaʊs'tɪlkbaːr; 'ʊn-] *adj* **1.** (*Erinnerung etc*) indelible, ineffaceable; inexpungible, *auch* inexpungeable, inextirpable (*lit.*). – **2.** (*Schuld, Sünde etc*) inexpiable.

un·aus·weich·lich [,ʊn,ʔaʊs'vaɪçlɪç; 'ʊn-] *adj* (*Katastrophe, Konfrontation etc*) inescapable, unescapable, inevitable, unavoidable, ineludible, ineluctable.

'un,bän·dig [-,bɛndɪç] **I** *adj* **1.** (*Leidenschaft, Sucht, Haß, Zorn etc*) unrestrained, unrestrainable, unbridled, irrepressible, uncontrollable, (*stärker*) insensate: **eine ~e Wut erfaßte ihn** he was seized with (*od.* he flew into) an unrestrained rage. – **2.** (*Freude, Vergnügen, Jubel, Lachen etc*) unrestrained, unrestrainable. – **3.** (*Junge, Mädchen etc*) unruly, boisterous, obstreperous, intractable, indocile, (*stärker*) unmanageable. – **4.** (*Wildheit, Naturkräfte etc*) unrestrained, unrestrainable, ungovernable, intractable. – **5.** (*Körperkräfte, Stärke etc*) tremendous, enormous. – **6.** (*Pferd, Stier etc*) fractious, indocile. – **II** *adv* **7.** **~ lachen** to laugh unrestrainedly (*od.* without restraint). – **8.** (*ungeheuer*) tremendously, enormously: **er ist ~ stark** he is tremendously strong, he has plenty of brawn, he is as strong as an ox (*od.* a horse). — **'Un,bän·dig·keit** *f* ⟨-; *no pl*⟩ **1.** (*der Leidenschaft, des Zorns etc*) unrestrainedness, irrepressibility, (*stärker*) insensateness. – **2.** (*der Freude, des Lachens etc*) unrestrainedness. – **3.** (*eines Kindes, Jugendlichen etc*) unruliness, boisterousness, obstreperousness, intractability, intractableness, indocility, (*stärker*) unmanageableness. – **4.** (*der Naturkräfte etc*) unrestrainedness, intractability, intractableness. – **5.** (*der Körperkräfte*) tremendousness, enormity, enormousness. – **6.** (*eines Pferds, Stiers etc*) fractiousness, indocility.

'un,bar *adj* ⟨*attrib*⟩ *u. adv econ. cf.* **bargeldlos.**

'un,barm,her·zig *adj* **1.** (*mitleidlos*) merciless, pitiless, ruthless, unmerciful: **ein ~er Mensch** a merciless person; **~e Schläge prasselten auf ihn herab** merciless blows rained down on him. – **2.** (*unerbittlich*) inexorable, relentless, merciless: **ein ~es Schicksal** an inexorable fate; **mit ~er Strenge** with inexorable (*od.* iron) severity. – **3.** *colloq. humor.* hard: **sei nicht so ~!** don't be so hard. – **4.** *cf.* **erbarmungslos** I. — **'Un,barm,her·zig·keit** *f* ⟨-; *no pl*⟩ **1.** (*Mitleidlosigkeit, Herzlosigkeit*) mercilessness, pitilessness, unmercifulness. – **2.** (*Unerbittlichkeit*) inexorability, relentlessness, mercilessness.

'un·be,ab,sich·tigt **I** *adj* (*Wirkung, Fehler, Kränkung etc*) unintentional, inadvertent, unwitting, unintended, undesigned: **das war ~** that was unintentional, that was not done on purpose. – **II** *adv* **j-n ~ kränken** to offend s.o. unintentionally (*od.* unwittingly).

'un·be,ach·tet **I** *adj* **1.** (*unbemerkt, unbeobachtet*) unnoticed, unnoted, unobserved: **das Ereignis blieb ~** the event went unnoticed. – **2.** (*nicht geachtet, nicht berühmt*) unnoted, unnoticed: **ein ~er Schriftsteller** a neglected (*od.* an unnoted) writer. – **3.** (*unberücksichtigt*) unheeded, disregarded, unregarded, unobserved: **sie ließen seine Einwände ~** they paid no attention to (*od.* they took no notice of, they ignored) his objections. – **4.** (*vernachlässigt*) unnoticed: **auf dem Ball blieb sie ~** she was left unnoticed (*od.* left in the corner, left a wallflower) at the dance. – **II** *adv* **5.** **~ verließ er das Zimmer** he left the room unnoticed (*od.* unobserved, unnoted).

'un·be,acht·lich *adj jur.* irrelevant.

'un·be,an,stan·det **I** *adj* **1.** (*Waren etc*) unobjected, not rejected. – **2.** (*Regelverstoß etc*) unobjected: **einen Fehler ~ lassen** to let a mistake pass. – **3.** (*Entscheidung, Wahl etc*) unopposed, uncontested, unobjected. – **II** *adv* **4.** **das Paket kam ~ durch die Zollkontrolle** the parcel got through (*od.* passed) the customs without objection.

'un·be,ant,wort·bar *adj* (*Frage, Schreiben etc*) unanswerable.

'un·be,ant,wor·tet *adj* (*Brief, Frage etc*) unanswered: **das Schreiben ist noch immer ~** the letter is still unanswered (*od.* has not been answered yet); **seine Anfrage blieb ~** his inquiry was left unanswered.

'un·be,ar·bei·tet *adj* **1.** (*Thema, Fall, Auftrag etc*) untreated: **dieses Sachgebiet ist noch ~** this subject matter is still untreated, this subject matter has not been treated (*od.* dealt with) yet. – **2.** *tech.* (*Werkstück*) unfinished, rough, (*maschinell*) unmachined. – **3.** *agr.* uncultivated.

'un·be,auf,sich·tigt *adj* **1.** (*Arbeiter, Kinder etc*) unsupervised. – **2.** (*Maschinen, Fabrikanlage, Feuer etc*) unattended, unsupervised, uncontrolled.

un·be·bau·bar [,ʊnbə'baʊbaːr; 'ʊn-] *adj* **1.** *agr.* (*Acker*) uncultiva(ta)ble, untillable. – **2.** *civ.eng.* not suitable for development: **ein ~es Grundstück [Gelände]** a) a plot [an area] not suitable for development, b) (*durch Bauverbot*) a plot [a site] where building is not permitted.

'un·be,baut *adj* **1.** *agr.* (*Boden*) uncultivated, untilled, fallow, unlabored, *bes. Br.* unlaboured (*lit.*). – **2.** *civ.eng.* (*Grundstück etc*) unbuilt, vacant: **das Gelände ist noch ~** the area is still undeveloped.

'un·be,dacht *adj* **1.** (*unbesonnen, unüberlegt*) thoughtless: **ich habe ihn mit einer ~en Äußerung gekränkt** I offended him with a thoughtless remark. – **2.** (*voreilig*) rash, imprudent, inconsiderate, hasty: **in einem ~en Augenblick** in a moment of rashness, in an unguarded moment.

'un·be,dach·ter'wei·se *adv* thoughtlessly, [carelessly.]

'un·be,dacht·sam *adj cf.* **unbedacht.**

'un·be,dacht·sa·mer'wei·se *adv cf.* **unbedachterweise.**

ˈUn·beˌdacht·sam·keit *f* ⟨-; *no pl*⟩ **1.** (*Unbesonnenheit*) thoughtlessness. – **2.** (*Voreiligkeit*) rashness, imprudence, inconsiderateness, inconsideration, hastiness.

ˈun·beˌdarft [-ˌdarft] *adj colloq.* **1.** (*unerfahren*) inexperienced, unexperienced, green: ich bin auf diesem Gebiet völlig ~ I am completely inexperienced (*od.* unversed, inexpert) in this field. – **2.** (*naiv*) naïve, *auch* naive, naïf, naif, green. – **3.** (*einfältig, leichtgläubig*) gullible. — **ˈUn·beˌdarft·heit** *f* ⟨-; *no pl*⟩ *colloq.* **1.** (*Unerfahrenheit*) inexperience, greenness. – **2.** (*Naivität*) naïveté, *auch* naiveté, naïvety, greenness. – **3.** (*Einfältigkeit, Leichtgläubigkeit*) gullibility.

ˈun·beˌdeckt *adj* **1.** (*Grube, Leichnam etc*) uncovered. – **2.** (*Körperteil*) bare: sein Kopf war ~ he was bareheaded (*Br.* bare-headed).

ˈun·beˌdenk·lich I *adj* **1.** (*völlig sicher, risikolos*) absolutely safe (*od.* reliable): ich halte den Plan für ~ I think (that) the plan is completely safe. – **2.** (*unschädlich*) harmless, unharmful. – **3.** (*gewissenlos, skrupellos*) unscrupulous. – **II** *adv* **4.** safely: ihr könnt diesen Weg ~ gehen you can safely go that way. – **5.** (*ohne zu zögern*) without hesitation, unhesitatingly: ich würde so etwas ~ tun I would do that without hesitation; dieses Angebot kannst du ~ annehmen you can accept the offer without hesitation. – **6.** (*gewissenlos, skrupellos*) unscrupulously. — **ˈUn·beˌdenk·lich·keit** *f* ⟨-; *no pl*⟩ **1.** (*völlige Sicherheit, Risikolosigkeit*) absolute safety (*od.* safeness, reliability). – **2.** (*Unschädlichkeit*) harmlessness. – **3.** (*Gewissenlosigkeit*) unscrupulousness.

ˈUn·beˌdenk·lich·keits|beˌschei·ni·gung *f* **1.** *jur. cf.* Unbedenklichkeitszeugnis 1. – **2.** *econ.* (*für Zollgut*) certificate of non-objection (*Br.* non-), import (clearance) certificate. — **~ˌüber·ˌprü·fung** *f econ.* (*bei Zollgut*) objectionability test. — **~ˌzeug·nis** *n* **1.** *jur.* certificate of nonobjection (*Br.* non-). – **2.** *mar. nucl.* navicert.

ˈun·beˌdeu·tend I *adj* **1.** (*Ereignis, Unternehmen, Persönlichkeit, politische Gruppe, Theater, Kunstwerk etc*) insignificant, unsignificant, unimportant: eine ~e Stadt an insignificant (*od. colloq.* a one-horse, *Am. colloq.* a jerkwater, a two-by-four) town; ein ~er Schriftsteller an insignificant (*od.* undistinguished) writer. – **2.** (*Einfluß, Auswirkung, Stellung, Position etc*) insignificant, unsignificant. – **3.** (*Zwischenfall, Gewinn, Verlust, Fortschritt etc*) minor, insignificant, unsignificant, slight, negligible, *auch* negligeable: am Auto entstand ~er Sachschaden minor (*od.* negligible, *auch* negligeable) damage was caused to the car. – **4.** (*Angelegenheit, Auseinandersetzung etc*) trivial, petty, trifling: sie streiten sich über ganz ~e Dinge they quarrel about petty things. – **5.** (*Menge, Anzahl, Unterschied etc*) insignificant, unsignificant, inconsiderable: schon eine ~e Menge des Gifts genügt an insignificant quantity of the poison is sufficient. – **II** *adv* **6.** die Einwohnerzahl hat sich nur ~ vermehrt the number of inhabitants increased only insignificantly. — **ˈUn·beˌdeu·tend·heit** *f* ⟨-; *no pl*⟩ **1.** (*eines Ereignisses, Kunstwerks, einer Persönlichkeit etc*) insignificance, insignificancy, unimportance. – **2.** (*einer Stellung, Position, eines Zwischenfalls, Verlusts etc*) insignificance, insignificancy, negligibility. – **3.** (*einer Menge, eines Unterschieds etc*) insignificance, insignificancy, inconsiderableness.

un·be·dingt [ˈʊnbəˌdɪŋt; ˌʊn-] **I** *adj* ⟨*attrib*⟩ **1.** (*Vertrauen, Gehorsam, Treue, Zuverlässigkeit etc*) unconditional, absolute, implicit. – **2.** (*Zustimmung, Unterstützung, Billigung etc*) unconditional, unreserved, absolute: er ist ein ~er Anhänger der Demokratie he is an unconditional supporter of democracy. – **3.** (*Notwendigkeit, Voraussetzung etc*) imperative, absolute. – **4.** *med.* a) (*Bettruhe, Diät etc*) rigid, strict, b) ~er Reflex unconditioned reflex. – **II** *adv* **5.** (*bedingungslos*) unconditionally, absolutely: j-m ~ vertrauen to place unconditional (*od.* absolute) confidence in s.o. – **6.** (*unter allen Umständen*) by all means: du mußt ~ dabeisein! you must take part by all means! soll ich mitkommen? ja, ~! shall I come with you? yes, by all means (*od.* yes, you must)! – **7.** (*dringend*) urgently: ich muß ihn ~ sprechen I have to speak to him urgently; die Hilfeleistung war ~ notwendig the aid was urgently needed; sie braucht ~ ein neues Kleid she needs a new dress urgently (*od.* badly). – **8.** nicht ~ not necessarily. — **ˈUn·beˌdingt·heit** *f* ⟨-; *no pl*⟩ **1.** (*des Vertrauens, Gehorsams, der Treue etc*) unconditionality, unconditionalness, absoluteness, implicitness. – **2.** (*der Unterstützung, Billigung etc*) unconditionality, unconditionalness, absoluteness, unreservedness.

ˈun·beˌeinˌfluß·bar *adj* uninfluenceable, objective. — **ˈUn·beˌeinˌfluß·bar·keit** *f* ⟨-; *no pl*⟩ uninfluenceability, objectivity.

ˈun·beˌeinˌflußt *adj* **1.** (von by) uninfluenced, unaffected. – **2.** (*nicht einseitig festgelegt*) unbias(s)ed.

ˈun·beˌeinˌträch·tigt *adj* (*Gesundheit, Geschicklichkeit, Prestige etc*) (von by) unimpaired.

ˈun·beˌen·det *adj* **1.** (*Veranstaltung etc*) unfinished, unended. – **2.** (*Buch, Werk etc*) unfinished, incomplete.

ˈun·beˌfä·higt *adj* (*Angestellter etc*) unqualified, incompetent: er ist zu dieser Arbeit ~ he is unqualified for (*od.* incompetent for, not qualified to do) this work.

un·be·fahr·bar [ˌʊnbəˈfaːrbaːr; ˈʊn-] *adj* **1.** (*Straße, Weg etc*) impassable, impracticable. – **2.** (*Wasserstraße*) unnavigable, impassable.

ˈun·beˌfan·gen I *adj* **1.** (*nicht verlegen, nicht gehemmt*) unabashed, unembarrassed. – **2.** (*frisch u. natürlich, unaffektiert*) unaffected. – **3.** (*unvoreingenommen, vorurteilslos*) unbias(s)ed, unprejudiced, objective, impartial: der ~e Beobachter the unbias(s)ed observer. – **4.** (*offen u. ehrlich*) frank, candid. – **5.** (*unverbildet*) ingenuous. – **6.** *jur.* (*Richter, Zeuge etc*) unbias(s)ed, unprejudiced, (*unparteiisch*) impartial. – **II** *adv* **7.** j-m ~ gegenübertreten to face s.o. without embarrassment (*od.* unembarrassedly); sie sagte ihm ~ ihre Meinung she told him her candid opinion. — **ˈUn·beˌfan·gen·heit** *f* ⟨-; *no pl*⟩ **1.** (*Ungehemmtheit*) unabashed (*od.* unembarrassed) manner. – **2.** (*Unaffektiertheit*) unaffectedness. – **3.** (*Unvoreingenommenheit*) freedom from bias (*od.* prejudice), objectivity, impartiality. – **4.** (*Offenheit*) frankness, candor, *bes. Br.* candour, candidness. – **5.** (*Unverbildetheit*) ingenuousness. – **6.** *jur.* (*eines Richters, Zeugen etc*) freedom from bias (*od.* prejudice), (*Unparteilichkeit*) impartiality.

ˈun·beˌfe·stigt *adj* **1.** (*Straße, Startbahn etc*) unpaved. – **2.** *mil.* (*Stellung etc*) unfortified.

ˈun·beˌfleckt *adj fig.* **1.** *archaic od. iron.* (*Ehre, Name etc*) unsullied, undefiled. – **2.** die U~e Empfängnis (Mariä *od.* Mariens) *relig.* the Immaculate Conception (of [the Virgin] Mary).

ˈun·beˌfrie·di·gend *adj* (*Arbeit, Leistung etc*) unsatisfactory: das Ergebnis der Verhandlungen war sehr ~ the result of the negotiations was very unsatisfactory.

ˈun·beˌfrie·digt *adj* **1.** (*Wünsche, Neugier etc*) unsatisfied, ungratified: sie blieb (*od.* war) ~ (*auch sexuell*) she was (left) unsatisfied. – **2.** (*unzufrieden*) dissatisfied, discontented: die Arbeit hat mich ~ gelassen the work left me dissatisfied. – **3.** (*enttäuscht*) disappointed: er ist vom Leben ~ he is disappointed in (*od.* with) life. — **ˈUn·beˌfrie·digt·heit** *f* ⟨-; *no pl*⟩, **ˈUn·beˌfrie·digtˌsein** *n* **1.** unsatisfaction. – **2.** dissatisfaction, discontent. – **3.** (feeling of) disappointment.

ˈun·beˌfri·stet I *adj* unlimited. – **II** *adv* for an unlimited period.

ˈun·beˌfruch·tet *adj biol.* (*Ei*) unfertilized *Br. auch* -s-.

ˈun·beˌfugt *adj bes. jur.* **1.** unauthorized *Br. auch* -s-: ~es Betreten fremden Grundbesitzes trespass to land. – **2.** (*nicht zuständig*) incompetent. – **3.** (*unberechtigt*) unwarranted.

ˈUn·beˌfug·te *m, f* ⟨-n; -n⟩ trespasser, unauthorized (*Br. auch* -s-) person: Zutritt für ~ verboten no admittance except on business, no trespassing, (*bes. vor Gelände*) trespassers will be prosecuted.

ˈun·beˌfug·terˈwei·se *adv jur.* without authority (*od.* permission), without being authorized (*Br. auch* -s-), unauthorized *Br. auch* -s-.

ˈun·beˌgabt *adj* (für for) untalented, ungifted, talentless. — **ˈUn·beˌgabt·heit** *f* ⟨-; *no pl*⟩ lack of talent.

ˈun·beˌgan·gen *adj* (*Weg, Schneefeld etc*) untrodden.

ˈun·beˌge·ben *adj econ.* (*Wechsel*) unnegotiated, not disposed of.

ˈun·beˌglau·bigt *adj jur.* unattested, uncertified, unauthenticated.

ˈun·beˌglei·tet *adj* unaccompanied.

ˈun·beˌgli·chen *adj* (*Rechnung, Schuld etc*) outstanding, unsettled, unpaid, due.

un·be·greif·lich [ˌʊnbəˈɡraɪflɪç; ˈʊn-] *adj* **1.** incomprehensible, inconceivable, unfathomable, inapprehensible: es ist mir ~, wie das geschehen konnte I cannot understand how that could have happened; das ist ein ~er Leichtsinn that is an incomprehensibly stupid thing to do. – **2.** (*unerklärlich*) inexplicable, mysterious. — **ˌUn·beˈgreif·lich·keit** *f* ⟨-; *no pl*⟩ incomprehensibility, inconceivability, inapprehensibility.

un·be·grenz·bar [ˌʊnbəˈɡrɛntsbaːr; ˈʊn-] *adj* illimitable.

un·be·grenzt [ˈʊnbəˌɡrɛntst; ˌʊn-] **I** *adj* **1.** (*Mittel, Vertrauen etc*) unlimited, boundless, infinite, limitless, unbounded: das Land der ~en Möglichkeiten (*die Vereinigten Staaten*) the land of boundless possibilities. – **2.** (*Zeit*) unlimited, indefinite. – **3.** *bot.* indefinite. – **II** *adv* **4.** for an unlimited period: ich habe heute ~ Zeit I have unlimited time today; diese Konserven sind nicht ~ haltbar these preserves will not keep for an unlimited period (of time). — **ˈUn·beˌgrenzt·heit** *f* ⟨-; *no pl*⟩ **1.** unlimitedness, boundlessness, infinity, infiniteness, infinitude, limitlessness, unboundedness. – **2.** (*der Zeit*) unlimitedness, indefiniteness.

ˈun·beˌgrün·det *adj* (*Verdacht, Bedenken, Anschuldigung etc*) unfounded, ill-founded, ungrounded, groundless, baseless: dein Mißtrauen ist völlig ~ your mistrust is completely unfounded; eine Klage als ~ abweisen *jur.* to dismiss a claim on the merits.

un·be·haart [ˌʊnbəˈhaːrt; ˈʊn-] *adj* **1.** hairless. – **2.** (*Kopf*) bald. – **3.** (*Stelle*) bare, bald. – **4.** *zo.* naked, smooth, glabrous (*scient.*). – **5.** *bot.* smooth(-leaved), glabrous (*scient.*). — **ˌUn·beˈhaart·heit** *f* ⟨-; *no pl*⟩ **1.** hairlessness. – **2.** baldness. – **3.** bareness, baldness. – **4.** *zo.* nakedness, smoothness, glabrousness (*scient.*). – **5.** *bot.* smoothness, glabrousness (*scient.*).

ˈUn·beˌha·gen *n* ⟨-s; *no pl*⟩ **1.** (*seelisches*) uneasiness: ein leises ~ beschlich (*od.* überkam) sie a slight feeling of uneasiness crept over (*od.* through) her. – **2.** (*körperliches*) discomfort, malaise.

ˈun·beˌhag·lich *adj* **1.** (*Zimmer, Temperatur, Einrichtung etc*) uncomfortable. – **2.** (*Gefühl, Situation etc*) uneasy, uncomfortable: sich ~ fühlen to feel uneasy (*od.* ill at ease). — **ˈUn·beˌhag·lich·keit** *f* ⟨-; *no pl*⟩ **1.** uncomfortableness. – **2.** uneasiness, uncomfortableness.

ˈun·beˌhau·en *adj* **1.** (*Steine*) unhewn, uncut, undressed. – **2.** (*Bauholz*) unsquared, undressed.

ˈun·beˌhaust *adj* **1.** undomiciled, nonresident *Br.* non-. – **2.** homeless, uprooted.

un·be·hel·ligt [ˌʊnbəˈhɛlɪçt; ˈʊn-] *adj u. adv* unmolested, undisturbed: j-n ~ lassen to leave s.o. unmolested; ~ bleiben to be left unmolested.

ˈun·beˌherrscht I *adj* unrestrained, uncontrolled, intemperate, lacking self-control: ~es Gerede intemperate utterance, unguarded speech. – **II** *adv* ~ handeln to act without self-control (*od.* -restraint). — **ˈUn·beˌherrscht·heit** *f* ⟨-; *no pl*⟩ unrestrainedness, unrestraint, lack of self-control, intemperance.

un·be·hin·dert [ˌʊnbəˈhɪndərt; ˈʊn-] **I** *adj* **1.** (*Sicht, Zufahrt etc*) unobstructed, unhindered, unimpeded, unhampered. – **2.** (*nicht eingeschränkt*) unrestricted, unconfined. – **II** *adv* **3.** ~ durch eine Absperrung kommen to come through a barrier unhindered (*od.* without hindrance).

ˈun·beˌhol·fen I *adj* **1.** (*unpraktisch*) unpractical, impractical, helpless. – **2.** (*un-*

geschickt) awkward, clumsy, heavy-handed: er ist sehr ~ his fingers are all thumbs. – **3.** (*schwerfällig*) clumsy, lumbering, heavy-footed, awkward. – **II** *adv* **4.** awkwardly, clumsily: ~ laufen (*od.* gehen) to lumber (along). — **'Un·be,hol·fen·heit** *f* ⟨-; *no pl*⟩ **1.** unpracticalness, impracticality, impracticalness, helplessness. – **2.** awkwardness, clumsiness, heavy-handedness. – **3.** clumsiness, awkwardness, lumberingness.

'un·be,host *adj colloq. humor.* trouserless, pantless.

un·be·irr·bar [,ʊnbəˈʔɪrbaːr; ˈʊn-] *adj* **1.** (*in einer Meinung, Überzeugung etc*) unswerving, unwavering, steadfast, *auch* stedfast. – **2.** (*bes. im Glauben*) sta(u)nch, steadfast, *auch* stedfast.

un·be·irrt [,ʊnbəˈʔɪrt; ˈʊn-] *adv* **1.** unswervingly, unwaveringly, steadfastly, *auch* stedfastly. – **2.** sta(u)nchly, steadfastly, *auch* stedfastly.

'un·be,kannt I *adj* **1.** (*Person, Werke, Ursache etc*) unknown: aus ~er Ursache for unknown reasons; ~ verzogen (*Vermerk auf Briefen*) moved to an unknown address, removed — address unknown; ~en Aufenthalts resident at an unknown address, present address unknown; eine Familie dieses Namens ist hier ~ there is no family of that name known here; das ist mir ~ I did not know that; eine ~e Größe a) *math.* an unknown quantity, b) *fig. colloq.* (*Person*) a dark horse; das Grabmal des U~en Soldaten the tomb of the Unknown Warrior (*Am.* Soldier). – **2.** (*nicht vertraut*) unfamiliar, strange: die Gegend war mir völlig ~ that district was quite unfamiliar to me; viele ~e Gesichter many unfamiliar (*od.* strange) faces; es dürfte dir nicht ~ sein, daß you will of course be familiar with (*od.* aware of) the fact that. – **3.** (*fremd*) strange: ich bin hier ~ I am a stranger (*od.* I am strange) here. – **4.** (*obskur*) obscure: ein (gänzlich) ~er Ort some obscure locality. – **5.** (*unerkannt, inkognito*) incognito, unknown, unidentified. – **6.** ~es Flugobjekt (*space*) unidentified flying object, UFO. – **II U~e, das** ⟨-n⟩ **7.** the unknown.

'Un·be,kannt *only in* Anzeige [ein Verfahren] gegen ~ *jur.* charge [proceedings *pl*] against a person or persons unknown.

'Un·be,kann·te[1] *m* ⟨-n; -n⟩ **1.** unknown person. – **2.** (*Fremder*) stranger: wer war der große ~? who was the mysterious stranger?

'Un·be,kann·te[2] *f* ⟨-n; -n⟩ **1.** unknown person (*od.* woman, girl). – **2.** (*Fremde*) stranger. – **3.** *math.* unknown (quantity *od.* factor): eine Gleichung mit drei ~n an equation with three unknown quantities.

'un·be,kann·ter'wei·se *adv* (*in Wendungen wie*) grüßen Sie bitte Ihre Mutter ~ von mir please give my regards to your mother although I don't know her (*od.* although we don't know each other, although we have never been introduced).

'un·be,klei·det I *adj* undressed, unclothed, naked: ~ sein to be naked, to have nothing (*od.* no clothes) on. – **II** *adv* with nothing (*od.* no clothes) on, without (any) clothes on.

'un·be,kömm·lich *adj auch fig.* indigestible, unwholesome.

un·be·küm·mert [,ʊnbəˈkʏmərt; ˈʊn-] **I** *adj* **1.** (*sorglos*) carefree, lighthearted: ihr Lachen war ~ her laughter was carefree. – **2.** (*von Natur aus*) happy-go-lucky, easygoing, *Br.* easy-going. – **3.** (*unbesorgt*) unconcerned, nonchalant: seien Sie ~! don't worry! never fear! – **4.** (*gleichgültig*) heedless, regardless, mindless, indifferent, careless: sie lief voraus, ~ darum, ob die anderen folgen konnten she ran ahead, regardless (*od.* heedless) of whether the others could follow. – **II** *adv* **5.** ~ lachen to laugh lightheartedly. — **,Un·be'küm·mert·heit** *f* ⟨-; *no pl*⟩ **1.** carefreeness, lightheartedness. – **2.** happy-go-lucky attitude, easygoingness, *Br.* easy-goingness. – **3.** unconcern, nonchalance. – **4.** heedlessness, regardlessness, indifference, carelessness.

'un·be,la·den *adj* unloaded, unladen, empty.

'un·be,la·stet *adj* **1.** (*Fahrzeug etc*) unloaded, unladen. – **2.** (*Bein etc*) unweighted. – **3.** *fig.* (*sorglos*) carefree, free from care (*od.* worries), lighthearted, free and easy. – **4.** *fig.* (*Gewissen*) clear. – **5.** *econ.* a) (*Grundstück*) unencumbered, unmortgaged, b) (*Konto*) uncharged. – **6.** *electr.* unloaded: in ~em Zustand in no-load condition. – **7.** *pol.* with a clean record (*od.* an immaculate past).

'un·be,lä·stigt *adj* unmolested.

'un·be,laubt *adj* leafless, bare, without foliage (*od.* leaves).

'un·be,lebt *adj* **1.** (*Materie*) inanimate, dead. – **2.** (*leblos, schwunglos*) dull, lifeless, spiritless, inanimate. – **3.** (*Straße, Gegend etc*) quiet, deserted.

'un·be,leckt *adj fig. colloq. contempt.* untouched: ~ von jeder Kultur sein to be untouched by civilization (*Br. auch* -s-), to show no trace of culture.

un·be·lehr·bar [,ʊnbəˈleːrbaːr; ˈʊn-] *adj* (*Mensch*) unteachable: er ist ~ he will take advice from (*od.* listen to) no one, he won't listen to reason. — **,Un·be'lehr·bar·keit** *f* ⟨-; *no pl*⟩ unteachableness.

'un·be,le·sen *adj* unread, unlettered. — **'Un·be,le·sen·heit** *f* ⟨-; *no pl*⟩ ignorance in literary matters.

'un·be,leuch·tet *adj* (*Straßen etc*) unlit, unlighted, unilluminated.

'un·be,lich·tet *adj phot.* (*Film, Platte*) unexposed.

'un·be,liebt *adj* unpopular, not (much) liked, disliked: er ist sehr ~ bei seinen Kollegen he is very unpopular with his colleagues; er machte sich durch diese Anordnung bei allen ~ he made himself unpopular with everyone by this directive. — **'Un·be,liebt·heit** *f* ⟨-; *no pl*⟩ unpopularity.

'un·be,lohnt *adj* unrewarded.

'un·be,mannt *adj* **1.** (*Raumschiff, Boot etc*) unmanned. – **2.** *aer.* unpiloted, pilotless. – **3.** *colloq. humor.* (*Mädchen*) husbandless, without a husband.

un·be·merk·bar [,ʊnbəˈmɛrkbaːr; ˈʊn-] *adj* imperceptible.

'un·be,merkt I *adj* unnoticed, unobserved, unseen, unperceived: sein Verschwinden blieb ~ his disappearance went unnoticed. – **II** *adv* er trat ~ ins Zimmer he entered the room unnoticed; j-n ~ verfolgen, j-n ~ überwachen to shadow s.o.

'un·be,mit·telt *adj* without means (*od.* funds), impecunious, poor: er ist nicht ganz ~ he is not without means, he is not exactly hard up.

'un·be,nannt *adj* **1.** unnamed. – **2.** *math.* abstract.

un·be·nom·men [,ʊnbəˈnɔmən; ˈʊn-] *adj only in* es ist (*od.* bleibt) Ihnen ~, das zu tun you are (quite) at liberty to do that.

'un·be,nutzt, **'un·be,nützt** *adj* **1.** (*Taschentuch, Besteck etc*) unused. – **2.** (*noch nicht im Gebrauch*) unused, not (yet) brought (*od.* taken) into use, unemployed. – **3.** (*neu*) new. – **4.** (*Geld*) idle. – **5.** (*Gebäude*) unoccupied, vacant. – **6.** *cf.* ungenutzt.

'un·be,ob·ach·tet *adj* unobserved, unnoticed, unwatched: sie glaubte sich ~ she thought (that) no one was watching her (*od.* was looking); in einem ~en Augenblick machte er sich davon he made off when no one was watching (*od.* looking).

'un·be,quem *adj* **1.** (*Sessel, Schuhe, Kleid etc*) uncomfortable, uncomfy (*colloq.*). – **2.** (*lästig, ärgerlich, störend*) inconvenient: diese Art Heizung ist sehr ~ this type of heating is very inconvenient. – **3.** *fig.* (*Fragen etc*) awkward, embarrassing. – **4.** *fig.* (*Gast, Mahner, Aufpasser etc*) irksome, irritating. – **5.** er wurde ihnen ~ *fig.* he began to be a nuisance to them. — **'Un·be,quem·lich·keit** *f* ⟨-; -en⟩ **1.** ⟨*only sg*⟩ uncomfortableness, lack of comfort. – **2.** inconvenience.

un·be·re·chen·bar [,ʊnbəˈrɛçənbaːr; ˈʊn-] *adj* **1.** incalculable. – **2.** (*nicht vorhersehbar*) unpredictable, imponderable: ~e Umstände imponderables. – **3.** (*Mensch, Verbrecher*) unpredictable: er ist ~ he is unpredictable. — **,Un·be're·chen·bar·keit** *f* ⟨-; *no pl*⟩ **1.** incalculability. – **2.** unpredictability, imponderability. – **3.** unpredictability.

'un·be,rech·net *adj* (*gratis*) free, gratis, gratuitous, complimentary, free of charge.

'un·be,rech·tigt *adj* **1.** (*ohne Befugnis od. Genehmigung*) unauthorized *Br. auch* -s-, unwarranted: ~er Nachdruck a) unauthorized reprint, b) piracy, pirated (*od.* piratical, *auch* piratic) edition. – **2.** (*Vorwurf, Forderung etc*) unjustified, unreasonable, unwarranted. – **3.** (*unbegründet, grundlos*) unfounded, ungrounded. – **4.** (*unfair, unbillig*) unfair. — **'un·be,rech·tig·ter'wei·se** *adv* **1.** without authority (*od.* warrant). – **2.** without justification (*od.* reason, warrant).

'un·be,rich·tigt *adj* uncorrected.

'un·be,rit·ten *adj* unmounted.

un·be·rück·sich·tigt [,ʊnbəˈrʏk,zɪçtɪçt; ˈʊn-] *adj* unconsidered, not taken into account (*od.* consideration): sein Einwand blieb ~ his objection was left unconsidered; etwas ~ lassen a) to leave s.th. out of account (*od.* consideration), b) (*ignorieren*) to ignore s.th.

un·be·ru·fen [,ʊnbəˈruːfən; ˈʊn-] *interj* ~(, toi, toi, toi)! touch wood!

un·be·rühr·bar [,ʊnbəˈryːrbaːr; ˈʊn-] *adj* untouchable. — **,Un·be'rühr·ba·re** *m, f* ⟨-n; -n⟩ (*Paria*) untouchable. — **,Un·be'rühr·bar·keit** *f* ⟨-; *no pl*⟩ untouchability.

'un·be,rührt *adj* **1.** untouched: das Essen ~ lassen to leave the (*od.* one's) food untouched (*od.* untasted); das Bett war ~ the bed was untouched (*od.* had not been slept in). – **2.** *fig.* (*Mädchen, Natur, Schnee etc*) virgin (*attrib*). – **3.** *fig.* (*nicht betroffen*) unaffected: Angestellte und Beamte bleiben von diesem Gesetz ~ employees and civil servants are not affected by (*od.* do not fall within the purview of) this law. – **4.** etwas (im Gespräch) ~ lassen *fig.* to leave s.th. untouched (*od.* unmentioned). – **5.** *fig.* (*ohne Mitgefühl*) unmoved, unaffected, untouched, cold: das ließ ihn ~ that left him cold. — **'Un·be,rührt·heit** *f* ⟨-; *no pl*⟩ (*eines Mädchens, der Natur etc*) virginity.

un·be·scha·det [,ʊnbəˈʃaːdət; ˈʊn-] *prep* ⟨*gen*⟩ *lit.* notwithstanding, irrespective of: ~ seiner Verdienste kann doch nicht übersehen werden, daß notwithstanding his merits one cannot overlook the fact that.

'un·be,schä·digt *adj* **1.** (*Verpackung, Auto etc*) undamaged. – **2.** (*intakt*) intact. – **3.** *colloq.* (*Person*) uninjured, unhurt, unharmed.

'un·be,schäf·tigt *adj* **1.** (*Arbeiter, Angestellte etc*) unemployed. – **2.** (*müßig*) unoccupied, idle, free.

'un·be,schei·den *adj* (*Person, Forderung, Preis etc*) immodest, presumptuous: ohne ~ sein zu wollen I don't mean to be presumptuous, without wishing to appear presumptuous; ist es sehr ~, wenn would I be imposing on you (*od.* would it be too much) if; darf ich mir die ~e Frage erlauben, wie teuer das war? may I make so bold as to ask you how much that cost? — **'Un·be,schei·den·heit** *f* ⟨-; *no pl*⟩ immodesty, presumption, presumptuousness.

'un·be,schei·nigt *adj* uncertified.

'un·be,schla·gen *adj* **1.** (*Pferd*) unshod. – **2.** *fig.* (in *dat* in) unversed, unskilled. – **3.** *fig.* (mit with) unfamiliar.

'un·be,schnit·ten *adj* **1.** *print.* (*Buch*) uncut, deckle-edged. – **2.** *relig. med.* (*Knabe*) uncircumcised. – **3.** *hort.* (*Bäume etc*) unpruned, untrimmed. – **4.** (*Münzen*) unclipped.

'un·be,schol·ten *adj* **1.** (*Person*) blameless, irreproachable, of unblemished (*od.* unsullied, stainless) reputation (*od.* character). – **2.** er ist ~ *jur.* (*nicht vorbestraft*) he has no (previous *od.* prior) conviction(s), he has no police record. — **'Un·be,schol·ten·heit** *f* ⟨-; *no pl*⟩ blamelessness, good reputation (*od.* name), integrity.

'Un·be,schol·ten·heits,zeug·nis *n* certificate of integrity.

'un·be,schrankt *adj only in* ~er Bahnübergang crossing without gates, unguarded crossing.

un·be·schränkt [,ʊnbəˈʃrɛŋkt; ˈʊn-] *adj* **1.** (*Vertrauen, Kredit etc*) unrestricted, unlimited, unbounded, indefinite. – **2.** (*absolut*) absolute: er hat ~e Vollmachten he has absolute (*od.* plenary) power (*od.* authority), he has carte blanche; ~e Vollmachten besitzend plenipotentiary; ~e Haftung *econ.* unlimited (*od.* full) liability. — **,Un·be'schränkt·heit** *f* ⟨-; *no pl*⟩ **1.** unrestrictedness, unlimitedness, unboundedness, indefiniteness. – **2.** absoluteness.

un·be·schreib·lich [ˌʊnbəˈʃraɪplɪç; ˈʊn-] **I** *adj* (*Gefühl, Schönheit, Armut, Frechheit, Zustände etc*) indescribable, undescribable, unspeakable, inexpressible, beyond all description: das Durcheinander war ~ the mess was indescribable. – **II** *adv* ~ schön [schmutzig, teuer] indescribably (*od.* unspeakably, extremely) beautiful [dirty, expensive].

ˈun·beˌschrie·ben *adj* (*Blatt, Seite etc*) blank, unwritten: er ist noch ein ~es Blatt *fig.* he is still an unknown quantity.

ˈun·beˌschrit·ten *adj* untravel(l)ed, untrod(den): ~e Pfade gehen *fig.* to travel on new ground.

ˈun·beˌschuht *adj* shoeless, without shoes, unshod, barefoot(ed).

un·be·schützt [ˌʊnbəˈʃʏtst; ˈʊn-] *adj* unprotected.

ˈun·beˌschwert *adj* **1.** unweighted. – **2.** *fig.* (*sorglos*) carefree, lighthearted, free from care (*od.* worries), footloose. – **3.** ~ von Sorgen [Pflichten] *fig.* unburdened (*od.* unencumbered) by worries [duties]. – **4.** *fig.* (*Gewissen*) clear. — **ˈUn·beˌschwert·heit** *f* ⟨-; *no pl*⟩ *fig.* (*Sorglosigkeit*) carefreeness, lightheartedness.

ˈun·beˌseelt *adj* (*Natur, Materie etc*) inanimate.

un·be·se·hen [ˌʊnbəˈzeːən; ˈʊn-] *adj* etwas ~ kaufen a) to buy s.th. without previous inspection (*bes. Am.* sight unseen), b) to buy s.th. without closer inspection: dieses Wörterbuch können Sie ~ kaufen you can buy this dictionary without closer inspection.

ˈun·beˌsetzt *adj* **1.** (*Amt, Stelle etc*) vacant: ~e Stelle vacancy. – **2.** (*Sitzplatz etc*) unoccupied, vacant, not taken. – **3.** (*Bus, Zug, Kino, Theater etc*) empty, not full. – **4.** *mil.* unoccupied. – **5.** (*theater*) (*Rolle*) uncast. – **6.** *tel.* unoccupied.

ˈun·beˌsie·delt *adj* **1.** (*Gebiet etc*) unsettled, uncolonized *Br. auch* -s-. – **2.** *cf.* unbevölkert.

un·be·sieg·bar [ˌʊnbəˈziːkbaːr; ˈʊn-] *adj* **1.** (*Armee etc*) invincible, unconquerable, unvanquishable. – **2.** (*sport*) (*Mannschaft etc*) undefeatable, unbeatable, invincible. — **ˌUn·beˈsieg·bar·keit** *f* ⟨-; *no pl*⟩ **1.** invincibility, invincibleness, unconquerableness. – **2.** invincibility, invincibleness.

un·be·siegt [ˌʊnbəˈziːkt; ˈʊn-] *adj* **1.** (*Armee etc*) undefeated, unconquered, unvanquished. – **2.** (*sport*) (*Mannschaft etc*) undefeated, unbeaten: die Mannschaft ist schon seit 5 Spielen ~ the team has had an unbeaten run of five games.

ˈun·beˌsol·det *adj* **1.** unsalaried, unpaid. – **2.** (*ehrenamtlich*) honorary.

ˈun·beˌson·nen *adj* **1.** (*ohne Umsicht od. Überlegung*) thoughtless, imprudent. – **2.** (*übereilt, überstürzt*) rash, hasty, headlong, precipitous. – **3.** (*leichtsinnig*) reckless. — **ˈUn·beˌson·nen·heit** *f* ⟨-; -en⟩ **1.** thoughtlessness, imprudence. – **2.** rashness, hastiness, precipitousness. – **3.** recklessness, temerity.

un·be·sorgt [ˈʊnbəˌzɔrkt; ˌʊn-] **I** *adj* unconcerned: sei ~! don't worry! never fear! Sie können ganz ~ sein you can put your mind at ease (*od.* rest). – **II** *adv* with an easy mind: du kannst ~ auf die Reise gehen you can go on the journey with an easy mind. — **ˈUn·beˌsorgt·heit** *f* ⟨-; *no pl*⟩ unconcern.

un·be·spiel·bar [ˌʊnbəˈʃpiːlbaːr; ˈʊn-] *adj* (*sport*) (*Fußballplatz etc*) unplayable. — **ˌUn·beˈspiel·bar·keit** *f* ⟨-; *no pl*⟩ *only in* wegen ~ des Platzes the ground being unplayable.

ˈun·beˌstallt *adj* noncommissioned *Br.* non-, uncommissioned.

ˈUn·beˌstand *m* ⟨-(e)s; *no pl*⟩ *obs. for* Unbeständigkeit.

ˈun·beˌstän·dig *adj* **1.** inconstant, unsteady, unstable, instable. – **2.** (*Wetter, Markt, Nachfrage etc*) unsettled, variable, changeable, changing, unsteady: das Wetter ist zur Zeit sehr ~ the weather is very unsettled at the moment. – **3.** (*schwankend*) fluctuating. – **4.** (*sprunghaft*) erratic. – **5.** (*Person, Charakter, Gefühl etc*) changeable, flighty, fickle, volatile, versatile, mercurial. – **6.** *psych.* labile, unstable. – **7.** *chem.* unstable, labile. — **ˈUn·beˌstän·dig·keit** *f* ⟨-; *no pl*⟩ **1.** inconstancy, unsteadiness, unstableness, instability. – **2.** unsettledness, variability, variableness, changeability, changeableness, unsteadiness. – **3.** fluctuation. – **4.** erraticism. – **5.** changeability, changeableness, flightiness, fickleness, volatility, versatility, mercuriality. – **6.** *psych.* lability, unstableness. – **7.** *chem.* unstableness, lability.

un·be·stä·tigt [ˌʊnbəˈʃtɛːtɪçt; ˈʊn-] *adj* (*Meldung etc*) unconfirmed, unverified: ~en Meldungen zufolge according to unofficial reports.

un·be·stech·lich [ˌʊnbəˈʃtɛçlɪç; ˈʊn-] *adj* **1.** (*Person*) incorrupt(ible), unbribable. – **2.** *fig.* (*Urteil etc*) keen, unerring. — **ˌUn·beˈstech·lich·keit** *f* ⟨-; *no pl*⟩ **1.** incorruptibility, incorrupt(ible)ness. – **2.** keenness, unerringness.

un·be·steig·bar [ˌʊnbəˈʃtaɪkbaːr; ˈʊn-] *adj* (*Berg etc*) unsurmountable, unscalable. — **ˌUn·beˈsteig·bar·keit** *f* ⟨-; *no pl*⟩ unsurmountableness.

un·be·stell·bar [ˌʊnbəˈʃtɛlbaːr; ˈʊn-] *adj* **1.** *agr.* not arable (*od.* tillable), untillable, uncultivable. – **2.** (*postal service*) *cf.* unzustellbar.

ˈun·beˌstellt *adj* **1.** *agr.* uncultivated, untilled. – **2.** *econ.* (*Waren*) unordered.

ˈun·beˌsteu·ert *adj econ.* untaxed, tax-free.

un·be·stimm·bar [ˌʊnbəˈʃtɪmbaːr; ˈʊn-] **I** *adj* **1.** (*nicht festsetzbar*) indeterminable, undeterminable: quantitativ ~ unquantifiable. – **2.** (*undefinierbar*) undefinable, indefinable. – **3.** (*vage*) vague. – **II U~e, das** ⟨-n⟩ **4.** *philos.* the indeterminable, *auch* the indeterminate.

ˈun·beˌstimmt *adj* **1.** (*Zeitraum, Zukunft, Anzahl etc*) indefinite, undetermined, indeterminate, unsettled: etwas auf ~e Zeit verschieben to postpone s.th. for an indefinite time (*od.* indefinitely); etwas auf ~e Zeit vertagen *jur.* to adjourn s.th. sine die. – **2.** (*ungewiß*) uncertain, unsure, indefinite, not definite, iffy (*colloq.*): es ist noch ganz ~, wann er kommt it is still uncertain when he is coming. – **3.** (*vage, undefinierbar*) vague, indefinable, undefinable, undefined: ich habe das ~e Gefühl, daß I have the vague feeling that. – **4.** (*unentschlossen*) undetermined, undecided, indecisive. – **5.** (*unklar, nicht präzis*) vague, indefinite. – **6.** *ling.* a) (*Artikel*) indefinite, b) (*Pronomen*) indefinite, impersonal. – **7.** *math.* indeterminate, indefinite. — **ˈUn·beˌstimmt·heit** *f* ⟨-; *no pl*⟩ **1.** indefiniteness, indetermination, indeterminateness, unsettledness. – **2.** uncertainty, indefiniteness. – **3.** vagueness, undefinableness. – **4.** undeterminedness, undecidedness, indecision. – **5.** vagueness, indefinability.

ˈUn·beˌstimmt·heits·prinˌzip *n* Heisenbergsches ~ *nucl.* uncertainty (*od.* indeterminacy) principle.

ˈun·beˌstraft *adj* unpunished.

un·be·streit·bar [ˌʊnbəˈʃtraɪtbaːr; ˈʊn-] *adj* (*Tatsache, Erkenntnis etc*) incontestable, incontestible, indisputable, undisputable, unquestionable, undeniable, unchallengeable. — **ˌUn·beˈstreit·bar·keit** *f* ⟨-; *no pl*⟩ incontestableness, indisputability, undisputableness, unquestionableness, undeniableness.

un·be·strit·ten [ˈʊnbəˌʃtrɪtən; ˌʊn-] **I** *adj* (*Recht, Tatsache etc*) uncontested, undisputed, unquestioned, undenied, unchallenged. – **II** *adv* indisputably, undeniably, without doubt.

un·be·tei·ligt [ˌʊnbəˈtaɪlɪçt; ˈʊn-] *adj* **1.** an (*dat*) etwas ~ sein a) not to be involved in s.th., to have no part in s.th., b) *econ.* to have no interest in s.th., c) to have (*od.* hold) no participation in s.th. – **2.** (*teilnahmslos, gleichgültig*) indifferent, detached, unconcerned, uninterested.

ˌUn·beˈtei·lig·te *m, f* ⟨-n; -n⟩ person uninvolved, uninterested person (*od.* party): sich einem ~n anvertrauen to confide in s.o. who is uninvolved (*od.* not personally involved) (in the matter), to confide in a neutral person.

ˌUn·beˈtei·ligt·heit *f* ⟨-; *no pl*⟩ (*Gleichgültigkeit*) indifference, detachment, unconcern, lack of interest.

ˈun·beˌtont *adj* (*Buchstabe, Silbe, Wort*) unstressed, unaccented, *auch* unaccentuated.

un·be·trächt·lich [ˌʊnbəˈtrɛçtlɪç; ˈʊn-] *adj* insignificant, trivial, trifling, inconsiderable: eine nicht ~e Summe (quite) a considerable amount.

ˈun·beˌtre·ten *adj* (*Weg etc*) untrod(den), unbeaten.

un·beug·sam [ˌʊnˈbɔykzaːm; ˈʊn-] *adj* (*Wille etc*) inflexible, unbending, unyielding, inexorable: er hat einen ~en Willen a) he has an unfaltering determination, b) he is uncompromising. — **ˌUnˈbeug·sam·keit** *f* ⟨-; *no pl*⟩ inflexibility, unbendingness, unyieldingness, inexorability.

ˈun·beˌvöl·kert *adj* unpopulated, uninhabited.

ˈun·beˌwacht *adj* **1.** (*Haus, Geschäft, Kind*) unguarded, unwatched: in einem ~en Moment riß er sich los he broke away when no one was watching. – **2.** (*Bahnübergang*) without gates, unguarded. – **3.** (*Parkplatz*) unattended.

ˈun·beˌwaff·net *adj* **1.** unarmed, defenceless, *Am.* defenseless. – **2.** *fig.* (*Auge*) naked. – **3.** *biol.* (*ohne Krallen, Stacheln etc*) unarmed, without armature.

ˈun·beˌwal·det *adj* unwooded, treeless, bare.

un·be·wäl·tigt [ˈʊnbəˌvɛltɪçt; ˌʊn-] *adj* unsurmounted, unmastered, unconquered: → Vergangenheit 2.

ˈun·beˌwan·dert *adj* in (*dat*) etwas (*od.* auf einem Gebiet) ~ sein a) (*auf geistigem Gebiet*) to be unversed in (*od.* unstudied in, *stärker* ignorant of) s.th., to have no knowledge of s.th., not to be well up in (*od.* on) s.th., b) (*auf praktischem Gebiet*) to be inexperienced in s.th., c) (*auf handwerklichem Gebiet*) to be unskilled in s.th.

ˈun·beˌwäs·sert *adj* unwatered.

un·be·weg·lich [ˈʊnbəˌveːklɪç; ˌʊn-] **I** *adj* **1.** (*Schrank, Gelenk etc*) immobile, immovable, *auch* immoveable: etwas ~ machen to immobilize (*Br. auch* -s-) s.th. – **2.** (*bewegungslos*) motionless, immobile. – **3.** (*nicht flexibel*) inflexible. – **4.** (*festangebracht*) fixed, stationary. – **5.** (*starr*) rigid. – **6.** (*ortsfest*) stationary. – **7.** (*Gesicht, Miene*) rigid, immobile. – **8.** (*Fest, Feiertag*) immovable, *auch* immoveable. – **9.** *fig.* (*geistig*) inflexible, rigid: er ist geistig sehr ~ he is mentally very inflexible. – **10.** *jur. econ.* immovable, *auch* immoveable: ~e Güter immovables, realty *sg.* – **11.** *med.* (*Bruch*) irreducible, fixed. – **II** *adv* **12.** er stand ~ da he stood there motionless. — **ˈUn·beˌweg·lich·keit** *f* ⟨-; *no pl*⟩ **1.** immobility, immovability. – **2.** (*Bewegungslosigkeit*) motionlessness, immobility. – **3.** (*Inflexibilität*) inflexibility. – **4.** (*Starrheit*) rigidity. – **5.** (*des Gesichts*) rigidity, immobility. – **6.** *fig.* (*geistige*) inflexibility, rigidity.

ˈun·beˌwegt *adj* **1.** motionless. – **2.** (*Wasseroberfläche*) calm, tranquil, still, untroubled. – **3.** (*Gesicht, Miene*) rigid, immobile. – **4.** *fig.* (*ungerührt*) unmoved.

ˈun·beˌwehrt *adj* **1.** *cf.* unbewaffnet 1. – **2.** (*Stadt etc*) unfortified.

ˈun·beˌweibt *adj colloq.* wifeless, womanless, living as a bachelor.

ˈun·beˌweint *adj* unlamented, unwept(-for).

un·be·weis·bar [ˌʊnbəˈvaɪsbaːr; ˈʊn-] *adj* **1.** *bes. jur.* unprovable, not to be proved. – **2.** *bes. math.* indemonstrable. — **ˌUn·beˈweis·bar·keit** *f* ⟨-; *no pl*⟩ **1.** impossibility to prove, unprovability, unprovableness. – **2.** indemonstrability.

ˈun·beˌwie·sen *adj* **1.** *bes. jur.* unproved, unproven, not proven. – **2.** *bes. math.* undemonstrated.

ˈun·beˌwirt·schaf·tet *adj* **1.** *agr.* a) (*Alm, Hof etc*) unmanaged, b) (*Land*) uncultivated. – **2.** (*Berghütte*) without management: zur Zeit ~ sein a) to have no management at the moment, b) to be closed at the moment. – **3.** *econ.* a) (*Devisen, Preise etc*) not subject to control, b) (*Waren*) nonrationed *Br.* non-.

un·be·wohn·bar [ˌʊnbəˈvoːnbaːr; ˈʊn-] *adj* uninhabitable, unfit for habitation, unfit to live in.

ˈun·beˌwohnt *adj* **1.** (*Gebiet etc*) uninhabited. – **2.** (*Wohnung, Haus, Zimmer*) unoccupied, vacant, uninhabited. – **3.** (*nicht mehr bewohnt*) deserted.

ˈun·beˌwölkt *adj* (*Himmel*) cloudless.

ˈun·beˌwußt I *adj* **1.** unconscious: bewußte und ~e Entscheidungen conscious and unconscious decisions. – **2.** (*gen* of) unaware, unconscious: ihrer Würde ~ unconscious (*od.* unaware) of her dignity. – **3.** *bes. psych.* a) (*instinktiv*) instinctive,

b) (*ohne Willen*) involuntary, c) (*unterbewußt*) subconscious: ~e Handlungen involuntary actions. – **4.** das ist mir ganz ~ *bes. Northern G.* I know nothing about it, I am not aware of it. – **II** *adv* **5.** unconsciously: er hantierte ~ mit dem Messer he fiddled about unconsciously with the knife; ich habe es ganz ~ getan I did it quite unconsciously. – **6.** (*ohne es zu wissen*) unwittingly, unknowingly: er hat ~ das Falsche gesagt he said the wrong thing unwittingly (*od.* without knowing it). – **7.** *bes. psych.* a) instinctively, b) involuntarily, c) subconsciously: sind diese Reaktionen bei jedem Menschen vorhanden? ja, zumindest ~ are these reactions present in every human being? yes, at least subconsciously (*od.* in the subconscious [mind]). – **III U~e, das** ⟨-n⟩ **8.** *psych.* a) the unconscious (mind), b) (*das Unterbewußte*) the subconscious (mind): das kollektive U~e the collective (*od.* racial) unconscious.

'Un·be,wußt·heit *f* ⟨-; *no pl*⟩ *bes. psych.* unconsciousness, unawareness.

un·be·zahl·bar [,unbə'tsa:lba:r; 'un-] *adj* **1.** (*viel zu teuer*) exorbitantly (*od.* prohibitively) expensive: die Wohnungen sind (für uns) ~ the apartments are exorbitantly expensive (as far as we are concerned). – **2.** *fig.* (*unersetzlich*) priceless, invaluable, impayable, without (*od.* beyond) price: dieses Gerät ist einfach ~ this appliance is simply invaluable (*od.* not to be had for money). – **3.** sie ist ~ *fig.* a) (*treu*) she is worth her weight in gold, b) *colloq.* (*äußerst amüsant*) she is priceless (*colloq.*).

'un·be,zahlt *adj econ.* **1.** (*Rechnung*) unpaid, unsettled, outstanding. – **2.** (*Arbeit, Urlaub*) unpaid.

un·be·zähm·bar [,unbə'tsɛ:mba:r; 'un-] *adj* (*Begierde, Trieb etc*) uncontrollable, unrestrainable, indomitable: ihre Neugierde war ~ her curiosity was uncontrollable. — **,Un·be'zähm·bar·keit** *f* ⟨-; *no pl*⟩ uncontrollableness, indomitableness.

'un·be,zeugt *adj jur.* unattested, unwitnessed, unvouched(-for), unwarranted.

'un·be,zo·gen *adj* **1.** (*Bett etc*) bare, sheetless, without sheets. – **2.** (*Kissen etc*) uncovered, coverless, without a cover. – **3.** (*Wohnung*) untenanted, unoccupied.

un·be·zwei·fel·bar [,unbə'tsvaɪfəlba:r; 'un-] *adj* beyond (all) doubt (*od.* question), unquestionable, indubitable.

'un·be,zwei·felt *adj* undoubted, unquestioned.

un·be·zwing·bar [,unbə'tsvɪŋba:r; 'un-] *adj* **1.** (*Gegner etc*) invincible, insuperable. – **2.** (*Festung etc*) impregnable. – **3.** (*Berg etc*) unsurmountable, insurmountable, insuperable, unconquerable: der Mount Everest galt lange als ~ the Mount Everest was regarded as being unsurmountable for a long time. – **4.** (*Gefühle etc*) uncontrollable. — **,Un·be'zwing·bar·keit** *f* ⟨-; *no pl*⟩ **1.** (*des Gegners etc*) invincibleness, insuperability, insuperableness. – **2.** (*einer Festung etc*) impregnability. – **3.** (*des Berges etc*) unsurmountableness, insurmountableness, insuperability, insuperableness, unconquerableness. – **4.** (*der Gefühle etc*) uncontrollability.

un·be·zwing·lich [,unbə'tsvɪŋlɪç; 'un-] *adj cf.* unbezwingbar.

'un·be,zwun·gen *adj* **1.** unconquered, unvanquished. – **2.** (*nicht unterworfen*) unsubdued.

'un,bi·blisch *adj* unbiblical, unscriptural.

un·bieg·sam ['un,bi:kza:m; ,un-] *adj* **1.** inflexible, unflexible, unbending, rigid. – **2.** *bes. metall.* inductile. – **3.** *med.* (*Gelenk etc*) stiff, immobile. — **'Un,bieg·sam·keit** *f* ⟨-; *no pl*⟩ **1.** inflexibility, unbendingness, rigidity. – **2.** *bes. metall.* inductility. – **3.** *med.* stiffness, immobility.

'Un,bil·den [-,bɪldən] *pl lit.* (*in Wendungen wie*) die ~ der Witterung the inclemency *sg* of the weather; die ~ des Klimas the rigo(u)rs of climate; er hat die ~ dieser schweren Zeit tapfer ertragen he bore bravely the (trials and) tribulations of that difficult time.

'Un,bil·dung *f* ⟨-; *no pl*⟩ lack of education (*od.* culture).

'Un,bill [-,bɪl] *f* ⟨-; *no pl*⟩ *obs.* injustice, wrong, injury: ihr ist große ~ widerfahren she has suffered a grievous wrong.

'un,bil·lig *adj* **1.** *bes. jur.* (*ungerecht*) unfair, unjust, inequitable: ~e Härte undue hardship. – **2.** *lit.* unreasonable: ist es wirklich so ~, diese Frage aufzuwerfen? is it really so unreasonable to raise this question? — **'Un,bil·lig·keit** *f* ⟨-; -en⟩ **1.** ⟨*only sg*⟩ (*Ungerechtigkeit*) unfairness, injustice, inequity. – **2.** ⟨*only sg*⟩ (*Ungehörigkeit*) unreasonableness. – **3.** *pl* (*konkret*) acts of injustice.

'un·bio,lo·gisch *adj med.* abiologic(al).

'un,blu·tig I *adj* **1.** (*Revolution, Sieg etc*) bloodless, without bloodshed, unbloody: durch einen ~en Handstreich by a bloodless coup de main; ~es Opfer *relig.* (*bes. das Abendmahl*) unbloody sacrifice. – **2.** *med.* (*Therapie etc*) nonoperative *Br.* non-. – **II** *adv* **3.** without bloodshed, bloodlessly, unbloodily.

'un,bot,mä·ßig *adj lit.* **1.** (*Person*) insubordinate, (*stärker*) unruly, refractory (*obs.*). – **2.** (*Verhalten etc*) disorderly. — **'Un,bot,mä·ßig·keit** *f* ⟨-; *no pl*⟩ **1.** insubordination, (*stärker*) unruliness, refractoriness (*obs.*). – **2.** disorderly behavio(u)r, disorderliness.

'un,brauch·bar *adj* **1.** (*nicht zu gebrauchen*) useless, of no use: er ist völlig ~ he is completely useless (*od.* [of] no use at all), he is (of) no earthly use (*colloq.*); seine Arbeit ist ~ his work is good for nothing, his work is no use (*od.* good). – **2.** (*ungeeignet*) (für for) unsuited, unsuitable, inapt, inept: er ist ~ für diese Arbeit he is unsuited for this kind of work. – **3.** *tech.* a) (*Maschinen etc*) unserviceable, unusable, useless, unfit for use, b) (*Material*) waste (*attrib*), c) (*Methode*) impracticable, inapplicable: das Werkzeug ist ~ the tool is unfit for use; das Gerät ist (durch unsachgemäße Handhabung) ~ geworden the appliance has been spoiled (through inappropriate use). – **4.** *mil.* (*Geschütz*) unserviceable, useless: etwas ~ machen to render s.th. unserviceable; etwas für militärische Zwecke ~ machen to demilitarize (*Br. auch* -s-) s.th. – **5.** (*Plan etc*) impracticable, unworkable, infeasible. — **'Un,brauch·bar·keit** *f* ⟨-; *no pl*⟩ **1.** uselessness. – **2.** (*Untauglichkeit*) unsuitedness, unsuitableness, inaptness, ineptness, (*eines Verfahrens*) impracticability. – **3.** (*eines Werkzeugs etc*) unserviceableness, uselessness, unfitness. – **4.** *mil.* (*eines Geschützes*) unserviceability, uselessness. – **5.** (*eines Planes etc*) impracticability, unworkability, infeasibility.

'Un,brauch·bar,ma·chung *f* ⟨-; *no pl*⟩ **1.** wreckage, destruction. – **2.** *mil.* (*eines Geschützes*) dismantling.

'un·bü·ro,kra·tisch *adj* unbureaucratic.

'un,buß,fer·tig *adj relig.* impenitent, unrepenting. — **'Un,buß,fer·tig·keit** *f* ⟨-; *no pl*⟩ impenitence.

'un,christ·lich *adj* **1.** unchristian. – **2.** *fig. colloq.* 'unchristian', 'unearthly', 'ungodly' (*alle colloq.*): zu einer ~en Zeit at an unchristian hour. — **'Un,christ·lich·keit** *f* ⟨-; *no pl*⟩ unchristianness.

und [unt] *conj* **1.** and: arm ~ reich rich and poor; Tag ~ Nacht night and day; das erste ~ zweite Kapitel the first and second chapters; ein ~ derselbe one and the same (man), the very same (man); Schenker ~ Co. (*Firmenbezeichnungen*) Schenker and Co.; er las, ~ ich schrieb he read and I wrote; da stand er ~ wartete there he stood waiting (*od.* and waited); geh ~ hole mir Zigaretten go and get me some cigarettes; lauf hin ~ sag es ihm go and tell him; ~ zwar namely, that is to say, videlicet, viz.; ~ ähnliche(s) and the like, and things like that; ~ and(e)re and others; ~ and(e)res and other things; ~ vieles andere (mehr) and many other things; ~ dergleichen (mehr) a) and the like, b) and so forth, and so on; siehe Seite 12 ~ folgende (Seite[n]) confer page 12 and the following page(s) (*od.* page 12 ff.); ~ so weiter and so on, and so forth, et cetera; ~ so fort and so forth, and so on, and all (that) (*colloq.*); er sagte, das ~ das sei geschehen he said that such and such had happened; man erzählte, der ~ der habe teilgenommen they said so and so had taken part; da ~ dort here and there; dort ~ dort at such and such a place; dann ~ dann, zu der ~ der Zeit at such and such a time; dann ~ wann (every) now and then, from time to time. – **2.** (*plus*) and, plus: drei ~ drei ist sechs three and three are (*auch* is) six, three plus three is six. – **3.** (*zusammen mit*) together with, and: dies ~ verschiedene andere Umstände führten zu this together with various other circumstances led to. – **4.** (*verstärkend*) (*in Wendungen wie*) mehr ~ mehr more and more; immer größer ~ größer bigger and bigger; nach ~ nach gradually, by degrees; es geht drunter ~ drüber *colloq.* everything is in confusion (*od.* higgledy-piggledy, *auch* higglety-pigglety, at sixes and sevens, topsy-turvy); über ~ über from head to foot, from top to toe; für nichts ~ wieder nichts to no purpose whatsoever; es wollte ihm nicht ~ nicht gelingen he simply could not do (*od.* manage) it; er schreibt nicht, ~ ich auch nicht he does not write, nor (*od.* [and] neither) do I; er ist mit deinem Plan einverstanden, ~ auch wir stimmen zu he agrees to your plan and so do we; ~ er auch nicht nor he either; ~ so geschah's and so it was; ~ so geschah es, daß and so it happened that, and thus it came to be that; ~ dabei ist er schon alt and yet he is an old man; ~ selbst dann noch and even then (*od.* if that is so); ~ dabei noch der Regen and the rain as well (*od.* into the bargain); ~ damit basta! *colloq.* and that's that! ~ das tat ich auch which I did. – **5.** (*selbst wenn*) even if: man muß es versuchen, ~ wäre es noch so schwer we must try (it) no matter how difficult it is; ~ wenn es noch so regnet, ~ sollte es noch so regnen even if it pours (*od.* is pouring). – **6.** (*entgegensetzend*) but: es ist kaum zu glauben, ~ doch ist es so it is scarcely credible, but it is true; ~ das war noch nicht alles but that was not all, nor was that all. – **7.** (*ordnend*) by: zwei ~ zwei two by two, in twos (*od.* pairs); immer zwei ~ zwei two at a time. – **8.** *colloq. bes. contempt. iron.* (*entgegenstellend*) der ~ Angst haben! him afraid? (not likely!) (*colloq.*); der ~ sein Wort halten! *contempt.* keep his promise? what, him? him keep a promise? (*beide colloq.*); ich ~ Klavier spielen! *iron.* me play the piano? (*colloq.*). – **9.** as to: sei so gut ~ schreibe ihm! (would you) be so kind as to write to him, would you mind writing to him; tun Sie mir den Gefallen ~ bringen Sie den Brief zur Post would you do me the favo(u)r of mailing (*bes. Br.* posting) (*od.* a favo[u]r and mail [*bes. Br.* post]) this letter; sei ein Schatz ~ mach die Tür zu be a dear and shut the door. – **10.** *colloq.* (*in Wendungen wie*) hat er es geschafft? (na) ~ ob! did he make it? he certainly (*Am. colloq.* sure) did (*Am. sl.* and how!); magst du Schokolade? ~ ob (*od.* wie)! do you like chocolate? you bet! (*colloq.*) (*od. sl.* not half! *Br. colloq. auch* rather! *Am. sl.* and how!); hat sie ihm die Meinung gesagt? ~ wie! did she give him a piece of her mind? she certainly (*Am. colloq.* sure) did! (*od. sl.* not half! *Am. sl.* and how!) – **11.** (na) ~? *colloq.* a) (*abwartend*) what happened then? well? and after that? b) (*abweisend*) so what? what of it?

'Un,dank *m* ⟨-(e)s; *no pl*⟩ ingratitude, ungratefulness, thanklessness, unthankfulness: grober ~ gross ingratitude; j-m eine Gefälligkeit mit ~ lohnen to repay s.o.'s kindness with ingratitude; nur ~ ernten to earn only ingratitude, to get small thanks for it; mit ~ belohnt werden to be repaid with ingratitude; ~ ist der Welt Lohn (*Sprichwort*) *etwa* ingratitude is the way of the world.

'un,dank·bar *adj* **1.** (gegen to) ungrateful, thankless, unthankful: ein ~es Geschöpf *colloq.* an ungrateful creature; es wäre sehr ~ von uns, ihm jetzt nicht zu helfen it would be very ungrateful of us not to help him now; ~ gegen j-n sein to behave ungratefully toward(s) s.o.; sich j-m gegenüber ~ zeigen (*od.* erweisen) to show ingratitude to s.o. – **2.** *fig.* (*Arbeit, Geschäft etc*) thankless, unrewarding, unthankful: eine ~e Aufgabe a thankless task.

'Un,dank·ba·re *m, f* ⟨-n; -n⟩ ungrateful person, ingrate: die ~n *pl* the ungrateful *pl.*

'Un,dank·bar·keit *f* ⟨-; *no pl*⟩ **1.** ingratitude, ungratefulness, thanklessness, unthankfulness. – **2.** *fig.* (*einer Aufgabe etc*) thanklessness, unthankfulness.

'un·da,tiert *adj* undated.

un·de·fi·nier·bar [,undefi'ni:rba:r; 'un-]

I *adj* 1. (*Geräusch, Geruch, Geschmack etc*) indefinable, undefinable, elusive. – 2. *contempt.* (*Farbe etc*) nondescript, indefinable, undefinable. – II U~e, das ⟨-n⟩ 3. the indefinable, the undefinable: etwas U~es s.th. indefinable (*od.* undefinable).

un·dehn·bar [ˌʊnˈdeːnbaːr; ˈʊn-] *adj* 1. (*Material etc*) unstretchable, inelastic, unelastic, unexpandable, inextensible, unextensible. – 2. *bes. metall.* a) (*unbiegsam*) inductile, b) (*nicht kaltverformbar*) immalleable, c) inflexible. – 3. *phys.* a) (*von festen Körpern*) undilatable, b) (*Gas etc*) unexpansive, inexpansible, unexpansible. – 4. (*leather*) (*Gewebe*) inextensible, unextensible.

un·de·kli·nier·bar [ˌʊndekliˈniːrbaːr; ˈʊn-] *adj ling.* (*Adverbien etc*) undeclinable.

ˈun·de·moˌkra·tisch *adj* undemocratic.

un·denk·bar [ˌʊnˈdɛŋkbaːr; ˈʊn-] *adj* unthinkable, inconceivable: es ist (ganz) ~, daß er hier ist und uns nicht besucht it is quite unthinkable that he should be here and not come (*od.* without coming) to see us; ich habe es für ~ gehalten, daß so etwas einmal geschehen könnte it was always quite inconceivable for me that such a thing could happen.

un·denk·lich [ˌʊnˈdɛŋklɪç; ˈʊn-] *adj only in* seit (*od.* vor) ~en Zeiten from time immemorial (*od.* out of mind).

Un·der·ground [ˈʌndəˌgraʊnd] (*Engl.*) *m* ⟨-s; *no pl*⟩ underground: die Kunst des ~s underground art.

Un·der·state·ment [ˈʌndəˈsteɪtmənt] (*Engl.*) *n* ⟨-s; *no pl*⟩ (*Untertreiben, Herunterspielen*) understatement.

ˈunˌdeut·lich I *adj* 1. (*Umrisse etc*) indistinct, faint, blurred, hazy, vague, obscure. – 2. *fig.* (*Erinnerung etc*) vague, hazy, faint: ich habe nur eine ~e Vorstellung davon, wie I only have a vague (*od.* hazy) idea of how. – 3. (*Bild, Aufnahme etc*) blurred, indistinct, fuzzy. – 4. (*Schrift*) illegible, difficult to read, obscure. – 5. (*Aussprache*) indistinct, inarticulate, unclear, (*stärker*) unintelligible. – 6. (*Laut*) slurred. – 7. (*Stimmen etc*) faint, indistinct. – II *adv* 8. ~ sprechen to speak indistinctly (*od.* inarticulately, *stärker* unintelligibly), to mumble, to mutter; schnell und ~ sprechen to speak quickly and indistinctly; etwas ~ aussprechen to pronounce s.th. indistinctly (*od.* inarticulately), to slur s.th. – 9. (*unklar*) indistinctly, faintly: ich kann sie [es] nur ~ erkennen (*od.* sehen) I can only distinguish them [it] faintly (*od.* vaguely); j-n ganz ~ hören (*od.* verstehen) (*am Telephon*) to hear s.o. rather indistinctly (*od.* faintly). – 10. (*unleserlich*) illegibly: er schreibt so ~ his handwriting is illegible (*od.* difficult to read). – 11. *fig.* (*vage*) vaguely, faintly: ich erinnere mich ~ daran I have a vague (*od.* faint, hazy) recollection of it. — **ˈUnˌdeut·lich·keit** *f* ⟨-; *no pl*⟩ 1. (*der Umrisse etc*) indistinctness, faintness, haziness, vagueness, obscurity. – 2. *fig.* vagueness, haziness, faintness. – 3. (*eines Bildes, einer Aufnahme etc*) indistinctness, blur, fuzziness. – 4. (*der Schrift*) illegibility, obscurity. – 5. (*der Aussprache*) indistinctness, inarticulateness, unclearness, (*stärker*) unintelligibility. – 6. (*der Laute*) inarticulateness. – 7. (*der Stimmen etc*) faintness, indistinctness.

ˈunˌdeutsch *adj* (*Ausdruck etc*) un-German.

Un·de·zi·me [ʊnˈdeːtsimə] *f* ⟨-; -n⟩ *mus.* eleventh.

ˈunˌdicht *adj* 1. (*wasser-, gasdurchlässig*) leaking, leaky, permeable, pervious, untight, not watertight: das Faß [die Kanne] ist ~ the barrel [the pot] leaks (*od.* has a leak, is not watertight); der Wasserhahn ist ~ the water tap leaks (*od.* is not tight, is leaking); die ~e Stelle *auch fig.* the leak. – 2. (*luftdurchlässig*) not airtight, leaking, leaky: ~e Ventile leaky valves; die Fenster schließen ~ the windows do not close tight. – 3. (*porös*) porous. – 4. ~er Guß *metall.* porous (*od.* unsound) casting. — **ˈUn·ˌdich·te, ˈUnˌdich·tig·keit** *f* ⟨-; *no pl*⟩ 1. leakiness. – 2. (*Porosität*) porosity.

ˈun·dif·fe·renˌziert *adj* undifferentiated.

Un·di·ne [ʊnˈdiːnə] *npr f* ⟨-; -n⟩ *myth.* Undine.

ˈUnˌding *n* ⟨-(e)s; -e⟩ 1. ⟨*only sg*⟩ absurdity: es ist wirklich ein ~, solche Forderungen zu stellen it is completely absurd (*od.* preposterous) to make such demands; es wäre ein ~ zu behaupten, daß it would be absurd (*od.* preposterous) to maintain that. – 2. (*konkret*) monstrosity.

ˈun·di·ploˌma·tisch *adj* undiplomatic.

ˈun·dis·kuˌta·bel *adj* undiscussable, undebatable: das ist ~ a) that's not worth discussing (*od.* talking about), b) (*stärker*) that's out of the question.

ˈun·dis·so·ziˌiert *adj chem.* undissociated.

ˈun·dis·zi·pliˌniert *adj* undisciplined: ~er Fahrer undisciplined driver, road hog. — **ˈUn·dis·zi·pliˌniert·heit** *f* ⟨-; *no pl*⟩ lack of discipline.

ˈun·draˌma·tisch *adj* undramatic.

Un·du·la·ti·on [ʊndulaˈtsĭoːn] *f* ⟨-; -en⟩ *phys. geol.* (*Wellenbewegung*) undulation. — **Un·du·la·tiˈons·theoˌrie** *f* ⟨-; *no pl*⟩ *phys.* undulatory theory.

un·du·la·to·risch [ʊndulaˈtoːrɪʃ] *adj* undulatory.

ˈunˌduld·sam *adj* (gegen of) intolerant. — **ˈUnˌduld·sam·keit** *f* ⟨-; *no pl*⟩ (gegen of) intolerance.

un·du·lie·ren [ʊnduˈliːrən] *v/i* ⟨*no* ge-, h⟩ *biol. med.* undulate. — **un·duˈlie·rend** I *pres p.* – II *adj* undulating, undulant, undulatory.

ˈunˌdurchˌdacht *adj* (*Plan etc*) not well thought out, ill-considered (*attrib*), ill-conceived (*attrib*).

un·durch·dring·lich [ˌʊnˌdʊrçˈdrɪŋlɪç; ˈʊn-] *adj* 1. (*Nebel, Rauch, Finsternis, Gestrüpp etc*) impenetrable, thick. – 2. (*unwegsam*) impassable: ~er Dschungel impassable jungle. – 3. *med.* (*Membran*) impenetrable, impermeable. – 4. *phys.* impermeable, impervious, impenetrable. – 5. *fig.* (*unergründlich*) impenetrable, inscrutable: ein ~es Geheimnis an impenetrable mystery; ~es Gesicht inscrutable face; poker face, dead pan, deadpan face (*colloq.*); mit ~er Miene with an impenetrable expression, with a deadpan stare (*colloq.*); in ~es Dunkel gehüllt veiled (*od.* wrapped [up]) in profound mystery. — **ˌUnˌdurchˈdring·lich·keit** *f* ⟨-; *no pl*⟩ 1. (*des Nebels, der Finsternis, des Gestrüpps etc*) impenetrability, impenetrableness, thickness. – 2. (*Unwegsamkeit*) impassability, impassableness. – 3. *med.* (*der Membran*) impenetrability, impenetrableness, impermeability, impermeableness. – 4. *phys.* impermeability, impermeableness, imperviousness, impenetrability, impenetrableness. – 5. *fig.* (*Unergründlichkeit*) impenetrability, impenetrableness, inscrutableness.

un·durch·führ·bar [ˌʊnˌdʊrçˈfyːrbaːr; ˈʊn-] *adj* (*Plan, Vorhaben etc*) impracticable, *Am. auch* impractical, not feasible, infeasible, unfeasible, unworkable: es ist ~ it is not feasible, it cannot be done. — **ˌUnˌdurchˈführ·bar·keit** *f* ⟨-; *no pl*⟩ (*eines Plans etc*) impracticability, *Am. auch* impracticality, unworkability, infeasibility, unfeasibility.

ˈunˌdurchˌläs·sig *adj* 1. (*Stoff etc*) impermeable, impervious, imperviable. – 2. (*wasserundurchlässig*) impermeable (*od.* impervious) to water, waterproof, (*Gefäß*) *auch* watertight. – 3. (*luftundurchlässig*) airproof, (*Gefäß*) *auch* airtight, *Br.* air-tight. – 4. (*lichtundurchlässig*) impermeable, impervious, opaque, nontransparent *Br.* non-, nondiaphanous *Br.* non-. – 5. *bes. phys.* (für to) impervious: ~ für den Schall impervious to sound, soundproof, *Br.* sound-proof; ~ für Strahlen impervious to rays. — **ˈUnˌdurchˌläs·sig·keit** *f* 1. (*eines Stoffes etc*) impermeability, imperviousness. – 2. (*Wasserundurchlässigkeit*) waterproofness, (*eines Gefäßes*) *auch* watertightness. – 3. (*Luftundurchlässigkeit*) airproofness, (*eines Gefäßes*) *auch* airtightness, *Br.* air-tightness. – 4. (*Lichtundurchlässigkeit*) opacity, opaqueness, nontransparency *Br.* non-, nondiaphanousness *Br.* non-, imperviousness to light. – 5. *bes. phys.* imperviousness.

un·durch·schau·bar [ˌʊnˌdʊrçˈʃaʊbaːr; ˈʊn-] *adj* 1. obscure, mysterious: ein ~es Verhalten an obscure behavio(u)r. – 2. (*Charakter etc*) puzzling, enigmatic.

ˈunˌdurchˌschos·sen *adj print.* unspaced.

ˈunˌdurchˌsich·tig *adj* 1. (*Stoff, Gewebe etc*) nontransparent *Br.* non-. – 2. (*Glas, Papier etc*) opaque, nontransparent *Br.* non-. – 3. *fig.* (*Person, Absichten etc*) obscure, mysterious: seine Gründe sind ziemlich ~ his reasons are rather obscure (*od.* unobvious). – 4. *fig. contempt.* (*Lage etc*) involved, obscure. – 5. *fig.* (*Gesicht, Miene*) impenetrable. — **ˈUnˌdurchˌsich·tig·keit** *f* ⟨-; *no pl*⟩ 1. (*eines Stoffes, eines Gewebes etc*) nontransparency *Br.* non-. – 2. (*von Glas, Papier etc*) opacity, opaqueness, nontransparency *Br.* non-. – 3. *fig.* (*einer Person, Absicht, eines Grundes*) obscurity, mysteriousness. – 4. *fig. contempt.* (*der Lage etc*) involvement, obscurity. – 5. *fig.* (*der Miene*) impenetrability, impenetrableness.

ˈunˌeben *adj* 1. (*Oberfläche etc*) uneven, rough, out of flat. – 2. (*Weg*) rough, uneven, rugged. – 3. (*Straße*) bumpy, rough. – 4. (*Gelände*) uneven, rough, broken, (*hügelig*) hilly, undulating. – 5. nicht ~ sein *fig. colloq.* a) (*von Vorschlag, Gedanken etc*) not to be (so) bad, to be rather good, not to be half bad (*colloq.*), b) (*von Personen*) not to be a bad sort, to be quite a nice person, (*dem Aussehen nach*) not to be half bad (*colloq.*).

ˈunˌebenˌbür·tig *adj* 1. of inferior birth, of unequal (*od.* inferior) rank. – 2. *fig.* inferior, unequal.

ˈUnˌeben·heit *f* ⟨-; -en⟩ 1. ⟨*only sg*⟩ (*einer Oberfläche*) unevenness. – 2. ⟨*only sg*⟩ (*eines Weges*) roughness, unevenness, ruggedness. – 3. ⟨*only sg*⟩ (*einer Straße*) bumpiness, roughness. – 4. (*unebene Stelle*) bump, roughness, rough patch. – 5. ⟨*only sg*⟩ (*eines Geländes*) unevenness, roughness. – 6. *meist pl fig.* (*im Stil*) incongruity.

ˈunˌecht *adj* 1. (*Edelsteine, Edelmetalle etc*) artificial, false: ~er Schmuck imitation jewelry (*bes. Br.* jewellery); der Stein ist ~ the stone (*od.* gem) is false (*od.* not genuine); ~e Perlen false (*od.* imitation) pearls; ~es Silber [Gold] false (*od.* imitation) silver [gold]. – 2. (*Haar, Bart, Zähne etc*) false, artificial: sie trägt ~es Haar she wears false hair. – 3. (*gefälscht*) false, counterfeit(ed), forged, fake(d), inauthentic, unauthentic, spurious, bogus: eine ~e Urkunde a forged document; sein Paß ist ~ his passport is counterfeited (*od.* faked), he has a false (*od.* counterfeit) passport. – 4. (*Handschrift, Bild etc*) fake(d), spurious. – 5. *math.* (*Bruch*) improper. – 6. (*Farbe*) fugitive, fading, not fast. – 7. *fig.* (*geheuchelt*) artificial, sham, ungenuine, spurious, counterfeit(ed), bogus, phon(e)y (*sl.*): ein ~es Mitgefühl an artificial sympathy. – 8. *ling.* spurious. — **ˈUnˌecht·heit** *f* ⟨-; *no pl*⟩ 1. (*eines Edelsteins, von Zähnen etc*) artificiality, artificialness, falseness. – 2. (*einer Urkunde etc*) falseness, inauthenticity, unauthenticity, spuriousness. – 3. (*einer Handschrift, eines Bildes etc*) spuriousness. – 4. (*von Farben*) fugitiveness. – 5. *fig.* (*eines Gefühls etc*) artificiality, artificialness, ungenuineness, spuriousness, phoniness, *auch* phonyness (*sl.*). – 6. *ling.* spuriousness.

ˈunˌedel *adj* 1. *lit.* (*Verhalten etc*) ignoble. – 2. (*Interessen etc*) base, low-minded, mean: aus unedlen Motiven out of base motives. – 3. (*Metalle*) base.

ˈunˌehe·lich *adj* 1. illegitimate: ~es Kind illegitimate (*od.* natural, love) child, child born out of wedlock, bastard (child), child born on the wrong side of the blanket (*colloq. humor.*); ~e Geburt illegitimate birth, illegitimacy, bastardy; j-n für ~ erklären to declare s.o. illegitimate, to bastardize (*Br. auch* -s-) s.o.; er wurde ~ geboren he was born out of wedlock. – 2. (*verboten*) illicit: ~e Beziehungen illicit relationship *sg.* – 3. (*Mutter*) unmarried. — **ˈUnˌehe·lich·keit** *f* ⟨-; *no pl*⟩ illegitimacy, bastardy.

ˈUnˌeh·re *f* ⟨-; *no pl*⟩ *lit.* dishonor, *bes. Br.* dishonour, discredit, disgrace: j-m zur ~ gereichen, j-m ~ machen to bring discredit upon s.o., to discredit (*od.* dishono[u]r) s.o.; er hat sie in ~ gestürzt he dishono(u)red her, he robbed her of her hono(u)r; er glaubte, ein Leben in ~ nicht ertragen zu können he thought he could not bear a life of dishono(u)r (*od.* to live in dishono[u]r); j-m etwas zur ~ anrechnen to regard s.th. a dishono(u)r to s.o.

ˈunˌeh·ren·haft *adj* (*Person, Verhalten, Wesen etc*) dishonorable, *bes. Br.* dishonourable, disreputable, unrespectable: in ~er Weise by dishono(u)rable means. — **ˈUnˌeh·ren·haf·tig·keit** *f* ⟨-; *no pl*⟩

dishonorableness, *bes. Br.* dishonourableness, disreputableness, disreputability.

'unˌehr·erˌbie·tig I *adj* (*Verhalten etc*) disrespectful, irreverent, unrespectful, irreverential. – **II** *adv* sich ~ gegen j-n benehmen to behave disrespectfully (*od.* irreverently) toward(s) s.o. — **'Unˌehr·erˌbie·tig·keit** *f* ⟨-; *no pl*⟩ disrespect(fulness), lack (*od.* want) of respect, irreverence, irreverency.

'unˌehr·lich I *adj* **1.** dishonest. – **2.** (*unaufrichtig*) insincere. – **3.** (*falsch*) two-faced, double-dealing, false. – **4.** (*unredlich*) dishonest, shady, crooked, underhand (*attrib*): ~es Handeln crooked (*od.* dishonest) dealings *pl*; sich (*dat*) das Geld auf ~e Weise verdienen to earn one's money by dishonest means. – **5.** (*ehrlos, niederträchtig*) disgraceful, (*stärker*) infamous: ~e Absichten disgraceful intentions. – **II** *adv* **6.** ~ handeln to act in a dishonest (*od.* crooked, an underhand) manner, to play a crooked game, to be dishonest in one's dealings. — **'Unˌehr·lich·keit** *f* ⟨-; *no pl*⟩ **1.** dishonesty. – **2.** (*Unaufrichtigkeit*) insincerity. – **3.** (*Falschheit*) falseness, duplicity. – **4.** (*Unredlichkeit*) dishonesty, shadiness, crookedness. – **5.** (*Ehrlosigkeit*) disgracefulness, (*stärker*) infamy.

'unˌei·genˌnüt·zig I *adj* unselfish, selfless, disinterested: sie ist sehr ~ she is very unselfish; ~e Freundschaft selfless friendship; ~es Handeln disinterested action. – **II** *adv* sie hat dabei ganz ~ gehandelt she has acted unselfishly (*od.* without self-interest, selflessly) in the matter; sich ~ einer Sache annehmen to look after (*od. colloq.* take care of) s.th. selflessly. — **'Unˌei·genˌnüt·zig·keit** *f* ⟨-; *no pl*⟩ unselfishness, selflessness, disinterestedness.

'unˌei·gent·lich I *adj* **1.** improper, not real: im ~en Sinne a) not in a strict (*od.* not in the proper) sense, b) (*im übertragenen Sinne*) in a figurative sense, figuratively. – **2.** *math.* (*Integral*) improper. – **II** *adv* **3.** eigentlich habe ich keine Lust hinzugehen. — Aber ~ könntest du doch hingehen *humor. iron.* I don't really feel like going at all. — But if you stretch a point you could go, couldn't you!

un·ein·bring·lich [ˌʊnˌʔaɪnˈbrɪŋlɪç; ˈʊn-] *adj econ.* (*Betrag, Forderung etc*) irrecoverable, (*Schuld*) *auch* bad. — **ˌUnˌein'bring·lich·keit** *f* ⟨-; *no pl*⟩ (*einer Forderung etc*) irrecoverableness, (*einer Schuld*) *auch* badness.

'unˌein·geˌdenk *prep* ⟨*gen*⟩ *lit.* unmindful, forgetful: ~ der vormaligen Freundschaft unmindful of the former friendship.

'unˌein·geˌla·den *adj* uninvited, unasked: ~ kommen to come uninvited (*od.* without invitation), to gate-crash.

'unˌein·geˌlöst *adj* **1.** *econ.* a) unredeemed, b) (*Wechsel*) dishonored, *bes. Br.* dishonoured: ~e Abschnitte behalten ihre Gültigkeit unredeemed coupons remain valid. – **2.** *fig.* (*Versprechen etc*) unredeemed, unfulfilled.

un·ein·ge·schränkt [ˈʊnˌʔaɪngəˌʃrɛŋkt; ˌʊnˌʔaɪngəˈʃrɛŋkt] **I** *adj* **1.** (*Rechte, Befugnisse etc*) unlimited, unrestricted: er hat ~e Vollmachten he has unlimited (*od.* absolute) authority; die Firma hat ~en Kredit the company has unlimited (*od.* unrestricted) credit. – **2.** (*Macht etc*) absolute, uncontrolled. – **3.** (*voll, völlig*) unreserved, unqualified, absolute: diese Maßnahme der Regierung verdient ~es Lob this government measure deserves unqualified (*od.* unreserved, unstinted) praise (*od.* full marks); ~es Vertrauen absolute (*od.* unreserved) trust; unsere ~e Zustimmung our unqualified assent. – **4.** (*Handel*) free, unrestricted. – **II** *adv* **5.** without reservation, unreservedly: eine ~ anerkannte Theorie a theory accepted without reservation.

'unˌein·geˌstan·den *adj* (*Irrtum etc*) unadmitted, unacknowledged.

'unˌein·geˌweiht *adj* uninitiate(d). — **'Unˌein·geˌweih·te** *m, f* ⟨-n; -n⟩ outsider, uninitiated person, uninitiate: das ist für ~ nicht verständlich this is unintelligible for the uninitiated.

'unˌein·heit·lich *adj* **1.** nonuniform *Br.* non-, without uniformity. – **2.** *econ.* (*Preise, Kurse etc*) irregular, unsteady: die Börse bietet ein ~es Bild the stock exchange presents a mixed showing.

'unˌei·nig *adj* **1.** (*verschiedener Ansicht*) divided, differing, disagreeing, disunited, discordant: ~ sein to be divided (*od.* at odds, at variance, at issue, in disagreement); in dieser wichtigen Frage sind sie ~ they are divided (*od.* they differ, disagree) on this vital question; sie sind ~, wer X gewesen ist they disagree about (*od.* on, as to) who X was; die unter sich ~en Parteien the parties at odds (*od.* disunited) among(st) themselves; er ist noch mit sich selbst ~ a) he has not yet decided (*od.* made up his mind), he is still undecided, b) (*kann sich selbst nicht leiden*) he is at odds (*od.* issue, variance) with himself. – **2.** (mit j-m) ~ werden *cf.* uneins 2. — **'Unˌei·nig·keit** *f* ⟨-; *no pl*⟩ **1.** disagreement, dividedness, division, difference, disunity, discord(ance), discordantness: durch ~ in der Frage des Beitritts through disagreement on the point of membership. – **2.** (*Mißhelligkeit*) dissension, discord(ance), discordantness, disharmony, variance. – **3.** (*Spaltung*) division, dividedness.

un·ein·nehm·bar [ˌʊnˌʔaɪnˈneːmbaːr; ˈʊn-] *adj mil.* impregnable, inconquerable: die Festung galt als ~ the fortress was considered impregnable (*od.* secure).

'unˌeins *adj* ⟨*pred*⟩ **1.** ~ sein to be divided (*od.* at odds, at variance, at issue, in disagreement). – **2.** (mit j-m) ~ werden to fall out (with s.o.), to have words (with s.o.), to quarrel (with s.o.): sie wurden (untereinander) ~ they have had words (*od.* have fallen out).

'un·ela·stisch [-ʔeˌlastɪʃ] *adj* inelastic: ~e Nachfrage *econ.* inelastic demand.

'un·eleˌgant *adj* **1.** inelegant. – **2.** *fig.* (*Ausdruck etc*) ungenteel, inelegant.

'un·empˌfäng·lich *adj* **1.** (für) insusceptible (to), unsusceptible (to), insensitive (to), unresponsive (to), irresponsive (to), unappreciative (of), inappreciative (of), insensible (to): er ist ~ für Musik he is insusceptible (*od.* irresponsive) to music, he does not appreciate music; für Eindrücke ~ sein to be insensitive to impressions, to be unimpressionable. – **2.** (*unzugänglich*) (für) immune (to), impervious (to), deaf (to), insusceptible (to), unsusceptible (to): für Schmeicheleien ist er ~ he is deaf (*od.* immune) to flattery. – **3.** *med.* (für to) a) (*nicht anfällig*) insusceptible, unsusceptible, b) (*für Reize*) unreceptive. — **'Un·empˌfäng·lich·keit** *f* ⟨-; *no pl*⟩ **1.** (für) insusceptibility (to), unsusceptibility (to), insensitivity (to), insensitiveness (to), unresponsiveness (to), irresponsiveness (to), inappreciation (of), insensibility (to), insensibleness (to). – **2.** (*Unzugänglichkeit*) (für to) immunity, imperviousness, deafness, insusceptibility, unsusceptibility. – **3.** *med.* (für to) a) insusceptibility, unsusceptibility, b) (*für Reize*) unreceptiveness.

'un·empˌfind·lich *adj* **1.** (*Material*) practicable, serviceable: ein ~er Stoff a material which does not soil easily (*od.* which is not easily soiled). – **2.** (*Farbe etc*) practical. – **3.** ~ gegen etwas sein a) to be insensitive (*od.* insensible) to s.th., b) *fig.* (*gleichgültig*) to be indifferent (*od.* insensitive) to s.th.: er ist ~ gegen Kälte [Hitze] he is insensible (*od.* inured) to cold [heat]. – **4.** *tech.* (gegen to) insensitive, insusceptible, unsusceptible. – **5.** *chem.* (gegen to) insensitive. – **6.** *med.* a) (für, gegen to) insensitive, resistant, b) (*taub, gefühllos*) numb, c) (*anästhesiert*) an(a)esthetized *Br. auch* -s-: gegen Schmerzen ~ insensitive to pain; j-n [etwas] ~ machen to an(a)esthetize (*Br. auch* -s-) s.o. [s.th.], to render s.o. [s.th.] insensitive; ~ werden to become insensitive (*od.* resistant). – **7.** ~ gegen Kälte *bot.* (*winterfest*) hardy. — **'Un·empˌfind·lich·keit** *f* ⟨-; *no pl*⟩ **1.** (*von Material*) practicability, practicableness, serviceableness, serviceability. – **2.** (*von Farben etc*) practicality, practicalness. – **3.** (gegen to) insensitivity, insensitiveness, insensibility. – **4.** *fig.* (*Gleichgültigkeit*) (gegen to) indifference, insensitivity, insensitiveness. – **5.** *tech.* (gegen to) insensitivity, insensitiveness, insusceptibility, unsusceptibility. – **6.** *chem.* (gegen to) insensitivity, insensitiveness. – **7.** *med.* a) (*Gefühllosigkeit*) (gegen to) insensitivity, insensitiveness, b) (*Taubheit*) numbness, c) (*Anästhesie*) an(a)esthesia. – **8.** ~ gegen Kälte *bot.* hardiness.

ˌun'end·lich I *adj* **1.** endless, never-ending: er erinnerte sich an die ~en Sorgen he remembered the endless worries. – **2.** *fig.* (*außerordentlich*) tremendous: ~e Mühe haben to have tremendous difficulty. – **3.** (*grenzenlos*) infinite, boundless, immense, immeasurable, illimitable: die ~e Weite des Meeres the infinite expanse of the ocean. – **4.** *math.* a) (*Reihe, Integral*) infinite, b) (*Dezimalbruch*) infinite, nonterminating *Br.* non-, never-ending: die ~e Zahl (*od.* Größe) infinity, infinitude, the infinite. – **5.** auf ~ einstellen *phot.* to focus at infinity. – **6.** *astr. philos.* infinite. – **II** *adv* **7.** infinitely: ~ klein *math.* infinitely small, infinitesimal; ~ groß *bes. math.* infinitely great; es gibt ~ viele Zahlen the numbers go on to infinity. – **8.** *fig.* (*sehr*) infinitely, extremely, terribly (*colloq.*): ein ~ schweres Problem an extremely difficult problem; ~ traurig terribly sad; ich bin Ihnen ~ dankbar I am infinitely grateful (*od.* I am very much obliged) to you; ~ lange warten to wait for ages (and ages) (*od.* for absolute ages) (*colloq.*); die Zeit verging ~ langsam time passed terribly slowly, time seemed an eternity. – **9.** ~ viel a tremendous (*od.* huge, vast) amount of: es wurde ~ viel gelesen a tremendous (*od. colloq.* terrific) amount of reading was done; er hatte ~ viel Kraft he had tremendous (*od.* immense, unlimited) strength; ~ viel Sorgen no end of trouble (*colloq.*); ~ viel Geld a tremendous lot of (*od.* pots of) money (*colloq.*). – **III U~e, das** ⟨-n⟩ **10.** infinity, infinitude, the infinite: dieser Weg scheint (bis) ins U~e zu führen this road seems to go on to infinity; zwei parallele Linien schneiden sich im U~en *math.* two parallel lines intersect at infinity. – **11.** das geht ins U~e *fig.* there is no end to it.

ˌUn'end·lichˌeinˌstel·lung *f phot.* **1.** (*einer Linse*) infinity setting. – **2.** (*auf einer Entfernungsskala*) infinity position.

ˌUn'end·lich·keit *f* ⟨-; *no pl*⟩ **1.** endlessness. – **2.** infinity, infinitude, boundlessness, immensity, immeasurability, immeasurableness, illimitability, illimitableness: ~ von Raum und Zeit infinity of space and time, illimitable reaches *pl* of space and time; ~ des Weltalls boundlessness of the universe.

'unˌeng·lisch *adj* un-English.

un·ent·behr·lich [ˌʊnʔɛntˈbeːrlɪç; ˈʊn-] *adj* indispensable, *auch* indispensible, essential, absolutely necessary: dieser Arbeiter ist [für uns] ~ this worker is indispensable [to *od.* for us]; er ist mir eine ~e Hilfe I cannot do without him; es ist mir ~ I cannot do without it, it is essential for me; er hält sich für ~ he thinks he is indispensable (*od.* that we can't get on without him); sich ~ machen to make oneself indispensable; ein ~es Buch für den Autofahrer a book essential to the motorist. — **ˌUn·ent'behr·lich·keit** *f* ⟨-; *no pl*⟩ indispensability, indispensableness, essentiality, essentialness, absolute necessity.

un·ent·deckt [ˌʊnʔɛntˈdɛkt; ˈʊn-] *adj* undiscovered.

un·ent·gelt·lich [ˌʊnʔɛntˈgɛltlɪç; ˈʊn-] **I** *adj* (*Leistungen etc*) free, gratis, gratuitous, without charge, free of charge: der Zutritt ist ~ admittance is free (of charge). – **II** *adv* free (of charge), gratis, without charge, gratuitously: ich mache das ~ I do that free of charge (*od.* for nothing); Auskunft wird ~ erteilt information (is given) free of charge (*od.* gratis); er übt diese Tätigkeit ~ aus he does this service gratuitously. — **ˌUn·ent'gelt·lich·keit** *f* ⟨-; *no pl*⟩ gratuity, gratuitousness.

'un·entˌhalt·sam *adj* **1.** intemperate. – **2.** (*geschlechtlich*) incontinent. — **'Un·entˌhalt·sam·keit** *f* ⟨-; *no pl*⟩ **1.** intemperance. – **2.** (*geschlechtliche*) incontinence.

un·ent·rinn·bar [ˌʊnʔɛntˈrɪnbaːr; ˈʊn-] *adj* (*Schicksal etc*) inescapable, ineluctable.

'un·entˌschie·den I *adj* **1.** (*Person, Sache etc*) undecided: es ist noch ~, ob wir die Ferien hier oder dort verbringen it is still undecided (*od.* indefinite) whether we will spend our holidays here or there; er ist noch ~, ob er hingehen soll oder nicht he is still undecided (*od.* in two minds, *colloq.* dithering) about going. – **2.** (*als Charaktereigenschaft*) indecisive, irresolute, undecided: ein ~er Mensch an indecisive person, a ditherer (*colloq.*). – **3.** (*Frage etc*) undecided, open, unsettled: **etwas ~ lassen** to leave s.th. open. – **4.** *jur.* (*Rechtsstreit, Prozeß etc*) pending, in suspense, (*in der Schwebe*) in abeyance. – **5.** (*sport*) drawn: **~es Spiel** draw, tie, drawn game, *Am. auch* standoff. – **II** *adv* **6. ~ spielen** to draw, to tie; **das Spiel steht ~** the score is even; **~ enden** to end in a draw, to be drawn.

'Un·ent,schie·den *n* ⟨-s; -⟩ (*sport*) draw, tie, *Am. auch* standoff.

'Un·ent,schie·den·heit *f* ⟨-; *no pl*⟩ indecision, irresolution, undecidedness.

'un·ent,schlos·sen *adj* **1.** (*ohne Entschluß*) undecided: **~ sein** a) to be undecided, to waver, to vacillate, to dither (*colloq.*), b) *pol.* to sit (*od.* be) on the fence, to straddle; **ich bin noch ~** I am undecided as yet. – **2.** (*als Charaktereigenschaft*) indecisive, irresolute, double-minded: **ein ~er Mensch** an irresolute person. — **'Un·ent,schlos·sen·heit** *f* ⟨-; *no pl*⟩ **1.** undecidedness, vacillation. – **2.** indecision, irresolution.

un·ent·schuld·bar [ˌʊnˀɛntˈʃʊltbaːr; ˈʊn-] *adj* inexcusable, unpardonable: **sein Verhalten ist ~** his behavio(u)r is inexcusable.

'un·ent,schul·digt I *adj* unexcused: **~es Fehlen** unexcused absence, absence without valid excuse. – **II** *adv* **~ fehlen** to be absent without valid excuse.

un·ent·wegt [ˌʊnˀɛntˈveːkt; ˈʊn-] **I** *adj* ⟨*attrib*⟩ **1.** (*stetig, unermüdlich*) unswerving, unflinching, stalwart, steadfast, *auch* stedfast: **ein ~er Kämpfer für den Frieden** a steadfast fighter for peace. – **II** *adv* **2.** (*unverdrossen, unbeirrbar*) unswervingly, unflinchingly, stalwartly, steadfastly: **er verfolgt ~ dieselbe Politik** he unswervingly pursues the same policy. – **3.** (*mit Ausdauer*) steadily: **~ arbeiten** to work steadily, to go (*od.* keep) on working. – **4.** (*unaufhörlich*) incessantly: **das Telephon klingelte ~** the telephone rang incessantly (*od. colloq.* without a letup [*Br.* let-up]).

,Un·ent'weg·te *m, f* ⟨-n; -n⟩ *bes. pol.* die-hard, stalwart, *Am.* standpatter.

,Un·ent'wegt·heit *f* ⟨-; *no pl*⟩ **1.** steadfastness, unswervingness, stalwartness. – **2.** *bes. pol.* die-hardism.

'un·ent,wickelt (*getr.* -k·k-) **1.** undeveloped: **~es Talent** undeveloped (*od.* uncultivated) talent. – **2.** *med. biol.* a) undeveloped, unformed, embryonic, b) (*jugendlich*) juvenescent, c) (*unreif*) unripe. – **3.** *phot.* undeveloped.

un·ent·wirr·bar [ˌʊnˀɛntˈvɪrbaːr; ˈʊn-] *adj* (*Knäuel etc*) inextricable.

un·ent·zif·fer·bar [ˌʊnˀɛntˈtsɪfərbaːr; ˈʊn-] *adj* undecipherable.

un·ent·zünd·bar [ˌʊnˀɛntˈtsʏntbaːr; ˈʊn-] *adj chem. tech.* noninflammable *Br.* non-, uninflammable, nonflammable *Br.* non-, unflammable.

un·er·ach·tet [ˌʊnˀɛrˈˀaxtət; ˈʊn-] *prep* ⟨*gen*⟩ *obs. for* **ungeachtet.**

un·er·bärm·lich [ˌʊnˀɛrˈbɛrmlɪç; ˈʊn-] *adj* obdurate.

'un·er,be·ten *adj* **1.** unrequested, unsought, unsolicited, unbidden, unbid, unasked(-for). – **2.** (*unwillkommen*) unwelcome.

un·er·bitt·lich [ˌʊnˀɛrˈbɪtlɪç; ˈʊn-] **I** *adj* **1.** (*Gegner etc*) inexorable, implacable. – **2.** (*Kampf, Schlacht etc*) relentless, hard. – **3.** (*erbarmungslos*) merciless, pitiless, inexorable, unrelenting: **sie flehten um Gnade, aber er blieb ~** they begged for mercy, but he remained merciless. – **4.** *fig.* (*Tatsachen etc*) stubborn, hard. – **II** *adv* **5. er blieb ~ bei seinen Forderungen** he stuck inexorably to his demands. – **6. ~ kämpfen** to fight relentlessly (*od.* tooth and nail). — **,Un·er'bitt·lich·keit** *f* ⟨-; *no pl*⟩ **1.** inexorability, inexorableness, implacability. – **2.** relentlessness, hardness. – **3.** mercilessness, pitilessness, inexorability, inexorableness, unrelentingness. – **4.** *fig.* stubbornness, hardness.

'un·er,fah·ren *adj* **1.** (*mit wenig Lebenserfahrung*) (in *dat* in) inexperienced, unexperienced: **sie ist so ~** she is so inexperienced; **~e junge Menschen** inexperienced young people; **in vielen Dingen noch ~ sein** to be inexperienced in (*od. colloq.* an innocent about) many things. – **2.** (*unreif*) callow, green. – **3.** (*auf einem bestimmten Gebiet*) (in *dat*) inexperienced (in), unexperienced (in), unversed (in), new (to): **er ist darin noch ~** he is still inexperienced (*od.* unversed) in it, he is a novice at it. – **4.** (*ungeübt*) unskilled.

'Un·er,fah·re·ne *m, f* ⟨-n; -n⟩ **1.** inexperienced (*od.* unexperienced) person. – **2.** (*unreife Person*) greenhorn. – **3.** (*auf einem bestimmten Gebiet*) inexperienced (*od.* unexperienced) person, novice. – **4.** (*Ungeübte*) unskilled (*od.* inexpert) person, inexpert.

'Un·er,fah·ren·heit *f* ⟨-; *no pl*⟩ **1.** inexperience, lack of experience: **j-s ~ ausnützen** to abuse (*od.* take advantage of) s.o.'s inexperience. – **2.** (*Ungeübtheit*) lack of skill, inexpertness.

un·er·find·lich [ˌʊnˀɛrˈfɪntlɪç; ˈʊn-] *adj* **1.** (*unerklärlich*) undiscoverable, inexplicable, incomprehensible: **aus ~en Gründen** for inexplicable (*od.* obscure) reasons. – **2.** (*ein Rätsel, rätselhaft*) mysterious: **es ist mir ~, wieso** it is a mystery to me why.

un·er·forsch·lich [ˌʊnˀɛrˈfɔrʃlɪç; ˈʊn-] *adj* **1.** impenetrable. – **2.** (*Geist, Ratschluß etc*) unfathomable, inscrutable, arcane: **Gottes Wege sind ~** the ways of the Lord are unfathomable. — **,Un·er'forsch·lich·keit** *f* ⟨-; *no pl*⟩ **1.** impenetrability, impenetrableness. – **2.** (*des Geistes etc*) unfathomableness, inscrutability, inscrutableness.

'un·er,forscht *adj* (*Gebiet etc*) unexplored.

'un·er,freu·lich *adj* **1.** unpleasant, uncheering, unwelcome: **ich muß dir eine ~e Mitteilung machen** I have unpleasant news for you; **~e Überraschungen** unpleasant surprises. – **2.** (*unangenehm, peinlich*) unpleasant, embarrassing: **~e Szene** embarrassing scene; **diese Geschichte ist recht ~** this story is very unpleasant. – **3.** (*enttäuschend*) disappointing, unsatisfactory: **~es Ergebnis** disappointing result.

un·er·füll·bar [ˌʊnˀɛrˈfʏlbaːr; ˈʊn-] *adj* (*Wünsche, Hoffnungen, Forderungen etc*) unrealizable *Br. auch* -s-, unfulfillable. — **,Un·er'füll·bar·keit** *f* ⟨-; *no pl*⟩ unrealizability *Br. auch* -s-.

'un·er,füllt *adj* **1.** (*Leben*) unfulfilled. – **2.** (*Pflicht*) unperformed, unfulfilled, undischarged. – **3. ~ bleiben** a) (*von Wünschen etc*) to go unfulfilled, not to be realized (*Br. auch* -s-), b) (*von Weissagungen etc*) not to come true, to prove false. — **'Un·er,füllt·heit** *f* ⟨-; *no pl*⟩ unfulfillment.

'un·er,gie·big *adj* **1.** (*Quelle, Vorkommen etc*) unproductive, poor: **eine ~e Mine** an unproductive mine. – **2.** (*Ernte, Beute etc*) poor, unprofitable. – **3.** (*Boden*) poor, barren, sterile. – **4.** *fig.* (*Thema, Stoff etc*) unprofitable, unproductive. – **5.** *meteor.* (*Regenfälle*) low, little. — **'Un·er,gie·big·keit** *f* ⟨-; *no pl*⟩ **1.** (*einer Quelle etc*) unproductiveness, poorness. – **2.** (*der Beute etc*) poorness, unprofitableness. – **3.** (*des Bodens etc*) poorness, barrenness, sterility, poverty. – **4.** *fig.* (*eines Themas etc*) unprofitableness, unproductiveness. – **5.** *meteor.* (*der Regenfälle*) low quantity.

un·er·gründ·bar [ˌʊnˀɛrˈgrʏntbaːr; ˈʊn-] *adj cf.* **unergründlich.** — **,Un·er'gründ·bar·keit** *f* ⟨-; *no pl*⟩ *cf.* **Unergründlichkeit.**

un·er·gründ·lich [ˌʊnˀɛrˈgrʏntlɪç; ˈʊn-] *adj* **1.** unfathomable, fathomless, bottomless, abysmal: **die ~e Tiefe des Meeres** the fathomless depth of the sea. – **2.** *fig.* (*Motive etc*) inscrutable, unfathomable, impenetrable. — **,Un·er'gründ·lich·keit** *f* ⟨-; *no pl*⟩ **1.** unfathomableness, fathomlessness, bottomlessness. – **2.** inscrutability, inscrutableness, unfathomableness, impenetrability, impenetrableness.

'un·er,heb·lich I *adj* **1.** (*geringfügig*) insignificant, inconsiderable, unimportant, trivial: **es entstand nur ~er Sachschaden** only insignificant (*od.* slight) material damage was done; **~e Kosten** trivial cost *sg*; **~er Betrag** trivial (*od.* trifling) sum; **nicht ~e Verluste** considerable (*od.* heavy) losses. – **2.** (*nicht zur Sache gehörend*) irrelevant, immaterial. – **II** *adv* **3. er hat sich nicht ~ verrechnet** he is considerably out in his calculations. — **'Un·er,heb·lich·keit** *f* ⟨-; *no pl*⟩ **1.** (*Geringfügigkeit*) insignificance, unimportance, inconsiderableness, triviality. – **2.** (*Belanglosigkeit*) irrelevance, immaterialness.

'un·er,hofft *adj* (*Glück, Freude etc*) unhoped(-for), unexpected.

'un·er'hört[1] **I** *adj* **1.** (*empörend, schändlich*) outrageous, scandalous: **~es Verhalten [Vorgehen]** outrageous behavio(u)r [action]; **eine ~e Frechheit** an outrageous insolence; **(das ist ja) ~!** that's outrageous! the cheek (*od.* insolence) of it! – **2.** (*noch nie dagewesen*) unprecedented: **der Pianist verfügt über eine ~e Technik** the pianist has an unprecedented technique; **in einem ~en Ausmaß** on an unprecedented (*od.* unheard-of) scale. – **3.** *colloq.* (*groß*) tremendous: **er hat ~es Glück gehabt** he has had fantastic (*od.* terrific) luck (*colloq.*); **~er Reichtum** terrific wealth (*colloq.*). – **4.** *econ.* (*Preise*) exorbitant, fantastic (*colloq.*). – **II** *adv* **5. ~ billig** *colloq.* fantastically cheap (*colloq.*), dirt cheap; **die Preise sind ~ hoch** *colloq.* prices are exorbitant (*od. colloq.* fantastically high).

'un·er,hört[2] *adj* **1.** (*Bitte etc*) ungranted. – **2.** (*Flehen, Gebet etc*) unanswered: **sein Gebet blieb ~** his prayer went unanswered (*od.* was unheard). – **3.** (*Liebe*) unanswered, unrequited.

'un·er,kannt *adj* **1.** unrecognized *Br. auch* -s-, unidentified: **der Dieb konnte ~ entkommen** the thief managed to escape unidentified. – **2.** (*anonym*) incognito: **er wollte ~ bleiben** he wanted to remain incognito (*od.* anonymous).

un·er·kenn·bar [ˌʊnˀɛrˈkɛnbaːr; ˈʊn-] *adj* (*Ursachen, Auswirkungen etc*) unrecognizable *Br. auch* -s-.

'un·er,kennt·lich *adj only in* **sich ~ zeigen** to be unappreciative.

un·er·klär·bar [ˌʊnˀɛrˈklɛːrbaːr; ˈʊn-] *adj rare for* **unerklärlich.** — **,Un·er'klär·bar·keit** *f* ⟨-; *no pl*⟩ *rare for* **Unerklärlichkeit.**

un·er·klär·lich [ˌʊnˀɛrˈklɛːrlɪç; ˈʊn-] *adj* inexplicable, unexplainable, unaccountable, inexplainable: **es ist mir ~, wie das geschehen konnte** I cannot explain how this could have happened. — **,Un·er'klär·lich·keit** *f* ⟨-; *no pl*⟩ inexplicability, unaccountability.

'un·er,klärt *adj* (*Krieg, Liebe*) undeclared.

un·er·läß·lich [ˌʊnˀɛrˈlɛslɪç; ˈʊn-] *adj* (*Bedingung, Voraussetzung etc*) compulsory, obligatory, imperative, (*Pflicht*) *auch* irremissible: **es ist ~, sich zu vergewissern, daß** it is imperative (*od.* absolutely essential) to ascertain that.

'un·er,laubt I *adj* **1.** *jur.* illicit: **~e Handlung** illicit (*od.* tortious) act, (*zivilrechtlich*) tort; **~e Beziehungen zu j-m unterhalten** a) to have illicit contact with s.o., b) (*bes. sexuell*) to have illicit relations with s.o.; → **Waffenbesitz.** – **2.** unlawful. – **3.** unauthorized *Br. auch* -s-: **~es Betreten des Gebäudes verboten** no admittance except on business, admittance for authorized persons only; **~e Entfernung von der Truppe** *mil.* absence without leave, *bes. Am.* A.W.O.L. – **4.** *ped.* (*Hilfsmittel*) unauthorized *Br. auch* -s-, illicit. – **5.** *print.* (*Nachdruck*) unauthorized *Br. auch* -s-, unlicensed, *Br. auch* unlicenced. – **II** *adv* **6.** without permission (*od.* leave): **das Klassenzimmer ~ verlassen** to leave the classroom without permission; **sich ~ von der Truppe entfernen** *mil.* to absent oneself without leave.

'un·er,le·digt *adj* **1.** (*Post etc*) unanswered. – **2.** (*Arbeit etc*) (that has) not (been) attended to (*od.* dealt with). – **3.** *econ.* (*Aufträge*) unfulfilled, not (yet) cleared. – **4.** (*Rechnungen*) unpaid, unsettled, undischarged, (*ausstehend*) *auch* outstanding. – **5.** (*noch schwebend*) pending.

'un·er,löst *adj relig.* unredeemed.

un·er·meß·lich [ˌʊnˀɛrˈmɛslɪç; ˈʊn-] **I** *adj* (*Reichtum, Fülle, Größe, Tiefe etc*) immeasurable, immense, vast, untold. – **II** *adv* immensely, immeasurably: **er ist ~ reich** he is immensely rich. — **,Un·er'meß·lich·keit** *f* ⟨-; *no pl*⟩ immeasurability, immensity, vastness.

'un·er,mit·telt *adj* unascertained.

un·er·müd·lich [ˌʊnˀɛrˈmyːtlɪç; ˈʊn-] **I** *adj* (*ausdauernd*) untiring, indefatigable, unwearying, tireless, unresting, unflagging: **er ist ~ in seinen Bemühungen** he is untiring in his efforts. – **II** *adv* **~ arbeiten** to work untiringly. — **,Un·er'müd·lich·keit** *f* ⟨-; *no pl*⟩ tirelessness, indefatigability, indefatigableness.

'un,ernst *adj* unserious.

'un·er,ör·tert *adj* (*Frage, Problem etc*) undiscussed.

'un·er,probt *adj* **1.** (*Gerät, Maschine, Mittel, Methode, Verfahren etc*) untested, untried. – **2.** *med. pharm.* (*Droge, Medikament etc*) untested, untried.

'un·erˌquick·lich *adj* (*unerfreulich, unangenehm*) unpleasant, unedifying. — **'Un·erˌquick·lich·keit** *f* ⟨-; *no pl*⟩ unpleasantness.

un·er·reich·bar [ˌʊnʔɛrˈraɪçbaːr; ˈʊn-] *adj* **1.** (*Ziel, Standard, Qualität, Leistung etc*) unattainable, unachievable, inaccessible, unreachable: er setzte sich ein ~es Ziel he set himself an unattainable goal; das liegt in ~er Ferne that is inaccessibly distant, that is at an inaccessible distance; diese gute Stellung bleibt für ihn ~ this good post will always be unattainable for him (*od.* beyond [*od.* out of] his reach). – **2.** (*Ort, Stelle etc*) inaccessible, unreachable: dieser Berggipfel ist für ungeübte Bergsteiger ~ this mountain peak is inaccessible to inexperienced mountaineers. – **3.** *med.* (*unangehbar*) inaccessible, inapproachable. — **ˌUn·er'reich·bar·keit** *f* ⟨-; *no pl*⟩ **1.** (*eines Zieles etc*) unattainableness, inaccessibility. – **2.** (*eines Ortes etc*) inaccessibility. – **3.** *med.* (*Unangehbarkeit*) inaccessibility.

un·er·reicht [ˌʊnʔɛrˈraɪçt; ˈʊn-] *adj* **1.** (*nicht erreicht*) unattained, unachieved: sein Ziel aber blieb ~ his goal, however, remained unattained. – **2.** (*unübertroffen*) unmatched, unequal(l)ed, unrival(l)ed: seine Bestzeit von 10,2 Sekunden blieb ~ his best time of 10.2 seconds remained unmatched.

un·er·sätt·lich [ˌʊnʔɛrˈzɛtlɪç; ˈʊn-] *adj* (*Appetit, Habgier, Neugierde, Wissensdurst etc*) insatiable, voracious, gluttonous, unappeasable. — **ˌUn·er'sätt·lich·keit** *f* ⟨-; *no pl*⟩ **1.** insatiability, voracity, voraciousness, gluttony. – **2.** *med.* morbid appetite (*od.* hunger), insatiability, acoria (*scient.*).

'un·erˌschlos·sen *adj* **1.** *geogr.* a) (*Gebiet, Landstrich etc*) unexplored, virgin (*attrib*), b) (*Boden*) unexploited. – **2.** *econ.* a) (*Markt*) unexplored, unprobed, untapped, not yet opened up, b) (*Land, Region*) undeveloped. – **3.** *civ.eng.* (*Baugelände*) undeveloped.

un·er·schöpf·lich [ˌʊnʔɛrˈʃœpflɪç; ˈʊn-] *adj* **1.** (*Vielfalt, Thema, Vorrat etc*) inexhaustible; wasteless, drainless (*lit.*). – **2.** (*Mensch, Geduld etc*) inexhaustible: sie war ~ im Erfinden lustiger Namen she was inexhaustible in inventing funny names. — **ˌUn·er'schöpf·lich·keit** *f* ⟨-; *no pl*⟩ inexhaustibility.

'un·erˌschrocken (*getr.* -k·k-) **I** *adj* (*mutig, furchtlos*) undaunted, dauntless, intrepid, unflinching, fearless, unafraid. – **II** *adv* ~ für etwas eintreten to stand up for s.th. fearlessly (*od.* courageously). — **'Un·erˌschrocken·heit** (*getr.* -k·k-) *f* ⟨-; *no pl*⟩ dauntlessness, undauntedness, intrepidity, intrepidness, fearlessness.

un·er·schüt·ter·lich [ˌʊnʔɛrˈʃʏtərlɪç; ˈʊn-] **I** *adj* **1.** (*Ruhe, Vertrauen etc*) imperturbable, unshak(e)able. – **2.** ~ sein in (*dat*) etwas to be unswerving (*od.* unwavering, sta[u]nch, ste[a]dfast) in s.th.; er ist ~ he is as firm as a rock. – **II** *adv* **3.** er ist ~ davon überzeugt, daß he is unshak(e)ably convinced that. — **ˌUn·er'schüt·ter·lich·keit** *f* ⟨-; *no pl*⟩ **1.** imperturbability, unshak(e)ableness. – **2.** unswervingness, sta(u)nchness, steadfastness, *auch* stedfastness.

un·er·schwing·lich [ˌʊnʔɛrˈʃvɪŋlɪç; ˈʊn-] **I** *adj* **1.** (*Preise, Kosten etc*) exorbitant, prohibitive. – **2.** (*Waren, Gegenstände etc*) unattainable, beyond (*od.* above) s.o.'s means, out of reach: ein Auto ist für uns zur Zeit noch ~ a car is beyond our means (*od.* out of reach for us) at the moment. – **II** *adv* **3.** exorbitantly, prohibitively: das ist ~ teuer that is prohibitively expensive.

un·er·setz·bar [ˌʊnʔɛrˈzɛtsbaːr; ˈʊn-] *adj cf.* unersetzlich.

un·er·setz·lich [ˌʊnʔɛrˈzɛtslɪç; ˈʊn-] *adj* **1.** (*Schaden, Verlust etc*) irreparable, irrecoverable, irretrievable. – **2.** (*Person, Ausrüstung, Erinnerungsstück*) irreplaceable, unreplaceable: er ist im Betrieb ~ he is irreplaceable in the company; du bist nicht ~ you are not the only pebble on the beach (*colloq.*). — **ˌUn·er'setz·lich·keit** *f* ⟨-; *no pl*⟩ **1.** irreparability, irreparableness, irrecoverableness, irretrievability, irretrievableness. – **2.** irreplaceableness.

un·er·sprieß·lich [ˌʊnʔɛrˈʃpriːslɪç; ˈʊn-] *adj* **1.** (*keinen Nutzen bringend*) unprofitable, fruitless. – **2.** *cf.* unerquicklich.

un·er·träg·lich [ˌʊnʔɛrˈtrɛːklɪç; ˈʊn-] **I** *adj* (*Qual, Lage, Sehnsucht etc*) intolerable, unbearable, unendurable, insufferable, unsufferable: sie hatte ~e Schmerzen she had unendurable pain, her pain was beyond endurance; seine Anspielungen sind ~ his insinuations are intolerable (*od.* cannot be endured); dieser Mensch ist mir ~ I find this person insufferable. – **II** *adv* intolerably, unbearably: es ist ~ heiß it's unbearably hot. — **ˌUn·er'träg·lich·keit** *f* ⟨-; *no pl*⟩ intolerability, intolerableness, unbearableness, insufferableness, unsufferableness.

'un·erˌwähnt *adj* (*Thema, Einzelheiten etc*) unmentioned, untouched: etwas ~ lassen to leave s.th. unmentioned, to make no mention of s.th., to pass over s.th. (in silence); nichts ~ lassen to leave nothing unmentioned (*od.* untold); ich möchte es nicht ~ lassen, daß I would not like to leave (it) unmentioned that.

un·er·war·tet [ˈʊnʔɛrˌvartət; ˌʊn-] **I** *adj* **1.** (*Besuch, Nachricht, Wiedersehen, Ereignis, Last etc*) unexpected: ich bekam heute ~en Besuch I had an unexpected (*od.* a surprise) visitor today. – **2.** (*unvorhergesehen*) unforeseen, unexpected, unanticipated: auf ~e Schwierigkeiten stoßen to meet with unexpected difficulties. – **3.** (*plötzlich*) sudden. – **II** *adv* **4.** unexpectedly: es geschah alles völlig ~ it all happened completely unexpectedly; das kommt mir sehr ~ this comes quite unexpectedly (for me); plötzlich und ~ verschied unser lieber Vater (*in Todesanzeigen*) our dear father passed away suddenly and unexpectedly.

un·er·weis·bar [ˌʊnʔɛrˈvaɪsbaːr; ˈʊn-], **un·er·weis·lich** [ˌʊnʔɛrˈvaɪslɪç; ˈʊn-] *adj cf.* unbeweisbar.

'un·erˌwi·dert *adj* **1.** (*Zuneigung, Liebe etc*) unrequited, unreturned. – **2.** (*Gruß*) unreturned. – **3.** (*Besuch*) not returned: mein Besuch blieb ~ my visit was not returned. – **4.** (*Brief, Schreiben etc*) unanswered.

'un·erˌwie·sen *adj* (*Behauptung, Theorie etc*) unproved, unproven.

'un·erˌwünscht *adj* **1.** (*Besuch, Vorfall, Effekt, Ergebnis etc*) unwanted, unwelcome. – **2.** (*Kind, Nachkommen*) unwanted. – **3.** *pol.* (*Person*) undesirable: politisch ~ politically undesirable.

'un·erˌzo·gen *adj* (*Person, Benehmen etc*) ill-bred, ill-mannered, bad-mannered.

'un·ety·moˌlo·gisch *adj ling.* unetymological, *auch* unetymologic.

'un·exˌakt *adj* (*Formulierung, Angaben etc*) inexact, unexact, inaccurate.

'unˌfach·geˌmäß *adj cf.* unfachmännisch.

'unˌfachˌmän·nisch *adj* (*laienhaft*) inexpert, amateurish.

'unˌfä·hig *adj* **1.** (*Arbeiter, Mitarbeiter etc*) incapable, inefficient, incompetent. – **2.** ⟨*pred*⟩ (*nicht imstande*) unable, (*stärker*) incapable: wegen seiner Krankheit ist er ~ zu arbeiten he is unable to work (*od.* incapable of working) because of his illness; der Verletzte war ~ aufzustehen the injured man was unable to get up; ich war ~, einen klaren Gedanken zu fassen I was incapable of thinking straight; ich wäre ~, so etwas zu tun I would be incapable of doing a thing like that. – **3.** (*untauglich*) unfit. – **4.** j-n für ~ erklären *jur.* to incapacitate s.o. — **'Unˌfä·hig·keit** *f* ⟨-; *no pl*⟩ **1.** incapability, inability, inefficiency, incompetence, incapacity. – **2.** inability, (*stärker*) incapability, incapacity. – **3.** unfitness. – **4.** *jur.* incapacity.

'unˌfair I *adj* (*Benehmen, Verhalten, Vorgehen, Behandlung, Spiel etc*) unfair: das ist ~ that's not fair, that's unfair, that's not playing the game, that's not cricket (*colloq.*). – **II** *adv* unfairly: ~ spielen (*sport*) to play unfair. — **'Unˌfair·neß** *f* ⟨-; *no pl*⟩ unfairness.

'Unˌfall *m* ⟨-(e)s; =e⟩ **1.** accident: leichter [tragischer, bedauerlicher] ~ slight [tragic, regrettable] accident; schwerer ~ serious accident, casualty; selbstverschuldeter ~ a) accident from (*od.* due to) one's own fault, b) (*selbstveranlaßt*) self-induced accident, c) (*mit Absicht*) self-inflicted accident; ~ mit dem Auto car accident; ein ~ passierte (*od.* ereignete sich) an accident occurred; einen ~ haben [erleiden] to have [to meet with] an accident; Unfälle vermeiden [verhüten] to avoid [to prevent] accidents; ich war in einen ~ verwickelt I was involved in an accident; die Unfälle mehren (*od.* häufen) sich accidents are increasing; gestern ereignete sich ein tödlicher ~ a fatal accident occurred yesterday; der ~ hat ein Todesopfer gefordert one person was killed in the accident; er starb an den Folgen eines ~(e)s he died as the result of an accident; bei diesem ~ hat es zwei Schwerverletzte gegeben there were two casualties (*od.* people seriously injured) in this accident; gegen ~ versichert sein to be insured against accidents; ~ mit tödlichem Ausgang (*od.* mit Todesfolge) *jur.* death by misadventure, fatality; → Arbeits-, Betriebsunfall. – **2.** (*Mißgeschick, Malheur*) accident, mishap: ich hatte einen kleinen ~, ich habe mich in den Finger geschnitten I had a slight mishap and cut my finger.

'Unˌfall|ˌab·tei·lung *f* (*in Klinik*) accident (*od.* emergency, *Am. auch* receiving) ward. — **~ˌan·zei·ge** *f* notice of accident. — **~ˌarzt** *m* specialist for accident injuries. — **~ˌauf·nah·meˌraum** *m* (*in Klinik*) casualty receiving room. — **u~be·dingt** *adj* caused by an accident. — **~be·richt** *m* accident report. — **~beˌtei·lig·te** *m, f* person involved in an (*od.* the) accident. — **~ˌbild** *n* accident picture. — **~entˌschä·di·gung** *f jur.* accident benefit (*od.* damages *pl*, compensation).

'Unˌfal·ler *m* ⟨-s; -⟩ *colloq.* accident-prone person.

'Unˌfall|erˌmitt·lung *f* (*der Polizei*) accident inquiry. — **~ˌfah·rer** *m* driver at fault in an (*od.* the) accident. — **~ˌflucht** *f* abscondence after an (*od.* the) accident, hit-and-run driving: ~ begehen to abscond after an accident. — **~ˌflüch·ti·ge** *m, f jur.* driver who absconds after an (*od.* the) accident, (*flüchtiger Fahrer*) hit-and-run driver. — **~ˌfol·gen** *pl* consequences of an (*od.* the) accident.

'unˌfallˌfrei I *adj* ~er Fahrer driver who has never been involved in an accident; 30jähriges ~es Fahren thirty years of accident-free driving. – **II** *adv* ~ fahren to drive without ever being involved in an accident.

'Unˌfall|ˌfür·sor·ge *f sociol.* accident welfare work. — **~geˌfahr** *f* danger of accident. — **~geˌschä·dig·te** *m, f* victim of an (*od.* the) accident. — **~ˌhäu·fig·keit** *f* accident frequency. — **~ˌheilˌkun·de** *f med.* traumatology. — **~ˌhil·fe** *f* **1.** first aid after (*od.* at the scene of) an (*od.* the) accident. – **2.** *cf.* Unfallstation 1. — **~ˌkli·nik** *f med.* hospital for accident cases. — **~komˌman·do** *n* (*der Polizei*) accident squad. — **~ˌkran·kenˌhaus** *n cf.* Unfallklinik. — **~ˌmel·deˌdienst** *m* accident reporting service. — **~ˌmel·dung** *f* report of an (*od.* the) accident. — **~ˌmerkˌblatt** *n* accident report sheet. — **~neuˌro·se** *f med. psych.* accident (*od.* traumatic) neurosis. — **~ˌop·fer** *n* victim of an (*od.* the) accident, casualty. — **~ˌort** *m* ⟨-(e)s; -e⟩ *cf.* Unfallstätte. — **~pro·toˌkoll** *n* protocol of an (*od.* the) accident. — **~psyˌcho·se** *f med. psych.* traumatic psychosis. — **~ˌquo·te, ~ˌra·te** *f* accident rate. — **~re·ak·tiˌon** *f med. psych.* traumatic reaction. — **~ˌren·te** *f jur.* accident annuity (*od.* benefit). — **~ˌri·si·ko** *n* accident risk (*od.* hazard). — **~ˌscha·den** *m jur.* accident damage. — **~ˌschutz** *m econ.* **1.** (*Versicherungsbereich*) accident insurance (cover). – **2.** (*Maßnahmen*) prevention of accidents. — **~ˌschutzˌvorˌrich·tung** *f* safety (*od.* protective) device. — **~ˌschwe·re** *f* seriousness (*od.* gravity) of an (*od.* the) accident. — **u~ˌsi·cher** *adj* **1.** (*System, Scheibe etc*) accident-proof. – **2.** (*Kreuzung*) (very) safe. — **~ˌskiz·ze** *f* diagram (*od.* sketch) of an (*od.* the) accident. — **~sta·tiˌon** *f* **1.** first-aid station. – **2.** (*in Klinik*) *cf.* Unfallabteilung. — **~staˌti·stik** *f* accident statistics *pl* (*construed as sg or pl*). — **~ˌstät·te, ~ˌstel·le** *f* site (*od.* scene) of an (*od.* the) accident. — **~ˌsucht** *f med. psych.* traumatophilia. — **~ˌtod** *m* accidental death. — **~ˌto·te** *m, f* person killed in an (*od.* the) accident, casualty. — **u~ˌträch·tig** *adj* **1.** (*Kurve, Kreuzung etc*) hazardous. – **2.** (*Fahrer*) accident-prone. — **~ˌun·terˌsu·chung** *f* investigation of an (*od.* the) accident. — **~ˌurˌsa·che** *f* cause of an (*od.* the) accident. — **~ver·ˌhü·tung** *f* prevention of accidents. — **~verˌhü·tungsˌvorˌschrif·ten** *pl* rules for the prevention of accidents, safety regulations, national safety code *sg.* — **~ver·ˌletz·te** *m, f med.* **1.** casualty. – **2.** (*Verunglückte*) accident victim. — **~verˌlet·zung** *f* injury (*od.* casualty) caused by an (*od.* the) accident, accidental trauma. — **~ver·ˌsi·che·rung** *f econ.* **1.** accident insurance. – **2.** (*Betriebsunfallversicherung*) *Br.* industrial injuries insurance, *bes. Am.* workmen's compensation insurance. — **~verˌsi·che·rungs·poˌli·ce** *f* accident policy. — **~ˌwa·gen** *m* **1.** car involved in an (*od.* the) accident. – **2.** (*eines Krankenhauses*) ambulance. – **3.** (*der Polizei*) accident squad car. — **~ˌzif·fer** *f* accident rate.

un·faß·bar [ˌʊnˈfasbaːr; ˈʊn-] *adj* incomprehensible, inconceivable, impalpable: **das ist mir ~** this is quite incomprehensible (to me), that is beyond me, that beats me. — **ˌUnˈfaß·bar·keit** *f* ⟨-; *no pl*⟩ incomprehensibility, incomprehensibleness, inconceivability, impalpability.

un·faß·lich [ˌʊnˈfaslɪç; ˈʊn-] *adj cf.* unfaßbar. — **ˌUnˈfaß·lich·keit** *f* ⟨-; *no pl*⟩ *cf.* Unfaßbarkeit.

un·fehl·bar [ˌʊnˈfeːlbaːr; ˈʊn-] **I** *adj* **1.** (*Entscheidung, Gefühl, Instinkt, Urteilsvermögen*) infallible, unerring, unfailing, inerrable, inerrant. – **2.** (*Mensch*) infallible, indefectible: **kein Mensch ist ~** no one is infallible. – **3.** *röm.kath.* (*Entscheidung des Papstes*) infallible. – **II** *adv* **4.** (*bestimmt*) certainly, surely, for certain (*od.* sure). – **5.** (*unweigerlich*) inevitably. — **ˌUnˈfehl·bar·keit** *f* ⟨-; *no pl*⟩ **1.** infallibility, unerringness, unfailingness, inerrability, inerrancy. – **2.** infallibility, indefectibility. – **3.** *röm.kath.* infallibility.

ˌUnˈfehl·bar·keitsˌglau·be(n) *m röm.kath.* infallibilism.

ˈunˌfein *adj* **1.** (*Benehmen, Bemerkung, Vorgehen etc*) indelicate, unrefined, ungenteel. – **2.** (*Person*) indelicate, (*Mann*) *auch* ungentlemanly, not gentlemanlike, ungentlemanlike (*archaic*), (*Frau*) *auch* unladylike, not ladylike. – **3.** (*grob*) coarse. – **4.** ⟨*pred*⟩ **das ist ~** it is bad manners (*od.* bad form, *bes. Br.* non-U) (to say [*od.* do] so). — **ˈUnˌfein·heit** *f* ⟨-; *no pl*⟩ **1.** indelicacy, lack of refinement (*od.* gentility). – **2.** indelicacy, (*von Mann*) *auch* ungentlemanliness. – **3.** coarseness.

ˈunˌfern I *prep* ⟨*gen*⟩ not far from, near: **~ der Brücke ereignete sich ein Unfall** an accident occurred not far from the bridge; **das Verbrechen geschah ~ des Stadtrandes** the crime was committed near the city boundary. – **II** *adv* **~ von der Brücke** not far from the bridge.

ˈunˌfer·tig *adj* **1.** (*Arbeit, Haus, Zustand etc*) unfinished, uncompleted, unaccomplished, inchoate (*lit.*): **es ist alles noch ~** (*od.* **in ~em Zustand**) everything is still unfinished; **er hat seinen Aufsatz ~ liegenlassen** he has left his essay unfinished. – **2.** *fig.* (*Mensch*) unformed, callow, half-baked (*colloq.*), (*stärker*) immature, unripe: **er ist noch ein ~er junger Mann** he is still an unformed young man. — **ˈUnˌfer·tig·keit** *f* ⟨-; *no pl*⟩ **1.** (*einer Arbeit etc*) unfinishedness, incompleteness, incompletion, inchoateness (*lit.*). – **2.** (*einer Person*) callowness, (*stärker*) immaturity, unripeness.

un·fil·trier·bar [ˌʊnfɪlˈtriːrbaːr; ˈʊn-] *adj med.* (*Virus*) nonfilterable *Br.* non-.

ˈUnˌflat [-ˌflaːt] *m* ⟨-(e)s; *no pl*⟩ **1.** (*Schmutz, Unrat*) filth, dirt, muck: **einen Stall von ~ ausfegen** *fig. lit.* to rid a place of vice. – **2.** *fig.* (*Beschimpfungen, Schimpfwörter*) abuse, (*stärker*) vituperation.

ˈunˌflä·tig [-ˌflɛːtɪç] **I** *adj* (*Ausdruck, Witz etc*) dirty, filthy, (*stärker*) obscene, bawdy. – **II** *adv* filthily, (*stärker*) obscenely, bawdily: **~ schimpfen** to swear filthily; **er hat sich ihr gegenüber ~ benommen** he behaved obscenely toward(s) her. — **ˈUnˌflä·tig·keit** *f* ⟨-; -en⟩ **1.** ⟨*only sg*⟩ (*eines Wortes etc*) dirtiness, filthiness, (*stärker*) obscenity, bawdiness. – **2.** (*als Handlung, Ausdruck*) obscenity, filth: **komm mir nicht mit ~en** keep your obscenities to yourself.

un·flek·tier·bar [ˌʊnflɛkˈtiːrbaːr; ˈʊn-] *adj ling.* uninflectible, incapable of inflection (*Br. auch* inflexion).

ˈun·flekˌtiert *adj ling.* uninflected.

ˈunˌfolg·sam *adj* **1.** (*Kind, Verhalten etc*) disobedient: **sei nicht so ~** don't be so disobedient. – **2.** (*eigenwillig*) (*Kind*) wil(l)ful, wayward. — **ˈUnˌfolg·sam·keit** *f* ⟨-; *no pl*⟩ **1.** disobedience. – **2.** wil(l)fulness, waywardness.

ˈUnˌform *f* ⟨-; -en⟩ deformity, misshape.

ˈun·forˌmell *adj* (*Party, Feier, Empfang etc*) informal.

ˈunˌför·mig *adj* **1.** (*Gestalt, Masse etc*) shapeless, unshapely. – **2.** *med.* (*Kopf, Gliedmaßen etc*) deformed, misshapen, monstrous. — **ˈUnˌför·mig·keit** *f* ⟨-; *no pl*⟩ **1.** (*einer Gestalt etc*) shapelessness, unshapeliness. – **2.** *med.* deformity, misshape(nness), monstrosity.

ˈunˌförm·lich I *adj* (*Auftreten, Benehmen, Atmosphäre etc*) informal, unceremonious, casual. – **II** *adv* **bei dieser Party ging es recht ~ zu** everything was very informal at the party. — **ˈUnˌförm·lich·keit** *f* ⟨-; *no pl*⟩ informality, unceremoniousness, casualness.

ˈun·franˌkiert *adj* (*postal service*) unpaid, (*bes. maschinell*) unfranked.

ˈunˌfrau·lich *adj* unwomanly, unfeminine, mannish.

ˈunˌfrei *adj* **1.** (*Volk, Person, Staatsordnung etc*) unfree, not free. – **2.** (*befangen, gehemmt*) embarrassed, self-conscious: **in ihrer Gegenwart fühlt er sich ~** he feels embarrassed in her presence. – **3.** (*postal service*) (*nicht freigemacht*) unpaid, unfranked: **ein Paket ~ senden** to send a parcel unpaid. – **4.** *hist.* (*leibeigen*) unfree: **ein ~er Bauer** an unfree peasant.

ˈUnˌfreie[1] *m hist.* serf, bond(s)man.

ˈUnˌfreie[2] *f hist.* serf, bondwoman, *auch* bondswoman.

ˈUnˌfrei·heit *f* ⟨-; *no pl*⟩ **1.** (*eines Volkes etc*) unfreedom. – **2.** *hist.* serfdom, bondage, servitude.

ˈunˌfreiˌwil·lig I *adj* (*Handlung, Tätigkeit etc*) involuntary: **er nahm ein ~es Bad** *humor.* he took a ducking, he got soaked. – **II** *adv* **~ zur Schule gehen** to be compelled to go to school.

ˈunˌfreund·lich I *adj* **1.** (*Person, Haltung, Verhalten, Benehmen etc*) unfriendly: **er sieht ~ aus, aber in Wirklichkeit ist er sehr nett** he makes an unfriendly (*od.* a stern, a gruff) impression but he is really quite nice; **sie war sehr ~ zu ihm** (*rare* **gegen ihn**) she was very unfriendly toward(s) him. – **2.** (*Worte*) unfriendly, unkind. – **3.** (*Wetter, Klima, Tag, Jahreszeit*) unpleasant, disagreeable, (*Tag, Wetter*) *auch* dull: **letztes Wochenende war das Wetter hier sehr ~** last weekend the weather here was very dull (*od.* rough). – **4.** (*Raum, Landschaft etc*) cheerless, gloomy, uncheerful. – **5.** (*Farben*) dull, drab, cheerless, uncheerful. – **6.** *econ.* (*Börsentendenz*) cheerless, unfavorable, *bes. Br.* unfavourable. – **II** *adv* **7. ~ antworten** to answer in an unfriendly manner; **j-n ~ empfangen** to give s.o. an unfriendly welcome. — **ˈUnˌfreund·lich·keit** *f* ⟨-; -en⟩ **1.** ⟨*only sg*⟩ (*einer Person etc*) unfriendliness. – **2.** ⟨*only sg*⟩ (*eines Wortes*) unfriendliness, unkindness. – **3.** ⟨*only sg*⟩ (*des Klimas etc*) unpleasantness, disagreeableness, disagreeability, (*des Wetters*) *auch* dullness, roughness. – **4.** ⟨*only sg*⟩ (*eines Raumes etc*) cheerlessness, gloominess, uncheerfulness. – **5.** ⟨*only sg*⟩ (*einer Farbe*) dullness, drabness, cheerlessness, uncheerfulness. – **6.** ⟨*only sg*⟩ *econ.* (*der Börsentendenz*) cheerlessness, unfavorableness, *bes. Br.* unfavourableness. – **7.** *meist pl* (*Worte, Bemerkungen, Gesten etc*) unpleasantry, unpleasantness: **mit solchen ~en kommen Sie bei ihm nicht weiter** you won't get any farther with him with such unpleasant remarks.

ˈUnˌfrie·de(n) *m* ⟨-dens; *no pl*⟩ discord, disharmony: **die beiden Völker lebten nebeneinander in Unfrieden** the two peoples lived side by side in discord; **Unfrieden stiften** to cause (*od.* stir up) discord; **Friede ernährt, Unfriede verzehrt** (*Sprichwort*) *etwa* wars bring scars.

ˈun·friˌsiert *adj* **1.** (*ungekämmt*) unkempt, uncombed. – **2.** *fig. colloq.* (*Bilanz, Nachrichten etc*) not dressed up, undoctored (*beide colloq.*), authentic. – **3.** *fig. colloq.* (*Motor, Auto etc*) not tuned (*od. sl.* souped, hotted) up.

ˈunˌfroh *adj* (*Mensch*) uncheerful.

ˈunˌfromm *adj* (*Mensch, Leben*) impious, undevout, unreligious, irreligious, ungodly.

ˈunˌfrucht·bar *adj* **1.** (*Boden, Land etc*) infertile, unfertile, unfruitful, sterile, barren, poor, infecund: **den Boden ~ machen** to make the soil infertile, to sterilize (*Br. auch* -s-) the soil; **auf ~en Boden fallen** *fig.* to fall upon stony ground; **das fällt bei ihm auf ~en Boden** *fig.* that is lost (*od.* wasted) on him. – **2.** *bot.* sterile, acarpous. – **3.** *med.* (*geschlechtlich*) infertile, barren, sterile: **j-n ~ machen** to sterilize (*Br. auch* -s-) s.o., (*einen Mann*) *auch* to castrate s.o.; **die ~en Tage der Frau** a woman's days of infertility. – **4. ~ machen** *vet.* (*Tier*) to sterilize (*Br. auch* -s-), to castrate, (*weibliches Tier*) *auch* to spay. – **5.** (*Jahr*) unfruitful, unproductive. – **6.** *fig.* (*Gespräche, Verhandlungen etc*) fruitless, futile, *auch* infructuous: **es ist ~, wenn wir jetzt darüber sprechen** it is fruitless (*od.* futile) (for us) to talk about it now. – **7.** *fig.* (*Arbeit etc*) unproductive, unprolific, fruitless, unfruitful. – **8. der Künstler ist recht ~ geworden** *fig.* the artist has become quite unproductive (*od.* unprolific). — **ˈUnˌfrucht·bar·keit** *f* ⟨-; *no pl*⟩ **1.** (*des Bodens etc*) infertility, unfertility, unfruitfulness, sterility, barrenness, poorness, infecundity. – **2.** *bot.* sterility. – **3.** *med.* infertility, barrenness, sterility. – **4.** *vet.* sterility. – **5.** (*eines Jahres*) unfruitfulness, unproductiveness. – **6.** *fig.* (*von Gesprächen etc*) fruitlessness, futility. – **7.** *fig.* (*der Arbeit etc*) unproductiveness, fruitlessness, unfruitfulness. – **8.** *fig.* (*eines Künstlers*) unproductiveness.

ˈUnˌfrucht·barˌma·chung *f* ⟨-; *no pl*⟩ *med. vet.* sterilization *Br. auch* -s-, (*eines Mannes, eines männlichen Tieres*) *auch* castration, (*eines weiblichen Tieres*) *auch* spay.

ˈUnˌfug *m* ⟨-(e)s; *no pl*⟩ **1.** mischief, *auch* nuisance: **~ treiben** (*od.* **anstellen**) to be up to (*od.* to cause) mischief; **mach keinen ~!** a) (*hör auf*) none of your mischief! b) (*als Warnung*) don't get (*od.* be) up to any mischief! **er hat es aus reinem ~ getan** he did it out of pure (*od.* sheer) mischief (*od.* devilment). – **2.** (*Herumtoben*) mischief, horseplay, *bes. Br. colloq.* rag. – **3.** (*Unsinn, Dummheit*) nonsense: **das ist doch alles ~** that is all nonsense. – **4. grober ~** *jur.* public mischief.

ˈunˌfüg·sam *adj* **1.** (*ungehorsam*) disobedient, (*stärker*) insubmissive: **ein ~es Kind** a disobedient child. – **2.** (*unlenksam*) intractable, unmanageable, difficult: **ein ~er Schüler** an intractable pupil.

ˈunˌfühl·bar *adj* **1.** intangible, impalpable, imperceptible. – **2.** *med.* (*Puls*) imperceptible, impalpable.

ˈun·funˌdiert *adj* **1.** (*nicht auf Wahrheit beruhend*) unfounded, groundless, ungrounded: **eine ~e Behauptung** an unfounded assertion; **seine Beweise sind völlig ~** his evidence is completely unfounded. – **2. ~es Wissen** ungrounded knowledge, knowledge without foundation. – **3. ~e Schuld** *econ.* unfunded (*od.* floating) debt.

ˈun·gaˌlant *adj* (*Mann*) ungallant, discourteous: **er ist Frauen gegenüber sehr ~** he is very ungallant to women.

un·gang·bar [ˈʊnˌgaŋbaːr; ˌʊn-] *adj auch fig.* (*Weg etc*) impassable, impracticable.

ˈunˌgar *adj* **1.** *gastr.* (*Speisen*) underdone: **das Fleisch war ~** the meat was underdone (*od.* not quite done). – **2.** (*Leder*) untanned. – **3.** *agr.* (*Boden*) in a nonfriable (*Br.* non-friable) state.

Un·gar [ˈʊŋgar] *m* ⟨-n; -n⟩ *geogr.* Hungarian, Magyar. — **ˈUn·ga·rin** *f* ⟨-; -nen⟩ Hungarian, Magyar, Hungarian (*od.* Magyar) woman (*od.* girl).

ˈun·ga·risch I *adj* Hungarian, Magyar. – **II** *ling.* **U~** ⟨*generally undeclined*⟩, **das U~e** ⟨-n⟩ Hungarian, Magyar.

ˈun·garˌniert *adj gastr.* (*Speisen*) ungarnished, without trimmings.

ˈUn·garˌwein *m gastr.* Hungarian wine.

ˈunˌgast·lich *adj* (*Haus, Stätte etc*) inhospitable. — **ˈUnˌgast·lich·keit** *f* ⟨-; *no pl*⟩ inhospitality, inhospitableness.

ˈunˌgatt·lich [-ˌgatlɪç] *adj Swiss for* grob 11—15.

un·ge·ach·tet [ˈʊngəˌʔaxtət; ˌʊn-] *prep* ⟨*gen*⟩ **1.** (*trotz*) despite, in spite of: **~ dessen**

despite this. – **2.** regardless of, notwithstanding, irrespective (*auch* irrespectively) of, unmindful of: **~ des schlechten Wetters gingen wir spazieren** we went for a walk regardless of the bad weather; **aller Tatsachen ~ beschloß man** all facts notwithstanding it was decided.

un·ge·ahn·det [ˈʊngəˌʔaːndət; ˌʊn-] *adj* (*Verstoß, Vergehen, Verbrechen etc*) unpunished, unpenalized *Br. auch* -s-: **dieses Verbrechen blieb ~** this crime went unpunished.

un·ge·ahnt [ˈʊngəˌʔaːnt; ˌʊn-] *adj* ⟨*attrib*⟩ (*Möglichkeiten, Perspektiven, Erfolge*) unimagined, undreamed-of, *auch* undreamt-of, unrealized *Br. auch* -s-, unsuspected.

ˈun·geˌän·dert *adj* (*Texte, Schriftstücke, Dokumente etc*) unchanged, unaltered.

ˈun·geˌbacken (*getr.* -k·k-) *adj gastr.* unbaked.

ˈun·geˌba·det *adj* (*Person*) unbathed: **gestern abend ging ich ~ ins Bett** last night I went to bed unbathed (*od.* without [taking] a bath).

ˈun·geˌbahnt *adj* (*Weg*) untrod(den), unbeaten.

ˈun·geˌbän·digt *adj* **1.** (*Tier*) untamed. – **2.** (*nicht zugeritten*) unbroken. – **3.** (*Gefühle, Leidenschaften, Naturkräfte etc*) untamed, unsubdued, tameless (*lit.*).

ˈun·geˌbär·dig [-gəˌbɛːrdɪç] **I** *adj* **1.** (*Kind, auch Tier*) unruly, obstreperous, wild, refractory. – **2.** (*Benehmen etc*) unmannerly, (*stärker*) unmannered. – **II** *adv* **3. sich ~ benehmen** to behave in an unmannerly (*stärker* unmannered) fashion, to behave unmannerly (*stärker* unmanneredly). — **ˈUn·geˌbär·dig·keit** *f* ⟨-; *no pl*⟩ **1.** (*eines Kindes etc*) unruliness, obstreperousness, wildness, refractoriness. – **2.** (*des Benehmens etc*) unmannerliness.

ˈun·geˌbeich·tet *adj* (*Sünden*) unconfessed.

ˈun·geˌbes·sert *adj* **1.** *med.* (*Zustand etc*) unimproved. – **2.** *jur.* a) unreformed, b) (*verstockt, verderbt*) unregenerate, *auch* unregenerated.

ˈun·geˌbe·ten *adj* (*Gast, Besucher etc*) uninvited, unbidden, self-invited: **zu unserer Party kamen viele ~e Gäste** many uninvited guests (*od.* intruders, gate-crashers) came to our party; **sie kamen ~** they came uninvited (*od.* without invitation, unasked).

ˈun·geˌbeugt *adj* **1.** (*Person, Willenskräfte etc*) unbent, unbowed, unsubdued. – **2.** *ling. cf.* unflektiert.

ˈun·geˌbil·det *adj* **1.** (*ohne Bildung u. Erziehung*) uneducated, ill-bred: **er ist ein ~er Mensch** he is an uneducated person. – **2.** (*ohne Schulbildung*) uneducated, untaught, untutored. – **3.** (*ohne Wissen*) ignorant, unlearned, illiterate, unlettered. – **4.** (*unkultiviert*) uncultured, uncultivated, unpolished, unrefined.

ˈun·geˌbleicht *adj* (*Leinwand etc*) unbleached, gray, *bes. Br.* grey, ecru (*attrib*).

ˈun·geˌbo·ren *adj med.* (*Kind*) unborn.

ˈun·geˌbrannt *adj* **1.** (*Kaffee*) unroasted, green. – **2.** *tech.* a) (*Töpferware*) green, b) (*Ton*) raw, unfired, c) (*Ziegel*) unburned, unburnt.

ˈun·geˌbräuch·lich *adj* (*Redewendung, Verfahren etc*) uncommon, unusual, uncustomary: **dieses Wort ist heute ~** this word is uncustomary (*od.* has gone out of use, is no longer common usage) nowadays.

ˈun·geˌbraucht *adj* (*Waren*) unused.

ˈun·geˌbro·chen *adj* **1.** *fig.* (*Energie, Kraft, Stärke, Glaube etc*) unbroken. – **2.** *math.* (*Zahl*) whole. – **3.** *phys.* (*Lichtstrahlen etc*) unrefracted.

ˈUn·geˌbühr *f* ⟨-; *no pl*⟩ *lit.* **1.** (*Ungehörigkeit*) impropriety, unseemliness, misconduct. – **2.** (*Unanständigkeit*) indecency. – **3.** *obs. for* Ungerechtigkeit 1, Unrecht.

un·ge·büh·rend [ˈʊngəˌbyːrənt; ˌʊn-] *adj u. adv cf.* ungebührlich.

un·ge·bühr·lich [ˈʊngəˌbyːrlɪç; ˌʊn-] **I** *adj* **1.** (*Betragen, Benehmen etc*) improper, unseemly, unbecoming: **er antwortete mir in einem ~en Ton** he answered me in an unseemly tone. – **2.** (*unanständig*) indecent. – **3.** *jur.* (*Beeinflussung*) undue: **~es Verhalten** misbehavior, *bes. Br.* misbehaviour. – **II** *adv* **4. sich ~ benehmen** to behave improperly (*stärker* indecently), to behave in an improper (*od.* unseemly, *stärker* indecent) manner. – **5. er hatte sich darüber ~ aufgeregt** he got unduly excited about it; **der Beamte ließ ~ lange auf sich warten** the civil servant let (*od.* made) us wait unduly long (*od.* an undue length of time). — **ˈUn·geˌbühr·lich·keit** *f* ⟨-; *no pl*⟩ **1.** (*eines Betragens etc*) impropriety, unseemliness, unbecomingness. – **2.** (*Unanständigkeit*) indecency.

ˈun·geˌbun·den *adj* **1.** *print.* (*Buch etc*) unbound, in sheets. – **2.** (*Schnittblumen etc*) loose, untied. – **3.** *chem.* (*Element, Substanz etc*) free, uncombined: **~er Kohlenstoff** free carbon. – **4.** *fig.* (*frei, unabhängig*) unattached, independent, footloose: **ein ~es Leben führen** to lead a free life. – **5.** *fig.* (*nicht verlobt od. verheiratet*) unattached, fancy-free: **sie ist noch frei und ~** she is still free and unattached. – **6. in ~er Rede** *ling.* in prose. — **ˈUn·geˌbun·den·heit** *f* ⟨-; *no pl*⟩ *fig.* (*Unabhängigkeit*) independence, independency, unrestraint.

ˈun·geˌdämpft *adj* **1.** *phys.* a) (*Schwingung*) undamped, b) (*Welle*) undamped, continuous. – **2.** *mus.* (*Töne*) undamped.

ˈun·geˌdeckt *adj* **1.** *econ.* a) (*Scheck, Wechsel, Kredit, Ausgaben, Notenumlauf*) uncovered, b) (*ohne Golddeckung*) fiduciary. – **2.** *mil.* uncovered, unprotected, exposed, open. – **3.** (*sport*) (*Spieler etc*) (*beim Fußball, Handball etc*) unmarked, uncovered, unguarded. – **4.** (*Tisch*) unlaid: **der Tisch ist noch ~** the table has not been laid (*od.* set) yet.

ˈUn·geˌdeih *m only in* **auf Gedeih und ~** for better or (for) worse, for good or (for) evil (*od.* ill), for weal or (for) woe (*lit.*).

ˈun·geˌdient *adj mil.* (*Soldat*) with no prior service. — **ˈUn·geˌdien·te** *m* ⟨-n; -n⟩ soldier with no prior service.

ˈun·geˌdruckt *adj print.* (*Schriften etc*) unprinted, not yet in print, in manuscript.

ˈUn·geˌduld *f* ⟨-; *no pl*⟩ impatience: **wir haben dich mit ~ erwartet** we have been longing (*od.* dying) to see you; **von ~ erfüllt sein** to be filled with impatience; **voller ~ sah er dauernd auf die Uhr** he kept looking at his watch impatiently (*od.* quite impatient); **vor ~ brennen [vergehen]** to be burning [dying] with impatience; **seine ~ bezähmen** (*od.* **bändigen, besänftigen**) to contain (*od.* restrain, curb) one's impatience.

ˈun·geˌdul·dig I *adj* (*Person*) impatient, restless, restive: **~ werden** a) to become impatient, b) (*unruhig*) (*bes. von Kind*) to become restless; **das Kind zeigte sich sehr ~** the child was very impatient. – **II** *adv* **~ wartete ich auf meinen Besuch** I waited impatiently (*od.* anxiously) for my visitors.

ˈun·geˌeig·net *adj* **1.** (*Person*) (**für**) unsuited (for, to), unsuitable (*od.* unfit, inapt, inept, unfitted) (for): **ein für diese Stelle ~er Bewerber** an applicant unsuited for this position. – **2.** (*unfähig*) (**für** for) incompetent. – **3.** (*nicht qualifiziert*) (**für** for) unqualified, ineligible. – **4.** (*Methode, Verfahren etc*) (**für, zu**) unsuited (for, to), inapt (*od.* unapt, inappropriate) (for). – **5.** *tech.* (*Werkzeug etc*) (**für**) unsuited (for, to), unsuitable (for): **diese Zange ist für diesen Zweck ~** this pair of pliers is unsuited for this purpose. – **6.** (*zum Anbau, zu Nahrungszwecken, für Boden etc*) (**für, zu**) unfit (for), unsuitable (for), unsuited (for, to), uncongenial (to), unadapted (for). – **7.** (*Moment, Zeit etc*) (**für** for) unsuitable, inopportune, improper: **im ~en Moment** at the most unsuitable time (*od.* moment), at the worst time (*od.* moment).

un·ge·fähr [ˈʊngəˌfɛːr; ˌʊn-] **I** *adj* ⟨*attrib*⟩ **1.** (*Vorstellung, Schätzung, Wert etc*) approximate, rough: **von etwas eine ~e Vorstellung haben** to have a rough idea of s.th.; **wir stellten eine Liste auf über den ~en Bedarf im nächsten Jahr** we made a list of the approximate requirements for next year; **der ~e Verlauf der Grenze** the approximate (*od.* rough, general) course of the border. – **II** *adv* **2.** approximately, about, roughly, ... or thereabout(s) (*nachgestellt*): **er ist ~ 40 Jahre alt** he is about 40 years old, he is around (*od.* round about) 40; **es dauert ~ eine Stunde** (*od.* **eine Stunde ~**) it lasts approximately one hour (*od.* one hour approximately); **wie viele brauchst du ~?** about how many do you need? how many do you need roughly? **ich benötige ~ sechs Stück** I need about six, I need (about) six or so (*od.* thereabout[s]); **diese Reparatur wird Sie ~ 5000 DM kosten** this repair will cost you approximately 5,000 marks, this repair will cost you s.th. in the neighbo(u)rhood of 5,000 marks. – **3.** (*in Wendungen wie*) **wenn ich nur ~ wüßte, was er meint** if I only knew approximately what he means, if I only had a general (*od.* rough) idea of what he means; **frage ihn, er weiß es so ~** ask him, he can tell you roughly (*od.* he knows roughly); **war das denn ~ so, wie er es erzählt hat?** was it s.th. like what he said? **ja, so ist es ~ gewesen** yes, it was just about like that; **wo ~ war es?** whereabouts (*auch* whereabout) was it? **das wird ~ stimmen** that will be about right. – **4. er näherte sich ihm wie von ~** he approached him as if by chance; **das ist doch nicht von ~ so, das kommt doch nicht von ~** it is not like that by chance, it is not a matter of pure chance (that that is so).

un·ge·fähr·det [ˈʊngəˌfɛːrdət; ˌʊn-] **I** *adj* **1.** safe, unendangered. – **2.** *ped.* (*Schüler*) safe. – **3. ihr Sieg war ~** (*sport*) their win was never in danger. – **II** *adv* **4.** safely, safe and sound: **man kann ~ über die Holzbrücke gehen** you can walk safely (*od.* it is quite safe to walk) across the wooden bridge. – **5. ~ siegen** (*sport*) to have a comfortable win.

ˈUn·geˌfährˌlän·ge *f tech.* approximate length.

ˈun·geˌfähr·lich *adj* **1.** (*Sache, Unternehmen, Abenteuer etc*) harmless, undangerous, not dangerous: **was du da tust, ist nicht ganz ~** what you are doing there is not altogether harmless; **das ist keine ~e Lage** that is a very precarious situation. – **2.** (*Arzneimittel, Drogen, Chemikalien, Tiere etc*) harmless, innocuous: **eine ~e Schlange** an innocuous snake. — **ˈUn·geˌfähr·lich·keit** *f* ⟨-; *no pl*⟩ **1.** (*eines Abenteuers etc*) harmlessness. – **2.** (*einer Droge etc*) harmlessness, innocuousness, innocuity.

ˈun·geˌfäl·lig *adj* (*Person*) disobliging, unobliging, uncourteous, uncomplaisant, unaccommodating: **er ist anderen Leuten gegenüber immer so ~** he is always so disobliging to people. — **ˈUn·geˌfäl·lig·keit** *f* ⟨-; *no pl*⟩ (*einer Person*) disobligingness, uncomplaisance.

ˈun·geˌfälscht *adj* (*Kunstgegenstände, Bilder etc*) unfalsified, unfaked, unforged, genuine.

ˈun·geˌfärbt *adj* **1.** (*Stoffe, Wolle, Haar, Flüssigkeiten, Glas, Lebensmittel etc*) undyed, uncolored, *bes. Br.* uncoloured. – **2.** *fig.* (*Berichte, Darstellungen etc*) unvarnished, unembellished.

ˈun·geˌfaßt *adj* (*jewelry*) (*Edelstein*) unset.

ˈun·geˌfe·dert *adj* (*Fahrzeuge, Polstermöbel etc*) unsprung.

ˈun·geˌfie·dert *adj zo.* (*Vögel*) unfledged, unfeathered, plumeless, callow.

ˈun·geˌfil·tert *adj* **1.** (*Kaffee, Flüssigkeiten etc*) unfiltered, unstrained. – **2.** *phys.* (*Sonnenstrahlen etc*) unfiltered.

ˈun·geˌfleckt *adj bot.* (*Pflanzen*) immaculate.

ˈun·geˌflü·gelt *adj zo.* **1.** (*Vögel*) wingless. – **2.** (*Insekten*) apterous, apteral.

ˈun·geˌformt *adj tech.* (*Material, Töpfererde, Ton, Plastik etc*) unshaped, unformed.

ˈun·geˌfragt I *adj* unasked. – **II** *adv* unasked, without being asked.

ˈun·geˌfrühˌstückt *adv colloq. humor.* without (having) breakfast, on an empty stomach: **er geht jeden Morgen ~ zur Arbeit** he goes to work every morning without (having had) breakfast.

ˈun·geˌfü·ge *adj* **1.** (*Gegenstand, Bündel etc*) unwieldy, bulky. – **2.** (*Gestalt, Figur etc*) hulking, heavily built. – **3.** *cf.* **unförmig.**

ˈun·geˌfü·gig *adj* **1.** (*Person*) incompliant, uncompliant, unpliant, (*stärker*) untoward. – **2.** *cf.* ungefüge 1.

ˈun·geˌfüt·tert *adj* **1.** (*Tiere*) unfed. – **2.** *fig.* (*Briefumschlag, Handschuh etc*) unlined.

ˈun·geˌgerbt (*leather*) **I** *adj* **1.** (*Fell*) green. – **2.** raw, untanned, undressed: **~es Leder** rawhide. – **II** *adv* **3. ~ gesalzen** (*Fell*) green-salted.

ˈun·geˌges·sen I *adj* (*Speisen*) uneaten. – **II** *adv* **~ aus dem Haus gehen** *colloq. humor.* to leave the house without having eaten.

ˈun·geˌglie·dert *adj* **1.** *biol.* (*Körper, Stengel, Gliedmaßen etc*) unsegmented, unjointed, inarticulate, unarticulated, unarticulate. – **2.** (*schriftliche Arbeit etc*) unstructured.

'un·ge,go·ren *adj* (*Wein, Fruchtsaft etc*) unfermented.

'un·ge,hal·ten *adj* (*unwillig*) (über *acc* at, with) displeased, annoyed, (*stärker*) indignant: er wird allmählich ~ he is beginning to get annoyed (*od.* to lose his temper). — **'Un·ge,hal·ten·heit** *f* ⟨-; *no pl*⟩ displeasure, annoyance, (*stärker*) indignation.

'un·ge,här·tet *adj metall.* unhardened, nonhardened *Br.* non-.

'un·ge,heilt *adj* uncured.

'un·ge,hei·ßen *adv only in* etwas ~ tun to do s.th. without being asked (*od.* of one's own accord, unasked, unbidden).

'un·ge,heizt *adj* (*Zimmer, Haus etc*) unheated.

'un·ge,hemmt I *adj* **1.** *cf.* ungehindert I. – **2.** *fig.* uninhibited, unrestrained, unhampered, at (one's) ease. – **3.** *fig. cf.* hemmungslos 1. – **II** *adv* **4.** *fig.* uninhibitedly, without restraint (*od.* the slightest embarrassment), freely. — **'Un·ge,hemmt·heit** *f* ⟨-; *no pl*⟩ *fig.* unrestraint.

'un·ge,heu·chelt *adj* (*Interesse, Anteilnahme etc*) unfeigned, sincere, undissembling, candid.

un·ge·heu·er ['ʊngə,hɔʏər; ,ʊn-] **I** *adj* **1.** (*Verdacht etc*) dreadful. – **2.** (*Wolke, Welle etc*) enormous, tremendous, immense, vast, prodigious, gigantic, giant (*attrib*), huge, mammoth (*attrib*), pythonic (*lit.*). – **3.** (*Kraft, Verantwortung, Mut, Leistung etc*) enormous, tremendous, prodigious: ungeheurer Reichtum enormous (*od.* immense, vast) riches *pl*; eine ungeheure Wucht an enormous (*od.* a tremendous) impact (*od.* force); eine ungeheure Korrespondenz an enormous amount of correspondence; eine ungeheure Menge Geld an enormous (*od. colloq.* a terrific, a fantastic) amount of money. – **4.** *colloq.* (*Spaß, Vergnügen etc*) 'tremendous', smashing (*beide colloq.*), marvel(l)ous: ungeheure Lust haben, etwas zu tun to be dying to do s.th. – **5.** *colloq.* (*Schmerzen, Durst etc*) terrible, dreadful, desperate: er hatte einen ungeheuren Durst he was terribly thirsty (*colloq.*); ein ungeheurer Fehler a terrible mistake (*colloq.*); a howling mistake, a howler (*sl.*). – **6.** (*substantiviert mit Kleinschreibung*) die Aufgabe steigert sich ins ungeheure the task assumes enormous (*od.* tremendous) dimensions. – **II** *adv* **7.** (*sehr*) greatly, highly: ~ viel a great deal, an enormous (*od.* a tremendous, a prodigious) amount; ~ groß enormous; das Wort ist ~ mißbraucht worden the word has been excessively (*od. colloq.* terribly) misused. – **8.** *colloq.* mighty (*colloq.*), *Br. colloq.* jolly: ~ gut jolly good.

'Un·ge,heu·er *n* ⟨-s; -⟩ **1.** monster, prodigy. – **2.** *fig.* (*roher, gewalttätiger Mensch*) monster, ogre.

un·ge·heu·er·lich [,ʊngə'hɔʏərlɪç; 'ʊn-] *adj* **1.** (*Verbrechen etc*) monstrous, atrocious, enormous, abominable. – **2.** (*Ansinnen, Zumutung etc*) outrageous, monstrous (*colloq.*): es ist geradezu ~, was er gesagt hat what he said is absolutely outrageous. — **,Un·ge'heu·er·lich·keit** *f* ⟨-; -en⟩ **1.** (*Tat*) monstrosity, atrocity, enormity. – **2.** ⟨*only sg*⟩ (*eines Ansinnens, einer Zumutung etc*) outrageousness, monstrosity (*colloq.*).

'un·ge,hin·dert I *adj* ⟨*attrib*⟩ (*Zutritt etc*) unhindered, unhampered, unchecked, unobstructed, unimpeded, free. – **II** *adv* ~ die Grenze passieren to cross the border unhindered (*od.* without hindrance).

un·ge·ho·belt ['ʊngə,ho:bəlt; ,ʊn-] *adj* **1.** (*Bretter etc*) unplaned. – **2.** *fig.* (*Benehmen*) unpolished, uncouth, rude, churlish. – **3.** *fig.* (*Person*) unpolished, uncouth, rough-hewn, coarse-grained, unlicked, rude, churlish.

'un·ge,hö·rig I *adj* (*Antwort, Benehmen etc*) undue, impertinent, unseemly, unbecoming, (*stärker*) crude, improper, indecent. – **II** *adv* sich ~ benehmen to behave improperly, to misbehave. — **'Un·ge,hö·rig·keit** *f* ⟨-; -en⟩ **1.** (*unziemliches Benehmen*) liberty, irregularity. – **2.** ⟨*only sg*⟩ (*einer Antwort, Handlung etc*) impertinence, unseemliness, (*stärker*) impropriety, indecency, indecorum.

'un·ge,hor·sam *adj* **1.** disobedient, insubordinate, (*stärker*) recalcitrant: gegen j-n ~ sein to disobey s.o., to be disobedient to s.o. – **2.** *mil.* insubordinate.

'Un·ge,hor·sam *m* (gegen to) **1.** disobedience, insubordination, (*stärker*) recalcitrance. – **2.** *mil.* insubordination.

'un·ge,hört *adj* ⟨*pred*⟩ unheard: sein Ruf verhallte ~ his cry died away unheard.

'Un,geist *m* ⟨-(e)s; *no pl*⟩ *lit.* demon, *auch* daemon.

'un,gei·stig *adj* unintellectual.

'un·ge,kämmt *adj* **1.** (*Haar*) uncombed, unkempt, ungroomed. – **2.** *tech.* (*Wolle*) uncarded.

'un·ge,kämpft *adj only in* die Schlacht blieb ~ *lit.* the battle remained unfought.

'un·ge,klärt *adj* **1.** (*Problem etc*) unsettled, uncleared, open to question. – **2.** (*Lage*) obscure. – **3.** (*Flüssigkeit*) unsettled, (*Wasser*) unclarified.

'un·ge,kocht *adj* **1.** (*Wasser*) unboiled. – **2.** (*Speisen*) uncooked, raw, crude.

'un·ge,krönt *adj* (*Herrscher*) uncrowned.

'un·ge,krümmt *adj* unbent, unbowed.

'un·ge,kühlt *adj* uncooled.

'un·ge,kün·digt *adj only in* in ~er Stellung not under notice to leave.

'un·ge,kün·stelt *adj* (*Person, Benehmen, Stil etc*) unaffected, unsophisticated, artless, natural, unstudied. — **'Un·ge,kün·stelt·heit** *f* ⟨-; *no pl*⟩ unaffectedness, unsophistication, artlessness, naturalness.

'un·ge,kürzt *adj* **1.** (*Buch, Ausgabe etc*) unabridged, uncondensed. – **2.** (*Film, Fassung etc*) unabridged, uncut, unshortened. – **3.** (*Summe, Betrag*) full, unreduced.

'un·ge,la·den[1] *adj* **1.** (*Gewehr*) not loaded. – **2.** *electr.* (*Batterie etc*) uncharged.

'un·ge,la·den[2] *adj* **1.** uninvited, unbidden, *auch* unbid: ~ kommen to come uninvited (*od.* without invitation), to gate-crash. – **2.** *jur.* unsummoned.

'un·ge,läu·fig *adj* **1.** (*nicht vertraut*) unfamiliar: dieses Wort ist mir ~ this word is unfamiliar to me, I am not familiar with this word. – **2.** (*wenig benutzt*) uncommon, unusual, uncurrent.

'un·ge,läu·tert *adj fig.* (*Charakter, Herz, Mensch*) unchastened.

'Un,geld *n only in* das hat ein ~ gekostet *colloq.* that cost a heck of a lot (*od.* a mint) of money (*colloq.*).

'un·ge,le·gen I *adj* (*unpassend*) inconvenient, unsuitable, (*zeitlich*) *auch* inopportune, untimely, ill-timed: zu ~er Stunde at an inconvenient time, at an awkward moment. – **II** *adv* komme ich ~? have I come at an inconvenient time? dieser Vorschlag kommt mir höchst ~ this suggestion does not suit me at all; der Besuch meiner Mutter kommt mir (höchst) ~ my mother's visit is (most) inopportune (for me). — **'Un·ge,le·gen·heit** *f only in* j m ~en machen (*od.* bereiten) to put s.o. to inconvenience (*od.* trouble, bother), to put s.o. out.

'un·ge,legt *adj only in* über ~e Eier gakkern, ~e Eier begackern, sich um ~e Eier kümmern *fig. colloq.* to cross one's bridges before one comes (*od.* gets) to them.

'un·ge,leh·rig *adj* unteachable, indocile.

'un·ge,lehrt *adj cf.* ungebildet.

'un·ge,leimt *adj* **1.** unglued. – **2.** (*Papier*) unsized.

'un·ge,lenk *adj* **1.** (*Bewegung etc*) awkward, clumsy, ungainly, ungraceful, angular. – **2.** *fig.* (*Schrift, Worte*) awkward, clumsy.

'un·ge,len·kig *adj* stiff. — **'Un·ge,len·kig·keit** *f* ⟨-; *no pl*⟩ stiffness.

'un·ge,lernt *adj* **1.** (*Arbeit, Arbeiter*) unskilled. – **2.** (*Fähigkeit etc*) untaught, unschooled.

'un·ge,le·sen *adj* unread.

'un·ge,liebt *adj* un(be)loved.

'un·ge,lo·gen *adv colloq.* without lying: dafür habe ich ~ zehn Mark bezahlt I paid ten marks for that, no lie (*od.* honest to God), I'm not lying when I tell you that I paid ten marks for that.

'un·ge,löscht *adj* **1.** (*Durst*) unquenched. – **2.** (*Feuer*) unextinguished, unquenched. – **3.** ~er Kalk *chem.* unslaked lime, quicklime.

'un·ge,löst *adj* **1.** (*Frage, Problem, Rätsel etc*) un(re)solved. – **2.** *chem.* undissolved. – **3.** *med.* (*Lungenentzündung*) unresolved.

'un·ge,lüf·tet *adj* **1.** (*Zimmer etc*) unaired, unventilated. – **2.** (*Kleidung, Betten*) unaired.

'Un·ge,mach *n* ⟨-(e)s; *no pl*⟩ *lit.* hardship, trouble, adversity.

'un·ge,macht *adj* (*Bett*) unmade.

'un·ge,mah·len *adj* (*Korn, Kaffee etc*) unground.

'un·ge,mäht *adj* (*Wiese, Gras*) unmown, uncut.

'un·ge,mälzt *adj brew.* (*Getreide*) unmalted, raw.

'un·ge,mäß I *adj* (*unangemessen*) (*dat*) unsuited (to, for), inappropriate (to). – **II** *prep* ⟨*dat*⟩ in disconformity to (*od.* with).

un·ge·mein ['ʊngə,maɪn; ,ʊn-] **I** *adj* (*sehr groß*) uncommon, tremendous, extraordinary: es macht mir ~es Vergnügen it gives me tremendous pleasure (*colloq.*). – **II** *adv* uncommonly, tremendously, extraordinarily: ~ schön uncommonly (*od.* singularly, surpassingly) beautiful; ~ groß uncommonly big, enormous; er redet ~ viel he talks a tremendous lot (*colloq.*); ~ viel Bodenschätze an uncommon amount of mineral resources.

un·ge·mes·sen ['ʊngə,mɛsən; ,ʊn-] *adj u. adv cf.* unermeßlich.

'un·ge,mil·dert *adj* **1.** (*Schmerzen etc*) unmitigated, unalleviated. – **2.** (*Hitze etc*) untempered, unmitigated.

'un·ge,min·dert *adj* (*Härte, Wucht etc*) undiminished.

'un·ge,mischt *adj* **1.** unmixed, unblended. – **2.** (*Metalle*) unalloyed.

'un·ge,münzt *adj* uncoined: ~es Gold [Silber] bullion.

'un·ge,mu·stert *adj* (*Stoff etc*) plain, unpatterned.

'un·ge,müt·lich *adj* **1.** (*wenig behaglich*) uninviting, unhomely: sein Zimmer ist ~ his room is uninviting (*od.* not cozy [*bes. Br.* cosy]), his room lacks warmth. – **2.** (*unbequem*) uncomfortable, uneasy. – **3.** *colloq.* (*ohne Muße*) restless. – **4.** *colloq.* (*unangenehm*) unpleasant, nasty: ich kann auch ~ werden! I can be very unpleasant if I like to (*od.* choose, want to)! – **5.** dir wird's wohl allmählich ~ *colloq.* (*mulmig*) things are getting too (*od.* a bit) hot for you, aren't they? — **'Un·ge,müt·lich·keit** *f* ⟨-; *no pl*⟩ uninvitingness, lack of warmth, unhomeliness.

'un·ge,nannt *adj* **1.** (*Person*) anonymous, unnamed: der Retter möchte ~ bleiben the rescuer wishes to remain anonymous (*od.* does not wish to disclose his name). – **2.** (*Grund, Ursache etc*) unnamed: aus ~en Gründen for reasons unnamed.

'un·ge,nau *adj* **1.** (*Messung, Berechnung etc*) inaccurate, inexact: eine ~e Übersetzung an inexact (*od.* a loose) translation. – **2.** (*Vorstellung, Beschreibung etc*) vague, approximate, hazy. – **3.** (*sport*) (*Paß etc*) inaccurate. — **'Un·ge,nau·ig·keit** *f* ⟨-; -en⟩ **1.** ⟨*only sg*⟩ (*einer Messung etc*) inaccuracy, inaccurateness, inexactness, inexactitude. – **2.** ⟨*only sg*⟩ (*einer Beschreibung etc*) vagueness, haziness. – **3.** (*in einem Text, einer Übersetzung etc*) inaccuracy, inexactitude: es sind dir ein paar ~en unterlaufen there are several inaccuracies in your work. – **4.** ⟨*only sg*⟩ (*sport*) (*von Pässen etc*) inaccuracy, inaccurateness.

un·ge·niert ['ʊnʒe,ni:rt; ,ʊn-] **I** *adj* unembarrassed, unceremonious, free and easy. – **II** *adv* without embarrassment, without ceremony: völlig ~ a) without the slightest embarrassment, b) (*selbstsicher*) with perfect aplomb; du darfst das ~ sagen you can say that without the slightest misgivings; langen Sie ~ zu! please feel quite free to help yourselves! — **'Un·ge,niert·heit** *f* ⟨-; *no pl*⟩ freedom from embarrassment, unceremoniousness, free and easy way (*od.* manner), easiness.

un·ge·nieß·bar ['ʊngə,ni:sba:r; ,ʊn-] *adj* **1.** (*nicht zum Essen geeignet*) inedible, uneatable. – **2.** (*unschmackhaft*) unpalatable, distasteful, brackish. – **3.** *fig. colloq.* (*Person*) disagreeable, unpleasant, (*stärker*) unbearable, intolerable, brackish. — **'Un·ge,nieß·bar·keit** *f* ⟨-; *no pl*⟩ **1.** inedibility. – **2.** unpalatability, distastefulness.

'un·ge,nü·gend I *adj* **1.** insufficient, inadequate: etwas für ~ erachten to regard s.th. as insufficient. – **2.** *ped.* (*als Note*) unsatisfactory: er hat für seine Arbeit ein ‚ungenügend' erhalten he was given a very poor mark (*bes. Am.* an F) for his work. – **II** *adv* **3.** er hatte seine Reise ~ vorbereitet he had not prepared his journey sufficiently. – **4.** ~ bezahlt underpaid; ~ frankiert (*Brief etc*) a) insufficiently (pre)paid, b) short-paid; ~ bemannt *mar.* undermanned.

'un·geˌnüg·sam *adj* (*gierig*) insatiable, greedy.

'un·geˌnutzt, 'un·geˌnützt *adj* unused, unemployed, unutilized *Br. auch* -s-, unimproved: die Zeit ~ verstreichen lassen to waste time; eine Gelegenheit ~ verstreichen lassen to waste (*od.* miss) an opportunity, to let an opportunity go (*od.* slip).

'un·geˌöff·net *adj* (*Brief, Paket, Flasche etc*) unopened.

'un·geˌord·net *adj* **1.** (*Papiere, Seiten etc*) disordered, disarranged, unarranged: ~e Verhältnisse *fig.* disorder *sg.* – **2.** (*Wissen, Kenntnisse*) ill-assorted, unorganized *Br. auch* -s-, disorganized *Br. auch* -s-, undigested.

'un·geˌpaart *adj* **1.** unpaired, odd. – **2.** *zo.* unpaired, unmatched, (*bes. Vögel*) unmated, single. – **3.** *med.* unpaired, azygous, *auch* azygos (*scient.*). – **4.** *chem.* (*Elektron*) impaired.

'un·geˌpan·zert *adj* unarmed, unarmored, *bes. Br.* unarmoured.

'un·geˌpfla·stert *adj* unpaved.

'un·geˌpflegt *adj* **1.** (*Aussehen, Haar etc*) unkempt, dishevel(l)ed, ungroomed, untidy: sie sieht immer ~ aus she always looks unkempt, she is always unkempt-looking. – **2.** (*Anlage, Rasen etc*) unkempt, untidy, badly kept, untended. – **3.** (*Sprache*) uncultivated. — **'Un·geˌpflegt·heit** *f* ⟨-; *no pl*⟩ unkemptness, dishevelment, untidiness.

'un·geˌpflückt *adj* unpicked, unculled: ~e Blumen unpicked (*od.* unplucked) flowers.

'un·geˌpflügt *adj* unploughed, *bes. Am.* unplowed, unbroken.

'un·geˌplant *adj* unplanned.

'un·geˌpö·kelt *adj gastr.* (*Fleisch*) uncured, fresh.

'un·geˌprägt *adj cf.* ungemünzt.

'un·geˌprüft *adj* **1.** (*nicht überprüft*) unexamined, unchecked, uninspected. – **2.** (*ohne Examen*) uncertified. – **3.** *tech.* untried, untested. – **4.** *econ.* (*Bilanz etc*) unaudited.

'un·geˌputzt *adj* **1.** (*ungesäubert*) uncleaned: ~e Schuhe uncleaned (*od.* unpolished) shoes. – **2.** (*ungeschmückt*) undecorated, unadorned.

'un·geˌrächt *adj* unavenged, unrevenged: sein Tod darf nicht ~ bleiben his death must not go unavenged (*od.* must be avenged).

'un·geˌra·de *adj* **1.** (*Linie etc*) not straight, uneven. – **2.** (*schräg*) crooked. – **3.** (*gekrümmt*) curved. – **4.** (*Zahl, Hausnummer*) uneven, odd. – **5.** ein ~r Zwölfender (*od.* Zwölfer) *hunt.* a stag of thirteen points.

'Un·geˌrad·heit *f* ⟨-; *no pl*⟩ (*einer Zahl*) unevenness, oddness.

'un·geˌrahmt *adj* unframed.

'un·geˌrän·dert *adj* unrimmed, unbordered.

'un·geˌra·ten *adj* ⟨*attrib*⟩ **1.** (*unerzogen*) rude, ill-mannered, bad-mannered. – **2.** (*mißraten*) wayward: er hat einen ~en Sohn he has a wayward son, his son has turned out badly.

'un·geˌräu·chert *adj gastr.* (*Wurst etc*) unsmoked.

'un·geˌrech·net *adj* apart from, not counting (*od.* including): für meine Ferien habe ich 500 Mark ausgegeben, die Reisekosten ~ I spent 500 marks on my holidays apart from (the) travel(l)ing expenses (*od.* not taking [the] travel[l]ing expenses into account).

'un·geˌrecht I *adj* **1.** unjust, inequitable, unfair: eine ~e Vermögensverteilung [Besteuerung] an unjust distribution of property [taxation]; ein ~es Urteil a) an unjust judg(e)ment, b) *jur.* (*Urteilsspruch*) an unjust sentence. – **2.** *cf.* ungerechtfertigt I. – **II** *adv* **3.** j-n ~ behandeln to treat s.o. unjustly, to wrong s.o.; ~ urteilen a) to judge unjustly (*od.* unfairly), b) to pass an unjust sentence.

'un·geˌrech·ter'wei·se *adv* wrongly, unjustly.

'un·geˌrechtˌfer·tigt I *adj* **1.** (*Anspruch, Forderung etc*) unjustified, unwarranted. – **2.** (*Krieg*) unjustified. – **II** *adv* **3.** unduly.

'un·geˌrechtˌfer·tig·ter'wei·se *adv* unduly.

'Un·geˌrech·tig·keit *f* ⟨-; -en⟩ (gegen to) **1.** ⟨*only sg*⟩ injustice, unjustness, inequity, iniquity, unfairness: das ist eine schreiende ~, diese ~ schreit zum Himmel such injustice cries to high heaven, this is shamefully unjust (*od.* unfair). – **2.** *bes. econ.* (*hinsichtlich Löhnen, Arbeitsbedingungen*) inequity, iniquity: ~en bei der Besteuerung inequities in taxation.

'un·geˌre·gelt *adj* **1.** (*nicht reguliert*) unregulated. – **2.** (*unregelmäßig*) irregular: ein ~es Leben führen to lead an irregular life; ein ~es Kommen und Gehen an irregular coming and going. – **3.** (*nicht festgelegt*) unscheduled: ~e Freizeit unscheduled free time. – **4.** (*unerledigt*) unsettled: eine Angelegenheit [Schulden] ~ lassen to leave an affair [debts] unsettled.

'un·geˌreift *adj gastr.* (*Käse*) unripened.

'un·geˌreimt *adj* **1.** (*Verse*) unrhymed, rhymeless. – **2.** *fig.* (*unsinnig*) inconsistent, incongruous, absurd: ~es Zeug (daher)reden to talk (a lot of) nonsense (*od. sl.* rot); das ist doch alles ~es Zeug there is neither rhyme nor reason in all that. — **'Un·geˌreimt·heit** *f* ⟨-; -en⟩ (*Unsinnigkeit*) inconsistency, *auch* inconsistence, incongruity, absurdity.

'un·geˌrei·nigt *adj* **1.** uncleaned. – **2.** *chem.* unpurified, crude. – **3.** *relig.* unpurified.

'un·geˌrich·tet *adj* **1.** (*radio*) equiradial, nondirectional *Br.* non-, nondirective *Br.* non-: eine ~e Antenne an equiradial antenna (*bes. Br.* aerial). – **2.** *math.* scalar, nonoriented *Br.* non-: eine ~e Größe a scalar quantity.

'un·geˌrinn·bar *adj chem.* incoagulable.

'un·geˌrippt *adj* **1.** (*Papier*) unlaid. – **2.** *bot.* veinless.

'unˌgern *adv* unwillingly, reluctantly, with reluctance (*auch* reluctancy), grudgingly: etwas ~ tun to do s.th. reluctantly, to be reluctant (*od.* loath, *auch* loathe, loth) to do s.th.; ich fahre ~ weite Strecken I don't like (*od.* enjoy) driving over long distances; er ging auf den Vorschlag nur ~ ein he accepted the proposal unwillingly; ich leihe es dir nur ~ I am lo(a)th to lend it to you (*od.* to lend you it), it is not without reluctance that I lend it to you; ich nehme äußerst ~ an solchen Veranstaltungen teil I hate to go (*od.* I hate going) to meetings like that; gern oder ~, du mußt es tun you must do it whether you like it or not (*od.* and if you don't like it you may [*od.* can] lump it); er sieht es ~, daß [wenn] he does not like it at all (*od.* he is not at all [*od.* a bit] pleased) that [if *od.* when]; ich tue es nicht ~ I don't dislike doing it, I rather like (*od.* enjoy) doing it; er hat es zwar getan, aber nur sehr ~ he did it, but only very reluctantly (*od.* very grudgingly, with great reluctance).

'un·geˌru·fen *adj* without being called (*od.* sent for), unbidden.

'un·geˌrügt *adj only in* das kann nicht ~ bleiben that cannot go uncensured.

'un·geˌrührt *adj* unmoved, untouched: er hörte ihren Klagen ~ zu he listened to her complaints unmoved (*od.* with dry eyes, unfeelingly); ~ von ihren Bitten unmoved by her pleas.

'un·geˌrupft *adj* **1.** (*Huhn etc*) unplucked. – **2.** *fig. colloq.* (*in Wendungen wie*) ~ davonkommen a) to get away without being fleeced, b) to escape unmolested; er ist nicht ~ davongekommen a) they fairly skinned him (*colloq.*), b) he did not get away (*od.* off) with it; er blieb ~ he got away (*od.* off) with it.

'un·geˌrü·stet *adj* **1.** (*unbewaffnet*) unarmed. – **2.** *fig.* (*unvorbereitet*) unprepared.

'un·geˌsagt *adj* (*in Wendungen wie*) dieses Wort wäre besser (*od.* lieber) ~ geblieben this word would have better been unsaid; das hättest du besser ~ gelassen you would have been (*od.* done) better to leave that unsaid, it would have been better had you left that unsaid; vieles blieb ~ much remained unsaid.

'un·geˌsal·zen *adj gastr.* **1.** (*nicht gewürzt*) unsalted. – **2.** (*nicht konserviert*) unsalted, uncured.

'un·geˌsät *adj* unsown.

'un·geˌsat·telt *adj* (*Pferd*) unsaddled: auf ~em Pferd reiten to ride (a horse) bareback(ed).

'un·geˌsät·tigt *adj* **1.** (*noch hungrig*) unsatisfied, insatiate(d). – **2.** *chem.* (*Lösung, Verbindung etc*) unsaturated.

'un·geˌsäu·bert *adj* uncleaned.

'un·geˌsäu·ert *adj* (*Brot, Teig*) unleavened: ~es Brot unleavened bread, *relig.* azyme, *auch* azym; Fest der ~en Brote *relig.* feast of unleavened bread, azymes *pl.*

'un·geˌsäumt[1] *adj* (*ohne Saum*) unhemmed.

un·ge·säumt[2] ['ʊngəˌzɔʏmt; ˌʊn-] *adv lit.* (*ohne zu zögern*) immediately, without delay.

'un·geˌschaf·fen *adj* uncreated.

'un·geˌschält *adj* **1.** (*Erbsen, Getreide etc*) unshelled, unhusked, unhulled: ~er Reis paddy, *auch* padi, paddy rice. – **2.** (*Obst, Kartoffeln etc*) unpeeled.

'un·geˌsche·hen *adj* (*in Wendungen wie*) etwas ~ machen to undo s.th.; Geschehenes kann man nicht ~ machen what has been done cannot be undone.

un·ge·scheut ['ʊngəˌʃɔʏt; ˌʊn-] *adv lit.* without fear: er sagte ihm die Wahrheit ~ he told him the truth without fear; sagen Sie mir ~, was Sie auf dem Herzen haben don't be afraid to tell me what you are worried about.

'un·geˌschich·tet *adj geol.* unstratified.

'un·geˌschicht·lich *adj* **1.** (*die Geschichte nicht berücksichtigend*) ahistoric(al). – **2.** (*in der Geschichte nicht nachweisbar*) unhistorical, fictitious.

'Un·geˌschick *n* ⟨-(e)s; *no pl*⟩ **1.** (*Mangel an Geschicklichkeit*) lack of skill: sein ~ bei Verhandlungen his lack of skill in negotiation(s). – **2.** (*Mißgeschick*) mischance, mishap, misadventure. – **3.** *cf.* Ungeschicklichkeit.

'un·geˌschick·lich *adj cf.* ungeschickt 1. — **'Un·geˌschick·lich·keit** *f* ⟨-; *no pl*⟩ (*linkisches Verhalten*) clumsiness, maladroitness, unhandiness, left-handedness, awkwardness, ungainliness.

'un·geˌschickt I *adj* **1.** (*linkisch*) clumsy, maladroit, unhandy, awkward, ungainly, bungling, butterfingered: er ist so ~ he is so clumsy (*od.* left-handed), he is all thumbs, his fingers are all thumbs; ~ läßt grüßen *fig. colloq.* trust you! clever boy (*od.* girl)! butterfingers! seine ~en Bewegungen his clumsy movements. – **2.** (*schlechtangelegt*) clumsy: ein ~er Versuch a clumsy attempt. – **3.** *fig.* (*unbedacht*) inadvertent: eine ~e Bewegung an inadvertent movement. – **4.** *fig.* (*unklug*) imprudent, undiplomatic, unfortunate: diese Frage war ziemlich ~ this question was rather imprudent. – **II** *adv* **5.** etwas ~ anfassen (*od.* anfangen, *colloq.* anpakken) *fig.* to go about s.th. the wrong way; er hat sich ~ ausgedrückt he expressed himself clumsily; eine Bitte ~ vorbringen to express a wish clumsily; sie hat sich ~ benommen she behaved imprudently. — **'Un·geˌschickt·heit** *f* ⟨-; *no pl*⟩ **1.** *cf.* Ungeschicklichkeit. – **2.** (*Unklugheit*) imprudence, imprudentness.

'un·geˌschie·den *adj metall.* **1.** (*Gold u. Silber*) unparted. – **2.** (*Erz*) unsorted.

'un·geˌschlacht [-gəˌʃlaxt] *adj contempt.* **1.** (*Person, Aussehen*) hulking, hulky, bulky. – **2.** (*Sprache*) uncouth, coarse, rude. – **3.** (*Sitten*) uncivilized *Br. auch* -s-, barbaric, barbarous. — **'Un·geˌschlacht·heit** *f* ⟨-; *no pl*⟩ **1.** bulkiness. – **2.** uncouthness, coarseness, rudeness. – **3.** barbarity, barbarousness.

'un·geˌschla·gen *adj* **1.** (*Baum*) unfelled. – **2.** *mil.* (*sport*) unbeaten, undefeated: die Mannschaft ist schon seit 5 Spielen ~ the team has had an unbeaten run of five games. – **3.** *gastr.* (*Sahne*) unwhipped.

'un·geˌschlecht·lich *adj biol.* asexual, sexless; agamic, agamous (*scient.*): → Fortpflanzung 2. — **'Un·geˌschlecht·lich·keit** *f* ⟨-; *no pl*⟩ asexuality, sexlessness.

'un·geˌschlif·fen *adj* **1.** (*Messer, Klinge etc*) unsharpened, unwhetted, blunt. – **2.** (*Marmor etc*) unpolished. – **3.** (*Edelstein*) uncut: ein ~er Diamant an uncut (*od.* a rough) diamond. – **4.** *fig.* (*Benehmen, Mensch*) unpolished, rough, crude, (*stärker*) uncouth, coarse. – **5.** *fig.* (*Stil*) unpolished, rugged. — **'Un·geˌschlif·fen·heit** *f* ⟨-; *no pl*⟩ *fig.* **1.** (*ungeschliffenes Benehmen*) roughness, lack of polish, crudeness, crudity, (*stärker*) uncouthness, coarseness. – **2.** (*des Stils*) ruggedness.

'un·geˌschmä·lert *adj* undiminished, unimpaired, uncurtailed.

'un·geˌschmei·dig *adj* **1.** *tech.* (*Werkstoff etc*) unpliable, impliable, stiff, rigid. – **2.** *metall.* a) (*nicht dehnbar*) unyielding, inelastic, b) (*nicht biegsam*) inflexible, unbending, unpliable, impliable. – **3.** (*Wachs etc*) unmoldable, *bes. Br.* unmouldable.

'un·geˌschminkt I *adj* **1.** without makeup (*Br.* make-up). – **2.** *fig.* (*Tatsachen*) crude, plain, cold, naked, bare. – **3.** *fig.* (*Bericht etc*) unvarnished, unadorned: **er sagte ihr die ~e Wahrheit ins Gesicht** he told her the unvarnished (*od.* plain) truth straight to her face. – **II** *adv* **4. j-m ~ die Wahrheit sagen** *fig.* to tell s.o. the unvarnished truth.

'un·geˌschmückt *adj* unadorned.

'un·geˌschnit·ten *adj* **1.** (*Gras*) uncut, unmown. – **2.** (*Haar*) uncut. – **3.** (*textile*) (*Samt*) uncut.

'un·geˌscho·ren I *adj* **1.** unshorn. – **2.** (*textile*) (*Tuch*) unshorn. – **3.** *fig.* (*in Wendungen wie*) **laß mich damit ~** don't bother me with that; **~ bleiben** to stay (*od.* remain) untroubled, to get away with it. – **4.** *colloq. humor.* (*unrasiert*) unshaven, unshaved. – **II** *adv* **5. ~ davonkommen** to escape unmolested.

'un·geˌschrie·ben *adj* (*in Wendungen wie*) **das ist ein ~es Gesetz** it is an unwritten law; **der Brief blieb ~** the letter was left unwritten (*od.* was never written).

'un·geˌschult *adj* untrained, unschooled.

'un·geˌschützt *adj* **1.** (*Bucht, Pflanze etc*) unsheltered, exposed. – **2.** (*Kinder etc*) unprotected, unguarded. – **3.** *mil.* undefended, vulnerable, exposed.

'un·geˌschwächt *adj* unweakened: **~e Tatkraft** unweakened (*od.* unimpaired) energy.

'un·geˌschweißt *adj tech.* unwelded.

'un·geˌse·hen *adj* (*in Wendungen wie*) **er konnte ~ ins Haus gelangen** he was able to get into the house unseen (*od.* without being seen).

'un·geˌsel·lig *adj* **1.** unsociable, insociable, uncompanionable, (*stärker*) antisocial. – **2.** *zo.* (*einzeln lebend*) ungregarious, unsocial, solitary. — **'Un·geˌsel·lig·keit** *f* ⟨-; *no pl*⟩ (*Einzelgängertum*) unsociableness, unsociability, insociability, (*stärker*) antisociality.

'un·geˌsetz·lich *adj* **1.** *bes. jur.* unlawful. – **2.** illegal. — **'Un·geˌsetz·lich·keit** *f* ⟨-; -en⟩ **1.** ⟨*only sg*⟩ *bes. jur.* unlawfulness. – **2.** illegality.

'un·geˌsi·chert *adj* **1.** unsecured. – **2.** (*Weg, beim Bergsteigen*) without permanent belays.

'un·geˌsiebt *adj* **1.** (*Mehl etc*) unsifted, unbolted. – **2.** *tech.* (*Kohle etc*) unscreened.

'un·geˌsit·tet I *adj* **1.** (*unmanierlich*) ill-mannered, bad-mannered, ill-bred. – **2.** (*unkultiviert*) uncultured, uncivilized *Br. auch* -s-. – **3.** (*unanständig*) indecent. – **II** *adv* **4. sich ~ benehmen** to behave ill-manneredly.

'un·geˌsprä·chig *adj* (*schweigsam*) taciturn, reticent, silent.

'un·geˌspro·chen *adj* unspoken.

'un·geˌstalt *adj obs. for* a) **mißgestaltet,** b) **unförmig.**

'un·geˌstal·tet *adj* (*Masse*) unshaped, unshapen.

'un·geˌstärkt *adj* **1.** without food. – **2.** (*Wäsche*) unstarched.

'un·geˌstem·pelt *adj* (*Briefmarke*) unstamped.

'un·geˌsteppt *adj* (*Falte*) unstitched.

'un·geˌstielt *adj* **1.** a) *bot.* stemless, b) *zo.* stalkless; acauline, acaulescent (*scient.*). – **2.** *med.* (*Tumor*) sessile.

'un·geˌstillt *adj* **1.** (*Neugier, Sehnsucht etc*) unsatisfied: **~es Verlangen** unsatisfied (*od.* unstilled) desires *pl.* – **2.** (*Hunger*) unsatisfied, unappeased. – **3.** (*Durst*) unquenched, unslaked. – **4.** (*Schmerz*) unstilled. – **5.** *med.* (*Blutung*) unsta(u)nched.

'un·geˌstört I *adj* **1.** (*unbehelligt*) undisturbed: **hier bist du völlig ~** you have peace and quiet here. – **2.** (*nicht unterbrochen*) uninterrupted: **eine ~e Entwicklung** an uninterrupted development; **~er Schlaf** uninterrupted (*od.* wakeless, sound) sleep. – **3.** (*unbeeinträchtigt*) unimpaired, untroubled: **~es Glück** untroubled happiness. – **4.** *med.* (*Befinden*) normal. – **II** *adv* **5. hier kannst du ~ arbeiten** you can work here undisturbed (*od.* in peace and quiet). — **'Un·geˌstört·heit** *f* ⟨-; *no pl*⟩ undisturbedness.

'un·geˌstraft I *adj* unpunished. – **II** *adv* **er konnte sein Geld ~ ins Ausland bringen** he could transfer his money abroad unpunished (*od.* with impunity); **~ davonkommen** to get off unpunished (*od.* scot-free); **so etwas kann man nicht ~ tun** *fig.* (*ohne weiteres*) one cannot do a thing like that without considering the implications.

'un·geˌstreift *adj med.* (*Muskel*) unstriped, unstriated, nonstriated *Br.* non-, smooth.

'un·geˌstri·chen *adj* unpainted.

'un·geˌstüm [-gəˌʃtyːm] **I** *adj* **1.** (*vorwärtsdrängend*) impetuous: **die ~e Jugend** impetuous youth; **er ist ein ~er Mensch** he is an impetuous person, he is a hotspur. – **2.** (*hitzig*) hotheaded. – **3.** (*leidenschaftlich*) passionate: **ein ~er Liebhaber** a passionate lover; **eine ~e Umarmung** a passionate (*od.* an impassioned) embrace. – **4.** (*stürmisch*) enthusiastic, tempestuous: **eine ~e Begrüßung** an enthusiastic welcome. – **5.** (*heftig*) vehement: **ein ~er Ausbruch von Leidenschaft** a vehement outbreak of passion; **~er Angriff** *mil.* vehement attack. – **6.** (*ungezügelt, wild*) wild: **~e Freude** wild joy. – **7.** (*lärmend*) boisterous. – **II** *adv* **8. er sprang ~ auf** he jumped up impetuously.

'Un·geˌstüm *n* ⟨-(e)s; *no pl*⟩ **1.** impetuosity: **mit jugendlichem ~** with youthful impetuosity; **mit ~** impetuously. – **2.** (*Hitzigkeit*) hotheadedness. – **3.** (*Leidenschaft*) passion. – **4.** (*einer Begrüßung etc*) tempestuousness, enthusiasm. – **5.** (*Heftigkeit*) vehemence. – **6.** (*ungezügeltes Wesen*) wildness. – **7.** (*lärmendes Wesen*) boisterousness.

'un·geˌstutzt *adj* **1.** (*Bart, Haar*) untrimmed, uncropped. – **2.** (*Baum*) untopped, unpolled. – **3.** (*Hecke*) unclipped, unclipt, untrimmed. – **4.** *vet.* a) (*Ohren eines Tiers*) uncropped, b) (*Schwanz*) undocked, c) (*Flügel*) unclipped, unclipt.

'un·geˌstützt *adj* unsupported.

'un·geˌsucht *adj* **1.** *fig.* unaffected, natural, artless. – **2.** unsought(-for), without having to search for it.

'un·geˌsühnt *adj* **1.** (*ungebüßt*) unatoned, unexpiated. – **2.** (*unbestraft*) unpunished. – **3.** (*nicht wiedergutgemacht*) unrequited, unredressed.

'un·geˌsund *adj* **1.** (*Aussehen, Gesichtsfarbe etc*) unhealthy, sickly. – **2.** (*Nahrung*) unwholesome, unhealthy, unhealthful: → **allzuviel.** – **3.** (*Lebensumstände, Klima etc*) unhealthy, unhealthful, insalubrious: **eine ~e Umgebung** an unhealthy (*od.* an unwholesome, a noisome) environment; **Rauchen ist ~** smoking is unhealthy (*od.* is bad for you). – **4.** *fig.* (*Entwicklung, Wirtschaftslage etc*) unsound, unwholesome, unhealthy.

'un·geˌsüßt *adj* unsweetened.

'un·geˌta·delt *adj cf.* **ungerügt.**

'un·geˌtan *adj* (*in Wendungen wie*) **etwas ~ lassen** (*Arbeit, Tat etc*) to leave s.th. undone; **~ bleiben** to remain undone.

'un·geˌtauft *adj* **1.** *relig.* unchristened, unbaptized *Br. auch* -s-. – **2.** *fig. colloq.* (*Wein etc*) undiluted, unadulterated.

'un·geˌteert *adj* untarred.

'un·geˌteilt *adj* **1.** (*ganz, nicht geteilt*) undivided: **Bestrebungen nach einem ~en Deutschland** *pol.* endeavo(u)rs toward(s) an undivided (*od.* a united) Germany; **~es Eigentum (an einer Liegenschaft)** *jur.* undivided share (in land). – **2.** *fig.* (*Aufmerksamkeit etc*) undivided, full, entire. – **3.** *fig.* (*Freude etc*) undivided. – **4.** *fig.* (*Zustimmung etc*) undivided, unanimous. – **5.** *tech.* one-piece (*attrib*), solid.

'un·geˌtem·pert *adj* **1.** *metall.* (*Temperrohguß*) unmalleablized *Br. auch* -s-, unannealed. – **2.** *synth.* unstoved after bake.

'un·geˌtilgt *adj econ.* (*Schuld, Darlehen etc*) uncleared, unredeemed, not repaid.

'un·geˌtra·gen *adj* (*Kleidung, Schmuckstück*) unworn.

'un·geˌtrennt *adj* unseparated, unparted.

'un·geˌtreu *adj poet.* **1.** (*treulos*) (**gegen** to) disloyal, unfaithful. – **2.** (*unredlich*) perfidious, treacherous.

'un·geˌtrock·net *adj* undried.

'un·geˌtrübt *adj* **1.** (*Blick, Flüssigkeit etc*) clear: **~es Wasser** a) (*klares*) clear water, b) (*stilles*) untroubled water. – **2.** (*Himmel*) cloudless, clear. – **3.** *fig.* (*Freundschaft, Verhältnis*) unmarred, perfect. – **4.** *fig.* (*Freude, Glück etc*) serene, undisturbed, unmixed, unalloyed: **~e Tage der Freude** verleben to spend serene days of happiness. – **5.** (*jewelry*) pure.

'Un·geˌtüm *n* ⟨-(e)s; -e⟩ **1.** (*Tier*) monster. – **2.** *fig.* (*Gegenstand, Maschine etc*) monster, monstrosity: **ein ~ von Schrank** a monstrosity of a cupboard, a monster cupboard. – **3.** *fig. cf.* **Ungeheuer** 2.

'un·geˌübt *adj* **1.** (*nicht geübt*) unpracticed, *bes. Br.* unpractised, unskilled, untrained: **er ist im Skifahren ~** he is unpracticed in skiing, he lacks practice at skiing. – **2.** (*unerfahren*) inexperienced. — **'Un·geˌübt·heit** *f* ⟨-; *no pl*⟩ **1.** lack of practice (*od.* skill). – **2.** inexperience.

'un·geˌwandt *adj* **1.** (*in einer Tätigkeit*) unskil(l)ful. – **2.** (*im Benehmen, Umgang*) clumsy, awkward. – **3.** (*im Sprechen*) ineloquent. – **4.** (*langsam*) slow. — **'Un·geˌwandt·heit** *f* ⟨-; *no pl*⟩ **1.** lack of skill, unskil(l)fulness. – **2.** clumsiness, awkwardness. – **3.** ineloquence. – **4.** slowness.

'un·geˌwarnt *adj* unwarned.

'un·geˌwa·schen *adj* **1.** (*Obst, Wäsche etc*) unwashed: **iß kein ~es Obst** don't eat unwashed fruit. – **2.** (*schmutzig*) dirty, unclean. – **3.** (*Wolle*) in the grease (*od.* yolk). – **4.** *fig. colloq. contempt.* (*in Wendungen wie*) **ein ~es Maul haben** a) to have a foul (*od.* filthy) tongue, b) to have a malicious tongue; **~es Zeug reden** to talk (a lot of) twaddle (*od. sl.* rot).

'un·geˌwebt *adj* unwoven.

'un·geˌweiht *adj relig.* unconsecrated.

'un·geˌwiegt *adv only in* **ich werde heute nacht ~ schlafen** *colloq. humor.* no one need rock me to sleep tonight.

'un·geˌwiß I *adj* **1.** (*nicht gewiß, unbestimmt*) uncertain, unsure, indefinite: **es ist noch ~, ob** it is still uncertain whether; **etwas auf ungewisse Zeit verschieben** a) to postpone s.th. indefinitely, b) *jur.* to adjourn s.th. sine die; **(völlig) ~** (quite up) in the air. – **2.** (*zweifelhaft*) doubtful, dubious, questionable. – **3.** (*unentschieden*) undecided, undetermined, unsettled: **der Ausgang des Spiels ist noch ~** the outcome of the game is still undecided. – **4.** (*vage, ungenau*) vague: **eine ungewisse Ahnung haben** to have a vague feeling; **eine ungewisse Handbewegung machen** to make a vague gesture. – **II 'Un·geˌwis·se, das** ⟨-n⟩ **5.** the uncertain thing, the uncertainty: **etwas Ungewisses** s.th. uncertain. – **6.** (*in Wendungen wie*) **eine Reise ins Ungewisse** a journey into the unknown; **ein Sprung ins Ungewisse** a leap in the dark. – **7.** (*mit Kleinschreibung*) **j-n (über** *acc* **etwas) im ungewissen lassen** to leave s.o. in the air (about s.th.), to keep s.o. guessing (at *od.* about s.th.), to leave s.o. (all) at sea (about s.th.); **im ungewissen bleiben** to remain unsure (*od.* uncertain, in doubt). — **'Un·geˌwiß·heit** *f* ⟨-; *no pl*⟩ **1.** uncertainty, uncertainness, unsureness, indefiniteness. – **2.** (*Zweifel*) doubt(fulness), dubiousness, questionableness. – **3.** (*Ungenauigkeit*) vagueness. – **4.** (*Spannung*) suspense.

'Un·geˌwit·ter *n* **1.** *obs.* (*Unwetter, Gewitter*) tempest, (violent) (thunder)storm: **ein ~ zieht auf** there is a storm brewing. – **2. ein ~ brach über ihn herein** *fig.* the storm broke over his head.

'un·geˌwöhn·lich I *adj* **1.** (*unüblich*) unusual, uncommon, uncustomary, extraordinary: **es herrscht eine ~e Kälte** we are having an unusual (*od.* extraordinary) cold spell; **das ist ein ~er Schritt** that is an unusual step. – **2.** (*besonder*) unusual, particular, special, exceptional, singular. – **3.** (*ander*) unusual, different: **sie hat einen ~en Geschmack** she has a rather different taste, her taste is out of the ordinary. – **4.** (*selten*) rare, extra: **das ist eine ~e Auszeichnung** that is a rare distinction. – **5.** (*bemerkenswert*) unusual, remarkable: **Ihr Sohn besitzt ein ~es Talent** your son is gifted with a remarkable talent. – **6.** (*neuartig*) novel. – **II** *adv* **7.** unusually, uncommonly, extraordinarily, remarkably, exceptionally: **~ groß** unusually big; **er ist ~ ernst für sein Alter** he is unusually serious for his age. – **III U~e, das** ⟨-n⟩ **8.** the unusual thing: **etwas ganz und gar U~es** a freak; **nichts U~es** nothing out of the ordinary, nothing unusual.

'un·geˌwohnt *adj* **1.** ⟨*attrib*⟩ (*unüblich*) unusual, uncustomary, unhabitual, unwonted (*lit.*): **in ~er** (*od.* **auf ~e**) **Weise**

in an unusual way (*od.* manner); zu ~er Stunde at an unusual time. – **2.** (*fremdartig*) strange, unfamiliar: eine ~e Umgebung strange surroundings *pl*; ein ~er Anblick an unfamiliar sight. – **3.** (*neu*) new, unused, unfamiliar: die Tätigkeit ist für mich ~ that work is new to (*od.* new ground for) me. – **4.** (*in Wendungen wie*) diese Arbeit ist ihr ~ (*fremd*) she is unused (*od.* unaccustomed, not used, not accustomed) to this kind of work; der dauernde Lärm war ihm ~ he was unaccustomed to the constant noise.

ˈun·geˌwollt I *adj* **1.** (*unabsichtlich*) unintentional, unintended, inadvertent: ein ~er Scherz an unintentional joke. – **2.** (*unwillkürlich*) involuntary, unwilled: ein ~es Lächeln an involuntary smile. – **II** *adv* **3.** j-n ~ beleidigen to offend s.o. unintentionally (*od.* inadvertently); Entschuldigung, das geschah ~ excuse me, that was unintentional. – **4.** ~ lachen to laugh involuntarily.

ˈun·geˌwünscht *adj* unwanted, unwished(-for): ein ~es Kind an unwanted child.

ˈun·geˌwürzt *adj* (*Speise etc*) unseasoned, unspiced.

ˈun·geˌzählt *adj* **1.** (*nicht gezählt*) uncounted: er steckte das Geld ~ in die Tasche he put the money in his pocket uncounted (*od.* without counting it). – **2.** ⟨*attrib*⟩ *fig.* (*unzählbar*) innumerable, countless, untold: es gibt ~e Möglichkeiten there are innumerable possibilities. – **3.** (*nicht berücksichtigt*) omitted: ~e Wählerstimmen votes omitted in the count, unpolled votes.

ˈun·geˌzähmt *adj* **1.** (*Raubtiere etc*) untamed: ~er Falke haggard. – **2.** (*Pferde, Hunde, Katzen etc*) undomesticated. – **3.** (*wild*) wild, savage. – **4.** *fig.* (*Geist*) uncurbed, unsubdued. – **5.** *fig.* (*Leidenschaft, Begierde etc*) unbridled, unrestrained.

ˈun·geˌzahnt *adj* **1.** *tech.* (*Zahnräder, Sägen*) nontoothed *Br.* non-, untoothed. – **2.** *bot. zo.* edentate.

ˈun·geˌzäumt *adj* (*Pferd etc*) unbridled.

ˈun·geˌzeich·net *adj* **1.** (*Ware etc*) unmarked. – **2.** (*Brief*) unsigned.

ˈun·geˌzeugt *adj* unbegotten.

ˈUn·geˌzie·fer [-gəˌtsiːfər] *n* ⟨-s; *no pl*⟩ vermin (*usually construed as pl*), bugs *pl*, creepy-crawlies *pl* (*colloq.*): von ~ geplagt sein to be vermin-ridden; voller ~ sein to be vermin-infested; Mittel gegen ~ vermin killer, insecticide. — **~beˌkämp·fung** *f* vermin control. — **u~verˌseucht** *adj* verminous, infested with vermin. — **~verˌtil·gung** *f* vermin disinfestation.

ˈun·geˌzielt *adj only in* er gab einen ~en Schuß ab he fired an unsighted shot, he fired without aiming.

ˈun·geˌzie·mend *adj lit.* **1.** (*unschicklich*) unseemly, improper, undecorous, unbecoming. – **2.** (*unpassend*) unbefitting, unsuitable: eine ~e Bemerkung an unsuitable remark. – **3.** (*unanständig*) indecent. – **4.** (*frech*) impertinent.

ˈun·geˌziert *adj* **1.** unaffected. – **2.** (*natürlich*) natural.

ˈun·geˌzim·mert *adj* untimbered.

ˈun·geˌzo·gen *adj* **1.** (*schlechterzogen*) ill-bred, ill-mannered, unmannerly, (*stärker*) uncivil: sie haben einen sehr ~en Sohn they have a very ill-bred son, they have a brat of a son. – **2.** (*unartig*) naughty: du bist ein ~es Kind you are a naughty child. – **3.** (*frech*) cheeky, rude, saucy, impertinent: eine ~e Bemerkung machen to make an impertinent remark. — **ˈUn·geˌzo·gen·heit** *f* ⟨-; -en⟩ **1.** ⟨*only sg*⟩ (*ungehöriges Benehmen*) unmannerliness, lack of breeding, (*stärker*) incivility. – **2.** (*ungehörige Handlung*) bad manners *pl*: es war eine ~ von ihm, während des Essens zu rauchen it was bad manners (*od.* it was unmannerly) of him to smoke during the meal. – **3.** (*ungehörige Äußerung*) impertinence: was du gesagt hast, war eine ~ what you said was an impertinence. – **4.** ⟨*only sg*⟩ (*Ungehorsam*) disobedience. – **5.** ⟨*only sg*⟩ (*Unartigkeit*) naughtiness. – **6.** ⟨*only sg*⟩ (*Frechheit*) cheek, rudeness, sauciness, impertinence. – **7.** ⟨*only sg*⟩ (*schlechtes Benehmen*) misbehavior, *bes. Br.* misbehaviour.

ˈun·geˌzü·gelt *fig.* **I** *adj* **1.** (*unbeherrscht*) unbridled, unrestrained, unruled: sie ist bekannt für ihr ~es Temperament [*colloq.* Mundwerk] she is known for her unbridled temperament [loose tongue]. – **2.** (*liederlich, ausschweifend*) dissipated. – **II** *adv* **3.** without restraint.

ˈun·geˌzwun·gen I *adj* **1.** (*Benehmen, Wesen etc*) free and easy, casual, unceremonious: ein ~es Benehmen casual (*od.* unconstrained) behavio(u)r. – **2.** (*ungekünstelt*) natural, unaffected: die ~e Art von ihm gefällt mir I like his natural (*od.* free and easy) way. – **3.** (*Gespräch etc*) casual, unconstrained. – **4.** (*Atmosphäre*) free and easy, casual: es herrschte eine ~e Atmosphäre there was an atmosphere of ease (*od.* unconstraint). – **5.** (*Stil*) casual, unlabored, *bes. Br.* unlaboured, unforced. – **II** *adv* **6.** ~ mit j-m verkehren to be at ease with s.o.; sich ~ benehmen (*od.* bewegen) to behave very casually, to be (*od.* feel) at ease, to let one's hair down; (frei und) ~ reden to talk (*od.* speak) quite freely. — **ˈUn·geˌzwun·gen·heit** *f* ⟨-; *no pl*⟩ **1.** (*des Benehmens, eines Gesprächs, der Atmosphäre*) ease, casualness. – **2.** naturalness, unaffectedness.

ˈunˌgif·tig *adj* **1.** unpoisoned. – **2.** *med.* a) nonpoisonous *Br.* non-, nontoxic *Br.* non-, atoxic, b) (*unschädlich*) innocuous.

ˈun·glaˌsiert *adj* (*Reis etc*) unglazed.

ˈUnˌglau·be, ˈUnˌglau·ben *m relig.* **1.** unbelief. – **2.** (*heidnischer Glaube*) infidelity, heathenism, paganism.

ˈunˌglaub·haft *adj cf.* unglaubwürdig 1.

ˈunˌgläu·big I *adj* **1.** disbelieving, incredulous, doubting: → Thomas. – **2.** (*skeptisch*) sceptical. – **3.** *relig.* a) unbelieving, faithless, b) (*religionslos*) irreligious, c) (*heidnisch*) infidel, heathen (*attrib*), pagan. – **II** *adv* **4.** ~ lächeln to smile disbelievingly; j-n ~ ansehen to look at s.o. doubtingly (*od.* doubtfully).

ˈUnˌgläu·bi·ge *m, f* ⟨-n; -n⟩ **1.** disbeliever. – **2.** *relig.* a) unbeliever, b) (*Religionslose*) irreligionist, c) (*Heide*) infidel, heathen, pagan: die ~n the unfaithful, the infidels.

ˈUnˌgläu·big·keit *f* ⟨-; *no pl*⟩ **1.** disbelief, incredulity, doubt. – **2.** *relig. cf.* Unglaube.

un·glaub·lich [ˌʊnˈglauplɪç; ˈʊn-] **I** *adj* **1.** incredible, unbelievable: eine ~e Geschichte an incredible (*od.* a cock-and-bull) story. – **2.** *fig.* (*großartig, phantastisch*) 'incredible', 'unbelievable', 'fantastic', 'fabulous' (*alle colloq.*): es ist ~, wie reibungslos die Fahrt verlief it is fantastic how smoothly the journey went off; seine Großzügigkeit ist wirklich ~ his generosity is really incredible. – **3.** *fig.* (*unerhört, empörend*) outrageous, scandalous: es ist ~, wie er seine Angestellten behandelt it is scandalous how he treats his employees; das ist ja eine ~e Frechheit! that is an outrageous impertinence! – **II** *adv* **4.** incredibly, unbelievably: er war ~ nett zu mir he was incredibly (*od. colloq.* awfully) nice to me; sie sieht noch ~ jung aus she still looks incredibly young; die Leute dort sind ~ arm the people there are unbelievably poor. – **III U~e, das** ⟨-n⟩ **5.** das grenzt ja ans U~e that is well-nigh incredible.

ˈunˌglaubˌwür·dig *adj* **1.** (*Geschichte, Aussage, Bericht etc*) unbelievable, incredible, implausible, improbable. – **2.** (*Person*) untrustworthy, unreliable, undependable, independable. – **3.** (*Dokumente, Belege etc*) inauthentic, unauthentic(ated). — **ˈUnˌglaubˌwür·dig·keit** *f* ⟨-; *no pl*⟩ **1.** incredibility, incredibleness, implausibility, improbability. – **2.** untrustworthiness, unreliability, undependability, independability. – **3.** inauthenticity, unauthenticity.

ˈunˌgleich I *adj* **1.** (*im Aussehen*) unlike, dissimilar, unalike. – **2.** (*im Charakter*) different, divergent, distinct. – **3.** (*in Größe, Höhe, Breite, Ausmaß etc*) unequal, different, unlike. – **4.** (*Kräfteverhältnis, Verteilung etc*) unequal, uneven. – **5.** (*Schuhe, Socken, Handschuhe etc*) different, odd. – **6.** (*grundverschieden*) disparate. – **7.** (*nicht gleichbleibend, schwankend*) unequal, varying, uneven, irregular. – **8.** x ist ~ y *math.* x is not equal to y. – **9.** (*uneben*) uneven. – **II** *adv* **10.** ~ lang [groß] different in length [size]. – **11.** ⟨*verstärkend vor comp*⟩ (by) far, much, a great deal, (*stärker*) incomparably: das neue Auto ist ~ schneller als das alte the new car is incomparably faster (*od.* faster by far) than the old one.

ˈunˌgleichˌar·tig *adj* **1.** (*in der Art, im Charakter*) different, divergent, distinct. – **2.** (*in der Zusammensetzung, im Aufbau etc*) heterogeneous. – **3.** (*grundverschieden*) disparate. — **ˈUnˌgleichˌar·tig·keit** *f* ⟨-; *no pl*⟩ **1.** difference, divergence, distinction. – **2.** heterogeneity, heterogeneousness. – **3.** disparity.

ˈunˌgleich|ˌblät·te·rig, ~ˌblätt·rig *adj bot.* heterophyllous.

ˈunˌgleichˌer·big [-ˌʔɛrbɪç] *adj biol.* heterozygote.

ˈUnˌgleichˌflüg·ler [-ˌflyːglər] *pl zo.* heteropterous insects, *auch* true bugs (*Ordng Heteroptera*).

ˈunˌgleichˌför·mig *adj* **1.** (*Bewegungsablauf etc*) irregular, uneven. – **2.** (*unsymmetrisch*) asymmetric(al), unsymmetric, *auch* unsymmetrical.

ˈUnˌgleich·heit *f* ⟨-; -en⟩ **1.** ⟨*only sg*⟩ (*vor dem Gesetz*) inequality, unequality. – **2.** (*im Aussehen*) unlikeness, dissimilarity. – **3.** (*im Charakter*) difference, divergence, distinction. – **4.** (*in den Dimensionen*) inequality, difference, unlikeness. – **5.** ⟨*only sg*⟩ (*eines Kräfteverhältnisses, einer Verteilung etc*) inequality, unevenness. – **6.** ⟨*only sg*⟩ (*Grundverschiedenheit*) disparity. – **7.** (*Unregelmäßigkeit, Schwankung*) inequality, variation, unevenness, irregularity. – **8.** *math.* inequality.

ˈUnˌgleich·heitsˌzei·chen *n math.* sign of inequality.

ˈunˌgleichˌlap·pig *adj* **1.** *bot.* inequilobate. – **2.** *zo.* (*Muschel*) inequivalve(d).

ˈunˌgleichˌmä·ßig *adj* **1.** (*Verteilung, Belastung, Wärme etc*) uneven. – **2.** (*unregelmäßig*) irregular, unsteady: ~er Puls irregular pulse. – **3.** (*Handschrift etc*) uneven, erratic, irregular. – **4.** (*nicht gleichbleibend, schwankend*) unequal, varying, uneven, irregular. – **5.** (*unsymmetrisch*) asymmetric(al), unsymmetric, *auch* unsymmetrical. — **ˈUnˌgleichˌmä·ßig·keit** *f* ⟨-; *no pl*⟩ **1.** unevenness. – **2.** irregularity, unsteadiness. – **3.** unevenness, irregularity. – **4.** inequality, unequality, variation, unevenness, irregularity. – **5.** asymmetry.

ˈunˌgleichˌna·mig *adj* **1.** ~e Brüche *math.* fractions with different denominators, unlike fractions. – **2.** *electr.* (*Pole*) unlike, opposite.

ˈunˌgleich|ˌschen·ke·lig [-ˌʃɛŋkəlɪç], **~ˌschenk·lig** [-ˌʃɛŋklɪç] *adj tech.* unequal.

ˈunˌgleichˌsei·tig *adj math.* (*Dreieck*) scalene.

ˈunˌgleichˌstof·fig [-ˌʃtɔfɪç] *adj* inhomogeneous. — **ˈUnˌgleichˌstof·fig·keit** *f* ⟨-; *no pl*⟩ inhomogeneity.

ˈunˌgleichˌtei·lig *adj bot.* (*Blume, Alge*) heteromerous.

ˈUnˌglei·chung *f math.* inequation.

ˈUnˌglimpf [-ˌglɪmpf] *m* ⟨-(e)s; *no pl*⟩ *obs.* **1.** (*Beleidigung*) insult, affront, (*stärker*) outrage: j-m ~ zufügen to insult (*stärker* outrage) s.o. – **2.** (*Unrecht*) wrong.

ˈunˌglimpf·lich *adv* mit j-m ~ verfahren to treat s.o. harshly (*od.* cruelly).

ˈUnˌglück *n* ⟨-(e)s; -e⟩ **1.** ⟨*only sg*⟩ misfortune, bad fortune, ill (*od.* bad) luck: vom ~ betroffen sein to be afflicted by misfortune, to be hard hit; vom ~ verfolgt werden to be plagued by misfortune; im Leben viel ~ haben to have a lot of bad luck (*od.* to meet with many reverses) in life; das ~ wollte es, daß misfortune would have it that; j-m im ~ zu Hilfe kommen to help s.o. in (his) misfortune; dieser Stein bringt dir ~ this stone will bring you ill (*od.* bad) luck; das ist weiter kein ~ *colloq.* that doesn't matter, that's nothing; ein ~ kommt selten allein (*Sprichwort*) it never rains but it pours (*proverb*); → Glück 1. – **2.** ⟨*only sg*⟩ (*Elend, Armut*) distress, misery, adversity: → Häufchen. – **3.** ⟨*only sg*⟩ (*Unheil*) disaster: sich ins ~ stürzen, ins (*od.* in sein) ~ rennen to head for disaster; durch die Heirat stürzte er sich ins ~ his marriage was his undoing; durch schlechte Gesellschaft geriet er ins ~ the bad company he kept was his undoing; j-n ins ~ bringen (*od.* stürzen) to bring disaster (up)on s.o., to be s.o.'s undoing; ein Mädchen ins ~ bringen to get a girl into trouble. – **4.** (*verhängnisvolles*) calamity, disaster, (*plötzlich hereinbrechendes*) catastrophe: ein ~ voraussehen to foresee a calamity. – **5.** (*Mißgeschick*) mishap, mischance, misadventure. – **6.** *bes.*

aer. auto. mar. (*railway*) (*Unfall*) accident: ein ~ ist passiert (*od.* geschehen) an accident (has) happened. – **7.** (*in Wendungen wie*) zum ~ unfortunately, as (ill) luck would have it; zu allem ~ starb ihm auch noch die Frau and then, to make matters worse, his wife died; um das ~ (noch) vollzumachen to crown (it) all; es ist ein ~, daß er nicht geheiratet hat *colloq.* it's a shame (*od.* pity) that he shouldn't have got married (*od.* that he should have never married).

'un,glück,brin·gend *adj* unpropitious, ominous.

'un,glück·lich I *adj* **1.** unhappy: ~ aussehen to look unhappy (*od.* sad); j-n ~ machen to make s.o. unhappy; eine ~e Kindheit verleben to have an unhappy (*od.* a sad) childhood; eine ~e Ehe führen to lead an unhappy marriage; sie war sehr ~ darüber, daß er sie verließ she was brokenhearted when he left her; im Innersten ~ sein to be dreadfully unhappy (*od.* quite miserable); an einer ~en Liebe leiden to suffer from disappointed (*od.* unrequited) love. – **2.** (*vom Pech, Mißgeschick verfolgt*) unfortunate, unlucky, hapless, ill-fated: eine ~e Wahl treffen to make an unfortunate (*od.* untoward) choice; in einer ~en Lage sein to be in an unfortunate (*od.* untoward) position; eine ~e Bewegung machen to make an unfortunate movement; etwas einem ~en Zufall zuschreiben to ascribe s.th. to an unfortunate coincidence; einen ~en Einfall haben to have an unfortunate idea; ein ~es Beispiel geben to set an unfortunate (*od.* unsuitable) example; ein ~es Opfer des Krieges sein to be the unfortunate victim of (the) war. – **3.** (*betrübt, mutlos*) dejected, dispirited, downcast. – **4.** (*tieftraurig, verzweifelt*) disconsolate. – **5.** (*elend*) miserable, wretched, pathetic: eine ~e Figur machen (*od.* abgeben) to look a pathetic (*od.* sorry) sight. – **6.** (*unheil-, verhängnisvoll*) fatal, disastrous, calamitous, ill-fated: eine ~e Botschaft überbringen to deliver fatal (*od.* disastrous) news. – **7.** (*in Wendungen wie*) eine ~e Hand im Umgang mit Kindern haben to have an unfortunate manner (*od.* way) with children; eine ~e Hand in Geschäften haben to have bad luck in business. – **II** *adv* **8.** ~ verliebt sein to be crossed (*od.* thwarted) in love; ~ fallen to have a (very) bad fall; ~ spielen to be unlucky at cards (*od.* gambling); es trifft sich sehr unglücklich, daß it is rather unfortunate that, most unfortunately.

'Un,glück·li·che *m, f* unhappy person: ich ~r! poor me!

'un,glück·li·cher'wei·se *adv* unfortunately, unluckily, as misfortune would have it: kommt Peter auch? Ja, ~! is Peter coming too? Yes, unfortunately (*od.* worse luck).

'Un,glücks|,bo·te *m* bringer of bad tidings, bearer of ill news. — **~,bot·schaft** *f* bad (*od.* evil) tidings *pl* (*lit.*) (*od.* news *pl construed as sg or pl*).

'un,glück,se·lig *adj* ⟨*attrib*⟩ **1.** (*vom Pech verfolgt*) unfortunate, ill-starred: eine ~e Affäre an unfortunate affair. – **2.** (*armselig*) miserable, wretched: ein ~es Leben a miserable life. – **3.** (*bedauernswürdig*) pathetic, lamentable. – **4.** (*verhängnisvoll*) fatal, calamitous.

'un,glück,se·li·ger'wei·se *adv cf.* unglücklicherweise.

'Un,glücks|,fah·rer *m* unlucky driver. — **~,fall** *m* **1.** (*unglückliche Begebenheit*) misfortune, mishap, misadventure. – **2.** (*Unfall*) accident, casualty: Tod durch ~ accidental death. — **~ge,fähr·te** *m* fellow sufferer, companion in misfortune. — **~,hä·her** *m zo.* Siberian jay (*Cractes infaustus*). — **~,jahr** *n* unfortunate (*od.* disastrous) year. — **~,kind** *n*, **~,mensch** *m* unlucky (*od.* unfortunate) person, poor devil. — **~pro,phet** *m auch fig.* prophet of doom (*od.* evil). — **~,ra·be** *m fig. colloq.* unfortunate fellow (*colloq.*), poor devil: du ~! you poor unfortunate! er ist aber auch ein ~! he really is a poor devil. — **~,stät·te** *f* **1.** (*Unfallstätte*) scene of the (*od.* an) accident. – **2.** (*Schauplatz einer Katastrophe etc*) scene of the (*od.* a) disaster. — **~,stern** *m* (*in Wendungen wie*) unter einem ~ geboren sein to be born under an unlucky star; unter einem ~ stehen to be ill-starred. — **~,tag** *m* unfortunate (*od.* black, *stärker* fatal) day. — **~,vo·gel** *m fig. colloq. cf.* Unglücksrabe. — **~,wa·gen** *m* unlucky car. — **~,wurm** *m fig. colloq. cf.* Unglücksrabe. — **~,zahl** *f* unlucky number. — **~,zei·chen** *n* evil omen.

'un,glück·ver,hei·ßend *adj* foreboding, ominous.

'Un,gna·de *f* ⟨-; *no pl*⟩ **1.** disgrace, disfavor, *bes. Br.* disfavour: bei j-m in ~ fallen to fall into disgrace with s.o., to get into s.o.'s bad (*od.* black) books; bei j-m in ~ sein to be in disgrace (*od.* bad odo[u]r) with s.o., to be in s.o.'s bad (*od.* black) books, to be in the doghouse with s.o. (*colloq.*). – **2.** (*Ungunst*) displeasure, disfavor, *bes. Br.* disfavour: j-n seine ~ fühlen lassen to show s.o. one's displeasure; → Gnade 1.

'un,gnä·dig I *adj* **1.** (*unfreundlich*) ungracious: eine ~e Antwort bekommen to be given an ungracious (*od.* a surly) reply. – **2.** (*verdrießlich*) ill-humored, *bes. Br.* ill-humoured, bad-tempered, surly, crabbed. – **3.** (*Schicksal*) unkind. – **II** *adv* **4.** sie reagierte ~ auf seine Frage she reacted ungraciously to his question; etwas ~ aufnehmen to take s.th. in (*od.* with) bad grace; j-n ~ empfangen to give s.o. a cool welcome, to receive s.o. ungraciously.

'un,gra·de *adj colloq. for* ungerade.

'un·gram·ma·ti,ka·lisch, 'un·gram,ma·tisch *adj* ungrammatical, *auch* ungrammatic, not in accordance with the rules of grammar.

'un·gra·zi,ös *adj* ungraceful, graceless, inelegant.

'un,gründ·lich *adj* **1.** (*nicht gewissenhaft*) lacking in thoroughness, unthorough. – **2.** (*nicht genau*) inaccurate, imprecise, unprecise. – **3.** (*nachlässig, schludrig*) careless, slipshod.

Un·gu·lat [uŋgu'laːt] *m* ⟨-(e)s; -en⟩ *meist pl zo.* (*Huftier*) ungulate.

'un,gül·tig *adj* **1.** (*Paß, Fahrkarte etc*) invalid: einen Wechsel für ~ erklären lassen *econ.* to have a bill declared invalid (*od.* extinct); einen Paß für ~ erklären to invalidate a passport; ein Ticket ungültig machen to cancel (*od.* obliterate) a ticket. – **2.** (*Vertrag, Testament, Wahl etc*) void: eine Ehe für ~ erklären to declare a marriage void (*od.* invalid), to annul (*od.* nullify) a marriage; einen Vertrag ~ machen to render a contract void, to vitiate (*od.* void) a contract; ~ machende Gründe reasons rendering (*s.th.*) void, reasons for cancel(l)ling (*od.* annulling) (*s.th.*). – **3.** (*Münzen, Banknoten etc*) not current: das Fünfmarkstück wird im nächsten Monat ~ the five-mark piece will no longer be legal tender beginning next month. – **4.** durch Verjährung ~ werden to be superannuate. – **5.** (*null und nichtig*) null and void. – **6.** *jur.* a) (*Gesetz*) inoperative, ineffective, b) (*Urteil*) void, c) (*Klage*) nude: das Gesetz wird am 1. Mai ~ the law becomes inoperative (*od.* ineffective) on May 1st; ein Gesetz für ~ erklären to declare a law inoperative, to repeal (*od.* abolish) a law; ein Urteil für ~ erklären to declare a sentence void, to set aside a sentence, to void a sentence. – **7.** *pol.* (*Stimmen*) invalid, spoilt, void. – **8.** (*sport*) a) (*Tor etc*) disallowed, b) (*beim Fechten*) (*Trefffläche*) invalid: das Tor war ~ the goal did not count. — **'Un,gül·tig·keit** *f* ⟨-; *no pl*⟩ **1.** (*eines Passes, einer Fahrkarte, eines Wechsels etc*) invalidity. – **2.** (*eines Vertrages, Testaments, einer Ehe etc*) voidness, nullity, invalidity. – **3.** *pol.* (*einer Wahl, von Stimmen*) invalidity.

'Un,gül·tig·keits·er,klä·rung *f* **1.** (*von Pässen, Fahrkarten etc*) invalidation. – **2.** (*eines Vertrages, einer Ehe, Wahl etc*) (decree of) nullification: Klage auf ~ *cf.* Nichtigkeitsklage. – **3.** (*von Urkunden*) notice of legal extinction.

'Un,gül·tig|,ma·chung *f* (*officialese*) **1.** (*von Pässen, Fahrkarten etc*) invalidation. – **2.** (*eines Vertrages etc*) nullification. – **3.** (*einer Urkunde*) extinction. — **~,wer·den** *n* **1.** (*einer Ehe, eines Vertrages etc*) nullification. – **2.** (*Verjährung etc*) expiration. – **3.** (*Ablauf*) expiry.

'Un,gunst *f* ⟨-; *no pl*⟩ **1.** (*einer Person*) disfavor, *bes. Br.* disfavour, ill will, disaffection: bei j-m in ~ stehen to be in s.o.'s bad (*od.* black) books. – **2.** (*der Witterung*) inclemency. – **3.** (*der Verhältnisse*) unpropitiousness. – **4.** (*Nachteil*) disadvantage, disfavor, *bes. Br.* disfavour: zu j-s ~en to s.o.'s disadvantage (*od.* disfavo[u]r); zu j-s ~en ausfallen to be to s.o.'s disadvantage; das spricht zu seinen ~en that tells against him.

'un,gün·stig I *adj* **1.** (*Nachricht, Entwicklung, Beurteilung etc*) unfavorable, *bes. Br.* unfavourable, untoward: einen ~en Eindruck hinterlassen to leave an unfavo(u)rable impression; die Aussichten sind sehr ~ (the) prospects are very unfavo(u)rable; in einem ~en Verhältnis in an unfavo(u)rable proportion; im ~sten Falle at worst, if the worst comes to the worst. – **2.** (*Merkmale, Umstände etc*) inauspicious, unpropitious, adverse: die wirtschaftlichen Verhältnisse sind ~ the financial conditions are unpropitious. – **3.** (*Kauf, Bedingung etc*) disadvantageous, unprofitable. – **4.** (*Zeitpunkt, Gelegenheit*) inopportune, inconvenient, unsuitable: der Besuch meiner Mutter kam ~ my mother's visit was inopportune (*od.* ill-timed). – **5.** *phot.* a) (*Aufnahme, Blickwinkel etc*) unfavorable, *bes. Br.* unfavourable, b) (*Aufnahme einer Person*) unflattering. – **6.** (*Frisur etc*) unflattering, unbecoming, unsuitable. – **7.** (*Licht etc*) bad. – **8.** *meteor.* (*Wind, Wetter*) unfavorable, *bes. Br.* unfavourable: ~e Witterungsverhältnisse unfavo(u)rable (*od.* adverse) weather conditions. – **II** *adv* **9.** etwas ~ beurteilen to judge s.th. unfavo(u)rably; sich ~ auf (*acc*) etwas auswirken to have an unfavo(u)rable effect (up)on s.th.; die Sache ist ~ für ihn ausgegangen the affair turned out unfavo(u)rably for him.

'un,gut *adj* (*in Wendungen wie*) ein ~es Gefühl bei etwas haben to have misgivings (*od.* not to feel happy) about s.th.; das ist ein ~es Zeichen that is a bad (*od.* an ominous) sign; zwischen ihnen besteht ein ~es Verhältnis their relationship is rather strained; nehmen Sie es nicht für ~, wenn ich sage don't think it unkind of me if I say, don't mind my saying; nichts für ~! no offence (*Am.* offense) (meant)! no harm meant! no hard feelings! nothing personal!

un·halt·bar ['un,haltbaːr; ,un-] *adj* **1.** (*Behauptung, Theorie etc*) untenable, unsustainable, unmaintainable: diese Theorie ist ~ this theory is untenable. – **2.** (*Versprechen*) untenable: ~e Versprechungen machen to make untenable promises (*od.* promises that cannot be kept). – **3.** (*Zustand, Forderung etc*) unwarrantable, untenable. – **4.** *mil.* (*Stellung, Festung*) untenable, unmaintainable: die Festung wurde ~ the fortress became indefensible. – **5.** (*sport*) a) (*Ball, Schuß*) unstoppable, b) (*Tor*) unavoidable. — **'Un,halt·bar·keit** *f* ⟨-; *no pl*⟩ (*von Behauptung, Theorie, Zustand, Stellung etc*) untenability.

'un,hand·lich *adj* **1.** unwieldy, unhandy, unmanageable, awkward: diese Kamera ist zu ~ this camera is too unhandy (*od.* awkward to hold). – **2.** (*sperrig*) bulky. — **'Un,hand·lich·keit** *f* ⟨-; *no pl*⟩ **1.** unwieldiness, unhandiness, unmanageableness, awkwardness. – **2.** bulkiness.

'un·har,mo·nisch *adj* **1.** *auch fig.* inharmonious, unharmonious, disharmonious, disharmonic, *auch* disharmonical, (*stärker*) discordant. – **2.** (*mißtönend*) discordant, inharmonic, jarring.

'un,häus·lich *adj only in* er ist (ziemlich) ~ he is not a homebody really (*colloq.*).

'Un,heil *n* ⟨-s; *no pl*⟩ **1.** mischief: ~ anrichten (*od.* stiften) to cause (*od.* do) mischief; auf ~ sinnen to intend (*od.* mean) mischief; ~ verkünden to bode ill. – **2.** (*Böses*) evil. – **3.** (*Schaden*) harm. – **4.** (*Katastrophe*) disaster, calamity: ich habe das ~ (schon) kommen sehen I foresaw disaster. – **5.** (*durch Sturm etc*) havoc.

un·heil·bar ['un,hailbaːr; ,un-] **I** *adj* **1.** *med.* (*Krankheit, Kranker*) incurable, past recovery: als ~ entlassen werden to be discharged as incurable. – **2.** *fig.* (*Schaden etc*) irreparable, irremediable, irrecoverable, past remedy. – **II** *adv* **3.** ~ krank sein to be incurably ill, to be past recovery. — **'Un,heil·ba·re** *m, f* ⟨-n; -n⟩ incurable, goner (*sl.*). — **'Un,heil·bar·keit** *f* ⟨-; *no pl*⟩ incurability, incurableness.

'un,heil|,brin·gend *adj* **1.** fatal, fateful. – **2.** *cf.* unheildrohend. — **~,dro·hend** *adj* ominous, portentous, sinister, dire. — **~,schwan·ger** *adj lit.* portentous, fraught with misfortune. — **~,stif·tend** *adj* mischief-making. — **U~,stif·ter** *m*, **~,stif·te·rin** *f* mischief-maker. — **~ver,kün·dend** *adj* **1.** ill-omened, ill-boding, evil-boding. – **2.** *cf.* unheilbringend 1. – **3.** *cf.* unheildrohend. — **~,voll** *adj* **1.** (*Folgen, Politik, Wirkung etc*) disastrous, calamitous. – **2.** (*Blick etc*) sinister. – **3.** (*Konstellation etc*) malefic. – **4.** *cf.* unheilbringend 1.

'un,heim·lich I *adj* **1.** (*Abenteuer, Geschichte, Ort etc*) eerie, weird, uncanny, creepy: **hier ist es ~** this place is eerie, this place would give you the creeps (*od.* willies, jumps) (*colloq.*). – **2.** (*Gefühl*) uncanny: **mir ist ~ (zumute)** I have an uncanny feeling. – **3.** (*Mensch, Gestalt*) weird: **der Kerl ist mir ~** *colloq.* I have an uncomfortable feeling about this fellow (*colloq.*). – **4.** (*Blick*) sinister. – **5.** *fig colloq.* (*unerhört, sehr groß, riesig*) 'terrific' (*colloq.*), terrible, tremendous: **auf dem Schreibtisch herrscht ein ~es Durcheinander** there is a terrible (*od. colloq.* frightful) muddle on the desk; **einen ~en Hunger haben** to be terribly hungry (*colloq.*), to be ravenous (*od. colloq.* starving); **mit ~er Geschwindigkeit** at a terrific speed, at an awful lick (*sl.*). – **II** *adv* **6.** *colloq.* (*sehr*) terribly, terrifically (*beide colloq.*), tremendously: **das ist ja ~ interessant** that is terribly interesting; **~ groß sein** to be terrifically big, to be a terrific size (*beide colloq.*), to be enormous; **~ viel Geld** a tremendous (*od.* terrific) lot of money (*colloq.*); **~ viele Menschen** a tremendous number of people; **er ist ~ beschlagen** he is terribly well informed.

'un,heiz·bar *adj* **1.** (*ohne Heizvorrichtung*) without a heating system, that cannot be heated. – **2.** (*wegen übermäßiger Größe etc*) unheatable, unable to be heated.

'un·hi,sto·risch *adj cf.* ungeschichtlich.

'un,höf·lich *adj* **1.** impolite. – **2.** (*ungezogen*) discourteous, ill-mannered, unmannerly, unmannered. – **3.** (*ungefällig*) disobliging, unobliging. – **4.** (*nicht schmeichelhaft*) uncomplimentary. – **5.** (*respektlos*) disrespectful. – **6.** (*frech*) rude, uncivil. — **'Un,höf·lich·keit** *f* ⟨-; *no pl*⟩ **1.** impoliteness. – **2.** (*Ungezogenheit*) discourtesy, discourteousness, unmannerliness. – **3.** (*Ungefälligkeit*) disobliging manner. – **4.** (*Respektlosigkeit*) disrespect. – **5.** (*Frechheit*) rudeness, incivility.

'un,hold *adj* ⟨*pred*⟩ *lit. rare* (*böse, feind*) (*dat*) ill-disposed (toward[s]), hostile (to).

'Un,hold *m* ⟨-(e)s; -e⟩, **'Un,hol·din** *f* ⟨-; -nen⟩ **1.** (*böser Geist, Ungeheuer*) evil spirit, demon, *auch* daemon. – **2.** *contempt.* (*rohe, grausame Person*) monster, fiend.

un·hör·bar [,un'hœrbaːr; 'un-] *adj* **1.** inaudible. – **2.** (*nicht wahrnehmbar*) imperceptible. – **3.** *phys.* inaudible, subaudio, *Br.* sub-audio (*attrib*). — **,Un'hör·bar·keit** *f* ⟨-; *no pl*⟩ **1.** inaudibility, inaudibleness. – **2.** imperceptibility, imperceptibleness.

'un·hy·gie·nisch [-hy,gieːnɪʃ] *adj* unhygienic, insanitary, unsanitary.

uni[1] [y'niː; y'ni] (*Fr.*) (*textile*) **I** *adj* ⟨*pred*⟩ (*Stoff*) unicolor(ed), *bes. Br.* unicolour(ed), plain- (*od.* solid-)dyed. – **II U~** *n* ⟨-s; -s⟩ solid color (*bes. Br.* colour).

Uni[2] ['uni; 'uːni] *f* ⟨-; -s⟩ *colloq. bes. Br. colloq.* varsity, *Am. colloq.* 'U', university.

'un·idio,ma·tisch *adj ling.* unidiomatic.

unie·ren [u'niːrən] *v/t* ⟨*no* ge-, h⟩ *bes. relig.* unite. — **uniert** [u'niːrt] **I** *pp.* – **II** *adj* united: **~e Kirchen** Uniate Churches. — **Unier·te** [u'niːrtə] *m, f* ⟨-n; -n⟩ member of the Uniate Church.

Uni·fi·ka·ti·on [unifika'tsioːn] *f* ⟨-; -en⟩ *rare for* Unifizierung 2.

uni·fi·zie·ren [unifi'tsiːrən] **I** *v/t* ⟨*no* ge-, h⟩ **1.** (*vereinigen*) unite, unify. – **2.** (*vereinheitlichen*) uniform(ize *Br. auch* -s-), standardize *Br. auch* -s-. – **3.** *econ.* (*Staatsanleihen*) consolidate. – **II U~** *n* ⟨-s⟩ **4.** *verbal noun.* — **Uni·fi'zie·rung** *f* ⟨-; -en⟩ **1.** *cf.* Unifizieren. – **2.** unification, union. – **3.** uniformization *Br. auch* -s-, standardization *Br. auch* -s-. – **4.** *econ.* consolidation.

uni·form [uni'fɔrm] *adj* uniform.

Uni·form [uni'fɔrm; 'uni-] *f* ⟨-; -en⟩ **1.** *mil.* a) uniform, *bes. Br.* regimentals *pl*, b) (*Feldanzug*) (field *od.* service) uniform, battle dress: **in großer ~** in full dress, in full-dress uniform, in full fig (*colloq.*); **in kleiner ~** in undress uniform; **nicht in ~** in civilian clothes; in civilians, in civvies, in mufti (*colloq.*); **die ~ anziehen** a) to put on one's (*od.* to dress in) uniform, b) *fig.* to enlist, to join the forces, to sign up; **die ~ ausziehen** a) to take off one's uniform, b) *fig.* to quit (*od.* leave, retire from) military service. – **2.** (*von Polizisten, Schaffnern etc*) uniform. — **~be,satz** *m* piping.

uni·for·mie·ren [unifɔr'miːrən] **I** *v/t* ⟨*no* ge-, h⟩ **1.** dress (*s.o.*) in uniform, uniform. – **2.** *fig.* (*einheitlich machen*) make (*s.th.*) uniform, uniform(ize *Br. auch* -s-). – **II U~** *n* ⟨-s⟩ **3.** *verbal noun.* – **4.** *cf.* Uniformierung. — **uni·for'miert I** *pp.* – **II** *adj* **1.** uniformed, in uniform: **von den Polizisten war nur einer ~** only one of the policemen was in uniform. – **2.** *fig.* (*gleichgeschaltet*) uniformed, uniformized *Br. auch* -s-. — **Uni·for'mier·te** *m* ⟨-n; -n⟩ person in (military) uniform. — **Uni·for'mie·rung** *f* ⟨-; *no pl*⟩ **1.** *cf.* Uniformieren. – **2.** *fig.* uniformization *Br. auch* -s-.

Uni·for·mi·tät [unifɔrmi'tɛːt] *f* ⟨-; *no pl*⟩ uniformity.

Uni'form|,rock *m* tunic. — **~,trä·ger** *m* person in uniform.

uni·ge,färbt [y'niː-] *adj* (*textile*) *cf.* uni[1].

Uni·kat [uni'kaːt] *n* ⟨-(e)s; -e⟩ (*einzige Ausfertigung*) unicum.

Uni·kum ['uːnikum] *n* ⟨-s; Unika [-ka], *auch* -s⟩ **1.** (*etwas Einmaliges*) unique (thing), unicum. – **2.** (*Seltenheit*) rarity. – **3.** *fig. colloq.* (*sonderbarer od. ungewöhnlicher Mensch*) character, original. – **4.** *print.* unique copy, unicum.

uni·la·te·ral [unilate'raːl] *adj* unilateral.

'un·in·tel·li,gent *adj* unintelligent.

'un·in·ter·es,sant *adj* **1.** (*Aufgabe, Beruf etc*) uninteresting, devoid of interest, (*bes. finanziell*) unattractive. – **2.** (*unwichtig*) (*Brief etc*) unimportant, inconsiderable, of little importance: **seine Meinung ist ~** his opinion is unimportant (*od. colloq.* is neither here nor there).

'un·in·ter·es,siert *adj* (an *dat* in) disinterested, uninterested: **er ist an Kunst vollkommen ~** he is completely uninterested in art, he has absolutely no interest in art. — **'Un·in·ter·es,siert·heit** *f* ⟨-; *no pl*⟩ uninterestedness, disinterest, lack of interest.

Uni·on [u'nioːn] *f* ⟨-; -en⟩ union.

Unio·nist [unio'nɪst] *m* ⟨-en; -en⟩ unionist.

Uni'ons|par,tei·en *pl BRD pol.* union *sg* of the conservative parties (CDU and CSU). — **~prio·ri,tät** *f jur.* (*im Patentrecht*) convention (*od.* union) priority.

uni·pe·tal [unipe'taːl] *adj bot.* unipetalous.

uni·po·lar [unipo'laːr] *adj electr.* (*Leitfähigkeit*) unipolar. — **Uni·po·la·ri'tät** [-lari'tɛːt] *f* unipolarity.

Uni·po'lar·ma,schi·ne *f electr.* unipolar (*od.* homopolar) machine.

'un,ir·disch *adj* **1.** (*nicht von dieser Welt*) unworldly, unearthly. – **2.** (*ätherisch*) unsubstantial.

'un·iso,liert *adj electr.* uninsulated.

uni·so·no [uni'zoːno; u'niːzono] *mus.* **I** *adv u. adj* in unison, unisono. – **II U~** *n* ⟨-s; -soni [-ni] *u.* -s⟩ unison.

uni·tär [uni'tɛːr] *adj relig.* Unitarian.

Uni·ta·ri·er [uni'taːriər] *m* ⟨-s; -⟩ *relig.* Unitarian.

uni·ta·risch [uni'taːrɪʃ] *adj* unitary.

Uni·ta·ris·mus [unita'rɪsmus] *m* ⟨-; *no pl*⟩ **1.** *relig.* Unitarianism. – **2.** *pol.* unitarism, *auch* unitarianism.

uni·va·lent [univa'lɛnt] *adj biol. chem.* univalent, monovalent.

uni·ver·sal [univɛr'zaːl] *adj* universal.

Uni·ver'sal|ent,wick·ler *m phot.* universal developer. — **~,er·be** *m jur.* sole (*od.* universal) heir (*auch* legatee). — **~ge,lehr·te** *m* polymath, polyhistor, *auch* polyhistorian. — **~ge,lenk** *n med. tech.* universal joint. — **~ge,nie** *n* universal genius, all-rounder, *Am.* all-around man, *Br.* all-round man. — **~ge,schich·te** *f* ⟨-; *no pl*⟩ world history.

Uni·ver·sa·lis·mus [univɛrza'lɪsmus] *m* ⟨-; *no pl*⟩ universalism.

Uni·ver·sa·li·tät [univɛrzali'tɛːt] *f* ⟨-; *no pl*⟩ universality.

Uni·ver'sal|,kü·chen·ma,schi·ne *f* **1.** universal (*Am.* all-around, *Br.* all-round) beater (*od.* mixer). – **2.** *aer.* universal galley machine, galley slave (*colloq.*). — **~,le·xi·kon** *n* encyclopedia, *auch* encyclopaedia. — **~,mit·tel** *n med. pharm. auch fig.* universal remedy, panacea, cure-all. — **~,mo·tor** *m tech. electr.* universal motor. — **~ra,dar** *n* general-purpose radar. — **~,schlüs·sel** *m* master key. — **~,schrau·ben,schlüs·sel** *m tech.* universal wrench (*bes. Br.* spanner). — **~,spen·der** *m med.* universal donor. — **~,su·cher** *m phot.* universal (*od.* multiple-frame, multifocus) viewfinder: **~ mit gekuppeltem Entfernungsmesser** universal viewfinder with coupled rangefinder, view- and rangefinder combined. — **~,werk,zeug** *n tech.* all-purpose tool. — **~,zan·ge** *f* all-purpose pliers *pl* (*construed as sg or pl*).

uni·ver·sell [univɛr'zɛl] *adj* **1.** universal. – **2.** *tech.* universal; all-purpose, multipurpose (*attrib*).

Uni·ver·si·tät [univɛrzi'tɛːt] *f* ⟨-; -en⟩ *ped.* university, college, *Am. auch* school: **die Münchener ~** the University of Munich; **zur ~ gehen** to go to the (*od.* a) university; **auf der ~ sein, an der ~ studieren, die ~ besuchen** to be at the (*od.* a) university, to study at the (*od.* a) university; **die ~ verlassen** to leave the university; **an eine ~ berufen werden** to be appointed to a professorship; → technisch 1.

Uni·ver·si'täts|bi·blio,thek *f* university library. — **~,bil·dung** *f* university education. — **~drucke,rei** (*getr.* -k·k-) *f* university press. — **~,fe·ri·en** *pl cf.* Semesterferien. — **~ge,bäu·de** *n* university building. — **~ge,län·de** *n* university grounds *pl*, campus. — **~in·sti,tut** *n* university institute. — **~,jah·re** *pl* college years. — **~,kli·nik** *f med.* university hospital (*od.* clinic). — **~,lauf,bahn** *f ped.* university career. — **~,leh·rer** *m* university teacher (*od.* professor, lecturer), *Br. auch* college tutor. — **~pro,fes·sor** *m* university professor. — **~,rek·tor** *m* vice-chancellor (*Am.* president, *auch* chancellor) of a (*od.* the) university. — **~,stadt** *f* university town (*od.* city). — **~,stu·di·um** *n* university studies *pl.* — **~,un·ter,richt** *m* university (*od.* academic) teaching. — **~ver,wal·tung** *f* university administration. — **~,vor,le·sung** *f* university lecture: **~en besuchen** to attend university lectures. — **~,we·sen** *n* universities *pl*, (the) university (*od.* academic) world, (the) world of academic learning. — **~,zeit** *f cf.* Studienzeit.

Uni·ver·sum [uni'vɛrzum] *n* ⟨-s; *no pl*⟩ universe.

'un·ka·me,rad·schaft·lich *adj* unhelpful, unfriendly, unsporting, not comradely.

'un,kauf,män·nisch *adj* uncommercial, unbusinesslike.

Un·ke ['uŋkə] *f* ⟨-; -n⟩ **1.** *zo.* (red-bellied) toad (*Gattg Bombina*). – **2.** *fig. colloq.* (*Unglücksprophet, Schwarzseher*) croaker, Cassandra. — **un·ken** ['uŋkən] *v/i* ⟨h⟩ *colloq.* croak: **sie unkt ständig** she is always croaking.

'un,kennt·lich *adj* **1.** (*nicht erkennbar*) unrecognizable *Br. auch* -s-, unidentifiable. – **2.** (*nicht wahrnehmbar*) indiscernible. – **3.** **etwas ~ machen** a) (*Unterschrift, Dokument etc*) to deface (*od.* obliterate) s.th., b) *mil.* to camouflage s.th. — **'Un,kennt·lich·keit** *f* ⟨-; *no pl*⟩ **1.** indiscernibility, indiscernibleness. – **2.** (*durch Entstellung*) unrecognizableness *Br. auch* -s-: **bis zur ~ entstellt** disfigured past (*od.* beyond) recognition, disfigured out of all resemblance.

'Un,kennt·nis *f* ⟨-; *no pl*⟩ **1.** ignorance, unawareness: **aus ~** out of ignorance; **in ~ der Tatsachen** ignorant of the facts; **über** (*acc*) **etwas in ~ sein** to be ignorant of s.th.; **j-n über etwas in ~ lassen** not to inform s.o. about s.th., to keep s.o. in the dark about s.th.; **~ vortäuschen** to feign ignorance; **~ schützt nicht vor Strafe** ignorance of the law excuses no one. – **2.** (*Unerfahrenheit*) unacquaintance.

'Un·ken,ruf *m fig.* foreboding, premonition, Cassandra's warning.

'un,keusch *adj u. adv* unchaste, immodest, incontinent, (*stärker*) wanton, lewd, lascivious: **ein ~es Leben führen, ~ leben** to live an unchaste life. — **'Un,keusch·heit** *f* ⟨-; *no pl*⟩ unchastity, immodesty, incontinence, (*stärker*) wantonness, lewdness, lasciviousness: **~ treiben** *auch humor.* to misbehave.

'unˌkind·lich *adj* **1.** unchildlike. – **2.** (*altklug*) precocious, *Br. auch* old-fashioned. – **3.** (*zu den Eltern*) unfilial.

'unˌkirch·lich *adj* **1.** nonclerical *Br.* non-. – **2.** (*weltlich*) secular, worldly.

'unˌklar I *adj* **1.** unclear: **nur eine Sache ist mir noch ~** there is just one thing that is still unclear to me; **es ist mir ~, wie das geschehen konnte** I cannot understand how that could have happened. – **2.** (*Worte, Rede, Ausdrucksweise etc*) unclear, confused, woolly, *Am. auch* wooly, blurry, obscure, abstruse, fuzzy. – **3.** (*verworren*) muddled. – **4.** (*vage*) vague, indefinite. – **5.** (*undeutlich*) indistinct, blurred, hazy. – **6.** (*trübe*) turbid, cloudy. – **7.** (*nebelig*) misty, hazy. – **8.** (*substantiviert mit Kleinschreibung*) **j-n über** (*acc*) **etwas im ~en lassen** to leave s.o. in the dark about s.th.; **im ~en über** (*acc*) **etwas sein** to be in the dark about s.th. – **II** *adv* **9. sich ~ ausdrücken** to express oneself unclearly. – **10. etwas in der Ferne nur ~ erkennen** to distinguish s.th. indistinctly in the distance. — **'Unˌklar·heit** *f* ⟨-; -en⟩ **1.** ⟨*only sg*⟩ unclarity, unclearness: **es herrscht ~ darüber, ob** it is not clear whether, there is still some doubt (*od.* uncertainty) as to whether. – **2.** ⟨*only sg*⟩ (*der Worte ect*) unclarity, unclearness, confusion, wool(l)iness, obscurity, abstruseness, fuzziness. – **3.** ⟨*only sg*⟩ (*Verworrenheit*) muddle. – **4.** ⟨*only sg*⟩ (*Vagheit*) vagueness, indefiniteness. – **5.** ⟨*only sg*⟩ (*Undeutlichkeit*) indistinctness, indistinction, blurredness, haziness. – **6.** unclear point: **bestehen noch ~en?** are there any points (which are) still unclear? **~en beseitigen** to eliminate any unclear points.

un·klas·si·fi·zier·bar ['unklasifiˌtsiːrbaːr; ˌʊn-] *adj* **1.** *bes. bot. zo.* unclassifiable. – **2.** *fig.* nondescript.

'unˌkleid·sam *adj* unbecoming.

'unˌklug *adj* **1.** imprudent, unwise, injudicious, ill-advised, inexpedient, impolitic, *auch* impolitical: **es war sehr ~ von dir, ihr das zu sagen** it was very imprudent of you to tell her that. – **2.** (*unbesonnen*) thoughtless. — **'Unˌklug·heit** *f* ⟨-; -en⟩ **1.** ⟨*only sg*⟩ imprudence, unwiseness, unwisdom, injudiciousness, inexpediency, inexpedience, impolitic(al)ness. – **2.** ⟨*only sg*⟩ (*Unbesonnenheit*) thoughtlessness. – **3.** imprudent act, imprudence.

'un·kol·le·giˌal *adj* inconsiderate toward(s) one's colleagues.

'un·kom·pliˌziert *adj* **1.** (*Arbeit, Aufgabe, Vorgang etc*) uncomplicated, straightforward, simple, plain. – **2.** (*Person, Wesen*) easy to get along (*od.* on) with, uncomplicated.

un·kon·trol·lier·bar ['unkɔntrɔˌliːrbaːr; ˌʊn-] *adj* uncontrollable, unmanageable.

'un·kon·trolˌliert *adj* unchecked, uncontrolled.

'un·kon·ven·tioˌnell *adj* unconventional, unorthodox: **~e Kriegführung** unconventional warfare.

'un·kon·verˌtier·bar *adj econ.* (*Währung*) inconvertible, unconvertible.

'unˌkör·per·lich *adj* **1.** incorporeal, immaterial, asomatous, discarnate. – **2.** *jur.* incorporeal: **~e Rechtsgegenstände** a) choses in action, b) (*Forderungen*) incorporeal chattels. — **'Unˌkör·per·lich·keit** *f* ⟨-; *no pl*⟩ incorporeity, immateriality.

'un·korˌrekt *adj* **1.** (*unschicklich*) incorrect, improper. – **2.** (*fehlerhaft*) incorrect, faulty, wrong. – **3.** (*ungenau*) incorrect, inaccurate, imprecise, unprecise. – **4.** (grammatisch) ~ *ling.* (grammatically) wrong. — **'Un·korˌrekt·heit** *f* ⟨-; -en⟩ **1.** ⟨*only sg*⟩ incorrectness, impropriety. – **2.** ⟨*only sg*⟩ (*Fehlerhaftigkeit*) incorrectness, faultiness, wrongness. – **3.** ⟨*only sg*⟩ (*Ungenauigkeit*) incorrectness, inaccuracy, imprecision, impreciseness. – **4.** *ling.* solecism. – **5.** impropriety. – **6.** inaccuracy.

'Unˌko·sten *pl econ.* expenses, cost(s): **kleine ~** petty expenses; **abzugsfähige ~** deductible costs; **abzüglich der ~** less expenses, expenses to be deducted; **nach Abzug der ~** expenses deducted; **für die ~ aufkommen, die ~ tragen** (*od.* **bestreiten**) to meet (*od.* bear) the expenses; **die ~ berechnen** to calculate the expenses; **~ haben** to incur expenses; **j-m sind ~ entstanden** s.o. has incurred expenses; **etwas als ~ buchen** to enter s.th. as expenses; **die ~ verteilen** to apportion the expenses; **zu den ~ beitragen** to make a contribution toward(s) (covering) the expenses; **das war mit großen ~ verbunden** that involved considerable (*od.* incurred great) expense(s); **seine ~ verringern** to cut down (on) one's expenses; **j-n in große ~ stürzen** *colloq.* to put s.o. to great expense; **sich in große ~ stürzen** *colloq.* to go to great expense. — **~ˌaufˌstel·lung** *f* specification of expenses. — **~ˌbeiˌtrag** *m* contribution toward(s) (covering the) expenses. — **~beˌrech·nung** *f* **1.** calculation of expenses. – **2.** charging of expenses. — **~ˌkon·to** *n* expense account. — **~ˌrech·nung** *f* account (of) charges. — **~ˌumˌla·ge** *f* allocation (*od.* levy) of expenses. — **~verˌgü·tung** *f* reimbursement of expenses.

'Unˌkraut *n* ⟨-(e)s; ⸗er⟩ *bot.* **1.** (*Unkrautpflanze*) weed: **ein weitverbreitetes ~** a very common weed. – **2.** *collect.* weeds *pl*, weedery: **voller ~** weedy, weeded; **~ jäten** (*od.* **ausreißen, rupfen, ziehen, zupfen**) to weed, to pull out weeds; **~ vergeht** (*od.* **verdirbt**) **nicht** (*Sprichwort*) ill weeds grow apace (*proverb*), a bad penny (*od.* shilling) always comes back (*proverb*). – **3.** *Bibl.* tares *pl.* — **~beˌkämp·fung** *f* weed control. — **~beˌkämp·fungsˌmit·tel** *n* herbicide, weed killer. — **~ˌeg·ge** *f agr.* harrow. — **~ˌste·cher** *m* weeder, thistle lifter. — **~verˌtil·gung** *f* weed killing. — **~verˌtil·gungsˌmit·tel** *n* herbicide, weed killer.

'unˌkrie·ge·risch *adj* unwarlike, nonbelligerent *Br.* non-, pacific.

'unˌkri·tisch *adj* uncritical, undiscriminating.

'un·kul·tiˌviert I *adj* **1.** *agr.* (*Land*) uncultivated, untilled. – **2.** (*Person*) uncultured, uncultivated. – **3.** (*Benehmen, Sitten etc*) uncultivated, uncivilized *Br. auch* -s-, (*stärker*) barbarous. – **II** *adv* **4. ~ essen** to be an uncouth eater; **sich ~ benehmen** to behave boorishly.

'Un·kulˌtur *f* ⟨-; *no pl*⟩ **1.** (*von Personen*) lack of culture, unculture. – **2.** (*im Benehmen etc*) lack of culture (*od.* civilization *Br. auch* -s-), (*stärker*) barbarism.

un·künd·bar ['unˌkʏntbaːr; ˌʊn-] *adj* **1.** (*Obligationen etc*) irredeemable. – **2.** (*Schuld*) permanent, funded, noncallable *Br.* non-. – **3.** (*Rente*) perpetual. – **4.** (*Vollmacht etc*) irrevocable. – **5.** (*Vertrag etc*) not terminable. – **6.** (*Stellung*) permanent, not subject to notice. – **7.** (*Beamter, Richter etc*) irremovable. — **'Unˌkünd·bar·keit** *f* ⟨-; *no pl*⟩ **1.** (*von Obligationen etc*) irredeemability, irredeemableness. – **2.** (*von Vollmachten*) irrevocability. – **3.** (*von Verträgen*) nonterminability *Br.* non-. – **4.** (*einer Stellung*) permanency. – **5.** (*von Beamten etc*) irremovability.

'unˌkun·dig *adj* ⟨*gen*⟩ **einer Sache ~ sein** *lit.* a) (*auf praktischem Gebiet*) not to be acquainted (*od.* to be unacquainted) with a thing, b) (*auf geistigem Gebiet*) to have no knowledge (*od.* be ignorant) of a thing: **des Lesens und Schreibens ~ sein** to be illiterate (*od.* analphabetic); **der englischen Sprache ~ sein** to have no knowledge of English; **des Weges ~ sein** not to know one's way.

'unˌkünst·le·risch *adj* unartistic, inartistic, artless.

'Unˌland *n* ⟨-(e)s; Unländer⟩ *rare* uncultivated (*od.* uncultivable) land.

'unˌlängst *adv* lately, recently, not long ago, the other day.

'unˌlau·ter *adj* **1.** (*Charakter, Geschäft, Gewinn, Mittel etc*) dishonest, corrupt: **sich ~er Mittel bedienen** to use dishonest means. – **2. ~er Wettbewerb** *econ.* unfair competition.

'unˌleid·lich *adj* **1.** (*reizbar, unverträglich*) disagreeable, ill-humored, *bes. Br.* ill-humoured, cranky, crabbed, crabby, cross. – **2.** (*Kind*) cranky, crabbed, cross.

'unˌlenk·sam *adj* (*Kind, Charakter etc*) unmanageable, intractable, unruly, ungovernable, indocile.

un·le·ser·lich ['unˌleːzərlɪç; ˌʊn-] **I** *adj* (*Handschrift, Inschrift, Unterschrift etc*) illegible, indecipherable, undecipherable, unreadable, (*Handschrift*) *auch* crabbed: **etwas ~ machen** to deface s.th. – **II** *adv* **~ schreiben** to write illegibly, to write an illegible hand. — **'Unˌle·ser·lich·keit** *f* ⟨-; *no pl*⟩ illegibility, indecipherableness, undecipherability, unreadableness, unreadability.

un·leug·bar ['unˌlɔʏkbaːr; ˌʊn-] *adj* undeniable, incontestable, indisputable: **es ist ~, daß** there is no denying the fact that. — **'Unˌleug·bar·keit** *f* ⟨-; *no pl*⟩ undeniableness, incontestability, indisputability.

'unˌlieb *adj* disagreeable, unpleasant: **es ist mir nicht ~, daß** I am rather glad that.

'unˌlie·bensˌwür·dig *adj* unamiable, unfriendly, disobliging, ungracious, disagreeable. — **'Unˌlie·bensˌwür·dig·keit** *f* ⟨-; -en⟩ **1.** ⟨*only sg*⟩ unamiability, unfriendliness, disobliging manner. – **2.** *meist pl* ungracious (*od.* unfriendly) act (*od.* remark).

'unˌlieb·sam [-ˌliːpzaːm] **I** *adj* (*Störung, Überraschung, Vorkommnis etc*) disagreeable, unpleasant. – **II** *adv* **er ist ~ aufgefallen** (**durch** by) he made himself unpleasantly conspicuous.

'un·li·miˌtiert *adj* unlimited.

'un·liˌniert *adj* (*Papier*) unlined, unruled.

'Unˌlo·gik *f* illogicality, illogicalness. — **'unˌlo·gisch** *adj* (*Folgerung etc*) illogical, nonlogical *Br.* non-: **etwas erschien mir dabei ~** s.th. about it struck me as being illogical.

un·lös·bar [ˌʊn'løːsbaːr; 'ʊn-] **I** *adj* **1.** (*Ehe etc*) indissoluble, permanent. – **2.** (*Problem, Aufgabe, Rätsel etc*) unsolvable, insoluble. – **3.** (*Knoten*) inextricable. – **4.** *fig.* (*Verwicklung etc*) inextricable, unsolvable. – **5.** *chem. cf.* **unlöslich.** – **II** *adv* **6. zwei Dinge sind ~ miteinander verbunden** two things are inseparably linked (together). — **ˌUn'lös·bar·keit** *f* ⟨-; *no pl*⟩ **1.** indissolubility, permanence. – **2.** insolubility. – **3.** inextricability. – **4.** *fig.* inextricability. – **5.** *chem. cf.* Unlöslichkeit.

un·lösch·bar [ˌʊn'lœʃbaːr; 'ʊn-] *adj* **1.** (*Feuer*) inextinguishable, unquenchable. – **2.** (*Durst*) unquenchable.

un·lös·lich [ˌʊn'løːslɪç; 'ʊn-] *adj chem.* insoluble. — **ˌUn'lös·lich·keit** *f* ⟨-; *no pl*⟩ insolubility.

'Unˌlust *f* ⟨-; *no pl*⟩ **1.** disinclination, reluctance: **etwas nur mit ~ tun** to do s.th. only very reluctantly (*od.* only with reluctance). – **2.** (*Abneigung*) aversion, dislike. – **3.** (*Überdruß*) weariness. – **4.** *econ.* (*an der Börse*) slackness, dullness. — **~geˌfühl** *n* feeling of reluctance.

'unˌlu·stig I *adj* **1.** disinclined, reluctant. – **2.** (*mißgestimmt*) morose, sullen. – **3.** *econ.* (*Börse*) slack, dull. – **II** *adv* **4.** reluctantly, with reluctance.

'un·maˌgne·tisch *adj* nonmagnetic *Br.* non-.

'un·maˌnier·lich I *adj* unmannerly, mannerless. – **II** *adv* **~ essen** to have bad table manners.

'unˌmänn·lich *adj* **1.** (*weibisch*) unmanly, effeminate, sissy (*colloq.*), *Br. sl.* cissy, cissie. – **2.** (*feig*) unmanly, unmanlike, pusillanimous, cowardly. — **'Unˌmänn·lich·keit** *f* ⟨-; *no pl*⟩ **1.** unmanliness, effeminacy, effeminateness, sissiness (*colloq.*), *Br. sl.* cissiness. – **2.** unmanliness, pusillanimity, cowardliness.

'un·masˌkiert *adj* **1.** (*ohne Maske*) unmasked. – **2.** (*ohne Maskenkostüm*) undisguised.

'Unˌmaß *n* ⟨-es; *no pl*⟩ **1.** immensity, excess: **im ~** to excess. – **2.** *obs. for* Unziemlichkeit.

'Unˌmas·se *f* enormous (*od.* vast) quantity (*od.* number), host(s *pl*); lot(s *pl*), loads *pl*, tons *pl*, heaps *pl*, oodles *pl* (*colloq.*): **eine ~ Briefe** (*od.* **von Briefen**) loads of letters.

un·maß·geb·lich ['unˌmaːsˌgeːplɪç; ˌʊnˌmaːs-] *adj* **1.** (*Person*) unauthoritative. – **2.** (*Urteil, Meinung etc*) incompetent, unauthoritative: **nach meiner ~en Meinung** *auch humor.* in my humble opinion.

'unˌmä·ßig I *adj* **1.** (**in** *dat* in) immoderate, unreasonable, extravagant. – **2.** (*ungeheuer*) excessive, inordinate: **ein ~es Verlangen nach Bier** an excessive desire for beer. – **3.** (*bes. im Alkoholgenuß*) intemperate. – **4.** (*unermeßlich*) immeasurable, unmeasurable, boundless. – **5.** (*auf sexuellem Gebiet*) incontinent. – **II** *adv* **6.** immoderately, without moderation. – **7.** excessively, to excess: **sein Durst war ~ groß** his thirst was excessive. — **'UnˌMä·ßig·keit** *f* ⟨-; *no pl*⟩ **1.** immoderation, unreasonableness, extravagance. – **2.** excess(iveness), inordinateness. – **3.** immeasurability, unmeasurableness, boundlessness. – **4.** intemperance. – **5.** incontinence.

ˈun·me‚lo·disch *adj mus.* unmelodious, untuneful.

ˈUn‚men·ge *f cf.* Unmasse.

ˈUn‚mensch *m* **1.** monster, brute, fiend, beast, *Am. colloq.* hellkite. – **2.** **ich bin ja kein** ~ *colloq.* after all, I am no monster.

un·mensch·lich [ˈʊn‚mɛnʃlɪç; ‚ʊn-] **I** *adj* **1.** inhuman(e), unhuman, brutal, cruel, barbarous, savage, beastly. – **2.** (*menschenunwürdig*) degrading. – **3.** (*übermenschlich*) superhuman. – **4.** *colloq.* (*sehr groß*) 'terrific' (*colloq.*), tremendous. – **II** *adv* **5.** **die Gefangenen wurden** ~ **behandelt** the prisoners were treated inhumanly. — **ˈUn‚mensch·lich·keit** *f* ⟨-; -en⟩ **1.** inhumanity, brutality, cruelty, barbarity, savageness, beastliness. – **2.** ⟨*only sg*⟩ degradingness. – **3.** ⟨*only sg*⟩ superhumanness.

un·merk·bar [‚ʊnˈmɛrkbaːr; ˈʊn-] *adj u. adv cf.* unmerklich.

un·merk·lich [‚ʊnˈmɛrklɪç; ˈʊn-] **I** *adj* imperceptible, indiscernible, inappreciable, insensible, inconspicuous. – **II** *adv* imperceptibly: **die beiden Farben gehen** ~ **ineinander über** the two colo(u)rs merge (*od.* fuse, melt) into each other imperceptibly; **es war** ~ **dunkler geworden** it had grown dark so gradually that we had not noticed it.

un·meß·bar [‚ʊnˈmɛsbaːr; ˈʊn-] *adj* immeasurable, immensurable, unmeasurable.

ˈun·me‚tho·disch I *adj* unmethodical, immethodical, *auch* immethodic, desultory. – **II** *adv* unmethodically, immethodically, without method, desultorily.

ˈun·mi·li‚tä·risch *adj* unmilitary.

un·misch·bar [ˈʊn‚mɪʃbaːr; ‚ʊn-] *adj* immiscible, unmixable.

un·miß·ver·ständ·lich [ˈʊn‚mɪsfɛr‚ʃtɛntlɪç; ‚ʊn‚mɪs-] **I** *adj* (*Ablehnung, Antwort, Absage etc*) unmistakable, unequivocal, plain, round, blunt. – **II** *adv* **j-m** ~ **klarmachen, daß** to make it quite (*od.* perfectly) clear to s.o. that; **seine Meinung** ~ **sagen** to speak one's mind quite plainly (*od.* bluntly).

ˈun‚mit·tel·bar I *adj* ⟨*attrib*⟩ **1.** (*Nähe, Nachbarschaft etc*) immediate, proximate. – **2.** (*Folge, Auswirkung, Ursache etc*) immediate, direct, proximate: **es besteht ein** ~**er Zusammenhang zwischen** there is a direct (*od.* primary) relationship between. – **3.** (*Kenntnisse, Informationen etc*) firsthand, direct. – **4.** (*Gefahr, Krise etc*) immediate, imminent, impending. – **5.** (*Rundfunk- od. Fernsehsendung*) direct, live. – **6.** *pol.* direct. – **II** *adv* **7.** immediately, directly, straight, right: ~ **danach** immediately afterwards; ~ **hinter dir** right behind you; **diese Straße führt** ~ **in die Stadt** this road leads straight into town; **ein** ~ **bevorstehendes Ereignis** an imminent event. — **ˈUn‚mit·tel·bar·keit** *f* ⟨-; *no pl*⟩ immediacy, directness.

ˈun·mö‚bliert *adj* (*Zimmer, Wohnung etc*) unfurnished.

ˈun·mo‚dern *adj* unfashionable, out of fashion (*nachgestellt*), outmoded, out-of-date (*attrib*): ~ **werden [sein]** to go [to be] out (of fashion).

ˈun‚mo·disch *adj cf.* unmodern.

un·mög·lich [ˈʊn‚møːklɪç; ‚ʊn-] **I** *adj* **1.** (*nicht durchführbar*) impossible, infeasible, unfeasible: **es ist mir** ~**, heute abend zu kommen** it is impossible for me to come tonight, I cannot possibly come tonight; **das ist technisch** ~ that is technically impossible; **etwas** ~ **machen** to prevent s.th. – **2.** ⟨*pred*⟩ (*ausgeschlossen*) impossible, out of the question: **das ist ganz** (*od.* **schlechterdings**, *archaic* **platterdings**) ~ that is quite (*od.* absolutely, totally, downright) impossible; **es wäre nicht** ~**, daß** it might (possibly) happen that. – **3.** (*furchtbar, unerträglich*) impossible: **er ist ein** ~**er Mensch** he is an impossible person. – **4.** *colloq.* (*lächerlich, absurd*) ridiculous, grotesque, preposterous: **ein** ~**es Kleid** a ridiculous dress; **du siehst mit dem Hut** ~ **aus** you look ridiculous (*od. colloq.* a sight) with that hat; **j-n** ~ **machen** to make s.o. look ridiculous; **sich** ~ **machen** a) to make a fool (*od. colloq.* a dreadful exhibition) of oneself, b) to compromise oneself. – **5.** (*empörend, unerhört*) outrageous: **er kam zu einer** ~**en Zeit** he came at an ungodly (*od.* unearthly) hour (*colloq.*). – **II** *adv* **6.** (*keinesfalls*) not possibly: **ich kann es** ~ **tun** I can't possibly do it; **das kann** ~ **stimmen** that cannot possibly be so. – **7.** outrageously: **sich** ~ **benehmen** to behave outrageously. – **III U**~**e, das** ⟨-n⟩ **8.** the impossible: **das U**~**e möglich machen** to make the impossible possible; **du solltest nichts U**~**es erwarten** you should not expect the impossible; **scheinbar U**~**es leisten** to do the apparently impossible. — **ˈUn‚mög·lich·keit** *f* ⟨-; *no pl*⟩ impossibility.

ˈUn·mo‚ral *f* ⟨-; *no pl*⟩ immorality, vice.

ˈun·mo‚ra·lisch *adj u. adv* (*Mensch, Tat Forderung, Gesinnung etc*) immoral, unmoral, vicious (*lit.*): **ein** ~**es Leben führen,** ~ **leben** to lead (*od.* live) an immoral life.

ˈun·mo·ti‚viert I *adj* (*Handlung, Vorgehen etc*) unmotivated. – **II** *adv* without motivation.

ˈun‚mün·dig *adj* (*minderjährig*) minor, under age, infant (*attrib*). — **ˈUn‚mün·di·ge** *m, f* ⟨-n; -n⟩ minor, infant. — **ˈUn‚mün·dig·keit** *f* ⟨-; *no pl*⟩ minority, nonage, infancy.

ˈun·mu·si‚ka·lisch *adj* **1.** (*Person*) unmusical. – **2.** (*Komposition etc*) unmusical, unmelodious, tuneless, untuneful, immusical. — **ˈUn·mu·si·ka·li‚tät** *f* ⟨-; *no pl*⟩ **1.** lack of musicality. – **2.** lack of musicality (*od.* melody), untunefulness, untunableness, notelessness.

ˈUn‚mut *m* ⟨-(e)s; *no pl*⟩ **1.** (*Ärger, Verdruß*) ill humor (*bes. Br.* humour), annoyance, vexation, irritation. – **2.** (*Mißfallen*) (**über** *acc*) displeasure (at), disapproval (of), disfavor (*bes. Br.* disfavour) (at): **sie konnte ihren** ~ **über sein Verhalten nicht verbergen** she could not hide her displeasure at his behavio(u)r. — **ˈun‚mu·tig** *adj* **1.** ill-humored, *bes. Br.* ill-humoured, annoyed, vexed, irritated. – **2.** displeased.

un·nach·ahm·lich [ˈʊn‚naːx‚ʔaːmlɪç; ‚ʊn‚naːx-] *adj* (*Art, Gabe etc*) inimitable. — **ˈUn‚nach‚ahm·lich·keit** *f* ⟨-; *no pl*⟩ inimitability, inimitableness.

ˈun‚nach‚gie·big *adj* **1.** (*Material etc*) unyielding, unbending, inflexible, rigid. – **2.** *fig.* (*Haltung, Person etc*) unyielding, unbending, inflexible, unrelenting, uncompromising, intransigent, stubborn, adamant (*pred*): **er blieb trotz aller Bitten** ~ he remained unbending in spite of all the pleas. — **ˈUn‚nach‚gie·big·keit** *f* ⟨-; *no pl*⟩ **1.** unyieldingness, unbendingness, inflexibility, rigidity. – **2.** *fig.* unyieldingness, unbendingness, inflexibility, unrelentingness, uncompromisingness, intransigence, *auch* intransigency, stubbornness, adamancy.

ˈun‚nach‚sich·tig I *adj* strict, severe, (*stärker*) pitiless, unrelenting, merciless. – **II** *adv* **er hat ihn** ~ **bestraft** he punished him pitilessly (*od.* mercilessly). — **ˈUn‚nach‚sich·tig·keit** *f* ⟨-; *no pl*⟩ strictness, severity, (*stärker*) pitilessness, unrelentingness, mercilessness.

un·nah·bar [‚ʊnˈnaːbaːr; ˈʊn-] *adj* (*Person*) unapproachable, inapproachable, inaccessible, reserved, standoffish; ungetatable, un-come-at-able (*colloq.*). — **‚Unˈnah·bar·keit** *f* ⟨-; *no pl*⟩ unapproachableness, inapproachableness, inaccessibility, reserve(dness), standoffishness.

ˈUn·na‚tur *f* ⟨-; *no pl*⟩ *rare* unnaturalness.

ˈun·na‚tür·lich *adj* **1.** (*wider die Natur*) unnatural. – **2.** (*außergewöhnlich*) unnatural, preternatural, abnormal, exceptional. – **3.** (*geziert*) affected. – **4.** (*gezwungen*) forced, strained. – **5.** (*gekünstelt, unecht*) artificial, contrived. – **6.** (*unheimlich, angsterregend*) unnatural, uncanny, supernatural. — **ˈUn·na‚tür·lich·keit** *f* ⟨-; *no pl*⟩ **1.** unnaturalness. – **2.** unnaturalness, preternaturalness, abnormality, exceptionalness, exceptionality. – **3.** affectation, affectedness. – **4.** forcedness, strainedness. – **5.** artificiality, contrivance. – **6.** unnaturalness, uncanniness, supernaturalness.

un·nenn·bar [‚ʊnˈnɛnbaːr; ˈʊn-] *adj* (*Kummer, Jammer, Schmerzen etc*) inexpressible, unutterable, unspeakable, unnam(e)able, ineffable.

ˈun·nor‚mal *adj cf.* anormal 1.

ˈun·no‚tiert *adj econ.* (*Wertpapier*) unlisted, unquoted.

ˈun‚nö·tig I *adj* **1.** (*Geldausgaben, Sorgen, Maßnahmen etc*) unnecessary, needless, unneedful: **etwas** ~ **machen** to make s.th. unnecessary, to obviate s.th.; **sich** (*dat*) ~**e Sorgen machen** to worry unnecessarily (*od.* needlessly). – **2.** (*überflüssig*) superfluous. – **II** *adv* **3.** unnecessarily, needlessly. – **4.** superfluously.

ˈun‚nö·ti·gerˈwei·se *adv* unnecessarily, needlessly.

ˈun·nu·me‚riert *adj* unnumbered.

ˈun‚nütz I *adj* **1.** (*Geldausgaben etc*) useless, unprofitable, profitless, vain. – **2.** (*Gegenstand*) useless, unserviceable. – **3.** (*Sorgen, Gedanken etc*) unnecessary: **mache dir keine** ~**en Gedanken** don't worry unnecessarily. – **4.** (*Gerede etc*) idle, empty. – **5.** ⟨*pred*⟩ (*sinnlos, zwecklos*) useless, pointless: **es ist** ~**, darüber zu sprechen** it is useless to talk about it, it is no use talking about it. – **6.** ⟨*pred*⟩ (*umsonst*) in vain. – **7.** (*unartig*) naughty: **sich** ~ **machen,** ~ **sein** to make a nuisance of oneself. – **II** *adv* **8.** uselessly: **sein Geld** ~ **vertun** (*od.* **verschwenden**) to waste (*od.* squander) one's money (uselessly *od.* to no purpose).

ˈun‚nüt·zerˈwei·se *adv cf.* unnötigerweise.

ˈun·öko‚no·misch *adj* uneconomic, *auch* uneconomical.

un·ope·rier·bar [ˈʊnʔope‚riːrbaːr; ‚ʊn-] *adj med.* inoperable.

ˈun‚or·dent·lich I *adj* **1.** (*nicht ordnungsliebend*) untidy. – **2.** (*Aussehen, Kleidung etc*) untidy, unkempt, disheveled, *bes. Br.* dishevelled, slipshod. – **3.** (*schlampig*) slovenly, slipshod, frowsy, frowzy, frouzy. – **4.** (*Zimmer, Schreibtisch etc*) untidy: **ihr Zimmer war wieder schrecklich** ~ *colloq.* her room was terribly untidy (*od.* in a dreadful state, in an awful mess) again (*colloq.*). – **5.** (*ungeordnet*) unordered, orderless, disordered, disorderly, unorderly. – **6.** (*Arbeit etc*) untidy, careless, messy. – **7.** (*Lebenswandel etc*) disorderly, dissolute, irregular. – **II** *adv* **8.** untidily: **alles lag** ~ **im Zimmer verstreut** everything was scattered untidily (*od.* was littered) about the room. — **ˈUn‚or·dent·lich·keit** *f* ⟨-; *no pl*⟩ **1.** untidiness. – **2.** untidiness, unkemptness, dishevelment, slipshodness. – **3.** slovenliness, slipshodness. – **4.** untidiness. – **5.** disorderedness, disorderliness. – **6.** untidiness, carelessness, messiness.

ˈUn‚ord·nung *f* ⟨-; *no pl*⟩ **1.** untidiness, disorder, disarray: **er liebt eine gewisse** ~ **auf seinem Schreibtisch** he prefers a certain degree of disorder on his desk. – **2.** (*Durcheinander*) mess, confusion, jumble, muddle: **eine Kartei in** ~ **bringen** to jumble (*od.* muddle, mess) up a file; **sie haben das Haus in einer furchtbaren** ~ **hinterlassen** *colloq.* they left the house in a terrible mess (*od.* in a dreadful state) (*colloq.*); **die** ~ **beheben** (*od.* **beseitigen**) to tidy up the mess. – **3.** (*der Kleidung, der Haare etc*) dishevelment, disarray, disorder, mess: **j-m die Haare in** ~ **bringen** to dishevel s.o.'s hair. – **4.** (*geistige, seelische, politische, soziale etc*) disorder, disarray, confusion, muddle, mess, disarrangement: **nach dem Krieg war alles in** ~ **geraten** (*od.* **gekommen**) everything was in a state of disorder after the war; **dieses Erlebnis brachte ihr gesamtes Weltbild in** ~ this experience upset her whole view of life (*od.* made the bottom fall out of her world). – **5.** (*in der Verwaltung etc*) confusion, disorganization *Br. auch* -s-, inorganization *Br. auch* -s-. – **6.** **in** ~ **sein** (*nicht richtig funktionieren*) not to be in order: **ihre Verdauung ist in** ~ her digestion is not in order.

ˈun·or‚ga·nisch *adj auch ling.* inorganic.

ˈun·or·ga·ni‚siert *adj* disorganized *Br. auch* -s-, unorganized *Br. auch* -s-, inorganized *Br. auch* -s-.

ˈun·or·tho‚dox *adj* unorthodox.

ˈun·or·tho‚gra·phisch *adj* unorthographical, wrongly spelled (*bes. Br.* spelt), misspelled, *bes. Br.* misspelt.

ˈun‚paar *adj cf.* unpaarig.

ˈUn‚paar‚hu·fer *m* ⟨-s; -⟩ *zo.* perissodactyl.

ˈun‚paa·rig *adj* **1.** unpaired. – **2.** *med.* azygous, *auch* azygos.

ˈUn‚paar‚ze·her [-‚tseːər] *m* ⟨-s; -⟩ *zo. cf.* Unpaarhufer. — **ˈun‚paar‚ze·hig** *adj* perissodactyl, *auch* perissodactyle.

ˈun·päd·ago·gisch [-pɛda‚goːgɪʃ] *adj* unp(a)edagogic(al).

'un·par·la·men,ta·risch *adj* unparliamentary.

'un·par,tei·isch *adj* **1.** impartial, unbias(s)ed, unprejudiced, equitable, evenhanded: eine ~e Haltung einnehmen to adopt an impartial attitude. – **2.** (*neutral*) neutral, detached.

'Un·par,tei·ische¹ *m* ⟨-n; -n⟩ **1.** impartial person. – **2.** (*Schiedsmann*) arbiter, arbitrator. – **3.** (*sport*) *cf.* Schiedsrichter 3.

'Un·par,tei·ische² *f* ⟨-n; -n⟩ **1.** *cf.* Unparteiische¹ 1. – **2.** arbitress.

'un·par,tei·lich *adj* **1.** *cf.* unparteiisch. – **2.** *pol.* nonparty *Br.* non- (*attrib*), independent. — **'Un·par,tei·lich·keit** *f* ⟨-; *no pl*⟩ **1.** impartiality, impartialness, equity, equitableness, evenhandedness, unprejudicedness. – **2.** *pol.* independence.

'un,paß I *adv* at the wrong time, at an unsuitable moment. – **II** *adj* ⟨*pred*⟩ *cf.* unpäßlich.

'un,pas·send *adj* **1.** (*Bemerkung, Kleidung, Geschenk etc*) unsuitable, inappropriate, unfitting, inapt, unapt, out of place: ein paar ~e Worte sprechen *humor.* to speak a few unsuitable words. – **2.** (*Zeit, Gelegenheit, Augenblick etc*) unsuitable, inconvenient: ein Besuch zu ~er Zeit a visit at an unsuitable time, an ill-timed (*od.* inopportune, untimely, unseasonable, a mistimed) visit. – **3.** (*unschicklich*) improper. – **4.** (*gegen die Regeln der Etikette*) unbefitting.

un·pas·sier·bar ['unpa,si:rba:r; ,un-] *adj* (*Straße, Weg, Grenzübergang etc*) impassable, (*Fluß*) *auch* unfordable.

'un,päß·lich [-,pɛslɪç] *adj* ⟨*pred*⟩ ~ sein, sich ~ fühlen a) to be indisposed, to feel (*od.* be) unwell, to feel (*od.* be) seedy (*od.* off colo[u]r, under the weather) (*colloq.*), b) *euphem.* (*von Frauen*) to be indisposed, to feel (*od.* be) unwell. — **'Un,päß·lich·keit** *f* ⟨-; -en⟩ **1.** indisposition, unwellness, seediness (*colloq.*). – **2.** *euphem.* (*von Frauen*) indisposition, unwellness.

'un·pa,the·tisch *adj* unpathetic, *auch* unpathetical. [otic.]

'un·pa·trio·tisch [-patri,o:tɪʃ] *adj* unpatri-

'un·per,sön·lich *adj* **1.** *auch ling.* impersonal. – **2.** *fig.* (*Atmosphäre, Stil, Einrichtung, Gespräch etc*) impersonal. – **3.** (*Person, Art etc*) distant, aloof (*pred*). — **'Un·per,sön·lich·keit** *f* ⟨-; *no pl*⟩ *fig.* **1.** impersonality. – **2.** aloofness.

un·pfänd·bar ['un,pfɛntba:r; ,un-] *adj* unseizable. — **'Un,pfänd·bar·keit** *f* ⟨-; *no pl*⟩ exemption from seizure.

'un·phi·lo,so·phisch *adj* unphilosophic(al).

'un·poe·tisch [-po,e:tɪʃ] *adj* unpoetic(al).

'un·po,lar *adj chem.* (*Bindung*) nonpolar *Br.* non-.

'un·po,liert *adj* **1.** *tech.* unpolished. – **2.** *gastr.* (*Reis*) unpolished.

'un·po,li·tisch *adj* **1.** unpolitical, nonpolitical *Br.* non-, apolitical. – **2.** (*unklug*) impolitic, *auch* impolitical, unwise, inexpedient.

'un·po·pu,lär *adj* unpopular. — **'Un·po·pu·la·ri,tät** *f* ⟨-; *no pl*⟩ unpopularity.

'un,prak·tisch *adj* **1.** (*Gegenstand, Gerät, Werkzeug, Anordnung etc*) unpractical, impractical, impracticable, unhandy. – **2.** (*Person*) impractical, impracticable, unhandy.

'un·prä·ten·ti,ös *adj* unpretentious.

'un·prä,zis, 'un·prä,zi·se *adj* unprecise, imprecise.

'un·pro·ble,ma·tisch *adj* unproblematic.

'un·pro·duk,tiv *adj* **1.** *econ.* a) (*Arbeit, Ölquelle etc*) unproductive, nonproductive *Br.* non-, b) (*Kapital*) idle. – **2.** (*Künstler etc*) unproductive. — **'Un·pro·duk·ti·vi,tät** *f* ⟨-; *no pl*⟩ **1.** unproductiveness, nonproductiveness *Br.* non-. – **2.** idleness. – **3.** unproductiveness.

'un·pro·fi,liert *adj* nondistinguished *Br.* non-.

'un·pro·por·tio,niert *adj* (*Körper*) disportionate, disproportional, disproportionable, out of proportion.

'un·pro·vo,ziert *adj* unprovoked.

'un,pünkt·lich *adj* **1.** unpunctual. – **2.** (*säumig*) tardy. — **'Un,pünkt·lich·keit** *f* ⟨-; *no pl*⟩ **1.** unpunctuality. – **2.** tardiness.

un·qua·li·fi·zier·bar ['unkvalifi,tsi:rba:r; ,un-] *adj* unqualifiable.

'un·qua·li·fi,ziert *adj* unqualified.

'un·quit,tiert *adj econ.* (*Rechnung*) unreceipted.

'un·ra,siert *adj* unshaven, unshaved.

'Un,rast¹ *f* ⟨-; *no pl*⟩ **1.** restlessness. – **2.** (*innere*) restlessness, disquiet(ude), uneasiness, inquietude.

'Un,rast² *m* ⟨-(e)s; -e⟩ *colloq.* (*ruheloser Mensch, bes. Kind*) fidget.

'Un,rat *m* ⟨-(e)s; *no pl*⟩ *lit.* **1.** (*Abfall, Kehricht*) refuse, rubbish, garbage, *Br.* dust, *Am.* trash. – **2.** (*Kot*) excrement. – **3.** *fig.* filth: ~ wittern to smell a rat.

'un·ra·tio,nell *adj* (*Betrieb, Arbeitsweise etc*) inefficient.

'un,rät·lich *adj obs. for* unratsam.

'un,rat·sam *adj* inadvisable, unadvisable.

'un·re,al *adj* unreal.

'un·rea,li·stisch *adj* unrealistic.

'un,recht I *adj* **1.** ⟨*attrib*⟩ (*nicht richtig*) wrong: sie ist dort am ~en Platz she is in the wrong place there; der Brief ist in ~e Hände gekommen (*od.* gelangt) the letter passed (*od.* got) into the wrong hands; auf dem ~en Wege sein *fig.* to be on the wrong track (*od.* road); an die ~e Tür klopfen *fig.* to come to the wrong door (*od.* person); → Kehle 1. – **2.** (*nicht gut*) wrong: auf ~e Gedanken kommen to get up to mischief; das war ~ von dir that was wrong of you; → Gut 1. – **3.** (*ungerecht*) unjust, unfair. – **4.** (*ungelegen, unpassend*) inappropriate, unsuitable, wrong: ein Besuch zur ~en Zeit a visit at the wrong time (*od.* at an unsuitable moment), an ill-timed visit; er kommt immer zur ~en Zeit he always comes at the wrong moment. – **5.** (*substantiviert mit Kleinschreibung*) er hat ~ bekommen he was contradicted (*od.* proved wrong); j-m ~ geben to contradict s.o.; da hast du nicht ganz ~ you are not so wrong there; du hast ~ getan zu widersprechen you did (*od.* were) wrong to contradict; j-m ~ tun to do s.o. wrong, to wrong s.o. – **II** *adv* **6.** (an j-m) ~ handeln to do (s.o.) wrong. – **III U~e, das** ⟨-n⟩ **7.** *only in* er hat etwas U~es getan [gegessen] he did (*od.* committed) [ate] something wrong.

'Un,recht *n* ⟨-(e)s; *no pl*⟩ **1.** injustice, wrong: ein himmelschreiendes ~ an outrageous injustice; j-m (ein) ~ antun (*od.* zufügen) to do s.o. (a) wrong, to wrong s.o., to do s.o. an injustice; ein ~ begehen to commit a wrong; ~ erdulden (*od.* erleiden, leiden) to suffer wrong; es geschieht ihm ~ he is being wronged; ihr ist bitteres ~ widerfahren she has suffered bitter injustice; ein ~ wiedergutmachen to compensate (*od.* make amends for, recompense) a wrong; besser ~ leiden als ~ tun (*Sprichwort*) better to suffer wrong than do wrong (*proverb*), better suffer ill than do ill (*proverb*). – **2.** wrong: du befindest dich (*od.* bist) im ~ you are wrong; j-n ins ~ setzen to put s.o. in the wrong; du beklagst dich zu ~ you complain without good reason, your complaint is unjustified; man hat ihn zu ~ beschuldigt he was wrongly accused; ich gebe mein ~ zu I admit that I am wrong, I stand corrected; Irland heißt nicht zu ~ die Grüne Insel Ireland is known as the Emerald Isle and not without (good) reason.

'Un,rech·te *m, f* ⟨-n; -n⟩ wrong person: da bist du bei mir an den ~n gekommen you've come to the wrong person (*od.* man).

'un,recht,mä·ßig *jur.* **I** *adj* (*Besitz etc*) illegitimate, illegal, unlawful, wrongful. – **II** *adv* sich (*dat*) etwas ~ aneignen to usurp s.th.

'un,recht,mä·ßi·ger'wei·se *adv* illegitimately, illegally, unlawfully, wrongfully.

'Un,recht,mä·ßig·keit *f* ⟨-; *no pl*⟩ illegitimacy, illegality, unlawfulness, wrongfulness.

'un,red·lich *adj* (*Charakter, Handlungsweise, Gewinne etc*) dishonest, shady, underhand, crooked. — **'Un,red·lich·keit** *f* ⟨-; -en⟩ **1.** ⟨*only sg*⟩ dishonesty, shadiness, underhandedness, crookedness. – **2.** *pl* dishonest (*od.* crooked) ways.

'un·re,ell *adj econ.* **1.** (*unredlich*) dishonest, shady, underhand, crooked. – **2.** (*unlauter*) unfair. – **3.** (*unzuverlässig, unsolide*) unreliable, unsound, independable, undependable.

'un·re·flek,tiert *adj* spontaneous, impulsive, unreflected.

'un,re·gel,mä·ßig *adj* **1.** (*Puls, Atem, Arbeitszeit, Mahlzeiten, Abstände, Bewegungen etc*) irregular: ein ~es Leben führen to lead an irregular life. – **2.** (*Fläche, Zähne etc*) irregular, uneven. – **3.** (*Handschrift etc*) irregular, uneven, erratic. – **4.** *ling.* (*Verb, Konjugation etc*) irregular. — **'Un,re·gel,mä·ßig·keit** *f* ⟨-; -en⟩ **1.** ⟨*only sg*⟩ irregularity. – **2.** ⟨*only sg*⟩ (*einer Fläche, Handschrift, der Zähne etc*) irregularity, unevenness. – **3.** (*kleiner Verstoß, Fehler*) irregularity: er hat sich einige ~en zuschulden kommen lassen he committed several irregularities.

'un,reif *adj* **1.** (*Obst etc*) unripe, green, immature. – **2.** (*unentwickelt*) undeveloped. – **3.** (*unausgereift*) unripened. – **4.** *fig.* (*Person*) immature, callow, unripe, unfledged, green, verdant (*lit.*). – **5.** *fig.* (*unfertig*) callow, unlicked (*colloq.*). – **6.** *fig.* (*Gedanke, Denkweise etc*) immature, unfledged. – **7.** *fig.* (*künstlerisches Werk etc*) immature. – **8.** *fig.* (*Plan, Projekt etc*) immature, half-baked (*colloq.*). – **9.** ⟨*pred*⟩ *fig.* (*Zeit*) unripe. – **10.** *med.* (*Fötus*) underdeveloped, premature.

'Un,rei·fe *f* ⟨-; *no pl*⟩ **1.** unripeness, immaturity. – **2.** *fig.* (*einer Person*) immaturity, callowness, unripeness, greenness, verdancy (*lit.*). – **3.** *fig.* (*Unfertigkeit*) callowness. – **4.** *fig.* (*in der Denkweise, eines künstlerischen Werkes etc*) immaturity. – **5.** *med.* (*des Fötus*) underdevelopment, prematurity.

'un,rein *adj* **1.** (*schmutzig*) unclean, dirty, (*stärker*) filthy. – **2.** (*Wasser, Luft etc*) impure, unclean, polluted. – **3.** (*Haut*) blemished, impure. – **4.** (*Atem*) bad, offensive. – **5.** (*Edelstein*) impure, flawed, flawy. – **6.** *fig.* (*Gedanken etc*) impure, unclean(ly), unchaste. – **7.** *mus. cf.* unsauber 8. – **8.** *metr.* (*Reim*) impure. – **9.** *relig.* a) (*Tier, Speise etc*) impure, unclean, b) (*aussätzig*) unclean. – **10.** (*substantiviert mit Kleinschreibung*) etwas ins ~e schreiben to make a rough copy of s.th. — **'Un,rein·heit** *f* ⟨-; -en⟩ **1.** ⟨*only sg*⟩ uncleanliness, uncleanness, dirt(iness), (*stärker*) filth(iness). – **2.** ⟨*only sg*⟩ impurity, impureness, uncleanliness, uncleanness, pollution. – **3.** ⟨*only sg*⟩ impurity. – **4.** ⟨*only sg*⟩ offensiveness. – **5.** ⟨*only sg*⟩ impurity, impureness. – **6.** ⟨*only sg*⟩ *fig.* impurity, impureness, uncleanliness, uncleanness, unchastity, unchasteness. – **7.** ⟨*only sg*⟩ *mus.* impurity, impureness. – **8.** ⟨*only sg*⟩ *metr.* impurity, impureness. – **9.** ⟨*only sg*⟩ *relig.* impurity, impureness, uncleanness. – **10.** (*unsaubere Stelle*) impurity. – **11.** (*Fehler, Makel*) blemish, flaw.

'un,rein·lich *adj* uncleanly, unclean. — **'Un,rein·lich·keit** *f* ⟨-; *no pl*⟩ uncleanliness, uncleanness.

'un·ren,ta·bel *adj econ.* a) unprofitable, b) (*in der Landwirtschaft*) submarginal: der Betrieb ist ~ the business is unprofitable, the business does not pay (its way). — **'Un·ren·ta·bi·li,tät** *f* ⟨-; *no pl*⟩ unprofitableness.

un·rett·bar [,un'rɛtba:r; 'un-] *adv* ~ verloren sein to be irretrievably (*od.* irrecoverably) lost.

'un,rich·tig I *adj* (*Angaben, Darstellung, Zahlen, Schlußfolgerung, Wiedergabe etc*) incorrect, erroneous, false, wrong: ~e Darstellung des Sachverhalts *jur.* false recital (*od.* pretence, *Am.* pretense) of the facts; ~e Angaben misrepresentation *sg*, false representation *sg*, (*bei Steuererklärung*) false statement *sg*. – **II** *adv* etwas ~ darstellen to misrepresent s.th. — **'Un,rich·tig·keit** *f* ⟨-; -en⟩ **1.** ⟨*only sg*⟩ incorrectness, erroneousness, falseness, falsity. – **2.** (*Fehler*) mistake, error: dir sind einige ~en unterlaufen you have made some mistakes.

'un,rit·ter·lich *adj* unchivalrous.

'un·ro,man·tisch *adj* unromantic, *auch* unromantical.

'Un,ruh [-,ru:] *f* ⟨-; -en⟩ **1.** *tech.* (*der Uhr etc*) balance spring. – **2.** *colloq. for* Unruhe.

'Un,ru·he *f* ⟨-; -n⟩ **1.** ⟨*only sg*⟩ (*innere Erregung, Spannungszustand*) restlessness, restiveness, (state of) disquiet (*od.* disturbance), (*stärker*) agitation: eine quälende ~ überkam (*od.* erfaßte) ihn he was overcome by (*od.* seized with) a tormenting restlessness; eine innere ~ a feeling of unrest. – **2.** ⟨*only sg*⟩ (*Zappelei, Fahrigkeit etc*) fidgetiness, restlessness, restiveness. – **3.** ⟨*only* sg⟩ (*Angst, Besorgnis*) (state of) unrest (*od.* uneasiness, anxiety, vexation, worry, *Am. auch* worriment): **ich bin in ~, weil sie noch nicht gekommen ist** I am in a state of unrest (*od.* I am uneasy, I am anxious) because she hasn't come yet; **sein Ausbleiben versetzte sie in ~** his absence made her uneasy (*od.* anxious), his absence worried her. – **4.** ⟨*only sg*⟩ (*Zustand der Gärung*) (state of) unrest, ferment(ation): **die ~ unter den Studenten wird immer größer** the unrest among the students is growing (*od.* increasing); **der Vulkan ist in ständiger ~** the volcano is in a permanent state of unrest. – **5.** ⟨*only sg*⟩ (*Gehetze, Gedränge*) hustle and bustle: **die ~ der Großstadt** the hustle and bustle of the city. – **6.** ⟨*only sg*⟩ (*geräuschvolles Durcheinander*) disturbance, commotion: **in der Schulklasse herrschte große ~** there was great disturbance in the class(room); **~ stiften** to cause disturbance. – **7.** *pl* (*Aufruhr*) troubles, disturbances, (*stärker*) riots: **die ~n niederschlagen** to suppress the riots. – **8.** ⟨*only sg*⟩ (*eines Pferds etc*) restiveness, skittishness. – **9.** ⟨*only sg*⟩ *fig.* (*in einem Muster, Bild etc*) disturbing (*od.* jarring) element (*od.* factor, note). – **10.** ⟨*only sg*⟩ *med.* a) **nervöse ~** nervous restlessness (*od.* restiveness), dysphoria (*scient.*), b) **(motorische) ~** (*der Extremitäten*) superactivity, c) (*der Peristaltik etc*) irritation. – **11.** *tech. cf.* Unruh 1.

'Un,ru·he|,herd *m fig.* storm center (*bes. Br.* centre), cause of disturbance (*od.* trouble), trouble spot (*colloq.*). — **~,stif·ter** *m* **1.** (*in einer Gemeinschaft, Schulklasse etc*) troublemaker. – **2.** (*Ruhestörer*) disturber of the peace. – **3.** *bes. pol.* a) (*Aufwiegler*) troublemaker, firebrand, instigator of rebellion (*od.* trouble), b) *fig.* (*von einem Staat, Volk etc*) troublemaker, source of trouble. — **u~,voll** *adj lit. for* unruhig 1—6.

'Un,ruh,herd *m fig. cf.* Unruheherd.

'un,ru·hig I *adj* **1.** (*innerlich erregt*) restless, restive, unquiet, (*stärker*) agitated. – **2.** (*zappelig, fahrig*) fidgety, restless, restive. – **3.** (*ängstlich, besorgt*) uneasy, anxious, worried: **sie ist ~, weil er nicht kommt** she is uneasy because he does not come – **4.** (*ruhelos, rastlos*) restless: **der Patient hatte eine ~e Nacht** the patient had a restless night; **ein ~es Leben führen** to lead a restless (*Am. colloq.* a knockabout) life; → Geist[1] 16. – **5.** (*Bevölkerung, Jugendliche, Zeit, Ära etc*) restless, unsettled, restive, yeasty. – **6.** (*politische Lage etc*) troubled. – **7.** (*Schlaf*) restless, fitful, uneasy, restive. – **8.** (*Meer, See etc*) rough, choppy, (*stärker*) turbulent: **wir hatten eine ~e Überfahrt** we had a rough crossing. – **9.** (*Straße, Platz etc*) busy, bustling. – **10.** (*Wohnung, Wohngegend etc*) noisy. – **11.** (*Schulklasse, Kinder etc*) boisterous. – **12.** (*Pferd etc*) restive, skittish. – **13.** *fig.* (*Muster, Bild etc*) jarring, restless. – **14.** **~er Lauf** *tech.* a) (*einer Maschine, eines Motors, Projektors, Rads etc*) uneven running, b) (*eines Lagers*) unsteady running. – **15.** *telev.* (*Bild*) unsteady. – **II** *adv* **16.** restlessly, restively: **er ging ~ auf und ab** he walked up and down restlessly. – **17.** (*ängstlich, besorgt*) uneasily, anxiously. – **18.** **~ schlafen** to sleep restlessly (*od.* fitfully), to have a restless (*od.* fitful, an uneasy, a restive) sleep. – **19.** **~ laufen** *tech.* a) (*von Maschine, Motor, Projektor, Rad etc*) to run jerkily (*od.* unevenly), b) (*von Lager*) to run unsteadily.

'un,rühm·lich *adj* inglorious: **die Sache nahm ein ~es Ende** the matter came to an inglorious end. — **'Un,rühm·lich·keit** *f* ⟨-; *no pl*⟩ ingloriousness.

'Un,ruh|,stif·ter *m cf.* Unruhestifter. — **u~,voll** *adj poet. for* unruhig 1—6.

'un,rund *tech.* **I** *adj* **1.** (*Rad, Reifen etc*) out-of-round (*od.* -true) (*attrib*), unround, untrue. – **2.** (*Welle, Spindel etc*) noncylindrical *Br.* non-. – **3.** (*Loch*) noncircular *Br.* non-. – **II** *adv* **4.** **~ laufen** a) to run off center (*bes. Br.* centre), to run out of true, b) (*von Spindel*) to run out. — **'Un,rund·heit** *f* ⟨-; *no pl*⟩ **1.** (*eines Rads, Reifens etc*) out-of-roundness. – **2.** (*einer Welle, Spindel etc*) noncylindricality *Br.* non-, noncylindricalness *Br.* non-.

uns [ʊns] **I** *pers pron* ⟨*dat u. acc pl of* ich⟩ **1.** ⟨*dat*⟩ a) to us, us, b) (*nach Präpositionen*) us: **er will es ~ geben** he wants to give it to us; **sie hat ~ geschrieben** she wrote to us, *bes. Am.* she wrote us; **reservieren Sie ~ bitte einen Tisch** please reserve us a table, please reserve a table for us; **das gehört ~ nicht** that doesn't belong to us, that is not ours; **bei ~** a) (*in meinem Heimatland*) in our (*od.* my) country, b) (*in meiner Familie*) in our (*od.* my) family, c) (*in meiner Wohnung*) at our (*od.* my) home (*od. colloq.* place); **ein Freund von ~** a friend of ours, one of our friends; **grüßen Sie ihn von ~** send (*od.* give) him our kind regards, remember us to him; **unter ~ gesagt** between us, between you and me (and the bedpost *colloq.*); **~ kann keiner!** *colloq.* we are the greatest (*od. sl.* the cat's pyjamas)! – **2.** ⟨*acc*⟩ us: **sie fragen ~** they ask us; **wir sahen nicht hinter ~** we did not look behind us. – **II** *reflex pron* **3.** ourselves, (*als Pluralis majestatis*) *auch* ourself: **wir waschen ~** we wash (ourselves). – **III** *reciprocal pron* **4.** each other, (*bei mehr als zwei Personen*) one another: **wir sehen ~ fast nie** we hardly ever see each other.

'un,sach·ge,mäß I *adj* **1.** (*Behandlung, Lagerung, Verpackung etc*) inappropriate, improper. – **2.** (*Darstellung, Bericht etc*) inadequate, incompetent. – **II** *adv* **3.** **etwas ~ behandeln [lagern]** to treat [to store] s.th. inappropriately (*od.* improperly).

'un,sach·lich *adj* **1.** (*nicht objektiv*) unobjective. – **2.** (*nicht zur Sache gehörig*) irrelevant, impertinent: **solche Bemerkungen sind doch ~!** remarks like that are irrelevant (*od.* beside the point)! remarks like that have no bearing (whatsoever) on the point! — **'Un,sach·lich·keit** *f* ⟨-; *no pl*⟩ **1.** (*mangelnde Objektivität*) lack of objectivity. – **2.** (*mangelnde Sachbezogenheit*) irrelevance, irrelevancy, impertinence.

,un'sag·bar, ,un'säg·lich [-'zɛːklɪç] **I** *adj* (*Leid, Elend, Schmerz etc*) inexpressible, unexpressible, *auch* unexpressable, unutterable, unspeakable, ineffable, untold. – **II** *adv* inexpressibly, unutterably, unspeakably, ineffably: **sie war ~ traurig** she was inexpressibly sad; **er litt ~** his suffering was inexpressible; **j-n ~ lieben** to love s.o. beyond expression (*od.* beyond all bounds).

'un,sanft I *adj* **1.** (*rauh, rücksichtslos*) ungentle, rough. – **2.** (*barsch, unfreundlich*) harsh, rough. – **3.** (*grob, unhöflich*) rude. – **II** *adv* **4.** **~ mit etwas umgehen** to handle s.th. ungently (*od.* roughly); **j-n ~ anfassen** a) (*packen*) to take hold of s.o. roughly, to manhandle s.o., to rough s.o. up (*sl.*), b) *fig.* (*behandeln*) to treat s.o. harshly (*od.* roughly), to manhandle s.o.; **er wurde ~ geweckt** he was rudely awakened.

'un,sau·ber *adj* **1.** (*ungewaschen, nicht gereinigt*) unclean. – **2.** (*ungepflegt, vernachlässigt*) untidy, unkempt. – **3.** (*schmuddelig*) grimy, dingy. – **4.** (*Haut, Teint*) blemished. – **5.** (*Arbeit, Ausführung, Handschrift, Zeichnung etc*) careless, untidy. – **6.** *fig.* (*Charakter, Beweggründe etc*) impure. – **7.** *fig.* (*Mittel, Methoden, Geschäft, Handel etc*) underhand(ed): **er macht ~e Geschäfte** he has underhand dealings; **die Geschäftspraktiken der Firma sind ~** the firm has underhand business practices, the business practices of the firm are pretty underhand (*od.* are not aboveboard). – **8.** *mus.* a) (*Tonqualität etc*) impure, b) (*falsch*) off-key, off-pitch (*beide attrib*), out of tune, c) (*Spiel*) inexact. – **9.** (*sport*) (*Spielweise, Schlag etc*) unfair, dirty. – **10.** *tech.* (*Oberfläche*) fussy. — **'Un,sau·ber·keit** *f* ⟨-; -en⟩ **1.** ⟨*only sg*⟩ uncleanness. – **2.** ⟨*only sg*⟩ (*Ungepflegtheit*) untidiness, unkemptness. – **3.** ⟨*only sg*⟩ (*Schmuddeligkeit*) griminess, dinginess. – **4.** ⟨*only sg*⟩ *fig.* (*der Mittel, Methoden etc*) underhandedness. – **5.** *meist pl* (*an einer ausgeführten Arbeit*) imperfection. – **6.** *meist pl* (*unsaubere Praktik*) underhand dealings *pl.* – **7.** *meist pl mus.* a) impurity, b) off-key pitch, c) inexactness. – **8.** *tech.* (*sandige Oberfläche*) scabbiness.

'un,schäd·lich *adj* **1.** (*Mittel, Substanz, Insekten etc*) innocuous, innoxious, harmless, unharmful: **diese Tabletten sind ~** these pills are innocuous (*od.* will not do any harm); **etwas ~ machen** a) to make (*od.* render) s.th. innocuous (*od.* harmless), b) (*Ungeziefer*) to destroy s.th., c) *chem. med. pharm.* (*Gift etc*) to neutralize (*Br. auch* -s-) s.th., d) *mil.* (*Kampfstoffe, Minen etc*) to neutralize (*Br. auch* -s-) (*od.* disarm) s.th. – **2.** **j-n ~ machen** a) (*einen Gegner*) to get s.o. out of the way, b) (*einen Verbrecher, Dieb etc*) to put an end (*od.* a stop) to s.o.'s activity. – **3.** *med.* (*Tumor*) benign, innocuous. — **'Un,schäd·lich·keit** *f* ⟨-; *no pl*⟩ (*eines Mittels, einer Substanz etc*) innocuity, innocuousness, innoxiousness, harmlessness.

'Un,schäd·lich,ma·chung *f* ⟨-; *no pl*⟩ **1.** (*von Ungeziefer*) destruction. – **2.** **zur ~ von Verbrechern werden jetzt Computer eingesetzt** computers are now used to counteract (*od.* arrest, stop) criminal activity. – **3.** *chem. med. pharm.* (*von Gift etc*) neutralization *Br. auch* -s-. – **4.** *mil.* (*von Minen etc*) neutralization *Br. auch* -s-.

'un,scharf I *adj* **1.** (*Umrisse, Konturen etc*) blurred, hazy, obscure, blurry, fuzzy. – **2.** (*Photographie*) blurred, out of focus. – **3.** (*Einstellung eines Fernrohrs, Lautsprechers etc*) unsharp, fuzzy: **die Bässe sind ~** the bass tones are unsharp. – **4.** *fig.* (*Definition, Unterscheidung etc*) indistinct, woolly, *Am. auch* wooly. – **5.** **~e Trennung** a) (*radio*) lack of selectivity, b) *tech.* unsharp division. – **6.** *mil.* (*Munition etc*) unarmed, unprimed: **Munition ~ machen** to deactivate (*od.* unprime) ammunition. – **II** *adv* **7.** **das Fernrohr ist ~ eingestellt** the telescope is out of focus; **etwas nur ~ wahrnehmen können** to have a blurred picture of s.th.

'Un,schär·fe *f* ⟨-; *no pl*⟩ **1.** (*der Konturen etc*) blurredness, haziness, obscurity, fuzziness. – **2.** *phot.* blur, lack of definition. – **3.** (*der Einstellung eines Fernrohrs, Lautsprechers etc*) unsharpness, fuzziness. — **~be,ziehung, ~re·la·ti,on** *f nucl. cf.* Unbestimmtheitsprinzip.

un·schätz·bar [,ʊn'ʃɛtsbaːr; 'ʊn-] *adj* **1.** inestimable, incalculable: **der Ring hat einen ~en** (*od.* **ist von ~em**) **Wert** the ring has (*od.* is of) inestimable value, the ring is priceless (*od.* is beyond price). – **2.** *fig.* (*Verdienste, Hilfe etc*) inestimable, invaluable. — **,Un'schätz·bar·keit** *f* ⟨-; *no pl*⟩ **1.** inestimability, inestimableness, incalculability. – **2.** *fig.* (*der Verdienste etc*) inestimability, inestimableness, invaluableness.

'un,schein·bar *adj* **1.** (*unauffällig*) inconspicuous, unconspicuous: **ein ~es Männchen** an inconspicuous little man. – **2.** (*einfach, gewöhnlich*) ordinary, plain. — **'Un,schein·bar·keit** *f* ⟨-; *no pl*⟩ **1.** inconspicuousness. – **2.** ordinariness, plainness.

'un,schick·lich *adj* **1.** (*ungehörig*) unseemly, improper, indecorous, malapropos: **solche Fragen sind ~** such questions are unseemly (*od.* out of place); **es ist ~ für eine Dame, so etwas zu tun** it is unseemly (*od.* improper, indecorous, unbefitting, unbecoming) for a lady to do such a thing, it ill befits (*od.* beho[o]ves) a lady (*od.* it is unladylike) to do such a thing. – **2.** (*unanständig*) indecent. — **'Un,schick·lich·keit** *f* ⟨-; *no pl*⟩ **1.** unseemliness, impropriety, indecorum. – **2.** indecency.

un·schlag·bar [,ʊn'ʃlaːkbaːr; 'ʊn-] *adj* **1.** (*Gegner, Mannschaft etc*) unbeatable, undefeatable. – **2.** *fig. colloq.* (*Beweis, Argument etc*) irrefutable, incontrovertible. – **3.** *fig. colloq.* (*unerreicht, konkurrenzlos*) unrivaled, *bes. Br.* unrivalled, unparalleled: **du bist wirklich ~!** you're marvel(l)ous (*od.* a marvel)! you're the greatest!

'Un,schlitt [-,ʃlɪt] *n* ⟨-(e)s; -e⟩ (*Talg*) tallow. — **~,ker·ze** *f* tallow candle.

'un,schlüs·sig *adj* **1.** (*unentschlossen*) irresolute, undecided, wavering, vacillating: **ich bin noch ~** I'm still wavering (*od.* in [*auch* of] two minds), I have not made up my mind yet. – **2.** (*zaudernd*) hesitant, hesitating, hesitative, halting, wavering, wavery: **du hast es nicht bekommen, weil du ~ warst** you did not get it because you hesitated (*od.* wavered); **er blieb ~ stehen** he hesitated and stopped. — **'Un,schlüs·sig·keit** *f* ⟨-; *no pl*⟩ **1.** irresoluteness, irresolution, undecidedness, indecision, vacillation. – **2.** hesitation, hesitancy, hesitance.

'un,schmack·haft *adj* **1.** (*von unangenehmem Geschmack*) distasteful, unpalatable. – **2.** (*von fadem Geschmack*) tasteless, unsavory, *bes. Br.* unsavoury, insipid.

un·schmelz·bar [,ʊn'ʃmɛltsbaːr; 'ʊn-] *adj chem. metall.* nonmelting *Br.* non-, infusible.

'un,schön *adj* **1.** (*Gesicht*) plain, unhandsome. – **2.** (*häßlich*) ugly. – **3.** unsightly: **die Schutthalde vor dem Fenster ist ein ~er Anblick** the dump in front of the window is unsightly (*od.* is an eyesore). – **4.** (*unangenehm*) unpleasant. – **5.** *fig.* (*nicht nett, ge-*

mein) unkind: es war sehr ~ von dir, sie daran zu erinnern it was quite unkind (*od.* not very nice) of you to remind her of it.

'Un,schuld *f* ⟨-; *no pl*⟩ **1.** (*Schuldlosigkeit*) innocence, guiltlessness (*lit.*): seine ~ beteuern to protest (*od.* assert, plead) one's innocence, to plead 'not guilty' (*colloq. humor.*); j-s ~ beweisen to prove s.o.'s innocence, to prove s.o. (to be) innocent (*od.* not guilty); Weiß ist die Farbe der ~ white is the colo(u)r of innocence; ich wasche meine Hände in ~ a) *Bibl.* I wash my hands of this man, b) *fig.* I wash my hands of it; die gekränkte ~ spielen *fig. colloq.* to play the offended innocent. – **2.** (*Unverdorbenheit, Reinheit*) innocence: sie ist die reine ~ *fig.* she is innocence itself (*od.* in person, personified). – **3.** (*Arglosigkeit*) innocence, guilelessness: ‚warum denn nicht', sagte sie in aller ~ 'why not,' she said in all innocence. – **4.** (*Jungfräulichkeit*) virginity: einem Mädchen die ~ rauben (*od.* nehmen) to rob a girl of her virginity. – **5.** die ~ vom Lande *fig. colloq. humor.* the country innocent.

'un,schul·dig *adj* **1.** (*schuldlos*) innocent, guiltless (*lit.*): j-n für ~ halten to think (*od.* deem, consider) s.o. (to be) innocent; j-n für ~ erklären *bes. jur.* to declare s.o. innocent (*od.* not guilty), to acquit s.o.; j-n ~ verurteilen *bes. jur.* to condemn s.o. who is innocent (*od.* not guilty); er hat ~ im Gefängnis gesessen he was in prison although he was innocent (*od.* despite his innocence); sie tat ganz ~ *colloq.* she pretended to be so innocent (*od.* [as] innocent as a lamb), she played the innocent, she looked as if butter would not melt in her mouth. – **2.** an (*dat*) etwas ~ sein a) *bes. jur.* not to be guilty of s.th., to be innocent of s.th., b) not to be responsible (*od.* not to be to blame) for s.th., to bear no blame for s.th.: er ist an dem Unfall ~ he is not guilty of (*od.* he was not at fault in) the accident; du bist daran nicht ganz ~ you are not altogether free of the responsibility (*od.* blame) for it, you bear (a) part of the responsibility for it. – **3.** (*unverdorben, rein*) innocent: es ist doch nur ein ~es Kind! it is only an innocent child! Fest der U~en Kinder, U~e Kinder *röm.kath.* (*Kirchenfest*) (Holy) Innocents' Day. – **4.** (*harmlos, arglos*) innocent, harmless: ~e Vergnügungen innocent pleasures. – **5.** (noch) ~ sein (*jungfräulich*) (*von Mädchen, Frauen*) to be (still) a virgin (*od.* untouched); ein ~es Mädchen a virgin, an untouched girl. — **'Un,schul·di·ge** *m, f* ⟨-n; -n⟩ innocent (person): einen ~n verurteilen *bes. jur.* to condemn s.o. who is innocent (*od.* not guilty); den ~n spielen to play the innocent, *Am. colloq. auch* to pull the baby act. — **'un,schul·di·ger'wei·se** *adv rare* ~ im Gefängnis sitzen to be in prison although (one is) innocent (*od.* despite one's innocence).

'Un,schulds|,en·gel *m*, ~**,lamm** *n fig. colloq.* little innocent. — ~**,mie·ne** *f colloq.* innocent face (*od.* look), air of innocence: eine ~ aufsetzen (*od.* an den Tag legen) to put on an innocent face. — **u~,voll** *meist iron.* **I** *adj* (*Miene, Blick etc*) innocent: ach, du ~er Engel! *colloq.* oh, you little innocent! – **II** *adv* in all innocence: ‚wer hat das wohl getan?' sagte sie ~ 'who has been up to this?' she said in all innocence.

'un,schwer *adv* without difficulty, easily: seine Absichten sind ~ zu erraten his intentions can be guessed without difficulty, his intentions are easy to guess.

'Un,se·gen *m* ⟨-s; *no pl*⟩ *lit.* **1.** (*Fluch*) curse: es liegt ein ~ auf (*od.* über) dem Haus there is a curse (up)on the house. – **2.** (*Unheil*) bane, curse, undoing. – **3.** (*Unglück*) ill luck, misfortune.

'un,selb,stän·dig *adj* **1.** (*auf die Hilfe anderer angewiesen*) dependent on others, not independent, lacking independence (*od.* independency): er ist schon über 20, aber noch sehr ~ he is already over 20, but he is still dependent on others (*od.* but he still lacks independence, *colloq.* but he can't stand on his own two feet yet); da siehst du, was für ein ~er Mensch er ist! now you see how dependent he is on (the help of) others (*od.* how helpless he is)! ein ~er Mitarbeiter a colleague who is incapable of working independently (*od.* of independent work); sie ist noch zu ~ in ihrer Arbeit she still lacks independence in her work. – **2.** (*Arbeit, Hausaufsatz etc*) done with assistance. – **3.** ~es Arbeitsverhältnis (*od.* Beschäftigungsverhältnis) *econ.* wage- (*od.* salary-)earning employment; ~e Erwerbspersonen wage earners, (wage-earning) employees, employed persons; Einkünfte aus ~er Arbeit wage earnings, income *sg* from wages (and salaries). – **4.** (*art*) (*Künstler*) unoriginal. — **'Un,selb,stän·dig·keit** *f* ⟨-; *no pl*⟩ **1.** lack of independence (*od.* independency), dependence (*od.* dependency) on others. – **2.** *econ.* (*im Arbeits-, Beschäftigungsverhältnis*) wage- (*od.* salary)-earning employment. – **3.** (*art*) (*eines Künstlers*) unoriginality, lack of originality.

'un,se·lig *adj* **1.** (*Vorfall, Tat, Entscheidung etc*) unfortunate, ill-fated, (*stärker*) calamitous, disastrous: an diesem ~en Tag im November on that unfortunate day in November. – **2.** (*Hang, Vorliebe etc*) unfortunate, accursed. – **3.** (*Geschick, Los etc*) wretched, pitiable. – **4.** (*Erinnerung etc*) unpleasant. — **'Un,se·li·ge** *m, f* ⟨-n; -n⟩ *lit. od. archaic* (pitiable) wretch.

un·ser ['ʊnzər] **I** *pers pron* ⟨*gen of* **wir**⟩ **1.** of us: wir (*od.* es) waren ~ vier there were four of us, we were four; es ist ~ aller Wunsch it is the wish of all us; er gedenkt ~ he thinks of us; Herr, erbarme dich ~! Lord, have mercy (up)on us! – **II** *possess pron* **2.** ⟨*used as adj*⟩ a) our, b) *poet.* ⟨*nachgestellt, undeclined*⟩ our: ~ Sohn our son; eine ~er Töchter one of our daughters; das ist ~ Haus that is our house, that house is ours; das Wohl ~er Kinder the wellbeing of our children; U~e liebe Frau *röm.kath.* Our (Blessed) Lady, the Blessed Virgin; → Vater 3. – **3.** ⟨*used as pred*⟩ a) ~er, ~e, ~(e)s, der, die, das ~e (*od.* unsre) ours, b) ⟨*undeclined*⟩ ours: euer Haus ist kleiner als ~es (*od.* unsres, das uns[e]re) your house is smaller than ours; ist das ~er? is that ours? der Sieg ist ~ (the) victory is ours. – **4.** ⟨*used as noun*⟩ der, die, das U~e ours, our own: welches ist das U~e? which one is our own (*od.* is ours)? die U~en a) (*unsere Familie, Landsleute etc*) our people, b) (*unsere Mannschaft etc*) our side, our ones (*colloq.*).

'un·ser|,ei·ner *indef pron colloq.* the likes *pl* of us (*colloq.*): ~ hat es schwer the likes of us have a hard time; an unsereinen denkt niemand nobody thinks of the likes of us. — ~**,eins** *indef pron* ⟨*undeclined*⟩ *colloq. cf.* unsereiner.

'un·se·rer'seits *adv* **1.** on our part, on (*od.* from) our side: ~ bestehen keine Bedenken there are no objections on our part. – **2.** (*zur Abgrenzung, Klarstellung*) for our part: so haben wir ~ nichts dazu beigetragen thus we, for our part, contributed nothing to it.

'un·se·res'glei·chen *indef pron* ⟨*undeclined*⟩ **1.** people like ourselves, our equals: wir verkehren nur mit ~ we only associate with people like ourselves. – **2.** people like us, people such as we, the likes of us (*colloq.*): ~ kann sich so etwas nicht erlauben people like us cannot afford that sort of thing.

'un·se·res'teils *adv cf.* unsererseits.

'un·se·rig *possess pron* **I** der, die, das ~e *cf.* unser 3a. – **II** der, die, das U~e *cf.* unser 4.

'un·se·ri,ös *adj* **1.** (*Person*) untrustworthy, dubious, slippery, chancy (*colloq.*): er sieht so ~ aus he looks untrustworthy, he is a chancy-looking fellow (*colloq.*). – **2.** (*Geschäfte, Spekulation etc*) dubious. – **3.** (*Firma, Unternehmen etc*) untrustworthy, dubious. — **'Un·se·rio·si,tät** *f* ⟨-; *no pl*⟩ **1.** (*einer Person*) untrustworthiness, slipperiness, chanciness (*colloq.*). – **2.** (*der Geschäfte etc*) dubiosity, dubiousness. – **3.** (*einer Firma etc*) untrustworthiness, dubiousness, dubiosity.

'un·ser'seits *adv cf.* unsererseits.

'un·sers'glei·chen *indef pron* ⟨*undeclined*⟩ *cf.* unseresgleichen.

'un·sert'hal·ben ['ʊnzərt-] *adv obs. od. lit. for* unsertwegen.

'un·sert'we·gen *adv* **1.** on our account, because of us. – **2.** for our sake: sie blieb ~ zu Hause for our sake she stayed at home. – **3.** (*im Hinblick auf uns*) as far as we are concerned.

'un·sert'wil·len *adv* (um) ~ *cf.* unsertwegen 1, 2.

,Un·ser'va·ter *n* ⟨-s; *no pl*⟩ *Swiss for* Vaterunser.

'un,si·cher *adj* **1.** (*Bewegungen, Gang, Schritte, Stimme etc*) unsteady, (*stärker*) shaky: er hat eine ~e Hand he has an unsteady hand; er ist noch ~ auf den Beinen (*od.* Füßen) he is still a bit unsteady (*stärker* shaky, wobbly) on his legs. – **2.** (*bedenklich, riskant*) uncertain, unsure, unsafe, insecure, (*stärker*) risky: die Sache ist mir zu ~ the affair is too uncertain for me. – **3.** (*gefahrvoll*) unsafe, dangerous: die Guerillas machten die ganze Gegend ~ the guerillas threatened danger to (*od.* imperil[l]ed) the whole area; komm, wir gehen und machen den Zeltplatz ~ *fig. colloq. humor.* come on, let's stir up (*od.* let's cause a bit of a stir on) the camping site. – **4.** (*nicht stabil*) insecure, unsafe, unsure, unstable, instable, unsettled: der Ast war ein höchst ~er Sitz the branch was a very insecure perch; die ~en politischen Verhältnisse the unstable political conditions. – **5.** (*gefährdet, bedroht*) precarious, insecure: die ~e Wirtschaftslage the precarious economic situation. – **6.** (*ungewiß, unbestimmt*) unsure, uncertain, iffy (*colloq.*): es ist sehr ~, ob er kommt it is very uncertain (*od.* not yet sure) whether he will come. – **7.** (*ohne Selbstvertrauen*) unsure (of oneself), diffident. – **8.** (*ohne genügende Kenntnisse, Erfahrung etc*) unsure (*pred*): ein ~er Skifahrer a skier who is still unsure (of himself); sie ist in der Rechtschreibung ~ she is unsure of her spelling, she is not sure of herself at (*od. colloq.* she is shaky on) spelling. – **9.** (*schwankend, unentschieden*) uncertain, unsure, wavering, undecided: ich bin ~, ob ich es tun soll I am uncertain (*od.* I am in two minds) (as to) whether I shall do that; deine Fragen machen mich ~ your questions make me uncertain. – **10.** (*unzuverlässig*) unreliable, undependable, independable, unsure, uncertain: → Kantonist.

'Un,si·cher·heit *f* ⟨-; *no pl*⟩ **1.** (*der Bewegungen, Hand, Stimme etc*) unsteadiness, (*stärker*) shakiness. – **2.** (*Bedenklichkeit, Gewagtheit*) uncertainty, unsureness, unsafeness, insecurity, (*stärker*) risk(iness). – **3.** (*Gefährlichkeit*) unsafeness, unsafety, danger: die ~ auf den Straßen nimmt zu the unsafe conditions of the roads are increasing. – **4.** (*mangelnde Stabilität*) insecurity, unsafeness, unsafety, unsureness, unstability, instability, unsettledness. – **5.** (*gefährdete, mißliche Lage*) precariousness, insecurity. – **6.** (*Ungewißheit, Unbestimmtheit*) unsureness, uncertainty. – **7.** (*mangelndes Selbstvertrauen*) unsureness, lack of self-confidence, diffidence. – **8.** (*aus Mangel an Kenntnissen, Erfahrung etc*) unsureness. – **9.** (*Unentschiedenheit*) uncertainty, unsureness, undecidedness. – **10.** (*Unzuverlässigkeit*) unreliability, undependability, independability, unsureness, uncertainty.

'Un,si·cher·heits|,fak·tor *m* factor (*od.* element) of uncertainty. — ~**prin,zip** *n math.* uncertainty principle.

'un,sicht·bar *adj* **1.** invisible: Gott ist ~ God is invisible; ~e Tinte invisible (*od.* secret, sympathetic) ink; sich ~ machen a) to make oneself invisible, b) *fig. colloq. humor.* (*plötzlich verschwinden*) to vanish into thin air; → Kirche 3. – **2.** (*nicht wahrnehmbar*) invisible, imperceptible: diese Lebewesen sind mit bloßem Auge ~ these organisms are invisible (*od.* imperceptible) to the naked eye. – **3.** *econ.* (*Transaktionen etc*) invisible: ~e Ausfuhren und Einfuhren invisibles. — **'Un,sicht·bar·keit** *f* ⟨-; *no pl*⟩ **1.** invisibility. – **2.** (*Unerkennbarkeit*) invisibility, imperceptibility, imperceptibleness.

'un,sich·tig *adj rare* **1.** (*Luft etc*) hazy. – **2.** (*Nacht, Dämmerung etc*) obscure.

'Un,sinn *m* ⟨-(e)s; *no pl*⟩ **1.** (*Torheit*) nonsense, stupid (*od.* foolish) thing: es wäre ~, so etwas zu tun it would be nonsense (*od.* be stupid, be foolish, be a stupid thing) to do a thing like that; mach keinen ~! a) (*sei nicht töricht*) don't be stupid (*od.* a fool)! b) (*mach keinen Unfug*) don't fool around! don't cut capers! c) (*als Drohung*) don't get any funny ideas! – **2.** (*Dummheiten, Unfug*) tomfoolery: habt ihr wieder ~ gemacht (*od.* getrieben)? have you been fooling around (*od.* carrying on) again? what (mischief) have you been up to again? → Kopf *Verbindungen mit Präpositionen.* – **3.** (*törichtes Geschwätz, Geschreibsel etc*) nonsense, rubbish, twaddle, balderdash, bunkum, bosh; rot, tommyrot, baloney (*sl.*): ~ reden (*od. colloq.* schwatzen, quatschen, verzapfen) to talk nonsense (*od.* twaddle, rot); was er sagt, ist barer (*od.* blühender, *colloq.* blanker, glatter, reiner) ~, was er sagt, ist der blanke (*od.* reine) ~ *colloq.* what he says is absolute (*od.* complete and utter, pure, sheer) nonsense; ach, (alles) ~! oh, (stuff and) nonsense! such rubbish! fudge! – **4.** *colloq.* (*Schnitzer, Dummheit*) blunder: da habe ich ~ gemacht! I made a blunder there.

'un,sin·nig I *adj* **1.** nonsensical, stupid, foolish, (*stärker*) absurd: ~e Fragen stellen to ask nonsensical questions; was für ein ~es Gerede! what nonsensical talk! what nonsense (*od.* twaddle, balderdash, rubbish, *sl.* rot)! es ist ~, schon jetzt aufzubrechen it's nonsensical (*od.* it's nonsense, it's stupid) to go already. – **2.** *fig. colloq.* (*Preise, Forderungen etc*) unreasonable, absurd, 'insane' (*colloq.*). – **3.** *fig. colloq.* (*Freude, Glück, Kraft, Anstrengung etc*) 'terrific' (*colloq.*): das hat ein ~es Geld gekostet that has cost a tremendous amount (*od. colloq.* a mint) of money. – **4.** *fig. colloq.* (*Durst, Schmerzen, Hitze, Kälte etc*) 'terrible', 'terrific' (*beide colloq.*). – **II** *adv* **5.** *fig. colloq.* 'insanely' (*colloq.*), unreasonably, absurdly: ~ hohe Kosten unreasonably high costs. – **6.** *fig. colloq.* (*unbändig*) terribly (*colloq.*): j-n ~ liebhaben to love s.o. madly (*colloq.*); wir haben uns ~ gefreut we were terribly pleased. — **'Un,sin·nig·keit** *f* ⟨-; -en⟩ nonsensicalness, (*stärker*) absurdity, absurdness.

'Un,sit·te *f* ⟨-; -n⟩ bad (*od. sl.* rotten) habit, deplorable custom: es ist eine ~ von dir, immer dazwischenzureden it is a bad habit of yours to interrupt all the time; eine weitverbreitete ~ a widespread bad habit; eine ~ ablegen to break with a bad habit.

'un,sitt·lich I *adj* **1.** (*Gesinnung, Verhalten, Forderung etc*) immoral. – **2.** (*unzüchtig*) indecent: ~er Antrag proposition. – **II** *adv* **3.** j-n ~ berühren to touch s.o. indecently. — **'Un,sitt·lich·keit** *f* ⟨-; -en⟩ **1.** ⟨*only sg*⟩ (*der Gesinnung, einer Forderung etc*) immorality. – **2.** (*unsittliche Handlung*) immoral act, immorality. – **3.** (*Unzüchtigkeit*) indecency.

'un·sol,da·tisch *adj mil.* unsoldierly.

'un·so,lid, 'un·so,li·de I *adj* **1.** (*Bauweise, Konstruktion etc*) unsolid, unstable, instable. – **2.** (*Lebenswandel etc*) loose, fast (*obs.*): ein unsolides Leben führen to lead a loose life, to live loosely, to live it up; er ist ein ziemlich unsolider Mensch he is a pretty loose person. – **3.** (*Charakter etc*) fickle. – **4.** *econ.* a) (*Firma, Geschäft etc*) unreliable, b) (*Ware*) of low (*od.* inferior) quality. – **II** *adv* **5.** sie lebt in letzter Zeit sehr ~ she has been living very loosely (*od.* a very loose life) recently.

'un,sorg,fäl·tig I *adj* **1.** (*Person*) careless, slipshod, (*stärker*) slovenly. – **2.** (*Arbeit, Schrift etc*) careless, sloppy (*colloq.*), (*stärker*) slovenly. – **II** *adv* **3.** carelessly, sloppily (*colloq.*): er hat diese Arbeit ganz ~ gemacht he did this work very carelessly (*od.* in a very slipshod fashion).

'un·sor,tiert *adj* un(as)sorted.

'un·so·zi,al *adj* (*Verhalten, Maßnahme etc*) asocial, antisocial.

un·spalt·bar ['ʊn,ʃpaltbaːr; ,ʊn-] *chem. nucl. bes. Am.* nonfissionable, *bes. Br.* non-fissile.

'un·spe,zi·fisch *adj* nonspecific *Br.* non-.

'un,sport·lich I *adj* **1.** ein ~er Mensch a person who is not the sporting (*od.* outdoor) type: sie ist furchtbar ~ *colloq.* she is by no means the sporting type. – **2.** (*bes. sport*) (*unfair, regelwidrig*) unsportsmanlike, unsporting, unfair. – **3.** (*unkameradschaftlich*) unsporting. – **II** *adv* **4.** die gegnerische Mannschaft spielte sehr ~ the opposing team played very unfair (*od.* a very unsportsmanlike game). — **'Un,sport·lich·keit** *f* ⟨-; -en⟩ (*bes. sport*) **1.** ⟨*only sg*⟩ (*unsportliches Verhalten*) unsportsmanlike (*od.* unsporting, unfair) behavior (*bes. Br.* behaviour), unfairness. – **2.** (*Regelwidrigkeit*) unfairness, foul. – **3.** ⟨*only sg*⟩ (*unsportliches Wesen*) lack of fitness (*od.* athletic constitution).

uns·re ['ʊnzrə] *possess pron* **I** *cf.* unser 2, 3. – **II** der, die, das U~ *cf.* unser 4.

'uns·rer'seits *adv cf.* unsererseits.

'uns·res'glei·chen *indef pron* ⟨*undeclined*⟩ *cf.* unseresgleichen.

'uns·res'teils *adv cf.* unsererseits.

'uns·ret'we·gen ['ʊnzrət-] *adv cf.* unsertwegen.

uns·rig ['ʊnzrɪç] *possess pron* **I** der, die, das ~e *cf.* unser 3. – **II** der, die, das U~e *cf.* unser 4.

'un·sta,bil *adj* **1.** (*Gerüst, Konstruktion, Fundament etc*) unstable, instable, unsteady, shaky. – **2.** *civ.eng.* rapid-setting, labile. – **3.** *fig.* (*Verhältnisse, Wirtschaftslage etc*) unstable, instable, unsettled, astatic. – **4.** *econ.* (*Preise, Kurse, Währung etc*) unstable, instable, unsteady, fluctuating. — **'Un·sta·bi·li,tät** *f* ⟨-; *no pl*⟩ **1.** (*eines Gerüsts, Fundaments etc*) instability, unstability, unsteadiness, shakiness. – **2.** *civ.eng.* lability. – **3.** *fig.* (*der Verhältnisse, Wirtschaftslage etc*) instability, unstability, unsettledness, astaticism. – **4.** *econ.* (*der Preise, Kurse etc*) instability, unstability, unsteadiness, fluctuation.

'un,starr *adj* **1.** *tech.* (*Achse, Welle etc*) flexible. – **2.** *aer.* (*System, Luftschiff*) nonrigid *Br.* non-.

'Un,stä·te [-,ʃtɛːtə] *f* ⟨-; *no pl*⟩ *poet.* restlessness, unrest.

'un,statt·haft *adj* **1.** (*Betragen, Forderung etc*) inadmissible, *auch* inadmissable: er fand es ~, so etwas zu tun he found (*od.* considered it) inadmissible to do such a thing; es ist ~, den Ball mit der Hand zu berühren (*beim Fußball etc*) it is inadmissible (*od.* it is not allowed) to touch the ball with one's hand. – **2.** *jur.* illegal, illicit, inadmissible.

un·sterb·lich ['ʊn,ʃtɛrplɪç; ,ʊn-] **I** *adj* **1.** (*Seele, Kunstwerk, Ruhm, Klassiker etc*) immortal, deathless: dieses Werk machte den Künstler ~ this work made the artist immortal (*od.* immortalized [*Br. auch* -s-] the artist). – **2.** (*Liebe, Sehnsucht etc*) undying, deathless. – **II** *adv* **3.** *fig. colloq.* (*sehr*) completely and utterly: sich ~ blamieren to make a complete and utter fool of oneself; sie hat sich ~ in ihn verliebt she has fallen hopelessly (*od. colloq.* madly) in love with him.

'Un,sterb·li·che *m* ⟨-n; -n⟩ *myth.* immortal: die ~n a) *myth. antiq.* (*die Götter*) the immortals, *auch* the Immortals, b) (*literature*) (*die Mitglieder der Académie française*) the Immortals.

'Un,sterb·lich·keit *f* ⟨-; *no pl*⟩ (*der Götter, Seele*) immortality.

'Un,sterb·lich·keits,glau·be(n) *m relig.* belief in immortality (*od.* immortalization *Br. auch* -s-).

'Un,stern *m* ⟨-(e)s; *no pl*⟩ *fig. lit.* unlucky star: unter einem ~ geboren sein to be born under an unlucky star.

'un,stet I *adj* **1.** (*Blick, Puls etc*) unsteady, (*Augen*) *auch* shifty. – **2.** (*unruhig, ruhelos*) unsteady, restless: er ist sehr ~ und wechselt oft den Arbeitsplatz he is very restless and often changes his job. – **3.** (*nicht seßhaft, umherziehend*) unsettled, vagrant: ein ~es Leben führen to lead an unsettled life. – **4.** (*wankelmütig*) changeable, inconstant, fickle, shifty. – **II** *adv* **5.** unsteadily. – **6.** (*ohne feste Bleibe*) vagrantly: ~ umherirren to roam about vagrantly. — **'un,ste·tig I** *adj* **1.** *archaic for* unstet I. – **2.** *math.* (*Funktion*) discontinuous. – **3.** *tech.* (*Lauf einer Maschine*) unsteady, intermittent. – **II** *adv* **4.** ~ Veränderliche *math.* discrete variable. — **'Un,ste·tig·keit** *f* ⟨-; *no pl*⟩ **1.** (*des Blicks etc*) unsteadiness, (*der Augen*) *auch* shiftiness. – **2.** (*Unruhe, Ruhelosigkeit*) unsteadiness, restlessness, unrest. – **3.** (*Umherziehen, mangelnde Seßhaftigkeit*) unsettledness, vagrancy. – **4.** (*Wankelmut*) changeability, changeableness, inconstancy, inconstantness, fickleness, shiftiness. – **5.** *math.* (*einer Funktion*) discontinuity. – **6.** *tech.* unsteadiness, intermittence, intermittency.

un·still·bar ['ʊn,ʃtɪlbaːr; ,ʊn-] *adj* **1.** (*Sehnsucht, Verlangen, Drang etc*) unappeasable, inappeasable, unquenchable, (*stärker*) insatiable, unsatiable. – **2.** (*Hunger*) unappeasable, inappeasable, insatiable, unsatiable. – **3.** (*Durst*) unquenchable. – **4.** *med.* (*Blutung*) uncontrollable.

'un,stim·mig *adj* disunited, disagreeing, differing, at variance: über (*acc*) etwas ~ sein to be disunited (*od.* to disagree, to differ) on s.th., to be at variance about s.th. — **'Un,stim·mig·keit** *f* ⟨-; -en⟩ **1.** *meist pl* (*Meinungsverschiedenheit*) disagreement, difference, dissension, *auch* dissention, variance: es hat nie ~en zwischen den beiden gegeben there have never been disagreements between the two (of them), they have never been at variance with each other; wir hatten gestern eine kleine ~ we had a slight disagreement (*od.* had a tiff, had words) yesterday. – **2.** *bes. jur.* (*in der Rechtsprechung, Auslegung etc*) disagreement, discrepancy, inconsistency. – **3.** *bes. econ.* (*in der Buchführung, in einer Rechnung etc*) discrepancy, difference.

'un,stoff·lich *adj philos.* immaterial, incorporeal.

un·sträf·lich ['ʊn,ʃtrɛːflɪç; ,ʊn-] *adj u. adv archaic for* untadelig 1, 4. — **'Un,sträf·lich·keit** *f* ⟨-; *no pl*⟩ *archaic for* Untadeligkeit 1.

un·strei·tig ['ʊn,ʃtraɪtɪç; ,ʊn-] **I** *adj* (*Vorteil, Beweis etc*) indisputable, undisputable, incontestable, incontestible, undeniable, unquestionable. – **II** *adv* ihr Betragen hat sich ~ gebessert her behavio(u)r has improved indisputably (*od.* undeniably).

'un·stu,diert *adj* **1.** (*Handlungsweise*) unstudied, unsophisticated. – **2.** (*ungebildet*) (*Person*) unlearned, unread, *auch* illiterate.

un·sühn·bar [,ʊn'zyːnbaːr; 'ʊn-] *adj* inexpiable.

'Un,sum·me *f* ⟨-; -n⟩ *colloq.* enormous (*od. colloq.* fantastic) sum (of money), mint (of money) (*colloq.*): das hat ihn ~n gekostet, das hat ihn eine ~ (von) Geld gekostet that cost him a fantastic sum (*od.* a mint) of money, that cost him something fantastic.

'un·sym,me·trisch *adj* unsymmetrical, *auch* unsymmetric, asymmetric(al), dissymmetrical, *auch* dissymmetric, unbalanced: ~e Belastung unbalanced load.

'un·sym,pa·thisch *adj* (*Mensch, Stimme etc*) disagreeable, unlikable, *auch* unlikeable, dislikable, *auch* dislikeable: ich finde sie ~ I don't like her, I dislike her; er war mir schon immer ~ I never liked him, I have always disliked him; dieser Plan ist mir ~ I dislike (*od. colloq.* I am not keen on) this plan.

'un·sy·ste,ma·tisch I *adj* unsystematic, *auch* unsystematical, unmethodical, immethodical, *auch* immethodic. – **II** *adv* ~ arbeiten to work unsystematically (*od.* unmethodically), to work without system (*od.* method).

un·ta·del·haft ['ʊn,taːdəlhaft; ,ʊn-] *adj u. adv rare for* untadelig.

un·ta·de·lig ['ʊn,taːdəlɪç; ,ʊn-] **I** *adj* **1.** (*Mensch, Lebensführung, Amtsführung, Betragen etc*) irreproachable, blameless, impeccable, unblamable, irreprehensible: er ist ~ he is above (*od.* beyond) reproach. – **2.** (*Ruf, Leumund*) impeccable, stainless. – **3.** (*einwandfrei*) (*von Ware etc*) impeccable, flawless. – **II** *adv* **4.** er hat sich ~ geführt he behaved irreproachably; immer ~ gekleidet sein to be always immaculately dressed. — **'Un,ta·de·lig·keit** *f* ⟨-; *no pl*⟩ **1.** (*eines Menschen, der Amtsführung etc*) irreproachability, irreproachableness, blamelessness, impeccability, impeccableness, irreprehensibility, irreprehensibleness. – **2.** (*des Rufs*) impeccability, impeccableness, stainlessness. – **3.** (*der Ware etc*) impeccability, flawlessness.

un·tad·lig ['ʊn,taːdlɪç; ,ʊn-] *adj u. adv cf.* untadelig. — **'Un,tad·lig·keit** *f* ⟨-; *no pl*⟩ *cf.* Untadeligkeit.

'un·ta·len,tiert *adj* untalented, talentless, [ungifted.]

'Un,tat *f* atrocity, outrageous (*od.* atrocious) deed, outrage: eine ~ begehen to commit an atrocity.

'un,tä·tig *adj* **1.** inactive, unactive: die meisten Leute blieben ~ most of the people remained inactive (*od.* did nothing); einem Streit ~ zusehen to watch a quarrel inactively (*od.* without doing anything). – **2.** (*müßig, träge*) idle: die Hände ~ in den Schoß legen *fig.* to lead an idle life, to sit back and do nothing; ~ zu Hause sitzen to sit around the house idly (*od.* idle). – **3.** *geogr.* (*Vulkan*) dormant. – **4.** *med.* (*Darm, Drüsen etc*) inactive, unactive, passive, inert. — **'Un,tä·tig·keit** *f* ⟨-; *no pl*⟩ **1.** inactivity, inaction: zur ~ verdammt sein to be condemned to inactivity. – **2.** (*Müßiggang, Trägheit*) idleness. – **3.** *geogr.* (*eines Vulkans*) dormancy. – **4.** *med.* (*des Darms, der Drüsen etc*) inactivity, passivity, inertia, inertness. – **5.** *pol.* (*Tatenlosigkeit, Treibenlassen*) drift: **Politik der ~** policy of drift.

'un,taug·lich *adj* **1.** unfit, unsuitable, unsuited, (*Werkzeug, Ausrüstung etc*) *auch* unserviceable: **der Boden ist für Getreideanbau ~** the soil is unsuitable for growing grain; **ein Versuch am ~en Objekt** an experiment on an unfit subject. – **2.** (*Mittel, Maßnahme, Methode etc*) inappropriate, unsuitable. – **3.** (*körperlich*) unfit: **sein Sehfehler machte ihn für diese Arbeit ~** his visual defect made him unfit (*od.* disqualified him) for this job. – **4.** (*geistig*) incompetent. – **5.** (*charakterlich*) unsuitable, unsuited. – **6.** (*unqualifiziert*) ineligible, unqualified: **bei der Prüfung erwies sich der Kandidat als ~** the candidate proved ineligible in the examination. – **7.** (**für den** *od.* **zum Wehrdienst**) **~** *mil.* unfit for military service: **als ~ entlassen werden** to be dismissed as unfit. — **'Un,taug·lich·keit** *f* ⟨-; *no pl*⟩ **1.** unfitness, unsuitableness, unsuitability, (*eines Werkzeugs, einer Ausrüstung etc*) *auch* unserviceableness. – **2.** (*eines Mittels, einer Maßnahme etc*) inappropriateness, unsuitableness, unsuitability. – **3.** (*körperliche*) unfitness. – **4.** (*geistige*) incompetence, incompetency. – **5.** (*charakterliche*) unsuitableness, unsuitability. – **6.** (*Unqualifiziertheit*) ineligibility. – **7. ~** (**für den** *od.* **zum Wehrdienst**) *mil.* unfitness (for military service): **wegen ~ entlassen werden** to be dismissed because of unfitness (*od.* as unfit).

un·teil·bar [ˌʊnˈtaɪlbaːr; ˈʊn-] *adj* **1.** indivisible, inseparable, unseparable: **ein ~es Ganzes** an indivisible whole. – **2.** *math.* **~e Größe** indivisible; **~e Zahl** indivisible (*od.* prime) number, prime. – **3.** *jur.* (*Erbteil etc*) indivisible, impartible. — **,Un'teil·bar·keit** *f* ⟨-; *no pl*⟩ **1.** indivisibility, indivisibleness, inseparability. – **2.** *math.* indivisibility. – **3.** *jur.* (*eines Erbteils etc*) indivisibility, impartibility.

un·ten [ˈʊntən] *adv* **1.** (down) below, down: **da** (*od.* **dort**) **~ im Tal** down (*od.* below) there in the valley, down there in the valley below (*poet.*); **sie arbeiten weit** (*od.* **tief**) **~ im Schacht** they are working deep down (*od.* far down, far below) in the shaft; **die Dämpfe kamen von ~ her(auf)** the vapo(u)rs came from (down) below; **weiter ~ stieß der Bohrer auf eine ölhaltige Schicht** the drill struck a petroliferous stratum deeper (*od.* further) down; **von hier ~ (aus) kann ich nichts sehen** I can't see anything from down here; → Radieschen 1. – **2.** (*an Gegenständen, am Körper*) down (below): **die Schublade links [rechts] ~** the drawer down (below) on the left [right]; **man wußte kaum noch, was** (*od.* **wo**) **oben und ~ war** one couldn't tell up from down; **hier ~ tut es mir weh** it hurts down here; **er war von oben bis ~ mit Dreck beschmiert** *colloq.* he was covered with dirt from head to foot (*od.* from head to toe, from top to toe); **das Haus von oben bis ~ putzen** to clean the house from top to bottom. – **3.** (*am Boden, auf dem Grund*) (down) at the bottom: **~ im Faß** (down) at the bottom of the cask; **der Kaffee liegt ganz ~ im Päckchen** (*od.* **im Päckchen ganz ~**) the coffee is right at the bottom (*od.* at the very bottom) of the parcel; **wir wohnen im Haus ganz ~** we live on the bottom floor of the house; **etwas ~ anfassen** to take hold of s.th. at the bottom; **„~!"** (*Aufschrift auf Versandkisten etc*) "other side up!" – **4.** (*am Fuß*) at the foot: **~ am Berg** at the foot of the mountain. – **5. nach ~** a) (*in die Tiefe*) down, b) (*abwärts*) downward(s), c) (*bei Häusern, Treppen*) downstairs: **die Waffe war nach ~ gerichtet** the weapon was level(l)ed (*od.* pointed) downward(s); **die Preise zeigen selten eine Tendenz nach ~** prices rarely show a downward tendency; **ich gehe nach ~** I go downstairs; **nach ~ zu** (*od.* **hin**) **wird der Baumstamm dicker** the trunk grows thicker toward(s) the bottom. – **6.** (*untendrunter*) underneath, below (it). – **7. er** [**sie**] **ist bei mir ~ durch** *fig. colloq.* I have (*od.* I am) done (*od.* finished) with him [her], I am through with him [her] (*colloq.*). – **8.** (*unter der Wasseroberfläche etc*) below (*od.* under) the surface, under: **beim Schwimmen den Kopf ~ behalten** to swim with one's head under (the surface). – **9.** (*dort drunten*) down: **sie ist ~ am See** she is down by the lake. – **10.** (*am hinteren Ende*) at the far end: **am Tisch ganz ~ sitzen** to sit at the far end of the table. – **11.** (*bei Häusern, Treppen*) downstairs: **ich warte ~ auf dich** I'll wait for you downstairs. – **12.** *colloq.* (*niedrig*) low: **das Flugzeug fliegt zu weit ~** the aircraft flies too low. – **13.** *colloq.* (*auf dem Erdboden*) on the ground. – **14.** (*in einer Rang-, Reihenfolge*) at the bottom: **etwas von ~ auf erlernen** *fig.* to learn s.th. from the bottom, to start from scratch; **dein Name kommt in der Liste erst weit ~** your name appears far down on the list; **er hat sich von ~ heraufgedient** a) *mil.* he rose from the ranks, b) *fig.* he worked his way up from the bottom (of the ladder) (*od.* from the bottom to the higher ranks [*od.* to a superior position]). – **15.** *colloq.* (*im Süden*) down (south). – **16.** *print.* a) (*auf einer Seite, Karte etc*) below, at the bottom (*od.* foot), b) (*im folgenden Text*) (herein)below, hereinafter: **~ auf Seite 24** at the bottom of page 24, page 24 below; **siehe Seite 24 ~** see (*od.* vide) page 24 below; **die Belegstellen sind ~ angeführt** references are given below; **wie ~ näher bezeichnet** as (set forth) below, as described hereinafter; **der Ort liegt ganz ~ auf der Landkarte** *fig. colloq.* (*weit im Süden*) the place is right at the bottom of the map. – **17.** *mar.* (*in der Takelage*) alow.

'un·ten|'an *adv* **1.** (*am unteren Ende eines Tisches, Festzuges etc*) at the far end: **~ sitzen** to sit at the far end. – **2.** (*auf einer Liste, Tabelle etc*) at the bottom. – **3.** (*in einer Rang-, Reihenfolge*) far (*od. colloq.* away) behind. — **~'aus** *adv* (*nach unten hin*) downward(s). — **~'drun·ter** *adv colloq.* underneath, below (it): **ich hatte ~ nichts an** (*unter der Oberkleidung*) I had nothing on underneath. — **~'durch** *adv* underneath: **der Hund hatte sich einen Weg ~ gesucht** the dog had found a way underneath.

'un·ten·er,wähnt *adj* ⟨*attrib*⟩ (*officialese*) *cf.* untenstehend 2, 3. — **'Un·ten·er,wähn·te** *m, f* ⟨-n; -n⟩ *cf.* Untenstehende.

'un·ten·ge,nannt *adj* ⟨*attrib*⟩ *cf.* untenstehend 2, 3. — **'Un·ten·ge,nann·te** *m, f* ⟨-n; -n⟩ *cf.* Untenstehende.

'un·ten|'her *adv* **1.** (through) underneath, under. – **2.** (*im Gelände weiter unten*) further down: **gehen wir doch ~!** let's go further down. — **~her'um** *adv colloq.* (*in den unteren Körperpartien*) underneath: **sich ~ warm anziehen** to dress warmly underneath. — **~'hin** *adv* **1.** (*in die Tiefe*) down. – **2.** (*abwärts*) downward(s). – **3.** (*bei Häusern, Treppen*) downstairs.

'un·ten,ste·hend (*officialese*) **I** *adj* **1.** (*Text, Passage*) following. – **2.** (*Bedingungen, Klausel, Person etc*) (herein)below (*od.* hereinafter) mentioned, *Br. auch* undermentioned, mentioned below (*nachgestellt*). – **3.** (*substantiviert mit Kleinschreibung*) **~es bezieht sich nicht auf diesen Absatz** the following does not refer to this paragraph; **im ~en** (herein)below, (herein)after. – **II** *adv* **4.** (herein)below, hereinafter: **~ finden Sie unsere Abrechnung** please find our (statement of) account below. – **III U~e, das** ⟨-n⟩ **5.** the following: **das U~e betrifft Sie nicht** the following does not concern you. – **6.** (*Bedingung, Klausel etc*) the (herein)below (*od.* hereinafter) mentioned, *Br. auch* the undermentioned. — **'Un·ten,ste·hen·de** *m, f* ⟨-n; -n⟩ the (herein)below (*od.* hereinafter) mentioned, *Br. auch* the undermentioned.

un·ter[1] [ˈʊntər] **I** *prep* ⟨*dat*⟩ **1.** (*unterhalb*) below, beneath, under(neath): **er stand ~ dem Fenster** he stood below the window; **~ dem Bild war ein Schild** there was a plate under the picture; **~ dem Haus ist ein Keller** there is a cellar under the house; **die Familie, die ~ uns wohnt** the family which lives below us; **sie trägt ein Kind ~ dem Herzen** *fig.* she is with child; **~ dem 15. Grad südlicher Breite** *geogr.* below the 15th degree south (*od.* of southern latitude); **der Pfeiler ~ der Brücke** the pillar under the bridge; **er packte das Kind ~ den Armen** he picked the child up under the arms; **er kroch ~ der Schranke hindurch** he crawled under the barrier; **sie ist schon lange ~ der Erde** she has been in her grave for a long time; → Dach 1, 5. – **2.** (*tiefer*) below: **sie stand ~ ihm auf der Treppe** she stood below him on the stairs; **tief ~ uns sahen wir das Tal liegen** we saw the valley far below us; **100 Meter ~ dem Meeresspiegel** 100 meters (*bes. Br.* metres) below sea level; → Tag 8. – **3.** (*beschirmt von*) under, beneath: **wir saßen ~ einem Apfelbaum** we were sitting under (*od.* beneath) an apple tree; **~ einem blauen Himmel** under a blue sky; **~ freiem Himmel schlafen** *fig.* to sleep under the open sky (*od.* out of doors, in the open). – **4.** (*bedeckt, verdeckt von*) under, below, underneath: **der Brief lag ~ der Zeitung** the letter was under the newspaper; **~ Wasser schwimmen** to swim underwater; **das ganze Dorf steht ~ Wasser** the whole village is under water (*od.* is flooded); **~ dem Deckmantel der Freundschaft** *fig.* under the cloak (*od.* guise) of friendship. – **5.** (*rang- u. wertmäßig niedriger*) below: **~ dem Durchschnitt** below (the) average (*od.* standard): **Hauptmann ist ein Rang ~ dem Major** captain is one rank below major; **er steht ~ mir** a) (*als Untergebener*) he is under me, he is my subordinate, b) (*geistig*) he is below (*od.* inferior to) me intellectually; **die Mannschaft steht zwei Plätze ~ unserem Verein** (*sport*) the team is two places below our club; **sie blieb eine Sekunde ~ ihrem Vorjahrsrekord** (*sport*) she was one second below her last year's record; **20 Grad ~ Null** (*od.* **~ dem Gefrierpunkt**) 20 degrees below zero (*od.* freezing point), 20 degrees below (*colloq.*); → Kritik 1; Stand[2] 1; Würde 1. – **6.** (*eine Rangordnung betreffend*) under: **~ j-m arbeiten** to work under s.o. (*od.* as s.o.'s subordinate); **~ der Regierung Adenauers** under the Adenauer government; **er hat 200 Leute ~ sich** he has 200 persons under him; **das Volk leidet ~ der Gewaltherrschaft** the people suffer under the tyranny. – **7.** (*infolge von*) under: **er brach ~ der Last zusammen** he collapsed under (*od.* beneath) the weight; **~ ihren Händen gedeihen die Blumen gut** *fig.* the flowers thrive well under her care. – **8.** (*bei einer Auswahl, inmitten*) among(st): **~ anderem besuchte ich ein Museum** I visited a museum among other things; **~ seinen Papieren war dieser Brief** this letter was among his papers; **er ist der Begabteste ~ ihnen** he is the most talented among (*od.* of) them. – **9. mitten ~** in the midst of: **er stand mitten ~ den Zuschauern** he stood in the midst of the spectators; **mitten ~ uns ist ein Verräter** there is a traitor in our midst. – **10.** (*bei Vertraulichkeit, Ausschließlichkeit*) between: **~ uns gesagt** between you and me (and the bedpost *colloq.*); **aber das bleibt ~ uns!** but that's just between you and me! but that's confidential! **der Teppich kostet ~ Brüdern 800 Mark** *colloq.* the carpet costs 800 marks between friends; **hier sind wir ganz ~ uns** we are in strict privacy (*od.* quite alone) here; → Auge 1. – **11.** (*weniger als*) under: **~ einer Stunde kann ich nicht zurück sein** I can't be back in under (*od.* less than) an hour; **ich kann so etwas auch ~ diesem Preis bekommen** I can get something like that for less than (*od.* under) this price; **etwas ~ dem Listenpreis verkaufen** to sell s.th. under (the) list price; → Wert 1. – **12.** (*bei, mit*) under: **~ falschem** (*od.* **einem falschen**) **Namen leben** to live under a false (*od.* an assumed) name; **das tue ich nur ~ gewissen Bedingungen** I'll only do it under certain conditions; **~ der Bedingung, daß** on (the) condition that, provided that; **er ist eher ~ dem Namen G. bekannt** he is better known under (*od.* by) the name of G.; → Protest 1; Träne 1. – **13.** (*in Wendungen wie*) **das ganze Land steht ~ Waffen** the whole country is under arms; **etwas ~ Verschluß halten** (*od.* **haben**) a) to keep s.th. under lock and key, b) (*unter Zollverschluß*) to keep s.th. in bond; **~ dem Eindruck der Nachricht** under the impression of the news; **~ dem Siegel der Verschwiegenheit** under the seal of secrecy; **~ Beifall** amidst (*od.* accompanied by) applause; **~ Glockengeläut** to the peal of bells, with bells ringing; **~ Zwang stehen** to be under compulsion; **~ Berücksichtigung dieser Umstände** in consideration of (*od.* considering) these circumstances; **~ großen Entbehrungen** at the cost of great privations; **er starb ~ Schmerzen** he died in pain (*stärker* agony); **~ großen Schmerzen leiden** to suffer (from) great pain; **was ver-**

stehst du ~ diesem Begriff? what do you understand by this concept? ~ Segel sein *mar.* to be under sail; → Aufsicht 1; Ausschluß 4. – **14.** (*bei Überschriften, Rubriken etc*) under: ~ ‚Uran' lesen wir folgendes under 'uranium' we read the following. – **15.** *econ. od. archaic* (*bei Datumangabe*) under the date of: ~ dem 15. April under the date of April 15; ~ dem heutigen Datum under today's date. – **16.** *bes. Southern G. colloq.* (*während*) during: ~ der Woche during the week; → Tag 2. – **17.** ~ einem *Austrian for* zugleich 1. – **II** *prep* ⟨*acc*⟩ **18.** (*unterhalb*) below, beneath, under(neath): sie stellte sich ~ das Fenster she went and stood below the window; → Auge 1. – **19.** (*zur Stützung, Sicherung etc*) under(neath): er legte zwei Steine ~ das Brett he put two stones under the shelf; → Arm 1. – **20.** (*in den Schutz, Schatten etc von*) under, beneath: er legte sich ~ einen Sonnenschirm he lay down under a sunshade. – **21.** (*bei Verdecken, Bedecken etc*) under, below, underneath: ich legte den Brief ~ das Buch I put the letter under the book; der Löffel fiel ~ den Tisch the spoon fell under the table; die Katze schlüpfte ~ die Bank the cat slipped under (*od.* below, underneath) the bench; den Kopf ~ das (*od. colloq.* ~s) Wasser tauchen to duck one's head under(water) (*od.* below the surface); bei dem Rohrbruch wurde der Keller ~ Wasser gesetzt the cellar was flooded when the pipes burst; er wird mich noch ~ die Erde bringen *fig.* he will be the death of me yet; → Hut[1] 1; Tisch 1. – **22.** (*an das untere Ende*) at the bottom of: seinen Namen ~ ein Dokument setzen to put one's name at the bottom of (*od.* put one's name to) a document, to sign a document. – **23.** bis ~ a) (*hinaufreichend*) (up) to, b) (*hinabreichend*) to below: die Scheune war bis ~ das Dach gefüllt the barn was filled to the roof; bis ~ die Knie to below the knees. – **24.** (*rang- u. wertmäßig niedriger*) below: sie stellten ihn rangmäßig ~ X they put him below X in rank; die Temperaturen sanken weit ~ Null (*od.* ~ den Gefrierpunkt) the temperatures dropped (away) below zero (*od.* freezing point); ~ diesen Preis kann ich nicht hinuntergehen I can't go below this price. – **25.** (*eine Rangordnung betreffend*) under: die Abteilung wurde ~ seine Leitung gestellt the department was put under his control. – **26.** (*unter Überschriften, Rubriken etc*) under: ein Konto ~ ‚Unkosten' setzen *econ.* to enter an account unter 'expenses'. – **27.** (*zwischen*) among(st): er mischte sich ~ die Menge he mixed among (*od.* mingled with) the crowd; etwas ~ die Leute bringen *fig. colloq.* a) (*Neuigkeiten etc*) to spread s.th., b) (*Geld*) to spend s.th.; wenn das ~ die Leute kommt *fig. colloq.* if people hear of (*od.* about) that, if that comes (*od.* leaks) out. – **28.** mitten ~ into the middle (*od.* midst) of: er war mitten ~ sie getreten he had stepped into their midst. – **29.** das ganze Volk wurde ~ die Waffen gerufen the whole nation was called to arms; ~ Segel gehen *mar.* to set sail. – **III** *adv* **30.** (*weniger als*) under, less than: Städte von ~ 10000 Einwohnern, Städte ~ 10000 Einwohner towns with under (*od.* less than) 10,000 inhabitants; ich will nicht ~ 2000 Mark verdienen I do not want to earn less than 2,000 marks; für Jugendliche ~ 16 (Jahre[n]) ist der Film nicht geeignet the film is not suitable for juveniles unter 16 (years of age).

'**un·ter**[2] *adj cf.* untere.

'**Un·ter** *m* ⟨-s; -⟩ (*Spielkarte*) knave, jack.

'**Un·ter|ˌabˌsatz** *m* subsection, subparagraph. — ~ˌ**abˌschnitt** *m* **1.** *cf.* Unterabsatz. – **2.** (*Unterteilung eines größeren Ganzen*) subsection. – **3.** *mil.* a) subsector, b) (*in der Taktik*) subarea. — ~ˌ**abˌtei·lung** *f* **1.** subdivision, subcategory, subsection. – **2.** *econ.* subdivision, subsection, branch. – **3.** *biol.* subdivision, subphylum (*scient.*). — ~ˌ**an·geˌbot** *n econ.* (an *dat* of) insufficient supply. — ~ˌ**arm** *m med.* forearm, lower arm; cubitus, antebrachium, antibrachium (*scient.*). — ~ˌ**är·mel** *m* undersleeve. — ~ˌ**art** *f bot. zo.* subspecies. — ~ˌ**aufˌse·her** *m* **1.** (*im Gefängnis etc*) warder (*od.* guard) second in command. – **2.** (*bei der Arbeit*) overseer second in command. – **3.** (*im Museum*) attendant second in command. — ~ˌ**ausˌschuß** *m bes. pol.* subcommittee. — ~ˌ**bal·ken** *m civ.eng.* lower beam, architrave.

'**Un·terˌbau** *m* ⟨-(e)s; -ten⟩ **1.** *civ.eng.* a) (*einer Brücke, eines Hauses, eines Gleiskörpers etc*) substructure, b) (*einer Straße*) roadbed, c) (*Gründung*) foundation(s *pl*), d) *cf.* Bettung 4. – **2.** (*leather*) (*eines Schuhs*) lower part. – **3.** *tech.* (*einer Maschine*) base. – **4.** (*forestry*) underplanting, planting under cover. – **5.** *mil.* (*der Führung*) lower command levels *pl*. – **6.** *auto.* a) understructure, chassis, b) (*eines Reifens*) carcass, c) (*eines Lastwagens*) substructure. – **7.** *fig.* basis: der ideologische ~ the ideological basis.

'**Un·terˌbauch** *m*, ~ˌ**ge·gend** *f med.* hypogastric region, hypogastrium.

ˌ**un·ter'bau·en** *v/t* ⟨*insep, no* -ge-, h⟩ **1.** *civ.eng.* a) support (*s.th.*) from below, b) (*unterlegen*) underlay, c) (*mit einem Gerüst*) scaffold. – **2.** *fig. cf.* untermauern 2.

'**Un·ter|beˌam·te** *m* subordinate official, subaltern. — **u~beˌgabt** *adj* less gifted (*od.* talented). — ~**beˌgriff** *m* **1.** *ling.* (*in der Semantik*) member of a (semantic) class. – **2.** *philos.* (*in der Logik*) subsumption. — ~**beˌla·stung** *f tech.* underload(ing). — **u~beˌlegt** *adj* **1.** (*Krankenhaus etc*) not fully utilized (*Br. auch* -s-) (*od.* occupied), *Am. auch* underutilized. – **2.** (*Hotel etc*) not full. — **u~beˌlich·ten** *phot.* **I** *v/t* ⟨*insep, no* -ge-, h⟩ **1.** underexpose. – **II U~** *n* ⟨-s⟩ **2.** *verbal noun.* – **3.** *cf.* Unterbelichtung. — **u~beˌlich·tet I** *pp.* – **II** *adj* **1.** *phot.* underexposed. – **2.** *fig. colloq.* 'dim', daft (*beide colloq.*), dull: er ist ein bißchen ~ he is a bit dim, he is not exactly bright. — ~**beˌlich·tung** *f* ⟨-; -en⟩ *phot.* **1.** *cf.* Unterbelichten. – **2.** underexposure. — **u~beˌmannt** *adj mar.* (*Schiff etc*) undermanned, shorthanded. — ~**beˌreich** *m math.* subregion. — **u~beˌsetzt** *adj* (*Büro, Verwaltung etc*) understaffed, shorthanded, short-staffed, short of staff. — ~ˌ**bett** *n* **1.** (*eines Etagenbetts*) lower (*od.* bottom) bed. – **2.** (*auf der Matratze liegendes Federbett*) feather bed. — **u~beˌvöl·kert** *adj* underpopulated. — ~**beˌvollˌmäch·tig·te** *m* subagent. — **u~beˌwer·ten I** *v/t* ⟨*insep, no* -ge-, h⟩ **1.** underrate, underestimate, undervalue. – **2.** (*sport*) (*Kür etc*) undermark. – **II U~** *n* ⟨-s⟩ **3.** *verbal noun.* — ~**beˌwer·tung** *f* **1.** *cf.* Unterbewerten. – **2.** underestimation, underestimate, undervaluation. — **u~beˌwußt** *psych.* **I** *adj* subconscious, marginal. – **II U~e, das** ⟨-n⟩ the subconscious, the marginal. — ~**beˌwußtˌsein** *n* subconscious (mind): im ~ in the subconscious (mind), subconsciously. — **u~beˌzah·len** *econ.* **I** *v/t* ⟨*insep, no* -ge-, h⟩ **1.** underpay. – **II U~** *n* ⟨-s⟩ **2.** *verbal noun.* – **3.** *cf.* Unterbezahlung. — **u~beˌzahlt I** *pp.* – **II** *adj* underpaid. — ~**beˌzah·lung** *f* ⟨-; *no pl*⟩ **1.** *cf.* Unterbezahlen. – **2.** underpayment. — ~**beˌzirk** *m* subdistrict.

ˌ**un·ter'bie·ten I** *v/t* ⟨*irr, insep, no* -ge-, h⟩ **1.** *econ.* a) (*Preis*) undercut, b) (*Konkurrenten*) undercut, cut (*s.o.*) under, undersell, underquote, (*durch geringere Lohnkosten*) *auch* underwork, c) (*Angebot bei einer Versteigerung*) underbid: sich (gegenseitig) ~ to underbid each other. – **2.** (*games*) underbid. – **3.** (*sport*) (*Rekord*) lower, beat. – **4.** *fig.* surpass: das schlechte Niveau ist kaum noch zu ~ the poor standard is almost unsurpassable. – **II U~** *n* ⟨-s⟩ **5.** *verbal noun.* — ˌ**Un·ter'bie·ter** *m* underbidder, undercutter. — ˌ**Un·ter'bie·tung** *f* ⟨-; -en⟩ *cf.* Unterbieten.

'**Un·ter·biˌlanz** *f econ.* adverse (*od.* unfavorable, *bes. Br.* unfavourable, deficit) balance.

'**un·terˌbin·den**[1] *v/t* ⟨*irr, sep,* -ge-, h⟩ *colloq.* tie (*s.th.*) underneath.

ˌ**un·ter'bin·den**[2] **I** *v/t* ⟨*irr, insep, no* -ge-, h⟩ **1.** (*Vorhaben, Handlung etc*) prevent, prohibit, repress. – **2.** (*Zufuhr etc*) cut off. – **3.** (*Mißbrauch etc*) stop, put an end to. – **4.** (*Verkehr*) stop. – **5.** *med.* a) (*Gefäß*) tie up, ligate, ligature, b) (*Nabelschnur*) tie. – **II U~** *n* ⟨-s⟩ **6.** *verbal noun.*

ˌ**Un·ter'bin·dung** *f* ⟨-; *no pl*⟩ **1.** *cf.* Unterbinden[2]. – **2.** (*von Vorhaben, Handlung etc*) prevention, prohibition, repression. – **3.** *med.* (*eines Gefäßes*) ligation, ligature.

ˌ**Un·ter'bin·dungs|ˌklem·me** *f med.* artery forceps, h(a)emostat. — ~ˌ**na·del** *f* ligature needle.

'**Un·terˌblatt** *n* **1.** *bot.* lower leaf. – **2.** (*einer Zigarre*) filler.

ˌ**un·ter'blei·ben I** *v/i* ⟨*irr, insep, no* -ge-, sein⟩ **1.** (*nicht getan werden*) be left (*od.* remain) undone: das wäre besser unterblieben this would have been better left undone. – **2.** (*nicht stattfinden*) be dropped: schließlich unterblieb das Ganze doch the whole thing was finally dropped; wenn ihr nicht wollt, dann unterbleibt die Sache (halt) if you do not want to we'll drop it. – **3.** (*versäumt werden*) be omitted: die Buchung ist leider unterblieben the booking has unfortunately been omitted. – **4.** (*aufhören*) stop, cease: das hat sofort zu ~ this must stop at once. – **5.** (*nicht wieder eintreten*) not happen (*od.* occur) again, not be repeated: ich hoffe, das wird in Zukunft ~ I hope this will not happen again in future. – **II U~** *n* ⟨-s⟩ **6.** *verbal noun.* – **7.** (*Versäumtwerden*) omission. – **8.** (*Aufhören*) cessation.

'**Un·terˌbo·den** *m* **1.** *civ.eng.* subfloor, *Br.* sub-floor. – **2.** (*eines Fußbodenbelages*) undersurface. – **3.** *auto.* underfloor. – **4.** *geol.* subsoil, undersoil. – **5.** (*eines Knopfes*) lower plate. — ~ˌ**schutz** *m auto.* (underside) protective undercoating, underfloor protection.

'**Un·ter|ˌbootsˌmann** *m mar.* boatswain's mate. — ~ˌ**bramˌrah** *f* lower topgallant yard. — ~ˌ**bramˌse·gel** *n* lower topgallant sail.

ˌ**un·ter'bre·chen I** *v/t* ⟨*irr, insep, no* -ge-, h⟩ **1.** j-n ~ to interrupt s.o., to cut s.o. (*od.* take s.o. up) short, to stop s.o. (short), to catch s.o. up: bitte unterbrich (*od.* ~ Sie) mich nicht! please don't interrupt! verzeihen Sie, wenn ich (Sie) unterbreche pardon me for interrupting you, pardon my interrupting you. – **2.** ein Gespräch ~ to interrupt (a conversation), to break (*od.* cut, chime) in, to butt in (on a conversation) (*colloq.*): er unterbrach das Gespräch mit der Bemerkung, daß he interrupted (the conversation) with the remark that. – **3.** (*Arbeit, Verhandlung, Sendung etc*) interrupt. – **4.** (*Schweigen, Schlaf etc*) interrupt, break. – **5.** (*Tradition, Studium etc*) interrupt, intermit: er unterbrach sein Studium für drei Jahre he interrupted his studies for three years. – **6.** (*Verkehr etc*) suspend, hold up. – **7.** (*railway*) (*Fahrt etc*) interrupt, break: die Reise ~ to interrupt one's journey, to stop over. – **8.** *tel.* a) (*Leitung*) disconnect, b) (*Gesprächspartner*) cut off: wir sind unterbrochen worden we were cut off. – **9.** *electr.* (*Stromkreis, Kontakt*) disconnect, break, interrupt. – **10.** (*sport*) (*Spiel etc*) a) (*von Schiedsrichter*) suspend, interrupt, stop, b) (*von äußeren Ereignissen*) interrupt: der Schiedsrichter unterbrach das Spiel für zehn Minuten the referee suspended play for ten minutes; das Spiel wurde vom Regen unterbrochen the match was interrupted (*od.* stopped) by the rain. – **11.** *med.* (*Blutzufuhr etc*) cut off. – **12.** *mil.* (*Feuer etc*) stop, suspend. – **II** *v/reflex* sich ~ **13.** pause, stop short, interpose. – **III U~** *n* ⟨-s⟩ **14.** *verbal noun.* – **15.** *cf.* Unterbrechung.

ˌ**Un·ter'bre·cher** *m electr.* interrupter, circuit (*od.* contact) breaker. — ~**konˌtakt** *m* contact breaker point, make-and-break (*od.* interrupter) contact. — ~ˌ**nocken** (*getr.* -k·k-) *m auto.* ignition distributor cam. — ~ˌ**plat·te** *f electr.* breaker plate.

ˌ**Un·ter'bre·chung** *f* ⟨-; -en⟩ **1.** *cf.* Unterbrechen. – **2.** (*von Gespräch, Arbeit, Sendung, Schlaf, Studium, Reise etc*) interruption: entschuldigen Sie die ~ excuse me (*od.* us) for interrupting (you), excuse my (*od.* our) interrupting (you); mit kleinen [einigen] ~en with short [several] interruptions; mit ~en intermittently. – **3.** (*Pause*) break, pause, interval, intermission, *Am.* time out, *auch* time-out: nach einer ~ von drei Jahren after a break (*od.* an interruption) of three years; nach einer kurzen ~ geht das Programm weiter the program(me) will be continued after a short intermission; ohne ~ without a break, without interruption (*od. colloq.* letup). – **4.** (*des Verkehrs etc*) suspension, holdup. – **5.** (*railway*) (*der Fahrt etc*) interruption: ~ der Fahrt interruption of one's journey, stopover. – **6.** *tel.* (*der Leitung*) disconnection, *Br. auch* disconnexion. – **7.** *electr.* (*von Stromkreis, Kontakt*) disconnection,

Br. auch disconnexion, break, interruption. – **8.** (*sport*) a) (*durch den Schiedsrichter*) interruption, suspension, *Am.* time-out, b) (*durch äußere Ereignisse*) interruption: **der Schiedsrichter befahl eine ~ des Spiels** the referee ordered an interruption (*od.* a stoppage) of play. – **9.** *mil.* (*von Feuer etc*) stop, suspension.

ˌUn·terˈbre·chungs|ˌfun·ke *m electr.* break spark. — **~ˌta·ste** *f* break key.

ˈun·terˌbrei·ten[1] *v/t* ⟨*sep*, -ge-, h⟩ *colloq.* (*Decke, Unterlage etc*) spread (*s.th.*) (out) underneath: **wir wollen ihr eine Decke ~** let us spread a blanket (out) under(neath) her.

ˌun·terˈbrei·ten[2] **I** *v/t* ⟨*insep*, *no* -ge-, h⟩ **j-m etwas ~** a) (*Gesuch etc*) to submit s.th. to s.o., b) (*Entwurf, Schriftstück etc*) to present s.th. to s.o., c) (*Gesetzesvorlage*) to propose s.th. to s.o., d) (*Gedanken, Wunsch*) to present s.o. s.th.: **j-m einen Vorschlag ~** to make s.o. a proposal. – **II U~** *n* ⟨-s⟩ *verbal noun.*

ˌUn·terˈbrei·tung *f* ⟨-; *no pl*⟩ **1.** *cf.* Unterbreiten[2]. – **2.** (von of) submission, submittance, submittal. – **3.** (*Vorlage*) presentation. – **4.** (*Vorschlag*) proposal.

ˈun·terˌbrin·gen I *v/t* ⟨*irr*, *sep*, -ge-, h⟩ **1.** (*Gäste, Besuch etc*) lodge, accommodate, put (*s.o.*) up: **j-n in einem Hotel ~** to put s.o. up at a hotel. – **2.** (*Gepäck etc*) stow (*s.th.*) (away), tuck (*s.th.*) away. – **3.** (*Waren, Güter etc*) store, stow. – **4.** (*Geschirr etc*) put, accommodate, (*Geräte*) *auch* house. – **5.** (*Sammlung, Ausstellung*) house: **die Sammlung wurde im Nationalmuseum untergebracht** the collection was housed in the National Museum. – **6.** *fig.* (*geistig einordnen*) (*Namen, Personen etc*) place: **ich kann diesen Namen nirgends ~** I cannot place this name anywhere. – **7. j-n in einer Stellung ~** to place s.o. in a situation, to find a situation for s.o., to fix s.o. up, to get s.o. a job (*colloq.*); **j-n bei einer Firma ~** to find s.o. a situation (*od. colloq.* job) in a firm. – **8.** *econ.* a) (*Anleihen, Aufträge, Obligationen, Wertpapiere etc*) place, b) (*Wechsel*) negotiate. – **9.** *print.* a) (*bei einem Verlag etc*) place, b) (*an einer Stelle*) fit (*s.th.*) in: **einen Artikel bei einer Zeitung ~** to place an article with a newspaper; **diesen Artikel bringen wir auf der ersten Seite unter** we will fit this article in on the front page. – **10.** *mil.* (*Truppen*) quarter, (*in Privatquartier*) billet. – **II U~** *n* ⟨-s⟩ **11.** *verbal noun.* — **ˈUn·terˌbrin·gung** *f* ⟨-; *no pl*⟩ **1.** *cf.* Unterbringen. – **2.** (*von Gästen, Besuch etc*) accommodation, lodg(e)ment. – **3.** (*von Gütern etc*) storage, stowage. – **4.** *econ.* a) (*von Wertpapieren etc*) placement, b) (*von Wechseln*) negotiation. – **5.** *mil.* (*Unterkunft*) quarters *pl*, accommodation, (*private*) billets *pl.*

ˈUn·terˌbrin·gungsˌmög·lich·keit *f* ⟨-; -en⟩ accommodation.

ˌun·terˈbro·chen I *pp of* unterbrechen. – **II** *adj* **1.** interrupted, discontinuous. – **2.** *tel.* disconnected. – **3.** *electr.* (*Stromkreis etc*) disconnected, broken, interrupted. – **4.** (*sport*) suspended, stopped, interrupted. – **5.** *med.* cut-off (*attrib*). – **6.** *mil.* (*Feuer*) stopped, suspended.

ˈUn·terˌbruch *m* ⟨-(e)s; -brüche⟩ *Swiss for* Unterbrechung.

ˈUn·terˌbüh·ne *f* (*theater*) below-stage area, trap room.

ˈun·terˌbut·tern *v/t* ⟨*sep*, -ge-, h⟩ *colloq.* (*Geld etc*) throw in.

ˈun·terˌchlo·rig *adj chem.* hypochlorous: **~e Säure** hypochlorous acid (HOCl).

ˈUn·ter|ˌdeck *n mar.* lower deck. — **~ˌdeckung** (*getr.* -k·k-) *f econ.* (*der Kosten*) deficient cover.

ˌun·terˌderˈhand *adv* **1.** on the quiet (*od.* sly), secretly. – **2.** *econ.* privately.

ˌun·terˈdes(·sen) *adv* **1.** meanwhile, (in the) meantime. – **2.** (*bis zu dem Zeitpunkt*) by then (*od.* that time).

ˈUn·ter|de·ter·miˌnan·te *f math.* minor determinant, subdeterminant. — **~do·miˌnan·te** *f mus. cf.* Subdominante.

ˈUn·terˌdruck *m* ⟨-(e)s; -drücke⟩ **1.** *phys. tech.* (*der Luft*) a) pressure below the atmospheric, b) vacuum. – **2.** *med.* low blood pressure, hypotension (*scient.*). – **3.** *civ.eng.* (*eines Schornsteins, Raumes*) negative pressure. — **~ˌbrem·se** *f tech.* vacuum brake.

ˌun·terˈdrü·cken (*getr.* -k·k-) **I** *v/t* ⟨*insep*, *no* -ge-, h⟩ **1.** (*Volk, Minderheit etc*) oppress, hold (*s.o.*) down, (*stärker*) tyrannize *Br. auch* -s-. – **2.** (*Aufstand, Revolution etc*) suppress, quell, put down, crush, repress, stamp out. – **3.** (*Freiheit*) throttle, stifle, strangle. – **4.** (*Entwicklung etc*) suffocate, suppress. – **5.** (*Nachrichten, Veröffentlichungen etc*) suppress: **Tatsachen ~** to suppress (*od.* hush up, burke) facts. – **6.** (*Gefühle*) suppress, repress, stifle, bottle up, restrain. – **7.** (*Neigungen*) suppress, repress. – **8.** (*Äußerungen, Zweifel etc*) suppress. – **9.** (*Lachen, Gähnen, Seufzer, Husten etc*) stifle, suppress, choke (back *od.* down). – **II U~** *n* ⟨-s⟩ **10.** *verbal noun.* – **11.** *cf.* Unterdrückung.

ˌUn·terˈdrü·cker (*getr.* -k·k-) *m* ⟨-s; -⟩ **1.** oppressor. – **2.** tyrant, despot.

ˈUn·terˌdruck|ˌför·de·rer *m* **1.** *tech.* automatic vacuum conveyor, autovac. – **2.** *auto.* (*im Vergaser*) vacuum pump element. — **~ˌkam·mer** *f aer. tech.* low-pressure (*od.* decompression) chamber. — **~ˌmes·ser** *m tech.* vacuum ga(u)ge.

ˌun·terˈdrückt I *pp.* – **II** *adj* **1.** (*Volk, Minderheit etc*) oppressed, downtrodden. – **2.** (*Gefühl*) suppressed, repressed, stifled, restrained. – **3.** (*Lachen, Gähnen, Seufzer, Husten etc*) stifled, suppressed: **aus der letzten Reihe war ~es Gelächter zu hören** stifled laughter could be heard from the back row.

ˌUn·terˈdrück·te *m, f* ⟨-n; -n⟩ oppressed (*od.* downtrodden) person: **die ~n** the oppressed, the downtrodden.

ˌUn·terˈdrückung (*getr.* -k·k-) *f* ⟨-; *no pl*⟩ **1.** *cf.* Unterdrücken. – **2.** (*eines Volkes etc*) oppression. – **3.** (*von Aufstand, Gefühlen, Neigungen etc*) suppression, repression. – **4.** (*von Tatsachen, Äußerungen, Lachen etc*) suppression.

ˈun·terˌdurchˌschnitt·lich *adj* subaverage, *Br.* sub-average, below average (*od.* normal, the mark): **trotz ~er Leistungen** in spite of sub(-)average performances (*od.* performances below normal).

ˈun·te·re *adj* ⟨*attrib*⟩ ⟨*sup* **unterst**⟩ **1.** (*räumlich*) lower: **die linke ~ Schublade** the left lower drawer, the bottom drawer on the left; **die ~ Seite** the lower side, the underside; **Wein von der ~n Saar** wine from the Lower Saar; **das ~ Tischende** the (far) end (*od.* the bottom) of the table. – **2.** *fig.* (*Klasse, Schicht, Grenze, Note etc*) lower: **die ~ Instanz** *jur.* the lower instance; **die ~ Beamtenlaufbahn** minor civil service.

ˌun·terˌeinˈan·der *adv* **1.** one under (*od.* below, beneath) the other. – **2.** (*zwischen zwei Personen*) between each other, (*zwischen mehr als zwei Personen*) among one another: **(wir) ~** among ourselves; **(ihr) ~** between (*od.* among) yourselves; **(sie) ~** between (*od.* among) themselves; **das können wir ~ ausmachen** we can settle this among ourselves; **die Familien haben ~ geheiratet** the families intermarried. – **3.** (*gegenseitig*) mutually, reciprocally: **sich ~ helfen** to help each other (mutually). – **4.** (*miteinander*) with one another: **Leitungen ~ verbinden** to connect leads with one another, to interconnect leads. — **~ˌle·gen** *v/t* ⟨*sep*, -ge-, h⟩ lay (*od.* put) (*things*) one under (*od.* below, beneath) the other. — **~ˌlie·gen** *v/i* ⟨*irr*, *sep*, -ge-, h *u.* sein⟩ lie under (*od.* below, beneath) the other.

ˈUn·terˌein·heit *f mil.* subunit.

ˈUn·terˌeinˌtei·lung *f cf.* Unterteilung 2, 4.

ˈun·ter·entˌwickeln (*getr.* -k·k-) *phot.* **I** *v/t* ⟨*insep*, *no* -ge-, h⟩ (*Film*) underdevelop. – **II U~** *n* ⟨-s⟩ *verbal noun.* — **ˈun·ter·entˌwickelt** (*getr.* -k·k-) **I** *pp.* – **II** *adj* **1.** (*Land, Wirtschaft etc*) underdeveloped, backward. – **2.** *med. biol.* underdeveloped, hypotrophic (*scient.*). – **3.** *ped.* retarded, backward: **das Kind ist geistig und körperlich ~** the child is both mentally retarded and physically underdeveloped. – **4.** *psych.* subnormal. — **ˈUn·ter·entˌwick·lung** *f* **1.** *cf.* Unterentwickeln. – **2.** (*von Ländern, Wirtschaft etc*) underdevelopment, backwardness. – **3.** *med. biol.* underdevelopment, bad (*od.* disturbed) development (*od.* evolution), hypotrophy (*scient.*). – **4.** *ped.* retardation, backwardness. – **5.** *phot.* underdevelopment. – **6.** *psych.* subnormality.

ˈun·ter·erˌnährt *adj* undernourished, underfed, starving. — **ˈUn·ter·erˌnäh·rung** *f* ⟨-; *no pl*⟩ undernourishment, malnutrition.

ˌun·terˈfah·ren *v/t* ⟨*irr*, *insep*, *no* -ge-, h⟩ **1.** *civ.eng.* underpin. – **2. ein Flöz ~** (*mining*) to drive a roadway underneath the existing (coal seam) workings.

ˈUn·ter·faˌmi·lie *f bot. zo.* subfamily.

ˌun·terˈfan·gen I *v/t* ⟨*irr*, *insep*, *no* -ge-, h⟩ *civ.eng. cf.* unterfahren 1. – **II** *v/reflex* **sich ~** *lit.* (*wagen*) dare: **sich einer Sache ~** *rare* to venture (*od.* attempt) s.th.; **sich ~, etwas zu tun** to venture (*od.* attempt) to do s.th.

ˌUn·terˈfan·gen *n* ⟨-s; *no pl*⟩ *lit.* (bold) venture (*od.* attempt), risky enterprise (*od.* undertaking): **es ist ein aussichtsloses ~, ihn von seinem Plan abzubringen** it is absolutely futile to try to dissuade him.

ˈun·terˌfas·sen *v/t* ⟨*sep*, -ge-, h⟩ **j-n ~** to take s.o.'s arm: **sich ~** to link arms (with each other); **sie hatten sich untergefaßt** they had linked arms.

ˈUn·terˌfe·der *f zo.* vent feather.

ˌun·terˈfer·ti·gen *v/t* ⟨*insep*, *no* -ge-, h⟩ (*officialese*) sign, execute. — **ˌUn·terˈfer·tig·te** *m, f* ⟨-n; -n⟩ undersigned.

ˌUn·terˈfeue·rung *f tech.* undergrate firing.

ˈUn·terˌflä·che *f* (*bei Ziegeln etc*) bed.

ˌun·terˈflie·gen *v/t* ⟨*irr*, *insep*, *no* -ge-, h⟩ *aer.* (*Radarkontrolle etc*) fly underneath (*od.* below).

ˈUn·terˌflü·gel *m zo.* underwing.

ˌUn·terˈflur|hyˌdrant *m civ.eng.* (under)ground hydrant. — **~ˌmo·tor** *m auto.* underfloor engine.

ˈUn·terˌfran·ke *m* Lower Franconian. — **ˈun·terˌfrän·kisch** *adj* Lower Franconian.

ˌun·terˈfüh·ren I *v/t* ⟨*insep*, *no* -ge-, h⟩ **1.** *civ.eng.* (*Straße, Tunnel etc*) underpass. – **2.** *print.* (*Wort etc*) digit. – **II U~** *n* ⟨-s⟩ **3.** *verbal noun.*

ˈUn·terˌfüh·rer *m mil.* noncommissioned (*Br.* non-commissioned) officer.

ˌUn·terˈfüh·rung *f* ⟨-; -en⟩ **1.** *cf.* Unterführen. – **2.** (*für Autos, Fußgänger etc*) subway, underpass. – **3.** (*railway*) underbridge.

ˌUn·terˈfüh·rungsˌzei·chen *n* ditto (mark).

ˈUn·ter·funk·tiˌon *f bes. med.* weak (*od.* insufficient, impaired) function, hypofunction (*scient.*): **~ der Schilddrüse** insufficient function of the thyroid gland, thyroid insufficiency, hypothyroidism (*scient.*).

ˈUn·terˌfut·ter *n* (*fashion*) (inner) lining. — **ˌun·terˈfüt·tern** *v/t* ⟨*insep*, *no* -ge-, h⟩ (*fashion*) line (*s.th.*) underneath, underline.

ˈUn·terˌgang *m* ⟨-(e)s; *rare* -gänge⟩ **1.** *cf.* Untergehen: **der ~ der Sonne** the setting of the sun. – **2.** (*von Schiffen*) sinking, shipwreck. – **3.** *fig.* downfall, decline, eclipse: **„Der ~ des Abendlandes"** "The Decline of the West" (*by O. Spengler*). – **4.** *fig.* (*Vernichtung*) destruction, extinction: **der ~ Trojas** the fall of Troy; **der ~ der Welt** the end of the world. – **5.** *fig.* (*Verderben*) destruction, ruin: **sie gehen dem ~ entgegen** they are heading for destruction; **der Alkohol ist noch sein ~** alcohol will be his undoing (*od.* ruin); **das ist mein ~** that will be my ruin (*od.* undoing); that will be the end of me, that will finish me (*colloq.*); **dem ~ geweiht** *lit.* doomed to ruin.

ˈun·terˌgä·rig [-ˌgɛːrɪç] *adj brew.* (*Bier*) bottom-fermented. — **ˈUn·terˌgä·rung** *f* ⟨-; *no pl*⟩ bottom fermentation.

ˈUn·terˌgat·tung *f bot. zo.* subgenus.

ˌun·terˈge·ben *adj* ⟨*pred*⟩ **j-m ~ sein** to be under s.o.'s authority (*od.* control). — **ˌUn·terˈge·be·ne** *m, f* ⟨-n; -n⟩ inferior, subordinate, *bes. Am.* subaltern, underling (*contempt.*): **seine ~n** his inferiors.

ˌUn·terˈge·ben·heit *f* ⟨-; *no pl*⟩ inferiority, subordination.

ˈUn·ter·geˌbot *n econ. cf.* Unterangebot.

ˈun·ter·geˌbracht I *pp of* unterbringen. – **II** *adj* **1. gut ~ sein** to be well kept (*od.* housed), (*von Personen*), to be accommodated well. – **2. diese berühmte Sammlung ist im Nationalmuseum ~** this famous collection is (housed) in the National Museum.

ˈun·ter·geˌfaßt I *pp.* – **II** *adj* **~ gehen** *colloq.* to walk arm in arm (*od.* with arms linked).

ˈun·ter·geˌgan·gen I *pp of* untergehen. – **II** *adj fig.* (*Volk, Rasse etc*) extinct.

ˈun·ter·geˌhakt I *pp.* – **II** *adj* **~ gehen** *colloq.* to walk arm in arm (*od.* with arms linked).

ˈun·terˌge·hen I *v/i* ⟨*irr*, *sep*, -ge-, sein⟩ **1.** (*von Gestirnen*) set, go down: **sein Stern geht langsam unter** *fig.* his star is declining (*od.* on the decline). – **2.** (*von Boot, Schiff*) sink, go down (*od.* under), founder, swamp: **mit Mann und Maus ~** to go down with all hands (*od.* with every soul). – **3.** (*von Ertrin-*

kenden) be drowned. – **4.** seine Worte gingen im Lärm unter *fig.* his words were drowned by (*od.* lost in, swamped by) the noise. – **5.** *fig.* (*von Reichen, Dynastien etc*) go down (*od.* under). – **6.** *fig.* (*vernichtet, zerstört werden*) be destroyed: die Welt geht unter the world will be destroyed (*od.* will come to an end); davon geht doch die Welt nicht unter *colloq.* that's not the end of the world. – **7.** *fig.* (*von Kultur, Volk*) be wiped out, perish. – **8.** *fig.* (*verderben*) go to one's ruin, perish: viele gehen in der Großstadt unter many perish in the big cities. – **II U~** *n* ⟨-s⟩ **9.** *verbal noun*: sein Stern (*od.* Ruhm) ist im U~ (begriffen) *fig.* his star is declining (*od.* on the decline). – **10.** *cf.* Untergang. — **ˈun·terˌge·hend I** *pres p.* – **II** *adj* (*Sonne*) setting.

ˈUn·ter·geˌhölz *n* (*forestry*) *cf.* Unterholz.

ˈun·ter·geˌord·net I *pp.* – **II** *adj* **1.** (*unterstellt*) (*dat* to) subordinate, ancillary, (*dem Rang nach*) inferior: in ~er Stellung (*od.* Position) in a subordinate position; ~e Stellen subordinate offices; j-m ~ sein to be subordinate to s.o. – **2.** (*zweitrangig*) secondary, minor, subsidiary: von ~er Bedeutung of secondary importance; ein ~es Problem a minor problem, a subsidiary issue; er spielt eine ~e Rolle *fig.* he plays a minor role.

ˈun·ter·geˌschla·gen I *pp of* unterschlagen². – **II** *adj* mit ~en Beinen with crossed legs, cross-legged.

ˈun·ter·geˌscho·ben I *pp of* unterschieben¹. – **II** *adj* ~es Testament *jur.* suppositious will; → Kind 1.

ˈUn·ter|geˌschoß *n* (*eines Hauses*) basement (floor) (*od.* storey, *bes. Am.* story). — **~geˌsenk** *n tech.* **1.** (*beim Gesenkschmieden*) bottom (*od.* lower) die. – **2.** (*beim Freiformschmieden*) bottom swage. — **~geˌstell** *n* **1.** base, supporting frame. – **2.** *tech.* (*einer Maschine*) base. – **3.** *auto.* a) underframe, b) (*Fahrgestell*) chassis. – **4.** *colloq. humor.* (*Beine*) 'pins' *pl*, 'underpinnings' *pl*, *auch* 'understandings' *pl* (*alle sl.*).

ˈun·ter·geˌtaucht I *pp.* – **II** *adj* submersed, *auch* immersed.

ˈUn·ter·geˌwand *n* undergarment.

ˈUn·ter·geˌwicht *n* underweight, short weight. — **ˈun·ter·geˌwich·tig** *adj* underweight.

ˈUn·ter·glaˌsur *f* (*in der Keramik*) underglaze. — **~ˌfar·ben** *pl* underglaze colors (*bes. Br.* colours). — **~ma·leˌrei** *f* underglaze painting.

ˌun·terˈglie·dern I *v/t* ⟨*insep, no* -ge-, h⟩ subdivide. – **II U~** *n* ⟨-s⟩ *verbal noun.* — **ˌUn·terˈglie·de·rung** *f* ⟨-; -en⟩ **1.** *cf.* Untergliedern. – **2.** subdivision.

ˈun·terˌgra·ben¹ *v/t* ⟨*irr, sep,* -ge-, h⟩ *agr.* (*Dünger etc*) dig (*od.* turn) (*s.th.*) in.

ˌun·terˈgra·ben² I *v/t* ⟨*irr, insep, no* -ge-, h⟩ *fig.* **1.** (*Ansehen, Autorität, öffentliche Ordnung etc*) undermine, subvert: j-s guten Ruf ~ to undermine s.o.'s reputation. – **2.** (*Gesundheit*) undermine, sap, (*stärker*) shatter, ruin. – **II U~** *n* ⟨-s⟩ **3.** *verbal noun.*

ˌUn·terˈgra·bung *f* ⟨-; *no pl*⟩ *cf.* Untergraben².

ˈun·terˌgrä·dig [-ˌgrɛːdɪç] *adj* (*Alkohol*) underproof.

ˈUn·terˌgriff *m* **1.** *tech.* (*am Radreifen*) lip of the tire (*bes. Br.* tyre). – **2.** (*sport*) a) (*beim Turnen etc*) reverse grip, undergrasp, b) (*beim Ringen*) body (*od.* waist) lock, undersnatch.

ˈUn·terˌgrund *m* ⟨-(e)s; *no pl*⟩ **1.** underground. – **2.** *geol.* subsoil, substratum: fester (*od.* felsiger) ~ bedrock. – **3.** (*art*) (*in der Malerei*) ground(ing), undercoat. – **4.** *print.* (back)ground. – **5.** *pol.* underground: in den ~ gehen to go underground. — **~ˌbahn** *f cf.* U-Bahn. — **~beˌhand·lung** *f tech.* treatment of base material. — **~beˌwäs·se·rung** *f agr.* underground irrigation. — **~beˌwe·gung** *f pol.* underground (movement). — **~ˌfilm** *m* underground film.

ˈun·terˌgrün·dig [-ˌgrʏndɪç] *adj* **1.** subterranean, underground (*attrib*). – **2.** *fig.* hidden.

ˈUn·terˌgrund|li·te·raˌtur *f* underground literature. — **~ˌlocke·rer** (*getr.* -k·k-) [-ˌlɔkərər] *m* ⟨-s; -⟩ *agr.* subsoiler. — **~ˌlocke·rung** (*getr.* -k·k-) *f* ⟨-; *no pl*⟩ subsoiling. — **~or·ga·ni·sa·tiˌon** *f pol.* underground organization (*Br. auch* -s-). — **~ˌpacker** (*getr.* -k·k-) *m agr.* land packer (*od.* presser), compaction roller. — **~ˌpflug** *m* subsoiler. — **~pu·bli·ziˌstik** *f* underground publicity.

ˈUn·ter|ˌgrup·pe *f* **1.** *math. phys.* subgroup. – **2.** *med. bot. zo.* subgroup, subspecies. – **3.** *tech.* (*in der Fertigungstechnik*) subassembly. – **4.** *econ.* subdivision. — **~ˌhaar** *n zo.* underfur.

ˈun·terˌha·ben *v/t* ⟨*irr, sep,* -ge-, h⟩ *colloq.* have (*s.th.*) on underneath.

ˈun·terˌha·ken *colloq.* **I** *v/t* ⟨*sep,* -ge-, h⟩ *cf.* unterfassen. – **II** *v/reflex* sich bei j-m ~ to take s.o.'s arm, to link arms with s.o.: ich hakte mich bei ihm unter I took his arm, I linked my arm in his, I linked arms with him.

ˈun·terˌhalb I *prep* ⟨*gen*⟩ **1.** (*auf geringerer Höhe als*) below: kurz ~ des Gipfels machten wir eine Rast we had a rest just below the peak; ~ des Dorfes biegt der Weg nach rechts ab the path turns to the right below the village; ~ von uns sahen wir Salzburg liegen we could see Salzburg below (*od.* beneath) us. – **2.** (*tiefer als*) below, under: ich hatte mich ~ des Knies verletzt I had hurt myself below the knee; ~ des Fensters ist ein Fleck an der Wand there is a stain on the wall below (*od.* beneath) the window; ~ der Gürtellinie (*sport*) (*beim Boxen*) below the belt(line); seine Gedanken bewegen sich immer ~ der Gürtellinie *colloq.* he has a dirty mind. – **3.** (*tiefer als, aber in waagerechter Lage*) below, beneath, under(neath): das Blumenbeet ~ des Fensters the flower bed below (*od.* underneath) the window. – **4.** (*über hinaus, nach*) beyond, past, on the other (*od.* far) side of, further down than: die Bäckerei ist ~ der Kirche the bakery is beyond the church. – **5.** (*flußabwärts*) downstream from: Linz liegt ~ Passaus Linz is situated downstream from Passau. – **6.** *rare* (*südlich von*) south of: Italien liegt ~ der Alpen Italy is south of the Alps. – **II** *adv* **7.** below: weiter ~ further below. – **8.** (*flußabwärts*) downstream.

ˈUn·terˌhalt *m* ⟨-(e)s; *no pl*⟩ **1.** (*zur Lebensführung*) keep, maintenance, support, upkeep: j-s ~ bestreiten, für j-s ~ sorgen (*od.* aufkommen) to provide for s.o.'s keep, to keep (*od.* support) s.o.; zum ~ der Familie beitragen to contribute to the family's keep; seinen ~ bestreiten aus to support oneself on (*od.* from). – **2.** (*Lebensunterhalt*) livelihood, living, subsistence, sustenance: sich (*dat*) seinen ~ verdienen to earn one's living (*od.* livelihood); seinen ~ haben to earn a livelihood. – **3.** (*Instandhaltung*) maintenance, (*Wartung*) *auch* upkeep: der ~ eines Hauses ist eine kostspielige Angelegenheit the upkeep of a house is a costly affair; ~ und Instandsetzung maintenance and repair. – **4.** *jur.* a) (*für die getrennt lebende* [*Am. auch geschiedene*] *Ehefrau*) alimony, b) (*für Kinder und die getrennt lebende* [*Br. auch geschiedene*] *Ehefrau*) maintenance (allowance): laufender ~ permanent alimony; angemessener ~ reasonable maintenance.

ˌun·terˈhal·ten¹ I *v/t* ⟨*irr, insep, no* -ge-, h⟩ **1.** (*Familie, Kinder etc*) keep, support, maintain, sustain. – **2.** (*Schule, Rennstall etc*) keep, maintain, sustain, (*bes. subventionieren*) subsidize *Br. auch* -s-. – **3.** (*Anlage, Brücke, Straße etc*) keep (*s.th.*) up, maintain. – **4.** *econ.* (*Geschäft etc*) run, keep. – **5.** (*Feuer*) keep (*s.th.*) burning (*od.* going), feed. – **6.** (*Beziehungen*) maintain, entertain: mit (*od.* zu) j-m gute [freundschaftliche] Beziehungen ~ to maintain good [friendly] relations with s.o.; mit einer Frau intime Beziehungen ~ to have sexual relations with a woman. – **7.** (*Briefwechsel*) keep up, carry on, maintain. – **8.** (*Gäste, Publikum etc*) entertain, amuse, divert. – **II** *v/reflex* sich ~ **9.** (*sich vergnügen*) enjoy oneself: wir haben uns gestern abend gut ~ we (really) enjoyed ourselves (*od.* we had an enjoyable time) yesterday evening. – **10.** sich mit etwas ~ to amuse (*od.* entertain, divert) oneself with s.th.: mit diesem Spiel kann ich mich stundenlang ~ I can amuse myself for hours with this game. – **11.** sich mit j-m (über [*acc*] etwas) ~ (*Gespräche führen*) to talk to (*od.* with) s.o. (about s.th.), to converse (*od.* discourse) with s.o. (about [*od.* on] s.th.): es ist ein Vergnügen, sich mit ihr zu ~ it is a pleasure to converse with her; sich auf Englisch ~ to converse (*od.* talk) in English. – **III U~** *n* ⟨-s⟩ **12.** *verbal noun.* – **13.** *cf.* Unterhaltung.

ˈun·terˌhal·ten² *v/t* ⟨*irr, sep,* -ge-, h⟩ hold (*s.th.*) underneath.

ˌun·terˈhal·tend I *pres p of* unterhalten¹. – **II** *adj cf.* unterhaltsam.

ˌUn·terˈhal·ter *m* **1.** conversationalist, converser. – **2.** entertainer: er ist ein guter ~ he is very entertaining, he is a good entertainer, he is good (*od.* entertaining) company.

ˌun·terˈhalt·sam *adj* **1.** (*Abend, Film, Lektüre etc*) entertaining, amusing, diverting, *auch* amusive: der Abend war recht ~ the evening was quite entertaining. – **2.** (*nett, angenehm*) pleasant.

ˈUn·terˌhalts|ˌanˌspruch *m jur.* **1.** (*der getrennt lebenden* [*Am. auch geschiedenen*] *Ehefrau*) claim for alimony. – **2.** (*der Kinder und der getrennt lebenden* [*Br. auch geschiedenen*] *Ehefrau*) maintenance claim, claim for maintenance, right to maintenance: Geltendmachung des ~s recovery of maintenance. — **u~beˌdürf·tig** *adj* needing (*od.* in need of) support. — **~ˌbeiˌhil·fe** *f cf.* Unterhaltszuschuß. — **~ˌbeiˌtrag** *m cf.* Unterhalt 4. — **u~beˌrech·tigt** *adj* **1.** (*bei getrennt lebenden* [*Am. auch geschiedenen*] *Ehegatten*) entitled to alimony. – **2.** (*bei Kindern und getrennt lebenden* [*Br. auch geschiedenen*] *Ehegatten*) entitled to maintenance. — **~beˌrech·tig·te** *m, f* ⟨-n; -n⟩ **1.** person entitled to alimony. – **2.** person entitled to maintenance. — **~beˌtrag** *m cf.* Unterhalt 4. — **~empˌfän·ger** *m sociol.* recipient of national (*od.* public) assistance, welfare recipient. — **~ˌfor·de·rung** *f* **1.** claim for alimony. – **2.** recovery of maintenance. — **~ˌgeld** *n* **1.** *jur. cf.* Unterhalt 4. – **2.** national (*od.* public) assistance (money): ~ (*Fürsorgeunterstützung*) beziehen to be on welfare. — **~geˌwäh·rung** *f* granting of national (*od.* public) assistance. — **~ˌkla·ge** *f* **1.** action for alimony. – **2.** action for maintenance (*Am. auch* support). — **~ˌkosten** *pl* **1.** maintenance cost *sg.* – **2.** *jur.* maintenance *sg*, maintenance costs. — **~ˌpflicht** *f* **1.** obligation (*od.* liability) to pay alimony. – **2.** obligation (*od.* liability) to pay (*od.* provide) maintenance: sich der ~ entziehen to shirk one's obligation to pay alimony (*od.* of paying maintenance); seine ~ verletzen to fail to meet one's maintenance. — **u~ˌpflich·tig** *adj* **1.** under an obligation to pay alimony. – **2.** responsible for maintenance: ~ sein to be responsible for maintenance. — **~ˌpflich·ti·ge** *m, f* ⟨-n; -n⟩ **1.** person having a duty to maintain another. – **2.** person under an obligation to pay alimony. – **3.** person liable to pay maintenance. — **~ˌren·te** *f* maintenance allowance. — **~ˌrückˌstän·de** *pl* maintenance arrears. — **~ˌzah·lung** *f* **1.** alimony payment. – **2.** maintenance payment. — **~ˌzuˌschuß** *m* (*bes. des Staates an die Beamtenanwärter*) maintenance (*od.* subsistence) grant.

ˌUn·terˈhal·tung *f* ⟨-; -en⟩ **1.** *cf.* Unterhalten¹. – **2.** ⟨*only sg*⟩ (*von Schule, Rennstall etc*) upkeep, maintenance. – **3.** ⟨*only sg*⟩ (*von Gebäuden, Plätzen etc*) maintenance, (*Wartung*) *auch* upkeep: ~ und Instandsetzung maintenance and repair. – **4.** (*Vergnügen*) entertainment, amusement, diversion. – **5.** (*Gespräch*) conversation, talk, discourse.

ˌUn·terˈhal·tungs|ˌbei·ˌla·ge *f* (*einer Zeitung*) light reading supplement. — **~elekˌtro·nik** *f* entertainment electronics *pl* (*construed as sg*). — **~ˌfilm** *m* entertainment film. — **~konˌzert** *n* entertainment concert. — **~ˌko·sten** *pl cf.* Unterhaltskosten. — **~lekˌtü·re** *f* light reading. — **~li·te·raˌtur** *f* light and popular literature, light fiction. — **~muˌsik** *f* light music. — **~proˌgramm** *n* light program (*bes. Br.* programme). — **~roˌman** *m* light novel. — **~ˌsen·dung** *f* light program (*bes. Br.* programme). — **~ˌstück** *n* (*theater*) entertainment play. — **~ˌteil** *m* (*einer Zeitung*) light reading section.

ˌun·terˈhan·deln I *v/i* ⟨*insep, no* -ge-, h⟩ **1.** negotiate, treat, transact: mit j-m über (*acc*) etwas ~ to negotiate with s.o. on s.th., to treat with s.o. for s.th. – **2.** *mil.* parley. – **II U~** *n* ⟨-s⟩ **3.** *verbal noun.*

ˈUn·terˌhänd·ler *m* **1.** negotiator, negotiant, transactor. – **2.** (*Vermittler*) mediator, go-between. – **3.** *mil.* parliamentary.

ˌUn·terˈhand·lung *f* ⟨-; -en⟩ **1.** *cf.* Unterhandeln. – **2.** negotiation, transaction: mit j-m in ~en treten [stehen] to enter into [to carry on] negotiations with s.o. – **3.** *mil.* parley.

ˈUn·terˌhaupt *n civ.eng.* (*einer Schleuse*) lower (*od.* outer) gates *pl.*

ˈUn·terˌhaus *n* ⟨-es; *no pl*⟩ **1.** (*in Großbritannien u. den Commonwealthländern*) (the) House of Commons: im ~ in the Commons; Mitglied des ~es member of the House (of Commons). – **2.** lower house (*od.* chamber). — **~ˌab·geˌord·ne·te** *m, f,* **~ˌmitˌglied** *n* member of the House (of Commons). — **~ˌsit·zung** *f* session of the House (of Commons).

ˈUn·terˌhaut *f med.* hypoderm(is), subcutis, subcutaneous connective tissue. — **~ˌbin·de·geˌwe·be** *n* subcutaneous connective tissue. — **~ˌfett·geˌwe·be** *n* subcutaneous fatty tissue. — **~geˌwe·be** *n* hypoderm(is), subcutaneous tissue. — **~ˌzell·geˌwe·be** *n* subcutaneous cell tissue, hypoderm(is).

ˈUn·terˌhe·fe *f brew.* bottom yeast.

ˈUn·terˌhemd *n* undershirt, undervest, *bes. Br.* vest, *Am. auch* jersey.

ˌun·terˈhöh·len *v/t* ⟨*insep, no* -ge-, h⟩ **1.** undermine, hollow (*s.th.*) out from below. – **2.** *fig. cf.* untergraben[2].

ˈUn·terˌholz *n* ⟨-es; *no pl*⟩ (*forestry*) undergrowth, underwood, *bes. Am.* understory.

ˈUn·terˌhör·freˌquenz *f phys.* subaudio (frequency).

ˈUn·terˌho·se *f* **1.** (*für Herren*) underpants *pl* (*sometimes construed as sg*), drawers *pl,* (*kurze*) *auch* briefs *pl, bes. Am.* shorts *pl, bes. Br.* pants *pl* (*sometimes construed as sg*), (*lange*) *auch* long drawers (*od.* johns) *pl.* – **2.** (*für Damen*) pants *pl* (*sometimes construed as sg*), *bes. Br.* knickers *pl,* (*bes. kurze*) briefs *pl,* panties *pl* (*colloq.*).

ˈun·terˌir·disch I *adj* **1.** underground (*attrib*): ~er Gang underground passage, subway, tunnel; ~er Atomversuch underground atomic (*od.* nuclear) test. – **2.** *geol.* subterranean. – **3.** *myth.* (*Gefilde, Götter etc*) chtonian, infernal. – **II** *adv* **4.** die Bahn fährt ~ the train runs underground.

ˈUn·terˌjacke (*getr.* -k·k-) *f* sleeved undershirt, T-shirt, *auch* tee shirt.

ˌun·terˈjo·chen I *v/t* ⟨*insep, no* -ge-, h⟩ **1.** (*unterwerfen*) subjugate, put (*s.o.*) under the yoke, subject, enslave. – **2.** (*unterdrücken*) subjugate, keep (*s.o.*) under. – **II U~** *n* ⟨-s⟩ **3.** *verbal noun.* — **ˌUn·terˈjo·cher** *m* ⟨-s; -⟩ **1.** subjugator, enslaver. – **2.** subjugator. — **ˌun·terˈjocht I** *pp.* – **II** *adj* (*Völker etc*) subjugated, subjected, enslaved. — **ˌUn·terˈjo·chung** *f* ⟨-; -en⟩ **1.** *cf.* Unterjochen. – **2.** subjugation, subjection, enslavement.

ˈun·terˌju·beln *v/t* ⟨*sep,* -ge-, h⟩ j-m etwas ~ *colloq.* a) (*andrehen*) to palm s.th. off up(on) s.o., b) (*anlasten*) to pin s.th. on s.o.

ˈUn·ter·kaˌli·ber|geˌschoß *n mil.* subcaliber (*bes. Br.* subcalibre) projectile. — **~mu·niˌtiˌon** *f* subcaliber (*bes. Br.* subcalibre) ammunition.

ˈUn·ter|kaˌnal *m civ.eng.* tailrace. — **~ˌkan·te** *f* lower (*od.* bottom) edge.

ˈUn·ter·ka·pi·ta·liˌsie·rung *f econ.* undercapitalization *Br. auch* -s-.

ˈUn·terˌka·sten *m print.* lower case.

ˌun·terˈkei·len *v/t* ⟨*insep, no* -ge-, h⟩ *tech.* (*Maschine*) level (*s.th.*) with a wedge.

ˌun·terˈkel·lern [-ˈkɛlərn] **I** *v/t* ⟨*insep, no* -ge-, h⟩ ein Haus ~ to make a cellar under a house. – **II U~** *n* ⟨-s⟩ *verbal noun.* — **ˌUn·terˈkel·le·rung** *f* **1.** *cf.* Unterkellern. – **2.** cellars *pl* under (*od.* basement of) a house.

ˈUn·terˌkie·fer *m* **1.** *med. zo.* (*von Wirbeltieren*) lower jaw, underjaw; mandible, submaxilla (*scient.*). – **2.** *zo.* (*von Gliederfüßern*) mandible. — **~ˌast** *m* ramus of the lower jaw (*od.* of the mandible). — **~ˌbo·gen** *m* arch of the lower jaw. — **~ˌdrü·se** *f* mandibular gland. — **~ˌge·gend** *f* submaxillary region. — **~geˌlenk** *n* mandibular joint. — **~kaˌnal** *m* mandibular canal. — **~ˌkno·chen** *m* mandible, submaxilla, submaxillary.

ˈUn·terˌkinn *n* (*Doppelkinn*) double chin, jowls *pl* (*contempt.*).

ˈUn·terˌklas·se *f* **1.** *meist pl ped.* lower form, *bes. Am.* junior class. – **2.** *bot. zo.* subclass.

ˈUn·ter|ˌkleid *n* **1.** undergarment. – **2.** (*Damenunterkleid*) (full-length) slip. — **~ˌklei·dung** *f* underwear, underclothes *pl,* underclothing.

ˈun·terˌkom·men I *v/i* ⟨*irr, sep,* -ge-, sein⟩ **1.** (*Wohnung finden*) find accommodation (*od.* lodgings). – **2.** (*Anstellung finden*) find work (*od.* employment, *colloq.* a job), be taken on. – **3.** das ist mir schon einmal untergekommen *fig. colloq.* I have come across that before. – **II U~** *n* ⟨-s⟩ **4.** *verbal noun.* – **5.** *cf.* Unterkunft. – **6.** (*Anstellung*) situation, post, employment, job (*colloq.*).

ˈUn·terˌkom·mis·siˌon *f* subcommission.

ˈUn·terˌkör·per *m* **1.** lower part (*od.* half) of the body. – **2.** (*Bauch*) abdomen.

ˈun·terˌkrie·chen *v/i* ⟨*irr, sep,* -ge-, sein⟩ **1.** creep under(neath). – **2.** bei j-m ~ *fig. colloq.* (*Schutz suchen*) to find shelter (*od.* refuge) with s.o.: er sucht einen Platz, wo er ~ kann he is looking for shelter (*od.* refuge).

ˈun·terˌkrie·gen *v/t* ⟨*sep,* -ge-, h⟩ *colloq.* j-n ~ to bring s.o. to heel, to make s.o. knuckle under: er läßt sich nicht ~ he holds (*od.* stands, keeps) his ground, he does not give in; laß dich nicht ~! a) bear up! don't let it get you (down)! (*colloq.*), b) keep your end up! never say die! sie ist nicht unterzukriegen a) she has endless energy, b) she's a never-say-die, she never gives in, you can't get her down (*colloq.*).

ˈun·terˌkri·tisch *adj* **1.** *electr. phys.* (*Temperatur, Material*) subcritical. – **2.** *nucl.* (*Reaktor*) subcritical: ~e Anordnung subcritical assembly. – **3.** *electr.* ~e Kopplung loose coupling; ~e Dämpfung underdamping.

ˌun·terˈküh·len I *v/t* ⟨*insep, no* -ge-, h⟩ undercool, supercool. – **II U~** *n* ⟨-s⟩ *verbal noun.* — **ˌun·terˈkühlt I** *pp.* – **II** *adj* **1.** undercooled, supercooled. – **2.** er schreibt einen wissenschaftlich ~en Stil *fig.* he writes in a scientifically cool (*od.* unimpassioned) style. – **III** *adv* **3.** sie hat diese Rolle sehr ~ gespielt *fig.* (*zurückhaltend*) she underplayed this role, she played this role with great reserve. — **ˌUn·terˈküh·lung** *f* ⟨-; -en⟩ *cf.* Unterkühlen.

ˈUn·terˌkunft *f* ⟨-; -künfte⟩ **1.** *cf.* Unterkommen. – **2.** (*vorübergehende Wohnung*) accommodation, lodging(s *pl*): ~ und Verpflegung board and lodging, bed and board. – **3.** (*Obdach*) shelter, housing. – **4.** *mil.* cantonment, quarters *pl,* billet.

ˈUn·terˌkunfts|ˌhüt·te *f* refuge. — **~ˌmög·lich·keit** *f* accommodation: wir suchen eine ~ we are looking for accommodation(s). — **~ˌraum** *m mil. Br.* quarters *pl, Am.* cantonment area.

ˈUn·terˌla·ge *f* ⟨-; -n⟩ **1.** (*beim Arbeiten, Schreiben etc*) pad: eine ~ aus Gummi a rubber pad; eine ~ zum Schreiben a desk pad; für diese Arbeit brauchst du eine ~ you need something (*od.* a pad) for support for this work. – **2.** (*zum Darauflegen aus dünnem Material*) sheet: eine wasserundurchlässige ~ a waterproof sheet. – **3.** (*zum Daraufliegen aus festem Material*) mattress: wegen seiner Bandscheiben braucht er eine harte ~ he needs a hard mattress because of his slipped disk. – **4.** *pl fig.* (*Dokumente*) documents, papers: die ~n anfordern [prüfen, vernichten] to ask for [to examine, to destroy] the documents; die erforderlichen ~n einreichen to submit the required documents. – **5.** *pl fig.* (*Angaben*) material *sg,* data: zu diesem Thema gibt es überhaupt keine ~n there are no data available on this subject. – **6.** *fig.* (*Basis*) foundation: ich muß für den Alkohol eine gute ~ schaffen *colloq.* I must have a good foundation for the alcohol. – **7.** *tech.* (*Auflage, Stütze*) support, supporting surface, baseplate. – **8.** (*in der Schweißtechnik*) backing bar. – **9.** *civ.eng.* (*für Bodenbelag*) underlay. – **10.** *geol.* substratum, basement, bottom. – **11.** *hort.* (under)stock. – **12.** (*fashion*) foundation, lining. – **13.** (*sport*) (*beim Ringen*) underneath position.

ˈUn·terˌlagˌschei·be *f tech. cf.* Unterlegscheibe.

ˈUn·terˌland *n* ⟨-(e)s; *no pl*⟩ lowlands *pl, auch* lowland, low country. — **ˈUn·terˌlän·der** *m* ⟨-s; -⟩ lowlander.

ˈUn·terˌlaß [-ˌlas] *m only in* ohne ~ without intermission (*od.* cease, *colloq.* a letup, *Br.* let-up), incessantly, continuously.

ˌun·terˈlas·sen[1] I *v/t* ⟨*irr, insep, no* -ge-, h⟩ **1.** (*sich enthalten*) refrain from, desist from, (*bes. aus Schonung*) forbear: unterlaß deine spöttischen Bemerkungen! refrain from (*od.* stop) (making) your supercilious remarks! Zwischenrufe sind zu ~! please refrain from interrupting! no interruption(s), please! das Rauchen ~ to refrain from smoking; das Trinken ~ to refrain (*od.* abstain) from drinking. – **2.** (*bleibenlassen*) stop: unterlaß das (gefälligst)! a) stop (*od.* quit) that! (*bes. j-n zu berühren*) leave (*od.* lay) off! b) (*Bemerkung*) cut that (*od.* it) out! (*colloq.*). – **3.** (*versäumen*) omit, neglect, fail: warum wurde es ~? why was it neglected (*od.* omitted)? da Sie es ~ haben, die Sache zu prüfen since you neglected to look (*od.* neglected looking) into the matter; er hat es ~, rechtzeitig Bescheid zu geben he failed to inform us in time; wir werden nichts ~, um we shall leave nothing undone (*od.* shall do everything in our power) to; er unterließ es immer wieder, mit ihrem Vater zu sprechen he kept putting off speaking to her father. – **4.** *econ.* omit: wenn es der Käufer unterläßt, die fällige Rate zu zahlen if the purchaser fails to pay (*od.* defaults on his payment of) an instal(l)ment due. – **5.** *jur.* (*Klageerhebung*) forbear. – **6.** (*Reise etc*) cancel, call off. – **II U~** *n* ⟨-s⟩ **7.** *verbal noun.* – **8.** *cf.* Unterlassung.

ˌun·terˈlas·sen[2] I *pp of* unterlassen[1]. – **II** *adj* ~e Hilfeleistung *jur.* denial (*od.* refusal) of assistance.

ˌUn·terˈlas·sung *f* ⟨-; -en⟩ **1.** *cf.* Unterlassen[1]. – **2.** ⟨*only sg*⟩ (*jedes Nichtstun, Versäumnis*) omission, failure, neglect: ~ der Hilfeleistung in Unglücksfällen failure to give help (*od.* assistance) in cases of accident. – **3.** *jur.* ⟨*only sg*⟩ a) (*einer Pflicht*) default, neglect, nonfeasance *Br.* non-, b) (*einer Klage im Zivilrecht*) forbearance, c) (*im Strafrecht*) omission: bei ~ in case of default; ~ der Anzeige misprision; auf ~ klagen to apply (*od.* sue) for an injunction. – **4.** *jur.* (*unterlassene Handlung*) omission: Handlungen und ~en acts (*od.* commissions) and omissions.

ˌUn·terˈlas·sungs|deˌlikt *n jur.* omission. — **~ˌfall** *m* case of default: im ~e sind empfindliche Strafen zu gewärtigen default is (*od.* defaulters are) liable to severe penalties. — **~ˌkla·ge** *f* action for an injunction, prohibitory action, *bes. Am.* action to cease and desist. — **~ˌsün·de** *f* **1.** *relig.* sin of omission. – **2.** *fig.* lapse: eine ~ begehen to (have a) lapse. — **~ˌur·teil** *n jur.* injunction.

ˈUn·terˌlauf *m* (*eines Flusses*) lower reaches *pl* (*od.* stretches *pl,* course) of a river.

ˌun·terˈlau·fen[1] *v/i* ⟨*irr, insep, no* -ge-, sein⟩ (*von Fehlern, Irrtum etc*) occur, be made: dir ~ immer dieselben Fehler you always make the same mistakes; es sind einige Fehler ~ several mistakes have been made (*od.* have occurred); mir ist ein Fehler ~ I made a mistake; bei der Ausführung Ihres Auftrages ist uns ein bedauerlicher Irrtum ~ an unfortunate error has occurred in the execution of your order.

ˌun·terˈlau·fen[2] ⟨*irr, insep, no* -ge-, h⟩ j-n ~ (*sport*) (*Gegner beim Ringkampf*) to run under s.o.('s guard).

ˌun·terˈlau·fen[3] I *pp of* unterlaufen[1] *u.* [2]. – **II** *adj* mit Blut ~ *med.* suffused with blood, ecchymotic (*scient.*); mit Blut ~e Stelle area suffused with blood; das Auge war mit Blut ~ the eye was bloodshot.

ˈUn·terˌle·der *n* sole leather.

ˈun·terˌle·gen[1] I *v/t* ⟨*sep,* -ge-, h⟩ (*dat*) **1.** put (*od.* lay) (*s.th.*) under(neath): du mußt etwas ~ (*unter Tischbein etc*) you must put s.th. under(neath) it; sie legte dem Kranken ein Kissen unter she put a cushion under(neath) the patient. – **2.** j-s Worten einen anderen Sinn ~ *fig.* to read another meaning into s.o.'s words. – **3.** einem Huhn Eier (zum Brüten) ~ to set a hen (on eggs). – **II U~** *n* ⟨-s⟩ **4.** *verbal noun.*

ˌun·terˈle·gen[2] *v/t* ⟨*insep, no* -ge-, h⟩ (*mit* with) **1.** (*mit Filz, Gummi etc*) underlay. – **2.** (*mit Stoff etc*) line. – **3.** der Melodie wurde ein Text unterlegt *mus.* words were put (*od.* set) to this tune.

ˌun·terˈle·gen[3] I *pp of* unterliegen[1]. – **II** *adj* **1.** (*nicht ebenbürtig, schwächer*) inferior: sie sind dem Gegner an Zahl ~ they are inferior in number (*od.* numerically inferior) to the enemy; er ist ihr geistig weit ~ he is intellectually greatly inferior to her, he cannot hold a candle to her; er zeigte sich im Sport ~ he was (*od.* proved [to be]) inferior in sport; der ~e Feind the inferior enemy. – **2.** (*besiegt*) losing, defeated: die bei der

Wahl ~e Partei the losing party in the election; die ~e Mannschaft the losing team; der ~e Feind the defeated enemy.

ˌUn·terˈle·ge·ne *m, f* ⟨-n; -n⟩ **1.** (*Verlierer[in]*) loser. – **2.** (*Schwächere*) underdog.

ˌUn·terˈle·gen·heit *f* ⟨-; *no pl*⟩ inferiority: zahlenmäßige ~ inferiority in number, numerical inferiority.

ˈUn·terˌleg|ˌklotz *m civ.eng.* wooden block, supporting wedge. — **~ˌplat·te** *f tech.* bedplate, ground (*od.* bearing) plate, liner, spacer. — **~ˌring** *m* supporting ring, washer. — **~ˌschei·be** *f* **1.** washer. – **2.** (*Abstandscheibe*) spacer, shim.

ˌun·terˈlegt I *pp of* unterlegen². – **II** *adj* mit Duchesse ~e Spitze (*textile*) lace underlaid with duchesse.

ˈUn·terˌleib *m med.* abdomen, belly, (*im engeren Sinn*) lower (part of the) abdomen, lower abdominal region, hypogastrium (*scient.*).

ˈUn·terˌleib·chen *n cf.* Leibchen 2.

ˈUn·terˌleibs|beˌschwer·den *pl med.* (lower) abdominal trouble *sg.* — **~entˌzün·dung** *f* (*bei Frauen*) adnexitis, inflammation of pelvic organs. — **~ˌge·gend** *f* (lower) abdominal region; hypogastric region, hypogastrium (*scient.*). — **~ˌkrank·heit** *f* (*bei Frauen*) abdominal trouble, disease of the pelvic organs (*scient.*). — **~ˌkrebs** *m* cancer of the abdomen (*od. scient.* pelvic organs). — **~ˌlei·den** *n cf.* Unterleibskrankheit. — **~ope·ra·tiˌon** *f* gyn(a)ecologic operation. — **~ˌschmer·zen** *pl* (lower) abdominal pain *sg* (*od.* pains).

ˈUn·terˌleut·nant *m DDR mil.* second lieutenant.

ˈUn·terˌlid *n* lower eyelid.

ˈUn·ter·lie·feˌrant *m econ.* subcontractor.

ˌun·terˈlie·gen¹ *v/i* ⟨*irr, insep, no* -ge-, sein⟩ **1.** (*im Kampf, Wettkampf etc*) be defeated, lose, lose out (*colloq.*): j-m ~ a) (*im Sport*) to lose to s.o., to be defeated (*od.* beaten) by s.o., b) (*in kriegerischen Auseinandersetzungen*) to be overcome (*od.* defeated) by s.o.; die Mannschaft unterlag mit 1:2 Toren the team lost 1—2; der Boxer unterlag nach Punkten the boxer lost on points (*od.* was outpointed); sie unterlagen der Übermacht they were overcome by superior force; sie unterlag der Versuchung *fig.* she yielded (*od.* succumbed) to temptation. – **2.** im Prozeß ~ *jur.* to lose a (*od.* fail in a) suit. – **3.** (*den Bestimmungen, dem Wechsel, der Kritik, Zensur*) (*dat* to) to be subject: es unterliegt der Rechtsprechung it falls under jurisdiction; dieser Vorgang unterliegt der Schweigepflicht this procedure is subject to secrecy; die Mode unterliegt dem Wandel der Zeit fashion is subject to the changes of time. – **4.** (*einer Gebühr, Steuer etc*) (*dat* to) be liable: die eingeführte Ware unterliegt dem Zoll the imported article is dutiable (*od.* liable to duty); das Einkommen unterliegt der Steuer the income is liable to tax(ation). – **5.** (*j-s Zuständigkeit*) (*dat* of) fall (*od.* come) under the purview: die Entscheidung unterliegt dem Ministerium the decision comes under the purview of the ministry; die Verantwortung unterliegt ihm he is responsible, it is his responsibility. – **6.** es unterliegt keinem Zweifel, daß *lit.* it admits of no doubt that, there is no doubt that. – **7.** (*officialese*) (*in Wendungen wie*) Ihr Gesuch unterliegt der Bearbeitung your application is under consideration (*od.* attended to); der Fall unterliegt einer genauen Untersuchung the case is undergoing close investigation, the case is being closely investigated.

ˈun·terˌlie·gen² *v/i* ⟨*irr, sep,* -ge-, h *u.* sein⟩ etwas ~ haben *colloq.* to have s.th. under one.

ˌun·terˈlie·gend I *pres p of* unterliegen¹. – **II** *adj* ~e Prozeßpartei *jur.* unsuccessful party, losing party in an action.

ˈUn·terˌliek *n mar.* (*eines Segels*) footrope.

ˈUn·terˌlip·pe *f* **1.** lower lip, underlip. – **2.** *bot. zo.* labium.

ˈUn·ter·liˌzenz *f econ.* sublicence, *Am.* sublicense.

un·term [ˈʊntərm] *colloq. for* unter dem.

ˌun·terˈma·len I *v/t* ⟨*insep, no* -ge-, h⟩ **1.** (*art*) (*grundieren*) prime, ground. – **2.** etwas mit Musik ~ *fig.* a) (*Vortrag etc*) to provide s.th. with a musical background, to accompany s.th. with music, b) (*Film etc*) to (under)score s.th., (*mit Ton*) to add the sound effects to s.th. – **II U~** *n* ⟨-s⟩ **3.** *verbal noun.* — **ˌUn·terˈma·lung** *f* ⟨-; *no pl*⟩ **1.** *cf.* Untermalen. – **2.** (*art*) background, priming (coat). – **3.** musikalische ~ *fig.* a) incidental (*od.* background) music, b) (*eines Films*) underscore. – **4.** (*film*) (*Tonuntermalung*) sound effects *pl.*

ˈUn·terˌmann *m* ⟨-(e)s; -männer⟩ **1.** (*sport*) (*beim Ringen*) competitor underneath. – **2.** (*in der Artistik*) support(er), bottom man.

ˈUn·terˌmars,se·gel *n mar.* lower topsail.

ˈUn·terˌmaß *n rare tech.* undersize.

ˈUn·terˌmast *m mar.* lower mast.

ˌun·terˈmau·ern I *v/t* ⟨*insep, no* -ge-, h⟩ **1.** *civ.eng.* underpin by masonry. – **2.** *fig.* (*stützen*) support, corroborate, substantiate, reinforce, *auch* reenforce, bolster, underpin: eine Behauptung mit Beispielen ~ to support a statement with examples. – **II U~** *n* ⟨-s⟩ **3.** *verbal noun.* — **ˌUn·terˈmaue·rung** *f* ⟨-; *no pl*⟩ **1.** *cf.* Untermauern. – **2.** *fig.* groundwork.

ˈUn·ter·me·diˌan·te *f mus.* submediant.

ˈun·terˌmee·risch [-ˌmeːrɪʃ] *adj cf.* unterseeisch.

ˌun·terˈmen·gen¹ *v/t* ⟨*insep, no* -ge-, h⟩ (*vermengen*) (mit with) intermix, intermingle, *bes. gastr.* mix (*s.th.*) up.

ˈun·terˌmen·gen² *v/t* ⟨*sep,* -ge-, h⟩ mix (*od.* fold) (*s.th.*) in.

ˈun·terˌmensch·lich *adj* subhuman.

ˈUn·terˌmie·te *f* **1.** (*Untermietverhältnis*) subtenancy, undertenancy, *Br.* under-tenancy: er wohnt in (*od.* zur) ~ he is a subtenant (*od.* an undertenant, *Br.* an under-tenant, a lodger, *Am. auch* a roomer), he lives in lodgings; bei j-m in (*od.* zur) ~ wohnen to lodge with s.o. – **2.** (*Untervermietung*) sublease, underlease, *Br.* under-lease: ein Zimmer in ~ vergeben to sublet (*od.* underlet) a room.

ˈUn·terˌmie·ter *m,* **ˈUn·terˌmie·te·rin** *f* subtenant, *auch* undertenant, *Br.* under-tenant, *Br.* lodger, *Am. auch* roomer, underlessee: Untermieter nehmen to take in lodgers (*Am. auch* roomers).

ˈUn·terˌmiet(s)·verˌhält·nis *n* subtenancy.

ˌun·ter·miˈnie·ren I *v/t* ⟨*insep, no* -ge-, h⟩ **1.** *bes. mil.* undermine, sap. – **2.** *fig. cf.* untergraben². – **II U~** *n* ⟨-s⟩ **3.** *verbal noun.* — **ˌUn·ter·miˈnie·rung** *f* ⟨-; *no pl*⟩ *cf.* Unterminieren.

ˌun·terˈmi·schen¹ *v/t* ⟨*insep, no* -ge-, h⟩ *cf.* untermengen¹.

ˈun·terˌmi·schen² *v/t* ⟨*sep,* -ge-, h⟩ *cf.* untermengen².

un·tern [ˈʊntərn] *colloq. for* unter den.

ˈun·terˌneh·men¹ *v/t* ⟨*irr, sep,* -ge-, h⟩ j-n ~ to hold s.o. under the arm, to support s.o.

ˌun·terˈneh·men² I *v/t* ⟨*irr, insep, no* -ge-, h⟩ **1.** (*Reise etc*) take, undertake, go on: wir unternahmen einen Ausflug we took (*od.* made, went on) an excursion; einen Spaziergang ~ to take (*od.* go for) a walk. – **2.** (*beginnen, tun*) do: was wollen wir heute ~? what shall we do today? mit dieser Summe läßt sich (*od.* kann man) schon etwas ~ one can do quite a bit with this sum. – **3.** (*in die Wege leiten*) undertake, do: ich werde vorläufig nichts ~ I shall not undertake (*od.* do) anything (*od.* I shall not take any action) for the time being; es ist bis jetzt noch nichts unternommen worden, um nothing has been undertaken (*od.* attempted) so far to; er hat nichts gegen mich unternommen he did not do anything (*od.* he took no action) against me; man muß doch etwas dagegen ~ s.th. will have to be done about it; → Schritt 8. – **4.** (*in Gang bringen*) venture upon, undertake: eine Werbekampagne ~ to venture upon (*od.* undertake, engage in) a campaign. – **5.** es ~, etwas zu tun (*es auf sich nehmen*) to undertake (*od.* take it upon oneself) to do s.th. – **II U~** *n* ⟨-s⟩ **6.** *verbal noun.* – **7.** *cf.* Unternehmung.

ˌUn·terˈneh·men³ *n* ⟨-s; -⟩ **1.** *econ.* firm, enterprise, business, concern, establishment, undertaking, *Am. colloq. auch* outfit: gemeinnütziges ~ nonprofit (*Br.* non-profit-making) enterprise; gemeinsames ~ joint enterprise (*od.* venture); große [kleine] ~ big [small] business *sg*; ein mittleres ~ a medium-sized concern (*od.* establishment); ein privates [staatliches] ~ a private(ly owned) [public(ly owned) (*od.* government)] enterprise; die ~ der öffentlichen Hand public(ly owned) enterprises (*od.* undertakings); ~ der gewerblichen Wirtschaft trading enterprise; ein ~ errichten [gründen] to establish [to found] an enterprise; ein ~ finanzieren to finance an enterprise. – **2.** (*Vorhaben*) enterprise, venture: ein fruchtloses ~ an unsuccessful enterprise, a wild-goose chase; ein gewagtes ~ a daring undertaking, a venture; das ~ gelang [scheiterte] the enterprise (*od.* venture) was successful [was unsuccessful (*od.* failed)]; der glückliche Ausgang eines ~s the success of an undertaking; wir haben ihm die Mittel zu diesem ~ zur Verfügung gestellt we provided him with the money for this undertaking (*od.* project). – **3.** *mil.* action, operation, *auch* enterprise.

ˌun·terˈneh·mend I *pres p of* unternehmen². – **II** *adj* (*Mensch*) enterprising: er ist sehr ~ he is very enterprising.

ˌUn·terˈneh·mens|beˌra·ter *m econ.* management consultant. — **~ˌform** *f econ. jur.* form of business organization (*Br. auch* -s-), type of enterprise. — **~kon·zen·tra·tiˌon** *f* concentration of enterprise(s). — **~ˌlei·tung** *f* management. — **~po·liˌtik** *f* **1.** policy of a firm. – **2.** managerial policy. — **~zuˌsam·menˌschluß** *m* combination (*od.* amalgamation) of firms.

ˌUn·terˈneh·mer *m* ⟨-s; -⟩ *econ.* **1.** entrepreneur. – **2.** (*Arbeitgeber*) employer: ~ und Arbeiter employers (*od.* management, the industry) and employees (*od.* labo[u]r). – **3.** (*Industrieller*) industrialist. — **~ˌgeist** *m* ⟨-(e)s; *no pl*⟩ entrepreneurial spirit. — **~geˌwinn** *m* (*business*) profit (*od.* earnings *pl*). — **~ˌhaf·tung** *f* employer's liability.

ˌun·terˈneh·me·risch *adj* entrepreneurial, businesslike: er hat ~e Fähigkeiten he has the qualities of an enterprising businessman.

ˌUn·terˈneh·mer|ˌlohn *m econ. cf.* Unternehmergewinn. — **~or·ga·ni·sa·tiˌon** *f* employers' organization (*Br. auch* -s-). — **~ˌpfandˌrecht** *n econ. jur.* employer's (right of) lien.

ˌUn·terˈneh·mer·tum *n* ⟨-s; *no pl*⟩ *econ.* **1.** (*Gesamtheit der Unternehmer*) employers *pl,* industrialists *pl,* business. – **2.** entrepreneurship: freies [privates] ~ free [private] enterprise.

ˌUn·terˈneh·mer|verˌband *m econ.* employers' association (*od.* union, federation). — **~ˌwag·nis** *n* allgemeines ~ business risk (*od.* hazard). — **~ˌwirt·schaft** *f* ⟨-; *no pl*⟩ private enterprise (system). — **~zuˌsam·menˌschluß** *m* employer's organization (*Br. auch* -s-) (*od.* association).

ˌUn·terˈneh·mung *f* ⟨-; -en⟩ **1.** *cf.* Unternehmen². – **2.** (*Transaktion*) transaction: Geld in unsicheren ~en anlegen to invest money in insecure transactions; er wurde in zweifelhafte geschäftliche ~en verwickelt he became involved in dubious transactions.

ˌUn·terˈneh·mungs|ˌgeist *m* ⟨-(e)s; *no pl*⟩, **~ˌlust** *f* ⟨-; *no pl*⟩ (spirit of) enterprise, enterprising spirit, initiative; *Am. colloq.* getup, go-ahead(ativeness), go-aheaditiveness: ohne ~ unenterprising. — **u~ˌlu·stig** *adj* **1.** enterprising, go-ahead (*colloq.*) (*attrib*), full of go (*colloq.*) (*od. sl.* pep). – **2.** (*verwegen*) adventurous, venturesome.

ˈun·ter·norˌmal *adj psych.* subnormal.

ˈUn·ter·of·fiˌzier *m* **1.** *mil.* noncommissioned (*Br.* non-commissioned) officer, NCO, *Am. colloq. auch* noncom: ~e und Mannschaften a) *Am.* enlisted personnel (*od.* men), *Br.* other ranks, b) (*bei der Luftwaffe*) airmen: ~ vom Dienst duty NCO, *Am.* NCO in charge of quarters. – **2.** *mar.* petty (*od.* non[-]commissioned) officer. – **3.** *mil.* (*als Dienstgrad*) sergeant. – **4.** *aer.* (*als Dienstgrad*) *Am.* airman 1st class, *Br.* corporal.

ˈUn·ter·of·fiˌziers|ˌanˌwär·ter *m mil. mar.* candidate for noncommissioned (*Br.* non-commissioned) rank, NCO candidate. — **~ˌmes·se** *f mar.* (*Speiseraum auf Schiffen*) petty officers' mess. — **~ˌschu·le** *f mil.* non(-)commissioned officers' (*od.* NCO) school.

ˈun·terˌord·nen I *v/reflex* ⟨*sep,* -ge-, h⟩ sich ~ **1.** subordinate oneself: sich j-m ~ to subordinate oneself to s.o.; er kann sich nicht ~ he cannot subordinate himself, he is not compliant. – **2.** (*nachgeben*) submit: sie hat sich ihm untergeordnet she submitted to him. – **II** *v/t* **3.** subordinate: seine Wünsche denen eines anderen ~ to subordinate one's wishes to those of s.o. else. – **III U~** *n* ⟨-s⟩ **4.** *verbal noun.* – **5.** subordination. – **6.** submission. — **ˈun·terˌord·nend I** *pres p.* – **II** *adj ling.* (*Konjunktion*) subordinating. — **ˈUn·terˌord·nung** *f* ⟨-; -en⟩ **1.** *cf.* Unterordnen. – **2.** *bot. zo.* suborder.

ˈUn·ter·or·ga·ni·sa·tiˌon *f* subsidiary organization (*Br. auch* -s-).

ˈUn·terˌpacht *f jur.* sublease. — **ˈUn·terˌpäch·ter** *m* sublessee.

ˈUn·terˌpfand *n meist fig.* pledge: ein Ring als ~ der Treue a ring as a pledge of fidelity.

ˌUn·terˈpfla·ster(ˌstra·ßen)ˌbahn *f* underground (*bes. Am.* subway) tram.

ˈun·terˌpflü·gen *v/t* ⟨*sep*, -ge-, h⟩ *agr.* plough (*bes. Am.* plow) (*s.th.*) under (*od.* in), turn (*s.th.*) under (*od.* in).

ˈun·terˌphos·pho·rig *adj chem.* hypophosphorous: ~e Säure hypophosphorous acid (H_3PO_2). — **ˈUn·terˌphos·phorˌsäu·re** *f* hypophosphoric acid ($H_4P_2O_6$).

ˈUn·terˌpri·ma *f ped. eighth year at a German secondary school.* — **ˈUn·ter·priˌma·ner** *m*, **ˈUn·ter·priˌma·ne·rin** *f pupil of an ʻUnterprima'.*

ˈun·ter·pri·vi·leˌgiert *adj* underprivileged. — **ˈUn·ter·pri·vi·leˌgier·te** *m, f* ⟨-n; -n⟩ underprivileged person: die ~n *pl* the underprivileged classes.

ˈUn·ter|pro·duk·tiˌon *f econ.* underproduction, *Br.* under-production. — **~pro·ˌgramm** *n* (*computer*) subroutine: dynamisches [statisches] ~ dynamic [static] subroutine.

ˈUn·terˌputz|ˌlei·tung *f electr.* concealed (*od.* buried) wire (*od.* wiring). — **~ˌschal·ter** *m* flush (*od.* recessed) switch.

ˌun·terˈque·ren *v/t* ⟨*insep, no* -ge-, h⟩ (*Nordpol*) (*von Atom-U-Boot*) underrun.

ˌun·terˈre·den *v/reflex* ⟨*insep, no* -ge-, h⟩ sich (mit j-m) ~ to converse (*od.* confer) (with s.o.). — **ˌUn·terˈre·dung** *f* ⟨-; -en⟩ **1.** (*Besprechung*) talk(s *pl*), conversation, discussion: ihre ~ dauerte fast zwei Stunden their discussion (*od.* talk) lasted for nearly two hours; eine geheime ~ mit j-m haben to hold secret talks with s.o., to be closeted with s.o.; es fand eine ~ zwischen den beiden Politikern statt a discussion took place between the two politicians; die ~ ist für 10 Uhr angesetzt the conference is (*od.* the talks are) scheduled (*od.* fixed) for 10 o'clock. – **2.** (*bes. mit Pressevertretern*) interview: er bat um eine ~ he asked for an interview; j-m eine ~ gewähren to grant s.o. an interview. – **3.** *mil.* (*mit Parlamentär*) parley.

ˈun·ter·re·prä·senˌtiert *adj* underrepresented.

ˈUn·terˌricht [-ˌrɪçt] *m* ⟨-(e)s; *rare* -e⟩ **1.** (*planmäßiges Lehren*) instruction, teaching: ~ an Universitäten university teaching (*od.* instruction); programmierter ~ programmed instruction; neue Methoden im ~ new methods in teaching; was den ~ in Deutsch betrifft as regards German instruction; ~ in einer Fremdsprache foreign language teaching. – **2.** (*Schulunterricht*) school, classes *pl*, lessons *pl*: der ~ beginnt um acht Uhr school begins at eight o'clock; wir haben täglich fünf Stunden ~ we have five hours of classes daily; den ~ schwänzen *colloq.* to play truant (*Am. sl.* hook[e]y), to cut class(es); den ~ versäumen to be absent from (*od.* miss) classes; er muß den ~ nachholen he has to make up for the classes he missed; den ~ in einer Klasse übernehmen to take a class; ~ im Freien outdoor classes *pl*; nach dem ~ after school (hours); vom ~ befreit excused (*od.* exempt[ed]) from classes. – **3.** (*Unterrichtsstunden*) classes *pl*, lessons *pl*: am ~ teilnehmen to take part in classes; die Teilnahme am ~ ist obligatorisch it is compulsory to attend classes, class attendance is compulsory; heute fällt der ~ aus there are no classes (*od.* lessons) today, there is no school today; während des ~s during classes, during school (hours); sich für den ~ vorbereiten to prepare one's lessons, to do one's prep (*colloq.*); ~ geben a) (*Stunden geben*) to give lessons (*od.* instruction), to teach, b) (*in einem Kurs etc*) to hold classes, to teach, c) (*in der Schule*) to teach; sie gibt (*od.* erteilt) englischen ~ a) she gives English lessons (*od.* lessons in English), b) (*in der Schule*) she teaches English; j-m im Zeichnen ~ geben to give s.o. drawing lessons, to instruct s.o. in drawing; sie nimmt jetzt ~ beim Gesanglehrer she is taking lessons with a singing teacher.

ˌun·terˈrich·ten I *v/t* ⟨*insep, no* -ge-, h⟩ **1.** *ped.* (*lehren*) teach: er unterrichtet Geschichte am Gymnasium he teaches history at a secondary school (*Br. etwa* grammar school); er unterrichtet uns in Mathematik he teaches us (*od.* instructs us in) mathematics; j-n in einer technischen Fertigkeit ~ to teach s.o. (*od.* train, school s.o. in) a technical skill. – **2.** (*Privatunterricht erteilen*) give lessons. – **3.** j-d unterrichtet j-n über (*acc*) (*od.* von) etwas s.o. informs (*od.* notifies, advises, *formell* apprises) s.o. of s.th., s.o. acquaints s.o. with (*od.* gives s.o. notice of) s.th.: er unterrichtete ihn über den Vorfall he informed (*od.* notified) him of (*od.* about) the incident, he advised him of the incident; die Kinder über die Gefahren im Verkehr ~ (*im voraus warnen*) to acquaint the children with (*od.* to warn the children of) the dangers involved in traffic; j-n laufend ~ to keep s.o. informed (*od.* up to date, au courant); man hat mich davon unterrichtet it came to my knowledge; ich bin davon nicht unterrichtet worden I have not heard of it, I have not been told about it. – **4.** etwas unterrichtet j-n s.th. informs s.o.: die Zeitung unterrichtet ihre Leser über die Ereignisse des Tages the newspaper informs its readers about the events of the day. – **II** *v/i* **5.** teach: sie unterrichtet an einer Schule she teaches at a school. – **III** *v/reflex* sich ~ **6.** inform oneself: sich über (*acc*) etwas ~ to inform oneself on (*od.* about) s.th., to obtain information on (*od.* about) s.th., to acquaint oneself with s.th.; um sich über die Verhältnisse, die in jener Gegend herrschen, zu ~ in order to acquaint oneself with (*od.* obtain information about) the conditions prevailing in that region; darüber muß ich mich erst noch ~ I must first acquaint myself with the facts; er hat sich davon unterrichtet, daß alles in Ordnung ist he has satisfied himself that all is well. – **IV U~** *n* ⟨-s⟩ **7.** *verbal noun*: das U~ macht ihm Freude he enjoys teaching. — **ˌun·terˈrich·tet I** *pp.* – **II** *adj* informed: falsch ~ sein a) to be wrongly informed, to be misinformed, b) *jur.* to be misdirected; gut [schlecht] ~ sein [not] to be well informed; über (*acc*) etwas (gut) ~ sein to be (well) informed about s.th., to be conversant with s.th.; in ~en Kreisen wird angenommen, daß in (well-)informed circles (*od.* quarters) it is thought that.

ˈun·terˌricht·lich *adj* (*officialese*) didactic, *auch* didactical, pedagogic(al), *auch* paedagogic: ~e Belange questions concerning teaching.

ˈUn·terˌrichts|ˌanˌstalt *f ped.* educational institution, school. — **~beˌhör·de** *f* education authority. — **~ˌbrie·fe** *pl* correspondence lessons: Lehrgang in ~n correspondence course. — **~ˌfach** *n* subject of instruction, discipline. — **~ˌfilm** *m* educational (*od.* instructional) film. — **~ˌge·genˌstand** *m Austrian for* Unterrichtsfach. — **~ˌkun·de** *f* pedagogics *pl* (*construed as sg*), didactics *pl* (*construed as sg or pl*), pedagogy, theory of education. — **u~ˌkund·lich** [-ˌkʊntlɪç] *adj* didactic, *auch* didactical, pedagodic(al), *auch* paedagogic(al). — **~ˌleh·re** *f cf.* Unterrichtskunde. — **~meˌtho·de** *f* teaching (*od.* educational) method. — **~miˌni·ster** *m* Minister (*Am.* Secretary) of Education. — **~mi·niˌste·ri·um** *n* Ministry (*Am.* Department) of Education. — **~ˌmit·tel** *pl cf.* Lehrmittel. — **~ˌplan** *m* course of study, curriculum. — **~proˌgramm** *n* educational program (*bes. Br.* programme). — **~ˌraum** *m* **1.** classroom. – **2.** (*in Betrieben etc*) lecture room. — **~ˌschritt** *m* teaching step. — **~ˌstoff** *m* subject of instruction (*od.* education), subject-matter taught, teaching subject. — **~ˌstun·de** *f* lesson, class, period: während der ~n during lessons (*od.* school [hours]). — **~verˌfah·ren** *n*, **~ˌwei·se** *f cf.* Unterrichtsmethode. — **~ˌziel** *n* teaching objective.

ˌUn·terˈrich·tung *f* ⟨-; *no pl*⟩ **1.** *cf.* Unterrichten. – **2.** (*Belehrung*) instruction. – **3.** (*Information*) information: zu Ihrer ~ for your information.

ˈUn·terˌrock *m* (*fashion*) a) (*Unterkleid*) (full-length) slip, half-slip, petticoat, b) (*Halbrock*) waist slip, half-slip, petticoat, underskirt: er läuft jedem ~ nach *colloq. humor.* he runs (*od.* chases) after every petticoat.

ˈun·terˌrüh·ren *v/t* ⟨*sep*, -ge-, h⟩ *gastr.* stir (*od.* mix) (*s.th.*) in.

un·ters [ˈʊntərs] *colloq. for* unter das.

ˈUn·terˌsaat *f agr.* underseed.

ˌun·terˈsa·gen I *v/t* ⟨*insep, no* -ge-, h⟩ **1.** forbid, (*von amtlicher Seite*) prohibit, interdict, *bes. Am.* enjoin: j-m etwas ~ to forbid s.o. to do s.th., to forbid s.o. s.th., to prohibit s.o. from doing s.th., to tell s.o. not to do s.th.; der Arzt hat mir das Rauchen untersagt the doctor has forbidden me to (*od.* has told me not to) smoke, the doctor does not allow me to smoke; das Gesetz untersagte es einem Ausländer, dieses Amt zu bekleiden the law prohibited (*od.* interdicted, *bes. Am.* enjoined) aliens from holding that office. – **2.** *jur.* (*gerichtlich*) inhibit, restrain: ihm wurde (gerichtlich) untersagt, dies zu behaupten he was inhibited by court order from making this statement. – **II U~** *n* ⟨-s⟩ **3.** *verbal noun.* — **ˌun·terˈsagt I** *pp.* – **II** *adj* forbidden: das Betreten des Fabrikgeländes ist strengstens ~ trespassing (up)on the factory premises is strictly prohibited, no trespassing on the factory premises by order. — **ˌUn·terˈsa·gung** *f* ⟨-; *no pl*⟩ (*officialese*) **1.** *cf.* Untersagen. – **2.** (*von amtlicher Seite*) prohibition, interdiction, *bes. Am.* enjoinment. – **3.** *jur.* (*gerichtliche*) inhibition.

ˈun·ter·salˌpet·rig *adj* ~e Säure *chem.* hyponitrous acid (HON = NOH).

ˈUn·terˌsatz *m* **1.** (*für heiße Schüsseln, Teekanne, Töpfe*) stand. – **2.** (*aus Filz, Bast etc, bes. für Gläser*) mat. – **3.** (*für Bügeleisen etc*) stand, rest. – **4.** (*für Blumentöpfe etc*) saucer, pan. – **5.** hast du einen fahrbaren ~? *colloq. humor.* are you on wheels? – **6.** *philos.* (*in der Logik*) minor premise (*auch* premiss). – **7.** *mus.* (*der Orgel*) subbass.

ˈUn·terˌschall|geˌschwin·dig·keit *f aer.* subsonic (*od.* infrasonic) speed (*od.* velocity). — **~ˌströ·mung** *f* subsonic flow.

ˌun·terˈschät·zen I *v/t* ⟨*insep, no* -ge-, h⟩ **1.** (*Entfernung etc*) underestimate. – **2.** (*Person, j-s Fähigkeiten, Kräfte, Leistungen etc*) underrate, underestimate, undervalue: ich habe ihn unterschätzt I underestimated him. – **II U~** *n* ⟨-s⟩ **3.** *verbal noun.* — **ˌUn·terˈschät·zung** *f* ⟨-; *no pl*⟩ **1.** *cf.* Unterschätzen. – **2.** (*einer Entfernung etc*) underestimate, underestimation. – **3.** (*einer Person, der Fähigkeiten etc*) underestimate, underestimation, undervaluation.

ˌun·terˈscheid·bar *adj* distinguishable, discernible, discernable.

ˌun·terˈschei·den I *v/t* ⟨*irr, insep, no* -ge-, h⟩ **1.** distinguish, differentiate: man unterscheidet vier Typen one distinguishes (between) (*od.* differentiates) four types; es wird nicht deutlich genug unterschieden (zwischen) no clear distinction is made (between); diese Pflanzen sind schwer zu ~ it is difficult to differentiate these plants; sie werden nach ihrer Größe [Farbe] unterschieden they are distinguished by their size [colo(u)r]; sein Fleiß unterscheidet ihn von den anderen his industry distinguishes him from the others. – **2.** (*scharf trennen*) discriminate, distinguish, differentiate: er kann das Wesentliche nicht vom Unwesentlichen ~ he cannot differentiate between the important and the unimportant, he cannot discriminate (*od.* discern) the essential from the unessential. – **3.** (*auseinanderhalten*) tell (*persons, things*) apart, tell the difference between, distinguish: ich vermochte die Zwillinge nicht zu ~ I could not tell the twins apart; kannst du die beiden voneinander ~? can you tell one from the other? do you know one from the other? can you tell the difference between the two? ich kann nicht einmal Weizen von Gerste ~ I cannot even tell (*od.* do not even know) wheat from barley, I cannot even distinguish wheat from barley; diese beiden Dinge kann er nicht ~ he cannot tell the difference between the two things (*od.* which is which). – **4.** (*in Einzelheiten erkennen*) discern, make out, distinguish: am Horizont konnte er deutlich die beiden Schiffe ~ he could clearly distinguish the two ships on the horizon; man konnte nichts ~ one could distinguish nothing, you could not see a thing (*colloq.*). – **II** *v/i* **5.** (zwischen *dat* between) distinguish, make a distinction, differentiate: **man muß (dabei) zwischen fahrlässigem und vorsätzlichem Verhalten ~** one must distinguish (*stärker* discriminate) between negligence and premeditation; **er kann zwischen grün und rot nicht ~** he cannot distinguish between green and red. – **III** *v/reflex* **sich ~ 6.** differ, vary: **sich grundsätzlich von etwas ~** to differ basically from s.th.; **durch seine Hautfarbe unterscheidet er sich von den anderen** he differs (*od.* is distinguished) from the others by the colo(u)r of his skin; **bitte erklären Sie mir, worin sich die beiden Sorten ~** please explain to me how the two sorts differ (*od.* vary); **die Methode unterscheidet sich in nichts von der seiner Vorgänger** the method does not differ in any way from that of his predecessors. – **IV U~** *n* ⟨-s⟩ **7.** *verbal noun.* – **8.** *cf.* Unterscheidung. — **ˌun·ter'schei·dend I** *pres p.* – **II** *adj* **1.** distinctive, distinguishing, characteristic, discriminating: **das ~e Merkmal** the distinctive mark (*od.* feature), the characteristic (*od.* distinguishing) feature, the characteristic. – **2.** (*scharfsichtig*) discerning, discriminating: **ein scharf ~er, kritischer Verstand** a keenly discerning, critical mind. — **ˌUn·ter'schei·dung** *f* ⟨-; -en⟩ **1.** *cf.* Unterscheiden. – **2.** (*Feststellung eines Unterschieds*) distinction. – **3.** (*nach wesentlichen Merkmalen*) discrimination, differentiation, distinction. – **4.** (*Unterschied*) difference.

ˌUn·ter'schei·dungs|ˌfä·hig·keit *f* **1.** *cf.* Unterscheidungsvermögen. – **2.** *cf.* Unterscheidungskraft. — **~ˌfar·be** *f* distinctive color (*bes. Br.* colour). — **~ˌga·be** *f cf.* Unterscheidungsvermögen. — **~ˌkraft** *f* (*eines Warenzeichens*) distinctiveness. — **u~ˌkräf·tig** *adj* distinctive: **nicht ~e Warenzeichen** nondistinctive (*Br.* non-distinctive) trademarks. — **~ˌmerkˌmal** *n* **1.** distinctive mark (*od.* feature), characteristic (feature), distinguishing feature. – **2.** (*nach dem man etwas einordnen kann*) criterion. — **~verˌmö·gen** *n* ⟨-s; *no pl*⟩ discernment, powers *pl* of distinction (*od.* discrimination, discernment): **ein feines ~** keen discernment.

'Un·terˌschen·kel *m med.* shank, lower leg. — **~geˌschwür** *n* varicose ulcer. — **~ˌkno·chen** *m* tibia. — **~reˌflex** *m* front tap.

'Un·terˌschicht *f* **1.** lower stratum. – **2.** *geol.* substratum. – **3.** *sociol.* lower class.

'un·terˌschie·ben[1] **I** *v/t* ⟨*irr, sep,* -ge-, h⟩ **1.** (*Kissen, Stuhl, Holz etc*) push (*od.* put) (*s.th.*) underneath. – **2.** *cf.* **unterschieben**[2]. – **II U~** *n* ⟨-s⟩ **3.** *verbal noun.*

ˌun·ter'schie·ben[2] **I** *v/t* ⟨*irr, insep, no* -ge-, h⟩ **1.** (*an die Stelle setzen von*) substitute: **j-m ein Kind ~** a) (*vertauschen*) to substitute another baby for s.o.'s baby, b) (*als j-s Kind ausgeben*) to foist a child on s.o. – **2.** *jur.* (*Testament, Urkunde etc*) forge. – **3. j-m etwas ~** *fig.* (*Absicht, Behauptung, Tat etc*) to foist s.th. on s.o., to impute s.th. to s.o., to attribute s.th. falsely to s.o., to father s.th. (up)on s.o.: **die Äußerung habe ich nie getan, man hat sie mir unterschoben** I never made that remark — it was merely foisted (up)on me; **warum unterschiebst du mir diese Absicht?** why do you impute this intention to me? – **4. Worten einen anderen Sinn ~** *fig.* to read another meaning into words, to twist (the meaning of) words. – **II U~** *n* ⟨-s⟩ **5.** *verbal noun.*

'Un·terˌschie·bung[1] *f* ⟨-; -en⟩ *cf.* Unterschieben[1].

ˌUn·ter'schie·bung[2] *f* ⟨-; -en⟩ **1.** *cf.* Unterschieben[2]. – **2.** *jur.* (*eines Kindes*) (fraudulent) substitution. – **3.** (*einer Absicht etc*) imputation.

'Un·terˌschied [-ˌʃiːt] *m* ⟨-(e)s; -e⟩ **1.** difference, distinction: **ein auffallender [bedeutender] ~** a striking [significant] difference; **zwischen beiden Begriffen besteht ein feiner ~** there is a subtle difference between the two terms; **das ist ein großer ~!** a) there is a great deal of (*od.* there is quite a) difference! b) *iron.* there's a bit of difference! **ein haushoher (*od.* himmelweiter) ~** *colloq.* a world of difference, all the difference in the world; **ein krasser ~ zwischen arm und reich** a flagrant difference (*od.* disparity) between the rich and the poor; **ein kaum merklicher (*od.* kein wesentlicher) ~** no appreciable (*od.* essential) difference; **regionale ~e in der Verfassung** regional differences (*od.* dissimilarities) in the constitution; **soziale (*od.* gesellschaftliche) ~e** social distinctions (*od.* differences); **der ~ besteht darin, daß** the difference lies in the fact that; **~e im Preis [in der Qualität]** *econ.* differences in price [quality]; **ich kenne da keine ~e** I don't make any (*od.* I make no) difference; **der ~ fällt sofort ins Auge [kaum ins Gewicht]** the difference is quite obvious [is trivial *od.* insignificant]; **zwischen ihnen ist ein ~ wie Tag und Nacht** they are as different as chalk and cheese, they are poles apart; **die ~e verwischen sich allmählich** the distinctions (*od.* differences) are gradually disappearing; **ich sehe da keinen ~** I don't see any (*od.* fail to see the) difference; **das macht keinen ~** it makes no difference, it's all the same (thing), it amounts to the same thing; **es ist ein ~, ob du es sagst oder er** it's not the same thing whether you say it or he says it, whether you say it or he says it are two very different things; **mit dem ~, daß** with the difference that, except for the fact that; **der ~ gegen früher war nur** the difference compared with several years ago was only. – **2.** (*in der Niederschlagsmenge, Temperatur etc*) variation, difference: **hier gibt es keine ~e mehr in den Jahreszeiten** there are no longer any variations (*od.* differences) in seasons here. – **3.** (*Unterscheidung, Trennung*) distinction: **einen ~ machen (zwischen)** to make a distinction (between), to distinguish (between); **einen ~ feststellen zwischen** to discriminate (*od.* differentiate) between; **zum ~ von, im ~ zu** unlike, as opposed to, as distinguished from; **ohne ~ der Nationalität, Rasse, Religion** without distinction (*od.* irrespective, regardless) of nationality, race, religion; **die Steuererhöhung gilt ohne ~ für alle** the tax increase applies to all without exception (*od.* to all alike).

'un·terˌschied·lich [-ˌʃiːtlɪç] **I** *adj* **1.** (*verschieden*) different, varying: **Betriebe ~er Größenordnung** enterprises of different size. – **2.** (*voneinander abweichend*) varying, differing, variable: **~e Bestimmungen** varying provisions; **die ~e Qualität der Waren** the varying quality of the goods; **die Leistungen des Schülers sind ~** the pupil's work varies (*od.* is uneven). – **3.** (*diskriminierend*) discriminative, discriminatory, differential: **die ~e Behandlung der Neger** the discriminatory treatment of negroes, the discrimination against negroes. – **II** *adv* **4. j-n ~ behandeln** to discriminate against s.o. — **'Un·terˌschied·lich·keit** *f* ⟨-; *no pl*⟩ (*der Qualität, Leistungen etc*) variability, variableness, unevenness.

'Un·terˌschieds·beˌtrag *m econ. cf.* Differenzbetrag 1a.

'un·terˌschieds·los I *adj* **1.** (*Anwendung von Regeln, Grundsätzen, Methoden etc*) indiscriminate, undiscriminating, random (*attrib*). – **II** *adv* **2.** indiscriminately, without distinction. – **3. es werden alle Personen ~ behandelt** all persons are treated equally.

'un·terˌschläch·tig [-ˌʃlɛçtɪç] *adj tech.* (*Wasserrad etc*) undershot (*attrib*).

'Un·terˌschlag *m* ⟨-(e)s; -schläge⟩ *print.* foot (*od.* white, blank) line (*at the end of a page*).

ˌun·ter'schla·gen[1] **I** *v/t* ⟨*irr, insep, no* -ge-, h⟩ **1.** (*Gelder*) embezzle, defraud: **er hat im Laufe des letzten Jahres 1000 Mark ~** he embezzled 1,000 marks in the course of last year. – **2.** *jur.* (*öffentliche Gelder*) misappropriate, convert (*s.th.*) to one's own use, peculate, defalcate. – **3.** (*Brief*) intercept. – **4.** (*Beweisstücke, Urkunden, Testament etc*) suppress. – **5.** *fig. colloq.* (*Nachricht, Neuigkeit etc*) hold back, keep (*s.th.*) quiet, keep quiet about: **in seinem Lebenslauf hat er ~, daß** in his curriculum vitae he suppressed the fact that. – **6.** *fig. colloq.* (*Stelle im Text*) skip, leave out. – **II U~** *n* ⟨-s⟩ **7.** *verbal noun.* – **8.** *cf.* Unterschlagung.

'un·terˌschla·gen[2] *v/t* ⟨*irr, sep,* -ge-, h⟩ **die Beine ~** to cross one's legs.

ˌun·ter'schla·gen[3] **I** *pp of* unterschlagen[1]. – **II** *adj* (*Betrag etc*) embezzled.

ˌUn·ter'schla·gung *f* ⟨-; -en⟩ **1.** *cf.* Unterschlagen[1]. – **2.** (*von Geldern*) embezzlement, defraudation. – **3.** *jur.* (*öffentlicher Gelder*) misappropriation, fraudulent conversion, peculation, defalcation, malversation. – **4.** (*eines Briefes*) interception. – **5.** (*eines Testaments etc*) suppression.

'Un·terˌschleif [-ˌʃlaɪf] *m* ⟨-(e)s; -e⟩ **1.** *obs. for* Unterschlagung 2, 3. – **2. er hat ~ begangen** *Bavarian ped.* he wrote his paper with illicit aids, he cribbed.

'Un·terˌschlupf *m* ⟨-(e)s; =e⟩ **1.** (*Schlupfwinkel, Versteck*) hiding place; hideout, hideaway (*colloq.*). – **2.** (*Obdach*) shelter, refuge: **bei j-m ~ finden** to find shelter with s.o.; **j-m ~ gewähren** a) to give s.o. shelter, b) (*einem Verbrecher*) to give s.o. cover.

'un·terˌschlup·fen, 'un·terˌschlüp·fen *v/i* ⟨*sep,* -ge-, sein⟩ **1.** (*von Verbrecher etc*) (**bei j-m** with s.o.) find a hiding place, find cover. – **2.** (*von Hühnern*) (go to) roost.

'Un·terˌschlüs·selˌbeinˌgru·be *f med.* infraclavicular fossa.

ˌun·ter'schnei·den *v/t* ⟨*irr, insep, no* -ge-, h⟩ **1.** *arch.* (*Bauteil etc*) intersect. – **2.** *print.* a) kern, b) (*Klischee*) undercut.

ˌun·ter'scho·ben I *pp of* unterschieben[2]. – **II** *adj* **mir ~e Briefe** letters foisted on me, (*bewußt, zum Lesen*) *auch* letters smuggled in.

ˌun·ter'schrei·ben I *v/t* ⟨*irr, insep, no* -ge-, h⟩ **1.** (*Brief etc*) sign, put (*od.* set) one's name (*od.* signature) to: **das kann ich nicht ~** a) I cannot sign that, b) *fig.* (*gutheißen*) I cannot subscribe to (*od.* agree to, approve of) that. – **2.** *jur.* (*Urkunde, Urteil, Vertrag, Abkommen etc*) sign, undersign, subscribe (to), affix one's signature to, set one's hand (and seal) to, execute. – **II** *v/i* **3.** sign: **er hat blanko unterschrieben** he signed in blank; **Sie müssen eigenhändig ~** you must sign personally.

ˌun·ter'schrei·ten *v/t* ⟨*irr, insep, no* -ge-, h⟩ **1.** (*eine festgesetzte Grenze, einen Betrag etc*) fall below (*od.* short of), remain under. – **2.** *tech.* (*von Kurven, Zeiger etc*) move (*od.* go down) below. – **3.** *meteor.* (*von Temperaturen*) fall (*od.* drop) below.

ˌun·ter'schrie·ben I *pp of* unterschreiben. – **II** *adj* signed: **von j-m ~ sein** to be signed by s.o.; **die Karte ist ~ mit „X"** the postcard is signed "X" (*od.* bears the signature "X").

'Un·terˌschrift *f* ⟨-; -en⟩ **1.** signature: **eigenhändige ~** personal signature; **die ~ beglaubigen lassen** to have the signature certified (*od.* legalized, authenticated); **etwas durch ~ beglaubigen** to certify s.th. by one's signature; **seine ~ daruntersetzen (*od.* unter etwas setzen)** a) to put one's signature to s.th., b) *jur.* to affix one's signature to s.th.; **die ~ fälschen (*od.* nachahmen)** to forge (*od.* counterfeit) the signature; **das Schriftstück trägt seine ~** the document bears his signature; **~en sammeln** (*für eine Resolution etc*) to collect signatures; **j-m einen Brief zur ~ vorlegen** to submit a letter to s.o. for signature; **für die Richtigkeit der ~** *jur.* the above signature is certified herewith; **ein Brief mit seiner ~** a letter under (*od.* with) his signature. – **2.** *jur.* (*unter Urkunde, Vertrag etc*) signature, subscription: **~ und Siegel** hand and seal. – **3.** *print.* (*Bildunterschrift*) caption, legend, underline, cutline.

'Un·terˌschrif·ten|ˌmap·pe *f* signature folder. — **~ˌsamm·lung** *f* collection of signatures. — **~verˌzeich·nis** *n jur.* list of authorized (*Br. auch* -s-) signatures.

'un·terˌschrift·lich *adv rare* by signature.

'Un·terˌschrifts|beˌfug·nis *f* authorization (*Br. auch* -s-) (*od.* power) to sign, signatory power. — **~beˌglau·bi·gung** *f* **1.** certification (*od.* attestation, confirmation, legalization, authentication) of a signature. – **2.** *jur.* formal witnessing of a signature. — **u~beˌrech·tigt** *adj* authorized (*Br. auch* -s-) to sign: **~ sein** to be authorized to sign, to have signatory power, to have power to sign. — **~beˌrech·ti·gung** *f cf.* Unterschriftsbefugnis. — **~ˌfäl·schung** *f* forging (*od.* counterfeiting) of a signature. — **~ˌpro·be** *f* specimen signature.

'Un·terˌschriftˌstem·pel *m* signature stamp.

'Un·terˌschriftsˌvollˌmacht *f cf.* Unterschriftsbefugnis.

'Un·terˌschul·terˌblattˌge·gend *f med.* infrascapular region.

'Un·terˌschuß *m econ. cf.* Defizit.

'un·terˌschwef·lig *adj* **~e Säure** *chem.*

hydrosulfurous (*auch* hyposulfurous) (*bes. Br.* -ph-) acid ($H_2S_2O_4$).

'un·terˌschwel·lig [-ˌʃvɛlɪç] *adj med. psych.* (*Reiz*) subliminal.

'Un·terˌschwung *m* (*sport*) underswing.

'Un·terˌseeˌboot *n mar. mil. cf.* U-Boot.

'Un·terˌseeˌboot... *cf.* U-Boot...

'un·terˌsee·isch [-ˌzeːɪʃ] *adj geol.* submarine.

'Un·terˌseeˌka·bel *n tel.* submarine cable.

'Un·ter|ˌse·gel *n mar.* lower sail, course. — **~ˌseil** *n* (*mining*) balance rope.

'Un·terˌsei·te *f* **1.** (*eines Gegenstandes etc*) underside, bottom side, undersurface. – **2.** *bot.* (*eines Blattes*) undersurface.

'Un·ter·seˌkun·da *f ped. sixth year at a German secondary school.* — **'Un·ter·se·kunˌda·ner** *m*, **'Un·ter·se·kunˌda·ne·rin** *f pupil of an 'Untersekunda'.*

'un·terˌset·zen[1] *v/t* ⟨*sep*, -ge-, h⟩ (*Eimer etc*) set (*od.* place) (*s.th.*) underneath.

ˌun·ter'set·zen[2] *v/t* ⟨*insep*, *no* -ge-, h⟩ **1.** etwas mit etwas ~ to mix s.th. with s.th. – **2.** *tech.* (*Getriebe*) gear down, reduce.

'Un·terˌset·zer *m cf.* Untersatz 1—4.

ˌun·ter'setzt I *pp of* untersetzen[2]. – **II** *adj* thickset, squat, stocky, stumpy, stubby: er ist ~ he is thickset. — **ˌUn·ter'setzt·heit** *f* ⟨-; *no pl*⟩ (*untersetzte Gestalt*) thicksetness, squatness, stockiness, stumpiness, stubbiness.

ˌUn·ter'set·zung *f* ⟨-; -en⟩ *tech.* (*von Drehzahlen*) gear (*od.* speed) reduction.

ˌUn·ter'set·zungs|geˌtrie·be *n tech.* speed reduction gear. — **~verˌhält·nis** *n* reduction (gear) ratio.

ˌun·ter'sie·geln *v/t* ⟨*insep*, *no* -ge-, h⟩ (*Brief, Urkunde etc*) affix a seal at the bottom of.

'un·terˌsin·ken *v/i* ⟨*irr*, *sep*, -ge-, sein⟩ *cf.* untergehen 2.

'Un·terˌspan·nung *f* **1.** *electr.* undervoltage. – **2.** *metall.* (*bei der Werkstoffprüfung*) lower limit of stress.

ˌun·ter'spickt [-'ʃpɪkt] *adj Austrian gastr. for* durchwachsen[2] 1.

ˌUn·ter'spülˌbrücke (*getr.* -k·k-) *f med.* (*in der Zahnheilkunde*) hygiene (*od.* sanitary) bridge.

ˌun·ter'spü·len I *v/t* ⟨*insep*, *no* -ge-, h⟩ (*Uferrand etc*) wash (*s.th.*) away (*od.* hollow *s.th.* out) (from below). – **II U~** *n* ⟨-s⟩ *verbal noun.* — **ˌUn·ter'spü·lung** *f* **1.** *cf.* Unterspülen. – **2.** washout, *Br.* wash-out, underwashing, scouring. – **3.** *geol.* subsurface erosion.

'un·terst I *sup of* unter[2]. – **II** *adj* ⟨*attrib*⟩ **1.** (*ganz unten befindlich*) lowest, lowermost, bottom(most), undermost: in der ~en Etage on the bottom floor; die ~e Schublade the bottom (*od.* lowest) drawer. – **2.** (*tiefst*) bottom, lowest: die ~e Stufe a) the lowest step, b) *fig.* the first stage. – **3.** (*rangmäßig*) lowest. – **4.** (*minimal*) lowest, minimum: ~e Gehaltsstufe minimum salary level. – **5.** *ped.* (*Klasse*) lowest. – **6.** (*letzt*) last, lowest, bottom(most): von den Zeitungen die ~e wegnehmen to take away the bottommost (*od.* last) newspaper.

Un·ter·staats·se·kre·tär [ˌʊntər'ʃtaːtszekreˌtɛːr; 'ʊntər-] *m pol.* undersecretary of state.

'Un·terˌstadt *f* lower (part of) town.

'Un·terˌstamm *m zo.* subphylum.

'Un·terˌstand *m* **1.** (*zum Schutz vor Unwettern*) shelter: in einem ~ Zuflucht suchen to take cover in a shelter. – **2.** *mil.* a) (*ausgehobener*) dugout, *Br.* dug-out, (cut-and-cover) shelter, b) (*über der Erde*) surface shelter: bombensicherer ~ bombproof (*Br.* bomb-proof) shelter. – **3.** *Austrian for* Unterkunft.

'un·terˌstän·dig *adj* **1.** *bot.* inferior, hypogynous (*scient.*). – **2.** *vet.* ventral.

'un·terˌstands·los *adj Austrian for* obdachlos.

'Un·terˌstär·ke *f* (*forestry*) (*eines Baumes*) diameter under class limit, undersize.

'Un·ter·ste[1]**, das** ⟨-n; *no pl*⟩ the lowest part, the bottom: das ~ zuoberst kehren to turn everything upside down (*od.* topsy-turvy).

'Un·ter·ste[2] *m, f* ⟨-n; -n⟩ **1.** *ped.* (*der Klasse*) worst (pupil). – **2.** die ~n *pl sociol.* the inferiors.

'un·terˌstecken (*getr.* -k·k-) *v/t* ⟨*sep*, -ge-, h⟩ put (*od.* stick) (*s.th.*) underneath.

'un·terˌste·hen[1] *v/i* ⟨*irr*, *sep*, -ge-, h *u.* sein⟩ take shelter: er hat (*od.* ist) hier beim Regen untergestanden he took shelter here when it rained.

ˌun·ter'ste·hen[2] **I** *v/i* ⟨*irr*, *insep*, *no* -ge-, h⟩ **1.** j-m ~ to be subordinate to s.o., to be under s.o.: j-m unmittelbar ~ to be directly responsible (*od.* answerable) to s.o.; von nun an ~ Sie mir from now on you are subordinate(d) to me (*od.* under me, to take orders from me). – **2.** (*j-s Aufsicht*) be under s.o.('s control), be in s.o.'s charge: dem Direktor ~ sämtliche Abteilungen the manager is in charge of all departments, all departments report to the manager; der Aufsicht eines Vormunds ~ to be in (*od.* under) the charge of a guardian. – **3.** (*einem Gesetz etc*) come under, be subject to: er untersteht der Gerichtsbarkeit des anderen Staates he is subject to the jurisdiction of the other state. – **II** *v/reflex* sich ~ **4.** dare: sich ~, etwas zu tun to dare (*od.* have the impudence, cheek, *colloq.* nerve) to do s.th.; untersteh dich! (*als Drohung*) (don't) you dare! was ~ Sie sich! how dare you! untersteh dich wegzulaufen! don't you dare (to) run away.

'un·terˌstel·len[1] **I** *v/t* ⟨*sep*, -ge-, h⟩ **1.** put: du kannst deine Skier in meinem Schuppen ~ you can put your skis in my shed. – **2.** (*Möbel*) store. – **3.** (*Auto*) garage. – **II** *v/reflex* sich ~ **4.** (*bei Regen*) (take) shelter. – **III U~** *n* ⟨-s⟩ **5.** *verbal noun.* – **6.** storage.

ˌun·ter'stel·len[2] **I** *v/t* ⟨*insep*, *no* -ge-, h⟩ **1.** j-m etwas [j-n] ~ to put s.th. [s.o.] under s.o., to put s.o. in charge of s.th. [s.o.], to subordinate s.th. [s.o.] to s.o.: dieser Truppenteil wird Hauptmann X unterstellt this unit is put under Captain X's command (*od.* assigned to Captain X). – **2.** etwas ~ to assume (*od.* suppose, presume) s.th.: wir wollen einmal ~, daß er recht hat let us assume that he is right. – **3.** j-m etwas ~ to impute s.th. to s.o.: wie kannst du mir eine solche Absicht ~ how can you impute such an intention to me. – **4.** j-m ~, daß to insinuate (*od.* suggest) that: willst du mir ~, daß ich es getan habe? are you insinuating that I did it? – **II U~** *n* ⟨-s⟩ **5.** *verbal noun.* – **6.** *cf.* Unterstellung[2].

ˌun·ter'stellt I *pp of* unterstellen[2]. – **II** *adj* ihm sind 10 Leute ~ he has 10 people under him.

'Un·terˌstel·lung[1] *f* ⟨-; *no pl*⟩ *cf.* Unterstellen[1].

ˌUn·ter'stel·lung[2] *f* ⟨-; -en⟩ **1.** *cf.* Unterstellen[2]. – **2.** ⟨*only sg*⟩ (*Unterordnung*) subordination. – **3.** (*vorläufige Annahme*) assumption, supposition, presumption. – **4.** (*Anschuldigung*) imputation. – **5.** (*Andeutung, Anspielung*) insinuation, suggestion, innuendo. – **6.** *mil.* (*von Truppen*) assignment.

ˌun·ter'strei·chen I *v/t* ⟨*irr*, *insep*, *no* -ge-, h⟩ **1.** (*Geschriebenes*) underline, underscore, underdraw. – **2.** *fig.* (*betonen*) underline, underscore, emphasize *Br. auch* -s-, stress, punctuate, accentuate: das kann ich nur ~ I must second that. – **II U~** *n* ⟨-s⟩ **3.** *verbal noun.* — **ˌUn·ter'strei·chung** *f* ⟨-; -en⟩ **1.** *cf.* Unterstreichen. – **2.** *fig.* (*Betonung*) emphasis, stress, punctuation, accentuation.

'un·terˌstreu·en *v/t* ⟨*sep*, -ge-, h⟩ **1.** strew (*od.* sprinkle) (*s.th.*) among(st). – **2.** Tieren Stroh ~ to litter animals.

'Un·terˌströ·mung *f auch fig.* undercurrent, underset.

'Un·terˌstu·fe *f ped.* lower grades *pl* (*the first three years at a German secondary school*).

ˌun·ter'stüt·zen I *v/t* ⟨*insep*, *no* -ge-, h⟩ **1.** *civ.eng.* (*abstützen*) support, prop (up), (*mit Balken*) *auch* shore (up), (*mit Strebepfeilern*) *auch* buttress. – **2.** *fig.* (*mit Geld*) support, maintain. – **3.** *fig.* (*mit öffentlichen Geldern*) subsidize *Br. auch* -s-. – **4.** *fig.* (*Arme, Bedürftige etc*) relieve, succor, *bes. Br.* succour. – **5.** *fig.* (*durch Beistand u. Hilfe*) support, assist, aid, help, sustain. – **6.** *fig.* (*einen Kandidaten, Abgeordneten etc*) support, back (*s.o.*) (up), second, bolster (up): werden Sie mich ~, wenn ich diesen Vorschlag unterbreite? will you back me up if I make this proposal? – **7.** *fig.* (*Gesetzesentwurf, Gesuch etc*) support, back (*s.th.*) (up), advocate, endorse, second, bolster (up). – **8.** *fig.* (*bestätigen, bekräftigen*) corroborate, confirm. – **9.** *fig.* (*Eifer, Fleiß, Faulheit etc*) encourage. – **II U~** *n* ⟨-s⟩ **10.** *verbal noun.* – **11.** support. — **ˌUn·ter'stüt·zung** *f* ⟨-; -en⟩ **1.** *cf.* Unterstützen: zur ~ seines Arguments in support of his argument. – **2.** (*stützende Vorrichtung*) support, prop. – **3.** (*finanzielle*) support, maintenance. – **4.** (*für Arme, Bedürftige etc*) relief, benefit, aid, allowance: staatliche ~ state aid; (eine) ~ bekommen (*od.* beziehen) to draw an allowance, (*Fürsorgeunterstützung*) to be on (public) relief; von ~ leben to live on relief, *Br.* to be in receipt of public relief. – **5.** (*Subvention*) subvention, subsidy. – **6.** (*Hilfe, Beistand*) support, assistance, aid, help: moralische ~ moral support; du kannst mit meiner ~ rechnen you can count on my support; j-m ~ gewähren to give s.o. support (*od.* assistance), to support (*od.* assist, aid), s.o.; ohne deine ~ werde ich es nicht schaffen I won't make it without your assistance.

ˌUn·ter'stüt·zungs|ˌanˌspruch *m* right to benefit(s) (*od.* relief). — **~ˌaufˌwen·dung** *f* relief expenditure. — **u~beˌdürf·tig** *adj* in need of relief, indigent. — **u~beˌrech·tigt** *adj* entitled to relief. — **~empˌfän·ger** *m*, **~empˌfän·ge·rin** *f* person on relief, recipient (*od.* beneficiary) of (public) relief. — **~ˌfonds** *m* relief (*od.* provident, benevolent) fund. — **~ˌgel·der** *pl* **1.** (*für Arme, Bedürftige etc*) relief money *sg.* – **2.** (*staatliche Subventionen*) subsidies. — **~ˌkas·se** *f* provident fund. — **~verˌein** *m* benevolent association.

'Un·terˌsuch [-ˌzuːx] *m* ⟨-s; -e⟩ *Swiss for* Untersuchung.

ˌun·ter'su·chen I *v/t* ⟨*insep*, *no* -ge-, h⟩ **1.** (*Frage, Problem etc*) investigate, inquire (*auch* enquire, look, go) into, examine. – **2.** (*genau*) inspect, scrutinize *Br. auch* -s-, survey. – **3.** (*nachprüfen*) verify, check, confirm. – **4.** (*testen*) test, try, examine: ein Auto auf seine Verkehrssicherheit (hin) ~ to test a car for road safety. – **5.** (*erforschen*) explore. – **6.** (*durchsuchen*) search, inspect, scrutinize *Br. auch* -s-: der Zollbeamte hat mein ganzes Gepäck untersucht the customs official searched all my luggage (*bes. Am.* baggage). – **7.** (*ärztlich*) examine: sich ärztlich ~ lassen to have a medical examination (*od.* checkup). – **8.** *jur.* (*Fall, Tatbestand etc*) investigate, try: einen Fall erneut (*od.* nochmals) ~ to retry a case. – **9.** *bes. phys. chem. tech.* (*durch Proben, Analysen etc*) assay, analyze *Br. auch* -s-. – **10.** *med.* (*Wunde*) a) inspect, b) (*mit Sonde*) probe, sound. – **II U~** *n* ⟨-s⟩ **11.** *verbal noun.*

ˌUn·ter'su·chung *f* ⟨-; -en⟩ **1.** *cf.* Untersuchen. – **2.** (*polizeiliche, gerichtliche, amtliche*) investigation, inquiry, *auch* enquiry, (*gerichtliche*) *auch* inquisition: eine ~ durchführen to conduct (*od.* hold, make, carry out) an inquiry; ~en anstellen lassen to have investigations made; eine ~ ist angeordnet (worden) an inquiry has been ordered; ~en einleiten to institute investigations. – **3.** (*wissenschaftliche*) investigation, inquiry, *auch* enquiry, examination, research. – **4.** (*schriftliche Abhandlung*) treatise, study. – **5.** (*genaue Prüfung*) inspection, scrutiny, survey. – **6.** (*Überprüfung*) verification, check, confirmation. – **7.** (*Test*) test, examination, trial. – **8.** (*Erforschung*) exploration. – **9.** (*Durchsuchung*) search, inspection, scrutiny. – **10.** *med.* a) (*allgemeine*) examination, (medical) checkup, b) (*innerer Organe*) exploration, c) (*einer Infektionsquelle*) investigation: ärztliche ~ medical examination, medical (*colloq.*). – **11.** *bes. chem.* (*Analyse*) assay, analysis. – **12.** *tech. phys. civ.eng.* investigation.

ˌUn·ter'su·chungs|ˌausˌschuß *m* **1.** *jur. pol.* fact-finding (*od.* investigating) committee (*od.* commission), committee (*od.* commission) of inquiry (*auch* enquiry). – **2.** *mil.* court of inquiry (*auch* enquiry). — **~beˌfund** *m med.* (*schriftlicher*) examination report. — **~erˌgeb·nis** *n* **1.** findings *pl*, test result. – **2.** *med. cf.* Untersuchungsbefund. — **~geˌfan·ge·ne** *m, f jur.* prisoner awaiting trial, prisoner on remand, *Br.* person (*od.* prisoner) held on remand. — **~geˌfäng·nis** *n* remand prison. — **~ˌhaft** *f* **1.** (period of) remand, custody, detention (pending *od.* awaiting trial): die ~ anrechnen to make allowance for the time served while awaiting trial; j-n wegen etwas in ~ nehmen to commit s.o. for trial on a charge of s.th.; in ~ sein, sich in ~ befinden to be on remand; j-n in die ~ zurücksenden to remand s.o. (in custody, *Am.* into custody); aus der ~ vorgeführt werden to appear on remand. – **2.** *mil.* close arrest. — **~ˌhäft·ling** *m jur. mil. cf.* Untersuchungsgefangene. — **~kom·mis·siˌon** *f cf.* Untersuchungsausschuß. — **~meˌtho·de** *f* examination method. — **~ˌrich·ter** *m jur.* investigating (*od.* examining) magistrate, inquisitor. — **~ˌtisch** *m* (*beim Arzt*) examination table. — **~ˌzim·mer** *n* examination room, surgery.

ˌUn·ter'ta·ge|ˌar·bei·ter *m* (*mining*) underground worker (*od.* workman), *auch* miner. — **~ˌbau** *m* ⟨-(e)s; *no pl*⟩ underground mining. — **~beˌleg·schaft** *f* personnel underground. — **~beˌtriebsˌfüh·rer** *m* undermanager, chief underground official.

'Un·terˌtail·le *f* (*fashion*) camisole.

'Un·terˌtan [-ˌtaːn] *m* ⟨-s, *auch* -en; -en⟩ subject, vassal: „Der ~" "Little Superman" (*novel by H. Mann*).

'un·terˌtan *adj* ⟨*pred*⟩ j-m ~ sein to be subject (*od.* subordinate) to s.o., to be dependent on s.o.; sich (*dat*) j-n ~ machen to subjugate (*od.* subordinate) s.o.

'Un·terˌta·nen|ˌeid *m hist.* oath of allegiance. — **~ˌgeist** *m contempt.* submissive (*od.* servile, subservient) nature.

'un·terˌtä·nig [-ˌtɛːnɪç] **I** *adj* **1.** *cf.* untertan. – **2.** (*ergeben, demütig*) submissive, obedient, humble: Ihr ~ster Diener *obs. od. iron.* your most humble (and obedient) servant. – **3.** (*unterwürfig*) subservient, servile, submissive. – **II** *adv* **4.** ich bitte ~st *obs. od. iron.* I beg humbly. — **'Un·terˌtä·nig·keit** *f* ⟨-; *no pl*⟩ **1.** (*Ergebenheit*) submissiveness, submission, obedience, humility, humbleness. – **2.** (*Unterwürfigkeit*) subservience, *auch* subserviency, servility, submissiveness, submission.

'un·ter·taˌrif·lich *adj econ.* (*Bezahlung*) below agreed wages.

'Un·ter|ˌtas·se *f* **1.** saucer. – **2.** fliegende ~ (*außerirdisches Flugobjekt*) flying saucer. — **~ˌta·ste** *f mus.* (*der Klaviatur*) white (*od.* long, natural) key (*od.* note).

'un·terˌtau·chen I *v/i* ⟨*sep*, -ge-, sein⟩ **1.** (*von Taucher, Schwimmer, Vogel etc*) dive (underwater). – **2.** (*von U-Boot, sinkendem Gegenstand etc*) submerge, go below the surface, dive. – **3.** *fig.* (*verschwinden*) disappear: der Verbrecher konnte in der Großstadt leicht ~ the criminal could easily disappear in the big city. – **4.** *fig.* (*aus politischen Gründen*) go underground. – **II** *v/t* ⟨h⟩ **5.** (*etwas*) (in *dat*) dip (in), immerse (in), plunge (into). – **6.** j-n ~ to duck s.o., to give s.o. a ducking. – **III U~** *n* ⟨-s⟩ **7.** *verbal noun.* – **8.** (*von U-Boot etc*) submersion. – **9.** (*eines Gegenstandes in einer Flüssigkeit*) immersion. – **10.** *fig.* (*Verschwinden*) disappearance.

'Un·terˌteil *n, m* lower part, bottom part.

ˌun·ter'tei·len I *v/t* ⟨*insep, no* -ge-, h⟩ **1.** (*Fläche etc*) subdivide. – **2.** (*in Gruppen gliedern*) group, classify. – **3.** (*in Untergruppen gliedern*) subclassify, subgroup. – **II U~** *n* ⟨-s⟩ **4.** *verbal noun.* — **ˌUn·ter'tei·lung** *f* **1.** *cf.* Unterteilen. – **2.** subdivision. – **3.** classification. – **4.** subclassification.

'Un·ter|tem·pe·raˌtur *f med.* subnormal temperature, temperature below normal, (*außergewöhnlich niedrige*) *auch* hypothermia (*scient.*). — **~ˌter·tia** *f ped. fourth year at a German secondary school.* — **~ter·tia·ner** [-tɛrˌtsĭaːnər] *m,* **~ter·tia·ne·rin** [-tɛrˌtsĭaːnərɪn] *f pupil of an 'Untertertia'.* — **~ˌti·tel** *m* **1.** (*eines Buches, Artikels etc*) subtitle. – **2.** (*film*) subtitle, caption: ein Film in Originalfassung mit ~n a film in its original version with subtitles. — **u~'ti·teln** [ˌʊntər-] *v/t* ⟨*insep, no* -ge-, h⟩ subtitle. — **~ˌton** *m* ⟨-(e)s; ⸚e⟩ **1.** *mus.* undertone. – **2.** *fig.* undertone, *auch* undersong: er sagte das mit einem ~ von Spott he said that with an undertone of mockery.

ˌun·ter'trei·ben *v/i* ⟨*irr, insep, no* -ge-, h⟩ understate. — **ˌUn·ter'trei·bung** *f* ⟨-; -en⟩ understatement.

'un·terˌtre·ten *v/i* ⟨*irr, sep,* -ge-, sein⟩ (take) shelter.

ˌun·ter'tun·neln [-'tʊnəln] **I** *v/t* ⟨*insep, no* -ge-, h⟩ tunnel: den Mont Blanc ~ to tunnel (through *od.* under) Mont Blanc. – **II U~** *n* ⟨-s⟩ *verbal noun.* — **ˌUn·ter'tun·ne·lung** *f* ⟨-; *no pl*⟩ *cf.* Untertunneln.

'un·ter·verˌmie·ten *v/t* ⟨*only inf u. pp* untervermietet, h⟩ sublet, sublease, underlet. — **'Un·ter·verˌmie·ter** *m,* **'Un·ter·verˌmie·te·rin** *f* sublessor. — **'Un·ter·verˌmie·tung** *f* sublease.

'un·ter·verˌpach·ten *v/t* ⟨*only inf u. pp* unterverpachtet, h⟩ sublet, sublease, underlet. — **'Un·ter·verˌpäch·ter** *m* sublessor. — **'Un·ter·verˌpach·tung** *f* sublease.

'un·ter·verˌsi·chern *v/t* ⟨*only inf u. pp* unterversichert, h⟩ *econ.* (*unter dem Wert*) underinsure. — **'un·ter·verˌsi·chert I** *pp.* – **II** *adj* ~ sein to be underinsured. — **'Un·ter·verˌsi·che·rung** *f* underinsurance.

ˌUn·ter'völ·ke·rung [-'fœlkərʊŋ] *f* ⟨-; *no pl*⟩ underpopulation.

'Un·terˌvollˌmacht *f jur.* subdelegated power.

ˌun·ter'wan·dern *v/t* ⟨*insep, no* -ge-, h⟩ infiltrate: Rechtsradikale haben die Partei unterwandert rightist radicals have infiltrated the party. — **ˌUn·ter'wan·de·rung** *f* infiltration.

'un·terˌwärts *adv colloq.* **1.** (*unten*) at the bottom. – **2.** (*unterhalb*) (down) below. – **3.** (*nach unten hin*) downward(s).

'Un·terˌwä·sche *f* underwear, underclothes *pl*, underlinens, *bes. Br. colloq.* smalls *pl*, unmentionables *pl* (*obs. colloq. humor.*), (*für Damen*) *auch* lingerie, undies *pl* (*colloq.*).

ˌun·ter'wa·schen *v/t* ⟨*irr, insep, no* -ge-, h⟩ *cf.* unterspülen.

'Un·terˌwas·ser *n civ.eng.* (*einer Staustufe*) tail water.

ˌUn·ter'was·ser|ˌanˌstrich *m mar.* (*eines Schiffes*) coat of antifouling paint. — **~ˌbau** *m civ.eng.* underwater (*od.* subaqueous) work. — **~beˌhand·lung** *f med.* underwater massage. — **~ˌbom·be** *f mil. cf.* Wasserbombe. — **~ˌbren·ner** *m tech.* (*in der Schweißtechnik*) underwater (cutting) torch. — **~ˌfahrt** *f mar. mil.* (*eines U-Boots*) dive. — **~ˌgrün·dung** *f civ.eng.* underwater foundation. — **~gymˌna·stik** *f med.* underwater exercises *pl.* — **~ˌhorch·geˌrät** *n mar. mil.* hydrophone. — **~ˌjagd** *f* underwater hunting. — **~ˌka·bel** *n tel.* submerged (*od.* submarine) cable. — **~ˌka·me·ra** *f phot.* underwater camera, camera in underwater housing. — **~kor·ro·siˌon** *f tech.* underwater (*od.* submerged) corrosion. — **~masˌsa·ge** *f med.* underwater massage. — **~ˌor·tungs·geˌrät** *n mar. mil.* sonar. — **~ˌpflan·ze** *f bot.* submersed (*od.* immersed, submarine) plant. — **~ˌpum·pe** *f civ.eng.* borehole pump. — **~reˌak·tor** *m nucl.* underwater reactor. — **~ˌschall·empˌfän·ger** *m mar.* hydrophone, submarine sound receiver. — **~ˌset·zen** *n* flooding, immersion. — **~ˌstreitˌkräf·te** *pl mar. mil.* submarine forces. — **~ˌteil** *m* (*eines Schiffes*) underwater (*od.* submerged) parts *pl.* — **~ˌwaf·fen** *pl mil.* underwater weapons. — **~ˌwen·de** *f* (*im Schwimmsport*) underwater turn. — **~ˌziel** *n mil.* underwater target. — **~ˌzün·der** *m civ.eng.* (*zum Sprengen*) submarine detonator.

ˌun·ter'we·gen *adj only in* etwas ~ lassen *Swiss cf.* unterlassen 2.

ˌun·ter'wegs *adv* **1.** on the (*od.* one's) way: der Krankenwagen ist schon ~ the ambulance is already on its way; er ist ~ nach Berlin he is on his way to Berlin; j-n ~ absetzen to drop s.o. on the way; der Gedanke kam mir erst ~ (hierher) the thought occurred to me only on my way here; bei ihr ist etwas ~ *fig. colloq.* she is expecting (*od. colloq.* in the family way). – **2.** (*auf Reisen*) away: er ist geschäftlich viel ~ he is away a lot on business; wir waren drei Tage ~ we were away for three days; schreib mir doch von ~ eine Karte write me a card while you are away. – **3.** (*auf den Beinen*) on the go (*colloq.*), on one's feet: ich war den ganzen Tag ~ I was on my feet all day (long); die ganze Stadt war ~ the whole town was up and about (*od.* was astir). – **4.** *econ.* (nach to) in transit: ~ anhalten to stop in transit. – **5.** *mar.* under way: ~ sein to be under way; das Schiff ist ~ nach London the ship is bound (*od.* destined) for London.

ˌun·ter'wei·len *adv obs.* **1.** now and again. – **2.** in the meantime.

ˌun·ter'wei·sen I *v/t* ⟨*irr, insep, no* -ge-, h⟩ j-n in (*dat*) etwas ~ to instruct (*od.* school) s.o. in s.th., to teach s.o. s.th. – **II U~** *n* ⟨-s⟩ *verbal noun.* — **ˌUn·ter'wei·sung** *f* ⟨-; -en⟩ **1.** *cf.* Unterweisen. – **2.** instruction, tuition.

ˌun·ter'wel·len *v/t* ⟨*insep, no* -ge-, h⟩ draw a wavy line under.

'Un·terˌwelt *f* ⟨-; *no pl*⟩ **1.** *myth.* underworld, Hades, netherworld, (the) shades *pl.* – **2.** (*Verbrecherwelt*) underworld, netherworld: die ~ *Am. auch* gangland; in der ~ verkehren to frequent the underworld.

ˌun·ter'wer·fen I *v/t* ⟨*irr, insep, no* -ge-, h⟩ **1.** (*Volk, Land etc*) subjugate, subdue, conquer. – **2.** etwas einer Prüfung [Zensur] ~ to subject (*od.* submit) s.th. to an examination [to censorship]; j-n einer Prüfung [einem Verhör] ~ to subject s.o. to an examination [inquest]. – **II** *v/reflex* sich ~ **3.** (*sich ergeben*) surrender, yield (in submission). – **4.** sich einem Richterspruch [Schiedsspruch] ~ to submit (*od.* to subject oneself) to a judicial decision [to an award]; sich j-s Bedingungen [Anordnungen] ~ to submit to s.o.'s conditions [instructions]. – **III U~** *n* ⟨-s⟩ **5.** *verbal noun.* — **ˌUn·ter'wer·fung** *f* ⟨-; *no pl*⟩ **1.** *cf.* Unterwerfen. – **2.** (*Eroberung*) subjugation, subdual, conquest. – **3.** (*freiwillige*) surrender. – **4.** (*Unterordnung*) subjection, submission, submittal, submittance.

'Un·terˌwerk *n electr.* substation.

ˌUn·ter'werksˌbau *m* ⟨-(e)s; *no pl*⟩ (*mining*) mining from a level below the lowest intake airway.

'un·terˌwer·tig *adj* below value.

ˌun·ter'win·den *v/reflex* ⟨*irr, insep, no* -ge-, h⟩ sich einer Sache ~ *obs.* to undertake to do s.th.

ˌun·ter'wor·fen I *pp of* unterwerfen. – **II** *adj* **1.** (*Volk, Land etc*) subdued. – **2.** einer Sache ~ sein to be subject to s.th.: die Preise sind starken Schwankungen ~ prices are subject to heavy fluctuation(s); Hüte sind sehr der Mode ~ hats are quite subject to the changes in fashion.

ˌun·ter'wüh·len *v/t* ⟨*insep, no* -ge-, h⟩ underburrow, undermine, sap.

un·ter·wür·fig [ˌʊntər'vʏrfɪç; 'ʊntər-] *adj contempt.* **1.** subservient, servile, submissive. – **2.** (*kriecherisch*) servile, obsequious, cringing, grovel(l)ing, abject, toadyish, menial: ~ sein to crawl, to stoop. — **ˌUn·ter'wür·fig·keit** *f* ⟨-; *no pl*⟩ **1.** subservience, *auch* subserviency, servility, submissiveness, submission. – **2.** servility, obsequiousness, cringingness, abjectness, toadyism.

ˌun·ter'zeich·nen I *v/t* ⟨*insep, no* -ge-, h⟩ **1.** (*Brief, Protokoll, Zeugnis, Vertrag etc*) sign, undersign, subscribe. – **2.** *pol.* (*Vertrag*) sign. – **3.** *econ.* (*Versicherungspolice*) underwrite. – **II U~** *n* ⟨-s⟩ **4.** *verbal noun.* — **ˌun·ter'zeich·nend I** *pres p.* – **II** *adj* signatory.

ˌUn·ter'zeich·ner *m* **1.** signer, undersigner, undersigned, subscriber: der ~ bestätigt, daß the signer (*od.* undersigned) confirms that. – **2.** (*einer Anleihe, Resolution etc*) (*gen* to) subscriber. – **3.** *pol.* (*eines Staatsvertrages*) signatory: ~ eines Vertrages signatory to a treaty. – **4.** *econ.* (*einer Versicherungspolice*) underwriter. — **~ˌstaat** *m pol.* signatory state.

ˌUn·ter'zeich·ne·te *m, f* ⟨-n; -n⟩ undersigned, signer, undersigner, subscriber: der links [rechts] ~ the left-hand [right-hand] undersigned; ich, ~r, erkläre hiermit, daß I, the undersigned, hereby declare that.

ˌUn·ter'zeich·nung *f* ⟨-; *no pl*⟩ **1.** *cf.* Unterzeichnen. – **2.** signature, subscription: dieses Abkommen liegt bis Ende 1974 zur ~ auf the present agreement shall be open for signature until the end of 1974.

'Un·terˌzeug *n* ⟨-(e)s; *no pl*⟩ *colloq. for* Unterwäsche.

'un·terˌzie·hen[1] *v/t* ⟨*irr, sep,* -ge-, h⟩ **1.** (*Kleidungsstücke*) put (*s.th.*) on underneath, wear (*s.th.*) underneath. – **2.** *civ.eng.* (*Balken, Träger etc*) incorporate. – **3.** *gastr.* (*untermischen*) fold in.

ˌun·ter'zie·hen[2] **I** *v/t* ⟨*irr, insep, no* -ge-, h⟩ j-n einer Prüfung [einem Verhör] ~ to subject (*od.* submit) s.o. to an examination [inquest]; etwas einer Besichtigung ~ to subject (*od.* submit) s.th. to (an) inspection. – **II** *v/reflex* sich einer Operation ~ to undergo an operation; sich einer Kur ~ to undergo a course of treatment; sich einer Prüfung ~ to take (*od.* sit for, go in for) an examination; sich einer Aufgabe ~ to undergo a task; sich der Mühe ~ zu to take the trouble to, to go to the bother (*od.* trouble) to.

'Un·ter,zug *m civ.eng.* **1.** (*einer Decke*) ceiling (*od.* floor) joist, bearer, cross girder. – **2.** (*einer Feuerung*) underdraft.

'Un·ter,zun·gen|,drü·se *f med.* sublingual gland. — **~,ge·gend** *f* hypoglossal (*od.* sublingual) region, hypoglottis. — **~tem·pe·ra,tur** *f* temperature taken in the mouth.

'un,tief *adj mar.* shallow, shoal. — **'Un,tie·fe** *f* **1.** shallows *pl* (*sometimes construed as sg*), shoal, flat: voller ~n shoaly. – **2.** (*Sandbank*) sandbank. – **3.** *fig.* shallowness. – **4.** *poet.* (*abgrundartige Tiefe*) abyss, bottomless depth, gulf.

'Un,tier *n auch fig.* monster, brute.

un·tilg·bar [,ʊn'tɪlkbaːr; 'ʊn-] *adj* **1.** *econ.* (*Schulden, Obligationen etc*) irredeemable, unredeemable. – **2.** (*Spuren etc*) indelible, ineffaceable. – **3.** *fig.* (*Schuld*) irredeemable, unredeemable. – **4.** *fig.* (*Eindruck etc*) indelible, ineffaceable.

un·trag·bar [,ʊn'traːkbaːr; 'ʊn-] *adj* **1.** (*Benehmen, Verhalten, Person etc*) unbearable, intolerable. – **2.** (*Steuern, Preise etc*) prohibitive. – **3.** *cf.* unerträglich I. — **,Un'trag·bar·keit** *f* ⟨-; *no pl*⟩ **1.** unbearableness, intolerability. – **2.** prohibitiveness. – **3.** *cf.* Unerträglichkeit.

'un·trai,niert *adj* untrained.

un·trenn·bar [,ʊn'trɛnbaːr; 'ʊn-] **I** *adj* inseparable: etwas ist ~ von etwas s.th. is inseparable from s.th. – **II** *adv* ~ verknüpft mit inseparably linked with. — **,Un'trenn·bar·keit** *f* ⟨-; *no pl*⟩ inseparability, inseparableness.

'un,treu *adj* **1.** (*Ehemann, Liebhaber etc*) unfaithful, untrue, faithless: er ist seiner Frau ~ he is unfaithful to his wife. – **2.** einer Sache ~ werden to become unfaithful (*od.* disloyal, untrue) to s.th.: du bist deinem Versprechen ~ geworden you were not true to your word, you broke (*od.* did not keep) your word (*od.* promise); seinen Gewohnheiten ~ werden to break one's habits; er ist der gemeinsamen Sache ~ geworden he deserted the common cause; sich (*dat*) selbst ~ werden to become disloyal to oneself (*od.* to one's principles).

'Un,treue *f* ⟨-; *no pl*⟩ **1.** unfaithfulness, faithlessness, disloyalty, (*eheliche*) *auch* infidelity. – **2.** *jur. cf.* Veruntreuung 2.

un·trink·bar ['ʊn,trɪŋkbaːr; ,ʊn-] *adj* undrinkable.

un·tröst·lich [,ʊn'trøːstlɪç; 'ʊn-] *adj* **1.** inconsolable, unconsolable, disconsolate: das Kind war ~ darüber, daß es nicht mitdurfte the child was inconsolable about being left behind. – **2.** ~ (über *acc* etwas) sein to be very sorry (about s.th.).

un·trüg·lich [,ʊn'tryːklɪç; 'ʊn-] *adj* **1.** (*Beweis, Zeichen etc*) unfailing, unerring, infallible. – **2.** (*unverkennbar*) unmistakable. – **3.** (*sicher*) sure.

'un,tüch·tig *adj* **1.** (*ungeeignet*) inapt, inept, unqualified. – **2.** (*unfähig*) incapable, unable, incompetent, inefficient. — **'Un,tüch·tig·keit** *f* ⟨-; *no pl*⟩ **1.** inaptitude, ineptitude, lack of qualification. – **2.** incapability, incapableness, inability, incompetence, inefficiency.

'Un,tu·gend *f* **1.** vice, bad habit: sich (*dat*) eine ~ angewöhnen [abgewöhnen] to fall (*od.* get) into [to break] a bad habit. – **2.** (*Unzulänglichkeit*) failing, fault.

'un,tun·lich *adj archaic* **1.** (*nicht zweckmäßig*) impracticable, impractical. – **2.** (*unklug*) imprudent, unwise.

un·über·biet·bar [,ʊn,ʔyːbər'biːtbaːr; 'ʊn-] *adj* **1.** not to be outbid: etwas ist ~ s.th. cannot be outbid. – **2.** *fig.* unsurpassable, matchless.

un·über·brück·bar [,ʊn,ʔyːbər'brykbaːr; 'ʊn-] *adj fig.* **1.** (*Kluft etc*) unbridgeable. – **2.** (*Gegensätze etc*) irreconcilable.

'un,über,dacht *adj* (*Terrasse, Tribüne etc*) uncovered: ~er Zuschauersitz (*bei Sportveranstaltungen*) open stand, *Am.* bleachers *pl* (*sometimes construed as sg*).

'un,über,legt *adj cf.* unbedacht. — **'Un,über,legt·heit** *f* ⟨-; *no pl*⟩ *cf.* Unbedachtsamkeit.

un·über·prüf·bar [,ʊn,ʔyːbər'pryːfbaːr; 'ʊn-] *adj* unverifiable, unexaminable.

un·über·seh·bar [,ʊn,ʔyːbər'zeːbaːr; 'ʊn-] **I** *adj* **1.** (*Menge, Anzahl*) indeterminable. – **2.** (*Schaden etc*) indeterminable, unascertainable, incalculable. – **3.** (*Folgen etc*) unpredictable. – **4.** (*Fehler*) obvious. – **II** *adv* **5.** ~ groß enormously big.

un·über·setz·bar [,ʊn,ʔyːbər'zɛtsbaːr; 'ʊn-] *adj* untranslatable. — **'un,über,setzt** *adj* untranslated.

'un,über,sicht·lich I *adj* **1.** (*Skizze, Anordnung etc*) unclear, obscure. – **2.** (*Kurve, Stelle etc*) blind. – **3.** (*verwickelt*) complex, involved, intricate. – **4.** *mil.* (*Gelände*) broken. – **II** *adv* **5.** unclearly. — **'Un,über,sicht·lich·keit** *f* **1.** unclearness. – **2.** blindness. – **3.** complexity, involvement.

un·über·steig·bar [,ʊn,ʔyːbər'ʃtaɪkbaːr; 'ʊn-] *adj* (*Berg, Zaun etc*) insurmountable, insuperable.

un·über·trag·bar [,ʊn,ʔyːbər'traːkbaːr; 'ʊn-] *adj* **1.** (*Ausweis, Fahrkarte etc*) nontransferable *Br.* non-, untransferable. – **2.** *econ.* (*Handelspapiere*) nonnegotiable *Br.* non-.

un·über·treff·lich [,ʊn,ʔyːbər'trɛflɪç; 'ʊn-] *adj* unsurpassable, unparallel(l)ed, matchless, surpassing, peerless, superlative, top-notch (*attrib*) (*colloq.*).

un·über·trof·fen [,ʊn,ʔyːbər'trɔfən; 'ʊn-] *adj* unsurpassed, unmatched, unequal(l)ed, unexcelled.

un·über·wind·bar [,ʊn,ʔyːbər'vɪntbaːr; 'ʊn-] *adj cf.* unüberwindlich.

un·über·wind·lich [,ʊn,ʔyːbər'vɪntlɪç; 'ʊn-] *adj* **1.** (*Gegner, Heer etc*) invincible, unbeatable. – **2.** (*Festung etc*) unconquerable, impregnable, inexpugnable. – **3.** (*Schwierigkeiten etc*) insurmountable, unsurmountable, insuperable. – **4.** (*Haß etc*) inexpugnable. — **,Un,über'wind·lich·keit** *f* ⟨-; *no pl*⟩ **1.** invincibility. – **2.** unconquerableness, impregnability, inexpugnability. – **3.** insuperability, insurmountableness. – **4.** inexpugnability.

'un,üb·lich *adj* uncustomary, uncommon.

un·um·gäng·lich [,ʊn,ʔʊm'gɛŋlɪç; 'ʊn-] *adj* **1.** unavoidable, inevitable. – **2.** (*unbedingt notwendig*) indispensable, *Am. auch* indispensible, imperative.

un·um·schränkt [,ʊn,ʔʊm'ʃrɛŋkt; 'ʊn-] **I** *adj* (*Gewalt, Herrschaft etc*) absolute, unlimited, sovereign. – **II** *adv* ~ herrschen to have absolute rule.

un·um·stöß·lich [,ʊn,ʔʊm'ʃtøːslɪç; 'ʊn-] *adj* **1.** (*Tatsache etc*) irrefutable, incontestable, incontestible, absolute. – **2.** (*Entscheidung, Beschluß etc*) irrevocable: sein Entschluß war ~ his decision was irrevocable. — **,Un,um'stöß·lich·keit** *f* ⟨-; *no pl*⟩ **1.** irrefutability, peremptoriness, incontestableness, absoluteness. – **2.** irrevocability.

un·um·strit·ten [,ʊn,ʔʊm'ʃtrɪtən; 'ʊn-] *adj* (*Tatsache etc*) undisputed, proven.

un·um·wun·den ['ʊn,ʔʊm,vʊndən; ,ʊn-] *adv* **1.** (*ohne Umschweife*) straight out, without hesitation, candidly, straight to (*od.* in) s.o.'s face: ~ seine Meinung sagen to speak one's mind straight out. – **2.** (*klar u. deutlich*) plainly, frankly, flatly, bluntly.

un·un·ter·bro·chen ['ʊn,ʔʊntər,brɔxən; ,ʊn-] **I** *adj* **1.** (*Reihenfolge, Fahrt etc*) uninterrupted, unbroken. – **2.** (*fortlaufend*) continuous, continual. – **3.** (*unaufhörlich*) incessant, unceasing, unremitting. – **II** *adv* **4.** sie redet ~ she talks incessantly (*od.* without interruption); es hat drei Wochen ~ geregnet it has been raining for three weeks running, it has been raining without a letup (*Br.* let-up) for three weeks (*colloq.*).

un·un·ter·drück·bar [,ʊn,ʔʊntər'drykbaːr; 'ʊn-] *adj* **1.** irrepressible, insuppressible. – **2.** (*unbezähmbar*) indomitable.

un·un·ter·scheid·bar [,ʊn,ʔʊntər'ʃaɪtbaːr; 'ʊn-] *adj* indistinguishable, indiscernible.

un·un·ter·zeich·net ['ʊn,ʔʊntər,tsaɪçnət; ,ʊn-] *adj* unsigned.

'un,vä·ter·lich *adj* unfatherly.

un·ver·än·der·lich [,ʊnfɛr'ʔɛndərlɪç; 'ʊn-] *adj* **1.** (*unwandelbar*) unchangeable, unalterable, inalterable, immutable, incommutable. – **2.** (*beständig, gleichbleibend*) unchanging, invariable, changeless, constant, unvarying, stationary. – **3.** *math.* invariable, constant: ~e Größe constant (quantity). – **4.** *ling.* invariable. — **,Un·ver'än·der·li·che** *f* ⟨-n; -n⟩ *math.* invariable, constant. — **,Un·ver'än·der·lich·keit** *f* ⟨-; *no pl*⟩ **1.** (*Unwandelbarkeit*) unchangeableness, unchangeability, unalterableness, inalterability, immutability, incommutability. – **2.** (*Beständigkeit*) unchangingness, invariability, invariableness, changelessness, constancy.

un·ver·än·dert ['ʊnfɛr,ʔɛndərt; ,ʊn-] **I** *adj* (*Aussehen, Benehmen, Zustand etc*) unchanged, unaltered: er war nach all den Jahren völlig ~ he was completely unchanged after all those years; etwas ~ lassen to leave s.th. unaltered (*od.* as it is, as it was); alles war ~ everything was as it used to be (*od.* as it was before). – **II** *adv* trotz ihrer Enttäuschung war sie ~ nett und freundlich in spite of her disappointment she was as nice and kind as she had been before (*od.* as ever).

un·ver·ant·wort·lich [,ʊnfɛr'ʔant,vɔrtlɪç; 'ʊn-] *adj* irresponsible: es war ~ von ihm, das zu tun it was irresponsible of him to do that. — **,Un·ver'ant,wort·lich·keit** *f* ⟨-; *no pl*⟩ irresponsibility, irresponsibleness.

un·ver·ar·bei·tet ['ʊnfɛr,ʔarbaɪtət; ,ʊn-] *adj* **1.** *tech.* a) unfinished, rough, b) (*roh*) raw. – **2.** *fig.* (*Eindruck etc*) undigested.

'un·ver,aus,gabt *adj econ.* (*Geld*) unexpended, unspent.

un·ver·äu·ßer·lich [,ʊnfɛr'ʔɔʏsərlɪç; 'ʊn-] *jur.* (*Besitz, Recht etc*) inalienable, unalienable, indefeasible. — **,Un·ver'äu·ßer·lich·keit** *f* ⟨-; *no pl*⟩ inalienability, indefeasibility.

un·ver·bes·ser·lich [,ʊnfɛr'bɛsərlɪç; 'ʊn-] *adj* incorrigible, inveterate, incurable: er ist ein ~er Optimist he is an incorrigible optimist; du bist wirklich ~ you really are incorrigible; er ist ~ he is incorrigible (*od. colloq.* a hopeless case). — **,Un·ver'bes·ser·li·che** *m, f* ⟨-n; -n⟩ incorrigible (person). — **,Un·ver'bes·ser·lich·keit** *f* ⟨-; *no pl*⟩ incorrigibility, inveterateness.

'un·ver,bil·det *adj fig.* unsophisticated, unspoiled, unspoilt, ingenuous. — **'Un·ver,bil·det·heit** *f* ⟨-; *no pl*⟩ ingenuousness.

un·ver·bind·lich ['ʊnfɛr,bɪntlɪç; ,ʊn-] **I** *adj* **1.** *econ.* a) (*Angebot etc*) not binding (*od.* obligatory), without obligation (*Am. auch* engagement), b) (*Preis*) not binding. – **2.** (*kühl, distanziert*) detached, impersonal, noncommittal *Br.* non-. – **II** *adv* **3.** *econ.* without obligation (*Am. auch* engagement): sich (*dat*) ~ etwas ansehen to have a look at s.th. without obligation. — **'Un·ver,bind·lich·keit** *f* ⟨-; *no pl*⟩ **1.** *econ.* noncommitment *Br.* non-, nonengagement *Br.* non-. – **2.** (*kühle Distanz*) detachment, impersonality, *Am.* noncommittalism.

un·ver·blümt [,ʊnfɛr'blyːmt; 'ʊn-] **I** *adj* **1.** (*Redeweise etc*) blunt, plain, outspoken. – **2.** (*Wahrheit etc*) plain, unvarnished. – **II** *adv* **3.** bluntly, in plain terms, straight to s.o.'s face: ~ reden to be very outspoken (*od.* plain); sie hat ihm ~ ihre Meinung gesagt she gave him a good piece of her mind, she told him bluntly what she thought of him.

'un·ver,braucht *adj* **1.** unused. – **2.** (*Kräfte etc*) unspent. – **3.** (*frisch*) fresh.

un·ver·brenn·bar [,ʊnfɛr'brɛnbaːr; 'ʊn-] *adj* noncombustible *Br.* non-, incombustible.

'un·ver,brieft *adj econ.* (*Kredit etc*) unsecured, nonbonded *Br.* non-.

un·ver·brüch·lich [,ʊnfɛr'bryçlɪç; 'ʊn-] **I** *adj* **1.** (*Schweigen, Verschwiegenheit etc*) absolute. – **2.** (*Treue, Glaube etc*) steadfast, *auch* stedfast, unswerving, sta(u)nch. – **II** *adv* **3.** ~ an (*dat*) etwas festhalten to stick to s.th. unswervingly.

un·ver·bürgt [,ʊnfɛr'byrkt; 'ʊn-] *adj* (*Nachricht, Meldung etc*) unconfirmed, unverified, inauthentic, unvouched, unwarranted.

un·ver·däch·tig ['ʊnfɛr,dɛçtɪç; ,ʊn-] *adj* **1.** (*nicht verdächtig*) unsuspected. – **2.** (*harmlos*) unsuspicious.

un·ver·dau·lich ['ʊnfɛr,daulɪç; ,ʊn-] *adj auch fig.* indigestible: ~e Lektüre *fig.* indigestible reading. — **'Un·ver,dau·lich·keit** *f* ⟨-; *no pl*⟩ indigestibility.

un·ver·daut ['ʊnfɛr,daut; ,ʊn-] *adj auch fig.* undigested.

un·ver·derb·lich ['ʊnfɛr,dɛrplɪç; ,ʊn-] *adj* (*Waren*) imperishable, incorruptible.

'un·ver,derbt *adj cf.* unverdorben 3—5.

un·ver·dient ['ʊnfɛr,diːnt; ,ʊn-] *adj* **1.** (*Glück, Lob etc*) undeserved, unmerited, unearned. – **2.** (*Strafe, Unglück etc*) undeserved, unmerited. – **3.** *econ.* unearned: ~er Wertzuwachs (*eines Besitztums*) unearned increment.

'un·ver,dien·ter|'ma·ßen, ~'wei·se *adv* undeservedly.

'un·ver,dor·ben *adj* **1.** (*Lebensmittel etc*) untainted: die ~en Äpfel heraussuchen to pick out the apples that have not gone bad. – **2.** (*Luft, Wasser etc*) unpolluted. – **3.** *fig.* (*Landschaft, Schönheit etc*) unspoiled, unadulterated, *auch* unadulterate, unsullied, undefiled. – **4.** *fig.* (*anständig*) unspoiled, untainted, natural. – **5.** *fig.* (*unschuldig*) innocent, pure. — **'Un·ver,dor·ben·heit** *f* ⟨-; *no pl*⟩ **1.** untaintedness. – **2.** unpolluted quality. – **3.** *fig.* unspoiled (*od.* unadulterate[d]) quality (*od.* state). – **4.** *fig.* untaintedness, naturalness. – **5.** *fig.* innocence, purity.

un·ver·dros·sen ['ʊnfɛr,drɔsən; ,ʊn-] **I** *adj* **1.** (*unermüdlich*) indefatigable, unwearying, untiring, unflagging, unweariable. – **2.** (*unverzagt*) undaunted, unabashed. – **II** *adv* **3.** trotz des Vorfalls arbeitete er ~ weiter in spite of the incident he continued his work undaunted(ly). — **'Un·ver,dros·sen·heit** *f* ⟨-; *no pl*⟩ **1.** indefatigability, indefatigableness. – **2.** undauntedness.

'un·ver,dünnt *adj* **1.** (*Saft, Öl, Säure etc*) undiluted. – **2.** (*Spirituosen*) undiluted, neat, straight.

'un·ver,ehe·licht *adj jur.* unmarried, single, unwed(ded): die ~e N. the unmarried N., N., who is a single (*od.* bachelor) girl; ~e Frau feme sole, spinster.

'un·ver,ei·digt *adj jur.* (*Zeuge etc*) unsworn.

un·ver·ein·bar [,ʊnfɛr'ʔaɪnbaːr; 'ʊn-] *adj* **1.** (*Anschauungen, Gegensätze etc*) incompatible, (*stärker*) irreconcilable: so etwas ist mit meinen Prinzipien ~ such a thing is incompatible (*od.* is at variance, *stärker* is irreconcilable) with my principles. – **2.** (*Farben, Muster etc*) incompatible, incongruous. — **,Un·ver'ein·bar·keit** *f* ⟨-; *no pl*⟩ **1.** incompatibility, incompatibleness, (*stärker*) irreconcilability, irreconcilableness. – **2.** incompatibility, incompatibleness, incongruity, incongruousness.

un·ver·fälscht ['ʊnfɛr,fɛlʃt; ,ʊn-] *adj* **1.** (*Wein etc*) unadulterated, *auch* unadulterate, pure. – **2.** *fig.* (*Brauch etc*) unadulterated, *auch* unadulterate: diese Sitte hat sich dort ~ erhalten this custom has been preserved there in its unadulterated form. – **3.** *fig.* (*Natürlichkeit, Fröhlichkeit etc*) unaffected, unsophisticated, genuine. – **4.** (*Dialekt, Tonfall etc*) pure: er spricht ~es Sächsisch he speaks pure Saxon dialect. – **5.** (*Landschaftsbild, Straßenbild etc*) unspoiled, unmarred. – **6.** ~er Wettbewerb *econ.* competition not artificially distorted. — **'Un·ver,fälscht·heit** *f* ⟨-; *no pl*⟩ *fig.* **1.** (*der Sitten, Bräuche etc*) unadulterated (*auch* unadulterate) quality. – **2.** (*des Wesens, Charakters etc*) unaffectedness, unsophistication, genuineness. – **3.** (*des Landschaftsbildes, Straßenbildes etc*) unspoiled (*od.* unmarred) quality (*od.* state).

un·ver·fäng·lich ['ʊnfɛr,fɛŋlɪç; ,ʊn-] *adj* **1.** (*Angelegenheit*) straightforward: die Sache erschien mir zunächst ~ the matter seemed pretty straightforward to me at first. – **2.** (*Bemerkung, Antwort etc*) inoffensive, innocuous: die Frage klang ganz ~ the question sounded quite harmless. – **3.** (*Witz etc*) harmless, innocuous. – **4.** (*Unterhaltung*) noncommittal *Br.* non-. – **5.** (*Tonfall*) plausible: etwas in ~em Ton sagen to say s.th. in a plausible tone. – **6.** (*Situation*) harmless. — **'Un·ver,fäng·lich·keit** *f* ⟨-; *no pl*⟩ **1.** straightforwardness. – **2.** inoffensiveness, innocuity, innocuousness. – **3.** harmlessness, innocuousness, innocuity. – **4.** noncommittal (*Br.* non-committal) character. – **5.** plausibility, plausibleness. – **6.** harmlessness.

un·ver·form·bar [,ʊnfɛr'fɔrmbaːr; 'ʊn-] *adj tech.* unworkable, resistant to deformation.

un·ver·fro·ren ['ʊnfɛr,froːrən; ,ʊn-] *adj* **1.** (*keck, dreist*) bold, audacious. – **2.** (*vorlaut u. anmaßend*) forward, outspoken. – **3.** (*unverschämt, frech*) impudent, impertinent, cheeky, saucy, sassy, *Am. colloq.* fresh, (*stärker*) insolent, brazen(-faced): ein ~er Bursche *colloq.* a cheeky brat, (*stärker*) a brazen-face; er war so ~, dies zu tun he had the impudence (*od.* impertinence, cheek, *colloq.* nerve, face) to do this. — **'Un·ver,fro·ren·heit** *f* ⟨-; *no pl*⟩ **1.** boldness, audacity. – **2.** forwardness, outspokenness. – **3.** impudence, *auch* impudency, impertinence, *auch* impertinency, cheek(iness), front, sauciness, *Am. colloq.* freshness, (*stärker*) insolence.

un·ver·gäng·lich ['ʊnfɛr,gɛŋlɪç; ,ʊn-] *adj* **1.** (*Ruhm, Schönheit, Erinnerungen etc*) imperishable, unfading, undying; deathless, fadeless (*lit.*). – **2.** (*Kunstwerk, Klassiker etc*) immortal, deathless. — **'Un·ver,gäng·lich·keit** *f* ⟨-; *no pl*⟩ **1.** imperishability, deathlessness. – **2.** immortality, deathlessness.

'un·ver,ges·sen *adj* unforgotten: seine Taten waren noch ~ his deeds were still unforgotten; er wird uns immer ~ bleiben we will never forget (*od.* we will always remember) him.

un·ver·geß·lich [,ʊnfɛr'gɛslɪç; 'ʊn-] *adj* **1.** (*Persönlichkeit, Gegenstand*) unforgettable. – **2.** (*Erlebnis, Eindruck etc*) unforgettable, indelible (*lit.*): diese Stunden werden mir ~ bleiben I shall never forget (*od.* I shall always remember) those hours.

un·ver·gleich·bar [,ʊnfɛr'glaɪçbaːr; 'ʊn-] *adj* (mit with, to) incomparable: dieses Auto ist mit dem anderen ~ this car is incomparable (*od.* cannot be compared) with (*od.* to) the other one. — **,Un·ver'gleich·bar·keit** *f* ⟨-; *no pl*⟩ incomparability, incomparableness.

un·ver·gleich·lich [,ʊnfɛr'glaɪçlɪç; 'ʊn-] **I** *adj* **1.** (*beispiellos*) incomparable: ~e Möglichkeiten incomparable possibilities. – **2.** (*unübertrefflich*) incomparable, matchless, unrival(l)ed, unparallel(l)ed, unexampled, unmatched, peerless (*lit.*): die Bucht ist von ~er Schönheit the bay is incomparably beautiful; er ist ein ~er Slalomfahrer, als Slalomfahrer ist er ~ he is an unrival(l)ed slalom racer, he is unrival(l)ed as a slalom racer. – **3.** (*einzigartig*) unique: eine ~e Tat a unique deed, a deed which is beyond comparison (*od.* which stands alone). – **II** *adv* **4.** incomparably: ~ schön sein to be incomparably beautiful, to be of incomparable (*od.* of matchless) beauty; es geht ihm heute ~ besser als gestern he feels infinitely better today than (he did) yesterday. — **,Un·ver'gleich·lich·keit** *f* ⟨-; *no pl*⟩ **1.** incomparability. – **2.** incomparability, matchlessness, peerlessness (*lit.*). – **3.** uniqueness. – **4.** *cf.* Unvergleichbarkeit.

'un·ver,go·ren [-fɛr,goːrən] *adj* (*Traubensaft etc*) unfermented.

'un·ver,gü·tet *adj* **1.** *metall.* a) (*Stahl etc*) not quenched and tempered, b) (*Leichtmetall*) non-age-hardened. – **2.** (*optics*) not coated.

un·ver·hält·nis·mä·ßig ['ʊnfɛr,hɛltnɪs,mɛːsɪç; ,ʊnfɛr'hɛlt-] *adv* **1.** disproportionately: er ist für sein Alter ~ groß he is disproportionately tall for his age. – **2.** (*überaus*) extremely: die Wohnung ist ~ klein the apartment (*bes. Br.* flat) is extremely small; ~ hohe Preise extremely high (*od.* excessive, exorbitant) prices, prices which are out of all proportion.

'un·ver,hei·ra·tet *adj* unmarried, single, unwed(ded): er ist noch ~ he's still unmarried (*od.* wifeless), he is still a bachelor; sie blieb ~ she remained single (*od.* a bachelor girl); meine ~e Tante my maiden aunt.

un·ver·hofft ['ʊnfɛr,hɔft; ,ʊn-] **I** *adj* **1.** (*Wiedersehen, Glück, Erbschaft etc*) unhoped-for (*attrib*). – **2.** (*Besuch, Ergebnis, Fund etc*) unexpected: sein Sieg kam allen ~ his victory came unexpected to everyone; ~ kommt oft (*Sprichwort*) *etwa* it is the unexpected that usually happens. – **3.** (*Schwierigkeiten, Zwischenfall, Entwicklung etc*) unexpected, unforeseen. – **II** *adv* **4.** ich habe ihn gestern ganz ~ getroffen I met him quite unexpectedly yesterday.

un·ver·hoh·len ['ʊnfɛr,hoːlən; ,ʊn-] **I** *adj* **1.** (*Freude, Bewunderung, Haß, Drohung etc*) unconcealed, undisguised, unveiled, open: aus seinen Augen sprach ~e Angst there was unconcealed fear in his looks. – **2.** (*Kritik, Redeweise, Wesensart etc*) frank, open, candid, unreserved, outspoken. – **II** *adv* **3.** openly: er warf ihr einen ~ feindseligen Blick zu he gave her an openly hostile look. – **4.** (*freimütig*) frankly, openly, candidly: sie sagte ihm ~ ihre Meinung she told him her opinion frankly (*od.* point-blank), she gave him a good piece of her mind.

un·ver·hüllt ['ʊnfɛr,hʏlt; ,ʊn-] *adj* **1.** (*Gegenstand, Leichnam etc*) unshrouded, unveiled. – **2.** *bes. poet.* (*Körperteil*) bare, naked, unclad. – **3.** *fig.* (*Wahrheit etc*) naked, unvarnished, unveiled. – **4.** *fig. cf.* unverhohlen 1, 2.

un·ver·jähr·bar [,ʊnfɛr'jɛːrbaːr; 'ʊn-] *adj jur.* imprescriptible: ~e Strafen imprescriptible sentences, sentences (which are) not subject to the statute of limitation(s).

un·ver·käuf·lich ['ʊnfɛr,kɔʏflɪç; ,ʊn-] *adj* **1.** (*nicht zum Verkauf bestimmt*) not for sale: dieser Artikel ist ~ this article is not for sale; das Bild trug den Vermerk ‚Unverkäuflich' the picture was marked 'not for sale'; → Muster 8. – **2.** (*nicht absetzbar*) unsal(e)able, unmerchantable, unmarketable: ~e Ware unsal(e)able goods *pl*, (*Ladenhüter*) dead stock. — **'Un·ver,käuf·lich·keit** *f* ⟨-; *no pl*⟩ (*einer Ware*) unsal(e)ability, unsal(e)ableness.

'un·ver,kauft *adj* unsold: haben sie noch ~e Exemplare? do you still have unsold copies on hand (*od.* available)?

un·ver·kenn·bar [,ʊnfɛr'kɛnbaːr; 'ʊn-] **I** *adj* **1.** (*Geruch, Symptom, Tendenz etc*) unmistakable: seine Herkunft ist ~ his origin is unmistakable, there is no mistaking where he comes from. – **2.** (*Absicht, Interesse, Respekt etc*) obvious: es ist ~, daß it's obvious (*od.* it's as plain as can be) that. – **II** *adv* **3.** das ist ~ seine Schrift that's unmistakably his hand(writing); es hat sich ~ gebessert it has obviously improved.

'un·ver,kürzt *adj* **1.** uncurtailed. – **2.** (*Text*) unabridged.

'un·ver,langt *adj* (*Manuskripte etc*) unsolicited, unrequested: die Firma schickt mir immer ~e Reklame ins Haus the firm always sends me unsolicited advertisements.

un·ver·läß·lich ['ʊnfɛr,lɛslɪç; ,ʊn-] *adj cf.* unzuverlässig 1, 2.

un·ver·letz·bar [,ʊnfɛr'lɛtsbaːr; 'ʊn-] *adj* **1.** *cf.* unverwundbar 1. – **2.** *fig. cf.* unverletzlich. — **,Un·ver'letz·bar·keit** *f* ⟨-; *no pl*⟩ **1.** *cf.* Unverwundbarkeit 1. – **2.** *fig. cf.* Unverletzlichkeit.

un·ver·letz·lich [,ʊnfɛr'lɛtslɪç; 'ʊn-] *adj fig.* **1.** (*Recht etc*) inviolable, indefeasible, infrangible. – **2.** (*Territorium, Grenze etc*) inviolable, inviolate, sacred. — **,Un·ver'letz·lich·keit** *f* ⟨-; *no pl*⟩ *fig.* **1.** inviolability, inviolableness, indefeasibility, unfrangibility. – **2.** inviolability, inviolateness, sacredness.

'un·ver,letzt *adj* **1.** uninjured, unhurt, unharmed, unscathed: sie blieb bei dem Unfall ~ she was unhurt in the accident. – **2.** (*nicht verwundet*) unwounded. – **3.** (*Körperteil, Organ etc*) undamaged, uninjured, unimpaired, intact. – **4.** (*Siegel etc*) unbroken. – **5.** *fig.* (*Schönheit, Selbstbewußtsein etc*) unimpaired, unmarred: ihre Natürlichkeit war trotz allem ~ geblieben her naturalness had remained unimpaired despite all. – **6.** *fig.* (*Recht etc*) inviolate, *auch* inviolated.

un·ver·lier·bar [,ʊnfɛr'liːrbaːr; 'ʊn-] *adj fig.* **1.** lasting. – **2.** die ~e Gnade Gottes *relig.* the grace of God which never dies.

un·ver·lösch·lich [,ʊnfɛr'lœʃlɪç; 'ʊn-] *adj lit. for* unauslöschlich 1.

'un·ver,mählt *adj cf.* unverheiratet.

un·ver·meid·bar [,ʊnfɛr'maɪtbaːr; 'ʊn-] *adj cf.* unvermeidlich. — **,Un·ver'meid·bar·keit** *f* ⟨-; *no pl*⟩ *cf.* Unvermeidlichkeit.

un·ver·meid·lich [,ʊnfɛr'maɪtlɪç; 'ʊn-] **I** *adj* **1.** unavoidable: ein Besuch bei den Verwandten ist ~ a visit to the relatives is unavoidable. – **2.** (*schicksalhaft bedingt*) inevitable: schlechte Erfahrungen sind ~ bad experiences are inevitable. – **3.** (*unabwendbar*) unpreventable, inescapable, inevasible: eine ~e Katastrophe an unpreventable catastrophe. – **4.** *fig. colloq. iron.* (*stets dabei*) 'inevitable' (*colloq.*): der ~e Herr X war natürlich auch da of course the inevitable Mr. X was also there. – **II U~e, das** ⟨-n⟩ **5.** *cf.* Unvermeidlichkeit. – **6.** (*des Schicksals*) the inevitable: sich ins U~e fügen (*od.* schicken) to resign oneself to (*od.* to submit to, to bow to, to accept) the inevitable. — **,Un·ver'meid·lich·keit** *f* ⟨-; *no pl*⟩ **1.** unavoidability. – **2.** (*schicksalhafte Bedingtheit*) inevitability. – **3.** (*Unabwendbarkeit*) unpreventableness, inescapableness.

'un·verˌmerkt *adj cf.* unbemerkt I.

'un·verˌmie·tet *adj* (*Wohnung, Gewerberäume etc*) unlet, vacant, untenanted, unoccupied.

'un·verˌmin·dert I *adj* **1.** (*Kraft, Eifer, Leidenschaft etc*) undiminished, unabated: **der Sturm dauerte mit ~er Stärke an** the storm raged with undiminished violence. – **2.** (*Geschwindigkeit, Tempo etc*) undiminished, unslackened. – **3.** (*Leistungsfähigkeit, Schärfe etc*) undiminished, unimpaired. – **II** *adv* **4. die ~ heftigen Angriffe auf den Politiker** the attacks of undiminished violence on the politician.

'un·verˌmischt *adj* **1.** (*Rasse etc*) unmixed, pure, undiluted: **~e Indianer sind selten geworden** unmixed Indians (*od.* people of pure[ly] Indian stock) have become rare. – **2.** (*Spirituosen, Wein etc*) unblended, unmixed, unadulterated, *auch* unadulterate, pure, sheer. – **3.** (*Tee-, Kaffeesorten etc*) unblended, unadulterated, *auch* unadulterate.

'un·verˌmit·telt I *adj* **1.** (*Bewegung, Kehrtwendung, Ausscheiden etc*) sudden, abrupt. – **2.** (*Entschluß, Ankündigung etc*) sudden, unheralded. – **II** *adv* **3. er kehrte ~ um** suddenly (*od.* all of a sudden) he turned round, he turned round abruptly. — **'Un·verˌmit·telt·heit** *f* ⟨-; *no pl*⟩ **1.** (*einer Bewegung etc*) suddenness, abruptness. – **2.** (*eines Entschlusses etc*) suddenness.

'Un·verˌmö·gen *n* ⟨-s; *no pl*⟩ **1.** (*Mangel an physischem od. geistigem Können*) inability, incapability, incapacity: **sein ~, eine einfache Gleichung zu lösen** his inability to solve a simple equation. – **2.** (*Unzulänglichkeit, Untauglichkeit*) incapability, incompetence, incompetency, inability, inefficiency. – **3.** (*aus Hilflosigkeit, Ratlosigkeit*) impotence, *auch* impotency, powerlessness: **das ~ der Regierung, diese Mißstände zu beseitigen** the impotence of the government to remedy these grievances. – **4.** *jur. econ.* (*Zahlungsunfähigkeit*) insolvency.

'un·verˌmö·gend *adj* **1. ~ sein, etwas zu tun** a) (*physisch od. geistig unfähig*) to be unable to do (*od.* incapable of doing) s.th., b) (*aus Unzulänglichkeit*) to be incapable of doing (*od.* incompetent to do, unable to do) s.th., c) (*aus Hilflosigkeit, Ratlosigkeit*) to be impotent (*od.* powerless) to do s.th. – **2.** (*ohne Vermögen*) without means: **nicht ~es junges Mädchen sucht Bekanntschaft (mit)** young lady not without means (*od.* of considerable means) seeks acquaintance (with); **sie ist nicht ~** she is not without means, she is quite well-to-do.

'Un·verˌmö·gen·heit *f* ⟨-; *no pl*⟩ *obs. for* Unvermögen.

'Un·verˌmö·gensˌfall *m* ⟨-(e)s; *no pl*⟩ *only in* **im ~(e)** *jur. econ.* in case of insolvency.

'un·verˌmu·tet I *adj* **1.** (*Erfolg, Fund, Besuch, Kontrolle etc*) unexpected. – **2.** (*Hindernis, Schwierigkeiten, Zwischenfall etc*) unexpected, unforeseen. – **3.** (*Fähigkeiten, Möglichkeiten etc*) unsuspected, unexpected. – **II** *adv* **4. sie stießen ~ auf Öl** they struck oil unexpectedly; **wir haben ~ Besuch bekommen** we had unexpected visitors.

'Un·verˌnunft *f* ⟨-; *no pl*⟩ **1.** (*Torheit, vernunftwidriges Verhalten*) nonsense, stupidity, foolishness, daftness (*colloq.*): **es ist reine ~, bei diesem Wetter eine Bergtour zu unternehmen** it is sheer nonsense to start out on a mountain trek in this weather. – **2.** (*fehlende Ratio*) unreasonableness, irrationality. – **3.** (*mangelnde Bewußtheit im Denken u. Handeln*) senselessness, insensateness. – **4.** (*Uneinsichtigkeit*) unreasonableness.

'un·verˌnünf·tig *adj* **1.** (*töricht, vernunftwidrig*) senseless, nonsensical, stupid, foolish, daft (*colloq.*): **es wäre sehr ~, so etwas zu tun** it would be absolutely nonsensical (*od.* it would be contrary to reason) to do a thing like that; **du benimmst dich wie ein ~es Kind** you behave like a silly child. – **2.** (*ohne Ratio*) unreasonable, reasonless, irrational. – **3.** (*zu wenig bewußt im Denken u. Handeln*) senseless, insensate. – **4.** (*uneinsichtig*) unreasonable. — **'Un·verˌnünf·tig·keit** *f* ⟨-; *no pl*⟩ **1.** *cf.* **Unvernunft.** – **2.** (*als Handlung*) nonsensical (*od.* senseless, stupid, foolish, *colloq.* daft, *stärker* insensate) act(ion) (*od.* thing): **das war eine ~ von dir** that was senseless of you, that was a stupid (*od. colloq.* daft) thing for you to do.

'un·verˌöf·fent·licht *adj* (*Buch, Manuskript etc*) unpublished.

'un·verˌpackt *adj* **1.** (*Ladung etc*) unpacked, loose: **Güter ~ verschiffen** to ship goods unpacked. – **2.** (*nicht eingewickelt*) unwrapped: **ich muß Ihnen das Buch ~ geben** I have to give you the book unwrapped.

un·ver·putzt ['ʊnfɛrˌpʊtst; ˌʊn-] *adj* (*Wand, Haus etc*) unplastered, unrendered.

'un·verˌrich·tet *adj* **1.** (*unerledigt*) unperformed, unexecuted: **~er Dinge** *Austrian for* **unverrichteterdinge; ~er Sache** *Austrian for* **unverrichtetersache.** – **2.** (*unfertig, unvollendet*) unfinished.

'un·verˌrich·te·ter'din·ge, 'un·verˌrich·te·ter'sa·che *adv* (*ohne Erfolg*) without success: **da er nicht zu Hause war, mußte sie ~ wieder gehen** since he was not at home she had to go away without achieving anything.

'un·verˌrie·gelt *adj* (*Tür etc*) unbolted.

'un·verˌritzt [-fɛrˌrɪtst] *adj* **~es Feld** (*mining*) virgin ground, undeveloped coalfield.

un·ver·rück·bar [ˌʊnfɛr'rʏkbaːr; 'ʊn-] **I** *adj* **1.** (*Möbelstück etc*) fixed, immovable, *auch* immoveable, immobile. – **2.** *fig.* (*Ziel, Vorsatz, Grundlage etc*) unchanging, immovable, *auch* immoveable: **mein Ziel bleibt ~** my goal is unchanging (*od.* is always the same). – **3.** *fig.* (*Tatsache, Wahrheit, Grundsatz, Gewißheit etc*) unalterable, unshakable: **etwas mit ~er Sicherheit sagen** to say s.th. with unshakable certainty. – **II** *adv* **4. es steht ~ fest(, daß)** it is an unshakable fact (*od.* it's a dead certainty, it's as sure as fate) (that).

'un·verˌschämt I *adj* **1.** (*Anspielung, Bemerkung etc*) impudent, impertinent, cheeky, saucy, sassy, *Am. colloq.* fresh, (*stärker*) insolent, brazen(-faced): **so ein ~er Kerl!** *colloq.* what an impertinent fellow! (*colloq.*), what a cheeky brat! (*stärker*) what a brazen-face! **wie kann man nur so ~ sein, dies zu behaupten!** how can one be so impudent as to claim that! how can one have the impudence (*od.* impertinence, cheek, face, *colloq.* nerve, gall) to claim that! – **2.** (*Lüge, Mißbrauch etc*) barefaced, blatant, outright. – **3.** *colloq.* (*Preise, Forderungen etc*) outrageous, exorbitant. – **4.** *colloq.* (*Glück etc*) damned (*colloq.*), darned (*sl.*): **da hast du ja wieder ~es Schwein gehabt!** you were damned lucky again! – **5.** (*zudringlich*) importunate, *Am. colloq.* fresh: **ist er ~ geworden?** did he get fresh? did he make advances (*od. sl.* a pass at you)? – **6.** *colloq. iron.* (*Fröhlichkeit, Munterkeit etc*) shameless. – **II** *adv* **7. grins nicht so ~!** don't grin so impudently (*od.* impertinently, cheekily)! take that cheeky grin off your face! **~ lügen** to lie barefacedly (*od.* blatantly, outrightly). – **8. ~ hohe Preise** *colloq.* outrageous (*od.* exorbitant) prices; **er ist ~ gut in der Schule** *colloq.* he is damned good at school (*colloq.*). — **'Un·verˌschämt·heit** *f* ⟨-; -en⟩ **1.** ⟨*only sg*⟩ impudence, *auch* impudency, impertinence, *auch* impertinency, effrontery, cheek(iness), sauciness, *Am. colloq.* freshness, (*stärker*) insolence, insolency: **er besaß** (*od.* **hatte**) **die ~, mir so etwas zu sagen** he had the impertinence (*od.* cheek, face, *colloq.* nerve, gall) (*od.* he was impudent enough) to tell me a thing like that. – **2.** (*unverschämte Bemerkung etc*) impertinence, *auch* impertinency, impudence, *auch* impudency: **ich würde mir solche ~en nicht gefallen lassen** I wouldn't put up with such impertinences (*od.* cheek, *colloq.* sauce). – **3.** ⟨*only sg*⟩ (*Zudringlichkeit*) importunity, *Am. colloq.* freshness. – **4.** *pl* (*Annäherungsversuche*) advances, pass *sg* (*sl.*).

'un·verˌschlei·ert *adj* **1.** unveiled, veilless: **sie geht ~** she goes about unveiled. – **2.** (*Wahrheit*) naked, unvarnished.

un·ver·schließ·bar [ˌʊnfɛr'ʃliːsbaːr; 'ʊn-] *adj* (*Tür, Kästchen etc*) unlockable.

un·ver·schlos·sen ['ʊnfɛrˌʃlɔsən; ˌʊn-] *adj* **1.** (*nicht abgeschlossen*) unlocked: **die Tür war ~** the door was unlocked (*od.* on the latch). – **2.** (*nicht verriegelt*) unbolted. – **3.** (*Brief, Umschlag etc*) unsealed. – **4.** (*Loch, Rohr etc*) unstopped.

'un·verˌschnit·ten *adj gastr.* (*Wein etc*) unblended, pure, sheer.

'un·verˌschont *adj* unspared.

un·ver·schul·det ['ʊnfɛrˌʃʊldət; ˌʊn-] *adj* **1.** (*ohne eigene Schuld*) incurred through no fault of one's own: **er ist ~ in Schwierigkeiten geraten** he got into difficulties through no fault of his (own). – **2.** *econ.* (*schuldenfrei*) debt-free, free from debt. – **3.** (*Grundbesitz etc*) unencumbered. – **4.** (*unverdient*) undeserved.

'un·verˌschul·de·ter|'ma·ßen, ~'wei·se *adv* undeservedly, innocently.

un·ver·se·hens ['ʊnfɛrˌzeːəns; ˌʊn-] *adv* **1.** (*ohne daß man es bemerkt*) unawares: **er verfiel ~ in Dialekt** he lapsed into dialect unawares. – **2.** (*unvermutet, überraschend*) unexpectedly: **sie war ~ vom Urlaub zurückgekehrt** she had returned from her holiday (*Am.* vacation) unexpectedly. – **3.** (*ganz plötzlich*) all of a sudden: **~ riß sie sich los** all of a sudden she broke away.

un·ver·sehrt ['ʊnfɛrˌzeːrt; ˌʊn-] *adj* **1.** (*unbeschädigt*) undamaged, intact: **bei dem Brand sind unsere Möbel ~ geblieben** our furniture was left undamaged in the fire. – **2.** (*Siegel, Schloß etc*) unbroken, intact. – **3.** (*unverletzt*) unharmed, unhurt, uninjured, unscathed. – **4.** (*unverwundet*) unwounded, unscathed. — **'Un·verˌsehrt·heit** *f* ⟨-; *no pl*⟩ **1.** (*eines Gegenstandes*) intactness. – **2.** (**körperliche**) **~** freedom from injury (*od.* bodily harm).

un·ver·seif·bar [ˌʊnfɛr'zaɪfbaːr; 'ʊn-] *adj chem.* (*Fettanteile etc*) unsaponifiable.

'un·verˌsi·chert *adj econ.* (*Person, Sachwerte etc*) uninsured, not insured, not covered by insurance.

un·ver·sieg·bar [ˌʊnfɛr'ziːkbaːr; 'ʊn-] *adj cf.* **unversieglich.**

'un·verˌsie·gelt *adj* (*Brief etc*) unsealed.

un·ver·sieg·lich [ˌʊnfɛr'ziːklɪç; 'ʊn-] *adj* **1.** (*Quelle, Strom etc*) inexhaustible. – **2.** *fig.* (*Reserven etc*) inexhaustible, unfailing.

un·ver·söhn·lich ['ʊnfɛrˌzøːnlɪç; ˌʊn-] *adj* **1.** (*hart, unbeugsam*) irreconcilable, unforgiving, intransige(a)nt: **er blieb ~ trotz aller Bitten** he remained intransigent despite all pleas; **in ihrem Zorn blieb sie ~** she remained irreconcilable in her anger. – **2.** (*unerbittlich*) irreconcilable, implacable, unappeasable, inappeasable: **j-n mit ~em Haß verfolgen** to pursue s.o. with implacable hatred; **ein ~er Feind des Regimes** an irreconcilable (*od.* a sworn) enemy of the regime. — **'Un·verˌsöhn·lich·keit** *f* ⟨-; *no pl*⟩ **1.** (*harte, unbeugsame Haltung*) irreconcilability, irreconcilableness, intransige(a)nce. – **2.** (*Unerbittlichkeit*) irreconcilability, irreconcilableness, implacability, implacableness.

'un·verˌsorgt *adj* **1.** (*ohne Geldmittel, Vermögenswerte*) unprovided, without means, unprovided for: **er hinterläßt eine ~e Ehefrau** he leaves his wife unprovided for. – **2.** (*ohne Vorräte, Lebensmittel, Medikamente, Munition etc*) unsupplied, without supplies. – **3.** (*Vieh*) untended. – **4.** (*ohne Strom-, Gas-, Wasseranschluß etc*) not connected to (*od.* not on) the mains: **~e Haushalte** households (which are) not connected to the mains. – **5.** (*ohne Wohnraum*) unaccommodated, without accommodation.

'Un·verˌstand *m* ⟨-(e)s; *no pl*⟩ **1.** (*mangelnde Bewußtheit im Denken u. Handeln*) senselessness, thoughtlessness: **das haben die Kinder in ihrem ~ kaputtgemacht** the children broke this in their thoughtlessness. – **2.** (*Torheit, vernunftwidriges Verhalten*) senselessness, stupidity, foolishness, daftness (*colloq.*), (*stärker*) insensateness. – **3.** (*Unkenntnis, mangelndes Fachwissen*) ignorance.

'un·verˌstan·den *adj* **1.** (*Wort, Begriff etc*) ununderstood, (*Zusammenhang*) undigested. – **2.** (*verkannt*) misunderstood: **eine ~e Frau** a misunderstood woman; **er fühlte sich ~** he felt misunderstood.

'un·verˌstän·dig *adj* **1.** (*zu wenig bewußt im Denken u. Handeln*) senseless, thoughtless: **Kinder sind noch zu ~, um das zu be-**

greifen children are too senseless to understand that. – 2. (*töricht, vernunftwidrig*) senseless, nonsensical, stupid, foolish, daft (*colloq.*), (*stärker*) insensate. – 3. (*unwissend*) ignorant. — **'Un·ver,stän·dig·keit** *f* ⟨-; *no pl*⟩ 1. senselessness, thoughtlessness. – 2. senselessness, nonsensicality, nonsensicalness, stupidity, foolishness, daftness (*colloq.*), (*stärker*) insensateness. – 3. ignorance.

'un·ver,ständ·lich *adj* 1. (*undeutlich*) indistinct, undistinct, unintelligible: ~e Worte murmeln to mumble indistinct words. – 2. (*Sprache, Dialekt*) unintelligible: sie redeten in einer mir ~en Sprache they talked in a language (which was) unintelligible to me (*od.* which I did not understand). – 3. (*Text, Gedicht, technischer Vorgang etc*) uncomprehensible, unintelligible, ununderstandable, obscure, opaque: wie eine Kernspaltung funktioniert, ist mir ganz ~ how a nuclear fission works is absolutely incomprehensible (*od.* is all Greek) to me. – 4. (*Benehmen, Verhalten etc*) incomprehensible, inexplicable: es ist uns ~, wie sie das tun konnte it is incomprehensible to us (*od.* we cannot understand) how she could do that. — **'Un·ver,ständ·lich·keit** *f* ⟨-; *no pl*⟩ 1. (*Undeutlichkeit*) indistinctness, undistinctness, unintelligibility. – 2. (*einer Sprache, eines Dialekts etc*) unintelligibility. – 3. (*eines Textes, technischen Vorgangs etc*) incomprehensibleness, incomprehensibility, unintelligibility, obscurity, opacity, opaqueness. – 4. (*des Benehmens, Verhaltens etc*) incomprehensibleness, incomprehensibility, inexplicability, inexplicableness.

'Un·ver,ständ·nis *n* ⟨-ses; *no pl*⟩ lack of understanding: er stieß überall auf ~ he met with a lack of understanding everywhere.

un·ver·stell·bar [,unfɛr'ʃtɛlbaːr; 'un-] *adj* (*Hebel, Maschinenteil, Sitz etc*) nonadjustable *Br.* non-, fixed, rigid.

un·ver·stellt ['unfɛr,ʃtɛlt; ,un-] *adj* 1. (*Stimme*) undisguised. – 2. ⟨*pred*⟩ (*nicht geheuchelt*) unfeigned, genuine: seine Freundlichkeit war ~ his friendliness was unfeigned.

un·ver·steu·ert ['unfɛr,ʃtɔyərt; ,un-] *adj econ.* (*Einkommen, Gelder etc*) untaxed: Löhne unter 300 Mark bleiben ~ wages under 300 marks are tax-free (*od.* are tax-exempt, are not subject[ed] to taxation).

un·ver·sucht ['unfɛr,zuːxt; ,un-] *adj only in* nichts ~ lassen to leave nothing undone, to leave no stone unturned: sie ließen nichts ~, um ihm das Studium zu ermöglichen they left nothing undone to enable him to study.

'un·ver,tei·digt *adj* 1. *mil.* (*Stellung, Stadt etc*) undefended, *Br.* defenceless, *Am.* defenseless. – 2. *jur.* undefended.

'un·ver,teilt *adj* (*Programmhefte, Zeitungen etc*) undistributed.

un·ver·tilg·bar [,unfɛr'tɪlkbaːr; 'un-] *adj* ineradicable, indelible.

un·ver·träg·lich ['unfɛr,trɛːklɪç; ,un-] *adj* 1. (*nicht umgänglich, zänkisch*) quarrelsome, cantankerous, bad- (*od.* ill-)tempered. – 2. (*unvereinbar*) (*Gegensatz, Meinung*) incompatible, inconsistent. – 3. (*Speise etc*) incompatible, indigestible. – 4. *med.* (*Blutgruppe, Serum etc*) incompatible, (*Medikament*) *auch* intolerable. — **'Un·ver,träg·lich·keit** *f* ⟨-; *no pl*⟩ 1. (*wenig umgängliches, zänkisches Wesen*) quarrelsomeness, cantankerousness, bad (*od.* ill) temper. – 2. (*Unvereinbarkeit*) incompatibility, incompatibleness. – 3. (*einer Speise etc*) incompatibility, indigestibility. – 4. *med.* (*einer Blutgruppe, eines Serums etc*) incompatibility, incompatibleness, (*eines Medikaments*) *auch* intolerability, intolerance.

un·ver·tret·bar [,unfɛr'treːtbaːr; 'un-] *adj* 1. (*Standpunkt etc*) untenable, indefensible. – 2. *jur.* (*Anspruch etc*) unwarrantable, unjustifiable. — **,Un·ver'tret·bar·keit** *f* ⟨-; *no pl*⟩ 1. (*eines Standpunktes etc*) untenability, untenableness, indefensibility. – 2. *jur.* (*eines Anspruchs etc*) unwarrantableness, unjustifiableness.

'un·ver,wandt I *adj* ⟨*attrib*⟩ 1. (*Blick etc*) intent: mit ~em Blick (*od. lit.* ~en Blick[e]s) sah er sie an he gazed at her with an intent look, he looked at her intently. – 2. (*Bemühungen, Versuche etc*) unremitting, unswerving. – II *adv* 3. j-n [etwas] ~ anstarren to stare at s.o. [s.th.] intently; sie hielt ihren Blick ~ auf ihn gerichtet her eyes were riveted (*od.* fixed) on him.

un·ver·wech·sel·bar [,unfɛr'vɛksəlbaːr; 'un-] I *adj* 1. (*Stimme, Geruch, Akzent etc*) unmistakable. – 2. ~er Stecker *electr.* nonreversible (*Br.* non-reversible) plug. – II *adv* 3. das ist ~ ein Bild von Tiepolo that is unmistakably a picture by Tiepolo.

un·ver·wehrt [,unfɛr'veːrt; 'un-] *adj only in* es ist Ihnen ~ zu gehen *lit. od. archaic* you are at liberty (*od.* you are free) to go.

un·ver·welk·lich [,unfɛr'vɛlklɪç; 'un-] *adj* 1. (*Strohblumen etc*) everlasting. – 2. *poet.* (*Schönheit, Ruhm etc*) unfading, undying, deathless.

un·ver·wend·bar [,unfɛr'vɛntbaːr; 'un-] *adj* (*Material etc*) unusable.

un·ver·wert·bar [,unfɛr'veːrtbaːr; 'un-] *adj* 1. (*Material, Arbeit etc*) unusable. – 2. *econ.* (*Vermögenswerte, Patente etc*) unrealizable *Br. auch* -s-, (*Aktien, Guthaben*) *auch* inconvertible, unconvertible, unnegotiable.

un·ver·wes·lich [,unfɛr'veːslɪç; 'un-] *adj* 1. imputrescible. – 2. *fig. rare poet.* (*Seele etc*) immortal, imperishable. — **,Un·ver'wes·lich·keit** *f* ⟨-; *no pl*⟩ 1. imputrescibility. – 2. *fig. rare poet.* (*der Seele etc*) immortality, imperishability, imperishableness.

un·ver·wind·bar [,unfɛr'vɪntbaːr; 'un-] *adj* (*Schicksalsschlag, Verlust etc*) insurmountable, unsurmountable.

'un·ver,wirk·licht *adj* (*Projekt, Pläne etc*) unrealized *Br. auch* -s-.

un·ver·wisch·bar [,unfɛr'vɪʃbaːr; 'un-] I *adj* 1. *print.* (*Tinte, Farbe etc*) indelible, ineffaceable. – 2. *fig.* (*Eindrücke etc*) indelible, ineffaceable, ineradicable, uneradicable. – II *adv* 3. die grauenhaften Szenen hatten sich ihm ~ eingeprägt *fig.* the horrible scenes had made an indelible impression on his mind.

un·ver·wund·bar [,unfɛr'vuntbaːr; 'un-] *adj* 1. invulnerable, unwoundable. – 2. *fig.* (*Stolz, Selbstbewußtsein etc*) invulnerable, unassailable. — **,Un·ver'wund·bar·keit** *f* ⟨-; *no pl*⟩ 1. invulnerability, invulnerableness. – 2. *fig.* (*des Selbstbewußtseins etc*) invulnerability, invulnerableness, unassailableness.

'un·ver,wun·det *adj* unwounded, unscathed: er blieb im Krieg ~ he came through the war unwounded.

un·ver·wüst·lich [,unfɛr'vyːstlɪç; 'un-] *adj colloq.* 1. (*Stoff, Gewebe, Material etc*) hard-wearing, durable, everlasting. – 2. (*Motor, Mechanismus, Kugelschreiber etc*) everlasting. – 3. (*Optimist, Optimismus etc*) never-say-die, die-hard (*beide attrib*). – 4. (*Kraft, Energie, Lebenslust etc*) inexhaustible, undying: mit 60 Jahren war er noch ~ at 60 he was still bursting with energy. – 5. (*Gesundheit*) robust, inexhaustible. – 6. (*gute Laune, Humor etc*) irrepressible. – 7. *humor.* (*Schlager, Film etc*) undying. — **,Un·ver'wüst·lich·keit** *f* ⟨-; *no pl*⟩ *colloq.* 1. (*eines Stoffs, Gewebes, Materials etc*) durability, everlastingness. – 2. (*eines Motors, Mechanismus etc*) everlastingness. – 3. (*der Kraft, Energie etc*) inexhaustibility, inexhaustibleness, (*der Gesundheit*) *auch* robustness. – 4. (*des Frohsinns, Humors etc*) irrepressibility, irrepressibleness.

'un·ver,zagt I *adj* 1. (*nicht entmutigt*) undaunted, unabashed, undismayed: sei ~! never fear! don't be dismayed! never say die! – 2. (*unerschrocken*) undaunted, unflinching, unshrinking, (*stärker*) intrepid. – II *adv* 3. ~ setzte er seine Arbeit fort he carried on with his work undaunted(ly). — **'Un·ver,zagt·heit** *f* ⟨-; *no pl*⟩ 1. undauntedness. – 2. (*Unerschrockenheit*) undauntedness, (*stärker*) intrepidness, intrepidity.

un·ver·zeih·bar [,unfɛr'tsaɪbaːr; 'un-] *adj rare for* unverzeihlich.

un·ver·zeih·lich [,unfɛr'tsaɪlɪç; 'un-] *adj* (*Fehler, Irrtum, Leichtsinn etc*) inexcusable, unforgivable, unpardonable, irremissible: es ist ~, daß er sich nicht um dich gekümmert hat it is inexcusable that he should not have bothered about you.

'un·ver,zerrt *adj* 1. (*Fernsehbild, Rundfunkübertragung etc*) undistorted. – 2. *fig.* (*getreu*) undistorted, faithful, true: ein ~er Bericht über die Vorgänge in China an undistorted report on what is going on in China.

un·ver·zicht·bar [,unfɛr'tsɪçtbaːr; 'un-] *adj* (*Anspruch, Recht etc*) unrenouncable.

un·ver·zins·lich [,unfɛr'tsɪnslɪç; 'un-] *adj econ.* 1. (*Wertpapiere etc*) non-interest-bearing. – 2. (*Darlehen*) interest-free.

'un·ver,zollt *adj* 1. (*zollfrei*) duty-free, exempt from duty. – 2. (*noch nicht verzollt*) duty unpaid: ~e Pakete uncustomed parcels, parcels which have not yet passed through the customs; ~! (*Aufschrift auf Postsendungen*) duty unpaid. – 3. (*unter Zollverschluß*) in bond.

un·ver·züg·lich [,unfɛr'tsyːklɪç; 'un-] I *adj* (*Abreise, Hilfe, Lieferung etc*) immediate, prompt, instant. – II *adv* immediately, without delay, at once, instantly, forthwith (*lit.*): er machte sich ~ auf den Weg he set out at once.

'un·ver,zweigt *adj chem.* (*Kette*) normal, straight.

'un,volks·tüm·lich *adj* unpopular, *auch* sophisticated.

un·voll·en·det ['un,fɔl,ʔɛndət; ,un,fɔl-] *adj* (*Bauwerk etc*) unfinished, uncompleted, incomplete, (*Kunstwerk*) *auch* unaccomplished: der Bau blieb ~ the building was left unfinished; ~es Werk (*bes. Skulptur*) torso. — **'Un,voll,en·de·te**", „**die** ⟨-n; *no pl*⟩ *mus.* "the Unfinished Symphony" (*by Schubert*).

un·voll·kom·men ['un,fɔl,kɔmən; ,un,fɔl-] I *adj* 1. imperfect: der Mensch ist ~ man is imperfect; ~e Zahl *math.* imperfect number. – 2. (*zu wenig umfassend*) imperfect, incomplete, inadequate, insufficient: ich habe hierin nur ~e Kenntnisse I have only an imperfect knowledge of this matter. – 3. (*unvollständig*) incomplete. – 4. *med.* (*Hör-, Seh-, Sprechvermögen etc*) defective, impaired. – 5. ~e Reue *relig.* attrition. – II *adv* 6. sie beherrscht die Sprache nur ~ she has only an imperfect (*od.* incomplete) knowledge of the language. – 7. ~ entwickelte Organe *biol. med.* incompletely developed (*od.* rudimentary) organs. — **'Un,voll,kom·men·heit** *f* ⟨-; *no pl*⟩ 1. imperfection: der Mensch in seiner ~ man in his imperfection. – 2. (*der Kenntnisse, Bildung etc*) imperfection, incompleteness, inadequacy, insufficiency. – 3. (*Unvollständigkeit*) incompleteness, incompletion. – 4. *med.* (*des Hör-, Seh-, Sprechvermögens etc*) defectiveness.

un·voll·stän·dig ['un,fɔl,ʃtɛndɪç; ,un,fɔl-] *adj* 1. (*Arbeit, Ausstattung, Liste etc*) incomplete: eine ~e Fontane-Ausgabe an incomplete edition of Fontane('s works). – 2. (*Bericht etc*) incomplete, (*stärker*) fragmentary: ich habe seine Worte nur ~ in Erinnerung I can only remember part of what he said. – 3. *ling.* a) (*Verb*) defective, b) (*Satz*) elliptic(al). – 4. *metr.* (*Vers*) incomplete, catalectic. – 5. *bot.* (*Blüte etc*) incomplete, imperfect. — **'Un,voll,stän·dig·keit** *f* ⟨-; *no pl*⟩ 1. incompleteness, incompletion. – 2. *ling.* a) (*eines Verbs*) defectiveness, b) (*eines Satzes*) elliptical quality (*od.* nature).

un·voll·zäh·lig ['un,fɔl,tsɛːlɪç; ,un,fɔl-] *adj* (*Belegschaft etc*) incomplete, incomplete in number: die Schüler hatten sich nur ~ am Bahnhof eingefunden the pupils had not come to the station in full number(s); wir sind noch ~ we are not all here yet.

'un,vor·be,rei·tet I *adj* 1. (*Schüler, Redner etc*) unprepared: meine Eltern waren darauf völlig ~ my parents were quite unprepared for that; ~ sprechen to speak unprepared (*od.* extempore, impromptu, *colloq.* ad lib); ~ in eine Prüfung gehen to go (in)to an examination unprepared. – 2. (*Rede etc*) extemporaneous, impromptu. – 3. (*Text, Übersetzungsübung etc*) unseen, unprepared. – II *adv* 4. (*überraschend, unversehens*) unexpectedly: der Schicksalsschlag traf ihn ganz ~ the blow struck him unexpectedly (*od.* unprepared).

'un,vor,denk·lich [-,dɛŋklɪç] *adj only in* seit ~en Zeiten from time immemorial, from time out of mind; vor ~en Zeiten in time out of mind.

'un,vor,ein·ge,nom·men I *adj* (*Person, Studie etc*) unprejudiced, unbias(s)ed, impartial: j-m [etwas] gegenüber ~ sein to be unprejudiced (*od.* unbias[s]ed, free from prejudice, free from bias) toward(s) s.o. [s.th.]. – **II** *adv* einen Fall ~ prüfen to examine a case unprejudicedly (*od.* unbias[s]edly, without prejudice, without bias). — **ˈUnˌvorˌein·geˌnom·men·heit** *f* ⟨-; *no pl*⟩ unprejudicedness, freedom from prejudice (*od.* bias), impartiality, impartialness.

ˈunˌvorˌher·geˌse·hen I *adj* **1.** (*Ereignis, Schwierigkeiten, Zwischenfälle etc*) unforeseen, unexpected, unanticipated, unpredicted: falls ~e Umstände eintreten should unforeseen circumstances arise; ~e Ausgaben a) unforeseen expenses, b) *econ.* contingent expenses. – **II U~e, das** ⟨-n⟩ **2.** the unforeseen, the unexpected, the unpredicted: mit dem U~en rechnen to reckon with (*od.* to make allowances for) the unforeseen. – **3.** U~es (*am Schluß einer Tagesordnung*) any other business, A.O.B.

ˈunˌvorˌherˌseh·bar *adj* (*Ereignis, Folgen etc*) unforeseeable, unpredictable.

ˈunˌvorˌsätz·lich *jur.* **I** *adj* **1.** (*Tat, Betrug etc*) unpremeditated, involuntary. – **2.** (*unabsichtlich*) unintentional, undesigned. – **II** *adv* **3.** der Täter handelte ~ the culprit acted unpremeditatedly.

ˈunˌvorˌschriftsˌmä·ßig I *adj* (*Verhalten, Fahrweise, Handhabung etc*) not in keeping with (*od.* contrary to) (the) regulations, irregular. – **II** *adv* er fuhr ~ in der Mitte der Straße he drove in the middle of the road contrary to (the) regulations.

ˈunˌvorˌsich·tig I *adj* **1.** (*unachtsam, fahrlässig*) careless, incautious, unguarded, (*stärker*) reckless, foolhardy: ~es Überholen careless passing (*bes. Br.* overtaking). – **2.** (*unüberlegt, unbedacht*) incautious, rash, imprudent, inconsiderate, unwary: ein ~er Schritt *auch fig.* an incautious step. – **3.** (*nicht behutsam, nicht sorgsam*) careless. – **II** *adv* **4.** er ist sehr ~ damit umgegangen he handled it very carelessly.

ˈunˌvorˌsich·ti·gerˈwei·se *adv* **1.** (*aus Unachtsamkeit, Fahrlässigkeit*) carelessly, incautiously, (*stärker*) recklessly. – **2.** (*aus Unüberlegtheit*) incautiously, rashly, imprudently.

ˈUnˌvorˌsich·tig·keit *f* ⟨-; *no pl*⟩ **1.** (*Unachtsamkeit, Fahrlässigkeit*) carelessness, incaution, incautiousness, (*stärker*) recklessness, foolhardiness: das ist aus (*od.* durch) ~ passiert this happened through carelessness. – **2.** (*Unüberlegtheit, Unbedachtsamkeit*) incautiousness, incaution, rashness, imprudence, unwariness. – **3.** (*mangelnde Behutsamkeit*) carelessness.

un·vor·stell·bar [ˌʊnfoːrˈʃtɛlbaːr; ˈʊn-] **I** *adj* **1.** inconceivable, unimaginable: eine ~e Entfernung an inconceivable distance; Farben sind für einen Blinden ~ colo(u)rs are inconceivable to (*od.* unimaginable for) a blind person; Schäden von ~em Ausmaß (*od.* ~en Ausmaßes) damage *sg* of an inconceivable extent. – **2.** (*undenkbar*) unthinkable, inconceivable, unimaginable, incogitable (*lit.*): so etwas wäre in unserem Land ~ a thing like that would be unthinkable in our country. – **II** *adv* **3.** inconceivably, unimaginably: ~ groß [klein] inconceivably large [small].

ˈunˌvorˌteil·haft *adj* **1.** (*Kauf, Geschäftsabschluß etc*) unprofitable, disadvantageous, unfavorable, *bes. Br.* unfavourable: für beide Teile ~ unprofitable (*od.* disadvantageous, unfavo[u]rable) for (*od.* to) both parties (*od.* sides), mutually unprofitable. – **2.** (*Kleidungsstück*) unbecoming, unflattering. – **3.** (*Farbe, Tapete, Make-up etc*) unfavorable, *bes. Br.* unfavourable. – **4.** (*Aussehen, Figur etc*) unattractive: in diesem Kleid sieht sie ~ aus, dieses Kleid macht sie ~ she looks unattractive in this dress, this dress does nothing for her.

un·wäg·bar [ˌʊnˈvɛːkbaːr; ˈʊn-] *adj* (*Faktor, Element, Umstand etc*) imponderable, *auch* unweighable. — **ˌUnˈwäg·bar·keit** *f* ⟨-; -en⟩ **1.** ⟨*only sg*⟩ (*eines Faktors, Umstands etc*) imponderability. – **2.** *pl bes. philos. psych. phys.* imponderables, imponderabilia (*scient.*): die ~en des Lebens the imponderables of life.

ˈunˌwahr *adj* **1.** (*Behauptung, Geschichte etc*) untrue, false, untruthful. – **2.** *fig.* (*nicht lebensecht*) not true (*od.* untrue) to life.

ˈunˌwahrˌhaf·tig *adj* **1.** (*zum Lügen neigend*) untruthful, dishonest: ein ~er Mensch an untruthful person. – **2.** (*unaufrichtig*) insincere: seine Gefühle sind ~ his feelings are insincere (*od.* not heartfelt). – **3.** *cf.* unwahr. — **ˈUnˌwahrˌhaf·tig·keit** *f* ⟨-; *no pl*⟩ **1.** (*Neigung zum Lügen*) untruthfulness, dishonesty. – **2.** (*Unaufrichtigkeit*) insincerity. – **3.** *cf.* Unwahrheit 1.

ˈUnˌwahr·heit *f* ⟨-; -en⟩ **1.** ⟨*only sg*⟩ (*einer Behauptung, Geschichte etc*) untrueness, untruth(fulness), falseness, falsity. – **2.** (*unwahre Angabe, Behauptung etc*) untruth, falsehood, falsity: eine grobe ~ a gross untruth (*od.* falsehood); die ~ sagen to tell an untruth.

ˈunˌwahrˌschein·lich I *adj* **1.** (*Geschichte, Begebenheit etc*) improbable, unlikely, tall (*attrib*) (*colloq.*): das klingt recht ~ that sounds rather unlikely (*od. colloq.* like a tall story, fishy). – **2.** es ist ~ (, daß) it is improbable (*od.* unlikely) that; es ist sehr (*od.* höchst) ~, daß er kommt it's very improbable (*od.* very unlikely, highly improbable, most unlikely) that he will come. – **3.** *colloq.* (*Geschwindigkeit, Kraft etc*) incredible, fantastic: er hat ein ~es Glück! he has incredible good luck, he is incredibly lucky, he has the luck of the Irish (*colloq.*). – **II** *adv* **4.** *colloq.* (*sehr*) incredibly, fantastically: sie ist ~ groß she is incredibly tall; der Wagen fährt ~ schnell the car can go incredibly fast (*od.* at a fantastic speed). — **ˈUnˌwahrˌschein·lich·keit** *f* ⟨-; *no pl*⟩ improbability, unlikelihood, unlikeliness.

un·wan·del·bar [ˌʊnˈvandəlbaːr; ˈʊn-] *adj* **1.** (*Charakter, Ablauf, Bestimmungen etc*) immutable, unchangeable, unalterable, inalterable, invariable, inconvertible. – **2.** (*Treue, Liebe etc*) steadfast, *auch* stedfast, unwavering. — **ˌUnˈwan·del·bar·keit** *f* ⟨-; *no pl*⟩ **1.** (*des Charakters, der Bestimmungen etc*) immutability, unchangeability, unalterableness, inalterability, invariability, invariableness, inconvertibility. – **2.** (*der Treue, Liebe etc*) steadfastness, *auch* stedfastness.

ˈunˌweg·sam *adj* **1.** (*unbefahrbar, unpassierbar*) impassable, impracticable: ~es Gelände impassable terrain. – **2.** (*ohne Wege, Straßen etc*) roadless, pathless, wayless. — **ˈUnˌweg·sam·keit** *f* ⟨-; *no pl*⟩ **1.** (*Unbefahrbarkeit*) impassability, impassableness, impracticability, impracticableness. – **2.** (*das Fehlen von Wegen, Straßen etc*) absence of roads (*od.* paths).

ˈunˌweib·lich *adj* **1.** (*Aussehen, Statur, Stimme etc*) unfeminine. – **2.** (*Wesensart, Verhalten etc*) unwomanly.

un·wei·ger·lich [ˌʊnˈvaɪɡərlɪç; ˈʊn-] **I** *adj* ⟨*attrib*⟩ **1.** (*Folge, Konsequenz etc*) inevitable, unavoidable. – **II** *adv* **2.** inevitably: er wäre ~ gestürzt, wenn du ihn nicht gehalten hättest he would inevitably have fallen if you had not held him. – **3.** (*fraglos, unzweifelhaft*) unquestionably, undoubtedly, doubtlessly, without (any) question (*od.* doubt).

ˈunˌweit I *prep* ⟨*gen*⟩ not far from, *bes. Am.* nearby: ~ der Stadt not far from the town. – **II** *adv* ~ von not far from: ich wohne ~ von hier I live not far from here, I live a stone's throw from here.

ˈunˌwelt·lich *adj* unworldly.

ˈunˌwert *adj only in* er ist es ~, daß man ihm hilft, er ist der Hilfe ~ *lit.* he is unworthy of help (*od.* being helped).

ˈUnˌwert *m* ⟨-(e)s; *no pl*⟩ unworthiness, unworth.

ˈUnˌwe·sen *n* ⟨-s; *no pl*⟩ **1.** (*übler Zustand*) dreadful (*od.* abominable) state of affairs: dem ~ ein Ende machen to put an end to the dreadful state of affairs. – **2.** (*Untaten, schlimmes Treiben*) evil practices (*od.* deeds) *pl*: eine Rockerbande trieb hier ihr ~ the place was terrorized by a gang of rockers.

ˈunˌwe·sent·lich I *adj* **1.** (*Betrag, Summe, Fehler, Abweichung, Vorfall etc*) insignificant, unsignificant, trivial, trifling: sich über ~e Kleinigkeiten (*od.* Dinge) aufregen to get excited about trivial matters (*od.* trivialities). – **2.** (*Bestandteil, Beitrag, Unterschied, Änderung etc*) unimportant, immaterial, unessential, inessential, nonessential *Br.* non-, insignificant, unsignificant, irrelevant: es ist ~, ob er kommt it is immaterial (*od.* it is of no consequence, it makes no difference) whether he comes or not; das ist für mich ganz ~ that's quite unessential (*od.* immaterial) to (*od.* for) me, that is neither here nor there to me (*colloq.*). – **3.** (*Schaden, Verlust, Gewinn, Verbesserung etc*) negligible, *auch* negligeable, insignificant, unsignificant. – **II** *adv* **4.** dieses Gebäude unterscheidet sich nur ~ von den anderen this building differs only negligibly from the others. – **5.** nicht ~ appreciably, considerably: ihr Gesundheitszustand hat sich nicht ~ gebessert (the state of) her health has improved appreciably.

ˈUnˌwet·ter *n* ⟨-s; -⟩ **1.** (*Sturm u. Regen*) tempest, (*auf See*) *auch* rough (*od.* stormy) weather: im ganzen Land gingen schwere ~ nieder violent (*od.* raging) tempests swept the whole country. – **2.** (*schweres Gewitter*) violent (*od.* raging) thunderstorm.

ˈunˌwich·tig *adj* **1.** (*Aufgabe, Arbeit, Posten, Persönlichkeit, Brief etc*) unimportant, insignificant, unsignificant, inconsequential. – **2.** (*Bestandteil, Beitrag, Änderung, Entscheidung etc*) unimportant, immaterial, insignificant, unsignificant, irrelevant: diese Frage ist vorläufig ~ this question is unimportant at present; es ist doch ~, ob wir mit dem Auto oder mit dem Zug fahren it is unimportant (*od.* of no consequence) whether we go by car or by train. – **3.** (*Vorfall, Begebenheit, Kleinigkeit etc*) insignificant, unsignificant, trivial, trifling. – **4.** ⟨*pred*⟩ (*nicht notwendig*) unnecessary: er hält ein Telephon für ~ he thinks a telephone is unnecessary. — **ˈUnˌwich·tig·keit** *f* ⟨-; -en⟩ **1.** ⟨*only sg*⟩ (*einer Aufgabe, Arbeit, Persönlichkeit etc*) unimportance, insignificance, insignificancy. – **2.** ⟨*only sg*⟩ (*eines Bestandteils, Beitrags, einer Entscheidung etc*) unimportance, immaterialness, insignificance, insignificancy, irrelevance, irrelevancy. – **3.** ⟨*only sg*⟩ (*eines Vorfalls, einer Begebenheit etc*) insignificance, insignificancy, triviality. – **4.** *pl* (*unwichtige Dinge, Kleinigkeiten*) trivialities, insignificancies.

un·wi·der·leg·bar [ˌʊnˌviːdərˈleːkbaːr; ˈʊn-] **I** *adj* **1.** (*Beweis etc*) irrefutable, conclusive, incontrovertible, irrebuttable, incontestable: ~e Vermutung irrebuttable presumption. – **2.** (*Argument etc*) irrefutable, conclusive, incontrovertible, irrefragable, irrebuttable, unassailable. – **II** *adv* **3.** etwas ~ beweisen to prove s.th. irrefutably (*od.* conclusively), to have (*od.* provide) conclusive evidence of s.th. — **ˌUnˌwi·derˈleg·bar·keit** *f* ⟨-; *no pl*⟩ **1.** (*eines Beweises, einer Rechtsvermutung etc*) irrefutability, conclusiveness. – **2.** (*eines Arguments etc*) irrefutability, conclusiveness, irrefragability. — **un·wi·der·leg·lich** [ˌʊnˌviːdərˈleːklɪç; ˈʊn-] *adj u. adv cf.* unwiderlegbar. — **ˌUnˌwi·derˈleg·lich·keit** *f* ⟨-; *no pl*⟩ *cf.* Unwiderlegbarkeit.

un·wi·der·ruf·lich [ˌʊnˌviːdərˈruːflɪç; ˈʊn-] **I** *adj* **1.** (*Beschluß, Anordnung etc*) irrevocable: die Entscheidung des Komitees ist ~ the decision of the committee is irrevocable (*od.* cannot be revoked, is beyond recall, is past recall). – **2.** *jur.* (*Gerichtsurteil etc*) irrevocable, irrepealable, irreversible. – **3.** *econ.* (*Akkreditiv, Vollmacht etc*) irrevocable. – **II** *adv* **4.** (*unbedingt, ganz gewiß*) definitely, positively: es ist ~ das letzte Mal it is positively the last time; es steht ~ fest, daß it is quite positive that; (am) Montag ~ letzte Vorstellung! definitely last performance on Monday! — **ˌUnˌwi·derˈruf·lich·keit** *f* ⟨-; *no pl*⟩ **1.** (*eines Beschlusses, einer Anordnung etc*) irrevocability, irrevocableness. – **2.** *jur.* (*eines Gerichtsurteils etc*) irrevocability, irrevocableness, irreversibility. – **3.** *econ.* (*eines Akkreditivs, einer Vollmacht etc*) irrevocability, irrevocableness.

un·wi·der·spro·chen [ˌʊnˌviːdərˈʃprɔxən; ˈʊn-] *adj* **1.** (*Äußerung, Meldung etc*) uncontradicted: nach einer bisher ~en Nachricht according to a report which has not yet been contradicted. – **2.** (*Meinung, Behauptung, These etc*) uncontradicted, unchallenged, undisputed: wir können dies nicht ~ lassen we can't let this pass unchallenged.

un·wi·der·steh·lich [ˌʊnˌviːdərˈʃteːlɪç; ˈʊn-] **I** *adj* (*Drang, Trieb, Anziehungskraft etc*) irresistible, *Am. auch* irresistable: sie hatte ein ~es Verlangen nach Wasser she had an irresistible desire for water; sein Gesichtsausdruck war von ~er Komik his facial expression was irresistibly funny; er hält sich für ~ he thinks he is irresistible. – **II** *adv* irresistibly: sie fühlte sich von ihm ~ angezogen she felt irresistibly attracted to him, he had an irresistible appeal for her. — ˌ**Unˌwi·derˈsteh·lich·keit** *f* ⟨-; *no pl*⟩ irresistibility, irresistibleness.

un·wie·der·bring·lich [ˌʊnˌviːdərˈbrɪŋlɪç; ˈʊn-] **I** *adj* (*Verlust etc*) irretrievable, irrecoverable, irreparable. – **II** *adv* das Geld war ~ verloren (*od.* dahin) the money was irretrievably (*od.* irrecoverably) lost. — ˌ**Unˌwie·derˈbring·lich·keit** *f* ⟨-; *no pl*⟩ (*eines Verlusts etc*) irretrievability, irretrievableness, irrecoverableness, irreparableness.

ˈ**Unˌwil·le** *m* ⟨-ns; *no pl*⟩ **1.** indignation, (*stärker*) anger: sein Benehmen erregte den ~n des Lehrers his behavio(u)r aroused the indignation of the teacher; mit ~n stellte er fest (*od.* bemerkte er), daß sie nicht gekommen war he noticed with indignation (*od.* he was indignant when he noticed) that she had not come; ~n über (*acc*) etwas empfinden to feel indignation (*od.* be indignant) at (*od.* about, over) s.th., (*stärker*) to feel anger at s.th., to be angry at (*od.* about) s.th. – **2.** (*Widerwille, Lustlosigkeit*) unwillingness, reluctance, reluctancy: etwas mit ~n tun to do s.th. unwillingly (*od.* reluctantly), to do s.th. with (a) bad (*od.* with an ill) grace. — ˈ**Unˌwil·len** *m* ⟨-s; *no pl*⟩ *cf.* Unwille.

ˈ**unˌwil·lig I** *adj* **1.** indignant, (*stärker*) angry: du mußt deswegen nicht gleich ~ werden! you needn't get indignant at (*od.* about, over) it! you need not fly off the handle about it! (*colloq.*); über (*acc*) etwas [über j-n] ~ werden to become indignant at (*od.* about, over) s.th. [with s.o.]. – **2.** (*widerwillig, lustlos*) unwilling, reluctant. – **II** *adv* **3.** sie schüttelte ~ den Kopf she shook her head indignantly (*od.* with indignation); er tut Gartenarbeit nur sehr ~ he does gardening only very unwillingly (*od.* reluctantly, with [a] bad grace, with an ill grace).

ˈ**unˌwillˌkom·men** *adj* (*Gäste, Ereignisse*) unwelcome.

un·will·kür·lich [ˈʊnˌvɪlˌkyːrlɪç; ˌʊnˌvɪl-] **I** *adj* **1.** (*Bewegung, Gedanke etc*) involuntary, spontaneous, unconscious, consensual. – **2.** instinctive. – **3.** (*mechanisch*) automatic. – **II** *adv* **4.** *cf.* unabsichtlich 3. – **5.** ich tat es ganz ~ I did it quite involuntarily; ich mußte ~ an ihn denken I could not help thinking of him.

ˈ**unˌwirk·lich I** *adj* unreal, fictitious, phantasmal (*lit.*). – **II U~e, das** ⟨-n⟩ the unreal, the fictitious, the phantasmal (*lit.*). — ˈ**Unˌwirk·lich·keit** *f* ⟨-; *no pl*⟩ unreality, fictitiousness.

ˈ**unˌwirk·sam** *adj* **1.** (*Medizin, Behandlung etc*) ineffective, ineffectual, inefficient, inefficacious: etwas stellt sich als ~ heraus s.th. proves (to be) ineffective. – **2.** *jur.* (*Rechtsgeschäft etc*) a) inoperative, b) (*null und nichtig*) (null and) void: etwas ~ machen a) to render s.th. inoperative, b) to render s.th. void, to (a)void s.th. – **3.** *chem.* (*Reagens*) inactive. — ˈ**Unˌwirk·sam·keit** *f* ⟨-; *no pl*⟩ **1.** ineffectiveness, ineffectuality, ineffectualness, inefficiency, inefficac(it)y. – **2.** *jur.* a) inoperativeness, b) voidness. – **3.** *chem.* inactivity, inactiveness.

ˈ**unˌwirsch** *adj* (*Antwort etc*) surly, gruff.

ˈ**unˌwirt·lich** *adj* **1.** (*Gegend etc*) unattractive, (*stärker*) desolate, deserted. – **2.** (*Klima etc*) raw. – **3.** *cf.* ungastlich. — ˈ**Unˌwirt·lich·keit** *f* ⟨-; *no pl*⟩ **1.** unattractiveness, (*stärker*) desolation, desertedness. – **2.** rawness. – **3.** *cf.* Ungastlichkeit.

ˈ**unˌwirt·schaft·lich** *adj* **1.** (*unrentabel*) uneconomic, inefficient. – **2.** (*schlecht wirtschaftend*) uneconomical, unthrifty. — ˈ**Unˌwirt·schaft·lich·keit** *f* ⟨-; *no pl*⟩ **1.** uneconomicalness, inefficiency. – **2.** uneconomicalness, lack of economy, unthriftiness, unthrift.

ˈ**Unˌwis·sen** *n* ⟨-s; *no pl*⟩ *lit.* ignorance.

ˈ**unˌwis·send** *adj* **1.** (*nicht informiert*) ignorant, uninformed, nescient (*lit.*): er stellt sich ~ he pretends to be ignorant, he feigns ignorance. – **2.** (*ungebildet*) ignorant, untaught, uninstructed, unlearned: er ist ein ~er Mensch he is an ignorant person (*od.* an ignoramus). – **3.** (*unerfahren*) innocent, guileless, ignorant: sie ist noch ein ~es Kind she is still an innocent child. — ˈ**Unˌwis·sen·de** *m, f* ⟨-n; -n⟩ **1.** (*nicht Informierte*) ignorant (*od.* uninformed) person. – **2.** (*Ungebildete*) ignoramus, know-nothing. — ˈ**Unˌwis·sen·heit** *f* ⟨-; *no pl*⟩ **1.** (*Mangel an Information*) ignorance, nescience (*lit.*): darüber herrscht noch allgemeine [weitverbreitete] ~ there is general [widespread] ignorance on (*od.* of) this subject; ~ vorschützen to feign ignorance. – **2.** (*Mangel an Bildung*) ignorance: j-n in ~ halten (*od.* lassen) (über *acc* of) to keep s.o. ignorant. – **3.** (*Unerfahrenheit*) innocence, guilelessness, ignorance.

ˈ**unˌwis·sen·schaft·lich I** *adj* unscientific, unscholarly. – **II** *adv* unscientifically. — ˈ**Unˌwis·sen·schaft·lich·keit** *f* ⟨-; *no pl*⟩ lack of scientific (*od.* scholarly) accuracy (*od.* methods).

ˈ**unˌwis·sent·lich** *adv* unknowingly, unwittingly: er hatte die Grenze ~ überschritten he had crossed the border unknowingly.

ˈ**unˌwohl** *adj* ⟨*pred*⟩ **1.** ich bin ~, ich fühle mich ~, mir ist ~ a) (*unpäßlich*) I am indisposed, I feel (*od.* am) unwell, I feel (*od.* am) seedy (*od.* off colo[u]r, under the weather) (*colloq.*), b) (*übel*) I feel sick (*od.* queasy, *auch* queazy, squeamish, *stärker* ill), c) *euphem.* (*von Frauen*) I am indisposed, I feel (*od.* am) unwell. – **2.** ich fühlte mich dort sehr ~ (*unbehaglich*) I felt rather uneasy at that place. — ˈ**Un**ˌ**wohlˌsein** *n* ⟨-s; *no pl*⟩ **1.** (*Unpäßlichkeit*) indisposition, unwellness, seediness (*colloq.*). – **2.** (*Übelkeit*) sickness, queasiness, squeamishness, nausea, (*stärker*) illness. – **3.** *euphem.* (*von Frauen*) indisposition, unwellness.

ˈ**unˌwohn·lich** *adj* **1.** (*Zimmer etc*) unhomely, cheerless. – **2.** (*Gegend*) cheerless, bleak.

ˈ**Unˌwucht** *f* ⟨-; -en⟩ *tech.* (*eines Reifens etc*) out-of-balance weight, unbalance: das Rad hat eine ~ the wheel is out of balance. — ~ˌ**kraft** *f* out-of-balance force.

ˈ**unˌwür·dig** *adj* (*gen* of) **1.** (*Person*) unworthy: einer Sache ~ sein to be unworthy (*od.* undeserving) of s.th. – **2.** (*Verhalten etc*) unworthy, undignified: das ist seiner ~ that is beneath (*od.* unworthy of, below) him. — ˈ**Unˌwür·dig·keit** *f* ⟨-; *no pl*⟩ **1.** unworthiness. – **2.** lack of dignity.

ˈ**Unˌzahl** *f* ⟨-; *no pl*⟩ *only in* eine ~ von an immense (*od.* a tremendous) number of, a host (*od.* sea, *lit.* legion) of.

un·zähl·bar [ˌʊnˈtsɛːlbaːr; ˈʊn-] *adj* (*sehr groß*) innumerable, countless, numberless, uncountable.

un·zäh·lig [ˌʊnˈtsɛːlɪç; ˈʊn-] **I** *adj* (*zahllos*) innumerable, countless, numberless, unnumbered, uncounted, untold: ~e Male innumerable times, over and over again, time and again. – **II** *adv* ~ viele Autos innumerable (*od.* countless numbers of) cars.

ˌ**unˈzäh·li·geˈmal** *adv* innumerable times, over and over again, time and again.

un·zähm·bar [ˌʊnˈtsɛːmbaːr; ˈʊn-] *adj* **1.** (*Tier*) untamable. – **2.** *fig.* (*Geist etc*) untamable, indomitable, tameless, ungovernable. — ˌ**Unˈzähm·bar·keit** *f* ⟨-; *no pl*⟩ **1.** untamableness. – **2.** *fig.* untamableness, indomitability, tamelessness, ungovernableness.

ˈ**unˌzart** *adj* ungentle, (*stärker*) rough, rude. — ˈ**Unˌzart·heit** *f* ⟨-; *no pl*⟩ ungentleness, (*stärker*) roughness, rudeness.

Un·ze[1] [ˈʊntsə] *f* ⟨-; -n⟩ (*Gewichts- u. Hohlmaß*) ounce.

ˈ**Un·ze**[2] *f* ⟨-; -n⟩ *zo. rare for* Jaguar.

ˈ**Unˌzeit** *f only in* zur ~ *lit.* at the wrong time (*od.* moment), inopportunely, out of time (*od.* season), (*vorzeitig*) *auch* prematurely: eine Bemerkung zur ~ kann großen Schaden anrichten a remark made at the wrong time (*od.* an ill-timed [*od.* untimely, inopportune, unseasonable] remark) may cause great harm.

ˈ**unˌzeit·geˌmäß** *adj* **1.** (*altmodisch*) old-fashioned, out-of-date (*attrib*), outmoded, behind the times. – **2.** out of season (*nachgestellt*): „U~e Betrachtung" "Thoughts out of Season" (*by Nietzsche*).

ˈ**unˌzei·tig** *adj rare* **1.** (*nicht zeitig*) belated, tardy. – **2.** (*verfrüht*) premature. – **3.** unseasonable. – **4.** (*unreif*) unripe, green.

un·zer·brech·lich [ˌʊntsɛrˈbrɛçlɪç; ˈʊn-] *adj* (*Geschirr, Material etc*) unbreakable, nonbreakable *Br.* non-. — ˌ**Un·zerˈbrech·lich·keit** *f* ⟨-; *no pl*⟩ unbreakableness.

ˈ**un·ze·re·mo·niˌell** *adj* (*Verhalten etc*) unceremonious, informal.

ˈ**un·zerˌkaut** *adj* whole: „~ schlucken!" *med. pharm.* "to be swallowed whole".

un·zer·leg·bar [ˌʊntsɛrˈleːkbaːr; ˈʊn-] *adj* **1.** *tech.* undetachable. – **2.** *bes. chem.* (in *acc* into) indecomposable, irreducible. — ˌ**Un·zerˈleg·bar·keit** *f* ⟨-; *no pl*⟩ *bes. chem.* indecomposableness, irreducibility.

un·zer·reiß·bar [ˌʊntsɛrˈraɪsbaːr; ˈʊn-] *adj* untearable.

ˈ**un·zerˌsetzt I** *adj* undecomposed. – **II** *adv* ~ schmelzen *chem.* to melt without decomposition.

ˈ**un·zerˌspurt** *adj* (*Schnee*) untracked, unbroken.

un·zer·stör·bar [ˌʊntsɛrˈʃtøːrbaːr; ˈʊn-] *adj* **1.** indestructible. – **2.** *fig.* imperishable. — ˌ**Un·zerˈstör·bar·keit** *f* ⟨-; *no pl*⟩ **1.** indestructibility, indestructibleness. – **2.** *fig.* imperishability, imperishableness.

un·zer·teil·bar [ˌʊntsɛrˈtaɪlbaːr; ˈʊn-] *adj* indivisible, indiscerptible.

un·zer·trenn·bar [ˌʊntsɛrˈtrɛnbaːr; ˈʊn-] *adj* indivisible, indiscerptible: eine ~e Einheit an indiscerptible entity. — ˌ**Un·zerˈtrenn·bar·keit** *f* ⟨-; *no pl*⟩ indivisibility, indivisibleness, indiscerptibility: die ~ von Körper und Geist the indiscerptibility of body and mind.

un·zer·trenn·lich [ˌʊntsɛrˈtrɛnlɪç; ˈʊn-] *adj* (von from) inseparable: ~e Freunde inseparable friends; die beiden sind ~ those two are inseparable.

Un·zer·trenn·li·che [ˌʊntsɛrˈtrɛnlɪçə; ˈʊn-] *pl zo.* lovebirds (*Gattg Agapornis*).

ˌ**Un·zerˈtrenn·lich·keit** *f* ⟨-; *no pl*⟩ inseparability, inseparableness.

Un·ziˈalˌbuchˌsta·be [ʊnˈtsïaːl-] *m print.* uncial (letter).

Un·zia·le [ʊnˈtsïaːlə] *f* ⟨-; -n⟩ *print.* **1.** *cf.* Unzialbuchstabe. – **2.** *cf.* Unzialschrift.

Un·ziˈalˌschrift *f print.* uncial.

ˈ**unˌzie·mend** *adj cf.* unziemlich.

ˈ**unˌziem·lich** *adj* **1.** (*ungehörig*) indecorous, unseemly, unbecoming, indelicate. – **2.** (*unanständig*) improper, (*stärker*) indecent. — ˈ**Unˌziem·lich·keit** *f* ⟨-; *no pl*⟩ **1.** indecorum, unseemliness, unbecomingness, indelicacy. – **2.** impropriety, improperness, (*stärker*) indecency.

ˈ**Unˌzier** *f lit. cf.* Unzierde 2.

ˈ**Unˌzier·de** *f* ⟨-; *no pl*⟩ **1.** eyesore: der ungepflegte Marktplatz ist eine ~ für die ganze Stadt the unkept market square is an eyesore for the whole town. – **2.** j-m zur ~ gereichen *fig. lit.* to ill befit s.o.

ˈ**un·zi·vi·liˌsiert** *adj* **1.** (*barbarisch*) uncivilized *Br. auch* -s-, barbarian, barbarous. – **2.** (*grob, unhöflich*) uncivilized *Br. auch* -s-, rude. – **3.** (*primitiv*) primitive, savage.

ˈ**Unˌzucht** *f* ⟨-; *no pl*⟩ illicit sexual practices (*od.* relations) *pl*, sexual offence (*Am.* offense), fornication, whoredom: widernatürliche ~ sodomy, buggery, unnatural offence; gewerbsmäßige ~ prostitution; ~ mit Abhängigen illicit sexual relations with dependents; ~ treiben to fornicate, to carry on illicit sexual relations, to whore; j-n zur ~ verleiten (*od.* verführen) to seduce s.o. — ˈ**unˌzüch·tig I** *adj* **1.** (*Verhalten, Reden, Schriften etc*) obscene, lewd, bawdy: eine ~e Handlung a) an obscene act, b) an illicit sexual act. – **2.** (*ausschweifend*) licentious, debauched. – **3.** (*geil, lüstern*) lustful, lascivious, libidinous. – **4.** (*hurenhaft*) meretricious. – **II** *adv* **5.** sich j-m ~ nähern to approach s.o. indecently. — ˈ**Unˌzüch·tig·keit** *f* ⟨-; -en⟩ **1.** obscenity, lewdness, bawdiness. – **2.** licentiousness, debauchery. – **3.** lustfulness, lasciviousness, libidinousness.

ˈ**un·zuˌfrie·den** *adj* **1.** (*mißmutig*) (über *acc*) discontent(ed) (with), malcontent(ed) (with), disgruntled (at): er ist ewig ~ he is always discontented (*od.* malcontent). – **2.** mit j-m [etwas] ~ sein a) (*vorübergehend*) to be dissatisfied (*od.* unsatisfied) with s.o. [s.th.], to be displeased at (*od.* with) s.o. [s.th.], b) (*dauernd*) to be discontent(ed) with (*od.* in) s.o. [s.th.], to be disgruntled with s.o. [at s.th.]: manche Lehrer sind mit ihren Schülern immer ~ some teachers are always dissatisfied (*od.* unsatisfied) with their pupils; er ist mit Gott und der Welt ~ he is discontented with life in general. — **ˈUn·zuˌfrie·de·ne** *m, f* ⟨-n; -n⟩ malcontent (person), discontent (person). — **ˈUn·zuˌfrie·den·heit** *f* ⟨-; *no pl*⟩ **1.** (*Mißmut*) (über *acc* with) discontent. – **2.** (mit) a) (*vorübergehende*) dissatisfaction (with), displeasure (at, with), b) (*dauernde*) discontent (with, in).

ˈunˌzuˌgäng·lich *adj* **1.** (*Gebiet, Gegend, Haus etc*) inaccessible, inapproachable, unapproachable. – **2.** *fig.* (*Mensch*) unapproachable, reserved, aloof. – **3.** (*gegenüber Bitten, Ermahnungen etc*) (*dat*, gegenüber to) deaf, impervious, unamenable: er ist jedem vernünftigen Argument ~ he is deaf to any reasonable argument. — **ˈUnˌzuˌgäng·lich·keit** *f* ⟨-; *no pl*⟩ **1.** inaccessibility, inaccessibleness, inapproachability, unapproachableness, unapproachability. – **2.** *fig.* unapproachibility, unapproachableness, reserve(dness), aloofness. – **3.** *fig.* (gegenüber to) deafness, imperviousness.

ˈunˌzuˌkömm·lich [-ˌkœmlɪç] *adj Austrian* **1.** (*Nahrung etc*) insufficient, inadequate. – **2.** unjustified: er wurde in ~er Weise begünstigt he was given unjustified privileges. — **ˈUnˌzuˌkömm·lich·keit** *f* ⟨-; -en⟩ *meist pl Austrian* **1.** (*Unannehmlichkeit*) inconvenience. – **2.** (*Unstimmigkeit*) difference.

ˈunˌzuˌläng·lich *adj* **1.** insufficient, incompetent, inadequate, poor, unsatisfactory, inefficient. – **2.** *jur.* a) insufficient, b) inadequate: eine ~e Strafe an inadequate sentence. — **ˈUnˌzuˌläng·lich·keit** *f* ⟨-; -en⟩ **1.** ⟨*only sg*⟩ insufficiency, incompetence, *auch* incompetency, inadequacy, inadequateness, poorness, unsatisfactoriness. – **2.** ⟨*only sg*⟩ *jur.* a) insufficiency, b) inadequacy. – **3.** *meist pl* shortcomings *pl.*

ˈunˌzuˌläs·sig *adj* **1.** inadmissible, *auch* inadmissable, impermissible, unallowable. – **2.** *bes. jur.* a) unlawful, b) inadmissible, *auch* inadmissable: eine ~e Zusammenrottung an unlawful assembly; ~e Beweismittel inadmissible (*Am.* incompetent) evidence *sg*; ~e Verbindung mehrerer Parteien [Klagen] misjoinder of parties [causes of action]. — **ˈUnˌzuˌläs·sig·keit** *f* ⟨-; *no pl*⟩ **1.** inadmissibility, *auch* inadmissability, impermissibility. – **2.** *bes. jur.* a) unlawfulness, b) inadmissibility, *auch* inadmissability: ~ von Beweismitteln inadmissibility (*Am.* incompetence) of evidence.

ˈunˌzuˌmut·bar *adj* (*Forderung etc*) unreasonable. — **ˈUnˌzuˌmut·bar·keit** *f* ⟨-; *no pl*⟩ unreasonableness.

ˈunˌzuˌrech·nungsˌfä·hig *adj* irresponsible (for one's actions), not responsible for one's actions, of unsound mind, non compos mentis (*jur.*): für ~ erklärt werden to be certified insane; sich für ~ ausgeben to stultify oneself. — **ˈUnˌzuˌrech·nungsˌfä·hig·keit** *f* ⟨-; *no pl*⟩ irresponsibility (for one's actions), unsoundness of mind: Einrede der ~ *jur.* plea of insanity.

ˈunˌzuˌrei·chend *adj* (*Grund, Erklärung, Mittel etc*) insufficient, inadequate.

ˈun·zuˌsam·menˌhän·gend *adj* (*Rede, Worte etc*) disjointed, disconnected, incoherent, unconnected, (*vom Thema abschweifend*) rambling: ~e Gedanken disjointed thoughts.

ˈunˌzuˌstän·dig *adj bes. jur.* (für) incompetent (for), having no jurisdiction (over): ein Gericht für ~ erklären to adjudicate a court incompetent. — **ˈUnˌzuˌstän·dig·keit** *f* ⟨-; *no pl*⟩ incompetence, want (*od.* lack) of jurisdiction: Einrede der ~ des Gerichts plea as to jurisdiction, *Am.* foreign plea.

ˈunˌzuˌstell·bar *adj* (*postal service*) undeliverable: ~e Sendungen undeliverable and dead letter mail *sg*; falls ~, an Absender zurück if undeliverable, please return to sender.

ˈunˌzuˌträg·lich *adj* (*Alkohol, Klima etc*) unwholesome, unhealthy: das Klima hier ist meiner Gesundheit ~ the climate here is bad for my health. — **ˈUnˌzuˌträg·lich·keit** *f* ⟨-; -en⟩ **1.** ⟨*only sg*⟩ unwholesomeness, unhealthiness. – **2.** *pl* (zwischen *dat* between) differences.

ˈunˌzuˌtref·fend I *adj* **1.** (*unbegründet*) unfounded: das ist gänzlich ~ that is completely unfounded, nothing could be further from the truth. – **2.** (*nicht anwendbar*) inapplicable. – **II U~e, das** ⟨-n⟩ **3.** *only in* U~es bitte streichen (*auf Formularen*) please delete what does not apply.

ˈunˌzu·verˌläs·sig *adj* **1.** (*Mensch, Quelle, Gedächtnis, Wetter etc*) unreliable, undependable, independable: ~e Freunde unreliable (*od.* fair-weather) friends; manche Methoden zur Empfängnisverhütung sind sehr ~ some contraceptive methods are very unreliable (*od.* unsafe, shaky); er ist ein ~er Kunde *colloq.* he is an unreliable (*od.* a slippery, tricky, shifty) customer (*colloq.*). – **2.** (*unsicher*) uncertain. – **3.** (*unpünktlich*) unpunctual. – **4.** (*trügerisch*) treacherous. — **ˈUnˌzu·verˌläs·sig·keit** *f* ⟨-; *no pl*⟩ **1.** unreliability, undependableness, undependability: die ~ einer Methode the unreliability (*od.* shakiness) of a method; er ist überall wegen seiner ~ in finanziellen Dingen bekannt he is known everywhere for his unreliability (*od.* slipperiness, trickiness, shiftiness) in financial matters. – **2.** uncertainty. – **3.** unpunctuality. – **4.** treacherousness.

ˈunˌzweckˌmä·ßig *adj* **1.** (*ungeeignet*) unsuitable, inappropriate: ~e Kleidung [Einrichtung] unsuitable clothing [furnishings *pl*]. – **2.** (*unangebracht*) inappropriate, inexpedient: diese Bemerkung war sehr ~ this remark was very inexpedient. — **ˈUnˌzweckˌmä·ßig·keit** *f* ⟨-; *no pl*⟩ **1.** unsuitability, unsuitableness, inappropriateness. – **2.** inappropriateness, inexpediency, inexpedience.

ˈunˌzweiˌdeu·tig I *adj* **1.** (*sehr deutlich, grob*) plain, straight, unambiguous: eine ~e Antwort a plain answer. – **2.** (*eindeutig, unmißverständlich, iron. unanständig*) unambiguous, unequivocal: ein ~er Witz an unambiguous (*od.* indecent) joke. – **II** *adv* **3.** daraus geht ~ hervor, daß from this it follows quite clearly that; er gab ihm ~ zu verstehen, daß he gave him quite unambiguously (*od.* unmistakably) to understand that, he made it quite clear to him that. — **ˈUnˌzweiˌdeu·tig·keit** *f* ⟨-; -en⟩ **1.** ⟨*only sg*⟩ (*Deutlichkeit, Grobheit*) plainness, unambiguousness, unambiguity. – **2.** ⟨*only sg*⟩ (*Eindeutigkeit*) unambiguousness, unambiguity, unequivocalness. – **3.** (*unanständige Bemerkung*) unambiguous (*od.* indecent) remark.

un·zwei·fel·haft [ˈunˌtsvaɪfəlhaft; ˌʊn-] **I** *adj* ⟨*pred*⟩ indubitable, unquestionable: es ist ~, daß it is indubitable (*od.* unquestionable, beyond doubt, beyond controversy) that, it is a doubtless (*od.* an undoubted) fact that. – **II** *adv* ~ hat er das gesagt there is no doubt (that) he said so.

Upa·ni·schad [uˈpa(ː)nɪʃat] *f* ⟨-; -en [upanɪˈʃaːdən]⟩ *meist pl* (*altind. religiöse Schriften*) Upanishad, *auch* Upanisad.

ˈUpasˌbaum [ˈuːpas-] *m bot.* upas (tree) (*Antiaris toxicaria*).

Up·per·cut [ˈapərkat; ˈʌpəkʌt] (*Engl.*) *m* ⟨-s; -s⟩ (*sport*) (*beim Boxen*) uppercut.

üp·pig [ˈʏpɪç] **I** *adj* **1.** (*überreich*) luxuriant, succulent, lush, rich, rank, luxurious, exuberant, profuse: ein ~er Pflanzenwuchs a luxuriant (*od.* rampant) vegetation. – **2.** (*dicht*) thick, exuberant: ~es blondes Haar thick blond hair. – **3.** (*reichlich*) sumptuous, elaborate, lavish, opulent, luscious: ein ~es Mahl a sumptuous meal. – **4.** (*schwelgerisch*) luxurious, sumptuous: sie führen ein ~es Leben they lead a luxurious life. – **5.** (*großzügig*) generous, lavish: ein ~es Trinkgeld a generous tip. – **6.** (*von rundlicher Körperform*) opulent, well-rounded (*attrib*): eine ~e Blondine an opulent blond(e); ein ~er Busen an opulent bosom, a full bust. – **7.** (*sinnlich*) luscious, lush, luxurious. – **8.** (*überschwenglich*) luscious, lush, lavish, (over)elaborate: den Stil des Barocks könnte man als ~ bezeichnen the style of the baroque era could be called luscious (*od.* lavish, extravagant). – **9.** (*überschäumend*) rich, exuberant: Kinder besitzen eine ~e Phantasie children have a rich imagination. – **10.** *fig. colloq.* (*übermütig*) presumptuous, presuming: er wird zu ~ he is getting too big for his boots (*colloq.*). – **II** *adv* **11.** ~ essen to have a sumptuous meal; ~ leben to live opulently (*od.* high, in opulence, in clover), to live a life of luxury; ~ wachsen (*von Pflanzen*) to thrive; ~ wuchern (*od.* wachsen) to grow exuberantly (*od.* in profusion), to luxuriate; bei dieser Erzählung ist ihre Phantasie ~ ins Kraut geschossen *fig.* her imagination ran wild in this story. — **ˈÜp·pig·keit** *f* ⟨-; *no pl*⟩ **1.** luxuriance, succulence, succulency, lushness, richness, rankness, exuberance, profuseness. – **2.** (*von Haarwuchs*) thickness, exuberance. – **3.** (*von Mahlzeiten etc*) sumptuousness, elaborateness, lavishness, opulence, *auch* opulency, lusciousness. – **4.** (*von Lebensführung etc*) luxuriousness, luxury, sumptuousness. – **5.** (*von Geldspenden etc*) generosity, lavishness. – **6.** (*von Körperformen*) opulence, *auch* opulency, fullness. – **7.** (*von Farben, Aufmachung etc*) lusciousness, lushness, lavishness, (over)elaboration: die ~ des Barockstils the lusciousness (*od.* lavishness, extravagance, extravagancy) of the baroque style. – **8.** (*Sinnlichkeit*) lusciousness, lushness. – **9.** (*von Phantasie*) richness, exuberance.

up to date [ˈʌp tə ˈdeɪt] (*Engl.*) (*in Wendungen wie*) j-d [etwas] ist (nicht mehr ganz) ~ s.o. [s.th.] is (no longer quite) up-to-date.

Ur [uːr] *m* ⟨-(e)s; -e⟩ *zo. cf.* Auerochs.

ˈUrˌabˌstim·mung *f* **1.** *econ.* (*bei Lohnkämpfen*) strike ballot. – **2.** *Swiss* (*bei Vereinsmitgliedern*) written inquiry (*auch* enquiry).

ˈUrˌadel *m hist.* ancienne noblesse.

ˈUrˌahn *m* **1.** (*Vorfahr*) ancestor, forefather, primogenitor. – **2.** *pl* (*Vorfahren*) ancestors, forefathers, for(e)bears. – **3.** *cf.* Urgroßvater.

ˈUrˌah·ne[1] *m cf.* Urahn.

ˈUrˌah·ne[2] *f* **1.** (*Vorfahrin*) ancestress, foremother. – **2.** *cf.* Urgroßmutter.

ural·alˈta·isch [uˈraːl-] *adj ling. hist.* (*Sprachen*) Ural-Altaic, Turanian.

ura·lisch [uˈraːlɪʃ] *adj ling. hist.* (*Sprachen*) Uralian, Uralic.

ˈurˌalt *adj* **1.** (*Baum, Haus, Mensch etc*) very old. – **2.** (*Problem, Überlieferung etc*) age-old, very old: ~e Bräuche [Lehren] age-old (*od.* ancient) customs [doctrines]; seit (*od.* aus) ~en Zeiten from time immemorial, from time out of mind. – **3.** *colloq.* (*Auffassungen, Gegenstände etc*) ancient, (as) old as the hills: ein ~er Pullover an ancient pullover; ein ~er Witz an ancient (*od.* a stale) joke.

ˈUrˌal·ter *n* ⟨-s; *no pl*⟩ prim(a)eval age (*od.* period).

ˈurˌal·ters *adv only in* von ~ her from time immemorial, from time out of mind.

Ur·ämie [urɛˈmiː] *f* ⟨-; -n [-ən]⟩ *med.* (*Harnvergiftung*) ur(a)emia. — **ur·ämisch** [uˈrɛːmɪʃ] *adj* ur(a)emic.

Uran [uˈraːn] *n* ⟨-s; *no pl*⟩ *chem.* (*Element*) uranium (U): natürliches [angereichertes] ~ natural [enriched] uranium. — **~ˌberg·ˌwerk** *n* uranium mine. — **~ˌblei** *n chem.* lead 206, uranium lead. — **~eleˌment** *n cf.* Transuran. — **~ˌerz** *n* uranium ore, uranium-bearing mineral.

ˈUrˌanˌfang *m* first beginning, prime origin. — **ˈurˌanˌfäng·lich** *adj* prim(a)eval, primordial.

Uran|ge,halt [uˈraːn-] *m chem.* uranium content. — **~ˌglim·mer** *m* uranyl phosphate ores *pl.*

ˈUrˌangst *f* primitive fear.

uranˌhal·tig [uˈraːn-] *adj* (*Erze*) uraniferous, uranium-bearing, with uranium content.

Uran·he·xa·fluo·rid [uˈraːnhɛksafluoˌriːt] *n chem.* uranium hexafluoride (UF_6).

Ura·nia [uˈraːnia] *npr f* ⟨-; *no pl*⟩ *myth.* **1.** Urania (*Greek Muse of astronomy*). – **2.** Venus ~ Venus Urania (*a name of Aphrodite*). — **~ˌfal·ter** *m zo.* uraniid (*Fam. Uraniidae*).

Ura·ni·de [uraˈniːdə] *m* ⟨-n; -n⟩ **1.** *myth.* son of Uranus. – **2.** *pl chem. obs.* transuranium elements.

Ura·nin [uraˈniːn] *n* ⟨-s; *no pl*⟩ *chem.* uranin, uranine yellow, soluble fluorescein, fluorescein sodium.

Uran·in·duˌstrie [uˈraːn-] *f* uranium industry.

Ura·ni·nit [uraniˈniːt; -ˈnɪt] *m* ⟨-s; *no pl*⟩ *min. cf.* Uranpechblende.

Ura·nis·mus [uraˈnɪsmʊs] *m* ⟨-; *no pl*⟩ (*männliche Homosexualität*) uranism. — **Uraˈnist** [-ˈnɪst] *m* ⟨-en; -en⟩ uranist.

Ura·nit [uraˈniːt; -ˈnɪt] *m* ⟨-s; -e⟩ *min.* autunite.

Uranˌkern [u'raːn-] *m nucl.* uranium nucleus.
'Urˌanˌla·ge *f biol. cf.* Anlage 17.
Ura·noi·de [urano'iːdə] *pl chem.* uranoides.
Ura·nos ['uːranɔs] *npr m* ⟨-; *no pl*⟩ *myth.* Uranus (*the personification of Heaven and ruler of the world*).
Uran|oxid [u'raːnˀɔˌksiːt], **~oxyd** [-ɔˌksyːt] *n chem.* uranium oxide. — **~ˌpechˌblen·de** *f*, **~ˌpechˌerz** *n min.* pitchblende. — **~ˌrei·he** *f* uranium series (*od.* family), *auch* uranium-radium series. — **~ˌspal·tung** *f nucl.* uranium fission. — **~ˌstab** *m* uranium fuel rod.
Ura·nus ['uːranʊs] **I** *m* ⟨-; *no pl*⟩ *astr.* (*Planet*) Uranus. – **II** *npr m* ⟨-; *no pl*⟩ *myth. cf.* Uranos.
Uran|verˌbin·dung [u'raːn-] *f chem.* uranium compound. — **~ˌvorˌkom·men** *n* uranium deposit.
uras·sen ['ʊrasən] *v/t* ⟨uraßt, uraßte, geuraßt, h⟩ *Austrian dial. for* verschwenden.
Urat [u'raːt] *n* ⟨-(e)s; -e⟩ *chem.* (*Harnsäuresalz*) urate. —**ura·tisch** [u'raːtɪʃ] *adj* uratic.
'urˌaufˌfüh·ren I *v/t* ⟨*only inf u. pp* uraufgeführt, h⟩ **1.** (*Theaterstück etc*) premier(e), *bes. Br.* première, perform (*s.th.*) for the first time. – **2.** (*Film*) premier(e), *bes. Br.* première, show (*s.th.*) for the first time, give (*s.th.*) its first showing. – **II U~** *n* ⟨-s⟩ **3.** *verbal noun.* — **'UrˌaufˌfÜh·rung** *f* **1.** *cf.* Uraufführen. – **2.** (*von Theaterstück etc*) premiere, *bes. Br.* première, first night (*od.* performance). – **3.** (*eines Films*) premiere, *bes. Br.* première, first showing.
'Urˌausˌga·be *f* first (*od.* original) edition.
Urä·usˌschlan·ge [u'rɛːus-] *f* **1.** *zo.* asp (*Naja haje*). – **2.** *antiq.* (*in Ägypten*) uraeus.
ur·ban [ʊr'baːn] *adj* urbane. — **ur·ba·ni'sie·ren** [-bani'ziːrən] **I** *v/t* ⟨*no* ge-, h⟩ urbanize. – **II U~** *n* ⟨-s⟩ *verbal noun.* — **Ur·ba·ni'sie·rung** *f* ⟨-; -en⟩ **1.** *cf.* Urbanisieren. – **2.** urbanization. — **Ur·ba·ni'tät** [-bani'tɛːt] *f* ⟨-; *no pl*⟩ urbanity.
ur·bar ['uːrbaːr] *adj agr.* (*Land, Boden*) arable, cultivable: den Urwald ~ machen to clear (*od.* reclaim, cultivate) virgin forest.
Ur·bar [ʊr'baːr; 'uːrbaːr] *n* ⟨-s; -e⟩ *obs. for* Grundbuch.
ur·ba·ri·sie·ren [urbari'ziːrən] *v/t* ⟨*no* ge-, h⟩ *Swiss agr.* reclaim, cultivate. — **Ur·ba·ri'sie·rung** *f* ⟨-; -en⟩ *Swiss for* Urbarmachung.
Ur·ba·ri·um [ʊr'baːriʊm] *n* ⟨-s; -rien⟩ *obs. for* Grundbuch.
'Ur·barˌma·chung *f* ⟨-; *no pl*⟩ (*von Wald, Heide etc*) cultivation, reclamation.
'Ur·beˌdeu·tung *f* original meaning.
'Ur·beˌginn *m* first beginning, prime origin: von ~ an from the very beginning.
'Ur·beˌgriff *m* **1.** primitive notion, original idea. – **2.** *meist pl* (*einer Wissenschaft*) rudiment, first principle.
'Ur·beˌstandˌteil *m* primitive (*od.* ultimate) constituent (*od.* element).
'Ur·beˌvöl·ke·rung *f* aboriginal population, aborigines *pl.*
'Ur·beˌwoh·ner *pl* first inhabitants, aborigines.
'Urˌbild *n lit.* **1.** (*Vorbild eines Abbildes*) archetype, prototype, original, exemplar. – **2.** (*Inbegriff*) paragon, model. – **3.** *philos.* (*bei Platon*) idea. — **'urˌbild·lich** *adj* **1.** archetypal, prototypical, *auch* prototypic. – **2.** *philos.* ideal.
'Urˌbo·den *m* **1.** virgin soil. – **2.** *geol.* primary (*od.* primitive) rocks *pl.*
ur·chig ['ʊrçɪç] *adj Swiss* unspoiled, unspoilt, natural.
'Urˌchri·sten *pl* early Christians. — **'Urˌchri·sten·tum** *n* ⟨-s; *no pl*⟩ **1.** early (*od.* primitive) Christianity. – **2.** *cf.* Urkirche. — **'urˌchrist·lich** *adj* early (*od.* primitive) Christian.
'Urˌdarm *m biol.* (*in der Embryologie*) archenteron, c(o)elenteron.
'urˌdeutsch *adj* thoroughly German, German to the core.
Ur·du ['ʊrdu] *n* ⟨-s; *no pl*⟩ *ling.* (*Amtssprache Pakistans*) Urdu.
Urea·se [ure'aːzə] *f* ⟨-; -n⟩ *chem. med.* (*Harnstoff spaltendes Enzym*) urease.
Ure·id [ure'iːt] *n* ⟨-(e)s; -e⟩ *chem.* (*vom Harnstoff abgeleitete Verbindung*) ureide.
'ur'ei·gen *adj* ⟨*attrib*⟩ **1.** (*ganz persönlich*) very own: das ist seine ~e Sache (*od.* Angelegenheit) this is his very own affair; es liegt in Ihrem ~sten Interesse, daß it is in your very own interest that. – **2.** (*typisch*) typical. – **3.** (*ursprünglich*) original.

'ur'ei·gen·tüm·lich *adj* quite peculiar.
'urˌein·geˌses·sen *adj* aboriginal, autochthonous.
'UrˌeinˌWoh·ner *pl cf.* Urbewohner.
'Urˌel·tern *pl* **1.** (*Stammeltern*) first parents. – **2.** (*Vorfahren*) ancestors, forefathers, for(e)bears. – **3.** *cf.* Urgroßeltern.
'Urˌen·kel *m* great-grandson, great-grandchild. — **'Urˌen·ke·lin** *f* great-granddaughter, great-grandchild.
'Ur·erˌzeu·gung *f econ. cf.* Urproduktion.
Ure·ter [u're:tər] *m* ⟨-s; -teren [ure'teːrən], *auch* -⟩ *med.* (*Harnleiter*) ureter.
Ure'te·ren|kaˌthe·ter *m med.* ureteric catheter. — **~ˌko·lik** *f* ureteral colic.
Ure·terˌko·lik [u'reːtər-] *f med. cf.* Ureterenkolik.
Ure·te·ro·li·tho·to·mie [ureterolitoto'miː] *f* ⟨-; -n [-ən]⟩ *med.* (*Harnleitersteinentfernung*) ureterolithotomy.
Ure·te·ro·to·mie [ureteroto'miː] *f* ⟨-; -n [-ən]⟩ *med.* (*Harnleitereröffnung*) ureterotomy.
Ure·ter|ˌpla·stik [u'reːtər-] *f med.* ureteroplasty. — **~ˌstein** *m* calculus in the ureter. — **~verˌen·ge·rung** *f* ureteral obstruction, ureterostenosis.
Ure·than [ure'taːn] *n* ⟨-s; *no pl*⟩ *chem.* **1.** (*Ester der Carbaminsäure*) urethan(e). – **2.** urethan(e), ethyl carbamate ($NH_2COOC_2H_5$).
Ure·thra [u'reːtra] *f* ⟨-; -thren⟩ *med.* (*Harnröhre*) urethra.
Ure·thri·tis [ure'triːtɪs] *f* ⟨-; -tiden [-tri'tiːdən]⟩ *med.* (*Harnröhrenentzündung*) urethritis.
Ure·thro·skop [uretro'skoːp] *n* ⟨-s; -e⟩ *med.* (*Harnröhrenspiegel*) urethroscope.
'ur'ewig *adj only in* seit ~en Zeiten *colloq.* since the year one (*Br.* dot) since pussy was a cat, for donkey's years (*alle colloq.*).
'Urˌfas·sung *f* original (version).
'Urˌfeh·de *f hist.* (*im Mittelalter*) oath of truce: ~ schwören to abjure all vengeance.
'Urˌfels *m geol. cf.* Urgestein.
'Urˌform *f* **1.** original (*od.* primitive) form, archetype, prototype. – **2.** *biol.* primitive form, protomorph, archetype.
'Ur·geˌbir·ge *n geol.* primitive mountains *pl* (*od.* rocks *pl*), primary rocks *pl*, basement complex.
'Ur·geˌmein·de *f relig.* early Christian community.
'ur·ge'müt·lich *adj* **1.** (*Ort*) very cozy (*bes. Br.* cosy), very homely (*bes. Am.* homey, *auch* homy), nice and cozy (*bes. Br.* cosy), nice and snug. – **2.** (*Mensch*) very good-natured, very genial. – **3.** sich ~ fühlen to feel as snug as a bug in a rug (*colloq.*).
ur·gent [ʊr'gɛnt] *adj rare for* dringend 1. — **Ur'genz** [-'gɛnts] *f* ⟨-; -en⟩ *rare for* Dringlichkeit 1.
'ur·gerˌma·nisch I *adj* **1.** Teutonic. – **2.** *ling.* (*Form etc*) Proto-Germanic, Primitive Germanic (*od.* Teutonic). – **II** *ling.* **U~** ⟨*generally undeclined*⟩, **das U~e** ⟨-n⟩ **3.** Proto-Germanic, Primitive Germanic (*od.* Teutonic).
'Ur·geˌschich·te *f* earliest history, prehistory. — **'ur·geˌschicht·lich** *adj* prehistoric(al).
'Ur·geˌschlechtsˌzel·le *f biol. cf.* Urkeimzelle.
'Ur·geˌsell·schaft *f anthrop.* primitive society.
'Ur·geˌstalt *f* original (*od.* primitive) form.
'Ur·geˌstein *n geol.* primitive (*od.* primary) rocks *pl*, basement complex.
'Ur·geˌwalt *f* elemental power, elementariness.
'Urˌgroß|ˌel·tern *pl* great-grandparents. — **~ˌmut·ter** *f* great-grandmother. — **~ˌva·ter** *m* great-grandfather.
'Urˌgrund *m* first (*od.* original) cause, source, grass roots *pl* (*contrued as sg or pl*): der ~ alles Seins the source of all being.
'Urˌhe·ber *m* ⟨-s; -⟩ **1.** (*Initiator*) author, originator, contriver: die geistigen ~ der Französischen Revolution the authors of the French Revolution; die ~ dieser gräßlichen Tat the authours of this dreadful deed. – **2.** (*Verantwortlicher*) agent: sie selbst sind die ~ ihres Unglücks they themselves are the agents of their misfortune. – **3.** (*Verfasser*) author: ~ von Werken der Tonkunst *jur.* composer of musical works.
'Urˌhe·be·rin *f* ⟨-; -nen⟩ **1.** author(ess), originator, contriver. – **2.** *cf.* Urheber 2. – **3.** author(ess).

'Urˌhe·berˌrecht *n econ. jur.* copyright: Inhaber des ~s copyright holder (*od.* proprietor), owner of the (*od.* a) copyright; ~ an literarischen Werken literary copyright; ~ an Werken der bildenden Künste artistic copyright; ~ an Werken der Tonkunst musical copyright, copyright of musical works; ~ an einem Film film copyright; Verletzung [Verlängerung] eines ~es infringement [renewal] of a copyright; Eintragung des ~s copyright registration.
'urˌhe·berˌrecht·lich *econ. jur.* **I** *adj* copyright (*attrib*). – **II** *adv* ~ geschützt protected by copyright; ~ geschützte Ausgabe copyright edition; ~ schützen to copyright.
'Urˌhe·berˌrechtsˌschutz *m econ. jur.* copyright protection, protection of copyright.
'Urˌhe·ber·schaft *f* ⟨-; *no pl*⟩ authorship: die geistige ~ the intellectual authorship.
'Urˌhe·berˌschutz *m econ. jur. cf.* Urheberrechtsschutz.
'Urˌhirn *n biol.* primitive brain, archencephalon (*scient.*).
Uri·an ['uːriaːn] *m* ⟨-s; *no pl*⟩ Herr (Meister) ~ (*der Teufel*) Old Nick, his sable Majesty, (the) Old Gentleman.
Uri·asˌbrief [u'riːas-] *m* letter of Uriah, treacherous letter.
urig ['uːrɪç] *adj colloq. for* urwüchsig.
Urin [u'riːn] *m* ⟨-s; -e⟩ *med.* urine, water. — **~ˌabˌson·de·rung** *f* urination.
Uri·nal [uri'naːl] *n* ⟨-s; -e⟩ *med.* (*Harnglas*) urinal.
Urin|anaˌly·se [u'riːn-] *f chem. med.* urinalysis, *auch* uranalysis. — **u~ˌar·tig** *adj med.* urinous. — **~ˌbecken** (*getr.* -k·k-) *n* (*in Toiletten*) urinal. — **~beˌfund** *m med.* urinalysis, *auch* uranalysis. — **~ˌfa·den** *m meist pl* mucous thread. — **~ˌfla·sche** *f* urinal. — **~ˌfluß** *m cf.* Harnfluß.
uri·nie·ren [uri'niːrən] *v/i* ⟨*no* ge-, h⟩ *med. cf.* harnen.
uri·nös [uri'nøːs] *adj med.* urinous.
Urin|ˌpro·be [u'riːn-] *f med. cf.* Harnprobe. — **~ˌstein** *m cf.* Harnstein.
'Ur·inˌstinkt *m* primary (*od.* primitive) instinct.
urin|ˌtrei·bend [u'riːn-] *adj med. cf.* harntreibend. — **U~ˌun·terˌsu·chung** *f cf.* Harnuntersuchung.
'Ur·kanˌton *m* (*in der Schweiz*) original (*od.* founding) canton.
'UrˌkeimˌZel·le *f biol.* progamete.
'Urˌkir·che *f relig.* primitive (*od.* early) church.
'ur'ko·misch *adj colloq.* hilarious, hilariously (*od.* screamingly) funny, highly amusing.
'Urˌkraft *f* elemental force. — **'ur'kräf·tig** *adj* extremely powerful (*od.* strong).
'Urˌkun·de *f* ⟨-; -n⟩ **1.** (*Schriftstück*) document, record: eine ~ ausstellen [fälschen, beglaubigen] to issue (*od.* make out) [to forge, to verify] a document; amtliche ~n official documents; durch ~n belegt documentary. – **2.** diploma. – **3.** (*Bescheinigung*) certificate: alle Teilnehmer erhielten eine schön gerahmte ~ all participants received a beautifully framed certificate. – **4.** (*Zeugnis*) witness, evidence: zu Urkund dessen *jur. obs.* in witness (*od.* faith) whereof. – **5.** *jur.* a) *pl* muniments, b) (*mit rechtlichen Folgen*) instrument, c) (*über einen Vertrag*) indenture, d) (*durch die ein Recht oder Vermögen übertragen bzw. eine Verpflichtung begründet wird*) deed, e) (*durch die ein Privileg verliehen wird*) charter.
'Urˌkun·den|beˌweis *m jur.* documentary (*od.* written) evidence. — **~ˌdol·met·scher** *m* sworn interpreter for the translation of documents. — **~ˌfäl·scher** *m* forger of documents. — **~ˌfäl·schung** *f* falsification (*od.* forgery) of documents. — **~ˌfor·scher** *m* researcher of documents. — **~ˌfor·schung** *f* research on documents. — **~ˌleh·re** *f* **1.** theory of diplomatics. – **2.** (*Gebiet*) diplomatics *pl* (*construed as sg*). — **~ma·teˌri·al** *n* documentary material. — **~proˌzeß** *m jur.* lawsuit based entirely on documentary evidence, *Am.* trial by record. — **~ˌrol·le** *f* document register. — **~ˌsamm·lung** *f* archives *pl.* — **~ˌun·terˌdrückung** (*getr.* -k·k-) *f jur.* suppression of documents. — **~ˌvorˌla·ge** *f* presentation of documents. — **~ˌwerk** *n cf.* Urkundensammlung.
'urˌkund·lich [-ˌkʊntlɪç] **I** *adj* documentary: ~er Beleg documentary evidence; ~er Nachweis, ~e Erwähnung documentation. – **II** *adv* etwas ~ belegen to document s.th.,

to support s.th. by document, to furnish (*od.* give) documentary evidence of s.th.; die Kirche wird im 12. Jh. zum ersten Mal ~ erwähnt the church is mentioned in a document for the first time in the 12th century; ~ dessen *jur.* (*officialese*) in witness (*od.* faith) whereof.

'Urˌkunds|beˌam·te *m* **1.** certificating (*od.* notarial) official. – **2.** *jur.* a) Clerk of the Court, b) registrar. — **~perˌson** *f* **1.** solicitor, notary public. – **2.** *cf.* Urkundsbeamte 2.

'Urˌland·schaft *f geogr.* original (*od.* primitive, originally unspoiled [*od.* unspoilt]) landscape.

Ur·laub ['uːrˌlaʊp] *m* ⟨-(e)s; -e⟩ **1.** (*zustehende freie Zeit*) leave, *Am. auch* vacation: ~ nehmen to take leave; (un)bezahlter ~ (un)paid leave, leave with(out) pay; seinen ~ einreichen to apply for leave. – **2.** (*Ferien*) *Br.* holiday(s *pl*), *Am.* vacation: auf (*od.* in) ~ gehen (*od.* fahren) [sein] to go [to be (away)] on holiday (*Am.* vacation); ein vierzehntägiger ~ an der See a two week's (*bes. Br.* a fortnight's) holiday at the sea(side) (*od.* by the sea); sie machen zur Zeit im Schwarzwald ~ they are on holiday (*od.* are holidaying, *Am.* are vacationing) in the Black Forest at the moment. – **3.** *bes. mil.* leave of absence, furlough: ~ auf Ehrenwort leave on parole; ~ bis zum Wecken night leave; auf ~ on leave (*od.* furlough).

'urˌlau·ben [-ˌlaʊbən] *v/i* ⟨h⟩ *colloq.* (be on) holiday (*Am.* vacation).

'Urˌlau·ber *m* ⟨-s; -⟩ **1.** *Br.* holidaymaker, holidayer, *Am.* vacationist, vacationer. – **2.** *bes. mil.* soldier on leave (*od.* furlough). — **~ˌschiff** *n* holiday (*Am.* vacation) ship. — **~ˌzug** *m* **1.** holiday (*Am.* vacation) train. – **2.** *mil.* leave train.

'Urˌlaubs|ˌabˌgel·tung *f econ.* compensation for holidays (*Am.* vacation) not taken. — **~ˌanˌspruch** *m* **1.** entitlement to leave, leave claim, *Am.* vacation privilege: einen ~ von 20 Tagen haben to be entitled to (a) 20 days' leave. – **2.** *mil.* leave credit (*Br.* entitlement). — **~ˌanˌtritt** *m* commencement of one's leave. — **u~beˌrech·tigt** *adj* entitled to leave. — **~beˌstim·mun·gen** *pl* leave regulations. — **~ˌgeld** *n* ⟨-(e)s; *no pl*⟩ holiday (*od.* leave) pay, *Am.* vacation money. — **~geˌsuch** *n* **1.** *Br.* application for leave, *Am.* vacation request. – **2.** *mil.* application for leave. — **~ˌgrü·ße** *pl* holiday (*Am.* vacation) greetings. — **~ˌkar·te** *f* postcard from s.o. on holiday (*Am.* vacation), holiday (*Am.* vacation) greetings *pl* on a postcard. — **~ˌli·ste** *f* leave roster. — **~ˌmo·nat** *m* holiday (*Am.* vacation) month. — **~ˌort** *m* **1.** holiday (*Am.* vacation) resort. – **2.** (*Ziel einer Urlaubsreise*) holiday (*Am.* vacation) place. — **~ˌplan** *m* holiday (*Am.* vacation) plan. — **~proˌgramm** *n Br.* holiday programme, *Am.* vacation program. — **~ˌrei·se** *f* holiday (*Am.* vacation) trip. — **~ˌrei·sen·de** *m Br.* holidaymaker, holidayer, *Am.* vacationist, vacationer. — **~saiˌson** *f* holiday (*Am.* vacation) season. — **~ˌschein** *m* **1.** (*für Angestellte, Arbeiter etc*) leave (*Am. auch* vacation) certificate, (*für Staatsbeamte etc*) *auch* furlough: einen ~ ausfüllen to fill in (*bes. Am.* out) a leave certificate; einen ~ einreichen to apply for leave. – **2.** *mil.* leave permit (*od.* certificate). — **~ˌsper·re** *f* **1.** (*in einer Firma, beim Militär etc*) ban on leave (*Am. auch* vacation). – **2.** (*für ein Land etc*) ban on holidays (*Am.* on vacation). — **~ˌtag** *m* **1.** day of one's holiday (*Am.* vacation). – **2.** day off, (a) day's leave (*Am. auch* vacation): ich möchte zwei ~e I would like to take two days' leave (*od.* two days off). — **~ˌüberˌschrei·tung** *f* absence overleave, overstaying one's leave. — **~verˌlän·ge·rung** *f* **1.** (*des Arbeitsurlaubs etc*) extension (*od.* prolongation) of leave (*Am. auch* vacation). – **2.** (*am Ferienort etc*) extension (*od.* prolongation) of one's holiday(s) (*Am.* vacation). — **~ˌwo·che** *f* week of one's holiday (*Am.* vacation). — **~ˌzeit** *f* **1.** holiday (*Am.* vacation) season (*od.* period). – **2.** *cf.* Urlaub 2.

'Urˌlaut *m* elemental (*od.* primitive) sound.

'Urˌleh·re *f tech.* master ga(u)ge.

'Urˌmaß *n* **1.** standard measure. – **2.** (*als Lehrmaß*) standard (*od.* master) ga(u)ge.

'Ur·maˌte·rie *f philos.* prime matter.

'Urˌmensch *m anthrop.* **1.** (*vorgeschichtlicher Mensch*) prehistoric man. – **2.** (*primitiver Mensch*) primitive man. – **3.** (*erster Mensch*) original (*od.* first) man.

'Urˌme·ter *n* standard meter (*bes. Br.* metre).

'Urˌmund *m biol.* (*in der Embryologie*) protostoma, blastopore.

'Urˌmut·ter *f* foremother, first mother.

Ur·ne ['ʊrnə] *f* ⟨-; -n⟩ **1.** (cinerary) urn. – **2.** *pol.* (*für Wahlzettel*) ballot box. – **3.** *bot.* (*der Moose*) urn, *auch* spore case; theca, pyxidium (*scient.*).

'Ur·nen|ˌfeld *n archeol.* urnfield, urnsite. — **~ˌfriedˌhof** *m* urn cemetery, cinerarium. — **~ˌgrab** *n* urn grave. — **~ˌhal·le** *f* columbarium. — **~ˌkam·mer** *f* **1.** urn chamber, columbarium. – **2.** *archeol.* columbarium.

'Urˌnie·re *f biol.* (*in der Embryologie*) mesonephros, primordial kidney.

Ur·ning ['ʊrnɪŋ] *m* ⟨-s; -e⟩ (*Homosexueller*) p(a)ederast. — **'Ur·ningsˌlie·be** *f* ⟨-; *no pl*⟩ p(a)ederasty.

'urˌnor·disch *adj ling.* (*Sprache*) Proto-Norse.

Uro·bi·lin [urobi'liːn] *n* ⟨-s; *no pl*⟩ *med.* urobilin.

Uro·bi·li·no·gen [urobilino'geːn] *n* ⟨-s; -e⟩ *med.* urobilinogen, *auch* stercobilinogen.

'Urˌochs *m zo. cf.* Auerochs.

uro·ge·ni·tal [urogeni'taːl] *adj med.* urogenital, *auch* urogenitary, genito-urinary. — **U~syˌstem** *n* urogenital system (*od.* tract). — **U~ˌtrak·tus** *m* urogenital canal (*od.* tract).

'U-ˌRohr *n tech.* U-tube.

Uro·lith [uro'liːt; -'lɪt] *m* ⟨-s *u.* -en; -e(n)⟩ *med. cf.* Harnstein.

Uro·lo·ge [uro'loːgə] *m* ⟨-n; -n⟩ *med.* urologist.

Uro·lo·gie [urolo'giː] *f* ⟨-; *no pl*⟩ *med.* urology.

uro·lo·gisch [uro'loːgɪʃ] *adj med.* urologic, *auch* urological.

'Urˌoma *f colloq.* great-granny (*od.* -grannie, -grandma) (*colloq.*).

Uro·me·ter [uro'meːtər] *n* ⟨-s; -⟩ *med.* ur(in)ometer.

'Urˌopa *m colloq.* great-grandpa (*od.* -grand[d]ad) (*colloq.*).

Uro·poe·se [uropo'eːzə] *f* ⟨-; -n⟩ *med.* (*Harnproduktion*) uropoiesis.

Uro·sko·pie [urosko'piː] *f* ⟨-; -n [-ən]⟩ *med.* (*Harnuntersuchung*) ur(in)oscopy.

'Urˌpflan·ze *f bot.* primitive plant.

'Urˌplas·ma *n biol.* archiplasm.

'ur'plötz·lich I *adj* **1.** (*Unterbrechung, Entscheidung, Bewegung etc*) very sudden, abrupt. – **2.** (*völlig unerwartet*) totally unexpected. – **II** *adv* **3.** all of a sudden, abruptly: es geschah ~ it happened all of a sudden.

'Ur·proˌdukt *n econ.* primary product.

'Ur·pro·duk·tiˌon *f econ.* primary production.

'Urˌquell *m* ⟨-s; *no pl*⟩ *fig.* wellspring, primary source: ein ~ der Freude a wellspring of (all) joy.

'Urˌsa·che *f* **1.** cause: aus bisher unbekannter ~ through a cause as yet unknown; die wahre ~ einer Krankheit finden to find the real cause of an illness; das scheint die eigentliche ~ zu sein that appears to be the cause (*od.* to be at the bottom) of it; keine ~ ohne Wirkung take away the cause and the effect must cease; die unmittelbare ~ seines Todes the immediate (*od.* direct) cause of his death; kleine ~n, große Wirkung (*Sprichwort*) every oak has been an acorn (*proverb*). – **2.** (*tieferer Grund*) reason: was war die ~ dafür? what was the reason for that? ich habe alle ~ zu befürchten, daß I have every reason to fear that. – **3.** (*Beweggrund*) motive. – **4.** (*Anlaß*) occasion: Sie haben keine ~, mich zu beleidigen you have no occasion to insult me. – **5.** keine ~! a) (*Erwiderung auf einen Dank*) don't mention it, not at all, *bes. Am.* you are welcome, b) (*Erwiderung auf eine Entschuldigung*) that's (quite) all right, don't mention it, never mind. – **6.** *med.* agent.

'Urˌsa·chenˌleh·re *f bes. med.* (a)etiology, *auch* aitiology.

'urˌsäch·lich *adj* **1.** causal: es besteht ein ~er Zusammenhang zwischen A und B, A steht in ~em Zusammenhang mit B there is a causal relation (*od.* a causality) between A and B. – **2.** *ling. cf.* kausativ. — **'Urˌsäch·lich·keit** *f* ⟨-; *no pl*⟩ causality, causation.

'Urˌsatz *m mus.* fundamental (*od.* skeleton) structure.

'Urˌschleim *m biol.* protoplasm, *auch* protoplasma.

'Urˌschrift *f* **1.** original (text). – **2.** (*Originalhandschrift*) autograph. — **'urˌschrift·lich** *adj* **1.** (*im Original*) original: ein ~es Manuskript an original manuscript; etwas ~ zurückschicken to return s.th. in the original. – **2.** (*autographisch*) autograph (*attrib*), autographic, *auch* autographical, authentic.

'Urˌsen·dung *f* (*radio*) *telev.* first broadcast.

'Urˌspra·che *f ling.* **1.** original (*od.* root) language. – **2.** (*einer Übersetzung*) original language.

'Urˌsprung *m* **1.** (*Herkunft*) origin: der ~ des Wortes ist unbekannt the origin of the word is unknown; die Ware ist japanischen ~s the article is made in Japan (*od.* is a Japanese product). – **2.** (*Urbeginn, Entstehung*) commencement, beginning, origin: es gibt viele Theorien über den wahren ~ der Menschheit there are many theories about the beginning of mankind; vom ~ an *auch fig.* from its birth; seinen ~ in (*dat*) etwas haben (*od.* finden) to take its rise (*od.* to originate, to derive) from s.th. – **3.** (*Abstammung*) origin, extraction: diese Familie ist englischen ~s this family is of English extraction. – **4.** (*eines Flusses*) source. – **5.** *fig.* (*Quelle, Wurzel*) source, spring, root, headspring: der ~ allen Übels the source of all evil. – **6.** (*Grund, Ursache*) primal cause.

'urˌsprüng·lich [-ˌʃprʏŋlɪç] **I** *adj* **1.** ⟨*attrib*⟩ (*anfänglich*) initial, original, primary: sein ~es Mißtrauen his initial distrust. – **2.** ⟨*attrib*⟩ (*original*) original, first: die Oper in ihrer ~en Fassung the opera in its original version. – **3.** (*unverbildet, urwüchsig*) natural, original. – **4.** (*unverdorben*) pristine, primal: hier findet man Natur noch in ihrer ~en Schönheit here nature is found in its pristine beauty. – **5.** *biol.* primordial. – **6.** *cf.* uranfänglich. – **II** *adv* **7.** (*anfänglich*) originally, initially: ~ hatte ich nicht die Absicht I did not intend to do that originally. – **8.** (*zuerst*) at first, at the beginning. — **'Urˌsprüng·lich·keit** *f* ⟨-; *no pl*⟩ (*Originalzustand*) originality.

'Urˌsprungs|ˌanˌga·be *f econ.* (*beim Zoll*) declaration (*od.* indication) of (the country of) origin. — **~beˌschei·ni·gung** *f cf.* Ursprungszertifikat. — **~beˌzeich·nung** *f* **1.** *cf.* Ursprungsangabe. – **2.** *ling.* indication of origin. — **~ˌland** *n* country of origin. — **~ˌnachˌweis** *m* proof of origin. — **~ˌort** *m* place (*od.* point) of origin. — **~verˌmerk** *m cf.* Ursprungsangabe. — **~ˌwäh·rung** *f* currency of origin. — **~ˌzei·chen** *n* mark of origin. — **~zer·ti·fiˌkat, ~ˌzeug·nis** *n* certificate of origin.

'Urˌstand *m obs.* primitive state.

'Urˌständ [-ˌʃtɛnt] *f* ⟨-; *no pl*⟩ *only in* fröhliche ~ feiern *colloq. humor.* (*von altem Brauch, Mißstand etc*) to pop up again (*colloq.*).

'Urˌstoff *m* **1.** (*Grundstoff*) original (*od.* primary) matter (*od.* substance). – **2.** *chem.* element.

'Urˌstromˌtal *n geogr.* glacial valley (*od.* spillway).

Ur·su·li·ne [ʊrzu'liːnə] *f* ⟨-; -n⟩, **Ur·su'li·ne·rin** *f* ⟨-; -nen⟩ *röm.kath.* Ursuline.

Ur·teil ['ʊrtaɪl] *n* ⟨-s; -e⟩ **1.** judg(e)ment: ein vorschnelles [kategorisches, unvoreingenommenes] ~ a rash (*od.* snap) [categorical, an unbias(s)ed] judg(e)ment; ein ~ über (*acc*) etwas fällen to pass (*od.* pronounce) judg(e)ment (up)on s.th.; j-n in seinem ~ bestärken to support s.o. in his judg(e)ment; selbst ein ~ haben to judge for oneself; auf sein ~ kann man sich verlassen you can rely on his judg(e)ment; warte noch mit deinem ~ wait a little with (*od.* reserve) your judg(e)ment, don't judge too soon; Sie haben sich darüber kein ~ zu erlauben you are in no position to judge that. – **2.** (*Ansicht, Meinung*) opinion: meinem ~ nach in my opinion; nach allgemeinem ~ according to general opinion, in everyone's opinion; nach dem ~ von Sachverständigen according to expert opinion; sich (*dat*) ein ~ über (*acc*) etwas bilden to form an opinion about (*od.* on) s.th.; sich (*dat*) über j-n ein ~ bilden to form an opinion on s.o., to size s.o. up (*colloq.*); sein ~ über (*acc*) etwas abgeben to give one's opinion on s.th.; kein ~ haben to have no opinion; ich enthalte mich eines ~s I refrain from giving an opinion; mit seinem ~ zurückhalten a) to keep one's opinion to oneself, to hold back in one's opinion, b) to withhold one's opinion; darüber maße ich mir kein ~ an I don't presume to give an opinion on that; in seinem ~ unsicher werden to become unsure (*od.* uncertain) in one's opinion. – 3. (*Beurteilung, Schlußfolgerung*) reasoning. – 4. (*Entscheidung*) decision: ein einstimmiges ~ a unanimous decision. – 5. (*Verdammungsurteil*) condemnation, doom. – 6. (*Gottesurteil*) ordeal. – 7. *jur.* a) (*eines Richters*) judg(e)ment, sentence, decision, b) (*von Schiedsrichtern*) award, c) (*Strafmaß*) sentence, d) (*über die Rechtslage*) adjudication, e) (*über die Schuldfrage*) findings *pl*, f) (*in Scheidungsangelegenheiten*) decree: ein gerechtes [salomonisches, mildes, strenges] ~ a just [Solomonic, lenient (*od.* mild), severe (*od.* harsh)] sentence; ein rechtskräftiges ~ a final (*od.* an absolute, a nonappealable, *Br.* a non-appealable) judg(e)ment; ein vollstreckbares ~ an executable (*od.* enforceable) sentence; das ~ verkünden to pronounce judg(e)ment; ein günstiges ~ erwirken to obtain a favo(u)rable sentence; ein ~ anerkennen to accept a decision (*od.* judg[e]ment); sich einem ~ unterwerfen to submit to (*od.* acquiesece in) a judicial decision; sich (*dat*) selbst sein ~ sprechen *fig.* to pronounce one's own sentence, to be condemned by one's own words; ein ~ abändern to commute (*od.* reverse) a sentence; ein ~ aufheben to quash (*od.* set aside) a sentence; das ~ wurde angefochten there was an appeal; gegen ein ~ Berufung einlegen to lodge (*od.* file) an appeal against a decision; gegen das ~ kann Berufung eingelegt werden the sentence admits of appeal; vorläufiges [endgültiges] ~ (*in einem Scheidungsprozeß*) decree nisi [absolute]. – 8. (*Urteilskraft, Urteilsfähigkeit*) discernment, discrimination. – 9. *philos.* proposition.

'ur·tei·len I *v/i* ⟨h⟩ 1. judge: über j-n ~ to judge s.o.; über (*acc*) etwas ~ a) to judge (of) s.th., to give one's opinion on s.th. b) *jur.* to judge (of) s.th., to adjudge (*od.* adjudicate) (up)on s.th.; er hat kein Recht, darüber zu ~ he has no right to judge that (*od.* to be the judge of it); er urteilte anders darüber he took a different view of it; ~ Sie selbst! judge for yourself; wenn ich recht urteile if I am any judge (of the matter); vorschnell über (*acc*) etwas ~ to prejudge s.th. – 2. nach etwas ~ to judge by (*od.* from) s.th.: nach seinem Reden [Benehmen] zu ~ judging (*od.* to judge) from what he says [by his behavio(u)r]; nach dem äußeren Schein ~ to judge from outward appearance(s); nach den Nachrichten zu ~ judging by the news. – **II U~** *n* ⟨-s⟩ 3. *verbal noun.*

'Ur·teilsˌabˌän·de·rung *f jur.* commutation of a sentence. — **~ˌanˌfech·tung** *f* contest of a judg(e)ment. — **~ˌaufˌhe·bung** *f* reversal of judg(e)ment, rescission. — **~beˌgrün·dung** *f* 1. opinion (of court), grounds *pl.* – 2. declaratory part of a judg(e)ment. — **~erˌöff·nung** *f* publication of a judg(e)ment. — **u~ˌfä·hig** *adj* 1. (*unterscheidungsfähig*) discerning, discriminating: im ~en Alter sein to be of a discerning age. – 2. (*kompetent*) competent, in a position to judge: ein sehr ~er Mensch a man of sound judg(e)ment. — **~ˌfä·hig·keit** *f* ⟨-; *no pl*⟩ 1. (*Unterscheidungsvermögen*) discernment, discrimination: mangelnde ~ lack of discernment. – 2. (*Kompetenz*) competence. — **~ˌfäl·lung** *f jur.* passing (*bes. Am.* rendition) of judg(e)ment. — **~ˌfor·de·rung** *f* judg(e)ment claim. — **~ˌgläu·bi·ger** *m* judg(e)ment creditor. — **~ˌkraft** *f* 1. (*Urteilsvermögen*) power (*od.* faculty) of judg(e)ment: „Kritik der ~" "Critique of Judg(e)ment" (*by Kant*). – 2. (*Unterscheidungsvermögen*) discernment, discrimination. — **u~los** *adj* 1. (*nicht urteils-, unterscheidungsfähig*) undiscerning, undiscriminating. – 2. (*kritiklos*) uncritical. — **u~ˌreif** *adj* ripe for judg(e)ment. — **~ˌschuld·ner** *m jur.* judg(e)ment debtor. — **~ˌspruch** *m* 1. *cf.* Urteilsverkündung. – 2. *cf.* Urteil 5—7. — **~verˌkün·dung** *f* pronouncement (*bes. Am.* rendition) of judg(e)ment. — **~verˌmö·gen** *n* 1. *cf.* Urteilsfähigkeit. – 2. *cf.* Urteilskraft. — **~ˌvollˌstreckung** (*getr.* -k·k-) *f jur.* execution of a sentence (*od.* judg[e]ment), enforcement of a judg(e)ment.

'Urˌtext *m* 1. (*eines Manuskripts etc*) original (text). – 2. *mus.* original version, urtext.

Ur·ti·ca·ria [urti'kaːrĭa] *f* ⟨-; *no pl*⟩ *med. cf.* Urtikaria.

'Urˌtier·chen *n biol. zo.* protozoon.

Ur·ti·ka·ria [urti'kaːrĭa] *f* ⟨-; *no pl*⟩ *med.* (*Nesselsucht, -fieber*) urticaria, nettle rash, hives *pl* (*construed as sg or pl*).

'Urˌti·ter·subˌstanz *f chem.* (standard) titrimetric standard.

'Urˌtonˌschie·fer *m min.* phyllite.

'Urˌtrieb *m* basic instinct.

ur·tüm·lich ['uːrtyːmlɪç] *adj* 1. original, initial, prim(a)eval. – 2. natural, unsophisticated. — **'Ur·tüm·lich·keit** *f* ⟨-; *no pl*⟩ 1. originality. – 2. naturalness, unsophistication.

'Urˌtyp, 'Urˌty·pus *m* primitive type (*od.* form), prototype.

Uru·bu ['uːrubu] *m* ⟨-s; -s⟩ *zo.* (*Rabengeier*) black vulture, urubu (*Coragyps atratus*).

Uru·gua·yer [uru'gŭaːjər; 'urugvaɪər] *m* ⟨-s; -⟩ Uruguayan. — **uru·gua·yisch** [uru'gŭaːjɪʃ; 'urugvaɪɪʃ] *adj* Uruguay(an).

'Urˌurˌahn *m* great-great-grandfather.

'Urˌurˌah·ne[1] *m cf.* Ururahn.

'Urˌurˌah·ne[2] *f* great-great-grandmother.

'Urˌur|ˌen·kel *m* great-great-grandchild (*od.* -grandson). — **~ˌen·ke·lin** *f* great-great-grandchild (*od.* -granddaughter). — **~ˌgroßˌel·tern** *pl* great-great-grandparents. — **~ˌgroßˌmut·ter** *f* great-great-grandmother. — **~ˌgroßˌva·ter** *m* great-great-grandfather.

'Urˌva·ter *m* 1. forefather, first parent (*od.* father). – 2. *pl* ancestors.

'Urˌvä·terˌzeit *f* olden days (*od.* times) *pl*, days *pl* of yore: seit ~en from time immemorial, from time out of mind.

'ur·verˌwandt *adj* 1. of kindred origin, cognate. – 2. *ling.* (*Sprachen etc*) cognate.

'Urˌviech, 'Urˌvieh *n* er ist ein ~ *colloq. humor.* (*lustiger Kerl*) he is a (perfect) scream (*colloq.*), *Am. colloq.* he is a riot (*od.* wow).

'Urˌvo·gel *m zo. cf.* Archäopteryx.

'Urˌvolk *n anthrop.* 1. (*Urstamm*) aboriginal tribe. – 2. (*primitives Volk*) aborigines *pl*, aboriginals *pl*, primitive people.

'Urˌwahl *f pol.* preliminary election. — **'Urˌwäh·ler** *m* primary elector (*od.* voter).

'Urˌwald *m geogr.* prim(a)eval (*od.* virgin) forest.

'Urˌweib *n* 1. primitive woman. – 2. (*Urbild eines Weibes*) archetype of woman.

'Urˌwelt *f* prim(a)eval (*od.* primitive) world.

'urˌwelt·lich *adj* 1. (*urzeitlich, uranfänglich*) prim(a)eval, primordial. – 2. (*vorsintflutlich*) antediluvian, *auch* antediluvial.

'Urˌwe·sen *n* 1. (*Lebewesen der Urwelt*) primordial being. – 2. ⟨*only sg*⟩ *fig.* (*elementare Eigenschaft*) essence.

'urˌwüch·sig [-ˌvyːksɪç] *adj* 1. (*Humor, Person, Sprache etc*) earthy. – 2. (*natürlich*) natural, native, original. – 3. (*urgewaltig*) elemental: mit ~er Kraft with elemental force. – 4. (*grob, ungeschliffen*) rough, rugged. – 5. (*derb, kräftig*) sturdy. — **'Urˌwüch·sig·keit** *f* 1. earthiness. – 2. naturalness, nativeness, originality. – 3. roughness, ruggedness. – 4. sturdiness.

'Urˌzeit *f* 1. prim(a)eval (*od.* primitive) times *pl*, dawn of history (*lit.*): vor ~en in time out of mind. – 2. seit ~en nicht mehr *colloq.* not for ages (and ages) (*colloq.*). — **'urˌzeit·lich** *adj* prim(a)eval.

'Urˌzel·le *f biol.* (hypothetical) first (*od.* primordial) cell.

'Urˌzeu·gung *f biol.* spontaneous generation, abiogenesis (*scient.*).

'Urˌzuˌstand *m* 1. primitive (*od.* primordial) state. – 2. (*Originalzustand*) original state (*od.* condition).

Usam'ba·raˌveil·chen [uzam'baːra-] *n bot.* African violet (*Saintpaulia ionantha*).

US-ame·riˌka·nisch [uː'ˀɛs-] *adj* US-American, belonging to (*od.* originating from) the United States of America.

Usance [y'zãːs] *f* ⟨-; -n [-sən]⟩ *econ.* (*Handelsbrauch*) commercial usage, practice. — **u~ˌmä·ßig I** *adj* in keeping with usage. – **II** *adv* as is customary, according to usage.

Uso ['uːzo] *m* ⟨-s; *no pl*⟩ *cf.* Usus.

'U-ˌStahl *m metall.* channel steel.

usu·ell [u'zŭɛl] *adj* usual, customary: nicht ~ not usual, not the practice (*od.* custom).

Usur [u'zuːr] *f* ⟨-; -en⟩ *med.* (*bei Knochen*) defect, lesion.

Usur·pa·ti·on [uzurpa'tsĭoːn] *f* ⟨-; -en⟩ usurpation, assumption.

Usur·pa·tor [uzur'paːtər] *m* ⟨-s; -en [-pa'toːrən]⟩ usurper. — **usur·pa'to·risch** [-pa'toːrɪʃ] *adj* usurpative, usurpatory.

usur·pie·ren [uzur'piːrən] *v/t* ⟨*no* ge-, h⟩ usurp.

Usus ['uːzʊs] *m* ⟨-; *no pl*⟩ custom, practice, usage: das ist hier so ~ that is the custom (*od.* that is customary) here.

US-ˌWäh·rung [uː'ˀɛs-] *f econ.* U.S. currency.

Uten·sil [utɛn'ziːl] *n* ⟨-s; -ien [-lĭən]⟩ 1. utensil, implement. – 2. (*Werkzeug*) tool, implement.

ute·rin [ute'riːn] *adj med.* uterine.

Ute·ro·sal·pin·go·gra·phie [uterozalpɪŋgogra'fiː] *f* ⟨-; -n⟩ [-ən]⟩ *med.* (*in Röntgenologie*) hysterosalpingography, uterotubography, uterosalpingography.

Ute·rus ['uːterʊs] *m* ⟨-; Uteri [-ri]⟩ *med.* womb; uterus, metra (*scient.*). — **~ˌblu·tung** *f* uterine h(a)emorrhage, metrorrhagia. — **~entˌfer·nung, ~ex·stir·pa·tiˌon** *f* hysterectomy, uterectomy, metrectomy. — **~geˌwächs** *n* uterine tumor (*bes. Br.* tumour). — **~ˌmißˌbil·dung** *f* deformity of the uterus. — **~myˌom** *n* hysteromyoma. — **~poˌlyp** *m* uterine polypus. — **~proˌlaps** *m* prolapse of the uterus, hysteroptosis. — **~rupˌtur** *f* rupture of the uterus, hysterorrhexis, metrorrhexis. — **~ˌvorˌfall** *m cf.* Uterusprolaps.

Ut·gard ['uːtgart] *n* ⟨-s; *no pl*⟩ *myth.* Utgard (*abode of the Old Norse demons and giants*).

uti·li·sie·ren [utili'ziːrən] *v/t* ⟨*no* ge-, h⟩ utilize *Br. auch* -s-.

Uti·li·ta·ri·er [utili'taːrĭər] *m* ⟨-s; -⟩ utilitarian. — **Uti·li·ta'ris·mus** [-ta'rɪsmʊs] *m* ⟨-; *no pl*⟩ utilitarianism. — **Uti·li·ta'rist** [-ta'rɪst] *m* ⟨-en; -en⟩ *cf.* Utilitarier. — **uti·li·ta'ri·stisch** *adj* utilitarian.

Uto·pia [u'toːpĭa] *npr n* ⟨-s; *no pl*⟩ *cf.* Utopien.

Uto·pie [uto'piː] *f* ⟨-; -n [-ən]⟩ utopia.

Uto·pi·en [u'toːpĭən] *npr n* ⟨-s; *no pl*⟩ Utopia.

uto·pisch [u'toːpɪʃ] *adj* utopian: etwas als ~ ansehen to look (up)on s.th. as (*od.* to consider s.th.) utopian.

Uto·pis·mus [uto'pɪsmʊs] *m* ⟨-; *no pl*⟩ utopianism.

Uto·pist [uto'pɪst] *m* ⟨-en; -en⟩ utopian.

Utri·ku·lus [u'triːkulʊs] *m* ⟨-; -kuli [-li]⟩ *med.* utricle. [(*des Auges*) uvea.]

Uvea [u'veːa] *f* ⟨-; Uveae [u'veːɛ]⟩ *med.*

Uvei·tis [uve'iːtɪs] *f* ⟨-; -itiden [-i'tiːdən]⟩ *med.* iridocyclochoroiditis, uveitis.

UV|-ˌFil·ter [uː'fau-] *n, m phot.* UV (absorbing) filter. — **~-ˌLam·pe** *f* ultraviolet lamp. — **~-ˌStrah·len** *pl* ultraviolet rays: mit ~ behandeln to irridiate with ultraviolet rays. — **~-ˌStrah·lung** *f* ultraviolet radiation.

Uvu·la ['uːvula] *f* ⟨-; -lae [-lɛ]⟩ *med.* (*Zäpfchen*) uvula.

uvu·lar [uvu'laːr] *adj ling.* uvular.

uvu·lär [uvu'lɛːr] *adj med.* uvular.

'Ü-ˌWa·gen *m* (*radio*) *telev. cf.* Übertragungswagen.

Uz [uːts] *m* ⟨-es; -e⟩ *colloq. cf.* Uzerei.

'Uzˌbru·der *m colloq.* tease(r).

uzen ['uːtsən] *colloq.* **I** *v/t* ⟨h⟩ 1. j-n ~ a) (*necken, foppen*) to tease (*od.* chaff, banter) s.o., b) (*auf den Arm nehmen*) to pull s.o.'s leg (*colloq.*), to kid s.o. (*sl.*), *bes. Br. colloq.* to have s.o. on. – **II U~** *n* ⟨-s⟩ 2. *verbal noun.* – 3. *cf.* Uzerei.

Uze'rei *f* ⟨-; -en⟩ *colloq.* 1. *cf.* Uzen. – 2. (*Neckerei*) chaff, banter.

V

V, v [faʊ] *n* ⟨-; -⟩ **1.** V, v (*twenty-second letter of the German alphabet; seventeenth consonant*): ein großes V a capital (*od.* large) V; ein kleines V a small (*od.* little) v. – **2.** V *math.* (*Volumen*) V, v. – **3.** V *antiq.* (*römische Zahl für 5*) V. – **4.** V *chem.* (*Vanadium*) V. – **5.** v *phys.* (*Geschwindigkeit*) v, vel. – **6.** V *electr.* (*Volt*) V, v. – **7.** V (*something having the shape of the capital letter V*) V.

va banque [vaˈbɑ̃ːk] *only in* ~ spielen a) (*in der Spielbank*) to play vabanque, b) *fig.* to take a chance (*od.* risk) (*od.* to gamble) on it.

Vaˈbanqueˌspiel *n* ⟨-(e)s; *no pl*⟩ *fig.* hazardous venture: was du tust, ist ein ~ what you are doing is a hazardous venture, you are taking an inordinate risk.

Vac·ci·na [vaˈktsiːna] *f* ⟨-; -nae [-nɛ]⟩ *med.* (*Kuhpocke*) vaccinia, cowpox.

ˈVacheˌle·der [ˈvaʃ-] *n* (*leather*) sole leather.

Vaˈchet·tenˌle·der [vaˈʃɛtən-] *n* (*leather*) *cf.* Vacheleder.

ˈVa·cuˌblitz [ˈvaːku-] *m phot.* photoflash (lamp).

Va·de·me·kum [vadeˈmeːkʊm] *n* ⟨-s; -s⟩ *archaic* (*kurzgefaßtes Lehrbuch*) vade mecum, handbook, manual.

vag [vaːk] *adj cf.* vage.

Va·ga·bund [vagaˈbʊnt] *m* ⟨-en; -en⟩ **1.** (*Landstreicher, Strolch*) vagabond, vagrant, tramp(er), bum (*sl.*), *bes. Am. sl.* hobo. – **2.** *fig.* (*rastlos umhergetriebener Mensch*) vagabond, roamer, rover, rolling stone, *bes. Am.* hedge bird. — **va·gaˈbun·den·haft** *adj* vagabond(ish), vagrant.

Va·gaˈbun·denˌle·ben *n* ⟨-s; *no pl*⟩ roving life, life of a vagabond, vagabondia: ein ~ führen to lead the life of a vagabond.

Va·gaˈbun·den·tum *n* ⟨-s; *no pl*⟩ vagabondage, vagrancy: das ~ vagabondia.

va·ga·bun·die·ren [vagabʊnˈdiːrən] **I** *v/i* ⟨*no* ge-, h *u.* sein⟩ **1.** (*als Landstreicher leben*) vagabond, vagabondize, tramp. – **2.** *fig.* (*ruhelos od. rastlos leben*) live a restless life. – **3.** *electr.* (*von Strom, Magnetfeld*) stray. – **II V~** *n* ⟨-s⟩ **4.** *verbal noun.* – **5.** *cf.* Vagabundenleben. – **6.** *cf.* Vagabundentum. – **va·ga·bunˈdie·rend I** *pres p.* – **II** *adj* **1.** (*Mensch*) vagabond. – **2.** ~e Ströme *electr.* stray (*od.* vagabond) currents.

Va·gant [vaˈgant] *m* ⟨-en; -en⟩ *hist.* travel(l)ing scholar, (*Dichter*) goliard.

Vaˈgan·ten|ˌdich·tung *f* (*literature*) goliardic verse. — **~ˌlied** *n* goliard poem.

va·ge [ˈvaːgə] *adj* **1.** (*Hoffnung etc*) vague, nubilous: eine ~ Vorstellung haben to have a vague (*od.* hazy) idea; eine ~ Andeutung [Handbewegung] machen to make a vague insinuation [gesture]. – **2.** (*zweifelhaft*) uncertain. — **ˈVag·heit** *f* ⟨-; *no pl*⟩ **1.** vagueness. – **2.** uncertainty.

va·gie·ren [vaˈgiːrən] *v/i* ⟨*no* ge-, h *u.* sein⟩ *cf.* vagabundieren 1, 2.

Va·gi·na [vaˈgiːna] *f* ⟨-; -nae [-nɛ] *u.* -nen⟩ *med.* vagina. — **~ˌdu·sche** *f* vaginal douche.

va·gi·nal [vagiˈnaːl] *adj med.* vaginal.

Va·giˈnal|ˌabˌstrich *m med.* vaginal smear (*od.* film). — **~ˌblu·tung** *f* bleeding from the vagina; vaginal h(a)emorrhage, colporrhagia (*scient.*). — **~ˌlei·den** *n* vaginopathy. — **~ˌspie·gel** *m* vaginal speculum, vaginoscope. — **~tamˌpon** *m med. pharm.* tampon, vaginal plug.

Va·gi·nis·mus [vagiˈnɪsmʊs] *m* ⟨-; *no pl*⟩ *med.* (*Scheidenkrampf*) vaginism, vaginismus, vulvismus.

Va·gi·ni·tis [vagiˈniːtɪs] *f* ⟨-; -tiden [-niˈtiːdən]⟩ *med.* (*Scheidenentzündung*) vaginitis, colpitis, vaginal catarrh.

Va·go·to·nie [vagotoˈniː] *f* ⟨-; -n [-ən]⟩ *med.* vagotonia. — **Va·goˈto·ni·ker** [-ˈtoːnikər] *m* ⟨-s; -⟩ vagotonic patient. — **va·goˈto·nisch** [-ˈtoːnɪʃ] *adj* vagotonic.

Va·gus [ˈvaːgʊs] *m* ⟨-; *no pl*⟩, **~ˌnerv** *m med.* vagus (nerve).

va·kant [vaˈkant] *adj* vacant: ~e Stelle vacancy, vacant post.

Va·kanz [vaˈkants] *f* ⟨-; -en⟩ **1.** (*freie Stelle*) vacancy, vacant post. – **2.** *Southwestern G. dial. for* Ferien 1.

Va·kat [ˈvaːkat] *n* ⟨-(s); -s⟩ *print.* blank (*od.* white) page.

ˈVa·kuˌblitz [ˈvaːku-] *m phot. cf.* Vacublitz.

Va·kuo·le [vaˈkŭoːlə] *f* ⟨-; -n⟩ *bot. zo.* (*Zellhohlraum*) vacuole, sap cavity.

Va·ku·um [ˈvaːkuʊm] *n* ⟨-s; -kua [-kŭa] *u.* -kuen [-kŭən]⟩ **1.** *phys.* vacuum: ein ~ herstellen to produce (*od.* create) a vacuum; absolutes ~ absolute vacuum; unter ~ in vacuo; unter ~ verschließen a) (*Lebensmittel, Dosen etc*) to seal under vacuum, b) (*bes. Flaschen*) to stopper under vacuum. – **2.** *fig.* vacuum, vacuity: es ist ein politisches ~ entstanden a political vacuum has developed. — **~ˌanˌla·ge** *f tech.* vacuum installation. — **~ap·pa·raˌtur** *f* vacuum equipment. — **~ˌbrem·se** *f* vacuum brake. — **~de·stil·la·tiˌon** *f phys.* vacuum distillation. — **v~ˌdicht** *adj* **1.** vacuum-tight. – **2.** (*vakuumversiegelt*) vacuum-sealed. – **3.** (*hermetisch*) hermetic(al). — **v~geˌtrock·net** *adj* vacuum-dried. — **~ˌglocke** (*getr.* -k·k-) *f tech.* vacuum bell jar. — **~ˌkam·mer** *f phys.* vacuum chamber. — **~ˌkes·sel** *m tech.* vacuum vessel (*od.* tank). — **~ˌlam·pe** *f* vacuum lamp. — **~ˌmes·ser** *m cf.* Vakuummeter. — **~ˌme·ter** *n* ⟨-s; -⟩ vacuum ga(u)ge (*od.* meter). — **~ˌofen** *m tech.* vacuum furnace. — **~ˌöl** *n* vacuum oil. — **~ˌpfan·ne** *f* (*zur Evaporation*) vacuum pan. — **~phyˌsik** *f* vacuum physics *pl* (*usually construed as sg*). — **~ˌprü·fung** *f* vacuum test. — **~ˌpum·pe** *f tech.* vacuum (*od.* suction) pump. — **~ˌraum** *m* **1.** *phys.* vacuum chamber. – **2.** *fig.* vacuum. — **~ˌröh·re** *f electr.* (*radio*) vacuum (*od.* thermionic) tube (*bes. Br.* valve). — **~ˌschal·ter** *m electr.* vacuum switch. — **~ˌschlauch** *m tech.* pressure tubing. — **~spek·troˌgraph** *m phys.* vacuum spectrograph. — **~ˌstahl** *m metall.* vacuum steel. — **~ˌtech·nik** *f* vacuum engineering (*od.* technology). — **~verˌdamp·fer** *m tech.* vacuum evaporator. — **~verˌdamp·fung** *f* vacuum evaporation. — **~verˌfah·ren** *n* vacuum method (*od.* technique). — **v~verˌpackt** *adj* vacuum-packed. — **~verˌpackung** (*getr.* -k·k-) *f* vacuum package (*od.* packaging).

Vak·zin [vakˈtsiːn] *n* ⟨-s; -e⟩ *med. cf.* Vakzine.

Vak·zi·na·ti·on [vaktsinaˈtsĭoːn] *f* ⟨-; -en⟩ *med.* vaccination.

Vak·zi·ne [vakˈtsiːnə] *f* ⟨-; -n⟩ *med.* vaccine: ~ gegen Kinderlähmung poliomyelitis vaccine.

vak·zi·nie·ren [vaktsiˈniːrən] *v/t* ⟨*no* ge-, h⟩ *med.* vaccinate. — **Vak·ziˈnie·rung** *f* ⟨-; -en⟩ vaccination.

Val [vaːl] *n* ⟨-; *no pl*⟩ *chem.* gram-equivalent, *bes. Br.* gramme-equivalent.

va·le [ˈvaːle] *interj* farewell, vale (*lit.*).

Vaˈlen·ciaˌman·del [vaˈlɛntsĭa-; vaˈlɛnsĭa-] *f* (*für Konfekt*) Jordan almond.

Va·len·ciˈennesˌspit·zen [valɑ̃ˈsĭɛn-] *pl* Valenciennes *sg*, *auch* Valenciennes lace *sg*.

Va·len·ti·nit [valɛntiˈniːt; -ˈnɪt] *m* ⟨-s; *no pl*⟩ *min.* valentinite.

ˈVa·len·tinsˌtag [ˈvaːlɛntiːns-] *m* (Saint) Valentine('s) Day (*February 14th*).

Va·lenz [vaˈlɛnts] *f* ⟨-; -en⟩ **1.** *biol. chem.* valence, *bes. Br.* valency. – **2.** *ling.* (*eines Verbs*) valency. — **~ˌbin·dungs·meˌtho·de** *f chem.* valence (*bes. Br.* valency) bond method. — **~ˌelek·tron** *n meist pl nucl.* valence (*bes. Br.* valency) electron. — **~ˌstu·fe** *f electr.* valence (*bes. Br.* valency) stage. — **~tau·to·meˌrie** *f* ⟨-; *no pl*⟩ *chem.* valence (*bes. Br.* valency) tautomerism. — **~theoˌrie** *f chem.* valence (*bes. Br.* valency) theory.

Va·le·ria·na [valeˈrĭaːna] *f* ⟨-; -rianen⟩ *bot. cf.* Baldrian 1.

Va·le·riˈanˌsäu·re [valeˈrĭaːn-] *f chem.* valeric (*auch* valerianic) acid (C_4H_9COOH).

Va·let [vaˈlɛt; -ˈleːt] *n* ⟨-s; -s⟩ *obs. and Swiss* farewell: j-m ~ sagen to bid s.o. farewell; einer Sache ~ geben to renounce (*od. lit.* abjure) s.th.

Va·leurs [vaˈløːrs] *pl* (*paints*) (*art*) tonal values.

va·li·die·ren [valiˈdiːrən] *v/t* ⟨*no* ge-, h⟩ *econ.* (*rechtsgültig machen*) validate.

Va·lin [vaˈliːn] *n* ⟨-s; *no pl*⟩ *chem.* valine $[(CH_3)_2CHCH(NH_2)COOH]$.

Va·lo·ren [vaˈloːrən] *pl econ.* **1.** (*Wertgegenstände*) valuables. – **2.** (*Wertpapiere*) securities. — **~verˌsi·che·rung** *f* **1.** (*für Wertsachen, Geld etc*) insurance of valuables. – **2.** (*bes. Transportversicherung*) transport insurance of valuables.

Va·lo·ri·sa·ti·on [valorizaˈtsĭoːn] *f* ⟨-; -en⟩ *econ.* valorization *Br. auch* -s-. — **va·lo·riˈsie·ren** [-ˈziːrən] *v/t* ⟨*no* ge-, h⟩ valorize *Br. auch* -s-, raise (*s.th.*) in value. — **Va·lo·riˈsie·rung** *f* ⟨-; -en⟩ *cf.* Valorisation.

Va·lu·ta [vaˈluːta] *f* ⟨-; -luten⟩ *econ.* **1.** (*Wert einer Währung*) value, valuta: deckungsfähige (*od.* hochwertige) ~ foreign currency eligible as legal cover for central bank issues. – **2.** (*Währung*) (foreign) currency, foreign notes and coins *pl*: er zahlte mit ~ he paid in foreign currency. – **3.** *cf.* Valutierung. — **~akˌzept** *n* foreign currency acceptance. — **~ˌanˌlei·he** *f* foreign currency bond. — **~ˌdum·ping** *n* dumping through undervalued home (*od.* domestic) currency. — **~ent,wer·tung** *f* currency depreciation. — **~,for·de·rung** *f* claim for foreign currency, currency claim. — **~ge,schäft** *n* currency exchange transaction. — **~ge,winn** *m* currency exchange profit. — **~,gut,ha·ben** *n* foreign currency balance. — **~,klau·sel** *f* **1.** (*im Wechselverkehr*) value received clause. – **2.** (*Devisenklausel*) foreign currency clause. — **~kre,dit** *m* foreign currency loan. — **~,kurs** *m cf.* Devisenkurs. — **~no,tie·rung** *f* foreign exchange quotation. — **~pa,pier** *n* foreign (currency) bond (*od.* share), security issued in a foreign currency. — **~,ri·si·ko** *n* exchange risk. — **v~,schwach** *adj cf.* währungsschwach. — **~spe·ku·la·ti,on** *f* (foreign) currency speculation. — **v~,stark** *adj cf.* währungsstark. — **~ver·,si·che·rung** *f* foreign currency insurance. — **~,wech·sel** *m* (foreign) currency bill.

Va'lu·ten,kon·to *n econ. cf.* Währungskonto.

va·lu·tie·ren [valu'tiːrən] **I** *v/t* ⟨*no* ge-, h⟩ *econ.* fix the date of value of. – **II V~** *n* ⟨-s⟩ *verbal noun.* — **Va·lu'tie·rung** *f* ⟨-; -en⟩ **1.** *cf.* Valutieren. – **2.** valuation.

Val·va·ti·on [valva'tsi̯oːn] *f* ⟨-; -en⟩ *econ.* (*bes. von Münzen*) valuation. — **Val·va·ti'ons·ta,bel·le** *f* valuation table.

Vamp [vɛmp] *m* ⟨-s; -s⟩ vamp.

Vam·pir ['vampiːr; -'piːr] *m* ⟨-s; -e⟩ **1.** *zo.* vampire (*Fam. Desmodontidae*). – **2.** *fig.* vampire. — **~-,Fle·der,maus** *f zo.* vampire, *auch* vampire bat (*Gattg Desmodus*).

Va·na·din [vana'diːn] *n* ⟨-s; *no pl*⟩ *chem. metall. cf.* Vanadium. — **~,blei,erz** *n min.* vanadinite.

Va·na·di·um [va'naːdi̯ʊm] *n* ⟨-s; *no pl*⟩ *chem. metall.* vanadium (V). — **~,stahl** *m metall.* vanadium steel.

'Van-'Al·len-,Gür·tel ['væn'ælɪn-] (*Engl.*) *m astr.* Van Allen radiation belt.

Van·da·le [van'daːlə] *m* ⟨-n; -n⟩ *hist. cf.* Wandale. — **van'da·lisch** *adj cf.* wandalisch. — **Van·da'lis·mus** [-da'lɪsmʊs] *m* ⟨-; *no pl*⟩ *cf.* Wandalismus.

Van-'Dyck-,Braun [fan'daɪk-; van-] *n* (*paints*) Vandyke brown.

Va·nil·le [va'nɪljə; -'nɪlə] *f* ⟨-; *no pl*⟩ **1.** *bot.* vanilla (*Vanilla planifolia*). – **2.** (*Gewürz*) vanilla.

va'nil·le *adj* ⟨*pred*⟩ (*hellgelb*) vanilla(-colored, *bes. Br.* -coloured).

Va'nil·le|,eis *n* vanilla ice cream. — **~ge,schmack** *m* vanilla flavor (*bes. Br.* flavour). — **~ge,würz** *n* vanilla. — **~,kip·fel** *n bes. Austrian gastr.* crescent-shaped vanilla biscuit (*bes. Am.* cookie).

Va'nil·len|,eis *n cf.* Vanilleeis. — **~ge,schmack** *m cf.* Vanillegeschmack.

Va'nil·le(n)|,pud·ding *m* vanilla pudding. — **~,scho·te** *f bot.* vanilla bean. — **~,so·ße** *f* vanilla sauce. — **~,stan·ge** *f* stick of vanilla. — **~,zucker** (*getr.* -k·k-) *m* vanilla sugar.

Va·nil·lin [vanɪ'liːn] *n* ⟨-s; *no pl*⟩ *chem.* vanillin $(CH_3O(OH)C_6H_3CHO)$.

Va·po·ri·me·ter [vapori'meːtər] *n* ⟨-s; -⟩ *phys.* vaporimeter.

Va·po·ri·sa·ti·on [vaporiza'tsi̯oːn] *f* ⟨-; *no pl*⟩ *bes. chem.* vaporization *Br. auch* -s-.

va·po·ri·sie·ren [vapori'ziːrən] **I** *v/i u. v/t* ⟨*no* ge-, h⟩ vaporize *Br. auch* -s-. – **II V~** *n* ⟨-s⟩ *verbal noun.* — **Va·po·ri'sie·rung** *f* ⟨-; *no pl*⟩ **1.** *cf.* Vaporisieren. – **2.** *cf.* Vaporisation.

Va·ri ['vaːri] *m* ⟨-s; -s⟩ *zo.* ruffed lemur, vari (*Lemur varius*).

Va·ria ['vaːri̯a] *pl* **1.** (*Verschiedenes*) varia, miscellany *sg*, sundries. – **2.** (*Mannigfaltigkeit*) manifoldness *sg*, diversity *sg.*

va·ria·bel [va'ri̯aːbəl] *adj* **1.** variable. – **2.** *econ.* a) (*Kosten, Kurs etc*) variable, b) (*Notierung*) consecutive, fluctuating. – **3.** variable Länge *tech.* (*computer*) length format. — **Va·ria·bi·li'tät** [-ri̯abili'tɛːt] *f* ⟨-; *no pl*⟩ variability.

Va·ria·ble [va'ri̯aːblə] *f* ⟨-n; -n⟩ *math.* (*veränderliche Größe*) variable.

Va·ri·an·te [va'ri̯antə] *f* ⟨-; -n⟩ **1.** variant. – **2.** (*Lesart*) version. – **3.** *biol.* variation.

Va·ria·ti·on [vari̯a'tsi̯oːn] *f* ⟨-; -en⟩ **1.** *astr. biol. math. mus.* variation. – **2.** *mus.* (*Paraphrase*) paraphrase.

Va·ria·ti'ons|,brei·te *f* range. — **v~,fä·hig** *adj* variable. — **~,fä·hig·keit** *f* ⟨-; *no pl*⟩ variability, variableness. — **~,merk,mal** *n biol.* variational characteristic. — **~,rech·nung** *f math.* calculus of variations.

Va·ri·cel·len [vari'tsɛlən] *pl med. cf.* Varizellen.

Va·rie·tät [vari̯e'tɛːt] *f* ⟨-; -en⟩ *auch bot. zo.* variety.

Va·rie·té [vari̯e'teː], *Swiss* **Va·rié·té** [vari̯e'teː] *n* ⟨-s; -s⟩ **1.** variety (*bes. Am.* vaudeville, *auch* burlesque) (theater, *bes. Br.* theatre), *bes. Br.* music hall. – **2.** *cf.* Varietéshow. — **~,akt** *m cf.* Varieténummer. — **~,künst·ler** *m* **1.** (*Sänger, Sprecher*) variety (*bes. Am.* vaudeville, *bes. Br.* music-hall) artist (*auch* artiste) (*od.* entertainer). – **2.** (*Akrobat etc*) variety (*bes. Am.* vaudeville, *bes. Br.* music-hall) artist (*od.* performer). — **~,num·mer** *f* variety act (*od.* turn), (*akrobatischer Art*) *auch* stunt. — **~pro,gramm** *n* bill, variety program (*bes. Br.* programme). — **~,sän·ger** *m* variety (*bes. Am.* vaudeville, *bes. Br.* music-hall) singer. — **~,show** *f* variety show, revue, *auch* review. — **~-thea·ter** [-te,aːtər] *n* variety (*bes. Am.* vaudeville) theater (*bes. Br.* theatre), *bes. Br.* music hall. — **~,vor,stel·lung** *f* (*das gesamte Programm*) variety show.

va·ri·ie·ren [vari'iːrən] **I** *v/i* ⟨*no* ge-, h⟩ **1.** vary. – **2.** (*innerhalb zweier Werte*) vary, range: die Zahl der Studenten variiert zwischen 1500 und 2000 the number of students ranges between 1,500 and 2,000. – **3.** (*schwanken*) fluctuate. – **4.** *biol.* vary. – **II** *v/t* **5.** (*Thema etc*) vary, diversify.

va·ri·kös [vari'køːs] *adj med.* varicose. — **Va·ri·ko·si'tät** [-kozi'tɛːt] *f* ⟨-; *no pl*⟩ varicosity, varicosis. — **Va·ri·ko·ze·le** [variko'tseːlə] *f* ⟨-; -n⟩ *med.* varicocele. — **Va·ri·ko'ze·len·ope·ra·ti,on** *f* varicocelectomy.

Va·rio·la [va'riːola] *f* ⟨-; -lae [-lɛ], *auch* Variolen [-'ri̯oːlən]⟩ *meist pl med.* smallpox, variola. — **v~,ähn·lich** *adj* varioliform, varioloid.

Va·rio·le [va'ri̯oːlə] *f* ⟨-; -n⟩ *geol.* variole.

Va·rio·me·ter [vari̯o'meːtər] *n* ⟨-s; -⟩ **1.** *phys.* variometer rotor. – **2.** *electr.* a) variometer, b) (*Spule mit Ferritkern*) variable inductor. – **3.** *aer.* vertical speed (*od.* rate-of-climb) indicator.

'Va·rio-Ob·jek,tiv ['vaːri̯o-] *n phot.* variable focus lens, zoom lens.

Va·ri·stor [va'rɪstər] *m* ⟨-s; -en [-'toːrən]⟩ *electr.* (*variabler Resistor*) varistor.

'Va·rix,kno·ten ['vaːrɪks-] *m med.* varix.

Va·ri·zel·len [vari'tsɛlən] *pl med.* chickenpox *sg*, varicella *sg* (*scient.*).

Va·ri·zen [va'riːtsən] *pl med.* varices. — **~ope·ra·ti,on** *f* varicotomy. — **~ver·,ödung** *f* phlebosclerosation, varicosclerosation.

'Va·rus,schlacht ['vaːrʊs-] *f* ⟨-; *no pl*⟩ *hist. cf.* Hermannsschlacht.

Va·sall [va'zal] *m* ⟨-en; -en⟩ **1.** *contempt.* (*einer Großmacht etc*) vassal. – **2.** *hist.* a) retainer, vassal, b) liegeman, c) follower: die ~en *pl* the vassals, the vassalage *sg.*

Va'sal·len|,dienst *m hist.* vassalage, feudal service. — **~,eid** *m* vassal's oath, (feudal) homage. — **~,pflicht** *f* vassal's fealty.

Va'sal·len·schaft *f* ⟨-; *no pl*⟩ *hist.* **1.** vassalage. – **2.** (*Gesamtheit der Vasallen*) vassalry, vassals *pl.*

Va'sal·len|,staat *m* **1.** *contempt.* (*abhängiger Staat*) satellite state. – **2.** *hist.* vassal (*od.* tributary) state. — **~,treue** *f* vassal's loyalty (*od.* fealty). [vassalage.]

Va'sal·len·tum *n* ⟨-s; *no pl*⟩ *hist.* vassalry,

va'sal·lisch *adj hist.* **1.** vassal, vassalic. – **2.** (*feudal*) feudal.

Va·se ['vaːzə] *f* ⟨-; -n⟩ vase.

Vas·ek·to·mie [vazɛkto'miː] *f* ⟨-; -n [-ən]⟩ *med.* vasectomy.

Va·se·lin [vaze'liːn] *n* ⟨-s; *no pl*⟩, **Va·se·'li·ne** *f* ⟨-; *no pl*⟩ *med. pharm.* (*Erdölgallerte*) petrolatum, *auch* petroleum jelly, vaseline (*TM*).

'va·sen|,för·mig *adj* vase-shaped, vasiform. — **V~,lam·pe** *f* vase lamp. — **V~ma·le,rei** *f* vase painting.

vas·ku·lar [vasku'laːr], **vas·ku'lär** [-'lɛːr] *adj med.* vascular. — **Vas·ku·la·ri·sa·ti'on** [-larizatsi̯oːn] *f* ⟨-; *no pl*⟩ vascularization.

vas·ku·lös [vasku'løːs] *adj med.* vascular.

Va·so·di·la·ta·ti·on [vazodilata'tsi̯oːn] *f med.* vasodilatation. — **Va·so·di·la'ta·tor** [-'taːtər] *m* ⟨-s; -en [-ta'toːrən]⟩ (*Nerv*) vasodilator. — **va·so·di·la'ta·to·risch** [-'toːrɪʃ] *adj* vasodilating, vasodilative.

Va·so·kon·strik·tor [vazokɔn'strɪktər] *m* ⟨-s; -en [-'toːrən]⟩ *med.* vasoconstrictor.

Va·so·mo·to·ren [vazomo'toːrən] *pl med.* vasomotor nerves. — **~,zen·trum** *n* vasomotor center (*bes. Br.* centre).

va·so·mo·to·risch [vazomo'toːrɪʃ] *adj med.* vasomotor (*attrib*), vasomotorial, vasomotory: ~e Neurose [Störung] vasomotor neurosis [disturbance]; ~er Reflex vasomotor reflex.

Va·ter ['faːtər] *m* ⟨-s; ⸚⟩ **1.** father: sein leiblicher ~ his own (*od.* real) father; sein vermeintlicher ~ his presumed father; er ist glücklicher ~ eines Sohnes geworden he has become the proud father of a son; er ist ~ von drei Kindern he is a father of three (children); dem Kind fehlt der ~ the child needs a father; ist er nicht ganz der ~? isn't he the very (*od.* spitting) image of his father? er schlägt ganz nach dem ~ he is a chip off (*od.* of) the old block; du wirst (einmal) wie dein ~ you will grow to be like your father one day; wie der ~, so der Sohn like father like son; etwas geht vom ~ auf den Sohn über s.th. is handed (*od.* passed) down from father to son; wie ein ~ an j-m handeln, wie ein ~ zu j-m sein to be like a father to s.o.; er könnte ihr ~ sein he is old enough to be her father; sie hat ihren ~ nie gekannt she never knew her father; da mußt du ~ fragen you must ask father about that; ~, hast du einen Moment Zeit? have you a minute, father? das ist was für den Sohn meines ~s *colloq.* that's just my cup of tea, that's just up my street (*beide colloq.*); ~ werden ist nicht schwer, ~ sein dagegen sehr *humor.* it's easier to become a father than to be one; ~ der Obdachlosen *fig.* father to the homeless; die Väter der Stadt *fig.* the city (*od.* town) fathers; ~ Rhein *poet.* Father Rhine; → Staat[1] 3. – **2.** *fig.* (*Urheber, Schöpfer*) father, author, sire, originator: der geistige ~ eines Plans the father of a plan; hier ist der Wunsch der ~ des Gedankens this is wishful thinking; der Krieg ist der ~ aller Dinge war is the father of all things. – **3.** *relig.* a) (*Gott*) Father, b) (*Priester*) father, padre, c) der Heilige ~ *röm.kath.* (*Papst*) the Holy Father: der himmlische ~ our heavenly Father, our Father in heaven; Ehrwürdiger ~ (most) reverend father; ~ unser, der du bist im Himmel our Father which art in heaven. – **4.** *pl* (fore)fathers, ancestors, forebears: er kehrte ins Land seiner Väter zurück he returned to the land of his fathers; zu seinen Vätern versammelt werden *poet.* to be gathered (*od.* have gone) to one's fathers. – **5.** (*von Tieren*) sire, father (*colloq.*).

'Va·ter|,au·ge *n only in* das ~ wacht a) God is omnipresent, b) *colloq. humor.* my father keeps his eye on me. — **~au·to·ri,tät** *f* paternal authority. — **~,bild** *n* father figure. — **~,bin·dung** *f psych.* father fixation. — **~,freu·den** *pl* joys of fatherhood, paternal joys: er sieht ~ entgegen he is going to be a father. — **~,gut** *n* paternal heritage. — **~,haus** *n* parental home. — **~,herz** *n* parental heart. — **~-'Kind-Be,zie·hung** *f* father-child relationship. — **~,land** *n* **1.** one's (native *od.* mother) country, fatherland: ins ~ zurückkehren to go back to one's fatherland (*od.* to the land of one's fathers); er hat sich um das ~ verdient gemacht he deserves well of his country; → Prophet. – **2.** (*Heimatland*) homeland.

'va·ter,län·disch **I** *adj* **1.** patrial: ~e Gesinnung patriotism; ~e Lieder patriotic songs, songs of one's fatherland. – **2.** (*national*) national. – **II** *adv* **3.** ~ gesinnt patriotic.

'Va·ter,lands|,lie·be *f* **1.** love of one's country (*od.* fatherland). – **2.** (*Patriotismus*) patriotism. — **v~,lie·bend** *adj* **1.** loving one's fatherland. – **2.** (*patriotisch*) patriotic. — **v~los** *adj* **1.** (*nicht patriotisch*) unpatriotic. – **2.** (*staatenlos*) stateless. — **~ver,rä·ter** *m* traitor to one's country. — **~ver,tei·di·ger** *m* defender of one's country.

vä·ter·lich ['fɛːtərlɪç] **I** *adj* **1.** fatherly, paternal: ein ~er Rat a fatherly counsel; ein ~er Freund a fatherly friend; die ~e Gewalt ausüben *jur.* to exercise paternal authority. – **2.** ⟨*attrib*⟩ (*vom Vater stammend etc*) paternal: auf dem ~en Hof on the paternal farm; das ~e Handwerk erlernen to learn one's father's trade; ~es Erbteil patrimony; ~er Zweig einer Familie paternal (*od.* spear) side of a family. – **II** *adv* **3.** j-n ~ beraten to advise s.o. in a fatherly way, to give s.o. fatherly (*od.* paternal) advice.

'vä·ter·li·cher'seits *adv* on one's father's side (of the family): mein Großvater ~ my paternal grandfather; ~ verwandt related on one's father's side (of the family); die Verwandten (*od.* Verwandtschaft) ~ the relatives (*od.* kinship) on the father's side, the agnation (*jur.*).

'Vä·ter·lich·keit *f* ⟨-; *no pl*⟩ fatherliness.

'Va·ter|,lie·be *f* paternal (*od.* fatherly) love. — **v~los** *adj* fatherless, unfathered. — **~,mord** *m* patricide, parricide. — **~,mör·der** *m* **1.** patricide, parricide. – **2.** *fig. colloq.* (*Stehkragen*) stand-up collar. — **~,na·me** *m* family name, surname. — **~,pflicht** *f* paternal duty. — **~,recht** *n* **1.** *anthrop.* patriarchy, patriarchate. – **2.** (*in Familienordnung etc*) patriarchate.

'Va·ter·schaft *f* ⟨-; *no pl*⟩ fatherhood, fathership, *bes. jur.* paternity: uneheliche (*od.* außereheliche) ~ paternity out of wedlock; Anerkennung [Nichtanerkennung] der ~ acknowledg(e)ment [repudiation] of paternity; Ermittlung der ~ affiliation; Feststellung (*od.* Zuschreibung) der ~ filiation; Vermutung der ~ presumption of paternity; die ~ durch Blutgruppenuntersuchung bestimmen to determine (the) paternity by means of a blood test; die ~ leugnen to deny paternity; j-s ~ zu einem Kinde feststellen to affiliate a child to s.o.

'Va·ter·schafts|,an·er,kennt·nis *n jur.* acknowledg(e)ment of paternity. — **~be,stim·mung** *f med.* filiation. — **~,kla·ge** *f jur.* **1.** (*auf Anerkennung der Vaterschaft*) application for an affiliation order. – **2.** (*auf Aberkennung der Vaterschaft*) application for bastardy proceedings. — **~,nach,weis** *m* proof of paternity. — **~,pro·be** *f* paternity test. — **~pro,zeß** *m* **1.** (*gerichtliche Feststellung der Vaterschaft*) affiliation, filiation. – **2.** (*Unterhaltsklage*) *bes. Am.* paternity suit (*od.* case).

'Vä·ter,sit·te *f* customs *pl* of one's (fore)-fathers.

'Va·ters,na·me *m cf.* Vatername.

'Va·ter|,stadt *f* native town (*od.* city), hometown. — **~,stel·le** *f only in* bei (*od.* an) einem Kind ~ vertreten to be (*od.* act as) a father to a child. — **~,tag** *m* Father's Day.

,Va·ter'un·ser *n* ⟨-s; -⟩ *relig.* Lord's Prayer, Our Father: ein ~ beten to say the Lord's Prayer.

Va·ti ['fa:ti] *m* ⟨-s; -s⟩ *colloq.* daddy, dad (*colloq.*).

Va·ti·kan [vati'ka:n], **der** ⟨-s⟩ *röm.kath.* (*auch päpstliche Regierung*) the Vatican. — **va·ti'ka·nisch** *adj* (of the) Vatican: das V~e Konzil the Vatican Council; die V~e Bibliothek the Vatican Library.

Va·ti'kan,stadt *f* ⟨-; *no pl*⟩ Vatican City.

Vau·de·ville [vodə'vi:l] *n* ⟨-s; -s⟩ (*theater*) vaudeville.

'V-,Aus,schnitt ['faʊ-] *m* (*fashion*) V neck.

va·zie·ren [va'tsi:rən] *v/i* ⟨*no* ge-, sein⟩ *Austrian* move from place to place.

Ve·da ['ve:da] *m* ⟨-(s); -den *u.* -s⟩ *relig. cf.* Weda.

Ve·det·te [ve'dɛtə] *f* ⟨-; -n⟩ *mil. hist.* vedette, vidette, mounted guard.

ve·disch ['ve:dɪʃ] *adj relig. cf.* wedisch.

Ve·du·te [ve'du:tə] *f* ⟨-; -n⟩ (*art*) (*naturgetreue Landschaftsdarstellung*) veduta. — **Ve'du·ten,ma·ler** *m* painter of vedutas.

ve·ge·ta·bil [vegeta'bi:l] *adj bes. Austrian rare for* vegetabilisch. — **Ve·ge·ta'bi·li·en** [-liən] *pl* (*pflanzliche Nahrungsmittel*) vegetables. — **ve·ge·ta'bi·lisch** *adj* vegetable (*attrib*), vegetal: ~es Elfenbein *bot. cf.* Elfenbeinnuß.

Ve·ge·ta·ria·ner [vegeta'ria:nər] *m* ⟨-s; -⟩, **Ve·ge·ta'ria·ne·rin** *f* ⟨-; -nen⟩ *cf.* Vegetarier(in).

Ve·ge·ta·ri·er [vege'ta:riər] *m* ⟨-s; -⟩, **Ve·ge'ta·rie·rin** *f* ⟨-; -nen⟩ vegetarian. — **ve·ge·ta·risch** [vege'ta:rɪʃ] *adj* ⟨*attrib*⟩ vegetarian: ~e Kost vegetarian diet; ~e Lebensweise vegetarianism.

Ve·ge·ta'ris·mus [-ta'rɪsmʊs] *m* ⟨-; *no pl*⟩ vegetarianism.

Ve·ge·ta·ti·on [vegeta'tsio:n] *f* ⟨-; -en⟩ *bot.* vegetation: üppige ~ lush (*od.* luxuriant) vegetation, verdure.

Ve·ge·ta·ti'ons|ge,biet *n* vegetation zone. — **~,kun·de** *f* ⟨-; *no pl*⟩ plant sociology, phytosociology (*scient.*). — **~or,gan** *n biol.* vegetative organ. — **~pe·ri,ode** *f bot.* growing season. — **~,punkt** *m* growing point, vegetative cone (*od.* point).

ve·ge·ta·tiv [vegeta'ti:f] *adj* **1.** *bot.* (*pflanzlich*) vegetative. – **2.** ~e Vermehrung *biol.* asexual propagation. – **3.** *med.* vegetative: ~es Nervensystem autonomic (*od.* vegetative) nervous system; ~er Pol vegetative (*od.* vegetal) pole; ~e Störung vegetative disorder, disturbance of the autonomic nervous system; → Dystonie.

Ve·ge·ta·ti·vum [vegeta'ti:vʊm] *n* ⟨-s; *no pl*⟩ *med.* autonomic (*od.* vegetative) nervous system.

ve·ge·tie·ren [vege'ti:rən] *fig.* **I** *v/i* ⟨*no* ge-, h⟩ **1.** vegetate, merely exist. – **2.** (*sich kümmerlich durchschlagen*) eke out a meager (*bes. Br.* meagre) (*od.* miserable, bare) existence, scrape along. – **II V~** *n* ⟨-s⟩ **3.** *verbal noun.* – **4.** vegetation, mere existence: man kann das Leben dieser Menschen nur ein V~ nennen the life of these people is a mere existence, these people just vegetate, these people merely exist (and no more).

ve·he·ment [vehe'mɛnt] **I** *adj* vehement, impetuous: sein Vorgehen war ziemlich ~ he acted pretty vehemently (*od.* in a rather impetuous manner, rather impetuously). – **II** *adv* sie hat sich ~ gegen die Angriffe verteidigt she defended herself vehemently (*od.* with vehemence) against the accusations. — **Ve·he'menz** [-'mɛnts] *f* ⟨-; *no pl*⟩ vehemence, impetuosity: der Sturm traf das Haus mit solcher ~, daß the storm struck the house with such vehemence (*od.* violence) that; seine Ansichten mit ~ vertreten to defend one's views with vehemence (*od.* vehemently, impetuously, with impetuosity).

Ve·hi·kel [ve'hi:kəl] *n* ⟨-s; -⟩ **1.** *colloq. contempt.* (*altmodisches, schlechtes Fahrzeug*) rattletrap, wreck, *bes. Am. sl.* jalop(p)y, *auch* jallopy. – **2.** *med. pharm.* (*u. in der Physiologie*) vehicle. – **3.** *fig. lit.* (*Träger, Mittel*) vehicle: die Sprache war nur ~, diese Ideen auszudrücken language was only the vehicle for expressing these ideas.

Vei·gerl ['faɪgərl] *n* ⟨-s; -(n)⟩ *Bavarian and Austrian colloq. for* Veilchen 1.

Veil·chen ['faɪlçən] *n* ⟨-s; -⟩ **1.** *bot.* violet (*Gattg Viola*): Gelbes ~ viola (*V. lutea*); Wohlriechendes ~ sweet violet (*V. odorata*). – **2.** er ist blau wie ein ~ *fig. colloq.* he is as drunk as a lord; he is absolutely tight, he is as tight as an owl (*colloq.*). – **3.** der hat aber ein ~! *fig. colloq.* does he have a shiner! (*sl.*), he has a black eye and a half! (*colloq.*). — **~,al·ge** *f bot.* rock violet (*Trentepohlia iolithus*). — **~,blau I** *n* violet. – **II v~** *adj* violet. — **~,duft** *m* fragrance (*od.* scent) of violets. — **~ge,wäch·se** *pl bot.* violet family *sg*, Violaceae (*scient.*). — **~,schnecke** (*getr.* -k·k-) *f zo.* violet shell (*od.* snail) (*Gattg Janthina*). — **~,stock** *m bot.* violet (plant). — **~,strauß** *m* bunch (*od.* posy, nosegay) of violets. — **~,wur·zel** *f bot. med. pharm.* orrisroot (*von Iris pallida u. I. florentina*).

'Veits|,boh·ne ['faɪts-] *f bot.* kidney (*od.* broad, *bes. Br.* French) bean (*Phaseolus vulgaris*). — **~,tanz** *m* ⟨-es; *no pl*⟩ *med.* St. Vitus's dance, chorea minor (*scient.*): vom ~ befallen choreal, choreic, choreatic.

Vek·tor ['vɛktər] *m* ⟨-s; -en [-'to:rən]⟩ *math. phys.* vector. — **~,al·ge·bra** *f* vector algebra. — **~ana·ly·sis** [-a,na(:)lyzɪs] *f cf.* Vektorrechnung. — **~,feld** *n* vector(ial) field. — **~funk·ti,on** *f* vector function. — **~,grö·ße** *f* vector quantity.

vek·to·ri·ell [vɛkto'riɛl] *adj math. phys.* (*Darstellung, Produkt etc*) vectorial.

'Vek·tor|,li·nie *f math. phys.* line of flux. — **~,rech·nung** *f* vector analysis (*od.* calculus). — **~,win·kel** *m* vectorial angle.

ve·lar [ve'la:r] *adj ling.* velar.

Ve·lar [ve'la:r] *m* ⟨-s; -e⟩ *m ling.* velar (sound).

Ve·la·ri·sie·rung [velari'zi:rʊŋ] *f* ⟨-; *no pl*⟩ *ling.* (*eines Lautes*) velarization.

Ve'lar,laut *m ling.* velar (sound).

'Ve·li·ger,lar·ve ['ve:ligər-] *f zo.* (*Larve der Meeresschnecken*) veliger.

Ve·lin [ve'li:n; ve'lɛ̃:] *n* ⟨-s; *no pl*⟩, **~pa,pier** *n* vellum (paper).

Ve·lo ['ve:lo] *n* ⟨-s; -s⟩ *Swiss for* Fahrrad.

Ve·lo·drom [velo'dro:m] *n* ⟨-s; -e⟩ (*sport*) (*Radrennbahn*) cycling track, velodrome.

Ve·lours [və'lu:r; ve-] *m* ⟨- [-'lu:rs]; - [-'lu:rs]⟩ (*textile*) velour(s): ein Mantel aus ~ a velour(s) coat. — **~,le·der** *n* suede, suède. — **~pa,pier** *n* velvet paper. — **~,tep·pich** *m* Wilton (*od.* Axminster) (carpet), velvet-pile carpet.

Ve·lo·zi·ped [velotsi'pe:t] *n* ⟨-(e)s; -e⟩ *obs. for* Fahrrad.

Velt·li·ner [vɛlt'li:nər; fɛlt-] **I** *m* ⟨-s; *no pl*⟩ *gastr.* Valtelline wine. – **II** *adj* ⟨*invariable*⟩ (of) Valtelline: ~ Wein Valtelline wine.

Ve·lum ['ve:lʊm] *n* ⟨-s; -la [-la]⟩ **1.** *röm.kath.* a) (*Schultertuch der Priester*) amice, b) (*Kelchtuch*) chalice veil. – **2.** *med.* (*Segel*) velum. – **3.** *zo.* (*Mantelsaum der Hydromedusen*) velum. — **~ pa·la'ti·num** [pala'ti:nʊm] *n* ⟨- -; -la [-la] -na [-na]⟩ *med. cf.* Gaumensegel.

Vel·vet ['vɛlvət] *m, n* ⟨-s; -s⟩ (*Baumwollsamt*) velveteen, cotton velvet.

Ve·nae sec·tio ['ve:nɛ 'zɛktsio] *f* ⟨- -; - -nes [-'tsio:nɛs]⟩ *med.* venesection, phlebotomy, venotomy.

Ven·det·ta [vɛn'dɛta] *f* ⟨-; -detten⟩ *cf.* Blutrache.

Ve·ne ['ve:nə] *f* ⟨-; -n⟩ *med.* vein: kleine ~ small vein, venule.

Ven·ek·ta·sie [venɛkta'zi:] *f* ⟨-; -n [-ən]⟩ *med.* phlebectasia, venectasia.

Ven·ek·to·mie [venɛkto'mi:] *f* ⟨-; -n [-ən]⟩ *med.* venectomy, phlebectomy.

'Ve·nen|,blut *n med.* venous blood. — **~,blu·tung** *f* venous h(a)emorrhage. — **~ent,zün·dung** *f* phlebitis: ~ mit Thrombose (*od.* Thrombusbildung) thrombophlebitis. — **~er,wei·te·rung** *f* dilation of a vein; varicosity, varicosis, phlebectasia (*scient.*).

ve·ne·nös [vene'nø:s] *adj med. pharm.* poisenous, toxic, venomous.

'Ve·nen|punk·ti,on *f med.* (*Aderlaß*) venipuncture. — **~skle,ro·se** *f* venous sclerosis. — **~,stau·ung** *f* venous stasis. — **~throm,bo·se** *f* phlebothrombosis, venous thrombosis.

ve·ne·ra·bel [vene'ra:bəl] *adj obs. for* verehrungswürdig 1.

Ve·ne·ra·bi·le [vene'ra:bilə], **das** ⟨-(s)⟩ *röm.kath.* the Host.

Ve·ne·ra·ti·on [venera'tsio:n] *f* ⟨-; -en⟩ *relig. obs. for* Verehrung 4. — **ve·ne'rie·ren** [-'ri:rən] *v/t* ⟨*no* ge-, h⟩ *obs. for* verehren 1—4.

ve·ne·risch [ve'ne:rɪʃ] *adj med.* veneral, genitoinfectious: ~e Krankheit venereal disease, VD (*colloq.*); nicht ~ nonvenereal *Br.* non-.

Ve·ne·ter ['ve:netər] *m* ⟨-s; -⟩ *geogr. hist.* inhabitant of Venetia: die ~ *pl* the Veneti, *auch* the Venetes.

Ve·ne·zia·ner [vene'tsia:nər] *m* ⟨-s; -⟩, **Ve·ne·zia·ne·rin** [vene'tsia:nərɪn] *f* ⟨-; -nen⟩ Venetian. — **ve·ne·zia·nisch** [vene'tsia:nɪʃ] *adj* Venetian.

Ve·ne·zia·nisch,rot [vene'tsia:nɪʃ-] *n* ⟨-s; *no pl*⟩ (*paints*) Venetian red.

Ve·ne·zo·la·ner [venetso'la:nər] **I** *m* ⟨-s; -⟩ Venezuelan: die ~ the Venezuelans, the Venezuelan people. – **II** *adj* ⟨*invariable*⟩ Venezuelan, Venezuela (*attrib*). — **ve·ne·zo'la·nisch** *adj* Venezuelan, Venezuela (*attrib*).

Ve·ne·zue·ler [vene'tsŭe:lər] *m* ⟨-s; -⟩ *cf.* Venezolaner. — **ve·ne·zue·lisch** [-'tsŭe:lɪʃ] *adj cf.* venezolanisch.

Ve·nia le·gen·di ['ve:nia le'gɛndi] *f* ⟨- -; *no pl*⟩ *qualifications pl entitling their possessor to teach at a university.*

ve·nös [ve'nø:s] *adj med.* venous.

Ven·til [vɛn'ti:l] *n* ⟨-s; -e⟩ **1.** *tech. electr.* valve: das ~ ist undicht the valve leaks. – **2.** *mus.* stop, valve, (*an der Orgel*) *auch* pallet. – **3.** *fig.* safety valve, vent, outlet: Streiks sind ein ~ für die Unzufriedenheit der Arbeitnehmer strikes are a safety valve for the discontent of the employees; er braucht ein ~ für seinen Ärger he needs an outlet for his anger, he needs to be able to let off steam (*od.* to vent his anger).

Ven·ti·la·ti·on [vɛntila'tsio:n] *f* ⟨-; -en⟩ **1.** ⟨*only sg*⟩ (*Ventilierung*) ventilation, aeration: eine ausreichende ~ der Räume (an) adequate ventilation of the rooms. – **2.** *med.* ventilation: künstliche ~ artificial ventilation. – **3.** (*Ventilationsanlage*) ventilation (*od.* ventilating) system: der Einbau von ~en the installation of ventilation systems.

Ven·ti·la·ti'ons|ˌanˌla·ge *f tech.* ventilation (*od.* ventilating) system. — **∼ap·paˌrat** *m cf.* Ventilator. — **∼ˌklap·pe** *f* ventilation flap. — **∼ˌlö·cher** *pl* ventilation (*od.* air) holes. — **∼ˌschlitz** *m mar.* louver.

Ven·ti·la·tor [vɛntiˈlaːtɔr] *m* ⟨-s; -en [-laˈtoːrən]⟩ ventilator, fan: blasender ∼ blower (*od.* pressure) fan; saugender ∼ suction (*od.* exhausting) fan. — **∼ˌflü·gel** *m* fan blade (*od.* vane). — **∼ˌküh·lung** *f auto.* forced-draft (*bes. Br.* -draught) cooling.

Ven'til|ˌeinˌschlei·fen *n tech.* seating of valves. — **∼ˌeinˌstellˌschlüs·sel** *m* tappet wrench, valve-adjusting wrench. — **∼ˌein-ˌstel·lung** *f* valve adjustment (*od.* timing, setting). — **∼ˌfe·der** *f* valve spring. — **∼ˌfüh·rung** *f* valve guide. — **∼geˌhäu·se** *n* valve housing (*od.* chamber, box). — **∼ˌhahn** *m* valve cock. — **∼ˌhub** *m* valve lift (*od.* travel, stroke).

ven·ti·lie·ren [vɛntiˈliːrən] **I** *v/t* ⟨*no* ge-, h⟩ **1.** ventilate, air: man hat die Räume nicht genügend ventiliert the rooms have not been ventilated sufficiently. – **2.** (*mining*) ventilate, supply fresh air to. – **3.** *tech.* (*mit einer Lüftung versehen*) vent. – **4.** *fig.* (*Frage, Thema, Angelegenheit, Vorschlag etc*) discuss, ventilate, moot. – **5.** *fig.* (*abwartend vorschlagen*) broach (the subject of), moot, suggest: sie ventilierten eine Erhöhung um 8⁰/₀ they broached the subject of an 8⁰/₀ rise (*Am.* raise). – **II V∼** *n* ⟨-s⟩ **6.** *verbal noun.* – **7.** *cf.* Ventilation 1. — **Ven·ti'lie·rung** *f* ⟨-; *no pl*⟩ **1.** *cf.* Ventilieren. – **2.** *cf.* Ventilation 1.

Ven'tilˌkam·mer *f tech.* valve chest, *auch* valve box.

Ven'tilˌke·gel *m tech.* valve cone (*od.* body). — **∼ˌschleif·maˌschi·ne** *f* valve refacer.

Ven'til|ˌkippˌhe·bel *m tech.* valve rocker. — **∼ˌklap·pe** *f* valve flap. — **∼ˌkol·ben** *m* valve piston. — **∼ˌkör·per** *m* valve body. — **∼pneu·moˌtho·rax** *m med.* valvular pneumothorax. — **∼ˌröh·re** *f electr. tech.* rectifier tube (*bes. Br.* valve). — **∼ˌschaft** *m tech.* valve stem (*od.* rod). — **∼ˌschleif·maˌschi·ne** *f* valve-seat grinder (*bes. Br.* grinding machine). — **∼ˌsitz** *m* valve seat. — **∼ˌspiel** *n* valve clearance. — **∼ˌspin·del** *f* valve stem (*od.* rod). — **∼ˌstel·lung** *f* position of a (*od.* the) valve. — **∼ˌsteue·rung** *f* **1.** valve timing (*od.* control). – **2.** (*Bauelement*) valve timing gear. — **∼ˌstö·ßel** *m* valve tappet (*od.* lifter). — **∼ˌtel·ler** *m* valve disc (*od.* disk, head).

ven·tral [vɛnˈtraːl] *adj med.* ventral, abdominal.

Ven·tri·kel [vɛnˈtriːkəl] *m* ⟨-s; -⟩ *med.* (*Kammer*) ventricle. — **ven·tri·ku'lar** [-trikuˈlaːr] *adj* ventricular.

Ven·tri·ku·lo·gra·phie [vɛntrikulograˈfiː] *f* ⟨-; -n [-ən]⟩ *med.* (*in der Röntgenologie*) ventriculography, cerebral pneumography.

Ven·tri·lo·quist [vɛntriloˈkvɪst] *m* ⟨-en; -en⟩ *med.* (*Bauchredner*) ventriloquist.

Ven'tu·riˌrohr [vɛnˈtuːri-] *n phys.* (*Regler*) Venturi tube.

Ve·nus [ˈveːnʊs] *npr f* ⟨-; *no pl*⟩ **1.** *myth.* Venus (*Roman goddess of love*). – **2.** *astr.* (*Planet*) Venus. — **∼ˌberg** *m* **1.** (*in der Chiromantie*) mount of Venus. – **2.** *med.* mons Veneris. — **∼ˌdurchˌgang** *m astr.* transit of (the planet) Venus. — **∼ˌfä·cher** *m zo.* (*Hornkoralle*) Venus's-fan, sea fan (*Gorgonia flabellum*). — **∼ˌflie·genˌfal·le** *f bot.* Venus's-flytrap (*Dionaea muscipula*). — **∼ˌgür·tel** *m* **1.** Venus girdle. – **2.** *zo.* Venus's-girdle, cestum (*scient.*) (*Cestus veneris*). — **∼ˌhaar** *n bot.* Venushair, Venus'-hair fern (*Adiantum capillus-veneris*). — **∼ˌkamm** *m* lady's-comb, Venus's-comb, *auch* Venus comb, beggar's needle, Adam's needles *pl* (*Scandix pecten-veneris*). — **∼ˌkörb·chen** *n zo.* Venus's(-flower)-basket (*Euplectella aspergillum*). — **∼ˌmu·schel** *f* Venus's-shell (*Fam. Veneridae*). — **∼ˌschuh** *m bot.* Venus's-shoe, Venus's-slipper, lady's slipper (*Gattg Cypripedium*). — **∼ˌson·de** *f* (*space*) Venus probe.

ver'aa·sen *v/t* ⟨*no* ge-, h⟩ *colloq. for* verschleudern 2, vergeuden.

ver'abˌfol·gen I *v/t* ⟨*no* ge-, h⟩ *med. cf.* verabreichen 2. – **II V∼** *n* ⟨-s⟩ *verbal noun.* — **Ver'abˌfol·gung** *f* ⟨-; *no pl*⟩ **1.** *cf.* Verabfolgen. – **2.** *med. cf.* Verabreichung 2.

ver'abˌre·den I *v/t* ⟨*no* ge-, h⟩ **1.** arrange: eine Zusammenkunft ∼ to arrange (*od.* fix) a meeting; wir verabredeten ein Rendezvous (*od.* Stelldichein) we arranged a rendezvous, we arranged to meet, we made a date (*colloq.*); wir haben verabredet, daß wir uns um acht Uhr treffen we arranged to meet at eight o'clock; sie haben es vorher verabredet they arranged it beforehand, they prearranged (*Br.* pre-arranged) it. – **2.** (*Zeit und Ort für ein Treffen*) arrange, appoint, fix, agree upon. – **II** *v/reflex* sich (mit j-m) ∼ **3.** (*geschäftlich*) to make an appointment (with s.o.). – **4.** (*privat*) to arrange to meet (s.o.), to arrange a rendezvous (with s.o.), to make a date (with s.o.) (*colloq.*): ich habe mich mit ihm um sechs Uhr vor dem Theater verabredet I have arranged to meet him at six o'clock outside the theater (*bes. Br.* theatre); ich habe mich für morgen mit ihm verabredet I have a rendezvous (*od. colloq.* date) with him tomorrow. – **5.** *jur.* to conspire (with s.o.). – **III V∼** *n* ⟨-s⟩ **6.** *verbal noun.* – **7.** *cf.* Verabredung.

ver'abˌre·det I *pp.* – **II** *adj* **1.** arranged: alles geschah wie ∼, alles geschah, wie es ∼ war everything went as arranged; das ist ja wie ∼! you'd think we had arranged this! zur ∼en Zeit at the arranged (*od.* appointed) time; ∼e Sache *contempt.* (*bes. sport*) prearranged (*Br.* pre-arranged) affair, put-up job; mit j-m ∼ sein a) (*geschäftlich*) to have an appointment (*od.* engagement) with s.o., b) (*privat*) to have a rendezvous (*od.* engagement, *colloq.* date) with s.o.; ich bin leider schon ∼ a) (*privat*) I'm afraid I have a previous engagement, b) (*geschäftlich*) I'm afraid I already have an appointment, I already have s.th. on (*colloq.*); ich bin für morgen mit ihm ∼ a) (*geschäftlich*) I have an appointment with him tomorrow, I am to meet him tomorrow, b) (*privat*) I am going out (*od. colloq.* I have a date) with him tomorrow; mit wem bist du ∼? whom are you meeting? who(m) are you going out with? who is your date? (*colloq.*). – **2.** *jur.* (*heimlich abgesprochen*) collusive.

ver'abˌre·de·ter'ma·ßen *adv* as arranged, as agreed (upon).

Ver'abˌre·dung *f* ⟨-; -en⟩ **1.** *cf.* Verabreden. – **2.** (*Treffen*) appointment, engagement: ich habe heute abend eine ∼ a) (*geschäftlich*) I have an appointment (*od.* engagement) this evening, I have arranged to meet s.o. this evening, b) (*privat*) I have a rendezvous (*od.* an engagement, *colloq.* a date) this evening; eine geschäftliche ∼ a business appointment; nach ∼ by appointment. – **3.** (*Rendezvous*) rendezvous, engagement, date (*colloq.*), tryst (*lit.*): er konnte seine ∼ mit der Dame nicht einhalten he could not keep his rendezvous (*od.* date) with the lady. – **4.** (*Abmachung*) arrangement: eine ∼ mit j-m treffen a) to make an arrangement with s.o., b) (*ein Treffen vereinbaren*) to make an appointment with s.o.; das ist gegen die ∼ this is not in keeping with the arrangement; du mußt dich an unsere ∼ halten you must keep to our arrangement (*od.* agreement). – **5.** *jur.* a) conspiracy (to commit a criminal act), b) (*bes. im Ehescheidungsprozeß*) collusion.

ver'abˌrei·chen I *v/t* ⟨*no* ge-, h⟩ (*dat*) **1.** give: den Tieren Futter ∼ to give the animals food, to feed the animals; j-m eine Tracht Prügel [eine Ohrfeige] ∼ *colloq. iron.* to give s.o. a good thrashing (*od. colloq.* hiding) [a box on the ear], to thrash s.o. well [to box s.o.'s ears]; j-m Tritte ∼ to give (*od.* deal) s.o. kicks, to kick s.o. – **2.** (*Medikamente etc*) give, administer. – **3.** (*Mahlzeit etc*) serve, provide (*s.o.*) with, give: man verabreichte ihnen Speise und Trank they were served food and drink. – **II V∼** *n* ⟨-s⟩ **4.** *verbal noun.* — **Ver'abˌrei·chung** *f* ⟨-; *no pl*⟩ **1.** *cf.* Verabreichen. – **2.** (*eines Medikaments*) administration. – **3.** (*von Speise u. Trank etc*) provision.

ver'abˌsäu·men *v/t* ⟨*no* ge-, h⟩ (*officialese*) **1.** fail (*od.* neglect, omit) to do: er hat es verabsäumt, mich zu verständigen he failed to inform me. – **2.** (*eine Höflichkeit etc*) omit, neglect.

ver'abˌscheu·en *v/t* ⟨*no* ge-, h⟩ **1.** (*Person*) loathe, detest, (*schwächer*) hate: sie verabscheut ihn she loathes him. – **2.** (*Krieg, Gewalt, j-s Handlungsweise etc*) abhor, abominate, detest, (*schwächer*) hate: er verabscheut jede Art von Schmeichelei he abhors every form of flattery; etwas gründlich ∼ to abominate (*od.* hate) s.th. intensely.

ver'abˌscheu·ensˌwert, ver'abˌscheu·ungsˌwür·dig *adj* (*Tat, Handlung, Motiv etc*) detestable, loathsome, hateful, (*stärker*) abominable, abhorrent, execrable (*lit.*): die Notlage eines anderen in ∼er Weise ausnützen to exploit another person's distress in an abominable way.

ver'abˌschie·den [-ˌʃiːdən] **I** *v/t* ⟨*no* ge-, h⟩ **1.** (*Gast etc*) bid (*s.o.*) good-bye (*Am. auch* good-by) (*od. lit.* farewell, adieu), say good-bye to. – **2.** (*in den Ruhestand versetzen*) discharge, retire, (*mit Pension*) pension off: Offiziere ∼ *mil.* to discharge officers, to put officers on the retired list; der Minister wurde verabschiedet the minister was discharged (*od.* relieved of his office). – **3.** (*Truppen*) disband, retire, demobilize *Br. auch* -s-. – **4.** *pol.* (*Botschafter etc*) discharge. – **5.** *econ. pol.* a) (*Gesetz etc*) pass, b) (*Haushaltsplan*) adopt. – **II** *v/reflex* sich ∼ **6.** say good-bye (*Am. auch* good-by), take one's leave, bid farewell (*od.* adieu) (*lit.*): er hat sich von uns verabschiedet he took (his) leave of us, he said good-by(e) to us, he bid us good-by(e) (*od. lit.* farewell); er verabschiedete sich von allen mit Handschlag he took his leave of everyone with a handshake. – **III V∼** *n* ⟨-s⟩ **7.** *verbal noun.* – **8.** *cf.* Verabschiedung. — **ver'abˌschie·det I** *pp.* – **II** *adj mil.* on the retired list. — **Ver'abˌschie·dung** *f* ⟨-; *no pl*⟩ **1.** *cf.* Verabschieden. – **2.** (*eines Beamten, Botschafters, Offiziers etc*) discharge. – **3.** *econ. pol.* a) (*eines Gesetzes*) passing, b) (*eines Haushaltsplans*) adoption.

ver·ab·so·lu'tie·ren [-apzoluˈtiːrən] *v/t* ⟨*no* ge-, h⟩ etwas ∼ to absolutize s.th., to set s.th. up as s.th. absolute.

ver'ach·ten *v/t* ⟨*no* ge-, h⟩ **1.** j-n ∼ to despise s.o., to feel contempt for s.o., to hold s.o. in contempt (*od.* disdain), to disdain s.o., to contemn s.o. (*lit.*): ich verachte solche Menschen (sehr) I (greatly) despise such people, I feel (great) contempt for such people; j-n wegen seiner Feigheit ∼ to despise s.o. for his cowardice. – **2.** etwas ∼ (*verächtlich abtun*) to disdain (*od.* despise, scorn, spurn) s.th.: sie verachtet jede Schmeichelei she scorns flattery; das ist nicht zu ∼ *colloq.* that is not to be scoffed (*od. colloq.* sneezed) at, that is not half bad (*colloq.*). – **3.** (*Gefahr, Tod etc*) scorn, scoff at, pooh-pooh (*colloq.*).

ver'ach·tensˌwert *adj* (*Benehmen, Person, Tat etc*) contemptible, despicable, abject.

Ver'äch·ter *m* ⟨-s; -⟩ **Ver'äch·te·rin** *f* ⟨-; -nen⟩ despiser, contemner, *auch* contemnor (*lit.*).

ver'achtˌfa·chen [-ˌfaxən] **I** *v/t* ⟨*no* ge-, h⟩ octuple, octuplicate, increase (*s.th.*) eightfold. – **II** *v/reflex* sich ∼ octuple, increase eightfold. – **III V∼** *n* ⟨-s⟩ *verbal noun.* — **Ver'achtˌfa·chung** *f* ⟨-; *no pl*⟩ **1.** *cf.* Verachtfachen. – **2.** eightfold increase.

ver'ächt·lich [-ˈˀɛçtlɪç] **I** *adj* **1.** (*Ton, Gebärde, Worte etc*) contemptuous, disdainful, scornful: ein ∼er Blick a disdainful look, a look full of contempt (*od.* disdain, scorn); mit einer ∼en Handbewegung with a scornful gesture. – **2.** (*herablassend*) supercilious. – **3.** (*Handlung, Mittel etc*) despicable, contemptible, disparaging, abject, *auch* despisable: eine ∼e Gesinnung erkennen lassen to reveal a despicable (*od.* vile, an abject) character; ∼e Haltung abject behavio(u)r. – **4.** j-n [etwas] ∼ machen to disparage (*od.* run down, slur) s.o. [s.th.]: er hat sie vor den Leuten ∼ gemacht he disparaged her (*od.* ran her down) in front of other people. – **II** *adv* **5.** (*voll Verachtung*) contemptuously, disdainfully, scornfully, with contempt (*od.* disdain, scorn): er blickte sie ∼ an he looked at her contemptuously (*od.* with contempt). — **Ver'ächt·lich·keit** *f* ⟨-; *no pl*⟩ contemptuousness, disdainfulness, scornfulness: mit provokativer ∼ kehrte er ihm den Rücken he turned his back on him with provocative contemptuousness.

Ver'ächt·lichˌma·chung *f* ⟨-; *no pl*⟩ **1.** disparagement. – **2.** *jur. cf.* Mißachtung 4.

Ver'ach·tung *f* ⟨-; *no pl*⟩ **1.** contempt, disdain, scorn: j-n mit ∼ strafen to ignore s.o. disdainfully, to show one's contempt for s.o.; sie ließ ihn ihre ∼ spüren she let him feel her contempt (*od.* disdain, scorn); er war der allgemeinen ~ preisgegeben he was the object of general contempt; tiefste ~ lag in ihren Worten there was profound contempt in her words; sie sah ihn voll ~ an she gave him a look full of contempt, she looked at him contemptuously (*od.* with contempt); in seinem Blick drückte sich ~ aus his look showed his disdain. – **2.** *cf.* Verächtlichkeit.

ver'ach·tungsˌvoll I *adj cf.* verächtlich 1. – **II** *adv cf.* verächtlich 5.

ver'al·bern I *v/t* ⟨*no* ge-, h⟩ j-n ~ *colloq.* to make fun of s.o., to poke fun at s.o., to ridicule (*od.* deride, mock) s.o. – **II V~** *n* ⟨-s⟩ *verbal noun.* — **Ver'al·be·rung** *f* ⟨-; *no pl*⟩ *cf.* Veralbern.

ver·all·ge·mei·nern [-ˌˀalgəˈmaɪnərn; -ˈˀalgəˌmaɪnərn] **I** *v/t* ⟨*no* ge-, h⟩ generalize *Br. auch* -s-: das darf man doch nicht ~ one should not generalize. – **II V~** *n* ⟨-s⟩ *verbal noun.* — **Verˌall·ge'mei·ne·rung** *f* ⟨-; -en⟩ **1.** *cf.* Verallgemeinern. – **2.** generalization *Br. auch* -s-.

ver'al·ten [-ˈˀaltən] **I** *v/i* ⟨*no* ge-, sein⟩ **1.** (*Ansichten, Anschauungen etc*) become antiquated (*od.* outmoded, out of date). – **2.** (*Kleider, Mode*) go out (of fashion *od.* of date), date. – **3.** (*Wort, Ausdruck, Brauch etc*) become obsolete (*od.* archaic). – **II V~** *n* ⟨-s⟩ **4.** *verbal noun.* – **5.** antiquation. – **6.** obsolescence.

ver'al·tend I *pres p.* – **II** *adj ling.* obsolescent.

ver'al·tet I *pp.* – **II** *adj* **1.** antiquated, outmoded, outdated, out-of-date (*attrib*), archaic, passé(e): ~e Arbeitsmethoden antiquated (*od.* archaic, out-of-date) working methods; die Ausgabe war völlig ~ the edition was completely outdated (*od.* out of date); ~e Anschauungen antiquated (*od.* obsolete, moth-eaten) views; ~e Gesetze archaic (*od.* antiquated, outdated) laws; eine ~e Bauart *tech.* an outmoded (*od.* old-fashioned) style; ~e Mode out-of-date (*od.* outmoded) fashion. – **2.** *ling.* (*Wort, Ausdrucksweise etc*) obsolete, archaic: ein ~er Ausdruck an archaism, *auch* an archaicism, an obsolete expression; dieses Wort ist ~ this word is obsolete (*od.* archaic, has gone out of use).

ver·alu·mi'nie·ren *v/t* ⟨*no* ge-, h⟩ *tech.* aluminize *Br. auch* -s-.

Ve·ran·da [veˈranda] *f* ⟨-; -den⟩ *arch.* veranda(h), *Am.* porch, (*bes. mit Glaswänden*) sun parlor (*bes. Br.* parlour) (*od.* porch), (*geräumige*) *Am.* piazza: offene ~ open (*od.* unroofed) veranda, *Am.* stoop.

ver'än·der·lich *adj* **1.** variable, changeable, changing: Aussichten: ~, meist wolkig *meteor.* forecast: variable, mainly cloudy; das Wetter war ~ the weather was changeable (*od.* unsettled): das Barometer steht auf ~ the barometer is at variable. – **2.** (*Charakter, Person etc*) unsteady, fickle. – **3.** *math. astr. tech.* variable: ~e Drehzahl *tech.* variable speed; ~e Größe *math.* variable; ~e Sterne *astr.* variable stars. – **4.** *econ.* (*schwankend*) fluctuating. – **5.** leicht ~ fluid. — **Ver'än·der·li·che** *f* ⟨-n; -n⟩ *math.* variable. — **Ver'än·der·lich·keit** *f* ⟨-; *no pl*⟩ **1.** (*des Wetters etc*) changeableness, changeability, variability, variableness, unsettledness. – **2.** unsteadiness. – **3.** *tech.* (*der Drehzahl etc*) variability, variableness. – **4.** fluidity.

ver'än·dern I *v/t* ⟨*no* ge-, h⟩ **1.** j-n [etwas] ~ to change (*od.* alter) s.o. [s.th.]: dieses Ereignis veränderte ihn sehr this event greatly changed him; sie wollen die Welt ~ they want to change the world; dadurch veränderte man das Gesicht der Stadt völlig this completely altered the appearance of the city; etwas von Grund auf ~ to change s.th. fundamentally, to revolutionize (*Br. auch* -s-) s.th.; etwas radikal ~ to change s.th. radically; die Begegnung, die mit einem Schlag alles veränderte the meeting which changed everything all at once. – **2.** etwas an (*dat*) etwas ~ to change (*od.* alter) s.th. on s.th. – **3.** (*umformen*) transform. – **4.** (*austauschen*) (ex)change, shift. – **5.** *tech.* (*Drehzahl, Vorschubgrößen etc*) vary. – **II** *v/reflex* sich ~ **6.** change, alter: du hast dich sehr verändert you have changed a lot (*colloq.*); Sie haben sich in den Jahren überhaupt nicht verändert you haven't changed a (*od.* one) bit (*od.* at all) over the years; sie hat sich sehr zu ihrem Vorteil (*od.* zu ihren Gunsten) verändert a) (*im Aussehen*) she has got much better-looking, she has improved greatly in looks, her looks have improved greatly, b) (*dem Wesen nach*) she has changed for the better; sie hat sich zu ihrem Nachteil (*od.* zu ihren Ungunsten) verändert a) (*im Aussehen*) she is not as good-looking as she used to be, her looks are not what they used to be, b) (*dem Wesen nach*) she has changed for the worse; bei uns hat sich vieles verändert, seit there have been many changes here since, things have changed greatly since; seine Stimme veränderte sich a) his voice changed (*od.* altered), b) (*bei Stimmwechsel*) his voice broke; ihr Gesicht veränderte sich her face changed (*od.* altered). – **7.** *colloq.* (*beruflich*) change one's place of work (*od. colloq.* job): er möchte sich ~ he would like to change his job, he would like a change of job. – **III V~** *n* ⟨-s⟩ **8.** *verbal noun.* – **9.** *cf.* Veränderung. — **ver'än·dert I** *pp.* – **II** *adj* changed, different: ~e Umstände changed circumstances; von diesem Zeitpunkt an war sie ~ she has been a different person ever since; sie sieht ~ aus she looks different; mir war sein ~es Benehmen aufgefallen his change in (*od.* of) behavio(u)r struck me. — **Ver'än·de·rung** *f* ⟨-; -en⟩ **1.** *cf.* Verändern. – **2.** change: berufliche ~ change of job (*colloq.*); radikale ~ radical change; strukturelle ~ structural change (*od.* modification); es ist eine ~ eingetreten there has been a change; er liebt die ~ he likes a change; während der Rede ging eine auffallende ~ mit ihm vor a marked change came over him during the speech; ~ der Gesichtszüge change in one's expression; ~ der Stimme a) change of the voice, b) (*bei Stimmwechsel*) breaking of the voice; ~en in der Parteispitze changes (*od.* a reshuffle) in party leadership; er deutete bevorstehende ~en an *pol.* he hinted at imminent changes (*od.* an impending reshuffle). – **3.** (*Abänderung*) (in *dat* in; an *dat* to) alteration, modification: einige ~en in der Wohnung vornehmen to make a few alterations (*od.* changes) in the apartment (*bes. Br.* flat); eine ~ erfahren to undergo a change. – **4.** (*Umformung*) transformation. – **5.** (*Wechsel*) change, shift. – **6.** *tech.* (*der Drehzahl etc*) variation.

ver'äng·sti·gen *v/t* ⟨*no* ge-, h⟩ j-n ~ to intimidate s.o., to cow s.o., (*systematisch einschüchtern*) *auch* to browbeat s.o. — **ver'äng·stigt I** *pp.* – **II** *adj* **1.** intimidated, cowed, (*durch systematische Einschüchterung*) *auch* browbeaten: sie wirkt ganz ~ she seems (*od.* looks) absolutely intimidated; das Kind war durch häufige Schläge vollkommen ~ the child was completely cowed (*od.* intimidated) by frequent beatings; das Kind schaute ~ drein the child had a cowed look. – **2.** (*angsterfüllt*) frightened, scared: die ~en Dorfbewohner the frightened villagers.

ver'an·kern I *v/t* ⟨*no* ge-, h⟩ **1.** *mar.* (*Schiff*) anchor, moor. – **2.** *aer.* moor. – **3.** *civ.eng.* (*Mauern etc*) anchor. – **4.** *tech.* stay, guy, tie. – **5.** *jur.* (*Recht etc*) incorporate, embody. – **II** *v/reflex* **6.** dies alles hatte sich im Bewußtsein des Volkes verankert *fig.* all this had become firmly established in (*od.* impressed [up]on) the minds of the people. – **III V~** *n* ⟨-s⟩ **7.** *verbal noun.* – **8.** *cf.* Verankerung. — **ver'an·kert I** *pp.* – **II** *adj bes. jur.* laid down, incorporated, embodied: dieses Recht ist in der Verfassung ~ this right is laid down in the constitution; ein im Gesetz ~es Recht a right embodied in the law. — **Ver'an·ke·rung** *f* ⟨-; -en⟩ **1.** *cf.* Verankern. – **2.** (*für Sicherheitsgurte*) anchorage point. — **Ver'an·ke·rungsˌrecht** *n mar.* right of mooring.

ver'anˌla·gen [-ˌlaːgən] **I** *v/t* ⟨*no* ge-, h⟩ **1.** j-n [etwas] (zur Steuer) ~ to assess s.o. [s.th.]: man veranlagte ihn [die Firma] mit 1 Million Mark he [the company] was assessed at 1 million marks; die Steuern ~ to assess the taxes; zu hoch veranlagt werden (*vom Finanzamt*) to be overrated. – **II V~** *n* ⟨-s⟩ **2.** *verbal noun.* – **3.** *cf.* Veranlagung 5.

ver'anˌlagt I *pp.* – **II** *adj* **1.** *fig.* inclined, prone: künstlerisch ~ sein to be artistically inclined (*od.* talented, gifted), to be of (*od.* to have) artistic inclinations (*od.* an artistic turn of mind); sie ist praktisch ~ she is practical(ly inclined), she has a practical turn of mind; ein geistig gut ~er Schüler a talented (*od.* highly gifted) pupil; verbrecherisch ~ sein to have criminal tendencies (*od.* inclinations), to have a criminal disposition; zu etwas ~ sein to be predisposed to (*od.* prone to, cut out for) s.th. – **2.** *econ.* (*steuerlich*) assessed: die ~e Summe the assessed amount; gemeinsam [getrennt] ~e Ehegatten married couples who file a joint income tax return [separate income tax returns].

Ver'anˌla·gung *f* ⟨-; -en⟩ **1.** *cf.* Veranlagen. – **2.** *med. psych.* (*Neigung*) (zu to) (pre)disposition, (constitutional) tendency, nature: je nach ~ according to disposition (*od.* makeup); erbliche [krankhafte] ~ hereditary [pathological] predisposition; nervöse ~ nervous disposition; eine ~ zu etwas haben (*od.* zeigen) to have the tendency (*od.* disposition) to s.th., to be predisposed (*od.* prone) to s.th.; seiner ganzen ~ nach according to one's makeup, temperamentally. – **3.** *fig.* (*Begabung*) talent: das ist ~ it's a question of inclination (*od.* talent); seine künstlerische ~ his artistic bent (*od.* strain, turn of mind, inclination). – **4.** *fig.* (*Talent*) talent, gifts *pl*: bei seiner ~ with his talent (*od.* gifts). – **5.** *econ.* (*der Steuern*) assessment: ~ zur Einkommensteuer assessment on income; ~ zur Grundsteuer assessment on landed property.

Ver'anˌla·gungs|beˌscheid *m econ.* (notice of) tax assessment. — **~ˌgrundˌla·ge** *f* basis of assessment. — **v~ˌpflich·tig** *adj* (*Einkommen*) tax-assessable, subject to assessment. — **~ˌrichtˌli·ni·en** *pl* assessment directives. — **~ˌsatz** *m* assessment rate. — **~ˌsteu·er** *f* assessment tax. — **~ˌzeitˌraum** *m* assessment period.

ver'anˌlas·sen I *v/t* ⟨*no* ge-, h⟩ **1.** etwas ~ to arrange for s.th., to see (to it) that s.th. is done: wollen Sie bitte ~, daß dies sofort gemacht wird would you please see that this is done at once; ich werde das Nötige (*od.* alles Weitere) ~ I shall take the necessary steps, I shall arrange for the necessary steps to be taken; wer hat das veranlaßt? who was at the bottom of that? – **2.** j-n zu etwas ~ a) (*j-m Anlaß geben zu*) to cause (*od.* prompt, occasion) s.o. to do s.th., b) (*j-n bewegen, entscheidend anregen*) to induce (*stärker* prevail [up]on) s.o. to do s.th., to make s.o. do s.th.: was mag ihn zu diesem Entschluß veranlaßt haben? what could have induced (*od.* prompted) him to make this decision? j-n zu einer Erklärung ~ to cause (*od.* induce, occasion) s.o. to make a statement; was hat Sie dazu veranlaßt? what made you do it? das hat die Leute zu der Annahme [zu dem Glauben] veranlaßt, daß this made (the) people assume [think] that, this led (the) people to assume [to think] that; ich habe ihn zu diesem Schritt veranlaßt I prevailed upon (*od.* got) him to take this step; er veranlaßte ihn zurückzukehren a) he made him return, b) he was the reason for (*od.* cause of) his return. – **II V~** *n* ⟨-s⟩ **3.** *verbal noun.* – **4.** *cf.* Veranlassung. — **ver'anˌlaßt I** *pp.* – **II** *adj* sich ~ sehen (*od.* fühlen) zu to be (*od.* feel) compelled (*od.* bound) to: er fühlte sich ~, auf die Folgen aufmerksam zu machen he felt compelled to point out the consequences. — **Ver'anˌlas·sung** *f* ⟨-; *no pl*⟩ **1.** *cf.* Veranlassen. – **2.** auf ~ von a) (*auf Betreiben von*) at the instigation (*od.* instance, inspiration) of, (up)on the initiative of, b) (*als Vorschlag*) at the suggestion of, (up)on the recommendation of, c) (*als Ersuchen*) at the request of: auf ~ der Regierung at the instance (*od.* instigation) of the government; es ist auf seine ~ hin geschehen it was done on his initiative (*od.* at his instigation), he was at the bottom of it. – **3.** (*Anlaß*) cause, reason, occasion: er hat keine ~, Ihnen Auskunft zu geben there is no occasion for him to (*od.* there is no reason why he should, he has no call to) give you information; es besteht keine ~ (*od.* liegt keine vor), ihm solche Streiche zu spielen there is no occasion to play these pranks on him; zu etwas ~ geben to give rise to s.th., to occasion s.th., to be the cause of s.th.; ohne jede ~ without any assignable reason, without any cause whatever, without any provocation; aus gegebener ~ muß darauf hingewiesen werden, daß for a particular reason we must point out that. – 4. zur weiteren ~ (*officialese*) for further action, for the necessary attention. – 5. inducement.

ver'anˌschau·li·chen [-ˌʃaulɪçən] **I** *v/t* ⟨*no* ge-, h⟩ **1.** etwas (durch etwas) ~ to illustrate s.th. (with s.th.), to make s.th. clear (by means of s.th.): etwas an einem Beispiel [an Hand von Bildern] ~ to illustrate s.th. with (*od.* to make s.th. clear by means of) an example [pictures]; ein Bild, das den Vorgang veranschaulicht a picture which illustrates the process, a picture illustrating (*od.* illustrative of) the process; sich (*dat*) etwas ~ to make s.th. clear to oneself. – **2.** demonstrate. – **II V~** *n* ⟨-s⟩ **3.** *verbal noun.* — **Ver'anˌschau·li·chung** *f* ⟨-; *no pl*⟩ **1.** *cf.* Veranschaulichen. – **2.** (*Erklärung*) illustration: zur ~ dienen to serve as an illustration. – **3.** demonstration.

ver'anˌschla·gen I *v/t* ⟨*no* ge-, h⟩ **1.** *econ.* (*schätzen*) (auf *acc* at) estimate: man hat die Kosten zu hoch [zu niedrig] veranschlagt the costs were overestimated [underestimated]; für dieses Projekt veranschlagte man eine Summe von 1 000 Mark a sum of 1,000 marks was estimated for this project. – **2.** (*bewerten*) (auf *acc* at) rate, value, evaluate, assess: einen Besitz auf 100 000 Mark ~ to rate (*od.* value) a property at 100,000 marks; sein Einfluß kann nicht hoch genug veranschlagt werden *fig.* one cannot overrate his influence. – **3.** (*Zeit[dauer]*) plan, reckon. – **4.** *econ.* (*im Budget vorsehen*) appropriate (*s.th.*) (in the budget). – **5.** *pol.* budget, make provision for. – **II V~** *n* ⟨-s⟩ **6.** *verbal noun.* – **7.** *cf.* Veranschlagung. — **ver'anˌschlagt I** *pp.* – **II** *adj* **1.** *econ.* estimated. – **2.** rated, valued, assessed. — **Ver'anˌschla·gung** *f* ⟨-; *no pl*⟩ **1.** *cf.* Veranschlagen. – **2.** *econ.* estimation, estimate. – **3.** (e)valuation, assessment. – **4.** *econ.* (*im Budget*) appropriation.

ver'anˌstal·ten [-ˌʃtaltən] **I** *v/t* ⟨*no* ge-, h⟩ **1.** (*durchführen*) organize *Br. auch* -s-: das Institut veranstaltete eine Umfrage the institute organized an opinion poll; eine Volkszählung ~ to take a census. – **2.** (*Kongreß, Tagung, Aufmarsch etc*) organize *Br. auch* -s-, hold: einen Umzug ~ to organize (*od.* stage) a procession. – **3.** (*geben*) give: die Heilsarmee veranstaltete dort ein Konzert the Salvation Army gave a concert there; ein Fest ~ to give a party; einen Ball [eine Ausstellung] ~ to organize (*Br. auch* -s-) (*od.* give, get up) a dance [an exhibition]. – **4.** (*sport*) (*Wettkämpfe etc*) organize *Br. auch* -s-, hold, (*im Berufssport*) promote. – **5.** *colloq.* (*anstellen*) get (*od.* be) up to, do: wer hat denn das schon wieder veranstaltet? who got up to that? – **II V~** *n* ⟨-s⟩ **6.** *verbal noun.* – **7.** *cf.* Veranstaltung.

Ver'anˌstal·ter *m* ⟨-s; -⟩ **1.** organizer *Br. auch* -s-. – **2.** (*sport*) (*im Berufssport*) promoter.

Ver'anˌstal·tung *f* ⟨-; -en⟩ **1.** *cf.* Veranstalten. – **2.** ⟨*only sg*⟩ (*Organisation*) organization *Br. auch* -s-. – **3.** (*Ereignis*) event: gesellschaftliche [kulturelle] ~en social [cultural] events. – **4.** (*Festlichkeit*) (public) function: wir bringen Ihnen die Übertragung einer öffentlichen ~ aus dem Funkhaus we are broadcasting a public function from the studio. – **5.** (*sport*) event, meeting, *Am. auch* meet: eine große sportliche ~ a big sport(s) meeting (*od.* sporting event).

Ver'anˌstal·tungs·kaˌlen·der *m* calendar of events.

ver'antˌwor·ten I *v/t* ⟨*no* ge-, h⟩ **1.** (*Handlung, Maßnahme etc*) answer for, accept (*od.* assume, undertake, take) the responsibility for: er wird sein Handeln (schon) selbst ~ müssen he will have to answer for his action(s) himself; er konnte den Verlust nicht ~ he could not answer (*od.* he refused to accept responsibility) for the loss; das kann ich nicht ~ I cannot assume any responsibility for that; wie willst du das ~? how can you take the responsibility for that? ich kann es nicht ~, daß er noch länger bleibt I can't answer for it (*od.* accept the responsibility for it) if he stays any longer. – **II** *v/reflex* sich ~ **2.** (vor *dat* before) answer for, account for, justify oneself: er wird sich dafür (*od.* deswegen) [wegen dieses Vorfalls] ~ müssen he will have to answer for that [for that incident]; du wirst dich wegen dieser (*od.* für diese) Tat vor den Kollegen zu ~ haben you will have to justify your action before your colleagues. – **3.** sich vor Gericht ~ *jur.* to stand (*od.* be on) trial. – **III V~** *n* ⟨-s⟩ **4.** *verbal noun.* – **5.** *cf.* Verantwortung.

ver'antˌwort·lich *adj* (für for) **1.** responsible, answerable, accountable, liable: Sie sind mir dafür ~! you are responsible (*od.* answerable) to me for that! j-n ~ machen a) (*j-n haftbar machen*) to hold s.o. responsible, b) (*j-m die Schuld geben*) to blame s.o., to lay the blame on s.o., to hold s.o. responsible; ich mache Sie dafür ~ I hold you responsible for it; sie machten die Gegner für den Ausbruch des Krieges ~ they blamed their opponents for the outbreak of the war; für diesen Vorfall bin ich nicht ~ (*od.* kann man mich nicht ~ machen) I am not responsible (*od.* to blame) for this incident; er ist voll ~ für seine Tat he is fully responsible for his deed; ich bin nur dem Chef ~ I am answerable (*od.* accountable) to the boss only (*colloq.*); für j-n ~ sein to be responsible for s.o., to have the responsibility of s.o.; Herr X zeichnet dafür ~ Mr. X makes himself responsible (*od.* signs) for it. – **2.** (*die Verantwortung tragend*) responsible (*oft nachgestellt*): der ~e Redakteur the editor responsible. – **3.** (*Verantwortung erfordernd*) responsible: eine ~e Stellung a responsible position.

Ver'antˌwort·li·che *m* ⟨-n; -n⟩ person responsible, responsible person: die ~n zur Rechenschaft ziehen to call those responsible to account.

Ver'antˌwort·lich·keit *f* ⟨-; *no pl*⟩ **1.** responsibility, liability: strafrechtliche ~ *jur.* criminal liability. – **2.** (*Rechenschaftspflicht*) answerability, accountability.

Ver'antˌwor·tung *f* ⟨-; *no pl*⟩ **1.** (für for) responsibility: du kannst es auf meine ~ tun you can do it on my responsibility (*od.* at my risk); Sie können es tun — aber auf eigene ~ you can do it, but on your own responsibility (*od. colloq.* and on your own head be it); jede ~ ablehnen to decline (*od.* reject) all responsibility; die ~ auf j-n abwälzen to palm responsibility off on s.o., to pass the buck to s.o. (*sl.*); er ist sich seiner ~ bewußt he is conscious (*od.* aware) of his responsibility; j-n der ~ entheben to relieve s.o. of (*od.* release s.o. from) his responsibility; sich der ~ entziehen to evade (*od.* shirk, dodge) responsibility; er hat die ~, auf ihm liegt (*od.* ruht) die ~ he has the responsibility, he is responsible, the responsibility lies (*od.* rests) with him; auf ihm lastet eine schwere ~ he is burdened with a great responsibility; sich (in) die ~ teilen to share the responsibility; die ~ tragen to bear (the) responsibility, to be responsible; für etwas die ~ übernehmen (*od.* auf sich nehmen) to take (*od.* accept, assume, bear) the responsibility for s.th.; ich übernehme dafür keine ~ I take no responsibility for it. – **2.** (*Rechtfertigung*) justification. – **3.** j-n zur ~ ziehen to call s.o. to account.

ver'antˌwor·tungs·beˌwußt *adj* responsible. — **Ver'antˌwor·tungs·beˌwußtˌsein** *n* sense of responsibility.

Ver'antˌwor·tungs|ˌfreu·de *f* readiness (*od.* willingness) to take (*od.* accept) responsibility: ~ zeigen to enjoy one's responsibilities. — **v~ˌfreu·dig** *adj* ready (*od.* willing) to take (*od.* accept) responsibility. — **~geˌfühl** *n* sense of responsibility.

ver'antˌwor·tungs·los *adj* (*Vorgehen etc*) irresponsible. — **Ver'antˌwor·tungs·lo·sig·keit** *f* ⟨-; *no pl*⟩ irresponsibility.

ver'antˌwor·tungsˌvoll *adj* (*Aufgabe, Posten etc*) responsible.

ver'äp·peln [-'ʔɛpəln] *v/t* ⟨*no* ge-, h⟩ j-n ~ *colloq. cf.* aufziehen 13.

ver'ar·beit·bar *adj tech.* **1.** (*spanlos*) workable. – **2.** (*zerspanend*) machinable, *auch* machineable. — **Ver'ar·beit·bar·keit** *f* ⟨-; *no pl*⟩ **1.** *tech.* a) workability, b) machinability. – **2.** (*paints*) (*eines Lackes*) working consistency.

ver'ar·bei·ten I *v/t* ⟨*no* ge-, h⟩ **1.** (zu into) make: sie verarbeitete den Stoff zu einem Mantel she made the material into a coat. – **2.** *tech.* a) (*aufbrauchen*) (*Werkstoff*) work (*od.* use) up, b) (*fabrikatorisch*) fabricate, c) (*verfahrenstechnisch*) process, d) (*durch spanlose Formung*) work, shape, e) (*zerspanend auf der Werkzeugmaschine*) machine, f) (*behandeln*) treat: Eisen wird zu Stahl verarbeitet iron is converted into steel; Holz wird zu Zellulose verarbeitet wood is converted into cellulose; Tabak ~ to rib and twist tobacco; sie hat 500 g Wolle zu (*od.* in) diesem Pullover verarbeitet she used up 500 gram(me)s of wool in (*od.* for) this sweater. – **3.** *med.* (*Nahrung im Körper*) digest. – **4.** *fig.* (*Eindrücke, Gedanken, Lektüre etc*) digest, assimilate. – **II V~** *n* ⟨-s⟩ **5.** *verbal noun.* – **6.** *cf.* Verarbeitung. — **ver'ar·bei·tend I** *pres p.* – **II** *adj only in* ~e Industrie processing industries *pl.*

ver'ar·bei·tet I *pp.* – **II** *adj* gut [schlecht] ~ sein to be well [poorly] finished.

Ver'ar·bei·tung *f* ⟨-; *no pl*⟩ **1.** *cf.* Verarbeiten. – **2.** *tech.* a) working up, consumption, b) fabrication, c) processing, d) working, shaping, e) machining, f) treatment: ~ landwirtschaftlicher Produkte processing of agricultural products. – **3.** (*Ausführung*) workmanship: gute ~ good workmanship. – **4.** *med.* (*der Nahrung*) digestion. – **5.** *fig.* (*der Eindrücke, Gedanken, Lektüre etc*) digestion, assimilation.

Ver'ar·bei·tungs|beˌtrieb *m tech.* processing plant, manufacturing shop. — **~ˌko·sten** *pl* manufacturing (*od.* processing) costs. — **~maˌschi·ne** *f* processing machine. — **~ˌort** *m* place of manufacture. — **~ˌpreis** *m* manufacturing price. — **~ˌstu·fe** *f tech.* **1.** (*verfahrenstechnische*) processing stage. – **2.** (*auf der Werkzeugmaschine*) machining phase.

ver'ar·gen [-'ʔargən] *v/t* ⟨*no* ge-, h⟩ j-m etwas ~ *lit.* to hold s.th. against s.o., to blame s.o. for s.th.: ich kann es ihm nicht ~, wenn I cannot blame him if, I won't hold it against him if.

ver'är·gern I *v/t* ⟨*no* ge-, h⟩ **1.** j-n ~ to annoy (*od.* irritate, pique, irk, vex, provoke, *bes. Am.* disgruntle, *colloq.* peeve) s.o., to rub s.o. the wrong way. – **II V~** *n* ⟨-s⟩ **2.** *verbal noun.* – **3.** *cf.* Verärgerung. — **ver'är·gert I** *pp.* – **II** *adj* über j-n [etwas] ~ angry with s.o. [at s.th.], annoyed with s.o. [at s.th], piqued by s.o. [s.th.], vexed with s.o. [at s.th.], irritated by s.o. [s.th.], peeved about s.o. [s.th.] (*colloq.*), disgruntled with s.o. [at s.th.]: sie ist darüber ~ she is annoyed about it; du siehst ~ aus you look annoyed. — **Ver'är·ge·rung** *f* ⟨-; *no pl*⟩ **1.** *cf.* Verärgern. – **2.** displeasure, annoyance, irritation, vexation, provocation, *bes. Am.* disgruntlement: aus ~ sagte er seinen Besuch ab he cancel(l)ed his visit because he was annoyed.

ver'ar·men [-'ʔarmən] *v/i* ⟨*no* ge-, sein⟩ become poor (*od.* impoverished), be reduced to poverty. — **ver'armt I** *pp.* – **II** *adj* impoverished, destitute: ~er Adel impoverished nobility. — **Ver'ar·mung** *f* ⟨-; *no pl*⟩ **1.** impoverishment, pauperization *Br. auch* -s-, pauperism. – **2.** *nucl.* depletion.

ver'ar·schen [-'ʔarʃən] *v/t* ⟨*no* ge-, h⟩ j-n ~ *vulg.* to make a sucker out of s.o. (*colloq.*), *bes. Br. colloq.* to have s.o. on, *Am. sl.* to hornswoggle (*auch* hornswaggle) s.o.: du willst mich wohl ~! do you take me for a sucker? *bes. Br.* are you trying to have me on?

ver'arz·ten [-'ʔaːrtstən] *v/t* ⟨*no* ge-, h⟩ *colloq. humor.* **1.** (*ärztlich behandeln*) doctor, fix (*s.o.*) up (*beide colloq.*). – **2.** j-n ~ (*abfertigen*) to get s.o. fixed up, to fix s.o. up (*beide colloq.*).

ver'aschen [-'ʔaʃən] *v/t* ⟨*no* ge-, h⟩ *chem. metall.* ash, incinerate.

ver'ästeln [-'ʔɛstəln] **I** *v/reflex* ⟨*no* ge-, h⟩ sich ~ **1.** *auch fig.* branch off (*od.* out), ramify. – **II V~** *n* ⟨-s⟩ **2.** *verbal noun.* – **3.** *cf.* Veräst(e)lung. — **ver'ästelt I** *pp.* – **II** *adj auch fig.* branched, branching out, ramose. — **Ver'äste·lung, Ver'äst·lung** *f* ⟨-; -en⟩

1. *cf.* Verästeln. – 2. *auch fig.* ramification.

Ve·ra·trin [veraˈtriːn] *n* ⟨-s; *no pl*⟩ *chem. pharm.* veratrine.

Ve·ra·trol [veraˈtroːl] *n* ⟨-s; *no pl*⟩ *chem.* veratrole ($C_6H_4(OCH_3)_2$).

verˈät·zen *med.* **I** *v/t* ⟨*no* ge-, h⟩ **1.** (*therapeutisch*) cauterize *Br. auch* -s-. – **2.** (*durch Säure*) erode, burn. – **II V~** *n* ⟨-s⟩ **3.** *verbal noun.* — **Verˈät·zung** *f* ⟨-; -en⟩ **1.** *cf.* Verätzen. – **2.** cauterization *Br. auch* -s-. – **3.** erosion, acid burn.

ver·auk·tioˈnie·ren *v/t* ⟨*no* ge-, h⟩ **1.** (*zur Versteigerung freigeben*) put (*s.th.*) up for auction. – **2.** (*durch Versteigerung verkaufen*) auction (*s.th.*) (off), sell (*s.th.*) by (*od.* at an) auction.

verˈaus‚ga·ben [-‚gaːbən] **I** *v/reflex* ⟨*no* ge-, h⟩ sich ~ **1.** (*finanziell*) overspend: ich habe mich in diesem Monat völlig (*od.* ganz) verausgabt I have completely overspent this month. – **2.** *fig.* (*kräftemäßig*) overspend one's strength, exhaust oneself: der Läufer hatte sich völlig verausgabt the runner had gone all out (*colloq.*). – **II** *v/t* **3.** (*Geld*) spend. – **4.** *fig.* (*Kräfte*) (over)spend, exhaust. – **III V~** *n* ⟨-s⟩ **5.** *verbal noun.* — **Verˈaus‚ga·bung** *f* ⟨-; *no pl*⟩ **1.** *cf.* Verausgaben. – **2.** *fig.* exhaustion.

verˈaus‚la·gen [-‚laːgən] **I** *v/t* ⟨*no* ge-, h⟩ (*Geldsumme*) advance, spend, incur. – **II V~** *n* ⟨-s⟩ *verbal noun.* — **Verˈaus‚la·gung** *f* ⟨-; -en⟩ **1.** *cf.* Verauslagen. – **2.** advancement.

Verˈäu·ße·rer *m* ⟨-s; -⟩ *econ. jur.* **1.** alienor. – **2.** seller.

verˈäu·ßer·lich *adj econ. jur.* **1.** alienable: nicht ~ inalienable. – **2.** (*verkäuflich*) a) for sale, b) sal(e)able, vendible: schwer ~ difficult (*od.* hard) to sell.

verˈäu·ßer·li·chen [-ˈʔɔysərlɪçən] **I** *v/t* ⟨*no* ge-, h⟩ superficialize, externalize, exteriorize (*alle Br. auch* -s-). – **II** *v/i* ⟨sein⟩ become superficial (*od.* external, exterior). – **III V~** *n* ⟨-s⟩ *verbal noun.*

Verˈäu·ßer·lich·keit *f* ⟨-; *no pl*⟩ *econ. jur.* alienability.

verˈäu·ßer·licht I *pp.* – **II** *adj* superficial, external, exterior.

Verˈäu·ßer·li·chung *f* ⟨-; *no pl*⟩ *cf.* Veräußerlichen.

verˈäu·ßern I *v/t* ⟨*no* ge-, h⟩ *econ. jur.* **1.** alienate. – **2.** (*verkaufen*) sell, dispose of. – **II V~** *n* ⟨-s⟩ **3.** *verbal noun.* — **Verˈäu·ße·rung** *f* ⟨-; -en⟩ **1.** *cf.* Veräußern. – **2.** alienation. – **3.** sale, disposal.

Verˈäu·ße·rungs|ge‚neh·mi·gung *f econ. jur.* permission to alienate. — **~‚recht** *n* right of alienation. — **~‚sper·re** *f* (period of) prohibition on sale. — **~ver‚bot** *n* prohibition to alienate.

Verb [vɛrp] *n* ⟨-s; -en⟩ *ling.* verb: starkes (*od.* unregelmäßiges) [schwaches (*od.* regelmäßiges), transitives, intransitives] ~ strong (*od.* irregular) [weak (*od.* regular), transitive, intransitive] verb.

verˈbacken (*getr.* -k·k-) *v/t* ⟨*irr, no* ge-, h⟩ **1.** use (*s.th.*) for baking. – **2.** use (*s.th.*) up in baking.

ver·bal [vɛrˈbaːl] *adj bes. ling.* verbal: ~e Proteste genügen nicht verbal protests don't suffice; ~er Kraftakt *colloq.* verbal show of power (not backed up by reality). — **V~‚ad·jek·tiv** *n* verbal adjective.

Verˈbal·in‚ju·rie [-ɪn‚juːriə] *f* ⟨-; -n⟩ *jur.* insult(ing words *pl*).

Ver·ba·lis·mus [vɛrbaˈlɪsmʊs] *m* ⟨-; *no pl*⟩ verbalism. — **Ver·baˈlist** [-ˈlɪst] *m* ⟨-en; -en⟩ verbalist.

ver·ba·li·ter [vɛrˈbaːlitər] *adv obs. for* wörtlich II.

verˈball‚hor·nen [-‚hɔrnən] **I** *v/t* ⟨*no* ge-, h⟩ **1.** (*entstellen, verzerren*) distort, warp, disimprove. – **2.** (*lächerlich machen*) ridicule. – **II V~** *n* ⟨-s⟩ **3.** *verbal noun.* — **Verˈball‚hor·nung** *f* ⟨-; -en⟩ **1.** *cf.* Verballhornen. – **2.** distortion.

Verˈbal|‚no·men *n ling.* verbal noun. — **~‚no·te** *f pol.* verbal note, note verbale. — **~‚sub·stan·tiv** *n ling.* verbal noun.

Verˈband *m* ⟨-(e)s; ⸚e⟩ **1.** *med.* dressing, bandage: einen ~ anlegen [abnehmen] to apply [to remove] a dressing. – **2.** (*Zusammenschluß*) (*von Körperschaften, Vereinen*) association, union, federation, syndicate: sich einem ~ anschließen, einem ~ beitreten to join an association. – **3.** *mil.* (*Truppenverband*) unit: fliegender ~ flying unit; gemischter ~ combined arms unit. – **4.** *aer. mar.* (*Formation*) formation: im ~ fliegen *aer.* to fly in formation. – **5.** *arch.* binding, assemblage. – **6.** *civ.eng.* (*im Mauerwerk*) bond: Steine in ~ legen to bond stones. — **~‚ka·sten** *m med. cf.* Verbandskasten. — **~ma·te·ri‚al** *n cf.* Verbandsmaterial. — **~‚mull** *m* absorbent (*od.* aseptic) gauze. — **~‚platz** *m mil. cf.* Truppenverband(s)platz.

Verˈbands|‚flug *m aer.* formation flight. — **~‚ga·ze** *f med. cf.* Verbandmull. — **~‚kas·se** *f econ.* fund of an association. — **~‚ka·sten** *m med.* first-aid box. — **~‚lei·ter** *m econ.* manager of an association. — **~‚lei·tung** *f* management of an association. — **~ma·te·ri‚al** *n med.* dressing (*od.* bandaging) material. — **~‚mit‚glied** *n econ.* member of an association. — **~‚päck·chen** *n med.* first-aid packet. — **~‚platz** *m mil. cf.* Truppenverband(s)platz. — **~‚preis** *m econ.* joint (*od.* agreed) price of an association. — **~‚sche·re** *f med.* bandage shears *pl*, dressing scissors *pl* (*sometimes construed as sg*). — **~‚stel·le** *f mil. cf.* Truppenverband(s)platz. — **~‚stoff** *m med. cf.* Verbandsmaterial. — **~‚tag** *m econ.* congress of an association. — **~ta‚rif** *m* joint (*od.* agreed) charges *pl*, joint scale of charges (*od.* rates). — **~‚ta·sche** *f med.* first-aid bag.

Verˈband‚stoff *m med. cf.* Verbandsmaterial.

Verˈbands|‚wat·te *f med.* surgical (*od.* medicated, absorbent) cotton (wool). — **~‚wech·sel** *m* change of dressing (*od.* bandage). — **~‚zei·chen** *n econ.* association badge. — **~‚zeug** *n* ⟨-(e)s; *no pl*⟩ *med.* bandaging (*od.* dressing) material. — **~‚zim·mer** *n med.* dressing room.

Verˈband|‚wat·te *f med. cf.* Verbandswatte. — **~‚wech·sel** *m cf.* Verbandswechsel.

verˈban·nen I *v/t* ⟨*no* ge-, h⟩ **1.** banish, exile, expatriate, relegate: j-n auf eine einsame Insel ~ to banish s.o. to a lonely island. – **2.** (*ausweisen*) expel. – **3.** (*deportieren*) deport. – **4.** *hist.* (*ächten*) outlaw. – **5.** *fig.* (*ausschließen*) banish, ostracize *Br. auch* -s-. – **6.** *fig.* (*vertreiben*) banish, dismiss, dispel, expel, relegate: alle trüben Gedanken aus seinem Herzen ~ to dismiss all sad thoughts from one's heart. – **II V~** *n* ⟨-s⟩ **7.** *verbal noun.* – **8.** *cf.* Verbannung. — **Verˈbann·te** *m, f* ⟨-n; -n⟩ **1.** exile, expatriate. – **2.** *hist.* (*Geächtete*) outlaw. — **Verˈban·nung** *f* ⟨-; -en⟩ **1.** *cf.* Verbannen. – **2.** exile, banishment, expatriation, relegation: lebenslängliche ~ banishment for life; in der ~ leben to live in exile; j-n in die ~ schicken to send s.o. into exile. – **3.** *cf.* Verbannungsort. – **4.** (*Ausweisung*) expulsion. – **5.** (*Deportation*) deportation. – **6.** *hist.* (*Ächtung*) outlawry. – **7.** *fig.* (*Ausschließung*) banishment, ostracism. – **8.** *fig.* (*Vertreibung*) banishment, dismissal, expulsion, relegation.

Verˈban·nungs‚ort *m* (place of) exile.

ver·bar·ri·kaˈdie·ren I *v/t* ⟨*no* ge-, h⟩ (*Zimmer, Tür, Straße etc*) barricade, blockade. – **II** *v/reflex* sich ~ barricade oneself (in).

verˈbau·en *v/t* ⟨*no* ge-, h⟩ **1.** (*Aussicht, Blick etc*) obstruct, block (up), shut out: j-m durch einen Neubau die Aussicht ~ to obstruct s.o.'s view by (*od.* with) a new building. – **2.** Geld ~ (*für einen Bau ausgeben*) to spend money on construction (*od.* building). – **3.** Holz [Steine] ~ (*bei einem Bau verwenden*) to use (*od.* finish) wood [bricks] (up) (on a building). – **4.** build (*s.th.*) badly, make a mess of: der Architekt hat das Haus völlig verbaut the architect built the house very badly (*od.* made a mess of the building). – **5.** j-m etwas ~ *fig. colloq.* to spoil (*od.* ruin, mar) s.th. for s.o.: du hast dir alle Möglichkeiten für die Zukunft verbaut you spoiled (*od.* spoilt) all your opportunities for the future.

verˈbau·ern [-ˈbauərn] *v/i* ⟨*no* ge-, sein⟩ *fig. colloq.* become countrified (*auch* countryfied) (*od.* rusticated). — **verˈbau·ert I** *pp.* – **II** *adj* countrified, *auch* countryfied, rusticated: ein ~er Mensch a rustic. — **Verˈbaue·rung** *f* ⟨-; *no pl*⟩ rustification.

verˈbaut I *pp.* – **II** *adj* badly planned (*od.* built): das Haus ist ~ the house is badly planned.

ver·beˈam·ten [-bəˈʔamtən] **I** *v/t* ⟨*no* ge-, h⟩ j-n ~ to give s.o. the rank of a civil servant. – **II** *v/i* ⟨sein⟩ *contempt.* become bureaucratized (*Br. auch* -s-).

verˈbei·ßen I *v/t* ⟨*irr, no* ge-, h⟩ **1.** *fig. colloq.* (*unterdrücken*) stifle, suppress, repress: sich (*dat*) das Lachen [seinen Zorn] ~ to stifle (*od.* contain) one's laughter [anger]; ich konnte mir das Lachen nicht ~ I couldn't suppress my laughter, I couldn't help laughing, I couldn't but laugh; ich konnte mir diese Antwort nicht ~ I couldn't suppress this answer (*od.* keep this answer in), I couldn't resist answering that. – **II** *v/reflex* sich ~ **2.** (*von Hunden etc*) (an *dat*, in *dat* on) take a firm hold with its teeth: die Hunde haben sich ineinander verbissen the dogs locked jaws. – **3.** sich in (*acc*) etwas ~ *fig. colloq.* (*in eine Aufgabe, ein Problem etc*) to become deeply involved (*od.* absorbed, engrossed) in s.th., to get wound up in s.th. (*colloq.*).

verˈbel·len *v/t* ⟨*no* ge-, h⟩ **1.** *cf.* anbellen 1. – **2.** *hunt.* (*totes Wild*) announce (*s.th.*) by giving tongue.

Ver·be·ne [vɛrˈbeːnə] *f* ⟨-; -n⟩ *bot.* verbena, vervain (*Gattg Verbena*): Nordamerikanische ~ blue vervain (*V. hastata*).

verˈber·gen I *v/t* ⟨*irr, no* ge-, h⟩ **1.** (*verstecken*) hide, conceal: etwas unter dem Mantel ~ to hide s.th. under one's coat; der Angeklagte verbarg sein Gesicht vor den Reportern the accused hid his face from the reporters; seine Erregung ~ to hide (*od.* veil) one's excitement. – **2.** (*den Blicken entziehen*) hide, bury: sie verbarg ihr Gesicht in den Händen she buried her face in her hands. – **3.** (*nicht zu erkennen geben*) hide, conceal, cover up, disguise: seine Unsicherheit hinter einem forschen Auftreten ~ to hide one's lack of confidence behind a brisk manner. – **4.** (*verhehlen, verschleiern*) hide, obscure, mask, cloak, veil: seine wahren Absichten ~ to obscure one's real intentions. – **5.** j-m etwas ~ (*verheimlichen*) to hide (*od.* conceal, keep) s.th. from s.o., to dissimulate s.o. s.th.: du verbirgst mir doch etwas! you are keeping s.th. from me, after all. – **6.** *jur.* (*Verbrecher*) harbor, *bes. Br.* harbour. – **II** *v/reflex* sich ~ **7.** hide (oneself): sich hinter einem Vorhang ~ to hide behind a curtain; sich vor der Polizei ~ to hide from the police. – **8.** (*längere Zeit untertauchen*) go into hiding. – **9.** *fig.* be hidden: hinter seiner barschen Art verbirgt sich ein weiches Herz a tender heart is hidden beneath his harsh manner. – **III V~** *n* ⟨-s⟩ **10.** *verbal noun.* — **Verˈber·gung** *f* ⟨-; *no pl*⟩ *cf.* Verbergen.

Verˈbes·se·rer *m* ⟨-s; -⟩ **1.** improver. – **2.** (*Weltverbesserer*) reformer. – **3.** (*von Fehlern*) corrector.

verˈbes·sern I *v/t* ⟨*no* ge-, h⟩ **1.** improve, better, ameliorate: die Beziehungen zu einem Land ~ to improve relations with a country. – **2.** (*vervollkommnen*) improve (up)on, perfect: später wurde diese Methode noch verbessert this method was later improved upon. – **3.** (*Fehler, Aufsatz, Rechtschreibung etc*) correct, rectify, remedy, amend, mend. – **4.** (*Text*) revise, amend, emend, emendate, castigate. – **5.** j-n ~ (*berichtigen*) to correct s.o. – **6.** (*steigern*) improve, better: er konnte den Rekord ~ he was able to improve the record. – **7.** (*umformen, umgestalten*) reform: er will die ganze Welt ~ he wants to reform the whole world. – **8.** *agr.* (*Ackerboden*) ameliorate. – **II** *v/reflex* sich ~ **9.** (*von Lage, Situation etc*) improve, (grow) better, ameliorate. – **10.** (*beim Sprechen*) correct oneself. – **11.** (*finanziell, beruflich etc*) better oneself. – **III V~** *n* ⟨-s⟩ **12.** *verbal noun.* – **13.** *cf.* Verbesserung. — **verˈbes·sert I** *pp.* – **II** *adj* **1.** improved. – **2.** *print.* revised: ~e Auflage revised edition. — **Verˈbes·se·rung** *f* ⟨-; -en⟩ **1.** *cf.* Verbessern. – **2.** improvement, amelioration, betterment: ~en an (*dat*) etwas vornehmen to improve (upon) s.th., to make improvements on s.th. – **3.** (*Vervollkommnung*) perfection. – **4.** (*eines Rechtschreibfehlers etc*) correction, rectification, amendment. – **5.** (*eines Textes*) revision, amendment, emendation, castigation. – **6.** (*eines Sprechers*) correction. – **7.** (*Steigerung*) improvement. – **8.** (*Umgestaltung*) reform(ation). – **9.** *agr.* (*des*

Bodens) amelioration. – 10. *gastr.* (*des Weins*) improvement (by addition of sugar). – 11. *ped.* (*Berichtigung einer Arbeit*) correction.

ver'bes·se·rungs|beˌdürf·tig *adj* in need of improvement. — **~ˌfä·hig** *adj* 1. improvable, capable of being improved (upon). – 2. (*vervollkommnungsfähig*) perfectible, perfectable. — **V~ˌfä·hig·keit** *f* ⟨-; *no pl*⟩ 1. improvability, improvableness. – 2. perfectibility, perfectability. — **V~paˌtent** *n* patent of improvement. — **V~ˌvorˌschlag** *m* proposal for improvement.

Ver'beß·rer *m* ⟨-s; -⟩ *cf.* Verbesserer. — **Ver'beß·rung** *f* ⟨-; -en⟩ *cf.* Verbesserung.

ver'beu·gen I *v/reflex* ⟨*no* ge-, h⟩ sich ~ bow, bend: sich tief vor j-m ~ to bow (*od.* bend) low to s.o., to bow down to s.o. – **II V~** *n* ⟨-s⟩ *verbal noun.* — **Ver'beu·gung** *f* ⟨-; -en⟩ 1. *cf.* Verbeugen. – 2. bow; reverence, obeisance (*lit.*): eine ~ vor j-m machen to (make a) bow to s.o.

ver'beu·len *v/t* ⟨*no* ge-, h⟩ (*Auto, Kotflügel etc*) batter, dent.

ver'beult I *pp.* – **II** *adj* (*Auto, Kotflügel etc*) battered, dented.

ver'bie·gen I *v/t* ⟨*irr, no* ge-, h⟩ 1. bend, deflect, buckle. – 2. (*Holz*) warp. – 3. (*verdrehen*) twist. – **II** *v/reflex* sich ~ 4. become bent, buckle. – 5. (*von Holz*) warp, become warped. – **III V~** *n* ⟨-s⟩ 6. *verbal noun.* — **Ver'bie·gung** *f* ⟨-; -en⟩ 1. *cf.* Verbiegen. – 2. deflection, *Br. auch* deflexion. – 3. (*im Holz*) warp. – 4. (*Verdrehung*) twist.

ver'bie·stern [-'biːstərn] *colloq.* **I** *v/t* ⟨*no* ge-, h⟩ sich ~ lassen to become confused (*od.* bewildered). – **II** *v/reflex* sich in (*acc*) etwas ~ (*sich in eine Meinung verrennen*) to be pigheaded about s.th. — **ver'biestert I** *pp.* – **II** *adj* 1. (*verwirrt*) confused, bewildered. – 2. (*verärgert*) annoyed, irritated. – 3. (*verrannt*) pigheaded, stubborn.

ver'bie·ten I *v/t* ⟨*irr, no* ge-, h⟩ 1. forbid, *bes. Am.* enjoin: sein Vater hat es ihm verboten his father forbad(e) him (to do) that; du hast mir gar nichts zu ~! you have no right to forbid me (to do) anything! der Arzt hat ihm das Rauchen verboten the doctor ordered him to stop smoking; j-m das Haus ~ to forbid s.o. to enter the premises; j-m den Mund (*od.* das Wort) ~ to order s.o. to be quiet. – 2. (*amtlich*) prohibit, interdict: das sollte (*od.* müßte) verboten werden that ought to be prohibited (by law). – 3. (*Bücher, Zeitungen, Filme, Parteien etc*) ban, proscribe, suppress. – 4. (*für unrechtmäßig erklären*) outlaw, prohibit. – 5. *jur.* put an injunction on, *bes. Am.* enjoin. – 6. a) *relig.* interdict, b) *röm.kath.* (*auf den Index setzen*) (*Buch*) put (*s.th.*) on the Index, interdict. – 7. (*nicht zulassen, unmöglich machen*) make (*s.th.*) impossible, debar, prohibit: das verbietet ihm seine gesellschaftliche Position his social position makes that impossible (*od.* unthinkable) for him. – **II** *v/reflex* 8. sich (von selbst) ~ to be impossible (*od.* out of the question).

ver'bil·den I *v/t* ⟨*no* ge-, h⟩ 1. deform. – 2. *fig.* sophisticate. – **II V~** *n* ⟨-s⟩ 3. *verbal noun.* – 4. *cf.* Verbildung. — **ver'bil·det I** *pp.* – **II** *adj* 1. deformed. – 2. *fig.* (*Person, Geschmack etc*) oversophisticated.

ver'bild·li·chen [-'bɪltlɪçən] *v/t* ⟨*no* ge-, h⟩ *cf.* veranschaulichen. — **Ver'bild·li·chung** *f* ⟨-; *no pl*⟩ *cf.* Veranschaulichung.

Ver'bil·dung *f* ⟨-; *no pl*⟩ 1. *cf.* Verbilden. – 2. (*mißgestaltete Form*) deformation, deformity.

ver'bil·li·gen *v/t* ⟨*no* ge-, h⟩ *econ.* reduce (*s.th.*) in price, cheapen (*od.* lower, bring down) the price of. — **ver'bil·ligt I** *pp.* – **II** *adj* reduced: zu ~en Preisen at reduced prices; ~er Tarif reduced tariff (*od.* rate); ~e Fahrkarte reduced-rate ticket. — **Ver'bil·li·gung** *f* ⟨-; -en⟩ reduction (*bes. Am.* diminution) in price, price reduction.

ver'bim·sen *v/t* ⟨*no* ge-, h⟩ *colloq. cf.* verbleuen.

ver'bin·den I *v/t* ⟨*irr, no* ge-, h⟩ 1. (*Wunde etc*) dress, bandage (up), bind (up): j-n ~ to dress s.o.'s wounds. – 2. j-m die Augen ~ to tie a scarf over s.o.'s eyes, to blindfold s.o. – 3. (*Städte, Flüsse etc*) connect, link, join: zwei Städte durch eine Bahnlinie ~ to connect two towns by a railroad (*Br.* railway) line. – 4. *bes. tech.* a) (*Maschinenteile*) connect, b) (*kuppeln*) (*Eisenbahnwagen etc*) couple, link. – 5. (*vereinen*) unite, join: uns verbanden viele gemeinsame Interessen we were united by many common interests; die Liebe verband sie miteinander they were united by their love, love united them. – 6. (*eine persönliche Beziehung herstellen mit*) attach, bind: schöne Erinnerungen ~ mich mit dieser Stadt I am attached to this town by happy memories, happy memories bind me to this town. – 7. (*kombinieren*) combine: das Angenehme mit dem Nützlichen ~ a) to combine business with pleasure, b) to combine pleasure with advantage; den Urlaub mit einer Geschäftsreise ~ to combine one's holiday (*Am.* vacation) with a business trip. – 8. (*in Zusammenhang bringen*) connect, associate: ich verbinde keine Vorstellung mit diesem Begriff I associate nothing with this conception. – 9. (*in sich vereinigen*) unite, combine: sie verbindet Klugheit mit Schönheit in her wisdom and beauty are united. – 10. *chem.* combine. – 11. *tel.* put (*s.o.*) through, connect: ~ Sie mich bitte mit Berlin please put me through to (*od.* connect me with) Berlin; j-n falsch ~ to give s.o. the wrong number; einen Augenblick bitte, ich verbinde hold the line, please (, I'll put you through *od.* I'll connect you). – 12. *electr.* connect, couple, link. – 13. *math.* (*Punkte*) join. – 14. zwei Klagen miteinander ~ *jur.* to join two lawsuits. – 15. *med.* (*Gefäße*) anastomose. – **II** *v/reflex* sich ~ (mit with) 16. (*sich verbünden, zusammentun*) join (*od.* unite) (forces), ally (oneself). – 17. (*Zusammenhang herstellen*) be associated, be connected: damit verbindet sich mir eine schöne Erinnerung I associate pleasant memories with that; mit diesem Ausdruck verbindet sich die Vorstellung von Jugend und Lebensfreude one associates youth and joy of life with this expression, this expression evokes the idea of youth and joy of life. – 18. (*sich vereinigen*) unite, combine: bei ihr verbindet sich Schönheit mit Intelligenz in her beauty is united with intelligence. – 19. *chem.* combine. – 20. *econ.* a) associate, go into partnership, b) (*fusionieren*) amalgamate. – 21. (*space*) dock. — **ver'bin·dend I** *pres p.* – **II** *adj* (*Worte, Musik etc*) connecting.

ver'bind·lich [-'bɪntlɪç] *adj* 1. (*verpflichtend*) obligatory, binding, *Am. auch* mandatory, (*zwingend*) compulsory: etwas ist ~ für j-n s.th. is binding (up)on s.o.; etwas für ~ erklären to declare s.th. obligatory. – 2. (*Person, Benehmen etc*) obliging, civil, courteous. – 3. (*Lächeln, Worte, Redensarten etc*) friendly. – 4. ~(st)en Dank! many thanks! — **Ver'bind·lich·keit** *f* ⟨-; -en⟩ 1. ⟨*only sg*⟩ (*von Verträgen, Gesetzen etc*) obligation, liability, commitment, engagement, binding character. – 2. ⟨*only sg*⟩ (*von Benehmen etc*) obligingness, civility. – 3. ⟨*only sg*⟩ (*des Lächelns etc*) friendliness. – 4. *pl* (*höfliche Worte*) civilities, courtesies. – 5. *pl econ.* (*Schulden*) liabilities, engagements: seine ~en erfüllen (*od.* einhalten) to discharge (*od.* meet) one's liabilities.

Ver'bin·dung *f* ⟨-; -en⟩ 1. (*verbindendes Glied*) link, connection, *Br. auch* connexion: der Kanal stellt die ~ zwischen den beiden Flüssen her the canal forms the link between the two rivers (*od.* links the two rivers). – 2. (*Kombination*) combination: er liebt die ~ von Holz und Beton he likes the combination of wood and concrete. – 3. (*Kontakt, Fühlungnahme*) touch, contact: mit j-m in ~ treten, mit j-m ~ aufnehmen, sich mit j-m in ~ setzen to get in touch with s.o., to contact s.o.; mit j-m in ~ bleiben, ~ mit j-m halten to keep in touch with s.o.; mit j-m in ~ stehen a) to be in touch with s.o., b) (*brieflich*) to correspond with s.o.; wir haben gar keine ~ mehr miteinander we have lost touch (with each other); alle ~en mit j-m abbrechen to break off all contacts with s.o. – 4. *pl* (*Beziehungen zu einflußreichen Personen*) connections, *Br. auch* connexions, contacts: gute ~en haben to have good connections; neue ~en anknüpfen to make new contacts; du mußt deine ~en spielen lassen try to use your influence, try to pull a few strings. – 5. (*Vereinigung, Bündnis*) association: eine geheime [verbotene] ~ a secret [banned] association. – 6. *cf.* Studentenverbindung. – 7. eheliche ~ marriage (bond), matrimony: eine eheliche ~ mit j-m eingehen to marry s.o., to enter into matrimony with s.o. – 8. (*Zusammenhang*) connection, *Br. auch* connexion: ein Ereignis steht in ~ mit einem anderen one incident is connected with another; die Polizei bringt X in ~ mit der Entführung the police suspect X of being connected (*od.* of having something to do) with the kidnapping. – 9. in ~ mit (*zusammen mit*) in conjunction (*od.* combination) with, combined with: die Eintrittskarte gilt nur in ~ mit einer persönlichen Einladung the ticket (of admission) is only valid in conjunction with a personal invitation. – 10. (*Verkehrsverbindung*) connection, *Br. auch* connexion: eine direkte ~ nach Berlin a direct connection to Berlin; die ~ mit der Stadt ist sehr schlecht connections *pl* to the city are (*od.* transportation to the city is) very poor (*od.* bad). – 11. *tel.* communication, connection, *Br. auch* connexion: eine ~ herstellen to establish a connection, to put a call through; unsere ~ wurde unterbrochen (*od.* getrennt) we were cut off (*od.* disconnected); ich bekomme keine ~ I can't get through, I can't get a line; die ~ ist nicht zustande gekommen I couldn't get through; die ~ war sehr schlecht the connection (*od.* line) was very bad; abgehende [ankommende] ~ outgoing [incoming] junction; falsche ~ wrong number. – 12. *tel. tech.* (*Fernsprechverbindung etc*) communication channel. – 13. *mil.* a) liaison, b) (*taktische*) contact, communication: ~ aufnehmen to liaise. – 14. *chem.* a) (*Vorgang*) combination, b) (*Resultat*) compound: Eisen geht mit Sauerstoff eine ~ ein iron combines with oxygen; organische [anorganische] ~ organic [inorganic] compound. – 15. *electr.* a) (*Verbindungsleitung*) connecting cable, b) connector. – 16. *tech.* a) (*Vorgang*) connection, *Br. auch* connexion, b) (*Verbindungsstelle*) joint, junction, c) (*Zusammenbau*) assembly. – 17. *civ.eng.* (*von Tapete und Unterlage*) bond. – 18. *jur.* (*mehrerer Prozesse*) joinder.

Ver'bin·dungs|ˌast *m med.* communicating branch. — **~ˌbahn** *f* (*railway*) junction line. — **~ˌbol·zen** *m tech.* tie bolt. — **~ˌdienst** *m mil.* liaison functions *pl.* — **~ˌdo·se** *f electr.* junction (*od.* joint) box. — **~ˌdraht** *m* connecting wire. — **~ˌgang** *m* 1. connecting passage. – 2. *arch.* alley. – 3. (*mining*) (*Querstollen*) drift, path. – 4. (*railway*) (*zwischen Personenwagen*) *bes. Am.* vestibule. — **~geˌra·de** *f math.* straight line connecting two points. — **~ˌgleis** *n* (*railway*) junction rail(s *pl*). — **~ˌglied** *n bes. ling.* (connecting) link, copula. — **~ˌgra·ben** *m mil.* communication trench. — **~ˌgrup·pe** *f electr.* (*in logischen Schaltungen*) tie set. — **~ˌhaus** *n domicile of a fraternity* (*Br. students' society*). — **~ˌka·bel** *n* 1. *electr.* junction (*od.* connection, *Br. auch* connexion) cable. – 2. *tel.* junction cable. — **~kaˌnal** *m* junction (*od.* connecting) canal. — **~ˌklem·me** *f* 1. *electr.* terminal, connector. – 2. (*im Labor*) fastener. – 3. (*zur Wärmemessung*) couple connector block. — **~komˌman·do** *n mil.* liaison detachment. — **~ˌlei·tung** *f* 1. *electr. tel.* a) junction (*od.* connecting, connection, *Br. auch* connexion) line (*od.* circuit), b) (*für Wechselverkehr*) two-way junction. – 2. *civ.eng.* (*für Gas, Wasser*) connecting conduit (*od.* pipe). — **~ˌli·nie** *f* 1. (*zwischen zwei Punkten*) connecting line. – 2. (*in der Nachrichtentechnik*) line of communication. – 3. *mil.* line of communication, communication line. – 4. *cf.* Verbindungsbahn. — **v~los** *adj* without connection (*Br. auch* connexion). — **~ˌmann** *m* ⟨-(e)s; ¨er *u.* -leute⟩ 1. (zwischen *dat* between) mediator, intermediary, go-between. – 2. *cf.* Polizeispitzel. — **~of·fiˌzier** *m mil.* liaison officer. — **~ˌpunkt** *m* junction (point), joint. — **~ˌrohr** *n tech.* connecting tube (*od.* pipe). — **~ˌschnur** *f* 1. *electr.* connecting (*od.* flexible) cord. – 2. *tel.* cord circuit. — **~ˌschrau·be** *f tech.* clamping bolt. — **~ˌschwei·ßung** *f* joint weld. — **~ˌstab** *m mil.* liaison detachment. — **~ˌstan·ge** *f* 1. *tech.* connecting (*od.* tie) rod. – 2. (*railway*) (*einer Weiche*) tie bar. —

~ˌ**stecker** (*getr.* -k·k-) *m electr.* connecting plug. — ~ˌ**stel·le** *f* **1.** junction (point), join(t), juncture, commissure. – **2.** (*film*) *cf.* Schnittstelle 2. — ~ˌ**stra·ße** *f* connecting (*od.* connection, *Br. auch* connexion) road. — ~ˌ**strich** *m* connecting line. — ~ˌ**stück** *n* **1.** connecting piece. – **2.** *tech.* a) link, b) (*Paßstück*) adapter, *auch* adaptor. — ~**stuˌdent** *m* member of a fraternity (*Br.* students' society). — ~ˌ**trupp** *m mil. cf.* Verbindungskommando. — ~ˌ**tür** *f* communicating door. — ~ˌ**weg** *m* **1.** connecting footpath. – **2.** *mil.* channel of communication. – **3.** *tel.* line of communication. — ~ˌ**we·sen** *n Am.* fraternities *pl*, *Br.* students' societies *pl.*

verˈbis·sen I *pp of* verbeißen. – **II** *adj* **1.** (*Gegner, Kampf etc*) grim, dogged. – **2.** (*Fleiß, Hartnäckigkeit etc*) grim, dogged, determined, stubborn. – **3.** (*Wut*) grim. – **4.** (*Gesichtsausdruck etc*) sullen, morose. – **III** *adv* **5.** ~ arbeiten to work doggedly. — **Verˈbis·sen·heit** *f* ⟨-; *no pl*⟩ **1.** grimness, doggedness. – **2.** grimness, doggedness, determination, stubbornness. – **3.** grimness. – **4.** sullenness, moroseness, morosity.

verˈbit·ten *v/t* ⟨*irr, no* ge-, h⟩ sich (*dat*) etwas ~ to refuse to tolerate s.th.: ich verbitte mir diesen Ton! I refuse to tolerate that tone (of voice)! I will not be spoken to in that tone! das verbitte ich mir! das möchte ich mir verbeten haben! I won't have it! I won't stand for it (*od.* that)! (*colloq.*).

verˈbit·tern [-ˈbɪtərn] **I** *v/t* ⟨*no* ge-, h⟩ embitter, sour, envenom, exacerbate: j-m das Leben ~ to make life miserable for s.o. – **II V~** *n* ⟨-s⟩ *verbal noun.* — **verˈbit·tert I** *pp.* – **II** *adj* embittered, bitter. — **Verˈbit·te·rung** *f* ⟨-; *no pl*⟩ **1.** *cf.* Verbittern. – **2.** embitterment, bitterness, sourness, exacerbation.

verˈbla·sen *v/t* ⟨*irr, no* ge-, h⟩ **1.** *metall.* blow. – **2.** *hunt.* (*erlegtes Wild*) sound death of.

verˈblas·sen *v/i* ⟨*no* ge-, sein⟩ **1.** (*von Farbe*) fade, discolor, *bes. Br.* discolour, (grow) pale, wane. – **2.** (*von Stoff, Tinte, Schrift etc*) fade, discolor, *bes. Br.* discolour. – **3.** *fig.* (*von Erinnerung, Ruhm, Eindruck etc*) fade, dim: neben ihm verblaßt der Ruhm seiner Zeitgenossen his contemporaries' fame fades beside him. – **4.** (*von Licht, Sternen etc*) fade, wane: sein Stern verblaßte *fig.* his fame was waning (*od.* declining, on the decline, on the wane). – **5.** *fig.* (*von Schönheit*) fade, wane, dim. – **6.** *fig.* (*von Wortbedeutung*) decline in (*od.* lose) intensity.

verˈblät·tern *v/t* ⟨*no* ge-, h⟩ eine Stelle im Buch ~ to lose the (*od.* one's) place in a book; eine Seite ~ to lose one's page.

Verˈble·chung [-ˈblɛçʊŋ] *f* ⟨-; -en⟩ *tech.* (engine) shrouding, sheet-metal paneling (*bes. Br.* panelling).

Verˈbleib [-ˈblaɪp] *m* ⟨-(e)s; *no pl*⟩ whereabouts *pl* (*construed as sg or pl*), *auch* whereabout: über seinen ~ ist uns nichts bekannt we don't know anything about his whereabouts, we do not know where he is.

verˈblei·ben I *v/i* ⟨*irr, no* ge-, sein⟩ **1.** (*an einem Ort*) remain, stay: er wird so lange in seinem Amt ~, bis he will remain (*od.* continue) in (his) office until. – **2.** bei einer Ansicht [Auffassung] ~ to persist in (*od.* stick to, abide by) an opinion [a view]. – **3.** (*übrigbleiben*) be left (over), remain: es sind mir noch zehn Mark verblieben I have ten marks left (over); jetzt ~ uns nur noch drei Tage we have only three days left now. – **4.** (*am Briefschluß*) remain: mit besten Grüßen verbleibe ich Ihr X with kind regards I remain, yours faithfully (*od.* sincerely) X. – **5.** ~ wir dabei let's leave it at that; wie seid ihr verblieben? what did you arrange (with each other)? wir sind so verblieben, daß er mich anruft, wenn we left it at that he would ring if. – **II V~** *n* ⟨-s⟩ **6.** danach war ein V~ in der Stadt für ihn unmöglich after that it was impossible for him to stay in the town. – **7.** es wird dabei sein V~ haben (*officialese*) there's nothing more to expect, nothing more can be expected. — **verˈblei·bend I** *pres p.* – **II** *adj* (*Geldbetrag, Zeitraum etc*) remaining: die ~e Summe the rest, the remainder.

verˈblei·chen *v/i* ⟨*irr, no* ge-, sein⟩ **1.** *cf.* verblassen 1, 2. – **2.** *lit.* (*sterben*) pass away, expire.

verˈblei·en *v/t* ⟨*no* ge-, h⟩ **1.** *cf.* plombieren 1. – **2.** *metall.* lead-coat.

verˈblen·den I *v/t* ⟨*no* ge-, h⟩ **1.** blind: Haß [Ehrgeiz] verblendete ihn hatred [ambition] blinded him. – **2.** (*betören*) blind, dazzle, infatuate: sein Reichtum hat ihn so verblendet, daß his wealth dazzled him to such an extent that. – **3.** *arch.* (*verkleiden*) face. – **II V~** *n* ⟨-s⟩ **4.** *verbal noun.* – **5.** *cf.* Verblendung. — **verˈblen·det I** *pp.* – **II** *adj* **1.** (*durch Haß, Ehrgeiz etc*) (durch with) blind. – **2.** (*durch Reichtum, Schönheit etc*) (durch by) blinded, dazzled, infatuated.

Verˈblendˌstein *m arch.* face stone (*od.* brick).

Verˈblen·dung *f* ⟨-; -en⟩ **1.** *cf.* Verblenden. – **2.** (*durch Haß, Ehrgeiz etc*) blindness. – **3.** (*durch Reichtum, Schönheit etc*) blindness, infatuation.

Verˈblendˌzie·gel *m arch.* face brick.

verˈbleu·en *v/t* ⟨*no* ge-, h⟩ j-n ~ *colloq.* to give s.o. a (good) thrashing (*od.* hiding, *colloq.* licking), to tan s.o.'s hide (*colloq.*).

verˈbli·chen [-ˈblɪçən] **I** *pp of* verbleichen. – **II** *adj* **1.** (*Farbe, Stoff, Tinte, Schrift etc*) faded, discolored, *bes. Br.* discoloured. – **2.** *fig.* (*Ruhm, Schönheit etc*) faded, passé(e). — **Verˈbli·che·ne** *m, f* ⟨-n; -n⟩ der [die] ~ *lit.* the deceased, the defunct.

verˈblö·den [-ˈbløːdən] **I** *v/i* ⟨*no* ge-, sein⟩ **1.** *psych.* become an idiot, become demented. – **2.** *fig. colloq.* (*durch langweilige Arbeit etc*) become stupid, go dotty (*colloq.*), go gaga (*sl.*). – **II V~** *n* ⟨-s⟩ **3.** *verbal noun.* – **4.** *cf.* Verblödung. — **verˈblö·det I** *pp.* – **II** *adj* **1.** *psych.* idiotic, demented. – **2.** *fig. colloq.* stupid, dotty (*colloq.*), gaga (*sl.*). — **Verˈblö·de·te** *m, f* ⟨-n; -n⟩ *psych.* demented person, idiot. — **Verˈblö·dung** *f* ⟨-; *no pl*⟩ **1.** *cf.* Verblöden. – **2.** *psych.* idiocy, dementia. – **3.** *fig. colloq.* stupidity, dottiness (*colloq.*).

verˈblüf·fen [-ˈblʏfən] *v/t* ⟨*no* ge-, h⟩ **1.** (*in Erstaunen setzen*) surprise, astonish, amaze, consternate, perplex, astound, stagger, flabbergast (*colloq.*). – **2.** (*aus der Fassung bringen*) nonplus, perplex, perturb, floor: laß dich nicht (von ihm) ~! don't let him perplex you! – **3.** (*irremachen*) confuse, confound, (*stärker*) bewilder. – **4.** (*vor ein Rätsel stellen*) puzzle, stump (*colloq.*). – **5.** (*sprachlos machen, entsetzen*) dumbfound, stun, stupefy. — **verˈblüf·fend I** *pres p.* – **II** *adj* **1.** (*erstaunlich*) astonishing, amazing, perplexing, astounding. – **2.** (*außerordentlich*) amazing, staggering. – **3.** (*Ähnlichkeit etc*) striking, amazing. – **4.** (*Antwort etc*) stunning. — **verˈblüfft I** *pp.* – **II** *adj* **1.** surprised, astonished, amazed, astounded. – **2.** perplexed, perturbed. – **3.** confused, bewildered, dazed. – **4.** puzzled. – **5.** dumbfounded, stupefied. — **Verˈblüf·fung** *f* ⟨-; *no pl*⟩ **1.** surprise, astonishment, amazement, astoundment, consternation, perplexity: zu meiner (großen) ~ to my (great) surprise (*od.* astonishment). – **2.** perplexity, perturbation. – **3.** confusion, confoundedness, (*stärker*) bewilderment, bewilderedness. – **4.** puzzlement. – **5.** dumbfoundedness, stupefaction.

verˈblü·hen I *v/i* ⟨*no* ge-, sein⟩ **1.** (*von Blume, Pflanze*) wither, fade. – **2.** *fig.* (*von Schönheit*) fade. – **3.** *fig.* (*altern*) age. – **II V~** *n* ⟨-s⟩ **4.** *verbal noun*: im (*colloq. auch* am) V~ sein a) (*von Pflanze*) to be withering (*od.* fading), b) *fig.* (*von Schönheit*) to be fading. — **verˈblüht I** *pp.* – **II** *adj* **1.** (*Blume etc*) withered, faded. – **2.** *fig.* (*Schönheit*) faded, passé(e).

verˈblümt [-ˈblyːmt] **I** *adj* (*Ausdrücke, Vorwürfe etc*) veiled, oblique, allusive. – **II** *adv* etwas ~ sagen (*od.* ausdrücken) to say (*od.* express) s.th. veiledly (*od.* obliquely).

verˈblu·ten I *v/i* ⟨*no* ge-, sein⟩ **1.** (*von einem Verletzten*) bleed to death, exsanguinate (*scient.*). – **II** *v/reflex* ⟨h⟩ sich ~ **2.** (*von einem Verletzten*) bleed to death, exsanguinate (*scient.*). – **3.** *mil.* (*in nutzlosen Angriffen*) bleed away one's strength. – **III V~** *n* ⟨-s⟩ **4.** *verbal noun.* — **Verˈblu·tung** *f* ⟨-; *no pl*⟩ **1.** *cf.* Verbluten. – **2.** exsanguination.

verˈbocken (*getr.* -k·k-) *v/t* ⟨*no* ge-, h⟩ *colloq.* **1.** (*eine Arbeit etc*) botch, bungle. – **2.** was hast du da wieder verbockt? what (mischief) have you been up to again? — **verˈbockt I** *pp.* – **II** *adj colloq.* (*starrsinnig, dickköpfig*) obstinate, stubborn, (*stärker*) mulish, pigheaded.

verˈbod·men *v/t* ⟨*no* ge-, h⟩ *mar. cf.* bodmen.

verˈbo·gen I *pp of* verbiegen. – **II** *adj* **1.** (*Stange, Stab, Lenksäule, Einbanddeckel etc*) bent, deformed. – **2.** (*Nagel etc*) bent, crooked. – **3.** (*Leitplanke, Stoßstange, Spule etc*) bent, (*stärker*) distorted. – **4.** *med.* bent, curved.

verˈboh·ren *v/reflex* ⟨*no* ge-, h⟩ sich ~ **1.** (*fehlerhaft bohren*) drill out of center (*bes. Br.* centre): ich habe mich um 2 mm verbohrt I am 2 mm out in my drilling. – **2.** sich in (*acc*) etwas ~ *fig. colloq.* (*in eine Idee etc*) to become obsessed with (*auch* bent on) s.th.: sie hat sich in den Gedanken (*od.* darin) verbohrt, Filmstar zu werden she is bent on (the idea of) becoming a film star. — **verˈbohrt I** *pp.* – **II** *adj fig. colloq.* **1.** (*einseitig u. intolerant*) inflexible, unpliable, impliable, one-track (*attrib*). – **2.** (*starrsinnig, dickköpfig*) pertinacious, obstinate, stubborn, (*stärker*) mulish, pigheaded. – **3.** in (*acc*) etwas ~ sein (*in eine Idee etc*) to be obsessed with (*auch* bent on) s.th. — **Verˈbohrt·heit** *f* ⟨-; *no pl*⟩ *fig. colloq.* **1.** (*Einseitigkeit u. Intoleranz*) inflexibility, inflexibleness, unpliableness. – **2.** (*Starrsinn, Dickköpfigkeit*) pertinacity, obstinacy, stubbornness, (*stärker*) mulishness, pigheadedness.

verˈbol·zen *v/t* ⟨*no* ge-, h⟩ *tech.* **1.** bolt (*s.th.*) (together). – **2.** (*verstiften*) pin (*s.th.*) (together).

verˈbor·gen[1] *v/t* ⟨*no* ge-, h⟩ (*Geld, Bücher etc*) lend (out), *bes. Am.* loan (out).

verˈbor·gen[2] **I** *pp of* verbergen. – **II** *adj* **1.** (*Schatz, Schönheit etc*) hidden, concealed: ihr Gesicht war hinter einem Schleier ~ her face was hidden behind (*od.* concealed by) a veil; sie hielten ihn vor der Polizei ~ they hid him (*od.* concealed him, kept him hidden, kept him concealed) from the police; er hält sich im Keller ~ he is hiding in the cellar; etwas (vor j-m) ~ halten a) to keep s.th. hidden (*od.* concealed) (from s.o.), b) (*Kummer, Krankheit etc*) to keep s.th. hidden (*od.* [a] secret) (from s.o.); sie hielt ihren Kummer vor allen ~ she kept her sorrow to herself; es konnte ihm nicht ~ bleiben, daß it could not be concealed from him that, it could not escape his notice that, he could not fail to notice that. – **2.** (*Tür, Treppe, Gang etc*) hidden, concealed, secret: in einer ~en Falte seiner Seele (*od.* seines Herzens) *fig. poet.* in one of the hidden (*od.* secret) recesses of his soul (*od.* heart). – **3.** (*Kummer, Vorliebe, Zuneigung, Leidenschaft, Vorzüge etc*) hidden, secret. – **4.** (*Groll, Haß, Feindseligkeit, Talent, Fähigkeiten, Kräfte etc*) hidden, latent, dormant, covert (*lit.*). – **5.** (*Gefahr, Schwierigkeiten etc*) hidden, unapparent. – **6.** (*Umtriebe, Machenschaften etc*) clandestine, surreptitious. – **7.** (*Stelle, Platz, Haus, Tal etc*) secluded, hidden, sequestered (*lit.*). – **8.** *med.* a) (*Krankheit etc*) cryptic, latent, hidden, occult, b) (*Blutung*) occult, c) (*Virus etc*) hidden, masked. – **III V~e, das** ⟨-n⟩ **9.** the hidden: auch das V~e kommt ans Licht the hidden also comes to light; Gott sieht ins V~e God looks into the hidden depths of the soul; das Veilchen, das im V~en blüht *fig. poet.* a hidden gem. – **10.** im V~en leben to lead a secluded (*od.* reclusive) life, to live in seclusion (*od.* reclusion). – **11.** (*mit Kleinschreibung*) im ~en Gutes tun to do good in secret (*od.* in secrecy, secretly); so etwas darf nicht im ~en bleiben! a thing like that must not remain (a) secret (*od.* cannot be kept secret).

Verˈbor·gen·heit *f* ⟨-; *no pl*⟩ **1.** (*Abgeschiedenheit*) seclusion, hiddenness, sequestration (*lit.*). – **2.** (*Zurückgezogenheit*) seclusion, reclusion: in der ~ leben to live in seclusion, to lead a secluded (*od.* reclusive) life. – **3.** (*Heimlichkeit*) secrecy.

Verˈbot [-ˈboːt] *n* ⟨-(e)s; -e⟩ **1.** (*von seiten der Eltern etc*) forbiddance. – **2.** (*von offizieller Seite*) prohibition, forbiddance: gegen ein ~ verstoßen (*od.* handeln), ein ~ mißachten to act in contempt of a prohibition. – **3.** ⟨*only sg*⟩ (*einer Zeitung, Partei, Versammlung etc*) ban (on): ~ von

Atomwaffen prohibition of atomic weapons. – **4.** *jur.* a) (*bes. amtliches*) interdiction, b) (*bes. gerichtliches*) inhibition, (*auf Unterlassung*) injunction: ~ (*an Drittschuldner*), dem Schuldner Zahlung zu leisten garnishment.

verˈbo·ten I *pp of* verbieten. – **II** *adj* **1.** (*von seiten der Eltern etc*) forbidden: es war (uns) ~, in den Wald zu gehen it was forbidden (to us) (*od.* we were forbidden) to go into the forest; er wandelt auf ~en Wegen (*od.* Pfaden), er geht ~e Wege *fig.* he goes forbidden ways, he strays from the straight and narrow; → Frucht 1. – **2.** (*von offizieller Seite*) prohibited, forbidden: „Einfahrt ~!" "No Entry!" ~e Fahrtrichtung prohibited direction; „Überschreiten der Gleise ~!" "Do not cross the lines!" „Rauchen ~!" "No Smoking!" "Smoking prohibited!" „Plakate ankleben ~!" "Post no bills!" „Das Betreten des Grundstücks ist streng ~!" "It is strictly prohibited to trespass on this property!" "Trespassers will be prosecuted!" „~!" (*als Schild*) "Prohibited!" "Keep out!" "No Admittance!" → betteln 7; Durchfahrt 1. – **3.** (*Zeitung, Partei, Versammlung etc*) banned. – **4.** (*gesetzwidrig, ungesetzlich*) illegal, illicit, unlawful: ~e Transaktionen illegal transactions; Rauschgifthandel ist ~ drug traffic is outlawed. – **5.** *fig. colloq. humor.* (*Hut, Mantel, Bild etc*) 'atrocious' (*colloq.*): du siehst ja ~ aus! you look a sight (*od.* atrocious)! (*colloq.*).

verˈbo·te·nerˈwei·se *adv* er hat dort ~ geparkt he parked there although it was prohibited.

Verˈbots|ˌrecht *n jur. econ.* (*bei Pfändungen*) right of garnishment. — **~ˌschild** *n*, **~ˌta·fel** *f* **1.** prohibition sign. – **2.** (*bei einem Durchgangs-, Durchfahrtsverbot auf Privatgrundstücken*) "No Trespassing" (*od.* "Trespassers will be prosecuted") sign (*od.* board, notice). — **~ˌüberˌtre·tung** *f Br.* offence, *Am.* offense. — **v~ˌwid·rig** *adj* (*Fahren*) unlawful, in contravention of regulations. — **~ˌzei·chen** *n* (*im Verkehr*) prohibition sign.

verˈbrä·men [-ˈbrɛːmən] **I** *v/t* ⟨*no* ge-, h⟩ **1.** (*Kleidungsstücke etc*) trim, border, edge: einen Saum mit Pelz ~ to trim a hem with fur, to fur a hem; einen Ausschnitt mit Spitzen ~ to trim a neckline with lace, to lace a neckline. – **2.** *fig.* (*negative Beurteilung etc*) veil. – **II V~** *n* ⟨-s⟩ **3.** *verbal noun.* — **Verˈbrä·mung** *f* ⟨-; -en⟩ **1.** *cf.* Verbrämen. – **2.** (*fashion*) *cf.* Bräme.

verˈbrannt I *pp of* verbrennen. – **II** *adj* **1.** burned, burnt: ~es Holz burnt wood; der ~e Braten [Toast] the burnt roast [toast]. – **2.** (*verbrüht*) scalded. – **3.** (*Häuser etc*) burned(-out), burnt(-out), gutted, destroyed by fire: die Strategie der ~en Erde *mil.* the strategy of scorched earth. – **4.** (*stark gebräunt*) sunburned, sunburnt: der Rücken war von der Sonne ~ his (*od.* her) back was sunburned (*od.* burned by the sun). – **5.** (*von der Sonne versengt*) scorched. – **6.** *phys. tech. chem.* (*Kraftstoff etc*) combusted, burned, burnt.

Verˈbrauch *m* ⟨-(e)s; *econ. rare* ⸚e⟩ **1.** *cf.* Verbrauchen. – **2.** (*eines Materials, von Energie etc*) consumption: der jährlich steigende ~ an (*od.* von) Tabletten the annually increasing consumption of tablets; der ~ beträgt pro Kopf der Bevölkerung etwa 200 Stück the consumption is approximately 200 per head (*od.* per capita) of the population, the per capita consumption is about 200; einen großen ~ an (*od.* von) Papier haben to have a high paper consumption, to use a great deal of paper; den ~ anregen to stimulate consumption. – **3.** (*eines Geldbetrags, Etats etc*) expenditure: er hat einen enormen ~ an Geld he spends enormous sums of money. – **4.** (*der Körperkräfte etc*) exhaustion, depletion.

verˈbrauch·bar *adj econ.* (*Güter*) consumable.

verˈbrau·chen I *v/t* ⟨*no* ge-, h⟩ **1.** j-d verbraucht etwas a) (*Material, Seife, Stoff, Papier, Strom etc*) s.o. uses s.th., b) (*Vorrat, Reserven etc*) s.o. uses s.th. (up), c) (*Nahrungsmittel*) s.o. consumes s.th., d) (*Geld, Gehalt, Vermögen etc*) s.o. spends (*od.* expends) s.th., e) (*Körper-, Geisteskräfte etc*) s.o. exhausts (*od.* runs down) s.th.: sie verbraucht beim Kochen zuviel Butter she uses (*od.* goes through) too much butter in her cooking; sie verbraucht ihr ganzes Geld für den Haushalt she spends all her money on housekeeping; er hat seine Kräfte auf den ersten 100 Metern verbraucht he exhausted his strength on the first 100 meters (*bes. Br.* metres). – **2.** etwas verbraucht etwas a) (*Material, Gas, Strom, Wasser etc*) s.th. uses (*od.* consumes) s.th., b) (*Vorrat, Etat, Rücklagen etc*) s.th. uses s.th. (up) (*od.* consumes s.th.), c) (*Körperkräfte etc*) s.th. exhausts (*od.* drains, depletes) s.th.: ein Moped verbraucht wenig (Benzin) a moped uses (*od.* consumes) little gasoline (*Br.* petrol); der Wagen verbraucht 1 Liter auf 10 km *colloq.* the car does 10 km to the (*Am.* on a) liter (*bes. Br.* litre). – **3.** j-n so ~, wie er ist *fig. colloq.* to take s.o. for what he is. – **II** *v/reflex* sich ~ **4.** (*sich verausgaben*) exhaust oneself. – **5.** (*durch jahrelange schwere Arbeit etc*) wear oneself out (*od.* down). – **6.** (*durch einen auschweifenden Lebenswandel*) wear oneself out, ruin one's health. – **III V~** *n* ⟨-s⟩ **7.** *verbal noun.*

Verˈbrau·cher *m* ⟨-s; -⟩ *econ.* consumer. — **~beˌfra·gung** *f* consumer inquiry (*auch* enquiry, survey). — **~ˌfor·schung** *f* consumer research. — **~geˌnos·sen·schaft** *f cf.* Konsumgenossenschaft. — **~ˌgrup·pe** *f* consumer group. — **~ˌhöchstˌpreis** *m* consumer (retail) ceiling price. — **~kreˌdit** *m* consumer credit. — **~ˌland** *n* consuming country. — **~ˌlei·tung** *f electr.* service line. — **~ˌmarkt** *m econ.* **1.** consumer market. – **2.** (*billiger Supermarkt*) cut-rate (*od.* cut-price) supermarket. — **~ˌnachˌfra·ge** *f* consumer demand. — **~ˌpreis** *m* consumer price.

Verˈbrau·cher·schaft *f* ⟨-; *no pl*⟩ *econ.* consumers *pl.*

Verˈbrau·cher|ˌschutz *m econ.* protection of the consumer. — **~ˌstromˌkreis** *m electr.* load circuit. — **~ˌumˌfra·ge** *f econ.* consumer survey (*od.* inquiry, *auch* enquiry). — **~verˌband** *m* consumer(s') association. — **~ˌwa·ren** *pl cf.* Verbrauchsgüter.

Verˈbrauchs|ˌabˌga·be *f econ. cf.* Verbrauchssteuer. — **v~ˌfer·tig** *adj* ready for consumption. — **~geˌbiet** *n* consumption area.

Verˈbrauchsˌgü·ter *pl econ.* consumer (*od.* consumption) goods, nondurables *Br.* non-, articles of consumption: dauerhafte (*od.* langlebige) ~ durable consumer goods, durables; kurzlebige ~ nondurable (*Br.* non-durable) goods, nondurables *Br.* non-. — **~in·duˌstrie** *f* consumer-goods industry. — **~kon·junkˌtur** *f* trend (*od.* boom) in consumer goods.

Verˈbrauchs|ˌlen·kung *f econ.* consumption control. — **v~ori·enˌtiert** *adj* (*Industrie*) producing for consumption. — **~ˌra·te** *f* rate of consumption, consumption rate. — **~ˌrückˌgang** *m* decrease in (*od.* decreased) consumption. — **~ˌsatz** *m cf.* Verbrauchsrate. — **~ˌschät·zung** *f* evaluation (*od.* estimate) of consumption. — **~ˌstand** *m* consumption level, level of consumption. — **~ˌstei·ge·rung** *f* increase in (*od.* increased) consumption. — **~ˌsteu·er** *f* (*auf inländische Waren*) excise, *Am. auch* excise tax, consumption tax. — **~ˌumˌschich·tung**, **~verˌla·ge·rung** *f* shift in consumption. — **~ˌwirt·schaft** *f* ⟨-; *no pl*⟩ consumer(-goods) sector. — **~ˌzuˌnah·me** *f cf.* Verbrauchssteigerung.

verˈbraucht I *pp.* – **II** *adj* **1.** (*Material, Strom, Benzin, Gas, Wasser etc*) used, consumed (*beide nachgestellt*): das ~e Papier the paper used (*od.* consumed). – **2.** (*Vorrat, Reserven, Nahrungsmittel, Etat etc*) used-up (*attrib*), consumed: dieses Mittel bringt ~e Energien wieder zurück this remedy restores used-up energy; die Kartoffeln sind ~ the potatoes are used up (*od.* are finished). – **3.** (*Geldbetrag, Vermögen etc*) spent, expended: der nicht ~e Betrag the unspent (*od.* unexpended) amount. – **4.** (*Luft*) stale, stuffy, fuggy (*colloq.*). – **5.** (*Batterie etc*) run-down (*attrib*), done (*colloq.*): der Akkumulator ist ~ the accumulator is run down (*od.* finished). – **6.** (*Körper-, Geisteskräfte*) exhausted, run-down (*attrib*). – **7.** (*Nerven etc*) frayed. – **8.** (*Stimme*) sung-out (*attrib*). – **9.** (*Boden*) worn-out (*attrib*), exhausted, sick. – **10.** (*Schauspieler, Sportler, Politiker etc*) passé(e), past one's prime: ~ sein to be past (*od.* to have passed) one's prime, to have had one's day. – **11.** (*durch jahrelange schwere Arbeit*) worn-out, worn-down (*beide attrib*). – **12.** (*durch einen ausschweifenden Lebenswandel*) worn-out (*attrib*).

Verˈbre·chen *n* ⟨-s; -⟩ **1.** crime, *jur. auch* felony, major offence (*Am.* offense): ein schweres ~ a serious crime; ein abscheuliches (*od.* scheußliches) ~ an atrocious crime, an atrocity; das ~ des Mordes [Raubes] the crime of murder [robbery]; ein ~ begehen (*od.* verüben) to commit (*od.* perpetrate) a crime; j-n eines ~s überführen to prove s.o. guilty of a crime. – **2.** *fig.* (*Frevel*) crime, (*stärker*) outrage: ein ~ gegen die Menschlichkeit a crime against (*stärker* an outrage against, an outrage [up]on) humanity; es ist ein ~, das Kind so zu behandeln it is a crime to treat the child like that; es ist doch kein ~ zu fragen it's not a crime to ask; sein ganzes ~ bestand darin, daß his only crime was that.

verˈbre·chen[1] *v/t* ⟨*irr, no* ge-, h⟩ etwas ~ a) (*ein Verbrechen begehen*) to commit (*od.* perpetrate) a crime, b) *fig.* (*etwas Schlechtes, Frevelhaftes tun*) to commit a crime (*stärker* an outrage), c) *fig. colloq.* (*Dummheiten etc anstellen*) to be up to s.th., d) *fig. colloq. humor.* (*ein Buch, Gedicht, Bild etc*) to perpetrate s.th.: was hat er verbrochen? what crime has he committed? what has he done? what is his offence (*Am.* offense)? ich habe nichts verbrochen I have committed no crime, I have done nothing (*od.* no) wrong; was hat mein Sohn denn nun schon wieder verbrochen? *fig. colloq.* what (mischief) has my son been up to again? wer hat denn diesen Aufsatz verbrochen? *fig. colloq. humor.* who has perpetrated this essay?

verˈbre·chen[2] *v/t* ⟨*irr, no* ge-, h⟩ *hunt.* (*eine Fährte, Stelle, erlegtes Wild etc*) lay signs on, mark (*s.th.*) with twigs.

Verˈbre·chens|beˌkämp·fung *f jur.* suppression of crime, combatting of crime: Maßnahmen zur ~ measures to combat crime. — **~verˌhü·tung** *f* prevention of crime, crime prevention.

Verˈbre·cher *m* ⟨-s; -⟩ criminal, gangster, *jur. auch* felon: jugendlicher [politischer] ~ juvenile [political] criminal (*od.* delinquent); gemeingefährlicher ~ dangerous criminal. — **~ˌal·bum** *n* rogues' gallery. — **~ˌban·de** *f* **1.** *contempt.* gang (*od.* band) of criminals, gang. – **2.** *colloq. contempt.* 'gang' (*colloq.*). — **~geˌsicht** *n colloq. contempt. cf.* Verbrechervisage.

Verˈbre·che·rin *f* ⟨-; -nen⟩ (female) criminal (*jur. auch* felon).

verˈbre·che·risch I *adj* **1.** (*Tat, Handlung etc*) criminal, *jur. auch* felonious: in ~er Absicht with criminal (*od.* felonious) intent, feloniously. – **2.** *fig.* (*frevelhaft*) criminal, (*stärker*) outrageous: ~er Leichtsinn criminal recklessness; es ist ~, so zu handeln it is a crime (*stärker* an outrage) to act like that. – **II V~e, das** ⟨-n⟩ **3.** (*einer Tat, Handlung etc*) the criminality, *jur. auch* the feloniousness. – **4.** das V~e daran ist, daß the criminal thing about it is that.

Verˈbre·cher|ˌjagd *f colloq.* criminal-hunting, hunt (*od.* chase, *auch* chace) after the criminal(s *pl*). — **~ˌknei·pe** *f colloq. contempt.* gangster den (*od.* dive, *sl.* joint), *Am. sl.* 'scatter', 'drum'. — **~ko·loˌnie** *f colloq. for* Strafkolonie. — **~or·ga·ni·sa·tiˌon** *f cf.* Verbrechersyndikat. — **~phy·sio·gnoˌmie** *f* criminal's physiognomy. — **~syn·diˌkat** *n* (criminal) syndicate.

Verˈbre·cher·tum *n* ⟨-s; *no pl*⟩ **1.** (*Kriminalität*) criminality. – **2.** *collect.* criminality, gangsterism, gangsters *pl*: das internationale ~ international gangsterism.

Verˈbre·cher|ˌty·pe *f colloq. contempt.* tough (guy), thug, toughie, *auch* toughy (*colloq.*). — **~ˌvier·tel** *n colloq. contempt.* tough district (*od.* quarter). — **~viˌsa·ge** *f colloq. contempt.* tough face: er hat eine richtige ~ he has a tough look about him, he is pretty tough-looking. — **~ˌwelt** *f* ⟨-; *no pl*⟩ world of crime, underworld: die ~ *Am. colloq.* gangland.

verˈbrei·ten I *v/t* ⟨*no* ge-, h⟩ **1.** (*Nachricht, Kunde, Gerücht, Ruhm etc*) spread, circulate, disseminate, disperse, broadcast (*colloq.*): sie verbreitete die Neuigkeit im ganzen Dorf she spread (*od. colloq.* broadcast) the news around the whole village; eine Meldung über (*od.* durch) Radio ~ to circulate a piece of news by radio, to broadcast a piece of news; → Klatsch 3. – **2.** (*Krankheit, Seuche, Sucht, Virus etc*) spread. – **3.** (*Geruch, Gestank etc*) give off, emit, diffuse, spread. – **4.** (*Licht, Wärme, Glanz etc*) shed, diffuse, radiate, emit. – **5.** (*Entsetzen, Verwirrung, Unruhe etc*) spread, be the cause of: sie verbreiteten Furcht und Schrecken they spread fear and terror. – **6.** (*Lärm, Getöse etc*) make. – **7.** (*Freude, Zuversicht etc*) be the cause of: die Nachricht von seinem Sieg verbreitete Freude unter der Bevölkerung the news of his victory was the cause of joy among the population (*od.* filled the population with joy). – **8.** (*ausstrahlen*) (*Ruhe, Zuversicht, gute Laune, Kühle, Frieden etc*) radiate, effuse, shed. – **9.** (*Lehre, Glauben, Meinung, Propaganda etc*) spread, propagate, disseminate, diffuse. – **10.** (*Erzeugnisse, Praktik, Zivilisation etc*) spread, propagate, extend. – **11.** (*Schriften, Magazine, Photographien etc*) spread, circulate, put (*s.th.*) in circulation. – **II** *v/reflex* sich ~ **12.** (*von Nachricht, Gerücht, Ruhm etc*) spread, circulate, go (a)round (*od.* about): → Lauffeuer 1; Windeseile. – **13.** (*von Krankheit, Geruch, Furcht, Freude, Stille, Kälte etc*) spread: die Seuche hat sich über ein großes Gebiet verbreitet the epidemic has spread through a large area; ein unangenehmer Geruch verbreitete sich im Zimmer an unpleasant smell spread through (*od.* permeated, pervaded) the room. – **14.** (*von Licht, Wärme, Glanz etc*) diffuse, be diffused, radiate. – **15.** (*von Gas etc*) spread, diffuse, be diffused. – **16.** (*von Rasse, Sprache, Tier-, Pflanzengattung, Siedlern etc*) spread, propagate itself (*od.* oneself). – **17.** (*von Erzeugnissen, Sitte, Ideen, Kultur etc*) spread, propagate itself, diffuse, get about. – **18.** sich über ein Thema ~ (*ausführlich sprechen über*) to hold forth (*od.* enlarge, expatiate, dilate, descant) (up)on a subject; ich will mich nicht im einzelnen darüber ~ I don't want to hold forth on it in great detail (*od.* to go into detail, to particularize). – **III** V~ *n* ⟨-s⟩ **19.** *verbal noun.* – **20.** *cf.* Verbreitung.

Ver'brei·ter *m* ⟨-s; -⟩ **1.** (*einer Nachricht, eines Gerüchts etc*) circulator, disseminator. – **2.** (*einer Theorie, eines Glaubens etc*) propagator, disseminator.

ver'brei·tern [-'braɪtərn] **I** *v/t* ⟨*no* ge-, h⟩ (*Straße, Weg etc*) widen, broaden. – **II** *v/reflex* sich ~ (*von Bühne, Flußbett etc*) widen (*od.* broaden) (out): sich nach vorne hin ~ to widen (*od.* broaden) (out) toward(s) the front; die Straße verbreiterte sich zu einer Allee the street widened (out) into an avenue. – **III** V~ *n* ⟨-s⟩ *verbal noun.* — **Ver'brei·te·rung** *f* ⟨-; -en⟩ *cf.* Verbreitern.

ver'brei·tet I *pp.* – **II** *adj* **1.** (*Krankheit, Klage, Glaube, Meinung etc*) common: ein über die ganze Welt ~es Erzeugnis a product common throughout the world. – **2.** (*Einrichtung, Sitte, Verfahren etc*) common, current, prevalent. – **3.** (*Schrift, Zeitung, Magazin etc*) widely read, with a wide circulation: das ist kein sehr ~es Blatt that is not a widely read paper, that paper does not have a wide circulation. – **4.** (*Rasse, Sprache, Tier-, Pflanzengattung etc*) common: diese Pflanze ist von Skandinavien bis zum Mittelmeer ~ this plant is common (*od.* ranges) from Scandinavia to the Mediterranean; über alle Zonen ~e Tiere [Pflanzen] *zo. bot.* animals [plants] common in all zones, amphig(a)ean animals [plants] (*scient.*). – **5.** weit ~ sein to be widespread: Geisterglaube ist weit ~ belief in ghosts is widespread. – **III** *adv* **6.** im Osten ~ Niederschlag *meteor.* in the east rain over large (*od.* wide[spread]) areas.

Ver'brei·tung *f* ⟨-; *no pl*⟩ **1.** *cf.* Verbreiten. – **2.** (*einer Nachricht, eines Gerüchts etc*) circulation, dissemination, spread, dispersion. – **3.** *med.* (*einer Seuche etc*) spread, dispersion: ~ durch Berührung contact spread; ~ durch die Luft aerial spread. – **4.** (*von Geruch, Gestank etc*) diffusion, emission. – **5.** (*von Furcht, Unruhe etc*) spread. – **6.** (*einer Lehre, Meinung, eines Glaubens, von Propaganda etc*) spread, propagation, dissemination, diffusion. – **7.** (*von Erzeugnissen, Zivilisation etc*) spread, propagation, extension. – **8.** (*von Schriften, Magazinen, Photographien etc*) circulation: die ~ unzüchtiger Schriften *jur.* the circulation of obscene literature. – **9.** (*einer Rasse, Sprache, Tier-, Pflanzengattung etc*) propagation. – **10.** *cf.* Verbreitungsgebiet.

Ver'brei·tungs·ge,biet *n* **1.** (*einer Kultur, Sprache, Tiergattung, Pflanzengattung etc*) range, dispersal (area). – **2.** *med.* (*einer Seuche, eines Virus etc*) dispersion area.

ver'brenn·bar *adj bes. chem. tech.* **1.** combustible. – **2.** inflammable, *auch* flammable. — **Ver'brenn·bar·keit** *f* ⟨-; *no pl*⟩ **1.** combustibility. – **2.** inflammability, *auch* flammability.

ver'bren·nen I *v/t* ⟨*irr, no* ge-, h⟩ **1.** (*Papier, Holz, Abfall etc*) burn: → Schiff 2. – **2.** (*Haus, Dorf etc*) burn (down), gut, destroy (*s.th.*) by fire. – **3.** sich (*dat*) [j-m] die Hand [den Arm] ~ a) to burn one's [s.o.'s] hand [arm], b) (*verbrühen*) to scald one's [s.o.'s] hand [arm]; sich (*dat*) den Mund (*od.* die Zunge) ~ a) (*beim Essen*) to burn (*od.* scald) one's tongue, b) *fig. colloq.* to say too much, to make a tactless remark; → Finger *Bes. Redewendungen.* – **4.** (*Leichen*) cremate: ich lasse mich ~ *colloq.* I'll be cremated (after my death). – **5.** *hist.* (*als Todesstrafe*) burn (*s.o.*) (to death): j-n auf dem Scheiterhaufen ~ *relig.* to burn s.o. at the stake. – **6.** (*stark bräunen*) burn, (*stärker*) scorch. – **7.** (*versengen*) scorch. – **8.** *fig. colloq.* (*verbrauchen*) (*Licht, Gas etc*) burn. – **9.** *agr. hort.* a) (*Unkraut*) burn (off), b) (*Rasen, Moorboden etc*) burnbeat, *Br. auch* burnbait. – **10.** *phys. tech. chem.* a) burn, b) (*Treibstoff*) combust, c) (*veraschen*) ash, incinerate. – **II** *v/i* ⟨sein⟩ **11.** burn: die Kohle verbrennt zu Asche the coal burns to ashes; unsere ganzen Möbel sind (*od. colloq.* uns [*dat*] sind die ganzen Möbel) verbrannt all our furniture was burnt. – **12.** (*von Haus, Dorf etc*) burn down, be gutted, be destroyed (*od. lit.* consumed) by fire. – **13.** (*beim Braten, Rösten etc*) burn: das Huhn ist verbrannt the chicken is burnt; den Braten ~ lassen to burn the roast. – **14.** (*von der Sonne versengt werden*) be scorched. – **15.** *phys. tech. chem.* a) burn, b) (*von Treibstoff*) combust, c) (*veraschen*) incinerate. – **III** *v/reflex* ⟨h⟩ sich ~ **16.** (*am Bügeleisen, Ofen etc*) (an *dat* on) burn oneself. – **17.** (*am kochenden Wasser etc*) (an *dat* on) scald oneself. – **18.** (*an Brennnesseln etc*) (an *dat* by) get stung. – **19.** sich an der Hand [am Arm] ~ a) to burn one's hand [arm], to burn oneself on the hand [arm], b) (*verbrühen*) to scald one's hand [arm], to scald oneself on the hand [arm], c) (*durch Brennesselstiche etc*) to get stung on the (*od.* to sting one's) hand [arm]. – **20.** sich (selbst) ~ (*Selbstmord begehen*) to burn oneself. – **IV** V~ *n* ⟨-s⟩ **21.** *verbal noun.* – **22.** (*von Leichen*) cremation. – **23.** Tod durch ~ *hist.* a) death by burning, b) *relig.* death at the stake. – **24.** *cf.* Verbrennung.

Ver'bren·nung *f* ⟨-; -en⟩ **1.** *cf.* Verbrennen. – **2.** *med.* burn: ~ durch Röntgenstrahlen X-ray burn; kleine [schwere] ~ small-area [deep] burn; ~en ersten [zweiten, dritten] Grades erleiden to suffer first- [second-, third-]degree burns. – **3.** *phys. tech. chem.* a) burning, b) (*von Treibstoff*) combustion, c) (*Veraschen*) incineration: ~ von innen heraus spontaneous combustion; explosionsartige ~ explosive combustion, deflagration. – **4.** (*space*) combustion process. – **5.** *relig. hist.* (*Ketzerverbrennung*) auto-da-fé, auto de fé.

Ver'bren·nungs|,druck *m* ⟨-(e)s; *no pl*⟩ **1.** *phys.* combustion pressure. – **2.** (*space*) (*einer Rakete*) thrust. — ~**,gas** *n phys. chem.* combustion gas. — ~**,hal·le** *f cf.* Krematorium. — ~**in·sta·bi·li,tät** *f phys.* (*space*) combustion instability. — ~**in·sti,tut** *n cf.* Krematorium. — ~**,kam·mer** *f tech.* **1.** (*in Verbrennungsmotor*) combustion chamber. – **2.** (*eines Strahltriebwerks*) *cf.* Brennkammer 2. — ~**,kraft·ma,schi·ne** *f cf.* Verbrennungsmotor. — ~**,mo·tor** *m* (internal) combustion engine. — ~**,ofen** *m* **1.** *chem.* (*für die Elementaranalyse etc*) combustion furnace. – **2.** (*für Abfälle*) incinerator, destructor. – **3.** (*für Leichen*) crematory, cremator. — ~**pro,dukt** *n* combustion product. — ~**pro,zeß** *m* combustion process. — ~**,ra·te** *f* (*space*) rate of combustion. — ~**,raum** *m cf.* Verbrennungskammer. — ~**,reg·ler** *m* **1.** *tech.* (*eines Heizkessels etc*) combustion regulator. – **2.** (*space*) (*eines Raketentreibsatzes*) inhibitor. — ~**,rohr** *n chem.* (*für die Elementaranalyse*) combustion tube. — ~**rück,stand** *m chem. tech.* **1.** combustion residue. – **2.** ash. — ~**tem·pe·ra,tur** *f* combustion temperature. — ~**tur,bi·ne** *f tech.* internal combustion turbine. — ~**,vor,gang** *m chem. tech.* combustion process. — ~**,wär·me** *f* heat of combustion. — ~**,wert** *m med.* calorific value. — ~**,wir·kungs,grad** *m phys.* combustion efficiency.

ver'brie·fen [-'briːfən] *v/t* ⟨*no* ge-, h⟩ (j-m) etwas ~ *jur. econ.* a) (*ein Recht, Privileg etc*) to confirm (*od.* vest, attest) (s.o.) s.th. by charter, to charter (s.o.) s.th., b) (*durch Schuldverschreibung sichern*) to secure (s.o.) s.th. by bond, to embody (s.o.) s.th. in a bond. — **ver'brieft I** *pp.* – **II** *adj* **1.** (*Privileg etc*) chartered: es ist mein ~es Recht, dies zu tun a) it is my chartered (*od.* vested) right to do this, b) *fig.* (*mein angestammtes Recht*) it is my ancestral right (*od.* it is my prerogative) to do this. – **2.** (*Schuld, Forderung etc*) bonded, attested, converted into security form: ~e langfristige Verschuldung long-term indebtedness in security form.

ver'brin·gen *v/t* ⟨*irr, no* ge-, h⟩ **1.** (*verleben, zu etwas verwenden etc*) (*Zeit*) spend: sie verbrachte zwei Stunden mit Lesen she spent two hours reading; sie ~ ihren Urlaub an der See they are spending their holiday (*Am.* vacation) at the sea; er hat den ganzen Tag damit verbracht, Bilder einzukleben he spent the whole day pasting photographs in(to) his album; das Wochenende bei Freunden ~ to spend the weekend (*od.* to weekend) with friends. – **2.** (*verschwenden, vergeuden*) (*Zeit*) pass, while away. – **3.** j-n in (*acc*) etwas ~ *archaic od. jur.* to transfer (*od.* commit, take) s.o. to s.th.: man verbrachte sie in eine Heil- und Pflegeanstalt she was committed to a mental home (*od.* hospital).

ver'brü·dern [-'bryːdərn] **I** *v/t* ⟨*no* ge-, h⟩ (*Völker, Nationen etc*) make brothers of. – **II** *v/reflex* sich (mit j-m) ~ to fraternize (*Br. auch* -s-) (with s.o.). – **III** V~ *n* ⟨-s⟩ *verbal noun.* — **Ver'brü·de·rung** *f* ⟨-; -en⟩ **1.** *cf.* Verbrüdern. – **2.** (mit with) fraternization *Br. auch* -s-.

Ver'brü·de·rungs|,fest *n* celebration of fraternization (*Br. auch* -s). — ~**,sze·ne** *f* fraternization scene.

ver'brü·hen I *v/t* ⟨*no* ge-, h⟩ (sich *dat*) den Arm [die Hand] (mit etwas) ~ to scald one's arm [one's hand] (with s.th.). – **II** *v/reflex* sich (mit etwas) ~ to scald oneself (with s.th.). – **III** V~ *n* ⟨-s⟩ *verbal noun.* — **Ver'brü·hung** *f* ⟨-; -en⟩ **1.** *cf.* Verbrühen. – **2.** (*Verletzung*) scald.

ver'bu·chen *econ.* **I** *v/t* ⟨*no* ge-, h⟩ (*einen Betrag, Gewinn etc*) book, enter (*s.th.*) in the books: etwas auf einem [j-s] Konto ~ to book (*od.* enter) s.th. in an [s.o.'s] account; etwas im (*od.* auf) Haben ~, etwas als Einnahme ~ to credit s.th. to s.o.'s account; → Erfolg 1. – **II** V~ *n* ⟨-s⟩ *verbal noun.* — **Ver'bu·chung** *f* ⟨-; -en⟩ *econ.* **1.** *cf.* Verbuchen. – **2.** (*Eintrag*) entry, item passed to account. – **3.** *cf.* Buchung 3.

ver'bud·deln *v/t* ⟨*no* ge-, h⟩ *Northern G. colloq.* (in *dat* in) bury.

Ver·bum ['vɛrbʊm] *n* ⟨-s; Verba [-ba]⟩ *ling. cf.* Verb.

ver'bum·meln *colloq.* **I** *v/t* ⟨*no* ge-, h⟩ **1.** (*Zeit, Nachmittag etc*) fiddle (*od.* fritter, dawdle, idle, trifle) (*s.th.*) away, (*durch Faulheit*) *auch* laze (*od.* loaf) (*s.th.*) away. – **2.** (*Semester*) waste. – **3.** (*Verabredung, Termin etc*) forget (all) about, clean forget. – **4.** (*einen geliehenen, anvertrauten Gegenstand etc*) (go and) lose: wer hat meinen Hammer verbummelt? who has gone and lost my hammer? – **5.** (*Geld, Vermögen etc*) fritter (*od.* trifle) (*s.th.*) away. – **II** *v/i* ⟨sein⟩ **6.** (*faul u. träge werden*) get into lazy habits, get lackadaisical, fall into idle ways: **er ist in letzter Zeit völlig verbummelt** he has got into lazy habits recently, (*von Student*) *auch* he has got out of the way of studying recently. – **7.** (*herunterkommen*) come down in the world. – **8.** (*verwahrlosen*) get (*od.* become) dowdy (*od.* seedy). – **9.** (*Talent od. Begabung vergeuden*) waste one's talents, let one's talents run (*od.* go) to waste (*od.* seed). — **ver'bum·melt I** *pp.* – **II** *adj colloq.* **1.** (*Zeit, Nachmittag etc*) fiddled (*od.* frittered, dawdled, idled, trifled) away, (*durch Faulheit*) *auch* lazed (*od.* loafed) away: **all die ~en Jahre taten ihm jetzt leid** now he regretted all the years he had idled away. – **2.** (*Leihgegenstand etc*) lost: **die von ihr ~en Bücher** the books she had gone and lost. – **3.** (*Geld, Vermögen etc*) frittered (*od.* trifled) away. – **4.** (*faul u. träge*) lackadaisical, indolent, faineant: **er ist ein ganz ~er Kerl geworden** *colloq.* he has got terribly lackadaisical (*colloq.*), he has got into lazy habits, he has become an idler; **ein ~er Student** a lackadaisical student, a student who has got out of the way of studying. – **5.** (*verwahrlost*) dowdy, seedy. – **6. ein ~es Genie [~er Musiker]** a genius [a musician] gone to seed.

Ver'bund *m* ⟨-(e)s; *no pl*⟩ **1.** *econ.* (*mehrerer Wirtschafts-, Verkehrs-, Versorgungsbetriebe etc*) compound, combine, interlocking system: **etwas in einen ~ überführen** to change s.th. into an interlocking system, to interlock s.th. – **2.** *civ.eng.* composite construction, (*zwischen Platte u. Stahlträger*) bound. — **~,an,ord·nung** *f tech. electr.* compound (*od.* composite) arrangement. — **~,an,wei·sung** *f* (*computer*) compound statement. — **~,bau** *m* ⟨-(e)s; *no pl*⟩ *civ.eng.* composite (method of) building. — **~be,trieb** *m* **1.** *electr.* a) (*Kraftwerk innerhalb eines Verbundsystems*) compound power station, b) (*als Schaltsystem*) interconnection (*Br. auch* interconnexion) of power systems. – **2.** *tech. cf.* Verbundmaschine. — **~,block** *m metall.* compound ingot. — **~,brem·se** *f auto.* all-wheel brake. — **~dy,na·mo** *m electr.* compound-wound generator.

ver'bun·den I *pp of* verbinden. – **II** *adj* **1.** (*mit einem Verband*) bound, bandaged: **eine frisch ~e Wunde** a freshly bandaged wound. – **2. mit ~en Augen** blindfold: **ich finde die Straße mit ~en Augen** *fig.* I could find the street blindfold. – **3. mit j-m (durch etwas) ~ sein** a) (*durch gleiche Interessen, Ansichten, gemeinsames Leid etc*) to have ties with s.o. (through s.th.), b) (*durch verwandtschaftliche Beziehungen etc*) to be connected to s.o. (by *od.* through s.th.), c) (*durch ein Gelöbnis, Versprechen etc*) to be bound with (*od.* to) s.o. (by s.th.): **durch die gemeinsame Arbeit sind sie eng miteinander ~** they have (very) close ties through their common work; **mit j-m freundschaftlich ~ sein** to entertain friendly relations with s.o.; **ich bin mit ihm geschäftlich ~** I have business ties with him, I entertain business relations with him; **er ist mit dieser Familie durch Einheirat ~** he is connected with (*od.* is related to) this family by marriage. – **4. mit etwas (durch etwas) ~ sein** a) (*durch ein Bindeglied, eine Verkehrsverbindung, Achse, Leitung etc*) to be connected (*od.* linked) to (*od.* with) s.th. (by s.th.), b) (*durch Zuneigung, Anhänglichkeit etc*) to be attached to s.th. (by s.th.): **die beiden Stadtteile sind durch eine Brücke (miteinander) ~** the two parts of the city are linked (to each other) by a bridge; **solche Bräuche sind stets mit religiösen Vorstellungen ~** customs like these are always connected with religious ideas; **Menschen, die mit ihrer Heimat eng ~ sind** people who are very much (*od.* greatly) attached to their native country (*od.* town). – **5. mit Schwierigkeiten [Vorteilen, Nachteilen, Ausgaben] ~ sein** to entail (*od.* involve) difficulties [advantages, disadvantages, expense]: **ein Umzug ist immer mit viel Ärger ~** a removal always entails a lot of trouble; **die mit der Reise ~en Auslagen werden Ihnen erstattet** the expenses incurred in connection (*Br. auch* connexion) with (*od.* incident[al] to) the journey will be refunded to you. – **6. sich mit j-m ~ fühlen, j-m ~ sein** a) (*für etwas* for s.th.) to be obliged (*stärker* indebted) to s.o., b) (*innerlich*) to be (very *od.* greatly) attached to s.o. – **7.** *tech.* (*Bauteile*) combined. – **8.** *chem.* (*Atome*) combined, bonded. – **9. ~e Waffen** *mil.* combined arms. – **10.** → **falsch 24.**

ver'bün·den [-'byndən] *v/reflex* ⟨*no* ge-, h⟩ **1. sich mit j-m (gegen j-n) ~** a) (*von Personen*) to ally oneself with (*od.* to) s.o. (against s.o.), to ally with s.o. (against s.o.), b) *pol. mil.* (*von Staaten, Völkern etc*) to ally oneself with (*od.* to) s.o. (against s.o.), to ally (*od.* confederate) with s.o. (against s.o.), to form (*od.* make, enter into) an alliance with s.o. (against s.o.): **Frankreich verbündete sich mit Österreich** France allied herself with (*od.* to) Austria. – **2.** (*ohne Präpositionalobjekt*) **sich (gegen j-n) ~** a) (*von Personen*) to ally (oneself) (against s.o.), b) *pol. mil.* (*von Staaten, Völkern etc*) to ally (oneself) (*od.* to confederate, to league [together]) (against s.o.), to form (*od.* make, enter into) an alliance (against s.o.).

Ver'bun·den·heit *f* ⟨-; *no pl*⟩ **1.** (*durch freundschaftliche, verwandtschaftliche, geschäftliche Beziehungen etc*) (mit) connection (*Br. auch* connexion) (with, to), (*enge*) bonds *pl* (with), ties *pl* (with). – **2.** (*durch Zuneigung, Anhänglichkeit etc*) (mit) attachment (to), (*stärker*) affection (for): **in herzlicher ~ Ihr X** (*als Briefschluß*) very affectionately Yours, X. – **3.** (*Solidarität*) (mit with) solidarity.

Ver'bund·er,re·gung *f electr. tech.* compound excitation.

ver'bün·det I *pp.* – **II** *adj* **1.** (*Personen*) allied. – **2.** *mil. pol.* (*Staaten, Völker etc*) allied, confederate(d), leagued. – **3. mit j-m (gegen j-n) ~ sein** a) (*von Personen*) to be in league (*od.* allied) with s.o. (against s.o.), b) *pol. mil.* (*von Staaten, Völkern etc*) to be allied (*od.* confederate[d], leagued, in alliance, in league) with s.o. (against s.o.): **die beiden Länder waren (miteinander) gegen den gemeinsamen Feind ~** the two countries were allied (*od.* united) against the common enemy.

Ver'bün·de·te[1] *m* ⟨-n; -n⟩ **1.** (*Bundesgenosse, Mitstreiter*) ally, confederate. – **2.** *mil. pol.* ally, confederate: **die ~n** the allies (*od.* confederates), (*als Truppen*) *auch* the allied forces.

Ver'bün·de·te[2] *f* ⟨-n; -n⟩ (*Bundesgenossin, Mitstreiterin*) ally, confederate.

Ver'bund|,fen·ster *n* double-glazed window. — **~,fo·lie** *f chem. synth.* compound foil. — **~,glas** *n* ⟨-es; *no pl*⟩ *tech.* laminated (*od.* compound) glass. — **~,guß** *m metall.* (*Verfahren*) compound (*od.* composite) casting. — **~,kar·te** *f* (*computer*) dual (purpose) card. — **~,kern** *m nucl.* compound nucleus. — **~lo·ko·mo,ti·ve** *f* (*railway*) compound locomotive. — **~ma,schi·ne** *f tech.* compound engine. — **~ma·te·ri,al** *n synth.* sandwich (material), composite structural material. — **~me,tall** *n tech.* composite metal. — **~,mo·tor** *m electr. tech.* compound(-wound) motor. — **~,netz** *n* **1.** (*von Versorgungsbetrieben etc*) compound network. – **2.** *electr.* a) integrated power grid, grid system, b) (*Starkstromnetz*) interconnection, *Br. auch* interconnexion. — **~,plat·te** *f synth.* sandwich panel. — **~,röh·re** *f electr.* multiple (*od.* multi-unit) tube (*bes. Br.* valve). — **~,schal·tung** *f* compound connection (*Br. auch* connexion). — **~,stahl** *m metall.* compound (*od.* composite) steel. — **~,stoff** *m* **1.** *tech.* composite (material). – **2.** *synth.* sandwich (material). — **~sy,stem** *n* **1.** *econ.* (*von Leitungen, Wirtschafts-, Verkehrs-, Versorgungsbetrieben etc*) compound system. – **2.** *electr.* interconnected (*od.* grid) system. — **~,tei·len** *n* ⟨-s⟩ *tech.* (*Verfahren*) compound indexing. — **~,trieb,werk** *n aer.* compound turbine engine. — **~,un·ter,neh·men** *n econ. cf.* Verbundbetrieb 1. — **~ver,fah·ren** *n metall.* duplexing process. — **~,wick·lung** *f electr.* compound winding. — **~,wirt·schaft** *f econ.* interlinked (economic) system, interlinked economy, integrated industrial setup (*Br.* set-up).

ver'bür·gen I *v/t* ⟨*no* ge-, h⟩ **1.** (*Erfolg, Gelingen, Echtheit etc*) guarantee (for), warrant. – **2.** (*Nachricht, Überlieferung etc*) authenticate. – **3.** (*Recht, Tatsache etc*) authenticate, establish. – **II** *v/reflex* **4. sich für etwas ~** (*für die Echtheit eines Dokuments, für die Richtigkeit von Aussagen etc*) to guarantee (*auch* guaranty) (for) s.th., to vouch (*od.* answer) for s.th., to avouch s.th. – **5. sich für j-n ~** to vouch for s.o.

ver'bür·ger·li·chen [-'byrgərlıçən] *pol. sociol.* **I** *v/i* ⟨*no* ge-, sein⟩ (*von Gesellschaftsschicht etc*) become bourgeois. – **II** *v/t* ⟨h⟩ turn (*s.o.*) into a bourgeois. – **III V~** *n* ⟨-s⟩ *verbal noun.* — **Ver'bür·ger·li·chung** *f* ⟨-; *no pl*⟩ *cf.* Verbürgerlichen.

ver'bürgt I *pp.* – **II** *adj* **1.** (*Erfolg, Echtheit etc*) guaranteed. – **2.** (*Nachricht, Überlieferung etc*) authentic. – **3.** (*Recht, Anspruch etc*) authentic, established: **es ist eine ~e Tatsache, daß** it is an established fact that.

ver'bü·ßen I *v/t* ⟨*no* ge-, h⟩ (*eine Strafe*) serve, complete: **er muß seine Gefängnisstrafe ~** he has to serve (*od.* complete) his sentence (*od.* prison term, term of imprisonment), he has to serve (his) time, he has to do his stretch (*sl.*). – **II V~** *n* ⟨-s⟩ *verbal noun.* — **Ver'bü·ßung** *f* ⟨-; *no pl*⟩ **1.** *cf.* Verbüßen. – **2.** completion: **nach ~ einer dreimonatigen Haftstrafe** after the completion of (*od.* after serving, after completing) a three-month sentence.

ver'but·tern I *v/t* ⟨*no* ge-, h⟩ **1.** (*Milch, Sahne*) churn, make butter from. – **2.** *fig. colloq.* (*Geld, Vermögen etc*) go through, squander, dissipate. – **3. etwas in** (*acc*) **etwas ~** *fig. colloq.* (*Geld für etwas verwenden*) to put s.th. into s.th.: **er hat schon viel Geld in das Haus verbuttert** he has put a lot of money into the house (*colloq.*). – **II** *v/i* ⟨sein⟩ **4.** *med. colloq.* (*von Wunden*) suppurate, fester.

ver'bü·xen [-'byksən] *v/t* ⟨*no* ge-, h⟩ *Northern G. colloq. for* **verprügeln.**

'Verb,zu,satz *m ling.* verbal affix.

ver'char·tern I *v/t* ⟨*no* ge-, h⟩ (*Flugzeug, Schiff etc*) charter (out). – **II V~** *n* ⟨-s⟩ *verbal noun.* — **Ver'char·te·rung** *f* ⟨-; -en⟩ **1.** *cf.* Verchartern. – **2.** charter.

ver'chro·men [-'kroːmən] **I** *v/t* ⟨*no* ge-, h⟩ (*Eisenteile, Zierleisten etc*) chromeplate, chromium-plate. – **II V~** *n* ⟨-s⟩ *verbal noun.* — **ver'chromt I** *pp.* – **II** *adj* (*Eisenteile, Zierleisten etc*) chromeplated, chromium-plated. — **Ver'chro·mung** *f* ⟨-; -en⟩ **1.** *cf.* Verchromen. – **2.** *auto.* (*Chromverzierung*) chrome trimming.

Ver'dacht [-'daxt] *m* ⟨-(e)s; *no pl*⟩ **1.** suspicion: **begründeter [unbegründeter] ~** well-founded [unfounded] suspicion; **das ist ein hinreichender ~** that is a reasonable (*od.* those are reasonable grounds for) suspicion; **es besteht nicht der geringste** (*od.* **leiseste**) **~ gegen ihn** there is not the slightest (trace of) suspicion against him; **er wurde wegen dringenden ~s** (*od.* **unter dringendem ~**) **der Spionage verhaftet** he was arrested on strong suspicion of espionage; **sie steht im** (*od.* **in**) **~, gestohlen zu haben, sie steht im** (*od.* **unter dem**) **~ des Diebstahls** she is under suspicion (*od.* is suspected) of having stolen (*od.* of theft, of stealing); **bei ~ auf Tuberkulose muß das Gesundheitsamt verständigt werden** the public health office must be informed in the case of suspected tuberculosis (*od.* where tuberculosis is suspected); **bei diesem Patienten besteht ~ auf Krebs** this patient is suspected of having cancer, cancer is suspected in this patient; **als er so langsam fuhr, schöpfte die Polizei ~** when he drove so slowly, the police became suspicious (*od.* began to smell a rat); **gegen j-n ~ schöpfen** to become suspicious of s.o.; **ich möchte mich nicht dem ~ aussetzen, ein Betrüger zu sein** I would not like to be suspected of being a swindler; **durch so ein Verhalten erregst** (*od.* **erweckst**) **du ~** you arouse (*od.* evoke) suspicion by such behavio(u)r; **er kam** (*od.* **geriet**) **in (den) ~, der Mörder zu sein, der ~, der Mörder zu sein, richtete sich gegen ihn** (*od.* **fiel auf ihn**) he came under suspicion (*od.* he was suspected) of being the murderer; **den ~ auf andere lenken** (*od.* **[ab]wälzen**) to cast suspicion on others, to shift the suspicion on to others; **j-n in falschen ~ bringen** to cast false suspicion on s.o.; **sie ist über jeden** (*od.* **allen**) **~ erhaben** she is beyond (*od.* above) all suspicion. – **2.** (*Vermutung, Mutmaßung*) suspicion, surmise, hunch (*sl.*): ich habe dich im (*od.* in) ~, daß du mir das Paket geschickt hast, ich habe den ~, daß du mir das Paket geschickt hast I suspect you of having sent me the parcel, I have a suspicion (*od. sl.* I have a hunch) that you (have) sent me the parcel; einen bestimmten [leisen] ~ haben (*od. lit.* hegen) to have (*od.* entertain) a certain [a vague] suspicion; du kannst ihn nicht auf (einen) bloßen ~ hin beschuldigen you can't blame him on (a) mere suspicion.

ver'däch·tig [-'dɛçtɪç] **I** *adj* **1.** suspicious, suspect: alle politisch ~en Personen wurden überwacht all political suspects (*od.* all politically suspicious persons) were kept under surveillance; wenn wir rennen, machen wir uns ~ if we run we'll arouse suspicion. – **2.** einer Tat [illegaler Umtriebe] ~ sein to be suspect(ed) of a deed [of illegal activities]; er hat sich des Verbrechens hinreichend ~ gemacht he has made himself reasonably suspect of the crime. – **3.** (*zweifelhaft, fragwürdig*) suspicious, suspect, questionable, dubious: die Sache sieht mir ~ aus (*od.* kommt mir ~ vor) the matter seems suspicious (*od.* dubious) to me, there's s.th. fishy about that (*colloq.*); ein ~ aussehender Mann a suspicious-looking man. – **II** *adv* **4.** suspiciously: er schlich ~ um das Haus herum he prowled around the house suspiciously. – **III V~e, das** ⟨-n⟩ **5.** ich kann nichts V~es daran finden I can't find anything suspicious (*od. colloq.* fishy) in (*od.* about) that.

Ver'däch·ti·ge *m, f* ⟨-n; -n⟩ suspicious (*od.* suspected) person, suspect: die der Tat ~n the persons suspect(ed) (*od.* the suspects) of the crime; ein der Tuberkulose ~r a tuberculous suspect.

ver'däch·ti·gen [-'dɛçtɪgən] **I** *v/t* ⟨*no* ge-, h⟩ **1.** j-n ~ (*in Verdacht bringen*) to cast suspicion(s) on s.o.: ich möchte hier niemanden (ungerecht) ~ I don't want to cast (unjust) suspicion on anyone here. – **2.** j-n einer Tat [Äußerung] ~ to suspect s.o. of a deed [remark]: er wird des Betrugs verdächtigt he is suspected of fraud; er verdächtigt sie, das Geld gestohlen zu haben he suspects her of stealing (*od.* having stolen) the money. – **II V~** *n* ⟨-s⟩ **3.** *verbal noun.* – **4.** *cf.* Verdächtigung.

Ver'däch·tig·keit *f* ⟨-; *no pl*⟩ **1.** (*des Verhaltens, Benehmens etc*) suspiciousness. – **2.** (*Zweifelhaftigkeit, Fragwürdigkeit*) suspiciousness, questionableness, dubiousness.

Ver'däch·ti·gung *f* ⟨-; -en⟩ **1.** *cf.* Verdächtigen. – **2.** (*Äußerung*) suspicion.

Ver'dachts|,grund *m bes. jur.* cause of suspicion: hinreichender ~ reasonable grounds *pl* for suspicion. — **~mo,ment** *n* suspicious factor. — **~per,son** *f cf.* Verdächtige.

ver'dam·men [-'damən] **I** *v/t* ⟨*no* ge-, h⟩ **1.** (*verurteilen*) condemn, damn: du kannst sie doch wegen ihres Verhaltens nicht einfach ~ you can't simply condemn her because of (*od.* for) her behavio(u)r; der Kritiker verdammte das Theaterstück in Grund und Boden *fig. colloq.* the critic condemned the play utterly (*od.* tore the play to pieces). – **2.** (*schlechtmachen*) disparage, run (*s.o., s.th.*) down. – **3.** (*verfluchen*) curse, damn: (Gott) verdamm mich! *colloq.* (*Fluch*) damn it! curse it! – **4.** *relig.* (*zur Höllenqual, ewigen Pein etc*) (zu to) damn, reprobate. – **II V~** *n* ⟨-s⟩ **5.** *verbal noun.* – **6.** *cf.* Verdammung.

ver'däm·men I *v/t* ⟨*no* ge-, h⟩ **1.** *mil.* (*Sprengladung*) tamp, stem, confine. – **2.** *civ.eng.* (*beim Wasserbau*) *cf.* a) eindämmen 1, b) abdämmen 1. – **3.** (*forestry*) (*Forstpflanzen*) suppress. – **II V~** *n* ⟨-s⟩ **4.** *verbal noun.* – **5.** *cf.* Verdämmung.

ver'dam·mens,wert *adj lit.* **1.** (*verwerflich, überaus tadelnswert*) damnable, condemnable, execrable (*lit.*): sein ~es Verhalten his damnable behavio(u)r. – **2.** (*abscheulich*) detestable, damnable, abominable; heinous, execrable (*lit.*): ein ~es Verbrechen a detestable crime. – **3.** *relig.* (*Sünder, Seelen etc*) damnable. — **ver'damm·lich** *adj obs. for* verdammenswert.

Ver'damm·nis *f* ⟨-; *no pl*⟩ *meist* (ewige) ~ *relig.* (eternal) damnation (*od.* perdition).

ver'dammt I *pp.* – **II** *adj* **1.** *colloq.* (*verflucht*) cursed, blasted, confounded; 'blooming', 'dashed', damn(ed), dratted (*colloq.*); 'blessed', darned, *Am.* goddamn(ed), goddam, *Br.* bally, 'ruddy' (*sl.*); 'blinking', *bes. Br.* 'bloody' (*vulg.*): ~ (noch mal)! ~ und zugenäht! oh, bother (it)! botheration! blasted! confounded! oh, hang it (all)! damn (it)! (*colloq.*), dash it! (*colloq.*), drat it! (*colloq.*); heck! darn it! blow it! *Am.* God damn it! (*sl.*); es ist seine ~e Pflicht und Schuldigkeit(, das zu tun) it's his damn(ed) duty (to do this) (*colloq.*), *bes. Br. vulg.* he will bloody well have to (do this); ich habe einen ~en Hunger I am damned hungry (*colloq.*); dieser ~e Kerl! this darned (*Am.* goddam) fellow! (*sl.*), *Br. sl.* this ruddy blighter! ~er Mist! *vulg.* ~e Scheiße! *bes. Br. vulg.* bloody shit (*od.* hell)! *Am. vulg.* for crap's sake! du ~er Idiot! you damned fool! you blithering idiot! (*beide colloq.*). – **2.** (*verurteilt, verworfen*) condemned, damned: die von der Kirche ~en Lehren the doctrines condemned (*od.* damned) by the church. – **3.** zu etwas ~ sein, dazu ~ sein, etwas zu tun to be condemned to (do) s.th.: durch die Lähmung war er zum Nichtstun ~ he was condemned to inactivity through paralysis. – **4.** *relig.* (*Sünder, Seelen etc*) damned, reprobate: ~ in alle Ewigkeit damned to eternity. – **III** *adv* **5.** *colloq.* (*ungemein*) damn(ed) (*colloq.*), *Am. sl.* goddamn(ed), goddam, *bes. Br. vulg.* bloody: es ist ~ kalt it's damned (*od.* fiendishly, devilish) cold (*colloq.*); er verdient ~ viel [wenig] he earns damn good money [precious little] (*colloq.*); ich hab's ~ eilig I must fly, I'm in a hell (*od.* heck) of a hurry (*sl.*); ich hatte ~ Lust dazu I had a damn(ed) good mind to do it (*colloq.*); das ging aber ~ schnell! that was darned quick! (*sl.*); das ist mir ~ unangenehm that is darned embarrassing for me (*sl.*).

Ver'damm·te *m, f* ⟨-n; -n⟩ *relig.* damned, reprobate, castaway: die ~n the damned, the reprobates.

Ver'dam·mung *f* ⟨-; *no pl*⟩ **1.** *cf.* Verdammen. – **2.** (*Verurteilung, Verwerfung*) condemnation, damnation. – **3.** (*Verfluchung*) damnation. – **4.** *relig.* a) (zu to) (*zur Höllenqual etc*) damnation, reprobation, b) *cf.* Verdammnis.

Ver'däm·mung *f* ⟨-; *no pl*⟩ **1.** *cf.* Verdämmen. – **2.** *civ.eng. cf.* a) Eindämmung 1, 2, b) Abdämmung 1, 2.

ver'dam·mungs,wür·dig *adj lit. cf.* verdammenswert.

ver'damp·fen (zu into) **I** *v/t* ⟨*no* ge-, h⟩ **1.** (*Flüssigkeit*) evaporate, vaporize *Br. auch* -s-, vapor (*bes. Br.* vapour) away. – **II** *v/i* ⟨sein⟩ **2.** (*von Flüssigkeit*) evaporate, vaporize *Br. auch* -s-. – **III V~** *n* ⟨-s⟩ **3.** *verbal noun.* – **4.** *cf.* Verdampfung.

Ver'damp·fer *m* ⟨-s; -⟩ *tech. chem.* (*einer Kälteanlage etc*) evaporator, vaporizer *Br. auch* -s-.

Ver'damp·fung *f* ⟨-; *no pl*⟩ (zu into) **1.** *cf.* Verdampfen. – **2.** evaporation, vaporization *Br. auch* -s-.

Ver'damp·fungs|,an,la·ge *f tech.* evaporation (*od.* vaporization *Br. auch* -s-) plant. — **~,küh·lung** *f* cooling (*od.* refrigeration) by evaporation (*od.* vaporization). — **~,punkt** *m chem.* evaporation (*od.* vaporization) point. — **~tem·pe·ra,tur** *f chem. phys.* **1.** evaporation temperature. – **2.** (*Siedepunkt*) boiling point. — **~ver,lust** *m* **1.** *chem. phys.* evaporation loss. – **2.** (*space*) boil-off. — **~,wär·me** *f* heat of evaporation (*od.* vaporization).

ver'dan·ken *v/t* ⟨*no* ge-, h⟩ j-m [etwas] etwas ~ to owe s.th. to s.o. [s.th.], to have s.o. [s.th.] to thank for s.th. (*colloq.*): er verdankt ihr seine Rettung he owes his rescue to her, he has her to thank for his rescue (*colloq.*); sie verdankt es einem Zufall (*od.* sie hat es einem Zufall zu ~), daß sie noch lebt she owes it to (a) coincidence (*od.* to chance) that she is still alive; ich habe meinem Lehrer viel zu ~ I owe a great deal to my teacher, I owe my teacher a great deal, I have a lot to thank my teacher for (*colloq.*); wem hast du das alles zu ~? a) to whom do you owe all that? who do you owe all that to? (*colloq.*), b) *colloq. iron.* (*wer hat dich in diese schlechte Lage gebracht*) who have you to thank for that? (*colloq.*); es ist diesem Umstand [seiner Vorsicht] zu ~, daß it is due to this circumstance [to his caution] that.

ver'darb [-'darp] *1 u. 3 sg pret of* verderben.

ver'dat·tert [-'datərt] *adj colloq.* **1.** (*erschrocken u. verwirrt*) dumbfounded, flabbergasted (*colloq.*), (*stärker*) stunned, dazed, jittery (*sl.*): er war ganz ~ he was completely flabbergasted; ~ dreinschauen to stand with a flabbergasted look on one's face. – **2.** *cf.* verblüfft.

ver'dau·en [-'dauən] **I** *v/t* ⟨*no* ge-, h⟩ **1.** (*Nahrung*) digest: dieses Essen ist leicht (*od.* gut) [schwer *od.* schlecht] zu ~ this food is easy [hard] to digest, this food is digestible [indigestible]. – **2.** *fig. colloq.* (*Eindrücke, schlechte Nachricht, Lehrstoff, Buch etc*) digest. – **3.** *fig. colloq.* (*Boxhieb, Schläge etc*) take. – **4.** *fig. colloq.* (*Schicksalsschläge etc*) get over. – **II** *v/i* **5.** digest. – **III** *v/reflex* **6.** sich leicht (*od.* gut) [schwer *od.* schlecht] ~ to be easy [hard] to digest, to be digestible [indigestible]. – **IV V~** *n* ⟨-s⟩ **7.** *verbal noun.* – **8.** *cf.* Verdauung.

ver'dau·lich *adj* (*Nahrung*) digestible: diese Kost ist leicht [schwer] ~ this diet is digestible [indigestible], this diet is easy [hard] to digest. — **Ver'dau·lich·keit** *f* ⟨-; *no pl*⟩ (*der Nahrung*) digestibility, digestibleness.

Ver'dau·ung *f* ⟨-; *no pl*⟩ **1.** *cf.* Verdauen. – **2.** digestion: gute (*od.* normale) ~ good (*od.* normal) digestion, eupepsia (*scient.*); eine schlechte ~ haben a) to have (*od.* suffer from) bad digestion (*od.* indigestion, *scient.* dyspepsia), b) (*Verstopfung haben*) to suffer from constipation; ein Mittel, das die ~ fördert (*od.* anregt) a remedy promoting digestion, a digestive, a digestant.

Ver'dau·ungs|ap·pa,rat *m med.* alimentary (*od.* digestive) system. — **~be,schwer·den** *pl* indigestion *sg*, digestive trouble *sg*, dyspepsia *sg* (*scient.*). — **~ka,nal** *m* digestive (*od.* alimentary) canal, digestive tract. — **~,mit·tel** *n med. pharm.* digestive, digestant, stomachic. — **~or,ga·ne** *pl med.* digestive organs: innere ~ intestinal tract *sg.* — **~,saft** *m* peptic (*od.* gastric) juice. — **~,schnaps** *m gastr.* digestive, digestive alcoholic drink. — **~spa,zier,gang** *m colloq.* constitutional (*colloq.*), after-dinner walk: einen ~ machen to go for (*od.* take) one's constitutional (*od.* after-dinner walk). — **~,stö·rung** *f meist pl med.* impaired (*od.* disturbed) digestion, indigestion; hypopepsia, dyspepsia (*scient.*): plötzliche ~ bout (*od.* fit) of indigestion. — **~sy,stem** *n* digestive system. — **~,trakt** *m* digestive (*od.* alimentary) tract. — **~,vor,gang** *m* digestive action (*od.* process). — **~,werk,zeu·ge** *pl cf.* Verdauungsorgane.

Ver'deck *n* ⟨-(e)s; -e⟩ **1.** (*über dem Laderaum eines Lastwagens, Boots etc*) tarpaulin. – **2.** (aufklappbares) ~ (*eines Autos, Kinderwagens, einer Kutsche etc*) (collapsible *od.* convertible, folding) hood (*od.* top): das ~ aufklappen (*od.* aufmachen) [herunterklappen *od.* zumachen] to put the hood up [down]; ein Auto mit aufklappbarem ~ a convertible (car). – **3.** (*Wagen-, Kutschendach*) roof. – **4.** (*eines Planwagens*) awning, tilt. – **5.** (*eines doppelstöckigen Autobusses*) top (*od.* upper) deck.

ver'decken (*getr.* -k·k-) *v/t* ⟨*no* ge-, h⟩ **1.** (*unsichtbar machen*) cover (up), conceal, hide: das Bild verdeckt einen Fleck auf der Wand the picture covers up a smudge on the wall; die Wolken ~ die Sonne the clouds hide (*od.* conceal) the sun. – **2.** (*teilweise*) cover, hide: sie verdeckte ihr Gesicht mit den Händen she covered her face with her hands, she hid her face in her hands. – **3.** (*einen offenen Behälter, eine Schüssel etc*) cover. – **4.** (*mit einer Hecke, einem Gitter, Gehäuse etc*) conceal, hide, mask, (*mit einer Trennwand, einem Wandschirm etc*) *auch* screen (off): die Bäume ~ das Haus fast völlig the trees conceal the house almost completely; die elektrischen Leitungen werden von einer Zierleiste verdeckt the electric wires are concealed by decorative facing. – **5.** (*die Aussicht etc*) block, obstruct. – **6.** *fig.* (*die wahren Absichten etc*) conceal, mask, disguise. – **7.** *arch.* (*eine Tür, Treppe etc*) conceal, blind. – **8.** *mil.* (*eine Feuerstellung etc*) defilade, mask, screen.

Ver'deck,sitz *m* (*in einem doppelstöckigen Autobus*) top- (*od.* upper-)deck seat, upstairs seat.

ver'deckt I *pp.* – **II** *adj* **1.** (*nicht sichtbar*) concealed, hidden, covered(-up): **der Zettel war durch das Buch ~** the slip was concealed by the book. – **2.** (*teilweise*) covered, hidden: **mit ~en Karten spielen** a) to hide one's cards, b) *fig.* to play with one's cards down. – **3.** (*Behälter, Schüssel, Brunnen etc*) covered. – **4.** (*mit einer Hecke, einem Gitter, Gehäuse etc*) concealed, hidden, masked, (*mit einer Trennwand, einem Wandschirm etc*) *auch* screened(-off): **~e Kabel** *electr.* concealed cables. – **5.** (*Aussicht etc*) blocked, obstructed. – **6.** *arch.* (*Tür, Treppe etc*) concealed, hidden, blind: **~e Nagelung** hidden (*od.* secret) nailing. – **7.** *mil.* (*Feuerstellung etc*) defilated, masked, screened.

Ver'deck,tür *f auto.* (*bei Renn-, Sportwagen*) gull-wing door.

ver'den·ken *v/t* ⟨*irr, no* **ge-**, **h**⟩ **1. j-m etwas nicht ~** not to blame s.o. for s.th.: **ich kann es ihm nicht ~, daß** (*od.* **wenn**) **er von hier weggehen will** I cannot blame (*od.* I do not think any the worse of) him for wanting (*od.* if he wants) to go away from here. – **2. j-m etwas ~** *obs.* to blame s.o. for s.th.

Ver'derb [-'dɛrp] *m* ⟨-(e)s; *no pl*⟩ **1.** *cf.* Verderben 16, 17: → Gedeih. – **2.** (*von Speisen, Lebensmitteln etc*) spoilage. – **3.** (*der Ernte, von Warensendungen etc*) ruin. – **4.** (*sittlicher u. moralischer*) corruption, debasement, (*stärker*) depravation, vitiation.

ver'der·ben [-'dɛrbən] **I** *v/t* ⟨**verdirbt, verdarb, verdorben, h**⟩ **1.** (*Lebensmittel, Preise etc*) spoil, ruin: **der viele Regen hat das Getreide verdorben** the excessive rainfall has spoiled (*od.* spoilt, ruined) the grain; **zu scharfe Gewürze ~ das Essen** spices which are too hot ruin the food; **die Pointe ~** *fig.* to spoil the point, to ruin the joke; → Appetit 1; Brei 1. – **2.** (*Urlaub, Geschäft, Chancen etc*) spoil, ruin, wreck: **sie hat mir den Abend verdorben** she spoiled the evening for me; **damit hat er sich** (*dat*) **sein ganzes Leben verdorben** he thus ruined his whole life. – **3.** (*Plan, Vorhaben etc*) spoil, upset, (*stärker*) ruin, wreck, thwart: **jetzt hast du mir wieder alles verdorben!** now you've wrecked everything for me again! → Konzept 4; Spiel 2. – **4.** (*Spaß, Stimmung, Aussicht, Vergnügen etc*) spoil, mar, impair: **ich möchte dir ja nicht die Freude daran ~** I don't want to spoil (*od.* mar) your pleasure in it; **er hat mir die Lust am Skifahren verdorben** he spoiled my pleasure in skiing, he put me off skiing; **j-m die** (*od.* **j-s**) **(gute) Laune ~** to put s.o. in a bad humo(u)r (*od.* temper). – **5. ich habe mir gestern den Magen verdorben** I had an upset stomach yesterday, I felt sick yesterday. – **6. sich** (*dat*) **die Augen [die Stimme] ~** to ruin one's eyes [one's voice]. – **7.** (*Charakter, Gesinnung, sittliches u. moralisches Empfinden*) corrupt, taint, stain, (*stärker*) debase, deprave, vitiate, (*sexuell*) *auch* debauch: **ein Schulkamerad hat ihn völlig** (*od.* **ganz und gar**) **verdorben** a schoolmate has corrupted him completely (*od.* utterly); **Geld verdirbt den Charakter** money corrupts (*od.* is bad for) the character; → Beispiel 1. – **8.** (*die Luft, das Grundwasser etc*) pollute. – **9.** (*schlecht ausführen*) (*eine Arbeit, eine Zeichnung etc*) spoil, ruin, botch (up): **an dieser Arbeit ist nichts mehr zu ~** *fig. iron.* there is nothing left (*od.* more) to be spoiled in this work. – **10. es mit j-m ~** to fall out with s.o.: **ich will es mit ihm nicht ~** a) (*mit einem Freund, Bekannten etc*) I don't want to fall out with him, I want to avoid bad feeling(s) between him and me, b) (*mit einem Vorgesetzten etc*) I want to keep in with him; **er will es mit niemand(em) ~** he tries to please everybody. – **II** *v/i* ⟨**sein**⟩ **11.** (*von Speisen, Lebensmitteln etc*) spoil, taint, go bad (*od.* off), (*von Eiern*) *auch* addle, become addled: **das Essen ~ lassen** to let the food spoil (*od.* go bad). – **12.** (*von Ernte, Warensendung, Textilien etc*) be ruined: → Unkraut 2. – **13.** (*sittlich, moralisch u. geistig*) become corrupt(ed) (*stärker* debased, depraved, *sexuell auch* debauched), corrupt. – **14.** *cf.* verfaulen 1. – **III V~** *n* ⟨-s⟩ **15.** *verbal noun.* – **16.** (*Untergang*) undoing, ruin, doom, *auch* ruination: **der Alkohol war sein V~** alcohol was his undoing; **j-n ins V~ stürzen** to bring ruin (up)on s.o., to be s.o.'s undoing; **in sein** (*od.* **ins**) **V~ rennen** to run headlong to one's ruin (*od.* doom), to head straight for disaster; **seine Eskapaden brachten ihn an den Rand des V~s** his escapades brought him to the brink of ruin. – **17. Tod und V~** *poet.* death and destruction: **die Kanonen spie(e)n Tod und V~** the cannons belched forth death and destruction. – **18. (ewiges) V~** *relig.* (eternal) damnation (*od.* perdition).

ver'der·ben,brin·gend *adj lit.* **1.** (*zum Untergang od. Ruin führend*) ruinous, disastrous. – **2.** (*todbringend*) deadly, fatal.

Ver'der·ber *m* ⟨-s; -⟩ (*des sittlichen u. moralischen Empfindens etc*) corrupter, (*stärker*) depraver, vitiator, (*im sexuellen Sinn*) *auch* debaucher: **ein ~ der Jugend** a corrupter of youth.

ver'derb·lich [-'dɛrplɪç] *adj* **1.** (*Lebensmittel etc*) perishable: **leicht ~ sein** to be highly perishable. – **2.** (*überaus schädlich*) pernicious, disastrous, ruinous: **die ~e Wirkung von Rauschgift** the pernicious effect of narcotics. – **3.** (*im sittlichen u. moralischen Sinn*) corruptive, (*stärker*) pernicious: **sein ~er Einfluß** his corruptive influence. — **Ver'derb·lich·keit** *f* ⟨-; *no pl*⟩ **1.** (*von Lebensmitteln etc*) perishability, perishableness. – **2.** (*große Schädlichkeit*) perniciousness, disastrousness, ruinousness. – **3.** (*im sittlichen u. moralischen Sinn*) perniciousness.

Ver'derb·nis [-'dɛrpnɪs] *f* ⟨-; -se⟩ (*sittliche u. moralische*) corruption, (*stärker*) debasement, depravity, vitiation, (*im sexuellen Sinn*) *auch* debauchery.

ver'derbt *adj* **1.** *lit. for* verdorben 8. – **2.** (*literature*) *ling.* (*Text etc*) corrupt. — **Ver'derbt·heit** *f* ⟨-; *no pl*⟩ *lit. for* Verdorbenheit.

ver'deut·li·chen [-'dɔʏtlɪçən] **I** *v/t* ⟨*no* **ge-**, **h**⟩ **1.** (**j-m [sich** *dat*]) **etwas ~** (*einen Sachverhalt, Text etc*) to explain (*od.* elucidate, explicate) s.th. (to s.o. [to oneself]): **etwas durch Bilder** (*od.* **anhand von Bildern**) **~** to explain s.th. by means of pictures, to illustrate s.th. (with pictures). – **II V~** *n* ⟨-s⟩ **2.** *verbal noun.* – **3.** *cf.* Verdeutlichung. — **ver'deut·li·chend I** *pres p.* – **II** *adj* (*Beispiel etc*) illustrative, explanatory, *auch* explanative. — **Ver'deut·li·chung** *f* ⟨-; *no pl*⟩ **1.** *cf.* Verdeutlichen. – **2.** explanation, elucidation, explication: **~ durch Bilder** (*od.* **anhand von Bildern**) explanation by means of pictures, illustration (with pictures).

ver'deut·schen [-'dɔʏtʃən] **I** *v/t* ⟨*no* **ge-**, **h**⟩ **1. (j-m) etwas ~** to translate s.th. into German (for s.o.). – **2.** (*Fremdwörter, Namen etc*) germanize, *auch* Germanize *Br. auch* -s-, germanify, *auch* Germanify. – **II V~** *n* ⟨-s⟩ **3.** *verbal noun.* — **Ver'deut·schung** *f* ⟨-; -en⟩ **1.** *cf.* Verdeutschen. – **2.** translation into German. – **3.** (*eines Fremdworts, Namens etc*) germanization, *auch* Germanization *Br. auch* -s-.

ver'dich·ten I *v/t* ⟨*no* **ge-**, **h**⟩ **1.** *phys. chem.* a) (*Dampf*) compress, b) (*Gase*) condense, c) (*Lösungen*) concentrate, d) *cf.* komprimieren 1. – **2.** *tech.* (*plastics*) compress. – **3.** (*Holz*) densify, compregnate. – **4.** *metall.* (*Stahl*) densify, compact. – **5.** *civ.eng.* (*Beton*) compact. – **6.** *mil.* (*Feuer*) intensify. – **7.** *nucl.* (*Plasma*) constrain (*od.* constrict) (*plasma*) in thermonuclear reaction. – **II** *v/reflex* **sich ~ 8.** (*von Nebel, Rauch etc*) thicken. – **9.** *fig.* (*von Gerüchten etc*) increase, heighten. – **10.** *fig.* (*von Verdacht etc*) grow stronger: **der Eindruck verdichtete sich mehr und mehr zur Gewißheit** the impression gradually became a certainty. – **11.** *fig.* (*von Roman-, Filmhandlung etc*) thicken. – **III V~** *n* ⟨-s⟩ **12.** *verbal noun.* – **13.** *cf.* Verdichtung.

Ver'dich·ter *m* ⟨-s; -⟩ **1.** *tech.* a) (*für Dampf*) compressor, b) (*für Gase*) condenser, c) (*für Lösungen*) concentrator, d) *cf.* Kompressor 1, 2. – **2.** *civ.eng.* (*für Beton*) compactor.

Ver'dich·tung *f* ⟨-; *no pl*⟩ **1.** *cf.* Verdichten. – **2.** *tech.* compression. – **3.** *bes. phys. chem.* (*der Atmosphäre, Gase etc*) condensation. – **4.** *civ.eng.* (*von Beton*) compaction. – **5.** *metall.* (*von Gießereiformsand*) compression. – **6.** *mil.* (*des Feuers*) intensification.

Ver'dich·tungs|,druck *m tech.* (*des Motors*) compression pressure. — **~,ring** *m* gasket, gaskin, *auch* gasking. — **~ver,hält·nis** *n* ⟨-ses; *no pl*⟩ compression ratio. — **~,wär·me** *f* heat of compression. — **~,zün·dung** *f auto. aer.* compression ignition.

ver'dicken (*getr.* **-k·k-**) **I** *v/t* ⟨*no* **ge-**, **h**⟩ **1.** (*verstärken*) thicken. – **2.** (*an-, eindicken*) thicken, inspissate. – **3.** (*gelieren*) jelly, jellify. – **4.** (*koagulieren*) coagulate, clot. – **5.** (*konzentrieren*) concentrate. – **6.** (*kondensieren*) condense. – **II** *v/reflex* **sich ~ 7.** thicken. – **8.** (*paints*) (*von Öllacken*) body (up). – **9.** (*gerinnen*) coagulate, clot. – **III V~** *n* ⟨-s⟩ **10.** *verbal noun.* – **11.** *cf.* Verdickung. — **ver'dickt I** *pp.* – **II** *adj* **1.** (*verstärkt*) thickened. – **2.** (*ein-, angedickt*) thickened, inspissate(d). – **3.** *med.* a) (*Blut*) thickened, b) (*Kanüle, Röhrchen*) bulbous, c) (*Haut*) thickened, (*geschwollen*) *auch* swollen. — **Ver'dickung** (*getr.* **-k·k-**) *f* ⟨-; -en⟩ **1.** *cf.* Verdicken. – **2.** (*eines Rohres etc*) bulge. – **3.** (*Eindickung*) inspissation. – **4.** (*Gerinnung*) coagulation. – **5.** (*Konzentration*) concentration. – **6.** (*Kondensierung*) condensation. – **7.** *med.* (*Schwellung*) swelling.

Ver'dickungs,mit·tel (*getr.* **-k·k-**) *n* thickener.

ver'die·nen I *v/t* ⟨*no* **ge-**, **h**⟩ **1.** (*Lohn, Gehalt etc*) earn: **sechs Mark die Stunde ~** to earn six marks an hour; **seinen Lebensunterhalt durch Putzen ~** to earn one's living by cleaning; **sich** (*dat*) **sein Studium mit Aushilfsarbeit ~** to pay one's way through college by casual work; **das Auto hat er sich** (*dat*) **durch Schwarzarbeit verdient** he earned the money for the car by (*od.* with) illicit work (*od.* work not declared to the tax authorities); → Sporn 1. – **2.** (*durch Einnahmen, Profit etc*) (**an** *dat* **on**) make: **einen Haufen Geld ~** *colloq.* to make heaps of money (*colloq.*); **sich** (*dat*) **ein Vermögen ~** to make a fortune; **hier und da etwas ~** to pick up a few nickels (*Br. sl.* bob) now and again; **sich** (*dat*) **etwas nebenbei ~** to make some money on the side; **daran ist nichts zu ~** there is no money in that. – **3.** *fig.* (*Lob, Strafe, Vertrauen etc*) deserve, merit: **er verdient es nicht besser** he deserves no better; **womit hat er das verdient?** what has he done to deserve that? **sein Können verdient Beachtung** his skill deserves (*od.* merits, is worthy of) notice; **das Buch verdient, gelesen zu werden** that book deserves to be read (*od.* is worth reading); **das habe ich nicht um Sie verdient** I did not deserve that from you; **das hat er verdient!** (*bei Strafe, Unglück etc*) it (*od.* that) serves him right! **er hat es wohl verdient** he richly deserves it. – **II** *v/i* **4. gut [schlecht] ~** to earn a good [poor] salary, to earn good [poor] wages. – **5. bei** (*od.* **an** *dat*) **etwas ~** to make money on (*od.* by) s.th.: **er verdient gut daran** he makes a good profit on that.

Ver'die·ner *m* ⟨-s; -⟩ (salary *od.* wage) earner, breadwinner: **wir haben zwei ~ in der Familie** we have two breadwinners (*od.* wage earners) in the family.

Ver'dienst[1] *m* ⟨-(e)s; -e⟩ **1.** earnings *pl*: **das ist mein ganzer ~** that is all I earn (*od.* make). – **2.** (*Lohn*) wage(s *pl sometimes construed as sg*). – **3.** (*Gehalt*) salary. – **4.** (*Einkommen*) income: **einen geringen ~ haben** to have a small (*od.* low) income. – **5.** (*Gewinn*) gain, profit: **ich tue es nicht um des ~es willen** I don't do it for the (sake of) profit (*od.* for the money).

Ver'dienst[2] *n* ⟨-(e)s; -e⟩ **1.** merit: **j-n nach seinen ~en einschätzen** to rate s.o. according to his merits (*od.* deserts); **das ist ganz allein sein ~** that is entirely thanks to him, he alone deserves the thanks (*od.* credit) for it; **dies ist das ~ von X** the credit for this goes to X; **es ist das ~ seiner Initiative, daß** it is owing (*od.* due) to his initiative that; **er hat sich durch seine Entdeckung große ~e um die Medizin erworben** medical science is greatly indebted to him for his discovery. – **2.** (*Dienst, Leistung*) service: **seine ~e um die Wissenschaft** his services to science. – **3.** (*Wert, Ansehen*) worth, worthiness: **ein Mann von hohem ~** a man of high worth. – **4.** (*Ehre*) credit, honor, *bes. Br.* honour: **ein zweifelhaftes ~** a dubious hono(u)r; **sich** (*dat*) **[j-m] etwas als** (*od.* **zum**) **~ an-**

rechnen to take [to give s.o.] credit for s.th.

Ver'dienst|ˌausˌfall *m econ.* **1.** (*bei Selbständigen*) loss of earnings. – **2.** (*bei Arbeitnehmern*) loss of wages and salaries (*od.* earnings). — **~beˌschei·ni·gung** *f* **1.** statement of earnings. – **2.** statement of wages and salaries. — **~ˌeinˌbu·ße** *f cf.* Verdienstausfall. — **~ˌgren·ze** *f* **1.** earnings limit. – **2.** wage (*od.* salary) limit. — **~ˌkreuz** *n pol. mil.* Distinguished Service Cross: großes ~ Grand Cross for Distinguished Service.

ver'dienst·lich *adj cf.* verdienstvoll.

ver'dienst·los *adj fig.* meritless.

Ver'dienst|meˌdail·le *f mil.* Medal for Distinguished Service. — **~ˌmög·lich·keit** *f* opportunity of earning an income (*od.* making money). — **~ˌor·den** *m* Order of Merit. — **~ˌquel·le** *f* source of income. — **~ˌspan·ne** *f econ.* margin of profit, profit margin.

ver'dienstˌvoll *adj* creditable, meritorious, deserving: er ist ein ~er Mann he is a man of merit; eine ~e Tat a creditable deed.

ver'dient I *pp.* – **II** *adj* **1.** (*Geld*) earned. – **2.** (*Persönlichkeit etc*) meritorious, creditable. – **3.** sich um etwas [j-n] ~ machen to do s.th. [s.o.] great service: er hat sich um sein Vaterland ~ gemacht he deserves well of his country. – **4.** *fig.* (*gebührend, angemessen*) (*Glück, Platz etc*) deserved, due, merited: seine ~e Strafe bekommen to be given one's deserved (*od.* condign) punishment.

ver'dien·ter|'ma·ßen, ~'wei·se *adv* deservedly, as merited, duly.

Ver·dikt [vɛr'dɪkt] *n* ⟨-(e)s; -e⟩ *jur.* verdict, findings *pl.*

ver'din·gen I *v/t* ⟨verdingt, verdingte, verdungen *od.* verdingt, h⟩ **1.** j-n bei j-m ~ *obs.* a) (*Diener, Magd etc*) to put s.o. to service with s.o., b) (*Lehrling*) to apprentice s.o. to s.o. – **2.** etwas ~ to award (*od.* allocate) s.th. by contract: einem Architekten einen Bau ~ to allocate a building to an architect by contract, to contract an architect for a building. – **II** *v/reflex* sich ~ *obs.* **3.** go into service, hire (oneself) out: sich als Knecht ~ to enter service as a farmhand. – **4.** (*als Lehrling*) apprentice oneself, bind oneself as apprentice.

ver'ding·li·chen [-'dɪŋlɪçən] *v/t* ⟨*no* ge-, h⟩ **1.** (*materialisieren*) materialize *Br. auch* -s-. – **2.** (*konkretisieren*) put (*s.th.*) in(to) (more) concrete terms, *Am. auch* concretize.

ver'dirb [-'dɪrp] *imp sg*, **ver'dirbst** [-'dɪrpst] *2 sg pres*, **ver'dirbt** [-'dɪrpt] *3 sg pres of* verderben.

ver'dol·met·schen I *v/t* ⟨*no* ge-, h⟩ **1.** interpret. – **2.** *fig.* (*erklären, auslegen*) explain, elucidate. – **II V~** *n* ⟨-s⟩ **3.** *verbal noun.* — **Ver'dol·met·schung** *f* ⟨-; *no pl*⟩ **1.** *cf.* Verdolmetschen. – **2.** interpretation. – **3.** *fig.* explanation, elucidation.

ver'don·nern *v/t* ⟨*no* ge-, h⟩ *colloq.* **1.** (*zu Gefängnis, Haft etc*) sentence, condemn. – **2.** j-n zu einer Geldstrafe (von zehn Mark) ~ to fine s.o. (ten marks). – **3.** j-n (dazu) ~, etwas zu tun to force s.o. to (*od.* to make s.o.) do s.th. — **ver'don·nert I** *pp.* – **II** *adj colloq.* **1.** (*erschrocken u. sprachlos*) flabbergasted (*colloq.*), thunderstruck (*pred*): ~ dastehen to stand and stare. – **2.** (*bestürzt u. verwirrt*) bewildered.

ver'dop·peln I *v/t* ⟨*no* ge-, h⟩ **1.** (*Geschwindigkeit, Auflage etc*) double. – **2.** *ling.* (*Vokale, Konsonanten etc*) double, (in)geminate. – **3.** (*games*) (*Einsatz*) straddle. – **4.** *fig.* (*verstärken, intensivieren*) redouble, *Br. auch* double, increase: seine Anstrengungen [seinen Eifer] ~ to redouble (*od.* increase) one's efforts [zeal]. – **5.** seine Schritte (*od.* seinen Schritt) ~ *fig.* to quicken one's pace. – **6.** (*im Duplikat herstellen*) duplicate. – **II** *v/reflex* sich ~ **7.** (*von Geld, Ertrag etc*) double. – **III V~** *n* ⟨-s⟩ **8.** *verbal noun.* — **Ver'dop·pe·lung, Ver'dopp·lung** *f* ⟨-; -en⟩ **1.** *cf.* Verdoppeln. – **2.** *ling.* (*von Konsonanten etc*) (in)gemination. – **3.** *fig.* increase. – **4.** duplication.

ver'dor·ben [-'dɔrbən] **I** *pp of* verderben. – **II** *adj* **1.** (*Lebensmittel etc*) spoiled, spoilt, tainted, unsound, bad, off (*pred*), (*Eier*) *auch* addled. – **2.** (*verfault*) rotten, putrid. – **3.** (*Wasser*) polluted, foul. – **4.** (*Luft*) polluted, foul, vitiated. – **5.** *med.* (*Magen*) upset, disordered. – **6.** *fig.* (*Laune etc*) marred. – **7.** *fig.* (*Urlaub*) spoiled, spoilt, marred, (*stärker*) ruined. – **8.** *fig.* (*verderbt, unsittlich*) corrupt(ed), rotten, (*stärker*) dissipated, depraved: sie ist erst 18 Jahre alt, aber schon durch und durch ~ she is only 18 years old, but already corrupt through and through (*od.* rotten to the core). – **9.** *fig.* (*lasterhaft*) vicious. — **Ver'dor·ben·heit** *f* ⟨-; *no pl*⟩ *fig.* **1.** corruptness, corruption, rottenness, (*stärker*) dissipation, depravity. – **2.** (*Lasterhaftigkeit*) viciousness.

ver'dor·ren I *v/i* ⟨*no* ge-, sein⟩ dry up, wither (up), (*bes. durch Hitze*) parch. – **II V~** *n* ⟨-s⟩ *verbal noun.* — **ver'dorrt I** *pp.* – **II** *adj* (*Blumen, Bäume etc*) withered(-up), dried-up (*attrib*), (*bes. durch Hitze*) parched, scorched, adust. — **Ver'dor·rung** *f* ⟨-; *no pl*⟩ *cf.* Verdorren.

ver'dö·sen *v/t* ⟨*no* ge-, h⟩ *colloq.* (*Zeit*) doze (*od.* drowse) (*s.th.*) away.

ver'drah·ten *electr.* **I** *v/t* ⟨*no* ge-, h⟩ wire (up). – **II V~** *n* ⟨-s⟩ *verbal noun.* — **Ver'drah·tung** *f* ⟨-; *no pl*⟩ **1.** *cf.* Verdrahten. – **2.** (*Drahtwerk*) wiring, wirework, wires *pl.*

Ver'drah·tungsˌplan *m electr.* wiring diagram.

ver'dral·len [-'dralən] *v/t* ⟨*no* ge-, h⟩ *metall.* twist.

ver'drän·gen I *v/t* ⟨*no* ge-, h⟩ **1.** *mar. phys.* (*Wasser, Gas, Luft etc*) displace. – **2.** j-n ~ to oust s.o., to drive s.o. out (*od.* away): j-n aus einem Amt [einer Stellung] ~ to drive (*od.* crowd) s.o. out of (*od.* oust [*od.* eject] s.o. from) an office [a position], to supplant (*od.* supersede, *Am. auch* supercede) s.o. in an office [a position]; j-n aus seiner Wohnung ~ to drive s.o. out of his home, (*im Wege der Zwangsvollstreckung*) to evict s.o. from his dwelling; j-n vom ersten Platz (*od.* von der ersten Stelle) ~ (*bes. sport*) to push s.o. out of first place, to oust s.o. from (the) first place. – **3.** *fig.* (*ersetzen*) replace, supplant: Maschinen ~ immer mehr den Menschen machines are replacing man more and more, man is gradually being replaced by machines. – **4.** *fig.* (*beiseite schieben*) put (*s.th.*) aside (*od.* out of one's mind), dismiss: einen unangenehmen Gedanken ~ to dismiss an unpleasant thought; etwas aus dem Gedächtnis ~ to put s.th. out of one's mind, to efface s.th. from one's memory. – **5.** *fig.* (*in den Hintergrund drängen*) push (*s.th.*) into the background, supplant: sein neues Hobby hat bei ihm alle anderen Interessen verdrängt his new hobby has pushed his other interests into the background. – **6.** *psych.* (*Gefühle, Erlebnisse, Affekte etc*) repress, suppress. – **7.** *geol.* heave. – **II V~** *n* ⟨-s⟩ **8.** *verbal noun.* – **9.** *cf.* Verdrängung.

Ver'drän·gerˌzuˌfüh·rung *f* (*space*) displacement feed.

ver'drängt I *pp.* – **II** *adj* ~er Komplex *psych.* repressed (*od.* suppressed) complex.

Ver'drän·gung *f* ⟨-; *no pl*⟩ **1.** *cf.* Verdrängen. – **2.** *mar. phys.* (*von Wasser, Gas, Luft etc*) displacement. – **3.** (*Ersetzung*) replacement. – **4.** *psych.* (*eines Gefühls etc*) repression, suppression. – **5.** (*eines Feindes, Angreifers etc*) displacement. – **6.** (*aus einem Amt, einer Stellung etc*) (aus) ejection (from), ouster (from), supplantation (in), supersession (in). – **7.** (*aus einer Wohnung*) (aus from) eviction. – **8.** (*von einem Besitz*) (von) dispossession (of), ouster (from). – **9.** *geol.* replacement.

Ver'drän·gungs|ˌschwerˌpunkt *m mar.* center (*bes. Br.* centre) of buoyancy. — **~ton·na·ge** *f* displacement tonnage.

ver'drecken (*getr.* -k·k-) [-'drɛkən] *colloq.* **I** *v/t* ⟨*no* ge-, h⟩ dirty, soil, (*stärker*) muck up (*colloq.*). – **II** *v/i* ⟨sein⟩ become (*od.* get) dirty (*stärker* filthy), soil, dirty. — **ver'dreckt I** *pp.* – **II** *adj* **1.** (*mit Schmutz bedeckt*) covered with dirt (*od.* mud). – **2.** (*unsauber, schmutzig*) dirty, (*stärker*) filthy.

ver'dreh·bar *adj* twistable.

ver'dre·hen I *v/t* ⟨*no* ge-, h⟩ **1.** j-m den Arm [das Handgelenk] ~ to twist (*stärker* wrench, contort) s.o.'s arm [wrist]; → Kopf 1. – **2.** sich (*dat*) ein Gelenk ~ to sprain one's joint; sich (*dat*) den Hals ~, um etwas zu sehen *fig. colloq.* to crane one's neck to see s.th. – **3.** (*Augen*) roll. – **4.** *fig.* (*Tatsachen, Sinn etc*) twist, distort, contort, warp, wrest: den Sinn eines Wortes ~ to twist the meaning of a word. – **5.** *fig.* (*entstellen*) misrepresent. – **6.** *fig.* (*falsch interpretieren*) misinterpret. – **7.** *jur.* (*Recht*) wrest, pervert. – **8.** *tech.* twist, turn (*s.th.*) round. – **II V~** *n* ⟨-s⟩ **9.** *verbal noun.* – **10.** *cf.* Verdrehung.

Ver'drehˌfe·stig·keit *f tech.* torsional strength.

ver'dreht I *pp.* – **II** *adj fig. colloq.* **1.** (*überspannt, verschroben*) warped, distorted, twisted: ganz ~e Ansichten haben to have quite warped views. – **2.** (*verwirrt, konfus*) turned, confused: du machst mich ganz ~ you make my head spin (*od.* reel). – **3.** (*verrückt*) crazy; 'cracked', screwy (*colloq.*): er ist ein ganz ~er Mensch he is quite a crazy person. — **Ver'dreht·heit** *f* ⟨-; *no pl*⟩ **1.** (*Überspanntheit*) warpedness, distortedness, distortion. – **2.** (*Verwirrtheit*) confusion. – **3.** (*Verrücktheit*) craziness; 'crackedness', screwiness (*colloq.*).

Ver'dre·hung *f* ⟨-; -en⟩ **1.** *cf.* Verdrehen. – **2.** (*eines Gelenks*) sprain, distortion. – **3.** *fig.* (*von Tatsachen etc*) distortion, contortion. – **4.** *fig.* (*Entstellung*) misrepresentation. – **5.** *fig.* (*falsche Interpretation*) misinterpretation. – **6.** *jur.* (*des Rechts*) perversion. – **7.** *tech.* torsion, twist.

Ver'dre·hungs|beˌanˌspru·chung *f tech.* **1.** (*bis zur Grenze*) torsional (*od.* twisting) stress. – **2.** (*über die Grenze*) torsional (*od.* twisting) strain. — **~ˌfe·stig·keit** *f* torsional strength (*od.* rigidity), twisting strength. — **~ˌmo·dul** *m* torsional modulus of elasticity. — **~ˌprüf·maˌschi·ne** *f* torsion-testing machine. — **~ˌschwin·gung** *f* cyclic torsional stress. — **~verˌsuch** *m* torsion (*od.* twisting) test.

Ver'drehˌwin·kel *m tech.* angle of twist, torsion angle.

ver'dreiˌfa·chen [-ˌfaxən] **I** *v/t* ⟨*no* ge-, h⟩ **1.** treble, triple, triplicate, increase (*s.th.*) threefold. – **II** *v/reflex* sich ~ treble, triple, increase threefold. – **III V~** *n* ⟨-s⟩ *verbal noun.* — **Ver'dreiˌfa·chung** *f* ⟨-; *no pl*⟩ **1.** *cf.* Verdreifachen. – **2.** triplication, threefold increase.

ver'dre·schen *v/t* ⟨*irr, no* ge-, h⟩ *colloq.* thrash; wallop, whop (*colloq.*), *Am. sl.* shellac.

ver'drie·ßen [-'driːsən] **I** *v/t* ⟨verdrießt, verdroß, verdrossen, h⟩ annoy, irk, vex, (*stärker*) gall: laß dich's nicht ~ don't let it annoy you; sich durch etwas nicht ~ lassen not to (let oneself) be put out by s.th.; sich keine Mühe ~ lassen, etwas zu tun to grudge no pains (*od.* go to every trouble) to do s.th. – **II** *v/impers* es hat ihn sehr verdrossen, daß sie nicht kam it greatly annoyed him (*od.* he was really galled) that she did not come.

ver'drieß·lich *adj* **1.** (*leicht verärgert*) annoyed, vexed, (*stärker*) sullen, crabbed, peevish: ein ~es Gesicht machen to look annoyed, to have an annoyed (*stärker* a sullen, a crabbed) look on one's face. – **2.** (*schlechtgelaunt*) bad- (*od.* ill-)tempered, bad- (*od.* ill-)humored (*bes. Br.* -humoured), crabbed, peevish, grumpy, morose. – **3.** (*Verdruß bereitend*) irksome, tedious, tiresome: die Arbeit ist mir zu ~ that work is too tedious (*od.* irksome) for me. – **4.** (*gereizt*) petulant, testy, pettish. — **Ver'drieß·lich·keit** *f* ⟨-; -en⟩ **1.** ⟨*only sg*⟩ annoyance, (*stärker*) sullenness, crabbedness, peevishness. – **2.** ⟨*only sg*⟩ ill humor, *bes. Br.* ill humour, bad (*od.* ill) temper, crabbedness, peevishness, grumpiness, moroseness. – **3.** ⟨*only sg*⟩ irksomeness, tediousness, tiresomeness. – **4.** (*Unannehmlichkeit*) inconvenience: ~en inconveniences, trouble *sg.* – **5.** ⟨*only sg*⟩ (*Gereiztheit*) petulance, testiness, pettishness.

ver'dril·len *tech.* **I** *v/t* ⟨*no* ge-, h⟩ twist. – **II V~** *n* ⟨-s⟩ *verbal noun.* — **Ver'dril·lung** *f* ⟨-; *no pl*⟩ *cf.* Verdrillen.

ver'droß [-'drɔs] *1 u. 3 sg pret*, **ver'drös·se** [-'drœsə] *1 u. 3 sg pret subj of* verdrießen.

ver'dros·sen [-'drɔsən] **I** *pp of* verdrießen. – **II** *adj* **1.** annoyed, vexed. – **2.** (*mürrisch*) dour, sullen, morose. – **3.** (*unlustig*) unenthusiastic, listless. – **4.** (*sehr entmutigt*) discouraged, disheartened, crestfallen. – **III** *adv* **5.** unenthusiastically, listlessly: ~ vor sich hin arbeiten to plod listlessly through one's work. — **Ver'dros·sen·heit** *f* ⟨-; *no pl*⟩ **1.** (*Mißmut*) dourness, sullenness, moroseness. – **2.** (*Unlust*) lack of enthusiasm, listlessness.

ver'drucken (*getr.* -k·k-) *v/t* ⟨*no* ge-, h⟩ *print.* **1.** (*falsch drucken*) misprint. – **2.** (*verbrauchen*) (*Papier*) use (*paper*) up (for printing).

ver'drücken (*getr.* -k·k-) **I** *v/t* ⟨*no* ge-, h⟩ **1.** *colloq.* (*aufessen*) stow (*s.th.*) away, polish (*s.th.*) off. – **2.** *cf.* zerdrücken 4, 5. – **II** *v/reflex* sich ~ **3.** *colloq.* (*sich* [*heimlich*] *entfernen*) slip away (*od.* off, out), make oneself scarce (*colloq.*), (*bes. schuldbewußt*) *auch* slink away.

Ver'drückung (*getr.* -k·k-) *f* (*mining*) (*eines Flözes*) squeeze, pinch-out, nip-out.

Ver'druß [-'drʊs] *m* ⟨-sses; -sse⟩ **1.** ⟨*only sg*⟩ (*Ärger*) annoyance, vexation: laß es sein, es bringt dir nur ~ don't do it, it will only cause you annoyance; j-m etwas zum ~ tun, etwas zu j-s ~ tun to do s.th. to annoy (*od.* spite) s.o. – **2.** ⟨*only sg*⟩ (*Verärgerung*) displeasure: j-n voller ~ ansehen to look at s.o. in displeasure. – **3.** (*Unannehmlichkeiten, Schwierigkeiten*) trouble, bother: ihr Sohn bereitet ihnen viel ~ their son causes them a lot of trouble (*colloq.*).

ver'dü·beln *v/t* ⟨*no* ge-, h⟩ *tech.* dowel.

ver'duf·ten **I** *v/i* ⟨*no* ge-, sein⟩ **1.** (*von Aroma*) lose its flavor (*bes. Br.* flavour) (*od.* aroma). – **2.** *fig. colloq.* (*verschwinden*) make oneself scarce, 'evaporate', clear off (*od.* out) (*alle colloq.*), beat it (*sl.*), *bes. Br. sl.* hop it, (do a) bunk, *Am. sl.* vamoose: verdufte! scram! (*sl.*); er verduftete aus der Wohnung he vamoosed the apartment. – **II** *v/reflex* ⟨h⟩ sich ~ **3.** *fig. colloq. cf.* verduften 2.

ver'dum·men [-'dʊmən] **I** *v/t* ⟨*no* ge-, h⟩ **1.** (*dumm machen*) dull (*od.* stultify, hebetate) the mind of, stupefy, make (*s.o.*) stupid: die Parolen haben das Volk verdummt the slogans have dulled the people's mind(s). – **2.** (*unaufgeklärt od. dumm halten*) keep (*s.o.*) stupid (*od.* unenlightened). – **3.** j-n ~ *fig.* to fool s.o.: versuch lieber nicht, mich zu ~ you'd better not try to fool me (*od.* to pull the wool over my eyes). – **II** *v/i* ⟨sein⟩ **4.** become stupid: er verdummt immer mehr he is becoming more and more stupid. – **III** V~ *n* ⟨-s⟩ **5.** *verbal noun.* – **6.** *cf.* Verdummung. — **ver'dummt** **I** *pp.* – **II** *adj* stupefied. — **Ver'dum·mung** *f* ⟨-; *no pl*⟩ **1.** *cf.* Verdummen. – **2.** stupefaction, stultification.

ver'dun·keln **I** *v/t* ⟨*no* ge-, h⟩ **1.** (*Zimmer etc*) darken, (*völlig*) black out. – **2.** (*Himmel*) darken. – **3.** *auto. electr.* (*abblenden*) (*Licht*) dim. – **4.** *fig.* (*eine Tat, Wahrheit etc*) obscure, obfuscate. – **5.** *fig.* (*Ansehen etc*) cloud, obscure. – **6.** *fig. euphem.* (*Geist, Verstand*) dull. – **7.** *astr.* obscure, darken. – **II** *v/reflex* sich ~ **8.** (*von Bühne etc*) darken, (*völlig*) black out. – **9.** (*von Himmel*) darken, cloud (over *od.* up), become overcast. – **10.** *fig. euphem.* (*von Verstand*) (become) dull. – **11.** *astr.* obscure, darken. – **III** V~ *n* ⟨-s⟩ **12.** *verbal noun.* — **Ver'dun·ke·lung** *f* ⟨-; -en⟩ **1.** *cf.* Verdunkeln. – **2.** ⟨*only sg*⟩ (*eines Zimmers, der Bühne etc*) blackout, *Br.* black-out. – **3.** (*beim Luftschutz*) blackout, *Br.* black-out: teilweise ~ dimout, *Br.* dim-out. – **4.** *fig.* (*von Tatbeständen*) obscuration, obfuscation. – **5.** *jur.* (*eines Sachverhalts*) collusion. – **6.** *astr.* obscuration, darkening.

Ver'dun·ke·lungs... *cf.* Verdunklungs...

Ver'dunk·lung *f* ⟨-; -en⟩ *cf.* Verdunkelung.

Ver'dunk·lungs|be,fehl *m* (*beim Luftschutz*) blackout (*Br.* black-out) order. — **~ge,fahr** *f jur.* risk (*od.* danger) of collusion: es besteht ~ there is a danger of collusion. — **~,lam·pe** *f* (*beim Luftschutz*) blackout (*Br.* black-out) lamp (*od.* light). — **~pa,pier** *n* blackout (*Br.* black-out) paper. — **~,übung** *f* trial blackout (*Br.* black-out). — **~,vor,rich·tung** *f* (*an Lampen etc*) dimmer. — **~,vor,schrif·ten** *pl* blackout (*Br.* black-out) instructions. — **~,zeit** *f* blackout (*Br.* black-out) period.

ver'dün·nen [-'dʏnən] **I** *v/t* ⟨*no* ge-, h⟩ **1.** (*verflüssigen*) dilute, thin (*s.th.*) (down), water (*s.th.*) down: einen Teig mit Milch ~ to thin (*od.* dilute) a batter with milk; Whisky mit Wasser ~ to dilute (*od.* cut, *Am. auch* split) whisk(e)y with water. – **2.** (*schwächer machen*) weaken, temper: könnten Sie den Kaffee ein wenig ~? could you weaken the coffee a little? – **3.** (*Farben*) thin. – **4.** *cf.* panschen I. – **5.** (*Gase, Luft*) rarefy, *auch* rarify. – **6.** *chem.* (*Lösungen*) dilute. – **II** *v/reflex* sich ~ **7.** thin (out *od.* down). – **8.** (*sich verjüngen*) taper (off), thin (out), attenuate. – **III** V~ *n* ⟨-s⟩ **9.** *verbal noun.* – **10.** *cf.* Verdünnung.

ver·dün·ni'sie·ren [-dʏni'ziːrən] *v/reflex* ⟨*no* ge-, h⟩ sich ~ *colloq. cf.* verduften 2.

ver'dünnt **I** *pp.* – **II** *adj* **1.** (*verflüssigt*) diluted, thinned(-down), watered-down (*attrib*). – **2.** (*schwach*) weak. – **3.** (*Farben*) thinned. – **4.** (*Gase, Luft*) rarefied, *auch* rarified. – **5.** *chem.* (*Lösung*) diluted. – **6.** *pol.* (*Zone*) thinned-out (*attrib*).

Ver'dün·nung *f* ⟨-; *no pl*⟩ **1.** *cf.* Verdünnen. – **2.** (*durch Flüssigkeit*) dilution. – **3.** (*von Gas, Luft etc*) rarefaction, *auch* rarifaction. – **4.** *chem.* (*einer Lösung*) dilution.

Ver'dün·nungs|,mit·tel *n chem.* **1.** (*für Farben, Klebstoffe, Lack*) thinner. – **2.** (*zum Verschneiden von Flüssigkeiten*) diluent. — **~ver,such** *m med.* Volhard's test, urine concentration test. — **~,wär·me** *f phys.* dilution heat.

ver'dun·sten **I** *v/i* ⟨*no* ge-, sein⟩ **1.** (*von Wasser etc*) evaporate, vaporize *Br. auch* -s-: etwas ~ lassen to evaporate (*od.* vaporize) s.th. – **2.** *bot.* transpire. – **3.** *chem.* a) evaporate, b) vaporize *Br. auch* -s-, volatilize *Br. auch* -s-. – **II** V~ *n* ⟨-s⟩ **4.** *verbal noun.* – **5.** *cf.* Verdunstung. — **Ver'dun·ster** *m* ⟨-s; -⟩ (*zur Raumbefeuchtung*) humidifier. — **Ver'dun·stung** *f* ⟨-; *no pl*⟩ **1.** *cf.* Verdunsten. – **2.** (*von Wasser etc*) evaporation, vaporization *Br. auch* -s-. – **3.** *chem.* a) evaporation, b) vaporization *Br. auch* -s-, volatilization *Br. auch* -s-. – **4.** *bot.* transpiration.

Ver'dun·stungs|bas,sin *n* (*zur Salzgewinnung*) saltpan. — **~,eis** *n* evaporation ice. — **~,käl·te** *f phys.* cold due to evaporation. — **~,küh·lung** *f* cooling by evaporation. — **~,mes·ser** *m* **1.** *phys.* (*für Wasser*) atmometer. – **2.** *tech.* evaporimeter, *auch* evaporometer. — **~,wär·me** *f phys.* evaporation heat.

ver'dür·be [-'dʏrbə] *1 u. 3 sg pret subj of* verderben.

ver'dur·sten *v/i* ⟨*no* ge-, sein⟩ die (*od.* perish) of thirst: wir sind in der Hitze fast verdurstet *fig.* we were parched with (*od.* nearly died of) thirst.

ver'dus·seln [-'dʊsəln] *colloq.* **I** *v/t* ⟨*no* ge-, h⟩ (*vergessen*) forget (all) about: das hab' ich glatt verdusselt I clean forgot about it, I never gave it a thought, I never remembered a thing about it. – **II** *v/i* ⟨sein⟩ *cf.* verdummen 4.

ver'dü·stern [-'dyːstərn] *v/reflex* ⟨*no* ge-, h⟩ sich ~ (*dunkel werden*) darken: der Himmel verdüsterte sich the sky darkened; sein Gesicht verdüsterte sich mehr und mehr *fig.* his face grew darker and darker.

ver'dutzt [-'dʊtst] *adj colloq. for* verblüfft II. — **Ver'dutzt·heit** *f* ⟨-; *no pl*⟩ *colloq. for* Verblüffung.

ver'eb·ben *v/i* ⟨*no* ge-, sein⟩ **1.** (*von Sturm etc*) die down, subside, abate. – **2.** *fig.* (*von Ansturm, Gelächter Beifall etc*) die down, subside: allmählich verebbte die Empörung gradually the indignation subsided. – **3.** *fig.* (*von Begeisterung etc*) wane, ebb.

ver'edeln [-'ˀeːdəln] **I** *v/t* ⟨*no* ge-, h⟩ **1.** (*charakterlich u. moralisch besser machen*) ennoble, elevate, exalt, subtilize *Br. auch* -s-, sublimate (*obs.*). – **2.** (*adeln*) ennoble. – **3.** (*verfeinern*) refine. – **4.** (*Boden etc*) cultivate, improve. – **5.** *hort.* (*Baum, Rose etc*) graft. – **6.** *gastr.* (*Geschmack einer Speise*) enrich, improve. – **7.** *econ.* a) (*Rohstoffe*) process, refine, improve, b) finish. – **8.** *metall.* a) (*Stahl*) refine, (*vergüten*) age-harden, b) (*Oberfläche*) improve, treat. – **II** *v/reflex* sich ~ **9.** (*von Dingen*) improve. – **III** V~ *n* ⟨-s⟩ **10.** *verbal noun.* — **Ver'ede·lung, Ver'ed·lung** *f* ⟨-; *no pl*⟩ **1.** *cf.* Veredeln. – **2.** (*eines Charakters, Wesens*) ennoblement, elevation, exaltation, subtilization *Br. auch* -s-. – **3.** (*Adeln*) ennoblement. – **4.** (*Verfeinerung*) refinement. – **5.** (*eines Bodens etc*) cultivation, improvement. – **6.** *hort.* graft. – **7.** *gastr.* enrichment, improvement. – **8.** *metall.* a) refinement, b) improvement.

Ver'ed(e)·lungs|,an,la·ge *f metall.* refining plant. — **~er,zeug·nis**, **~,gut** *n econ.* processed (*od.* refined, finished) product. — **~in·du,strie** *f* processing (*od.* finishing) industry. — **~,lohn** *m* payment for processing (work). — **~pro,dukt** *n cf.* Veredelungserzeugnis. — **~ver,fah·ren** *n metall. econ.* refining process. — **~ver,kehr** *m econ.* across-the-border processing (*importation and exportation of goods to be reexported or reimported after processing*). — **~,vor,gang** *m* refining process. — **~,wert** *m* value added by processing (*od.* refining, improving). — **~,wirt·schaft** *f* processing (*od.* improvement, finishing) industry.

ver'ehe·li·chen *lit.* **I** *v/reflex* ⟨*no* ge-, h⟩ sich ~ **1.** marry, get married. – **II** V~ *n* ⟨-s⟩ **2.** *verbal noun.* – **3.** *cf.* Verehelichung. — **ver'ehe·licht** **I** *pp.* – **II** *adj* Helga L., ~e Z. Helga L., Z. by marriage. — **Ver'ehe·li·chung** *f* ⟨-; *no pl*⟩ **1.** *cf.* Verehelichen. – **2.** *lit.* marriage. – **3.** *jur. relig.* matrimony.

ver'eh·ren **I** *v/t* ⟨*no* ge-, h⟩ **1.** (*hochschätzen*) honor, *bes. Br.* honour, (*bes. ehrfurchtsvoll*) venerate, revere: er verehrte seinen Onkel wie einen Vater he respected his uncle like a father. – **2.** (*bewundern*) admire: er verehrte sie als Künstlerin he admired her as an artist. – **3.** *relig.* (*Heilige, Gott*) a) venerate, b) (*anbeten*) worship, adore: sie wird in Italien als Heilige verehrt she is venerated in Italy as a saint. – **4.** (*schwärmerisch lieben*) worship, adore. – **5.** j-m etwas ~ (*schenken*) to present s.o. with s.th., to make s.o. a present of s.th.: er verehrte ihr einen Blumenstrauß he presented her with a bouquet of flowers. – **II** V~ *n* ⟨-s⟩ **6.** *verbal noun.* – **7.** *cf.* Verehrung.

Ver'eh·rer *m* ⟨-s; -⟩, **Ver'eh·re·rin** *f* ⟨-; -nen⟩ **1.** honorer, *bes. Br.* honourer, venerator. – **2.** admirer, fan (*colloq.*): er ist ein großer ~ der Künstlerin he is a great admirer of (*od.* he greatly admires) the artist. – **3.** *relig.* a) venerator, b) worshiper, *bes. Br.* worshipper, adorer. – **4.** *colloq.* admirer: sie hat viele ~ she has many admirers; er ist ein ~ des schönen Geschlechts he is a great admirer of the fair sex. – **5.** *cf.* Anbeter(in) 2.

Ver'eh·rer,post *f* fan mail (*colloq.*).

ver'ehrt **I** *pp.* – **II** *adj* **1.** honored, *bes. Br.* honoured, dear: (unser) ~er Herr Präsident (our) hono(u)red president; ~e Zuhörer [Gäste] dear listeners [guests]; ~er Herr Professor [Doktor] (Braun) (*nur als Briefanrede*) dear Professor [Doctor] Braun. – **2.** (*geschätzt*) esteemed: unser ~er Kollege our esteemed colleague.

Ver'ehr·te·ste *m, f* ⟨-n; -n⟩ *meist iron.* dearest, my dear.

Ver'eh·rung *f* ⟨-; *no pl*⟩ **1.** *cf.* Verehren. – **2.** veneration, reverence: j-m ~ zollen to pay reverence to s.o. – **3.** (*Bewunderung*) admiration. – **4.** *relig.* (*Gottes, der Heiligen etc*) a) veneration, b) (*Anbetung*) worship, adoration: die ~ eines (einzigen) Gottes monotheism.

ver'eh·rungs,wür·dig *adj* **1.** honorable, *bes. Br.* honourable, venerable. – **2.** *cf.* anbetungswürdig 2.

ver'ei·di·gen [-'ˀaɪdɪgən] *jur.* **I** *v/t* ⟨*no* ge-, h⟩ **1.** j-n [auf etwas *od.* j-n] ~ a) to put s.o. under an oath [on s.th. *od.* s.o.], to administer (*od.* tender) an oath to s.o. [on s.th. *od.* s.o.], to attest s.o. [on s.th. *od.* s.o.], b) (*bes. bei Amtsantritt*) to swear s.o. in [on s.th. *od.* s.o.]. – **II** V~ *n* ⟨-s⟩ **2.** *verbal noun.* – **3.** *cf.* Vereidigung. — **ver'ei·digt** **I** *pp.* – **II** *adj* sworn: ~er Übersetzer sworn translator. — **Ver'ei·di·gung** *f* ⟨-; *no pl*⟩ **1.** *cf.* Vereidigen. – **2.** attestation.

Ver'ein *m* ⟨-(e)s; -e⟩ **1.** club. – **2.** *jur. econ.* (*Verband, Gesellschaft* [*mit od. ohne eigene Rechtspersönlichkeit*]) society, association, union, cooperative, *Br. auch* co-operative: eingetragener ~ incorporated society, (*nicht zu Erwerbszwecken gegründeter*) *Am.* membership corporation; gemeinnütziger ~ nonprofit (*Br.* non-profit-making) society; wohltätiger ~ charitable (*od.* benevolent, friendly) society. – **3.** (*Vereinigung, Zusammenschluß, Zollverein etc*) union. – **4.** im ~ mit *fig.* in conjunction with, together with. – **5.** *fig. colloq. bes. contempt.* 'bunch', 'crowd' (*beide colloq.*): das ist ja ein toller ~! they are a fine bunch!

ver'ein·bar *adj only in* mit etwas ~ sein to be compatible (*od.* consistent, reconcilable) with s.th.: diese Äußerung ist schlecht mit ihrer allgemeinen Denkweise ~ this statement is hardly consistent (*od.* hardly compatible) with her general way of thinking; solche Methoden sind mit unseren Grundsätzen nicht ~ methods of that sort are not compatible (*od.* are incompatible) with our principles.

ver'ein·ba·ren I *v/t* ⟨no ge-, h⟩ **1.** etwas ~ to agree (up)on (*od.* arrange) s.th., to settle (up)on s.th.: einen Treffpunkt ~ to agree upon (*od.* arrange) a meeting place; einen Preis ~ to agree upon (*od.* stipulate) a price; falls nicht anders vereinbart unless otherwise agreed upon; das war schon vorher so vereinbart worden that had been agreed upon beforehand (*od.* prearranged). – **2.** (*in Wendungen wie*) etwas ist mit etwas nicht zu ~ s.th. is incompatible (*od.* inconsistent) with s.th.; sich [nicht] mit etwas ~ lassen to be [in]consistent (*od.* [in]compatible, [ir]reconcilable) with s.th.; das läßt sich mit meinem Beruf nicht ~ that is incompatible with my profession; das kann ich mit meinem Gewissen nicht ~ that is incompatible with (*od.* that is against) my principles; das ist mit meiner Zeit nicht zu ~ I cannot find the time for it. – **3.** *jur. econ.* agree (up)on, stipulate, covenant. – **II V~** *n* ⟨-s⟩ **4.** *verbal noun.*

Ver'ein·bar·keit *f* ⟨-; no pl⟩ compatibility, reconcilability.

ver'ein·bart I *pp.* – **II** *adj* agreed, understood, arranged, stipulated: zum ~en Zeitpunkt at the time stipulated (*od.* agreed [up]on); es gilt als ~, daß it has been agreed that; (vorher) ~ (previously) arranged, (pre)arranged, (pre)concerted.

Ver'ein·ba·rung *f* ⟨-; -en⟩ **1.** *cf.* Vereinbaren. – **2.** (*Übereinkommen*) agreement, understanding: schriftliche ~ agreement in writing; mündliche ~ verbal (*od.* oral) agreement; gegenseitige [stillschweigende] ~ mutual [tacit] agreement; nach ~ by agreement. – **3.** (*Abmachung, Regelung*) arrangement: eine finanzielle ~ a financial arrangement; eine ~ treffen to enter into (*od.* make) an arrangement; sich an eine ~ halten to keep (to) an arrangement; laut ~ as arranged. – **4.** (*für eine Sprechstunde*) appointment. – **5.** *pol.* (*völkerrechtliche*) convention. — **ver'ein·ba·rungs·ge,mäß** *adv* as arranged, as agreed (upon).

ver'ei·nen *v/t u.* sich ~ *v/reflex* ⟨no ge-, h⟩ *cf.* vereinigen.

ver'ein,fa·chen [-,faxən] **I** *v/t* ⟨no ge-, h⟩ (*Verfahren etc*) simplify. – **II V~** *n* ⟨-s⟩ *verbal noun.* — **Ver'ein,fa·chung** *f* ⟨-; -en⟩ **1.** *cf.* Vereinfachen. – **2.** simplification: zur ~ to simplify matters; starke ~ great simplification.

ver'ein·heit·li·chen [-'ˀaɪnhaɪtlɪçən] **I** *v/t* ⟨no ge-, h⟩ **1.** unify, standardize *Br. auch* -s-. – **2.** *pol.* bring (*od.* whip) (*s.th.*) into line. – **II V~** *n* ⟨-s⟩ **3.** *verbal noun.* — **Ver'ein·heit·li·chung** *f* ⟨-; no pl⟩ **1.** *cf.* Vereinheitlichen. – **2.** unification, standardization *Br. auch* -s-.

ver'ei·ni·gen I *v/t* ⟨no ge-, h⟩ **1.** (*zusammenbringen, -schließen*) join, unite, unify: durch den Suchdienst wurde die Familie wieder vereinigt the family was reunited through the tracing (*od.* missing persons) service. – **2.** *bes. econ.* (*zusammenfassen*) consolidate, amalgamate: viele Unternehmen in einer Hand ~ to consolidate a great number of firms in one hand. – **3.** (*verbinden*) combine: mehrere Ämter ~ to combine several offices (in one). – **4.** (*verschmelzen*) fuse. – **5.** etwas in (*dat*) sich ~ to combine (*od.* unite) s.th.: sie vereinigt Schönheit mit Klugheit in sich she combines beauty and intelligence. – **6.** um sich ~ to gather (*od.* assemble) (*persons*) (a)round one. – **7.** (*in Übereinstimmung bringen*) diese Ansichten sind nicht (miteinander) zu ~ (*od.* lassen sich nicht ~) these views are not consistent (*od.* compatible); sein Handeln läßt sich nicht mit seinen politischen Ansichten ~ his actions are not consistent (*od.* cannot be squared) with his political views. – **8.** *mil.* a) (*Feuer*) combine, concentrate, b) (*Truppen*) consolidate, (*wieder sammeln*) rally. – **9.** *pol.* (*Stimmen*) collect, amass, unite: er konnte alle Stimmen auf (*acc*) sich ~ he was able to collect all the votes. – **10.** *econ.* (*Geld, Interessen, Kapital etc*) pool. – **II** *v/reflex* sich ~ **11.** (*sich zusammenschließen*) unite, join (together), associate, combine, conjoin (*lit.*): sich (miteinander) gegen j-n ~ to join (forces) against s.o.; sich (mit j-m) zu gemeinsamem Tun ~ to make a joint effort, to join (*od.* unite) forces for a common goal. – **12.** (*sich verbünden*) (gegen against) unite, ally, combine: sich zu einer Koalition ~ *pol.* to form a coalition. – **13.** (*verschmelzen*) merge, amalgamate, consolidate: diese Firmen haben sich zu einem Trust vereinigt these firms have merged to form a trust. – **14.** (*von Tönen etc*) blend, merge, fuse: die Töne vereinigten sich zum letzten Akkord the tones blended into a final chord. – **15.** (*sich treffen*) merge, meet: wo Inn und Donau sich ~ where Inn and Danube meet; drei Straßen ~ sich an dem Punkt three streets merge at that point. – **16.** (*zusammenkommen*) assemble, gather, meet: sich zum Gottesdienst ~ to assemble for worship (*od.* a service). – **17.** (*sich paaren*) mate, copulate. – **18.** (*zusammenwachsen*) coalesce. – **19.** *biol.* (*von Zellen*) conjugate. – **III V~** *n* ⟨-s⟩ **20.** *verbal noun.* – **21.** *cf.* Vereinigung.

ver'ei·nigt I *pp.* – **II** *adj* **1.** united: die V~en Staaten (von Amerika) the United States (of America); das V~e Königreich (Großbritannien und Nordirland) the United Kingdom (of Great Britain and Northern Ireland). – **2.** *cf.* vereint 1. – **3.** *econ. jur.* (*bei Gesellschaftsnamen*) consolidated.

Ver'ei·ni·gung *f* ⟨-; -en⟩ **1.** *cf.* Vereinigen. – **2.** (*Zusammenschluß*) union, consortium. – **3.** *bes. econ.* (*Zusammenfassung*) consolidation, amalgamation. – **4.** (*Verbindung*) combination, combine. – **5.** (*Treffen*) assembly, meeting. – **6.** (*von Flüssen*) confluence. – **7.** *pol.* a) (*zum Bündnis*) alliance, b) (*zur Koalition*) coalition, c) (*zur Konföderation*) confederation. – **8.** *med.* a) (*geschlechtliche*) copulation, intercourse, b) (*von Blutgefäßen etc*) anastomosis, inosculation. – **9.** *biol.* (*von Zellen*) conjugation. – **10.** *relig.* confraternity. – **11.** *math.* join, union.

Ver'ei·ni·gungs|,frei·heit *f jur. pol.* freedom of association. — **~,men·ge** *f math.* join of sets. — **~,ort** *m* meeting place, place of assembly. — **~,punkt** *m* **1.** (*Treffpunkt*) meeting (*bes. mil.* rallying) point. – **2.** (*Verbindungspunkt*) junction, juncture.

ver'ein,nah·men [-,naːmən] **I** *v/t* ⟨no ge-, h⟩ **1.** take in, collect. – **2.** (*einstecken*) pocket. – **II V~** *n* ⟨-s⟩ **3.** *verbal noun.* — **Ver'ein,nah·mung** *f* ⟨-; -en⟩ **1.** *cf.* Vereinnahmen. – **2.** collection.

Ver'eins,abend *m* club evening (*od.* night).

ver'ein·sa·men [-'ˀaɪnzaːmən] **I** *v/i* ⟨no ge-, sein⟩ **1.** grow (*od.* become, get) lonely (*od.* solitary). – **2.** (*abgeschnitten werden*) become isolated. – **II V~** *n* ⟨-s⟩ **3.** *verbal noun.* — **Ver'ein·sa·mung** *f* ⟨-; no pl⟩ **1.** *cf.* Vereinsamen. – **2.** increasing loneliness. – **3.** isolation.

Ver'eins|,bei,trag *m* club (*od.* association) dues *pl* (*od.* fees *pl*), membership fee(s *pl*). — **~,bru·der** *m cf.* Vereinskamerad. — **~,elf** *f* (*sport*) (*beim Fußball etc*) club eleven (*od.* team, side). — **~,fah·ne** *f* club banner. — **~,frei·heit** *f cf.* Vereinigungsfreiheit. — **~,geist** *m* ⟨-(e)s; no pl⟩ club (*od.* team) spirit. — **~ge,setz** *n jur.* law on associations. — **~,haus** *n* club(house). — **v~in,tern** (*sport*) **I** *adj* ~e Sperre club suspension. – **II** *adv* ~ gesperrt werden to receive a club suspension. — **~ka·me,rad** *m* clubmate, club friend (*od. colloq.* pal, crony), fellow member of (one's) club, *bes. Am. colloq.* club buddy. — **~,kampf** *m* (*sport*) interclub competition. — **~,kas·se** *f* club (*od.* society) funds *pl*, treasury. — **~lo,kal** *n* club inn, club, club premises *pl.* — **~,mann·schaft** *f* (*sport*) club team. — **~,mei·er** *m* ⟨-s; -⟩ *colloq. contempt.* clubman, club fanatic, *Am. auch* joiner. — **~meie'rei** [fɛr,ˀaɪns-] *f* ⟨-; no pl⟩ *colloq. contempt.* club fanaticism. — **~,mit,glied** *n* club (*od.* society) member. — **~,raum** *m* clubroom. — **~,recht** *n jur.* right (*od.* freedom) of association: Vereins- und Versammlungsrecht right of association and assembly. — **~re,gi·ster** *n* official register of associations, societies and clubs, *Am.* register of membership corporations. — **~,sat·zung** *f* statutes (and articles) *pl* of a society (*od.* club). — **~,sper·re** *f* (*sport*) club suspension. — **~ver,mö·gen** *n* property (*od.* assets *pl*) of a club (*od.* a society, an association). — **~vor,sit·zen·de** *m* club (*od.* society, association) president. — **~,vor,stand** *m* managing committee (*od.* board) of a club (*od.* a society, an association). — **~,we·sen** *n* ⟨-s; no pl⟩ clubs, societies and associations *pl.* — **~,zim·mer** *n* clubroom.

ver'eint I *pp.* – **II** *adj* **1.** mit ~en Kräften in a joint (*od.* combined, united) effort; brüderlich ~ the best of friends (*od. colloq.* pals); getrennt marschieren, ~ schlagen *etwa* to march separately, to fight jointly. – **2.** die V~en Nationen *pol.* the United Nations.

ver'ein·zeln [-'ˀaɪntsəln] *v/t* ⟨no ge-, h⟩ *hort. agr.* thin (out).

ver'ein·zelt I *pp.* – **II** *adj* ⟨attrib⟩ single, *auch* singular: in ~en Fällen in a few isolated (*od.* sporadic, rare) cases; ~e Fußgänger a few odd pedestrians, the occasional (*od.* the odd) pedestrian *sg*; ~e Regenschauer *meteor.* occasional (*od.* scattered) showers. – **III** *adv* in (a few) isolated (*od.* rare) cases, sporadically, very rarely, here and there: ~ auftreten (*od.* vorkommen) to occur in isolated cases.

Ver'ein·ze·lungs·ma,schi·ne *f agr.* thinner.

ver'ei·sen I *v/t* ⟨no ge-, h⟩ **1.** *med.* a) (*mit Eis*) refrigerate, freeze, b) (*mit Kohlensäureschnee*) freeze. – **II** *v/i* ⟨sein⟩ **2.** (*von Flüssen*) freeze (over). – **3.** (*von Straßen, Pisten etc*) become icy, ice up, become covered with ice. – **4.** (*von Scheiben etc*) frost (over *od.* up), ice (up). – **5.** *aer.* freeze (*od.* ice) up, form (*od.* collect) ice. – **III V~** *n* ⟨-s⟩ **6.** *verbal noun.* – **7.** *cf.* Vereisung. — **ver'eist I** *pp.* – **II** *adj* **1.** (*Flüsse*) frozen, frozen over (*nachgestellt*). – **2.** (*Straßen etc*) icy, ice-coated. – **3.** (*Scheiben etc*) frosted, iced-up (*attrib*), frosted-up (*attrib*), frosted over (*nachgestellt*). – **4.** *aer.* iced, frozen, frozen- (*od.* iced-)up (*attrib*). – **5.** *geol.* glaciated. — **Ver'ei·sung** *f* ⟨-; no pl⟩ **1.** *cf.* Vereisen. – **2.** (*der Straßen*) icy condition. – **3.** *med.* a) (*mit Eis*) refrigeration, ice an(a)esthesia, b) (*mit Kohlensäureschnee*) freezing an(a)esthesia. – **4.** *geol.* glaciation.

Ver'ei·sungs·ge,fahr *f* **1.** *aer.* danger of icing. – **2.** (*der Straße*) danger of icy condition.

ver'ei·teln [-'ˀaɪtəln] **I** *v/t* ⟨no ge-, h⟩ **1.** (*Absicht, Plan etc*) thwart, foil, frustrate, baffle, torpedo, upset. – **2.** (*Tat, Unternehmen etc*) hinder, prevent, obstruct, block, ba(u)lk, stymie. – **II V~** *n* ⟨-s⟩ **3.** *verbal noun.* — **Ver'ei·te·lung, Ver'eit·lung** *f* ⟨-; no pl⟩ **1.** *cf.* Vereiteln. – **2.** (*von Plänen etc*) frustration, bafflement. – **3.** (*von Taten etc*) hindrance, *auch* hinderance, prevention, obstruction, blockage.

ver'ei·tern *med.* **I** *v/i* ⟨no ge-, sein⟩ **1.** suppurate, fester, become suppurative, form (*od.* produce) matter (*od.* pus). – **II V~** *n* ⟨-s⟩ **2.** *verbal noun.* – **3.** *cf.* Vereiterung. — **ver'ei·tert I** *pp.* – **II** *adj cf.* eitrig. — **Ver'ei·te·rung** *f* ⟨-; -en⟩ **1.** *cf.* Vereitern. – **2.** suppuration, pyosis (*scient.*).

ver'ekeln *v/t* ⟨no ge-, h⟩ j-m etwas ~ to spoil s.th. for s.o., to put s.o. off s.th.

ver'elen·den [-'ˀeːlɛndən] **I** *v/i* ⟨no ge-, sein⟩ **1.** be reduced to misery, sink into poverty (*od.* wretchedness). – **II V~** *n* ⟨-s⟩ **2.** *verbal noun.* – **3.** *cf.* Verelendung. — **ver'elen·det I** *pp.* – **II** *adj* impoverished, pauperized *Br. auch* -s-, submerged. — **Ver'elen·dung** *f* ⟨-; no pl⟩ **1.** *cf.* Verelenden. – **2.** (reduction to) misery, impoverishment, pauperization *Br. auch* -s-.

ver'en·den *v/i* ⟨no ge-, sein⟩ (*von Tieren*) die, perish.

ver'en·gen [-'ˀɛŋən] **I** *v/reflex* ⟨no ge-, h⟩ sich ~ **1.** (*von Straße, Tal etc*) narrow, become narrow (*od.* constricted). – **2.** (*sich zusammenziehen*) contract. – **3.** *fig.* (*von Gesichtskreis etc*) narrow. – **II** *v/t* **4.** (*Straße, Tal etc*) narrow, constrict. – **5.** (*Blutgefäß etc*) constrict, constringe. – **6.** *fig.* (*Gesichtskreis etc*) narrow. – **III V~** *n* ⟨-s⟩ **7.** *verbal noun.* – **8.** *cf.* Verengung.

ver'en·gern [-'ˀɛŋərn] **I** *v/t* ⟨no ge-, h⟩ **1.** (*Kleidungsstück*) take (*s.th.*) in: ein Kleid (in der Taille) ~ to take a dress in (at the waist). – **2.** *cf.* verengen II. – **II** *v/reflex* sich ~ **3.** (*von Bedeutung etc*) narrow. – **III V~** *n* ⟨-s⟩ **4.** *verbal noun.* — **Ver'en·ge·rung** *f* ⟨-; -en⟩ *cf.* Verengern.

ver'engt I *pp.* – **II** *adj* **1.** narrowed: → Fahrbahn 1. – **2.** *med.* a) narrowed, contracted, strictured, stenosed (*scient.*), b) (*Becken*) contracted.

Ver'en·gung *f* ⟨-; -en⟩ **1.** *cf.* Verengen. – **2.** ⟨only sg⟩ (*von Straße, Tal etc*) constriction. – **3.** (*Engpaß, enge Stelle*) (narrow) pass, defile. – **4.** *med.* a) (*Einschnürung*) constriction, b) (*von Öffnung, hohlem Organ*) stenosis, c) (*eines Ganges*) stricture, d) (*der Pupille*) contraction, e) (*der Aorta*) coarctation.

ver'erb·bar *adj* **1.** (*Anlagen etc*) hereditary, (in)heritable, hereditable, transmissible, transmittable: **erworbene Eigenschaften sind nicht ~** acquired qualities are not inheritable. – **2.** (*Besitz, Titel etc*) (in)heritable, hereditary, hereditable, devisable. — **Ver'erb·bar·keit** *f* ⟨-; *no pl*⟩ **1.** (in)heritability, hereditability, hereditariness, transmissibility. – **2.** (in)heritability, hereditability, inheritableness, devisability.

ver'er·ben I *v/t* ⟨*no* ge-, h⟩ **1. j-m etwas ~, etwas an j-n ~** a) to leave (*od.* will) s.o. s.th. (*od.* s.th. to s.o.), b) (*bes. Geld u. bewegliche Habe*) to bequeath s.o. s.th. (*od.* s.th. to s.o.), c) (*bes. Grund u. Boden, unbewegliche Habe*) to devise s.o. s.th. (*od.* s.th. to s.o.), d) (*testamentarisch vermachen od. übertragen*) to transmit s.th. to s.o. by will, e) *fig. colloq. humor.* (*schenken, überlassen*) to bequeath s.th. to s.o. – **2. etwas auf j-n ~, j-m etwas ~** a) *biol. med.* (*Erbanlage, Krankheit etc*) to transmit (*od.* propagate) s.th. to s.o., b) (*bestimmte Nasenform etc*) to give (*od.* pass on) s.th. to s.o., c) (*Sitten, Bräuche etc*) to hand s.th. down (*od.* transmit s.th.) to s.o. – **II** *v/reflex* **3. sich auf j-n ~** *biol. med.* (*von Erbanlage, Krankheit etc*) to be transmitted (*od.* propagated) to s.o. – **III V~** *n* ⟨-s⟩ **4.** *verbal noun.* – **5.** *cf.* Vererbung.

ver'erb·lich *adj cf.* vererbbar.

Ver'er·bung *f* ⟨-; *no pl*⟩ **1.** *cf.* Vererben. – **2.** *biol. med.* (*von Erbanlagen, Krankheiten etc*) (hereditary) transmission, propagation. – **3.** (*von Sitten, Bräuchen etc*) transmission.

Ver'er·bungs|ˌfor·scher *m biol.* geneticist. — **~ˌfor·schung** *f* genetics *pl* (*construed as sg*). — **~geˌset·ze** *pl* laws of heredity, Mendelian (*od.* Mendel's) laws. — **~ˌleh·re** *f* genetics *pl* (*construed as sg*). — **~theoˌrie** *f* theory of heredity.

ver'er·zen [-ˈʔeːrtsən; -ˈʔɛrtsən] *v/t* ⟨*no* ge-, h⟩ *min. geol.* mineralize *Br. auch* -s-.

ver'estern [-ˈʔɛstərn] *v/t* ⟨*no* ge-, h⟩ *chem.* esterify.

ver'ewi·gen [-ˈʔeːvɪgən] **I** *v/t* ⟨*no* ge-, h⟩ **1.** (*Zustand etc*) perpetuate, eternize *Br. auch* -s-, eternalize *Br. auch* -s-. – **2.** (*Namen, Ruhm etc*) immortalize *Br. auch* -s-, eternize *Br. auch* -s-, eternalize *Br. auch* -s-. – **II** *v/reflex* **3. sich in** (*dat*) [**auf** *dat*] **etwas ~** *fig. colloq.* to carve (*od.* scratch) one's name into [on] s.th., to leave one's mark on s.th.; **dort hat sich ein Hund verewigt** *fig. colloq. euphem.* a dog did its business (*od.* made a pile) there. – **III V~** *n* ⟨-s⟩ **4.** *verbal noun.* – **5.** *cf.* Verewigung. — **ver'ewigt I** *pp.* – **II** *adj* ⟨*attrib*⟩ (*verstorben*) deceased, departed. — **Ver'ewi·gung** *f* ⟨-; *no pl*⟩ **1.** *cf.* Verewigen. – **2.** (*eines Zustands*) perpetuation, eternization *Br. auch* -s-, eternalization *Br. auch* -s-. – **3.** (*von Namen, Ruhm etc*) immortalization *Br. auch* -s-, eternization *Br. auch* -s-, eternalization *Br. auch* -s-.

ver'fah·ren[1] **I** *v/i* ⟨*irr, no* ge-, sein⟩ **1.** (*vorgehen*) proceed: **wir müssen nach der vorgeschriebenen Methode ~** we must proceed in accordance with the prescribed method; **unter den gleichen Bedingungen ~** (*bei einem Experiment*) to proceed under the same conditions. – **2.** (*handeln*) act, proceed: **schonend** [**rücksichtslos**] **~** to act with [without] consideration. – **3. mit j-m** [**etwas**] **~** (*umgehen*) to deal (*od.* proceed) with s.o. [s.th.], to treat s.o. [s.th.]: **er ist sehr achtlos damit ~** he treated it rather carelessly; **wir müssen streng mit ihm ~** we must treat him with severity, we must deal with him severely. – **II** *v/t* ⟨h⟩ **4.** (*Geld, Zeit, Benzin etc*) spend (*s.th.*) on traveling (*bes. Br.* travelling). – **III** *v/reflex* **sich ~ 5.** take the wrong road, lose one's way. – **6.** *fig.* (*nicht weiterkönnen*) get stuck. – **IV V~** *n* ⟨-s⟩ **7.** *verbal noun.*

ver'fah·ren[2] **I** *pp of* verfahren[1]. – **II** *adj fig.* (*verpfuscht*) muddled: **eine ~e Geschichte** a muddled affair; **diese Sache ist** (**total**) **~** the whole thing is in a complete tangle.

Ver'fah·ren[3] *n* ⟨-s; -⟩ **1.** *tech.* a) (*Prozeß*) process, b) (*mechanischer Arbeitsgang*) operation, c) (*Methode*) method, d) (*Verfahrensgang*) procedure, e) (*Behandlung*) treatment, f) (*Schema, Plan*) system, g) (*Praxis, Art*) practice, h) (*fertigungstechnisches Verfahren*) technique: **ein verbessertes** [**überholtes**] **~** an improved [outmoded] process; **ein ~ anwenden** [**einführen**] to apply [to introduce] a process. – **2.** (*Methode*) method, system, scheme: **mit diesem ~ kommst du nicht weiter** you will not get far (*od.* any further) with this method. – **3.** ⟨*only sg*⟩ (*Vorgehen*) procedure, way of acting: **sein eigenmächtiges ~** his wil(l)ful procedure. – **4.** *jur.* a) proceedings *pl*, b) ⟨*only sg*⟩ procedure, practice: **gerichtliches** [**langwieriges, abgekürztes**] **~** legal (*od.* judicial) [lengthy, summary] proceedings; **ordnungsgemäßes ~** orderly procedure; **ein** (**gerichtliches**) **~ gegen j-n einleiten** (*od.* **eröffnen**) to institute (*od.* take) (legal) proceedings against s.o., to take (legal) action against s.o.; **ein ~ aussetzen** [**einstellen, wiederaufnehmen**] to suspend [to stay *od.* stop, to resume] legal proceedings; **ein ~** (**wegen ...**) **lief gegen ihn** he was on a charge (of ...), he had a charge (for ...) pending against him.

Ver'fah·rens|ˌabˌlauf *m jur. cf.* Verfahrensgang. — **~ˌabˌschnitt** *m* stage of (the) proceedings. — **~ˌanˌtrag** *m pol.* (*im Parlament*) procedural motion, motion of procedure. — **~ˌausˌschuß** *m* procedural committee. — **~ˌeinˌstel·lung** *f jur.* (*im Strafprozeß*) nolle prosequi, stay of (the) proceedings. — **~ˌfra·ge** *f* **1.** *jur.* question (*od.* matter) of procedure, procedural question (*od.* issue). – **2.** *pol.* (*im Parlament*) point of order. — **~ˌgang** *m tech.* (course of) procedure. — **~ˌko·sten** *pl jur.* costs of the proceedings. — **~ˌman·gel** *m* (legal) defect in the proceedings. — **~ˌord·nung** *f* rules *pl* of procedure (*od.* proceedings), procedural rules *pl.* — **~ˌplan** *m* procedural plan. — **~ˌrecht** *n jur.* procedural law. — **v~ˌrecht·lich** *adj* procedural: **eine ~e Frage** a procedural question, a question of procedure. — **~ˌtech·nik** *f tech.* process engineering. — **~ˌvorˌschrift** *f jur.* procedural requirement (*od.* provision): **die ~en erfüllen** to comply with the procedural requirements. — **~ˌwei·se** *f* method, procedure, way of acting, modus operandi.

Ver'fall ⟨-(e)s; *no pl*⟩ **1.** (*von Gebäuden etc*) dilapidation, decay, disrepair, (*stärker*) ruin: **in ~ geraten** a) to fall into decay, (*stärker*) to go to ruin, b) *cf.* verfallen[1] 2, 5. – **2.** *med.* (*gesundheitlicher, geistiger, körperlicher*) decline, decay. – **3.** (*des Besitzes, Vermögens, Reichtums etc*) dissolution, decay. – **4.** (*von Reichen, Kulturen, der Kunst etc*) decay, decline. – **5.** (*sittlicher, moralischer*) decay, corruption, degeneration, degeneracy: (**der**) **~ der Sitten** decadence, decadency. – **6.** *econ.* (*Fristablauf*) expiry, expiration, (*bes. eines Wechsels*) *auch* maturity: **bei ~** a) upon expiry, b) (*eines Wechsels*) at (*od.* [up]on) maturity, when due. – **7.** *jur.* (*eines Rechts*) lapse.

Ver'fall|ˌbuch *n econ.* bill book, *Am.* maturity index, tickler. — **~ˌda·tum** *n cf.* Verfalltag.

ver'fal·len[1] **I** *v/i* ⟨*irr, no* ge-, sein⟩ **1.** (*von Gebäuden*) dilapidate, fall into decay (*od.* disrepair), (*stärker*) go to ruin. – **2.** (*von Kraft, Gesundheit etc*) decline, be failing, deteriorate, decay. – **3.** (*von Kranken*) waste (*od.* fade) away. – **4.** (*von Besitz, Vermögen, Reichtum etc*) decay. – **5.** (*von Kunst, Reichtum, Kulturen etc*) decay, decline. – **6.** (*von Sitten, Moral etc*) decay, degenerate. – **7.** (*ablaufen, ungültig werden*) expire: **die Karte ist ~** the ticket has expired; **eine Karte ~ lassen** to let a ticket expire (*od.* go to waste). – **8.** *jur.* a) (*von Recht, Anspruch etc*) lapse, expire, b) (*von Pfand etc*) become forfeited. – **9. j-m ~** a) (*von Dingen*) to become the property of s.o., b) (*von Personen*) to become s.o.'s slave. – **10. einer Sache ~** a) (*einem Laster, einer Leidenschaft etc*) to become addicted to s.th., b) (*dem Gesetz, der Gerechtigkeit etc*) to be subject to s.th., c) *lit.* (*der Vernichtung, dem Tode, einem Schicksal etc*) to fall prey to s.th., d) (*dem Spott, der Lächerlichkeit etc*) to become the object of s.th., e) (*einer Strafe*) to incur s.th.: **er verfällt immer mehr dem Trunk** he is becoming more and more addicted to drink; **einem Irrtum ~** to err; **dem Wahnsinn ~** to go insane; **dem Zauber der Musik ~** to be bewitched by (the) music. – **11. auf** (*acc*) **etwas ~** to hit (up)on s.th., to think of s.th.: **er verfällt manchmal auf die komischsten Ideen** he hits on the funniest ideas sometimes; **darauf wäre ich nie ~** I should never have thought of that. – **12. in** (*acc*) **etwas ~** (*in Nachdenken etc*) to fall (*od.* lapse) into s.th.: **in Schweigen ~** to lapse (*od.* sink) into silence; **in den alten Ton** [**Schlendrian**] **~** to fall back into one's old ways [the old routine], to lapse into one's old ways [the old routine] again; **in Krämpfe ~** to be seized by cramps. – **II V~** *n* ⟨-s⟩ **13.** *verbal noun.* – **14.** *cf.* Verfall.

ver'fal·len[2] **I** *pp of* verfallen[1]. – **II** *adj* **1.** (*Gebäude etc*) dilapidated, decayed, (*stärker*) ruined, ruinous. – **2.** (*Gesichtszüge etc*) wasted, emaciated. – **3.** (*abgelaufen*) expired: **~e Karten werden nicht zurückgenommen** expired tickets are not returnable. – **4.** *jur.* (*Rechte, Ansprüche, Patent etc*) lapsed, expired: **für ~ erklären** a) (*Hypothek etc*) to foreclose, b) (*Pfand etc*) to declare (*s.th.*) forfeit(ed). – **5. j-m ~ sein** to be a slave to s.o., to be in bondage to s.o. – **6. einer Sache ~ sein** to be addicted to s.th.: **dem Rauschgift ~ sein** to be addicted to drugs, to be a drug addict.

Ver'fall|erˌklä·rung *f econ.* statement of forfeiture (*od.* expiry), (*einer Hypothek wegen Verzugs des Hypothekenschuldners*) foreclosure. — **~ˌklau·sel** *f* forfeiture (*od.* expiry) clause.

Ver'falls|erˌklä·rung *f econ. cf.* Verfallerklärung. — **~erˌschei·nung** *f* symptom of decline (*od.* decay). — **~ˌtag** *m econ. cf.* Verfalltag. — **~ˌzeit** *f cf.* Verfallzeit.

Ver'fall|ˌtag *m econ.* date (of expiry), due (*od.* expiry, expiring) date, (*bes. eines Wechsels*) *auch* date of maturity. — **~ˌzeit** *f* (*eines Wechsels*) tenor, term, period.

ver'fäl·schen I *v/t* ⟨*no* ge-, h⟩ **1.** (*Wein, Nahrungsmittel, Arzneien etc*) adulterate, falsify. – **2.** (*Wahrheit, Tatsachen, Text etc*) falsify, distort, misrepresent, corrupt, sophisticate. – **3.** *econ.* (*zurechtmachen, frisieren*) falsify, fake, doctor (*colloq.*): **eine Bilanz** [**Statistik**] **~** to fake (*od.* colloq. cook) a balance sheet [statistics]. – **4.** *cf.* fälschen 1. – **II V~** *n* ⟨-s⟩ **5.** *verbal noun.* – **6.** *cf.* Verfälschung. — **Ver'fäl·scher** *m* ⟨-s; -⟩ **1.** (*von Wein, Nahrungsmitteln etc*) adulterator, falsifier. – **2.** (*der Wahrheit, von Tatsachen etc*) falsifier, misrepresenter, corrupter, sophisticator. – **3.** *econ.* (*einer Bilanz, Statistik etc*) falsifier, faker. — **ver'fälscht I** *pp.* – **II** *adj* **1.** (*Wein, Nahrungsmittel etc*) adulterate(d), adulterine, falsified. – **2.** (*Tatsachen, Wahrheit, Text etc*) falsified, distorted, misrepresented, spurious, corrupt, sophisticated. – **3.** (*Bilanz, Statistik etc*) falsified, fake(d); cooked, doctored (*colloq.*). — **Ver'fäl·schung** *f* ⟨-; *no pl*⟩ **1.** *cf.* Verfälschen. – **2.** (*von Wein, Nahrungsmitteln etc*) adulteration, falsification. – **3.** (*der Wahrheit, von Tatsachen, eines Textes etc*) falsification, distortion, misrepresentation, corruption, sophistication. – **4.** *econ.* (*einer Bilanz, Statistik etc*) falsification.

ver'fan·gen[1] **I** *v/i* ⟨*irr, no* ge-, h⟩ **1.** [**nicht**] **bei j-m ~** (*von Mahnungen, Trost, Versprechungen, Mittel etc*) to have (an) [no] effect on s.o., [not] to work with (*od.* on) s.o.: **Mahnungen ~ bei ihm nicht** admonitions have no effect (*od.* are lost) on him; **das verfängt bei mir nicht** that does not work (*od.* will not take) with me. – **2.** (*von Argument etc*) be convincing, go down. – **II** *v/reflex* **3. sich in** (*dat u. acc*) **etwas ~** a) (*vom Wind*) to be (*od.* get) caught in s.th., b) (*von Menschen u. Tieren*) to get caught (up) (*od.* get entangled, get ensnared) in s.th., c) (*von Dingen*) to catch (*od.* get caught, get [en]tangled) in s.th.: **das Tier hat sich im Netz ~** the animal got caught in the net; **sich in Widersprüche** [**Lügen**] **~** *fig.* to become (*od.* get) entangled in contradictions [lies].

ver'fan·gen[2] **I** *pp of* verfangen[1]. – **II** *adj* **j-d ist in dem Wahn ~, Napoleon zu sein** s.o. has (*od.* is obsessed with) the mad notion of being Napoleon.

ver'fäng·lich [-ˈfɛŋlɪç] *adj* **1.** (*tückisch*) tricky, captious, (*stärker*) insidious: **eine ~e Frage** a captious question; **die Frage war** (*od.* **klang**) **~** the question was (*od.* sounded) tricky. – **2.** (*peinlich, bloß-*

stellend) awkward, embarrassing: er überraschte sie in einer ~en Situation he caught her in an awkward situation. – **3.** *(belastend)* detrimental, harmful, prejudicial, *Am. auch* prejudical: dieser Brief könnte für dich ~ werden this letter might become damaging to you. – **4.** *(schlüpfrig, gewagt)* risqué, off-color, *bes. Br.* off-colour *(attrib)*, daring, risky, blue *(colloq.)*: die Unterhaltung wurde ziemlich ~ the conversation became rather risqué. – **5.** *(riskant, gefährlich)* risky, precarious, hazardous. — **Ver'fäng·lich·keit** *f* ⟨-; *no pl*⟩ **1.** *(einer Frage etc)* trickiness, captiousness, *(stärker)* insidiousness. – **2.** *(Peinlichkeit)* awkwardness. – **3.** *(eines Briefes etc)* detrimentalness, harmfulness, prejudicialness. – **4.** *(Schlüpfrigkeit)* riskiness, daringness, blueness *(colloq.)*. – **5.** *(Gefährlichkeit)* riskiness, precariousness, hazardousness.

ver'fär·ben I *v/t* ⟨*no* ge-, h⟩ **1.** *(abfärben auf)* stain: die roten Socken haben die ganze Wäsche verfärbt the red socks have stained the whole wash(ing), the dye from the red socks has run on to the whole wash(ing). – **II** *v/i* **2.** *hunt.* *(vom edlen Haarwild)* shed the coat. – **III** *v/reflex* sich ~ **3.** *(von Stoff etc)* discolor, *bes. Br.* discolour, stain, become discolored *(bes. Br.* discoloured) *(od.* stained). – **4.** *(von Blättern, Laub)* turn. – **5.** *(von Gesicht, Haut, Tier etc)* change color *(bes. Br.* colour). – **6.** *med.* *(von Exanthem)* fade. – **7.** *metall.* decolorize, *bes. Br.* decolourize *auch* -s-. – **IV V~** *n* ⟨-s⟩ **8.** *verbal noun.* – **9.** *cf.* Verfärbung. — **ver'färbt I** *pp.* – **II** *adj* *(Stoff)* discolored, *bes. Br.* discoloured, stained: ~e Stelle *cf.* Verfärbung 3. — **Ver'fär·bung** *f* ⟨-; -en⟩ **1.** *cf.* Verfärben. – **2.** discoloration, *bes. Br.* discolouration. – **3.** *(Stelle)* discoloration, *bes. Br.* discolouration, stain. – **4.** *med.* a) *(bei Gelbsucht)* tinge, b) *(durch Pigmente)* pigmentation.

ver'fas·sen I *v/t* ⟨*no* ge-, h⟩ **1.** *(Artikel, Brief, Rede etc)* (für for) write, pen *(lit.)*, *(Buch, Gedicht etc) auch* compose. – **2.** *(Schriftstück, Urkunde etc)* draw (up). – **3.** *(Musikstück)* compose. – **II V~** *n* ⟨-s⟩ **4.** *verbal noun*: beim V~ des Artikels when writing the article. – **5.** *(eines Gedichtes etc)* composition. – **6.** *(eines Musikstückes)* composition.

Ver'fas·ser *m* ⟨-s; -⟩ **1.** *(eines Artikels, Briefes, einer Rede etc)* author, writer, *(eines Buches, Gedichts etc) auch* composer: ~ unbekannt *(als Angabe)* author unknown, anonymous; ohne ~ no single author. – **2.** *(eines Musikstücks)* composer. — **Ver'fas·se·rin** *f* ⟨-; -nen⟩ **1.** author(ess), writer, *(eines Buches, Gedichts etc) auch* composer. – **2.** *cf.* Verfasser 2.

Ver'fas·ser·ka·taˌlog *m* *(eines Verlags, in Bibliotheken etc)* author catalog *(bes. Br.* catalogue).

Ver'fas·ser·schaft *f* ⟨-; *no pl*⟩ authorship.

Ver'fas·sung *f* ⟨-; -en⟩ **1.** *cf.* Verfassen. – **2.** ⟨*only sg*⟩ *(körperliche)* condition: der Patient ist in guter [schlechter] ~ the patient is in good [bad *od.* poor] condition *(od.* shape); in bester ~ in fine fettle; der Boxer war *(od.* befand sich) in bester körperlicher ~ the boxer was in excellent condition *(od.* shape, trim). – **3.** ⟨*only sg*⟩ *(geistige, seelische)* state *(od.* frame) of mind, disposition, makeup, *Br.* make-up: ich bin nicht in der ~ mitzugehen I am in no state of mind *(od.* I am not disposed) to go with you. – **4.** ⟨*only sg*⟩ *(äußere)* state, condition: das Haus war in einer unbeschreiblichen ~ the house was in an indescribable state (of disrepair); die Finanzen des Unternehmens sind in keiner guten ~ *fig. colloq.* the firm's finances are not *(od.* none) too good. – **5.** *pol.* *(eines Staates)* constitution: die ~ ändern [aufheben] to amend [to abrogate] the constitution; einem Land eine ~ geben to give a country a constitution, to provide a country with a constitution; den Eid auf die ~ ablegen *(od.* schwören, leisten) to swear to uphold and defend the constitution; von der ~ auferlegte Pflichten constitutional duties. — **v~ˌge·bend** *adj* *pol.* constituent: ~e Versammlung constituent assembly.

Ver'fas·sungs|ˌän·de·rung *f* *pol.* constitutional amendment, amendment to the constitution. — **~ˌausˌschuß** *m* constitutional committee. — **~be̦ˌschwer·de** *f* *cf.* Verfassungsklage. — **~ˌbruch** *m* breach *(od.* infringement) of the constitution. — **~ˌeid** *m* oath of (sworn) allegiance to the constitution: den ~ leisten to swear to uphold and defend the constitution. — **~entˌwurf** *m* draft constitution. — **v~ˌfeind·lich** *adj* hostile to the constitution. — **~ˌfra·ge** *f* constitutional question *(od.* problem). — **v~geˌmäß** *adj u. adv cf.* verfassungsmäßig. — **~geˌricht** *n jur.* constitutional court. — **~geˌschich·te** *f pol.* constitutional history. — **~ˌkla·ge** *f jur. pol.* complaint of unconstitutionality. — **~konˌflikt** *m pol.* constitutional conflict. — **~ˌkri·se** *f* constitutional crisis.

ver'fas·sungsˌmä·ßig *pol.* **I** *adj* constitutional. – **II** *adv* die Rechte des Präsidenten sind ~ begrenzt the rights of the president are restricted *(od.* circumscribed) constitutionally *(od.* by the constitution). — **Ver'fas·sungsˌmä·ßig·keit** *f* ⟨-; *no pl*⟩ constitutionality.

Ver'fas·sungs|ˌnorm *f* *pol.* constitutional norm. — **~ˌrecht** *n jur. pol.* constitutional law. — **~ˌrecht·ler** *m* ⟨-s; -⟩ constitutionalist. — **v~ˌrecht·lich I** *adj* constitutional. – **II** *adv* ~ nicht zulässig sein a) to be constitutionally inadmissible, b) *(verfassungswidrig)* to be unconstitutional. — **~reˌform** *f pol.* constitutional reform. — **~re·vi·siˌon** *f cf.* Verfassungsänderung. — **~ˌrich·ter** *m* *jur.* judge of the constitutional court. — **~ˌschutz** *m* Amt für ~ *pol.* Office for the Protection of the Constitution. — **~ˌstreit** *m* constitutional controversy. — **v~ˌtreu** *adj* loyal to the constitution. — **~ˌtreue** *f* *(einer Partei etc)* loyalty to the constitution. — **~urˌkun·de** *f* charter of the constitution, constitutional charter *(od.* instrument). — **v~ˌwid·rig** *adj* *(Handlung etc)* unconstitutional: etwas für ~ erklären to declare s.th. (to be) unconstitutional. — **~ˌwid·rig·keit** *f* ⟨-; *no pl*⟩ unconstitutionality. — **~ˌwirk·lich·keit** *f* constitutional reality.

ver'fau·len I *v/i* ⟨*no* ge-, sein⟩ **1.** *(von Fleisch, Obst, Knochen etc)* rot, molder, *bes. Br.* moulder, decay, putrefy, *auch* putrify, decompose. – **2.** *(von Zähnen)* decay, rot. – **3.** *(von Holz, Getreide etc)* rot, molder, *bes. Br.* moulder, decay: die Ernte ist auf dem Halm verfault the standing crop rotted, the crop rotted before it was harvested. – **II V~** *n* ⟨-s⟩ **4.** *verbal noun.* – **5.** *(von Fleisch, Obst, Knochen etc)* rot, decay, putrefaction, decomposition. – **6.** *(der Zähne)* decay. – **7.** *(des Holzes, Getreides etc)* rot, decay. — **ver'fau·lend I** *pres p.* – **II** *adj* **1.** *(Fleisch, Obst, Knochen etc)* rotting, moldering, *bes. Br.* mouldering, decaying, putrefying, *auch* putrifying, decomposing, putrescent. – **2.** *(Zähne)* decaying, rotting. – **3.** *(Holz, Getreide etc)* rotting, moldering, *bes. Br.* mouldering, decaying.

ver'fau·len·zen *v/t* ⟨*no* ge-, h⟩ *colloq.* *(die Ferien, den Sonntag etc)* laze *(od.* fiddle, fritter, idle) *(s.th.)* away.

ver'fault I *pp.* – **II** *adj* **1.** *(Fleisch, Obst, Knochen etc)* rotten, moldered, *bes. Br.* mouldered, decayed, putrefied, *auch* putrified, putrid, putrifacted. – **2.** *(Zähne)* decayed, rotten, bad. – **3.** *(Holz, Getreide etc)* rotten, moldered, *bes. Br.* mouldered, decayed.

ver'fecht·bar *adj* *(Argument etc)* defensible, defendable, maintainable.

ver'fech·ten I *v/t* ⟨*irr, no* ge-, h⟩ **1.** *(Standpunkt, Forderung, Idee etc)* maintain, support, contend, stand up for. – **2.** *(Anspruch etc)* assert: sein Recht auf Bildung ~ to assert one's right to education. – **3.** *(Lehre, Anliegen etc)* fight for, advocate, champion, support: die Sache des Freundes ~ to fight for the friend's cause. – **II V~** *n* ⟨-s⟩ **4.** *verbal noun.* – **5.** *cf.* Verfechtung. — **Ver'fech·ter** *m* ⟨-s; -⟩ **1.** maintainer, supporter: ich bin ein ~ des Zweiparteiensystems I am a supporter of the two-party system. – **2.** *(eines Anspruchs)* assertor. – **3.** *(einer Lehre etc)* advocate, champion, supporter, exponent. — **Ver'fech·tung** *f* ⟨-; *no pl*⟩ **1.** *cf.* Verfechten. – **2.** *(eines Standpunkts etc)* maintainance, support. – **3.** *(eines Anspruchs etc)* assertion. – **4.** *(einer Lehre etc)* advocacy, championship, support.

ver'feh·len I *v/t* ⟨*no* ge-, h⟩ **1.** *(Person)* miss: ich wollte dich vom Büro abholen, habe dich aber verfehlt I wanted to call for you at the office but I missed you; sich (gegenseitig) ~ to miss each other *(od., bei mehr als zwei Personen,* one another). – **2.** *(Ziel)* miss: der Ball verfehlte das Tor um wenige Zentimeter the ball missed the goal by a few inches, the ball narrowly *(od.* just) missed the goal; er hat das Ziel mit keinem Schuß verfehlt he did not miss the goal with a single shot; sein Ziel ~ *auch fig.* to miss the mark; du hast deinen Beruf verfehlt *auch fig. colloq. humor.* you have missed your vocation *(od.* calling), you are in the wrong profession; er hat das Thema völlig verfehlt *ped.* he missed the subject completely, he did not treat the proper subject. – **3.** *(den richtigen Weg, Eingang, eine Abzweigung, Tür etc)* miss, go past. – **4.** *(verpassen) (Zug, Anschluß etc)* miss: du hast den rechten Augenblick verfehlt you missed the right moment. – **5.** seine Wirkung ~ a) to fail to have effect, b) to have the wrong effect: diese Schelte hat ihre Wirkung verfehlt this scolding has failed to have any effect, this scolding has misfired *(colloq.)*; das Unternehmen wird seinen Zweck [nicht] ~ the enterprise will [not] fail in its object *(od.* aim). – **6.** nicht ~, etwas zu tun *lit. od. archaic* not to fail to do s.th.: ich werde nicht ~, ihn zu begrüßen I shall not fail to welcome him. – **II V~** *n* ⟨-s⟩ **7.** *verbal noun.* — **ver'fehlt I** *pp.* – **II** *adj* **1.** *(Thema)* missed. – **2.** *(vergeudet, vertan)* misspent: ein ~es Leben a misspent life. – **3.** *(fehlgeschlagen)* abortive, unsuccessful, miscarried: das ist eine ~e Sache *(od.* Geschichte) this is a failure. – **4.** *(unangebracht, fehl am Platz)* inappropriate, unsuitable: diese Maßnahme war ~ this measure was inappropriate; eine völlig ~e Politik a completely inappropriate policy; ich halte es für (völlig) ~, das jetzt zu tun I consider it (quite) inappropriate to do this now. — **Ver'feh·lung** *f* ⟨-; -en⟩ **1.** *cf.* Verfehlen. – **2.** *(Vergehen)* misdemeanor, *bes. Br.* misdemeanour, lapse: eine schwere [leichte *od.* geringfügige] ~ a serious [slight *od.* petty] misdemeano(u)r; sexuelle ~en sexual misdemeano(u)rs; ~ im Amt *jur.* misdemeano(u)r in office, misconduct (in office); sich *(dat)* ~en [eine ~] zuschulden kommen lassen to commit misdemeano(u)rs [a misdemeano(u)r].

ver'fein·den [-'faındən] **I** *v/t* ⟨*no* ge-, h⟩ **1.** *(zwei Menschen, Völker etc)* make enemies of, estrange, cause enmity between: die Eifersucht hat die Freunde (miteinander) verfeindet jealousy has made enemies of the two friends, jealousy has turned one friend against the other. – **2.** j-n mit j-m ~ to set s.o. against s.o.: die Scheidungsfrage hat Heinrich VIII. mit dem Papst verfeindet the divorce question set Henry VIII against the Pope. – **3.** sich (miteinander) ~ to become enemies *(od.* estranged). – **II** *v/reflex* **4.** sich mit j-m ~ to fall out *(od.* break, split) with s.o. – **III V~** *n* ⟨-s⟩ **5.** *verbal noun.* – **6.** *cf.* Verfeindung. — **ver'feindet I** *pp.* – **II** *adj* **1.** *(Menschen, Völker etc)* estranged: die ~en Brüder the estranged brothers. – **2.** mit j-m ~ sein to be at daggers drawn *(od.* at enmity) with s.o. — **Ver'fein·dung** *f* ⟨-; *no pl*⟩ **1.** *cf.* Verfeinden. – **2.** (mit with) enmity, estrangement.

ver'fei·nern [-'faınərn] **I** *v/t* ⟨*no* ge-, h⟩ **1.** *(Methode, Stil etc)* refine, sophisticate, subtilize *Br. auch* -s-. – **2.** *(Geschmack, Kultur, Umgangsformen etc)* refine, cultivate, elevate, *auch* urbanize. – **3.** *(Speisen)* enrich, refine. – **II** *v/reflex* sich ~ **4.** *(von Methoden, Geschmack, Sitten, Umgangsformen etc)* refine. – **III V~** *n* ⟨-s⟩ **5.** *verbal noun.* – **6.** *cf.* Verfeinerung. — **ver'feinert I** *pp.* – **II** *adj* **1.** *(Methode, Stil etc)* refined, sophisticated, subtilized *Br. auch* -s-. – **2.** *(Geschmack, Kultur, Umgangsformen etc)* refined, cultivated, elevated, *auch* urbanized. – **3.** *(Speisen)* enriched, refined. – **4.** *(Person)* refined, cultivated, polished. — **Ver'fei·ne·rung** *f* ⟨-; -en⟩ **1.** *cf.* Verfeinern. – **2.** *(von Methode, Stil etc)* refinement, sophistication, subtilization *Br. auch* -s-. – **3.** *(von Geschmack, Kultur, Umgangsformen etc)* refinement, cultivation, elevation, *auch* urbanization.

– 4. (*von Speisen*) enrichment, refinement.

ver'fe·men [-'feːmən] I *v/t* ⟨*no* ge-, h⟩ 1. j-n ~ a) *jur. hist. cf.* ächten 1a, b) *fig.* (*aus der Gesellschaft ausstoßen*) to ostracize (*Br. auch* -s-) s.o., *Br.* to send s.o. to Coventry. – 2. *fig.* (*Kunstwerk, Stilrichtung etc*) proscribe, ban, condemn. – II V~ *n* ⟨-s⟩ 3. *verbal noun.* – 4. *cf.* Verfemung. — **Ver'fem·te** *m, f* ⟨-n; -n⟩ 1. *jur. hist.* outlaw. – 2. *fig.* ostracized (*Br. auch* -s-) person. — **Ver'fe·mung** *f* ⟨-; -en⟩ 1. *cf.* Verfemen. – 2. *jur. hist.* outlawry, proscription. – 3. *fig.* (*gesellschaftliche Ächtung*) ostracism, ostracization *Br. auch* -s-. – 4. *fig.* (*einer Kunstrichtung etc*) proscription, ban, condemnation.

ver'fer·ti·gen I *v/t* ⟨*no* ge-, h⟩ 1. (*Waren, Kleider, Geräte etc*) manufacture, fabricate, produce, make. – 2. (*Aufstellung, Ausarbeitung, Liste etc*) draw up. – 3. (*Brief, Essay etc*) *auch iron.* compose: ein Gedicht ~ *iron.* to compose (*od.* make up, manufacture, perpetrate) a poem. – II V~ *n* ⟨-s⟩ 4. *verbal noun.* — **Ver'fer·ti·gung** *f* ⟨-; *no pl*⟩ 1. *cf.* Verfertigen. – 2. (*von Waren etc*) manufacture, fabrication, production. – 3. (*von Brief, Essay etc*) *auch iron.* composition.

ver'fe·sti·gen I *v/t* ⟨*no* ge-, h⟩ 1. *bes. chem. phys.* (*flüssige, gasförmige Stoffe*) solidify. – 2. *tech.* (*Werkstoffe etc*) a) (*verstärken*) strengthen, reinforce, b) (*versteifen*) stiffen. – 3. *civ.eng.* a) (*Böden*) solidify, b) (*Bauwerke*) consolidate. – 4. *synth.* (*Klebstoffe*) solidify. – 5. *metall.* a) (*durch Aushärtung*) quench-age harden, b) (*durch Kaltarbeit*) work harden, strain-harden. – 6. *fig.* (*Strukturen, Verhältnisse etc*) rigidify, make (*s.th.*) firm (*stärker* rigid, inflexible). – II *v/reflex* sich ~ 7. *bes. chem. phys.* (*von flüssigen, gasförmigen Stoffen*) solidify. – 8. *fig.* (*von Strukturen etc*) rigidify, become firm (*stärker* rigid, inflexible). – III V~ *n* ⟨-s⟩ 9. *verbal noun.* – 10. *cf.* Verfestigung. — **ver'fe·stigt** I *pp.* – II *adj fig.* (*Struktur etc*) rigidified. — **Ver'fe·sti·gung** *f* ⟨-; *no pl*⟩ 1. *cf.* Verfestigen. – 2. *bes. chem. phys.* solidification. – 3. *tech.* reinforcement. – 4. *civ.eng.* a) solidification, b) consolidation. – 5. *synth.* solidification. – 6. *fig.* (*von Strukturen etc*) rigidification.

ver'fet·ten *med.* I *v/i* ⟨*no* ge-, sein⟩ 1. (*von Körperpartien, Muskelgewebe etc*) become obese. – 2. (*von Herz, Leber etc*) become fatty (*od. scient.* adipose). – II V~ *n* ⟨-s⟩ 3. *verbal noun.* – 4. *cf.* Verfettung. — **ver'fet·tet** I *pp.* – II *adj* 1. (*Körper*) obese. – 2. (*Herz, Leber etc*) fatty, adipose (*scient.*). — **Ver'fet·tung** *f* ⟨-; *no pl*⟩ 1. *cf.* Verfetten. – 2. (*des Körpers*) obesity. – 3. (*von Organen*) fatty (*od. scient.* adipose) degeneration; adiposis, steatosis (*scient.*). – 4. (*fettige Infiltration*) fatty infiltration.

ver'feu·ern I *v/t* ⟨*no* ge-, h⟩ 1. (*Kohle, Öl etc*) burn up: sie haben das ganze Holz verfeuert they burned (*od.* burnt) up all the wood. – 2. (*als Brennstoff nehmen*) burn (*s.th.*) as fuel. – 3. (*Munition*) fire (away), use up: er hat seine ganze Munition verfeuert a) he has fired (away) his whole ammunition, b) *fig.* (*hat keine Argumente mehr*) he has played his last trump. – II V~ *n* ⟨-s⟩ 4. *verbal noun.* — **Ver'feue·rung** *f* ⟨-; *no pl*⟩ *cf.* Verfeuern.

ver'fil·men I *v/t* ⟨*no* ge-, h⟩ 1. (*einen Roman, ein Drama etc*) film, make a film of, screen. – 2. (*Filme*) use up. – II V~ *n* ⟨-s⟩ 3. *verbal noun.* — **Ver'fil·mung** *f* ⟨-; -en⟩ 1. *cf.* Verfilmen. – 2. (*Filmbearbeitung*) film (*auch* screen) adaptation.

Ver'fil·mungs,rech·te *pl* (*film*) *jur.* film (*auch* screen) rights.

ver'fil·zen I *v/t* ⟨*no* ge-, h⟩ 1. (*Wolle, Pullover*) felt. – 2. (*Haare*) mat. – II *v/i* ⟨sein⟩ 3. (*von Wolle*) felt. – 4. (*von Haaren*) mat, become matted. – III *v/reflex* ⟨h⟩ sich ~ 5. (*von Haaren*) mat, become matted. – IV V~ *n* ⟨-s⟩ 6. *verbal noun.* — **ver'filzt** I *pp.* – II *adj* 1. (*Wolle, Pullover*) felted. – 2. (*Haare*) matted. — **Ver'fil·zung** *f* ⟨-; -en⟩ *cf.* Verfilzen.

ver'fin·stern [-'fɪnstərn] I *v/t* ⟨*no* ge-, h⟩ 1. (*durch Schatten, Wolke etc*) darken, obscure. – 2. *fig.* (*Gesicht, Miene etc*) cast a gloom over. – 3. *astr.* (*von Sonne, Mond*) eclipse, occult. – II *v/reflex* sich ~ 4. (*von Himmel, Zimmer etc*) darken, darkle (*poet.*). – 5. *fig.* (*von Gesicht, Miene etc*) darken, become gloomy, cloud, darkle (*poet.*). – 6. *astr.* become eclipsed (*od.* occulted), eclipse. – III V~ *n* ⟨-s⟩ 7. *verbal noun.* — **Ver'fin·ste·rung** *f* ⟨-; -en⟩ 1. *cf.* Verfinstern. – 2. *astr.* eclipse, occultation.

ver'fit·zen [-'fɪtsən] *colloq.* I *v/t* ⟨*no* ge-, h⟩ (*Garn, Draht etc*) tangle (up), entangle, snarl. – II *v/reflex* sich ~ become entangled (*od.* tangled [up]), snarl.

ver'fla·chen [-'flaxən] I *v/i* ⟨*no* ge-, sein⟩ 1. (*von Wasserstraße, See etc*) (become) shallow. – 2. (*von Gelände*) flatten (*od.* level) (out), become flat, taper off. – 3. *fig.* (*an Niveau verlieren*) become trivial, peter out. – 4. *fig.* (*oberflächlich werden*) become shallow, weaken, taper off, peter out. – II *v/reflex* ⟨h⟩ sich ~ 5. (*von Gelände*) flatten (*od.* level) (out), taper off. – III V~ *n* ⟨-s⟩ 6. *verbal noun.* – 7. *cf.* Verflachung 2a.

ver'flach·sen *v/t* ⟨*no* ge-, h⟩ j-n ~ *colloq.* to tease (*od. sl.* kid) s.o.

Ver'fla·chung *f* ⟨-; *no pl*⟩ 1. *cf.* Verflachen. – 2. *fig.* (*einer Kultur, eines Romans etc*) a) (*Vorgang*) (intellectual) decline, b) (*Zustand*) lack of niveau. – 3. (*flache Stelle*) shallows *pl* (*sometimes construed as sg*).

ver'flackern (*getr.* -k·k-) *v/i* ⟨*no* ge-, sein⟩ (*von Feuer, Kerze etc*) flicker out.

ver'flech·ten I *v/t* ⟨*irr, no* ge-, h⟩ 1. (*Stränge, Zweige etc*) interweave, interlace, entwine, *auch* intwine, intertwine: Bänder miteinander ~ to interweave ribbons; Bänder und Zweige miteinander (*od.* ineinander) ~ to interweave ribbons with branches. – 2. *fig.* (*Themen, Motive etc*) interweave, interlace, intertwine: zwei Motive miteinander ~ to interweave two motifs; die Nebenhandlung mit der Haupthandlung ~ to interweave the subsidiary plot with the main plot. – 3. *fig.* j-n in (*acc*) etwas ~ to entangle (*od.* involve) s.o. in s.th. – 4. *econ.* (*Unternehmen etc*) interlock, concentrate, integrate: zwei Unternehmen miteinander ~ to interlock (*od.* interlink) two enterprises; den westeuropäischen Markt ~ to integrate the West European market. – 5. *pol.* merge. – II *v/reflex* sich ~ 6. (*sich verbinden*) interweave, interlace, entwine, *auch* intwine, intertwine: die Ranken ~ sich mit dem Geäst the runners interweave with the branches. – 7. (*sich verwirren*) become (en)tangled (*od.* entwined, *auch* intwined, intertwined), intertwine: die Wurzeln hatten sich eng ineinander verflochten the roots had (become) closely intertwined; die Lianen hatten sich zu einem dichten Netz verflochten the lianas had become tangled in a thick net(work). – 8. *fig.* (*von Themen, Motiven etc*) interweave, interlace, intertwine. – 9. *fig.* (*von Interessen etc*) entwine, *auch* intwine, intertwine. – 10. *econ.* (*von Unternehmen etc*) interlock, interlink, dovetail, integrate. – 11. *pol.* merge. – III V~ *n* ⟨-s⟩ 12. *verbal noun.* — **Ver'flech·tung** *f* ⟨-; -en⟩ 1. *cf.* Verflechten. – 2. (*von Strängen, Zweigen etc*) interweavement, interlacement, entwinement, *auch* intwinement, intertwinement. – 3. *fig.* (*von Themen, Motiven etc*) (mit with) interweavement, interlace(ment), intertwinement. – 4. *fig.* (*von Interessen etc*) (mit with) entwinement, *auch* intwinement, intertwinement. – 5. *fig.* (*Verstrickung, Verwicklung*) involvement, entanglement: seine ~ in die Verschwörung his involvement in the conspiracy. – 6. durch eine ~ von Umständen *fig.* by (a strange) coincidence. – 7. *econ.* a) (*von Unternehmen*) concentration, integration, b) (*von Märkten*) interdependence, interpenetration, interconnection, *Br. auch* interconnexion. – 8. *pol.* merger.

ver'flie·gen I *v/i* ⟨*irr, no* ge-, sein⟩ 1. (*von Duft, Aroma etc*) waft (*od.* fade) away. – 2. (*von Alkohol, Äther etc*) evaporate, volatilize *Br. auch* -s-, vaporize *Br. auch* -s-. – 3. *fig.* (*von Zeit*) fly (past), *auch* flit: die Stunden verflogen im Nu the hours flew (past) in no time. – 4. *fig.* (*von Illusionen*) vanish. – 5. *fig.* (*von Stimmungen*) wear off, vanish: nachdem sein Zorn verflogen war when his anger had worn off (*od.* blown over). – II *v/reflex* ⟨h⟩ sich ~ 6. (*von einem Vogel*) stray: der Vogel hat sich in den Schuppen verflogen the bird has strayed into (*od.* has got trapped) in the shed. – 7. *aer.* a) (*von Piloten*) lose one's bearings, b) (*von Flugzeug*) lose its bearings.

ver'flie·ßen I *v/i* ⟨*irr, no* ge-, sein⟩ 1. (*von Farben, Tinte etc*) run. – 2. *fig.* (*von Grenzen, Begriffen etc*) blur, merge. – 3. ineinander ~ *auch fig.* to merge (*od.* fuse, blend, mingle) (with each other), to interfuse. – 4. *fig. lit.* (*von Zeit, Frist etc*) pass (by), slip by, (e)lapse. – II V~ *n* ⟨-s⟩ 5. *verbal noun.* – 6. *fig. lit.* (*von Zeit*) passage, (e)lapse.

ver'flixt [-'flɪkst] I *adj* 1. *colloq. euphem. for* verdammt 1: ein ~er Kerl a devil of a fellow (*colloq.*); → Jahr 1. – 2. *colloq.* (*unangenehm, peinlich*) unpleasant: das ist eine ~e Geschichte that is an unpleasant affair. – II *adv* 3. *colloq. euphem. for* verdammt III.

ver'floch·ten I *pp of* verflechten. – II *adj* 1. (*verbunden*) interwoven, interlaced, entwined, *auch* intwined, intertwined: die Zweige sind miteinander ~ the branches are interwoven, the branches interweave; die Zweige sind mit dem Efeu ~ the branches are entwined with the ivy, the branches interweave with the ivy. – 2. (*knäuelartig verwirrt*) (en)tangled, entwined, *auch* intwined: die Schlingpflanzen waren so ineinander ~, daß the creepers were so tangled that. – 3. *fig.* (*verbunden*) interwoven, interlaced, intertwined: diese beiden Themen sind elegant miteinander ~ these two themes are elegantly interwoven, these two themes interweave gracefully; klassische Elemente sind mit Jazzelementen ~ classical elements are interwoven (*od.* classical elements interweave) with jazz elements. – 4. *fig.* (*kompliziert*) involved, intricate: eine stark ~e Romanhandlung a highly involved plot. – 5. *fig.* (*verquickt*) entwined, *auch* intwined, intertwined: das Wohlergehen des Einzelnen ist mit dem seiner Mitmenschen ~ the well-being of the individual is interwoven with that of his fellowmen. – 6. *econ.* (*Unternehmen etc*) interlocked, interlinked, concentrated, dovetailed, integrated. – 7. *pol.* merged. – 8. in (*acc*) etwas ~ sein *fig.* to be entangled (*od.* involved) in s.th.: er ist da in eine äußerst unangenehme Sache ~ he is entangled in a highly disagreeable affair. — **Ver'floch·ten·heit** *f* ⟨-; *no pl*⟩ *fig.* (in *acc* in) entanglement, involvement.

ver'flos·sen I *pp of* verfließen. – II *adj* 1. (*vergangen*) past: im ~en Jahr in the past year, last year; in ~en Jahren in past (*od.* former) years. – 2. *colloq.* (*ehemalig*) late, ex-: seine ~e Freundin his ex-girl(-)(-)friend. – III V~e, das ⟨-n⟩ 3. the past.

Ver'flos·se·ne[1] *m* ⟨-n; -n⟩ *colloq.* 1. ex-boyfriend, *Br.* ex-boy-friend. – 2. ex-fiancé. – 3. ex-husband.

Ver'flos·se·ne[2] *f* ⟨-n; -n⟩ *colloq.* 1. ex-girl friend, *Br.* ex-girl-friend. – 2. ex-fiancée. – 3. ex-wife.

ver'flu·chen I *v/t* ⟨*no* ge-, h⟩ 1. j-n ~ a) to curse (*od.* damn, execrate) s.o., b) to put s.o. under a curse. – 2. etwas ~ a) (*über etwas schimpfen*) to curse (*od. sl.* darn, cuss) s.th., b) (*etwas bereuen*) to curse s.th. – II V~ *n* ⟨-s⟩ 3. *verbal noun.* – 4. *cf.* Verfluchung. — **ver'flucht** I *pp.* – II *adj colloq. cf.* verdammt 1: das ~e Würfelspiel the cursed game of dice. – III *adv colloq. cf.* verdammt III.

ver'flüch·ti·gen [-'flʏçtɪgən] I *v/reflex* ⟨*no* ge-, h⟩ 1. *bes. chem.* volatilize *Br. auch* -s-, evaporate, vaporize *Br. auch* -s-. – 2. *fig. colloq. humor.* (*von Personen*) decamp, make oneself scarce (*colloq.*). – 3. *fig. colloq. humor.* (*von Dingen*) disappear, vanish. – II *v/t* 4. *bes. chem.* volatilize *Br. auch* -s-, evaporate, vaporize *Br. auch* -s-. – III V~ *n* ⟨-s⟩ 5. *verbal noun.* — **Ver'flüch·ti·gung** *f* ⟨-; *no pl*⟩ 1. *cf.* Verflüchtigen. – 2. *bes. chem.* volatilization *Br. auch* -s-, evaporation, vaporization *Br. auch* -s-.

Ver'flu·chung *f* ⟨-; -en⟩ 1. *cf.* Verfluchen. – 2. execration, malediction.

ver'flüs·si·gen [-'flʏsɪgən] I *v/t* ⟨*no* ge-, h⟩ 1. *phys. tech.* (*Gase, Metalle etc*) liquefy, *auch* liquify. – 2. (*verdünnen*) thin, dilute. – 3. *econ.* (*liquidisieren*) increase the liquidity of. – II *v/reflex* sich ~ 4. *phys. tech.* liquefy, *auch* liquify, become liquid. – III V~ *n* ⟨-s⟩ 5. *verbal noun.* – 6. *cf.* Verflüssigung. — **Ver'flüs·si·ger** *m* ⟨-s; -⟩ *phys. tech.* (*für Gase*) liquefier. — **Ver'flüs·si·gung** *f* ⟨-; *no pl*⟩ **1.** *cf.* Verflüssigen. – **2.** *cf.* Verdünnung. – **3.** *phys. tech.* liquefaction. – **4.** *econ. cf.* Liquiditätssteigerung.

Ver'flüs·si·gungsˌmit·tel *n chem.* liquefacient, liquefying (*auch* liquifying) agent.

Ver'folg [-'fɔlk] *m* ⟨-(e)s; *no pl*⟩ (*officialese*) *only in* im (*od.* in) ~ dieser Angelegenheit a) (*in Fortführung*) in pursuance of this matter, b) (*im Verlauf*) in the course of this matter; im ~ unseres Schreibens referring (*od.* further) to our letter.

ver'fol·gen I *v/t* ⟨*no* ge-, h⟩ **1.** (*Verbrecher etc*) pursue, chase, hunt: sie verfolgten ihn mit Hunden they hunted (*od.* hounded) him. – **2.** (*Spur etc*) follow, track, trail, trace: die Polizei verfolgte die falsche Fährte the police followed the wrong track; die falsche [richtige] Spur ~ *auch fig.* to be on the wrong [right] track; eine Spur ~ a) to follow a trail (*od.* track), b) *fig.* to follow (up) a clue. – **3.** (*beschatten*) shadow, dog, tail: er wird auf Schritt und Tritt verfolgt a) (*von der Polizei*) he is shadowed everywhere, b) (*von Reportern etc*) he is tailed constantly, they follow on his heels. – **4.** (*ungerecht, grausam*) persecute, pursue: politisch verfolgt werden to be persecuted for political reasons; die Christen wurden verfolgt the Christians were persecuted. – **5.** *jur.* j-n gerichtlich ~ to take legal steps (*od.* action, measures) against s.o., to institute (legal) proceedings against s.o., to sue s.o. (at law), to proceed against s.o.; j-n strafrechtlich ~ to prosecute s.o.; eine Anklage ~ to prosecute an indictment, to proceed with a charge. – **6.** j-n mit etwas ~ *fig.* to pursue (*od.* persecute) s.o. with s.th.: j-n mit Haß [Spott] ~ to pursue s.o. with hatred [contempt]; j-n mit Bitten ~ to persecute (*od.* badger) s.o. with requests. – **7.** von etwas verfolgt werden *fig.* to be pursued by s.th., (*stärker*) to be haunted by s.th.: er ist vom Pech (*od.* Unglück) verfolgt he is pursued by misfortune, he is dogged by bad luck; dieser Gedanke verfolgt mich this thought pursues (*od.* haunts) me. – **8.** (*unablässig beobachten*) follow: er verfolgt sie mit den Augen (*od.* Blicken) he follows her with his eyes, his eyes pursue her; die Ereignisse ~ *fig.* to follow (*od.* observe, keep track of) (the) events; ich habe den Prozeß genau [mit Interesse] verfolgt *fig.* I followed the trial closely [with interest]; die Rede ~ *fig.* to follow the speech. – **9.** *fig.* (*Politik, Laufbahn, Plan, Idee, Absicht, Ziel etc*) pursue: eine Sache weiter ~ a) (*aktiv*) to pursue a matter further, b) (*beobachtend*) to follow (*od.* pursue) a matter further; wir wollen die Sache nicht weiter ~ we will not pursue the matter further, we will let the matter rest; was für einen Zweck verfolgst du damit? what are you aiming at (with that)? what ist the purpose of doing that? seinen Weg ~ to go one's way, to pursue one's course. – **10.** *hunt.* a) (*Wild*) pursue, track, (*hetzen*) hunt, chase, (*bes. Hasen*) *bes. Br.* course, b) (*Spur*) scent, track. – **11.** *mil.* (*Feind*) a) pursue, b) (*nachstoßen*) follow up, c) (*Ziel, mit Radar*) track. – **12.** (*space*) track. – **II V~** *n* ⟨-s⟩ **13.** *verbal noun.* – **14.** *cf.* Verfolgung.

Ver'fol·ger *m* ⟨-s; -⟩ **1.** (*eines Flüchtenden*) pursuer: seine ~ abschütteln to shake off one's pursuers. – **2.** (*grausamer*) persecutor. — **~ˌgrup·pe** *f* (*bes. beim Radsport*) chasing group.

Ver'folg·te *m, f* ⟨-n; -n⟩ (*aus politischen, rassischen, religiösen Gründen etc*) persecuted person, victim of persecution, *auch* persecutee: die ~n des Naziregimes the victims of Nazi persecution.

Ver'fol·gung *f* ⟨-; -en⟩ **1.** *cf.* Verfolgen. – **2.** (*eines Flüchtenden etc*) pursuit, chase, hunt: die ~ des Feindes aufnehmen *mil.* to start in pursuit of the enemy. – **3.** (*grausame, politische, rassische, religiöse*) persecution: sie waren grausamen ~en ausgesetzt they had to suffer cruel persecution. – **4.** strafrechtliche ~ *jur.* (criminal) prosecution: sich strafrechtlicher ~ aussetzen to render oneself liable to (criminal) prosecution; strafrechtlicher ~ unterliegen to be liable to (criminal) prosecution. – **5.** *fig.* (*von Ereignissen, Vorgängen etc*) pursuit, observation, observance. – **6.** *fig.* (*einer Politik, eines Zwecks, einer Absicht, eines Ziels etc*) pursuit, pursuance. – **7.** *hunt.* chase, hunt. – **8.** (*beim Radsport*) pursuit.

Ver'fol·gungsˌbahn *f* (*space*) tracking course. — **~ˌfah·rer** *m* (*beim Radsport*) pursuit rider. — **~idee** [-ʔiˌdeː] *f psych.* idea of persecution. — **~ˌjagd** *f* (*auf Verbrecher, beim Autorennen etc*) hot pursuit: es begann eine wilde ~ auf den Weltmeister the competitors started after the world champion in hot pursuit. — **~ˌrecht** *n jur.* (*im Völkerrecht*) right of hot pursuit. — **~ˌren·nen** *n* (*beim Radsport*) pursuit race. — **~ˌwahn** *m psych.* persecution mania (*od.* complex), delusion of persecution.

ver'form·bar *adj* **1.** *tech.* (*bearbeitbar*) workable, deformable, suitable for shaping. – **2.** *metall.* a) (*bildsam*) ductile, b) (*Temperguß*) malleable. – **3.** *synth.* plastic. — **Ver'form·bar·keit** *f* ⟨-; *no pl*⟩ **1.** *tech.* workability, deformability, forming (*od.* working) property, formability. – **2.** *metall.* a) ductility, b) malleability. – **3.** *synth.* plasticity.

ver'for·men I *v/t* ⟨*no* ge-, h⟩ **1.** deform. – **2.** *tech.* shape, form. – **II** *v/reflex* sich ~ **3.** deform. – **4.** *tech.* a) deform, b) (*sich verzerren*) distort, c) (*sich verwinden*) twist. – **III V~** *n* ⟨-s⟩ **5.** *verbal noun.* — **Ver'for·mung** *f* ⟨-; -en⟩ **1.** *cf.* Verformen. – **2.** deformation. – **3.** *tech.* a) (*Profilierung*) profiling, b) (*deformierende, unbeabsichtigte*) deformation: bleibende ~ a) (*bei der Werkstoffprüfung*) permanent set, b) (*von Gummi*) compression set.

ver'frach·ten [-'fraxtən] **I** *v/t* ⟨*no* ge-, h⟩ **1.** (*Güter, Waren etc*) consign, ship, *bes. Am.* freight. – **2.** *mar.* ship, freight. – **3.** (auf *acc* onto) load. – **4.** *colloq.* (*Personen*) transport. – **5.** j-n [etwas] in (*acc*) etwas ~ *colloq.* to bundle s.o. [s.th.] into s.th.: j-n in den Zug ~ to bundle s.o. into the train; ein Kind ins Bett ~ to bundle a child off to bed; die Koffer ins Gepäcknetz ~ to bundle the suitcases into the luggage (*bes. Am.* baggage) rack. – **II V~** *n* ⟨-s⟩ **6.** *verbal noun.* – **7.** *cf.* Verfrachtung. — **Ver'frach·ter** *m* ⟨-s; -⟩ **1.** *econ.* a) shipper, forwarding agent, carrier, *bes. Am.* freighter, b) (*Absender*) consignor, *auch* consigner. – **2.** *mar.* a) ship owner, carrier, b) (*Absender*) shipper. — **Ver'frach·tung** *f* ⟨-; *no pl*⟩ **1.** *cf.* Verfrachten. – **2.** (*von Waren etc*) shipment, consignment, carriage. – **3.** *mar.* shipment. – **4.** (*eines Schiffes*) charter.

ver'fran·zen [-'frantsən] *v/reflex* ⟨*no* ge-, h⟩ sich ~ *colloq.* **1.** *aer.* wander off course, get lost. – **2.** (*sich verirren*) get lost.

ver'frem·den [-'frɛmdən] **I** *v/t* ⟨*no* ge-, h⟩ (*in der Literatur*) alienate. – **II V~** *n* ⟨-s⟩ *verbal noun.* — **Ver'frem·dung** *f* ⟨-; *no pl*⟩ **1.** *cf.* Verfremden. – **2.** alienation.

Ver'frem·dungs·efˌfekt *m* (*literature, theater*) alienation effect.

ver'fres·sen[1] *v/t* ⟨*irr, no* ge-, h⟩ sein ganzes Geld ~ *colloq. contempt.* to spend (*od.* waste) all one's money on food.

ver'fres·sen[2] **I** *pp of* verfressen[1]. – **II** *adj colloq. contempt.* greedy, gluttonous, voracious: ein ~er Kerl a greedy gut (*colloq.*).

Ver'fres·sen·heit *f* ⟨-; *no pl*⟩ *colloq. contempt.* greed(iness), gluttony, voracity.

ver'fri·schen *v/i* ⟨*no* ge-, h⟩ (*von Schwarzwild*) miscarry, give birth to dead young.

ver'fro·ren *adj* **1.** sie ist sehr ~ she feels cold very easily. – **2.** (*durchkältet*) chilled (through).

ver'frü·hen [-'fryːən] *v/reflex* ⟨*no* ge-, h⟩ sich ~ come too early, come prematurely. — **ver'früht I** *pp.* – **II** *adj* (*Absage, Lieferung etc*) premature: etwas für ~ erklären to declare s.th. premature; unser Jubel ist ~ we have rejoiced too soon. – **III** *adv* ~ einsetzen (*von Winter etc*) to begin too early (*od.* prematurely).

ver'füg·bar *adj* **1.** available, at one's disposal: alle ~en Hilfskräfte all (the) available help *sg*; diese Bücher sind leider zur Zeit nicht ~ these books are unfortunately not available at the moment; etwas ~ haben to have s.th. at one's disposal (*od.* available); etwas ~ machen to make s.th. available. – **2.** *econ.* (*Gelder, Mittel etc*) available, ready, in (*od.* on) hand, (*sofort*) disposable: ~es Einkommen disposable income; ~es Geld available (*od.* ready) cash, cash in hand; ~es Kapital funds *pl* available, available funds *pl*, uninvested (*od.* unemployed) capital; frei ~e Gelder (freely) available (*od.* freely usable, disposable) funds; frei ~e Guthaben [Obligationen] free (*od.* ready) assets [bonds]. — **Ver'füg·bar·keit** *f* ⟨-; *no pl*⟩ availability, disposability: ~ von Kapital *econ.* availability of assets (*od.* funds).

ver'fu·gen *v/t* ⟨*no* ge-, h⟩ **1.** *civ.eng.* point (up). – **2.** *metall.* join.

ver'fü·gen I *v/t* ⟨*no* ge-, h⟩ **1.** (*amtlich anordnen*) order, decree, (*bes. durch Gesetz*) enact, provide (*s.th.*) (by law): der Minister verfügte den Bau einer neuen Schule the minister ordered a new school to be built; das Gericht verfügte, daß the court ruled that; es wird ferner verfügt, daß it is further decreed that; etwas letztwillig (*od.* testamentarisch) ~ *jur.* to decree s.th. by will (*od.* testament). – **II** *v/i* **2.** über (*acc*) etwas ~ a) to have s.th. at one's disposal (*od.* command), to dispose of s.th., b) (*besitzen*) to have (*od.* possess) s.th., (*bes. Fähigkeiten etc*) *auch* to be endowed with s.th., (*bes. Sprachkenntnisse etc*) to have a command of s.th., c) *tech.* (*ausgestattet sein mit*) to be provided (*od.* equipped) with s.th., to have s.th.; über j-n ~ to command s.o.'s services, to have s.o. at one's disposal; du kannst nicht nach Belieben über meine Zeit ~ you cannot dispose of my time as you please; er kann über seine Zeit frei ~ he is master of his time, his time is entirely at his own disposal; sie kann über ihr Taschengeld frei ~ she can use (*od.* is allowed to dispose of) her pocket money freely, she has her pocket money entirely at her disposal; über etwas letztwillig ~ *jur.* to dispose of s.th. by will (*od.* testament); man hat anderweitig darüber verfügt it has been otherwise disposed of; über Reserven ~ to have reserves (at one's disposal); über ein ansehnliches Vermögen ~ to possess (*od.* have) ample means; er verfügt über genügend Beziehungen he has enough connections (*Br. auch* connexions); über die Mehrheit der Stimmen ~ *pol.* to command (*Am. colloq. auch* to swing) the majority of the votes; er verfügt über außerordentliche Körperkräfte he has great physical strength; er verfügt über gute Kenntnisse in Französisch he has a good knowledge (*od.* command) of French; ~ Sie über mich! (*Höflichkeitsformel*) I am at your service (*od.* disposal); er kann jederzeit über die Arbeitskräfte ~ he can command (*od.* make use of) the workers' services at any time. – **III** *v/reflex* sich ~ **3.** (*officialese*) (*sich begeben*) (nach to) go, proceed, betake oneself (*lit.*). – **IV V~** *n* ⟨-s⟩ **4.** *verbal noun.* – **5.** *cf.* Verfügung.

Ver'fü·gung *f* ⟨-; -en⟩ **1.** *cf.* Verfügen. – **2.** (*Erlaß*) order, decree: behördliche ~ administrative order; einstweilige ~ *jur.* (mandatory *od.* provisional, interlocutory) injunction, interim order; gerichtliche ~ order of the court, court (*od.* judicial) ruling; richterliche ~ decree, ruling; laut ~ as ordered, as directed; eine ~ aufheben a) to discharge an order, b) (*einstweilige*) to cancel an injunction; eine ~ erlassen a) to issue a decree, to make an order, b) (*einstweilige*) to grant an injunction; Antrag auf Erlaß einer ~ application for an injunction. – **3.** ⟨*only sg*⟩ (über *acc* of) disposal, disposition: freie ~ free disposal; zur ~ stehen (für) to be available (for); j-m zur ~ stehen to be at s.o.'s disposal (*od.* command); ich stehe Ihnen jederzeit gern zur ~ I am at your disposal (*od.* service) at any time; ich stehe Ihnen gleich zur ~ I'll be at your service in a moment; je nach der zur ~ stehenden Zeit, soweit Zeit zur ~ steht insofar as there is time available; es steht zu Ihrer ~ it is at your disposal; zur ~ stellen to make available; er stellte ihm den Wagen zur ~ he placed (*od.* put) the car at his disposal; wenn sich nur die Hälfte der Anwesenden zur ~ stellt if only half of the people present volunteer; sich j-m zur ~ stellen to offer one's services to s.o.; der UNO Truppen zur ~ stellen *mil.* to assign troops to the UN; zur besonderen ~ *mil.* at disposal (*bes. Br.* seconded) for special duty; wir haben nicht genügend Geldmittel zur ~ we do not have enough funds at our disposal (*od.* command, on *od.* in hand, available); sich zur ~ halten to stand by; Geld zu j-s ~ halten *econ.* to hold money at s.o.'s disposal. – **4.** (*Anweisung*) instruction: **weitere ~en abwarten** to wait for further instructions (*od.* orders). – **5.** *jur.* (*besitzrechtliche*) (über *acc* of) disposition: **~ über unbewegliches Gut** disposition of immovable property; **~ von Todes wegen, letztwillige ~** disposition by will, testamentary disposition, (*über Grund u. Boden*) devise; **sie haben bereits die nötigen ~en getroffen** they have already made the necessary dispositions.

Ver'fü·gungs|beˌfug·nis *f* right of disposal. — **~beˌrech·tigt** *adj* authorized (*Br. auch* -s-) to dispose. — **~beˌrech·ti·gung** *f* power (*od.* right) of disposal, disposal. — **~beˌschrän·kung** *f* restraint on disposal. — **~ˌfrei·heit** *f* (*Ermessen*) discretion. — **~geˌwalt** *f* **1.** (power of) disposal (*od.* disposition), (*Ermessen*) discretion: **die ~ haben** (**über** *acc* of) to have the disposal. – **2.** *bes. hist.* (*über Landbesitz*) domain. — **~ˌrecht** *n* **1.** (über *acc* of) disposal, right (*od.* power) of disposal (*od.* disposing): **~ über sein Geld bekommen** to come into one's own money. – **2.** *bes. hist.* (*über Landbesitz*) domain. — **~ˌweg** *m only in* **auf dem ~e** by way of (*od.* through) decree.

ver'füh·ren I *v/t* ⟨*no* ge-, h⟩ **1.** (*Mädchen, jungen Mann*) seduce, debauch. – **2.** (*verlocken*) seduce, tempt, (al)lure, entice: **er hat das Volk verführt** he seduced the people; **j-n zu etwas ~** to entice (*od.* tempt) s.o. into doing (*od.* to do) s.th., to (al)lure s.o. into doing s.th., to lead s.o. to do s.th.; **sie hatten ihn schließlich dazu verführt** after all, it was they who enticed him into doing (*od.* to do) it; **j-n zu einem unsoliden Lebenswandel ~** to lead s.o. astray, to mislead s.o.; **sie ließ sich durch die niedrigen Preise zum Kauf ~** she let herself be lured into buying by the low prices, the low prices tempted her into buying; **darf ich Sie zu einem Glas Wein ~?** *colloq. humor.* can I entice you to have a glass of wine with me? **j-n zum Trinken ~** to encourage s.o. to drink. – **II V~** *n* ⟨-s⟩ **3.** *verbal noun.* – **4.** *cf.* **Verführung 2.**

Ver'füh·rer *m* ⟨-s; -⟩ **1.** seducer, (*Frauenheld*) Don Juan (*colloq.*). – **2.** seducer, tempter. — **Ver'füh·re·rin** *f* ⟨-; -nen⟩ seductress.

ver'füh·re·risch I *adj* **1.** (*Frau etc*) bewitching, (*stärker*) seductive: **sie sieht ~ aus** she looks bewitching (*od.* delightful, *stärker* seductive); **eine ~e Schönheit** a ravishing beauty. – **2.** (*Mund, Reize, Parfüm etc*) bewitching: **ein ~es Lächeln** a bewitching (*od.* captivating) smile; **ein ~er Duft** a) (*von Parfüm*) a bewitching (*od.* delightful) perfume, b) (*von Speisen*) an enticing aroma. – **3.** (*Angebot etc*) tempting, enticing, alluring: **dein Vorschlag ist ~** your suggestion is tempting. – **II V~e, das** ⟨-n⟩ **4.** the bewitching (thing *od.* feature): **sie hat etwas V~es** she has s.th. bewitching about her, she has a bewitching air.

Ver'führ·te *m, f* ⟨-n; -n⟩ *jur.* seduced person, *auch* seducee.

Ver'füh·rung *f* ⟨-; -en⟩ **1.** *cf.* **Verführen.** – **2.** seduction, debauchment: **die Kunst der ~** the art of seduction; **~ Minderjähriger** *jur.* seduction of minors; **wegen ~ zur Unzucht** *jur.* for (*od.* on account of) incitement to vice. – **3.** (*Verlockung*) lure, enticement, allurement, temptation: **die ~en des Westens** the enticements of the West.

Ver'füh·rungsˌkün·ste *pl* charms, wiles, seductive art *sg*: **sie erlag seinen ~n** she yielded to (*od.* succumbed to, fell a victim to, *colloq.* fell for) his charms.

ver'fuhrˌwer·ken *v/t* ⟨*no* ge-, h⟩ *Swiss for* verpfuschen.

ver'fünfˌfa·chen [-ˌfaxən] **I** *v/t* ⟨*no* ge-, h⟩ quintuple, quintuplicate, increase (*s.th.*) fivefold. – **II** *v/reflex* **sich ~** quintuple, increase fivefold. – **III V~** *n* ⟨-s⟩ *verbal noun.* — **Ver'fünfˌfa·chung** *f* ⟨-; *no pl*⟩ **1.** *cf.* **Verfünffachen.** – **2.** fivefold increase.

ver'fut·tern *v/t* ⟨*no* ge-, h⟩ *colloq. cf.* **verfressen**[1].

ver'füt·tern *v/t* ⟨*no* ge-, h⟩ *agr.* **1.** (*als Futter verbrauchen*) use (*s.th.*) up as fodder (*od.* provender). – **2.** (*als Futter geben*) feed: **den Kühen Rüben ~** to feed turnips to the cows, to feed the cows on turnips.

Ver'ga·be *f* ⟨-; *rare* -n⟩ **1.** *cf.* **Vergeben**[1]. – **2. ~ von Aufträgen** *econ.* a) placing of orders, b) (*bei Ausschreibungen*) award of contracts; **freihändige ~** direct placing (of orders) without competitive bidding; **~ zu Festpreisen [Pauschalpreisen]** selling at fixed [lump *od.* flat] prices. – **3.** (*von öffentlichen Mitteln*) allocation. – **4.** *civ.eng.* (*von öffentlichen Arbeiten*) allocation: **~ nach Losen** allocation by lots. – **5.** (*von Stipendien etc*) grant. – **6.** (*einer Stelle etc*) assignment.

ver'ga·ben [-'gaːbən] *Swiss* **I** *v/t* ⟨*no* ge-, h⟩ *cf.* a) **schenken I**, b) **vermachen.** – **II V~** *n* ⟨-s⟩ *verbal noun.* — **Ver'ga·bung** *f* ⟨-; -en⟩ *Swiss* **1.** *cf.* **Vergaben.** – **2.** legacy.

ver'gaf·fen *v/reflex* ⟨*no* ge-, h⟩ **sich in j-n ~** *colloq.* to fall for s.o. completely (*colloq.*): **er hat sich in sie vergafft** he is smitten with her, he has completely fallen for her, he is gone on her (*sl.*).

ver'gäl·len [-'gɛlən] **I** *v/t* ⟨*no* ge-, h⟩ **1.** *chem.* (*Alkohol*) denature. – **2.** *fig.* (*in Wendungen wie*) **j-m die Freude ~** to mar (*od.* sour) s.o.'s joy; **j-m das Leben ~** to embitter (*od.* sour, envenom) s.o.'s life. – **II V~** *n* ⟨-s⟩ **3.** *verbal noun.* – **4.** *cf.* **Vergällung.** — **ver'gällt I** *pp.* – **II** *adj chem.* (*Alkohol*) denatured. — **Ver'gäl·lung** *f* ⟨-; *no pl*⟩ **1.** *cf.* **Vergällen.** – **2.** *chem.* (*von Alkohol*) denaturation. – **3.** *fig.* embitterment.

Ver'gäl·lungsˌmit·tel *n chem.* denaturant.

ver·ga·lop'pie·ren *v/reflex* ⟨*no* ge-, h⟩ **sich ~** *colloq.* **1.** (*sich irren*) overshoot the mark. – **2.** (*etwas Unangebrachtes sagen*) make a (bad) blunder, drop a clanger (*sl.*), *Am. sl.* pull a boner.

ver'gam·meln I *v/i* ⟨*no* ge-, sein⟩ *colloq.* **1.** (*von Personen*) go to the dogs (*od. sl.* to pot): **er ist völlig vergammelt** he has gone to the dogs. – **2.** (*von Lebensmitteln*) go bad (*od.* off). – **II** *v/t* ⟨h⟩ **3.** (*Tag, Ferien etc*) *cf.* **verfaulenzen.** — **ver'gam·melt** *colloq.* **I** *pp.* – **II** *adj* **1. ~es Fleisch** meat which has gone bad. – **2.** *fig.* (*Person*) gone to the dogs (*od. sl.* to pot). – **3.** *fig.* dilapidated, 'rotten' (*sl.*): **ein ~er Laden** (*eine Bruchbude*) a dilapidated shop.

ver'gan·gen I *pp of* **vergehen.** – **II** *adj* ⟨*attrib*⟩ **1.** bygone, past: **von längst ~en Zeiten** from days (*od.* times) long past (*od.* gone by), from bygone days. – **2.** (*Woche etc*) last: **im ~en Jahr, ~es Jahr** last year; **im Laufe des ~en Jahres** in (the course of) the past year, in the course of last year; **~en Mittwoch** last Wednesday. – **III V~e, das** ⟨-n⟩ **3.** the past, things *pl* past: **das V~e lebendig werden lassen** to bring the past back to life, to make the past live again.

Ver'gan·gen·heit *f* ⟨-; *no pl*⟩ **1.** (*frühere Zeit*) past: **in der jüngsten ~** in the recent past; **bis in die jüngste ~ hinein** until very recently; **der ~ angehören** to be a thing of the past, to be over and done with; **lassen wir die ~ ruhen** let bygones be bygones. – **2.** *fig.* (*eines Menschen*) past, antecedents *pl*: **sie kann auf eine bewegte ~ zurückblicken** she can look back (up)on a colo(u)rful past; **sie hat eine dunkle ~** she has a dark (*od.* murky) past; **eine Frau mit ~** a woman with a past; **seine politische ~** his political past (*od.* background); **die unbewältigte ~** the past with which one has not yet come to terms; **jeder Mensch trägt seine ~ mit sich herum** no one can shake off his past; **sie hat mit der ~ gebrochen** she has made a break (*od.* she has broken) with the past, she has made a fresh start, she has turned over a new leaf. – **3.** *fig.* (*einer Sache*) past, history: **die Stadt hat eine ruhmreiche ~** the city has a glorious history. – **4.** *ling.* past (tense): **die erste ~** the past tense, the preterite (tense); **die zweite ~** the (present) perfect (tense); **die dritte ~** the past perfect (tense), the pluperfect.

Ver'gan·gen·heitsˌform *f* ⟨-; -en⟩ *ling.* past (form *od.* tense).

ver'gäng·lich [-'gɛŋlɪç] **I** *adj* **1.** (*Besitz, Leben etc*) transitory, transient, ephemeral: **alles Irdische ist ~** all earthly things (*od.* all things of this world) are transitory, all (earthly) things perish (*od.* pass away). – **2.** (*Schönheit*) transient, passing, ephemeral. – **3.** (*Freuden etc*) fleeting, transitory, passing, ephemeral, fugitive, fugacious (*lit.*). – **II V~e, das** ⟨-n⟩ **4.** things *pl* transient: **alles V~e** all things transient. — **Ver'gäng·lich·keit** *f* ⟨-; *no pl*⟩ **1.** (*alles Irdischen*) transitoriness, transience, transiency, ephemerality. – **2.** (*der Schönheit*) transience, transiency, passingness, ephemeralty. – **3.** (*der Freuden etc*) fleetingness, transitoriness, passingness, ephemerality, fugitiveness, fugacity (*lit.*).

ver'gä·ren I *v/t* ⟨*irr, no* ge-, h⟩ **1.** *chem.* (*gären lassen*) ferment. – **2.** *brew.* attenuate. – **II** *v/i* ⟨sein *u.* h⟩ **3.** *chem.* cease fermenting. – **III V~** *n* ⟨-s⟩ **4.** *verbal noun.* — **Ver'gä·rung** *f* ⟨-; *no pl*⟩ **1.** *cf.* **Vergären.** – **2.** *chem.* fermentation. – **3.** *brew.* attenuation.

ver'ga·sen I *v/t* ⟨*no* ge-, h⟩ **1.** *chem. tech.* a) (*in Gas umwandeln*) gasify, b) (*flüssige Brennstoffe*) vaporize *Br. auch* -s-, evaporate. – **2.** *auto.* carburet. – **3.** (*durch Gas töten*) gas. – **4.** (*Ungeziefer*) fumigate. – **II V~** *n* ⟨-s⟩ **5.** *verbal noun.* – **6.** *cf.* **Vergasung.**

Ver'ga·ser *m* ⟨-s; -⟩ *auto.* carburetor, *auch* carbureter, *bes. Br.* carburettor, *auch* carburetter. — **~ˌbrand** *m* fire in the carburet(t)or (*od.* carburet[t]er). — **~ˌdü·se** *f* carburet(t)or (*od.* carburet[t]er) jet. — **~ˌeinˌstel·lung** *f* carburet(t)or (*od.* carburet[t]er) adjustment. — **~geˌhäu·se** *n* carburet(t)or (*od.* carburet[t]er) box (*od.* case). — **~ˌkraftˌstoff** *m Am.* motor gasoline, gasoline, *Br.* motor spirit, petrol. — **~ˌluftˌklap·pe** *f* choke. — **~ˌmo·tor** *m* carburet(t)or (*od.* carburet[t]er) engine, petrol (*Am.* gasoline) engine, Otto engine. — **~ˌtip·per** [-ˌtɪpər] *m* ⟨-s; -⟩ carburet(t)or (*od.* carburet[t]er) primer (*od.* flooding device). — **~ˌzug** *m* carburet(t)or (*od.* carburet[t]er) control cable.

ver'gaß [-'gaːs] *1 u. 3 sg pret,* **ver'gä·ße** [-'gɛːsə] *1 u. 3 sg pret subj of* **vergessen**[1].

Ver'ga·sung *f* ⟨-; *no pl*⟩ **1.** *cf.* **Vergasen.** – **2.** *chem. tech.* a) gasification, b) (*flüssiger Brennstoffe*) vaporization *Br. auch* -s-, evaporation. – **3.** *auto.* carburetion, *bes. Br.* carburation. – **4.** (*von Ungeziefer*) fumigation. – **5. bis zur ~** *colloq.* until you are blue in the face.

Ver'ga·sungsˌmit·tel *n chem. tech.* fumigant.

ver'gat·tern [-'gatərn] **I** *v/t* ⟨*no* ge-, h⟩ **1.** (*mit einem Gatter versehen*) fence in. – **2.** *fig. colloq. for* **vereidigen.** – **3. die Wache ~** *mil.* to instruct the guard(s). – **II V~** *n* ⟨-s⟩ **4.** *verbal noun.* — **Ver'gat·te·rung** *f* ⟨-; -en⟩ **1.** *cf.* **Vergattern.** – **2.** *fig. colloq. for* **Vereidigung.** – **3.** *mil.* guard instruction.

ver'ge·ben[1] **I** *v/t* ⟨*irr, no* ge-, h⟩ **1. j-m etwas ~** (*Schuld, Unrecht etc*) to forgive (*od.* pardon) s.o. (for doing) s.th.: **j-m seine Untreue ~** to condone s.o.'s infidelity; **das hat er mir nie ~** he never forgave me that (*od.* forgave me for doing it); **er vergab ihnen alles, was sie ihm angetan hatten** he forgave them everything they had done to him; **möge Gott mir die Sünde ~** may God forgive (me) (*od.* remit) my sin; **deine Sünden sind dir ~** *Bibl.* your sins are forgiven you; **und vergib uns unsere Schuld, wie auch wir ~ unseren Schuldigern** *relig.* (*Bitte des Vaterunsers*) and forgive us our trespasses, as we forgive them that trespass against us. – **2. sich** (*dat*) **etwas ~** (**durch etwas** by doing s.th.) to compromise oneself: **seiner Würde etwas ~** to compromise one's dignity; **du vergibst dir nichts, wenn du das tust, damit vergibst du dir nichts** you would not be compromising yourself by doing it. – **3. einen Auftrag ~** *econ.* (an j-n) a) to place an order (with s.o.), b) (*bei Ausschreibungen*) to award a contract (to s.o.). – **4.** *civ.eng.* (*öffentliche Arbeiten*) allocate. – **5.** (*Stipendien etc*) grant. – **6.** (*Posten, Arbeit etc*) (an *acc* to) assign: **j-m** (*od.* **an j-n**) **ein Amt vergeben** to assign an office to s.o., to appoint s.o. to an office; **wir haben eine Stelle zu ~, bei uns ist eine Stelle zu ~** we have a vacancy (*od.* vacant position, position vacant). – **7.** (*verteilen*) give out (*od.* away): **ich habe noch einige Eintrittskarten zu ~** I have a few more tickets to give away. – **8.** (*einen Tanz, den Abend etc*) promise: **den nächsten Tanz bereits ~ haben** to be engaged for (*od.* have already promised) the next dance. – **9.** (*Chance etc*) let (*s.th.*) go (*od.* slip), miss, waste. – **II** *v/i* **10. j-m ~** to forgive s.o.: Vater vergib ihnen, denn sie wissen nicht, was sie tun *Bibl.* Father, forgive them, for they know not what they do. – **III** *v/reflex* sich ~ **11.** (*beim Kartenausgeben etc*) misdeal, deal wrong(ly). – **IV** V~ *n* ⟨-s⟩ **12.** *verbal noun.* – **13.** *cf.* Vergebung 1, 2. – **14.** *cf.* Vergabe.

ver'ge·ben[2] **I** *pp of* vergeben[1]. – **II** *adj* **1.** das ist ~ und vergessen! (*Schuld, Unrecht etc*) that is over and done with. – **2.** (*Posten, Arbeit etc*) assigned: schon ~ sein a) (*von einer Stelle*) to have already been filled (*od.* taken), b) (*von einer Arbeit*) to have already been assigned (*od.* given out); noch nicht ~ sein a) (*von einer Stelle*) to be still vacant, b) (*von einer Arbeit*) not yet to have been assigned (*od.* given out). – **3.** (*Tanz, Abend etc*) promised: heute abend bin ich schon ~ I have a previous engagement (*od.* I am engaged, I have s.th. on) this evening; sie ist schon ~ *humor.* she is spoken for (*od.* bespoken).

ver'ge·bens **I** *adj* ⟨*pred*⟩ in vain, of (*od.* to) no avail, to no purpose: es ist alles ~ it is all in vain. – **II** *adv* in vain, vainly, to no avail (*od.* purpose): ich suchte ~ I searched in vain; ich habe gestern ~ auf dich gewartet I waited for you in vain yesterday.

ver'geb·lich [-'geːplɪç] **I** *adj* (*Bemühungen, Versuch, Mühe etc*) vain (*attrib*), futile, fruitless, useless, idle, unavailing: deine Anstrengungen sind ~ your efforts are futile (*od.* in vain, wasted); alles Bitten war ~ all pleading was in vain; es wäre ~, sie um Hilfe zu bitten it would be idle to ask her for help. – **II** *adv* in vain, vainly: sich ~ bemühen to try in vain (*od.* unsuccessfully, without success). — **Ver'geb·lich·keit** *f* ⟨-; *no pl*⟩ vainness, futility, fruitlessness, uselessness, idleness: die ~ seiner Bemühungen einsehen to realize (*Br. auch* -s-) the uselessness of one's efforts.

Ver'ge·bung *f* ⟨-; *no pl*⟩ **1.** (*Verzeihung*) forgiveness, pardon: ich bitte um ~ *lit.* I beg your pardon, I (do) apologize (*Br. auch* -s-); j-n um ~ bitten to ask s.o.'s forgiveness; ~ erlangen to be granted forgiveness (*od.* condonement). – **2.** *relig.* (*von Sünden*) remission, forgiveness. – **3.** *cf.* Vergabe 2—6.

ver'ge·gen,ständ·li·chen [-ˌʃtɛntlɪçən] *v/t* ⟨*no* ge-, h⟩ *bes. philos.* (*objektivieren*) objectify, hypostatize *Br. auch* -s-, hypostasize *Br. auch* -s-, reify.

ver'ge·gen,wär·ti·gen [-ˌvɛrtɪgən] **I** *v/t* ⟨*no* ge-, h⟩ **1.** (*Situation, Vergangenes*) bring (*s.th.*) to mind (*stärker* home). – **2.** sich (*dat*) etwas ~ a) (*deutlich vorstellen*) to visualize (*Br. auch* -s-) s.th., to realize (*Br. auch* -s-) s.th.: als er sich vergegenwärtigte, welche Folgen es haben würde when he visualized what consequences it would have. – **II** V~ *n* ⟨-s⟩ **3.** *verbal noun.* — **Ver'ge·gen,wär·ti·gung** *f* ⟨-; *no pl*⟩ **1.** *cf.* Vergegenwärtigen. – **2.** realization *Br. auch* -s-, visualization *Br. auch* -s-.

ver'ge·hen[1] **I** *v/i* ⟨*irr, no* ge-, sein⟩ **1.** (*von Zeit, Jahreszeiten etc*) go by, pass (by *od.* away): heute vergeht die Zeit wieder gar nicht the time simply won't pass (*od.* go round) today; wie (doch) die Zeit vergeht! how time flies! die Zeit ist schnell vergangen time went by (*od.* elapsed) very quickly; die Jahre ~ the years go by; es werden noch Wochen ~, ehe it will be weeks before; es waren noch keine zwei Stunden vergangen, als scarcely two hours had passed when; die Stunden vergingen wie Minuten the hours flew past (*od.* the hours passed) in no time; ein Abend vergeht so schnell an evening passes (*od.* is over) so quickly; damit die Zeit vergeht (in order) to pass the time; darüber verging ein voller Tag it took a whole day; → Flug 4. – **2.** (*zu Ende gehen*) draw to a close, near its end: der Sommer vergeht (the) summer is drawing to a close. – **3.** (*aufhören*) pass (off), wear off, go away: der Schmerz wird ~ a) (*körperlicher*) the pain will go away, b) (*seelischer*) the pain will pass (over); das vergeht wieder *colloq.* it will pass, it will get better; seine Zuneigung zu ihr war schnell vergangen his affection for her soon passed (*od.* wore off). – **4.** (*von Zorn, Ärger etc*) wear off, blow over. – **5.** (*von Schönheit etc*) fade, vanish. – **6.** (*von Duft*) vanish, disappear, evanesce. – **7.** *lit.* (*nicht fortbestehen*) pass away, perish: die Menschen ~, und nur ihre Werke überdauern men pass away (*od.* on), and only their works survive; → Unkraut 2. – **8.** (*in Wendungen wie*) er fuhr so schnell, daß mir Hören und Sehen verging he drove so fast that it took my breath away (*od.* that my hair stood on end); dir wird das Lachen noch ~! (*als Drohung*) you will laugh on the other side of your face; mir ist das Lachen vergangen, als ich das sah I sobered up when I saw that, it was a sobering sight; mir ist die Lust dazu vergangen I don't care for it any longer, I have lost interest in it; → Appetit 1. – **9.** vor (*dat*) etwas ~ (*vor Neugier, Scham, Schmerz, Ungeduld, Langeweile etc*) to be dying of (*od.* with) s.th.: vor Angst ~ to be frightened (*od.* scared) to death, (*stärker*) to be beside oneself with fear; vor Durst ~ to be dying with thirst, to be parched; ich vergehe vor Hunger I am ravenous, I am dying with hunger, I am starving (*od.* famishing) (*colloq.*); ich vergehe vor Kälte I am (nearly) frozen (to death); vor Sehnsucht ~ to die of longing, to pine away. – **II** V~ *n* ⟨-s⟩ **10.** *verbal noun*: das Werden und V~ in der Natur *lit.* (the cycle of) growth and decay in nature, the genesis and decline in nature.

ver'ge·hen[2] *v/reflex* ⟨*irr, no* ge-, h⟩ **1.** sich an j-m ~ a) (*ein Sittlichkeitsverbrechen verüben*) to commit (an) indecent assault on s.o., (*vergewaltigen*) to rape (*od.* violate, ravish, *euphem.* assault) s.o., b) (*tätlich*) to assault s.o. – **2.** sich gegen etwas ~ to offend against (*od.* violate) s.th.: sich gegen das Gesetz ~ to offend (*od.* trespass) against (*od.* violate, infringe, break) the law; du hast dich gröblich gegen die guten Sitten vergangen you have violated (*stärker* outraged) (the rules of) propriety.

Ver'ge·hen[3] *n* ⟨-s; -⟩ **1.** misdemeanor, *bes. Br.* misdemeanour. – **2.** *jur.* a) *Br.* offence, *Am.* offense, misdemeanor, *bes. Br.* misdemeanour, (*Gesetzesverletzung*) delict, b) *pl* (*Kriminalität*) delinquency *sg*: geringfügiges (*od.* leichtes) ~ minor (*od.* petty) offence; sich eines ~s schuldig machen to commit an offence (*od.* a misdemeano[u]r); die ~ nehmen ständig zu delinquency is constantly increasing.

ver'gei·len *v/i* ⟨*no* ge-, sein⟩ *hort.* (*von Pflanzen*) etiolate.

ver'gei·sti·gen [-'gaɪstɪgən] **I** *v/t* ⟨*no* ge-, h⟩ **1.** (*Person*) spiritualize *Br. auch* -s-. – **2.** (*Probleme, Fragen etc*) intellectualize *Br. auch* -s-. – **II** V~ *n* ⟨-s⟩ **3.** *verbal noun.* – **4.** *cf.* Vergeistigung. — **ver'gei·stigt** **I** *pp.* – **II** *adj* (*Gesicht, Mensch etc*) spiritual. — **Ver'gei·sti·gung** *f* ⟨-; *no pl*⟩ **1.** *cf.* Vergeistigen. – **2.** spiritualization *Br. auch* -s-. – **3.** intellectualization *Br. auch* -s-.

ver'gel·ten **I** *v/t* ⟨*irr, no* ge-, h⟩ **1.** (*aufwiegen, entgelten*) repay, requite, (*nur positiv*) *auch* reward, recompense: j-m etwas ~ to repay (*od.* requite) s.o. for s.th.; eine Sache mit etwas ~ to repay s.th. with s.th., to return s.th. for s.th.; Gleiches mit Gleichem ~ to give measure for measure (*od.* tit for tat), to return like for like; Gutes mit Bösem ~ to repay good with evil; ich werde es Ihnen reichlich ~ I will repay (*od.* reward, recompense) you generously; man hat ihr ihre Dienste übel vergolten she was given poor thanks for her services; vergelt's Gott! *Southern G. and Austrian* thank you (very much)! – **2.** (*rächen*) retaliate, repay, requite: Böses mit Bösem ~ to return evil for evil, to retaliate; diese Niederlage muß blutig vergolten werden this defeat must be avenged with blood, cruel reprisal(s) (*od.* requital) must be made for this defeat; das werde ich dir ~! I'll pay you back (*od.* get back at you, get my own back on you) for that! I'll get even with you for that! – **II** V~ *n* ⟨-s⟩ **3.** *verbal noun.* – **4.** *cf.* Vergeltung.

Ver'gelt's 'Gott [-'gɛlts] *n* ⟨- -; *no pl*⟩ *Southern G. and Austrian* thanks *pl*: ein herzliches „~" hearty (*od.* heartfelt, many) thanks; etwas für ein „~" tun *fig.* (*umsonst*) to do s.th. for nothing.

Ver'gel·tung *f* ⟨-; *no pl*⟩ **1.** *cf.* Vergelten. – **2.** (*Rache*) retaliation, reprisal(s *pl*), repayment, retribution, requital: als ~ für in retaliation for (*od.* of); für etwas ~ üben to retaliate on account of s.th., to make reprisal(s) for s.th.; an j-m ~ üben to retaliate (up)on s.o., to pay s.o. back, to get back at s.o., to get one's own back on s.o. – **3.** (*Belohnung*) reward, retribution, requital, return.

Ver'gel·tungs|,akt *m bes. pol.* act of retaliation, retaliatory act. — **~,an,griff** *m* **1.** *mil.* retaliation (*od.* retaliatory, reprisal) attack. – **2.** *aer. mil.* retaliation (*od.* reprisal) raid. — **~,feu·er** *n mil.* retaliatory fire. — **~,maß,nah·me** *f* retaliatory measure, (measure of) retaliation, reprisal, riposte, *auch* repost: ~n ergreifen, zu ~n greifen to retaliate, to exercise (measures of) retaliation, to take retaliatory action, to adopt retaliatory measures. — **~prin,zip** *n jur.* (*in Strafrechtstheorie*) principle of retaliation. — **~,schlag** *m mil.* retaliatory strike, riposte, *auch* repost. — **~,waf·fe** *f* retaliatory weapon. — **~,zöl·le** *pl econ.* retaliatory tariffs.

ver·ge'sell·schaf·ten [-gəˈzɛlʃaftən] **I** *v/t* ⟨*pp* vergesellschaftet, h⟩ **1.** *econ. pol.* a) (*in Staatsbesitz überführen*) nationalize *Br. auch* -s-, b) (*in Gemeindeeigentum überführen*) municipalize *Br. auch* -s-. – **2.** *econ.* incorporate. – **II** *v/reflex* sich ~ **3.** *biol.* (mit with) associate. – **III** V~ *n* ⟨-s⟩ **4.** *verbal noun.* — **Ver·ge'sell·schaf·tung** *f* ⟨-; -en⟩ **1.** *cf.* Vergesellschaften. – **2.** *econ. pol.* a) nationalization *Br. auch* -s-, b) municipalization *Br. auch* -s-. – **3.** *econ.* incorporation. – **4.** *biol.* association.

ver'ges·sen[1] [-'gɛsən] **I** *v/t* ⟨vergißt, vergaß, vergessen, h⟩ **1.** (*sich nicht mehr erinnern an*) forget: ich habe ihn längst ~ I have long forgotten him; das werde ich mein Leben lang (*od. colloq.* mein Lebtag) nicht ~ I shan't (*od.* I'll never) forget that as long as I live; das vergißt man leicht that is easily forgotten; jetzt habe ich ~, was ich sagen wollte I forget (*od.* have forgotten) what I was going to say; du mußt versuchen, das zu ~ you must try to forget that; ich habe seinen Namen ~ I forget (*od.* have forgotten, can't think of) his name, his name has slipped my mind; ich habe das Gelernte schon wieder ~ I have already forgotten what I (have) learned; vergiß mich nicht! do not forget me; das macht (*od.* läßt) mich vieles ~ this makes me forget a lot of things; wir dürfen das nie ~! we must never forget that, we must always be mindful of that, we must always keep that in mind. – **2.** (*nicht denken an*) forget (about): er hat völlig ~, daß er sie heute abholen sollte he completely forgot about calling for her today, it completely slipped his mind (*od.* memory) that he was to call for her today; das habe ich ganz ~! I completely (*od.* clean) forgot about it; man darf nicht ~, daß one must not forget that, one must bear (*od.* keep) in mind that; ach, daß ich es nicht vergesse before I forget; das Wichtigste ~ to forget the most important thing of all; ~ Sie nicht zu schreiben! don't forget to write, be sure to (*od.* and) write (*colloq.*); das werde ich dir nie ~ a) (*eine schlechte Tat*) I shall never forgive you that, I shall never forget that (you did that), b) (*eine gute Tat*) I'll always remember you for that; darüber vergaß er, sie anzurufen he forgot to call her over that; er vergißt über seiner Arbeit Essen und Trinken he forgets his meals over his work; sie vergaß ihre guten Vorsätze she forgot her good resolutions; ..., meine Mutter nicht zu ~ (*bei Aufzählung*) ..., not forgetting my mother; ~ Sie's nicht! keep it in mind! don't forget (it)! – **3.** (*liegenlassen*) leave (*s.th.*) (behind), *Am. auch* forget: der vergißt noch mal seinen Kopf *colloq. humor.* he'd forget his head if it weren't screwd on; ich habe den Schirm bei euch ~ I left the umbrella behind at your place. – **4.** (*Pflicht*) forget, neglect, omit to do, be forgetful (*od.* unmindful) of. – **II** *v/i* **5.** forget: ich vergesse leicht a) I am rather forgetful, I forget things, b) I soon forget; j-s [einer Sache] ~ *archaic* to forget about s.o. [s.th.]; vergiß mein nicht *poet.* do not forget me. – **6.** auf j-n [etwas] ~ *Bavarian and Austrian* to forget about s.o. [s.th.]: ich habe darauf ~

I forgot about (*od.* did not think of) it; **ich hatte auf ihn ganz ~** I had forgotten all about him. – **III** *v/reflex* **sich ~ 7.** forget oneself: **wie konntest du dich so (weit) ~, sie zu schlagen!** how could you forget yourself and hit (*od.* forget yourself to the extent of hitting) her. – **8.** (*beim Verteilen etc*) forget to take one's share, leave oneself out (of account): **hast du dich (selbst) auch nicht ~?** I hope you haven't forgotten to take your share. – **9. das vergißt sich leicht** that is easily forgotten. – **IV V~** *n* ⟨-s⟩ **10.** *verbal noun.* – **11.** oblivion: **dem V~ anheimfallen** *lit.* to fall (*od.* sink) into oblivion. – **12. V~ suchen** to try to forget.

ver'ges·sen² **I** *pp of* **vergessen¹**. – **II** *adj* forgotten: **ein längst ~es Lied** a long-forgotten song; **aller Kummer war ~** all worry was forgotten; **manche Werke dieses Schriftstellers sind heute ~** some of the works of this author are forgotten (*od.* lost in obscurity) today; **die Sache ist längst ~** the affair is long forgotten (*od.* is over and done with); **etwas ~ sein lassen** *lit.* to let bygones be bygones; → **vergeben² 1.**

Ver'ges·sen·heit *f* ⟨-; *no pl*⟩ oblivion, obscurity: **in ~ geraten** (*od.* **kommen**), *lit.* **der ~ anheimfallen** to fall (*od.* pass, sink) into oblivion (*od.* obscurity); **etwas der ~ entreißen** to save (*od.* rescue) s.th. from oblivion.

ver'geß·lich *adj* forgetful: **er ist sehr ~** he is very forgetful, he forgets things; **er wird in der letzten Zeit immer ~er** he has been getting more and more forgetful lately. — **Ver'geß·lich·keit** *f* ⟨-; *no pl*⟩ forgetfulness: **es geschah nur aus ~** it happened only through forgetfulness.

ver'geu·den [-'gɔʏdən] **I** *v/t* ⟨*no* ge-, h⟩ **1.** (*Zeit, Vermögen, Energie, Kräfte etc*) waste, squander, dissipate, misspend: **du vergeudest nur deine Zeit** you're just wasting your time; **sein Leben ~** to misspend one's life. – **II V~** *n* ⟨-s⟩ **2.** *verbal noun.* – **3.** *cf.* **Vergeudung.** — **Ver'geu·der** *m* ⟨-s; -⟩ squanderer, waster, wastrel. — **Ver'geu·dung** *f* ⟨-; *no pl*⟩ **1.** *cf.* **Vergeuden.** – **2.** squander, waste, dissipation.

ver·ge'wal·ti·gen [-gə'valtɪgən] **I** *v/t* ⟨*pp* **vergewaltigt**, h⟩ **1.** (*Frau, Mädchen*) rape, violate, assault (*euphem.*), abuse, ravish, outrage. – **2.** *fig.* (*Volk etc*) oppress, terrorize *Br. auch* -s-, outrage, rape. – **3.** *fig.* (*Recht etc*) violate, do violence to: **sie ~ die deutsche Sprache** they do violence to (*od.* butcher, murder) the German language. – **II V~** *n* ⟨-s⟩ **4.** *verbal noun.* — **Ver·ge'wal·ti·gung** *f* ⟨-; -en⟩ **1.** *cf.* **Vergewaltigen.** – **2.** (*einer Frau, eines Mädchens*) rape, violation, assault (*euphem.*), abuse, ravishment. – **3.** *fig.* (*eines Volkes etc*) oppression, terrorization *Br. auch* -s-, rape. – **4.** *fig.* (*des Rechts, der Sprache etc*) violation.

ver·ge'wis·sern [-gə'vɪsərn] *v/reflex* ⟨*pp* **vergewissert**, h⟩ **1. sich einer Sache ~** to make sure of s.th., to ascertain s.th., to satisfy oneself of s.th.: **er vergewisserte sich, ob [daß] die Tür abgeschlossen war** he made sure whether [that] the door was locked. – **2. sich j-s** (*od.* **über j-n**) **~** to make sure (*od.* certain) of s.o., to satisfy oneself about s.o.

ver·ge'wohl,tä·ti·gen *v/t* ⟨*pp* **vergewohltätigt**, h⟩ **j-n ~** *colloq. humor.* to have it off with s.o. (*sl.*).

Ver'gieß·bar·keit *f* ⟨-; *no pl*⟩ *metall.* castability, pourability.

ver'gie·ßen *v/t* ⟨*irr, no* ge-, h⟩ **1.** (*Wasser, Milch etc*) spill, slop: **ich habe etwas Kaffee vergossen** I have spilled (*od.* spilt) some coffee. – **2.** shed: **Tränen ~** to shed tears, to weep bitterly (*od.* bitter tears); → **Blut 1; Schweiß 1.** – **3.** *metall.* a) (*aus Stopfenpfanne*) teem, b) (*über Pfannenausguß*) pour, c) (*zur Herstellung von Gußstücken*) cast.

ver'gif·ten **I** *v/t* ⟨*no* ge-, h⟩ **1.** (*Person, Speisen etc*) poison: **j-n mit Gas ~** to gas s.o. – **2.** (*Luft, Wasser etc*) poison, pollute, contaminate: **Mißtrauen vergiftete die Atmosphäre** *fig.* suspicion poisoned (*od. lit.* envenomed) the atmosphere. – **3.** *fig.* (*durch schlechten Einfluß schädigen*) poison, corrupt, pervert, contaminate: **j-s Phantasie ~** to poison s.o.'s mind. – **4.** *med.* (*durch Erreger*) contaminate. – **II** *v/reflex* **sich ~ 5.** poison oneself: **sie hat sich vergiftet** a) (*Selbstmord begangen*) she poisoned herself, she took poison, b) (*Giftiges gegessen*) she poisoned herself; **sich mit Tabletten [durch Gas] ~** to poison oneself with tablets [gas]. – **III V~** *n* ⟨-s⟩ **6.** *verbal noun.* – **7.** *cf.* **Vergiftung.**

Ver'gif·tung *f* ⟨-; -en⟩ **1.** *cf.* **Vergiften.** – **2.** *med.* a) poisoning, intoxication, b) (*durch Erreger*) contamination, c) (*als Krankheit*) toxicopathy: **~ von außen** heterointoxication; **~ von innen** autointoxication; **~ durch Schlangenbiß** snake-venom poisoning; ophidism, ophidiasis, ophiodox(a)emia (*scient.*); **an einer ~ sterben** to die of poisoning. – **3.** ⟨*only sg*⟩ (*der Luft etc*) pollution, contamination. – **4.** ⟨*only sg*⟩ *fig.* (*der Phantasie etc*) corruption, perversion, contamination.

Ver'gif·tungs|er,schei·nung *f med.* symptom (*od.* sign) of poisoning. — **~,tod** *m* death by poisoning.

ver'gil·ben *v/i* ⟨*no* ge-, sein⟩ (*von Papier etc*) turn (*od.* go, become) yellow, yellow. — **ver'gilbt** **I** *pp.* – **II** *adj* (*Papier, Buchseiten etc*) yellowed.

ver·gi·lisch [vɛr'giːlɪʃ] *adj* Vergilian: **V~e Gedichte** Vergilian poems.

ver'gip·sen *v/t* ⟨*no* ge-, h⟩ *tech.* plaster.

ver'giß [-'gɪs] *imp sg of* **vergessen¹**.

Ver'giß,mein,nicht *n* ⟨-(e)s; -(e)⟩ *bot.* forget-me-not (*Gattg Myosotis*).

ver'gißt [-'gɪst] *2 u. 3 sg pres of* **vergessen¹**.

ver'git·tern [-'gɪtərn] **I** *v/t* ⟨*no* ge-, h⟩ **1.** (*Fenster etc*) fix a grating in front of, grate, lattice. – **2.** (*mit Stangen*) bar. – **II V~** *n* ⟨-s⟩ **3.** *verbal noun.* — **Ver'git·te·rung** *f* ⟨-; -en⟩ **1.** *cf.* **Vergittern.** – **2.** (*Gitter*) grating, lattice(work). – **3.** (*Stangengitter*) bars *pl*, barring.

ver'glas·bar *adj* **1.** *tech.* vitrifiable. – **2.** *civ.eng.* (*Fenster*) allowing for being glazed.

ver'gla·sen **I** *v/t* ⟨*no* ge-, h⟩ **1.** (*Fenster etc*) glaze. – **2.** (*optics*) (*Brillen*) glaze. – **3.** (*Treibhaus etc*) glass in, glaze. – **II** *v/i* ⟨sein⟩ **4.** *chem. tech.* (*zu Glas werden*) vitrify. – **III V~** *n* ⟨-s⟩ **5.** *verbal noun.* – **6.** *cf.* **Verglasung.** — **ver'glast** **I** *pp.* – **II** *adj* **1.** (*Fenster*) glazed. – **2. ~er Blick** *fig.* glazed look. — **Ver'gla·sung** *f* ⟨-; -en⟩ **1.** *cf.* **Verglasen.** – **2.** (*die Glasscheiben selbst*) glasswork. – **3.** (*Verglasungsarbeit*) glazing. – **4.** *chem.* vitrification. – **5.** *tech.* vitrification, vitrescence.

Ver'gleich *m* ⟨-(e)s; -e⟩ **1.** (*Handlung*) (*zweier od. mehrerer Gegenstände, Systeme etc*) comparison, (*im Hinblick auf Übereinstimmung etc*) *auch* collation: **beim ~ der Abschrift mit dem Original entdeckte er viele Fehler** when comparing (*od.* collating) the copy with the original he discovered many mistakes; **~e mit ähnlichen Vorkommnissen in der Vergangenheit** comparisons with similar incidents in the past. – **2.** (*Ergebnis*) comparison: **ein guter** (*od.* **treffender**) **[schlechter, schiefer] ~** a good (*od.* an appropriate) [a bad (*od.* a poor), a distorted] comparison; **einen ~ zwischen zwei Personen [Dingen] ziehen** (*od.* **anstellen**) to draw (*od.* make) a comparison between two persons [things]; **du kannst bei Urlaubsreisen nicht immer ~e anstellen** you cannot always draw comparisons (*od.* compare things) on a holiday (*Am.* vacation) trip; **im ~ zu** a) (*quantitativ*) compared (*od.* in comparison) to, b) (*qualitativ*) compared (*od.* in comparison) with; **im ~ zu seiner Frau ist er sehr groß** compared to his wife he is very tall; **den ~ mit etwas [j-m] aushalten, dem ~ mit etwas [j-m] standhalten** a) (*quantitativ*) to bear comparison to s.th. [s.o.], b) (*qualitativ*) to bear comparison (*od.* to compare) with s.th. [s.o.]; **in bezug auf Schnelligkeit hält er keinen ~ mit seinem Bruder aus** he bears no comparison with his brother as regards speed; **dieser Winter steht in keinem ~** (*od. colloq.* **ist [gar] kein ~**) **zu dem vor zwei Jahren** there is no comparison between (*od.* no comparing) this winter and that (*od.* this winter does not compare with that) of two years ago; **jeder ~ hinkt** no comparison is perfect, every comparison is lame; **(das ist ja) kein ~!** *colloq.* there's no comparison! that is beyond (*od.* past) comparison (*od.* compare). – **3.** *econ. jur.* settlement, arrangement, compromise, (*mit seinen Gläubigern*) *auch* composition, accord: **außergerichtlicher ~** settlement out of court, private settlement; **gerichtlicher ~** judicial settlement; **ein gütlicher ~** a friendly (*od.* a private, an amicable) arrangement; **einen ~ (mit j-m) schließen** (*od.* **eingehen**) to enter into (*od.* make, effect, arrive at) a settlement (*od.* a compromise, an arrangement) (with s.o.), to settle (*od.* compromise, arrange, [*mit seinen Gläubigern*] *auch* to compound) (with s.o.); **einen ~ aufheben** to set aside an arrangement; **einen Rechtsstreit durch ~ beilegen** to settle a litigation by way (*od.* means) of (an) arrangement; **ein magerer ~ ist besser als ein fetter Prozeß** (*Sprichwort*) a lean compromise is better than a fat lawsuit (*proverb*). – **4.** (*literature*) (*als rhetorische Figur*) simile.

ver'gleich·bar **I** *adj* (mit with, to) comparable: **zwei im Aufbau ~e Gedichte** two poems which are comparable (*od.* which compare, which can be compared) with regard to structure, two structurally comparable poems; **dieses System ist mit dem anderen nicht ~** this system cannot be compared (*od.* is not to be compared, does not compare) with the other. – **II** *adv* comparably: **ein ~ großes Angebot von Konsumgütern** a comparably large supply of consumer goods. — **Ver'gleich·bar·keit** *f* ⟨-; *no pl*⟩ (*zweier Systeme, Kategorien etc*) (mit with, to) comparability, comparableness.

ver'glei·chen **I** *v/t* ⟨*irr, no* ge-, h⟩ **1. etwas mit etwas ~** a) (*Gegenstände, Gedichte, Ereignisse etc*) to compare s.th. with s.th., b) (*rang- u. wertmäßig gleichstellen*) to compare s.th. with s.th., to put s.th. on the same level (*od.* on a level, on an equal footing, on a par) with s.th., c) (*durch ein Gleichnis etc*) to compare (*od.* liken) s.th. to s.th., d) (*Abschrift mit dem Original, Beträge, Rechnungen etc*) to compare (*od.* collate, check) s.th. with s.th.: **er verglich die beiden Uhren (miteinander)** he compared the two watches (with each other); **die Zeit** (*od.* **die Uhren**) **~** to compare (*od.* check) the time; **diese Universität ist mit unserer nicht zu ~** this university cannot be (*od.* is not to be) compared with ours, this university does not compare with ours, this university is not a patch on ours; **die beiden Rechtssysteme lassen sich durchaus ~** the two legal systems compare well (*od.* may well be compared); **die Kontoauszüge ~** to compare (*od.* collate, check) the bank statements. – **2. j-n mit j-m ~** a) (*äußerlich*) to compare s.o. with s.o., b) (*rang- u. wertmäßig*) to compare s.o. with s.o., to put s.o. on the same level (*od.* on a level, on an equal footing, on a par) with s.o. – **3. etwas mit j-m ~** a) (*durch ein Gleichnis etc*) to compare (*od.* liken) s.th. to s.o., b) *econ. jur.* (*Rechtsstreit etc*) to settle (*od.* to compromise, [*mit seinen Gläubigern*] *auch* to compound) s.th. with s.o.; **j-n mit etwas ~** to compare (*od.* liken) s.o. to s.th. – **4. vergleiche (dazu) Seite 18** confer (*od.* compare) page 18. – **II** *v/reflex* **5. sich (mit j-m) ~** a) (*äußerlich*) to compare (oneself) (with s.o.), b) (*rang- u. wertmäßig*) to compare (oneself) (with s.o.), to put oneself on the same level (*od.* on an equal footing, on a par) (with s.o.), c) *econ. jur.* (*in einem Rechtsstreit*) to settle (*od.* compromise, arrange, enter into an arrangement, [*mit seinen Gläubigern*] *auch* to compound) (with s.o.): **mit ihm kannst du dich nicht ~** you cannot compare yourself with him, you do not compare with him; **die Parteien haben sich verglichen** the parties have entered into an agreement. – **6. sich mit etwas ~** a) (*von Orten, Anlagen, Einrichtungen, Institutionen etc*) to compare with s.th., b) (*von Personen*) to compare (oneself) with s.th.: **diese Stadt kann sich mit Paris nicht ~** this city cannot compare with Paris. – **III V~** *n* ⟨-s⟩ **7.** *verbal noun.* – **8.** *cf.* **Vergleich 1.** — **ver'glei·chend** **I** *pres p.* – **II** *adj* comparative: **~e Sprachwissenschaft** comparative linguistics *pl* (*usually construed as sg*); **eine ~e Übersicht** a comparative survey.

Ver'gleichs|,an·ge,bot *n econ. jur.* offer of settlement (*od.* arrangement, compromise, [*an seine Gläubiger*] *auch* composition). — **~beˌdin·gun·gen** *pl* terms of settlement (*od.* composition). — **v~beˌreit** *adj* ~ sein (*bei einem Rechtsstreit*) to be willing to settle (*od.* to compromise, [*zur Abwendung eines Konkurses*] *auch* to compound). — **~biˌlanz** *f* **1.** (*beim Vergleichsverfahren*) balance (sheet) (*Am.* asset and liability statement) in settlement proceedings. – **2.** (*zur Vermeidung eines Konkurses*) balance (sheet) in composition proceedings. — **~erˌöff·nung** *f* institution of settlement (*od.* composition) proceedings. — **~ˌgläu·bi·ger** *m* creditor in a settlement (*od.* composition). — **~ˌgrup·pe** *f med.* (*bei Versuchen*) control group. — **~ˌjahr** *n* (*in Statistiken etc*) year of comparison. — **~ˌkör·per** *m phys.* reference body. — **~ˌmas·se** *f econ. jur.* assets *pl* (*od.* estate) in settlement (*od.* composition) proceedings (*od.* in a settlement [*od.* composition]). — **~ˌmaßˌstab** *m* standard of comparison: dieses Land ist für uns kein ~ this country is no (standard of) comparison for us. — **~ˌord·nung** *f jur.* regulations *pl* for settlement proceedings. — **~ˌpunkt** *m* point of comparison. — **~ˌschuld·ner** *m econ. jur.* debtor in a settlement (*od.* composition). — **~ˌsum·me** *f* settlement sum. — **~terˌmin** *m* date of settlement. — **~verˌein·ba·rung** *f* agreement on a settlement ([*mit Gläubigern*] *auch* on a composition): schriftliche ~ settlement ([*mit Gläubigern*] *auch* composition) deed, *Br.* deed of arrangement. — **~verˌfah·ren** *n* settlement ([*zur Abwendung eines Konkurses*] *auch* composition) proceedings *pl*: die Eröffnung des ~s beantragen to apply for the institution of settlement proceedings. — **~verˌtrag** *m* settlement ([*mit Gläubigern*] *auch* composition) contract, *Br.* deed of arrangement. — **~verˌwal·ter** *m* trustee in settlement (*od.* composition) proceedings. — **~ˌvorˌschlag** *m* proposal for a settlement (*od.* an arrangement), scheme of arrangement. — **~ˌweg** *m only in* auf dem ~(e) by (way of) settlement (*od.* compromise, [*zur Abwendung eines Konkurses*] *auch* composition): etwas auf dem ~(e) beilegen to settle s.th. by (way of) compromise.

ver'gleichsˌwei·se *adv* **1.** (*verhältnismäßig*) comparatively: er verdient ~ wenig he earns comparatively little. – **2.** (*zum Vergleich*) by way of comparison, as a (means of) comparison: nehmen wir ~ an, du wärest mit dem Zug gefahren let's assume by way of comparison that you went by train. – **3.** *econ. jur.* by way (*od.* means) of a settlement (*od.* an arrangement, a compromise, [*zur Abwendung eines Konkurses*] *auch* a composition): einen Rechtsstreit ~ beilegen to settle a litigation by (way of) compromise.

Ver'gleichs|ˌwert *m* (*in Statistiken etc*) comparative value, value of comparison. — **~ˌzahl** *f* comparative figure (*od.* index). — **~ˌzeit** *f*, **~ˌzeitˌraum** *m* comparative period, period of comparison. — **~ˌzif·fer** *f cf.* Vergleichszahl.

Ver'glei·chung *f* ⟨-; -en⟩ **1.** *cf.* Vergleichen. – **2.** *cf.* Vergleich 1.

ver'glet·schern [-'glɛtʃərn] *geogr.* **I** *v/i* ⟨*no* ge-, sein⟩ **1.** (*von Gebirgen, Polarzonen*) glaciate. – **II V~** *n* ⟨-s⟩ **2.** *verbal noun.* – **3.** *cf.* Vergletscherung. — **ver'glet·schert I** *pp.* – **II** *adj* (*Gebirge etc*) glaciated, glaciered: stark ~e Gebiete widely glaciated areas. — **Ver'glet·sche·rung** *f* ⟨-; -en⟩ **1.** *cf.* Vergletschern. – **2.** glaciation.

ver'gli·chen I *pp of* vergleichen. – **II** *adj* **1.** (*Gegenstände, Personen, Gedichte, Arbeiten etc*) compared, (*im Hinblick auf Übereinstimmung etc*) *auch* collated: die mit dem Manuskript ~e Druckseite the printed page which has been compared (*od.* collated) with the manuscript. – **2.** ~ mit a) (*quantitativ*) compared (*od.* in comparison) to, b) (*qualitativ*) compared (*od.* in comparison) with: ~ mit unserem alten Haus ist dieses hier sehr klein this house is very small compared to our old one; ~ mit ihrer Schwester ist sie sehr hübsch she is very pretty compared with her sister.

ver'glim·men *v/i* ⟨*meist irr, no* ge-, sein⟩ **1.** (*von Feuer, Asche etc*) die down: das Streichholz verglomm the flame of the match died down. – **2.** *poet.* (*von Lichtschein etc*) fade away.

ver'glü·hen *v/i* ⟨*no* ge-, sein⟩ **1.** (*von Feuer, Asche etc*) smolder (*bes. Br.* smoulder) (*od.* die) out. – **2.** (*von Draht, Feuerwerkskörper, Meteor, Rakete etc*) burn out. – **3.** *fig. poet.* (*von Sonne, Sternen etc*) smolder (*bes. Br.* smoulder) out. – **4.** *fig. poet.* (*von Leidenschaft etc*) die.

Ver'gnü·gen [-'gny:gən] *n* ⟨-s; -⟩ **1.** (*Spaß, Freude*) pleasure, fun, enjoyment, delight, delectation (*lit.*): Segeln ist ein herrliches (*od.* riesiges) ~ sailing is marvel(l)ous (*od. colloq.* terrific) fun; ein kindliches ~ a childish pleasure; es ist ein wahres ~, ihm zuzusehen it is a real pleasure to watch him; sein Hobby macht (*od.* bereitet) ihm viel ~, er hat viel ~ an seinem Hobby his hobby gives (*od.* affords) him great pleasure, he finds great pleasure in (*od.* he gets a lot of fun out of) his hobby; das Unterrichten macht (*od.* bereitet) mir viel ~, ich finde viel ~ daran zu unterrichten teaching gives (*od.* affords) me great pleasure, I enjoy teaching very much, I derive great pleasure from teaching; ich habe das Buch mit großem ~ gelesen a) I read the book with great pleasure, I greatly enjoyed (reading) the book, b) (*habe mich sehr amüsiert*) I read the book with great amusement, I had great fun reading the book; ich werde Ihnen mit ~ die Stadt zeigen it will be a pleasure (for me) (*od.* I will be delighted) to show you the town; wenn es dir ~ macht, dann tu(e) es! a) do it if you enjoy it, b) (*meinetwegen*) go ahead (*od.* do it) if you really want to; etwas mit großem ~ machen to do s.th. with great enjoyment (*od.* glee); er tut es aus (*od.* zum) ~ he does it for pleasure (*od.* for the fun of it); er macht sich ein ~ daraus, sie zu ärgern he gets great pleasure (*od. colloq.* he gets a kick) out of annoying her; es war mir ein ~ a) it was a pleasure, I enjoyed it very much, b) (*es ist gerne geschehen*) it was a pleasure, the pleasure was entirely mine; mit dem größten ~! with the greatest pleasure! viel ~! *auch iron.* have a good time! have fun! enjoy yourself (*od.* [*bei mehreren Personen*] yourselves)! mit wem habe ich das ~? (*zu sprechen*) who(m) do I have the pleasure of talking to? may I enquire (*auch* inquire) your name? für manche Leute ist es ein ~, am Samstag (das) Auto zu waschen some people get great fun out of washing (*od.* it is the favo[u]rite pastime of some people to wash) the car on Saturdays; meinst du, es ist ein ~, die Fenster zu putzen? do you think it's fun (*od.* a pleasure, *colloq. humor.* a picnic) to clean the windows? – **2.** (*Belustigung, Erheiterung*) amusement, delight, (*stärker*) mirth, hilarity, merriment: seine Rede bereitete den Zuhörern großes ~ the audience was greatly amused by his speech. – **3.** (*Unterhaltung, Zerstreuung*) pleasure, entertainment, distraction: die Jagd nach ~ the pursuit of (*od.* the search for) pleasure; sich ins ~ stürzen *fig. colloq.* a) (*bei einem Maskenball, auf einem Jahrmarkt etc*) to join (in) the fray, b) (*in Nachtlokale gehen etc*) to live it up. – **4.** *cf.* Tanzveranstaltung. – **5.** (*unterhaltsame Veranstaltung*) entertainment, merriment.

ver'gnü·gen I *v/t* ⟨*no* ge-, h⟩ **1.** j-n ~ (*amüsieren, belustigen*) to amuse s.o. – **II** *v/reflex* sich ~ **2.** (*sich erfreuen, Spaß haben*) enjoy (*od.* divert, *lit.* disport) oneself: sie vergnügten sich mit Tennisspielen (*od. lit.* am Tennisspiel) they enjoyed themselves playing tennis (*od.* in a game of tennis); wir vergnügten uns damit, Drachen steigen zu lassen we enjoyed ourselves flying kites. – **3.** (*sich amüsieren od. belustigen*) amuse oneself.

ver'gnüg·lich [-'gny:klɪç] *adj* **1.** (*unterhaltsam*) entertaining, diverting: ein ~er Abend an entertaining evening. – **2.** (*amüsant, belustigend*) amusing, delightful: ein ~es Buch a delightful book. – **3.** *lit. cf.* vergnügt II.

ver'gnügt I *pp.* – **II** *adj* **1.** (*Abend, Gesellschaft etc*) gay, merry, *bes. Br.* jolly, *Am. colloq.* chipper: eine Schar ~er junger Leute a group of gay young people; in ~er Stimmung sein to be in gay (*od.* high) spirits; er ist immer lustig und ~ he is always gay and cheerful; sich (*dat*) einen ~en Tag machen a) to have a merry (*od. colloq.* great) day of it, b) *fig. colloq.* (*faulenzen*) to have a good (*od. colloq.* great) time of it. – **2.** (*Gesichtsausdruck etc*) cheerful, joyful, gleeful, blithe (*lit.*). – **III** *adv* **3.** ~ erzählte er von seiner Reise he talked gaily about his journey; sie lachte ~ she laughed cheerfully. — **Ver'gnügt·heit** *f* ⟨-; *no pl*⟩ **1.** (*eines Menschen, einer Tischrunde etc*) gaiety, gayety, merriness, mirth, *bes. Br.* jolliness. – **2.** (*der Miene, des Gesichtsausdrucks etc*) cheerfulness, joyfulness, gleefulness.

Ver'gnü·gung *f meist pl* **1.** (*Unterhaltung, Zerstreuung*) pleasure, entertainment, distraction. – **2.** (*unterhaltsame Veranstaltung*) entertainment, merriment.

Ver'gnü·gungs|ˌdamp·fer *m mar.* **1.** (*auf Flüssen, Seen etc*) pleasure (*od.* excursion) steamer (*od.* boat). – **2.** (*für Seereise*) cruiser. — **~ˌfahrt** *f cf.* Vergnügungsreise.

ver'gnü·gungsˌhal·ber *adv* for the pleasure (*od.* fun) of it: er ist ~ mitgefahren he came with us for the fun of it (*od. colloq.* for the laugh).

Ver'gnü·gungs|loˌkal *n* **1.** (*Restaurant mit Varietévorstellungen etc*) cabaret. – **2.** (*Nachtlokal*) nightclub. — **~ˌpark** *m* amusement park. — **~ˌrei·se** *f* **1.** pleasure trip (*od.* tour), *bes. Am. colloq.* junket: eine ~ machen (*od.* unternehmen) to go on (*od.* go for, take) a pleasure trip. – **2.** *mar.* (*Seereise*) cruise. — **~ˌrei·sen·de** *m, f* **1.** tourist, passenger. – **2.** *mar.* (*bei Seereise*) (cruise) passenger. — **~ˌstät·te** *f* **1.** place of entertainment. – **2.** *cf.* Vergnügungslokal. — **~ˌsteu·er** *f econ.* entertainment (*od.* amusement) tax, (*auf Filme, Fernsehen etc*) *Br. auch* entertainments duty. — **~ˌsucht** *f* hunt for pleasure. — **v~ˌsüch·tig** *adj* pleasure-hunting (*od.* -seeking): ein ~er Mensch a pleasure-hunter (*od.* -seeker). — **~ˌvier·tel** *n* nightclub (*od.* night-life) district.

Ver'gol·de|ˌeiˌweiß *n*, **~ˌgrund** *m* (*in der Buchbinderei*) glaire, gilders' size.

ver'gol·den [-'gɔldən] **I** *v/t* ⟨*no* ge-, h⟩ **1.** *tech.* (*art*) (*Metall, Holz*) gold, gild, gold-plate: einen Rahmen neu ~ to regild a frame. – **2.** *print.* gold-tool, gold-finish: mit Muschelgold ~ to gild. – **3.** *lit.* (*durch einen goldenen Schimmer etc*) gild: die Abendsonne vergoldete die Türme der Stadt the evening sun gilded the towers of the town. – **4.** *fig. poet.* (*verschönern, verklären*) enhance, gild, brighten up. – **II V~** *n* ⟨-s⟩ **5.** *verbal noun.* – **6.** *cf.* Vergoldung.

Ver'gol·deˌpres·se *f* (*in der Buchbinderei*) gilding press.

Ver'gol·der *m* ⟨-s; -⟩ *print. tech.* gilder. — **~ˌmas·se** *f* gilt, gilding.

Ver'gol·deˌstem·pel *m* (*in der Buchbinderei*) pallet.

ver'gol·det I *pp.* – **II** *adj* (*Kette, Uhr, Besteck etc*) gilt, gilded, gold-plated.

Ver'gol·dung *f* ⟨-; -en⟩ **1.** *cf.* Vergolden. – **2.** *tech.* (*art*) (*Goldüberzug*) gilt, gilding, gold coating, (*galvanische*) gold-plating: die ~ von etwas entfernen to remove the gilt from s.th., to ungild s.th.

ver'gön·nen *v/t* ⟨*no* ge-, h⟩ **1.** j-m etwas ~ a) (*nicht neiden*) not to (be)grudge (*od.* envy) s.o. s.th., b) (*zukommen lassen*) to allow (*od.* grant) s.o. s.th.: j-m etwas nicht ~ a) (*neiden*) to (be)grudge (*od.* envy) s.o. s.th., b) (*nicht zukommen lassen*) not to allow (*od.* grant) s.o. s.th.; er vergönnt seiner Frau nicht einmal den kleinen Nebenverdienst he even begrudges his wife the little bit of extra money she earns; es war ihm nicht mehr vergönnt, diesen Tag zu erleben it was not granted to him to live to see this day; da es mir vergönnt ist, auf dieser Versammlung zu sprechen since it is granted to me to speak (*od.* since I have the privilege of speaking) at this meeting. – **2.** sich (*dat*) etwas [nicht] ~ [not] to allow (*od.* permit) oneself s.th.

ver'go·ren I *pp of* vergären. – **II** *adj* fermented.

ver'got·ten [-'gɔtən] **I** *v/t* ⟨*no* ge-, h⟩ **1.** deify. – **II V~** *n* ⟨-s⟩ **2.** *verbal noun.* – **3.** *cf.* Vergottung.

ver'göt·tern [-'gœtərn] **I** *v/t* ⟨*no* ge-, h⟩ **1.** (*zum Gott erheben*) deify. – **2.** *fig.* (*übermäßig lieben u. verehren*) worship, adore, (*stärker*) idolize *Br. auch* -s-, idolatrize *Br. auch* -s-, deify: sie vergöttert ihren Sohn she idolizes her son. – **II V~** *n* ⟨-s⟩ **3.** *verbal noun.* — **Ver'göt·te·rung** *f* ⟨-;

no pl⟩ **1.** *cf.* Vergöttern. – **2.** deification. – **3.** *fig.* worship, adoration, (*stärker*) idolization *Br. auch* -s-, idolatry, deification.

ver'gött·li·chen [-'gœtlɪçən] *v/t* ⟨*no* ge-, h⟩ *cf.* vergöttern 1. — **Ver'gött·li·chung** *f* ⟨-; *no pl*⟩ *cf.* Vergötterung 1, 2.

Ver'got·tung *f* ⟨-; *no pl*⟩ **1.** *cf.* Vergotten. – **2.** deification.

ver'gra·ben I *v/t* ⟨*irr, no* ge-, h⟩ **1.** (*eingraben*) bury. – **2.** etwas in (*acc od. dat*) etwas ~ *fig.* a) (*verbergen*) to bury (*od.* hide) s.th. in s.th., b) (*hineinbohren*) to bury s.th. in s.th.: sie vergrub ihr Gesicht in beide Hände (*od.* in beiden Händen) she buried (*od.* hid) her face in her hands; er vergrub die Hände in den Hosentaschen he buried his hands in his trouser pockets. – **II** *v/reflex* sich ~ **3.** (*von Maulwurf, Regenwurm etc*) bury itself. – **4.** *fig. colloq.* (*sich völlig zurückziehen*) hide oneself. – **5.** sich in seine Bücher [Arbeit] (*od.* sich in seinen Büchern [in seiner Arbeit]) ~ *fig. colloq.* to bury oneself in one's books [in one's work].

ver'grä·men *v/t* ⟨*no* ge-, h⟩ **1.** j-n ~ a) (*vertreiben*) (*durch schlechtes Benehmen, schlechte Bedienung etc*) to repel s.o., to put s.o. off, b) *lit.* (*seelisch verletzen*) to worry (*od.* grieve, fret) s.o.: er hat seinen besten Freund vergrämt he repelled his best friend. – **2.** j-m [sich *dat*] etwas ~ *lit.* (*das Leben, den Tag etc*) to make s.th. unpleasant for s.o. [oneself]. – **3.** *hunt.* (*Wild*) frighten, scare. — **ver'grämt I** *pp.* – **II** *adj* **1.** (*Gesicht etc*) careworn, worried: sie sieht ganz ~ aus she looks quite careworn. – **2.** (*Mensch, Wesen*) worried, (*stärker*) woebegone, grief-stricken. – **3.** *hunt.* (*Wild*) frightened, scared.

ver'grau·len *v/t* ⟨*no* ge-, h⟩ j-n ~ *colloq.* to send s.o. off in a huff, to huff s.o.

ver'grei·fen *v/reflex* ⟨*irr, no* ge-, h⟩ sich ~ **1.** *mus.* (*beim Klavier-, Gitarrespielen etc*) play (*od.* strike) the wrong note: du hast dich um einen halben Ton vergriffen you were off the note by half a tone, you were half a tone off the note. – **2.** (*auf einer Schreib-, Rechenmaschine etc*) strike the wrong key. – **3.** (*bei einer Turnübung etc*) miss one's grip (*od.* grasp). – **4.** sich an (*dat*) etwas ~ a) (*an fremdem Eigentum*) to misappropriate s.th., (*an Geld*) *auch* to embezzle s.th., b) (*an geweihten, geheiligten Gegenständen etc*) to profane (*od.* desecrate) s.th., c) *fig. colloq. humor.* (*wegnehmen, mitnehmen*) to pinch (*od.* swipe) s.th. (*colloq.*), d) *fig. colloq.* (*sich an etwas heranwagen*) to do s.th. to s.th.: sie hat sich an der Kasse vergriffen she misappropriated (*od.* stole) money from the till; wer hat sich an meinem Bleistift vergriffen? *fig. colloq. humor.* who has pinched my pencil? – **5.** sich an j-m ~ a) (*tätlich angreifen*) to lay hands on (*od.* to go for) s.o., b) (*unsittlich mißbrauchen*) to commit indecent assault (up)on s.o. – **6.** (*in Wendungen wie*) sich im Ausdruck (*od.* Ton) ~ to use the wrong approach; Sie ~ sich im Ton that is the wrong tone to speak to me in; sich in den Mitteln ~, sich in (*od.* bei) der Wahl der Mittel ~ to adopt the wrong means.

ver'grei·sen [-'graɪzən] **I** *v/i* ⟨*no* ge-, sein⟩ **1.** (*von Person*) become senile, senesce (*scient.*). – **2.** *sociol.* (*von Bevölkerung*) age. – **II V~** *n* ⟨-s⟩ **3.** *verbal noun.* – **4.** *cf.* Vergreisung. — **ver'greist I** *pp.* – **II** *adj* **1.** (*Person*) senile. – **2.** *sociol.* (*Bevölkerung*) overly aged, containing a high percentage of aged people. — **Ver'grei·sung** *f* ⟨-; *no pl*⟩ **1.** *cf.* Vergreisen. – **2.** (*einer Person*) senescence. – **3.** *sociol.* (*der Bevölkerung*) (growing) high percentage of aged people.

ver'grif·fen I *pp of* vergreifen. – **II** *adj* **1.** (*Buch, Broschüre*) out of (*od.* no longer in) print: dieses Buch ist seit zwei Jahren ~ this book has been out of print for two years. – **2.** (*Artikel, Ware*) unavailable, no longer in production, sold-out (*attrib*).

ver'grö·bern [-'grøːbərn] **I** *v/t* ⟨*no* ge-, h⟩ **1.** (*Sand, Verputz, Gewebe etc*) coarsen. – **2.** (*Gesichtszüge, Umgangsformen etc*) coarsen. – **II** *v/i* ⟨sein⟩ **3.** (*von Person, Umgangsformen etc*) coarsen, become rude (*od.* coarse, gross). – **III** *v/reflex* ⟨h⟩ sich ~ **4.** (*von Gesichtszügen etc*) coarsen, become coarse. – **IV V~** *n* ⟨-s⟩ **5.** *verbal noun.* —

Ver'grö·be·rung *f* ⟨-; *no pl*⟩ *cf.* Vergröbern.

ver'grö·ßern [-'grøːsərn] **I** *v/t* ⟨*no* ge-, h⟩ **1.** (*Raum etc*) enlarge, extend: etwas um das Doppelte ~ to enlarge (*od.* extend) s.th. to twice its size; den Abstand zwischen zwei Dingen ~ to extend the distance between two things; den Maßstab ~ to enlarge the scale. – **2.** (*umfang-, volumenmäßig*) enlarge. – **3.** (*zahlen-, wert-, bedeutungsmäßig*) increase, augment, aggrandize *Br. auch* -s- (*lit.*): die Truppenstärke ~ to augment the number of troops. – **4.** (*Betrieb, Maschinenpark, Produktionsfähigkeit, Wissen etc*) enlarge, extend, expand. – **5.** (*Not, Qual, Schwierigkeiten etc*) increase, aggravate, add to, worsen, intensify, augment. – **6.** (*Freude, Interesse, Ungeduld etc*) increase, intensify, heighten. – **7.** *econ.* (*Kapital, Schulden, Vermögen etc*) enlarge, increase, augment. – **8.** (*Bekannten-, Kundenkreis, Mitarbeiterstab etc*) enlarge, extend. – **9.** (*Vollmachten, Befugnisse etc*) extend, aggrandize *Br. auch* -s- (*lit.*). – **10.** *phot.* (*Negativ*) enlarge, blow up: ein Bild sechsfach ~ to enlarge a picture to six times its size. – **11.** (*optics*) (*durch eine Lupe etc*) magnify. – **12.** *mus.* (*Thema*) augment. – **II** *v/reflex* sich ~ **13.** (*flächen-, umfang-, volumenmäßig*) enlarge, become larger, grow: die Stadt hat sich sehr vergrößert the city has greatly enlarged; unser Bekanntenkreis vergrößerte sich rasch our circle of friends enlarged rapidly. – **14.** (*zahlen-, wert-, bedeutungsmäßig*) increase, augment. – **15.** (*von Betrieb, Wissen, Aktionsradius etc*) enlarge, become larger, expand. – **16.** (*von Mangel, Schwierigkeiten etc*) increase, worsen, become worse, intensify. – **17.** (*von Interesse, Ungeduld etc*) increase, intensify, heighten. – **18.** *econ.* (*von Kapital, Schulden, Vermögen etc*) enlarge, increase, augment. – **19.** (*von Pupillen*) dilate, become dilated. – **20.** *fig. colloq.* (*in eine größere Wohnung ziehen*) move to a bigger place. – **21.** *med.* (*von Herz, Leber, Milz etc*) become enlarged (*od. scient.* hypertrophied). – **III** *v/i* **22.** dieses Glas vergrößert stark (*optics*) this glass magnifies greatly. – **IV V~** *n* ⟨-s⟩ **23.** *verbal noun.* – **24.** *cf.* Vergrößerung. — **ver'grö·ßernd I** *pres p.* – **II** *adj* eine stark ~e Linse (*optics*) a highly powerful lens, a lens with high magnifying power. — **Ver'grö·ße·rung** *f* ⟨-; -en⟩ **1.** *cf.* Vergrößern. – **2.** ⟨*only sg*⟩ (*flächenmäßige*) enlargement, extension. – **3.** ⟨*only sg*⟩ (*umfang-, volumenmäßige*) enlargement. – **4.** ⟨*only sg*⟩ (*zahlen-, wert-, bedeutungsmäßige*) increase, augmentation, aggrandizement *Br. auch* -s- (*lit.*). – **5.** ⟨*only sg*⟩ (*des Handelsumfangs, des Betriebs, des Wissens etc*) enlargement, extension, expansion. – **6.** ⟨*only sg*⟩ (*der Not, Qualen, Schwierigkeiten, des Mangels etc*) increase, aggravation, intensification, augmentation. – **7.** ⟨*only sg*⟩ (*des Interesses etc*) increase, intensification. – **8.** ⟨*only sg*⟩ (*des Kapitals, der Schulden etc*) enlargement, increase, augmentation. – **9.** ⟨*only sg*⟩ (*des Bekannten-, Kundenkreises, Mitarbeiterstabs etc*) enlargement, extension. – **10.** ⟨*only sg*⟩ (*der Vollmachten, Befugnisse*) extension, aggrandizement *Br. auch* -s- (*lit.*). – **11.** ⟨*only sg*⟩ (*der Pupillen*) dilation. – **12.** *phot.* enlargement, blowup, *Br.* blow-up. – **13.** ⟨*only sg*⟩ (*optics*) magnification. – **14.** ⟨*only sg*⟩ *med.* (*des Herzens, der Leber etc*) enlargement, hypertrophy (*scient.*).

Ver'grö·ße·rungs|ap·pa,rat *m phot.* enlarger. — **v~,fä·hig** *adj* enlargeable. — **~,glas** *n* ⟨-es; =er⟩ (*optics*) magnifying glass, (*zum Lesen*) *auch* reading glass, magnifier. — **~,kraft** *f* ⟨-; *no pl*⟩ (*einer Linse etc*) magnifying power. — **~ver,fah·ren** *n phot.* enlarging process.

ver'groß,städ·tern [-,ʃtɛːtərn] **I** *v/i* ⟨*no* ge-, sein⟩ (*von ehemals ländlichen od. kleinstädtischen Vororten u. deren Bevölkerung*) become urbanized (*Br. auch* -s-), *Am. auch* become metropolitanized. – **II V~** *n* ⟨-s⟩ *verbal noun.* — **Ver'groß,städ·te·rung** *f* ⟨-; *no pl*⟩ **1.** *cf.* Vergroßstädtern. – **2.** urbanization *Br. auch* -s-, *Am. auch* metropolitanization.

ver'gucken (*getr.* -k·k-) *v/reflex* ⟨*no* ge-, h⟩ sich ~ *colloq.* **1.** see wrong. – **2.** sich in j-n ~ (*verlieben*) to take a fancy to s.o., to be smitten with s.o., to fall for s.o. (*colloq.*).

ver'gül·den [-'gʏldən] *v/t* ⟨*no* ge-, h⟩ *poet. for* vergolden.

ver'gün·stigt [-'gʏnstɪçt] *adj* (*Eintrittskarten etc*) reduced: zu ~en Preisen at reduced prices.

Ver'gün·sti·gung [-'gʏnstɪgʊŋ] *f* ⟨-; -en⟩ **1.** (*Sonder-, Vorrecht*) privilege: j-m eine ~ gewähren to grant s.o. a privilege. – **2.** (*finanzielle, preisliche*) reduction (rate): diese Fluggesellschaft bietet besondere ~en this airline offers special reductions (*od.* rates). – **3.** (*von seiten des Staates, einer Firma etc*) allowance, benefit: soziale [steuerliche] ~en social [tax] allowances. – **4.** *econ. cf.* Rabatt 1.

Ver'guß|,harz *n synth.* casting resin. — **~,mas·se** *f* pourable sealing compound.

ver'güt·bar *adj* **1.** *econ.* (*Arbeitsleistung, Auslage etc*) remunerable, recompensable. – **2.** (*Versicherungsschaden*) indemnifiable, (re)compensable. – **3.** *metall.* (*Stahl*) susceptible to quenching and tempering.

ver'gü·ten [-'gyːtən] **I** *v/t* ⟨*no* ge-, h⟩ **1.** (j-m) etwas ~ a) (*Arbeit, Leistung, Dienst etc*) to remunerate (*od.* recompense, pay, compensate) (s.o. [for]) s.th., b) (*Schaden, Verlust etc*) to compensate (*od.* reimburse, recompense, indemnify) (s.o. [for]) s.th., c) (*Auslagen, Unkosten*) to refund (*od.* reimburse) (s.o.) s.th.: ich würde mir die Arbeit von der Firma ~ lassen I should have the company recompense me (for) the work; die Reisekosten werden Ihnen vergütet your travel expenses will be refunded. – **2.** *econ.* (*Zinsen etc*) pay, allow. – **3.** *tech.* a) (*Werkstoffe etc*) improve, b) (*Farben*) age. – **4.** *metall.* (*Stahl*) a) (*durch Härten*) quench and temper, b) (*an der Luft*) air-quench and temper, c) (*in Öl*) oil-quench and temper. – **5.** *metall.* (*Leichtmetall*) a) (*auslagern*) age-harden, b) (*warm aushärten*) quench-age. – **6.** (*optics*) (*Linse, Objektiv etc*) coat, lumenize, *Br.* bloom. – **II V~** *n* ⟨-s⟩ **7.** *verbal noun.* – **8.** *cf.* Vergütung.

Ver'gü·te,ofen *m metall.* quenching and tempering furnace.

ver'gü·tet I *pp.* – **II** *adj* **1.** *phot.* (*Objektiv*) coated, *Br.* bloomed. – **2.** *metall.* (*Stahl*) heat-treated.

Ver'gü·tung *f* ⟨-; -en⟩ **1.** *cf.* Vergüten. – **2.** (*Lohn für eine Arbeit, Leistung etc*) (für for) remuneration, recompense, pay, compensation, consideration, (*für Nebenbeschäftigung*) *auch* emolument. – **3.** (*Entschädigungssumme für einen Verlust etc*) (für for) compensation, indemnity, indemnification, reimbursement, recompense. – **4.** (*von Auslagen, Unkosten etc*) refund(ment), reimbursement. – **5.** *metall.* a) (*des Stahls*) temper-hardening. – **6.** (*optics*) coating.

Ver'gü·tungs|,stahl *m metall.* **1.** (*unvergüteter*) heat-treatable steel. – **2.** (*vergüteter*) quenched and tempered steel. — **~,zu,stand** *m* (*von Legierungen, Stahl*) temper, quenched and tempered condition.

ver'hack,stücken (*getr.* -k·k-) *v/t* ⟨*no* ge-, h⟩ *bes. Northern G. colloq.* **1.** *cf.* auseinandernehmen 3. – **2.** j-m etwas ~ (*im einzelnen erklären*) to spell s.th. out to s.o.

ver'haf·ten I *v/t* ⟨*no* ge-, h⟩ **1.** j-n ~ to arrest (*bes. jur.* apprehend) s.o., to take s.o. into custody, (*bes. bei Zivilprozeß*) to attach s.o., to pick s.o. up; to lift s.o., to run s.o. in, to nab s.o. (*colloq.*): er wurde wegen Mordverdacht(s) verhaftet he was arrested on suspicion of murder. – **II V~** *n* ⟨-s⟩ **2.** *verbal noun.* – **3.** *cf.* Verhaftung. — **ver'haftet I** *pp.* – **II** *adj* **1.** (*in Haft genommen*) arrested, under arrest, *bes. jur.* apprehended: Sie sind ~! you are under arrest! – **2.** (mit) einer Sache ~ sein (*verwurzelt sein*) to be rooted in s.th.: sie sind der Tradition zutiefst ~ they are deeply rooted in tradition. — **Ver'haf·te·te** *m, f* ⟨-n; -n⟩ arrestee, person arrested. — **Ver'haf·tung** *f* ⟨-; -en⟩ **1.** *cf.* Verhaften. – **2.** arrest, *bes. jur.* apprehension, attachment: j-s ~ anordnen to order s.o.'s arrest; eine ~ vornehmen (*od.* durchführen) to carry out an arrest.

Ver'haf·tungs,wel·le *f bes. pol.* series of arrests.

ver'ha·geln *v/i* ⟨*no* ge-, sein⟩ (*von Ernte, Getreide etc*) be destroyed by hail: → Petersilie.

ver'hal·len *v/i* ⟨*no* ge-, sein⟩ **1.** (*von Ton, Echo, Schritten etc*) die (*od.* fade) away. – **2.** (*in Wendungen wie*) sein Ruf verhallte ungehört a) his shout went unheard, b) *fig.* (*Appell etc*) his plea went unheard (*od.* met with no response); sein Ruf darf nicht ungehört ~! *fig.* his plea must not go unheard!

ver'hal·ten[1] **I** *v/t* ⟨*irr, no* ge-, h⟩ **1.** (*den Atem*) hold, bate. – **2.** die Schritte ~ to check one's step, to stop short. – **3.** (*Tränen, Urin etc*) hold (*od.* keep) back, retain. – **4.** (*Lachen, Leidenschaft, Groll, Ärger etc*) hold (*od.* keep) back, restrain, contain. – **5.** (*Pferd*) rein back, rein (*a horse*) to a stop (*od.* halt), check. – **6.** *mus.* (*das Tempo*) hold back, sustain, restrain. – **II** *v/i lit.* **7.** (*im Gehen innehalten*) stop short. – **8.** (*von Reiter*) rein back (*od.* in, up). – **III** *v/reflex* sich ~ **9.** (*handeln, vorgehen*) behave, act: sich falsch [richtig] ~ to behave (*od.* act) incorrectly [correctly]; er hat sich mir gegenüber immer anständig ~ he has always behaved very decently toward(s) me, he has always been very decent to me; sie hat sich ihrer Mutter gegenüber (*od.* gegen ihre Mutter) gemein ~ she has behaved meanly (*od.* shabbily) toward(s) her mother; er verhielt sich wie ein Ehrenmann he acted like a man of hono(u)r; ich weiß nicht, wie ich mich ~ soll a) I don't know how to behave (*od.* act), I don't know what (I ought) to do, b) (*welche Geisteshaltung ich einnehmen soll*) I don't know what attitude to assume; sich passiv [skeptisch, mißtrauisch] ~ to assume (*od.* adopt) a passive [skeptical, distrustful] attitude; er hat sich uns gegenüber (*od.* zu uns) immer loyal ~ he has always assumed a loyal attitude toward(s) us; sie entschied, sich abwartend zu ~ she decided to wait and see (*od.* to assume a wait-and-see attitude), she decided to bide her time (*od.* *colloq.* to play a waiting game); wie verhältst du dich dazu? what is your attitude toward(s) (*od.* to) the matter? – **10.** (*sich betragen, benehmen*) behave (oneself), conduct oneself: sich brav ~ to behave well (*od.* oneself), to be good. – **11.** sich ruhig (*od.* still) ~ a) (*nichts sagen, keinen Lärm machen*) to keep (*od.* be) quiet, b) (*sich nicht bewegen*) to keep still; die Bemerkung ärgerte ihn, doch er verhielt sich still the remark angered him, but he kept quiet (*od.* held his peace). – **12.** (*in Wendungen wie*) weißt du, wie sich die Sache verhält? a) (*was los ist*) do you know how things stand? b) (*wie das gehandhabt wird*) do you know how one goes about (doing) that? die Sache verhält sich anders it (*od.* the matter) is not as you think, the matter is different from (*Am.* *auch* than) what you think. – **13.** (*von Tieren, Pflanzen etc unter bestimmten Bedingungen*) behave. – **14.** (*von Autos beim Fahren, Flugzeugen beim Fliegen, von Börse, Preisen, Markt etc*) behave. – **15.** sich zu etwas ~ wie *bes. math.* (*bei Verhältnissen, Proportionen*) to be to s.th. as: A verhält sich zu B wie C zu D A is to B as C is to D, the ratio of A to B is equal to that of C to D. – **16.** *chem. phys. tech.* (*von Säure, Gas, Werkstoff etc*) react, behave: bei Hitze verhält sich Ton anders als Wachs clay reacts differently from (*Am. auch* than) wax when exposed to heat. – **IV** *v/impers* **17.** (*in Wendungen wie*) weißt du, wie es sich mit der Sache verhält? a) (*was los ist*) do you know how things stand? b) (*wie das gehandhabt wird*) do you know how one goes about (doing) that? damit verhält es sich anders it (*od.* the matter) is not as you think, the matter is different from (*Am. auch* than) what you think; mit den anderen Kindern verhält es sich genauso it's the same thing (*od.* *colloq.* story) with the other children; wie verhält es sich eigentlich mit Herbert? a) (*wie denkt er darüber*) what does Herbert think of (*od.* about) it? b) (*was ist los mit ihm*) what is the matter with Herbert? wenn es sich (damit) so verhält, dann if that is so (*od.* if that is [*od.* be] the case), then.

ver'hal·ten[2] **I** *pp of* verhalten[1]. – **II** *adj* **1.** (*Atem*) bated: mit ~em Atem stand er da he stood there with bated breath, he stood there holding his breath. – **2.** (*Kraft, Tempo, Rhythmus, Trab etc*) restrained. – **3.** (*Lachen, Freude, Leidenschaft, Unwille etc*) restrained, contained; pent-up, bottled-up (*attrib*). – **4.** (*Trauer, Kummer etc*) restrained, contained. – **5.** (*Stimme*) subdued: mit ~er Stimme sprechen to speak in a subdued tone. – **6.** mit ~en Zügeln reiten to ride on a short rein. – **III** *adv* **7.** with restraint: er lief die ersten 1 000 m sehr ~ he didn't go all out on the first 1,000 meters (*bes. Br.* metres) (*colloq.*).

Ver'hal·ten[1] *n* ⟨-s; *no pl*⟩ **1.** (*Handlungsweise, Vorgehen*) behavior, *bes. Br.* behaviour: sein ~ meinem Vater gegenüber (*od.* gegenüber meinem Vater) war korrekt his behavio(u)r toward(s) my father was correct: ich kann mir sein ~ nicht erklären I cannot explain his behavio(u)r. – **2.** (*Geisteshaltung*) attitude: ein mißtrauisches ~ an den Tag legen to have (*od.* show) an attitude of distrust. – **3.** (*Betragen, Benehmen*) behavior, *bes. Br.* behaviour, conduct, demeanor, *bes. Br.* demeanour, deportment, comportment (*lit.*): ungehöriges ~ bad (*od.* improper) behavio(u)r (*od.* conduct), misbehavio(u)r, misconduct; sportliches ~ sportsmanlike conduct, fairness; das ~ der Kinder war mustergültig the children's behavio(u)r was exemplary, the children were on their best behavio(u)r; ihr stilles ~ war ihm aufgefallen a) he had noticed her quietness, b) her quietness had attracted his attention. – **4.** *biol. sociol.* behavior, *bes. Br.* behaviour. – **5.** (*von Autos beim Fahren, Flugzeugen beim Fliegen, von Börse, Preisen, Markt etc*) behavior, *bes. Br.* behaviour. – **6.** *chem. phys. tech.* (*einer Säure, eines Gases, Werkstoffs etc*) (gegen) reaction (to), behavior (*bes. Br.* behaviour) (toward[s]). – **7.** *tech.* (*in der Regelungstechnik*) action.

Ver'hal·ten[2] *n* ⟨-s; *no pl*⟩ (*des Urins, Stuhls*) retention.

Ver'hal·ten·heit *f* ⟨-; *no pl*⟩ (*des Tempos, Rhythmus, der Freude, Trauer etc*) restraint, restrainedness.

Ver'hal·tens|ent,wick·lung *f psych.* behavioral (*bes. Br.* behavioural) development. — **~,for·scher** *m* behavioral (*bes. Br.* behavioural) (*od.* behaviorist[ic], *bes. Br.* behaviourist[ic]) scientist, behaviorist, *bes. Br.* behaviourist. — **~,for·schung** *f* ⟨-; *no pl*⟩ behavioral (*bes. Br.* behavioural) (*od.* behaviorist[ic], *bes. Br.* behaviourist[ic]) science, science of behavior (*bes. Br.* behaviour), behaviorism, *bes. Br.* behaviourism. — **v~ge,stört** *adj* (*Kind*) disturbed. — **~,maß,re·gel** *f meist pl* **1.** (*für die Handlungsweise*) rule of action: j-m ~n erteilen (*od.* geben) to give s.o. rules of action. – **2.** (*in Fragen des Benehmens, der Etikette etc*) rule of conduct (*od.* behavior, *bes. Br.* behaviour). — **~,mu·ster** *n sociol. zo.* behavior(al) (*bes. Br.* behaviour[al]) pattern, pattern (*od.* mode) of behavior (*bes. Br.* behaviour). — **~psy·cho,lo·ge** *m* behaviorist, *bes. Br.* behaviourist. — **~psy·cho·lo,gie** *f* behaviorism, *bes. Br.* behaviourism, behavior (*bes. Br.* behaviour) psychology (*od.* theory). — **~,steue·rung** *f psych.* behavior(al) (*bes. Br.* behaviour[al]) regulation (*od.* control). — **~,stö·rung** *f* behavior(al) (*bes. Br.* behaviour[al]) disorder. — **~the·ra,pie** *f* behavior (*bes. Br.* behaviour) therapy. — **~,wei·se** *f* ⟨-; -n⟩ **1.** ⟨*only sg*⟩ *cf.* Verhalten[1] 1, 4. – **2.** *bes. psych. sociol.* (*eines Menschen innerhalb der Gesellschaft*) behavior(al) (*bes. Br.* behaviour[al]) pattern, pattern (*od.* mode) of behavior (*bes. Br.* behaviour).

Ver'hält·nis [-'hɛltnɪs] *n* ⟨-ses; -se⟩ **1.** (*zwischen Menschen, Staaten etc*) relationship, relations *pl*, footing, rapport (*lit.*): er hat mit (*od.* zu) seinen Eltern ein gutes [enges] ~ he has a good [close] relationship (*od. lit.* rapport) with his parents; in einem freundschaftlichen ~ stehen to be on an amicable footing; die beiden Länder stehen in freundschaftlichem ~ zueinander (*od.* miteinander) the two countries entertain a friendly relationship (to [*od.* with] each other), the two countries entertain friendly relations (with each other); sein ~ zu ihr ist rein dienstlich (*od.* dienstlicher Natur) his relationship to her is strictly professional (*od.* is of a strictly professional nature, is strictly confined to business [matters]); er konnte zu ihm kein (gutes) ~ finden he was unable to establish a good relationship with him, he never got off on the right foot with him (*colloq.*); sie hat zu ihrer Arbeit kein (inneres) ~ her heart is not in her work. – **2.** (verwandtschaftliches) ~ (family) relation(ship): in welchem ~ stehe ich zur Frau meines Bruders? what is my relation (*od.* how am I related) to my brother's wife? – **3.** (*vergleichbare Beziehung*) proportion, relation: im ~ zu a) in proportion (*od.* relation) to, b) *colloq.* (*im Vergleich zu*) in comparison with, compared with (*od.* to); im ~ zur geleisteten Arbeit ist der Lohn zu gering the wages are too low in proportion (*od.* relation) to the work done; im ~ zu seinem Bruder ist er sehr groß *colloq.* he is very tall in comparison (*od.* compared) with his brother; das ist sehr wenig im ~ *colloq.* a) this is very little in proportion, this is proportionately (*od.* proportionally) very little, b) (*vergleichsweise*) this is comparatively (*od.* relatively) little; die Ausgaben stehen in keinem ~ zu unseren Einnahmen the expenses are in no (*od.* are out of all) proportion to our income; die Seitenwände stehen in völlig falschem ~ zur Vorderfront the side walls are entirely out of proportion (*od.* are entirely disproportionate, are entirely disproportional) to the front. – **4.** *pl* (*Bedingungen, Gegebenheiten*) conditions, circumstances: sich den augenblicklichen [örtlichen] ~sen anpassen to adapt to the conditions of the moment [of one's environment]; in diesem Land herrschen geordnete politische ~se the political circumstances are orderly (*od.* well ordered) in this country; in ärmlichen ~sen leben to live in poor (*od.* necessitous) conditions (*bes. finanziell* circumstances); → klar 10. – **5.** (finanzielle) ~se a) (financial) circumstances, b) (*Vermögenslage*) (financial) circumstances, means: in gesicherten ~sen leben to live in secure (*od.* assured) circumstances; er stammt aus kleinen (*od.* bescheidenen, einfachen) ~sen he comes from a family of modest circumstances (*od.* means); er lebt über seine ~se he lives beyond his means (*od.* circumstances); das geht über meine ~se this is beyond my means. – **6.** *pl* (*äußere Umstände*) circumstances: unter (*od.* bei) den derzeitigen ~sen ist die Einreise in das Land unmöglich it is impossible to enter the country under (*od.* in) the present circumstances; auf dem Land liegen die ~se natürlich anders als in der Stadt circumstances in the country differ of course from those in the city; (so) wie die ~se liegen, ist keine Besserung zu erwarten an improvement is not to be expected in the circumstances (*od.* as matters stand); unter dem Druck der ~se konnte er nicht anders handeln he was forced by circumstances (*od.* circumstances forced him) to act as he did, he could not act otherwise under the force (*od.* pressure) of the circumstances. – **7.** *colloq.* (*Liebesverhältnis*) affair, *auch* affaire, liaison, relations *pl*: er hat mit der Frau des Nachbarn ein ~ he is having an affair (*od.* is having relations, is carrying on) with his neighbo(u)r's wife; ein ~ eingehen [lösen] to start [to break off] an affair. – **8.** *colloq.* (*Geliebte*) mistress. – **9.** *bes. math.* (*Zahlenverhältnis*) ratio, proportion: inneres [zusammengesetztes] ~ inner [compound] ratio; arithmetisches [geometrisches] ~ arithmetic(al) [geometric(al)] ratio; die Strecken haben das (*od.* stehen im) ~ 1 : 4 the lines have (*od.* are in) a ratio of 1 : 4; etwas im ~ 1 : 2 mischen to mix s.th. in the ratio (*od.* at the rate) of 1 : 2; die Seiten der Proportion stehen im umgekehrten ~ zueinander the members of the proportion are in inverse ratio to each other.

ver'hält·nis|,gleich *adj math.* proportional. — **V~,gleich·heit** *f* proportionality. — **V~-,Gleich,rich·ter** *m electr.* ratio detector. — **V~,glei·chung** *f math. cf.* Proportion 2.

ver'hält·nis,mä·ßig **I** *adj* **1.** (*proportional*) proportional, proportionate. – **2.** (*relativ*) relative, comparative: seine ~e Unerfahrenheit auf diesem Gebiet his comparative lack of experience in this field. –

3. *bes. econ.* (*entsprechend der Geschäfts-, Kostenbeteiligung etc*) proportional, proportionate, pro rata, rat(e)able: mein ~er Beitrag (zu) my proportional contribution (to). – **II** *adv* **4.** proportionately, proportionally. – **5.** (*ziemlich, vergleichsweise*) relatively, comparatively: sie sind ~ wohlhabend they are comparatively well-to-do. – **6.** *bes. econ.* proportionately, proportionally, in proportion, rat(e)ably, pro rata: Gewinne ~ aufteilen to distribute gains proportionally (*od.* pro rata), to prorate (*od.* proportion) gains.

Ver'hält·nis,wahl *f pol.* **1.** proportional election. – **2.** ⟨*only sg*⟩ *cf.* Verhältniswahlrecht. — **~,recht** *n* ⟨-(e)s; *no pl*⟩ proportional representation. — **~sy,stem** *n* proportional representation system.

Ver'hält·nis|,wort *n* ⟨-(e)s; =er⟩ *ling. cf.* Präposition. — **~,zahl** *f math.* (*bes. in der Statistik*) proportional (*od.* relative) number, ratio, proportional factor.

Ver'hal·tung *f* ⟨-; *no pl*⟩ *med.* (*des Urins, Stuhls*) retention.

Ver'hal·tungs,maß,re·gel *f meist pl rare for* Verhaltensmaßregel.

ver'han·del·bar *adj* **1.** *bes. pol.* negotiable: nicht ~e Streitfälle nonnegotiable (*Br.* non-negotiable) issues. – **2.** *jur.* (*Sache, Fall*) triable.

ver'han·deln I *v/i* ⟨*no* ge-, h⟩ **1.** (*auf Sitzungen, Konferenzen etc*) negotiate, transact: sie verhandelten über die Lieferung von Getreide they negotiated (on *od.* about, for) the supply of grain; über die Lohnerhöhungen mußte neu verhandelt werden the wage increase had to be negotiated (once) again, the wage increase had to be renegotiated. – **2.** (*bes. während bewaffneter Auseinandersetzungen*) negotiate, parley, treat: mit der Gegenseite über einen Waffenstillstand ~ to negotiate with the enemy on (*od.* about, for) an armistice, to parley with the enemy on (*od.* about) an armistice. – **3.** (*von Geschäftsleuten*) negotiate, bargain: über den Preis (*od.* wegen des Preises) ~ to negotiate (on *od.* about) the price, to bargain for (*od.* about) the price. – **4.** (*sich beraten, debattieren*) deliberate, confer, debate: der Stadtrat verhandelt seit Stunden über das Projekt (*od.* wegen des Projekts) the municipal council has been deliberating (on) (*od.* debating [on], conferring on, discussing) the project for hours. – **5.** *jur.* a) hold a hearing, hold proceedings, b) (*strafrechtlich*) hold a trial: über eine Sache (*od.* einen Fall) ~ a) to hear a case, b) (*strafrechtlich*) to try a case; gegen j-n ~ to try s.o.; unter Ausschluß der Öffentlichkeit ~ to sit in camera (*od.* behind closed doors). – **II** *v/t* **6.** *archaic* (*Ware*) barter, trade off. – **7.** *jur.* (*einen Fall*) a) hear, b) (*strafrechtlich*) try. – **III V~** *n* ⟨-s⟩ **8.** *verbal noun.* – **9.** *cf.* Verhandlung.

Ver'hand·lung *f* ⟨-; -en⟩ **1.** *cf.* Verhandeln. – **2.** ⟨*only sg*⟩ negotiation: der zur ~ stehende Vertrag the treaty under negotiation; die beiden Länder stehen miteinander in ~ the two countries are engaged in negotiation (with each other), the two countries are negotiating (with each other). – **3.** *meist pl* (*Gespräche*) negotiation, talk: ~en auf höchster Ebene negotiations at the highest (*od.* at top) level, top-level talks; mit j-m ~en aufnehmen, mit j-m in ~en (ein)treten to take up (*od.* enter into, open, initiate) negotiations with s.o.; die ~en abbrechen [wiederaufnehmen] to break off [to resume *od.* reopen] (the) negotiations; die ~en über den Bau der Straße verliefen ergebnislos the negotiations on (*od.* about, for) the building of the road failed, the talks on (*od.* concerning) the building of the road came to nothing; er führte die ~en sehr zielbewußt he carried on (*od.* conducted) the negotiations very determinedly. – **4.** *meist pl* (*bes. während bewaffneter Auseinandersetzungen*) (über *acc*) negotiation (on, about, for), parley (on, about). – **5.** (*Beratung, Debatte*) (über *acc* on, about) debate, discussion: wir ließen uns auf keine langen ~en ein *colloq.* we did not enter into long debates (*od.* discussions). – **6.** *jur.* a) hearing, proceedings *pl*, b) (*Strafverhandlung*) trial: öffentliche ~ public hearing; es kam zur ~ it came up for hearing (*od.* trial); die Sache steht morgen zur ~ an the case will come up (*od.* will be down) for hearing tomorrow.

Ver'hand·lungs|,ba·sis *f cf.* Verhandlungsgrundlage. — **~be,ginn** *m* **1.** beginning of (the) negotiation(s). – **2.** *jur.* a) beginning of the hearing, b) (*beim Strafprozeß*) beginning of the trial. — **v~be,reit** *adj* (*Regierung, Streitpartei etc*) willing (*od.* ready) to negotiate (*od.* to enter into negotiations): sie hatten sich (für) ~ erklärt they had declared themselves willing (*od.* they had agreed) to negotiate. — **~be,reit·schaft** *f* ⟨-; *no pl*⟩ willingness (*od.* readiness) to negotiate (*od.* to enter into negotiations). — **~be,richt** *m cf.* Verhandlungsprotokoll 1. — **~be,voll,mäch·tig·te** *m, f* plenipotentiary at (the) negotiations. — **~,frie·de(n)** *m pol.* negotiated peace. — **~,füh·rung** *f* ⟨-; *no pl*⟩ **1.** (*einer Delegation etc*) conduct of negotiations. – **2.** *jur.* (*eines Richters*) conduct of (a) hearing (*beim Strafprozeß* of [a] trial). — **~,ge·gen,stand** *m* **1.** object of (*od.* matter for) negotiation. – **2.** *jur.* a) (*Punkt der Tagesordnung*) item on the agenda, b) (*Streitgegenstand*) matter at (*od.* in) issue. — **~ge,schick** *n* ⟨-(e)s; *no pl*⟩ skill in negotiation (*od.* negotiating). — **~,grund,la·ge** *f* basis for negotiation. — **~,ort** *m* ⟨-(e)s; -e⟩ **1.** place of negotiation. – **2.** *jur.* venue. — **~pa,ket** *n* ⟨-(e)s; *no pl*⟩ negotiation package. — **~,part·ner** *m* negotiating partner (*bei einer Gruppe, von Staaten etc auch* party). — **~,pau·se** *f* **1.** intermission in (*bei einstweiliger Aussetzung* suspension of) negotiations: eine ~ anberaumen to fix (*od.* arrange) an intermission in negotiations. – **2.** *jur.* intermission (*bei einstweiliger Aufhebung* suspension) of a hearing. — **~pro·to,koll** *n* **1.** minutes *pl* (*od.* protocol) of (the) negotiations. – **2.** *jur.* protocol of (a) hearing (*beim Strafprozeß* of [a] trial). — **~,punkt** *m* point (*od.* item) for negotiation. — **~,raum** *m* (*in Hotels etc*) conference room. — **v~,reif** *adj* (*Streitfrage etc*) ripe for negotiation. — **~,saal** *m* **1.** (*in Kongreßhallen, Hotels etc*) conference hall. – **2.** *jur.* (*im Gerichtsgebäude*) courtroom. — **~,sa·che** *f cf.* Verhandlungsgegenstand. — **~,schluß** *m* **1.** close (*od.* termination) of negotiations: bei ~ at the close of negotiations. – **2.** *jur.* close (*od.* termination) of a hearing (*beim Strafprozeß* trial). — **~,spra·che** *f* (*auf Konferenzen*) language of negotiation. — **~,tag** *m* **1.** day of negotiations. – **2.** *jur. cf.* Verhandlungstermin 2. — **~,teil,neh·mer** *m* participant (*od.* participator) in (the) negotiations. — **~ter,min** *m* **1.** date (*od.* day) of (the) negotiations, day for negotiation. – **2.** *jur.* date (*od.* day) for (the) hearing (*beim Strafprozeß* trial): einen neuen ~ ansetzen (*od.* anberaumen) to fix (*od.* appoint, assign) a new date (*od.* day) for the hearing. — **~,tisch** *m* conference (*od.* negotiating) table: die Einigung wurde am ~ erzielt the agreement was reached at the negotiating table (*od.* by negotiation[s], by way of negotiation); zwei Gegner an den ~ bringen to bring two adversaries together at the negotiating table. — **~,voll,macht** *f* authority to negotiate, negotiatory power. — **~,weg** *m only in* auf dem ~(e) by negotiation(s), by way of negotiation.

ver'han·gen *adj* **1.** (*Himmel*) overclouded, overcast. – **2.** *cf.* verhängt 1, 3.

ver'hän·gen I *v/t* ⟨*no* ge-, h⟩ **1.** (*Fenster, Möbel, Gebäudefront etc*) drape: etwas mit etwas ~ to drape (*od.* hang) s.th. with s.th.; sie verhängten den Wagen mit schwarzen Tüchern they draped (*od.* hung) the cart with black cloth, they draped the cart in black. – **2.** eine Strafe über j-n ~ to inflict punishment on s.o. – **3.** (*Arrest, Sperre, Verbot etc*) impose: man verhängte die Todesstrafe über ihn the death penalty was imposed on him; ein Embargo über einen Hafen ~ to impose (*od.* lay, put) an embargo on a port, to embargo a port. – **4.** (*Notstand, Kriegsrecht etc*) declare, proclaim: den Ausnahmezustand über ein Land ~ to declare a state of emergency in a country; → Belagerungszustand. – **5.** (einem Pferd) die Zügel ~ to give (a horse) the reins. – **II** *v/reflex* sich ~ **6.** (*von Kleidungsstück*) become creased from hanging, hang (all) wrong (*colloq.*). – **III V~** *n* ⟨-s⟩ **7.** *verbal noun.* – **8.** *cf.* Verhängung.

Ver'häng·nis *n* ⟨-ses; -se⟩ **1.** (*unglücklicher Umstand*) calamity, (*stärker*) disaster: es ist ein ~, daß er uns verlassen hat it is a calamity that he should have left us. – **2.** (*Unheil, Katastrophe*) disaster, catastrophe: da brach das ~ über uns herein then disaster came upon us, then catastrophe struck us. – **3.** (*Verderben, Ruin*) undoing, doom: seine Vorliebe für schnelle Sportwagen wurde ihm zum ~ his craze for fast sports cars became his undoing; der Alkohol war sein ~ alcohol was his undoing (*od.* doom).

ver'häng·nis,voll *adj* (*Entscheidung, Tat, Irrtum etc*) fateful, calamitous, (*stärker*) disastrous, fatal: diese Politik hatte ~e Auswirkungen this policy had fateful consequences.

ver'hängt I *pp.* – **II** *adj* **1.** (*Fenster, Möbel, Gebäudefront etc*) draped: der ganz schwarz ~e Wagen the car draped all in black. – **2.** (*Strafe, Sperre, Verbot etc*) imposed. – **3.** mit ~en Zügeln reiten to ride with a loose rein.

Ver'hän·gung *f* ⟨-; *no pl*⟩ **1.** *cf.* Verhängen. – **2.** (*einer Strafe, Sperre, eines Verbots etc*) (über *acc* on) imposition. – **3.** (*des Notstands, Ausnahmezustands etc*) (über *acc* in) declaration, proclamation.

ver'harm·lo·sen [-'harmloːzən] **I** *v/t* ⟨*no* ge-, h⟩ (*die Tragweite eines Geschehens, einer Maßnahme etc*) belittle, make light of, minimize *Br. auch* -s-. – **II V~** *n* ⟨-s⟩ *verbal noun.* — **Ver'harm·lo·sung** *f* ⟨-; -en⟩ **1.** *cf.* Verharmlosen. – **2.** belittlement, minimization *Br. auch* -s-.

ver'härmt *adj* (*Gesicht etc*) careworn: ~ aussehen to look careworn.

ver'har·ren *v/i* ⟨*no* ge-, h *u.* sein⟩ **1.** remain: in einer bestimmten Stellung ~ to remain (*od.* hold still, freeze) in a certain position. – **2.** (auf *dat*, bei, in *dat* in) persist: im Gebet ~ to persist in one's prayer; im Schweigen ~ a) to remain silent, b) to refuse to speak; auf (*od.* bei) seiner Meinung ~ to adhere (*od.* stick) to one's opinion, (*stärker*) to persist in one's opinion; bei einem Entschluß ~ to abide by a (*od.* to stick to one's) decision.

ver'har·schen *v/i* ⟨*no* ge-, sein⟩ (*von Schnee*) crust.

ver'här·ten I *v/t* ⟨*no* ge-, h⟩ **1.** *bes. fig.* (*Widerstand, Fronten etc*) harden, indurate: j-s Herz ~ to harden s.o.'s heart; sein Herz gegen j-n [etwas] ~ to harden one's heart against s.o. [s.th.]. – **2.** den Leib ~ *med.* to constipate the bowels. – **II** *v/reflex* sich ~ **3.** *bes. fig.* (*von Widerstand, Fronten etc*) harden. – **4.** sich gegen j-n [etwas] ~ *fig.* to harden one's heart against s.o. [s.th.]. – **5.** *fig.* (*verbittern*) become embittered (*od.* bitter). – **6.** *med.* a) (*von Geweben, Organen etc*) indurate, become indurated, b) (*von Haut*) become callous, c) (*sklerosieren*) sclerose, become sclerosed, d) (*von Geschwülsten*) become scirrhous. – **III V~** *n* ⟨-s⟩ **7.** *verbal noun.* — **ver'här·tet I** *pp.* – **II** *adj* **1.** *bes. fig.* (*Herz, Fronten, Position etc*) hard(ened), indurated. – **2.** *fig.* (*verbittert*) embittered, bitter. – **3.** *med.* a) (*Gewebe, Organe etc*) indurated, b) (*Haut*) callous, c) (*sklerosiert*) sclerosed, d) (*Geschwulst*) scirrhous. — **Ver'här·tung** *f* ⟨-; -en⟩ **1.** *cf.* Verhärten. – **2.** ⟨*only sg*⟩ *bes. fig.* (*von Herz, Fronten etc*) hardening, induration. – **3.** ⟨*only sg*⟩ (*Verbitterung*) embitterment, bitterness. – **4.** ⟨*only sg*⟩ *med.* a) (*von Geweben, Organen etc*) induration, b) (*der Respirationswege*) scleroma, c) (*der Haut*) callosity, d) (*Sklerosierung*) sclerosis, e) (*von Geschwülsten*) scirrhosity: ~ des Leibes constipation. – **5.** *med.* (*verhärtete Stelle*) a) (*in Geweben, Organen etc*) induration, b) (*der Haut*) callosity, callus, c) (*bei einer Geschwulst*) scirrhosity.

ver'har·zen *v/t* ⟨*no* ge-, h⟩ *u. v/i* ⟨sein⟩ resinify. — **Ver'har·zung** *f* ⟨-; *no pl*⟩ resinification.

ver'has·peln *v/reflex* ⟨*no* ge-, h⟩ sich ~ **1.** (*von Garn etc*) tangle, become (*od.* get) (en)tangled. – **2.** *fig. colloq.* (*beim Sprechen*) stumble, get muddled.

ver'haßt *adj* **1.** (*Arbeit, Mensch etc*) hated, detested, loathed: er ist bei allen ~ he is hated by everyone; du machst dich mit deinem Verhalten bei allen (*od.* überall) ~ you make yourself unpopular with (*od. lit.* you incur the odium of) everyone (*od.* you turn everyone against you) with your behavio(u)r; er ist mir ~ I hate (*od.* detest, loathe) him; das war ihm ~ wie der Tod he hated it like poison; es ist mir ~, lügen zu müssen I hate (*od.* loathe) to be (*od.* being) forced to lie. – **2.** (*abscheulich*) hateful, odious.

ver'hät·scheln I *v/t* (*Kind etc*) coddle, pamper, cosset, pet. – **II V~** *n* ⟨-s⟩ *verbal noun.* — **ver'hät·schelt I** *pp.* – **II** *adj* pampered. — **Ver'hät·sche·lung, Ver'hätsch·lung** *f* ⟨-; -en⟩ *cf.* Verhätscheln.

ver'hatscht [-'haːtʃt] *adj Austrian colloq.* (*Schuhe*) trodden-down (*attrib*), worn.

Ver'hau *m, n* ⟨-(e)s; -e⟩ **1.** *bes. mil.* a) (*künstliches Hindernis*) entanglement, b) *cf.* Drahtverhau. – **2.** *fig. colloq.* (*heilloses Durcheinander*) mess, jumble. – **3.** *colloq.* (*Bruchbude*) hole, 'dump' (*sl.*).

ver'hau·en I *v/t* ⟨*irr, no* ge-, h⟩ *colloq.* **1.** (*verprügeln*) 'leather' (*colloq.*), wallop (*sl.*), give (*s.o.*) a hiding (*od. colloq.* licking), thrash, flog. – **2.** (*verfehlen*) miss: den Ball ~ to miss the ball. – **3.** *ped.* (*Klassenarbeit, Prüfung etc*) bungle, muff. – **II** *v/reflex* sich ~ **4.** *fig.* (*sich sehr irren*) (make a) blunder: da hast du dich bei der Berechnung aber gründlich ~ you are way off in your calculation (*colloq.*).

ver'he·ben *v/reflex* ⟨*irr, no* ge-, h⟩ sich ~ strain (*od.* hurt, injure) oneself in lifting.

ver'hed·dern [-'hɛdərn] **I** *v/t* ⟨*no* ge-, h⟩ *colloq.* **1.** (*Fäden etc*) tangle (up). – **II** *v/reflex* sich ~ **2.** (*von Fäden, Personen etc*) get tangled (up): sich im Gestrüpp ~ to get tangled in the brush(wood). – **3.** *fig.* get muddled, stumble, get mixed up: sie verheddert sich immer bei der gleichen Strophe she always gets muddled in the same stanza.

ver'hee·ren [-'heːrən] **I** *v/t* ⟨*no* ge-, h⟩ **1.** (*Land etc*) devastate, lay waste, ravage, desolate, havoc, harry. – **II V~** *n* ⟨-s⟩ **2.** *verbal noun.* – **3.** *cf.* Verheerung. — **ver'hee·rend I** *pres p.* – **II** *adj* **1.** (*Brand, Folgen, Sturm etc*) disastrous, devastating. – **2.** *fig. colloq.* (*scheußlich, unmöglich*) pretty awful, 'ghastly', 'dreadful' (*alle colloq.*): die Frisur sieht ja ~ aus the hairdo looks pretty awful (*od.* a sight) (*colloq.*). – **3.** *fig. colloq.* (*entsetzlich, schrecklich*) appalling: das ist ja ~ that's simply appalling. – **III** *adv* **4.** diese Erfindung hat sich ~ auf die Menschheit ausgewirkt *fig.* this invention had a disastrous effect (up)on mankind. — **Ver'hee·rung** *f* ⟨-; -en⟩ **1.** *cf.* Verheeren. – **2.** devastation, desolation, ravage. – **3.** *meist pl* (*Ergebnis*) devastation, havoc, desolation, ravage: das Hochwasser hat große ~en im Land angerichtet the flood caused great havoc in the country; ~en unter (*dat*) etwas [j-m] anrichten (*od.* verursachen) to play (*od.* raise) havoc with s.th. [s.o.].

ver'hef·ten *print.* **I** *v/t* ⟨*no* ge-, h⟩ (*Buch*) transpose the sheets of. – **II V~** *n* ⟨-s⟩ *verbal noun.* — **Ver'hef·tung** *f* ⟨-; -en⟩ **1.** *cf.* Verheften. – **2.** transposition of sheets.

ver'heh·len *lit.* **I** *v/t* ⟨*no* ge-, h⟩ (*verheimlichen*) (*dat*, vor *dat* from) hide, conceal: er konnte seine Enttäuschung über die Niederlage nicht ~ he could not hide his disappointment at the defeat; ich kann (Ihnen) nicht ~, daß I cannot hide the fact (from you) that, there is no denying (to you) that; er verhehlte es sich nicht he was well aware of it. – **II V~** *n* ⟨-s⟩ *verbal noun.* — **Ver'heh·lung** *f* ⟨-; -en⟩ *lit.* **1.** *cf.* Verhehlen. – **2.** concealment.

ver'hei·len *med.* **I** *v/i* ⟨*no* ge-, sein⟩ **1.** (*von einer Wunde*) heal (up), close. – **2.** (*von Ausschlag etc*) heal (up). – **II V~** *n* ⟨-s⟩ **3.** *verbal noun.* — **Ver'hei·lung** *f* ⟨-; *no pl*⟩ **1.** *cf.* Verheilen. – **2.** healing process.

ver'heim·li·chen [-'haɪmlɪçən] **I** *v/t* ⟨*no* ge-, h⟩ **1.** (*verbergen*) (*dat*, vor *dat* from) hide, conceal, keep (*s.th.*) (back), withhold: du verheimlichst mir etwas you are hiding s.th. from me; ich kann es nicht länger ~, daß I can no longer conceal the fact that, I can no longer keep it secret that; j-m eine Entdeckung ~ to withhold a discovery from s.o.; ich habe nichts zu ~ I have nothing to hide (*od.* cover up). – **2.** *cf.* vertuschen. – **II V~** *n* ⟨-s⟩ **3.** *verbal noun.* — **Ver'heim·li·chung** *f* ⟨-; *no pl*⟩ **1.** *cf.* Verheimlichen. – **2.** concealment.

ver'hei·ra·ten I *v/t* ⟨*no* ge-, h⟩ j-n (mit j-m) ~ a) to marry s.o. (to s.o.), to give s.o. in marriage (to s.o.), b) *contempt.* to marry s.o. off (to s.o.): die zwei Familien haben ihre Kinder miteinander verheiratet the two families married their children to each other (*od.* joined their children in marriage). – **II** *v/reflex* sich ~ marry, get married, wed: sich mit j-m ~ to marry (*od.* get married to, wed) s.o.; sich wieder ~ to marry again, to remarry; sich gut ~ to make a good match; sie hat sich mit dem Freund ihres Bruders verheiratet she married her brother's friend. – **III V~** *n* ⟨-s⟩ *verbal noun.* — **ver'hei·ra·tet I** *pp.* – **II** *adj* (mit to) married: sie ist [un]glücklich ~ she is [un]happily married; ich bin doch nicht mit meiner Firma ~! *fig. colloq.* I am not wedded to my firm! wir sind doch nicht miteinander ~! *colloq.* we are not married to each other! er ist mit seinem Auto ~ *fig. colloq. iron.* he is wedded to his car; → Frau 1.

Ver'hei·ra·te·te[1] *m* ⟨-n; -n⟩ married man: ~ *pl* married people.

Ver'hei·ra·te·te[2] *f* ⟨-n; -n⟩ **1.** married woman. – **2.** *jur.* feme covert, *auch* femme couverte.

Ver'hei·ra·tung *f* ⟨-; *no pl*⟩ **1.** *cf.* Verheiraten. – **2.** marriage.

ver'hei·ßen[1] **I** *v/t* ⟨*irr, no* ge-, h⟩ **1.** j-m etwas ~ to promise s.th. to s.o. – **II V~** *n* ⟨-s⟩ **2.** *verbal noun.* – **3.** *cf.* Verheißung.

ver'hei·ßen[2] **I** *pp of* verheißen[1]. – **II** *adj* **1.** (*Belohnung etc*) promised. – **2.** *relig.* promised.

ver'hei·ßend I *pres p.* – **II** *adj* nichts Gutes ~ ominous.

Ver'hei·ßung *f* ⟨-; -en⟩ **1.** *cf.* Verheißen. – **2.** promise. – **3.** *relig.* promise: das Land der ~ *Bibl.* the Land of Promise, the Promised Land.

ver'hei·ßungs,voll *adj* (*Anfang etc*) promising, auspicious: seine Worte klangen sehr ~ his words sounded very promising.

ver'hei·zen *v/t* ⟨*no* ge-, h⟩ **1.** (*Holz, Kohle etc*) burn. – **2.** j-n ~ *fig. colloq.* a) (*Sportler*) to burn s.o. out, b) (*Soldaten*) to send s.o. to the slaughter.

ver'hel·fen *v/i* ⟨*irr, no* ge-, h⟩ **1.** j-m zu etwas ~ to help s.o. to s.th.: j-m zu seinem Recht ~ to help s.o. to come into his own (*od.* to get his due), to see s.o. righted; der guten Sache zum Sieg(e) ~ to help the good cause to victory; j-m zu seinem Glück ~ to help s.o. to (achieve) happiness. – **2.** j-m zu j-m ~ (*zu einer Frau etc*) to help s.o. to find s.o.

ver'herr·li·chen [-'hɛrlɪçən] **I** *v/t* ⟨*no* ge-, h⟩ **1.** (*ungebührlich rühmen*) glorify, (*stärker*) apotheosize *Br. auch* -s- (*lit.*): den Krieg ~ to glorify war; etwas (mit viel Reklame) ~ to glamorize (*Br. auch* -s-) s.th. – **2.** *relig.* (*lobpreisen*) glorify, exalt: Gott ~ to glorify God. – **3.** (*feiern*) celebrate, panegyrize *Br. auch* -s-: Dante hat Vergil verherrlicht Dante glorified Virgil. – **II** *v/reflex* **4.** sich (selbst) ~ to sing one's own praises, to blow one's own trumpet (*od.* horn). – **III V~** *n* ⟨-s⟩ **5.** *verbal noun.* – **6.** *cf.* Verherrlichung. — **Ver'herr·li·cher** *m* ⟨-s; -⟩ glorifier. — **Ver'herr·li·chung** *f* ⟨-; *no pl*⟩ **1.** *cf.* Verherrlichen. – **2.** (*ungebührliches Rühmen*) glorification, (*stärker*) apotheosis. – **3.** *relig.* (*Lobpreisung*) glorification, exaltation. – **4.** (*Feiern*) celebration.

ver'het·zen I *v/t* ⟨*no* ge-, h⟩ **1.** incite, instigate. – **II V~** *n* ⟨-s⟩ **2.** *verbal noun.* – **3.** *cf.* Verhetzung. — **ver'hetzt I** *pp.* – **II** *adj* (*Jugendliche, Radikale etc*) incited, instigated. — **Ver'het·zung** *f* ⟨-; *no pl*⟩ **1.** *cf.* Verhetzen. – **2.** incitation, instigation: ~ des Volkes demagoguery, *bes. Br.* demagogy.

ver'heu·ern *v/reflex* ⟨*no* ge-, h⟩ sich ~ *mar.* sign on, *bes. Am.* sign up.

ver'heult *adj colloq.* (*Augen, Gesicht*) red (*od.* swollen) from crying: du siehst ja ganz ~ aus you look as if you had (*od.* have) been crying.

ver'he·xen I *v/t* ⟨*no* ge-, h⟩ (be)witch, bedevil, hex, put a hex on. – **II V~** *n* ⟨-s⟩ *verbal noun.* — **ver'hext I** *pp.* – **II** *adj* **1.** bewitched, bedeviled, *bes. Br.* bedevilled, hexed: dieses Haus ist ~ this house is bewitched. – **2.** heute ist (ja) alles wie ~ *fig. colloq.* there is a jinx (*sl.*) (*bes. Am.* hoodoo) on everything today, this is an off day for me; es ist doch wie ~! *fig. colloq.* (*es will einfach nicht klappen*) it's jinxed (*sl.*). — **Ver'hexung** *f* ⟨-; -en⟩ **1.** *cf.* Verhexen. – **2.** bewitchment, bedevilment, hex.

Ver'hieb *m* ⟨-(e)s; *no pl*⟩ (*mining*) **1.** direction of advance: Abbau mit streichendem ~ working (*od.* advancing) along the strike; Abbau mit schwebendem ~ working (*od.* advancing) at the (full) rise. – **2.** advance, work. – **3.** rate of advance.

ver'him·meln *colloq.* **I** *v/t* ⟨*no* ge-, h⟩ j-n ~ to idolize (*Br. auch* -s-) s.o., to worship s.o. – **II V~** *n* ⟨-s⟩ *verbal noun.* — **Ver'him·me·lung** *f* ⟨-; *no pl*⟩ **1.** *cf.* Verhimmeln. – **2.** idolization *Br. auch* -s-.

ver'hin·dern I *v/t* ⟨*no* ge-, h⟩ **1.** (*Unglück etc*) prevent: ich konnte es nicht ~ I could not do anything about (*od.* to prevent) it; ich konnte (es) nicht ~, daß er schon wieder ausging I could not prevent (*od.* bar) him from (*od.* prevent his) going out again; es ließ sich leider nicht ~ (, daß) it could not be prevented (*od.* avoided, helped) (that); etwas durch rechtzeitiges Eingreifen ~ to forestall s.th. – **2.** (*Plan, Vorhaben etc*) thwart, foil: ich konnte die Ausführung dieses Plans nicht ~ I could not thwart (*od.* prevent) the execution of this plan. – **3.** (*unmöglich machen*) preclude, prevent. – **4.** (*durch äußere Umstände*) prevent, impede. – **II V~** *n* ⟨-s⟩ **5.** *verbal noun.* — **ver'hin·dert I** *pp.* – **II** *adj* **1.** ⟨*pred*⟩ ich bin heute leider ~ unfortunately I am unable to come today; mein Mann ist heute abend beruflich [geschäftlich] ~ my husband cannot come tonight for professional [business] reasons; ich bin morgen dienstlich ~ I can't go tomorrow for reasons of duty; er war am Erscheinen ~ he was unable to be present. – **2.** ⟨*attrib*⟩ would-be, manqué (*nachgestellt*): ein ~er Künstler a would-be artist; ~er Dichter poet manqué. — **Ver'hin·de·rung** *f* ⟨-; *no pl*⟩ **1.** *cf.* Verhindern. – **2.** (*von Unfällen etc*) prevention. – **3.** preclusion, prevention.

Ver'hin·de·rungs,fall *m* ⟨-; *no pl*⟩ *only in* im ~(e) should this be impossible, should this not be possible.

ver'hoch,deut·schen [-,dɔʏtʃən] *v/t* ⟨*no* ge-, h⟩ express (*s.th.*) in (*od.* render *s.th.* into) High (*od.* standard) German.

ver'hof·fen *v/i* ⟨*no* ge-, h⟩ *hunt.* (*bes. vom Schalenwild*) stand quietly and test the wind.

ver'hoh·len [-'hoːlən] **I** *adj* (*verborgen*) hidden, concealed: mit ~em Grimm with concealed anger; mit kaum ~er Neugier with almost open curiosity. – **II** *adv* ~ gähnen to yawn surreptitiously.

ver'höh·nen I *v/t* ⟨*no* ge-, h⟩ **1.** deride, ridicule, mock, flout (at), gibe (at), jibe (at), make a mock of, scoff (at). – **II V~** *n* ⟨-s⟩ **2.** *verbal noun.* – **3.** *cf.* Verhöhnung.

ver'hoh·ne,pi·peln [-'hoːnə,piːpəln] *v/t* ⟨*no* ge-, h⟩ *colloq. for* verspotten 1, 2. — **Ver'hoh·ne,pi·pe·lung** *f* ⟨-; -en⟩ *colloq. for* Verspottung.

Ver'höh·nung *f* ⟨-; -en⟩ **1.** *cf.* Verhöhnen. – **2.** ⟨*only sg*⟩ derision, ridicule, mockery. – **3.** gibe, jibe.

ver'hö·kern *v/t* ⟨*no* ge-, h⟩ *colloq.* turn (*s.th.*) into cash (*od.* money), (*bes. zu Schleuderpreisen*) *auch* sell (*s.th.*) off, barter (*s.th.*) away.

Ver'hol,bo·je *f mar.* warping (*od.* hauling-off) buoy.

ver'ho·len I *v/t* ⟨*no* ge-, h⟩ *mar.* (*Schiff*) **1.** haul (off), shift, tow. – **2.** *cf.* warpen. – **3.** (*durch Einholen einer Leine od. Trosse*) heave. – **II** *v/i* **4.** (*vom Schiff*) shift, move. – **III V~** *n* ⟨-s⟩ **5.** *verbal noun.* – **6.** haulage. – **7.** (*mit Verholtau*) warp.

Ver'hol‖,spill *n mar.* (gypsy *od.* gipsy, warping) capstan. — **~,tau** *n* tow (*od.* warping) line, warp.

ver'hol·zen I *v/t* ⟨*no* ge-, h⟩ j-n ~ *colloq. cf.* verhauen 1. – **II** *v/i* ⟨sein⟩ *bot.* turn into wood, lignify (*scient.*). – **III V~** *n* ⟨-s⟩ *verbal noun.* — **Ver'hol·zung** *f* ⟨-; -en⟩ **1.** *cf.* Verholzen. – **2.** *bot.* lignification.

Ver'hör [-'høːr] *n* ⟨-(e)s; -e⟩ *jur.* interrogation, questioning, examination, (*Vernehmung*) hearing: j-n ins ~ nehmen a) to interrogate (*od.* question) s.o., b) *fig.* to interrogate (*od.* question) s.o., to catechize (*Br. auch* -s-) s.o.; **j-n einem strengen ~ unterziehen** *auch fig.* to cross-examine s.o., to question s.o. closely, to grill s.o.; **ein stundenlanges ~ mit j-m anstellen** *auch fig.* to interrogate (*od.* question) s.o. for hours; **ein nochmaliges ~** (*bes. nach dem Kreuzverhör*) a reexamination, *Br.* a re-examination, *Am.* a redirect examination; **ein ~ zu Protokoll nehmen** to make a protocol (*od.* record) of an interrogation, to draw up the minutes of an interrogation; **beim ersten ~ ergab sich, daß** the first interrogation revealed (*od.* showed) that; **nach stundenlangen ~en** after hours of interrogation.

ver'hö·ren I *v/t* ⟨*no* ge-, h⟩ **1.** *jur.* interrogate, question, examine, (*vor Gericht*) *auch* hear, try: **den Zeugen zu einem Tatbestand ~** to interrogate the witness on the facts; **während der Angeklagte verhört wurde** while the defendant was being interrogated (*od.* was under examination). **– II** *v/reflex* **sich ~ 2.** hear wrong(ly), mishear, misunderstand what was said. **– III V~** *n* ⟨-s⟩ **3.** *verbal noun.* **– 4.** *jur.* interrogation, examination.

Ver'hö·rer *m* ⟨-s; -⟩ interrogator, questioner, examiner.

ver'hor·nen [-'hɔrnən] *zo. med.* **I** *v/i* ⟨*no* ge-, sein⟩ **1.** (*von Haut etc*) become horny (*od.* cornified). **– 2.** (*von Gewebe*) keratinize *Br. auch* -s-. **– II V~** *n* ⟨-s⟩ **3.** *verbal noun.* **– 4.** *cf.* Verhornung. — **ver'hornt I** *pp.* **– II** *adj* **1.** (*Haut etc*) horny, cornified. **– 2.** (*Gewebe*) keratinized *Br. auch* -s-. — **Ver'hor·nung** *f* ⟨-; -en⟩ **1.** *cf.* Verhornen. **– 2.** (*von Haut etc*) hornification, cornification. **– 3.** (*von Gewebe*) keratinization *Br. auch* -s-. **– 4.** (*krankhafte*) keratosis.

Ver'hör·te *m, f* ⟨-n; -n⟩ interrogated (*od.* questioned) person.

ver'hu·deln *v/t* ⟨*no* ge-, h⟩ *colloq.* make a mess of.

ver'hül·len I *v/t* ⟨*no* ge-, h⟩ **1.** (*verbergen*) veil, (en)shroud: **eine Statue ~** to veil a statue; **Wolken verhüllten die Bergspitzen** clouds veiled the mountain peaks; **das Kreuz ~** *röm.kath.* (*am Gründonnerstag*) to veil the cross; **sein Gesicht mit einem Schleier ~** to veil one's face, to cover one's face with a veil; **sich** (*dat*) **das Gesicht ~** to veil one's face; **sein Haupt ~** *obs. od. poet.* to veil one's head; **verhülle dein Haupt!** *fig. colloq. humor.* hang your head in shame. **– 2.** *fig.* (*verschleiern*) veil, disguise, cloak, mask, cover up, mantle: **es gelang der Partei, ihre verfassungsfeindlichen Ziele zu ~** the party succeeded in veiling its unconstitutional aims. **– II** *v/reflex* **sich ~ 3.** veil oneself, (en)shroud oneself: **sie verhüllte sich mit einem Schleier** she veiled herself, she covered herself with a veil. **– 4.** become veiled (*od.* [en]shrouded): **die Berge verhüllten sich** the mountains became veiled. **– III V~** *n* ⟨-s⟩ **5.** *verbal noun.* **– 6.** *cf.* Verhüllung. — **ver'hül·lend I** *pres p.* **– II** *adj ling.* euphemistic, *auch* euphemistical: **ein ~er Ausdruck** a euphemistic expression, a euphemism. — **ver'hüllt I** *pp.* **– II** *adj* **1.** (*verdeckt, verborgen*) veiled, (en)shrouded: **die ~e Gestalt** the veiled figure. **– 2.** *fig.* (*versteckt*) veiled, hidden, covert: **eine [kaum] ~e Drohung** a veiled [an almost open] threat; **mit kaum ~em Haß** with scarcely veiled hatred. **– 3.** *fig.* (*verschleiert*) veiled, disguised, cloaked, masked, mantled: **ihre geschickt ~en Ziele** their cleverly veiled aims. — **Ver'hül·lung** *f* ⟨-; -en⟩ **1.** *cf.* Verhüllen. **– 2.** ⟨*only sg*⟩ (*von Gesicht, Gestalt etc*) velation. **– 3.** ⟨*only sg*⟩ *fig.* (*Verschleierung*) disguise(ment). **– 4.** (*Hülle*) veil. **– 5.** *fig.* (*Verkleidung*) veil, disguise, cloak, mask, mantle.

ver'hun·dert,fa·chen [-ˌfaxən] **I** *v/t* ⟨*no* ge-, h⟩ increase (*s.th.*) a hundredfold, centuplicate, centuple. **– II** *v/reflex* **sich ~** increase a hundredfold. **– III V~** *n* ⟨-s⟩ *verbal noun.* — **Ver'hun·dert,fa·chung** *f* ⟨-; *no pl*⟩ **1.** *cf.* Verhundertfachen. **– 2.** hundredfold increase.

ver'hun·gern I *v/i* ⟨*no* ge-, sein⟩ **1.** die of hunger (*od.* starvation), starve (to death): **j-n ~ lassen** to starve s.o. to death, to let s.o. die of hunger, to famish s.o.; **j-n am ausgestreckten Arm ~ lassen** *fig. colloq.* to make s.o. sing small (*colloq.*); (fast) **~** to famish; **hoffentlich gibt's bald etwas zu essen, wir ~ schon** *colloq. humor.* let's hope that there will be s.th. to eat soon, we are starving (*od.* famished) (*colloq.*). **– II V~** *n* ⟨-s⟩ **2.** *verbal noun.* **– 3.** starvation, death from hunger: **die Schiffbrüchigen waren nahe am V~** (*od.* **dem V~ nahe**) the shipwrecked persons were on the verge of starvation; **ich bin fast am V~** *fig. colloq. humor.* I am absolutely starving, I am famishing (*beide colloq.*), I am simply ravenous. — **ver'hun·gert I** *pp.* **– II** *adj* starved: **er sieht ganz ~ aus** he looks half starved, he looks emaciated; **er tut ganz ~** *fig. colloq.* he acts as if he were the poorest man on earth.

ver'hun·zen I *v/t* ⟨*no* ge-, h⟩ *colloq.* **1.** (*verpfuschen*) make a mess (*od.* hash, *colloq.* muck) of, muck (up) (*colloq.*), hash, botch, bungle, make a botch (*od.* bungle) of. **– 2.** (*verderben*) spoil, ruin, wreck: **das hat ihm sein ganzes Leben verhunzt** that spoiled his whole life. **– 3.** *cf.* **verschandeln. – II V~** *n* ⟨-s⟩ **4.** *verbal noun.* — **ver'hunzt I** *pp.* **– II** *adj* **1.** (*verpfuscht*) botched, bungled, hashed: **diese Arbeit ist wirklich völlig ~** this piece of work is completely botched. **– 2.** (*verdorben*) spoiled, spoilt, marred, (*stärker*) ruined. **– 3.** *cf.* **verschandelt** II. — **Ver'hun·zung** *f* ⟨-; -en⟩ **1.** *cf.* Verhunzen. **– 2.** spoilage. **– 3.** *cf.* Verschandelung.

ver'hurt [-'huːrt] *adj vulg. contempt.* (*Kerl*) whore-mongering.

ver'hü·ten I *v/t* ⟨*no* ge-, h⟩ **1.** (*Unheil, Katastrophe, Unglück, Schwierigkeiten, Streit, Empfängnis etc*) prevent: **er konnte das Schlimmste gerade noch ~** he was just able to prevent the worst from happening; **wir müssen ~, daß er dorthin geht** we must prevent him from (*od.* prevent his) going there; **das verhüte Gott! was Gott ~ möge!** God (*od.* heaven) forbid! **Gott verhüte es, daß er wieder zu trinken anfängt** God (*od.* heaven) forbid that he take to drink(ing) again. **– II V~** *n* ⟨-s⟩ **2.** *verbal noun.* **– 3.** *cf.* Verhütung. — **ver'hü·tend I** *pres p.* **– II** *adj med.* a) preventive, prophylactic, b) (*empfängnisverhütend*) contraceptive.

ver'hüt·ten [-'hʏtən] *metall.* **I** *v/t* ⟨*no* ge-, h⟩ (*Erze*) smelt. **– II V~** *n* ⟨-s⟩ *verbal noun.* — **Ver'hüt·tung** *f* ⟨-; *no pl*⟩ *cf.* Verhütten.

Ver'hü·tung *f* ⟨-; *no pl*⟩ **1.** *cf.* Verhüten. **– 2.** prevention: **zur ~ von Arbeitsunfällen** for the prevention of (*od.* in order to prevent) industrial accidents. **– 3.** *med.* a) (*Prophylaxe*) prevention, prophylaxis, b) (*Empfängnisverhütung*) contraception.

Ver'hü·tungs|,maß,nah·me *f* preventive (*auch* preventative) (measure). — **~,mit·tel** *n med. pharm.* a) preventive, prophylactic, b) (*gegen Schwangerschaft*) contraceptive.

ver'hut·zelt [-'hʊtsəlt] *adj* **1.** (*Apfel, Birne etc*) shriveled, *bes. Br.* shrivelled. **– 2.** (*Mensch, Gesicht etc*) wizened, dried-up (*attrib*): **ein ~es Weiblein** a wizened old woman; **der Alte sah ganz ~ aus** the old man looked quite wizened.

Ve·ri·fi·ka·ti·on [verifika'tsĭoːn] *f* ⟨-; *no pl*⟩ *cf.* Verifizierung 2, 3.

ve·ri·fi'zier·bar *adj* (*nachprüfbar*) verifiable. — **Ve·ri·fi'zier·bar·keit** *f* ⟨-; *no pl*⟩ verifiability, verifiableness.

ve·ri·fi·zie·ren [verifi'tsiːrən] **I** *v/t* ⟨*no* ge-, h⟩ **1.** (*auf Richtigkeit überprüfen*) verify. **– 2.** (*beurkunden, beglaubigen*) authenticate, certify, verify. **– II V~** *n* ⟨-s⟩ **3.** *verbal noun.* **– 4.** *cf.* Verifizierung. — **ve·ri·fi'ziert I** *pp.* **– II** *adj* **1.** verified. **– 2.** (*beglaubigt*) authenticated, certified, verified. — **Ve·ri·fi'zie·rung** *f* ⟨-; *no pl*⟩ **1.** *cf.* Verifizieren. **– 2.** (*Überprüfung auf Richtigkeit*) verification. **– 3.** (*Beurkundung, Beglaubigung*) authentication, certification, verification.

ver'impf·bar *adj med.* (*Virus etc*) inoculable.

ver'imp·fen *v/t* ⟨*no* ge-, h⟩ *med.* (*Virus etc*) transmit (*s.th.*) by inoculation.

ver'in·ner·li·chen [-'ʔɪnərlɪçən] **I** *v/t* ⟨*no* ge-, h⟩ **1.** (*Person*) intensify the emotional life of. **– 2.** (*Wesen etc*) deepen. **– 3.** *psych.* (*in das Ich integrieren*) interiorize *Br. auch* -s-, internalize *Br. auch* -s-. **– II** *v/reflex* **sich ~ 4.** (*vergeistigt werden*) become spiritualized (*Br. auch* -s-). **– III V~** *n* ⟨-s⟩ **5.** *verbal noun.* **– 6.** *cf.* Verinnerlichung. — **ver'in·ner·licht I** *pp.* **– II** *adj* **sein ~er Gesichtsausdruck** the spiritualized (*Br. auch* -s-) expression of his face; **er ist ein ganz ~er Mensch** he is a totally spiritualized (*Br. auch* -s-) person. — **Ver'in·ner·li·chung** *f* ⟨-; *no pl*⟩ **1.** *cf.* Verinnerlichen. **– 2.** (*Vergeistigung*) spiritualization *Br. auch* -s-. **– 3.** *psych.* interiorization *Br. auch* -s-, internalization *Br. auch* -s-, introception.

ver'ir·ren I *v/reflex* ⟨*no* ge-, h⟩ **sich ~ 1.** get lost, lose one's way (*od.* bearing[s]), go astray: **wir stellten fest, daß wir uns verirrt hatten** we found that we had got (*od.* that we were) lost. **– 2.** (*aus Versehen irgendwohin gelangen*) stray: **ein Schmetterling hatte sich in das Zimmer verirrt** a butterfly had strayed into the room. **– 3.** *fig.* (*gedanklich, moralisch*) stray. **– II V~** *n* ⟨-s⟩ **4.** *verbal noun.* **– 5.** *cf.* Verirrung. — **ver'irrt I** *pp.* **– II** *adj* **1.** lost, stray (*attrib*): **ein ~es Schaf** a) a stray (*od.* lost) sheep, b) *fig. bes. relig.* a lost sheep. **– 2.** *fig.* (*Kugel etc*) stray (*attrib*). — **Ver'ir·rung** *f* ⟨-; -en⟩ **1.** *cf.* Verirren. **– 2.** *fig.* (*Verlassen des rechten Weges*) aberration: **eine jugendliche ~** a youthful aberration (*od.* misdemeano[u]r); **eine geistige ~** an aberration of the mind; **eine geschmackliche ~** a lapse of taste. **– 3.** *fig.* (*Irrtum*) mistake, error. **– 4.** *bes. relig.* perversion.

Ve·ris·mus [ve'rɪsmʊs] *m* ⟨-; *no pl*⟩ (*Kunstrichtung*) verism. — **Ve'rist** [-'rɪst] *m* ⟨-en; -en⟩ verist. — **ve'ri·stisch** *adj* verist(ic).

ve·ri·ta·bel [veri'taːbəl] *adj lit. od. obs.* veritable, real, true.

ver'ja·gen *v/t* ⟨*no* ge-, h⟩ **1.** (*vertreiben*) chase (*od.* drive) (*s.o., s.th.*) away: **die Soldaten verjagten die feindlichen Truppen** the soldiers chased the enemy troops away (*od.* dispelled [*auch* dislodged] the enemy troops). **– 2.** (*verscheuchen*) chase (*od.* scare, frighten) (*s.o., s.th.*) away (*od.* off), (*Vögel*) *auch* shoo (*s.th.*) away (*od.* off). **– 3.** *fig.* (*Kummer etc*) dispel, banish, dissipate: **nichts konnte seine Sorgen ~** nothing could dispel his worries.

ver'jähr·bar *adj jur.* **1.** (*Straftat, Vergehen etc*) subject to limitation (*od.* to the statute of limitation[s]). **– 2.** (*Recht, Anspruch etc*) prescriptible. — **Ver'jähr·bar·keit** *f* ⟨-; *no pl*⟩ **1.** (*von Straftat, Vergehen etc*) subjection to limitation (*od.* to the statute of limitation[s]). **– 2.** (*von Recht, Anspruch etc*) prescriptibility.

ver'jäh·ren I *v/i* ⟨*no* ge-, sein⟩ *jur.* **1.** (*von Straftat, Vergehen etc*) come (*od.* fall) under the statute of limitation(s), *Br.* become statute-barred: **Mord verjährt nach 20 Jahren** murder comes under the statute of limitation(s) after 20 years. **– 2.** (*von Recht, Anspruch etc*) become invalid (*od.* void) by prescription (*od.* lapse of time), prescribe: **dieser Anspruch verjährt in vier Jahren** this claim becomes invalid by prescription after four years; **einen Anspruch ~ lassen** to let a claim become invalid by prescription. **– II V~** *n* ⟨-s⟩ **3.** *verbal noun.* **– 4.** *cf.* Verjährung. — **ver'jährt I** *pp.* **– II** *adj* **1.** *jur.* a) (*Straftat, Vergehen etc*) barred by limitation (*od.* by the statute of limitation[s]), *Br.* statute-barred, *Am.* time-barred, b) (*Recht, Anspruch etc*) barred by prescription: **diese Straftat ist längst ~** this offence (*Am.* offense) has long come under the statute of limitation(s); **dieser Anspruch ist in 12 Jahren ~** this claim is barred by prescription after 12 years. **– 2.** *fig.* outdated: **das ist doch längst ~** *colloq.* this is no longer important, that is (all) water under the bridge. — **Ver'jäh·rung** *f* ⟨-; *no pl*⟩ *jur.* **1.** *cf.* Verjähren. **– 2.** a) (*von Straftat, Vergehen etc*) limitation (of time), statute of limitation(s), b) (*von Recht, Anspruch etc*) (*Am.* extinctive) prescription: **~ einer Klage** limitation of action; **~ geltend machen, sich auf ~ berufen** a) to plead the statute of limitation(s), to plead lapse of time, b) to plead prescription; **Einrede der ~** a) defence (*Am.* defense) of limitation, plea of lapse of time, b) defence (*Am.* defense) of prescription; **der ~ unterliegen** a) to fall (*od.* come) under (*od.* be subject to) the statute of limitation(s), b) to fall under prescription, c) *cf.* **verjähren.**

Ver'jäh·rungs|,ein,re·de *f jur.* **1.** (*im Strafprozeß*) defence (*Am.* defense) of limitation, plea of lapse of time. **– 2.** (*im Zivilprozeß*) defence (*Am.* defense) of prescription. — **~,frist** *f* **1.** period (*od.* term) of limitation, statute of limitation(s): nach Ablauf der ~ after expiration of the period of limitation. – **2.** period (*od.* term) of prescription.

ver'jau·chen [-'jauxən] *med.* **I** *v/i* ⟨*no* ge-, sein⟩ (*von einer Wunde*) putrefy, *auch* putrify, form sanies. – **II V~** *n* ⟨-s⟩ *verbal noun.* — **ver'jaucht I** *pp.* – **II** *adj* (*Wunde*) putrefied, *auch* putrified, sanious. — **Ver'jau·chung** *f* ⟨-; *no pl*⟩ **1.** *cf.* Verjauchen. – **2.** (*einer Wunde*) putrefaction, sanies.

ver'jaz·zen [-'dʒɛsən] *v/t* ⟨*no* ge-, h⟩ jazz, *Am. auch* jazz up.

ver'ju·beln *v/t* ⟨*no* ge-, h⟩ *colloq.* (*Geld, Vermögen etc*) 'blow', 'blue' (*beide sl.*), go through, squander.

ver'jün·gen [-'jʏŋən] **I** *v/t* ⟨*no* ge-, h⟩ **1.** (*jünger machen*) make (*s.o.*) young(er), rejuvenate, rejuvenize *Br. auch* -s-: der Urlaub hat ihn richtig verjüngt the holiday (*Am.* vacation) has really rejuvenated him. – **2.** (*Gesicht, Erscheinung etc*) make (*s.o., s.th.*) look younger, rejuvenate: dieses Make-up verjüngt Ihr Gesicht um Jahre this makeup makes you look years younger. – **3.** den Personalbestand ~ *econ.* to build up a younger staff. – **4.** (*Baumbestand etc*) regenerate, reproduce, restock. – **5.** (*Maßstab*) reduce. – **6.** *tech.* a) taper, reduce the diameter of, b) (*Rohrenden*) swage. – **7.** *civ.eng.* (*Straßenbelag*) rejuvenate. – **II** *v/reflex* sich ~ **8.** (*von Körper, Haut etc*) rejuvenate, rejuvenize *Br. auch* -s-. – **9.** (*von Gesicht, Erscheinung etc*) become younger-looking, rejuvenate. – **10.** (*von Personalbestand etc*) become younger. – **11.** (*von Maßstab*) be reduced: der Maßstab verjüngt sich im Verhältnis 1 : 500 the scale is reduced in a ratio of 1 : 500. – **12.** (*dünner werden*) taper (off), diminish: die Säule verjüngt sich nach oben the column tapers (off) toward(s) the top. – **13.** (*schmaler werden*) taper: diese Mauer verjüngt sich sehr stark this wall tapers sharply. – **14.** (*enger werden*) narrow: der Tunnel verjüngt sich allmählich the tunnel narrows gradually. – **III V~** *n* ⟨-s⟩ **15.** *verbal noun.* – **16.** *cf.* Verjüngung. — **ver'jün·gend I** *pres p.* – **II** *adj* sich ~ tapering, tapered. — **ver'jüngt I** *pp.* – **II** *adj* **1.** (*Körper, Haut, Erscheinung etc*) rejuvenated, rejuvenized *Br. auch* -s-. – **2.** (*Maßstab*) reduced: in ~em Maßstab on a reduced scale. – **3.** *tech.* tapering, conical. — **Ver'jün·gung** *f* ⟨-; *no pl*⟩ **1.** *cf.* Verjüngen. – **2.** (*von Körper, Haut, Erscheinung etc*) rejuvenation, (re)juvenescence. – **3.** (*von Baumbestand*) attenuation. – **4.** (*von Maßstab*) reduction. – **5.** (*einer Säule etc*) taper, diminution. – **6.** (*einer Mauer etc*) taper, batter. – **7.** *geol.* rejuvenation. – **8.** *tech.* (*eines Keils etc*) (amount of) taper.

Ver'jün·gungs|,kur *f* rejuvenation cure. — **~,mit·tel** *n* rejuvenation (*od.* rejuvenating, rejuvenescent) tonic.

ver'ju·xen *v/t* ⟨*no* ge-, h⟩ *colloq.* **1.** *cf.* verjubeln. – **2.** (*persiflieren, verspotten*) ridicule, deride, mock.

ver'ka·beln I *v/t* ⟨*no* ge-, h⟩ *tech. electr.* **1.** (*Drähte etc*) twist (*od.* lay) (*s.th.*) into cable, cable. – **2.** (*Apparate, Instrumente etc*) wire (up), connect up. – **II V~** *n* ⟨-s⟩ **3.** *verbal noun.* — **Ver'ka·be·lung** *f* ⟨-; *no pl*⟩ *cf.* Verkabeln.

ver·kad'mie·ren *v/t* ⟨*no* ge-, h⟩ *metall.* cadmium-plate.

ver'kal·ben *v/i* ⟨*no* ge-, h⟩ *vet.* (*von Kühen*) slink the calf.

ver'kal·ken I *v/i* ⟨*no* ge-, sein⟩ **1.** *med.* a) (*von Knochen*) calcify, b) (*von Gefäßen, Geweben*) sclerose, calcify. – **2.** *colloq.* (*unter Arterienverkalkung leiden*) suffer from hardening of the arteries. – **3.** *fig. colloq.* begin to dote (*auch* doat): er verkalkt allmählich *contempt.* he is beginning to dote; ich bin so vergeßlich, ich fange auch schon an zu ~ *humor.* I am so forgetful, I am beginning to dote. – **4.** *tech.* (*von Wasserleitungen etc*) calcify, fur. – **II V~** *n* ⟨-s⟩ **5.** *verbal noun.* – **6.** *cf.* Verkalkung. — **ver'kalkt I** *pp.* – **II** *adj* **1.** *med.* (*Arterie etc*) sclerotic, calcified, calcific. – **2.** *fig. colloq.* doting, *auch* doating, senile: er ist völlig ~ *contempt.* he is completely doting (*od.* in his dotage). – **3.** *tech.* (*Wasserleitung, Boiler etc*) calcified, furred.

ver·kal·ku'lie·ren *v/reflex* ⟨*no* ge-, h⟩ sich ~ **1.** *bes. econ.* miscalculate: er hat sich bei der Bestellung verkalkuliert he miscalculated when putting in his order, he made a miscalculation in his order. – **2.** *fig. colloq.* (*etwas falsch einschätzen*) miscalculate, think (*Am.* figure) wrong, be sadly (*od.* very much) mistaken: da hast du dich aber verkalkuliert! you miscalculated there! that's exactly where you are wrong!

Ver'kal·kung *f* ⟨-; *no pl*⟩ **1.** *cf.* Verkalken. – **2.** *med.* a) (*von Knochen*) calcification, b) (*von Gefäßen*) (arterio)sclerosis, calcareous degeneration, c) (*von Gewebe*) calcinosis, d) (*Kalkeinlagerung*) calcareous infiltration. – **3.** *colloq.* hardening of the arteries: bei ihm ist die ~ schon weit fortgeschritten *fig. colloq. contempt.* he is absolutely doting (*auch* doating) (*od.* in his dotage). – **4.** *tech.* (*von Wasserleitungen etc*) calcification.

ver'käm·men *v/t* ⟨*no* ge-, h⟩ (*Hölzer, Balken etc*) cog, cock.

ver'kannt I *pp of* verkennen. – **II** *adj* (*nicht gebührend geschätzt*) unappreciated, unrecognized *Br. auch* -s-, underrated, undervalued: ein ~es Genie an unappreciated genius.

ver'kan·ten I *v/t* ⟨*no* ge-, h⟩ **1.** (*schräg stellen*) cant, set (*s.th.*) (up) on edge, tilt, slant, incline: eine Kiste ~ to cant a box. – **2.** (*beim Zielen*) (*Gewehr*) cant. – **3.** *tech.* a) bend (*s.th.*) out of line, b) (*kippen*) tilt, tip. – **4.** (*sport*) (*Skier*) edge. – **II** *v/i* **5.** (*beim Skifahren*) catch an edge, edge over. – **III** *v/reflex* sich ~ **6.** (*sich quer stellen*) become wedged (*od.* lodged). – **7.** *tech.* (*von Flachdraht*) cant. – **8.** (*von Skiern*) edge in (*od.* over). – **IV V~** *n* ⟨-s⟩ **9.** *verbal noun.* — **Ver'kan·tung** *f* ⟨-; *no pl*⟩ **1.** *cf.* Verkanten. – **2.** (*von Gewehr*) cant.

ver'kap·pen I *v/t* ⟨*no* ge-, h⟩ **1.** (*tarnen, verkleiden*) disguise, mask. – **II** *v/reflex* sich ~ **2.** disguise oneself, mask oneself. – **III V~** *n* ⟨-s⟩ **3.** *verbal noun.* – **4.** *cf.* Verkappung. — **ver'kappt I** *pp.* – **II** *adj* **1.** ein ~er Spion a disguised spy, a spy in disguise. – **2.** ein ~er Nebensatz *ling.* a hidden subordinate clause. — **Ver'kap·pung** *f* ⟨-; -en⟩ **1.** *cf.* Verkappen. – **2.** (*Tarnung, Verkleidung*) disguise, mask.

ver'kap·seln [-'kapsəln] **I** *v/t* ⟨*no* ge-, h⟩ **1.** capsule, encapsulate. – **II** *v/reflex* sich ~ **2.** *biol. med.* a) (*von Parasiten*) encyst, become encysted, b) (*von Bazillen etc*) encapsulate. – **3.** *fig.* (*sich absondern*) cut oneself off, seclude (*od.* isolate) oneself. – **III V~** *n* ⟨-s⟩ **4.** *verbal noun.* – **5.** *cf.* Verkaps(e)lung. — **ver'kap·selt I** *pp.* – **II** *adj* **1.** capsuled, capsulate(d). – **2.** *fig.* (*Mensch*) withdrawn, extremely reserved. – **3.** *biol. med.* a) (*Parasit*) encysted, b) (*Bazillus etc*) encapsulated. — **Ver'kap·se·lung, Ver'kaps·lung** *f* ⟨-; -en⟩ **1.** *cf.* Verkapseln. – **2.** capsulation. – **3.** *fig.* extreme reserve. – **4.** *biol. med.* a) (*von Parasiten*) encystment, b) (*von Bazillen etc*) encapsulation.

ver'kar·sten [-'karstən] *geol.* **I** *v/i* ⟨*no* ge-, sein⟩ **1.** (*von Landschaft, Gebirge etc*) become karstic. – **II V~** *n* ⟨-s⟩ **2.** *verbal noun.* – **3.** *cf.* Verkarstung. — **ver'kar·stet I** *pp.* – **II** *adj* (*Landschaft, Gebirge etc*) karstic: ~es Gebiet karst. — **Ver'kar·stung** *f* ⟨-; *no pl*⟩ **1.** *cf.* Verkarsten. – **2.** karstification.

ver'kar·ten *v/t* ⟨*no* ge-, h⟩ card-index, enter (*s.th.*) on index cards.

ver'kä·sen I *v/t* ⟨*no* ge-, h⟩ **1.** (*Milch*) turn (*milk*) into cheese. – **II** *v/i* ⟨sein⟩ **2.** (*von Milch*) turn into cheese. – **3.** *med.* (*von Gewebeteilen*) caseate, become caseous (*od.* cheesy). – **III V~** *n* ⟨-s⟩ **4.** *verbal noun.* — **Ver'kä·sung** *f* ⟨-; *no pl*⟩ **1.** *cf.* Verkäsen. – **2.** *med.* caseation, cheesy (*od.* caseous) degeneration.

ver'ka·tert [-'ka:tərt] *adj colloq.* suffering from a hangover, hung over (*pred*).

Ver'kauf *m* ⟨-(e)s; =e⟩ **1.** *cf.* Verkaufen. – **2.** sale: einen ~ abschließen (*od.* tätigen) to conclude (*od.* effect) a sale; das war ein [un]vorteilhafter ~ that was a profitable [an unprofitable] sale. – **3.** ⟨*only sg*⟩ sale: verbilligter ~ sale at reduced prices; zwangsweiser ~ forced sale; ~ netto Kasse net cash sale; ~ nur gegen bar sale for cash only; ~ nur an (den) Fachhandel sale to specialized (*Br. auch* -s-) dealers only; ~ von (*od.* in) Textilien sale of textiles; ~ in Automaten sale of goods by slot (*od.* vending) machines; ~ über die Straße sale of goods for consumption off the premises; ~ an der Abendkasse tickets (will be) on sale at the box office; ~ nach (dem) Gewicht sale by weight; ~ (der Ernte) auf dem Halm sale of standing crop; ~ unterderhand sale of goods on the quiet; ~ unter dem Wert underselling; ~ unter Selbstkosten sale below cost price; ~ mit Verlust sale at a loss (*od.* disadvantage, sacrifice); ~ zu [stark] herabgesetzten Preisen sale at [greatly] reduced prices; ~ zu überhöhten Preisen sale at excessive prices; ~ auf Probe sale on approval (*od.* trial); ~ nach Probe (*od.* Muster) sale by sample; ~ zur sofortigen Lieferung sale for prompt delivery; ~ mit Rückgaberecht sale on a 'sale or return' basis; ~ mit Rückkaufsrecht sale with option of repurchase; ~ zwecks Glattstellung (*an der Börse*) sell-off, balancing sale; ~ ab Zollager sale ex bond; zum ~ kommen to be offered for sale; zum ~ stehen to be up for sale; etwas zum ~ anbieten to offer s.th. for sale, (*bes. Haus, Grundstück etc*) to put s.th. up for sale; etwas zum ~ ausstellen to display s.th. for sale; etwas zum ~ zulassen to admit s.th. for sale; etwas zum ~ freigeben to release s.th. for sale. – **4.** ⟨*only sg*⟩ (*Veräußerung*) sale, disposal. – **5.** ⟨*only sg*⟩ (*Flüssigmachen*) realization *Br. auch* -s-. – **6.** ⟨*only sg*⟩ (*Verkaufsabteilung*) sales department: er ist im ~ beschäftigt he works in the sales department.

ver'kau·fen I *v/t* ⟨*no* ge-, h⟩ **1.** sell, *jur. auch* vend: zu ~ (*in Inseraten etc*) for sale; das Haus wird verkauft the house is (up) for sale; auf dem Basar wurden die verschiedensten Sachen verkauft all sorts of things were on sale at the bazaar; verkauft werden für to sell at; j-m etwas ~, etwas an j-n ~ to sell s.th. to s.o.; etwas für (*od.* um) [zum Preis von] zehn Mark ~ to sell s.th. for [at the price of] ten marks; etwas billig [teuer] ~ to sell s.th. at a low [high] price; sein Leben so teuer wie möglich ~ *fig.* to sell one's life as dearly as possible; schlechte Ware läßt sich nicht ~ poor-quality goods do not sell (*od.* find no sale *od.* market, are unsal[e]able); etwas zwangsweise ~ to be forced to sell s.th.; etwas gegen bar (*od.* Barzahlung) ~ to sell s.th. for (*od.* against) cash; etwas unterderhand ~ to sell s.th. on the quiet; etwas stückweise [nach (dem) Gewicht] ~ to sell s.th. by the piece [by weight]; etwas mit Gewinn ~ to sell s.th. at a profit; etwas mit Verlust ~ to sell s.th. at a loss (*od.* disadvantage, sacrifice); etwas unter dem Preis ~ to sell s.th. under (the) price; etwas unter dem Wert ~ to undersell s.th.; etwas zu herabgesetzten [überhöhten] Preisen ~ to sell s.th. at reduced [excessive] prices; etwas zum Selbstkostenpreis [Schrottwert] ~ to sell s.th. at cost price [scrap value]; etwas auf Rechnung ~ to sell s.th. against invoice; etwas (auf dem Markt) ~ to market s.th.; etwas für fremde Rechnung ~ to sell s.th. for the account of others; etwas auf Probe ~ to sell s.th. on approval; etwas nach Probe (*od.* Muster) ~ to sell s.th. by sample; etwas auf Kredit [Termin] ~ to sell s.th. for credit [forward *od.* for future delivery]; etwas auf offener Straße ~ to sell (*od.* vend) s.th. in the streets; die großen Kaufhäuser ~ mehr als der Einzelhandel the big department stores sell more than (*od.* outsell) (the) retailers. – **2.** (*veräußern*) sell, dispose of. – **3.** (*flüssigmachen*) realize *Br. auch* -s-. – **4.** j-n für dumm ~ *fig. colloq.* to think s.o. (*od.* take s.o. for) a fool: ich laß' mich doch nicht für dumm ~ *fig. colloq.* I won't be fooled by anyone. – **II** *v/reflex* sich ~ **5.** (*von Waren*) sell: dieser Artikel verkauft sich gut [schlecht] this article sells well [poorly *od.* badly]. – **6.** (*von Menschen*) (für for) sell oneself. – **7.** (*schlecht kaufen*) make a bad buy (*colloq.*): mit dem Kleid hast du dich verkauft you made a bad buy with that dress, that dress was a bad buy. – **III V~** *n* ⟨-s⟩ **8.** *verbal noun.*

Ver'käu·fer *m* ⟨-s; -⟩ **1.** (*Angestellter in Geschäften, Kaufhäusern etc*) salesman, shopman, *Am. auch* salesclerk, salesperson, *Br.* shop assistant: ~ *pl auch* salespeople. – **2.** (*Angestellter in der Industrie, auf Messen etc*) salesman. – **3.** (*Straßenverkäufer*) vendor. – **4.** *econ.* (*im Gegensatz zu Käufer*) seller. – **5.** *jur.* seller, (*von Grundbesitz*) *auch* vendor. — **Ver'käu·fe·rin** *f* ⟨-;

-nen⟩ (*Angestellte in Geschäften, Kaufhäusern etc*) saleswoman, saleslady, *Am.* salesclerk, salesperson, vendeuse, *Br.* shop assistant, (*junge*) *auch* salesgirl, shopgirl.

Verˈkäu·fer|ˌmarkt *m econ.* sellers' market. — **~ˌschu·lung** *f* training in salesmanship.

verˈkäuf·lich *adj* sal(e)able, marketable, vendible, vendable, for (*od.* on) sale: **~e Waren** sal(e)able goods, goods for sale, vendibles; **diese Waren sind leicht ~** these goods are readily sal(e)able, these goods sell readily; **nicht ~e Ware** drug (on the market). — **Verˈkäuf·lich·keit** *f* ⟨-; *no pl*⟩ (*von Waren*) sal(e)ability, marketability, vendibility.

Verˈkaufs|ˌabˌrech·nung *f econ.* sales account. — **~ˌabˌschluß** *m* **1.** selling transaction. – **2.** (*Kaufvertrag*) sales contract. — **~ˌabˌtei·lung** *f* sales department. — **~ak·tiˌon** *f cf.* Verkaufskampagne. — **~anaˌly·se** *f* sales analysis. — **~ˌan·geˌbot** *n* sales offer, offer for sale. — **~ˌanˌzei·ge** *f* advertisement (*seltener* -z-) (*od.* announcement) of a sale, for-sale ad (*colloq.*). — **~ap·paˌrat** *m* sales organization (*Br. auch* -s-). — **~ar·guˌment** *n* selling point. — **~ˌaufˌtrag** *m* sales (*od.* selling) order, order to sell. — **~ˌausˌsich·ten** *pl* sales (*od.* selling) prospects. — **~ˌausˌstel·lung** *f* sales exhibition. — **~au·toˌmat** *m* (automatic) vending machine, vendor, slot machine, *Am.* automat. — **~beˌdin·gungen** *pl* conditions (*od.* terms) of sale. — **~beˌra·ter** *m* sales consultant. — **~beˌrech·ti·gung** *f* authorization (*Br. auch* -s-) to sell, selling right. — **~beˌschrän·kung** *f* sales (*od.* selling) restriction. — **~ˌbu·de** *f* booth, stall, *bes. Br.* kiosk. — **~bü·ro** *n* sales (*od.* selling) office. — **~ˌdich·te** *f* (*im Einzelhandel*) sales density. — **~diˌrek·tor** *m cf.* Verkaufsleiter. — **~erˌfolg** *m* market success. — **~erˌlös** *m* proceeds *pl* of sale, sales proceeds *pl.* — **~erˌwar·tung** *f* sales expectation. — **~ˌfeldˌzug** *m cf.* Verkaufskampagne. — **v~ˌfer·tig** *adj* (*Waren*) ready for sale. — **~ˌflä·che** *f* sales space. — **v~ˌför·dernd** *adj* (*Maßnahmen etc*) sales-promoting. — **~ˌför·de·rung** *f* sales promotion. — **~geˌbiet** *n* **1.** market, selling territory. – **2.** (*eines Vertreters*) agent's territory. — **~geˌmein·schaft** *f* joint sales agency. — **~geˌneh·mi·gung** *f* authorization (*Br. auch* -s-) to sell, selling licence (*Am.* license). — **~geˌnie** *n only in* **er ist ein ~** he is a brilliant salesman; **sie ist ein ~** she is a brilliant saleswoman. — **~geˌnos·sen·schaft** *f* selling (*od.* marketing) cooperative (*Br.* co-operative). — **~geˌspräch** *n* sales talk (*od. colloq.* chat). — **~geˌwandt·heit** *f* salesmanship. — **~geˌwohn·heit** *f* selling habit. — **~in·ge·niˌeur** *m* sales engineer. — **~kal·ku·la·tiˌon** *f* sales calculation. — **~kamˌpa·gne** *f* sales (*od.* selling) campaign. — **~kaˌno·ne** *f only in* **er ist eine ~** *colloq.* he is a fantastic salesman; **sie ist eine ~** *colloq.* she is a fantastic saleswoman. — **~karˌtell** *n* sales (*od.* selling) cartel. — **~kom·mis·sioˌnär** *m* **1.** selling agent (on commission). – **2.** (*Konsignatar*) consignee. — **~ˌkon·to** *n* sales account. — **~konˌtrol·le** *f* sales control. — **~ˌko·sten** *pl* marketing (*od.* selling) expenses. — **~ˌkraft** *f* shop assistant. — **~ˌkurs** *m* (*an der Börse*) selling rate. — **~ˌla·ger** *n* **1.** sales store (*Br.* depot). – **2.** distributor's stock (of goods). — **~ˌlei·ter** *m* sales manager. — **~ˌlei·tung** *f* sales management. — **~liˌzenz** *f* selling licence (*Am.* license). — **~meˌtho·de** *f* sales method. — **~ˌmes·se** *f* sales fair. — **~ˌmög·lich·keit** *f* sales possibility, possibility of selling, opening for sales. — **~mo·noˌpol** *n* sales monopoly. — **~ˌnei·gung** *f* inclination to sell, (*volkswirtschaftlich*) propensity to sell. — **~ˌnie·derˌla·ge** *f cf.* Verkaufslager 1. — **~obˌjekt** *n* object of sale. — **v~ˌof·fen** *adj only in* **~er Sonntag** Sunday on which shops (*bes. Am.* stores) are open by law. — **~op·tiˌon** *f* (*bes. an der Börse*) seller's option. — **~ˌor·der** *f cf.* Verkaufsauftrag. — **~or·ga·ni·sa·tiˌon** *f* sales organization (*Br. auch* -s-). — **~per·soˌnal** *n* sales (*od.* selling) staff, salespeople *pl.* — **~ˌplan** *m* sales (*od.* selling) plan. — **~po·liˌtik** *f* sales approach, selling (*od.* merchandising) policy. — **~po·ten·tiˌal** *n* sales (*od.* selling) potential. — **~ˌprak·ti·ken** *pl* sales (*od.* selling) practices: **unlautere ~** unfair salesmanship *sg.* — **~ˌpra·xis** *f* sales (*od.* selling) methods *pl* (*od.* activities *pl*). — **~ˌpreis** *m* sale (*od.* selling) price. — **~proˌgramm** *n* **1.** selling program (*bes. Br.* programme). – **2.** (*Gesamtheit des Verkaufsangebots*) range of goods: **unser ~ umfaßt folgende Waren** our range of goods comprises the following lines (*od.* items, articles). — **~pro·vi·siˌon** *f* sales commission, commission on sales, selling brokerage (*od.* commission). — **~ˌraum** *m* **1.** salesroom, *auch* saleroom. – **2.** sales space. — **~ˌrech·nung** *f* invoice (of sale), *Am. auch* bill. — **~ˌrecht** *n* right to sell, *bes. econ.* selling right. — **~ˌschät·zung** *f* sales forecast. — **~ˌschla·ger** *m* best seller, sales hit, quick-selling line. — **~ˌspe·sen** *pl* sales (*od.* selling) expenses (*auch* expense *sg*). — **~ˌstand** *m* stall, stand. — **v~ˌstark** *adj* **1.** (*Anzeige etc*) sales-boosting. – **2.** (*Artikel*) fast-selling (*attrib*). — **~staˌti·stik** *f* sales statistics *pl* (*construed as sg or pl*). — **~ˌstei·ge·rung** *f* increase of sales. — **~ˌstel·le** *f* **1.** (*für Bus-, Kinokarten etc*) ticket office. – **2.** (*für Produkte*) sales agency, (retail) shop (*bes. Am.* store). — **~ˌsteu·er** *f* sales tax. — **~ˌtech·nik** *f* salesmanship, selling technique. — **~terˌmin** *m* (*bes. bei Wertpapieren*) period set for sale. — **~ˌtisch** *m* counter. — **~ˌtrai·ner** *m* sales instructor. — **~- ˌund ˈEinˌkaufs·geˌnos·sen·schaft** *f* marketing and purchasing cooperative (*Br. auch* co-operative). — **~ˌunˌko·sten** *pl cf.* Verkaufskosten. — **~ˌurˌkun·de** *f* deed of sale. — **~verˌbot** *n* selling ban, ban on sales, (*staatliches*) *auch* embargo. — **~verˌpflich·tung** *f* commitment to sell. — **~verˌtrag** *m* sales agreement (*od.* contract). — **~verˌtre·tung** *f* sales (*od.* selling) agency. — **~ˌwer·bung** *f* sales publicity (*od.* advertising, *seltener* advertizing, propaganda). — **~ˌwert** *m* sales (*od.* market) value, value at selling price. — **~ˌwir·kung** *f* sales effect(iveness). — **~ˌzeit** *f* business hours *pl.* — **~ˌzif·fern** *pl* sales figures. — **~ˌzwang** *m* obligation to sell.

verˈkauft I *pp.* – **II** *adj* **1.** (*Karte etc*) sold. – **2.** **verraten und ~** *fig.* → verraten II.

verˈkeh·len [-ˈkeːlən] *v/t* ⟨*no* ge-, h⟩ *tech. cf.* kehlen 2.

Verˈkehr [-ˈkeːr] *m* ⟨-s, *rare* -es; *no pl*⟩ **1.** (*Straßenverkehr*) traffic: **starker [schwacher] ~** heavy [light *od.* little] traffic; **flüssiger [stockender** *od.* **zähflüssiger] ~** smoothly flowing [congested] traffic; **fließender [ruhender] ~** moving [stationary] vehicles *pl*; **lebhafter** (*od.* **reger**) **~** busy traffic; **regelmäßiger [planmäßiger] ~** regular [scheduled] traffic; **der ~ flutet [stockt]** (the) traffic flows [stops *od.* comes to a halt]; **der Verkehr bricht zusammen** the traffic is completely jammed (*od.* congested); **den ~ umleiten [bewältigen, regeln, behindern]** to detour (*od.* divert) [to cope with, to regulate, to obstruct] the traffic; **den ~ zwischen zwei Orten aufnehmen [einstellen]** to open [to close] (the) traffic between two places; **eine Straße dem ~ übergeben** to open a road to traffic; **eine Straße für den ~ freigeben [sperren]** to open [to close] a road to traffic; **ein Auto zum ~ zulassen** to license (*Br. auch* licence) a car as roadworthy; **ein Auto aus dem ~ ziehen** to take a car off the road. – **2.** (*Verkehrsmittel*) transport, *bes. Am.* transportation: **öffentlicher ~** public transport. – **3.** (*Umgang*) dealings *pl*, intercourse: **mit j-m ~ haben** (*od.* **pflegen**) to have dealings with s.o.; **die beiden Familien stehen in engem** (*od.* **vertrautem**) **~** the two families are on close terms; **er hat** (*od.* **pflegt**) **überhaupt keinen gesellschaftlichen ~** he has no social intercourse at all, he does not mix at all; **das ist kein ~ für dich** that is no company for you; **diplomatischer [wirtschaftlicher] ~** diplomatic [economic] relations *pl*; **amtlicher ~** a) dealings *pl* with the authorities, b) interoffice dealings *pl*; **im ~ mit Menschen ist er sehr scheu** he is very shy in his dealings with (other) people. – **4.** (*Verbindung*) contact: **mit j-m in brieflichem ~ stehen** to correspond with s.o.; **ich stehe nicht mehr mit ihnen in ~** I am no longer in touch with them; **jeglichen ~ abbrechen** to break off all contact(s) (*od.* connections, *Br. auch* connexions). – **5.** (*Geschlechtsverkehr*) (sexual) intercourse: **mit j-m ~ haben** to have intercourse with s.o.; **außerehelicher ~** extramarital intercourse. – **6.** (*Geschäftsverkehr*) business: **in diesem Geschäft war der ~ heute ziemlich schwach** there was comparatively little business in this shop (*bes. Am.* store) today. – **7.** *econ.* a) (*Umlauf*) circulation, b) (*Handelsverkehr*) trade, commerce, visible transactions *pl*, c) (*Zahlungsverkehr*) payments *pl*, transfers *pl*: **Banknoten in (den) ~ bringen** to put bank notes into circulation; **Falschgeld in (den) ~ bringen** to put counterfeit money into circulation, to pass counterfeit money; **Briefmarken aus dem ~ ziehen** to withdraw stamps from circulation; **alte Münzen aus dem ~ ziehen** to withdraw old coins from circulation, to immobilize (*Br. auch* -s-) old coins; **Handel und ~** commerce and trade; **bargeldloser ~** cashless transfers *pl* (*od.* payments *pl*). – **8.** **j-n aus dem ~ ziehen** *fig. colloq.* a) to remove (*od.* dispose of) s.o., b) to put s.o. in (the) clink (*sl.*).

verˈkeh·ren I *v/i* ⟨h *u.* sein⟩ **1.** ⟨h *u.* sein⟩ (*von Fahrzeug*) run, operate, be operated, ply: **regelmäßig ~ zwischen** (*dat*) to run regularly between, to ply between; **das Boot verkehrt auf dem Fluß bis zum Einbruch der Dunkelheit** the boat runs on the river until nightfall. – **2.** ⟨h⟩ **in** (*dat*) **etwas ~** to frequent s.th.: **in diesem Hotel ~ viele Geschäftsreisende** this hotel is frequented by many commercial travel(l)ers; **er verkehrt nur in den besten Kreisen** he only frequents the best circles. – **3.** ⟨h⟩ **mit j-m ~** to associate (*od.* have dealings) with s.o.: **mit j-m auf freundschaftlicher Basis ~** to have friendly dealings (*od.* be on friendly terms) with s.o., to associate with s.o. on friendly terms; **er verkehrt gern mit dem Hochadel** he likes to associate (*od.* mix) with the aristocracy; **brieflich mit j-m ~** to correspond with s.o.; **er verkehrt mit niemandem** he does not associate with anyone. – **4.** ⟨h⟩ **bei j-m ~** to visit (*od.* go to, frequent) s.o.'s house. – **5.** ⟨h⟩ (*geschlechtlich*) (mit with) have (sexual) intercourse. – **II** *v/t* ⟨h⟩ **6.** (*verdrehen*) (in *acc* into) turn, (*stärker*) pervert: **den Sinn ins Gegenteil ~** to reverse the meaning. – **III** *v/reflex* ⟨h⟩ **sich ~** **7.** (*sich umkehren*) (in *acc* into) change, turn. – **IV V~** *n* ⟨-s⟩ **8.** *verbal noun.* – **9.** *cf.* Verkehrung.

Verˈkehrs|ˌabˌga·be *f pol. cf.* Verkehrssteuer. — **~ˌabˌtei·lung** *f* traffic department. — **~ˌabˌwick·lung** *f* traffic regulation. — **~ˌader** *f* artery, arterial road, thoroughfare. — **~ˌam·pel** *f* traffic signal (*od.* light, *Br. auch* lights *pl*), stop-go light. — **~ˌamt** *n* **1.** *cf.* Straßenverkehrsamt. – **2.** *cf.* Verkehrsbüro. — **v~ˌarm** *adj* (*Zeit etc*) quiet. — **~ˌaufˌkom·men** *n* **1.** traffic volume, volume of traffic. – **2.** total amount (*od.* traffic) carried. — **~ˌband** *n* ⟨-(e)s; =er⟩ (*radio*) communication band. — **~beˌdarf** *m econ.* **1.** transport requirement. – **2.** (*an gesetzlichen Zahlungsmitteln*) legal tender demanded for circulation. — **~beˌricht** *m* traffic report. — **~beˌschrän·kung** *f* traffic restriction. — **~beˌstim·mun·gen** *pl* traffic regulations. — **~beˌtrie·be** *pl* transport *sg*, *bes. Am.* transportation *sg*: **die städtischen ~** city transport *sg.* — **~bü·ro** *n* tourist (information) office. — **~ˌcha·os** *n* traffic chaos, havoc. — **~deˌlikt** *n* traffic offence (*Am.* offense), traffic violation. — **~ˌdich·te** *f* traffic density. — **~dis·ziˌplin** *f* ⟨-; *no pl*⟩ traffic discipline. — **~ˌdurchˌeinˌan·der** *n* traffic mix-up. — **~ˌdurchˌsa·ge** *f* (*im Radio*) traffic announcement. — **~ˌeig·nung** *f* (*von Menschen*) aptitude for participation in traffic. — **~ˌeinˌrich·tun·gen** *pl* transport facilities. — **~erˌleich·te·run·gen** *pl* better traffic facilities. — **~erˌzie·hung** *f* **1.** traffic education. – **2.** *cf.* Verkehrsunterricht. — **~erˌzie·hungsˌwo·che** *f* traffic instruction week. — **v~ˌfä·hig** *adj econ.* (*Wertpapier*) negotiable, marketable. — **~ˌfahrˌzeug** *n* road vehicle. — **~flie·geˌrei** *f aer.* commercial aviation. — **~ˌflugˌha·fen** *m* airport. — **~ˌflugˌzeug** *n* airliner, passenger aircraft. — **~ˌfluß** *m auto.* flow of traffic. — **v~ˌfrei** *adj* traffic-free, closed to traffic: **~e Zone** pedestrian area (*od.* zone, precinct). — **~freˌquenzˌband** *n* (*radio*) *cf.* Verkehrsband. — **~geˌfähr·dung** *f* **1.** (*Handlung*) endangering (*od.* endangerment) of traffic. – **2.** (*Gefahr*) danger to traffic, traffic hazard. — **~geo·graˌphie** *f* geography of communications. — **v~geˌrecht** *adj* (*Verhalten etc*) in keeping with traffic regulations. — **~geˌricht** *n jur.* court for traffic offences (*Am.* offenses), traffic court. — **~geˌschwin·dig·keit** *f* traffic speed. — **~geˌsell·schaft** *f* transport (*bes. Am.* transportation) company: öffentliche ~ common carrier. — **~geˌsetz** *n jur.* **1.** traffic act (*od.* law). – **2.** *cf.* Straßenverkehrsordnung. — **~geˌsetzˌge·bung** *f* traffic legislation. — **~geˌwer·be** *n* transport (*bes. Am.* transportation) business (*od.* industry), carrying trade. — **v~ˌgün·stig I** *adj* (*Lage*) favorable (*bes. Br.* favourable) as regards transport facilities. – **II** *adv* ~ gelegen favorably (*bes. Br.* favourably) situated as regards transport facilities. — **~ˌgür·tel** *m* traffic belt. — **~ˌhin·der·nis** *n* **1.** obstacle to traffic, traffic hindrance. – **2.** bottleneck. — **~in·ge·niˌeur** *m* traffic engineer. — **~ˌin·sel** *f* traffic island (*od.* refuge), central refuge, channelizing (*Br. auch* -s-) island. — **~juˌstiz** *f jur.* jurisdiction on traffic offences (*Am.* offenses). — **~ˌkin·der,gar·ten** *m traffic instruction area designed for preschool and primary school children.* — **~ˌkno·tenˌpunkt** *m* traffic junction. — **~konˌtrol·le** *f* traffic control. — **~ko·or·di·na·tiˌon** *f* coordination (*Br.* co-ordination) of traffic. — **~ˌla·ge** *f* **1.** traffic situation. – **2.** (*in bezug auf die Verkehrsmittel*) situation with regard to transport facilities (*od.* the transport system). — **~ˌlärm** *m* traffic noise. — **~ˌlast** *f civ.eng.* (*einer Brücke etc*) live load. — **v~ˌleer** *adj* (*Straße etc*) empty of traffic. — **~ˌlei·stung** *f* transport service. — **~ˌlen·kung** *f* traffic control, operation of traffic. — **~ˌlicht** *n cf.* Verkehrsampel. — **~ˌli·nie** *f* (*bes. Bahn*) communication route. — **~ˌluftˌfahrt** *f aer.* commercial aviation. — **~maˌschi·ne** *f cf.* Verkehrsflugzeug. — **~me·diˌzin** *f med. the branch of medicine which is concerned with the prevention and treatment of traffic accidents.* — **~miˌni·ster** *m pol.* Minister of Transport. — **~mi·niˌste·ri·um** *n* Ministry of Transport. — **~ˌmit·tel** *n* means *pl* (*construed as sg or pl*) of transport (*bes. Am.* transportation), conveyance: mit öffentlichen ~n by public transport (*bes. Am.* transportation). — **~muˌse·um** *n* traffic museum. — **~ˌnetz** *n* traffic network (*od.* system). — **~ˌop·fer** *n meist pl* victim of a road accident: ~ *pl* toll *sg* of the road. — **~ˌord·nung** *f* traffic regulations *pl* (*od.* rules *pl*). — **~ˌpla·nung** *f* traffic planning. — **~po·liˌtik** *f* traffic policy. — **v~po·ˌli·tisch** *adj* of (*od.* related with) traffic policy: ~e Fragen questions of traffic policy. — **~po·liˌzei** *f* traffic police. — **~po·liˌzist** *m* **1.** (traffic) policeman, *Br.* traffic constable (*od.* warden), *bes. Am. colloq.* traffic cop, *Br.* (*auf einer Kreuzung*) policeman on point duty, pointsman. – **2.** motorized policeman, member of the mobile police, *bes. Am. colloq.* speed cop. — **~ˌpo·sten** *m* **1.** traffic control point. – **2.** *mil.* (highway) traffic control post. — **~proˌblem** *n* traffic problem. — **~raˌdar** *m, n* road traffic radar. — **~ˌrecht** *n* ⟨-(e)s; *no pl*⟩ *jur.* traffic legislation. — **~ˌre·gel** *f* traffic rule (*od.* regulation). — **~ˌre·ge·lung, ~ˌreg·lung** *f* (*durch Ampeln, Polizisten etc*) traffic control, direction of traffic. — **v~ˌreich** *adj* busy: ~e Straße busy street, street heavy with traffic; ~e Zeit busy period (*od.* hours *pl*). — **~ˌrich·tung** *f* direction of traffic: in ~ parken to park in the direction of traffic. — **~ˌrow·dy** *m* road hog. — **~ˌschild** *n* traffic (*od.* road) sign. — **~ˌschrift** *f* shorthand. — **~ˌschutzˌmann** *m cf.* Verkehrspolizist. — **v~ˌschwach** *adj only in* ~e Zeit slack period, off-peak hours *pl, Am.* light hours *pl.* — **v~ˌsi·cher** *adj* **1.** (*Auto etc*) roadworthy. – **2.** ~es Verhalten safe behavior (*bes. Br.* behaviour) on (*od.* use of) the road. — **~ˌsi·cher·heit** *f* ⟨-; *no pl*⟩ **1.** (*eines Autos etc*) road safety. – **2.** safety on the road, road traffic safety. — **~siˌgnal** *n* traffic signal. — **~ˌsper·re** *f* **1.** (*Barriere etc*) traffic barrier. – **2.** *cf.* Verkehrsverbot. — **~ˌspit·ze** *f* traffic peak, rush hour. — **~ˌspra·che** *f ling.* **1.** language of communication. – **2.** (*Berufssprache*) professional language, jargon. — **v~ˌstark** *adj only in* ~e Zeit rush (*od.* peak) hour, *Am.* heavy hours *pl.* — **~ˌstär·ke** *f cf.* Verkehrsdichte. — **~staˌti·stik** *f* traffic statistics *pl* (*construed as sg or pl*). — **~ˌstau·ung** *f* traffic jam (*od.* congestion, stoppage, *Br.* block), traffic tie-up, congestion of traffic. — **~ˌsteu·er** *f econ.* property transfer tax. — **~ˌstille·gung** (*getr.* -ll,l-) *f* suspension of traffic. — **~ˌstillˌstand** *m* traffic standstill (*od.* stoppage). — **~ˌstockung** (*getr.* -k·k-) *f cf.* Verkehrsstauung. — **~ˌstö·rung** *f* disturbance (*od.* dislocation, interruption) of traffic. — **~ˌstra·ße** *f* **1.** thoroughfare. – **2.** (*im Überlandverkehr*) highway, *bes. Br.* highroad. – **3.** *cf.* Handelsweg. — **~ˌstrei·fe** *f* traffic patrol. — **~ˌstreik** *m* transport (*bes. Am.* transportation) strike. — **~ˌstrom** *m* stream of traffic.

Ver'kehrsˌsün·der *m colloq.* traffic offender, (*einmaliger*) offender against traffic regulations, (*regelmäßiger*) perpetual breaker of traffic regulations. — **~karˌtei** *f colloq. for* Verkehrszentralkartei.

Ver'kehrs|ˌta·fel *f cf.* Verkehrszeichen. — **v~ˌtech·nisch I** *adj* ~e Schwierigkeiten technical difficulties involved in traffic engineering. – **II** *adv* ~ gesehen from the technical viewpoint of traffic engineering, in terms of traffic engineering; ~ erschließen (*Gebiet*) to open (*s.th.*) up to traffic. — **~ˌteilˌneh·mer** *m* **1.** (*als Autofahrer*) road user (on wheels). – **2.** (*als Fußgänger*) road user (on foot), foot passenger, pedestrian. — **~ˌto·te** *m* road casualty: die Zahl der ~n the toll of the road. — **~transˌportˌlei·stung** *f econ.* volume of goods carried. — **~ˌtru·bel** *m* bustling traffic. — **v~ˌtüch·tig** *adj* **1.** (*Auto*) roadworthy. – **2.** (*Person*) fit to drive. — **~ˌtüch·tig·keit** *f* ⟨-; *no pl*⟩ **1.** (*eines Wagens etc*) roadworthiness. – **2.** (*einer Person*) driving fitness. — **~ˌüberˌtre·tung** *f* (road) traffic offence (*Am.* offense). — **~ˌüberˌwa·chung** *f* traffic control (*od.* surveillance). — **v~ˌüb·lich** *adj econ.* **1.** usual in commercial practice, usual in everyday (*od.* day-to-day) business (*od.* affairs): → Sorgfalt 6. – **2.** usual in transport and traffic. — **~ˌumˌfang** *m* traffic volume. — **~ˌumˌlei·tung** *f* detour. — **~ˌunˌfall** *m* **1.** road accident. – **2.** (*Zusammenstoß*) crash. – **3.** *fig. colloq.* unplanned pregnancy: sie hatte einen ~ she is going to have an unplanned baby. — **~ˌun·terˌneh·men** *n* transport (*bes. Am.* transportation) firm (*od.* company), carrier. — **~ˌun·terˌricht** *m* traffic instruction, (*in der Schule*) instruction in the highway code, *Br. auch* (*bes. für Fußgänger*) kerb drill. — **~verˌbin·dung** *f* **1.** (*Verkehrsweg*) communication. – **2.** (*Anschluß*) connection, *Br. auch* connexion. — **~verˌbot** *n* barring of traffic, traffic ban. — **~verˌein** *m* tourist agency, tourist information agency (*od.* office). — **~verˌhält·nis·se** *pl* traffic situation *sg.* — **~ˌvorˌschrift** *f* traffic regulation (*od.* rule). — **~ˌwacht** *f BRD organization promoting safety on the road.* — **~ˌweg** *m* (traffic) route, communication. — **~ˌwel·le** *f* wave of traffic. — **~ˌwert** *m econ.* market (*od.* current, commercial) value. — **~ˌwe·sen** *n* ⟨-s; *no pl*⟩ **1.** traffic (system). – **2.** (*die Verkehrswege*) system of communications, communications *pl.* – **3.** (*Transportwesen*) transport, *bes. Am.* transportation. — **v~ˌwid·rig** *adj* (*Verhalten etc*) contrary to traffic regulations: ~es Fahren driving contrary to traffic regulations. — **~ˌwid·rig·keit** *f* violation of traffic regulations. — **~ˌzäh·lung** *f* traffic census (*od.* count). — **~ˌzei·chen** *n* **1.** traffic (*od.* road) sign. – **2.** (*Wegweiser für Straßen*) signpost. — **~zenˌtral·karˌtei** *f* central index of traffic offenders. — **~ˌzen·trum** *n* traffic center (*bes. Br.* centre).

ver'kehrt I *pp.* – **II** *adj* **1.** (*falsch*) wrong: eine ~e Vorstellung von etwas haben to have the wrong idea about s.th.; die ~e Seite eines Stoffes the wrong (*od.* reverse) side of a material; das ist gar nicht so ~ that's not so wrong at all; ~ im Kopf sein *colloq.* to be wrong in the head (*colloq.*); das ist eine ~e Welt *fig.* it's a topsy-turvy (*od.* an upside-down) world; Kaffee ~ *colloq.* milk with a dash of coffee, (very) white coffee; → Adresse 1; Bein 1. – **2.** (*entgegengesetzt*) opposite, reverse: in die ~e Richtung gehen a) to go in the reverse direction, b) to go in the wrong direction. – **III** *adv* **3.** (*falsch*) wrong(ly): alles ~ machen to do everything wrong; etwas ~ anfangen to go the wrong way about (doing) s.th., to put the cart before the horse; ~ antworten to answer wrong(ly), to give the wrong answer; etwas ~ auffassen to misunderstand s.th., to take s.th. the wrong way; etwas ~ (herum) anziehen a) (*vorn u. hinten vertauscht*) to put s.th. on the wrong way (a)round, to put s.th. on back to front (*auch* front to back), b) (*außen u. innen vertauscht*) to put s.th. on inside out; ein Bild ~ aufhängen (*oben u. unten vertauscht*) to hang a picture (up) upside down; ~ stricken to (knit) purl. – **4.** ~ herum sein *fig. colloq.* (*homosexuell veranlagt*) to be queer (*od.* gay) (*sl.*). – **IV V~e, das** ⟨-n⟩ **5.** the wrong thing: er tut immer das V~e he always does the wrong thing; das ist das V~este, was du tun kannst that is the biggest (*od.* worst) mistake you could make.

Ver'kehr·te *m, f* ⟨-n; -n⟩ wrong person: er ist der ~ für dich he is the wrong person for you; da bist du an den ~n gekommen *colloq.* you have come to the wrong address.

Ver'kehrt·heit *f* ⟨-; *no pl*⟩ **1.** wrongness. – **2.** (*Narrheit*) folly.

Ver'keh·rung *f* ⟨-; -en⟩ **1.** *cf.* Verkehren. – **2.** (*der Tatsachen*) reversal: eine ~ ins Gegenteil a complete reversal.

ver'kei·len I *v/t* ⟨*no* ge-, h⟩ **1.** *tech.* a) (*mittels Spaltkeil*) wedge, b) (*zur starren Befestigung*) key, c) (*mittels Stelleiste*) gib. – **2.** j-n ~ *fig. colloq. cf.* verprügeln. – **II** *v/reflex* sich ~ **3.** become wedged (*od.* lodged).

ver'ken·nen I *v/t* ⟨*irr, no* ge-, h⟩ **1.** (*falsch einschätzen*) misjudge, mistake, misknow: wir haben ihn völlig verkannt we misjudged him completely; ihre Absicht war nicht zu ~ her intention was not to be mistaken (*od.* was unmistakable, was quite obvious). – **2.** (*unterschätzen*) undervalue, underrate, underestimate: wir sollten die Schwierigkeit [den Ernst der Lage] nicht ~ we should not underestimate the difficulty [the seriousness of the situation]. – **3.** etwas nicht ~ (*nicht außer acht lassen*) to be (well) aware of s.th., not to fail to realize (*Br. auch* -s-) s.th.: wir sollten nicht ~, daß er uns sehr geholfen hat we ought not to forget the fact that he has helped us a great deal. – **II V~** *n* ⟨-s⟩ **4.** *verbal noun.* — **Ver'ken·nung** *f* ⟨-; *no pl*⟩ **1.** *cf.* Verkennen. – **2.** (*Fehleinschätzung*) misjudg(e)ment. – **3.** (*Unterschätzung*) undervaluation, underestimation.

ver'ket·ten I *v/t* ⟨*no* ge-, h⟩ **1.** chain (*s.th.*) up: eine Tür ~ to chain a door up; zwei Gegenstände miteinander ~ to chain two objects together. – **2.** *fig.* link (*things*) (together), interlink, concatenate. – **3.** *electr. tech.* (inter)link. – **II V~** *n* ⟨-s⟩ **4.** *verbal noun.* – **5.** *cf.* Verkettung. — **ver'ket·tet I** *pp.* – **II** *adj* **1.** chained(-up). – **2.** *fig.* linked, concatenate. — **Ver'ket·tung** *f* ⟨-; -en⟩ **1.** *cf.* Verketten. – **2.** *fig.* chain, concatenation: eine ~ unglücklicher Zufälle a chain of unfortunate accidents. – **3.** *electr. tech.* linkage.

ver'ket·zern [-'kɛtsərn] *v/t* ⟨*no* ge-, h⟩ (*schmähen*) denounce, decry.

ver'kie·seln *min.* **I** *v/t* ⟨*no* ge-, h⟩ silicify. – **II V~** *n* ⟨-s⟩ *verbal noun.* — **Ver'kie·se·lung** *f* ⟨-; *no pl*⟩ **1.** *cf.* Verkieseln. – **2.** silicification.

ver'kit·schen [-'kɪtʃən] *v/t* ⟨*no* ge-, h⟩ **1.** make (*s.th.*) trashy (*od.* tawdry), make trash of. – **2.** *colloq.* sell (*s.th.*) (off dirt cheap).

ver'kit·ten I *v/t* ⟨*no* ge-, h⟩ **1.** (*Glasscheiben*) putty. – **2.** (*Fugen etc*) stop (*s.th.*) with filling cement, cement (*s.th.*) with putty. – **II V~** *n* ⟨-s⟩ **3.** *verbal noun.* — **Ver'kit·tung** *f* ⟨-; *no pl*⟩ *cf.* Verkitten.

ver'klag·bar *adj jur.* **1.** *cf.* belangbar. – **2.** *cf.* einklagbar.

ver'kla·gen *v/t* ⟨*no* ge-, h⟩ **1.** j-n ~ *jur.* (wegen, auf *acc* for) to sue s.o., to take (legal) action (*od.* legal steps, legal proceedings) against s.o., to bring (*od.* file, institute, lay) an action against s.o.: j-n auf Schadenersatz [Erfüllung] ~ to sue s.o. for damages [performance]. – **2.** j-n (bei j-m) ~ *colloq.* to tell (s.o.) tales about s.o., to tell (s.o.) on s.o. (*colloq.*).

ver'klagt I *pp.* – **II** *adj* ~e Partei *jur.* sued

party, defendant (party). — **Ver'klag·te** *m, f* ⟨-n; -n⟩ *cf.* Beklagte.

ver'klam·men [-'klamən] *v/i* ⟨*no* ge-, sein⟩ (*von Finger, Hand*) grow numb with cold. — **ver'klammt I** *pp.* – **II** *adj cf.* klamm 2.

ver'klam·mern I *v/t* ⟨*no* ge-, h⟩ **1.** *med.* (*Wundränder etc*) apply wound clips to. – **2.** *tech.* clamp (*s.th.*) together. – **3.** sich ~ (*sich aneinander festklammern*) to cling, to clutch. – **II V~** *n* ⟨-s⟩ **4.** *verbal noun.* — **Ver'klam·me·rung** *f* ⟨-; -en⟩ **1.** *cf.* Verklammern. – **2.** clutch: sich aus der ~ lösen to free oneself from the clutch.

ver'kla·ren [-'klaːrən] **I** *v/i* ⟨*no* ge-, h⟩ *mar.* enter (*od.* make) a (sea) protest. – **II** *v/t* j-m etwas ~ *Northern G. colloq.* to explain s.th. to s.o.

ver'klä·ren I *v/t* ⟨*no* ge-, h⟩ *auch Bibl.* transfigure: Freude verklärte ihr Gesicht joy transfigured her face. – **II** *v/reflex* sich ~ (*von Augen, Gesicht*) become transfigured. – **III V~** *n* ⟨-s⟩ *verbal noun.* — **ver'klärt I** *pp.* – **II** *adj* (*Augen, Gesicht*) transfigured: ein ~es Gesicht haben to have a transfigured face (*od.* an ecstatic expression on one's face).

Ver'kla·rung *f* ⟨-; -en⟩ *mar.* (sea *od.* ship's) protest: ~ ablegen to make a (sea) protest.

Ver'klä·rung *f* ⟨-; -en⟩ **1.** *cf.* Verklären. – **2.** *auch Bibl.* transfiguration.

ver'klat·schen *v/t* ⟨*no* ge-, h⟩ **1.** *colloq. cf.* verpetzen 1. – **2.** (*Zeit*) gossip away.

ver·klau·su'lie·ren [-klauzu'liːrən] **I** *v/t* ⟨*no* ge-, h⟩ **1.** *jur.* a) (*durch Klauseln absichern*) guard (*od.* insure) (*s.th.*) by clauses, put hedges into, limit (*s.th.*) by proviso, b) (*vertraglich festsetzen*) stipulate. – **2.** *fig.* (*schwierig formulieren*) express (*od.* word) (*s.th.*) in an involved manner. – **II V~** *n* ⟨-s⟩ **3.** *verbal noun.* — **Ver·klau·su'lie·rung** *f* ⟨-; -en⟩ **1.** *cf.* Verklausulieren. – **2.** *jur.* (*vertragliche Festsetzung*) stipulation. – **3.** *fig.* involved wording.

ver'kle·ben I *v/t* ⟨*no* ge-, h⟩ **1.** (*zusammenkleben*) stick (*s.th.*) together. – **2.** (*überkleben*) stick (*s.th.*) over. – **3.** (*mit Papier*) paper (*s.th.*) over. – **4.** (*klebrig machen*) make (*s.th.*) sticky, sticky up. – **5.** (*verbrauchen*) (*Leim*) use up. – **6.** *med.* close, seal up: eine Wunde mit Pflaster ~ to close a wound with plaster. – **7.** *tech.* bond. – **II** *v/i* ⟨sein⟩ **8.** *med.* a) (*konglutinieren*) conglutinate, b) (*vom Darm*) (mit to) adhere, form adhesions. – **III V~** *n* ⟨-s⟩ **9.** *verbal noun.* – **10.** *cf.* Verklebung. — **ver'klebt I** *pp.* – **II** *adj* **1.** (*Augen*) bleary, bleared. – **2.** *med.* a) (*Wunde*) sticky, conglutinated, b) (*Eileiter*) closed. — **Ver'kle·bung** *f* ⟨-; -en⟩ **1.** *cf.* Verkleben. – **2.** *med.* a) (*Konglutination*) conglutination, b) (*des Rippenfells etc*) adhesion.

ver'kleckern (*getr.* -k·k-) *v/t* ⟨*no* ge-, h⟩ *colloq.* **1.** *cf.* bekleckern I. – **2.** sein (ganzes) Geld ~ to fritter away (all) one's money.

ver'kleck·sen *v/t* ⟨*no* ge-, h⟩ **1.** (*Papier etc*) blot. – **2.** (*Tinte*) a) blot, b) (*ausschütten*) spill.

ver'klei·den I *v/reflex* ⟨*no* ge-, h⟩ sich ~ **1.** (*zum Karneval, Fasching etc*) dress (oneself) up, disguise oneself, masquerade: sich als Harlekin ~ to dress (oneself) up as a Harlequin; alle hatten sich verkleidet they all were wearing fancy dresses. – **2.** (*theater*) (*für eine Rolle*) make oneself up. – **3.** (*zur Tarnung*) disguise oneself. – **II** *v/t* **4.** j-n ~ to dress s.o. up, to disguise s.o. – **5.** *tech.* a) (*ausfüttern*) line, b) (*umhüllen*) sheathe, c) (*ummanteln*) jacket, (en)case, d) (*abdecken*) cover, mask. – **6.** *civ.eng.* a) (*verschalen*) board, b) (*vertäfeln*) panel, wainscot, c) (*mit Brettern*) plank, d) (*mit Mauerwerk*) (*Ufer, Damm etc*) revet, e) (*mit Werksteinen*) face. – **7.** (*Heizkörper*) cover. – **8.** *auto.* (*Kühler*) cowl. – **9.** (*mining*) (*Schacht*) timber, line (*a shaft*) with timber. – **10.** *aer.* a) (*Rumpf, Tragfläche*) fair, b) (*Triebwerk*) cowl. – **II V~** *n* ⟨-s⟩ **11.** *verbal noun.* — **Ver'klei·dung** *f* ⟨-; -en⟩ **1.** *cf.* Verkleiden. – **2.** (*im Fasching*) disguise, masquerade: in ~ in disguise. – **3.** (*theater*) (*für eine Rolle*) makeup. – **4.** (*zur Tarnung etc*) disguise. – **5.** *tech.* a) lining, b) sheathing, c) jacketing, (en)casing, d) mask, cover, e) (*Umhüllung*) (en)casement. – **6.** *civ.eng.* a) boarding, b) paneling, *bes. Br.* panelling, wainscot, c) planking, d) (*eines Ufers, Damms etc*) revetment. – **7.** (*eines Heizkörpers*) cover. – **8.** *aer.* a) fairing, b) (*am Triebwerk*) (engine) cowl.

Ver'klei·dungs|,blech *n tech.* panel. — **~,stück** *n* fillet. — **~,trieb** *m psych.* transvestism, *auch* transvestitism.

ver'klei·nern [-'klainərn] **I** *v/t* ⟨*no* ge-, h⟩ **1.** (*kleiner machen*) make (*s.th.*) smaller. – **2.** (*reduzieren*) reduce: er will sein Geschäft ~ he wants to reduce his business. – **3.** (*im Maßstab*) scale (*s.th.*) down. – **4.** (*verengen, schmaler machen*) narrow (*s.th.*) down. – **5.** (*Wert*) reduce, depreciate. – **6.** *fig.* (*Leistung, Verdienste etc*) belittle, make little of, depreciate, detract from, (*stärker*) derogate (from), disparage. – **7.** *fig.* (*Schuld, Fehler etc*) belittle, make little of, extenuate. – **8.** *phot.* reduce (*s.th.*) in size. – **II** *v/reflex* sich ~ **9.** become smaller. – **10.** (*sich verringern*) diminish, decrease. – **11.** *fig. colloq.* (*eine kleinere Wohnung nehmen*) move to a smaller place. – **12.** *fig.* (*Geschäftsumfang verringern*) reduce one's business. – **III V~** *n* ⟨-s⟩ **13.** *verbal noun.* — **Ver'klei·ne·rung** *f* ⟨-; -en⟩ **1.** *cf.* Verkleinern. – **2.** (*Reduzierung*) reduction. – **3.** (*eines Wertes*) reduction, depreciation. – **4.** *fig.* (*von Leistungen, Verdiensten etc*) belittlement, depreciation, detraction, (*stärker*) derogation, disparagement. – **5.** (*einer Schuld, eines Fehlers etc*) belittlement, extenuation. – **6.** *phot.* a) ⟨*only sg*⟩ (*Vorgang*) reduction in size, b) (*Ergebnis*) microphotograph. – **7.** *mus.* diminution.

Ver'klei·ne·rungs|,form *f ling.* diminutive. — **~,maß,stab** *m* scale (*od.* ratio) of reduction. — **~,sil·be** *f ling.* diminutive syllable (*od.* suffix). — **~,wort** *n* diminutive.

ver'klei·stern *v/t* ⟨*no* ge-, h⟩ *colloq. for* verkleben 1—5.

ver'klem·men I *v/reflex* ⟨*no* ge-, h⟩ sich ~ **1.** (*von Tür, Schlüssel etc*) jam, get stuck. – **II** *v/t tech.* **2.** lock (*s.th.*) in position. – **3.** (*blockieren*) block. – **4.** (*mit einem Spaltkeil*) wedge. — **ver'klemmt I** *pp.* – **II** *adj psych.* (*voller Komplexe*) inhibited, frustrated.

ver'klin·gen *v/i* ⟨*irr, no* ge-, sein⟩ **1.** (*von Geräusch, Lied, Musik etc*) die (*od.* fade) away: die Schritte verklangen in der Ferne the steps faded away in the distance. – **2.** *fig.* (*von Begeisterung etc*) wear off, ebb (away). – **3.** *fig.* (*von Sommer etc*) draw to a close.

ver'klop·pen *v/t* ⟨*no* ge-, h⟩ *colloq.* **1.** *cf.* verhauen 1. – **2.** (*verkaufen*) sell.

ver'klüf·ten [-'klyftən] *v/reflex* ⟨*no* ge-, h⟩ sich ~ *hunt.* (*von Dachs, Fuchs*) barricade itself in its earth.

ver'knacken (*getr.* -k·k-) *v/t* ⟨*no* ge-, h⟩ j-n ~ *colloq.* to put s.o. behind bars (*od. sl.* in (the) clink, *Br. sl.* inside), to lock s.o. up: er ist zu drei Monaten (Gefängnis) verknackt worden he was put inside for three months, he got three months.

ver'knack·sen *v/t* ⟨*no* ge-, h⟩ sich (*dat*) den Fuß ~ *colloq.* to sprain one's ankle.

ver'knal·len *colloq.* **I** *v/reflex* ⟨*no* ge-, h⟩ **1.** sich in j-n ~ to fall (desperately) in love with s.o., to fall for s.o. (*colloq.*). – **II** *v/t* **2.** (*Munition, Pulver etc*) use (*s.th.*) up, fire, expend. – **3.** (*Feuerwerkskörper*) let (*s.th.*) off. — **ver'knallt I** *pp.* – **II** *adj colloq. cf.* vernarrt 1.

ver'knap·pen I *v/reflex* ⟨*no* ge-, h⟩ sich ~ become scarce. – **II V~** *n* ⟨-s⟩ *verbal noun.* — **Ver'knap·pung** *f* ⟨-; -en⟩ **1.** *cf.* Verknappen. – **2.** (*Zustand*) (an *dat* of) scarcity, shortage. – **3.** (*Entwicklung*) process of becoming scarcer, tendency to become scarcer.

ver'knaut·schen *v/t* ⟨*no* ge-, h⟩ *colloq. for* zerknittern 1.

ver'knech·ten [-'knɛçtən] **I** *v/t* ⟨*no* ge-, h⟩ (*Volk etc*) subjugate, enslave. – **II V~** *n* ⟨-s⟩ *verbal noun.* — **Ver'knech·tung** *f* ⟨-; *no pl*⟩ **1.** *cf.* Verknechten. – **2.** subjugation, enslavement.

ver'knei·fen *v/t* ⟨*irr, no* ge-, h⟩ sich (*dat*) etwas ~ *colloq.* a) (*Lachen, Lächeln, scharfe Antwort etc*) to keep s.th. back, to stifle (*od.* contain, suppress, repress) s.th., b) (*Schmerz etc*) to hide s.th., c) (*auf etwas verzichten*) to do (*od.* go) without s.th.: ich konnte mir das Lachen kaum ~ I could hardly help (*od.* keep from) laughing, I could hardly keep my face straight (*od.* contain myself); ich konnte mir nicht ~, das zu sagen I could not resist saying that; ein neues Kleid werde ich mir diesen Monat ~ müssen I will have to do without a new dress this month.

ver'kne·ten *v/t* ⟨*no* ge-, h⟩ knead (*s.th.*) together: Zutaten miteinander ~ to knead ingredients together.

ver'knif·fen I *pp of* verkneifen. – **II** *adj* (*Gesicht, Miene etc*) wry.

ver'knit·tern *v/t* ⟨*no* ge-, h⟩ *cf.* zerknittern.

ver'knö·chern I *v/i* ⟨*no* ge-, sein⟩ **1.** *med.* ossify. – **2.** *fig.* fossilize *Br. auch* -s-, ossify. – **II V~** *n* ⟨-s⟩ **3.** *verbal noun.* – **4.** *cf.* Verknöcherung. — **ver'knö·chert I** *pp.* – **II** *adj fig.* fossilized *Br. auch* -s-, ossified, fossil (*attrib*): ein ~er Junggeselle a fossilized bachelor; ein ~er Kerl an old fossil. — **Ver'knö·che·rung** *f* ⟨-; -en⟩ **1.** *cf.* Verknöchern. – **2.** *med.* ossification. – **3.** ⟨*only sg*⟩ *fig.* fossilization *Br. auch* -s-, ossification.

ver'knor·peln [-'knɔrpəln] *med.* **I** *v/i* ⟨*no* ge-, sein⟩ **1.** become cartilaginous, chondrify. – **II** *v/t* ⟨h⟩ **2.** chondrify. – **III V~** *n* ⟨-s⟩ **3.** *verbal noun.* – **4.** *cf.* Verknorpelung. — **ver'knor·pelt I** *pp.* – **II** *adj* cartilaginous, chondrified. — **Ver'knor·pe·lung** *f* ⟨-; -en⟩ **1.** *cf.* Verknorpeln. – **2.** chondrification, cartilaginification.

ver'kno·ten I *v/t* ⟨*no* ge-, h⟩ knot (*s.th.*) (together), tie (*od.* fasten) (*s.th.*) with a knot. – **II** *v/reflex* sich ~ knot (up), become (*od.* get) knotted.

ver'knüp·fen I *v/t* ⟨*no* ge-, h⟩ **1.** (*Fäden etc*) knot (*od.* bind) (*s.th.*) together, tie (*od.* fasten, bind, connect) (*s.th.*) with a knot. – **2.** *fig.* (*kombinieren*) combine: den Urlaub mit einer Geschäftsreise ~ to combine one's holiday (*Am.* vacation) with a business trip. – **3.** *fig.* (*in Zusammenhang bringen*) connect, associate, link: einen Gedanken mit einem anderen ~ to connect one thought with another. – **II V~** *n* ⟨-s⟩ **4.** *verbal noun.* – **5.** *cf.* Verknüpfung. — **ver'knüpft I** *pp.* – **II** *adj* mit etwas ~ sein *fig.* a) to be connected (*od.* associated) with s.th., b) to be involved (*od.* entailed) in s.th.: mit dem Projekt sind erhebliche Kosten ~ considerable expense is involved (*od.* entailed) in this project, this project involves (*od.* entails, is attended with) considerable expense. — **Ver'knüp·fung** *f* ⟨-; -en⟩ **1.** *cf.* Verknüpfen. – **2.** *fig.* (*von Gedanken etc*) connection, *Br. auch* connexion, association. – **3.** *fig.* (*Ergebnis*) connection, *Br. auch* connexion, nexus.

ver'knu·sen [-'knuːzən] *v/t* ⟨*no* ge-, h⟩ j-n nicht ~ können *Northern G. colloq.* not to be able to stand (*Br. colloq. auch* to stick) s.o., (*stärker*) to hate the (very) sight of s.o.

ver'ko·chen I *v/i* ⟨*no* ge-, sein⟩ **1.** (*bes. von Wasser*) boil off (*od.* away). – **2.** (*zu lange kochen*) overboil. – **II** *v/t* ⟨h⟩ **3.** (*verbrauchen*) use (*s.th.*) up (in cooking). – **4.** (*zu lange kochen*) boil (*s.th.*) too long, overcook. – **5.** etwas zu einer Masse ~ to boil s.th. down to a paste (*od.* pulp).

ver'koh·len I *v/t* ⟨*no* ge-, h⟩ **1.** char, chark. – **2.** *chem. tech.* carbonize *Br. auch* -s-, coke. – **3.** j-n ~ *fig. colloq.* to pull s.o.'s leg, to fool s.o. – **II** *v/i* ⟨sein⟩ **4.** char. – **5.** *chem. tech.* carbonize *Br. auch* -s-, coke. – **III V~** *n* ⟨-s⟩ **6.** *verbal noun.* — **Ver'koh·lung** *f* ⟨-; *no pl*⟩ **1.** *cf.* Verkohlen. – **2.** carbonization *Br. auch* -s-. – **3.** *fig. colloq.* leg-pulling.

ver'ko·ken [-'koːkən] *tech.* **I** *v/t* ⟨*no* ge-, h⟩ coke, carbonize *Br. auch* -s-. – **II V~** *n* ⟨-s⟩ *verbal noun.* — **Ver'ko·kung** *f* ⟨-; *no pl*⟩ **1.** *cf.* Verkoken. – **2.** carbonization *Br. auch* -s-, (*in der Destillationskokerei*) distillation.

Ver'ko·kungs,kam·mer *f metall.* coking chamber.

ver'kom·men[1] *v/i* ⟨*irr, no* ge-, sein⟩ **1.** (*von Gebäude etc*) become dilapidated, (*stärker*) go to wreck and ruin. – **2.** (*von Garten etc*) run wild. – **3.** (*von Lebensmitteln etc*) go to waste, (*verderben*) *auch* go bad: sie lassen viel Brot ~ they let a lot of bread go to waste, they waste a lot of bread. – **4.** (*von Kindern*) run wild: das Kind verkam immer mehr the child was allowed more and more to run wild. – **5.** (*moralisch*) become debased (*od.* depraved, corrupt[ed], degenerate[d], demoralized *Br. auch* -s-). – **6.** *fig.* (*von Talent, Veranlagung etc*) degenerate.

ver'kom·men[2] **I** *pp of* verkommen[1]. – **II** *adj* **1.** (*Gebäude, Wohnung etc*) dilapidated.

– **2.** (*Garten etc*) wild, overgrown. – **3.** (*Speise, Lebensmittel etc*) bad, rotten. – **4.** (*Kleidung, Äußeres*) seedy, raffish, down at (the) heel. – **5.** (*Kinder etc*) wild and unkempt. – **6.** (*moralisch*) debased, depraved, corrupt, degenerate, demoralized *Br. auch* -s-: ein ~es Subjekt a reprobate.

Ver'kom·men·heit *f* ⟨-; *no pl*⟩ (*moralische*) debasement, depravity, corruption, degeneracy, demoralization *Br. auch* -s-.

ver·kom·pli'zie·ren *v/t* ⟨*no* ge-, h⟩ complicate: du mußt auch alles ~ you always have to (*od.* trust you to) complicate everything, you always have to make things complicated.

ver·kon·su'mie·ren *v/t* ⟨*no* ge-, h⟩ *colloq.* (*verzehren*) polish (*od.* clean) (*s.th.*) off, tuck away, consume.

ver'kop·peln I *v/t* ⟨*no* ge-, h⟩ **1.** (*Interessen etc*) combine, couple. – **2.** (*Grundbesitz etc*) join, couple. – **3.** (*space*) join. – **II V~** *n* ⟨-s⟩ **4.** *verbal noun.* — **Ver'kop·pe·lung, Ver'kopp·lung** *f* ⟨-; *no pl*⟩ *cf.* Verkoppeln.

ver'kor·ken [-'kɔrkən] **I** *v/t* ⟨*no* ge-, h⟩ **1.** (*Flasche etc*) cork (up). – **2.** *bot.* suberize *Br. auch* -s-. – **II V~** *n* ⟨-s⟩ **3.** *verbal noun.* – **4.** *cf.* Verkorkung.

ver'kork·sen [-'kɔrksən] *v/t* ⟨*no* ge-, h⟩ *colloq.* **1.** (*verpfuschen*) mess (*s.th.*) up, make a mess (*od.* hash) of, botch, bungle, *bes. Br. colloq.* muck (*s.th.*) up, make a muck of. – **2.** j-m etwas ~ (*verderben*) to spoil (*od.* ruin, wreck) s.th. for s.o. – **3.** sich (*dat*) den Magen ~ to upset one's stomach. — **ver'korkst I** *pp.* – **II** *adj colloq.* **1.** eine ~e Angelegenheit (*od.* Sache, Geschichte) a muddle. – **2.** einen ~en Magen haben to have an upset stomach.

Ver'kor·kung *f* ⟨-; *no pl*⟩ **1.** *cf.* Verkorken. – **2.** (*von Flaschen etc*) corkage. – **3.** *bot.* suberization *Br. auch* -s-.

ver'kör·nen *v/t* ⟨*no* ge-, h⟩ *tech.* granulate.

ver'kör·pern [-'kœrpərn] **I** *v/t* ⟨*no* ge-, h⟩ **1.** (*bes. theater*) (*eine Person, Gestalt etc*) personify, impersonate. – **2.** (*die Tugend, Gerechtigkeit etc*) personify, embody, incarnate. – **II V~** *n* ⟨-s⟩ **3.** *verbal noun.* – **4.** *cf.* Verkörperung. — **ver'kör·pert I** *pp.* – **II** *adj* (*Tugend etc*) personified, incarnate (*beide nachgestellt*). — **Ver'kör·pe·rung** *f* ⟨-; -en⟩ **1.** *cf.* Verkörpern. – **2.** personification, impersonation. – **3.** personification, embodiment, incarnation.

ver'kö·sti·gen [-'kœstɪgən] **I** *v/t* ⟨*no* ge-, h⟩ board, feed. – **II V~** *n* ⟨-s⟩ *verbal noun.* — **Ver'kö·sti·gung** *f* ⟨-; *no pl*⟩ **1.** *cf.* Verköstigen. – **2.** board, food.

ver'kra·chen *v/reflex* ⟨*no* ge-, h⟩ sich (mit j-m) ~ *colloq.* to fall out (*od.* to split) (with s.o.). — **ver'kracht I** *pp.* – **II** *adj colloq.* **1.** (*zerstritten*) on bad terms. – **2.** (*Unternehmen, Bank etc*) bankrupt. – **3.** (*in Wendungen wie*) eine ~e Existenz a failure; er ist ein ~er Student he failed at the university.

ver'kraf·ten [-'kraftən] *v/t* ⟨*no* ge-, h⟩ *colloq.* **1.** (*eine körperliche Anstrengung*) manage, cope with: ich kann die Schwerarbeit auf die Dauer nicht ~ I cannot manage this heavy work for very long. – **2.** (*eine seelische Belastung*) take. – **3.** (*ein Tempo*) stand. – **4.** (*eine Verantwortung etc*) handle, cope with, tackle: die Stadt kann den Verkehr nicht mehr ~ the city cannot handle (*od.* cope with) the traffic anymore. – **5.** (*Anschaffungen etc*) afford. – **6.** (*beim Essen*) manage (*colloq.*): eine Kartoffel müßtest du noch ~ können you ought to be able to manage another potato.

ver'kral·len *v/reflex* ⟨*no* ge-, h⟩ sich in (*acc*) etwas ~ to catch its claws in s.th.

ver'kra·men *v/t* ⟨*no* ge-, h⟩ *colloq.* (*verlegen*) mislay, misplace.

ver'kramp·fen I *v/reflex* ⟨*no* ge-, h⟩ sich ~ **1.** (*von Muskeln, Gliedern etc*) cramp, become cramped: meine linke Wade hat sich verkrampft I have a cramp in the calf of my left leg. – **2.** (*von Händen*) clench. – **3.** *fig.* (*von Herz*) tighten. – **4.** *fig.* (*aus Hemmungen etc*) become inhibited (*od.* tense). – **II V~** *n* ⟨-s⟩ **5.** *verbal noun.* – **6.** *cf.* Verkrampfung. — **ver'krampft I** *pp.* – **II** *adj* **1.** (*Glieder etc*) cramped. – **2.** (*Hände*) clenched. – **3.** *fig.* (*Gesicht*) tense. – **4.** *fig.* (*Lachen*) (con)strained, tense, *auch* ghastly. – **5.** *fig.* (*Wesen etc*) inhibited, tense. — **Ver'kramp·fung** *f* ⟨-; -en⟩ **1.** *cf.* Verkrampfen. – **2.** (*von Muskeln, Gliedern etc*) cramp. – **3.** *fig.* inhibition. – **4.** *med.* (*spasmodische*) spasmodic state (*od.* condition), spasm, cramp.

ver'krat·zen *v/t* ⟨*no* ge-, h⟩ scratch.

ver'krie·chen *v/reflex* ⟨*irr, no* ge-, h⟩ sich ~ **1.** (*von Tieren etc*) creep away: der Hund verkroch sich unterm Sofa the dog crept under the sofa; die Sonne verkroch sich hinter den Wolken *fig.* the sun crept (*od.* disappeared) behind the clouds. – **2.** (*von Menschen*) hide (away), *Am.* hole up. – **3.** (*in Wendungen wie*) sich in den hintersten Winkel ~ *fig.* to crawl (*od.* creep away) into the farthest corner; sich ins Bett ~ *colloq.* to slip off to bed; neben ihm kannst du dich ~ *colloq.* you cannot hold a candle to him, you are no match for (*od.* not a patch on) him; ich hätte mich am liebsten verkrochen (*aus Verlegenheit etc*) I wished the ground would open and swallow me up. – **4.** *hunt.* kennel (*od.* hole) up, burrow.

ver'krit·zeln *v/t* ⟨*no* ge-, h⟩ waste (*od.* spoil) (*s.th.*) by scribbling.

ver'kröp·fen I *v/t* ⟨*no* ge-, h⟩ **1.** *arch.* (*Gesims etc*) *cf.* kröpfen 4. – **2.** *tech.* offset, crank. – **II V~** *n* ⟨-s⟩ **3.** *verbal noun.* — **Ver'kröp·fung** *f* ⟨-; -en⟩ **1.** *cf.* Verkröpfen. – **2.** *arch.* shoulder piece.

Ver'kröp·fungs·ge,senk *n tech.* snaker.

ver'krü·meln I *v/t* ⟨*no* ge-, h⟩ **1.** (*Brot etc*) crumble. – **II** *v/reflex* sich ~ *colloq.* **2.** (*nach und nach fortgehen*) slip away (*od.* off) one by one. – **3.** a) (*sich heimlich davonmachen*) steal (*od.* sneak, slip) away, b) (*sich aus dem Staube machen*) clear off, disappear. – **4.** (*verlorengehen*) disappear: wohin hat sich nur mein Schlüssel verkrümelt? where on earth has my key disappeared (*od.* got[ten], gone) to? – **5.** (*von Geld*) melt away, disappear.

ver'krüm·men I *v/t* ⟨*no* ge-, h⟩ **1.** (*Rückgrat*) curve. – **II** *v/reflex* sich ~ **2.** (*von Wirbelsäule*) become curved. – **3.** (*von Baum etc*) grow crooked, become twisted. – **4.** (*von Metall*) bend. – **5.** (*von Holz*) warp. – **6.** (*von Papier*) curl. – **III V~** *n* ⟨-s⟩ **7.** *verbal noun.* — **Ver'krüm·mung** *f* ⟨-; -en⟩ **1.** *cf.* Verkrümmen. – **2.** (*des Holzes*) warp. – **3.** *med.* a) (*einwärts*) incurvation, b) (*auswärts*) excurvation, c) (*des Rückgrats*) curvature, d) (*von Nägeln*) gryphosis.

ver'krüp·peln I *v/t* ⟨*no* ge-, h⟩ **1.** *med.* cripple, deform. – **II** *v/i* ⟨sein⟩ **2.** *med.* become crippled. – **3.** (*von Baum etc*) become stunted. – **III V~** *n* ⟨-s⟩ **4.** *verbal noun.* – **5.** *cf.* Verkrüpp(e)lung. — **ver'krüp·pelt I** *pp.* – **II** *adj* **1.** *med.* (*Arm, Person*) crippled. – **2.** (*Baum etc*) stunted, dwarfed. — **Ver'krüp·pel·te** *m, f* ⟨-n; -n⟩ crippled (*od.* deformed) person, cripple: die ~n the crippled. — **Ver'krüp·pe·lung, Ver'krüpp·lung** *f* ⟨-; -en⟩ **1.** *cf.* Verkrüppeln. – **2.** *med.* (*Deformierung*) deformation, deformity. – **3.** ⟨*only sg*⟩ (*eines Baumes etc*) stunted growth, atrophy.

ver'kru·sten [-'krustən] **I** *v/i* ⟨*no* ge-, sein⟩ *u.* sich ~ *v/reflex* ⟨h⟩ **1.** (*von Blut, Lava etc*) (form a) crust, encrust, *auch* incrust, become encrusted (*auch* incrusted). – **2.** (*durch Schorf*) scab. – **3.** (*von Schmutz*) cake, (*stärker*) crust. – **II V~** *n* ⟨-s⟩ **4.** *verbal noun.* — **Ver'kru·stung** *f* ⟨-; -en⟩ **1.** *cf.* Verkrusten. – **2.** encrustation, *auch* incrustation.

ver'küh·len I *v/reflex* ⟨*no* ge-, h⟩ sich ~ *colloq.* (*sich leicht erkälten*) catch a chill. – **II** *v/t* sich (*dat*) etwas ~ (*die Nieren etc*) catch (*od.* get) a chill in s.th. – **III V~** *n* ⟨-s⟩ *verbal noun.* — **Ver'küh·lung** *f* ⟨-; -en⟩ **1.** *cf.* Verkühlen. – **2.** *colloq.* chill.

ver'küm·mern I *v/i* ⟨*no* ge-, sein⟩ **1.** (*im Wachstum*) become stunted. – **2.** (*eingehen*) (*von Pflanze*) wither away, die off. – **3.** *med.* (*von Muskel, Organ*) atrophy, become atrophied. – **4.** *fig.* (*freudlos dahinleben*) waste away. – **5.** *fig.* (*geistig*) be deprived of intellectual incentive. – **6.** *fig.* (*von Empfindungen, Talenten etc*) diminish. – **7.** *biol.* become (*od.* remain) rudimentary, abort. – **II V~** *n* ⟨-s⟩ **8.** *verbal noun.* – **9.** *cf.* Verkümmerung. — **ver'küm·mert I** *pp.* – **II** *adj* **1.** (*Baum etc*) stunted, dwarfed, scrubby: ~er Wuchs stunt. – **2.** *med.* atrophied: ~es Organ rudiment, vestige. – **3.** *psych.* (*Kind*) emotionally disturbed, neglected. — **Ver'küm·me·rung** *f* ⟨-; -en⟩ **1.** *cf.* Verkümmern. – **2.** (*im Wachstum*) stunted growth. – **3.** *med.* (*von Muskeln, Organen etc*) atrophy. – **4.** *biol.* (*von Anlagen etc*) abortion.

ver'kün·den I *v/t* ⟨*no* ge-, h⟩ **1.** (*eine Neuigkeit, ein Ergebnis etc*) announce, make (*s.th.*) known, (*bes. öffentlich, feierlich*) publish, proclaim: das Ergebnis wurde im Radio verkündet the result was announced on the radio; er verkündete stolz, daß he announced proudly that. – **2.** *jur.* (*Urteil*) pronounce. – **3.** (*ein Gesetz*) promulgate. – **4.** *fig.* (*den Frühling, die Stunde etc*) herald. – **5.** (*bedeuten*) for(e)bode, presage, portend, bode (*lit.*): seine Miene verkündete nichts Gutes his air for(e)boded (*od.* presaged) nothing good. – **6.** *cf.* verkündigen 2—4. – **II V~** *n* ⟨-s⟩ **7.** *verbal noun.* – **8.** *cf.* Verkündung.

Ver'kün·der *m* ⟨-s; -⟩ **1.** announcer, bearer of news. – **2.** (*der öffentlich bekanntmacht*) proclaimer, herald, promulgator. – **3.** (*Vorbote*) harbinger, herald. – **4.** *cf.* Verkündiger 2, 3.

ver'kün·di·gen I *v/t* ⟨*no* ge-, h⟩ **1.** *lit. for* verkünden. – **2.** (*das Evangelium*) preach: Gottes Wort ~ to preach the Gospel. – **3.** (*die Ehre Gottes etc*) bring tidings of, herald: siehe, ich verkündige euch große Freude *Bibl.* behold, I bring you glad tidings of great joy. – **4.** (*durch einen Propheten*) prophesy, *Am. auch* prophecy. – **II V~** *n* ⟨-s⟩ **5.** *verbal noun.* – **6.** *cf.* Verkündigung 1—4.

Ver'kün·di·ger *m* ⟨-s; -⟩ **1.** *lit. for* Verkünder. – **2.** (*Prophet*) prophet. – **3.** (*von Gottes Wort*) preacher.

Ver'kün·di·gung *f* ⟨-; *no pl*⟩ **1.** *cf.* Verkündigen. – **2.** (*durch einen Propheten*) prophecy, *Am. auch* prophesy. – **3.** Mariä ~ *röm.kath.* the Annunciation, Lady Day. – **4.** *lit. for* Verkündung.

Ver'kün·dung *f* ⟨-; *no pl*⟩ **1.** *cf.* Verkünden. – **2.** (*von Neuigkeiten, Siegen etc*) announcement, (*bes. öffentliche*) proclamation, publication. – **3.** *jur.* (*eines Urteils*) pronouncement. – **4.** (*eines Gesetzes*) promulgation. – **5.** *cf.* Verkündigung.

ver'kup·fern [-'kupfərn] **I** *v/t* ⟨*no* ge-, h⟩ **1.** *tech.* copper(plate). – **2.** *print.* (*Schrift etc*) copper. – **II V~** *n* ⟨-s⟩ **3.** *verbal noun.* — **Ver'kup·fe·rung** *f* ⟨-; *no pl*⟩ *cf.* Verkupfern.

ver'kup·peln I *v/t* ⟨*no* ge-, h⟩ **1.** *tech. cf.* kuppeln 1. – **2.** *fig. contempt.* ein Mädchen an j-n ~ to prostitute a girl to s.o.; zwei Menschen (miteinander) ~ a) to prostitute two persons (with each other), b) *colloq.* to make a match (between two persons). – **3.** seine Tochter ~ *fig. contempt.* to marry one's daughter off. – **II V~** *n* ⟨-s⟩ **4.** *verbal noun.* — **Ver'kup·pe·lung, Ver'kupp·lung** *f* ⟨-; *no pl*⟩ **1.** *cf.* Verkuppeln. – **2.** *cf.* Kuppelei.

ver'kür·zen I *v/t* ⟨*no* ge-, h⟩ **1.** (*Brett, Seil etc*) shorten, cut (*od.* make) (*s.th.*) shorter. – **2.** (*Mantel, Kleid etc*) shorten, take (*s.th.*) up. – **3.** (*Weg, Arbeitszeit, Leben etc*) shorten: etwas um ein Jahr ~ to shorten s.th. by a year, to cut a year off s.th. – **4.** (*Urlaub etc*) curtail, cut (*s.th.*) short, abbreviate. – **5.** *ling.* (*Wort etc*) contract. – **6.** (*Muskel etc*) contract, retract. – **7.** (*beim Zeichnen*) (*perspektivisch*) foreshorten. – **8.** *fig.* (*Wartezeit*) shorten. – **9.** *fig.* (*lange Abende etc*) pass, while away: j-m die Zeit ~ to help s.o. (to) pass (*od.* kill) the time; etwas tun, um sich (*dat*) die Zeit zu ~ to do s.th. to while away (*od.* to kill) the time. – **10.** *mil.* (*Front*) reduce. – **11.** *mus.* a) abbreviate, b) (*Notenwert*) reduce. – **II** *v/reflex* sich ~ **12.** become shorter, shorten. – **13.** (*von Muskel*) contract, retract. – **III V~** *n* ⟨-s⟩ **14.** *verbal noun.* — **ver'kürzt I** *pp.* – **II** *adj* (*Lebensdauer, Arm etc*) shortened: → Arbeitszeit 1. — **Ver'kür·zung** *f* ⟨-; -en⟩ **1.** *cf.* Verkürzen. – **2.** (*des Urlaubs*) curtailment. – **3.** *med.* (*eines Muskels*) retraction, contraction. – **4.** *mil.* (*einer Front*) reduction. – **5.** *ling.* (*eines Wortes etc*) contraction. – **6.** *mus.* a) abbreviation, b) (*der Notenwerte*) reduction, diminution.

ver'la·chen *v/t* ⟨*no* ge-, h⟩ **1.** laugh at, deride, ridicule, laugh (*s.o., s.th.*) to scorn. – **2.** (*verhöhnen*) jeer at, gibe (at), jibe (at).

Ver'la·de\|,an,la·ge *f* loading plant. — **~,bahn,hof** *m* (*railway*) loading (*od.*

forwarding) station. — **~be,din·gun·gen** *pl mar. econ.* shipping conditions, conditions (prevailing) at place (*od.* port) of shipment. — **~,brücke** (*getr.* -k·k-) *f cf.* Ladebrücke. — **~,büh·ne** *f cf.* Laderampe. — **~,flug,ha·fen** *m aer.* port of aerial embarkation (*auch* embarcation). — **~,frist** *f econ.* loading days *pl*, period agreed (*od.* fixed) for loading. — **~ge,bühr** *f econ. cf.* Verladekosten. — **~,ha·fen** *m mar.* loading port, port of loading (*od.* shipment). — **~,kai** *m* loading wharf (*od.* pier), *Br. auch* cargo jetty. — **~,ko·sten** *pl econ.* loading (*od.* shipping) charges. — **~,kran** *m* material-handling crane.

ver'la·den I *v/t* ⟨*irr, no* ge-, h⟩ **1.** *econ.* load, ship: Güter ~ to ship goods; wieder ~ to reship; etwas in einen (Eisenbahn)Zug ~ to entrain s.th. – **2.** *mil.* (*Truppen*) a) (*auf ein Schiff, in ein Flugzeug*) embark, b) (*in einen Zug*) entrain, c) (*auf einen Lastwagen*) entruck. – **II V~** *n* ⟨-s⟩ **3.** *verbal noun.* – **4.** *cf.* Verladung.

Ver'la·de|pa,pie·re *pl econ.* shipping documents (*od.* papers). — **~,platz** *m* **1.** place of shipment, loading point. – **2.** (*railway*) entraining point. – **3.** *mar.* wharf.

Ver'la·der *m* ⟨-s; -⟩ **1.** (*Arbeiter*) loader. – **2.** *mar. econ.* a) *cf.* Ablader 2, b) *cf.* Befrachter.

Ver'la·de|,ram·pe *f cf.* Laderampe. — **~,schein** *m* shipping note. — **~sta·ti,on** *f* loading station, place of shipment. — **~,stel·le** *f cf.* Verladeplatz. — **~,zeit** *f* **1.** loading time. – **2.** (*railway*) entraining time.

Ver'la·dung *f* ⟨-; -en⟩ **1.** *cf.* Verladen. – **2.** *mar.* shipment. – **3.** *mil.* (*von Truppen*) embarkation, *auch* embarcation.

Ver'la·dungs|,ko·sten *pl econ.* loading (*od.* shipping) charges. — **~,schein** *m cf.* Verladeschein.

Ver'lag [-'la:k] *m* ⟨-(e)s; -e⟩ **1.** publishing house (*od.* company, firm): für einen ~ arbeiten to work for a publishing company; ~ Langenscheidt Langenscheidt publishers *pl*; das Buch erscheint im ~ L. the book is published by L.; in welchem ~ erscheint das Buch? who is publishing the book? – **2.** etwas in ~ nehmen to publish (*od.* undertake the publication of) s.th. – **3.** *econ.* a) firm putting out work (*especially to homeworkers*), b) (*von Bier etc*) distributor, sales agency.

ver'la·gern I *v/t* ⟨*no* ge-, h⟩ **1.** *auch fig.* shift, switch (*s.th.*) (over): das Gewicht von einem Bein auf das andere ~ to shift one's weight from one leg to the other; den Schwerpunkt seiner Tätigkeit auf die politische Arbeit ~ *fig.* to shift the emphasis of one's activity to politics. – **2.** (*Kunstgegenstände, Halden etc*) move: etwas aufs Land ~ to move s.th. to the country. – **3.** *med.* a) (*Organ*) displace, b) (*Hautlappen*) transpose: etwas nach außen ~ to exteriorize (*Br. auch* -s-) s.th. – **4.** *ling.* (*Betonung*) shift. – **5.** *tech.* a) (*verschieben*) displace, dislocate, b) (*Getrieberäder*) shift, move. – **II** *v/reflex* sich ~ **6.** *auch fig.* (*von Gewicht, Interessen etc*) (auf *acc* to) shift, switch. – **7.** *med.* (*von Organ*) become displaced. – **8.** *tech.* get out of alignment, misalign. – **III V~** *n* ⟨-s⟩ **9.** *verbal noun.* — **Ver'la·gerung** *f* ⟨-; -en⟩ **1.** *cf.* Verlagern. – **2.** *auch fig.* shift, switch. – **3.** *med.* a) displacement, dystopia, b) (*angeborene*) ectopia: ~ nach außen exteriorization *Br. auch* -s-; ~ nach hinten retroposition, backward displacement. – **4.** *tech.* a) (*in eine falsche Lage*) displacement, dislocation, b) (*ungenaue Ausrichtung*) misalignment.

Ver'lags|,ab,tei·lung *f* publishing department. — **~,an,stalt** *f cf.* Verlag 1. — **~ar,ti·kel** *m* (item for) publication. — **~,buch,han·del** *m* publishing (and bookselling). — **~,buch,händ·ler** *m* publisher and bookseller. — **~,buch,hand·lung** *f* publishing (and bookselling) house (*od.* company, firm). — **~drucke,rei** (*getr.* -k·k-) *f* publishing and printing house. — **~,ein,band** *m* publisher's (*od.* trade) binding. — **~er,schei·nung** *f* publication. — **~,fir·ma** *f cf.* Verlag 1. — **~ge,wer·be** *n* publishing (trade *od.* business). — **~,haus** *n cf.* Verlag 1. — **~ka·ta,log** *m* publisher's catalog (*bes. Br.* catalogue) (*od.* list). — **~,ko·sten** *pl* publishing expenses. — **~,lek·tor** *m* publisher's reader. — **~,post,dienst** *m* newspaper subscription and accounting service. — **~,recht** *n* right of publication. — **~,rei·he** *f* publisher's series. — **~si,gnet** *n cf.* Verlagszeichen. — **~,stück** *n* publisher's copy. — **~ver,trag** *m* author-publisher agreement (*od.* contract). — **~ver,tre·ter** *m* book salesman. — **~,werk** *n* publication. — **~,we·sen** *n* ⟨-s; *no pl*⟩ publishing. — **~,zei·chen** *n* (publisher's) imprint, publisher's mark.

ver'lan·den I *v/i* ⟨*no* ge-, sein⟩ (*von Lagune, See etc*) fill up by sedimentation. – **II V~** *n* ⟨-s⟩ *verbal noun.* — **Ver'landung** *f* ⟨-; *no pl*⟩ *cf.* Verlanden.

ver'lan·gen I *v/t* ⟨*no* ge-, h⟩ **1.** (*fordern*) demand, (*stärker*) exact: sein Recht ~ to demand one's right(s); ich verlange eine Erklärung [Entschuldigung] I demand (*od.* require) an explanation [apology]; er verlangt zu sprechen he demands to be allowed to speak (*od.* to be heard); Unmögliches von j-m ~ to demand (*od.* ask) the impossible of s.o. – **2.** (*erwarten, voraussetzen*) expect: das ist reichlich viel verlangt that's a tall order, that's asking (*od.* expecting) a bit (too) much, that's a bit (too) much to expect (*beide colloq.*); viel ~ to expect a great deal, to set a high standard; ich verlange, daß die Anweisung befolgt wird I expect you to follow the instruction; etwas mehr Rücksicht kann man wohl ~ it would not be too much to (*od.* one can) expect a little more consideration; sie verlangt einen gewissen Lebensstandard she expects a certain standard of living. – **3.** (*Erfahrung, Unterlagen, Zeugnisse etc*) require. – **4.** (*bitten um*) ask for: die Rechnung ~ to ask (*od.* call) for the bill. – **5.** (*erfordern*) require, demand, call for: die Aufgabe verlangt großes Können [viel Mut, die ganze Aufmerksamkeit] the task requires great skill [great courage, one's full attention]. – **6.** (*gebieten*) dictate, require: wir müssen tun, was die Vernunft [Situation] verlangt we must do what reason [the situation] dictates. – **7.** (*bestehen auf*) insist (up)on. – **8.** (*berechnen*) charge: er verlangte von ihm 200 Mark a) he charged him 200 marks, b) (*forderte*) he demanded 200 marks from (*od.* of) him; wieviel ~ Sie dafür? how much do you charge (for that)? what are your terms? zuviel ~ to overcharge. – **9.** j-n ~ (*nach j-m fragen*) to ask for s.o., to ask to speak to s.o.: Sie werden am Telephon verlangt you are wanted on the telephone; ~ Sie Herrn X ask for Mr. X. – **II** *v/i* **10.** nach etwas [j-m] ~ a) (*bitten*) to ask for s.th. [s.o.], b) (*sich sehnen*) to long (*od.* yearn, *stärker* crave) for s.th. [s.o.], to hanker after (*od.* for) s.th. [s.o.]: er verlangte nach dem Arzt he asked for the doctor; die Mutter verlangte nach ihrem Sohn the mother longed for her son. – **III** *v/impers* **11.** *lit.* (*in Wendungen wie*) es verlangt mich, ihn noch einmal zu sehen I long (*od.* yearn) to see him once again; es verlangt mich, mehr darüber zu erfahren I am anxious (*od.* eager) to hear (*od.* learn) more about it. – **12.** es wird von jedem verlangt, daß er seine Pflicht tut everyone is expected to do his duty.

Ver'lan·gen *n* ⟨-s; -⟩ **1.** (*Sehnsucht*) (nach for) longing, yearning, (*stärker*) craving, appetency (*lit.*): ich habe großes ~ nach Süßigkeiten I have a craving for (*od.* I am dying for some) sweets; das sehnliche ~ der Völker nach Frieden the longing of nations for peace. – **2.** (*Bedürfnis*) desire: ich habe das starke ~, ihm mal meine Meinung zu sagen I have a strong desire to give him a (good) piece of my mind; ich habe kein ~, mit dir zu streiten I have no desire (*od.* wish) to quarrel with you. – **3.** (*Drang*) urge, compulsion, *Am. colloq.* yen: er spürte wieder das ~, die Welt zu sehen he felt the urge again to see the world, he began to get itchy feet again (*colloq.*); ihn überkam ein brennendes ~, davon zu trinken he was overcome by the strong urge (*od.* he was itching) to drink some of it. – **4.** (*Gier, Lust*) lust, desire. – **5.** (*Streben*) aspiration: ein ~ nach Vollkommenheit an aspiration for (*od.* after, toward[s]) perfection. – **6.** (*Eifer, Ehrgeiz*) ambition: das ~, die Beste zu sein her ambition to be the best. – **7.** (*Forderung*) demand, request: auf mein ~ hin following (*od.* [up]on) my request; j-s ~ nachkommen to meet s.o.'s request; auf allgemeines ~ (up)on (the) general demand; auf ~ vorzuzeigen to be shown (up)on (*od.* at) request; bei ~ zahlbar (*Wechsel*) payable (up)on demand (*od.* at call).

ver'län·ger·bar *adj jur. econ.* (*Vertrag, Wechsel etc*) renewable, prolongable, extensible.

ver'län·gern [-'lɛŋərn] **I** *v/t* ⟨*no* ge-, h⟩ **1.** (*Ärmel, Kleid etc*) lengthen: etwas um 10 cm ~ to lengthen s.th. by 10 cm. – **2.** (*Startbahn, Straße etc*) lengthen, extend. – **3.** (*Arbeitszeit, Frist, Urlaub etc*) (um) extend (by), prolong (for). – **4.** (*Leben*) lengthen. – **5.** (*Ausweis etc*) (um) renew (for), extend (by): seinen Paß ~ lassen to have one's passport renewed (*od.* extended). – **6.** *jur. econ.* (um) a) (*Vertrag, Mitgliedschaft etc*) extend (by), prolong (for), renew (for), b) (*Wechsel*) prolong (for), renew (for), c) (*Patent*) extend (by): einen Vertrag um zwei Jahre ~ to extend a treaty by two years. – **7.** (*Laufzeit eines Films*) (um for) hold (*a film*) over, continue, retain. – **8.** einen Ball (*od.* einen Paß) (zu j-m) ~ (*beim Fußball etc*) to touch (*od.* pass) a ball on (to s.o.). – **9.** *math.* (*Linie*) prolong, produce. – **10.** *colloq.* (*Soße etc*) make (*s.th.*) go further, stretch. – **II** *v/i* **11.** (zu j-m) ~ (*beim Fußball etc*) to touch (*od.* pass) the ball on (to s.o.). – **III** *v/reflex* sich ~ **12.** (*von Frist etc*) (um) extend (by), prolong itself (for). – **13.** (*vom Leben*) lengthen. – **14.** *jur. econ.* (*von Abkommen etc*) (um) extend (by), be prolonged (for), be renewed (for): der Vertrag verlängert sich stillschweigend von Jahr zu Jahr the contract is implicitly (*od.* automatically) renewed (*od.* is renewed by implication) from year to year. – **IV V~** *n* ⟨-s⟩ **15.** *verbal noun.* – **16.** *cf.* Verlängerung. — **ver'län·gert I** *pp.* – **II** *adj* **1.** (*Startbahn, Straße etc*) lengthened, extended: der ~e Arm der Regierung *fig.* the instrument of the government; er ist auf seinen ~en Rücken gefallen *colloq. humor.* he fell on his posterior. – **2.** (*Frist, Wochenende etc*) extended, prolonged. — **Ver'län·ge·rung** *f* ⟨-; -en⟩ **1.** *cf.* Verlängern. – **2.** (*von Startbahn, Straße etc*) (um by) extension. – **3.** (*von Frist, Urlaub, Arbeitszeit etc*) (um) extension (by), prolongation (for). – **4.** (*eines Ausweises etc*) (um) renewal (for), extension (by). – **5.** ⟨*only sg*⟩ (*der Polizeistunde*) extension, extended hours *pl*: ~ bis (um) drei Uhr extended hours until three o'clock. – **6.** *jur. econ.* (um) a) (*von Abkommen, Vertrag, Mitgliedschaft etc*) extension (by), prolongation (for), renewal (for), b) (*von Wechseln*) *cf.* Allonge 1, c) (*von Patenten*) extension (by). – **7.** (*sport*) a) ⟨*only sg*⟩ (*des Balls*) first-time pass, b) (*der Spielzeit*) extra time, (*beim Basketball*) extra period: das Spiel ging in die ~ the game went into extra time. – **8.** ⟨*only sg*⟩ *math.* (*einer Linie*) prolongation, production. – **9.** *tech. cf.* Verlängerungsstück.

Ver'län·ge·rungs|,fak·tor *m phot.* extension (*od.* prolongation) factor. — **~ge,bühr** *f* renewal fee. — **~,ka·bel** *n electr.* extension cable. — **~,klau·sel** *f jur.* (*eines Vertrages*) renewal clause. — **~,schnur** *f electr.* extension (piece), prolongation. — **~,stück** *n tech.* extension (piece), prolongation.

ver'lang·sa·men [-'laŋza:mən] **I** *v/t* ⟨*no* ge-, h⟩ **1.** (*Tempo, Fahrt, Schritt etc*) reduce, slacken, slow down: seinen Schritt ~ to slacken one's pace, to slow down; seine Fahrt ~ to reduce (*od.* cut down) one's speed, to slow down, (*von Kraftfahrzeugen*) *auch* to decelerate. – **2.** (*verzögern*) delay, retard. – **II** *v/reflex* sich ~ **3.** (*von Tempo, Fahrt, Schritt etc*) slacken, slow down. – **4.** (*sich verzögern*) be delayed. – **III V~** *n* ⟨-s⟩ **5.** *verbal noun.* — **Ver'lang·sa·mung** *f* ⟨-; *no pl*⟩ **1.** *cf.* Verlangsamen. – **2.** (*bes. von Kraftfahrzeugen*) deceleration. – **3.** (*Verzögerung*) delay, retardation. – **4.** *mus.* retardation.

ver'lang·ter'ma·ßen *adv* as required, as stipulated.

ver'läp·pern *v/t u.* sich ~ *v/reflex* ⟨*no* ge-, h⟩ *colloq.* (*Geld*) fritter (*od.* trifle) away.

ver'la·schen *tech.* **I** *v/t* ⟨*no* ge-, h⟩ **1.** (*Schie-*

nen etc) fishplate, fish. – **2.** (*Balken etc*) fish. – **II V~** *n* ⟨-s⟩ **3.** *verbal noun.* — **Ver'la·schung** *f* ⟨-; -en⟩ **1.** *cf.* Verlaschen. – **2.** *tech.* fishplate joint.

Ver'laß [-'las] *m* ⟨-sses; *no pl*⟩ (*in Wendungen wie*) es ist kein ~ auf ihn, auf ihn ist kein ~ there is no relying (up)on him, he cannot be relied (*od.* depended) (up)on; auf ihn ist immer ~ you can always rely (up)on him, he can always be relied on, he is never found wanting, he never fails you.

ver'las·sen[1] **I** *v/t* ⟨*irr, no* ge-, h⟩ **1.** (*weggehen von*) leave, quit: er verließ das Haus [die Party] um 11 Uhr he left the house [the party] at 11 o'clock; seine Freunde für immer ~ to leave one's friends for good; das Buch hat die Presse ~ *fig.* the book has left the press. – **2.** (*Route, Weg etc*) leave, stray from. – **3.** (*im Stich lassen*) abandon, desert, leave (*s.o.*) (in the lurch), forsake (*lit.*): alle haben uns ~ everyone has abandoned us; die Familie ~ *jur.* to abandon one's family; aller Mut hatte ihn ~ *fig.* all courage had deserted (*od.* failed) him; die Besinnung verließ mich *fig.* I lost consciousness; und da verließen sie ihn *fig. colloq.* that's where he gave up and no more of that; → Ratte. – **4.** *mil.* leave, evacuate. – **II V~** *n* ⟨-s⟩ **5.** *verbal noun.* – **6.** *auch jur.* desertion, abandonment.

ver'las·sen[2] *v/reflex* ⟨*irr, no* ge-, h⟩ sich auf j-n [etwas] ~ to rely (*od.* depend, count, lean, bank) (up)on s.o. [s.th.]: man kann sich auf ihn ~ he can be relied (up)on; du kannst dich darauf ~, daß er kommt you can rely on him to come, you can bank on his coming; ich würde mich nicht darauf ~, daß das Wetter gut bleibt I would not rely (*od.* bank) on the weather keeping up; sich auf sein Glück ~ to trust (to) one's luck; darauf kannst du dich ~ a) you can rely on that, b) *colloq.* (*verstärkend*) you can (*od.* may) be sure of that! verlaß dich drauf! *colloq.* take my word for it! take it from me! mark my words! worauf du dich ~ kannst! *colloq.* that you can (*od.* may) be sure of!

ver'las·sen[3] **I** *pp of* verlassen[1] *u.* [2]. – **II** *adj* **1.** (*allein gelassen*) abandoned, deserted, forsaken (*lit.*): sie fühlte sich von Gott und der Welt (*od.* den Menschen) ~ she felt forsaken by God and man; du bist wohl ganz von Gott ~, du bist wohl von allen guten Geistern ~ *colloq.* you must be out of your mind (*od.* senses), you must be crazy. – **2.** (*allein u. hilflos*) forlorn, desolate, friendless: er fühlte sich ganz ~ he felt quite forlorn. – **3.** (*allein u. einsam*) lonely, lonesome. – **4.** *auch jur.* (*zurückgelassen, herrenlos*) abandoned, deserted, derelict: ein ~es Auto an abandoned car. – **5.** (*einsam gelegen*) deserted, solitary, lonely: ein ~es Haus a solitary house. – **6.** (*öd*) desolate, bleak, gaunt: eine ~e Gegend a desolate region.

Ver'las·sen·heit *f* ⟨-; *no pl*⟩ **1.** desertion, abandonment. – **2.** (*Vereinsamung*) forlornness, desolation, friendlessness: ein Gefühl der ~ überkam sie she was overcome with a feeling of desolation. – **3.** (*Abgeschiedenheit*) solitude, solitariness, loneliness: da stand ein Haus in tiefer ~ there was a house there absolutely deserted. – **4.** (*Alleinsein*) loneliness, lonesomeness. – **5.** (*Ödheit*) desolation, desolateness, bleakness, gauntness: die ~ der Gegend bedrückte sie the desolation of the country oppressed them.

Ver'las·sen·schaft *f* ⟨-; -en⟩ *Austrian and Swiss jur. for* Hinterlassenschaft 1.

ver'läs·sig *adj archaic for* verläßlich.

ver'läß·lich *adj* **1.** reliable, dependable: er ist ein ~er Mensch he is a reliable person, he is a person one can rely (*od.* depend) (up)on, he is to be relied (*od.* depended) (up)on. – **2.** (*Methode etc*) reliable, dependable, foolproof (*colloq.*). — **Ver'läß·lich·keit** *f* ⟨-; *no pl*⟩ reliability, reliableness, dependability, dependableness.

ver'lä·stern I *v/t* ⟨*no* ge-, h⟩ slander, defame, calumniate, malign. – **II V~** *n* ⟨-s⟩ *verbal noun.* — **Ver'lä·ste·rung** *f* ⟨-; -en⟩ **1.** *cf.* Verlästern. – **2.** ⟨*only sg*⟩ defamation, calumniation. – **3.** (*verleumderische Worte*) slander, calumniation, calumny.

ver'lat·schen *v/t* ⟨*no* ge-, h⟩ Schuhe ~ *colloq.* to wear out shoes.

Ver'laub [-'laup] *m only in* mit ~ (*wenn Sie gestatten*) if you will excuse me, with respect, by your leave: das ist, mit ~ zu sagen, eine Frechheit that is a darned cheek, if you will pardon the expression (*od.* if you will pardon my saying so).

Ver'lauf *m* ⟨-(e)s; ¨e⟩ **1.** ⟨*only sg*⟩ (*einer Grenze, Straße, eines Flusses etc*) course. – **2.** (*Ablauf*) course, run: der natürliche ~ der Dinge the natural course of events; der ~ der Reise the course of the journey; der ~ der Handlung ist sehr kompliziert the course of the action is very complicated; der ~ einer Krankheit the course (*od.* progress, development) of a disease; die Ereignisse nehmen einen ungünstigen ~ the events take an unfavo(u)rable course (*od.* turn); im ~ der Diskussion in the course of the discussion; im ~ der Zeit in the course (*od.* with the passing) of time, as time passes; im ~ von mehreren Monaten in the course of several months; im ~ eines Jahrhunderts in the course (*od.* within the compass) of a century; nach ~ von drei Tagen after (a lapse of) three days; im weiteren ~ in the further course of events; im weiteren ~ des Abends in the further course (*od.* later part) of the evening; den weiteren ~ einer Sache abwarten to wait and see how things turn out (*od.* develop), to wait and see what course events take. – **3.** (*Trend*) trend. – **4.** (*Ausgang*) end, issue, denouement: der unglückliche ~ der Expedition the unfortunate end of the expedition. – **5.** *med.* a) (*von Gefäßen, Nerven etc*) course, b) (*eines Reflexes*) path. – **6.** *math.* a) (*einer Kurve etc*) course, run, b) (*von Schnittebenen*) disposition.

ver'lau·fen I *v/i* ⟨*irr, no* ge-, sein⟩ **1.** (*von Grenze, Straße, Fluß etc*) run: die Linien ~ parallel the lines run parallel; der Weg verläuft in vielen Windungen entlang der Grenze the path runs in many bends (*od.* winds, wends its way) along the border; der Pfad verläuft auf halber Höhe the path runs along halfway up. – **2.** (*von Zeit*) pass, elapse, lapse: wie die Zeit verläuft! how (the) time passes! – **3.** (*ablaufen*) go: wie ist der Abend ~? how did the evening go (off)? alles verläuft normal everything is going as usual, everything is taking (*od.* running) its normal course; die Demonstration ist ohne Zwischenfälle ~ the demonstration went off without (an) incident; die Krankheit verlief normal the disease took its normal course; alles verlief wie geplant everything went according to plan. – **4.** (*enden*) end: die Operation ist tödlich ~ the operation ended fatally (*od.* had a fatal issue); es ist alles gut ~ it all ended (up) well; seine Bemühungen sind ergebnislos ~ his efforts were of no avail (*od.* came to nothing). – **5.** (*sich verlieren*) peter out: die Spur verläuft im Sand the track peters out in the sand; die ganze Angelegenheit ist im Sande ~ *fig.* the whole affair petered out (*od.* came to nothing). – **6.** (*schmelzen*) run, melt, fuse: Butter verläuft in der Sonne butter runs in the sun. – **7.** (*auseinanderfließen*) run, bleed: Wasserfarben ~ auf nassem Papier watercolo(u)rs run on wet paper; die Farben ~ ineinander the colo(u)rs fuse (*od.* merge, blend); die Tinte verläuft leicht auf diesem Papier this paper blots easily. – **8.** *math.* (*von Kurven*) run. – **II** *v/reflex* ⟨h⟩ sich ~ **9.** (*sich verirren*) get lost, lose one's way, go astray: auf diesem Weg kannst du dich nicht ~ you cannot lose your way on this path. – **10.** (*sich verlieren*) disappear: der Weg verläuft sich im Wald the path disappears in the wood. – **11.** (*abfließen*) drain away (*od.* off): das Hochwasser hat sich (wieder) ~ the floodwater has drained away. – **12.** (*sich zerstreuen*) scatter, disperse, drift off: nach der Versammlung verlief sich die Menge the crowd scattered after the meeting. – **13.** *tech.* a) (*von Sägen*) be pulled out of line, b) (*von Werkzeugen*) run untrue. – **III V~** *n* ⟨-s⟩ **14.** *verbal noun.*

Ver'laufs‚form *f* ⟨-; *no pl*⟩ *ling.* progressive (*od.* continuous) form.

ver'lau·sen I *v/i* ⟨*no* ge-, sein⟩ (*von Haar, Körper, Kleidung etc*) become infested with lice, become pediculous (*scient.*). – **II V~** *n* ⟨-s⟩ *verbal noun.* — **ver'laust I** *pp.* – **II** *adj* full of lice, lice-infested, lousy; pediculous, pedicular (*scient.*). — **Ver'lau·sung** *f* ⟨-; *no pl*⟩ **1.** *cf.* Verlausen. – **2.** (*Zustand*) infestation with lice, pediculosis (*scient.*).

ver'laut·ba·ren [-'lautbaːrən] **I** *v/t* ⟨*no* ge-, h⟩ announce, make (*s.th.*) known: die Partei, so wurde verlautbart, beabsichtige keine Änderung der Statuten the party, as (*od.* it) was made known, did not intend to alter its statutes; er hatte ~ lassen, daß he had made it known that; amtlich wird verlautbart, daß it is officially announced that, there is an official statement (to the effect) that. – **II V~** *n* ⟨-s⟩ *verbal noun.* — **Ver'laut·ba·rung** *f* ⟨-; -en⟩ **1.** *cf.* Verlautbaren. – **2.** announcement, statement: amtliche ~ official statement (*od.* announcement), communiqué.

ver'lau·ten *v/i u. v/impers* ⟨*no* ge-, sein *u.* h⟩ **1.** *bes. pol.* be reported, have transpired: es verlautet, daß it is reported that; aus Regierungskreisen verlautet, daß it is reported from government circles that; wie verlautet as reported. – **2.** etwas ~ lassen (*andeuten*) to hint (at) s.th., to let s.th. be understood: er hat ~ lassen, daß he gave to understand that, he hinted that; er hat nichts (*od.* kein Wort) davon ~ lassen he did not breathe a word of (*od.* about) it.

ver'le·ben *v/t* ⟨*no* ge-, h⟩ **1.** (*Urlaub, Sommer etc*) spend: wir haben den Sommer auf dem Lande verlebt we spent the summer in the country; dort haben wir schöne Tage verlebt we had a good (*od.* very pleasant, *colloq.* great) time there. – **2.** (*Geld*) spend (*s.th.*) (on one's living).

ver·le'ben·di·gen [-le'bɛndɪgən] *v/t* ⟨*no* ge-, h⟩ (*Bericht, Erzählung, Worte etc*) liven up, vitalize *Br. auch* -s-.

ver'lebt I *pp.* – **II** *adj contempt.* (*Mensch, Gesicht, Aussehen etc*) played-out (*attrib*): er sieht ganz ~ aus he looks ravaged by loose living.

ver'le·dern *v/t* ⟨*no* ge-, h⟩ *colloq. cf.* verprügeln 1.

ver'le·gen[1] **I** *v/t* ⟨*no* ge-, h⟩ **1.** (*Brille, Handschuhe, Schlüssel etc*) mislay, misplace. – **2.** (*Wohnsitz, Büro, Geschäftsleitung etc*) move, transfer: er hat seinen Wohnsitz nach Berlin verlegt he has moved his domicile to Berlin; der Arzt hatte ihn auf eine andere Station verlegt the doctor had him moved to another ward. – **3.** (*Straße, Eisenbahnlinie etc*) move, relocate. – **4.** (*Termin*) postpone. – **5.** (*Veranstaltung*) (auf *acc* until) put off, postpone: die Vorlesung wird auf nächsten Montag verlegt the lecture has been put off until next Monday. – **6.** (*Fliesen, Platten, Teppichboden, Rohre, Schienen etc*) lay. – **7.** *electr. tech.* (*Leitungen etc*) lay, instal(l). – **8.** (*Bücher, Zeitschriften etc*) publish, print. – **9.** j-m den Weg ~ to bar (*od.* block) s.o.'s way. – **10.** (*zeitlich anders zuordnen*) (in *acc* in) place: die Entdeckung Amerikas in die Wikingerzeit ~ to place the discovery of America in the Viking era. – **11.** (*örtlich anders zuordnen*) (in *acc*, nach to) attribute: die Entstehung einer Kultur in ein anderes Land ~ to attribute the rise of a civilization to another country. – **12.** (*bes. literature*) (*stattfinden lassen*) (nach to, in *acc* [in]to) move (*od.* shift, *auch* transpose) the scene of: einen historischen Stoff ins 20. Jahrhundert ~ to shift the scene of a(n) historic event to the 20th century. – **13.** *mil.* a) (*Truppen*) move, transfer, redeploy, b) (*Feuer*) shift, switch (*s.th.*) over. – **II** *v/reflex* **14.** sich auf (*acc*) etwas ~ a) (*sich einer neuen Tätigkeit zuwenden*) to take up s.th., to take to s.th., b) (*seine Zuflucht nehmen zu*) to resort (*od.* take) to s.th.: er hat sich neuerdings auf den Handel mit Stoffen verlegt he has taken up dealing with cloth lately; sich vom Reiten aufs Schwimmen ~ to give up riding for swimming; er hat sich aufs Trinken verlegt *humor.* he has taken to drink(ing) (*od.* to the bottle); als Drohen nichts mehr half, verlegte er sich aufs Bitten when threats no longer had any effect, he resorted to pleading. – **III V~** *n* ⟨-s⟩

15. *verbal noun.* – **16.** (*von Büchern, Zeitschriften etc*) publication. – **17.** *cf.* Verlegung.

ver'le·gen[2] **I** *adj* **1.** embarrassed, confused: **er wird in ihrer Gegenwart immer ~** he always feels embarrassed (*od.* confused) in her presence; **es machte sie (ganz) ~, daß er es wußte** it embarrassed (*od.* confused) her (*od. colloq.* she was all confused) to think that he knew (it), the fact that he knew (it) embarrassed her (*od.* made her feel embarrassed, made her feel ill at ease); **~es Schweigen** embarrassed (*od.* awkward) silence; **nach einer ~en Pause** after an awkward pause; **mit einer ~en Handbewegung** with an embarrassed gesture. – **2. um etwas ~ sein** to be short of (*od.* hard up for) s.th.: **er ist immer um Geld ~** he is always short of money, he is always hard up; **er ist nie um eine Antwort [Ausrede] ~** he is never lost (*od.* at a loss) for an answer [excuse]. – **3.** (*schüchtern*) shy. – **II** *adv* **4.** embarrassedly: **sie lächelte [errötete] ~** she smiled embarrassedly (*od. colloq.* all embarrassed, all confused) [she blushed with (*od.* in) embarrassment (*od.* confusion)].

ver'le·gen[3] *adj* (*zerdrückt*) crushed: **ihre Frisur war ganz ~** her hairdo (*Br.* hair-do) was quite crushed; **das Kleid ist ~** the dress is crushed (*od.* creased).

Ver'le·gen·heit *f* ⟨-; *no pl*⟩ **1.** embarrassment, confusion: **er wurde vor (lauter) ~ rot** he blushed with embarrassment (*od.* confusion); **aus ~ fing sie an, die Blumen zu ordnen** she began to arrange the flowers out of embarrassment; **sein zweideutiger Witz brachte sie in ~** his ambiguous joke embarrassed her; **in ~** embarrassed; **Sie bringen mich in ~** (*bei Entgegennahme eines Geschenks etc*) you embarrass me, I am embarrassed; **er gerät leicht in ~** he is easily embarrassed (*od.* confused). – **2.** (*mißliche Lage*) embarrassing (*od.* awkward) position (*od.* situation), difficulty, predicament, fix: **diese Forderung bringt** (*od.* **versetzt**) **ihn in ~** this demand puts him in an embarrassing position; **in finanzielle ~ geraten** to get into financial difficulties (*od.* straits); **in die ~ werde ich wohl nie geraten** I'll never find myself in that predicament; **j-m aus der ~ helfen** to help s.o. out of difficulty (*od.* a predicament); **sich aus der ~ ziehen** to get oneself out of difficulty (*od.* difficulties); **ich bin augenblicklich etwas in ~** I am in difficulties (*od.* I am rather short of cash) at the moment. – **3.** (*Dilemma*) dilemma, quandary. – **4.** (*Schüchternheit*) shyness.

Ver'le·gen·heits|,lö·sung *f* emergency (*od.* makeshift) solution. — **~,pau·se** *f* awkward silence.

Ver'le·ger *m* ⟨-s; -⟩ (*von Büchern, Zeitschriften etc*) publisher. — **ver'le·ge·risch** *adj* **~e Tätigkeit** publishing; **vom ~en Standpunkt aus** from the (*od.* a) publisher's point of view.

Ver'le·ger|ver,band *m* association of publishers. — **~,zei·chen** *n cf.* Verlagszeichen.

Ver'le·gung *f* ⟨-; *no pl*⟩ **1.** *cf.* Verlegen[1]. – **2.** (*von Wohnsitz, Geschäftsleitung etc*) (**in** *acc*, **nach** to) transfer, removal. – **3.** (*von Straße, Eisenbahnlinie etc*) relocation. – **4.** (*eines Termins, einer Veranstaltung*) (**auf** *acc* until) postponement. – **5.** (*andere örtliche Zuordnung*) (**in** *acc*, **nach** to) attribution. – **6.** *mil.* a) (*von Truppen*) (**in** *acc*, **nach** to) move(ment), transfer, redeployment, b) (*von Feuer*) shift, transfer: **~ auf dem Luftwege** air move. – **7.** *Swiss mil.* field period. – **8.** *electr.* (*einer Leitung etc*) installation, wiring: **~ auf Putz** surface (*od.* exposed) wiring.

ver'lei·den *v/t* ⟨*no* ge-, h⟩ **j-m etwas ~** to spoil s.th. for s.o.: **er hat ihr die Freude daran verleidet** he spoiled (*od.* marred) the pleasure she took in it.

Ver'lei·der *m* ⟨-s; *no pl*⟩ *Swiss dial.* (*Überdruß*) weariness: **er hat den ~ bekommen** he has grown weary of it.

ver'lei·det I *pp.* – **II** *adj* **etwas ist j-m ~** s.o. has had enough (*od.* is tired) of s.th.: **seither war ihr das Schwimmen verleidet** swimming was spoiled for her ever since; **mir ist alles ~** I am tired of everything, I am weary of this world (*lit.*).

Ver'leih [-'laɪ] *m* ⟨-(e)s; -e⟩ **1.** *cf.* Verleihen. – **2.** (*film*) a) ⟨*only sg*⟩ (*Tätigkeit*) distribution, b) (*Gesellschaft*) distributors *pl.* – **3.** (*von Autos*) hire business. — **~agen,tur** *f* (*film*) *cf.* Verleihgesellschaft.

ver'lei·hen I *v/t* ⟨*irr, no* ge-, h⟩ **1.** lend (out), *bes. Am.* loan: **ich verleihe nicht gern meine Bücher (an j-n)** I don't like to lend (*od.* lending) my books (to s.o.); **Geld gegen Zinsen [zinsfrei, gegen Sicherheit] ~** *econ.* to lend (*od.* put out) money at (*od.* on) interest [free of interest, on security]. – **2.** (*gegen Entgelt*) hire (*bes. Am.* rent) out, *bes. Br.* let out (*s.th.*) (on hire): **er verleiht Boote am Königssee** he lets out boats on the Königssee. – **3.** (*leihweise überlassen*) put out (*s.th.*) on loan. – **4.** (*Orden, Preis, Auszeichnung etc*) award: **ihm wurde das Bundesverdienstkreuz verliehen** he was awarded the Federal Service Cross. – **5.** (*Titel, Würden etc*) confer, bestow, award: **die philosophische Fakultät verleiht ihr den Doktortitel** the faculty of arts confers (*od.* bestows) the doctorate (up)on her (*od.* awards her the doctorate); **j-m die Ehrenbürgerrechte ~** to confer the freedom of the city (up)on s.o.; **j-m den Offiziersrang ~** *mil.* to commission s.o. – **6.** (*Rechte, Befugnisse etc*) (in)vest, grant: **man verlieh ihm die Venia legendi** he was (in)vested with the right to hold lectures. – **7.** (*Gabe, Fähigkeit etc*) bestow: **diese Gabe ist wenigen verliehen** this talent is bestowed upon few, few are endowed with this talent. – **8.** *lit.* (*geben, verschaffen*) give: **er verlieh der Statue die Züge seiner Geliebten** he gave the statue the features of his mistress; **diese Arbeit verlieh seinem Leben (ein wenig) Inhalt** this work gave his life (some) meaning; **einer Sache Dauer ~** to make s.th. last (*od.* endure); **einer Sache Wert ~** to constitute the value of s.th., to give s.th. value; **einer Sache einen Anstrich von Ernst ~** to give (*od.* lend) s.th. the appearance (*od.* an air) of seriousness; **einem Gesetz Rechtskraft ~** *jur.* to render a law effective; → Ausdruck[1] 2; Gewicht[1] 9; Kraft 1. – **9.** (*space*) (*Geschwindigkeit*) impart. – **II V~** *n* ⟨-s⟩ **10.** *verbal noun.* – **11.** *cf.* Verleih 2a. – **12.** *cf.* Verleihung.

Ver'lei·her *m* ⟨-s; -⟩ **1.** (*von Geld etc*) lender, *bes. Am.* loaner. – **2.** (*von Booten, Fahrrädern, Autos etc*) (*gegen Entgelt*) hiring agent, *bes. Am.* renter. – **3.** (*von Filmen*) distributor, *bes. Br.* renter. – **4.** (*von Titeln etc*) bestower. – **5.** *jur.* (*von Lizenzen etc*) grantor.

Ver'leih|ge,sell·schaft *f* (*für Filme*) distributors *pl*, distribution company. — **~ko,pie** *f* release copy (*od.* print).

Ver'lei·hung *f* ⟨-; *no pl*⟩ **1.** *cf.* Verleihen. – **2.** (*von Medaillen, Orden, eines Preises etc*) award. – **3.** (*eines akademischen Grades, eines Titels etc*) conferment, bestowal, award. – **4.** *jur.* (*einer Lizenz, Konzession etc*) grant.

Ver'lei·hungs,ur,kun·de *f* **1.** diploma. – **2.** *mil.* (*Offizierspatent*) commission.

ver'lei·men *v/t* ⟨*no* ge-, h⟩ **1.** (*Hölzer, Möbelteile etc*) glue (*things*) up (*od.* together), cement (*things*) (together). – **2.** (*Furnierplatten*) bond.

ver'lei·ten I *v/t* ⟨*no* ge-, h⟩ **1.** (*veranlassen*) (**zu** [in]to) lead, induce: **dies verleitete ihn dazu, in allem Unbekannten etwas Gefährliches zu sehen** this led him to see danger in everything that was unfamiliar (to him); **sich durch etwas zu einem Irrtum ~ lassen** to be induced by s.th. to commit an error; **das verleitet mich zu der Annahme, daß** that leads me to believe that, that misleads me into thinking that. – **2.** (*irreführen*) mislead. – **3.** (*verführen*) seduce, lead: **j-n zum Lügen ~** to seduce s.o. to lie (*od.* into lying); **j-n zu einer Sünde ~** to lead s.o. into sin, to lead s.o. astray. – **4.** (*verlocken*) entice, lure, tempt. – **5.** *bes. jur.* (*zu einem Verbrechen, bes. Meineid*) suborn: **einen Zeugen zum Meineid ~** to suborn a witness. – **II V~** *n* ⟨-s⟩ **6.** *verbal noun.* — **Ver'lei·tung** *f* ⟨-; *no pl*⟩ **1.** *cf.* Verleiten. – **2.** inducement. – **3.** (*Verführung*) seduction. – **4.** (*Verlockung*) enticement, temptation.

ver'ler·nen *v/t* ⟨*no* ge-, h⟩ forget, unlearn: **was man einmal richtig gelernt hat, verlernt man nie wieder ganz** s.th. learned properly is never completely forgotten; **ich habe noch mein Englisch noch nicht verlernt** I have not forgotten my English yet; **sie hat das Lachen noch nicht verlernt** she still knows how to laugh.

ver'le·sen[1] **I** *v/t* ⟨*irr, no* ge-, h⟩ **1.** (*Bekanntmachung, Erlaß etc*) read out. – **2.** (*Namen etc*) call (out): **die Namensliste ~** to call the roll. – **II** *v/reflex* **sich ~ 3.** (*falsch lesen*) make a mistake (*od.* slip) in reading, read wrong(ly). – **III V~** *n* ⟨-s⟩ **4.** *verbal noun.* – **5.** *cf.* Verlesung.

ver'le·sen[2] *v/t* ⟨*irr, no* ge-, h⟩ (*Erbsen, Beeren, Kaffee etc*) pick.

Ver'le·sung *f* ⟨-; *no pl*⟩ **1.** *cf.* Verlesen[1]. – **2. ~ der Namen** *bes. mil.* roll call.

ver'letz·bar *adj* **1.** (*verwundbar*) vulnerable: **er hat ihn an der ~sten Stelle getroffen** *auch fig.* he hit his most vulnerable spot. – **2.** *fig.* (*leicht gekränkt*) oversensitive, hypersensitive, touchy: **er hat ein ~es Gemüt** he has an oversensitive disposition; **er ist leicht ~** he is easily hurt. — **Ver'letz·bar·keit** *f* ⟨-; *no pl*⟩ **1.** vulnerability. – **2.** *fig.* oversensitiveness, hypersensitiveness, touchiness.

ver'let·zen [-'lɛtsən] **I** *v/t* ⟨*no* ge-, h⟩ **1.** hurt, injure, *med. auch* traumatize *Br. auch* -s-: **er hat sich** (*dat*) **das Bein verletzt** he hurt his leg. – **2.** (*mit einem Geschoß*) injure, wound: **eine Kugel verletzte ihn am Arm** (*od.* **ihm den Arm**) a bullet injured his arm, a bullet wounded him in the arm. – **3.** *fig.* (*kränken*) hurt, wound, cut, (*schwächer*) offend: **ich möchte Sie nicht ~** I do not want to hurt you, I do not want to hurt your feelings; **diese beißende Bemerkung verletzte seinen Stolz [hat ihn zutiefst verletzt]** this biting remark hurt (*od.* wounded, injured) his pride [cut him to the quick]. – **4.** *fig.* (*verstoßen gegen*) affront, offend (against): **dieser Roman verletzt den guten Geschmack** this novel offends (against) (*od.* is an affront to) good taste. – **5.** *fig.* (*Vorschrift, Regel etc*) violate, offend against: **er hat die Vorfahrt verletzt** he violated the right-of-way. – **6.** *jur.* a) (*Gesetz, Vertrag, Pflicht, Neutralität*) break, violate, infringe ([up]on), transgress, contravene, trespass ([up]on), *bes. Am.* infract, b) (*Recht, Grenze, Eid etc*) violate, c) (*Privatsphäre, persönliche Rechte etc*) violate, invade, trespass, infringe ([up]on), d) (*Urheberrecht, Patent, Warenzeichen etc*) infringe, *bes. Am.* infract. – **II** *v/reflex* **sich ~ 7.** (**an** *dat* on) hurt oneself, injure oneself: **hast du dich verletzt?** did you hurt yourself? did you get hurt (*od.* injured)? **er hat sich am Kopf verletzt** he hurt his head. – **III V~** *n* ⟨-s⟩ **8.** *verbal noun.* – **9.** *cf.* Verletzung. — **ver'let·zend I** *pres p.* – **II** *adj fig.* **1.** (*kränkend*) hurtful, wounding, cutting, offending: **eine ~e Bemerkung** a hurtful remark. – **2.** (*beleidigend*) offensive.

Ver'let·zer *m* ⟨-s; -⟩ *jur.* (*eines Patents*) infringing party.

ver'letz·lich *adj fig. cf.* verletzbar 2. — **Ver'letz·lich·keit** *f* ⟨-; *no pl*⟩ *cf.* Verletzbarkeit 2.

ver'letzt I *pp.* – **II** *adj* **1.** hurt, injured: **du mußt die ~e Hand ruhig halten** you must keep your injured hand still; **der Fahrer war schwer [leicht] ~** the driver was severely [slightly] injured. – **2.** (*verwundet*) injured, wounded. – **3.** *fig.* (*gekränkt*) hurt, wounded, (*schwächer*) offended: **er fühlte sich zutiefst ~** he was deeply hurt, he was cut to the quick, he was very cut up (*colloq.*); **ihre ~e Eitelkeit ließ sie nicht ruhen, bis** her hurt (*od.* wounded, injured) vanity did not let her rest until. – **4.** (*beleidigt*) affronted, offended.

Ver'letz·te *m, f* ⟨-n; -n⟩ injured (*od.* wounded) person: **ein tödlich ~r** a fatally injured person; **sie versuchten, den ~n zu bergen** they tried to rescue the injured person (*od.* man); **überall waren Tote und ~** there were dead and injured everywhere.

Ver'let·zung *f* ⟨-; -en⟩ **1.** *med.* (*körperliche Beschädigung*) injury, hurt, trauma (*scient.*): **äußere [innere] ~en** external [internal] injuries; **er ist seinen schweren ~en erlegen** he died from (*od.* as a result of) his severe injuries. – **2.** *med.* (*Wunde*) wound. – **3.** ⟨*only sg*⟩ *fig.* (*Beleidigung*) (*gen* to) hurt, (*schwächer*) *Br.* offence, *Am.* offense.

– **4.** ⟨*only sg*⟩ *fig.* (*des guten Geschmacks etc*) affront (to), *Br.* offence, *Am.* offense (against). – **5.** ⟨*only sg*⟩ *fig.* (*einer Vorschrift, Regel etc*) (*gen* against) *Br.* offence, *Am.* offense: unter ~ der elementarsten Anstandsregeln offending (against) the most elementary rules of etiquette. – **6.** *jur.* a) (*von Gesetz, Vertrag, Pflicht, Neutralität etc*) breach, violation, infringement, transgression, contravention, trespass, *bes. Am.* infraction, b) (*von Recht, Grenze, Eid etc*) violation, c) (*von Privatsphäre, persönlichen Rechten etc*) violation, invasion, trespass, infringement, d) (*von Urheberrecht, Patent, Warenzeichen etc*) infringement, *bes. Am.* infraction: ~ der Amtspflicht breach (*od.* neglect) of official duty; ~ des Berufsgeheimnisses, ~ der beruflichen Schweigepflicht violation (*od.* breach) of professional secrecy; ~ des Briefgeheimnisses violation of the privacy (*od.* secrecy) of correspondence; ~ der Geheimhaltungspflicht breach of confidence; ~ der militärischen Sicherheit violation of military security; unter ~ des Luftraums in violation of the air space.

ver'leug·nen I *v/t* ⟨*no* ge-, h⟩ **1.** (*Freund, Kind etc*) deny, disown, repudiate. – **2.** (*Herkunft etc*) deny, disavow, repudiate: sein Dialekt läßt sich nicht ~ his dialect cannot be denied, his dialect reveals itself (*od.* becomes noticeable). – **3.** (*Glauben, Wahrheit etc*) deny, disclaim, repudiate. – **4.** (*Alter, Tatsache etc*) deny, repudiate, disavow, disclaim: es läßt sich nicht (leicht) ~ it cannot (readily) be denied, it is not to be (easily) denied. – **5.** (*j-s Anwesenheit verheimlichen*) deny: sie verleugnete ihn am Telephon she said on the telephone that he was not there, she denied him on the telephone; er hat sich ~ lassen he gave instructions to say that he was not there (*od.* at home). – **II** *v/reflex* **6.** sich (selbst) ~ to betray one's principles. – **III V~** *n* ⟨-s⟩ **7.** *verbal noun.* — **Ver'leug·nung** *f* ⟨-; *no pl*⟩ **1.** *cf.* Verleugnen. – **2.** (*eines Freunds, Kinds etc*) denial, disownment, repudiation. – **3.** (*der Herkunft etc*) denial, disavowal, repudiation. – **4.** (*des Glaubens, der Wahrheit etc*) denial, repudiation, disavowal. – **5.** (*des Alters, einer Tatsache etc*) denial, repudiation, disavowal.

ver'leum·den [-ˈlɔymdən] **I** *v/t* ⟨*no* ge-, h⟩ **1.** (*in schlechten Ruf bringen*) slander, defame, calumniate, cast aspersions (up)on, malign, backbite, asperse. – **2.** *jur.* a) defame, b) (*mündlich*) slander, c) (*schriftlich*) libel. – **II V~** *n* ⟨-s⟩ **3.** *verbal noun.* – **4.** *cf.* Verleumdung.

Ver'leum·der *m* ⟨-s; -⟩, **Ver'leum·de·rin** *f* ⟨-; -nen⟩ slanderer, defamer, calumniator, backbiter, maligner. – **2.** *jur.* a) defamer, b) slanderer, c) libeler, *bes. Br.* libeller.

ver'leum·de·risch *adj* (*Behauptung, Beschuldigung etc*) **1.** slanderous, defamatory, calumnious, backbiting. – **2.** *jur.* a) defamatory, b) (*mündlich*) slanderous, c) (*schriftlich*) libelous, *bes. Br.* libellous.

Ver'leum·dung *f* ⟨-; -en⟩ **1.** *cf.* Verleumden. – **2.** ⟨*only sg*⟩ (*Handlung*) defamation, calumniation, aspersion. – **3.** (*verleumderische Behauptung etc*) slander, defamation, calumny, calumniation, aspersion: das ist eine üble ~ that is wicked slander. – **4.** *jur.* a) defamation, b) (*mündliche*) slander, c) (*schriftliche*) libel.

Ver'leum·dungs|ˌfeldˌzug *m*, **~kamˌpa·gne** *f* slander campaign. — **~ˌkla·ge** *f jur.* a) action for defamation, b) action for slander, c) action for libel. — **~proˌzeß** *m* a) defamation suit, b) slander suit, c) libel suit.

ver'lie·ben *v/reflex* ⟨*no* ge-, h⟩ sich ~ **1.** sich (in j-n) ~ to fall in love (with s.o.): sich auf den ersten Blick ~ to fall in love at first sight; er hat sich hoffnungslos [unsterblich, *colloq.* bis über beide Ohren] in sie verliebt he has fallen hopelessly [desperately, head over heels] in love with her. – **2.** sich in (*acc*) etwas ~ *fig. colloq.* to take a fancy to s.th., to fall in love with s.th.: ich habe mich in dieses Kleid regelrecht verliebt I have taken a regular fancy to this dress (*colloq.*). — **ver'liebt I** *pp.* – **II** *adj* **1.** (*Augen, Blicke etc*) amorous: j-m ~e Augen machen to cast sheep's eyes (*od.* amorous glances) at s.o. – **2.** ein ~es Paar a couple in love, an amorous (*od. lit.* enamo[u]red) couple. – **3.** in j-n ~ sein to be in love with s.o., to be enamo(u)red with (*od.* of) s.o. (*lit.*): sie ist hoffnungslos [unsterblich, *colloq.* über beide Ohren] in ihn ~ she is hopelessly [desperately, head over heels] in love with him. – **4.** in (*acc*) etwas ~ sein *fig. colloq.* a) (*in ein Auto, Haus etc*) to be mad about s.th. (*colloq.*), b) (*in einen Gedanken etc*) to be infatuated with s.th.

Ver'lieb·te¹ *m* ⟨-n; -n⟩ **1.** man (*od.* boy) in love. – **2.** *pl* people in love. – **3.** *pl* couple *sg* in love.

Ver'lieb·te² *f* ⟨-n; -n⟩ woman (*od.* girl) in love.

Ver'liebt·heit *f* ⟨-; *no pl*⟩ **1.** state of being in love: man sieht ihm die ~ an he is so obviously in love. – **2.** (*im Benehmen*) amorousness, amorosity. – **3.** (*Vernarrtheit*) (in *acc* with) infatuation.

ver'lie·ren [-ˈliːrən] **I** *v/t* ⟨verliert, verlor, verloren, h⟩ **1.** (*Geldbeutel, Hab u. Gut, Arbeitsplatz etc*) lose: er hat seine Autoschlüssel verloren he lost his car keys; sei nicht traurig, du verlierst nicht viel an ihm *fig.* don't be sad, he is no great loss. – **2.** j-n ~ (*nicht mehr finden*) to lose s.o.: das Kind verlor seine Eltern im Gedränge the child lost its parents in the crowd; paß auf, daß wir uns in der Dunkelheit nicht ~ mind we don't lose each other in the dark. – **3.** j-n ~ *fig.* to lose s.o.: durch den Unfall verlor er beide Eltern he lost both parents in the accident; in (*od.* mit) ihm verliert das Unternehmen einen seiner tüchtigsten Mitarbeiter the enterprise loses in him one of its ablest staff members; jetzt habe ich ihn für immer verloren now I have lost him for ever. – **4.** (*von Uhr*) lose, be slow: die Uhr verliert am Tag fünf Minuten the clock loses five minutes (*od.* is five minutes slow) a (*od.* per) day. – **5.** (*Zeit, Geld etc*) lose. – **6.** (*in Wendungen wie*) etwas aus den Augen ~ to lose sight (*od.* track) of s.th.; j-n aus den Augen ~ a) to lose sight (*od.* track) of s.o., b) *fig.* to lose touch with s.o.; Farbe ~ a) (*von Stoffen, Laub etc*) to lose its color (*bes. Br.* colour), to fade, b) *fig.* to go (*od.* turn, grow) pale; → Augenlicht; Bewußtsein 1; Boden 2; Faden¹ 2; Fassung 2; Gedächtnis 1; Geschmack 3; Gesicht¹ 1, 6; Glaube 3; Gültigkeit 1; Herrschaft 4; Herz *Bes. Redewendungen*; Kopf 1; Lust 3; Mut 1; Sprache 1; Überblick 4; Übersicht 1, 2; Verstand 1; Weg 4; Wort 2; Zeit 1. – **7.** (*Öl, Benzin, Wasser etc*) lose, leak: der Wagen verliert Öl the car loses oil. – **8.** (*Zähne, Kopfhaare etc*) lose: er hat im Krieg einen Arm verloren he lost an arm in the war. – **9.** (*Blätter, Körperhaare etc*) lose, cast, shed: im Herbst ~ die Bäume ihre Blätter the trees lose (*od.* shed) their leaves in autumn (*bes. Am.* fall); unser Hund verliert Haare our dog is losing hairs (*od. rare* is mo[u]lting); das Pferd hat ein Hufeisen verloren the horse lost (*od.* cast) a shoe. – **10.** (*Schlacht, Spiel, Wette, Geld im Spiel, Prozeß etc*) lose: Napoleon hat die Schlacht bei Waterloo verloren Napoleon lost the battle of Waterloo; sie haben den Prozeß gegen ihre Nachbarn verloren they lost the suit against their neighbo(u)rs; er hat nichts zu ~ he has nothing to lose; Geld an j-n ~ to lose money to s.o. – **11.** *jur.* (*Recht, Eigentum*) forfeit. – **12.** Zähne ~ *zo.* to cast teeth. – **II** *v/i* **13.** (*im Spiel*) (gegen to, against) lose: sie haben 3:4 verloren they lost 3—4; er kann einfach nicht ~ he simply can't lose, he is a bad (*od.* poor) loser. – **14.** (*weniger schön, angenehm etc wirken*) lose: das Kleid verliert, wenn du es kürzer machst the dress will lose if you shorten it. – **15.** (*in der Wertschätzung sinken*) go down: bei j-m ~ to go down (*od.* sink) in s.o.'s estimation. – **16.** (*an Aussehen, Persönlichkeit etc*) go down: er hat in den letzten Jahren sehr verloren he has gone down a lot in the last few years. – **17.** (*in Wendungen wie*) an Boden ~ a) *fig.* to lose ground, b) (*bes. sport*) to lose ground, to lag behind; an Farbe ~ to fade; an Reiz ~ a) to lose (some of its) charm, b) to become less interesting; an Wert ~ a) to deteriorate, to lose (*od.* go down in) value, b) *fig.* to lose (*od.* go down in) value; an Wirkung ~ to lose (some of its) effect. – **III** *v/reflex* sich ~ **18.** (*sich verirren*) get lost, lose one's way, go astray. – **19.** (*verschwinden*) disappear, peter out: die Spur verlor sich im Gebirge the track disappeared in the mountains. – **20.** (*allmählich nachlassen*) subside: mit der Zeit verlor sich ihre Begeisterung her enthusiasm subsided in time. – **21.** (*schwinden*) disappear, vanish: inzwischen hatte sich ihre Scheu verloren her shyness had disappeared by then. – **22.** diese schlechte Angewohnheit wird sich bald ~ (*vergehen*) he (*od.* she) will soon outgrow (*od.* grow out of) this bad habit. – **23.** (*verfliegen*) fade: der Duft verliert sich rasch the perfume fades quickly. – **24.** (*verklingen*) fade, die away: die Melodie verlor sich in der Ferne the tune faded in(to) the distance. – **25.** (*verhallen*) be lost: der Klang des Cembalos verliert sich in dem großen Saal the sound of the cembalo is lost in the large hall. – **26.** (*sich zerstreuen*) disperse, scatter. – **27.** *fig.* (*abschweifen*) (in *acc* into) digress. – **28.** *fig.* (*versinken*) (in *dat od. acc* in) become lost; sie verlor sich in die Betrachtung des Kunstwerks she became lost in the contemplation of the work of art; sich im Dunst ~ to become lost in the haze.

Ver'lie·rer *m* ⟨-s; -⟩, **Ver'lie·re·rin** *f* ⟨-; -nen⟩ loser: er ist ein guter [schlechter] ~ he is a good [bad] loser; der große ~ the big loser.

Ver'lies [-ˈliːs] *n* ⟨-es; -e⟩ dungeon, oubliette.

ver'lit·zen [-ˈlɪtsən] *v/t* ⟨*no* ge-, h⟩ *electr.* strand.

ver'lo·ben I *v/reflex* ⟨*no* ge-, h⟩ sich (mit j-m) ~ to become (*od.* get) engaged (to s.o.). – **II** *v/t* j-n (mit j-m) ~ to engage (*od. lit.* affiance, betroth) s.o. (to s.o.), to promise s.o. in marriage (to s.o.).

Ver'löb·nis [-ˈløːpnɪs] *n* ⟨-ses; -se⟩ *cf.* Verlobung. — **~ˌbruch** *m jur.* breach of promise (of marriage).

ver'lobt I *pp.* – **II** *adj* ~ sein to be engaged (to be married), to be betrothed (*od.* affianced) (*lit.*).

Ver'lob·te¹ *m* ⟨-n; -n⟩ fiancé, betrothed (*lit.*), intended (*colloq.*): er ist mein ~r he is my fiancé, I am engaged to him; die ~n the engaged, the betrothed (*lit.*); als ~ grüßen (*in Verlobungsanzeigen*) we wish to announce our engagement.

Ver'lob·te² *f* ⟨-n; -n⟩ fiancée, betrothed (*lit.*), intended (*colloq.*).

Ver'lo·bung *f* ⟨-; -en⟩ (mit to) engagement; betrothal, espousal (*lit.*): die ~ (auf)lösen (*od.* aufheben) to break off one's engagement; sie gaben ihre ~ bekannt they announced their engagement.

Ver'lo·bungs|ˌanˌzei·ge *f* announcement of an engagement, engagement announcement. — **~ˌfei·er** *f* engagement party (*od.* celebration). — **~geˌschenk** *n* engagement present. — **~ˌring** *m* engagement ring. — **~ˌzeit** *f* time of engagement.

ver'locken (*getr.* -k·k-) **I** *v/t* ⟨*no* ge-, h⟩ entice, (al)lure, tempt: j-n zu etwas ~ to tempt s.o. to s.th., to allure s.o. into s.th.; j-n ~, etwas zu tun to tempt (*od.* entice) s.o. to do (*od.* into doing) s.th., to allure (*od.* rope) s.o. into doing s.th. – **II** *v/i* entice: etwas verlockt zu Spekulationen s.th. entices (*od.* encourages) speculation; das klare Wasser verlockt zum Schwimmen the clear water is very enticing (*od.* tempting, entices one to go swimming). — **ver'lockend** (*getr.* -k·k-) **I** *pres p.* – **II** *adj* **1.** (*Angebot, Aussichten etc*) enticing, tempting, alluring, attractive: nicht gerade ~ not exactly tempting (*od.* inviting). – **2.** (*Speisen*) tempting, enticing: der Kuchen sieht ~ aus the cake looks tempting. — **Ver'lockung** (*getr.* -k·k-) *f* ⟨-; -en⟩ **1.** (*Versuchung*) temptation: gegen eine ~ ankämpfen müssen to have to struggle against a temptation; einer ~ nachgeben (*od.* unterliegen) to yield to a temptation. – **2.** (*Reiz*) allurement, lure, attraction, enticement: gerade darin lag die ~ that was just the enticement.

ver'lo·dern *v/i* ⟨*no* ge-, sein⟩ (*von Feuer, Flammen etc*) flare up and die.

ver'lo·gen *adj contempt.* **1.** (*Person*) given to lying, lying (*attrib*), mendacious: er ist ~ he is mendacious, he is a glib liar (*od.* a lying rascal). – **2.** (*Werbung, Moral, Ge-*

schichte, Versprechungen, Reden etc) lying, false, mendacious. — **Ver'lo·gen·heit** *f* ⟨-; *no pl*⟩ **1.** (*einer Person*) mendacity, mendaciousness. – **2.** (*von Reden, Versprechungen, der Moral etc*) falseness, mendacity, mendaciousness.

ver'lo·hen *v/i* ⟨*no* ge-, sein⟩ *poet. for* erlöschen 1.

ver'loh·nen *v/impers u.* sich ~ *v/reflex* ⟨*no* ge-, h⟩ *lit.* be worthwhile: es verlohnt der (*od.* die) Mühe nicht it is not worth the trouble, it is not worthwhile (*od.* worth it); es verlohnt sich nicht, das zu tun it is not worth doing (*od.* worthwhile to do) that.

ver'lor [-'loːr] *1 u. 3 sg pret,* **ver'lö·re** [-'løːrə] *1 u. 3 sg pret subj of* verlieren.

ver'lo·ren [-'loːrən] **I** *pp of* verlieren. – **II** *adj* **1.** (*abhanden gekommen*) lost: ~e Gegenstände lost articles (*od.* property *sg*); der ~e Sohn the prodigal son. – **2.** (*aussichtslos*) lost, losing: auf ~em Posten stehen a) *mil.* to fight a losing battle, b) *fig.* to fight for a lost cause, to fight a losing battle; die Sache des Angeklagten war von vornherein ~ it was a lost cause for the defendant from the beginning. – **3.** j-n [etwas] ~ geben to give s.o. [s.th.] up for lost: das Spiel ~ geben a) to give up the game for lost, b) *fig.* to give up the game for lost, to throw in (*od.* up) the sponge, to give up (*od.* in); er gibt die Partie noch nicht ~ a) he won't give the game up, b) *fig.* he won't give up (*od.* in). – **4.** (*dem Untergang geweiht*) lost, ruined, done for (*pred*): wir sind ~ we are lost, we've had it (*sl.*); jetzt ist alles ~! the game is up; ~er Haufen *mil. etwa* doomed outfit; ~e Sache *mil.* forlorn hope. – **5.** (*verschwendet, vergeudet*) lost, wasted: die ~e Zeit the time lost; ~e Mühe (*od.* Liebesmüh) wasted (*od.* vain, lost, fruitless) effort; → Hopfen 1. – **6.** (*hilflos, verlassen*) forlorn, lost: ~ stand sie im Gedränge she stood forlorn in the middle of the crowd. – **7.** in (*acc*) etwas ~ sein to be lost in s.th.: in Gedanken ~ sein to be lost (*od.* absorbed, deep, wrapped up) in thought, to be (lost) in a brown study; in den Anblick von etwas ~ sein to be lost in contemplation of s.th. – **8.** ~e Eier *gastr.* poached eggs. – **9.** ~er Kopf *metall.* sinkhead, feedhead, feeder head. – **10.** ~ suchen *hunt.* (*vom Hund*) to seek dead, to seek without (following the) scent. — ~**ˌge·hen** *v/i* ⟨*irr, sep,* -ge-, sein⟩ **1.** (*abhanden kommen*) be (*od.* get) lost: das Original ist verlorengegangen the original (copy) has been lost; an ihm ist ein Schauspieler verlorengegangen *colloq.* he ought to be (*od.* he is cut out to be) an actor, he ought to go on the stage, he would have made a splendid actor. – **2.** (*eingebüßt werden*) be lost: die Einheit ist verlorengegangen the unity has been lost (*od.* has gone). – **3.** (*von Wechsel, Scheck etc*) be (*od.* get) lost, go astray, (*von Schreiben etc*) *auch* miscarry. – **4.** (*vergeudet werden*) be wasted (*od.* lost), go (*od.* run) to waste.

Ver'lo·ren·heit *f* ⟨-; *no pl*⟩ (*Verlassenheit*) forlornness.

ver'lo·schen I *pp of* verlöschen[1]. – **II** *adj cf.* erloschen 1—4.

ver'lö·schen[1] *v/i* ⟨*irr, no* ge-, sein⟩ *lit.* **1.** (*von Kerze, Feuer etc*) go out, die (out), quench. – **2.** (*von Licht, Lampen*) go out. – **3.** (*von Sternen*) set. – **4.** (*von Schrift*) fade. – **5.** *fig.* die: sein Ruhm verlosch his fame died; sein Leben ist verloschen he expired, he died. – **6.** *fig.* (*von Wut, Zorn*) pass.

ver'lö·schen[2] *v/t* ⟨*no* ge-, h⟩ *cf.* auslöschen 1, 2.

ver'lo·sen I *v/t* ⟨*no* ge-, h⟩ **1.** (*Gewinne, Geschenke etc*) raffle (*s.th.*) (off), hold a raffle (*od.* ballot, lottery) for: drei Autos wurden verlost there was a raffle for three cars, three cars were raffled. – **2.** *econ.* a) (*Staatsanleihen etc*) draw (*s.th.*) for redemption, distribute (*s.th.*) by drawing lots, release (*s.th.*) by lottery (*od.* ballot), b) (*Wertpapiere etc*) allot. – **II V**~ ⟨-s⟩ **3.** *verbal noun.* — **Ver'lo·sung** *f* ⟨-; -en⟩ **1.** *cf.* Verlosen. – **2.** draw. – **3.** (*Lotterie*) raffle, ballot, lottery: eine ~ veranstalten to hold (*od.* run) a raffle. – **4.** ⟨*only sg*⟩ *econ.* (*von Wertpapieren etc*) allotment.

ver'lö·ten *v/t* ⟨*no* ge-, h⟩ **1.** *tech.* a) (*weich*) solder, b) (*hart*) braze. – **2.** einen ~ *bes. Northern G. colloq.* (*einen trinken*) to have a quick one (*od. sl.* a snifter).

ver'lot·tern *v/i* ⟨*no* ge-, sein⟩ *colloq.* **1.** (*von Person*) run (*od.* go) to seed. – **2.** (*moralisch*) go to the bad, (*stärker*) become dissipated. – **3.** (*von Haushalt, Betrieb etc*) go down (a lot), go (*od.* run) to seed, deteriorate (greatly). — **ver'lot·tert I** *pp.* – **II** *adj* **1.** (*Person*) seedy, raffish, dowdy. – **2.** (*moralisch*) dissipated. – **3.** (*Betrieb etc*) seedy, deteriorated.

ver'lu·dern *colloq.* **I** *v/i* ⟨*no* ge-, sein⟩ *cf.* verkommen[1] 4, 5. – **II** *v/t* ⟨h⟩ *cf.* verplempern I.

ver'lum·pen *colloq.* **I** *v/i* ⟨*no* ge-, sein⟩ *cf.* verkommen[1] 4, 5. – **II** *v/t* ⟨h⟩ *cf.* verplempern I.

Ver'lust [-'lʊst] *m* ⟨-(e)s; -e⟩ **1.** (an *dat* of) loss: der ~ der Brieftasche the loss of the wallet; ein schwerer [empfindlicher, unersetzlicher] ~ a heavy (*od.* bad) [a grievous, an irretrievable] loss; bei ~ der Personalpapiere in case of loss of the identity papers; bei ~ kann kein Ersatz geleistet werden no refund if lost; in ~ geraten (*officialese*) to be lost. – **2.** (*Todesfall*) loss, bereavement. – **3.** *pl mil.* losses, casualties: geringe ~e minor losses; hohe (*od.* schwere) ~e haben (*od.* erleiden) to have (*od.* suffer) heavy casualties, to have a high death toll; dem Gegner schwere ~e zufügen (*od.* beibringen) to inflict heavy losses on the enemy. – **4.** *econ.* a) loss (sustained), deficit, b) (*durch Schwund etc*) loss, waste: buchmäßiger ~ book loss; finanzieller ~ financial loss, sacrifice; reiner ~ clear (*od.* net) loss; mit ~ arbeiten to operate at a loss (*od.* sacrifice); etwas mit ~ verkaufen to sell s.th. at a loss (*od.* sacrifice), to sell s.th. at a (*od.* to) disadvantage; der ~ geht in die Millionen the loss runs into millions; für einen ~ aufkommen to be liable for a loss; einen ~ decken to cover (*od.* make good, make up for) a loss. – **5.** (*erlittener Schaden*) loss, damage: schwere ~e am Wildbestand heavy losses of (*od.* great damage *sg* to) wildlife; ~e durch Feuer [Diebstahl] losses caused by fire [theft]. – **6.** *jur.* (*von Rechten, Eigentum etc*) loss, (de)privation, forfeiture: der ~ der bürgerlichen Ehrenrechte the loss of civil (*auch* civic) rights; bei ~ von (up)on (*od.* under) pain of, under penalty of losing, with forfeiture of. – **7.** *pl* (*Spielverluste*) losings, losses. – **8.** *phys.* (*an Energie*) loss, dissipation.

Ver'lust|ˌabˌschluß *m Swiss econ.* loss shown in annual accounts. — ~**ˌanˌteil** *m* share in the loss. — ~**ˌanˌzei·ge** *f* notice (*od.* report) of (a) loss. — **v**~**ˌarm** *adj electr.* low-loss (*attrib*). — ~**biˌlanz** *f econ.* debit balance (sheet), balance sheet showing a loss, deficit(ary) balance, (*bei Handelsbilanzen*) adverse balance. — **v**~**ˌbrin·gend** *adj* (*unrentabel*) losing, involving (a) loss. — ~**ˌfak·tor** *m electr.* loss factor. — **v**~**ˌfrei** *adj* free from losses. — ~**geˌschäft** *n econ.* business at a loss.

ver·lu'stie·ren [-lʊs'tiːrən] *v/reflex* ⟨*no* ge-, h⟩ sich ~ *colloq. humor.* amuse (*od.* divert) oneself.

ver'lu·stig *adj* **1.** einer Sache ~ gehen (*officialese*) to forfeit s.th., to be deprived of s.th., to lose s.th.: eines Rechtes [Vorteils] ~ gehen to lose a right [privilege]. – **2.** er wurde der bürgerlichen Rechte (für) ~ erklärt he was declared to have forfeited his civil (*auch* civic) rights.

Ver'lust|ˌjahr *n econ.* deficit year, year of deficit. — ~**konˌstan·te** *f electr.* attenuation (*od.* damping) constant. — ~**ˌkon·to** *n econ.* deficit (*od.* loss) account. — ~**ˌli·ste** *f mil.* list of casualties, casualty list. — ~**ˌmel·dung** *f* **1.** report of (a) loss. – **2.** *mil.* (*über Menschenleben*) casualty report. — ~**ˌquo·te** *f* percentage of loss. — **v**~**ˌreich** *adj* **1.** *mil.* (*Schlacht, Angriff etc*) with (*od.* involving) heavy losses (*od.* casualties), bloody. – **2.** ~es Jahr *econ.* deficit year, year of deficit, year with heavy losses. — ~**ˌspan·ne** *f econ.* deficit margin. — ~**ˌvorˌtrag** *m* (*in der Bilanz*) loss (balance) carried forward. — ~**ˌzif·fer** *f mil.* casualty figure.

ver'ma·chen *v/t* ⟨*no* ge-, h⟩ j-m etwas ~ a) to leave s.o. s.th., to leave (*od.* will) s.th. to s.o., b) *jur.* (*bes. bewegliche Sachen od. Geld*) to bequeath (*od.* legate) s.th. to s.o., c) *jur.* (*bes. Grundbesitz*) to devise s.th. to s.o., d) *fig. colloq.* (*schenken*) to bequeath s.th. to s.o.

Ver'mächt·nis [-'mɛçtnɪs] *n* ⟨-ses; -se⟩ **1.** *jur.* a) (*von beweglichen Sachen od. Geld*) bequest, legacy, bequeathal, b) (*von Grundbesitz*) devise: j-m ein ~ aussetzen to bequeath (*od.* leave) a legacy to s.o. – **2.** *fig.* legacy: geistiges ~ intellectual legacy (*od.* heritage); er hinterließ ihr einen Sohn als ~ he left her a son as a legacy. — ~**ˌge·ber** *m jur.* **1.** (*von beweglichen Sachen*) legator. – **2.** (*von Grundbesitz*) devisor. — ~**ˌneh·mer** *m* **1.** (*einer beweglichen Sache*) legatee. – **2.** (*von Grundbesitz*) devisee.

ver'mah·len *v/t* ⟨*irr, no* ge-, h⟩ (*Korn etc*) grind down.

ver'mäh·len [-'mɛːlən] **I** *v/t* ⟨*no* ge-, h⟩ *lit.* (mit to) marry, give (*s.o.*) in marriage. – **II** *v/reflex* sich ~ marry, wed: sich mit j-m ~ to marry (*od.* wed) s.o.

ver'mählt I *pp.* – **II** *adj* ~ sein (mit to) to be married (*od.* wedded). — **Ver'mähl·te** *m, f* ⟨-n; -n⟩ newlywed: die ~n the newlyweds, the newly married (*od.* wedded) couple *sg*, the bridal pair *sg* (*od.* couple *sg*).

Ver'mäh·lung *f* ⟨-; -en⟩ marriage, wedding: X und Y geben ihre ~ bekannt X and Y announce their marriage.

Ver'mäh·lungsˌanˌzei·ge *f* wedding announcement.

ver'mah·nen *lit.* **I** *v/t* ⟨*no* ge-, h⟩ j-n ~ to admonish s.o.: j-n ~, etwas [nicht] zu tun to admonish (*od.* exhort) s.o. [not] to do s.th. – **II V**~ *n* ⟨-s⟩ *verbal noun.* — **Ver'mah·nung** *f* ⟨-; -en⟩ **1.** *cf.* Vermahnen. – **2.** admonition, exhortation.

ver·ma·le'deit [-male'daɪt] *adj obs. colloq. cf.* verdammt 1.

ver'männ·li·chen [-'mɛnlɪçən] *v/t* ⟨*no* ge-, h⟩ masculinize *Br. auch* -s-.

ver'man·schen *v/t* ⟨*no* ge-, h⟩ *colloq. contempt.* **1.** (*Speisen etc*) mess (*s.th.*) up. – **2.** *fig.* (*Begriffe etc*) jumble (up), mix up, make a hash (*od.* mess, muddle) of.

ver'mar·ken [-'markən] **I** *v/t* ⟨*no* ge-, h⟩ (*vermessen*) mark (*s.th.*) off, beacon. – **II V**~ *n* ⟨-s⟩ *verbal noun.* — **Ver'mar·kung** *f* ⟨-; -en⟩ **1.** *cf.* Vermarken. – **2.** survey mark.

ver'mas·seln [-'masəln] *v/t* ⟨*no* ge-, h⟩ *colloq.* **1.** (*Arbeit etc*) make a mess (*od.* botch, hash) of, foozle (*colloq.*). – **2.** (*Pläne, Konzept etc*) spoil, mess (*s.th.*) up, *bes. Br. colloq.* muck (*s.th.*) up, (*stärker*) ruin.

ver'mas·sen [-'masən] **I** *v/i* ⟨*no* ge-, sein⟩ lose one's individuality. – **II V**~ *n* ⟨-s⟩ *verbal noun.* — **Ver'mas·sung** *f* ⟨-; *no pl*⟩ **1.** *cf.* Vermassen. – **2.** loss of individuality.

ver'mau·ern *v/t* ⟨*no* ge-, h⟩ **1.** (*zumauern*) wall (*s.th.*) up (*od.* off), mason. – **2.** (*ummauern*) wall (*s.th.*) in.

ver'meh·ren I *v/t* ⟨*no* ge-, h⟩ **1.** (*Kapital, Vermögen, Einkünfte etc*) (um by) increase, augment, enlarge. – **2.** (*vervielfachen*) multiply. – **3.** (*Freude, Leid, Behagen etc*) increase, add to. – **4.** *biol.* a) (*Pflanzen*) propagate, b) (*Tiere*) propagate, breed. – **II** *v/reflex* sich ~ **5.** (*zunehmen*) increase, augment, enlarge, grow, (*an Zahl*) *auch* multiply: die Bevölkerung hat sich stark vermehrt the population has multiplied greatly. – **6.** *biol.* a) (*von Menschen*) reproduce, b) (*von Tieren*) breed, multiply, propagate, c) (*von Pflanzen*) propagate: sie ~ sich wie die Kaninchen *colloq.* they multiply like rabbits. – **III V**~ *n* ⟨-s⟩ **7.** *verbal noun.* – **8.** *cf.* Vermehrung.

ver'mehrt I *pp.* – **II** *adj* **1.** increased: mit ~er Kraft with increased (*od.* greater, augmented) force. – **2.** (*erweitert*) enlarged: zweite verbesserte und ~e Auflage *print.* second edition, revised and enlarged. — **Ver'meh·rung** *f* ⟨-; *no pl*⟩ **1.** *cf.* Vermehren. – **2.** increase, augmentation, enlargement, growth, increment: die ~ der Bevölkerung the increase in population. – **2.** (*Vervielfachung*) multiplication. – **3.** *biol. cf.* Fortpflanzung 2.

Ver'meh·rungs|ˌbau *m agr.* seed production, seed-growing. — ~**ˌfak·tor** *m math.* multiplier factor.

ver'meid·bar *adj* avoidable: es wäre ~ gewesen it could have been avoided.

ver'mei·den I *v/t* ⟨*irr, no* ge-, h⟩ **1.** avoid: läßt sich das nicht ~? can it not be avoided? wenn ich es hätte ~ können if I could have avoided (*od.* helped) it; das ließ sich nicht ~ that was unavoidable (*od.* inevitable), that could not be avoided (*od.* helped); er vermied es, sie anzusehen he avoided looking at her, he avoided her gaze. – **2.** (*geschickt umgehen*) evade, avoid, steer clear of, sidestep: eine Diskussion ~ to evade a discussion; er hat es sorgfältig vermieden, darüber zu sprechen he was careful to avoid talking about it. – **3.** (*verhüten*) avoid, prevent: helft Unfälle ~! help (to) prevent accidents! – **II V~** *n* ⟨-s⟩ **4.** *verbal noun.* – **5.** *cf.* Vermeidung.

ver'meid·lich *adj cf.* vermeidbar.

Ver'mei·dung *f* ⟨-; *no pl*⟩ **1.** *cf.* Vermeiden. – **2.** avoidance: zur ~ von Fehldispositionen *bes. econ.* (in order) to avoid misguided actions. – **3.** bei ~ einer Strafe von *jur.* (up)on (*od.* under) pain of, at the peril of.

ver·meil [vɛr'mɛːj; -'mɛj] (*Fr.*) *adj* (*hochrot*) vermeil, bright-red.

Ver'meil *n* ⟨-s; *no pl*⟩ (*vergoldetes Silber*) vermeil, gilded silver.

ver'mei·nen *v/t* ⟨*no* ge-, h⟩ think, believe, imagine: ich vermeinte, ein Licht zu sehen I imagined I saw a light; er hatte solche Schmerzen, daß er zu sterben vermeinte he had such pain that he thought (*od.* believed) he was going to die.

ver'meint·lich [-'maɪntlɪç] *adj* ⟨*attrib*⟩ **1.** supposed: die ~e Gestalt erwies sich als Baumstumpf the supposed figure turned out to be a tree stump. – **2.** (*mutmaßlich*) alleged, reputed, putative: der ~e Täter the alleged culprit; der ~e Vater des Kindes *jur.* the putative father of the child. – **3.** *jur.* (*Erbe*) presumptive. – **4.** (*vorgeblich*) pretended, alleged, self-styled: der ~e Doktor the pretended doctor.

ver'mel·den *v/t* ⟨*no* ge-, h⟩ **1.** report: er konnte große Erfolge ~ he was able to report great success; er hat hier gar nichts zu ~ *fig. colloq.* he has no say in this. – **2.** j-m etwas ~ *archaic* to inform (*od.* notify) s.o. of s.th., to send s.o. word of s.th.

ver'men·gen I *v/t* ⟨*no* ge-, h⟩ **1.** *cf.* vermischen 1—3. – **2.** *fig.* (*durcheinanderbringen*) jumble (up), mix up. – **II** *v/reflex* sich ~ **3.** *cf.* vermischen II.

ver'mensch·li·chen [-'mɛnʃlɪçən] **I** *v/t* ⟨*no* ge-, h⟩ **1.** humanize *Br. auch* -s-, anthropomorphize *Br. auch* -s-: Götter ~ to humanize the gods, to represent the gods in human form (*od.* with human features). – **2.** (*personifizieren*) personify. – **II V~** *n* ⟨-s⟩ **3.** *verbal noun.* — **Ver'mensch·li·chung** *f* ⟨-; *no pl*⟩ **1.** *cf.* Vermenschlichen. – **2.** humanization *Br. auch* -s-, anthropomorphism, anthropomorphization *Br. auch* -s-. – **3.** personification.

Ver'merk [-'mɛrk] *m* ⟨-(e)s; -e⟩ **1.** (*im Paß etc*) note, notice, notation: einen ~ tragen to bear a note. – **2.** (*Eintrag*) entry: ~ in den Büchern entry in the books. – **3.** (*Aktenvermerk*) memorandum, memo.

ver'mer·ken *v/t* ⟨*no* ge-, h⟩ **1.** (sich *dat*) etwas ~ to make a note of s.th., to note s.th. down, to record s.th., to mark s.th. (down): er hat sich die genaue Stückzahl am Rande vermerkt he noted (*od.* marked) down the exact number of pieces in the margin; ich habe es mir in meinem Notizbuch vermerkt I made a note of it in my notebook; das Eingangsdatum in der Akte ~ to mark the date of receipt (down) in the file. – **2.** (*in Dienstbüchern, Karteien etc*) enter, make an entry of: Einzelheiten sind in der Kartei vermerkt worden particulars have been entered in the card index. – **3.** etwas übel ~ *fig.* to take s.th. amiss (*od.* badly, ill), (*stärker*) to take s.th. in bad part, to take offence (*Am.* offense) at s.th.: man hat es ihm übel vermerkt, daß er it was taken amiss that he.

ver'mes·sen[1] **I** *v/t* ⟨*irr, no* ge-, h⟩ **1.** (*ausmessen*) measure, take the measurement(s) of. – **2.** (*Land, Seegebiet*) survey. – **3.** *mar.* a) (*Seeschiff*) measure the tonnage of, b) (*Jacht*) rate. – **4.** (*den Rauminhalt*) cube, measure. – **5.** (*forestry*) scale. – **II** *v/reflex* sich ~ **6.** (*falsch messen*) measure wrong(ly), make a mistake in (one's) measurement, mismeasure. – **7.** sich ~, etwas zu tun *lit.* to presume (*od.* dare, make bold) to do s.th., to have the audacity (*od.* temerity, impudence) to do s.th.: wie hast du dich ~ können, so etwas zu sagen! how could you dare (to) say such a thing! – **III V~** *n* ⟨-s⟩ **8.** *verbal noun.* – **9.** *cf.* Vermessung.

ver'mes·sen[2] **I** *pp of* vermessen[1]. – **II** *adj* **1.** (*anmaßend, überheblich*) presumptuous, presuming, arrogant: ein ~er Mensch a presumptuous person; er war ~ genug, abfällig über Dinge zu reden, von denen er nichts verstand he was presumptuous enough (*od.* he presumed, he made bold) to speak disparagingly of things he knew nothing about; so etwas zu behaupten ist ~ it is presuming to assert a thing like that. – **2.** (*tollkühn*) daring, bold, hardy, temerarious: ein ~es Unternehmen a bold (*od.* daring) undertaking. – **3.** (*kühn, unverschämt*) audacious, forward, bold, impudent, (*stärker*) insolent.

Ver'mes·sen·heit *f* ⟨-; *no pl*⟩ **1.** (*Anmaßung, Überheblichkeit*) presumption, presumptuousness, arrogance. – **2.** (*Tollkühnheit*) daringness, boldness, hardiness, temerity, temerariousness. – **3.** (*Kühnheit, Unverschämtheit*) audacity, audaciousness, forwardness, boldness, impudence, (*stärker*) insolence.

Ver'mes·ser *m* ⟨-s; -⟩ *civ.eng.* surveyor.

Ver'mes·sung *f* ⟨-; -en⟩ **1.** *cf.* Vermessen[1]. – **2.** measurement. – **3.** (*von Land, See etc*) survey: ~ aus der Luft aerial survey(ing). – **4.** (*space*) tracking. – **5.** *mar.* (*von Schiffsraum*) tonnage measurement.

Ver'mes·sungs|,amt *n* surveyor's office. — **~,ar·beit** *f meist pl* **1.** surveying. – **2.** *civ.eng.* grand (*od.* field) survey. — **~,auf,nah·me** *f* ~ aus der Luft photographic survey, air-to-ground survey photograph. — **~be,am·te** *m* surveying officer, surveyor. — **~,boot** *n* surveying boat. — **~,flug,zeug** *n* aerial survey (*od.* mapping) plane. — **~ge,rät** *n* **1.** measuring instrument. – **2.** *collect.* surveying equipment. — **~in·ge·ni,eur** *m* surveying engineer, geometer. — **~,ka·me·ra** *f* (aerial) survey camera. — **~,kun·de** *f* surveying, geodesy. — **~,punkt** *m* survey point, (auxiliary) fixed point: ~ 1. Ordnung permanent station. — **~,schiff** *n mar.* (hydrographic) survey(ing) vessel. — **~,stab** *m civ.eng.* arrow. — **~sta·ti,on** *f* (*space*) tracking station. — **~,trupp** *m civ.eng.* survey(ing) detachment (*od.* party, crew). — **~,we·sen** *n* ⟨-s; *no pl*⟩ surveying.

ver'mickert (*getr.* -k·k-) [-'mɪkərt], **ver'mie·kert** [-'miːkərt] *adj bes. Northern G. colloq. contempt. for* mickerig.

Ver·mi·cu·li·te [vɛrmiku'liːtə] *pl min.* vermiculites.

ver'mie·sen [-'miːzən] *v/t* ⟨*no* ge-, h⟩ j-m etwas ~ *colloq.* to spoil (*od.* ruin) s.th. for s.o.: ich lasse mir die Reise von keinem ~ I won't have anybody spoil the journey for me.

ver'miet·bar *adj* rentable, *bes. Br.* lettable.

ver'mie·ten I *v/t* ⟨*no* ge-, h⟩ **1.** rent, *bes. Br.* let: j-m (*od.* an j-n) etwas ~ to rent s.th. to s.o., *bes. Br.* to let s.th. to s.o., to let s.o. s.th.; Zimmer zu ~! (*Aufschrift*) rooms for rent (*bes. Br.* to let)! eine Wohnung möbliert ~ to rent an apartment (*bes. Br.* a flat) furnished; die Wohnung wird für 200 Mark im Monat vermietet the apartment (*bes. Br.* flat) is rented (*od.* rents, *bes. Br.* is let, lets) for 200 marks a month. – **2.** *jur.* (*unbewegliche Sachen*) lease, *bes. Br.* let: das Haus ~ to lease the house. – **3.** (*bewegliche Sachen*) hire (out), let (out) (*s.th.*) on hire, *bes. Am.* rent (out): Autos [Liegestühle] ~ to hire (out) cars [deck chairs]; Möbel zu ~ furniture for hire (*bes. Am.* for rent). – **II** *v/i* **4.** rent, *bes. Br.* let: sie vermietet an Urlauber she rents (*bes. Br.* lets) (rooms) to holiday-makers (*Am.* vacationists). – **III V~** *n* ⟨-s⟩ **5.** *verbal noun.* – **6.** *cf.* Vermietung.

Ver'mie·ter *m* ⟨-s; -⟩ **1.** renter, *bes. Br.* letter. – **2.** (*Hauswirt*) landlord. – **3.** (*von beweglichen Gegenständen*) hirer, *bes. Am.* renter. – **4.** *jur.* (*Verpächter*) lessor, *Am.* locator. – **5.** *mar.* owner. — **Ver'mie·te·rin** *f* ⟨-; -nen⟩ (*Hauswirtin*) landlady.

Ver'mie·tung *f* ⟨-; -en⟩ **1.** *cf.* Vermieten. – **2.** renting, *bes. Br.* letting, *Am.* rental. – **3.** *jur.* (*Verpachtung*) lease. – **4.** (*von beweglichen Sachen*) hire, *Am.* rental.

Ver'mie·tungs·bü,ro *n Am.* real estate agency, *Br.* estate agency.

ver'min·dern I *v/t* ⟨*no* ge-, h⟩ **1.** (um by) diminish, lessen, decrease, (*auch zahlenmäßig*) reduce: dieser Umstand würde die Gefahr eines Krieges ~ this fact would lessen (*od.* reduce, minimize *Br. auch* -s-) the danger of war; unsere Schulden konnten bis Ende April auf 1 000 Mark vermindert werden we were able to decrease (*od.* reduce) our debts to 1,000 marks by the end of April. – **2.** (*herabsetzen*) reduce, slacken, decrease: der Zug verminderte seine Geschwindigkeit the train reduced (*od.* eased) speed, the train slowed down. – **3.** (*Achtung, Ehrfurcht etc*) diminish, lessen, detract from: diese Mängel können unsere Bewunderung für seine Leistungen nicht ~ these faults cannot lessen our admiration for his achievements (*od.* cannot detract from his achievements in our eyes). – **4.** *mil.* (*Truppenstärke*) reduce. – **II** *v/reflex* sich ~ **5.** decrease, diminish, lessen: seine Energie hat sich seither nicht vermindert his energy has not decreased (*od.* declined, waned) since; die roten Blutkörperchen ~ sich mehr und mehr the red blood cells decrease (*od.* dwindle) more and more. – **6.** *econ.* decrease, be reduced, decline, lessen, drop, go down, diminish, fall (off): die Einnahmen verminderten sich um die Hälfte the receipts dropped (*od.* were reduced) by a half. – **7.** *med.* (*von Schmerzen*) decrease, subside, grow less, abate. – **III V~** *n* ⟨-s⟩ **8.** *verbal noun.* – **9.** *cf.* Verminderung. — **ver'min·dert I** *pp.* – **II** *adj* **1.** diminished: ~e Leistungsfähigkeit diminished (*od.* reduced) performance; ~e Zurechnungsfähigkeit *jur.* diminished responsibility. – **2.** *econ.* (*Kapital, durch Verluste*) impaired. – **3.** *mus.* diminished: doppelt ~ double diminished. — **Ver'min·de·rung** *f* ⟨-; *no pl*⟩ **1.** *cf.* Vermindern. – **2.** (*der Gefahr etc*) diminution, diminishment. – **3.** (*der Geschwindigkeit etc*) reduction. – **4.** *econ.* decrease, reduction, decline, drop, fall, diminution: eine ~ der Einnahmen a decrease in receipts; ~ des Kapitals impairment (*od.* diminution) of capital. – **5.** *mil.* (*der Truppenstärke*) (*gen* in) reduction.

ver'mi·nen [-'miːnən] *mil.* **I** *v/t* ⟨*no* ge-, h⟩ **1.** mine, lay mines in. – **II V~** *n* ⟨-s⟩ **2.** *verbal noun.* – **3.** mine-laying. — **Ver'mi·nung** *f* ⟨-; -en⟩ *cf.* Verminen.

ver'mi·schen I *v/t* ⟨*no* ge-, h⟩ **1.** mix (*s.th.*) (together), blend, (*mehr als zwei Dinge*) *auch* intermix: man vermische (das) Mehl und (die) Butter (miteinander) blend flour and butter. – **2.** (*Farben, Tabak, Tee etc*) blend, mingle, (inter)mix. – **3.** (*mit Wasser*) dilute, mix, (*bes. betrügerisch*) adulterate: Wein mit Wasser ~ to dilute wine with water, to water wine. – **4.** *biol.* (*Tierrassen*) cross(breed), interbreed. – **5.** *metall.* alloy. – **II** *v/reflex* sich ~ (mit with) **6.** mix, blend, mingle, intermix. – **7.** (*von Farben etc*) blend, mix: die Chemikalien ~ sich leicht the chemicals blend well. – **8.** *biol.* (*von Rassen*) a) interbreed, intermingle, b) (*durch Heirat*) intermarry. – **9.** (*von Rauch etc*) mingle, mix. – **III V~** *n* ⟨-s⟩ **10.** *verbal noun.* – **11.** *cf.* Vermischung. — **ver'mischt I** *pp.* – **II** *adj* **1.** mixed. – **2.** (*Nachrichten etc*) miscellaneous: ~e Schriften (*als Buchtitel*) miscellaneous writings, miscellany *sg.* – **III V~e, das** ⟨*undeclined*⟩ **3.** the miscellaneous: V~es (*als Titel in Zeitungen*) miscellaneous, miscellany. — **Ver'mi·schung** *f* ⟨-; *no pl*⟩ **1.** *cf.* Vermischen. – **2.** mixture, blend. – **3.** *biol.* a) crossing, interbreeding, b) (*durch Heirat*) intermarriage. – **4.** *fig.* (*Wirrwarr*) medley, jumble.

ver'mis·sen *v/t* ⟨*no* ge-, h⟩ **1.** (*Brille, Schlüssel etc*) not be able to find, be missing, miss: ich vermisse meine Brieftasche I can't find (*od.* I am missing, I have lost) my wallet, my wallet is missing; vermißt du nichts? haven't you noticed that s.th. is missing? don't you miss anything? ich vermisse das Buch schon lange I have been looking for (*od.* I have missed) that book for ages (*colloq.*). – **2.** (*Abwesenheit feststellen*) see (*od.* note, notice) that (*s.o., s.th.*) is not there (*od.*

here): ich vermisse heute den Nachtisch I (regret to) see (that) there is no dessert today; ich vermisse noch Herrn X I see that Mr X is not here yet; wir hatten ihn noch gar nicht vermißt we had not (even) noticed that he was not there; wir haben ihn noch gar nicht vermißt we don't miss him at all (*od.* one bit); zwei Personen werden noch vermißt two persons are still missing (*od.* unaccounted for). – **3.** (*schmerzlich*) miss (*s.o., s.th.*) (badly), (*einen Verstorbenen*) *auch* regret the loss of: ich vermisse es [dich] sehr I miss it [you] very badly (*od.* very much); er vermißt seinen verstorbenen Freund sehr he misses his friend very much, he regrets the loss of his friend. – **4.** etwas ~ lassen (*Geschmack, Anstand etc*) to lack (*od.* be lacking in) s.th., to want (*od.* be wanting in) s.th.

ver'mißt I *pp.* – **II** *adj* **1.** (*Brief, Schlüssel etc*) missing, (*verloren*) lost. – **2.** (*verschollen*) missing, *mil.* missing in action: als ~ gemeldet werden to be reported missing; als ~ gelten to be considered missing. — **Ver'miß·te** *m, f* ⟨-n; -n⟩ missing person: die ~n a) the missing (persons), b) *mil.* the missing persons (*od.* personnel *sg*); die Suche nach dem ~n mußte eingestellt werden the search for the missing man had to be called off.

Ver'miß·ten|ˌanˌzei·ge *f* report (*od.* notice) of missing persons: ~ erstatten to report a person missing. — **~ˌmel·dung** *f* **1.** *cf.* Vermißtenanzeige. – **2.** announcement about a missing person. — **~ˌsuch·ˌdienst** *m* (*des Roten Kreuzes*) service for tracing missing persons.

ver'mit·teln [-'mɪtəln] **I** *v/t* ⟨*no* ge-, h⟩ **1.** j-m etwas ~ to obtain (*od.* procure, get) s.th. for s.o., to procure (*od.* get) s.o. s.th.: das Büro vermittelte ihr eine Stelle bei der Firma X the agency placed her with the firm of X; j-m einen Briefpartner im Ausland ~ to get s.o. (*od.* to supply s.o. with) a pen friend abroad; er hat uns den Auftrag vermittelt *econ.* he procured (*od.* secured, got) us the order. – **2.** j-n ~ (*mit einer Arbeitsstelle versorgen*) to place s.o.: das Büro hat sie an die Firma X vermittelt the agency placed her with (*od.* sent her to) the firm of X. – **3.** (*zustande bringen*) arrange, bring about: er hat ein Zusammentreffen zwischen ihnen vermittelt he arranged a meeting between them; eine Heirat ~ to arrange (*od.* negotiate) a marriage, to make a match. – **4.** *econ.* (*als Mittler auftreten bei*) act as intermediary in, mediate: der Kursmakler vermittelt Geschäfte in Wertpapieren the stock broker mediates transactions in securities (*od.* acts as intermediary for the trading of securities). – **5.** (*Bild, Eindruck, Vorstellung, Idee, Gefühl etc*) give, convey. – **6.** (*Kenntnisse, Wissen*) impart. – **7.** (*Einigung etc*) mediate, negotiate: einen Waffenstillstand ~ to mediate an armistice; er vermittelte den Frieden zwischen den beiden kriegführenden Staaten he mediated peace (*od.* negotiated for a peace) between the two belligerent nations. – **II** *v/i* **8.** *bes. pol.* (bei, in *dat* in) mediate, intercede, settle (*od.* adjust, reconcile, compose) differences, act as mediator (*od.* conciliator, go-between): zwischen zwei Gegnern ~ to mediate between two opponents. – **9.** *bes. pol.* (*vermittelnd eingreifen*) mediate, interpose (one's authority), intervene, intercede: in einem Streitfall ~ to mediate (*od.* intercede) in a dispute. – **III V~** *n* ⟨-s⟩ **10.** *verbal noun.* – **11.** *cf.* Vermittlung. — **ver'mit·telnd I** *pres p.* – **II** *adj* conciliatory: ~e Worte sprechen to speak conciliatory words; ~e Schritte unternehmen to mediate, to intercede. – **III** *adv* ~ eingreifen to mediate, to intercede, to intervene, to interpose (one's authority).

ver'mit·tels(t) *prep* ⟨*gen*⟩ by means (*od.* dint) of, with the help of, through.

Ver'mitt·ler *m* ⟨-s; -⟩ **1.** (*in Streitfällen*) mediator, conciliator, intercessor, interceder. – **2.** *pol.* (*Mittelsmann*) intermediary, go-between. – **3.** *econ.* a) (*Zwischenhändler*) agent, middleman, intermediary, intermediate agent, b) (*von Anleihen etc*) negotiator. — **~ˌamt** *n pol.* mediatorship, office of mediator. — **~geˌbühr** *f econ. cf.* Vermittlerprovision.

Ver'mitt·le·rin *f* ⟨-; -nen⟩ **1.** (*in einem Streit*) mediatress, mediatrice, mediatrix. – **2.** *cf.* Vermittler.

Ver'mitt·ler|pro·vi·siˌon *f econ.* **1.** agent's commission. – **2.** (*eines Maklers*) brokerage. — **~ˌrol·le** *f* role (*auch* rôle) (*od.* part) of (a) mediator. — **~ˌtä·tig·keit** *f cf.* Vermittlungstätigkeit.

Ver'mitt·lung *f* ⟨-; -en⟩ **1.** (*eines Auftrags, einer Stelle, Wohnung etc*) procurement: die ~ von Arbeitsplätzen placement. – **2.** (*einer Zusammenkunft etc*) arrangement. – **3.** *bes. econ.* (*einer Anleihe, eines Geschäfts etc*) negotiation. – **4.** (*Schlichtung*) mediation, reconciliation (*od.* adjustment, settlement, composition) of differences. – **5.** *bes. pol.* (*Einschreiten bei einem Konflikt*) intervention, intercession, interposition. – **6.** (*eines Eindrucks, Gefühls etc*) conveyance. – **7.** (*Stelle*) agency. – **8.** *tel.* a) (*Beamter*) telephone operator, b) (*Amt*) exchange. – **9.** (*Vermittlungsdienste*) mediation, good offices *pl* (*od.* services *pl*): seine ~ anbieten to offer mediation, to mediate; sich der ~ von j-m bedienen to accept the mediation of s.o. – **10.** durch die ~ von j-m, durch j-s ~ a) through s.o., through the services (*od.* help) of s.o., b) *bes. pol.* by (*od.* through) the good offices of s.o., through the intermediary (*od.* mediatorship) of s.o.: durch die freundliche ~ des Herrn X by the good offices of Mr. X; ohne seine ~ hätte ich die Bücher nicht erhalten without his services (*od.* help) I would not have got the books, I would not have got the books if he had not obtained them for me.

Ver'mitt·lungs|ak·tiˌon *f pol.* steps *pl* taken toward(s) mediation, mediatory action. — **~ˌamt** *n tel.* (telephone) exchange, *bes. Am.* central. — **~ˌan·geˌbot** *n pol.* offer of mediation, offer to intervene (*od.* mediate). — **~ˌausˌschuß** *m* mediation committee. — **~bü·ˌro** *n* **1.** (*für Stellenvermittlung*) placement (*od.* appointment) bureau. – **2.** (*für Wohnungsvermittlung*) *Am.* real estate agency, *Br.* estate agency. — **~ˌdien·ste** *pl pol. jur.* (*eines dritten Staates*) good offices (*od.* services), mediation *sg.* — **~geˌbühr** *f econ. cf.* Vermittlerprovision. — **~geˌschäft** *n* middlemen's (*od.* agency) business: ~e machen to job, to engage in the intermediation of business. — **~pro·vi·siˌon** *f cf.* Vermittlerprovision. — **~ˌschrank** *m tel.* (telephone) exchange switchboard. — **~ˌstel·le** *f* **1.** agency. – **2.** *tel. cf.* Vermittlungsamt. — **~ˌtä·tig·keit** *f* **1.** *econ.* (*eines Maklers etc*) intermediary function. – **2.** *pol.* function of mediator. — **~verˌfah·ren** *n pol.* conciliation proceedings *pl.* — **~verˌsuch** *m* attempt at mediation (*od.* conciliation). — **~ˌvorˌschlag** *m* proposal for mediation (*od.* settlement), conciliatory proposal.

Ver·mi·zid [vɛrmi'tsiːt] *med. pharm.* **I** *n* ⟨-s; -e⟩ (*Wurmmittel*) vermicide. – **II v~** *adj* (*wurmtötend*) vermicidal.

ver'mö·beln [-'møːbəln] *v/t* ⟨*no* ge-, h⟩ *colloq. cf.* verprügeln.

ver'mo·dern *v/i* ⟨*no* ge-, sein⟩ **1.** (*von Kleidern etc*) rot, molder, *bes. Br.* moulder. – **2.** (*von Blättern, Gebeinen etc*) rot, decompose, molder, *bes. Br.* moulder, decay.

ver'mö·ge [-'møːgə] *prep* ⟨*gen*⟩ *lit.* **1.** (*kraft*) by (*od.* in) virtue of, on the strength of: ~ seiner Stellung by virtue of his position. – **2.** (*auf Grund*) owing to, due to, through: ~ seiner Beziehungen due to his connections (*Br. auch* connexions). – **3.** (*mit Hilfe*) by means (*od.* dint) of.

ver'mö·gen[1] *lit.* **I** *v/aux* ⟨*irr, no* ge-, h⟩ **1.** (*können*) be able to, be capable of: er vermochte ihr nicht in die Augen zu sehen he was not able to (*od.* could not) look her in the eye (*od.* straight in the face); nur wenige vermochten sich zu retten only a few were able to save their lives; ein Eildienst, der allen Ansprüchen zu genügen vermag an express service which can meet all demands. – **2.** (*imstande sein*) be able (*od.* in a position) to: er vermag seine Schulden nicht zu bezahlen he is not in a position to pay his debts. – **II** *v/t* **3.** be able to: wenig bei j-m ~ a) not to be able to get very far with s.o., b) to have little influence on (*od.* over, with) s.o.; sie vermag alles bei ihm a) she gets her way with him, b) she has great influence on (*od.* over, with) him; er vermag nichts gegen diese Entwicklung he can do nothing about (*od.* he has no influence over) this development. – **4.** ich will tun, was ich vermag I'll do what I (possibly) can (*od.* all that lies [with]in my power); ich vermag es nicht I cannot do it, I am not capable of a thing like that; er allein hat es vermocht, sie zur Vernunft zu bringen he was the only one to succeed in bringing (*od.* who managed to bring) her to reason. – **III V~** *n* ⟨-s⟩ **5.** *verbal noun.* – **6.** (*Können*) ability, capacity: das geht über mein V~ that is beyond me (*od.* my capacity); nach (bestem) V~ to the best of one's ability, as far as one can; nach seinem V~ according to one's ability (*od.* capacity). – **7.** (*Macht*) power: das steht nicht in meinem V~ this it not (with)in my power. – **8.** (*Fähigkeit*) faculty, ability, capacity, talent: sein V~, andere Menschen zu verstehen, ist nicht groß he has a limited capacity (*od.* talent, faculty) for understanding (*od.* a limited ability to understand) other people.

Ver'mö·gen[2] *n* ⟨-s; -⟩ **1.** (*Geld u. Gut*) fortune, means *pl*, wealth, substance: er hat ~ he has means; kein ~ besitzen to have no means, to be without means; sein ganzes ~ verlieren to lose all one's fortune (*od.* property); sein ~ verschleudern to squander one's substance; ein ~ erben to come into (*od.* inherit) a fortune. – **2.** *jur.* property: bewegliches ~ movable (*od.* personal) property, movables *pl*, personal estate (*od.* assets *pl*), goods and chattels *pl*, personalty; unbewegliches ~ immovable property, real estate (*od.* property), *Am. auch* realty; elterliches ~ patrimony; gemeinsames ~ joint property; Übertragung von ~ conveyance (*od.* transfer) of property; ~ beschlagnahmen to seize property; ~ besitzen [erwerben] to hold (*od.* own) [to acquire *od.* take] property; ein ~ hinterlassen a) to leave property, b) to leave a fortune; ~ verwalten to administer property. – **3.** *econ.* a) assets *pl*, effects *pl*, b) (*Kapital*) capital, c) (*in der Buchhaltung*) assets *pl*: mit seinem ganzen ~ haften (*von Gesellschaftern*) to be liable with all one's assets (*od.* to the extent of one's property); flüssiges ~ liquid assets *pl* (*od.* capital); sein ~ flüssigmachen (*od.* zu Geld machen) to realize (*Br. auch* -s-) one's assets (*od.* property); sein ~ in Wertpapieren anlegen to invest one's capital (*od.* fortune) in securities. – **4.** (*große Geldsumme*) fortune: er hat sich damit ein ~ verdient (*od.* erworben) he earned (*od.* made) a fortune with (*od.* at) it; das kostet mich ein ~ that will cost me a fortune.

ver'mö·gend *adj* wealthy, rich, well-to-do, well-off (*attrib*): ein ~er Mann a wealthy (*od.* well-to-do) man, a man of property (*od.* wealth, means, substance); seine Familie ist ~ his family is wealthy (*od.* is in affluent circumstances).

Ver'mö·gens|ˌabˌga·be *f econ.* property (*od.* capital) levy. — **~ˌabˌtre·tung** *f jur.* (*an den Gläubiger*) assignment of property. — **~ˌanˌfall** *m* accession of property. — **~ˌanˌla·ge** *f econ.* **1.** (productive) investment. – **2.** capital asset. — **~ˌanˌmel·dung** *f* declaration of property. — **~ˌaufˌstel·lung** *f* **1.** (*des Konkursschuldners*) statement of affairs. – **2.** *cf.* Vermögensbilanz. — **~ˌbal·lung** *f* concentration of wealth. — **~beˌstand** *m* amount of property, assets *pl.* — **~beˌsteue·rung** *f* taxation of property. — **~biˌlanz** *f* statement of assets and liabilities, net asset and liability position, *Am. auch* statement of condition. — **~ˌbil·dung** *f* formation of wealth (*od.* of assets): volkswirtschaftliche ~ total wealth formation. — **~ˌeinˌzie·hung** *f jur.* confiscation of property. — **~er·ˌklä·rung** *f econ. cf.* Vermögensanmeldung. — **~erˌtrag** *m* income (*od.* receipts *pl*) from property. — **~ˌge·genˌstand** *m jur.* property, item (*od.* piece) of property, asset. — **~konˌtrol·le** *f econ.* property control. — **~ˌla·ge** *f econ.* financial condition (*od.* situation, position). — **~ˌmas·se** *f jur.* estate, assets *pl.* — **~ˌmeh·rung** *f econ. cf.* Vermögenszuwachs. — **~ˌnachˌweis** *m* property qualification. — **~ˌrech·te** *pl jur.* property *sg*: Summe der ~ einer Person personal and real property of a person. — **v~ˌrecht·lich** *adj* proprietary. — **~ˌscha·den** *m* (financial) loss. — **~ˌschät·zung** *f* valuation of property. — **~ˌschich·tung** *f econ. pol.* distribution of wealth. — **~ˌsper·re** *f jur.* blocking of property, (*von Guthaben, Konto*) freezing. — **~ˌstand** *m econ. jur.* financial (*od.* pecuniary) status, net asset position, net position on assets and liabilities. — **~ˌsteu·er** *f jur.* property tax. — **~ˌtei·lung** *f* division of property. — **~ˌüber·ˌtra·gung** *f* conveyance (*od.* transfer) of property. — **~ˌumˌschich·tung** *f econ.* redistribution of wealth (*od.* property). — **~verˌfall** *m jur.* **1.** (*Einziehung*) confiscation of property. – **2.** disintegration of a fortune, financial collapse. — **~ver·ˌhält·nis·se** *pl econ.* (pecuniary *od.* financial) circumstances: **schlechte [gute] ~** poor [easy] circumstances. — **~verˌlust** *m jur.* loss of property. — **~verˌwal·ter** *m* custodian, trustee, property administrator, administrator of property, property manager. — **~verˌwal·tung** *f* property management, administration (*od.* custody) of property, (*durch eine Bank*) *auch* trustee work. — **~ˌwer·te** *pl econ.* (property) assets, property *sg*, property holdings, effects: **körperliche [immaterielle] ~** tangible [intangible] property *sg*; **~ im Ausland** assets (held) abroad, foreign (*od.* external) assets; **verfügbare ~** disposable assets. — **v~ˌwirk·sam I** *adj* **~e Leistung** (employer's) capital-forming payment under the employees' savings scheme. – **II** *adv* **~ sparen** to save under the employees' savings scheme. — **~ˌzuˌwachs** *m* increment of assets (*od.* property). — **~ˌzuˌwachs·ˌsteu·er** *f jur.* property-increment tax, tax on the increment value of property, (*Kapitalgewinnsteuer*) capital gains tax.

ver'mög·lich *adj Swiss for* **wohlhabend.**

ver'mor·schen [-'mɔrʃən] *v/i* ⟨*no* ge-, sein⟩ (*von Holz*) rot, decay.

ver'mot·tet [-'mɔtət] *adj* moth-eaten, mothy.

ver'mum·men [-'mʊmən] **I** *v/t* ⟨*no* ge-, h⟩ **1.** (*einhüllen*) muffle (*od.* wrap) (*s.o., s.th.*) up. – **2.** (*verkleiden*) mask, disguise, dress (*s.o.*) up. – **II** *v/reflex* **sich ~ 3.** muffle (*od.* wrap) oneself (up). – **4.** mask (*od.* disguise) oneself, dress oneself up, masquerade. – **III V~** *n* ⟨-s⟩ **5.** *verbal noun.* – **6.** *cf.* **Vermummung.** — **ver'mummt I** *pp.* – **II** *adj* **1. mit ~em Gesicht** with one's face muffled up. – **2.** (*Gestalt*) masked. — **Ver'mumm·te** *m, f* ⟨-n; -n⟩ masked figure, mummer, mask. — **Ver'mum·mung** *f* ⟨-; *no pl*⟩ **1.** *cf.* **Vermummen.** – **2.** (*Verkleidung*) disguise, masquerade.

ver'mu·ren[1] [-'muːrən] *v/t* ⟨*no* ge-, h⟩ *geol.* (*Tal etc*) cover (*od.* fill) (*s.th.*) with mudflow. [moor.]

ver'mu·ren[2] *v/t* ⟨*no* ge-, h⟩ *mar.* (*Schiff*)

ver'murk·sen [-'mʊrksən] *v/t* ⟨*no* ge-, h⟩ *colloq. cf.* **verpfuschen** 1.

ver'mu·ten [-'muːtən] **I** *v/t* ⟨*no* ge-, h⟩ **1.** suppose, expect, *Am. colloq.* guess, reckon, figure: **ich vermute ihn in der Bibliothek** I suppose (that) he is in the library; **ich vermute, er kommt heute noch** I expect he will come today. – **2.** (*annehmen*) presume, assume: **es steht** (*od.* **ist**) **zu ~** (*od.* **man vermutet**), **daß er sich außer Landes begeben hat** it is to be presumed (*od.* it must be assumed) that he has gone abroad, he is presumed to have gone abroad. – **3.** (*schließen*) surmise, conjecture, speculate, guess: **er vermutete mit Recht, daß** he was right in his conjecture that. – **4.** (*erwarten*) expect, anticipate: **er blieb dort, wo ihn niemand vermutete** he stayed (in a place) where no one expected him (to be) (*od.* where no one expected to find him); **ich hatte dich nicht in meinem Zimmer vermutet** I had not expected you to be (*od.* anticipated that you would be) in my room. – **5.** (*argwöhnen*) suspect: **nichts Arges ~** to suspect no harm; **niemand vermutete es** no one suspected it; **ich hatte etwas Ähnliches vermutet** I had suspected s.th. like that (*od.* to that effect); **wer hätte das vermutet?** a) (*geahnt*) who would have dreamt of (*od.* imagined, expected) that? b) (*den Verdacht gehabt*) who would have suspected that? **es wird Brandstiftung vermutet** arson is suspected. – **II V~** *n* ⟨-s⟩ **6.** *verbal noun.* – **7.** *cf.* **Vermutung.**

ver'mut·lich I *adj* ⟨*attrib*⟩ *cf.* **mutmaßlich I, vermeintlich** 1, 2. – **II** *adv* presumably, (*stärker*) probably, likely: **ich habe mich ~ geirrt** I presume I was wrong, I was probably wrong; **~ ist er der Täter** he is presumably the culprit.

Ver'mu·tung *f* ⟨-; -en⟩ **1.** (*Mutmaßung*) supposition, supposal. – **2.** (*Annahme*) presumption, assumption: **das führt zu der ~, daß** that leads to the assumption that, that leads one (*od.* us) to assume that; **die ~ liegt nahe, daß** it can be assumed (*od.* it is highly probable) that. – **3.** (*Spekulation*) conjecture, surmise, speculation, guess(work): **~en anstellen** to make conjectures; **meine ~ war richtig** I was right in my conjecture, my guess was right; **eine reine** (*od.* **bloße**) **~** a mere conjecture (*od.* guess). – **4.** (*Argwohn, Verdacht*) suspicion, hunch (*colloq.*): **eine ~ haben** (*od.* **hegen**) to have a suspicion. – **5.** (*Hypothese*) hypothesis, supposal.

ver'nachˌläs·si·gen [-ˌlɛsɪgən] **I** *v/t* ⟨*no* ge-, h⟩ **1.** (*seine Frau, Kinder, Familie, Kleidung etc*) neglect. – **2.** (*Arbeit, Pflichten etc*) neglect, be negligent of, shirk: **du darfst über dem Vergnügen die Arbeit nicht ~** you must not neglect your work over your pleasure. – **3.** (*Grundstück, Haus etc*) neglect, let (*s.th.*) go, not attend to. – **4.** *fig.* treat (*s.o.*) unkindly, be unkind to, slight: **er ist zeitlebens vom Schicksal vernachlässigt worden** fate has been unkind to him all his life. – **5.** (*außer acht lassen*) disregard, ignore: **die dritte Stelle nach dem Komma können wir ~** we can ignore the third decimal (place). – **II** *v/reflex* **sich ~ 6.** (*in Kleidung, Körperpflege etc*) neglect oneself, let oneself go. – **III V~** *n* ⟨-s⟩ **7.** *verbal noun.* — **Ver'nachˌläs·si·gung** *f* ⟨-; -en⟩ **1.** *cf.* **Vernachlässigen.** – **2.** (*eines Menschen, der Kleidung etc*) neglect. – **3.** (*seiner Arbeit, Pflichten etc*) neglect, shirk, slight. – **4.** (*Außerachtlassung*) disregard.

ver'na·geln *v/t* ⟨*no* ge-, h⟩ **1.** (*Kiste etc*) nail (up). – **2.** (*Tür, Fenster etc*) board up: **die Öffnung wurde mit Brettern vernagelt** the opening was boarded up (*od.* over), boards were nailed over (*od.* across) the opening. — **ver'na·gelt I** *pp.* – **II** *adj* **1. ~ sein** *fig. colloq.* a) (*begriffsstutzig*) to be slow in (*od.* on) the uptake (*colloq.*), b) (*engstirnig*) to be narrow- (*od.* small)-minded: **ich war wie ~** my mind was a blank. – **2.** → **Welt** 1.

ver'nä·hen *v/t* ⟨*no* ge-, h⟩ **1.** (*befestigen*) sew (*s.th.*) on. – **2.** (*zu Ende nähen*) finish (*s.th.*) off, sew (*s.th.*) up. – **3.** (*beim Nähen verbrauchen*) use (*od.* finish) (*s.th.*) up. – **4.** *med.* (*Wunde*) suture, sew (up), stitch.

ver'nar·ben [-'narbən] **I** *v/i* ⟨*no* ge-, sein⟩ **1.** *med.* a) scar (over), form a scar, cicatrize *Br. auch* -s- (*scient.*), b) (*sich überhäuten*) skin (over). – **2.** *fig.* heal. – **II V~** *n* ⟨-s⟩ **3.** *verbal noun.* — **Ver'nar·bung** *f* ⟨-; -en⟩ **1.** *cf.* **Vernarben.** – **2.** *med.* formation of a scar; cicatrization *Br. auch* -s-, ulosis (*scient.*).

ver'nar·ren *v/reflex* **1. sich in j-n ~** to become infatuated with s.o., to fall for s.o. (*colloq.*). – **2. sich in** (*acc*) **etwas ~** (*in ein Kleid, eine Stadt etc*) to fall in love with s.th. — **ver'narrt I** *pp.* – **II** *adj* **1. in j-n ~ sein** to be infatuated (*od.* smitten) with s.o., to be crazy (*od. colloq.* mad, *sl.* nuts) about s.o.; to be struck (*auch* stuck) on s.o., to have a crush on s.o. (*sl.*). – **2. in** (*acc*) **etwas ~ sein** to be crazy (*od. colloq.* mad, *sl.* nuts) about s.th. — **Ver'narrt·heit** *f* ⟨-; *no pl*⟩ (in *acc*) **1.** infatuation (with). – **2.** crazy (*od. colloq.* mad) notion (about).

ver'na·schen *v/t* ⟨*no* ge-, h⟩ **1. sein Geld ~** to spend one's money on sweets. – **2.** *fig. colloq.* (*ein Mädchen*) 'make', have it off with, 'lay' (*alle sl.*), go to bed with: **sie läßt sich leicht ~** she is an easy lay (*sl.*).

ver'ne·beln I *v/t* ⟨*no* ge-, h⟩ **1.** *mil.* screen, conceal (*s.th.*) by smoke, cover (*s.th.*) with a smoke screen, lay an artificial screen over. – **2.** *chem. tech.* (*in Nebel verwandeln*) atomize *Br. auch* -s-, nebulize *Br. auch* -s-. – **3.** *fig.* (*Tatsachen etc*) obscure, befog. – **4.** *colloq. humor.* (*Zimmer*) fug up (*colloq.*). – **II V~** *n* ⟨-s⟩ **5.** *verbal noun.* — **Ver'ne·be·lung, Ver'neb·lung** *f* ⟨-; *no pl*⟩ **1.** *cf.* **Vernebeln.** – **2.** *mil.* concealment (by smoke), (smoke) screen. – **3.** *chem. tech.* atomization *Br. auch* -s-, nebulization *Br. auch* -s-. – **4.** *fig.* obscuration.

ver'nehm·bar *adj* **1.** audible. – **2.** (*wahrnehmbar*) perceptible. – **3.** *jur. cf.* **vernehmungsfähig.** — **Ver'nehm·bar·keit** *f* ⟨-; *no pl*⟩ **1.** audibility, audibleness. – **2.** (*Wahrnehmbarkeit*) perceptibility, perceptibleness. – **3.** *jur. cf.* **Vernehmungsfähigkeit.**

ver'neh·men I *v/t* ⟨*irr, no* ge-, h⟩ **1.** *lit.* (*hören*) hear: **das Geräusch war deutlich zu ~** the noise could be heard distinctly (*od.* was distinctly audible). – **2.** (*wahrnehmen, bemerken*) perceive. – **3.** (*erfahren*) learn, hear: **wie man vernimmt** rumo(u)r has it; **später vernahm ich jedoch, daß** but I learned later that. – **4. ~ lassen, daß** to intimate that: **er hat sich unzweideutig darüber ~ lassen, daß** he intimated quite clearly (*od.* he made it quite clear) that. – **5.** *jur.* hear, examine, interrogate, question: **der Angeklagte wurde vernommen** the accused was heard; **als Zeuge vernommen werden** to be heard as a witness, to be called to the witness stand (*Br.* [in]to the witness-box). – **II V~** *n* ⟨-s⟩ **6.** *verbal noun.* – **7. dem V~ nach** from what one hears (*od.* understands), according to reports; **sicherem V~ nach** according to reliable reports. – **8.** *cf.* **Vernehmung.**

Ver'nehmˌlas·sung [-ˌlasʊŋ] *f* ⟨-; -en⟩ *Swiss for* a) **Stellungnahme,** b) **Verlautbarung** 2. — **Ver'nehmˌlas·sungs·ver·ˌfah·ren** *n Swiss jur. stage in legislation when a government bill is submitted to various interested bodies for comment before being formally introduced in parliament.*

ver'nehm·lich I *adj* **1.** (*klar, deutlich*) clear, distinct: **mit ~er Stimme** in a clear voice. – **2.** (*hörbar*) audible. – **II** *adv* **3.** clear(ly), distinctly: **laut und ~ antworten** to answer loud and clear. – **4.** audibly: **sich ~ räuspern** to clear one's throat audibly.

Ver'neh·mung *f* ⟨-; -en⟩ **1.** *cf.* **vernehmen** 6. – **2.** *jur.* (*Verhör, gerichtliche Befragung*) examination, interrogation.

Ver'neh·mungs|beˌam·te *m jur.* interrogator. — **v~ˌfä·hig** *adj* in a condition to be examined. — **~ˌfä·hig·keit** *f* ⟨-; *no pl*⟩ condition to be examined.

ver'nei·gen I *v/reflex* ⟨*no* ge-, h⟩ **sich ~** (vor *dat*) **1.** *lit.* bow (to): **sich ehrfurchtsvoll vor j-m ~** to bow to s.o. respectfully. – **2.** (*einen Hofknicks machen*) curts(e)y (to), make (*od.* drop, bob) a curts(e)y (to). – **3.** *fig.* bow down (before): **die Musikwelt verneigt sich vor ihm** the music world bows before him (*od.* pays him its respects). – **II V~** *n* ⟨-s⟩ **4.** *verbal noun.* — **Ver'nei·gung** *f* ⟨-; -en⟩ (vor *dat*) **1.** *cf.* **Verneigen.** – **2.** bow (to). – **3.** (*Hofknicks*) curts(e)y (to).

ver'nei·nen [-'naɪnən] **I** *v/t* ⟨*no* ge-, h⟩ **1.** (*eine Frage*) answer (*s.th.*) in the negative, say no to. – **2.** (*leugnen, in Abrede stellen*) deny, negate: **er verneint die Existenz Gottes** he denies the existence of God. – **3.** (*ablehnen*) reject: **ich muß seine Haltung entschieden ~** I must reject his attitude emphatically. – **4.** (*durch Widerspruch*) contradict, gainsay: **diese These muß ich ~** I must contradict this thesis. – **II V~** *n* ⟨-s⟩ **5.** *verbal noun.* – **6.** *cf.* **Verneinung.** — **ver'nei·nend I** *pres p.* – **II** *adj* **1.** *ling.* a) (*Wort, Satz*) negative, b) (*Präfix*) privative: **~er Satz** a) negative sentence, b) negative clause; **~e Aussage** negative statement. – **2.** (*ablehnend*) negative, negatory. – **III** *adv* **3. ~ den Kopf schütteln** to shake one's head. — **Ver'nei·ner** *m* ⟨-s; -⟩ negator. — **Ver'nei·nung** *f* ⟨-; -en⟩ **1.** *cf.* **Verneinen.** – **2.** (*Leugnung*) denial, negation. – **3.** (*Ablehnung*) rejection. – **4.** (*Widerspruch*) contradiction. – **5.** *ling. philos.* negation.

Ver'nei·nungs|ˌfall *m only in* **im ~(e)** in (the) case of a negative reply. — **~parˌti·kel** *f ling.* negative (*od.* privative) particle. — **~ˌsatz** *m* **1.** negative clause. – **2.** negative sentence. — **~ˌwort** *n* ⟨-(e)s; "er⟩ negative.

'Ver·ner·sches Ge'setz ['vɛrnərʃəs] *n ling.* Verner's law.

ver'neunˌfa·chen [-ˌfaxən] **I** *v/t* ⟨*no* ge-, h⟩ increase (*s.th.*) ninefold. – **II** *v/reflex* **sich ~** increase ninefold. – **III V~** *n* ⟨-s⟩ *verbal noun.* — **Ver'neunˌfa·chung** *f* ⟨-; *no pl*⟩ **1.** *cf.* **Verneunfachen.** – **2.** ninefold increase.

ver'nich·ten [-'nɪçtən] **I** *v/t* ⟨*no* ge-, h⟩ **1.** (*Briefe, Papiere, Akten, Indizien, Vor-*

räte etc) destroy. – **2.** (*Menschenleben, Stadt, Feind, Armee etc*) destroy, annihilate, wipe (*s.th.*) out, exterminate. – **3.** (*zerstören, verwüsten*) destroy, demolish. – **4.** *mil.* (*dem Erdboden gleichmachen*) (*Stadt*) raze (*od.* level) (*a city*) (to the ground), flatten, obliterate. – **5.** (*Pflanzen, Ungeziefer etc*) exterminate, extirpate, eradicate, kill. – **6.** (*Ernte etc*) destroy, ruin. – **7.** *fig.* (*Hoffnungen, Pläne etc*) destroy, dash, shatter. – **8.** *fig.* (*Glück, guten Ruf etc*) ruin, wreck: diese Ehe hat ihr Leben vernichtet this marriage has ruined her life. – **9.** *fig.* (*niederschmettern*) crush: j-n durch scharfe Worte [Kritik] ~ to crush s.o. with scathing remarks [criticism]. – **10.** *phys.* (*Energie, Masse etc*) annihilate. – **II** *v/reflex* **11.** sich (selbst) ~ to destroy oneself. – **III V~** *n* ⟨-s⟩ **12.** *verbal noun.* – **13.** *cf.* Vernichtung. — **ver'nich·tend I** *pres p.* – **II** *adj* **1.** (*Wirkung etc*) destructive, devastating. – **2.** *fig.* (*Kritik, Worte etc*) scathing: sie fällte ein ~es Urteil über ihn she pronounced a scathing judg(e)ment (up)on him, she made mincemeat of him (*colloq.*). – **3.** (*Antwort, Schlag, Niederlage etc*) crushing. – **4.** (*Blick*) withering. – **III** *adv* **5.** j-n ~ schlagen *mil.* (*sport*) to beat s.o. hollow (*colloq.*). — **Ver'nich·tung** *f* ⟨-; *no pl*⟩ **1.** *cf.* Vernichten. – **2.** (*von Briefen, Papieren, Akten etc*) destruction. – **3.** (*von Menschenleben, Städten, Feinden etc*) destruction, annihilation, extermination. – **4.** (*Zerstörung, Verwüstung*) destruction, demolition. – **5.** (*völlige*) obliteration. – **6.** (*von Pflanzen, Ungeziefer etc*) extermination, extirpation, eradication. – **7.** (*der Ernte etc*) destruction, ruin(ation). – **8.** *fig.* (*von Hoffnungen, Plänen etc*) destruction. – **9.** *fig.* (*von Glück, Ruf etc*) ruin(ation), wreckage. – **10.** *phys.* annihilation.

Ver'nich·tungs|,feu·er *n mil.* destruction (*od.* annihilating) fire. — **~,kampf** *m* internecine combat. — **~,krieg** *m* internecine war. — **~,la·ger** *n* extermination camp. — **~,mit·tel** *n* **1.** destructive agent. – **2.** (*gegen Insekten*) insecticide, larvicide, *auch* larvacide, vermicide. – **3.** (*gegen Unkraut*) herbicide, weedicide, weed killer. — **~,schlacht** *f* battle of annihilation. — **~,schlag** *m* **1.** *mil.* annihilating blow. – **2.** *fig.* final blow: zum ~ ausholen to deal the final blow. — **~,waf·fe** *f* weapon of destruction. — **~,wut** *f* destructive rage (*od.* fury).

ver'nickeln (*getr.* -k·k-) [-'nıkəln] *metall.* **I** *v/t* ⟨*no* ge-, h⟩ **1.** (plate [*s.th.*] with) nickel. – **2.** (*galvanisch*) nickel-plate. – **II V~** *n* ⟨-s⟩ **3.** *verbal noun.* — **Ver'nicke·lung** (*getr.* -k·k-), **Ver'nick·lung** *f* ⟨-; *no pl*⟩ *cf.* Vernickeln.

ver'nied·li·chen [-'niːtlıçən] **I** *v/t* ⟨*no* ge-, h⟩ (*Schwierigkeiten, Probleme etc*) belittle, play (*s.th.*) down, minimize *Br. auch* -s-, make (*s.th.*) look harmless. – **II V~** *n* ⟨-s⟩ *verbal noun.* — **Ver'nied·li·chung** *f* ⟨-; -en⟩ **1.** *cf.* Verniedlichen. – **2.** belittlement, minimization *Br. auch* -s-.

Ver·ni'er-,Trieb,werk [vɛr'nĭeː-] *n* (*space*) vernier engine (*od.* motor).

ver'nie·ten *tech.* **I** *v/t* ⟨*no* ge-, h⟩ rivet. – **II V~** *n* ⟨-s⟩ *verbal noun.* — **Ver'nie·tung** *f* ⟨-; *no pl*⟩ *cf.* Vernieten.

Ver·nis·sa·ge [vɛrnı'saːʒə] *f* ⟨-; -n⟩ (*Eröffnung einer Kunstausstellung*) varnishing day, vernissage.

Ver·nix ca·seo·sa ['vɛrnıks kaze'oːza] *f* ⟨- -; *no pl*⟩ *med.* vernix (caseosa), smegma embryonum.

Ver'nunft [-'nʊnft] *f* ⟨-; *no pl*⟩ **1.** (*gesunder Menschenverstand*) common sense, reason, wit: das geht wider (*od.* gegen) die ~ that goes against the laws of common sense; das sagt mir schon meine ~ my common sense (even) tells me that; ~ walten lassen to allow oneself to be governed by reason, to use common sense. – **2.** (*Einsicht, Besonnenheit*) good sense, reason, sense(s *pl*): nimm doch ~ an! have (a bit of) sense! be sensible! (will you) listen to reason! aller ~ beraubt sein to be devoid of all good sense; j-n wieder zur ~ bringen to bring s.o. back to his senses (*od.* to reason); er ist endlich wieder zur ~ gekommen he has come back to his senses again; j-m ~ predigen to talk (some *od.* a bit of) sense into s.o.; ob er wohl jemals zur ~ kommt (*od.* gelangt)? I wonder whether he will ever have (*od.* learn [to have]) sense! – **3.** (*Begriffsvermögen*) understanding, intellectual capacity: die ~ und der Wille the understanding and the will; das ist zuviel für die ~ eines Kindes that is beyond a child's intellectual capacity, that is too much for a child to understand. – **4.** *philos.* intellect, nous (*scient.*). — **v~be-,gabt** *adj* rational, reasonable, endowed with reason. — **~,ehe** *f* marriage of convenience.

Ver·nünf·te'lei *f* ⟨-; -en⟩ *contempt.* sophistry, subtlety, hairsplitting, *Br.* hair-splitting. — **ver'nünf·teln** [-'nʏnftəln] *v/i* ⟨*no* ge-, h⟩ subtilize *Br. auch* -s-, split hairs.

ver'nunft·ge,mäß I *adj* reasonable, sensible, commonsense (*attrib*); commonsensible, commonsensical (*colloq.*). – **II** *adv* according to reason, sensibly; commonsensibly, commonsensically (*colloq.*).

Ver'nunft|,glau·be(n) *m* rationalism. — **~,gläu·bi·ge** *m, f* rationalist. — **~,grund** *m meist pl* rational argument: auf Vernunftgründe hören to listen to reason; aus Vernunftgründen for reasons of common sense; Vernunftgründen nicht zugänglich sein not to be willing to listen to reason, to be unamenable to reason. — **~,hei·rat** *f* marriage of convenience.

ver'nünf·tig [-'nʏnftıç] **I** *adj* **1.** (*Person, Ansicht, Antwort, Entscheidung, Frage, Vorschlag etc*) sensible: er ist für sein Alter schon sehr ~ he is very sensible for his age; er wird schon noch ~ werden he'll develop sense (*od.* he'll sober up) some day; dazu solltest du schon zu ~ sein you ought to be too sensible for that, you ought to have more sense (than [to do] that), you ought to know better (than [to do] that); das muß doch jedem ~en Menschen einleuchten anyone (*od.* any man) in his senses (*od.* in his right mind) must see that; ich kann heute keinen ~en Gedanken fassen I can't think (properly) today; sei doch ~! be sensible! have (a bit of) sense! – **2.** (*umsichtig, besonnen*) sober-minded, judicious, level-headed, considerate, sane. – **3.** *colloq.* (*annehmbar, vertretbar*) reasonable: ein Lokal mit ~en Preisen a restaurant with reasonable prices, a reasonable restaurant; ein ganz ~er Aufsatz quite a reasonable essay; das klingt ganz ~ that sounds reasonable. – **4.** *colloq.* (*ordentlich, gescheit*) 'decent' (*colloq.*): kauf dir doch endlich einmal ein ~es Auto buy yourself a decent car for once (*od.* a change). – **5.** *colloq.* (*tüchtig, gehörig*) good, 'proper' (*colloq.*): er braucht eine ~e Tracht Prügel he needs a good thrashing. – **II** *adv* **6.** sensibly: ~ urteilen [denken] to judge [to think] sensibly: ~ mit j-m reden to have a sensible (*od.* straight) talk with s.o.; man kann sich mit ihm nicht ~ unterhalten you can't talk sensibly (*od.* carry on a sensible conversation) with him. — **ver'nünf·ti·ger'wei·se** *adv* sensibly: ~ sagte er nein sensibly enough he said no, he had the good sense to say no.

Ver'nünf·tig·keit *f* ⟨-; *no pl*⟩ **1.** sensibleness. – **2.** (*Umsichtigkeit etc*) judiciousness, level-headedness, considerateness, sanity. – **3.** *colloq.* (*Vertretbarkeit*) reasonableness.

ver'nunft·los *adj* (*Tiere etc*) irrational, unreasonable.

ver'nunft,mä·ßig *adj* (*Entscheidung etc*) rational.

Ver'nunft|,mensch *m* rational person. — **~,recht** *n philos.* law of reason. — **~-,schluß** *m* syllogism. — **v~,wid·rig** *adj* **1.** (*Handeln etc*) unreasonable, contrary to reason. – **2.** (*Denken etc*) irrational, illogical, unreasonable. – **3.** (*absurd*) absurd. — **~,wid·rig·keit** *f* ⟨-; *no pl*⟩ **1.** (*im Handeln*) unreasonableness. – **2.** (*im Denken*) irrationality, illogicalness, unreasonableness. – **3.** (*Absurdität*) absurdity.

ver'nu·ten *tech.* **I** *v/t* ⟨*no* ge-, h⟩ *tech. cf.* nuten.

ver'öden [-'ʔøːdən] **I** *v/i* ⟨*no* ge-, sein⟩ **1.** become desolate. – **2.** (*sich entvölkern*) become deserted (*od.* depopulated), depopulate. – **II** *v/t* ⟨h⟩ **3.** *med.* a) (*Gefäße*) sclerose, obliterate, b) (*in der Anatomie*) atrophy, obliterate. – **III V~** *n* ⟨-s⟩ **4.** *verbal noun.* — **Ver'ödung** *f* ⟨-; *no pl*⟩ **1.** *cf.* Veröden. – **2.** desolation. – **3.** (*durch Entvölkerung*) depopulation. – **4.** *med.* a) (*von Gefäßen*) obliteration, (*mit Kauter*) electrodesiccation, b) (*in der Anatomie*) obliteration.

ver'öf·fent·li·chen [-'ʔœfəntlıçən] **I** *v/t* ⟨*no* ge-, h⟩ **1.** (*Buch, Bild, Roman etc*) publish, bring out, issue. – **2.** (*Nachricht, Leserbrief, Stellungnahme etc*) publish, publicize, make (*s.th.*) public. – **3.** (*Gesetz*) promulgate. – **II V~** *n* ⟨-s⟩ **4.** *verbal noun.* — **Ver'öf·fent·li·chung** *f* ⟨-; -en⟩ **1.** *cf.* Veröffentlichen. – **2.** (*eines Buches, Leserbriefes, einer Rede etc*) publication: amtliche ~ official publication; etwas zur ~ freigeben to release s.th. for publication; nicht zur ~ bestimmt sein not to be intended for publication, to be off the record (*colloq.*). – **3.** (*eines Gesetzes*) promulgation.

Ver'öf·fent·li·chungs|,recht *n jur.* right of publication. — **~,rei·he** *f* serial.

Ve·ro·ne·se [vero'neːzə] *m* ⟨-n; -n⟩, **Ve·ro'ne·ser** *m* ⟨-s; -⟩ (*Einwohner von Verona*) Veronese. — **ve·ro'ne·sisch** *adj* Veronese, (of) Verona.

Ve·ro·ni·ka [ve'roːnika] *f* ⟨-; -niken⟩ **1.** *bot.* veronica (*Gattg Veronica*). – **2.** *colloq. girl who has affairs with soldiers of occupation troops.*

ver'opern [-'ʔoːpərn] *v/t* ⟨*no* ge-, h⟩ *colloq.* (*Stoff etc*) turn (*s.th.*) into an opera.

ver'ord·nen I *v/t* ⟨*no* ge-, h⟩ **1.** *med.* a) (*Kur, Bettruhe etc*) order, b) (*durch ein Rezept*) prescribe: der Arzt hat ihm Bettruhe verordnet the doctor ordered him to (stay in) bed (*od.* ordered bed rest for him); j-m Tabletten ~ to prescribe s.o. tablets, to prescribe tablets for s.o.; wenn vom Arzt nicht anders verordnet unless otherwise prescribed (*od.* advised) by your physician. – **2.** (*verfügen, anordnen*) decree, ordain: ~, daß to decree that. – **II V~** *n* ⟨-s⟩ **3.** *verbal noun.* — **Ver'ord·nung** *f* ⟨-; -en⟩ **1.** *med.* a) (*einer Kur etc*) order, b) (*durch Rezept*) prescription: nach ärztlicher ~ einzunehmen to take as prescribed by the physician. – **2.** (*Verfügung, Verordnung*) decree, ordinance: eine ~ erlassen to issue (*od.* publish) a decree. – **3.** *jur.* (*von Exekutive erlassene Verfügung*) statutory regulation.

Ver'ord·nungs|,blatt *n* official gazette. — **~,ta·fel** *f* ordinance board. — **~,weg** *m only in* auf dem ~(e) by (way of) ordinance (*od.* decree).

ver'paa·ren *v/reflex* ⟨*no* ge-, h⟩ sich ~ *biol. zo. cf.* paaren 5.

ver'pach·ten *jur.* **I** *v/t* ⟨*no* ge-, h⟩ **1.** lease, rent, *bes. Br.* let, (*bes. Waldland*) arrent, (*zum Betrieb gegen Pachtzins überlassen*) farm out: Grundbesitz auf Zeit ~ to demise an estate; verpachtet werden to be rented (*bes. Br.* let), to rent, *bes. Br.* to let. – **II V~** *n* ⟨-s⟩ **2.** *verbal noun.* – **3.** *cf.* Verpachtung. — **Ver'päch·ter** *m* lessor, *Am.* locator. — **Ver'pach·tung** *f* **1.** *cf.* Verpachten. – **2.** lease, (*von Grundbesitz*) demise.

ver'packen (*getr.* -k·k-) **I** *v/t* ⟨*no* ge-, h⟩ (in *dat od. acc* in) **1.** pack (up), (*bes. Einzelverpackung*) package: etwas gut ~ to pack(age) s.th. well; etwas in Ballen ~ to bale s.th.; jedes Teil einzeln ~ to pack each item separately; Waren sachgemäß ~ to pack goods in the proper manner; handelsüblich ~ to pack as usual in trade. – **2.** (*in Papier*) wrap (*s.th.*) up: etwas als Geschenk ~ to wrap s.th. up as a gift. – **II V~** *n* ⟨-s⟩ **3.** *verbal noun.* – **4.** *cf.* Verpackung. — **Ver'packer** (*getr.* -k·k-) *m* ⟨-s; -⟩ packer, *auch* baler. — **ver'packt I** *pp.* – **II** *adj* packed: im Karton ~ packed in a box, boxed; Ware lose oder ~ kaufen to buy bulk (*od.* loose) or packed goods. — **Ver'packung** (*getr.* -k·k-) *f* ⟨-; -en⟩ **1.** *cf.* Verpacken. – **2.** (*Behältnis*) packing, package: mangelhafte ~ defective (*od.* faulty) packing; einschließlich ~, ~ frei packing included; ~ nicht inbegriffen, ~ wird gesondert berechnet packing not included, packing extra; seemäßige ~ seaworthy (*od.* sea-tight) packing; wiederverwendbare ~ reusable packing; ~ zur einmaligen Verwendung disposable packing; zuzüglich ~ plus packing. – **3.** (*Material*) packing (material), (*Papier*) wrapping, wrapper.

Ver'packungs|,art (*getr.* -k·k-) *f* **1.** manner (*od.* method) of packing. – **2.** (*Material*) type of packing. — **~,band** *n* ⟨-(e)s; ⸚er⟩ *tech.* bale tie, (*für Baumwollballen*) cotton tie. — **~be,trieb** *m* (*bes. in der chemischen Industrie*) packing plant. — **~ge,wicht** *n* tare (weight), weight of packing. — **~in·du-,strie** *f* packaging industry. — **~,ko·sten** *pl* packing cost *sg* (*od.* charges). — **~,lein-**

ˌ**wand** *f* sackcloth, sacking. — ~**maˌschi·ne** *f* packing (*od.* packaging) machine, packer. — ~**ma·te·riˌal** *n* **1.** packing (*od.* packaging) material. – **2.** (*Papier*) wrapping, wrapper. — ~ˌ**sack** *m aer.* (*von Fallschirmen*) parachute pack. — ~ˌ**vorˌschrif·ten** *pl* packing instructions.

ver'paf·fen *v/t* ⟨*no* ge-, h⟩ sein Geld ~ *colloq.* to waste one's money on smoking (*od.* tobacco).

ver'päp·peln *v/t* ⟨*no* ge-, h⟩ *colloq.* (*Kind*) mollycoddle, pamper, cosset. — **ver'päp·pelt I** *pp.* – **II** *adj* er ist ~ *colloq.* he is a mollycoddle.

ver'pas·sen[1] *v/t* ⟨*no* ge-, h⟩ **1.** (*richtigen Augenblick, Zug etc*) miss: den Anschluß ~ a) to miss one's connection (*Br. auch* connexion), b) *fig.* to miss the bus (*sl.*); eine Gelegenheit ~ to miss (*od.* lose, waste) an opportunity. – **2.** (*bewußt nicht wahrnehmen*) let (*s.th.*) slip (*od.* go).

ver'pas·sen[2] *v/t* ⟨*no* ge-, h⟩ **1.** *fig. colloq.* (*in Wendungen wie*) j-m eine (Ohrfeige) ~ to land (*od.* clout, paste) s.o. one (on the ear) (*colloq.*); j-m eins ~ to get one's own back on s.o.; → Denkzettel 1. – **2.** *mil. colloq.* (*Kleidung*) fit: einem Soldaten eine Uniform ~ to fit a soldier with a uniform.

ver'paßt I *pp of* verpassen[1] *u.* [2]. – **II** *adj* (*Gelegenheit*) lost, missed, wasted.

ver'pat·zen *v/t* ⟨*no* ge-, h⟩ *colloq.* **1.** (*Abend, Note etc*) mess (*s.th.*) up, spoil, (*stärker*) ruin: dadurch habe ich mir die letzte Chance verpatzt that has messed up (*od.* ruined) my last chance. – **2.** *cf.* verpfuschen 1.

ver'pen·nen *colloq.* **I** *v/i u.* sich ~ *v/reflex* ⟨*no* ge-, h⟩ **1.** sleep in, oversleep (oneself). – **II** *v/t* **2.** (*die Zeit, Termin etc*) miss (*s.th.*) by oversleeping, oversleep. – **3.** (*einen ganzen Tag etc*) waste (*od.* spend) (*s.th.*) sleeping.

ver'pe·sten [-'pɛstən] **I** *v/t* ⟨*no* ge-, h⟩ **1.** (*Luft etc*) pollute, contaminate, foul, vitiate: die Luft mit Tabakrauch ~ to pollute the air (*od.* to make the air reek) with tobacco smoke. – **2.** *fig.* (*Atmosphäre etc*) contaminate, (*stärker*) poison. – **II V**~ *n* ⟨-s⟩ **3.** *verbal noun.* — **Ver'pe·stung** *f* ⟨-; *no pl*⟩ **1.** *cf.* Verpesten. – **2.** pollution, contamination, vitiation.

ver'pet·zen *v/t* ⟨*no* ge-, h⟩ *colloq.* **1.** j-n ~ to tell (*od.* squeal, squeak) on s.o. (*colloq.*), (*einen Mitschüler*) *auch* to tell tales about s.o., to peach on (*od.* against) s.o. (*sl.*), *Br. sl.* to sneak on s.o. – **2.** etwas ~ to let s.th. out, to blab (s.th.).

ver'pfäh·len *v/t* ⟨*no* ge-, h⟩ *civ.eng.* strengthen (*s.th.*) with piles, pile.

ver'pfänd·bar *adj* **1.** pledgeable. – **2.** (*hypothekarisch belastbar*) (*Grundstück*) mortgageable.

ver'pfän·den I *v/t* ⟨*no* ge-, h⟩ **1.** (*im Pfandhaus etc*) pawn, pledge, give (*od.* deposit) (*s.th.*) in pawn (*od.* pledge), hock (*sl.*), *Br. sl.* pop: j-m etwas ~ to pawn (*od.* pledge) s.th. to s.o.; dafür verpfände ich mein Leben I'll pledge (*od.* stake) my life on that. – **2.** *jur.* (*hypothekarisch*) mortgage, hypothecate, (*zum Pfand* [*od.* *Faustpfand*] *geben*) pawn. – **3.** *mar.* (*Schiff*) pledge (*a ship*) by a bottomry bond. – **4.** *econ.* pledge, (*bes. schwimmende Güter*) hypothecate. – **II V**~ *n* ⟨-s⟩ **5.** *verbal noun.* — **ver'pfän·det I** *pp.* – **II** *adj* ~ sein to be in pledge (*od.* in pawn). — **Ver'pfän·dung** *f* ⟨-; *no pl*⟩ **1.** *cf.* Verpfänden. – **2.** pledge, pawn(age): aus der ~ lösen to take out of pawn. – **3.** *jur.* mortgage, hypothecation. – **4.** *mar.* a) (*eines Schiffes*) bottomry, b) (*der Ladung*) respondentia.

ver'pfei·fen *v/t* ⟨*irr, no* ge-, h⟩ *colloq.* **1.** j-n ~ (*einen Komplicen etc*) to squeal (*od.* squeak) on s.o. (*colloq.*), to grass (*od.* put the finger) on s.o. (*sl.*), to inform against s.o. – **2.** etwas ~ to let s.th. out, to blab (s.th.)

ver'pflanz·bar *adj med.* transplantable, fit for grafting.

ver'pflan·zen I *v/t* ⟨*no* ge-, h⟩ **1.** *hort.* transplant: man sollte einen so alten Menschen wie ihn nicht mehr ~ *fig. colloq.* one should not transplant a person of his age. – **2.** *med.* (*Haut, Organ*) transplant, graft. – **II V**~ *n* ⟨-s⟩ **3.** *verbal noun.* — **Ver'pflanzung** *f* ⟨-; -en⟩ **1.** *cf.* Verpflanzen. – **2.** *hort.* transplant(ation). – **3.** *med.* transplant(ation), graft.

ver'pfle·gen I *v/t* ⟨*no* ge-, h⟩ **1.** (*Gäste etc*) board. – **2.** (*arme Bevölkerung etc*) feed, supply (*s.o.*) with food, victual. – **3.** *mil.* a) ration, supply (*s.o.*) with rations, b) (*Heer*) provision, victual. – **II** *v/reflex* **4.** sich selbst ~ to cook for oneself, to cook one's own meals. – **III V**~ *n* ⟨-s⟩ **5.** *verbal noun.* — **Ver'pfle·gung** *f* ⟨-; -en⟩ **1.** *cf.* Verpflegen. – **2.** food: wie ist die ~? what is the food like? – **3.** (*Kost*) board: freie Unterkunft und ~ free room and board, free board and lodging; Zimmer mit voller ~ room and full board; bei j-m in ~ sein to board (*od.* lodge) with s.o., *Br. colloq.* to be in digs with s.o. – **4.** *mil.* a) (*Nahrungsmittel*) rations *pl*, subsistence, b) (*Ration*) ration, c) (*für Truppenteile*) provisions *pl*: ~ in Natur rations *pl* in kind.

Ver'pfle·gungs|ˌamt *n* **1.** food office. – **2.** *mil.* ration depot (*od.* supply office), commissariat, victualing (*bes. Br.* victualling) office. — ~ˌ**ausˌga·be** *f mil.* distribution (*od.* issue) of rations. — ~ˌ**ausˌga·beˌstel·le** *f* ration distribution point. — ~ˌ**bom·be** *f* **1.** *mil.* ration delivery unit. – **2.** (*mining*) (*für eingeschlossene Bergleute*) emergency food supply unit. — ~**deˌpot** *n mil.* subsistence (*od.* ration) depot. — ~**empˌfang** *m* reception of rations. — ~ˌ**geld** *n mil.* **1.** (*bei Selbstverpflegung*) subsistence allowance. – **2.** (*an Stelle von Naturalverpflegung*) ration allowance. — ~ˌ**ko·sten** *pl* cost *sg* of supplies. — ~ˌ**la·ger** *n mil. cf.* Verpflegungsdepot. — ~**ma·gaˌzin** *n* ration store. — ~ˌ**nachˌschub** *m* ration supply. — ~**por·tiˌon** *f* ration. — ~ˌ**satz** *m* **1.** ration scale. – **2.** (*tägliche Menge*) daily ration. — ~ˌ**stär·ke** *f mil.* (*pro Tag*) ration strength. — ~ˌ**stel·le** *f cf.* Verpflegungsausgabestelle. — ~ˌ**we·sen** *n* ⟨-s; *no pl*⟩ food supply system, *bes. Br.* food catering. — ~ˌ**zuˌla·ge** *f* special ration allowance.

ver'pflich·ten I *v/t* ⟨*no* ge-, h⟩ **1.** j-n (zu etwas) ~ to oblige (*od.* obligate) s.o. (to do s.th.), to put s.o. under an obligation (to do s.th.), (*bes. vertraglich*) to engage s.o. (to do s.th.): sein Amt verpflichtete ihn (dazu), für die Sicherheit der Gäste zu sorgen his office obliged him to look after the guests' security; j-n (auf die Verfassung) ~ to swear s.o. in; j-n eidlich (*od.* durch Eid) ~ to take an oath from s.o., to bind s.o. by oath; ich muß Sie zum Schweigen ~ I must enjoin silence on you; es verpflichtet Sie zu nichts there is no obligation involved on your part; j-n für eine Rolle [an ein Theater, nach Hamburg] ~ (*theater*) to engage s.o. for a role [to a theater (*bes. Br.* theatre), to come to Hamburg]; einen neuen Spieler ~ (*sport*) to sign (on) a new player; → Dank 2. – **II** *v/reflex* sich ~ **2.** sich (zu etwas) ~ to oblige (*od.* commit) oneself (to do s.th.): sich zur Übernahme der Kosten ~ to bind (*od.* commit) oneself (*od.* to undertake) to pay the costs; sich ehrenwörtlich ~ to pledge one's word (*od.* hono[u]r), to pledge oneself. – **3.** (*vertraglich*) engage oneself, undertake an engagement, sign on: sich auf drei Jahre im Ausland ~ to engage oneself for three years abroad. – **4.** *jur.* undertake, covenant. – **5.** der Verkäufer verpflichtet sich zu etwas *econ.* seller undertakes (*od.* engages) to do s.th. – **6.** *mil.* enrol(l), enlist, sign up. – **III** *v/i* **7.** → Adel 1. – **IV V**~ *n* ⟨-s⟩ **8.** *verbal noun.* — **ver'pflich·tend I** *pres p.* – **II** *adj* binding, obligatory.

ver'pflich·tet I *pp.* – **II** *adj* **1.** (zu etwas) ~ sein a) to be obliged (*od.* obligated) (to do s.th.), b) (*durch Versprechen etc*) to be duty-bound (*od.* under an obligation) (to do s.th.), c) *jur.* to be liable (to do s.th.): ich bin ihm gegenüber ~ zu kommen I am obliged to him to come; ich bin dir sehr zu Dank ~ I am very (*od.* much) obliged (*od.* greatly indebted) to you; Sie sind zu nichts ~ you are under no obligation; zum Schweigen ~ sein to be bound to silence. – **2.** sich (zu etwas) ~ fühlen to feel obliged (*od.* committed, duty-bound) (to do s.th.). – **3.** sich j-m gegenüber ~ fühlen to feel under an obligation to s.o., to feel that one is in s.o.'s debt, to be beholden to s.o.

Ver'pflich·tung *f* ⟨-; -en⟩ **1.** *cf.* Verpflichten. – **2.** (*moralische etc*) obligation, commitment: einseitige ~ unilateral obligation; gesellschaftliche ~en social commitments; die ~ haben, etwas zu tun to be under (*od.* have the) obligation to do s.th.; sich einer ~ entziehen to shirk an obligation; sich von einer ~ befreien to free oneself of an obligation; eine ~ nicht erfüllen not to fulfil(l) an obligation; eine ~ übernehmen to undertake an obligation. – **3.** (*auferlegte*) duty: ein Vater hat seinen Kindern gegenüber ~en a father has duties to (*od.* toward[s]) his children. – **4.** (*aus Dankbarkeit*) obligation, indebtedness: große ~en gegenüber j-m haben to be under a great obligation to s.o., to be greatly indebted to s.o. – **5.** *econ. jur.* a) (*vertragliche*) (contractual) engagement, commitment, b) (*finanzielle*) liability, c) (*eines Anwalts*) retainer: seinen ~en [nicht] nachkommen, seine ~en [nicht] einhalten to meet (*od.* discharge) [to default] one's liabilities (*od.* debts, dues). – **6.** (feierliche) ~ *bes. mil.* attestation.

Ver'pflich·tungsˌschein *m* **1.** *econ. jur.* bond. – **2.** *econ. mar.* average bond.

ver'pfu·schen *v/t* ⟨*no* ge-, h⟩ *colloq.* **1.** (*eine Arbeit, ein Werk etc*) make a mess (*od.* hash, botch) of, mess (*s.th.*) up, hash, botch, bungle, *bes. Br. colloq.* muck (*s.th.*) up, make a muck of. – **2.** (*sein Leben etc*) make a mess of, wreck, ruin. — **ver'pfuscht I** *pp.* – **II** *adj* (*Leben*) wrecked, ruined.

ver'pi·chen *v/t* ⟨*no* ge-, h⟩ coat (*od.* seal) (*s.th.*) with pitch, pitch.

ver'pie·peln [-'piːpəln] *v/t* ⟨*no* ge-, h⟩ *Northern G. colloq. cf.* verpäppeln.

ver'pim·peln *v/t* ⟨*no* ge-, h⟩ *colloq. cf.* verpäppeln.

ver'pla·nen I *v/t* ⟨*no* ge-, h⟩ **1.** (*Geld etc*) budget: mein Gehalt für nächsten Monat habe ich schon völlig verplant I have already budgeted all my salary for next month. – **2.** (*Urlaub, Zeit etc*) *bes. Br.* book up, *bes. Am.* schedule. – **3.** (*falsch planen*) plan (*s.th.*) wrong(ly): das Haus wurde völlig verplant the house was planned all wrong. – **4.** (*verschätzen*) miscalculate. – **5.** (*abdecken*) sheet. – **II** *v/reflex* sich ~ **6.** (*falsch planen*) plan wrong(ly). – **7.** (*sich verschätzen*) miscalculate.

ver'plap·pern I *v/t* ⟨*no* ge-, h⟩ **1.** *cf.* verplaudern. – **II** *v/reflex* sich ~ **2.** (*aus Versehen*) say too much, give oneself away, open one's mouth too wide. – **3.** (*Geheimnis preisgeben*) blab (out a secret), let the cat out of the bag, give the (whole) show away (*colloq.*).

ver'plau·dern *v/t* ⟨*no* ge-, h⟩ (*Zeit etc*) gossip (*od.* chat[ter], prattle) (*s.th.*) away: einen Abend gemütlich ~ to gossip an evening away with a cozy chat.

ver'plem·pern I *v/t* ⟨*no* ge-, h⟩ *colloq.* (*Geld, Zeit*) **1.** (*planlos verbrauchen*) fritter (*od.* trifle) away, waste: die Zeit ~ to fritter away one's time, to mess (*bes. Br. colloq.* muck) (a)round (*od.* about), to diddle (*colloq.*). – **2.** (*umsonst vertun*) waste: ich habe sehr viel Zeit damit verplempert I wasted a lot of time on it (*colloq.*). – **II** *v/reflex* sich ~ **3.** waste one's abilities. – **4.** waste oneself on shallow love affairs.

ver'plom·ben [-'plɔmbən] *v/t* ⟨*no* ge-, h⟩ fix a seal to, seal. [stamp.]

ver'po·chen *v/t* ⟨*no* ge-, h⟩ *metall.* (*Erze*)

ver'pönt [-'pøːnt] *adj colloq.* (*Ansicht etc*) tabooed, tabued, disapproved(-of): es ist ~, so etwas zu tun it is tabooed (*od.* looked down [up]on, disapproved of) to do s.th. like that; das ist allgemein ~ that is generally disapproved of (*od.* looked down [up]on).

ver'poppt [-'pɔpt] *adj* **1.** (*Musik*) hotted-up (*attrib*). – **2.** (*Stil etc*) poppified.

ver'pras·sen I *v/t* ⟨*no* ge-, h⟩ **1.** (*durch übermäßigen Luxus*) dissipate, squander (*s.th.*) (away): sein Geld sinnlos ~ to dissipate one's money senselessly. – **2.** (*durch Essen und Trinken*) guzzle away (*colloq.*). – **II V**~ *n* ⟨-s⟩ **3.** *verbal noun.* — **Ver'pras·sung** *f* ⟨-; *no pl*⟩ **1.** *cf.* Verprassen. – **2.** dissipation, squander.

ver'prel·len *v/t* ⟨*no* ge-, h⟩ **1.** *hunt.* (*Wild*) scare (*game*) away. – **2.** j-n ~ *colloq.* to scare (*od.* intimidate) s.o.

ver·pro·le·ta·ri'sie·ren I *v/t* ⟨*no* ge-, h⟩ proletarianize *Br. auch* -s-. – **II** *v/i* ⟨sein⟩ become proletarianized (*Br. auch* -s-).

ver·pro·vi·an'tie·ren [-proviaṅ'tiːrən] **I** *v/t* ⟨*no* ge-, h⟩ supply (*s.o.*) with food (*od.* provisions), provision, victual. – **II** *v/reflex* sich ~ victual (*od.* provision) oneself, supply oneself with food (*od.* provisions). – **III V**~ *n* ⟨-s⟩ *verbal noun.* — **Ver·pro·vi-**

an'tie·rung *f* <-; *no pl*> **1.** *cf.* Verproviantieren. – **2.** supply with food (*od.* provisions).

ver'prü·geln *v/t* <*no* ge-, h> *colloq.* **1.** (*als Strafe*) thrash, flog, baste, give (*s.o.*) a thrashing; wallop, 'leather', 'lather', give (*s.o.*) a hiding (*od.* licking) (*colloq.*), *Am. sl.* 'soak': j-n nach Strich und Faden ~ to beat (*od.* thrash) the hide off s.o., to wallop the daylights out of s.o. (*alle colloq.*). – **2.** (*auf der Straße etc*) beat (*s.o.*) up, lay into: sich (gegenseitig) ~ to beat each other up.

ver'puf·fen I *v/i* <*no* ge-, sein> **1.** (*von Gasflamme etc*) blow up. – **2.** *fig.* (*Wirkung etc*) fizzle out, fall flat, go (*od.* end) up in smoke. – **3.** *tech.* explode, detonate. – **4.** *chem.* deflagrate. – **II V~** *n* <-s> **5.** *verbal noun.* — **Ver'puf·fung** *f* <-; *no pl*> **1.** *cf.* Verpuffen. – **2.** blowout, *Br.* blow-out. – **3.** *tech.* explosion, detonation. – **4.** *chem.* deflagration. – **5.** (*mining*) mild explosion.

Ver'puf·fungs|,mo·tor *m auto. tech.* explosive combustion (*od.* Otto cycle) engine. — **~ver,fah·ren** *n* constant-pressure combustion, Otto cycle.

ver'pul·vern *v/t* <*no* ge-, h> *fig. colloq.* (*Geld*) squander (*s.th.*) (away), splurge (*colloq.*), 'blow' (*sl.*), *Br. sl.* 'blue'.

ver'pum·pen *v/t* <*no* ge-, h> *colloq.* lend, *bes. Am.* loan.

ver'pup·pen [-'pupən] *zo.* **I** *v/reflex* <*no* ge-, h> sich ~ pupate, change into a chrysalis. – **II V~** *n* <-s> *verbal noun.* — **Ver'pup·pung** *f* <-; *no pl*> **1.** *cf.* Verpuppen. – **2.** pupation.

ver'pu·sten *v/reflex* <*no* ge-, h> sich ~ *Northern G. colloq.* get one's breath (*od.* wind, *colloq.* puff) back, recover one's breath.

Ver'putz *m* <-es; -e> **1.** (*Mauerbewurf etc*) plaster work, plastering, (*Rauhputz*) roughcast. – **2.** (*von Ritzen*) finishing coat, topcoat. – **3.** *metall.* (*von Guß*) dressing. — **~,ar·beit** *f* **1.** *civ.eng.* plaster work, plastering. – **2.** *metall.* (*an Oberflächen*) dressing.

ver'put·zen I *v/t* <*no* ge-, h> **1.** (*Wand etc*) plaster, (*mit Rauhputz*) roughcast. – **2.** (*Ritzen etc*) finish. – **3.** *metall.* (*Guß*) dress. – **4.** *fig. colloq.* (*verzehren*) polish (*s.th.*) off, demolish, gobble (*s.th.*) up, clean up. – **5.** *fig. colloq. cf.* verpulvern. – **6.** j-n nicht ~ können *fig. colloq.* not to be able to stand (*od.* stomach, *bes. Br. colloq.* stick) s.o. – **II V~** *n* <-s> **7.** *verbal noun.* — **Ver·put·ze'rei** *f* <-; *no pl*> **1.** *cf.* Verputzen. – **2.** *metall.* dressing room.

ver'qual·men *v/t* <*no* ge-, h> **1.** (*Zimmer etc*) fill (*s.th.*) with smoke. – **2.** sein Geld ~ *colloq.* to spend one's money on smoking (*od.* tobacco). — **ver'qualmt I** *pp.* – **II** *adj* (*Zimmer etc*) smok(e)y, filled with (*od.* full of, thick with) smoke.

ver'quält *adj* (*Gesichtszüge etc*) careworn, harrowed: ~ aussehen to look harrowed.

ver'qua·sen *v/t* <*no* ge-, h> *Northern G. colloq. for* vergeuden.

ver'quas·seln I *v/t* <*no* ge-, h> *Northern G. colloq.* **1.** (*Zeit etc*) gossip (*od.* chat[ter], prattle) (*s.th.*) away. – **II** *v/reflex* sich ~ **2.** *cf.* verplappern II. – **3.** (*sich versprechen*) trip (*od.* stumble) (over a word), make a mistake.

ver'quel·len I *v/i* <*irr, no* ge-, sein> (*von Holz etc*) warp, become warped. – **II V~** *n* <-s> *verbal noun.* — **Ver'quel·lung** *f* <-; *no pl*> **1.** *cf.* Verquellen. – **2.** (*des Holzes*) warp. – **3.** *med.* (*der Gefäße*) vascular closure due to swelling.

ver'quer *adv colloq.* (*in Wendungen wie*) mir geht alles ~ everything goes wrong for me; mir geht heute alles ~ this is an off day for me (*colloq.*); das geht mir ~ that goes against my grain.

ver'quicken (*getr.* -k·k-) [-'kvıkən] **I** *v/t* <*no* ge-, h> **1.** *chem.* (*mit Quecksilber verbinden*) amalgamate (*s.th.*) with mercury. – **2.** *fig.* amalgamate, combine: Interessen miteinander ~ to combine interests. – **II V~** *n* <-s> **3.** *verbal noun.* — **Ver'quickung** (*getr.* -k·k-) *f* <-; -en> **1.** *cf.* Verquicken. – **2.** *chem.* amalgamation. – **3.** *fig.* amalgamation, combination.

ver'quir·len *v/t* <*no* ge-, h> *gastr.* mix (*od.* beat) (*s.th.*) in with a whisk.

ver'quol·len I *pp of* verquellen. – **II** *adj* **1.** (*Augen, Gesicht*) swollen. – **2.** (*aufgedunsen*) puffed, bloated.

ver'ram·meln, ver'ram·men I *v/t* <*no* ge-, h> (*Tür etc*) barricade, bar. – **II V~** *n* <-s> *verbal noun.* — **Ver'ram·me·lung, Ver'ramm·lung, Ver'ram·mung** *f* <-; -en> **1.** *cf.* Verrammeln, Verrammen. – **2.** barricade, barrier.

ver'ram·schen *v/t* <*no* ge-, h> *colloq.* sell (*s.th.*) off dirt cheap.

ver'rannt I *pp of* verrennen. – **II** *adj* in (*acc*) etwas ~ sein (*in eine Idee etc*) to be set (*od. colloq.* stuck) on s.th.

Ver'rat *m* <-(e)s; *no pl*> **1.** (*eines Geheimnisses etc*) disclosure, divulgence, divulgement, betrayal: der ~ militärischer Geheimnisse the disclosure of military secrets. – **2.** (*an einem Freund etc*) (an *dat* of) betrayal: ~ an j-m üben (*od.* begehen) to betray s.o. – **3.** *pol.* (*Landesverrat*) (an *dat* to) treason. – **4.** (*Treulosigkeit*) (an *dat* to) treachery: ~ wittern to scent treachery.

ver'ra·ten[1] **I** *v/t* <*irr, no* ge-, h> **1.** (*Geheimnis etc*) disclose, divulge, betray, *bes. Am. sl.* spill. – **2.** (*weitersagen*) disclose, divulge: bitte noch nichts ~ don't breathe a word of it! mum's the word! don't spill the beans! (*sl.*); es sollte eine Überraschung sein, aber du hast alles ~ it was meant to be a surprise, but you gave the (whole) show away (*colloq.*); ich will ihnen ~, wo sie es kaufen können I'll let you into the secret of where to buy it. – **3.** (*Freund, Komplizen etc*) betray, inform against, rat (*od. colloq.* squeak, squeal, tell) on, grass on (*sl.*): j-n für Geld ~ to betray s.o. for money. – **4.** (*Vaterland*) betray. – **5.** (*erkennen lassen, zeigen*) reveal, betray, bespeak, show: seine Miene verriet große Bestürzung his expression revealed (his) great dismay; seine wahren Absichten ~ to reveal one's real intentions. – **6.** (*verkaufen*) sell. – **7.** die Stimme verriet ihn his voice gave him away (*od.* betrayed him). – **II** *v/reflex* sich ~ **8.** give oneself away, betray oneself: er hat sich (selbst) ~ he betrayed himself. – **9.** (*durch Verplappern*) blab, give oneself away. – **III V~** *n* <-s> **10.** *verbal noun.*

ver'ra·ten[2] **I** *pp of* verraten[1]. – **II** *adj* ~ und verkauft sein *fig. colloq.* to have been sold down the river.

Ver'rä·ter [-'rɛːtər] *m* <-s; -> **1.** *pol.* (*Hochverräter*) traitor. – **2.** *fig. lit.* betrayer, traitor: an j-m zum ~ werden to betray s.o.; ein ~ unserer Sache a traitor to (*od.* a betrayer of) our cause. — **Ver'rä·te·rin** *f* <-; -nen> traitress, traitoress.

ver'rä·te·risch *adj* **1.** *pol.* treasonable, treasonous: ~e Handlung treasonable act, act of treachery; in ~er Absicht with treasonable intent; in ~er Weise treasonably, in a treasonable manner. – **2.** (*treulos, hinterlistig*) treacherous, perfidious, traitorous. – **3.** *fig.* (*Blick, Worte, Spuren etc*) revealing, telltale (*attrib*), betraying.

ver'ratzt [-'ratst] *adj only in* dann sind wir ~ *colloq.* then we are lost (*od.* ruined, done for), then we are goners (*sl.*).

ver'rau·chen I *v/t* <*no* ge-, h> **1.** (*für Tabakwaren ausgeben*) spend (*money*) on smoking (*od.* tobacco), smoke (*colloq.*): er verraucht 50 Mark im Monat he spends 50 marks a month on smokes (*od.* smoking). – **II** *v/i* <sein> **2.** (*in Rauch aufgehen*) go up in smoke. – **3.** *fig.* (*vergehen*) cool, pass, blow over, cool off (*od.* down): wenn sein Zorn verraucht ist when his anger has cooled, when he has cooled down.

ver'räu·chern *v/t* <*no* ge-, h> (*Zimmer etc*) fill (*s.th.*) with smoke. — **ver'räu·chert I** *pp.* – **II** *adj* (*Zimmer, Lokal etc*) smok(e)y, thick with (*od.* full of, filled with) smoke.

ver'räu·men *v/t* <*no* ge-, h> *Southern G. and Austrian* put (*s.th.*) away.

ver'rau·schen *v/i* <*no* ge-, sein> **1.** (*von Beifall etc*) subside, die down. – **2.** (*von Leidenschaft etc*) cool down (*od.* off), abate, blow over.

ver'rech·nen I *v/t* <*no* ge-, h> **1.** etwas mit etwas ~ (*gegeneinander aufrechnen*) to set s.th. off against s.th., to (counter)balance s.th. with s.th., to offset s.th. against s.th. – **2.** (*begleichen*) balance, settle (*s.th.*) (up): wir ~ das später we'll settle this (up) later. – **3.** *econ.* a) (*nicht bar auszahlen*) pass (*od.* credit, book) (*s.th.*) to s.o.'s account, enter (*s.th.*) in s.o.'s account, b) (*im Clearingverkehr*) clear. – **II** *v/reflex* sich ~ **4.** make a mistake (*od.* be out) (in one's calculation), miscalculate: er hat sich um zehn Mark verrechnet he is ten marks out, he is out by ten marks, he has made an error of ten marks. – **5.** *fig. colloq.* (*sich täuschen*) make a big mistake, think (*Am. colloq.* figure) wrong, be sadly (*od.* very much) mistaken: wenn du das glaubst, hast du dich verrechnet if you think that you've made a big mistake; da hast du dich gründlich (*od.* gewaltig) verrechnet! you are sadly mistaken there! – **III V~** *n* <-s> **6.** *verbal noun.* – **7.** *cf.* Verrechnung.

Ver'rech·nung *f* <-; *no pl*> **1.** *cf.* Verrechnen. – **2.** (*Aufrechnung*) offsetting, setoff, *Br.* set-off. – **3.** (*Begleichung*) settlement. – **4.** nur zur ~ *econ.* (*Vermerk auf Schecks*) for account (*od.* collection) only, only for (settlement in) account.

Ver'rech·nungs|,ab,kom·men *n econ.* clearing (*od.* offset) agreement. — **~,bank** *f* clearing bank. — **~,ein·heit** *f* clearing unit. — **~,fonds** *m* clearing (*od.* offset) fund. — **~ge,schäft** *n* clearing business. — **~,kas·se** *f* clearing office. — **~,kon·to** *n* offset (*od.* settlement, clearing) account. — **~,kurs** *m* settlement rate. — **~,land** *n* offset-account country. — **~,po·sten** *m* offset item. — **~,scheck** *m* collection-only (*od.* uncashable) check (*Br.* cheque). — **~,stel·le** *f* (*im Bankwesen*) clearinghouse, clearing office (*od.* center, *bes. Br.* centre). — **~ver,fah·ren** *n* clearing procedure. — **~ver,kehr** *m* clearings *pl.* — **~,weg** *m* *only in* im ~ by way of offset account, through clearing channels. — **~,we·sen** *n* <-s; *no pl*> clearing (*od.* offset) system.

ver'recken (*getr.* -k·k-) *vulg.* **I** *v/i* <*no* ge-, sein> **1.** (*von Tieren*) die. – **2.** (*von Menschen*) die wretchedly, die a wretched death: man ließ ihn wie einen Hund ~ they let him die in appalling conditions; meinetwegen mag er ~ *fig.* I don't give a damn about him, he can go to hell for all I care; ich will ~, wenn *fig.* I'll eat my hat if, I'll be blowed if (*sl.*). – **II V~** *n* <-s> **3.** *verbal noun*: nicht ums V~! not on your life! (*colloq.*).

ver'reg·nen *v/impers* <*no* ge-, h> es hat den ganzen Juni verregnet the whole (of) June was spoiled by rain. — **ver'reg·net I** *pp.* – **II** *adj* rainy, wet, spoiled (*od.* spoilt) by rain: ein ~er Sommer a rainy (*od.* wet) summer; der Tag war ~ the day was spoilt by rain.

ver'rei·ben I *v/t* <*irr, no* ge-, h> **1.** (*Salbe, Putzmittel etc*) rub (*s.th.*) in, spread (*s.th.*) by rubbing: Wachs auf dem Boden ~ to rub wax into (*od.* on to) the floor. – **2.** (*Fleck*) rub (*s.th.*) out. – **3.** *bes. med. pharm.* (*pulverisieren*) a) grind (*s.th.*) small, triturate, b) (*im Mörser*) grind, pound, bray. – **II V~** *n* <-s> **4.** *verbal noun.* — **Ver'rei·bung** *f* <-; *no pl*> **1.** *cf.* Verreiben. – **2.** *med. pharm.* trituration.

ver'rei·sen I *v/i* <*no* ge-, sein> **1.** (*privat*) go away, go on a trip (*od.* journey): meine Eltern ~ für (*od.* auf) einige Wochen my parents are going away for a few weeks. – **2.** (*geschäftlich*) go away (on business): er muß morgen ~ he has to go away on business tomorrow; der Chef ist verreist the chief went away on business (*od.* is out of town); er verreist oft he is often away (*od.* out of town), he travels (about) a good deal. – **3.** ~ nach to start (*od.* set out, leave) for. – **II** *v/t* <h> **4.** Geld ~ to spend money on travel(l)ing.

ver'rei·ßen *v/t* <*irr, no* ge-, h> *fig. colloq.* **1.** (*Person, Theaterstück etc*) tear (*od.* pull) (*s.o., s.th.*) to pieces (*od.* shreds). – **2.** *auto.* (*Steuer*) jerk (*the wheel*) violently.

ver'reist I *pp.* – **II** *adj* ~ sein a) (*privat*) to be away, to be on a trip (*od.* journey), b) (*geschäftlich*) to be away (on business).

ver'ren·ken [-'rɛŋkən] **I** *v/t* <*no* ge-, h> **1.** *med.* a) dislocate, disjoint, put (*s.th.*) out of joint, luxate (*scient.*), b) (*verstauchen*) sprain, c) (*verzerren*) contort: sich (*dat*) den Arm ~ to dislocate one's arm. – **2.** (*verdrehen*) twist, wrench. – **3.** sich (*dat*) den Hals ~ *colloq.* a) (*durch Muskelzerrung etc*) to crick (*od.* twist) one's neck, b) *fig.* (nach after) to crane (*od.* stretch) one's neck: er verrenkte sich fast den Hals, um etwas zu sehen he nearly cricked his neck to get a better view. – **4.** sich (*dat*) die Zunge ~ *fig. colloq.* to twist one's tongue. – **II** *v/reflex* sich ~ **5.** (*um etwas zu erreichen*) contort oneself, make contortions: warum verrenkst du dich so? why are you making such contortions? – **III V~** *n* ⟨-s⟩ **6.** *verbal noun.* – **7.** *cf.* Verrenkung. — **ver'renkt I** *pp.* – **II** *adj* **1.** *med.* a) dislocated, luxated (*scient.*), out of joint, b) (*verstaucht*) sprained. – **2.** *colloq.* (*Hals*) cricked, twisted: ich habe einen ~en Hals I have a crick in my neck, I have twisted my neck. — **Ver'ren·kung** *f* ⟨-; -en⟩ **1.** *cf.* Verrenken. – **2.** *med.* a) dislocation, luxation (*scient.*), b) (*Verstauchung*) sprain, c) (*Verzerrung*) contortion: eine ~ wieder einrichten to reset a luxation. – **3.** *colloq.* contortion: ~en machen, um etwas zu erreichen to make contortions (*od.* to contort oneself) (in order) to reach s.th.

ver'ren·nen *v/reflex* ⟨*irr, no* ge-, h⟩ sich in (*acc*) etwas ~ *fig.* to get set (*od. colloq.* stuck) on s.th.: er hat sich in die Idee verrannt, daß he got stuck on the idea that.

ver'rich·ten I *v/t* ⟨*no* ge-, h⟩ **1.** (*Dienst, Arbeit, Aufgabe etc*) do, perform, carry out, execute: sein Gebet ~ to say one's prayers; seine Andacht ~ to perform one's devotions. – **2.** seine Notdurft (*od.* ein Bedürfnis, *colloq.* sein Geschäft) ~ to relieve oneself, to do one's business. – **II V~** *n* ⟨-s⟩ **3.** *verbal noun.* — **Ver'rich·tung** *f* ⟨-; -en⟩ **1.** *cf.* Verrichten. – **2.** performance, execution. – **3.** (*Obliegenheit*) work, chore, task, duty.

ver'rie·geln I *v/t* ⟨*no* ge-, h⟩ **1.** (*mit einem Riegel versperren*) bolt, bar. – **2.** (*mit einem Riegel festmachen*) fasten. – **3.** *mil.* (*Gewehrschloß*) lock, bar, block, bolt. – **II V~** *n* ⟨-s⟩ **4.** *verbal noun.* — **Ver'rie·gelung** *f* ⟨-; -en⟩ **1.** *cf.* Verriegeln. – **2.** bolting (*od.* barring) device.

ver'rin·gern [-'rɪŋərn] **I** *v/t* ⟨*no* ge-, h⟩ **1.** (*Geschwindigkeit, Anzahl, Kosten, Menge etc*) reduce, decrease, diminish, cut (*od.* pare) down, lessen: die Geschwindigkeit ~ to reduce speed, to slow down, to slacken one's pace; damit verringerst du deine Chancen you reduce your chances by doing that. – **2.** (*Preis, Qualität*) reduce, lower, (*Preise*) *auch* cut down. – **II** *v/reflex* sich ~ **3.** (*von Anzahl, Kosten, Menge etc*) decrease, go down, diminish. – **4.** (*von Preis, Qualität etc*) go down, (*von Qualität*) *auch* deteriorate. – **5.** (*von Abstand, Vorsprung etc*) decrease, diminish, lessen. – **III V~** *n* ⟨-s⟩ **6.** *verbal noun.* — **Ver'rin·ge·rung** *f* ⟨-; -en⟩ **1.** *cf.* Verringern. – **2.** reduction, decrease, diminution, diminishment, cut, cutback. – **3.** (*das Abnehmen*) decrease, diminution, diminishment. – **4.** (*der Qualität*) deterioration.

ver'rin·nen *v/i* ⟨*irr, no* ge-, sein⟩ **1.** (*von Wasser, Sand etc*) trickle off, run off (*od.* away). – **2.** *fig.* (*von Zeit*) pass by, go by, elapse.

Ver'riß *m* ⟨-sses; -sse⟩ *colloq.* (*einer Theateraufführung etc*) scathing critique (*od.* criticism), destructive (*od.* devastating) review.

ver'ro·hen [-'ro:ən] **I** *v/i* ⟨*no* ge-, sein⟩ (*von Person, Sitten etc*) become rough (*od.* rude), coarsen, brutalize. – **II V~** *n* ⟨-s⟩ *verbal noun.* — **Ver'ro·hung** *f* ⟨-; *no pl*⟩ **1.** *cf.* Verrohen. – **2.** loss of finesse, brutalization.

ver'roh·ren [-'ro:rən] *v/t* ⟨*no* ge-, h⟩ **1.** *tech.* pipe. – **2.** *civ.eng.* (*Bohrloch*) case.

ver'ro·sten *v/i* ⟨*no* ge-, sein⟩ **1.** rust (up), corrode, become (*od.* get) rusty, gather rust. – **2.** *chem.* oxidize *Br. auch* -s-. – **3.** *fig.* (*steif, ungelenkig werden*) get rusty, rust (up). — **ver'ro·stet I** *pp.* – **II** *adj* **1.** rusty, rusted, corroded. – **2.** *chem.* oxidized *Br. auch* -s-. – **3.** *fig.* (*steif*) rusty. – **4.** *fig.* (*Stimme*) croaky, hoarse.

ver'rot·ten *v/i* ⟨*no* ge-, sein⟩ **1.** (*vermodern*) rot, putrefy, *auch* putrify, decay. – **2.** (*zerbröckeln*) decay, dilapidate. — **ver'rot·tet I** *pp.* – **II** *adj* **1.** (*Pflanzen, Obst, Laub etc*) rotten, putrid, decayed: gut ~ sein (*Kompost*) to be well decayed. – **2.** (*Häuser etc*) decayed, dilapidated. – **3.** *fig. colloq.* (*verderbt, verkommen*) corrupt.

Ver·ru·ca [vɛ'ru:ka] *f* ⟨-; -cae [-tsɛ]⟩ *med.* (*Warze*) wart, verruca (*scient.*).

ver'rucht [-'ru:xt] *adj* (*Person, Tat*) wicked, infamous, pernicious, abominable, odious, (*Tat*) *auch* heinous, atrocious: ~e Tat atrocity, abomination. — **Ver'rucht·heit** *f* ⟨-; *no pl*⟩ wickedness, infamy, perniciousness, odiousness, (*einer Tat*) *auch* heinousness, atrocity.

ver'rücken (*getr.* -k·k-) **I** *v/t* ⟨*no* ge-, h⟩ **1.** (*Möbel etc*) move, shift, displace, remove, dislocate. – **2.** (*in Unordnung bringen*) disarrange. – **3.** *tech.* (*Kupplung*) shift. – **II V~** *n* ⟨-s⟩ **4.** *verbal noun.* – **5.** *cf.* Verrückung.

ver'rückt I *pp.* – **II** *adj colloq.* **1.** (*geistesgestört*) mad, insane, lunatic, (mentally) deranged, maniac. – **2.** (*nicht recht bei Verstand*) mad, crazy, crackbrained; daft, 'mental', dotty, 'cracked', *Br.* 'barmy', 'screwy' (*colloq.*); 'batty', loony, 'balmy', bats (*pred*), nuts (*pred*), *Am.* w(h)acky (*sl.*): ein ~er Kerl a crazy fellow (*colloq.*); du bist ~! you must be out of your mind, you must be off your head (*od. sl.* nut, rocker, onion); er ist völlig ~ he's quite mad, he's as mad as a hatter, he's clean gone (*colloq.*); ~ werden to go mad (*od.* crazy, *sl.* off one's nut); er rannte wie ~ he ran like anything (*od.* [the] blazes, a madman, *colloq.* hell, mad); j-n ~ machen to drive s.o. wild; j-n mit etwas ~ machen to drive s.o. mad (*od.* crazy, *colloq.* scatty, *sl.* round the bend, up the pole, up the wall) with s.th., to dement s.o. with s.th.; ich bin vor Angst fast ~ geworden I nearly went out of my mind (*od.* I nearly died) with fear; ~ nach j-m sein to be crazy (*od. colloq.* wild, daft, *sl.* nuts) about s.o.; ~ auf (*acc*) etwas sein to be mad (*od. sl.* nuts) on (*od.* about) s.th.; der Chef spielt heute wieder ~ the boss is in one of his moods (*od.* tantrums) again today (*colloq.*); ich werd' ~! well, I'll be blowed (*Am.* I'll be doggone[d]) (*sl.*). – **3.** (*Idee, Einfall, Gedanke, Tat, Streich etc*) mad, crazy, lunatic, crackbrained, daft (*colloq.*), *Br. colloq.* 'barmy'; 'balmy', loony, 'nutty' (*sl.*). – **4.** (*Hut, Kleid, Mode, Auto etc*) mad, crazy.

Ver'rück·te[1] *m* ⟨-n; -n⟩ **1.** *colloq. auch fig.* madman, lunatic, maniac: so handelt nur ein ~r only a lunatic would do that; er fuhr wie ein ~r he drove like a madman. – **2.** *psych.* ament.

Ver'rück·te[2] *f* ⟨-n; -n⟩ **1.** *colloq. auch fig.* madwoman, lunatic, maniac. – **2.** *psych.* ament.

Ver'rück·ten,an,stalt *f colloq.* madhouse (*colloq.*), loony bin (*sl.*), lunatic asylum, mental home (*od.* institution).

Ver'rückt·heit *f* ⟨-; -en⟩ *colloq.* **1.** ⟨*only sg*⟩ (*Geisteskrankheit*) insanity, madness, lunacy, mental derangement. – **2.** ⟨*only sg*⟩ (*Überspanntheit*) madness, lunacy, craziness, craze, daftness (*colloq.*), 'nuttiness' (*sl.*), *Am. sl.* w(h)ackiness. – **3.** (*verrückter Streich, Einfall etc*) mad thing. – **4.** (*Fimmel, Marotte*) whim, quirk, crotchet, crank.

Ver'rückt,wer·den *n only in* es ist zum ~ *colloq.* it's enough to drive you mad (*od.* crazy, *colloq.* scatty, *sl.* round the bend, up the pole, up the wall).

Ver'rückung (*getr.* -k·k-) *f* ⟨-; *no pl*⟩ **1.** *cf.* Verrücken. – **2.** (*von Möbeln etc*) displacement, removal. – **3.** disarrangement.

Ver'ruf *m* (*in Wendungen wie*) j-n [etwas] in ~ bringen to bring s.o. [s.th.] into disrepute (*od.* discredit), to discredit (*od.* disparage) s.o. [s.th.]; in ~ kommen (*od.* geraten) to fall (*od.* get) into disrepute (*od.* discredit).

ver'ru·fen *adj* (*Lokal, Stadtviertel etc*) disreputable, ill-famed, notorious, of ill repute, infamous, tough.

ver'rüh·ren *v/t* ⟨*no* ge-, h⟩ *gastr.* stir (*s.th.*) (until dissolved *od.* mixed), mix: etwas in (*dat*) etwas ~ to stir s.th. into s.th., to mix (*od.* blend) s.th. with s.th.

ver·ru·kös [vɛru'kø:s] *adj med.* warty; verrucous, verrucose (*scient.*).

ver'ru·ßen I *v/i* ⟨*no* ge-, sein⟩ (*von Ofen, Schornstein etc*) become sooty (*od.* sooted up). – **II** *v/t* ⟨h⟩ soot, sooty. – **III V~** *n* ⟨-s⟩ *verbal noun.* — **Ver'ru·ßung** *f* ⟨-; *no pl*⟩ *cf.* Verrußen.

ver'rut·schen *v/i* ⟨*no* ge-, sein⟩ slip (to one side). — **ver'rutscht I** *pp.* – **II** *adj* (*Tischtuch, Hut etc*) crocked, askew (*pred.*).

Vers [fɛrs] *m* ⟨-es; -e⟩ **1.** *metr.* a) verse, b) (*Einzelzeile eines Gedichts*) verse, line, c) (*Strophe*) verse, stanza, d) *pl* (*Poesie*) verse *sg*, poetry *sg*: gereimte [reimlose, holprige] ~e rhymed [unrhymed *od.* rhymeless, rough *od.* jerky] verses; ~e vortragen (*od.* deklamieren) to recite verse (*od.* poetry); ~e machen (*od.* schmieden) to write (*od.* make, compose) verse (*od.* poetry), to versify; etwas in ~e setzen to put s.th. into verse, to versify s.th.; wie geht der ~? how does the verse run (*od.* go)? darauf (*od.* daraus) kann ich mir keinen ~ machen *fig. colloq.* I cannot make head or tail of that. – **2.** *Bibl.* verse: Kapitel und ~ angeben (für etwas) to give chapter and verse (for s.th.).

ver'sach·li·chen [-'zaxlɪçən] *v/t* ⟨*no* ge-, h⟩ objectivize, objectify, present (*s.th.*) in concrete terms, elucidate (*s.th.*) in concrete form.

ver'sacken (*getr.* -k·k-) *v/i* ⟨*no* ge-, sein⟩ **1.** *bes. mar. sl.* go down, sink. – **2.** *fig. colloq. cf.* versumpfen 3.

ver'sa·gen I *v/t* ⟨*no* ge-, h⟩ **1.** (*Hilfe, Bitte, Gehorsam etc*) refuse, deny: j-m die Hand seiner Tochter ~ to deny s.o. one's daughter's hand; ich kann diesem Plan meine Zustimmung nicht ~ I cannot refuse (*od.* withhold) my consent to this plan; sie hat sich (*dat*) nichts [alles] versagt she denied herself nothing [everything]; es war ihr versagt, Kinder zu haben she was denied children (of her own). – **2.** sich (*dat*) nicht ~ können, etwas zu tun not to be able to refrain (*od.* contain oneself) from doing s.th.: ich konnte es mir nicht ~, diese Bemerkung zu machen I could not refrain from making this remark, I could not help but make this remark, I could not contain myself; ich kann dieser Tat meine Bewunderung nicht ~ I cannot help but admire this deed. – **II** *v/i* **3.** (*von Regierung, Polizei, Schüler etc*) fail: er hat völlig versagt he failed completely, he was a complete failure; in einer Prüfung ~ to fail (*od. sl.* flunk) in an examination; die Stimme versagte mir my voice failed (me); die Knie versagten ihm his knees failed him (*od.* gave way, folded up under[neath] him); wenn alle Mittel ~ if all else fails; → Kraft 1. – **4.** *tech.* a) fail, b) (*aufhören zu funktionieren*) break down, conk (out) (*colloq.*), c) (*von Schußwaffen*) misfire, miss fire: plötzlich versagten die Bremsen the brakes suddenly failed. – **III** *v/reflex* **5.** sich j-m ~ (*nicht hingeben*) to deny oneself to s.o. – **IV V~** *n* ⟨-s⟩ **6.** *verbal noun.* – **7.** failure: menschliches [technisches] V~ human [technical] failure.

Ver'sa·ger *m* ⟨-s; -⟩ **1.** (*Person*) failure, washout (*colloq.*); dud, flop (*sl.*). – **2.** *tech. mil.* a) misfire, b) (*einer automatischen Waffe*) stoppage, c) (*Blindgänger*) dud. – **3.** (*mining*) misfire.

Ver'sa·gung *f* ⟨-; *no pl*⟩ **1.** *cf.* Versagen. – **2.** refusal, denial.

Ver·sail·ler [vɛr'zaɪər] **I** *m* ⟨-s; -⟩ native (*od.* inhabitant) of Versailles. – **II** *adj* ⟨*attrib*⟩ of Versailles: ~ Vertrag *hist.* Treaty of Versailles (*1919*).

'Vers·ak,zent *m* metric(al) accent.

Ver·sal [vɛr'za:l] *m* ⟨-s; -salien [-lĭən]⟩ *meist pl*, **~,buch,sta·be** *m* **1.** *print.* capital (letter), uppercase (letter). – **2.** (*als Anfangsbuchstabe*) initial (letter).

ver'sal·zen *v/t* ⟨*pp* versalzen *u.* versalzt, h⟩ **1.** (*Speisen*) oversalt. – **2.** ⟨*pp* versalzen⟩ *fig. colloq.* (*verderben*) spoil: → Suppe 1.

ver'sam·meln I *v/t* ⟨*no* ge-, h⟩ **1.** gather, collect, (*förmlicher*) assemble, congregate: der Lehrer versammelte die Schüler um sich the teacher gathered the pupils (a)round him. – **2.** (*einberufen*) convene, convoke; → Vater 4. – **3.** *mil.* assemble, rally, muster. – **4.** (*beim Pferdesport*) collect. – **II** *v/reflex* sich ~ **5.** (*von Kindern, Schülern, Familie etc*) gather, collect. – **6.** (*von Parlamentsmitgliedern, Tagungsteilnehmern etc*) assemble, congregate, convene, for(e)gather, meet. – **7.** *mil.* assemble. – **III V~** *n* ⟨-s⟩ **8.** *verbal noun.* – **9.** *cf.* Versammlung.

Ver'samm·lung *f* ⟨-; -en⟩ **1.** *cf.* Versammeln. – **2.** (*Veranstaltung*) assembly: beratende [gesetzgebende, verfassungsgebende, öffentliche] ~ advisory [legislative, constitutional, public] assembly; eine ~ abhalten [einberufen] to hold [to convene *od.* convoke] an assembly; an einer ~ teilnehmen, einer ~ beiwohnen to take part in an assembly; bei einer ~ den Vorsitz führen to be in the chair at an assembly. – **3.** (*zwanglosere Zusammenkunft*) gathering, meeting: der Tennisclub hat jeden Monat eine ~ the tennis club has a gathering every month. – **4.** (*versammelte Personen*) assembly: **die ~ hat den Vorschlag angenommen** the assembly accepted the proposal. – **5.** *relig.* congregation. – **6.** (*beim Pferdesport*) collection.

Ver'samm·lungs|ˌfrei·heit *f* ⟨-; *no pl*⟩ *pol.* right of assembly. — **~loˌkal** *n cf.* Versammlungsraum 1. — **~ˌort, ~ˌplatz** *m* meeting place. — **~ˌraum** *m* **1.** assembly room. – **2.** *mil.* assembly area. — **~ˌrecht** *n* ⟨-(e)s; *no pl*⟩ *pol.* right of assembly. — **~verˌbot** *n* prohibition of assembly.

Ver'sand [-'zant] *m* ⟨-(e)s; *no pl*⟩ **1.** *cf.* Versenden. – **2.** dispatch, despatch, shipment. – **3.** *mar.* shipment. – **4.** *cf.* Versandabteilung. — **~ˌabˌtei·lung** *f econ.* dispatch (*od.* despatch, forwarding, shipping) department. — **~ˌanˌwei·sung** *f* shipping instruction. — **~ˌanˌzei·ge** *f* advice of dispatch (*od.* despatch), dispatch (*od.* despatch) note. — **~ˌart** *f* mode (*od.* kind, form) of dispatch (*od.* despatch, forwarding, conveyance, carriage). — **~arˌti·kel** *m* mail-order article. — **~ˌbahnˌhof** *m* forwarding (*od.* loading) station, station of dispatch (*od.* despatch). — **v~beˌreit** *adj cf.* versandfertig. — **~ˌbeu·tel** *m* mailing envelope. — **~ˌbuchˌhan·del** *m* mail-order (*Am.* post-exchange) book trade. — **~ˌbuchˌhänd·ler** *m* mail-order (*Am.* post-exchange) bookseller(s *pl*). — **~ˌbuchˌhand·lung** *f Br.* mail-order bookshop, *Am.* post-exchange bookstore. — **~ˌda·tum** *n* date of forwarding.

ver'san·den I *v/i* ⟨*no* ge-, sein⟩ **1.** (*von Fluß, See etc*) silt (up). – **2.** *fig.* (*von Verhandlungen, Revolution etc*) peter out, come to nothing. – **II V~** *n* ⟨-s⟩ **3.** *verbal noun.* – **4.** *cf.* Versandung.

ver'sand|ˌfä·hig *adj* transportable. — **~ˌfer·tig** *adj* ready for delivery (*od.* dispatch, despatch, shipment). — **V~geˌschäft** *n* mail-order business. — **V~ˌgut** *n* goods *pl* for dispatch (*od.* despatch). — **V~ˌhan·del** *m cf.* Versandgeschäft. — **V~ˌhaus** *n* mail-order firm (*od.* house). — **V~ˌhaus·ka·taˌlog** *m* mail-order catalog (*bes. Br.* catalogue). — **V~konˌzern** *m* mail-order group. — **V~ˌko·sten** *pl* carriage (*od.* transport, shipping) charges, charges for conveyance, forwarding costs (*od.* expenses). — **V~paˌpie·re** *pl* shipping documents. — **V~ˌspe·sen** *pl* forwarding charges.

Ver'san·dung *f* ⟨-; *no pl*⟩ **1.** *cf.* Versanden. – **2.** siltation.

Ver'sand|ˌun·terˌneh·men *n econ.* mail-order firm (*od.* house). — **~ˌweg** *m* routing (for dispatch [*od.* despatch] of goods): **auf dem ~** by mail order.

'VersˌArt *f metr.* kind (*od.* type) of verse, meter, *bes. Br.* metre.

Ver'satz *m* ⟨-es; *no pl*⟩ **1.** *cf.* Versetzen. – **2.** *tech.* offset, misalignment. – **3.** (*mining*) stowing, packing, *auch* filling: **hydraulischer ~** hydraulic stowing (*od.* filling); **~ im Alten Mann** gob stowing. — **~ˌamt** *n Bavarian and Austrian for* Leihhaus. — **~ˌdraht** *m* (*mining*) stowing screen. — **~ˌkran** *m* (*railway*) shifting crane. — **~ˌnie·tung** *f tech.* zigzag (*od.* staggered) riveting. — **~ˌstück** *n* **1.** (*theater*) set piece. – **2.** *Austrian for* Pfand 1.

ver'sauˌbeu·teln *v/t* ⟨*no* ge-, h⟩ *colloq. cf.* a) verschlampen 1, b) verpfuschen 1.

ver'sau·en *v/t* ⟨*no* ge-, h⟩ *colloq.* mess (*od. sl.* louse, bitch) (*s.th.*) up, make a mess (*bes. Br. colloq.* muck) of, *bes. Br. colloq.* muck (*s.th.*) up.

ver'sau·ern [-'zauərn] *v/i* ⟨*no* ge-, sein⟩ **1.** (*von Wein*) (turn) sour. – **2.** *fig. colloq.* grow dull (*od.* stupid): **dort muß man ja ~** that place really dulls the brain (*od.* makes one go to seed).

ver'sau·fen I *v/t* ⟨*irr, no* ge-, h⟩ *colloq.* (*Geld, Vermögen, Haus etc*) drink (away), guzzle away (*colloq.*): **seinen Verstand ~** to drink oneself stupid (*od. sl.* gaga); → Fell 7. – **II** *v/i* ⟨sein⟩ *vulg.* (*ertrinken*) drown, be drowned.

ver'säu·men I *v/t* ⟨*no* ge-, h⟩ **1.** (*Pflicht, Geschäft etc*) neglect. – **2.** (*Zug, Termin, Zeitpunkt, Unterricht etc*) miss: **ich habe den Anfang des Filmes versäumt** I missed the beginning of the film; **den Unterricht ~** a) to miss lessons, b) (*absichtlich*) to shirk school, to play truant (*bes. Am.* hook[e]y), to cut class(es); **da haben Sie etwas versäumt!** you missed something there! **du hast nichts versäumt!** you didn't miss much (*od.* anything)! it wasn't up to much! it was no great shakes! (*sl.*); **ich habe nichts zu ~** (*keine Eile*) I have plenty of time on my hands, I have all the time in the world. – **3.** (*Chance, Gelegenheit etc*) miss, lose, (*bewußt*) let (*s.th.*) slip. – **4.** (*unterlassen*) omit. – **5.** (*verlieren*) lose: **es ist keine Zeit zu ~** there is no time to lose. – **6. ~, etwas zu tun** to fail (*od.* omit, neglect) to do s.th.: **ich habe versäumt, ihm rechtzeitig zu schreiben** I failed to write to him in time. – **7. nichts ~, um** to leave nothing undone (in order) to: **wir haben nichts versäumt, um ihn zu retten** we left nothing undone to save him. – **II V~** *n* ⟨-s⟩ **8.** *verbal noun.*

Ver'säum·nis *n* ⟨-ses; -se⟩ **1.** (*versäumte Zeit*) loss of time. – **2.** (*Vernachlässigung*) negligence. – **3.** (*Unterlassung*) omission. – **4.** (*in der Schule*) absence. – **5.** *jur.* default. — **~ˌli·ste** *f* absentee list, list of absentees. — **~ˌur·teil** *n jur.* default judg(e)ment, judg(e)ment in default. — **~verˌfah·ren** *n* default procedure.

ver'säumt I *pp.* – **II** *adj* **1.** (*Gelegenheit etc*) missed, lost. – **2.** (*Zeit etc*) lost: **~e Zeit einholen** to make up (for) lost time. – **III V~e, das** ⟨-n⟩ **3.** *only in* **das V~e** (*od.* **V~es**) **nachholen** to make up for what one has missed. — **Ver'säu·mung** *f* ⟨-; *no pl*⟩ *cf.* Versäumen.

'VersˌBau *m* ⟨-(e)s; *no pl*⟩ *metr.* metrical structure, versification.

ver'scha·chern *v/t* ⟨*no* ge-, h⟩ *colloq.* sell (*s.th.*) off, trade (*s.th.*) away (*od.* off).

ver'schach·telt *adj* **1.** (*Gegenstände*) interlocking. – **2.** (*Unternehmen etc*) interconnected. – **3.** *ling.* (*Satz*) involved. — **Ver'schach·te·lung** *f* ⟨-; -en⟩ **1.** interlocking. – **2.** interconnection, *Br. auch* interconnexion. – **3.** *ling.* involvement.

ver'schaf·fen *v/t* ⟨*no* ge-, h⟩ **1. j-m etwas ~** to procure (*od.* find, secure, get) s.o. s.th., to procure (*od.* provide, find, secure, get) s.th. for s.o., to provide (*od.* furnish) s.o. with s.th.: **ein einflußreicher Freund hat ihm die Stellung verschafft** an influential friend procured the position for him; **was verschafft mir das Vergnügen** (*od.* **die Ehre**)? to what do I owe the hono(u)r (*od.* what gives me the pleasure) of this visit? – **2. sich** (*dat*) **etwas ~** to obtain (*od.* procure, gain, secure, get) s.th.: **sich einen genauen Einblick in** (*acc*) **etwas ~** to gain insight into s.th.; **sich absolute Gewißheit über** (*acc*) **etwas ~** to make absolutely sure (*od.* certain) of s.th.; **sich Genugtuung ~** to gain (*od.* obtain) satisfaction; **sich selber Recht ~** to obtain justice; **sich Respekt ~** to make oneself respected, to gain respect; **sich einen Vorteil ~** to gain an advantage; **sich Zutritt zu etwas ~** to gain admission (*od.* admittance) to s.th.; → Gehör 2; Klarheit 3.

ver'scha·len [-'ʃaːlən] **I** *v/t* ⟨*no* ge-, h⟩ **1.** *tech.* a) board, plank, cover, b) (*ummanteln*) (en)case, jacket. – **2.** *civ.eng.* a) (*Wand*) panel, board, b) (*Fassade*) line, c) (*Beton*) form. – **II V~** *n* ⟨-s⟩ **3.** *verbal noun.* – **4.** *cf.* Verschalung.

ver'schal·ken *v/t* ⟨*no* ge-, h⟩ *mar. cf.* schalken.

Ver'schal·tung *f* ⟨-; -en⟩ *electr.* faulty connection (*Br. auch* connexion).

Ver'scha·lung *f* ⟨-; -en⟩ **1.** *cf.* Verschalen. – **2.** *civ.eng.* (*von Beton*) framework.

Ver'scha·lungsˌbrett *n civ.eng.* shuttering board.

ver'schämt I *adj* **1.** bashful, shamefaced, prudish. – **2.** (*bescheiden*) humble, modest: **die ~en Armen** the humble poor. – **II** *adv* **3. ~ die Augen niederschlagen** to lower one's eyes bashfully; **~ tun** to pretend to be ashamed (*od.* shy), to simulate modesty, to assume an air of false modesty.

Ver'schämt·heit *f* ⟨-; *no pl*⟩ **1.** bashfulness, shamefacedness, pudency, prudishness. – **2.** (*Bescheidenheit*) humility, humbleness, modesty.

Ver'schämtˌtun *n* ⟨-s; *no pl*⟩ prudishness, false modesty.

ver'schan·deln [-'ʃandəln] *colloq.* **I** *v/t* ⟨*no* ge-, h⟩ **1.** (*Landschaft, Zimmer etc*) disfigure, spoil, mar. – **2.** (*Sprache*) murder, butcher. – **II V~** *n* ⟨-s⟩ **3.** *verbal noun.* – **4.** *cf.* Verschand(e)lung. — **ver'schan·delt I** *pp.* – **II** *adj* **1.** disfigured, spoilt, marred. – **2.** (*Sprache*) murdered, butchered. — **Ver'schan·de·lung, Ver'schand·lung** *f* ⟨-; *no pl*⟩ **1.** *cf.* Verschandeln. – **2.** disfigurement. – **3.** (*der Sprache*) murder.

ver'schan·zen I *v/t* ⟨*no* ge-, h⟩ **1.** *mil.* (*Lager, Stellung etc*) a) fortify, b) (*Schützengräben ausheben um*) entrench, intrench. – **II** *v/reflex* **sich ~ 2.** *mil.* entrench (*od.* intrench) oneself, dig in. – **3.** *fig.* (**hinter** *dat* **behind**) (take) shelter. – **III V~** *n* ⟨-s⟩ **4.** *verbal noun.* — **Ver'schan·zung** *f* ⟨-; -en⟩ **1.** *cf.* Verschanzen. – **2.** *mil.* a) fortification, b) entrenchment, *auch* intrenchment.

ver'schär·fen I *v/t* ⟨*no* ge-, h⟩ **1.** (*Strafe*) tighten. – **2.** (*Lage, Situation etc*) aggravate, make (*s.th.*) more critical, make (*s.th.*) tenser. – **3.** (*Spannungen etc*) heighten, aggravate, increase. – **4.** (*Gegensätze etc*) aggravate, intensify. – **5.** (*Bestimmungen, Maßnahmen, Zensur etc*) tighten up (on), sharpen. – **6.** (*Kontrolle etc*) tighten (up), intensify. – **7.** (*Aufmerksamkeit etc*) sharpen. – **8. das Tempo ~** a) (*beim Autofahren etc*) to accelerate, to increase speed, to speed up, b) (*bei der Arbeit etc*) to increase the tempo, to step on it (*od.* it up) (*colloq.*), c) (*sport*) to accelerate, to hot up the pace (*colloq.*). – **II** *v/reflex* **sich ~ 9.** (*von Spannungen etc*) mount, heighten, increase. – **10.** (*von Gegensätzen etc*) intensify. – **11.** (*von Lage, Situation etc*) become more critical, become tenser. – **III V~** *n* ⟨-s⟩ **12.** *verbal noun.* – **13.** *cf.* Verschärfung. — **ver'schärft I** *pp.* – **II** *adj* **~er Kerker** *Austrian jur. aggravated form of imprisonment.* — **Ver'schär·fung** *f* ⟨-; *no pl*⟩ **1.** *cf.* Verschärfen. – **2.** (*der Spannungen etc*) increase, aggravation. – **3.** (*der Gegensätze etc*) aggravation, intensification. – **4.** (*der Kontrollen etc*) intensification. – **5.** (*der Fahrgeschwindigkeit*) acceleration, increase. – **6.** (*des Arbeitstempos*) increase. – **7.** (*sport*) (*des Tempos*) acceleration.

ver'schar·ren *v/t* ⟨*no* ge-, h⟩ (*Knochen, Leiche etc*) bury.

ver'schat·tet *adj med.* (*in der Röntgenologie*) shadowed, cloudy, obscured. — **Ver'schat·tung** *f* ⟨-; -en⟩ shadow, cloudiness, opacity.

ver'schät·zen *v/reflex* ⟨*no* ge-, h⟩ **sich ~** be out (in one's estimation), make a mistake: **er hat sich um 200 Kilometer verschätzt** he was 200 kilometers out (in his estimation).

ver'schau·en *v/reflex* ⟨*no* ge-, h⟩ **sich ~** *bes. Austrian* **1.** mistake (s.o. *od.* s.th.): **er war es nicht, da habe ich mich verschaut** it was not him, my eyes deceived me. – **2. sich in j-n ~** to fall for s.o.('s good looks) (*colloq.*), to have a crush on s.o. (*sl.*).

ver'schau·keln *v/t* ⟨*no* ge-, h⟩ **j-n ~** *colloq.* to diddle s.o. (*colloq.*), to deceive (*od.* disadvantage) s.o.

ver'schei·den *lit.* **I** *v/i* ⟨*irr, no* ge-, sein⟩ **1.** pass away, depart (this world), decease, expire. – **II V~** *n* ⟨-s⟩ **2.** *verbal noun.* – **3.** decease, expiration, departure.

ver'schei·ßen *vulg.* **I** *v/t* ⟨*irr, no* ge-, h⟩ (*Hosen etc*) shit (*vulg.*). – **II** *v/i* **er hat bei mir verschissen** I'm through with him (*colloq.*).

ver'schen·ken I *v/t* ⟨*no* ge-, h⟩ **1.** give (*s.th.*) away (as a present): **ich habe nichts zu ~** I have nothing to give away; **der verschenkt nichts!** *fig.* he doesn't give anything away for nothing! **den Sieg** [**ein Spiel**] **~** (*sport*) (*beim Fußball etc*) to give away the victory [a game]. – **2.** *fig. colloq.* (*zu billig verkaufen*) give (*s.th.*) away for nothing, sell (*s.th.*) for a song: **für tausend Mark hat er das Auto glatt verschenkt** he literally gave the car away for a thousand marks. – **3.** *fig.* give, bestow: **sein Herz ~** to give one's heart; **seine Gunst an j-n ~** to bestow one's favo(u)r on s.o. – **II** *v/reflex* **4. sich an einen Unwürdigen ~** to give one's heart to s.o. (who is) unworthy of it, to throw oneself away. — **ver'schenkt I** *pp.* – **II** *adj* **das ist ja glatt ~** *colloq.* that's a(n absolute) gift!

ver'scher·beln *v/t* ⟨*no* ge-, h⟩ *colloq.* (*zu Geld machen*) turn (*s.th.*) into cash, sell (*s.th.*) off.

ver'scher·zen *v/t* ⟨*no* ge-, h⟩ (**sich** *dat*) **etwas ~** to forfeit s.th.: **du hast dir seine Gunst** [**sein Wohlwollen**] **verscherzt** you forfeited his favo(u)r [goodwill]; **sich** (*dat*) **sein Glück ~** to forfeit (*od.* spurn) one's fortune; **eine Gelegenheit ~** to forfeit (*od.* throw away) an opportunity.

ver'scheu·chen *v/t* ⟨*no* ge-, h⟩ **1.** (*durch Erschrecken*) scare (*od.* frighten) (*s.o.*) away (*od.* off). – **2.** (*durch Verfolgen*) chase (*s.o.*) off (*od.* away), shoo (*s.o.*) away (*od.* off). – **3.** (*auseinandertreiben*) disperse, scatter, dissipate. – **4.** *fig.* (*trübe Gedanken, Sorgen, Angst, Zweifel etc*) dispel, banish.

ver'scheu·ern *v/t* ⟨*no* ge-, h⟩ *colloq. cf.* verschachern.

ver'schicken (*getr.* -k·k-) **I** *v/t* ⟨*no* ge-, h⟩ **1.** (*Briefe, Prospekte, Einladungen etc*) send (*s.th.*) off. – **2.** (*Waren*) consign, dispatch, despatch, forward, send, ship. – **3.** (*zur Post geben*) post, *bes. Am.* mail. – **4.** (*erholungsbedürftige Kinder etc*) send (*s.o.*) away. – **5.** (*Sträflinge*) deport. – **II V~** *n* ⟨-s⟩ **6.** *verbal noun.* — **Ver'schickung** (*getr.* -k·k-) *f* ⟨-; *no pl*⟩ **1.** *cf.* Verschicken. – **2.** (*von Waren*) consignment, dispatch, despatch, shipment. – **3.** (*von Sträflingen*) deportation.

ver'schieb·bar *adj* **1.** mov(e)able, sliding, slidable, *auch* slideable. – **2.** (*einstellbar*) adjustable. – **3.** (*zeitlich*) postponable.

Ver'schie·be|ˌanˌla·ge *f* (*railway*) shunting (*bes. Am.* switching) installation. — **~ˌbahnˌhof** *m* shunting station (*od.* depot), *bes. Am.* switchyard. — **~ˌgleis** *n* shunting (*bes. Am.* switching) track. — **~lo·ko·moˌti·ve** *f* shunting (*bes. Am.* switch[ing]) engine (*od.* locomotive), shunter engine, *bes. Am.* switcher (engine).

ver'schie·ben I *v/t* ⟨*irr, no* ge-, h⟩ **1.** (*an einen anderen Platz schieben*) move, shift: der Schrank läßt sich nicht ~ the cupboard cannot be moved. – **2.** (*an einen falschen Platz schieben*) put (*s.th.*) in the wrong place, displace, dislocate: die Putzfrau hat schon wieder den Teppich verschoben the charwoman put the carpet in the wrong place again. – **3.** (*durcheinanderbringen*) muddle up, disarrange. – **4.** (*zeitlich*) postpone, defer, put (*s.th.*) off, remit, delay, respite: etwas um eine Woche ~ to postpone s.th. for a week; etwas von einem Tag auf den anderen ~ to put s.th. off from one day to the next; etwas auf einen späteren Zeitpunkt ~ to defer s.th. to a later date (*od.* until later, till later); was du heute kannst besorgen, das verschiebe nicht auf morgen! (*Sprichwort*) never put off till tomorrow what may be done today. – **5.** (*vertagen*) adjourn. – **6.** (*railway*) shunt, *bes. Am.* switch. – **7.** *mil.* (*Truppen*) displace. – **8.** *econ.* (*illegal, unter der Hand verkaufen*) sell (*s.th.*) underhand (*od.* illicitly). – **9.** *ling.* (*Laut*) shift. – **10.** *geol.* displace, dislocate, heave. – **11.** *print.* (*Satz*) squabble. – **12.** *med.* a) (*dislozieren*) displace, dislocate, b) (*Leukozyten*) shift, c) (*Organ*) displace, d) (*Phasen*) shift. – **II** *v/reflex* sich ~ **13.** (*von Teppich, Tischtuch, Krawatte etc*) move, get out of place: der Teppich hat sich verschoben the carpet has got(ten) out of place (*od. colloq.* has walked). – **14.** (*zeitlich*) be postponed (*od.* deferred, put off): meine Reise hat sich verschoben my journey has been put off. – **15.** *fig.* (*von Akzent, Schwerpunkt etc*) shift. – **16.** *med.* a) (*von Knochenbrüchen*) become displaced (*od.* dislocated), b) (*von Kniescheibe*) slip, shift. – **17.** *ling.* (*von Lauten*) shift. – **III V~** *n* ⟨-s⟩ **18.** *verbal noun.* – **19.** *cf.* Verschiebung.

Ver'schie·be|ˌrad *n tech.* slip (*od.* sliding) gear. — **~ˌwei·che** *f* (*railway*) shunting points *pl*, *bes. Am.* switch(es *pl*).

Ver'schie·bung *f* ⟨-; -en⟩ **1.** *cf.* Verschieben. – **2.** (*an einen anderen Platz*) move, shift. – **3.** (*Verlagerung*) displacement, dislocation. – **4.** (*zeitliche*) postponement, delay, deferment, put-off, respite. – **5.** (*Vertagung*) adjournment. – **6.** *fig.* (*Verlagerung*) shift. – **7.** *ling.* shift. – **8.** *geol.* displacement, dislocation, heave. – **9.** *med.* a) (*eines Organs*) displacement, b) (*eines Gelenks*) dislocation, c) (*der Kniescheibe*) slip, d) (*in den Leukozyten*) shift, e) (*Lageveränderung*) displacement, dystopia (*scient.*).

Ver'schie·bungs|ˌfak·tor *m electr.* power factor. — **~geˌsetz** *n phys.* displacement law.

ver'schie·den [-'ʃiːdən] **I** *adj* **1.** (*in Farbe, Größe, Charakter etc*) different: ~ sein to be different, to differ, to vary; sehr ~ sein to differ widely (*od.* greatly); zwei ~e Strümpfe two different (*od.* odd) stockings; ~ wie Tag und Nacht (as) different as chalk and cheese, (as) like as chalk to cheese; ~e Interessen haben to have different interests; da kann man ~er Meinung sein opinions differ (*od.* vary) on this point; das ist ganz ~ (*als Antwort auf eine Frage*) it varies, it depends; das ist von Fall zu Fall ~ that differs (*od.* varies) from case to case; in den ~sten Farben und Formen in a variety (*od.* in all sorts) of colo(u)rs and shapes. – **2.** (*unähnlich*) un(a)like, different(-looking), dissimilar: die beiden Brüder sind völlig ~ the two brothers are completely unalike. – **3.** (*sich deutlich unterscheidend*) distinct. – **4.** (*auseinandergehend*) divergent, diverging, discrepant. – **5.** (*mehrere*) various, several, diverse: bei ~en Gelegenheiten on various occasions; zu ~en Malen several times; ich habe schon an den ~sten Stellen gesucht I have looked for it in various places. – **6.** (*mannigfaltig, gemischt*) varied, various, assorted: ~es Gebäck assorted biscuits (*Am.* cookies) *pl.* – **7.** (*von unterschiedlichster Art*) miscellaneous: er handelt mit alten Möbeln, Bildern und ~en anderen Sachen he deals in old furniture, pictures and miscellaneous other things. – **8.** (*substantiviert mit Kleinschreibung*) ~e (*einige*) several (*od.* some) people: ~e kamen zu spät some people were late. – **II** *adv* **9.** ~ dick [groß, lang] varying in thickness [size, length]; etwas ~ beurteilen to judge s.th. differently. – **III V~e, das** ⟨*undeclined*⟩ **10.** different things *pl*: Gleiches und V~es similar and different things. – **11.** (*als Zeitungsrubrik, Tagesordnungspunkt etc*) miscellaneous, miscellany. – **12.** (*mit Kleinschreibung*) several (*od.* various) things *pl*: ~es ist mir noch unklar I am still not clear about several things; da hört sich doch ~es auf! *colloq.* that's the limit! that takes the cake! (*beide colloq.*), that beats all!

ver'schie·denˌar·tig *adj* **1.** (*andersartig*) different: wirtschaftlich und kulturell sehr ~e Staaten nations that are very different (*od.* that differ greatly) economically and culturally. – **2.** (*mannigfaltig*) various, varying, diverse: er wurde mit ~en Aufgaben betraut he was assigned tasks of various descriptions, tasks of various descriptions were assigned to him (*beide colloq.*); eine Fülle ~ster Vorschläge a great number of proposals of various descriptions (*od.* of all sorts and descriptions) (*colloq.*). – **3.** (*heterogen*) heterogeneous. – **4.** (*grundverschieden*) disparate, distinctly different. – **5.** (*gegensätzlich*) opposed. – **6.** (*von unterschiedlichster Art*) miscellaneous. — **Ver'schie·denˌar·tig·keit** *f* ⟨-; *no pl*⟩ **1.** difference, different nature. – **2.** (*Mannigfaltigkeit*) variety, diversity, variousness. – **3.** (*Heterogenität*) heterogeneity. – **4.** (*Grundverschiedenheit*) disparity, distinct difference. – **5.** (*Gegensätzlichkeit*) opposed nature. – **6.** (*unterschiedliche Beschaffenheit*) miscellaneity, miscellaneousness.

Ver'schie·de·ne *m, f* ⟨-n; -n⟩ *lit.* (the) deceased, (the) defunct.

ver'schie·de·neˌmal *adv* several times.

ver'schie·de·ner'lei *adj* ⟨*invariable*⟩ **1.** various, several different: auf ~ Art in several different ways; ich habe noch ~ Sachen einzukaufen I still have various errands to do. – **2.** different: ~ Münzen different coins.

ver'schie·denˌfar·big *adj* **1.** different-colored (*bes. Br.* -coloured), unmatched, of different colors (*bes. Br.* colours): sie hatte ~e Strümpfe an she wore different-colo(u)red (*od.* odd) stockings. – **2.** (*mehrfarbig*) multicolor(ed), *bes. Br.* multicolour(ed), parti-colored, *bes. Br.* particoloured; heterochromous, heterochromatic, heterochromic (*scient.*).

ver'schie·den·geˌstal·tig [-gəˌʃtaltɪç] *adj* of various shapes, differently shaped; heteromorphic, heteromorphous, polymorphic, polymorphous (*scient.*). — **Ver'schie·den·geˌstal·tig·keit** *f* ⟨-; *no pl*⟩ variety of shape; heteromorphism, polymorphism (*scient.*).

Ver'schie·den·heit *f* ⟨-; -en⟩ **1.** (*in Farbe, Größe, Charakter etc*) difference, different nature, inequality. – **2.** (*Unähnlichkeit*) unlikeness, dissimilarity. – **3.** (*deutliche Unterscheidbarkeit*) distinctness, distinction. – **4.** (*Unvereinbarkeit*) disparity. – **5.** (*Diskrepanz*) divergence, discrepancy. – **6.** (*Mannigfaltigkeit*) variety, diversity.

ver'schie·dent·lich *adv* **1.** (*wiederholt*) repeatedly. – **2.** (*mehrmals*) several times. – **3.** (*gelegentlich*) occasionally, now and then, at times, on occasion: ich habe ~ daran gedacht I have thought of it occasionally.

ver'schie·ßen[1] **I** *v/t* ⟨*irr, no* ge-, h⟩ **1.** (*Munition etc*) discharge, fire (off), shoot (off): seine letzten Kugeln ~ to fire one's last (*od.* use up one's, expend one's) bullets; → Pulver 2. – **2.** (*Pfeil*) shoot (off). – **3.** (*Geld*) spend (*s.th.*) on shooting. – **4.** (*sport*) (*Elfmeter etc*) miss. – **5.** *print.* (*Kolumnen*) impose (*s.th.*) wrongly. – **II** *v/reflex* sich ~ **6.** (*mit einem Gewehr etc*) miss (one's mark *od.* target). – **7.** sich in j-n verschossen haben *fig. colloq.* to be crazy (*od. colloq.* mad, *sl.* nuts) about s.o.; to be struck (*auch* stuck) on s.o., to have a crush on s.o. (*sl.*).

ver'schie·ßen[2] *v/i* ⟨*irr, no* ge-, sein⟩ (*ausbleichen*) fade, discolor, *bes. Br.* discolour: das Kleid ist verschossen the dress has faded.

ver'schif·fen *econ. mar.* **I** *v/t* ⟨*no* ge-, h⟩ **1.** ship (off), send (*od.* transport) (*s.th.*) by water: wieder ~ to reship; etwas über den Ozean ~ to ship (*od.* send) s.th. across the ocean. – **II V~** *n* ⟨-s⟩ **2.** *verbal noun.* – **3.** *cf.* Verschiffung. — **Ver'schif·fer** *m* shipper. — **Ver'schif·fung** *f* ⟨-; *no pl*⟩ **1.** *cf.* Verschiffen. – **2.** shipment: ~ [zweimal] monatlich shipment [twice] monthly.

Ver'schif·fungs|ˌaufˌtrag *m econ. mar.* shipping order. — **v~beˌreit** *adj* ready for shipment (*od.* shipping). — **~ˌha·fen** *m* **1.** (*für Waren*) port of shipment. – **2.** (*für Menschen*) port of embarkation (*auch* embarcation). — **~ˌko·sten** *pl* shipping *sg*, shipping charges. — **~paˌpie·re** *pl* shipping documents. — **~ˌspe·sen** *pl* shipping expenses (*od.* charges). — **~terˌmin** *m* time (*od.* date) of shipment. — **~ˌton·ne** *f* (*Frachttonne*) shipping ton.

ver'schil·fen *v/i* ⟨*no* ge-, sein⟩ (*von Fluß, Teich etc*) become overgrown with reeds, overgrow with reeds.

ver'schim·meln *v/i* ⟨*no* ge-, sein⟩ **1.** (*von Brot etc*) mold, *bes. Br.* mould, become (*od.* go, grow) moldy (*bes. Br.* mouldy). – **2.** (*von Leder, Stoff etc*) mildew, become mildewed. — **ver'schim·melt I** *pp.* – **II** *adj* **1.** (*Brot etc*) moldy, *bes. Br.* mouldy. – **2.** *fig.* antiquated, obsolete.

Ver'schiß *m* ⟨-sses; *no pl*⟩ *vulg.* (*in Wendungen wie*) in ~ geraten to be sent to Coventry, *Br.* to be considered beyond (*od.* outside) the pale; j-n in ~ tun to send s.o. to Coventry, to ostracize (*Br. auch* -s-) s.o.

ver'schlacken (*getr.* -k·k-) **I** *v/t* ⟨*no* ge-, h⟩ **1.** slag, flux. – **2.** *geol.* (*Lava etc*) scorify. – **II** *v/i* ⟨sein⟩ **3.** sinter, scale. – **III V~** *n* ⟨-s⟩ **4.** *verbal noun.* – **5.** *cf.* Verschlackung. — **ver'schlackt I** *pp.* – **II** *adj* **1.** (*Ofen etc*) slagged. – **2.** *geol.* (*Lava etc*) scoriaceous. — **Ver'schlackung** (*getr.* -k·k-) *f* ⟨-; -en⟩ **1.** *cf.* Verschlacken. – **2.** *geol.* scorification.

Ver'schlackungs|beˌstän·dig·keit (*getr.* -k·k-) *f tech.* resistance to slagging. — **~pe·riˌode** *f metall.* slag-forming period. — **~verˌmö·gen** *n* fluxing power.

ver'schla·fen[1] **I** *v/i u.* sich ~ *v/reflex* ⟨*irr, no* ge-, h⟩ **1.** sleep in, oversleep (oneself). – **II** *v/t* **2.** (*Zeit, Termin etc*) miss (*s.th.*) by oversleeping, oversleep: ich habe den ersten Zug ~ I missed the first train because I overslept, I overslept the first train. – **3.** (*einen Tag, Abend etc*) waste (*od.* spend) (*s.th.*) sleeping. – **4.** (*Kummer, Ärger etc*) sleep on. – **5.** (*Rausch etc*) sleep (*s.th.*) off.

ver'schla·fen[2] **I** *pp of* verschlafen[1]. – **II** *adj* **1.** sleepy: mit ~en Augen sleepy-eyed; ~ aussehen (*od.* dreinschauen) to look sleepy-eyed; ich bin noch ganz ~ I am still sleepy (*od.* half asleep). – **2.** *fig.* (*Mensch*) sleepy, drowsy, blear(y)-eyed. – **3.** *fig.* (*Dorf etc*) sleepy, drowsy.

Ver'schla·fen·heit *f* ⟨-; *no pl*⟩ **1.** sleepiness. – **2.** *fig.* sleepiness, drowsiness.

Ver'schlag *m* ⟨-(e)s; ⸗e⟩ **1.** (*unter der Treppe etc*) glory hole. – **2.** (*am Haus*) lean-to, shelter. – **3.** (*kleine Hütte*) shed. – **4.** *contempt.* (*elende Behausung*) shanty, hutch, *bes. Am.* shack. – **5.** *mar.* (*verschließbarer*) locker.

ver'schla·gen[1] **I** *v/t* ⟨*irr, no* ge-, h⟩ **1.** etwas mit Brettern ~ to board (up) s.th. – **2.** etwas mit Nägeln ~ to nail s.th. up. – **3.** die Buchseite ~ to lose the (*od.* one's) place (*od.* the page). – **4.** (*sport*) (*Tennisball etc*) misplay, mishit. – **5.** durch den Krieg wurden wir hierher ~, der Krieg verschlug uns hierher *fig.* we landed (*od.* ended up) here as a result of the war. – **6.** *mar.* (*von Sturm etc*) (*Schiff*) drive (*a ship*) off (*od.* out of) its course: ~ werden a) to be driven off (*od.* out of) one's course, b) (*von Menschen*) (*durch Schiffbruch*) to be cast away; der Sturm verschlug uns auf die Insel, wir wurden von dem Sturm auf die Insel ~ the storm cast us ashore (*od.* stranded us) on the island; der Sturm verschlug uns nach Norwegen the storm drove us to(ward[s]) Norway. – **7.** *fig.* (*in Wendungen wie*) das verschlug mir die Sprache it stunned me, I was speechless; → Atem 1. – **II** *v/i colloq.* **8.** (*von Arzneimittel etc*) nicht ~ (*nicht wirken*) (bei j-m on s.o.) to have no effect. – **9.** (*häufig in Verbindung mit nichts*) es verschlägt nichts a) it does not matter, it has no effect, b) it makes no difference. – **10.** kaltes Wasser ~ lassen to take the chill off cold water. – **III** *v/reflex* sich ~ **11.** *dial.* (*von Grippe etc*) settle somewhere else.

ver'schla·gen[2] **I** *pp of* verschlagen[1]. – **II** *adj* **1.** der Hund ist ~ the dog is cowed. – **2.** *fig.* (*Person*) sly, shrewd, cunning, tricky, crafty, wily. – **3.** *fig.* (*Blick*) sly, cunning, wily. – **4.** *colloq.* (*Wasser etc*) lukewarm, tepid. – **5.** ~er Wind *med.* trapped flatus.

Ver'schla·gen·heit *f* ⟨-; *no pl*⟩ **1.** (*einer Person etc*) slyness, shrewdness, cunning(ness), trickiness, craftiness, wiliness. – **2.** (*eines Blickes*) slyness, cunningness, wiliness.

Ver'schlag|wa·gen *m* (*railway*) crate car (*Br.* waggon).

ver'schlam·men I *v/i* ⟨*no* ge-, sein⟩ *u.* sich ~ *v/reflex* ⟨h⟩ **1.** (*von Fluß etc*) silt (up), become muddy. – **2.** (*von Rohrleitung*) become clogged, clog, get filled with mud. – **II V~** *n* ⟨-s⟩ **3.** *verbal noun.* – **4.** *cf.* Verschlammung.

ver'schläm·men I *v/t* ⟨*no* ge-, h⟩ (*Fluß etc*) silt (*s.th.*) (up). – **II V~** *n* ⟨-s⟩ *verbal noun.*

Ver'schlam·mung *f* ⟨-; -en⟩ **1.** *cf.* Verschlammen. – **2.** (*eines Beckens*) sludge accumulation. – **3.** (*Verlandung*) mudsilting, siltation.

Ver'schläm·mung *f* ⟨-; -en⟩ **1.** *cf.* Verschlämmen. – **2.** *cf.* Verschlammung 3.

ver'schlam·pen *colloq.* **I** *v/t* ⟨*no* ge-, h⟩ **1.** lose, lose (*od.* mislay) (*s.th.*) by carelessness: er hat schon wieder eine Akte verschlampt he has (gone and) lost another file. – **II** *v/i* ⟨sein⟩ **2.** become (*od.* get) slatternly (*od.* slovenly, *sl.* tatty). – **3.** etwas ~ lassen to neglect s.th., to let s.th. go (to ruin): sie lassen den Garten völlig ~ they neglect the garden altogether.

ver'schlech·tern [-'ʃlɛçtərn] **I** *v/t* ⟨*no* ge-, h⟩ **1.** (*Zustand, Sache etc*) worsen, make (*s.th.*) worse, aggravate, deteriorate: das Rauchen hat seinen Krankheitszustand noch verschlechtert smoking has aggravated his condition even more. – **2.** (*Qualität etc*) deteriorate, impair, worsen. – **3.** (*Münzen*) debase. – **4.** (*Aussichten etc*) lessen, diminish, impair, worsen. – **II** *v/reflex* sich ~ **5.** (*von Verhältnis, Qualität, Wetter etc*) deteriorate, decline, worsen, become worse: seine Leistungen ~ sich immer mehr his work is becoming worse and worse (*od.* going down); die wirtschaftliche [politische] Lage verschlechtert sich ständig the economic [political] situation is deteriorating more and more (*od.* going from bad to worse). – **6.** (*von Aussichten etc*) diminish, lessen, worsen. – **7.** (*von Laune*) blacken, darken, become worse (and worse). – **8.** sich beruflich ~ to change one's post (*od. colloq.* job) for the worse. – **9.** sich finanziell ~ to earn less, to be worse off financially. – **III V~** *n* ⟨-s⟩ **10.** *verbal noun.* — **Ver'schlech·te·rung** *f* ⟨-; *no pl*⟩ **1.** *cf.* Verschlechtern. – **2.** (*einer Situation, einer Lage, eines Krankheitszustandes etc*) deterioration, depravation, aggravation, change for the worse: eine ~ im Zustand des Patienten a deterioration in the patient's condition. – **3.** (*der Qualität etc*) deterioration, decline, impairment. – **4.** (*von Münzen*) debasement. – **5.** (*der Aussichten etc*) impairment, diminution, *auch* diminishment.

ver'schlei·ern [-'ʃlaɪərn] **I** *v/t* ⟨*no* ge-, h⟩ **1.** (*Gesicht etc*) veil. – **2.** *fig.* (*Tatsachen etc*) veil, obscure, disguise, cloak, mask: seine wahren Absichten ~ to veil one's true intentions. – **3.** *fig.* (*Sonne etc*) veil. – **4.** *fig.* (*Blick*) blur. – **5.** *econ.* a) (*Bilanz*) conceal, window-dress, b) (*Geschäftsbücher*) cook, doctor. – **6.** *mil.* screen, camouflage. – **7.** *phot.* (*in der Röntgenologie*) fog. – **II** *v/reflex* sich ~ **8.** (*von Frauen*) veil oneself (*od.* one's face), put on a veil. – **9.** (*von Himmel*) become hazy. – **10.** ihr Blick verschleierte sich a) (*durch Tränen*) her eyes clouded, b) (*vor Sehnsucht*) she gazed into the distance. – **11.** seine Stimme verschleierte sich his voice became husky (*od.* thick). – **III V~** *n* ⟨-s⟩ **12.** *verbal noun.* – **13.** *cf.* Verschleierung. — **ver'schlei·ert I** *pp.* – **II** *adj* **1.** (*Frau*) veiled. – **2.** *fig.* (*Blick*) vague. – **3.** *fig.* (*Stimme*) husky, thick. – **4.** *phot.* foggy. — **Ver'schleie·rung** *f* ⟨-; -en⟩ **1.** *cf.* Verschleiern. – **2.** *fig.* (*von Tatsachen etc*) obscuration, disguise. – **3.** *mil.* screen, camouflage. – **4.** *econ.* (*einer Bilanz*) concealment, window dressing.

Ver'schleie·rungs|,tak·tik *f* camouflage tactics *pl.* — **~ver,kehr** *m mil.* deception signal traffic. — **~ver,such** *m* attempt at camouflage.

ver'schlei·fen I *v/t* ⟨*no* ge-, h⟩ *ling. mus.* (*Wörter, Silben, Töne etc*) slur, let (*words etc*) run together. – **II V~** *n* ⟨-s⟩ *verbal noun.* — **Ver'schlei·fung** *f* ⟨-; -en⟩ **1.** *cf.* Verschleifen. – **2.** slur.

ver'schlei·men I *v/t* ⟨*no* ge-, h⟩ **1.** *med.* obstruct (*s.th.*) with phlegm (*od.* mucus). – **II** *v/i* ⟨sein⟩ **2.** *med.* become filled (*od.* obstructed, congested) with phlegm (*od.* mucus). – **3.** *mil.* (*von Geschützrohr*) foul. – **III V~** *n* ⟨-s⟩ **4.** *verbal noun.* – **5.** *cf.* Verschleimung. — **ver'schleimt I** *pp.* – **II** *adj* stark ~ sein *med.* a) to suffer from (*od.* have a lot of) phlegm (on one's chest), b) to suffer from catarrh. — **Ver'schlei·mung** *f* ⟨-; -en⟩ **1.** *cf.* Verschleimen. – **2.** *med.* a) (*der Brust*) congestion, secretional obstruction, b) (*als Katarrh*) mucous catarrh.

Ver'schleiß [-'ʃlaɪs] *m* ⟨-es; -e⟩ **1.** (*Abnutzung*) wear (and tear), attrition: eingeplanter ~ *econ.* built-in obsolescence (*od.* utility decline). – **2.** (*von Kräften etc*) detrition, attrition: körperlicher und nervlicher ~ detrition of nerves and body. – **3.** *tech.* a) (*Abnutzung*) wear, b) (*Abrieb*) abrasion, c) (*Auswaschung*) cavitation, d) (*Erosion*) erosion, e) (*Korrosion*) corrosion. – **4.** *Austrian econ.* retail trade. — **~be,an,spru·chung** *f* abrasive stress. — **~be,stän·dig·keit** *f* wear-resisting quality, abrasion resistance.

ver'schlei·ßen I *v/t* ⟨*irr, no* ge-, h⟩ **1.** (*Kleidung, Kräfte etc*) wear (*s.th.*) (out). – **2.** *tech.* a) (*durch Abnutzung*) wear (*s.th.*) out (*od.* down), b) (*durch Abrieb*) abrade, abrase, c) (*durch Erosion*) erode, d) (*durch Korrosion*) corrode. – **3.** *Austrian econ.* retail. – **II** *v/i* ⟨sein⟩ **4.** (*von Kleidung etc*) wear, become worn: die Wäsche verschleißt durch häufiges Waschen the linen wears thin through frequent washing. – **5.** *tech.* a) (*durch Abnutzung*) wear (out), b) (*durch Abrieb*) abrade, c) (*durch Erosion*) erode, d) (*durch Korrosion*) corrode. – **III** *v/reflex* ⟨h⟩ sich ~ **6.** *cf.* verschleißen II. – **7.** (*im Beruf*) wear oneself out. – **IV V~** *n* ⟨-s⟩ **8.** *verbal noun.* – **9.** *cf.* Verschleiß 1-3.

Ver'schleiß|er,schei·nung *f* sign (*od.* symptom) of wear. — **v~,fest** *adj* **1.** (*gegen Abnutzung*) wear-resistant, hardwearing, wearproof, *Br.* wear-proof. – **2.** (*gegen Abrieb*) abrasion-resistant, nonabrasive *Br.* non-. — **~,fe·stig·keit** *f* ⟨-; *no pl*⟩ **1.** (*gegen Abnutzung*) resistance to wear, wear-resistant property, wearability. – **2.** (*gegen Abrieb*) abrasion resistance. — **~ge,schwin·dig·keit** *f* rate of wear. — **~,här·te** *f cf.* Verschleißfestigkeit. — **~,mar·ke** *f* wear mark. — **~,mar·ken,brei·te** *f* (*eines Werkzeugs*) wear-mark width. — **~,prü·fung** *f* wear test. — **~,schicht** *f civ.eng.* (*einer Straße*) wearing course. — **~,teil** *n tech.* expendable part (*od.* item). — **~ver,än·de·rung** *f med.* (*von Gelenken etc*) degenerative changes *pl*, wearing of the joint cartilage. — **~,wi·der,stand** *m tech.* resistance to wear, wearing resistance, (*gegen Abrieb*) abrasion resistance.

ver'schlem·men *v/t* ⟨*no* ge-, h⟩ (*Vermögen etc*) guzzle away (*colloq.*).

ver'schlep·pen I *v/t* ⟨*no* ge-, h⟩ **1.** etwas ~ a) (*von Hund etc*) to take s.th. away, to carry s.th. off, b) (*von Feinden etc*) to take s.th. away: im Krieg wurden viele Kunstschätze verschleppt during the war many art treasures were taken away. – **2.** j-n ~ (*gewaltsam*) a) (*im Krieg*) to deport s.o., b) (*entführen*) to abduct s.o., (*mit Erpressung*) *auch* to kidnap s.o. – **3.** *fig.* (*Prozeß, Verhandlungen etc*) prolong, draw out, protract, delay. – **4.** *pol.* (*Vorlage etc*) obstruct, *bes. Am.* filibuster, *bes. Br.* stonewall. – **5.** *med.* a) (*Infektion*) spread, transmit, convey, b) (*Krankheit*) protract (*s.th.*) (through neglect), c) (*verstreuen*) disperse. – **II V~** *n* ⟨-s⟩ **6.** *verbal noun.* – **7.** *cf.* Verschleppung. — **ver'schleppt I** *pp.* – **II** *adj med.* (*Grippe etc*) protracted.

Ver'schlepp·te *m, f* ⟨-n; -n⟩ deported person.

Ver'schlep·pung *f* ⟨-; -en⟩ **1.** *cf.* Verschleppen. – **2.** (*von Kriegsgefangenen etc*) deportation. – **3.** (*Entführung*) abduction. – **4.** *fig.* (*eines Prozesses etc*) prolongation, protraction. – **5.** *pol.* (*einer Vorlage etc*) obstruction. – **6.** *med.* a) (*von Bakterien etc*) conveyance, transmission, b) (*einer Krankheit*) protraction (through neglect), c) (*Verstreuung*) dispersion.

Ver'schlep·pungs|ma,nö·ver *n* **1.** delaying (*od.* dilatory) man(o)euver (*bes. Br.* manœuvre) (*od.* tactics *pl*), procrastination. – **2.** *pol.* obstruction (man[o]euver, *bes. Br.* manœuvre), *bes. Am.* filibustering, *bes. Br.* stonewalling. — **~po·li,tik** *f* policy of obstruction, obstructionism, *bes. Am.* filibusterism. — **~,tak·tik** *f* **1.** delaying (*od.* dilatory) tactics *pl*, procrastination. – **2.** *pol.* obstruction (tactics *pl*), *bes. Am.* filibustering, *bes. Br.* stonewalling.

ver'schleu·dern I *v/t* ⟨*no* ge-, h⟩ **1.** *econ.* (*Ware etc*) sell (*s.th.*) (off) dirt cheap (*od.* at a cut price), (*mit Verlust*) *auch* sell (*s.th.*) at a loss (*od.* below cost), (*im Ausland*) *auch* dump. – **2.** (*sein Geld, Vermögen etc*) squander (*s.th.*) (away), throw (*s.th.*) away, waste, dissipate. – **II V~** *n* ⟨-s⟩ **3.** *verbal noun.* — **Ver'schleu·de·rung** *f* ⟨-; *no pl*⟩ **1.** *cf.* Verschleudern. – **2.** (*eines Vermögens etc*) squander, dissipation.

ver'schließ·bar *adj* **1.** (*mit Schlüssel*) lockable, capable of being locked. – **2.** (*Fenster etc*) clos(e)able, capable of being shut (*od.* closed): etwas ist ~ s.th. can be shut (*od.* closed). – **3.** (*verriegelbar*) capable of being bolted.

ver'schlie·ßen I *v/t* ⟨*irr, no* ge-, h⟩ **1.** (*abschließen*) lock: etwas mit einem Riegel ~ to bolt s.th.; etwas mit einem Vorhängeschloß ~ to padlock s.th. – **2.** (*in einem Schreibtisch etc*) lock (*s.th.*) up. – **3.** (*Fenster, Öffnung, Zugang etc*) close, shut. – **4.** (*Flasche*) put a stopper on, stopper: mit einem Kork ~ to cork (*a bottle*) (up). – **5.** (*Glas etc*) close. – **6.** (*Brief etc*) close, seal. – **7.** (*Spalte etc*) close (*od.* fill) (*s.th.*) (up). – **8.** *med.* a) (*Wunde*) close (*od.* sew) (*a wound*) (up), suture, b) (*Ader*) occlude, obstruct. – **9.** etwas in (*acc*) sich ~ *fig.* (*Gedanken, Gefühle etc*) to keep s.th. locked in one's heart. – **10.** sein Herz vor (*dat*) etwas ~ *fig.* to harden oneself against (*od.* to) s.th., to set one's heart against s.th.: er verschloß sein Herz ihren Bitten he hardened himself against (*od.* he turned a deaf ear to) her pleas. – **11.** die Augen vor etwas ~ *fig.* to close one's eyes to s.th. – **12.** j-m etwas ~ *fig.* to close a door on s.o. to s.th.: diese Möglichkeit bleibt Minderbemittelten verschlossen the door to this possibility is closed to (*od.* for) those (who are) less well-off. – **II** *v/reflex* sich ~ **13.** *fig.* become withdrawn (*od.* extremely reserved): sich in (*acc*) sich selbst ~ to withdraw (*od.* retire, go) into oneself; sich vor j-m ~ to be withdrawn (*od.* extremely reserved) with s.o.; warum verschließt du dich vor mir? why are you so withdrawn (*od.* why this reserve) with (*od.* toward[s]) me? – **14.** sich einer Sache ~ *fig.* to close one's eyes (*od.* turn a deaf ear) to s.th.: er kann sich dem

Fortschritt nicht ~ he cannot close his eyes to progress; er konnte sich (gegenüber) diesen Argumenten nicht ~ he could not close his mind to (*od.* turn a deaf ear to, ignore) these arguments. – **III V~** *n* ⟨-s⟩ **15.** *verbal noun.*

ver'schlimmˌbes·sern I *v/t* ⟨*no* ge-, h⟩ *colloq.* (*Arbeit, Text etc*) make (*s.th.*) worse by correction, correct mistakes into, disimprove. – **II V~** *n* ⟨-s⟩ *verbal noun.* — **Ver'schlimmˌbes·se·rung** *f* ⟨-; -en⟩ **1.** *cf.* Verschlimmbessern. – **2.** incorrect correction, disimprovement.

ver'schlim·mern [-'ʃlɪmərn] **I** *v/t* ⟨*no* ge-, h⟩ **1.** (*Situation, Lage etc*) aggravate, worsen, make (*s.th.*) worse, deteriorate. – **2.** *med. cf.* aggravieren 2. – **II** *v/reflex* sich ~ **3.** (*von Krankheit, Lage etc*) become (*od.* grow, get) worse, worsen, deteriorate: sein Zustand verschlimmerte sich his condition deteriorated (*od.* went from bad to worse). – **III V~** *n* ⟨-s⟩ **4.** *verbal noun.* — **Ver'schlim·me·rung** *f* ⟨-; -en⟩ **1.** *cf.* Verschlimmern. – **2.** aggravation, deterioration, change for the worse. – **3.** *med. cf.* Aggravation 2.

ver'schlin·gen[1] *v/t* ⟨*irr, no* ge-, h⟩ **1.** (*aus großem Hunger*) devour. – **2.** (*in großen Stücken, Brocken*) gulp (*s.th.*) down, wolf, bolt, swallow, demolish. – **3.** (*verputzen*) gobble (*s.th.*) up. – **4.** *fig.* (*Riesensummen etc*) swallow up, run into. – **5.** *fig.* (*mit den Augen, Ohren*) devour: ein Buch ~ to devour (*od.* swallow) a book. – **6.** *fig.* (*von Nacht, Wellen etc*) engulf, swallow up: die Dunkelheit verschlang ihn (the) darkness engulfed (*od.* absorbed) him.

ver'schlin·gen[2] **I** *v/t* ⟨*irr, no* ge-, h⟩ **1.** Dinge miteinander (*od.* ineinander) ~ to entwine (*od.* intertwine, intertwist, interlace) things. – **II** *v/reflex* sich ~ **2.** (*von Fäden, Zweigen etc*) intertwine, become entwined (*od.* intertwined, intertwisted), (*stärker*) become entangled: sich zu einem Knoten ~ to become entwined (*od.* entangled) in a knot. – **3.** *med.* (*von Darm*) become twisted, kink. – **III V~** *n* ⟨-s⟩ **4.** *verbal noun.* – **5.** *cf.* Verschlingung.

Ver'schlin·gung *f* ⟨-; -en⟩ **1.** *cf.* Verschlingen[2]. – **2.** (*von Bändern mit Zweigen etc*) entwinement, intertwinement, interlacement, *auch* intertwist, (*stärker*) entanglement.

ver'schlis·sen I *pp of* verschleißen. – **II** *adj* **1.** (*Teppiche, Bettwäsche etc*) threadbare, worn, worn thin. – **2.** (*Kleidung*) worn(-out *od.* -down), seedy.

ver'schlos·sen I *pp of* verschließen. – **II** *adj* **1.** locked. – **2.** closed: → Tür 1, 5. – **3.** (*Brief, Dose etc*) closed, sealed: luftdicht ~ sealed, (closed) airtight (*Br.* air-tight); im ~en Umschlag in a sealed envelope. – **4.** *fig.* (*Mensch, Wesen*) withdrawn, extremely reserved, (*bes. wortkarg*) *auch* taciturn. — **Ver'schlos·sen·heit** *f* ⟨-; *no pl*⟩ (*eines Menschen*) withdrawnness, (extreme) reserve (*od.* reservedness), (*bes. Wortkargheit*) *auch* taciturnity.

ver'schlucken (*getr.* -k·k-) **I** *v/t* ⟨*no* ge-, h⟩ **1.** (*Gräte etc*) swallow. – **2.** (*Wort, Silbe etc*) slur (over), swallow. – **3.** *fig.* (*eine Bemerkung etc*) suppress, contain: im letzten Moment verschluckte er die Antwort he suppressed the answer (*od.* he swallowed his tongue) at the last moment. – **4.** *fig. colloq.* (*Unsummen*) swallow up: das neue Haus hat viel Geld verschluckt the new house has swallowed up (*od.* has run into) a lot of money. – **5.** *fig.* (*von der Dunkelheit etc*) engulf, swallow up: er war wie vom Erdboden verschluckt he disappeared into thin air. – **II** *v/reflex* sich ~ **6.** choke: fast hätte ich mich verschluckt I nearly choked.

ver'schlu·dern *v/t* ⟨*no* ge-, h⟩ *u. v/i* ⟨sein⟩ *colloq. cf.* verschlampen.

ver'schlun·gen I *pp of* verschlingen[1] *u.* [2]. – **II** *adv* **1.** entwined, (en)twisted. – **2.** (*Pfad etc*) meandering, winding, tortuous. – **3.** (*Buchstabe, Linie etc*) intertwined. – **4.** *her.* tortillé. – **5.** *fig.* intricate, complex.

Ver'schluß *m* ⟨-sses; ⸚sse⟩ **1.** (*an Schmuckstücken etc*) catch, clasp. – **2.** (*an Büchern, Taschen etc*) clasp. – **3.** (*mit einem Schloß od. Riegel*) lock: etwas unter ~ halten to keep s.th. under lock and key. – **4.** (*mit Haken, Ösen etc*) fastener. – **5.** (*für Flaschen*) stopper. – **6.** (*Stöpsel*) plug. – **7.** (*wasser- und luftdichter*) seal. – **8.** (*Deckel*) cover, cap, lid. – **9.** *phot.* shutter. – **10.** *mil.* (*eines Geschützes*) breech mechanism. – **11.** *med.* a) (*von Gefäßen, Gängen, der Bronchien etc*) occlusion, blockage, b) (*Thrombus*) thrombus, embolus, c) (*des Darms*) ileus, d) (*einer Wunde*) closing by suture (*od.* by metal clips), e) fibroser ~ fibrous obstruction. – **12.** *econ. cf.* Zollverschluß. – **13.** *ling.* (*in der Phonetik*) closure. – **14.** (*sport*) (*beim Gewichtheben*) (*einer Hantel*) collar. – **15.** *aer.* (*eines Triebwerks etc*) cover. — **~ˌausˌlö·sung** *f phot.* shutter release. — **~ˌblock** *m mil.* (*eines Geschützes*) breechblock, *Br.* breech-block. — **~ˌeinˌstel·lung** *f phot.* shutter setting (*od.* scale).

ver'schlüs·seln I *v/t* ⟨*no* ge-, h⟩ **1.** (*Text etc*) (en)code, (en)cipher. – **II V~** *n* ⟨-s⟩ **2.** *verbal noun.* – **3.** *cf.* Verschlüsselung. — **ver'schlüs·selt I** *pp.* – **II** *adj* (en)coded, code (*attrib*): ~er Text (en)coded (*od.* code) text, cryptogram. — **Ver'schlüs·se·lung** *f* ⟨-; -en⟩ **1.** *cf.* Verschlüsseln. – **2.** encipherment, encodement.

Ver'schluß|geˌschwin·dig·keit *f phot.* shutter speed. — **~ˌhahn** *m tech.* stopcock. — **~ˌik·te·rus** *m med.* obstructive icterus (*od.* jaundice). — **~ˌkap·pe** *f tech.* screw (*od.* end) cap. — **~ˌklam·mer** *f* locking clamp. — **~ˌknopf** *m* lock knob. — **~laˌmel·le** *f phot.* shutter blade (*od.* leaf). — **~ˌlaut** *m ling.* stop, (ex)plosive, occlusive.

Ver'schlüß·lung *f* ⟨-; -en⟩ *cf.* Verschlüsselung.

Ver'schluß|ˌmap·pe *f* **1.** classified file. – **2.** (*für Kurierpost*) pouch. — **~maˌschi·ne** *f tech.* preserve locking machine. — **~ˌmut·ter** *f tech.* lock nut. — **~ˌplat·te** *f mil.* (*eines Geschützes*) obturator disc (*od.* disk). — **~ˌsa·che** *f* classified document. — **~ˌschrau·be** *f tech.* screw plug, plug screw. — **~ˌstrei·fen** *m* sealing tape. — **~ˌstück** *n mil. cf.* Verschlußblock. — **~ˌvorˌrich·tung** *f cf.* Verschluß 1—10. — **~ˌzeit** *f phot.* shutter speed.

ver'schmach·ten *v/i* ⟨*no* ge-, sein⟩ **1.** (vor Durst) ~ to be dying (*od.* parched) with thirst. – **2.** (vor Hitze) ~ to swelter, to suffocate with heat. – **3.** (*vor Liebeskummer etc*) (vor *dat* with) pine (*od.* waste) (away), languish: vor Gram ~ to eat one's heart out. – **4.** (*im Gefängnis*) rot.

ver'schmä·hen I *v/t* ⟨*no* ge-, h⟩ **1.** (*verachten*) despise, disdain, scorn, spurn. – **2.** (*zurückweisen*) refuse, reject: j-s Hilfe ~ to refuse s.o.'s help; er verschmäht alles, was süß ist he refuses everything sweet; ich würde einen Schluck nicht ~ I wouldn't refuse (*od.* say no to) a drop. – **II V~** *n* ⟨-s⟩ **3.** *verbal noun.* – **4.** *cf.* Verschmähung. — **ver'schmäht I** *pp.* – **II** *adj* ~e Liebe unrequited love; ~er Liebhaber a) (*Geliebter*) jilted lover, b) (*Bewerber*) spurned lover. — **Ver'schmä·hung** *f* ⟨-; *no pl*⟩ **1.** *cf.* Verschmähen. – **2.** refusal, rejection.

ver'schmä·lern I *v/t* ⟨*no* ge-, h⟩ **1.** (*verengen*) narrow (down). – **2.** (*dünner machen*) thin. – **3.** (*verkleinern*) make (*s.th.*) smaller. – **II** *v/reflex* sich ~ **4.** (*von Weg etc*) narrow (down). – **5.** thin (out). – **6.** *biol.* attenuate. – **III V~** *n* ⟨-s⟩ **7.** *verbal noun.* — **Ver'schmä·le·rung** *f* ⟨-; *no pl*⟩ **1.** *cf.* Verschmälern. – **2.** *biol.* attenuation.

ver'schmau·sen *v/t* ⟨*no* ge-, h⟩ relish, regale (oneself) with (*od.* on), feast on.

ver'schmel·zen I *v/t* ⟨*irr, no* ge-, h⟩ **1.** (zu into) merge, blend, fuse, melt. – **2.** *tech.* (*Metalle etc*) weld (*od.* fuse) (*metals*) together. – **3.** (*durch Synthese*) synthetize. – **4.** *econ. pol.* (*Betriebe, Parteien etc*) merge, amalgamate, fuse. – **II** *v/i* ⟨sein⟩ **5.** (ineinander) ~ (*von Farben etc*) to merge, to blend, to fuse, to melt (into one another): die Farbtöne verschmolzen zu einem schmutzigen Braun several tones merged into a dirty brown. – **6.** (*zusammenwachsen*) coalesce. – **7.** *econ. pol.* (*von Betrieben, Parteien etc*) merge, amalgamate, fuse: sie verschmolzen zu einer Einheit they merged (into one); die Firmen sind zu einem großen Unternehmen verschmolzen the firms amalgamated to form (*od.* merged into) a large enterprise. – **8.** *med.* a) (*von Zellen etc*) unite, fuse, b) (*von Ausschlag*) merge, c) ~ mit to blend into (*od.* with). – **II V~** *n* ⟨-s⟩ **9.** *verbal noun.* — **Ver'schmel·zung** *f* ⟨-; -en⟩ **1.** *cf.* Verschmelzen. – **2.** ⟨*only sg*⟩ *fig.* (*Vereinigung*) fusion. – **3.** ⟨*only sg*⟩ *fig.* (*Verbindung*) union, amalgamation, inosculation. – **4.** ⟨*only sg*⟩ *fig.* (*durch Zusammenwachsen*) coalescence. – **5.** *econ. pol.* merger, amalgamation, fusion. – **6.** ⟨*only sg*⟩ *tech.* fusion. – **7.** *med.* union, fusion.

Ver'schmel·zungsˌkern *m biol.* fusion nucleus.

ver'schmer·zen *v/t* ⟨*no* ge-, h⟩ etwas ~ to get over s.th.: er hat den Verlust noch immer nicht verschmerzt he hasn't got(ten) over the loss yet, the loss is still paining him. — **ver'schmerzt I** *pp.* – **II** *adj* längst verschmerzt long past and forgotten.

ver'schmie·ren I *v/t* ⟨*no* ge-, h⟩ **1.** (*Schrift, Tinte, Lippenstift etc*) (auf *acc* on) smear, smudge. – **2.** (*mit Farbe, Tinte etc*) smear, smudge, smutch, stain, soil, daub, *bes. Am.* smouch, *auch* smooch. – **3.** (*mit Schrift*) scribble over. – **4.** *bes. tech.* (*Fuge, Öffnung etc*) lute. – **II** *v/i* ⟨sein⟩ **5.** *tech.* a) (*von einer Schleifscheibe etc*) load, clog, dull, b) (*von einer metallischen Oberfläche*) glaze. — **ver'schmiert I** *pp.* – **II** *adj* (*mit Fett, Salbe, Öl etc*) smudged, smudgy, smeared.

ver'schmitzt [-'ʃmɪtst] **I** *adj* roguish, arch (*attrib*): ~e Augen roguish eyes, a roguish look. – **II** *adv* roguishly, archly: ~ lächeln to give an arch smile, to smile roguishly. — **Ver'schmitzt·heit** *f* ⟨-; *no pl*⟩ roguishness, archness.

ver'schmort *adj* **1.** *gastr.* (*Fleisch etc*) burned, burnt. – **2.** (*Leitung, Holz etc*) charred.

ver'schmut·zen I *v/t* ⟨*no* ge-, h⟩ **1.** (*Kleidung, Wäsche etc*) soil, (get *s.th.*) dirty. – **2.** (*Wohnung, Park etc*) dirty, (be)foul. – **3.** (*Luft, Wasser etc*) pollute, contaminate, foul. – **4.** *med.* (*Wunde*) contaminate. – **5.** *tech.* (*Gewehr, Zündkerze etc*) foul. – **II** *v/i* ⟨sein⟩ **6.** (*von Kleidung, Wäsche etc*) soil, (become) dirty, get soiled. – **7.** (*von Wohnung, Platz etc*) (get) dirty. – **8.** (*von Luft, Wasser etc*) become (*od.* get) polluted (*od.* contaminated, foul). – **9.** *tech.* (*von Gewehr, Zündkerze etc*) foul. – **III V~** *n* ⟨-s⟩ **10.** *verbal noun.* – **11.** *cf.* Verschmutzung. — **ver'schmutzt I** *pp.* – **II** *adj* **1.** (*Kleidung, Wäsche etc*) soiled, dirty. – **2.** (*Wohnung, Park etc*) dirty, foul. – **3.** (*Luft, Wasser*) polluted, contaminated. – **4.** *med.* (*Wunde*) contaminated. – **5.** *tech.* (*Gewehr, Zündkerze etc*) foul. — **Ver'schmut·zung** *f* ⟨-; *no pl*⟩ **1.** *cf.* Verschmutzen. – **2.** (*der Luft, des Wassers etc*) pollution, contamination. – **3.** *med.* (*einer Wunde*) contamination.

ver'schnap·pen *v/reflex* ⟨*no* ge-, h⟩ sich ~ *obs. colloq.* open one's mouth too wide, give oneself away, say too much.

ver'schnau·fen *v/i u.* sich ~ *v/reflex* ⟨*no* ge-, h⟩ stop (*od.* pause) for breath (*od.* to recover one's breath, to get one's breath back), have (*od.* stop for) a breather: ein Pferd ~ lassen to wind a horse.

Ver'schnaufˌpau·se *f* breather.

ver'schnei·den I *v/t* ⟨*irr, no* ge-, h⟩ **1.** (*Stoff, Kleid etc*) cut (*s.th.*) badly (*od.* wrong), spoil (*s.th.*) (by faulty cutting). – **2.** (*Flügel*) clip, cut. – **3.** (*Branntwein, Tabak etc*) blend. – **4.** (*Wein*) adulterate. – **5.** *metall.* a) (*Legierungen*) mix, b) (*Pulvermetall*) blend. – **6.** *tech.* (*Gravuren*) distort. – **7.** *med. vet.* castrate, emasculate, geld. – **II V~** *n* ⟨-s⟩ **8.** *verbal noun.* – **9.** *med. vet.* castration. – **10.** (*des Weins*) adulteration.

ver'schneit *adj* **1.** snow-covered, snowed over (*nachgestellt*). – **2.** (*eingeschneit*) snowed-up (*od.* -in) (*attrib*), snowed under (*nachgestellt*).

Ver'schnitt *m* ⟨-(e)s; *no pl*⟩ **1.** (*Abfall beim Zuschneiden*) scraps *pl*, waste pieces *pl*, (*bes. in der Industrie*) waste. – **2.** (*von Branntwein, Tabak etc*) blend. — **~biˌtu·men** *n chem.* cutback bitumen.

ver'schnit·ten I *pp of* verschneiden. – **II** *adj* (*Branntwein, Tabak etc*) blended.

Ver'schnit·te·ne *m* ⟨-n; -n⟩ *med.* eunuch, castrate.

ver'schnör·keln I *v/t* ⟨*no* ge-, h⟩ **1.** ornament, adorn (*s.th.*) with flourishes, flourish. – **II V~** *n* ⟨-s⟩ **2.** *verbal noun.* – **3.** *cf.* Verschnörkelung. — **ver'schnör·kelt I** *pp.* – **II** *adj* (*Buchstaben, Schrift etc*) ornate, elaborate. — **Ver'schnör·ke·lung** *f* ⟨-; -en⟩ **1.** *cf.* Verschnörkeln. – **2.** ornateness, elaborateness.

ver'schnup·fen *v/t* ⟨*no* ge-, h⟩ j-n ~ *fig.*

colloq. to peeve s.o. (*colloq.*), to offend (*od.* pique) s.o. — **ver'schnupft I** *pp.* – **II** *adj* ~ sein a) *rare* (*Schnupfen haben*) to have a cold (in one's head *od.* in the head), b) *fig. colloq.* (*verärgert sein*) to be peeved (*colloq.*), to be offended (*od.* piqued).

ver'schnü·ren I *v/t* ⟨*no* ge-, h⟩ **1.** (*Paket etc*) tie (*od.* fasten, bind) (*s.th.*) with (a) cord (*od.* with string). – **2.** (*Mieder, Schuhe etc*) lace (up). – **3.** (*zusammenschnüren*) tie up, tie (*s.th.*) together. – **II V**~ *n* ⟨-s⟩ **4.** *verbal noun.* — **Ver'schnü·rung** *f* ⟨-; -en⟩ **1.** *cf.* Verschnüren. – **2.** lace. – **3.** (*Schnürverschluß*) frog.

ver'schol·len [-'ʃɔlən] *adj* **1.** (*vermißt*) missing: **er ist seit fünf Jahren** ~ he has been missing for five years; **das Schiff ist** ~ the ship is missing, we have not heard of the ship (since). – **2.** *jur.* presumed dead: **j-n für** ~ **erklären** to declare s.o. legally dead; **er gilt als** ~ he is presumed (*od.* believed) to be dead.

Ver'schol·le·ne *m, f* ⟨-n; -n⟩ **1.** missing person, person considered as disappeared. – **2.** *jur.* a) person presumed to be dead, b) (*Toterklärte*) missing person declared to be legally dead.

Ver'schol·len·heit *f* ⟨-; *no pl*⟩ **1.** (*bes. eines Menschen*) disappearance. – **2.** *jur.* presumption of death.

Ver'schol·len·heits·er,klä·rung *f jur.* legal declaration of a presumptive death, decree of presumption of death.

ver'scho·nen I *v/t* ⟨*no* ge-, h⟩ **1.** (*Gefangene, Gebäude etc*) spare. – **2. j-n mit etwas** ~ *fig.* to spare s.o. s.th.: ~ **Sie mich damit** spare me that, don't bother me with that. – **II V**~ *n* ⟨-s⟩ **3.** *verbal noun.* – **4.** *cf.* Verschonung.

ver'schö·nen I *v/t* ⟨*no* ge-, h⟩ **1.** (*schön machen*) enhance, embellish, adorn, beautify: **sich** (*dat*) **den Lebensabend mit etwas** ~ to enhance the evening of one's life with s.th. – **2. sie hat das Fest verschönt** she enhanced the party. – **II V**~ *n* ⟨-s⟩ **3.** *verbal noun.* – **4.** *cf.* Verschönung.

ver'schö·nern [-'ʃøːnərn] **I** *v/t* ⟨*no* ge-, h⟩ **1.** (*Zimmer etc*) enhance, embellish, adorn, beautify. – **II** *v/reflex* **sich** ~ **2.** (*schöner werden*) become more beautiful, increase in beauty. – **3.** (*sich schöner machen*) beautify (*od.* prettify) oneself, enhance one's looks. – **III V**~ *n* ⟨-s⟩ **4.** *verbal noun.* — **Ver'schö·ne·rung** *f* ⟨-; -en⟩ **1.** *cf.* Verschönern. – **2.** ⟨*only sg*⟩ (*Handlung*) embellishment, adornment. – **3.** (*Schmuck*) embellishment, adornment, ornament.

Ver'schö·ne·rungs|ak·ti,on *f* beauty campaign, *Br.* campaign for the improvement of local amenities. — ~**,kur** *f* beauty cure (*od.* treatment). — ~**,rat** *m* ⟨-(e)s; ⸗e⟩ *colloq. humor.* hairdresser. — ~**ver,ein** *m* (municipal) embellishment committee, *Br.* committee (*od.* association) for the improvement of local amenities.

ver'schont I *pp.* – **II** *adj* (von etwas) ~ **bleiben** to be spared (from s.th.): **die Stadt blieb vom Krieg** ~ the town was spared from (*od.* escaped) (the) war; **auch Sie bleiben nicht** ~ your turn will come too.

Ver'scho·nung *f* ⟨-; *no pl*⟩ **1.** *cf.* Verschonen: **die** ~ **der Stadt ist der Großmut des Feindes zu verdanken** the sparing of the town is due to the magnanimity of the enemy. – **2.** (von from) exemption.

Ver'schö·nung *f* ⟨-; *no pl*⟩ **1.** *cf.* Verschönen. – **2.** embellishment, adornment, beautification.

ver'schor·fen [-'ʃɔrfən] *med.* **I** *v/i* ⟨*no* ge-, sein⟩ **1.** (*von Wunde*) scab (over). – **2.** (*aus abgestorbenem Gewebe*) slough. – **II V**~ *n* ⟨-s⟩ **3.** *verbal noun.* – **4.** *cf.* Verschorfung. — **ver'schorft I** *pp.* – **II** *adj* **1.** crusted, crusty, covered with scab (*od.* crust). – **2.** covered with slough. — **Ver'schor·fung** *f* ⟨-; *no pl*⟩ **1.** *cf.* Verschorfen. – **2.** formation of scab (*od.* crust). – **3.** formation of slough.

Ver'schor·fungs,mit·tel *n med. pharm.* corrosive (*od.* caustic) agent, escharotic (*scient.*).

ver'schos·sen[1] **I** *pp of* verschießen[1]. – **II** *adj fig. colloq. cf.* vernarrt 1.

ver'schos·sen[2] **I** *pp of* verschießen[2]. – **II** *adj* (*Kleid, Vorhang etc*) faded, discolored, *bes. Br.* discoloured.

Ver'schramm·bar·keit *f* ⟨-; *no pl*⟩ resistance to scratching (*od.* scoring).

ver'schram·men *v/t* ⟨*no* ge-, h⟩ **1.** (*Auto etc*) scratch, graze. – **2.** (*Möbel etc*) scratch, score, scrape. — **ver'schrammt I** *pp.* – **II** *adj* ~ sein a) (*von Auto etc*) to be scratched (*od.* grazed), to have scratches (*od.* grazes), b) (*von Möbeln etc*) to be scratched (*od.* scored, scraped), to have scratches (*od.* scores, scrapes).

ver'schrän·ken I *v/t* ⟨*no* ge-, h⟩ **1.** (*Arme*) fold. – **2.** (*Hände, Finger*) clasp. – **3.** (*Beine*) cross. – **4.** *tech.* a) (*Riemen*) cross, b) (*Sägezähne*) set, c) (*Balken*) joggle, (*im Holzbau*) table-joint. – **5.** (*beim Stricken*) (*Maschen*) knit into the back of. – **II V**~ *n* ⟨-s⟩ **6.** *verbal noun.* — **ver'schränkt I** *pp.* – **II** *adj* **1. mit** ~**en Armen dabeistehen** *fig.* to stand there with one's arms folded, to sit back and watch (*od.* do nothing). – **2.** *metr.* (*Reim*) embracing. — **Ver'schrän·kung** *f* ⟨-; *no pl*⟩ *cf.* Verschränken.

ver'schrau·ben *tech.* **I** *v/t* ⟨*no* ge-, h⟩ **1.** screw (*s.th.*) home (*od.* tight). – **2.** (*festschrauben*) a) (*mittels einer Holzschraube*) screw (*s.th.*) (into position), b) (*mittels einer Metallschraube*) secure (*s.th.*) by bolts: **zwei Teile miteinander** ~ to screw (*od.* bolt) two pieces together. – **II V**~ *n* ⟨-s⟩ **3.** *verbal noun.* — **Ver'schrau·bung** *f* ⟨-; -en⟩ **1.** *cf.* Verschrauben. – **2.** (*Schraubdeckel*) screw lid. – **3.** *tech.* a) (*Verbindung*) screw joint (*od.* connection, *Br. auch* connexion), b) (*Befestigungselement*) screw union.

ver'schrecken (*getr.* -k·k-) *v/t* ⟨*no* ge-, h⟩ *rare* **1.** (*durch Verängstigung vertreiben*) frighten (*od.* scare) (*s.o.*) off (*od.* away). – **2.** (*aufschrecken*) startle. — **ver'schreckt I** *pp.* – **II** *adj* **1.** (*verängstigt*) frightened (*od.* scared) stiff. – **2.** (*aufgeschreckt*) startled.

ver'schrei·ben I *v/t* ⟨*irr, no* ge-, h⟩ **1.** *med.* (*Rezept, Arznei, Kur etc*) prescribe: **der Arzt verschrieb dem Kranken ein Stärkungsmittel** the doctor prescribed the patient a tonic, the doctor prescribed a tonic for the patient. – **2.** (*Leben, Arbeitskraft etc*) (*dat* to) devote, dedicate. – **3.** (*Papier etc*) use (*s.th.*) up (in writing). – **4.** *jur.* (*Besitz etc*) (*dat* to) assign, make (*s.th.*) over. – **5.** *obs.* (*Seele*) sell: **seine Seele dem Teufel** ~ to sell one's soul to the devil. – **6.** *rare* (*Wort, Zahl etc*) write (*s.th.*) wrong(ly), miswrite. – **II** *v/reflex* **sich** ~ **7.** make a mistake (in writing), make a slip of the pen: **jetzt habe ich mich schon wieder verschrieben** I have written the wrong thing again. – **8. sich einer Sache (mit Leib und Seele)** ~ to devote oneself to s.th. (body and soul). – **9. sich dem Teufel** ~ *obs.* to sell oneself to the devil. – **III V**~ *n* ⟨-s⟩ **10.** *verbal noun.* — **Ver'schrei·bung** *f* ⟨-; -en⟩ **1.** *cf.* Verschreiben. – **2.** *med.* (*Rezept*) prescription. – **3.** *jur.* (*Übereignung*) assignment.

ver'schrei·bungs,pflich·tig *adj med. pharm. cf.* rezeptpflichtig.

ver'schrei·en *v/t* ⟨*irr, no* ge-, h⟩ **j-n [etwas] als etwas** ~ to denounce (*od.* decry) s.o. [s.th.] as s.th.: **die Presse verschrie ihn als Mörder** the press decried him as a murderer.

Ver'schrieb *m* ⟨-s; -e⟩ *Swiss* misspelling.

ver'schrie·en, ver'schrien I *pp of* verschreien. – **II** *adj* (*übelbeleumundet*) ill-reputed, notorious: ~ **sein** to be ill-reputed, to have a bad name; **er ist als Geizhals** ~ he is a notorious miser.

ver'schro·ben [-'ʃroːbən] **I** *adj* (*Mensch, Ansicht etc*) eccentric, crotchety, queer, odd, cranky: **ein** ~**er Mensch** an eccentric, a crank, *Am. sl.* a screwball. – **II** *adv* **er denkt recht** ~ he has quite eccentric ideas. — **Ver'schro·ben·heit** *f* ⟨-; -en⟩ **1.** ⟨*only sg*⟩ (*Eigenschaft*) eccentricity, crotchetiness, queerness, oddness, crankiness. – **2.** (*Handlung*) eccentricity, kink, crank, crotchet, twist.

ver'schro·ten I *v/t* ⟨*no* ge-, h⟩ **1.** (*Getreide*) rough-grind, crush, bruise. – **2.** (*Malz*) bruise. – **II V**~ *n* ⟨-s⟩ **3.** *verbal noun.*

ver'schrot·ten *metall.* **I** *v/t* ⟨*no* ge-, h⟩ (*Autos etc*) scrap. – **II V**~ *n* ⟨-s⟩ *verbal noun.* — **Ver'schrot·tung** *f* ⟨-; *no pl*⟩ *cf.* Verschrotten.

Ver'schro·tung *f* ⟨-; *no pl*⟩ *cf.* Verschroten.

ver'schrum·peln *v/i* ⟨*no* ge-, sein⟩ *colloq.* (*von Gesicht, Haut, Apfel etc*) shrivel, shrink. — **ver'schrum·pelt I** *pp.* – **II** *adj* shrivel(l)ed, shrunk, shrunken (*attrib*): **ihre Haut sah ganz** ~ **aus** her skin looked quite shrivel(l)ed.

ver'schrump·fen *v/i* ⟨*no* ge-, sein⟩ *rare for* verschrumpeln.

ver'schüch·tern I *v/t* ⟨*no* ge-, h⟩ **1.** subdue, intimidate. – **II V**~ *n* ⟨-s⟩ **2.** *verbal noun.* – **3.** *cf.* Verschüchterung. — **ver'schüch·tert I** *pp.* – **II** *adj* subdued, intimidated, shy: **sie stand ganz** ~ **da** she stood there (looking) quite subdued. — **Ver'schüch·te·rung** *f* ⟨-; *no pl*⟩ **1.** *cf.* Verschüchtern. – **2.** intimidation.

ver'schul·den[1] **I** *v/t* ⟨*no* ge-, h⟩ **1.** (*schuld sein an*) be to blame for, be at fault in, be responsible for: **der von links kommende Autofahrer hat den Unfall verschuldet** the driver coming from the left was responsible for the accident. – **2.** (*verursachen*) cause, be the cause of, give rise to: **er hat sein Unglück selbst verschuldet** he brought the misfortune (up)on himself. – **3.** (*in Schulden stürzen*) involve (*s.o.*) in debt(s). – **II** *v/i* ⟨sein⟩ *econ.* **4.** (*in Schulden geraten*) become indebted (*od.* involved in debt[s]): **das Unternehmen verschuldet immer mehr** the enterprise is becoming more and more indebted. – **5.** (*mit Schulden belastet werden*) become encumbered with debt(s): **mit der Zeit verschuldete der Besitz** as time passed the property became encumbered with debt(s). – **III** *v/reflex* ⟨h⟩ **sich** ~ **6.** *econ.* become indebted (*od.* involved in debt[s]). – **IV V**~ *n* ⟨-s⟩ **7.** *verbal noun.* – **8.** *cf.* Verschuldung.

Ver'schul·den[2] *n* ⟨-s; *no pl*⟩ **1.** fault: **durch eigenes** ~ through one's own fault; **durch fremdes** ~ through fault of another; **durch böswilliges** ~ through malicious (*od.* wilful) fault; **der Unfall geschah durch grobes** ~ **des Autofahrers** the accident happened through the gross fault on the part of the (car) driver; **durch sein (eigenes)** ~ through his (own) fault; **ohne mein** ~ through no fault of mine (*od.* my own); **das** ~ **liegt bei ihm** the fault lies (*od.* is) with him, he is at fault; **dem Käufer kann kein** ~ **nachgewiesen werden** the buyer cannot be proved to be at fault. – **2.** (*Schuld*) guilt.

Ver'schul·dens,haf·tung *f jur.* liability for (*od.* arising from) (damage caused by) intentional and negligent acts (only).

ver'schul·det I *pp.* – **II** *adj econ.* **1.** (*Person*) indebted: **er ist schwer** ~ he is heavily indebted (*od.* involved in debt[s]). – **2.** (*Haus, Grundstück etc*) encumbered (with debt[s]). — **ver'schul·de·ter'ma·ßen** *adv* through one's own fault.

Ver'schul·dung *f* ⟨-; *no pl*⟩ **1.** *cf.* Verschulden[1]. – **2.** *econ.* indebtedness. – **3.** (*eines Grundstücks*) encumbrance.

Ver'schul·dungs|,grad *m econ.* ratio of debts to capital resources. — ~**,gren·ze** *f* borrowing limit, capacity of indebtedness. — ~**,haf·tung** *f jur. cf.* Verschuldenshaftung.

ver'schu·len I *v/t* ⟨*no* ge-, h⟩ **1.** *hort.* (*Sämlinge, Jungpflanzen etc*) line (*s.th.*) out. – **2.** (*Universität, Ausbildung etc*) make (*s.th.*) too school-like in structure. – **II** *v/i* ⟨sein⟩ **3.** become too school-like in structure. – **III V**~ *n* ⟨-s⟩ **4.** *verbal noun.* — **Ver'schu·lung** *f* ⟨-; *no pl*⟩ *cf.* Verschulen: **man klagt heutzutage viel über die** ~ **der Universität** there is a great deal of complaint nowadays that universities are becoming too school-like in structure.

ver'schüt·ten I *v/t* ⟨*no* ge-, h⟩ **1.** (*Flüssigkeit*) spill, slop. – **2.** (*Brunnen, Graben, Teich etc*) fill (*s.th.*) up (with earth). – **3.** (*Stollen, Durchgang etc*) block (up). – **4.** (*Menschen*) a) bury, entomb, b) (*im Stollen etc*) trap: **sie wurden von einer Lawine verschüttet** they were buried in an avalanche. – **5. er hat es bei** (*od.* **mit**) **ihr verschüttet** *fig. colloq.* she is through with him (*colloq.*). – **II V**~ *n* ⟨-s⟩ **6.** *verbal noun.*

ver'schüt·tet I *pp.* – **II** *adj* **1.** (*Flüssigkeit*) spilled, *bes. Br.* spilt, slopped. – **2.** (*Stollen, Durchgang*) blocked, blocked up (*pred*). – **3.** (*Mensch*) a) buried, entombed, b) (*eingeschlossen*) trapped: **die** ~**en Bergleute** the miners buried in the accident; **sie sind schon seit drei Tagen** ~ they have been trapped for three days now. — **Ver'schüt·te·te** *m, f* ⟨-n; -n⟩ person buried in the (*od.* an) accident: **es gelang, zu den** ~**n vorzudringen** they succeeded in penetrating as far as the persons buried in the accident.

ver'schütt,ge·hen [-'ʃʏt-] *v/i* ⟨*irr, sep,* -ge-, sein⟩ **1.** *colloq.* (*verlorengehen*) disappear,

vanish. – **2.** (*thieves' Latin*) (*verhaftet werden*) be nabbed (*colloq.*), be copped (*sl.*).
Ver'schüt·tung *f* ⟨-; *no pl*⟩ *cf.* Verschütten.
ver'schwä·gern [-'ʃvɛːgərn] **I** *v/reflex* ⟨*no* ge-, h⟩ **1.** sich (mit j-m) ~ to become related by marriage (to s.o.). – **II V~** *n* ⟨-s⟩ **2.** *verbal noun.* – **3.** *cf.* Verschwägerung. — **ver'schwä·gert I** *pp.* – **II** *adj* related (*od.* connected) by marriage: sind Sie mit ihm verwandt oder ~? is he a relative of yours or are you related by marriage? — **Ver'schwä·ge·rung** *f* ⟨-; *no pl*⟩ **1.** *cf.* Verschwägern. – **2.** relationship by marriage. – **3.** *jur.* affinity, alliance.
ver'schwal·ben [-'ʃvalbən] *v/t* ⟨*no* ge-, h⟩ *tech.* (*in der Holzbearbeitung*) dovetail.
ver'schwat·zen, *Southern G.* **ver'schwät·zen I** *v/t* ⟨*no* ge-, h⟩ (*Zeit*) gossip (*od.* chat) (*s.th.*) away, spend (*s.th.*) gossiping (*od.* chatting). – **II** *v/reflex* sich ~ *cf.* verplappern II.
ver'schwei·gen I *v/t* ⟨*irr, no* ge-, h⟩ **1.** (*Wahrheit, Tatsachen etc*) conceal, withhold, hide, suppress: er hat ihm die wichtigsten Punkte verschwiegen he concealed (*od.* kept) the most important points from him; ich habe nichts zu ~ I have nothing to conceal. – **2.** *jur.* conceal: nichts hinzufügen und nichts ~ to add and to withold nothing; → Wahrheit 1. – **II V~** *n* ⟨-s⟩ **3.** *verbal noun.* – **4.** concealment, suppression. – **5.** *jur.* concealment: betrügerisches (*od.* arglistiges) V~ fraudulent concealment; V~ von Tatsachen concealment of facts; V~ eines wesentlichen (*od.* rechtserheblichen) Umstandes material concealment. — **Ver'schwei·gung** *f* ⟨-; *no pl*⟩ *cf.* Verschweigen.
ver'schweiß·bar *adj tech.* weldable. — **Ver'schweiß·bar·keit** *f* ⟨-; *no pl*⟩ weldability.
ver'schwei·ßen I *v/t* ⟨*no* ge-, h⟩ **1.** *tech.* weld (up), weld (*things*) (together): zwei Teile miteinander ~ to weld two pieces together. – **2.** (*plastics*) heat-seal. – **II V~** *n* ⟨-s⟩ **3.** *verbal noun.* — **Ver'schwei·ßung** *f* ⟨-; *no pl*⟩ *cf.* Verschweißen.
ver'schwe·len I *v/t* ⟨*no* ge-, h⟩ **1.** *metall.* (*Erz*) roast. – **2.** *tech.* (*Kohle*) carbonize (*Br. auch* -s-) (*od.* distill, *bes. Br.* distil) (under vacuum at a low temperature). – **II** *v/i* ⟨sein⟩ **3.** (*ohne Flamme verbrennen*) smolder, *bes. Br.* smoulder. – **III V~** *n* ⟨-s⟩ **4.** *verbal noun.* — **Ver'schwe·lung** *f* ⟨-; *no pl*⟩ **1.** *cf.* Verschwelen. – **2.** *tech.* (*von Kohle*) low-temperature carbonization (*Br. auch* -s-), low-temperature distillation.
ver'schwen·den [-'ʃvɛndən] **I** *v/t* ⟨*no* ge-, h⟩ **1.** (für, an, auf *acc* on) waste, squander, throw (*s.th.*) away: viel Geld [Mühe] für (*od.* an, auf) sein Hobby ~ to waste a great deal of money [effort] on one's hobby; er verschwendet sehr viel Zeit mit Fernsehen he wastes a tremendous lot of time watching (*od.* on) television; du verschwendest deine Worte *fig.* you are wasting your breath, spare your breath; an diese Möglichkeit werde ich keinen Gedanken ~ *fig.* I won't waste much thought on this possibility. – **II V~** *n* ⟨-s⟩ **2.** *verbal noun.* – **3.** *cf.* Verschwendung.
Ver'schwen·der *m* ⟨-s; -⟩, **Ver'schwen·de·rin** *f* ⟨-; -nen⟩ squanderer, spendthrift, waster, prodigal, wastrel, scattergood.
ver'schwen·de·risch I *adj* **1.** (*leicht Geld ausgebend*) extravagant, wasteful, unthrifty, thriftless, (*stärker*) prodigal, profligate: ein ~er Mensch *cf.* Verschwender; ein ~es Leben führen to lead an extravagant life. – **2.** (*überreich, üppig*) lavish, sumptuous, extravagant, opulent: in ~er Fülle in lavish profusion; eine ~e Ausstattung a lavish decor. – **II** *adv* **3.** ~ leben to live extravagantly, to lead an extravagant life; mit etwas ~ umgehen (*od.* sein) to be lavish (*od.* wasteful, prodigal, flush) with s.th.; Lehrer sollen mit Lob und Tadel nicht zu ~ umgehen *fig.* teachers should not be too lavish with (*od.* profuse in their) praise and reproach. – **4.** j-n ~ bewirten to entertain (*od.* treat) s.o. lavishly, to entertain s.o. with (*bes. Br.* to) a lavish meal; der Saal war ~ mit Blumen geschmückt the hall was lavishly decorated with flowers.
ver'schwen·det I *pp.* – **II** *adj* wasted, squandered: das ist ~e Zeit that is a waste of time.
Ver'schwen·dung *f* ⟨-; *no pl*⟩ **1.** *cf.* Verschwenden. – **2.** (*Handlung*) waste, wastage, squander: ~ öffentlicher Mittel waste of public means (*Br.* funds). – **3.** (*unnötiger Verbrauch*) waste, extravagance, extravagancy, wastefulness, wastage, squander: das ist (reine) ~! that is (pure) waste!
Ver'schwen·dungs|,sucht *f* ⟨-; *no pl*⟩ extravagance, wastefulness, (*stärker*) prodigality, profligacy, squandermania. — **v~,süch·tig** *adj* extravagant, wasteful, (*stärker*) prodigal, profligate.
ver'schwie·gen I *pp of* verschweigen. – **II** *adj* **1.** (*nicht mitgeteilt*) withheld, suppressed, concealed: ~e Einzelheiten withheld details. – **2.** (*zuverlässig, verschlossen*) discreet, close, secret: er ist klug und ~ he is prudent and discreet; → Grab 4. – **3.** *fig.* (*verborgen, ruhig*) secluded, secret: sie trafen sich an einem ~en Plätzchen they met in a secluded place; einen ~en Ort aufsuchen *colloq. euphem.* to wash one's hands, to powder one's nose, *Am.* to go to the bathroom, *bes. Br. colloq.* to spend a penny. — **Ver'schwie·gen·heit** *f* ⟨-; *no pl*⟩ **1.** (*Schweigen*) reticence, secrecy: j-m etwas unter dem Siegel der ~ anvertrauen to confide s.th. to s.o. under the seal of secrecy; strenge ~ wahren to observe strict secrecy; zur ~ eidlich verpflichtet werden to be sworn to secrecy. – **2.** (*Charakterzug*) discretion, discreetness, closeness: du kannst dich auf seine ~ verlassen you can rely (up)on his discretion.
ver'schwie·melt [-'ʃviːməlt] *adj Northern and Eastern G. for* verschwollen.
ver'schwim·men *v/i* ⟨*irr, no* ge-, sein⟩ **1.** (*von Horizont, Umrissen etc*) become blurred: die Berge ~ im Dunst the mountains become blurred in the haze; die Zeilen ~ mir vor den Augen the lines are becoming blurred, the lines are beginning to swim. – **2.** (*von Farben etc*) merge, fuse, melt: die Farben ~ ineinander the colo(u)rs merge (into each other *od.* into one another).
ver'schwin·den I *v/i* ⟨*irr, no* ge-, sein⟩ **1.** disappear: der Fleck ist mit der Zeit verschwunden the stain disappeared in time; der Hund verschwand unter dem Tisch the dog disappeared under the table; dieses Wort ist aus der deutschen Sprache allmählich verschwunden this word has gradually disappeared from the German language; in der Pause will ich versuchen zu ~ I shall try to slip off (*od.* away) during the intermission; ich muß mal ~ *colloq. euphem. bes. Br. colloq.* I must go to the loo, I must (go and) spend a penny, *Am. sl.* I must go to the john; verschwinde! clear off! (*colloq.*); scram! get lost! beat it! (*sl.*); man hat etliches Geheimmaterial ~ lassen various secret documents have been disposed of (*od.* eliminated); → Bildfläche 3; Versenkung 4. – **2.** (*vollständig, endgültig*) disappear, vanish, evaporate: die Sonne verschwand hinter den Bergen the sun disappeared behind the mountains; das Schiff verschwindet in der Ferne the ship disappears in(to) the distance; sie verschwand auf Nimmerwiedersehen she disappeared for good; der Taschendieb ließ etliche Uhren und Brieftaschen ~ *colloq. humor.* the pickpocket made various watches and wallets disappear. – **3.** (*in Wendungen wie*) neben j-m ~ *fig.* a) to look (so) tiny beside s.o., b) to be overshadowed (*od.* eclipsed) by s.o.; neben etwas ~ *fig.* a) (*von kleinen Gebäuden etc*) to be swallowed up by s.th., b) (*von Ruhm etc*) to be overshadowed (*od.* eclipsed, swallowed up) by s.th. – **II V~** *n* ⟨-s⟩ **4.** *verbal noun.* – **5.** disappearance: sein V~ wurde erst nach Stunden bemerkt his disappearance was not noticed until hours later. — **ver'schwin·dend I** *pres p.* – **II** *adj* (*Menge, Minderheit etc*) infinitely small, infinitesimal. – **III** *adv* der Fehlbetrag ist ~ klein (*od.* gering) the deficit is infinitely small (*od.* is infinitesimal); ~ wenig Geld an infinitely small (*od.* an infinitesimal) amount of money.
Ver'schwind|,fahr·ge,stell, ~,fahr,werk *n aer. cf.* Einziehfahrwerk. — **~,la,fet·te** *f mil.* disappearing mount(ing).
ver'schwi·stern [-'ʃvɪstərn] **I** *v/reflex* ⟨*no* ge-, h⟩ sich ~ *fig.* (mit with) **1.** unite (*od.* associate) (closely). – **2.** (*von Städten etc*) become twinned. – **II V~** *n* ⟨-s⟩ **3.** *verbal noun.* – **4.** *cf.* Verschwisterung. — **ver'schwi·stert I** *pp.* – **II** *adj* **1.** ~ sein a) to be brother and sister, (*von zwei Brüdern*) to be brothers, (*von zwei Schwestern*) to be sisters, b) *fig.* (mit to) to be (closely) related: ich bin mit ihr ~ she is my sister. – **2.** *fig.* (*geistesverwandt*) congenial, kindred (*attrib*). – **3.** *fig.* (*Städte etc*) twinned. — **Ver'schwi·ste·rung** *f* ⟨-; *no pl*⟩ **1.** *cf.* Verschwistern. – **2.** *fig.* (close) union (*od.* association).
ver'schwit·zen *v/t* ⟨*no* ge-, h⟩ **1.** (*Kleid, Hemd etc*) stain (*s.th.*) with perspiration. – **2.** *fig. colloq.* (*vergessen*) forget (all) about: das habe ich völlig verschwitzt I forgot all about it, I never thought for a moment about it. — **ver'schwitzt I** *pp.* – **II** *adj* **1.** (*Kleid, Hemd etc*) sweaty, stained with perspiration. – **2.** covered with perspiration (*od.* sweat): sie kamen müde und ~ von der Arbeit zurück they returned from their work tired and covered with perspiration.
ver'schwol·len *adj* (*Augen, Gesicht*) swollen.
ver'schwom·men I *pp of* verschwimmen. – **II** *adj* **1.** (*Photo etc*) blurred: die Aufnahme ist ganz ~ the photo is rather blurred (*od.* out of focus); ich kann die Buchstaben nur ~ sehen I can only see blurred letters, the letters are (*od.* look) blurred to me. – **2.** *fig.* (*Erinnerungen etc*) vague, hazy, dim, foggy. – **3.** *fig.* (*Vorstellungen etc*) vague, hazy, nebulous, woolly, *Am. auch* wooly. – **4.** *fig.* (*Farben*) muddy. – **III** *adv* **5.** ich kann mich nur ~ daran erinnern I can only vaguely remember it, I have only vague recollections of it. — **Ver'schwom·men·heit** *f* ⟨-; *no pl*⟩ **1.** (*von Photo etc*) blurredness. – **2.** *fig.* (*von Erinnerungen etc*) vagueness, haziness, dimness, fogginess. – **3.** *fig.* (*von Vorstellungen etc*) vagueness, haziness, woolliness. – **4.** *fig.* (*von Farben*) muddiness.
ver'schwo·ren I *pp of* verschwören. – **II** *adj* **1.** eine ~e Gemeinschaft a sworn confraternity. – **2.** einer Sache ~ sein to be devoted to a cause.
ver'schwö·ren *v/reflex* ⟨*irr, no* ge-, h⟩ **1.** sich (mit j-m) gegen j-n [etwas] ~ to conspire (*od.* [com]plot) (with s.o.) against s.o. [s.th.]: alles hat sich gegen mich verschworen *fig.* everything is going against me, things are against me. – **2.** sich zu etwas ~ to plot s.th. – **3.** sich einer Sache ~ *fig.* to devote oneself to a cause.
Ver'schwo·re·ne *m, f* ⟨-n; -n⟩ *cf.* Verschwörer(in).
Ver'schwö·rer *m* ⟨-s; -⟩ conspirator, (com)plotter. — **Ver'schwö·re·rin** *f* ⟨-; -nen⟩ conspiratress, (com)plotter.
Ver'schwor·ne *m, f* ⟨-n; -n⟩ *cf.* Verschwörer(in).
Ver'schwö·rung *f* ⟨-; -en⟩ conspiracy, (com)plot: eine ~ anzetteln to hatch (*od.* contrive, instigate) a conspiracy; eine ~ aufdecken to unmask (*od.* discover, detect) a conspiracy; in eine ~ verwickelt werden to become involved in a conspiracy.
ver'schwun·den I *pp of* verschwinden. – **II** *adj* missing: das ~e Kind ist wiederaufgetaucht the missing child (*od.* the child who had disappeared) turned up again; das Kind ist seit gestern (spurlos) ~ the child has been missing (without trace) since yesterday.
'Vers|,dich·tung *f* (*literature*) **1.** (*Lyrik*) poetry, verse (*collect.*). – **2.** (*Einzelgedicht*) poem. — **~,dra·ma** *n* verse drama (*od.* play), drama (*od.* play) in verse, poetic drama (*od.* play).
ver'sechs,fa·chen [-,faxən] **I** *v/t* ⟨*no* ge-, h⟩ sextuple, sextuplicate, increase (*s.th.*) sixfold. – **II** *v/reflex* sich ~ sextuple, increase sixfold. – **III V~** *n* ⟨-s⟩ *verbal noun.* — **Ver'sechs,fa·chung** *f* ⟨-; *no pl*⟩ **1.** *cf.* Versechsfachen. – **2.** sixfold increase.
ver'se·hen[1] **I** *v/t* ⟨*irr, no* ge-, h⟩ **1.** (*versorgen*) (mit with) provide, supply, furnish (*lit.*): j-n mit Lebensmitteln [Kleidung] ~ to provide s.o. with food [clothing]. – **2.** (*ausstatten*) (mit with) fit, equip: die Tür wurde mit einem neuen Schloß ~ the door was fitted with a new lock. – **3.** (*besorgen*) look after, take care of: in meiner Abwesenheit versieht meine Schwester den Haushalt my sister looks after the household when I am away; Schiffe, die den Dienst auf dieser Strecke ~ boats which run the service on this route. – **4.** (*ausüben*) perform, discharge: er hat seinen Dienst

gewissenhaft ~ he performed his work conscientiously; j-s Dienst ~ to act in s.o.'s place, to relieve s.o. – **5.** (*innehaben*) perform, discharge, hold: er versieht das Amt eines Richters he performs the office of a judge. – **6.** (*falsch sehen, nicht richtig erkennen*) read (*s.th.*) wrong(ly), misread: ich habe die Zahl ~ I read the number wrong. – **7.** (*falsch machen*) neglect, overlook, omit: man hat bei der Durchführung des Projekts viel ~ many things were neglected in the execution of this project. – **8.** j-n ~ *relig.* to administer the last rites (*od.* sacraments) to s.o.; sich ~ lassen *relig.* to receive the last rites. – **9.** (*officialese*) (*in Verbindung mit Substantiven*) j-n mit einer Vollmacht ~ to invest s.o. with full power(s), to authorize (*Br. auch* -s-) s.o.; ein Schriftstück mit seiner Unterschrift ~ to affix one's signature to a document, to sign a document; einen Wechsel mit Akzept [Indossament *od.* Giro] ~ *econ.* to accept [to endorse] a bill. – **II** *v/reflex* sich ~ **10.** (*versorgen*) (mit with) provide (*od.* supply) oneself: ich habe mich reichlich mit Geld ~ I provided myself amply with money (*od.* with ample funds). – **11.** (*etwas falsch sehen*) make a mistake, look wrong (*colloq.*): bei der schlechten Beleuchtung habe ich mich ~ I made a mistake in the bad light. – **12.** (*etwas falsch machen*) make a mistake (*od.* slip): da hat er sich ganz einfach ~ he simply made a mistake there. – **13.** (*in Wendungen wie*) ehe man sich's versieht in the twinkling of an eye, before you could say Jack Robinson; ehe ich mich ~ hatte before I realized (*od.* could realize) (*beide Br. auch* -s-) what was happening. – **III V~** *n* ⟨-s⟩ **14.** *verbal noun.*

ver'se·hen[2] **I** *pp of* versehen[1]. – **II** *adj* **1.** mit etwas ~ sein a) to be (sufficiently) provided with s.th., b) to be fitted (*od.* equipped) with s.th.: ich bin reichlich mit Geld ~ I have ample (*od.* plenty of) money; die Fenster in Gefängnissen sind mit Gittern ~ prison windows are fitted with iron bars; das Schriftstück ist mit Ihrer Unterschrift ~ the document bears your signature. – **2.** mit ihm bin ich gut [schlecht] ~ *Swiss* I can[not] rely (*od.* depend) (up)on him. – **3.** er starb, ~ mit den Gnadenmitteln der heiligen Kirche *röm.kath.* he died after receiving the means of grace of the Holy Church. – **4.** mit Wurzeln ~ rooted; mit Widerhaken ~ barbed; mit Etikett ~ labeled, *bes. Br.* labelled.

Ver'se·hen[3] *n* ⟨-s; -⟩ **1.** (*Irrtum*) mistake, error: es war ein (reines) ~ it was (purely) a mistake, it was (quite) unintentional; aus ~ *cf.* versehentlich 2. – **2.** oversight: aus ~ *cf.* versehentlich 3.

ver'se·hent·lich I *adj* ⟨*attrib*⟩ **1.** inadvertent, unintentional. – **II** *adv* **2.** (*unbeabsichtigt*) by mistake, inadvertently, unintentionally: etwas ~ mitnehmen to take s.th. by mistake; j-m ~ auf den Fuß treten to step on s.o.'s foot inadvertently. – **3.** (*durch Unachtsamkeit etc*) by (*od.* through) an oversight: ich habe ~ Zucker statt Salz genommen by an oversight I took sugar instead of salt.

Ver'seh,gang *m* ⟨-(e)s; ⸚e⟩ *röm.kath.* sick call, deathbed visit.

ver'seh·ren [-'zeːrən] *v/t* ⟨*no* ge-, h⟩ *archaic* **1.** (*verletzen*) hurt, injure, damage. – **2.** (*untauglich machen*) disable, maim.

ver'sehrt I *pp.* – **II** *adj* **1.** (*verletzt*) hurt, injured, damaged. – **2.** (*untauglich gemacht*) disabled, maimed. — **Ver'sehr·te** *m, f* ⟨-n; -n⟩ disabled person: die ~n disabled persons, the disabled.

Ver'sehr·ten|,grad *m med.* degree of disability. — **~,hil·fe** *f sociol.* rehabilitation of the disabled. — **~,ren·te** *f econ.* disability pension (*od.* allowance, compensation, benefit). — **~,sport** *m* sport(s *pl*) for the handicapped. — **~,stu·fe** *f cf.* Versehrtengrad.

Ver'sehrt·heit *f* ⟨-; *no pl*⟩ disablement, disability.

ver'seif·bar *adj chem.* saponifiable. — **ver'sei·fen I** *v/t* ⟨*no* ge-, h⟩ (*Ester, Fette, Öle etc*) saponify, hydrolyze *Br. auch* -s-. – **II** *v/i* ⟨sein⟩ saponify, hydrolyze *Br. auch* -s-. – **III V~** *n* ⟨-s⟩ *verbal noun.* — **Ver'sei·fung** *f* ⟨-; *no pl*⟩ **1.** *cf.* Verseifen. – **2.** saponification, hydrolysis.

Ver'sei·fungs|ap·pa,rat *m chem. tech.* saponifier. — **~,kol·ben** *m* saponification flask. — **~,mit·tel** *n* saponifier. — **~,zahl** *f* saponification value (*od.* number).

ver'sei·len *v/t* ⟨*no* ge-, h⟩ (twist *s.th.* into a) strand.

Ver'seil·ma,schi·ne *f tech.* twisting (*od.* stranding) machine.

'Vers,ein,schnitt *m metr. cf.* Zäsur 1.

ver'selb,stän·di·gen [-,ʃtɛndɪgən] **I** *v/reflex* ⟨*no* ge-, h⟩ sich ~ make oneself independent, become independent. – **II V~** *n* ⟨-s⟩ *verbal noun.* — **Ver'selb,stän·di·gung** *f* ⟨-; *no pl*⟩ *cf.* Verselbständigen.

'Ver·se|,ma·chen *n contempt.* versification. — **~,ma·cher** *m contempt. cf.* Verseschmied.

ver'sen·den I *v/t* ⟨*meist irr, no* ge-, h⟩ **1.** (*Brief, Paket etc*) send (off), dispatch, despatch, (*mit der Post*) *bes. Am.* mail, *bes. Br.* post. – **2.** *econ.* a) (*Güter etc*) dispatch, despatch, forward, consign, ship, b) (*verschiffen*) ship: etwas ins Ausland ~ to ship s.th. abroad. – **II V~** *n* ⟨-s⟩ **3.** *verbal noun.* – **4.** *cf.* Versendung. — **Ver'sen·der** *m* ⟨-s; -⟩ **1.** (*eines Briefes etc*) sender. – **2.** *econ.* sender, consignor, *auch* consigner. — **Ver'sen·dung** *f* ⟨-; *no pl*⟩ **1.** *cf.* Versenden. – **2.** (*von Briefen*) dispatch, despatch. – **3.** *econ.* a) (*von Gütern etc*) dispatch, despatch, consignment, shipment, b) (*Verschiffung*) shipment.

Ver'sen·dungs,art *f econ. cf.* Versandart.

ver'sen·gen I *v/t* ⟨*no* ge-, h⟩ **1.** (*Stoff, Kleid, Haar etc*) scorch, singe, sear. – **2.** (*Gras, Laub etc*) scorch, parch: die Hitze hat den Rasen versengt the heat scorched the lawn. – **II** *v/reflex* sich ~ **3.** scorch oneself. – **III V~** *n* ⟨-s⟩ **4.** *verbal noun.* — **Ver'sen·gung** *f* ⟨-; -en⟩ **1.** *cf.* Versengen. – **2.** (*Beschädigung od. Wunde durch Versengen*) scorch, singe.

ver'senk·bar *adj* **1.** (*Nähmaschine etc*) concealable, lowerable. – **2.** *mil.* (*Panzerkuppel etc*) disappearing. – **3.** *tech.* capable of being sunk (*od.* lowered). – **4.** (*theater*) sinkable. – **5.** nicht ~ (*Schiff*) unsinkable.

Ver'senk,büh·ne *f* (*theater*) elevator (*od.* sinking) stage.

ver'sen·ken I *v/t* ⟨*no* ge-, h⟩ **1.** (*Schatz, Leiche etc*) (in *dat* in) sink, submerge: die Nibelungen versenkten ihren Schatz im Rhein the Nibelungs sank their treasure in the Rhine. – **2.** (*Sarg, Behälter etc*) (in *acc* into) lower: einen Sarg in die Erde ~ to lower a coffin into the ground. – **3.** *mar. mil.* a) sink, send (*a ship*) to the bottom, b) (*das eigene Schiff*) scuttle. – **4.** (*Überseekabel etc*) submerge. – **5.** etwas in seine Tasche ~ to dig s.th. into one's pocket. – **6.** *tech.* (*Schraube etc*) a) (*zylindrisch*) counterbore, b) (*konisch*) countersink. – **7.** (*theater*) (*Bühnendekoration etc*) lower. – **II** *v/reflex* **8.** sich in (*acc*) etwas ~ *fig.* to become absorbed (*od.* engrossed) in s.th., to bury oneself in s.th. – **9.** sich (selbst) ~ *mar. mil.* to sink (*od.* scuttle) oneself. – **III V~** *n* ⟨-s⟩ **10.** *verbal noun.* – **11.** *cf.* Versenkung. – **12.** V~ spielen (*games*) to play battleships.

Ver'sen·ker *m* ⟨-s; -⟩ *tech. obs. for* Senker 3.

Ver'senk,schrau·be *f tech. cf.* Senkschraube.

ver'senkt I *pp.* – **II** *adj* **1.** (*Schatz, Leiche etc*) sunken (*attrib*), sunk, submerged, submersed. – **2.** *mar. mil.* sunken (*attrib*), sunk, (*selbst*) scuttled. – **3.** *tech.* a) (*Schraube*) countersunk, b) (*Einbau*) flush. – **III** *adv* **4.** ~ liegend *tech.* sunk.

Ver'sen·kung *f* ⟨-; *no pl*⟩ **1.** *cf.* Versenken. – **2.** (*eines Kabels, einer Leiche etc*) submersion. – **3.** (*theater*) (stage) trap. – **4.** in der ~ verschwinden *fig.* a) to sink (*od.* fall) into oblivion, (*von Menschen*) *auch* to disappear from the scene, b) to disappear completely: nach einem Jahr der Berühmtheit ist er wieder in der ~ verschwunden after a year of fame he disappeared from the scene again; meine Schlüssel sind in der ~ verschwunden my keys have disappeared completely.

Ver'sen·kungs,tisch *m* (*theater*) bridge.

'Vers|,epos *n* (*literature*) verse epic. — **~er,zäh·lung** *f* poetical tale.

'Ver·se,schmied *m contempt.* versemonger, verseman, rhymester.

ver'ses·sen I *pp of* versitzen. – **II** *adj* **1.** *colloq.* (*Kleid, Rock, Hose etc*) creased, crushed, crumpled. – **2.** auf (*acc*) etwas ~ sein *fig.* to be crazy (*od. colloq.* mad, *stärker* wild) about s.th., to be very keen on s.th. (*colloq.*), *Am. sl. auch* to be hipped on s.th.: sie ist auf Musik ganz ~ she is absolutely mad about music. — **Ver'ses·sen·heit** *f* ⟨-; *no pl*⟩ (auf *acc*) craziness (about); keenness (on), madness (about), (*stärker*) wildness (about) (*colloq.*).

ver'set·zen I *v/t* ⟨*no* ge-, h⟩ **1.** (*an eine andere Stelle setzen*) move, shift: der Lehrer versetzt eine Schülerin, weil sie ihre Nachbarin stört the teacher moves a pupil because she is disturbing her neighbo(u)r; → Berg 2. – **2.** (*verpflanzen*) transplant, replant. – **3.** (*räumlich verschieben*) transpose. – **4.** *fig.* (*einen anderen Arbeitsplatz zuweisen*) (nach, in, an *acc*, zu to) transfer, (*bei Geistlichen*) *auch* translate: er wurde nach Bremen [in eine andere Abteilung, an ein anderes Institut] versetzt he was transferred to Bremen [to another department, to another institute]; → Ruhestand. – **5.** *colloq.* (*verpfänden*) pawn, pledge, hock (*sl.*). – **6.** *fig. colloq.* a) (*umsonst warten lassen*) stand (*s.o.*) up (*colloq.*), b) (*im Stich lassen*) let (*s.o.*) down. – **7.** (*versperren*) (mit with) block: sie versetzten den Eingang mit Steinen they blocked the entrance with stones. – **8.** j-m etwas ~ (*Tritt, Stoß, Ohrfeige etc*) to give (*od.* deal) s.o. s.th.: er hat ihm eins (*od.* eine) versetzt *colloq.* he landed (*od.* socked) him one (*colloq.*); → Todesstoß 1. – **9.** j-n in Unruhe ~ to disturb (*od.* perturb) s.o.; j-n in Raserei [einen Freudentaumel] ~ to send s.o. into a frenzy [into raptures]; in Bestürzung ~ *cf.* bestürzen; j-n in die Lage ~, etwas zu tun to put (*od.* place) s.o. in a position to do s.th.; eine Brücke in Schwingungen ~ to set a bridge vibrating; j-n in Wut ~ to infuriate s.o.; → Angst 1; Erstaunen; Furcht 1; Verlegenheit 2. – **10.** Bier mit Kohlensäure ~ to add carbonic acid to beer. – **11.** *chem.* (mit with) a) mix, b) (*verdünnen*) dilute. – **12.** *ped.* (*Schüler*) (in *acc* to) *Br.* move (*s.o.*) up, *Am.* promote: er wurde nicht versetzt he was not moved up, he had to repeat the year (*Am.* grade). – **13.** *mil.* (re)assign, transfer. – **14.** *mus.* (*Musikstück*) transpose: ein Lied in eine andere Tonart [nach C-Dur] ~ to transpose a song into another key [into C major]. – **15.** *print.* (*Wörter, Buchstaben etc*) transpose. – **16.** *tech.* a) (*auf Luke setzen*) stagger, b) (*kröpfen*) offset, c) (*verschieben*) displace, shift, d) (*umsetzen*) relocate. – **17.** *geol.* dislocate. – **18.** (*mining*) stow, fill, pack. – **19.** (*antworten*) retort. – **II** *v/reflex* sich ~ **20.** (*sich auf einen anderen Platz setzen*) move to another place. – **21.** sich in j-s Lage (*od.* in j-n) ~ *fig.* to put (*od.* imagine) oneself in s.o.'s place. – **22.** (*in Wendungen wie*) ~ wir uns in die Zeit der Kreuzzüge [an den Hof Barbarossas] *fig.* imagine (that) we were in the epoch of the crusades [at the court of Barbarossa]. – **23.** *tech.* misalign. – **III V~** *n* ⟨-s⟩ **24.** *verbal noun.* – **25.** *cf.* Versetzung.

Ver'setz,kopf *m tech.* eccentric chuck.

ver'setzt I *pp.* – **II** *adj* ⟨*meist attrib*⟩ **1.** *fig.* (*Beamter etc*) transferred, (*Geistlicher*) *auch* translated. – **2.** *fig. colloq.* (*Freundin etc*) stood-up (*attrib*) (*colloq.*). – **3.** *ped.* (*Schüler*) *Am.* promoted, *Br.* moved-up (*attrib*). – **4.** (*Muster etc*) staggered. – **5.** ~es Gewölbe *arch.* vault with dentated springing lines. – **III** *adv* **6.** das Muster ist ~ angeordnet the pattern is staggered.

Ver'set·zung *f* ⟨-; -en⟩ **1.** *cf.* Versetzen. – **2.** (*Verpflanzung*) transplantation, replantation. – **3.** *fig.* (*an einen anderen Arbeitsplatz etc*) (nach, in, an *acc* to) transfer, (*von Geistlichen*) *auch* translation: um eine ~ einkommen, um ~ einreichen to apply for a transfer. – **4.** *ped.* (*von Schülern*) (in *acc* to) *Br.* move (to the next form), *Am.* promotion. – **5.** *mil.* reassignment, transfer, permanent change of station. – **6.** *mus.* (*eines Musikstücks*) transposition. – **7.** *print.* (*von Wörtern, Buchstaben etc*) transposition, transposal. – **8.** *tech.* (*Verschiebung*) displacement, mismatch. – **9.** *geol.* dislocation. – **10.** *aer.* drift, deviation. – **11.** *chem.* dilution.

Ver'set·zungs|kon·fe,renz *f ped. staff meeting at the end of each school year that decides whether pupils are moved (Am. promoted) from one grade (Br. form) to the next or have to repeat the year (Am. grade).* — **~,prü·fung** *f* move(-up) (*Am.* promotion) test. — **~,zei·chen** *n mus.* accidental. — **~,zeug·nis** *n ped.* yearly certificate of move (*Am.* promotion).

ver'seu·chen [-'zɔyçən] **I** *v/t* ⟨*no* ge-, h⟩ **1.** (*mit Krankheitsträgern etc*) infect, contaminate. – **2.** (*mit Gas, Radioaktivität etc*) contaminate. – **3.** (*mit Gift*) poison. – **4.** (*mit*

Minen, Parasiten etc) infest. – **5.** (*Luft, Wasser*) vitiate, contaminate, pollute. – **6.** *fig.* (*mit Spionen etc*) infest. – **II V~** *n* ⟨-s⟩ **7.** *verbal noun.* – **8.** *cf.* Verseuchung. — **ver'seucht I** *pp.* – **II** *adj* **1.** (*mit Krankheitsträgern etc*) infected, contaminated. – **2.** (*mit Gas, Radioaktivität etc*) contaminated. – **3.** (*mit Gift*) poisoned. – **4.** (*mit Minen, Parasiten*) infested. – **5.** (*Luft, Wasser*) vitiated, contaminated, polluted. – **6.** *fig.* (*mit Spionen etc*) infested. — **Ver'seu·chung** *f* ⟨-; -en⟩ **1.** *cf.* Verseuchen. – **2.** (*mit Viren etc*) infection, contamination. – **3.** (*mit Gas, Radioaktivität*) contamination. – **4.** (*mit Minen, Parasiten etc*) infestation. – **5.** (*der Luft, des Wassers*) vitiation, contamination, pollution. – **6.** *fig.* contagion, infestation.

Ver'seu·chungs|ˌmeß·geˌrät *n nucl.* contamination monitor. — **~ˌstoff** *m* contaminant.

'Vers|ˌform *f metr.* verse form: in ~ (schreiben) (to write) in verse form. — **~ˌfuß** *m* (metrical) foot.

ver'si·cher·bar *adj econ.* insurable, *bes. Br.* (*Leben*) assurable: ~es Interesse insurable interest.

Ver'si·che·rer *m* ⟨-s; -⟩ *econ.* (*Versicherungsträger*) insurer, *bes. Br.* (*bei Lebensversicherung*) assurer, (*bes. bei Seeversicherung u. Lloyd's*) underwriter.

ver'si·chern I *v/t* ⟨*no* ge-, h⟩ **1.** *econ.* (bei with; gegen against) a) j-n ~ to insure (*bes. Br.* assure) s.o., b) etwas ~ to insure (*auch* assure) s.th., (*als teilweise Haftender*) to underwrite s.th.: auf Zeit ~ to insure (*s.o., s.th.*) for a fixed term; zu hoch [niedrig] versichert sein to be overinsured [underinsured]; ich bin gegen Diebstahl versichert I am insured against theft. – **2.** j-n einer Sache ~ *lit.* to assure s.o. of s.th.: ich versichere Sie meiner Verschwiegenheit you can be (*od.* may rest) assured of my discretion. – **3.** (*bestätigen, bezeugen*) affirm, assert, aver, avouch, declare: eidlich ~ to affirm under oath; ich versichere an Eides Statt, daß I solemnly affirm that; ich versichere, daß ich unschuldig bin I declare that I am innocent, I protest my innocence. – **4.** j-m etwas ~ to assure s.o. (of) s.th.: ich kann dir ~, daß I (can) assure you that. – **II** *v/reflex* sich ~ **5.** *econ.* (bei with; gegen against) insure oneself: sich mit 10000 Mark ~ to insure oneself for 10,000 marks; sich ~ lassen to buy (*od.* take out) an insurance (*bes. Br.* assurance); sich bei einer Gesellschaft für 50000 Mark ~ lassen to have one's life insured (*bes. Br.* assured) with a company for 50,000 marks. – **6.** sich einer Sache [Person] ~ to secure (*od.* make sure of) s.th. [s.o.]: versichere dich vorher seiner Zustimmung secure his consent beforehand. – **7.** (*sich überzeugen*) convince (*od.* satisfy) oneself: er versicherte sich, daß alles wahr war he convinced himself that everything was true. – **III V~** *n* ⟨-s⟩ **8.** *verbal noun.* – **9.** *cf.* Versicherung.

ver'si·chert I *pp.* – **II** *adj* **1.** *econ.* insured, *bes. Br.* assured: nicht ~ sein to be uninsured (*bes. Br.* unassured). – **2.** seien Sie ~, daß you may rest assured that. — **Ver'si·cher·te** *m* ⟨-n; -n⟩ *econ.* insured (*bes. Br.* assured) person (*od.* party), insurant, beneficiary, insuree (*rare*).

Ver'si·che·rung *f* ⟨-; -en⟩ **1.** *cf.* Versichern. – **2.** *econ.* a) (*von Sachwerten*) insurance, (*seitens des Versicherers*) underwriting, b) *cf.* Lebensversicherung, c) *cf.* Versicherungsgesellschaft: freiwillige ~ voluntary insurance (*bes. Br.* assurance); bestehende ~ insurance in force; abgekürzte ~ term insurance; abgelaufene ~ expired insurance; prämienfreie ~ paid-up (*od.* free) insurance; ~ auf festen Zeitpunkt, ~ auf Zeit fixed-term insurance; ~ für fremde Rechnung insurance for account of third parties; eine ~ abschließen to take out (*od.* buy, conclude) an insurance, to effect a policy of insurance; ~ auf Gegenseitigkeit mutual (benefit) insurance; wechselseitige ~ compensation insurance; ~ auf den Erlebensfall endowment insurance (*bes. Br.* assurance); ~ auf den Todesfall whole life insurance; ~ mit [ohne] Gewinnbeteiligung insurance with[out] participation in the profits; ~ gegen alle Gefahren all-risks (*od.* comprehensive) insurance; aus einer ~ ausscheiden to revoke an insurance contract; die ~ erlischt am the insurance expires on; die ~ ersetzt den Schaden *colloq.* the insurance company will cover the damage. – **3.** ⟨*only sg*⟩ (re)assurance, guarantee: j-m die ~ geben, daß to (re)assure s.o. that; die ~ erhalten, daß to be (re)assured that. – **4.** ⟨*only sg*⟩ (*Bestätigung*) affirmation, assertion, avouchment, declaration: die feierliche ~ abgeben, daß to assert solemnly that; eidesstattliche ~ *jur.* affirmation (in lieu of an oath), statutory declaration.

Ver'si·che·rungs|ˌabˌlauf *m econ.* expiry (*od.* expiration) of an insurance contract. — **~ˌabˌschluß** *m* conclusion (*od.* effecting) of an insurance contract. — **~agent** [-ʔaˌgɛnt] *m* insurance agent, *Am. colloq.* (*für Lebensversicherungen*) *auch* life underwriter. — **~ˌak·tie** *f* insurance (company) share (*bes. Am.* stock). — **~ˌanˌspruch** *m* insurance claim. — **~ˌanˌstalt** *f* insurance agency (*od.* office): öffentlich-rechtliche ~ corporate insurance agency. — **~ˌanˌtrag** *m* application for insurance, proposal form. — **~ˌaufˌsichts·beˌhör·de** *f* Insurance Supervision Board. — **~ˌaufˌsichts·geˌsetz** *n jur.* Insurance Supervision Law. — **~ˌaufˌtrag** *m econ.* insurance order. — **~beˌdin·gun·gen** *pl* insurance conditions. — **~beˌginn** *m* commencement of insurance (coverage). — **~ˌbeiˌtrag** *m* **1.** (*bes. bei staatlichen Versicherungen*) insurance contribution. – **2.** *cf.* Versicherungsprämie. — **~beˌra·ter** *m* insurance consultant (*od.* adviser). — **~beˌtrag** *m* amount insured, insured sum. — **~beˌtrug** *m* insurance fraud. — **~ˌdau·er** *f* time insured, validity of insurance. — **~ˌfachˌmann** *m* insurance expert. — **v~ˌfä·hig** *adj cf.* versicherbar. — **~ˌfall** *m* event insured against. — **~ˌfonds** *m* insurance fund. — **~ˌform** *f* kind (*od.* type) of insurance. — **v~ˌfrei** *adj* exempt from insurance. — **~ˌge·ber** *m cf.* Versicherer. — **~geˌbühr** *f* insurance fee. — **~ˌge·genˌstand** *m* object insured, object of the insurance. — **~geˌschäft** *n* **1.** insurance transaction: ~e *pl* insurance transactions (*od.* business *sg*). – **2.** (*Branche*) insurance business (*od.* line). – **3.** *bes. mar.* underwriting business. — **~geˌsell·schaft** *f* **1.** insurance company (*Am. auch* corporation), *bes. Br.* (*Lebensversicherungsgesellschaft*) assurance company: ~ auf Gegenseitigkeit mutual insurance company. – **2.** *jur.* (*Versicherer*) insurers *pl*, *bes. Br.* (*bei Lebensversicherung*) assurers *pl*, (*bes. bei Seeversicherung*) underwriter(s *pl*). — **~geˌwer·be** *n* insurance business. — **~geˌwinn** *m* profit of an insurance company. — **~ˌgren·ze** *f* **1.** obere [untere] ~ maximum [minimum] insurance sum. – **2.** (*in der Sozialversicherung*) exemption limit. — **~inˌspek·tor** *m* insurance claim adjuster. — **~ˌin·terˌes·se** *n* insurable interest. — **~ˌjahr** *n* insurance year. — **~juˌrist** *m* insurance lawyer. — **~ˌkar·te** *f* **1.** insurance card: → grün 1. – **2.** *Br.* (national) insurance card, *Am.* social security card. — **~ˌklau·sel** *f* insurance clause. — **~ˌko·sten** *pl* cost *sg* of insurance, insurance charges. — **~ˌlei·stung** *f* insurance benefit (*od.* payment). — **~ˌmak·ler** *m* insurance broker. — **~ˌmar·ke** *f Br.* (national) insurance stamp, *Am.* social security stamp. — **~ma·the·maˌtik** *f* actuarial theory. — **~ma·the·ˌma·ti·ker** *m* actuary. — **~ˌneh·mer** *m cf.* Versicherte. — **~obˌjekt** *n cf.* Versicherungsgegenstand. — **~ˌpflicht** *f* liability (*od.* obligation) to insure, compulsory insurance. — **~ˌpflichtˌgren·ze** *f* insurance liability limit. — **v~ˌpflich·tig** *adj* **1.** (*Person*) liable to insurance. – **2.** (*Sache*) subject to obligatory (*od.* compulsory) insurance. — **~ˌpflich·ti·ge** *m, f* ⟨-n; -n⟩ person liable to insurance. — **~poˌli·ce** *f* insurance policy: ~ mit [ohne] Gewinnbeteiligung participating [nonparticipating, *Br.* non-participating] insurance policy. — **~ˌprä·mie** *f* (insurance) premium. — **~ˌra·te** *f* insurance rate. — **~ˌrecht** *n* insurance law. — **~ˌrückˌkauf** *m* redemption of policy. — **~ˌrückˌkaufˌwert** *m* surrender value (of insurance). — **~ˌsach·verˌstän·di·ge** *m* insurance expert, (*bes. bei der Seeversicherung*) surveyor. — **~ˌsatz** *m* insurance rate. — **~ˌschein** *m cf.* Versicherungspolice. — **~ˌschutz** *m* insurance cover(age). — **~ˌspa·ren** *n* saving through (life) insurance. — **~staˌti·stik** *f* actuarial statistics *pl* (*construed as sg or pl*). — **~ˌsteu·er** *f* insurance tax. — **~ˌsum·me** *f* **1.** insured sum (*od.* money), sum (*od.* amount) insured. – **2.** (*bei Lebensversicherung*) total policy value. — **v~ˌtech·nisch** *adj* actuarial. — **~ˌträ·ger** *m* insurance institution, insurer, (*bes. bei der Seeversicherung u. Lloyd's*) underwriter. — **~ˌumˌfang** *m* scope of insurance. — **~ˌun·terˌneh·men** *n* insurance institution. — **~verˌtrag** *m* insurance contract (*od.* policy): Abschluß eines ~es conclusion (*od.* effecting) of an insurance contract. — **~verˌtre·ter** *m cf.* Versicherungsagent. — **~ˌvor·ˌschrif·ten** *pl* insurance instructions. — **~ˌwert** *m* insurance value, value insured. — **~ˌwe·sen** *n* insurance (business). — **~ˌzeit** *f cf.* Versicherungsdauer. — **~zer·ti·fiˌkat** *n* insurance certificate. — **~ˌzwang** *m* liability (*od.* obligation) to insure, compulsory insurance. — **~ˌzweig** *m* branch (*od.* line) of insurance.

ver'sickern (*getr.* -k·k-) **I** *v/i* ⟨*no* ge-, sein⟩ **1.** (*von Wasser etc*) seep (*od.* ooze) away, percolate. – **2.** *fig.* (*von Interesse etc*) ebb, wear off, peter out. – **II V~** *n* ⟨-s⟩ **3.** *verbal noun.* – **4.** (*von Wasser etc*) seepage, percolation. — **Ver'sicke·rung** (*getr.* -k·k-) *f* ⟨-; -en⟩ *cf.* Versickern.

ver'sie·ben *v/t* ⟨*no* ge-, h⟩ *colloq.* **1.** *cf.* vermasseln. – **2.** (*vergessen*) forget (all) about. – **3.** es bei j-m ~ to get into s.o.'s bad books.

ver'sie·benˌfa·chen [-ˌfaxən] **I** *v/t* ⟨*no* ge-, h⟩ septuple, septuplicate, increase (*s.th.*) sevenfold. – **II** *v/reflex* sich ~ septuple, increase sevenfold. – **III V~** *n* ⟨-s⟩ *verbal noun.* — **Ver'sie·benˌfa·chung** *f* ⟨-; *no pl*⟩ **1.** *cf.* Versiebenfachen. – **2.** sevenfold increase.

ver'sie·den *v/i* ⟨*no* ge-, sein⟩ boil away (*od.* off), evaporate during boiling.

ver'sieg·bar *adj* **1.** (*Quellen etc*) liable to run dry (*od.* to dry up). – **2.** *fig.* (*Kräfte etc*) exhaustible.

ver'sie·geln I *v/t* ⟨*no* ge-, h⟩ **1.** (*Brief, Paket etc*) seal (up), sigillate. – **2.** (*Parkett*) seal. – **3.** *fig.* (*Mund etc*) seal. – **4.** *jur.* a) seal, put (*s.th.*) under seal, b) affix a seal to: von mir unterzeichnet und versiegelt given under my hand and seal. – **II V~** *n* ⟨-s⟩ **5.** *verbal noun.* — **Ver'sie·ge·lung** *f* ⟨-; *no pl*⟩ *cf.* Versiegeln.

ver'sie·gen *v/i* ⟨*no* ge-, sein⟩ **1.** (*von Quelle, Fluß etc*) run dry, dry up. – **2.** (*von Tränen etc*) dry. – **3.** *fig.* (*von Geldquelle, Gespräch etc*) dwindle, ebb, peter out: etwas ~ lassen to let s.th. dwindle. – **4.** *fig.* (*von Kräften etc*) dwindle, ebb, fail. — **ver'sie·gend I** *pres p.* – **II** *adj* nie ~ never-ebbing.

ver·siert [vɛr'ziːrt] *adj* (*Händler etc*) practiced, *bes. Br.* practised, (*erfahren*) experienced: in (*dat*) etwas ~ sein a) (*auf praktischem Gebiet*) to be skilled (*od.* practiced) in s.th., b) (*auf geistigem Gebiet*) to be versed in s.th., c) (*durch Erfahrung*) to be experienced in s.th., to be conversant with s.th. — **Ver'siert·heit** *f* ⟨-; *no pl*⟩ **1.** (*auf praktischem Gebiet*) skill. – **2.** (*auf geistigem Gebiet*) knowledge. – **3.** experience.

Ver·si·fi·ka·ti·on [vɛrzifika'tsĭoːn] *f* ⟨-; -en⟩ **1.** *cf.* Versifizieren. – **2.** Versification. — **ver·si·fi'zie·ren** [-'tsiːrən] **I** *v/t* ⟨*no* ge-, h⟩ versify. – **II V~** *n* ⟨-s⟩ *verbal noun.*

Ver·si·kel [vɛr'ziːkəl] *m* ⟨-s; -⟩ *relig.* (*beim Wechselgebet*) versicle.

Ver'sil·be·rer *m* ⟨-s; -⟩ *metall.* silverer. — **ver'sil·bern** [-'zɪlbərn] **I** *v/t* ⟨*no* ge-, h⟩ **1.** *tech.* a) silver, b) (*feuerversilbern*) silver-coat, c) (*galvanisch*) silver-plate. – **2.** *fig. colloq.* (*zu Geld machen*) turn (*s.th.*) into cash, convert (*s.th.*) into money, sell. – **II V~** *n* ⟨-s⟩ **3.** *verbal noun.* — **Ver'sil·be·rung** *f* ⟨-; *no pl*⟩ *cf.* Versilbern.

ver'sim·peln [-'zɪmpəln] **I** *v/t* ⟨*no* ge-, h⟩ (*vereinfachen*) simplify, make (*s.th.*) simple(r). – **II** *v/i* ⟨*sein*⟩ *colloq.* (*verdummen, einfältig werden*) become stupid (*od.* simple): er ist total versimpelt he has become quite stupid. – **III V~** *n* ⟨-s⟩ *verbal noun.* — **Ver'sim·pe·lung** *f* ⟨-; *no pl*⟩ *cf.* Versimpeln.

ver'sin·ken I *v/i* ⟨*irr, no* ge-, sein⟩ **1.** (*im Wasser, Schnee etc*) sink (down): bis zu den Knien ~ to sink up to one's knees. – **2.** (*im Schlamm, Morast*) sink, bog (*od.* become bogged) down. – **3.** (*von Schiff*) sink, go down (*auch* under), founder. – **4.** *fig.* (*in Schlaf, in einem Abgrund etc*) sink: im Laster ~ to sink into vice; ich wäre vor Scham am liebsten im Boden versunken I was so ashamed that I wished the ground would open and swallow me up; wenn er Musik hört, versinkt alles um ihn her when he listens to music everything around him sinks into oblivion. – **5.** sie versank in Trauer *fig.* she was filled with grief. – **6.** *fig.* (*in einen Anblick, in Gedanken etc*) become engrossed (*od.* absorbed): er war ganz in seine Arbeit versunken he was completely absorbed by his work. – **II V~** *n* ⟨-s⟩ **7.** *verbal noun.*

ver'sinn,bild·li·chen [-ˌbɪltlɪçən] **I** *v/t* ⟨*no* ge-, h⟩ **1.** (*durch einen Gegenstand, ein Symbol*) represent, symbolize *Br. auch* -s-. – **2.** (*anschaulich machen*) illustrate. – **3.** (*allegorisch darstellen*) allegorize *Br. auch* -s-. – **4.** (*als typisch*) typify. – **II V~** *n* ⟨-s⟩ **5.** *verbal noun.* — **Ver'sinn,bild·li·chung** *f* ⟨-; *no pl*⟩ **1.** *cf.* Versinnbildlichen. – **2.** representation, symbolization *Br. auch* -s-. – **3.** illustration. – **4.** allegorization *Br. auch* -s-. – **5.** typification.

ver'sinn·li·chen [-'zɪnlɪçən] **I** *v/t* ⟨*no* ge-, h⟩ sensualize *Br. auch* -s-. – **II V~** *n* ⟨-s⟩ *verbal noun.* — **Ver'sinn·li·chung** *f* ⟨-; *no pl*⟩ **1.** *cf.* Versinnlichen. – **2.** sensualization *Br. auch* -s-.

ver'sin·tern *v/i* ⟨*no* ge-, sein⟩ **1.** *metall. tech.* sinter. – **2.** *geol.* become incrustate.

Ver·sio ['vɛrzĭo] *f* ⟨-; -nes [-'zĭoːnɛs]⟩ *med.* **1.** (*des Uterus*) displacement. – **2.** (*des Fetus*) version.

Ver·si·on [vɛr'zĭoːn] *f* ⟨-; -en⟩ (*Fassung, Lesart*) version: amtliche (*od.* offizielle) ~ official version.

ver'sippt [-'zɪpt] *adj* **1.** *cf.* verwandt² 1. – **2.** *cf.* verschwägert II.

ver'sit·zen *v/t* ⟨*irr, no* ge-, h⟩ *colloq.* **1.** (*Zeit*) spend (*od.* waste) (*s.th.*) sitting around. – **2.** (*Kleid etc*) crease (*od.* crush, crumple) (*s.th.*) by sitting, sit all wrong on (*colloq.*).

ver'skla·ven [-'sklaːvən; -'sklaːfən] **I** *v/t* ⟨*no* ge-, h⟩ *auch fig.* enslave, *auch* enthrall, enthral: sich nicht ~ lassen not to let oneself become a slave. – **II V~** *n* ⟨-s⟩ *verbal noun.* — **Ver'skla·vung** *f* ⟨-; *no pl*⟩ **1.** *cf.* Versklaven. – **2.** *auch fig.* enslavement, *auch* enthrallment, enthralment. – **3.** (*Zustand*) servitude: politische und geistige ~ political and intellectual servitude. – **4.** *zo.* (*der Ameisen*) dulosis.

'Vers|ko,mö·die *f* (*literature*) verse comedy, comedy in verse. — **~,kunst** *f* ⟨-; *no pl*⟩ art of metrics, versification. — **~,künst·ler** *m* metrist, versifier. — **~,leh·re** *f cf.* Metrik 1. — **~,ma·cher** *m contempt. cf.* Verseschmied. — **~,maß** *n metr.* meter, *bes. Br.* metre.

ver'snobt [-'snɔpt] *adj contempt.* snobbish, snobby: er ist ~ he is snobbish, he is a snob.

'Vers·no,vel·le *f* (*literature*) *cf.* Verserzählung.

Ver·so ['vɛrzo] *n* ⟨-s; -s⟩ *print.* verso.

ver'sof·fen I *pp of* versaufen. – **II** *adj vulg.* **1.** ein ~er Kerl a boozer (*colloq.*), a sot, a drunkard. – **2.** (*Aussehen, Gesicht etc*) boozy (*colloq.*), sodden: ~ aussehen to look boozy, to have a boozy look (about one). – **3.** ~ sein to be addicted to boozing (*colloq.*): er ist total ~ he is a slave to drink, he is an absolute drunkard. — **Ver'sof·fen·heit** *f* ⟨-; *no pl*⟩ *vulg.* booziness (*colloq.*), sottishness, drunkenness.

ver·so fo·lio ['vɛrzo 'foːlĭo] *adv print.* on the turned leaf.

ver'soh·len *v/t* ⟨*no* ge-, h⟩ j-n ~ *colloq.* to leather s.o., to give s.o. a hiding (*od.* licking) (*alle colloq.*), (*schwächer*) to spank s.o.: j-m das Fell ~ to leather (*od.* tan) s.o.'s hide (*colloq.*); → Hintern.

ver'söh·nen [-'zøːnən] **I** *v/t* ⟨*no* ge-, h⟩ **1.** reconcile, conciliate: zwei Völker (miteinander) ~ to reconcile two nations; sich (wieder) ~ to be(come) reconciled, to make it up, to bury the hatchet. – **2.** *fig.* reconcile: die schöne Umgebung versöhnt mich mit der Stadt the lovely surroundings reconcile me with (*od.* make up for) the city. – **3.** *fig.* (*Himmel, Götter*) appease, propitiate, placate. – **II** *v/reflex* **4.** sich mit j-m ~ to make it up with s.o.: sich mit Gott ~ to make one's peace with God. – **5.** sich mit etwas ~ to reconcile (*od.* resign) oneself to s.th.: sich mit seinem Schicksal ~ to reconcile oneself to one's fate. – **III V~** *n* ⟨-s⟩ **6.** *verbal noun.* – **7.** *cf.* Versöhnung. — **ver'söh·nend I** *pres p.* – **II** *adj* (*Geste, Wort etc*) (re)conciliatory, reconciling, propitiatory, placatory.

Ver'söh·ner *m* ⟨-s; -⟩ conciliator, reconciler.

ver'söhn·lich *adj* **1.** (*Atmosphäre, Stimmung etc*) conciliatory: j-n ~ stimmen to conciliate (*od.* placate, appease) s.o. – **2.** (*Mensch*) forgiving: er zeigte sich recht ~ he was very forgiving. – **3.** (*Götter*) placable. — **Ver'söhn·lich·keit** *f* ⟨-; *no pl*⟩ **1.** conciliatoriness: j-n zur ~ ermahnen to admonish s.o. to reconciliation. – **2.** (*eines Menschen*) forgivingness. – **3.** (*der Götter etc*) placability.

ver'söhnt I *pp.* – **II** *adj* reconciled: er war schnell wieder ~ he soon came round.

Ver'söh·nung *f* ⟨-; -en⟩ **1.** *cf.* Versöhnen. – **2.** reconciliation, reconcilement, conciliation: ~ feiern to celebrate reconciliation; der Geist der ~ the spirit of reconciliation; eine ~ zwischen zwei Parteien herbeiführen to bring about the reconciliation of two parties; j-m die Hand zur ~ reichen to make s.o. an offer of reconciliation. – **3.** *fig.* (*des Himmels, der Götter*) appeasement, propitiation, placation.

Ver'söh·nungs|,fei·er *f* celebration of reconciliation. — **~,fest** *n relig.* (*jüdischer Feiertag*) Day of Atonement, Kippurim, Yom Kippur. — **~,kind** *n child conceived as a result of marital reconciliation.* — **~,kuß** *m* kiss of reconciliation. — **~,op·fer** *n relig.* expiatory sacrifice. — **~po·li,tik** *f* policy of reconciliation. — **~,tag** *m* (*jüdischer Feiertag*) *cf.* Versöhnungsfest. — **~,tod** *m relig.* (*Christi*) redeeming (*od.* expiatory) death. — **~,werk** *n* work of reconciliation.

ver'son·nen I *adj* **1.** thoughtful, pensive, meditative, lost in thought. – **2.** (*träumerisch*) dreamy. – **II** *adv* **3.** thoughtfully, pensively, meditatively: ~ lächeln to smile pensively; ~ vor sich hinblicken to gaze into the distance pensively (*od.* lost in thought). – **4.** (*träumerisch*) dreamily, dreamingly. — **Ver'son·nen·heit** *f* ⟨-; *no pl*⟩ **1.** thoughtfulness, pensiveness, meditativeness. – **2.** (*Verträumtheit*) dreaminess.

ver'sor·gen I *v/t* ⟨*no* ge-, h⟩ **1.** j-n [etwas] (mit etwas) ~ to supply (*od.* provide, *lit.* furnish) s.o. [s.th.] (with s.th.): ein Geschäft mit Vorräten ~ to stock a shop (*bes. Am.* store) with supplies. – **2.** (*Familie etc*) provide for, keep, support, maintain: er hat seine Frau und fünf Kinder zu ~ he has to support a wife and five children. – **3.** (*Kranke, Kinder, Haushalt, Tiere etc*) look after, care for, take care of (*colloq.*). – **4.** (*eine Stadt mit Wasser, Gas etc, Maschine mit Strom etc*) supply. – **5.** (*durch einen Beruf, Heirat*) take care of (*colloq.*): er hat alle seine Kinder gut versorgt he has taken good care of all his children. – **6.** etwas ~ *Swiss* to put s.th. (back) in its proper place. – **7.** j-n ~ *Swiss* to put s.o. in an asylum, to put s.o. away (*colloq.*). – **II** *v/reflex* **8.** sich mit etwas ~ to supply (*od.* provide, *lit.* furnish) oneself with s.th. – **9.** sich selbst ~ to cook for oneself, to do one's own cooking. – **III V~** *n* ⟨-s⟩ **10.** *verbal noun.* – **11.** *cf.* Versorgung. — **Ver'sor·ger** *m* ⟨-s; -⟩ **1.** (*Belieferer*) supplier. – **2.** (*Ernährer, Familienvater*) provider, supporter, breadwinner. — **ver'sorgt I** *pp.* – **II** *adj* provided (for), taken care of (*colloq.*): seine Älteste ist gut ~ a) (*durch Heirat*) his eldest daugther is well taken care of, b) (*finanziell*) his eldest daughter is well provided for; dort sind sie im Urlaub am besten ~ they are best taken care of there for their holiday (*Am.* vacation).

Ver'sor·gung *f* ⟨-; *no pl*⟩ **1.** *cf.* Versorgen. – **2.** (*mit Waren, Information etc*) (mit with) supply. – **3.** (*einer Familie*) support, upkeep, maintenance. – **4.** (*von Hinterbliebenen, Kriegsopfern etc*) provision. – **5.** *cf.* Altersversorgung. – **6.** (*mit Wasser, Elektrizität, Gas etc*) supply: der öffentlichen ~ dienen to be a public utility. – **7.** (*einer Maschine etc*) maintenance. – **8.** *mil.* a) (*mit Munition, Nachschub*) supply, support, b) (*mit Verpflegung*) provisioning: ~ aus der Luft aerial (*od.* air) supply, aerial delivery of supplies; ~ durch Seeschiffe naval mobile logistic support. – **9.** *med.* a) ärztliche ~ medical care (*od.* attendance), b) (*der Wunde*) dressing, bandaging, c) (*Wundtoilette*) wound toilet.

Ver'sor·gungs|,amt *n* pension office. — **~,an,spruch** *m* **1.** (*auf Pension*) right to a pension. – **2.** (*auf Unterhalt*) right to maintenance. — **~,an,stalt** *f* charitable institution. — **~,ba·sis** *f bes. mil.* supply base: vorgeschobene ~ advance supply base. — **v~be,rech·tigt** *adj* **1.** (*pensionsberechtigt*) entitled to a pension. – **2.** (*unterhaltsberechtigt*) entitled to maintenance. — **~be,trieb** *m econ.* **1.** (*Lieferfirma*) supply factory, supplier. – **2.** (*Gas-, Wasser-, Elektrizitätswerk*) (public) utility company (*od.* plant): öffentliche ~e *pl* public utilities. — **~be,zü·ge** *pl* **1.** (*Altersversorgung*) pensions (drawn). – **2.** (*Unterhalt*) maintenance *sg* (received). — **~,boh·rung** *f* (*mining*) (small) supply shaft (to trapped miners). — **~,bom·be** *f aer.* aerial delivery unit, supply bomb. — **~,dienst,al·ter** *n* (length of) pensionable service. — **~,ein·heit** *f mil.* supply unit (*od.* element). — **~,ein,rich·tung** *f* **1.** supply installation (*od.* facility). – **2.** *meist pl cf.* Versorgungsbetrieb 2. – **3.** *pl* pension and welfare scheme *sg.* — **~emp,fän·ger** *m* **1.** (*eines Unterhalts*) (old-age) recipient. – **2.** (*einer Pension*) (old-age) pensioner. — **~,eng,paß** *m* **1.** *bes. mil.* shortage in supplies. – **2.** *econ.* bottleneck in supplies. — **~,fahr,zeug** *n bes. mil.* supply vehicle, *Br. colloq.* B vehicle. — **~,flug,zeug** *n* supply plane. — **~ge,biet** *n* **1.** (*für Versorgungsgüter etc*) service (*od.* supply) area. – **2.** (*zur Instandsetzung etc*) service (*od.* maintenance) area. — **~,gü·ter** *pl* supplies (and material): auf dem Transport befindliche ~ pipeline stocks. — **~,ha·fen** *m mar.* port of supply. — **~in·du,strie** *f* public utilities industry. — **~,kas·se** *f* pension fund. — **~,ket·te** *f econ.* supply line. — **~kom·pa,nie** *f mil.* supply (*od.* service) company. — **~,kri·se** *f econ.* supplies crisis. — **~,la·ge** *f* **1.** *mil.* logistic situation. – **2.** *econ.* supply situation. — **~,la·ger** *n* supply depot, (*unter freiem Himmel*) supply dump. — **~,lei·tung** *f* supply pipe (*od.* line), utility line. — **~,lücke** (*getr.* -k·k-) *f* supply gap. — **~,mit·tel** *pl* means of subsistence. — **~,netz** *n* **1.** *mil. econ.* a) (*von Waren etc*) supply network, b) (*administratives*) administrative network. – **2.** (*von Gas, Elektrizität etc*) supply grid. — **~,plan** *m mil.* logistic support plan. — **~,quel·le** *f* source of supply. — **~,ren·te** *f* **1.** public assistance. – **2.** (*in der Privatwirtschaft*) annuity. – **3.** *pl* (*für Kriegsopfer*) relief payments and pensions for war victims. — **~,satz** *m meist pl* **1.** pension rate. – **2.** maintenance rate. — **~,schiff** *n mar.* supply vessel. — **~,schwie·rig·kei·ten** *pl* supply difficulties. — **~,staat** *m* all-providing state. — **~,stra·ße** *f* supply route. — **~,stütz,punkt** *m bes. mil.* supply base. — **~ta,ri·fe** *pl* (*für Wasser, Strom, Gas etc*) rates charged for supply. — **~,trä·ger** *m* **1.** pension payer, pension-paying institution. – **2.** pension fund. — **~,trup·pen** *pl mil.* service (support) troops. — **~,weg** *m bes. mil.* **1.** supply channel (*od.* line). – **2.** (*Verbindungslinie*) line of communication. — **~,we·sen** *n* ⟨-s; *no pl*⟩ **1.** public utilities *pl.* – **2.** social services *pl.* — **v~,wich·tig** *adj* important (*od.* essential) for supply. — **~,wirt·schaft** *f* ⟨-; *no pl*⟩ *econ.* (*für Wasser, Strom, Gas etc*) public utilities *pl.*

ver'sot·ten [-'zɔtən] *v/t* ⟨*no* ge-, h⟩ (*Schornstein etc*) creosote.

'Vers,paar *n metr.* couplet.

ver'spach·teln I *v/t* ⟨*no* ge-, h⟩ **1.** (*Risse, Sprünge*) stop, fill, (*mit Gips*) joint. – **2.** *fig. colloq.* (*aufessen*) polish (*od.* clean, finish) (*s.th.*) off. – **II V~** *n* ⟨-s⟩ **3.** *verbal noun.* — **Ver'spach·te·lung** *f* ⟨-; -en⟩ **1.** *cf.* Verspachteln. – **2.** (*mit Gips*) joint filling.

ver'spakt [-'ʃpaːkt] *adj Low G.* **1.** (*Kellerluft etc*) musty. – **2.** (*Wäsche*) mildewed, mildewy. – **3.** (*Holz*) decayed.

ver'spa·nen *tech.* **I** *v/t* ⟨*no* ge-, h⟩ **1.** machine, remove metal from. – **II V~** *n* ⟨-s⟩ **2.** *verbal noun.* – **3.** *cf.* Verspanung.

ver'span·nen I *v/t* ⟨*no* ge-, h⟩ **1.** (*mit Tauen, Kabeln etc*) brace, stay, guy. – **2.** *tech.* (*Werkzeug etc*) a) (*spannen*) mount, fasten, b) (*verziehen*) distort, c) (*festspannen*) secure (*s.th.*) in place, d) (*Lager*) tension faultily, e) (*Zahnräder*) offset. – **3.** *civ.eng.* (*Schüttsteine*) interlock. – **II V~** *n* ⟨-s⟩ **4.** *verbal noun.* — **Ver'span·nung** *f* ⟨-; -en⟩ **1.** *cf.* Verspannen. – **2.** (*vom Tau, Kabel etc*) stays *pl*, bracing. – **3.** *tech.* a) distorsion, b) faulty gripping, c) offset.

Ver'span·nungs,ka·bel *n* stay, guy (rope).

Ver'spa·nung *f* ⟨-; *no pl*⟩ *tech.* **1.** *cf.* Verspanen. – **2.** metal removal.

ver'spä·ten [-'ʃpɛːtən] **I** *v/reflex* ⟨*no* ge-, h⟩

sich ~ **1.** (*zu einer Verabredung etc*) be (*od.* come) late: ich habe mich leider verspätet I am sorry to be late. – **2.** (*Zug etc*) be late, be behind time (*od.* schedule), be overdue. – **3.** sich bei j-m ~ a) to be late leaving s.o., b) (*aufgehalten werden*) to be held up at s.o.'s (place *od.* home). – **II V~** *n* ⟨-s⟩ **4.** *verbal noun.* – **5.** *cf.* Verspätung. — **ver'spä·tet I** *pp.* – **II** *adj* **1.** (*Gratulation, Ankunft, Frühling, Blüte etc*) belated, tardy: ~es Auftreten retardation. – **2.** (*spät*) late. – **3.** *aer.* (*railway*) (*Flug, Zug etc*) delayed: unbestimmt ~ *aer.* indefinitely delayed. — **Ver'spä·tung** *f* ⟨-; -en⟩ **1.** *cf.* Verspäten. – **2.** (*eines Schiffes, Zuges etc*) delay: ~ haben *cf.* verspäten 2; 20 Minuten ~ haben to be 20 minutes late (*od.* behind time, behind schedule, overdue), to have a delay of (*od.* be delayed) 20 minutes; mit ~ abfahren [eintreffen] a) (*von Schiff etc*) to leave [to arrive] late, b) (*von Person*) to leave (*od.* start [out]) [to arrive, to come] late; die ~ wieder einholen to make up (for) the delay (*od.* for [the] lost time). – **3.** (*einer Person*) lateness, being late: entschuldigen Sie bitte die ~ please excuse my being (*od.* coming) (so) late, I am sorry (that) I am (so) late. – **4.** (*einer Gratulation, des Sommers etc*) lateness, belatedness, tardiness.

Ver'spä·tungs,zin·sen *pl econ.* interest *sg* (due) on arrears.

ver'spei·sen *v/t* ⟨*no* ge-, h⟩ eat up, consume.

ver·spe·ku'lie·ren I *v/t* ⟨*no* ge-, h⟩ **1.** (*Geld, Vermögen etc*) lose (*s.th.*) on speculation(s). – **II** *v/reflex* sich ~ **2.** (*an der Börse etc*) make a bad speculation, ruin oneself on speculation(s). – **3.** *fig.* (*falsch planen*) be wrong in one's speculations, plan wrong(ly).

ver'sper·ren I *v/t* ⟨*no* ge-, h⟩ **1.** (*Tür etc*) lock, (*mit einem Riegel*) *auch* bar, bolt. – **2.** (*Weg, Straße, fig. Ausweg etc*) bar, block, (*durch Barrikade*) *auch* barricade: j-m den Weg ~ to bar s.o.'s way. – **3.** (j-m) die Aussicht ~ to obstruct (*od.* block) s.o.'s view. – **4.** (*Hafen*) blockade. – **5.** *med.* (*Gallengang etc*) obstruct, block. – **II V~** *n* ⟨-s⟩ **6.** *verbal noun.* — **Ver'sper·rung** *f* ⟨-; -en⟩ **1.** *cf.* Versperren. – **2.** (*einer Aussicht*) obstruction. – **3.** (*eines Hafens*) blockade. – **4.** *med.* (*des Gallengangs etc*) obstruction, blockage.

ver'spie·len I *v/t* ⟨*no* ge-, h⟩ **1.** (*Geld etc*) lose (*s.th.*) at cards (*od.* gambling), gamble (*od.* play) (*s.th.*) away: viel ~ to lose much; Haus und Hof ~ to lose one's property by gambling, to gamble one's last penny away. – **2.** (*Tag etc*) pass (*s.th.*) playing. – **3.** *fig.* (*Glück, Recht etc*) forfeit, gamble (*s.th.*) away. – **II** *v/i* **4.** lose (the game). – **5.** *fig.* bei j-m verspielt haben to get on the wrong side of s.o., to get into s.o.'s bad books; er hat bei mir verspielt I am through with him (*colloq.*), he is out as far as I am concerned; ihr habt verspielt the game is up for you. — **ver'spielt I** *pp.* – **II** *adj* **1.** (*Kind, Kätzchen etc*) playful, frolicsome. – **2.** *fig.* (*Löckchen, Figuren etc*) dainty: ihr Kleid ist sehr ~ her dress is very dainty (*od.* frilly). – **3.** *fig.* (*Kunst, Bauwerk*) ornate, elaborate.

ver'spil·lern [-'ʃpɪlərn] *v/i* ⟨*no* ge-, sein⟩ *bot. cf.* vergeilen. — **Ver'spil·le·rung** *f* ⟨-; *no pl*⟩ *cf.* Etiolement.

ver'spin·nen I *v/t* ⟨*irr, no* ge-, h⟩ **1.** (*Baumwolle, Flachs etc*) spin. – **2.** (*beim Spinnen verbrauchen*) use (*s.th.*) up (in spinning). – **II** *v/reflex* sich ~ **3.** (*von Seidenraupe, Spinne etc*) *cf.* einspinnen 5. – **4.** sich in (*acc*) etwas ~ *fig.* (*in einen Gedanken etc*) to become wrapped (*od.* wrapt) up in (*od.* preoccupied with) s.th.

ver'splei·ßen *tech.* **I** *v/t* ⟨*irr, no* ge-, h⟩ (*Kabel*) splice. – **II V~** *n* ⟨-s⟩ *verbal noun.* — **Ver'splei·ßung** *f* ⟨-; *no pl*⟩ *cf.* Verspleißen.

ver'splin·ten [-'ʃplɪntən] *tech.* **I** *v/t* ⟨*no* ge-, h⟩ cotter. – **II V~** *n* ⟨-s⟩ *verbal noun.* — **Ver'splin·tung** *f* ⟨-; *no pl*⟩ *cf.* Versplinten.

ver'spon·nen I *pp of* verspinnen. – **II** *adj* (*Mensch, Ansichten etc*) unrealistic: ~ sein to be (*od.* have one's head) in the clouds.

ver'spot·ten I *v/t* ⟨*no* ge-, h⟩ **1.** deride, ridicule, mock, *auch* bemock. – **2.** (*verhöhnen*) taunt, gibe (*od.* jibe) (at), jeer (at), flout (at), jest (at). – **3.** (*durch Grinsen, Lachen*) sneer at, fleer (at). – **4.** (*nachäffen*) monkey, ape. – **II V~** *n* ⟨-s⟩ **5.** *verbal noun.* — **Ver'spot·tung** *f* ⟨-; *no pl*⟩ **1.** *cf.* Verspotten. – **2.** derision, mockery, ridicule, mock.

ver'spre·chen[1] **I** *v/t* ⟨*irr, no* ge-, h⟩ **1.** (*zusagen*) promise: etwas fest [hoch und heilig] ~ to promise s.th. for certain [faithfully]; etwas feierlich ~ to vow s.th.; etwas auf Treu und Glauben ~ to pledge one's word (*od.* hono[u]r) for s.th.; j-m etwas in die Hand ~ to promise s.o. s.th. solemnly (by shaking hands); mehr ~, als man halten kann to promise more than one can keep; er verspricht leicht etwas he is quick at promising (*od.* making promises); du hast es versprochen you promised to, you said you would; er hält, was er verspricht he keeps his promise (*od.* word), he is as good as his word; → Berg 2; Himmel 7. – **2.** ~, schön (*od.* gut, erfolgreich) zu werden *fig.* to be (*od.* look) promising: seine Anstrengung verspricht Erfolg zu bringen his effort promises to be successful (*od.* bids fair to succeed); seine Miene verspricht nichts Gutes his expression is rather ominous. – **3.** sich (*dat*) von etwas [j-m] etwas ~ to expect s.th. of s.th. [s.o.]: ich verspreche mir nicht viel davon I don't expect too much of it, it is not (*od.* none, does not look) too promising; ich habe mir mehr davon versprochen I expected better of it; er verspricht sich viel von seinem Sohn he expects great things of his son, he places (*od.* sets) great hopes in his son. – **II** *v/reflex* sich ~ **4.** make a mistake (*od.* a slip of the tongue), trip (*od.* stumble) (over a word): oh, ich habe mich versprochen oh, I made a mistake, oh, that was a slip of the tongue. – **III V~** *n* ⟨-s⟩ **5.** *verbal noun*: V~ und Halten ist zweierlei (*Sprichwort*) *etwa* it is one thing to promise and another to perform. – **6.** slip of the tongue, mistake, lapsus linguae (*lit.*).

Ver'spre·chen[2] *n* ⟨-s; -⟩ **1.** promise: ein ~ (ab)geben to make a promise, to promise; ein ~ halten [einlösen] to keep (*od.* redeem) [to fulfill] a promise; sein ~ nicht halten to fail to keep one's promise (*od.* word), to break (*od.* go back on) one's word; sein ~ zurücknehmen to go back on one's promise; j-m ein ~ abnehmen to demand (*od.* exact) a promise from s.o., to make s.o. promise to do s.th.; er hat sein ~ gehalten he was as good as his word. – **2.** (*verbindliches*) pledge, undertaking: sich durch ein ~ binden to (take a) pledge to do s.th. – **3.** (*feierliches*) vow.

Ver'spre·cher *m* ⟨-s; -⟩ *colloq.* slip of the tongue.

Ver'spre·chung *f* ⟨-; -en⟩ promise: große ~en machen to make great promises, to promise great things; das sind doch leere ~en those are empty promises.

ver'spren·gen[1] **I** *v/t* ⟨*no* ge-, h⟩ **1.** (*games*) (*beim Billard*) (*Ball*) knock (*ball*) off the table. – **2.** *mil.* (*Truppenteil etc*) (cut off and) disperse. – **II V~** *n* ⟨-s⟩ **3.** *verbal noun.* – **4.** *cf.* Versprengung.

ver'spren·gen[2] **I** *v/t* ⟨*no* ge-, h⟩ (*Wasser*) sprinkle. – **II V~** *n* ⟨-s⟩ *verbal noun.*

Ver'spreng·te *m* ⟨-n; -n⟩ *mil.* straggler.

Ver'spreng·ten|-,Auf,fang,li·nie *f mil.* straggler line. — **~-,Sam·mel,stel·le** *f* straggler collecting point.

Ver'spren·gung *f* ⟨-; *no pl*⟩ **1.** *cf.* Versprengen[1] *u.* [2]. – **2.** *mil.* dispersion, dispersal, scatter.

ver'sprit·zen *v/t* ⟨*no* ge-, h⟩ **1.** (*Wasser, Tinte etc*) spatter. – **2.** (*platschend*) splash. – **3.** (*in einem Strahl*) waste (*water*) (by squirting it around). – **4.** *metall.* (*flüssiges Metall*) spill. – **5.** (*Insektenvertilgungsmittel etc*) spray: → Gift[1] 3. – **6.** *tech.* (*beim Spritzguß*) injection-mold (*bes. Br.* -mould).

ver'spro·chen I *pp of* versprechen[1]. – **II** *adj* ~ sein *archaic* (*zur Heirat*) to be spoken for (*od.* bespoken). — **ver'spro·che·ner'ma·ßen** *adv* as promised.

ver'sprö·den [-'ʃprøːdən] *tech.* **I** *v/i* ⟨*no* ge-, sein⟩ embrittle. – **II V~** *n* ⟨-s⟩ *verbal noun.* — **Ver'sprö·dung** *f* ⟨-; *no pl*⟩ **1.** *cf.* Verspröden. – **2.** embrittlement.

ver'spru·deln *v/t* ⟨*no* ge-, h⟩ *Austrian gastr. for* verquirlen.

ver'sprü·hen *v/t* ⟨*no* ge-, h⟩ **1.** (*Parfüm etc*) spray. – **2.** (*Funken etc*) scintillate. – **3.** *fig.* (*Geistesblitze, Witz etc*) scintillate.

ver'spun·den, ver'spün·den [-'ʃpʏndən] *v/t* ⟨*no* ge-, h⟩ bung (up).

ver'spü·ren *v/t* ⟨*no* ge-, h⟩ **1.** (*Abneigung, Durst, Hunger, Müdigkeit etc*) feel. – **2.** (*Schmerz etc*) feel, experience. – **3.** (große) Lust zu etwas ~ to feel (very much) like doing s.th., (*stärker*) to be strongly inclined to do s.th.: er verspürte große Lust zu baden he felt very much like going for a swim.

'Vers|,rhyth·mus *m metr.* cadence. — **~ro,man** *m* metrical (*od.* verse) romance.

ver'staat·li·chen [-'ʃtaːtlɪçən] *pol.* **I** *v/t* ⟨*no* ge-, h⟩ **1.** (*Privatunternehmen etc*) nationalize *Br. auch* -s-, transfer (*s.th.*) to state ownership, turn (*s.th.*) into state property. – **2.** (*Schulen etc*) put (*s.th.*) under government control. – **3.** (*kirchliches Eigentum*) secularize *Br. auch* -s-, laicize *Br. auch* -s-. – **4.** (*in den Volksdemokratien*) socialize *Br. auch* -s-. – **5.** (*enteignen*) expropriate. – **II V~** *n* ⟨-s⟩ **6.** *verbal noun.* — **Ver'staat·li·chung** *f* ⟨-; -en⟩ **1.** *cf.* Verstaatlichen. – **2.** (*von Privatunternehmen etc*) nationalization *Br. auch* -s-, transfer to state ownership, acquisition by the state. – **3.** (*von kirchlichem Eigentum*) secularization *Br. auch* -s-, laicization *Br. auch* -s-. – **4.** (*in den Volksdemokratien*) socialization *Br. auch* -s-. – **5.** (*Enteignung*) expropriation.

ver'städ·tern [-'ʃtɛːtərn] *sociol.* **I** *v/i* ⟨*no* ge-, sein⟩ become urbanized (*Br. auch* -s-). – **II** *v/t* ⟨h⟩ urbanize *Br. auch* -s-, *bes. Am.* citify. – **III V~** *n* ⟨-s⟩ *verbal noun.* — **Ver'städ·te·rung** *f* ⟨-; *no pl*⟩ **1.** *cf.* Verstädtern. – **2.** urbanization *Br. auch* -s-: zu weit getriebene ~ overurbanization *Br. auch* -s-.

ver'stadt·li·chen [-'ʃtatlɪçən] **I** *v/t* ⟨*no* ge-, h⟩ municipalize *Br. auch* -s-. – **II V~** *n* ⟨-s⟩ *verbal noun.* — **Ver'stadt·li·chung** *f* ⟨-; -en⟩ **1.** *cf.* Verstadtlichen. – **2.** municipalization *Br. auch* -s-.

ver'stäh·len *metall.* **I** *v/t* ⟨*no* ge-, h⟩ (*durch Auftragsschweißung*) steel-face, hard-face. – **II V~** *n* ⟨-s⟩ *verbal noun.* — **Ver'stäh·lung** *f* ⟨-; *no pl*⟩ *cf.* Verstählen.

Ver'stand *m* ⟨-(e)s; *no pl*⟩ **1.** (*Denkvermögen*) mind, intellect; gray (*bes. Br.* grey) matter, little gray (*bes. Br.* grey) cells *pl* (*colloq.*): einen klaren (*od.* nüchternen) [scharfen] ~ haben to have a clear [keen] mind; bei klarem ~ kann man so nicht handeln no one in his right mind would do that; den ~ verlieren a) to go out of one's mind, to lose one's reason, b) to lose one's head (*od.* presence of mind); du hast wohl den ~ verloren! you must be out of your mind! you must have taken leave of your senses! j-n um den ~ bringen to drive s.o. out of his mind (*od. sl.* round the bend); man fürchtet um seinen ~ people fear he will lose his senses; er ist nicht recht bei ~ he is not in his right mind, he is not quite right (in the head), he isn't all there (*colloq.*). – **2.** (*Geist*) wit(s *pl*): den ~ schärfen to sharpen one's wits; seinen ~ zusammennehmen to keep (*od.* have) one's wits about one. – **3.** (*Auffassungs-, Erkenntnisgabe*) understanding, comprehension: das geht über meinen ~ that passes my understanding, that is beyond me (*od.* above my head); da steht einem der ~ still *colloq.* that really is the end (*colloq.*). – **4.** (*Vernunft*) reason, (*praktischer*) sense: mit ~ reden to talk sensibly; er sollte genug ~ haben, es nicht zu tun he should have enough sense (*od.* have the wit) not to do it; etwas ohne ~ tun to do s.th. thoughtlessly (*od.* without due consideration); das hat weder Sinn noch ~ there is neither rhyme nor reason in that; wieder zu ~ kommen (*vernünftig werden*) to come back to one's senses; j-n wieder zu ~ bringen to bring s.o. back to his senses; der ~ kommt mit den Jahren wisdom comes with age. – **5.** (*Urteilsfähigkeit*) judg(e)ment, discernment. – **6.** (*Intelligenz*) intelligence, brains *pl*: → Glück 1; Haar 3. – **7.** etwas mit ~ essen (*od.* genießen) to savor (*bes. Br.* savour) s.th. – **8.** *philos.* intellect, nous.

Ver'stan·des|,kraft *f* intellectual faculty (*od.* power). — **v~,mä·ßig I** *adj* **1.** intellectual. – **2.** (*Erfassung, Entscheidung*) rational, reasonable. – **II** *adv* **3.** intellectually. – **4.** rationally, reasonably. — **~,mensch** *m* **1.** matter-of-fact (*od.* down-to-earth) person. – **2.** (*Rationalist*) rationalist. – **3.** (*Intellektueller*) intellectual, *auch* intellectualist. — **~,schär·fe** *f* sagacity, acumen, acuteness of mind (*od.* intellect).

ver'stän·dig *adj* **1.** (*vernünftig*) sensible, reasonable, common-sense (*attrib*): das Kind ist schon sehr ~ für sein Alter the child is very sensible for its age. – **2.** (*besonnen*) deliberate, considerate, circumspect. – **3.** (*verständnisvoll*) understanding. – **4.** (*gescheit*) intelligent.

ver'stän·di·gen [-'ʃtɛndɪgən] **I** *v/t* ⟨*no* ge-,

h⟩ **1.** j-n (von etwas) ~ a) (*benachrichtigen*) to notify (*od.* inform, advise) s.o. (about *od.* of s.th.), b) (*Bescheid geben*) to let s.o. know (s.th.), c) (*warnend*) to forewarn s.o. (about s.th.), to warn s.o. (about *od.* of s.th.) beforehand (*od.* in advance); ~ Sie mich im voraus a) (please) notify me beforehand, b) (please) let me know in advance; wir müssen einen Arzt ~ we must call a doctor; bitte ~ Sie uns über den Empfang der Ware please advise us about receipt of the goods. – **2.** sich (gegenseitig) ~ a) (*durch Zeichen etc*) (durch by) to communicate, b) (*sich einigen*) to come to an agreement (*od.* to an understanding, to terms). – **II** *v/reflex* **3.** sich mit j-m ~ (*durch Zeichen, sprachlich etc*) to make oneself understood by s.o., to communicate with s.o.: ich konnte mich mit ihm ~ I was able to make myself understood by him, I was able to make him understand me; wir haben uns auf Englisch [durch Zeichen] verständigt we made ourselves understood in English [by sign language]. – **4.** sich mit j-m über (*acc*) etwas ~ (*sich einigen*) to come to an agreement (*od.* understanding, to terms) with s.o. (up)on s.th., to agree with s.o. (up)on s.th.: ich konnte mich mit der Firma über alle strittigen Punkte ~ I was able to settle all (the) points at issue with the firm. – **III V~** *n* ⟨-s⟩ **5.** *verbal noun.* – **6.** *cf.* Verständigung.

Ver'stän·dig·keit *f* ⟨-; *no pl*⟩ **1.** (*Vernünftigkeit*) reasonableness, sensibleness. – **2.** (*Besonnenheit*) deliberateness, considerateness, circumspection. – **3.** (*Verständnis*) understanding.

Ver'stän·di·gung *f* ⟨-; *no pl*⟩ **1.** *cf.* Verständigen. – **2.** (*Benachrichtigung*) notification, information. – **3.** (*in einer anderen Sprache etc*) communication: die ~ mit den Eingeborenen war nicht leicht communication with the natives was not easy. – **4.** (*Übereinkunft*) agreement, understanding, arrangement: zu einer ~ kommen to come to an agreement (*od.* to terms). – **5.** *pol.* a) (*feste*) entente, b) (*nicht vertraglich verankerte*) understanding. – **6.** *tel.* a) communication, b) (*Grad der Hörbarkeit*) audibility, c) (*Empfang*) (quality of) reception: eine mangelhafte ~ am Telefon a defective (*od.* faulty) telephone reception.

ver'stän·di·gungs|beˌreit *adj* prepared (*od.* ready) to negotiate. — **V~beˌreit·schaft** *f* readiness to negotiate. — **V~ˌfrie·de(n)** *m pol.* negotiated peace. — **V~ˌgrundˌla·ge** *f* basis for negotiation. — **V~ˌmit·tel** *n* **1.** *pol.* means *pl* (*construed as sg or pl*) of negotiation. – **2.** (*Sprache, Telefon etc*) means *pl* (*construed as sg or pl*) of communication. — **V~po·liˌtik** *f pol.* policy of rapprochement. — **V~verˌsuch** *m* attempt at coming to an agreement (*od.* to terms). — **V~ˌwil·le** *m* will to negotiate. — **V~ˌwunsch** *m* wish to negotiate.

ver'ständ·lich [-'ʃtɛntlɪç] **I** *adj* **1.** (*akustisch hörbar*) audible: kaum ~e Worte murmeln to mumble scarcely audible words; sich im Saal ~ machen to make oneself heard in the hall. – **2.** (*klar*) clear, distinct: eine ~e Aussprache haben to have a clear pronunciation. – **3.** (*erfaßbar*) intelligible, lucid, comprehensible, understandable: schwer [leicht] ~ sein to be difficult [easy] to understand (*od.* grasp); allgemein ~ sein to be intelligible to everyone, to be within everybody's grasp. – **4.** sich (j-m) ~ machen a) to make oneself heard (by s.o.), b) to make oneself understood (by s.o.), to explain oneself (to s.o.), to put one's ideas over (*od.* across) (to s.o.). – **5.** j-m etwas ~ machen to make s.th. clear (*od.* to explain s.th., to get s.th. across) to s.o. – **6.** (*begreiflich*) understandable: seine Reaktion ist nur allzu ~ his reaction is quite understandable; es ist mir nicht ~, wie es dazu kam I fail to understand how it happened. – **II** *adv* **7.** der Text ist ~ abgefaßt the text is written intelligibly (*od.* comprehensibly); sich ~ ausdrücken to express oneself intelligibly. — **ver'ständ·li·cher'wei·se** *adv* understandably: ~ ist sie nicht gekommen it is quite understandable that she should not have come. — **Ver'ständ·lich·keit** *f* ⟨-; *no pl*⟩ **1.** (*akustische Hörbarkeit*) audibility. – **2.** (*Klarheit*) clearness, distinctness. – **3.** (*Erfaßbarkeit*) intelligibility, lucidity, comprehensibility, understandability. – **4.** *tel.* a) articulation, audibility, b) (*eines Telegramms*) readability.

Ver'ständ·nis [-'ʃtɛntnɪs] *n* ⟨-ses; *rare* -se⟩ **1.** (*Verstehen*) understanding: mit ~ zuhören to listen understandingly (*od.* with understanding); ein Bemühen zum gegenseitigen ~ an effort toward(s) mutual understanding; für j-n [etwas] ~ haben to understand s.o. [s.th.]; für alles ~ haben to be very understanding; für j-n viel ~ haben, j-m viel ~ entgegenbringen to have great understanding for s.o.; dafür fehlt mir jedes ~ I don't (*od.* cannot) understand that at all; er hat kein ~ für die Jugend he does not understand young people; für solche Leute habe ich kein ~ I don't (*od.* cannot) understand people like that at all, I have no patience with (*od.* time for) such people; wir hoffen auf Ihr ~ dafür, daß we hope (that) you will understand (*od.* appreciate) that; Sie haben sicher dafür ~, wenn you will, I am sure, appreciate that. – **2.** (*Begreifen*) comprehension: zum besseren ~ aller demonstriere ich es noch einmal I shall demonstrate it once more so that you will all understand (it) better; zum ~ dieses Textes braucht es comprehension of this text requires. – **3.** (*Würdigung*) appreciation: das ~ für die Dichtung kommt erst später appreciation of poetry will come later. — **v~ˌin·nig** *adj* (*Blick, Händedruck etc*) full of (*od.* of deep) understanding.

ver'ständ·nis·los I *adj* **1.** (*ohne jedes Verständnis*) uncomprehending. – **2.** (*im Nachempfinden*) unappreciative. – **3.** (*Eltern, Lehrer etc*) lacking in understanding (*od.* sympathy). – **II** *adv* **4.** er blickte mich ~ an he looked at me uncomprehendingly (*od.* blankly); moderner Kunst völlig ~ gegenüberstehen to have no appreciation of modern art. — **Ver'ständ·nis·lo·sig·keit** *f* ⟨-; *no pl*⟩ **1.** lack of comprehension. – **2.** lack of appreciation. – **3.** (*der Eltern, Lehrer etc*) lack of understanding (*od.* sympathy).

ver'ständ·nisˌvoll I *adj* (*Lehrer, Blick, Kopfnicken etc*) understanding, knowing, sympathetic. – **II** *adv* j-m ~ zuhören to listen to s.o. understandingly (*od.* with understanding).

Ver'standsˌka·sten *m colloq. humor.* brain-box (*colloq.*).

ver'stän·kern *v/t* ⟨*no* ge-, h⟩ *colloq.* **1.** j-m das Zimmer mit Zigarrenrauch ~ to foul s.o.'s room (*bes. Br. colloq.* to fug s.o.'s room up) with cigar smoke. – **2.** (*Luft durch Abgase etc*) foul, pollute, contaminate.

ver'stär·ken I *v/t* ⟨*no* ge-, h⟩ **1.** (*Mauer etc, Gewebe mit Nylon etc*) reinforce, strengthen, fortify. – **2.** (*mit Verstärkungsring etc*) stiffen. – **3.** (*Druck etc*) increase. – **4.** (*zahlenmäßig*) increase, augment. – **5.** *fig.* (*Zweifel, Anstrengung etc*) increase. – **6.** *fig.* (*Eindruck etc*) add to, emphasize *Br. auch* -s-, intensify. – **7.** *electr.* (*radio*) a) intensify, b) (*Signale*) amplify, c) (*Batterie*) boost. – **8.** *mil.* a) (*Truppen, Wache*) reinforce, b) (*Feuer*) intensify, c) (*Widerstand etc*) increase. – **9.** *civ.eng.* (*beim Brückenbau, durch Träger etc*) truss, stiffen. – **10.** *phot.* (*Negativ*) intensify. – **11.** (*paints*) intensify. – **12.** *mus.* (*Chor, Orchester*) reinforce. – **13.** (*Schrift, Kurzschriftzeichen*) thicken. – **14.** *chem.* (*Lösung, Säure etc*) concentrate. – **II** *v/reflex* sich ~ **15.** (*von Zweifel etc*) increase, grow. – **16.** (*von Eindruck*) intensify. – **III V~** *n* ⟨-s⟩ **17.** *verbal noun.* – **18.** *cf.* Verstärkung.

Ver'stär·ker *m* ⟨-s; -⟩ **1.** (*radio*) amplifier. – **2.** *tel.* repeater. – **3.** *phot.* (chromium *od.* mercury, silver, toning) intensifier. – **4.** *chem.* intensifier. — **~ˌabˌschnitt** *m tel.* repeater section. — **~ˌabˌstand** *m* repeater spacing. — **~ˌamt** *n* repeater station. — **~ˌanˌla·ge** *f electr.* (*radio*) (*als Anlage*) amplifying equipment. — **~ˌanˌschluß** *m* amplifier connection (*Br. auch* connexion) (*od.* connector). — **~ˌein·heit** *f tel.* repeater unit. — **~ˌröh·re** *f* (*radio*) amplifying tube (*bes. Br.* valve). — **~ˌschal·tung** *f* **1.** *electr.* amplifier circuit. – **2.** *tel.* repeater circuit. — **~ˌstel·le** *f tel.* repeater section. — **~ˌstu·fe** *f* (*radio*) amplifier stage.

Ver'stär·kung *f* ⟨-; *no pl*⟩ **1.** *cf.* Verstärken. – **2.** (*einer Mauer, von Gewebe mit Nylon etc*) reinforcement, fortification. – **3.** (*zahlenmäßige*) increase, augmentation. – **4.** *fig.* (*von Zweifeln, Anstrengungen etc*) increase. – **5.** *fig.* (*eines Eindrucks etc*) emphasis, intensification. – **6.** *electr.* a) (*des Stroms*) amplification, b) (*des Tones*) amplification, gain. – **7.** *tel.* (*von Signalen etc*) gain, booster. – **8.** *mil.* a) (*von Truppen, der Wache*) reinforcement, b) *cf.* Verstärkungstruppen, c) (*des Feuers*) intensification, d) (*des Widerstands*) increase. – **9.** *civ.eng.* (*im Brükkenbau etc*) stiffening, reinforcement. – **10.** *phot.* (*des Negativs*) intensification. – **11.** (*paints*) intensification. – **12.** *mus.* (*eines Chors od. Orchesters*) reinforcement. – **13.** (*textile*) lisle (thread). – **14.** *chem.* concentration.

Ver'stär·kungs|ˌbal·kenˌträ·ger *m civ.eng.* reinforcing beam. — **~bat·teˌrie** *f electr.* booster battery. — **~beˌreich** *m electr.* (*radio*) amplification range. — **~ˌfak·tor** *m* a) amplification factor, b) (*bei Verstärkern*) gain. — **~ˌfeu·er** *n mil.* reinforcing artillery fire. — **~ˌgrad** *m electr.* (*radio*) degree of amplification, gain. — **~konˌstan·te** *f* amplification constant. — **~ˌpfei·ler** *m civ.eng.* counterfort. — **~ˌreg·ler** *m tel.* gain control. — **~ˌreg·lung** *f* gain control. — **~ˌring** *m* **1.** (*aus Papier*) strengthening ring, stiffener. – **2.** *tech. mar.* reinforcing ring. — **~ˌrip·pe** *f tech.* reinforcing (*od.* stiffening) rib. — **~ˌstrei·fen** *m* stiffener. — **~ˌtrup·pen** *pl mil.* reinforcements. — **~ˌwa·gen** *m* (*railway*) extra vehicle.

ver'stä·ten [-'ʃtɛːtən] *v/t* ⟨*no* ge-, h⟩ *Swiss* (*Fadenende*) sew in.

ver'stau·ben *v/i* ⟨*no* ge-, sein⟩ become (*od.* get) dusty (*od.* covered with dust).

ver'stäu·ben I *v/i* ⟨*no* ge-, sein⟩ form (*od.* rise up in) a cloud of dust. – **II** *v/t* ⟨h⟩ scatter, dust.

ver'staubt I *pp.* – **II** *adj* **1.** dusty. – **2.** *fig.* stuffy, fuddy-duddy, musty, fusty, moth-eaten.

ver'stau·chen I *v/t* ⟨*no* ge-, h⟩ **1.** sich (*dat*) den Arm ~ to sprain (*od.* wrench) one's arm. – **II V~** *n* ⟨-s⟩ **2.** *verbal noun.* – **3.** *cf.* Verstauchung. — **ver'staucht I** *pp.* – **II** *adj* (*Arm, Fuß etc*) sprained, wrenched. — **Ver'stau·chung** *f* ⟨-; -en⟩ **1.** *cf.* Verstauchen. – **2.** sprain, wrench.

ver'stau·en I *v/t* ⟨*no* ge-, h⟩ stow (*s.th.*) (away): ich muß noch das Gepäck im Auto ~ I have to stow the luggage in the car. – **II V~** *n* ⟨-s⟩ *verbal noun.* — **Ver'stau·ung** *f* ⟨-; *no pl*⟩ *cf.* Verstauen.

Ver'steck [-'ʃtɛk] *n, rare m* ⟨-(e)s; -e⟩ **1.** hiding place, concealment, *auch* lair, (*für Sachen*) *auch* cache, *Am. colloq.* hideout, hideaway, *Br. colloq.* hide-out, hide-away: der Junge kam aus seinem ~ nicht heraus the boy did not come out of his hiding place; der Hund sucht ein ~ für seinen Knochen the dog is looking for a hiding place for its bone, the dog is looking for a place to hide its bone. – **2.** ⟨*only sg*⟩ (mit j-m) ~ spielen a) to play (at) hide-and-seek (*Am. auch* hide-and-go-seek, hide-and-coop) (with s.o.), *Am.* to hide-and-seek (with s.o.), b) *fig.* to play (at) hide-and-seek (with s.o.), *Am.* to hide-and-seek (with s.o.). – **3.** *hunt.* (*von Tieren*) lair, couch, lie, cover.

ver'stecken (*getr.* -k·k-) **I** *v/t* ⟨*no* ge-, h⟩ **1.** hide, conceal, (*Sachen*) *auch* cache: er hat mir die Brille [Schuhe] versteckt he hid my glasses [shoes], *Am. colloq.* he hid my glasses [shoes] on me; etwas vor j-m ~ to hide s.th. from s.o.; sie hat das Geld unter der Matratze versteckt she hid (*od.* tucked) the money away under the mattress. – **II** *v/reflex* sich ~ **2.** hide, conceal oneself, abscond: sich hinter j-m [etwas] ~ *auch fig.* to hide behind s.o. [s.th.]; sich hinter einem falschen Namen ~ *fig.* to masquerade under a false name; sich vor j-m ~ to hide from s.o.; vor (*od.* neben) ihm kannst (*od.* mußt) du dich ~ *fig.* you are no match for him, you cannot hold a candle to him; wir brauchen uns mit unseren Erfolgen nicht zu ~ *fig.* our successes are not to be scoffed at. – **III V~** *n* ⟨-s⟩ **3.** *verbal noun.* – **4.** V~ spielen a) to play (at) hide-and-seek (*Am. auch* hide-and-go-seek, hide-and-coop), b) *fig.* to play at hide-and-seek, *Am.* to hide-and-seek.

Ver'steckerlˌspiel (*getr.* -k·k-) [-'ʃtɛkərl-] *n Austrian for* Versteckspiel.

Ver'steckˌspiel *n* (mit with) **1.** hide-and-seek, *Am. auch* hide-and-go-seek, hide-and-coop. – **2.** *fig.* hide-and-seek.

ver'steckt I *pp.* – **II** *adj* **1.** hidden: ~e Vorräte hidden supplies, cache *sg.* – **2.** (*verborgen*) hidden, concealed: sich ~ halten to stay in hiding; etwas ~ halten to keep s.th.

hidden. – **3.** *hunt.* under cover, couched. – **4.** (*abgelegen*) secret, secluded: sie trafen sich an einem ~en Ort they met in a secret place. – **5.** *fig.* (*Vorwurf etc*) hidden, veiled, covert. – **6.** *fig. obs.* (*hinterhältig, unehrlich*) sly, cunning, crafty. – **III** *adv* **7.** das Haus liegt ganz ~ the house is hidden from view; das Dorf liegt ganz ~ in einer Mulde the village is hidden (*od.* tucked) away in a hollow.

ver'ste·hen¹ **I** *v/t* ⟨*irr, no* ge-, h⟩ **1.** (*deutlich hören*) hear, (be able to) make (*s.o., s.th.*) out, catch: ich habe nicht verstanden, was er gesagt hat I did not hear (*od.* catch) what he said; bei dem Lärm kann man sein eigenes Wort nicht ~ you can hardly hear yourself speak (*od.* hear your own voice) in the noise; ich hatte ‚X' verstanden I thought you said 'X'. – **2.** (*geistig aufnehmen*) understand, get (*colloq.*): wenn ich recht verstanden habe, gibt es heute kein Mittagessen if I have understood correctly (*od.* I gather [that]) there will be no lunch today; Sie haben mich falsch verstanden you understood me wrongly, you misunderstood me, *bes. Br.* you took me up (*od. colloq.* you got me) wrong; Sie ~ mich nicht (recht) you do not (quite) understand me (*Br.* take my meaning); ~ Sie mich recht! do not misunderstand (*od.* misapprehend) me! don't get me wrong! (*colloq.*); j-m zu ~ geben, daß to give s.o. to understand that, to intimate (*od.* hint, suggest) to s.o. that; man hat mir ausdrücklich zu ~ gegeben, daß I have been expressly given to understand (*od.* explicitly told) that; du mußt das bildlich, nicht wörtlich ~ you must take (*od.* understand) this figuratively (*od.* metaphorically), not literally; → Spaß 2. – **3.** (*geistig verarbeiten*) understand, comprehend, grasp, apprehend: er hat die Erklärung nicht verstanden he did not understand the explanation; dieses Buch ist schwer [leicht] zu ~ this book is difficult [easy] to understand. – **4.** (*Verständnis haben für*) understand, fathom: ein solches Vorgehen kann man nicht ~ one really cannot understand such an action; man kann es ~ (*es ist menschlich*) it is understandable. – **5.** (*interpretieren*) understand, take, interpret, read: wie ~ Sie diesen Satz? how do you understand this sentence? – **6.** (*können, gelernt haben*) have a knowledge of, know: sie versteht Englisch sehr gut she has a very good knowledge of English, she knows English very well; er versteht kein Französisch he does not know any French, he has no knowledge of French; dieser Ausländer versteht kein Deutsch this foreigner does not know any (*od.* does not understand) German. – **7.** (*bewandert sein in*) know: er versteht seine Sache [sein Handwerk] he knows what he is doing (*od.* his job) [his trade *od.* business]. – **8.** es ~, etwas zu tun to know how (*od.* to be able) to do s.th.: er versteht es, sich zu produzieren he knows how to make a lot out of himself (*colloq.*); er versteht (es), mit Kindern umzugehen he knows how to manage (*od.* handle) children, he has a way with children. – **9.** (*auffassen*) (als as) see: ich verstehe dies als einen Beitrag zur Freundschaft unserer Völker I see this as (*od.* I see in this) a contribution to the friendship of our nations. – **10.** (*meinen*) (unter *dat* by) understand, mean: was versteht man unter „Gleichgewicht der Kräfte"? what is understood by "balance of power"? – **11.** (*Ahnung haben*) (von about) know: er versteht überhaupt nichts von Musik he knows absolutely nothing about music; er versteht etwas von Frauen he knows a great deal (*od. colloq.* a thing or two) about women. – **12.** sich ~ (*einander*) to get along (*od.* on) (with each other *od.* one another): die beiden ~ sich ausgezeichnet the two get on very well (with each other *od.* together), the two (of them) get on like a house on fire; sie ~ sich nicht so gut they do not get along so well, they do not (quite) see eye to eye, they don't hit it off so well. – **II** *v/reflex* sich ~ **13.** (*auskommen*) (mit with) get along (*od.* on): ich verstehe mich überhaupt nicht mit ihr I do not get along at all with her. – **14.** (*auffassen*) (als as) see (*od.* regard) oneself: ich verstehe mich als typischen Vertreter dieser Gruppe I see myself as a typical representative of this group. – **15.** sich auf (*acc*) etwas ~ to be very good (*od.* an expert) at s.th., to be at home in s.th.: er versteht sich aufs Kochen he is very good at cooking. – **16.** sich dazu ~, etwas zu tun to agree (*od.* bring oneself) to do s.th.: ich kann mich nur schwer dazu ~, dieses Vorhaben auszuführen I can only agree with great reluctance to carry out this project. – **17.** (*in Wendungen wie*) das versteht sich (von selbst) that is understood, that goes without saying; es versteht sich (von selbst), daß zusätzliche Urlaubstage nicht bezahlt werden it is (accepted as) a matter of course that additional holidays (*Am.* vacation days) are not paid; es versteht sich, daß er nicht beides zugleich tun kann it stands to reason (*od.* it goes without saying) that he cannot do both jobs at the same time; ich möchte ein Zimmer mit Bad, versteht sich! I would like a room with a bath, of course. – **18.** die Preise ~ sich frei Haus [einschließlich Mehrwertsteuer] *econ.* the prices are understood (*od.* reckoned) ex works [include value-added tax]; der Kurs versteht sich für the rate applies to. – **III** *v/i* **19.** verstehst du? you see? get it? (*colloq.*), get me? (*colloq.*); ah, ich verstehe! oh, I understand (*od.* see). – **IV V~** *n* ⟨-s⟩ **20.** *verbal noun.* – **21.** grasp, comprehension.

ver'ste·hen² *v/t* ⟨*irr, no* ge-, h⟩ *colloq.* (*in Wendungen wie*) ich habe keine Lust, meine Zeit mit langem Warten zu ~ I don't feel like wasting my time standing around (and) waiting.

ver'ste·hend I *pres p.* – **II** *adj* knowing: er warf ihr einen ~en Blick zu he gave her a knowing look. – **III** *adv* understandingly: sie nickte ~ she nodded to say that she had understood, she gave a knowing nod.

ver'stei·fen I *v/t* ⟨*no* ge-, h⟩ **1.** *tech.* stiffen, strengthen, reinforce. – **2.** *tech.* (*stützen*) strut, prop, brace. – **3.** (*fashion*) stiffen. – **II** *v/reflex* sich ~ **4.** *fig.* (*von Haltung, Meinung etc*) harden, stiffen: sich auf (*acc*) etwas ~ to be(come) set (*od.* bent) (up)on (doing) s.th., to insist (up)on (doing) s.th.; er versteift sich darauf, Anglistik zu studieren he is set on studying English; die Fronten haben sich versteift the fronts have stiffened. – **5.** *med.* a) stiffen, (*bes. von Gelenk*) ankylose, b) (*hart werden*) harden. – **6.** *econ.* a) (*von Kreditmarkt*) tighten, b) (*von Märkten*) harden. – **III V~** *n* ⟨-s⟩ **7.** *verbal noun.* — **Ver'stei·fung** *f* ⟨-; -en⟩ **1.** *cf.* Versteifen. – **2.** *tech.* a) (*Verstärkung*) reinforcement, b) strut, prop, brace. – **3.** ⟨*only sg*⟩ *med.* (*eines Gelenks etc*) ankylosis.

Ver'stei·fungs|,bal·ken *m civ.eng.* stiffening (*od.* reinforcing) beam. — **~,draht** *m tech.* guy wire. — **~,trä·ger** *m civ.eng.* **1.** *cf.* Versteifungsbalken. – **2.** (*einer Brücke*) stiffening girder.

ver'stei·gen *v/reflex* ⟨*irr, no* ge-, h⟩ sich ~ **1.** (*von Bergsteiger*) lose one's way (in the mountains). – **2.** sich dazu ~, etwas zu sagen [wollen] *fig.* to presume (*od.* have the presumption, go so far as) to say [want (to do)] s.th.: er hat sich zu der Behauptung verstiegen, daß he presumed to declare that.

Ver'stei·ge·rer *m econ.* auctioneer. — **ver'stei·gern I** *v/t* ⟨*no* ge-, h⟩ auction (off), sell (*s.th.*) at (*Br.* by) auction, auctioneer, bring (*s.th.*) up for public sale: etwas meistbietend ~ to auction s.th. (off) to the highest bidder; etwas ~ lassen to put s.th. up for auction; versteigert werden to be put up for (*Br. auch* to) auction, to come under the hammer. – **II V~** *n* ⟨-s⟩ *verbal noun.* — **Ver'stei·ge·rung** *f* ⟨-; -en⟩ **1.** *cf.* Versteigern. – **2.** (sale at, *Br.* sale by) auction, auction sale: eine amerikanische ~ an American auction, a sale by American auction; eine ~ abhalten [besuchen] to hold [to attend] an auction; zur ~ kommen to be put up for (*Br. auch* to) auction; etwas zur ~ bringen to put s.th. up for (*Br. auch* to) auction.

Ver'stei·ge·rungs|er,lös *m econ.* auction profits *pl.* — **~ge,büh·ren, ~,ko·sten** *pl* auction (*od.* auctioneer's) fees. — **~,li·ste** *f* auction bill (*od.* list). — **~lo,kal** *n* auction room. — **~,preis** *m* auction price. — **~ter·,min** *m* auction day, date fixed for the auction.

ver'stei·nern [-'ʃtainərn] **I** *v/t* ⟨*no* ge-, h⟩ **1.** *geol.* petrify, fossilize *Br. auch* -s-. – **II** *v/i* ⟨sein⟩ **2.** *geol.* petrify, fossilize *Br. auch* -s-. – **3.** *fig.* (*von Miene*) petrify. – **III** *v/reflex* ⟨h⟩ sich ~ **4.** *geol.* petrify, fossilize *Br. auch* -s-. – **5.** *fig.* petrify. – **IV V~** *n* ⟨-s⟩ **6.** *verbal noun.* – **7.** *cf.* Versteinerung 1, 2. — **ver'stei·nert I** *pp.* – **II** *adj* **1.** *geol.* petrified, fossilized *Br. auch* -s-. – **2.** sie stand wie ~ da *fig.* she stood there petrified; vor Schreck wie ~ petrified with terror. — **Ver'stei·ne·rung** *f* ⟨-; -en⟩ **1.** *cf.* Versteinern. – **2.** ⟨*only sg*⟩ *geol.* (*Vorgang*) petrifaction, petrification, fossilization *Br. auch* -s-. – **3.** *geol.* (*versteinertes Lebewesen*) fossil.

Ver'stei·ne·rungs,kun·de *f geol.* pal(a)eontology.

ver'stell·bar *adj bes. tech.* adjustable: ~er Schraubenschlüssel monkey wrench. — **Ver'stell·bar·keit** *f* ⟨-; *no pl*⟩ adjustability.

ver'stel·len I *v/t* ⟨*no* ge-, h⟩ **1.** (*versperren*) (mit with) block, obstruct: den Eingang mit Stühlen ~ to block (*od.* bar) the entrance with chairs; [j-m] den Blick ~ to obstruct the [s.o.'s] view; → Weg 4. – **2.** (*umstellen*) move (*od.* shift) (*s.th.*) (a)round, rearrange. – **3.** (*falsch stellen*) put (*s.th.*) in the wrong place, misplace. – **4.** (*nach Wunsch einstellen*) adjust: den Stuhl kann man ~ the chair is adjustable. – **5.** *tech.* a) adjust, set, b) (*neu einstellen*) readjust, reset, c) (*Hebel*) move, shift, d) (*Pumpe*) regulate, e) (*gegeneinander versetzen*) offset, f) (*Schieber*) reposition. – **6.** (*vollstellen*) (mit with) clutter up, bung up (*colloq.*): sie hat das ganze Zimmer mit Möbeln verstellt she cluttered up the whole room with furniture. – **7.** *fig.* (*unkenntlich machen*) disguise, dissimulate, dissemble, change: sie verstellte ihre Stimme [Handschrift], um nicht erkannt zu werden she disguised her voice [handwriting] so as not to be recognized (*Br. auch* -s-). – **II** *v/reflex* sich ~ **8.** *fig.* dissimulate, dissemble, pose, play a part. – **9.** *fig.* (*seine Gefühle verbergen*) hide one's feelings: er kann sich gut [schlecht *od.* nicht] ~ he can[not] hide his feelings. – **10.** *med.* malinger, simulate. – **III V~** *n* ⟨-s⟩ **11.** *verbal noun.* – **12.** *cf.* Verstellung.

Ver'stell|,flos·se *f aer.* adjustable stabilizer (*Br. auch* -s-). — **~,flü·gel** *m* variable incidence wing. — **~,he·bel** *m tech.* adjusting lever. — **~,mo·tor** *m electr.* servomotor, brush-shifting motor. — **~pro,pel·ler** *m aer.* variable-pitch propeller. — **~,schrau·be** *f tech. cf.* Stellschraube.

ver'stellt I *pp.* – **II** *adj* **1.** (*versperrt*) (mit with) blocked, obstructed: der Blick ist durch einen Baum ~ the view is blocked (*od.* obstructed) by a tree; der Weg ist durch einen Felsbrocken ~ the way is blocked (*od.* obstructed, barred) by a boulder. – **2.** *fig.* (*unkenntlich gemacht*) disguised, changed, dissembled: sie sprach mit ~er Stimme she spoke in a disguised voice.

Ver'stel·lung *f* ⟨-; *no pl*⟩ **1.** *cf.* Verstellen. – **2.** (*Versperren*) (mit with) blockage, obstruction. – **3.** (*Umstellen*) rearrangement. – **4.** (*Falschstellen*) misplacement. – **5.** (*der Höhe eines Liegestuhls etc*) adjustment. – **6.** *tech.* a) adjustment, b) (*neue Einstellung*) readjustment, c) (*eines Hebels*) move, shift, d) (*der Motordrehzahl*) variation, e) (*einer Pumpe*) regulation, f) *Versetzung gegeneinander*) offset, g) (*eines Schiebers*) reposition. – **7.** *fig.* (*Täuschung, Heuchelei*) dissimulation, dissemblance, disguise, (*stärker*) hypocrisy: ihm ist jede ~ fremd any form of dissimulation is alien to his nature. – **8.** *med.* dissimulation, *Br.* pretence, *Am.* pretense.

Ver'stel·lungs|,kunst *f* art of dissimulation (*od.* posing). — **~,künst·ler** *m* poseur. — **~,künst·le·rin** *f* poseuse.

Ver'stell,vor,rich·tung *f tech.* adjusting device (*od.* mechanism).

ver'stem·men *v/t* ⟨*no* ge-, h⟩ *tech.* calk, *bes. Br.* caulk.

ver'step·pen *geogr.* **I** *v/i* ⟨*no* ge-, sein⟩ turn (*od.* be transformed, degenerate) into steppe. – **II V~** *n* ⟨-s⟩ *verbal noun.* — **Ver'step·pung** *f* ⟨-; *no pl*⟩ **1.** *cf.* Versteppen. – **2.** transformation (*od.* degeneration) into steppe.

ver'ster·ben *v/i* ⟨*only pret* verstarb *u. pp* verstorben, sein⟩ pass away, die: gestern verstarb unsere liebe Mutter, Maria Braun (*in Todesanzeigen*) Maria Braun, our beloved mother, passed away yesterday; am 4. März verstarb NN the death occured, on March 4th, of NN; mein Vater ist vor einem Jahr verstorben my father died (*Br. auch* went) a year ago.

ver'steu·er·bar *adj econ.* dutiable.

ver'steu·ern *econ.* **I** *v/t* ⟨no ge-, h⟩ **1.** (*Einkommen, Vermögen, Ware etc*) pay duty (*od.* tax) on: **voll zu ~** subject to full taxation. – **II V~** *n* ⟨-s⟩ **2.** *verbal noun.* – **3.** *cf.* Versteuerung. — **ver'steu·ert I** *pp.* – **II** *adj* (*Ware etc*) tax-paid, duty-paid: **~er Gewinn** taxed profit, profit after tax. — **Ver'steue·rung** *f* ⟨-; *no pl*⟩ **1.** *cf.* Versteuern. – **2.** (von *od. gen* on) payment of taxes (*od.* duty).

Ver'steue·rungs,wert *m econ. cf.* Steuerwert.

ver'stie·gen I *pp of* versteigen. – **II** *adj fig.* (*Idee, Plan etc*) extravagant, high-flown, fantastic, eccentric. — **Ver'stie·gen·heit** *f* ⟨-; -en⟩ **1.** ⟨*only sg*⟩ (*Eigenschaft*) extravagance, extravagancy, eccentricity. – **2.** (*verstiegene Idee, Meinung, Vorstellung etc*) extravagance, extravagancy, eccentricity.

ver'stif·ten *v/t* ⟨no ge-, h⟩ *tech.* pin (*things*) (together).

ver'stim·men I *v/t* ⟨no ge-, h⟩ **1.** (*Instrument*) put (*s.th.*) out of tune. – **2.** *fig.* (*in schlechte Laune versetzen*) annoy, put (*s.o.*) in bad humor (*bes. Br.* humour), disgruntle, put (*s.o.*) out of sorts (*colloq.*). – **3.** (*radio*) mistune, detune. – **II V~** *n* ⟨-s⟩ **4.** *verbal noun.* – **5.** *cf.* Verstimmung. — **ver'stimmt I** *pp.* – **II** *adj* **1.** (*Instrument*) out of tune. – **2.** *fig.* (*Magen*) upset. – **3.** *fig.* (*in schlechter Laune*) annoyed, disgruntled, out of sorts (*colloq.*): **dein Vater ist über dein Verhalten sehr ~** your father is very annoyed at your behavio(u)r. – **4.** *psych.* depressed. – **III** *adv* **5. die Börse reagierte ~** *econ.* there was a temporary drop in prices on the stock exchange. — **Ver'stimmt·heit** *f* ⟨-; *no pl*⟩ *fig.* annoyance, disgruntlement. — **Ver'stim·mung** *f* ⟨-; *no pl*⟩ **1.** *cf.* Verstimmen. – **2.** *fig.* (*des Magens*) upset. – **3.** *fig.* (*Gemütszustand*) annoyance, disgruntlement. – **4.** *psych.* depression, depressive psychosis. – **5.** *fig.* (*Mißstimmung etc*) hard (*od.* ill) feeling: **zwischen ihnen gab es nie eine ~** there never was any ill feeling between them, there was never a shadow in their relationship.

ver'stockt *adj* **1.** *fig. contempt.* (*halsstarrig*) obdurate, obstinate, unrepentant. – **2.** *relig.* (*Sünder*) impenitent, unrepentant. – **3.** *rare for* stockfleckig. — **Ver'stockt·heit** *f* ⟨-; *no pl*⟩ **1.** *fig. contempt.* obduracy, obdurateness, obstinacy, obstinateness. – **2.** *relig.* impenitence, *auch* impenitency.

ver'stoff·li·chen [-'ʃtɔflɪçən] **I** *v/t u.* **sich ~** *v/reflex* ⟨no ge-, h⟩ materialize *Br. auch* -s-. – **II V~** *n* ⟨-s⟩ *verbal noun.* — **Ver'stoff·li·chung** *f* ⟨-; *no pl*⟩ **1.** *cf.* Verstofflichen. – **2.** materialization *Br. auch* -s-.

ver'stoh·len I *adj* surreptitious, furtive, stealthy, sly: **er warf ihr einen ~en Blick zu** he gave her a surreptitious look. – **II** *adv* **er blickte sie ~ an** he looked at her surreptitiously, he stole a glance at her; **sich ~ umschauen** to look (a)round furtively; **~ den Raum verlassen** to leave the room stealthily. — **ver'stoh·le·ner'wei·se** *adv* surreptitiously, furtively, stealthily, on the sly. — **Ver'stoh·len·heit** *f* ⟨-; *no pl*⟩ surreptitiousness, furtiveness, stealth(iness), slyness.

'Vers,ton *m metr.* ictus.

ver'stop·fen I *v/t* ⟨no ge-, h⟩ **1.** (*Abfluß, Kanal etc*) block (up), clog (up), choke (up), obstruct. – **2.** (*Tür, Ausgang etc*) block (up), obstruct. – **3.** (*Straße*) congest, clutter (up), jam, *auch* jamb. – **4.** (*Loch, Öffnung etc*) stop (up), plug, stuff (up), bung (up), ram. – **5.** (*Ritze*) fill up (*od.* in), calk, *bes. Br.* caulk. – **6.** *med.* a) (*zustopfen*) plug, tampon, stop up, b) (*Gang, Gefäß*) block, plug, occlude, obstruct, obturate, c) (*Hohlnadel, Katheter*) clog, d) (*Darm*) constipate. – **II** *v/reflex* **sich ~ 7.** become clogged (*od.* choked) (up), clog. – **III V~** *n* ⟨-s⟩ **8.** *verbal noun.* – **9.** *cf.* Verstopfung. – **10.** *med.* (*Zustopfen*) tamponage, tamponade. — **ver'stop·fend I** *pres p.* – **II** *adj. med.* constipating, costive, obstruent. – **III** *adv* **Schokolade wirkt ~** chocolate is constipating, chocolate constipates. — **ver'stopft I** *pp.* – **II** *adj* **1.** (*Abfluß, Kanal etc*) blocked, clogged, choked, obstructed. – **2.** (*Tür, Ausgang etc*) blocked, obstructed. – **3.** (*Straße*) congested, jammed, cluttered. – **4.** (*Loch, Öffnung etc*) stopped, plugged. – **5.** *med.* a) (*Darm*) constipated, costive, b) (*Nase*) stuffed-up (*attrib*), blocked, stuffy (*colloq.*), c) (*Gang*) impatent, d) (*Hohlnadel etc*) clogged. — **Ver'stop·fung** *f* ⟨-; *no pl*⟩ **1.** *cf.* Verstopfen. – **2.** (*von Abfluß, Kanal, Tür, Ausgang etc*) blockage, obstruction. – **3.** (*einer Straße*) congestion. – **4.** *med.* a) (*von Gang, Gefäß etc*) blockage, occlusion, obstruction, obturation, (*durch Blutgerinnsel*) thrombosis, b) (*des Darms*) constipation, costiveness: **chronische ~** intestinal stasis; **an ~ leiden** to be constipated; **an ~ leidend** costive.

ver'stöp·seln *v/t* ⟨no ge-, h⟩ (*Flasche etc*) [cork, stopper.]

ver'stor·ben I *pp of* versterben. – **II** *adj* late (*attrib*), deceased, defunct, dead: **meine ~e Mutter** my late (*od.* deceased) mother. — **Ver'stor·be·ne** *m, f* ⟨-n; -n⟩ (the) deceased, (the) defunct: **die ~n** *collect.* the deceased, the dead, *bes. relig.* the departed.

ver'stö·ren *v/t* ⟨no ge-, h⟩ upset (*s.o.*) (badly), distress, (*stärker*) distract: **dieses Ereignis hat ihn völlig verstört** this event upset him badly. — **ver'stört I** *pp.* – **II** *adj* **1.** (*Blick, Gesicht*) haggard, stricken: **sie sah ganz ~ aus** she looked absolutely haggard. – **2.** (*Person*) (badly) upset, distressed, (*stärker*) distracted, distraught. – **3.** (*durch Schock, vor Schreck*) dazed: **vor Angst ~** dazed with fear. — **Ver'stört·heit, Ver'stö·rung** *f* ⟨-; *no pl*⟩ **1.** distress, (*stärker*) distraction. – **2.** daze.

Ver'stoß *m* ⟨-es; ⸚e⟩ **1.** (**gegen** against) *Br.* offence, *Am.* offense: **ein ~ gegen den guten Geschmack** an offence against good taste; **ein ~ gegen die Etikette** an offence against (*od.* a breach of) etiquette, a faux pas. – **2.** *bes. jur.* (**gegen**) *Br.* offence, *Am.* offense (against); violation, infringement, breach, contravention, infraction (of): **ein ~ gegen die Verkehrsregeln** a violation of the traffic rules (*od.* regulations). – **3.** (*Schnitzer*) slip.

ver'sto·ßen[1] **I** *v/t* ⟨*irr, no* ge-, h⟩ **1. j-n ~** to repudiate s.o.: **seine Frau ~** to repudiate (*od.* dismiss) one's wife. – **2. j-n aus etwas ~** to expel s.o. from s.th., to cast s.o. out of s.th.: **wir haben ihn aus unserer Gruppe ~** we cast him out of our group. – **II** *v/i* **3. gegen etwas ~** a) to offend against s.th., b) *bes. jur.* to commit a breach of s.th., to offend against s.th., to violate (*od.* infringe, contravene, infract) s.th.: **damit verstößt du gegen den guten Ton** you offend against good form by doing that; **er hat gegen die Bestimmungen [das Gesetz] ~** he offended against (*od.* contravened) the regulations [law], he acted in violation (*od.* contravention) of the regulations [law]. – **III V~** *n* ⟨-s⟩ **4.** *verbal noun.* – **5.** *cf.* Verstoßung.

ver'sto·ßen[2] **I** *pp of* verstoßen[1]. – **II** *adj* **1.** (*Sohn, Tochter etc*) repudiated, (*Ehefrau*) *auch* dismissed. – **2.** (*aus der Gesellschaft etc*) outcast.

Ver'sto·ße·ne *m, f* ⟨-n; -n⟩ outcast, castaway, discard.

Ver'sto·ßung *f* ⟨-; *no pl*⟩ **1.** *cf.* Verstoßen[1]. – **2.** (*von Sohn, Tochter etc*) repudiation, (*von Ehefrau*) *auch* dismissal. – **3.** (*Vertreibung*) (aus from) expulsion.

Ver'strah·lung *f* ⟨-; -en⟩ *nucl.* radioactive contamination.

ver'stre·ben *tech.* **I** *v/t* ⟨no ge-, h⟩ strut, brace, stay. – **II V~** *n* ⟨-s⟩ *verbal noun.* — **Ver'stre·bung** *f* ⟨-; -en⟩ **1.** *cf.* Verstreben. – **2.** strut, brace, stay: **die ~en** *collect.* the strutting.

ver'strei·chen I *v/t* ⟨*irr, no* ge-, h⟩ **1.** (*Ritzen, Fugen etc*) stop (*od.* fill) (*s.th.*) up, (re)joint. – **2.** (*Putz*) spread. – **3.** (*Mörtel*) point. – **4.** (*Butter, Farbe etc*) spread: **Butter (auf dem Brot) ~** to spread butter on the bread, to spread the bread with butter. – **5.** (*Salbe etc*) spread (*s.th.*) (by rubbing). – **6.** (*durch Streichen aufbrauchen*) use (*od.* finish) up: **ich habe die ganze Farbe verstrichen** I used up the whole paint. – **II** *v/i* ⟨sein⟩ **7.** *fig.* (*von Zeit*) pass, (e)lapse, slip by: **zwei Jahre verstrichen, bevor** two years passed before. – **8.** *fig.* (*von Frist*) expire: **er hat die gesetzte Frist ~ lassen** he let the fixed term expire. – **III V~** *n* ⟨-s⟩ **9.** *verbal noun.* – **10.** (*von Zeit*) lapse. – **11.** (*einer Frist*) expiry, expiration.

ver'streu·en *v/t* ⟨no ge-, h⟩ **1.** (*streuend verteilen*) scatter: **er hat seine Kleidung über das ganze Zimmer verstreut** he scattered (*od.* deposited) his clothes all over the room, he littered the room with his clothes. – **2.** (*Salz, Zucker etc, aus Versehen*) spill. — **ver'streut I** *pp.* – **II** *adj* **1.** (*Gegenstände, auch Personen, Häuser, Ortschaften etc*) scattered: **weit ~ sein** to be widely scattered; → Wind 2. – **2.** (*verschüttet*) spilled, *auch* spilt. – **III** *adv* **3. ~ liegende Häuser** scattered houses.

ver'stri·chen I *pp of* verstreichen. – **II** *adj* **1.** (*Zeit*) passed, (e)lapsed. – **2.** (*Frist*) expired.

ver'stricken (*getr.* -k·k-) **I** *v/t* ⟨no ge-, h⟩ **1.** use (*od.* finish) up (*wool*) (on knitting). – **2. j-n in** (*acc*) **etwas ~** *fig.* to entangle (*od.* involve) s.o. in s.th. – **II** *v/reflex* **3. sich in** (*acc*) **etwas ~** *fig.* to get (en)tangled (*od.* entrapped, caught) in s.th.; → Lüge 1; Widerspruch 3. – **III V~** *n* ⟨-s⟩ **4.** *verbal noun.* – **5.** *cf.* Verstrickung. — **ver'strickt I** *pp.* – **II** *adj* **in** (*acc*) **etwas ~ sein** *fig.* to be entangled (*od.* involved) in s.th. — **Ver'strickung** (*getr.* -k·k-) *f* ⟨-; -en⟩ **1.** *cf.* Verstricken. – **2.** *fig.* (in *acc* in) (en)tanglement, involvement.

ver'strö·men *v/t* ⟨no ge-, h⟩ **1.** (*Duft, Wärme etc*) exude, effuse, emanate. – **2.** (*Wasser etc*) exude, effuse. – **3.** *lit.* (*Blut*) shed.

ver'stüm·meln [-'ʃtʏməln] **I** *v/t* ⟨no ge-, h⟩ **1.** (*Körper, Opfer etc*) mutilate, maim, dismember. – **2.** (*Baum, Pflanze etc*) mutilate, mangle. – **3.** *fig.* (*Text, Bericht etc*) mutilate, mangle, garble, dismember, distort. – **4.** (*radio*) (*Funkspruch, Nachricht*) garble. – **II** *v/reflex* **5. sich selbst ~** to mutilate (*od.* maim) oneself. – **III V~** *n* ⟨-s⟩ **6.** *verbal noun.* — **Ver'stüm·me·lung** *f* ⟨-; -en⟩ **1.** *cf.* Verstümmeln. – **2.** ⟨*only sg*⟩ (*eines Körpers, Opfers etc*) mutilation, dismemberment, mayhem, *auch* maihem (*jur.*). – **3.** ⟨*only sg*⟩ (*eines Baums, einer Pflanze etc*) mutilation. – **4.** (*verstümmelte Stelle*) mutilation. – **5.** *fig.* ⟨*only sg*⟩ (*von Text, Bericht etc*) mutilation, garble, dismemberment. – **6.** *fig.* (*verstümmelte Stelle*) garble. – **7.** (*radio*) (*von Funkspruch, Nachricht*) garble.

ver'stum·men [-'ʃtʊmən] **I** *v/i* ⟨no ge-, sein⟩ **1.** (*von Personen*) grow silent: **j-n ~ lassen** to silence (*od.* quiet [down], *bes. Br.* quieten) s.o.; **vor Schreck ~** to be dumb (*od.* speechless) with fright. – **2.** (*von Beifall, Wind etc*) subside, stop, cease. – **3.** (*verklingen*) die (*od.* fade) away. – **4.** *fig.* (*von Gerüchten etc*) stop, cease: **solche Kritiken sind verstummt** such criticisms are no longer heard. – **5.** *ling.* (*von Lauten*) become mute. – **II V~** *n* ⟨-s⟩ **6.** *verbal noun*: **j-n zum V~ bringen** to silence (*od.* quiet [down], *bes. Br.* quieten) s.o.; **etwas zum V~ bringen** to silence (*od.* still) s.th.

Ver'stümm·lung *f* ⟨-; -en⟩ *cf.* Verstümmelung.

Ver'such [-'zuːx] *m* ⟨-(e)s; -e⟩ **1.** attempt, try, essay: **ein verzweifelter [vergeblicher, aussichtsloser] ~** a desperate [vain, hopeless] attempt; **die ersten tastenden** (*od.* **zögernden**) **~e** the first groping (*od.* hesitant, tentative) attempts; **in einem letzten angestrengten ~** in a last strenuous effort (*od.* endeavo[u]r); **ich will noch einen ~ machen** I will make one more attempt, I will have one more try; **es auf einen ~ ankommen lassen** to have a try (*Br. sl.* bash), to make a stab (*colloq.*); **den ~ machen, über eine Mauer zu klettern** to make an attempt (*od.* to attempt *od.* try) to climb over a wall; **das käme auf den** (*od.* **einen**) **~ an** we ought to try it (*od.* to have a try) (first); **das ist ein ~ am falschen** (*od.* **untauglichen**) **Objekt** that is a (pure) waste of effort. – **2.** (*zur Prüfung einer Sache od. Person*) try, trial, tryout, test: **wir können es auf einen ~ ankommen lassen** we can have a try; **mit j-m [etwas] einen ~ machen** to have a try with s.o. [s.th.], to try s.o. [s.th.] out. – **3.** *med. psych.* (an *dat* on; mit with) experiment, trial: **~ am lebenden Objekt** human experiment. – **4.** *tech. phys.* a) (mit with) test, experiment, trial, b) (*Analyse*) analysis: **ein chemischer ~** a chemical analysis; **ein physikalischer ~** a physical test. – **5.** *jur.* attempt: **~ einer strafbaren Handlung [eines Verbrechens]** attempt to commit an offence (*Am.* offense) [a crime]; **Rücktritt vom ~** abandonment of an attempt; **jeder ~ ist strafbar** any (*od.* the mere) attempt is punishable. – **6.** (*sport*) a) (*in Leichtathletik*) trial, attempt, b) (*beim Gewichtheben*) lift, attempt, c) (*beim Rugby*) try: **gültiger ~** a) valid trial, b) good lift; **ungültiger ~** a) failure, b) no lift; **einen ~ auslassen** to pass a trial; **einen ~ legen** (*beim Rugby*) to make a try.

ver'su·chen I *v/t* ⟨*no* ge-, h⟩ **1.** (*sich bemühen*) try, attempt: **er versuchte, über den Zaun zu klettern** he tried (*od.* made an attempt) to climb over the fence; **ich will ~ zu kommen** I will try to come; **ich versuche es** I'll have a try (*od. colloq.* stab, *Br. sl.* bash). – **2.** (*probieren*) try: **ich habe alles mögliche versucht** I tried everything (possible); **versuch's doch mal!** try it, have a try (*od.* shot, fling, *colloq.* go, *sl.* crack, *Br. sl.* bash) (at it)! **versuch's noch einmal!** try again! have another try! **ich möchte, daß du es versuchst** I want you to try (it); **wir können es ja ~** we can try (it), we might (*od.* may) as well try (it); **sie müssen einen anderen Weg ~** they must try another way (*od.* something else); **ich versuche es doch!** I'll try it anyway! I'll chance it! (*colloq.*); **ich habe es mit Güte und mit Strenge versucht** I tried both leniency and severity; **wir können es ja mit ihm ~** we can try him (out); **willst du es noch einmal mit mir ~?** will you take me back again? → **Glück** 1; **Heil** 3. – **3.** (*kosten*) taste, try. – **4.** (*in Versuchung führen*) tempt. – **II** *v/reflex* **sich ~ 5. sich an** (*dat*) **etwas ~** to try (one's skill at) s.th. – **6. sich in** (*dat*) **etwas ~** to try one's hand at s.th. – **7. sich auf allen Gebieten ~** to try one's hand at everything.

Ver'su·cher *m* ⟨-s; -⟩ tempter: **der ~** *Bibl.* (*der Teufel*) the Tempter.

Ver'su·che·rin *f* ⟨-; -nen⟩ temptress.

Ver'suchs|ˌabˌtei·lung *f* experimental department. — **~ˌanˌla·ge** *f tech.* **1.** experimental (*od.* testing) plant. – **2.** trial installation. – **3.** (*für Modelle*) pilot plant. — **~ˌanˌord·nung** *f* experimental setup. — **~ˌanˌstalt** *f* **1.** experimental plant, laboratory. – **2.** research institute. — **~ˌaufˌbau** *m cf.* Versuchsanordnung. — **~ˌaufˌtrag** *m econ. cf.* Probeauftrag. — **~ˌausˌfüh·rung** *f* trial procedure. — **~ˌausˌwer·tung** *f* evaluation (of test[s]). — **~balˌlon** *m* **1.** trial (*od.* sounding) balloon. – **2.** *fig.* kite: **einen ~ steigen lassen** to fly a kite. — **~beˌdin·gun·gen** *pl* test conditions. — **~beˌschrei·bung** *f* test description. — **~beˌtrieb** *m* (*einer Maschine etc*) trial run (*od.* operation). — **~ˌboh·rung** *f* (*mining*) test (*od.* experimental) drilling. — **~ˌbüh·ne** *f* experimental theater (*bes. Br.* theatre). — **~ˌda·ten** *pl* (test) data. — **~ˌdau·er** *f* duration of the test. — **~ˌeinheit** *f mil.* experimental unit. — **~erˌgebnis** *n* test result, outcome of the test. — **~ex·plo·siˌon** *f nucl.* test (*od.* trial) explosion. — **~ˌfahrt** *f* trial run. — **~ˌfeh·ler** *m* experimental error. — **~ˌfeld** *n* proving ground. — **~geˌlän·de** *n cf.* Versuchsfeld. — **~ˌgru·be** *f* (*mining*) test (*od.* trial) pit. — **~ˌgrup·pe** *f* test group. — **~ˌgut** *n agr.* experimental farm (*od.* station). — **~in·geniˌeur** *m* **1.** research engineer. – **2.** test engineer. — **~kaˌnin·chen** *n* **1.** *biol. med.* rabbit used in laboratory tests. – **2.** *fig. colloq.* 'guinea pig' (*colloq.*). — **~ˌket·te** *f cf.* Versuchsreihe. — **~ˌkü·che** *f* test kitchen. — **~la·bo·raˌto·ri·um** *n* research laboratory. — **~ˌla·dung** *f mil.* test(ing) charge. — **~meˌtho·de** *f* experimental method. — **~moˌdell** *n tech.* test (*od.* pilot) model. — **~ˌmu·ster** *n econ.* trial sample. — **~obˌjekt** *n* test object. — **~perˌson** *f* test subject. — **~prä·paˌrat** *n med. pharm.* test preparation. — **~ˌraum** *m* test room, laboratory. — **~reˌak·tor** *m nucl.* research (*od.* material test) reactor. — **~ˌreihe** *f* series of experiments (*od.* tests). — **~ˌschacht** *m* (*mining*) prospecting shaft, test pit. — **~ˌschiff** *n mar.* experimental ship (*od.* vessel). — **~ˌschu·le** *f ped.* experimental school. — **~ˌse·rie** *f cf.* Versuchsreihe. — **~ˌsta·di·um** *n* experimental stage. — **~ˌstand** *m tech.* test(ing) stand, test bay (*od.* bed, bench). — **~sta·tiˌon** *f* experimental station. — **~ˌstopp** *m pol.* suspension of atomic tests. — **~ˌstreb** *m* (*mining*) experimental face. — **~ˌstrecke** (*getr.* -k·k-) *f* **1.** *tech.* test track. – **2.** (*mining*) test gallery. – **3.** *auto.* test course (*od.* route). — **~ˌtier** *n med. pharm.* laboratory (*od.* test) animal. — **v~ˌwei·se** *adv* **1.** (*zum Ausprobieren*) by way of trial, as a trial. – **2.** (*auf Probe*) on trial: **j-n ~ anstellen** to employ s.o. on trial. — **~ˌwer·te** *pl* (test) data. — **~ˌzweck** *m only in* **zu ~en** for experimental purposes.

ver'sucht I *pp.* – **II** *adj* **1.** *bes. jur.* (*Diebstahl, Betrug etc*) attempted: **j-n wegen ~en Mordes verurteilen** to convict s.o. of attempted murder (*od.* attempt at murder). – **2. sich (stark) ~ fühlen** (*od.* [**stark**] **~ sein**), **etwas zu tun** to be (*od.* feel) (sorely) tempted to do s.th.

Ver'su·chung *f* ⟨-; -en⟩ temptation: **j-n in ~ führen** to lead s.o. into temptation, to tempt s.o.; **und führe uns nicht in ~** *Bibl.* and lead us not into temptation; **in (die) ~ kommen** (*od.* **geraten**), **etwas zu tun** to be tempted to do s.th.; **der ~ widerstehen** [**nachgeben, erliegen**] to resist (*od.* withstand) [to yield to, to succumb to] temptation; **ich konnte der ~ nicht widerstehen und habe mir das Kleid gekauft** I could not resist the temptation to buy the dress; **die ~en der Großstadt** the temptations of the city.

ver'su·deln *v/t* ⟨*no* ge-, h⟩ **1. etwas ~** to make a mess of s.th., to mess s.th. up. – **2.** *Southwestern G. colloq.* (*Papier, Heft etc*) spoil (*s.th.*) by scribbling.

ver'sump·fen I *v/i* ⟨*no* ge-, sein⟩ **1.** (*zu Sumpf werden*) become marshy (*od.* boggy, swampy). – **2.** *fig. colloq.* (*im Lebenswandel*) go to the bad. – **3. ich bin gestern abend versumpft** *fig. colloq.* I got caught up in a drinking spree last night. – **II V~** *n* ⟨-s⟩ **4.** *verbal noun.* – **5.** *cf.* Versumpfung. — **ver'sumpft I** *pp.* – **II** *adj* (*Gebiet*) marshy, boggy, swampy. — **Ver'sump·fung** *f* ⟨-; *no pl*⟩ **1.** *cf.* Versumpfen. – **2. ~ einer Gegend** encroachment of swamps (up)on a region.

ver'sum·sen *v/t* ⟨*no* ge-, h⟩ *colloq.* (*Geld*) spend (*money*) like water, go through.

ver'sün·di·gen *v/reflex* ⟨*no* ge-, h⟩ **sich an j-m [etwas] ~** to sin against s.o. [s.th.]; **versündige dich nicht!** don't blaspheme. — **Ver'sün·di·gung** *f* ⟨-; *no pl*⟩ (**an** *dat* against) sin.

ver'sun·ken I *pp of* versinken. – **II** *adj* **1.** (*untergegangen*) sunken, (*Schiff*) *auch* foundered (*beide attrib*). – **2.** *fig.* (*vergessen*) lost (in oblivion). – **3. in** (*acc*) **etwas ~** *fig.* engrossed (*od.* absorbed, wrapped up) in s.th.: **er ist ganz in sich selbst ~** *fig.* he is quite lost to the world, he is quite absorbed in his own thoughts; → **Gedanke** 1. — **Ver'sun·ken·heit** *f* ⟨-; *no pl*⟩ *fig.* (**in** *acc* in) engrossment, absorption: **in tiefer ~** in deep (*od.* profound) engrossment, deeply engrossed (*od.* absorbed); **in träumerischer ~** in a reverie.

ver'sü·ßen I *v/t* ⟨*no* ge-, h⟩ **1.** *cf.* süßen. – **2.** *fig.* (*angenehmer machen*) sweeten, sugar(-coat), *Am.* candy: **sich** (*dat*) **das Leben ~** to sweeten one's life; → **Pille** 1. – **II V~** *n* ⟨-s⟩ **3.** *verbal noun.* — **Ver'sü·ßung** *f* ⟨-; *no pl*⟩ *cf.* Versüßen.

'vers|ˌwei·se *adv metr.* verse by verse. — **V~ˌzei·le** *f* verse, line.

ver'tä·feln *v/t* ⟨*no* ge-, h⟩ *cf.* täfeln. — **ver'tä·felt I** *pp.* – **II** *adj cf.* getäfelt II. — **Ver'tä·fe·lung, Ver'täf·lung** *f* ⟨-; -en⟩ *cf.* Täfelung.

ver'ta·gen I *v/t* ⟨*no* ge-, h⟩ **1.** (*verschieben*) postpone, defer, put (*s.th.*) off, adjourn. – **2.** (*etwas Begonnenes unterbrechen*) adjourn, prorogue: **die Sitzung ~** to adjourn the meeting, to declare the meeting adjourned. – **3.** *jur.* a) (*Termin, Verhandlung etc*) adjourn, respite, continue, b) (*Parlament etc*) prorogue: **die Verhandlung wird auf nächsten Montag [auf unbestimmte Zeit, bis auf weiteres] vertagt** the hearing is adjourned (*od.* will adjourn) to next Monday [sine die *od.* indefinitely, until further notice]. – **4.** *Swiss* (*anberaumen*) (**auf** *acc* for) fix, appoint, *bes. Am.* schedule. – **II** *v/reflex* **sich ~ 5.** (*von Versammlung, Konferenz etc*) adjourn, prorogue: **die Konferenz [das Gericht] vertagt sich auf 16 Uhr** the conference [the court] adjourns (*od.* stands adjourned) to 4 p.m. – **III V~** *n* ⟨-s⟩ **6.** *verbal noun.* — **Ver'ta·gung** *f* ⟨-; *no pl*⟩ **1.** *cf.* Vertagen. – **2.** (*Verschiebung*) postponement, deferment, adjournment, adjournal. – **3.** (*Unterbrechung*) adjournment, prorogation. – **4.** *jur.* a) (*von Termin, Verhandlung etc*) adjournment, respite, continuance, b) (*eines Gerichtsentscheids im Zivilprozeß*) ampliation.

ver'tan I *pp of* vertun. – **II** *adj* wasted, futile: **alle Bemühungen sind ~** all efforts are wasted.

ver'tän·deln I *v/t* ⟨*no* ge-, h⟩ **1.** (*Geld*) fritter (*od.* trifle, fribble) away. – **2.** (*Zeit*) fiddle (*od.* fritter, trifle, fribble) away. – **II V~** *n* ⟨-s⟩ **3.** *verbal noun.* — **Ver'tän·de·lung, Ver'tänd·lung** *f* ⟨-; *no pl*⟩ *cf.* Vertändeln.

ver'tau·ben [-'taubən] **I** *v/i* ⟨*no* ge-, sein⟩ (*mining*) (*von Erzgang*) deteriorate (from valuable to valueless). – **II V~** *n* ⟨-s⟩ *verbal noun.* — **Ver'tau·bung** *f* ⟨-; *no pl*⟩ **1.** *cf.* Vertauben. – **2.** deterioration, impoverishment.

Ver'täuˌbo·je *f mar.* **1.** *cf.* Ankerboje. – **2.** mooring buoy.

ver'täu·en [-'tɔyən] **I** *v/t* ⟨*no* ge-, h⟩ *mar.* **1.** (*Schiff etc*) moor, make (*a ship*) fast. – **II V~** *n* ⟨-s⟩ **2.** *verbal noun.* – **3.** *cf.* Vertäuung.

Ver'täu|ˌlei·ne *f mar.* mooring line. — **~ˌpfahl** *m* mooring post, dolphin. — **~ˌschäkel** *m* mooring (*od.* joggle) shackle.

ver'tausch·bar *adj* **1.** *math.* interchangeable, commutable: **die Glieder einer Summe sind (mit-** *od.* **untereinander) ~** the terms of a sum are commutable. – **2.** *tech.* (*austauschbar*) exchangeable, replaceable. — **Ver'tausch·bar·keit** *f* ⟨-; *no pl*⟩ **1.** *math.* interchangeability, commutability. – **2.** *tech.* (*Austauschbarkeit*) interchangeability, replaceability.

ver'tau·schen I *v/t* ⟨*no* ge-, h⟩ **1.** (*irrtümlich nehmen*) confuse, mix up, get (*things*) mixed up (*colloq.*): **ich habe unsere Mäntel vertauscht** I confused our coats; **ich habe deinen Schirm mit meinem vertauscht** I (mis)took your umbrella for mine. – **2.** (*austauschen*) change (*s.th.*) (a)round: **ich habe unsere Plätze vertauscht** I changed our places (a)round; **ich habe meinen Platz mit deinem vertauscht** I changed places with you; **die Räder untereinander ~** *auto.* to change the wheels (a)round, to reposition the wheels. – **3.** (*Rollen etc*) exchange. – **4.** (*untereinander*) interchange. – **5. Berlin mit München ~** (*umziehen*) to move (*od.* change one's domicile) from Berlin to Munich. – **6.** *math.* commute. – **7.** *tech.* a) exchange, b) (*Paßteile*) interchange, c) (*Werkstoffe*) substitute. – **8.** *electr.* (*Leitungen*) transpose. – **II V~** *n* ⟨-s⟩ **9.** *verbal noun.* – **10.** *cf.* Vertauschung. — **ver'tauscht I** *pp.* – **II** *adj* **1.** (*irrtümlich genommen*) taken by mistake. – **2.** (*Rolle etc*) exchanged: **mit ~en Rollen spielen** to exchange roles; **mit ~en Rollen** *fig.* with reversed roles. — **Ver'tau·schung** *f* ⟨-; *no pl*⟩ **1.** *cf.* Vertauschen. – **2.** (*Irrtum*) confusion. – **3.** (*von Rollen etc*) exchange. – **4.** interchange. – **5.** *math.* commutation. – **6.** *tech.* a) exchange, b) (*von Paßteilen*) interchange, c) (*von Werkstoffen*) substitution.

ver'tau·sendˌfa·chen [-ˌfaxən] **I** *v/t* ⟨*no* ge-, h⟩ increase (*s.th.*) a thousandfold. – **II** *v/reflex* **sich ~** increase a thousandfold. – **III V~** *n* ⟨-s⟩ *verbal noun.* — **Ver'tau·sendˌfa·chung** *f* ⟨-; *no pl*⟩ **1.** *cf.* Vertausendfachen. – **2.** thousandfold increase.

Ver'täu·ung *f* ⟨-; *no pl*⟩ *mar.* **1.** *cf.* Vertäuen: **~ an der Boje** buoy mooring. – **2.** moorings *pl.*

Ver·te·bra ['vɛrtebra] *f* ⟨-; -brae [-brɛ]⟩ *zo. med.* (*Wirbelsäule*) vertebra. — **ver·te'bral** [-'braːl] *adj* vertebral.

Ver·te·bra·ten [vɛrte'braːtən] *pl zo.* (*Wirbeltiere*) vertebrates (*Unterstamm Vertebrata*).

ver'tei·di·gen [-'taɪdɪgən] **I** *v/t* ⟨*no* ge-, h⟩ **1.** (*Festung, Stadt, Stellung, Leben, Ehre etc*) (**gegen** from, against) defend. – **2.** (*Auffassung, Meinung, Standpunkt etc*) (**gegen** against) defend, uphold, maintain. – **3.** (*Sache etc*) defend, plead, advocate. – **4.** (*Recht etc*) defend, vindicate. – **5. j-n gegen etwas ~** to defend (*od.* support) s.o. against s.th., to shield (*od.* protect) s.o. from s.th. – **6.** *jur.* defend: **j-n vor Gericht ~** to defend s.o. in (*od.* at) court, to plead for s.o. – **7.** (*sport*) (*Titel, Tor etc*) (**gegen** against) defend. – **II** *v/i* **8.** (*sport*) (*beim Fußball etc*) defend. – **III** *v/reflex* **sich ~ 9.** (**gegen** against) defend oneself: **er hat sich gegen ihre Vorwürfe kaum verteidigt** he scarcely defended (*od.* vindicated) himself against their reproaches; **er hat sich vor Gericht selbst verteidigt** *jur.* he conducted his own defence (*Am.* defense) in court; **er hat sich geschickt verteidigt** *jur.* he put up a clever defence (*Am.* defense). – **IV V~** *n* ⟨-s⟩ **10.** *verbal noun.* – **11.** *cf.* Verteidigung.

Ver'tei·di·ger *m* ⟨-s; -⟩ **1.** (*einer Stadt, Festung, Stellung etc*) defender. – **2.** (*einer Sache etc*) defender, pleader, advocate. – **3.** (*von Recht etc*) defender, vindicator. – **4.** *jur.*

(*im Strafprozeß*) *Br.* counsel for the defence, defence (*od.* defending) counsel, *Am.* attorney (*od.* counsel) for the defendant (*od.* defense), defense (*od.* defending) attorney: j-n als ~ vertreten to conduct s.o.'s defence (*Am.* defense). – **5.** (*sport*) a) defender, b) (*beim Fußball etc*) (full)back, c) (*beim Eishockey*) *Br.* defenceman, *Am.* defenseman: linker [rechter] ~ left [right] back.

Ver'tei·di·gung *f* ⟨-; *no pl*⟩ **1.** *cf.* Verteidigen. – **2.** (*von Stadt, Festung, Stellung, Leben, Ehre, Sache etc*) (gegen from, against) *Br.* defence, *Am.* defense: in der ~ on the defensive; in die ~ gehen to take up a defensive position; j-n in die ~ drängen to force s.o. into a defensive position, to force s.o. to take up the defence; etwas zu seiner eigenen ~ vorbringen to state s.th. in one's own defence. – **3.** (*von Meinung, Standpunkt etc*) (gegen against) *Br.* defence, *Am.* defense, maintenance, advocacy. – **4.** (*von Recht etc*) *Br.* defence, *Am.* defense, vindication. – **5.** etwas zu j-s ~ vorbringen to state s.th. in s.o.'s defence (*Am.* defense) (*od.* support). – **6.** *jur.* a) (*Handlung*) *Br.* defence, *Am.* defense, plea, b) (*Verteidiger*) *Br.* defence, *Am.* defense: die ~ übernehmen [niederlegen] to undertake (*od.* assume) [to abandon] the defence; was hat die ~ dazu zu sagen? what has the defence to say to this? – **7.** (*sport*) *Br.* defence, *Am.* defense: die ~ auseinanderziehen [aufreißen] to spread [to rip open] the defence. – **8.** *mil.* (*taktische*) defensive.

Ver'tei·di·gungs|ˌabˌkom·men *n pol.* defence (*Am.* defense) agreement. — **~ˌab·ˌschnitt** *m mil.* defensive sector. — **~ˌanˌla·gen** *pl Br.* defences, *Am.* defenses, defensive installations. — **~ˌausˌga·ben** *pl econ.* defence (*Am.* defense) expenditure *sg.* — **~ˌausˌschuß** *m pol.* committee for national defence (*Am.* defense), defence committee. — **~ˌbeiˌtrag** *m* defence (*Am.* defense) contribution. — **~beˌreit·schaft** *f* defence (*Am.* defense) readiness, preparedness for defence, defensive preparedness. — **~beˌzirk** *m mil.* military region. — **~ˌbünd·nis** *n pol.* defensive alliance. — **~ˌdrit·tel** *n* (*sport*) (*beim Eishockey*) defending zone. — **v~ˌfä·hig** *adj* capable of defending, in a position to defend. — **~ˌfä·hig·keit** *f* ⟨-; *no pl*⟩ capability of defending. — **~ˌfall** *m* case of defence (*Am.* defense): im ~ in the case of defence. — **~ˌfol·geˌko·sten** *pl econ.* defence-induced (*Am.* defense-induced) costs. — **~ˌfor·schung** *f* defence (*Am.* defense) research. — **~geˌmein·schaft** *pol.* defence (*Am.* defense) community: Europäische ~ *hist.* European Defence Community. — **~ˌgür·tel** *m mil.* defence (*Am.* defense) belt. — **~ˌhil·fe** *f pol.* defence (*Am.* defense) assistance: Abkommen über gegenseitige ~ mutual defence assistance agreement, defence agreement on mutual assistance. — **~ˌkrieg** *m* defensive war. — **~ˌli·nie** *f mil.* line of defence (*Am.* defense). — **~ˌmaßˌnah·men** *pl* defensive measures. — **~ˌmiˌni·ster** *m pol.* Minister of Defence, *Am.* Secretary of Defense. — **~mi·niˌste·ri·um** *n* Ministry of Defence, *Am.* Department of Defense, (the) Pentagon. — **~ˌmit·tel** *pl jur.* means of defence (*Am.* defense). — **~or·ga·ne** *pl zo.* defensive (*od.* protective) organs, arms. — **~ˌpakt** *m pol. cf.* Verteidigungsbündnis. — **~ˌplan** *m mil.* defence (*Am.* defense) plan: ~ für den Alarmfall Emergency Defence Plan. — **~po·liˌtik** *f pol.* defence (*Am.* defense) policy. — **~re·ak·tiˌon** *f biol.* (*bei Tieren u. Menschen*) defence (*Am.* defense) (*od.* defensive) reaction. — **~ˌre·de** *f* **1.** *jur.* (speech for the) defence (*Am.* defense). – **2.** *fig.* apology. — **~ˌschlacht** *f mil.* defensive battle. — **~ˌschrift** *f* **1.** *jur.* (statement of) defence (*Am.* defense). – **2.** *fig.* apology. — **~ˌspie·ler** *m* (*sport*) defender. — **~ˌstel·lung** *f mil. auch fig.* defensive position. — **~ˌstreitˌkräf·te** *pl mil.* defence (*Am.* defense) forces. — **~syˌstem** *n* **1.** *Br.* defences *pl*, *Am.* defenses *pl*, system of defence (*Am.* defense). – **2.** (*Befestigungen*) system of defences (*Am.* defenses). — **~ˌtak·tik** *f* defensive tactics *pl* (*usually construed as sg*). — **v~ˌunˌfä·hig** *adj* (*sport*) (*Boxer*) incapable of defending oneself. — **~ˌvorˌbrin·gen** *n jur.* (*im Zivilprozeß*) plea, *Br.* defence, *Am.* defense. — **~ˌwaf·fe** *f mil.* defensive weapon. — **~ˌwerkˌzeu·ge** *pl zo. cf.* Verteidigungsorgane. — **~ˌwil·le** *m* will to defend (one's country). — **~ˌzo·ne** *f* **1.** *mil.* defence (*Am.* defense) zone. – **2.** (*sport*) (*beim Eishockey*) *cf.* Verteidigungsdrittel. — **~ˌzuˌstand** *m* state of defence (*Am.* defense). — **~ˌzweck** *m only in* zu ~en, für ~e for defence (*Am.* defense) purposes.

ver'teil·bar *adj* distributable: ~er Gewinn *econ.* distributable profit, profit available for distribution.

ver'tei·len I *v/t* ⟨*no* ge-, h⟩ **1.** (*Aufstrich, Farbe etc*) (auf *dat* on; über, auf *acc* over) distribute, spread: Farbe über die ganze Wand ~ to spread paint over the whole wall. – **2.** (*Zucker, Puder, Staub etc*) (auf *dat* on; über, auf *acc* over) sprinkle, scatter, distribute. – **3.** (*Einzelgegenstände*) (auf *dat* on; über *acc* over) distribute: die Blumen auf den Tischen ~ to distribute the flowers on (*od.* [a]round) the tables; Licht und Schatten gleichmäßig ~ (*in Malerei*) to distribute light and shade evenly. – **4.** (*Notenblätter, Hefte, Essen, Geld etc*) (an, unter *acc* among[st]) distribute, dispense, deal (*s.th.*) out: sein Geld unter die Armen ~ to distribute one's money among the poor; etwas gerecht ~ to distribute s.th. fairly (*od.* equitably), to divide (*od.* share, portion) s.th. out, to apportion s.th. – **5.** (*Preise, Belohnungen etc*) distribute, give out, award. – **6.** *auch fig.* (*Rollen*) distribute, cast. – **7.** *fig.* (*über einen Zeitraum*) spread, distribute: Vorträge über eine längere Zeit ~ to spread lectures (out) over a longer period. – **8.** *econ.* a) (*Waren*) dispense, deal (*s.th.*) out, (*auf dem Markt*) distribute, b) (*Steuern*) distribute. – **9.** *print.* (*Typenmaterial*) take (*s.th.*) down. – **10.** *mar.* (*Ladung*) distribute. – **II** *v/reflex* sich ~ **11.** (*von Farbe etc*) (auf, über *acc* over) spread. – **12.** (*von Menschen etc*) disperse, scatter, distribute themselves: die Gäste verteilten sich über das ganze Haus the guests spread over the whole house. – **13.** *fig.* (*über einen Zeitraum*) spread. – **14.** (*von Leitungen, Linien etc*) diverge, disperse. – **15.** *med.* (*von einer Geschwulst*) dissolve, disappear. – **16.** *mil.* (*im Gelände*) spread out, deploy. – **III V~** *n* ⟨-s⟩ **17.** *verbal noun.* – **18.** *cf.* Verteilung.

Ver'tei·ler *m* ⟨-s; -⟩ **1.** (*Händler, Person*) distributor, *auch* distributer. – **2.** *electr. tech.* distributor, *auch* distributer. – **3.** *auto.* ignition distributor (*auch* distributer) (*od.* timer). – **4.** *tel.* distribution frame. – **5.** (*im Bürowesen*) distribution list. – **6.** (*für Briefe*) sorter. – **7.** *econ. cf.* Verteilerschlüssel. — **~ˌanˌla·ge** *f electr.* distribution substation. — **~ˌbahnˌhof** *m* distributing station. — **~ˌdo·se** *f electr.* distribution (*od.* junction) box. — **~ˌdraht** *m tel.* jumper wire. — **~ˌdü·se** *f synth.* **1.** (*für Spritzguß*) spreader. – **2.** (*beim Strangpressen*) separator head. — **~ˌfeld** *n electr. tech.* distribution panel. — **~ˌfin·ger** *m auto.* distributor (*auch* distributer) (*od.* rotor) arm. — **~geˌtrie·be** *n* transfer box (*Am.* case). — **~ˌka·sten** *m electr. tech.* distribution box. — **~ˌklem·me** *f* terminal. — **~ˌkopf** *m auto.* distributor (*auch* distributer) head. — **~ˌnetz** *n* **1.** *electr.* distribution system. – **2.** *econ.* distributing network. — **~or·ga·ni·sa·tiˌon** *f econ.* distributing organization (*Br. auch* -s-). — **~proˌgramm** *n* (*computer*) task dispatcher. — **~ˌschei·be** *f tel.* distributor (*auch* distributer) plate (*od.* disc, disk). — **~ˌschlüs·sel** *m econ.* distribution (*od.* distributive) code. — **~ˌschrank** *m electr.* distributing switchboard. — **~segˌment** *n auto.* distributor (*auch* distributer) cap segment. — **~ˌstel·le** *f* **1.** *electr.* distributing point. – **2.** *econ.* retail shop (*bes. Am.* store). — **~ˌta·fel** *f electr.* distribution board. — **~ˌwel·le** *f auto.* distributor (*auch* distributer) shaft, timer (*od.* timing) shaft. — **~zenˌtra·le** *f electr.* central distributing station, distribution center (*bes. Br.* centre).

Ver'teil·maˌschi·ne *f* (*postal service*) sorting machine.

ver'teilt I *pp.* – **II** *adj* ein Stück mit ~en Rollen lesen to read a play with the allotted roles.

Ver'tei·lung *f* ⟨-; *no pl*⟩ **1.** *cf.* Verteilen. – **2.** (über *acc* over) distribution: richtige ~ von Licht und Schatten (*beim Malen*) accord (*od.* apportionment) of light and shade, proper distribution of light and shade. – **3.** (*von Notenblättern, Heften, Essen, Geld etc*) (an, unter *acc* among[st]) distribution, dispensation: gerechte ~ fair (*od.* equitable) distribution. – **4.** (*von Preisen, Belohnungen, Rollen etc*) distribution. – **5.** *fig.* (*über einen Zeitraum*) distribution. – **6.** *econ.* a) (*von Waren*) dispensation, (*auf dem Markt*) distribution, b) (*von Steuern*) distribution: gleichmäßige ~ der Steuern equalization (*Br. auch* -s-) of taxes. – **7.** *mil.* (*im Gelände*) deployment. – **8.** *math.* dispersion, spread. – **9.** *phys.* (*von Massenkräften*) disposition. – **10.** richtige ~ der Ladung *mar.* trim.

Ver'tei·lungs|funk·tiˌon *f* (*in der Statistik*) distributive (*od.* distribution) function. — **~geˌsetz** *n math.* law of distribution. — **~ˌka·sten** *m electr. cf.* Verteilerkasten. — **~ˌkrüm·mer** *m auto.* manifold. — **~ˌkur·ve** *f math.* distribution curve. — **~ˌmo·dus** *m* mode of distribution. — **~ˌnetz** *n electr.* distribution system. — **~ˌplan** *m* plan of distribution. — **~ˌquo·te** *f* distribution quota. — **~ˌschaltˌta·fel** *f electr. cf.* Verteilertafel. — **~ˌschlüs·sel** *m econ. cf.* Verteilerschlüssel. — **~ˌstan·ge** *f electr.* distributing pole. — **~ˌstel·le** *f cf.* Verteilerstelle. — **~ˌta·fel** *f* **1.** *electr. cf.* Verteilertafel. – **2.** primäre ~ *math.* array of data.

ver'teu·ern [-'tɔʏərn] **I** *v/t* ⟨*no* ge-, h⟩ raise (*od.* increase) the price of, make (*s.th.*) dearer. – **II** *v/reflex* sich ~ become dearer, go up (in price). – **III V~** *n* ⟨-s⟩ *verbal noun.* — **Ver'teue·rung** *f* ⟨-; *no pl*⟩ **1.** *cf.* Verteuern. – **2.** rise (*od.* increase) in price.

ver'teu·feln [-'tɔʏfəln] **I** *v/t* ⟨*no* ge-, h⟩ **1.** (*schlechtmachen*) decry, disparage. – **II V~** *n* ⟨-s⟩ **2.** *verbal noun.* – **3.** *cf.* Verteufelung. — **ver'teu·felt I** *pp.* – **II** *adj* **1.** (*schlechtgemacht*) decried, disparaged. – **2.** *colloq. cf.* verdammt 1: er hat ~es Glück gehabt he has been damned lucky (*colloq.*); er ist ein ganz ~er Kerl he is a devil of a fellow (*colloq.*). – **3.** *colloq.* (*unangenehm, heikel*) tricky: das ist eine ~e Geschichte this is a tricky affair (*od.* a nuisance). – **III** *adv* **4.** das ist ~ schwer *colloq.* this is damned difficult (*colloq.*). – **IV V~e, das** ⟨-n⟩ **5.** das V~e daran ist, daß *colloq.* the darned thing (about it) is that (*sl.*). — **Ver'teu·fe·lung** *f* ⟨-; -en⟩ **1.** *cf.* Verteufeln. – **2.** disparagement.

Ver·tex ['vɛrtɛks] *m* ⟨-; -tices [-titsɛs]⟩ *astr. zo. med.* vertex.

ver'tie·fen [-'tiːfən] **I** *v/t* ⟨*no* ge-, h⟩ **1.** (*Graben, Loch etc*) deepen: dieser Vorfall vertiefte die Kluft zwischen ihnen *fig.* this incident deepened the gulf between them. – **2.** *fig.* (*Eindruck etc*) deepen, heighten. – **3.** *fig.* (*Wissen, Verständnis etc*) deepen: er sucht seine Kenntnisse zu ~ he strives to deepen his knowledge. – **4.** *fig.* (*Probleme, Gedanken etc*) deal more extensively (*od.* in greater detail) with, follow up. – **5.** *ped.* (*Stoff*) reinforce. – **II** *v/reflex* sich ~ **6.** (*tiefer werden*) deepen: mit den Jahren haben sich die Falten in ihrem Gesicht vertieft the wrinkles on her face have deepened over the years; die Kluft zwischen den beiden hat sich vertieft *fig.* the gulf between the two has deepened. – **7.** *fig.* (*von Eindruck etc*) deepen, heighten: mein Eindruck von diesem Buch hat sich beim zweiten Lesen noch vertieft my impression of this book deepened the second time I read it. – **8.** *fig.* (*von Wissen, Verständnis etc*) deepen. – **9.** sich in (*acc*) etwas ~ *fig.* to engross (*od.* immerse) oneself in s.th., to become engrossed (*od.* absorbed, immersed) in s.th., to settle down to s.th.: sich in die Unterlagen ~ to settle down to work on the documents. – **III V~** *n* ⟨-s⟩ **10.** *verbal noun.* – **11.** *cf.* Vertiefung.

ver'tieft I *pp.* – **II** *adj* **1.** *fig.* (*Wissen, Verständnis etc*) deepened. – **2.** in (*acc*) etwas (ganz) ~ sein *fig.* a) to be (quite) absorbed (*od.* engrossed, immersed) in s.th., b) (*beschäftigt mit*) to be preoccupied with (*od.* wrapped up in) s.th.: sie ist ganz in die Lektüre ~ she is quite absorbed in her reading; er ist ganz in die Arbeit ~ he is completely wrapped up in his work; in Gedanken ~ sein to be lost (*od.* rapt, deep) in thought; er war ganz in seine Briefmarken ~ he was poring over his stamps. – **3.** ~ sein *fig.* to be absorbed (*od.* engrossed): er war zu ~, um etwas von dem zu bemerken, was um ihn herum vorging he was too absorbed to notice what was going on around him. – **III** *adv* **4.** ein ~ gearbeitetes Bild (*art*) an engraved picture, an engraving.

Ver'tieftˌsein *n fig.* **1.** (in *acc* in) absorption, engrossment, immersion. – **2.** (*Beschäftigtsein*) (in *acc* with) preoccupation.

Ver'tie·fung *f* ⟨-; -en⟩ **1.** *cf.* Vertiefen. – **2.** ⟨*only sg*⟩ *fig.* (*Versunkenheit*) absorption, engrossment. – **3.** (*Mulde*) depression, hollow, dip. – **4.** (*Nische*) recess, alcove. – **5.** (*Einkerbung*) indentation, dent, indent(ure): eine ~ ausmeißeln to chisel out an indentation. – **6.** *med.* a) (*Einbuchtung*) crypt, b) (*beim Röntgen*) depression, niche. – **7.** *arch.* (*blinde Nische*) break. – **8.** *civ.eng.* a) (*Bodensenke*) depression, b) (*Austiefung*) deepening. – **9.** *metall.* (*Oberflächenfehler*) cavity, impression. – **10.** (*einer graphischen Kurve*) dip. – **11.** *ped.* (*des Stoffs*) reinforcement.

ver'tie·ren [-'tiːrən] *v/i* ⟨*no* ge-, sein⟩ imbrute, *auch* embrute, become brutalized (*Br. auch* -s-), grow brutal. — **ver'tiert I** *pp.* – **II** *adj* brutish, bestial.

Ver·ti·go [vɛr'tiːgo] *m* ⟨-s; *no pl*⟩ *med.* (*Schwindel*) vertigo, dizziness.

ver·ti·kal [vɛrti'kaːl] *adj* vertical, (*lotrecht*) perpendicular. — **V~ˌabˌlen·kung** *f phys.* (*optics*) *astr.* vertical deflection (*Br. auch* deflexion). — **V~anˌten·ne** *f* (*radio*) vertical antenna (*bes. Br.* aerial). — **V~ˌaufˌstieg** *m* (*einer Rakete etc*) vertical ascent.

Ver·ti'ka·le *f* ⟨-; -n⟩ vertical (line), (*Lotrechte*) perpendicular.

Ver·ti'kal|ˌebe·ne *f math. astr.* vertical plane. — **~ˌfrä·se** *f tech.* (*in der Holzbearbeitung*) router. — **~ˌfräs·maˌschi·ne** *f* (*in der Metallbearbeitung*) vertical miller (*bes. Br.* milling machine), vertical-spindle milling machine. — **~freˌquenz** *f telev.* vertical frequency.

Ver·ti·ka·lis·mus [vɛrtika'lɪsmʊs] *m* ⟨-; *no pl*⟩ *arch.* perpendicular style.

Ver·ti·ka·li·tät [vɛrtikali'tɛːt] *f* ⟨-; *no pl*⟩ verticality.

Ver·ti'kal|ˌkreis *m astr.* vertical circle. — **~ˌli·nie** *f* vertical line, (*lotrechte*) perpendicular line. — **~ˌprüfˌstand** *m* (*space*) vertical test bed. — **~ˌschnitt** *m math. tech.* vertical section. — **~ˌstar·ter** *m aer. cf.* Senkrechtstarter 1. — **~ˌstrah·ler** *m* (*radio*) vertical radiator. — **~ˌwin·kel** *m math. tech.* vertical angle.

Ver·ti·ko ['vɛrtiko] *n, rare m* ⟨-s; -s⟩ *obs.* display cabinet.

ver'til·gen I *v/t* ⟨*no* ge-, h⟩ **1.** (*Ungeziefer, Unkraut etc*) exterminate, extirpate, eradicate, kill (*s.th.*) off, destroy. – **2.** *colloq.* (*restlos aufessen*) 'demolish' (*colloq.*), devour, finish (*Am. auch* polish) (*s.th.*) off. – **II V~** *n* ⟨-s⟩ **3.** *verbal noun.* — **Ver'til·gung** *f* ⟨-; *no pl*⟩ **1.** *cf.* Vertilgen. – **2.** (*von Unkraut, Ungeziefer*) extermination, extirpation, eradication, destruction.

Ver'til·gungsˌmit·tel *n* **1.** (*gegen Ungeziefer*) vermin killer, (*gegen Insekten*) insecticide. – **2.** (*gegen Unkraut*) weed killer.

ver'tip·pen I *v/t* ⟨*no* ge-, h⟩ *colloq.* (*Buchstaben etc*) type (*s.th.*) wrong(ly), mistype. – **II** *v/reflex* sich ~ make a typing error: ich habe mich schon wieder vertippt I have made another typing error.

ver'to·backen (*getr.* -k·k-) [-'toːbakən] *v/t* ⟨*no* ge-, h⟩ *colloq. cf.* verprügeln 1.

ver'to·nen[1] [-'toːnən] **I** *v/t* ⟨*no* ge-, h⟩ **1.** (*Gedicht, Libretto etc*) set (*s.th.*) to music, musicalize *Br. auch* -s-, (*Film*) score. – **2.** (*Schmalfilm, Diareihe*) add sound to. – **II V~** *n* ⟨-s⟩ **3.** *verbal noun.* – **4.** *cf.* Vertonung[1].

ver'to·nen[2] *mar.* **I** *v/t* ⟨*no* ge-, h⟩ **1.** (*Küste in der Seekarte*) depict. – **II V~** *n* ⟨-s⟩ **2.** *verbal noun.* – **3.** *cf.* Vertonung[2].

Ver'to·nung[1] *f* ⟨-; -en⟩ **1.** *cf.* Vertonen[1]. – **2.** (*von Gedicht, Libretto etc*) setting: von diesem Gedicht gibt es verschiedene ~en there are several settings of this poem, this poem has been set to music more than once. – **3.** (*eines Films*) sound recording.

Ver'to·nung[2] *f* ⟨-; -en⟩ *mar.* **1.** *cf.* Vertonen[2]. – **2.** depicture (of the coast in the chart).

ver'tor·fen [-'tɔrfən] **I** *v/i* ⟨*no* ge-, sein⟩ become peaty. – **II V~** *n* ⟨-s⟩ *verbal noun.* — **ver'torft I** *pp.* – **II** *adj* peaty. — **Ver'tor·fung** *f* ⟨-; *no pl*⟩ *cf.* Vertorfen.

ver'trackt [-'trakt] *adj colloq.* tricky: eine ~e Geschichte a tricky affair, a nuisance. — **Ver'trackt·heit** *f* ⟨-; *rare* -en⟩ *colloq.* **1.** ⟨*only sg*⟩ trickiness. – **2.** tricky affair, nuisance.

Ver'trag [-'traːk] *m* ⟨-(e)s; ⸚e⟩ **1.** *auch econ.* contract: mündlicher [dinglicher] ~ verbal [real] contract; schriftlicher ~ written contract, article; förmlicher ~ formal contract, *jur. auch* indenture, deed, covenant; formloser (*od.* formfreier) ~ informal (*od.* parol[e]) contract; langfristiger [kurzfristiger] ~ long-term [short-term] contract; nichtiger ~ void contract; gesiegelter ~, ~ unter Siegel contract under seal (*od.* by specialty), specialty (contract *od.* deed); ~ auf Lebenszeit (*Lebensversicherungsvertrag*) life contract; einen ~ schließen [unterzeichnen, brechen, verletzen] to make [to sign, to break, to violate] a contract; einen ~ aufsetzen to draw up (*od.* prepare) a contract; einen ~ abschließen to conclude (*od.* enter into) a contract; einen ~ erfüllen to fulfil(l) (*od.* complete, perform) a contract; einen ~ kündigen to terminate a contract; einen ~ annullieren to annul (*od.* [a]void) a contract; von einem ~ zurücktreten to cancel (*od.* rescind, withdraw from) a contract; unter einen ~ fallen to come under a contract; j-n unter ~ nehmen to contract s.o., to sign s.o. on; durch ~ gebunden sein to be bound by contract; Anspruch aus einem ~ claim under a contract; Rücktritt von einem ~ rescission of (*od.* withdrawal from) a contract; er hat einen ~ mit einem Verleger he has a contract with a publisher; → klagen 3. – **2.** (*Übereinkunft*) compact. – **3.** (*Abkommen, bes. im Völkerrecht*) agreement, convention: zweiseitiger [mehrseitiger] ~ bilateral [multilateral] agreement; einen ~ schließen to make (*od.* enter into) an agreement. – **4.** *pol.* treaty: recht(s)setzender (*od.* normativer) ~ lawmaking treaty; rechtsgeschäftlicher ~ non-lawmaking (*od.* ordinary) treaty; einem ~ beitreten to join a treaty, to accede to an agreement; einen ~ kündigen to denounce a treaty; Verträge von Rom, Römische Verträge (*Gründungsvertrag der EWG*) Rome Treaties (*1957*).

ver'tra·gen I *v/t* ⟨*irr, no* ge-, h⟩ **1.** (*aushalten*) stand, endure, *Br. colloq.* stick: diese Pflanzen ~ keine Sonne these plants cannot stand the sun; ich kann Kälte gut ~ I can stand the cold well; er kann einen Stiefel ~ *fig. colloq.* he can hold his liquor (well), he can hold a lot (*colloq.*); du verträgst auch gar nichts you can't hold your liquor. – **2.** (*zu sich nehmen, verarbeiten können*) take: er verträgt keinen Alkohol he cannot take alcohol, alcohol does not agree with him; sie kann [keinen] Spaß ~ she can[not] take a joke; er kann einen Puff ~ *fig. colloq.* he can take a lot (*colloq.*). – **3.** (*ertragen*) stand, bear, tolerate, *Br. colloq.* stick: ich kann ihn nicht ~ I cannot stand (the sight of) him; diesen beleidigenden Ton verträgt er nicht he cannot stand this insulting tone; ich kann alles ~, nur kein frommes Gerede I can bear anything but cant. – **4.** sich (miteinander) ~ a) (*von Personen*) to get on (*od.* along) together, b) (*von Dingen*) to go (well) together, to harmonize *Br. auch* -s-, to be compatible: wir vertrugen uns blendend we got along splendid(ly) (*od.* like a house on fire, *colloq.* capitally); sie ~ sich nicht they don't get along so (*od.* too) well, they don't (quite) see eye to eye, they don't (quite) hit it off; könnt ihr euch denn nicht eine Stunde lang ~? can't you get along peaceably for one hour? wollen wir uns wieder ~ let us be friends again, let us make it up; sie ~ sich wie Hund und Katze they lead a cat-and-dog life, they live like cat and dog. – **5.** (*Medizin etc*) tolerate. – **6.** *Swiss for* austragen 1. – **II** *v/reflex* **7.** sich mit j-m ~ to get on (*od.* along) with s.o.: ich kann mich mit ihr nicht ~ I cannot get along with her; er verträgt sich wieder mit ihr he made it up with her. – **8.** sich mit etwas ~ a) (*zu etwas passen*) to go (well) with s.th., to harmonize (*Br. auch* -s-) with s.th., to be compatible with s.th., b) (*mit etwas vereinbar sein*) to comply (*od.* be compatible) with s.th.: das Grün der Tasche verträgt sich nicht mit dem des Kleides the green of the handbag does not go (*od.* clashes) with that of the dress; diese Behauptung verträgt sich nicht mit seinen sonstigen Ansichten this statement does not comply (*od.* tally) with his other opinions.

Ver'trä·ger *m* ⟨-s; -⟩ *Swiss for* Austräger.

ver'trag·lich [-'traːklɪç] **I** *adj* (*Verpflichtung etc*) contractual. – **II** *adv* by contract: zu einer Leistung ~ verpflichtet sein to be bound by contract (*od.* to be under contract) to perform s.th.; sich ~ verpflichten to enter into a covenant; sich zu etwas ~ verpflichten to contract to do s.th.; wie ~ vereinbart as stipulated by (*od.* as per) contract; innerhalb der ~ vereinbarten Zeit within the period stipulated by contract; ein ~ zustehendes Recht a contractual right.

ver'träg·lich [-'trɛːklɪç] **I** *adj* **1.** (*friedfertig*) peaceable, agreeable: er ist ein ~er Mensch he is a peaceable person, he is easy to get on with. – **2.** (*verdaulich*) digestible: diese Speise ist schwer [leicht] ~ this food is hard to digest [very digestible, very easily digested]. – **3.** (*Medikament*) well-tolerated (*attrib*). – **4.** *med. pharm.* (mit with) miscible, compatible. – **II** *adv* **5.** ~ miteinander leben to live together peaceably. — **Ver'träg·lich·keit** *f* ⟨-; *no pl*⟩ **1.** (*Friedfertigkeit*) peaceableness, peaceability, agreeability, agreeableness. – **2.** (*Verdaulichkeit*) digestibility, digestibleness. – **3.** *med.* (*eines Medikaments*) tolerance: akute [chronische] ~ short-term [long-term] tolerance. – **4.** *med. pharm.* (mit with) compatibility, miscibility.

ver'trag·los *adj* without a contract (*od.* treaty).

Ver'trags|ˌabˌlauf *m jur.* expiry (*od.* expiration) of an agreement (*od.* a contract). — **~ˌabˌschluß** *m* conclusion of an agreement (*od.* a contract): bei ~ (up)on entering into the contract; Ort des Vertragsabschlusses place of (the) contract. — **~ˌabˌschrift** *f* copy of a contract. — **v~ˌähn·lich** *adj* quasi-contractual: ein ~es Verhältnis a quasi contract; ein ~es Rechtsverhältnis a quasi-contractual relationship. — **~ˌän·de·rung** *f* alteration of a contract. — **~ˌanˌspruch** *m* contractual claim. — **~arˌti·kel** *m cf.* Vertragspunkt. — **~ˌaufˌhe·bung** *f* rescission (*od.* cancellation, *Am. auch* cancelation) of a contract. — **~ˌausˌfer·ti·gung** *f cf.* Vertragsabschrift. — **~beˌam·te** *m jur. hist.* covenanted civil servant. — **~beˌdin·gun·gen** *pl jur.* conditions (*od.* terms) of a contract. — **~beˌginn** *m* beginning of a contract: bei ~ at the beginning of a contract. — **~beˌstim·mun·gen** *pl* terms (*od.* stipulations, articles, provisions) of an agreement (*od.* a contract): die ~ einhalten to observe the terms of a contract. — **~ˌbruch** *m* breach of contract (*od.* covenant), infringement of contract. — **v~ˌbrü·chig** *adj* covenant-breaking: ~ werden to commit a breach of contract (*od.* covenant). — **~ˌbrü·chi·ge** *m, f* ⟨-n; -n⟩ person (*od.* party) breaking a contract, party in breach.

ver'tragˌschlie·ßend *adj jur.* (*Partei etc*) contracting, contrahent (*nachgestellt*). — **Ver'tragˌschlie·ßen·de** *m, f* ⟨-n; -n⟩ contractor, contractant, contracting party.

Ver'trags|ˌdau·er *f jur.* life (*od.* term) of a contract. — **~entˌwurf** *m* **1.** draft (*Br. auch* draught) agreement (*od.* contract, treaty). – **2.** (*im Völkerrecht*) project. — **~erˌfül·lung** *f* performance (*od.* completion, fulfil[l]ment) of a contract: Garantie für die ~ contract guarantee. — **~erˌneue·rung** *f* renewal of a contract. — **v~ˌfä·hig** *adj* **1.** ⟨*attrib*⟩ with contractual capacity. – **2.** ~ sein to have contractual capacity. — **~ˌfä·hig·keit** *f* ⟨-; *no pl*⟩ contractual capacity. — **~ˌfor·schung** *f* research conducted under contract. — **~ˌfreiˌheit** *f* freedom of contract. — **~ˌgastˌstät·te** *f* (*einer Brauerei*) tied house. — **~ˌge·genˌstand** *m* object of a contract. — **v~geˌmäß I** *adj* ~e Waren goods of the contract description. – **II** *adv* as agreed (upon), as stipulated, as per agreement. — **~ˌgrundˌla·ge** *f* basis of a contract. — **~ˌha·fen** *m mar. hist.* (*in China ab 1842*) treaty port. — **~ˌhänd·ler** *m econ.* authorized (*Br. auch* -s-) (*od.* appointed, contracted) dealer. — **~hoˌtel** *n* (*eines Touristikunternehmens etc*) contract hotel. — **~ˌinˌhalt** *m* **1.** subject matter of a contract. – **2.** *cf.* Vertragsgegenstand. — **~ˌjahr** *n* agreement (*od.* contract) year. — **~ˌkla·ge** *f jur.* contractual suit. — **~ˌklau·sel** *f* contract(ual) clause, covenant. — **~ˌland** *n cf.* Vertragsstaat.

ver'trags·los *adj cf.* vertraglos.

ver'tragsˌmä·ßig *adj jur.* contractual, conventional, covenanted.

Ver'trags|parˌtei *f*, **~ˌpart·ner** *m* **1.** party to an agreement (*od.* a contract), contracting party, stipulator. – **2.** *bes. pol.* (*Unterzeichner*) signatory. — **~ˌpflicht** *f* duty (*od.* liability) under a contract: Verletzung der ~ breach of contract. — **~ˌpreis** *m* contract price, price as per contract. — **~ˌpunkt** *m* article of an agreement (*od.* a contract). —

~ˌ**recht** *n* **1.** law of contract. – **2.** (*aus bestehendem Vertrag*) contractual right. — **v~ˌschlie·ßend** *adj cf.* vertragschließend. — **~ˌschlie·ßen·de** *m, f* ⟨-n; -n⟩ *cf.* Vertragschließende. — ~ˌ**spie·ler** *m* (*sport*) player under contract. — ~ˌ**staat** *m jur.* contracting state. — ~ˌ**stra·fe** *f cf.* Konventionalstrafe. — ~ˌ**strei·tig·keit** *f* contractual disagreement. — ~**syˌstem** *n* system of agreements: → zweiseitig. — ~**taˌrif** *m* (*railway*) conventional tariff. — ~ˌ**teil** *m* (contracting) party. — ~ˌ**text** *m* text of a contract (*od.* treaty). — ~ˌ**treue** *f* **1.** loyal observance of contractual undertakings. – **2.** contractual fidelity, loyalty to (the terms of) a treaty. — ~ˌ**un·terˌzeich·nung** *f* signing (*od.* execution) of a contract (*od.* treaty). — ~ˌ**urˌkun·de** *f* contract, indenture, deed. — ~**verˌbind·lich·keit** *f* ⟨-; -en⟩ **1.** ⟨*only sg*⟩ binding capacity (*od.* force) of a contract (*od.* a treaty, an agreement). – **2.** *pl econ.* a) contractual liabilities, b) contractual obligations. — ~**verˌhält·nis** *n* contractual relationship. — ~**verˌlet·zung** *f* violation of a contract (*od.* treaty). — ~ˌ**werk** *n* **1.** contract, set of agreements. – **2.** *pol.* treaty, system of treaties. — ~ˌ**werkˌstät·te** *f econ.* appointed workshop, authorized (*Br. auch* -s-) repairer. — **v~ˌwid·rig** *adj jur.* contrary to the terms of (a) contract (*od.* to a contract). — ~ˌ**wid·rig·keit** *f* ⟨-; -en⟩ contravention of contractual obligations. — ~ˌ**zeit** *f* contractual period.

ver'trau·en *v/i* ⟨*no* ge-, h⟩ **1.** j-m [etwas] ~ to trust s.o. [s.th.]: sie vertraut ihm blind she trusts him blindly; du kannst seiner Ehrlichkeit unbedingt ~ you can trust his honesty implicitly, you can have absolute trust in his honesty. – **2.** auf j-n [etwas] ~ to trust (*od.* confide, have confidence, place confidence) in s.o. [s.th.], to rely (*od.* depend, build) (up)on s.o. [s.th.]: auf Gott ~ to trust in God; er vertraute zu sehr auf seine eigene Kraft he had too much confidence in his own strength; ich vertraue darauf, daß du Wort hältst I trust you to keep your word, I trust (that) you will keep your word.

Ver'trau·en *n* ⟨-s; *no pl*⟩ **1.** confidence, trust, faith: das ~ zu j-m [etwas] verlieren to lose confidence in s.o. [s.th.]; zu j-m ~ haben to have confidence in s.o., to trust s.o.; sein ~ in (*od.* auf) seinen Bruder war unerschütterlich his confidence in his brother was unshak(e)able; j-s ~ gewinnen [mißbrauchen, verlieren] to win [to abuse, to lose] s.o.'s confidence; j-s ~ genießen a) to be in s.o.'s confidence, b) to enjoy s.o.'s confidence (*od.* support); j-s (*od.* bei j-m) ~ erwecken to gain s.o.'s confidence; (j-m) ~ einflößen to inspire (s.o. with) confidence; j-m sein ~ schenken to place one's confidence in s.o., to put one's trust in s.o.; j-m sein ~ entziehen to withdraw one's confidence (*od.* trust) from s.o.; j-n ins ~ ziehen to take (*od.* draw) s.o. into one's confidence; in j-n sein ~ setzen to place one's confidence in s.o., to confide in s.o.; sich in j-s ~ schleichen to steal into s.o.'s confidence; (ganz) im ~ (gesagt) (strictly) confidentially, in (strict) confidence, between you and me (*od.* ourselves); j-m etwas (ganz) im ~ sagen to tell s.o. s.th. in (strict) confidence; ein Wort im ~ a word in your ear; im ~ auf j-n [etwas] trusting (*od.* confiding) in s.o. [s.th.], relying on s.o. [s.th.]; im ~ auf sein Glück trusting (in) his luck; der Regierung das ~ aussprechen *pol.* to express one's confidence in the government. – **2.** (*Zuversicht, Hoffnung*) (zu, auf *acc*, in *acc* [up]on) reliance, dependence.

ver'trau·en·erˌweckend (*getr.* -k·k-) *adj* **1.** (*Mensch*) inspiring confidence (*od.* trust): er scheint wenig ~ he seems to inspire little confidence. – **2.** *fig.* (*Sache*) promising: es sieht ja ganz ~ aus it looks rather promising.

Ver'trau·ens|ˌamt *n* position of trust. — ~ˌ**anˌtrag** *m pol. cf.* Vertrauensvotum. — ~ˌ**arzt** *m* medical examiner (*appointed by insurance companies, state and welfare organizations etc*). — ~**beˌweis** *m* mark (*od.* sign) of confidence. — ~ˌ**bruch** *m* breach of confidence (*od.* trust, faith). — ~ˌ**fra·ge** *f pol.* question of confidence: die ~ stellen to ask for a vote (*od.* put the question) of confidence. — ~ˌ**gren·ze** *f* confidence limit. — ~ˌ**kri·se** *f* confidence crisis. — ~ˌ**kundˌgebung** *f* demonstration of confidence. — ~ˌ**leh·rer** *m*, ~ˌ**leh·re·rin** *f ped.* teacher who acts as liaison officer between staff (*Am.* faculty) and pupils. — ~ˌ**mann** *m* ⟨-(e)s; ⁼er *u.* -leute⟩ **1.** man of confidence. – **2.** *jur.* confidential agent, trustee. – **3.** *pol.* (*im Betrieb*) shop steward. — ~ˌ**mißˌbrauch** *m* abuse of confidence. — ~**perˌson** *f* **1.** (*männlichen Geschlechts*) confidant, *auch* confident. – **2.** (*weiblichen Geschlechts*) confidante. — ~ˌ**po·sten** *m cf.* Vertrauensstellung. — ~ˌ**rat** *m econ.* confidential consultative council. — ~ˌ**sa·che** *f* **1.** (*Sache, die vertraulich behandelt werden muß*) confidential matter. – **2.** (*Sache des Vertrauens*) matter of confidence: ob du ihr das erzählst oder nicht, ist ~ it is a matter of confidence whether you tell her this or not. — ~ˌ**schü·ler** *m ped.* class spokesman. — ~ˌ**schü·le·rin** *f* class spokeswoman. — **v~ˌse·lig** *adj* overtrustful, (over)credulous, confiding. — ~ˌ**se·lig·keit** *f* ⟨-; *no pl*⟩ overtrustfulness, (over)credulity, blind confidence, confidingness. — ~ˌ**stel·lung** *f* position of trust, confidential post. — ~**verˌhält·nis** *n* confidential relationship, bond of trust: persönliches ~ relationship of personal trust (*od.* confidence). — **v~ˌvoll I** *adj* (*Blick etc*) trusting, trustful. – **II** *adv* sich ~ an j-n wenden to turn to s.o. trustingly (*od.* hopefully). — ~ˌ**vo·tum** *n bes. pol.* vote of confidence. — **v~ˌwür·dig** *adj* trustworthy, trusty. — ~ˌ**wür·dig·keit** *f* trustworthiness, trustiness.

ver'trau·ern *v/t* ⟨*no* ge-, h⟩ (*Zeit*) spend (*time*) in mourning.

ver'trau·lich I *adj* **1.** confidential: in ~em Ton in a confidential tone; das ist eine (streng) ~e Mitteilung this is said (strictly) confidentially (*od.* in [strict] confidence); j-m eine ~e Mitteilung machen to confide s.th. to s.o.; ich sah ihn in einem ~en Gespräch mit einem Freund I saw him having a confidential talk with a friend; streng ~! strictly confidential! – **2.** (*allzu persönlich*) familiar, chummy: er wird immer schnell ~ he tends to become familiar very quickly; einen (plump) ~en Ton anschlagen to adopt a(n outspokenly) familiar tone. – **II** *adv* **3.** (*diskret*) confidentially: etwas streng ~ behandeln to treat s.th. strictly confidentially; j-m etwas ~ mitteilen to tell s.o. s.th. confidentially (*od.* in confidence); Anfragen [Mitteilungen] werden auf Wunsch ~ behandelt inquiries are [information is] treated confidentially on request. – **4.** (*allzu persönlich*) familiarly, chummily: er begegnet seinen Kollegen zu ~ he is too familiar (*od.* chummy) with his colleagues, he tends to chum up with his colleagues. — **Ver'trau·lich·keit** *f* ⟨-; -en⟩ **1.** ⟨*only sg*⟩ confidentiality, confidentialness. – **2.** ⟨*only sg*⟩ (*Diskretion*) confidence: Mitteilungen mit aller ~ behandeln to treat information in due confidence. – **3.** (*Aufdringlichkeit*) familiarity, chumminess: seine ~ geht mir auf die Nerven his familiarity gets on my nerves; ich verbitte mir jede ~ I will tolerate no familiarity; sich (*dat*) j-m gegenüber ~en herausnehmen to take liberties with s.o., to be too familiar with s.o., to chum up with s.o.

ver'träu·men *v/t* ⟨*no* ge-, h⟩ (*Leben, Zeit, Tag etc*) dream (*od.* moon) (*s.th.*) away. — **ver'träumt I** *pp.* – **II** *adj* **1.** dreamy, moony, *auch* mooney: er ist ~ he is a dreamy person, he is a (day)dreamer, he indulges in daydreaming. – **2.** *fig.* (*Dorf, Tal etc*) dreamy, sleepy. — **Ver'träumt·heit** *f* ⟨-; *rare* -en⟩ **1.** dreaminess, mooniness. – **2.** *fig.* (*von Dorf, Tal etc*) dreaminess, sleepiness.

ver'traut I *pp.* – **II** *adj* **1.** (*eng, innig*) intimate, close: sie sind ~e Freunde they are intimate friends; mit j-m ~en Umgang haben (*od.* pflegen) to be close friends (*od.* on intimate terms) with s.o.; mit j-m auf ~em Fuße stehen to be very friendly with s.o.; sie sind (sehr) ~ miteinander they are (very) close friends, they are on (very) intimate terms; mit j-m ~ werden to make friends (*od.* become friendly) with s.o. – **2.** (*gutbekannt*) familiar, well-known (*attrib*): in ~er Umgebung in familiar surroundings; nicht ~ unfamiliar, strange; diese Dinge sind mir von meiner Kindheit her ~ these things have been familiar to me from childhood; er sah kein ~es Gesicht he did not see a single familiar face; mit etwas ~ sein to be familiar (*od.* well acquainted, [con]versant) with s.th., to be versed (*od.* at home) in s.th.; sich [j-n] mit etwas ~ machen to familiarize (*Br. auch* -s-) (*od.* acquaint) oneself [s.o.] with s.th.; du mußt dich mit dem Gedanken ~ machen, daß you must get used to the idea of; das kommt mir ~ vor that seems (*od.* sounds) familiar to me, that rings a bell (with me) (*colloq.*). – **3.** *hunt.* (*Wild*) tame, quiet.

Ver'trau·te[1] *m* ⟨-n; -n⟩ intimate (*od.* close) friend, confidant, *auch* confident.

Ver'trau·te[2] *f* ⟨-n; -n⟩ intimate (*od.* close) friend, confidante.

Ver'traut·heit *f* ⟨-; *no pl*⟩ **1.** (*enge Verbundenheit*) intimacy, nearness. – **2.** (*gute Kenntnis*) (mit with) familiarity, acquaintance, conversance, conversancy.

ver'trei·ben[1] **I** *v/t* ⟨*irr, no* ge-, h⟩ **1.** drive (*od.* chase) (*s.o., s.th.*) away: der Wind vertrieb die Wolken the wind drove the clouds away, the wind dispersed (*od.* dispelled) the clouds; bitte lassen Sie sich nicht durch mich ~ (*Höflichkeitsformel*) please don't feel that you have to go because of me; habe ich Sie von Ihrem Platz vertrieben? have I taken your seat? – **2.** j-n (aus etwas) ~ to drive s.o. out (of s.th.), to expel s.o. (from s.th.), to oust s.o. (from s.th.): j-n aus seinem Besitz ~ to drive s.o. out of his estate; j-n aus seinem Heimatland ~ to drive s.o. out of his home country, to expatriate (*od.* displace) s.o.; j-n von Haus und Hof ~ to drive s.o. (away) from (*od.* to turn s.o. out of) house and home; j-n aus seinem Haus ~ to turn s.o. out of his home; den Feind aus einer Stellung ~ *mil.* to dislodge the enemy from a position. – **3.** *fig.* (*Krankheit, Beschwerde etc*) cure: dieses Mittel vertreibt den Husten schnell this medicine quickly cures a cough. – **4.** *fig.* (*Ärger, Sorge, Langeweile etc*) banish, dispel. – **5.** sich (*dat*) [j-m] die Zeit mit etwas ~ *fig.* to pass (*od.* while away) one's [s.o.'s] time with s.th.: ich vertreibe mir gern die Zeit mit Lesen I like to pass the time with reading. – **6.** Farben ~ (*art*) to scumble (*od.* blend) colo(u)rs. – **II V~** *n* ⟨-s⟩ **7.** *verbal noun.* – **8.** *cf.* Vertreibung[1].

ver'trei·ben[2] *econ.* **I** *v/t* ⟨*irr, no* ge-, h⟩ **1.** distribute, market, sell. – **2.** (*durch Hausieren*) peddle. – **II V~** *n* ⟨-s⟩ **3.** *verbal noun.* – **4.** *cf.* Vertrieb 2.

Ver'treibˌpin·sel *m* (*art*) blender, softener, (*aus Kamelhaar*) mop.

Ver'trei·bung[1] *f* ⟨-; *no pl*⟩ **1.** *cf.* Vertreiben[1]. – **2.** (*von Menschen*) expulsion (from one's home): die ~ aus dem Paradies the expulsion from Paradise; ~ aus dem Heimatland expatriation. – **3.** *mil.* (*des Feindes*) dislodg(e)ment.

Ver'trei·bung[2] *f* ⟨-; *no pl*⟩ *econ.* **1.** *cf.* Vertreiben[2]. – **2.** *cf.* Vertrieb 2.

ver'tret·bar *adj* **1.** justifiable, warrantable: eine ~e Maßnahme a justifiable arrangement; das ist ein durchaus ~es Argument that is quite a justifiable (*od.* valid) argument, that argument will hold water; ~e Ausgabe warrantable outlay; ein ~er Standpunkt a justifiable (*od.* defensible, supportable) point of view; etwas für ~ halten to consider s.th. justifiable. – **2.** *jur.* (*Sachen, Waren*) fungible: ~e Waren fungibles. — **Ver'tret·bar·keit** *f* ⟨-; *no pl*⟩ **1.** justifiability, justifiableness, warrantableness: die ~ eines Arguments überprüfen to examine the justifiability (*od.* defensibility, validity) of an argument. – **2.** *jur.* (*von Waren*) fungibility.

ver'tre·ten[1] **I** *v/t* ⟨*irr, no* ge-, h⟩ **1.** (*Kollegen, Chef etc*) replace, take (*s.o.'s*) place: er läßt sich durch seinen Sekretär ~ he has his secretary replace him (*od.* take his place); j-n dienstlich ~ to act (*od.* substitute, deputize *Br. auch* -s-) for s.o.; sich ~ lassen *bes. jur.* to appoint a proxy; sich bei einer Wahl ~ lassen *pol.* to vote by proxy; → Vaterstelle. – **2.** (*Institution, Unternehmen, Firma etc*) represent: er vertritt Deutschland bei diesem Wettkampf he represents Germany in this competition; einen Wahlkreis im Parlament ~ *pol.* to represent (*od.* sit for) a constituency in parliament. – **3.** (*Sache, Interesse etc*) attend to, safeguard, look after. – **4.** (*verantworten*) justify, warrant: eine solche Politik ist nicht mehr zu ~ such a policy can no longer be justified. – **5.** (*einstehen für*) answer for: ich kann diese Handlungsweise nicht vor meinem Gewissen ~ I cannot answer for this action with my conscience; kannst du das vor deinen Kollegen ~? can you answer to your colleagues for that? – **6.** eine Ansicht [Meinung, einen Standpunkt] ~ a) (*allgemein*) to hold (*od.* be of) a view [an opinion, a viewpoint], b) (*in Worten*) to support (*od.* advocate) a view [an opinion, a viewpoint]: er hat immer schon die Ansicht ~, daß he has always held (*od.* taken) the view that, he has always professed that; ich vertrete nicht Ihre Meinung I am not of (*od.* I do not share) your opinion; bei dem Treffen vertrat er die Meinung, daß at the meeting he supported the opinion that. – **7.** j-m den Weg ~ to bar (*od.* block) s.o.'s way. – **8.** sich (*dat*) den Fuß ~ to strain (*od.* twist, go over on) one's ankle. – **9.** sich (*dat*) die Füße (*od.* Beine) ~ *colloq.* to stretch one's legs. – **10.** (*Schuhe*) wear (*s.th.*) out of shape. – **11.** *jur.* appear (*od.* plead) for: j-n vor Gericht ~ to hold (a) brief for s.o., to plead s.o.'s cause (*od.* case) (in [*od.* before a] court): sie wird durch ihren Anwalt ~ her cause is pleaded by her barrister (*Am.* attorney). – **12.** (*theater*) understudy. – **II V~** *n* ⟨-s⟩ **13.** *verbal noun.* – **14.** *cf.* Vertretung.

ver'tre·ten[2] **I** *pp of* vertreten[1]. – **II** *adj* **1.** (*repräsentiert*) represented: die im Parlament ~en Parteien the parties represented in parliament. – **2.** (*anwesend, vorhanden*) present: von der Gruppe sind nur zwei Mitglieder ~ only two members of the group are present; in diesem Sammelwerk sind von der jüngeren Generation nur zwei Schriftsteller ~ only two writers of the younger generation feature (*od.* are to be found) in this collection. – **3.** *med.* (*Fuß etc*) twisted, strained.

Ver'tre·ter *m* ⟨-s; -⟩ **1.** (*eines Kollegen, Chefs etc*) substitute, deputy, (*eines Arztes od. Geistlichen*) *bes. Br. auch* locum tenens, locum. – **2.** (*einer Institution, eines Unternehmens, einer Firma etc*) (bei to) representative: ~ von Presse, Funk und Fernsehen representatives of (*od.* from) the press, radio and television; gewählter ~ des Volkes *pol. cf.* Abgeordnete 2; Donne ist ein typischer ~ der Metaphysical Poets Donne is a typical representative (*od.* an exponent) of the Metaphysical Poets; das ist vielleicht ein komischer ~ *fig. colloq.* he really is a funny (*od.* an odd) fellow (*colloq.*). – **3.** (*Befürworter*) advocate, supporter: er ist ein ~ der direkten Methode im Sprachunterricht he is an advocate of the direct method in language teaching. – **4.** *econ.* a) (*reisender*) commercial traveler (*bes. Br.* traveller), traveling (*bes. Br.* travelling) salesman, (*selbständiger*) (sales) agent, b) (*als Angehöriger einer Firma*) representative, c) (*Repräsentant*) representative: Waren über einen ~ bestellen to order goods through an agent (*od.* intermediary); er ist ~ für (*od.* in) Textilien he is an agent (*od.* a representative) for textiles, he is a textile representative. – **5.** *jur. cf.* Bevollmächtigte 2a. – **6.** *pol.* (bei to) representative: diplomatischer [ständiger] ~ diplomatic [permanent] representative.

Ver'tre·te·rin *f* ⟨-; -nen⟩ **1.** *cf.* Vertreter 1—3, 6. – **2.** *econ.* a) (*reisende*) commercial traveler (*bes. Br.* traveller), traveling (*bes. Br.* travelling) saleswoman, (*selbständige*) (sales) agent, b) (*als Angehörige einer Firma*) representative, c) (*Repräsentantin*) representative. – **3.** *jur. cf.* Bevollmächtigte 2a.

Ver'tre·ter|or·ga·ni·sa·ti,on *f econ.* agency system (*od.* organization *Br. auch* -s-). — **~pro·vi·si,on** *f* agent's commission. — **~ver,trag** *m* agency (*od.* representative's) agreement.

Ver'tre·tung *f* ⟨-; -en⟩ **1.** *cf.* Vertreten. – **2.** ⟨*only sg*⟩ (*von Kollegen, Chef etc*) substitution, (*von Ärzten und Geistlichen*) *bes. Br. auch* locum-tenency: er hat die ~ von Herrn X übernommen he has undertaken to (act as) substitute for Mr. X; in ~ des Direktors [von Frau Y] acting as deputy for the director [for Mrs. Y]; der Direktor, in ~ N.N. (*bei Unterschriften*) for the director, N.N. – **3.** (*Vertreter*) substitute: ich bin die ~ für Frl. X I am the substitute for Miss X, I am Miss X's substitute. – **4.** *ped. cf.* Vertretungsstunde. – **5.** ⟨*only sg*⟩ (*von Institutionen, Unternehmen, Firmen etc*) representation: er hat die ~ der Firma X he represents the firm of (*od.* Messrs.) X, he is an (*od.* the) agent of Messrs. X. – **6.** *econ.* (*Agentur*) agency: j-m eine ~ übertragen to entrust s.o. with an agency, to confer an agency (up)on s.o.; in dieser Stadt haben wir keine ~ we have no agency in this town. – **7.** *pol.* a) representation, b) (*Mission*) mission: diplomatische [militärische] ~ diplomatic [military] mission. – **8.** *jur.* (*auf Grund einer Vollmacht*) proxy, procuration: in ~ by proxy.

Ver'tre·tungs|be,fug·nis *f jur.* authority: Umfang der ~ scope of authority. — **v~be,rech·tigt** *adj* entitled to act as substitute (*od.* agent, representative, deputy). — **~ge,biet** *n econ.* (*eines Handelsreisenden etc*) territory. — **~,macht** *f* **1.** *econ.* authority. – **2.** *jur. cf.* Vertretungsbefugnis. — **~,stunde** *f only in* ich habe jetzt eine ~ *ped.* I have to substitute (*od.* take a class, stand in) for s.o. now. — **~,voll,macht** *f econ. jur.* power of attorney, authority to act as representative. — **v~,wei·se** *adv* as a substitute, in deputizing (*Br. auch* -s-) capacity.

Ver'trieb *m* ⟨-(e)s; -e⟩ *econ.* **1.** *cf.* Vertreiben[2]. – **2.** ⟨*only sg*⟩ (*Absatz*) sale. – **3.** sales department.

ver'trie·ben I *pp of* vertreiben[1] *u.* [2]. – **II** *adj* expelled. — **Ver'trie·be·ne** *m, f* ⟨-n; -n⟩ expellee, refugee.

Ver'trie·be·nen·ver,band *m* association of expellees.

Ver'triebs|,ab,kom·men *n econ.* sales agreement. — **~ap·pa,rat** *m* sales organization (*Br. auch* -s-). — **~ge,mein·schaft** *f* sales organization (*Br. auch* -s-), sales combine. — **~ge,sell·schaft** *f* marketing company. — **~,ko·sten** *pl* sales expenses. — **~,lei·ter** *m* sales manager. — **~or·ga·ni·sa·ti,on** *f cf.* Vertriebsapparat. — **~,recht** *n* selling right. — **~,stel·le** *f* sales office (*od.* agency). — **~,weg** *m* channel of distribution.

ver'trim·men *v/t* ⟨*no* ge-, h⟩ *colloq. cf.* verhauen 1.

ver'trin·ken *v/t* ⟨*irr, no* ge-, h⟩ (*Geld, Vermögen, Haus etc*) drink (away), guzzle away (*colloq.*): er hat seinen ganzen Wochenlohn vertrunken he spent his whole week's wages on drink (*od. colloq.* booze, *auch* boose).

ver'trock·nen *v/i* ⟨*no* ge-, sein⟩ **1.** dry up. – **2.** (*von Brot*) go stale. – **3.** *cf.* verwelken 1. — **ver'trock·net I** *pp.* – **II** *adj* **1.** dried-up (*attrib*). – **2.** (*Brot etc*) stale. – **3.** (*Feld etc*) parched. – **4.** *fig.* (*Mensch*) inflexible.

ver'trö·deln *v/t* ⟨*no* ge-, h⟩ (*Zeit, Tag, Nachmittag etc*) dawdle (*od.* trifle, fiddle, fritter) away: die Zeit ~ to dawdle the time away, to fool around (*od.* about).

ver'trö·len [-'trøːlən] *v/t* ⟨*no* ge-, h⟩ *Swiss for* vertrödeln.

ver'trö·sten I *v/t* ⟨*no* ge-, h⟩ j-n ~ to put s.o. off: man vertröstete ihn auf später [von einem Tag auf den andern] he was put off until later [from one day to the next]; die Mutter vertröstete ihr Kind auf ein anderes Mal the mother consoled her child with a promise of next time. – **II** *v/reflex* sich ~ be patient, have patience: du wirst dich auf morgen ~ müssen you will have to be patient until tomorrow. – **III V~** *n* ⟨-s⟩ *verbal noun.* — **Ver'trö·stung** *f* ⟨-; -en⟩ **1.** *cf.* Vertrösten. – **2.** delaying tactic.

ver'trot·teln *v/i* ⟨*no* ge-, sein⟩ begin to dote (*auch* doat): er vertrottelt allmählich he is beginning to dote. — **ver'trot·telt I** *pp.* – **II** *adj* doting, *auch* doating.

ver'tru·sten [-'trustən; -'trastən] *econ.* **I** *v/t* ⟨*no* ge-, h⟩ form (*s.th.*) into a trust, trustify. – **II V~** *n* ⟨-s⟩ *verbal noun.* — **Ver'tru·stung** *f* ⟨-; *no pl*⟩ **1.** *cf.* Vertrusten. – **2.** trustification.

ver'tü·dern [-'tyːdərn] *v/t* ⟨*no* ge-, h⟩ *Low G.* **1.** (*Seile, Fäden etc*) tangle up. – **2.** *fig.* (*Begriffe etc*) mix (*od.* muddle) up, get (*s.th.*) mixed (*od.* muddled) up.

Ver·tum·na·li·en [vɛrtumˈnaːlĭən] *pl antiq.* (*in Rom*) Vertumnalia, Vertumna festival *sg.*

ver'tun I *v/t* ⟨*irr, no* ge-, h⟩ (*Zeit, Geld etc*) waste, squander (*s.th.*) (away): ich habe die ganze Zeit mit Reden vertan I wasted my whole time talking. – **II** *v/reflex* sich ~ *colloq.* slip up (*colloq.*), make a mistake.

ver'tu·schen I *v/t* ⟨*no* ge-, h⟩ hush (*od.* cover) up, suppress, burke: sie versuchten, diesen unangenehmen Vorfall zu ~ they tried to hush up this embarrassing incident. – **II V~** *n* ⟨-s⟩ *verbal noun.* — **Ver'tu·schung** *f* ⟨-; *no pl*⟩ **1.** *cf.* Vertuschen. – **2.** suppression.

ver'übeln [-'ʔyːbəln] *v/t* ⟨*no* ge-, h⟩ **1.** j-m etwas ~ to be annoyed at s.o. for (doing) s.th., to resent s.o.'s doing s.th.: sie verübelten es ihm sehr, daß er ohne Abschied wegfuhr they were very annoyed at him for leaving without saying good-by(e), they took it very amiss that he left without saying good-by(e). – **2.** das kann ich dir nicht ~ I cannot blame you for that; ich würde es ihm nicht ~, wenn er heute schon führe I should not blame him for leaving today already; ich hoffe, Sie ~ mir diese Frage nicht I hope you do not mind my question (*od.* asking).

ver'üben I *v/t* ⟨*no* ge-, h⟩ **1.** (*Verbrechen etc*) commit, perpetrate: einen Einbruch ~ *cf.* einbrechen 3, 4; → Attentat. – **2.** (*Streich*) play. – **II V~** *n* ⟨-s⟩ **3.** *verbal noun.* — **Ver'übung** *f* ⟨-; *no pl*⟩ **1.** *cf.* Verüben. – **2.** commission, perpetration.

ver'ul·ken *v/t* ⟨*no* ge-, h⟩ *colloq.* **1.** j-n ~ a) (*aufziehen*) to pull s.o.'s leg, to cod s.o. (*colloq.*); to take the mickey out of s.o., to kid s.o. (*sl.*), b) (*sich lustig machen über*) to make fun of s.o., to guy s.o. – **2.** etwas ~ to make fun of s.th.

ver'un,eh·ren *v/t* ⟨*no* ge-, h⟩ *obs.* dishonor, *bes. Br.* dishonour, discredit, disparage.

ver'un,ei·ni·gen I *v/t* ⟨*no* ge-, h⟩ disunite, divide, set (*persons*) at variance. – **II** *v/reflex* sich ~ (mit with) fall out, break, split (up). – **III V~** *n* ⟨-s⟩ *verbal noun.* — **Ver'un,ei·ni·gung** *f* ⟨-; *no pl*⟩ **1.** *cf.* Veruneinigen. – **2.** (*Ergebnis*) disunion, division.

ver'un,fal·len *v/i* ⟨*no* ge-, sein⟩ *Swiss* (mit with) have an accident.

ver'un,glimp·fen [-,glɪmpfən] **I** *v/t* ⟨*no* ge-, h⟩ (*Person, Ruf, Ehre, Beruf etc*) disparage, blacken, defile, decry, denigrate, smear. – **II V~** *n* ⟨-s⟩ *verbal noun.* — **Ver'un,glimp·fung** *f* ⟨-; -en⟩ **1.** *cf.* Verunglimpfen. – **2.** disparagement, defilement, denigration, smear.

ver'un,glücken (*getr.* -k·k-) *v/i* ⟨*no* ge-, sein⟩ **1.** have (*od.* meet with) an accident: mit dem Auto ~ to have a car accident; mit dem Flugzeug ~ to be involved in a plane crash; tödlich ~ to be killed in an accident. – **2.** *fig. colloq.* (*mißglücken*) be a failure, not be a success: der Kuchen ist (mir) verunglückt the cake is not a success (*od.* has turned out badly). — **ver'un,glückt I** *pp.* – **II** *adj fig. colloq.* (*Kuchen, Rede, Party etc*) unsuccessful. — **Ver'un,glück·te** *m, f* ⟨-n; -n⟩ casualty.

ver'un,kraut·et [-,krautət] *adj* weedy, overgrown with weeds. — **Ver'un,krau·tung** *f* ⟨-; *no pl*⟩ weed growth.

ver'un,rei·ni·gen I *v/t* ⟨*no* ge-, h⟩ **1.** (*schmutzig machen*) dirty, soil, foul. – **2.** (*Luft, Wasser etc*) contaminate, pollute, (*Luft*) *auch* vitiate. – **3.** *relig.* (*Tempel*) contaminate, defile, pollute. – **II V~** *n* ⟨-s⟩ **4.** *verbal noun.* — **Ver'un,rei·ni·gung** *f* ⟨-; -en⟩ **1.** *cf.* Verunreinigen. – **2.** ⟨*only sg*⟩ (*der Luft, des Wassers etc*) contamination, pollution, (*der Luft*) *auch* vitiation. – **3.** ⟨*only sg*⟩ (*eines Tempels*) contamination, defilement, pollution. – **4.** (*Fremdstoff*) impurity.

ver'un,si·chern I *v/t* ⟨*no* ge-, h⟩ **1.** j-n ~ to make s.o. unsure, to disconcert s.o., *bes. Am.* to rattle s.o. – **II V~** *n* ⟨-s⟩ **2.** *verbal noun.* – **3.** *cf.* Verunsicherung. — **ver'un,si·chert I** *pp.* – **II** *adj* sich ~ fühlen to be disconcerted. — **Ver'un,si·che·rung** *f* ⟨-; *no pl*⟩ **1.** *cf.* Verunsichern. – **2.** disconcertion, disconcertedness. – **3.** *pol.* (*bes. durch Radikale*) creation of insecurity within the establishment.

ver'un,stal·ten [-,ʃtaltən] **I** *v/t* ⟨*no* ge-, h⟩ **1.** j-n ~ a) to disfigure s.o., b) (*j-s Gesicht*) to mar (*od.* blemish) s.o.'s looks, (*stärker*) to disfigure s.o.'s face, c) (*durch Brandwunden etc*) to scar s.o.'s face, d) (*deformieren*) to deform s.o. – **2.** (*Landschaft, Gebäude etc*) disfigure, spoil, mar. – **II V~** *n* ⟨-s⟩ **3.** *verbal noun.* – **4.** *cf.* Verunstaltung. — **ver'un,stal·tet I** *pp.* – **II** *adj* **1.** disfigured. – **2.** (*Gesicht*) blemished, (*stärker*) disfigured. – **3.** (*deformiert*) deformed, misshapen. – **4.** (*Landschaft etc*) disfigured, spoiled, marred. — **Ver'un,stal·tung** *f* ⟨-; -en⟩ **1.** *cf.* Verunstalten. – **2.** disfigurement. – **3.** (*im Gesicht*) blemish, (*stärker*) disfigurement. – **4.** (*Deformation*) deformation, deformity. – **5.** (*der Landschaft etc*) disfigurement.

ver'un,treu·en [-,trɔyən] **I** *v/t* ⟨*no* ge-, h⟩ **1.** (*Geld, Wertpapiere etc*) embezzle, defalcate, misappropriate, (*bes. öffentliche Gelder*) peculate. – **II V~** *n* ⟨-s⟩ **2.** *verbal* *noun.* – **3.** *cf.* Veruntreuung. — **Ver'un,treu·er** *m* ⟨-s; -⟩ embezzler, defalcator, (*bes. öffentlicher Gelder*) peculator. — **Ver'un,treu·ung** *f* ⟨-; -en⟩ **1.** *cf.* Veruntreuen. – **2.** embezzlement, defalcation, misappropriation, (*bes. öffentlicher Gelder*) peculation: ~ durch Beamte *jur.* malversation.

ver'un,zie·ren I *v/t* ⟨*no* ge-, h⟩ disfigure, spoil, mar. – **II V~** *n* ⟨-s⟩ *verbal noun.* — **Ver'un,zie·rung** *f* ⟨-; -en⟩ **1.** *cf.* Verunzieren. – **2.** disfigurement.

ver'ur,sa·chen [-,zaxən] **I** *v/t* ⟨*no* ge-, h⟩ **1.** (*die Ursache sein für*) cause, be the cause of: technisches Versagen hat den Unfall verursacht technical failure was the cause of the accident. – **2.** (*bewirken, hervorrufen*) cause, bring on, generate: Ärger [Schaden] ~ to cause (*od.* create) trouble [damage]; Aufregung ~ to cause (*od.* occasion, produce) excitement; Arbeit [Schwierigkeiten] ~ to cause (*od.* create, involve, entail) work [difficulties]; einen Skandal ~ to cause (*od.* create, give rise to) a scandal; viele Umstände ~ to cause (*od.* make for) much trouble; j-m Umstände ~ to cause s.o. (*od.* put s.o. to) trouble; das verursacht (ihm) ein Gefühl der Genugtuung that causes (*od.* provokes) a feeling of satisfaction (in him). – **3.** Kosten ~ to involve (*od.* entail) expense: j-m große Kosten ~ to put s.o. to great expense. – **II V~** *n* ⟨-s⟩ **4.** *verbal noun.* – **5.** *cf.* Verursachung. — **Ver'ur,sa·cher** *m* ⟨-s; -⟩ causer. — **Ver'ur,sa·chung** *f* ⟨-; *no pl*⟩ **1.** *cf.* Verursachen. – **2.** causation.

ver'ur·tei·len I *v/t* ⟨*no* ge-, h⟩ **1.** j-n ~ *jur.* a) (*zu einer Strafe, zur Zahlung der Kosten etc*) to condemn (*od.* convict) s.o., b) (*zu einer Geldstrafe*) to fine s.o., to impose (*od.* levy) a fine (up)on s.o., c) (*zu einer Gefängnisstrafe, zum Tod*) to sentence s.o.: zu einer Geld- oder Gefängnisstrafe verurteilt werden to be fined or imprisoned; zu einem Monat Gefängnis verurteilt werden to be sentenced to one month (of) imprisonment; den Kläger zur Zahlung der Prozeßkosten ~ to condemn the plaintiff to costs. – **2.** etwas ~ *fig.* (*ablehnen, verdammen*) to condemn (*od.* disapprove [of]) s.th.: er hat ihre Handlungsweise aufs schärfste verurteilt he thoroughly condemned her action. – **II V~** *n* ⟨-s⟩ **3.** *verbal noun.* – **4.** *cf.* Verurteilung. — **ver'ur·teilt I** *pp.* – **II** *adj* zu etwas verurteilt sein *fig.* to be condemned to s.th.: das Unternehmen war zum Scheitern verurteilt the enterprise was doomed to failure; wir waren zum Nichtstun verurteilt we were condemned to idleness. — **Ver'ur·teil·te** *m, f* ⟨-n; -n⟩ condemned person, convict. — **Ver'ur·tei·lung** *f* ⟨-; -en⟩ **1.** *cf.* Verurteilen. – **2.** *jur.* condemnation, conviction. – **3.** *fig.* (*Ablehnung*) condemnation, disapproval.

ver'uzen *v/t* ⟨*no* ge-, h⟩ *colloq. cf.* verulken.

Ver·ve ['vɛrvə] *f* ⟨-; *no pl*⟩ *lit.* (*Schwung, Begeisterung*) verve, vivacity, dash.

ver'viel,fa·chen [-,faxən] **I** *v/t u.* sich ~ *v/reflex* ⟨*no* ge-, h⟩ multiply. – **II V~** *n* ⟨-s⟩ *verbal noun.* — **Ver'viel,fa·chung** *f* ⟨-; -en⟩ **1.** *cf.* Vervielfachen. – **2.** multiplication.

Ver'viel,fa·chungs·ge,trie·be *n tech.* multiplying gears *pl.*

ver'viel,fäl·ti·gen [-,fɛltɪɡən] **I** *v/t* ⟨*no* ge-, h⟩ **1.** multiply. – **2.** (*Schriftstück, Zeichnung etc*) duplicate, copy, ditto (*colloq.*): einen Brief ~ lassen to have a letter duplicated (*auch* mimeographed). – **3.** *phot.* copy. – **II** *v/reflex* sich ~ **4.** multiply. – **III V~** *n* ⟨-s⟩ **5.** *verbal noun.* – **6.** *cf.* Vervielfältigung. — **Ver'viel,fäl·ti·ger** *m* ⟨-s; -⟩ *tech. cf.* Vervielfältigungsapparat. — **Ver'viel,fäl·ti·gung** *f* ⟨-; -en⟩ **1.** *cf.* Vervielfältigen. – **2.** multiplication. – **3.** (*von Schriftstück, Zeichnung etc*) duplication, copy, *auch* mimeograph. – **4.** *phot.* copy.

Ver'viel,fäl·ti·gungs|ap·pa,rat *m* **1.** duplicating (*od.* copying) machine (*od.* apparatus), duplicator, *auch* mimeograph. – **2.** *phot.* copying apparatus. — **~pa,pier** *n print.* duplicating paper. — **~,recht** *n* copyright, right of reproduction. — **~ver,fah·ren** *n* **1.** *print.* duplicating process. – **2.** *phot.* reproduction process.

ver'vier,fa·chen [-,faxən] **I** *v/t* ⟨*no* ge-, h⟩ quadruple, quadruplicate, increase (*s.th.*) fourfold. – **II** *v/reflex* sich ~ quadruple, increase fourfold. – **III V~** *n* ⟨-s⟩ *verbal noun.* — **Ver'vier,fa·chung** *f* ⟨-; *no pl*⟩ **1.** *cf.* Vervierfachen. – **2.** quadruplication, fourfold increase.

ver'voll,komm·nen [-,kɔmnən] **I** *v/t* ⟨*no* ge-, h⟩ **1.** (*verbessern*) improve: seine Kenntnisse in einer Sprache ~ to improve one's knowledge of a language; ein technisches Verfahren ~ to improve ([up]on) a technical process. – **2.** (*zur Vollendung bringen*) perfect, perfection, round off. – **3.** (*verfeinern*) refine. – **II** *v/reflex* sich ~ (in *dat* in) **4.** (*verbessern*) improve. – **5.** (*perfekt werden*) perfect oneself. – **III V~** *n* ⟨-s⟩ **6.** *verbal noun.* — **Ver'voll,komm·nung** *f* ⟨-; *no pl*⟩ **1.** *cf.* Vervollkommnen. – **2.** improvement. – **3.** perfection. – **4.** refinement.

ver'voll,komm·nungs,fä·hig *adj* **1.** improvable. – **2.** perfectible. — **Ver'voll,komm·nungs,fä·hig·keit** *f* ⟨-; *no pl*⟩ **1.** improvability. – **2.** perfectibility.

ver'voll,stän·di·gen [-,ʃtɛndɪɡən] **I** *v/t* ⟨*no* ge-, h⟩ **1.** (*vollständig machen*) complete: einen Text durch Nachträge ~ to complete a text by addenda. – **2.** (*ergänzen*) supplement: eine Ausstellung durch Leihbilder ~ to supplement an exhibition with borrowed paintings. – **3.** (*abrunden*) complement, round off. – **4.** (*wieder auffüllen*) replenish: das Lager ~ *econ.* to replenish one's stock. – **5.** (*Kenntnisse, Wissen*) improve. – **II V~** *n* ⟨-s⟩ **6.** *verbal noun.* — **Ver'voll,stän·di·gung** *f* ⟨-; *no pl*⟩ **1.** *cf.* Vervollständigen. – **2.** completion. – **3.** (*Ergänzung*) supplementation. – **4.** (*Auffüllung*) replenishment. – **5.** (*der Kenntnisse*) improvement.

ver'wach·sen[1] **I** *v/i* ⟨*irr, no* ge-, sein⟩ **1.** (miteinander) ~ (*zusammenwachsen*) to grow together, to grow into one. – **2.** (*zuwachsen*) close. – **3.** (*überwachsen*) become overgrown, overgrow. – **4.** *med.* a) (*von Wunden*) heal (up), close, b) (*von Knochen*) unite, c) (*von doppelt angelegten Organen*) fuse, d) (*verkleben*) adhere. – **5.** *hort.* (*beim Veredeln*) intergraft. – **II** *v/reflex* ⟨h⟩ sich ~ **6.** (*mit dem Wachsen verschwinden*) disappear (*od.* clear up) with (*od.* in the course of) time. – **III** *v/t* ⟨h⟩ **7.** (*Kleidungsstück*) outgrow. – **IV V~** *n* ⟨-s⟩ **8.** *verbal noun.* – **9.** *cf.* Verwachsung.

ver'wach·sen[2] **I** *pp of* verwachsen[1]. – **II** *adj* **1.** (*verkrüppelt*) crippled, deformed. – **2.** (*bucklig*) hunchbacked, humpbacked. – **3.** (*Baum etc*) crooked, stunted. – **4.** (*überwuchert*) overgrown: der Weg ist völlig ~ the path is completely overgrown. – **5.** *bot.* adnate, adherent, connate. – **6.** *zo.* a) (*ursprünglich*) adnate, connate, b) (*später*) adherent, c) (*durch Bindegewebe*) accrete, d) (*verschmolzen*) coadunate. – **7.** *med.* (*Rippen- u. Lungenfell*) adherent. – **8.** mit etwas ~ sein *fig.* to have become deeply rooted in s.th.; mit j-m ~ sein *fig.* to have become very close to s.o., to have developed very close ties to s.o.

ver'wach·sen[3] *v/i, auch* sich ~ *v/reflex* ⟨*no* ge-, h⟩ (*beim Skisport*) wax wrongly, use the wrong wax.

Ver'wach·se·ne *m, f* ⟨-n; -n⟩ **1.** (*Krüppel*) cripple. – **2.** (*Bucklige*) hunchback, humpback.

Ver'wach·sen,sein *n fig.* (mit to) attachment.

ver'wachst I *pp of* verwachsen[3]. – **II** *adj* (*Ski*) wrongly waxed.

Ver'wach·sung *f* ⟨-; -en⟩ **1.** *cf.* Verwachsen[1]. – **2.** (*Mißbildung*) deformity. – **3.** *med.* a) (*Verschmelzen*) fusion, b) (*von Pleura, Darm*) adhesion, c) (*einer Symphyse*) symphysis, d) (*des Lides*) synechia. – **4.** *bot.* adnascence, adhesion, connation. – **5.** *zo.* a) adnascence, connation, b) adhesion, c) accretion, d) coadunation.

ver'wackeln (*getr.* -k·k-) *v/t* ⟨*no* ge-, h⟩ eine Aufnahme ~ a) to spoil (*od.* blur) a picture by a camera shake, b) to have a photo spoiled (*od.* spoilt) by a subject movement. — **ver'wackelt** (*getr.* -k·k-) **I** *pp.* – **II** *adj* ein ~es Photo a blurred photo caused by a camera shake or by a subject movement.

ver'wäh·len *v/reflex* ⟨*no* ge-, h⟩ sich ~ (*beim Telefonieren*) dial wrongly, choose (*od.* dial) the wrong number: „Entschuldigung, ich habe mich verwählt" "Sorry, wrong number".

Ver'wahr [-'va:r] *m only in* etwas in ~ geben [nehmen, haben] to give (*od.* deposit) [to take, to hold *od.* keep] s.th. in custody.

ver'wah·ren I *v/t* ⟨*no* ge-, h⟩ **1.** (*aufbewahren*) keep, preserve: etwas sicher (*od.* sorgsam) ~ a) to keep s.th. in a safe place, to have s.th. in safekeeping, b) *jur.* to keep (*od.* hold) s.th. in custody; j-m etwas zu ~ geben to entrust s.th. to s.o.'s care. – **2.** (*für später aufheben*) save (*s.th.*) up, keep. – **3.** (*wegschließen*) lock (*s.th.*) up. – **II** *v/reflex* **4.** sich gegen etwas ~ to protest against s.th.: gegen diese Verdächtigungen muß ich mich ~ I must protest against these suspicions. – **III V~** *n* ⟨-s⟩ **5.** *verbal noun.* – **6.** *cf.* Verwahrung. — **Ver'wah·rer** *m* ⟨-s; -⟩ **1.** keeper. – **2.** *jur.* (*von Vermögen etc*) custodian, depositary, bailee, trustee.

ver'wahr·lo·sen [-'va:rlo:zən] **I** *v/i* ⟨*no* ge-, sein⟩ **1.** (*von Kindern, Garten, Wohnung etc*) become neglected (*stärker* squalid): j-n [etwas] ~ lassen to neglect s.o. [s.th.]. – **2.** (*von Person*) become seedy. – **3.** (*sittlich*) become dissipated, go to the bad. – **4.** (*von Haus etc*) become dilapidated. – **II V~** *n* ⟨-s⟩ **5.** *verbal noun.* – **6.** *cf.* Verwahrlosung. — **ver'wahr·lost I** *pp.* – **II** *adj* **1.** (*Kinder, Garten, Wohnung etc*) neglected, (*stärker*) squalid: in völlig ~em Zustand in a state of complete neglect (*od.* of squalor). – **2.** (*Person*) seedy. – **3.** (*sittlich*) dissipated. – **4.** (*Haus etc*) dilapidated. — **Ver'wahr·lo·ste** *m, f* ⟨-n; -n⟩ **1.** neglected person. – **2.** seedy person. – **3.** dissipated person. — **Ver'wahr·lo·sung** *f* ⟨-; *no pl*⟩ **1.** *cf.* Verwahrlosen. – **2.** (*von Kindern, Garten, Wohnung etc*) neglect, (*stärker*) squalor, squalidness. – **3.** (*von Personen*) seediness. – **4.** (*sittliche*) dissipation. – **5.** (*von Häusern etc*) dilapidation.

Ver'wahr·sam *m* ⟨-s; *no pl*⟩ *only in* etwas in ~ geben [nehmen, haben] to give (*od.* deposit) [to take, to hold *od.* keep] s.th. in custody.

Ver'wah·rung *f* ⟨-; -en⟩ **1.** *cf.* Verwahren. – **2.** ⟨*only sg*⟩ (*für später*) preservation. – **3.** ⟨*only sg*⟩ (*von Geld, Papieren etc*) custody, *Am.* safe custody, safekeeping, deposit, bailment: etwas in ~ geben [nehmen, haben] to give (*od.* deposit) [to take, to hold *od.* keep] s.th. in custody; etwas in gerichtliche (*od.* behördliche) ~ nehmen to impound s.th. – **4.** ⟨*only sg*⟩ *jur.* (*eines Menschen*) detention: j-s ~ in einer Erziehungsanstalt anordnen to order s.o.'s detention in an approved (*Am.* a reform) school. – **5.** (*Einspruch, Protest*) protest: gegen etwas ~ einlegen to lodge (*od.* enter, make) a protest against s.th.

Ver'wah·rungs|,kon·to *n econ. cf.* Depositenkonto. — **~,ort** *m* depository. — **~ver,trag** *m* contract of deposit.

ver'wai·sen [-'vaɪzən] *v/i* ⟨*no* ge-, sein⟩ **1.** become an orphan. – **2.** *fig.* become deserted. — **ver'waist I** *pp.* – **II** *adj* **1.** (*Kinder*) orphan(ed). – **2.** *fig.* (*menschenleer*) deserted, abandoned. – **3.** *fig.* (*herrenlos*) derelict.

ver'wal·ken *v/t* ⟨*no* ge-, h⟩ *colloq. cf.* verprügeln 1.

ver'wal·ten I *v/t* ⟨*no* ge-, h⟩ **1.** (*j-s Geschäfte, Angelegenheiten etc*) manage, conduct. – **2.** (*Unternehmen, Firma, Abteilung etc*) manage, run, operate, keep. – **3.** (*innehaben*) (*Amt*) hold. – **4.** (*Vermögen, Gelder, Besitz, Nachlaß etc*) administer, manage. – **5.** (*Treuhandgut*) hold (*s.th.*) in trust, act as a trustee for. – **6.** (*beaufsichtigen, überwachen*) administer, supervise. – **7.** ein Haus ~ a) to manage a house, b) (*als Hausmeister*) to be caretaker (*bes. Am.* janitor) for a house. – **II V~** *n* ⟨-s⟩ **8.** *verbal noun.* – **9.** *cf.* Verwaltung. — **Ver'wal·ter** *m* ⟨-s; -⟩ **1.** manager. – **2.** (*von Vermögen, Geldern, Besitz, Nachlaß etc*) administrator, curator, manager. – **3.** (*Gutsverwalter*) estate manager, *Br. auch* bailiff. – **4.** (*Grundstücksverwalter*) property manager. – **5.** (*Treuhänder*) trustee, custodian. – **6.** (*Hausverwalter*) a) property manager, b) (*Hausmeister*) caretaker, *bes. Am.* janitor.

Ver'wal·tung *f* ⟨-; -en⟩ **1.** *cf.* Verwalten. – **2.** ⟨*only sg*⟩ (*von j-s Geschäften, Angelegenheiten etc*) management. – **3.** ⟨*only sg*⟩ (*von j-s Vermögen, Geld, Besitz, Nachlaß etc*) administration, management, custody. – **4.** ⟨*only sg*⟩ (*Treuhandverwaltung*) trusteeship. – **5.** ⟨*only sg*⟩ (*Beaufsichtigung*) administration, supervision. – **6.** *cf.* Hausverwaltung. – **7.** ⟨*only sg*⟩ (*von Staat etc*) a) (*öffentliche*) (public) administration, b) (*Beamtenschaft*) civil service: städtische ~ municipal administration (*od.* authorities *pl*). – **8.** (*eines*

Betriebes etc) administration. – 9. (Verwaltungsbehörde) administrative authority (od. board).

Ver'wal·tungs|ˌab|kom·men n pol. administrative agreement. — **~ˌab|tei·lung** f administrative department (od. service). — **~ˌakt** m jur. administrative action, act of administrative authorities. — **~ˌan·geˌstell·te** m, f employee in the administration. — **~ap·paˌrat** m administrative apparatus (od. machinery). — **~ˌausˌga·ben** pl administrative expenditure sg (od. expenses, expense sg). — **~ˌausˌschuß** m administrative (od. managing) committee. — **~beˌam·te** m 1. administrative officer (od. official), civil servant: leitender ~r chief administrative officer, administrator. – 2. cf. Ministerialbeamte. — **~beˌhör·de** f administrative authority (od. board), administration. — **~beˌreich** m (Ressort) administrative province (od. purview). — **~beˌzirk** m administrative district. — **~ˌdienst** m administrative (od. civil) service. — **~geˌbäu·de** n administration building. — **~geˌbühr** f administrative fee, (im engeren Sinne) management charge. — **~geˌricht** n Administrative Court. — **~geˌrichts·bar·keit** f administrative jurisdiction. — **~geˌrichtsˌhof** m Higher Administrative Court. — **~ˌgre·mi·um** n administrative body. — **~ˌko·sten** pl administrative (od. administration) expenses. — **v~ˌmä·ßig** adv j-m [einer Sache] ~ unterstehen to fall in the administrative province of s.o. [s.th.]. — **~of·fiˌzier** m mil. administrative officer. — **~orˌgan** n administrative body. — **~ˌrat** m ⟨-(e)s; =e⟩ 1. administrative (od. governing) board, executive committee. – 2. (einer Aktiengesellschaft) board of directors (od. management). – 3. member of an administration (od. a governing) board. — **~ˌrecht** n jur. administrative law. — **v~ˌrecht·lich** adj pertaining to administrative law. — **~reˌform** f administrative reform. — **~schiˌka·ne** f administrative chicane(ry). — **~ˌsitz** m seat of administration. — **~ˌspra·che** f officialese, official parlance, (abwertend) civil service jargon. — **~ˌstel·le** f administration office. — **v~ˌtech·nisch** I adj administrative. – II adv from an administrative point of view, administratively. — **~verˌein·ba·rung** f cf. Verwaltungsabkommen. — **~verˌfah·ren** n administrative procedure. — **~ˌvorˌschrift** f administrative regulation. — **~ˌweg** m (in Wendungen wie) auf dem ~ through (the) administrative channels, administratively; den ~ einhalten to act through (the) administrative channels. — **~ˌwe·sen** n ⟨-s; no pl⟩ (public) administration. — **~ˌzen·trum** n (einer Stadt) center (bes. Br. centre) of administration. — **~ˌzweig** m branch of administration.

ver'wam·sen v/t ⟨no ge-, h⟩ colloq. cf. verprügeln 1.

ver'wan·del·bar adj convertible, transformable, transmutable. — **Ver'wan·del·bar·keit** f ⟨-; no pl⟩ convertibility, transformability, transmutability.

ver'wan·deln I v/t ⟨no ge-, h⟩ 1. (umwandeln) (in acc into) convert, turn, change, transform, alter: den Sessel in eine Couch ~ to convert the armchair into a couch. – 2. (verändern) change, transform, alter, metamorphose: das Erlebnis hat ihn völlig verwandelt the experience changed him completely; das Mondlicht hat den Raum völlig verwandelt the moonlight transformed the room completely. – 3. (verzaubern) (in acc into) turn, transform, metamorphose: die Hexe hat den Prinzen in einen Frosch verwandelt the witch turned the prince into a frog; der Zauberkünstler hat das Ei in eine Ente verwandelt the magician transformed (od. humor. transmogrified) the egg into a duck. – 4. (machen zu) (in acc) turn (into), transform (into), reduce (to): die Bomben haben die Stadt in einen Trümmerhaufen [Aschenhaufen] verwandelt the bombs turned the town into a heap of ruins [ashes]; etwas in Staub ~ to turn s.th. to dust. – 5. chem. phys. tech. (in acc into) convert, change, transform, transmute: Energie in Bewegung ~ to convert energy into motion. – 6. math. (Bruch) reduce, convert. – 7. einen Freistoß [Strafstoß] ~ (sport) (beim Fußball) to convert a free kick [penalty kick]. – 8. (theater) (Szene, Schauplatz etc) change. – 9. relig. (Brot u. Wein) transubstantiate. – II v/reflex sich ~ 10. (in acc into) turn (od. transform, metamorphose) (oneself): Zeus verwandelte sich in einen Schwan Zeus turned himself into a swan. – 11. fig. (völlig anders werden) change completely, alter radically. – 12. fig. turn: seine Liebe hat sich in Haß verwandelt his love turned (in)to hate. – 13. (theater) (von Schauplatz, Szene etc) shift, change. – 14. zo. (in acc into) metamorphose. – III V~ n ⟨-s⟩ 15. verbal noun. – 16. cf. Verwandlung. — **ver'wan·delt** I pp. – II adj changed: sie ist seit gestern wie ~ she has completely changed (od. she has been a completely different person) since yesterday. — **Ver'wand·lung** f ⟨-; -en⟩ 1. cf. Verwandeln. – 2. (Umwandlung) conversion, change, transformation, alteration. – 3. (Veränderung) change, transformation, alteration, metamorphosis: mit ihr ist eine ~ vorgegangen there has been a change in her. – 4. (Verzauberung) transformation, metamorphosis, transmogrification (humor.). – 5. chem. phys. tech. conversion, change, transformation, transmutation. – 6. math. reduction, conversion. – 7. (sport) conversion. – 8. (theater) change (of scenery). – 9. relig. transubstantiation. – 10. zo. metamorphosis.

Ver'wand·lungs|ˌkünst·ler m quick-change artist. — **~ˌsze·ne** f (theater) set change, transformation (scene).

ver'wandt¹ I pp of verwenden. – II adj used: das ~e Material the material used.

ver'wandt² adj 1. (mit) related (to), sib (to), connected (with, to), akin (to), cognate (with): er ist mit mir ~ he is related to me, he is a relative of mine, he is of my kin; wir sind miteinander ~ we are related to one another (od. each other); nahe [weitläufig] mit j-m ~ sein to be closely [distantly] related to s.o., to be a close [distant] relative of s.o.'s; wie ist er mit dir ~? how is he related to you? what relation is he to you? mütterlicherseits [väterlicherseits] ~ sein to be related on the mother's (od. maternal) [father's od. paternal] side; → Ecke 2. – 2. fig. (in der Denk-, Empfindungsart etc) kindred, congenial, cognate, connate, connatural: sie sind sich (geistig) ~ they are kindred souls, they are two of a kind. – 3. fig. (Gebiete, Begriffe, Gesinnungen, Anschauungen, Vorstellungen, Erscheinungen, Gefühle etc) related, allied, kindred, cognate, connate: Malerei und Dichtkunst sind miteinander ~ painting and poetry are related to one another. – 4. fig. (chemische Stoffe, Pflanzen etc) related, allied, congenerous. – 5. ling. (Sprachen, Wörter etc) cognate.

Ver'wand·te¹ m ⟨-n; -n⟩ 1. relative, relation, kin(sman): die ~n collect. the relatives, the kin, the kinfolk (auch kinsfolk), the kindred; ein naher [entfernter] ~r a close (od. near) [distant] relative; ein angeheirateter ~r a relative by marriage; die angeheirateten ~n the in-laws (colloq.); er ist ein ~r von mir he is a relative of mine; → mütterlicherseits; nächst 5; väterlicherseits. – 2. (Blutsverwandte) blood relative (od. relation).

Ver'wand·te² f ⟨-n; -n⟩ 1. relative, relation, kin(swoman). – 2. cf. Verwandte¹ 2.

Ver'wand·ten|beˌsuch m 1. visit from relatives. – 2. visit to relatives. — **~ˌehe** f marriage between relatives, inmarriage, intermarriage.

Ver'wandt·schaft f ⟨-; no pl⟩ 1. (Verwandtsein) relation(ship), connection, Br. auch connexion, kinship, propinquity, (Blutsverwandtschaft) auch consanguinity: ~ durch Heirat affinity. – 2. collect. (die Verwandten) relatives pl, relations pl, kin pl, kinfolk pl, auch kinsfolk pl, kindred pl: eine große ~ haben to have numerous relatives (od. a large connection). – 3. fig. (in der Denk-, Empfindungsart etc) kinship, congeniality, cognation, affinity, connation, connaturality. – 4. fig. (von Begriffen, Erscheinungen, Vorstellungen, Anschauungen etc) relation, alliance, kinship, cognation, connation. – 5. fig. (zwischen chemischen Stoffen, Pflanzen etc) relation, alliance. – 6. ling. (zwischen Sprachen, Wörtern etc) relationship.

ver'wandt·schaft·lich adj relational: in ~em Verhältnis zu j-m stehen to be related to s.o.; welches ~e Verhältnis besteht zwischen ihnen? how are they related? what is their relationship? ~e Bande relational ties.

Ver'wandt·schafts|ˌgrad m degree of relationship, (bei Vettern) auch remove. — **~verˌhält·nis** n relationship, kinship.

ver'wanzt [-'vantst] adj bug-ridden, full of bugs, buggy.

ver'war·nen I v/t ⟨no ge-, h⟩ 1. admonish, warn. – 2. (polizeilich) caution. – 3. (sport) caution. – II V~ n ⟨-s⟩ 4. verbal noun. — **Ver'war·nung** f ⟨-; -en⟩ 1. cf. Verwarnen. – 2. admonition, admonishment. – 3. (polizeiliche) caution: → gebührenpflichtig 1. – 4. (sport) caution.

ver'wa·schen adj 1. (Kleidungsstück) washed-out (attrib). – 2. (Farbe) washed-out (attrib), (wishy-)washy, watery, nondescript. – 3. fig. (unbestimmt, verschwommen) wishy-washy, vague, watery.

ver'wäs·sern v/t ⟨no ge-, h⟩ 1. (Wein, Suppe, Milch etc) water (down), dilute. – 2. fig. (abschwächen, entschärft darstellen) water down. – 3. econ. (Aktien) water. — **ver'wäs·sert** I pp. – II adj 1. (Wein, Milch etc) watered(-down), watery, dilute(d). – 2. fig. (Darstellung, Wiedergabe etc) watered-down (attrib), watery, dilute(d). – 3. econ. (Aktien) watered.

ver'we·ben v/t ⟨fig. meist irr, no ge-, h⟩ 1. (beim Weben verbrauchen) use up (s.th.) for weaving. – 2. etwas in (acc) (od. mit) etwas ~ auch fig. to weave s.th. into s.th., to interweave (od. interlace) s.th. with s.th.: einen Goldfaden in den Stoff ~ to weave a gold thread into the material; er hat das Schicksal einiger Zeitgenossen in seinen Roman verwoben fig. he interwove his novel with the life of some of his contemporaries.

ver'wech·seln I v/t ⟨no ge-, h⟩ 1. (irrtümlich vertauschen) confuse, get (things) mixed up: sie haben ihre Mäntel verwechselt they confused their coats. – 2. (durcheinanderbringen) confuse, mix up, muddle up, confound, get (things) mixed (od. muddled) up: zwei Begriffe ~ to confuse two concepts; ich verwechsle (auch verwechsele) die beiden Schwestern immer I always confuse the two sisters, I always get the two sisters mixed up; Zwillinge sind leicht zu ~ twins are easily confused (with each other); sie verwechselt manchmal mir und mich her grammar is none too good; → mein 2. – 3. j-n mit j-m [etwas mit etwas] ~ to mistake s.o. for s.o. [s.th. for s.th.], to confuse s.o. and s.o. [s.th. and s.th.]; ich habe seine Freundin mit seiner Schwester verwechselt I mistook his girl friend for his sister; Sie müssen mich (mit j-m) ~, Sie ~ mich wohl (mit j-m) (I think) you are mistaking me for someone else. – II V~ n ⟨-s⟩ 4. verbal noun: sie sehen sich zum V~ ähnlich they are the spit (and) image (od. spitting image) of each other. — **Ver'wech·se·lung, Ver'wechs·lung** f ⟨-; -en⟩ 1. cf. Verwechseln. – 2. confusion: eine Posse mit vielen ~en a farce with numerous confusions. – 3. (Irrtum) mistake: es kann sich nur um eine ~ handeln it must be a mistake.

ver'we·gen I adj 1. daring, bold, audacious: ein ~er Bursche colloq. a daring fellow (colloq.). – 2. (waghalsig) daredevil (attrib), reckless, foolhardy, temerarious, (ad)venturesome. – 3. (Aussehen etc) jaunty, rakish, dashing, raffish, cocky (colloq.). – II adv 4. (keck, forsch) jauntily, rakishly, raffishly, cockily (colloq.): die Mütze saß ihm ~ auf einem Ohr he wore his cap cocked jauntily over one ear. — **Ver'we·gen·heit** f ⟨-; no pl⟩ 1. daringness, boldness, audacity. – 2. (Waghalsigkeit) daredevil(t)ry, recklessness, foolhardiness, temerity, venturesomeness.

ver'we·hen I v/i ⟨no ge-, sein⟩ 1. (zuwehen) be blown over (od. away): die Spuren wurden verweht the tracks were blown over. – 2. (von Worten, Stimme) trail away (od. off), drift away: seine Stimme verwehte im Wind his voice trailed away in the wind. – II v/t ⟨h⟩ 3. (zuwehen) blow (s.th.) over (od. away): der Schneesturm hat die Spur verweht the snowstorm blew the track over. – 4. (auseinandertreiben) blow (s.th.) away, scatter: der Wind hat die Blätter verweht the wind blew the leaves away. – 5. (zerteilen) blow (s.th.) away, disperse. – III V~ n ⟨-s⟩ 6. verbal noun. – 7. cf. Verwehung.

ver'weh·ren I *v/t* ⟨*no* ge-, h⟩ j-m etwas ~ a) (*verweigern*) to refuse (*od.* debar) s.o. s.th., b) (*verhindern*) to keep (*od.* hinder, debar) s.o. from doing s.th.: j-m den Eintritt ~ to refuse s.o. admission; j-m die Teilnahme an (*dat*) etwas ~ to refuse s.o. participation in s.th., to refuse to let s.o. take part in s.th. – **II V~** *n* ⟨-s⟩ *verbal noun.* — **Ver'weh·rung** *f* ⟨-; *no pl*⟩ **1.** *cf.* Verwehren. – **2.** (*Verweigerung*) refusal, debarment. – **3.** (*Verhinderung*) hindrance, debarment.

ver'weht I *pp.* – **II** *adj* vom Winde ~ gone with the wind.

Ver'we·hung *f* ⟨-; -en⟩ **1.** *cf.* Verwehen. – **2.** (*Schneeverwehung*) snowdrift. – **3.** (*Sandverwehung*) sand drift.

ver'weich·li·chen [-'vaɪçlɪçən] **I** *v/t* ⟨*no* ge-, h⟩ **1.** soften, make (*s.o.*) soft (*od.* effeminate), emasculate, mollycoddle, *Br.* molly-coddle, make a sissy (*Br.* cissy) of (*colloq.*). – **II** *v/i* ⟨sein⟩ **2.** become (*od.* get) soft (*od.* effeminate), mollycoddle, *Br.* molly-coddle, become a sissy (*Br.* cissy) (*colloq.*). – **III V~** *n* ⟨-s⟩ **3.** *verbal noun.* – **4.** *cf.* Verweichlichung. — **ver'weich·licht I** *pp.* – **II** *adj* (*Mensch*) soft, effeminate; sissy, *Br.* cissy (*colloq.*). — **Ver'weich·li·chung** *f* ⟨-; *no pl*⟩ **1.** *cf.* Verweichlichen. – **2.** effemination, emasculation. – **3.** (*Zustand*) effeminacy, effeminateness, softness.

ver'wei·gern I *v/t* ⟨*no* ge-, h⟩ **1.** (*ablehnen*) refuse: die Zahlung ~ to refuse to pay, to refuse payment; die Annahme eines Briefes ~ to refuse (to accept) a letter; die Annahme (*od.* Einlösung) eines Wechsels ~ *econ.* to dishono(u)r a bill; die Aussage ~ a) (*vor Gericht*) to refuse to give evidence, b) (*bei der Polizei etc*) to refuse to make a statement; den Kriegsdienst ~ to refuse to do military service; die Nahrung ~ to refuse to eat, to refuse (*od.* reject) food; j-m die Ausreise ~ to refuse s.o.'s exit. – **2.** (*nicht geben*) refuse, deny: die Antwort ~ to refuse to answer, to deny an answer; j-m die Auskunft ~ to refuse to give s.o. information, to deny s.o. information; j-m den Gehorsam ~ to refuse to obey s.o., to deny s.o. obedience; j-m die Hilfe ~ to refuse to help s.o., to deny s.o. help. – **3.** ein Hindernis ~ (*beim Reitsport*) (*vom Pferd*) to refuse. – **II** *v/i* **4.** (*beim Reitsport*) (*vom Pferd*) refuse. – **III** *v/reflex* **5.** sich j-m ~ to deny oneself to s.o. – **IV V~** *n* ⟨-s⟩ **6.** *verbal noun.* — **Ver'wei·ge·rung** *f* ⟨-; *no pl*⟩ **1.** *cf.* Verweigern. – **2.** (*der Zahlung, der Annahme, der Aussage, eines Dienstes etc*) refusal: ~ der Annahme *econ.* a) refusal to accept, nonacceptance *Br.* non-, b) (*eines Wechsels*) dishono(u)r (by nonacceptance, *Br.* non-acceptance). – **3.** (*der Antwort, der Auskunft, des Gehorsams, der Hilfe etc*) refusal, denial. – **4.** (*beim Reitsport*) refusal.

Ver'wei·ge·rungs,fall *m only in* im ~(e) *jur.* in case of refusal.

ver'wei·len *lit.* **I** *v/i* ⟨*no* ge-, h⟩ **1.** (*längere Zeit bleiben*) stay, stop, sojourn (*lit.*): ich ließ mich überreden, noch länger bei ihnen zu ~ I let myself be persuaded to stay with them longer; ihr Blick verweilte lange auf ihm *fig.* her glance (*od.* her eyes) rested on him for a long time. – **2.** (*kurze Zeit bleiben*) stay, stop: laß uns hier noch ein wenig ~ let us stay here a little longer. – **3.** (*pausieren*) pause. – **4.** bei etwas ~ *fig.* to dwell on (*od.* pause at, stay on) s.th.: bei diesem Gedanken [Thema] wollen wir noch etwas ~ let us dwell on this idea [topic] a little longer. – **II** *v/reflex* sich ~ **5.** stay, stop, linger, tarry (*lit.*): ich darf mich nicht zu lange ~ I must not stay too long. – **III V~** *n* ⟨-s⟩ **6.** *verbal noun*: die Bank lud zum V~ ein the bench invited us to stay a while.

Ver'weil|ka,the·ter *m med.* indwelling (*od.* self-retaining) catheter. — **~,zeit** *f* **1.** *lit.* time of stay. – **2.** *metall.* (*eines Ofens*) holding time. – **3.** *nucl.* holdup time, lingering period.

ver'weint *adj* **1.** (*Augen*) red from crying. – **2.** (*Gesicht*) tear-stained: ~ und verschwollen blubbered.

Ver'weis[1] [-'vaɪs] *m* ⟨-es; -e⟩ **1.** (*Tadel, Rüge*) reproof, rebuke, reprimand, admonition, reprehension, censure, rating: j-m einen ~ geben (*od.* erteilen) to reprove (*od.* rebuke, reprimand, admonish, reprehend, censure) s.o., to give s.o. a rating (*od.* a rap on *od.* over the knuckles); einen ~ bekommen (*od.* erhalten, *colloq.* kriegen, einstecken müssen) to be given (*od.* to receive, to get) a reproof, to get a rap on (*od.* over) the knuckles. – **2.** *ped.* *written notice to parents of a pupil's misconduct at school.*

Ver'weis[2] *m* ⟨-es; -e⟩ *print.* (*in einem Buch, Text etc*) (auf *acc* to) reference: einen ~ geben (*od.* anbringen) to make a reference.

ver'wei·sen[1] **I** *v/t* ⟨*irr, no* ge-, h⟩ **1.** (*hinweisen*) refer, *auch* remit: von Seite 20 wird (der Leser) auf Seite 34 verwiesen on page 20 the reader is referred to page 34, page 20 refers the reader to page 34; j-n auf die gesetzlichen Bestimmungen ~ to refer s.o. to the provisions of the law. – **2.** j-n an j-n ~ to refer (*od.* direct, *auch* remit) s.o. to s.o.: die Dame im Sekretariat hat mich an Herrn X verwiesen the lady in the secretariat referred me to Mr. X. – **3.** (*hinauswerfen, verbannen*) expel: j-n von der Schule ~ to expel s.o. from school; j-n des Landes ~ a) to expel s.o. (from the country), b) (*seines Vaterlandes*) to exile s.o. – **4.** j-n in seine Schranken ~ to put s.o. in his place (*Am. colloq.* box). – **5.** (*sport*) → Platz 14, 15. – **6.** *jur.* (*Rechtssache an unteres bes. erstinstanzliches Gericht*) remit. – **II V~** *n* ⟨-s⟩ **7.** *verbal noun.* – **8.** *cf.* Verweisung[1].

ver'wei·sen[2] **I** *v/t* ⟨*irr, no* ge-, h⟩ j-n ~ (*tadeln*) *lit.* to reprove (*od.* rebuke, reprimand, admonish, reprehend, censure) s.o., to give s.o. a rating (*od.* a rap on *od.* over the knuckles); j-m etwas ~ to reprove (*od.* rebuke, reprimand, admonish, reprehend) s.o. for s.th. – **II V~** *n* ⟨-s⟩ *verbal noun.*

Ver'weis,stel·le *f* reference.

Ver'wei·sung[1] *f* ⟨-; -en⟩ **1.** *cf.* Verweisen[1]. – **2.** (*Hinweis*) reference. – **3.** (*Ausweisung*) expulsion. – **4.** *jur.* (*einer Rechtssache an ein unteres Gericht*) remission.

Ver'wei·sung[2] *f* ⟨-; *no pl*⟩ *cf.* Verweisen[2].

Ver'wei·sungs,zei·chen, Ver'weis,zei·chen *n print.* reference mark.

ver'wel·ken *v/i* ⟨*no* ge-, sein⟩ **1.** (*verdorren, vertrocknen*) wither. – **2.** (*schlaff werden, die Köpfe hängen lassen*) (*bes. von Pflanzen*) wilt, droop. – **3.** (*verblassen*) fade. – **4.** (*zusammenschrumpfen*) shrivel (up). — **ver'welkt I** *pp.* – **II** *adj auch fig.* (*Gesicht*) withered.

ver'welt·li·chen [-'vɛltlɪçən] **I** *v/t* ⟨*no* ge-, h⟩ **1.** (*Kirchen, Klöster etc*) secularize *Br. auch* -s-. – **2.** (*Unterricht, Schulen etc*) laicize *Br. auch* -s-. – **II** *v/i* ⟨sein⟩ **3.** become secularized (*Br. auch* -s-). – **4.** become laicized (*Br. auch* -s-). – **III V~** *n* ⟨-s⟩ **5.** *verbal noun.* — **Ver'welt·li·chung** *f* ⟨-; *no pl*⟩ **1.** *cf.* Verweltlichen. – **2.** secularization *Br. auch* -s-. – **3.** laicization *Br. auch* -s-.

ver'wend·bar *adj* **1.** usable, employable. – **2.** (*zweckmäßig nutzbar*) usable, utilizable *Br. auch* -s-. – **3.** (*gebrauchsfähig*) serviceable, suitable. – **4.** (*anwendbar*) applicable. – **5.** *tech.* usable, applicable: erneut ~ reusable; → vielseitig 8. — **Ver'wend·bar·keit** *f* ⟨-; *no pl*⟩ **1.** usability, employability. – **2.** (*zweckmäßige Nutzbarkeit*) usability. – **3.** serviceability, serviceableness, suitability. – **4.** (*Anwendbarkeit*) applicability. – **5.** *tech.* usability, applicability: praktische ~ practicability; vielseitige ~ versatility.

ver'wen·den I *v/t* ⟨*auch irr, no* ge-, h⟩ **1.** (*benutzen*) use, employ: welches Lehrbuch verwendet ihr? which textbook do you use? sie verwendet nur Butter zum Kuchenbacken she uses only butter for baking cakes. – **2.** (*zweckmäßig nutzen*) use, utilize *Br. auch* -s-, make (good) use of, put (*s.th.*) to (good) use: den alten Stoff können wir nicht mehr ~ we cannot use the old material anymore; davon ist nichts mehr zu ~ none of that is (of) any use anymore; dort kannst du deine Englischkenntnisse gut ~ you can make good use of your knowledge of English there. – **3.** viel Mühe (*od.* Sorgfalt) auf (*acc*) etwas ~ to spend a great deal of effort on s.th., to put a great deal of effort (*od.* care) into s.th.; viel Zeit auf (*acc*) (*od.* zu, für) etwas ~ to spend a great deal of time (up)on s.th., to devote a great deal of time to s.th.; viel Arbeit (*od.* Fleiß) auf (*acc*) etwas ~ to put a great deal of hard work into s.th.; viel Energie auf (*acc*) etwas ~ to spend a great deal of energy (up)on s.th. – **4.** (*Geld, Mittel etc*) use, spend, appropriate, expend: sie haben das Geld gut verwendet (*od.* verwandt) they used the money well, they put the money to good use. – **5.** (*anwenden*) apply. – **6.** *tech.* use, apply. – **7.** etwas unrechtmäßig ~ *jur.* a) (*Gelder*) to misappropriate s.th., b) (*bewegliche Sachen*) to convert s.th. – **8.** er verwandte keinen Blick von ihr *obs. od. lit.* his eyes (*od.* glance) never left her. – **II** *v/reflex* **9.** sich (bei j-m) für j-n ~ a) to use one's influence (on s.o.) for s.o. (*od.* on s.o.'s behalf), b) (*empfehlend*) to recommend s.o. (to s.o.). – **III V~** *n* ⟨-s⟩ **10.** *verbal noun.* – **11.** *cf.* Verwendung.

Ver'wen·dung *f* ⟨-; *no pl*⟩ **1.** *cf.* Verwenden. – **2.** use, employment: die ~ des Genitivs im Englischen the use of the genitive in English (*od.* the English language); es kommt nur beste Qualität zur ~ only first(-class) quality is used. – **3.** (*zweckmäßige Nutzung*) use, utilization *Br. auch* -s-: ich habe dafür keine ~ I have no use for it; sie hat für alles ~ *colloq.* she can use everything; für j-n ~ finden to find a use for s.o. – **4.** (*von Geld etc*) use, appropriation. – **5.** (*Fürsprache*) influence, intercession: auf seine ~ hin habe ich die Stellung bekommen I obtained the post through his influence. – **6.** *tech.* use, application. – **7.** unrechtmäßige ~ *jur.* a) (*von Geldern*) misappropriation, b) (*von beweglichen Sachen*) (fraudulent) conversion. – **8.** zur besonderen ~ *mil.* (attached) for special duty.

Ver'wen·dungs|be,reich *m* range of use. — **v~,fä·hig** *adj* **1.** *cf.* verwendbar. – **2.** *mil.* a) (*Person*) fit for duty, b) (*Material*) serviceable. — **~,mög·lich·keit** *f* use, usability: vielseitige ~en a wide range of use. — **~,ort** *m* place (*od.* location) of use. — **~,zweck** *m* use, (intended) purpose: für alle ~e for all purposes, all-purpose (*attrib*).

ver'wer·fen I *v/t* ⟨*irr, no* ge-, h⟩ **1.** (*Meinung, Idee, Ansicht, Gedanken etc*) give up, reject, discard. – **2.** (*Vorschlag, Entwurf etc*) reject, turn down. – **3.** (*Plan etc*) give up, cancel. – **4.** (*Bedenken etc*) dismiss, set (*od.* cast) aside. – **5.** (*verächtlich zurückweisen, verschmähen*) spurn, condemn. – **6.** *jur.* a) (*Berufung*) dismiss, b) (*Antrag, Vorschlag, Entscheidung*) overrule, c) (*Anklage*) dismiss, *Am.* ignore. – **7.** j-n ~ *Bibl.* (*von Gott*) to reject s.o. – **II** *v/reflex* sich ~ **8.** (*von Holz*) warp. – **9.** *geol.* fault. – **III** *v/i* **10.** *vet.* (*von Kühen etc*) abort. – **IV V~** *n* ⟨-s⟩ **11.** *verbal noun.* – **12.** *cf.* Verwerfung.

ver'werf·lich *adj* **1.** (*verdammungswürdig*) condemnable, damnable. – **2.** (*abscheulich, ruchlos*) abominable, obnoxious, atrocious, infamous. – **3.** (*tadelnswert*) reprehensible. — **Ver'werf·lich·keit** *f* ⟨-; *no pl*⟩ **1.** condemnable nature, damnability, damnableness. – **2.** abominable nature, obnoxiousness, atrocity, atrociousness, infamy. – **3.** reprehensibility.

Ver'wer·fung *f* ⟨-; -en⟩ **1.** *cf.* Verwerfen. – **2.** (*einer Idee, eines Gedankens etc*) rejection. – **3.** (*eines Vorschlags, Entwurfs etc*) rejection. – **4.** (*eines Plans etc*) cancellation, *Am. auch* cancelation. – **5.** (*von Bedenken etc*) dismissal. – **6.** *jur.* (*der Berufung, der Anklage*) dismissal. – **7.** *geol.* fault. – **8.** *metall.* distortion.

Ver'wer·fungs|,ebe·ne *f geol.* fault plane. — **~,spal·te** *f* fault fissure.

ver'wert·bar *adj* **1.** usable, utilizable *Br. auch* -s-, (*nutzbar*) exploitable. – **2.** *econ.* a) realizable *Br. auch* -s-, b) (*begebbar*) negotiable, c) (*einlösbar*) convertible, redeemable. — **Ver'wert·bar·keit** *f* ⟨-; *no pl*⟩ **1.** usability, (*Nutzbarkeit*) exploitability. – **2.** *econ.* a) realizability *Br. auch* -s-, b) (*Begebbarkeit*) negotiability, c) (*Einlösbarkeit*) convertibility, redeemability.

ver'wer·ten I *v/t* ⟨*no* ge-, h⟩ **1.** (*Stoff-, Speisereste, Altmetall etc*) use, make use of, utilize *Br. auch* -s-: einen Stoffrest für ein Puppenkleid ~ to use (up) a remnant for a doll's dress; er wird diese Anregungen in seinem Roman ~ *fig.* he will use these suggestions in his novel. – **2.** (*Kenntnisse, Fähigkeiten etc*) use, turn (*s.th.*) to account, make use of. – **3.** (*Patent, Erfindung*) exploit. – **4.** (*zu Geld machen*) realize *Br. auch* -s-. – **5.** etwas kaufmännisch (*od.* geschäftlich) ~ to commercialize (*Br. auch* -s-) s.th. – **6.** sich gut ~ lassen *econ.* a) to find a ready sale (*od.* market), b) to fetch a good price. – **II V~** *n* ⟨-s⟩ **7.** *verbal noun.* – **8.** *cf.* Verwertung. — **Ver'wer·ter** *m* ⟨-s; -⟩ utilizer *Br. auch* -s-. — **Ver'wer·tung** *f* ⟨-; *no pl*⟩ **1.** *cf.* Verwerten. – **2.** utilization *Br. auch* -s-. – **3.** (*eines Patents, einer Erfindung*) exploitation. – **4.** (*finanzielle*) realization *Br. auch* -s-. – **5.** (*kaufmännische, geschäftliche*) commercialization *Br. auch* -s-.

Ver'wer·tungs|ge,nos·sen·schaft *f agr.* processing cooperative (*Br. auch* co-operative). — **~ge,sell·schaft** *f* exploitation corporation.

ver'we·sen[1] **I** *v/i* ⟨*no* ge-, sein⟩ **1.** rot, putrefy, *auch* putrify, fester, corrupt. – **2.** (*sich zersetzen*) decay, decompose. – **II V~** *n* ⟨-s⟩ **3.** *verbal noun.* – **4.** *cf.* Verwesung[1].

ver'we·sen[2] **I** *v/t* ⟨*no* ge-, h⟩ **1.** *obs.* (*verwalten*) administer. – **II V~** *n* ⟨-s⟩ **2.** *verbal noun.* – **3.** *cf.* Verwesung[2].

ver'we·send I *pres p of* verwesen[1] *u.* [2]. – **II** *adj* putrescent, putrid.

Ver'we·ser *m* ⟨-s; -⟩ *obs.* **1.** administrator, (*eines Geistlichen*) *bes. Br.* locum tenens, locum. – **2.** (*Statthalter*) vice-regent.

ver'wes·lich [-'veːslɪç] *adj* **1.** putrescible, putrefiable. – **2.** *poet.* (*Seele etc*) perishable, mortal. — **Ver'wes·lich·keit** *f* ⟨-; *no pl*⟩ **1.** putrescibility. – **2.** *poet.* (*der Seele etc*) perishability, perishableness, mortality.

ver'west I *pp of* verwesen[1] *u.* [2]. – **II** *adj* **1.** putrefied, putrid, rotten, festered. – **2.** (*zersetzt*) decayed, decomposed.

ver'west·li·chen [-'vɛstlɪçən] **I** *v/t* ⟨*no* ge-, h⟩ occidentalize *Br. auch* -s-, westernize *Br. auch* -s-. – **II** *v/i* ⟨sein⟩ become occidentalized (*Br. auch* -s-) (*od.* westernized *Br. auch* -s-).

Ver'we·sung[1] *f* ⟨-; *no pl*⟩ **1.** *cf.* Verwesen[1]. – **2.** putrefaction, corruption, (*Zustand*) *auch* putrescence, rottenness: in ~ übergehen to begin to putrefy. – **3.** (*Zersetzung*) decay, decomposition.

Ver'we·sung[2] *f* ⟨-; *no pl*⟩ *obs.* **1.** *cf.* Verwesen[2]. – **2.** administration.

Ver'we·sungs|ge,ruch *m* odor (*bes. Br.* odour) of putrefaction. — **~pro,zeß** *m* **1.** (process of) putrefaction (*od.* corruption). – **2.** (process of) decay (*od.* decomposition).

ver'wet·ten *v/t* ⟨*no* ge-, h⟩ **1.** (*als Wette einsetzen*) bet, wager, stake: er verwettet jede Woche 100 Mark he bets 100 marks (*od.* he spends 100 marks on betting) every week. – **2.** (*beim Wetten verlieren*) lose (*s.th.*) on betting, gamble (*s.th.*) away.

ver'wet·tert [-'vɛtərt] *adj obs. for* verwittert II.

ver'wi·chen [-'vɪçən] *adj obs. for* vergangen II.

ver'wich·sen *v/t* ⟨*no* ge-, h⟩ *colloq.* **1.** *cf.* verprügeln 1. – **2.** *cf.* verjubeln.

ver'wickeln (*getr.* -k·k-) **I** *v/t* ⟨*no* ge-, h⟩ **1.** (*Garn, Fäden etc*) tangle, entangle, snarl. – **2.** j-n in (*acc*) etwas ~ *fig.* a) (*in ein Gespräch, eine Diskussion etc*) to involve (*od.* engage) s.o. in s.th., b) (*in einen Prozeß, Skandal, Streit etc*) to involve (*od.* embroil) s.o. in s.th., c) (*in einen Kampf*) to engage s.o. in s.th., d) (*mit hineinziehen*) to implicate (*od.* involve, embroil) s.o. in s.th. – **II** *v/reflex* sich ~ **3.** (*von Garn, Fäden etc*) tangle, become (en)tangled, snarl. – **4.** sich in (*acc*) etwas ~ (*in Leitungs-, Gardinenschnüre etc*) to become entangled in s.th.: → Widerspruch 3. – **III V~** *n* ⟨-s⟩ **5.** *verbal noun.* – **6.** *cf.* Verwick(e)lung. — **ver'wickelt** (*getr.* -k·k-) **I** *pp.* – **II** *adj* **1.** (*verzwickt, kompliziert*) involved, complicated, complex: etwas ~ machen to complicate s.th.; das ist eine sehr ~e Angelegenheit that's a very complicated affair. – **2.** (*knifflig, schwierig*) intricate, complex, knotty. – **3.** in (*acc*) etwas ~ sein *fig.* to be involved (*od.* mixed up) in s.th. — **Ver'wicke·lung** (*getr.* -k·k-), **Ver'wick·lung** *f* ⟨-; -en⟩ **1.** *cf.* Verwickeln. – **2.** ⟨*only sg*⟩ (*von Fäden, Garn etc*) entanglement. – **3.** ⟨*only sg*⟩ *fig.* (*in eine Diskussion etc*) involvement, engagement. – **4.** ⟨*only sg*⟩ *fig.* (*in einen Prozeß, Skandal, Streit etc*) involvement, embroilment. – **5.** ⟨*only sg*⟩ *fig.* (*in einen Kampf*) engagement. – **6.** ⟨*only sg*⟩ *fig.* (*das Hineinziehen*) implication, involvement, embroilment. – **7.** *fig.* (*Verwirrung, Schwierigkeit*) complication, entanglement. – **8.** *fig.* (*literature*) intrigue, imbroglio, embroglio.

ver'wie·gen I *v/t* ⟨*irr, no* ge-, h⟩ weigh (out). – **II** *v/reflex* sich ~ make a mistake in weighing.

ver'wil·dern I *v/i* ⟨*no* ge-, sein⟩ **1.** (*von Garten, Park etc*) grow wild, become overgrown, overgrow: einen Garten ~ lassen to let a garden grow wild. – **2.** (*sich äußerlich vernachlässigen*) go (*od.* run) to seed. – **3.** (*moralisch verkommen*) become dissipated, go to the bad, (*stärker*) degenerate. – **4.** (*von Kindern*) run wild. – **5.** (*von Sitten*) degenerate. – **6.** *zo.* (*von Haustieren*) become wild. – **II V~** *n* ⟨-s⟩ **7.** *verbal noun.* – **8.** *cf.* Verwilderung. — **ver'wil·dert I** *pp.* – **II** *adj* **1.** (*Garten, Park etc*) wild, overgrown. – **2.** (*äußerlich vernachlässigt*) seedy. – **3.** (*Haare*) wild, unruly. – **4.** (*moralisch verkommen*) dissipated, (*stärker*) degenerate. – **5.** (*Kinder*) run wild (*nachgestellt*). – **6.** (*Sitten*) degenerate. — **Ver'wil·de·rung** *f* ⟨-; *no pl*⟩ **1.** *cf.* Verwildern. – **2.** (*äußerliche*) seediness. – **3.** (*moralische*) dissipation, (*stärker*) degeneration. – **4.** (*von Sitten*) degeneration.

ver'win·den I *v/t* ⟨*irr, no* ge-, h⟩ **1.** (*hinwegkommen über*) get over, reconcile oneself to: das wird er so leicht nicht ~ he won't get over that so easily. – **2.** *tech.* a) twist, b) (*verzerren*) distort. – **II V~** *n* ⟨-s⟩ **3.** *verbal noun.* — **Ver'win·dung** *f* ⟨-; -en⟩ **1.** *cf.* Verwinden. – **2.** *tech.* a) torsion, twist, b) (*Verzerrung*) distortion. – **3.** *aer.* (aerodynamic) twist: negative ~ wash-in; positive ~ wash-out.

ver'win·dungs,steif *adj tech.* torsion-resistant.

ver'win·kelt *adj cf.* winkelig 1, 2.

ver'wir·ken I *v/t* ⟨*no* ge-, h⟩ **1.** (*keinen Anspruch mehr haben auf*) forfeit: er hat sein Leben verwirkt he has forfeited his life. – **2.** *jur.* (*sich zuziehen*) incur: eine Strafe ~ to incur a penalty (*od.* punishment). – **II V~** *n* ⟨-s⟩ **3.** *verbal noun.* – **4.** *cf.* Verwirkung.

ver'wirk·li·chen [-'vɪrklɪçən] **I** *v/t* ⟨*no* ge-, h⟩ (*Idee, Plan, Absicht etc*) realize *Br. auch* -s-, put (*s.th.*) into effect. – **II** *v/reflex* sich ~ be realized (*Br. auch* -s-), materialize *Br. auch* -s-, come true. – **III V~** *n* ⟨-s⟩ *verbal noun.* — **Ver'wirk·li·chung** *f* ⟨-; *no pl*⟩ **1.** *cf.* Verwirklichen. – **2.** realization *Br. auch* -s-, materialization *Br. auch* -s-.

Ver'wir·kung *f* ⟨-; *no pl*⟩ **1.** *cf.* Verwirken. – **2.** (*des Lebens, eines Rechts etc*) forfeit(ure).

ver'wir·ren [-'vɪrən] **I** *v/t* ⟨*no* ge-, h⟩ **1.** (*Fäden, Garn etc*) tangle, entangle, snarl. – **2.** (*Haare*) dishevel, tousle, disarrange, disarray. – **3.** *fig.* (*irremachen*) confuse, confound, muddle, fluster: diese Nachricht hat mich völlig verwirrt this news has confused me completely. – **4.** *fig.* (*Begriffe etc*) confuse, confound, obfuscate. – **5.** *fig.* (*verlegen machen*) embarrass, confuse, discompose, discomfit. – **6.** *fig.* (*ratlos machen*) bewilder, perplex, baffle, maze. – **7.** *fig.* (*verdutzt machen*) puzzle. – **8.** *fig.* (*Sinne, Verstand etc*) confuse, befog, befuddle, obfuscate: j-m die Sinne ~ (*von Alkohol, Drogen etc*) to set s.o.'s mind in (a state of) confusion, to obfuscate s.o., to befog (*od.* befuddle) s.o.'s mind. – **II** *v/reflex* sich ~ **9.** (*von Fäden, Garn etc*) become (en)tangled, tangle, snarl. – **10.** (*von Haaren*) become disheveled (*bes. Br.* dishevelled) (*od.* tousled, disarranged, disarrayed). – **11.** *fig.* (*von Gedanken, Sinnen etc*) become confused: seine Sinne verwirrten sich his mind became confused, he became quite distracted. – **III V~** *n* ⟨-s⟩ **12.** *verbal noun.* – **13.** *cf.* Verwirrung. — **ver'wir·rend I** *pres p.* – **II** *adj* confusing: eine ~e Fülle von neuen Eindrücken a confusing multitude of new impressions.

ver'wirrt I *pp.* – **II** *adj* **1.** (*Fäden etc*) entangled. – **2.** (*Haare*) disheveled, *bes. Br.* dishevelled, tousled, disarranged, disarrayed. – **3.** *fig.* (*konfus, wirr*) confused, muddled: ~ sein to be confused (*od.* in a state of confusion); du machst mich ganz ~ you are confusing me completely. – **4.** *fig.* (*verlegen*) embarrassed, confused, discomposed, discomfited. – **5.** *fig.* (*ratlos*) bewildered, perplexed, mazed. – **6.** *fig.* (*verdutzt, erstaunt*) puzzled. – **7.** *fig.* (*Sinne etc*) confused, distracted, muddled. — **Ver'wirrt·heit** *f* ⟨-; *no pl*⟩ *cf.* Verwirrung.

Ver'wir·rung *f* ⟨-; -en⟩ **1.** *cf.* Verwirren. – **2.** (*von Fäden etc*) tangle, snarl. – **3.** (*von Haaren*) dishevelment, disarray, disarrangement, tousle. – **4.** *fig.* confusion, muddle, mix-up: es entstand eine allgemeine ~ there was general confusion (*od.* a general muddle, a general mix-up); diese Meldung hat einige ~ angerichtet (*od.* gestiftet, hervorgerufen) this news has caused some confusion; ein System in ~ bringen to cause confusion in a system; j-n in ~ bringen to confuse (*od.* confound, muddle) s.o.; sie ist völlig in ~ geraten she became completely confused; damit hat er die allgemeine ~ nur noch größer gemacht he only added to the general confusion (*od.* muddle, mix-up) with that. – **5.** *fig.* (*der Begriffe etc*) confusion, obfuscation. – **6.** *fig.* (*Verlegenheit*) embarrassment, confusion, discomposure, discomfiture. – **7.** *fig.* (*Ratlosigkeit*) bewilderment, perplexity, mazedness. – **8.** *fig.* (*Verdutztheit, Erstaunen*) puzzle(ment). – **9.** *fig.* (*der Sinne durch Alkohol, Drogen etc*) confusion, befuddlement, obfuscation. – **10.** *fig.* (*des Geistes*) confusion, distraction.

ver'wirt·schaf·ten *v/t* ⟨*no* ge-, h⟩ **1.** squander (*s.th.*) (away). – **2.** *econ.* waste (*s.th.*) (as a result of uneconomic[al] management).

ver'wi·schen I *v/t* ⟨*no* ge-, h⟩ **1.** (*Geschriebenes*) smudge, smear, blur. – **2.** *fig.* (*unkenntlich machen*) blur, obscure: die Spuren eines Verbrechens ~ to blur (*od.* cover) the traces of a crime. – **3.** *fig.* (*aus dem Gedächtnis tilgen*) blot out, efface, obliterate. – **4.** (*art*) (*in der Pastellmalerei*) stump. – **5.** *print.* slur. – **6.** *hunt.* (*Spur*) spoil (*a trail*) (by crossing and retracing). – **II** *v/reflex* sich ~ **7.** (*von Unterschieden, Gegensätzen etc*) become blurred (*od.* indistinct, obscure). – **8.** (*von Erinnerungen*) become blurred (*od.* dim, hazy, faint). — **ver'wischt I** *pp.* – **II** *adj* **1.** (*Schrift etc*) smudged, smeared, blurred. – **2.** *fig.* (*Unterschiede, Gegensätze etc*) blurred, indistinct. – **3.** *fig.* (*Erinnerungen*) blurred, dim, hazy, faint.

ver'wit·tern I *v/i* ⟨*no* ge-, sein⟩ **1.** *geol.* weather. – **2.** (*von Gestein, Mauer etc*) decay, weather, disintegrate. – **3.** *chem. min.* effloresce. – **II V~** *n* ⟨-s⟩ **4.** *verbal noun.* – **5.** *cf.* Verwitterung. — **ver'wit·tert I** *pp.* – **II** *adj* **1.** *geol.* weathered. – **2.** weathered, weather-beaten (*auch* -beat), weatherworn, decayed, disintegrated. – **3.** *fig.* (*Gesicht*) weather-beaten (*auch* -beat). — **Ver'wit·te·rung** *f* ⟨-; *no pl*⟩ **1.** *cf.* Verwittern. – **2.** decay, disintegration. – **3.** *chem. min.* efflorescence.

Ver'wit·te·rungs|,aus,le·se *f geol.* selective weathering. — **~,bo·den** *m*, **~,kru·me** *f* residual soil. — **~,kru·ste** *f* weathering crust (*od.* rind). — **~pro,dukt** *n* weathering residue. — **~,schutt** *m* detritus.

ver'wit·wet [-'vɪtvət] *adj* widowed: eine ~e Frau a) a widowed woman, a widow, b) *jur.* a discovert woman; die ~e Frau X the widow of the late Mr. X; Frau H, ~e R Mrs. H, the former widow R; sie [er] ist seit zwei Jahren ~ she has been a widow [he has been a widower] for two years.

ver'wo·ben I *pp of* verweben. – **II** *adj* eng miteinander ~ sein *fig.* to be closely interwoven (with each other *od.* one another).

ver'woh·nen *v/t* ⟨*no* ge-, h⟩ eine Wohnung [ein Haus, Möbel] ~ to let an apartment (*bes. Br.* a flat) [a house, furniture] go down (through careless use or lack of repairs).

ver'wöh·nen [-'vøːnən] **I** *v/t* ⟨*no* ge-, h⟩ **1.** spoil: die Großeltern ~ das Kind zu sehr the grandparents spoil the child too much; er verwöhnt seine Frau mit Blumen und Geschenken he spoils his wife with flowers and presents; sich ~ lassen to let oneself be spoiled (*od.* spoilt). – **2.** (*verhätscheln*) coddle, mollycoddle, *Br.* molly-coddle, pamper. – **3.** *fig.* make things easy for: das Schicksal hat uns nicht verwöhnt fate has not made things easy for us. – **II** *v/reflex* sich ~ **4.** (*verweichlichen*) spoil (*od.* soften) oneself: mit der Wärmflasche verwöhnst du dich zu sehr you spoil yourself too much with the hot-water bottle. – **III V~** *n* ⟨-s⟩ **5.** *verbal noun.*

ver'wöhnt I *pp.* – **II** *adj* **1.** spoiled, spoilt: ein ~es Kind [eine ~e Frau] a spoiled child [woman]; er hat einen ~en Geschmack [Gaumen] *fig.* he has a spoiled (*od.* an extravagant) taste [a delicate palate]; ein Wein für den ~en Geschmack a wine for the more demanding customer; ~en Ansprüchen gerecht werden to satisfy the highest demands. – **2.** (*wählerisch*) fastidious, fussy. — **Ver'wöhnt·heit** *f* ⟨-; *no pl*⟩ **1.** (*eines Kindes etc*) spoiledness, spoiltness. – **2.** *fig.* (*des Geschmacks etc*) spoiledness, spoiltness, extravagance. – **3.** fastidiousness, fussiness.

Ver'wöh·nung *f* ⟨-; *no pl*⟩ *cf.* Verwöhnen.

ver'wor·fen I *pp of* verwerfen. – **II** *adj lit.* **1.** (*moralisch verkommen*) depraved, abject, profligate, reprobate, corrupt, vicious. – **2.** (*gemein, niederträchtig*) base, vile. — **Ver'wor·fe·ne** *m, f* ⟨-n; -n⟩ *Bibl.* profligate, reprobate. — **Ver'wor·fen·heit** *f* ⟨-; *no pl*⟩ *lit.* **1.** depravity, abjection, profligacy, profligateness, reprobacy, corruption, viciousness. – **2.** (*Gemeinheit, Niederträchtigkeit*) baseness, vileness.

ver'wor·ren [-'vɔrən] *adj* **1.** (*unklar, wirr*) confused, undigested, muddled, jumbled, woolly, *Am. auch* wooly: er hat nur ~es Zeug geredet *colloq.* he just talked a lot of muddled rubbish (*colloq.*); ich bin aus dem ~en Zeug nicht klug geworden *colloq.* I couldn't make head or tail (*od.* I could make neither head nor tail) of that rigmarole; er ist ein furchtbar ~er Kopf *colloq.* he is a terrible scatterbrain (*colloq.*). – **2.** (*verwickelt, kompliziert*) complicated, intricate, involved: ich war in einer sehr ~en Lage I was in a very complicated situation. — **Ver'wor·ren·heit** *f* ⟨-; *no pl*⟩ **1.** (*der Rede, Gedanken etc*) confusion, muddledness, muddlement, jumblement, wool(l)iness. – **2.** (*einer Situation etc*) complication, intricacy, intricateness, involvement.

ver'wund·bar *adj* **1.** (*Körperteil*) vulnerable. – **2.** *fig.* (*gegnerische Truppen etc*) vulnerable. – **3.** *fig.* (*leicht zu kränken*) vulnerable, sore: das ist seine ~e Stelle that is his sore point. — **Ver'wund·bar·keit** *f* ⟨-; *no pl*⟩ *auch fig.* vulnerability.

ver'wun·den[1] [-'vʊndən] **I** *v/t* ⟨*no* ge-, h⟩ **1.** (*bes. mit Waffen*) wound: j-n leicht [schwer, tödlich] ~ to wound s.o. slightly [seriously, fatally]; er wurde im Krieg verwundet he was wounded in the war. – **2.** (*verletzen*) hurt, injure. – **3.** *fig.* (*kränken*) wound, hurt: er hat sie mit diesen Worten tief verwundet he wounded her deeply with these words. – **II V~** *n* ⟨-s⟩ **4.** *verbal noun.* – **5.** *cf.* Verwundung.

ver'wun·den[2] **I** *pp of* verwinden. – **II** *adj tech.* **1.** twisted. – **2.** (*verzerrt*) distorted.

ver'wun·der·lich *adj* **1.** (*erstaunlich*) surprising, (*stärker*) astonishing, amazing: es ist nicht (weiter) ~, wenn (*od.* daß) sie nicht kommt it is not (in the least) surprising that she doesn't come; bei dem Gehalt ist es nicht verwunderlich, daß er immer Schulden macht with that salary it is small wonder that he is always in debt. – **2.** (*merkwürdig, sonderbar*) strange, odd: die Sache schien ihm höchst ~ the whole affair seemed most odd to him.

ver'wun·dern I *v/t* ⟨*no* ge-, h⟩ **1.** surprise, (*stärker*) astonish, amaze: das verwundert mich gar nicht that does not surprise me at all; das ist nicht zu ~ that is not surprising; es wäre nicht zu ~, wenn it would not be (at all) surprising if. – **II** *v/reflex* sich ~ **2.** be surprised, (*stärker*) wonder, be astonished, be amazed: ich verwundere mich gar nicht darüber I'm not at all surprised at it (*od.* that), I don't wonder at it (*od.* that) at all. – **III V~** *n* ⟨-s⟩ **3.** *verbal noun.* – **4.** *cf.* Verwunderung. — **ver'wun·dert I** *pp.* – **II** *adj* surprised, (*stärker*) astonished, amazed: mit ~en Blicken with wondering looks, wonderingly. – **III** *adv* ~ blickte er mich an he looked at me in surprise (*stärker* in astonishment, in amazement); sich ~ über (*acc*) etwas aussprechen to express one's amazement over s.th. — **Ver'wun·de·rung** *f* ⟨-; *no pl*⟩ **1.** *cf.* Verwundern. – **2.** surprise, wonderment, (*stärker*) astonishment, amazement: j-n in ~ setzen to surprise (*stärker* astonish, amaze) s.o.; zu meiner größten ~ ist er doch noch gekommen to my great surprise he came after all.

Ver'wun·de·te *m, f* ⟨-n; -n⟩ wounded (person), casualty.

Ver'wun·de·ten|,ab·trans,port *m* evacuation of the wounded (*od.* of casualties). — **~,ab,zei·chen** *n mil.* badge awarded to a wounded soldier, (*in USA*) Purple Heart, (*in Großbritannien*) Gold Stripe(s *pl*). — **~,sam·mel,stel·le** *f* medical collecting point. — **~trans,port** *m* transport (*bes. Am.* transportation) of the wounded (*od.* of casualties).

Ver'wun·dung *f* ⟨-; -en⟩ **1.** *cf.* Verwunden[1]. – **2.** (*bes. durch Waffe*) wound: tödliche ~ fatal (*od.* deadly, mortal) wound; er ist an den Folgen der ~ gestorben *mil.* he died of his wounds received in action. – **3.** (*Verletzung*) injury, hurt: eine leichte ~ davontragen to be slightly injured. – **4.** *fig. Br.* offence, *Am.* offense, hurt.

ver'wun·schen [-'vʊnʃən] *adj* **1.** (*verzaubert*) enchanted. – **2.** (*verhext*) (be)witched, bedeviled, *bes. Br.* bedevilled, hexed.

ver'wün·schen I *v/t* ⟨*no* ge-, h⟩ **1.** (*verzaubern*) cast a spell over, put a spell on, enchant. – **2.** (*verhexen*) (be)witch, bedevil, hex, put a hex on. – **3.** (*verfluchen*) a) curse; darn, cuss (*sl.*), b) curse: der Schüler verwünschte seinen Lehrer the pupil cursed (*od. sl.* darned, cussed) his teacher; später verwünschte er seine Voreiligkeit later he cursed his rashness. – **II V~** *n* ⟨-s⟩ **4.** *verbal noun.* – **5.** *cf.* Verwünschung.

ver'wün·schens,wert *adj* cursed, damnable.

ver'wünscht I *pp.* – **II** *adj cf.* verdammt 1.

Ver'wün·schung *f* ⟨-; -en⟩ **1.** *cf.* Verwünschen. – **2.** (*Verzauberung*) spell, enchantment. – **3.** (*Verhexung*) bewitchment, bedevilment, hex. – **4.** (*Fluch*) curse, imprecation, oath, expletive, malediction: ~en gegen j-n ausstoßen to hurl curses at (*od.* shower curses [up]on) s.o.

Ver'wurf *m geol.* fault.

ver'wur·steln *v/t* ⟨*no* ge-, h⟩ *colloq.* mess (*od.* muddle) (*s.th.*) up. — **ver'wur·stelt I** *pp.* – **II** *adj* lost (*od.* not to be found) in the general disorder.

ver'wur·zeln I *v/i* ⟨*no* ge-, sein⟩ **1.** (*von Bäumen etc*) take (*od.* strike) root, root. – **2.** *fig.* (*sich heimisch fühlen*) settle. – **II V~** *n* ⟨-s⟩ **3.** *verbal noun.* – **4.** *cf.* Verwurzelung. — **ver'wur·zelt I** *pp.* – **II** *adj fig.* rooted: fest mit der Heimat ~ sein to be deeply rooted in one's homeland; tief im christlichen Glauben ~ sein to be deeply rooted in Christianity. — **Ver'wur·ze·lung** *f* ⟨-; *no pl*⟩ **1.** *cf.* Verwurzeln. – **2.** *fig.* (*mit der Heimat etc*) rootage.

ver'wür·zen *v/t* ⟨*no* ge-, h⟩ (*Speisen*) overspice, spice (*s.th.*) too highly.

Ver'wurz·lung *f* ⟨-; *no pl*⟩ *cf.* Verwurzelung.

ver'wü·sten I *v/t* ⟨*no* ge-, h⟩ **1.** devastate, ravage, desolate, make havoc of, havoc: der Gegner hat das ganze Land verwüstet the enemy devastated (*od.* laid waste) the whole country; der Wirbelsturm hat weite Landstriche verwüstet the tornado devastated (*od.* played havoc with) large areas of the country. – **2.** (*zerstören*) destroy. – **3.** *fig.* ravage: das Laster hatte sein Gesicht verwüstet vice had ravaged his face. – **II V~** *n* ⟨-s⟩ **4.** *verbal noun.* – **5.** *cf.* Verwüstung. — **Ver'wü·ster** *m* ⟨-s; -⟩ **1.** devastator. – **2.** destroyer. — **Ver'wü·stung** *f* ⟨-; -en⟩ **1.** *cf.* Verwüsten. – **2.** devastation, ravage, desolation, havoc: starke ~en anrichten to cause absolute havoc; eine Stätte der ~ a place of devastation.

ver'za·gen *v/i* ⟨*no* ge-, h⟩ **1.** (*die Zuversicht verlieren*) despond, lose heart (*od.* courage), give up hope: nur nicht ~! a) don't lose heart, don't give up hope, b) (*gib die Versuche nicht auf*) don't give up, never say die. – **2.** (*verzweifeln*) despair.

ver'zagt I *pp.* – **II** *adj* **1.** despondent. – **2.** (*verzweifelt*) desperate: ich bin völlig ~, weil I am in despair because. – **3.** (*kleinmütig*) fainthearted, *Br.* faint-hearted, pusillanimous. – **4.** (*deprimiert*) downhearted, *Br.* down-hearted, low-spirited, down-in-the-mouth (*attrib*) (*colloq.*): ~ sein to be down(-)hearted (*od.* in low spirits); j-n ~ machen to dishearten s.o. — **Ver'zagt·heit** *f* ⟨-; *no pl*⟩ **1.** despondency, despondence. – **2.** (*Verzweiflung*) despair. – **3.** (*Kleinmut*) faintheartedness, *Br.* faint-heartedness, pusillanimity. – **4.** (*Deprimiertheit*) downheartedness, *Br.* down-heartedness, low spirits *pl*, low-spiritedness.

ver'zäh·len *v/reflex* ⟨*no* ge-, h⟩ sich ~ make a mistake (in one's count[ing]), count wrong, miscount: du hast dich um zwei verzählt you are two out in your count.

ver'zah·nen I *v/t* ⟨*no* ge-, h⟩ **1.** *tech.* a) (*Zahnräder etc*) cut teeth (*od.* gears) in, b) (*Bretter, Balken etc*) tooth, indent, (*verschränken*) joggle. – **2.** *fig.* (*Artikel, Texte etc*) link (*things*) (together), interlink, interlock, dovetail. – **II** *v/reflex* sich ~ **3.** *fig.* interlock, dovetail. – **III V~** *n* ⟨-s⟩ **4.** *verbal noun.* – **5.** *cf.* Verzahnung.

Ver'zahn·ma,schi·ne *f tech.* gear-cutting machine.

Ver'zah·nung *f* ⟨-; -en⟩ **1.** *cf.* Verzahnen. – **2.** *tech.* (*von Zahnrädern etc*) a) gearing, b) gear design, (gear-)tooth system, gear cutting. – **3.** (*von Brettern, Balken etc*) indentation.

ver'zan·ken *v/reflex* ⟨*no* ge-, h⟩ sich mit j-m ~ *colloq.* to fall out with s.o.: sie haben sich verzankt they are at loggerheads.

ver'zap·fen I *v/t* ⟨*no* ge-, h⟩ **1.** (*Getränke*) have (*s.th.*) on tap (*od.* draft, *bes. Br.* draught). – **2.** *tech.* (*Holzteile*) tenon-joint, mortise, *auch* mortice, mortise and tenon. – **3.** Unsinn ~ *colloq. contempt.* a) (*mündlich*) to come out with (*od.* dish up) a lot of rubbish (*colloq.*), b) (*schriftlich*) to concoct (*od.* think up) a lot of rubbish (*colloq.*); wer hat denn dieses Pamphlet verzapft? *colloq. contempt.* who concocted this pamphlet? – **II V~** *n* ⟨-s⟩ **4.** *verbal noun.* — **Ver'zap·fung** *f* ⟨-; *no pl*⟩ **1.** *cf.* Verzapfen. – **2.** *tech.* mortise joint.

ver'zär·teln I *v/t* ⟨*no* ge-, h⟩ **1.** coddle, mollycoddle, *Br.* molly-coddle, pamper, soften, indulge: sie verzärtelt ihr kleines Kind furchtbar *colloq.* she coddles her little child terribly, she makes an awful baby of her child (*beide colloq.*). – **II V~** *n* ⟨-s⟩ **2.** *verbal noun.* – **3.** *cf.* Verzärtelung. — **ver'zär·telt I** *pp.* – **II** *adj* ~e Person (molly)coddle, *Br.* (molly-)coddle. — **Ver'zär·te·lung** *f* ⟨-; *no pl*⟩ **1.** *cf.* Verzärteln. – **2.** indulgence.

ver'zau·bern I *v/t* ⟨*no* ge-, h⟩ **1.** cast a spell over, put a spell on, enchant: die Hexe hat den Prinzen verzaubert the witch cast a spell over the prince. – **2.** j-n [etwas] in j-n [etwas] ~ to turn (*od.* change, metamorphose) s.o. [s.th.] into s.o. [s.th.]. – **3.** *fig.* (*tief beeindrucken, beglücken*) enchant, (be)witch, charm: die Musik hatte uns alle verzaubert the music had enchanted us all. – **II V~** *n* ⟨-s⟩ **4.** *verbal noun.* – **5.** *cf.* Verzauberung. — **ver'zau·bert I** *pp.* – **II** *adj* **1.** enchanted. – **2.** *fig.* enchanted, (be)witched, spellbound. — **Ver'zau·be·rung** *f* ⟨-; *no pl*⟩ **1.** *cf.* Verzaubern. – **2.** (*Zauber*) spell, enchantment. – **3.** *fig.* (*tiefer Eindruck, Beglückung*) enchantment, bewitchment, charm.

ver'zäu·nen I *v/t* ⟨*no* ge-, h⟩ (*Garten, Grundstück etc*) fence (in), surround (*od.* enclose) (*s.th.*) with a fence. – **II V~** *n* ⟨-s⟩ *verbal noun.* — **Ver'zäu·nung** *f* ⟨-; -en⟩ **1.** *cf.* Verzäunen. – **2.** *collect.* fencing.

ver'ze·chen *v/t* ⟨*no* ge-, h⟩ *cf.* vertrinken.

ver'zehn,fa·chen [-,faxən] **I** *v/t* ⟨*no* ge-, h⟩ decuple, increase (*s.th.*) tenfold. – **II** *v/reflex* decuple, increase tenfold. – **III V~** *n* ⟨-s⟩ *verbal noun.* — **Ver'zehn,fa·chung** *f* ⟨-; *no pl*⟩ **1.** *cf.* Verzehnfachen. – **2.** tenfold increase.

Ver'zehr [-'tseːr] *m* ⟨-(e)s; *no pl*⟩ consumption.

ver'zeh·ren I *v/t* ⟨*no* ge-, h⟩ **1.** (*zu sich nehmen*) eat, have: eine Mahlzeit im Freien ~ to eat a meal out of doors. – **2.** (*aufessen*) eat (up), consume, devour, demolish: ich bin so hungrig, daß ich ein ganzes Brot ~ könnte I'm so hungry that I could eat a whole loaf (of bread). – **3.** (*im Lokal*) consume. – **4.** (*verbrauchen*) spend, expend, consume: er hat sein ganzes Vermögen verzehrt he has spent his whole fortune; er hat im Monat 1000 Mark zu ~ he has 1,000 marks a month to spend (*od.* for spending). – **5.** *fig.* eat up, consume, use up: die Krankheit [das Fieber] hat seine Kräfte verzehrt the disease [fever] consumed his strength; Kummer [Leidenschaft] verzehrte ihn he was eaten up (*od.* consumed) with grief [passion]. – **II** *v/reflex* sich ~

6. *fig.* (vor *dat* with) pine (*od.* waste) (away), languish: sich vor Gram ~ to eat one's heart out; sich vor Sehnsucht nach j-m ~ to pine (*od.* hanker) for s.o. – III V~ *n* ⟨-s⟩ 7. *verbal noun.* – 8. *cf.* Verzehrung. — **ver'zeh·rend I** *pres p.* – II *adj* 1. *fig.* (*Fieber, Krankheit etc*) consuming. – 2. *fig.* (*Leidenschaft, Feuer etc*) burning. — **Ver'zeh·rer** *m* ⟨-s; -⟩ consumer. — **Ver'zeh·rung** *f* ⟨-; *no pl*⟩ 1. *cf.* Verzehren. – 2. consumption.

Ver'zehr,zwang *m* ⟨-(e)s; *no pl*⟩ (*in einer Gaststätte etc*) obligation to order.

ver'zeich·nen I *v/t* ⟨*no* ge-, h⟩ 1. (*falsch zeichnen*) draw (*s.th.*) wrong: du hast die Figur etwas verzeichnet you have drawn the figure a little wrong. – 2. *fig.* (*verzerren, verfälschen*) distort, misrepresent, draw a distorted picture of: die politische Situation ist in dem Buch bewußt verzeichnet worden the political situation has been deliberately distorted in the book. – 3. *phot.* (*optics*) distort. – 4. (*schriftlich erfassen, notieren*) enter, note, write (*s.th.*) down: etwas in einer Liste ~ to enter s.th. in a list, to list s.th.; etwas in einem Register ~ to enter s.th. in a register, to register s.th. – 5. (*wichtige Daten etc*) record. – 6. (*registrieren*) register, record: das Gerät verzeichnet auch die geringsten Erderschütterungen the device registers even the minutest earth tremors. – 7. (*spezifizieren*) specify. – 8. *econ.* (*Kurse*) quote. – 9. (*in Verbindung mit bestimmten Substantiven*) einen Erfolg ~ können (*od.* zu ~ haben) to score a success; Gewinne [Siege] ~ to score wins [victories]; Niederlagen ~ to take (*od.* suffer) defeats; Fortschritte konnten noch nicht verzeichnet werden no progress has been recorded as yet; es waren drei Todesfälle zu ~ three deaths were recorded; sie haben beachtliche Ergebnisse zu ~ they have achieved considerable results. – II *v/reflex* sich ~ 10. make a mistake (in [one's] drawing), draw wrong. – III V~ *n* ⟨-s⟩ 11. *verbal noun.* – 12. *cf.* Verzeichnung. — **ver'zeich·net I** *pp.* – II *adj* 1. (*falsch gezeichnet*) out of drawing, wrongly drawn. – 2. *fig.* (*verzerrt, verfälscht*) distorted, misrepresented. – 3. ~ sein (*aufgeführt sein*) to be entered: in einer Liste ~ sein to be entered in a list, to be listed; in einem Register ~ sein to be entered in a register, to be registered. – 4. *phot.* (*optics*) distorted.

Ver'zeich·nis [-'tsaɪçnɪs] *n* ⟨-ses; -se⟩ 1. list, catalog, *bes. Br.* catalogue, enumeration: ein ~ über (*acc*) etwas anlegen to make up a list of s.th. – 2. (*amtliches*) record, register. – 3. (*Namensliste*) list, roll, register, scroll. – 4. (*Tabelle, Aufstellung*) table, schedule. – 5. (*Inhaltsverzeichnis*) index. – 6. (*Vorlesungsverzeichnis etc*) calendar, curriculum, *Am.* catalog. – 7. (*Inventar*) inventory. – 8. (*detaillierte Aufzählung*) specification.

Ver'zeich·nung *f* ⟨-; -en⟩ 1. *cf.* Verzeichnen. – 2. *fig.* (*Entstellung, Verfälschung*) distortion, misrepresentation. – 3. *phot.* (*optics*) distortion. – 4. *econ.* (*von Kursen*) quotation.

ver'zeich·nungs,frei *adj phot.* (*optics*) orthoscopic, distortionless.

ver'zei·gen *v/t* ⟨*no* ge-, h⟩ j-n ~ *Swiss jur.* to denounce s.o., to inform against s.o.: j-n bei der Polizei ~ to report s.o. to the police.

ver'zei·hen I *v/t* ⟨*irr, no* ge-, h⟩ 1. (*entschuldigen*) excuse, pardon: verzeih meine Ungeduld excuse my impatience; so etwas ist nicht zu ~ a thing like that is unpardonable (*od.* inexcusable); ~ Sie die Störung excuse my interrupting; das sei dir noch einmal verziehen *iron.* you'll be excused this once, we'll let it go this time. – 2. (*vergeben*) forgive, condone: das wird er mir nie ~ he'll never forgive me that (*od.* for doing that); ich kann es mir nicht ~, daß ich nicht geholfen habe I shall never forgive myself for not helping; j-m seine Untreue ~ to condone s.o.'s infidelity. – 3. *relig.* (*Sünden*) remit, forgive, pardon. – II *v/i* 4. (*entschuldigen*) ~ Sie, wo ist hier der Bahnhof? excuse me, where is the (railroad, *Br.* railway) station? ~ Sie! (*wenn man j-n getreten hat etc*) I beg your pardon! (I'm) sorry! *bes. Am.* excuse me! – 5. j-m ~ to forgive s.o.: kannst du mir noch einmal ~? can you forgive me this once? ich habe ihm längst verziehen I forgave him long ago. – III V~ *n* ⟨-s⟩ 6. *verbal noun.* – 7. *cf.* Verzeihung. — **ver'zeih·lich** *adj* 1. (*entschuldbar*) excusable, pardonable. – 2. (*zu vergeben*) forgivable, condonable. – 3. *relig.* (*Sünde*) remissible, venial. — **Ver'zei·hung** *f* ⟨-; *no pl*⟩ 1. *cf.* Verzeihen. – 2. (*Entschuldigung*) pardon: j-n um ~ bitten to beg s.o.'s pardon; ~! (*wenn man j-n getreten hat etc*) I beg your pardon! (I'm) sorry! *bes. Am.* excuse me! ich bitte tausendmal um ~ a thousand apologies. – 3. (*Vergebung*) forgiveness, condonation: j-s ~ erbitten to ask s.o.'s forgiveness. – 4. *relig.* (*der Sünden*) remission.

ver'zer·ren I *v/t* ⟨*no* ge-, h⟩ 1. (*Gesicht, Mund etc*) distort, contort, twist, (*krampfhaft*) convulse: Angst verzerrte ihre Züge fear distorted her features. – 2. *fig.* (*Ton, Stimme etc*) distort. – 3. *fig.* (*verfälschen, entstellen*) distort, warp, misrepresent, give a distorted picture of: bei dieser Berichterstattung werden die wahren Verhältnisse völlig verzerrt this report completely distorts the true circumstances. – 4. *fig.* (*ins Lächerliche ziehen*) caricature, parody, travesty. – 5. (*optics*) *electr. tech.* distort. – 6. *med.* (*Muskel, Sehne*) contort. – II *v/reflex* sich ~ 7. (*von Gesicht, Mund etc*) become distorted, contort, (*krampfhaft*) become convulsed: sein Gesicht verzerrte sich zu einer Grimasse his face became distorted in a grimace. – III V~ *n* ⟨-s⟩ 8. *verbal noun.* — **Ver'zer·rung** *f* ⟨-; -en⟩ 1. *cf.* Verzerren. – 2. (*des Gesichts, des Mundes etc*) distortion, contortion, (*krampfhafte*) convulsion. – 3. *fig.* (*des Tons, der Stimme etc*) distortion. – 4. *fig.* (*Verfälschung, Entstellung*) distortion, misrepresentation. – 5. *fig.* (*Zerrbild, Karikierung*) caricature, parody, travesty. – 6. (*optics*) *electr. tech.* distortion. – 7. *med.* contortion.

ver'zet·teln[1] **I** *v/t* ⟨*no* ge-, h⟩ 1. (*Zeit, Kräfte etc*) fritter away, dissipate: er verzettelt sein Geld mit unnützen Dingen he fritters away his money on useless things; → Kraft 3. – II *v/reflex* sich ~ 2. dissipate one's energies: sich in Einzelaktionen ~ to waste one's time and energy on various unco(-)ordinated efforts. – III V~ *n* ⟨-s⟩ 3. *verbal noun.* – 4. *cf.* Verzet(e)lung[1].

ver'zet·teln[2] **I** *v/t* ⟨*no* ge-, h⟩ (*in einer Zettelkartei erfassen*) catalog, *bes. Br.* catalogue. – II V~ *n* ⟨-s⟩ *verbal noun.*

Ver'zet·te·lung[1], **Ver'zett·lung**[1] *f* ⟨-; *no pl*⟩ 1. *cf.* Verzetteln[1]. – 2. dissipation.

Ver'zet·te·lung[2], **Ver'zett·lung**[2] *f* ⟨-; *no pl*⟩ *cf.* Verzetteln[2].

Ver'zicht [-'tsɪçt] *m* ⟨-(e)s; -e⟩ 1. renouncement, renunciation: der ~ auf jeden Alkoholgenuß fällt ihm sehr schwer he finds it very hard to do (*od.* go) without alcohol; ~ leisten (*od.* üben) *cf.* verzichten 1. – 2. (*Opfer*) sacrifice. – 3. *jur.* (auf *acc* of) a) (*auf ein Recht, einen Anspruch etc*) renunciation, waiver, disclaimer, release, b) (*Preisgabe, Verzichtleistung*) abandonment, surrender, c) (*auf ein Amt etc*) resignation, relinquishment, abdication, d) (*auf den Thron etc*) abdication, renunciation: ~ leisten *cf.* verzichten 3.

ver'zich·ten [-'tsɪçtən] *v/i* ⟨*no* ge-, h⟩ 1. auf (*acc*) etwas [j-n] ~ to do (*od.* go) without s.th. [s.o.]: ich verzichte zu deinen Gunsten I'll do without (*od.* stand aside) for your benefit; er muß auf Alkohol und Zigaretten ~ he must do without (*od.* deny himself, forgo, *auch* forego) cigarettes and alcohol; auf dieses Vergnügen wirst du ~ müssen you'll have to go without (*od.* to forgo, *auch* forego) this pleasure; danke, ich verzichte (*Antwort auf ein Angebot*) I'd rather not, thanks. – 2. auf (*acc*) etwas [j-n] ~ (*nicht unbedingt brauchen*) to do without s.th. [s.o.], to dispense with s.th. [s.o.]: auf diese Formalitäten können wir wohl ~ I think we can dispense with these formalities; auf deine Hilfe kann ich ~ I can do without your help. – 3. *jur.* auf (*acc*) etwas ~ a) (*auf ein Recht, einen Anspruch etc*) to renounce (*od.* waive, disclaim, release) s.th., b) (*preisgeben*) to abandon (*od.* surrender) s.th., c) (*auf ein Amt etc*) to resign (*od.* relinquish, abdicate) s.th., d) (*auf den Thron etc*) to renounce (*od.* abdicate) s.th.: er hat verzichtet a) he resigned, b) he abdicated.

Ver'zich·ten·de *m, f* ⟨-n; -n⟩ *jur.* disclaimer, resigner.

Ver'zicht|er,klä·rung *f jur.* renunciation, disclaimer, waiver. — **~,lei·stung** *f cf.* Verzicht 3.

ver'zie·hen I *v/i* ⟨*irr, no* ge-, sein⟩ 1. (*umziehen*) move, remove: sie sind nach Berlin verzogen they moved to Berlin; unbekannt verzogen (*Postvermerk*) moved to an unknown address; falls verzogen, bitte zurück an den Absender in case of change of address please return to sender. – II *v/t* ⟨h⟩ 2. das Gesicht ~ to pull (*od.* make) a (wry) face, to (make a) grimace; den Mund ~ to screw up one's mouth; den Mund zu einem Grinsen [sarkastischen Lächeln] ~ to pull one's mouth into a grin [sarcastic smile]; ohne eine Miene zu ~, ließ er alles über sich ergehen he took everything without moving a muscle (*od.* *sl.* without batting an eyelid). – 3. (*verzerren*) distort, twist, contort, (*krampfhaft*) convulse. – 4. (*falsch erziehen, verwöhnen*) spoil, (*stärker*) ruin: die Großeltern haben das Kind völlig verzogen the grandparents have absolutely spoiled (*od.* spoilt) the child. – 5. *hort.* (*junge Pflanzen*) thin out. – III *v/reflex* ⟨h⟩ sich ~ 6. (*von Gesicht, Mund etc*) twist: sein Mund verzog sich zu einem hämischen Lächeln his mouth twisted into a sarcastic smile; sein Mund verzog sich zu einem breiten Grinsen his mouth widened into a broad grin. – 7. (*sich verzerren*) become distorted (*krampfhaft* convulsed), contort. – 8. *tech.* (*aus der Fluchtebene*) misalign. – 9. (*von Holz etc*) warp: die Türen haben sich in dem feuchten Klima verzogen the doors have warped in the damp climate. – 10. (*von Rock, Teppich etc*) pull (*od.* go) out of shape. – 11. *fig. colloq.* (*verschwinden*) disappear, vanish. – 12. *fig. colloq.* (*fortgehen*) go, leave, be off, make tracks (*colloq.*): einige Gäste haben sich schon um neun Uhr verzogen some of the guests left as early as nine o'clock; ich verziehe mich jetzt (ins Bett) I'm going (*od.* I'm off) to bed now; verzieh dich! be off with you! – 13. *fig. colloq.* (*sich davonmachen*) make off: er hat sich verzogen, bevor die Polizei kam he made off before the police came. – 14. (*von Wolken, Rauch, Dampf, Nebel etc*) disperse, dissolve. – 15. (*von Menschenmenge etc*) disperse, scatter, break up. – 16. (*von Sturm, Gewitter etc*) pass (over), blow over. – 17. (*von Schmerzen*) pass (over). – 18. *med.* (*von Schwellung*) subside.

ver'zie·ren I *v/t* ⟨*no* ge-, h⟩ 1. decorate, adorn: ein Kleid mit Stickerei ~ to decorate a dress with embroidery. – 2. (*mit Besatz*) trim. – 3. (*verschönern*) embellish, dress (up), beautify. – 4. (*mit viel Blumen u. Ornamenten*) ornament, flourish. – 5. *gastr.* (*Torte, belegte Brote etc*) garnish, decorate, dress. – 6. *mus.* (*Ton, Motiv, Melodie etc*) decorate, ornate, embellish, ornament, grace. – II V~ *n* ⟨-s⟩ 7. *verbal noun.* – 8. *cf.* Verzierung. – 9. decoration, adornment. – 10. (*Verschönern*) embellishment, beautification. – 11. (*mit viel Blumen etc*) ornamentation. – 12. *gastr.* garnishment, decoration. — **Ver'zie·rer** *m* ⟨-s; -⟩ decorator, ornamenter. — **Ver'zie·rung** *f* ⟨-; -en⟩ 1. *cf.* Verzieren. – 2. decoration, adornment: brich dir bloß keine ~en ab! *fig. colloq.* get off (*od.* come down from) your high horse! – 3. (*verschönerndes Element*) embellishment. – 4. (*in Form von Blumen, Ornamenten etc*) ornament(ation). – 5. *gastr.* garnish(ment), decoration. – 6. *mus.* embellishment, ornament, grace.

Ver'zie·rungs,zei·chen *n mus.* ornament [sign.]

ver'zim·mern (*mining*) **I** *v/t* ⟨*no* ge-, h⟩ crib, timber. – II V~ *n* ⟨-s⟩ *verbal noun.* — **Ver'zim·me·rung** *f* ⟨-; -en⟩ 1. *cf.* Verzimmern. – 2. *collect.* (*Balken, Bohlen u. Bretter*) timbering, timberwork, *auch* cribbing.

ver'zin·ken[1] *metall.* **I** *v/t* ⟨*no* ge-, h⟩ 1. galvanize *Br. auch* -s-. – 2. (*feuerverzinken*) hot-galvanize *Br. auch* -s-, pot-galvanize *Br. auch* -s-. – 3. (*galvanisch*) cold-galvanize *Br. auch* -s-, electroplate. – II V~ *n* ⟨-s⟩ 4. *verbal noun.* – 5. *cf.* Verzinkung[1].

ver'zin·ken[2] *tech.* **I** *v/t* ⟨*no* ge-, h⟩ 1. (*verzapfen*) mortise (*auch* mortice) and tenon. – 2. (*verschwalben*) dovetail. – II V~ *n* ⟨-s⟩ 3. *verbal noun.* – 4. *cf.* Verzinkung[2].

ver'zin·ken[3] *v/t* ⟨*no* ge-, h⟩ j-n ~ *colloq.* to squeal (*od.* squeak) on s.o. (*colloq.*).
Ver·zin·ke'rei *f* ⟨-; -en⟩ *metall.* galvanizing (*Br. auch* -s-) plant (*od.* shop).
Ver'zin·kung[1] *f* ⟨-; *no pl*⟩ *metall.* **1.** *cf.* Verzinken[1]. – **2.** galvanization *Br. auch* -s-.
Ver'zin·kung[2] *f* ⟨-; -en⟩ *tech.* **1.** *cf.* Verzinken[2]. – **2.** (*Resultat*) mortise (*auch* mortice) joint, tenon joint.
Ver'zin·kungs,an,la·ge *f metall.* galvanizing (*Br. auch* -s-) plant.
ver'zin·nen [-'tsınən] *metall.* **I** *v/t* ⟨*no* ge-, h⟩ **1.** tin. – **2.** (*feuerverzinnen*) tin-coat. – **3.** (*galvanisch*) tin-plate. – **II V~** *n* ⟨-s⟩ **4.** *verbal noun.* — **Ver'zin·ner** *m* ⟨-s; -⟩ tinner, tin-plater, tin-coater. — **Ver'zin·nung** *f* ⟨-; *no pl*⟩ *cf.* Verzinnen.
ver'zins·bar *adj cf.* verzinslich.
ver'zin·sen *econ.* **I** *v/t* ⟨*no* ge-, h⟩ **1.** pay interest on: eine Summe mit 3 % verzinsen to pay 3 percent (*Br.* per cent) interest on a sum; die Summe wird mit 3 % verzinst the sum bears (*od.* yields) 3 percent (interest). – **II** *v/reflex* sich ~ **2.** yield (*od.* bear, carry) interest, yield (*od.* bring) a return: sich zu (*od.* mit) 3 % ~ to yield 3 percent (*Br.* per cent) (interest), to yield at 3 percent; sich nicht ~ not to yield interest, to lie dormant. – **III V~** *n* ⟨-s⟩ **3.** *verbal noun.* – **4.** *cf.* Verzinsung. — **ver'zins·lich** [-'tsınslıç] *adj* (*Papiere etc*) interest-bearing, yielding (*od.* bearing) interest: ~ mit 3 % bearing interest at the rate of 3 percent (*Br.* per cent); ~es Darlehen loan on interest; Geld ~ anlegen to put out money at interest; ~ vom 1. Januar interest payable from January 1st. — **Ver'zin·sung** *f* ⟨-; *no pl*⟩ **1.** *cf.* Verzinsen. – **2.** (*Zinszahlung*) interest payment, payment of interest. – **3.** (*Zinsertrag*) interest yield (*od.* return). – **4.** (*Zinssatz*) interest rate, rate (of interest).
ver'zo·gen I *pp of* verziehen. – **II** *adj* (*Kind*) spoiled, spoilt, (*stärker*) ruined.
Ver'zö·ge·rer *m* ⟨-s; -⟩ **1.** delayer. – **2.** *synth.* inhibitor.
ver'zö·gern I *v/t* ⟨*no* ge-, h⟩ **1.** delay, retard: das schlechte Wetter hat die Bauarbeiten verzögert the bad weather has delayed the construction work. – **2.** (*verlangsamen*) slow down. – **3.** (*in die Länge ziehen*) protract. – **II** *v/reflex* sich ~ **4.** be delayed: leider hat sich meine Abreise verzögert my departure has unfortunately been delayed. – **5.** (*auf sich warten lassen*) be long in coming. – **III V~** *n* ⟨-s⟩ **6.** *verbal noun.* – **7.** *cf.* Verzögerung. — **ver'zö·gernd I** *pres p.* – **II** *adj* (*Moment, Maßnahmen etc*) dilatory, retarding, retardative, retardatory, retardant, *auch* retardent. — **Ver'zö·ge·rung** *f* ⟨-; -en⟩ **1.** *cf.* Verzögern. – **2.** delay, retardation, procrastination: diese Angelegenheit duldet keine ~ this matter allows of (*od.* brooks) no delay. – **3.** (*In-die-Länge-Ziehen*) protraction. – **4.** *phys.* deceleration. – **5.** *tech.* a) delay, retardation, b) (*einer Geschwindigkeit*) deceleration, slowing down. – **6.** *electr.* (time) lag. – **7.** *auto.* (*bei der Zündung*) lag.
Ver'zö·ge·rungs|ge,fecht *n mil.* delaying action. — **~im,puls** *m phys.* deceleration impulse. — **~,lin·se** *f* (*optics*) cutoff (*Br.* cut-off) lens. — **~po·li,tik** *f* dilatory policy. — **~re,lais** *n electr.* time-delay relay. — **~,span·nung** *f telev.* threshold voltage. — **~,tak·tik** *f* delaying tactics *pl.* — **~,zün·der** *m mil.* delay(ed-action) fuse (*Am.* fuze).
ver'zoll·bar *adj cf.* zollpflichtig.
ver'zol·len *econ.* **I** *v/t* ⟨*no* ge-, h⟩ **1.** pay duty on, clear (*s.th.*) (through [the] customs): haben Sie etwas zu ~? have you anything to declare? – **II V~** *n* ⟨-s⟩ **2.** *verbal noun.* – **3.** *cf.* Verzollung. — **ver'zollt I** *pp.* – **II** *adj* duty-paid: ~e Waren duty-paid goods; die Waren sind ~ *bes. mar.* the goods have cleared (the) customs. — **Ver'zol·lung** *f* ⟨-; *no pl*⟩ **1.** *cf.* Verzollen. – **2.** payment of duty, (customs) clearance: Verkauf nach erfolgter ~ duty-paid sale.
ver'zücken (*getr.* -k·k-) **I** *v/t* ⟨*no* ge-, h⟩ enrapture, ecstasize *Br. auch* -s-. – **II V~** *n* ⟨-s⟩ *verbal noun*: (über *acc* etwas) in V~ geraten to go into ecstasy (*od.* ecstasies) (over *od.* about s.th.), to go (off) in(to) raptures (over *od.* about s.th.).
ver'zuckern (*getr.* -k·k-) **I** *v/t* ⟨*no* ge-, h⟩ **1.** (*mit Zucker bestreuen*) (dust *s.th.* with) sugar. – **2.** (*mit Zuckerguß überziehen*) ice, frost. – **3.** (*kandieren*) candy. – **4.** *brew.* saccharify. – **5.** *fig. cf.* versüßen 2. – **II** *v/i* ⟨sein⟩ **6.** (*von Honig, Marmelade etc*) crystallize *Br. auch* -s-, *Am. auch* crystalize, sugar. – **III V~** *n* ⟨-s⟩ **7.** *verbal noun.* — **Ver'zucke·rung** (*getr.* -k·k-) *f* ⟨-; *no pl*⟩ **1.** *cf.* Verzuckern. – **2.** (*von Honig etc*) crystallization *Br. auch* -s-, *Am. auch* crystalization. – **3.** *brew.* saccharification.
ver'zückt I *pp.* – **II** *adj* ecstatic, enraptured, (en)rapt: ~ sein (über *acc* over, about) to be enraptured (*od.* in raptures). — **Ver'zückt·heit** *f* ⟨-; *no pl*⟩ ecstasy, rapture.
Ver'zückung (*getr.* -k·k-) *f* ⟨-; *no pl*⟩ **1.** ecstasy, rapture, ravishment: (über *acc* etwas) in ~ geraten to go into ecstasy (*od.* ecstasies) (over *od.* about s.th.), to go (off) in(to) raptures (over *od.* about s.th.). – **2.** trance, exaltation.
Ver'zug *m* ⟨-(e)s; *no pl*⟩ **1.** delay: etwas ohne ~ ausführen to carry s.th. out without delay. – **2.** *econ.* default, delay, arrear(s *pl*): im Falle des ~s in (case of) default; im ~ sein, sich im ~ befinden to be in default (*od.* in arrear[s]); j-n in ~ setzen to put s.o. in default; in ~ geraten to (come in) default, to get into arrears; mit der Zinszahlung im ~ sein to make default with the payment of interest. – **3.** es ist Gefahr im ~ there is danger ahead. – **4.** *fig. colloq.* (*bevorzugtes Kind, Liebling*) darling, pet: sie ist der ~ der ganzen Familie she is the pet of the whole family. – **5.** *tech.* (*in Mechanik*) distortion, warpage. – **6.** *electr.* delay, lag. – **7.** (*mining*) lagging.
Ver'zugs|,ak·tie *f econ. cf.* Nachzugsaktie. — **~,stra·fe** *f* penalty for delay (*od.* default). — **~,ta·ge** *pl* days of grace. — **~,zin·sen** *pl* interest *sg* for default (*od.* on arrears), default (*od.* past-due) interest *sg.* — **~,zu,schlag** *m* extra (charge) for delay (*od.* default).
ver'zun·dern [-'tsʊndərn] *v/t* ⟨*no* ge-, h⟩ *metall.* scale.
ver'zwat·zeln [-'tsvatsəln] *v/i* ⟨*no* ge-, sein⟩ *Southern G. colloq.* go round the bend, go up the wall (*beide sl.*): da kann man ja ~ it would drive you round the bend (*sl.*).
ver'zwei·feln I *v/i* ⟨*no* ge-, sein⟩ **1.** (an *dat* of) despair, (*stärker*) despond: er ist am Leben verzweifelt he despaired of life; an j-m ~ to despair of s.o.; nur nicht ~! (*Aufforderung zum Weitermachen*) never say die! – **II V~** *n* ⟨-s⟩ **2.** *verbal noun*: es ist zum V~ it's enough to drive one to despair (*od. sl.* round the bend). – **3.** *cf.* Verzweiflung. — **ver'zwei·felt I** *pp.* – **II** *adj* **1.** (*Person*) desperate, despairing, (*stärker*) despondent: er war völlig ~ he was in the depths of despair. – **2.** ⟨*attrib*⟩ (*Anstrengungen, Kampf, Versuch etc*) desperate. – **III** *adv* **3.** *colloq.* (*sehr*) precious (*colloq.*), desperately, extremely: das ist ~ wenig that is precious little; es war ihm ~ ernst he was dead serious about it; er hatte das Geld ~ nötig he desperately needed the money. — **Ver'zweif·lung** *f* ⟨-; *no pl*⟩ despair, desperation, (*stärker*) despondence, despondency: ein Akt der ~ an act of despair, a desperate act; er hat es aus ~ getan he did it out of despair; j-n zur ~ bringen (*od.* treiben) a) to drive s.o. to despair, b) *colloq.* to drive s.o. mad (*od. sl.* round the bend); du bringst mich mit deiner Fragerei (noch) zur ~ you drive me mad with your questions; in ~ geraten to despair; → Mut 1.
Ver'zweif·lungs,tat *f* act of despair, desperate act.
ver'zwei·gen [-'tsvaıgən] **I** *v/reflex* ⟨*no* ge-, h⟩ sich ~ **1.** *auch fig.* branch out, ramify. – **II V~** *n* ⟨-s⟩ **2.** *verbal noun.* – **3.** *cf.* Verzweigung.
Ver'zwei·ger *m* ⟨-s; -⟩ *tel.* branch point.
ver'zweigt I *pp.* – **II** *adj* **1.** *fig.* (*Familie, Verwandtschaft, Unternehmen, Straßennetz etc*) branching, branched: etwas ist weit ~ s.th. branches (out) widely. – **2.** *med.* branched, ramose, ramous, ramified.
Ver'zwei·gung *f* ⟨-; -en⟩ **1.** *cf.* Verzweigen. – **2.** ramification, embranchment. – **3.** *med.* a) ramification, arborization, b) (*in zwei Teile*) bifurcation.
ver'zwickt [-'tsvıkt] *adj colloq.* (*verwickelt, kompliziert*) intricate, complicated: die Sache ist ganz ~ it is a rather intricate affair. — **Ver'zwickt·heit** *f* ⟨-; *no pl*⟩ intricacy, complication.
Ve·si·ca [ve'ziːka] *f* ⟨-; -cae [-tsɛ]⟩ *med.* **1.** bladder, vesica (*scient.*). – **2.** (*Harnblase*) (urinary) bladder, vesica urinalis (*scient.*). — **ve·si'kal** [-zi'kaːl] *adj* vesical.
Ve·si·kans [ve'ziːkans] *n* ⟨-; -kanzien [-zi'kantsĭən] *u.* -kantia [-zi'kantsĭa]⟩ *med. pharm.* blistering agent, vesicant (*scient.*).
ve·si·ku·lär [veziku'lɛːr] *adj med.* vesicular. — **V~,at·men** *n* vesicular respiration.
ve·si·ku·lös [veziku'løːs] *adj med.* vesicular.
Ves·per[1] ['fɛspər] *f* ⟨-; -n⟩ **1.** *röm.kath.* vespers *pl*, *auch* Vespers *pl*, vesper service. – **2.** *relig. cf.* Vespergottesdienst.
'Ves·per[2] *n* ⟨-s; -⟩ *Southern G. cf.* Brotzeit.
'Ves·per|,bild *n relig.* (*art*) Pietà. — **~,brot** *n Southern G.* snack: sein ~ essen to have a snack. — **~,glocke** (*getr.* -k·k-) *f* vesper (bell). — **~,got·tes,dienst** *m relig.* evening service. — **~,läu·ten** *n* vesper (bell).
ves·pern ['fɛspərn] *v/i* ⟨h⟩ *Southern G.* pause (*od.* take a break) for a snack.
'Ves·per|,stun·de, ~,zeit *f* **1.** *röm.kath.* vespers *pl*, *auch* Vespers *pl*, vespertide. – **2.** *Southern G.* a) late afternoon, b) late afternoon break.
Ve·sta ['vɛsta] **I** *npr f* ⟨-; *no pl*⟩ *myth.* Vesta (*Roman goddess of the hearth and hearth fire*). – **II** *f* ⟨-; *no pl*⟩ *astr.* Vesta. — **Ve·sta·lin** [vɛs'taːlın] *f* ⟨-; -nen⟩ *antiq.* vestal, *auch* vestal virgin.
Ve·ste ['fɛstə] *f* ⟨-; -n⟩ *obs. for* Feste 1.
Ve·sti·bül [vɛsti'byːl] *n* ⟨-s; -e⟩ *lit.* vestibule.
Ve·sti·bu'lar·ap·pa,rat [vɛstibu'laːr-] *m med.* (*im Ohr*) vestibular organ (*od.* apparatus).
Ve·sti·bu·lum [vɛs'tiːbulʊm] *n* ⟨-s; -bula [-la]⟩ *med. od. antiq.* (*Vorhof*) vestibule, vestibulum.
Ve·sti·tur [vɛsti'tuːr] *f* ⟨-; -en⟩ *hist. cf.* Investitur.
Ve·su·vi·an [vezu'vĭaːn] *m* ⟨-s; -e⟩ *min.* vesuvianite, idocrase.
ve·su·visch [ve'zuːvıʃ] *adj geogr.* Vesuvian.
Ve·te·ran [vete'raːn] *m* ⟨-en; -en⟩ **1.** *mil.* veteran, *bes. Br.* ex-serviceman. – **2.** *fig.* (*altgedienter, bewährter Mensch*) veteran, old hand, old-timer. – **3.** *auto.* vintage car, old-timer.
Ve·te'ra·nen|,tref·fen *n* **1.** meeting of veterans (*bes. Br.* ex-servicemen). – **2.** *auto.* assembly of vintage cars (*od.* old-timers). — **~,wa·gen** *m auto.* vintage car, old-timer.
ve·te·ri·när [veteri'nɛːr] *adj* (*tierärztlich*) veterinary.
Ve·te·ri'när *m* ⟨-s; -e⟩ (*Tierarzt*) veterinarian, *Br.* veterinary surgeon, vet (*colloq.*). — **~,arzt** *m cf.* Veterinär. — **v~,ärzt·lich** *adj* veterinary. — **~,kli·nik** *f* veterinary hospital. — **~me·di,zin** *f* veterinary medicine. — **~of·fi,zier** *m mil.* veterinary officer.
Ve·to ['veːto] *n* ⟨-s; -s⟩ *bes. pol.* veto: aufschiebendes ~ suspensive veto; ein (*od.* sein) ~ (gegen etwas) einlegen to veto (s.th.), to put a (*od.* one's) veto (on s.th.); sich über ein ~ hinwegsetzen to override a veto. — **~,recht** *n* right of veto, *Am.* veto power: sein ~ ausüben to exercise one's right of veto.
Vet·tel ['fɛtəl] *f* ⟨-; -n⟩ alte ~ *archaic contempt.* old hag (*od. sl.* bitch, bag).
Vet·ter ['fɛtər] *m* ⟨-s; -n⟩ (male first) cousin, *bes. Am. colloq.* coz. — **'Vet·te·rin** *f* ⟨-; -nen⟩ *obs. for* Base[1] 1, 2.
'Vet·ter·les,wirt·schaft ['fɛtərləs-] *f* ⟨-; *no pl*⟩ *Southern G. for* Vetternwirtschaft.
'vet·ter·lich *adj* cousinly.
'Vet·ter·li,wirt·schaft ['fɛtərli-] *f* ⟨-; *no pl*⟩ *Swiss for* Vetternwirtschaft.
'Vet·tern,hei·rat *f* marriage between cousins.
'Vet·tern·schaft *f* ⟨-; *no pl*⟩ cousinship, cousinhood.
'Vet·tern,wirt·schaft *f* ⟨-; *no pl*⟩ *colloq. contempt.* favoritism, *bes. Br.* favouritism, nepotism, *bes. Am. colloq.* cronyism: in dem Betrieb herrscht eine furchtbare ~ there is an awful lot of nepotism in that firm (*colloq.*).
'Vet·ter·schaft *f* ⟨-; *no pl*⟩ *cf.* Vetternschaft.
Ve'xier,bild *n* picture puzzle.
ve·xie·ren [vɛ'ksiːrən] *v/t* ⟨*no* ge-, h⟩ **1.** (*necken*) tease. – **2.** (*irreführen*) mislead.
Ve'xier|,schloß *n tech.* combination (*od.* puzzle, permutation) lock. — **~,spie·gel** *m* distorting (*od.* magic) mirror.
Ve·xil·lum [vɛ'ksılʊm] *n* ⟨-s; -xilla [-la] *u.* -xillen⟩ **1.** *antiq.* (*altrömische Fahne*) vexillum. – **2.** *zo.* (*der Vogelfeder*) vexillum.

Ve·zier [veˈziːr] *m* ⟨-s; -e⟩ *hist. cf.* Wesir.

V-ˌForm [ˈfaʊ-] *f* V-shape. — **V-ˌför·mig** [ˈfaʊ-] *adj* V-shaped, in the shape of a V. — **V-Ge·ˌspräch** [ˈfaʊ-] *n tel.* (booked) personal (*od.* person-to-person) call.

via [ˈviːa] *prep* via: nach Hamburg ~ Hannover fahren to go to Hamburg via Hanover.

Via·dukt [vĭaˈdʊkt] *m* ⟨-(e)s; -e⟩ viaduct.

Via·ti·kum [ˈvĭaːtikʊm] *n* ⟨-s; -tika [-ka] *od.* -tiken⟩ *röm.kath.* (*letzte Kommunion*) viaticum.

Vi·brant [viˈbrant] *m* ⟨-en; -en⟩ *ling. mus.* vibrant.

Vi·bra·phon [vibraˈfoːn] *n* ⟨-s; -e⟩ *mus.* vibraphone, vibraharp.

Vi·bra·ti·on [vibraˈtsĭoːn] *f* ⟨-; -en⟩ **1.** *cf.* Vibrieren. – **2.** vibration. – **3.** *phys.* vibration.

Vi·bra·tiˈons|ap·pa·ˌrat *m* (*bes. für Massage*) vibrator, vibratory apparatus. — **~ˌauf·ˌneh·mer** *m electr.* vibration recorder. — **~gal·va·no·ˌme·ter** *n phys.* vibration galvanometer. — **~mas·ˌsa·ge** *f med.* (electro)vibratory massage. — **~ˌschwei·ßung** *f metall.* pulsation welding. — **~ˌsinn** *m biol.* vibrational sense. — **~ˌspu·le** *f electr.* vibration coil.

vi·bra·to [viˈbraːto] *mus.* **I** *adv u. adj* vibrato. – **II V~** *n* ⟨-s; -s *u.* -brati [-ti]⟩ vibrato.

Vi·bra·tor [viˈbraːtɔr] *m* ⟨-s; -en [-braˈtoːrən]⟩ (*Gerät*) vibrator.

vi·brie·ren [viˈbriːrən] **I** *v/i* ⟨*no* ge-, h⟩ **1.** (*von Saiten, Stimme, Stimmgabel, Ton etc*) vibrate. – **2.** (*zittern, beben*) vibrate, tremble, quiver. – **3.** *phys.* vibrate: etwas ~ lassen to vibrate s.th. – **II V~** *n* ⟨-s⟩ **4.** *verbal noun.* – **5.** *cf.* Vibration. — **viˈbrie·rend I** *pres p.* – **II** *adj* vibrating, vibrant.

Viˈbrier·ˌtisch *m tech.* vibrating table.

Vi·brio [ˈviːbrio] *m* ⟨-; -nen [vibriˈoːnən]⟩ *med.* (*Bakterie*) vibrio.

Vi·bro·gramm [vibroˈgram] *n* ⟨-s; -e⟩ *phys.* vibrogram.

Vi·bro·graph [vibroˈgraːf] *m* ⟨-en; -en⟩ *phys.* vibrograph, vibrometer.

ˈVi·bro·mas·ˌsa·ge [ˈviːbro-] *f med. short for* Vibrationsmassage.

Vi·bro·re·zep·to·ren [vibroretsɛpˈtoːrən] *pl biol.* vibroreceptors.

Vi·bur·num [viˈbʊrnʊm] *n* ⟨-s; *no pl*⟩ *bot. cf.* Schneeball 2.

vi·ce ver·sa [ˈviːtse ˈvɛrza] *adv* (*umgekehrt*) vice versa.

Vi·com·te [viˈkõːt] *m* ⟨-s; -s⟩ viscount. — **Vi·comˈtesse** [-kõˈtɛs] *f* ⟨-; -n [-sən]⟩ viscountess.

vi·de [ˈviːde] *obs.* see, vide.

ˈVi·deo|ˌauf·ˌzeich·nung [ˈviːdeo-] *f telev.* video recording. — **~fre·ˌquenz** *f* video frequency. — **~ma·ˌgnet·ˌband** *n* video tape. — **~ˌplat·te** *f* video disc (*od.* disk). — **~re·ˌcor·der** *m* video recorder (*od.* reproducer). — **~si·ˌgnal** *n* video signal. — **~ˌspur** *f* video track.

vi·die·ren [viˈdiːrən] *v/t* ⟨*no* ge-, h⟩ *Austrian for* a) beglaubigen 1, b) unterschreiben 2.

Vi·di·ma·ti·on [vidimaˈtsĭoːn] *f* ⟨-; -en⟩ *jur.* vidimus.

Vi·di·ma·tum [vidiˈmaːtʊm] *n* ⟨-s; -s *u.* -mata [-ta]⟩ *jur. obs. for* Vidimation.

Viech [fiːç] *n* ⟨-(e)s; -er⟩ *colloq.* **1.** (*Tier*) animal, monster: ich habe Angst vor dem ~ I'm afraid of that animal. – **2.** *contempt.* beast, brute, 'swine' (*vulg.*). – **3.** (*lästiges Insekt*) creepy-crawly, *bes. Am.* bug.

Vie·che·rei [fiːçəˈraɪ] *f* ⟨-; -en⟩ *Southern G. colloq.* **1.** (*Gemeinheit*) dirty (*od.* low, *sl.* rotten) trick: das war eine ~ that was a dirty trick (*od.* a rotten thing to do). – **2.** (*derber Spaß*) lark, prank. – **3.** (*Schufterei*) hard grind (*colloq.*), *bes. Br.* fag.

Vieh [fiː] *n* ⟨-(e)s; *no pl*⟩ **1.** *collect.* cattle (*usually construed as pl*), livestock: 20 Stück ~ 20 head (*od.* piece) of cattle; ~ halten to have (*od.* keep) cattle; ~ züchten to breed (*od.* raise, rear) cattle; das ~ auf die Weide treiben to drive the cattle to (the) pasture; das ~ grast the cattle are (*auch* is) grazing; sie hausen wie das liebe ~ they live like animals (*od.* pigs). – **2.** *colloq.* (*Tier*) animal: das arme ~ ist fast verhungert the poor animal (*od.* thing) is nearly starved. – **3.** *contempt.* beast, brute, swine (*vulg.*): er ist ein richtiges ~ he's an absolute beast. — **~ˌauf·ˌtrieb** *m* **1.** *cf.* Almauftrieb. – **2.** *cf.* Auftrieb 6. — **~ˌaus·ˌstel·lung** *f* cattle show, livestock exhibition. — **~be·ˌstand** *m* (live)stock. — **~ˌdieb** *m* cattle thief, *Br.* cattle lifter, *Am. colloq.* (cattle) rustler. — **~ˌdieb·ˌstahl** *m* cattle-stealing, *Br.* cattle-lifting, *Am. colloq.* (cattle-)rustling. — **~ˌflie·ge** *f zo. cf.* Rinderbremse 1. — **~ˌfut·ter** *n agr.* fodder, forage, feed, provender. — **~ˌfüt·te·rung** *f* livestock feeding. — **~ˌhal·ter** *m* keeper of cattle. — **~ˌhal·tung** *f* keeping of cattle. — **~ˌhan·del** *m* cattle trade, trade in livestock. — **~ˌhänd·ler** *m* cattle (*od.* livestock) dealer. — **~ˌher·de** *f* herd of cattle. — **~ˌhirt, ~ˌhir·te** *m* herdsman. — **~ˌhir·tin** *f* herdswoman. — **~ˌhof** *m* stockyard, *bes. Am.* corral.

vie·hisch [ˈfiːɪʃ] *contempt.* **I** *adj* (*roh, grausam*) bestial, brutal, beastly. – **II** *adv* j-n ~ behandeln to treat s.o. brutally.

ˈVieh|ˌknecht *m* herdsman, stockman, cattleman. — **~ˌmagd** *f* herdswoman. — **~ˌmarkt** *m* cattle (*od.* livestock) market. — **~ˌmast** *f* fattening. — **~ˌpacht** *f* lease of livestock. — **~ˌpäch·ter** *m* leaseholder of livestock. — **~ˌsalz** *n* ⟨-es; *no pl*⟩ cattle salt. — **~ˌscha·den** *m* damage caused by cattle.

ˈVieh·ˌseu·che *f vet.* **1.** cattle plague, rinderpest. – **2.** infectious disease of animals.

ˈVieh·ˌseu·chen|be·ˌkämp·fung *f vet.* combat(t)ing of infectious diseases of animals. — **~ge·ˌsetz** *n jur. vet.* law concerning epizootic diseases. — **~ge·ˌsetz·ˌge·bung** *f* legislation on epizootic diseases.

ˈVieh|ˌstall *m agr.* cowshed, (cow) stable, *Am.* barn, *Br.* byre. — **~ˌstand** *m* stock of cattle, livestock. — **~ˌster·ben** *n* cattle deaths *pl*, loss of animal lives. — **~ˌträn·ke** *f* cattle watering tank. — **~trans·ˌport·ˌan·ˌhän·ger** *m* cattle trailer. — **~trans·ˌpor·ter** *m* cattle truck, livestock transporter. — **~ˌtrei·ben** *n* cattle droving (*od.* driving, whacking). — **~ˌtrei·ber** *m* cattle drover (*od.* driver, whacker). — **~ˌtrift** *f* cattle range. — **~ver·ˌsi·che·rung** *f econ.* cattle (*od.* livestock) insurance. — **~ˌwa·gen** *m* (*railway*) cattle waggon (*bes. Am.* wagon), *Am.* stockcar. — **~ˌwei·de** *f agr.* pasture, pasturage. — **~ˌwirt·schaft** *f* cattle industry, animal husbandry. — **~ˌzäh·lung** *f* livestock census. — **~ˌzeug** *n colloq.* **1.** animals *pl.* – **2.** (*im Haus gehaltene Tiere*) menagerie, pets *pl.* – **3.** (*Insekten*) insects *pl*, *bes. Am.* bugs *pl.* — **~ˌzucht** *f* cattle breeding, livestock production. — **~ˌzüch·ter** *m* cattle breeder (*od.* farmer), stockbreeder, stock raiser (*od.* farmer), *Am. auch* rancher. — **~ˌzüch·ter·ver·ˌband** *m* cattle breeders' association.

viel [fiːl] *indef pron* **I** (*adjektivisch*) ⟨mehr; meist⟩ **1.** ⟨*attrib*⟩ (*vor Substantiven im sg*) a great (*od.* good) deal of, much, plenty of; a lot of, lots of (*colloq.*): ~ Geld verdienen to earn a great deal of money; schade um das ~e Geld! it's a shame to waste all that money! trotz seines ~en Geldes ist er nicht glücklich despite all his money he is not happy; das kommt vom ~en Rauchen that comes from all that smoking; sich (*dat*) durch ~ Fleiß etwas erarbeiten to achieve s.th. through a great deal of hard work; ~ Glück! good luck (to you)! ~en Dank! thank you very much! many thanks! thanks a lot! ~ Spaß (*od.* Vergnügen)! a) have (a lot of) fun! have a good time! enjoy yourself! b) *iron.* have fun! nicht ~ Wesens (*od.* Aufhebens) von etwas machen not to make much fuss about s.th.; ~ Wesens (*od.* Aufhebens) von j-m machen to make a great (deal of) fuss of (*od.* over) s.o.; ~ Volk(s) war zusammengeströmt a great many people had gathered; in ~er Beziehung (*od.* Hinsicht) hat er recht he is right in many respects; ~ Milch trinken to drink a great deal of milk; das hat mich ~ Mühe gekostet (*od.* mir ~ Mühe gemacht) it cost me a lot of trouble, I went to a great deal of trouble (to do that); ~ Zeit auf (*acc*) etwas verwenden to spend a great deal of time on (*od.* at) s.th.; sie haben gleich ~ Geld they have the same amount of money; sie haben gleich ~ Talent they are equally talented; dazu gehört ~ Übung that takes a lot of practice; man braucht dafür unendlich ~ Geduld one needs a tremendous lot of patience (*od.* tremendous patience) for that; das hat ziemlich ~ Geld gekostet that cost quite a bit (of money), that cost quite a lot (*od.* a good deal) of money; er hat furchtbar (*od.* unheimlich) ~ Geld *colloq.* he has an awful lot of money (*colloq.*); jeder bekam soundso ~ (Geld) *colloq.* everyone was given so-and-so much (money); es hat ~, fast zu ~, Mühe gemacht it caused a great deal of trouble, indeed almost too much; er hat sehr ~ Zeit dafür gebraucht he took a lot of time at it (*od.* to do it); der hat so ~ Geld! *colloq.* he has so much (*od.* plenty of) money! so ~ Zeit haben wir nicht mehr we don't have so much time (*od.* such a lot of time) left; → Federlesen. – **2.** ⟨*attrib*⟩ (*vor Substantiven im pl*) many, a great number of, lots of (*colloq.*): er hat ~e Freunde he has many friends; denk doch an die ~en Menschen, die es schlechter haben just think of the great number of people who are worse off; überall die ~en Menschen! the crowds of people everywhere! ... und ~e andere ... and many more; in ~en Fällen in many cases; sie hat ~e Jahre auf ihn gewartet she waited many years for him; ~e Briefe schreiben to write a great number of letters; die beiden Firmen haben gleich ~(e) Angestellte the two firms have the same number of employees; sehr ~e Urlauber fahren in den Süden a great many holidaymakers (*Am.* vacationists) travel south; so ~e Male ist es gutgegangen it worked so many times before; er hat so ~e Gelegenheiten versäumt he missed so many opportunities. – **3.** ⟨*attrib*⟩ (*vor Zahlen*) ~e tausend Mark thousands and thousands of marks; ~e tausend Menschen thousands and thousands (*od.* many thousands) of people. – **4.** ⟨*pred*⟩ much, a great deal, a lot (*colloq.*): das ist nicht ~ that is not much; das ist ziemlich ~ that is quite a lot (*od.* bit, good deal). – **5.** ein bißchen (*od.* etwas) ~ (*zuviel*) a bit too much: er hat gestern ein bißchen ~ Wein getrunken he had a bit too much wine yesterday; das war ein bißchen ~! *colloq.* that was a bit much (*od. colloq.* thick, off)! – **II** (*substantivisch*) **6.** much, a great deal, a lot (*colloq.*): hat es ~ gekostet? did it cost much? ~es könnte noch verbessert werden there is (still) much room for improvement; das will ~ heißen (*od.* besagen) that is saying a great deal (*od.* a lot); das will nicht ~ sagen that's not saying much, that doesn't say much; sich (*dat*) ~ auf (*acc*) etwas einbilden to think a great deal of s.th., to be terribly conceited about s.th. (*colloq.*); darüber wäre noch ~(es) zu sagen there's still quite a lot to be said (*od.* to say) about that; mit meinem Auto ist nicht mehr ~ los my car is not worth much (*od. sl.* is no great shakes) anymore; es hätte nicht ~ gefehlt, und wir wären zusammengestoßen another inch and we would have crashed, it was a close shave, it was a near thing; er macht sich nicht ~ aus Musik he doesn't care much for (*od.* he isn't greatly interested in) music; sie haben nicht ~ they don't have much, they haven't a great deal; ich habe dir ~(es) zu erzählen I have a great deal do tell you; so ~ ist sicher (*od.* gewiß) one thing (*od.* this much) is certain. – **7.** *pl* (*viele Menschen*) many (people): ~e sind der Meinung, daß many people think that; es kamen ihrer ~e *lit.* many (people) came; es gibt nicht mehr ~e, die das können there are not many people left who are able to do that. – **8.** um ~es (*vor comp*) much, a great deal, far, by far (*nachgestellt*): er ist um ~es reicher als du he is much richer than you (are). – **9.** in ~em in many respects: in ~em muß ich ihm beipflichten I must agree with him in many respects. – **III** (*adverbial*) **10.** a great deal, a lot (*colloq.*): er muß zur Zeit ~ arbeiten he has to work a great deal at the moment; er hat ~ gelesen he has read a great deal; ich habe so ~ gelesen, daß mir die Augen wehtun I read so much that my eyes are sore. – **11.** (*oft*) a great deal, much; a lot, *Am.* aplenty (*colloq.*): er ist ~ auf Reisen he is away a great deal; seid ihr ~ ausgegangen? did you go out much? – **12.** (*sehr*) much, very: hier ist es auch nicht ~ anders it's not so very different here, there's not much difference here. – **13.** (*bei weitem*) much, far: ~ zuviel [zuwenig] much too much [little]; ~ besser [schlimmer, größer] much better [worse, bigger]; ich würde ~ lieber zu Hause bleiben I would much rather stay at home.

'viel|,ad(e)·rig adj electr. (Kabel) multicore, multicable (beide attrib): ~es Kabel multiconductor cable. — **~,ar·mig** [-,ʔarmɪç] adj 1. (Tintenfisch, Krake, Ungeheuer) many-armed. – 2. ~er Leuchter candelabra with many branches. — **~ato·mig** [-ʔa,toːmɪç] adj chem. polyatomic. — **~,bän·dig** [-,bɛndɪç] adj (Lexikon etc) multivolume(d). — **~be,fah·ren** adj ⟨attrib⟩ (Straße etc) much-used (od. -traveled, bes. Br. -travelled). — **~be,gan·gen** adj ⟨attrib⟩ (Weg etc) much-used (od. -frequented, -trodden). — **~be,gehrt** adj ⟨attrib⟩ much-sought-after. — **~be,schäf·tigt** adj ⟨attrib⟩ very busy. — **~be,spro·chen** adj ⟨attrib⟩ much-discussed, much-talked-of. — **~be,sucht** adj ⟨attrib⟩ (Lokal, Kino etc) much-frequented. — **~be,wun·dert** adj ⟨attrib⟩ much-admired. — **V~,blatt** n arch. (als Ornament) multifoil, polyfoil. — **~,blät·te·rig, ~,blätt·rig** adj 1. bot. multifoliate. – 2. arch. multifoil (attrib).

'Viel,bor·ster [-,bɔrstər] pl zo. cf. Borstenwürmer.

'viel,deu·tig [-,dɔʏtɪç] adj (Wort, Begriff, Aussage etc) ambiguous, equivocal, multivocal. — **'Viel,deu·tig·keit** f ⟨-; no pl⟩ ambiguity, ambiguousness, equivocality, equivocalness.

'Viel|,eck n ⟨-(e)s; -e⟩ math. polygon. — **v~,eckig** (getr. -k·k-) adj polygonal, multiangular.

'Viel|,ehe f polygamy. — **v~,ehig** adj polygamous, polygamic, auch polygamical.

'vie·len'orts adv in many places.

'vie·ler'lei adj ⟨undeclined⟩ 1. various, manifold: es gingen ~ Beschwerden ein various complaints (od. complaints of various descriptions) came in; das kann man auf ~ Arten machen one can do that in many different ways. – 2. (substantivisch) all sorts of things: ich habe noch ~ zu erledigen I still have all sorts of things to do.

'viel·er,ör·tert adj ⟨attrib⟩ much-discussed.

'vie·ler'orts adv in many places.

'viel,fach I adj 1. multiple, manifold, multifold: er ist ~er Millionär he is a multimillionaire; auf ~en Wunsch unserer Hörer upon the request of many of our listeners. – **II** adv 2. (in vielen Fällen) in many cases, many times: diese Methode hat sich ~ bewährt this method has proved its worth many times. – 3. colloq. (oft) very often, many times: ich habe schon ~ gehört, daß I have often heard that. – **III V~e, das** ⟨-n⟩ 4. math. the multiple: ganzes V~es integral (od. whole) multiple; das kleinste gemeinsame V~e the least common multiple; eine Zahl um ihr V~es vermehren to increase a number by its multiple. – 5. um ein V~es many times over, manifold: er konnte sein Geld um ein V~es vermehren he was able to increase his wealth many times over; dieser Weg ist um ein V~es kürzer this way is shorter by far.

'viel,fä·che·rig adj 1. with many compartments (od. partitions). – 2. bot. multilocular.

'Viel,fach·heit f ⟨-; no pl⟩ math. multiplicity.

'Viel,fach|,ka·bel n electr. tel. multiple (od. bank) cable. — **~,schal·ter** m multiple switch. — **~,schal·tung** f multiple connection (Br. auch connexion). — **~,stecker** (getr. -k·k-) m manifold (od. multiple) plug. — **~ver,kehr** m (radio) multiplex transmission. — **~zer,le·gung** f nucl. multiple decay (of an atomic nucleus).

'Viel,falt [-,falt] f ⟨-; no pl⟩ 1. (der Farben, Töne, des Angebots etc) variety, diversity. – 2. (menschlicher Charaktereigenschaften etc) multiplicity, multifariousness, multitudinousness, manifoldness.

'viel,fäl·tig [-,fɛltɪç] adj 1. manifold, varied, various, diverse. – 2. manifold, multifarious, multitudinous. — **'Viel,fäl·tig·keit** f ⟨-; no pl⟩ cf. Vielfalt.

'viel,far·big adj multicolored, bes. Br. multi-coloured, varicolored, bes. Br. varicoloured, variegated; polychromatic, polychrome (scient.). — **'Viel,far·big·keit** f ⟨-; no pl⟩ variegation; polychrome, auch polychromy (scient.).

'Viel|,flach n ⟨-(e)s; -e⟩ math. polyhedron. — **v~,flä·chig** adj polyhedral, polyhedric, auch polyhedrical.

'Viel,fläch·ner [-,flɛçnər] m ⟨-s; -⟩ math. cf. Vielflach.

'Viel,fraß m ⟨-es; -e⟩ 1. zo. (Marderart) glutton (Gulo gulo): Amerikanischer ~ wolverine, auch wolverene, quickhatch (G. luscus). – 2. fig. colloq. glutton, greedy person.

'Viel,fü·ßer m ⟨-s; -⟩ zo. polypod, multiped. — **v~,fü·ßig** adj polypod(ous), multiped (attrib).

'viel|ge,braucht adj ⟨attrib⟩ much-used. — **~ge,kauft** adj ⟨attrib⟩ much-bought, frequently bought. — **~ge,liebt** adj ⟨attrib⟩ dearly beloved, well-beloved. — **~ge,nannt** adj ⟨attrib⟩ much-mentioned, frequently mentioned. — **~ge,prie·sen** adj ⟨attrib⟩ 1. much-praised. – 2. iron. great. — **~ge,prüft** adj ⟨attrib⟩ much-tried. — **~ge,reist** adj ⟨attrib⟩ much- (od. well)-traveled (bes. Br. -travelled). — **~ge,rühmt** adj ⟨attrib⟩ cf. vielgepriesen. — **~ge,schmäht** adj ⟨attrib⟩ much-abused.

'viel·ge,stal·tig [-gə,ʃtaltɪç] adj 1. multiform, diversiform, variform; polymorphic, auch polymorph, polymorphous (scient.). – 2. fig. (mannigfaltig) multifarious, manifold. — **'Viel·ge,stal·tig·keit** f ⟨-; no pl⟩ 1. multiformity, diversity, polymorphism (scient.). – 2. fig. multifariousness, manifoldness.

'viel|,glie·de·rig, ~,glied·rig adj math. polynomial.

,Viel·göt·te'rei [-gœtə'raɪ] f ⟨-; no pl⟩ polytheism.

'viel,grif·fe·lig [-,grɪfəlɪç], **'viel,griff·lig** [-,grɪflɪç] adj bot. polystylous.

'Viel,här·tungs,riß m tech. heat (od. hot thermal) crack.

'Viel·heit f ⟨-; no pl⟩ cf. Vielzahl.

,viel'hun·dert,mal adv hundreds (and hundreds) of times.

'viel,jäh·rig adj cf. langjährig.

'Viel,kant [-,kant] n, m ⟨-(e)s; -e⟩ math. polyhedron.

'Viel,keil|ver,zah·nung f tech. multiple splining. — **~,wel·le** f multiple spline shaft.

'viel,ker·nig adj 1. bot. having many pips (od. seeds, stones). – 2. med. (in Histologie) polynuclear, multinuclear, multinucleate.

'Viel,klang m mus. chord (composed of more than four tones).

'viel,köp·fig [-,kœpfɪç] adj 1. (Ungeheuer) many-headed. – 2. (Familie etc) large. – 3. (Menge) multitudinous, large. – 4. zo. (Bandwurm) polycephalous.

'Viel,kör·per·pro,blem n phys. many-body problem.

'viel,lap·pig adj bot. many-lobed; multilobate, multilobed, multilobular (scient.).

viel·leicht [fi'laɪçt] adv 1. perhaps, maybe, possibly, (in Fragen) auch by any chance, perchance (poet.): Sie haben ~ recht perhaps you are right, you may be right; hast du ihm das ~ erzählt? did you perhaps tell him that? ~ bist du so nett, mir zu helfen would you mind (very much) helping me? können Sie mir ~ sagen, wie ich zum Bahnhof komme? could you by any chance tell me how to get to the station? hast du ~ eine Zigarette für mich? could you spare me a cigarette by any chance? weißt du ~ eine bessere Lösung? auch iron. perhaps you could suggest a better solution? bist du ~ krank? a) are you sick perhaps? b) colloq. humor. is there something wrong with you? hast du hier ~ etwas zu sagen? colloq. are you giving the orders here? – 2. (wirklich, im Ernst) really, honestly: glauben Sie ~, daß ich das tun würde? do you really think (that) I would do such a thing? – 3. colloq. 'awfully', 'terribly' (beide colloq.): das war ~ peinlich! that was awfully embarrassing! that was pretty embarrassing, I can tell you (Am. I'll say)! das war ~ eine Unordnung! it was an awful mess (od. a mess and a half)! das ist ~ ein (od. 'n) Kaffer he is an awful duffer. – 4. (vor Zahlenangaben) perhaps, about, approximately: es waren ~ 20 Leute dort there were about 20 people there.

,Viel'lieb·chen n ⟨-s; no pl⟩ (alter Brauch) etwa philopena, philippina, philippine, auch fillipeen.

'viel,ma·lig adj ⟨attrib⟩ 1. (often-)repeated, reiterated. – 2. (häufig) frequent.

'viel,mals adv (in Wendungen wie) ich bitte ~ um Entschuldigung (od. verzeihen Sie bitte ~), daß ich zu spät komme I am very sorry that I am late, I do apologize (Br. auch -s-) for being late; (ich) danke (Ihnen) ~ thank you very much, many thanks; er läßt (dich) ~ grüßen he sends you his best (od. kind) regards.

,Viel·män·ne'rei [-mɛnə'raɪ] f ⟨-; no pl⟩ polyandry, polygamy.

viel·mehr [,fiːl'meːr; 'fiːl,meːr] **I** adv 1. (eher, besser, richtiger) rather: ich bin ~ der Meinung, daß I'm rather of the opinion that. – **II** conj 2. (im Gegenteil) on the contrary. – 3. (bei einer Steigerung in der Aussage) what is more: er ist nicht nur Initiator des Plans, ~ finanziert er ihn auch he is not only the initiator of the plan, what is more, he finances it.

'viel|mo,to·rig [-mo,toːrɪç] adj aer. multiengined, Br. multi-engined. — **~,pha·sig** [-,faːzɪç] adj electr. multiphase (attrib). — **~,po·lig** [-,poːlɪç] adj multipolar. — **~,sa·gend I** adj (Blick, Bemerkung etc) meaningful, significant, suggestive. – **II** adv j-n ~ ansehen to give s.o. a meaningful look. — **~,sa·mig** [-,zaːmɪç] adj bot. polyspermic. — **~,schich·tig** [-,ʃɪçtɪç] adj fig. involved, complex, intricate, many-sided: dieses Problem ist sehr ~ there are many sides (od. aspects) to this problem. — **V~,schnitt,werk,zeug** n tech. multiple cutting tool. — **V~,schrei·ber** m contempt. scribbler (colloq.).

'viel,sei·tig I adj 1. (Person) versatile, many-sided, all-(a)round (attrib): er ist sehr ~ he is very versatile; ein ~er Gelehrter a versatile scholar, a scholar of many (od. varied) parts. – 2. (Interessen) varied, versatile, manifold. – 3. (Verwendung) versatile, manifold: ~e Verwendung finden to have many (od. manifold) uses, to have a versatile field of application; ein Werkzeug mit ~er Verwendung a multipurpose tool; ~es Gerät versatile set. – 4. (Werkzeug etc) multipurpose, all-(a)round (beide attrib), versatile. – 5. auf ~en Wunsch by popular request; einem ~en Wunsch nachkommen to comply with the wish of many (people). – 6. jur. (Vertrag) multilateral. – 7. math. many-sided, polygonal (scient.). – **II** adv 8. ein ~ gebildeter Mensch a versatile person, a person with a broad education; ~ verwendbar sein to have many (od. a variety of) uses. — **'Viel,sei·tig·keit** f ⟨-; no pl⟩ 1. (einer Person) versatility, manysidedness. – 2. (der Interessen, eines Werkzeugs etc) versatility. – 3. (der Verwendung) versatility, manifoldness.

'Viel,sei·tig·keits,prü·fung f (sport) (beim Reiten) cf. Military.

'viel,sil·big [-,zɪlbɪç] adj ling. polysyllabic, auch polysyllabical: ein ~es Wort a polysyllable. — **'Viel,sil·big·keit** f ⟨-; no pl⟩ polysyllabism.

'viel,spra·chig [-,ʃpraːxɪç] adj multilingual, polyglot: ~e Gesellschaft multilingual society; ein ~er Mensch a polyglot.

'Viel,stahl·au·to,mat m tech. automatic multi-tool (od. multi-cut) lathe.

'viel,stel·lig [-,ʃtɛlɪç] adj a) (ganze Zahl) of many digits, b) (Dezimalzahl) of many places.

'viel,stim·mig [-,ʃtɪmɪç] adj mus. many-voiced, multivoiced. — **'Viel,stim·mig·keit** f ⟨-; no pl⟩ multivoiced texture.

'Viel,stoff,mo·tor m auto. multifuel engine.

'viel,stu·fig adj electr. multistage (attrib): ~er Schalter multipoint (od. multiway) switch.

,viel'tau·send,mal adv thousands (and thousands) of times.

'viel,tei·lig adj 1. having (od. divided into) many parts, multipartite (scient.). – 2. bot. (Blätter) polytomous, multifid.

'viel|,um,strit·ten adj ⟨attrib⟩ (Frage, Problem, Entscheidung etc) controversial, much-debated. — **~,um,wor·ben** adj ⟨attrib⟩ much-sought-after. — **~ver,hei·ßend** adj cf. vielversprechend. — **~ver,mö·gend** adj powerful, influential. — **~ver,spre·chend** adj 1. (Anfang etc) promising, encouraging: das klingt ja recht ~ that sounds quite promising; ~ sein a) to be promising, b) (sich gut entwickeln) to be shaping (up) well. – 2. (Person, Unternehmen, Blick, Lächeln) promising. – 3. (Zukunft, Aussichten etc) promising, hopeful, rosy, roseate.

ˌViel·wei·beˈrei [-vaɪbəˈraɪ] *f* ⟨-; *no pl*⟩ polygyny, polygamy.

ˈvielˌwer·tig *adj* 1. *chem.* polyvalent, multivalent. – 2. *math.* many-valued. — **ˈViel-ˌwer·tig·keit** *f* ⟨-; *no pl*⟩ 1. *chem.* polyvalence, polyvalency, multivalence, multivalency. – 2. *math.* many-valuedness, multiplicity.

ˈviel|ˌwin·ke·lig, ~ˌwink·lig *adj* many-angled; polygonal, multangular (*scient.*).

ˈViel|ˌwis·ser [-ˌvɪsər] *m* ⟨-s; -⟩ *contempt.* pundit, smatterer, would-be polymath, sciolist. — **~ˌzahl** *f* ⟨-; *no pl*⟩ (von of) multitude, multiplicity, plurality, great number.

ˈVielˌzel·ler [-ˌtsɛlər] *m* ⟨-s; -⟩ *biol.* metazoan. — **ˈvielˌzel·lig** *adj* 1. multicellular, polycellular. – 2. *biol.* metazoan, metazoic, metazoal.

ˈVielˌzweck... *combining form denoting* multipurpose.

vier [fiːr] *adj* ⟨*cardinal number*⟩ 1. four: wir waren ~ (*od.* zu ~en, unser ~) there were four of us, we were four (in number); ~ und drei macht (*od.* ist) sieben four and three is (*od.* are, make[s]) seven; es ist ~ (Uhr) it is four (o'clock); ein Viertel vor [nach] ~ a quarter to (*Am. auch* of) [past, *Am. auch* after] four; halb ~ half past three; Punkt ~ four o'clock sharp; Schlag ~ on the stroke of four; die Uhr schlug ~ the clock struck four; die nächsten ~ the next four; diese ~ these four; alle ~ all four of them; zu (*od.* je) ~ und ~ by (*od.* in) fours, four by four; Mutter ~er Kinder (*od.* von ~ Kindern) mother of four (children); ein Kind von ~ Jahren a four-year-old child; das Kind ist ~ (Jahre alt) the child is four (years old); bis ~ zählen to count up to four; es steht ~ zu drei the score is four to three; die ~ Elemente [Jahreszeiten, Himmelsrichtungen] the four elements [seasons, cardinal points]; die ~ Farben im Kartenspiel the four suits in a card game; ein Gespräch unter ~ Augen a confidential (*od.* private) conversation, a tête-à-tête, a conversation in private; das kann ich dir nur unter ~ Augen erzählen I can only tell you that in private (*od.* privately); sich auf seine ~ Buchstaben setzen *colloq. humor.* to sit down on one's bottom; in seinen ~ Wänden bleiben *colloq.* to stay within one's own four walls, to stay at home; das ist so klar, wie zweimal zwei ~ ist that is as clear as day; auf allen ~en gehen [kriechen] to go [to crawl] on all fours; etwas in alle ~ Winde verstreuen to scatter s.th. to the four winds; → strekken 1. – 2. die großen V~ *pol.* the Big Four.

Vier *f* ⟨-; -en⟩ 1. (number *od.* figure) four: eine arabische [römische] ~ an Arabic [a Roman] four. – 2. (*auf Würfel etc*) four: zwei ~en würfeln to throw two fours. – 3. *ped.* (*als Zensur*) fair: eine ~ bekommen to be given the mark (of) fair. – 4. *colloq.* (streetcar, *Br.* tram) number four: in die ~ umsteigen to change (*od.* transfer) to number four.

ˈVierˌach·ser [-ˌʔaksər] *m* ⟨-s; -⟩ *auto.* four-axle vehicle. — **ˈvierˌach·sig** [-ˌʔaksɪç] *adj* with (*od.* having) four axles, four-axle (*attrib*).

ˌVier·adres·sen·beˌfehl [-ʔaˈdrɛsən-] *m* (*computer*) four-address instruction.

ˈvier|ˌar·mig [-ˌʔarmɪç] *adj* 1. *bes. zo.* four-armed. – 2. (*Leuchter*) with four branches, four-branched. — **~ato·mig** [-ʔaˌtoːmɪç] *adj chem.* tetratomic.

ˈVierˌau·ge *n zo.* four-eyed fish, four-eyes *pl* (*construed as sg*) (*Gattg Anableps*).

ˈvierˌba·sisch *adj chem.* tetrabasic.

ˈVierˌbei·ner [-ˌbaɪnər] *m* ⟨-s; -⟩ 1. four-legged animal (*od.* creature). – 2. *zo. cf.* Vierfüßer. — **ˈvierˌbei·nig** *adj* 1. four-legged. – 2. *zo. cf.* vierfüßig 1.

ˈVierˌblatt *n* 1. *arch.* (*Ornament*) quatrefoil. – 2. *bot.* four-leaf (*bes. Br.* four-leaved) clover.

ˈvier|ˌblät·te·rig, ~ˌblätt·rig *adj bot.* four-leaf (*attrib*), *bes. Br.* four-leaved, quadrifoliate (*scient.*).

ˈVierˌbund *m* ⟨-(e)s; ¨e⟩ *pol. hist.* quadruple alliance.

ˈvier·di·men·sioˌnal *adj* four-dimensional.

ˈVierˌdrahtˌka·bel *n electr.* four-wire cable.

ˈvierˌdü·sig [-ˌdyːzɪç] *adj aer. cf.* vierstrahlig 1.

ˈVierˌeck *n* ⟨-(e)s; -e⟩ 1. *bes. math.* quadrangle, *math. auch* quadrilateral, (*Rechteck*) rectangle, (*Quadrat*) square. – 2. *tech.* square. — **ˈvierˌeckig** (*getr.* -k·k-) *adj* 1. *bes. math.* quadrangular, *math. auch* quadrilateral, tetragonal, (*rechteckig*) rectangular, (*quadratisch*) square. – 2. *tech.* square.

ˈVierˌeckˌtuch *n* shawl.

ˈvierˌeinˈhalb *adj* four and a half.

vie·ren [ˈfiːrən] *v/t* ⟨h⟩ *her.* quarter.

ˈVie·rer *m* ⟨-s; -⟩ 1. *colloq. for* Vier. – 2. (bus) number four. – 3. (*im Lotto etc*) four (numbers) right. – 4. (*sport*) (*Ruderboot*) four(-oar): ~ mit Steuermann four oars *pl* with coxswain; ~ ohne Steuermann coxswainless four oars *pl*. – 5. (*sport*) a) (*beim Golf*) foursome, (*mit zwei Bällen*) *auch* fourball, b) (*beim Radsport*) (*auf der Bahn*) track team, (*auf der Straße*) road team. – 6. *electr. cf.* Viererkabel. — **~ˌabˌkom·men** *n pol. cf.* Viermächteabkommen. — **~ˌausˌschuß** *m* committee of four. — **~ˌbob** *m* (*sport*) four-man bob. — **~ˌgrup·pe** *f* 1. group of four: in ~n in groups of four, in fours. – 2. (*beim Kunstkraftsport*) quadruplet. – 3. *cf.* Viererseilschaft. — **~ˌka·bel** *n electr.* cable in quadruples. — **~ˌka·jak** *m* (*sport*) *cf.* Kajakvierer. — **~kon·feˌrenz** *f pol.* four-power conference.

ˈvie·rerˈlei *adj* ⟨*invariable*⟩ of four kinds (*od.* sorts): es gibt ~ Möglichkeiten there are four possibilities; ~ Wein four (different) kinds of wine; auf ~ Art in four different ways; ich wünsche mir ~ I'd like to have four things.

ˈVie·rerˌlei·tung *f electr.* phantom (*od.* quadded) circuit, quad.

ˈVie·rer|ˌmann·schaft *f* (*sport*) (team of) four. — **~ˌpakt** *m pol.* four-power pact. — **~ˌrei·he** *f* row of four: in ~n in rows of four. — **~ˌseil·schaft** *f* (*beim Bergsteigen*) party of four. — **~ˌspiel** *n* (*beim Golf*) *cf.* Vierer 5a. — **~ˌtakt** *m mus.* quadruple time (*od.* meter, *bes. Br.* metre), four-four time (*od.* meter, *bes. Br.* metre), common time. — **~ˌzug** *m cf.* Viergespann.

ˈvier·eta·gig [-ʔeˌtaːʒɪç] *adj cf.* vierstöckig.

ˈvierˌfach I *adj* fourfold, quadruple: in ~er Ausfertigung (*od.* Ausführung) in quadruplicate, in four copies; die ~e Menge four times the quantity. – **II** *adv* fourfold, four times: etwas ~ nehmen (*od.* zusammenlegen) to fold s.th. in four. – **III V~e, das** ⟨-n⟩ four times the amount, the fourfold amount, the quadruple: acht ist das V~e von zwei eight is four times two; sich um das V~e vermehren to quadruple, to increase fourfold; das V~e nehmen to take four times as much, to take four times the amount.

ˈVierˌfach|beˌtrieb *n tel.* quadruplex (system). — **~te·le·graˌphie** *f* quadruplex telegraphy.

ˈvierˌfäl·tig [-ˌfɛltɪç] *adj u. adv cf.* vierfach.

ˌVierˈfar·ben|ˌdruck *m* ⟨-(e)s; -e⟩ *print.* 1. ⟨*only sg*⟩ (*Verfahren*) four-color (*bes. Br.* -colour) printing. – 2. (*Produkt*) four-color (*bes. Br.* -colour) print. — **~ˌstift** *m* four-color (*bes. Br.* -colour) pen.

ˌVierˈfel·derˌwirt·schaft *f agr.* four-course (rotation).

ˈVierˌflach *n* ⟨-(e)s; -e⟩ *math.* tetrahedron. — **ˈvierˌflä·chig** *adj* tetrahedral. — **ˈVier-ˌfläch·ner** [-ˌflɛçnər] *m* ⟨-s; -⟩ tetrahedron.

ˈvier|ˌflü·ge·lig [-ˌflyːgəlɪç], **~ˌflüg·lig** [-ˌflyːglɪç] *adj* 1. *zo.* (*Insekt*) four-winged; tetrapteran, tetrapterous (*scient.*). – 2. *aer.* (*Propeller*) four-blade (*attrib*).

ˈVierˌfrucht|kon·fiˌtü·re, ~mar·meˌla·de *f gastr.* four-fruit jam.

ˈVierˌfürst *m Bibl.* tetrarch.

ˈVierˌfü·ßer *m* ⟨-s; -⟩ *zo.* quadruped (animal), tetrapod. — **ˈvierˌfü·ßig** *adj* 1. *zo.* four-footed, four-legged; quadruped(al), tetrapod, *auch* tetrapodous (*scient.*). – 2. *metr.* (*Vers*) tetrameter (*attrib*). — **ˈVierˌfüß·ler** [-ˌfyːslər] *m* ⟨-s; -⟩ *zo. cf.* Vierfüßer.

ˈVierˌfußˌton *m mus.* four-foot tone.

ˈVierˌgang·geˌtrie·be *n tech.* four-speed drive.

ˈvierˌgän·gig *adj tech.* 1. (*Schraube*) quadruple-threaded. – 2. (*Schnecke*) four-start (*attrib*).

ˈVierˌgangˌschal·tung *f tech.* four-speed gear change (*bes. Am.* gearshift).

ˈVier·geˌspann *n* 1. team of four horses, four-in-hand. – 2. four-horse carriage, four-in-hand. – 3. *hist.* (*mit nebeneinandergespannten Pferden*) quadriga. – 4. *fig. colloq.* foursome, quartet.

ˈvier|ge·ˌstri·chen *adj mus.* four-accented, four-line (*attrib*). — **~ˌglie·de·rig, ~ˌglied·rig** *adj math.* a) (*Ausdruck*) four-termed, quadrinomial, b) (*Operation*) quadratic.

ˈVierˌhän·der [-ˌhɛndər] *pl zo.* quadrumana. — **ˈvierˌhän·dig I** *adj* 1. *zo.* four-handed, quadrumanous (*scient.*). – 2. *mus.* four-handed, for four hands, for piano duet. – **II** *adv* 3. ~ spielen to play a four-handed piece (*od.* a duet).

ˈVierˌhorn·an·tiˌlo·pe *f zo.* four-horned antelope, ravine deer (*od.* buck) (*Tetracerus quadricornis*).

ˈvierˈhun·dert *adj* ⟨*cardinal number*⟩ four hundred. — **V~ˈjahrˌfei·er** [ˌfiːrˌhʊndərt-] *f* quadricentennial, quatercentenary.

ˈvierˈhun·dertst *adj* ⟨*ordinal number*⟩ four hundredth. — **ˈVierˈhun·dert·stel** *n*, *Swiss meist m* four hundredth (part).

ˌVierˈjah·resˌplan *m econ. pol.* four-year plan.

ˈvierˌjäh·rig *adj* 1. (*vier Jahre alt*) four-year-old (*attrib*), of four (years). – 2. (*vier Jahre dauernd*) four-year (*attrib*), of (*od.* lasting) four years, quadrennial. — **ˈVier-ˌjäh·ri·ge** *m, f* ⟨-n; -n⟩ four-year-old (child).

ˈVierˌkampf *m* (*sport*) (*beim Turnen u. Eisschnellauf*) combined test of four (disciplines), four-discipline competition.

ˈvierˌkant [-ˌkant] *adj u. adv mar.* square: ~ brassen to square the yards; ~ toppen to top up square.

ˈVierˌkant *n, m* ⟨-(e)s; -e⟩ 1. *tech.* square. – 2. *math.* tetrahedron. — **~ˌblock** *m metall.* square ingot. — **~ˌfei·le** *f tech.* square file. — **~ˌholz** *n* squared timber.

ˈvierˌkan·tig *adj tech.* square(-headed), tetragonal (*scient.*).

ˈVierˌkant|ˌkopf *m tech.* (*einer Schraube*) square head. — **~ˌmei·ßel** *m* square insert tool. — **~ˌmut·ter** *f* square nut. — **~re·ˌvol·verˌkopf** *m* four-faced turret head. — **~ˌschlüs·sel** *m cf.* Vierkantschraubenschlüssel. — **~ˌschrau·be** *f* square bolt. — **~ˌschrau·benˌschlüs·sel** *m* square box wrench (*bes. Br.* spanner). — **~ˌstab** *m* square bar. — **~ˌstahl** *m* square steel: ~e *pl* squares. — **~ˌstan·ge** *f* square bar. — **~ˌsteckˌschlüs·sel** *m* square box wrench (*bes. Br.* spanner), tubular box spanner.

ˈvierˌköp·fig [-ˌkœpfɪç] *adj* 1. (*Familie etc*) (consisting) of four (persons). – 2. (*Ungeheuer*) four-headed.

ˈVierˌkursˌfunkˌfeu·er *n electr.* radio range.

ˈVierˌlei·terˌka·bel *n electr.* four-conductor cable.

ˈVier·ling *m* ⟨-s; -e⟩ 1. quadruplet, one of quadruplets, quad (*colloq.*): ~e gebären to give birth to quadruplets. – 2. (*Jagdgewehr*) four-barrel(ed) (*bes. Br.* -barrel[led]) gun.

ˈVier·lingsˌflak *f mil.* four-barreled (*bes. Br.* -barrelled) AA gun.

ˌVierˈmäch·te|ˌabˌkom·men *n pol.* four-power (*od.* quadripartite) agreement. — **~kon·feˌrenz** *f* four-power (*od.* quadripartite) conference. — **~staˌtut** *n* four-power (*od.* quadripartite) statute.

ˈvierˌmal *adv* four times: ~ so viel four times as much, four times the amount. — **ˈvierˌma·lig** *adj* ⟨*attrib*⟩ done (*od.* repeated) four times: nach ~em Versuch after the fourth attempt, after four attempts.

ˈVierˌmastˌbark *f mar.* four-masted bark, *Am. obs.* shipentine.

ˈVierˌma·ster [-ˌmastər] *m* ⟨-s; -⟩ *mar.* four-master, four-masted ship.

ˈVierˌmast|ˌgaf·felˌscho·ner *m mar.* four-masted fore-and-aft schooner. — **~ˌzelt** *n* four-mast tent, giant (circus) tent.

ˈvier|ˌmo·na·tig [-ˌmoːnatɪç] *adj* 1. four-month (*attrib*), lasting (*od.* of) four months, four months' (*attrib*). – 2. (*Baby etc*) four-month-old (*attrib*). — **~ˌmo·nat·lich I** *adj* four-monthly. – **II** *adv* every four months.

ˈvier·moˌto·rig [-moˌtoːrɪç] *adj bes. aer.* four-engine(d).

ˈVierˌpaß *m* ⟨-sses; -sse⟩ *arch.* quatrefoil.

ˈvierˌpha·sig [-ˌfaːzɪç] *adj electr.* four- (*od.* quarter-)phase (*attrib*).

ˈVierˌplät·zer [-ˌplɛtsər] *m* ⟨-s; -⟩ *Swiss for* Viersitzer. — **ˈvierˌplät·zig** *adj Swiss for* viersitzig.

ˈVierˌpol *m electr.* quadripole, four-terminal network: ~ in T-Schaltung T-network. — **ˈvierˌpo·lig** *adj* four-pole (*attrib*), quadripolar, tetrapolar.

'Vier|ˌpolˌröh·re *f* (*radio*) tetrode, four-electrode tube (*bes. Br.* valve). — **v~pro-ˌzen·tig** [-proˌtsɛntɪç] *adj econ.* four-percent, *Br.* four-per-cent (*attrib*). — **~ˌpunktˌaufˌhän·gung** *f auto.* four-point suspension.

'Vierˌrad *n* quadricycle. — **~ˌanˌtrieb** *m tech.* four-wheel drive. — **~ˌbrem·se** *f* four-wheel brake.

'vier|ˌrä·de·rig [-ˌrɛːdərɪç], **~ˌräd·rig** [-ˌrɛːdrɪç] *adj* four-wheel(ed).

'Vierˌru·de·rer *m antiq.* quadrireme.

'vierˌsai·tig [-ˌzaɪtɪç] *adj mus.* (*Instrument*) four-string(ed).

'vierˌschäf·tig [-ˌʃɛftɪç] *adj mar.* (*Tauwerk*) four-strand(ed).

'vierˌschrö·tig [-ˌʃrøːtɪç] *adj* (*breitgebaut, stämmig*) burly, square-built, husky (*colloq.*).

'vierˌsei·tig *adj* **1.** four-sided, tetragonal. – **2.** *cf.* viereckig. – **3.** *pol.* (*Abkommen etc*) quadripartite. – **4.** (*Brief etc*) of four pages, four-page(d).

'Vierˌsil·ber [-ˌzɪlbər] *m* ⟨-s; -⟩ *metr.* quadrisyllable, tetrasyllable. — **'vierˌsil·big** *adj* four-syllable (*attrib*), quadrisyllabic, tetrasyllabic(al). — **'Vierˌsilb·ler** [-ˌzɪlplər] *m* ⟨-s; -⟩ *cf.* Viersilber.

'Vierˌsit·zer [-ˌzɪtsər] *m* ⟨-s; -⟩ *auto.* four-seater, four-passenger car. — **'vier-ˌsit·zig** *adj* with four seats.

'vierˌspal·tig [-ˌʃpaltɪç] *adj* (*Zeitungsartikel etc*) four-column(ed).

'Vierˌspän·ner [-ˌʃpɛnər] *m* ⟨-s; -⟩ *cf.* Viergespann 2. — **'vierˌspän·nig I** *adj* (*Wagen*) four-horse (*attrib*). – **II** *adv* ~ fahren to drive with four horses.

'vier|ˌspra·chig [-ˌʃpraːxɪç] *adj* (*Wörterbuch*) four-language (*attrib*), quadrilingual. — **~ˌspu·rig** [-ˌʃpuːrɪç] *adj* (*Straße etc*) four-lane(d). — **~ˌstel·lig** [-ˌʃtɛlɪç] *adj* **1.** (*ganze Zahl*) of four digits; four-digit, four-figure (*attrib*). – **2.** (*Dezimalzahl*) having four places, four-place (*attrib*). – **3.** (*Logarithmus*) four-place (*attrib*), tetradic. — **~-ˌstim·mig** [-ˌʃtɪmɪç] **I** *adj mus.* **1.** (*Lied, Gesang etc*) for (*od.* in) four voices, in four parts, four-part (*attrib*). – **2.** (*Fuge etc*) in four parts, four-part (*attrib*). – **II** *adv* **3.** ~ singen to sing in four voices. — **~ˌstöckig** (*getr.* -k·k-) [-ˌʃtœkɪç] *adj* four-storey (*bes. Am.* -story) (*attrib*), four-storeyed (*bes. Am.* -storied), *Am. auch* five-story (*attrib*), five-storied. — **~ˌstrah·lig** [-ˌʃtraːlɪç] *adj* **1.** *aer.* (*Strahltriebwerk*) four-jet (*attrib*). – **2.** *zo.* (*Schwämme*) tetract. — **~ˌstro·phig** [-ˌʃtroːfɪç] *adj* (*Gedicht, Lied etc*) four-verse, four-stanza (*beide attrib*).

ˌVier'stu·fen·raˌke·te *f* (*space*) four-stage rocket.

'vierˌstu·fig *adj* **1.** of (*od.* with) four steps. – **2.** *tech.* a) (*Schaltgetriebe*) four-speed (*attrib*), b) four-stage (*attrib*): ~er Kompressor four-stage compressor. – **3.** (*space*) (*Rakete*) four-stage (*attrib*).

'vierˌstün·dig [-ˌʃtʏndɪç] *adj* four-hour (*attrib*), lasting (*od.* of) four hours: das Ergebnis einer ~en Unterredung the result of a four-hour conference (*od.* of four hours' conference); der Zug kam mit ~er Verspätung the train arrived with a four-hour delay, the train was four hours late; mit ~er Unterbrechnung with a four-hour interruption, with an interruption of four hours.

'vierˌstünd·lich I *adj* occurring every four hours. – **II** *adv* every four hours.

viert [fiːrt] *adj* **1.** ⟨*ordinal number*⟩ fourth: das ~e Kapitel the fourth chapter; im ~en Kapitel in chapter four; der ~e Satz einer Sinfonie the fourth movement of a symphony; die ~e Dimension the fourth dimension; an ~er Stelle in fourth place; er steht an ~er Stelle he holds (*od.* is in) fourth place; die ~e Wand (*theater*) the fourth wall; am ~en Mai on May (the) fourth, on the fourth of May; heute haben wir den ~en April today is the fourth of April (*od.* April the fourth); der ~e Stand *hist.* the fourth estate. – **2.** zu ~ sein to be four in number; wir waren zu ~ there were four of us, we were four (in number); sie kamen zu ~ the four of them came; wir durften immer zu ~ eintreten we were allowed in in fours, we were allowed in four at a time.

ˌVier'ta·geˌfie·ber *n med.* quartan ague (*od.* malaria), quartana.

'vierˌtä·gig *adj* **1.** four-day (*attrib*), lasting (*od.* of) four days: eine ~e Ausstellung a four-day exhibition; eine Fahrkarte mit ~er Gültigkeit a ticket with four days' validity. – **2.** four-day-old (*attrib*). – **3.** *med.* (*Fieber*) four-day (*attrib*), quartan.

'Vierˌtakt *m auto.* four-stroke cycle.

'Vierˌtak·ter *m* ⟨-s; -⟩, **'VierˌtaktˌmO·tor** *m auto.* four-stroke engine.

'vier'tau·send *adj* ⟨*cardinal number*⟩ four thousand.

'Vier'tau·sen·der *m* ⟨-s; -⟩ *colloq.* (*Berg*) four-thousand-meter (*bes. Br.* four-thousand-metre) mountain, fourthousander (*colloq.*).

'Vier·te *m, f* ⟨-n; -n⟩, *n* ⟨-n; *no pl*⟩ **1.** fourth: er ist der ~ he is the fourth; heute ist der ~, wir haben heute den ~n today is the fourth, it is the fourth today; bis zum ~n des Monats by the fourth of this month, (*in Geschäftsbriefen*) *auch* by the fourth instant. – **2.** (*mit Kleinschreibung*) du bist der v~, der mich danach fragt you are the fourth (person) to ask me that. – **3.** Heinrich IV. (*od.* der ~) *hist.* Henry IV (*od.* the Fourth).

'vierˌtei·len I *v/t* ⟨h⟩ **1.** *obs. for* vierteln. – **2.** *hist.* (*als Folter*) quarter. – **II** *v/reflex* sich ~ **3.** divide into four parts. – **III V~** *n* ⟨-s⟩ **4.** *verbal noun.* – **5.** *cf.* Vierteilung.

'vierˌtei·lig *adj* **1.** having (*od.* consisting of) four parts, four-part (*attrib*), (*Besteck etc*) four-piece (*attrib*). – **2.** quadripartite. – **3.** *her.* quartered. – **4.** *math.* quadrinominal.

'Vierˌtei·lung *f* ⟨-; *no pl*⟩ **1.** *cf.* Vierteilen. – **2.** quadripartition.

Vier·tel[1] ['fɪrtəl] **I** *n, Swiss meist m* ⟨-s; -⟩ **1.** *bes. math.* fourth (part). – **2.** (*als Maßangabe*) quarter: ein ~ der Summe a quarter of the sum; gib mir ein ~ (des Apfels) give me a quarter (of the apple), please; das erste [letzte] ~ (des Mondes) *astr.* the first [last] quarter (of the moon). – **3.** (*einer Stunde*) quarter: es ist (ein) ~ vor eins (*od.* drei ~ eins) it is a quarter (*od.* 15 minutes) to (*Am. auch* of) one; um (ein) ~ nach eins (*od.* [ein] ~ zwei) at a quarter (*od.* 15 minutes) past (*Am. auch* after) one; es hat ~ geschlagen it has struck the (first) quarter; → akademisch 1. – **4.** *colloq. for* Viertelliter, Viertelpfund. – **5.** *mus. cf.* Viertelnote. – **6.** (*sport*) (*beim Wasserball*) period. – **II v~** *adj* ⟨*attrib*⟩ **7.** fourth (part) of, quarter: in drei v~ Stunden in three quarters of an hour.

'Vier·tel[2] *n* ⟨-s; -⟩ (*Stadtteil*) quarter, district, sector, ward.

'Vier·tel|ˌbo·gen *m print.* quarter of a sheet. — **~ˌdre·hung** *f* quarter turn. — **~ˌfe·der** *f auto.* quarter elliptic spring, cantilever spring. — **~fiˌna·le** *n* (*sport*) quarterfinals *pl*, quarterfinal round. — **~fiˌnalˌspiel** *n* quarterfinal (match *od.* game).

'Vier·telˌjahr *n* quarter, three months *pl.*

ˌVier·tel'jah·res|beˌricht *m* quarterly report (*od.* return). — **~geˌhalt** *n* quarterage. — **~ˌra·te** *f* quarterly payment. — **~-ˌschrift** *f* quarterly (review *od.* journal).

ˌVier·telˌjahr'hun·dert *n* quarter of a century, 25 years *pl.*

'vier·tel|ˌjäh·rig *adj* **1.** three-month-old (*attrib*). – **2.** three-month (*attrib*), of (*od.* lasting) three months. — **~ˌjähr·lich I** *adj* **1.** (*Rate, Versammlung etc*) quarterly: ~e Zahlung quarterly payment, quarterage. – **2.** (*Kündigung etc*) three months' (*attrib*). – **II** *adv* **3.** every three months, quarterly, by the quarter.

Vierteljahres... *cf.* Vierteljahres...

'Vier·tel|ˌkreis *m math.* quadrant, quarter of a circle. — **~ˌli·nie** *f* (*sport*) (*beim Feldhockey*) 25-yard line. — **~ˌli·ter** *m, n* quarter of a liter (*bes. Br.* litre). — **~ˌmei·le** *f* quarter of a mile, quartermile. — **~ˌme·ter** *n, m* quarter of a meter (*bes. Br.* metre). — **~ˌmor·gen** *m agr.* rood.

vier·teln ['fɪrtəln] *v/t* ⟨h⟩ quarter, divide (*s.th.*) into four (equal) parts.

'Vier·tel|ˌno·te *f mus.* crotchet, *Am.* quarter note. — **~ˌpau·se** *f* **1.** *mus.* crotchet rest, *Am.* quarter-note rest, quarter-beat rest. – **2.** (*beim Wasserball*) interval. — **~peˌtit** *f print.* six to pica, two point. — **~ˌpfund** *n* quarter of a (German) pound, quarter. — **~ˌstab** *m arch.* quarter round, Roman ovolo molding (*bes. Br.* moulding). — **~ˌstun·de** *f* quarter of an hour, *Am. colloq.* quarter hour. — **v~ˌstün·dig** [-ˌʃtʏndɪç] *adj* of a quarter of an hour, lasting 15 minutes. — **v~ˌstünd·lich I** *adj* occurring every 15 minutes (*od.* every quarter of an hour): in ~en Abständen in intervals of 15 minutes (*od.* of a quarter of an hour); ~e Einnahme von Tropfen intake of drops every 15 minutes. – **II** *adv* every 15 minutes (*od.* quarter of an hour). — **~ˌton** *m mus.* quarter tone. — **~ˌton-muˌsik** *f* microtonic music, — **~trio·len** [-triˌoːlən] *pl* crotchet (*Am.* quarter-note) triplets. — **~ˌzent·ner** *m* quarter of a hundredweight, quarter.

'vier·tens *adv* fourthly, in the fourth place.

'viertˌletzt I *adj* ⟨*attrib*⟩ fourth last, last but three. – **II V~e, der** ⟨-n; -n⟩ the last but three.

'vierˌtü·rig [-ˌtyːrɪç] *adj* (*Auto*) four-door (*attrib*).

'vierˌundˌein'halb *adj cf.* viereinhalb.

'Vierˌund'sech·zig·stel|forˌmat *n print.* sixty-fourmo, 64mo. — **~ˌno·te** *f mus.* hemidemisemiquaver, *Am.* sixty-fourth note. — **~ˌpau·se** *f* hemidemisemiquaver rest, *Am.* sixty-fourth-note rest, sixty-fourth-beat rest.

'vierˌund'zwan·zig *adj* ⟨*cardinal number*⟩ twenty-four.

'Vierˌund'zwan·zig|ˌflach *n* ⟨-(e)s; -e⟩, **~ˌfläch·ner** [-ˌflɛçnər] *m* ⟨-s; -⟩ *math. min.* twenty-four-sided solid, icositetrahedron (*scient.*).

'Vie·rung *f* ⟨-; -en⟩ **1.** (*Quadratur*) quadrature. – **2.** *arch.* (*Schnittfläche von Mittel- u. Querschiff einer Kirche*) crossing, intersection. – **3.** *civ.eng.* (*bei der Natursteinbearbeitung*) intersection.

'Vie·rungs|ˌkup·pel *f arch.* (*einer Basilika*) crossing cupola (*od.* dome). — **~ˌpfei·ler** *m* crossing pier. — **~ˌturm** *m* crossing tower.

ˌVier'vier·telˌtakt *m mus.* four-four time, common time (*od.* meter, *bes. Br.* metre).

ˌVier'wal·zen|geˌrüst *n metall.* four-high rolling stand. — **~kaˌlan·der** *m synth. tech.* four-roll calender.

'Vierˌwe·geˌhahn *m tech.* four-way cock.

'vierˌwer·tig *adj* **1.** *chem.* quadrivalent, tetravalent. – **2.** *math.* four-value (*attrib*). — **'Vierˌwer·tig·keit** *f* ⟨-; *no pl*⟩ **1.** *chem.* quadrivalence. – **2.** *math.* four-valuedness.

'Vierˌze·hen|ˌlandˌschildˌkrö·te *f* Horsefield's tortoise (*Testudo horsefieldii*). — **~ˌrüs·selˌrat·te** *f zo.* elephant shrew (*Petrodromus tetradactylus*). — **~sa·la-ˌman·der** *m* four-toed salamander (*Hemidactylium scutatum*).

'vierˌze·hig [-ˌtseːɪç] *adj* four-toed, tetradactyl(ous) (*scient.*).

'vierˌzehn ['fɪr-] **I** *adj* ⟨*cardinal number*⟩ fourteen: ~ Uhr two p.m.; er ist ~ (Jahre alt) he is fourteen (years old); ~ Tage two weeks, *bes. Br.* a fortnight *sg*; heute in ~ Tagen this day two weeks, two weeks (from) today, *bes. Br.* this day fortnight, a fortnight (from) today. – **II V~** *f* ⟨-; -en⟩ (number) fourteen.

'Vierˌzehnˌen·der [-ˌʔɛndər] *m* ⟨-s; -⟩ *hunt.* stag of fourteen points (*od.* branches).

'vierˌzehnˌjäh·rig *adj* **1.** fourteen-year (*attrib*), of (*od.* lasting) fourteen years. – **2.** fourteen-year-old (*attrib*), of fourteen (years): ein ~es Mädchen a fourteen-year-old girl.

'vierˌzehnt *adj* ⟨*ordinal number*⟩ fourteenth: am ~en Juli (on) the fourteenth of July, on July the fourteenth.

'vierˌzehn|ˌtä·gig *adj* fourteen-day (*attrib*), of fourteen days (*od.* two weeks, *bes. Br.* a fortnight): von ~er Dauer sein to last fourteen days; ein ~er Urlaub a fourteen-day holiday, two weeks (*bes. Br.* a fortnight's) holiday. — **~ˌtäg·lich I** *adj* two-weekly, biweekly, *bes. Br.* fortnightly. – **II** *adv* every fourteen days (*od.* two weeks, *bes. Br.* fortnight): eine ~ erscheinende Zeitung a biweekly (paper), *bes. Br.* a fortnightly (paper).

'Vierˌzehn·te *m, f* ⟨-n; -n⟩, *n* ⟨-n; *no pl*⟩ **1.** (*in Randordnung*) fourteenth. – **2.** (*zeitlich*) fourteenth: heute ist der ~ today (*od.* this) is the fourteenth. – **3.** Ludwig der ~, Ludwig XIV. *hist.* Louis the Fourteenth, Louis XIV, Louis Quatorze.

'vier|ˌzehn·tel I *adj* ⟨*attrib*⟩ fourteenth (part) of. – **II V~** *n, Swiss meist m* ⟨-s; -⟩ fourteenth (part). — **~ˌzehn·tens** *adv* in the fourteenth place.

'Vier|ˌzei·ler [-ˌtsaɪlər] *m* ⟨-s; -⟩ *metr.* stanza of four lines, quatrain. — **v~-ˌzei·lig** *adj* four-line (*attrib*), of four lines: eine ~e Strophe a stanza of four lines, a four-line stanza, a quatrain.

vier·zig ['fɪrtsɪç] **I** *adj* ⟨*cardinal number*⟩ **1.** forty: rund ~ Personen about (*od.* around) forty persons; etwa ~ (Jahre alt) sein to be about forty, *bes. Br. colloq.* to be fortyish; er ist bald ~ he is almost (*od.* getting on to) forty; über ~ sein to be over (*od.* past) forty, to be on the wrong (*od.* shady) side of forty (*colloq.*); in den ~er Jahren in the forties; ~ (Kilometer in der Stunde) fahren to go at a speed of forty kilometers (*bes. Br.* kilometres), to do forty (*colloq.*). – **II** V~ *f* ⟨-; -en⟩ **2.** (number) forty. – **3.** ⟨*only sg*⟩ forties *pl*: sie ist Mitte (der) V~ she is in her mid-forties; der Mensch über V~ people *pl* over forty.

'**vier·zi·ger** *adj* ⟨*invariable*⟩ forty: in den ~ Jahren des 20. Jahrhunderts in the forties of the 20th century.

'**Vier·zi·ger** *m* ⟨-s; -⟩ **1.** man in his forties. – **2.** man of forty, quadragenarian. – **3.** die ~ *pl* the forties: in den ~n sein to be in one's forties; in die ~ kommen to enter one's forties. – **4.** wine of the vintage '40.

'**Vier·zi·ge·rin** *f* ⟨-; -nen⟩ **1.** woman in her forties. – **2.** woman of forty, quadragenarian.

'**Vier·zi·ger,jah·re, die** *pl* the forties.

'**vier·zig|,fach** *adj* fortyfold. — ~,**jäh·rig I** *adj* **1.** forty-year-old (*attrib*), quadragenarian. – **2.** forty-year (*attrib*), lasting (*od.* of) forty years. – **II** V~e *m, f* ⟨-n; -n⟩ **3.** quadragenarian. — ~,**mal** *adv* forty times.

'**vier·zigst I** *adj* ⟨*ordinal number*⟩ fortieth. – **II** V~e *m, f* ⟨-n; -n⟩, *n* ⟨-n; *no pl*⟩ (the) fortieth.

'**vier·zig·stel I** *adj* ⟨*attrib*⟩ fortieth (part) of. – **II** V~ *n, Swiss meist m* ⟨-s; -⟩ fortieth (part).

,**Vier·zig|'stun·den,wo·che** *f* forty-hour week. — v~,**tä·gig** ['fɪrtsɪç-] *adj* of (*od.* lasting) forty days: ein ~er Aufenthalt a forty-day stay.

,**Vier'zim·mer,woh·nung** *f* four-room apartment (*bes. Br.* flat).

'**Vier·zy,lin·der** *m auto.* **1.** *cf.* Vierzylindermotor. – **2.** *colloq.* four-cylinder (car). — ~-,**Bo·xer,mo·tor** *m* flat-four engine. — ~,**mo·tor** *m* four-cylinder engine. — ~-,**Rei·hen,mo·tor** *m* four-in-line engine.

'**vier·zy,lin·drig** [-tsi,lɪndrɪç; -tsy-] *adj* four-cylinder (*attrib*), of four cylinders.

Vi·et·cong [vĭɛt'kɔŋ] *m* ⟨-; -(s)⟩ *pol.* **1.** ⟨*only sg*⟩ Vietcong. – **2.** (*Mitglied*) Vietcong.

Vi·et·na·me·se [vĭɛtna'me:zə] *m* ⟨-n; -n⟩ Vietnamese.

Vi·et·na'me·sin *f* ⟨-; -nen⟩ Vietnamese (woman *od.* girl).

vi·et·na'me·sisch I *adj* Vietnamese. – **II** *ling.* V~ ⟨*generally undeclined*⟩, **das V~e** ⟨-n⟩ Vietnamese, the Vietnamese language.

vi·et·na·mi·sie·ren [vĭɛtnami'zi:rən] *v/t* ⟨*no* ge-, h⟩ *pol.* vietnamize. — **Vi·et·na·mi'sie·rung** *f* ⟨-; *no pl*⟩ Vietnamization.

vif [vi:f] *adj colloq.* bright, alert, quick(-witted).

Vi·gil [vi'gi:l] *f* ⟨-; -ien [-lĭən]⟩ *röm.kath.* vigil.

vi·gi·lant [vigi'lant] *adj dial.* vigilant, watchful. — **Vi·gi'lanz** [-'lants] *f* ⟨-; *no pl*⟩ vigilance, watchfulness.

Vi·gnet·te [vɪn'jɛtə] *f* ⟨-; -n⟩ **1.** *print.* ornament, stock block, vignette. – **2.** *phot.* vignette, mask. – **3.** *philat.* label, sticker.

Vi·gnet'tier·ap·pa,rat [vɪnjɛ'ti:r-] *m phot.* vignetter, vignetting unit.

vi·gnet·tie·ren [vɪnjɛ'ti:rən] **I** *v/t* ⟨*no* ge-, h⟩ *phot.* vignette. – **II** V~ *n* ⟨-s⟩ *verbal noun.* — **Vi·gnet'tie·rung** *f* ⟨-; *no pl*⟩ *cf.* Vignettieren.

Vi'gnoles,schie·ne [vɪn'jo:l-] *f metall.* flat-bottom rail, Vignoles rail.

Vi·go·gne [vi'gɔnjə] *f* ⟨-; -n⟩ (*textile*) vigogne yarn.

Vi·gor ['vi:gɔr] *m* ⟨-s; *no pl*⟩ (*Lebenskraft, Frische*) vigor, *bes. Br.* vigour. — **vi·go·rös** [vigo'rø:s] *adj* vigorous.

vi·go·ro·so [vigo'ro:zo] *adv u. adj mus.* vigoroso.

Vi·kar [vi'ka:r] *m* ⟨-s; -e⟩ *relig.* **1.** *röm.kath.* a) substitute, locum tenens (of a prelate), b) chaplain. – **2.** (*in evangelischer Kirche*) curate. – **3.** *Swiss ped.* substitute teacher.

Vi·ka·ri·at [vika'rĭa:t] *n* ⟨-(e)s; -e⟩ *relig.* **1.** *röm.kath.* vicariate. – **2.** (*in evangelischer Kirche*) curacy.

vi·ka·ri·ie·ren [vikari'i:rən] *v/i* ⟨*no* ge-, h⟩ **1.** *relig.* a) act vicariously, b) (*in evangelischer Kirche*) act as a curate. – **2.** *obs.* act (*od.* substitute) for s.o. — **vi·ka·ri'ie·rend I** *pres p.* – **II** *adj med.* vicarious.

Vi'ka·rin *f* ⟨-; -nen⟩ *relig.* (*in evangelischer Kirche*) (woman) curate.

Vik·to·ria [vɪk'to:rĭa] *f* ⟨-; -s⟩ *obs.* victory: ~ rufen to cry (*od.* shout) victory; ~ schießen to give the victory salute.

Vik·to·ria·nisch [vɪkto'rĭa:nɪʃ] *adj hist.* Victorian: die ~e Zeit the Victorian era (*od.* age, period).

Vik·tua·li·en [vɪk'tŭa:lĭən] *pl Bavarian and Austrian archaic* victuals, provisions, eatables. — ~,**hand·lung** *f Bavarian and Austrian archaic for* Lebensmittelgeschäft.

Vi·kun·ja [vi'kʊnja] *n* ⟨-s; -s⟩ *u. f* ⟨-; -jen⟩ *zo.* (*Wildform des Alpakas*) vicuña, vicuna, *auch* vicugna (*Lama vicugna*). — ~,**wol·le** *f* vicuña (wool).

Vil·la ['vɪla] *f* ⟨-; Villen⟩ **1.** villa. – **2.** (*Landhaus*) country house. – **3.** (*Herrenhaus*) mansion, *Br. auch* manor house.

Vil·la·nel·la [vɪla'nɛla], **Vil·la'nel·le** *f* ⟨-; -nellen⟩ *mus.* (*mehrstimmiges Tanzlied im 16. Jh.*) villanella.

'**vil·len,ar·tig** *adj* like a villa.

'**Vil·len|be,sit·zer** *m* owner (*od.* proprietor) of a villa. — ~**be,sit·ze·rin** *f* owner (*od.* proprietress) of a villa. — ~**ko·lo,nie** *f* (fashionable) residential suburb. — ~,**stra·ße** *f* (fashionable) residential road (with privately owned houses). — ~,**vier·tel** *n* (fashionable) residential district. — ~,**vor,ort** *m* (fashionable) residential suburb.

Vin·ai·gret·te [vinɛ'grɛtə] *f* ⟨-; -n⟩ *gastr.* (*mit Essig bereitete Soße*) vinaigrette (sauce).

Vin·di·ka·ti·on [vɪndika'tsĭo:n] *f* ⟨-; -en⟩ *jur.* (*Anspruch auf Herausgabe einer beweglichen u. entzogenen Sache*) replevin. — **Vin·di·ka·ti'ons,kla·ge** *f* action of detinue, replevin (action).

vin·di·zie·ren [vɪndi'tsi:rən] **I** *v/i* ⟨*no* ge-, h⟩ replevy, *Am. auch* replevin. – **II** V~ *n* ⟨-s⟩ *verbal noun.* — **Vin·di'zie·rung** *f* ⟨-; *no pl*⟩ **1.** *cf.* Vindizieren. – **2.** *cf.* Vindikation.

Vin·ku·la·ti'ons·ge,schäft [vɪŋkula'tsĭo:ns-] *n econ.* foreign trade transaction based on bank advances against goods in transit by rail.

vin·ku·lie·ren [vɪŋku'li:rən] **I** *v/t* ⟨*no* ge-, h⟩ *econ.* (*Wertpapiere*) restrict the transferability of. – **II** V~ *n* ⟨-s⟩ *verbal noun.* — **Vin·ku'lie·rung** *f* ⟨-; *no pl*⟩ **1.** *cf.* Vinkulieren. – **2.** restriction of the transferability (*od.* endorsability) of securities.

Vi'nyl|ace,tat [vi'ny:l-] *n chem.* vinyl acetate ($CH_3COOCH = CH_2$). — ~**chlo,rid** *n* vinyl chloride ($CH_2 = CHCl$). — ~,**kunst,harz** *n synth.* vinyl resin.

Vio·la[1] ['vĭo:la] *f* ⟨-; Violen⟩ *mus.* (*Bratsche*) viola.

Vio·la[2] ['vi:ola] *f* ⟨-; Violen ['vĭo:lən]⟩ *bot. cf.* Veilchen 1.

Vio·la da gam·ba ['vĭo:la da 'gamba] *f* ⟨- - -; -le - - [-le]⟩ *mus.* viola da gamba.

Vio·la d'amo·re ['vĭo:la da'mo:rə] *f* ⟨- - -; -le [-le]⟩ *mus.* viola d'amore.

Vio·le[1] ['vĭo:lə] *f* ⟨-; -n⟩ *mus. hist.* viol.

Vio·le[2] ['vĭo:lə] *f* ⟨-; -n⟩ *bot. cf.* Veilchen 1.

vio·lett [vio'lɛt] *adj* violet, (*dunkler*) *auch* purple.

Vio'lett *n* ⟨-s; -, *colloq.* -s⟩ violet, (*dunkler*) *auch* purple. — ~,**farb,band** *n* (*einer Schreibmaschine*) purple ribbon. — v~,**sti·chig** [-,ʃtɪçɪç] *adj* purplish- (*od.* purply)-blue.

Vio'lin,bo·gen *m mus. cf.* Geigenbogen.

Vio·li·ne [vĭo'li:nə] *f* ⟨-; -n⟩ *mus.* violin: die erste ~ spielen (*im Orchester*) to play first violin.

Vio·li·nist [vĭoli'nɪst] *m* ⟨-en; -en⟩, **Vio·li'ni·stin** *f* ⟨-; -nen⟩ *mus.* violinist.

Vio'lin|kon,zert *n mus.* **1.** violin concerto. – **2.** violin recital. — ~,**leh·rer** *m*, ~,**leh·re·rin** *f* violin teacher. — ~,**sai·te** *f* violin string. — ~,**schlüs·sel** *m* violin (*od.* treble, G) clef. — ~,**schu·le** *f* violin school (*od.* tutor). — ~,**so·lo** *n* violin solo. — ~**so,na·te** *f* violin sonata. — ~,**stun·de** *f* violin lesson: ~(n) haben (*od.* nehmen) to take violin lessons. — ~,**un·ter,richt** *m* violin lessons *pl* (*od.* instruction). — ~**vir·tuo·se** [-vɪr,tŭo:zə] *m*, ~**vir·tuo·sin** [-vɪr,tŭo:zɪn] *f* ⟨-; -nen⟩ violin virtuoso.

Vio·lon|cel·list [vĭolɔntʃɛ'lɪst] *m* ⟨-en; -en⟩, ~**cel'li·stin** *f mus.* violoncellist.

Vio·lon·cel·lo [vĭolɔn'tʃɛlo] *n* ⟨-s; -s *od.* -celli [-li]⟩ *mus.* violoncello.

Vio·lo·ne [vĭo'lo:nə] *m* ⟨-(s); -s *od.* -loni [-ni]⟩ *mus. hist.* violone.

Vi·per ['vi:pər] *f* ⟨-; -n⟩ *zo.* viper, adder (*Fam. Viperidae*). — ~,**fisch** *m* viperfish (*Fam. Chauliodontidae*).

'**Vi·pern|,biß** *m* viper (*od.* adder) bite. — ~,**nat·ter** *f zo.* **1.** (Europäische) ~ viperine snake (*Natrix maura*). – **2.** (Nordamerikanische) ~ garter (*od.* grass) snake (*Gattg Thamnophis*).

'**Vi·per,quei·se** [-,kvaɪzə] *f* ⟨-; -n⟩ *zo. cf.* Drachenfisch.

Vi·ra·gi·ni·tät [viragini'tɛ:t] *f* ⟨-; *no pl*⟩ *med.* viraginity.

Vi·ra·go [vi'ra:go] *f* ⟨-; -s *u.* -ragines [-ginɛs]⟩ virago.

Vi·re·ment [virə'mã:] *n* ⟨-s; -s⟩ *econ. pol.* virement.

Vir·gi·nal [vɪrgi'na:l] *n* ⟨-s; -e⟩ *mus. hist.* virginal.

Vir·gi·nia [vɪr'gi:nĭa; vɪr'dʒi:nĭa] *f* ⟨-; -s⟩ (*Zigarrensorte*) Virginia cigar. — ~,**hirsch** *m zo. cf.* Trughirsch. — ~,**ta·bak** *m* Virginia tobacco.

vir·gi·nisch [vɪr'gi:nɪʃ] *adj* Virginian.

Vir·gi·ni·tät [vɪrgini'tɛ:t] *f* ⟨-; *no pl*⟩ (*Jungfräulichkeit*) virginity.

vi·ril [vi'ri:l] *adj med.* (*männlich*) virile. — **Vi·ri'lis·mus** [-ri'lɪsmʊs] *m* ⟨-; *no pl*⟩ virilism. — **Vi·ri·li'tät** [-rili'tɛ:t] *f* ⟨-; *no pl*⟩ (*Mannbarkeit*) virility.

Vi·ro·lo·ge [viro'lo:gə] *m* ⟨-n; -n⟩ *med.* virologist. — **Vi·ro·lo'gie** [-lo'gi:] *f* ⟨-; *no pl*⟩ virology. — **vi·ro'lo·gisch** *adj* virological.

vir·tu·ell [vɪr'tŭɛl] *adj* virtual: ~es Bild (*optics*) virtual image.

vir·tu·os [vɪr'tŭo:s] **I** *adj* virtuoso, *auch* masterly, virtuosic, virtuose. – **II** *adv* masterly, in a virtuoso (*od.* masterly) way. — **Vir·tuo·se** [-'tŭo:zə] *m* ⟨-n; -n⟩ *bes. mus.* (auf *dat* on) virtuoso. — **vir·tuo·sen·haft** [-'tŭo:zən-] *adj u. adv cf.* virtuos. — **Vir·tuo·sen·tum** [-'tŭo:zən-] *n* ⟨-s; *no pl*⟩ virtuosity. — **Vir·tuo·si'tät** [-tŭozi'tɛ:t] *f* ⟨-; *no pl*⟩ virtuosity, masterly skill, artistic perfection.

vi·ru·lent [viru'lɛnt] *adj med.* (*ansteckend, giftig*) virulent. — **Vi·ru'lenz** [-'lɛnts] *f* ⟨-; *no pl*⟩ virulence, virulency.

Vi·rus ['vi:rʊs] *n, auch m* ⟨-; Viren⟩ *med.* virus. — ~,**for·schung** *f* virology, virus research. — ~,**grip·pe** *f* virus influenza. — ~**in·fek·ti,on** *f* virus infection, virosis. — ~,**krank·heit** *f* virus disease, virosis. — v~,**tö·tend** *adj* virucidal, virulicidal.

Vi·sa·ge [vi'za:ʒə] *f* ⟨-; -n⟩ *colloq. contempt.* 'dial', 'map', 'mug', phiz, *Br.* physog (*alle sl.*): ich hau' dir eine in die ~ I'll clout you one in the physog; du mit deiner dreckigen ~ you with your filthy dial (*od.* dirty physog).

vis-à-vis [viza'vi:] *adv u. prep* ⟨*dat*⟩ vis-à-vis, opposite.

Vi·sa·vis [viza'vi:] *n* ⟨- [-'vi:(s)]; - [-'vi:s]⟩ vis-à-vis.

Vis·ca·cha [vɪs'katʃa] *f* ⟨-; -cachen⟩ *zo.* vizcacha, viscacha, viscache (*Lagostomus maximus*).

Vis'co·se-,Zell,wol·le [vɪs'ko:zə-] *f tech.* viscose staple.

Vis·count ['vaɪkaʊnt] (*Engl.*) *m* ⟨-s; -s⟩ viscount. — '**Vis·coun·tess** [-tɪs] (*Engl.*) *f* ⟨-; -es [-sɪz]⟩ viscountess.

Vi·sier [vi'zi:r] *n* ⟨-s; -e⟩ **1.** *hist.* (*am Helm*) visor, *auch* vizor: mit offenem ~ kämpfen a) *hist.* to fight with an open visor, b) *fig.* to be open about one's dealings. – **2.** a) (*am Gewehr*) sight, b) *mil.* (*für Scharfschützen*) sniperscope: offenes ~ open sight; das ~ stellen to set the sight; der Jäger bekam einen Bock ins ~ *hunt.* the hunter trained his sights on a buck. – **3.** *tech.* sight. — ~**be,reich** *m mil.* range of sight. — ~,**ebe·ne** *f mil.* **1.** plane of sighting. – **2.** (*in der Flugabwehr*) (vertical) plane of present position. — ~,**ein,rich·tung** *f* sight([ing] device).

vi·sie·ren [vi'zi:rən] **I** *v/t* ⟨*no* ge-, h⟩ **1.** *cf.* anvisieren. – **2.** (*eichen*) ga(u)ge. – **3.** (*Paß*) visa, visé, endorse (*s.th.*) with a visa. – **II** *v/i* **4.** (*zielen*) take aim (*od.* sight).

Vi'sier|,fern,rohr *n* sighting telescope. — ~,**kim·me** *f cf.* Kimme 1. — ~,**korn** *n cf.* Korn[3]. — ~,**li·nie** *f mil.* line of sight. — ~,**stab** *m* **1.** (*bei der Landvermessung*) ranging rod (*od.* pole), range pole. –

2. (*Eichstab*) ga(u)ging rod. — ~ˌ**win·kel** *m mil.* angle of sight.

Vi·si·on [viˈzĭoːn] *f* ⟨-; -en⟩ vision: sie hat ~en she has visions; die ~ von einer friedlichen Welt *fig.* the vision of a peaceful world.

vi·sio·när [vizĭoˈnɛːr] *adj* visionary, Utopian, *auch* utopian.

Vi·sioˈnär *m* ⟨-s; -e⟩ *archaic* visionary.

Vi·siˈonsˌach·se *f* (*optics*) visual (*od.* optical) axis.

Vi·si·ta·ti·on [vizitaˈtsĭoːn] *f* ⟨-; -en⟩ **1.** (*offizielle Besichtigung*) visitation, inspection. – **2.** (*Durchsuchung*) search. – **3.** *relig.* visitation.

Vi·si·te [viˈziːtə] *f* ⟨-; -n⟩ **1.** *med.* a) (*im Hause*) visit, house call, b) (*im Krankenhaus*) round: der Arzt kommt zur ~ the doctor is coming on his round. – **2.** *colloq.* (*kurzer Besuch*) visit, call.

Viˈsi·tenˌkar·te *f* visiting (*Am. auch* calling) card.

Viˈsi·tenˌkar·ten|etui [-ˀɛtˌviː], ~ˌ**täsch·chen** *n* card case.

vi·si·tie·ren [viziˈtiːrən] *v/t* ⟨*no* ge-, h⟩ **1.** (*offiziell besichtigen*) visit, inspect. – **2.** (*durchsuchen*) search. – **3.** *relig.* visit.

Viˈsitˌkarꞏte *f Austrian for* Visitenkarte.

vis·kos [vɪsˈkoːs], **visˈkös** [-ˈkøːs] *adj* **1.** (*leimartig, zähflüssig*) viscous, viscose. – **2.** *bes. phys.* viscid.

Vis·ko·se [vɪsˈkoːzə] *f* ⟨-; *no pl*⟩ (*Zellulose-verbindung*) viscose.

Vis·ko·siˈme·ter [-koziˈmeːtər] *n* ⟨-s; -⟩ (*Zähigkeitsmesser*) visco(si)meter.

Vis·ko·si·tät [vɪskoziˈtɛːt] *f* ⟨-; *no pl*⟩ (*Zähflüssigkeit, bes. von Öl*) viscosity.

Vis ma·jor [ˈviːs ˈmaːjər] *f* ⟨- -; *no pl*⟩ *jur.* (*höhere Gewalt*) act of God, vis major, force majeure.

Vi·sta [ˈvɪsta] *f* ⟨-; *no pl*⟩ *econ.* sight. — ~ˌ**wech·sel** *m cf.* Sichtwechsel.

vi·su·ell [viˈzŭɛl] *adj* (*Eindruck, Typ*) visual.

Vi·sum [ˈviːzʊm] *n* ⟨-s; Visa [-za] *od.* Visen⟩ visa, visé: j-m ein ~ erteilen to issue s.o. a visa; ein ~ in einen Paß eintragen to endorse (*od.* mark) a passport with a visa, to visa (*od.* visé) a passport. — ~ˌ**zwang** *m* obligation to hold a visa: in allen Ostblockländern herrscht ~ it is compulsory to hold (*od.* obtain) a visa in all states of the Eastern Bloc.

vis·ze·ral [vɪstseˈraːl] *adj med.* (*die Eingeweide betreffend*) visceral.

Vi·ta [ˈviːta] *f* ⟨-; -tae [-tɛ] *od.* Viten⟩ (*Leben, Lebenslauf*) vita.

vi·tal [viˈtaːl] *adj* **1.** (*munter, lebensvoll*) lively, energetic, vigorous, vital, full of life, alive and kicking (*pred*): er ist für sein Alter noch sehr ~ he is still very lively (*od.* sprightly) for his age. – **2.** ⟨*attrib*⟩ (*lebenswichtig*) vital: die ~en Interessen eines Volkes the vital interests of a nation. – **3.** *med.* (*das Leben betreffend*) vital. — **V~ˌfär·bung** *f med.* (intra)vital staining. — **V~in·di·ka·tiˌon** *f* vital indication.

Vi·ta·lis·mus [vitaˈlɪsmʊs] *m* ⟨-; *no pl*⟩ *philos.* vitalism. — **Vi·taˈlist** [-ˈlɪst] *m* ⟨-en; -en⟩ vitalist. — **vi·taˈli·stisch** *adj* vitalist(ic).

Vi·ta·li·tät [vitaliˈtɛːt] *f* ⟨-; *no pl*⟩ (*Lebenskraft, Lebendigkeit*) vitality, vigor, *bes. Br.* vigour, energy, stamina.

ViˈtaI·ka·pa·ziˌtät *f* (*der Lunge*) vital capacity.

Vi·ta·min [vitaˈmiːn] *n* ⟨-s; -e⟩ vitamin, *auch* vitamine: ~ C vitamin C, ascorbic (*od.* cevitamic) acid (*scient.*); mit ~en angereichert vitaminized *Br. auch* -s-, enriched with vitamins. — **v~ˌarm** *adj* (*Kost*) vitamin-poor, poor in vitamins. — ~**beˌdarf** *m* vitamin requirement. — ~ˌ**ein·heit** *f* vitamin unit. — ~**geˌhalt** *m* vitamin content. — **v~ˌhal·tig**, *Austrian* **v~ˌhäl·tig** [-ˌhɛltɪç] *adj* vitamin-containing, with vitamin content.

vi·ta·mi·nie·ren [vitamiˈniːrən], **vi·ta·mi·niˈsie·ren** [-niˈziːrən] *v/t* ⟨*no* ge-, h⟩ vitaminize *Br. auch* -s-, add vitamins to.

Vi·taˈmin|ˌkap·sel *f med. pharm.* multivitamin capsule. — ~ˌ**man·gel** *m med.* vitamin deficiency. — ~ˌ**man·gel·erˌschei·nung** *f* vitamin deficiency symptom. — ~ˌ**man·gelˌkrank·heit** *f* a) (*durch Mangel eines Vitamins*) vitamin deficiency disease; avitaminosis, hypovitaminosis (*scient.*), b) (*durch Mangel mehrerer Vitamine*) polyavitaminosis. — **v~ˌreich** *adj* vitamin-rich, rich in vitamins. — ~ˌ**stoß** *m med.* massive dose of vitamins, stoss of vitamins. — ~**taˌblet·te** *f med. pharm.* vitamin tablet. — ~ˌ**überˌschuß** *m med.* hypervitaminosis.

vite [viːt; vɪt] *adj mus.* vite, brisk, lively. — **vi·te·ment** [vitəˈmãː] *adv* vite, briskly, lively.

Vi·ti·li·go [vitiˈliːgo] *f* ⟨-; *no pl*⟩ *med.* (*Hautflechte*) vitiligo, piebald skin.

Vi·ti·um [ˈviːtsĭʊm] *n* ⟨-s; -tia [-tsĭa]⟩ *med.* (*Fehler*) vitium.

Vi·tri·ne [viˈtriːnə] *f* ⟨-; -n⟩ **1.** (*Glasschrank*) glass (*od.* china) cabinet. – **2.** (*Schaukasten*) glass case, showcase, vitrine.

Vi·tri·ol [vitriˈoːl] *n* ⟨-s; -e⟩ *chem.* vitriol. — **v~ˌar·tig**, **v~ˌhal·tig** *adj* vitriolic.

vi·triˈo·lisch *adj chem.* vitriolic.

Vi·triˈolˌöl *n chem.* sulfuric (*bes. Br.* -ph-) acid, *auch* oil of vitriol (H_2SO_4).

Vitz·li·putz·li [fɪtsliˈpʊtsli; vɪts-] *m* ⟨-(s); *no pl*⟩ **1.** *cf.* Kinderschreck. – **2.** der ~ *colloq.* (*Teufel*) the devil (*auch* Devil), Satan.

vi·va·ce [viˈvaːtʃe] *adv u. adj mus.* (*lebhaft*) vivace. — **vi·vaˈcis·si·mo** [-vaˈtʃisimo] *adv u. adj* (*sehr lebhaft*) vivacissimo.

Vi·va·ri·um [viˈvaːrĭʊm] *n* ⟨-s; -rien⟩ (*Aquarium, Terrarium*) vivarium.

vi·vat [ˈviːvat] **I** *interj* ~ der Kaiser long live the Emperor; ~ die Gäste three cheers for the guests. – **II V~** *n* ⟨-s; -s⟩ cheer: ein V~ auf j-n ausbringen to give three cheers for s.o.

vi·vi·par [viviˈpaːr] *adj biol.* (*lebendgebärend*) viviparous.

Vi·vi·sek·ti·on [vivizɛkˈtsĭoːn] *f* ⟨-; -en⟩ *med.* (*Eingriff am lebenden Tier*) vivisection, biotomy. — **vi·vi·seˈzie·ren** [-zeˈtsiːrən] *v/t* ⟨*no* ge-, h⟩ vivisect.

ˈVi·ze|ad·miˌral [ˈfiːtsə-; ˈviːtsə-] *m mar. mil.* vice-admiral. — ~**gou·verˌneur** *m pol.* vice-governor, *Am.* lieutenant governor. — ~ˌ**kanz·ler** *m* vice-chancellor. — ~ˌ**kö·nig** *m* viceroy, vice-king. — ~ˌ**kö·ni·gin** *f* vicereine, vice-queen. — ~ˌ**kon·sul** *m* vice-consul. — ~ˌ**mei·ster** *m* (*sport*) (hinter *dat* to) runner-up. — ~**prä·siˌdent** *m* **1.** (*eines Landes*) vice-president. – **2.** (*einer Gesellschaft etc*) vice-president, deputy (*od.* vice-)chairman.

ˈViz·tum [ˈfɪts-; ˈviːts-] *m* ⟨-s; -e⟩ *hist.* vidame.

Vlies [fliːs] *n* ⟨-es; -e⟩ **1.** (*eines Schafs*) fleece. – **2.** (*textile*) fleece. – **3.** das Goldene ~ *myth.* the golden fleece; Orden vom Goldenen ~ *hist.* Order of the Golden Fleece.

V-ˌMann [ˈfaʊ-] *m* ⟨-(e)s; ⸚er *u.* -leute⟩ **1.** *cf.* Verbindungsmann 1. – **2.** *cf.* Polizeispitzel.

V-ˌMo·tor [ˈfaʊ-] *m auto.* V-type engine.

V-ˌNaht [ˈfaʊ-] *f tech.* single-V-butt weld.

Vo·gel [ˈfoːgəl] *m* ⟨-s; ⸚⟩ **1.** *zo.* bird: weiblicher ~ hen (bird); männlicher ~ cock(bird); ~ Strauß ostrich; Vögeln nachstellen to trap birds; Vögel fangen to catch birds; einen ~ beringen to band (*od.* ring) a bird; die Vögel unterm Himmel the birds of the air; wie ein gerupfter ~ aussehen to look half scalped; damit hast du den ~ abgeschossen *fig.* you have stolen the show there (*od.* with that); der ~ ist ausgeflogen *fig. colloq.* the bird has (*od.* is) flown; der ~ ist ins Garn (*od.* auf den Leim) gegangen *fig.* the bird has been caught; friß, ~, oder stirb! *fig.* do or die! sink or swim! ein schlechter ~, der sein eigenes Nest beschmutzt it is an ill bird that fouls its own nest. – **2.** *fig. colloq.* 'bird', 'fellow', 'fish', 'cuckoo' (*alle colloq.*): ein komischer ~ a funny (*od.* an odd) bird; ein lustiger ~ a gay spark; er ist ein seltener ~ he is a queer bird (*od.* fish); ein loser (*od.* lockerer) ~ a loose fellow. – **3.** einen ~ haben *fig. colloq.* to have bats in the belfry, to be cuckoo (*beide sl.*), *Am. colloq.* to be plumb crazy; j-m den ~ zeigen *fig. colloq.* to tap one's forehead at s.o. (*as a rude sign that he is stupid*). – **4.** *fig. colloq. for* Flugzeug. — **v~ˌar·tig** *adj zo.* birdlike, ornithoid (*scient.*). — ~ˌ**bau·er** *n, auch m* birdcage. — ~ˌ**beerˌbaum** *m bot.* rowan tree, *auch* European mountain ash (*Sorbus aucuparia*). — ~ˌ**bee·re** *f* rowanberry.

Vö·gel·chen [ˈføːgəlçən] *n* ⟨-s; -⟩ **1.** *zo. dim. of* Vogel 1. – **2.** birdie: paß auf, da kommt gleich ein ~ raus *colloq. humor.* (*beim Photographieren*) watch the birdie (*od.* dick[e]ybird).

ˈVo·gel|ˌdreck *m* bird droppings *pl*, mute. — ~ˌ**dunst** *m* ⟨-es; *no pl*⟩ *hunt.* (small) bird shot. — ~ˌ**ei** *n* bird's egg.

ˈVo·ge·ler *m* ⟨-s; -⟩ *obs. for* Vogelfänger.

ˈVo·gel|ˌfang *m* bird-catching, fowling. — ~ˌ**fän·ger** *m* bird catcher, fowler. — ~ˌ**flin·te** *f hunt.* fowling piece, *Am. auch* bird gun. — ~ˌ**flug** *m* flight of birds. — ~ˌ**fraß** *m agr.* damage caused by birds. — **v~ˌfrei** *adj jur. hist.* outlawed, proscribed: j-n für ~ erklären to outlaw (*od.* proscribe) s.o. — ~ˌ**freund** *m* bird fancier. — ~ˌ**fut·ter** *n* bird food, (*nur aus Samen*) *auch* birdseed. — ~**geˌsang** *m* song (*od.* singing) of birds. — ~**geˌzwit·scher** *n* warbling (*od.* warble, twitter[ing], chirp[ing]) of birds. — ~ˌ**händ·ler** *m* birdseller. — ~ˌ**hand·lung** *f* bird shop (*bes. Am.* store). — ~ˌ**haus** *n* birdhouse, aviary, *auch* volary. — ~ˌ**hecke** (*getr.* -k·k-) *f* breeding cage. — ~ˌ**herd** *m hunt. hist.* fowling floor. — ~ˌ**jun·ge** *n* young bird, (*flügges*) fledgling, *auch* fledgeling. — ~ˌ**kä·fig** *m* birdcage. — ~ˌ**ken·ner** *m* bird expert, ornithologist (*scient.*). — ~ˌ**kir·sche** *f bot.* **1.** (*Süßkirschenart*) bird (*od.* wild) cherry (*Prunus avium*). – **2.** (*Frucht der Eberesche*) rowanberry. — ~ˌ**knö·te·rich** *m* (bird) knotgrass, bird grass (*Polygonum aviculare*). — ~ˌ**kopf** *m* bird's head. — ~ˌ**kraut** *n bot. cf.* Kreuzkraut. — ~ˌ**kun·de** *f* ⟨-; *no pl*⟩ *zo.* ornithology. — ~ˌ**kun·di·ge** *m* ⟨-n; -n⟩ *cf.* Vogelkenner. — ~ˌ**leim** *m* birdlime. — ~ˌ**männ·chen** *n* cock(bird). — ~ˌ**mie·re** *f bot.* chickweed (*Stellaria media*). — ~ˌ**mil·be** *f zo.* chicken mite (*Dermanyssus gallinae*). — ~ˌ**milch** *f bot.* star-of-Bethlehem (*Gattg Ornithogalum*). — ~ˌ**mist** *m* **1.** *cf.* Vogeldreck. – **2.** (*Guano*) guano. — ~ˌ**mu·schel** *f zo.* wing shell (*Avicula hirundo*).

vö·geln [ˈføːgəln] *vulg.* **I** *v/t* ⟨h⟩ have sex with; 'lay', have it off with, 'make' (*sl.*); fuck, 'screw', *Am.* knock (*s.o.*) up (*vulg.*). – **II** *v/i* have sex, have it off (*sl.*); fuck, 'screw' (*vulg.*).

ˈVo·gel|ˌnapf *m* **1.** (*für Körner*) seed box (*od.* trough). – **2.** (*für Wasser*) water trough. — ~ˌ**nest** *n* **1.** bird's nest: ~er ausnehmen to go bird's-nesting, to bird's-nest. – **2.** *gastr.* (edible) bird's nest. – **3.** (*Haarknoten*) bun. – **4.** (*sport*) (*an den Ringen*) bird's nest. – **5.** *mar.* crow's nest. – **6.** *bot.* bird's-nest orchid (*Neottia nidus-avis*). — ~ˌ**netz** *n hunt.* bird (*bes. Br.* fowler's) net. — ~**per·spekˌti·ve** *f* ⟨-; *no pl*⟩ bird's-eye view: ein Bild aus der ~ a bird's-eye view; Berlin aus der ~ a bird's-eye view of Berlin. — ~ˌ**pest** *f vet.* fowl plague. — ~ˌ**pfef·fer** *m bot.* bird pepper (*Capsicum frutescens baccatum*). — ~ˌ**pfei·fe** *f hunt.* birdcall. — ~ˌ**sa·me** *m bot. cf.* Wegerich. — ~ˌ**schar** *f* flight (*od.* flock) of birds. — ~ˌ**schau** *f* ⟨-; *no pl*⟩ **1.** *cf.* Vogelperspektive. – **2.** *antiq.* augury from the flight of birds, ornithoscopy (*scient.*). — ~ˌ**scheu·che** *f* **1.** scarecrow. – **2.** *colloq. contempt.* scarecrow: wie eine ~ aussehen to look a(n absolute) sight (*colloq.*), to look like a scarecrow, to look fit to frighten the birds. — ~ˌ**schie·ßen** *n* shooting at the popinjay. — ~ˌ**schnäp·per** *m zo.* tyrant flycatcher (*auch* bird) (*Gattg Tyrannus*).

ˈVo·gelˌschutz *m* ⟨-es; *no pl*⟩ protection of birds. — ~ˌ**wart** *m* bird warden. — ~ˌ**war·te** *f* bird protection station.

ˈVo·gel|ˌspin·ne *f* bird spider, hairy mygalomorph (*Fam. Theraphosidae*). — ~ˌ**stan·ge** *f* perch, roost. — ~ˌ**stel·len** *n hunt.* fowling, bird-catching (with snares). — ~ˌ**stel·ler** *m* ⟨-s; -⟩ *cf.* Vogelfänger. — ~ˌ**stim·me** *f* birdcall: ~n nachahmen to imitate birdcalls.

ˌVo·gel-ˈStrauß-Po·liˌtik *f* ⟨-; *no pl*⟩ *pol.* ostrich policy, ostrichlike behavior (*bes. Br.* behaviour): ~ treiben to pursue an ostrich policy, to bury one's head in the sand.

ˈVo·gel|ˌstrich *m* leapfrog (*Br.* leap-frog) migration, partial bird migration. — ~ˌ**volk** *n* flock of birds. — ~ˌ**war·te** *f* ornithological station, bird-watching haunt. — ~ˌ**weib·chen** *n* hen (bird). — ~ˌ**welt** *f* ⟨-; *no pl*⟩ bird (*od. lit.* feathered) world: in der ~ in the bird world, in the world of birds. — ~ˌ**wicke** (*getr.* -k·k-) *f bot.* tufted (*od.* coy) vetch (*Vicia cracca*). — ~ˌ**zucht** *f zo.* bird breeding, aviculture (*scient.*). — ~ˌ**züch·ter** *m* bird breeder, aviculturist (*scient.*). — ~ˌ**zug** *m* bird migration.

'Vo·gerl·saˌlat ['foːgərl-], **'Vö·gerl·saˌlat** ['føːgərl-] *m Austrian for* Feldsalat.

Vög·lein ['føːglaɪn] *n* ⟨-s; -⟩ little bird, birdie.

Vog·ler ['foːglər] *m* ⟨-s; -⟩ **1.** *obs. for* Vogelfänger. – **2.** Heinrich der ~ *hist.* Henry the Fowler.

Vogt [foːkt] *m* ⟨-(e)s; ¨-e⟩ *hist.* **1.** (*Aufseher*) overseer. – **2.** landvogt. – **3.** (*Schirmherr*) protector, patron. – **4.** (*einer Provinz*) governor. – **5.** (*Amtmann*) bailiff, justiciary, warden. – **6.** (*Vorsteher eines Kirchspiels*) (village) mayor. – **7.** (*Verwalter*) administrator, (*eines Gutes*) steward. – **8.** *Swiss* (*Vormund*) guardian.

Vog·tei [foːk'taɪ] *f* ⟨-; -en⟩ *hist.* **1.** office (*od.* residence, jurisdiction) of a landvogt (*od.* governor, bailiff). – **2.** (*Amtsbezirk*) bailiwick.

voi·là [vwa'la] (*Fr.*) *interj* voilà! there it is! look!

Voi·le [vŏaːl] *m* ⟨-; -s⟩ (*textile*) voile. — **~ˌkleid** *n* voile dress.

Vo·ka·bel [vo'kaːbəl] *f* ⟨-; -n⟩, *Austrian auch n* ⟨-s; -⟩ word, vocable: die ~n the vocabulary *sg*: ~n lernen to learn vocabulary; j-m die ~n abhören to hear (*od.* ask) s.o. his vocabulary. — **~ˌheft** *n* vocabulary book. — **~ˌschatz** *m* ⟨-es; *no pl*⟩ vocabulary.

Vo·ka·bu·lar [vokabu'laːr] *n* ⟨-s; -e⟩, **Vo·ka·bu'la·ri·um** [-rĭʊm] *n* ⟨-s; -rien⟩ **1.** vocabulary. – **2.** (*Wörterverzeichnis*) list of words, vocabulary.

vo·kal [vo'kaːl] *adj mus.* vocal.

Vo'kal *m* ⟨-s; -e⟩ *ling.* vowel: nach einem ~ (stehend) postvocalic. — **~ˌabˌlaut** *m* (vowel) gradation. — **~ˌanˌlaut** *m* initial vowel. — **~ˌausˌlaut** *m* final vowel: mit ~ ending in a vowel. — **~har·mo·nie** *f* vowel harmony. — **~ˌinˌlaut** *m* medial vowel.

Vo·ka·li·sa·ti·on [vokaliza'tsĭoːn] *f* ⟨-; -en⟩ *ling. mus.* vocalization *Br. auch* -s-.

vo'ka·lisch *adj ling.* vocalic, vocal: ~er Auslaut vocalic (*od.* vowel) ending.

Vo·ka·li·se [voka'liːzə] *f* ⟨-; -n⟩ *mus.* vocalization *Br. auch* -s-.

vo·ka·li·sie·ren [vokali'ziːrən] **I** *v/t* ⟨*no* ge-, h⟩ *ling.* (*Konsonanten*) vocalize *Br. auch* -s-. – **II** *v/i mus.* vocalize *Br. auch* -s-, sol-fa. – **III V~** *n* ⟨-s⟩ *verbal noun.* — **Vo·ka·li'sie·rung** *f* ⟨-; -en⟩ **1.** *cf.* Vokalisieren. – **2.** vocalization *Br. auch* -s-.

Vo·ka·lis·mus [voka'lɪsmʊs] *m* ⟨-; *no pl*⟩ *ling.* vocalism.

Vo·ka·list [voka'lɪst] *m* ⟨-en; -en⟩, **Vo·ka'li·stin** *f* ⟨-; -nen⟩ *mus.* vocalist.

Vo'kal|kom·po·si·ti·on *f mus.* vocal composition. — **~konˌzert** *n* vocal concert. — **~muˌsik** *f* vocal music. — **~parˌtie** *f* vocal part. — **v~ˌreich** *adj ling.* vocalic. — **~ˌsatz** *m mus.* vocal setting. — **~syˌstem** *n ling.* vowel system, vocalism.

Vo·ka·tiv ['voːkatiːf; voka'tiːf] *m* ⟨-s; -e⟩ *ling.* vocative.

Vo·land ['foːlant] *m* ⟨-(e)s; *no pl*⟩ *obs.* devil: Junker ~ Squire Satan, the cloven-hoof.

Vo·lant[1] [vo'lɑ̃ː] *m* ⟨-s; -s⟩ **1.** (*an Kleidern, Gardinen etc*) frill. – **2.** (*am Rock*) frill, flounce. – **3.** (*am Bett, Sims etc*) frill, valance, *auch* vallance.

Vo'lant[2] *m, Austrian and Swiss auch n* ⟨-s; -s⟩ (*des Autos*) steering wheel.

Vo·lie·re [vo'lĭɛːrə] *f* ⟨-; -n⟩ (*Vogelhaus*) volary, *auch* volery.

Volk [fɔlk] *n* ⟨-(e)s; ¨-er⟩ **1.** (*Nation, Land*) people, nation: das deutsche ~ the German people, the Germans *pl*; die Völker Europas the peoples of Europe; friedliebende Völker peace-loving peoples; das auserwählte ~ the Chosen People; ein ~ in Waffen a nation in arms. – **2.** ⟨*only sg*⟩ (*Bevölkerung*) people: ein Mann aus dem ~e a man of the people; ein Vertreter des ~es *pol.* a representative of the people; im ganzen ~(e) Widerhall finden to find a nation-wide response; beim ~ beliebt sein to be popular with (*od.* liked by) the people; zum ~ sprechen *pol.* to speak to the people; das ~ befragen *pol.* to ask (*od.* put it to) the people; die Entscheidung des ~es einholen *pol.* to go to the country (*Am.* to the people); dem ~ aufs Maul schauen *colloq.* to speak like the man in the street. – **3.** ⟨*only sg*⟩ (*Menschen*) people *pl*: das einfache ~ the common people; das junge ~ the young people; das kleine ~ the little folk(s) *pl*, the small fry *pl*; das fahrende ~ the wayfaring people, *Br. auch* the itinerants *pl*; diese Künstler sind ein lustiges ~ these artists are jolly people, these artists are a jolly (*od.* merry) lot (*od.* crowd) (*colloq.*); etwas unters ~ bringen to popularize (*Br. auch* -s-) s.th. – **4.** (*Klasse*) class: das arbeitende ~ the working class; das gemeine ~ the lower class(es *pl*) (*od.* orders *pl*); the populace, the plebs (*contempt.*); das bessere ~ the upper class, the upper (*od.* smart) set. – **5.** ⟨*only sg*⟩ (*Masse, Menge*) mass(es *pl*) of people, crowds *pl*: viel ~(s) hatte sich versammelt large crowds (*od.* a mass of people) had gathered; das ~ strömte herbei the crowds streamed in. – **6.** ⟨*only sg*⟩ *contempt.* mob; lot, crowd (*colloq.*): ich kann dieses ~ nicht ausstehen I cannot stand that lot; dieses gemeine ~! that low crowd! that rabble! – **7.** *zo.* a) (*von Bienen*) swarm, b) (*von Rebhühnern*) covey, c) (*von Wachteln*) bevy. — **v~ˌarm** *adj* thinly populated (*od.* peopled).

Völk·chen ['fœlkçən] *n* ⟨-s; -⟩ **1.** *dim. of* Volk 1. – **2.** ein lustiges [ausgelassenes] ~ *fig.* a merry [boisterous] crowd (*colloq.*).

'Völ·ker|ˌball *m* ⟨-(e)s; *no pl*⟩ (*games*) *a game played by two opposing teams in which the players try to reduce the number of opponents by hitting them with a ball.* — **~beˌschrei·bung** *f* ethnography.

'Völ·kerˌbund *m* ⟨-(e)s; *no pl*⟩ *hist.* League of Nations.

'Völ·kerˌbunds|ˌpakt *m hist.* Covenant of the League of Nations. — **~ˌrat** *m* Council of the League of Nations. — **~verˌsamm·lung** *f* Assembly of the League of Nations.

'Völ·ker|faˌmi·lie *f* family of nations. — **~ˌfreund·schaft** *f* friendship among(st) nations, international friendship. — **~ˌfrie·de(n)** *m* peace among(st) nations, international peace. — **~geˌmein·schaft** *f* international community. — **~geˌmisch** *n* mixture of nations (*od.* peoples). — **~ˌhaß** *m* hatred among(st) nations. — **~ˌkrieg** *m* international war.

'Völ·ker|ˌkun·de *f* ⟨-; *no pl*⟩ ethnology: beschreibende ~ ethnography. — **~ˌkund·ler** [-ˌkʊntlər] *m* ⟨-s; -⟩ ethnologist. — **v~ˌkund·lich** [-ˌkʊntlɪç] *adj* ethnologic(al).

'Völ·ker|ˌmord *m* genocide. — **~psy·choloˌgie** *f* folk psychology, ethnopsychology (*scient.*).

'Völ·ker|ˌrecht *n* ⟨-(e)s; *no pl*⟩ *jur. pol.* international (public) law, *auch* law of nations, jus gentium (*scient.*): Delikte gegen das ~ (*von Einzelpersonen*) delicta juris gentium. — **~ˌrecht·ler** *m* ⟨-s; -⟩ specialist in international law. — **v~ˌrecht·lich I** *adj* **1.** (*Entscheidung etc*) bound by international law (*auch* by the law of nations). – **2.** (*Fragen etc*) relating to international law (*auch* to the law of nations). – **II** *adv* **3.** according to (*od.* under) international law (*auch* the law of nations): ~ verbindlich binding under international law.

'Völ·kerˌrechts|ˌbruch *m jur. pol. cf.* Völkerrechtsverletzung. — **~ˌgrundˌsatz** *m meist pl* generally accepted principle of international law. — **~ˌkund·ler** [-ˌkʊntlər] *m* ⟨-s; -⟩ *cf.* Völkerrechtler. — **~ˌmiß·ˌbrauch** *m* abuse of international law. — **~perˌsön·lich·keit** *f only in* ~ haben to be a subject of international law. — **~subˌjekt** *n* subject of international law. — **~verˌlet·zung** *f* (*durch Staaten u. sonstige Völkerrechtssubjekte*) breach (*od.* violation) of international (public) law. — **v~ˌwid·rig** *adj* contrary to (*od.* against) international law. — **~ˌwis·sen·schaft** *f* science of international law. — **~ˌwis·sen·schaft·ler** *m cf.* Völkerrechtler.

'Völ·ker|schaft *f* ⟨-; -en⟩ **1.** (group of) people. – **2.** (*Stamm*) tribe. — **~ˌschlacht, die** *hist.* the Battle of the Nations (*near Leipzig, 1813*). — **~ˌstamm** *m cf.* Volksstamm. — **v~verˌbin·dend** *adj* uniting (the) nations. — **~verˌsöh·nung** *f* reconciliation of nations (*od.* peoples). — **~verˌstän·di·gung** *f* international understanding. — **~ˌwan·de·rung** *f* **1.** *hist.* migration of (the) peoples (*od.* nations), völkerwanderung. – **2.** *fig.* exodus.

völ·kisch ['fœlkɪʃ] *adj* **1.** (*national*) national. – **2.** (*rassisch*) racial.

Völk·lein ['fœlklaɪn] *n* ⟨-s; -⟩ *cf.* Völkchen.

'volkˌreich *adj* populous, densely populated.

'Volks|ˌabˌstim·mung *f pol.* plebiscite, referendum: eine ~ abhalten to hold a plebiscite. — **~ˌak·tie** *f BRD econ.* people's share (*bes. Am.* stock). — **~arˌmee** *f DDR* People's Army. — **~arˌmist** [-ʔarˌmɪst] *m* ⟨-en; -en⟩ member of the People's Army. — **~ˌaufˌklä·rung** *f pol. sociol.* **1.** public information campaign, campaign to inform (*od.* enlighten) the people. – **2.** public enlightenment. — **~ˌaufˌlauf** *m colloq.* (*beim Unfall etc*) gathering of people (*od.* onlookers). — **~ˌaufˌruhr** *m* popular unrest, (general) commotion, (*mit Tumult*) *auch* tumult, riot. — **~ˌaufˌstand** *m* popular (*od.* national) (up)rising, revolt: der Ungarische ~ the Hungarian revolution (*1956*). — **~ˌaufˌwieg·ler** *m* **1.** political agitator. – **2.** (*Demagoge*) demagogue, *Am. auch* demagog, rabble-rouser. — **~ˌausˌdruck** *m ling.* nonstandard (*Br.* non-standard) (*od.* common, popular) expression. — **~ˌausˌga·be** *f print.* popular edition. — **~ˌausˌrot·tung** *f* genocide. — **~ˌbad** *n* public bath(s *pl*). — **~balˌla·de** *f* popular ballad. — **~ˌbank** *f BRD econ.* industrial credit cooperative (*Br. auch* co-operative). — **~beˌfra·gung** *f* (public) opinion poll, Gallup poll. — **~beˌgeh·ren** *n* **1.** petition for a referendum. – **2.** (*Ergebnis*) referendum, plebiscite. — **~beˌlu·sti·gung** *f* popular entertainment. — **~beˌschluß** *m pol.* resolution (*od.* decision) of the people, national decision. — **~beˌwaff·nung** *f* arming of the people. — **~beˌwe·gung** *f* popular (*od.* national) movement. — **~beˌwußtˌsein** *n* national consciousness (*od.* spirit). — **~bi·blioˌthek** *f cf.* Volksbücherei. — **~ˌbil·dung** *f* **1.** popular (*od.* national) education. – **2.** (*im engeren Sinne*) adult education. — **~ˌbil·dungsˌwerk** *n* adult education institution (*od.* organization *Br. auch* -s-). — **~ˌblatt** *n* popular newspaper. — **~ˌbrauch** *m* popular (*auch* national) custom, folkway. — **~ˌbuch** *n* **1.** popular book. – **2.** *hist.* (*literature*) chapbook. — **~bü·cheˌrei** *f* public library. — **~ˌbüh·ne** *f* (*theater*) people's theater (*bes. Br.* theatre) organization (*Br auch* -s-). — **~chaˌrak·ter** *m* national character. — **~de·mo·kraˌtie** *f* people's democracy. — **v~de·moˌkra·tisch** *adj* pertaining to a people's democracy. — **~ˌdeut·sche** *m, f hist.* ethnic German, Volksdeutscher, German of foreign nationality. — **~ˌdich·te** *f* density of (the) population. — **~ˌdich·ter** *m* **1.** (*volkstümlicher*) poet of the people, popular poet. – **2.** (*nationaler*) national poet. — **~ˌdich·tung** *f* **1.** (*volkstümliche*) popular poetry. – **2.** (*nationale*) national poetry. — **v~ˌei·gen** *adj DDR econ.* a) state-owned, nationally owned, b) (*verstaatlicht*) nationalized *Br. auch* -s-: ~er Verlag state-owned publishing house; ~er Betrieb state-owned firm (*od.* company). — **~ˌei·gen·tum** *n* national property: ~ sein to be state-owned; etwas in ~ überführen to nationalize (*Br. auch* -s-) s.th. — **~ˌeinˌkom·men** *n econ.* national income. — **~empˌfin·den** *n* ⟨-s; *no pl*⟩ national feeling: ein gesundes ~ haben to have a positive attitude toward(s) national problems, to be a sound patriot. — **~entˌscheid** *m pol. cf.* Volksabstimmung. — **~ˌepos** *n* (*literature*) national epic. — **~erˌhe·bung** *f cf.* Volksaufstand. — **~erˌzäh·lung** *f* (*literature*) folktale. — **~erˌzie·hung** *f* national education. — **~ety·mo·loˌgie** *f ling.* popular (*od.* folk) etymology. — **~ˌfeind** *m pol.* enemy of the people (*od.* nation). — **v~ˌfeind·lich** *adj* hostile to the people (*od.* nation). — **~ˌfest** *n* public festival. — **v~ˌfremd** *adj* alien to the people (*od.* race). — **~ˌfreund** *m* friend of the people. — **~ˌfront** *f hist.* popular (*auch* people's) front. — **~ˌfüh·rer** *m* popular leader, leader of the people. — **~ˌgan·ze, das** the nation as a whole, the whole nation. — **~ˌgar·ten** *m* public gardens *pl*. — **~ˌgeist** *m* ⟨-(e)s; *no pl*⟩ spirit of the people, national spirit. — **~geˌmein·schaft** *f* community of the people, national community (*od.* entity), nation. — **~geˌnos·se** *m*, **~geˌnos·sin** *f hist.* (*in NS-Zeit*) national comrade. — **~geˌrichtsˌhof** *m jur. hist.* (*in NS-Zeit*) People's Court. — **~geˌsang** *m* folk singing. — **~geˌsund·heit** *f* public (*od.* national) health, health of the nation. — **~geˌsund·heitsˌpfle·ge** *f* national health care (*od.* service). — **~ˌglau·be(n)** *m* popular belief. — **~ˌgrup·pe** *f* **1.** ethnic(al) group. – **2.** (*Minderheit*) minority. — **~ˌgunst** *f* favor (*bes. Br.* favour) of the people, popularity: nach ~ streben to play to the gallery. — **~ˌhau·fe(n)** *m* **1.** crowd(s *pl*) of people. – **2.** *contempt.* mob. — **~ˌheer** *n mil. etwa* militia. — **~ˌheld** *m* national hero. — **~ˌherr·schaft** *f pol.* rule of the people, democracy. — **~ˌhochˌschu·le** *f ped.* adult evening classes *pl.* — **~ˌhochˌschü·ler** *m,* **~ˌhochˌschü·le·rin** *f person attending adult evening classes.* — **~juˌstiz** *f cf.* Lynchjustiz. — **~ˌkam·mer** *f pol.* **1.** popular chamber, lower house. – **2.** *bes. DDR* People's Chamber. — **~konˌgreß** *m* People's Congress. — **~konˌtrol·le** *f DDR econ.* economic and industrial control by the employees. — **~ˌkü·che** *f* (public) soup kitchen.

ˈVolks|ˌkun·de *f* folklore. — **~ˌkund·ler** [-ˌkʊntlər] *m* ⟨-s; -⟩ folklorist. — **v~ˌkund·lich** [-ˌkʊntlɪç] *adj* folkloric, folkloristic.

ˈVolks|ˌkunst *f* ⟨-; *no pl*⟩ folk art, (*handwerkliche*) folkcraft. — **~ˌlauf** *m* open cross-country race. — **~ˌle·ben** *n* ⟨-s; *no pl*⟩ life of the people. — **~ˌlied** *n mus.* folk song (*od.* tune), *Am. auch* volkslied. — **~ˌmär·chen** *n* folktale, folk story. — **~ˌmas·se** *f* **1.** (*gesamte Bevölkerung*) masses *pl.* – **2.** (*in einem Stadion etc*) mass of people. — **v~ˌmä·ßig** *adj* popular. — **~me·diˌzin** *f* folk medicine. — **~ˌmei·nung** *f* public opinion. — **~ˌmen·ge** *f* crowd (of people). — **~mis·siˌon** *f relig.* lay mission. — **~ˌmund** *m* ⟨-(e)s; *no pl*⟩ vernacular: im ~ in the vernacular, in common parlance, as popularly expressed. — **~muˌsik** *f mus.* folk music. — **v~ˌnah** *adj* close to the people. — **~parˌtei** *f pol.* people's (*od.* national) party. — **~po·liˌzei** *f DDR* people's police, national police force. — **~po·liˌzist** *m* member of the people's (*od.* the national) police. — **~ˌrat** *m pol.* (*in sozialistischen Ländern*) People's Council. — **~ˌre·de** *f* public speech: halte keine ~n! *colloq. humor.* stop speechifying! — **~ˌred·ner** *m* **1.** popular speaker, orator of the people. – **2.** (*propagandistischer*) mob (*od.* stump) orator (*od.* speaker). — **~reˌgie·rung** *f pol.* democracy. — **~re·puˌblik** *f* people's republic. — **~ˌsa·ge** *f* folk legend. — **~ˌschauˌspiel** *n* (*theater*) *cf.* Volksstück. — **~ˌschauˌspie·ler** *m* folk-play actor. — **~ˌschicht** *f* social class (*od.* stratum). — **~ˌschlag** *m* stock. — **~ˌschriftˌstel·ler** *m* popular writer.

ˈVolksˌschulˌbil·dung *f ped.* education provided by the 'Volksschule'.

ˈVolks|ˌschu·le *f ped. German school comprising 'Grundschule' and 'Hauptschule'.* — **~ˌschü·ler** *m,* **~ˌschü·le·rin** *f* pupil at a 'Volksschule'.

ˈVolksˌschul|ˌleh·rer *m,* **~ˌleh·re·rin** *f ped.* teacher at a 'Volksschule'. — **~ˌun·terˌricht** *m* instruction (*od.* teaching) at a 'Volksschule'. — **~ˌwe·sen** *n* ⟨-s; *no pl*⟩ organization (*Br. auch* -s-) (*od.* system) of the 'Volksschule'.

ˈVolks|ˌsee·le *f* ⟨-; *no pl*⟩ soul of the people: die empörte (*od.* kochende) ~ *colloq.* the infuriated (*od.* seething) populace. — **~ˌsit·te** *f* folkway, popular (*auch* national) custom. — **~sou·ve·rä·niˌtät** *f pol.* sovereignty of the people. — **~ˌsport** *m* popular sport. — **~ˌspra·che** *f* **1.** vernacular (language), popular speech. – **2.** ordinary (*od.* everyday) parlance, familiar speech. — **v~ˌsprach·lich** *adj* **1.** vernacular, popular: ~e Dichtung (*literature*) vernacular poetry; ~e Bezeichnung (für of) vernacular (*od.* popular) name. – **2.** ordinary, familiar. — **~ˌstaat** *m pol.* republic. — **~ˌstamm** *m* tribe. — **~ˌstim·me** *f* voice of the people. — **~ˌstim·mung** *f* feeling (*od.* sentiment) of the people. — **~ˌstück** *n* (*theater*) folk play. — **~ˌsturm** *m hist.* Volkssturm (*a territorial army formed by the Germans in the latter part of World War II, consisting of men and boys unfit for regular military service*). — **~ˌtanz** *m* folk dance. — **~thea·ter** [-teˌaːtər] *n* **1.** (*als Einrichtung*) people's theater (*bes. Br.* theatre) organization (*Br. auch* -s-). – **2.** (*als Stoff*) folk drama. — **~ˌtracht** *f* national (*od.* traditional, folk, regional) costume (*od.* dress). — **~ˌtrau·erˌtag** *m* day of national mourning. — **~triˌbun** *m antiq.* tribune (*chosen from the people*).

ˈVolks·tum *n* ⟨-s; *no pl*⟩ **1.** national characteristics *pl.* – **2.** folklore: deutsches ~ German folklore.

ˈvolks·tüm·lich [-tyːmlɪç] **I** *adj* **1.** (*Theaterstück etc*) folksy, *auch* folksey (*oft iron.*). – **2.** (*beliebt, populär*) popular. – **3.** (*dem Volkstum gemäß*) in keeping with national traditions (*od.* aspirations). – **II** *adv* **4.** er schreibt sehr ~ his writings have the common touch. — **ˈVolks·tüm·lich·keit** *f* ⟨-; *no pl*⟩ **1.** folksiness. – **2.** popularity.

ˈVolks|ˌüberˌlie·fe·rung *f* popular tradition. — **~ˌun·terˌhal·tung** *f* popular entertainment. — **v~verˌbun·den** *adj* ~ sein to have close ties with the people. — **~verˌbun·den·heit** *f* ⟨-; *no pl*⟩ (*eines Monarchen, Ministers etc*) close ties *pl* with (*od.* affection for) the people. — **~verˌfüh·rer** *m contempt.* seducer of the people (*od.* the nation), demagogue, *Am. auch* demagog. — **~verˌhet·zung** *f* incitement (*od.* instigation) of the people. — **~verˌmö·gen** *n* national wealth, wealth of the people. — **~verˌrat** *m* betrayal of the people. — **~verˌrä·ter** *m* betrayer of the people. — **~verˌsamm·lung** *f* **1.** *pol.* people's assembly. – **2.** (*Kundgebung etc*) public meeting (*od.* gathering). — **~verˌtre·ter** *m pol.* representative of the people. — **~verˌtre·tung** *f* **1.** representation of the people. – **2.** (*Parlament*) parliament. — **~ˌwahl** *f pol.* national (*od.* nationwide) elections *pl.* — **~ˌwei·se** *f mus.* folk tune (*od.* melody).

ˈVolks|ˌwirt *m econ.* (political) economist. — **~ˌwirt·schaft** *f* **1.** (political *od.* national) economy. – **2.** *cf.* Volkswirtschaftslehre. — **~ˌwirt·schaft·ler** *m cf.* Volkswirt. — **v~ˌwirt·schaft·lich** *adj* (*Lehre, Fächer etc*) relating to economics.

ˈVolksˌwirt·schaftsˌleh·re *f econ.* (allgemeine) ~ economics *pl* (*usually construed as sg*); angewandte ~ applied economics *pl* (*usually construed as sg*).

ˈVolks|ˌwohl *n* welfare of the people, public weal. — **~ˌwohlˌfahrt** *f sociol.* public welfare. — **~ˌwohlˌstand** *m* national wealth (*od.* prosperity), wealth (*od.* prosperity) of the people. — **~ˌwut** *f* anger of the people. — **~ˌzäh·lung** *f* (population) census. — **~ˌzei·tung** *f* popular newspaper. — **~ˌzu·geˌhö·rig·keit** *f* ethnic(al) origin.

voll [fɔl] **I** *adj* ⟨-er; -st⟩ **1.** (*gefüllt*) full: ein ~es Glas (Wein) a full glass (of wine); das Glas ist halb [dreiviertel] ~ the glass is half [three-quarters] full; ein Becher ~ Milch a beaker full of milk; ein ~er Geldbeutel a full purse; eine ~e Ähre a full ear of grain; ein ~es Haus haben a) (*Theater*) to have a full house, to be booked out, b) (*Hotel*) to be booked up, to be full up; vor ~em Hause spielen (*theater*) to play to a full (*od.* packed) house (*od.* to a capacity audience); brechend ~ *colloq.* cram-full, crammed full; zum Bersten ~ full to (the) bursting point; zum Überlaufen (*od. colloq.* gestrichen) ~ brimful, *auch* brimfull, full to the brim; zum Überlaufen ~ sein mit to be brimful (*auch* brimfull) of, to brim (*od.* be brimming) with; der Saal war ~(er) (*od.* ~ von) Menschen, *colloq.* der Saal war gerammelt (*od.* gerappelt, gesteckt) ~ the room was packed (to the doors) (*od.* crammed full); war es sehr ~? a) (*im Theater, Bus etc*) was it very full? b) (*auf dem Platz*) was it very crowded? c) (*auf der Autobahn etc*) was there much traffic? ~ sein a) to be full, b) *fig. colloq.* (*satt sein*) to be full (*od.* stuffed, crammed, *colloq.* full up), c) *fig. colloq.* (*betrunken sein*) to be full (*od. colloq.* tight, plastered); ~ des süßen Weines sein *humor.* to have had a drop too much; ~ wie eine Strandhaubitze *fig. colloq.* (as) drunk as a lord (*od.* fiddler); ~er Wasser full of water; der Koffer war ~er Geschenke (*od.* ~ mit Geschenken) the suitcase was full of (*od.* filled with) presents; ein Garten ~(er) Blumen a garden full of flowers; diese Arbeit ist ~er Fehler this work is full of mistakes, (*stärker*) this work is teeming with (*od.* abounds with) mistakes; eine Rede ~er Sentimentalität a speech full of (*od. lit.* replete with) sentimentality; ein Leben ~er Sorgen a life full of (*od.* fraught with) worries; eine Expedition ~er Gefahr an expedition fraught with danger; den Kopf ~er Pläne haben *fig.* to be full of plans; ~er Lob, ~ des Lobes full of praise; → Bauch 2; Brust 4; Hand[1] *Verbindungen mit Präpositionen u. Adjektiven*; Herz *Bes. Redewendungen*; Maß[1] 7, 8; Mund 1; Nase 2. – **2.** (*ganz*) full: die ~e Adresse the full address; die ~e Summe the full (*od.* whole, entire) sum; den ~en Fahrpreis zahlen to pay the full fare; in ~er Höhe zahlen to pay the full price, to pay the price in full; etwas in seinem ~en Umfang erfassen to understand s.th. fully; j-n in ~er Größe malen to paint s.o. life-size; in ~er Größe stand er vor mir there he was (in front of me) (as) large as life (*colloq.*); in ~er Rüstung in full garb; in ~em Maße verantwortlich sein to be fully responsible, to carry full responsibility; die ~e Wahrheit the full (*od.* whole) truth; ~e Unterstützung finden to find full support; ~es Einverständnis full consent; ~e Gewißheit haben (über *acc* about) to be quite certain; bei ~er Besinnung sein to be fully conscious; im ~en Sinne des Wortes in the full sense of the word; mit ~ster Lautstärke at full volume; mit ~er Besetzung (*theater*) with a full cast; etwas um ein ~es Drittel herabsetzen to reduce s.th. by a full (*od.* whole) third; ~e acht Tage fully eight days, eight full days, fully a week, a full (*od.* whole) week; ~e zwei Wochen two full (*od.* whole) weeks; ein ~es Jahr a full (*od.* whole) year; die Uhr schlägt nur die ~en Stunden the clock strikes only the full hour; der Mond ist ~ the moon is full, it is full moon; → Hals[1] 4; Kehle 1. – **3.** (*Zahl, Dutzend etc*) whole: es ist jetzt ~e 40 Jahre her, daß it is no less than 40 years since, it is 40 whole years since. – **4.** (*vollkommen, komplett*) complete: ~es Vertrauen zu j-m haben to have complete confidence in s.o.; ein ~er Erfolg a complete success; → Zug[3] 5. – **5.** *philat.* (*Satz*) complete, full. – **6.** (*all*) all, full: j-n mit ~er Wucht schlagen to strike s.o. full force (*od.* with all one's might); mit ~er Kraft a) by (*od.* with) might and main, b) *mar.* full speed; mit ~er Kraft voraus *mar.* full speed ahead; mit ~en Kräften with all one's strength; ~e Einzelheiten full details; in ~em Ernst in all seriousness, in dead earnest; er sagte es mit ~em Recht he had every right to say it, he was perfectly right in saying it. – **7.** (*erfüllt von*) ~er Leben [Begeisterung, Bewunderung, Freude, Angst] full of life [enthusiasm, admiration, joy, fear]; ~er Dummheiten stecken to be full of mischief; ~er Schwung (*od.* Elan) an (*acc*) etwas herangehen to go about s.th. with drive, to attack s.th. with elan; ~er Arbeitseifer sein to be full of zeal, to be extremely assiduous. – **8.** (*bedeckt, übersät*) (mit with) covered: ~er Flecken [Staub, Schnee] covered with stains [dust, snow]; ~er Papier covered (*od.* littered) with paper; eine Wiese ~er Blumen a meadow covered with flowers, a flowery meadow; die Pflanze ist ~er Knospen the plant is covered with buds (*od.* is in full bud). – **9.** (*Fahrt, Galopp etc*) full: in ~em Lauf at full speed; in ~er Tätigkeit in full activity; → Gang[1] 10; Tour 4. – **10.** (*rundlich*) full: er hat ein ~es Gesicht he is full in the face; er ist etwas ~er geworden he has got a little fuller, he has filled out a bit; ein Kind mit ~en Wangen a child with chubby (*od.* pudgy, podgy) cheeks. – **11.** (*Busen*) full, ample. – **12.** (*Arme*) well-rounded (*attrib*). – **13.** (*Haar*) thick. – **14.** (*Stimme*) rich, full, sonorous, fruity (*colloq.*). – **15.** *mus.* (*Ton*) full, rich, sonorous. – **16.** (*Farbton*) rich. – **17.** (*Wein*) full(-bodied). – **18.** in ~er Blüte stehen a) to be in full blossom (*od.* bloom), b) *fig.* to be at its height. – **19.** *auto.* (*Batterie*) fully charged. – **20.** ~er Flieder *bot.* rank lilac. – **21.** (*substantiviert mit Kleinschreibung*) aus dem ~en schöpfen (*od.* wirtschaften) to draw on abundant (*od.* lavish) resources; im ~en leben to live on the fat of the land (*od.* in the lap of luxury); er greift ins ~e he draws on ample resources; in die ~en gehen a) (*beim Kegeln*) to bowl for a strike, b) *fig. colloq.* (*etwas mit viel Energie beginnen*) to go all out (*colloq.*), to go hard at it. – **II** *adv* **22.** (*ganz*) fully: ~ verantwortlich sein to be fully responsible; etwas ~ würdigen [begreifen] to appreciate [grasp] s.th. fully; ~ für etwas einstehen to answer fully for s.th.; ~ beschäftigt sein to be fully occupied; etwas ~ ausnützen to take full advantage of s.th.; sich ~ entfalten to develop fully; ~ zur Geltung kommen to be shown to full advantage, to have its full effect; die Uhr schlägt ~ the clock strikes the hour; das Hotel ist ~ besetzt (*od.* belegt) the hotel is booked up, the hotel is full (*od.* full up). – **23.** (*vollständig*) in full: ~ zahlen to pay in full; ein ~ ausgeschriebener Name a name written in full; ~ eingezahltes Kapital capital paid in full, (fully) paid-up capital; ~ eingezahlte Aktie *cf.* Vollaktie. – **24.** (*in Wendungen wie*) ~ und ganz completely, totally, wholly, *auch* wholely; ~ dasein *colloq.* to be on the ball, to be with it (*colloq.*); j-n [nicht] für ~ nehmen *fig.* [not] to take s.o. seriously; j-n ~ ansehen to look s.o. straight in the face (*od.* eye); → Hucke 1; Jacke 1; Mund 2. – **25.** ich mußte ~ bremsen I had to jam on the brakes.

ˈVollˌach·se *f tech.* solid axle.

ˈvolla·den (*getr.* -ll,l-) *v/t* ⟨*irr, sep,* -ge-, h⟩ load (*s.th.*) up, load (*s.th.*) to capacity.

ˈVoll|ˌak·tie *f econ.* fully paid-up share (*bes. Am.* stock). — **~ˌamt** *n tel. cf.* Vollvermittlungsstelle. — **~anaˌly·se** *f* full (*od.* complete) analysis. — **~ˌanˌschluß** *m* **1.** (*radio*) *electr.* mains supply. – **2.** *tel.* standard subscriber connection (*Br. auch* connexion).

ˈVollast (*getr.* -ll,l-) *f* ⟨-; *no pl*⟩ *auto. electr. mar.* full load: unter ~ at full load.

ˈVoll|ˌanˌlauf *m auto.* full-load start(ing). — **~ˌlei·stung** *f* (*eines Motors*) full-load rating. — **~ˌspan·nung** *f electr.* full-load voltage. — **~ˌstrom** *m* full-load current.

voll·auf [ˈfɔlˌʔauf; ˌfɔlˈʔauf] *adv* **1.** (*ganz*) quite: das genügt ~ that is quite enough; ich bin ~ zufrieden I am quite satisfied; ich bin mit meinem Wagen ~ zufrieden I am quite (*od.* perfectly) satisfied with my car. – **2.** ~ [mit etwas] beschäftigt sein to be fully occupied [with s.th.]; ~ zu tun haben (mit etwas) to have quite enough (*od.* plenty) to do (with s.th.).

ˈvollau·fen (*getr.* -ll,l-) *v/i* ⟨*irr, sep,* -ge-, sein⟩ **1.** fill: die Wanne ~ lassen to fill the bathtub. – **2.** sich ~ lassen *fig. colloq.* to get tanked up, to tank up (*beide sl.*), to get drunk. – **3.** *mar.* (*von Schiff, Boot etc*) swamp.

ˈVoll|ˌausˌsteue·rung *f electr.* **1.** (*des Tons*) maximum level (*od.* volume). – **2.** (*eines Senders*) full modulation (*od.* drive). — **~au·toˌmat** *m tech.* full-automatic screw machine. — **~au·toˌma·tik** *f auto.* fully automatic system. — **v~au·toˌma·tisch** *adj* fully automatic. — **v~au·to·ma·tiˌsiert** *adj* fully automated. — **~au·to·ma·tiˌsie·rung** *f* full automation (*od.* automatization *Br. auch* -s-). — **~ˌbad** *n* (full) bath. — **~ˌbart** *m* full beard: einen ~ tragen to wear a full beard. — **v~beˌla·den** *adj* ⟨*attrib*⟩ loaded to capacity. — **v~beˌla·stet** *adj* ⟨*attrib*⟩ *auto. electr.* fully loaded. — **~beˌla·stung** *f* full load. — **v~beˌlegt** *adj* ⟨*attrib*⟩ (*Hotel etc*) full, booked-up. — **v~beˌrech·tigt** *adj* ⟨*attrib*⟩ **1.** (*auf Grund eines Anspruchs, Rechts*) fully entitled. – **2.** (*auf Grund einer Vollmacht*) fully authorized (*Br. auch* -s-). — **v~beˌschäf·tigt** *adj econ.* (*Arbeiter etc*) employed full-time. — **~beˌschäf·ti·gung** *f* full employment. — **v~beˌsetzt** *adj* ⟨*attrib*⟩ **1.** (*Zug, Wagen etc*) full, packed, crowded. – **2.** (*Hotel etc*) *cf.* vollbelegt. — **~beˌsitz** *m only in* im ~ seiner körperlichen und geistigen Kräfte sein to be in full possession of one's mental powers and physical strength. — **~ˌbier** *n brew. beer with a high original wort.*

ˈVollˌbild *n* **1.** *telev.* picture, frame. – **2.** *print.* full-page illustration. – **3.** *med.* (*einer Krankheit*) full-blown case. — **~freˌquenz** *f telev.* picture (*od.* frame) frequency.

ˈVollˌblut *n* ⟨-(e)s; *no pl*⟩, **ˈVollˌblü·ter** [-ˌblyːtər] *m* ⟨-s; -⟩ *zo.* thoroughbred, thoroughbred (*od.* full-blooded, whole-blooded) horse.

ˈVollˌblutˌhengst *m zo.* thoroughbred (*od.* full-blooded, whole-blooded) stallion.

ˈvollˌblü·tig [-ˌblyːtɪç] *adj* **1.** (*rasserein*) full-blooded, thoroughbred. – **2.** *med.* plethoric. – **3.** *fig.* vivacious. — **ˈVollˌblü·tig·keit** *f* ⟨-; *no pl*⟩ **1.** (*durch Zucht*) full-bloodedness, thoroughbredness. – **2.** *med.* plethora. – **3.** *fig.* vivaciousness, vivacity.

ˈVollˌblutˌpferd *n zo. cf.* Vollblut.

ˈVollˌboh·ren *n tech.* drilling.

ˌvollˈbracht I *pp of* vollbringen. – **II** *adj* nach ~er Tat a) after finishing, b) *jur.* after committing the crime; „es ist ~" *Bibl.* "it is finished".

ˈVollˌbrem·sung *f* full braking: eine ~ machen to jam on the brakes.

ˌvollˈbrin·gen I *v/t* ⟨*irr, insep, no* -ge-, h⟩ **1.** (*eine große Tat etc*) accomplish, achieve: eine ungewöhnliche Leistung ~ to achieve s.th. outstanding; er hat es vollbracht he did (*od.* made, managed) it. – **2.** (*Wunder*) work, perform. – **II V~** *n* ⟨-s⟩ **3.** *verbal noun.* — **ˌVollˈbrin·gung** *f* ⟨-; *no pl*⟩ **1.** *cf.* Vollbringen. – **2.** accomplishment, achievement. – **3.** performance.

ˈVollˌbrot *n gastr.* whole-meal bread.

ˈvoll|ˌbür·tig [-ˌbʏrtɪç] *adj jur.* (*Kind*) of the same parents, of whole blood: ~e Geschwister full brothers and sisters. — **~ˌbu·sig** *adj* buxom, full-bosomed, bosomy (*colloq.*).

ˈVoll|ˌdampf *m* ⟨-(e)s; *no pl*⟩ *mar.* full steam (*od.* power): mit ~ fahren a) (*von Dampfer, Schlepper etc*) to sail (*od.* travel) at full steam, b) *fig. colloq.* (*von Auto-, Motorradfahrer etc*) to go (*od.* drive) (at) full tilt; (mit) ~ voraus! (*Kommando*) full speed ahead! — **~ˌdraht** *m tech.* solid wire. — **~ˌdün·ger** *m agr.* compound fertilizer(s *pl*).

Völ·le [ˈfœlə] *f* ⟨-; *no pl*⟩, **~geˌfühl** *n* ⟨-(e)s; *no pl*⟩ (*im Magen*) sensation of repletion (*od.* fullness).

ˈvollei·big (*getr.* -ll,l-) [-ˌlaɪbɪç] *adj cf.* beleibt.

ˈVoll|ˌeinˌzah·lung *f econ.* payment in full. — **v~elek·trisch** [-ʔeˌlɛktrɪʃ] *adj* (*Anlage etc*) all-electric (*attrib*).

voll·en·den [ˌfɔlˈʔɛndən; fɔˈlɛndən] **I** *v/t* ⟨*insep, no* -ge-, h⟩ **1.** (*eine Arbeit, ein Werk etc*) complete, finish, bring (*s.th.*) to completion; round off, consummate (*lit.*): er konnte das Bild vor seinem Tod nicht mehr ~ he could not complete the picture before his death; einen Satz ~ to complete (*od.* finish) a sentence; er hat sein Leben vollendet *poet.* he has completed his life, he has rounded off his years. – **2.** (*erfüllen*) accomplish, perform. – **3.** (*Lebensjahr, Dienstzeit etc*) complete. – **4.** *jur.* (*eine Straftat*) complete. – **II V~** *n* ⟨-s⟩ **5.** *verbal noun.* – **6.** *cf.* Vollendung.

Vollˈen·der *m* ⟨-s; -⟩ completer, finisher.

vollˈen·det I *pp.* – **II** *adj* **1.** completed: mit (*od.* nach) ~em 21. Lebensjahr (up)on completion of the 21st year of one's life; → Tatsache. – **2.** (*Schönheit etc*) perfect. – **3.** ⟨*meist attrib*⟩ (*Tänzer, Künstler, Gastgeberin etc*) perfect, accomplished, consummate. – **4.** ⟨*attrib*⟩ *fig. colloq.* (*Blödsinn, Unsinn etc*) perfect, absolute, utter, downright. – **III** *adv* **5.** er hat das Konzert ~ gespielt he played the concerto with perfection.

voll·ends [ˈfɔlɛnts] *adv* **1.** completely, totally, altogether: das wird ihn ~ zugrunde richten that will ruin him completely (*od.* altogether); das hat ihn ~ aus der Fassung gebracht that has disconcerted him completely; du bist wohl ~ verrückt geworden *colloq.* you must have gone completely mad; und wenn ich ~ bedenke, was alles hätte passieren können and I shudder to think of all (the things) that could have happened. – **2.** (*vollständig*) fully: inzwischen war es ~ Tag geworden meanwhile the day had fully dawned.

Vollˈen·dung *f* ⟨-; *no pl*⟩ **1.** *cf.* Vollenden. – **2.** (*einer Arbeit, eines Werkes, einer Lehrzeit etc*) completion: mit (*od.* nach) ~ des 65. Lebensjahrs (up)on completion of the 65th year of one's life; vor der ~ stehen to be just before (*od.* to be on the verge of) completion; der ~ entgegengehen to be nearing completion. – **3.** (*Erfüllung*) accomplishment, performance. – **4.** (*Vollkommenheit*) perfection. – **5.** *jur.* (*eines Versuchs*) completion.

ˈvoll·entˌwickelt (*getr.* -k·k-) *adj* ⟨*attrib*⟩ fully developed, mature.

ˈvol·ler I *comp of* voll. – **II** *adj* → voll 1, 7, 8.

Völ·le·rei [fœləˈraɪ] *f* ⟨-; -en⟩ gluttony.

ˈvollˌes·sen *v/reflex* ⟨*irr, sep, pp* vollgegessen, h⟩ sich ~ *colloq.* eat one's fill.

Vol·ley [ˈvɔli] (*sport*) **I** *m* ⟨-s; -s⟩ *bes. beim Tennis*) volley. – **II v~** *adv* einen Ball v~ nehmen a) (*bes. beim Tennis*) to (play on the) volley, b) (*bes. beim Fußball*) to take a ball first time.

ˈVol·leyˌball *m* (*sport*) **1.** ⟨*only sg*⟩ (*Spiel*) volleyball. – **2.** (*Ball*) volleyball. — **~ˌspiel** *n* **1.** volleyball game (*od.* match). – **2.** ⟨*only sg*⟩ *cf.* Volleyball 1. — **~ˌspie·ler** *m*, **~ˌspie·le·rin** *f* volleyball player.

ˈVol·leyˌschuß *m* (*sport*) (*bes. beim Fußball*) first-time shot.

ˈvollˌfett *adj gastr.* (*Käse von mindestens 45% Fett in der Trockenmasse*) full-cream (*attrib*). — **V~ˌkä·se** *m* full-cream cheese.

ˈvollˌfres·sen *v/reflex* ⟨*irr, sep,* -ge-, h⟩ sich ~ *colloq.* stuff (*od.* cram, gorge) oneself, eat oneself silly, *Br.* eat rings (a)round one, *Am. colloq.* stoke oneself.

ˌvollˈfüh·ren I *v/t* ⟨*insep, no* -ge-, h⟩ **1.** (*Kunststück, Luftsprung etc*) perform, execute. – **2.** (*Heidenspektakel, ohrenbetäubenden Lärm etc*) create, make. – **II V~** *n* ⟨-s⟩ **3.** *verbal noun.* — **ˌVollˈfüh·rung** *f* ⟨-; *no pl*⟩ **1.** *cf.* Vollführen. – **2.** performance. – **3.** creation.

ˈvollˌfül·len *v/t* ⟨*sep,* -ge-, h⟩ fill (up).

ˈVollˌgas *n* ⟨-es; *no pl*⟩ **1.** *auto.* full speed (*od.* throttle): ~ geben to put one's foot down, to open the throttle (*od.* engine full out), to step on the gas (*colloq.*); mit ~ fahren to drive at full throttle; mit ~ in die Kurve gehen to take a bend at full speed (*od.* throttle). – **2.** ich muß jetzt mit ~ arbeiten *fig. colloq.* I must work as hard as I can now, I must go all out at my work now (*colloq.*). — **~ˌstel·lung** *f auto.* full acceleration position.

ˈVoll|ˌgat·ter *n tech.* (*eines Sägewerks*) vertical log (*od.* multiple blade) frame saw. — **v~geˌfres·sen I** *pp of* vollfressen. – **II** *adj colloq.* **1.** ein ~er Kerl *contempt.* an overfed fellow (*colloq.*). – **2.** ~ sein to be stuffed (to the gills), to be gorged. — **~geˌfühl** *n only in* im ~ seiner Überlegenheit [Würde] *fig.* in full awareness (*od.* fully aware, fully conscious) of one's superiority [dignity]. — **~geˌhalt** *m* (*bes. von Münzen*) full weight and value. — **v~geˌla·den I** *pp of* volladen. – **II** *adj* ~ mit loaded (up) with. — **v~geˌlau·fen I** *pp of* vollaufen. – **II** *adj mar.* (*Schiff*) waterlogged, swamped. — **~geˌnuß** *m* full enjoyment (*od.* fruition): im ~ seiner Rechte sein to be in full enjoyment of one's rights. — **v~geˌpackt I** *pp.* – **II** *adj* **1.** (*Auto, Koffer etc*) absolutely crammed. – **2.** ~ sein (mit) a) (*von Koffer*) to be packed full (of), to be absolutely packed (with), b) (*von Person*) to be absolutely laden (*od.* burdened) (with). — **v~geˌpfropft I** *pp.* – **II** *adj cf.* vollgestopft II. — **v~geˌschla·gen I** *pp of* vollschlagen. – **II** *adj* **1.** *fig. colloq.* (*Bauch*) full. – **2.** *mar.* (*Boot*) swamped, waterlogged. — **v~geˌso·gen I** *pp of* vollsaugen. – **II** *adj* **1.** (*Schwamm, Stoff etc*) saturated, (*Boden*) *auch* waterlogged. – **2.** *mar.* logged, soaked. — **v~geˌstopft I** *pp.* – **II** *adj* (mit) **1.** (*Mund, Tasche etc*) stuffed (with), crammed (with), cram-full (of). – **2.** (*Dachboden etc*) crammed (with), cluttered (with), cram-full (of), chock-full (of), jammed (with). – **3.** (*Abteil etc*) packed (with), crowded (with). – **4.** *fig.* (*mit Wissen*) stuffed (with), soaked (in), replete (with) (*lit.*). — **v~geˌta·kelt** *adj mar.* full- (*od.* square-)rigged. — **~geˌwicht** *n* full weight. — **v~ˌgie·ßen** *v/t* ⟨*irr, sep,* -ge-, h⟩ fill (up), pour (*s.th.*) full. — **~ˌgi·ro** *n econ.* (*eines Wechsels*) full (*od.* general) endorsement.

ˈvollˌgül·tig *adj* **1.** (*Bedingung, Antwort, Aussage etc*) fully valid. – **2.** (*Beweis*) conclusive. — **ˈVollˌgül·tig·keit** *f* **1.** full validity. – **2.** conclusiveness.

ˈVollˌgum·mi *n, auch m* solid rubber. — **~ˌrei·fen** *m* solid (rubber) tire (*bes. Br.* tyre).

ˈVoll|ˌguß *m metall.* solid casting. — **~ˌhaf·ter** [-ˌhaftər] *m* ⟨-s; -⟩ *econ.* general partner.

ˈVoll·heit *f* ⟨-; *no pl*⟩ **1.** *cf.* Völle(gefühl). – **2.** (*eines Geschmacks etc*) fullness, *auch* fulness.

ˈVoll|ˌhuf *m vet.* pumiced foot (*od.* sole), pumice hoof. — **~idiˌot** *m colloq. contempt.*

complete and utter idiot (*colloq.*), blank idiot (*sl.*).

völ·lig ['fœlɪç] **I** *adj* ⟨*attrib*⟩ **1.** (*Ruhe, Ungewißheit etc*) complete: in ~er Unkenntnis der Sachlage in complete ignorance of the facts. – **2.** (*absolut, vollständig*) absolute: das ist ~er Unsinn that is absolute (*od.* complete and utter, perfect, sheer) nonsense; ein ~er Versager an absolute (*od.* a complete [and utter]) failure; das ist mein ~er Ernst I am absolutely (*od.* quite, dead) serious; bis zur ~en Erschöpfung to the point of absolute (*od.* utter) exhaustion, to prostration; ein ~es Durcheinander a) (*Unordnung*) an absolute mess, b) (*Verwirrung*) absolute (*od.* complete and utter) confusion; mit ~er Gewißheit with absolute certainty. – **3.** (*voll*) full: ~e Gleichheit (*od.* Gleichberechtigung) full equality; j-m ~e Freiheit lassen to give s.o. full (*od.* complete) liberty. – **II** *adv* **4.** completely: ~ anders completely (*od.* radically) different; ~ mißverstanden [ungerechtfertigt, eingeschneit] sein to be completely misunderstood [unjustified, snowed up (*od.* in)]; ~ zufrieden sein to be quite (*od.* perfectly) satisfied; j-n ~ zufriedenstellen [übersehen] to satisfy [to overlook] s.o. completely; das genügt ~ that is quite enough; ~ erstaunt sein to be completely taken by surprise, to be very surprised; mit seinen Kräften ~ am Ende sein to be completely (*od.* utterly) run down. – **5.** (*vollständig, ganz*) absolutely, thoroughly, completely: ~ sprachlos sein to be absolutely (*od.* altogether, utterly) speechless; ~ erschöpft sein to be absolutely (*od.* utterly) exhausted; ~ durchnäßt sein to be absolutely drenched (*od.* soaked), to be soaked through (*od.* soaking wet, soaked to the skin); ~ wach sein to be wide (*od.* fully) awake; das ist ~ irrsinnig that is absolutely (*od.* quite) mad, that is absolute (*od.* utter) madness; das ist mir ~ gleichgültig I don't care (*od.* give) a damn; das ist ~ überflüssig [lächerlich] that is absolutely (*od.* altogether, utterly) superfluous [ridiculous]; er hat ~ recht he is absolutely (*od.* quite, perfectly) right.

'**Voll|in·dos·saˌment** *n econ.* (*beim Wechsel*) full (*od.* special) endorsement. — **v~ˌinˌhalt·lich I** *adj* (*Wiedergabe etc*) full. – **II** *adv* in full (detail). — **~in·vaˌli·de** *m med.* total invalid. — **~in·va·li·diˌtät** *f* ⟨-; *no pl*⟩ total disability (*od.* disablement).

'**vollˌjäh·rig** *adj* of (full legal) age, major: ~ sein to be of age, to be a major; ~ werden to come of age, to attain one's majority; noch nicht ~ sein to be under age, to be a minor. — '**Vollˌjäh·rig·keit** *f* ⟨-; *no pl*⟩ full legal age, majority.

'**Vollˌjäh·rig·keits·erˌklä·rung** *f* declaration of majority.

'**Voll·juˌrist** *m jur.* qualified lawyer.

'**vollˌkas·ko|verˌsi·chert** *adj* ⟨*meist pred*⟩ *econ.* covered by full comprehensive insurance. — **V~verˌsi·che·rung** *f cf.* Kaskoversicherung 2.

'**Voll|ˌkaufˌmann** *m econ.* qualified merchant, full trader. — **~ˌkerf** *m zo.* imago. — **~ˌket·tenˌfahrˌzeug** *n* full-track vehicle. — **~ˌklang** *m mus.* harmoniousness, harmony. — **v~ˌkleckern** (*getr.* -k·k-) *colloq.* **I** *v/t* ⟨*sep*, -ge-, h⟩ (*Tischtuch etc*) stain, (be)spatter. – **II** *v/reflex* sich ~ (be)spatter oneself. — **v~kli·ma·tiˌsiert** *adj* fully air-conditioned. — **v~ˌklin·gend** *adj* resonant.

voll·kom·men [ˌfɔl'kɔmən; 'fɔlˌkɔmən] **I** *adj* **1.** (*Dame, Wesen etc*) perfect: in allen Dingen ~ sein to be perfect in all things. – **2.** (*Kunstwerk etc*) perfect, consummate. – **3.** (*Macht, Recht etc*) absolute. – **4.** *colloq. for* völlig I. – **II** *adv* **5.** *colloq. for* völlig II. — ˌ**Voll'kom·men·heit** *f* ⟨-; *no pl*⟩ **1.** (*eines Wesens etc*) perfection. – **2.** (*eines Kunstwerks*) perfection, consummateness.

'**Vollˌkorn** *n* ⟨-(e)s; *no pl*⟩ *mil.* (*beim Zielen*) full sight. — **~ˌbrot** *n gastr.* coarse-grained whole-meal (*Am.* whole-wheat) bread.

'**voll|ˌkör·nig** *adj* full-grained. — **V~ˌkör·per** *m phys.* solid body. — **V~ˌkraft** *f* ⟨-; *no pl*⟩ full vigor (*bes. Br.* vigour): in der ~ seiner Jahre in his prime. — **V~ˌkreis** *m* full circle. — **V~ˌku·gel** *f phys.* full (*od.* solid) sphere. — **V~ˌküh·ler** *m*, **V~ˌkühlˌschiff** *n mar.* fully refrigerated vessel.

'**vollˌma·chen I** *v/t* ⟨*sep*, -ge-, h⟩ **1.** (*Behälter*) fill (up). – **2.** (*Zahl etc*) round (*s.th.*) off (*od.* up): um das Dutzend vollzumachen to round off the dozen. – **3.** *colloq.* (*Hose, Windel etc*) soil, dirty: mach dir nur nicht die Hose(n) voll *fig.* a) don't get in a funk (*colloq.*), b) keep your hair (*od.* shirt) on! (*sl.*). – **4.** *fig.* (*in Wendungen wie*) um das Maß vollzumachen to crown (it) all; um das Unglück vollzumachen to make matters worse. – **II** *v/reflex* sich ~ **5.** *colloq.* (*beschmutzen*) soil (*od.* dirty) oneself. – **6.** mach dich nur nicht voll *fig. colloq.* don't make such a fuss, don't be so silly.

'**Vollˌmacht** *f* ⟨-; -en⟩ *jur. econ.* a) (*Erlaubnis, Ermächtigung*) full power(s *pl*), authority, procuration, *bes. Am.* procuratory, b) (*in Form einer Urkunde, eines Schriftstücks*) power of attorney, proxy, c) (*zur Stellvertretung u. Stimmausübung*) proxy, d) (*bes. im Wechselrecht*) procuration: unbeschränkte [gesetzliche] ~ plenary (*od.* discretionary) [legal] power(s *pl*); unwiderrufliche ~ irrevocable proxy; ausdrückliche (*od.* ausdrücklich erteilte) ~ express authority (*od.* power); stillschweigende (*od.* stillschweigend erteilte) ~ implied authority; notariell beglaubigte ~ power of attorney drawn up before (*od.* legalized by) a notary; in ~ by proxy, in procuration; außerhalb [innerhalb] der ~ ultra [intra] vires; kraft ~ by virtue of authority (*od.* power); ~ haben to have authority, to be authorized (*Br. auch* -s-); j-m (eine) ~ erteilen to confer power(s) on s.o., to confer power of attorney (up)on s.o., to give s.o. power of attorney, to authorize (*Br. auch* -s-) (*od.* empower) s.o., to delegate authority to s.o.; j-n mit ~ ausstatten to invest (*od.* furnish) s.o. with (full) power(s); eine ~ ausstellen [unterzeichnen] to draw up (*od.* execute) [to sign] a power of attorney; seine ~ vorlegen to produce (*od.* present) one's power of attorney; seine ~en überschreiten to exceed one's authority; Abgrenzung der ~en delimitation of authority (*od.* power). — **~ˌge·ber** *m* **1.** principal, constituent. – **2.** (*Mandant*) mandator. — **~ˌha·ber** [-ˌhaːbər] *m* ⟨-s; -⟩ **1.** holder of a power of attorney, proxy, mandatary, mandatory, *bes. pol.* (*bevollmächtigter Vertreter*) delegate. – **2.** (*im Wechselrecht*) proxy holder.

'**Vollˌmachts|erˌtei·lung** *f* delegation of authority (*od.* power), authorization *Br. auch* -s-. — **~for·muˌlar** *n* form of proxy, proxy form. — **~ˌinˌha·ber** *m cf.* Vollmachthaber. — **~ˌurˌkun·de** *f* **1.** power of attorney, proxy. – **2.** (*im Aktienrecht*) proxy. – **3.** (*im Wechselrecht*) procuration.

'**Vollˌmacht|ˌträ·ger** *m cf.* Vollmachthaber. — **~ˌüberˌtra·gung** *f* delegation of authority (*od.* power). — **~ˌwi·derˌruf** *m* revocation of power of attorney.

'**voll|ˌmast** *adv mar.* (at) full mast: ~ flaggen to hoist a flag (to) full mast; auf ~ stehen to be at full mast. — **V~maˌtro·se** *m* able(-bodied) seaman.

'**Vollˌmehl** *n gastr.* whole meal, *Am. auch* whole-wheat flour.

'**Vollˌmilch** *f gastr.* full-cream milk. — **~ˌpul·ver** *n* full-cream milk powder. — **~scho·koˌla·de** *f* milk chocolate.

'**Voll|ˌmitˌglied** *n* (*einer Organisation etc*) full member. — **~ˌmitˌglied·schaft** *f* full membership.

'**Vollˌmond** *m* full moon: wir haben (*od.* es ist) ~ there is a (*od.* it is) full moon. — **~geˌsicht** *n* ⟨-(e)s; -er⟩ *colloq. humor.* pudding face, moon-shaped face.

'**voll|mo·to·riˌsiert** *adj* fully (*od.* completely) motorized (*Br. auch* -s-): ~e Einheit *mil.* motorized (*od.* mobile) unit. — **~ˌmun·dig** [-ˌmʊndɪç] *adj* (*Wein*) full-bodied. — **V~narˌko·se** *f med.* general an(a)esthesia. — **V~ˌnetz·anˌschluß·geˌrät** *n* (*radio*) *electr.* all-electric set. — **V~ope·ra·tiˌon** *f* (*computer*) complete operation.

'**vollˌpacken** (*getr.* -k·k-) *v/t* ⟨*sep*, -ge-, h⟩ **1.** (*Koffer, Wagen etc*) (mit of) pack (*s.th.*) full. – **2.** (*Person*) load up.

'**Voll|ˌpe·gel** *m* (*radio*) *telev.* maximum level, full modulation. — **~pen·siˌon** *f* room and (full) board, *Am. auch* full pension. — **~pen·sioˌnär** *m* boarder, lodger, *Am. auch* full pensioner. — **v~ˌpfrop·fen** *v/t* ⟨*sep*, -ge-, h⟩ *cf.* vollstopfen I. — **~ˌpla·stik** *f* ⟨-; -en⟩ (*art*) (piece of) sculpture in the round. — **~porˌtal·ˌkran** *m mar.* full (arch) gantry crane. — **~porˌträt** *n* full- (*od.* whole-)length portrait. — **~ˌpro·fi** *m* (*sport*) full-time professional. — **v~ˌpum·pen** *v/t* ⟨*sep*, -ge-, h⟩ pump (*s.th.*) full. — **~ˌrad** *n tech.* solid wheel. — **~ˌrausch** *m* total intoxication: sich (*dat*) einen ~ holen to get dead (*od. sl.* blind) drunk. — **v~ˌreif** *adj* (*Getreide, Camembert etc*) fully ripe (*od.* mature). — **~ˌrei·fe** *f* full maturity. — **~ˌrei·fen** *m tech.* solid (rubber) tire (*bes. Br.* tyre). — **~ˌren·te** *f sociol.* full pension. — **~ˌrohr** *n mil.* monobloc tube. — **v~ˌrot·zen** *v/t* ⟨*sep*, -ge-, h⟩ *vulg.* fill (*s.th.*) with snot (*vulg.*). — **v~ˌsaf·tig** *adj* **1.** (*Obst etc*) very juicy, succulent. – **2.** (*Wiese, Gras etc*) succulent, lush. — **~ˌsalz** *n chem.* iodized salt, iodine-enriched salt. — **v~ˌsau·en** *vulg.* **I** *v/t* ⟨*sep*, -ge-, h⟩ muck (*s.th.*) up (*colloq.*). – **II** *v/reflex* sich ~ muck oneself up (*colloq.*). — **v~ˌsau·fen** *v/reflex* ⟨*irr*, *sep*, -ge-, h⟩ sich ~ *vulg.* soak (oneself), drink oneself silly (*beide colloq.*), tank up (*sl.*). — **v~ˌsau·gen** *v/reflex* ⟨*auch irr*, *sep*, -ge-, h⟩ sich ~ **1.** (*von Schwamm, Löschblatt, Pflanze*) become saturated, sponge, *auch* spunge: sich mit Wasser ~ to become saturated with water. – **2.** (*von Insekt*) suck itself full. — **~ˌschei·benˌrad** *n tech.* center (*bes. Br.* centre) disc (*od.* disk, web) wheel. — **v~ˌschen·ken** *v/t* ⟨*sep*, -ge-, h⟩ fill (up). — **~ˌschiff** *n mar.* (*Segelschiff*) full-rig(ged) ship: als ~ getakelt ship-rigged. — **v~ˌschla·gen I** *v/i* ⟨*irr*, *sep*, -ge-, sein⟩ *mar.* swamp, become waterlogged. – **II** *v/t* ⟨h⟩ sich (*dat*) den Bauch ~ *colloq.* to fill one's belly, to eat oneself silly (*colloq.*). — **v~ˌschlank** *adj* (*Person*) rather plump: ~ sein to be rather plump, to have a fairly full (*od.* well-rounded) figure, to be (rather) on the plump side (*colloq.*). — **~schmaˌrot·zer** *m biol.* obligate parasite. — **v~ˌschmie·ren** *colloq.* **I** *v/t* ⟨*sep*, -ge-, h⟩ **1.** make (*s.th.*) sticky, mess up. – **2.** (*Heft etc*) scribble (*s.th.*) full. – **II** *v/reflex* sich ~ **3.** make oneself sticky, mess oneself up. — **v~ˌschrei·ben** *v/t* ⟨*irr*, *sep*, -ge-, h⟩ **1.** (*Heft etc*) fill (*s.th.*) with writing. – **2.** (*Tafel etc*) cover (*s.th.*) with writing, write all over. — **~ˌschwin·gung** *f phys.* full oscillation.

'**Vollˌsicht** *f auto.* full vision. — **~ˌkan·zel** *f aer.* clear vision (*od.* full-view) cockpit. — **~ˌrückˌfen·ster** *n auto.* wraparound rear window. — **~ˌschei·be** *f* wraparound (*od.* panorama) windscreen (*Am.* windshield). — **~verˌgla·sung** *f* wraparound (*od.* panoramic) view windows *pl.*

'**Voll|ˌsinn** *m only in* im ~ des Wortes in the fullest sense of the word, literally. — **~ˌsit·zung** *f* (*der UNO*) plenary session. — **v~ˌsprit·zen I** *v/t* ⟨*sep*, -ge-, h⟩ (be)spatter, splash. – **II** *v/reflex* sich ~ (be)spatter (*od.* splash) oneself.

'**Vollˌspur** *f* **1.** (*railway*) standard-ga(u)ge track. – **2.** (*beim Tonband*) full track. — **~ˌbahn** *f* (*railway*) standard- (*od.* broad)-ga(u)ge train.

'**voll|ˌspu·rig** *adj* (*railway*) standard- (*od.* broad-)ga(u)ge(d). — **V~ˌstab** *m tech.* solid bar.

'**vollˌstän·dig I** *adj* **1.** (*komplett*) complete: eine ~e Serie [Sammlung] a complete series [collection]; eine ~e Arbeit abliefern to deliver a complete work; etwas ~ machen to complete s.th. – **2.** (*voll, ganz*) full: ~e Adresse [Angaben *pl*] full address [information *sg*]; ~er Text [Wortlaut] full (*od.* unabridged) text [wording], text [wording] in full. – **3.** (*völlig*) complete: ~e Finsternis complete (*od.* total, utter) darkness; ~e Kenntnis von etwas haben to have complete (*od.* full) knowledge of s.th.; ~e Freiheit haben to have complete (*od.* full) liberty. – **4.** *math.* (*Zahl etc*) integral, whole. – **II** *adv* **5.** completely: etwas ~ fertigmachen to complete (*od.* finish) s.th. down to the last detail; die Stadt hat sich ~ verändert the town has changed completely. – **6.** (*voll, ganz*) fully, totally: ~ besetzt sein to be full (up); damit wurde der Zweck ~ erreicht that served the purpose fully (*od.* perfectly, beautifully). – **7.** (*voll u. ganz, völlig*) absolutely, downright, quite: ~ recht haben to be absolutely (*od.* quite, perfectly) right; mit etwas ~ einverstanden sein to be utterly (*od.* entirely) in agreement with s.th.; ~ verrückt sein to be downright mad. — **'Vollˌstän·dig·keit** *f* ⟨-; *no pl*⟩ completion, completeness, integrity: ~ anstreben to aim at (*od.* strive for) completeness; der ~ halber for the sake of completeness, to complete things (*od.* the whole); keinen Anspruch auf ~ erheben not to lay claim to (*od.* to claim) completeness.

'voll|ˌstim·mig [-ˌʃtɪmɪç] *adj mus.* **1.** (*Stimme*) full-voiced. – **2.** (*Instrument*) full-toned. — **~ˌstock** *adv mar. cf.* vollmast. — **~ˌstopfen I** *v/t* ⟨*sep*, -ge-, h⟩ **1.** (*Mund, Taschen*) stuff, cram. – **2.** (*mit Menschen*) jam, crowd. – **II** *v/reflex* sich ~ **3.** (*mit Essen*) stuff (*od.* gorge) oneself. – **4.** *fig.* (*mit Wissen etc*) stuff (*od.* soak) oneself.

ˌvoll'streck·bar *adj jur.* capable of being executed, enforceable: ~er Titel enforceable judg(e)ment; vorläufig ~ provisionally enforceable; ~ machen to render enforceable. — **ˌVoll'streck·bar·keit** *f* ⟨-; *no pl*⟩ enforceability.

ˌvoll'strecken (*getr.* -k·k-) *jur.* **I** *v/t* ⟨*insep, no* -ge-, h⟩ **1.** enforce, execute: ein Todesurteil an j-m [einem Verbrecher] ~ to execute s.o. [a criminal]. – **2.** ein Testament ~ to execute a will. – **II V~** *n* ⟨-s⟩ **3.** *verbal noun.* – **4.** *cf.* Vollstreckung.

ˌVoll'strecker (*getr.* -k·k-) *m* ⟨-s; -⟩ *jur.* **1.** executor. – **2.** (*Scharfrichter*) executioner.

ˌVoll'streckung (*getr.* -k·k-) *f* ⟨-; -en⟩ *jur.* **1.** *cf.* Vollstrecken. – **2.** enforcement, execution: ~ einer gerichtlichen Entscheidung execution of an order.

ˌVoll'streckungs|ˌaufˌschub (*getr.* -k·k-) *m jur.* (*im Strafrecht*) suspension (*od.* stay) of execution. — **~beˌam·te** *m* enforcement (*od.* execution) officer. — **~beˌfehl** *m* writ (*od.* levy) of execution, enforcement order. — **~geˌricht** *n* court of execution (*od.* enforcement). — **~ˌgläu·bi·ger** *m* execution creditor. — **~ˌklau·sel** *f* enforcement clause. — **~ˌko·sten** *pl* enforcement (*od.* execution) costs. — **~ˌmaßˌnah·me** *f* measure of execution. — **~ˌschuld·ner** *m* execution debtor. — **~ˌschutz** *m* **1.** (*Aussetzung der Zwangsvollstreckung*) order suspending execution. – **2.** (*Unpfändbarkeit*) exemption from seizure (*od.* judicial enforcement). — **~ˌti·tel** *m* writ of execution. — **~ˌur·teil** *n* enforceable judg(e)ment. — **~verˌfah·ren** *n* execution proceedings *pl.*

'Voll|syn·chro·ni·sa·tiˌon *f* **1.** *tech.* (*eines Getriebes etc*) full synchronization (*Br. auch* -s-). – **2.** *telev.* (*film*) full synchronization (*Br. auch* -s-), total dubbing. — **v~syn·chro·niˌsiert** *adj* **1.** *tech.* (*Getriebe etc*) fully synchronized (*Br. auch* -s-). – **2.** *telev.* (*film*) fully synchronized (*Br. auch* -s-) (*od.* dubbed). — **v~ˌtak·tig** [-ˌtaktɪç] *adj mus.* downbeat. — **v~ˌtan·ken** *v/t u. v/i* ⟨*sep*, -ge-, h⟩ refuel: ~, bitte fill up (the tank), please. — **v~ˌtö·nend** *adj* resonant, sonorous, rotund, (*Stimme*) *auch* orotund. — **v~tran·si·sto·riˌsiert** *adj electr.* all-transistorized (*attrib*), fully transistorized (*beide Br. auch* -s-). — **~tranˌsi·storˌra·dio** *n* fully transistorized (*Br. auch* -s-) radio. — **~ˌtref·fer** *m* **1.** direct hit. – **2.** (*beim Scheibenschießen*) bull's-eye. – **3.** *fig.* bull's-eye: einen ~ landen to hit the bull's-eye. — **v~ˌtrin·ken** *v/reflex* ⟨*irr, sep*, -ge-, h⟩ sich ~ drink one's fill, fill oneself with drink.

'vollˌtrun·ken *adj* completely drunk, intoxicated, inebriated: ~ sein to be completely drunk (*od.* in a drunken stupor). — **'Vollˌtrun·ken·heit** *f* ⟨-; *no pl*⟩ total intoxication (*od.* inebriation): im Zustand der ~ in a state of total intoxication.

'Voll|ˌverb *n ling.* full verb. — **~verˌmitt·lungsˌstel·le** *f tel.* main exchange. — **~verˌsamm·lung** *f* plenary (*od.* general) assembly, (*bes. eines Parlaments*) plenum. — **~verˌsatz** *m* (*mining*) solid stowing. — **~verˌsor·gung** *f* (*mittels einer Rente*) full superannuation. — **~ˌwai·se** *f* orphan. — **~ˌwaschˌmit·tel** *n* heavy-duty detergent. — **~ˌwegˌgleichˌrich·ter** *m electr.* full-wave rectifier. — **~ˌwei·zenˌmehl** *n gastr.* whole meal, *Am.* whole-wheat flour, *Br.* whole-wheat meal.

'vollˌwer·tig I *adj* **1.** (*Ersatz, Arbeitskraft etc*) full, adequate: er ist ein ~er Nachfolger he is an adequate successor; j-n als nicht ~en Menschen betrachten to regard s.o. as inferior. – **2.** (*Nahrung etc*) highly nutritious. – **3.** (*neuwertig*) practically new: ein ~es Auto zu einem niedrigen Preis kaufen to buy a practically new car at a low price. – **II** *adv* **4.** j-n ~ behandeln to treat s.o. with due esteem (*od.* regard). — **'Vollˌwer·tig·keit** *f* ⟨-; *no pl*⟩ **1.** (*eines Ersatzes, Menschen etc*) adequacy. – **2.** (*einer Kost*) high nutritious value. – **3.** (*einer Ware etc*) full value.

'Vollˌwert·verˌsi·che·rung *f econ.* full-value insurance.

'vollˌwich·tig *adj* (*Münze*) of full weight.

'Vollˌwort *n ling.* full word, semanteme.

'vollˌzäh·lig [-ˌtsɛːlɪç] **I** *adj* **1.** ⟨*pred*⟩ present in full number: die Versammlung ist ~ the assembly is present in full number. – **2.** full, complete: ein ~er Satz Briefmarken a full set of stamps; etwas ~ machen to complete s.th. – **II** *adv* **3.** in full strength (*od.* force): sich ~ versammeln to assemble in full strength; ~ erscheinen to turn out in full strength. — **'Vollˌzäh·lig·keit** *f* ⟨-; *no pl*⟩ **1.** full number. – **2.** (*der Vorgeladenen, Anwesenden*) full attendance.

'vollˌzeich·nen *v/t* ⟨*sep*, -ge-, h⟩ cover (*s.th.*) with drawings, draw all over.

'VollˌzeitˌschuI·le *f ped.* full-time school.

'Vollˌzie·gel *m civ.eng.* solid brick.

ˌvoll'zieh·bar *adj jur.* enforceable. — **ˌVoll'zieh·bar·keit** *f* ⟨-; *no pl*⟩ enforceability.

ˌvoll'zie·hen I *v/t* ⟨*irr, insep, no* -ge-, h⟩ **1.** (*Strafe, Befehl etc*) execute, carry out, (*Urteil*) enforce. – **2.** (*Willen*) carry out, perform. – **3.** (*Trauung*) perform, solemnize *Br. auch* -s-. – **4.** *bes. jur.* (*Ehe*) (*durch ehelichen Beischlaf*) consummate. – **5.** (*Handlung*) complete, consummate. – **6.** (*unterfertigen*) sign. – **II** *v/reflex* sich ~ **7.** come about, take place: eine Wandlung hat sich in ihm vollzogen a change has come about in him (*od.* has come over him), there has been a change in him. – **III V~** *n* ⟨-s⟩ **8.** *verbal noun.* – **9.** *cf.* Vollziehung. — **ˌvoll'zie·hend I** *pres p.* – **II** *adj* ~e Gewalt *jur.* executive (power *od.* authority).

ˌVoll'zie·her *m* ⟨-s; -⟩ executor.

ˌVoll'zie·hung *f* ⟨-; *no pl*⟩ **1.** *cf.* Vollziehen. – **2.** (*einer Strafe etc*) execution, (*eines Urteils*) enforcement. – **3.** (*eines Willens*) performance. – **4.** (*einer Trauung etc*) performance, solemnization *Br. auch* -s-. – **5.** *bes. jur.* (*der Ehe*) consummation. – **6.** (*einer Handlung*) completion, consummation. – **7.** signing.

ˌVoll'zie·hungs|beˌam·te *m jur. cf.* Vollstreckungsbeamte. — **~beˌfehl** *m cf.* Vollstreckungsbefehl.

ˌVoll'zug *m* ⟨-(e)s; *no pl*⟩ *cf.* Vollziehung: eine Strafe außer ~ setzen to stay the execution of a sentence.

ˌVoll'zugs|ˌanˌord·nung *f jur. cf.* Durchführungsverordnung. — **~ˌanˌstalt** *f* penal establishment (*od.* institution), house of correction, *Am.* correctional institution. — **~ˌausˌschuß** *m* executive committee. — **~beˌam·te** *m* jailer, *auch* jailor, *Br. auch* gaoler, warder. — **~beˌhör·de** *f* executive authority, (the) executive. — **~beˌricht** *m* (*des Gerichtsvollziehers etc*) return. — **~beˌstim·mung** *f* regulation (*od.* rule) governing execution. — **~geˌwalt** *f* executive (powers *pl*). — **~ˌklau·sel** *f* executive clause. — **~ˌmel·dung** *f* report of execution. — **~ˌord·nung** *f* regulations *pl* (*od.* rules *pl*) governing execution.

Vo·lon·tär [volõ'tɛːr] *m* ⟨-s; -e⟩ practical trainee. — **Vo·lon'tärsˌzeit** *f* (period of) practical training.

vo·lon·tie·ren [volõ'tiːrən] *v/i* ⟨*no* ge-, h⟩ **1.** (*sich freiwillig melden*) volunteer. – **2.** ~ bei to undergo practical training with.

Vols·ker ['vɔlskər] *m* ⟨-s; -⟩ *antiq.* Volscian: die ~ *pl* the Volsci. — **'vols·kisch** *adj* Volscian.

Volt [vɔlt] *n* ⟨- *u.* -(e)s; -⟩ *electr.* volt.

Vol·ta ['vɔlta] *f* ⟨-; -ten⟩ (*Tanz, 16. u. 17. Jhdt.*) (la)volta, volte.

'Vol·ta·eleˌment *n electr.* voltaic cell.

Vol·tai·ria·ner [vɔltɛ'riaːnər] *m* ⟨-s; -⟩ Voltairean, Voltairian. — **vol'tai·risch** [-'tɛːrɪʃ] *adj* Voltairean, Voltairian.

vol·ta·isch ['vɔlta-ɪʃ] *adj electr.* voltaic, galvanic.

Vol·ta·me·ter [vɔlta'meːtər] *n* ⟨-s; -⟩ *electr.* voltameter.

ˌVolt·am'pere *n electr.* volt-ampere.

'Vol·ta·sche 'Säu·le ['vɔltaʃə] *f electr.* voltaic (*od.* Volta's) pile.

Vol·te ['vɔltə] *f* ⟨-; -n⟩ **1.** (*beim Reitsport*) volt: eine ~ reiten to ride a volt. – **2.** (*beim Fechten*) turn. – **3.** (*games*) (*Kartentrick beim Mischen*) sleight of hand, pass.

vol·tie·ren [vɔl'tiːrən] *v/i* ⟨*no* ge-, h⟩ (*sport*) *cf.* voltigieren.

Vol·ti·geur [vɔlti'ʒøːr] *m* ⟨-s; -e⟩ **1.** (*sport*) vaulter. – **2.** *mil. hist.* (*in Frankreich*) voltigeur.

vol·ti'gie·ren [-ti'ʒiːrən] *v/i* ⟨*no* ge-, h⟩ (*sport*) perform vaulting exercises on horseback.

'Volt|ˌme·ter *n* ⟨-s; -⟩ *electr.* voltmeter. — **~seˌkun·de** *f* volt-second.

vo·lu·bel [vo'luːbəl] *adj obs.* (*beweglich, schnell*) voluble. — **Vo·lu·bi·li'tät** [-lubili'tɛːt] *f* ⟨-; *no pl*⟩ *obs.* volubility.

Vo'lumˌein·heit [vo'luːm-] *f* unit of volume.

Vo·lu·men [vo'luːmən] *n* ⟨-s; - *u.* -lumina [-mina]⟩ **1.** *phys. math.* (*Rauminhalt*) volume. – **2.** (*Fassungsvermögen*) capacity, volume. – **3.** *electr.* volume. – **4.** *fig.* (*Umfang, Ausmaß*) volume, (total) amount, quantity. – **5.** *archaic* (*Band, Schriftrolle*) volume. — **~ˌanˌzei·ger** *m* volume indicator. — **~geˌwicht** *n phys. cf.* Volumgewicht. — **~proˌzent** *n cf.* Volumprozent.

Vo·lu·me·ter [volu'meːtər] *n* ⟨-s; -⟩ *phys.* volumeter. — **Vo·lu·me'trie** [-me'triː] *f* ⟨-; *no pl*⟩ volumetry. — **vo·lu'me·trisch** [-'meːtrɪʃ] *adj phys. math.* volumetric, *auch* volumetrical.

Vo'lum·geˌwicht *n phys.* weight by volume.

vo·lu·mi·nös [volumi'nøːs] *adj* (*umfangreich, massig*) voluminous.

Vo'lum|proˌzent *n phys.* percent (*Br.* per cent) by volume. — **~ˌteil** *m* part by volume. — **~verˌhält·nis** *n* volume proportion (*od.* ratio).

Vo·lun·ta·ris·mus [volunta'rɪsmʊs] *m* ⟨-; *no pl*⟩ *philos.* voluntarism. — **Vo·lun·ta'rist** [-'rɪst] *m* ⟨-en; -en⟩, **Vo·lun·ta'ri·stin** *f* ⟨-; -nen⟩ voluntarist. — **vo·lun·ta'ri·stisch** *adj* voluntaristic, *auch* voluntary.

Vo·lu·te [vo'luːtə] *f* ⟨-; -n⟩ *arch.* **1.** volute, scroll. – **2.** *antiq.* (*am ionischen Kapitell*) roll.

Vol·vu·lus ['vɔlvulʊs] *m* ⟨-; -vuli [-li]⟩ *med.* (*Darmverschlingung*) volvulus.

vom [fɔm] *short for* von dem.

Vo·mer ['voːmər] *m* ⟨-s; -es [-merɛs]⟩ *med.* (*Pflugscharbein*) vomer, ploughshare (*bes. Am.* plowshare) bone.

Vom'hun·dertˌsatz *m cf.* Prozentsatz 2.

vo·mie·ren [vo'miːrən] *v/i* ⟨*no* ge-, h⟩ *med.* vomit.

vo·mi·tiv [vomi'tiːf] *med. pharm.* **I** *adj* vomitive, emetic. – **II V~** *n* ⟨-s; -e⟩ (*Brechmittel*) emetic.

Vo·mi·ti·vum [vomi'tiːvʊm] *n* ⟨-s; -va [-va]⟩ *med. pharm. cf.* Vomitiv.

Vo·mi·tus ['voːmitʊs] *m* ⟨-; *no pl*⟩ *med.* vomiting, vomitus (*scient.*).

von [fɔn] **I** *prep* ⟨*dat*⟩ **1.** (*aus einer bestimmten Richtung*) from: der Wind kommt ~ Norden the wind comes from the north (*od.* from a northerly direction); der Zug ~ München nach Berlin the train from Munich to Berlin, the Munich-Berlin train; ich komme gerade ~ meiner Tante I have just come from my aunt('s); vom Turm hat man eine herrliche Aussicht there is a marvel(l)ous view from the tower; er hat das Buch ~ seinem Freund (bekommen) he got the book from his friend; der Brief ist ~ deiner Mutter the letter is from your mother; bekommst du noch Geld ~ mir? have you still any money to get from me? do I still owe you any money? ~ wo (*od. colloq.* ~ woher) kam der Stein geflogen? where (*od.* what direction) did the stone come (flying) from? ich komme vom Land(e) I'm from the country; er ist ~ Stuttgart *colloq.* he is (*od.* comes) from Stuttgart; er ist nicht vom Bau *colloq.* he's not from the building trade; sie sah ihn ~ der Seite an she looked at him sideways (*od.* from the side); viele Grüße ~ meinem Bruder kind regards from my brother; wir haben ~ ihm gehört a) (*bekamen eine Nachricht*) we have heard from him, we have (had) word from him, b) (*vom Hörensagen*) we have heard of him; ich habe es ~ ihm selbst gehört I heard it straight from him, he told me that himself; was wollen Sie ~ mir? what do you want from (*od.* of) me? ich kenne ihn ~ der Schule I know him from school; j-n (nur) vom Sehen kennen to know s.o. (only) by sight, *Am. colloq.* to know s.o. (only) to see; → **Blatt** 2. – **2.** (*getrennt von einem soeben noch innegehabten Platz*) from, off: **das Geschirr vom Tisch nehmen** to take (*od.* clear) the dishes from (*od.* off) the table; **die Katze sprang vom Stuhl** the cat jumped off the chair; **einen Zweig vom Baum reißen** to pull a branch off the tree; **dann essen wir eben ~ einem Teller** we'll eat from (*od.* off) one plate, then; **die Briten vertrieben die Spanier ~ den Weltmeeren** the British drove the Spaniards off the seas; **5% vom Preis abziehen** to take 5 per cent off the price. – **3.** (*bei einer Entfernung, Trennung*) (away) from: **der Ort liegt 10 km ~ Salzburg** the town is 10 km (away) from Salzburg; **er ist ~ zu Hause fortgegangen** he went away from home; → **Leib** 1. – **4.** (*zur Bildung des Genitivus partitivus*) of: **der König ~ Schweden** the king of Sweden; **die Einfuhr ~ Weizen** the import of wheat; **der Bau ~ Schulen hat Vorrang** the building of schools takes precedence; **die Umgebung ~ Frankfurt** the surroundings *pl* of Frankfort, Frankfort's surroundings *pl*; **das Rathaus ~ Berlin** the city hall of Berlin, the Berlin city hall; **ich behalte fünf Mark ~ der Summe** I'll keep five marks of the sum; **er begreift nichts ~ dem, was Sie da sagen** he understands nothing of what you are saying; **ich habe nichts ~ der Suppe gegessen** I didn't take any (of the) soup, I ate none of the soup; **sie trank ~ dem Wein** she drank some of the wine, she drank of the wine; **Tausende ~ Menschen** thousands of people; **ein Freund ~ mir** a friend of mine, one of my friends; **einer ~ uns** one of us; **er ist der größte ~ allen** he is the tallest of all; **~ den Mädchen war nur X da** only X was there of the girls, of the girls only X was there; **kannst du mir ein Bild ~ dir geben?** can you give me a picture of yourself? **man bekommt nicht viel ~ ihm zu sehen** you don't see much of him; **was sind Sie ~ Beruf?** what is your occupation? what do you do (professionally)? **das ist nichts ~ Dauer** that won't last long, that will be of short duration, that will last no time (*colloq.*). – **5.** *colloq.* (*als präpositionaler Genitiv*) **der neue Freund ~ meiner Schwester** my sister's new boyfriend. – **6.** (*beim Passiv*) by: **er wurde ~ ihm im Tischtennis geschlagen** he was defeated by him at table tennis; **sie wird ~ allen Mitarbeitern sehr geschätzt** she is highly esteemed by all her colleagues. – **7.** (*bei Abkunft, Urheberschaft*) by: **ein Gedicht ~ Goethe** a poem by Goethe; **ein König ~ Gottes Gnaden** a king by the grace of God; **das Bild über dem Sofa stammt ~ mir** the picture above the sofa is (*od.* was painted) by me; **sie hat ein Kind ~ ihm** she has a child by him. – **8.** (*eine Eigenschaft, das Ausmaß, die Größe, einen Zeitpunkt etc betreffend*) of: **ein Ring ~ Gold** a ring of gold; **Leute ~ Rang und Namen** people of rank and position (*od.* station); **sie ist ein Bild ~ einem Mädchen** she is a (perfect) picture of a girl; **er ist klein ~ Gestalt** (*od.* **Statur**) he is of short build (*od.* stature), he has a short build; **ein Kind ~ drei Jahren** a child of three, a three-year-old (child); **eine Stadt ~ 100000 Einwohnern** a city of 100,000 inhabitants; **ein Betrag ~ 50 Mark** an amount of 50 marks; **nach einem Aufenthalt ~ drei Wochen** after a stay of three weeks, after a three-week stay; **Ihr Schreiben vom 1. dieses Monats** your letter of the first of this (*od.* the current) month, your letter of the first instant; **die Frau ~ heute** the woman of today; **dieser Idiot ~ Briefträger!** *colloq.* that idiot of a postman! (*colloq.*); → **Format** 4; **Mann** 2. – **9.** (*den Gegenstand eines Gesprächs, Artikels, Erlebnisses, einer Untersuchung etc betreffend*) about, (*genauer*) on: **~ wem [was] sprechen Sie?** who(m) [what] are you talking about? **der Roman handelt ~ einer alten Adelsfamilie** the novel is about (*od.* deals with, treats [of]) an ancient noble family; **er weiß ~ der Sache** he knows about the affair; **man hat viel ~ dieser neuen Methode gesprochen** there was a great deal of talk (*od.* people talked a great deal) about this new method. – **10.** (*Annahmen, Gerüchte, Unterstellungen etc betreffend*) of: **man sagt ~ ihm, er sei geizig** they say of him that he is (*od.* he is said to be) miserly; **ich habe dies ~ meinem Vater sagen hören** *lit.* I have heard it said of my father. – **11.** (*eine bestimmte Verhaltensweise betreffend*) of, on one's part: **das ist sehr nett ~ dir** that's very kind of you (*od.* on your part); **das ist nicht schön ~ Ihnen** that's not (very) nice of you; **das war aber auch zu dumm ~ dir!** that was very stupid of you (*od.* on your part)! – **12.** (*Gewinn, Genuß, Nutzen, Vorteil etc betreffend*) out of: **du hast mehr ~ deinen Ferien, wenn** you'll get more out of your holidays (*Am.* vacation) if. – **13.** (*aus einer bestimmten Anzahl*) (out) of, in: **zwei ~ drei Amerikanern** two (out) of (*od.* two in) three Americans; **~ 40 möglichen Punkten erreichte er 38** he achieved 38 of a possible 40. – **14.** (*infolge von*) from: **ich bin müde ~ dem weiten Weg** I am tired from the long walk; **die Schwäche kommt ~ der Krankheit** the weakness comes from (*od.* is a result of) the illness; **das kommt vom vielen Trinken!** that comes from (*od.* through) drinking so much! that's what comes of drinking so much! – **15.** (*vor Namen als Adelsbezeichnung*) of: **Rudolf ~ Habsburg** Rudolf of Habsburg; **der Herzog ~ Edinburgh** the Duke of Edinburgh; **er schreibt sich ‚von'** he has a 'von' in his name; **du kannst dich ‚von' schreiben, wenn dir das gelingt** *fig. colloq.* you can chalk one up to your account if you manage that (*colloq.*). – **16.** (*in Verbindung mit Personalpronomen u. im Satz betont*) away from: **er ist ~ ihr gegangen** he went away from (*od.* he left) her; **ich warf das Messer ~ mir** I threw the knife away (from me); **sie ist für immer ~ uns gegangen** she has gone from us forever; **das Essen (wieder) ~ sich geben** to bring (*od.* throw) up one's food. – **17.** (*in Verbindung mit Adverbien*) **~ jetzt** (*od.* **nun**) **ab** (*od.* **an**) from now on, henceforth (*lit.*); **vom 1. März ab** (*od.* **an**) (as) from March 1, beginning (*od.* starting) March 1; **~ morgen ab** (*od.* **an**) (as) from tomorrow, from tomorrow on, beginning (*od.* starting) tomorrow; **~ der 100-Meter-Marke ab** (*od.* **an**) **muß du Tempo zulegen** you must speed up from the 100-meter (*bes. Br.* -metre) mark on(ward[s]); **wir sind vom Weg(e) ab** we have come off the track (*od.* path), we have lost our way; **hier gibt es Kleider ~ 20 Mark ab** (*od.* **an**) **aufwärts** (*od. colloq.* **~ 20 Mark [und] aufwärts**) clothes are to be had here from 20 marks upward(s) (*od. colloq.* from 20 marks up); **~ Jugend** (*od.* **~ klein**) **auf** (*od.* **an**) **beschäftigte er sich mit Musik** he took an interest in music from his youth (*od.* from his earliest years); **~ da an** (*zeitlich*) since then (*od.* that time); **etwas ~ Grund auf modernisieren** to modernize (*Br. auch* -s-) s.th. completely (*od.* from top to bottom); **~ diesem Fenster aus** from this window; **er hätte eigentlich ~ sich aus darauf kommen müssen** he should have thought of that himself (*od.* of his own accord); **~ 3 bis 4 (Uhr)** from 3 to 4 (o'clock); **~ Montag bis Freitag** (from) Monday to (*Am. auch* through) Friday; **wie weit ist es ~ hier bis zum Schwimmbad?** how far is it from here to the swimming pool? **das ist ~ alters her so gewesen** this has always been the case, this has been the case for generations; **er begann mit der Arbeit ~ neuem** he began the work anew (*od.* afresh); **~ seiten meiner Mutter sind keine Einwände zu erwarten** there won't be any objections from (*od.* on the part of) my mother; **ihr Brief ~ vor drei Wochen** her letter dated three weeks ago; **er schwamm ~ einem Ufer zum anderen** he swam from one bank to the other; **~ Zeit zu Zeit** from time to time, occasionally, now and then, now and again; **das ist ~ Fall zu Fall verschieden** that differs (*od.* varies) from case to case (*od.* from one case to the next). – **18.** (*mit folgendem Relativpronomen*) **der Mann, ~ dem man behauptet, daß er alles weiß** the man who is said to know everything. – **II** *prep* ⟨*gen*⟩ **19. ~ Rechts wegen** by right(s); **~ Amts wegen** ex officio, officially. – **III** *adv* **20. ~ wegen!** *colloq.* a) (*ich denke nicht daran, es zu tun*) catch me! not on your life! (*beide colloq.*), b) (*über einen anderen*) catch him! (*colloq.*), not at all! not a bit of it! – **21.** *Northern G. colloq.* **da weiß ich nichts ~** I don't know anything about it (*od.* that).

ˌvonˌein'an·der *adv* of (*od.* from) each other: **wir haben lange nichts mehr ~ gehört** we have not heard from each other for a long time; **sie können sich nicht ~ trennen** they cannot part (from each other); **sie haben etwas ~** a) they have s.th. to give each other, they complement each other, they get s.th. out of each other, b) (*im Aussehen*) they are rather alike (in looks *od.* appearance), c) (*im Wesen*) they are alike in some ways; **~ scheiden** to part, to sever (*lit.*); **der Tod hat uns ~ geschieden** death has parted us. — **~ˌge·hen** *v/i* ⟨*irr, sep,* -ge-, *sein*⟩ part (company), separate: **wir gingen voneinander** we parted (company), we went our separate ways.

ˌvon'nö·ten [-'nøːtən] *adj only in* **~ sein** to be necessary (*od.* needful).

ˌvon'statˑten *adv only in* **~ gehen** to take place, to proceed, to come (*od.* pass) off: **gut ~ gehen** to go well, to prove a success.

vor [foːr] **I** *prep* ⟨*dat*⟩ **1.** (*als Ausdruck einer festen räumlichen Beziehung*) in front of, before: **~ dem Haus steht eine Eiche** there is an oak in front of the house; **meine Schwester hat genau ~ mir gesessen** my sister was sitting right (*od.* bang, *bes. Am.* smack) in front of (*od.* directly before) me; **~ der Kasse wartete eine lange Schlange von Menschen** a long queue was waiting in front of (*od.* at) the box office; **der Brief lag ~ ihm auf dem Schreibtisch** the letter lay in front of him on the desk; **ich warte ~ dem** (*od. colloq.* **vorm**) **Haus auf dich** I'll wait for you in front of (*od.* outside) the house; **als ich ~ ihm stand, ließ ich den Mut sinken** when I stood in front of (*od.* when I faced) him my heart sank; **die Bushaltestelle ist direkt ~ dem** (*od. colloq.* **vorm**) **Haus** (*od.* **~ der [Haus]Tür**) the bus stop is right in front of the house (*od.* right at the door, right on the doorstep); **ein Fremder stand ~ der Tür** there was a stranger at (*od.* outside) the door; **wen glauben Sie denn ~ sich zu haben?** who(m) do you think you are talking to? who do you think I am? who(m) (*od.* what) do you take me for? **da sei Gott ~!** *fig.* heaven (*od.* God) forbid! → **Anker**[1] 1; **Auge** 1; **Brett** 1; **Gericht**[2] 1; **Ort**[2]; **Rätsel** 3; **Wind** 1. – **2.** (*weiter vorn*) ahead (*od.* in front) of, before: **als er sein Heimatdorf ~ sich liegen sah** when he saw his native village lying ahead (of him); **auf einmal hatten wir den See ~ uns** suddenly the lake appeared in front of us (*od.* ahead [of us]); **sie fuhr ~ den anderen her** she drove ahead of the others; **er ist noch weit ~ uns!** he is still far ahead (of us)! – **3.** (*nicht ganz so weit wie*) before: **kurz ~ dem Rathaus biegen Sie nach links ab** (you) turn (to the) left just before the town hall; **von hier aus liegt das Dorf noch ~ dem Paß** (from here) the village lies before (*od.* on this side of) the pass. – **4.** (*außerhalb*) outside, (*bei Entfernungsangaben*) *auch* from: **sie haben ein Haus ~ der Stadt** they have a house outside the town; **der herrliche Zoo ~ den Toren der Stadt** the wonderful zoo just outside (the gates of) the city; **2 km ~ Bamberg** 2 km outside (*od.* from) Bamberg. – **5.** (*bei einer Reihenfolge in horizontaler Anordnung*) before: **das Adjektiv steht stets ~ dem Substantiv** the adjective is always placed before the noun; **im Alphabet kommt K ~ L** K comes before L in the alphabet. – **6.** (*bei einer Reihenfolge in vertikaler Anordnung*) before, ahead of: **auf der Liste erscheint dein Name ~ meinem** your name is before (*od.* is ahead of, precedes) mine on the list. – **7.** (*in Gegenwart von*) before, in front of, in the presence of: **etwas ~ Zeugen erklären** to declare s.th. before witnesses; **du kannst es ~ allen sagen** you can say it in front of everyone; **Feigheit ~ dem Feind** cowardice in the face of the enemy; **ich kann mich nicht mehr ~ ihr sehen lassen** I dare not go near her again; **seine Sünden ~ Gott bekennen** *fig.* to confess one's sins before God. – **8.** (*im Hinblick auf*) before: **ich dachte, ~ dem Gesetz sind alle gleich** I thought all people were equal before the law; **kannst du das ~ deinem Gewissen** (*od.* **~ dir selbst**) **verantworten?** does your conscience allow you to do that? – **9.** (*in bezug auf einen zukünftigen Zeitpunkt*) before, ahead (*od.* in front) of: **ein langer Sommertag lag ~ ihnen** a long summer day lay before them; **du hast ja dein ganzes Leben noch ~ dir!** you still have your whole life before (*od.* ahead of) you! **ich glaube, ich komme ~ Ihnen dran** I think I am before (*od.* in front of) you. – **10.** (*in bezug auf einen Zeitpunkt in der Vergangenheit*) a) (*von heute aus gesehen*) ago (*nachgestellt*), b) (*von vergangenem Zeitpunkt aus gesehen*) earlier (*nachgestellt*): **~ vier Wochen** four weeks ago; **heute ~ 14 Tagen** a fortnight ago today; **~ kurzem** a short time (*od.* while) ago, not long ago, recently; **ich habe ihn ~ einigen** (*od.* **ein paar**) **Tagen getroffen** I met him some (*od.* a few) days ago, I met him the other day; **er ist ~ zwei Tagen gestorben** he died two days ago. – **11.** (*in bezug auf zeitliche Festpunkte*) before: **er wird nicht ~ Anbruch der Dunkelheit hier sein** he won't be here before dusk (*od.* nightfall); **~ Sonnenaufgang** [**~ Tagesanbruch** *od.* **~ Tag(e)**] **standen sie auf** they rose before sunrise [before dawn *od.* daybreak]; **am Tag ~ der Hochzeit wurde sie krank** she fell ill (on) the day before (*od.* on the eve of) the wedding; **kurz ~ Weihnachten** shortly (*od.* just) before Christmas; **200 Jahre ~ Christi Geburt** (*od.* **~ Christus**) 200 years before Christ, 200 years B.C.; **er wurde noch ~ den anderen hereingelassen** he was admitted before the others; **ich war ~ Ihnen da!** I was here before you! **~ jener Zeit** before (*od.* prior to, previous to) that time; **~ ihrer Krankheit war sie sehr lebhaft** she was a very lively person before (*od.* previous to, prior to) her illness; **das Römische Reich stand kurz ~ seinem Untergang** the Roman Empire was on the verge of its fall; **~ dem Essen** (*od.* **~ Tisch**) **trinkt er immer einen Aperitif** he usually has an aperitif before his meal (*od.* before table); **~ ihrem Tod geschahen seltsame Dinge** odd things happened before she died, odd things preceded her death; **in der Zeit ~ dem Krieg** in the time before the war, in prewar (*Br.* pre-war) days; **das war noch ~ meiner Zeit** that was before my time; **sie ist ~ der Zeit alt geworden** she has grown old before her time (*od.* prematurely). – **12.** (*in einem bestimmten zeitlichen Abstand*) before, ahead of: **wir kamen zehn Minuten ~ euch an** we arrived ten minutes before (*od.* ahead of, earlier than) you; **er hatte lange ~ den anderen das Ziel erreicht** he had crossed the finish line long before (*od.* far ahead of, *colloq.* [a]way ahead of) the others. – **13.** (*bei Uhrzeiten*) to, *Am. auch* of: **es ist 20 Minuten ~ 8 (Uhr), es ist 20 ~ 8** it is 20 minutes to (*Am. auch* of) 8 (o'clock), it is 20 to (*Am. auch* of) 8. – **14.** (*vor Zugriff, Einflußnahme etc*) from: **sie suchte Schutz ~ dem Sturm** she sought shelter from the storm; **sicher ~ j-m [etwas] sein, ~ j-m [etwas] in Sicherheit sein** to be safe from s.o. [s.th.]; **~ dem Hochwasser fliehen** to flee from (*od.* before) the flood; **sie hat ~ ihrer Mutter keine Geheimnisse** she has no secrets (*od.* she keeps nothing, she conceals nothing) from her mother; **etwas [j-n] ~ j-m verstecken** to hide (*od.* conceal) s.th. [s.o.] from s.o. – **15.** (*infolge von*) with: **sie zitterte ~ Angst [Kälte]** she trembled with fear [cold]; **er weinte ~ Wut [Zorn, Freude]** he wept with rage [anger, joy]; **~ Neid erblassen** to go green with envy; **er wurde ganz rot ~ Anstrengung** he turned red in the face with the strain. – **16.** (*angesichts*) for: **ich weiß ~ lauter Arbeit nicht mehr, wo mir der Kopf steht** I don't know where to turn for work. – **17.** (*rang- u. wertmäßig*) above, before: **er hat sich ~ allen anderen ausgezeichnet** he excelled (above) all others, he was outstanding; **~ allem, ~ allen Dingen** above all (things); **bei ihm kommt das Auto noch ~ seiner Frau** *colloq.* his car ranges before (*od.* is more important than) his wife. – **18.** (*gegen*) against: **~ diesem Hintergrund sieht die Vase sehr gut aus** the vase looks very nice against this background; **die Handlung des Films spielt ~ dem Hintergrund des Bürgerkriegs** *fig.* the civil war forms the background of the action of the film. – **19. ~ sich her** before (*od.* in front of) one: **sie trieben die Gefangenen ~ sich her** they drove the prisoners before (*od.* in front of) them. – **20.** (*in Verbindung mit bestimmten Verben u. Substantiven*) **sich ~ j-m [etwas] fürchten, ~ j-m Angst** (*od.* **Furcht**) **haben** to be afraid of s.o. [s.th.]; **sich ~ j-m [etwas] hüten** to be on one's guard against s.o. [s.th.], to beware of (*od. colloq.* watch out for) s.o. [s.th.]; **sie log aus Furcht ~ Strafe** she lied for fear of punishment (*od.* of being punished); **Achtung** (*od.* **Respekt**) **~ j-m [etwas] haben** to have respect for (*od.* to respect) s.o. [s.th.]; **j-n ~ j-m [etwas] warnen** to warn s.o. against (*od.* of, about) s.o. [s.th.]; → Gnade 1. – **II** *prep* ⟨*acc*⟩ **21.** in front of, before: **das Brautpaar trat ~ den Altar** the bridal couple went and stood in front of (*od.* before) the altar, the bridal couple walked up to the altar; **er setzte sich ~ mich** he sat down in front of me; **wir stellen den Schreibtisch ~ das** (*od.* **vors**) **Fenster** we will move the desk in front of the window; **~ den Richter treten** to appear before the judge (*od.* in court); **j-n ~ eine schwierige Entscheidung stellen** *fig.* to confront (*od.* face) s.o. with a difficult decision. – **22.** (*weiter nach vorne als*) ahead (*od.* in front) of, before: **nach einer Runde hatte er sich ~ die übrigen Läufer gesetzt** after one lap he had got ahead of the other runners; **sie hat sich ~ mich gedrängt** she pushed in front of me. – **23.** (**bis**) **~** a) (*bis zu einer Begrenzung*) up to, b) (*bis außerhalb einer Begrenzung*) outside, c) (*bis zu einer bestimmten Institution, Instanz etc*) as far as: **fahren Sie (bis) ~ die Mauer** drive up to the wall; **sie hat mich (bis) ~ die Stadt begleitet** she accompanied me as far as the outskirts of the town; **er brachte seinen Gast noch (bis) ~ die Tür** he saw (*od.* brought) his guest to the door, he saw his guest out; **sie wollen mit der Sache bis ~ das** (*od.* **vors**) **Bundesverfassungsgericht gehen** they want to bring the matter as far as the Federal Constitutional Court. – **24.** (*gegen*) on: **einen Schlag ~ die Stirn bekommen** to receive a blow on one's forehead; **er trat ihm ~ das** (*od.* **vors**) **Schienbein** he kicked him on the (*od.* kicked his) shin; → Kopf *Verbindungen mit Präpositionen*; Latz 1. – **25.** (*zur Behandlung durch eine Institution, Instanz etc*) before, to: **der Abgeordnete brachte die Frage ~ den Bundestag** the representative brought the matter before (*od.* took the matter to) the Bundestag; **ein solcher Fall gehört ~ ein höheres Gericht** such a cause should be brought before (*od.* taken to) a higher court. – **26.** (*bei einer Reihenfolge in horizontaler Anordnung*) before, in front of: **man muß den Titel ~ den Namen setzen** one must put the title before the name. – **27.** (*bei einer Reihenfolge in vertikaler Anordnung*) before, ahead of: **in der Tabelle rückte München ~ Berlin** Munich got ahead of Berlin in the table. – **28.** (*rang- u. wertmäßig*) before, above: **er hat die Pflicht immer ~ das Vergnügen gestellt** he has always put duty before pleasure. – **29. ~ sich hin** (away) to oneself: **etwas ~ sich hin brummen [murmeln, singen]** to growl [to mumble (*od.* mutter), to sing] s.th. (away) to oneself; **sie lächelte ~ sich hin** she smiled (away) to herself; **~ sich hin starren** to stare in front of one, to stare at nothing. – **30. ~ sich gehen** a) (*geschehen*) to happen, to go on, b) (*gehandhabt werden*) to be carried out: **niemand wußte, was ~ sich ging** nobody knew what was happening (*od.* going on); **weißt du, wie so eine Prüfung ~ sich geht?** do you know what procedure is followed in such an examination? – **III** *adv* **31.** (*nach vorn*) forward(s): **er konnte weder ~ noch zurück** he could move neither forward(s) nor backward(s), he could neither go on nor go back; **~!** a) forward(s)! go on! b) (*als Anfeuerungsruf*) come on! up! – **32.** → nach 21.

ˌvor'ab *adv* **1.** (*zunächst*) first, to begin with: **ein paar Worte ~ sagen** to say a few words (by way) of introduction. – **2.** (*vor allem*) especially, above all. — **~ˌaufˌneh·men** *v/t* ⟨*irr, sep,* -ge-, h⟩ **1.** (*radio*) *telev.* prerecord. – **2.** (*film*) prefilm.

'VorˌabˌdrucK *m* ⟨-(e)s; -e⟩ *print.* (*eines Romans etc*) preprint. — **'VorˌabˌdruckeN** (*getr.* -k·k-) *v/t* ⟨*sep,* -ge-, h⟩ (*Roman etc*) preprint.

'Vorˌabend *m* evening (*od.* night) before, eve: **am ~ fand ein großes Fest statt** there was a big party the evening before, *Am. auch* there was an overnight party; **am ~ hatten sie ein Konzert besucht** they had gone to a concert the evening before (*od.* the previous evening [*od.* night]); **am ~ der Prüfung** the evening before (*od.* on the eve of) the examination.

'Vorˌabˌschei·der *m tech.* preseparator.

ˌVor'abˌtext *m* (*radio*) *telev.* advance script.

'Vorˌah·nung *f* ⟨-; -en⟩ presentiment, foreboding, premonition, hunch (*sl.*): **ich hatte eine ~, daß es so kommen würde** I had a presentiment that this would happen.

'Vor·alarm [-ʔaˌlarm] *m mil.* pre-alert: **~ geben** to pre-alert.

'Vorˌal·penˌland *n geogr.* Alpine foothills *pl.*

vor·an [fo'ran] *adv* **1.** (*an erster Stelle*) at the head, out in front, to the fore, before: **da kam der Festzug, ihm ~ die Musikkapelle** along came the procession with the band at the (*od.* its) head. – **2. mit dem Kopf ~** (*nach vorn*) head first (*od.* foremost). – **3. nur ~!** (*vorwärts*) *colloq.* on you go! go on! **immer langsam ~!** *colloq.* take it easy, take your time. – **4. ~!** (*Befehl*) forward(s)! – **5.** *cf.* voraus[1]. — **~ˌbrin·gen** *v/t* ⟨*irr, sep,* -ge-, h⟩ **etwas ~** to get s.th. going (*od.* started): **wir müssen das Projekt endlich ~** we really must soon get the project going. — **~ˌei·len** *v/i* ⟨*sep,* -ge-, sein⟩ (*dat* of) **1.** hurry (*od.* hasten) ahead, run in front: **er eilte (ihnen) voran** he hurried ahead (of them). – **2.** hurry (*od.* hasten) on ahead: **er eilte voran, um ihre Ankunft anzukündigen** he hurried on ahead to announce their arrival. — **~ˌfah·ren** *v/i* ⟨*irr, sep,* -ge-, sein⟩ *cf.* vorausfahren. — **~ˌflat·tern** *v/i* ⟨*sep,* -ge-, sein⟩ *cf.* voranwehen. — **~ˌge·ben** *v/t* ⟨*irr, sep,* -ge-, h⟩ *cf.* voranstellen 2. — **~geˌgan·gen I** *pp of* vorangehen. – **II** *adj fig.* previous, foregone: **die Folgen ~er Beschlüsse** the consequences of previous decisions; **am ~en Tag** (on) the previous (*od.* preceding) day, the day before. – **III V~e, das** ⟨-n⟩ **nach dem V~en wundert es mich nicht, daß** *fig.* after what has happened I am not surprised that. — **~ˌge·hen I** *v/i* ⟨*irr, sep,* -ge-, sein⟩ **1.** (*als erster gehen*) (*dat* of) go in front: **bei unseren Bergwanderungen ging er immer voran** he always went in front (*od.* went first, led the way) on our mountain hikes; **j-m ~** a) to go in front of s.o., b) (*um den Weg zu zeigen*) to show s.o. the way; **er ließ sie ~** he let her go in front (*od.* go first). – **2.** (*früher, vor den anderen gehen*) (*dat* of) go on ahead: **geh du schon voran** you go on ahead; **er war ihr (in die Ewigkeit) vorangegangen** *fig.* he had passed on before her; **ihm ging der Ruf voran, ein großer Künstler zu sein** *fig.* he was heralded by the reputation of being a great artist. – **3.** *fig.* (*ein Beispiel setzen*) lead (the way), set an example: **wenn ihr vorangeht, werden die anderen folgen** if you lead the way, the others will follow; → **Beispiel** 1. – **4.** *fig.* (*zuerst geschehen*) precede, antecede: **dem Vulkanausbruch ging ein Erdbeben voran** an earthquake preceded the eruption of the volcano, the eruption of the volcano was preceded by an earthquake; **der Direktor ließ seiner Ansprache eine Ermahnung ~** the headmaster preceded his speech with an admonition. – **5.** *fig.* (*zeitlich*) precede, antedate, predate. – **6.** *fig.* (*vonstatten gehen, sich entwickeln*) come on, progress, make headway: **die Arbeit geht (gut) voran** (the) work is coming on (well), (the) work is making (good) headway (*od.* progress). – **II** *v/impers* **7. es geht mit der Arbeit (gut) voran** (the) work is coming on (well), (the) work is making (good) headway (*od.* progress); **es geht mit ihm voran** a) he is coming on, b) (*gesundheitlich*) he is recovering. – **III V~** *n* ⟨-s⟩ **8.** *verbal noun.* – **9.** *fig.* precedence, *auch* precedency, antecedence. — **~ˌge·hend I** *pres p.* – **II** *adj* **1.** (*als erster gehend*) in front: **die ~en Wanderer** the hikers in front. – **2.** *fig.* (*früher*) preceding, precedent, previous, antecedent, anterior: **die ~en Veranstaltungen** the preceding events. – **III V~e, das** ⟨-n⟩ **3. aus dem V~en ergibt sich, daß** *fig.* from the aforementioned (*od.* aforesaid, *bei Geschriebenem auch* above) it follows that. – **4.** (*mit Kleinschreibung*) **im ~en** *fig.* earlier, before this. — **V~ˌge·hen·de** *m, f* ⟨-n; -n⟩ person (going) in front. — **~geˌstellt I** *pp.* – **II** *adj ling.* (*Adjektiv etc*) preceding. — **~ˌkom·men** *v/i* ⟨*irr, sep,* -ge-, sein⟩ **1.** get on (*od.* along), make headway: **wir sind heute ein gutes Stück vorangekommen** we got on quite well (*od.* made good headway) today. – **2.** get on (*od.* along), advance: **im Beruf gut ~** to get on well in one's profession, to be going places (*colloq.*).

'Vorˌanˌkün·di·gung *f* ⟨-; -en⟩ **1.** ⟨*only sg*⟩ advance (*od.* previous) notice: **das Programm wurde ohne ~ geändert** the program(me) was changed without previous notice. – **2.** *cf.* Voranzeige 1.

vor'an|ˌlau·fen *v/i* ⟨*irr, sep,* -ge-, sein⟩ (*dat* of) **1.** run in front: **sie lief (ihnen) voran** she ran in front (of them). – **2.** run on ahead: **er war (ihnen) vorangelaufen, um zu sehen, ob der Weg passierbar war** he had run on ahead (of them) to see if the path was passable. — **~ˌma·chen** *v/i* ⟨*sep,* -ge-, h⟩ *colloq.* come on, hurry up: **könnte ihr nicht etwas ~?** can't you come on a bit?

'Vorˌanˌmel·dung *f* ⟨-; -en⟩ **Gespräch mit ~** *tel.* (booked) personal (*od.* person-to-person) call, *auch* préavis call.

vor'an|ˌrei·ten *v/i* ⟨*irr, sep,* -ge-, sein⟩ (*dat* of) **1.** ride in front. – **2.** ride on ahead. — **~ˌschicken** (*getr.* -k·k-) *v/t* ⟨*sep,* -ge-, h⟩ **j-n ~** (*dat* of) to send s.o. on ahead.

'Vorˌanˌschlag *m* (pre)estimate, rough calculation, (*bei Baukosten*) *auch* specifications *pl*: **~ über die** (*auch* **der**) **Ausgaben** estimate of expenditure; **einen ~ aufstellen** (*od.* **machen**) to make a cost estimate.

vor'an|ˌschrei·ten *v/i* ⟨*irr, sep,* -ge-, sein⟩ **1.** (*dat* of) stride in front (*od.* ahead). – **2.** *fig.* progress: **die Arbeit schreitet rüstig voran** (the) work is progressing well. — **~ˌstel·len I** *v/t* ⟨*sep,* -ge-, h⟩ (*dat* of) **1.** put (*od.* place) (*s.th.*) in front: **im Englischen wird das Adverb (dem Verb) vorangestellt** *ling.* the adverb is put in front (of the verb) in English. – **2.** put (*s.th.*) at the beginning: **einem Buch eine Einleitung ~** to put an introduction at the beginning of a book. – **3. j-n j-m ~** to put s.o. above (*od.* over) s.o. – **II V~** *n* ⟨-s⟩ **4.** *verbal noun.* — **V~ˌstel·lung** *f* ⟨-; *no pl*⟩ **1.** *cf.* Voranstellen. – **2.** *ling.* (*eines Personalpronomens etc*) anteposition.

'Vorˌanˌstrich *m* (*paints*) first coat.

vor'an|ˌstür·men *v/i* ⟨*sep,* -ge-, sein⟩ rush forward (*od.* ahead). — **~ˌtra·gen** *v/t* ⟨*irr, sep,* -ge-, h⟩ **etwas ~** (*dat* of) to carry s.th. in front. — **~ˌtrei·ben** *v/t* ⟨*irr, sep,* -ge-, h⟩ *fig.* **1.** (*Angelegenheit etc*) speed (*s.th.*) up, accelerate (*od.* stimulate) the progress of, advance: **um die Sache etwas voranzutreiben** to speed things up a bit. – **2.** (*mit Energie etc*) press. — **~ˌwe·hen** *v/i* ⟨*sep,* -ge-, sein⟩ (*dat* of) flutter (*od.* wave) in front.

'Vorˌanˌzei·ge *f* ⟨-; -n⟩ **1.** preannouncement, *Br.* pre-announcement, preliminary announcement: **die ~ für ein Gastspiel** (*od.* **eines Gastspiels**) the preliminary announcement of a guest performance. – **2.** (*eines Filmes, der demnächst auf dem Programm steht*) trailer, preview, *auch* prevue.

'Vorˌar·beit *f* ⟨-; -en⟩ preliminary (*od.* preparatory) work: **er hat gute ~ geleistet** he did excellent preliminary work, he prepared the ground well; **die ~en zu dem Film [Buch] sind abgeschlossen** (the) preliminary work for the film [book] has been terminated. — **'vorˌar·bei·ten I** *v/t* ⟨*sep,* -ge-, h⟩ **1.** (*im voraus arbeiten*) work in advance: **wir haben für Weihnachten zwei Tage vorgearbeitet** we have worked two days in advance for Christmas. – **II** *v/i* **2.** (*Arbeit im voraus erledigen*) (do) work in advance: **ich habe heute für morgen vorgearbeitet** I worked (*od.* did work) today in advance for tomorrow. – **3. j-m ~** a) to do some of the work for s.o., b) *fig.* to pave the way (*od.* prepare the ground) for s.o.: **heute beschweren sich viele darüber, daß die Schule der Universität nicht vorarbeitet** today many people complain that schools do not pave the way for the university. – **III** *v/reflex* **sich ~ 4.** work one's way forward, forge ahead: **die Rettungsmannschaft konnte sich bis zu den Verletzten ~** the rescue party was able to work their way forward to the wounded. – **5.** *fig.* work one's way up: **es gelang ihm, sich auf den zweiten Platz vorzuarbeiten** he managed to work his way up to (the) second place.

'Vorˌar·bei·ter *m* **1.** foreman, overseer, headman, boss (*sl.*), *bes. Br.* gangman, ganger, *Br.* chargehand, *bes. Am.* overman, *Br. colloq.* gaffer. – **2.** (*mining*) butty collier, chargeman, man in charge of a group of miners. — **'Vorˌar·bei·te·rin** *f* forewoman, forelady, *auch* floorlady, floorwoman.

vor·auf [fo'rauf] *adv cf.* voran 1, voraus[1].

vor'aufˌge·hen *v/i* ⟨*irr, sep,* -ge-, sein⟩ *cf.* vorangehen 4.

vor·aus[1] [fo'raus] *adv* (*dat* of) ahead: **er ist ihnen (weit) ~** *auch fig.* he is (far *od.* well) ahead of them; **recht ~!** *mar.* right (*od.* dead) ahead; **er ist seiner Zeit (um Jahre) ~** *fig.* he is (years) ahead of his time; **er ist ihm um einen Punkt ~** (*sport*) he leads him by one point, he is one up (on him).

vor·aus[2] [fo'raus; 'foːraus] *adv only in* **im ~** a) (*für etwas Kommendes*) in advance, b) (*vorher*) beforehand, in advance: **vielen Dank im ~** many thanks in advance; **die Miete ist (für zwei Monate) im ~ zu zahlen** (*od.* **zahlbar**) the rent must be paid (two months) in advance, the rent is prepayable (by two months); **das kann man nie im ~ wissen** you can never know that beforehand.

Vor·aus [fo'raus] *m* ⟨-; *no pl*⟩ *jur.* preferential benefit (*od.* portion).

Vor'ausˌabˌtei·lung *f mil.* **1.** *cf.* Vorhut. – **2.** *cf.* Vortrupp. – **3.** (*Spitzengruppe*) advance detachment, vanguard.

vor'aus|ˌah·nen *v/t* ⟨*sep,* -ge-, h⟩ anticipate: **ich habe das vorausgeahnt** I anticipated that, I had a presentiment (*od. sl.* hunch) that this would happen; **er hatte vorausgeahnt, daß an diesem Tag ein Unglück geschehen würde** he had anticipated (*od.* had a premonition [*od.* a foreboding, a presentiment]) that a disaster would happen (on) that day. — **~beˌden·ken** *v/t* ⟨*irr, sep, no* -ge-, h⟩ **etwas ~** to consider (*od.* think about) s.th. beforehand (*od.* in advance), to think s.th. over beforehand (*od.* in advance), to anticipate s.th. — **~beˌdin·gen I** *v/t* ⟨*irr, sep, no* -ge-, h⟩ **etwas ~** to stipulate s.th. beforehand (*od.* in advance). – **II V~** *n* ⟨-s⟩ *verbal noun.* — **V~beˌdin·gung** *f* **1.** *cf.* Vorausbedingen. – **2.** advance stipulation. — **~beˌre·chen·bar** *adj* (*Ergebnis etc*) precalculable. — **~beˌrech·nen I** *v/t* ⟨*sep, no* -ge-, h⟩ precalculate, calculate (*s.th.*) beforehand (*od.* in advance). – **II V~** *n* ⟨-s⟩ *verbal noun.* — **V~beˌrech·nung** *f* ⟨-; -en⟩ **1.** *cf.* Vorausberechnen. – **2.** precalculation, advance calculation, forecast: **nach unseren ~en** according to our precalculations. — **~beˌstel·len** *v/t* ⟨*sep, no* -ge-, h⟩ *cf.* vorbestellen. — **V~beˌstel·lung** *f* ⟨-; -en⟩ *cf.* Vorbestellung. — **~beˌstim·men I** *v/t* ⟨*sep, no* -ge-, h⟩ **1.** foretell, predict. – **2.** determine (*s.th.*) beforehand (*od.* in advance). – **II V~** *n* ⟨-s⟩ **3.** *verbal noun.* — **V~beˌstim·mung** *f* ⟨-; *no pl*⟩ **1.** *cf.* Vorausbestimmen. – **2.** prediction. – **3.** advance determination. — **~beˌzah·len** *v/t* ⟨*sep, no* -ge-, h⟩ *cf.* vorauszahlen. — **~beˌzahlt I** *pp.* – **II** *adj cf.* vorausgezahlt II. — **V~beˌzah·lung** *f* ⟨-; *no pl*⟩ *cf.* Vorauszahlung.

'Vorˌausˌbil·dung *f* ⟨-; *no pl*⟩ preparatory training.

Vor'aus|ˌblick *m* ⟨-(e)s; *no pl*⟩ *fig.* foresight. — **v~ˌblicken** (*getr.* -k·k-) *v/i* ⟨*sep,* -ge-, h⟩ *fig.* look (further) ahead. — **v~ˌblickend** (*getr.* -k·k-) **I** *pres p*: **~ können wir sagen** with regard to the future we can say. – **II** *adj fig.* foresighted: **dank der ~en Planung** thanks to the foresighted planning. — **~ˌbu·chung** *f* (*einer Reise etc*) advance (*od.* forward) booking. — **v~daˌtie·ren I** *v/t* ⟨*sep, no* -ge-, h⟩ (*Brief, Dokument etc*) postdate, date (*s.th.*) ahead. – **II V~** *n* ⟨-s⟩ *verbal noun.* — **~daˌtie·rung** *f* ⟨-; -en⟩ **1.** *cf.* Vorausdatieren. – **2.** postdate. — **v~ˌden·kend** *adj* (*Mensch*) foresighted. — **v~ˌdeu·ten** *v/i* ⟨*sep,* -ge-, h⟩ *fig.* (auf *acc* to) point. — **v~ˌdeu·tend I** *pres p.* – **II** *adj ling.* anticipatory. — **v~ˌei·len** *v/i* ⟨*sep,* -ge-, sein⟩ *cf.* voraneilen 2. — **v~ˌfah·ren** *v/i* ⟨*irr, sep,* -ge-, sein⟩ (*dat* of) **1.** (*im Auto*) drive in front. – **2.** go (*mit dem Auto auch* drive) on ahead: **er ist ihr nach Berlin vorausgefahren** he went on ahead of her to Berlin. — **v~ˌfah·rend I** *pres p.* – **II** *adj* **~es Fahrzeug** vehicle in front. — **~ˌfah·ren·de** *m, f* ⟨-n; -n⟩ driver in front. — **v~geˌgan·gen I** *pp of* vorausgehen. – **II** *adj cf.* vorangegangen. – **III V~e, das** ⟨-n⟩ *cf.* Vorangegangene. — **v~ˌge·hen** *v/i* ⟨*irr, sep,* -ge-, sein⟩ *cf.* vorangehen 1, 2, 4, 5. — **v~ˌge·hend I** *pres p.* – **II** *adj cf.* vorangehend 2. – **III V~e, das** ⟨-n⟩ *cf.* Vorangehende. — **v~geˌsetzt I** *pp.* – **II** *conj* **~, daß** a) provided (that), so (*od.* as) long as, b) (*angenommen*) assuming that: **~, daß der Zug pünktlich ankommt, ~, der Zug kommt pünktlich an** provided the train arrives on time. — **v~geˌzahlt I** *pp.* – **II** *adj* prepaid, paid in advance, (*Geld*) *auch* advanced. — **v~ˌha·ben** *v/t* ⟨*irr, sep,* -ge-, h⟩ **j-m etwas ~** to have the advantage of s.th. over s.o.: **er hat seinen Kollegen einige Erfahrung voraus** he has the advantage of greater experience over his colleagues; **sie hat ihm voraus, daß sie reiche Eltern hat** she has the advantage of rich parents over him. — **~ˌkla·ge** *f jur.* **1.** previous action: **Einrede der ~** beneficium excussionis. – **2.** preliminary proceedings *pl.* — **~kor·rekˌtur** *f print.* pre-press correction. — **v~ˌlau·fen** *v/i* ⟨*irr, sep,* -ge-, sein⟩ run on ahead. — **~ˌlei·stung** *f cf.* Vorleistung.

Vor'ausˌnah·me *f* ⟨-; *no pl*⟩ **1.** *cf.* Vorausnehmen. – **2.** anticipation. — **vor'ausˌneh·men I** *v/t* ⟨*irr, sep,* -ge-, h⟩ (*Problem, Entwicklung etc*) anticipate. – **II V~** *n* ⟨-s⟩ *verbal noun.*

vor'aus|ˌpla·nen I *v/t* ⟨*sep,* -ge-, h⟩ **etwas ~** to plan s.th. in advance. – **II** *v/i* plan in advance. – **III V~** *n* ⟨-s⟩ *verbal noun.* — **V~ˌpla·nung** *f* ⟨-; *no pl*⟩ **1.** *cf.* Vorausplanen. – **2.** advance planning. — **~ˌrei·sen** *v/i* ⟨*sep,* -ge-, sein⟩ (*dat* of) go on (*od.* travel) ahead. — **~ˌrei·ten** *v/i* ⟨*irr, sep,* -ge-, sein⟩ *cf.* voranreiten 2.

vor'ausˌsag·bar *adj* predictable. — **Vor'ausˌsag·bar·keit** *f* ⟨-; *no pl*⟩ predictability.

Vor'ausˌsa·ge *f* ⟨-; -n⟩ **1.** prediction, forecast, prognostication: **darüber kann man keine ~n machen** it is impossible to make predictions about the matter. – **2.** (*Prophezeiung*) prediction, prophecy, *auch* prophesy, prognostic. – **3.** *med.* prognosis: **eine ~ machen** to make a prognosis, to prognosticate. — **vor'ausˌsa·gen I** *v/t* ⟨*sep,* -ge-, h⟩ **1.** (*auf Grund von Unterlagen*) predict, forecast, foretell, prognosticate: **den Verlauf der Wirtschaftsentwicklung ~** to predict the course of economic development. – **2.** (*auf Grund von Mutmaßungen*) predict, prophesy, *auch* prophecy, foretell: **der Hellseher sagte einen dritten Weltkrieg voraus** the clairvoyant predicted a third world war; **die Zukunft ~** to foretell the future. – **3.** (*im voraus sagen*) say: **zu diesem Zeitpunkt konnte er noch nicht ~, ob er kommen würde** at that time he could not say whether he would come. – **4.** *med.* prognosticate, make a prognosis of: **den Krankheitsverlauf ~** to prognosticate the course of an illness. – **II V~** *n* ⟨-s⟩ **5.** *verbal noun.* — **Vor'ausˌsa·gung** *f* ⟨-; -en⟩ **1.** *cf.* Voraussagen. – **2.** *cf.* Voraussage 1, 2.

Vor'aus|ˌschau *f* ⟨-; *no pl*⟩ *cf.* Vorausblick. — **v~ˌschau·en** *v/i* ⟨*sep,* -ge-, h⟩ *cf.* vorausblicken. — **v~ˌschau·end I** *pres p.* – **II** *adj cf.* vorausblickend II. — **v~ˌschicken** (*getr.* -k·k-) *v/t* ⟨*sep,* -ge-, h⟩ **1.** send (*s.o., s.th.*) on ahead: **sie schickten ihn voraus** they sent him on ahead; **ich habe meine Koffer schon vorausge-**

schickt I sent my suitcases on ahead. – **2.** *fig.* mention first, premise: ich muß hier ~, daß at this point I must first mention that; es muß dabei vorausgeschickt werden, daß this must be prefaced by the remark that; ich muß noch eine Bemerkung ~ I must first mention the following (*od.* premise a remark); einer Rede ein paar historische Anmerkungen ~ to premise a speech with a few historical remarks. — **v~ˌseh·bar** *adj* foreseeable: dieser Ausgang des Unternehmens war nicht ~ this outcome of the enterprise was not foreseeable. — **v~ˌse·hen** *v/t* ⟨*irr, sep,* -ge-, h⟩ **1.** (*ahnen*) foresee. – **2.** (*erwarten*) foresee, anticipate, expect: das habe ich vorausgesehen I anticipated that, I saw that coming (*colloq.*); niemand hat (es) ~ können, daß nobody could foresee that; das war [nicht] vorauszusehen that was [not] to be expected.

vor'ausˌset·zen I *v/t* ⟨*sep,* -ge-, h⟩ **1.** (*annehmen*) assume, presume, presuppose, premise: wenn wir ~, daß if we assume that; ich kann doch ~, daß ihr alle mithelft I can assume (*od.* take it for granted) that you will all help; ich setze diese Tatsachen als bekannt voraus I assume (*od.* take [it] for granted) that these facts are known; ich habe seine Zustimmung stillschweigend vorausgesetzt, ich habe stillschweigend vorausgesetzt, daß er zustimmt I took his consent quite (*od.* completely) for granted. – **2.** (*erfordern*) require, demand, presuppose: dieser Posten setzt hervorragende Kenntnisse der Materie voraus this post requires excellent knowledge of the subject; modernes Theater setzt kritische Zuschauer voraus modern theater presupposes a critical audience. – **3.** (*als Vorbedingung haben*) presuppose: das vorausgesetzt that being presupposed. – **4.** (*als sicher annehmen*) take (*s.th.*) for granted, postulate. – **5.** hypothesize *Br. auch* -s-. – **II V~** *n* ⟨-s⟩ **6.** *verbal noun.* — **Vor'ausˌset·zung** *f* ⟨-; -en⟩ **1.** *cf.* Voraussetzen. – **2.** (*Annahme*) assumption, presumption, presupposition, premise: du gehst von falschen ~en aus you base your argument on incorrect assumptions. – **3.** (*Vorbedingung*) (für for) prerequisite, (pre)condition: das ist eine wesentliche ~ für this is an essential prerequisite for; die Entstehung einer Kultur ist an bestimmte ~en gebunden (*od.* geknüpft) the development of a civilization presupposes (*od.* depends on) certain (pre)conditions; ich gestatte dies nur unter der ~, daß I allow this only on condition that, I allow this only provided that; zur ~ haben to presuppose. – **4.** (*Qualifikation*) requirement, prerequisite, qualification: er hat zu dieser Arbeit nicht die nötigen ~en he does not have the necessary requirements for this job. – **5.** (*Vorarbeit, Vorleistung*) prerequisite: dafür fehlen noch die ~en the prerequisites are lacking for this project. – **6.** (*Erfordernis*) requirement: dieses Instrument erfüllt die (*od.* entspricht den) ~en für eine genaue Messung this instrument meets (*od.* satisfies) the requirements for exact measurement. – **7.** *philos.* premise, condition, assumption, presupposition.

vor'ausˌset·zungs·los *adj philos.* (*Annahme etc*) unconditional.

Vor'ausˌsicht *f* ⟨-; *no pl*⟩ foresight: ihm fehlt die ~ he lacks foresight; in weiser ~ with wise foresight; in der ~, daß foreseeing (*od.* anticipating) that; aller ~ nach in all probability; menschlicher ~ nach, nach menschlicher ~ as far as can be anticipated, as far as human prevision (*od.* prescience) goes. — **vor'ausˌsicht·lich I** *adj* ⟨*attrib*⟩ prospective, presumable, (*bei größerer Sicherheit*) *auch* expected: der ~e Termin ist der 15. Dezember the prospective date is December 15th; die ~e Krankheitsdauer the prospective duration of the illness; ~e Ankunft(szeit) expected time of arrival. – **II** *adv* presumably: er kommt ~ mit dem ersten Zug he will presumably arrive with the first train, (*bei größerer Sicherheit*) *auch* he is expected to arrive with the first train.

Vor'ausˌ|trup·pen *pl mil.* advance units. — **~verˌmächt·nis** *n jur.* preferential legacy. — **v~ˌwer·fen** *v/t* ⟨*irr, sep,* -ge-, h⟩ *fig.* cast (*s.th.*) before: → Ereignis 1. — **v~ˌwis·sen** *v/t* ⟨*irr, sep,* -ge-, h⟩ foresee, foreknow, anticipate: wie konnte ich ~, daß how could I foresee that. — **v~ˌzahl·bar** *adj* prepayable, payable in advance. — **v~ˌzah·len I** *v/t* ⟨*sep,* -ge-, h⟩ prepay, pay (*s.th.*) in advance, (*Geld*) *auch* advance. – **II V~** *n* ⟨-s⟩ *verbal noun.* — **~ˌzah·lung** *f* ⟨-; -en⟩ **1.** *cf.* Vorauszahlen. – **2.** advance payment, prepayment: eine ~ leisten to make (*od.* effect) a prepayment; als ~ überweise ich 1 000 DM I am remitting 1,000 DM as an advance payment (*od.* in advance).

Vo·ra·zi·tät [voratsi'tɛːt] *f* ⟨-; *no pl*⟩ (*Gefräßigkeit*) voracity.

'Vorˌbackenˌzahn (*getr.* -k·k-) *m zo. med.* premolar (tooth).

'Vorˌbau *m* ⟨-(e)s; -ten⟩ **1.** *arch.* a) (*vorderer Bauteil*) front (section) of the building, b) (*Vorhalle, überdachter Eingang*) porch, c) projecting section (*od.* structure). – **2.** *telev.* preassembly, *Br.* pre-assembly. – **3.** sie hat einen ganz schönen ~ *fig. colloq. humor.* she has quite a bust line; she is quite bosomy, she is top-heavy (*colloq.*). – **4.** ⟨*only sg*⟩ (*mining*) advancing working (*od.* system of mining). — **~ˌbüh·ne** *f telev.* pre(-)assembly shop.

'vorˌbau·en I *v/t* ⟨*sep,* -ge-, h⟩ **1.** *arch.* a) (*davor*) build (*s.th.*) in front, b) (*vorspringend*) build (*od.* throw) (*s.th.*) out. – **2.** *telev.* preassemble, *Br.* pre-assemble. – **II** *v/i* **3.** einer Sache ~ *fig. colloq.* to counteract (*od.* prevent, provide against) s.th.: wir müssen der Möglichkeit ~, daß man uns in eine entlegene Gegend schickt we must counteract the possibility of being sent to a remote part of the country; wir müssen rechtzeitig ~, daß dies nicht geschieht we must take precautions in time to ensure that this does not take place; → klug 2.

'vor·beˌar·bei·ten *tech.* **I** *v/t* ⟨*sep, no* -ge-, h⟩ **1.** rough(-work). – **2.** (*fabrikmäßig*) prefabricate. – **3.** (*maschinell durch Spanung*) rough-machine. – **II V~** *n* ⟨-s⟩ **4.** *verbal noun.* — **'Vor·beˌar·bei·tung** *f* ⟨-; *no pl*⟩ **1.** *cf.* Vorbearbeiten. – **2.** prefabrication.

'Vorˌbecken (*getr.* -k·k-) *n civ.eng.* **1.** (*einer Rohrleitung*) forebay. – **2.** (*beim Talsperrenbau*) forebay.

'vor·beˌdacht I *pp of* vorbedenken. – **II** *adj* **1.** premeditated, deliberate: eine ~e Gemeinheit a premeditated meanness. – **2.** *jur.* premeditated; aforethought, prepense (*meist nachgestellt*): ~e böse Absicht malice aforethought.

'Vor·beˌdacht *m* ⟨-(e)s; *no pl*⟩ premeditation, (a)forethought, advisedness: er hat es mit ~ getan he did it with premeditation (*od.* deliberately, on purpose, with intent, premeditately).

'vor·beˌden·ken *v/t* ⟨*irr, sep, no* -ge-, h⟩ premeditate: er hatte diese Tat schon lange vorbedacht he had premeditated this act long beforehand.

'Vor·beˌdeu·tung *f* ⟨-; -en⟩ omen, portent, presage: der Vorfall hatte eine gute [böse] ~ the incident was a good [bad] omen.

'Vor·beˌdin·gung *f* ⟨-; -en⟩ (pre)condition, prerequisite, stipulation: etwas zur ~ machen to make s.th. a (pre)condition, to stipulate s.th.; er machte es zur ~, daß die Büroräume völlig neu gestaltet würden he made it a (pre)condition (*od.* he stipulated) that the offices (should) be completely renovated; er stellte solche ~en, daß he made such stipulations that; die ~en erfüllen to meet (*od.* fulfill) the prerequisites.

'Vor·beˌgriff *m* ⟨-(e)s; -e⟩ *philos.* preliminary notion.

'Vor·beˌhalt *m* ⟨-(e)s; -e⟩ **1.** reservation: er hatte viele ~e gegen diesen Plan he had many reservations against this plan; mit [ohne] ~ zusagen to accept with[out] reservation; nur unter dem ~ zustimmen, daß to agree only with the reservation that; das ist mit ~ aufzufassen that is to be taken with reservation (*od.* a pinch [*od.* grain] of salt). – **2.** *jur.* a) reservation, reserve, exception, (*einschränkende Bedingung*) proviso, b) *cf.* Rechtsvorbehalt: geheimer (*od.* innerer) ~ mental reservation; mit ausdrücklichem ~ with all reservations; einen ~ machen to make a reserve; unter diesem ~ subject to this; unter dem üblichen ~ under (the) usual reserve, with the usual proviso; unter ~ aller Rechte all rights reserved; unter ~ meiner Rechte without prejudice to my rights.

'vor·beˌhal·ten[1] **I** *v/t* ⟨*irr, sep, no* -ge-, h⟩ **1.** sich (*dat*) etwas ~ a) to reserve (oneself) s.th., b) *jur.* to reserve (oneself) s.th., to retain s.th., to make s.th. a proviso: er behielt sich das Recht vor, seine Meinung frei äußern zu können he reserved himself the right of freely expressing his opinion; er behält sich das Rückkaufsrecht vor he makes the right of repurchase a proviso. – **II V~** *n* ⟨-s⟩ **2.** *verbal noun.* – **3.** *bes. jur.* reservation.

'vor·beˌhal·ten[2] **I** *pp of* vorbehalten[1]. – **II** *adj* **1.** reserved: die endgültige Entscheidung bleibt ihm ~ the final decision is reserved for him; es bleibt der Zukunft ~, ob it remains for the future to show whether, it remains to be seen whether. – **2.** *jur.* a) reserved, b) subject: alle Rechte ~ all rights reserved; Änderungen [Zwischenverkauf] ~ subject to alteration(s) (*od.* modification[s]) [prior sale]; Irrtümer (und Auslassungen) ~ errors (and omissions) excepted.

'vor·beˌhalt·lich *prep* ⟨*gen*⟩ *jur.* **1.** reserving, under reserve of, with reservation as to: ~ der Rechte Dritter reserving the rights of a third party. – **2.** subject to: ~ anderslautender Bestimmung subject to provision to the contrary, except as otherwise provided; ~ der Bestimmungen des Vertrages subject to the terms of the contract; ~ (der Bestimmung) des Art. 1 except as provided in Art. 1; ~ eines Vertragsabschlusses subject to contract.

'vor·beˌhalt·los I *adj* unconditional, outright, unreserved: ~es Angebot *econ.* unconditional offer. – **II** *adv* without reservation: ich stimme dem Vorschlag ~ zu I agree to the suggestion without reservation.

'Vor·beˌhalts|ˌgut *n jur.* separate estate (*od.* property). — **~ˌklau·sel** *f* saving (*od.* proviso) clause, exception, reservation. — **~ˌur·teil** *n jur.* reserved judg(e)ment.

'vor·beˌhan·deln I *v/t* ⟨*sep, no* -ge-, h⟩ **1.** pretreat. – **2.** *synth.* condition. – **3.** *med.* a) give (*s.o.*) preoperative (*Br.* pre-operative) treatment, b) (*vor Narkose*) premedicate. – **II V~** *n* ⟨-s⟩ **4.** *verbal noun.* — **'Vor·beˌhand·lung** *f* ⟨-; -en⟩ **1.** *cf.* Vorbehandeln. – **2.** preliminary treatment, pretreatment. – **3.** *med.* a) preoperative (*Br.* pre-operative) treatment, b) premedication.

vor·bei [fɔr'baɪ; ˌfoːr'baɪ] *adv* **1.** (*zeitlich*) a) over, b) (*für immer*) gone, c) (*mit Uhrzeit*) past: die Ferien sind ~ the holidays are (*Am.* the vacation is) over; als er kam, war alles ~ when he arrived everything was over; ~ ist ~ it's all over and that's that; die Schmerzen sind ~ (the) pain has stopped (*od.* gone [away]); die Chance ist ~ the chance is gone for ever; es ist 8 Uhr ~ it is past (*bes. Am.* after) eight; es ist mit ihm ~ it is all up (*od.* over) with him; → Zeit 1. – **2.** (*örtlich*) past, by: ich kann nicht ~ I cannot get past (*od.* by); ich möchte gerne ~, bitte may I get past (*od.* by), please; dann mußt du am Bäcker ~ then you have to pass the baker's; ich muß noch beim Bäcker ~ I have to call at the baker's. – **3.** ~! (*gefehlt*) missed! — **~be·ˌneh·men** *v/reflex* ⟨*irr, sep, no* -ge-, h⟩ sich ~ *colloq. cf.* danebenbenehmen. — **~de·fiˌlie·ren** *v/i* ⟨*sep, no* -ge-, sein⟩ (an j-m) ~ to march past (s.o.). — **~ˌdrän·gen** *v/i u.* sich ~ *v/reflex* ⟨*sep,* -ge-, h⟩ **1.** push (one's way) (*od.* jostle, *auch* justle, *colloq.* shove) past (*od.* by). – **2.** (sich) an j-m [etwas] ~ to push (one's way) (*od.* jostle, *auch* justle, *colloq.* shove) past s.o. [s.th.]. — **~ˌdrücken** (*getr.* -k·k-) *v/reflex* ⟨*sep,* -ge-, h⟩ **1.** sich an j-m ~ to squeeze (oneself) past (*od.* by) s.o. – **2.** sich an (*dat*) etwas ~ *fig.* to get out of (*od.* [a]round) s.th.: du hast dich wieder einmal daran vorbeigedrückt you got out of doing it again. — **~ˌei·len** *v/i* ⟨*sep,* -ge-, sein⟩ **1.** hurry (*od.* hasten) past (*od.* by). – **2.** an j-m [etwas] ~ to hurry (*od.* hasten) past s.o. [s.th.]. — **~ˌfah·ren I** *v/i* ⟨*irr, sep,* -ge-, sein⟩ **1.** pass (by), (*mit dem Auto*) *auch* drive past (*od.* by): sie fuhren vorbei, ohne anzuhalten they drove past without stopping. – 2. (*überholen*) pass, *bes. Br.* overtake: außen [innen] ~ to pass on the outside [inside]. – 3. an j-m ~ to go (*od.* run, *mit dem Auto auch* drive) past s.o. – 4. an (*dat*) etwas ~ a) to go (*od.* run, *mit dem Auto auch* drive) past s.th., b) (*mit dem Schiff*) to sail (*od.* go) past s.th. – II *v/t* ⟨h⟩ 5. j-n an j-m [etwas] ~ (*mit dem Auto*) to drive s.o. past s.o. [s.th.]. – III V~ *n* ⟨-s⟩ 6. *verbal noun*: im V~ on one's way past (*od.* by), as one passes (*od.* passed). — **~ˌfe·gen** *v/i* ⟨*sep*, -ge-, sein⟩ 1. *cf.* vorbeistreifen. – 2. *colloq. cf.* vorbeiflitzen. — **~ˌflat·tern** *v/i* ⟨*sep*, -ge-, sein⟩ 1. flutter (*od.* flit) past (*od.* by). – 2. an j-m [etwas] ~ to flutter (*od.* flit) past s.o. [s.th.]. — **~ˌflie·gen** I *v/i* ⟨*irr, sep*, -ge-, sein⟩ 1. fly past (*od.* by). – 2. an j-m [etwas] ~ to fly past s.o. [s.th.]. – II V~ *n* ⟨-s⟩ 3. *verbal noun*: im (*od.* beim) V~ streifte das Flugzeug einen Turm the aircraft grazed a tower as it flew by (*od.* on its flight past). – 4. *cf.* Vorbeiflug. — **~ˌflie·ßen** *v/i* ⟨*irr, sep*, -ge-, sein⟩ 1. flow past (*od.* by). – 2. an (*dat*) etwas ~ to flow past s.th. — **~ˌflit·zen** *v/i* ⟨*sep*, -ge-, sein⟩ *colloq.* 1. shoot (*von Menschen auch* dart) past (*od.* by), streak past (*colloq.*). – 2. an j-m [etwas] ~ to shoot (*von Menschen auch* dart) past s.o. [s.th.]. — **V~ˌflug** *m* 1. *cf.* Vorbeifliegen. – 2. *aer. mil.* (*Parade*) flyby, *Br.* fly-past. — **~ˌfüh·ren** I *v/t* ⟨*sep*, -ge-, h⟩ 1. j-n ~ to lead s.o. past (*od.* by). – 2. j-n an j-m [etwas] ~ to lead s.o. past s.o. [s.th.]. – II *v/i* 3. go past, pass. – 4. der Weg führt an einer Baumgruppe vorbei the path goes past a group of trees. — **~ˌge·hen** I *v/i* ⟨*irr, sep*, -ge-, sein⟩ 1. go past (*od.* by): er ging vorbei, ohne sie anzusehen he went past without looking at her; eine Gelegenheit ungenutzt ~ lassen *fig.* to let an opportunity pass (*od.* slip), to pass up an opportunity (*colloq.*). – 2. an j-m ~ to go past s.o., to pass s.o.: er ging an einer Gruppe Touristen vorbei he went past a group of tourists. – 3. an (*dat*) etwas ~ a) to go past s.th., to pass s.th., b) *fig.* (*an Schönem, Interessantem etc*) to miss s.th., to have no eye for s.th., c) *fig.* (*an der Wirklichkeit etc*) to be nowhere near s.th., to do not so much as to touch s.th., d) *fig.* (*übergehen*) to pass s.th. by: sie gingen an vielen Geschäften vorbei they went past many shops. – 4. *cf.* vorbeiführen 3, 4. – 5. bei j-m ~ *fig. colloq.* to call on s.o., to drop in on s.o.: kannst du bei ihm ~ und nach meinem Buch fragen? can you call on him and ask for my book? – 6. (*vergehen*) pass, go by: diese Woche ist schnell vorbeigegangen this week passed quickly (*od.* has simply flown); drei Jahre waren vorbeigegangen three years had passed. – 7. (*vorübergehen, nachlassen*) pass: das geht alles wieder vorbei that will all pass; der Schmerz wird bald ~ (the) pain will soon pass (*od.* go away). – 8. (*danebentreffen*) miss (the mark): dieser Schuß ist vorbeigegangen a) that shot missed, b) (*sport*) that shot went wide. – II V~ *n* ⟨-s⟩ 9. *verbal noun*: er hat es im V~ vom Tisch genommen he took it from the table as he passed (*od.* on his way past); ich habe es nur im V~ gesehen *fig.* I just noticed it in passing (*od.* incidentally). — **V~ˌge·hen·de** *m, f* ⟨-n; -n⟩ passerby, *Br.* passer-by, passer: die ~n the passers(-)by. — **~geˌlin·gen** *v/i* ⟨*irr, sep, pp* vorbeigelungen, sein⟩ das ist dir wohl vorbeigelungen *colloq. humor.* you didn't quite manage it(, did you?). — **~ˌkom·men** *v/i* ⟨*irr, sep*, -ge-, sein⟩ 1. an (*dat*) etwas ~ to pass s.th.: wenn du an einer Bäckerei vorbeikommst if you pass (*od.* go past) a baker's (*bes. Am.* bakery); ich bin auf dem Weg hierher an zwei Kirchen vorbeigekommen I passed (*od.* came past) two churches on my way here. – 2. an j-m [etwas] ~ *fig.* to avoid s.o. [s.th.]: an ihm kommst du nicht vorbei you won't be able to avoid him; daran wirst du wohl kaum ~ you probably won't be able to get out of it. – 3. *fig.* come round (*od.* over, *bes. Am.* by), stop by: komm doch mal vorbei won't you come round and see me some time? – 4. bei j-m ~ *fig.* to call on s.o., to drop in on s.o.: ich komme heute abend bei euch auf einen Sprung vorbei I'll drop in on you tonight for a minute. – 5. (*passieren*) get past: ich komme hier nicht vorbei I can't get past here. — **~ˌlas·sen** *v/t* ⟨*irr, sep*, -ge-, h⟩ j-n ~ to let s.o. pass (*od.* past, by), (*im Verkehr*) *auch* to give way to s.o. — **~ˌlau·fen** *v/i* ⟨*irr, sep*, -ge-, sein⟩ 1. run past (*od.* by). – 2. an j-m [etwas] ~ a) to run past s.o. [s.th.], b) *fig. colloq.* (*nicht bemerken*) to go (*od.* walk) past s.o. [s.th.]. — **~ˌlei·ten** *v/t* ⟨*sep*, -ge-, h⟩ 1. etwas [j-n] ~ to direct s.th. [s.o.] past (*od.* by). – 2. etwas [j-n] an (*dat*) etwas ~ to direct s.th. [s.o.] past s.th.: der Verkehr wird an der Unfallstelle vorbeigeleitet the traffic is being directed past the scene of the accident. – 3. *tech.* (*Gas*) lead past. — **V~ˌmarsch** *m* 1. *cf.* Vorbeimarschieren. – 2. ⟨*only sg*⟩ march past: beim ~ sangen die Soldaten the soldiers sang on their march (*od.* as they marched) past. – 3. (*Parade*) march-past, march in review, parade. — **~marˌschie·ren** I *v/i* ⟨*sep, no* -ge-, sein⟩ 1. march past (*od.* by), (*parademäßig*) defile. – 2. an j-m [etwas] ~ to march past s.o. [s.th.]. – II V~ *n* ⟨-s⟩ 3. *verbal noun*. – 4. *cf.* Vorbeimarsch. — **~ˌpla·nen** *v/i* ⟨*sep*, -ge-, h⟩ (an *dat* etwas) ~ to go astray in planning, to draw up plans which neglect the main issue(s), to miss the main point(s) in planning, to perpetrate a planning mistake. — **~ˌrat·tern** *v/i* ⟨*sep*, -ge-, sein⟩ 1. (*von Zug etc*) rumble past (*od.* by). – 2. (*von klapprigem Fahrzeug etc*) rattle past (*od.* by). – 3. an j-m [etwas] ~ a) to rumble past s.o. [s.th.], b) to rattle past s.o. [s.th.]. — **~ˌre·den** *v/i* ⟨*sep*, -ge-, h⟩ 1. aneinander ~ to talk at cross-purposes. – 2. an einer Sache ~ to fail to speak (*od.* keep) to the point, to fail to deal with the topic. — **~ˌrei·ten** *v/i* ⟨*irr, sep*, -ge-, sein⟩ 1. ride past (*od.* by). – 2. an j-m [etwas] ~ to ride past s.o. [s.th.]. — **~ˌren·nen** *v/i* ⟨*irr, sep*, -ge-, sein⟩ 1. run past (*od.* by). – 2. an j-m [etwas] ~ to run past s.o. [s.th.]. — **~ˌrol·len** *v/i* ⟨*sep*, -ge-, sein⟩ 1. roll past (*od.* by). – 2. an j-m [etwas] ~ to roll past s.o. [s.th.]. — **~ˌsau·sen** *v/i* ⟨*sep*, -ge-, sein⟩ *colloq. cf.* vorbeiflitzen. — **~ˌschau·en** *v/i* ⟨*sep*, -ge-, h⟩ *fig. cf.* vorbeikommen 3, 4. — **~ˌschie·ben** I *v/t* ⟨*irr, sep*, -ge-, h⟩ j-n [etwas] an j-m [etwas] ~ to push s.o. [s.th.] past s.o. [s.th.]. – II *v/reflex* sich an j-m [etwas] ~ to push (*od. colloq.* shove) past s.o. [s.th.]. — **~ˌschie·ßen** *v/i* ⟨*irr, sep*, -ge-, h *u.* sein⟩ 1. ⟨h⟩ miss (the mark). – 2. ⟨h⟩ (*sport*) shoot wide. – 3. ⟨h⟩ (*absichtlich*) miss (on purpose), aim past the mark. – 4. ⟨h⟩ an (*dat*) etwas ~ to miss s.th.: er schoß am Tor vorbei (*sport*) he shot wide. – 5. ⟨sein⟩ *fig. cf.* vorbeiflitzen. — **~ˌschla·gen** *v/i* ⟨*irr, sep*, -ge-, h⟩ miss (one's stroke, *bei Spielen auch* shot). — **~ˌschlei·chen** *v/i* ⟨*irr, sep*, -ge-, sein⟩ 1. creep past (*od.* by). – 2. an j-m [etwas] ~ to creep past s.o. [s.th.]. — **~ˌschlüp·fen** *v/i* ⟨*sep*, -ge-, sein⟩ 1. slip (*od.* steal) past (*od.* by). – 2. an j-m [etwas] ~ to slip (*od.* steal) past s.o. [s.th.]. — **~ˌschlur·fen** *v/i* ⟨*sep*, -ge-, sein⟩ 1. shuffle past (*od.* by). – 2. an j-m [etwas] ~ to shuffle past s.o. [s.th.]. — **~ˌse·geln** *v/i* ⟨*sep*, -ge-, sein⟩ 1. sail past (*od.* by). – 2. an j-m [etwas] ~ to sail past s.o. [s.th.]. — **~ˌse·hen** *v/i* ⟨*irr, sep*, -ge-, h⟩ an j-m ~ to look through s.o., to cut s.o. (dead), to slight s.o. — **~ˌstrei·fen** *v/i* ⟨*sep*, -ge-, sein⟩ an j-m [etwas] ~ to brush past s.o. [s.th.]. — **~ˌtra·gen** *v/t* ⟨*irr, sep*, -ge-, h⟩ 1. j-n [etwas] ~ to carry s.o. [s.th.] past (*od.* by). – 2. j-n [etwas] an j-m [etwas] ~ to carry s.o. [s.th.] past s.o. [s.th.]. — **~ˌtref·fen** *v/i* ⟨*irr, sep*, -ge-, h⟩ *cf.* a) vorbeischießen 1, 2, b) vorbeiwerfen 1, 2. — **~ˌwer·fen** *v/i* ⟨*irr, sep*, -ge-, h⟩ 1. miss (the mark). – 2. (*sport*) a) (*beim Basketball*) miss the basket, b) (*beim Handball etc*) throw (*od.* shoot) wide. – 3. an (*dat*) etwas ~ to miss s.th.: er warf am Tor vorbei (*sport*) (*beim Handball etc*) he threw (*od.* shot) past.

'vorˌbei·zen *v/t* ⟨*sep*, -ge-, h⟩ *metall.* (*Weißbleche*) black-pickle.

vor'beiˌzie·hen I *v/t* ⟨*irr, sep*, -ge-, h⟩ 1. j-n [etwas] an j-m [etwas] ~ to pull s.o. [s.th.] past s.o. [s.th.]. – II *v/i* ⟨sein⟩ 2. (*von Soldaten etc*) march past (*od.* by), (*parademäßig*) defile. – 3. (*von Wolken etc*) move past (*od.* by). – 4. *fig.* (*von Zeit*) pass (*od.* go) by. – 5. an j-m [etwas] ~ a) (*von Soldaten etc*) to march past s.o. [s.th.], b) (*von Ereignissen, Erinnerungen etc*) to go through one's mind: die Musikkapelle zog an der Tribüne vorbei the band marched past the grandstand; die vergangenen Jahre zogen (im Geiste) an ihm vorbei *fig.* the past years went through his mind; er ließ die Erinnerungen noch einmal an sich ~ *fig.* (in his mind) he went over the memories again.

'vor·beˌla·stet *adj fig.* handicapped: er ist erblich ~ a) he has a hereditary handicap, he is handicapped by heredity, b) *colloq. humor.* he has inherited talent; er ist durch seine politische Vergangenheit ~ he is handicapped by his political past; er ist durch zwei Vorstrafen ~ he is handicapped (*od.* incriminated) by two previous convictions; dein Vater und dein Großvater waren berühmte Männer; da bist du ja ziemlich ~ *colloq. iron.* your father and your grandfather were famous men, so you are striving against odds there. — **'Vor·beˌla·stung** *f* ⟨-; -en⟩ 1. *fig.* handicap: erbliche ~ hereditary handicap. – 2. *tech.* preloading.

'vor·beˌlich·ten *phot.* I *v/t* ⟨*sep, no* -ge-, h⟩ preexpose, *Br.* pre-expose. – II V~ *n* ⟨-s⟩ *verbal noun*. — **'Vor·beˌlich·tung** *f* 1. *cf.* Vorbelichten. – 2. preexposure, *Br.* pre-exposure.

'Vor·beˌmer·kung *f* ⟨-; -en⟩ 1. (*vorausgehende Bemerkung*) preliminary remark: nach diesen ~en wollen wir zum eigentlichen Thema übergehen after these preliminary remarks we shall turn to the main topic. – 2. (*kurzes Vorwort*) (short) preface. – 3. *jur.* (*im Vertragsrecht*) representation.

'vor·beˌnannt *adj* ⟨*attrib*⟩ *archaic* (afore)said, aforementioned. — **'Vor·beˌnann·te** *m, f* ⟨-n; -n⟩ (afore)said (*od.* aforementioned) person.

'Vor·beˌnut·zung *f* ⟨-; *no pl*⟩ *jur.* (*im Patentrecht*) prior use.

'Vor·beˌra·tung *f* ⟨-; -en⟩ (über *acc* on, of) preliminary (*od.* preparatory) discussion (*od.* debate, deliberation).

'vor·beˌrei·ten I *v/t* ⟨*sep, no* -ge-, h⟩ 1. (*Arbeit, Vortrag, Unterrichtsstunde, Überfall etc*) prepare: sie bereiteten das Attentat planmäßig vor they prepared the assault according to plan. – 2. j-n auf (*acc*) etwas ~ to prepare s.o. for s.th.: er hat ihn (sorgfältig) auf die Prüfung vorbereitet he prepared him (carefully) for the examination; j-n (schonend) auf eine schlimme Botschaft ~ to prepare s.o. (gently) for bad news. – II *v/reflex* sich ~ 3. (*für Examen, Unterricht etc*) prepare: ich habe mich für heute nicht vorbereitet I did not prepare for today; er bereitet sich (gründlich) auf (*od.* für) die Prüfung vor he is preparing (thoroughly) for the examination. – 4. (*innerlich*) prepare (oneself): bereite dich auf einen Schock vor prepare (yourself) (*od.* be prepared) for a shock. – 5. große Dinge bereiten sich vor *fig.* great events are in the offing (*od.* under way, imminent, in the air). – III V~ *n* ⟨-s⟩ 6. *verbal noun*. – 7. *cf.* Vorbereitung. — **'vor·beˌrei·tend** I *pres p.* – II *adj* preparatory, preparative, preliminary: ~e Gespräche führen to have preparatory talks.

'vor·beˌrei·tet I *pp.* – II *adj* (*Rede, Person etc*) prepared: er ist gut [schlecht] ~ he is well [badly *od.* ill] prepared; auf (*acc*) etwas ~ sein to be prepared for s.th.; ich war auf alles ~, nur darauf (*od.* auf das) nicht I was prepared for everything (*od.* all eventualities) but not for that.

'Vor·beˌrei·tung *f* ⟨-; -en⟩ 1. *cf.* Vorbereiten. – 2. preparation, preliminary, arrangement: sie trafen die letzten ~en für die Einladung they made the last preparations (*od.* they got ready) for the party; das neue Wörterbuch ist in ~ the new dictionary is in preparation; als ~ auf die Reise in (*od.* as a) preparation for the journey; ~en machen *ped.* to prepare (one's work), *Br. colloq.* to do one's prep.

'Vor·beˌrei·tungs|ˌdienst *m* (*auf die zweite Staatsprüfung*) postgraduate professional preservice training. — **~ˌfeu·er** *n mil.* preparatory (*od.* softening[-up]) fire (*od.* bombardment), preparation. — **~ˌhand-**

lung *f jur.* preparation. — **~ˌklas·se** *f* preparatory class. — **~ˌkurs, ~ˌkur·sus, ~ˌlehrˌgang** *m ped.* preparatory (*od.* preparative) course. — **~ˌsta·di·um** *n* preparatory stage: die ganze Angelegenheit ist noch im ~ the whole matter is still in (*od.* at) the preparatory stage. — **~ˌzeit** *f* **1.** time of preparation. – **2.** (*vor Aufnahme etc*) line-up (*od.* preparation) time. – **3.** *cf.* Vorbereitungsdienst.

'Vorˌber·ge *pl geogr. cf.* Vorgebirge.

'Vor·beˌricht *m* ⟨-(e)s; -e⟩ preliminary report.

'vor·beˌsagt *adj* ⟨*attrib*⟩ *archaic cf.* vorbenannt. — **'Vor·beˌsag·te** *m, f* ⟨-n; -n⟩ *cf.* Vorbenannte.

'Vor·beˌscheid *m* ⟨-(e)s; -e⟩ **1.** (*Benachrichtigung*) preliminary reply (*od.* information). – **2.** *jur.* (*im Patentrecht*) interim action.

'Vor·beˌsit·zer *m jur.* previous (*od.* prior) holder (*od.* owner), (*Vorgänger*) *auch* ancestor.

'Vor·beˌspre·chung *f* ⟨-; -en⟩ **1.** (*Gespräch*) preliminary (*od.* preparatory) discussion (*od.* debate): das Ergebnis der ~ wird später bekanntgegeben the result of the preliminary discussion will be made known later on. – **2.** (*Sitzung*) preparatory conference (*od.* meeting): ~en fanden letzte Woche statt during the past week there were preparatory meetings. – **3.** (*eines Buches*) preview.

'vor·beˌstel·len I *v/t* ⟨*sep, no* -ge-, h⟩ (für for) **1.** (*Theaterkarten, Zimmer etc*) book (*od.* reserve) (*s.th.*) in advance. – **2.** (*Waren, Bücher in der Bibliothek etc*) order (*s.th.*) in advance. – **II V~** *n* ⟨-s⟩ **3.** *verbal noun.* — **'Vor·beˌstel·lung** *f* ⟨-; -en⟩ **1.** *cf.* Vorbestellen. – **2.** (*von Theaterkarten, Zimmern etc*) advance booking (*od.* reservation). – **3.** (*von Waren etc*) advance order.

'vor·beˌstraft *adj jur.* previously convicted: er ist zweimal wegen Diebstahl ~ he has two previous (*od.* prior) convictions for theft; er ist nicht ~ a) he has had no previous (*od.* prior) conviction(s), b) he is a first offender; ~ sein to have a police record. — **'Vor·beˌstraf·te** *m, f* ⟨-n; -n⟩ previously convicted person: alle nicht ~n all first offenders.

'vorˌbe·ten I *v/i* ⟨*sep*, -ge-, h⟩ *relig.* lead the prayer: er betet in der Kirche vor he leads the prayer at church. – **II** *v/t* j-m etwas ~ *fig.* to tell s.o. s.th. over and over again. — **'Vorˌbe·ter** *m* ⟨-s; -⟩ *relig.* **1.** prayer leader. – **2.** (*in der jüdischen Gemeinde*) cantor.

'Vorˌbeu·geˌhaft *f jur.* preventive arrest (*od.* custody).

'vorˌbeu·gen I *v/i* ⟨*sep*, -ge-, h⟩ (*dat*) **1.** prevent, preclude, forestall, obviate (*alle acc*): wir müssen dem ~ we must prevent this; um Fehlern bei der Auswertung vorzubeugen (in order) to preclude mistakes in the evaluation. – **2.** *med.* prevent (*acc*), guard against: einer Krankheit ~ to prevent (*od.* guard against) a disease. – **II** *v/t* **3.** den Kopf ~ to crane (forward). – **4.** den Körper ~ to bend (*od.* lean) forward. – **III** *v/reflex* sich ~ **5.** bend (*od.* lean) forward: er beugte sich vor, um besser sehen zu können he bent forward (in order) to see better. – **IV V~** *n* ⟨-s⟩ **6.** *verbal noun*: V~ ist besser als Heilen prevention is better than cure. — **'vorˌbeu·gend I** *pres p.* – **II** *adj* **1.** preventive, precautionary: ~e Maßnahmen preventive measures; ~e Verwahrung *jur. Br.* preventive detention. – **2.** *med.* preventive, prophylactic (*scient.*): ein ~es Mittel a preventive, a prophylactic. — **'Vorˌbeu·gung** *f* ⟨-; *no pl*⟩ **1.** *cf.* Vorbeugen. – **2.** (gegen, von of) prevention, preclusion, obviation, forestallment, *bes. Br.* forestalment: zur ~ gegen Unfälle for the prevention of accidents, (in order) to prevent accidents; zur ~ as a precaution. – **3.** *med.* (gegen, von of) prevention, prophylaxis (*scient.*). – **4.** *cf.* Vorbeugungsmaßnahme.

'Vorˌbeu·gungs|ˌmaßˌnah·me, ~ˌmaßˌregel *f* (gegen against) **1.** preventive measure. – **2.** *med.* preventive (*od. scient.* prophylactic) measure. — **~me·diˌzin** *f med. pharm.* preventive medicine. — **~ˌmit·tel** *n* **1.** (*Arznei*) preventive, preventer, prophylactic (*scient.*). – **2.** (*zur Empfängnisverhütung*) contraceptive.

'vor·beˌwußt *adj psych.* preconscious.

'vor·beˌzeich·net *adj* ⟨*attrib*⟩ *archaic cf.* vorbenannt. — **'Vor·beˌzeich·ne·te** *m, f* ⟨-n; -n⟩ *cf.* Vorbenannte.

'Vor·biˌlanz *f econ. cf.* Probebilanz.

'Vorˌbild *n* ⟨-(e)s; -er⟩ **1.** (*Modell*) model, *auch* pattern: j-m als ~ dienen (für for) to serve s.o. as a model; er hat diese Gestalt nach dem ~ seiner Mutter geschaffen he model(l)ed this figure on (*od.* after) his mother. – **2.** (*Beispiel*) example, model, paragon: nach dem ~ seines Vorgängers after the example of his predecessor; er ist für alle ein ~ he is an example for everyone; er ist mein ~ I model myself on (*od.* after) him; ein ~ von Fleiß und Treue a model (*od.* paragon) of industry and loyalty; j-n j-m als ~ hinstellen to set (*od.* hold) s.o. up as an example to s.o.; sich (*dat*) j-n zum ~ nehmen to take s.o. as an example; ein leuchtendes ~ a shining example. – **3.** (*Urbild*) archetype, prototype, antetype: diese Gestalt ist das ~ für alle späteren tragischen Helden this figure is the archetype of all subsequent tragic heroes. – **4.** *relig.* prototype, prefiguration.

'vorˌbil·den I *v/t* ⟨*sep*, -ge-, h⟩ **1.** j-n ~ to give s.o. preparatory training (*od.* instruction), (*im schulischen Bereich*) *auch* to give s.o. a preparatory education. – **II V~** *n* ⟨-s⟩ **2.** *verbal noun.* – **3.** *cf.* Vorbildung.

'vorˌbild·lich I *adj* exemplary, model (*attrib*): er ist ein ~er Schüler he is an exemplary pupil. – **II** *adv* er hat sich ~ verhalten he behaved in an exemplary manner. — **'Vorˌbild·lich·keit** *f* ⟨-; *no pl*⟩ exemplariness: die ~ seines Verhaltens verdient besonderes Lob the exemplariness of his behavio(u)r deserves special commendation.

'Vorˌbil·dung *f* ⟨-; *no pl*⟩ **1.** *cf.* Vorbilden. – **2.** educational background. – **3.** (*auf einem bestimmten Gebiet*) preparatory training (*od.* instruction, *im schulischen Bereich auch* education): die ~ dieser Schulabgänger im Französischen ist äußerst schlecht the preparatory (*od.* basic) instruction of these school leavers (*Am.* high school graduates) in French has been extremely poor.

'vorˌbin·den *v/t* ⟨*irr, sep*, -ge-, h⟩ j-m etwas ~ to put (*od.* tie) s.th. on s.o.; sich (*dat*) etwas ~ to put (*od.* tie) s.th. on; kannst du mir die Schürze ~? can you tie my apron on me?

'Vorˌbiß *m* ⟨-sses; *no pl*⟩ *med.* (*in der Zahnheilkunde*) protrusive occlusion.

'vorˌbla·sen *v/t* ⟨*irr, sep*, -ge-, h⟩ *metall.* (*Konverter*) foreblow, preblow.

'Vorˌblatt *n bot.* bracteole, *auch* bractlet.

'Vorˌblick *m* ⟨-(e)s; *no pl*⟩ **1.** (auf *acc* of) preview. – **2.** im ~ auf (*acc*) etwas in view of s.th.

'Vorˌblock *m metall.* (*in Walztechnik*) *Am.* bloom, *Br.* cogged ingot. — **'vorˌblocken** (*getr.* -k·k-) *v/t* ⟨*sep*, -ge-, h⟩ *Am.* bloom, *Br.* cog.

'vorˌboh·ren I *v/t* ⟨*sep*, -ge-, h⟩ *tech.* **1.** (*mit Spiralbohrer*) predrill, rough-drill. – **2.** (*mit Bohrstahl*) rough-bore. – **II** *v/i* **3.** *fig. colloq. cf.* vorfühlen 2. – **III V~** *n* ⟨-s⟩ **4.** *verbal noun.* – **5.** *cf.* Vorbohrung. — **'Vorˌboh·rer** *m* **1.** *tech.* (*Nagelbohrer*) gimlet. – **2.** *med.* (*in der Chirurgie*) rough drill.

'VorˌbohrˌIoch *n* (*mining*) pilot hole.

'Vorˌboh·rung *f* ⟨-; -en⟩ **1.** *cf.* Vorbohren. – **2.** *tech.* (*bei der Erdölsuche etc*) trial bore.

'Vorˌbör·se *f* ⟨-; *no pl*⟩ *econ.* **1.** (*Börsenversammlung*) market (*od.* unofficial dealings *pl*) before official hours. – **2.** (*vorbörsliche Kurse od. Abschlüsse*) quotations (*od.* dealings) *pl* prior to official hours. — **'vorˌbörslich I** *adj* before official hours. – **II** *adv* ~ notiert quoted (*od.* listed) before official hours.

'Vorˌbo·te *m* **1.** *hist.* herald: der ~ des Königs the royal (*od.* king's) herald. – **2.** *fig. lit.* herald, harbinger: Schneeglöckchen sind die ~n des Frühlings snowdrops are the heralds of spring. – **3.** *med.* preliminary (*od.* early) sign (*od.* symptom).

'Vorˌbram|ˌse·gel *n mar.* fore-topgallant sail. — **~ˌsten·ge** *f* fore-topgallant topmast.

'vorˌbrin·gen I *v/t* ⟨*irr, sep*, -ge-, h⟩ **1.** (*äußern*) say: hat noch jemand etwas vorzubringen? has anyone else s.th. to say? er brachte dagegen vor, daß he objected that; er brachte zu seiner (eigenen) Verteidigung vor, daß he said (*od.* stated) in his (own) defence (*Am.* defense) that. – **2.** (*behaupten*) allege, claim: er brachte vor, daß er das Geld auf der Straße gefunden habe (*od.* er habe das Geld auf der Straße gefunden) he alleged that he had found the money in the street. – **3.** (*Meinung, Ansicht etc*) express. – **4.** (*Wunsch, Bitte, Klage, Beschwerde, Forderung etc*) present, express: hier können Sie Ihre Wünsche ~ you can present your wishes here. – **5.** (*Argument, Grund etc*) bring (*od.* put) forward, present, advance: ein Argument mit Nachdruck ~ to advance an argument emphatically, to urge an argument. – **6.** (*Grund, Frage etc*) put forward: er brachte dafür folgende Gründe vor he put forward the following reasons for it. – **7.** (*Einwand*) raise, make. – **8.** (*Entschuldigung*) offer, make. – **9.** (*Beweise*) produce, bring. – **10.** (*Plan*) propose, present, put forward. – **11.** (*Angelegenheit*) bring (*s.th.*) up. – **12.** *jur.* a) (*geltend machen*) plead, allege, b) (*Beweise, Beweismaterial*) bring forward, produce, tender, c) (*Gründe etc*) show, d) (*Beschwerde etc*) prefer, e) (*Meinung*) advance, set up, f) (*Tatsachen*) state: der Anwalt brachte vor, daß sein Mandant eine unglückliche Jugend gehabt habe the counsel for the defence (*Am.* defense) alleged that his client had had an unhappy youth; eine Einrede ~ to plead in (*od.* as a) defence (*Am.* defense). – **13.** *mil. colloq.* (*nach vorn bringen*) bring (*s.th.*) up to the front. – **II V~** *n* ⟨-s⟩ **14.** *verbal noun.* – **15.** (*von Meinung, Ansicht etc*) expression. – **16.** (*von Wunsch, Bitte, Klage, Beschwerde, Forderung etc*) presentation, expression. – **17.** (*von Argument, Grund etc*) presentation. – **18.** (*von Beweisen*) production. – **19.** (*eines Plans*) proposal, presentation. – **20.** *jur.* a) (*einer Partei*) pleading, b) (*von Beweisen, Beweismaterial*) production.

'vorˌbuch·staˌbie·ren *v/t* ⟨*sep, no* -ge-, h⟩ j-m etwas ~ to spell s.th. out to s.o.

'Vorˌbüh·ne *f* (*theater*) proscenium, forestage.

'vorˌchrist·lich *adj* pre-Christian: das erste ~e Jahrhundert the first pre-Christian century, the first century before Christ (*od.* B.C.); in ~er Zeit in the pre-Christian era.

'Vorˌdach *n arch.* canopy.

'Vorˌdamm *m mar.* advanced dam, outer dike.

'Vorˌdarm *m med.* (*in Embryologie*) foregut, protogaster (*scient.*).

'vor·daˌtie·ren I *v/t* ⟨*sep, no* -ge-, h⟩ (*Brief, Dokument etc*) antedate, *auch* foredate. – **II V~** *n* ⟨-s⟩ *verbal noun.* — **'Vor·daˌtierung** *f* ⟨-; *no pl*⟩ *cf.* Vordatieren.

'Vorˌdeck *n mar.* foredeck.

vor·dem [ˌvoːr'deːm; 'voːrˌdeːm] *adv archaic* **1.** in days of yore: von ~ of yore. – **2.** heretofore.

'Vor·derˌachs|ˌanˌtrieb ['fɔrdər-] *m auto.* front-axle (*od.* front-wheel) drive. — **~aufˌhän·gung** *f* front-axle suspension.

'Vor·der|ˌach·se *f* **1.** *auto.* front axle. – **2.** (*railway*) leading axle. — **~ˌanˌsicht** *f* ⟨-; *no pl*⟩ **1.** front view: unser Bild zeigt die ~ des Schlosses our picture shows the front view of the castle. – **2.** *math. arch.* (*Aufriß*) elevation. — **~anˌten·ne** *f zo.* (*bei Insekten*) antennule. — **~ˌanˌtrieb** *m auto.* front(-wheel) drive. — **~ˌarm** *m med.* forearm, antebrachium (*scient.*).

'vor·der·asia·tisch [-ʔaˌziaːtɪʃ] *adj* Near Eastern: der ~e Raum the Near East.

'Vor·der|ˌbaum *m* (*am Webstuhl*) cloth beam, forebeam. — **~ˌbein** *n* **1.** *zo.* foreleg, forelimb, (*bei Affen, Bären etc*) *auch* arm. – **2.** *her.* gamb. — **~ˌbrust** *f zo.* (*bei Insekten*) prothorax. — **~ˌbüh·ne** *f* (*theater*) apron (stage). — **~ˌdarm** *m med. cf.* Vordarm. — **~ˌdeck** *n mar.* foredeck, (*Aufbau am Vordeck*) forecastle.

'vor·de·re *adj* ⟨*no comp*; vorderst⟩ ⟨*attrib*⟩ **1.** (*Ansicht, Reihe etc*) front: im ~n Zimmer in the front room; die ~n Räder des Wagens the front wheels of the car. – **2.** (*am Vorderteil befindlich*) fore: die ~n Beine eines Tieres the forelegs of an animal; der ~ Teil the forepart, the forward part. – **3.** *med.* anterior. – **4.** *mar. mil.* (*Bereich, Linie etc*) forward. – **5.** ~r Rand der Verteidigung *mil.* forward edge of the battle area.

'Vor·de·re *m, f* ⟨-n; -n⟩ person in (*od.* at the) front: die ~n versperrten den Hinteren die Sicht the people (*od.* those) in front obstructed the view of people (*od.* those) at the back (*od.* rear).
'Vor·der|ˌflü·gel *m zo.* (*bei Insekten*) forewing. — **~ˌfront** *f* (*eines Gebäudes*) frontage. — **~ˌfüh·ler** *m zo. cf.* Vorderantenne. — **~ˌfuß** *m* **1.** *zo.* forefoot, thoracic limb (*scient.*). – **2.** *med.* metatarsus.
'Vor·derˌgau·men *m med.* hard (*od.* bony) palate. — **~ˌlaut** *m ling.* (*in der Phonetik*) palatal (sound).
'vor·derˌgau·mig [-ˌgaumɪç] *adj* palatal.
'Vor·der|geˌbäu·de *n* front building. — **~geˌstell** *n* (*eines Wagens*) forecarriage. — **~ˌglied** *n* **1.** *zo.* (*bei Wirbeltieren*) arm. – **2.** *math.* antecedent.
'Vor·derˌgrund *m* ⟨-(e)s; *no pl*⟩ **1.** foreground: im ~ des Gemäldes in the foreground of the painting. – **2.** ~ einer Bühne (*theater*) front of a stage, downstage; im ~ downstage. – **3.** *fig.* fore: im ~ stehen to be to the fore; diese Überlegung stand im ~ der Diskussion this consideration was the center (*bes. Br.* centre) of the discussion; im ~ der Tagung stand das Thema the main theme of the conference was; in den ~ treten (*od.* rücken) to come to the fore; etwas in den ~ rücken (*od.* stellen) to emphasize s.th. greatly; j-n in den ~ stellen to make s.o. the center (*bes. Br.* centre) of attention, to put s.o. in the limelight; → drängen 9.
'vor·derˌgrün·dig [-ˌgrʏndɪç] *adj* **1.** (*wichtig*) very (*od.* most) important. – **2.** (*oberflächlich*) superficial. – **3.** (*leichtverständlich*) easily understandable (*od.* understood). – **4.** (*offensichtlich*) apparent.
'Vor·derˌgrund·proˌgramm *n* (*computer*) foreground program (*bes. Br.* programme).
vor·der·hand ['fɔrdərˌhant; 'fɔrdər'hant] *adv* **1.** (*vorläufig*) for the time being, for the present. – **2.** (*einstweilen*) meanwhile, in the meantime.
'Vor·derˌhand *f* ⟨-; *no pl*⟩ **1.** (*im Reitsport*) forehand. – **2.** (*games*) (*beim Kartenspiel*) forehand.
'Vor·derˌhauptˌla·ge *f med.* (*des Fetus*) **1.** (*Gesichtslage*) face presentation. – **2.** (*Scheitellage*) vertex presentation.
'Vor·derˌhaus *n* front building, house (*od.* building) in front.
'Vor·derˌhornˌzel·le *f med.* anterior horn cell.
'Vor·der|ˌkam·mer *f med.* (*des Auges*) anterior chamber. — **~ˌkan·te** *f* **1.** front edge. – **2.** *aer.* (*eines Tragflügels*) leading edge. — **~ˌkie·fer** *m zo.* (*bei Vögeln*) mandible.
'Vor·derˌkie·mer [-ˌkiːmər] *m* ⟨-s; -⟩, **~ˌschnecke** (*getr.* -k·k-) *f zo.* prosobranch(iate) (*Unterklasse Prosobranchia*).
'Vor·derˌkip·per *m auto.* front dump truck, front tipper.
'Vor·derˌla·der [-ˌlaːdər] *m* ⟨-s; -⟩ *hist.* (*Gewehr*) muzzle-loader.
'Vor·derˌlap·pen·horˌmon *n med.* anterior pituitary hormone.
'vor·derˌla·stig [-ˌlastɪç] *adj* **1.** *aer.* nose-heavy. – **2.** *mar.* front-heavy.
'Vor·der|ˌlauf *m hunt.* foreleg. — **~ˌlicht** *n* **1.** *auto.* front light. – **2.** *phot.* front light. — **~ˌmann** *m* ⟨-(e)s; ⸚er⟩ **1.** *bes. mil.* man in front: mein ~ the man in front of me; ~ nehmen to cover off (*od.* in file); auf ~ stehen to be covered in file; ~! cover off! j-n auf ~ bringen *fig. colloq.* a) (*machen, daß er spurt*) to make s.o. toe the line, b) (*machen, daß er sich anstrengt*) to make s.o. pull his socks up, to make s.o. knuckle down; etwas auf ~ bringen *fig. colloq.* to brush (*od.* polish) up s.th. – **2.** *econ.* a) *cf.* Vorgirant, b) (*bei Wertpapieren*) preceding (*od.* prior, previous) holder. – **3.** (*sport*) player in front of one. — **~ˌmast** *m mar. cf.* Fockmast. — **~ˌpfo·te** *f* (*eines Tieres*) forepaw, front paw.
'Vor·derˌrad *n* front wheel. — **~anˌtrieb** *m auto.* front(-wheel) drive. — **~aufˌhän·gung** *f* front-wheel suspension. — **~ˌbrem·se** *f* front-wheel brake. — **~ˌga·bel** *f* (*eines Motorrads etc*) front-wheel fork. — **~ˌna·be** *f* front hub.
'Vor·der|ˌrei·he *f* front row. — **~ˌsatz** *m* **1.** *philos.* antecedent, premise, protasis. – **2.** *ling.* protasis, antecedent (clause). – **3.** *mus.* antecedent (phrase). — **~ˌsäu·le** *f med.* anterior column. — **~ˌschaft** *m* (*eines Gewehrs etc*) fore-end. — **~ˌschiff** *n mar. cf.* Vorschiff. — **~ˌschin·ken** *m gastr.* shoulder ham. — **~schwingˌach·se** *f auto.* front-wheel swing axle. — **~ˌsei·te** *f* **1.** front (side), foreside. – **2.** (*einer Münze, Medaille*) head, obverse. – **3.** *print.* (*eines Blattes, Bogens*) recto. – **4.** *arch. tech.* front (side), front end, face. — **v~ˌsei·tig** *adj* front (*attrib*). — **~ˌsitz** *m* front seat. — **~ˌspie·ler** *m* (*sport*) a) *cf.* Vordermann 3, b) (*beim Basketball*) forward.
'vor·derst I *sup of* vordere. – **II** *adj* ⟨*attrib*⟩ front, foremost, first: ~e Linie *mil.* front line; in der ~en Reihe sitzen to sit in the front row.
'Vor·der|ˌste·ven *m mar. cf.* Vorsteven. — **~ˌteil** *n, m* front (part), forepart, foreside. — **~ˌtür, ~ˌtü·re** *f* front door. — **~ˌzahn** *m med.* front tooth, fore-tooth. — **~ˌzim·mer** *n* front room. — **~ˌzun·gen·voˌkal** *m ling.* front vowel.
'Vor·diˌplom *n ped.* **1.** (*Prüfung*) examination conferring an intermediate diploma. – **2.** (*Urkunde*) intermediate diploma.
'vorˌdrän·geln *v/reflex* ⟨*sep*, -ge-, h⟩ sich ~ *cf.* vordrängen 1.
'vorˌdrän·gen *v/reflex* ⟨*sep*, -ge-, h⟩ sich ~ **1.** (*rücksichtslos nach vorn drängen*) push to the front, push (*od.* press) forward, push past people, (*in einer Schlange*) *auch* jump the queue. – **2.** *fig.* (*sich in den Vordergrund drängen*) push to the fore.
'vorˌdre·hen *v/t* ⟨*sep*, -ge-, h⟩ *tech.* rough-turn.
'vorˌdrin·gen I *v/i* ⟨*irr, sep*, -ge-, sein⟩ **1.** advance, forge ahead, press forward, penetrate: in unbekanntes Gebiet ~ to penetrate into unknown territory. – **2.** (*gegen feindlichen Widerstand*) gain ground. – **3.** (bis) zu j-m ~ to work one's way through to s.o.: er drang mit seiner Beschwerde bis zum Geschäftsführer vor he worked his way through to the manager with his complaint. – **4.** *fig.* penetrate: in ein Wissensgebiet ~ to penetrate into a field of knowledge. – **II V~** *n* ⟨-s⟩ **5.** *verbal noun.* – **6.** advance.
'vorˌdring·lich I *adj* (*Aufgabe, Angelegenheit etc*) urgent, most important. – **II** *adv* etwas ~ behandeln to give s.th. priority (*od.* precedence); ~ behandelt werden to be given priority, to be treated as a matter of urgency. — **'Vorˌdring·lich·keit** *f* ⟨-; *no pl*⟩ urgency, priority.
'Vorˌdring·lich·keitsˌli·ste *f* priority list.
'Vorˌdruck *m* ⟨-(e)s; -e⟩ **1.** (*Formular*) (printed) form, *Am. auch* blank. – **2.** *print.* first impression.
'vorˌehe·lich *adj* premarital, prenuptial: ~e Beziehungen dinner *sg* without grace (*colloq.*).
'vorˌei·len I *v/i* ⟨*sep*, -ge-, sein⟩ **1.** *cf.* voraneilen 2. – **2.** *electr.* (*von Phase*) advance, lead. – **3.** *metall.* (*von Walzgut*) slip forward. – **II V~** *n* ⟨-s⟩ **4.** *verbal noun.* – **5.** *cf.* Voreilung.
'vorˌei·lig I *adj* (*überstürzt, unüberlegt*) rash, hasty, precipitate, precipitant, previous: ~e Schlüsse ziehen to jump to conclusions; nicht so ~! take your time! take it easy! – **II** *adv* ~ urteilen a) to jump to conclusions, b) to be rash in one's judg(e)ment (of others); sich ~ entscheiden to make hasty (*od.* rash) decisions. — **'Vorˌei·lig·keit** *f* ⟨-; *no pl*⟩ rashness, overhaste, hastiness, precipitancy, precipitateness, previousness.
'Vorˌei·lung *f* ⟨-; *no pl*⟩ **1.** *cf.* Voreilen. – **2.** *electr.* (phase) lead, advance. – **3.** *metall.* (*von Walzgut*) forward slip.
'VorˌeilˌWin·kel *m electr.* lead angle, angle of advance.
ˌvorˌein'an·der *adv* **1.** one in front of (*od.* behind, after) the other: sie gingen ~ her they walked one in front of the other. – **2.** (*einander gegenüber*) face to face: sie standen ~ they stood face to face. – **3.** sie haben keine Geheimnisse ~ they have no secrets from each other; sie haben Angst ~ they are afraid of each other; sie schämten sich ~ a) they were ashamed to face each other, b) (*sie genierten sich*) they were embarrassed with each other.
'vorˌein·geˌnom·men *adj* bias(s)ed, prejudiced, prepossessed, partial: gegen [für] etwas [j-n] ~ sein to be prejudiced against [in favo(u)r of] s.th. [s.o.]; j-n ~ machen to bias (*od.* prejudice, prepossess, jaundice) s.o. — **'Vorˌein·geˌnom·men·heit** *f* ⟨-; *no pl*⟩ bias, prejudice, prepossession, partiality.
'VorˌeinˌSprit·zung *f auto.* pilot injection.
'vorˌeinˌstel·len *v/t* ⟨*only inf u. pp* voreingestellt, h⟩ *phot.* preset, set up.
'vorˌeisˌzeit·lich *adj geol.* preglacial.
'Vorˌel·tern *pl cf.* Vorväter.
'Vor·empˌfan·ge·ne *n* ⟨-n; *no pl*⟩ *jur. cf.* Vorerbe[2].
'vor·entˌhal·ten I *v/t* ⟨*irr, sep, no* -ge-, h⟩ j-m etwas ~ to withhold (*od.* keep) s.th. from s.o.: j-m sein Erbe ~ to withhold the inheritance from s.o.; wir wollen unseren Lesern diese Neuigkeit nicht ~ we do not want to withhold this news from our readers, we do not want to deprive our readers of (*od.* deny our readers) this news. – **II V~** *n* ⟨-s⟩ *verbal noun.* — **'Vor·entˌhal·tung** *f* ⟨-; *no pl*⟩ **1.** *cf.* Vorenthalten. – **2.** *jur.* detention, detinue: rechtswidrige ~ (*einer beweglichen Sache*) unlawful detainer.
'Vor·entˌschei·dung *f* **1.** preliminary decision. – **2.** (*sport*) a) preliminary round, b) *cf.* Vorschlußrunde.
'Vor·entˌwurf *m* preliminary draft.
'vor·entˌzer·ren *v/t* ⟨*only inf u. pp* vorentzerrt, h⟩ *telev.* preemphasize, *Br.* pre-emphasize *auch* -s-, precorrect. — **'Vor·entˌzer·rung** *f* preemphasis, *Br.* pre-emphasis.
'Vorˌer·be[1] *m jur.* heir in tail.
'Vorˌer·be[2] *n jur.* estate (in) (fee) tail.
'Vorˌerb·schaft *f jur.* estate (in) (fee) tail.
vor·erst ['foːrˌ'eːrst; ˌfoːr''eːrst] *adv* (*einstweilen, fürs erste*) for the present, for the time being.
'vor·erˌwähnt *adj* ⟨*attrib*⟩ (*officialese*) aforementioned, aforesaid, above-mentioned, said, above.
'vor·erˌzäh·len *v/t* ⟨*sep, no* -ge-, h⟩ j-m etwas ~ *colloq.* to tell s.o. a great story: du kannst mir doch nichts ~! don't (*od.* you needn't) try that one on me! (*colloq.*), don't (*od.* you needn't) tell me that story!
'Vor·erˌzeug·nis *n econ.* primary product.
'vorˌes·sen *v/t* ⟨*irr, sep, pp* vorgegessen, h⟩ j-m etwas ~ *colloq.* to eat in front of s.o.
'Vorˌes·sen *n Swiss for* Ragout.
'Vor·exˌamen *n ped.* preliminary examination.
'vor·fa·briˌziert *adj tech.* prefabricated.
'Vorˌfahr [-ˌfaːr] *m* ⟨-en; -en⟩ ancestor, forefather, primogenitor, progenitor, forerunner: die ~en the ancestors, the for(e)bears, the fathers; unsere ~en our ancestors (*od.* ancestry *sg*).
'vorˌfah·ren I *v/i* ⟨*irr, sep*, -ge-, sein⟩ **1.** (*weiter nach vorn fahren*) move forward (*od.* up): du kannst noch ein Stückchen ~ you can move (*od.* go) forward a bit. – **2.** (*vors Haus fahren*) drive up: ich habe das Auto ~ lassen I had the car drive (*od.* driven) up; das Auto ist vorgefahren the car drove (*od.* drew) up; ein riesiges weißes Kabriolett fuhr vor a huge white convertible drove (*od.* rolled, bowled) up. – **3.** (*vorausfahren*) go on ahead: du kannst schon ~, ich komme später nach you can go on ahead, I'll come later. – **4.** (*in einer Kolonne*) drive in front. – **5.** (*vorbeifahren*) pass: ein schnelleres Auto ~ lassen to let a faster car pass (*od.* past, by). – **6.** bei j-m ~ (*um ihn zu besuchen*) to call on s.o. in the car. – **7.** *telev.* (*film*) (*von Kamera*) track in. – **II** *v/t* ⟨h⟩ **8.** (*Auto etc*) move (*s.th.*) forward (*od.* up).
'Vorˌfahrt *f* ⟨-; *no pl*⟩ **1.** right of way, *Am.* right-of-way, priority: auf die ~ achten, die ~ beachten to watch the right of way; „~ gewähren" (*Verkehrszeichen*) "give way"; ich habe ~ I have the right of way, it's my right of way. – **2.** *telev.* (*film*) (*der Kamera*) track-in.
'vorˌfahrt(s)|beˌrech·tigt *adj* having the right of way (*Am.* right-of-way). — **V~ˌrecht** *n* ⟨-(e)s; *no pl*⟩ right of way, *Am.* right-of-way. — **V~ˌre·gel** *f* rule on right of way (*Am.* right-of-way), priority rule. — **V~ˌschild** *n* right-of-way sign. — **V~ˌstra·ße** *f* main (*od.* major) road. — **V~ˌzei·chen** *n cf.* Vorfahrt(s)schild.
'Vorˌfall *m* **1.** incident, occurrence, happening: es wäre das beste, wenn wir den ganzen ~ vergäßen it would be best to forget the whole incident; es gab auf der Reise allerlei Vorfälle quite a few things happened during the journey. – **2.** (*Begebenheit*) event. – **3.** *med.* prolapse, dropping, prolapsus (*scient.*).
'vorˌfal·len *v/i* ⟨*irr, sep*, -ge-, sein⟩ **1.** (*geschehen, sich ereignen*) happen, occur: ist etwas Besonderes vorgefallen? has any-

thing special happened? **wir taten so, als wäre nichts vorgefallen** we acted as if nothing had happened. – **2.** *colloq.* (*nach vorn fallen*) fall (over) forward(s). – **3.** *colloq.* (*von Türriegel etc*) snap over (*od.* across). – **4.** *med.* (*von Organ*) drop, prolapse.

'vor,fa·seln *v/t* ⟨*sep*, -ge-, h⟩ *colloq. cf.* vorerzählen.

'Vor,fei·er *f* precelebration.

'Vor,feld *n* **1.** *mil.* approaches *pl*, (*strategisches*) glacis. – **2.** *aer.* apron. – **3.** (*sport*) (*beim Basketball*) front court.

'Vor,fern,trän·kung *f* (*mining*) advance long-haul infusion.

'Vor,film *m cf.* Beifilm.

'vor·fi·nan,zie·ren I *v/t* ⟨*sep*, *no* -ge-, h⟩ *econ.* provide anticipatory (*od.* short-term, interim) finance for, (*bes. Importe*) *auch* prefinance. – **II V~** *n* ⟨-s⟩ *verbal noun.* — **'Vor·fi·nan,zie·rung** *f* **1.** *cf.* Vorfinanzieren. – **2.** provision of anticipatory (*od.* short-term, interim) finance.

'vor,fin·den *v/t* ⟨*irr*, *sep*, -ge-, h⟩ find: **ich fand eine furchtbare Unordnung vor** *colloq.* I found (*od.* was met with) a terrible mess (*colloq.*).

'vor,flun·kern *v/t* ⟨*sep*, -ge-, h⟩ **j-m etwas ~** *colloq.* to fib to s.o. (*colloq.*): **ich glaube, du hast mir etwas vorgeflunkert** I think you were fibbing (*od.* you told me a fib) (*colloq.*); **j-m eine Geschichte ~** to spin s.o. a yarn (*colloq.*); **er hat mir vorgeflunkert, daß** he fibbed to me about, he told me a great story about.

'Vor,flu·ter [-,flu:tər] *m* ⟨-s; -⟩ *civ.eng.* receiving water, recipient, outfall.

'Vor,form·ling [-,fɔrmlɪŋ] *m* ⟨-s; -e⟩ *synth.* preform.

'Vor,fra·ge *f pol.* (*im Parlament*) previous question: **die ~ stellen** to move (*od.* put) the previous question.

'Vor,freu·de *f* anticipation (of pleasure *od.* joy): **die ~ auf Weihnachten** anticipation of (the joy of) Christmas; (**die**) **~ ist die schönste Freude** (*Sprichwort*) *etwa* anticipation is the greatest pleasure.

'vor,fri·stig [-,frɪstɪç] **I** *adj* made (*od.* completed) before set date. – **II** *adv* before set date, prior to agreed time (*od.* deadline, closing date).

'Vor,früh·ling *m* early spring.

'vor,füh·len *v/i* ⟨*sep*, -ge-, h⟩ **1.** *mil.* seek contact. – **2.** *fig. colloq.* (**bei** with, of) make (a few) tentative inquiries (*auch* enquiries).

'Vor,führ|,da·me *f* **1.** (*für Kleider*) model, mannequin. – **2.** (*für Geräte etc*) demonstrator. — **~,dau·er** *f* (*film*) running (*od.* screen) time.

'vor,füh·ren I *v/t* ⟨*sep*, -ge-, h⟩ **1. j-n j-m ~** to bring s.o. to (*od.* before) s.o.: **der Patient wurde dem Arzt vorgeführt** the patient was brought before the doctor. – **2.** *jur.* (*vor den Richter bringen*) produce: **einen Zeugen ~** to produce a witness. – **3.** (*zeigen*) show: **du hast mir noch gar nicht dein neues Kleid vorgeführt** you haven't shown me your new dress yet. – **4.** (*auf einer Modenschau*) parade, model. – **5.** (*zur Schau stellen, protzen mit*) show off, display, parade: **er kann es gar nicht erwarten, seinen Freunden sein tolles Auto vorzuführen** *colloq.* he can hardly wait to show off his great car to his friends. – **6.** (*Tiere*) show. – **7.** (*technische Geräte etc*) demonstrate: **die Hausfrau bat den Vertreter, ihr den Staubsauger einmal vorzuführen** the housewife asked the salesman to demonstrate the vacuum cleaner to her. – **8.** (*Film*) screen, project, show. – **9.** (*Theaterstück*) present, show. – **10.** (*Trick, Kunststück etc*) perform. – **11.** *fig.* (*darlegen, vor Augen führen*) demonstrate. – **II V~** *n* ⟨-s⟩ **12.** *verbal noun.* – **13.** *cf.* Vorführung.

'Vor,füh·rer *m* **1.** (*für Geräte etc*) demonstrator. – **2.** (*film*) projectionist, operator.

'Vor,führ|ge,neh·mi·gung *f telev.* projection (*od.* exhibition) permit. — **~ge,rät** *n* **1.** (*film*) projector, projection machine. – **2.** demonstration apparatus, demonstrator. — **~ka,bi·ne** *f* (*film*) projection booth (*od.* room). — **~,raum** *m* projection (*od.* screening) room. — **~ter,min** *m telev.* viewing (*od.* preview) date.

'Vor,füh·rung *f* ⟨-; -en⟩ **1.** *cf.* Vorführen. – **2.** ⟨*only sg*⟩ *jur.* (*von Gefangenen, Zeugen etc*) production. – **3.** (*von Kleidern auf einer Modenschau*) show, parade. – **4.** ⟨*only sg*⟩ (*Zurschaustellung*) show, display, exhibition. – **5.** (*von teschnischen Geräten etc*) demonstration. – **6.** ⟨*only sg*⟩ (*eines Theaterstücks etc*) presentation. – **7.** ⟨*only sg*⟩ (*eines Films*) projection, presentation: **geschlossene ~** private showing. – **8.** (*Aufführung, Vorstellung*) performance.

'Vor,füh·rungs|ap·pa,rat *m* (*film*) *cf.* Vorführgerät 1. — **~be,fehl** *m jur.* warrant to appear. — **~,raum** *m* (*film*) *cf.* Vorführraum.

'Vor,führ,wa·gen *m auto.* demonstration car.

'Vor,ga·be *f* (*sport, games*) a) handicap, allowance, start, b) (*beim Golf*) handicap, c) (*bei Feldspielen*) points *pl* (*od.* odds *pl*) given: **Wettkampf ohne ~** scratch competition. — **~,zeit** *f* advance time.

'Vor,gang *m* **1.** (*Hergang, Ablauf*) proceedings *pl*, course of events: **j-m einen ~ genau schildern** to relate the exact proceedings to s.o., to tell s.o. exactly how it happened. – **2.** (*Ereignis*) event, occurrence, happening: **man kann sich diese merkwürdigen Vorgänge nicht erklären** one cannot explain these strange occurrences (*od. colloq.* goings-on). – **3.** (*technischer, chemischer, biologischer etc*) process. – **4.** (*Akte*) record, file. – **5.** (*Geschäftskorrespondenz*) previous correspondence. – **6.** (*computer*) process.

'Vor,gän·ger *m* ⟨-s; -⟩ (*im Amt etc*) predecessor, precursor, antecessor.

'vor·gang·li,ar [-gaŋgli,a:r] *adj med.* preganglionic.

'Vor,gar·ten *m* front garden, *Am.* front yard, (*direkt vor der Haustür*) *Am. auch* dooryard.

'vor,gau·keln *v/t* ⟨*sep*, -ge-, h⟩ **1. j-m etwas ~** (*vormachen*) to pull the wool over s.o.'s eyes. – **2. j-m ~, daß** to lead s.o. to believe that. – **3. etwas gaukelt etwas vor** s.th. gives the illusion of s.th.

'vor,ge·ben *v/t* ⟨*irr*, *sep*, -ge-, h⟩ **1.** *colloq.* (*nach vorn geben*) pass (*s.th.*) up to the front. – **2.** (*sport, games*) (*Meter etc*) give (*s.o.*) a start of. – **3.** (*vorschützen*) use (*s.th.*) as a pretext: **er gab dringende Geschäfte vor** he used urgent business as a pretext. – **4.** (*fälschlich behaupten*) pretend: **sie gab vor, eine Gräfin zu sein** she pretended to be a countess. – **5.** (*Unerwiesenes versichern*) allege, claim: **sie gab vor, von ihm angegriffen worden zu sein** she alleged that he had attacked her. – **6.** (*nur scheinbar etwas tun*) profess, pretend, purport: **sie geben vor, im Interesse der Allgemeinheit zu handeln** they profess to act in the interest of the general public. – **7.** *cf.* vortäuschen.

'vor·ge,beugt I *pp.* – **II** *adj* (*Schultern*) bent, rounded, dropping, droopy: **in ~er Haltung** with a bent posture, with bent shoulders.

'vor·ge,bil·det I *pp.* – **II** *adj* **1. in** (*dat*) **etwas ~ sein** a) to have a basic knowledge of s.th., b) to have had previous trainings in s.th.: **technisch ~ sein** to have had previous technical training; **gut** [**schlecht**] **~ sein** to have had good [bad] preparatory training, (*von der Schule her*) *auch* to have had a good [bad] education. – **2.** *fig.* prefigured.

'Vor·ge,bir·ge *n geogr.* **1.** foothills *pl.* – **2.** *cf.* Kap 2.

'vor,geb·lich [-,ge:plɪç] *adj u. adv cf.* angeblich.

'vor·ge,burt·lich [-gə,bu:rtlɪç] *adj med.* prenatal, antenatal, antepartum (*attrib*).

'vor·ge,faßt *adj* ⟨*attrib*⟩ **eine ~e Meinung** a preconceived opinion, a prejudice: **eine ~e Meinung über** (*acc*) **etwas** [**j-n**] **haben** to be prejudiced about s.th. [s.o.].

'vor·ge,fer·tigt *adj tech.* (*Teil etc*) prefabricated.

'Vor·ge,fühl *n* **1.** (*Ahnung*) presentiment: **im ~ von etwas Unangenehmem** with a presentiment of s.th. unpleasant. – **2.** (*sichere Erwartung*) anticipation.

'Vor,ge·gen,wart *f ling. cf.* Perfekt.

'vor·ge,hal·ten I *pp of* vorhalten. – **II** *adj* **hinter der ~en Hand** with one's hand in front of one's mouth; **mit ~er** (**Schuß**)**-Waffe** at gunpoint.

'vor,ge·hen *v/i* ⟨*irr*, *sep*, -ge-, sein⟩ **1.** (*vor j-m hergehen*) go first, go in front: **der Hausherr ging vor** the host went first (*od.* led the way); **j-n ~ lassen** to let s.o. go in front. – **2.** (*eher gehen als j-d anders*) go on ahead (*od.* first): **geh du schon vor, ich komme später nach** you go on ahead, I'll come later. – **3.** (*nach vorn gehen*) go (up) to the front: **der Schüler ging zur Tafel vor** the pupil went up to the blackboard. – **4.** (*von Uhr*) gain (time), be (*od.* go) fast: **meine Uhr geht fünf Minuten vor** my watch is five minutes fast (*od.* has gained five minutes). – **5.** (*den Vorrang haben*) come first, have priority: **die Gesundheit geht** (**allem anderen**) **vor** health comes first (*od.* is more important than anything else). – **6.** (*handeln*) act, proceed: **er ist sehr rücksichtslos vorgegangen** he acted very ruthlessly. – **7.** (*verfahren*) proceed: **schrittweise ~** to proceed by stages; **nach bestimmten Grundsätzen ~** to proceed according to certain principles. – **8. gegen j-n** [**etwas**] **~** to take action against s.o. [s.th.]: **gerichtlich gegen j-n ~** to take (legal) action against s.o., to proceed against s.o., to sue s.o. – **9.** (*passieren, stattfinden*) go on, take place: **was geht hier vor?** what's going on here? **wissen, was in der Welt vorgeht** to know what is going on (*od.* happening) in the world; **was mochte in ihm vorgegangen sein?** what must have been going on in his mind? **große Veränderungen gehen vor** great changes are taking place (*od.* coming about); **es ist eine Veränderung mit ihm vorgegangen** a change has taken place (*od.* come about) in him, there has been a change in him. – **10.** *mil.* advance. – **11.** (*bes. sport*) take the lead.

'Vor,ge·hen *n* ⟨-s; *no pl*⟩ **1.** (*Handlungsweise*) (course of) action, procedure, proceeding: **ich kann dein ~ nicht billigen** I cannot approve of your action; **das ~ der Polizei wurde scharf kritisiert** the action of the police was severely criticized; **gemeinschaftliches ~** concerted action. – **2.** (*Verfahrensweise*) procedure, proceeding. – **3.** *mil.* advance.

'vor·ge,la·gert *adj* **etwas** (*dat*) **~ sein** to be situated (immediately) in front of s.th.: **dem Festland ~e Inseln** offshore (*Br.* off-shore) islands.

'Vor·ge,län·de *n mil. cf.* Vorfeld 1.

'Vor·ge,le·ge *n* ⟨-s; -⟩ *tech.* **1.** (*des Riementriebs*) countershaft. – **2.** (*Rädervorgelege*) back gears *pl*, back gear mechanism. – **3.** (*als Reduziergetriebe*) reduction gearing (*od.* gears *pl*).

'vor·ge,nannt *adj* ⟨*attrib*⟩ (*officialese*) *cf.* vorerwähnt.

'Vor·ge,richt *n gastr. cf.* Vorspeise.

'vor·ger,ma·nisch *adj hist.* pre-Germanic.

'vor·ge,rückt I *pp.* – **II** *adj* (*in Wendungen wie*) **zu ~er Stunde** at a late hour; **ein Mann in ~em Alter** a man well advanced in years; **in ~er Stimmung sein** to be in quite high spirits; **in ~er Stimmung sprangen einige Gäste ins Schwimmbecken** as spirits rose some of the guests jumped into the swimming pool.

'Vor·ge,rüst *n metall.* (*im Walzwerk*) roughing stand, leader.

'vor·ge,schal·tet I *pp.* – **II** *adj* **~er Widerstand** *electr.* series resistor.

'Vor·ge,schich·te *f* ⟨-; *no pl*⟩ **1.** (*eines Ereignisses etc*) case history. – **2.** (*einer Person*) life history. – **3.** *hist.* prehistory, early history. – **4.** *jur. sociol.* case history. – **5.** *med.* (*einer Krankheit*) case history, anamnesis (*scient.*). — **'Vor·ge,schicht·ler** *m* ⟨-s; -⟩ prehistorian. — **'vor·ge,schicht·lich** *adj hist.* prehistoric(al).

'Vor·ge,schichts|,for·scher *m* prehistorian, researcher in prehistory. — **~,for·schung** *f* prehistoric research.

'Vor·ge,schirr *n mar.* (*des Schiffes*) foregear.

'Vor·ge,schmack *m* ⟨-(e)s; *no pl*⟩ foretaste: **j-m einen ~ auf** (*acc*) (*od.* **von**) **etwas geben** to give s.o. a foretaste of s.th.

'vor·ge,scho·ben I *pp of* vorschieben. – **II** *adj* **1.** *mil.* (*Posten etc*) advanced, forward. – **2. ~e Person** *fig.* straw man, man of straw.

'vor·ge,schrit·ten *adj* **1.** *cf.* vorgerückt II. – **2.** *med.* (*Krankheit, Leiden etc*) advanced.

'vor·ge,se·hen I *pp of* vorsehen. – **II** *adj* **1.** designated. – **2. nicht anderweitig ~** *econ.* (*im Tarif etc*) not otherwise provided for.

'vor·ge,setzt I *pp.* – **II** *adj* (*Behörde etc*) superior.

'Vor·ge,setz·te *m, f* ⟨-n; -n⟩ superior, senior, chief, boss (*sl.*). — **'Vor·ge,setz·ten·ver,hält·nis** *n* relation between superior and subordinate(s).

'vor·ge,spannt I *pp.* – **II** *adj civ.eng.* (*Beton*) prestressed.

'vor·ge,steckt I *pp.* – **II** *adj* **ein ~es Ziel** a set goal.

'vor,ge·stern *adv* **1.** the day before yesterday: ~ abend [morgen] the day before yesterday in the evening [morning], the evening [morning] before last. – 2. von ~ *fig. colloq.* (*veraltet*) fuddy-duddy (*colloq.*), outdated, outmoded, old-fashioned: das sind Ansichten von ~ those are completely outmoded views.

'vorˌge·strig *adj* ⟨*attrib*⟩ 1. (*Zeitung etc*) from (*od.* of) the day before yesterday. – 2. *fig. colloq.* (*veraltet*) fuddy-duddy (*colloq.*), outdated, outmoded, old-fashioned.

'vor·geˌtäuscht I *pp.* – II *adj* 1. pretended. – 2. (*nicht echt*) sham, fake (*beide attrib*), counterfeit.

'vor·geˌwölbt I *pp.* – II *adj* 1. *bes. arch.* rounded, curved(-out). – 2. (*Stirn etc*) protruding.

'Vor·giˌrant *m econ.* preceding (*od.* prior, previous) endorser (*od.* indorser).

'vorˌglü·hen *v/i* ⟨*sep*, -ge-, h⟩ *auto.* (*beim Glühkopfmotor*) preheat, *Br.* pre-heat.

'Vorˌglüh|ˌker·ze *f auto.* electric heater plug. — **~ˌzeit** *f metall.* (*bei der Wärmebehandlung*) preheating (*Br.* pre-heating) time (*od.* period).

'vorˌgrei·fen I *v/i* ⟨*irr, sep*, -ge-, h⟩ 1. j-m [einer Sache] ~ (*zuvorkommen*) to anticipate s.o. [s.th.]: ich möchte Ihrer Entscheidung nicht ~, aber I don't want to anticipate your decision but. – 2. (*verfrüht etwas tun*) do things prematurely. – 3. (*in einer Erzählung etc*) jump ahead: ich habe damit schon weit vorgegriffen with this I have jumped far ahead. – 4. auf Geld ~ to anticipate money, to draw on money in advance: ich habe schon auf mein nächstes Monatsgehalt vorgegriffen I have drawn on my next month's salary. – II V~ *n* ⟨-s⟩ 5. *verbal noun.* – 6. *cf.* Vorgriff. — **'vorˌgrei·fend** I *pres p.* – II *adj* (*Maßnahme etc*) anticipatory.

'Vorˌgriff *m* 1. *cf.* Vorgreifen. – 2. anticipation. – 3. (*auf Geld*) anticipation: in ~ auf (*acc*) in anticipation of.

'vorˌha·ben *v/t* ⟨*irr, sep*, -ge-, h⟩ 1. (*vorgebunden haben*) have (*s.th.*) on: eine Schürze ~ to have an apron on. – 2. (*planen, beabsichtigen*) plan, propose, contemplate: ich habe vor, nach Italien zu fahren I plan to go to Italy; du hast es ja gut vor *colloq.* you seem to have big (*od.* quite some) plans. – 3. (*fest, ernsthaft*) mean, intend: ich habe (fest) vor, es ihm heute zu sagen I intend to tell him today. – 4. hast du heute abend schon etwas vor? have you anything on (*od.* have you any plans, *colloq.* are you doing anything) this evening? ich habe heute abend nichts vor I have nothing on (*od. colloq.* I am not doing anything) this evening; wenn du nichts Besseres vorhast, können wir vielleicht ins Kino gehen if you have nothing else to do we could perhaps go to the pictures (*bes. Am. colloq.* movies). – 5. etwas mit etwas [j-m] ~ to be going to do s.th. with s.th. [s.o.]: was hast du mit dem Stoff vor? what are you going to do (*od.* what have you in mind) with the material? – 6. (*im Schilde führen*) be up to: was hat er jetzt wieder vor? what is he up to now? – 7. *colloq.* (*beschäftigt sein mit*) be busy with, be at: er hat gerade seine Briefmarkensammlung vor he is just at his stamp collection. – 8. j-n ~ *colloq.* a) (*ausfragen*) to catechize (*Br. auch* -s-) s.o., b) (*schelten*) to haul (*od.* drag, rake) s.o. over the coals, to give s.o. a dressing down.

'Vorˌha·ben *n* ⟨-s; -⟩ 1. plan: ein löbliches ~ a praiseworthy plan; ein ~ ausführen (*od.* durchführen) to carry out a plan; j-n von seinem ~ abbringen to dissuade (*od.* keep) s.o. from carrying out his plan. – 2. (*fester Vorsatz*) intention, intent, purport, design, (*stärker*) purpose. – 3. (*Projekt*) project.

'Vorˌha·fen *m mar.* outport, outer port.

'Vorˌhal·le *f* 1. (entrance) hall, vestibule. – 2. (*im Theater etc*) foyer, lobby, lounge. – 3. (*im Parlament*) lobby. – 4. (*bes. einer Kirche*) porch.

'Vorˌhalt *m* ⟨-(e)s; -e⟩ 1. *mus.* suspension: freier ~ unprepared suspension. – 2. *mil.* (*in der Ballistik*) lead, (*als Winkel*) deflection, *Br. auch* deflexion. – 3. *Swiss for* Vorhaltung.

'Vorˌhal·te *f* ⟨-; *no pl*⟩ (*sport*) (*beim Turnen*) a) Arme in ~ arms at front horizontal, b) Hang mit den Beinen in ~ *cf.* Vorhebhalte.

'vorˌhal·ten I *v/t* ⟨*irr, sep*, -ge-, h⟩ 1. (*Decke etc*) hold (*od.* put) (*s.th.*) in front: j-m einen Spiegel ~ to hold a mirror in front of s.o.; beim Gähnen die Hand ~ to put one's hand in front of one's mouth when one yawns. – 2. j-m eine Pistole ~ to point a revolver at s.o. – 3. j-m etwas ~ *fig.* (*vorwerfen*) to remonstrate with s.o. about s.th., (*stärker*) to rebuke (*od.* reproach) s.o. for s.th.: j-m seine Unzuverlässigkeit ~ to rebuke s.o. for his unreliability; ihm wurde vorgehalten, daß er immer zu spät käme he was rebuked for always being late. – 4. j-n j-m als Muster (*od.* Vorbild) ~ to hold up s.o. as an example to s.o. – II *v/i* 5. (*ausreichen, andauern*) last: der Vorrat wird noch einige Zeit ~ the supply will last for another while; das Mittagessen hat nicht lange vorgehalten the lunch did not last long; seine guten Vorsätze werden nicht lange ~ *fig.* his good resolutions will not last long. – 6. *mil.* take (*od.* supply) a lead.

'Vorˌhal·teˌpunkt *m mil.* (*in der Ballistik*) predicted position of target.

'Vorˌhal·ter *m tech.* (*Nietwerkzeug*) holder-on, dolly.

'Vorˌhal·teˌwin·kel *m mil.* (*in der Ballistik*) 1. deflection (*Br. auch* deflexion) (angle), lead angle. – 2. (*zur Seite*) lateral deflection (*Br. auch* deflexion). – 3. (*nach oben*) vertical deflection (*Br. auch* deflexion). – 4. (*beim Bombenwurf*) dropping (*od.* bombing) angle.

'VorˌhaltsˌNo·te *f mus.* suspended note.

'Vorˌhal·tung *f* ⟨-; -en⟩ *meist pl* remonstrance, remonstration, (*stärker*) rebuke, reproach: j-m ~en machen (wegen about) to remonstrate with s.o.

'Vorˌhand *f* ⟨-; *no pl*⟩ 1. (*beim Kartenspiel*) lead: die ~ haben to have the lead, to lead. – 2. (*sport*) (*beim Tennis etc*) a) forehand, b) *cf.* Vorhandschlag 1. – 3. *econ. cf.* a) Vorkaufsrecht, b) Option 2. – 4. (*beim Reitsport*) forehand: auf der rechten ~ lahmen to be lame on the right forehand.

ˌvor'han·den [-'handən] *adj* 1. (*existierend, existent*) existing, existent, in existence, extant: die noch ~en mittelalterlichen Gebäude the medi(a)eval buildings still existing; die Urschrift ist nicht mehr ~ the original manuscript is no longer in existence (*od.* no longer exists); von den Vorräten ist nichts mehr ~ nothing is left of the supplies; dort sind reiche Bodenschätze ~ rich mineral deposits are to be found there. – 2. (*verfügbar*) available: die Bluse ist in Ihrer Größe leider nicht ~ unfortunately the blouse is not available in your size. – 3. (*anwesend*) existing, present: er benahm sich, als sei ich gar nicht ~ he behaved as if I didn't exist (*od.* as if I wasn't there). – 4. *econ.* (*vorrätig, auf Lager*) on hand, in stock. — **ˌVor'han·denˌsein** *n* ⟨-s; *no pl*⟩ 1. existence. – 2. (*Anwesenheit*) existence, presence.

'Vorˌhand|ˌschlag *m* (*sport*) 1. (*beim Tennis etc*) forehand (stroke). – 2. (*beim Hockey*) forehand stroke (*od.* hit). — **~ˌstop·pen** *n* (*beim Hockey*) forehand stopping.

'Vorˌhang *m* 1. (*vor Fenstern*) curtain: die Vorhänge vorziehen (*od.* zuziehen, schließen) to draw (*od.* pull) the curtains (across); die Vorhänge zurückziehen to draw back (*od.* pull back, open) the curtains. – 2. *pl collect.* (*Vorhangmaterial*) curtaining *sg*, *bes. Am.* drapes, hangings: sie haben über 500 Mark für Vorhänge ausgegeben they spent more than 500 marks on (the) curtaining. – 3. (*vor Türen*) portiere, *bes. Br.* portière, (door) curtain. – 4. (*theater*) a) curtain, b) (*zum Herunterlassen*) drop (curtain), c) *fig. colloq.* (*Applaus nach der Vorstellung*) curtain (call): der eiserne ~ the fireproof curtain, the asbestos (curtain); der ~ geht auf (*od.* hoch, öffnet sich, hebt sich) the curtain rises; der ~ fällt (*od.* senkt sich, geht nieder) the curtain falls; vor den ~ treten to come out in front of the curtain; die Schauspieler hatten zehn Vorhänge the actors had ten curtains. – 5. der Eiserne ~ *pol.* the Iron Curtain, the iron curtain. — **~ˌblen·de** *f phot.* curtain (fading) shutter, curtain wipe.

'vorˌhän·gen[1] *v/i* ⟨*irr, sep*, -ge-, h⟩ (*von Unterkleid etc*) be showing.

'vorˌhän·gen[2] *v/t* ⟨*sep*, -ge-, h⟩ (*Schloß, Kette etc*) put (*s.th.*) on: hast du die Kette vorgehängt? have you put the chain on?

'Vorˌhän·geˌschloß *n* padlock: etwas mit einem ~ verschließen to padlock s.th.

'Vorˌhang|ˌschie·ne *f* curtain rail. — **~ˌstan·ge** *f* 1. (*zum Befestigen der Vorhänge*) curtain rail. – 2. (*zum Zuziehen*) curtain rod. — **~ˌstoff** *m* curtain (*od.* drapery) material (*od.* fabric), curtaining, casement (cloth).

'Vorˌhaus *n bes. Austrian for* Hausflur 1, 2.

'Vorˌhaut *f med.* foreskin, prepuce. — **~entˌzün·dung** *f* posthitis. — **~verˌen·gung** *f* phimosis.

'VorˌhebˌHal·te [-ˌhaltə] *f* ⟨-; *no pl*⟩ (*sport*) (*beim Geräteturnen*) half lever hang, "L" support.

'Vorˌhel·ling *f mar.* ways-end.

'Vorˌhemd *n* shirtfront, *Br.* shirt-front, dickey, *auch* dicky (*colloq.*).

vor·her [ˌfoːr'heːr; 'foːrˌheːr] *adv* 1. (*unmittelbar vor einem bestimmten Zeitpunkt*) beforehand, *bes. Am.* before: kurz ~ habe ich noch mit ihm gesprochen I talked to him shortly beforehand; du hättest das Buch ~ lesen sollen, nicht hinterher you should have read the book beforehand, not afterward(s); am Abend ~ (on) the previous evening, the evening before. – 2. (*irgendwann vor einem bestimmten Zeitpunkt*) before, previously: wie schon ~ erwähnt as has been mentioned before; ich muß ihm ~ schon einmal begegnet sein (*vor unserer gestrigen Begegnung*) I must have met him before; das ~ Gesagte the aforesaid. – 3. (*in einem früheren Stadium*) before, *bes. Br.* earlier on: warum hast du das nicht ~ gesagt? why didn't you say that before? er wurde noch wütender als ~ he became even angrier than before. – 4. (*im voraus*) in advance, beforehand: ~ bezahlen to pay in advance; ich will es ~ wissen I want to know beforehand; ich habe die Karten lange ~ bestellt I ordered the tickets long beforehand. – 5. (*räumlich*) earlier, back: drei Seiten ~ three pages earlier.

ˌvor'her|beˌstim·men I *v/t* ⟨*sep, no* -ge-, h⟩ 1. predetermine, predestine, foreordain, preordain. – 2. *relig.* predestine. – II V~ *n* ⟨-s⟩ 3. *verbal noun.* – 4. *cf.* Vorherbestimmung. — **~beˌstimmt** I *pp.* – II *adj* 1. predetermined, predeterminate, predestined, predestinate, foreordained, preordained: der ~e Lauf der Dinge the predetermined course of events; die Menschheit ist zum Untergang ~ mankind is predetermined (*od.* fated) to destruction. – 2. *relig.* predestined, predestinate. — **V~beˌstim·mung** *f* ⟨-; *no pl*⟩ 1. *cf.* Vorherbestimmen. – 2. predetermination, predestination, foreordination, preordination. – 3. *relig.* predestination.

'Vorˌherbst *m* early autumn.

'Vorˌherd *m metall.* (*eines Hochofens*) forehearth.

ˌvor'her|geˌgan·gen I *pp of* vorhergehen. – II *adj fig. cf.* vorangegangen II. — **~ˌge·hen** *v/i* ⟨*irr, sep*, -ge-, sein⟩ *cf.* vorangehen 4. — **~ˌge·hend** I *pres p.* – II *adj* previous, preceding: am ~en Tag (on) the previous (*od.* preceding) day, the day before; auf der ~en Seite on the previous page. – III V~e, das ⟨-n⟩ *cf.* vorangehend III.

vor·he·rig [ˌfoːr'heːrɪç; 'foːrˌheːrɪç] *adj* ⟨*attrib*⟩ 1. previous, preceding, foregoing, former: ohne ~e Ankündigung without previous (*od.* prior) notice. – 2. (*ehemalig*) former.

'Vorˌherr·schaft *f* ⟨-; *no pl*⟩ 1. (über *acc* over) predominance, *auch* predominancy, (pre)domination, prepotency, supremacy: ihre ~ über dieses Gebiet blieb unumstritten their predominance over (*od.* in) this territory remained uncontested. – 2. (*Hegemonie*) hegemony.

'vorˌherr·schen I *v/i* ⟨*sep*, -ge-, h⟩ 1. predominate, be predominant, preponderate, prevail, dominate, obtain: diese Meinung herrscht allgemein vor this is the predominant opinion; in diesem Glasfenster herrscht Blau vor blue is predominant in this stained-glass window. – II V~ *n* ⟨-s⟩ 2. *verbal noun.* – 3. predominance, *auch* predominancy, predomination, prevalence, dominance. — **'vorˌherr·schend** I *pres p.* – II *adj* predominant, preponderant, prevalent, prevailing, dominant, current, paramount: die ~e Meinung ist, daß the predominant opinion is that; die damals ~e Mode the fashion prevalent at the time.

ˌvor'herˌsag·bar *adj* predictable. — **ˌVor'herˌsag·bar·keit** *f* ⟨-; *no pl*⟩ predictability.

ˌVor'herˌsa·ge *f* ⟨-; -n⟩ 1. *cf.* Voraussage. – 2. *meteor.* forecast: die ~ bis morgen abend the forecast until tomorrow evening. — **ˌvor'herˌsa·gen** *v/t* ⟨*sep*, -ge-, h⟩ 1. *cf.* voraussagen. – 2. *meteor.* (*Wetter*) forecast.

ˌ**vorˈher|ˌseh·bar** *adj cf.* voraussehbar. — **~ˌse·hen** *v/t* ⟨*irr, sep,* -ge-, h⟩ *cf.* voraussehen. — **~ˌwis·sen** *v/t* ⟨*irr, sep,* -ge-, h⟩ *cf.* vorauswissen.

ˈ**vorˌheu·cheln** *v/t* ⟨*sep,* -ge-, h⟩ feign, pretend, simulate: j-m etwas ~ to put on an act to s.o. (*colloq.*); er heuchelte ihr vor, krank zu sein he pretended to her to be ill, he put on an act to her of being ill; mir kannst du nichts ~ you cannot deceive me by putting on an act.

ˈ**vorˌheu·len** *v/t* ⟨*sep,* -ge-, h⟩ j-m etwas ~ *colloq.* to go to s.o. with a (big) sob story (*colloq.*).

ˈ**Vorˌhieb** *m* (*beim Fechtsport*) stop cut.

ˈ**Vorˌhim·mel** *m relig.* first heaven.

vor·hin [ˌfoːrˈhɪn; ˈfoːrˌhɪn] *adv* a while ago: rate mal, wen ich ~ getroffen habe guess whom I met a while ago (*od.* just now).

ˈ**vor·hinˌein** *adv only in* im ~ *bes. Austrian* in advance.

ˈ**Vorˌhirn** *n med. zo.* forebrain.

ˈ**vor·hiˌsto·risch** *adj* prehistoric(al).

ˈ**vorˌho·beln** *v/t* ⟨*sep,* -ge-, h⟩ *tech.* rough-plane.

ˈ**vorˌhochˌzeit·lich** *adj* before the wedding, antenuptial, prenuptial.

ˈ**Vorˌhof** *m* **1.** forecourt, *Am. auch* dooryard. – **2.** *med.* a) (*des Herzens*) vestibule, auricle, atrium, b) (*des Innenohres*) vestibule. — **~ˌflat·tern** *n med.* (*des Herzens*) atrial (*od.* auricular) flutter. — **~ˌflim·mern** *n* atrial (*od.* auricular) fibrillation.

ˈ**vorˌho·len** *v/t* ⟨*sep,* -ge-, h⟩ die Schoten ~ (*beim Segeln*) to sheet home, to tally the sheets flat aft.

ˈ**Vorˌho·ler** *m* ⟨-s; -⟩ **1.** (*beim Segelsport*) (*Leine*) fore haul. – **2.** *mil.* recuperator, counterrecoil mechanism. — **~ˌkol·ben** *m mil.* counterrecoil piston.

ˈ**Vorˌholˌfe·der** *f mil.* recuperator spring.

ˈ**Vorˌhöl·le** *f* ⟨-; *no pl*⟩ *relig.* limbo, *auch* Limbo.

ˈ**Vorˌhufˌtier** *n zo.* subungulate (*Überordng Subungulata*).

ˈ**Vorˌhut** *f* ⟨-; -en⟩ *mil.* vanguard, van, advance guard. — **~geˌfecht** *n* vanguard action (*od.* engagement).

ˈ**vo·rig I** *adj* **1.** ⟨*attrib*⟩ (*früher*) former, previous: der ~e Besitzer des Autos the former owner of the car. – **2.** ⟨*attrib*⟩ (*letzt, vergangen*) last: ~e Woche last week; in der ~en Woche last week, in the past week; das ~e Mal last time. – **3.** ⟨*pred*⟩ *Swiss* left over: er hat es ~ gelassen he left it (over); ich bin hier ~ I am superfluous here. – **II V~e, das** ⟨-n⟩ **4.** (*mit Kleinschreibung*) im ~en earlier, (*bei Geschriebenem*) *auch* above. – **5.** (*theater*) (the) previous performances *pl.* – **6.** the past.

ˈ**Vo·ri·ge** *m, f* ⟨-n; -n⟩ **1.** (*mit Kleinschreibung*) above(-mentioned) person. – **2.** die ~n (*theater*) the same.

ˈ**vorˌin·do·gerˌma·nisch** *adj* pre-Indo-European.

ˈ**Vor·inˌstanz** *f jur.* lower instance.

ˈ**Vorˌjahr** *n* previous (*od.* preceding) year, year before: das Laub vom ~ the foliage from the preceding year. — ˈ**vorˌjäh·rig** *adj* of the year before, of the previous (*od.* preceding) year: die ~e Mode the fashion of the year before.

ˈ**vorˌjam·mern** *v/t* ⟨*sep,* -ge-, h⟩ j-m etwas ~ *colloq.* to pour forth a tale of woe to s.o.: sie jammerte ihm vor, ihr Mann sei krank (*od.* daß ihr Mann krank sei) she poured forth a tale of woe to him about her husband being ill.

ˈ**Vor·kaˌli·ber** *n metall.* (*beim Walzen*) preceding pass.

ˈ**Vor·kal·ku·la·tiˌon** *f econ.* preliminary calculation.

ˈ**Vorˌkam·mer** *f* **1.** *med.* (*des Herzens*) auricle, atrium, vestibule. – **2.** *auto.* (*des Motors*) antechamber, precombustion chamber. — **~ˌmo·tor** *m auto.* precombustion-chamber engine.

ˈ**Vorˌkampf** *m* (*sport*) (*beim Boxen*) *cf.* Rahmenkampf.

ˈ**Vorˌkämp·fer** *m* **1.** pioneer, champion, protagonist. – **2.** (*sport*) (*beim Boxen*) *cf.* Rahmenkämpfer.

ˈ**Vorˌkämp·fe·rin** *f* ⟨-; -nen⟩ *cf.* Vorkämpfer 1: sie war eine ~ der Emanzipation she was a pioneer of emancipation.

ˈ**Vorˌkar·de** *f* (*textile*) breaker card.

ˈ**Vorˌkas·se** *f* ⟨-; *no pl*⟩ *econ.* advance payment: nur gegen ~ only on (*od.* against) advance payment.

ˈ**vorˌkau·en** *v/t* ⟨*sep,* -ge-, h⟩ **1.** (*Nahrung*) chew: j-m das Essen ~ (*bei Naturvölkern*) to chew food for s.o. – **2.** j-m etwas ~ *fig. colloq.* to spoon-feed s.th. to s.o.: ich mußte ihm die Regeln in allen Einzelheiten ~ I had to spoon-feed every single rule to him.

ˈ**Vorˌkauf** *m jur.* preemption, *Br.* pre-emption. — ˈ**Vorˌkäu·fer** *m* preemptor, *Br.* pre-emptor.

ˈ**Vorˌkaufs|beˌrech·tig·te** *m, f econ. jur.* preemptor, *Br.* pre-emptor. — **~ˌrecht** *n* **1.** preemptive (*Br.* pre-emptive) right, (right of) preemption (*Br.* pre-emption), right of first refusal, buying option: j-m das ~ einräumen to give s.o. the right of first refusal, to give s.o. pre(-)emptive right. – **2.** (*Kaufoption an der Börse*) call.

ˈ**Vorˌkehr** [-ˌkeːr] *f* ⟨-; -en⟩ *Swiss for* Vorkehrung. — ˈ**vorˌkeh·ren** *v/i* ⟨*sep,* -ge-, h⟩ **1.** *cf.* herauskehren. – **2.** *Swiss* take precautions (*od.* precautionary measures).

ˈ**Vorˌkehrˌmaßˌnah·me** *f cf.* Vorkehrung.

ˈ**Vorˌkeh·rung** *f* ⟨-; -en⟩ **1.** precaution, precautionary measure: ~en treffen a) to take precautions (*od.* precautionary measures), b) to make arrangements; wir müssen ~en gegen eine weitere Verbreitung der Epidemie treffen we must take precautions against a further spreading of the epidemic; sie trafen ~en, damit ihnen so etwas nicht wieder passierte they took precautions to prevent such a thing (from) happening (*od.* to ensure that such a thing would not happen) to them again. – **2.** (*Anordnung*) arrangements *pl,* provision, dispositions *pl.*

ˈ**Vorˌkeim** *m bot.* **1.** (*bei Farnen u. Schachtelhalmen*) prothallium. – **2.** (*bei Moosen*) protonema.

ˈ**vorˌkei·men** *v/t* ⟨*sep,* -ge-, h⟩ (*Samen*) pregerminate.

ˈ**Vorˌkennt·nis** *f* ⟨-; -se⟩ *meist pl* **1.** (*theoretische Kenntnisse*) previous knowledge: er hat gute ~se im Englischen he has a good previous knowledge of English. – **2.** (*Erfahrung*) previous experience: ~se erwünscht, aber nicht Voraussetzung previous experience is desired but not obligatory (*od.* required).

ˈ**Vorˌkern** *m biol.* pronucleus.

ˈ**Vorˌkief·rig·keit** [-ˌkiːfrɪç-] *f* ⟨-; *no pl*⟩ *med.* prognathy, prognathism.

ˈ**vorˌklap·pen** *v/t* ⟨*sep,* -ge-, h⟩ (*Sitzlehne etc*) fold (*s.th.*) forward (*od.* down).

ˈ**Vorˌklas·se** *f ped.* preliminary (*od.* preparatory) class.

ˈ**Vorˌklas·sik** *f* preclassicism. — ˈ**Vorˌklassi·ker** *m* preclassic. — ˈ**vorˌklas·sisch** *adj* preclassic(al).

ˈ**Vorˌkli·ni·ker** *m med.* preclinical student. — ˈ**vorˌkli·nisch** *adj* preclinical.

ˈ**Vorˌknecht** *m* foreman.

ˈ**vorˌknöp·fen** *v/t* ⟨*sep,* -ge-, h⟩ sich (*dat*) j-n ~ *colloq.* to put (*od.* call) s.o. on the carpet (*colloq.*), to take s.o. to task.

ˈ**vorˌko·chen I** *v/t* ⟨*sep,* -ge-, h⟩ etwas ~ to cook s.th. in advance, to precook s.th. – **II** *v/i* cook in advance.

ˈ**vorˌkoh·len** *v/t* ⟨*sep,* -ge-, h⟩ j-m etwas ~ *colloq.* to tell s.o. a cock-and-bull story.

ˈ**Vor·komˌman·do** *n mil.* advance party (*od.* detachment, unit).

ˈ**vorˌkom·men**[1] **I** *v/i* ⟨*irr, sep,* -ge-, sein⟩ **1.** (*sich finden*) be (to be) found, occur, be met with: in diesem Satz kommen mehrere Adjektive vor several adjectives are found (*od.* there are several adjectives) in this sentence; diese Pflanzen kommen nur in den Tropen vor these plants are (to be) found only in the tropics; dieses Wort kommt bei Thomas Mann vor this word occurs in Thomas Mann('s work). – **2.** (*geschehen, passieren*) happen, occur: das kommt alle Tage vor this happens every day; so etwas ist mir noch nicht vorgekommen a) a thing like that has never happened to me, I have never experienced anything like that, b) I have never seen the like of that; so etwas kommt in den besten Familien vor *colloq. humor.* things like that can happen in the best of families; so etwas soll schon vorgekommen sein s.th. like this has been known to happen; daß mir so etwas nicht wieder vorkommt! don't let that happen again! – **3.** (*scheinen, erscheinen*) seem: diese Melodie kommt mir bekannt vor this tune seems familiar to me; es kommt mir etwas merkwürdig vor it seems rather strange to me, I find it rather strange, it strikes me as being rather strange; das kommt dir nur so vor it just seems like that to you, you just think (*od.* imagine) that; er kommt sich sehr [wunder wie] gescheit vor he thinks (*od.* fancies) he is very [*colloq.* ever so] clever; ich komme mir sehr dumm vor I feel very silly; ich komme mir vor wie ein Dummkopf you would think I was a fool; wie kommst du mir denn vor! *colloq.* who do you think you are! → spanisch I. – **4.** (*nach vorn kommen*) come forward (*od.* [up] to the front): komm vor und schreib es an die Tafel come to the front and write it on the blackboard. – **5.** (*hervorkommen*) come out: ihre Hand kam unter dem Umhang vor her hand came out from under the wrap; das Kaninchen kam aus dem Bau vor the rabbit came out (*od.* emerged) from the burrow. – **6.** *math.* appear, be found. – **II** *v/impers* **7.** es kommt immer wieder vor, daß it happens again and again that; es kann ~, daß it may happen that; es ist schon vorgekommen, daß sie das getan hat she has been known to do that. – **8.** es kommt mir so vor, als ob it seems to me as if. – **III V~** *n* ⟨-s⟩ **9.** *verbal noun.* – **10.** (*Auftreten*) occurrence, incidence, appearance: das V~ von Elchen ist in Mitteleuropa äußerst selten the occurrence of elk(s) in Central Europe is extremely rare.

ˈ**Vorˌkom·men**[2] *n* ⟨-s; -⟩ (*Lagerstätte*) deposit(s *pl*), bed: in Südafrika gibt es immer noch reiche ~ an Gold rich gold deposits still exist in South Africa.

ˈ**vorˌkom·men·denˈfalls** *adv* (*officialese*) should the case arise.

ˈ**Vorˌkomm·nis** *n* ⟨-ses; -se⟩ occurrence, happening, incident, event: keine besonderen ~se no unusual occurrence(s).

ˈ**Vor·kon·feˌrenz** *f bes. pol.* preliminary conference.

ˈ**Vor·kor·rekˌtur** *f print. cf.* Vorauskorrektur.

ˈ**Vorˌkost** *f gastr. cf.* Vorspeise.

ˈ**vorˌkra·gen** [-ˌkraːgən] *civ.eng.* **I** *v/i* ⟨*sep,* -ge-, h⟩ jut out, project, corbel. – **II V~** *n* ⟨-s⟩ *verbal noun.* — ˈ**Vorˌkra·gung** *f* ⟨-; -en⟩ **1.** *cf.* Vorkragen. – **2.** corbel, projection.

ˈ**vorˌkrie·chen** *v/i* ⟨*irr, sep,* -ge-, sein⟩ creep (*od.* crawl) forward.

ˈ**Vorˌkriegs|erˌschei·nung** *f* prewar (*Br.* pre-war) phenomenon. — **~ˌpreis** *m* prewar price. — **~ˌstand** *m* prewar level (*od.* figure). — **~verˌhält·nis·se** *pl* prewar conditions. — **~ˌwa·re** *f* prewar product (*od.* goods *pl*). — **~ˌzeit** *f* prewar period (*od.* days *pl*).

ˈ**Vorˌkröpf·geˌsenk** *n metall.* snaker.

ˈ**vorˌküh·len** *v/t* ⟨*sep,* -ge-, h⟩ precool. — ˈ**Vorˌküh·ler** *m tech.* precooler. — ˈ**Vorˌküh·lung** *f* ⟨-; *no pl*⟩ preliminary cooling, precooling.

ˈ**Vorˌkurs** *m ped.* preliminary (*od.* preparatory) course.

ˈ**vorˌla·den** *jur.* **I** *v/t* ⟨*irr, sep,* -ge-, h⟩ **1.** summon, cite, (*unter Strafandrohung*) *auch* subp(o)ena: er wurde wegen (*od.* in) einer Mordsache vorgeladen he was summoned (*od.* cited to appear) in a murder case. – **II V~** *n* ⟨-s⟩ **2.** *verbal noun.* – **3.** *cf.* Vorladung.

ˈ**Vorˌla·deˌschein** *m jur. cf.* Vorladung 2.

ˈ**Vorˌla·dung** *f* ⟨-; -en⟩ *jur.* **1.** *cf.* Vorladen. – **2.** (writ of) summons, citation, monition, precept, *Br.* writ, (*unter Strafandrohung*) *auch* subp(o)ena: nochmalige (*od.* erneute) ~ resummons; schriftliche ~ letters *pl* citatory; j-m eine ~ zustellen to serve s.o. with a summons, to serve a summons (up)on s.o.

ˈ**Vorˌla·dungs|beˌfehl** *m jur.* precept, (*unter Strafandrohung*) subp(o)ena. — **~ˌschrei·ben** *n,* **~ˌzet·tel** *m cf.* Vorladung 2.

ˈ**Vorˌla·ge** *f* ⟨-; -n⟩ **1.** *cf.* Vorlegen. – **2.** ⟨*only sg*⟩ *bes. jur.* a) (*von Urkunden etc*) presentation, production, exhibition, b) (*von Beweisen etc*) submission: Aushändigung der Post nur gegen ~ des Personalausweises mail will only be handed out on presentation of the identity card; ~ von Beweisen submission of evidence. – **3.** ⟨*only sg*⟩ *bes. econ.* (*von Wechsel, Scheck etc*) presentation: zahlbar bei ~ payable on presentation. – **4.** ⟨*only sg*⟩ (*beim Skifahren*) forward lean, vorlage. – **5.** (*beim Fußball etc*) (forward) pass, *bes. Am.* assist. – **6.** (*Modell*) model: du mußt dir die ~ genau ansehen you must have a close look at the model; Zeichnen nach ~ *bes. tech.*

object drawing. – **7.** (*Muster*) pattern: **eine ~ zum Stricken** a knitting pattern. – **8.** *pol.* (*Entwurf*) bill: **eine ~ für ein neues Alkoholgesetz** a bill for a new law on alcohol. – **9.** (*bes. literature*) subject. – **10.** *chem.* (*Auffanggefäß bei der Destillation*) receiver. – **11.** *tech.* a) (*für Gas*) collector main, b) (*beim Schweißen*) water seal. – **12.** *metall.* (*bei der Gasreinigung*) off-take (*od.* collecting) main. – **13.** *mil.* (*zur Mündungsfeuerdämpfung*) antiflash additive, flash-reducing wad. – **14.** *gastr.* (*einer Speise*) helping, portion.

'Vorˌland *n* ⟨-(e)s; *no pl*⟩ *geogr.* **1.** (*eines Gebirges etc*) foreland. – **2.** (*vor einem Deich*) foreshore.

'vorˌlängst *adv archaic* long ago (*od.* since).

'vorˌlas·sen *v/t* ⟨*irr, sep,* -ge-, h⟩ **1.** (*Zutritt gewähren*) admit: **er wurde beim Präsidenten vorgelassen** he was admitted to the president('s presence). – **2.** (*den Vortritt lassen*) let (*s.o.*) go first (*od.* in front): **würden Sie mich bitte ~** would you let me go first, please? – **3.** (*vorbeifahren od. -gehen lassen*) let (*s.o., s.th.*) past (*od.* pass, by), allow (*s.o., s.th.*) to pass: **er ließ drei Autos vor** he allowed three cars to pass.

'vorˌla·stig [-ˌlastɪç] *adj cf.* **vorderlastig.**

'Vorˌlauf *m* **1.** (*sport*) preliminary heat. – **2.** *chem.* a) (*bei der Destillation*) first fraction (*od.* running), forerun, heads *pl*, b) (*bei der Benzolgewinnung*) forerunning. – **3.** *tech.* a) (*Anlauf*) start, b) (*von Schlitten, Spindel etc*) advance, forward travel, approach, c) (*eines Stößels*) forward stroke, d) (*bei einem Rad*) offset, *Br.* off-set. – **4.** *mil.* (*eines Geschützes*) counterrecoil.

'vorˌlau·fen *v/i* ⟨*irr, sep,* -ge-, sein⟩ **1.** (*nach vorn laufen*) run (up) to the front. – **2.** (*vorauslaufen*) run on ahead. – **3.** (*von Uhren*) *cf.* **vorgehen** 4.

'Vorˌläu·fer *m* **1.** (*Person*) precursor, forerunner: **die Empiristen sind die ~ der modernen Wissenschaft** the empiricists are the precursors of modern science. – **2.** (*Vorbote*) herald, harbinger. – **3.** (*beim Skirennen*) forerunner. – **4.** (*Sache*) forerunner: **diese Erfindung ist ein ~ des heutigen Autos** this invention is a forerunner of the present-day automobile. – **5.** (*railway*) *Swiss for* **Vorzug**². – **6.** (*textile*) forerunner, end cloth. – **7.** *mar.* (*einer Harpune*) foregoer, foreline, foreganger.

'vorˌläu·fig I *adj* **1.** (*vorübergehend*) temporary, provisional, interim (*attrib*), provisory: **das ist nur ein ~er Zustand** this is only a temporary state of affairs; **diese Unterkunft ist nur ~** this accommodation is only temporary. – **2.** (*noch nicht endgültig*) provisional, preliminary: **zur ~en Orientierung** for provisional orientation (*od.* guidance); **~en Informationen zufolge** according to provisional information; **der Arzt konnte nur eine ~e Diagnose stellen** the doctor could only make a provisional (*od.* tentative) diagnosis. – **3.** *jur.* interlocutory, interim (*attrib*): **eine ~e Anordnung** an interim order. – **4. ~es Programm** (*computer*) preliminary program (*bes. Br.* programme). – **II** *adv* **5.** (*bis auf weiteres*) temporarily, provisionally, for the present (*od.* moment, time being), provisorily: **das können wir ~ so lassen** we can leave it like this provisionally. – **6.** (*fürs erste*) for the present (*od.* moment, time being): **~ kann ich noch nichts Genaues sagen** I cannot say anything exact for the moment.

'vorˌlaut I *adj* **1.** forward: **sein ~es Wesen regt alle auf** his forward manner (*od.* his forwardness) annoys everyone. – **2.** (*keck*) pert, cheeky, saucy, flippant, cocky (*colloq.*). – **3.** *hunt.* (*Hund*) overloud, too noisy. – **II** *adv* **4. er benimmt sich sehr ~** he behaves most forwardly (*od.* in a very forward manner).

'vorˌle·ben *v/t* ⟨*sep,* -ge-, h⟩ **j-m etwas ~** to exemplify s.th. to s.o. through one's own life: **er lebte ihnen vor, wie man mit wenig glücklich sein kann** he exemplified to them through his own life how to be happy with little; **er führte ein Leben, wie sein Vater es ihm vorgelebt hatte** he led the life exemplified by his father.

'Vorˌle·ben *n* ⟨-s; *no pl*⟩ (*bisheriger Lebenslauf*) former (*od.* past) life, past, antecedents *pl*: **über sein ~ ist wenig bekannt** little is known about his former life.

'Vorˌle·ge|beˌsteck *n* **1.** (*zum Bratenschneiden*) carving knife and fork, carving set. – **2.** (*zum Servieren*) serving cutlery, servers *pl.* — **~ˌga·bel** *f* serving fork. — **~ˌlöf·fel** *m* tablespoon, serving spoon. — **~ˌmes·ser** *n* carving knife.

'vorˌle·gen I *v/t* ⟨*sep,* -ge-, h⟩ **1.** (*Riegel etc*) put (*s.th.*) across. – **2.** (*Schloß, Kette etc*) put (*s.th.*) on. – **3.** (*davorlegen*) put (*od.* lay) (*s.th.*) in front: **leg noch einen Stein vor, damit das Auto nicht wegrollt** put another stone in front to prevent the car from rolling away. – **4.** (*Speisen*) serve: **sie legten ihm nur die besten Sachen vor** they served him only the best things (*od.* food). – **5.** (*zeigen*) present: **hiermit legt der Verlag ein völlig neues Wörterbuch vor** the publishing house presents with this publication a completely new dictionary; **das Zeugnis muß den Eltern vorgelegt werden** the report must be presented (*od.* shown) to the parents. – **6.** (*einreichen, unterbreiten*) present, submit: **das Schreiben wurde ihm zur Unterschrift vorgelegt** the letter was presented to him for signature; **den Haushalt ~** *pol.* to present the budget; **er legte dem Richter die Liste der Geschworenen vor** he presented (*od.* returned) the list of the jury to the judge; **der Architekt legte der Kommission mehrere Entwürfe vor** the architect presented several plans to the commission. – **7.** *bes. jur.* a) (*Dokumente etc*) produce, present, exhibit, b) (*Beweise etc*) submit, produce, tender: **können Sie keinen Ausweis ~?** can't you produce any identification (card)? **der Anwalt legte neue Beweise vor** the attorney submitted (*od.* produced) new evidence. – **8.** *bes. econ.* (*Scheck, Wechsel etc*) present: **einen Wechsel [erneut] zur Annahme ~** to [re-]present a bill for acceptance. – **9.** (*in Wendungen wie*) **j-m eine Frage ~** to put (*od.* address, pose) a question to s.o.; **ein schnelles** [**rasendes** *od. colloq.* **tolles**] **Tempo ~** to go at a fast [breakneck] pace (*od.* speed); **sie legten ein schnelleres Tempo vor** they went at a faster pace, they quickened their pace, they speeded up; **j-m den Ball ~** (*sport*) to pass the ball to s.o. – **II** *v/i* **10.** (*von Kellner*) serve. – **III** *v/reflex* **sich ~ 11.** lean forward. – **IV V~** *n* ⟨-s⟩ **12.** *verbal noun.* – **13.** *cf.* **Vorlegung.**

'Vorˌle·ger *m* ⟨-s; -⟩ **1.** (*vor dem Bett etc*) rug, mat. – **2.** (*vor der Badewanne*) bath mat.

'Vorˌle·geˌschloß *n* padlock.

'Vorˌle·gung *f* ⟨-; *no pl*⟩ **1.** *cf.* **Vorlegen.** – **2.** presentation: **~ der Unterlagen** presentation of the material. – **3.** (*Unterbreitung*) presentation, submission: **die ~ eines neuen Gesuchs** the presentation of a new petition. – **4.** *cf.* **Vorlage** 2, 3.

'Vorˌle·gungsˌfrist *f econ.* time (allowed) for presentation: **die ~ für diesen Wechsel beträgt sechs Wochen** the time (allowed) for the presentation of (*od.* the time for presenting) this bill is six weeks.

'vorˌleh·nen *v/reflex* ⟨*sep,* -ge-, h⟩ **sich ~** lean (*od.* bend) forward.

'Vorˌlei·ne *f mar.* fore line, bow fast (*od.* line): **~ ein** (*od.* **los**)! let go forward!

'Vorˌlei·stung *f* **1.** *econ.* a) advance (payment), b) previous work. – **2.** *pol.* advance concession.

'Vorˌlei·stungsˌpflicht *f econ.* **1.** obligation to pay in advance. – **2.** obligation to render previous services (*od.* provide interim products, carry out previous work).

'Vorˌle·se *f* (*von Trauben*) early vintage.

'vorˌle·sen I *v/t* ⟨*irr, sep,* -ge-, h⟩ **1. j-m etwas ~** to read s.o. (out) s.th., to read s.th. (out) to s.o.: **sie las ihm den Brief** [**die Zeitung**] **vor** she read the letter [newspaper] (out) to him; **vorgelesen und bestätigt** *jur.* read and confirmed. – **2.** (*bekanntgeben*) read out: **die Namen der Teilnehmer ~** to read out the names of the participants. – **II** *v/i* **3. j-m** (**aus etwas**) **~** to read to s.o. (from [*od.* out of] s.th.): **sie las den Kindern aus einem Märchenbuch vor** she read to the children from a book of fairy tales. – **III V~** *n* ⟨-s⟩ **4.** *verbal noun.*

'Vorˌle·ser *m* **1.** reader. – **2.** *relig.* reader, lector.

'Vorˌle·seˌwett·beˌwerb *m* reading com[petition.]

'Vorˌle·sung *f* **1.** (*Vorlesungsreihe*) lectures *pl*, course of lectures, *Am. auch* course, lectureship: **eine ~ über das elisabethanische Theater halten** to give (*od.* deliver) (a course of) lectures (*od.* to lecture) on Elizabethan theater (*bes. Br.* theatre); **eine ~ belegen** to enrol(l) for (*Am.* in) (a course of) lectures; **ich habe dieses Semester keine ~en gehört** (*od.* **besucht**) I did not go to any lectures this half year (*bes. Am.* semester). – **2.** (*Einzelveranstaltung*) lecture: **die ~ wird auf nächsten Montag verschoben** the lecture has been postponed to next Monday.

'Vorˌle·sungs|beˌginn *m* commencement of lectures. — **~geˌbühr** *f* lecture fee, attendance fee at lectures. — **~ˌplan** *m* lecture timetable, *bes. Am.* schedule of lectures. — **~ˌrei·he** *f* course of lectures. — **~ˌsaal** *m* lecture room (*od.* hall). — **~verˌzeich·nis** *n* (university) calendar (*Am.* catalog[ue]).

'vorˌletzt *adj* ⟨*attrib*⟩ **1.** (*örtlich u. zeitlich*) last but one, *Am.* next to the last, penultimate, *auch* penult: **der ~e Wagen der Kolonne** the last car but one (*Am.* the next to the last car) in the queue; **das ist unsere ~e Zusammenkunft** this is our last meeting but one; **das ~e Kapitel des Buches** the last chapter but one (*od.* the penultimate chapter, the chapter before the last) of the book; **die ~e Silbe** the last syllable but one, the penult (*auch* penultima[te]). – **2.** (*zeitlich rückblickend*) before last: **~e Woche** the week before last; **das ~e Mal, ~es Mal** the time before last. — **'Vorˌletz·te** *m, f* ⟨-n; -n⟩ **1.** last but one, *Am.* next to the last: **er ist der ~ in seiner Klasse** he is the last but one in his class. – **2.** (*mit Kleinschreibung*) last but one, *Am.* next to the last: **er war der v~ in der Reihe** he was the last but one in the row; **er kam als v~r** he was the last but one to come.

'Vorˌlie·be *f* ⟨-; -n⟩ (**für** for) preference, predilection, partiality, relish, great fondness, *auch* penchant: **er hat eine besondere ~ für neue Musik** he has a special predilection (*od.* liking) for (*od.* is particularly partial to) modern music; **er geht mit ~ auf einsamen Pfaden spazieren** he prefers to go for a walk on lonesome paths; **er tut das mit ~** he is always (*od.* persistently, for ever) doing that.

ˌvor'liebˌneh·men *v/i* ⟨*irr, sep,* -ge-, h⟩ **1. mit etwas ~** to make do (*od.* put up) with s.th.: **ihr müßt mit dem ~, was da ist** you will have to make do with what there is. – **2. mit j-m ~** to put up with s.o.: **wenn die andern nicht kommen, mußt du mit mir ~** if the others do not come you will just have to put up with me.

'Vor·lie·feˌrant *m econ.* **1.** supplier (of primary and interim products). – **2.** previous seller (*od.* supplier).

'vorˌlie·gen I *v/i* ⟨*irr, sep,* -ge-, h *u.* sein⟩ **1.** (*von Kette etc*) be on: **wir können die Tür nicht öffnen, weil ein Schloß vorliegt** we cannot open the door because there is a padlock on it. – **2.** (*von Akten etc*) have come in: **hier liegen zwei Anfragen eines Reisebüros vor** two inquiries have come in from a tourist office; **die Anträge liegen noch nicht vor** the applications have not yet come in; **die Unterlagen müssen bis spätestens Montag beim Sekretariat ~** documents must reach the secretariat no later than Monday (*od.* by Monday at the latest); **mir liegt eine Beschwerde der Eltern vor** I have here a complaint from the parents; **die Akten lagen ihm zur Einsicht** [**Prüfung**] **vor** the documents were at his disposal for inspection [examination]. – **3.** (*bekannt sein*) be known: **das Urteil** [**Resultat**] **liegt noch nicht vor** the sentence [result] is not yet known. – **4.** (*dasein, existieren*) be: **da muß ein Irrtum ~** there must have been a mistake. – **5. etwas liegt gegen j-n vor** s.o. is charged with s.th.: **was liegt gegen ihn vor?** what is the charge against him? – **6.** (*vorhanden sein*) be present: **wenn gewisse Symptome** [**nicht**] **~** should certain symptoms be present [absent]. – **7.** *med.* (*von einem Organ*) be prolapsed. – **II** *v/impers* **8. es liegt kein Grund zur Besorgnis vor** there is no cause for worry; **es liegt keine Wortmeldung mehr vor** there are no more names on the list of speakers. – **9. es liegt nichts gegen ihn vor** there is no charge against him. – **III V~** *n* ⟨-s⟩ **10.** *verbal noun.* – **11. bei V~ besonderer Gründe** in the event of special reasons. – **12.** (*Vorhandensein*) presence: **das V~ dieser Symptome spricht dafür, daß** the presence of these symptoms indicates that. — **'vorˌlie·gend I** *pres p.* – **II** *adj* **1.** (*zur Verfügung stehend*) on hand: **die ~en Auflagen** *print.* the editions on hand. – **2.** (*vorhanden*) existing: die ~en Exemplare the existing specimens. – **3.** (*gegenwärtig*) present, in (*od.* on) hand: im ~en Falle in the present case, in the case in hand. – **4.** (*zu behandelnd*) in question, at issue: die ~en Probleme the problems in question. – **III V~e, das** ⟨-n⟩ **5.** aus dem V~en geht hervor, daß from the material on hand it follows that. – **6.** (*mit Kleinschreibung*) im ~en wird erwähnt, daß it is mentioned here that.

'Vorˌliek *n mar.* (*beim Segeln*) luff.

'vor·lings *adv* (*sport*) **1.** (*beim Turmspringen etc*) facing the water. – **2.** (*beim Turnen*) frontways.

'Vor·liˌzenz *f econ.* provisional (*od.* preliminary) licence (*Am.* license).

'vorˌlo·chen *v/t* ⟨*sep*, -ge-, h⟩ (*Karte, Streifen*) prepunch.

'vorˌlü·gen *v/t* ⟨*irr, sep*, -ge-, h⟩ j-m etwas ~ to lie to s.o.: lüg mir doch nichts vor! don't try to lie to me (*od.* to tell me stories, to pull that one on me); er log seinem Vater vor, daß er im Kino gewesen sei (*od.* er sei im Kino gewesen) he lied to his father that he had been to the cinema (*bes. Am. colloq.* movies).

vorm [foːrm] *colloq. for* vor dem.

'vorˌma·chen *v/t* ⟨*sep*, -ge-, h⟩ **1.** j-m etwas ~ a) (*zeigen*) to show (*od.* demonstrate) s.th. to s.o., b) *fig.* (*vorspiegeln*) to fool s.o.: ich werde dir ~, wie das Muster geht I'll show you how the pattern is done; laß es dir von ihm ~ let him show (it to) you; darin kann ihm niemand etwas ~ *fig.* no one can teach him anything there; sie können euch noch etwas ~ *fig.* (*ein Beispiel geben*) they can show you (how to do things), they can show you a thing or two (*colloq.*); ihm kannst du nichts ~ *fig.* you cannot fool him; er läßt sich nichts [von niemandem etwas] ~ *fig.* he is no [nobody's] fool, there are no flies on him (*sl.*); du kannst mir doch nichts ~ *fig.* you can't fool me, you can't pull that one on me; wenn du das glaubst, machst du dir nur selbst etwas vor *fig.* you are fooling yourself if you believe that; wir wollen uns doch nichts ~! *fig.* don't let's fool (*od. sl.* kid) ourselves; → Dunst 8; X 2. – **2.** *colloq.* (*Brett etc*) put (*s.th.*) on (*od.* across). – **3.** *cf.* vorschieben 1.

'Vorˌmacht(ˌstel·lung) *f* ⟨-; *no pl*⟩ **1.** dominating position, preponderance: er fürchtete um seine ~ innerhalb der Gruppe he feared for his dominating position within the group; die atomare ~ eines einzigen Staates the atomic preponderance of a single state. – **2.** (*Hegemonie*) hegemony.

'Vorˌma·gen *m zo.* **1.** (*bei Wiederkäuern*) omasum. – **2.** (*bei Vögeln*) crop, gizzard. – **3.** (*bei Insekten*) gizzard; proventriculus, *auch* proventricule (*scient.*).

'vor·ma·gne·tiˌsie·ren *v/t* ⟨*insep, no* -ge-, h⟩ (*computer*) premagnetize *Br. auch* -s-.

'Vorˌmahd *f agr.* first mowing.

'vorˌmai·schen *v/t* ⟨*sep*, -ge-, h⟩ *brew.* digest, premash. — **'Vorˌmai·scher** *m* ⟨-s; -⟩ premasher, converter.

'vorˌma·len *v/t* ⟨*sep*, -ge-, h⟩ j-m etwas ~ to draw s.th. for s.o. to copy.

'vorˌma·lig *adj* ⟨*attrib*⟩ former, erstwhile (*lit.*): der ~e Besitzer the former owner.

'vorˌmals *adv* formerly, in former times.

'Vorˌmann *m* ⟨-(e)s; -männer⟩ **1.** *cf.* Vorarbeiter. – **2.** person in front of (*od.* before) s.o. – **3.** *econ. cf.* Vorgirant.

'Vorˌmars *m mar.* foretop.

'Vorˌmarsch *m mil.* advance: die Truppen sind im ~ auf die Stadt the troops are advancing (*od.* on the advance) toward(s) the town; auf dem ~ erlitten sie viele Verluste they suffered great losses during (*od.* on) the advance. — **~ˌli·nie** *f* line (*od.* axis) of advance. — **~ˌstra·ße** *f* road (*od.* route) of advance.

'Vorˌmars|ˌfall *n mar.* fore-topsail halyard (*od.* halliard). — **~ˌse·gel** *n* fore-topsail.

'Vorˌmärz *m* ⟨-(es); *no pl*⟩ *hist. period from 1815 to the March revolution of 1848 in Germany.*

'Vorˌmast *m mar.* foremast.

'Vorˌmau·er *f* **1.** *civ.eng.* (*frostbeständige*) frost-resistant wall. – **2.** *med.* claustrum.

'Vorˌmensch *m anthrop.* pithecanthropus. — **'vorˌmensch·lich** *adj* prehuman.

'Vorˌmerkˌbuch *n cf.* Notizbuch.

'vorˌmer·ken I *v/t* ⟨*sep*, -ge-, h⟩ **1.** (*Termin, Bestellung etc*) make a note of, note (*s.th.*) (down), put (*s.th.*) down: ich werde das Treffen in meinem Kalender ~ I'll note the meeting in my appointment book. – **2.** (*Zimmer, Platz etc*) reserve: wir werden das Zimmer für Sie ~ we'll reserve you the room (*od.* the room for you); können Sie den Platz für mich ~ lassen? can you reserve (*bes. Br.* book) the seat for me? – **3.** j-n ~ to put s.o. (*od.* s.o.'s name) down: ich werde Sie für den Ausflug nächste Woche ~ I'll put your name down for the excursion next week; ich habe mich für den Lehrgang ~ lassen I put my name down (*od.* I had my name put down) for the course. – **II V~** *n* ⟨-s⟩ **4.** *verbal noun.* – **5.** *cf.* Vormerkung.

'Vorˌmerk|geˌbühr *f* registration (*od.* booking) fee. — **~kaˌlen·der** *m* **1.** *cf.* Notizbuch. – **2.** *cf.* Terminkalender. — **~ˌli·ste** *f* waiting list.

'Vorˌmer·kung *f* ⟨-; -en⟩ **1.** *cf.* Vormerken. – **2.** ⟨*only sg*⟩ (*von Zimmer, Platz etc*) reservation. – **3.** (*Notiz*) note, entry. – **4.** *jur.* (*vorläufige Eintragung in das Grundbuch*) notice in the land register.

'Vorˌmilch *f med. zo.* foremilk, colostrum (*scient.*).

'vor·mi·liˌtä·risch *adj* (*Ausbildung etc*) premilitary.

'Vorˌmit·tag I *m* morning, forenoon (*lit.*): am (späten) ~ in the (late) morning; im Laufe des ~s in the course of the morning; wir waren den ganzen ~ über zu Hause we were at home all (*od.* the whole) morning; an einem regnerischen ~ one rainy morning; eines ~s ereignete sich folgendes one morning the following happened; des ~s machte er lange Spaziergänge he went for a long walk every (*od.* in the) morning. – **II v~** *adv* heute [gestern, morgen] v~ this [yesterday, tomorrow] morning.

'vorˌmit·tä·gig [-ˌmɪtɛːgɪç] *adj* ⟨*attrib*⟩ (happening in the) morning.

'vorˌmit·täg·lich *adj* ⟨*attrib*⟩ (happening every) morning: unsere ~en Besprechungen our morning conferences.

'vorˌmit·tags *adv* **1.** (*an einem bestimmten Vormittag*) in the morning, in the forenoon (*lit.*): neulich ~ the other morning; ich bin ~ verabredet I have an engagement in (*od.* for) the morning. – **2.** (*jeden Vormittag*) every morning, *bes. Am.* mornings: in dieser Gegend regnet es (immer) ~ it rains every morning (*od.* in the morning[s]) in this region; Sonntag (*od.* sonntags) ~ every Sunday morning, on Sunday mornings. – **3.** (*bei genauen Zeitangaben*) in the morning, ante meridiem, a.m.: (um) 8 (Uhr) ~, ~ (um) 8 (Uhr) (at) 8 o'clock in the morning, (at) 8 a.m.

'Vorˌmit·tags|ˌstun·de *f* morning hour: in den ~n fing es an zu regnen it started to rain during the morning (hours). — **~ˌun·terˌricht** *m ped.* morning instruction (*od.* classes *pl*). — **~ˌwa·che** *f mar.* forenoon watch.

'vorˌmit·telˌal·ter·lich *adj hist.* premedi(a)eval.

'Vorˌmo·nat *m* previous (*od.* preceding) month, month before.

'vor·monˌtie·ren *v/t* ⟨*sep, no* -ge-, h⟩ *tech.* preassemble, *Br.* pre-assemble.

'Vorˌmund *m* ⟨-(e)s; -e *od.* ⸚er⟩ *jur.* guardian, (*für Entmündigte u. Geistesschwache*) *Am. auch* conservator: j-n zum ~ bestellen to appoint s.o. (as) guardian; testamentarisch bestellter ~ testamentary guardian.

'Vorˌmunds·beˌstel·lung *f jur.* appointment of a guardian (*Am. auch* conservator).

'Vorˌmund·schaft *f* ⟨-; *no pl*⟩ *jur.* guardianship, wardship, tutelage: j-n unter ~ stellen to place (*od.* put) s.o. under guardianship (*od.* the care of a guardian); unter ~ stehen to be under guardianship (*od.* the care of a guardian), to be in ward; sie steht unter der ~ ihres Onkels she is in ward to (*od.* under the guardianship of) her uncle; die ~ für (*od.* über) j-n übernehmen to take over s.o.'s guardianship (*od.* the guardianship of s.o.).

'vorˌmund·schaft·lich *adj* tutelary, *auch* tutelar, of a guardian: unter ~en Aufgaben ist folgendes zu verstehen by tutelary tasks (*od.* the tasks of a guardian) we understand the following.

'Vorˌmund·schafts|geˌricht *n jur. court dealing with guardianship matters.* — **~ˌrich·ter** *m judge at a 'Vormundschaftsgericht'.* — **~ˌsa·che** *f* matter of guardianship.

vorn[1] [fɔrn] *adv* **1.** (*an der Vorderseite, an der Spitze*) at the front, in front: das Buch liegt links ~(e) the book is on the left at the front; wir sitzen ganz ~(e) we are sitting right up at the front; sie stehen ganz weit ~(e) in der Schlange they are standing right (*od. colloq.* right away) at the front of the queue; ich sitze weiter ~(e) I am sitting further up at the front (*od.* nearer the front); links ~(e) ein Tisch und zwei Stühle (*in Bühnenanweisungen*) a table and two chairs downstage left; sie wartet ~(e) am Eingang she is waiting outside the door; das Zimmer liegt nach ~(e) hinaus the room is at the front (of the house); wir wohnen nach ~(e) heraus we live at the front; nachts muß ein Auto ~(e) und hinten beleuchtet sein at night a car must have lights at the front and back (*od.* rear); wenn es etwas zu ergattern gibt, ist er immer ganz ~(e) *fig. colloq.* he is always first in the queue when there is something to be had; ich kann nicht ~(e) und hinten gleichzeitig sein *fig. colloq.* I cannot be in two places at the same time; er fehlt mir hinten und ~(e) *fig. colloq.* I miss him in everything; → hinten 1, 6. – **2.** (*vom Sprechenden aus gesehen*) in front, ahead: sie gehen ganz ~(e) they are walking a long way in front; weiter ~(e) steht noch eine Telephonzelle there is another telephone booth (*Br.* box) further on ahead. – **3.** (*im Vordergrund*) in the foreground, in front, at the front: ~(e) sehen Sie zwei schlafende Hirten in the foreground you can see two shepherds asleep. – **4.** (*am Anfang*) at the beginning: das Buch ist ~(e) kein bißchen spannend there is no excitement at all at the beginning of the book; weiter ~(e) (im Buch) wurde das Gegenteil behauptet there was a statement to the contrary nearer the beginning (of the book). – **5.** da ~(e) a) (*weiter in der eigenen Richtung*) (on [there]) ahead, b) (*in einer nicht näher bestimmten Richtung in Sichtweite*) over (*od.* up) there: da ~(e) ist ein Wegweiser there is a signpost ahead; mein Freund wartet da ~(e) auf mich my friend is waiting for me over there. – **6.** nach ~(e) a) (*in Bewegung auf die Vorderseite od. Spitze zu*) up to the front, b) (*vorwärts*) in front, ahead, c) (*vornüber*) forward(s): nach ~(e) gehen [kommen] to go [to come] up to the front; die Hintenstehenden drängten rücksichtslos nach ~(e) the people standing behind pushed up to the front (*od.* pushed forward[s]) inconsiderately; nach ~(e) schauen to look in front; nach ~(e) geneigt bent forward; der Stuhl kippte nach ~(e) um the chair fell over forward. – **7.** von ~(e) a) (*aus der entgegengesetzten Richtung*) from the front, b) (*von der Vorderseite od. Spitze aus*) from the front, from in front, c) (*vom Anfang*) from the beginning: der Feind griff von ~(e) an the enemy attacked from the front; der Wind kommt von ~(e) the wind blows from the front; er erhielt einen Schlag von ~(e) he received a blow from the front; er sah sich den Wagen von ~(e) an he looked at the car from the front; sie sah ihn von ~(e) she saw his face; das dritte Haus von ~(e) the third house from the beginning (*od.* end); noch einmal von ~(e) once again from the beginning. – **8.** von ~(e) anfangen a) (*am Anfang*) to begin at the beginning, b) (*ein neues Leben beginnen*) to make a fresh start, to turn over a new leaf, to start afresh, c) (*von neuem*) to start (*od.* begin) all over again, to start (*od.* begin) again from scratch: nach dem Krieg mußte die gesamte Bevölkerung (wieder) von ~(e) anfangen after the war the whole population had to make a fresh start; danach fing er mit dem Stehlen wieder von ~(e) an after that he started stealing all over again. – **9.** von ~(e) bis hinten a) from front to back, b) from beginning to end, c) *fig. colloq.* (*gründlich*) from beginning to end, from front to back, d) *mar.* from stem to stern: sie haben das Zimmer von ~(e) bis hinten durchsucht they searched the room from front to back (*od.* from top to bottom); er kann das Gedicht von ~(e) bis hinten auswendig he knows the poem by heart from beginning to end; **er beherrscht die Materie von ~(e) bis hinten** *fig. colloq.* he knows his subject from beginning to end; **er hat dich von ~(e) bis hinten belogen** *fig. colloq.* he told you a pack of lies. – **10. ~(e) und hinten** (*od.* achtern) *mar.* fore and aft.

vorn[2] *colloq. for* vor den.

'Vor,nah·me *f* ⟨-; -n⟩ **1.** *cf.* Vornehmen. – **2. ~ von Geschäften** entering into transactions.

'Vor,na·me *m* Christian (*od.* first, given) name, forename.

vorn·an [ˌfɔrnˈʔan; ˈfɔrnˌʔan] *adv* in (*od.* at the) front: **~ sitzen** to sit in front, to sit in the front row.

vor·ne [ˈfɔrnə] *adv cf.* vorn[1].

'vor,nehm [-ˌneːm] **I** *adj* ⟨-er; -st⟩ **1.** distinguished, refined, polite, genteel: **eine ~e Dame** a distinguished lady; **der ~e Ton** the tone prevailing in polite society; **in ~en Kreisen** in distinguished circles; **sie stammt aus einem ~en Haus** she comes from a distinguished (*od.* very good) family; **die ~e Gesellschaft** polite society; **die ~en Leute** a) the upper class *sg*, the top set *sg*, b) *colloq. iron.* posh people, the swells (*beide colloq.*), *bes. Br. sl.* the nobs; **an so etwas denkt er bestimmt nicht; dazu ist er zu ~** *colloq. iron.* he would not think of such a thing; he is too high-minded for that. – **2.** (*von adeliger Herkunft*) of noble birth, noble, aristocratic, gentle. – **3.** (*von gesellschaftlicher Bedeutung*) of (high) rank: **die ~e Welt** the world of rank and fashion, fashionable (*od.* high) society; **~ und gering** (*jedermann*) all and sundry, everyone, everybody. – **4.** (*Kleidung, Häuser, Stadtviertel etc*) fashionable, elegant, stylish; posh, swell (*colloq.*), nobby, *auch* knobby (*sl.*), *bes. Am. colloq.* silk-stocking (*attrib*). – **5.** (*großzügig*) noble(-minded), high-minded: **~e Gesinnung** noble-mindedness, noble (*od.* high) mind; **ein Mann von ~er Gesinnung** a noble-minded person, a person with a high mind. – **6.** (*Publikum*) select, distinguished, distingué. – **7.** ⟨*attrib*⟩ *lit.* (*in Wendungen wie*) **meine ~ste Pflicht [Aufgabe]** my most important (*od.* my first) duty [task]. – **II** *adv* **8. ~ gekleidet [eingerichtet]** elegantly dressed [furnished]. – **9. ~ tun** to put on (*od.* give oneself) airs, to play the gentleman [lady].

'vor,neh·men **I** *v/t* ⟨*irr, sep,* -ge-, h⟩ **1.** (*Schürze, Serviette etc*) put (*s.th.*) on. – **2.** (*Schulter etc*) lean (*s.th.*) forward. – **3.** (*Handarbeit, Buch etc*) get busy on, get down to. – **4.** (*Messung, Zählung etc*) take. – **5.** (*Änderung, Umgruppierung etc*) make, undertake. – **6.** (*Untersuchung, Prüfung etc*) conduct, carry out, make. – **7.** (*Überweisung etc*) send, make. – **8.** (*Patienten, Kunden*) take (*s.o.*) before (the) others. – **9.** (*zur Prüfung*) test. – **10. sich** (*dat*) **j-n (wegen etwas) ~** to drag (*od.* haul) s.o. over the coals (about s.th.). – **11. sich** (*dat*) **etwas ~** a) to resolve (*od.* propose, purpose, make up one's mind) to do s.th., b) to make plans: **ich habe mir fest vorgenommen, pünktlicher zu sein** I have made up my mind to be more punctual; **sich zuviel ~** to take on too much (*od.* too many things); **hast du dir für morgen schon etwas vorgenommen?** have you any plans for tomorrow? do you have anything on tomorrow? – **II V~** *n* ⟨-s⟩ **12.** *verbal noun.*

'Vor,nehm·heit *f* ⟨-; *no pl*⟩ **1.** distinction, refinement, politeness, genteelness, gentility, nobility. – **2.** (high) rank. – **3.** (*der Kleidung, des Stadtviertels etc*) fashionableness, elegance, stylishness, poshness (*colloq.*). – **4.** (*der Gesinnung*) nobleness, nobility, noble-mindedness, high-mindedness.

'vor,nehm·lich *lit.* **I** *adv* **1.** (*im besonderen*) in particular, especially: **der Autor hat viele, ~ aber historische Aspekte berücksichtigt** the author has treated many aspects, in particular the historical ones. – **2.** (*in erster Linie*) first and foremost: **nehmen Sie sich ~ des Herrn X an** take care of Mr. X first and foremost (*colloq.*). – **3.** (*hauptsächlich*) primarily, mainly, chiefly, principally: **~, weil Sie die Sprache nicht sprechen** mainly because you do not speak the language. – **II** *adj* ⟨*attrib*⟩ **4.** prime, main, chief: **ihre ~ste Sorge gilt den Kindern** the children are her main (*od.* chief) concern.

ˌVor,nehm·tueˈrei [-tuːəˈraɪ] *f* ⟨-; *no pl*⟩ *colloq. contempt.* **1.** affectation, airs and graces *pl.* – **2.** (*Snobismus*) snobbism, snobbery.

'vor,nei·gen **I** *v/t* ⟨*sep,* -ge-, h⟩ **1.** (*Kopf, Körper etc*) lean (*od.* incline) (*s.th.*) forward. – **II** *v/reflex* **sich ~ 2.** lean (*od.* bend) forward. – **3.** (*zum Gruß*) (give a slight) bow.

ˌvor·neˈüber *adv colloq. for* vornüber. — **~ge,beugt** *adj colloq. for* vornübergebeugt.

vor·ne·weg [ˈfɔrnəˌvɛk; ˌfɔrnəˈvɛk] *adv colloq. for* vornweg.

vorn·he·rein [ˈfɔrnhɛˌraɪn; ˌfɔrnhɛˈraɪn] *adv* **1. von ~** a) (*von Anfang an*) from the start (*od.* beginning, outset), b) (*gleich, sofort*) at the start (*od.* beginning, outset): **das wußte ich von ~** I knew that (right) from the beginning (*od.* from the very beginning); **das hätte von ~ geschehen sollen** that should have been done (right) at the outset. – **2. zum ~** *philos.* a priori.

'Vor,nie·re *f med.* primitive (*od.* primordial, head) kidney, pronephros (*scient.*).

'Vor,norm *f tech.* tentative (*od.* preliminary) standard.

'vor·no,tie·ren *v/t* ⟨*sep, no* -ge-, h⟩ *cf.* vormerken.

ˌvornˈüber *adv* forward: **~ fallen** to fall (over) forward. — **~ge,beugt** *adj* leaned (*Br. auch* leant) (*od.* bent) forward. — **~ge,neigt** **I** *adj* leaned (*Br. auch* leant) forward. – **II** *adv* **~ gehen** to (walk with a) stoop.

vorn·weg [ˈfɔrnˌvɛk; ˌfɔrnˈvɛk] *adv* in front: **~ gehen** to go in front, to go first; **mit dem Kopf ~ ins Wasser springen** to jump into the water head first, to jump headlong into the water.

'Vor,ord·ner *m* preliminary file.

'Vor,ort *m* ⟨-(e)s; -e⟩ suburb: **in einem ~ leben** to live in a suburb (*od.* the suburbs). — **~,bahn** *f* **1.** suburban railroad (*Br.* railway). – **2.** suburban (*od.* commuter) train. – **3.** suburban (*bes. Br.* district) line. — **~be,woh·ner** *m* suburbanite, suburban. — **~,strecke** (*getr.* -k·k-) *f* (*railway*) suburban (*bes. Br.* district) line.

'Vor,ort(s)|ver,kehr *m* **1.** (*Straßenverkehr*) suburban traffic. – **2.** (*Linienverkehr*) suburban service. – **3.** *cf.* Vorort(s)zugverkehr. — **~,zug** *m* suburban (*od.* local) train, (*bes. Pendelzug*) commuter train. — **~,zug·ver,kehr** *m* suburban train service.

'vor,öster·lich *adj relig.* (*Zeit*) before Easter, pre-Easter (*attrib*).

'Vor,pfän·den *n* (*mining*) forepoling.

'vor'pfei·fen *v/t* ⟨*irr, sep,* -ge-, h⟩ **j-m eine Melodie ~** to whistle a tune to s.o.

'Vor,phy·si·kum *n med. preliminary examination before the 'Physikum'.*

'Vor,piek *f mar.* forepeak.

'vor,pla·nen *v/t* ⟨*sep,* -ge-, h⟩ preplan.

'vor,plap·pern *colloq.* **I** *v/t* ⟨*sep,* -ge-, h⟩ **j-m etwas ~** (*Gedicht etc*) to prompt s.th. to s.o. – **II** *v/i* **j-m ~** to prompt s.o.

'Vor,platz *m* **1.** (*vor größeren Gebäuden*) square, (*vor einer Kirche*) *auch* parvis. – **2.** (*eingesäumter*) forecourt. – **3.** (*im Treppenhaus*) landing. – **4.** *aer.* (*Hallenvorfeld*) apron.

'Vor,po·sten *m mil.* outpost, *auch* forepost, outguard: **auf ~ sein** (*od.* **stehen**) to be on outpost duty. — **~,auf,stel·lung** *f* outpost disposition. — **~,boot** *n mar.* coastal defence (*Am.* defense) (*od.* patrol, picket) boat. — **~ge,fecht** *n mil.* outpost action (*od.* engagement). — **~,ket·te**, **~,li·nie** *f* screen (*od.* line) of outposts.

'vor,pral·len *v/i* ⟨*sep,* -ge-, sein⟩ (*von Auto etc*) bounce forward.

'Vor,prä·mie *f econ.* (*an der Börse*) call premium.

'vor,pre·di·gen *v/t* ⟨*sep,* -ge-, h⟩ **j-m (dauernd) etwas ~** *colloq.* to preach s.th. to (*od.* at) s.o. (constantly).

'vor,prel·len *v/i* ⟨*sep,* -ge-, sein⟩ (make a) lunge.

'Vor·pre·mie·re [-prəˌmɪ̯ɛːrə] *f* **1.** (*film*) advance showing, preview. – **2.** (*theater*) tryout, *Br.* try-out.

'vor,pre·schen *v/i* ⟨*sep,* -ge-, sein⟩ **1.** shoot forward. – **2.** hurry (on) ahead.

'Vor,pres·se *f* (*bei der Papierverarbeitung*) baby press.

'Vor,preß,werk,zeug *n tech.* (*für Plastik*) preforming tool.

'Vor,pro·be *f metall.* preliminary test.

'Vor·pro,dukt *n econ. cf.* Vorerzeugnis.

'vor·pro·du,zie·ren *v/t* ⟨*sep, no* -ge-, h⟩ preproduce.

'Vor·pro,gramm *n* (*einer Veranstaltung etc*) introductory (*od.* preliminary) program (*bes. Br.* programme).

'vor·pro·gram,mie·ren *v/t* ⟨*sep, no* -ge-, h⟩ **1.** preprogram, *bes. Br.* preprogramme. – **2. j-n für** (*od.* **auf** *acc*) **etwas ~** to precondition (*od.* program) s.o for s.th.

'Vor,prü·fung *f* ⟨-; -en⟩ *ped.* preliminary examination.

'vor,pum·pen *v/t* ⟨*sep,* -ge-, h⟩ *auto.* (*Brennstoff*) prime.

'vor,quas·seln *v/t* ⟨*sep,* -ge-, h⟩ **j-m was ~** *Northern G. colloq.* to blather (*od.* blether, twaddle) to s.o.: **er hat mir vorgequasselt, wie wichtig er sei** he blathered to me about how important he was; **er hat mir vorgequasselt, daß** he told me a great story about.

'vor,quel·len **I** *v/i* ⟨*irr, sep,* -ge-, sein⟩ *cf.* hervorquellen. – **II** *v/t* ⟨h⟩ **etwas ~** *gastr.* (*Gerste, Erbsen, Reis etc*) to steep (*od.* soak) s.th. beforehand.

'vor·raf·fi,nie·ren *v/t* ⟨*sep, no* -ge-, h⟩ *metall.* (*Werkblei*) *Br.* improve, *Am.* soften.

'vor,ra·gen *v/i* ⟨*sep,* -ge-, h⟩ **1.** *cf.* hervorragen 1, 2. – **2.** *arch. cf.* vorkragen.

'Vor,rang *m* ⟨-(e)s; *no pl*⟩ **1.** precedence, precedency, priority, *auch* antecedence: **den ~ vor j-m haben, ~ über j-n genießen** to have (*od.* take) precedence over s.o.; **j-m den ~ lassen [streitig machen]** to let s.o. have [to contend s.o.'s] priority; **j-m ~ einräumen** to concede priority to s.o.; **j-n mit ~ abfertigen** to deal with (*od. colloq.* to take care of) s.o. with priority; **vor** (*dat*) **etwas den ~ haben** to have priority over (*od.* to precede) s.th.; **Fußgängern den ~ geben** to give way (*od.* yield) to pedestrians. – **2.** *bes. Austrian for* Vorfahrt 1.

'vor,ran·gig [-ˌraŋɪç] **I** *adj* of prime (*od.* first) importance. – **II** *adv* with precedence (*od.* priority): **eine Angelegenheit ~ erledigen** to give a matter priority (treatment).

'Vor,rang|,mel·dung *f* (*radio*) *telev.* priority item, flash, snap. — **~,stel·lung** *f* **1.** (*einer Person*) priority position. – **2.** (*einer Nation etc*) superior rank (*od.* position), superiority. – **3.** (*auf einem Fachgebiet*) preeminence, *Br.* pre-eminence.

'Vor,rat *m* ⟨-(e)s; =e⟩ **1.** (*an Ware, Rohmaterial etc*) stock, store, supply, (*bes. an Lebensmitteln*) *auch* provisions *pl*: **auf ~ arbeiten** to work up a stock; **auf ~ kaufen** to lay (*od.* buy) in stocks (*od.* supplies); **etwas auf ~ haben** to have a (good) stock of s.th., to have s.th. in stock (*od.* on hand); **sich** (*dat*) **einen ~ von etwas anlegen** to lay in a stock of s.th.; **einen zu großen ~ haben** to be overstocked (*od.* oversupplied); **einen ~ angreifen** to draw on (*od.* to break into) a stock; **solange der ~ reicht** till stocks are exhausted; **unser ~ war ausgegangen** (*od.* **aufgebraucht**) our supplies had run out (*od.* were exhausted). – **2.** (*an Bodenschätzen*) reserve: **große Vorräte an** (*dat*) **Kohle** a) great (*od.* substantial) reserves (*od.* stocks) of coal, b) (*als Halden*) great coal stocks. – **3.** *econ.* (*Lagerbestände*) stocks *pl*, inventory holdings *pl*, (*bes. in Bilanz*) stock-in-trade. – **4.** *econ.* (*an Geld, Devisen*) reserve. – **5.** *med.* (*an Blutkonserven etc*) supply. – **6.** (*an Liedern, Witzen etc*) repertoire, repertory, stock.

'vor,rä·tig [-ˌrɛːtɪç] *adj* available, in stock (*od.* reserve), on (*od.* in) hand: **das sind unsere ~en Exemplare** those are the copies (which) we have available; **ich habe das Ersatzteil nicht ~** I don't have the spare part available (*od.* on hand), the spare part is out of stock, I am out of the spare part; **wir halten diesen Artikel stets ~** we always keep (*od.* have) this article in stock; **das Buch ist noch ~** the book is still available (*od.* in print); **es sind noch drei Stück ~** there are still three available (*od.* left, on hand).

'Vor,rats|,an,samm·lung *f cf.* Vorratsbildung 1. — **~be,häl·ter** *m* storage bin. — **~,bil·dung** *f* **1.** stocking of supplies. – **2.** *econ. pol.* stockpiling, accumulation (*od.* building up) of stocks. — **~,bun·ker** *m* storage bunker. — **~,fach** *n* (*computer*) **1.** (*des Lesegerätes*) read hopper. – **2.**

(*der Stanzeinheit*) punch hopper. — **~ˌhaus** *n* warehouse, storehouse, magazine. — **~ˌkam·mer** *f* pantry, larder, *Br. auch* stillroom. — **~ˌkauf** *m* **1.** purchase of provisions (*od.* food supplies): **Vorratskäufe tätigen** to buy (in) provisions. – **2.** *econ. pol.* stockpiling purchases *pl*, buying for stock. — **~ˌkel·ler** *m* cellar storeroom. — **~kreˌdit** *m econ.* credit for financing business stocks, stockpiling loan. — **~ˌla·ger** *n* **1.** store(room), stockroom. – **2.** (*für Getreide*) granary, garner. — **~ˌraum** *m* storeroom, stockroom. — **~ˌschäd·ling** *m meist pl zo.* pest of stored food. — **~ˌschiff** *n* storeship, depot ship. — **~ˌschrank** *m* **1.** store cupboard (*od.* press, *bes. Am.* closet). – **2.** (*für Lebensmittel*) pantry (*od.* food) cupboard. — **~ˌspei·cher** *m* **1.** attic storeroom. – **2.** (*für Getreide*) granary, *Br.* corn loft. — **~ˌtank** *m* storage (*od.* reserve) tank. — **~ˌwirt·schaft** *f* stockpiling.

ˈVorˌraum *m* **1.** anteroom. – **2.** (*des Gerichts, Parlaments*) lobby. – **3.** (*im Kino etc*) foyer, lobby, lounge.

ˈvorˌrech·nen *v/t* ⟨*sep*, -ge-, h⟩ **j-m etwas ~** a) (*eine Rechenaufgabe*) to show s.o. how to work out s.th., b) (*Kosten etc*) to calculate (*od.* work out, figure out) s.th. for s.o., c) *fig.* (*Fehler, Untaten etc*) to enumerate s.th. to s.o.

ˈVorˌrecht *n* **1.** privilege: **von seinem ~ Gebrauch machen** to use (*od.* make use of) one's privilege; **~e genießen** to enjoy privileges; **j-m ein ~ gewähren** (*od.* **einräumen**) to grant (*od.* concede) s.o. a privilege. – **2.** (*verankertes, ausschließliches*) prerogative (right). – **3.** *jur. econ.* a) privilege, priority, preference, b) (*eines Gläubigers etc*) preferential claim (*od.* right).

ˈvorˌrecken (*getr.* -k·k-) *v/t* ⟨*sep*, -ge-, h⟩ **1. den Kopf ~** to stick one's head out. – **2. den Hals ~** to crane one's neck.

ˈVorˌre·de *f* **1.** (*eines Buches*) preface, foreword, proem (*lit.*): **eine ~ zu etwas schreiben** to preface s.th. – **2.** (*einleitende Worte*) opening (*od.* introductory) remarks *pl*, word(s *pl*) of introduction, proem (*lit.*). – **3.** (*theater*) prologue, *auch* prolog.

ˈvorˌre·den *v/t* ⟨*sep*, -ge-, h⟩ **j-m etwas ~** *colloq.* to tell s.o. s.th.: **ich lasse mir doch von Ihnen nichts ~** don't try to tell me that story (*Am.* to hand me that line), tell that to the marines.

ˈVorˌred·ner *m* **1.** (*vorheriger*) previous speaker: **einer der ~ meinte** one of the previous speakers suggested. – **2.** (*unmittelbarer*) speaker before one: **wie mein ~ ganz richtig bemerkte** as the speaker before me remarked quite correctly.

ˈVorˌreibˌah·le *f tech.* roughing reamer. — **ˈvorˌrei·ben** *v/t* ⟨*irr, sep*, -ge-, h⟩ rough-ream.

ˈVorˌrei·ni·gung *f tech.* **1.** preliminary cleaning. – **2.** (*von Kohle*) preliminary washing. – **3.** (*von Gas*) primary cleaning.

ˈvorˌrei·ten I *v/i* ⟨*irr, sep*, -ge-, sein⟩ (*vorausreiten*) ride (on) ahead. – **II** *v/t* ⟨h⟩ demonstrate, show: **ich werde Ihnen die Piaffe ~** I shall demonstrate for you (how to perform) the piaffe. — **ˈVorˌrei·ter** *m* outrider.

ˈvorˌren·nen *v/i* ⟨*irr, sep*, -ge-, sein⟩ **1.** (*von Person*) run (on) ahead. – **2.** *colloq. for* vorgehen 4.

ˈvorˌrich·ten *v/t* ⟨*sep*, -ge-, h⟩ (*beim Kochen etc*) prepare, get (*s.th.*) ready.

ˈVorˌrich·tung *f* ⟨-; -en⟩ *tech.* **1.** (*mechanisches Hilfsmittel zur Erleichterung einer Arbeit*) device. – **2.** (*Gerät*) appliance. – **3.** (*Betriebseinrichtung*) equipment, facility. – **4.** (*zum Halten, Befestigen, Spannen*) fixture. – **5.** (*Ausrüstung einer Werkzeugmaschine*) attachment. – **6.** (*Schaltvorrichtung*) mechanism. – **7.** (*Gerätschaften*) outfit. – **8.** (*Apparatur*) apparatus. – **9.** (*zum Messen, Anzeigen*) instrument. – **10.** (*Bohrlehre*) jig.

ˈVorˌrich·tungs|ˌbau *m* ⟨-(e)s; *no pl*⟩ *tech.* jigmaking. — **~ˌstrecke** (*getr.* -k·k-) *f* (*mining*) development heading.

ˈvorˌrücken (*getr.* -k·k-) **I** *v/t* ⟨*sep*, -ge-, h⟩ **1.** (*Möbelstück etc*) move (*s.th.*) forward. – **2.** (*Schachfigur etc*) advance, move (*s.th.*) forward (*od.* on). – **II** *v/i* ⟨sein⟩ **3.** (*von Uhrzeiger*) move on (*od.* round). – **4.** (*um ein paar Plätze, Bänke*) move forward (*od.* up). – **5.** *fig.* (*im Beruf*) move up, be promoted, advance (in rank). – **6.** *mil.* (*von Truppen*) advance.

ˈvorˌru·fen *v/t* ⟨*irr, sep*, -ge-, h⟩ **j-n ~** to call s.o. (up) to the front.

ˈVorˌrun·de *f* (*sport*) **1.** preliminary round. – **2.** first half of the season.

vors [foːrs] *colloq. for* **vor das**.

ˈVorˌsaal *m cf.* Vorraum 2, 3.

ˈvorˌsa·gen I *v/t* ⟨*sep*, -ge-, h⟩ **j-m etwas ~** a) to speak s.th. for s.o. to repeat, b) (*einem Mitschüler*) to prompt s.th. to s.o., c) (*soufflieren*) to prompt s.th. to s.o. – **II** *v/i* **j-m ~** to prompt s.o., to give s.o. a prompt (*od.* cue). — **ˈVorˌsa·ger** *m* ⟨-s; -⟩ prompter.

ˈVor·saiˌson *f* off-season, off-peak season, preseason.

ˈVorˌsam·melˌlin·se *f* (*optics*) field lens.

ˈVorˌsän·ger *m* **1.** (*eines Chors*) precentor, principal singer, leading soloist. – **2.** (*in der Kirche*) cantor, precentor, chanter.

ˈVorˌsatz *m* ⟨-es; =e⟩ **1.** (*Entschluß*) resolution, resolve: **den festen ~ fassen, öfter zu schreiben** to make a firm resolution to write more frequently; **seinen Vorsätzen treu bleiben** to keep to one's resolutions. – **2.** (*Absicht*) intention, design: **gute Vorsätze** good intentions; **mit den besten Vorsätzen zu schweigen** with the best intentions of keeping silent; **den festen ~ haben, nicht mehr zu rauchen** to have the firm intention not to smoke any more; **j-n in seinen Vorsätzen bestärken** to encourage s.o. in his intentions; → **Weg** 1. – **3.** *jur.* (criminal) intent, premeditation, malice aforethought (*od.* prepense): **mit ~** a) with intent, intentionally, deliberately, on purpose, b) with intent, wil(l)fully, with malice aforethought; **mit strafrechtlichem ~** with criminal intent; **mit dem ~ zu töten** with intent to kill. – **4.** *auch n print.* endpaper: **äußerer ~** board paper, outer endpaper; **fliegender ~** inner endpaper, flyleaf. — **~ˌblatt** *n print.* flyleaf, prefixed folio. — **~geˌrät** *n* **1.** *tech.* adapter, auxiliary device. – **2.** (*radio*) converter (set).

ˈvorˌsätz·lich [-ˌzɛtslɪç] **I** *adj* **1.** (*Lüge, Irreführung etc*) intentional, deliberate, wil(l)ful, designed: → **Körperverletzung**. – **2.** *jur.* (*Mord etc*) premeditated, wil(l)ful. – **II** *adv* **3.** with intent, premeditatedly, purposely: **j-n ~ töten** to kill s.o. with intent (*od.* premeditation).

ˈVorˌsatz|ˌlin·se *f phot.* (*optics*) supplementary (*od.* additional, attachment) lens, front lens attachment: **~ für Nahaufnahmen** (supplementary) close-up lens. — **~ˌlin·senˌsyˌstem** *n* ancillary lens system. — **~paˌpier** *n print.* endpaper. — **~ˌpris·ma** *n* (*optics*) slip-on (*od.* objective) prism. — **~ˌtu·bus** *m* ⟨-; -ben *u.* -se⟩ *phot.* lens tube.

ˈVorˌschä·ler [-ˌʃɛːlər] *m* ⟨-s; -⟩ *agr.* (*am Pflug*) skimmer, skim colter (*bes. Br.* coulter).

ˈVorˌschaltˌanˌla·ge *f tech.* superposed plant.

ˈvorˌschal·ten *v/t* ⟨*sep*, -ge-, h⟩ **1.** *electr.* connect (*s.th.*) in series. – **2.** *tech.* add, superpose.

ˈVorˌschalt|geˌsetz *n jur. preliminary law which prepares for a later law by means of steps or phases.* — **~ˌwi·derˌstand** *m electr.* series resistor.

ˈVorˌschau *f* **1.** (*auf ein Radio-, Fernseh-, Filmprogramm*) preview, (*für Film*) *auch* trailer, prevue: **eine ~ auf die Sendungen des Abends** a summary of the evening program(me). – **2.** (*auf das Wetter*) forecast. — **~ˌbild** *n telev.* monitor picture. — **~ˌmo·ni·tor** *m* preview monitor.

ˈVorˌschein *m* ⟨-s; *no pl*⟩ (*in Wendungen wie*) **etwas kommt zum ~** a) (*von Verdecktem, Vermißtem etc*) s.th. appears, b) (*von Tatsachen etc*) s.th. comes out (*od.* to light), c) (*von Krankheit etc*) s.th. becomes apparent, d) (*von Gesinnung etc*) s.th. comes out (*od.* is revealed); **wieder zum ~ kommen** to reappear; **es kam nicht wieder zum ~** it disappeared; **etwas zum ~ bringen** a) (*Eingeschlossenes, Verborgenes etc*) to produce s.th., b) (*Tatsachen etc*) to bring s.th. to light; **er griff in die Schublade und brachte das Schriftstück zum ~** he delved into the drawer and produced the document.

ˈvorˌschicken (*getr.* -k·k-) *v/t* ⟨*sep*, -ge-, h⟩ **1.** send (*s.o.*) (up) to the front. – **2.** *fig.* send (*s.o.*) to find out: **j-n ~, um etwas zu erfahren** to send s.o. to find s.th. out. – **3.** *mil.* (*Truppen etc*) send (*s.o.*) to the front.

ˈvorˌschie·ben I *v/t* ⟨*irr, sep*, -ge-, h⟩ **1.** (*Riegel etc*) put (*od.* slip) (*s.th.*) across, (*schnell*) *auch* shoot (*s.th.*) across: → **Riegel** 1. – **2.** (*Gardine, Vorhang etc*) pull (*s.th.*) (across *od.* over), draw (*s.th.*) (across *od.* over). – **3.** (*nach vorn schieben*) push (*s.th.*) forward. – **4.** (*Kopf, Unterlippe etc*) stick (*s.th.*) out, (*Lippen*) *auch* pout. – **5.** (*Schulter*) put (*s.th.*) forward. – **6.** *fig.* (*eine Krankheit, Verabredung etc*) use (*s.th.*) as a pretext (*od.* an excuse). – **7. j-n ~** *fig.* to use s.o. as a dummy. – **8.** *tech.* a) (*Meißel, Revolverkopf*) advance, b) (*Werkstück*) feed. – **9.** *mil.* (*Front, Linie, Truppen*) move (*s.th.*) forward. – **II** *v/reflex* **sich ~ 10.** (*von Wolke, Eisberg etc*) move on (*od.* across). – **11.** (*von Person*) push forward.

ˈvorˌschie·ßen I *v/t* ⟨*irr, sep*, -ge-, h⟩ **1.** *colloq.* (*Geld*) advance: **j-m Geld ~** to advance money to s.o., to advance s.o. money. – **II** *v/i* ⟨sein⟩ **2.** (*von Sportler, Schlange etc*) dart (*od.* shoot) forward. – **3.** (*von Auto*) shoot (*mit einem Ruck* lurch) forward.

ˈVorˌschiff *n mar.* foreship.

ˈVorˌschlag *m* **1.** suggestion, proposal, proposition, offer: **einen ~ machen** (*od.* **unterbreiten**) to make (*od.* offer) a suggestion; **etwas in ~ bringen** to propose s.th.; **einen ~ annehmen [ablehnen]** to accept [to reject] a proposal; **auf ~ von** (*od.* **des**) **Herrn X** at the suggestion (*od.* [up]on the proposal) of Mr. X, (up)on Mr. X's proposal; **ich kann Ihrem ~ nicht zustimmen** I cannot approve your proposal; **ist das ein ~?** *colloq.* how about that for a suggestion? **hast du einen besseren ~?** can you make a better suggestion (*od.* suggest anything better)? have you anything better to suggest? → **Güte** 1. – **2.** (*Empfehlung*) recommendation. – **3.** (*für einen Kandidaten*) proposal. – **4.** *pol. cf.* Wahlvorschlag. – **5.** *mus.* appoggiatura: **kurzer [langer] ~** short [long] appoggiatura; **einfacher [zweifacher, dreifacher] ~** (*bei Schlaginstrumenten*) flam [drag, ruff]. – **6.** *print.* a) (*bei der Kolumne*) white line, b) (*kleine Note beim Notensatz*) grace note. – **7.** *ling.* (*in der Phonetik*) epenthesis: **durch ~ eines ‚e'** by prefixing an epenthetic (*od.* a weak) 'e'. – **8.** *Swiss econ.* surplus. — **~ˌei·sen** *n* (*des Bildhauers*) carving tool (*od.* chisel).

ˈvorˌschla·gen *v/t* ⟨*irr, sep*, -ge-, h⟩ **1.** (*Mittel, Methode etc*) suggest, propose: **j-m eine andere Lösung ~** to propose a different solution to s.o.; **ich schlage vor, (daß) wir bleiben** I suggest that we stay. – **2.** (*Person*) (*für ein Amt*) propose, propound. – **3.** (*Hotel etc*) recommend. – **4.** (*anbieten*) offer: **er schlug ihr vor, mit ihm zu kommen** he offered to take her with him.

ˈVorˌschlä·ger *m print.* marking tool.

ˈVorˌschlag|ˌham·mer *m tech.* blacksmiths' sledge (hammer), cross-pane sledge. — **~ˌsil·be** *f metr.* anacrusis.

ˈVorˌschlags|ˌli·ste *f pol.* list of candidates, *Am.* slate. — **~ˌrecht** *n* ⟨-(e)s; *no pl*⟩ **1.** (*für einen Posten*) right of proposal (*od.* nomination). – **2.** *relig.* presentation. — **~ˌwe·sen** *n* ⟨-s; *no pl*⟩ (**betriebliches**) **~** *econ.* suggestion-book system.

ˈvorˌschlei·fen *tech.* **I** *v/t* ⟨*irr, sep*, -ge-, h⟩ **1.** rough-grind, pre-grind. – **2.** (*Gußstücke mit Grobschliff*) snag. – **II V~** *n* ⟨-s⟩ **3.** *verbal noun.*

ˈVorˌschleifˌschei·be *f tech.* rough-grinding wheel.

ˈvorˌschlich·ten *v/t* ⟨*sep*, -ge-, h⟩ *tech.* **1.** rough-finish. – **2.** (*bei Räum- u. Feinbohrarbeiten*) semi-finish.

ˈVorˌschliff *m tech.* **1.** *cf.* Vorschleifen. – **2.** rough grind.

ˈVorˌschlußˌrun·de *f* (*sport*) semifinal (*Br.* semi-final) (round).

ˈvorˌschmecken (*getr.* -k·k-) *v/i* ⟨*sep*, -ge-, h⟩ (*von Gewürz*) be too strong: **der Knoblauch schmeckt zu stark vor** there is too strong a taste of garlic, it tastes too strongly of garlic.

ˈVorˌschmelzˌofen *m metall.* premelting furnace.

ˈVorˌschmie·de·geˌsenk *n metall.* rougher, blanker, blocker.

ˈvorˌschmie·den *v/t* ⟨*sep*, -ge-, h⟩ *metall.* rough-forge.

ˈVorˌschnei·de|ˌbrett *n* **1.** (*für Brot*) breadboard. – **2.** (*für Braten etc*) carving board. — **~ˌmes·ser** *n* **1.** *gastr.* carving knife. – **2.** *tech.* a) roughing cutter, b) (*eines Messerkopfes*) roughing blade.

ˈvorˌschnei·den *v/t* ⟨*irr, sep,* -ge-, h⟩ **1.** (*mundgerecht kleinschneiden*) cut (*s.th.*) up. – **2.** (*Braten etc*) carve. – **3.** (*Brot, Kuchen etc*) cut, slice. – **4.** *tech.* a) rough-cut, b) (*ein Innengewinde*) rough-out.

ˈVorˌschnei·der *m* **1.** *tech.* a) (*für Gewindebohrer*) taper tap, b) (*für Draht*) (end) cutting nippers *pl*, wire cutter, c) (*einer Säge*) cutter (*od.* scoring) tooth, d) (*eines Schlangenbohrers*) extension (*od.* cutting) lip, head. – **2.** *agr.* (*eines Pfluges*) colter, *bes. Br.* coulter.

ˈVorˌschneidˌfrä·ser *m tech.* roughing (*od.* stocking) cutter.

ˈvorˌschnell I *adj* (*Antwort, Handlung, Urteil etc*) rash, hasty, precipitous, precipitate. – **II** *adv* ~ **handeln** to act rashly; ~ **urteilen** a) to judge rashly, to make rash judg(e)ments, b) to jump to conclusions.

ˈvorˌschnel·len *v/i* ⟨*sep,* -ge-, sein⟩ *cf.* vorschießen 2, 3.

ˈVorˌschotˌmann *m* (*beim Segeln*) foredeck hand.

ˈvorˌschrei·ben *v/t* ⟨*irr, sep,* -ge-, h⟩ **1.** (*Aufsatz etc*) write (*s.th.*) (out) in rough. – **2.** (j-m) etwas ~ (*an der Tafel etc*) to write s.th. for s.o. to copy. – **3.** (*zum Ausmalen, Aussticken*) draw the outlines of. – **4.** (*durch Gesetz, Vertrag etc*) provide, prescribe, stipulate: **das Gesetz schreibt vor, daß** the law provides that. – **5.** (*durch Befehle, Anordnungen*) tell, dictate, prescribe, lay (*s.th.*) down: **er schreibt mir dauernd vor, was ich tun soll** he is constantly telling me what to do; **ich lasse mir nichts** ~ I won't have people dictate to me (what I am to do). – **6.** *fig.* (*durch genaue Angaben*) specify.

ˈVorˌschrift *f* **1.** (*Bestimmung*) rule, regulation, provision, prescription, *auch* prescript, stipulation: **den geltenden** ~**en entsprechend** according to the rules in force; **laut polizeilicher** ~ according to police regulations; **laut gesetzlicher** ~ according to the law, as prescribed by law; **es ist** ~**, daß man abends die Haustür abschließt** it is the rule to lock the front door in the evening; **an keinerlei** ~**(en) gebunden sein** not to be bound by any regulations; **einer** ~ **zuwiderhandeln** to act against (*od.* to break) a rule; → Dienst 3. – **2.** (*Anweisung*) instruction, direction, regulation, prescription, *auch* prescript: **laut ärztlicher** ~ according to doctor's instructions (*od.* orders); **ein Medikament nach** ~ **einnehmen** to take (a) medicine according to the instructions (*od.* as instructed, as directed); **die** ~**en genau beachten, sich genau an die** ~**en halten** to follow (the) instructions carefully; **ich lasse mir keine** ~**en machen** I won't have people tell me what to do (*od.* dictate to me). – **3.** *tech.* specification.

ˈvorˌschrifts·geˌmäß *adj u. adv cf.* vorschriftsmäßig.

ˈvorˌschriftsˌmä·ßig I *adj* **1.** (*Verhalten, Haltung etc*) correct. – **2.** (*Kleidung, Größe, Abkürzung etc*) proper, (as) prescribed, regulation (*attrib*): **haben Sie die** ~**e Uniform?** do you have the regulation uniform? – **II** *adv* **3. sich** ~ **verhalten** to behave correctly, to go by the book; **sich** ~ **kleiden** to dress properly (*od.* as prescribed), to wear regulation dress; ~ **fahren** a) to drive according to the regulations (*od.* rules), b) (*nach Angaben*) to drive according to instructions (*od.* directions).

ˈvorˌschriftsˌwid·rig *adj u. adv* contrary to (the) regulations, against the rules.

ˈVorˌschub[1] *m* ⟨-s; *no pl*⟩ (*in Wendungen wie*) j-m ~ **leisten** a) to encourage (*od.* foster) s.o., b) *pol.* (*dem Feind*) to aid and comfort s.o.; **einer Sache** ~ **leisten** a) to foster (*od.* further, encourage, promote) s.th., (*begünstigen*) *auch* to favor (*bes. Br.* favour) s.th., b) *jur.* to aid and abet s.th.

ˈVorˌschub[2] *m* ⟨-(e)s; ⸚e⟩ **1.** *tech.* (*der Drehmaschine*) feed (motion). – **2.** *telev..* feed.

ˈVorˌschub|geˌschwin·dig·keit *f tech.* rate of feed. — ~**geˌtrie·be** *n* feed gear mechanism. — ~**ˌlei·stung** *f jur. cf.* Begünstigung 4. — ~**ˌrä·derˌwerk** *n tech.* feed gearing. — ~**ˌreg·ler** *m* feed adjuster. — ~**ˌsper·re** *f* (*computer*) carriage interlock. — ~**ˌspin·del** *f tech.* feed screw. — ~**ˌwäh·ler** *m* feed selector.

ˈVorˌschuh *m* toecap. — **ˈvorˌschu·hen** *v/t* ⟨*sep,* -ge-, h⟩ renew the toecap.

ˈVorˌschu·le *f ped.* preschool.

ˈVorˌschul·erˌzie·hung *f ped.* preschool education.

ˈvorˌschu·lisch *adj ped.* (*Erziehung etc*) preschool (*attrib*).

ˈVorˌschul·proˌgramm *n* (*radio*) *telev.* preschool broadcast(ing).

ˈVorˌschu·lung *f* ⟨-; -en⟩ **1.** (*abstrakte*) preliminary training. – **2.** (*konkrete*) preparatory course.

ˈVorˌschuß *m* **1.** *econ.* advance (payment), advanced money, *Am. auch* advancement: **zinsloser** ~ non-interest-bearing advance; **um** ~ **bitten** to ask for an advance (payment); **einen** ~ **gewähren [zahlen]** to grant [to make] an advance (payment); **einen** ~ **leisten** to advance money; ~ **auf den Lohn bekommen** to receive advance payment on (*od.* of) one's wages. – **2.** *jur.* (*an einen Anwalt*) retaining fee, retainer. – **3. etwas auf** ~ **bekommen** *fig.* (*Prügel etc*) to get s.th. in advance. — ~**beˌwil·li·gung** *f* granting of an advance (payment). — ~**ˌhöchstˌgren·ze** *f* maximum advance (payment). — ~**ˌkon·to** *n* advance account. — ~**ˌlei·stung** *f* advance payment, *Am. auch* advancement. — ~**ˌlor·bee·ren** *pl* premature praise *sg*: **mit** ~ **bedacht werden** to get premature praise, to be praised prematurely. — **v**~**ˌwei·se** *adv* as an advance (payment), by way of an advance (*Am. auch* advancement). — ~**ˌzah·lung** *f* advance (payment), payment of an advance, *Am. auch* advancement. — ~**ˌzin·sen** *pl* advance interest *sg*, interest *sg* on an advance.

ˈvorˌschüt·zen I *v/t* ⟨*sep,* -ge-, h⟩ pretend, use (*s.th.*) as a pretext: **er schützt Krankheit vor** he pretends to be ill; **er schützte vor, kein Geld zu haben** he pretended that he had no money. – **II V**~ *n* ⟨-s⟩ *verbal noun.* — **ˈVorˌschüt·zung** *f* ⟨-; *no pl*⟩ **1.** *cf.* Vorschützen. – **2.** pretence, *Am.* pretense.

ˈvorˌschwär·men I *v/i* ⟨*sep,* -ge-, h⟩ **j-m von j-m [etwas]** ~ *colloq.* to rave to s.o. (*od.* to tell s.o. great things) about s.o. [s.th.]. – **II** *v/t* **sie schwärmten ihm vor, wie herrlich ihre Reise gewesen sei** *colloq.* they raved (*od.* went into raptures) about how wonderful their trip had been.

ˈvorˌschwat·zen *v/t* ⟨*sep,* -ge-, h⟩ **j-m etwas** ~ *colloq.* to tell s.o. a long rig(a)marole.

ˈvorˌschwe·ben *v/i* ⟨*sep,* -ge-, h⟩ **j-m schwebt etwas vor** s.o. has s.th. in mind: **mir schwebt etwas (ganz) anderes vor** I have s.th. (quite) different in mind; **mir schwebt eine andere Lösung vor** I have a different solution in mind; **was mir vorgeschwebt hat, war** what I had in mind was; **ihm schwebte vor, eine Gemeinschaft von Gleichgesinnten zu gründen** he had a notion of founding a community of like-minded persons; **so wie es mir vorschwebt** the way I see it.

ˈvorˌschwin·deln *v/t* ⟨*sep,* -ge-, h⟩ **j-m etwas** ~ to tell s.o. a lie, to lie to s.o.: **sie versuchte, ihm etwas vorzuschwindeln** she tried to lie to him; **er schwindelte ihr vor, er habe das Geld im Lotto gewonnen** he lied to her that he had won the money in the pools.

ˈVorˌse·gel *n mar.* headsail: **die** ~ *pl* the headsails, the head canvas *sg* (*collect.*).

ˈvorˌse·hen I *v/t* ⟨*irr, sep,* -ge-, h⟩ **1.** (*planen*) plan, (*zeitlich*) *auch* schedule: **wir haben neue Maßnahmen vorgesehen** we have planned new measures; **das ist nicht vorgesehen** that is not planned (*od.* in the plans); **das war in meinem Plan nicht vorgesehen** that was not included in my plan; **was ist für heute vorgesehen?** what is the program (*bes. Br.* programme) (for) today? **für das Wohnzimmer haben wir rote Vorhänge vorgesehen** we have planned red curtains for the living room; **die Vorführung ist für den späten Nachmittag vorgesehen** the performance is planned (*od.* scheduled) for the late afternoon. – **2.** (*bestimmen*) design(ate), destine, (*für einen bestimmten Zweck*) *auch* earmark: **dieses Geld ist für die Grundlagenforschung vorgesehen** this money has been designated (*od.* earmarked) for basic research; **für dich haben wir diesen Platz vorgesehen** a) we have reserved this place for you, b) we had thought that this was the right place for you. – **3. j-n für etwas** ~ to have s.o. in mind (*od.* to think of s.o.) for s.th. – **4.** *jur.* provide: **der Vertrag sieht vor, daß** the contract provides that; **dieser Fall ist im Gesetz nicht vorgesehen** this case is not provided for by statute. – **II** *v/reflex* **sich** ~ **5.** be careful, take care: **sieh dich vor, daß** (*od.* **damit**) **du nicht hinfällst** be careful that you don't fall (*od.* not to fall), mind (*od.* watch) you don't fall; **sieh dich vor!** a) be careful! take care! b) (*bei unmittelbarer Gefahr*) watch (out)! look out! mind! careful! watch your step! **bei** (*od.* **mit, vor**) **ihm muß man sich** ~ one has to be careful with him; **sich vor** (*dat*) **etwas** ~ to be careful of s.th., to mind (*od.* watch) s.th., to be on one's guard against s.th.; **sieh dich vor dem Hund vor** mind the dog. – **III** *v/i* **6.** *cf.* hervorsehen. – **7.** *cf.* herausschauen 3.

ˈVorˌse·hung *f* ⟨-; *no pl*⟩ (*göttliche Lenkung der Geschicke, Schicksal*) Providence: **die** ~ **hat es so gewollt** Providence would have it so; **in einer Sache** ~ **spielen** to play Providence in a matter.

ˈVor·se·lek·tiˌon *f electr.* preselection.

ˈVor·seˌlek·tor *m tel.* preselector.

ˈVor·seˌme·ster *n ped.* (*an Fachhochschulen*) preliminary semester.

ˈVor·se·miˌnar *n ped.* preparatory seminar.

ˈVorˌsen·ke *f geol.* foredeep, foretrough.

ˈvorˌset·zen I *v/t* ⟨*sep,* -ge-, h⟩ **1.** (*nach vorn setzen*) put (*s.th.*) forward: **den rechten Fuß** ~ to put one's right foot forward; **wir haben die Bank drei Meter weiter vorgesetzt** we put (*od.* moved) the bench three meters (*bes. Br.* metres) forward. – **2.** (*Schüler etc*) move (*s.o.*) up to the front. – **3.** (*davorsetzen*) put (*s.th.*) in front of (*od.* before) it (*od.* that, them): **wenn man eine Note einen halben Ton erhöhen will, muß man ein Kreuz** ~ to raise a note by half a tone one must put a sharp in front of it (*od.* mark it with a sharp); **um ein Wort im Deutschen zu verneinen, kann man die Silbe ‚un' ~** to put a word into the negative in German one can put the syllable 'un' before it (*od.* prefix [it with] the syllable 'un'). – **4.** (*auftischen*) serve: **j-m ein gutes Essen** ~ to serve s.o. a good meal. – **5.** (*anbieten*) offer: **was darf ich Ihnen** ~**?** what can I offer you? **das kannst du niemandem mehr** ~ you cannot offer that to anyone any more. – **6.** *fig. colloq.* dish up: **j-m eine Lügengeschichte** ~ to dish up a pack of lies to s.o.; **Zeitungen setzen ihren Lesern oft Sensationen vor** newspapers often dish up sensations to their readers. – **II** *v/reflex* **sich** ~ **7.** move forward (*od.* up): **ich habe mich zwei Reihen vorgesetzt** I moved forward two rows.

ˈVorˌset·zer *m obs.* fender, fire screen.

ˈVorˌsicht *f* ⟨-; *no pl*⟩ **1.** (*Achtsamkeit, Zurückhaltung*) caution, care, precaution: ~! (*Ausruf*) watch (out)! look out! mind! careful! *bes. hunt.* ware! „~, **Glas!**" "glass, (handle) with care"; „~, **zerbrechlich!**" "fragile, (handle) with care"; „~, **nicht stürzen!**" "this side up"; „~, **Stufe!**" "mind the step"; „~, **frisch gestrichen!**" "wet (*Am. auch* fresh) paint"; „~, **bissiger Hund!**" "beware of the dog"; ~ **am Zug!** stand back (, please)! **die** ~ **gebietet es** caution requires it; ~ **üben** (*od.* **walten lassen**) to practice (*bes. Br.* practise) (*od.* apply) caution; **hier ist größte** (*od.* **äußerste**) ~ **geboten** (*od.* **am Platze**) the utmost caution is advised (*od.* advisable); **alle** ~ **außer acht lassen** to cast all precaution to the winds; **die gefährliche Situation erfordert erhöhte** ~ the dangerous situation requires heightened caution; **j-n zur** ~ **(er)mahnen** to admonish s.o. to be careful; **j-m zur** ~ **raten** to advise s.o. to be careful; **mit aller** ~ with great caution; **mit aller gebotenen** ~ with all due caution; **mit (äußerster)** ~ **zu Werke gehen** to proceed with (the utmost) caution (*od.* [very] cautiously); **dieser Schnaps ist mit** ~ **zu genießen** *colloq.* these spirits must be drunk with care; **was er sagt, ist mit** ~ **zu genießen** *colloq.* what he says must be taken with a pinch (*od.* grain) of salt; **er ist mit** ~ **zu genießen** *colloq.* one has to be very careful with him; **aus** (*od.* **vor**) **lauter** ~ **in** (*od.* through) overcaution; **zur** ~ a) as a precaution, b) to be on the safe side, to play safe, to be sure; **zur ~ wird der Platz durch einen Zaun gesichert** as a precaution the site is safeguarded by a fence; **ich nehme zur ~ einen Schirm mit** I'll take an umbrella to be on the safe side; **~ ist die Mutter der Weisheit** (*od. colloq.* **der Porzellankiste, Glasfabrik**) (*Sprichwort*) *etwa* caution is the mother of wisdom; **~ ist besser als Nachsicht** *colloq.* it's better to be sure than (to be) sorry. – **2.** (*Wachsamkeit*) caution, wariness, vigilance, watchfulness: **j-s ~ einschläfern** to allay s.o.'s caution. – **3.** (*Umsicht*) circumspection, discretion.

'vor,sich·tig I *adj* **1.** (*bedachtsam, besonnen*) (pre)cautious, careful, (*stärker*) guarded, wary, chary: **er ist ein ~er Fahrer** he is a cautious driver; **er ist sehr ~ mit politischen Äußerungen** he is very cautious with political comments; **bitte sei ~** please be careful; **seien Sie ~, daß Sie nicht fallen** mind you don't fall, be careful not to fall; **~!** watch (out)! look out! mind! careful! – **2.** (*zurückhaltend, nicht übereilt*) (pre)cautious, guarded: **nach einer ~en Anfrage** after a cautious inquiry; **bei ~er Schätzung** at a cautious (*od.* conservative) estimate; **eine ~e Formulierung** a cautious wording (*od.* formulation). – **3.** (*wachsam*) watchful, vigilant. – **4.** (*umsichtig*) circumspect. – **II** *adv* **5.** carefully: **etwas ~ anfassen** *auch fig.* to handle s.th. carefully; **j-n ~ anfassen** *fig.* to handle s.o. carefully; **~ fahren** to drive carefully; **~ zu Werke gehen** to go about it (*od.* things) carefully; **du mußt dich ~er ausdrücken** you must be more careful (*od.* prudent) in (*od.* about) your choice of words. – **6.** cautiously, guardedly, warily, charily, (*zaghaft*) *auch* gingerly: **er kroch ~ an der Tür vorbei** he crept past the door cautiously. – **7.** (*wachsam*) watchfully, vigilantly. – **8.** (*umsichtig*) circumspectly. — **'Vor,sich·tig·keit** *f* ⟨-; *no pl*⟩ **1.** caution, cautiousness, care(fulness), (*stärker*) guardedness, wariness, chariness. – **2.** (*Wachsamkeit*) watchfulness, vigilance. – **3.** (*Umsichtigkeit*) circumspection.

'vor,sichts,hal·ber *adv* **1.** as a precaution: **~ lassen wir ein Schloß in die Tür einbauen** we are having a lock built into the door as a precaution. – **2.** to be on the safe side, to play safe, to be sure: **~ nehme ich einen Regenschirm mit** I'll take an umbrella with me to be on the safe side.

'Vor,sichts|,maß,nah·me, ~,maß,re·gel *f* precaution(ary measure), cautionary measure, preventive (measure): **gegen etwas ~n treffen** to take precautions against s.th.

'Vor·si,gnal *n* (*railway*) distant (*od.* warning, advance) signal.

'Vor,sil·be *f ling.* prefix.

'vor,sin·gen I *v/t* ⟨*irr, sep,* -ge-, h⟩ **1.** (*singend darbieten*) sing: **sie sangen ihnen ein Lied vor** they sang them a song. – **2.** (*zuerst singen*) sing (*s.th.*) first: **ich singe (euch) das Lied vor, ihr singt es dann nach** I shall sing the song first, then you sing it after me. – **II** *v/i* **3.** (*Text eines Liedes singen*) sing the verses: **er singt vor, ihr singt dann den Refrain** he will sing the verses, and you sing the refrain. – **4. j-m ~** (*bes. am Theater*) (*um sich prüfen zu lassen*) to have an audition with s.o.: **j-n ~ lassen** to audition s.o., to have s.o. sing. – **III V~** *n* ⟨-s⟩ **5.** *verbal noun.* – **6.** (*theater*) audition.

'vor,sint,flut·lich *adj* **1.** *geol.* antediluvian. – **2.** *fig. colloq.* (*völlig veraltet*) antediluvian, prehistoric: **ein ~es Auto** an antediluvian car; **~e politische Ansichten haben** to hold antediluvian (*od.* antiquated) political views.

'Vor,sitz *m* ⟨-es; *no pl*⟩ **1.** (*Amt*) presidency, chairmanship: **den ~ übernehmen [niederlegen]** to take over [to resign] the presidency; **j-m den ~ übertragen** to hand over the presidency to s.o.; **den ~ an j-n abgeben** to resign the presidency to s.o. – **2.** (*bei einer Sitzung etc*) chairmanship: **unter dem ~ von Herrn X** under the chairmanship of Mr. X, with Mr. X in the chair; **bei einer Versammlung den ~ haben** (*od.* **führen**) to be in (*od.* hold) the chair at (*od.* preside over, preside at) a meeting; **er übernahm den ~** he took over the chairmanship, he took the chair.

'vor,sit·zen *v/i* ⟨*irr, sep,* -ge-, h *u.* sein⟩ **einer Versammlung ~** to preside over (*od.* at) a meeting, to be in (*od.* to hold) the chair at a meeting.

'Vor,sit·zen·de[1] *m* ⟨-n; -n⟩ **1.** president, chairman, (*bei einer Versammlung*) *auch* presider: **der zweite** (*od.* **stellvertretende**) **~** the vice-president, the deputy chairman, the vice-chairman; **sich an den ~n wenden** to address the president (*od.* chair). – **2.** *jur. Am.* chief judge, *Br.* presiding judge.

'Vor,sit·zen·de[2] *f* ⟨-n; -n⟩ **1.** (lady) president, chairwoman, (*bei einer Versammlung*) *auch* presider: **die zweite** (*od.* **stellvertretende**) **~** the vice-president, the deputy chairwoman. – **2.** *jur. Am.* chief judge, *Br.* presiding judge.

'Vor,sit·zer *m* ⟨-s; -⟩ *cf.* Vorsitzende[1].

'Vor,sit·ze·rin *f* ⟨-; -nen⟩ *cf.* Vorsitzende[2].

'Vor·so,kra·ti·ker *m* ⟨-s; -⟩ *philos.* pre-Socratic, *auch* Pre-Socratic. — **'vor·so,kra·tisch** *adj* pre-Socratic, *auch* Pre-Socratic.

'Vor,som·mer *m* early summer.

'Vor,sor·ge *f* ⟨-; *no pl*⟩ **1.** (*Vorsichtsmaßnahme*) precaution: **~ tragen** (*od.* **treffen**), **daß** (*od.* **damit**) to take precautions (*od.* care) that; **gegen eine neue Infektion ~ treffen** to take precautions (*od.* to provide) against reinfection; **zur ~** (**gegen** against) as a precaution(ary measure) (*od.* guard). – **2.** (*Vorbereitungen*) provisions *pl*: **für den Notfall ~ treffen** to make provisions for an emergency. — **~me·di,zin** *f med.* preventive medicine.

'vor,sor·gen *v/i* ⟨*sep,* -ge-, h⟩ **1. ~, daß** (*od.* **damit**) to take precautions (*od.* care) that. – **2. für etwas ~** to make provisions for: **für den Winter ~** to make provisions for the winter.

'Vor,sor·ge,un·ter,su·chung *f med.* medical checkup (*Br.* check-up).

'vor,sorg·lich I *adj* (pre)cautionary. – **II** *adv* as a precaution: **sie hat dem Kind ~ ein paar warme Sachen mitgegeben** she gave the child some warm clothing to take with him as a precaution. — **'Vor,sorg·lich·keit** *f* ⟨-; *no pl*⟩ precaution.

'vor·sor,tie·ren *v/t* ⟨*sep, no* -ge-, h⟩ **1.** sort (*s.th.*) (out) roughly. – **2.** (*Briefe*) cull.

'Vor,spann *m* ⟨-(e)s; -e⟩ **1.** (*zum Einfädeln eines Films, Tonbands etc*) leader. – **2.** (*eines Spielfilms etc*) opening titles *pl*, credits *pl*, credit lines *pl*. – **3.** (*Vorschau eines Films*) preview, *auch* prevue, trailer. – **4.** (*vor einem Presseartikel*) introductory lines *pl*. – **5.** (*zusätzlich vorgespannte Pferde etc*) extra team. — **~,band** *n* ⟨-(e)s; ⸚er⟩ (*für Tonband*) leader tape.

'vor,span·nen I *v/t* ⟨*sep,* -ge-, h⟩ **1.** (*Pferde etc*) put (*horses etc*) to, harness. – **2. eine Lokomotive ~** to link (up) an engine to a train. – **3.** (*Tuch etc*) hang (*s.th.*) across. – **4.** *electr.* (*Relais etc*) bias. – **5.** *civ.eng.* (*Beton*) prestress. – **6.** *tech.* (*Lager*) preload. – **II V~** *n* ⟨-s⟩ **7.** *verbal noun.*

'Vor,spann|lo·ko·mo,ti·ve *f* (*railway*) pilot engine. — **~,pferd** *n* trace horse, extra horse.

'Vor,span·nung *f* ⟨-; *no pl*⟩ **1.** *cf.* Vorspannen. – **2.** *electr.* bias potential. – **3.** *metall.* initial tension.

'Vor,spei·se *f gastr.* hors d'oeuvres *pl*, *bes. Br.* hors d'œuvres *pl*, entrée, *Am. auch* entree.

'Vor,spel·ze *f bot.* (*bei Grasblüten*) palea.

'vor,spie·geln I *v/t* ⟨*sep,* -ge-, h⟩ **1. j-m etwas ~** to pull the wool over s.o.'s eyes: **er versuchte, ihm etwas vorzuspiegeln** he tried to pull the wool over his eyes. – **2.** (*Krankheit, Absichten etc*) feign, sham, simulate: **er spiegelte ihm eine Krankheit vor** he feigned illness to him, he pretended to him to be (*od.* that he was) ill. – **3. j-m ~, daß** to delude s.o. into believing that, to raise the false hope in s.o. that: **er spiegelte ihm vor, daß er auf diese Art und Weise viel Geld machen könne** he deluded him into believing that he could make plenty of money this way. – **II V~** *n* ⟨-s⟩ **4.** *verbal noun.* — **'Vor,spie·ge·lung, 'Vor,spieg·lung** *f* ⟨-; -en⟩ **1.** *cf.* Vorspiegeln. – **2.** ⟨*only sg*⟩ **unter [wegen] ~ falscher Tatsachen** under [for] false pretences (*Am.* pretenses); **das ist alles nur ~ falscher Tatsachen** it is all pretence. – **3.** (*einer Krankheit etc*) simulation. – **4.** (*Irreführung*) pretence, *Am.* pretense, delusion.

'Vor,spiel *n* ⟨-(e)s; -e⟩ **1.** ⟨*only sg*⟩ (*Vorspielen für eine Prüfung etc*) audition. – **2.** *mus.* a) prelude, b) overture, *auch* prelude, c) (*zu einer Veranstaltung, bes. einem Gottesdienst*) voluntary: **das ~ zu Händels „Xerxes"** the overture (*od.* prelude) to Handel's "Xerxes". – **3.** (*theater*) curtain raiser (*auch* lifter): **das ~ zu einem Drama** the prologue to a drama. – **4.** (*sport*) preliminary (*od.* supporting) match (*od.* game). – **5.** ⟨*only sg*⟩ *fig.* (*Anfang*) prelude, prologue, *Am. auch* prolog, preface: **das war erst das ~** that was only the prelude. – **6.** (*vor dem Geschlechtsverkehr*) foreplay.

'vor,spie·len I *v/t* ⟨*sep,* -ge-, h⟩ **1.** (*auf einem Instrument darbieten*) play: **ich spiele euch eine Sonate vor** I shall play a sonata for you; **er ließ sich von ihr ein Präludium ~** he had her play him a prelude. – **2.** (*zum Nachsingen etc*) play (*s.th.*) first: **ich spiele (euch) das Lied vor, ihr singt es anschließend** I shall play the song (for you) first, then you sing it. – **3.** (*schauspielerisch darbieten*) play, act, enact: **er spielte ihm die Szene vor** he played the scene for him. – **4.** (*zur Instruktion*) play, act (*s.th.*) (first): **der Regisseur spielte dem Schauspieler die Szene vor** the producer played the scene for the actor. – **5. j-m etwas ~** *fig.* to delude s.o., to put on an act to s.o. (*colloq.*): **j-m Theater ~** *colloq.* to put on an act to s.o. (*colloq.*). – **II** *v/i* **6.** (*etwas auf einem Instrument darbieten*) play: **ich muß heute in der Musikstunde ~** I have to play today in music class. – **7.** (*für eine Prüfung, Anstellung etc*) have an audition: **er spielte dem Leiter der Agentur vor** he had an audition with the director of the agency; **er ließ den Kandidaten ~** he auditioned the candidate, he had the candidate play (*bei dramatischen Stücken auch* act).

'vor,spin·nen *v/t* ⟨*irr, sep,* -ge-, h⟩ **1.** (*textile*) rove. – **2. j-m etwas ~** *fig. colloq.* to fib to s.o. (*colloq.*).

'Vor,spinn|,krem·pel *m tech.* (*textile*) rover, condenser card. — **~ma,schi·ne** *f* rover, roving (*od.* drawing, flyer) frame.

'Vor,spra·che *f* ⟨-; -n⟩ call, visit: **nach einer ~ beim Minister** after a call on (*od.* visit to) the minister; **nach etlichen ~n auf dem Sozialamt** after several visits to (*od.* at) the (social) welfare office.

'vor,sprach·lich *adj* prelinguistic.

'vor,spre·chen I *v/t* ⟨*irr, sep,* -ge-, h⟩ **1.** (*zum Nachsprechen vorsagen*) (*dat* for) pronounce: **einem Kind ein Wort ~** to pronounce a word for a child. – **2.** (*vortragen*) recite: **bei der Prüfung sprach er den Monolog aus „Hamlet" vor** he recited the monologue from "Hamlet" in the examination; **j-n etwas ~ lassen** to have s.o. recite s.th. – **II** *v/i* **3.** (*j-n od. etwas besuchen*) call: **bei j-m ~** to call on s.o.; **auf einem Amt ~** to call at an office. – **4.** (*theater*) have an audition: **sie sprach bei dem Intendanten vor** she had an audition with the manager; **der Intendant ließ ihn ~** the manager auditioned him (*od.* had him recite). – **III V~** *n* ⟨-s⟩ **5.** *verbal noun.* – **6.** (*theater*) audition.

'vor,sprin·gen *v/i* ⟨*irr, sep,* -ge-, sein⟩ **1.** (*herausspringen*) (**aus** out of, from) jump (*od.* leap, spring) forward. – **2.** (*von Felsen, Bauteilen etc*) project, jut out, protrude. – **3.** (*von Uhrzeiger*) jump on. — **'vor,sprin·gend I** *pres p.* – **II** *adj* **1.** (*Felsen, Bauteil etc*) projecting, protruding, jutting. – **2.** (*Kinn, Nase etc*) prominent, protruding. – **3.** (*Backenknochen*) prominent, high. – **4.** *math.* (*Winkel*) salient.

'Vor,spruch *m* **1.** prologue, *Am. auch* prolog. – **2.** *jur. pol. cf.* Präambel.

'Vor,sprung *m* ⟨-(e)s; ⸚e⟩ **1.** a) (*vorspringender Teil*) projection, b) (*Überhang*) overhang. – **2.** (*ins Meer ragender Felsen, Küstenstrich etc*) promontory, headland: **die Küste bildet hier einen ~** the coast forms a promontory here. – **3.** (*auch sport*) (*Vorgabe*) start, advantage: **ich gebe dir einen ~ von fünf Minuten** I'll give you a start of five minutes, I'll give you five minutes' start. – **4.** (*auch sport*) (*Abstand*) lead: **sein ~ vor seinem Gegner beträgt 50 Sekunden** he has a lead of 50 seconds on (*od.* he is 50 seconds ahead of) his opponent, he leads his opponent by 50 seconds; **j-s ~ aufholen** to make up s.o.'s lead; **einen ~ gewinnen** (*od.* **herausholen**) to gain a lead; **er hat einen ~ von drei Runden [Punkten]** he is leading by three laps [points]; **mit großem ~** by a wide margin; **mit einem ~ von**

zwei Sekunden by a margin of two seconds; **dieses Land hat auf technischem Gebiet einen ~ von mehreren Jahren** this country is several years in the lead (*od.* several years ahead) in the field of technology; **dadurch, daß er früh zur Schule gekommen ist, hat er einen großen ~ vor den anderen** he is well ahead of the others due to the fact that he started school very young. – **5.** *med.* a) process, projection, prominence, eminence, tuberosity, protuberance, b) (*Auswuchs*) boss.

'Vorˌspur *f* ⟨-; *no pl*⟩ *auto.* a) (*positive*) toe-in, b) (*negative*) toe-out. — **~ˌwin·kel** *m* toe-in.

'Vorˌsta·di·um *n* preliminary stage.

'Vorˌstadt *f* **1.** suburb: in der ~ wohnen to live in a suburb (*od.* in the suburbs). – **2.** ⟨*only sg*⟩ *contempt.* suburbia: **beiden sah man die ~ schon von weitem an** they both had suburbia written all over them. — **~beˌwoh·ner** *m* suburbanite, suburban: **die ~** a) the suburbanites, b) *contempt.* suburbia *sg.*

'Vorˌstäd·ter *m cf.* Vorstadtbewohner.

'vorˌstäd·tisch *adj* suburban, suburb (*attrib*).

'Vorˌstadt|ˌki·no *n* suburban cinema (*bes. Am.* motion-picture theater, *colloq.* movie). — **~neuˌro·se** *f psych.* suburban neurosis. — **~thea·ter** [-teˌaːtər] *n* suburban theater (*bes. Br.* theatre).

'Vorˌstag *n mar.* forestay.

'Vorˌstand *m* ⟨-(e)s; ⸚e⟩ **1.** (*von Vereinen, Gesellschaften etc*) managing committee (*od.* board). – **2.** (*von Parteien, Gewerkschaften etc*) executive (*od.* managing) committee (*od.* board), governing body. – **3.** *econ.* board (of management), managing committee, directorate, managing board of directors, inside board (of directors), management. – **4.** *ped.* (*einer Akademie etc*) principal, head. – **5.** *bes. Austrian and Swiss* a) *cf.* Vorsitzende[1] 1, Vorsitzende[2] 1, b) *cf.* Vorsteher.

'Vorˌstands|geˌhäl·ter *pl econ.* directors' fees. — **~ˌmitˌglied** *n* **1.** *econ.* member of the board (*od.* managing committee), board member, director. – **2.** *pol.* member of the (party) executive. — **~ˌsit·zung** *f* **1.** *econ.* board meeting, meeting of the managing committee. – **2.** *pol.* meeting of the (party) executive. — **~ˌwahl** *f* **1.** *econ.* election of the board. – **2.** *pol.* executive elections *pl.*

'vorˌste·chen *v/t* ⟨*irr, sep,* -ge-, h⟩ *tech.* (*Löcher etc*) bradawl.

'Vorˌsteckˌär·mel *m* sleeve cover (*od.* protector), oversleeve.

'vorˌstecken (*getr.* -k·k-) *v/t* ⟨*sep,* -ge-, h⟩ **1.** den Kopf ~ to poke (*od.* stick) one's head out (*od.* forward). – **2.** (*Markierung etc*) move (*s.th.*) forward. – **3.** **sich** (*dat*) **etwas ~** to pin s.th. on.

'Vorˌstecker (*getr.* -k·k-) *m* **1.** *tech.* cotter (pin). – **2.** *auto.* linchpin, joggle.

'Vorˌsteck|ˌkeil *m tech.* cotter. — **~ˌna·del** *f* **1.** (breast)pin, brooch. – **2.** *obs. for* Krawattennadel. — **~ˌsplint** *m tech.* cotter pin. — **~ˌstift** *m* locking (*od.* stop) pin.

'vorˌste·hen *v/i* ⟨*irr, sep,* -ge-, h *u.* sein⟩ **1.** (*von Gebäuden, Bauteilen etc*) project, jut (*od.* stick) out, protrude: **das Haus steht zu weit vor** the house projects too far. – **2.** (*von Zähnen, Augen etc*) protrude, stick out. – **3.** (*in Wendungen wie*) **einem Amt ~** to administer an office; **einem Geschäft ~** to manage a business; **einem Haushalt ~** to administer (*od.* preside over) a household; **einer Partei ~** to preside over a party; **einer Schule ~** to superintend a school. – **4.** **der Hund steht vor** *hunt.* the dog points (*od.* sets). — **'vorˌste·hend I** *pres p.* – **II** *adj* **1.** (*Gebäude, Bauteile etc*) projecting, protruding, jutting. – **2.** (*Zähne, Augen etc*) protruding, prominent: **~e Zähne** protruding teeth, buckteeth; → Kinn. – **3.** (*Backenknochen*) prominent, high. – **4.** ⟨*attrib*⟩ *fig.* (*vorangehend*) preceding, above: **aus den ~en Überlegungen geht hervor, daß** from the preceding considerations it follows that. – **III** *adv* **5.** above, (*in Dokumenten*) *auch* hereinabove, hereinbefore: **wie ~ erwähnt** as mentioned above. – **IV V~e, das** ⟨-n⟩ **6.** the above: **aus dem V~en** from the above. – **7.** (*mit Kleinschreibung*) **im ~en** (in the) above, (*in Dokumenten*) *auch* hereinabove, hereinbefore.

'Vorˌste·her *m* ⟨-s; -⟩ *archaic* **1.** (*eines Bahnhofs*) stationmaster, *Am. auch* station agent. – **2.** (*eines Büros*) chief (*od.* head, senior) clerk. – **3.** (*einer Kirchengemeinde*) chairman. – **4.** (*einer Gemeinde*) mayor. – **5.** *cf.* Schulvorsteher.

'Vorˌste·herˌdrü·se *f med.* prostate (gland).

'Vorˌste·herˌdrü·sen|entˌzün·dung *f med.* prostatitis. — **~verˌgrö·ße·rung** *f* hypertrophy (*od.* enlargement) of the prostate, prostatomegaly (*scient.*).

'Vorˌste·he·rin *f* ⟨-; -nen⟩ *archaic* (*eines Mädchenpensionats etc*) headmistress, principal.

'Vorˌstehˌhund *m zo.* (*Jagdhundrasse*) pointer, setter, ranger.

'vorˌstell·bar *adj* conceivable, imaginable: **so etwas ist einfach nicht ~** such a thing simply is not conceivable (*od.* is simply inconceivable, cannot possibly be conceived); **es ist durchaus ~, daß** it is quite conceivable that. — **'Vorˌstell·bar·keit** *f* ⟨-; *no pl*⟩ conceivability, conceivableness, imaginableness.

'vorˌstel·len I *v/t* ⟨*sep,* -ge-, h⟩ **1.** (*nach vorn stellen*) put (*od.* move) (*s.th.*) forward: **können wir den Tisch nicht weiter ~?** can't we put the table farther forward? – **2.** (*in den Weg stellen*) put out: **er stellte ein Bein vor, so daß ich hinfiel** he put out his leg so that I fell. – **3.** (*Uhr, Uhrzeiger*) put (*s.th.*) forward (*od.* on), set (*s.th.*) ahead: **er stellte die Uhr (um) zehn Minuten vor** he put the clock forward (*od.* on, *Am. auch* ahead by) ten minutes. – **4.** (*davorstellen*) put (*s.th.*) in front (of it *od.* them): **wir stellen den Schrank vor, damit sie nicht hereinkönnen** we'll put the cupboard in front (of the door) so that they can't get in(to) the room. – **5.** **j-n j-m ~** to introduce (*bes. bei Hofe* present) s.o. to s.o.: **darf ich Ihnen Herrn X ~?** may I introduce Mr. X to you? **sich j-m ~ lassen** to have oneself introduced to s.o. – **6.** (*einen neuen Artikel, einen neuen Star etc*) present: **die Firma X stellte auf der Messe eine neue Waschmaschine vor** the firm of X presented (*od.* introduced) a new washing machine at the fair. – **7.** (*darstellen*) represent: **was soll diese Gestalt auf dem Bild ~?** what is this figure in the picture supposed to represent (*od.* be)? **diese Schauspieler stellen das Volk vor** these actors represent the people. – **8.** (*bedeuten*) mean, signify: **was soll dieses Gemälde ~?** what is this painting supposed to mean? **was soll denn das ~?** what is that supposed to be? what is the meaning of that? – **9.** **etwas (Großes) ~** *colloq.* to impress, to make an impression: **er stellt etwas vor** he is quite impressive. – **10.** **sich** (*dat*) **etwas ~** a) (*denken*) to imagine s.th., b) (*ausmalen*) to imagine (*od.* picture [to oneself], visualize *Br. auch* -s-) s.th., to envisage s.th.: **stell dir vor, wie gräßlich!** imagine how awful! **stell dir vor!** *colloq.* imagine! fancy that! **stell dir meine Überraschung vor** imagine (*od.* picture) my surprise; **stell dir das nicht so leicht vor** don't (*od.* you needn't) think (*od.* imagine) (that) it is all that easy, it's not as easy as you think (*od.* imagine); **ich kann mir nichts Besseres ~** I cannot imagine anything better, I can think of nothing better; **ich kann mir nicht ~, daß** I cannot imagine that; **ich kann sie mir gut als Hausfrau ~** I can just imagine her as (*od.* see her [as]) a housewife; **so stelle ich mir einen schönen Urlaub vor** that is my idea of a nice holiday (*Am.* vacation); **ich hatte mir die Reise anders vorgestellt** this wasn't exactly my idea of a trip, I had pictured the trip very differently; **das hätte ich mir nicht vorgestellt** I wouldn't have thought it would be like that, I didn't expect it to be like that; **was stellst du dir (eigentlich) vor!** *colloq.* who do you think you are! **in ihren Träumen stellte sie sich ein großes Haus in einem schönen Park vor** in her dreams she imagined (*od.* pictured) a big house in a beautiful park. – **11.** **sich** (*dat*) **etwas unter** (*dat*) **etwas ~** a) (*etwas Abstraktes*) to understand s.th. by s.th., b) (*etwas Konkretes*) to imagine s.th. to be s.th.: **was stellst du dir unter diesem Begriff [darunter] vor?** what do you understand by this concept [by that]? **unter dem Tivoli stelle ich mir einen großen Vergnügungspark vor** I imagine Tivoli to be a large amusement park; **ich kann mir darunter nichts ~** it does not mean anything (*od.* a thing) to me, it does not convey any meaning to me. – **12.** **j-m etwas ~** to point out s.th. to s.o.: **er stellte ihm die Folgen seines Leichtsinns vor** he pointed out to him the consequences of his carelessness; **er stellte ihm vor, wie gefährlich dies sei** he pointed out to him how dangerous this was. – **13.** *auto.* (*Zündung*) advance. – **II** *v/reflex* **sich ~** **14.** jump the queue. – **15.** **sich j-m ~** to introduce oneself to s.o., to make oneself known to s.o.: **darf ich mich ~:** Hans X may I introduce myself? Hans X; **er stellte sich den Damen des Hauses vor** he introduced himself (*od.* made himself known) to the ladies of the house. – **16.** (*als Antrittsbesuch*) present oneself: **er stellte sich bei dem Direktor [in der neuen Schule] vor** he presented himself to the director [at the new school]. – **17.** (*für eine Anstellung*) have an interview: **ich stelle mich heute bei der Firma X vor** I have (*od.* I am going for) an interview with the firm of X today; **heute stellt sich bei unserer Firma ein neuer Kandidat vor** a new applicant is having (*od.* is coming for) an interview with our firm today. – **III V~** *n* ⟨-s⟩ **18.** *verbal noun.*

'vorˌstel·lig *adj only in* **bei einer Behörde [auf einem Amt] ~ werden** a) to apply to an authority [to an office], b) (*protestierend*) to lodge a complaint with an authority [with an office].

'Vorˌstel·lung *f* ⟨-; -en⟩ **1.** *cf.* Vorstellen. – **2.** ⟨*only sg*⟩ (*Bekanntmachen*) introduction, (*bes. bei Hofe*) presentation: **die ~ der Gäste (untereinander) nahm viel Zeit in Anspruch** the introduction of the guests (to each other) took a great deal of time; **ich habe Ihren Namen bei der ~ nicht verstanden** I did not quite catch your name when we were introduced. – **3.** ⟨*only sg*⟩ (*eines neuen Artikels, eines Stars etc*) presentation, introduction. – **4.** (*zwecks einer Anstellung*) interview: **wir laden Sie zu einer persönlichen ~ ein** we invite you to come for an (*od.* a personal) interview. – **5.** (*im Theater, im Konzertsaal, im Kino etc*) performance: **eine öffentliche [geschlossene] ~** a public [closed *od.* private] performance; **eine ~ geben** to give a performance; **die ~ beginnt [endet] um 20 Uhr** the performance begins (*od.* commences) [ends] at 8 p.m.; **die ~ war gut [schwach] besucht** the performance was well [poorly] attended; **heute abend keine ~** no performance tonight. – **6.** (*Begriff, Gedanke, Bild*) idea, conception, notion: **sich** (*dat*) **eine [falsche] ~ von etwas machen** to have (*od.* form) an idea [a wrong idea *od.* a misconception] of s.th.; **du machst dir keine ~ davon!** you have no idea! you wouldn't believe it! **er macht sich keine ~ davon, wie schwer sie es hat** he has no idea (of) how difficult things are for her; **eine falsche ~ von etwas geben** to misrepresent s.th.; **eine klare** (*od.* **deutliche**) **[verschwommene] ~ von etwas haben** to have a clear [hazy *od.* vague] idea of s.th.; **ich habe davon keine ~** I have no idea of that; **ich kann damit keine ~ verbinden** it does not mean anything to me; **der Bericht gab ihm eine ~ davon, wie** the report gave him an idea of how; **du mußt dich langsam an die ~ gewöhnen, daß du für andere zu sorgen hast** you must gradually get used to the idea of having to look after others; **düsteren ~en Raum geben** to give way to gloomy ideas; **ich kann diese ~ nicht loswerden** I cannot get this idea out of my mind; **das unterscheidet sich von den üblichen ~en** that is different from the conventional idea; **das entspricht ganz meiner ~** that is exactly the way I see it. – **7.** ⟨*only sg*⟩ (*Bewußtsein*) mind: **in meiner ~ sieht das anders aus** things are different to my mind. – **8.** ⟨*only sg*⟩ (*Phantasie, Vorstellungskraft*) imagination: **diese Dinge existieren nur in deiner ~** these things only exist in your imagination; **das geht über alle ~** that surpasses all imagination; **sie ist über alle ~ schön** she is beautiful beyond all imagination. – **9.** *pl* (*Vorhaltungen*) remonstrances, representations: **er ist keinen ~en**

zugänglich he is impervious to all remonstrances; alle ~en waren fruchtlos all remonstrances were futile; j-m wegen etwas ~en machen to remonstrate with (*od.* make remonstrances with) s.o. about s.th. – **10.** (*vor einem Boxkampf*) presentation.

ˈVorˌstel·lungs|ˌkraft *f* ⟨-; *no pl*⟩, **~verˌmö·gen** *n* ⟨-s; *no pl*⟩ imaginative faculty, imagination, faculty of imagination (*od.* visualization *Br. auch* -s-), ideality. — **~ˌwelt** *f* mind.

ˈVorˌsten·geˌstag *n mar.* (*eines Schoners etc*) fore-topmast stay.

ˈVorˌste·ven *m mar.* stem(post).

ˈVorˌstich *m metall.* **1.** (*für Bleche*) roughing (*od.* breaking-down) pass. – **2.** (*für Blöcke*) blooming (*Br.* cogging) pass.

ˈVorˌstop·per *m* (*sport*) (*beim Fußball*) center (*bes. Br.* centre) half(back).

ˈVorˌstoß *m* ⟨-es; ⸚e⟩ **1.** (*Versuch*) attempt, try: einen ~ machen to make an attempt. – **2.** (*kühnes Unternehmen*) venture, sally: ein kühner ~ in die Antarktis a bold venture into the Antarctic; einen neuen ~ wagen to dare a new venture; der ~ in den Weltraum ist gelungen the venture into space has succeeded. – **3.** *mil.* thrust, drive, raid, push, advance: einen ~ abwehren to ward off a thrust. – **4.** (*sport*) a) (*beim Fußball etc*) rush, b) (*beim Fechten*) (development and) lunge, straight thrust. – **5.** (*textile*) (*Besatz von Kanten*) piping, edging, lap, furbelow. – **6.** *chem.* (*bei Destillationsgefäßen*) adapter, *auch* adaptor. – **7.** *tech.* (*vorspringender Rand an Rädern*) edging strip.

ˈvorˌsto·ßen I *v/t* ⟨*irr, sep,* -ge-, h⟩ **1.** j-n [etwas] ~ to push (*od. colloq.* shove) s.o. [s.th.] forward. – **II** *v/i* ⟨sein⟩ **2.** venture: in unerforschte Gebiete ~ to venture into unexplored territory; bis an die Grenzen des Weltalls ~ to venture to the borders of space. – **3.** *mil.* thrust (*od.* push) forward, advance: gegen die feindlichen Stellungen ~ to advance rapidly toward(s) the enemy positions. – **4.** (*sport*) rush forward.

ˈVorˌstra·fe *f jur.* previous (*od.* prior) conviction: er hat keine ~n a) he has no previous convictions, he has no criminal (*od.* police) record, b) he is a first offender. — **ˈVorˌstra·fen·reˌgi·ster** *n* register of previous (*od.* prior) convictions, criminal (*od.* police) record.

ˈVorˌstra·ße *f metall.* **1.** (*für Bleche*) breaking-down train. – **2.** (*für Blöcke*) blooming (*Br.* cogging) train.

ˈvorˌstrecken (*getr.* -k·k-) *v/t* ⟨*sep,* -ge-, h⟩ **1.** (*Hand, Arm etc*) thrust out, stretch (*s.th.*) forward. – **2.** (*Kopf*) put (*one's head*) forward, poke (*od.* stick) out. – **3.** (*Krallen*) stretch (*s.th.*) forward, protract. – **4.** *colloq.* (*Geld*) advance. – **5.** *metall.* a) (*Bleche*) rough, break down, b) (*Blöcke*) *Am.* bloom, *Br.* cog.

ˈVorˌstreck·geˌrüst *n metall.* pony rougher.

ˈVorˌstrom *m mar.* wake.

ˈVorˌstu·die *f* (zu) **1.** preliminary study (on). – **2.** (*art*) preliminary sketch (for).

ˈVorˌstu·di·um *n* ⟨-s; *no pl*⟩ (in *dat* in) preliminary studies *pl.*

ˈVorˌstu·fe *f* **1.** (zu before, of) preliminary stage. – **2.** *tech.* preliminary stage, pre-stage. – **3.** *electr.* pre-stage. – **4.** (*radio*) a) (*eines Empfängers*) preselector stage, b) (*eines Senders*) penultimate stage.

ˈvorˌstül·pen I *v/t* ⟨*sep,* -ge-, h⟩ (*Lippen*) pout. – **II** *v/reflex* sich ~ *med.* (*von Falten, Tumoren etc*) project, protrude. – **III V~** *n* ⟨-s⟩ *verbal noun.* — **ˈVorˌstül·pung** *f* ⟨-; -en⟩ **1.** *cf.* Vorstülpen. – **2.** (*vorgestülpter Teil*) protrusion.

ˈvorˌstür·men *v/i* ⟨*sep,* -ge-, sein⟩ rush (*od.* charge) forward.

ˈvorˌstür·zen *v/i* ⟨*sep,* -ge-, sein⟩ dash (*od.* shoot) forward.

ˈVorˌsturzˌwalzˌwerk *n metall.* mill for rolling breakdowns.

ˈvorˌsündˌflut·lich *adj colloq. cf.* vorsintflutlich 2.

ˈVor·syn·chro·ni·sa·tiˌon *f* (*film*) prescoring. — **ˈvor·syn·chro·niˌsie·ren** *v/t* ⟨*insep, no* -ge-, h⟩ prescore.

ˈVorˌtag *m* previous day, day before: am ~ the day before; am ~ dieses Ereignisses the day before (*od.* on the eve of) this event, the day previous to this event.

ˈvorˌtan·zen I *v/t* ⟨*sep,* -ge-, h⟩ **1.** (*darbieten*) dance: j-m etwas ~ to dance s.th. for s.o. – **2.** (*demonstrieren*) show (*s.o.*) how to dance: der Tanzlehrer tanzte ihnen einen Walzer vor the dancing teacher showed them how to (dance a) waltz. – **II** *v/i* **3.** *choreogr.* dance (in front of examiners).

ˈVorˌtän·zer *m,* **ˈVorˌtän·ze·rin** *f* leading dancer, leader of the dance.

ˈvorˌtäu·schen I *v/t* ⟨*sep,* -ge-, h⟩ **1.** sham, feign, fake, pretend, put on: Krankheit ~ to feign (*od.* simulate) illness; Betroffenheit ~ to put on an air of perplexity. – **2.** sie täuschte einen Überfall [eine Vergewaltigung] vor she pretended to have been assaulted [raped]. – **II V~** *n* ⟨-s⟩ **3.** *verbal noun.* — **ˈVorˌtäu·schung** *f* ⟨-; *no pl*⟩ **1.** *cf.* Vortäuschen. – **2.** unter [wegen] ~ falscher Tatsachen under [for] false pretences (*Am.* pretenses). – **3.** (*einer Krankheit*) simulation.

ˈVorˌteig *m gastr.* leaven.

ˈVorˌteil [ˈfɔr-] *m* ⟨-s; -e⟩ **1.** advantage: dieses Verfahren hat (*od.* bietet) mehrere ~e this procedure has (*od.* offers) several advantages; die Sache hat den ~, daß the matter has the advantage that; diese Stelle bietet gewisse materielle ~e this position has certain material advantages; die Vor- und Nachteile einer Sache gegeneinander abwägen to weigh (up) the advantages and disadvantages (*od.* the pros and cons) of a matter; wo ist denn da der ~? what is the advantage of (doing) that? das ist für dich von (großem) ~ that is of (great) advantage (*od.* is [very] advantageous) to you; er ist ihm gegenüber im ~ he has the (*od.* an) advantage over (*od.* the draw on) him, the odds are on his side, he has the edge on (*od.* over) him (*colloq.*); einen ~ gegenüber j-m haben to have the draw on s.o.; sich (*dat*) einen ~ gegenüber j-m verschaffen to gain an advantage over s.o., to get the weather ga(u)ge on s.o.; sich auf seinen ~ verstehen, seinen ~ wahrzunehmen wissen to know where one's advantage is (*od.* lies), to know which side one's bread is buttered; seinen eigenen ~ suchen, auf seinen eigenen ~ bedacht sein (*od. colloq.* aussein) to have an eye to one's own advantage (*od.* interests), to be out for one's own advantage; etwas zu seinem ~ ausnützen to turn s.th. to one's advantage (*od.* to account); sich zu seinem ~ verändern to change for the better, to improve (greatly). – **2.** (*Nutzen*) advantage, benefit: er hat davon große ~e he has great advantages from it, he benefits greatly from it; aus etwas ~ ziehen to benefit from s.th., to derive benefit (*od.* advantage) from s.th., to profit by (*od.* from) s.th.; er zog ~ daraus, daß seine Geschwister in derselben Branche tätig waren he benefited from the fact that his brothers and sisters worked in the same trade; aus etwas ~ schlagen to trade (*od.* capitalize) on s.th., to take advantage of s.th. – **3.** (*Gewinn*) advantage, profit: etwas mit ~ verkaufen to sell s.th. to advantage (*od.* at a profit); sich zu seinem ~ verrechnen to miscalculate to one's (own) advantage. – **4.** (*Interesse*) interest: j-s ~ im Auge haben to have an eye to s.o.'s interests; den eigenen ~ hintansetzen to put one's own interests last; zu deinem eigenen ~ in your own interest, for your own good. – **5.** (*sport*) advantage: ~ Aufschläger (*beim Tennis*) advantage server (*od.* in), van in (*colloq.*); ~ Rückschläger (*beim Tennis*) advantage receiver (*od.* out), van out (*colloq.*); (den) ~ gelten lassen (*vom Schiedsrichter*) to allow an advantage. – **6.** *jur.* benefit.

ˈvorˌteil·haft I *adj* **1.** (*günstig*) favorable, *bes. Br.* favourable, advantageous: ein ~er Kauf a favo(u)rable (*od.* good) buy, a bargain, a good deal (*colloq.*); breite Streifen sind bei schmalen Schultern sehr ~ broad stripes are advantageous (*od.* are an advantage, are of advantage) with narrow shoulders; das ist für ihn ~ that is advantageous (*od.* an advantage) for him, that is to his advantage. – **2.** (*gewinnbringend*) advantageous, profitable: ein ~es Geschäft an advantageous transaction. – **3.** (*förderlich, zuträglich*) beneficial. – **II** *adv* **4.** etwas ~ einkaufen to buy s.th. at a favo(u)rable (*od.* an advantageous) price; etwas ~ verkaufen to sell s.th. at a profit (*od.* at an advantageous price); sie kleidet sich sehr ~ she wears clothes which are very advantageous for her; sie sieht sehr ~ in diesem Kleid aus she looks her best in this dress, this dress does a lot for her (*colloq.*); diese Farbe wirkt ~ this colo(u)r has a favo(u)rable effect. – **III V~e, das** ⟨-n⟩ **5.** the advantage, the advantageous thing: das V~e daran ist, daß the advantage about it is that. – **6.** (*mit Kleinschreibung*) etwas auf das (*od.* aufs) ~este verwenden to use s.th. to (the) best advantage.

ˈVorˌteilsˌre·gel *f* (*sport*) advantage rule (*od.* law).

Vor·tex [ˈvɔrtɛks] *m* ⟨-; -tices [-titsɛs]⟩ *med.* vortex, whorl.

ˈVorˌtie·fe *f geol. cf.* Vorsenke.

ˈVorˌtier *n* (*einer Herde*) leader.

ˈvorˌto·nig [-ˌtoːnɪç] *adj ling.* (*Silbe, Vokal etc*) pretonic.

ˈVorˌton|ˌsil·be *f ling.* pretonic syllable, pretone. — **~voˌkal** *m* pretonic vowel, pretone.

ˈVorˌtopp *m mar.* foremast.

ˈVorˌtrab *m* ⟨-(e)s; -e⟩ *obs.* (*einer Reiterabteilung*) vanguard.

ˈVorˌtrag [-ˌtraːk] *m* ⟨-(e)s; ⸚e⟩ **1.** (*bes. wissenschaftlicher*) lecture: einen ~ über (*acc*) etwas halten to hold (*od.* give, deliver) a lecture on s.th., to lecture on s.th.; in einen (*od.* zu einem) ~ gehen to go to a lecture; j-m einen langen ~ über (*acc*) etwas halten *fig. colloq.* to give s.o. a long lecture about (*od.* on) s.th. – **2.** (*nicht wissenschaftlicher*) talk, discourse: er hielt einen interessanten ~ über seine Reiseerlebnisse he gave an interesting talk on his trip. – **3.** (*im Radio, Fernsehen*) talk. – **4.** ⟨*only sg*⟩ (*von Gedichten etc*) recitation, recital. – **5.** ⟨*only sg*⟩ (*musikalische Solodarbietung*) recital. – **6.** ⟨*only sg*⟩ *bes. mus.* (*Vortragsweise*) performance, presentation, interpretation, rendering. – **7.** ⟨*only sg*⟩ (*im Hinblick auf die Sprechweise*) diction, delivery, enunciation, elocution. – **8.** (*Bericht*) report. – **9.** *econ.* a) (*Übertrag*) carry-over (*od.* -forward), transfer, b) (*Saldo*) balance, c) (*Umbuchung*) transfer: ~ auf neue Rechnung carry-over to fresh account.

ˈvorˌtra·gen *v/t* ⟨*irr, sep,* -ge-, h⟩ **1.** (*nach vorn tragen*) carry (*s.th.*) (up) to the front. – **2.** (*einen Vortrag halten über*) lecture on: er trug das Thema allgemeinverständlich vor he lectured lucidly on the subject. – **3.** (*reden über*) give a talk on, talk about. – **4.** (*Gedicht, Geschichte etc*) recite: ein Gedicht ~ to recite (*od.* render, *auch* declaim) a poem, (*ablesen*) *auch* to read a poem. – **5.** (*Musikstück*) perform, play, execute. – **6.** etwas gut [schlecht] ~ a) to perform (*od.* present) s.th. well [badly], b) (*im Hinblick auf die Sprechweise*) to deliver (*od.* enunciate) s.th. well [badly]. – **7.** (*Bericht erstatten über*) report on. – **8.** (*darlegen, mitteilen*) state, express: j-m seine Meinung [einen Wunsch] ~ to express one's opinion [a wish] to s.o.; ich habe dem Geschäftsführer meine Beschwerde vorgetragen I expressed my complaint to (*od.* I lodged my complaint with) the manager; tragen Sie die Sache schriftlich vor state the matter in writing; → Klage 4. – **9.** (*bei einer Sitzung*) present: die Angelegenheit ist dem Ausschuß vorgetragen worden the matter was presented to (*od.* put before) the committee. – **10.** *econ.* (*auf neues Konto*) carry (*s.th.*) (forward *od.* over), transfer. – **11.** *mil.* (*sport*) (*Angriff*) make, launch: einen Angriff ~ to attack.

ˈVorˌtra·gen·de *m, f* ⟨-n; -n⟩ **1.** (*Redner*) lecturer. – **2.** (*Künstler*) performer.

ˈVorˌtrags|ˌabend *m* recital: zu einem ~ gehen to go to a recital. — **~ˌart** *f cf.* Vortrag 6, 7. — **~beˌzeich·nung** *f mus.* expression mark. — **~ˌfol·ge** *f* **1.** *cf.* Vortragsreihe. – **2.** program, *bes. Br.* programme. — **~ˌkunst** *f* ⟨-; *no pl*⟩ elocution. — **~ˌkünst·ler** *m,* **~ˌkünst·le·rin** *f* elocutionist, reciter. — **~ˌrei·he** *f* course (*od.* series) of lectures. — **~ˌrei·se** *f* lecture tour. — **~ˌsaal** *m* lecture room (*od.* hall). — **~ˌtech·nik** *f* presentation. — **~ˌwei·se** *f cf.* Vortrag 6, 7. — **~ˌzei·chen** *n mus.* expression mark. — **~ˌzy·klus** *m cf.* Vortragsreihe.

ˌvorˈtreff·lich I *adj* (*Mann, Gemälde, Essen,*

Geschichte etc) excellent, splendid, superb, capital *(colloq.)*: ~! splendid! – **II** *adv* das Essen ist dir ~ gelungen your meal turned out excellently. — ˌ**Vor'treff·lich·keit** *f* ⟨-; *no pl*⟩ excellence, splendidness.

'**vorˌtrei·ben** *v/t* ⟨*irr, sep,* -ge-, h⟩ **1.** *(Tiere)* drive *(animal)* on. – **2.** *(Stollen etc)* drive.

'**Vorˌtrep·pe** *f* perron, flight of steps *(od.* stairs).

'**vorˌtre·ten** *v/i* ⟨*irr, sep,* -ge-, sein⟩ **1.** *(aus einer Reihe)* step *(od.* come) forward. – **2.** *(von Augen)* protrude, bulge.

'**Vorˌtrieb** *m* ⟨-(e)s; *no pl*⟩ **1.** *(mining)* a) *(Tätigkeit)* road heading, drifting, b) *(Leistungseinheit)* rate of advance. – **2.** *aer.* propulsive thrust.

'**Vorˌtriebs|ˌkraft** *f aer. cf.* Schub 4. — ~**ˌlei·stung** *f* propulsive output.

'**Vorˌtritt** *m* ⟨-(e)s; *no pl*⟩ **1.** precedence, priority: j-m den ~ lassen a) to let s.o. go in front, b) *fig. (j-n etwas zuerst tun lassen)* to let s.o. go ahead; den ~ vor j-m haben to have precedence over s.o., to precede s.o. – **2.** *Swiss for* Vorfahrt 1.

'**vorˌtrock·nen** *v/t* ⟨*sep,* -ge-, h⟩ predry.

'**Vorˌtrupp** *m mil.* advance party.

'**vorˌtun** *v/t* ⟨*irr, sep,* -ge-, h⟩ *colloq.* **1.** *(Schürze etc)* put *(s.th.)* on. – **2.** *(Riegel, Kette etc)* put *(s.th.)* on *(od.* across).

'**vorˌtur·nen I** *v/t* ⟨*sep,* -ge-, h⟩ *(sport) (Übung)* demonstrate: eine Übung am Barren ~ to demonstrate an exercise on the parallel bars. – **II** *v/i* demonstrate gymnastic exercises. — '**Vorˌtur·ner** *m* gymnastic demonstrator.

vor·über [fo'ryːbər] *adv* ~ sein a) *(zeitlich)* to be over, to be past, to have gone by, to be gone *(poet.)*, b) *(räumlich)* to have gone past *(od.* by), to have passed, c) *fig. (von Wut, Trauer etc)* to be over: der Winter ist ~ (the) winter is over. — ~**ˌge·hen** *v/i* ⟨*irr, sep,* -ge-, sein⟩ **1.** *cf.* vorbeigehen 1, 2, 3, 6, 7. – **2.** die Schicksalsschläge sind nicht spurlos an ihr vorübergegangen *fig.* the reverses of fate have left their mark *(od.* have told) on her; → Kelch 4. — ~**ˌge·hend I** *pres p.* – **II** *adj* **1.** *(nur kurze Zeit dauernd)* temporary, transitory, momentary. – **2.** *(kurzlebig, flüchtig)* passing, transitory, transient. – **3.** *(vorläufig)* temporary, preliminary. – **III** *adv* **4.** ~ geschlossen closed temporarily. — ~**ˌzie·hen** *v/i* ⟨*irr, sep,* -ge-, sein⟩ *cf.* vorbeiziehen 2, 3.

'**Vorˌübung** *f* preliminary *(od.* preparatory) exercise.

'**Vorˌun·terˌsu·chung** *f* **1.** *jur.* preliminary examination *(bes. Am.* hearing). – **2.** *med.* preliminary examination.

'**Vorˌur·teil** *n* prejudice, bias, prepossession, preconception, preopinion, *Br.* pre-opinion, preconceived idea: ein ~ gegen j-n [etwas] haben *(od.* hegen) to have *(od.* hold) a prejudice *(od.* be prejudiced, be bias[s]ed) against s.o. [s.th.]; kein ~ haben to hold no prejudice; sich über ~e hinwegsetzen to overcome prejudices; in ~en befangen sein to be inhibited by prejudice(s).

'**vorˌur·teilsˌfrei** *adj cf.* vorurteilslos.

'**vorˌur·teils·los** *adj* unprejudiced, unbias(s)ed, free from prejudice *(od.* bias). — '**Vorˌur·teils·lo·sig·keit** *f* ⟨-; *no pl*⟩ freedom from prejudice *(od.* bias), candor, *bes. Br.* candour.

'**Vorˌvä·ter** *pl* forefathers, for(e)bears, ancestors, primogenitors, progenitors *(lit.)*.

'**Vor·verˌbren·nung** *f auto.* precombustion.

'**vor·verˌdau·en** *v/t* ⟨*sep, no* -ge-, h⟩ predigest. — '**Vor·verˌdau·ung** *f* ⟨-; *no pl*⟩ predigestion.

'**vor·verˌdich·ten** *v/t* ⟨*sep, no* -ge-, h⟩ *auto.* supercharge, boost, precompress. — '**Vor·verˌdich·ter** *m* supercharger, booster.

'**Vor·verˌein·ba·rung** *f* preliminary agreement.

'**Vor·verˌfah·ren** *n jur.* preliminary proceedings *pl.*

'**Vor·verˌgan·gen·heit** *f* ⟨-; *no pl*⟩ *ling. cf.* Plusquamperfekt.

'**Vor·verˌhand·lun·gen** *pl* preliminary negotiations, preliminaries.

'**Vor·verˌkauf** *m* ⟨-(e)s; *no pl*⟩ **1.** *(für Theaterkarten etc)* advance booking *(od.* sale): der ~ hat begonnen advance booking has commenced; sich *(dat)* Karten im ~ besorgen to reserve *(bes. Br.* book) tickets (in advance). – **2.** *econ.* advance sale.

'**Vor·verˌkaufs|ˌkas·se,** ~**ˌstel·le** *f* booking *(od.* box) office.

'**vor·verˌle·gen** *v/t* ⟨*sep, no* -ge-, h⟩ **1.** *(Termin, Feier etc)* arrange an earlier date for, advance. – **2.** *(weiter nach vorn legen)* advance. – **3.** das Feuer ~ *mil.* to lift fire.

'**Vor·verˌstär·ker** *m electr. (radio)* preamplifier, *Br.* pre-amplifier. — '**Vor·verˌstär·kung** *f* preamplification, *Br.* pre-amplification.

'**Vor·verˌsuch** *m* **1.** pilot test. – **2.** preliminary experiment *(od.* trial).

'**vor·verˌtei·len** *v/t* ⟨*sep, no* -ge-, h⟩ *(postal service)* cull. — '**Vor·verˌteilˌplatz** *m* culling position.

'**Vor·verˌtrag** *m jur.* precontract, binder, preliminary contract.

'**Vor·verˌzer·rung** *f (radio)* preemphasis, *Br.* pre-emphasis.

'**vorˌvorˌge·stern** *adv* three days ago.

'**vorˌvo·rig** *adj* ⟨*attrib*⟩ before last: ~e Woche the week before last.

'**vorˌvorˌletzt** *adj* ⟨*attrib*⟩ **1.** last but two. – **2.** *ling. (Silbe)* antepenultimate, antepenult.

'**vorˌwa·gen** *v/reflex* ⟨*sep,* -ge-, h⟩ sich ~ venture forward.

'**Vorˌwahl** *f* **1.** *pol.* preliminary election, preelection, *Br.* pre-election, *Am.* primary (election). – **2.** *electr. (computer)* preselection. – **3.** *tel.* a) preselection, b) *cf.* Ortsnetz-Kennzahl. – **4.** ~ der Blende *phot.* preselection of the aperture.

'**Vorˌwähl·au·toˌma·tik** *f* ⟨-; *no pl*⟩ *tel.* automatic preselector.

'**Vorˌwahlˌblen·de** *f phot.* preselective diaphragm.

'**vorˌwäh·len I** *v/t* ⟨*sep,* -ge-, h⟩ **1.** *tel.* preselect. – **II V**~ *n* ⟨-s⟩ **2.** *verbal noun.* – **3.** *cf.* Vorwählung.

'**Vorˌwäh·ler** *m electr. (computer) tel.* preselector.

'**Vorˌwähl|geˌtrie·be** *n auto.* preselection gear, preselector gearbox. — ~**ˌnum·mer** *f tel.* **1.** code number. – **2.** *cf.* Ortsnetz-Kennzahl. — ~**ˌschal·ter** *m auto.* preselector gear control. — ~**ˌstu·fe** *f tel.* preselection stage.

'**Vorˌwäh·lung** *f* ⟨-; *no pl*⟩ **1.** *cf.* Vorwählen. – **2.** *electr. tel.* preselection.

'**vorˌwal·ten** *v/i* ⟨*sep,* -ge-, h⟩ *cf.* a) vorherrschen, b) überwiegen[1] 2.

'**Vorˌwal·ze** *f metall.* **1.** *(für Bleche)* break-down roll. – **2.** *(für Blöcke)* blooming *(Br.* cogging) roll. – **3.** *(für Walzdraht)* roughing roll.

'**vorˌwal·zen** *v/t* ⟨*sep,* -ge-, h⟩ *metall.* **1.** *(Blechstütze)* break down. – **2.** *(Blöcke) Am.* bloom, *Br.* cog (down). – **3.** *(Walzdraht)* rough (down).

'**Vorˌwalz|geˌrüst** *n metall.* **1.** *(für Bleche)* breaking-down stand. – **2.** *(für Blöcke)* blooming *(Br.* cogging) stand. – **3.** *(für Walzdraht)* rougher, roughing stand. — ~**ˌwerk** *n* **1.** breaking-down mill. – **2.** blooming *(Br.* cogging) mill. – **3.** roughing mill.

'**Vorˌwand** *m* ⟨-(e)s; ⸚e⟩ **1.** pretext, pretence, *Am.* pretense, pretension, *auch* pretention, disguise: einen ~ suchen to look for a pretext; etwas zum ~ nehmen, etwas als ~ benutzen to use s.th. as a pretext *(od.* blind, subterfuge); etwas dient als ~ s.th. serves as a pretext; eine Einladung unter einem ~ absagen to decline an invitation on a pretext; unter dem ~, Kopfschmerzen zu haben *(od.* daß sie Kopfschmerzen habe) under *(od.* on) the pretext of (having) a headache. – **2.** *(Entschuldigung)* excuse, pretext, plea.

'**vorˌwär·men I** *v/t* ⟨*sep,* -ge-, h⟩ **1.** *(Teller etc)* warm *(s.th.)* (up) beforehand. – **2.** *tech.* preheat. – **II V**~ *n* ⟨-s⟩ **3.** *verbal noun.* – **4.** *cf.* Vorwärmung.

'**Vorˌwär·mer** *m* ⟨-s; -⟩ *tech.* **1.** *(beim Schweißen)* preheater. – **2.** *(für Kessel)* economizer *Br. auch* -s-.

'**Vorˌwärm|ˌofen** *m metall.* preheating furnace. — ~**ˌtisch** *m electr.* preheating bench.

'**Vorˌwär·mung** *f* ⟨-; *no pl*⟩ **1.** *cf.* Vorwärmen. – **2.** *metall.* preliminary heating.

'**Vorˌwar·nung** *f auch mil.* early warning.

'**vorˌwärts** ['foːr-; 'fɔr-] *adv* **1.** forward(s): sich ~ bewegen to move forward(s); drei Schritte ~ machen *(od.* tun) to go three steps forward(s); ein Schritt ~ *auch fig.* a step forward; etwas ~ schieben to push s.th. forward(s); nur langsam ~ kommen *(im Schneesturm etc)* to make little *(od.* slow) headway; ~! a) come on! go on *(od.* ahead!) step on it! *(colloq.)*, forward! *(humor.)*, b) *mil.* forward! etwas ~ und rückwärts (aufsagen) können *fig. colloq.* to know s.th. (off) backward(s) (and forward[s], *Br.* and frontward[s]), to know s.th. inside out *(Br. auch* [off] back to front) *(alle colloq.)*. – **2.** *(vorn)* on (ahead), ahead, onward(s): weiter ~ further on (ahead), further ahead; der Drang nach ~ *fig.* the urge onward(s) *(od.* to get ahead). – **3.** *(sport)* forward: Grätsche ~ forward straddle; Rumpf ~ beugt body forward bend. — **V**~**beˌwe·gung** *f* **1.** forward movement. – **2.** forward motion. — ~**ˌbrin·gen** *v/t* ⟨*irr, sep,* -ge-, h⟩ j-n [etwas] ~ *fig.* to further *(od.* advance, promote) s.o. [s.th.], to help s.o. [s.th.] on *(od.* further), to bring s.o. [s.th.] on. — **V**~**ˌgang** *m* **1.** *auto.* forward gear *(od.* speed). – **2.** *(film) (eines Projektors)* forward motion. — ~**ˌge·hen** *fig.* **I** *v/i* ⟨*irr, sep,* -ge-, sein⟩ progress, improve, come on, advance, proceed: die Sache will nicht ~ the affair is not progressing. – **II** *v/impers* es geht wieder vorwärts things are improving *(od.* looking up): mit seiner Genesung geht es jetzt vorwärts his recovery is progressing now, he is coming on well now. — **V**~**kaˌnal** *m (computer)* forward channel. — ~**ˌkom·men** *fig.* **I** *v/i* ⟨*irr, sep,* -ge-, sein⟩ **1.** *(im Leben, beruflich, gesellschaftlich etc)* get along *(od.* on), progress, make progress, do well, advance, make one's way, *(beruflich) auch* improve one's position: er wird im Leben ~ he will get along (well) *(od.* go far, *colloq.* go places) in life; er ist im Leben nie recht vorwärtsgekommen he never got very far in life; (in der Welt) ~ to rise *(od.* come up) in the world; mit diesem Vertrag sind wir einen großen Schritt vorwärtsgekommen we have moved a great step forward(s) with this treaty. – **2.** *(mit der Arbeit etc)* make headway: ich komme mit meiner Arbeit nicht recht vorwärts I'm not making much *(od.* I'm not making any great, I'm making little) headway with my work. – **II V**~ *n* ⟨-s⟩ **3.** *verbal noun:* du mußt an dein V~ denken you must concentrate on getting ahead in life; es ist kein V~ mit ihm you can make no headway with him. — **V**~**ˌschwei·ßung** *f tech.* backhand *(od.* progressive) welding. — **V**~**stra·teˌgie** *f mil.* forward strategy. — **V**~**verˌtei·di·gung** *f* forward defence *(Am.* defense).

'**Vorˌwä·sche** *f* soak, first wash.

'**Vorˌwaschˌgang** *m (einer Waschmaschine)* soak, first wash.

ˌ**vor'weg** [-'vɛk] *adv* **1.** *(voran)* (out) in front, (out) ahead: der kleine Junge immer drei Schritte ~ the little boy always three steps out in front. – **2.** *(an der Spitze)* in front, at the head *(od.* fore): ~ die Fahnenträger, dahinter die Kapelle the flag bearers in front, followed by the band. – **3.** *(vorher)* beforehand: ~ kann man das schlecht beurteilen it is very hard to judge (that) beforehand; ~ gab es einen Hummercocktail there was lobster cocktail beforehand *(od.* to begin with, to start with). – **4.** *(von Anfang an)* from the beginning *(od.* outset).

ˌ**Vor'wegˌnah·me** *f* ⟨-; *no pl*⟩ anticipation.

ˌ**vor'wegˌneh·men** *v/t* ⟨*irr, sep,* -ge-, h⟩ **1.** anticipate: diese Philosophie nimmt die meisten heutigen Erkenntnisse schon vorweg this philosophy anticipates most of our present-day cognitions. – **2.** um es gleich vorwegzunehmen (in order) to come to the point; um das Wichtigste gleich vorwegzunehmen, möchte ich dir sagen, daß (in order) to come to the most important item first I'd like to tell you that. – **3.** er hat bei dem Witz die Pointe vorweggenommen he anticipated the point when telling the joke.

'**Vorˌwegˌwei·ser** *m (Verkehrszeichen)* sign on the approach to a junction.

'**Vorˌwe·hen** *pl med.* false *(od.* premonitory) pains.

'**vorˌwei·nen** *v/t* ⟨*sep,* -ge-, h⟩ j-m etwas ~ *fig. colloq.* a) to tell s.o. a long sob story *(colloq.)*, b) to shed a few crocodile tears.

'**vorˌwei·sen I** *v/t* ⟨*irr, sep,* -ge-, h⟩ **1.** *(Paß, Ausweis, Eintrittskarte, Fahrkarte etc)* produce, show, present. – **2.** *(Zeugnisse, Urkunden etc)* present. – **3.** etwas [nichts] ~ können *(od.* vorzuweisen haben) *fig.* to have s.th. [nothing] to show for oneself: ausreichende Kenntnisse ~ können to have adequate qualifications. – **II V**~

n ⟨-s⟩ **4.** *verbal noun.* — **'Vor,wei·sung** *f* ⟨-; *no pl*⟩ **1.** *cf.* Vorweisen. – **2.** *cf.* Vorzeigung 2, 3.

'Vor,welt *f* ⟨-; *no pl*⟩ **1.** former ages *pl.* – **2.** prehistoric world. — **'vor,welt·lich** *adj* **1.** prehistoric(al). – **2.** *fig. colloq.* (*Ansichten etc*) antediluvian, prehistoric, antiquated.

'vor,wer·fen *v/t* ⟨*irr, sep,* -ge-, h⟩ **1.** Tieren etwas ~ (*als Futter*) to throw s.th. to animals. – **2.** j-m etwas ~ *fig.* a) to reproach (*od.* rebuke) s.o. for s.th., to cast (*od.* throw) s.th. into s.o.'s teeth, (*schwächer*) to remonstrate with s.o. about s.th., b) (*beschuldigen*) to accuse s.o. of s.th., to blame s.o. for s.th.: j-m Unzuverlässigkeit ~ to reproach s.o. for being unreliable; ich habe mir nichts vorzuwerfen I need not (*od.* I have no need to) reproach myself, I have nothing to blame myself for; man kann mir nichts ~ I can't be reproached for anything; sie haben sich gegenseitig (*od.* haben einander) nichts vorzuwerfen *colloq.* they have no need to reproach each other, (the) one is as bad as the other. – **3.** *mil.* (*ins Kampfgebiet schicken*) move up (*troops*) rapidly, bring (*troops*) rapidly into action.

'Vor,werk *n mil.* outwork.

'Vor,wickel,rol·le (*getr.* -k·k-) *f* (*film*) (*eines Projektors*) feed sprocket, supply reel.

'Vor,wi·der,stand *m electr.* **1.** series resistance. – **2.** (*einer Röhre*) dropping resistor. – **3.** (*eines Spannungsmessers*) multiplier.

'vor,wie·gen I *v/t* ⟨*irr, sep,* -ge-, h⟩ j-m etwas ~ to weigh s.th. in front of s.o. – **II** *v/i fig. cf.* überwiegen[1] 2. — **'vor,wie·gend I** *pres p.* – **II** *adj* ⟨*attrib*⟩ predominant, main, preponderant: die ~en Farben sind Gelb und Blau the predominant colo(u)rs are yellow and blue. – **III** *adv* predominantly, mainly, chiefly, mostly, largely: wir hatten ~ schönes Wetter the weather was predominantly fine.

'Vor,wis·sen *n* foreknowledge, prescience: ohne mein ~ without my knowledge, unknown to me.

'Vor,witz *m* ⟨-es; *no pl*⟩ **1.** forwardness, pertness, sauciness, cheek(iness). – **2.** (*Neugier*) inquisitiveness, curiosity, nosiness (*colloq.*). — **'vor,wit·zig** *adj* **1.** forward, pert, saucy, cheeky. – **2.** (*neugierig*) inquisitive, curious, pyring, nos(e)y (*colloq.*).

'Vor,wo·che *f* previous week, week before.

'vor,wöl·ben *v/reflex* ⟨*sep,* -ge-, h⟩ sich ~ arch (*od.* vault) forward.

'Vor,wort[1] *n* ⟨-(e)s; -e⟩ **1.** (*bes. des Autors*) preface, (*bes. von einem anderen als dem Autor*) foreword: das ~ zu einem Buch schreiben to preface a book. – **2.** (*Einleitung*) introduction, *auch* preamble. – **3.** (*Prolog*) prologue, *auch* prolog.

'Vor,wort[2] *n* ⟨-(e)s; ⸚er⟩ *bes. Austrian ling.* preposition.

'Vor,wurf *m* **1.** reproach, rebuke: j-m Vorwürfe wegen etwas machen, j-m etwas zum ~ machen, Vorwürfe gegen j-n wegen etwas erheben to reproach (*od.* rebuke, blame, upbraid) s.o. for s.th., (*schwächer*) to remonstrate with s.o. for s.th.; j-n mit Vorwürfen überhäufen (*od.* überschütten) to shower (*od.* heap) reproaches (up)on s.o.; man kann ihm keinen ~ machen you can't blame him (for it); ein stiller ~ lag in ihrem Blick there was silent reproach in her eyes; ich mache mir jetzt bittere Vorwürfe, daß ich nichts gesagt habe I reproach myself bitterly now for not saying anything; diesen ~ lasse ich nicht auf mir sitzen I won't take this reproach lying down; sich dem ~ aussetzen, nachlässig gewesen zu sein to lay oneself open to the reproach of negligence (*od.* of having been negligent). – **2.** (*Tadel*) blame. – **3.** (*bes. literature*) (*Vorlage*) subject.

'vor,wurfs|,frei *adj* free from reproach. — **~,voll I** *adj* **1.** (*Blick*) reproachful, rebukeful. – **2.** (*Ton, Worte etc*) reproachful, rebukeful, upbraiding, (*schwächer*) remonstrative. – **II** *adv* **3.** j-n ~ anschauen to look at s.o. reproachfully, to give s.o. a reproachful look (*od.* glance).

'vor,zäh·len *v/t* ⟨*sep,* -ge-, h⟩ j-m etwas ~ to count s.th. out to s.o. (*od.* s.o. out s.th.), to count s.th. in front of s.o.

'vor,zau·bern *v/t* ⟨*sep,* -ge-, h⟩ j-m etwas ~ to do (*od.* perform) conjuring tricks for s.o.

'Vor,zei·chen *n* **1.** (*Omen*) omen, foretoken, sign, portent, prognostic(ation), presage, auspice: ein untrügliches ~ an unmistakable portent; es gibt viele ~, die darauf hindeuten, daß there are many signs which indicate that. – **2.** *math.* (algebraic) sign: positives [negatives] ~ positive [negative] sign; die ~ auflösen to cancel the signs; die gleiche Situation, nur mit umgekehrtem ~ *fig.* the same situation, only the other way round. – **3.** (*computer*) polarity symbol (*od.* sign). – **4.** *mus.* a) (key) signature, b) *cf.* Versetzungszeichen. – **5.** *med.* antecedent (*od.* preliminary, prodromal) sign. — **~,re·gel** *f math.* (*bei Logarithmenrechnung*) law (*od.* rule) of sign. — **~,steue·rung** *f* (*computer*) sign control.

'vor,zeich·nen I *v/t* ⟨*sep,* -ge-, h⟩ **1.** j-m etwas ~ a) to draw (*od.* sketch) s.th. for s.o., to show s.o. how to draw s.th., b) *fig.* (*vorherbestimmen*) to trace (*od.* mark) out s.th. for s.o.: das Schicksal hatte ihm seinen Lebensweg vorgezeichnet *fig.* fate had traced out the course of his life. – **2.** (*Stickmuster etc*) mark (out). – **3.** *tech.* (*Anreißlinien*) scribe, mark (out). – **II V~** *n* ⟨-s⟩ **4.** *verbal noun.* — **'Vor,zeich·nung** *f* ⟨-; -en⟩ **1.** *cf.* Vorzeichnen. – **2.** (*Muster, Vorlage*) pattern, (drawing) copy. – **3.** (*Entwurf*) draft, design. – **4.** *mus.* (key) signature.

'vor,zei·gen I *v/t* ⟨*sep,* -ge-, h⟩ **1.** (*Paß, Ausweis, Eintrittskarte, Fahrkarte etc*) produce, show, present. – **2.** (*Zeugnisse, Urkunden etc*) present. – **II V~** *n* ⟨-s⟩ **3.** *verbal noun.* — **'Vor,zei·ger** *m econ.* (*eines Wechsels*) bearer, presenter. — **'Vor,zei·gung** *f* ⟨-; *no pl*⟩ (*officialese*) **1.** *cf.* Vorzeigen. – **2.** (*von Paß, Ausweis etc*) production, presentation. – **3.** (*von Zeugnissen etc*) presentation.

'Vor,zeit *f* ⟨-; *no pl*⟩ prehistoric times *pl*: in grauer ~ *fig.* ages and ages ago.

,vor'zei·ten *adv poet.* in times past, in olden times (*lit.*), long ago.

'vor,zei·tig I *adj* ⟨*attrib*⟩ **1.** (*Ankunft, Abreise, Bekanntgabe etc*) premature, untimely. – **2.** *med.* (*Geburt*) premature, before term. – **II** *adv* **3.** prematurely, untimely, too early: sie haben ihren Urlaub ~ abgebrochen they broke off their holidays (*Am.* vacation) prematurely; ~ geboren werden to be born prematurely; er ist ~ gealtert he has aged prematurely.

'Vor,zei·tig·keit *f* ⟨-; *no pl*⟩ *ling.* anteriority.

'vor,zeit·lich *adj* prehistoric(al).

'Vor,zeit,mensch *m anthrop.* prehistoric man.

'Vor·zen,sur *f* ⟨-; -en⟩ **1.** ⟨*only sg*⟩ preliminary censorship. – **2.** *ped.* preliminary mark (*Am. auch* grade).

'vor,zie·hen I *v/t* ⟨*irr, sep,* -ge-, h⟩ **1.** (*nach vorn ziehen*) pull (*od.* draw) up. – **2.** etwas unter (*dat*) etwas ~ to pull s.th. out from underneath s.th. – **3.** (*Taschentuch etc*) take (*od.* pull) out, produce. – **4.** (*Gardinen etc*) draw, pull. – **5.** (*zeitlich vorverlegen*) handle (*od.* do, deal with) (*s.th.*) first. – **6.** *mil.* (*Truppen, Verstärkung etc*) move up. – **7.** (*lieber mögen*) prefer: ich ziehe Hunde Katzen vor I prefer dogs to cats, I like dogs better than cats; ziehen Sie Wein oder Bier vor? do you prefer (*od.* would you rather have) wine or beer? ich ziehe es vor, zu Hause zu bleiben I prefer to stay at home, I would rather stay at home; welchen der drei Bewerber ziehen Sie vor? which of the three candidates do you prefer? diese Lösung ist vorzuziehen this solution is preferable. – **8.** (*bevorzugen, begünstigen*) favor, *bes. Br.* favour, give preferential treatment to: ein Lehrer sollte keinen seiner Schüler ~ a teacher should not favo(u)r any of his pupils. – **9.** *iron.* decide: als der Fernseher eingeschaltet wurde, zog ich es vor zu gehen when television (*od.* the television set) was switched on I decided to (*od.* that I would rather) go. – **II** *v/i* ⟨sein⟩ **10.** *mil.* move up.

'Vor,zim·mer *n* **1.** anteroom, waiting room, antechamber, outer room: j-n im ~ warten lassen a) to have s.o. wait in the anteroom, b) (*unhöflich lange*) to keep s.o. waiting in the anteroom. – **2.** *Austrian for* Diele 3. — **~,da·me** *f* receptionist. — **~,wand** *f Austrian for* Flurgarderobe, Kleiderablage 2.

'Vor,zin·sen *pl econ. cf.* Diskont.

'Vor,zug[1] *m* **1.** (*Vorrang*) preference, priority, precedence: j-m [etwas] den ~ geben a) to give preference to s.o. [s.th.], b) (*lieber mögen*) to prefer s.o. [s.th.]; j-m den ~ vor den anderen geben to give preference to s.o. over the others. – **2.** (*Vorteil*) advantage: es hat schon seine Vorzüge, auf dem Lande zu leben living in the country has its advantages; die Vorzüge und Nachteile einer Sache gegeneinander abwägen to weigh (up) the advantages and disadvantages (*od.* the pros and cons) of a matter; dieses Auto hat den ~, daß es sicherer ist (*od.* den ~ größerer Sicherheit) this car has the advantage of being safer (*od.* of greater safety). – **3.** (*gute Eigenschaft, gute Seite*) merit, virtue, asset: sie hat viele Vorzüge she has many merits; einer seiner Vorzüge ist seine Zuverlässigkeit one of his merits is his reliability. – **4.** (*Überlegenheit*) superiority: der ~ dieser Methode ist unbestritten the superiority of this method is uncontested; vor (*dat*) etwas den ~ haben (*od.* genießen) to be superior to s.th. – **5.** (*Vorrecht*) privilege: ich habe nicht den ~, ihn zu kennen I do not have the privilege of knowing him. – **6.** *Austrian ped. for* Auszeichnung 2.

'Vor,zug[2] *m* (*railway*) extra train.

vor·züg·lich [,foːr'tsyːklɪç; 'foːr,tsyːklɪç] **I** *adj* **1.** (*Wein, Essen, Geschmack, Übersetzung, Qualität etc*) excellent, exquisite, superb, capital (*colloq.*): → Hochachtung 3. – **2.** (*Redner, Schauspieler, Pianist etc*) outstanding, excellent, superb, preeminent, *Br.* pre-minent, capital (*colloq.*). – **3.** (*erstklassig*) first-class (*od.* -rate). – **II** *adv* **4.** excellently, superbly: es hat mir ~ geschmeckt it was an excellent (*od.* a superb) meal; sie spricht ~ Englisch she speaks excellent English. – **5.** (*vornehmlich, vor allem*) especially, primarily, above all. — **,Vor'züg·lich·keit** *f* ⟨-; *no pl*⟩ **1.** excellence, exquisiteness, superbness. – **2.** outstanding quality, excellence, superbness, preeminence, *Br.* pre-eminence.

'Vor,zugs|,ak·tie *f econ.* preference (*od.* preferred, preferential) share (*bes. Am.* stock). — **~,an·ge,bot** *n* preferential offer. — **~be,hand·lung** *f* preferential treatment. — **~,but·ter** *f gastr.* top-quality butter. — **~di·vi,den·de** *f econ.* preference (*od.* preferential) dividend. — **~,gläu·bi·ger** *m* preferential (*od.* privileged) creditor (*od.* claimant). — **~,klau·sel** *f* preference clause. — **~,kurs** *m* (*an der Börse*) preferential quotation (*od.* price). — **~,milch** *f* grade A milk. — **~,pfand,recht** *n econ.* prior lien. — **~,preis** *m* preferential (*od.* special) price. — **~,recht** *n cf.* Vorrecht 3b. — **~,schü·ler** *m Austrian* pupil (*bes. Am.* student) with a first-class report, *Am.* honor-roll pupil (*od.* student). — **~,stel·lung** *f* preferential position. — **~,ta,rif** *m econ.* preferential rate.

'vor,zugs,wei·se *adv* **1.** preferably, by preference. – **2.** (*hauptsächlich*) chiefly, mostly.

'Vor,zugs,zoll *m econ.* preferential tariff (*od.* duty).

'Vor,zu,kunft *f* ⟨-; *no pl*⟩ *ling.* future perfect (tense).

'Vor,zün·dung *f auto.* preignition, *Br.* pre-ignition, premature (*od.* advance) ignition, spark advance.

Vo·tant [vo'tant] *m* ⟨-en; -en⟩ voter.

vo·tie·ren [vo'tiːrən] *v/i* ⟨*no* ge-, h⟩ (für for; gegen against) vote.

Vo'tiv|,bild [vo'tiːf-] *n relig.* votive picture. — **~,ga·be** *f* votive gift. — **~ka,pel·le** *f* votive chapel, chantry. — **~,kir·che** *f* votive church. — **~,mes·se** *f röm.kath.* votive mass. — **~,ta·fel** *f* votive tablet.

Vo·tum ['voːtʊm] *n* ⟨-s; Voten *u.* Vota [-ta]⟩ **1.** (*Stimme*) vote, suffrage: sein ~ abgeben (für) to give one's vote (for). – **2.** (*Urteil, Gutachten*) vote, verdict. – **3.** *relig.* (*Gelübde*) vow.

Vou·te ['vuːtə] *f* ⟨-; -n⟩ *arch.* haunch.

Voya·geur [vo̯aja'ʒøːr] *m* ⟨-s; -s *u.* -e⟩ *obs. for* Reisende 1.

Voy·eur [vo̯a'jøːr] *m* ⟨-s; -e⟩ voyeur.

V-,Rad ['faʊ-] *n tech.* V-type gear wheel, V-gear.

Vril·le ['vrɪlə] *f* ⟨-; -n⟩ *aer.* spin.

V-,Stoß ['faʊ-] *m tech.* single Vee butt

joint. — **V-ˌTeil·chen** ['faʊ-] *n nucl.* V-particle.

vul·gär [vʊl'gɛːr] *adj* ⟨-er; -st⟩ (*Mensch, Gesicht, Wort, Ausdruck etc*) vulgar, gross: ein ~er Mensch a vulgar person. — **V~ˌausˌdruck** *m ling.* **1.** vulgarism. – **2.** (*für Tiere, Pflanzen etc*) common name. — **~laˌtein** *n* Vulgar Latin. — **~ˌspra·che** *f* **1.** uneducated language. – **2.** *any language spoken by the people generally, for example Vulgar Arabic, Vulgar Latin etc.*

Vul·ga·ta, die [vʊl'gaːta] ⟨-; *no pl*⟩ *relig.* the Vulgate (*the Latin version of the Bible, prepared chiefly by St. Jerome*).

vul·go ['vʊlgo] *adv* **1.** (*gemeinhin*) commonly. – **2.** (*vor Namen*) known as, named.

Vul·kan [vʊl'kaːn] *m* ⟨-s; -e⟩ *geol.* volcano: ein tätiger [erloschener] ~ an active [an extinct, a spent, a burned-out *od.* a burnt-out] volcano; **auf einem ~ tanzen** *fig.* to be dancing on the edge of a volcano; **ein Tanz auf dem ~** *fig.* a dance on the edge of a volcano. — **~ˌausˌbruch** *m* volcanic eruption.

Vul'kanˌfi·ber *f* (*rubber*) vulcanized (*Br. auch* -s-) fiber (*bes. Br.* fibre).

Vul·ka·ni·sat [vʊlkani'zaːt] *n* ⟨-(e)s; -e⟩ (*rubber*) vulcanized (*Br. auch* -s-) rubber.

Vul·ka·ni·sa·ti·on [vʊlkaniza'tsĭoːn] *f* ⟨-; *no pl*⟩ (*rubber*) vulcanization *Br. auch* -s-.

vul'ka·nisch *adj geol.* (*Gestein, Ursprung etc*) volcanic: ~es Glas volcanic glass (*od.* jasper); die Insel ist ~ this is a volcanic island.

Vul·ka·ni'sier|ˌanˌla·ge *f tech.* vulcanizing (*Br. auch* -s-) apparatus, vulcanizer (*Br. auch* -s-). — **~ˌanˌstalt** *f* vulcanization (*Br. auch* -s-) works *pl* (*construed as sg or pl*). — **~ap·paˌrat** *m* vulcanizer *Br. auch* -s-.

vul·ka·ni·sie·ren [vʊlkani'ziːrən] (*rubber*) **I** *v/t* ⟨*no* ge-, h⟩ **1.** vulcanize *Br. auch* -s-: kalt ~ to cold-cure. – **II V~** *n* ⟨-s⟩ **2.** *verbal noun.* – **3.** vulcanization *Br. auch* -s-.

Vul·ka·ni'sier|ˌofen *m tech.* vulcanizing (*Br. auch* -s-) (*od.* curing) oven. — **~ˌpres·se** *f* vulcanizing (*Br. auch* -s-) (*od.* curing) press.

Vul·ka·ni'sie·rung *f* ⟨-; *no pl*⟩ **1.** *cf.* Vulkanisieren. – **2.** *cf.* Vulkanisation.

Vul·ka·nis·mus [vʊlka'nɪsmʊs] *m* ⟨-; *no pl*⟩ *geol.* volcanism.

Vul'kanˌkun·de, Vul·ka·no·lo·gie [vʊlkanolo'giː] *f* ⟨-; *no pl*⟩ volcanology, *auch* vulcanology.

Vul'kanˌschlot *m geol.* volcanic vent, chimney, conduit, funnel.

Vul·va ['vʊlva] *f* ⟨-; Vulvae [-vɛ] *u.* **Vulven**⟩ *med.* vulva, cunnus (*scient.*).

Vul·vis·mus [vʊl'vɪsmʊs] *m* ⟨-; *no pl*⟩ *med.* vulvismus, vaginismus.

Vul·vi·tis [vʊl'viːtɪs] *f* ⟨-; **-tiden** [-vi'tiːdən]⟩ *med.* vulvitis.

vul·vo|va·gi·nal [vʊlvovagi'naːl] *adj med.* vaginovulvar, vulvovaginal. — **V~va·gi'ni·tis** [-'niːtɪs] *f* ⟨-; **-tiden** [-ni'tiːdən]⟩ vulvovaginitis.

W

W, w [veː] *n* ⟨-; -⟩ **1.** W, w (*twenty-third letter of the German alphabet; eighteenth consonant*): ein großes W a capital (*od.* large) W; ein kleines W a small (*od.* little) w. – **2.** W *chem.* (*Wolfram*) W. – **3.** W *electr.* (*Watt*) w. – **4.** W *geogr.* (*Westen*) W, w. – **5.** w *ling.* (*weiblich*) f, fem.

ˈWaadtˌlän·der [ˈvat-; ˈvaːt-] *m* ⟨-s; -⟩ *geogr.* Vaudois. — **ˈwaadtˌlän·disch I** *adj* Vaudois. – **II** *ling.* **W~** ⟨*generally undeclined*⟩, **das W~e** ⟨-n⟩ Vaudois.

Waa·ge [ˈvaːgə] *f* ⟨-; -n⟩ **1.** (weigh[ing]) scales *pl* (*sometimes construed as sg*), scale, balance: die ~ schlägt aus the scales tip (up); etwas auf die ~ legen to put (*od.* lay) s.th. on the scales; etwas auf einer ~ wiegen to weigh s.th. on the scales; sich auf die ~ stellen to step on to the scales; die ~ der Gerechtigkeit *fig.* the scales of justice; die dritte Partei bildet das Zünglein an der ~ *fig.* the third party tips the scales. – **2.** (*Haushaltswaage*) domestic scale(s *pl sometimes construed as sg*). – **3.** *cf.* Personenwaage 1, 3. – **4.** (*mit Laufgewicht*) steelyard, lever scales *pl* (*sometimes construed as sg*), (*große*) weighbeam. – **5.** (*Brückenwaage*) weighing machine, weighbridge. – **6.** (*Tafelwaage*) platform balance. – **7.** (*Wasserwaage*) level. – **8.** *fig.* (*Gleichgewicht*) balance, equilibrium: Einnahmen und Ausgaben halten sich die ~ income and expenditure balance each other; zwei Dinge in der ~ halten to keep two things in equilibrium; etwas hält etwas die ~ s.th. counterbalances s.th. – **9.** *astr.* Libra, Scales *pl*: sie ist unter dem Sternzeichen der ~ geboren she was born under Libra; sie ist (eine) ~ *colloq.* she is a Libra (*colloq.*). – **10.** (*sport*) (*beim Turnen*) scale: ~ im Hang hanging scale. – **11.** (*Querholz am Wagen*) swingletree, *Am. auch* whiffletree. — **~ˌarm** *m* balance arm. — **~ˌbal·ken** *m* (balance) beam, scale beam. — **~ˌgeld** *n hist.* metage. — **~ˌhaus** *n* weighhouse, *Br.* weigh-house. — **~ˌmei·ster** *m* weigher, weighmaster.

ˈwaa·geˌrecht *adj* (*Fläche, Linie etc*) level, horizontal, even, flat. — **W~-ˌBohr- ˌund ˌFräs·maˌschi·ne** *f tech.* horizontal boring, drilling and milling machine.

ˈWaa·geˌrech·te *f* ⟨-n; -n⟩ *math.* level, horizontal.

ˈWaa·geˌrechtˌstoß·maˌschi·ne *f tech.* shaping machine, shaper: ~ mit Kurbelschleifenantrieb crank shaper.

ˈwaagˌrecht *adj cf.* waagerecht. — **ˈWaagˌrech·te** *f* ⟨-n; -n⟩ *math. cf.* Waagerechte.

ˈWaagˌscha·le *f* (scale)pan, scale, tray, basin: dieses Argument fällt schwer in die ~ *fig.* this argument carries weight, this is a weighty argument; seine ganze Autorität in die ~ werfen *fig.* to bring all one's authority to bear; du darfst seine Worte nicht so sehr auf die ~ legen *fig.* you must not take him (*od.* every word he says) too literally.

ˈwab·be·lig *adj colloq.* **1.** (*Pudding etc*) wobbly, *auch* wabbly. – **2.** (*Quallen, fette Menschen etc*) flabby, flaccid. — **wab·beln** [ˈvabəln] *v/i* ⟨h⟩ wobble, *auch* wabble.

ˈwabb·lig *adj colloq. cf.* wabbelig.

Wa·be [ˈvaːbə] *f* ⟨-; -n⟩ (*im Bienenstock*) honeycomb.

ˈwa·benˌar·tig *adj* honeycombed; alveolate, faveolate (*scient.*).

ˈWa·ben|ˌho·nig *m* comb honey, honeycomb. — **~ˌkrö·te** *f zo.* Surinam toad (*Pipa pipa*). — **~ˌküh·ler** *m auto.* honeycomb radiator. — **~ˌlin·se** *f phot.* (*des Belichtungsmessers*) multicellular lens. — **~ˌspu·le** *f electr.* honeycomb (*od.* duo-lateral) coil.

ˈWa·berˌlo·he [ˈvaːbər-] *f myth.* (*um Brünhildes Schlafstätte*) flickering flame.

wa·bern [ˈvaːbərn] *v/i* ⟨h⟩ *obs. od. dial. for* flackern 1.

wach [vax] *adj* ⟨-er; -st⟩ **1.** awake (*pred*): (ganz) ~ sein to be (wide) awake; ~ werden a) to wake(n) (up), to rouse (*lit.*), b) *fig.* to wake(n) up; sich mühsam ~ halten to struggle to stay awake; er war nicht ~ zu kriegen *colloq.* he wouldn't wake(n) up; j-n ~ rütteln to shake s.o. awake (*od.* until he wake[n]s); j-n ~ küssen to wake(n) s.o. with a kiss; in ~em Zustand a) when (*od.* being) awake, b) *fig.* in the presence of one's senses. – **2.** ⟨*pred*⟩ (*aufgestanden*) astir: die Stadt war schon ~ *fig.* the city was already astir. – **3.** ⟨*pred*⟩ (*schlaflos*) wakeful, awake: die ganze Nacht ~ liegen to lie awake (*od. lit.* to wake) all night, to pass a wakeful night. – **4.** *fig.* (*aufgeschlossen, rege*) alert, wide-awake (*attrib*), observant: mit ~en Sinnen with one's senses alert. – **5.** *fig.* (*munter*) lively, alive (*pred*).

ˈWach|ˌabˌlö·sung *f mil.* **1.** (*Zeitpunkt*) relief. – **2.** (*Person[en]*) relieving sentry (*od.* guard), relief. – **3.** (*Vorgang*) changing of the guard(s). — **~ˌaufˌzug** *m* guard mount, mounting of the guard. — **~ba·tailˌlon** *n* guards battalion. — **~ˌboot** *n mar. mil.* picketboat, watchboat, guard boat. — **~ˌdienst** *m* **1.** *mil.* guard (duty): ~ haben to be on guard (duty), to stand guard. – **2.** *mar.* watch: ~ haben to have the watch, to be on watch.

Wa·che [ˈvaxə] *f* ⟨-; -n⟩ **1.** guard: X stand ~, während Y in die Bank einbrach X was keeping a look(-)out while Y was breaking into the bank; bei j-m [etwas] ~ halten to keep guard (*od.* watch) over s.o. [s.th.], to guard (*od.* watch) s.o. [s.th.]. – **2.** (*bei Kranken etc*) watch, vigil, (*Totenwache*) *auch* wake: bei einem Kranken ~ halten to watch by a sick person's side, to keep vigil beside (*od.* sit up with) a sick person. – **3.** (*Polizeiwache*) police station (*Br. auch* office), *Am. auch* station house: j-n mit auf die ~ nehmen to take s.o. to the police station. – **4.** *mil.* a) (*Wachdienst*) guard (duty), b) (*Posten*) guard, sentry, sentinel, c) (*Wachlokal*) guardroom, d) (*Wachgebäude*) guardhouse, e) (*bewaffnetes Begleitkommando*) escort: auf ~ sein, ~ haben, ~ stehen, *colloq.* ~ schieben to be on guard (duty), to stand guard; die ~ ablösen to relieve the guard; auf ~ ziehen, (die) ~ beziehen to mount guard; die ~ aufziehen lassen to mount the guard; ~ raus! turn out, guard! – **5.** *mar.* watch: ~ haben to have the watch, to be on watch. — **~beˌam·te** *m Austrian* (*officialese*) *for* Polizist.

wa·chen [ˈvaxən] **I** *v/i* ⟨h⟩ **1.** (*wach sein*) be awake, wake (*lit.*): die ganze Nacht (hindurch) ~ to be (*od.* lie) awake all night, to pass a wakeful night. – **2.** (*Wache halten*) watch, keep (*od.* hold) vigil, sit up: die ganze Nacht über ~ to watch all night; bei einem Kranken ~ to watch by a sick person's side, to keep vigil beside (*od.* sit up with) a sick person. – **3.** darüber ~, daß to watch that: darüber ~, daß die Vorschriften befolgt werden to watch that the directions are observed. – **4.** über (*acc*) etwas ~ to supervise s.th.: die Polizei wacht über den Verkehr the police supervise the traffic. – **5.** über j-n ~ to watch over s.o. – **II W~** *n* ⟨-s⟩ **6.** *verbal noun*: im W~ und im Schlafen in one's thoughts and in one's dreams. – **7.** vigil: das lange W~ am Krankenbett the long vigils *pl* at the sickbed (*Br.* sick-bed). — **ˈwa·chend I** *pres p.* – **II** *adj* awake (*pred*): halb ~, halb träumend half awake, half asleep.

ˈWach|ˌfahrˌzeug *n mar. mil.* patrol vessel (*od.* boat), guard ship. — **~ˌfeu·er** *n* watch fire. — **w~ˌfrei** *adj only in* er ist ~ *mar.* he is off watch. — **~geˌbäu·de** *n mil.* guardhouse.

ˈwachˌha·bend *adj only in* ~er Offizier *mar. cf.* Wachoffizier. — **ˈWachˌha·ben·de** *m* ⟨-n; -n⟩ *mil.* commander of the guard.

ˈwachˌhal·ten *v/t* ⟨*irr, sep,* -ge-, h⟩ *fig.* **1.** (*Interesse etc*) hold, keep (up), sustain: bei einem Vortrag ist es schwierig, das Interesse der Zuhörer wachzuhalten when you are giving a lecture it is difficult to hold the interest of the audience. – **2.** (*Erinnerung etc*) keep (*s.th.*) alive.

ˈWach·heit *f* ⟨-; *no pl*⟩ *fig.* (*geistige Regsamkeit*) alertness, wide-awakeness.

ˈWach|ˌhund *m auch fig.* watchdog. — **~kom·paˌnie** *f mil.* guard company. — **~loˌkal** *n bes. mil. cf.* Wachstube. — **~ˌmann** *m* ⟨-(e)s; -leute *u.* -männer⟩ **1.** guard, watchman. – **2.** *Austrian for* Polizist. — **~ˌmann·schaft** *f mil.* guard (detail), sentry squad, watch. — **~ˌman·tel** *m mar.* watch coat (*auch* cloak). — **~of·fiˌzier** *m mar.* watch officer, officer of the watch (*od.* on duty).

Wa·chol·der [vaˈxɔldər] *m* ⟨-s; -⟩ **1.** *bot.* a) (*Baum*) juniper (tree) (*Juniperus communis*), b) (*Frucht*) juniper berry: Kriechender ~ (*in Nordamerika*) creeping juniper, savin(e) (*J. horizontalis*); Steinfrüchtiger ~ Syrian (*od.* plum) juniper (*J. drupacea*). – **2.** *cf.* Wacholderbranntwein. — **~ˌbaum** *m bot. cf.* Wacholder 1a. — **~ˌbee·re** *f* juniper berry. — **~ˌbranntˌwein** *m* gin. — **~ˌbusch** *m bot. cf.* Wacholder 1a. — **~ˌdros·sel** *f zo.* fieldfare, *auch* fellfare (*Turdos pilaris*). — **~ˌgeist** *m* ⟨-(e)s; *no pl*⟩ gin. — **~ˌhaarˌmoos** *n bot.* robin's-rye, *Am.* robin wheat (*Polytrichum juniperinum*). — **~ˌharz** *n* gum juniper. — **~ˌöl** *n* ⟨-(e)s; *no pl*⟩ juniper(-berry) oil.

— ~ˌschnaps m gin. — ~ˌstrauch m bot. cf. Wacholder 1a.

'Wach|ˌpo·sten m mil. sentry, sentinel, guard. — ~ˌrol·le f mar. watch bill, crew duty list.

'wachˌru·fen v/t ⟨irr, sep, -ge-, h⟩ fig. (Gefühle, Erinnerungen etc) (a)rouse, evoke, stir (up).

'wachˌrüt·teln v/t ⟨sep, -ge-, h⟩ fig. (a)rouse, awaken, awake: j-n aus seiner Lethargie ~ to rouse s.o. from his lethargy.

Wachs [vaks] n ⟨-es; -e⟩ 1. wax: etwas mit ~ einreiben to wax s.th.; eine Kerze aus echtem ~ a pure-wax candle; sie wurde bleich (od. weiß) wie ~ she went (as) pale as death, she went (as) white as a sheet (od. ghost); als ich das sagte, wurde er weich wie ~ when I said that he became (as) soft as wax (od. he softened, he mellowed); er ist (weich wie) ~ in ihren Händen fig. he is wax (od. putty) in her hands. – 2. cf. Skiwachs. — ~ˌabˌdruck m wax impression. — ~ˌabˌguß m wax cast(ing). — w~ˌähn·lich adj waxy, waxlike, ceraceous: ein Stoff von ~er Beschaffenheit a material with a waxy consistency.

'wach·sam adj watchful, vigilant, wakeful: ein ~er Hund a watchful dog; bei diesen Gaunern muß man ~ sein colloq. one has to be on the alert (od. on one's guard) with these tricksters; → Auge 1. — 'Wach·sam·keit f ⟨-; no pl⟩ watchfulness, vigilance, vigilantness, wakefulness.

'wachsˌar·tig adj cf. wachsähnlich.

'Wachs|ˌaufˌnah·me f (radio) wax recording. — ~ˌbaum m, ~ˌbee·re f bot. cf. Wachsmyrte. — ~ˌbild n wax painting, encaustic (painting). — ~bild·neˌrei f ceroplastics pl (construed as sg), encaustic. — w~'bleich adj (as) pale as wax, waxy: mit ~em Gesicht with a face as pale as wax, with a waxy face. — ~ˌblei·che f tech. wax bleachery. — ~ˌblu·me f 1. wax flower. – 2. bot. waxflower (Gattg Hoya, bes. H. carnosa). — ~ˌboh·ne f bot. wax (od. white haricot) bean. — ~ˌbot·tich m tech. (in der Alaunfabrikation) roching cask.

'Wachˌschiff n mar. mil. guard ship.

wach·seln ['vaksəln] v/t ⟨h⟩ Southern G. and Austrian for wachsen² 2.

wach·sen¹ ['vaksən] I v/i ⟨wächst, wuchs, gewachsen, sein⟩ 1. grow: der Junge ist im letzten Jahr sehr gewachsen the boy has grown a great deal during the last year; er ist aus den Kleidern gewachsen he has grown out of his clothes, he has outgrown his clothes; gerade [schief] ~ to grow straight [crooked]; in die Höhe ~ to grow tall, to shoot up; in die Breite ~ to grow broad, to broaden (out); Wurzeln ~ nach unten roots grow downward(s); sich (dat) einen Bart ~ lassen to grow a beard; sich (dat) das Haar ~ lassen to grow one's hair, to let one's hair grow (long); auf diesem Boden wächst die Pflanze nicht the plant does not grow on this ground; plötzlich stand, wie aus dem Boden gewachsen, ein Mann vor ihm suddenly a man appeared from nowhere; → Baum 2; Gras 2; Haar 3; Herz Bes. Redewendungen; Holz¹ 6; Kopf Verbindungen mit Präpositionen; Kraut 2; Mist¹ 1; Pfeffer 1; Schnabel 2. – 2. (angebaut werden) be grown: in dieser Gegend wächst viel Weizen plenty of wheat is grown in this region. – 3. fig. (sich erheben) rise (up): wo früher blühende Gärten waren, ~ nun Fabriken aus der Erde factories now rise up out of the ground where flowering gardens used to be. – 4. fig. (sich ausdehnen) grow, expand: die Stadt ist seit dem Krieg stark gewachsen the town has grown a great deal since the war. – 5. fig. (zunehmen) increase, grow, (bei zählbaren Begriffen) auch mount: sein Ansehen bei der Bevölkerung ist gewachsen his reputation with the population has grown; die Einwohnerzahl ist gewachsen the population has increased (od. mounted). – 6. fig. (sich steigern) increase, heighten, mount: mit der Zeit wuchs die Spannung [Aufregung] (the) tension [excitement] mounted as time went on. – 7. an (dat) etwas ~ fig. to grow with s.th.: er ist an dieser Aufgabe gewachsen he has grown with this task. – II W~ n ⟨-s⟩ 8. verbal noun. – 9. growth. – 10. fig. (Ausdehnung) growth, expansion. – 11. fig. (Zunahme) increase, growth.

'wach·sen² v/t ⟨h⟩ 1. (mit Wachs behandeln) wax, spread wax polish on: den Fußboden [das Auto] ~ to wax the floor [the car]. – 2. (sport) (Skier) wax.

'wach·send I pres p of wachsen¹ u. ². – II adj 1. fig. (zunehmend) increasing, growing: mit ~em Wohlstand with increasing prosperity; mit ~er Aufmerksamkeit [Sorge] with growing attention [uneasiness]. – 2. fig. (sich steigernd) increasing, heightening, mounting: mit ~er Spannung with mounting suspense.

wäch·sern ['vɛksərn] adj 1. (aus Wachs) waxen. – 2. fig. (wie Wachs) waxen, waxy: ihre ~e Gesichtsfarbe her waxen complexion.

'Wachsˌfar·be f (paints) turpentine paint.

'Wachs·fiˌgur f wax figure, waxwork. — 'Wachs·fiˌgu·ren·ka·biˌnett n waxworks pl (construed as sg or pl), ceroplastics pl (sometimes construed as sg).

'wachsˌgelb adj wax-colored (bes. Br. -coloured).

'Wachs|graˌvie·rung f 1. cerograph. – 2. (Kunst) cerography. — ~ˌhaut f zo. (am Schnabelgrund der Greifvögel) cere.

'wach·sig adj 1. waxy. – 2. med. (Leber) amyloid.

'Wachs|ˌker·ze f (wax) candle, wax light. — ~ˌker·zenˌzie·her m ⟨-s; -⟩ (wax-)chandler. — ~ˌkür·bis m bot. wax gourd (Benincasa hispida). — ~ˌleinˌwand f Austrian colloq. for Wachstuch. — ~ˌlicht n cf. Wachskerze. — ~ˌli·lie f bot. trillium (Gattg Trillium): Weiße ~ great white trillium (T. grandiflorum). — ~ma·leˌrei f (art) 1. (Arbeitsmethode) encaustic (od. wax) painting. – 2. (Kunstwerk) wax painting, encaustic (painting). — ~ˌmalˌkrei·de f crayon. — ~maˌtri·ze f 1. (beim Maschinenschreiben) stencil. – 2. (einer Schallplatte) wax record(ing). — ~moˌdell n 1. wax pattern. – 2. tech. (in der Gießerei) wax mold (bes. Br. mould). — ~ˌmot·te f zo. 1. Große ~ bee (auch wax) moth (Galleria mellonella): Larve der ~ wax worm. – 2. Kleine ~ wax moth, auch lesser wax moth (Achroia grisella). — ~ˌmyr·te f bot. wax myrtle, candleberry, auch candleberry tree (Myrica cerifera). — ~ˌpal·me f 1. wax palm (Gattg Ceroxylon): Gemeine ~ wax palm (C. andicolum). – 2. carnauba, wax palm (Copernicia cerifera). — ~paˌpier n wax(ed) paper. — ~ˌper·le f wax bead (od. pearl). — ~ˌpfla·ster n med. pharm. cerate. — ~ˌpflau·me f bot. cf. Mirabelle. — ~ˌplat·te f (radio) wax disc (od. disk), wax record. — ~ˌpup·pe f wax doll. — ~ˌro·se f zo. (eine Seeanemone) cerianthid (Anemonia sulcata). — ~ˌsal·be f med. pharm. cerate. — ~ˌschildˌlaus f zo. 1. wax scale (Ceroplastes ceriferus). – 2. wax insect (Ericerus pela). — ~ˌstock m wax (od. taper) jack. — ~ˌstreichˌholz n vesta, wax match.

wächst [vɛkst] 2 u. 3 sg pres of wachsen¹.

'Wachs|ˌta·fel f hist. wax tablet. — ~ˌta·sche f zo. (der Bienen) wax pocket.

'Wachˌstu·be f mil. guardroom.

'Wachsˌtuch n oilcloth, wax cloth, Br. waxcloth, Br. auch American cloth.

'Wachs·tum n ⟨-s; no pl⟩ 1. growth: rasches [wirtschaftliches] ~ rapid [economic] growth; das üppige ~ der Pflanzen the rank growth of plants; das ~ beschleunigen [hindern] to accelerate [to hinder od. stunt] growth; im ~ begriffen sein auch fig. to be still growing; im ~ zurückgeblieben sein to be stunted (in growth). – 2. fig. (Entwicklung) development: sein geistiges ~ ist gestört his mental development has been disturbed. – 3. fig. (Ausdehnung) growth, expansion: das ~ dieser Stadt the growth of this town. – 4. fig. (Zunahme) increase, growth. – 5. eigenes ~ gastr. from the firm's own vineyard(s). — w~ˌhem·mend adj cf. wachstumshemmend.

'wachs·tums|ˌfä·hig adj auch fig. (Industrie, Wirtschaft etc) viable. — W~ˌfä·hig·keit f ⟨-; no pl⟩ viability.

'Wachs·tums|ˌfak·tor m growth factor. — w~ˌför·dernd adj 1. growth-stimulating (od. -promoting). – 2. med. (in der Histologie) auxetic. — w~geˌhemmt adj bes. med. impaired (od. stunted) in growth, hypogenetic (scient.). — w~ˌhem·mend adj growth-retarding (od. -inhibiting). — ~ˌhem·mung f growth retardation, impaired (od. defective) development (od. growth), hypogenesis (scient.). — ~horˌmon n med. growth (od. scient. somatotrophic) hormone. — ~in·duˌstrie f econ. growth industry. — ~ˌjah·re pl years of growth. — ~ˌkri·se f 1. med. growth (od. development) crisis. – 2. econ. expansion (od. growth, expansive, development) crisis. — ~pe·riˌode f period of growth. — ~phä·noˌmen n fig. growth (od. expansive) phenomenon. — ~proˌzeß m process of growth. — ~ˌra·te f econ. growth rate. — ~ˌreiz m biol. growth stimulus. — ~ˌschmer·zen pl med. growing pains. — ~ˌspit·ze f biol. cf. Vegetationspunkt. — ~ˌstillˌstand m arrest of growth. — ~ˌstoff m biol. cf. Wuchsstoff. — ~ˌstö·rung f med. disturbance of growth (od. development). — ~ˌtem·po n growth rate. — ~verˌzö·ge·rung f biol. retardation of growth. — ~ˌzif·fer f growth rate. — ~ˌzuˌstand m growth stage.

'wachs|'weich adj auch fig. (as) soft as wax (od. putty). — W~ˌzel·le f (der Bienenwabe) cell of a honeycomb, alveolus (scient.). — W~ˌzie·her m ⟨-s; -⟩ (wax)-chandler. — W~zie·he'rei [ˌvaks-] f ⟨-; no pl⟩ manufactory of (wax) candles. — W~ˌzündˌholz n cf. Wachsstreichholz. — W~ˌzüns·ler m zo. cf. Wachsmotte.

Wacht [vaxt] f ⟨-; rare -en⟩ obs. od. poet. for Wache 1, 2: gute ~ halten to keep (a) good watch. — ~ˌboot n mar. mil. cf. Wachboot. — ~ˌdienst m obs. for Wache 4a.

Wäch·te ['vɛçtə] f ⟨-; -n⟩ 1. cf. Schneewächte. – 2. Swiss for Schneewehe.

Wach·tel ['vaxtəl] f ⟨-; -n⟩ zo. 1. quail (Coturnix coturnix): die ~ schlägt the quail calls. – 2. Virginische ~ cf. Baumwachtel.

'Wach·tel|ˌhund m zo. (Jagdhund) spaniel. — ~ˌkö·nig m corncrake, auch land rail (Crex crex). — ~ˌlocke (getr. -k·k-), ~ˌpfei·fe f hunt. quail call (od. pipe). — ~ˌruf, ~ˌschlag m call of the quail. — ~ˌstrich m hunt. flight of quail. — ~ˌwei·zen m bot. cowwheat (Gattg Melampyrum). — ~ˌzug m hunt. cf. Wachtelstrich.

Wäch·ter ['vɛçtər] m ⟨-s; -⟩ 1. guard: der ~ auf dem Turm the guard on (top of) the tower; der Hund ist ein guter ~ the dog is a good guard. – 2. (bes. Nachtwächter) watchman, warder, keeper. – 3. (in Museen, auf Parkplätzen etc) attendant. – 4. fig. custodian, guardian: ein ~ der öffentlichen Moral a custodian of public morality. – 5. electr. (Hilfsschalter) automatic controller. — ~ˌlied n (literature) cf. Tagelied.

'Wacht|ˌfeu·er n obs. for Wachfeuer. — ~ˌhund m obs. for Wachhund. — ~ˌmei·ster m 1. (bei der Polizei) a) Br. (police) constable, Am. patrolman, b) (Anrede für einen Polizisten) officer. – 2. mar. master-at-arms. – 3. mil. obs. for Feldwebel 1a. — ~paˌra·de f guard mounting. — ~ˌpo·sten m bes. mil. cf. Wachposten.

'Wachˌtraum m daydream, waking dream.

'Wacht|ˌschiff n mar. mil. obs. for Wachschiff. — ~ˌstu·be f mil. obs. for Wachstube.

'Wach(t)ˌturm m watchtower, Br. watch-tower.

'Wach- ˌund 'Schließ·geˌsell·schaft f Am. Protection (od. Security) Service, Br. Security Corps.

'Wach|verˌge·hen n bes. mil. neglect of duty while on guard. — ~ˌvor·geˌsetz·te m officer authorized (Br. auch -s-) to give orders to the guard. — ~ˌvorˌschrif·ten pl guard regulations. — ~ˌzei·ten pl guard duty hours. — ~ˌzuˌstand m only in im ~ a) when (od. being) awake, b) fig. in the presence of one's senses.

Wacke (getr. -k·k-) ['vakə] f ⟨-; -n⟩ geol. graywacke, bes. Br. greywacke.

Wacke'lei (getr. -k·k-) f ⟨-; no pl⟩ colloq. 1. cf. Wackeln. – 2. (Zappelei) fidgeting: hör endlich auf mit deiner ~! will you stop (your) fidgeting!

'Wackel·geˌlenk (getr. -k·k-) n med. loose joint, amphiarthrosis (scient.).

'wacke·lig (getr. -k·k-) I adj 1. (Stuhl, Tisch etc) wobbly, auch wabbly, rickety, shaky, unsteady. – 2. (Auto etc) ramshackle, rattly, rattletrap (attrib). – 3. (Zaun, Stift etc) loose. – 4. fig. colloq. (Unternehmen *etc*) shaky, financially insecure. – **5.** *fig. colloq.* (*altersschwach*) doddery, tottery, teetery: der alte Mann ist schon recht ~ the old man is quite tottery. – **6.** *fig. colloq.* (*geschwächt*) wobbly, *auch* wabbly, shaky: er ist nach der langen Krankheit noch etwas ~ (auf den Beinen *od.* in den Knien) he is still a bit wobbly (on his legs) after his long illness. – **II** *adv* **7.** ~ stehen a) (*von Stuhl, Tisch etc*) to be wobbly (*auch* wabbly), to wobble, to be unsteady, b) *fig. colloq.* (*von einem Menschen*) to be shaky, c) *fig. colloq.* (*von einem Unternehmen*) to be shaky (*od.* financially insecure), d) *fig. colloq.* (*von einer Regierung*) to be shaky (*od.* tottering): dieser Schüler steht ziemlich ~ this pupil is rather shaky. – **8.** ~ auf den Beinen stehen *fig. colloq.* to be wobbly (*auch* wabbly, shaky) on one's legs.

'Wackel·konˌtakt (*getr.* -k·k-) *m electr.* loose contact (*od.* connection, *Br. auch* connexion), defective contact.

wackeln (*getr.* -k·k-) ['vakəln] **I** *v/i* ⟨h⟩ **1.** (*von Stuhl, Tisch etc*) wobble, *auch* wabble. – **2.** (*von Zahn, Stift etc*) be loose. – **3.** *auto.* (*von Rädern*) shimmy. – **4.** (*erschüttert werden*) shake: wenn ein Lastwagen an unserem Haus vorbeifährt, wackelt alles when a lorry (*bes. Am.* truck) drives past our house everything shakes; → Wand 1. – **5.** (*sich plötzlich bewegen*) move: weil du gewackelt hast, ist das Bild unscharf the picture is blurred because you moved. – **6.** (*sich wackelnd fortbewegen*) toddle: das Kind wackelte auf seine Mutter zu the child toddled toward(s) its mother. – **7.** *fig. colloq.* (*von beruflicher Position etc*) be shaky: sein Thron wackelt his throne totters. – **8.** (*in Wendungen wie*) mit den Hüften ~ to wiggle (*od.* wag[gle]) (one's hips); mit dem Kopf ~ a) to wag(gle) one's head, b) *fig.* to begin to dote; mit den Ohren ~ to wag(gle) one's ears; mit dem Schwanz ~ to wag(gle) its tail; mit dem Stuhl ~ to rock (on) one's chair; mit den Flügeln ~ *aer.* to rock wings. – **II W~** *n* ⟨-s⟩ **9.** *verbal noun.*

'Wackel|ˌpe·ter (*getr.* -k·k-) *m* ⟨-s; -⟩ *colloq.* (*Süßspeise*) jelly. — **~ˌstein** *m geol.* balanced rock, rocking stone.

wacker (*getr.* -k·k-) ['vakər] **I** *adj* **1.** *archaic* (*rechtschaffen, redlich*) upright, good, honest. – **2.** *lit.* (*tapfer, mutig*) brave, valiant, stout: ~e Krieger brave warriors. – **II** *adv* **3.** sich ~ durchs Leben schlagen *archaic* to lead an upright life. – **4.** (*tapfer*) bravely: sich ~ schlagen *auch fig.* to fight bravely, to put up a brave fight; sich ~ halten *fig.* (*in einer Diskussion etc*) to hold one's ground (*od.* own). – **5.** j-n ~ verhauen (*od.* verprügeln) *colloq.* to give s.o. a sound thrashing (*od. colloq.* a good licking).

'Wacker,stein (*getr.* -k·k-) *m dial.* boulder.

'wack·lig *adj u. adv cf.* wackelig.

Wad [vaːt] *n* ⟨-s; *no pl*⟩ *min.* wad, bog manganese.

Wad·di·ke ['vadıkə] *f* ⟨-; *no pl*⟩ *Low. G. for* Molke.

Wa·de[1] ['vaːdə] *f* ⟨-; -n⟩ **1.** *med.* calf, sura (*scient.*): einen Krampf in den ~n haben to have a cramp in the calves (of one's legs); stramme ~n haben to have sturdy calves. – **2.** *gastr.* shin, hind shank.

'Wa·de[2] *f* ⟨-; -n⟩ *mar.* (*Schleppnetz*) seine.

'Wa·den|ˌbein *n med. zo.* calf bone, fibula (*scient.*). — **~ˌbei·ßer** [-ˌbaısər] *m* ⟨-s; -⟩ *zo.* stable fly (*Stomoxys calcitrans*). — **~fi·sche,rei** *f mar.* seining. — **~ˌkrampf** *m med.* cramp in the calf (of one's leg), systremma (*scient.*). — **~ˌmus·kel** *m* peroneal muscle, gastrocnemius (*scient.*). — **~mus·ku·laˌtur** *f* muscles *pl* of the calf. — **~ˌnerv** *m* sural (*od.* peroneal) nerve. — **~ˌste·cher** *m zo. cf.* Wadenbeißer. — **~ˌstrumpf** *m* (*fashion*) **1.** (*für Männer*) half hose. – **2.** (*für Kinder*) half stocking. — **~ˌwickel** (*getr.* -k·k-) *m med.* wet compress (a)round the lower legs.

Wa·di ['vaːdi] *n* ⟨-s; -s⟩ *geogr.* (*trockenes Flußbett*) wadi.

Wäd·li ['vɛːtli] *n* ⟨-s; -⟩ *Swiss gastr. for* Eisbein 1.

Waf·fe ['vafə] *f* ⟨-; -n⟩ **1.** *bes. mil.* (*Angriffs- u. Verteidigungsmittel*) weapon: ferngelenkte ~n guided weapons; konventionelle [atomare] ~n conventional [nuclear] weapons; automatische ~n automatic weapons; bewegliche [starre] ~ *aer.* flexible [fixed] gun; Tragen von ~n carrying (of) weapons; seine ~ ist das Wort [die Feder] *fig.* language [his pen] is his weapon; sein Mut ist seine stärkste ~ *fig.* his courage is his best weapon; seine ~n aus der Hand geben *fig.* to give away one's weapons; dem Gegner selbst die ~n liefern *fig.* to give one's opponent weapons against oneself; j-s (eigene) Worte als ~ gegen ihn benutzen *fig.* to use s.o.'s (own) words as a weapon against him; mit geistigen [ungleichen] ~n kämpfen *fig.* to fight with intellectual [unequal] weapons; j-n mit seinen eigenen ~n schlagen *fig.* to beat s.o. at his own game, to give s.o. some of his own medicine, to hoist s.o. with his own petard; → klassisch 3. – **2.** (*Schußwaffe*) firearm, *Br.* fire-arm: die ~ auf j-n richten to point a weapon (*od.* gun) at s.o.; → vorgehalten II. – **3.** *pl mil.* arms: einem Land ~n liefern to supply a country with arms; [keine] ~n tragen (*od.* bei sich führen) to carry (*od.* bear) [no] arms; zu den ~n greifen [eilen] to take up [to hasten to] arms; ein Volk zu den ~n rufen to call a people to arms; in (*od.* unter den) ~n stehen to be under arms, to stand to arms; von den ~n Gebrauch machen to use arms; die ~n sprechen lassen to let arms decide; j-m die ~n abnehmen to strip s.o. of his arms; die ~n wegwerfen to abandon (one's) arms; die ~n strecken (*od.* niederlegen) a) to lay down (one's) arms, to ground arms, b) *fig.* to give up the fight, to admit defeat. – **4.** *mil.* (*Waffengattung*) branch (of service), arm, service: verbundene ~n combined arm *sg*; bei welcher ~ haben Sie gedient? which branch of service did you serve in (*od.* with)? – **5.** (*sport*) a) (*beim Fechten*) weapon, b) (*beim Schießen*) firearm, *Br.* fire-arm, weapon. – **6.** *meist pl hunt.* a) (*des Keilers*) fang, tusk, b) (*eines Raubvogels*) talon, c) (*von Luchs, Wildkatze*) claw. – **7.** *pl zo.* arms.

Waf·fel ['vafəl] *f* ⟨-; -n⟩ **1.** *gastr.* a) (*aus Pfannkuchenteig*) waffle, b) (*süßes, knuspriges Gebäck*) wafer, waffle, c) *cf.* Eiswaffel 2. – **2.** *pl philat.* meshes. — **~ˌei·sen** *n* (*housekeeping*) waffle iron. — **~piˌkee** *m, Austrian auch n,* **~ˌstoff** *m* (*textile*) honeycomb, waffle cloth.

'Waf·fen|ˌamt *n mil.* ordnance office. — **~apˌpell** *m* arms inspection. — **~ˌausˌbil·dung** *f* weapons training. — **~beˌsitz** *m* possession of (fire)arms (*Br.* [fire-]arms): unerlaubter (*od.* verbotener) ~ unauthorized (*Br. auch* -s-) (*od.* illegal, unlawful) possession of fire(-)arms. — **~ˌbru·der** *m* brother (*od.* comrade) in arms, comrade. — **~ˌbru·der·schaft, ~ˌbrü·der·schaft** *f* brotherhood in arms. — **~deˌpot** *n mil.* arms depot. — **~ˌdienst** *m* military service. — **~ˌdrehˌstand** *m aer. mil.* gun turret. — **~emˌbar·go** *n pol.* arms embargo. — **~entˌgif·tungsˌmit·tel** *n mil.* weapon decontaminating agent. — **~faˌbrik** *f* arms factory, *Am. auch* armory. — **~fa·briˌkant** *m* arms manufacturer. — **~fa·bri·ka·tiˌon** *f* arms manufacture. — **w~ˌfä·hig** *adj* capable of bearing arms. — **~ˌfeh·ler** *m* **1.** malfunction of a weapon. – **2.** (*sport*) (*beim Fechten*) faulty weapon. — **~ˌfett** *n* gun (*od.* rifle) grease. — **~ˌflie·ge** *f zo.* soldier fly (*Gattg Stratiomya*). — **~ˌfund** *m* discovery of weapons. — **~ˌgang** *m mil.* passage at arms. — **~ˌgat·tung** *f cf.* Waffe 4. — **~geˌbrauch** *m* use of arms: bei ~ when (*od.* if) arms are used. — **~geˌfähr·te** *m cf.* Waffenbruder. — **~geˌklirr** *n* clash (*od.* clang) of arms. — **~geˌsetz** *n jur.* law on (fire)arms (*Br.* [fire-]arms). — **~geˌwalt** *f* ⟨-; *no pl*⟩ force of arms, armed force: sich (*dat*) mit ~ Einlaß erzwingen to force an entry by force of arms. — **~ˌglück** *n* fortune at arms. — **~ˌhan·del** *m* **1.** arms trade (*od.* traffic). – **2.** (*illegaler*) gunrunning, *Br.* gun-running. — **~ˌhänd·ler** *m* **1.** arms (*od.* gun) dealer, (*im Großhandel*) munitions dealer. – **2.** (*illegaler*) gunrunner, *Br.* gun-runner. — **~ˌhand·lung** *f* weapon (*od.* gun) shop (*bes. Am.* store). — **~ˌhandˌwerk** *n lit.* warcraft, craft of war: das ~ erlernen to learn the craft of war. — **~ˌherˌstel·lung** *f cf.* Waffenfabrikation. — **~ˌhil·fe** *f* military assistance: j-m ~ leisten to give (*od.* lend) s.o. military assistance. — **~ˌkam·mer** *f* armory, *bes. Br.* armoury. — **~konˌtrol·le** *f* inspection of weapons. — **~ˌla·ger** *n* ordnance depot: geheimes ~ cache. — **~ˌlehrˌgang** *m mil.* weapons training course. — **~ˌlie·fe·rung** *f* supply of arms. — **w~los** *adj* weaponless, unarmed. — **~ˌmei·ster** *m* **1.** *mil.* armorer, *bes. Br.* armourer. – **2.** *cf.* Waffenschmied. — **~mei·steˌrei** *f* ⟨-; -en⟩ armory, *bes. Br.* armoury, ordnance shop (*bes. Am.* store). — **~of·fiˌzier** *m* **1.** *mil.* ordnance staff officer. – **2.** *aer. mil.* armament (*od.* weapons) officer. — **~per·soˌnal** *n mil.* ordnance personnel. — **~ˌpfle·ge** *f* care of weapons, gun maintenance. — **~pro·duk·tiˌon** *f* **1.** (*Herstellung*) production of arms, arms production. – **2.** (*Ausstoß*) arms production (*od.* output). — **~ˌprüf·geˌlän·de** *n mil.* (ordnance) proving ground. — **~ˌprü·fung** *f* **1.** *mil.* a) (*Testen*) ordnance testing, b) (*Inspektion*) inspection of arms. – **2.** (*sport*) (*beim Fechten*) control of weapons. — **~ˌrecht** *n jur.* law of arms. — **~ˌrock** *m mil.* service coat, tunic. — **~ˌru·he** *f* suspension of hostilities, truce, (*Feuereinstellung*) cease-fire. — **~ˌruhm** *m* fame as a warrier. — **~ˌsack** *m* (*sport*) (*für Fechtwaffen*) fencing bag. — **~ˌsamm·lung** *f* collection of arms, armory, *bes. Br.* armoury. — **~ˌschein** *m jur.* firearms (*Br.* fire-arms) certificate (*od.* licence, *Am.* license), gun licence (*Am.* license). — **~ˌschlos·ser** *m* **1.** *mil.* artillery mechanic. – **2.** *tech.* weapon locksmith. — **~ˌschmied** *m* ordnance blacksmith. — **~ˌschmie·de** *f* armorer's (*bes. Br.* armourer's) (work)shop, *Am. auch* armory. — **~ˌschmuck** *m only in* im vollen (*od.* in vollem) ~ in full armor (*bes. Br.* armour). — **~ˌschmug·gel** *m jur.* gunrunning, *Br.* gun-running, traffic in arms. — **~ˌschmugg·ler** *m* gunrunner, *Br.* gun-runner, arms trafficker.

'Waf·fenˌstillˌstand *m mil. pol.* armistice: zeitweiliger ~ truce; mit j-m ~ schließen *auch fig.* to make a truce with s.o.

'Waf·fenˌstillˌstands|ˌabˌkom·men *n mil. pol.* armistice agreement. — **~beˌdin·gungen** *pl* armistice terms. — **~kom·mis·siˌon** *f* armistice commission. — **~ˌli·nie** *f* armistice line. — **~verˌhand·lun·gen** *pl* negotiations for (an) armistice. — **~verˌtrag** *m* armistice agreement.

'Waf·fen|ˌstreckung (*getr.* -k·k-) *f* ⟨-; *no pl*⟩ surrender, capitulation. — **~stuˌdent** *m member of a fraternity* (*Br. students' society*) *in which duels are fought.* — **~syˌstem** *n* weapon system. — **~ˌträ·ger** *m mil.* **1.** armed man. – **2.** (*Fahrzeug*) weapons carrier. — **~ˌübung** *f* military exercise. — **~ˌun·ter·of·fiˌzier** *m* ordnance noncommissioned (*Br.* non-commissioned) officer. — **~verˌge·hen** *n jur.* **1.** offence (*Am.* offense) against (*od.* violation of) the law on arms. – **2.** (*unerlaubter Waffenbesitz*) unauthorized (*Br. auch* -s-) (*od.* illegal, unlawful) possession of (fire)arms (*Br.* [fire-]arms). — **~ˌvorˌfüh·rung** *f* demonstration of weapons. — **~ˌwart** *m mil.* armorer, *bes. Br.* armourer. — **~ˌwerkˌstatt** *f* armory, *bes. Br.* armoury, ordnance shop, arms workshop. — **~ˌwir·kung** *f* effect(iveness) of a weapon.

waff·nen ['vafnən] *obs.* **I** *v/t* ⟨h⟩ arm. – **II** *v/reflex* sich gegen etwas ~ *fig. cf.* wappnen II.

'wäg·bar *adj auch fig.* ponderable. — **'Wäg·bar·keit** *f* ⟨-; *no pl*⟩ ponderability.

'Wä·geˌbüh·ne *f* (*railway*) *Am.* freight car scale(s *pl sometimes construed as sg*), *Br.* waggon weighing machine, rail (*od.* waggon) weighbridge, weighing platform.

'Wa·geˌhals *m cf.* Waghals. — **'wa·geˌhal·sig** *adj cf.* waghalsig.

'Wa·geˌmut *m* daring, daringness, boldness. — **'wa·geˌmu·tig** *adj* daring, bold.

wa·gen ['vaːgən] **I** *v/t* ⟨h⟩ **1.** (*auf ein Risiko hin unternehmen*) venture, *auch* adventure, (*bei gefährlichen Dingen*) *auch* risk, hazard: ein Experiment [eine Bemerkung] ~ to venture an experiment [a remark]; ich will es ~ I'll take a chance, I'll take the plunge; soll ich es ~? should I risk it? es mit etwas [j-m] ~ to risk s.th. [s.o.]. – **2.** (*aufs Spiel setzen*) risk, stake: alles ~(, um alles zu gewinnen) to risk everything (to gain everything); → Hals[1] 1; Kopf 2; Leben 1. – **3.** (*sich getrauen, sich erdreisten*) dare: er wagte kein Wort zu sagen he did not dare (to) say a word; wie können Sie es ~, das zu sagen? how dare you say that? how can you dare to say that? er wagte keinen Widerstand he did not dare (to) resist; ich wage es nicht zu tun I do not dare (to) do it; soll ich es ~, ihn darum zu bitten? shall I dare (to) ask him for it? – II *v/i* 4. wer wagt, gewinnt (*Sprichwort*), wer nicht wagt, der nicht gewinnt (*Sprichwort*) nothing ventured, nothing gained (*proverb*), nothing venture, nothing have (*od.* win) (*proverb*); frisch gewagt ist halb gewonnen (*Sprichwort*) well begun is half done (*od.* ended) (*proverb*); → wägen 4. – III *v/reflex* sich ~ 5. (*sich etwas zu tun getrauen*) venture, *auch* adventure: sich aus dem Haus ~ to venture out of doors; sich nicht auf die Straße ~ not to venture out into (*Am. auch* onto) the street; sich an eine schwere Aufgabe ~ to venture on a difficult task; → Höhle 5.

'Wa·gen *m* ⟨-s; -, *Austrian and Southern G. auch* ¨⟩ 1. (*Auto*) car, *bes. Am.* automobile, *bes. Br.* motorcar, *bes. Am. colloq.* auto: ~ mit Frontantrieb front-wheel drive car; ~ mit Heckmotor rear-engine car; ein ~ der gehobenen Mittelklasse a car of the upper middle price range; einen eigenen ~ fahren to drive one's own car; er fährt einen ~ der Firma he drives a firm's car; im offenen [geschlossenen] ~ fahren to drive in an open [a closed] car; den ~ überholen [waschen] lassen to have one's car overhauled [washed]; wir sind mit dem ~ gekommen we have come by (*od. colloq.* in the) car. – 2. (*Pferdefuhrwerk etc*) waggon, *bes. Am.* wagon: ein zweiräd(e)riger ~ a two-wheeled waggon, a cart; sich vor j-s ~ spannen lassen *fig.* to let oneself be made use of; j-m (wegen etwas) an den ~ fahren *fig.* a) to foil (*od.* thwart, frustrate) s.o.'s plan(s), b) (*j-n beleidigen*) to offend (*od.* abuse, hurt) s.o.; → Rad 1. – 3. (*Kutsche etc*) carriage, cab, (*geschlossener*) coach: aus einem ~ aussteigen to alight from (*od.* get out of) a carriage. – 4. *cf.* Taxi. – 5. (*railway*) *cf.* Eisenbahnwagen. – 6. (*Straßenbahnwagen*) car: ein ~ der Linie 8 a route 8 car (*Br. auch* tram), a number 8. – 7. (*Omnibus*) bus: bitte in den nächsten ~ einsteigen please take (*od.* get on) the next bus. – 8. *astr.* der Große ~ the Great Bear, the (Big) Dipper, Ursa Major; der Kleine ~ the Little Bear (*od.* Dipper), Ursa Minor. – 9. *tech.* (*bei Schreib- u. Druckmaschinen*) carriage. – 10. (*mining*) *cf.* Hund 9.

wä·gen ['vɛːgən] I *v/t* ⟨wägt, wog, gewogen, *rare* wägte, gewägt, h⟩ 1. *obs. for* wiegen[1] 1. – 2. weigh: er wog den Stein (in der Hand) he weighed the stone (in his hand). – 3. *fig. lit.* (*bedenken*) weigh, ponder, balance: er wog jedes ihrer Worte he weighed each of her words. – II *v/i* 4. erst ~, dann wagen (*Sprichwort*) look before you leap (*proverb*).

'Wa·gen|ˌab·teil *n* (*railway*) compartment. — ~ˌach·se *f* 1. *auto.* car axle. – 2. (*railway*) car axle. — ~ˌachs·ki·loˌme·ter *pl* (*railway*) mileage (*auch* milage) *sg* covered. — ~anˌten·ne *f auto.* car antenna (*bes. Br.* aerial). — ~ˌaufˌbau *m* car body, coachwork. — ~ˌaufˌsatz *m* (*bei Lastwagen*) lorry (*bes. Am.* truck) superstructure. — ~ˌbau·er *m* ⟨-s; -⟩ *tech.* cartwright, wheelwright, coachmaker, carriage maker. — ~be·sit·zer *m* car owner. — ~beˌstand *m cf.* Fahrzeugpark. — ~ˌbrem·se *f* 1. *auto.* car brake. – 2. (*railway*) car lock. — ~ˌburg *f hist.* barricade of waggons (*bes. Am.* wagons), corral. — ~ˌdecke (*getr.* -k·k-) *f* 1. *cf.* Wagenplane. – 2. car rug. — ~ˌdeich·sel *f cf.* Deichsel 1, 2. — ~deˌpot *n* car pool. — ~ˌfäh·re *f* car (*od.* drive-on) ferry. — ~ˌfe·der *f tech.* carriage spring. — ~ˌfen·ster *n* 1. (*railway*) car (*Br.* carriage) window. – 2. *auto.* car window. — ~ˌfüh·rer *m* (*einer Straßenbahn etc*) driver, motorman. — ~geˌstell *n* 1. *auto.* chassis. – 2. (*railway*) frame(work). — ~ˌhal·le *f* 1. *auto.* garage. – 2. (*für Straßenbahnen*) car shed, *Br.* tram shed. — ~ˌhal·tung *f* upkeep of a car. — ~ˌhe·be·büh·ne *f* lifting platform, car (*od.* vehicle, *bes. Am. colloq.* auto) hoist (*od.* lift). — ~ˌhe·ber *m* 1. *auto.* a) (car *od.* lifting) jack, floor jack, b) (*fahrbarer*) garage trolley jack. – 2. *tech.* (*an der Schreibmaschine*) carriage lever. — ~ˌhei·zung *f auto.* 1. car heating. – 2. (*Anlage*) car heater. — ~ˌka·sten *m* 1. (*einer Kutsche etc*) coach body. – 2. (*railway*) (freight) car (*Br.* waggon) box. — ~ˌkes·sel *m* (*railway*) (*einer Lokomotive*) engine boiler. — ~ki·loˌme·ter *m auto.* car kilometer (*bes. Br.* kilometre). — ~ˌklas·se *f* class. — ~koˌlon·ne *f* queue (*od.* column, line, string) of cars. — ~ˌkupp·lung *f* (*railway*) coupling. — ~ˌla·dung *f* 1. (*von Lastwagen*) *Br.* lorry-load, *bes. Am.* truckload. – 2. (*railway*) *Am.* (freight) carload, *Br.* waggon-load, truckload. – 3. *cf.* Fuhre 1. — ~ˌlei·ter *f* (*eines Leiterwagens*) cart rack. — ~ˌlen·ker *m* 1. (car) driver. – 2. *antiq.* charioteer. — ~ˌlö·ser [-ˌløːzər] *m* ⟨-s; -⟩ *tech.* (*einer Schreibmaschine*) carriage release lever. — ~ˌman·gel *m* (*railway*) shortage of rolling stock. — ~ma·te·riˌal *n* rolling stock. — ~paˌpie·re *pl auto.* driving (*Br.* car) papers (*od.* documents). — ~ˌpark *m* ⟨-(e)s; *no pl*⟩ *cf.* Fahrzeugpark. — ~ˌpferd *n* 1. (*Zugpferd*) cart (*od.* draft, *bes. Br.* draught) horse, *Am.* drafter. – 2. (*vor einer Kutsche etc*) carriage horse. — ~ˌpfle·ge *f auto.* 1. car maintenance. – 2. (*an Tankstellen, in Autowerkstätten*) (car) servicing. — ~ˌpla·che *f Austrian for* Wagenplane. — ~ˌpla·ne *f* awning, tarpaulin, tilt. — ~ˌrad *n* 1. (*an einem Karren etc*) cartwheel, *Br.* cart-wheel. – 2. (*am Auto*) car wheel. – 3. *fig. humor.* broad-brimmed lady's hat. — ~ˌrei·he *f cf.* Wagenkolonne. — ~ˌren·nen *n antiq.* chariot race. — ~ˌrückˌlauf *m tech.* (*einer Schreibmaschine etc*) carriage return. — ~ˌrückˌlaufˌta·ste *f* carriage return key. — ~ˌrun·ge *f* (*railway*) car (*Br.* waggon) stake (*od.* stanchion). — ~ˌschlag *m* 1. (*eines Autos*) car door. – 2. (*einer Kutsche etc*) carriage (*od.* coach) door. — ~ˌschlan·ge *f cf.* Wagenkolonne. — ~ˌschlos·ser *m* millwright. — ~ˌschmie·re *f* cart grease (*od.* lubricant). — ~ˌschup·pen *m* 1. (*für Kutschen etc*) coach house. – 2. (*für Straßenbahnen*) car (*Br.* tram) shed. – 3. (*für Omnibusse*) garage. — ~ˌspur *f* (wheel) track, (*bes. tiefe*) rut. — ~ˌstandˌgeld *n*, ~ˌstillˌstands·geˌbühr *f* (*railway*) demurrage. — ~ˌtür *f cf.* Wagenschlag. — ~ˌtyp *m* car type. — ~ˌumˌlauf *m* 1. (*railway*) freight car (*Br.* waggon) turn-round. – 2. (*mining*) mine-car circulation. — ~verˌdeck *n* 1. *auto.* (folding) top (*Br. auch* hood). – 2. (*eines Planwagens etc*) cart tilt (*od.* awning). – 3. (*einer Kutsche etc*) coach (*od.* carriage) top (*od.* hood). — ~verˌmie·tung *f Br.* car hire, *Am.* renting of cars. — ~ˌwaschˌanˌla·ge *f auto.* car washing installation, vehicle washer, washing pit. — ~ˌwä·sche *f* 1. car wash. – 2. car-washing: bei der ~ when washing the car. — ~ˌwech·sel *m* 1. (*railway*) change of cars. – 2. (*bes. sport*) change of car. — ~ˌwin·de *f cf.* Wagenheber 1. — ~ˌzäh·ler *m* (*mining*) axle counter. — ~ˌzu·beˌhör *n*, *auch m* car accessories *pl*. — ~ˌzu·beˌhörˌteil *n*, *m* 1. *auto.* car fitting (*od.* attachment). – 2. (*railway*) car equipment (*od.* accessory).

'Wa·geˌstück *n* daring deed.

Wag·gon [va'gõː; va'gɔŋ; *bes. Austrian* va'goːn] *m* ⟨-s; -s, *bes. Austrian auch* -e [-'goːnə]⟩ (*railway*) 1. *Am.* freight car, *Br.* (goods) truck (*od.* waggon): einen ~ ausladen [beladen] to unload [to load] a freight car (*Br.* a waggon); frei ~ *econ.* free on rail; ein ~ mit Gemüse a car (*Br.* waggon) of vegetables. – 2. *cf.* Personenwagen 2. — ~ˌbau *m* car building. — ~ˌboh·le *f meist pl* railroad (*Br.* railway) car plank. — ~faˌbrik *f* 1. car factory. – 2. (*als Firmenbezeichnung*) car builders *pl* (*od.* manufacturers *pl*). — ~ˌfäh·re *f* railroad (*Br.* railway) car ferry. — ~ˌfracht *f* carload (*Br.* truck *od.* waggon) freight. — ~ˌkip·per *m* car tipper. — ~ˌla·dung *f* 1. *cf.* Wagenladung 2. — ~ˌsen·dung *f* 1. *cf.* Wagenladung 2. – 2. shipment (*od.* delivery) by rail. — ~ˌstandˌgeld *n* (*railway*) *cf.* Wagenstandgeld. — ~ˌwaa·ge *f cf.* Wägebühne. — w~ˌwei·se *adv Am.* by the carload, *Br.* by the truckload (*od.* waggon-load). — ~ˌzuˌlauf *m* return of (freight) cars (*Br.* of waggons).

'Wagˌhals *m* daredevil.

'wagˌhal·sig [-ˌhalzɪç] *adj* (*Fahrer etc*) daring, daredevil (*attrib*): ~ sein to be a daredevil. — 'Wagˌhal·sig·keit *f* ⟨-; *no pl*⟩ daring(ness), daredeviltry, *auch* daredevilry.

Wag·ner ['vaːgnər] *m* ⟨-s; -⟩ *Southern G., Austrian and Swiss for* Wagenbauer.

Wag·ne·ria·ner [vaːgnə'riaːnər] *m* ⟨-s; -⟩, **Wag·ne·ria·ne·rin** [-'riaːnərɪn] *f* ⟨-; -nen⟩ (*Anhänger R. Wagners*) Wagnerian, *auch* Wagnerite. — 'wag·ne·risch *adj* Wagnerian.

Wag·ne·rit [vaːgnə'riːt; -'rɪt] *m* ⟨-s; -e⟩ *min.* wagnerite.

'Wag·ner|ˌsän·ger *m*, ~ˌsän·ge·rin *f* Wagner singer. — ~ˌstil *m* Wagnerism.

Wag·nis ['vaːknɪs] *n* ⟨-ses; -se⟩ 1. venture, adventure, gamble, throw. – 2. (*Risiko*) risk: sich auf kein ~ einlassen to take no risks; kein ~ eingehen wollen to be unwilling to take any risks. — ~ˌzuˌschlag *m econ.* allowance (*od.* compensation) for risk involved, extra premium for extraordinary risks, premium loading (for unusual risks).

'Wagˌstück *n* daring deed.

Wah·ha·bit [vaha'biːt] *m* ⟨-en; -en⟩ *relig.* (*im Islam*) Wah(h)abi, *auch* Wah(h)abite, Wah(h)abee.

Wahl [vaːl] *f* ⟨-; -en⟩ 1. ⟨*only sg*⟩ (*Entscheidung*) choice: das Mädchen seiner ~ the girl of his choice; aus freier ~ of one's own (free) choice; eine ~ treffen to make a choice; seine ~ treffen to make one's choice; nach getroffener ~ when the choice has been made; eine gute [schlechte] ~ treffen to make a good [bad] choice; in der ~ seiner Mittel vorsichtig sein to be cautious in the choice of one's means; da fällt mir die ~ schwer I find it hard to choose; seine ~ fiel auf sie his choice fell on her, he chose her, she was his choice; j-s ~ billigen to agree to s.o.'s choice; diese Kleider kommen in die engere ~ these dresses come into consideration (*od.* are a possibility); drei Themen stehen zur ~ there is a choice of three topics. – 2. ⟨*only sg*⟩ (*Wahlmöglichkeit*) choice, option: die ~ haben to have the choice; die freie ~ haben to have the liberty to choose, to be free to choose; Sie haben die ~ choose as you please (*colloq.*); keine andere ~ haben, als zu to have no (other) choice (*od.* alternative) than (*od.* but) to; es bleibt mir keine andere ~ I have no choice, it's Hobson's choice for me; j-m die ~ lassen to leave s.o. the choice; j-n vor die ~ stellen to confront s.o. with the choice (*od.* alternative); vor die ~ gestellt, was ich vorziehen würde confronted with the choice of deciding (*od.* when it came to choosing) what I would prefer; mehrere Bücher zur ~ stellen to give (*od.* offer) a choice of several books; wer die ~ hat, hat die Qual (*Sprichwort*) *etwa* the wider the choice, the greater the trouble. – 3. ⟨*only sg*⟩ (*zwischen zwei Möglichkeiten*) alternative. – 4. *econ.* (*Güteklasse*) quality, grade: Strümpfe erster [zweiter] ~ first-quality (*od.* -grade) [second-grade] stockings. – 5. nach ~ des Käufers *econ.* at buyer's option. – 6. *auch pol.* a) (*eines Abgeordneten etc*) election, b) (*bes. geheime*) ballot, c) (*Entscheidung, Abstimmung*) vote, d) (*Wahlvorgang*) voting, poll: freie ~en *pol.* free elections; geheime ~ (vote by secret) ballot; allgemeine ~en *pol.* general elections; allgemeine, unmittelbare ~ *pol.* election by direct universal suffrage; [in]direkte ~ *pol.* [in]direct voting (*od.* vote), election by [in]direct suffrage; in freier und geheimer ~ *pol.* in a free election by secret ballot; ~ durch Zuruf oral vote, vote by acclamation; ~ mit Namensaufruf vote by roll call; ~ durch Handheben vote by (a) show(ing) of hands; hartumstrittene ~ closely contested election; ~ ohne Gegenkandidat uncontested election; ~en abhalten *pol.* to hold elections; ~en ausschreiben *pol.* to order elections, *Br.* to go (*od.* appeal) to the country; sich zur ~ stellen to stand as a candidate, *pol. auch* to stand for a constituency, *bes. Am.* to run; j-n zur ~ vorschlagen to propose s.o. as a candidate, to put s.o. up for election; seine ~ in den Aufsichtsrat *econ.* his election to the board; seine ~ zum Bürgermeister *pol.* his election as mayor (*od.* to the mayoralty); in die engere ~ kommen to be on the short list; die ~ annehmen to accept one's election; Kandidat X hat die ~ gewonnen the vote went to candidate X, candidate X has won (*od.* carried) the election; die ~ fand unter Ausschluß der Öffentlichkeit statt the voting took place in camera (*od.* behind closed doors).

'Wahl|ˌabˌma·chun·gen *pl pol.* electoral arrangements. — **~agent** [-ʔaˌgɛnt] *m* election agent. — **~agi·ta·tiˌon** *f* electioneering. — **~ˌakt** *m* voting, poll(ing). — **~ˌal·ter** *n* voting age.

'Wähl|ˌamt *n tel.* automatic telephone exchange. — **~ap·paˌrat** *m* dial telephone set.

'Wahl|ˌaufˌfor·de·rungsˌzei·chen *n tel.* (*in der Vermittlung von Fernschreiben*) proceed-to-dial signal. — **~ˌaufˌruf** *m pol.* proclamation of an election, *Br.* issue of a writ for an election. — **~ˌausˌgang** *m* outcome of the election. — **~ˌausˌschrei·ben** *n pol.* writ of an election, electoral writ. — **~ˌausˌschuß** *m* election (*od.* electoral) committee. — **~ˌausˌsich·ten** *pl* chances in the election, electoral chances. — **~ˌausˌweis** *m pol.* voter's identification card, voting card.

'wähl|bar *adj* eligible, qualified for election, votable: **nicht ~** ineligible. — **'Wähl·bar·keit** *f* ⟨-; *no pl*⟩ eligibility.

'Wahl|be·einˌflus·sung *f pol.* undue influencing of the voters. — **~ˌbeiˌsit·zer** *m* polling clerk. — **w~beˌrech·tigt** *adj* entitled to vote. — **~beˌrech·tig·te** *m, f* person entitled to vote, voter: **die Anzahl der ~n** the number of qualified voters, the voting strength. — **~beˌrech·ti·gung** *f* right to vote (*od.* of voting, of election), vote, *pol. auch* franchise, suffrage. — **~beˌricht** *m pol.* **1.** (*offizieller*) election return. – **2.** (*Kommentar*) report on the election(s). — **~beˌste·chung** *f* electoral corruption. — **~beˌtei·li·gung** *f* voting (attendance), attendance at the polls, percentage of electorate which voted, turnout (*Br.* turn-out) at the election: **eine starke [geringe** *od.* **schwache] ~** high [low] voting, heavy [light] poll, high [low] attendance at the polls.

'Wähl·beˌtrieb *m tel.* automatic telephone (*od.* dial working) system.

'Wahl|beˌtrug *m* electoral fraud. — **~beˌwe·gung** *f pol.* election campaign. — **~beˌzirk** *m* (*einer Stadt*) ward. — **~broˌschü·re** *f* election (*od.* electoral) brochure (*od.* pamphlet). — **~ˌbünd·nis** *n* electoral alliance: **ein ~ eingehen** to enter into an electoral alliance. — **~büˌro** *n* **1.** election (*od.* electoral) bureau. – **2.** (*einer Partei*) election offices *pl.*

'Wahlˌel·tern *pl Austrian jur. for* Adoptiveltern.

wäh·len ['vɛːlən] **I** *v/t* ⟨h⟩ **1.** (*sich entscheiden für*) choose: **einen Beruf ~** to choose a profession; **die Freiheit [den Tod] ~** to choose liberty [to die]; **sich** (*dat*) **j-n zum Vorbild ~** to choose (*od.* take) s.o. as an example; **sich** (*dat*) **seinen Wohnsitz ~** to choose one's place of residence. – **2.** (*auswählen*) choose: **das kleinere Übel ~** to choose the lesser evil; **seine Worte vorsichtig ~** to choose (*od.* select) one's words carefully, to pick one's words; **die richtige Zeit ~** to choose the right time, to time it well; **ich hatte zwei Möglichkeiten und wählte diese** I had two alternatives and I chose (*od.* opted for) this one. – **3.** (*aussuchen*) choose, select, pick (out). – **4.** *tel.* (*Nummer*) dial. – **5.** *auch pol.* elect: **j-n zum König [Präsidenten] ~** to elect s.o. king [president]; **j-n einstimmig ~** to elect (*od.* vote for) s.o. unanimously; **ins Parlament gewählt werden** *pol.* to be elected into (*od.* returned to) parliament. – **II** *v/i* **6.** choose, make one's choice: **klug ~** to choose wisely, to make a wise choice; **haben Sie schon gewählt?** have you made your choice (yet)? have you made up your mind (yet)? **~ Sie selbst** choose yourself, take your choice; **du darfst ~** you can choose (*od.* take your pick). – **7.** *auch pol.* vote: **er darf schon ~** he is allowed (*od.* entitled) to vote; **durch Handzeichen ~** to vote by (a) show(ing of) hands; **~ gehen** *pol.* to go to the polls. – **III W~** *n* ⟨-s⟩ **8.** *verbal noun.*

'Wäh·ler *m* ⟨-s; -⟩ **1.** *pol.* voter, elector, constituent: **die (Gesamtheit der) ~** the electorate *sg.* – **2.** *tech. electr.* selector.

'Wahl|erˌfolg *m* election (*od.* electoral) success. — **~erˌgeb·nis** *n* election result (*od.* returns *pl*), result (*od.* outcome) of the election (*od.* poll).

'Wäh·ler·in·itiaˌti·ve *f pol.* (*zur Unterstützung einer Partei vor der Wahl*) electors' initiative.

'wäh·le·risch *adj* **1.** (*in dat* with, about) particular, fussy, finicky, *auch* finnicky, finical, finickin(g), choos(e)y (*colloq.*): **er ist im Essen sehr ~** he is very choos(e)y with (*od.* about) his food; **~ sein** to be choos(e)y (*od.* hard to please), to pick and choose. – **2.** (*anspruchsvoll*) particular, selective. – **3.** (*verwöhnt, mäkelig*) fastidious: **er ist in der Wahl seiner Freunde nicht gerade ~** he is not overfastidious in his choice of friends; **er ist in seinen Mitteln nicht gerade ~** he is not exactly scrupulous about his methods.

'Wäh·ler|karˌtei *f pol.* electoral list. — **~ˌli·ste** *f cf.* Wählerverzeichnis.

'Wäh·ler·schaft *f* ⟨-; *no pl*⟩ *pol.* **1.** (*eines Wahlkreises etc*) voters *pl*, constituency, body of electors. – **2.** (*alle Wahlberechtigten*) electorate, voting population.

'Wäh·ler|ˌschei·be *f tel.* dial. — **~ˌstim·me** *f* vote. — **~verˌsamm·lung** *f pol.* election meeting. — **~verˌzeich·nis** *n* register of voters, voters' list, pollbook.

'Wahl|ˌfach *n ped.* optional (*od.* facultative, *Am.* elective) subject, *Am.* elective. — **w~ˌfä·hig** *adj* **1.** (*wahlberechtigt*) entitled to vote. – **2.** (*wählbar*) eligible, qualified for election, votable. — **~ˌfäl·schung** *f* electoral fraud. — **~ˌfeldˌzug** *m pol. cf.* Wahlkampagne. — **~ˌfonds** *m* campaign (*od.* election) fund. — **w~ˌfrei** *adj ped.* (*Unterricht etc*) optional, facultative, *Am.* elective: **welche Fächer sind ~?** which subjects are optional (*od.* open to choice)? what options are allowed? — **~ˌfrei·heit** *f* **1.** freedom of choice. – **2.** *pol.* electoral freedom, freedom as a voter. — **~ˌgang** *m* ballot: **erster [zweiter] ~** first [second] ballot. — **~geˌheim·nis** *n* secrecy of the ballot (*od.* vote, voting), electoral privacy. — **~geˌschenk** *n pol.* election bait, vote-catching concession by the (outgoing) government. — **~geˌsetz** *n pol. jur.* electoral law. — **~ˌhand·lung** *f cf.* Wahlakt. — **~ˌhei·mat** *f* adopted (*od.* adoptive) country, country of one's choice. — **~ˌhel·fer** *m*, **~ˌhel·fe·rin** *f pol.* electoral assistant. — **~kaˌbi·ne** *f cf.* Wahlzelle. — **~kamˌpa·gne** *f pol.* election(eering) campaign. — **~ˌkampf** *m* election (*od.* electoral) campaign: **in einem ~ unterliegen** to be defeated in an election. — **~kan·diˌdat** *m* electoral candidate. — **~ˌkind** *n Austrian jur. for* Adoptivkind. — **~ko·ali·tiˌon** *f pol.* electoral coalition. — **~ko·miˌtee** *n cf.* Wahlausschuß. — **~ˌkon·sul** *m* honorary consul, consul electus. — **~ˌkreis** *m* constituency, electoral area (*Br.* division), *Am.* election (*od.* electoral, polling) district (*od.* precinct). — **~ˌkreisˌlei·ter** *m* (*einer Partei*) *Br.* constituency party agent (for the elections), *Am.* precinct captain. — **~ˌku·gel** *f* ballot. — **~ˌlei·ter** *m pol. Am.* chief election official, *Br.* returning officer. — **~ˌli·ste** *f bes. pol.* list (*od.* register) of candidates, *Am. auch* slate: **auf der ~ stehen** to be on the list of candidates, to be up for election. — **~loˌkal** *n pol.* polling place (*bes. Br.* station). — **~lo·ko·moˌti·ve** *f fig. colloq.* popular draw in an election, personality that pulls in the voters.

'wahl·los I *adj* **1.** indiscriminate, undiscriminating. – **II** *adv* **2.** (*aufs Geratewohl*) at random: **etwas ~ verteilen [herausgreifen]** to distribute [to choose] s.th. at random. – **3.** (*blind, kritiklos*) indiscriminately: **seine Partner ~ aussuchen** to choose one's partners indiscriminately, to be promiscuous in one's choice of partners. – **4.** (*planlos, wie zufällig*) haphazardly: **die Inseln waren ~ im Meer verstreut** the islands were scattered haphazardly over the sea.

'Wahl|ˌma·che *f* ⟨-; *no pl*⟩ *pol. colloq. contempt.* phon(e)y election propaganda (*sl.*), electoral humbug (*od.* claptrap). — **~ˌmann** *m* ⟨-(e)s; ⸚er⟩ delegate, *Am.* elector. — **~maˌnö·ver** *n* electoral man(o)euver (*bes. Br.* manœuvre). — **~maˌschi·ne** *f* voting machine. — **~ˌmo·dus** *m cf.* Wahlverfahren. — **~ˌmög·lich·keit** *f* choice, option, alternative. — **w~ˌmü·de** *adj pol.* election-weary. — **~ˌmü·dig·keit** *f* election weariness, electoral lassitude. — **~ˌnie·derˌla·ge** *f* electoral defeat, defeat at the election(s) (*od.* polls). — **~ˌord·nung** *f* election regulations *pl.* — **~ˌort** *m cf.* Wahllokal. — **~paˌro·le** *f pol.* electoral slogan (*od.* catchword, catchphrase). — **~peˌriˌode** *f cf.* Legislaturperiode. — **~ˌpflicht** *f* **1.** electoral duty: **seiner ~ genügen** (*od.* **Genüge tun**) to vote, to do one's duty as a voter. – **2.** *cf.* Wahlzwang. — **~plaˌkat** *n* election poster. — **~ˌprak·ti·ken** *pl* **1.** electoral practices. – **2.** *contempt.* electoral machinations. — **~proˌgramm** *n* election program (*bes. Br.* programme) (*od.* manifesto, platform). — **~pro·paˌgan·da** *f* election propaganda, electioneering, canvassing: **~ betreiben** to electioneer, to go canvassing, *Am. colloq.* to stump. — **~proˌtest** *m* protest (*od.* petition) concerning the conduct of an election. — **~ˌprü·fer** *m pol. Am.* (poll) canvasser, *Br.* scrutineer. — **~ˌprü·fung** *f Am.* canvass(ing), *Br.* scrutiny (of votes). — **~quo·tiˌent** *m* electoral ratio. — **~ˌrecht** *n* ⟨-(e)s; *no pl*⟩ **1.** (**aktives**) **~** (*Recht zu wählen*) right to vote (*od.* of voting, of election), vote, franchise, suffrage: **allgemeines ~** universal suffrage; **das ~ erhalten** to have the vote, to be enfranchised; **sein ~ ausüben** to exercise one's right to vote. – **2.** (**passives**) **~** (*Recht, gewählt zu werden*) eligibility. – **3.** (**objektives**) **~** electoral law. — **~ˌre·de** *f* election speech, electoral address, *Am. colloq.* stump speech: **~n halten** to give electoral addresses, to electioneer, *Am. colloq.* to stump. — **~ˌred·ner** *m* election speaker, electioneer, *Am. colloq.* stumper, stump orator. — **~reˌform** *f* electoral reform. — **~ˌschal·ter** *m tech.* selector switch.

'Wählˌschei·be *f* **1.** *tel. cf.* Wählerscheibe. – **2.** *tech.* preselection dial.

'Wahl|ˌschlacht *f pol.* electoral battle. — **~ˌschwin·del** *m* electoral fraud. — **~ˌsieg** *m* electoral victory, victory at the election(s). — **~ˌspren·gel** *m Austrian pol. for* Wahlkreis. — **~ˌspruch** *m* **1.** motto, device, slogan. – **2.** *pol. cf.* Wahlparole. — **~staˌti·stik** *f* election statistics *pl* (*construed as sg or pl*). — **~ˌstim·me** *f* vote: **um ~n werben** to canvass (votes), to electioneer. — **~syˌstem** *n* electoral system. — **~ˌtag** *m* election (*od.* polling) day. — **~ˌumˌtrie·be** *pl* electioneering practices (*od.* machinations). — **~ˌur·ne** *f* ballot (*od.* voting) box: **zur ~ schreiten** to go to the polls.

'Wähl·verˌbin·dung *f tel.* (*bei Telex*) automatic call.

'Wahl|verˌfah·ren *n pol.* electoral procedure. — **~verˌlauf** *m* course of the election: **ein ruhiger ~** an election without incident.

'Wähl·verˌmitt·lungsˌstel·le *f tel.* automatic exchange.

'Wahl|verˌsamm·lung *f pol.* election meeting (*od.* rally). — **~verˌspre·chen** *n* election promise. — **w~verˌwandt** *adj* congenial. — **~verˌwandt·schaft** *f* affinity: „**Die ~en**" "The Elective Affinities" (*novel by Goethe*). — **~ˌvorˌgang** *m* **1.** voting, poll. – **2.** (*Verfahren*) electoral procedure. — **~ˌvorˌschlag** *m* election proposal. — **~ˌvorˌstand** *m pol.* **1.** (*Ausschuß*) election (*od.* electoral) board (*od.* committee). – **2.** (*Einzelperson*) district election official. — **~ˌvorˌste·her** *m cf.* Wahlleiter. — **w~ˌwei·se** *adv* alternatively: **Sie können ~ einen Fernseher oder eine Reise gewinnen** you can win a television set or a trip alternatively, you have the alternative of winning either a television set or a trip; **es gab ~ Fisch oder Fleisch** there was a choice of either meat or fish. — **~ˌwer·ber** *m Austrian pol. for* Wahlkandidat.

'WählˌZei·chen *n tel.* dial signal (*od.* tone). — **~beˌwer·ter** *m* ⟨-s; -⟩ electronic coder.

'Wahl|ˌzel·le *f pol.* polling (*od.* voting) booth. — **~ˌzet·tel** *m* ballot (paper), voting paper (*od.* slip). — **~ˌzuckerl** (*getr.* -k·k-) *n* ⟨-s; -(n)⟩ *Austrian pol. colloq. for* Wahlgeschenk. — **~ˌzwang** *m* obligation to vote, compulsory voting.

Wahn [vaːn] *m* ⟨-(e)s; *no pl*⟩ **1.** illusion, delusion: **ein leerer** (*od. lit.* **eitler**) **~** a delusion, a vain hope; **in einem ~ befangen sein** to labo(u)r (*od.* be) under a delusion; **der ~ verflog** the delusion passed; **j-s ~ zerstören** to shatter s.o.'s illusion; **er lebt in dem ~, daß** he lives under the illusion that. – **2.** (*Manie, Besessenheit*) mania: **religiöser ~** religious mania, theomania. – **3.** (*Halluzination*) hallucination. – **4.** *psych.* delusion, madness. — **~ˌbild** *n* hallucination, mirage, phantom, *auch* fantom, chim(a)era.

wäh·nen ['vɛːnən] *lit.* **I** *v/t* ⟨h⟩ imagine,

believe: ich wähnte ihn schon tot, ich wähnte, er sei schon tot I imagined (od. thought) that he was dead, I imagined him to be dead. – II v/reflex sich ~ imagine (od. fancy) oneself: er wähnt sich in Sicherheit he imagines himself to be in safety.

'Wahn|ge,bil·de n cf. Wahnbild. — **~idee** [-ʔi,deː] f 1. delusional (od. delusive) idea, delusion. – 2. fixed idea, idée fixe.

'Wahn,sinn m ⟨-(e)s; no pl⟩ 1. med. psych. a) madness, insanity, lunacy, b) (Tobsucht) raving madness, c) (Delirium) delirium, d) (Raserei) frenzy, e) (Demenz) dementia: in ~ verfallen to go insane (od. mad); an der Grenze des ~s on the verge (od. border) of madness. – 2. religiöser ~ religious mania, theomania. – 3. fig. colloq. 'madness' (colloq.), insanity, lunacy: das ist doch heller (od. reiner, völliger) ~ that is sheer (od. pure, absolute, utter) madness; es wäre ~, so zu handeln it would be madness (od. mad) to act like that.

'wahn,sin·nig I adj 1. (geisteskrank) mad, insane, demented, lunatic (attrib). – 2. fig. colloq. (verrückt, toll) 'mad' (colloq.), crazy: du bist ja ~ you are mad (od. sl. nuts), you must be out of your mind; ich werde ~! a) (vor Überarbeitung etc) I am going crazy (Br. sl. round the bend), b) (vor Kummer, Schmerz etc) I am going out of my mind (Br. sl. up the walls), c) (vor Begeisterung etc) I can't believe it! this is fantastic! – 3. colloq. (Plan, Idee etc) 'mad' (colloq.), foolish, lunatic (attrib). – 4. colloq. (furchtbar) 'awful', 'terrible', 'horrible', 'dreadful' (alle colloq.): ~e Kopfschmerzen haben to have an awful (od. a splitting) headache; ~e Angst haben to be terribly afraid, (stärker) to be absolutely terrified. – II adv colloq. 5. (ungemein, sehr) 'madly', 'terribly' (beide colloq.): ~ verliebt madly in love; ~ begeistert terribly enthusiastic; ~ schick tremendously chic (colloq.). – 6. 'awfully', 'terribly', 'dreadfully', 'horribly' (alle colloq.): ~ beschäftigt awfully busy; ~ schmerzhaft [teuer] terribly (od. horribly) painful [expensive]; ~ schnell fahren to drive terribly fast, to drive like a maniac (od. madman).

'Wahn,sin·ni·ge[1] m ⟨-n; -n⟩ lunatic, madman: sich wie ein ~r gebärden fig. colloq. to behave like a lunatic.

'Wahn,sin·ni·ge[2] f ⟨-n; -n⟩ lunatic, madwoman.

'Wahn,sin·nig,wer·den n only in es ist (rein) zum ~ fig. colloq. it's enough to (od. it would) drive you mad (od. sl. nuts, bats, batty, Br. sl. round the bend), it would give you the pip (sl.).

'Wahn,sinns·idee [-ʔi,deː] f colloq. crazy (od. lunatic) idea.

'Wahn|ver,bre·chen n insane crime. — **~,vor,stel·lung** f 1. delusional (od. delusive) idea, delusion. – 2. (Halluzination) hallucination.

'Wahn,witz m ⟨-es; no pl⟩ absolute (od. complete, utter) madness, lunacy. — **'wahn,wit·zig** adj cf. wahnsinnig 2—6.

wahr [vaːr] I adj ⟨-er; -st⟩ 1. (nicht erlogen) true: eine ~e Geschichte a true story; an (dat) etwas ist kein ~es Wort (od. ist kein Wort ~) there is not a word of truth in s.th.; es ist kein ~es Wort daran there is not a word of truth in it; das ist nur zu ~ that is only too true; das ist ein ~es Wort that is very true; etwas für ~ halten to believe s.th.; ~ sprechen to speak (od. tell) the truth; sich als ~ herausstellen to turn out to be true; seine Behauptung erwies sich als ~ his assertion proved (to be) true; es ist ~, daß it is true (od. a fact) that; so ~ mir Gott helfe (in der religiösen Eidesformel) so help me God; so ~ Gott lebt as true as God; so ~ ich hier stehe as sure as I am standing here; so ~ ich lebe as sure as I am alive; was ~ ist, muß ~ bleiben there is no altering the truth; das ist schon (gar) nicht mehr ~ colloq. that was (od. happened) ages ago (colloq.); → nicht 5. – 2. ⟨attrib⟩ (echt, tatsächlich) true, real: ein ~er Freund a true (od. sincere, genuine) friend; das ist ~e Kunst that is true art; ein ~er Künstler a true artist; das nenne ich ~e Liebe that is what I call true love; der ~e Grund [Sachverhalt] the true reason [facts pl]; im ~sten Sinne des Wortes in the true sense of the word; → Gesicht[1] 1, 5; Natur 4; Wert 3, 8. – 3. ⟨attrib⟩ (wirklich, ausgesprochen) real, veritable: das ist eine ~e Wohltat that is a real relief, that is absolute bliss; es ist ein ~es Wunder, daß it is a veritable (od. an absolute) wonder that; es ist ein ~es Glück, daß it is really most fortunate that; ein ~er Hagel von Fragen colloq. a veritable (od. literal) hail of questions; → Pracht 6; Vergnügen 1. – 4. ⟨attrib⟩ (richtig) right, proper, correct: → Jakob. – 5. ~ werden (von Vermutung etc) to come true. – 6. etwas ~ machen (eine Drohung etc) to carry out s.th. – 7. ~es Lot (space) true vertical. – 8. ~er Kurs mar. true course. – II W~e, das ⟨-n⟩ 9. (das Richtige) the right thing: das ist nicht das W~e that is not quite the right thing; das ist das einzig W~e that is the only (sensible) thing to do, that's just the thing. – 10. (Wahrheit) the truth: etwas W~es wird schon dran sein there is bound to be some truth in it.

wah·ren ['vaːrən] I v/t ⟨h⟩ 1. (sicherstellen) look after, protect, uphold, (safe)guard: seine Interessen ~ to protect one's interests; ein Geheimnis ~ to guard a secret. – 2. (beibehalten) adhere to. – 3. (respektieren) respect. – 4. (bewahren) keep (up): den Schein ~ to keep up appearances. – 5. (in Wendungen wie) sein Gesicht ~ to save face; den Anstand (od. die Form) ~ to observe the proprieties (od. rules of convention), to conform to convention (od. to propriety). – II W~ n ⟨-s⟩ 6. verbal noun. – 7. cf. Wahrung.

wäh·ren ['vɛːrən] v/i ⟨h⟩ lit. (dauern) last: es kann noch lange ~, bis er kommt it may be (od. last) a long while before (od. until) he comes, he may be a long time (in) coming; es währte nicht lange, so brach der Krieg aus it was not long before (the) war broke out; es wird ewig ~ it will last for ever, it will never die (od. perish); was lange währt, wird endlich gut (Sprichwort) etwa good work takes (a long) time; ehrlich währt am längsten (Sprichwort) honesty is the best policy (proverb).

'wäh·rend[1] I prep ⟨gen⟩ 1. during, over: ~ der Nacht during (od. in) the night; ~ eines beträchtlichen Zeitraums over a considerable period of time; ~ der Regierung Königin Viktorias during (od. in) the reign of Queen Victoria; ~ seines ganzen Lebens during his whole life, throughout his life, his whole life long. – 2. (im Verlauf von) in the course of: ~ mehrerer Jahre in the course of several years. – 3. jur. pending: ~ der Dauer des Prozesses pending the action. – II prep ⟨dat⟩ 4. ~ zehn Monaten in the course of ten months; ~ dem Schießen obs. od. colloq. during the shooting. – III conj 5. (als, zur gleichen Zeit wie) while, bes. Br. whilst. – 6. (wohingegen) whereas, while.

'wäh·rend[2] I pres p of währen. – II adj ewig ~ (Friede etc) eternal, everlasting, never-ending.

,wäh·rend'dem, ,wäh·rend'des, ,wäh·rend'des·sen adv meanwhile, in the meantime.

'wahr,ha·ben v/t only in etwas nicht ~ wollen not to admit s.th. (to oneself).

'wahr·haft I adj (wirklich, tatsächlich) true, real, auch genuine: er ist ein ~er Freund he is a real friend. – II adv really, truly, veritably: das ist ein ~ lächerlicher Preis that is really (od. indeed) a ridiculous price, that price is truly ridiculous; eine ~ kühne Behauptung a really bold statement.

wahr·haf·tig [,vaːr'haftɪç; 'vaːrhaftɪç] I adj 1. (wahrheitsliebend, aufrichtig) truthful, veracious, honest. – 2. relig. (Gott) true. – 3. ~er Gott ! colloq. good heavens! good gracious! (stärker) good God! – II adv 4. (wirklich) really, truly: er ist ~ ein ehrlicher Mensch he really is an honest person, he is an honest person and no mistake (colloq.); das hätte ich ~ nicht vermutet I really wouldn't have expected that; ~? is that true? do you really mean (to say) that? ~! I declare! ~ nicht! certainly not! by no means! das geht ihn doch ~ nichts an that really is none of his business. – 5. (tatsächlich) indeed: ~, du hast recht you are right, indeed. – 6. (allen Ernstes) honestly: er hat es doch ~ gewagt, ihn zu fragen he honestly had the audacity to ask him; ich habe ihn wirklich und ~ gesehen I (really) honestly saw him. — **,Wahr'haf·tig·keit** f ⟨-; no pl⟩ truthfulness, veracity, honesty.

'Wahr·heit f ⟨-; -en⟩ 1. ⟨only sg⟩ truth: die nackte [ungeschminkte] ~ the plain [unvarnished] truth; die (volle) ~ sagen to tell (od. speak) the (whole) truth; das ist nur die halbe ~ that is only half the truth; er sagt die ~ he is telling the truth; der ~ gemäß cf. wahrheitsgemäß II; um die ~ zu sagen to tell the truth; um der ~ die Ehre zu geben, muß ich aber hinzufügen but to be absolutely honest (about it) I must add; von der ~ abweichen to swerve from the truth; bei der ~ bleiben to stick to the truth; es mit der ~ nicht so genau nehmen to stretch the truth; ohne Umschweife die ~ sagen to tell the truth quite frankly (od. quite bluntly, without beating about the bush); ich muß Ihnen die ~ sagen I must tell you the truth; ich will die ganze ~ wissen I want to know the whole truth, Am. I want the straight of it; die ~ liegt in der Mitte the truth is somewhere in between; die ~ sieht anders aus the true situation is (quite) different; j-m gehörig (od. ordentlich) die ~ sagen colloq. to tell s.o. exactly what one thinks of him, to tell s.o. a few home truths; ich schwöre, daß ich die reine ~ sage, nichts hinzufüge und nichts verschweige (Eidesformel vor Gericht) I swear to say the truth, the whole truth and nothing but the truth. – 2. in ~ in reality, in actual fact: in ~ ist er ein ganz anderer Mensch in reality he is a very different person; in ~ sieht es ganz anders aus things are (od. look) quite (od. very) different in reality. – 3. (Grundwahrheit) truth, verity: es ist eine alte ~, daß it is an old truth that. – 4. ich hab' ihm ein paar ~en gesagt (od. colloq. an den Kopf geworfen) I told him a few home truths.

'Wahr·heits|be,weis m only in den ~ antreten (od. erbringen) to prove the truth of one's statement. — **~,dro·ge** f psych. truth serum (auch drug). — **~funk·ti,on** f (in der mathematischen Logik) truth-function. — **w~ge,mäß, w~ge,treu** I adj truthful, faithful, true, factual. – II adv truthfully, faithfully, in accordance with the truth (od. facts): etwas ~ berichten to report s.th. truthfully. — **~,lie·be** f love of truth, veracity. — **w~,lie·bend** adj truthful, veracious. — **~,su·cher** m seeker of (od. after) truth. — **~,wert** m (in der mathematischen Logik) truth-value.

'wahr·lich adv 1. really, indeed: das ist ~ kein Vergnügen that is really no pleasure, indeed that is no pleasure; ~, das geht zu weit that is really going too far. – 2. (sicherlich) certainly: das passiert mir ~ nicht wieder that certainly will not happen to me again. – 3. Bibl. verily: ~, ich sage euch verily, I say unto you.

'wahr,nehm·bar adj 1. perceptible, noticeable, perceivable, observable: nicht ~ imperceptible, imperceivable, not noticeable. – 2. (sichtbar) visible, discernible, discernable, distinguishable: mit dem bloßen Auge ~ visible to the naked eye. – 3. (hörbar) audible, hearable, distinguishable. – 4. (fühlbar) tangible, palpable. — **'Wahr,nehm·bar·keit** f ⟨-; no pl⟩ 1. perceptibility, noticeability, observability. – 2. (optische) visibility, discernibility, discernability, distinguishability. – 3. (akustische) audibility, distinguishability. – 4. (durch Berührung) tangibility, palpability.

'wahr,neh·men I v/t ⟨irr, sep, -ge-, h⟩ 1. bes. psych. (mit den Sinnen) perceive, notice, observe. – 2. (optisch) distinguish, discern, perceive, see. – 3. (akustisch) hear, distinguish. – 4. (Rechte) assert, make use of. – 5. (Gelegenheit, Vorteil etc) seize, take, avail oneself of. – 6. j-s Interessen [Rechte] ~ (vertreten) to look after (od. protect, [safe]guard) s.o.'s interests [rights]. – 7. jur. (Frist, Termin) observe. – II W~ n ⟨-s⟩ 8. verbal noun. – 9. cf. Wahrnehmung. — **'wahr,neh·mend** I pres p. – II adj psych. perceptive. — **'Wahr,neh·mung** f ⟨-; -en⟩ 1. cf. Wahrnehmen. – 2. bes. psych. perception: bewußte ~ apperception; sinnliche [außersinnliche] ~ sense [extrasensory] perception. – 3. (optische) discernment, perception. – 4. (fühlbare) sensation. – 5. (seiner Rechte) assertion. – 6. j-n mit der ~ seiner Geschäfte beauftragen to entrust s.o. with the care of one's business. – 7. *jur.* (*einer Frist etc*) observation.

'Wahr,neh·mungs|be,wußt,sein *n psych.* perceptual consciousness. — **~,bild** *n* perceptual image. — **~,gren·ze** *f* limit of perception. — **~,in,halt** *m* perceptual content. — **~psy·cho·lo,gie** *f* perceptual psychology. — **~,stö·rung** *f* perceptual disorder. — **~ver,mö·gen** *n* ⟨-s; *no pl*⟩ (faculty of) perception, perceptivity.

'Wahr,sa·ge,kunst *f* ⟨-; *no pl*⟩ *cf.* Wahrsagerei.

'wahr,sa·gen I *v/i* ⟨*sep u. insep, pp* wahrgesagt *u.* gewahrsagt, h⟩ **1.** tell fortunes: **die Frau hat aus den Karten wahrgesagt** the woman read the cards; **aus der Hand ~** to read (s.o.'s) hand; **aus dem Kaffeesatz ~** to read the (*od.* s.o.'s) cups; **sich** (*dat*) **~ lassen** to have one's fortune told. – **II** *v/t* **2.** j-m die Zukunft ~ to tell s.o.'s (*od.* s.o. his) fortune. – **3.** *cf.* prophezeien 1. – **III W~** *n* ⟨-s⟩ **4.** *verbal noun.* – **5.** fortune-telling.

'Wahr,sa·ger *m* ⟨-s; -⟩ **1.** fortune-teller. – **2.** (*Handleser*) palmist, palm reader, chiromancer, *auch* chiromancist. – **3.** (*Prophet*) prophet, soothsayer, augur.

,Wahr·sa·ge'rei *f* ⟨-; *no pl*⟩ fortune-telling, divination, (*aus der Hand*) palmistry, chiromancy.

'Wahr,sa·gung *f* ⟨-; *no pl*⟩ **1.** *cf.* Wahrsagen. – **2.** *cf.* Prophezeiung 2.

'währ·schaft *adj Swiss for* dauerhaft 2.

'Wahr,schau *f* ⟨-; *no pl*⟩ *mar.* **1.** lookout. – **2.** ~! (*Vorsicht*) attention! — **'wahr,schau·en** *v/i u. v/t* ⟨*insep,* ge-, h⟩ warn.

wahr·schein·lich [,vaːr'ʃaınlıç; 'vaːr,ʃaınlıç] **I** *adj* **1.** probable, likely: **es ist sehr ~, daß** it is most (*od.* highly, more than) probable (*od.* likely) that, the odds (*od.* chances) are that. – **2.** (*glaubhaft*) plausible: **die Geschichte ist nicht sehr ~** the story is not very plausible. – **3.** (*in der Statistik*) (*Fehler*) probable. – **II** *adv* **4.** probably, likely: **~ wird er siegen** he will probably win, the chances (*od.* the odds) are that he will win, he is likely to win; **er wird ~ nicht kommen** he probably won't come, he is not likely to come; **ja, sehr ~!** yes, quite (*od.* most) probably (*od.* likely). — **,Wahr'schein·lich·keit** *f* ⟨-; -en⟩ **1.** probability, likelihood: **aller ~ nach** in all probability, most probably: **mit größter ~** most probably. – **2.** (*Glaubhaftigkeit*) plausibility. – **3.** (*in der Statistik*) probability, chance.

,Wahr'schein·lich·keits|,fak·tor *m* probability factor. — **~ge,setz** *n* probability law. — **~,grad** *m* degree of probability. — **~,kur·ve** *f* probability curve. — **~,rech·nung** *f* probability calculus. — **~theo,rie** *f* theory of probabilities.

'Wahr,spruch *m jur.* judg(e)ment.

'Wah·rung *f* ⟨-; *no pl*⟩ **1.** *cf.* Wahren. – **2.** (*Verteidigung*) protection: **die ~ seiner Interessen** the protection of one's interests. – **3.** (*Beibehaltung*) adherence: **unter ~ der Grundsätze** under adherence to the principles; **~ eines Standpunktes** adherence to a (point of) view. – **4.** (*Respektierung*) respect: **unter ausdrücklicher ~ unserer Rechte** in strict respect of our rights. – **5.** (*Beachtung*) observance: **~ der Form** (*od.* **des Anstandes**) observance of the proprieties, conformity to convention (*od.* propriety).

'Wäh·rung *f* ⟨-; -en⟩ *econ.* currency: **inländische [ausländische] ~** domestic [foreign] currency; **harte [stabile, weiche] ~** hard [stable, soft] currency; **elastische [manipulierte, entwertete** *od.* **notleidende] ~** adjustable [managed, depreciated] currency; **in deutscher ~** in German currency; **Sicherung der ~** safeguarding of the currency.

'Wäh·rungs|,ab,kom·men *n econ.* monetary agreement. — **~,ab,wer·tung** *f* devaluation (of currency). — **~,an,glei·chung** *f cf.* Kursangleichung. — **~,aus,gleich** *m* currency conversion compensation. — **~,aus,gleich,fonds** *m* exchange equalization (*Br. auch* -s-) fund. — **~,bank** *f* ⟨-; -en⟩ *cf.* Emissionsbank. — **~be,reich** *m* currency area. — **~,block** *m* ⟨-(e)s; ⸚e *u.* -s⟩ monetary bloc. — **~,ein·heit** *f* monetary unit. — **~,fonds, In·ter·na·tio'na·ler** *m* International Monetary Fund. — **~ge,biet** *n* currency (*od.* monetary) area. — **~,klau·sel** *f* (*in einem Vertrag*) currency clause. — **~kon·fe,renz** *f* monetary conference. — **~,kon·to** *n* (foreign) currency account. — **~,kri·se** *f* monetary crisis. — **~ma·ni·pu·la·ti,on** *f* management of currency. — **~pa·ri,tät** *f* par of exchange, monetary parity. — **~po·li,tik** *f* monetary policy: **gesunde ~** sound monetary policy. — **w~po,li·tisch I** *adj* in the field of (*od.* regarding, in respect of) monetary policy, monetary: **~e Befugnisse** monetary powers. – **II** *adv* **~ gesehen** in terms of (*od.* with regard to) monetary policy. — **~re,form** *f* monetary (*od.* currency) reform. — **~re,ser·ve** *f* monetary (*od.* currency, gold and foreign exchange) reserve: **Abnahme der ~** decline in (the) monetary reserve. — **~sa,nie·rung** *f* monetary rehabilitation. — **~,schnitt** *m* monetary reform, cut in the currency. — **~,schuld·ner** *m* (*als Bilanzposten*) debtors *pl* in foreign currency. — **w~,schwach** *adj* with a soft currency: **ein ~es Land** a soft-currency country. — **~spe·ku·la·ti,on** *f* speculation in currency, monetary speculation. — **~sta·bi·li,sie·rung** *f* stabilization (*Br. auch* -s-) of currency. — **~sta·bi·li,tät** *f* monetary stability, stability of currency. — **w~,stark** *adj* with a hard currency: **ein ~es Land** a hard-currency country. — **~sy,stem** *n* monetary (*od.* currency) system. — **~,um,rech·nungs·ta,bel·le** *f* currency conversion table. — **~,um,stel·lung** *f* monetary (*od.* currency) reform. — **~uni,on** *f* monetary union. — **~ver,fall** *m* currency erosion. — **~ver,hält·nis** *n cf.* Wechselkurs. — **~zer,fall** *m cf.* Währungsverfall. — **~zu,sam·men,bruch** *m* collapse of currency (*od.* of a monetary system).

'Wahr,zei·chen *n* **1.** (*einer Stadt*) landmark. – **2.** (*einer Veranstaltung etc*) symbol. – **3.** (*Emblem*) emblem.

Waid [vaıt] *m* ⟨-(e)s; -e⟩ *bot.* (dyer's) woad, pastel (*Isatis tinctoria*). — **~,fär·ber** *m* woader, woadman.

'Waid|ge,nos·se *m hunt.* fellow huntsman, hunting companion. — **w~ge,recht** *adj* **1.** huntsmanlike, sportsmanlike. – **2.** skilled (*od.* trained) in hunting. — **~,loch** *n* anus (*od.* vent) of wild beasts. — **~,mann** *m* ⟨-(e)s; ⸚er⟩ hunter, huntsman, sportsman.

'waid,män·nisch [-,mɛnıʃ] *hunt.* **I** *adj* (*Ausbildung, Brauch*) hunting (*attrib*), huntsmanlike, of a hunter. – **II** *adv* in (a) huntsmanlike manner.

,Waid,manns|'dank *m only in* ~! (*Antwort auf Waidmannsheil*) good hunting! good sport! — **~'heil** *n only in* ~! good hunting! good sport! — **~,spra·che** ['vaıt-] *f* hunter's language, language of the chase.

'Waid|,mes·ser *n hunt.* hunting knife. — **~,sack** *m* **1.** *cf.* Waidtasche. – **2.** (*Pansen*) paunch, (*nur bei Schalenwild*) rumen. — **~,spruch** *m* **1.** hunter's saying (*od.* maxim). – **2.** (*Wahlspruch*) hunter's motto. — **~,ta·sche** *f* hunting (*od.* game) bag. — **~,werk** *n* ⟨-(e)s; *no pl*⟩ hunting, (the) chase, *auch* (the) chace, venery. — **w~,wund** *adj adj* (*Wild*) wounded (*od.* injured) in the belly, *Am. sl.* gutshot.

Wai·se ['vaızə] *f* ⟨-; -n⟩ orphan: **~ werden** to be orphaned; **zur ~ machen** to orphan(ize *Br. auch* -s-).

'Wai·sen|,geld *n* orphan's allowance. — **~,haus** *n* orphanage, orphans' home. — **~,kind** *n* orphan. — **~,kna·be** *m* **1.** orphan (boy). – **2.** *fig. colloq.* novice, tyro, *auch* tiro: **er ist ein ~** he is a mere novice; **gegen ihn ist er der reinste ~** he is no match for him, he can't hold a candle to him, he is not a patch on him. — **~,ren·te** *f* orphan's annuity.

Wal [vaːl] *m* ⟨-(e)s; -e⟩ *zo.* whale (*Ordng Cetacea*): **junger ~** whale calf, calf whale.

Wa·la·che [va'laxə] *m* ⟨-n; -n⟩ *geogr.* Wal(l)achian. — **wa'la·chisch I** *adj* Wal(l)achian. – **II** *ling.* **W~** ⟨*generally undeclined*⟩, **das W~e** ⟨-n⟩ Wal(l)achian, the Wal(l)achian language.

'Wal,bul·le *m zo.* bull whale.

Wald [valt] *m* ⟨-(e)s; ⸚er⟩ **1.** (*baumbestandene Fläche*) wood(s *pl construed as sg or pl*), (*bei größerer Ausdehnung*) *auch* forest, *Am. auch* timber: **dichter [lichter] ~** thick [open *od.* clear] forest; **im tiefen ~, tief im ~** deep in the woods; **durch ~ und Feld streifen** *poet.* to roam through woods and fields; **in Wiesen und Wäldern** in meadows and woods; **die Tiere des ~es** the animals of the woods; **wie man in den ~ hineinruft, so schallt es wieder heraus** (*Sprichwort*) as the question, so the answer (*proverb*); → Baum 2. – **2.** *geogr.* woodland, forest land: **Irland hat sehr wenig ~** Ireland has very little woodland. – **3.** *fig.* forest: **ein ~ von Stangen [Masten, Fahnen]** a forest of poles [masts, flags]. — **~,amei·se** *f zo.* (Rote) ~ forest (*od.* red) ant (*Formica rufa*). — **~,am·mer** *f* rustic bunting (*Emberiza rustica*). — **~ane,mo·ne** *f bot.* wood anemone (*Anemone nemorosa*). — **~an·ti,lo·pe** *f zo.* **1.** *cf.* Buschbock. – **2.** *cf.* Kudu. — **~,ar·bei·ter** *m* (*forestry*) lumberjack, lumberman, *Am. auch* woodsman. — **w~,arm** *adj* sparsely wooded, destitute of forests: **eine ~e Gegend** a sparsely wooded region. — **w~'aus** [,valt-] *adv* out of the wood(s) (*od.* forest). — **~,bach,schild,krö·te** *f zo.* wood tortoise (*od.* terrapin, turtle) (*Clemmys insculpta*). — **~,bau** *m* ⟨-(e)s; *no pl*⟩ (*forestry*) silviculture (*science and art of cultivating forest crops*). — **~,baum** *m bot.* forest (*od.* wood) tree. — **~,baum,läu·fer** *m zo.* tree creeper (*Certhia familiaris*). — **w~be,deckt** *adj* wooded, woody. — **~,bee·re** *f bot.* **1.** *cf.* Heidelbeere. – **2.** *pl* wood(land) berries. — **~be,stand** *m* (*forestry*) forest stand (*od.* crop). — **~be,woh·ner** *m* **1.** (*Mensch*) woodlander, *Am. auch* wood(s)man, sylvan, *auch* silvan (*lit.*). – **2.** *zo.* sylvan, silvan, forester. — **~,bin·gel,kraut** *n bot.* mercury (*Mercurialis perennis*). — **~,blö·ße** *f cf.* Waldlichtung. — **~,blu·me** *f bot.* wood(land) (*od.* forest) flower. — **~,bock** *m zo.* **1.** *cf.* Buschbock. – **2.** *cf.* Kudu. — **~,bo·den** *m* forest soil. — **~,brand** *m* forest fire. — **~,büf·fel** *m zo.* forest buffalo (*Bubalus od. Syncerus nanus*).

Wäld·chen ['vɛltçən] *n* ⟨-s; -⟩ **1.** *dim. of* Wald. – **2.** grove.

'Wald|,dros·sel *f zo.* wood thrush (*Hylocichla mustelina*). — **~,ducker** (*getr.* -k·k-) *m* duiker(bok), *auch* duyker, duikerbuck (*Gattg Cephalophus*). — **~,ei·dech·se** *f* common (*od.* viviparous) lizard (*Lacerta vivipara*). — **w~'ein** [,valt-] *adv* into the wood(s) (*od.* forest). — **~,ein·sam·keit** *f poet.* sylvan (*auch* silvan) solitude. — **~ele,fant** *m zo.* African bush elephant (*Loxodonta cyclotis*).

Wal·densch ['valdənʃ] *adj* ⟨*attrib*⟩ **~e Umkehrung** *chem.* Walden inversion.

Wal·den·ser [val'dɛnzər] *m* ⟨-s; -⟩ *relig. hist.* Waldensian: **die ~** the Waldensians, the Waldenses (*od.* Valdenses), the Vaudois. — **wal'den·sisch** *adj* Waldensian.

'Wald|,erd,bee·re *f bot.* wood (*od.* wild) strawberry (*Fragaria vesca*). — **~er,ho·lungs,heim** *n* woodland convalescent home.

'Wal·des|,dun·kel *n poet.* forest shade (*od.* gloom). — **~,rand** *m cf.* Waldrand. — **~,rau·schen** *n poet.* whisper of the woods. — **~,saum** *m poet.* edge (*od.* fringe) of the wood(s) (*od.* forest), woodside: **am ~** at the edge of the wood(s).

'Wald|,eu·le *f zo.* **1.** wood owl (*Gattg Strix*). – **2.** *cf.* Waldohreule 1. — **~,farn** *m bot.* wood fern (*Gattg Dryopteris*). — **~,feld,bau** *m*, **~,feld,wirt·schaft** *f agr.* woodland-field economy. — **~,flä·che** *f* wooded area. — **~,flat·ter,gras** *n bot. cf.* Flattergras. — **~,flo·ra** *f* sylvan (*auch* silvan) flora, forest plants *pl*. — **~,föh·re** *f bot. cf.* Waldkiefer. — **~,fre·vel** *m jur.* offence (*Am.* offense) against the forest laws. — **~,frosch** *m zo.* wood frog (*Rana sylvatica*). — **~,gärt·ner** *m* pith borer (*Blastophagus piniperda*): **Großer ~** larger pith borer (*B. piniperda*); **Kleiner ~** lesser pith borer (*B. minor*). — **~ge,biet** *n* wooded (*od.* woodland) area (*od.* region), woodland. — **~ge,bir·ge** *n* wooded mountains *pl*, wood-studded hills *pl*. — **~,ge·gend** *f* wooded region. — **~,geiß,bart** *m bot.* goat's-beard, *Am.* goatsbeard (*Aruncus sylvester*). — **~,geist** *m* ⟨-(e)s; -er⟩ sylvan, silvan. — **~ge,län·de** *n* wooded area. — **~,ger·ste** *f bot.* wild rye (*Gattg Elymus*). — **~,glöck·chen** *n* **1.** bluebell (*Campanula rotundifolia*). – **2.** purple foxglove (*Digitalis purpurea*). — **~,gott** *m myth.* sylvan (*auch* silvan) (deity). — **~,göt·tin** *f* sylvan (*auch* silvan) (deity). — **~,gren·ze** *f* ⟨-; *no pl*⟩ *geogr. line beyond which no forest can grow.* — **~,haar** *n* ⟨-(e)s; *no pl*⟩ *bot.* sedge, grass weed (*Carex brisoides*). — **~,hain,sim·se** *f* wood rush, glowworm (*Br.* glow-worm) grass (*Luzula sylva-*

tica). — ~ˌ**ho·nig** *m* wild honey. — ~ˌ**horn** *n* ⟨-(e)s; ¨er⟩ *mus.* **1.** French horn. – **2.** (*Orgelregister*) waldhorn. — ~ˌ**hü·gel** *m* wooded hill. — ~ˌ**hund** *m zo.* bush dog (*Speothos venaticus*). — ~ˌ**hü·ter** *m* forest guard (*od.* keeper, warden). — ~**hyaˌzin·the** *f bot.* wood hyacinth (*Platanthera bifolia*). — ~ˌ**ibis** *m zo.* wood ibis, flinthead (*Mycteria americana*).

wal·dig ['valdɪç] *adj* wooded, woody, *Am. colloq. auch* woodsy, sylvan, *auch* silvan (*lit.*): ~e Gegend wooded region, woodland.

'**Wald|ˌkampf** *m mil.* combat in woods. — ~**kaˌnin·chen** *n zo.* cottontail (rabbit), wood rabbit (*Gattg Sylvilagus*). — ~ˌ**kan·te** *f* (*wood*) dull edge. — **w**~ˌ**kan·tig** *adj* dull-edged. — ~**kaˌpel·le** *f* forest chapel. — ~ˌ**kar·de** *f bot.* Venus's-basin (*Dipsacus sylvestris*). — ~ˌ**ka·ri·bu** *m zo.* woodland caribou (*Rangifer arcticus*). — ~ˌ**kauz** *m* tawny (*od.* brown) owl (*Strix aluco*). — ~ˌ**ker·bel** *m bot.* wild chervil (*od.* cicely) (*Anthriscus sylvestris*). — ~ˌ**kie·fer** *f* Scotch (*od.* wild) pine, Swedish fir (*Pinus sylvestris*). — ~ˌ**klap·perˌschlan·ge** *f zo.* timber rattlesnake (*Crotalus horridus horridus*). — ~**kulˌtur** *f* **1.** forest planting, forestation. – **2.** young plantation, afforestation area. — ~ˌ**land** *n* woodland, wooded country, *Am. auch* timberland. — ~ˌ**landschaft** *f* woodland (*od.* forest, *lit.* sylvan, *auch* silvan) landscape. — ~ˌ**laubˌsän·ger** *m zo.* wood warbler (*Phylloscopus sibilatrix*). — ~ˌ**lauf** *m* (*sport*) **1.** (*Disziplin*) cross-country (running). – **2.** (*Einzellauf*) cross-country run (*od.* race). — ~ˌ**lemming** *m zo.* wood lemming (*Myopus schisticolor*). — ~ˌ**lich·tung** *f* opening, clearing, glade. — ~ˌ**man·gold** *m bot.* false wintergreen (*Pirola rotundifolia*). — ~ˌ**man·tel** *m* (*forestry*) border trees *pl* (*od.* wind mantle, windbreak) of a forest. — ~ˌ**maus** *f zo.* a) wood mouse, long-tailed field mouse (*Apodemus sylvaticus*), b) yellow-necked field mouse (*A. flavicollis*).

'**Waldˌmei·ster** *m* ⟨-s; *no pl*⟩ *bot.* **1.** (Echter *od.* Wohlriechender) ~ (sweet) woodruff, waldmeister (*Asperula odorata*). – **2.** Falscher ~ *cf.* Knoblauchhederich. – **3.** Goldener ~ *cf.* Kreuzlabkraut. — ~ˌ**bow·le** *f gastr.* woodruff (white wine *od.* claret) cup (*Am. auch* bowl).

'**Wald|ˌmensch** *m* wild man; sylvan, silvan (*lit.*). — ~ˌ**min·ze** *f bot.* horsemint (*Mentha sylvestris*). — ~ˌ**mur·melˌtier** *n zo.* woodchuck, groundhog (*Marmota monax*). — ~ˌ**nym·phe** *f* **1.** *myth.* wood nymph, *auch* dryad. – **2.** *zo.* (*Kolibri*) wood nymph (*Gattg Thalurania*). — ~ˌ**ohrˌeu·le** *f zo.* **1.** long-eared owl (*Asio otus*). – **2.** (*Spinner*) processionary moth (*Thaumatopoea processionea*).

'**Walˌdorf|saˌlat** ['val-] *m gastr.* Waldorf salad. — ~ˌ**schu·le** *f ped.* Rudolf Steiner School.

'**Wald|ˌpfad** *m* path through (the) wood(s), forest (*od.* woodland) path. — ~ˌ**pferd** *n zo.* (*ausgestorbene westeuropäische Wildpferdart*) European wood horse (*Equus robustus*). — ~ˌ**pflan·ze** *f bot.* forest plant, herb of the woods, woodland herb. — ~ˌ**pfle·ge** *f* forest tending. — ~ˌ**pfört·ner** *m zo. cf.* Waldportier. — ~ˌ**plattˌerb·se** *f bot.* everlasting pea (*Lathyrus sylvestris*). — ~**por·tiˌer** *m zo.* oak velvet (butterfly) (*Brintesia circe*). — ~ˌ**rand** *m* edge (*od.* [out]skirts *pl*) of the wood(s) (*od.* forest). — ~ˌ**rapp** [-ˌrap] *m* ⟨-(e)s; -e⟩ *zo.* hermit ibis (*Geronticus eremita*). — ~ˌ**rat·te** *f* wood (*od.* pack) rat (*Gattg Neotoma*). — ~ˌ**re·be** *f bot.* clematis (*Gattg Clematis*): Gemeine (*od.* Weiße) ~ travel(l)er's-joy, old man's beard, lady's (*od.* virgin's) bower, (*die europäische Form*) auch love, hedge vine (*C. vitalba*); Italienische ~ vine bower (*C. viticella*). — **w**~ˌ**reich** *adj* abounding in woods, well-wooded (*attrib*), *Am. colloq. auch* woodsy. — ~ˌ**reich·tum** *m* richness in forests (*od.* woodland). — ~ˌ**sä·ge** *f* cross-cut saw. — ~**sa·laˌman·der** *m zo. cf.* Alligatorsalamander. — ~ˌ**sän·ger** *m* warbler, *auch* wood warbler (*Fam. Parulidae*). — ~ˌ**sau·erˌklee** *m bot.* wood sorrel (*Oxalis acetosella*). — ~ˌ**scha·den** *m* damage done to a forest. — ~ˌ**schildˌkrö·te** *f zo.* South American land tortoise (*Testudo denticulata*). — ~ˌ**schlie·fer** *m cf.* Baumschliefer. — ~ˌ**schnep·fe** *f* woodcock (*Scolopax rusticola*). — ~ˌ**schrat(t)** *m myth.* wood sprite. — ~ˌ**schu·le** *f ped.* open-air school. — ~ˌ**schutz·geˌbiet** *n* (*forestry*) forest reserve. — ~ˌ**schwein** *n zo.* forest hog (*od.* pig) (*Hylochoerus meinertzhageni*). — ~ˌ**schwirrˌvo·gel** *m cf.* Waldlaubsänger. — ~ˌ**spitzˌmaus** *f* common shrew (*Sorex araneus*). — ~ˌ**städ·te** *pl hist. four towns on the Upper Rhine formerly belonging to Austria*: *Rheinfelden, Säckingen, Laufenburg, Waldshut.* — ~ˌ**stät·te** *pl the four forest cantons* (*in Switzerland*): *Uri, Schwyz, Unterwalden, Lucerne.* — ~ˌ**stei·gerˌfrosch** *m zo.* jerking frog (*Leptopelis natalensis*). — ~ˌ**sternˌmie·re** *f bot.* satinflower (*Stellaria holostea*). — ~ˌ**streu** *f agr.* (forest) litter. — ~ˌ**strich** *m* stretch of forest (*od.* woodland). — ~ˌ**stück** *n* **1.** woodland, wooded area. – **2.** (*art*) woodland (*od.* forest, *lit.* sylvan, *auch* silvan) scene. — ~ˌ**tau·be** *f zo. cf.* Ringeltaube. — ~ˌ**tier** *n* beast of the forest, forester, sylvan, silvan. — ~ˌ**torf** *m* forest peat.

Wal·dung ['valdʊŋ] *f* ⟨-; -en⟩ woodland, wood(ed area).

'**Wald|ˌveil·chen** *n bot.* hedge violet (*Viola sylvatica*). — ~**verˌder·ber** *m* (*forestry*) forest pest. — ~ˌ**vo·gel** *m zo.* woodland bird, sylvan, silvan. — ~ˌ**vö·ge·lein**, '**Ro·tes** *n bot.* cephalanthera (*Cephalanthera rubra*). — **w**~ˌ**wärts** *adv* toward(s) the wood(s) (*od.* forest). — ~ˌ**was·serˌläu·fer** *m zo.* green sandpiper (*Tringa ochropus*). — ~ˌ**weg** *m* **1.** *cf.* Waldpfad. – **2.** woodland lane. — ~ˌ**wei·de** *f agr.* forest pasture. — ~ˌ**wei·denˌrös·chen** *n bot.* rosebay (*Epilobium angustifolium*). — ~ˌ**wicke** (*getr.* -k·k-) *f* wood vetch, *auch* wood vetchling (*Vicia sylvatica*). — ~ˌ**wie·se** *f* forest glade. — ~ˌ**wildˌpferd** *n zo. cf.* Waldpferd. — ~ˌ**wirt·schaft** *f cf.* Forstwirtschaft. — ~ˌ**wühlˌmaus** *f zo. cf.* Rötelmaus. — ~ˌ**wurz** *f bot.* wild angelica (*Angelica sylvestris*). — ~ˌ**zecke** (*getr.* -k·k-) *f zo. cf.* Holzbock 3. — ~ˌ**zei·sig** *m cf.* Goldhähnchen 1. — ~ˌ**zie·ge** *f* serow (*Gattg Capricornis*). — ~ˌ**ziest** *m bot.* hedge nettle (*Stachys sylvatica*). — ~ˌ**zo·ne** *f* forest zone. — ~ˌ**zweiˌblatt** *n bot.* twayblade (*Listera ovata*).

'**Walˌfang** *m* ⟨-(e)s; *no pl*⟩ *mar.* whale fishing (*od.* fishery), whaling. — ~ˌ**boot** *n* whaler, whale catcher (*auch* chaser), whaling vessel.

'**Walˌfän·ger** *m* ⟨-s; -⟩ *mar.* **1.** *cf.* Walfangboot. – **2.** (*Mann*) whaler.

'**Walˌfang|ˌflot·te** *f mar.* whaling fleet. — ~**geˌbiet** *n* whale fishery. — ~ˌ**mut·terˌschiff** *n* whale factory ship, whaling factory ship (*od.* vessel).

'**Walˌfisch** ['val-] *m* **1.** *zo. colloq. for* Wal. – **2.** *zo. cf.* Walkopf. – **3.** *astr.* Cetus. — ~ˌ**laus** *f zo.* whale louse (*Cyamus ceti*).

wal·gen ['valgən] *v/t* ⟨h⟩ *Bavarian and Austrian gastr.* (*Teig*) roll (out).

'**Wäl·gerˌholz** *n* ⟨-(e)s; -hölzer⟩ *dial.* (*für Teig*) rolling pin. — '**wäl·gern** ['vɛlgərn] *v/t* ⟨h⟩ *dial.* (*Teig*) roll (out).

'**Walgˌvo·gel** *m zo. cf.* Dronte.

'**Walˌhai** *m zo.* whale shark (*Rhincodon typus*).

Wal·hall ['valhal; val'hal], **Wal·hal·la** [val'hala] *f* ⟨-; *no pl*⟩ *myth.* Valhalla, *auch* Walhalla.

'**Walˌher·de** *f zo.* school (*od.* herd, *kleine* pod) of whales, gam.

Wa·li·ser [va'liːzər] *m* ⟨-s; -⟩ Welshman, Cambrian: die ~ *pl* the Welsh. — **Wa**'**li·se·rin** *f* ⟨-; -nen⟩ Welshwoman, Cambrian.

wa'li·sisch I *adj* Welsh, Cymric, *auch* Kymric, Cambrian. – **II** *ling.* **W**~ ⟨*generally undeclined*⟩, **das W**~**e** ⟨-n⟩ Welsh, the Welsh language.

'**Walkˌar·beit** *f* **1.** (*leather*) drumming (*od.* stocking, milling) work. – **2.** (*textile*) fulling work.

'**Wal·ke** *f* ⟨-; -n⟩ (*textile*) **1.** ⟨*only sg*⟩ (*Vorgang*) fulling. – **2.** (*Maschine*) fulling machine. – **3.** (*Anlage*) fulling mill.

wal·ken ['valkən] **I** *v/t* ⟨h⟩ **1.** (*leather*) drum, mill, tumble. – **2.** (*textile*) full, mill, felt. – **3.** (*Reifen*) flex. – **II W**~ *n* ⟨-s⟩ **4.** *verbal noun.* – **5.** (*textile*) *cf.* Walke 1.

'**Wal·ker** *m* ⟨-s; -⟩ **1.** (*textile*) fuller, felter. – **2.** *zo.* (*Maikäferart*) June beetle (*od.* bug) (*Polyphylla fullo*).

'**Walkˌer·de** *f min.* smectite.

Wal·ke'rei *f* ⟨-; -en⟩ **1.** (*leather*) drumming shop. – **2.** (*textile*) fulling mill.

'**Walk|ˌham·mer** *m tech.* woolstock. — ~ˌ**handˌschuh** *m* milled glove. — ~**maˌschi·ne** *f* (*textile*) fulling machine. — ~ˌ**müh·le** *f* fulling mill.

'**Walˌkopf** *m zo.* (*Tiefseefisch*) whale-headed fish (*Fam. Cetomimidae*).

'**Walkˌstamp·fer** *m tech.* thwacker.

'**Walˌkuh** *f zo.* cow whale.

Wal·kü·re [val'kyːrə; 'val-] *f* ⟨-; -n⟩ **1.** *myth.* Valkyrie, *auch* Walkyrie. – **2.** „Die ~" "The Valkyrie" (*opera by Wagner*). – **3.** sie ist eine (richtige) ~ *colloq.* she is a regular Juno (*colloq.*).

Wall[1] [val] *m* ⟨-(e)s; ¨e⟩ **1.** *civ.eng.* a) (*Erdaufschüttung*) earth fill(ing), b) (*Erddamm*) earth bank (*od.* embankment): einen ~ aufschütten to fill an earth ridge. – **2.** (*Befestigung*) rampart, bulwark: eine Burg mit ~ und Graben umgeben to surround a castle with a rampart and moat. – **3.** *fig.* (*Schutz*) rampart, bulwark, wall: ein ~ gegen schädliche Einflüsse a rampart against harmful influences. – **4.** *med.* (*bei Geschwüren*) margin, border. – **5.** (*sport*) (*beim Springreiten*) bank: Irischer ~ Irish bank.

Wall[2] *m* ⟨-(e)s; -e, *nach Zahlangaben* -⟩ (*Zählmaß*) fourscore: zwei ~ Fische twice fourscore fish.

Wal·la·by ['vɔləbi; 'wɔləbɪ] (*Engl.*) *n* ⟨-s; -s⟩ **1.** *zo.* (*Känguruhart*) wallaby (*bes. Gattg Macropus*). – **2.** (*Fell*) wallaby.

Wal·lach ['valax] *m* ⟨-(e)s; -e⟩ (*kastrierter Hengst*) gelding.

'**Wallˌanˌla·ge** *f* **1.** embankment. – **2.** *mil.* rampart.

Wal·la·roo [vɔlə'ruː; wɔlə'ruː] (*Engl.*), **Wal·la'ruh** [-'ruː] *n* ⟨-s; -s⟩ *zo.* euro, wallaroo (*Macrobus robustus*).

'**Walˌlaus** *f zo. cf.* Walfischlaus.

wal·len[1] ['valən] **I** *v/i* ⟨h⟩ **1.** (*von Wasser etc*) bubble, popple, *auch* pople. – **2.** (*von Meer etc*) boil, surge: der Zorn ließ sein Blut ~ *fig.* anger made his blood boil, he was seething with anger. – **3.** *poet.* (*von Haar, Gewand etc*) flow, wave, undulate: die Locken wallten über ihre Schultern the curls flowed over her shoulders. – **4.** *poet.* (*von Nebel etc*) float. – **II W**~ *n* ⟨-s⟩ **5.** *verbal noun.* – **6.** (*von Wasser etc*) ebullition. – **7.** (*von Meer etc*) surge, boil.

'**wal·len**[2] *v/i* ⟨sein⟩ *obs. for* wallfahren.

wäl·len ['vɛlən] *v/t* ⟨h⟩ *Southwestern G. dial.* boil.

'**wal·lend I** *pres p of* wallen[1] *u.* [2]. – **II** *adj poet.* **1.** (*Bart, Haar, Gewand etc*) flowing. – **2.** (*Nebel etc*) floating.

'**Wal·ler**[1] *m* ⟨-s; -⟩ **1.** *obs. for* Wallfahrer. – **2.** *obs. od. poet. for* Wanderer 1.

'**Wal·ler**[2] *m* ⟨-s; -⟩ *zo.* sheat(h)fish (*Silurus glanis*).

'**wallˌfah·ren** *v/i* ⟨*insep*, ge-, sein⟩ (go on a) pilgrimage, pilgrim: nach Rom ~ to go on a pilgrimage (*od.* to pilgrimage) to Rome. — '**Wallˌfah·rer** *m* ⟨-s; -⟩, '**Wallˌfah·re·rin** *f* ⟨-; -nen⟩ pilgrim. — '**Wallˌfahrt** *f* ⟨-; -en⟩ pilgrimage. — '**wallˌfahr·ten** *v/i* ⟨*insep*, ge-, sein⟩ *cf.* wallfahren.

'**Wallˌfahrts|ˌkir·che** *f* pilgrimage church. — ~ˌ**ort** *m* ⟨-(e)s; -e⟩, ~ˌ**stät·te** *f* place of pilgrimage.

'**Wall|ˌgang** *m civ.eng.* (*beim Festungsbau*) terreplein. — ~ˌ**gra·ben** *m* moat.

'**Wallˌholz** *n Swiss* (*für Teig*) rolling pin.

Wal·li·ser ['valizər] *m* ⟨-s; -⟩, '**Wal·li·se·rin** *f* ⟨-; -nen⟩ inhabitant of Valais, Valaisan. — '**wal·li·se·risch** *adj* Valaisan.

'**Wallˌni·ster** [-ˌnɪstər] *m* ⟨-s; -⟩ *zo. cf.* Großfußhuhn.

Wal·lo·ne [va'loːnə] *m* ⟨-n; -n⟩, **Wal**'**lo·nin** *f* ⟨-; -nen⟩ Walloon. — **wal**'**lo·nisch I** *adj* Walloon. – **II** *ling.* **W**~ ⟨*generally undeclined*⟩, **das W**~**e** ⟨-n⟩ the Walloon dialect, Walloon.

'**Wallˌriff** *n geogr.* barrier reef.

Wall·street ['wɔːlˈstriːt] (*Engl.*) *f* ⟨-; *no pl*⟩ *econ.* (*Geld- u. Kapitalmarkt der USA*) Wall Street.

'**Wal·lung** *f* ⟨-; -en⟩ **1.** *cf.* Wallen[1]: das Wasser in ~ versetzen to make the water bubble. – **2.** *fig.* surge, boil: j-n in ~ bringen to make s.o.'s blood boil, to enrage s.o.; in ~ geraten to boil (with rage), to fly into a rage; sein Blut geriet in ~ he boiled with rage. – **3.** *med.* a) (*des Blutes*) rush, congestion, b) (*Wärmestau*) flush, c) (*fliegende Hitze*) hot flushes *pl*, menopausal flush, d) (*aktive Hyperämie*) active hyper(a)emia.

'Wallˌwurz *f* ⟨-; *no pl*⟩ *bot.* comfrey, *auch* cumfrey (*Symphytum officinale*).

Walm [valm] *m* ⟨-(e)s; -e⟩ *arch.* hip. — **~ˌdach** *n* hip(ped) roof (*a roof pitched at one or both ends*). — **~ˌkap·pe** *f* hip cap. — **~ˌzie·gel** *m* hip tile.

'Walˌnuß ['val-] *f bot.* **1.** (*Frucht*) walnut. – **2.** *cf.* Walnußbaum 1: Graue ~ *cf.* Butternuß; Gemeine ~ walnut (*Juglans regia*). — **~ˌbaum** *m* **1.** walnut (tree) (*Gattg Juglans*): Schwarzer ~ black walnut (*J. nigra*). – **2.** Nordamerikanischer ~ hickory (*Gattg Carya*). — **~ˌbut·ter** *f gastr.* walnut butter. — **~ˌöl** *n* (wal)nut oil. — **~ˌscha·le** *f* walnut shell.

'Walˌöl *n cf.* Walratöl.

Wa·lo·ne [va'loːnə] *f* ⟨-; -n⟩ *chem.* (*Gerbstoff der Eiche*) valonia.

Wal'pur·gis|ˌkraut [val'pʊrgɪs-] *n bot. cf.* Mondraute. — **~ˌnacht** *f* Walpurgis Night, Walpurgisnacht (*the evening preceding the feast of St. Walpurgis, on which witches held a sabbat on Brocken peak*).

'Walˌrat ['val-] *m, n* ⟨-(e)s; *no pl*⟩ spermaceti, cetaceum. — **~ˌfett** *n chem.* cetin. — **~ˌöl** *n* sperm (*od.* spermaceti) oil.

'Walˌroß ['val-] *n* ⟨-sses; -sse⟩ *zo.* walrus (*Fam. Odobenidae*): Atlantisches ~ (Atlantic) walrus (*Odobenus rosmarus rosmarus*); Pazifisches ~ (Pacific) walrus (*Odobenus rosmarus divergens*).

'Wal|ˌsau·ger *m zo.* whale sucker (*Remilegia australis*). — **~ˌspeck** *m* blubber.

'Walˌstatt ['vaːl-; 'val-] *f* ⟨-; -stätten⟩ *obs. od. poet.* battlefield.

wal·ten ['valtən] **I** *v/i* ⟨h⟩ **1.** (*gebieten*) preside: im Hause ~ to preside in the home; → Amt 4; schalten 5. – **2.** (*wirken*) be at work: hier ~ gute Kräfte good forces are at work here; in all seinen Entscheidungen hat Vernunft gewaltet reason prevailed in all his decisions; Gnade [Milde, Gerechtigkeit, Vorsicht] ~ lassen to show mercy [leniency, justice, (pre)caution]. – **3.** (*herrschen*) rule: in den großen Geschehnissen waltet ein Prinzip great events are governed by a principle; über ihn waltet das Schicksal he is governed by destiny. – **4.** (*dasein*) be: in dieser Angelegenheit waltet ein Mißverständnis there is a misunderstanding on this matter. – **II** *v/t* **5.** das walte Gott *archaic* God grant it. – **III W~** *n* ⟨-s⟩ **6.** *verbal noun*: das stille W~ eines Menschen a person's activity behind the scenes; das W~ der Natur the workings *pl* of nature; das W~ Gottes the hand of God; das W~ einer höheren Macht the presence of supernatural powers.

'Wal|ˌtier *n meist pl zo. cf.* Wal. — **~ˌtran** *m cf.* Walratöl.

Walz [valts] *f* ⟨-; *no pl*⟩ *colloq. cf.* Walze².

'walz·bar *adj metall.* rollable. — **'Walzbar·keit** *f* ⟨-; *no pl*⟩ rolling property, rollability.

'Walz|ˌbar·ren *m metall.* rolling slab (*od.* ingot). — **~ˌbart** *m* fin, sliver. — **~ˌblech** *n* **1.** (*Erzeugnis*) rolled metal sheet. – **2.** (*Werkstoff*) rolled sheet metal. — **~ˌblei** *n* sheet-lead. — **~ˌblock** *m Am.* bloom, *Br.* cog.

'Walzˌbru·der *m colloq.* tramp.

'Walz|ˌdorn *m metall.* roll mandrel. — **~ˌdraht** *m* wire rod. — **~ˌdruck** *m* ⟨-(e)s; *no pl*⟩ rolling pressure.

Wal·ze¹ ['valtsə] *f* ⟨-; -n⟩ **1.** (*aus Stein, Holz etc*) roller. – **2.** *metall.* roll. – **3.** (*textile*) cylinder, roller. – **4.** (*einer Schreibmaschine*) platen. – **5.** *math.* cylinder. – **6.** *print.* a) roller, b) (*Zylinder*) cylinder. – **7.** (*computer*) drum. – **8.** *mus.* (*an mechanischen Musikinstrumenten*) cylinder, player roll. – **9.** *agr.* (field) roller. – **10.** (*sport*) (*beim Kunstspringen*) movable fulcrum. – **11.** immer wieder dieselbe ~! *fig. colloq.* (it's) the same old stuff (*od.* story) (all the time).

'Wal·ze² *f* ⟨-; *no pl*⟩ *colloq.* (*in Wendungen wie*) auf die ~ gehen to set out on one's travels, to take to the road; auf der ~ sein to be on the tramp.

'Walzˌei·sen *n metall. cf.* Walzstahl.

wal·zen¹ ['valtsən] **I** *v/t* ⟨h⟩ **1.** (*Straße, Tennisplatz etc*) roll. – **2.** *metall.* roll. – **3.** *tech.* (*Papier etc*) mill. – **4.** *agr.* roll. – **II W~** *n* ⟨-s⟩ **5.** *verbal noun.*

'wal·zen² *v/i* ⟨sein⟩ *colloq.* hike (*colloq.*), tramp.

'wal·zen³ *v/i* ⟨h⟩ *obs. humor.* (*Walzer tanzen*) (dance a) waltz: mit j-m ~ to waltz with s.o.

wäl·zen ['vɛltsən] **I** *v/t* ⟨h⟩ **1.** (*rollend bewegen*) roll: einen Stein vor eine Öffnung ~ to roll a stone in front of a hole; Klößchen in Mehl ~ to roll dumplings in flour; der Strom wälzt seine Fluten zum Meer the river rolls its floods to(ward[s]) the sea; die Schuld auf j-d anders ~ *fig.* to lay the blame (up)on (*od.* to shift the blame [on] to) s.o. else; die Verantwortung von sich ~ *fig.* to shake off responsibility; sich (*dat*) eine Last von der Seele ~ *fig. lit.* to take a load (*od.* weight) off one's mind. – **2.** *fig. colloq.* (*Bücher etc*) pore over. – **3.** *fig. colloq.* (*Probleme etc*) turn (*s.th.*) over (*od.* revolve *s.th.*) in one's mind. – **4.** *tech.* a) (*Zahnräder*) generate, b) (*mittels Wälzfräser*) hob. – **II** *v/reflex* sich ~ **5.** (*sich rollen*) roll: sich (vor Schmerzen) auf dem Boden ~ to roll (*od.* writhe) on the ground (with pain); sich im Gras ~ to roll on the grass; sich im Schmutz ~ to wallow (*od.* welter) in the dirt; sich in seinem Blut(e) ~ to welter in one's blood; sich (schlaflos) im Bett ~ to toss and turn (sleeplessly) in one's bed; sich von einer Seite auf die andere ~ to toss from side to side (*od.* from one side to the other); sich vor Lachen ~ *fig. colloq.* to rock (*od.* be convulsed, split one's sides) with laughter. – **6.** (*sich rollend fortbewegen*) surge, roll: die Wassermassen wälzten sich durch das Tal the waters surged through the valley; die Menschenmenge wälzte sich zum Ausgang *fig.* the masses surged along to the exit. – **7.** *tech.* (*von Zahnrädern*) roll upon each other. – **III W~** *n* ⟨-s⟩ **8.** *verbal noun.* – **9.** das ist ja zum W~ *fig. colloq.* that's a(n absolute) scream (*colloq.*), that's hilarious, *bes. Am. colloq.* that's hysterical.

'Wal·zen|ˌan·stel·lung *f metall.* adjustment of rolls. — **~ˌaufˌzieh·pres·se** *f* roller press. — **~ˌbal·len** *m* roll body, barrel of a roll. — **~ˌbre·cher** *m tech.* gyratory crusher. — **~ˌbruch** *m metall.* breakdown of a roll. — **~ˌdreh·maˌschi·ne** *f* roll (turning) lathe. — **~ˌdruck** *m* ⟨-(e)s; -e⟩ *print.* cylinder printing. — **~ˌdruckmaˌschi·ne** *f* cylinder printing machine. — **~egreˌnier·maˌschi·ne** *f tech.* (*in der Spinnerei*) roller gin. — **w~ˌför·mig** *adj* cylindrical, cylindric. — **~ˌfrä·ser** *m* plain milling cutter. — **~ˌfreiˌlauf** *m* (*an der Schreibmaschine*) platen release mechanism. — **~ˌgat·ter** *n* roller sawmill. — **~kaliˌbrier·maˌschi·ne** *f* roll drafting machine. — **~ˌla·ger** *n metall.* bearing of a roll. — **~ˌmahlˌwerk** *n* roll(-jaw) crusher. — **~ˌman·tel** *m* roll shell. — **~ˌmes·ser** *n* (*der Lumpenschneidemaschine*) roller bar. — **~ˌmüh·le** *f* roll crushing mill. — **~paˌpier** *n* bowl paper. — **~ˌpres·se** *f* roll press. — **~proˌfil** *n* profile of a roll. — **~ˌquetschˌwerk** *n* roller press. — **~ˌrand** *m* collar (of a roll). — **~schaˌblo·ne** *f* pass templet. — **~ˌschal·ter** *m electr.* drum switch, barrel controller. — **~ˌschlan·ge** *f zo.* cylinder snake (*Gattg Cylindrophis*). — **~ˌschrämˌla·der** *m* (*mining*) shearer-loader, drum cutter-loader. — **~ˌskink, Ge'fleck·ter** *m zo.* ocellated skink (*Chalcides ocellatus*). — **~ˌspin·ne** *f* wind (*od.* sun) scorpion (*Ordng Solifugae*). — **~ˌstän·der** *m metall.* roll housing, roll standard. — **~ˌstem·pel** *m* roller stamp. — **~ˌstirnˌfrä·ser** *m* shell end mill. — **~ˌstra·ße** *f cf.* Walzstraße. — **~ˌzap·fen** *m* neck of a roll, journal of a roll.

'Wal·zer¹ *m* ⟨-s; -⟩ (*Tanz*) waltz: langsamer [Wiener] ~ English [Viennese] waltz; ~ tanzen to (dance a) waltz.

'Wal·zer² *m* ⟨-s; -⟩ *metall.* roller.

'Wäl·zer *m* ⟨-s; -⟩ **1.** *colloq.* (*dickes Buch*) fat volume, huge tome. – **2.** (*sport*) (*beim Hochsprung*) straddle jump.

'Wal·zer|ˌschritt *m* waltz step. — **~ˌtakt** *m* waltz time (*od.* measure). — **~ˌtän·zer** *m* waltzer.

'Walz·erˌzeug·nis *n metall.* rolled product.

'Wälz|ˌfei·le *f tech.* cabinet file. — **~ˌflä·che** *f* (*eines Zahnradzahns*) pitch (*od.* contact rolling) surface. — **~ˌfräs·au·toˌmat** *m* automatic hobbing machine.

'walzˌfrä·sen *tech.* **I** *v/t* ⟨*insep*, -ge-, h⟩ slab-mill, plane-mill. – **II W~** *n* ⟨-s⟩ *verbal noun.*

'wälzˌfrä·sen *tech.* **I** *v/t* ⟨*insep*, -ge-, h⟩ hob. – **II W~** *n* ⟨-s⟩ *verbal noun.*

'Walzˌfrä·ser *m tech.* slab milling cutter.

'Wälzˌfrä·ser *m tech.* hob.

'Wälzˌfräs·maˌschi·ne *f tech.* **1.** (*in Getriebetechnik*) (gear) hobbing machine, gear generator. – **2.** (*für Gewindeherstellung*) hob thread milling machine.

'Walz|geˌrüst *n tech.* roll stand. — **~ˌglas** *n* plate glass. — **~ˌgold** *n metall.* rolled gold. — **~ˌgrat** *m* sliver. — **~ˌgut** *n* rolling stock. — **~ˌhaut** *f* rolling skin.

'Wälzˌho·bel·maˌschi·ne *f tech.* gear generator.

'Walz|ˌhüt·te *f tech. obs. for* Walzwerk. — **~kaˌli·ber** *n* roll groove (*od.* pass). — **~ˌkan·te** *f* rolling edge. — **~ˌkes·sel** *m* (*in Weißblechfabrikation*) grease pot.

'Wälz|ˌkreis *m tech.* (*einer Verzahnung*) pitch circle. — **~ˌla·ger** *n tech.* anti-friction (*Br.* rolling) bearing. — **~ˌla·gerˌfett** *n* anti-friction grease.

'Walz|ma·te·riˌal *n metall.* rolling stock. — **~ˌmes·sing** *n* rolled brass. — **~proˌfil** *n* rolled steel section.

'Wälzˌpunkt *m tech.* pitch point.

'Walzˌschlacke (*getr.* -k·k-) *f metall.* roll (*od.* mill) scale.

'Wälzˌschleif·maˌschi·ne *f tech.* generating grinder.

'Walz|ˌschweiß·verˌfah·ren *n metall.* sealed assembly rolling process. — **~ˌsplit·ter** *m meist pl* sliver. — **~ˌstahl** *m* rolled steel.

'Wälz|ˌsto·ßen *n metall.* generating shaping. — **~ˌstoß·maˌschi·ne** *f* gear shaper.

'Walz|ˌstra·ße *f metall.* (rolling) mill train. — **~ˌteil** *n* rolled part.

'Wälz|verˌfah·ren *n tech.* hobbing (*od.* generating) process. — **~verˌzah·nung** *f* gear generation.

'Walzˌwerk *n metall.* rolling mill.

'Walzˌwer·ker *m* ⟨-s; -⟩ *metall.* rolling-mill engineer.

'Walz|ˌwerks·beˌtrieb *m metall.* rolling-mill practice. — **~ˌzap·fen** *m* neck of a roll. — **~ˌzink** *n* sheet zinc. — **~ˌzinn** *n* laminated tin. — **~ˌzun·der** *m* mill (*od.* roll) scale.

Wam·me ['vamə] *f* ⟨-; -n⟩ **1.** *zo.* (*Kehlfalte*) dewlap, jowl. – **2.** (*in Kürschnerei*) (*eines Felles*) belly part. – **3.** *colloq. cf.* Wampe.

Wam·merl ['vamərl] *n* ⟨-s; -(n)⟩ *Bavarian and Austrian gastr.* (*vom Schwein*) (smoked) belly.

Wam·pe ['vampə] *f* ⟨-; -n⟩ *Southern G. colloq.* paunch, potbelly.

Wam·pum ['vampʊm; -'puːm] *m* ⟨-s; -e⟩ (*Zahlungsmittel der nordamer. Indianer*) wampum, *auch* peag(e), peak, sewan, *auch* seawan(t).

Wams [vams] *n* ⟨-(e)s; =er⟩ **1.** *obs. od. dial.* (waisted) jacket. – **2.** *hist.* a) (*unter der Rüstung getragener Männerrock*) doublet, acton, gambeson, b) (*im 14. bis 17. Jh.*) doublet, jerkin, pourpoint.

wam·sen ['vamzən] *v/t* ⟨h⟩ *colloq. obs. for* prügeln 1.

Wa·nar ['vaːnaːr] *m* ⟨-s; -e⟩ *zo. cf.* Hulman.

wand [vant] *1 u. 3 sg pret of* winden¹.

Wand *f* ⟨-; =e⟩ **1.** (*Mauer*) wall: eine schräge ~ a slanting wall; eine nackte (*od.* leere) ~ a bare wall; die Wände tünchen (*od.* weißen) [tapezieren] to whitewash (*od.* whiten) [to paper] the walls; eine ~ einziehen to build in a wall; ein Loch in die ~ bohren to bore a hole in the wall; sich an die ~ lehnen to lean against the wall; sich eng an die ~ drücken to press up close to the wall; ein Bild an die ~ hängen to hang a picture on the wall; etwas an (*od.* gegen) die ~ werfen to throw s.th. at (*od.* against) the wall; Bilder an die ~ werfen *colloq.* to project pictures on the wall; ~ an ~ mit j-m wohnen to live on the other side of the wall from s.o.; wenn die Wände reden könnten if (the) walls could speak; sie wurde weiß wie die (*od.* eine) ~ she went as white as a sheet (*od.* ghost); bei ihm redet man wie gegen eine ~ talking to him is like talking to the wall, you may as well talk to the wall as to him; zu leeren Wänden reden, leeren Wänden predigen *fig.* to preach to deaf ears; in seinen vier Wänden *fig.* within one's own four walls, within one's own realm; vor Schmerzen die Wände hochgehen *fig.* to be going out of one's mind (*od. sl.* up the walls) with (the) pain; ich könnte die Wände hochgehen! *fig. colloq.* I'm going up the walls! (*sl.*), it's driving me mad (*Br. sl.* round the bend)! es ist, um die Wände (*od.* an den Wänden) hochzugehen *fig. colloq.* it's enough to drive you mad, it would drive you up the walls (*Br.* up the pole, round the bend) (*sl.*); j-n an die ~ stellen *fig.* to shoot s.o., to execute s.o.; j-n an die ~ drängen (*od.* drücken) a) to press s.o. (up) against the wall, b) *fig.* to push (*od.* drive) s.o. to the wall; an die ~ gedrückt werden a) to be pressed (up) against the wall, b) *fig.* to go to the wall; j-n an die ~ spielen *fig.* a) (*theater*) (*Schauspieler*) to steal s.o. the show (*sl.*), b) to outdo s.o.; hier haben die Wände Ohren *fig.* the walls have ears here; er lachte [brüllte] so laut, daß die Wände wackelten (*od.* zitterten) *fig. colloq.* he nearly raised the roof (*colloq.*); da wackelt die ~ *fig. colloq.* a) (*im positiven Sinne*) things fairly swing, b) (*im negativen Sinne*) there are feathers flying; → Fliege 2; Horcher; Kopf *Verbindungen mit Präpositionen*; Narrenhände; Rücken 1; Teufel 1. – 2. (*Trennwand*) partition, dividing wall: die Balkone sind durch Wände voneinander getrennt the balconies are separated by partitions; spanische ~ (folding) screen. – 3. *fig.* (*Barriere*) barrier, wall: dies hat eine ~ zwischen uns errichtet this created a barrier between us; die Wände zwischen den sozialen Schichten niederreißen to remove the barriers between the social classes; gegen eine ~ von Vorurteilen anrennen to run up against a wall of prejudice. – 4. (*Seitenfläche*) side: diese Kiste hat stabile Wände this box has solid sides. – 5. (*Felswand*) (rock) face, cliff: eine ~ bezwingen to climb a face. – 6. (*Wolkenbank*) cloud bank, bank of clouds: das Flugzeug verschwand in einer ~ the aircraft disappeared in(to) a bank of clouds. – 7. *med.* a) (*Trennungswand*) partition, b) (*von Darm, Zyste etc*) wall. – 8. *bot. med. zo.* (*Scheidewand*) septum. – 9. (*mining*) a) pack wall, b) large lump of ore.

Wan·da·le [van'da:lə] *m* ⟨-n; -n⟩ 1. *hist.* Vandal: sie haben wie die ~n gehaust they behaved like Vandals. – 2. *fig.* (*zerstörungswütiger Mensch*) vandal. — **wan'da·lisch** *adj* 1. Vandal(ic). – 2. *fig.* (*zerstörungswütig*) vandalistic, vandal(ic), vandalish. — **Wan·da'lis·mus** [-da'lɪsmʊs] *m* ⟨-; *no pl*⟩ (*Zerstörungswut*) vandalism.

'Wand|ˌanˌschluß·do·se *f electr.* wall socket. — **~ˌanˌstrich** *m* wall paint. — **~ap·paˌrat** *m tel.* wall telephone, wall-type telephone set.

'Wandˌarm *m* (wall) bracket. — **~ˌla·ger** *n* wall-bracket bearing.

'Wand|beˌhang *m* wall hanging(s *pl*). — **~beˌklei·dung** *f* 1. *cf.* Wandverkleidung 1. – 2. *med.* (*in der Anatomie*) lining. — **~beˌleuch·tung** *f* wall lighting (*od.* illumination). — **~beˌspan·nung** *f* wall covering. — **~ˌbett** *n* bed in an alcove (*od.* a recess). — **~beˌwurf** *m civ.eng.* wall plastering. — **~ˌbild** *n* (*art*) *cf.* Wandgemälde. — **~ˌbrett** *n* 1. (*zum Halten von Tellern*) plate rail. – 2. (*für Bücher etc*) wall shelf. — **~ˌdäm·mung** *f phys.* (*in der Akustik*) sound transmission loss of walls. — **~deˌfekt** *m med.* mural defect (*od.* injury). — **~de·ko·ra·tiˌon** *f* wall decoration. — **~ˌdü·bel** *m tech.* dowel.

wän·de ['vɛndə] *1 u. 3 sg pret subj of* winden[1].

Wan·del[1] ['vandəl] *m* ⟨-s; *no pl*⟩ (*Änderung*) change: ein allmählicher [plötzlicher] ~ a gradual [sudden] change; einen grundlegenden ~ erfahren to undergo a fundamental change; alles ist dem ~ unterworfen everything is subject to change; im ~ der Zeit hat sich vieles geändert many things have altered in the course of time (*od.* as times changed); für viele ältere Leute ist es schwierig, sich dem ~ der Zeit anzupassen many older people find it difficult to adapt (themselves) to the changing times; hier muß ~ geschaffen werden things can't go on like this (any longer).

'Wan·del[2] *m* ⟨-s; *no pl*⟩ 1. *lit. for* Lebenswandel: unser ~ ist im Himmel *Bibl.* our conversation is in heaven. – 2. *only in* Handel und ~ *lit.* trade and traffic.

'Wan·del|alˌtar *m* (*art*) polyptych. — **~ˌanˌlei·he** *f econ.* convertible loan.

'wan·del·bar *adj* 1. changeable, alterable, variable. – 2. (*Mensch, Charakter etc*) changeable, inconstant, variable, versatile. — **'Wan·del·bar·keit** *f* ⟨-; *no pl*⟩ 1. changeability, alterability, variability. – 2. changeability, inconstancy, variability, versatility.

'Wan·del|ˌflugˌzeug *n aer.* convertiplane, convertaplane. — **~ˌgang** *m* covered walk. — **~geˌschäft** *n econ. cf.* Termingeschäft. — **~ˌhal·le** *f* 1. (*im Parlament*) lobby. – 2. (*im Theater etc*) lobby, foyer. – 3. (*Trinkhalle in Kurorten*) pump room. — **~ˌklee** *m bot.* telegraph plant (*Desmodium gyrans*).

wan·deln[1] ['vandəln] I *v/t* ⟨h⟩ 1. (*ändern*) change: die Zeit hat den Geschmack gewandelt time has changed tastes. – II *v/reflex* sich ~ 2. change: die Zeiten haben sich gewandelt times have changed; seine Ansichten haben sich grundlegend gewandelt his opinions have changed fundamentally; du hast dich nicht gewandelt you have not changed. – 3. *lit. cf.* verwandeln 12. – III W~ *n* ⟨-s⟩ 4. *verbal noun*. – 5. *cf.* Wandlung.

'wan·deln[2] *lit.* I *v/i* ⟨sein⟩ 1. (*langsam gehen*) stroll: im Park [unter Bäumen] ~ to stroll in the park [under trees]; auf und ab ~ to stroll (*od.* walk) up and down, to promenade. – 2. nach dem Fleisch ~ *Bibl.* to walk after the flesh. – II *v/t* 3. *only in* die Sterne ~ ihre Bahn *fig.* the stars trace their course.

'wan·delnd I *pres p of* wandeln[1] *u.* [2]. – II *adj* walking: ich bin doch kein ~es Lexikon *colloq. humor.* I am not a walking encyclop(a)edia; er sieht aus wie eine ~e Leiche (*od.* ein ~es Gespenst) *colloq.* he looks like death warmed up (*colloq.*).

'Wan·del|ob·li·ga·tiˌon, ~ˌschuld·verˌschrei·bung *f econ.* convertible bond. — **~ˌstern** *m astr.* planet.

'Wan·de·lung *f* ⟨-; -en⟩ *jur. cf.* Wandlung 4.

'Wan·der|ˌamei·se *f zo.* 1. foraging (*od.* army, migratory) ant (*Unterfam. Dorylinae*). – 2. a) (*der Alten Welt*) driver ant, *auch* driver (*Gattg Dorylus*), b) (*der Neuen Welt*) legionary ant (*Gattg Eciton*). — **~ˌar·bei·ter** *m* itinerant (*od.* migratory) worker, *Am. auch* hobo. — **~ˌausˌrü·stung** *f* hiking outfit (*colloq.*). — **~ˌausˌstel·lung** *f* touring exhibition. — **~bi·blioˌthek** *f cf.* Wanderbücherei. — **~ˌblock** *m geol.* wandering (*od.* erratic) block. — **~bü·cheˌrei** *f* traveling (*bes. Br.* travelling) library, *Am. auch* bookmobile. — **~ˌbüh·ne** *f* (*theater*) touring (*Am.* road) company, strolling players *pl* (*od.* actors *pl*). — **~ˌbur·sche** *m* traveling (*bes. Br.* travelling) journeyman. — **~ˌdros·sel** *f zo.* robin, migratory thrush (*Turdus migratorius*). — **~ˌdü·ne** *f geogr.* drifting sand dune.

'Wan·de·rer *m* ⟨-s; -⟩ 1. wanderer, tramper, *auch* wayfarer, (*bes. sportlicher*) hiker (*colloq.*): er ist ein guter ~ he is a good hiker. – 2. *cf.* Wanderbursche.

'Wan·der|ˌfahrt *f* hiking excursion (*colloq.*). — **~ˌfal·ke** *m zo.* peregrine falcon, peregrine, rock falcon, *Br. auch* game hawk (*Falco peregrinus*). — **~ˌfal·ter** *m* migratory butterfly. — **~ˌfeldˌröh·re** *f* (*radio*) traveling- (*bes. Br.* travelling-)wave tube (*bes. Br.* valve). — **~ˌfisch** *m zo.* migratory fish. — **~ˌflan·ke** *f* (*sport*) (*beim Turnen*) tramelot. — **~geˌschwin·dig·keit** *f* speed of travel. — **~geˌwer·be** *n econ.* itinerant trade. — **~geˌwer·be·beˌschein** *m* peddler's (*bes. Br.* pedlar's) licence (*Am.* license). — **~ˌheuˌschrecke** (*getr.* -k·k-) *f zo.* migratory locust (*Locusta migratoria*). — **~ˌhir·ten·tum** *n* ⟨-s; *no pl*⟩ (*Nomadentum*) nomadism.

'Wan·de·rin *f* ⟨-; -nen⟩ *cf.* Wanderer 1.

'Wan·der|ˌjah·re *pl* 1. *hist.* (journeyman's) years of travel. – 2. *fig. obs.* years of apprenticeship. — **~ˌkar·te** *f* 1. trail map. – 2. (*bes. in Kurorten*) map of walks. — **~ˌka·sten** *m* (*mining*) chock. — **~ˌkeh·re** *f* (*sport*) (*beim Turnen*) Stöckli. — **~ˌki·no** *n* touring (*od.* road) cinema (*bes. Am. colloq.* movie). — **~ˌle·ben** *n* ⟨-s; *no pl*⟩ vagrant (*od.* wandering, migratory) life: ein ~ führen to lead a vagrant life. — **~ˌle·ber** *f med.* floating (*od.* wandering) liver. — **~ˌlied** *n* hiking song. — **~ˌlust** *f* ⟨-; *no pl*⟩ passion for traveling (*bes. Br.* travelling), wanderlust: ihn hat die ~ gepackt he was seized by (the) wanderlust (*od.* with the urge to roam), he got itchy feet. — **w~ˌlu·stig** *adj* fond of traveling (*bes. Br.* travelling), wanderlustful: ~ sein to have itching (*od.* itchy) feet. — **~ˌmilz** *f med.* floating (*od.* wandering) spleen. — **~ˌmu·schel** *f zo. cf.* Dreiecksmuschel.

wan·dern ['vandərn] I *v/i* ⟨sein⟩ 1. (*zu Fuß gehen*) walk, go (*od.* travel, journey) on foot, tramp, peregrinate (*lit.*): wir sind fünf Stunden [durch den Wald] gewandert we walked for five hours [through the wood(s)]. – 2. (*mit einem Ziel, bes. sportlich*) hike (*colloq.*): morgen wollen wir ~ (gehen) we want to go hiking tomorrow; mit j-m durchs Leben ~ *fig.* to go (*od.* journey) through life with s.o.; wer ~ will, muß den Weg kennen (*Sprichwort*) *etwa* a traveler (*bes. Br.* traveller) must know the road (*od.* his way). – 3. (*ziellos gehen*) wander, roam, rove, ramble: er wanderte durch die Stadt [über die Felder] he wandered through the town [through the fields]. – 4. (*von Völkern, Tieren*) migrate. – 5. die Flüsse aufwärts ~ (*von Fischen zur Laichzeit*) to run upstream, to ascend the stream (*od.* river). – 6. *geogr.* (*von Dünen*) shift, move. – 7. *fig.* (*von Wolken*) drift (*od.* float, sail) along. – 8. *fig.* (*weitergegeben werden*) pass, be passed: der Zettel wanderte durch die ganze Klasse the note (was) passed through the whole classroom; der Ball wanderte von Mann zu Mann (*sport*) the ball (was) passed (*od.* was touched on) from player to player. – 9. *fig.* (*von Blicken, Gedanken etc*) roam, wander: sie ließ ihre Blicke über die Bilder ~ she let her eyes roam over the pictures; seine Gedanken wanderten in die Vergangenheit his thoughts roamed into the past. – 10. *colloq.* (*gelangen*) end up, land (up) (*colloq.*): er ist ins Gefängnis gewandert he was put in (*od.* went to) clink (*sl.*); der Brief ist ins Feuer gewandert the letter landed in the fire; die Uhr ist ins Leihhaus gewandert the watch has ended up in the pawnshop. – 11. ihr wandert jetzt ins Bett! *colloq.* (*zu Kindern*) off to bed with you (now)! off you go to bed (now)! die Kleinen sind erst einmal in die Badewanne gewandert *colloq.* the children had to be bathed first. – 12. *med.* a) (*von Bakterien, Parasiten, Fremdkörpern etc*) migrate, b) (*von Niere etc*) wander, float. – 13. *phys. chem.* diffuse, migrate, (*von Schwingungen*) propagate. – 14. *tech.* a) move, travel, b) (*von Lagerring*) creep. – 15. *electr.* a) (*von Funkenentladungen*) wander, b) (*von Ionen*) migrate. – 16. (*mining*) move, shift. – 17. *synth.* (*von Weichmachern*) migrate. – 18. *mus.* (*des Cantus firmus von Stimme zu Stimme*) migrate. – II W~ *n* ⟨-s⟩ 19. *verbal noun*. – 20. (*von Völkern, Tieren etc*) migration. – 21. *med.* (*von Bakterien, Parasiten, Fremdkörpern etc*) migration. – 22. *phys. chem.* diffusion, migration, (*von Schwingungen*) propagation. – 23. *synth.* migration. – 24. *mus.* migration. — **'wan·dernd** I *pres p.* – II *adj* 1. (*auf Wanderschaft befindlich*) wayfaring, itinerant, traveling, *bes. Br.* travelling: zwei ~e Gesellen two wayfaring journeymen. – 2. (*umherziehend*) strolling, vagrant. – 3. *cf.* nomadenhaft. – 4. ~e Düne *geogr. cf.* Wanderdüne. – 5. *zo.* wandering, migratory. – 6. *med.* a) (*Bakterien, Parasiten, Fremdkörper etc*) migratory, b) (*Geschwür*) nomadic. – 7. *phys. electr.* (*Ionen*) migratory, migrating.

'Wan·der|ˌnie·re *f med.* floating (*od.* mobile, wandering) kidney. — **~poˌkal** *m* (*sport*) challenge cup. — **~ˌpre·di·ger** *m relig.* itinerant preacher, evangelist. — **~ˌpreis** *m* (*bes. sport*) challenge trophy. — **~ˌrat·te** *f zo.* Norway rat, brown (*od.* sewer, wharf) rat (*Rattus norvegicus*). — **~ˌre·chen** *m civ.eng.* (*am Wasserwehr*) band screen.

'Wan·derˌrost *m tech.* traveling (*bes. Br.* travelling) grate, (*bei der Ölfeuerung*) chain grate. — **~ˌfeue·rung** *f* traveling- (*bes. Br.* travelling-)grate firing.

'Wan·derˌsand *m geogr.* drift sand.

'Wan·der·schaft *f* ⟨-; *no pl*⟩ journey: auf ~ gehen [sein] to go [to be] journeying, to take to [to be on] the road.

'Wan·der|ˌschau *f cf.* Wanderausstellung. — **~ˌschauˌspie·ler** *m* (*theater*) strolling

actor (*od.* player), *Am.* barnstormer, member of a touring company. — ~ˌ**schrift** *f* (illuminated) moving writing.
ˈ**Wan·dersˌmann** *m* ⟨-(e)s; -leute⟩ *poet. for* Wanderbursche, Wanderer.
ˈ**Wan·der|ˌsport** *m* hiking (*colloq.*). — ~**ˌstab** *m* (walking) staff: **den ~ ergreifen** *fig.* to set out on one's travels, to take to the road. — ~ˌ**tag** *m ped.* **1.** excursion day. – **2.** hike (*od.* hiking) day (*colloq.*). — ~**ˌtau·be** *f zo.* passenger pigeon (*Ectopistes migratorius*). — ~**tekˌto·nik** *f geol. phys.* mobilism. — ~ˌ**tisch** *m tech.* conveyor table. — ~ˌ**trieb** *m* **1.** urge (*od.* desire) to roam, wanderlust: **er ist vom ~ gepackt** he has been seized by the urge to roam. – **2.** *zo.* migratory instinct. – **3.** *med. psych.* a) dromomania, b) (*bei Geisteskranken*) drapetomania, poriomania, c) (*mit Amnesie*) wandering impulsion, hysterical fugue. — ~ˌ**trup·pe** *f* (*theater*) strolling players *pl* (*od.* actors *pl*), *Am.* barnstormers *pl*, touring (*Am.* road) company.
Wan·de·ru [ˈvanderu] *m* ⟨-s; -s⟩ *zo. cf.* Bartaffe.
ˈ**Wan·de·rung** *f* ⟨-; -en⟩ **1.** *cf.* Wandern. – **2.** (*Ausflug zu Fuß*) walking tour, walk, tramp, ramble, hike (*colloq.*): **eine ~ machen** to go on a hike. – **3.** *fig.* journey: **auf der mühseligen ~ durchs Leben** on one's wearisome journey (*od.* one's toil) through life. – **4.** (*von Völkern, Stämmen etc*) migration, peregrination (*lit.*): **die ~ der Germanen durch Europa** the migration of the Germanic tribes through Europe. – **5.** *sociol.* migration. – **6.** *zo.* a) (*von Vögeln etc*) migration, b) (*der Fische zu ihren Laichplätzen*) run, ascent. – **7.** *med.* (*von Bakterien, Parasiten, Fremdkörpern etc*) migration. – **8.** *phys. electr.* (*von Ionen*) migration: **zwischenmolekulare ~** intermolecular migration. – **9.** *electr.* (*von Frequenzen*) drift.
ˈ**Wan·de·rungs|beˌwe·gung** *f* (*in der Bevölkerungsstatistik*) migration movement. — ~**po·liˌtik** *f* migration policy.
ˈ**Wan·der|ˌvo·gel** *m* **1.** *fig.* (*Mensch, der ein unstetes Leben führt*) rolling stone, bird of passage: **er war sein Leben lang ein ~** he was a rolling stone all his life. – **2.** „~" *a German youth movement.* – **3.** *member of the 'Wandervogel'.* – **4.** *pl zo. cf.* Strichvögel. — ~ˌ**weg** *m* **1.** hiking trail (*colloq.*). – **2.** (*bes. in Kurorten*) walk, footpath, *Br.* foot-path. — ~ˌ**wel·le** *f electr.* transient (*od.* traveling, *bes. Br.* travelling) wave. — ~ˌ**zel·le** *f med. zo.* wandering cell. — ~**ˌzir·kus** *m* traveling (*bes. Br.* travelling) circus. — ~ˌ**zwei·er** *m* (*Faltboot*) double touring canoe.
ˈ**Wand|ˌfach** *n arch.* bay of wall. — ~**ˌfahrˌplan** *m* wall timetable. — **w~ˌfest** *adj* attached to the wall. — ~ˌ**feu·er** *n* (*in der Schmiede*) wall forge.
ˈ**Wandˌflä·che** *f* wall space.
ˈ**Wandˌflä·chen·reˌkla·me** *f econ.* **1.** mural advertisement (*seltener* -z-). – **2.** mural advertising (*seltener* -z-).
ˈ**Wand|ˌflech·te** *f bot.* shield (*od.* stone, ring) lichen (*Gattg Parmelia*). — ~ˌ**flie·se** *f* wall tile. — ~**geˌmäl·de** *n* (*art*) **1.** mural (painting), wall painting. – **2.** fresco. — ~**geˌstell** *n* wall rack. — ~ˌ**ha·ken** *m* wall hook. — ~ˌ**hal·te·rung** *f* wall bracket. — ~ˌ**heizˌkör·per** *m* wall radiator. — ~**kaˌlen·der** *m* wall calendar. — ~ˌ**kar·te** *f* wall map. — ~**konˌso·le** *f* wall bracket. — ~ˌ**lam·pe** *f electr. cf.* Wandleuchte. — ~**ˌlei·ter** *f* wall ladder.
ˈ**Wand·ler** *m* ⟨-s; -⟩ **1.** *electr.* instrument transformer. – **2.** *telev.* converter, transducer.
ˈ**Wand|ˌleuch·te** *f* wall lamp. — ~ˌ**lüf·ter** *m* wall ventilator.
ˈ**Wand·lung** *f* ⟨-; -en⟩ **1.** *cf.* Wandeln[1]. – **2.** (*Wandel, Änderung*) change: **eine äußere [innere] ~** an outer (*od.* outward) [inner] change; **mit ihm ist eine tiefgreifende ~ vor sich gegangen** a profound change (*od.* a transformation) has come over him; **er hat mehrfach ~en durchgemacht** he has gone through several changes; **es ist noch keine ~ eingetreten** no change has occurred as yet; **etwas ist in einer ~ begriffen** s.th. is in the process of change (*od.* changing). – **3.** *röm.kath.* a) (*Teil der Messe*) consecration, b) (*Verwandlung*) transubstantiation, *auch* transsubstantiation. – **4.** *jur.* cancelation (*bes. Br.* cancellation) of (the) sale, *bes. Am.* redhibition: **auf ~ klagen** to sue for (the) cancel(l)ation of (the) sale (*bes. Am.* for redhibition).
ˈ**wand·lungsˌfä·hig** *adj* **1.** (*fähig, sich auf verschiedene Situationen einzustellen*) versatile, adaptable: **ein ~er Schauspieler** a versatile actor. – **2.** (*fähig, sich zu wandeln*) changeable, capable of change: **in der frühen Jugend ist der Mensch besonders ~** man is particularly capable of change in early youth. — ˈ**Wand·lungsˌfä·hig·keit** *f* ⟨-; *no pl*⟩ **1.** versatility, versatileness, adaptability. – **2.** changeability, capability of change.
ˈ**Wand·lungsˌkla·ge** *f jur.* action for (the) cancelation (*bes. Br.* cancellation) of (the) sale, *bes. Am.* redhibitory action.
ˌ**Wand·ma·leˈrei** *f* (*art*) **1.** mural (*od.* wall) painting. – **2.** fresco (painting).
ˈ**Wandˌnetz** *n* (*zum Fischfang*) gill net. — ~ˌ**fi·scher** *m* gill-netter.
ˈ**Wand|ˌni·sche** *f arch.* wall niche. — ~**ˌpfei·ler** *m* pilaster. — ~ˌ**plat·te** *f* **1.** *arch.* wall slab. – **2.** (*in der Schmiede*) boss. — ~ˌ**putz** *m* wall plaster.
ˈ**Wand·rer** *m* ⟨-s; -⟩ *cf.* Wanderer. — ˈ**Wand·re·rin** *f* ⟨-; -nen⟩ hiker (*colloq.*).
ˈ**Wand|ˌschal·ter** *m electr.* wall-mounted switch. — ~ˌ**schicht** *f* **1.** *arch.* wall layer. – **2.** *med.* parietal layer. — ~ˌ**schirm** *m* (folding) screen. — ~ˌ**schmuck** *m* wall decoration. — ~ˌ**scho·ner** *m* (*hinter dem Waschbecken etc*) splasher. — ~ˌ**schrank** *m* **1.** wall cupboard (*od.* press, *Am.* closet). – **2.** (*eingebauter*) built-in cupboard (*od.* press, *Am.* closet). — ~ˌ**spie·gel** *m* **1.** (wall) mirror. – **2.** (*großer, dekorativer*) pier glass.
ˈ**wandˌstän·dig** *adj* **1.** *bot.* parietal. – **2.** *med.* a) parietal, mural, b) (*randständig*) marginal.
ˈ**Wand|ˌsteckˌdo·se** *f electr.* wall socket. — ~ˌ**stecker** (*getr.* -k·k-) *m* wall plug. — ~ˌ**ta·fel** *f* blackboard, *Am. auch* chalkboard. — ~ˌ**tä·fe·lung** *f arch.* wainscot, wainscoting, *bes. Br.* wainscotting, wall paneling (*bes. Br.* panelling).
wand·te [ˈvantə] *1 u. 3 sg pret of* wenden[1].
ˈ**Wand|ˌtel·ler** *m* decorative plate. — ~**ˌtep·pich** *m* tapestry (carpet), arras, (wall) hanging. — ~ˌ**tisch** *m* console table. — ~ˌ**uhr** *f* wall clock.
ˈ**Wan·dung** *f* ⟨-; -en⟩ **1.** (*innere Wandfläche*) side, inner wall. – **2.** *med.* (*von Gefäßen etc*) wall. – **3.** *zo.* (*in Körperhohlräumen*) paries.
ˈ**Wand|ˌva·se** *f* wall vase. — ~**verˌgla·sung** *f* wall glazing. — ~**verˌklei·dung** *f tech.* **1.** wall lining (*od.* facing): **schalldämpfende ~** acoustic lining. – **2.** *cf.* Wandtäfelung. — ~ˌ**zei·tung** *f* wall newspaper (*od.* news-sheet). — ~ˌ**zel·le** *f biol.* parietal cell.
Wa·nen [ˈvaːnən] *pl myth.* Vanir (*an early race of Scandinavian gods*).
Wan·ge [ˈvaŋə] *f* ⟨-; -n⟩ **1.** *lit.* cheek: **~ an ~** cheek to cheek; **eingefallene ~n** hollow (*od.* sunken) cheeks; **mit glühenden ~n** with glowing cheeks; **das Blut** (*od.* **die Röte**) **stieg ihr in die ~n** *poet.* (the) blood rushed to her cheeks, she flushed; **einem Kind über die ~n streicheln** to stroke a child's cheeks; → Salz 1. – **2.** *zo.* (*bei Gliederfüßern*) cheek, gena (*scient.*). – **3.** *tech.* a) (*eines Maschinenbettes*) shear, b) (*einer Kurbelwelle*) cheek, c) (*eines Maschinenständers*) front wall, face. – **4.** *arch.* (*Treppenwange*) stringboard. – **5.** *meist pl* (*am Chorgestühl*) end.
ˈ**Wan·gen|ˌbein** *n med.* cheekbone; zygomatic (*od.* malar, jugal) bone, zygoma (*scient.*). — ~ˌ**bo·gen** *m* zygomatic (*od.* malar) arch. — ~ˌ**brand** *m* ⟨-(e)s; *no pl*⟩ gangrenous stomatitis, noma (*scient.*). — ~**deˌfekt** *m* cheek defect. — ~ˌ**ho·bel** *m tech.* cartwright's (*od.* carriage maker's) rabbet plane. — ~ˌ**mus·kel** *m med.* buccinator (*od.* zygomatic) muscle. — ~ˌ**rot** *n* (*cosmetics*) rouge.
Wank *m* ⟨-(e)s; *no pl*⟩ *only in* **keinen ~ tun** *Swiss dial.* not to lift (*od.* stir) a finger.
ˈ**Wan·kelˌmo·tor** [ˈvaŋkəl-] *m auto.* Wankel engine, rotary piston engine.
ˈ**Wan·kelˌmut** *m* (*unbeständiger Sinn*) inconstancy, fickleness, volatility.
ˈ**wan·kelˌmü·tig** *adj* inconstant, fickle, volatile. — ˈ**Wan·kelˌmü·tig·keit** *f* ⟨-; *no pl*⟩ *cf.* Wankelmut.
wan·ken [ˈvaŋkən] **I** *v/i* ⟨h *u.* sein⟩ **1.** ⟨sein⟩ (*taumeln*) stagger, reel, totter, *bes. Am.* teeter: **zur Tür [durch die Straßen] ~** to stagger to the door [through the streets]. – **2.** ⟨h⟩ (*unsicher stehen*) stagger, reel, sway, totter, waver: **er wankte und stürzte zu Boden** he staggered and fell to the ground. – **3.** ⟨h⟩ **nicht ~ und nicht weichen** a) (*sich nicht von der Stelle rühren*) not to budge (an inch), b) *fig.* (*entschlossen seinen Standpunkt vertreten*) to be as firm as rock. – **4.** ⟨h⟩ (*von Knien*) wobble, *auch* wabble, shake: **vor Ermattung wankten ihm die Knie** exhaustion made his knees wobble (*od.* shake). – **5.** ⟨h⟩ (*von Gebäuden etc*) rock, sway, shake: **bei dem Erdbeben wankten die Häuser** the houses rocked in the earthquake; **der Staat wankte in seinen Grundfesten** *fig.* the state rocked (*od.* reeled) to its foundations; **Throne wankten** *fig.* thrones rocked. – **6.** ⟨h⟩ (*vom Boden*) rock, shake, totter: **der Boden wankte ihm unter den Füßen** *fig.* the ground rocked beneath him. – **7.** ⟨h⟩ *fig.* (*unsicher werden*) falter, waver, vacillate: **er begann in seinem Entschluß zu ~** he began to falter in his decision; **sein Mut [sein Glaube, seine Entschlossenheit] wankte** his courage [faith, decisiveness] faltered. – **II W~** *n* ⟨-s⟩ **8.** *verbal noun*: **ins W~ geraten** (*od.* **kommen**) a) (*von Personen*) to begin to stagger (*od.* reel, sway, waver), b) (*von Gebäuden etc*) to begin to rock (*od.* sway, totter), to shake, c) *fig.* (*von Staaten, Institutionen etc*) to begin to rock (*od.* sway), d) (*vom Boden*) to begin to rock (*od.* shake), e) *fig.* (*von Personen*) to become unsure of oneself, to begin to waver, f) *fig.* (*von Glaube, Mut, Treue etc*) to begin to falter (*od.* waver); **etwas ins W~ bringen** a) (*Gebäude etc*) to make s.th. rock (*od.* sway, shake), b) *fig.* (*Staat, Gesellschaftsordnung etc*) to make s.th. rock to its foundations, c) *fig.* (*Glaube, Mut, Treue etc*) to make s.th. falter (*od.* waver); **j-n ins W~ bringen** a) to make s.o. stagger (*od.* reel, sway, waver), b) *fig.* to make s.o. unsure of himself, to make s.o. falter (*od.* waver); **j-s Entschluß [Treue] ins W~ bringen** *fig.* to make s.o. unsure of (*od.* falter in, waver in) his decision [loyalty]. — ˈ**wan·kend I** *pres p.* – **II** *adj* **1.** (*Gebäude etc*) rocking, swaying, shaking. – **2.** *fig.* (*Regime, Institution etc*) shaky, tottering, *bes. Am.* teetering. – **3.** *fig.* (*Autorität, Reputation etc*) shaky. – **4.** *fig.* (*Mut, Entschlossenheit, Glaube etc*) faltering, wavering. – **5.** **in seinen Entschlüssen [Vorsätzen] ~ werden** *fig.* to begin to falter (*od.* waver) in one's decisions [resolutions]; **j-n ~ machen** *fig.* to make s.o. falter (*od.* waver, unsure of himself); **j-n in seinem Entschluß ~ machen** to make s.o. falter (*od.* waver) in his decision.
ˈ**Wankˌnutˌsä·ge** *f tech.* wobbling saw.
wann [van] **I** *interrog adv* **1.** when: **~ kommst du?** when are you coming? **~ ist Mozart geboren?** when was Mozart born? **seit ~ kennst du ihn?** since when do you know him? how long have you known him? **bis ~ kannst du bleiben?** till when can you stay? **bis ~ ist das Referat fertig?** when will the paper be finished? **ich weiß noch nicht, ~ ich komme** I still do not know when I'll be coming; **sie weiß nicht, ~ sie zu schweigen hat** she does not know when to keep quiet; → dann 2. – **2.** (*um welche Uhrzeit*) when, (at) what time: **~ kommst du heute abend?** when are you coming tonight? **laß mich wissen, ~ du mit der Arbeit fertig bist** let me know when (*od.* at what time) you finish work. – **II W~, das** ⟨-s⟩ **3.** the time: **über das W~ konnten wir uns noch nicht einig werden** we could not agree on the time; → wie III.
Wan·ne [ˈvanə] *f* ⟨-; -n⟩ **1.** tub. – **2.** (*zum Baden*) bath(tub), tub (*colloq.*): **in die ~ steigen** *colloq.* to take a bath. – **3.** *tech.* a) (*einer Maschine*) pan, tray, b) (*eines Kurbelgehäuses*) sump, c) (*einer Einspritzpumpe*) cradle. – **4.** *civ.eng.* (*eines Bauwerks zur Grundwasserisolierung*) tanking. – **5.** *auto. cf.* Ölwanne. – **6.** *aer.* ventral gondola. – **7.** *agr. cf.* Getreideschwinge. – **8.** *phot.* (*langgestreckte Leuchte*) lighting trough. – **9.** *mil.* (*eines Panzers*) hull.
wan·nen [ˈvanən] *adv obs.* **von ~** (from) whence.
ˈ**Wan·nen|ˌbad** *n* (tub) bath, tub (*colloq.*). — ~ˌ**ofen** *m tech.* (*in der Glasherstellung*) tank furnace.
Wanst[1] [vanst] *m* ⟨-es; =e⟩ **1.** *zo. cf.* Pansen. – **2.** *colloq. contempt.* belly,

paunch: sich (*dat*) den ~ vollschlagen to fill one's belly, to eat oneself silly (*colloq.*).

Wanst[2] *n* ⟨-es; ⁼er⟩ *contempt. od. colloq. humor.* brat (*contempt.*), *bes. Br. colloq.* little beggar.

Want [vant] *f* ⟨-; -en⟩ *meist pl mar.* shroud.

Wan·ze ['vantsə] *f* ⟨-; -n⟩ **1.** *zo.* a) bug (*Ordng Heteroptera*), b) (*Bettwanze*) (bed)-bug (*Cimex lectularius*): er ist dreist (*od.* frech) wie eine ~ *fig. colloq.* he is (as) cheeky as a cock sparrow, he is (as) saucy as a fishwife; platt wie eine ~ *fig.* (as) flat as a pancake. – **2.** *colloq. for* Heftzwecke. – **3.** *colloq.* (*Abhörgerät*) bug: in einem Raum ~n anbringen (*od.* verstecken) to bug a room (*colloq.*).

'Wan·zen|,jä·ger *m zo.* bedbug hunter (*Reduvius personatus*). — **~,kraut** *n bot.* bugbane, *Am. auch* black cohosh (*Cimicifuga racemosa*). — **~,nest** *n* **1.** nest of bugs. – **2.** *fig. colloq.* (*wanzenverseuchter Ort*) bugs' nest. — **~,sa·me** *m bot.* bugseed, bugweed (*Corispermum hyssopifolium*). — **~,stich** *m* bugbite. — **w~ver,seucht** *adj* buggy, infested with bugs.

Wa·pi·ti [va'piːti] *m* ⟨-(s); -s⟩, **~,hirsch** *m zo.* wapiti, elk (*Cervus canadensis*).

Wap·pen ['vapən] *n* ⟨-s; -⟩ *her.* coat of arms, arms *pl*, armorial bearings *pl*, escu(t)cheon, blazon: ein ~ führen (dürfen) to (be allowed to) bear a coat of arms; die königliche Familie führt ein Einhorn im ~ the royal family bears (*od.* has) a unicorn in its coat of arms; → Kopf 12. — **~,bild** *n* heraldic figure, charge, bearing(s *pl*). — **~,blu·me** *f* floral emblem. — **~,buch** *n* book of armory (*bes. Br.* armoury) (*od.* heraldry), armorial. — **~er,klä·rung** *f* blazon(ing), blazonry. — **~,feld** *n* field, (*Quartier*) quarter. — **~fi,gur** *f cf.* Wappenbild. — **~,hal·ter** *m* supporter. — **~,he·rold** *m hist.* king of arms, *auch* King of Arms, herald, blazoner. — **~,ken·ner** *m* armorist, blazoner. — **~,kö·nig** *m hist. cf.* Wappenherold. — **~,kun·de** *f* ⟨-; *no pl*⟩ *her. cf.* Heraldik. — **~,ma·ler** *m* (em)blazoner. — **~ma·le,rei** *f* **1.** (*Kunst*) emblazonry. – **2.** (*Bild*) emblazonment. — **~,man·tel** *m* mantling. — **~,schild** *m* blazon, escu(t)cheon, shield. — **~,schmuck** *m* emblazonment, emblazonry. — **~,spruch** *m* heraldic motto (*od.* device). — **~,tier** *n* heraldic animal. — **~,zelt** *n* pavilion.

Wap·perl ['vapərl] *n* ⟨-s; -(n)⟩ *Bavarian and Austrian colloq. for* Etikett.

wapp·nen ['vapnən] **I** *v/t* ⟨h⟩ *obs. for* bewaffnen 1. – **II** *v/reflex* sich gegen etwas ~ *fig.* to arm (*od.* steel, fortify) oneself against s.th.: sich mit Geduld ~ *fig.* to muster (*od.* summon) (up) one's patience, to possess oneself in patience.

war [vaːr] *1 u. 3 sg pret of* sein[1].

Wa·rä·ger [va'rɛːgər] *m* ⟨-s; -⟩ *hist.* (*Wikinger*) Varangian.

Wa·ran [va'raːn] *m* ⟨-s; -e⟩ *zo.* monitor (lizard), varan (*Gattg Varanus*). — **~,te·ju** *m* monitor teju (*Tejovaranus flavipunctatus*).

warb [varp] *1 u. 3 sg pret of* werben.

ward [vart] *poet. 1 u. 3 sg pret of* werden.

War·dein [var'daɪn] *m* ⟨-(e)s; -e⟩ *hist.* (*Münzprüfer*) assayer, mint warden.

war·die·ren [var'diːrən] *v/t* ⟨*no* ge-, h⟩ (*prüfen, bewerten*) assay.

Wa·re ['vaːrə] *f* ⟨-; -n⟩ **1.** (*Artikel, Warenart*) article (of merchandise), *bes. pl* goods: die ~n auszeichnen to mark the goods; diese ~n führen wir nicht we do not stock (*od.* carry) these goods; diese ~ haben wir nicht auf Lager we don't have this article in stock, this article is out of stock; ich kann ihnen diese ~ nur empfehlen I can really recommend this article to you; diese ~ verkauft sich gut this article sells well. – **2.** *collect.* goods *pl*: erstklassige [gute, einheimische, leichtverderbliche] ~ first-class (*od.* first-quality) [quality, domestic, perishable] goods; heiße ~ *colloq.* hot goods (*sl.*); fehlerhafte ~ defective (*od.* objectionable) goods (*od.* articles); gute ~ lobt sich selbst (*od.* selber) (*Sprichwort*) good wine needs no bush (*proverb*), good ware makes quick market (*proverb*); gute ~ hält sich *humor.* I'm not bad for my age (*humor.*); → Krämer 1. – **3.** *pl* goods: gängige [eingegangene, bewirtschaftete] ~n sal(e)able (*od.* marketable) [delivered, rationed] goods; ~n des täglichen Bedarfs essential consumer goods; ~n im Wert von 10 000 Mark goods to the value of 10,000 marks; sich mit ~n eindecken to build up stocks, to stock up; in ~n bezahlen to pay in kind. – **4.** *pl* (*für Hausierhandel etc*) ware *sg*, wares: seine ~n feilbieten to offer one's ware(s) (*od.* goods, merchandise) for sale. – **5.** (*Fertigprodukt, Fabrikat*) product, article, manufacture: die ~n der Firma X the products of the firm of X; beste deutsche ~ a high-quality German product. – **6.** (*bes. im Handel*) a) article (of merchandise), commodity, b) *collect. u. pl* merchandise *sg*, goods *pl*: unverzollte ~(n) a) (*unter Zollverschluß*) bonded (*od.* in-bond) goods, b) (*noch nicht verzollte*) goods with duty unpaid, undeclared goods.

wä·re ['vɛːrə] *1 u. 3 sg pret subj of* sein[1].

'Wa·ren|,ab,kom·men *n econ.* trade agreement. — **~,ab,satz** *m* sale of goods (*od.* commodities). — **~adreß,zet·tel** [-ˀa,drɛs-] *m cf.* Adreßzettel. — **~ak·kre·di,tiv** *n cf.* Dokumentenakkreditiv. — **~ak,zept** *n* trade acceptance. — **~,an·ge,bot** *n* **1.** (*verfügbares, lieferbares*) range of goods. – **2.** (*Gesamtangebot*) supply of goods. — **~,an,nah·me** *f* (*im Lagerhaus etc*) receiving room. — **~,auf,zug** *m tech. Am.* freight elevator, *bes. Br.* hoist. — **~,aus,fuhr** *f econ.* export(ation) (of goods).

'Wa·ren,aus,gang *m econ.* **1.** ⟨*only sg*⟩ (*bei der Buchung*) sale of goods. – **2.** *pl* outgoing goods. — **'Wa·ren,aus,gangs,buch** *n* sales book (*od.* journal).

'Wa·ren,aus,tausch *m econ.* exchange (*od.* barter) of goods. — **~,ab,kom·men** *n cf.* Warenabkommen.

'Wa·ren|au·to,mat *m econ. cf.* Verkaufsautomat. — **~,bal·len** *m* bale. — **~be,darf** *m econ.* demand (for goods). — **~be,gleit,schein** *m cf.* Begleitschein. — **~be,lei·hung** *f* **1.** advance (loan) on goods. – **2.** granting of loans on goods. — **~be,schrei·bung** *f* description of goods. — **~be,stand** *m* stock in trade, merchandise on hand (*od.* in stock), *bes. Am.* merchandise inventory, stock in (*od.* on) hand. — **~be,stell,buch** *n* order book. — **~be,stel·lung** *f* **1.** order for goods. – **2.** (*aus dem Ausland*) foreign purchase order, *bes. Br.* indent. — **~be,wirt·schaf·tung** *f* rationing of goods. — **~be,zeich·nung** *f* trade description. — **~,bör·se** *f* commodity (*od.* produce) exchange (*od.* market). — **~,dol·lar** *m* commodity dollar. — **~,ein,fuhr** *f* import(ation) (of goods).

'Wa·ren,ein,gang *m econ.* **1.** ⟨*only sg*⟩ arrival of goods. – **2.** *pl* goods received, incoming goods (*od.* stocks).

'Wa·ren,ein,gangs|,ab,tei·lung *f econ.* receiving department. — **~,buch** *n* book of arrivals, purchase(s) journal (*od.* book), purchases daybook. — **~,kon·to** *n* purchase(s) account. — **~,schein** *m* receiving slip.

'Wa·ren|,ein·heit *f econ.* unit of goods. — **~,ein,la·ge·rung** *f* storage (*od.* warehousing) of goods. — **~,ein,sen·der** *m cf.* Warenversender. — **~,ein- ,und -,aus,gang** *m* **1.** purchase and sale of goods. – **2.** incoming and outgoing goods *pl*. — **~emp,fän·ger** *m* consignee. — **~er,trag** *m* income from sales. — **~ex,port** *m cf.* Warenausfuhr. — **~,for·de·run·gen** *pl* (*in der Bilanz*) trade debtors. — **~,gat·tung** *f* kind (*od.* type, class) of goods. — **~,han·del** *m* trade in goods, goods (*od.* merchandise) trade.

'Wa·ren,haus *n* department store, *Br. auch* stores *pl* (*construed as sg or pl*). — **~,dieb** *m*, **~,die·bin** *f* shoplifter. — **~,dieb,stahl** *m* shoplifting: einen ~ begehen to shoplift. — **~,ket·te** *f econ.* chain of department stores. — **~kon,zern** *m* department store combine.

'Wa·ren|im,port *m econ. cf.* Wareneinfuhr. — **~,kennt·nis** *f* knowledge of goods (*od.* merchandise), merchandise knowledge. — **~,knapp·heit** *f* shortage of goods. — **~kon·tin,gent** *n* goods quota. — **~kon·tin·gen,tie·rung** *f* **1.** imposition (*od.* fixing, allocation) of goods quotas. – **2.** goods quota restriction, subjecting of goods to quotas (*od.* quota allocation). – **3.** goods quota system. — **~,kon·to** *n* goods (*od.* stock) account. — **~kon,trol·le** *f* goods control (*od.* inspection), checking of goods. — **~kon,troll,stel·le** *f* goods control (*od.* inspection) office. — **~,korb** *m* (*in der Preisstatistik*) shopping basket (*od.* bag).

'Wa·ren·kre,dit *m econ.* commercial credit (*od.* loan), credit on goods. — **~,ab,tei·lung** *f* credit department. — **~,brief** *m cf.* Dokumentenakkreditiv. — **~-,Sach·be,ar·bei·ter** *m* commercial credit expert.

'Wa·ren|,kun·de *f* ⟨-; *no pl*⟩ knowledge of goods (*od.* merchandise), merchandise knowledge. — **~,la·ger** *n* **1.** *cf.* Warenbestand. – **2.** (*Raum*) warehouse, storehouse, depot. — **~,lie·fe·rung** *f* goods delivery. — **~,mak·ler** *m* merchandise broker. — **~,markt** *m* commodity market. — **~,mu·ster** *n cf.* Warenprobe 1. — **~,nie·der,la·ge** *f* warehouse, storehouse, depot. — **~pa,pier** *n* commodity document of title. — **~par,tie** *f* lot (*od.* installment, *bes. Br.* instalment, parcel) of goods. — **~,po·sten** *m* lot, parcel, (*bei der Buchung*) item. — **~,prei·se** *pl* commodity prices. — **~,pro·be** *f* **1.** *econ.* a) sample (of goods), commercial sample, b) (*bei Stoffen*) pattern, swatch. – **2.** (*postal service*) *cf.* Warensendung 2. — **~,prü·fer** *m* goods controller (*od.* examiner, inspector). — **~,rech·nung** *f econ.* invoice. — **~,rück·ver,gü·tung** *f* (*an Genossenschaftsmitglieder*) refund in kind. — **~,schein** *m* (*Quittung*) goods receipt. — **~,schuld** *f* merchandise debt. — **~,sen·dung** *f* **1.** *econ.* consignment (*od.* shipment) (of goods). – **2.** (*postal service*) (*im Inlandsdienst*) sample of merchandise. — **~,skon·to** *m, n econ.* merchandise allowance. — **~,sor·te** *f* commodity grade. — **~sor·ti,ment** *n* assortment of goods. — **~,spei·cher** *m* **1.** *cf.* Warenlager 2. – **2.** storage shed (*od.* building). – **3.** (*für Getreide*) silo, granary. — **~ter,min·ge,schäft** *n* (*an der Börse*) commodity futures trading (*od.* dealings *pl*), forward merchandise dealings *pl*. — **~,test** *m* goods test. — **~tran,sit** *m* transit of goods. — **~,um,satz** *m* goods (*od.* merchandise) turnover. — **~,um,satz,steu·er** *f* sales (*od.* purchase, *Br. auch* turnover) tax. — **~,um,schlag** *m* **1.** transshipment (*od.* transloading) of goods. – **2.** movement of goods. — **~,um,schlie·ßung** *f* **1.** packing. – **2.** (*Steuerbegriff*) deductable value of packing returned to supplier. — **~ver,kauf** *m* sale (of goods), commodity sales *pl*: die Erträge aus Warenverkäufen proceeds from goods sales. — **~ver,kehr** *m* **1.** movement of goods, merchandise traffic. – **2.** trade in (*od.* exchange of) goods. — **~ver,knap·pung** *f cf.* Warenknappheit. — **~ver,sand** *m* transmission (*od.* consignment) of goods. — **~ver,sen·der** *m* consignor, *auch* consigner. — **~ver,zeich·nis** *n* commodity index, list of goods, (*der Ladung*) *auch* manifest. — **~,wech·sel** *m* trade (*od.* commodity) bill. — **~,wert** *m* commodity value, value of goods.

'Wa·ren,zei·chen *n econ. jur.* (trade)mark, *Br. auch* merchandise mark: eingetragenes ~ registered trademark; ein ~ eintragen (lassen) [verletzen] to register [to infringe] a trademark; Inhaber eines ~s trademark owner. — **~,recht** *n* trademark law, law of trademarks. — **~,schutz** *m* trademark protection.

'Wa·ren|,zoll *m econ. cf.* Zoll[1] 1. — **~,zu,stel·lung** *f* delivery of goods.

warf [varf] *1 u. 3 sg pret of* werfen.

Warf[1] *m, n* ⟨-(e)s; -e⟩ (*in der Weberei*) warp, chain.

Warf[2] *f* ⟨-; -en⟩ *Low G. geogr.* mound (*od.* knoll) (*protecting dwellers from flood on offshore islets or holms in North Friesland*).

Warft [varft] *f* ⟨-; -en⟩ **1.** *cf.* Warf[2]. – **2.** *Low G.* wharf.

warm [varm] **I** *adj* ⟨⁼er; ⁼st⟩ **1.** (*Speisen, Getränke*) hot, warm: ein ~es Essen a hot meal; ~e Getränke hot drinks; ~e Würstchen hot sausages; ~ essen to have a hot meal; das Essen ~ halten (*od.* stellen) to keep the meal warm; die Suppe ~ machen to warm (*od.* heat) (up) the soup; → Semmel. – **2.** (*Kleidung, Zimmer, Wetter, Jahreszeit, Land etc*) warm: ein ~er Wind [Herbst] a warm wind [autumn]; ein ~er Umschlag *med.* a fomentation, a stupe; hier ist es (herrlich) ~ it's (nice and) warm here; mir ist ~ I am warm; das Wasser wird ~ the water is warming (*od.* heating) up (*od.* is getting warm [*od.* hot]); er wird nur langsam ~ *fig. colloq.* it takes him a while to lose his reserve (*od.* to come out of his shell); ich kann mit ihm nicht ~ werden *fig. colloq.* I cannot warm to him; sich ~ anziehen to put on warm clothes, to dress warmly; sich ~ waschen to wash in warm (*od.* hot) water; ~ baden to take a hot bath; sich ~ halten to keep warm; sich ~ laufen to warm up; diese Kleider halten schön ~ *colloq.* these clothes are nice and warm; Alkohol macht ~ alcohol warms you up; die Sonne scheint heute ~ the sun is warm today; j-n ~ zudecken to put a warm cover over s.o.; ~ sitzen to be nice and warm; ~e Miete *colloq. cf.* Warmmiete; → kalt 6; Herz *Besondere Redewendungen*; Nest 6. – **3.** *fig.* (*Anteilnahme, Gefühl etc*) warm: eine ~e Begrüßung a warm (*od.* cordial, hearty) welcome; ~e Worte des Dankes warm (*od.* cordial) words of thanks; j-m mit ~en Worten danken to thank s.o. warmly. – **4.** *fig.* (*Farbe, Ton*) warm: ein ~es Rot a warm red. – **5.** *hunt.* (*Fährte*) warm, fresh. – **6.** *tech.* hot, warm. – **7.** *colloq.* homosexual, 'queer' (*sl.*): → Bruder 5. – **II** *adv* **8.** *fig.* warmly: j-m j-n [etwas] ~ empfehlen to recommend s.o. [s.th.] warmly (*od.* highly) to s.o.; j-m ~ die Hand drücken to shake hands with s.o. warmly. – **9.** ~ satiniert *tech.* (*paper*) hot-rolled. – **III W~e, das** ⟨-n⟩ **10.** ich habe seit Tagen nichts W~es mehr gegessen I have not had a hot meal (*od.* anything warm to eat) for days; im W~en sitzen to sit in the warmth. – **IV W~** *n* ⟨*undeclined*⟩ **11.** *only in* die Heizung auf W~ stellen to turn the heat(ing) up.

'warm,ab,bin·den *v/t* ⟨*irr, sep,* -ge-, h⟩ *synth.* (*Klebstoff*) hot-set.

'Warm|,ab,grat,werk,zeug *n tech.* hot trimming die. — **~,ar·beits·ge,senk** *n* hot forging die. — **~,ar·beits,stahl** *m* hot working steel. — **~,aus,här·tung** *f* artificial aging, quench-age hardening.

'Warm,bad *n* **1.** hot (*od.* warm) bath. – **2.** (*Quelle*) thermal springs *pl.* — **~,här·ten** *n metall.* martempering.

'Warm,band *n* ⟨-(e)s; ⸚er⟩ *metall.* hot-rolled strip. — **~,stra·ße** *f* hot strip mill.

'Warm|be,ar·beit·bar·keit *f tech.* hot-working quality. — **w~be,ar·bei·ten I** *v/t* ⟨*sep, no* -ge-, h⟩ hot-work. – **II W~** *n* ⟨-s⟩ *verbal noun.* — **~be,ar·bei·tung** *f* **1.** *cf.* Warmbearbeiten. – **2.** hot work. — **~,beet** *n hort.* **1.** hotbed, warm bed. – **2.** *cf.* Frühbeet 1. — **w~be,han·deln I** *v/t* ⟨*sep, no* -ge-, h⟩ *tech.* hot-work. – **II W~** *n* ⟨-s⟩ *verbal noun.* — **~be,hand·lung** *f* **1.** *cf.* Warmbehandeln. – **2.** hot work. — **~,bett** *n metall.* hotbed.

'Wärm,beu·tel *m cf.* Wärmflasche.

'Warm|,bier *n* ⟨-(e)s; *no pl*⟩ mulled beer (*od.* ale). — **~,bla·sen** *n metall.* silicon-blow.

'Warm,blut *n* ⟨-(e)s; -e⟩ *zo.* (*Pferderasse*) warm blood. — **'Warm,blü·ter** [-,blyːtər] *m* ⟨-s; -⟩ *zo.* warm-blooded animal, homothermal (*scient.*). — **'warm,blü·tig** [-,blyːtɪç] *adj* warm-blooded; homoiothermic, homeothermic, *auch* homoiothermal (*scient.*).

'warm,brü·chig *adj metall.* hot-short. — **'Warm,brü·chig·keit** *f* hot-shortness.

'Warm,dehn·bar·keit *f tech.* hot-ductility.

'War·me *m* ⟨-n; -n⟩ *colloq.* homosexual, 'pansy' (*colloq.*); queer, 'fairy', 'fag(got)', *Am. auch* 'fagot' (*sl.*).

Wär·me ['vɛrmə] *f* ⟨-; *rare* -n⟩ **1.** (*von Innenräumen*) warmth, warmness: eine wohlige ~ a cozy (*od.* cosy) warmth; diese ~ tut einem wohl this warmth does you good; komm herein in die ~ *colloq.* come (on) in to the warmth. – **2.** (*von Luft, Klima etc*) heat: eine milde [trockene, feuchte] ~ a mild [dry, humid] heat; tierische ~ animal heat; zehn Grad ~ ten degrees above zero. – **3.** (*Hitze*) heat: ist das eine ~! this heat is terrible! it's terribly hot! (*beide colloq.*). – **4.** *fig.* warmth: sie strahlt ~ aus she radiates warmth; j-n mit ~ empfangen to welcome s.o. warmly (*od.* cordially), to give s.o. a warm (*od.* cordial) welcome; von j-m mit ~ sprechen to speak warmly (*od.* fondly) of s.o. – **5.** *phys. chem. tech.* heat: abgegebene ~ heat conducted away; gebundene [freie, spezifische] ~ latent [uncombined, specific] heat; ~ aufnehmen [abgeben] to absorb [to emit *od.* give off] heat; bei diesem Vorgang wird ~ frei heat is liberated in this process.

'Wär·me|,ab,fall *m* heat drop. — **~,ab,gabe** *f* **1.** heat emission. – **2.** *cf.* Wärmeverlust. — **~,ab,lei·ter** *m tech.* (*eines Kühlsystems*) heat dissipating unit, heat sink. — **~,ab,lei·tung** *f* heat dissipation. — **~äqui·va,lent** *n phys.* thermal equivalent: mechanisches ~ mechanical equivalent of heat.

'Wär·me,auf,nah·me *f phys.* absorption of heat, heat abstraction. — **~,fä·hig·keit** *f* ⟨-; *no pl*⟩ heat-absorption capacity.

'Wär·me|,aus,deh·nung *f phys.* heat (*od.* thermal) expansion, dilatation. — **~,aus,deh·nungs·ko·ef·fi·zi,ent** *m* coefficient of thermal expansion.

'Wär·me,aus,gleich *m* **1.** *phys.* temperature compensation. – **2.** *metall.* soaking. — **~,gru·be** *f metall.* soaking pit.

'Wär·me|,aus,nut·zung *f phys.* heat utilization (*Br. auch* -s-) (*od.* efficiency). — **~,aus,strah·lung** *f* heat radiation. — **~,aus,tausch** *m* heat exchange. — **~,aus,tau·scher** *m tech.* heat exchanger. — **~,aus,tausch·ge,setz** *n phys.* law of heat exchange. — **~be,darf** *m* heat requirement. — **w~be,han·deln** *v/t* ⟨*insep, no* -ge-, h⟩ *tech.* heat-treat. — **~be,hand·lung** *f* **1.** *tech.* heat treatment. – **2.** *med.* thermotherapy. — **w~be,stän·dig** *adj tech.* heat-proof, heat-resisting (*od.* -resistant), thermostable. — **~be,stän·dig·keit** *f* heat resistance, heatproof quality, high-temperature (*od.* thermal) stability. — **~be,we·gung** *f phys.* thermal movement. — **~bi,lanz** *f phys.* (*space*) heat balance. — **~,bild** *n phys.* temperature entropy diagram. — **~,bin·dung** *f* heat absorption. — **~,däm·mung** *f tech. cf.* Wärmeisolierung. — **~,deh·nung** *f* heat expansion, dilatation. — **~,deh·nungs,mes·ser** *m* dilatometer. — **w~,durch,läs·sig** *adj* **1.** *phys.* transcalent, diathermanous, diathermal, diathermic. – **2.** *tech.* transparent to heat. — **~,durch,läs·sig·keit** *f* diatherma(n)cy. — **~dy,na·mik** *f* thermodynamics *pl* (*construed as sg or pl*). — **~,ein·heit** *f* heat (*od.* thermal, caloric) unit. — **~elek·tri·zi,tät** *f* thermo-electricity, *Br.* thermo-electricity. — **w~emp,find·lich** *adj* sensitive to heat. — **~emp,find·lich·keit** *f* sensitivity to heat, therm(a)esthesia (*scient.*). — **~ener,gie** *f phys.* heat energy. — **~ent,bin·dung** *f* disengagement of heat. — **~ent,wick·lung** *f* development (*od.* evolution) of heat. — **~ent,zug** *m* withdrawal of heat. — **w~er,zeu·gend** *adj phys. biol.* heat-producing, heat-generating, thermogenic (*scient.*). — **~er,zeu·ger** *m tech.* heat producer. — **~er,zeu·gung** *f phys. biol.* generation of heat; thermogenesis, (*von hohen Temperaturen*) pyrogenesis (*scient.*). — **~,fach** *n tech.* hot closet (*od.* compartment, chamber). — **~,fil·ter** *n, m phot.* (*des Projektors*) heat filter (*od.* shield). — **~,fluß** *m* heat flow. — **~ge,fäl·le** *n* **1.** *meteor.* heat gradient. – **2.** *metall.* temperature gradient, heat drop. — **~ge·ne,ra·tor** *m tech. cf.* Wärmeerzeuger. — **~geo·gra,phie** *f geogr.* thermogeography. — **~ge,wit·ter** *n meteor.* heat thunderstorm. — **~,grad** *m* degree above freezing point: bei diesen ~en at these temperatures. — **~,gru·be** *f metall.* soaking pit. — **~,hal·le** *f* shelter. — **~,haus,halt** *m phys. med.* heat balance. — **~ion** [-ˀi,oːn] *n phys.* thermion. — **w~iso,liert** *adj tech.* thermally insulated. — **~iso,lie·rung** *f* heat (*od.* thermal) insulation. — **~,kam·mer** *f cf.* Wärmefach. — **~ka·pa·zi,tät** *f phys.* heat(-absorbing) capacity. — **~ko,pie** *f* thermograph. — **~,kraft,leh·re** *f* thermodynamics *pl* (*construed as sg or pl*). — **~,kraft·ma,schi·ne** *f tech.* heat engine. — **~,kraft,werk** *n* thermal power station (*od.* plant). — **~,leh·re** *f* ⟨-; *no pl*⟩ *phys.* Wärmekraftlehre. — **~,lei·stung** *f* **1.** *tech.* heat output. – **2.** *nucl.* (*eines Reaktors*) thermal power. — **~,lei·ter** *m* heat conductor. — **w~,leit,fä·hig** *adj* heat-conducting. — **~,leit,fä·hig·keit** *f* heat (*od.* thermal) conductivity. — **~,lei·tung** *f* heat conduction. — **~,leit,wert** *m* thermal conductivity. — **~,leit,zahl** *f* coefficient of thermal conductivity. — **~,mau·er** *f aer.* thermal barrier. — **~me,cha·nik** *f phys.* thermodynamics *pl* (*construed as sg or pl*). — **~,men·ge** *f* quantity of heat. — **~(,men·gen),mes·ser** *m* thermometer, calorimeter, (*für hohe Temperaturen*) pyrometer. — **~,mes·sung** *f* thermometry, calorimetry, (*für hohe Temperaturen*) pyrometry.

wär·men ['vɛrmən] **I** *v/t* ⟨h⟩ **1.** (*Essen etc*) warm (up), heat (up). – **2.** (*Hände, Füße, Raum etc*) warm (up): sich (*dat*) die Hände ~ to warm one's hands; der Ofen wärmt die Stube the stove warms the room; die Tiere ~ sich gegenseitig the animals warm each other (*od.* one another) (up). – **II** *v/i* **3.** Alkohol wärmt alcohol warms you up. – **4.** (*von Wolle, Kleidung, Ofen etc*) be warm: dieser Pullover wärmt schön *colloq.* this pullover is nice and warm. – **III** *v/reflex* sich ~ **5.** warm oneself (up): komm herein und wärm dich come in and warm yourself (up).

'Wär·me|,ofen *m metall.* reheating furnace. — **~,plat·te** *f gastr.* food warmer. — **~,pol** *m geogr.* pole of heat. — **~,pum·pe** *f tech.* heat pump. — **~,punkt** *m med.* (*der Haut*) heat point. — **~,quel·le** *f* source of heat. — **~,rau·schen** *n telev.* shot noise. — **~,re·ge·lung** *f tech.* thermoregulation, heat control. — **~,reg·ler** *m phys.* thermostat, thermoregulator. — **~re·gu·la·ti,on** *f* **1.** *tech. cf.* Wärmeregelung. – **2.** *zo. med.* thermoregulation. — **~,riß** *m tech.* heat (*od.* hot) crack. — **~,schild** *m* **1.** (*space*) *cf.* Hitzeschild. – **2.** *nucl.* thermal shield. — **~,schrank** *m* **1.** *med.* incubator, thermostat. – **2.** *tech.* hot cabinet. — **~,schutz** *m tech.* **1.** (*Maßnahme*) thermic protection. – **2.** (*Vorrichtung*) jacket. — **~,schutz,fil·ter** *n, m* heat (protection) filter. — **~,sen·ke** *f* (*space*) heat sink. — **~,sinn** *m zo. med.* temperature sense, therm(a)esthesia (*scient.*). — **~,span·nung** *f civ.eng.* thermal stress. — **~,spei·cher** *m tech.* heat accumulator, regenerator. — **~,spei·che·rung** *f* heat storage. — **~,star·re** *f zo. med.* heat rigor (*bes. Br.* rigour). — **~,stau·ung** *f* accumulation of heat, hyperthermia (*scient.*). — **~,strah·len** *pl phys.* heat (*od.* thermic) rays. — **~,strah·lung** *f* thermal (*od.* heat) radiation. — **~,strö·mung** *f* flow of heat. — **~,stu·be** *f heated room (e.g. in a café) set aside by local authorities for the elderly who have no heating facilities at home.* — **~,sum·me** *f meteor.* accumulated temperature. — **~,tau·scher** [-,taʊʃər] *m* ⟨-s; -⟩ *tech. cf.* Wärmeaustauscher. — **~,tech·nik** *f* ⟨-; *no pl*⟩ thermodynamics *pl* (*construed as sg or pl*), heat engineering. — **~,tech·ni·ker** *m* **1.** fuel combustion engineer. – **2.** industrial heating engineer. — **w~,tech·nisch** *adj* **1.** thermodynamic, thermal. – **2.** pyrometric, *auch* pyrometrical. — **~theo,rie** *f phys.* theory of heat. — **~the·ra,pie** *f med.* thermotherapy. — **~,tod** *m* (*des Weltalls*) heat death. — **~,tö·nung** *f metall.* evolution of heat, heat effect (*od.* tone). — **~,über,gang** *m phys.* (*space*) heat transfer. — **~,über,gangs,zahl** *f* heat-transfer coefficient. — **~,über,tra·gung** *f phys.* heat transmission. — **~ver,brauch** *m* heat consumption. — **~ver,lust** *m* **1.** loss of heat. – **2.** *med.* (*des Körpers*) thermolysis. — **~,wert** *m* **1.** heat (*od.* thermal) value, heat equivalent. – **2.** (*der Nahrung*) calorific (*od.* fuel) value. — **~,wir·kung** *f* thermal effect. — **~,wir·kungs,grad** *m phys. tech.* thermal efficiency. — **~,wirt·schaft** *f* heating (*od.* thermal) technique. — **~,zäh·ler** *m tech.* heat meter. — **~,zen·trum** *n med.* heat (*od.* caloric) center (*bes. Br.* centre). — **~,zu,fuhr** *f* heat input.

'warm,fest *adj tech.* (*Stahl, Legierungen*) high-temperature (*attrib*), resistant to elevated temperatures. — **'Warm,fe·stig·keit** *f* ⟨-; *no pl*⟩ (*des Stahles*) high-temperature strength (*od.* stability).

'Wärm,fla·sche *f* hot-water bottle, (*Gummiwärmflasche*) hot-water bag.

'Warm|,form,ge·bung *f metall.* hot forming (*od.* shaping, working). — **~,front** *f meteor.* warm front. — **w~ge,lau·fen** *adj* ⟨*attrib*⟩ *tech.* (*Lager etc*) hot, heated. — **w~ge,walzt I** *pp.* – **II** *adj metall.* hot-rolled.

'Warm,hal·te,kan·ne *f* **1.** coffeepot with fitted (metal) cozy (*od.* cosy). – **2.** thermos jug (*bes. Am.* pitcher).

'warm,hal·ten *v/t* ⟨*irr, sep,* -ge-, h⟩ sich (*dat*) j-n ~ *fig. colloq.* to keep in with s.o., to keep in s.o.'s good books.

'Warm,hal·te,plat·te *f* hot plate.

'Warm,här·te *f tech.* red-hardness.

'Warm,haus *n hort.* hothouse, warm house.

'warmˌher·zig *adj* warmhearted, *Br.* warm-hearted. — **'Warmˌher·zig·keit** *f* ⟨-; *no pl*⟩ warmheartedness, *Br.* warm-heartedness, warmth.

'warmˌkle·ben *v/t* ⟨*sep*, -ge-, h⟩ *synth.* heat-bond. — **'Warmˌkle·ber** *m* hot-setting adhesive.

'Warmˌla·ger *n metall.* hotbed.

'Warmˌlauf·au·toˌma·tik *f auto.* automatic warming-up unit. — **'warmˌlau·fen** *v/i* ⟨*irr, sep*, -ge-, sein⟩ *tech.* **1.** einen Motor ~ lassen to run an engine warm (*od.* hot). – **2.** (*von Lager, Maschine*) overheat, run hot.

'Warmˌluft *f* ⟨-; *no pl*⟩ *meteor.* warm (*od.* hot) air. — **~balˌlon** *m aer.* montgolfier. — **~ˌfront** *f meteor. cf.* Warmfront. — **~geˌblä·se** *n* **1.** *tech.* hot- (*od.* warm-)air blower (*od.* heater). – **2.** *auto.* defroster. — **~ˌhei·zung** *f* hot-air heating. — **~ˌklap·pe** *f* warm-air heater valve. — **~ˌströ·mung** *f aer. phys.* warm- (*od.* hot-)air flow (*od.* circulation). — **~ˌtrock·nung** *f* hot-air drying.

'Warmˌmie·te *f colloq.* rent inclusive of heating charges.

'Wärm|ˌofen *m metall.* (re)heating furnace. — **~ˌplat·te** *f cf.* Warmhalteplatte.

'Warm|ˌpres·se *f* **1.** *tech.* hot-press. – **2.** *synth.* hot-molding (*bes. Br.* -moulding) press. — **w~ˌpres·sen** *v/t* ⟨*sep*, -ge-, h⟩ **1.** *tech.* hot-press, press (*s.th.*) hot. – **2.** *synth.* heat-mold (*bes. Br.* -mould). — **~ˌpreßˌform** *f tech.* hot-pressing die. — **~ˌpreßˌstahl** *m* hot-pressing (tool) steel. — **~ˌpreßˌteil** *n, auch m* hot-pressed part. — **w~ˌrecken** (*getr.* -k·k-) *v/t* ⟨*sep*, -ge-, h⟩ hot-strain. — **~ˌriß** *m* heat (*od.* hot, thermal) crack. — **~ˌsä·ge** *f* hot saw. — **~ˌschmie·de·geˌsenk** *n* drop-hammer die. — **w~ˌschmie·den** *v/t* ⟨*sep*, -ge-, h⟩ hot-forge. — **~ˌschrotˌmei·ßel** *m* hot chisel. — **~ˌsek·tor** *m meteor.* warm sector. — **~ˌsprö·dig·keit** *f metall.* hot brittleness. — **~ˌstart** *m auto.* warm start. — **~ˌstauch·maˌtri·ze** *f metall.* hot-upsetting (*od.* -pressing) die. — **~ˌstreckˌgren·ze** *f tech.* yield point at elevated temperatures. — **w~verˌform·bar** *adj metall.* hot-workable. — **~verˌform·bar·keit** *f* ⟨-; *no pl*⟩ hot-forming property. — **w~verˌfor·men** *v/t* ⟨*sep, no* -ge-, h⟩ hot-work. — **~verˌfor·mung** *f* hot-working, hot-forming. — **w~ˌwal·zen** *v/t* ⟨*sep*, -ge-, h⟩ hot-roll. — **~ˌwalzˌwerk** *n* hot-rolling mill.

'Warmˌwas·ser|aqua·ri·um [-ˀaˌkvaːrĭʊm] *n* tropical aquarium. — **~beˌrei·ter** *m* ⟨-s; -⟩ *electr.* water heater. — **~ˌhei·zung** *f tech.* hot-water heating. — **~ˌlei·tung** *f* hot-water pipeline. — **~ˌpum·pe** *f* hot-water pump. — **~ˌspei·cher** *m* hot-water storage tank (*od.* reservoir). — **~ˌspen·der** *m* instantaneous water heater. — **~verˌsor·gung** *f* hot-water supply.

'Warm|ˌzeit *f geol.* interglacial period. — **w~ˌzie·hen** *v/t* ⟨*irr, sep*, -ge-, h⟩ *tech.* hot-draw. — **~ˌzugˌfe·stig·keit** *f* hot strength, high-temperature tensile strength.

'Warn|ˌanˌla·ge *f* warning device. — **~ˌblinkˌanˌla·ge** *f* **1.** *auto.* warning flasher device. – **2.** (*an Bahnübergängen*) light signals *pl.* — **~ˌblin·ker** *m* anti-collision light. — **~ˌdienst** *m* warning service. — **~ˌdreiˌeck** *n* (*für Autofahrer*) warning triangle. — **~ˌei·dech·se** *f zo. cf.* Waran.

war·nen ['varnən] **I** *v/t* ⟨h⟩ **1.** warn: wir müssen ihn ~ we must warn him (*od.* put him on his guard); ich warnte ihn, von dieser Information Gebrauch zu machen I warned him not to make use of this information; laß das, ich warne dich! don't do that, I am warning you; I'm warning you not to do that; ich habe ihn öfter gewarnt (vor) I gave him fair warning (of). – **2.** j-n vor j-m ~ to warn (*od.* alarm) s.o. about (*od.* against) s.o.: er warnte mich vor Taschendieben he warned me against pickpockets. – **3.** j-n vor etwas ~ a) (*vor etwas Kommendem*) to warn s.o. of (*od.* about) s.th., to put s.o. on his guard against s.th., to caution s.o. about s.th., b) (*vor etwas Bestehendem*) to warn (*od.* caution) s.o. about (*od.* against) s.th.: die Bevölkerung wurde nicht rechtzeitig vor der Flut gewarnt the population was not warned of the flood in time; ich warne euch vor dieser Bergstrecke I warn you about this mountain route. – **II** *v/i* **4.** man kann davor nur ~ it is (definitely) not to be recommended; „vor Taschendieben wird gewarnt" "beware of pickpockets". – **III W~** *n* ⟨-s⟩ **5.** *verbal noun.* — **'war·nend I** *pres p.* – **II** *adj* warning: in ~em Ton in a warning tone. – **III** *adv* den Finger ~ erheben to raise a warning finger; seine Stimme ~ erheben *fig.* to raise one's voice in warning.

'War·ner *m* ⟨-s; -⟩ warner.

'Warn|ˌfar·be *f zo.* warning (*od. scient.* aposematic) color (*bes. Br.* colour). — **~ˌfär·bung** *f* warning coloration (*bes. Br.* colouration). — **~ˌfeu·er** *n mar.* warning light. — **~ˌflag·ge** *f* danger flag. — **~geˌbiet** *n* **1.** declared area, danger zone. – **2.** (*eines Leuchtfeuers*) warning (*od.* red) sector. — **~geˌrät** *n* (*gegen Gas, Strahlung etc*) predictor, warning device. — **~ˌklei·dung** *f* luminous clothing worn for traffic safety. — **~ˌkreuz** *n* (*an Bahnübergängen*) warning cross. — **~ˌleuch·te** *f* **1.** *tech.* alarm (*od.* warning, telltale) lamp. – **2.** (*bei Autounfall etc*) amber flash lamp. – **3.** (*an Überwegen*) lighted beacon. — **~ˌlicht** *n* ⟨-(e)s; -er⟩ *tech. mar.* warning light. — **~ˌlichtˌschal·ter** *m auto.* emergency blinker signal. — **~ˌli·nie** *f* (*sport*) (*beim Fechten*) warning line. — **~ˌmel·dung** *f meteor.* warnings *pl.* — **~ˌpfeil** *m* warning arrow. — **~raˌdar** *m, n* warning radar. — **~ˌruf** *m* alarm, warning shout. — **~ˌschild** *n* warning (notice). — **~ˌschuß** *m* warning shot. — **~siˌgnal** *n* warning (signal): ein ~ geben to give a warning. — **~ˌstreik** *m* token strike. — **~ˌsum·mer** *m auto.* warning buzzer. — **~ˌta·fel** *f cf.* Warnschild. — **~ˌtracht** *f zo.* warning coloration (*bes. Br.* colouration), aposematic appearance (of an animal) (*scient.*).

'War·nung *f* ⟨-; -en⟩ **1.** *cf.* Warnen. – **2.** warning, caution, admonition: eine wohlgemeinte ~ a well-meant warning; das ist meine letzte ~ that's the last time I warn you, I am warning you for the last time; das soll dir eine ~ sein, laß es dir als (*od.* zur) ~ dienen let that be a warning to you; eine ~ beherzigen to take a warning to heart; j-m eine ~ zukommen lassen to have s.o. warned; allen ~en zum Trotz in spite of (*od.* despite) all warnings; ohne ~ schießen to shoot without warning. – **3.** warning, alarm.

'Warn|ˌvorˌrich·tung *f tech.* alarm device, warner, warning system. — **~ˌzei·chen** *n* **1.** warning sign. – **2.** *cf.* Warnsignal.

Warp[1] [varp] *m, n* ⟨-s; -e⟩ (*textile*) (*Kettgarn*) warp (yarn).

Warp[2] *m* ⟨-(e)s; -e⟩ *mar.* warp.

'Warpˌan·ker *m mar. cf.* Wurfanker.

war·pen ['varpən] *v/t* ⟨h⟩ *mar.* warp, kedge.

'Warp|ˌha·ken *m* (*in der Seilerei*) warping hook. — **~ˌlei·ne** *f mar.* warp (line). — **~ˌtau** *n*, **~ˌtros·se** *f cf.* Warpleine.

War·rant [va'rant; 'wɔrənt] (*Engl.*) *m* ⟨-s; -s⟩ *econ.* warrant.

War·schau·er ['varʃauər] **I** *m* ⟨-s; -⟩ Varsovian, native (*od.* inhabitant) of Warsaw. – **II** *adj* ⟨*attrib*⟩ Varsovian. — **'War·schau·erin** *f* ⟨-; -nen⟩ Varsovian (girl *od.* woman).

'War·schau·er 'Pakt *m pol.* Warsaw Pact (*1955*). — **'War·schau·er-'Pakt-ˌStaa·ten** *pl pol.* (the) Warsaw-Pact States.

'war·schau·isch *adj* Varsovian, (of) Warsaw.

Wart [vart] *m* ⟨-(e)s; -e⟩ *obs. for* Hüter 1.

'Wartˌburg, die (*Schloß bei Eisenach*) the Wartburg. — **~ˌfest** *n* ⟨-(e)s; *no pl*⟩ *hist.* (the) fête on the Wartburg (*October 18, 1817*).

War·te ['vartə] *f* ⟨-; -n⟩ **1.** *cf.* Sternwarte. – **2.** *cf.* Wetterwarte. – **3.** *cf.* Vogelwarte. – **4.** *cf.* Wach(t)turm. – **5.** *archaic* observation point. – **6.** *fig.* point of view, viewpoint, standpoint: von hoher [geistiger] ~ aus from a lofty [an intellectual] standpoint; von meiner ~ aus from my point of view. – **7.** er steht auf einer höheren ~ *fig.* he is on a higher level (*od.* plane).

'War·te|ˌbahn *f* (*space*) *cf.* Wartekreisbahn. — **~ˌflugˌhö·he** *f aer.* holding altitude. — **~ˌfrau** *f* **1.** *cf.* Putzfrau. – **2.** *cf.* Toilettenfrau. — **~ˌfrist** *f econ. cf.* Wartezeit 2. — **~ˌfunkˌfeu·er** *n aer.* holding radio beacon. — **~ˌgeld** *n* (*eines Beamten*) allowance, half (*od.* standby, *Br.* stand-by) pay. — **~ˌhal·le** *f*, **~ˌhäus·chen** *n* (*an Autobus-, Straßenbahnhaltestellen*) (bus *od.* tram, *Am.* streetcar) shelter. — **~ˌkreisˌbahn** *f* (*space*) parking orbit. — **~ˌli·nie** *f* (*sport*) (*beim Bogenschießen*) waiting line. — **~ˌli·ste** *f* waiting list: auf der ~ stehen to be on the waiting list. — **~ˌmar·ke** *f* (*im Wartezimmer*) number ticket (*od.* slip).

war·ten[1] ['vartən] **I** *v/i* ⟨h⟩ **1.** wait: stundenlang [sehnsüchtig] ~ to wait for hours [longingly]; warte einen Augenblick wait a moment; beeil dich, ich warte so lange hurry up, I'll wait (for you); wir haben bis (um) drei Uhr gewartet we waited until three o'clock; der Zug wartet nicht the train will not wait; j-n ~ lassen a) to let s.o. wait, b) (*unhöflich lange*) to keep s.o. waiting; j-n vergeblich ~ lassen to let s.o. wait in vain, to let s.o. down, not to turn up; wie lange soll ich noch ~? how long am I supposed (*od.* do you expect me) to wait; ich kann ~ *auch iron.* I can wait, I have plenty of time; ich kann nicht länger ~ I cannot wait any longer; da kannst du lange ~, da kannst du ~, bis du schwarz bist *colloq.* you can wait for it as long as you like; das kann (bis morgen) ~ that can wait (until tomorrow); warte mal a) wait a minute (*od.* moment), hold on, b) (*beim Überlegen*) let me see; na, warte! (*als Drohung*) you just (*od.* just you) wait! you wait! you'll see! warte, wenn ich dich erwische! just let me catch you! – **2.** bitte ~ *tel.* hold on, please. – **3.** auf j-n [etwas] ~ to wait for (*od.* to await) s.o. [s.th.]: warte auf mich wait for me; auf den Zug [den Tod, ein Zeichen] ~ to wait for the train [for death, for a sign]; der Reiseleiter [die Antwort] ließ nicht lange auf sich ~ the courier [answer] was not long in coming; er läßt gerne auf sich ~ he is inclined to keep people waiting, he is not very punctual; daheim wartet eine Überraschung auf ihn a) (*positiv*) there is a surprise waiting (*od.* in store) for him (*od.* awaiting him) at home, b) (*negativ*) he is in for a surprise at home; niemand weiß, was in der Zukunft auf einen wartet nobody knows what is in store for (*od.* lies ahead of, is awaiting) one in the future, no one knows what the future will bring; worauf ~ wir noch? what are we waiting for? auf den habe ich gerade noch gewartet *colloq. iron.* he is all I want (*od.* need); darauf habe ich (nur) gewartet *colloq. iron.* I was just waiting for that (to happen). – **4.** mit etwas (auf j-n) ~ to wait (for s.o.) with s.th.: wir wollen mit dem Essen auf ihn ~ we'll wait for him with the meal, we'll wait with the meal until he comes. – **II W~** *n* ⟨-s⟩ **5.** *verbal noun*: ich bin des W~s müde I am tired of waiting. – **6.** wait: nach langem W~ after a long wait.

'war·ten[2] **I** *v/t* ⟨h⟩ **1.** *tech.* (*Auto, Maschine etc*) service, maintain, keep up, look after the maintenance of: ich lasse mein Auto regelmäßig ~ I have my car serviced regularly. – **2.** *archaic od. lit.* (*Kranke, Kinder etc*) tend, nurse, look after. – **3.** (*Pferde*) groom. – **II W~** *n* ⟨-s⟩ **4.** *verbal noun.* – **5.** *cf.* Wartung.

Wär·ter ['vɛrtər] *m* ⟨-s; -⟩ **1.** (*für Tiere*) keeper. – **2.** attendant. – **3.** (*in einer Heilanstalt*) warden. – **4.** (*im Gefängnis*) guard, jailer, jailor, *Br. auch* gaoler, *Am.* warden, *Br.* warder. – **5.** *cf.* Badewärter. – **6.** *cf.* Bahnwärter. – **7.** *cf.* Leuchtturmwärter.

'War·teˌraum *m* **1.** waiting room. – **2.** (*auf Flughäfen*) departure hall (*od.* lounge). – **3.** *aer.* holding (*od.* circling) area.

War·te'rei *f* ⟨-; *no pl*⟩ *colloq.* constant waiting: diese ewige ~ this endless waiting around.

'Wär·terˌhäus·chen *n cf.* Bahnwärterhäuschen.

'Wär·te·rin *f* ⟨-; -nen⟩ **1.** (*für Tiere*) (woman) keeper. – **2.** (woman) attendant. – **3.** (*in einer Heilanstalt*) nurse, keeper. – **4.** (*im Gefängnis*) matron, (woman) guard, *bes. Br.* wardress.

'War·te|ˌsaal *m* (*auf Bahnhöfen*) waiting room. — **~ˌschal·tung** *f tel.* **1.** (*der Nebenstellenanlage*) holding circuit. – **2.** (*bei elektronisch gesteuerter Speichervermittlung*) camp-on-busy circuit. — **~ˌschlei·fe** *f aer.* parking orbit. — **~ˌstand** *m* ⟨-(e)s; *no pl*⟩ temporary layoff (*Br.* lay-off), temporary (*od.* provisional) retirement: Beamter im ~ civil servant in temporary (*od.* provisional) retirement; j-n in den ~

versetzen a) (*Beamten*) to retire s.o. temporarily (*od.* provisionally), to put s.o. on standby (*Br.* stand-by) pay pending temporary (*od.* provisional) retirement, b) *mil.* to suspend s.o. temporarily from duty. — **~ˌstel·lung** *f* **1.** wait-and-see attitude: **Devisenmarkt weiter in ~** *econ.* continued wait-and-see attitude of the exchange market. – **2.** *mil.* (*in der Taktik*) standby (*Br.* stand-by) (*od.* waiting) position. – **3.** (*space*) holding position. — **~ˌzeit** *f* **1.** delay, waiting time. – **2.** (*im Versicherungswesen*) waiting period. — **~ˌzim·mer** *n* (*einer Arztpraxis etc*) waiting room.

ˈWart|ˌsaal *m Swiss rare for* **Wartesaal.** — **~ˌturm** *m cf.* **Wach(t)turm.**

ˈWar·tung *f* ⟨-; *no pl*⟩ **1.** *cf.* **Warten**². – **2.** *tech.* maintenance, servicing, upkeep: **laufende ~** routine maintenance.

ˈwar·tungs|ˌarm *adj tech.* low-maintenance (*attrib*). — **W~ˌdienst** *m* (*für Auto, Maschine etc*) (general) maintenance service. — **~ˌfrei** *adj* maintenance-free, service-free. — **W~ˌko·sten** *pl* maintenance costs. — **W~paˌket** *n auto.* maintenance package. — **W~per·soˌnal** *n* maintenance (*od.* servicing) staff (*od.* personnel). — **W~ˌraum** *m* servicing area. — **W~verˌtrag** *m econ.* maintenance contract. — **W~ˌvor·schrift** *f* maintenance instructions *pl.*

war·um [vaˈrʊm] **I** *interrog adv* why: **~?** a) (*kausal*) why? b) (*final*) why? what for? **~ (eigentlich) nicht?** why not? **~ das?** why so? **~ so nachdenklich?** why so pensive? **~ kommt er nicht?** why doesn't he come? **sag mir, ~ du das getan hast** tell me why you did that; **~ er das getan hat, ist bis heute noch nicht klar** it is not yet clear to this day why he did that, (the reason) why he did that is still not clear to this day; **ich fühle mich nicht wohl, und ich weiß nicht ~** I don't feel well and I don't know why; **~ bin ich nicht 20 Jahre alt!** if only I were 20! **~ nicht gleich (so)!** why didn't you do that at the start! **~ nicht gleich ein großes Auto!** why not buy a big car while you are at it? – **II W~** *n* ⟨-s; *no pl*⟩ (*in Wendungen wie*) **nach dem W~ fragen** to ask why (*od.* the reason); **das W~ und Weshalb** the whys and wherefores *pl.*

War·ve [ˈvarvə] *f* ⟨-; -n⟩ *geol.* (*im Bänderton*) varve.

Wärz·chen [ˈvɛrtsçən] *n* ⟨-s; -⟩ small wart, torulus (*scient.*).

War·ze [ˈvartsə] *f* ⟨-; -n⟩ **1.** *med.* a) wart, verruca (*scient.*), b) *cf.* **Brustwarze: voller ~n** *cf.* **warzig.** – **2.** *zo.* a) wart, pustule, b) *cf.* **Zitze** 1. – **3.** *bot.* wart, pustule, tubercle. – **4.** *tech.* lug, stud, pin, (*auf Blechen*) wart. – **5.** (*in der Schweißtechnik*) projection, embossment. – **6.** *mil.* (*eines Geschosses*) stud.

ˈwar·zen|ˌähn·lich, ~ˌar·tig *adj* wartlike, warty; verruciform, verrucous, verrucoid (*scient.*).

ˈWar·zen|ˌbei·ßer [-ˌbaɪsər] *m* ⟨-s; -⟩ *zo.* hay horse (*Decticus verrucivorus*). — **~ˌblech** *n tech.* warted (*od.* nipple, studded) plate. — **~ˌen·te** *f zo. cf.* **Moschusente.** — **w~ˌför·mig** *adj* wart-shaped; verrucous, verruciform (*scient.*). — **~ˌfortˌsatz** *m med.* (*des Schläfenbeins*) mastoid (process). — **~geˌschwulst** *f* papilloma. — **~ˌhof** *m* (*der Brust*) areola. — **~ˌhüt·chen** *n* nipple shield (*od.* cap). — **~ˌkak·tus** *m bot.* nipple cactus (*Gattg Mammillaria*). — **~ˌkür·bis** *m* squash gourd (*od.* melon) (*Cucurbita verrucosa*). — **w~los** *adj* without warts, wartless. — **~ˌmit·tel** *n med. pharm.* cure for warts, wart remedy. — **~ˌpunktˌschweißˌnaht** *f tech.* projection weld. — **~ˌring** *m med.* **1.** (*aus Glas*) nipple shield. – **2.** areola. — **~ˌschlan·ge** *f zo.* wart snake (*Unterfam. Acrochordinae*). — **~ˌschwamm** *m bot.* coniophora (*Coniophora cerebella*). — **~ˌschwein** *n zo.* warthog (*Phacochoerus aethiopicus*). — **~ˌstift** *m med. pharm.* wart pencil.

ˈwar·zig *adj med.* warty, covered with warts; verrucous, verrucose (*scient.*).

was [vas] **I** *interrog pron* **1.** what: **~ ist das?** what is that? **~ ist (los)? ~ gibt's?** *colloq.* what's up? (*colloq.*), what is the matter (*od.* wrong)? **~ ist hier los?** *colloq.* what's up? (*colloq.*), what's going on here? what is happening? **~ ist? ~ fehlt dir?** what's wrong (*od.* the matter, *colloq.* up) with you? **~ will er?** what does he want? **~ hat er gesagt?** what did he say? **~ soll man dazu sagen?** what is one to say to that? **~ soll das heißen?** what's that (supposed) to mean? **~ ist schon dabei? ~ tut's?** what does it matter? what of it? what odds? **~ soll's?** so what? **~ geschah?** *colloq.* **~ ist passiert?** what happened? **~ (soll ich) tun?** what am I to do? **~ geht das mich an?** what has that (got) to do with me? **~ gibt es Neues?** what's new? any news? **~ stört dich daran?** what's wrong with it? **~ führt Sie her?** what brings you here? **~ hast du getan?** what have you done? **~ kann ich für Sie tun?** what can I do for you? **~ ist dein Vater (von Beruf)?** what is your father (by profession *od.* by trade)? what does your father do? **~ soll aus ihm werden?** what is to become of him? **~ hast du dir dabei gedacht?** what did you think you were doing? **~ gibt es Schöneres als einen klaren Herbstmorgen!** what is more lovely than a clear autumn morning! **~?** *colloq.* (*unhöfliche Form des Nachfragens*) what? (*colloq.*), (I beg your) pardon? **~ denn?** a) what do you want? what is it? b) what do you suggest? **hier ist das Buch. — (Bitte) ~?** *colloq.* here is the book.—The what? (*colloq.*); **~ nun?** what now? **ach ~!** a) rubbish! nonsense! b) what of it! what odds! what the heck! (*sl.*); **das ist eine Hitze, ~!** *colloq.* the (*od.* this) heat is terrible, isn't it? **~, er will nicht kommen?** what? he won't (*od.* refuses to) come? **~, schon wieder!** what, again? not again! **mit ~ soll ich schreiben?** *colloq.* what shall I write with? **von ~ soll ich das bezahlen?** *colloq.* what shall I pay it with? what shall I use for money? (*colloq.*); **an ~ denkst du?** *colloq.* what are you thinking about? **um ~ handelt es sich?** *colloq.* a) what is your business? b) what is it (all) about? c) what is the point in question (*od.* at issue)? **auf ~ wartest du noch?** *colloq.* what are you waiting for? **er hat (mir) Gott weiß ~ erzählt** he told me goodness (*od.* heaven, *stärker* God) knows what not all; **~ weiß ich!** I have no (*od.* not the slightest) idea, goodness knows, search me (*colloq.*); **er hat ~ weiß ich alles erzählt** he talked a lot of windy nonsense (*colloq.*); **alle hielten ihn für wer weiß ~** they all thought he was goodness knows what. – **2.** (*wieviel*) how much, what: **~ kostet das Buch?** how much is the book? what does the book cost? **~ verlangt er?** how much does he charge? **~ schulde ich Ihnen? ~ bekommen Sie (von mir)?** what do I owe you? **~ ist die Uhr?** *colloq.* what's the time? what time is it? – **3.** *colloq.* (*warum*) why: **~ lachst du?** what are you laughing at? why do you laugh? – **4.** *colloq.* (*zu welchem Zweck*) what for: **~ braucht er auch so ein schnelles Auto!** what does he need such a fast car for! – **5. ~ für** *colloq.* a) (*in der Frage*) what sort (*od.* kind) of, b) (*im Ausruf*) what: **~ für ein Mensch ist er?** what sort of (a) person is he? **~ für Aussichten hat er? ~ hat er für Aussichten?** what are his prospects? what (sort of) prospects does he have? **~ für ein Auto hat er?** what kind of car does he have (*od.* has he)? **~ für eine herrliche Aussicht!** what a beautiful view! **~ für ein Unsinn!** what (*od.* such) nonsense! – **6.** *colloq.* (*in Ausrufen*) **~ du nicht sagst!** a) you don't say! b) (*das glaube ich nicht*) go on! (*colloq.*); **~ haben wir gelacht!** did we laugh! how we laughed! **~ ist das doch schwierig!** difficult, isn't it? – **II** *relative pron* **7.** what: **ich weiß nicht, ~ ich sagen soll** I don't know what to say; **ich weiß, ~ du willst** I know what you want; **das ist doch das Schönste, ~ es gibt** there is nothing better (*od.* nicer) (than that); **du kannst machen (*od.* tun), ~ du willst** a) you can do what(ever) you like, b) (*resignierend*) you can do what you like (*od.* as you please, what you may); **~ ich noch sagen [fragen] wollte** what I meant to say [ask]; **zeig, ~ du kannst!** show what you can do! do your stuff! (*sl.*); **er lief, ~ er konnte** *colloq.* he ran as fast (*od.* hard) as he could; **und ~ noch schlimmer ist** and what is worse (*od.* more); **~ immer auch (*od.* ~ auch immer) geschehen mag** whatever may happen, whatever happens, no matter what happens; **~ mich betrifft** as far as I am concerned, as for me (*od.* myself); **es koste, ~ es wolle** cost what it may; **das Wenige, ~ sie hat** the little she has; **alles, ~ sie besitzt** everything she possesses, all her possessions; **das Beste, ~ du tun kannst** the best thing you can do; **das einzige, ~ ich nicht verstehe** the only (*od.* one) thing I don't understand. – **8.** (*sich auf einen ganzen Satz beziehend*) which: **er ist tatsächlich gekommen, ~ ich nicht erwartet habe** he actually came, which I didn't expect; **er hatte sich nicht vorbereitet, ~ er auch zugab** he hadn't prepared, (a fact) which he also admitted; **~ zu beweisen war** *math.* which had to be proved; → **Häkchen** 2; **Meister** 3. – **III** *indef pron* **9.** *colloq.* something: **ich muß dir ~ sagen** I must tell you something; **ich will dir mal ~ sagen** a) let me tell you something, b) (*drohend*) I'll tell you what; **das ist ~ anderes** that's different, that's a different matter; **ich hab ~ für dich** I have something for you; **habe ich ~ Falsches gesagt?** have I said something (*od.* anything) wrong? **ich glaube, irgendwo brennt ~** I think there is something burning (somewhere); **hat man so ~ schon gesehen!** did you ever see the like of it! **das ist doch wenigstens ~** that's something worth talking about; **ich möchte doch zu ~ kommen** I would like to get on; **du solltest dich ~ schämen** you should be ashamed of yourself; **(gibt es) ~ Neues?** any news? anything new? **sonst noch ~?** anything else (you would like)? **ist ~?** is anything (*od.* something) wrong (*od.* the matter)? **so ~ von Geiz [Dummheit]!** such miserliness [stupidity]! **na, so ~!** well, honestly! (*stärker*) well, I never (did)! – **IV W~** *n* ⟨-; *no pl*⟩ **10.** what: **das W~ interessiert mich mehr als das Wie** what is done interests me more than how it is done.

ˈwasch·akˌtiv *adj chem.* (*Substanzen*) active.

ˈWasch|ˌanˌla·ge *f tech.* **1.** (*für Autos*) washing installation (*od.* plant). – **2.** *cf.* **Scheibenwaschanlage.** – **3.** (*für Gase*) scrubbing plant. – **4.** (*film*) (*im Kopierwerk*) washing tank (*od.* plant). — **~ˌan·lei·tung** *f* washing instructions *pl.* — **~ˌanˌstalt** *f* laundry. — **~ˌanˌwei·sung** *f* washing instructions *pl.* — **~au·toˌmat** *m* automatic washing machine. — **~ˌbank** *f* ⟨-; =e⟩ washing bench.

ˈwasch·bar *adj* **1.** washable. – **2.** (*Farben*) fast.

ˈWasch|ˌbär *m* **1.** *zo.* raccoon, *auch* racoon, *Am. colloq.* coon (*Procyon lotor*). – **2.** (*Fell*) raccoon, *auch* racoon. — **~ˌbecken** (*getr.* -k·k-) *n* washbowl, washbasin, *Br. auch* wash-hand-basin. — **~benˌzin** *n chem.* benzine, *auch* benzin. — **~ˌber·ge** *pl* (*mining*) washery rubbish *sg*, washery refuse *sg.* — **~ˌblau** *n* laundry blue. — **~ˌbock** *m* washing stool. — **~ˌbord** *m mar.* washboard, *Br.* wash-board, washstrake, *Br.* wash-strake, wasteboard, *Br.* waste-board, weatherboard, *Br.* weather-board. — **~ˌbot·tich** *m* washtub, *Br.* wash-tub. — **~ˌbrett** *n* **1.** washboard, *Br.* wash-board. – **2.** *mus.* skiffleboard, *Br.* skiffle-board. — **~ˌbür·ste** *f* scrubbing brush. — **~ˌbüt·te** *f* washtub, *Br.* wash-tub.

Wä·sche [ˈvɛʃə] *f* ⟨-; *no pl*⟩ **1.** washing, laundry, clothes *pl*, linen, wash: **bunte [weiße] ~** colo(u)red [white] washing; **saubere [schmutzige] ~** clean (*od.* fresh) [dirty *od.* soiled] linen; **(die) ~ waschen** to do the washing, to wash the clothes; **~ waschen, seine schmutzige ~ (in der Öffentlichkeit) waschen** *fig.* to wash one's dirty linen in public; **die ~ aufhängen** to hang out (*od.* up) the clothes; **die ~ einweichen [kochen, spülen, schleudern, bügeln]** to soak [to boil, to rinse, to spin(-dry), to iron] the washing; **die ~ in die Wäscherei bringen** to bring the washing to the laundry; **die ~ außer Haus geben** to send the washing out. – **2.** (*Waschen*) wash(ing): **die Farbe ist bei (*od.* in) der ~ ausgegangen** the colo(u)r has faded in the wash; **Handtücher in die ~ geben** a) to put towels in the wash, b) to send towels to the laundry; **das Hemd ist in der ~** a) the shirt is in the wash, b) the shirt is at the laundry. – **3.** (*Waschtag*) washday, *Br.* wash-day, washing day: **große ~ haben** to have one's washday; **ich habe diese Woche nur kleine ~** I only have a small wash (*od.* small amount of washing) this week. – **4.** (*Bett-, Tischwäsche*) linen: **frische ~ aufziehen** *bes. Northern G.* to put on fresh linen (*od.* sheets). – **5.** (*Unterwäsche*) underwear, underclothes *pl*, (*für Damen*) *auch* lingerie; undies *pl*, *bes. Br.* smalls *pl* (*colloq.*): **seidene [warme] ~** silk [warm] underwear; **wollene ~** wool(l)en underwear, wool(l)ies *pl* (*colloq.*); **regelmäßig die ~ wechseln** to change one's underwear regularly; **da hat er vielleicht dumm aus der ~ geguckt** (*od.* **geschaut**) *fig. colloq.* you should have seen his face, his jaw (simply) dropped. – **6.** (*mining*) a) (*Vorgang*) washing, wet cleaning, b) (*Anlage*) washer. – **7.** *tech.* (*Anlage*) washery, washing plant. – **8.** *metall.* (*Prozeß*) scrubbing, washing, cleaning.

ˈWä·sche|beˌschlie·ße·rin *f* ⟨-; -nen⟩ (*eines Heimes, Hotels etc*) linen maid. — **~ˌbeu·tel** *m* linen (*od.* laundry) bag. — **~ˌbo·den** *m cf.* Trockenboden. — **~ˌboy** *m* linen (*od.* laundry) box.

ˈwaschˌecht *adj* **1.** (*farbecht*) fast. – **2.** (*nicht einlaufend*) (*Stoff*) nonshrink(ing) *Br.* non-, washable. – **3.** *fig. colloq.* (*unverfälscht*) true-blue, dyed-in-the-wool (*attrib*). — **ˈWaschˌecht·heit** *f* ⟨-; *no pl*⟩ (*von Farbstoffen*) washing fastness (*od.* resistance).

ˈWä·sche|faˌbrik *f* underwear factory. — **~fa·briˌkant** *m* underwear manufacturer. — **~ˌfach** *n* (*im Schrank*) linen shelf (*od.* compartment). — **~geˌschäft** *n* lingerie shop (*bes. Am.* store). — **~ˌhan·del** *m* underwear trade. — **~in·duˌstrie** *f* underwear manufacturers *pl.* — **~ˌkam·mer** *f* linen room. — **~ˌka·sten** *m Southern G., Austrian and Swiss for* Wäscheschrank. — **~ˌklam·mer** *f bes. Br.* clothes-peg, *bes. Am.* clothespin. — **~ˌknopf** *m* pillowcase button. — **~ˌkorb** *m* **1.** linen basket, hamper. – **2.** *cf.* Waschkorb. — **~ˌle·gen** *n* folding. — **~ˌlei·ne** *f* (clothes)line. — **~ˌman·gel** *f* mangle.

wa·schen [ˈvaʃən] **I** *v/t* ⟨wäscht, wusch, gewaschen, h⟩ **1.** (*Kleid, Pullover etc*) wash, *auch* launder: **etwas mit Wasser und Seife ~** to wash s.th. with soap and water; **dieses Material läßt sich gut ~** this material washes (*od.* launders) well; **sich** (*dat*) **die Hände [das Gesicht] ~** to wash one's hands [one's face]; → Hand[1] *Verbindungen mit Verben*; Kopf 1; Wäsche 1; Wasser 4. – **2.** wash, (*mit Shampoo*) *auch* shampoo: **sich** (*dat*) **die Haare ~** to wash one's hair; **sein Auto ~** to wash one's car, to give one's car a wash. – **3.** (*textile*) (*Wolle, Stückware*) scour. – **4.** *tech.* a) (*Gase*) scrub, b) (*Kohle, Erz etc*) wash, clean, c) (*Gold*) pan (off *od.* out). – **II** *v/i* **5.** (*Wäsche haben*) wash, do a (*od.* the) washing, launder: **ich wasche einmal in der Woche** I wash once a week. – **III** *v/reflex* **sich ~ 6.** (*von Personen*) wash (oneself), have a wash: **ich wasche mich jeden Morgen und Abend** I wash every morning and evening. – **7.** (*von Tieren*) wash itself. – **8.** *fig. colloq.* (*in Wendungen wie*) **eine Ohrfeige [Standpauke, Klassenarbeit], die sich gewaschen hat** quite a box on the ears [lecture, test], a box on the ears [lecture, test] and a half (*sl.*). – **9.** (*von Dingen*) wash: **dieser Stoff wäscht sich gut** this material washes (*od.* launders) well. – **IV W~** *n* ⟨-s⟩ **10.** *verbal noun.* – **11.** wash(ing): **das Handtuch ist beim W~ eingelaufen [verblichen]** the towel has shrunk [faded] in the wash; **die Wäsche zum W~ geben** to bring the washing to the laundry, to send the laundry out, to have the washing laundered. – **12. W~ und Legen** (*beim Friseur*) shampoo and set.

ˈWä·sche|ˌpfahl *m* clothespole. — **~ˌpuff** *m cf.* Puff[2] 1.

Wä·scher [ˈvɛʃər] *m* ⟨-s; -⟩ *metall.* **1.** washer. – **2.** (*Berieselungsturm*) scrubber, scrubbing tower, disintegrator.

Wä·scheˈrei *f* ⟨-; -en⟩ laundry.

Wä·scheˈreiˌanˌge·stell·te[1] *m* laundryman.

Wä·scheˈreiˌan·geˌstell·te[2] *f* laundrywoman.

ˈWä·sche·rin *f* ⟨-; -nen⟩ *cf.* Waschfrau.

ˈWä·scherˌlohn *m* washerwoman's pay.

ˈWä·scheˌrol·le *f Austrian for* Wäschemangel.

ˈWaschˌerz *n tech.* pulp.

ˈWä·sche|ˌsack *m* laundry (*od.* linen) bag. — **~ˌschirm** *m* rotary clothes drier (*auch* dryer). — **~ˌschleu·der** *f* spin drier (*auch* dryer). — **~ˌschrank** *m* linen press (*od.* cupboard, *Am. auch* closet), clothespress. — **~ˌspin·ne** *f* (*zum Trocknen*) spoked clothes drier (*auch* dryer). — **~ˌstamp·fer** *m* dolly. — **~ˌstän·der** *m cf.* Wäschetrockner 1. — **~ˌstan·ge** *f cf.* Wäschepfahl. — **~ˌsta·pel** *m* pile of linen. — **~ˌstär·ke** *f* starch. — **~ˌstüt·ze** *f* prop. — **~ˌta·sche** *f cf.* Wäschebeutel. — **~ˌtin·te** *f* marking ink. — **~ˌtopf** *m* washboiler, *Br. auch* boiler, *Br.* copper. — **~ˌtrock·ner** *m* **1.** (*Gestell*) drier, *auch* dryer, clotheshorse. – **2.** (*Haushaltsgerät*) (electric) drier (*auch* dryer). — **~ˌtrom·mel** *f* (*in der Waschmaschine*) drum. — **~ˌtru·he** *f* linen chest. — **~ˌweichˌspülˌmit·tel** *n* fabric softener. — **~zen·triˌfu·ge** *f cf.* Wäscheschleuder.

ˈWasch|ˌfaß *n* washtub, *Br.* wash-tub. — **~ˌfest** *n humor. for* Waschtag. — **~ˌfla·sche** *f chem.* wash bottle. — **~ˌfleck** *m Bavarian dial. for* Waschlappen 1. — **~ˌflot·te** *f* washing liquor (*od.* bath).

ˈWaschˌfrau *f* washerwoman, laundrywoman, laundress.

ˈWaschˌfrau·enˌhaut *f* ⟨-; *no pl*⟩ *med.* washerwoman's itch.

ˈWasch|ˌgang *m* (*der Waschmaschine*) wash. — **~ge·le·gen·heit** *f* washing facility. — **~ˌgold** *n min. cf.* Seifengold. — **~ˌgut** *n cf.* Wäsche 1. — **~ˌhandˌschuh** *m* face-flannel (*Am.* washcloth) glove. — **~ˌhaus** *n* washhouse, *Br.* wash-house. — **~ˌhilfsˌmit·tel** *pl chem.* detergent auxiliaries. — **~ˌhol·län·der** *m* (*paper*) washer, washing engine. — **~ˌkaue** *f meist pl* (*mining*) pithead bath(s *pl*). — **~ˌkes·sel** *m* **1.** (*im Waschhaus*) washboiler, *Br.* wash-boiler. – **2.** *cf.* Wäschetopf. — **~ˌkleid** *n* washable dress. — **~komˌmo·de** *f* washstand, *Br.* wash-stand, commode. — **~ˌkorb** *m* laundry (*od.* clothes) basket. — **~ˌkraft** *f* (*eines Waschmittels*) cleaning power. — **~ˌkü·che** *f* **1.** washhouse, *Br.* wash-house, *Am. auch* laundry. – **2.** *fig. colloq.* (*dichter Nebel*) (pea) soup, pea-souper (*beide colloq.*). – **3. eine ~ machen** *fig. colloq.* to make the cigarette tip soggy, *Am. colloq.* to nigger-lip. — **~ˌlap·pen** *m* **1.** facecloth, *Br. auch* face flannel; *Am.* washcloth, washrag. – **2.** *fig. colloq. contempt.* (*Weichling*) sissy (*sl.*), *Br. sl.* cissy, milksop. — **~ˌlau·ge** *f* suds *pl.* — **~ˌle·der** *n* washleather, *Br.* wash-leather, chamois, *auch* chammy, shammy, shamoy. — **w~ˌle·dern** *adj* (of) washleather (*Br.* wash-leather), (of) chamois (*auch* chammy, shammy, shamoy). — **~maˌschi·ne** *f* washing machine, washer. — **~ˌmit·tel** *n* detergent, washing powder (*od.* agent). — **~ˌöl** *n metall.* wash oil. — **~ˌpa·ste** *f* detergent paste. — **~ˌplatz** *m* **1.** (public) washhouse (*Br.* wash-house). – **2.** (*am Fluß*) wash(ing) place. — **~proˌzeß** *m* **1.** washing process. – **2.** *metall.* washing (*od.* cleaning, scrubbing) process. — **~ˌpul·ver** *n* washing powder (*od.* agent). — **~ˌraum** *m* washroom, *Br.* wash-room, *Am. auch* lavatory. — **~ˌrum·pel** *f* ⟨-; -n⟩ *bes. Bavarian and Austrian for* Waschbrett. — **~saˌlon** *m* launderette, *Am. auch* Laundromat (*TM*). — **~ˌsamt** *m* washable velvet. — **~ˌschüs·sel** *f* washbowl, washbasin. — **~ˌschwamm** *m* sponge, *auch* spunge. — **~ˌsei·de** *f* washable silk. — **~ˌsei·fe** *f* washing (*od.* laundry) soap.

wäschst [vɛʃst] *2 sg pres of* waschen.

ˈWaschˌstra·ße *f tech. cf.* Waschanlage 1.

wäscht [vɛʃt] *3 sg pres of* waschen.

ˈWasch|ˌtag *m* washday, *Br.* wash-day. — **~ˌtisch** *m*, **~toiˌlet·te** *f* washstand, *Br.* wash-stand, commode. — **~ˌtopf** *m cf.* Wäschetopf. — **~ˌtrog** *m* washing trough. — **~ˌtrom·mel** *f tech.* **1.** drum (*Am.* cylinder) washer. – **2.** (*für Häute*) tub wheel.

ˈWasch- ˌund ˈRei·ni·gungs·symˌbo·le *pl* symbols for washing and dry-cleaning directions.

ˈWa·schung *f* ⟨-; -en⟩ **1.** *cf.* Waschen. – **2.** *med.* a) (*Spülung*) lavage, b) (*Abwaschung*) ablution. – **3.** *relig.* ablution.

ˈWasch|ˌvoll·au·toˌmat *m* (fully) automatic washing machine. — **~ˌwan·ne** *f* washtub, *Br.* wash-tub, bath. — **~ˌwas·ser** *n* washings *pl*, wash. — **~ˌweib** *n colloq. contempt.* (old) gossip, chatterbox. — **~ˌzet·tel** *m print.* (*eines Buches*) blurb. — **~ˌzeug** *n* wash things *pl*, toilet things *pl.* — **~ˌzu·ber** *m* washtub, *Br.* wash-tub. — **~ˌzwang** *m psych.* obsessional washing, ablutomania (*scient.*).

Wa·sen[1] [ˈvaːzən] *m* ⟨-s; -⟩ **1.** *Southern G. for* a) Rasen[2] 1, b) Schindanger. – **2.** *dial. cf.* Dampf 2.

ˈWa·sen[2] *pl Northern G. for* Reisigbündel 1.

ˈWa·senˌmei·ster *m Southern G. for* Abdecker.

Was·ser [ˈvasər] *n* ⟨-s; -⟩ **1.** ⟨*only sg*⟩ water: **Zimmer mit fließendem ~** rooms with running water; **ein Glas [Eimer] ~** a glass [bucket] of water; **voll(er) ~** full of water, *mar.* waterlogged; **mit ~ gekühlt** *tech. cf.* wassergekühlt; **aus** (*od.* **mit**) **~ gemacht** aqueous; **~ holen [schöpfen, kochen, trinken]** to fetch [to scoop, to boil, to drink] water; **~ schlucken** (*beim Schwimmen*) to swallow water; **~ treten** (*beim Schwimmen u. bei Kneippkuren*) to tread water; **~ fassen** a) (*von Lokomotive, Schiff*) to water, to take in water, b) (*beim Rudern*) to catch water; **mit ~ waschen** to wash with water; **dieser Wein trinkt sich wie ~** *colloq.* this is a very pleasant wine; **der Vorwurf läuft an ihm ab wie ~** *colloq.* the reproach runs off him like water off a duck's back; **bei ~ und Brot sitzen** *fig. colloq.* to be in prison (*od. sl.* in clink); **zu ~ und Brot verurteilt werden** a) to be put on (*od.* sentenced to) bread and water, b) *fig. colloq.* to be put in prison, *Br. sl.* to be put inside; **ein Edelstein reinsten ~s** *fig.* a stone of the first water; **ein Berliner reinsten ~s** *fig.* a typical Berliner, a Berliner through and through; **ihre Strümpfe ziehen ~** *fig. colloq.* her stockings sag. – **2.** ⟨*only sg*⟩ (*im Gegensatz zu Land*) water: **fließendes [stehendes] ~** running [stagnant *od.* dead] water; **offenes ~** open water; **auflaufendes ~** rising (*od.* incoming) tide; **ablaufendes ~** a) (*bei Ebbe*) ebbing (*od.* falling, receding) tide, b) (*nach Hochwasser*) subsiding water; **bei auflaufendem [ablaufendem] ~** when the tide rises (*od.* flows, comes in) [ebbs *od.* recedes, goes out]; **er sieht aus wie aus dem ~ gezogen** *colloq.* he is (*od.* looks) like a drowned rat; **ins ~ fallen** a) to fall into the water, b) *fig. colloq.* to fall flat (*od.* through) (*colloq.*), to fail to (*od.* not to) come off, to be called off; **ins ~ gleiten [springen, stürzen]** to glide [to jump, to plunge] into the water; **ins ~ gehen** a) to go into the water, b) to drown oneself; **am ~ liegen** to lie at the river (*od.* lake); **am ~ liegen und sich sonnen** to lie in the sun at the river (*od.* lake); **unter ~ schwimmen** to swim underwater; **etwas unter ~ setzen** to flood (*od.* submerge) s.th.; **unter ~ stehen** to be under water, to be flooded; **ein Boot zu ~ bringen** (*od.* **lassen**) to launch a boat; **Beförderung zu ~ und zu Land** carriage by water (*od.* sea) and land; **sich zu ~ und zu Land(e) fortbewegen** to move on water and on land; **einen Ort zu ~ und zu Land(e) erreichen** to reach a place by sea and land (*od.* by land and by water); **das ~ geht** (*od.* **reicht, steht**) **ihm bis zum** (*od.* **an den**) **Hals** (*od.* **bis an die Kehle**) a) the water comes up to his neck, b) *fig. colloq.* he is in deep (*od.* hot) water (*od.* up to his neck in difficulties); **sich über ~ halten** a) to stay above water, b) *fig.* to keep above water, to keep going, c) *fig.* (*finanziell*) to make (both) ends meet; **j-n über ~ halten** a) to keep s.o. above water, b) *fig.* to keep s.o. above water, to help s.o. (to) manage; → Balken 1; Fisch 1. – **3.** *fig.* (*in Wendungen wie*) **das ~ läuft mir im Mund zusammen** *colloq.* my mouth waters; **er kann ihm nicht das ~ reichen** *colloq.* he can't hold a candle to him, he isn't a patch on him; **~ mit einem Sieb schöpfen** to waste one's efforts; **~ in die Elbe** (*od.* **in den Rhein, ins Meer**) **tragen** to carry coals to Newcastle; **~ in den Wein gießen** to dampen s.o.'s spirits; **auf beiden Schultern ~ tragen** to serve two masters, to favo(u)r both sides, *Am. colloq.* to straddle; **das ist ~ auf seine Mühle** that is grist to his mill; **bis dahin läuft noch viel ~ den Berg hinunter** (*od.* **fließt noch viel ~ den Rhein** [*od.* **die Elbe, die Donau**] **hinunter**) plenty of water will flow under the bridge until then; **nahe am** (*od.* **ans**) **~ gebaut haben** to cry easily; **hier wird auch nur mit ~ gekocht** it is not different here from (*Am. auch* than, *Br. auch* to) anywhere else; → abgraben 4; Blut 1; Kopf 1; Krug 1; Schlag 3. – **4.** *pl* (*Wasserarten, Wassermassen*) waters: **die trägen ~ des Flusses** the sluggish waters of the river; **er ist mit allen ~n gewaschen** *fig. colloq.* he knows (*od.* is up to) all the tricks of the trade, there are no flies on him (*sl.*). – **5.** (*Gewässer*) water: **übers große ~ fahren** *colloq.* to cross the sea (*od.* ocean, water); **stille ~ sind** (*od.* **gründen**) **tief** (*Sprichwort*) still waters run deep (*proverb*); **er ist ein stilles ~** *fig.* he is a deep one. – **6.** ⟨*pl* Wässer⟩ *chem.* water (H_2O): **destilliertes ~** distilled water, aqua destillata (*scient.*); → schwer 23. – **7.** ⟨*pl* Wässer⟩ spirits *pl*, liquor. – **8.** ⟨*pl* Wässer⟩ mineral water: **eine Flasche ~ bestellen** to order a bottle of mineral water. – **9.** ⟨*only sg*⟩ (*Tränen*) tears *pl*, water: **das ~ schoß ihm in die Augen** tears rushed to his eyes; **ihre Augen standen voll ~** her eyes watered; **die Erzählung trieb ihr das ~ in die Augen** the tale brought tears (*od.* water) to her eyes; → Rotz 1. – **10.** ⟨*only sg*⟩ (*Schweiß*) perspiration, sweat: **ihm floß das ~ von der Stirn** sweat ran down his forehead. – **11. geweihtes ~** *relig. cf.* Weihwasser. – **12.** ⟨*only sg*⟩ *med.* a) (o)edema, b) (*Urin*) water: **~ in den Beinen haben** to have an (o)edema in the legs; **~ lassen** to pass (*od.* make) water; **er kann das** (*od.* **sein**) **~ nicht halten** he cannot hold (*od.* retain) his water (*od.* urine). – **13. wohlriechende Wässer** *pl* perfumes, *bes. Br.* scents; **Kölnisch(es) ~** *cf.* Kölnischwasser.

ˈWas·ser|ˌabˌfluß *m* drain hole, water outlet. — **~ˌabˌga·be** *f* (*des Körpers*) output of water. — **~ˌabˌlaß** *m* (water) drain. — **~ˌabˌschei·der** *m civ.eng.* water separator. — **~ˌabˌspal·tung** *f chem.* dehydration. — **w~ˌabˌsto·ßend, w~ˌabˌwei·send** *adj* water-repellent, hydrophobic. — **~ˌabˌzugsˌgra·ben** *m civ.eng.* field ditch. — **~ˌader** *f geol.* water vein. — **~aga·me** [-ʔaˌgaːmə] *f zo.* water agama (*Physignathus lesueurii*). — **w~ˌähn·lich** *adj* **1.** watery, like water, aqueous (*scient.*). – **2.** *chem.* (*Lösungsmittel etc*) nonaqueous *Br.* non-. — **~ˌaloe** *f bot.* water aloe (*od.* soldier) (*Stratiotes aloides*). — **~ˌamp·fer** *m* water dock (*Rumex aquaticus*). — **~ˌam·sel** *f zo.* water ouzel, dipper (*Cinclus cinclus*). — **~ˌanˌschluß** *m* **1.** (*an das öffentliche Wassernetz*) connection (*Br. auch* connexion) to the water line network: **sie haben keinen ~** they are not on the (water) mains; **sie lassen einen ~ legen** they are having water installed (*Br.* laid on). – **2.** fire hydrant. — **w~ˌanˌzie·hend** *adj* hygroscopic. — **~ˌar·beit** *f* ⟨-; *no pl*⟩ (*beim Rudern*) work in water. — **~ˌarm** *m geogr.* arm of a river, *auch* inlet. — **w~ˌarm** *adj* (*Land etc*) dry, arid, *auch* poorly irrigated. — **~ˌar·mut** *f* **1.** dryness, aridity. – **2.** *cf.* Wassermangel 1. — **~ˌas·sel** *f zo.* water hog louse (*Asellus aquaticus*). — **~ˌauf·beˌrei·tung** *f civ.eng.* water purification (*od.* conditioning). — **~ˌaufˌnah·me** *f* **1.** *tech. phys.* water absorption. – **2.** (*des Körpers etc*) water intake. — **w~ˌaufˌsau·gend** *adj* hydrophylic, *auch* hydrophile. — **~ˌausˌlaß, ~ˌausˌtritt** *m* water outlet. — **~ˌausˌschei·dung** *f* (*des Körpers*) elimination of water. — **~ˌbad** *n* **1.** *chem. phot.* water bath. – **2.** *gastr.* water bath, *auch* bain-marie: **etwas im ~ kochen** to steam s.th.

ˈWas·serˌball *m* **1.** (*aufblasbarer Gummi- od. Plastikball*) ball. – **2.** (*sport*) a) ⟨*only sg*⟩ (*Spiel*) water polo, b) (*Ball*) water-polo ball.

ˈWas·serˌbal·last *m mar.* water ballast.

ˈWas·serˌball|ˌspiel *n* (*sport*) **1.** water-polo game (*od.* match). – **2.** ⟨*only sg*⟩ *cf.* Wasserball 2a. — **~ˌspie·ler** *m* water-polo player.

ˈWas·ser·basˌsin *n cf.* Wasserbecken.

ˈWas·serˌbau *m* ⟨-(e)s; -ten⟩ *civ.eng.* **1.** ⟨*only sg*⟩ hydraulic engineering. – **2.** (*Anlage*) hydraulic construction. — **~ˌholz** *n* timber for hydraulic structures. — **~in·ge·niˌeur, ~ˌtech·ni·ker** *m* hydraulics engineer.

ˈWas·ser|ˌbecken (*getr.* -k·k-) *n* **1.** (water) basin, (*größeres*) reservoir. – **2.** (*im Garten*) (water) pond. — **~beˌdarf** *m* water requirement(s *pl*) (*od.* demand), amount of water required. — **~beˌhäl·ter** *m* water reservoir (*od.* tank), basin, storage cistern. — **~beˌhand·lung** *f med.* hydrotherapy, hydrotherapeutics *pl* (*usually construed as sg*). — **~beˌschaf·fen·heit** *f mar.* water condition. — **w~beˌstän·dig** *adj* water-resistant, waterproof. — **~ˌbett** *n med.* water (*od. scient.* hydrostatic) bed. — **~beˌwoh·ner** *m zo.* aquatic animal. — **w~ˌbin·dend** *adj civ.eng.* water-absorbent. — **~ˌbla·se** *f* **1.** bubble. – **2.** *med.* a) (*auf der Haut*) blister, vesicle (*scient.*), b) (*Harnblase*) bladder. — **~ˌblatt** *n bot.* waterleaf (*Gattg Hydrophyllum*). — **~ˌblat·tern** *pl med. cf.* Wasserpocken. — **~ˌblau** *n* **1.** sea blue. – **2.** *chem.* water (*od.* soluble, pure, China) blue. — **w~ˌblau** *adj* (*Augen*) clear-blue. — **~ˌblü·te** *f* (*zeitweilige Algendecke der Wasseroberfläche*) blooming-of-the-lakes. — **~ˌbock** *m zo.* **1.** waterbuck (*Gattg Kobus*). – **2.** puku, kob, *auch* koba (*Gattg Adenota*). – **3.** lechwe, *auch* lichi (*Gattg Onotragus*). — **~ˌbom·be** *f mil.* depth charge. — **~ˌboot** *n mar.* (*Versorgungsboot*) watering boat, waterboat, water carrier. — **~ˌbrei** *m gastr.* gruel. — **~ˌbren·ner** *m nucl.* water-moderated reactor. — **~ˌbruch** *m med.* hydrocele. — **~ˌbüf·fel** *m zo.* **1.** *cf.* Arni-Büffel. – **2.** *cf.* Hausbüffel. – **3.** *cf.* Kerabau. — **~ˌburg** *f hist.* water-surrounded castle.

Wäs·ser·chen [ˈvɛsərçən] *n* ⟨-s; -⟩ **1.** streamlet, rill, little brook. – **2.** *cf.* Duftwasser. – **3. er sieht aus, als ob er kein ~ trüben könnte** *fig.* he looks as if butter would not melt in his mouth.

ˈWas·ser|ˌdamm *m* (*mining*) water dam. — **~ˌdampf** *m* steam, water vapor (*bes. Br.* vapour). — **~ˌdarm** *m bot.* water chickweed (*Myosoton aquaticum*). — **w~ˌdicht** *adj* **1.** watertight: **~ sein** (*nicht lecken*) to hold water; **etwas ~ machen** to make s.th. waterproof, to waterproof s.th. – **2.** (*Stoffe etc*) waterproof, impermeable, impervious to water. — **~ˌdost** *m bot.* hemp agrimony (*Eupatorium cannabinum*).

ˈWas·serˌdruck *m* ⟨-(e)s; =e⟩ water (*od.* hydraulic) pressure. — **~ˌpro·be** *f* hydrostatic test. — **~verˌsuch** *m* hydraulic pressure test.

ˈWas·ser|ˌdunst *m* **1.** (*auf Flüssen, Seen etc*) mist, vapor, *bes. Br.* vapour, water smoke. – **2.** (*in einer Waschküche etc*) steam, water vapor (*bes. Br.* vapour). — **~ˌdurchˌfluß|öff·nung** *f civ.eng.* water discharge opening. — **~ˌdurchˌlaß** *m civ.eng.* culvert. — **w~ˌdurchˌläs·sig** *adj* **1.** (*Stoff, Leder etc*) permeable. – **2.** *geol.* (*Schicht, Felsen etc*) permeable (to water), pervious (to water). — **~ˌdurchˌläs·sig·keit** *f* ⟨-; *no pl*⟩ **1.** permeability. – **2.** *geol.* a) (*durch Porosität*) primary permeability, b) (*durch Fugen u. Spalten*) secondary permeability. — **~ˌdurchˌlauf** *m* water passage. — **~ˌefeu** *m bot.* duckweed (*Lemna trisulca*). — **~ˌeh·renˌpreis** *m* water speedwell (*Veronica anagallis-aquatica*). — **~ˌei·che** *f* punk oak (*Quercus nigra*). — **~ˌei·mer** *m* bucket, pail. — **~ˌeinˌbruch** *m* (*mining*) inrush of water. — **~ˌeis** *n gastr.* water ice. — **~entˌhär·ter** *m* ⟨-s; -⟩ *chem.* water softener. — **~entˌhär·tung** *f* water softening. — **~entˌhär·tungsˌanˌla·ge** *f* **1.** water-softening plant. – **2.** (*eines Geschirrspülers*) water-softening device. — **~entˌhär·tungsˌmit·tel** *n chem. cf.* Wasserenthärter. — **~entˌnah·me** *f* **1.** (*Handlung*) drawing off of water. – **2.** (*Menge*) amount of water drawn off. — **~entˌnah·meˌrecht** *n jur. cf.* Wassernutzungsrecht. — **w~entˌzie·hend** *adj* dehydrating. — **~entˌzie·hung** *f* dehydration, (*bes. von Eßwaren*) anhydration. — **~entˌzug** *m med.* dehydration. — **~erˌguß** *m med.* watery (*od.* serous) effusion (*od.* [o]edema). — **~erˌhit·zer** *m* ⟨-s; -⟩ (rapid) water heater, *Br.* geyser. — **~erˌtrag** *m geol.* discharge. — **~ˌfa·den** *m bot.* hairweed, riverweed (*Conferva bombycina*). — **~ˌfahrt** *f* boat(ing) trip, trip on the water. — **~ˌfahrˌzeug** *n mar.* watercraft. — **~ˌfall** *m* **1.** waterfall, fall(s *pl often construed as sg*): **sie redet wie ein ~** *fig. colloq.* she talks nineteen to the dozen, *Am. colloq.* she talks a blue streak, *Br.* she would talk the hind leg off a donkey. – **2.** (*sehr großer*) fall(s *pl often construed as sg*), cataract. – **3.** (*Kaskade*) cascade.

ˈWas·serˌfar·be *f* **1.** (*für Gemälde*) watercolor, *bes. Br.* water-colour: **in ~n malen** to paint in water(-)colo(u)r(s). – **2.** (*für Wände u. Kulissen*) aqueous color (*bes. Br.* colour), *Am.* calcimine, *Br.* distemper. – **3.** (*in der Buchdruckerei*) hydrotone ink. — **ˈWas·serˌfar·ben·ma·leˌrei** *f* water(-)colo(u)r painting, painting in water(-)colo(u)r(s).

ˈWas·ser|ˌfarn *m bot.* water (*od.* aquatic) fern (*Gattg Osmunda*). — **~faˌsan** *m zo. cf.* Blatthühnchen. — **~ˌfas·sung** *f civ.eng.* water inlets *pl*. — **~ˌfe·der** *f bot.* water gillyflower (*auch* violet), featherfoil (*Hottonia inflata*). — **~ˌfen·chel** *m* water fennel, horsebane (*Oenanthe aquatica*). — **w~ˌfest** **1.** (*Kleidung, Zelt etc*) waterproof, water-repellent, water-resistant: **~ machen** to waterproof. – **2.** (*Tinte, Tusche etc*) indelible. – **3.** (*Papier*) wet-strength (*attrib*). — **~ˌflä·che** *f* **1.** expanse (*od.* sheet, body) of water. – **2.** *cf.* Wasserspiegel 1. — **~ˌfla·sche** *f* water bottle. — **~ˌfleck** *m* water stain. — **~ˌfle·derˌmaus** *f zo.* Daubenton's bat (*Myotis daubentoni*). — **~ˌfloh** *m* water flea (*Ordng Cladocera*). — **~ˌflo·ra** *f bot.* aquatic vegetation (*od.* flora). — **~ˌflugˌha·fen** *m aer.* marine (*od.* seaplane) airport, *Br. auch* water aerodrome (*Am. auch* airdrome). — **~ˌflugˌzeug** *n* seaplane, hydroplane. — **~ˌflut** *f* flood of water, (water)flood, (*Überschwemmung*) *auch* deluge. — **~ˌfracht** *f* water carriage, carriage by water. — **w~ˌfrei** *adj* **1.** free from water, anhydrous (*scient.*): **~ machen** to dehydrate. – **2.** (*Alkohol*) pure. — **~ˌfront** *f mar.* waterfront. — **~ˌfrosch** *m zo.* water (*od.* edible) frog (*Rana esculenta*). — **w~ˌfüh·rend** *adj geol.* (*mining*) water-bearing, aquiferous (*scient.*): **~e (Gesteins)Schicht** aquifer. — **~ˌfüh·rung** *f* discharge. — **~ˌgang** *m mar.* waterway. — **~ˌgar·be** *f* **1.** *mil.* (*Fontäne beim Auftreffen eines Geschosses*) (shell) splash. – **2.** *bot.* water milfoil (*Achillea ptarmica*). — **~ˌgas** *n chem.* water gas. — **~geˌfäß** *n* water container. — **~geˌfäß·syˌstem** *n zo.* (*von Stachelhäutern*) water tube system, ambulacrum (*scient.*). — **~geˌhalt** *m* **1.** (*von Bier etc*) water content, percentage of water: **zulässiger ~** water tolerance. – **2.** (*der Luft*) (specific) humidity. — **~ˌgeist** *m* ⟨-(e)s; -er⟩ *myth.* water sprite. — **w~geˌkühlt** *adj tech.* (*Motor, Reaktor etc*) water-cooled, water-jacketed. — **~ˌgeld** *n* ⟨-(e)s; *no pl*⟩ water charges *pl* (*Br.* rate). — **~ˌgeu·sen** *pl hist.* Gueux of the Sea, Sea Beggars. — **~geˌwin·nung** *f* procurement of water.

ˈWas·serˌglas *n* ⟨-es; =er⟩ **1.** water glass, (*ohne Fuß*) *auch* tumbler: **Sturm im ~** *fig.* storm in a teacup. – **2.** ⟨*only sg*⟩ *chem.* water glass, liquid glass, sodium tetrasilicate ($Na_2O \cdot 3$—$4\ SiO_2$). — **~ˌfar·ben** *pl chem.* water-glass colors (*bes. Br.* colours). — **~ˌleim** *m* water-glass glue.

ˈWas·ser|ˌgra·ben *m* **1.** ditch, drain. – **2.** (*um Wasserburgen*) moat. – **3.** (*sport*) water jump. — **~ˌgru·be** *f* water pit (*od.* hole), cistern. — **~ˌguß** *m* **1.** jet of water. – **2.** (*aus geplatzten Rohren etc*) gush of water. – **3.** *med.* (*beim Kneippen*) gush (*od.* jet) of water. — **~ˌhahn** *m* **1.** (water) tap, (water) faucet. – **2.** *tech.* water cock. — **~ˌhah·nenˌfuß** *m bot.* water crowfoot (*Ranunculus aquatilis*). — **w~ˌhal·tig** *adj* **1.** containing water, with water content, aqueous (*scient.*). – **2.** (*Wolken etc*) watery. – **3.** *bes. chem.* a) (*wasserenthaltend*) hydrous, b) (*wässerig*) aqueous. — **~ˌhal·tung** *f* ⟨-; *no pl*⟩ (*mining*) water drainage. — **~ˌhanf** *m bot.* **1.** water hemp (*Gattg Acnida*). – **2.** hemp agrimony (*Eupatorium cannabinum*). — **~ˌharnˌruhr** *f med.* diabetes insipidus. — **~ˌhär·te** *f* water hardness. — **~ˌhär·tung** *f metall.* water hardening. — **~ˌhär·tungsˌstahl** *m* water hardening steel. — **~ˌhausˌhalt** *m* ⟨-(e)s; *no pl*⟩ *biol. med.* water balance (*od.* equilibrium). — **~ˌhe·beˌwerk** *n tech.* water supply and pumping station. — **~ˌheilˌkun·de** *f med.* hydrotherapy, hydrotherapeutics *pl* (*usually construed as sg*), hydropathy. — **~ˌheil·verˌfah·ren** *n* hydropathic therapy (*od.* treatment). — **~ˌheizˌman·tel** *m tech.* water jacket. — **~ˌhei·zung** *f cf.* Warmwasserheizung. — **w~ˌhell** *adj* **1.** *cf.* wasserklar. – **2.** (*Augen etc*) light-colored (*bes. Br.* -coloured). — **~ˌhelm** *m bot. cf.* Wasserschlauch 2. — **~ˌhoch·beˌhäl·ter** *m tech.* water header tank. — **~ˌhö·he** *f phys.* (*einer Wassersäule*) head (of water), hydrostatic head. — **~ˌhornˌblatt** *n bot.* hornwort (*Gattg Ceratophyllum*). — **~ˌho·se** *f meteor.* waterspout. — **~ˌhuhn** *n zo. cf.* Bläßhuhn. — **~ˌhül·le** *f astr. geol.* (*der*

Erde) hydrosphere. — **~ˌhund** *m zo.* tiger fish (*Hydrocyanus goliath*).
wäs·se·rig ['vɛsərɪç] *adj* **1.** (*Suppe, Wein, Augen etc*) watery: **der Tee ist ziemlich ~** the tea is rather watery (*od.* weak). **– 2.** (*Flüssigkeit, Lösung*) aqueous. **– 3.** *med.* (*serös*) serous. — **'Wäs·se·rig·keit** *f* ⟨-; *no pl*⟩ aqueousness.
'Was·ser|inˌsekt *n zo.* aquatic insect. — **~ˌjung·fer** *f* **1.** *myth. cf.* Wasserjungfrau. **– 2.** *zo.* dragonfly (*Ordng Odonata*). — **~ˌjungˌfrau** *f myth.* naiad, nix(ie). — **~ˌkä·fer** *m zo.* water beetle (*Fam. Hydrophilidae*). — **~ˌkalb** *n* horsehair snake (*od.* worm) (*Gordius aquaticus*). — **~ˌkalk** *m chem.* weakly hydraulic lime. — **~kaˌnin·chen** *n zo.* swamp (*od.* water) rabbit (*Sylvilagus aquaticus*). — **~kaˌni·ster** *m* water canister. — **~ˌkan·ne** *f* water pitcher (*auch* jug), ewer. — **~ˌkan·te** *f* ⟨-; *no pl*⟩ *geogr. cf.* Waterkant. — **~kaˌraf·fe** *f* water carafe. — **~ˌkar·te** *f geogr.* hydrographic chart. — **~kaˌsta·nie** *f bot.* water chestnut (*Cyperus esculentus*). — **~ˌka·sten** *m* **1.** (*eines Spülklosetts*) cistern, flush box. **– 2.** water tank (*od.* compartment). **– 3.** *auto.* (*des Kühlers*) header (*od.* radiator) tank. — **~ˌkes·sel** *m* **1.** (*für Kaffee-, Teewasser*) (water) kettle, (*für Tee*) *auch* teakettle, *Br.* tea-kettle. **– 2.** *cf.* Wäschetopf. **– 3.** *tech.* (*von Dampfmaschinen etc*) boiler. — **~ˌkis·sen** *n* (*für Kranke*) water cushion (*od.* bed). — **~ˌkitt** *m synth.* hydraulic cement. — **~ˌklap·pe** *f mus.* (*an Trompeten*) water key. — **w~ˌklar** *adj* (*Flüssigkeit*) water-white, (as) clear as water. — **~kloˌsett** *n* (water) closet, W.C., *auch* toilet. — **~ˌknö·te·rich** *m bot.* amphibious knotgrass (*od.* knotweed) (*Polygonum aviculare*). — **~ˌko·bra** *f zo.* ringed water snake (*Boulengerina annulata*). — **~ˌkopf** *m med.* water on the brain; hydrocephalus, hydrocephaly (*scient.*). — **w~ˌköp·fig** [-ˌkœpfɪç] *adj* hydrocephalic.
'Was·serˌkraft *f econ. tech.* waterpower, hydraulic power. — **~ˌanˌla·ge** *f* hydropower plant, hydroplant, waterpower station. — **~ˌanˌtrieb** *m* hydropropulsion, hydraulic drive. — **~elek·tri·zi'tät** *f* hydroelectricity. — **~ˌleh·re** *f* hydrodynamics *pl* (*usually construed as sg*). — **~maˌschi·ne** *f* hydraulic (*od.* waterpower) engine. — **~ˌstrom** *m* hydroelectric current. — **~ˌwerk** *n* hydroelectric power (*od.* hydropower) station (*od.* plant), hydroelectric generating station.
'Was·ser|ˌkran *m* (*railway*) water(-feeding) crane. — **~ˌkreuzˌkraut** *n bot.* aquatic chickweed (*Senecio aquaticus*). — **~ˌkrug** *m* **1.** *bes. Br.* water jug, *Am.* waterpitcher, pitcher. **– 2.** *bot.* waterpitcher (*Gattg Sarracenia*). — **~ˌkü·bel** *m* water tub (*od.* vat). — **~ˌküh·lung** *f tech.* water cooling: **mit ~** *cf.* wassergekühlt. — **~kulˌtur** *f hort.* hydroponics *pl* (*usually construed as sg*). — **~ˌkun·de** *f* hydrology. — **~ˌkunst** *f* **1.** art of designing fountains and waterworks. **– 2.** (*Wasserspiele*) waterworks *pl*, *auch* waterwork. — **~ˌkur** *f med.* **1.** water cure; hydropathic treatment, hydropathy (*scient.*). **– 2.** *cf.* Kneippkur. — **~ˌkür·bis** *m bot. cf.* Wassermelone. — **~ˌla·che** *f* puddle, pool. — **~'landˌflugˌzeug** *n aer.* amphibian (plane). — **~ˌlan·dung** *f cf.* Wasserung. — **~ˌlas·sen** *n* ⟨-s; *no pl*⟩ *med.* urination, voiding, micturition. — **~ˌlauf** *m geogr.* watercourse, flow (*od.* stream, current) of water: **zeitweilig trockener ~** creek. — **~ˌläu·fer** *m zo.* **1.** (*Insekt*) water measurer, water skipper (*od.* skater) (*Fam. Gerridae*). **– 2.** **Dunkler ~** spotted redshank (*Tringa erythropus*). — **w~ˌleer** *adj* **1.** waterless, devoid of water. **– 2.** (*trokken*) dry. — **~ˌlei·che** *f* corpse found in water.
Wäs·ser·lein ['vɛsərlaɪn] *n* ⟨-s; -⟩ *cf.* Wässerchen.
'Was·ser|ˌlei·tung *f* **1.** (*Wasseranlage im Haus*) waterline, *Br.* water-line: **eine ~ verlegen** to instal(l) (*od.* lay) water pipes. **– 2.** (*Wasserrohr*) water pipe. **– 3.** (*Wasserhahn*) (water) tap, (water) faucet. **– 4.** (*einer Stadt*) waterworks *pl*. **– 5.** (*Aquädukt*) aqueduct. — **~ˌlei·tungsˌrohr** *n*, **~ˌlei·tungsˌröh·re** *f cf.* Wasserrohr 1. — **~ˌliesch** *n bot.* flowering rush (*Butomus umbellatus*). — **~ˌli·lie** *f* (*Seerose*) water lily (*Nymphaea alba*). — **~ˌli·nie** *f mar.* waterline, *Br.* water-line, water level, *Br.* water-level. — **~ˌlin·se** *f bot.* duckweed, water flaxseed (*Br.* flax-seed) (*Lemna polyrhiza*). — **~loˌbe·lie** *f* water lobelia (*Lobelia dortmanna*). — **~ˌloch** *n* water hole. — **w~ˌlös·lich** *adj* water-soluble. — **~ˌlös·lich·keit** *f* ⟨-; *no pl*⟩ water-solubility. — **~ˌman·gel** *m* **1.** water shortage, shortage (*od.* scarcity) of water. **– 2.** (*Dürre*) drought. **– 3.** *med.* water deficiency, hydropenia, dehydration. — **~ˌmann** *m* ⟨-(e)s; -män·ner⟩ **1.** ⟨*only sg*⟩ *astr. astrol.* (*Sternbild*) Aquarius, Water Bearer (*od.* Carrier): **er ist ein ~** *astrol.* he is a Water Bearer, he was born under (the sign of) Aquarius. **– 2.** *myth.* water sprite.
'Was·serˌmann·sche Re·ak·ti'on *f med.* Wassermann reaction (*od.* test).
'Was·ser|ˌman·tel *m tech.* water jacket. — **~ˌmar·der** *m zo. cf.* Otter[1]. — **~ˌmar·ke** *f cf.* Wasserstandsmarke. — **~ˌmas·se** *f* **1.** volume (*od.* body) of water. **– 2.** *pl* mass *sg* (*od.* deluge *sg*) of water. — **~ˌmaulˌwurf** *m zo. Am.* prairie mole, eastern mole (*Scalopus aquaticus*). — **~ˌmaus** *f* beaver rat (*Unterfam. Hydromyinae*). — **~meˌlo·ne** *f bot.* **1.** watermelon, *Br.* water-melon (*Citrullus vulgaris*). **– 2.** anguria (*Cucumis anguria*). — **~ˌmen·ge** *f* quantity (*od.* amount) of water. — **~ˌmes·ser** *m* **1.** water ga(u)ge, water meter. **– 2.** (*Hydrometer*) hydrometer. **– 3.** *mar. cf.* Wasserstandsmesser. — **~ˌmil·be** *f zo.* water mite (*Fam. Hydrachnellae*). — **~ˌmi·ne** *f mil. cf.* Seemine. — **~ˌmin·ze** *f bot.* water mint (*Mentha aquatica*). — **~mo·kasˌsinˌschlan·ge** *f zo.* water viper (*od.* moccasin) (*Agkistrodon piscivorus*). — **~ˌmolch** *m* eft, water newt (*Gattg Triturus*). — **~ˌmör·tel** *m tech.* hydraulic (lime) mortar. — **~ˌmo·schusˌtier** *n* water chevrotain (*Hyemoschus aquaticus*). — **~ˌmo·tor** *m tech.* hydraulic engine. — **~ˌmüh·le** *f* water mill.
was·sern ['vasərn] **I** *v/i* ⟨h *u.* sein⟩ **1.** *aer.* alight (up)on (*od.* touch down on) water. **– 2.** (*von Raumkapsel*) splash down. **– II W~** *n* ⟨-s⟩ **3.** *verbal noun.* **– 4.** *cf.* Wasserung.
wäs·sern ['vɛsərn] **I** *v/t* ⟨h⟩ **1.** *gastr.* (*Erbsen, Heringe etc*) steep (*od.* soak) (*s.th.*) in water. **– 2.** (*Feld, Pflanzen etc*) submerge. **– 3.** *phot.* rinse. **– 4.** *chem.* soak (*s.th.*) in (*od.* treat [*s.th.*] with) water. **– II** *v/i* **5.** (*Augen etc*) water: **mir wässert der Mund danach** *fig.* it makes my mouth water. **– III W~** *n* ⟨-s⟩ **6.** *verbal noun.*
'Was·ser|ˌna·bel *m bot.* marsh pennywort (*Gattg Hydrocotyle*). — **~ˌna·del** *f zo. cf.* Wasserskorpion. — **~ˌnat·ter** *f* water adder (*Fam. Natricinae*). — **~ˌni·xe** *f* **1.** *myth.* (water) nix(ie), mermaid, nereid, undine. **– 2.** *fig. colloq. cf.* Badenixe. — **~ˌnot** *f cf.* Wassermangel 1, 2. — **~ˌnuß** *f bot.* water (*od.* horn) nut (*Trapa natans*). — **~ˌnut·zungsˌrecht** *n jur.* water right. — **~ˌnym·phe** *f myth.* nymph. — **~ˌoberˌflä·che** *f* surface of the water, water surface. — **~opos·sum** [-ˀoˌpɔsum] *n zo.* water opossum (*Chironectes minimus*). — **~ˌor·gel** *f mus.* hydraulic organ, hydraulus. — **~parˌfüm**, *auch* **~parˌfum** *n chem.* aqueous perfume. — **~parˌtie** *f cf.* Wasserfahrt. — **~ˌpaß** *m mar.* boot-top line. — **~ˌpest** *f bot.* (Canadian) waterweed, anacharis (*Elodea canadensis*). — **~ˌpfahl** *m* pile, stilt. — **~ˌpfef·fer** *m bot.* water pepper (*Polygonum hydropiper*). — **~ˌpfei·fe** *f* (*Tabakspfeife der Orientalen*) water pipe, hookah, *auch* hooka, nargileh, *auch* narghile. — **~ˌpfei·fer** *m zo.* Pickering's tree frog, spring peeper (*Hyla crucifer*). — **~ˌpflan·ze** *f bot.* water plant, aquatic (plant). — **~ˌpfüt·ze** *f* puddle, pool. — **~ˌpie·per** *m zo.* water pipit (*od.* lark) (*Anthus spinoletta*). — **~piˌsto·le** *f* water pistol (*Am. auch* gun), squirt gun. — **~ˌpocken** (*getr.* -k·k-) *pl med.* chickenpox *sg*, varicella *sg* (*scient.*). — **~po·liˌzei** *f cf.* Wasserschutzpolizei. — **~ˌpol·ster** *n civ. eng.* cushioning pool, water cushion. — **~ˌpri·mel** *f bot. cf.* Wasserfeder. — **~ˌpro·be** *f* **1.** water sample. **– 2.** *hist.* (*Gottesurteil*) water ordeal. — **~ˌpum·pe** *f tech.* water pump. — **~ˌpum·penˌküh·lung** *f* forced-circulation cooling. — **~ˌpum·penˌschlüs·sel** *m* water pump nut wrench (*bes. Br.* spanner). — **~ˌpum·penˌzan·ge** *f* water pump pliers *pl* (*construed as sg or pl*). — **~ˌrad** *n* waterwheel, *Br.* water-wheel: **oberschlächtiges [unterschlächtiges] ~** overshot [undershot] water(-)wheel. — **~ˌral·le** *f zo.* water (*od.* common) rail (*Rallus aquaticus*). — **~ˌrat·te** *f* **1.** *zo. cf.* Schermaus. **– 2.** *fig. colloq. humor.* (*alter Seebär*) old salt, sea dog, shellback. **– 3.** *colloq. humor.* (*begeisterter Schwimmer etc*) enthusiastic swimmer: **eine ~ sein** to love the water. — **~ˌrecht** *n* ⟨-(e)s; *no pl*⟩ *jur.* **1.** laws *pl* (*od.* rules *pl*) relating to (the use of) water. **– 2.** water right. — **~ˌreh** *n zo.* Chinese water deer (*Hydropotes inermis*). — **w~ˌreich** *adj* **1.** (*Landstrich*) abounding in water (*od.* watercourses). **– 2.** *chem.* of high water content. — **~ˌrei·ni·ger** *m* (*Gerät*) purifier. — **~ˌrei·ni·gung** *f* water purification (*od.* conditioning). — **~ˌrei·ni·gungsˌanˌla·ge** *f* water purification plant. — **~ˌreis** *m* **1.** *gastr.* boiled rice. **– 2.** *bot.* wild rice (*Zizania aquatica*). — **~ˌrei·ter** *m zo. cf.* Teichläufer. — **~re·serˌvoir** *n* (water) reservoir. — **~re·serˌvoirˌfrosch** *m zo.* water-reservoir frog (*Cyclorana platycephala*). — **~ˌrie·men** *m bot. cf.* Seegras 1. — **~ˌrin·ne** *f civ.eng.* **1.** (*einer Straße*) gutter. **– 2.** (*einer Kläranlage*) trough, drain. **– 3.** (*halbiertes Rohr*) channel.
'Was·serˌrohr *n* **1.** water pipe, (*Hauptrohr*) *auch* main, (*Nebenrohr*) *auch* service pipe. **– 2.** (*eines Kessels*) water tube. — **~ˌbruch** *m* burst in a water pipe (*od.* main). — **~ˌkes·sel** *m* watertube (*Br.* water-tube) boiler.
'Was·ser|ˌro·se *f bot. cf.* Seerose 1, 2. — **~ˌrü·be** *f* turnip (*Brassica rapa*). — **~ˌrutschˌbahn** *f* chute, *auch* shute, shoot. — **~ˌsack** *m* **1.** canvas (*auch* canvass) bucket. **– 2.** *tech.* (*einer Heizung*) water pocket. — **~sa·laˌman·der** *m zo.* water newt (*Gattg Eurycea*). — **~ˌsam·mel·geˌbiet** *n civ.eng.* water catchment area. — **~ˌsäu·geˌtier** *n zo.* aquatic mammal. — **~ˌsäu·le** *f phys.* water column, head of water. — **~ˌscha·den** *m* damage caused by water. — **~ˌschau·fel** *f* **1.** (*für Bootwasser*) water scoop, bailer. **– 2.** (*eines Wasserrades*) paddle (float). — **~ˌschei·de** *f geogr.* watershed, *auch* water parting, divide. — **~ˌsche·re** *f bot.* water soldier (*Stratiotes aloides*). — **~ˌscheu I** *f* fear of water, water funk (*colloq.*), hydrophobia (*scient.*). **– II w~** *adj* afraid of (the) water, hydrophobic (*scient.*): **er ist w~** he is afraid of water, he is a water funk (*colloq.*). — **~ˌschi** *m* (*sport*) *cf.* Wasserski. — **~ˌschicht** *f* layer (*od.* stratum) of water. — **~ˌschier·ling** *m bot.* cowbane, water hemlock (*Cicuta virosa*). — **~ˌschildˌkrö·te** *f zo.* water tortoise (*Gattg Clemmys*). — **~ˌschlamm·ling** [-ˌʃlamlɪŋ] *m* ⟨-s; -e⟩ *bot.* Cornish moneywort (*Limosella aquatica*). — **~ˌschlan·ge** *f* **1.** *zo.* water snake. **– 2.** *astr.* Hydra. — **~ˌschlauch** *m* **1.** water hose. **– 2.** *bot.* bladderwort, bladder snout (*Gattg Utricularia*). — **~ˌschloß** *n* **1.** *hist.* moated castle. **– 2.** *civ.eng.* (*einer Talsperre*) surge tank. — **~ˌschmät·zer** [-ˌʃmɛtsər] *m zo. cf.* Wasseramsel. — **~ˌschnecke** (*getr.* -k·k-) *f civ.eng.* Archimedian water screw (*od.* pump), spiral pump. — **~ˌschnei·der** *m zo. cf.* Wasserläufer 1. — **~ˌschöp·fer** *m* bailer. — **~ˌschutz·po·liˌzei** *f* **1.** (*auf Flüssen, Strömen*) river police, water guard. **– 2.** *cf.* Hafenpolizei. — **~ˌschwa·den** *m bot.* reed glyceria (*Glyceria aquatica*). — **~ˌschwein** *n zo.* water hog (*od.* pig) (*Hydrochoerus capybara*). — **~ˌschwertˌli·lie** *f bot.* water flag (*Iris pseudacorus*). — **~ˌsei·te** *f* **1.** waterside. **– 2.** *mar.* (*eines Wellenbrechers*) seaward side. — **~ˌski** *m* (*sport*) water ski: **~ fahren** to water-ski. — **~ˌskiˌfah·rer** *m* water-skier. — **~skor·piˌon** *m zo.* water scorpion (*od.* bug) (*Fam. Nepidae*).
'Was·sersˌnot *f* distress caused by flood, flood disaster.
'Was·ser|ˌspei·cher *m tech.* (*im Haus, Schiff etc*) water (storage) tank, (*im Freien*) water reservoir. — **~ˌspei·er** *m arch.* gargoyle, *auch* gurgoyle. — **~ˌsper·re** *f* (*mining*) water (trough) barrier. — **~ˌspie·gel** *m* **1.** (*Wasseroberfläche*) water level (*od.* surface), surface of the water. **– 2.** *cf.* Wasserstand. — **~ˌspie·le** *pl* **1.** (*von Fontänen*) waterworks. **– 2.** (*sport*) water games. — **~ˌspin·ne** *f zo.* water spider (*od.* spinner) (*Argyroneta aquatica*). — **~ˌspitzˌmaus** *f* water shrew (*Neomys fodiens*). — **~ˌsport** *m* water (*od.* aquatic) sports *pl*, aquatics *pl* (*sometimes construed as sg*). — **~ˌsprin·gen** *n* (*sport*) diving. —

~ˌsprin·ger m, **~ˌsprin·ge·rin** f diver. — **~ˌsprit·ze** f 1. (water) hose. – 2. (*der Feuerwehr*) fire (*od.* water) engine. — **~ˌspü·lung** f 1. *tech.* a) (*Vorgang*) water flushing, b) (*Anlage*) flushing cistern: Toilette mit ~ water closet, W.C. – 2. (*mining*) water injection. — **~ˌstag** n *mar.* bobstay.

'Was·serˌstand m 1. (*von Flüssen etc*) water level: höchster [mittlerer, niedrigster] ~ highest [mean, lowest] (water) level. – 2. (*der See*) sea (*od.* tide) level, height of level. – 3. *tech.* (*im Kessel*) water level.

'Was·serˌstands|ˌanˌzei·ger m *mar.* 1. water ga(u)ge, water-level indicator. – 2. (*Tiefenanzeiger*) depth indicator. — **~ˌglas** n water ga(u)ge glass. — **~ˌmar·ke** f watermark, (*in Tidengewässern*) tidemark. — **~ˌmel·dun·gen** pl water-level bulletin *sg.* — **~ˌmes·ser** m tide ga(u)ge (*od.* register). — **~ˌzei·chen** n watermark.

'Was·ser|ˌstart m *aer.* water takeoff (*Br.* take-off). — **~ˌstein** m *cf.* Kesselstein. — **~ˌstel·le** f watering place. — **~ˌstern** m *bot.* (water) starwort (*Gattg Callitriche*). — **~ˌstie·fel** pl 1. waterproof boots. – 2. (*über die Knie gehende*) jackboots. – 3. (*bis an die Hüfte gehende*) waders, wading (*od.* hip) boots. — **~ˌstieg·litz** m *zo.* (*Aquarienfisch*) pristella (*Pristella riddlei*).

'Was·serˌstoff m ⟨-(e)s; *no pl*⟩ *chem.* hydrogen (H): schwerer ~ heavy hydrogen, deuterium (D *od.* ²H); mit ~ verbinden to hydrogenize. — **~akˌzep·tor** [-ʔakˌtsɛptɔr] m ⟨-s; -en [-ˌtoːrən]⟩ hydrogen acceptor. — **~atom** [-ʔaˌtoːm] n hydrogen atom. — **~ˌaufˌnah·me** f hydrogen absorption. — **~ˌbin·dung** f *cf.* Wasserstoffbrücke. — **~blonˌdi·ne** f *colloq.* platinum (*od.* peroxide) blond(e) (*colloq.*). — **~ˌbom·be** f *nucl. mil.* hydrogen (*od.* thermonuclear) bomb, H-bomb. — **~ˌbrücke** (*getr.* -k·k-) f *chem.* hydrogen bond. — **~doˌna·tor** [-doˌnaːtɔr] m ⟨-s; -en [-naˌtoːrən]⟩ hydrogen donor. — **~ˌflam·me** f hydrogen flame. — **~ˌfla·sche** f hydrogen cylinder. — **~ˌgas** n hydrogen gas. — **w~ˌhal·tig** adj hydrogenous, containing hydrogen. — **~ion** [-ʔiˌoːn] n hydrogen ion, hydrion. — **~ˌkern** m hydrogen nucleus. — **~mo·leˌkül** n hydrogen molecule. — **~per·oxid** [ˌvasərˌʃtɔfˈpɛrʔɔˌksiːt], **~'per·oxyd** [-ˌksyːt] n hydrogen peroxide (H_2O_2). — **~-'Sau·erˌstoffˌschwei·ßung** f *metall.* oxyhydrogen welding. — **~su·per·oxid** [ˌvasərˌʃtɔfˈzuːpərʔɔˌksiːt], **~'su·per·oxyd** [-ˌksyːt] n *obs. for* Wasserstoffperoxid. — **~verˌbin·dung** f hydrogen compound. — **~ˌzahl** f hydrogen ion concentration.

'Was·serˌstrahl m 1. jet of water, spout, (*dünner*) squirt of water. – 2. *tech.* water jet. — **~ˌanˌtrieb** m *mar.* hydrojet propulsion. — **~geˌblä·se** n *tech.* water-jet blower. — **~ˌpum·pe** f *chem.* filter (*od.* Geissler) pump, water-jet vacuum pump. — **~ˌreg·ler** m *civ.eng.* built-in antisplash tap.

'Was·serˌstra·ße f 1. waterway, (*künstliche*) canal: künstliche ~ *auch* artificial watercourse. – 2. (*festgelegte*) water lane (*od.* route).

'Was·serˌstra·ßen|ˌnetz n (inland) waterways system. — **~verˌkehr** m (inland) waterborne (*Br.* water-borne) transport.

'Was·ser|ˌstrei·fen m (*im Brot*) streak of sodden dough. — **~ˌstru·del** m eddy, (*größerer*) whirlpool. — **~ˌsucht** f ⟨-; *no pl*⟩ *med.* dropsy; hydrops(y), anasarca (*scient.*). — **w~ˌsüch·tig** adj retaining water, (o)edematous (*scient.*). — **~ˌsup·pe** f *gastr.* watery (*od.* thin) soup, (*aus Haferflocken, Gries etc*) *auch* (watery *od.* thin) gruel.

'Was·serˌtank m 1. water tank. – 2. (*railway*) (*einer Dampflokomotive*) water-feed tank (*od.* trough). — **~ˌanˌhän·ger** m water-tank trailer. — **~ˌwa·gen** m water-tank carrier.

'Was·ser|ˌtau·fe f *relig.* baptism (*od.* christening) with water. — **~te·leˌskop** n (*optics*) water telescope. — **~tem·pe·raˌtur** f water temperature. — **~ˌten·der** m *mar.* (*Schiff*) water tender. — **~ther·mo·ˌme·ter** n water thermometer. — **~ˌtie·fe** f depth of water: lotbare ~ soundings *pl.* — **~ˌtier** n *zo.* aquatic animal. — **~ˌton·ne** f water butt (*od.* barrel). — **~ˌtopf** m (*housekeeping*) waterpot, *Br.* water-pot. — **~ˌträ·ger** m water carrier, water-bearer. — **~ˌtragˌflü·gel** m *mar.* hydrofoil. — **~transˌport** m transport (*bes. Am.* transportation) (*od.* carriage) by water(ways). — **w~ˌtrei·bend** adj *med. pharm.* (*Mittel*) diuretic, hydragogue (*scient.*). — **~ˌtre·ten** n ⟨-s; *no pl*⟩ (*beim Kneippen*) water-treading. — **~ˌtre·ter** m ⟨-s; -⟩ *zo.* gray (*bes. Br.* grey) phalarope (*Phalaropus fulicarius*). — **~ˌtretˌrad** n water bicycle. — **~ˌtrog** m water trough. — **~ˌtrop·fen** m waterdrop, *Br.* water-drop, drop of water. — **~ˌtrugˌnat·ter** f *zo.* homalopsine colubrid snake (*Unterfam. Homalopsinae*). — **~turˌbi·ne** f water (*od.* hydraulic) turbine. — **~ˌturm** m water tower (*od.* house). — **~ˌuhr** f 1. (*Wasserzähler*) water meter. – 2. *obs.* water clock, clepsydra (*lit.*). — **~ˌumˌlauf** m circulation of water. — **w~ˌunˌdurchˌläs·sig** adj 1. *cf.* wasserdicht. – 2. *geol.* (*Schicht, Felsen etc*) impermeable (to water).

'Was·se·rung f ⟨-; -en⟩ 1. *aer. cf.* Wassern. – 2. (*space*) (*einer Raumkapsel*) splashdown.

'Wäs·se·rung f ⟨-; -en⟩ *cf.* Wässern.

'Wäs·se·rungs|ˌschlei·er m *phot.* rinse fog. — **~ˌtank** m 1. (*für Abzüge*) print washer. – 2. (*für Filme*) film washer.

'was·serˌunˌlös·lich adj insoluble in water, water-insoluble.

'Was·serˌve·lo n *cf.* Wassertretrad.

'Was·ser|verˌbrauch m 1. consumption of water, water consumption. – 2. (*Wassermenge*) water consumption. — **~verˌdrän·gung** f *mar.* 1. displacement (of water). – 2. (*eines Kriegsschiffes*) tonnage. — **w~verˌdünn·bar** adj *chem.* (*Lacke etc*) water-thinnable. — **~verˌgol·dung** f water-gilding. — **~verˌschluß** m 1. *tech.* water seal. – 2. *civ.eng.* (*Geruchsverschluß*) air (*od.* water-sealed) trap. — **~verˌschmut·zung** f water pollution. — **~verˌsor·gung** f water supply. — **~verˌtei·lung** f distribution of water. — **~verˌunˌrei·ni·gung** f water pollution. — **~ˌvo·gel** m *zo.* 1. aquatic (*od.* water) bird. – 2. *pl* water fowl, aquatic birds. — **~ˌvorˌla·ge** f *tech.* (*in Schweißtechnik*) water seal. — **~ˌvorˌrat** m *meist pl* 1. water resource. – 2. water supply. — **~ˌwaa·ge** f *tech.* spirit level. — **~ˌwan·ze** f *zo.* water bug (*Unterordng Hydrocorisae*). — **~ˌweg** m 1. waterway: auf dem ~(e) by water; Handel auf dem ~(e) waterborne (*Br.* water-borne) (*od.* seaborne, *Br.* sea-borne, riverborne, *Br.* river-borne) trade. – 2. *cf.* Wasserstraße. — **~ˌwe·ge·rich** m *bot.* water plantain (*Alisma plantago*). — **~ˌwel·le** f *meist pl* (*Frisur*) water wave. — **~ˌwer·fer** m (*der Polizei*) water gun. — **~ˌwerk** n waterworks *pl*: städtische ~e municipal waterworks. — **~ˌwi·derˌstand** m water resistance. — **~ˌwir·bel** m eddy, (*größerer*) whirlpool. — **~ˌwirt·schaft** f ⟨-; *no pl*⟩ *econ.* economics *pl* (*usually construed as sg*) of water supply and distribution. — **w~ˌwirt·schaft·lich** adj of (*od.* relating to) water supply and distribution. — **~ˌwirt·schaftsˌamt** n water resources office. — **~ˌwü·ste** f waste(s *pl*) of water, watery waste. — **~ˌzäh·ler** m water meter.

'Was·serˌzei·chen n (*im Papier*) watermark: geprägtes ~ press (*od.* impressed) watermark. — **~ˌabˌart** f *philat.* watermark variety.

'was·ser|ˌzie·hend adj hygroscopic. — **W~ziˌka·de** f *zo. cf.* Ruderwanze. — **W~ˌzins** m water rate (*od.* rent). — **W~zir·ku·la·tiˌon** f circulation of water. — **W~ziˌster·ne** f 1. water cistern. – 2. *brew.* water back. — **W~ziˌvet·te** f *zo.* water civet (*Osbornictis piscivora*). — **W~ˌzu·ber** m water tub. — **W~ˌzuˌfüh·rung** f 1. water supply. – 2. (*Zuflußrohr*) water feed pipe. — **W~ˌzuˌlei·tung** f *cf.* Wasserzuführung.

'wäß·rig adj *cf.* wässerig: → Mund 2. — **'Wäß·rig·keit** f ⟨-; *no pl*⟩ *cf.* Wässerigkeit.

wa·ten ['vaːtən] v/i ⟨sein⟩ (durch through; in *dat* in; in *acc* into) wade.

Wa·ter·kant ['vaːtərˌkant] f ⟨-; *no pl*⟩ *Low G. geogr.* coast: er ist von der ~ he is from the coast.

'Watˌfä·hig·keit f *auto.* fordability.

Wat·sche ['vaːtʃə] f ⟨-; -n⟩ *Bavarian and Austrian colloq. for* Ohrfeige 1.

'Wat·schelˌgang m waddling gait, waddle.

'wat·sche·lig adj waddling, waddly.

wat·scheln ['vaːtʃəln] v/i ⟨sein⟩ waddle, toddle: er watschelt wie eine Ente *contempt.* he waddles (along) like a duck.

wat·schen ['vaːtʃən] v/t ⟨h⟩ j-n ~ *Bavarian and Austrian colloq.* to paste (*od.* sock) s.o. a few (*colloq.*).

'Wat·schen f ⟨-; -⟩ *Bavarian and Austrian colloq. for* Ohrfeige 1.

'watsch·lig adj *cf.* watschelig.

Watt[1] [vat] n ⟨-(e)s; -⟩ *electr.* watt, W.

Watt[2] n ⟨-(e)s; -en⟩ *geogr.* mud flats *pl*, tideland.

Wat·te ['vatə] f ⟨-; -n⟩ 1. *Am.* absorbent cotton, *Br.* cotton wool: sich (*dat*) ~ in die Ohren stopfen to plug one's ears with cotton (*Br.* cotton wool); j-n in ~ packen *fig.* to mollycoddle (*Br.* molly-coddle) (*od.* pamper) s.o. – 2. *med.* cotton, *Br. auch* cotton wool, absorbent (*od.* plain) cotton: medizinische [blutstillende] ~ medicated [styptic] cotton. – 3. (*zum Auspolstern*) wadding, padding: etwas mit ~ füttern to wad (*od.* pad) s.th. — **~ˌbausch** m cotton pad (*od.* swab), *Br. auch* cotton-wool pad (*od.* swab), *auch* tampon. — **~ˌfut·terˌstoff** m wadding. — **~ˌku·gel** f cotton ball, *Br. auch* cotton-wool ball.

'Wat·ten|fi·scheˌrei f mud-flat fishery (*od.* fishing). — **~ˌlau·fen** n wading (*od.* sauntering) in the mud flats. — **~ˌmeer** n *cf.* Watt[2].

'Wat·te|ˌpfrop·fen m cotton (*Br. auch* cotton-wool) plug. — **~ˌstäb·chen** n *med.* (*cosmetics*) stick with an absorbent-cotton (*Br.* a cotton-wool) tip. — **w~'weich** adj (as) soft as cotton (*Br.* cotton wool).

'Watˌtie·fe f *auto.* fording depth.

wat·tie·ren [va'tiːrən] I v/t ⟨*no* ge-, h⟩ wad, pad, line (*s.th.*) with wadding (*od.* padding). – II W~ n ⟨-s⟩ *verbal noun.* — **wat'tiert** I *pp.* – II *adj* wadded, padded: ~er Umschlag wadded (*od.* padded) envelope. — **Wat'tie·rung** f ⟨-; -en⟩ *cf.* Wattieren.

'Watt|ˌlei·stung f *electr.* real power, wattage. — **~ˌme·ter** n ⟨-s; -⟩ wattmeter. — **~seˌkun·de** f watt-second, WS. — **~ˌstun·de** f watt-hour, wh. — **~ˌstun·den·ˌzäh·ler** m watt-hour meter. — **~verˌbrauch** m watt consumption, wattage.

'Wattˌwan·de·rung f walk across the mud flats at low tide (*e.g. to an outpost holm*).

'Wattˌzahl f *electr.* wattage.

Wa'tus·si-ˌRind [va'tʊsi-] n *zo.* Watusi, *auch* Watussi, Watutsi.

'Watˌvo·gel m *zo.* (*Stelzvogel*) wader, wading bird.

Wau [vaʊ] m ⟨-(e)s; -e⟩ *bot.* weld, *auch* wo(a)ld, would (*Reseda luteola*).

wau, wau ['vaʊ 'vaʊ] *interj* (*lautmalend für Hundegebell*) woof, woof! bowwow! *Br.* bow-wow!

Wau·wau ['vaʊvaʊ; vaʊ'vaʊ] m ⟨-s; -s⟩ (*child's language*) bowwow, *Br.* bow-wow, doggy, doggie.

'Web|ˌar·beit f (*textile*) weaving. — **~ˌart** f weave.

We·be ['veːbə] f ⟨-; -n⟩ *Austrian* (*textile*) fabric (for bed linen).

'We·be|ˌblatt n (*textile*) (weaving) reed. — **~ˌlei·ne** f *mar.* ratline, *auch* ratlin.

'We·beˌleinˌstek m ⟨-s; -s⟩ *mar.* waterman's knot, clove (*od.* ratline) hitch.

we·ben[1] ['veːbən] v/t ⟨webt, webte, *lit. u. fig.* wob, gewebt, *lit. u. fig.* gewoben, h⟩ 1. (*Stoff etc*) weave: der Mond wob einen Schleier durch die Bäume *poet.* the moon wove a veil through the trees; was die Parzen ~ *fig. myth.* what is woven by the Fates. – 2. (*Teppich*) work. – 3. (*Spinnennetz*) spin, weave: die Spinne webt ihr Netz the spider spins its web.

'we·ben[2] v/i *u.* v/impers ⟨h⟩ auf den Wiesen und im Wald lebt und webt es *lit. u. poet.* there is life and movement in the woods and meadows; ~ und wirken *poet.* to be full of life and energy.

'We·ber[1] m ⟨-s; -⟩ weaver.

'We·ber[2] n ⟨-s; -⟩ *phys.* (*Einheit des magnetischen Flusses*) weber.

'We·ber|ˌamei·se f *zo.* tree ant (*Gattg Oecophylla*). — **~ˌbaum** m (*textile*) (warp) beam. — **~ˌdi·stel** f *bot.* fuller's teasel (*od.* thistle) (*Dipsacus fullonum*).

We·be'rei f ⟨-; -en⟩ (*textile*) 1. ⟨*only sg*⟩ (*Weben*) weaving. – 2. (*Betrieb, Fabrik*) weaving mill. – 3. (*Gewebe*) woven material. — **~erˌzeug·nis** n woven product.

'We·ber|ˌeinˌschlag, ~ˌeinˌtrag m (*textile*) weft, woof, filling, pick. — **~ˌhandˌwerk** n weaver's (*od.* weaving) trade. — **~ˌkamm** m *cf.* Webeblatt. — **~ˌkar·de** f bot. cf. Weberdistel. — **~ˌknecht** m zo. daddy longlegs pl (construed as sg or pl), harvestman (Ordng Opiliones). — **~ˌkno·ten** m weaver's knot. — **~ˌschiff·chen** n (weaver's) shuttle. — **~ˌvo·gel** m zo. 1. weaverbird (Fam. Ploceidae). – 2. astrild (Gattg Estrilda). – 3. cf. Witwenvogel.

ˈWeb|ˌfeh·ler m 1. (textile) flaw (in the weave), weaving fault. – 2. der hat einen ~ fig. colloq. he is cracked (colloq.), he is nuts (od. batty) (sl.). — **~ˌgarn** n yarn for weaving purposes. — **~ˌkan·te** f selvage, selvedge, bes. Br. auch list. — **~ˌla·de** f sley. — **~maˌschi·ne** f weaving machine. — **~ˌmu·ster** n woven design (od. pattern). — **~ˌpelz** m woven imitation fur, (Langhaar) woven imitation shag. — **~ˌschiff·chen** n cf. Weberschiffchen. — **~ˌschu·le** f weavers' school. — **~ˌstoff** m woven material (od. fabric). — **~ˌstuhl** m (weaver's od. weaving) loom: ~ mit feststehendem [fliegendem] Blatt fast-reed [loose-reed] loom. — **~ˌvo·gel** m tech. (am Webstuhl) picker. — **~ˌwa·ren** pl woven goods, textiles.

Wech·sel ['vɛksəl] m ⟨-s; -⟩ 1. ⟨only sg⟩ change: ein ~ in der Leitung einer Firma a change in the management of a firm; ein ~ in der Regierung [Politik] a change in government [politics]; ~ der Wohnung [des Arbeitsplatzes, der Pferde] change of address [employment, horses]; ein ~ tritt ein a change takes place (od. occurs); er liebt den ~ he likes (a) change; im ~ der Zeiten in the changing times. – 2. ⟨only sg⟩ (regelmäßige Wiederkehr zweier Dinge) alternation, vicissitude (archaic): ~ von Tag und Nacht [Hitze und Kälte] alternation of day and night [heat and cold]; in ewigem ~ in constant alternation. – 3. ⟨only sg⟩ (regelmäßige Wiederkehr mehrerer Dinge) rotation: der ~ der Jahreszeiten the rotation of the seasons. – 4. (Aufeinanderfolge) succession: in buntem ~ in motley succession. – 5. (Verlagerung) shift: ~ in den politischen Ansichten [in der Mode] shift in political opinion [in fashion]. – 6. (Schwankung) fluctuation. – 7. (grundlegende Änderung) mutation. – 8. (Abweichung, Veränderung) variation. – 9. (Umkehr, Umschwung) reversal. – 10. (Austausch) exchange. – 11. (Geldwechsel) exchange. – 12. (monatliche Zuwendung) allowance: der Student hat einen (monatlichen) ~ von 300 Mark the student has a monthly allowance of 300 marks. – 13. econ. a) bill (of exchange), b) (Tratte) draft: akzeptierter (od. angenommener) ~ acceptance, accepted bill; bankfähiger [börsenfähiger, diskontfähiger, begebbarer] ~ bankable [marketable, discountable, negotiable] bill; begebener ~ negotiated bill; eigener (od. trockener) ~ promissory note; zu Protest gegangener (od. colloq. geplatzter) ~ a) (Auslandswechsel) protested bill, b) (Inlandswechsel) noted bill; gezogener ~ draft; kurzfristiger [langfristiger] ~ short(-dated) [long(-dated)] bill; nicht eingelöster (od. notleidender) ~ dishono(u)red bill; überfälliger ~ bill overdue; an die Order des Ausstellers (od. an eigene Order) lautender ~ bill to drawer's (od. to one's own) order; ~ zum Inkasso bill for collection; einen ~ ausstellen to draw (od. issue, make out) a bill; einen ~ auf j-n ausstellen to draw a bill on s.o.; einen ~ akzeptieren (od. anerkennen) to accept a bill; einen ~ begleichen (od. einlösen, honorieren, bezahlen) to hono(u)r (od. meet, take up, cash) a bill; für einen ~ bürgen to guarantee a bill; einen ~ diskontieren to discount a bill; einen ~ prolongieren (od. verlängern) to renew a bill; einen ~ sperren to stop (payment of) a bill; einen ~ zu Protest gehen lassen a) (einen Auslandswechsel) to protest a bill, to have a bill protested, b) (einen Inlandswechsel) to note a bill, to have a bill noted; einen ~ zur Annahme vorlegen to present a bill for acceptance; der ~ wird fällig am the bill will mature (od. fall due) on. – 14. hunt. (Wildwechsel) run, bes. Am. runway, game trail. – 15. (sport) a) cf. Seitenwechsel, b) (bei der Leichtathletik) (baton) exchange, take-over, c) (Austausch von Spielern) replacement, substitution: fliegender ~ (beim Eishockey) flying change; ~ verlangen (beim Basketball) to request substitution. – 16. agr. (Fruchtwechsel) rotation. – 17. mus. a) (Zylinderventil) rotary valve, b) (Pumpventil) piston valve.

ˈWech·sel|ˌab|tei·lung f econ. (einer Bank) bill(s) department. — **~agent** [-ʔaˌgɛnt] m cf. Wechselmakler. — **~ˌagio** n cf. Wechseldiskont. — **~akˌzept** n acceptance of a bill. — **~ak·zepˌtant** m acceptor (auch accepter) (of a bill). — **~ˌanˌnah·me** f cf. Wechselakzept. — **~ˌausˌstel·ler** m (Trassant) drawer. — **~ˌausˌstel·lung** f drawing (od. making out, issue) of a bill. — **~au·toˌmat** m change giver. — **~ˌbad** n med. alternating hot and cold bath. — **~ˌbalg** m (im Volksglauben) changeling, elf child. — **~ˌbank** f ⟨-; -en⟩ econ. 1. discount house. – 2. cf. Wechselstube. — **~beˌstand** m holding of bills. — **~beˌtrag** m amount of (the) draft (od. bill). — **~beˌwe·gung** f phys. alternating motion. — **~beˌzie·hung** f correlation, interrelation, reciprocity, reciprocal relationship: zwei Dinge stehen in ~ miteinander (od. zueinander) two things are in correlation to each other. — **w~beˌzüg·lich** adj ling. (Fürwort) reciprocal. — **~blanˌkett** n econ. cf. Blankowechsel. — **~ˌbren·ner** m tech. (in der Schweißtechnik) variable head torch. — **~ˌbuch** n econ. 1. (für Besitzwechsel) bills receivable book. – 2. (für Schuldwechsel) (Trattenbuch) bills payable book. — **~ˌbür·ge** m guarantor (od. surety) (of a bill). — **~ˌbürg·schaft** f guarantee (od. suretyship) (on a bill). — **~disˌkont** m discount on a bill, bill discount. — **~dis·konˌtie·rung** f discounting of bills. — **~disˌkontˌsatz** m bill rate, rate of discount. — **~do·miˌnan·te** f mus. dominant of the dominant. — **~do·miˌzil** n econ. domicile of a bill. — **~ˌein·ˌlö·sung** f payment (od. honoring, bes. Br. honouring) of a bill. — **w~ˌfä·hig** adj authorized (Br. auch -s-) to draw bills (and to be drawn upon). — **~ˌfäl·le** pl vicissitudes, ups and downs: in allen ~n des Lebens in all the vicissitudes of life, in all weathers. — **~ˌfäl·scher** m econ. bill forger. — **~ˌfäl·schung** f forgery of bills. — **~ˌfeld** n electr. alternating field. — **~ˌfe·stig·keit** f tech. fatigue strength. — **~ˌfeu·er** n mar. (im Leuchtturm) alternating fire. — **~ˌfie·ber** n med. 1. intermittent fever. – 2. (Malaria) malaria, paludism. — **~ˌfol·ge** f 1. (von zwei Dingen) alternation. – 2. (von mehreren Dingen) rotation. — **~ˌfor·de·run·gen** pl econ. 1. bill-based claims. – 2. (Buchungsposten) bills receivable. — **~for·muˌlar** n (unausgefülltes) skeleton bill, B/E form. — **~ˌge·ber** m cf. Wechselaussteller. — **~ˌgeld** n (small) change, small money. — **~geˌsang** m mus. alternative (od. antiphonal) singing, antiphony. — **~geˌschäft** n econ. 1. ⟨only sg⟩ (Sparte) bill business. – 2. (einzelne Transaktion) B/E transaction. — **~geˌsetz** n Bills of Exchange Law, (in Großbritannien) Bills of Exchange Act, (in den Vereinigten Staaten) Uniform Negotiable Instruments Law. — **~geˌspräch** n dialogue, Am. auch dialog. — **~geˌtrie·be** n 1. tech. change gear mechanism, variable(-speed) gears pl. – 2. auto. (change) gearbox, (change-speed) gearbox, Am. transmission. — **~ˌgi·ro** n econ. endorsement (on a bill). — **~ˌgläu·bi·ger** m bill creditor.

ˈwech·sel·haft adj 1. (Wetter etc) variable, unsettled, changeable. – 2. (Stimmungen etc) changeable, capricious, fickle, volatile, inconstant, mercurial.

ˈWech·sel|ˌinˌha·ber m econ. holder of a bill, billholder. — **~inˌkas·so** n collection of a bill. — **~ˌjah·re** pl med. (der Frau) change sg of life; menopause sg, climacterium sg, climacteric sg (scient.). — **~ˌkas·se** f econ. 1. (Wechselstelle) foreign currency exchange office. – 2. (Schalter einer Bank) exchange counter (od. position). – 3. money (od. cash) box for changing. — **~kasˌset·te** f phot. (film) interchangeable film cassette. — **~ˌkla·ge** f jur. action on (od. arising out of) a bill: ~ erheben to sue on a bill of exchange. — **~konˌtakt** m electr. alternating contact. — **~koˌpie** f econ. copy (od. duplicate) of a bill. — **~kreˌdit** m 1. (Akzeptkredit) acceptance credit. – 2. (Diskontkredit) discount credit, discounts pl. — **~ˌkrö·te** f zo. green (od. changeable) toad (Bufo viridis). — **~ˌku·gelˌla·ger** n tech. double-thrust ball bearing. — **~ˌkupp·lung** f coupling, clutch. — **~ˌkurs** m econ. rate of exchange, (foreign) exchange rate: feste [flexible] ~e pegged [floating] exchange rates. — **~ˌlaufˌzeit** f currency (od. life) of a bill. — **~ˌmak·ler** m bill (od. exchange, discount, Am. auch note) broker. — **~ˌmar·ke** f (sport) (bei der Leichtathletik) exchange (od. take-over) mark: die ~ überlaufen to overrun the exchange mark.

wech·seln ['vɛksəln] I v/t ⟨h⟩ 1. (Kleider, Wäsche, Schuhe, Pferde, Teller, Reifen, Öl, Beruf, Ansichten, Namen, Partei, Glauben etc) change: die Plätze ~ to change places; den Besitzer ~ to change hands; er mußte mehrmals die Schule ~ he had to change schools several times; laß uns das Thema ~ let us change the subject; dem Baby die Windeln ~ to change a baby('s diaper, bes. Br. napkin); sie wechselte die Farbe she changed colo(u)r; kannst du mir zehn Mark ~? can you change (me) ten marks? Mark in (od. gegen) Dollars ~ to change marks into dollars. – 2. (austauschen) exchange: Ringe ~ (bei der Trauung) to exchange rings; ein paar Worte mit j-m ~ to exchange a few words with s.o.; Blicke ~ to exchange glances; Briefe mit j-m ~ to correspond with s.o. – 3. (Wohnort, Wohnung etc) move, bes. Am. shift: das Zimmer ~ to move rooms (od. to another room); die Wohnung ~ to move (house), to move to another house; den Wohnort ~ to move (away od. to another place). – 4. (Szene, Schauplatz etc) move, shift. – 5. (abwechseln lassen) alternate. – 6. (turnusmäßig) rotate. – 7. (variieren) vary. – 8. die Zähne ~ (von Kindern) to get one's second teeth. – II v/i 9. (von Wetter, Mond etc) change: ihre Stimmungen ~ rasch her moods change quickly (od. are capricious). – 10. (variieren, unterschiedlich sein) vary. – 11. (miteinander abwechseln) alternate. – 12. (turnusmäßig) rotate. – 13. hunt. (von Wild) cross. – 14. über die Grenze ~ to cross the border. – III W~ n ⟨-s⟩ 15. verbal noun: Wäsche [Schuhe] zum W~ a change of underwear [shoes]. — **ˈwech·selnd** I pres p. – II adj changing, varied: mit ~em Erfolg with varied success, with a varying degree of success. – III adv ~ bewölkt meteor. cloudy with bright intervals.

ˈWech·sel|ˌneh·mer m econ. payee (of a bill). — **~ˌno·te** f mus. auxiliary (od. returning, changing, alternating) note. — **~ob·jekˌtiv** n phot. interchangeable lens. — **~ˌob·li·go** n econ. liability on bills. — **~ˌpa·ri** n gold parity. — **w~ˌpo·lig** [-ˌpoːlɪç] adj electr. heteropolar. — **~pro·lon·ga·tiˌon** f econ. prolongation of a bill. — **~proˌtest** m protest (of a bill): ~ einlegen to have a bill protested, to protest a B/E. — **~pro·vi·siˌon** f bill (od. exchange) brokerage. — **~proˌzeß** m jur. action on (od. arising out of) a bill.

ˈWech·selˌrad n tech. loose-change gear.

ˈWech·selˌrä·der|geˌtrie·be n tech. quick-change gearing, (quick-)change gear drive. — **~ˌka·sten** m change gearbox. — **~ˌsche·re** f change gear quadrant.

ˈWech·sel|ˌrah·men m quick-change picture frame. — **~ˌraum** m (sport) (bei der Leichtathletik) exchange (od. take-over) area (od. zone). — **~ˌrech·nung** f 1. math. computation of B/E discount value. – 2. econ. bill account. — **~ˌrecht** n ⟨-(e)s; no pl⟩ jur. law on (od. relating to) bills of exchange, bill of exchange law. — **~ˌre·de** f dialogue, Am. auch dialog. — **~reˌgreß** m econ. recourse on a bill. — **~ˌreim** m metr. alternating rhyme. — **~ˌrei·ter** m econ. kiteflier. — **~rei·teˈrei** [ˌvɛksəl-] f kiteflying. — **~ˌrich·ter** m electr. inverter. — **~ˌsack** m phot. changing bag. — **~ˌschal·ter** m electr. changeover (Br. change-over) switch. — **~ˌschnee** m changing (od. changeable, patchy) snow. — **~ˌschuld** f econ. 1. bill debt. – 2. pl (in der Bilanz) liabilities on bills. — **~ˌschuld·ner** m bill debtor.

ˈwech·selˌsei·tig adj 1. (Abhängigkeit, Verhältnis etc) mutual, reciprocal. – 2. (reziprok) reciprocal, cross (attrib). — **ˈWech·selˌsei·tig·keit** f ⟨-; no pl⟩ 1. mutuality, reciprocity. – 2. reciprocity.

ˈWech·sel|ˌspan·nung f electr. alternating(-current) voltage. — **~ˌspe·sen** pl econ. cf. Wechselprovision. — **~ˌspiel** n interplay. — **~ˌsprechˌanˌla·ge** f tel. two-way telephone system. — **~ˌsprech·beˌtrieb** m intercommunication system, intercom (*colloq.*). — **w~ˌstän·dig** *adj bot.* alternate. — **~ˌstem·pel** *m econ.* bill stamp. — **~ˌsteu·er** *f* bill tax, stamp duty on bills.

'Wech·selˌstrom *m electr.* alternating current: gleichgerichteter ~ rectified alternating current. — **w~beˌtrie·ben** *adj* A.C.-operated. — **~empˌfän·ger** *m* alternating-current (*od.* A.C.) receiver. — **~erˌzeu·ger, ~ge·neˌra·tor** *m* alternating-current (*od.* A.C.) generator, alternator. — **~geˌrät** *n* A.C.-operated set. — **~ˌgleichˌrich·ter** *m* alternating-current (*od.* A.C.) converter (*od.* rectifier). — **~maˌschi·ne** *f* alternating-current (*od.* A.C.) machine. — **~ˌmo·tor** *m* alternating-current (*od.* A.C.) motor. — **~ˌnetz** *n* A.C. mains *pl* (*od.* power supply, power line). — **~ˌspan·nung** *f* alternating-current (*od.* A.C.) voltage. — **~ˌtech·nik** *f* alternating-current (*od.* A.C.) engineering. — **~te·le·graˌphie** *f* voice frequency telegraphy. — **~transˌforˌma·tor** *m* (alternating *od.* A.C.) transformer.

'Wech·sel|ˌstu·be *f econ.* exchange office. — **~ˌtier·chen** *n zo. cf.* Amöbe. — **~trasˌsie·rung** *f econ.* drawing of a bill. — **~ˌüberˌtra·gung** *f* endorsement (*od.* negotiation, transfer) of a bill. — **~ˌumˌlauf** *m* circulation of bills. — **~ˌumˌsatz** *m* (*einer Bank*) turnover of bills.

'Wech·se·lung *f* ⟨-; -en⟩ *cf.* Wechslung.

'Wech·sel|verˌbind·lich·keit *f econ. cf.* Wechselobligo. — **~verˌkehr** *m* **1.** *econ.* circulation of bills. – **2.** *tel.* semi-duplex operation. — **~verˌlän·ge·rung** *f econ.* prolongation of a bill.

'wech·selˌvoll *adj* **1.** (*Leben*) eventful, varied, vicissitudinous. – **2.** (*Landschaft etc*) varied. – **3.** *cf.* wechselhaft 2.

'wech·selˌwarm *adj zo.* poikilothermic, *auch* poikilothermal, poikilothermous: ~e Tiere poikilotherms.

'wech·selˌwei·se I *adv* **1.** reciprocally. – **2.** (*abwechselnd*) alternately, in turn. – **II** *adj* **3.** alternate: ~ Reihenübermittlung *tel.* alternate transmission by series.

'Wech·sel|ˌwin·kel *pl math.* alternate angles. — **~ˌwir·kung** *f* **1.** (zwischen *dat* between) correlation, interaction, interplay, reciprocal action, reciprocity. – **2.** *med.* reciprocity, sympathy. — **~ˌzah·lung** *f econ.* **1.** payment of a bill. – **2.** payment by bill. — **~ˌzie·hung** *f cf.* Wechseltrassierung.

'Wechs·ler *m* ⟨-s; -⟩ **1.** *cf.* Geldwechsler. – **2.** *cf.* Wechselautomat, Münzwechsler. – **3.** *electr.* a) (*Plattenwechsler*) record changer, b) (*einer Leitung*) changeover (*Br.* change-over) contact.

'Wechs·lung *f* ⟨-; -en⟩ **1.** *cf.* Wechseln. – **2.** change. – **3.** exchange.

Weck [vɛk] *m* ⟨-(e)s; -e⟩ *dial. cf.* Wecken[2].

'Weck·amin [-ˀaˌmiːn] *n* ⟨-s; -e⟩ *med. pharm.* cerebral stimulant of the amine group.

'Weck·ap·paˌrat (*TM*) *m cf.* Einweckapparat.

'WeckˌaufˌtraG *m* (*beim Fernsprechauftragsdienst*) wake-up order.

Wecke (*getr.* -k·k-) ['vɛkə] *f* ⟨-; -n⟩ *dial. cf.* Wecken[2].

wecken[1] (*getr.* -k·k-) ['vɛkən] **I** *v/t* ⟨h⟩ **1.** wake(n), call: bitte ~ Sie mich um acht Uhr please wake(n) (*od.* call) me at eight o'clock. – **2.** (*aus dem Schlaf reißen*) wake (*s.o.*) up, rouse, waken: der Lärm hat mich geweckt the noise woke me up. – **3.** *fig.* (*Neugier, Mißtrauen, Befürchtungen, Gefühle etc*) (a)rouse: sein Lehrer hat das Interesse für Musik in ihm geweckt his teacher roused an interest for music in him. – **4.** *fig.* (*Erinnerungen*) bring back. – **5.** *fig.* (*Bedarf*) create. – **II** *v/i* **6.** (*vom Wecker*) ring, go off. – **III W~** *n* ⟨-s⟩ **7.** *verbal noun*: um acht Uhr ist W~ one has to get up at eight o'clock. – **8.** *mil.* reveille: Urlaub bis zum W~ night leave.

'Wecken[2] (*getr.* -k·k-) *m* ⟨-s; -⟩ *dial.* **1.** *bes. Bavarian and Austrian* (*längliches Brot*) long loaf. – **2.** *bes. Southern G. and Austrian* (*Brötchen*) roll.

'Wecker (*getr.* -k·k-) *m* ⟨-s; -⟩ **1.** (*Uhr*) alarm (clock): den ~ auf acht (Uhr) stellen to set the alarm for eight (o'clock); den ~ aufziehen to wind up the alarm; der ~ hat mich geweckt the alarm woke me; j-m auf den ~ gehen (*od.* fallen) *colloq.* to get on s.o.'s nerves; to get s.o.'s goat, to drive s.o. up the wall (*sl.*). – **2.** (*am Telephon*) bell, ringer. – **3.** (*Person*) wak(en)er. — **~ˌuhr** *f* **1.** *cf.* Wecker 1. – **2.** (*Armbanduhr mit Weckvorrichtung*) alarm watch.

'Weckˌglas (*TM*) *n* ⟨-es; ⸚er⟩ preserving jar.

'Weck|ˌmit·tel *n med. pharm.* (cerebral) stimulant. — **~ˌruf** *m* **1.** (*telephonischer*) waking call. – **2.** *mil.* reveille. — **~ˌuhr** *f cf.* Wecker 1. — **~ˌvorˌrich·tung** *f* alarm.

We·da ['veːda] *m* ⟨-(s); Weden *u.* -s⟩ *relig.* (*heilige Schrift der alten Inder*) Veda.

'Wed·dellˌrob·be ['vɛdəl-] *f zo.* Weddell seal (*Leptonychotes weddelli*).

We·del ['veːdəl] *m* ⟨-s; -⟩ **1.** (*Staubwedel*) feather duster, whisk. – **2.** (*Fliegenwedel*) flybrush, fly whisk. – **3.** *relig. cf.* Weihwedel. – **4.** (*Fächer*) fan. – **5.** *bot.* frond. – **6.** *hunt.* (*des Rehwilds*) single.

we·deln ['veːdəln] **I** *v/i* ⟨h⟩ **1.** (mit dem Schwanz) ~ (*vom Hund*) to wag its tail. – **2.** mit dem Fächer ~ to fan oneself. – **3.** (*winken mit, schwenken*) wave: mit dem Taschentuch ~ to wave one's handkerchief. – **4.** (*sport*) (*beim Skifahren*) wedel(n). – **II** *v/t* **5.** whisk: den Staub von den Büchern [die Fliegen vom Kuchen] ~ to whisk the dust off the books [the flies off the cake]. – **III W~** *n* ⟨-s⟩ **6.** *verbal noun.* – **7.** (*sport*) (*beim Skifahren*) wedeln.

we·der ['veːdər] *conj only in* ~ ... noch ... neither ... nor ..., not either ... or ...: es gab ~ Wein noch Bier there was neither wine nor beer, there wasn't either wine or beer; ~ er noch sie hatte(n) recht neither he nor she was right; sie ist ~ reich noch schön, noch (auch) intelligent she is neither rich nor beautiful nor (even) intelligent; er hat ~ geschrieben noch angerufen he neither wrote nor called (*od.* nor did he call), he didn't either write or call, he didn't write nor did he call; das ist ~ Fisch noch Fleisch *fig.* that's neither fish nor flesh (*od.* fowl), that's neither fish, flesh, nor good red herring; sie wußte ~ ein noch aus she was at her wit's end, she didn't know where (*od.* which way) to turn.

'Wedg·woodˌwa·re ['wɛdʒwʊd-] (*Engl.*) *f* (*verziertes Steingut*) Wedgwood (ware).

we·disch ['veːdɪʃ] *adj relig.* Ved(a)ic, Vedantic.

Week·end ['viːkˌˀɛnt; 'wiːkˌɛnd] (*Engl.*) *n* ⟨-(s); -s⟩ weekend. — **~ˌhaus** *n* weekend house.

Weft [vɛft] *n* ⟨-(e)s; -e⟩ (*textile*) weft, woof.

weg [vɛk] *adv* **1.** (*fort*) gone: sie war schon ~, als ich anrief she had already gone (*od.* left) (*od.* was already away) when I rang; das Buch ist ~ the book is (*od.* has) gone; meine gute Laune war ~ my good hu-mo(u)r was gone; ein leises Geräusch, und ~ war die Maus (there was) a rustle and the mouse was gone; der Zug war gerade ~ the train had just gone (*od.* left); ich muß ~ I must be off, I must (*od.* have to) go, I must make a move (*od. colloq.* tracks); ich muß hier ~ I have to go away from (*od.* to leave) here; in einem ~, hintereinander ~ *colloq.* a) (*immerfort*) nonstop *Br.* non-, b) (*ohne Unterbrechung*) in one go (*colloq.*), without interruption (*od.* pause); nur (*od. colloq.* nichts wie) ~ von hier! let's go! ~ da! get out of the way! stand back! ~ mit euch! (be) off with you! away with you! off you go! *Br. colloq.* skedaddle! scram! (*sl.*), scat! (*sl.*); Finger ~! Hände ~! a) hands off! b) *fig.* keep well out of it; ~ damit! out! nur immer ~ damit! throw (*od. colloq.* chuck) everything (*od. colloq.* the whole lot) out! sie war einfach (*od.* ganz) ~ *fig. colloq.* a) (*begeistert*) she was in raptures, b) (*verwirrt, erstaunt*) she was quite dumbfounded (*od.* thunderstruck, *colloq.* flabbergasted); → Leber 1. – **2.** (*abwesend, außer Hause*) away: er ist jetzt schon drei Tage ~ he has been away for three days now. – **3.** (*entfernt*) away, off: weit ~ vom Trubel der Großstadt far (away) from the bustle of the city; er ist weit ~ he is far away (*od.* afield); das Meer ist weit ~ the sea is far away (*od.* off). – **4.** über (*acc*) etwas ~ sein *colloq.* (*etwas überwunden haben*) to have got (*od.* to be) over s.th.: er ist längst über seinen Kummer ~ he got over his grief long ago. – **5.** über (*acc*) etwas [j-n] ~ (*hinweg*) over s.th. [s.o.]: das Flugzeug flog sehr niedrig über uns ~ the aircraft passed over us very low; etwas über j-s Kopf ~ entscheiden *fig.* to decide s.th. over s.o.'s head.

Weg [veːk] *m* ⟨-(e)s; -e⟩ **1.** path, (*breiter*) lane: ein ebener [steiler, steiniger, abschüssiger] ~ a level [steep, stony, precipitous] path; öffentlicher ~ public path; „verbotener ~" (*Aufschrift auf Schildern*) "no through way"; ein gangbarer ~ a) a passable (*od.* negotiable) path, b) *fig.* a possibility; ein gerader ~ a) a straight path, b) *fig.* a straight way; krumme ~e a) winding (*od.* crooked) paths, b) *fig.* crooked (*od.* devious) ways (*od.* methods); ein guter [schlechter] ~ a) a good [bad] path, b) *fig.* a good [bad] way; wo endet dieser ~? where does this path end? wohin führt (*od.* geht) dieser ~? where does this path go (*od.* lead to)? der ~ nimmt kein Ende the path is never-ending; wohin des ~(e)s? where are you going (*od.* off to)? es kam ein Wanderer des ~(e)s a hiker came along the path; der ~ steigt an the path climbs; im Schnee einen ~ treten to tread (out) a path in the snow; einen anderen ~ einschlagen a) to take a different (*od.* another) path, b) *fig.* to try a different way (*od.* approach, tack); hier scheiden (*od.* trennen) sich unsere ~e a) this is where we (*od.* our paths) part, b) *fig.* this is where our roads part; er kennt hier ~ und Steg he knows this region like the back of his hand; neue ~e gehen (*od.* einschlagen, beschreiten) *fig.* to open up new paths (*od.* ways); ausgetretene ~e gehen *fig.* to keep to the beaten track; unsere ~e haben sich mehrere Male gekreuzt *fig.* our paths (*od.* roads) have crossed several times; der gerade ~ ist der beste (*Sprichwort*) honesty is the best policy (*proverb*); alle (*od.* viele) ~e führen nach Rom (*Sprichwort*) all roads lead to Rome (*proverb*); der breite ~ zur Hölle the broad road to hell; der ~ zur Hölle ist mit guten Vorsätzen gepflastert (*Sprichwort*) the road to hell is paved with good intentions (*proverb*); → Widerstand 1. – **2.** (*Wanderweg*) trail, track, path: der ~ war gut beschildert the trail was well signposted; jetzt muß ich aber den ~ unter die Füße (*od.* zwischen die Beine) nehmen *fig. colloq.* I'll have to get a move on (*colloq.*), I'll have to hurry up (now). – **3.** (*Spaziergang*) walk: ein ~ von zwanzig Minuten a twenty-minute walk, twenty minutes' walk; es ist noch eine halbe Stunde ~(es) it's still half an hour's walk. – **4.** (*Wegstrecke*) way: der direkte [kürzeste] ~ nach X the direct [shortest] way to X; den kürzesten ~ einschlagen to take the shortest way; mein ~ führte mich bei Ihnen vorbei I was (just) on my way past your house; wir haben schon ein großes Stück ~(es) zurückgelegt we've come a good way, we've covered a good (*od.* quite a) distance; j-m den ~ abschneiden (*od.* verstellen) to block s.o.'s way; j-m den ~ zeigen (*od.* weisen) *auch fig.* to show s.o. the way; ich habe den weiten ~ nicht gescheut I was not deterred by the long way (*od.* distance), the long way did not deter me; ich suchte mir meinen ~ durch die Stadt I sought my way through the town; ich bahnte mir einen ~ durch die Menschenmenge I made (*od.* worked, [*gewaltsam*] elbowed) my way through the crowd (of people); Tausende säumten seinen ~ thousands of people were standing at the roadside when he was passing; den ~ freigeben (*od.* frei machen) *auch fig.* to make way; wir haben denselben ~ we are going the same way; den ~ verfehlen (*od.* verlieren) (*sich verlaufen*) to lose one's way; mein erster ~ nach meiner Rückkehr war zu dir the first place I went to after my return was to you; enttäuscht ging er seiner ~e disappointed he went on his way; der ~ des Lasters [der Tugend] *fig.* the way of vice [virtue]; Gottes ~e *fig.* the ways of God; der ~ zum Erfolg *fig.* the way to success; sein letzter ~ *fig.* his last journey; der ~, den wir alle gehen müssen *fig.* the way (*od.* road) we all must go; den ~ allen (*auch* alles) Fleisches (*od.* alles Irdischen) gehen *fig.* to go the way of all flesh; es ist noch ein weiter ~ bis zur Verwirklichung dieser Ideen *fig.* it is a long way to the realization (*Br. auch* -s-) of these ideas, the realization (*Br. auch* -s-) of these ideas is still a long way off; damit hat es noch gute ~e *fig. colloq.* that's a long way off; j-m [einer Sache] den ~ ebnen (*od.* bereiten) *fig.*

to pave the way for s.o. [s.th.]; **dieser Vertrag verbaut den ~ zu einer späteren Einigung** *fig.* this contract bars the way to a later agreement; **ich lasse mir meinen ~ nicht von ihm vorschreiben** *fig.* I won't have him dictate to me (*od.* tell me what to do); **der junge Mann wird seinen ~ (schon) machen** *fig.* the young man will make his way to the top (*od. colloq.* will go places); **dunkle ~e gehen** *fig.* to go dark ways; **unbeirrt seinen ~ gehen** *fig.* to go one's own way unswervingly (*od.* undaunted[ly]); **seine eigenen ~e gehen** *fig.* to go one's own way; **j-n seiner ~e schicken** *fig.* to send s.o. packing; **da führt kein ~ dran vorbei** *fig. colloq.* there's no way (of getting) (a)round it, there's no getting out of it. – **5.** (*vorgezeichnete Bahn, Verlauf*) course: **den ~ der Sterne verfolgen** to follow the course (*od.* path) of the stars; **der Prozeß nimmt seinen ~** the trial is running its course. – **6.** (*Route, Reiseweg*) route: **der ~ von Hamburg nach München geht über Hannover** the route from Hamburg to Munich goes (*od.* is) via Hanover. – **7.** *colloq.* (*Besorgung*) errand, message: **ich habe einige ~e zu gehen** I have to do some errands; **für j-n ~e gehen** (*od.* **machen**) to do errands for s.o.; **j-m einen ~ abnehmen** to do an errand for s.o. – **8.** *fig.* (*Mittel, Möglichkeit*) way: **den ~ (auf)zeigen** (*od.* **weisen**), **der zum Erfolg führt** to show the way to success; **für ihn gab es nur diesen (einen) ~** this was the only way for him; **ich sehe keinen anderen [besseren] ~** I see no other [better] way; **es bleibt mir kein anderer ~ (offen)** there is no other way (*od.* course) for (*od.* open to) me, there is no alternative left to me; **sich** (*dat*) **noch einen ~ offenhalten** to keep a possibility open; **wir werden schon einen ~ finden, ihm zu helfen** we'll find a way of helping him; **Mittel und ~e finden, das Projekt zu finanzieren** to find ways and means of financing the project; **neue ~e eröffneten sich uns** new ways were opened to us; **einen anderen ~ probieren** to try another (*od.* a different) way; **wo ein Wille ist, da ist auch ein ~** (*Sprichwort*) where there's a will there's a way (*proverb*). – **9.** *fig.* (*Methode*) method: **neue ~e in der Kindererziehung** new methods in child education; **neue ~e beschreiten** to apply new methods. – **10.** *tech.* (*eines Maschinenteils*) journey. –

Verbindungen mit Präpositionen:
die Blumen am ~e the flowers along the way(side); **am ~(e) sitzen** to sit at the side of the path (*od.* by the wayside); **er ist schon auf dem ~(e) (zu Ihnen)** he is on his way (to you); **sich auf dem ~ nach X befinden** to be on one's way to X; **sich auf den ~ nach X begeben** (*od.* **machen**) to set out (*od.* off) for X, to start (out *od.* off) for X; **ich traf sie auf dem ~ zum Bahnhof** I met her on my (*od.* the) way to the station; **das liegt [nicht] auf meinem ~** that is [not] on my way; **j-n auf seinem letzten ~ begleiten** *fig.* (*an seinem Begräbnis teilnehmen*) to accompany s.o. on his last journey; **j-m einen Ratschlag mit auf den ~ geben** *fig.* to give s.o. a piece of advice to take with him; **der Kranke ist auf dem ~(e) der Besserung** *fig.* the patient is on the road to recovery (*od.* on the mend); **auf dem ~(e) eines Kompromisses wurde beschlossen, daß** *fig.* it was decided by way of compromise that; **ein wichtiger Schritt auf dem ~(e) zur europäischen Einigung** *fig.* an important step toward(s) (*od.* on the way to) European unity; **man war bereits auf dem besten ~(e) zu einer Aussöhnung, als** *fig.* they were well on the way to reconciliation when; **er ist auf dem besten ~(e), sich finanziell zu ruinieren** *fig.* he is heading (straight) for financial disaster; **er ist auf dem besten ~(e), ein Trinker zu werden** *fig.* he is on his way to becoming a drunkard; **auf chemischem ~(e)** *fig.* by chemical means, chemically; **auf diesem ~(e) wirst du nichts erreichen** *fig.* you will not achieve anything this way; **auf direktem ~(e)** a) direct, b) *fig.* directly; **auf diplomatischem ~(e)** a) diplomatically, through diplomatic channels, b) *fig.* diplomatically; **auf friedlichem ~(e)** *fig.* by peaceful means, peaceably; **auf dem falschen [richtigen] ~ sein** a) to be on the right [wrong] path, b) *fig.* to be on the right [wrong] track; **auf geradem ~(e) zum Ziel kommen** *fig.* to be heading straight for one's goal; **auf gesetzlichem** (*od.* **legalem**) **~(e)** *fig.* by legal means, legally; **auf gerichtlichem ~(e)** *fig.* by legal steps, legally; **sich auf gütlichem ~(e) einigen** *fig.* to come to an agreement peaceably (*od.* by peaceful means, amicably), *auch* to settle the matter out of court; **auf halbem ~(e) stehenbleiben [umkehren]** *auch fig.* to stop [to turn back] halfway; **j-m auf halbem ~(e) entgegenkommen** *auch fig.* to meet s.o. halfway; **sich auf halbem ~(e) treffen** a) to meet halfway, b) *fig.* to come to a compromise; **auf halbem ~(e) zwischen X und Y** midway (*od.* halfway) between X and Y; **er wollte auf irgendeinem ~(e) zu Geld kommen** *fig.* he wanted to make money somehow (*od.* some way) or other; **wie komme ich auf dem kürzesten** (*od.* **schnellsten**) **~(e) nach X?** what is the shortest (*od.* quickest) way to X? **j-m auf dem kürzesten** (*od.* **schnellsten**) **~(e) helfen** *fig.* to help s.o. the quickest way; **j-n wieder auf den richtigen ~ bringen** *fig.* to bring s.o. back to the straight and narrow; **sie ist auf schlimme ~e geraten** *fig.* she has left the straight and narrow, she has fallen into bad ways; **auf schriftlichem ~(e)** *fig.* in writing; **j-m aus dem ~(e) gehen** a) to step out of s.o.'s way, b) *fig.* to keep out of s.o.'s way, to avoid (*od.* steer clear of) s.o., to give s.o. a wide berth; **einer Frage [einer Entscheidung] aus dem ~(e) gehen** *fig.* to evade a question [a decision]; **der Arbeit aus dem ~(e) gehen** *fig. colloq.* to avoid (*od.* shirk) work; **j-n aus dem ~(e) räumen** (*od.* **schaffen**) *fig.* a) to get s.o. out of the way, b) (*töten*) to dispose of s.o., to do away with s.o., to bump s.o. off (*sl.*), (*stärker*) to liquidate s.o.; **Hindernisse [Schwierigkeiten] aus dem ~(e) räumen** (*od.* **schaffen**) to remove obstacles [difficulties]; **er ist mir in den ~ gelaufen** I ran into him; **j-m Hindernisse in den ~ legen** *fig.* to put stumbling blocks in s.o.'s way; **etwas in die ~e leiten** *fig.* to initiate s.th., to set s.th. on foot; **die Sache in die ~e leiten** *fig.* to start (*od.* set) the ball rolling; **j-m im ~(e) stehen** a) to be (*od.* stand) in s.o.'s way, b) *fig.* to be a hindrance to s.o., to be in s.o.'s way; **dem steht nichts im ~(e)** *fig.* there's nothing to prevent it, there's no reason why that should not be (done); **er steht mir bei diesem Vorhaben im ~(e)** *fig.* he is a hindrance to me in my plans; **sich j-m in den ~ stellen, j-m in den ~ treten** a) to bar s.o.'s way, b) *fig.* to hinder (*od.* obstruct) s.o.; **sich selbst im ~(e) stehen** *fig.* to hinder oneself; **ein Eichhörnchen lief [mir] über den ~** a squirrel ran accross the [my] path; **j-m nicht über den ~ trauen** *fig.* not to trust s.o. an inch (*od.* out of [one's] sight); **sich nicht von seinem ~(e) abbringen lassen** *fig.* to go one's way undaunted (*od.* unperturbed); **ein paar Schritte vom ~(e) blühten die herrlichsten Blumen** there were the loveliest flowers not far from the path; **vom ~(e) abkommen** a) to leave the path, b) *fig.* (*sich verlaufen*) to lose one's way; **vom ~(e) abweichen** to leave the path; **vom rechten ~(e) weichen** *fig.* to stray from the straight and narrow; → **abseits** 2.

'**Weg,ab,kür·zung** [ˈveːk-] *f* shortcut, *Br.* short cut, cutoff, *Br.* cut-off.

'**weg,ar·bei·ten** [ˈvɛk-] *v/t* ⟨*sep*, -ge-, h⟩ **alles ~** to work one's way through (*od.* finish) all one's work; **nicht viel ~** not to make much headway with one's work.

'**weg,ät·zen** [ˈvɛk-] *v/t* ⟨*sep*, -ge-, h⟩ **1.** *med.* (*Warzen etc*) remove (*s.th.*) by cautery, cauterize *Br. auch* -s-. – **2.** *metall.* etch (*s.th.*) away.

'**weg·be,ge·ben** [ˈvɛk-] *v/reflex* ⟨*irr, sep, no* -ge-, h⟩ **sich ~** go away, leave.

'**weg·be,kom·men** [ˈvɛk-] *v/t* ⟨*irr, sep, no* -ge-, h⟩ **1.** (*Fleck etc*) get (*s.th.*) off. – **2. j-n von etwas ~** to get s.o. away from s.th. – **3.** *colloq.* (*begreifen, kapieren*) get the knack (*od.* hang) of. – **4. einen Schlag ~** *colloq.* to get (*od.* be given) a blow.

'**Weg|be,nut·zer** [ˈveːk-] *m* road user. — **~be,rei·ter** *m* ⟨-s; -⟩ pioneer: **der ~ für etwas sein** to pave the way for s.th. — **~be,schaf·fen·heit** *f cf.* Wegebeschaffenheit. — **~,bie·gung** *f* bend, turn, curve.

'**weg,bla·sen** [ˈvɛk-] *v/t* ⟨*irr, sep*, -ge-, h⟩ (*Staub, Zigarettenasche etc*) blow (*od.* whiff) (*s.th.*) away (*od.* off): **etwas von etwas ~** to blow (*od.* whiff) s.th. off s.th.

'**weg,blei·ben** [ˈvɛk-] *v/i* ⟨*irr, sep*, -ge-, sein⟩ *colloq.* **1.** stay away: **bleib nicht so lange weg** don't stay away too long; **von einer Versammlung [Feier] ~** to stay away from a meeting [party]. – **2.** stop coming: **nach einem Jahr regelmäßiger Besuche blieb sie auf einmal weg** after a year of regular visits she suddenly stopped coming. – **3.** be left out, be omitted: **dieser Satz kann ~** this sentence can be left out. – **4.** (*in Wendungen wie*) **j-m bleibt die Luft weg** s.o. cannot get his breath, s.o. cannot breathe; → **Luft** 3; **Spucke**. – **5.** (*ohnmächtig werden*) faint, swoon, pass out (*colloq.*).

'**weg,blicken** (*getr.* -k·k-) [ˈvɛk-] *v/i* ⟨*sep*, -ge-, h⟩ (von from) look away, avert one's eyes.

'**Weg,breit** [ˈveːk-] *m* ⟨-(e)s; -e⟩ *bot. cf.* Wegerich.

'**weg,bren·nen** [ˈvɛk-] **I** *v/t* ⟨*irr, sep*, -ge-, h⟩ **1.** *med. cf.* wegätzen 1. – **2.** burn (*s.th.*) away. – **II** *v/i* ⟨sein⟩ **3.** burn down.

'**weg,brin·gen** [ˈvɛk-] *v/t* ⟨*irr, sep*, -ge-, h⟩ **1. j-n [etwas] ~** (*wegtragen*) to take s.o. [s.th.] away. – **2. etwas ~** (*weiterbewegen*) to move s.th. on (*od.* away). – **3. j-n von etwas ~** to get s.o. away from s.th.: **der kleine Junge ist nicht wegzubringen von seinen neuen Spielsachen** it is impossible to get the little boy away from his new toys. – **4. j-n ~** (*fortbegleiten*) to see s.o. off. – **5. einen Fleck ~** a) (*aus Kleidungsstück etc*) to get a stain out, b) (*von Möbeloberfläche etc*) to get a stain off, c) (*entfernen*) to remove (*od.* take out) a stain: **dieser Fleckentferner bringt alle Flecke weg** this stain remover takes out (*od.* off) all stains.

'**weg,den·ken** [ˈvɛk-] *v/t* ⟨*irr, sep*, -ge-, h⟩ **ich kann mir den Baum hier gar nicht mehr ~** I cannot imagine (*od.* picture) this place without the tree; **er ist aus meinem Leben nicht mehr wegzudenken** I cannot imagine my life without him.

'**Weg,dorn** [ˈveːk-] *m bot.* buckthorn (*Gattg Rhamnus*): **Immergrüner ~** alatern(us) (*R. alaternus*).

'**weg,drän·gen** [ˈvɛk-] *v/t* ⟨*sep*, -ge-, h⟩ **j-n ~** to push (*od.* force, *colloq.* shove) s.o. away (*od.* aside).

'**weg,drücken** (*getr.* -k·k-) [ˈvɛk-] *v/t* ⟨*sep*, -ge-, h⟩ **etwas ~** to push s.th. away.

'**weg,dür·fen** [ˈvɛk-] *v/i* ⟨*irr, sep*, -ge-, h⟩ be allowed (*od.* permitted) to go (away) (*od.* leave): **darf ich weg?** may I go (*od.* leave)?

'**We·ge|,bau** *m* ⟨-(e)s; -ten⟩ **1.** road building (*od.* construction). – **2.** ⟨*only sg*⟩ construction of unclassified roads. — **~be,schaf·fen·heit** *f* state of the road(s). — **~,dienst·bar·keit** *f* ⟨-; *no pl*⟩ *jur. cf.* Wegerecht 1. — **~,drei,eck** *n* triangular road junction. — **~,ein,mün·dung** *f* road junction. — **~,en·ge** *f* defile. — **~,ga·bel** *f* road fork. — **~,geld** *n* (road) toll. — **~,ho·bel** *m civ.eng.* (*Straßenhobel*) road grader.

'**weg,ei·len** [ˈvɛk-] *v/i* ⟨*sep*, -ge-, sein⟩ **1.** hurry (*od.* hasten) away. – **2. über** (*acc*) **etwas ~** *fig.* to hurry (*od.* skim) through s.th.

'**Weg,ein,fas·sung** [ˈveːk-] *f* (*eines Gartenwegs etc*) border.

'**We·ge,kar·te** *f cf.* Wegkarte.

'**weg,ekeln** [ˈvɛk-] *v/t* ⟨*sep*, -ge-, h⟩ **j-n ~** *colloq.* to make s.o. go away by being objectionable.

'**We·ge,la·ge·rer** *m* ⟨-s; -⟩ *archaic* highwayman, highway robber, footpad, brigand, *auch* waylayer. — '**we·ge,la·gern** *v/i* ⟨*insep*, ge-, h⟩ waylay travelers (*bes. Br.* travellers).

'**We·ge|mar,kie·rung** *f* **1.** path (*od.* trail) mark(ing). – **2.** ⟨*only sg*⟩ path (*od.* trail) markings *pl.* — **~,mei·ster** *m* road overseer.

we·gen [ˈveːgən] *prep* **I** ⟨*gen*⟩ **1.** because of, on account of: **~ des gestrigen Vorfall(e)s** because of the incident yesterday; **~ Mangels an Beweisen** *jur.* because of lack of evidence; **~ der Nachbarn** because of the neighbo(u)rs, for fear of what the neighbo(u)rs might say (*od.* think); **~ der Leute** for fear of what people might say (*od.* think);

sie sind ~ ihrer Kinder nicht gekommen they did (*od.* could) not come because of the(ir) children. – **2.** (*auf Grund*) by reason of, on account of: er wurde ~ seiner langjährigen Erfahrung um Rat gebeten he was asked for advice by reason of his long experience. – **3.** (*um j-s od. einer Sache willen*) for (*s.o.'s, s.th.'s*) sake, for the sake of, on account of: er hat es ~ seiner Kinder getan he did it for his children's sake (*od.* for the benefit of his children); der Freundschaft ~ for friendship's sake; sie fährt dorthin ihrer Gesundheit ~ she is going there on account of (*od.* for reasons of, for the benefit of) her health; der Kürze ~ for the sake of brevity, for reasons of brevity. – **4.** for: ~ Unpünktlichkeit entlassen werden to be dismissed for unpunctuality. – **5.** (*infolge*) due to, owing to, in consequence of: ~ eines Fehlers in der Rechnung habe ich zuviel bezahlt I overpaid due to a mistake in the bill. – **6.** → von II. – **II** ⟨*dat*⟩ **7.** ~ Geschäften verhindert sein to be prevented by business; ~ dem Hund *colloq. od. dial.* because of the dog; ~ mir *colloq. for* meinetwegen. – **III** ⟨*nom*⟩ **8.** ~ Umbau [Todesfall] geschlossen closed for renovations [because of (a) death (*bes. Br.* bereavement)]; er wurde ~ Diebstahl verurteilt he was sentenced for larceny.

ˈWe·geˌnetz *n* network (*od.* system) of roads.

ˈweg·en·gaˌgie·ren [ˈvɛk-] *v/t* ⟨*sep, no* -ge-, h⟩ j-n ~ to lure (*od.* entice) s.o. away from his job.

ˈWe·geˌord·nung *f jur. cf.* Wegerecht 1.

We·ger [ˈveːgər] *m* ⟨-s; -⟩ *mar.* (*bei Holzschiffen*) ceiling.

ˈWe·geˌrecht *n* **1.** *jur.* right of way, *Am.* right-of-way, wayleave, *Br.* way-leave. – **2.** *mar.* right of way, *Am.* right-of-way. — **~ˌschiff** *n mar.* right-of-way ship, privileged vessel. — **~ˌsiˌgnal** *n* right-of-way signal.

We·ge·rich [ˈveːgərɪç] *m* ⟨-s; -e⟩ *bot.* plantain (*Gattg Plantago*): Großer ~ broad-leaved plantain (*P. major*).

ˈWeg·erˌkun·dung [ˈveːk-] *f mil.* road (*od.* route) reconnaissance.

we·gern [ˈveːgərn] *mar.* **I** *v/t* ⟨h⟩ (*Schiff*) ceil. – **II W~** *n* ⟨-s⟩ *verbal noun.* — **ˈWe·ge·rung** *f* ⟨-; -en⟩ **1.** *cf.* Wegern. – **2.** (*innere Beplankung*) ceiling.

ˈwegˌes·sen [ˈvɛk-] *v/t* ⟨*irr, sep, pp* weggegessen, h⟩ **1.** j-m etwas ~ to eat (up) s.th. intended for s.o. else: j-m den Kuchen ~ to eat (up) s.o.'s cake. – **2.** *cf.* aufessen.

ˈWe·ge|ˌstrecke (*getr.* -k·k-) *f* (*sport*) (*bei der Military*) road and tracks *pl.* — **~ˌton·ne** *f mar.* channel(-marking) buoy.

ˈwegˌfah·ren [ˈvɛk-] **I** *v/i* ⟨*irr, sep,* -ge-, sein⟩ **1.** (*von Bahn*) leave: der Zug fuhr mir vor der Nase weg *colloq.* the train left just as I got there, I just missed the train. – **2.** (*von Auto, Bus etc*) drive away (*od.* off). – **3.** (*von Schiff*) leave, sail. – **4.** (*mit Bahn, Bus, Schiff etc*) leave, go away (*od.* off). – **5.** (*mit Fahrrad*) ride (*od.* cycle) away (*od.* off). – **6.** *colloq.* (*verreisen*) go away: mit dem Auto ~ to go away by car; bleibt ihr im Urlaub zu Hause oder fahrt ihr weg? are you staying at home for your holidays (*Am.* vacation) or are you going away? – **II** *v/t* ⟨h⟩ **7.** j-n [etwas] im Wagen ~ to drive s.o. [s.th.] away, to take s.o. [s.th.] away in a car. – **8.** (*Auto etc*) drive (*s.th.*) away (*od.* off). – **9.** (*Fahrrad etc*) a) (*wegschieben*) wheel (*od.* push) (*s.th.*) away, b) ride (*s.th.*) away.

ˈWegˌfall [ˈvɛk-] *m* ⟨-(e)s; *no pl*⟩ (*in Wendungen wie*) nach ~ der Bedingungen when the conditions no longer exist (*od.* apply), when the conditions cease to exist (*od.* apply); bei ~ dieser Bestimmung should this regulation no longer exist (*od.* apply), should this regulation cease to exist (*od.* apply); etwas in ~ bringen, etwas zum ~ kommen lassen (*officialese*) to abolish s.th.; in ~ kommen (*officialese*) to cease to exist (*od.* apply).

ˈwegˌfal·len [ˈvɛk-] *v/i* ⟨*irr, sep,* -ge-, sein⟩ **1.** (*ausgelassen werden*) be omitted (*od.* left out): etwas ~ lassen to omit s.th., to leave s.th. out; die beiden Sätze können ~ the two sentences can be omitted. – **2.** (*beseitigt werden*) be cleared up: sobald diese Schwierigkeiten ~, fahren wir fort we shall continue as soon as these difficulties have been cleared up. – **3.** (*aufhören*) stop, be stopped (*od.* canceled, *bes. Br.* cancelled), cease: in Zukunft werden diese Zuschüsse ~ these allowances will be stopped in (the) future. – **4.** (*überflüssig werden*) be unnecessary: im Sommer fällt diese Arbeit weg this work is not necessary in (the) summer. – **5.** (*abgeschafft werden*) be abolished.

ˈwegˌfan·gen [ˈvɛk-] *v/t* ⟨*irr, sep,* -ge-, h⟩ *colloq.* snatch (*s.th.*) away: j-m etwas ~ to snatch s.th. (away) from s.o.

ˈwegˌfe·gen [ˈvɛk-] *v/t* ⟨*sep,* -ge-, h⟩ **1.** sweep (*od.* brush, whisk) (*s.th.*) away (*od.* up). – **2.** *fig.* (*Einwand etc*) brush (*s.th.*) aside (*od.* away).

ˈwegˌfei·len [ˈvɛk-] *v/t* ⟨*sep* -ge-, h⟩ file (*s.th.*) away (*od.* off).

ˈwegˌfie·ren [ˈvɛk-] *v/t* ⟨*sep,* -ge-, h⟩ *mar.* (*Tau etc*) veer (*s.th.*) away, slack (*s.th.*) away (*od.* off), lower.

ˈwegˌfi·schen [ˈvɛk-] *v/t* ⟨*sep,* -ge-, h⟩ *fig. colloq. cf.* wegschnappen 2.

ˈwegˌflie·gen [ˈvɛk-] *v/i* ⟨*irr, sep,* -ge-, sein⟩ **1.** (*von Vogel*) fly away (*od.* off). – **2.** (*von Flugzeug*) leave, take off. – **3.** (*mit Flugzeug*) leave by plane. – **4.** (*von Hut, Papier etc*) blow off (*od.* away), be blown off (*od.* away): mein Hut ist mir weggeflogen my hat has blown away, my hat has been blown off.

ˈwegˌflie·ßen [ˈvɛk-] *v/i* ⟨*irr, sep,* -ge-, sein⟩ flow away (*od.* off).

ˈwegˌfres·sen [ˈvɛk-] *v/t* ⟨*irr, sep,* -ge-, h⟩ **1.** j-m etwas ~ *vulg.* to eat (up) s.th. intended for s.o. else: sie hat uns die ganzen Leckerbissen weggefressen she ate (up) all the titbits which we were meant to have, she ate (up) all of our titbits. – **2.** alles ~ *vulg.* to polish everything off, to eat (*od.* finish) everything up: schon nach zehn Minuten hatten sie alles weggefressen everything was polished off in ten minutes. – **3.** *cf.* abfressen 1. – **4.** *chem. tech. cf.* zerfressen[1] 3. – **5.** *geol.* (*erodieren*) erode.

ˈwegˌfüh·ren [ˈvɛk-] **I** *v/t* ⟨*sep,* -ge-, h⟩ lead (*od.* take, carry) (*s.o., an animal*) away (*od.* off). – **II** *v/i* (*von Straße etc*) lead away.

ˈWeg|ˌga·be·lung, ~ˌgab·lung [ˈveːk-] *f* road fork, fork in the road, parting of the ways, (bi)furcation.

ˈWegˌgang [ˈvɛk-] *m* ⟨-(e)s; *no pl*⟩ **1.** *cf.* Weggehen: bei seinem ~ winkte er he waved as he left; bei(m) ~ bekommen Sie das Geld zurück the money will be refunded when you leave; sein ~ ist ein großer Verlust his leaving is a great loss. – **2.** departure.

ˈwegˌge·ben [ˈvɛk-] *v/t* ⟨*irr, sep,* -ge-, h⟩ **1.** give (*s.th.*) away. – **2.** (*sich entledigen*) rid oneself of. – **3.** (*Kind, Tier*) give (*s.o., an animal*) away. – **4.** *econ.* sell.

ˈweg·geˌbla·sen [ˈvɛk-] **I** *pp of* wegblasen. – **II** *adj* meine Schmerzen waren wie ~ *colloq.* my pains had completely disappeared.

ˈwegˌge·hen [ˈvɛk-] **I** *v/i* ⟨*irr, sep,* -ge-, sein⟩ **1.** go away, leave, go off, depart, (*langsam*) *auch* walk away (*od.* off): sie ist gerade weggegangen she has just gone (away); sie drehte sich um und ging weg she turned (a)round and went off (*od.* walked away, walked off); geh weg! go away! leave me alone! gehen Sie mir weg damit *fig. colloq.* give me peace about that, don't bother me with that; geh mir weg mit ihm *fig. colloq.* don't bother me with that dreadful fellow, don't mention that dreadful fellow to me (*beide colloq.*). – **2.** *fig.* (*ausscheiden*) leave: er ist von der Firma weggegangen he left the firm. – **3.** *fig. colloq.* (*von Ware*) sell: es geht weg wie warme Semmeln it sells like hot cakes. – **4.** über (*acc*) etwas ~ *fig. cf.* hinweggehen 1. – **II W~** *n* ⟨-s⟩ **5.** *verbal noun*: ich war gerade beim W~, als I was just leaving when. – **6.** departure: vor seinem W~ before his departure.

ˈWeg|ˌgeld [ˈveːk-] *n cf.* Wegegeld. — **~ge·ˌnos·se** *m,* **~geˌnos·sin** *f* road companion.

ˈweg·geˌtre·ten [ˈvɛk-] **I** *pp of* wegtreten. – **II** *adj only in* geistig ~ sein *fig.* to have one's thoughts elsewhere, not to be listening: er scheint im Moment geistig ~ zu sein he doesn't seem to be with us at the moment.

ˈweg·geˌwor·fen [ˈvɛk-] **I** *pp of* wegwerfen. – **II** *adj* das ist ~es Geld that is a waste of money.

ˈwegˌgie·ßen [ˈvɛk-] *v/t* ⟨*irr, sep,* -ge-, h⟩ pour (*s.th.*) out (*od.* away).

ˈwegˌglei·ten [ˈvɛk-] *v/i* ⟨*irr, sep,* -ge-, sein⟩ glide away (*od.* off): über (*acc*) etwas ~ to glide over s.th.

ˈwegˌgrau·len [ˈvɛk-] *v/t* ⟨*sep,* -ge-, h⟩ *colloq. cf.* vergraulen.

ˈwegˌha·ben [ˈvɛk-] *v/t* ⟨*irr, sep,* -ge-, h⟩ **1.** etwas [j-n] ~ wollen to want to get (*od.* be) rid of s.th. [s.o.]: ich will den Tisch hier ~ I want the table taken away from here. – **2.** etwas ~ *colloq.* a) (*beherrschen, gut können*) to be good (*od. colloq.* great) at s.th., to have (got) the hang (*od.* knack) of s.th., b) (*bekommen haben*) to have had s.th.: der hat was weg he is very brainy (*od.* clever), he is an absolute brain: darin hat er (et)was weg he is very good at that; schnell (et)was ~ to catch (*od. sl.* cotton on to) s.th. quickly; die Ruhe ~ not to let anything excite (*od.* bother, perturb) one; du hast deine Strafe weg you have had your punishment; eine Erkältung ~ to have caught a cold; → Fett 1; Teil 5. – **3.** einen ~ *colloq.* a) (*betrunken sein*) to be tight (*colloq.*), b) (*verrückt sein*) to have a screw loose, to have bats in the belfry (*sl.*).

ˈwegˌhal·ten [ˈvɛk-] *v/t* ⟨*irr, sep,* -ge-, h⟩ **1.** hold (*s.th.*) away: halte es etwas weiter von dir weg a) (*um es zu betrachten*) hold it farther away from you, b) (*um dich nicht zu beschmutzen*) hold (*od.* keep) it farther away from you. – **2.** halte deinen Kopf weg! hold your head away! mind your head!

ˈwegˌhän·gen [ˈvɛk-] *v/t* ⟨*sep,* -ge-, h⟩ (*Kleidung etc*) hang (*s.th.*) away, (*an einen anderen Platz*) *auch* hang (*s.th.*) elsewhere.

ˈwegˌhar·ken [ˈvɛk-] *v/t* ⟨*sep,* -ge-, h⟩ rake (*s.th.*) away (*od.* off).

ˈwegˌha·schen [ˈvɛk-] *v/t* ⟨*sep,* -ge-, h⟩ (j-m) etwas ~ to snatch s.th. (away) (from s.o.).

ˈwegˌhau·en [ˈvɛk-] *v/t* ⟨*irr, sep,* -ge-, h⟩ **1.** (*mit der Axt etc*) hew (*od.* hack, cut) (*s.th.*) away (*od.* off). – **2.** *colloq.* (*mit der Hand etc*) hit (*od. colloq.* swipe) (*s.th.*) away (*od.* off), knock (*s.th.*) off. – **3.** (*mining*) (*Pfeiler*) rob.

ˈwegˌhe·ben [ˈvɛk-] **I** *v/t* ⟨*irr, sep,* -ge-, h⟩ lift (*s.th.*) away (*od.* off). – **II** *v/reflex* sich ~ *obs. cf.* hinwegheben.

ˈwegˌhel·fen [ˈvɛk-] *v/i* ⟨*irr, sep,* -ge-, h⟩ **1.** j-m ~ to help s.o. ([to] get) away. – **2.** *cf.* hinweghelfen.

ˈwegˌhin·ken [ˈvɛk-] *v/i* ⟨*sep,* -ge-, sein⟩ **1.** limp away (*od.* off). – **2.** (*humpeln*) hobble away (*od.* off).

ˈwegˌho·len [ˈvɛk-] *v/t* ⟨*sep,* -ge-, h⟩ **1.** take (*s.th.*) away: sie haben ihm alles weggeholt they took everything away from him. – **2.** j-n von etwas ~ to call s.o. away from s.th. – **3.** sich (*dat*) etwas ~ *fig. colloq.* (*Erkältung, Infektion etc*) to catch s.th.

ˈwegˌhop·sen [ˈvɛk-] *v/i* ⟨*sep,* -ge-, sein⟩ hop away (*od.* off).

ˈwegˌhum·peln [ˈvɛk-] *v/i* ⟨*sep,* -ge-, sein⟩ hobble away (*od.* off).

ˈwegˌhüp·fen [ˈvɛk-] *v/i* ⟨*sep,* -ge-, sein⟩ **1.** skip away (*od.* off). – **2.** (*weghopsen*) hop away (*od.* off).

ˈwegˌhu·schen [ˈvɛk-] *v/i* ⟨*sep,* -ge-, sein⟩ scurry (*od.* scuttle) away (*od.* off).

ˈwegˌja·gen [ˈvɛk-] **I** *v/t* ⟨*sep,* -ge-, h⟩ **1.** drive (*od.* chase) (*s.o., an animal*) away. – **2.** *colloq.* send (*s.o.*) packing. – **3.** (*aus einem Land*) expel, drive (*s.o.*) out. – **II** *v/i* ⟨sein⟩ **4.** rush (*od.* dash, race) away (*od.* off), tear off.

ˈwegˌkar·ren [ˈvɛk-] *v/t* ⟨*sep,* -ge-, h⟩ cart (*s.th.*) away (*od.* off).

ˈWegˌkar·te [ˈveːk-] *f* **1.** map of trails (*od.* paths). – **2.** (*bes. in einem Kurort etc*) map of walks (*od.* footpaths).

ˈwegˌkeh·ren[1] [ˈvɛk-] *v/t* ⟨*sep,* -ge-, h⟩ (*Schmutz, Staub etc*) sweep (*s.th.*) away.

ˈwegˌkeh·ren[2] **I** *v/t* ⟨*sep,* -ge-, h⟩ das Gesicht ~ to turn one's face away (*od.* aside). – **II** *v/reflex* sich ~ (von) to turn away (from).

ˈwegˌkom·men [ˈvɛk-] *v/i* ⟨*irr, sep,* -ge-, sein⟩ *colloq.* **1.** get away: so komme ich von hier nie weg I shall never get away from (*od.* get out of) here like this; man kommt kaum einmal weg you can hardly get away; sehen Sie zu, daß Sie durch die Krankenkasse ~ try to get away through your health insurance; machen Sie, daß Sie ~! get out of here! get away! clear off (*od. colloq.* out)! get lost! (*sl.*); **ich mache, daß ich hier wegkomme** I must get away from (*od.* get out of) here. – **2. von etwas ~** to go off (doing) s.th.: **ich komme von dem Buch nicht weg** *fig.* I can't put the book down; **sie kommt nicht vom Spiegel weg** *fig.* she is always at the mirror, she never leaves the mirror. – **3.** (*abhanden kommen*) get lost. – **4.** (*gestohlen werden*) be stolen (*od.* lifted, *colloq.* pinched). – **5. bei etwas gut [schlecht] ~** to come off (*od.* do) well [badly] at s.th. – **6.** *colloq. for* **hinwegkommen.**

ˈwegˌkrat·zen [ˈvɛk-] *v/t* ⟨*sep*, -ge-, h⟩ scratch (*s.th.*) off (*od.* out).

ˈWegˌkreu·zung [ˈveːk-] *f* crossroad(s *pl construed as sg or pl*), crossway(s *pl*), intersection.

ˈwegˌkrie·chen [ˈvɛk-] *v/i* ⟨*irr, sep*, -ge-, sein⟩ creep (*od.* crawl) away (*od.* off).

ˈwegˌkrie·gen [ˈvɛk-] *v/t* ⟨*sep*, -ge-, h⟩ *colloq.* **1.** *cf.* a) wegbekommen 1, b) wegbringen 2, 3. – **2.** (*Verletzung etc*) get: **die Wunde hat er bei einer Schlägerei weggekriegt** he got the wound (*od.* injury) in a fight. – **3. etwas ~** *fig.* (*kapieren*) to catch (*od. sl.* cotton on to) s.th.

ˈWegˌkrüm·mung [ˈveːk-] *f* bend (*od.* curve) in the path (*od.* road).

ˈwegˌkun·dig [ˈveːk-] *adj* acquainted (*od.* familiar) with the paths (*od.* trails): **~ sein** to know (one's way around) the paths (*od.* trails).

ˈwegˌküs·sen [ˈvɛk-] *v/t* ⟨*sep*, -ge-, h⟩ **j-m die Tränen ~** to kiss s.o.'s tears away.

ˈwegˌlas·sen [ˈvɛk-] **I** *v/t* ⟨*irr, sep*, -ge-, h⟩ **1. etwas ~** (*nicht berücksichtigen, auslassen*) to leave s.th. out, to omit (*od.* eliminate) s.th. – **2. j-n ~** *cf.* **fortlassen** 1. – **II W~** *n* ⟨-s⟩ **3.** *verbal noun.* — **ˈWegˌlas·sung** *f* ⟨-; -en⟩ **1.** *cf.* **Weglassen.** – **2.** omission, elimination.

ˈwegˌlau·fen [ˈvɛk-] *v/i* ⟨*irr, sep*, -ge-, sein⟩ **1.** run away: **er ist Hals über Kopf weggelaufen** *colloq.* he ran away as fast as he could (*od.* as fast as his legs could carry him). – **2.** *fig.* (*verlassen*) run away: **ihm ist die Frau weggelaufen** his wife has run away from (*od.* has left, has deserted) him. – **3. etwas läuft nicht weg** *fig. colloq.* (*von Arbeit etc*) s.th. won't run away. – **4.** (*von Flüssigkeit*) run off, flow off.

ˈwegˌlecken (*getr.* -k·k-) [ˈvɛk-] *v/t* ⟨*sep*, -ge-, h⟩ lick (*s.th.*) away (*od.* up): **die Sonne hat den Schnee überall weggeleckt** *fig.* the sun has melted the snow (away) everywhere.

ˈwegˌle·gen [ˈvɛk-] *v/t* ⟨*sep*, -ge-, h⟩ **1.** lay (*od.* put) (*s.th.*) away. – **2.** (*beiseite legen*) lay (*od.* put) (*s.th.*) aside. – **3.** (*aufbewahren*) put (*s.th.*) aside (*od.* away).

ˈwegˌleug·nen [ˈvɛk-] *v/t* ⟨*sep*, -ge-, h⟩ deny (*s.th.*) flatly, disavow.

ˈwegˌlo·ben [ˈvɛk-] *v/t* ⟨*sep*, -ge-, h⟩ **j-n ~** *colloq. cf.* **fortloben.**

ˈwegˌlocken (*getr.* -k·k-) [ˈvɛk-] *v/t* ⟨*sep*, -ge-, h⟩ **j-n ~** to entice (*od.* lure) s.o. away.

ˈweg·los [ˈveːk-] *adj* **1.** (*Gelände, Wald etc*) pathless. – **2.** (*Dschungel, Dickicht*) unpassable, impracticable.

ˈwegˌma·chen [ˈvɛk-] *colloq.* **I** *v/t* ⟨*sep*, -ge-, h⟩ **1.** (*Flecken etc*) remove, get (*s.th.*) off (*od.* out). – **2.** (*Schmutz*) clean up. – **3. sie hat das Kind weggemacht** (*od.* **wegmachen lassen**) she had an abortion. – **II** *v/reflex* **sich ~ 4.** *cf.* **davonmachen** 1.

ˈWeg|ˌmar·ke [ˈveːk-] *f* path (*od.* trail) mark. — **~ˌmarˌkie·rung** *f* path (*od.* trail) mark(ing).

ˈwegˌmei·ßeln [ˈvɛk-] *v/t* ⟨*sep*, -ge-, h⟩ **etwas ~** to chisel s.th. away (*od.* off).

ˈWeg|ˌmes·ser [ˈveːk-] *m* (h)odometer. — **w~ˌmü·de** *adj lit.* footsore, weary.

ˈwegˌmüs·sen [ˈvɛk-] *v/i* ⟨*irr, sep*, -ge-, h⟩ *colloq.* **1.** have to go (*od.* leave): **ich muß jetzt weg** I must go now, I'll be off now. – **2. der Kuchen muß weg** the cake has to be eaten (*od.* finished) up. – **3. das Plakat muß weg** the poster must be taken down (*od.* removed).

ˈWegˌnah·me [ˈvɛk-] *f* ⟨-; -n⟩ **1.** *cf.* **Wegnehmen.** – **2.** removal. – **3.** (*Entwendung*) taking, *auch* abstraction: **widerrechtliche ~** unlawful taking. – **4.** (*Beschlagnahme*) seizure, requisition, (*Konfiszierung*) *auch* confiscation.

ˈwegˌneh·men [ˈvɛk-] **I** *v/t* ⟨*irr, sep*, -ge-, h⟩ **1.** take (*s.th.*) away, remove: **ein Gedeck vom Tisch ~** to take one place away from the table; **nimm die Sachen dort weg** take those things away. – **2.** (*fortnehmen*) take (*s.th.*) off: **der Staubsauger nimmt jedes Stäubchen weg** the vacuum cleaner takes every speck of dust off; **nehmen Sie bitte ihre Hand weg** please take your hand off. – **3.** (*an sich nehmen*) take: **er nahm ihm den Bleistift weg** he took the pencil from him; **paß auf, daß dir nichts weggenommen wird** be careful that nothing is taken from (*od.* stolen from) you; **heimlich etwas ~** to take s.th. secretly; **j-m die Frau ~** to take s.o.'s wife; **j-m den Parkplatz ~** to take (*od. colloq.* nab) s.o.'s parking space. – **4.** (*als Strafe*) take (*s.th.*) away, confiscate: **der Lehrer nahm ihm das Messer weg** the teacher took the knife away from him, the teacher confiscated his knife. – **5.** (*beschlagnahmen*) seize, requisition, (*konfiszieren*) *auch* confiscate. – **6.** *fig.* (*beanspruchen*) take (up): **viel Platz [Zeit] ~** to take (up) a lot of space [time] (*colloq.*). – **7. der Vorhang nimmt viel Licht weg** *fig.* the curtain makes the room rather dark. – **8.** *mar.* a) (*Schiff*) capture, seize, b) (*Segel*) shorten. – **9.** *med.* (*in der Chirurgie*) remove, resect. – **10.** → **Gas** 5. – **II W~** *n* ⟨-s⟩ **11.** *verbal noun.*

ˈwegˌpacken (*getr.* -k·k-) [ˈvɛk-] **I** *v/t* ⟨*sep*, -ge-, h⟩ **etwas ~** to pack (*od.* stow, tuck) s.th. away. – **II** *v/reflex* **sich ~** *colloq. cf.* **fortscheren.**

ˈwegˌpu·sten [ˈvɛk-] *v/t* ⟨*sep*, -ge-, h⟩ **etwas ~** *colloq.* to blow (*od.* whiff) s.th. away (*od.* off): **etwas von etwas ~** to blow (*od.* whiff) s.th. off s.th.

ˈwegˌput·zen [ˈvɛk-] *v/t* ⟨*sep*, -ge-, h⟩ **1.** clean (*s.th.*) up. – **2.** (*wegwischen*) wipe (*s.th.*) off (*od.* away). – **3.** *colloq.* (*aufessen*) polish (*od.* clean) (*s.th.*) off. – **4.** *colloq. cf.* **abknallen** 1.

ˈweg·raˌdie·ren [ˈvɛk-] *v/t* ⟨*sep, no* -ge-, h⟩ rub (*s.th.*) out, erase.

ˈwegˌraf·fen [ˈvɛk-] *v/t* ⟨*sep*, -ge-, h⟩ **1.** snatch (*s.th.*) up, grab. – **2.** *fig.* (*von Krankheit, Tod*) carry (*s.o.*) off.

ˈWegˌrand [ˈveːk-] *m* wayside, roadside, edge of the path: **am ~** at (*od.* along) the wayside (*od.* the edge of the path).

ˈweg·raˌsie·ren [ˈvɛk-] *v/t* ⟨*sep*, -ge-, h⟩ **1.** shave (*s.th.*) off: **sich** (*dat*) **den Bart ~** to shave one's beard off. – **2.** *fig.* raze (*s.th.*) to the ground.

ˈWegˌrau·ke [ˈveːk-] *f bot.* hedge mustard (*Sisymbrium officinale*).

ˈwegˌräu·men [ˈvɛk-] **I** *v/t* ⟨*sep*, -ge-, h⟩ **1.** (*Schutt, Schnee, Hindernis etc*) clear (*s.th.*) away, remove. – **2.** (*Geschirr etc*) put (*s.th.*) away: **das Geschirr ~** to clear the table. – **II W~** *n* ⟨-s⟩ **3.** *verbal noun.* – **4.** removal, clearance.

ˈwegˌrau·schen [ˈvɛk-] *v/i* ⟨*sep*, -ge-, sein⟩ *colloq.* flounce off, sweep off.

ˈwegˌrei·ben [ˈvɛk-] *v/t* ⟨*irr, sep*, -ge-, h⟩ **etwas ~** to rub s.th. off: **es läßt sich nicht ~** it won't rub (*od.* come) off, it can't be rubbed off.

ˈwegˌrei·sen [ˈvɛk-] *v/i* ⟨*sep*, -ge-, sein⟩ *cf.* a) **abreisen**, b) **verreisen** I.

ˈwegˌrei·ßen [ˈvɛk-] *v/t* ⟨*irr, sep*, -ge-, h⟩ **1.** (*niederreißen*) pull (*od.* tear) (*s.th.*) down: **alte Gebäude ~** to pull old buildings down, to demolish old buildings. – **2.** (*wegspülen*) sweep (*s.th.*) away: **das Wasser hat die Brücke weggerissen** the water swept (*od.* washed) the bridge away. – **3.** tear (*s.th., s.o.*) away (*od.* off), pull (*s.th., s.o.*) off. – **4. j-n von etwas [j-m] ~** to pull (*od.* tear) s.o. away from s.th. [s.o.]. – **5. j-m etwas ~** a) to snatch s.th. (away) from s.o., b) (*mit einem Ruck*) to jerk s.th. (away) from s.o.

ˈwegˌrei·ten [ˈvɛk-] *v/i* ⟨*irr, sep*, -ge-, sein⟩ ride off (*od.* away).

ˈwegˌren·nen [ˈvɛk-] *v/i* ⟨*irr, sep*, -ge-, sein⟩ **1.** (*ausreißen*) run away: **er ist schon dreimal von zu Hause weggerannt** he has already run away from home three times. – **2.** (*mit einem Ziel*) run away (*od.* off), dash off: **er rannte weg, um sie noch zu treffen** he ran off to catch her before she left.

ˈwegˌrol·len [ˈvɛk-] **I** *v/t* ⟨*sep*, -ge-, h⟩ (*Faß etc*) roll (*s.th.*) away. – **II** *v/i* ⟨sein⟩ (*von Ball, Kugel etc*) roll away.

ˈwegˌrücken (*getr.* -k·k-) [ˈvɛk-] **I** *v/t* ⟨*sep*, -ge-, h⟩ (*Tisch, Schrank etc*) push (*od.* move) (*s.th.*) away. – **II** *v/i* ⟨sein⟩ move away (*od.* off), (*langsam u. unauffällig*) *auch* edge away (*od.* off).

ˈwegˌru·dern [ˈvɛk-] **I** *v/t* ⟨*sep*, -ge-, h⟩ (*Kahn etc*) row (*s.th.*) away. – **II** *v/i* ⟨sein⟩ row away (*od.* off).

ˈwegˌru·fen [ˈvɛk-] *v/t* ⟨*irr, sep*, -ge-, h⟩ **j-n ~** (von from) to call s.o. away.

ˈwegˌsacken (*getr.* -k·k-) [ˈvɛk-] *v/i* ⟨*sep*, -ge-, sein⟩ *bes. mar.* sag away.

ˈwegˌsä·gen [ˈvɛk-] *v/t* ⟨*sep*, -ge-, h⟩ saw (*od.* cut) off.

ˈwegˌsau·fen [ˈvɛk-] *v/t* ⟨*irr, sep*, -ge-, h⟩ **j-m etwas ~** *colloq.* to drink (up) s.th. intended for s.o. else: **er hat uns das ganze Bier weggesoffen** he drank all our beer.

ˈwegˌscha·ben [ˈvɛk-] *v/t* ⟨*sep*, -ge-, h⟩ shave (*od.* scrape) (*s.th.*) off.

ˈwegˌschaf·fen [ˈvɛk-] **I** *v/t* ⟨*sep*, -ge-, h⟩ *colloq.* **1.** clear away, get rid of, do away with: **wir müssen den Müll ~** we must clear away the rubbish. – **2.** (*wegtragen*) carry (*s.th., s.o.*) away (*od.* off), transport (*s.th., s.o.*) off (*od.* away). – **3.** (*entfernen*) get rid of, get (*s.o., s.th.*) out (*od.* away), clear (*s.o., s.th.*) away: **schaff mir die Leute weg** get the people out of (*od.* away from) here. – **4.** *fig.* (*erledigen*) get through: **ich habe schon viel Arbeit weggeschafft** I got through a lot of work (*colloq.*). – **5.** *math.* (*Unbekannte*) eliminate. – **II W~** *n* ⟨-s⟩ **6.** *verbal noun.* — **ˈWegˌschaf·fung** *f* **1.** *cf.* **Wegschaffen.** – **2.** removal.

ˈwegˌschar·ren [ˈvɛk-] *v/t* ⟨*sep*, -ge-, h⟩ rake (*od.* scrape) (*s.th.*) away.

ˈwegˌschau·en [ˈvɛk-] *v/i* ⟨*sep*, -ge-, h⟩ *cf.* **wegsehen.**

ˈwegˌschau·feln [ˈvɛk-] *v/t* ⟨*sep*, -ge-, h⟩ **etwas ~** to shovel s.th. away.

Weg·scheid [ˈveːkˌʃaɪt] *m* ⟨-(e)s; -e⟩, *Austrian f* ⟨-; -en⟩ *cf.* **Wegscheide.**

ˈWegˌschei·de [ˈveːk-] *f* ⟨-; -n⟩ **1.** (*Kreuzung*) crossing, crossroad(s *pl construed as sg or pl*). – **2.** (*Gabelung*) road fork, (bi)furcation.

ˈwegˌschen·ken [ˈvɛk-] *v/t* ⟨*sep*, -ge-, h⟩ **etwas ~** to give s.th. away.

ˈwegˌsche·ren[1] [ˈvɛk-] *v/t* ⟨*meist irr, sep*, -ge-, h⟩ *cf.* **abrasieren** 1.

ˈwegˌsche·ren[2] *v/reflex* ⟨*sep*, -ge-, h⟩ **sich ~** *colloq.* clear off (*od. colloq.* out): **scher dich weg!** go to hell (*od.* blazes)! scram! (*sl.*), beat it! (*sl.*), buzz off! (*sl.*), *bes. Br. sl.* hop it!

ˈwegˌscheu·chen [ˈvɛk-] *v/t* ⟨*sep*, -ge-, h⟩ **1.** (*Fliegen, Hühner etc*) shoo (*s.th.*) away (*od.* off). – **2.** *cf.* **wegjagen** 1.

ˈwegˌschicken (*getr.* -k·k-) [ˈvɛk-] *v/t* ⟨*sep*, -ge-, h⟩ **1.** (*Brief etc*) send (*s.th.*) off (*od.* away), dispatch, despatch, *bes. Br.* post, *bes. Am.* mail. – **2.** send: **ich habe ihn zum Einkaufen weggeschickt** I have sent him to do some shopping. – **3.** (*abweisen*) send (*od.* turn) (*s.o.*) away, (*fortjagen*) send (*s.o.*) packing: **du kannst ihn doch nicht so einfach ~** you can't simply send him away like that. – **4.** (*entlassen*) dismiss.

ˈwegˌschie·ben [ˈvɛk-] *v/t* ⟨*irr, sep*, -ge-, h⟩ **1.** push (*od. colloq.* shove) (*s.th.*) away. – **2.** (*Vorhang, Gardine etc*) pull (*od.* draw) (*s.th.*) back.

ˈwegˌschie·ßen [ˈvɛk-] *v/t* ⟨*irr, sep*, -ge-, h⟩ **etwas ~** a) to shoot s.th. away (*od.* off), b) (*mit dem Fuß*) to kick s.th. away.

ˈWegˌschild [ˈveːk-] *n* (trail *od.* road) sign.

ˈwegˌschla·gen [ˈvɛk-] *v/t* ⟨*irr, sep*, -ge-, h⟩ **1.** *cf.* **weghauen** 1, 2. – **2.** (*Ball etc*) hit (*s.th.*) away, (*mit dem Fuß*) kick (*s.th.*) away.

ˈwegˌschlei·chen [ˈvɛk-] *v/i* ⟨*irr, sep*, -ge-, sein⟩ *u.* **sich ~** *v/reflex* ⟨h⟩ steal (*od.* creep, sneak) away, (*bes. schuldbewußt*) *auch* slink away: **(sich) aus einer Gesellschaft ~** to slip away from a party.

ˈwegˌschlei·fen[1] [ˈvɛk-] *v/t* ⟨*sep*, -ge-, h⟩ **j-n [etwas] ~** to drag (*od.* haul) s.o. [s.th.] off (*od.* away).

ˈwegˌschlei·fen[2] *v/t* ⟨*irr, sep*, -ge-, h⟩ **1.** file (*s.th.*) off (*od.* away), (*feiner*) smooth (*od.* polish) (*s.th.*) off (*od.* away). – **2.** (*mit Sandpapier*) sand (*s.th.*) off (*od.* away).

ˈwegˌschlep·pen [ˈvɛk-] **I** *v/t* ⟨*sep*, -ge-, h⟩ **j-n [etwas] ~** to drag (*od.* haul, lug) s.o. [s.th.] away (*od.* off). – **II** *v/reflex* **sich ~** drag oneself off, trudge away.

ˈwegˌschleu·dern [ˈvɛk-] *v/t* ⟨*sep*, -ge-, h⟩ **etwas ~** to fling (*od.* hurl) s.th. away.

ˈwegˌschlie·ßen [ˈvɛk-] *v/t* ⟨*irr, sep*, -ge-, h⟩ **etwas ~** to lock s.th. away, to put s.th. under lock and key.

ˈwegˌschlüp·fen [ˈvɛk-] *v/i* ⟨*sep*, -ge-, sein⟩ slip away.

ˈwegˌschmei·ßen [ˈvɛk-] v/t ⟨irr, sep, -ge-, h⟩ colloq. for wegwerfen I.

ˈwegˌschmel·zen [ˈvɛk-] **I** v/i ⟨irr, sep, -ge-, sein⟩ (von Schnee etc) melt away, deliquesce. – **II** v/t ⟨h⟩ melt (s.th.) away.

ˈwegˌschnap·pen [ˈvɛk-] v/t ⟨sep, -ge-, h⟩ **1.** etwas ~ to snatch s.th. away: der Hund hat ihm die Wurst weggeschnappt the dog snatched the sausage (away) from him. – **2.** j-m etwas ~ fig. colloq. to take s.th. from s.o.: er hat mir den Preis vor der Nase weggeschnappt he took the prize from under my (very) nose, he snatched the prize (away) from me; er hat ihm sein Mädchen weggeschnappt he has pinched his girl (colloq.); j-m den Parkplatz ~ to nab s.o.'s parking space (colloq.).

ˈWegˌschnecke (getr. -k·k-) [ˈveːk-] f zo. slug (Fam. Arionidae): Rote ~ red (od. orange) slug (Arion rufus); Schwarze ~ black (od. brown) slug (A. ater).

ˈwegˌschnei·den [ˈvɛk-] v/t ⟨irr, sep, -ge-, h⟩ **1.** cut (od. slice) (s.th.) away (od. off), retrench. – **2.** hort. (Ast, Zweig etc) prune (od. lop, snip, pare) (s.th.) off. – **3.** med. a) excise, cut (s.th.) off, extirpate, resect, b) (amputieren) amputate.

ˈwegˌschnel·len [ˈvɛk-] v/i ⟨sep, -ge-, sein⟩ spring (od. shoot) away.

ˈwegˌschüt·ten [ˈvɛk-] v/t ⟨sep, -ge-, h⟩ **1.** (Abfall etc) dump (s.th.) (away). – **2.** (Flüssigkeit) pour (s.th.) out (od. away).

ˈwegˌschwem·men [ˈvɛk-] v/t ⟨sep, -ge-, h⟩ etwas ~ to wash (od. sweep) s.th. away.

ˈwegˌschwim·men [ˈvɛk-] v/i ⟨irr, sep, -ge-, sein⟩ **1.** (von Personen) swim away (od. off). – **2.** (von Dingen) float (od. drift) away (od. off): → Fell 7.

ˈwegˌse·geln [ˈvɛk-] v/i ⟨sep, -ge-, sein⟩ sail away: ~ nach to set sail for.

ˈwegˌse·hen [ˈvɛk-] v/i ⟨irr, sep, -ge-, h⟩ **1.** (von from) look away, avert one's eyes. – **2.** über (acc) etwas [j-n] ~ cf. hinwegsehen.

ˈwegˌseh·nen [ˈvɛk-] v/reflex ⟨sep, -ge-, h⟩ sich ~ long (od. yearn) to go away.

ˈwegˌset·zen [ˈvɛk-] **I** v/t ⟨sep, -ge-, h⟩ **1.** j-n ~ to move s.o. (away): wenn du abschreibst, muß ich dich ~ if you copy I shall have to move you. – **2.** (Stuhl, Vase etc) set (od. put) (s.th.) away. – **II** v/i ⟨h u. sein⟩ **3.** über einen Graben ~ to jump (od. leap) over a ditch, to clear a ditch. – **III** v/reflex ⟨h⟩ sich ~ **4.** (auf einen anderen Platz) move (to another seat). – **5.** sich über (acc) etwas [j-n] ~ fig. cf. hinwegsetzen II.

ˈWeg|skiz·ze [ˈveːk-] f sketched map of trails. — **~ˌsper·re** f barrier.

ˈwegˌspren·gen[1] [ˈvɛk-] v/t ⟨sep, -ge-, h⟩ etwas ~ (mit Dynamit etc) to blast s.th. away, to blow s.th. up.

ˈwegˌspren·gen[2] v/i ⟨sep, -ge-, sein⟩ (von Reiter) gallop off.

ˈwegˌsprin·gen [ˈvɛk-] v/i ⟨irr, sep, -ge-, sein⟩ **1.** (von Tieren) jump (od. leap) away (od. off). – **2.** (von Personen) jump (od. leap) aside (od. back).

ˈwegˌspü·len [ˈvɛk-] v/t ⟨sep, -ge-, h⟩ **1.** (Uferrand etc) sweep (od. wash) (s.th.) away. – **2.** colloq. (Geschirr) wash up. – **3.** etwas mit Wasser ~ to wash s.th. off (od. away). – **4.** (in der Toilette) flush (s.th.) away.

ˈwegˌstecken (getr. -k·k-) [ˈvɛk-] v/t ⟨sep, -ge-, h⟩ **1.** put (s.th.) away: steck das Geld gut weg put the money somewhere safe. – **2.** (verbergen) hide (od. tuck) (s.th.) away. – **3.** cf. einstecken 4, 5.

ˈwegˌsteh·len [ˈvɛk-] v/reflex ⟨irr, sep, -ge-, h⟩ sich ~ cf. wegschleichen.

ˈwegˌstel·len [ˈvɛk-] v/t ⟨sep, -ge-, h⟩ etwas ~ to put (od. set) s.th. away.

ˈwegˌster·ben [ˈvɛk-] v/i ⟨irr, sep, -ge-, sein⟩ [die off.]

ˈweg·stiˌbit·zen [ˈvɛk-] v/t ⟨sep, no -ge-, h⟩ j-m etwas ~ colloq. humor. to pinch (od. swipe, snitch) s.th. from s.o. (colloq.).

ˈwegˌsto·ßen [ˈvɛk-] v/t ⟨irr, sep, -ge-, h⟩ **1.** push (od. colloq. shove) (s.th., s.o.) away. – **2.** (mit dem Fuß) kick (s.th.) away.

ˈwegˌstre·ben [ˈvɛk-] v/i ⟨sep, -ge-, sein u. h⟩ ~ von to tend from, to attempt to get away from.

ˈWegˌstrecke (getr. -k·k-) [ˈveːk-] f **1.** stretch of road: schlechte ~ bad stretch (of road); die zurückgelegte ~ beträgt the stretch of road (od. the distance) covered is. – **2.** (Entfernung) distance. – **3.** (optics) (Lichtweite) light range.

ˈWegˌstrecken,mes·ser (getr. -k·k-) [ˈveːk-] m mileage recorder (od. indicator).

ˈwegˌstrei·chen [ˈvɛk-] v/t ⟨irr, sep, -ge-, h⟩ (Satz, Zahl etc) cross (od. stroke, strike) (s.th.) out, delete, cancel.

ˈWegˌstun·de [ˈveːk-] f hour's walk: die Hütte liegt drei ~n von hier the lodge is three hours' walk (od. a three-hour walk, a walk of three hours) from here.

ˈwegˌstür·zen [ˈvɛk-] v/i ⟨sep, -ge-, sein⟩ rush (od. dash, dart) off (od. away).

ˈwegˌtra·gen [ˈvɛk-] v/t ⟨irr, sep, -ge-, h⟩ etwas [j-n] ~ to carry (od. take) s.th. [s.o.] away (od. off).

ˈwegˌtrei·ben [ˈvɛk-] **I** v/t ⟨irr, sep, -ge-, h⟩ j-n [ein Tier] ~ to drive s.o. [an animal] away. – **II** v/i ⟨sein⟩ (von Boot, Strandgut) drift (od. float) away (od. off): mit dem Strom ~ to drift away with the current.

ˈwegˌtre·ten [ˈvɛk-] v/i ⟨irr, sep, -ge-, sein⟩ **1.** step aside. – **2.** mil. break (the) ranks, fall out: ~ lassen to dismiss; weggetreten! a) Br. dismiss! Am. dismissed! b) (zur Durchführung eines Auftrages) move out!

ˈwegˌtrin·ken [ˈvɛk-] v/t ⟨irr, sep, -ge-, h⟩ j-m etwas ~ to drink (up) s.th. that is intended for s.o. else: der Hund trank der Katze die Milch weg the dog drank the cat's milk.

ˈwegˌtun [ˈvɛk-] v/t ⟨irr, sep, -ge-, h⟩ colloq. **1.** (wegräumen) put (s.th.) away. – **2.** (wegwerfen) throw (s.th.) out (od. away). – **3.** (verstecken, verbergen) hide (s.th.) away. – **4.** (aufheben, sparen) put (s.th.) away (od. by). – **5.** (wegnehmen) take (s.th.) off: tu die Hände weg! take your hands off!

ˈWeg|überˌfüh·rung [ˈveːk-] f **1.** overpass. – **2.** (Viadukt) viaduct. — **~ˌüberˌgang** m (portable) line crossing. — **~ˌun·terˌfüh·rung** f underpass, subway. — **~verˌhält·nis·se** pl road conditions.

ˈwegˌwa·gen [ˈvɛk-] v/reflex ⟨sep, -ge-, h⟩ sich [nicht] ~ [not] to dare (od. venture) to go away (od. leave): wage dich ja nicht weg! colloq. don't (you) dare go away!

ˈwegˌwäl·zen [ˈvɛk-] v/t ⟨sep, -ge-, h⟩ (Stein etc) roll (s.th.) away.

ˈwegˌwan·dern [ˈvɛk-] v/i ⟨sep, -ge-, sein⟩ **1.** leave, set out. – **2.** cf. abwandern 1.

ˈWegˌwar·te [ˈveːk-] f ⟨-; -n⟩ bot. (wild) succory, chicory, auch chiccory, chickory (Cichorium intybus).

ˈwegˌwa·schen [ˈvɛk-] v/t ⟨irr, sep, -ge-, h⟩ **1.** (Flecken etc) wash (s.th.) off. – **2.** (vom Regen) wash (s.th.) off (od. away).

ˈwegˌwe·hen [ˈvɛk-] **I** v/t ⟨sep, -ge-, h⟩ blow off (od. away). – **II** v/impers mir hat es den Hut weggeweht my hat was blown off (od. away).

weg·wei·send [ˈveːkˌvaɪzənt] adj fig. (bahnbrechend) trailblazing, pathbreaking.

Weg·wei·ser [ˈveːkˌvaɪzər] m ⟨-s; -⟩ **1.** (für Wanderwege etc) fingerpost, guidepost, waypost. – **2.** (für Straßen) signpost, road sign. – **3.** fig. (Leitfaden, Stadtführer etc) guide. – **4.** fig. (für einen Gebäudekomplex) directory.

ˈwegˌwen·den [ˈvɛk-] **I** v/t ⟨bes. irr, sep, -ge-, h⟩ (Gesicht etc) (von from) turn (one's face) away: er wandte den Blick weg he averted his eyes. – **II** v/reflex sich ~ (von from) turn away.

ˈwegˌwerf·bar [ˈvɛk-] adj (Packung etc) disposable, throw-away (attrib).

ˈwegˌwer·fen [ˈvɛk-] **I** v/t ⟨irr, sep, -ge-, h⟩ **1.** (verdorbene Ware, wertlose Gegenstände etc) throw (s.th.) out (od. away), cast (s.th.) away (od. aside), chuck (s.th.) away (colloq.). – **2.** (von sich werfen) throw (s.th.) away. – **3.** fig. (Geld) throw (s.th.) away (od. down the drain), squander (s.th.) (away); → Leben 1. – **II** v/reflex **4.** sich (an j-n) ~ to waste oneself (on s.o.). — **ˈwegˌwer·fend** **I** pres p. – **II** adj derogatory, disparaging, slighting: eine ~e Handbewegung machen to make a disparaging gesture. – **III** adv derogatively, disparagingly: ~ über j-n urteilen to speak derogatorily (od. slightingly) of s.o.

ˈWegˌwerf|ˌpackung (getr. -k·k-) [ˈvɛk-] f disposable (od. throw-away) package (od. wrapping, wrapper). — **~ˌwin·del** f disposable diaper (bes. Br. napkin, bes. Br. colloq. nappy).

ˈWegˌwes·pe [ˈveːk-] f zo. sand wasp (Pompilus viaticus).

ˈwegˌwi·schen [ˈvɛk-] v/t ⟨sep, -ge-, h⟩ **1.** (Fleck etc) wipe (s.th.) off (od. away), (mit einem Schwamm) auch sponge (s.th.) off (od. away). – **2.** (Geschriebenes, Gemaltes) wipe (s.th.) out (od. off), efface. – **3.** fig. (Erinnerung) wipe (s.th.) out, blot (s.th.) out, efface. – **4.** fig. (Einwand etc) brush (s.th.) aside (od. away).

ˈwegˌwün·schen [ˈvɛk-] **I** v/t ⟨sep, -ge-, h⟩ j-n [etwas] ~ to wish that s.o. [s.th.] were (od. was) not there: da hätte ich ihn ~ können I could have seen him far enough, I could have wished him far away. – **II** v/reflex sich ~ long (od. wish) to go (od. be) away: in dem Moment hätte ich mich am liebsten weggewünscht at that moment I wished the ground would open and swallow me up.

ˈwegˌzäh·len [ˈvɛk-] v/t ⟨sep, -ge-, h⟩ Austrian for abziehen 13.

ˈwegˌzau·bern [ˈvɛk-] v/t ⟨sep, -ge-, h⟩ etwas ~ to conjure s.th. away, to make s.th. disappear (by magic).

ˈWeg|ˌzeh·rung [ˈveːk-] f **1.** food and drink (od. provisions pl) for the road (od. journey). – **2.** letzte ~ röm.kath. viaticum. — **~ˌzei·chen** n cf. Wegmarkierung.

ˈwegˌzer·ren [ˈvɛk-] v/t ⟨sep, -ge-, h⟩ j-n [etwas] ~ a) to wrench s.o. [s.th.] away, b) (wegschleppen) to drag (od. haul) s.o. [s.th.] away.

ˈwegˌzie·hen [ˈvɛk-] **I** v/t ⟨irr, sep, -ge-, h⟩ **1.** (Decke etc) pull (s.th.) off (od. away). – **2.** (Vorhang etc) pull (od. draw) (s.th.) back. – **3.** j-n (von etwas) ~ to pull s.o. away (from s.th.), (sehr behutsam) auch to draw s.o. away (from s.th.). – **4.** j-m etwas ~ to pull s.th. away from s.o.: er zog ihm den Stuhl weg he pulled the chair away from under him; das hat ihm den Boden unter den Füßen weggezogen fig. that has cut the ground from under his feet. – **II** v/i ⟨sein⟩ **5.** (aus einer Wohnung, von einer Stadt etc) move away, leave. – **6.** (von Vögeln etc) migrate, leave. – **III W~** n ⟨-s⟩ **7.** verbal noun.

ˈWegˌzoll [ˈveːk-] m cf. Wegegeld.

ˈWegˌzug [ˈvɛk-] m ⟨-(e)s; no pl⟩ **1.** cf. Wegziehen. – **2.** (Umzug) move, removal: nach ihrem ~ von München after their move (od. after moving) from Munich. – **3.** (der Vögel) migration.

weh [veː] **I** adj **1.** ⟨attrib⟩ (wund, verletzt) sore, bad: einen ~en Finger haben to have a sore finger. – **2.** fig. (schmerzend) aching: mit ~em Herzen with an aching heart; mir ist ~ ums Herz I am sore (od. sick) at heart, my heart aches (od. is aching, is sore); mir wird ~ ums Herz(, wenn ich daran denke) it grieves my heart (to think of it). – **3.** ⟨attrib⟩ fig. (schmerzlich) painful: ein ~er Abschied a painful farewell; ein ~es Gefühl a pang. – **II** adv **4.** ~ tun a) (allgemein) to be sore, to ache, b) (bei einer Berührung, Bewegung etc) to hurt, c) fig. to hurt: mein Bein tut mir ~ my leg is sore; mein Kopf tut mir ~ my head is aching; mir tut der Hals ~ my throat is sore, I have a sore throat; au, das tut ~! ow, that hurts! solch eine Beleidigung tut ~ fig. such an insult hurts; → Seele 3. – **5.** j-m ~ tun a) to hurt s.o., b) fig. to hurt (od. pain, stärker grieve) s.o., to cause s.o. pain. – **6.** sich (dat) ~ tun to hurt oneself: er hat sich bei dem Sturz am Kopf ~ getan he hurt his head when he fell. – **III** interj **7.** o ~! a) (als Befürchtung) oh goodness (od. sl. gosh)! b) (als Bedauern) oh dear! – **8.** ~ (dir), wenn du das tust! don't (you) dare do that! watch out if you do that! – **9.** lit. woe: ~ (mir)! woe (is me)! ~ dem, der das tut! woe betide whoever does that! – **10.** ach und ~ über j-n rufen fig. to lament s.o.; → ach 1.

Weh n ⟨-(e)s; -e⟩ **1.** fig. lament(ation): das ewige Ach und ~ the continual lamentations pl; mit (od. unter) vielen Ach und ~ colloq. with much complaining; da half kein Ach und ~ there was no use (in) complaining. – **2.** lit. grief, pain, affliction, ailment, ache, woe: sie konnte sich vor lauter ~ nicht fassen she could not compose herself, such was her grief.

we·he [ˈveːə] interj **1.** cf. weh 8, 9: → Besiegte 1. – **2.** ~! don't (you) dare do that! watch out if you do that!

ˈWe·he[1] n ⟨-s; no pl⟩ lit. cf. Weh 2: → [Wohl 1.]

ˈWe·he[2] f ⟨-; -n⟩ (aus Schnee od. Sand) drift.

ˈWe·he[3] f ⟨-; -n⟩ **1.** meist pl med. uterine contraction: ~n haben to be in labo(u)r; in den ~n liegen to be in labo(u)r, to labo(u)r; die ~n hatten eingesetzt her pains (od.

throes) had begun. – **2.** *pl fig.* (*Anfangsschwierigkeiten*) initial difficulties, teething troubles.

we·hen ['ve:ən] **I** *v/i* ⟨h *u.* sein⟩ **1.** ⟨h⟩ (*vom Wind*) blow: **der Wind weht vom Meer** the wind is blowing from the sea; **der Wind weht eisig [scharf]** there is an icy [a sharp] wind (blowing); **kein Lüftchen wehte** there was not a breath of air (stirring); → Wind 1. – **2.** ⟨sein⟩ (*von Duft, Tönen etc*) waft, drift, float: **ein Ruf wehte übers Wasser zu uns** a call wafted over the water to us. – **3.** ⟨h⟩ (*von Fahnen, Tüchern, Haar, Schleier etc*) wave, ripple: **die Fahnen ~ im Wind** the flags wave (*od.* flap) in the wind; **eine Fahne ~ lassen** to fly a flag; **sein Kopftuch ~ lassen** to let one's scarf wave (*od.* flap) in the breeze. – **II** *v/impers* ⟨h⟩ **4.** blow: **es weht ein starker Wind** there is a strong wind (blowing); **draußen weht es tüchtig** *colloq.* there's quite a storm blowing outside, it's blowing great guns outside. – **III** *v/t* ⟨h⟩ **5.** (*Blätter, Sand, Schnee etc*) blow: **der Wind hat die Blätter von den Bäumen geweht** the wind has blown the leaves from the trees. — **'we·hend I** *pres p.* – **II** *adj* **1.** (*von Fahnen, Haaren etc*) waving, rippling: **er sah sie mit ~en Haaren vorbeieilen** he saw her hurry past, her hair waving. – **3.** (*von Kleidung, Gewändern etc*) flowing: **mit ~en Rockschößen** with tails flowing.

'we·hen|ˌför·dernd *adj med. pharm.* oxytocic: **~es Mittel** oxytocic (drug *od.* agent). — **W~ˌmit·tel** *n* oxytocic (drug *od.* agent). — **W~ˌschwä·che** *f med.* poor contractions *pl*, uterine insufficiency (*od.* inertia), inertia uteri (*scient.*). — **~ˌtrei·bend** *adj med. pharm. cf.* wehenfördernd.

'Weh|ˌfrau *f obs. for* Hebamme. — **~geˌfühl** *n* **1.** feeling of pain. – **2.** (*seelisches*) feeling of grief (*od.* pain, woe). — **~geˌschrei** *n* woeful (*od.* wailful) cries *pl*, wailing. — **~ˌkla·ge** *f* lament(ation), wail, *auch* jeremiad: **eine laute ~ anstimmen** to break into loud lamentation(s). — **w~ˌkla·gen I** *v/i* ⟨*insep*, ge-, h⟩ **1.** wail, lament, moan: **um j-n ~** to wail for s.o., to bewail (*od.* lament) s.o.; **über** (*acc*) **etwas ~** to wail over s.th. – **II W~** *n* ⟨-s⟩ **2.** *verbal noun.* – **3.** lament(ation), wail: **in lautes W~ ausbrechen** to break into loud lamentation(s). — **w~ˌkla·gend I** *pres p.* – **II** *adv* „**ach**", **rief sie ~** „oh," she exclaimed wailfully (*od.* woefully).

Wehl [ve:l] *n* ⟨-(e)s; -e⟩, **'Weh·le** *f* ⟨-; -n⟩ *Low G. cf.* Kolk 2.

'wehˌlei·dig *adj* **1.** (*Person*) whin(e)y, whining: **~ sein** to be a whiner; **sei nicht so ~** don't be such a whiner, stop whining, (*zu einem Kind*) *auch* don't be such a crybaby. – **2.** (*Stimme*) whining, complaining, plaintive. — **'Wehˌlei·dig·keit** *f* ⟨-; *no pl*⟩ whininess, (*der Stimme*) *auch* plaintiveness.

'Wehˌmut *f* ⟨-; *no pl*⟩ **1.** (*Stimmung*) wistfulness, ruefulness, (*stärker*) nostalgia: **eine leise ~ bemächtigte sich ihrer** she was overcome by a touch of nostalgia. – **2.** (*in einem Lächeln, Blick etc*) wistfulness. – **3.** (*in einer Musik, Stimme etc*) plaintiveness, (*stärker*) melancholy.

'wehˌmü·tig I *adj* **1.** (*Stimmung, Gedanken etc*) wistful, rueful, (*stärker*) nostalgic. – **2.** (*Lächeln, Blick etc*) wistful. – **3.** (*Musik, Stimme etc*) plaintive, (*stärker*) melancholy. – **II** *adv* **4. ~ lächeln** to smile wistfully; **sich ~ an** (*acc*) **etwas erinnern** to think back wistfully (*stärker* nostalgically) to s.th., to remember s.th. with nostalgia. — **'Wehˌmü·tig·keit** *f* ⟨-; *no pl*⟩ *cf.* Wehmut.

'wehˌmutsˌvoll *adj u. adv cf.* wehmütig.

'Wehˌmut·ter *f obs. for* Hebamme.

Weh·ne ['ve:nə] *f* ⟨-; -n⟩ *Low G.* **1.** *cf.* Beule 3a. – **2.** *cf.* Geschwulst 1.

Wehr[1] [ve:r] *f* ⟨-; -en⟩ **1.** ⟨*only sg*⟩ **sich (gegen j-n [etwas]) zur ~ setzen** a) *auch fig.* to defend oneself (against s.o. [s.th.]), b) (*Widerstand leisten*) to resist (s.o. [s.th.]), to offer resistance (to s.o. [s.th.]). – **2.** *only in* **~ und Waffen** *poet.* arms *pl.* – **3.** *Southern G. dial.* (*Feuerwehr*) *Br.* fire-brigade, *Am.* fire department. – **4.** *hunt.* a) line of beaters, b) line of huntsmen.

Wehr[2] *n* ⟨-(e)s; -e⟩ *civ.eng.* (*beim Wasserbau*) weir, dam, pound-lock: **bewegliches ~** movable dam; **das ~ staut das Wasser** the weir dams up the water.

'Wehr|ˌaufˌtrag *m* defence (*Am.* defense) mission. — **w~bar** *adj cf.* wehrhaft. — **~beˌaufˌtrag·te** *m* ⟨-n; -n⟩ *BRD mil.* Defence (*Am.* Defense) Commissioner (of the Bundestag). — **~ˌbeiˌtrag** *m* defence (*Am.* defense) contribution.

'Wehr·beˌreich *m BRD mil.* military district.

'Wehr·beˌreichs|komˌman·do *n BRD mil.* military district command. — **~verˌwal·tung** *f* (*zivile*) military district administration.

'Wehr|beˌreit·schaft *f mil. pol.* defence (*Am.* defense) readiness. — **~beˌschwer·deˌord·nung** *f mil.* regulations *pl* on military complaints, military grievance code.

'Wehr·beˌzirk *m mil. hist.* (*der Wehrmacht*) military district. — **'Wehr·beˌzirks·komˌman·do** *n* military district headquarters *pl* (*often construed as sg*) (*od.* command).

'Wehrˌdienst *m* ⟨-(e)s; *no pl*⟩ (military *od.* color, *bes. Br.* colour) service, service with the armed forces, national service: **zum ~ einberufen werden** to be conscripted (*od.* called up, *Am.* drafted) (for military service); **seinen ~ ableisten** to do one's military service, to serve (on active duty); **aus dem ~ entlassen werden** to be discharged (*Am. auch* separated) from the service, to be demobilized (*Br. auch* -s-) (*Am. auch* mustered out). — **~ˌausˌnah·me** *f* exemption from military service. — **~beˌschä·di·gung** *f* disability (incurred) in line of duty. — **~ˌpflicht** *f* ⟨-; *no pl*⟩ *cf.* Wehrpflicht. — **w~ˌpflich·tig** *adj cf.* wehrpflichtig. — **~ˌpflich·ti·ge** *m* ⟨-n; -n⟩ *cf.* Wehrpflichtige. — **~verˌhält·nis** *n* service status. — **~verˌwei·ge·rer** [-ˌvaɪgərər] *m* ⟨-s; -⟩ *cf.* Kriegsdienstverweigerer. — **~verˌwei·ge·rung** *f cf.* Kriegsdienstverweigerung. — **~ˌzeit** *f* national service period, *Am.* enlistment period.

'Wehr|dis·zi·pliˌnarˌord·nung *f mil.* military disciplinary code. — **~ˌdorf** *n* defended (*od.* strategic) hamlet.

weh·ren ['ve:rən] **I** *v/reflex* ⟨h⟩ **sich ~ 1.** resist: **sich verzweifelt ~** to resist desperately, to put up a desperate resistance; **sich gegen die Eindringlinge ~** to resist the intruders; **der Körper wehrt sich gegen eine Krankheit** the body resists a disease; → Hand[1] *Verbindungen mit Präpositionen*; Haut 2. – **2. sich gegen etwas ~** *fig.* a) (*etwas zurückweisen*) to refuse to accept s.th., b) (*etwas ablehnen*) to reject s.th.: **er wehrt sich gegen diesen Gedanken** he refuses to accept this idea; **sich gegen eine Einsicht ~** to refuse to accept (*od.* see) reason; **ich wehre mich gegen jeden Radikalismus** I reject all forms of radicalism. – **II** *v/t* **3. j-m etwas ~** *lit.* to prevent (*od.* hinder, stop, keep) s.o. from doing s.th.: **das kann ich dir nicht ~** I cannot prevent you (from doing it); **wer will's mir ~** who is to prevent (*od.* stop) me? – **III** *v/i* **4. einer Sache ~** *lit.* a) to resist a thing, b) to prevent a thing from spreading, to prevent the spread of a thing, to arrest a thing: **sie wehrte seinen Worten** she resisted his words; **er wehrte ihrem Dank** he declined her thanks; **einer Epidemie ~** to prevent an epidemic from spreading; **um diesem Übel zu ~** (in order) to arrest (*od.* eliminate) this evil; **den Anfängen ~** to nip things in the bud.

'Wehr·erˌsatz *m mil.* recruiting and replacement. — **~ˌamt** *m n* selective service board. — **~beˌhör·de** *f* recruiting agency. — **~ˌdienst** *m cf.* Ersatzdienst. — **~ˌdienstˌstel·le** *f* selective service board. — **~or·ga·ni·sa·tiˌon** *f* personnel production system. — **~ˌwe·sen** *n* ⟨-s; *no pl*⟩ selective service.

'Wehr|er·tüch·ti·gung *f mil.* premilitary training. — **~etat** [-ˀeˌta:] *m pol.* defence (*Am.* defense) budget. — **~ex·perˌte** *m pol.* defence (*Am.* defense) expert, expert in defence (*Am.* defense) matters. — **w~ˌfä·hig** *adj mil.* **1.** (*Person*) fit for military service, able-bodied. – **2.** (*Alter*) recruitable. — **~ˌfä·hig·keit** *f* ⟨-; *no pl*⟩ (*einer Person*) fitness for military service, able-bodiedness. — **~ˌfor·schung** *f* defence (*Am.* defense) research. — **w~ˌfreu·dig** *adj* military-minded. — **~ˌgang** *m* ⟨-(e)s; ⸚e⟩ *arch. hist.* sentry walk of the battlements, battlements *pl.* — **~geˌhän·ge** *n* **1.** *mil. hist. cf.* Wehrgehenk. – **2.** *hunt.* (*Koppel für den Hirschfänger*) leather belt. — **~geˌhenk** *n mil. hist.* baldric, sword belt. — **~ˌgeist** *m* ⟨-(e)s; *no pl*⟩ spirit of defence (*Am.* defense). — **~geˌrech·tig·keit** *f mil.* equity in conscription (*Am.* drafting). — **~geˌsetz** *n jur.* Military Service Act. — **~geˌsetzˌge·bung** *f* national defence (*Am.* defense) legislation.

'wehr·haft *adj* **1.** (*Person*) fit to fight. – **2.** (*Burg*) well-fortified (*attrib*). — **'Wehr·haf·tig·keit** *f* ⟨-; *no pl*⟩ **1.** (*einer Person*) fitness to fight. – **2.** (*einer Burg*) good (*od.* strong) fortification.

'Wehr|ˌho·heit *f* ⟨-; *no pl*⟩ (*eines Staates, Monarchen etc*) military sovereignty (*auch* sovranty). — **~ˌkir·che** *f arch. hist.* fortified church.

'Wehrˌkraft *f* military power. — **~zerˌset·zung** *f* demoralization (*Br. auch* -s-) of the troops (*od.* armed forces).

'Wehrˌkro·ne *f civ.eng.* weir crest.

'Wehrˌla·ge *f mil.* defence (*Am.* defense) posture.

'wehr·los *adj* **1.** (*ohne Schutz*) defenceless, *Am.* defenseless, unarmed, helpless: **dem Feind ~ ausgeliefert sein** to be defenceless against the enemy; **~ machen** to disarm. – **2.** *fig.* (*hilflos*) helpless: **ein ~es Kind** a helpless child; **sie stand seinen Drohungen ~ gegenüber** she was helpless against his threats. — **'Wehr·lo·sig·keit** *f* ⟨-; *no pl*⟩ **1.** defencelessness, *Am.* defenselessness, helplessness. – **2.** *fig.* helplessness.

'Wehrˌmacht *f* ⟨-; *no pl*⟩ *mil. hist.* Wehrmacht (*the German armed forces in the years prior to and during World War II*).

'Wehrˌmachts|ˌan·geˌhö·ri·ge *m, f* ⟨-n; -n⟩ *mil. hist.* member of the Wehrmacht. — **~beˌricht** *m* communiqué of the High Command, news bulletin. — **~ˌteil** *m* **1.** service. – **2.** component force.

'Wehr|ˌmann *m* ⟨-(e)s; -männer⟩ *Swiss* soldier. — **~ma·te·riˌal** *n mil.* (military) material, military hardware. — **~ˌmel·deˌamt** *n* (local) recruiting station. — **~ˌnum·mer** *f cf.* Wehrstammnummer. — **~ˌpaß** *m* service record (book).

'Wehrˌpflicht *f* ⟨-; *no pl*⟩ *mil.* compulsory military service, conscription: **die allgemeine ~ einführen [abschaffen]** to introduce [to abolish] universal compulsory military service; **seiner ~ genügen** to do one's military service. — **~geˌsetz** *n jur.* Compulsory Military Service Law, Conscription Law.

'wehrˌpflich·tig *adj mil.* subject to (*od.* liable for, eligible for) military service: **~er Jahrgang** (draft-)age class (*od.* bracket). — **'Wehrˌpflich·ti·ge** *m* ⟨-n; -n⟩ **1.** person liable to military service. – **2.** (*der seinen Wehrdienst ableistet*) conscript, *Am.* draftee.

'Wehr|po·liˌtik *f* military policy. — **w~poˌli·tisch** *adj* politico-military. — **~ˌrecht** *n jur.* military law. — **~ˌschna·bel** *m zo.* (*Knochenfisch*) snake eel (*Mastocembelus armatus*).

'Wehrˌsoh·le *f civ.eng.* weir floor (*od.* bottom).

'Wehr|ˌsold *m mil.* (military) pay, soldier's pay. — **~ˌsta·chel** *m zo.* (*der Hautflügler*) sting.

'Wehrˌstamm|ˌblatt *n mil.* military registration record. — **~ˌbuch** *n* basic military record book. — **~ˌkar·te** *f* military registration card. — **~ˌnum·mer** *f* service number. — **~ˌrol·le** *f* personnel (*od.* service) roster.

'Wehr|ˌstand *m mil. hist.* military profession. — **~ˌsteu·er** *f* military service exemption tax, defence (*Am.* defense) tax. — **~ˌstraf·geˌsetz** *n jur.* military code. — **~ˌstrafˌrecht** *n* military law. — **~strukˌtur** *f* force structure. — **w~ˌtaug·lich** *adj mil.* fit for military service, able-bodied. — **~ˌtaug·lich·keit** *f* ⟨-; *no pl*⟩ fitness for military service, able-bodiedness. — **~ˌtech·nik** *f* defence (*Am.* defense) engineering. — **w~ˌtüch·tig** *adj cf.* wehrtauglich. — **~ˌtüch·tig·keit** *f* ⟨-; *no pl*⟩ *cf.* Wehrtauglichkeit. — **~ˌturm** *m arch. hist.* peel, *auch* peel tower. — **~ˌüberˌwa·chung** *f mil.* control (under the National Military Service Act). — **~ˌübung** *f* reserve duty training, retraining.

'Wehˌruf *m* wail.

'wehr|ˌunˌfä·hig, ~ˌunˌtaug·lich *adj mil.* unfit for military service. — **~ˌunˌwür·dig** *adj mil. hist.* unworthy to bear arms.

'Wehr|ˌvo·gel *m zo.* screamer (*Fam.*

Anhimidae). — ~ˌ**vorˌla·ge** *f pol.* (*im Parlament*) defence (*Am.* defense) bill. — ~ˌ**we·sen** *n* ⟨-s; *no pl*⟩ *mil.* (matters *pl* pertaining to the) armed forces *pl.* — ~-ˌ**wirt·schaft** *f econ.* defence (*Am.* defense) economy, war industry. — ~ˌ**wis·sen·schaft** *f mil.* military science. — ~ˌ**zeug** *n* (*mining*) final measurement.

Weh·weh [ve'veː] *n* ⟨-s; -s⟩ (*child's language*) pain. — **Weh'weh·chen** *n* ⟨-s; -⟩ **1.** *dim. of* Wehweh. – **2.** *fig. colloq. humor.* complaint: **er hat immer irgendein ~** he always has some complaint, he is always complaining about his pains and aches.

Weib [vaɪp] *n* ⟨-(e)s; -er⟩ **1.** *obs.* woman: **das ~** (*als Vertreterin ihres Geschlechts*) woman; **ein altes ~** an old woman; **Mann und ~** man and woman; **„Die lustigen ~er von Windsor"** "The Merry Wives of Windsor" (*comedy by Shakespeare; comic opera by Nicolai*). – **2.** *obs.* wife: **sie sind jetzt Mann und ~** they are now husband and wife; **er hat ~ und Kind(er)** he has a wife and family; **ein ~ nehmen** to take a wife; **ein Mädchen zum ~(e) nehmen** to take a young girl to wife. – **3.** *colloq. humor.* spouse: **mein ~ hat mich heute Abend allein gelassen** my spouse has left me on my own tonight. – **4.** *colloq. contempt.* woman, (piece of) skirt (*sl.*): **schon wieder ein ~ am Steuer!** another woman at the wheel! **dieses ~** da that woman; **so ein blödes ~!** what a silly goose! **ein klatschsüchtiges ~** a gossipy (*od.* a gossip of a) woman; **böses** (*od.* **zänkisches**) **~** 'bitch' (*colloq.*), vixen, scold, virago, termagant, shrew; **du bist ein altes ~** *fig.* you are an (*od. colloq.* an awful) old woman; **er ist hinter jedem ~ her** he chases after every skirt. – **5. ein tolles ~** *colloq.* quite a woman, quite something (*beide colloq.*); a fantastic woman, a bit of hot stuff (*od.* of alright), a luscious doll (*sl.*).

Weib·chen ['vaɪpçən] *n* ⟨-s; -⟩ **1.** *dim. of* Weib. – **2.** *colloq.* wee wife, wee wifey (*od.* wifie) (*alle colloq.*): **mein ~** my wee wife. – **3.** *zo.* female, (*bei Vögeln*) hen. – **4.** *contempt.* (bit of a) tart (*sl.*).

Wei·bel ['vaɪbəl] *m* ⟨-s; -⟩ **1.** *hist. for* Feldwebel 1. – **2.** *Swiss od. obs.* usher of the court.

'**Wei·ber|ˌart** *f colloq. contempt. od. humor.* woman's ways *pl.* — ~ˌ**feind** *m* woman hater, misogynist (*scient.*). — ~ˌ**feind·schaft** *f* hatred of women, misogyny (*scient.*). — ~-**geˌschich·te** *f colloq.* affair with a woman: **~n** affairs with women. — ~**geˌschwätz**, ~**geˌwäsch** *n contempt.* (women's) gossip (*od.* cackle). — ~ˌ**haß** *m cf.* Weiberfeindschaft. — ~ˌ**held** *m contempt.* lady-killer, ladies' (*auch* lady's) man. — ~-ˌ**herr·schaft** *f contempt. cf.* Weiberregiment. — ~ˌ**klatsch** *m contempt. cf.* Weibergeschwätz. — ~ˌ**knecht** *m contempt.* slave to women. — ~ˌ**kram** *m colloq. contempt. od. humor.* women's stuff. — ~ˌ**lau·ne** *f* woman's caprice (*od.* whim). — ~ˌ**leu·te** *pl contempt. cf.* Weibervolk 2. — ~ˌ**list** *f* wiles *pl* of women. — ~ˌ**narr** *m contempt.* philanderer. — ~**re·giˌment** *n contempt.* petticoat government (*od.* rule). — **w~ˌtoll** *adj* crazy (*od. colloq.* mad) about women. — ~ˌ**volk** *n colloq.* **1.** *humor.* women(folk) *pl.* – **2.** *contempt.* women *pl*, females *pl.*

wei·bisch ['vaɪbɪʃ] *adj contempt.* (*Mann, Verhalten etc*) womanish, effeminate, unmanly, *auch* feminine, epicene: **~es Wesen** effeminacy, effeminateness, femininity.

Weib·lein ['vaɪplaɪn] *n* ⟨-s; -⟩ **1.** *dim. of* Weib: → Männlein 2. – **2.** *lit.* little old woman: **ein verhutzeltes altes ~** a shrivel(l)ed little old woman.

weib·lich ['vaɪplɪç] **I** *adj* **1.** (*weiblichen Geschlechts*) female: **~e Arbeitskräfte** female staff *sg*; **das ~e Geschlecht** *auch collect.* the female sex, womankind; **eine ~e Stimme** a woman's voice; (**das ist**) **typisch ~!** (that is) typically womanlike (*od.* female). – **2.** *bot. zo.* (*Blüte, Tier*) female. – **3.** (*in der Genealogie*) female: **die ~e Linie der Familie** the female line (*od.* the distaff side) of the family. – **4.** (*der Frau zugehörig*) feminine: **~e Haartracht [Kleidung]** feminine hairdress [dress]; **~e Arbeiten** feminine (*od.* women's) work; **die ~e Psyche** the feminine psyche; **~e Gefühle** feminine emotions; **~e Körperformen** a feminine figure *sg.* – **5.** (*Anmut etc*) feminine: **sie hat ein sehr ~es Wesen** she is very feminine, she is a very feminine person. – **6.** (*fraulich*) womanly. – **7.** *ling. metr.* (*Substantiv, Reim etc*) feminine. – **II W~e, das** ⟨-n⟩ **8. das ewig W~e** the Eternally Feminine, the Eternal Woman. – **9. sie hat nichts W~es an** (*dat*) **sich** she is not at all feminine, she lacks femininity, there is nothing feminine about her.

'**weib·li·cher'seits** *adv* in the female line, on the distaff side.

'**Weib·lich·keit** *f* ⟨-; *no pl*⟩ **1.** (*weibliches Wesen*) femininity, *auch* feminity. – **2.** (*Fraulichkeit*) womanliness. – **3.** *collect.* womanhood, womankind, femininity, *auch* feminity: **die holde ~** *humor.* the fair (*od.* gentle) sex. – **4.** (*Frauentum*) womanhood: **unerfüllte ~** unfulfilled womanhood.

'**Weibsˌbild** *n* ⟨-(e)s; -er⟩ *colloq.* **1.** *humor.* female. – **2.** *contempt.* female (*contempt.*): **typisch ~!** typical(ly) female! **dieses ~!** that female (*od. stärker* hussy)!

Weib·sen ['vaɪpsən] *n* ⟨-s; -⟩ *colloq.* **1.** *pl humor.* womenfolk *pl*, *auch* womenfolks *pl.* – **2.** *contempt. cf.* Weibsbild 2.

'**Weibs|ˌleu·te** *pl colloq.* women(folk). — ~**perˌson** *f*, ~ˌ**stück** *n colloq. contempt. cf.* Weibsbild 2. — ~ˌ**teu·fel** *m colloq.* she-devil. — ~ˌ**volk** *n colloq. cf.* Weibervolk.

weich [vaɪç] **I** *adj* **1.** (*Unterlage etc*) soft: **ein ~es Kissen** a soft pillow; **~es Gras** soft grass. – **2.** (*bei der Berührung*) soft: **~e Haut** soft skin; **~es Wasser** soft water; **~e Luft** soft (*od.* balmy) air; **~ wie Samt [Seide, Flaum]** (as) soft as velvet [silk, down]; **dieses Material fühlt sich ~ an** this material is soft to the touch; **Wasser ~ machen** to soften water. – **3.** (*in der Konsistenz*) soft, mellow: **ein ~er Bleistift** a soft pencil; **~er Käse** soft cheese; **in der Sonne wird die Butter ~** (the) butter goes soft (*od.* softens) in the sun; **~ wie Butter** (as) soft as butter; **er wird ~ wie Butter** *fig.* he softens (*od.* mellows); → Birne 6; Knie 1; Wachs 1. – **4.** (*gar*) done: **die Kartoffeln sind ~** (**gekocht**) the potatoes are done. – **5.** (*zart*) tender: **Fleisch ~ klopfen** to beat (*od.* pound) meat tender; **Fleisch ~ kochen** to boil meat until tender. – **6.** (*Kragen, Manschette, Hut etc*) soft. – **7.** *fig.* (*Ton, Stimme, Laut etc*) soft, mellow. – **8.** *fig.* (*Farbe, Licht etc*) soft, mellow. – **9.** *fig.* (*Herz, Gemüt etc*) soft: **er hat ein ~es Herz** he is softhearted (*Br.* soft-hearted) (*od.* tenderhearted, *Br.* tender-hearted); **er ist ein ~er Mensch** he is a soft person; **das hat ihn ~ gestimmt** that softened (*od.* mellowed) him; **er ist allmählich ~ geworden** *colloq.* he gradually softened (*od.* yielded, relented, gave in); **nur nicht ~ werden!** *colloq.* don't give in, stand your ground; → Welle 10. – **10.** *fig.* (*Gesichtsausdruck*) gentle. – **11. ~er Gaumen** *med.* soft palate. – **12.** *econ.* (*Währung*) soft, unstable. – **13.** *aer.* (*space*) (*Landung*) soft. – **14.** *phot.* a) (*Bild*) blurred, soft, b) (*Negativ*) weak, soft. – **15.** *phys.* (*Strahlung*) soft, low-energy (*attrib*). – **16.** *mus.* (*Anschlag, Bogenstrich*) soft, mellow. – **17.** *metall.* (*Stahl*) soft, mild. – **18. ~er Stil** (*art*) (*in dt. Gotik*) soft style. – **19. ~e Überblendung** *phot. telev.* lap dissolve, transition. – **II** *adv* **20. ~ sitzen** to sit comfortably; **sich ~ betten** a) to make oneself a soft bed, b) *fig.* to feather one's nest; **~ landen** (*space*) to soft-land.

'**Weichˌbild** *n* **1.** *hist.* municipal borough, self-governed commune. – **2.** urban (*od.* municipal) area, (the) city. – **3.** *jur.* (*Stadtgerichtsbezirk*) municipal juridical district.

'**Weich|ˌblei** *n metall.* soft (*od.* refined) lead. — ~ˌ**bot·tich** *m brew.* steeping tank. — ~ˌ**brandˌzie·gel** *m civ.eng.* soft-burnt brick.

'**Wei·che**¹ *f* ⟨-; -n⟩ **1.** ⟨*only sg*⟩ *cf.* Weichheit. – **2.** side: **j-m einen Stoß in die ~ geben** to give s.o. a punch in the side. – **3.** *zo. med.* flank: **einem Pferd die Sporen in die ~n drücken** to drive the spurs into a horse's flanks.

'**Wei·che**² *f* ⟨-; -n⟩ **1.** (*railway*) a) switch, b) (*Weichenzunge*) point, switchblade, *Br.* switch-blade: **die ~n stellen [umstellen]** to work [to throw over *od.* reverse] the switches (*od.* points); **die ~n stellen für eine Entwicklung** *fig.* to initiate a development. – **2.** (*postal service*) gate: **~ für vorderseitige [rückseitige] Briefe** lead [trail] gate. – **4.** (*für Rohrpost*) guide. – **5.** *electr.* a) bandpass filter, b) transmitter combining filter, c) (*beim Radar*) duplexer, d) (*bei Schallaufzeichnung*) separating filter, e) (*in Hohlleitertechnik*) wave-guide transceiver filter. – **6.** *tel.* preselector.

'**Wei·che**³ *f* ⟨-; -n⟩ *brew.* steep.

'**Weichˌei·sen** *n metall.* soft iron. — ~**amˌpereˌme·ter** *n phys.* soft-iron (*od.* moving-iron) ammeter. — ~ˌ**meß·geˌrät** *n* soft-iron (*od.* moving-iron) instrument.

'**weich·ela·stisch** [-ʔeˌlastɪʃ] *adj* flexible.

wei·chen¹ ['vaɪçən] **I** *v/i* ⟨weicht, wich, gewichen, sein⟩ **1.** (*nachgeben, Platz machen*) yield: **die Mauer wich unter dem Druck des Wassers** the wall yielded (*od.* gave [way]) under the pressure of the water; **keinen Schritt ~, nicht von der Stelle ~** not to budge an inch; **zur Seite ~** to step aside; **wir ~ nur der Gewalt** we yield to force only; **vor der Überzahl der Feinde ~** to yield to the superior forces of the enemies; **der Gegner begann zu ~** the enemy began to yield (*od.* fall back, recede); **der Boden wich unter seinen Füßen** the ground gave (way) under his feet; → wanken 3. – **2.** *fig.* (*den Platz räumen*) give way: **der Bandenführer mußte seinem Rivalen ~** the gang leader had to give way (*od.* yield his place) to his rival; **das alte Haus mußte einem Bürogebäude ~** the old house had to give way to an office building; **sein anfänglicher Pessimismus wich der Hoffnung** his initial pessimism gave way to hope. – **3.** (*verschwinden*) go: **der Schmerz war über Nacht gewichen** the pain had gone overnight: **das Blut wich aus ihren Wangen** the blood drained from her cheeks. – **4. von j-m [etwas] ~** to leave s.o. [s.th.], to depart from s.o. [s.th.]: **der Hund wich nicht vom Grabe seines Herrn** the dog did not leave his master's tomb; **nicht von j-s Seite ~, j-m nicht von der Seite ~** not to leave s.o.'s side; **die Angst wich von ihm** *fig.* his fear left him. – **II W~** *n* ⟨-s⟩ **5.** *verbal noun*: **j-n zum W~ bringen** to make s.o. yield (*od.* give way).

'**wei·chen**² **I** *v/t* ⟨h⟩ soak, steep: **Brot in** (*dat*) **Milch ~** to soak bread in milk. – **II** *v/i* ⟨h *u.* sein⟩ soak, steep: **die Bohnen im Wasser ~ lassen** to soak (*od.* steep) the beans in (the) water.

'**Wei·chen|ˌge·gend** *f med.* groin, inguinal region (*scient.*). — ~ˌ**handˌschloß** *n* (*Riegel*) point lock. — ~ˌ**he·bel** *m* (*railway*) switch lever. — ~ˌ**herzˌstück** *n* crossing, frog. — ~ˌ**kreuz** *n* double crossover (*Br.* cross-over). — ~**laˌter·ne** *f* switch (*Br.* points) lamp, signal-point indicator lamp. — ~**siˌgnal** *n* point indicator. — ~ˌ**stel·ler** *m Br.* pointsman, *Am.* switchman. — ~ˌ**stel·lung** *f* **1.** position of points (*Am.* switches). – **2.** *fig.* (für of) initiation. — ~ˌ**wär·ter** *m cf.* Weichensteller. — ~ˌ**zun·ge** *f* point switchblade (*Br.* switch-blade).

'**Weich|ˌflüg·ler** [-ˌflyːglər] *m* ⟨-s; -⟩ *zo. cf.* Weichkäfer. — ~ˌ**fut·ter** *n agr.* soft fodder. — **w~geˌdün·stet** *adj* ⟨*attrib*⟩ *gastr.* (*Fleisch, Gemüse etc*) steamed until soft (*od.* tender). — **w~geˌglüht I** *pp.* – **II** *adj metall.* spheroidized, soft-annealed. — **w~geˌklopft** *adj only in* **~es Fleisch** *gastr.* meat beaten (*od.* pounded) (until) tender. — **w~geˌkocht, w~geˌsot·ten** *adj* ⟨*attrib*⟩ *gastr.* **1.** (*Kartoffeln, Fleisch etc*) boiled. – **2.** (*Ei*) soft-boiled, *Br. auch* running. — ~-**geˌstein** *n geol.* soft rock. — **w~geˌstimmt** *adj* ⟨*attrib*⟩ lenient. — ~ˌ**glas** *n* soft glass. — **w~ˌglü·hen** *v/t* ⟨*insep*, -ge-, h⟩ *metall.* soft-anneal, soften, spheroidize. — ~ˌ**gum·mi** *n*, *auch m* soft rubber. — ~ˌ**gür·telˌtier** *n zo.* armadillo (*Fam. Dasypodidae*). — **w~ˌhär·ten** *v/t* ⟨*insep*, -ge-, h⟩ *metall.* soft-quench. — ~ˌ**harz** *n meist pl* soft resin. — ~ˌ**haut** *f metall.* (*des Gusses*) soft skin.

'**Weich·heit** *f* ⟨-; *no pl*⟩ **1.** softness. – **2.** *fig.* (*von Stimme, Laut, Farbe, Herz etc*) softness, mellowness. – **3.** *fig.* (*von Gesichtsausdruck*) gentleness. – **4.** *gastr.* (*des Fleisches etc*) tenderness: **die ~ des Fleisches feststellen** a) to see how tender the meat is, b) (*feststellen, ob es gar ist*) to see if the meat is done (*od.* cooked), to see how far done (*od.* cooked) the meat is. – **5.** *phot.* a) (*eines Bildes*) softness, b) (*eines Negativs*) weakness, c) (*der photographi-*

schen Wiedergabe) soft-focus image. – **6.** *mus.* (*von Anschlag, Bogenstrich*) softness, mellowness.

'**weich,her·zig** *adj* softhearted, *Br.* soft-hearted, tenderhearted, *Br.* tender-hearted. — '**Weich,her·zig·keit** *f* ⟨-; *no pl*⟩ softheartedness, *Br.* soft-heartedness, tenderheartedness, *Br.* tender-heartedness.

'**Weich|,holz** *n* (*wood*) light wood, (*Nadelholz*) soft wood. — **~,kä·fer** *m zo.* soldier beetle (*Fam. Cantharidae*). — **~,kä·se** *m gastr.* **1.** (*Streichkäse*) cream cheese. – **2.** (*Camembert etc*) soft cheese. — **~,koh·le** *f* (*mining*) soft coal. — **~,kraut** *n bot.* **1.** malaxis (*Gattg Malaxis*). – **2.** *cf.* Wasserdarm. — **~,lan·de,fahr,zeug** *n* (*space*) soft-lander.

'**weich·lich I** *adj* **1.** (*Speisen, Stoffe etc*) flabby. – **2.** *fig.* (*Mensch, Erziehung, Leben, Haltung etc*) soft. – **3.** *cf.* weibisch. – **II** *adv* **4.** seine Kinder zu ~ erziehen to be too soft with one's children. — '**Weich·lich·keit** *f* ⟨-; *no pl*⟩ **1.** flabbiness. – **2.** *fig.* softness.

'**Weich·ling** *m* ⟨-s; -e⟩ *contempt.* milksop, mollycoddle, *Br.* molly-coddle, softie.

'**Weich|,lot** *n tech.* soft solder. — **w~,lö·ten** *v/t* ⟨*insep*, -ge-, h⟩ (soft-)solder. — **w~,ma·chen** *v/t* ⟨*sep*, -ge-, h⟩ j-n ~ *fig. colloq.* a) to soften s.o. up, b) (*auf die Nerven fallen*) to drive s.o. silly.

'**Weich,ma·cher** *m* ⟨-s; -⟩ **1.** *synth.* plasticizer *Br. auch* -s-. – **2.** (*in Waschmitteln*) softener, softening agent. – **3.** (*paints*) softener.

'**Weich|man,gan,erz** *n min. cf.* Braunstein. — **w~,mäu·lig** [-,mɔʏlɪç] *adj* (*Pferd*) tender-mouthed, with a good mouth. — **~me,tall** *n metall.* soft metal.

'**weich,mü·tig** *adj cf.* weichherzig. — '**Weich,mü·tig·keit** *f* ⟨-; *no pl*⟩ *cf.* Weichherzigkeit.

'**Weich|por·zel,lan** *n* soft(-paste) porcelain, bone china. — **w~,scha·lig** [-,ʃa:lɪç] *adj* **1.** *bot.* (*Frucht*) soft-skinned, with a soft skin. – **2.** *zo.* (*Tier*) soft, soft-shell(ed), with a soft shell: ~es Krustentier malacostracan. — **~,schild,krö·te** *f zo.* soft-shelled turtle, soft-shell (*Fam. Trionychidae*): Indische ~ Indian soft-shell (*Chitra indica*).

Weich·sel ['vaɪksəl] *f* ⟨-; -n⟩ *bot. cf.* Weichselkirsche. — **~,kir·sche** *f bot.* (*Baum u. Frucht*) mahaleb, *auch* mahaleb (*od.* St. Lucie) cherry (*Prunus mahaleb*). — **~,rohr** *n* cherry-stick tube. — **~,zopf** *m med.* plica (polonica), trichoma.

'**Weich|,spü·ler** *m cf.* Weichmacher 2. — **~,strah·ler** *m phot.* (*Lampe*) diffuser, diffusion attachment.

'**Weich,tei·le** *pl med.* soft parts.

'**Weich,teil,lap·pen** *m med.* soft-tissue flap.

'**Weich,tier** *n meist pl zo.* mollusk, mollusc (*Stamm Mollusca*).

'**Weich|,zeich·ner** *m phot.* **1.** soft-focus lens, soft-focus attachment (to a lens). – **2.** (*beim Vergrößern*) diffusion screen (*od.* attachment). — **~,zeich·nung** *f* diffusion, soft focus.

Wei·de[1] ['vaɪdə] *f* ⟨-; -n⟩ *bot.* willow (tree) (*Gattg Salix*).

'**Wei·de**[2] *f* ⟨-; -n⟩ **1.** pasture: eine fette [saftige] ~ a rich [lush] pasture; Tiere auf die ~ treiben to drive animals to pasture; die Kühe sind auf der ~ the cows are at pasture (*od.* grass); das Vieh bleibt den Sommer über auf der ~ the cattle stays on the pasture (*od.* grazes) all summer. – **2.** *hunt. cf.* äsen II.

'**Wei·de|,flä·che** *f agr.* pasture (area). — **~,gang** *m* (*des Viehs*) pasturing. — **~,geld** *n jur.* agistment, fee for grazing livestock. — **~,kop·pel** *f agr.* grazing paddock, enclosed pasture. — **~,land** *n* ⟨-(e)s; ⁼er⟩ pasture, pasturage, grassland.

'**Wei·del,gras** ['vaɪdəl-] *n* ⟨-es; *no pl*⟩ *bot. cf.* Lolch.

wei·den ['vaɪdən] **I** *v/t* ⟨h⟩ **1.** (*Schafe, Kühe, Gänse, Vieh etc*) put (*s.th.*) out to pasture (*od.* grass), graze, pasture. – **2.** seine Augen (*od.* Blicke) an (*dat*) etwas ~ *fig.* to feast one's eyes on s.th. – **II** *v/i* **3.** (*von Schafen, Kühen etc*) graze, pasture, feed, be at grass. – **III** *v/reflex* **4.** sich an (*dat*) etwas ~ *fig.* a) (*an etwas Schönem*) to feast on s.th., b) (*schadenfroh*) to revel in s.th., (*stärker*) to gloat over s.th.: sein Auge weidete sich am Anblick der untergehenden Sonne his eye feasted on the sight of the setting sun; sich an j-s Verlegenheit ~ to revel in s.o.'s embarrassment.

'**Wei·den|,baum** *m bot.* willow (tree) (*Gattg Salix*). — **~,blatt,lar·ve** *f zo. cf.* Aallarve. — **~,boh·rer** *m* goat moth (*Cossus cossus*). — **~,busch** *m* willow bush.

'**wei·dend I** *pres p.* – **II** *adj* (*Tier*) grazing.

'**Wei·den|ge,büsch** *n* willow bushes *pl*, (*dichtes*) willow thicket. — **~ge,flecht** *n* wickerwork. — **~ge,hölz** *n cf.* Weidengebüsch. — **~,ger·te** *f cf.* Weidenrute. — **~ge,wäch·se** *pl bot.* willow family *sg*, salicaceae (*scient.*) (*Fam. Salicaceae*). — **~,holz** *n* willow(wood), sallywood. — **~,kätz·chen** *n* (willow) catkin, pussy. — **~,korb** *m* wicker(work) basket. — **~,laub** *n* willow leaves *pl.* — **~,laub,sän·ger** *m zo. cf.* Zilpzalp. — **~,mei·se** *f* black-capped chickadee, willow tit (*Parus atricapillus*). — **~,pilz** *m bot.* agaric of the oak, male agaric (*Polyporus igniarius*). — **~,rau·pe** *f zo.* willow caterpillar (*Gonimbrasia tyrrhea*). — **~,rös·chen** *n* ⟨-s; -⟩ *bot.* willow herb (*Gattg Epilobium*): Schmalblättriges ~ fireweed, great willow herb, blooming sally (*auch* willow) (*E. angustifolium*). — **~,ru·te** *f* **1.** (*zum Schlagen etc*) willow rod. – **2.** (*zum Korbflechten etc*) wicker, osier. – **3.** *cf.* Weidenzweig. — **~,sper·ling** *m zo.* Spanish sparrow (*Passer hispaniolensis*). — **~,zweig** *m* willow twig, sallow, osier, withe.

'**Wei·de|,platz** *m agr.* pasture. — **~,recht** *n* right (*od.* common) of pasture, *Br. auch* herbage.

Wei·de·rich ['vaɪdərɪç] *m* ⟨-s; *no pl*⟩ *bot.* **1.** willow herb (*Gattg Lythrum*): Gemeiner ~ spiked willow herb (*L. salicaria*). – **2.** Gelber ~ willowweed (*Lysimachia vulgaris*). — **~ge,wäch·se** *pl* Lythraceae (*Ordng Myrtales*).

'**Wei·de,wirt·schaft** *f* ⟨-; *no pl*⟩ *agr.* pasture farming.

'**Weid|ge,nos·se** *m hunt. cf.* Waidgenosse. — **w~ge,recht** *adj cf.* waidgerecht.

Wei·dicht ['vaɪdɪçt] *n* ⟨-s; -e⟩ *obs. for* Weidengebüsch.

weid·lich ['vaɪtlɪç] *adv* (*in Wendungen wie*) er hat seine Freiheit ~ ausgenutzt he took (full) advantage of his freedom, he made use of his freedom; j-n ~ auslachen to have a good laugh at s.o., to laugh one's head off at s.o., to laugh s.o. to scorn; j-n ~ ausschimpfen to give s.o. a good scolding (*od.* piece of one's mind).

'**Weid|,loch** *n hunt. cf.* Waidloch. — **~,mann** *m* ⟨-(e)s; ⁼er⟩ *cf.* Waidmann.

'**weid,män·nisch** [-,mɛnɪʃ] *adj u. adv cf.* waidmännisch.

,**Weid,manns|'dank** *m hunt. cf.* Waidmannsdank. — **~'heil** *n cf.* Waidmannsheil. — **~,spra·che** ['vaɪt-] *f cf.* Waidmannssprache.

'**Weid|,mes·ser** *n hunt. cf.* Waidmesser. — **~,sack** *m cf.* Waidsack. — **~,spruch** *m cf.* Waidspruch. — **~,ta·sche** *f cf.* Waidtasche. — **~,werk** *n* ⟨-(e)s; *no pl*⟩ *cf.* Waidwerk. — **w~,wund** *adj cf.* waidwund.

Wei·fe ['vaɪfə] *f* ⟨-; -n⟩ (*textile*) (*Garnwinde*) reel. — '**wei·fen** *v/t* ⟨h⟩ reel.

wei·gern ['vaɪgərn] **I** *v/reflex* ⟨h⟩ sich ~ refuse: er weigerte sich, den Brief zu unterschreiben he refused to sign the letter; er weigerte sich mitzukommen he refused to come with me (*od.* us); er hat sich hartnäckig [standhaft] geweigert, es anzunehmen he refused obstinately [firmly] to accept it. – **II W~** *n* ⟨-s⟩ *verbal noun.* — '**Wei·ge·rung** *f* ⟨-; -en⟩ **1.** *cf.* Weigern. – **2.** refusal. – **3.** *jur.* recusation.

'**Wei·ge·rungs|,fall** *m only in* im ~(e) in (the) case of refusal. — **~,grund** *m* reason to refuse (*od.* for refusing).

Weih [vaɪ] *m* ⟨-(e)s; -e⟩ *zo. cf.* Weihe[2].

'**Weih|al,tar** *m röm.kath.* holy (*od.* consecrated) altar. — **~,becken** (*getr.* -k·k-) *n cf.* Weihwasserbecken. — **~,bild** *n* sacred (*od.* votive) picture. — **~,bi·schof** *m* suffragan (bishop).

'**Weih,brunn** *m* ⟨-s; *no pl*⟩ *röm.kath. Bavarian and Austrian dial. for* Weihwasser. — **~,kes·sel** *m dial. for* Weihwasserkessel.

Wei·he[1] ['vaɪə] *f* ⟨-; -n⟩ **1.** *röm.kath.* a) (*einer Kerze etc*) consecration, blessing, b) (*Priesterweihe*) ordination, c) (*eines Bischofs*) consecration, d) order(s *pl*), e) (*eines Altars, einer Kirche*) dedication, consecration: die vier unteren ~n (*zum Ostiarius, Akoluthen etc*) the four minor orders; die höheren ~n (*zum Diakon, Priester*) the higher orders; die (heiligen) ~n empfangen to take (holy) orders; j-m die ~ erteilen a) (*einem Bischof*) to consecrate s.o. in holy orders, b) (*einem Priester*) to ordain s.o. in holy orders. – **2.** (*eines Freimaurers*) initiation. – **3.** (*Einweihung*) inauguration. – **4.** ⟨*only sg*⟩ *fig. lit.* solemnity: wir waren uns der ~ dieser Stunde bewußt we were aware of the solemnity of the hour; einer Sache die rechte ~ verleihen to lend s.th. the appropriate solemnity. – **5.** *DDR pol. cf.* Jugendweihe.

'**Wei·he**[2] *f* ⟨-; -n⟩ *zo.* harrier (*Gattg Circus*).

'**Wei·he,akt** *m* **1.** *röm.kath.* consecration. – **2.** initiation ceremony.

wei·hen ['vaɪən] **I** *v/t* ⟨h⟩ **1.** *röm.kath.* a) (*Hostie, Kerze, Ring etc*) consecrate, bless, b) (*Altar, Kirche*) dedicate, consecrate: j-n zum Priester ~ to ordain s.o. (as) a priest; j-n zum Bischof ~ to consecrate s.o. (as) a bishop; die Kirche wurde der Heiligen Jungfrau geweiht the church was dedicated (*od.* consecrated) to the Blessed Virgin. – **2.** *relig.* (*einer Gottheit*) dedicate, consecrate: den Göttern einen Tempel ~ to dedicate a temple to the gods. – **3.** j-n zum Freimaurer ~ to initiate s.o. as a Freemason. – **4.** *fig. lit.* (*widmen*) dedicate, devote, give up, (*stärker*) consecrate: sein Leben der Wissenschaft ~ to dedicate one's life to scientific pursuits, to devote one's life to scientific research. – **5.** j-m etwas ~ *fig.* to dedicate s.th. to s.o. – **II** *v/reflex* **6.** sich einer Sache ~ *lit.* to dedicate (*od.* devote) oneself to s.th.; sich den Musen ~ *poet.* to serve the muses. – **III W~** *n* ⟨-s⟩ **7.** *verbal noun.*

Wei·her ['vaɪər] *m* ⟨-s; -⟩ pond.

'**Wei·he|,re·de** *f* inauguration speech (*od.* address). — **~,stät·te** *f* shrine, holy (*od.* hallowed) place. — **~,stun·de** *f cf.* Gedenkstunde. — **w~,voll** *adj* (*Anblick, Stimmung etc*) solemn.

'**Weih|,ga·be** *f*, **~ge,schenk** *n relig.* oblation, votive offering. — **~,kes·sel** *m röm.kath. cf.* Weihwasserbecken.

'**Weih·ling** *m* ⟨-s; -e⟩ **1.** *röm.kath.* person taking holy orders. – **2.** *DDR pol. recipient of the 'Jugendweihe'.*

'**Weih,nacht** *f* ⟨-; *no pl*⟩ *cf.* Weihnachten: j-m etwas zur ~ schenken to give s.o. s.th. as a Christmas present.

'**weih,nach·ten** *v/impers* ⟨h⟩ es weihnachtet Christmas is coming; es weihnachtet sehr everything is very Christmas(s)y.

'**Weih,nach·ten** *n* ⟨-s; *dial.* (*in Wunschformeln od. Austrian and Swiss only*) -⟩ Christmas: [frohe] fröhliche ~! [happy] merry Christmas; weiße ~ a white Christmas *sg*; grüne ~ Christmas *sg* without snow; wir hatten letztes Jahr grüne ~ we had no snow last Christmas; ~ feiern to celebrate Christmas; j-m etwas zu ~ schenken to give s.o. s.th. as a Christmas present; er will uns zu (*Southern G.* an) ~ besuchen he wants to visit us at Christmas; über ~ in die Berge fahren to go to the mountains for Christmas; ~ zu Hause verbringen to spend Christmas at home, to stay at home over (*od.* for) Christmas; es war ein Gefühl wie (zu) ~ *colloq.* it was like Christmas in July.

'**weih,nacht·lich** *adj* Christmas(s)y: ~e Stimmung Christmas(s)y atmosphere; ~ aussehen to look Christmas(s)y (*od.* like Christmas); etwas ~ schmücken to decorate s.th. for Christmas.

'**Weih,nachts|,abend** *m* (*Heiligabend*) Christmas Eve. — **~bäcke,rei** (*getr.* -k·k-) *f* **1.** Christmas biscuits *pl* (*Am.* cookies *pl*). – **2.** (*das Backen*) Christmas baking. — **~,baum** *m* Christmas tree. — **~,baum,schnee** *m* (*künstlicher*) Christmas tree snow. — **~be,sche·rung** *f* distribution (*od.* exchange) of Christmas presents. — **~,brauch** *m* Christmas custom (*od.* tradition). — **~,ein,kauf** *m meist pl* Christmas shopping: hast du deine Weihnachtseinkäufe schon gemacht (*od.* getätigt)? have you done your Christmas shopping yet? — **~,es·sen** *n* Christmas dinner (*lit. od. humor.* repast). — **~,fei·er** *f* Christmas celebration (*od.* party): eine ~ veranstalten to hold (*od.* have) a Christmas celebration. — **~,fei·er,tag** *m* **1.** Christmas Day: zweiter ~ (*26. Dezember*) day after Christmas, *bes. Br.* Boxing Day. – **2.** *pl* Christmas holidays. — **~,fe·ri·en** *pl* Christmas holidays (*Am.* vacation *sg*), (*an der Universität*) *Am.* Christmas recess. — ~ˌ**fest** *n* **1.** Christmas festival. – **2.** Christmas: **wir wünschen Ihnen ein frohes ~** we wish you a happy Christmas. — ~ˌ**gans** *f gastr.* Christmas goose. — ~**geˌbäck** *n* Christmas biscuits *pl* (*Am.* cookies *pl*). — ~ˌ**geld** *n econ.* Christmas money, (*bes. für Briefträger etc*) *Br. auch* Christmas box. — ~**geˌschenk** *n* Christmas present (*od.* gift). — ~**gra·ti·fi·ka·tiˌon** *f econ.* Christmas bonus. — ~ˌ**kak·tus** *m bot.* crab (*auch* Christmas) cactus (*Zygocactus truncatus*). — ~ˌ**kar·te** *f* Christmas card. — ~ˌ**ker·ze** *f* Christmas candle. — ~ˌ**krip·pe** *f* (Christmas) crib (*od.* crèche). — ~ˌ**lied** *n* Christmas carol. — ~ˌ**mann** *m* ⟨-(e)s; ¨er⟩ **1.** Santa Claus, Santa (*colloq.*), *bes. Br.* Father Christmas. – **2. so ein ~!** *colloq. contempt.* what a fathead! — ~ˌ**markt** *m* Christmas fair. — ~**oraˌto·ri·um**", ,,**das** *mus.* "Christmas Oratorio" (*by Bach*). — ~**py·raˌmi·de** *f pyramid-shaped Christmas decoration which revolves when its candles are lit.* — ~**re·mu·ne·ra·tiˌon** [-remuneraˌtsĭoːn] *f* ⟨-; -en⟩ *Austrian for* Weihnachtsgratifikation. — ~ˌ**ro·se** *f bot. cf.* Christrose. — ~ˌ**spiel** *n* Nativity play. — ~ˌ**stern** *m* **1.** Christmas star. – **2.** *bot.* Christmas flower, poinsettia (*Euphorbia pulcherrima*). — ~ˌ**stol·len** *m gastr.* Christmas stollen (*sweet yeast loaf with fruits and nuts*). — ~ˌ**tag** *m cf.* Weihnachtsfeiertag. — ~ˌ**tisch** *m* Christmas gift (*od.* present) table: **j-m etwas auf den ~ legen** *fig.* to give s.o. s.th. as a Christmas present. — ~**verˌkehr** *m* Christmas traffic. — ~ˌ**wo·che** *f* Christmas week. — ~ˌ**zeit** *f* ⟨-; *no pl*⟩ Christmastime, *Br.* Christmas-time, Christmas season; Christmastide, *Br.* Christmas-tide, Yule(tide), Noel (*alle poet.*): **in der ~** at Christmastime, in the Christmas season.

ˈ**Weihˌrauch** *m* ⟨-(e)s; *no pl*⟩ **1.** (*Art Harz*) incense, frankincense, thus (*scient.*): **echter ~** gugal; **~ abbrennen** to burn incense. – **2.** (smoke of) incense: **mit ~ räuchern** to (in)cense. – **3. j-m ~ streuen** *fig. lit.* to praise (*od.* laud) s.o. to the skies, to sing s.o.'s praises. — ~ˌ**baum** *m bot.* incense tree, thuriferous tree (*scient.*) (*Boswellia carteri*). — ~ˌ**büch·se** *f* incense box. — ~ˌ**duft** *m* incense.

ˈ**weihˌräu·chern** *v/i* ⟨h⟩ **j-m ~** *fig.* to laud (*od.* praise) s.o. to the skies, to sing s.o.'s praises.

ˈ**Weihˌrauch|ˌfaß** *n* censer, incensory, thurible. — ~ˌ**kie·fer** *f bot.* loblolly (*od.* rosemary, *auch* frankincense) pine (*Pinus taeda*). — ~ˌ**kör·ner** *pl* grains of incense. — ~ˌ**op·fer** *n* incense offering. — ~ˌ**schiff·chen** *n* incense boat. — ~ˌ**strauch** *m bot.* thuriferous shrub. — ~ˌ**ze·der** *f* incense (*od.* post) cedar (*Libocedrus decurrens*).

ˈ**Wei·hung** *f* ⟨-; -en⟩ **1.** *cf.* Weihen. – **2.** *cf.* Weihe[1] 1—3.

ˈ**Weihˌwas·ser** *n* ⟨-s; *no pl*⟩ *relig.* **1.** holy water. – **2.** (*zum Versprengen*) hyssop. — ~ˌ**becken** (*getr.* -k·k-) *n* holy-water font, stoup, *auch* stoop, aspersorium (*scient.*). — ~ˌ**kes·sel** *m* baptismal bowl.

ˈ**Weihˌwe·del** *m relig.* aspergillum, aspergil(l), aspersorium.

weil [vaɪl] *conj* **1.** because: **nicht ~** not because; **er ist krank, ~ er zuviel gegessen hat** he is ill because he has eaten too much; **sie sorgen sich, ~ er nicht schreibt** they are worried because he does not write; **er kann so handeln, ~ er das Recht dazu hat** he can act like that because he has the right to (do so) (*od.* by virtue of his right); **warum schweigst du? ~ ich meine Gründe habe** why are you silent? because I have reason to be (*od.* [because] I have my reasons). – **2.** (*da*) since, as: **~ wir nun einmal davon sprechen** since we are talking about that.

wei·land [ˈvaɪlant] *adv archaic od. humor.* **1.** (*ehemals*) formerly, erstwhile: **Prof. X, ~ Chefarzt im Krankenhaus S.** Prof. X, formerly head physician at the hospital S. – **2.** (*einst*[*mals*]) in the olden days, in (the) days of yore (*od.* old): **wie ~ Kaiser Friedrich** as Emperor Frederic in the days of yore.

ˈ**Weil·chen** *n* ⟨-s; *no pl*⟩ **1.** *dim. of* Weile. – **2. ein ~** a little while: **warten Sie ein ~** please wait a little while (*od.* a bit); **warten Sie noch ein ~** please wait just a little while (*od.* bit) longer, please wait another while.

Wei·le [ˈvaɪlə] *f* ⟨-; *no pl*⟩ **eine ~** a while: **seit einer geraumen** (*od.* **ganzen**) **~** for a long (*od.* good) while, for quite some time; **vor einer kurzen** (*od.* **kleinen**) **~** a short (*od.* little) while ago; **nach einer ~ des Wartens** after a while of waiting, after waiting (for) a while; **es ist schon eine ganze ~ her, daß** it is a good while (*od.* quite some time) since; **das hat eine ~ Zeit** that can wait (a while); **damit hat es gute ~** there is no hurry (*od.* rush) (about it), there is plenty of time; **ich habe mich dort nur eine ~ aufgehalten** I only (*od.* just) stayed there for a while (*od.* short spell); **eile mit ~** (*Sprichwort*) more haste, less speed (*proverb*); → Ding[1] 1.

wei·len [ˈvaɪlən] *v/i* ⟨h⟩ **1.** *lit.* stay, be, (*vorübergehend*) *auch* sojourn: **er weilt zur Zeit im Ausland** he is (staying) abroad at the moment; **er weilt nicht mehr unter uns** *euphem.* he is no longer in our midst. – **2.** *poet.* tarry, linger.

Wei·ler [ˈvaɪlər] *m* ⟨-s; -⟩ hamlet, small village.

ˈ**Wei·ma·rer Re·puˈblik** [ˈvaɪmarər] *f* ⟨-; *no pl*⟩ *pol. hist.* Weimar Republic (*in Germany 1918—1933*).

ˈ**Wei·mutsˌkie·fer** [ˈvaɪmuːts-] *f bot. cf.* Weymouthskiefer.

Wein [vaɪn] *m* ⟨-(e)s; -e⟩ **1.** wine: **billiger [edler, junger] ~** cheap [noble, new] wine; **naturreiner [verschnittener] ~** unadulterated [blended] wine; **leichter [schwerer, herber, milder, feuriger, süffiger, vollmundiger] ~** light [heavy, dry, mild, heady (*od.* rich and warm), tasty, full-bodied] wine; **beim ~ sitzen** to sit over a glass of wine; **ein Glas** (*od.* **Schoppen**) **~** a glass of wine; **~ vom Faß** wine from the cask (*od.* wood); **~ reift durch langes Lagern** wine matures with age; **der Gott des ~es** the god of wine, Dionysus, Bacchus; **~, Weib und Gesang** wine, woman and song; **ein ~, der leicht zu Kopf steigt** a wine that goes to one's head easily, a heady wine; **j-m reinen** (*od.* **klaren**) **~ einschenken** *fig.* to tell s.o. the plain truth; **im ~ ist Wahrheit** (*Sprichwort*) in wine is truth; **~ auf Bier, das rat' ich dir, Bier auf ~, das laß sein** wine on beer gives good cheer, beer on wine you'll repine; → offen 14; Wasser 3. – **2.** (*eines bestimmten Jahrgangs*) vintage: **der vorjährige ~ ist besonders gut** last year's vintage is especially good. – **3.** ⟨*only sg*⟩ (*Weinrebe*) vine: **~ (an)bauen** to grow wine, to cultivate the vine, to plant vineyards. – **4.** ⟨*only sg*⟩ (*Trauben*) **~ lesen** to pick (*od.* harvest, gather) the grapes, to gather in the vintage; **~ keltern** to press the grapes. – **5. Wilder ~** *bot.* Virginia creeper (*Parthenocissus quinquefolia*).

ˈ**Wein|ˌanˌbau** *m* ⟨-(e)s; *no pl*⟩ *cf.* Weinbau. — **w~ˌarm** *adj* (*Gebiet etc*) with low wine yield. — ~ˌ**art** *f* kind (*od.* sort, type) of wine. — ~ˌ**bau** *m* ⟨-(e)s; *no pl*⟩ wine (*od.* grape) growing, cultivation of (grape)vine; viticulture, viniculture (*scient.*): **~ treiben** to grow (grape)vine. — **w~ˌbau·end** *adj* wine-growing. — ~ˌ**bau·er** *m* ⟨-s *u.* -n; -n⟩ winegrower, vintner; viticulturist, viniculturalist (*scient.*). — ~ˌ**bau·geˌbiet** *n* (grape)vine-growing region. — ~ˌ**bauˌkun·de** *f* ⟨-; *no pl*⟩ (o)enology. — ~ˌ**be·cher** *m* wine cup, (*größerer*) goblet. — ~ˌ**bee·re** *f* **1.** grape, (*kleinere*) grapelet. – **2.** *Bavarian, Austrian and Swiss for* Rosine, Korinthe. — ~ˌ**bei·ßer** [-ˌbaɪsər] *m* ⟨-s; -⟩ **1.** *Austrian* (small) sugar-coated ginger biscuit. – **2.** wine savo(u)rer. – **3.** *cf.* Weinschmecker. — **w~beˌkränzt** *adj* wreathed (*od.* garlanded) with vine. — ~**beˌrei·tung** *f* wine making (*od.* production).

ˈ**Weinˌberg** *m* vineyard.

ˈ**Weinˌberg(s)|ˌaufˌse·her** *m* vineyard overseer (*od.* keeper). — ~**beˌsit·zer** *m* vineyard owner, *auch* vineyardist.

ˈ**Weinˌbergˌschnecke** (*getr.* -k·k-) *f zo.* edible (*od.* Roman) snail (*Helix pomatia*).

ˈ**Weinˌbergs|ˌlauch** *m bot.* crow (*auch* field, wild) garlic (*Allium vineale*). — ~ˌ**wär·ter** *m cf.* Weinberg(s)aufseher.

ˈ**wein·beˌwach·sen** *adj* overgrown with vine(s), vine-clad (*lit.*).

ˈ**Wein|ˌblatt** *n* vine (*od.* grape) leaf. — ~ˌ**blattˌlaus** *f zo.* vine fretter (*od.* pest, *auch* louse) (*Phylloxera vitifoliae*). — ~ˌ**blattˌwes·pe** *f* vine sawfly (*Plenocampa pygmaea*). — ~ˌ**blu·me** *f* bouquet (of wine). — ~ˌ**blü·te** *f* **1.** vine blossom. – **2. während** (*od.* **zur Zeit**) **der ~** during the vine blossom season. — ~ˌ**boh·rer** *m zo.* vine borer, (broad-necked) root borer (*Prionus laticollis*).

ˈ**Weinˌbrand** *m* ⟨-s; ¨e⟩ *gastr.* **1.** brandy. – **2.** (*Kognak*) cognac. — ~**verˌschnitt** *m* blended brandy.

ˈ**Wein|bren·neˌrei** *f* distillery. — ~ˌ**creme** *f gastr.* wine pudding. — ~ˌ**dros·sel** *f zo. cf.* Rotdrossel. — ~ˌ**duft** *m* fragrance of wine.

wei·nen [ˈvaɪnən] **I** *v/i* ⟨h⟩ **1.** cry, weep: **aus Liebeskummer ~** to cry from (*od.* out of) lovesickness, to cry because one is lovesick; **um j-n ~** (*um einen Verstorbenen*) to weep for s.o.; **nach j-m ~** (*von einem Baby, Kleinkind etc*) to cry for s.o.; **über j-n ~** to cry about s.o.; **über** (*acc*) **etwas ~** to cry about (*od.* over) s.th., to shed tears over s.th.; **sie weint über ihren Sohn [die schlechte Note]** she is crying about her son [the bad mark]; **über sein Schicksal ~** to bewail one's fate; **vor Freude ~** to weep for joy; **wegen eines Verlustes ~** to cry over (*od.* about, because of) a loss; **bitterlich [heftig] ~** to cry bitterly [violently]; **er wußte nicht, ob er lachen oder ~ sollte** he didn't know whether to laugh or cry; **weine (doch) nicht gleich wieder!** don't start to cry (*od.* start crying) again, let's not have the waterworks again (*colloq.*). – **II** *v/t* **2.** (*Tränen*) weep, shed: **das Kind weinte bittere Tränen** the child cried (*od.* wept) bitterly; **Krokodilstränen ~** *fig. colloq.* to shed crocodile tears. – **3.** cry: **sich** (*dat*) **die Augen aus dem Kopf ~** to cry one's eyes (*od.* heart) out. – **4. etwas naß ~** to soak s.th. with one's tears: **sie hat das Kissen naß geweint** she soaked the cushion with her tears, she cried (*od.* wept) so much that the cushion was wet. – **III** *v/reflex* **5. sich in den Schlaf ~** to cry oneself to sleep. – **IV W~** *n* ⟨-s⟩ **6.** *verbal noun*: **in W~ ausbrechen** to burst into tears; **dem W~ nahe sein** to be near to (*od.* on the verge of) tears; **j-n zum W~ bringen** a) (*durch Ungerechtigkeit, Strafe etc*) to make s.o. cry, to have s.o. in tears, b) (*durch eine traurige Geschichte etc*) to move s.o. to tears; **ihr war das W~ näher als das Lachen** she felt more like crying than laughing; **das ist zum W~** it's a (crying) shame; **es ist zum W~, wie sie alles verkommen lassen** it is a shame (*od.* it would make you weep to see) how they let everything go to wreck and ruin. — ˈ**wei·nend I** *pres p*: **j-m ~ in die Arme fallen** to fall into s.o.'s arms weeping (*od.* crying); **~** in tears; **sich leise ~ davonschleichen** *fig.* to creep away with one's tail between one's legs. – **II** *adj* **etwas mit ~er Stimme sagen** to say s.th. in a sobbing voice, to sob s.th. out; → lachend 1. — ˈ**Wei·nen·de** *m, f* ⟨-n; -n⟩ weeper.

Wei·neˈrei *f* ⟨-; *no pl*⟩ *colloq. contempt. cf.* Geweine.

wei·ner·lich [ˈvaɪnərlɪç] **I** *adj* **1.** whining, whin(e)y: **mit ~er Stimme** in a whining voice, with (*od.* in) a whine; **~ tun** to whine; **mir war ganz ~ zumute** I was near to (*od.* on the verge of) tears. – **2.** *colloq.* (*quengelig*) fretful, querulous. – **II** *adv* **3. ~ sprechen** to speak in a whining voice, to speak with (*od.* in) a whine. — ˈ**Wei·ner·lich·keit** *f* ⟨-; *no pl*⟩ *colloq.* fretfulness, querulousness.

ˈ**Wein|ˌern·te** *f* grape harvest, vintage. — ~**erˌtrag** *m* wine produce (*od.* yield), vintage. — **w~erˌzeu·gend** *adj* wine-producing. — ~ˌ**es·sig** *m gastr.* wine vinegar. — ~ˌ**fäl·scher** *m cf.* Weinpan(t)scher. — ~ˌ**far·be** *f* wine (color, *bes. Br.* colour). — ~ˌ**faß** *n* **1.** wine cask (*od.* barrel, butt, vat). – **2.** *colloq. humor.* (*starker Trinker*) toper, winebibber. — ~ˌ**fla·sche** *f* wine bottle. — ~ˌ**fleck** *m* wine stain, (*kleiner*) *auch* wine spot. — ~ˌ**flie·ge** *f zo.* wine fly (*Gattg Piophila*). — ~ˌ**freund** *m* wine lover: **ich bin kein ~** I am no wine lover, I don't care for wine. — ~ˌ**gallˌap·fel** *m bot. agr.* vine gall. — ~ˌ**gar·ten** *m* vineyard. — ~ˌ**gärt·ner** *m cf.* Weinbauer. — ~ˌ**gä·rung** *f* **1.** fermentation of wine. – **2.** *chem.* alcoholic (*od.* vinous) fermentation. — ~**geˌgend** *f* wine(-growing) region. — ~**geˌhalt** *m* ⟨-(e)s; -e⟩ vinosity, body of the wine.

ˈ**Weinˌgeist** *m* ⟨-(e)s; -e⟩ *chem.* spirit of wine, ethyl alcohol (C_2H_5OH). —

~ˌ**fir·nis** *m* (*paints*) *cf.* Spritlack. — ~ˌ**mes·ser** *m chem.* alcoholometer, *auch* alcohol(i)meter.

'**Wein|geˌlän·der** *n* trellis for vines. — ~**geˌlee** *n gastr.* wine jelly. — ~**geˌruch** *m* smell of wine, (*Weinduft*) *auch* fragrance of wine. — ~ˌ**glas** *n* wine glass, (*für schwere Weine*) *auch* goblet. — ~ˌ**gott** *m myth.* god of wine, Dionysus, Bacchus. — ~ˌ**großˌhand·lung** *f* wine wholesale business. — ~ˌ**gut** *n agr.* (grape)vine-growing estate. — **w**~ˌ**hal·tig** *adj* (*Getränk*) containing wine. — ~ˌ**han·del** *m econ.* wine trade. — ~ˌ**händ·ler** *m* wine merchant (*od.* dealer), vintner, *Br. auch* cooper. — ~ˌ**hand·lung** *f* **1.** wine shop (*bes. Am.* store), bodega. – **2.** *cf.* Weingroßhandlung. — ~ˌ**hau·er** *m Austrian for* Weinbauer. — ~ˌ**haus** *n* wine tavern. — ~ˌ**he·ber** *m* wine siphon (*auch* syphon). — ~ˌ**he·fe** *f* **1.** wine yeast (*od.* ferment). – **2.** (*abgelagerte*) wine dregs *pl* (*od.* lees *pl*). — ~ˌ**he·fenˌöl** *n* oil from wine lees, oil of cognac, grapeseed oil. — ~ˌ**hü·gel** *m* vine-covered hill.

'**wei·nig** *adj* (*Geschmack etc*) win(e)y, vinous.

'**Wein|ˌjahr** *n* vintage, wine year: ein gutes [schlechtes] ~ a good [bad] wine year, a good [bad] year for wine. — ~ˌ**kalt·ˌscha·le** *f gastr.* cold wine soup. — ~ˌ**kan·ne** *f* wine pitcher (*auch* jug). — ~**kaˌraf·fe** *f* decanter, wine carafe. — ~ˌ**kar·te** *f* wine list. — ~ˌ**kel·ler** *m* **1.** wine cellar, (*gewölbter*) *auch* wine vault: eine Flasche aus dem ~ holen to fetch a bottle from the wine cellar. – **2.** (*Ausschank*) wine cellar (*od.* tavern), bodega. — ~**kel·leˌrei** *f* winery. — ~ˌ**kell·ner** *m* wine waiter, sommelier. — ~ˌ**kel·ter** *f* winepress. — ~**kel·teˌrei** *f* winepress house. — ~ˌ**kel·te·rung** *f* winepressing. — ~ˌ**ken·ner** *m* wine connoisseur, judge of wine. — ~ˌ**kö·ni·gin** *f* wine queen (of the year).

'**Weinˌkrampf** *m* **1.** crying fit, fit of crying. – **2.** *med.* paroxysm of weeping, weeping spasm.

'**Wein|ˌkrug** *m* wine pitcher (*auch* jug). — ~ˌ**ku·fe** *f* wine vat. — ~ˌ**kü·fer** *m* **1.** cellarman. – **2.** *cf.* Küfer 2. — ~ˌ**küh·ler** *m* wine cooler. — ~ˌ**kun·de** *f* (o)enology. — ~ˌ**la·ge** *f* location of a vineyard. — ~ˌ**la·ger** *n* **1.** wine store. – **2.** (*Weinvorrat*) stock of wine(s), cellar. — ~ˌ**land** *n* wine-producing country: Frankreich ist das erste ~ der Welt France is the greatest wine-producing country in the world. — ~ˌ**laub** *n* leaves *pl* (*od.* foliage) of the (grape)vine. — ~ˌ**lau·be** *f* vine arbor (*bes. Br.* arbour), vine bower. — ~ˌ**lau·ne** *f* (*in Wendungen wie*) in ~ sein to be merry (*od.* happy) from wine; etwas in einer ~ versprechen to promise s.th. after several glasses of wine (*od.* while in one's cups). — ~ˌ**le·se** *f* vintage, grape harvest: zur Zeit der ~ at the grape harvest, in the vintage season; ~ halten to harvest (*od.* gather [in], pick) the grapes. — ~ˌ**le·ser** *m* vintager, grape harvester (*od.* gatherer, picker). — ~ˌ**le·seˌzeit** *f* vintage (*od.* grape harvest) season. — ~ˌ**lied** *n* wine song. — ~**loˌkal** *n* wine restaurant. — ~ˌ**markt** *m* wine market. — ~ˌ**mol·ke** *f* wine whey. — ~ˌ**mo·nat** *m obs.* October. — ~ˌ**most** *m* wine must. — ~ˌ**mot·te** *f zo.* vine moth (*Conchylis ambiguella*). — ~ˌ**nie·derˌla·ge** *f econ.* wine depot (*od.* store). — ~ˌ**pal·me** *f bot.* toddy palm (*auch* tree) (*Raphia vinifera*). — ~ˌ**pan(t)·scher** *m colloq. contempt.* wine adulterator. — ~**pan(t)·scheˌrei** *f colloq. contempt.* adulteration (*od.* doctoring) of wine. — ~ˌ**pfahl** *m* vine prop, prop (*od.* stake) for vines. — ~ˌ**pres·se** *f* winepress. — ~ˌ**pro·be** *f* **1.** wine test. – **2.** (*das Probieren*) wine tasting (*od.* sampling): eine ~ veranstalten to have a wine-tasting session. — ~ˌ**prü·fer** *m cf.* Weinschmecker. — ~ˌ**ran·ke** *f* **1.** *bot.* vine tendril. – **2.** *arch.* pampre. — ~ˌ**rausch** *m* intoxication from wine. — ~ˌ**re·be** *f* vine, grape(vine) (*Vitis vinifera*). — **w**~ˌ**reich** *adj* (*Gebiet etc*) abounding (*od.* rich) in wine. — ~ˌ**reis** *n bot.* vine shoot. — ~ˌ**rei·sen·de** *m* salesman traveling (*bes. Br.* travelling) for a wine firm, representative of (*od.* traveler [*bes. Br.* traveller] for) a wine firm. — ~**re·stauˌrant** *n cf.* Weinlokal. — ~ˌ**ro·se** *f bot.* eglantine, sweetbrier, *auch* sweetbriar (*Rosa eglanteria*). — ~ˌ**rot I** *n* wine red (*od.* color, *bes. Br.* colour), wine, Bordeaux (red), claret (red *od.* brown). – **II w**~ *adj* wine-red, vinaceous, Bordeaux (red), claret(-red). — ~ˌ**sau·ce** *f gastr.* wine sauce. — **w**~ˌ**sau·er** *adj* tartaric: weinsaures Salz tartrate. — ~ˌ**sau·erˌkraut** *n gastr.* wine-flavored (*bes. Br.* -flavoured) sauerkraut. — ~ˌ**säu·fer** *m colloq.* wine tippler, winebibber. — ~ˌ**säu·re** *f* **1.** acidity of wine. – **2.** *chem.* tartaric acid ($HOOC(CHOH)_2COOH$). — ~ˌ**schäd·ling** *m meist pl* grape (*od.* vine) pest. — ~ˌ**schaumˌcreme** *f gastr.* zabaglione, *auch* zabaione, zabajone, sabayon. — ~ˌ**schenk** *m hist.* (*an Fürstenhöfen*) cupbearer. — ~ˌ**schen·ke** *f* wine tavern, wineshop, winehouse. — ~ˌ**schlauch** *m* wineskin, wine bottle. — ~ˌ**schmecker** (*getr.* -k·k-) *m* <-s; -> wine taster (*od.* sampler), *Br. auch* cooper. — ~ˌ**schö·nungsˌmit·tel** *n chem.* wine-fining agent. — ~ˌ**schwär·mer** *m zo.* (*Schmetterling*) **1.** Kleiner ~ lesser vine hawk moth (*Deilephila porcellus*). – **2.** Großer ~ large vine hawk moth (*Hippotion celerio*). — **w**~ˌ**se·lig** *adj* happy (*od.* merry, *colloq.* tipsy) from wine. — ~ˌ**se·lig·keit** *f* <-; *no pl*> (state of) happiness (*od. colloq.* tipsiness) from wine. — ~ˌ**sieb** *n* wine strainer. — ~ˌ**sor·te** *f* **1.** kind (*od.* sort, type) of wine. – **2.** (*Qualität*) wine quality, class of wine. – **3.** (*Marke*) brand of wine. — ~**spaˌlier** *n* trellis of vine(s).

'**Weinˌstein** *m* <-(e)s; *no pl*> *chem.* **1.** *cf.* Kaliumbitartrat. – **2.** roher ~ argol, wine lees *pl*, tartar. — ~ˌ**bil·dung** *f* formation of tartar, tartarization *Br. auch* -s- (*scient.*). — ~ˌ**säu·re** *f cf.* Weinsäure 2.

'**Wein|ˌsteu·er** *f econ.* wine tax. — ~ˌ**stock** *m* <-(e)s; ⸚e> vinestock, (grape)vine. — ~ˌ**stu·be** *f* wine tavern, wineshop.

'**Weinˌtrau·be** *f* **1.** bunch (*od.* cluster) of grapes. – **2.** *pl* (*Obst*) grapes: grüne [blaue] ~n green [black *od.* purple] grapes; ein Pfund ~n, bitte a pound of grapes, please.

'**Weinˌtrau·ben|ˌkern** *m* grape seed (*od.* pip). — ~ˌ**kur** *f* grape cure.

'**Wein|ˌtre·ster** *pl* pomace (*od.* pumace) *sg* (of wine grapes), skins and husks of pressed grapes. — ~ˌ**trin·ker** *m* wine drinker. — **w**~ˌ**trun·ken** *adj* **1.** *lit.* intoxicated with wine. – **2.** *antiq.* bacchic. — **w**~ˌ**umˌrankt** *adj* (*Haus etc*) covered with vine(s). — ~**verˌede·lung**, ~**verˌed·lung** *f* **1.** improvement of (the quality of) wine. – **2.** improvement of vine cultivation. – **3.** grafting of (grape)vines. — ~ˌ**vorˌrat** *m* wine stock (*od.* supply), stock of wine, cellar: einen guten ~ haben to have a good stock of wine. — ~ˌ**waa·ge** *f* vinometer, (o)enometer. — ~ˌ**zie·her** *m* siphon, *auch* syphon, sampling tube.

'**Weinˌzierl** [-ˌtsiːrl] *m* <-s; -(n)> *Austrian dial. for* Weinbauer.

'**Wein|ˌzoll** *m econ.* wine duty, duty on wine. — ~ˌ**zwang** *m* obligation to order wine: in diesem Lokal herrscht ~ you are obliged to order wine in this restaurant.

wei·se ['vaɪzə] **I** *adj* <-r; -st> **1.** wise, sage (*lit.*): das war ein ~s Wort that was a word of wisdom; er dünkt sich sehr ~ *iron.* he considers himself to be very wise; j-m ~ Ratschläge erteilen *auch iron.* to give s.o. wise advice. – **2.** (*klug u. einsichtig*) wise, prudent, judicious: ein ~s Urteil fällen to make a wise judg(e)ment. – **II** *adv* **3.** er hat sehr ~ gehandelt he acted very wisely.

'**Wei·se**[1] *m* <-n; -n> (*allgemein*) wise man, sage (*lit.*): die ~n *pl* the wise *pl*; die drei ~n aus dem Morgenland the three wise men from the East, the three Magi; die sieben ~n Griechenlands the seven sages of ancient Greece; der Stein der ~n the philosophers' (*auch* philosopher's) stone.

'**Wei·se**[2] *f* <-; -n> way, manner, fashion: auf alle mögliche ~ in every possible way; auf alte ~ the old way, in the old manner (*od.* fashion), by the old method; auf eine besondere ~ in a special way; auf diese ~ a) (in) this way (*od. obs.* wise), in this manner, b) thus; auf die eine oder andere ~ in one way or another; auf gleiche ~ the same way; auf jede ~ in every way; auf meine ~ my way, after my fashion; auf seine ~ sein Glück versuchen to try one's luck one's own way; auf solche ~ in such a way; er ist auf geheimnisvolle ~ verschwunden he vanished in a mysterious way; auf welche ~? (in) what way? how? in alter ~ the traditional way, in the traditional fashion; in der ~, daß in such a way that, so that; in gewohnter ~ the usual way; er hat in keiner ~ recht he is by no means right; A unterscheidet sich in keiner ~ von B A differs in no way from B; nein, in keiner ~ no, definitely not; in keinster ~! *colloq. humor.* not in the least (*od.* slightest)! er gab uns in liebenswürdiger ~ Auskunft he informed us in a friendly (*od.* kindly) way; jeder nach seiner ~ everyone in his own way, everyone after his own fashion; die Art und ~, wie er das macht the way he does it; das ist keine Art und ~ that is really no way to behave.

'**Wei·se**[3] *f* <-; -n> *mus.* (*Melodie*) air, melody, tune, strain: beschwingte [lustige, volkstümliche] ~ lively [merry, popular] tune.

Wei·sel ['vaɪzəl] *m* <-s; -> *zo.* (*Bienenkönigin*) queen bee.

wei·sen ['vaɪzən] **I** *v/t* <weist, wies, gewiesen, h> **1.** j-m etwas ~ a) to show (*od.* point out) s.th. to s.o., b) *fig.* to point out s.th. to s.o.: er wies ihm den Weg zum Rathaus he showed him the way to the town hall; j-m die Anfangsgründe einer Wissenschaft ~ *fig.* to point out the fundamentals of a science to s.o.; → Tür 5. – **2.** (*mit Richtungsangabe*) j-n aus der Stadt [dem Land] ~ to expel s.o. from the city [country]; j-n in sein Quartier ~ to direct s.o. to his quarters; j-n in sein Zimmer ~ a) to show s.o. to his room, b) to order s.o. to his room; j-n von der Schule ~ to expel s.o. (from school). – **3.** j-n zur Ruhe ~ *fig.* to tell s.o. to be quiet; → Schranke 9. – **4.** etwas von sich ~ *fig.* to repudiate (*od.* repel, reject) s.th.: er wies diesen Verdacht weit von sich he repudiated this suspicion emphatically; → Hand[1] *Verbindungen mit Präpositionen.* – **II** *v/i* **5.** point: in die Ferne [entgegengesetzte Richtung] ~ to point into the distance [in the opposite direction]; er wies auf die verschlossene Schublade he pointed at the locked drawer; der Zeiger wies auf zwölf Uhr the hand pointed to twelve o'clock; die Magnetnadel weist immer nach Norden the compass always points north; mit dem Finger auf j-n ~ *auch fig.* to point a finger at s.o.

'**Weis·heit** *f* <-; -en> **1.** <*only sg*> wisdom: die ~ des Alters the wisdom of age; höhere ~ superior wisdom; mit seiner ~ am Ende sein *colloq.* to be at one's wit's end; er hat die ~ nicht mit Löffeln gegessen (*od.* gefressen) *colloq.* he is not so very brilliant; er tut, als hätte er die ~ mit Löffeln gegessen (*od.* gefressen) *colloq.* he acts as if he knew all the answers (*od.* were [*auch* was] a pillar of wisdom), he makes a great pretence (*Am.* pretense) of wisdom; → Schluß 5; Vorsicht 1. – **2.** (*weise Einsicht, Äußerung etc*) wisdom, sagacity: das ist eine alte ~ that is an old wisdom, that is a wise old saying; eine alte ~ besagt, daß an old wisdom says that, it is a wise old saying that; behalte deine ~(en) für dich *colloq.* keep your remarks to yourself, mind your own business.

'**Weis·heits|ˌkrä·mer** *m colloq. contempt. bes. Br.* know-all, *bes. Am.* know-it-all, smart aleck, *auch* smart-alec, wiseacre, *bes. Am. colloq.* wise guy. — **w**~ˌ**voll** *adv oft iron.* wisely, with great wisdom: sagte er ~ he said wisely. — ~ˌ**zahn** *m med.* wisdom tooth.

weis·lich ['vaɪslɪç] *adv* wisely, prudently, sensibly.

'**weisˌma·chen** *v/t* <*sep*, -ge-, h> *colloq.* **1.** j-m etwas ~ to fool s.o., to hoodwink s.o., to tell s.o. a yarn (*colloq.*): laß dir nichts ~ don't (let yourself) be fooled (*od.* hoodwinked); versuch bloß nicht, mir etwas weiszumachen don't try to fool me; mach das einem anderen weis try that (one) on s.o. else (*colloq.*), tell that to the marines. – **2.** j-m ~, daß to fool s.o. into believing (*od.* thinking) that: er machte ihm weis, daß er nichts davon wisse he fooled him into believing that he knew nothing about it; du willst mir doch nicht ~, daß you don't want (*od.* you're not trying) to make me believe that; sie versuchten, ihm weiszumachen, daß they tried to make him believe that.

weiß[1] *1 u. 3 sg pres of* wissen.

weiß[2] [vaɪs] **I** *adj* <-er; -est> **1.** (*Hemd,*

Papier, Tuch, Schnee, Zähne etc) white: **strahlend** (*od.* **blendend**) ~ sparkling (*od.* dazzling) white; ~ **wie Schnee** (as) white as snow; **sich ~ kleiden** to dress in white; ~ **gekleidet sein** to be dressed in white; **sich ~ machen** *colloq.* to rub against something white, to get one's clothes white; **sich** (*dat*) **das Gesicht ~ schminken** to put on white makeup (*Br.* make-up), to paint one's face white; **eine Wand ~ anstreichen** to paint a wall white; **eine Wand ~ tünchen** to whitewash a wall; **die Wäsche ist sehr schön ~ geworden** the washing has turned out (*od.* come up) nice and white; **die Flüssigkeit wird ~** the liquid becomes (*od.* goes, turns) white; **sie ist** (*od.* **ihre Haare sind**) **über Nacht ~ geworden** she went (*od.* her hair turned) white overnight; **es ist über Nacht ~ geworden** it has snowed overnight; **~es Mehl** white (*od.* plain) flour; **~e Felder [Figuren]** (*bei Schach, Dame etc*) white squares [pieces *od.* men]; **~e Weihnachten** *pl* a white Christmas *sg*; **der ~e Sport** a) tennis, b) skiing; **die ~e Substanz** *med.* (*im Gehirn*) the white matter; **~e Bohnen** *hort. gastr.* kidney (*od.* haricot) beans; **~e Kohle** *fig.* white coal, waterpower; **~er Kreis** *fig.* area without rent control; **~e Magie** *fig.* white magic; **ein ~er Rabe** *fig.* a rare bird, a rarity, a rara avis (*lit.*); **die W~e Frau** (*Spukgestalt*) the lady in white; **das W~e Haus** *pol.* the White House; **die W~e Rose** *hist.* a) (*in den Rosenkriegen*) the White Rose, b) (*in NS-Zeit*) *a resistance movement* (*1941—1943*); **der W~e Sonntag** Low Sunday; **der W~e Tod** death in the snow; **die W~e Woche** *econ.* (*Sonderverkauf für Weißwaren*) *etwa* white sale; → **Fahne** 1; **Jahrgang** 1; **Maus** 1; **schwarz** 1; **Weste** 1. – **2.** (*Gesichtsfarbe*) white, pale: **er ist (ganz) ~ im Gesicht** he is white in the face; **sie wurde ~** she went white (in the face); → **Kreide** 2; **Wand** 1. – **3.** (*Haut[farbe]*) white, fair, blond, *auch* blonde. – **4.** (*Rasse, Bevölkerung etc*) white. – **5.** *gastr.* (*Fleisch*) white, pale: **~er Käse** *bes. Northern G. for* **Quark** 1, 2. – **6.** *fig.* (*leer*) blank: **sie starrte auf das ~e Blatt Papier** she stared at the blank sheet of paper; **ein ~er Fleck auf der Landkarte** a blank space on the map. – **II W~e, das** ⟨-n⟩ **7.** the white: **das W~e im Ei** the white of egg; **das W~e im Auge** the white of the eye.

Weiß *n* ⟨-(es); *no pl*⟩ **1.** white: **ein mattes [strahlendes** *od.* **blendendes] ~** a mat [sparkling *od.* dazzling] white; **~ ist die Farbe der Unschuld** white is the colo(u)r of innocence; **in ~ gekleidet sein** to be dressed in white; **sie trägt gern ~** she likes to wear white, she likes white clothes; **etwas mit ~ bemalen** to paint s.th. white (*od.* with white paint); **auf ~ zeichnen** to draw on white. – **2.** (*games*) (*bei Schach, Dame etc*) white: **~ ist am Zug, ~ zieht** white is to move, it's white's move.

ˈweisˌsa·gen *v/t* ⟨*insep*, ge-, h⟩ **1.** (*von Personen*) prophesy, *auch* prophecy: **er weissagte den Untergang der Stadt** he prophesied the destruction of the town. – **2.** (*von Dingen*) forebode, *Am. auch* forbode, presage, portent: **ihre Miene weissagte nichts Gutes** her expression foreboded ill. — **ˈWeisˌsa·ger** *m* ⟨-s; -⟩ prophet. — **ˈWeisˌsa·ge·rin** *f* ⟨-; -nen⟩ prophetess. — **ˈWeisˌsa·gung** *f* ⟨-; -en⟩ prophecy, *auch* prophesy: **seine ~ hat sich [nicht] erfüllt** his prophecy has [not] come true.

ˈWeißˌäh·rig·keit [-ˌˀɛːrɪçkaɪt] *f* ⟨-; *no pl*⟩ *agr.* (*bei Getreide u. Wiesengräsern*) silvertop.

ˈweißˌar·mig [-ˌˀarmɪç] *adj* white-armed.

ˈWeißˌbacken·ta·pir (*getr.* -k·k-) *m zo.* white-cheeked (*od.* Roulin's) tapir (*Tapirus pinchaque*).

ˈWeißˌbarsch *m zo.* white perch (*Marone americana*).

ˈWeißˌbartˌgnu *n zo.* white-bearded gnu (*Connochaetus albojubatus*).

ˈweißˌbär·tig *adj* white-bearded.

ˈWeißˌbart|peˌka·ri *m zo.* white-lipped peccary, warree (*Tayassu pecari*). — **~ˌru·derˌfrosch** *m* bamboo frog (*Rhacophorus leucomystax*). — **~ˌseeˌschwal·be** *f* whiskered tern (*Chlidonias hybrida*).

ˈWeißˌbauch-ˌSchup·penˌtier *n zo.* tricuspid pangolin (*Manis tricuspis*).

ˈWeiß|ˌbier *n brew.* weiss beer. — **~ˌbin·der** *m dial.* **1.** cooper. – **2.** whitewasher, interior decorator. — **~ˌbir·ke** *f bot.* white birch (*Betula pendula*).

ˈWeißˌblätt·rig·keit *f* ⟨-; *no pl*⟩ *bot.* albinism.

ˈweißˌblau[1] *adj* blue-and-white.

ˌweißˈblau[2] *adj fig. colloq.* Bavarian.

ˈWeißˌblech *n metall.* tinplate, tin sheet: **~ erster Güte** prime; **~ zweiter Güte** mender. — **~fa·bri·ka·tiˌon** *f* tinplate manufacture. — **~ˌwalzˌwerk** *n* tinplate mill. — **~ˌwa·ren** *pl* tinplate articles.

ˈWeißˌbleiˌerz *n min.* white lead ore, cerussite, *auch* cerusite.

ˈweißˌblond *adj* silver-blond, *auch* silver-blonde.

ˈWeißˌblu·ten *n rare* (*in Wendungen wie*) **j-n zum ~ bringen** to bleed s.o. white; **die Bevölkerung wurde bis zum ~ ausgepreßt** the population was bled white.

ˈweißˌblü·tig [-ˌblyːtɪç] *adj med.* leuk(a)emic, leuc(a)emic, leucocyth(a)emic. — **ˈWeißˌblü·tig·keit** *f* ⟨-; *no pl*⟩ leuk(a)emia, leuc(a)emia, leucocyth(a)emia.

ˈWeißˌbor·stenˌgür·telˌtier *n zo. cf.* **Sechsbindengürteltier.**

ˈWeiß|ˌbrot *n* ⟨-(e)s; -e⟩ *gastr.* **1.** ⟨*only sg*⟩ white bread. – **2.** (*Laib*) white loaf, loaf of white bread. — **~ˌbuch** *n pol.* (*bes. in der BRD*) white book. — **~ˌbu·che** *f bot. cf.* **Hainbuche.**

ˈWeißˌbür·zelˌstrandˌläu·fer *m zo.* white-rumped (*od.* Bonaparte's) sandpiper (*Erolia fuscicollis*).

ˈWeißˌdorn *m* ⟨-(e)s; -e⟩ *bot.* hawthorn, thorn (*Gattg Crataegus*): **Gemeiner ~** whitethorn, quickthorn (*C. oxyacantha*). — **~ˌhecke** (*getr.* -k·k-) *f* hawthorn (*od.* thorn) hedge, *bes. Br.* quickset hedge.

ˈWei·ße[1] *m* ⟨-n; -n⟩ *colloq.* **1.** white (man): **ein ~r** a white (man), *auch* a White; **die ~n** *pl* the whites, the white man *sg.* – **2.** (*Weißhaariger*) white-haired man (*od.* boy). – **3.** ⟨*only sg*⟩ *gastr.* white wine, white.

ˈWei·ße[2] *f* ⟨-n; -n⟩ *colloq.* **1.** white (woman): **eine ~** a white (woman), *auch* a White. – **2.** (*Weißhaarige*) white-haired woman (*od.* girl).

ˈWei·ße[3] *f* ⟨-; *no pl*⟩ **1.** whiteness, white color (*bes. Br.* colour). – **2.** (*der Haut etc*) whiteness, fairness, blondness, *auch* blondeness.

ˈWei·ße[4] *f* ⟨-n; -n⟩ **eine ~** (*Glas Weißbier*) a weiss beer; → **Berliner I.**

ˈWeißˌei·che *f bot.* white oak (*Quercus alba*).

wei·ßeln [ˈvaɪsəln] *v/t* ⟨h⟩ *Southern G., Austrian and Swiss for* **weißen.**

ˈwei·ßen *v/t* ⟨h⟩ (*Haus, Wand etc*) whitewash, limewash.

ˈWeiß|ˌesche *f bot.* American (*od.* white) ash (*Fraxinus americana*). — **~ˌfäu·le** *f* white rot. — **~ˌfich·te** *f* white spruce (*Picea glauca*). — **~ˌfisch** *m zo.* **1.** whitefish (*Fam. Cyprinidae*). – **2.** *cf.* **Seehering.** — **w~ˌfleckig** (*getr.* -k·k-) *adj* white-spotted. — **~ˌfle·derˌmaus** *f zo.* white bat (*Gattg Diclidurus*).

ˈWeißˌflü·gel|ˌler·che *f zo.* white-winged lark (*Melanocorypha leucoptera*). — **~seeˌschwal·be** *f* white-winged black tern (*Chlidonias leucopterus*).

ˈWeiß|ˌfluß *m* ⟨-sses; *no pl*⟩ *med.* leukorrh(o)ea, *auch* leucorrh(o)ea, (the) whites *pl* (*colloq.*). — **~ˌfuchs** *m zo.* **1.** *cf.* **Polarfuchs.** – **2.** light sorrel horse.

ˈWeißˌfußˌmaus *f zo.* deer (*od.* white-footed) mouse (*Gattg Peromyscus*).

ˈweiß|geˌglüht *adj metall.* bright-annealed. — **~geˌklei·det** *adj* ⟨*attrib*⟩ dressed in white. — **~ˌgelb** *adj* **1.** pale-yellow. – **2.** white-and-yellow. — **W~ˌger·ber** *m tech.* tawer, chamois-dresser. — **W~ger·beˈrei** [ˌvaɪs-] *f* ⟨-; -en⟩ **1.** ⟨*only sg*⟩ tawing, alum tanning. – **2.** (*Arbeitsstätte*) tawery. — **~geˌschält, ~geˌschnitzt** *adj* ⟨*attrib*⟩ (*Holz*) clean-barked, completely barked, white-peeled. — **~geˌstreift** *adj* ⟨*attrib*⟩ (*Kleid etc*) with white stripes. — **~ˌglü·hend** *adj* white-hot, incandescent. — **W~ˌglut** *f* **1.** *metall.* white heat, incandescence. – **2.** *fig.* (*in Wendungen wie*) **j-n zur** (*od.* **in, bis zur**) **~ bringen** to make s.o. livid; **j-n bis zur ~ reizen** to anger s.o. to the point of rage. — **W~ˌgold** *n metall.* white gold. — **~ˌgrau** *adj* whitish-(*od.* pale-)gray (*bes. Br.* -grey). — **W~ˌgül·denˌerz, W~ˌgül·digˌerz** [-ˌgʏldɪç-] *n min.* white silver ore. — **W~ˌguß** *m metall.* white (malleable) cast iron.

ˈWeißˌhaar-ˌFei·genˌkak·tus *m bot.* Aaron's-beard (cactus) (*Opuntia leucotricha*).

ˈweißˌhaa·rig *adj* white-haired, white-headed, (*von Alter*) *auch* hoary.

ˈWeißˌhandˌgib·bon *m zo.* lar, *auch* lar gibbon (*Hylobates lar*).

ˈWeiß·heit *f* ⟨-; *no pl*⟩ *cf.* **Weiße**[3].

ˈWeiß|ˌherbst *m gastr.* *white wine made from black grapes of a single variety, the must being separated immediately from the skins.* — **~ˌholz** *n* whitewood. — **~ˌkalk** *m tech.* white lime. — **~ˌkä·se** *m bes. Northern G. gastr. for* **Quark** 1, 2.

ˈWeißˌkehl-ˌMeerˌkat·ze *f zo.* Samango guenon (*od.* monkey) (*Cercopithecus labiatus*).

ˈWeißˌkernˌguß *m metall.* white-heart malleable iron.

ˈWeiß|ˌklee *m bot.* white (Dutch) clover, *auch* white Dutch (*Trifolium repens*). — **~ˌkohl** *m* white cabbage (*Brassica oleracea var. capitata*).

ˈWeißˌkopfˌaf·fe *m zo.* white-headed saki (*Pithecia pithecia*).

ˈWeiß|koˌral·le *f zo.* white coral (*Amphihelia oculata*). — **~ˌkraut** *n bot. cf.* **Weißkohl.** — **~ˌkup·fer** *n metall.* white copper. — **~ˌlack** *m* white enamel. — **~ˌle·der** *n* white leather.

ˈweiß·lich *adj* (*Färbung etc*) whitish, whit(e)y.

ˈWeißˌlie·gen·de *n* ⟨-n; *no pl*⟩ *geol.* weissliegend sandstone.

ˈWeiß·ling *m* ⟨-s; -e⟩ *zo.* **1.** (*Tagfalter*) white (*Fam. Pieridae*). – **2.** *cf.* **Weißfisch.**

ˈWeiß·lingsˌwes·pe *f zo. cf.* **Schlupfwespe.**

ˈWeißˌlip·penˌhirsch *m zo.* Thorold's deer (*Cervus elaphus albirostris*).

ˈWeiß|ˌlot *n tech.* tin solder. — **~ˌmehl** *n gastr.* white (*od.* plain) flour. — **~ˌmes·sing** *n metall.* white brass. — **~meˌtall** *n* white (*od.* Babbit) metal, Babbit. — **~nä·heˌrei** *f* plain (needle)work. — **~ˌnä·he·rin** *f* plain seamstress.

ˈWeißˌna·se *f zo.* white-nosed guenon (*od.* monkey), puttynosed monkey (*Cercopithecus nictitans*).

ˈWeißˌna·sen|ˌaf·fe *m zo.* white-nosed saki (*Pithecia albinasa*). — **~-ˌMeerˌkat·ze** *f* guenon (*Gattg Cercopithecus*).

ˈWeißˌnasˌhorn *n zo.* white rhino(cerus) (*Ceratotherium simum*).

ˈWeißˌnickel|ˌerz (*getr.* -k·k-) *n*, **~ˌkies** *m min.* white (arsenical) nickel, chloanthite.

ˈWeiß|ˌpap·pel *f bot.* white (*od.* silver) poplar, silverleaf (*Populus alba*). — **~ˌpin·selˌäff·chen** *n zo.* jacehus, sagoin (*Callithrix jacchus*).

ˈWeißˌrücken|ˌskunk (*getr.* -k·k-) *m zo.* hog-nosed (*auch* white-backed) skunk, conepate, *auch* conepatl (*Conepatus mesoleucas*). — **~ˌspecht** *m* white-backed woodpecker (*Dendrocopos leucotos*).

ˈWeißˌruß *m synth.* white fillers *pl.*

ˈWeißˌrus·se *m* ⟨-n; -n⟩ **1.** *anthrop.* Belorussian, *auch* White Russian. – **2.** *hist.* (*in der russ. Revolution*) White Russian.

ˈWeißˌrüs·selˌna·senˌbär *m zo.* coati (*Nasua narica*).

ˈweißˌrus·sisch I *adj* **1.** *geogr. ling.* Belorussian, *auch* White Russian. – **2.** *hist.* White Russian. – **II** *ling.* **W~** ⟨*generally undeclined*⟩, **das W~e** ⟨-n⟩ **3.** Belorussian, *auch* White Russian.

ˈWeißˌschul·ter·ka·puˌzi·ner *m zo.* white-throated capuchin (*Cebus albifrons hypoleucus*).

ˈWeißˌschwanz *m zo. cf.* **Steinschmätzer.** — **~ˌgnu** *n* black wildebeest, white-tailed gnu (*Connochaetes gnu*). — **~ˌhirsch** *m cf.* **Weißwedelhirsch.**

ˈWeißˌschwie·lenˌkrank·heit *f med.* leukoplakia.

ˈweiß|ˌsei·den *adj* (*Bluse etc*) of white silk: **eine ~e Bluse** a white silk blouse. — **~ˌsie·den** *v/t* ⟨*sep*, -ge-, h⟩ *tech.* (*Silber*) blanch. — **W~ˌsil·ber** *n metall.* white silver. — **W~ˌspießˌglanz** *m chem. cf.* **Antimonblüte.**

ˈWeißˌspit·zenˌhai *m zo.* white shark (*Triaenodon obesus*).

ˈWeiß|ˌstein *m min. cf.* **Granulit.** — **~sti·ckeˌrei** (*getr.* -k·k-) *f* ⟨-; *no pl*⟩ (*textile*) linen embroidery, broderie anglaise. — **~ˌstör** *m zo.* white sturgeon (*Acipenser transmontanus*). — **~ˌstorch** *m* white stork (*Ciconia ciconia*). — **~ˌsucht** *f* ⟨-; *no pl*⟩ *biol. med. cf.* **Albinismus.**

weißt [vaɪst] *2 sg pres of* **wissen.**

'**Weiß|ˌtan·ne** *f bot.* silver fir (*Abies alba*). — **~ˌul·me** *f* American (*od.* water, white) elm (*Ulmus americana*). — **~ˌwal** *m zo.* beluga white whale, sea canary (*Delphinapterus leucas*).

'**Weißˌwandˌrei·fen** *m auto.* white-wall tire (*bes. Br.* tyre).

'**Weißˌwan·genˌgans** *f zo.* barnacle (goose) (*Branta leucopsis*).

'**weißˌwan·gig** [-ˌvaŋɪç] *adj* white-cheeked, with white cheeks.

'**Weißˌwa·ren** *pl* (*textile*) white goods, *bes. Am.* dry (*auch* soft) goods *pl* (*sometimes construed as sg*), *Br.* drapery *sg*, linen goods.

'**Weißˌwä·sche** *f* ⟨-; *no pl*⟩ (*beim Waschen*) white clothes *pl*, whites *pl* (*colloq.*).

'**weißˌwa·schen I** *v/t* ⟨*usually inf u. pp* weißgewaschen, h⟩ j-n ~ *fig.* to clear s.o. (*od.* s.o.'s name). – **II** *v/reflex* **sich** ~ *fig.* to clear oneself (*od.* one's name).

'**Weißˌwe·delˌhirsch** *m zo.* Virginian (*od.* white-tailed) deer (*Odocoileus virginianus*).

'**Weißˌwein** *m gastr.* white wine, white: **ein Glas** ~ a glass of white wine. — **~ˌsau·ce** *f gastr.* white wine sauce.

'**Weiß|ˌwert** *m telev.* white level. — **~ˌwurm** *m zo. cf.* Uferaas. — **~ˌwurst** *f gastr. whitish sausage consisting chiefly of veal seasoned with parsley.* — **~ˌwurz** *f* ⟨-; *no pl*⟩ Solomon's seal (*Gattg Polygonatum*): **Vielblütige** ~ common Solomon's seal, David's-harp, Lady's seal (*P. multiflorum*). — **~ˌzeug** *n* ⟨-(e)s; *no pl*⟩ (*textile*) (household) linen.

'**Weis·tum** *n* ⟨-s; ¨er⟩ *jur. hist. collection of judicial sentences serving as precedents in German law.*

'**Wei·sung** *f* ⟨-; -en⟩ **1.** instruction, direction, directive: **~en erlassen** to give instructions (*od.* orders); **j-m (die)** ~ **geben, etwas zu tun** to give s.o. the instruction (*od.* to instruct s.o., to direct s.o.) to do s.th.; **(bei j-m) ~en einholen** to ask (s.o.) for instructions; **(j-m)** ~ **erteilen** to give (s.o.) instructions; **ich habe** ~, **niemanden einzulassen** I have been instructed (*od.* been given instructions) not to let anyone in; **er hatte** ~ **bekommen** (*od.* **erhalten**), **an einem bestimmten Ort zu sein** he had been given instructions (*od.* instructed, directed) to be at a certain place; **sich an die ~en halten** to follow (*od.* keep to) (the) instructions. – **2.** *jur.* precept.

'**Wei·sungs|be·fug·nis** *f* authority to issue directives. — **w~ge·bun·den** *adj* ~ **sein** to be subject to instructions (*od.* directions). — **w~geˌmäß** *adv* according to instructions (*od.* directions), as instructed (*od.* directed). — **~ˌrecht** *n* right to give instructions (*od.* directions).

weit [vaɪt] **I** *adj* ⟨-er; -est⟩ **1.** (*Rock, Jacke etc*) wide, full, loose, *auch* loose-fitting: **dieses Kleid hat ~e Ärmel** this dress has wide sleeves; **das Kleid ist mir zu** ~ the dress is too wide (*od.* big) for me; **der Rock ist in der Taille zu** ~ the skirt is too wide at the waist; **ich muß das Kleid ~er machen** I must let the dress out; **der Rock wird zum Saum hin ~er** the skirt becomes wider (*od.* widens) toward(s) the hem. – **2.** (*Öffnung etc*) wide: **das Rohr wird nach der einen Seite hin ~er** the tube grows wider (*od.* widens) toward(s) one side. – **3.** (*Fläche, Tal, Platz, Straße etc*) wide, broad, (*stärker*) vast: **eine ~e Ebene** a wide plain; **~e Zwischenräume** wide spaces; **ein ~er Blick über das Land** a commanding view over (*od.* of) (*od.* a panorama of) the country; **in die ~e Welt ziehen** to set out into the (big) wide world; **in der ganzen ~en Welt** in the whole wide world; **das ist ein ~es Feld** *fig.* that is a wide field; **einen ~en Horizont haben** *fig.* to have a broad outlook (*od.* horizon); → **Kreis** 2, 4. – **4.** (*Raum, Saal etc*) wide, spacious, roomy, ample (*lit.*): **eine ~e Halle** a wide hall; **ein ~es Gewissen haben** *fig.* to have an easy (*od.* a lax) conscience; → **Herz** *Besondere Redewendungen.* – **5.** *fig.* (*Bedeutung, Interpretation etc*) broad, wide: **eine ~e Auslegung** a broad interpretation; **im ~eren Sinne** in the broader sense; **im ~esten Sinne (des Wortes)** in the broadest (*od.* most comprehensive) sense (of the word); **das ist ein ~er Begriff** *auch iron.* that is a broad term (*od.* concept). – **6. ein ~er Unterschied** *fig.* a big (*od.* vast, world of) difference. – **7.** (*groß*) great: **auf ~e [aus ~er] Entfernung** at a [from a] great distance, a long way off; **das liegt in ~er Ferne** *fig.* that is in the distant (*od.* remote) future, that is still a long way off. – **8.** (*ausgedehnt, lang*) long: **ein ~er Weg** a long way; **eine ~e Reise** a long (*od.* an extensive) journey; **in ~en Abständen** (*räumlich u. zeitlich*) at long intervals; **das war der ~este Sprung bisher** that was the longest jump so far. – **9.** *med.* (*Pupille*) dilated. – **10.** *mus.* (*Stimmverteilung*) open, extended, dispersed: **~e Lage** open position. – **11. das ~e Meer, die ~e See** *mar.* the open sea. – **II** *adv* **12.** wide: **die Tür** ~ **öffnen** to open the door wide; **das Fenster stand** ~ **offen** the window was wide open; **den Mund** ~ **aufmachen** to open one's mouth wide; **er reißt das Maul** (*od.* **die Klappe**) **zu** ~ **auf** *fig. colloq.* he is a bigmouth (*Br.* big-mouth), he is too bigmouthed (*Br.* big-mouthed). – **13.** *fig.* wide: **diese Ansicht ist** ~ **verbreitet** this opinion is widespread; **er holte in seinen Darlegungen** ~ **aus** he gave a very broad account of the matter; **die Familie ist** ~ **verzweigt** the family has a wide (*od.* big) connection (*Br. auch* connexion), *Am.* the family has wide connections (*od.* ramifications). – **14.** widely: ~ **vom Thema abkommen** (*od.* **abschweifen**) to wander (*od.* digress) widely from the subject; **die Meinungen gingen** ~ **auseinander** opinions differed widely (*od.* vastly); **er ist** ~ **gereist** he is widely (*od.* extensively) travel(l)ed; **er ist** ~ **herumgekommen** he has been all over the place, he has got around a great deal. – **15.** (*räumlich entfernt*) far: ~ **oben [unten]** far (*stärker* away) (up) at the top [(down) below]; **~er oben [unten, links, rechts]** farther (*od.* further) up [down, to the left, to the right]; **das Haus liegt** ~ **(entfernt) von hier** the house is situated a long (*od.* great) distance (*od.* a long way) from here; **das ist nicht** ~ **von hier** that is not far (*od.* no distance) from here; **unsere Verwandten wohnen** ~ **entfernt** our relatives live far away; **das Dorf liegt fünf Minuten** ~ **entfernt** the village is five minutes away (*od.* off); **der Bahnhof ist 100 Meter** ~ **(entfernt) von hier** the station is 100 meters (*bes. Br.* metres) (away [*od.* distant]) from here; ~ **in der Ferne sah er die Stadt** he saw the town far (*stärker* away) in the distance, he saw the town afar off (*od.* from afar) (*poet.*); **nur** ~ **weg** (*od.* **fort**) **von hier!** let's get out (of here)! **er war** ~ **weg mit seinen Gedanken** *fig.* he was miles away (with [*od.* in] his thoughts); **er war den anderen Wanderern** ~ **voraus** he was far (*stärker* away) ahead of the other hikers; **er kommt von** ~ **her** he comes from far away (*od. poet.* from afar), he comes from a long way from here; **er muß** ~ **fahren, um zur Schule zu kommen** he has to go (*od.* travel) far (*od.* a long way) to get to school, he has a long way (to go) to school; **so** ~ **kann ich nicht laufen [springen, sehen]** I cannot run [jump, see] as far as that (*od. colloq.* that far); **es war** ~ **und breit niemand zu sehen** there was nobody to be seen far and wide, there was not a soul for miles around; **er ist der beste Läufer** ~ **und breit** he is the best runner for miles around; **zu Fuß wirst du heute abend nicht mehr** ~ **kommen** you won't get far on foot tonight; **wir wollen heute so** ~ **wie möglich kommen** we want to get as far as possible (*od.* as we can) today; **ist es noch** ~ **(bis zum nächsten Dorf)?** is it far (*od.* have we [still] far to go) (to the next village)? **haben Sie es noch** ~**?** *colloq.* have you far to go? **bis hierher und nicht ~er** as far as (*od.* up to) here and no farther (*od.* further); **sie wohnen ein paar Häuser ~er** they live a few houses farther on; **ich kann ~er springen als du** I can jump farther (*od.* further) than you; **er kann am ~esten werfen** he can throw (the) farthest (*od.* furthest); → **Schuß** 1. – **16.** *fig.* (*in Wendungen wie*) **das ist** ~ **hergeholt** that is farfetched (*Br.* far-fetched) (*od.* contrived); **es ist nicht** ~ **mit ihm her** he is not up to much, he is no great shakes (*colloq.*); **mit deinen Leistungen ist es nicht** ~ **her** your achievements are not up to much (*od.* not worth much, *colloq.* no great shakes, nothing to write home about, *bes. Am.* rather picayunish); **ich bin** ~ **davon entfernt, das zu tun** I have no (*od.* not the slightest) intention of doing that; **er hat es im Leben [Beruf]** ~ **gebracht** he got on well in life [in his profession]; **er wird es im Leben nicht** ~ **bringen** he won't achieve much (*od.* get very far) in life; **er wird es noch** ~ **bringen** he will go far (*od. colloq.* places); **in dieser Branche kannst du es nicht** ~ **bringen** you can't get far in this line of business; **das geht** (*od.* **führt**) **zu** ~ that's going too far; **das geht mir (wirklich) zu** ~ that's (really) going too far to my mind; **er ist zu** ~ **gegangen, er hat es zu** ~ **getrieben** he went too far, he overshot the mark; **er ist mit seinen Behauptungen zu** ~ **gegangen** he went too far in (*od.* he overshot the mark with) his statements; **er ist sehr** ~ **gegangen** he went quite far; **er ging noch (viel) ~er** he went (much) further; **es würde zu** ~ **führen, wenn ich das alles erklären wollte** it would be too much to explain all this; **mit deinen Forderungen wirst du nicht** ~ **kommen** you won't get far with your claims; **mit Höflichkeit kommt man am ~esten** one gets along (*od.* on) best when one is polite; **etwas** ~ **von sich weisen** to reject s.th. emphatically; **er ist seinen Klassenkameraden in seinen Leistungen** ~ **voraus** he is far (*stärker* away, *colloq.* way) ahead of his classmates in his achievements; **wir werden die Erfordernisse so** ~ **wie möglich berücksichtigen** we will take the prerequisites (*od.* exigencies) into consideration as far as possible (*od.* as far as we can). – **17.** *fig.* (*in einem Ablauf, einer Entwicklung etc*) far: **die Krankheit ist schon** ~ **fortgeschritten** the illness is far advanced; **wie** ~ **bist du (mit deiner Arbeit)?** how far have you got (with your work)? **wir sind schon ~er (im Stoff) als die Parallelklasse** we are further on (in the syllabus *od.* subject) than the other section of the class (*Br.* than the parallel form); **ich bin noch nicht so** ~**, daß ich alles durcheinanderwerfe** I have not got to the stage where I confuse (*od.* of confusing) everything; **es ist noch nicht so** ~**, daß** things have not yet come to the point where; **so** ~ **ist es noch nicht** it has not come to that yet; **so** ~ **ist es noch nicht, daß** it has not come to the point (*od.* stage) yet where; **so** ~ **wollen wir es nicht kommen lassen** we do not want to let it come to that; **so** ~ **ist es schon mit dir gekommen?** has it come to that? **so** ~ **ist es schon mit uns gekommen, daß** it has come to the point (*od.* stage) where we; **er ist so** ~ **genesen, daß er kleine Spaziergänge machen kann** he has improved to the stage of being able to go for short walks; **so** ~ **die Nachrichten** that is (all) the news so far; **so** ~**, so gut** so far, so good. – **18.** *fig.* (*bei Zeitangaben*) **es war** ~ **nach Mitternacht** it was long past midnight; ~ **(bis) in den Tag hinein schlafen** to sleep until late in the day; **er ist** ~ **über 60 (Jahre alt)** he is well over 60, he is well on in his sixties; **das liegt** ~ **zurück** that's a long way back, that was a long time ago. – **19.** *fig.* (*sehr*) by far: **j-n** ~ **übertreffen** to outdo s.o. by far; ~ **gefehlt** (*od.* **entfernt**)**!** far from it! – **20.** *fig.* (*viel*) far: **er ist** ~ **größer als du** he is far (*od.* much) taller than you; **dieses Bild gefällt mir** ~ **besser** I like this picture far better, I much prefer this picture; **das ist mir** ~ **lieber** I prefer this by far, I much prefer this. – **III W~e, das** ⟨-n⟩ **21. das W~e suchen** *fig.* to take to one's heels, to make off. – **22.** (*mit Kleinschreibung*) **bei ~em besser [schöner]** better [more beautiful] by far; **dies gefällt mir bei ~em am besten** I like this by far (the) best; **er ist bei ~em der Beste** he is by far (*od.* by a long shot) the best; **dieser Berg ist bei ~em nicht so hoch wie der andere** this mountain is not nearly as high as the other one; **er hat ihr bei ~em nicht alles erzählt** he did not tell her half the story (*od.* anything like the whole story); **bei ~em nicht!** not nearly! not by a long way (*od.* shot)! **ich habe ihn von ~em erkannt** I recognized him a long way off (*od.* from a distance, *colloq.* a mile away); **von ~em hörte man Menschenstimmen** (people's) voices could be heard in the distance.

Weit *n* ⟨-(e)s; -e⟩ *mar.* (*eines Schiffes*) (greatest) width.

'**weit'ab** *adv* far away: ~ **von aller Zivilisation** far away from all civilization (*Br. auch* -s-).

'**weit'aus** *adv* **1.** (*bei Komparativen*) far, by

a long shot, by far: **das ist ~ besser (als)** that is far better (than), that is better by far (than). – **2.** (*bei Superlativen*) by far: **das ~ Wichtigste** the most important thing by far, by far the most important thing.

'weitˌausˌho·lend I *adj* **1.** (*Geste, Gebärde*) wide. – **2.** (*Schilderung, Erklärung etc*) lengthy, voluminous, rambling, long-winded, long-drawn-out (*attrib*), *auch* long-drawn. – **II** *adv* **3.** at (great) length.

'weit·beˌkannt *adj* ⟨*attrib*⟩ widely known.

'weit·beˌrühmt *adj* ⟨*attrib*⟩ far-famed.

'Weitˌblick *m* ⟨-(e)s; *no pl*⟩ farsightedness, *Br.* far-sigthedness, longsightedness, *Br.* long-sightedness. — **'weitˌblickend** (*getr.* -k·k-) *adj* farsighted, *Br.* far-sighted, longsighted, *Br.* long-sighted, farseeing, *Br.* far-seeing.

'Wei·te *f* ⟨-; -n⟩ **1.** ⟨*only sg*⟩ (*von Kleidungsstücken*) width, ful(l)ness: **die ~ der Jacke wird im Rücken durch einen Gürtel zusammengehalten** the width of the jacket is drawn together by a belt at the back. – **2.** ⟨*only sg*⟩ (*von Ebene, Platz, Landschaft, Meer etc*) vastness, expanse, immensity, spread: **die unbegrenzte ~ des Himmels** the infinite vastness of the heavens; **das Meer lag in unendlicher ~ vor uns** the sea stretched before us in its immensity. – **3.** (*endlose Fläche, endloser Raum*) expanse: **die ~n des Weltalls** the expanses of the universe. – **4.** ⟨*only sg*⟩ (*einer Öffnung*) width, breadth. – **5.** ⟨*only sg*⟩ (*von Raum, Saal etc*) spaciousness. – **6.** ⟨*only sg*⟩ *fig.* (*eines Begriffs etc*) broadness, wideness, scope. – **7.** ⟨*only sg*⟩ (*bes. sport*) (*von Wurf, Sprung etc*) distance: **er erreichte eine ~ von 5 m** he achieved a distance of 5 m. – **8.** ⟨*only sg*⟩ *tech.* (*Durchmesser*) diameter: **lichte ~** a) inside width, b) (*eines Hohlkörpers*) inside diameter, c) (*einer Brücke*) clear span.

wei·ten ['vaɪtən] **I** *v/t* ⟨h⟩ **1.** (*Schuhe, Handschuhe etc*) stretch, widen. – **2.** *med.* a) widen, b) (*Gang, Cervix*) dilate. – **3.** *tech.* (*Rohre*) flare, expand. – **II** *v/reflex* **sich ~ 4.** (*von Schuhen, Handschuhen, Hosen etc*) stretch, widen. – **5.** (*von Gummizug etc*) stretch. – **6.** (*von Tal, Fluß etc*) open (*od.* broaden) (out): **der Strom weitet sich zum Meer** the stream opens (out) into the sea. – **7.** *fig.* be broadened (*od.* widened): **durch Lesen weitet sich der Blick** one's outlook is broadened by reading, reading broadens one's outlook (*od.* mind). – **8. das Herz weitet sich bei diesem schönen Anblick** *fig.* the heart swells at this beautiful sight. – **9.** *med.* a) widen, b) (*von Pupille, Gefäß, Herz etc*) dilate. – **III W~** *n* ⟨-s⟩ **10.** *verbal noun.* – **11.** *cf.* Weitung.

'wei·ter I *comp of* weit. – **II** *adj* ⟨*attrib*⟩ **1.** (*zusätzlich*) further, additional: **ein ~es Problem** a further problem; **jede ~e Frage ist unnötig** further questions are unnecessary; **ein ~er Begriff der Lingustik ist „Syntax"** a further linguistic concept is "syntax". – **2.** (*hinzukommend*) further: **nach einer ~en Stunde** after a further (*od.* another) hour; **ohne ~e Umstände** without further ado (*od.* ceremony); **im ~en Verlauf** in the further course of events; **bis auf ~e Anweisung** until further notice; **mit ~en Schneefällen muß gerechnet werden** further snowfalls are to be expected. – **3.** (*ander*) other: **nach Ansicht ~er berühmter Gelehrter** according to the opinion of other famous scholars. – **III** *adv* **4. ~!** a) go on! continue! b) move on (*od.* along)! **halt, nicht ~!** stop, no further! **~ im Text** *colloq.* let's go on; **und so ~** and so on (*od.* forth), et cetera; **und ~?** and then? – **5. was ~?** (*was sonst noch?*) what else? **was soll ~ geschehen?** a) what else has to be done? b) what will happen now? **es war ~ niemand da (als)** no one else was there (except for *od.* apart from); **~ sagte er nichts** he said nothing further; **das hat ~ nichts zu sagen** that has no further significance, that doesn't mean a thing; **kein Wort ~ (darüber)** not another word; **wenn es ~ nichts ist** if that is all that's wrong (*od.* all the trouble); **~ wollte ich nichts** that was all I wanted; **es fiel mir ~ nicht auf** it did not strike me particularly. – **6.** (*weiterhin*) **etwas ~ tun** to continue to do s.th.; **es wird ~ so bleiben** it will remain like that. – **IV** *conj* **7.** *cf.* weiterhin 3. – **V W~e, das** ⟨-n⟩ **8. alles W~e** everything else, the rest; **W~es darüber** more about that; **das W~e weißt du** you know the rest; **ich war damit des W~en enthoben** I had nothing further to do with it. – **9.** (*mit Kleinschreibung*) **bis auf ~es** a) until further notice, b) *jur.* till further provision (is made); **des ~en** in addition; **im ~en** furthermore; **ohne ~es** a) without hesitation, without more ado, b) (*als Antwort*) of course.

'Wei·ter|ˌar·beit *f* ⟨-; *no pl*⟩ **1.** (*der Fabrik*) continued production. – **2.** (*der Belegschaft*) continued employment. — **w~ˌar·bei·ten** *v/i* ⟨*sep*, -ge-, h⟩ **1.** (*ohne Unterbrechung*) go (*od.* keep) on working, work on. – **2.** (*nach einer Unterbrechung*) continue (*od.* proceed with) one's work. – **3. an** (*dat*) **etwas ~** to continue (to) work on s.th. — **w~beˌför·dern I** *v/t* ⟨*sep, no* -ge-, h⟩ **1.** (*Waren*) transport (*od.* carry, convey, dispatch, despatch) (*s.th.*) further. – **2.** (*Personen*) transport (*od.* carry, convey) (*s.o.*) further. – **3.** (*postal service*) *cf.* weiterleiten 3. – **II W~** *n* ⟨-s⟩ **4.** *verbal noun.* — **~beˌför·de·rung** *f* ⟨-; *no pl*⟩ **1.** *cf.* Weiterbefördern. – **2.** (*von Waren*) further transport (*bes. Am.* transportation) (*od.* carriage, conveyance, dispatch, despatch). – **3.** (*von Personen*) further transport (*bes. Am.* transportation) (*od.* carriage, conveyance). – **4.** (*postal service*) *cf.* Weiterleitung 2. — **w~beˌge·ben I** *v/t* ⟨*irr, sep, no* -ge-, h⟩ *econ.* (*Wechsel*) negotiate (*a bill*) further, renegotiate. – **II** *v/reflex* **sich ~ (zu, nach to)** proceed. – **III W~** *n* ⟨-s⟩ *verbal noun.* — **~beˌge·bung** *f* ⟨-; *no pl*⟩ **1.** *cf.* Weiterbegeben. – **2.** *econ.* further negotiation, renegotiation. — **w~beˌhan·deln I** *v/t* ⟨*sep, no* -ge-, h⟩ **1.** (*Thema, Frage etc*) discuss (*od.* treat, deal with, handle) (*s.th.*) further. – **2.** *med.* (**mit** with) give (*s.o., s.th.*) further treatment (*mit Arzneien auch* medication), carry on the treatment (*mit Arzneien auch* medication) of. – **3.** *chem. tech.* (**mit** with) treat (*s.th.*) subsequently. – **II W~** *n* ⟨-s⟩ **4.** *verbal noun.* — **~beˌhand·lung** *f* ⟨-; *no pl*⟩ **1.** *cf.* Weiterbehandeln. – **2.** *med.* (**mit** with) further treatment (*mit Arzneien auch* medication). – **3.** *chem. tech.* (**mit** with) subsequent treatment. — **~beˌstand** *m* ⟨-(e)s; *no pl*⟩ *cf.* Fortbestand. — **w~beˌste·hen** *v/i* ⟨*irr, sep, no* -ge-, h⟩ *cf.* fortbestehen. — **w~beˌwe·gen** *v/reflex* ⟨*sep, no* -ge-, h⟩ **sich ~** *cf.* fortbewegen 5. — **w~ˌbil·den I** *v/t* ⟨*sep*, -ge-, h⟩ **1.** (*Person*) *cf.* fortbilden 1. – **2.** (*Fähigkeiten*) promote, further. – **II** *v/reflex* **sich ~ 3.** *cf.* fortbilden 2, 3. – **III W~** *n* ⟨-s⟩ **4.** *verbal noun.* — **~ˌbil·dung** *f* ⟨-; *no pl*⟩ **1.** *cf.* Weiterbilden. – **2.** (*von Personen*) *cf.* Fortbildung. – **3.** (*von Fähigkeiten*) promotion, furtherance. — **w~ˌbrin·gen** *v/t* ⟨*irr, sep*, -ge-, h⟩ **1.** (*helfen*) help (*s.o.*) on, promote, further: **das bringt mich nicht weiter** that is no (*od.* not much) help to me. – **2.** (*vorwärtsbringen*) bring (*s.th.*) further, advance: **die Erfindung der Buchdruckerkunst hat die Menschheit ein gutes Stück weitergebracht** the invention of printing has brought mankind a great deal further (*od.* advanced mankind enormously). — **w~ˌden·ken I** *v/i* ⟨*irr, sep*, -ge-, h⟩ **1.** (*einen Gedanken weiterverfolgen*) follow up a thought (*od.* thoughts), think further. – **2.** (*an die Zukunft denken*) think ahead. – **II** *v/t* **3.** (*Gedanken etc*) follow up. — **w~ˌdrän·gen** *v/i* ⟨*sep*, -ge-, h⟩ push (*od.* press) on. — **w~ˌdre·hen I** *v/t* ⟨*sep*, -ge-, h⟩ **1.** (*Filmstreifen etc*) wind (*s.th.*) on: **nach jeder Aufnahme muß ich den Film ~** I have to wind the film on after each picture. – **2.** (*Rad etc*) turn (*s.th.*) on (*od.* round). – **3.** (*film*) continue (making *od.* shooting): **sie können den Film nicht ~** they cannot continue the film. – **II** *v/i* **4.** (*film*) continue (making *od.* shooting) the film, continue filming. – **III** *v/reflex* **sich ~ 5.** continue to turn: **die Welt dreht sich weiter** *fig.* the world goes on, life continues.

'wei·ter|ˌei·len *v/i* ⟨*sep*, -ge-, sein⟩ hurry (*od.* rush) on. — **~empˌfeh·len** *v/t* ⟨*irr, sep, no* -ge-, h⟩ recommend: **bitte empfehlen Sie mich weiter** please recommend (*od.* mention) me to your friends. — **~entˌwickeln** (*getr.* -k·k-) **I** *v/t* ⟨*sep, no* -ge-, h⟩ **1.** (*Modell, Verfahren etc*) develop (*s.th.*) further, advance. – **II** *v/reflex* **sich ~ 2.** (*von Technik etc*) progress, advance. – **3.** *med.* (*von Geschwulst etc*) progress. – **III W~** *n* ⟨-s⟩ **4.** *verbal noun.* — **W~entˌwicke·lung** (*getr.* -k·k-), **W~entˌwick·lung** *f* ⟨-; *no pl*⟩ **1.** *cf.* Weiterentwickeln. – **2.** (*von Modell, Verfahren*) further development, advancement. – **3.** (*von Technik*) progress, advancement. – **4.** *med.* (*einer Geschwulst etc*) progression. — **~erˌzäh·len I** *v/t* ⟨*sep, no* -ge-, h⟩ **1.** pass (*s.th.*) on: **erzähl das bloß nicht weiter** don't tell anyone; **sie hat es ihrer Freundin weitererzählt** she passed it on (*od.* told it) to her girl friend. – **2.** (*Geschichte, Erzählung etc*) continue. – **II** *v/i* **3.** continue one's story.

'wei·terˌfah·ren[1] **I** *v/i* ⟨*irr, sep*, -ge-, sein⟩ **1.** (*von einem Fahrzeug*) go on, (*förmlich*) *auch* proceed, continue: **das Auto fuhr ohne Fahrer weiter** the car went (*od.* drove) on without its driver; **nach einem kurzen Aufenthalt fuhr der Zug weiter (nach Hamburg)** after a short stop the train went on (*od.* continued) (to Hamburg); **die Wagenkolonne fuhr zum Sitz des Präsidenten weiter** the column proceeded to the president's residence. – **2.** (*von Personen, bei kurzem Aufenthalt*) go on: **ich habe nicht viel Zeit, ich fahre gleich weiter** I have not much time, I must go on immediately. – **3.** (*eine Reise fortsetzen*) go on, continue: **morgen fahren wir weiter nach Paris** we are going on to Paris tomorrow. – **4.** (*nicht anhalten*) drive on: **nach dem Unfall ist er einfach weitergefahren** he simply drove on after the accident. – **II** *v/t* ⟨h⟩ **5. ich werde den Wagen noch ein Jahr ~ müssen** I'll have to run (*od.* keep) the car another year.

'wei·terˌfah·ren[2] *v/i* ⟨*irr, sep*, -ge-, h *u.* sein⟩ *cf.* fortfahren[2].

'Wei·terˌfahrt *f* ⟨-; *no pl*⟩ (*in Wendungen wie*) **während der ~ erzählte er mir seine Geschichte** as we continued our journey (*od.* drove on) he told me his story; **zur ~ (nach Bremen) kannst du auch einen anderen Zug nehmen** you can also take another train to continue (to Bremen), you can continue (to Bremen) in another train; **zur ~ nach Berlin bitte einsteigen** all passengers continuing to Berlin aboard, please.

'wei·ter|ˌflie·gen *v/i* ⟨*irr, sep*, -ge-, sein⟩ fly on, continue one's flight: **die Maschine fliegt nach München weiter** the aircraft flies on (*od.* continues its flight) to Munich. — **W~ˌflug** *m* ⟨-; *no pl*⟩ **auf dem ~ geriet das Flugzeug in ein Gewitter** as the aircraft continued its flight it ran into a thunderstorm. — **~ˌfüh·ren I** *v/t* ⟨*sep*, -ge-, h⟩ **1.** (*Gespräch, Verhandlung, Tradition etc*) continue, carry on, go on with. – **2.** (*Geschäft, Krieg etc*) carry on. – **3.** (*nach einer Unterbrechung*) resume, take up. – **4. das führt uns nicht weiter** that will not get us anywhere. – **II W~** *n* ⟨-s⟩ **5.** *verbal noun.* – **6.** *cf.* Weiterführung. — **~ˌfüh·rend I** *pres p.* – **II** *adj* **~e Schulen** *ped. schools that take their pupils to higher levels than the minimum requirements of compulsory school attendance.* — **W~ˌfüh·rung** *f* ⟨-; *no pl*⟩ **1.** *cf.* Weiterführen. – **2.** (*von Gespräch, Verhandlung etc*) continuation. – **3.** (*Wiederaufnahme*) resumption. — **W~ˌga·be** *f* ⟨-; *no pl*⟩ **1.** *cf.* Weitergeben. – **2. Herr X wird die ~ des Gesuchs veranlassen** Mr. X will have the petition passed on. – **3.** (*von Veranlagung, Erbfaktor etc*) (**an** *acc* to) transmission. — **W~ˌgang** *m* ⟨-(e)s; *no pl*⟩ further course. — **~ˌge·ben I** *v/t* ⟨*irr, sep*, -ge-, h⟩ **1.** (*Gegenstand, Information, Gesuch, Liste etc*) pass (*s.th.*) on: **er gibt das Buch seinem** (*od.* **an seinen**) **Nachbarn weiter** he passes the book on to his neighbo(u)r. – **2.** (*Veranlagung, Erbfaktor etc*) (**an** *acc* to) pass on, transmit. – **3. Nachrichten ~** a) to pass on news, b) *tel.* to relay (*od.* retell) news. – **4.** *econ.* (*Wechsel*) negotiate. – **II W~** *n* ⟨-s⟩ **5.** *verbal noun.* — **~ˌge·hen I** *v/i* ⟨*irr, sep*, -ge-, sein⟩ **1.** (*ohne Unterbrechung*) go on: **sie sind schon weitergegangen** they have gone on. – **2.** (*nach einer Unterbrechung*) go (*od.* move) on, go (on) one's way (*lit.*): **dann gingen sie weiter zum nächsten Bild** then they went on to the next picture; **bitte ~!** move on (*od.* along), please! – **3. der Weg geht nicht mehr weiter** the path (*od.* road) ends here. – **4.** *fig.* (*sich fortsetzen*) continue, go on: **die Streitigkeiten gingen noch lange weiter** the controversies went on for quite a long time; **wie geht die Geschichte weiter?** how does the story go on? – **II** *v/impers* **5. so kann es nicht**

~ it cannot go on like this; **wie geht es jetzt weiter?** how am I (*od.* are we) to go on? – **III** *v/t* **6. seinen Weg ~** *fig.* to continue as (*od.* the way) one has started. – **IV W~** *n* ⟨-s⟩ **7.** *verbal noun*: **im W~ erzählte er mir, daß** as we went (*od.* walked) on he told me that. — **~ˌge·hend I** *pres p.* – **II** *Austrian comp of* weitgehend. — **~ˌhel·fen** *v/i* ⟨*irr, sep,* -ge-, h⟩ **1. j-m ~** to help s.o. on: **dieses Gespräch hat mir sehr weitergeholfen** this talk was a great help to me. – **2. sich** (*dat*) **~** to get along (*od.* on): **er weiß sich weiterzuhelfen** he knows how to get along, he knows what he is doing. — **~ˌhin I** *adv* **1. etwas ~ tun** to continue to do s.th.: **er wird ihn auch ~ besuchen** he will continue to visit him. – **2. er wird ~ ungeschlagen bleiben** he will remain undefeated (in [the] future); **er wird auch ~ an der Spitze der Partei stehen** he will remain (*od.* stay) at the head of the party (in future); **das wird auch ~ so sein** (and) it will remain (*od.* continue) like that, (and) that won't change. – **II** *conj* **3.** (*ferner*) further(more), moreover: **~ müssen wir von folgenden Problemen sprechen** further we must talk of the following problems; **~ waren anwesend Herr X, der Präsident des Verbandes, ...** also present were (*od.* besides these were present) Mr. X, the president of the association, ... — **~ˌkämp·fen** *v/i* ⟨*sep,* -ge-, h⟩ **1.** (*ohne Unterbrechung*) go (*od.* keep) on fighting, fight on. – **2.** (*nach einer Unterbrechung*) continue the fight. — **~ˌklin·gen** *v/i* ⟨*irr, sep,* -ge-, h⟩ resound: **der Ton eines Gongs klingt noch lange weiter** the sound of a gong resounds long after; **die Musik klang noch lange weiter in ihm** the music rang in his ears long after. — **~ˌkom·men I** *v/i* ⟨*irr, sep,* -ge-, sein⟩ **1.** get on: **wir sind heute nur fünf Kilometer weitergekommen** we only got on (*od.* covered) five kilometers today; **mach, daß du weiterkommst** *colloq.* clear off. – **2.** *fig.* get on: **wir sind heute ein gutes Stück weitergekommen** we got on (*od.* progressed) quite a bit today; **im Leben ~** to get on in life; **ich bin mit meiner Arbeit nicht weitergekommen** I have made no headway (*od.* I have not progressed) with my work; **ich komme einfach nicht weiter** I am stuck; **so kommen wir nicht weiter** this will not get us anywhere; **sie kam mit ihren Überlegungen nicht weiter** she got no further in her thoughts. – **II W~** *n* ⟨-s⟩ **3.** *verbal noun*: **an ein W~ ist heute nicht mehr zu denken** it is out of the question to go any farther today; **er ist um sein W~ besorgt** *fig.* he is very much concerned about getting on (*od.* about his advancement). — **~ˌkön·nen** *v/i* ⟨*irr, sep,* -ge-, h⟩ *colloq.* be able to go on (*od.* further): **ich kann nicht (mehr) weiter** a) I cannot go any farther, I cannot go on anymore, b) (*in einem Text*) I am stuck, I cannot go on. — **~ˌla·chen** *v/i* ⟨*sep,* -ge-, h⟩ go (*od.* keep) on laughing. — **~ˌlau·fen** *v/i* ⟨*irr, sep,* -ge-, sein⟩ **1.** (*ohne Unterbrechung*) run on, keep on running. – **2.** (*nach einer Unterbrechung*) run on. – **3.** *fig.* (*Gehalt*) be continued, continue to be paid. – **4.** *tech.* (*von Motoren, Maschinen etc*) continue to run, be kept running: **damit die Maschinen ~ können** so that the machines can be kept running. — **~ˌle·ben** *v/i* ⟨*sep,* -ge-, h⟩ *cf.* fortleben. — **~ˌlei·ten I** *v/t* ⟨*sep,* -ge-, h⟩ **1.** (*Gesuch, Anfrage*) (an *acc* to) refer, pass (*s.th.*) on. – **2.** (*Nachricht, Information etc*) (an *acc* to) pass (*s.th.*) on. – **3.** (*postal service*) a) (re)forward, (re)dispatch, (re)despatch, b) (*Telegramm*) (re)transmit, redirect. – **II W~** *n* ⟨-s⟩ **4.** *verbal noun.* — **W~ˌlei·tung** *f* ⟨-; *no pl*⟩ **1.** *cf.* Weiterleiten. – **2.** (*postal service*) a) (re)dispatch, (re)despatch, b) (re)transmission, redirection. — **~ˌle·sen I** *v/i* ⟨*irr, sep,* -ge-, h⟩ **1.** (*ohne Unterbrechung*) go (*od.* keep) on reading, read on. – **2.** (*nach einer Unterbrechung*) continue one's reading. – **II** *v/t* **3.** (*Roman etc*) continue (to read). — **~ˌma·chen** *v/i* ⟨*sep,* -ge-, h⟩ **1.** go (*od.* carry) on, continue: **mach du nur so weiter!** *iron.* just carry on like that! – **2. ~!** *mil.* a) carry on! continue! b) as you were! — **W~ˌmarsch** *m* ⟨-(e)s; *no pl*⟩ **auf dem ~ kamen wir an einem Dorf vorbei** as we continued our march we came past a village. — **~marˌschie·ren** *v/i* ⟨*sep, no* -ge-, sein⟩ **1.** (*ohne Unterbrechung*) march on, keep on marching. – **2.** (*nach einer Unterbrechung*) continue one's march, march on.

wei·tern [ˈvaɪtərn] *v/t* ⟨h⟩ *rare for* **erweitern I.**

ˈwei·ter|ˌre·den *v/i* ⟨*sep,* -ge-, h⟩ **1.** (*ohne Unterbrechung*) go (*od.* keep) on talking, talk on. – **2.** (*nach einer Unterbrechung*) continue one's talk, proceed. — **~ˌrei·chen** *v/t* ⟨*sep,* -ge-, h⟩ **1.** (*Brot, Liste etc*) (an *acc* to) hand (*od.* pass) (*s.th.*) on. – **2.** *fig. colloq.* (*Mädchen*) (an *acc* to) hand (*od.* pass) (*s.o.*) on. – **3.** (*Gesuch etc*) (an *acc* to) pass (*s.th.*) on, refer. — **~ˌrei·chend I** *pres p.* – **II** *Austrian comp of* weitreichend. — **W~ˌrei·se** *f* ⟨-; *no pl*⟩ **während der ~ fiel ihr ein, daß** as she continued her journey (*od.* travel[l]ed on) she remembered that. — **~ˌrei·sen** *v/i* ⟨*sep,* -ge-, sein⟩ travel (*od.* go) on, continue (*od. lit.* proceed on) one's journey: **am Abend reiste sie nach Frankfurt weiter** she travel(l)ed on to Frankfurt that evening. — **W~ˌreiß·verˌsuch** *m tech.* tongue-tearing. — **~ˌrücken** (*getr.* -k·k-) *v/i* ⟨*sep,* -ge-, sein⟩ move (*od. colloq.* shove) up: **bitte ~** (*im Bus etc*) move along, please.

ˈwei·ters *conj Austrian for* weiterhin II.

ˈwei·ter|ˌsa·gen I *v/t* ⟨*sep,* -ge-, h⟩ pass (*s.th.*) on: **sag das bloß nicht weiter** don't tell anyone. – **II** *v/i* **~!** pass it on! — **~ˌschicken** (*getr.* -k·k-) *v/i* ⟨*sep,* -ge-, h⟩ **1.** (*Paket, Brief etc*) send (*s.th.*) on, forward. – **2. j-n (zu j-m) ~** a) (*verweisen*) to refer s.o. (to s.o.), b) (*wegschicken*) to send s.o. on (to s.o.). — **~ˌschla·fen** *v/i* ⟨*irr, sep,* -ge-, h⟩ sleep on. — **~ˌschlep·pen I** *v/t* ⟨*sep,* -ge-, h⟩ **etwas ~** to drag (*od.* haul) s.th. on (*od.* further). – **II** *v/reflex* **sich ~** drag oneself on, trudge (*od.* plod) on. — **~ˌschrei·ben I** *v/i* ⟨*irr, sep,* -ge-, h⟩ continue to write, write on. – **II** *v/t* (*Brief etc*) continue (to write). — **~ˌschrei·ten** *v/i* ⟨*irr, sep,* -ge-, sein⟩ **1.** stride on. – **2.** *fig.* (*von Zeit etc*) move on, pass.

ˈwei·terˌsen·den[1] *v/t* ⟨*bes. irr, sep,* -ge-, h⟩ (*Brief, Paket, Waren etc*) send (*s.th.*) on, forward.

ˈwei·terˌsen·den[2] *v/i* ⟨*sep,* -ge-, h⟩ (*radio*) *telev.* **1.** (*ohne Unterbrechung*) continue to broadcast. – **2.** (*nach einer Unterbrechung*) continue the (*od.* one's) broadcast.

ˈwei·ter|ˌsin·gen I *v/i* ⟨*irr, sep,* -ge-, h⟩ **1.** (*ohne Unterbrechung*) go (*od.* keep) on singing, sing on. – **2.** (*nach einer Unterbrechung*) continue one's singing. – **II** *v/t* **3.** (*Lied etc*) continue (to sing). — **~ˌspie·len I** *v/i* ⟨*sep,* -ge-, h⟩ **1.** (*ohne Unterbrechung*) play on, go (*od.* keep) on playing: **der Schiedsrichter ließ ~** (*sport*) the referee waved "play on". – **2.** (*nach einer Unterbrechung*) a) (*von Kindern*) play on, b) (*ein bestimmtes Spiel*) continue the (*od.* one's) game, c) (*sport*) continue play, d) (*auf einem Instrument*) continue, proceed. – **II** *v/t* **3.** continue (to play). — **~ˌspin·nen** *fig.* **I** *v/t* ⟨*irr, sep,* -ge-, h⟩ **1. den Faden einer Erzählung ~** to pick up the thread of a story (again). – **2.** (*Gedanken etc*) develop. – **II** *v/reflex* **sich ~ 3.** (*von Idee etc*) develop. — **~ˌspre·chen** *v/i* ⟨*irr, sep,* -ge-, h⟩ **1.** (*ohne Unterbrechung*) go (*od.* keep) on talking, talk on. – **2.** (*nach einer Unterbrechung*) proceed, continue (one's talk [*von einem Redner auch* speech]). — **~ˌtö·nen** *v/i* ⟨*sep,* -ge-, h⟩ *cf.* weiterklingen. — **~ˌtra·gend** *Austrian comp of* weittragend.

ˈWei·te·rung *f* ⟨-; -en⟩ *meist pl* (*officialese*) **1.** (*Schwierigkeit, Unannehmlichkeit*) complication, difficulty, inconvenience: **sollten sich daraus irgendwelche ~en ergeben** should any complications arise from this. – **2.** (*Folge*) (unpleasant) consequence.

ˈwei·ter|ver|ar·bei·ten I *v/t* ⟨*sep, no* -ge-, h⟩ **1.** (*in der Substanz verändern*) process. – **2.** (*in der Form verändern*) treat (*s.th.*) subsequently. – **II W~** *n* ⟨-s⟩ **3.** *verbal noun.* – **4.** *cf.* Weiterverarbeitung. — **~verˌar·bei·tend I** *pres p.* – **II** *adj* **die ~e Industrie** the manufacturing (*od.* finishing) industry. — **W~verˌar·bei·tung** *f* ⟨-; *no pl*⟩ **1.** *cf.* Weiterverarbeiten. – **2.** (*Veränderung der Substanz*) processing. – **3.** (*Veränderung der Form*) subsequent treatment. — **~verˌbrei·ten I** *v/t* ⟨*sep, no* -ge-, h⟩ **1.** (*Nachricht etc*) propagate. – **II W~** *n* ⟨-s⟩ **2.** *verbal noun.* – **3.** *cf.* Weiterverbreitung. — **~verˌbrei·tet I** *pp.* – **II** *Austrian comp of* weitverbreitet. — **W~verˌbrei·tung** *f* ⟨-; *no pl*⟩ **1.** *cf.* Weiterverbreiten. – **2.** propagation. — **~verˌfol·gen** *v/t* ⟨*sep, no* -ge-, h⟩ (*Nachricht*) follow up. — **W~verˌkauf** *m* ⟨-(e)s; *no pl*⟩ **1.** *cf.* Weiterverkaufen. – **2.** resale: **diese Ware ist nicht zum ~ bestimmt** this article is not for resale (*od.* is not resal[e]able). — **~verˌkau·fen I** *v/t* ⟨*sep, no* -ge-, h⟩ resell. – **II W~** *n* ⟨-s⟩ *verbal noun.* — **~verˌmie·ten I** *v/t* ⟨*sep, no* -ge-, h⟩ sublease, *bes. Br.* sublet. – **II W~** *n* ⟨-s⟩ *verbal noun.* — **W~verˌmie·tung** *f* ⟨-; *no pl*⟩ **1.** *cf.* Weitervermieten. – **2.** sublease. — **~verˌpach·ten I** *v/t* ⟨*sep, no* -ge-, h⟩ sublease, *bes. Br.* sublet. – **II W~** *n* ⟨-s⟩ *verbal noun.* — **W~verˌpach·tung** *f* ⟨-; *no pl*⟩ **1.** *cf.* Weiterverpachten. – **2.** sublease. — **W~verˌsand** *m* **1.** *cf.* Weiterversenden. – **2.** (re)dispatch, (re)despatch: **etwas für den ~ fertigmachen** to get s.th. ready for (re)forwarding (*od.* further dispatch). — **~verˌsen·den I** *v/t* ⟨*bes. irr, sep, no* -ge-, h⟩ (re)forward, (re)dispatch, (re)despatch. – **II W~** *n* ⟨-s⟩ *verbal noun.* — **W~verˌsen·dung** *f* ⟨-; *no pl*⟩ **1.** *cf.* Weiterversenden. – **2.** *cf.* Weiterversand. — **~verˌsi·chern I** *v/t* ⟨*sep, no* -ge-, h⟩ **j-n ~** to continue s.o.'s insurance. – **II** *v/reflex* **sich ~** continue one's insurance. – **III W~** *n* ⟨-s⟩ *verbal noun.* — **W~verˌsi·che·rung** *f* ⟨-; *no pl*⟩ **1.** *cf.* Weiterversichern. – **2.** further insurance: **freiwillige ~** voluntary further insurance, voluntary continuation of insurance. — **~verˌzweigt** *Austrian comp of* weitverzweigt. — **~ˌwan·dern** *v/i* ⟨*sep,* -ge-, sein⟩ **1.** (*ohne Unterbrechung*) walk (*od.* move) on. – **2.** (*nach einer Unterbrechung*) continue one's walking tour (*od. colloq.* one's hike). — **~ˌwis·sen** *v/i* ⟨*irr, sep,* -ge-, h⟩ **ich weiß nicht mehr weiter** a) I do not know which way to turn, I am at my wit's end, b) (*in einer Prüfung, in einem Text etc*) I am stuck, I cannot go on. — **~ˌwol·len** *v/i* ⟨*irr, sep,* -ge-, h⟩ *colloq.* **komm, wir wollen weiter** come on, let's go on; **sie wollen nicht mehr weiter** they don't want to go on (any farther). — **~ˌwur·steln** *v/i* ⟨*sep,* -ge-, h⟩ *colloq.* muddle on (*od.* along). — **~ˌzah·len I** *v/t* ⟨*sep,* -ge-, h⟩ go on paying, continue to pay (*od.* payment of). – **II** *v/i* go on paying, continue to pay (*od.* payment). — **~ˌzer·ren** *v/t* ⟨*sep,* -ge-, h⟩ **j-n ~** to drag (*od.* haul) s.o. on. — **~ˌzie·hen** *v/i* ⟨*irr, sep,* -ge-, sein⟩ **1.** *cf.* weitermarschieren. – **2.** (*von Zugvögeln*) continue their passage (*od.* migration).

ˈwei·test|ˌge·hend *sup of* weitgehend. — **~ˌrei·chend** *sup of* weitreichend. — **~ˌtra·gend** *sup of* weittragend. — **~verˌbrei·tet** *sup of* weitverbreitet. — **~verˌzweigt** *sup of* weitverzweigt.

ˈweitˌge·hend I *adj* ⟨weiter gehend *u.* ~er; weitestgehend *u.* ~st⟩ **1.** (*Entgegenkommen, Verständnis etc*) wide: **~e Unterstützung** wide (*od.* large) support; **er fand weitestgehendes** (*od.* **~stes**) **Verständnis** he found very general understanding. – **2.** (*Bewegungsfreiheit, Vollmacht, Anspruch etc*) extensive, far-reaching: **~e Vollmachten besitzen** to have extensive powers; **er hat ~ere Vollmachten als sein Kollege** he has more extensive powers than his colleague. – **II** *adv* **3.** to a large (*od.* wide) extent: **wir konnten ihre Wünsche ~ berücksichtigen** we were able to take their wishes into account to a large extent; **wir werden ihn weitestgehend** (*od.* **~st**) **unterstützen** we shall support him to a very large extent.

ˈweit·geˌreist *adj* ⟨*attrib*⟩ widely traveled (*bes. Br.* travelled), far-travel(l)ed.

ˈweit·geˌsteckt *adj* ⟨*attrib*⟩ (*Ziele*) long-range.

ˈweitˌgrei·fend *adj* (*Pläne*) far-reaching.

ˈweitˈher *adv* from the distance, from a long way off, from afar (*lit.*): **ein ~ Gereister** a travel(l)er from far away.

ˌweitˈher·geˌholt *adj* ⟨*attrib*⟩ (*Argument, Ausdruck etc*) farfetched, *Br.* far-fetched, contrived.

ˈweitˌher·zig *adj* liberal, broad-minded. — **ˈWeitˌher·zig·keit** *f* ⟨-; *no pl*⟩ liberality, liberalness, broad-mindedness.

ˈweitˈhin *adv* **1.** far away, over a long distance: **ihr Schrei war ~ zu hören** her cry could be heard far away. – **2.** to a large (*od.* wide) extent: **in dieser Gegend hat sich das Brauchtum noch ~ erhalten** in this region customs have been preserved to a large extent.

'weit·hin'aus *adv* far away, over a long distance.

'weit,läu·fig I *adj* **1.** (*Garten, Haus etc*) spacious, ample: **das Haus ist sehr ~** (**gebaut**) the house is very spacious; **ein ~ angelegter Garten** a spaciously laid-out garden. – **2.** (*weitausholend*) lengthy, voluminous, rambling, long-winded, long-drawn-out (*attrib*), *auch* long-drawn: **eine ~e Schilderung** a lengthy description. – **3.** (*Verwandter, Verwandtschaft*) distant, remote, removed. – **II** *adv* **4.** (*weitausholend*) at (great) length: **einen Vorfall ~ schildern** to describe an incident at great length (*od.* long-windedly); **sich ~ über ein Thema auslassen** to expatiate (*od.* enlarge, hold forth, dilate) (up)on a subject. – **5.** distantly, remotely: **wir sind ~ miteinander verwandt** we are distantly related, we are distant relatives. — **'Weit,läu·fig·keit** *f* ⟨-; *no pl*⟩ **1.** spaciousness, ampleness, amplitude. – **2.** lengthiness, voluminousness, voluminosity, long-windedness.

'weit,ma·schig *adj* (*Netz, Drahtzaun etc*) coarse- (*od.* wide-)meshed.

'Weit,maul,flie·ge *f zo.* rice-field fly (*Ephydra macellaria*).

'weit,räu·mig [-,rɔʏmɪç] *adj* (*Haus etc*) spacious, roomy, ample. — **'Weit,räu·mig·keit** *f* ⟨-; *no pl*⟩ spaciousness, roominess, ampleness, amplitude.

'weit,rei·chend *adj* ⟨**weiter reichend** *u.* **~er; weitestreichend** *u.* **~st**⟩ **1.** (*Konsequenzen, Vollmachten etc*) far-reaching, sweeping. – **2.** *mil.* (*Artillerie*) long-range (*attrib*). – **3.** (*Verbindungen, Beziehungen, Einfluß etc*) wide, extensive.

'weit,schau·end *adj cf.* **weitblickend.**

'weit,schich·tig [-,ʃɪçtɪç] *adv only in* **~ verwandt** distantly related.

'Weit,schuß *m* **1.** (*sport*) (*beim Fußball, Eishockey*) long(-range) shot. – **2.** *mil.* over.

'weit,schwei·fig [-,ʃvaɪfɪç] **I** *adj* **1.** *cf.* **weitläufig 2.** – **2.** (*wortreich*) wordy, verbose, prolix (*lit.*). – **3.** (*umständlich*) roundabout, circuitous, circular, circumlocutory. – **II** *adv* **4. etwas ~ erzählen** to narrate s.th. long-windedly (*od.* at [great] length). — **'Weit,schwei·fig·keit** *f* ⟨-; *no pl*⟩ **1.** *cf.* **Weitläufigkeit 2.** – **2.** wordiness, verbosity; prolixity, prolixness (*lit.*). – **3.** roundaboutness, circuitousness, circuity, circularity, circumlocution.

'Weit,sicht *f* ⟨-; *no pl*⟩ **1.** *cf.* **Fernsicht.** – **2.** *cf.* **Weitsichtigkeit.**

'weit,sich·tig *adj* **1.** *med.* longsighted, *Br.* long-sighted, farsighted, *Br.* far-sighted; hyperopic, presbyopic (*scient.*). – **2.** *fig.* (*weit vorausschauend*) farsighted, *Br.* far-sighted, longsighted, *Br.* long-sighted, farseeing, *Br.* far-seeing. — **'Weit,sich·ti·ge** *m, f* ⟨-n; -n⟩ *med.* farsighted (*Br.* far-sighted) (*od.* longsighted, *Br.* long-sighted) person; hyperope, presbyobic (*scient.*). — **'Weit,sich·tig·keit** *f* ⟨-; *no pl*⟩ *med.* farsightedness, *Br.* far-sightedness, longsightedness, *Br.* long-sightedness; hyperopia, presbyopia (*scient.*).

'Weit,sprin·ger *m,* **'Weit,sprin·ge·rin** *f* (*sport*) (*in der Leichtathletik*) broad (*Br.* long) jumper.

'Weit,sprung *m* (*sport*) **1.** ⟨*only sg*⟩ (*in der Leichtathletik*) *Am.* broad jump, *Br.* long jump. – **2.** (*im Pferdesport*) spread fence (*od.* obstacle). — **~,gru·be** *f* broad- (*Br.* long-) jump pit (*od.* landing area).

'weit,spu·rig [-,ʃpuːrɪç] *adj* (*railway*) broad-ga(u)ge(d), wide-track(ed).

'Weit,strah·ler *m auto.* distance (*od.* high-beam) headlamp.

'weit,tra·gend *adj* ⟨**weiter tragend** *u.* **~er; weitesttragend** *u.* **~st**⟩ **1.** *mil.* (*Artillerie*) long-range (*attrib*). – **2.** *fig.* (*Folgen, Konsequenzen etc*) far-reaching.

'Wei·tung *f* ⟨-; *no pl*⟩ **1.** *cf.* **Weiten.** – **2.** stretch. – **3.** *med.* dilatation. – **4.** *tech.* expansion.

'weit·ver,brei·tet *adj* ⟨*attrib*⟩ ⟨**weiter verbreitet** *u.* **~er; weitestverbreitet** *u.* **~st**⟩ **1.** (*Ansicht, Meinung etc*) widespread, common, widely held. – **2.** (*Irrtum, Unsitte etc*) common, widespread. – **3.** (*Pflanze etc*) common. – **4.** (*Zeitung*) with a wide circulation.

'Weit·ver,kehr *m* (*im Funkwesen*) long-range communication.

'weit·ver,zweigt *adj* ⟨*attrib*⟩ ⟨**weiter verzweigt** *u.* **~er; weitest verzweigt** *u.* **~est**⟩ **1.** (*Eisenbahnnetz etc*) widely branching (*od.* ramified), extensive. – **2.** (*Unternehmen etc*) widely branching (*od.* ramified). – **3. eine ~e Familie** (*od.* **Verwandtschaft**) **haben** to have wide family connections (*Br. auch* connexions).

'Weit,win·kel *n* ⟨-s; -⟩ *phot.* (*film*) wide-angle lens. — **~be,reich** *m* wide-angle range. — **~ob·jek,tiv** *n cf.* **Weitwinkel.**

'Weit,wurf *m* (*sport*) (*beim Handball etc*) long(-range) throw (*od.* shot).

Wei·zen ['vaɪtsən] *m* ⟨-s; *agr.* -⟩ *bot. agr.* wheat, *Br. auch* corn (*Gattg Triticum*): **aus ~** wheaten, (of) wheat; **Gemeiner ~** soft wheat (*T. vulgare*); **Polnischer ~** Polish wheat (*T. polonicum*); **Türkischer ~** (*Mais*) Indian corn (*Zea mays*); **sein ~ blüht** *fig. colloq.* he is sitting pretty (*colloq.*), he is in clover; → **Spreu.** — **~,äl·chen** *n zo.* wheatworm, *auch* wheat eel (*Anguillula tritici*). — **~,an,bau,flä·che** *f agr.* area for cultivation of wheat. — **~,bier** *n brew.* white (*od.* wheat) beer. — **~,brand** *m bot. cf.* **Weizensteinbrand.** — **~,brot** *n gastr.* **1.** white bread. – **2.** (*Laib*) white loaf, loaf of white bread. — **~,ern·te** *f agr.* wheat crop (*od.* harvest). — **~,feld** *n* wheat field. — **~,flocken** (*getr.* -k·k-) *pl gastr.* rolled (*od.* crushed, *Am.* flaked) wheat *sg,* wheat flakes. — **~,grieß** *m* semolina. — **~,kei·me, ~,keim·lin·ge** *pl* wheat germs. — **~,keim,öl** *n* wheat-germ oil. — **~,kleie** *f* pollard. — **~,korn** *n* ⟨-(e)s; ⸚er⟩ grain of wheat. — **~,mehl** *n* wheat(en) flour: **aus ~** wheaten; **feines ~** fine white flour. — **~,schrot** *m, n* graham (*od.* whole wheat) flour, *bes. Br.* wheatmeal, wheat groats *pl* (*construed as sg or pl*). — **~,stein,brand** *m bot.* bunt, stinking smut (*Tilletia tritici*).

'We·ka,ral·le ['veːka-] *f zo.* weka, *auch* Maori (*od.* wood) hen (*Gattg Gallirallus*).

welch [vɛlç] **I** *interrog pron* **1.** (*Frage nach einem oder mehreren aus einer unbegrenzten Gruppe*) what: **~e Mutter würde das tun?** what mother would do that? **~es sind die entscheidenden Kriterien** what are the decisive criteria? **aus ~em Grund sollte ich das tun?** for what reason (*od.* why) should I do that? **mit ~em Recht behauptest du das?** what right have you to maintain that? **um ~e Zeit kommst du?** (at) what time will you come? **man sieht daran, ~en Einfluß er hat** this just shows what (great) influence (*od.* the influence) he has; **~es auch immer deine Gründe gewesen sein mögen** whatever your reasons may have been. – **2.** (*Frage nach einem oder mehreren aus einer begrenzten Gruppe*) which: **~es Auto gefällt dir besser?** which car do you like better? **~er Monat ist der günstigste?** which month is the best? **~em Verein gehörst du an?** which club do you belong to? **die Arbeit ~en** (*od.* **~es**) **Schülers ist die beste?** which pupil's work is the best? **an ~em Tag ist er gekommen?** (on) which day did he come? **in ~er Firma bist du tätig?** in which firm are you employed? **von ~em Komponisten ist diese Oper?** by which composer is this opera? **für ~es Kleid hast du dich entschieden?** which dress did you decide on? **ich weiß nicht, ~e Partei er gewählt hat** I don't know which party he voted for; **~er Bewerber auch (immer) den Preis erhält, wird ihn gut gebrauchen können** no matter which competitor wins the prize, it will come in handy; **~er von deinen Brüdern** (*od.* **~er deiner Brüder**) **ist Arzt?** which of your brothers is a doctor? **~er von euch beiden hat gelogen?** which of (the two of) you lied? **es gibt zwei Möglichkeiten; für ~e entscheidest du dich?** there are two possibilities; which will you decide on? **ich habe Herrn X getroffen — W~en, den alten oder den jungen?** I met Mr. X — Senior or junior? – **3.** (*in emphatischen Ausrufen*) what: **~ ein Glück, daß du dabeiwarst!** what a blessing that you were there! **~ ein Mann!** what a man! **~e** (*od.* **~ eine**) **Wohltat!** what a relief! **~ schöner Anblick!** what a lovely sight! – **II** *relative pron* **4.** (*bei Personen*) who, that: **der Mann, ~er mir begegnete** the man (whom) I met; **die Personen, ~e Zeugen des Unfalls waren** the persons (who were) witness to (*od.* of) (*od.* who witnessed) the accident; **derjenige, ~er es wagen sollte, mich zu belügen** anyone who dares (to) lie to me; **das ist der Nachbar, von ~em ich dir erzählt habe** that is the neighbo(u)r (whom *od.* that, *colloq.* who) I told you about; **Eltern, Geschwister, Tanten und zwanzig Enkelkinder, ~ letztere einen unbeschreiblichen Lärm machten** parents, brothers and sisters, aunts, and twenty grandchildren, the latter of whom made a terrific din (*colloq.*). – **5.** (*bei Sachen*) which, that: **der Zug, mit ~em er kommen wird** the train which he will come on; **die Zeitschrift, in ~er ich das gelesen habe** the magazine in which I read that; **das ist der Film, ~en ich schon immer sehen wollte** that is the film (that) I always wanted to see. – **III** *indef pron colloq.* **6.** (*etwas*) some, (*bei vager Vermutung*) *auch* any: **wenn du kein Geld hast, mußt du dir ~es besorgen** if you don't have any money you must (go and) get some; **ich habe mein Geld vergessen; kannst du mir ~es leihen?** [**hast du ~es dabei?**] I left my money behind; can you lend me some? [have you some on you?]. – **7.** *pl* some: **da gibt es ~e, die behaupten, daß** there are some (*od.* there are people) who maintain that; **hier sind ~e, die noch keine Karten haben** here are some who have no tickets yet; **~e wollten es gar nicht glauben** some would not believe it; **ich habe keine Zigaretten mehr; kannst du mir ~e mitbringen?** I have no more cigarettes; can you bring me some?

'wel·cher'art, 'wel·cher·ge'stalt *adj* ⟨*pred*⟩ of what kind: **~ sie auch seien** of whatever kind they may be, whatever they may be like.

'wel·cher'lei *adj* ⟨*attrib*⟩ whatever: **in ~ Form es auch sei** whatever the form may be.

Welf [vɛlf] *m* ⟨-(e)s; -e⟩, *n* ⟨-(e)s; -er⟩ *cf.* **Welpe.**

Wel·fe ['vɛlfə] *m* ⟨-n; -n⟩, **'Wel·fin** *f* ⟨-; -nen⟩ *hist.* Guelf, Guelph. — **'wel·fisch** *adj* Guelfic, Guelphic.

welk [vɛlk] *adj* ⟨-er; -st⟩ **1.** (*Blumen, Blätter, Pflanzen etc*) withered, faded: **~ machen** to wilt; **~ werden** *cf.* **welken 1.** – **2.** *fig.* (*Haut, Gesicht, Wangen, Hände, Leib etc*) withered. – **3.** *fig.* (*Schönheit*) faded. – **4.** (*schrumpelig*) shriveled, *bes. Br.* shrivelled, wizened. – **5.** (*schlaff*) flabby, flaccid.

wel·ken ['vɛlkən] *v/i* ⟨sein⟩ **1.** (*von Blumen, Blättern etc*) wither, fade. – **2.** *fig.* (*von Haut, Gesicht etc*) wither. – **3.** *fig.* (*von Schönheit*) fade. – **4.** (*schrumpelig werden*) shrivel (up), become shriveled (*bes. Br.* shrivelled) (*od.* wizened), wizen. – **5.** (*schlaff werden*) become flabby (*od.* flaccid).

'Welk·heit *f* ⟨-; *no pl*⟩ **1.** (*von Blumen, Blättern etc*) witheredness, fadedness. – **2.** *fig.* (*der Haut, des Gesichts etc*) witheredness. – **3.** (*Schlaffheit*) flabbiness, flaccidness, flaccidity.

'Well,baum *m civ.eng.* (*Bockwinde*) hand crab.

'Well,blech *n tech.* corrugated iron (*od.* metal sheet). — **~ba,racke** (*getr.* -k·k-) *f* **1.** corrugated-iron hut. – **2.** (*Nissenhütte*) Nissen hut, *Am. auch* Quonset (hut). — **~,dach** *n* corrugated-iron roof. — **~,walz·werk** *n* corrugating rolling mill.

Wel·le ['vɛlə] *f* ⟨-; -n⟩ **1.** wave: **hohe [schäumende] ~n** high [foaming] waves; **sich von den ~n tragen lassen** to (let oneself) drift with the waves; **die ~n spülten ans Ufer** the waves washed up on the shore; **die ~n brechen sich an der Mole** the waves break on the mole; **in den ~n umkommen** (*od.* **ertrinken**) to be drowned at sea; **er fand sein Grab in den ~n** he found a watery grave (*poet.*); **von den ~n fortgerissen werden** to be swept away by the waves; **das kleine Boot trieb hilflos auf den ~** the little boat was tossed about by the waves. – **2.** (*große, starke*) billow, surge. – **3.** (*kleine*) ripple, ruffle, wavelet: **der Stein fiel ins Wasser und schlug winzige ~n** the stone fell into the water and made it ripple. – **4.** (*Sturzwelle, Brecher*) breaker. – **5.** (*Flutwelle, bes. bei Erdbeben*) tidal wave. – **6.** *fig.* wave, (*stärker*) surge: **die Sache hat (hohe) ~n geschlagen** the affair caused (quite) a stir; **die Stimmung schlug hohe ~n** spirits were high; **die ~n der Begeisterung [Empörung] schlugen höher und höher** the wave of enthusiasm [indignation] rose higher and higher; **die ~n der ersten Begeisterung haben sich wieder gelegt** the first wave of enthusiasm has subsided. – **7.** (*im Haar*) wave: **sich** (*dat*) **das Haar in ~n legen lassen** to have one's hair waved; **sich in ~n legen** to wave. – **8.** *cf.*

Bodenwelle. – 9. (*von Duft, Geräusch etc*) waft. – 10. *fig.* die neue ~ (*film*) the new trend; weiche ~ soft line. – 11. grüne ~ *fig.* (*im Straßenverkehr*) traffic pacer, linked (*Am.* synchronized) traffic lights *pl*: grüne ~ (bei) 60 linked signals (*Am.* signals set) at 60 km p.h. – 12. (*radio*) a) wave, b) (*Wellenlänge*) wavelength, *Br.* wave-length: auf welcher ~ sendet Berlin? which wavelength does Berlin broadcast on? – 13. *phys.* (*optics*) *electr.* (*des Schalls, der Wärme etc*) wave: kurze [lange, elektromagnetische, stehende] ~ short [long, electromagnetic, stationary] wave. – 14. *tech.* shaft: abgesetzte ~ shouldered shaft. – 15. (*sport*) (*beim Reckturnen*) circle. – 16. *mil.* (*eines Angriffs*) wave, echelon. – 17. *agr.* (*Walze*) belly roll. – 18. *dial.* (*Reisigbündel*) fag(g)ot.

wel·len ['vɛlən] I *v/t* ⟨h⟩ (*Haare*) wave: sich (*dat*) die Haare ~ lassen to have one's hair waved. – II *v/reflex* sich ~ go wavy, wave.

'Wel·len|ˌanˌzei·ger *m* (*radio*) wave detector. — **w~ˌar·tig** *adj* undulating, undulatory, wavy, wavelike. — **~ˌausˌbrei·tung** *f* (*radio*) *phys.* wave propagation. — **~ˌbad** *n* (*mit künstlich bewegtem Wasser*) swimming pool with wave movement. — **~ˌband** *n* (*radio*) wave band, frequency band. — **~ˌbauch** *m* wave loop, antinode. — **~beˌreich** *m* wave range, wave band. — **~ˌberg** *m* 1. (*radio*) wave crest. – 2. *mar.* crest of a wave. — **~beˌwe·gung** *f* wave (*od.* undulatory) motion, undulation. — **~ˌbre·cher** *m mar.* 1. breakwater, (*im Hafenbau*) *auch* permanent jetty. – 2. (*eines Schiffes*) breakwater. — **~ˌeinˌstellˌknopf** *m* (*radio*) tuning knob. — **~erˌzeu·ger** *m phys.* wave generator. — **~ˌfil·ter** *n, m* wave filter. — **~ˌform** *f* wave form (*od.* shape). — **w~ˌför·mig** *adj* wavy, wavelike, undulating, undulate(d), waved. — **~ˌgang** *m* ⟨-(e)s; *no pl*⟩ *mar. cf.* Seegang. — **~geˌschwin·dig·keit** *f* wave velocity. — **~geˌstalt** *f cf.* Wellenform. — **~ˌkamm** *m* (*radio*) *mar. cf.* Wellenberg. — **~ˌkupp·lung** *f tech.* 1. shaft coupling. – 2. (*schaltbare*) shaft clutch. — **~ˌla·ger** *n tech.* bearing.

'Wel·lenˌlän·ge *f* (*radio*) wavelength, *Br.* wave-length.

'Wel·lenˌlän·gen|ˌmes·ser *m* (*radio*) wavemeter, *Br.* wave-meter. — **~ˌska·la** *f* wavelength (*Br.* wave-length) scale.

'Wel·len|ˌläu·fer *m zo.* Leach('s) petrel (*Oceanodroma leucorhoa*). — **~ˌleh·re** *f phys.* wave (*od.* undulatory) theory. — **~ˌlei·stung** *f aer.* thrust horsepower. — **~ˌli·nie** *f* 1. wavy (*od.* wave) line. – 2. (*als Unterstreichung*) wavy line, squiggle. — **~meˌcha·nik** *f phys.* wave mechanics *pl* (*construed as sg or pl*). — **~ˌmes·ser** *m* (*radio*) *cf.* Wellenlängenmesser. — **~ˌmu·ster** *n* wave pattern. — **~naˌtur** *f phys.* 1. wave (*od.* undulatory) characteristics *pl*. – 2. (*des Lichtes*) wave nature. — **~ˌnut** *f tech.* shaft keyseat. — **~ˌplan** *m* (*radio*) frequency (allocation) plan. — **~ˌrei·ten** *n* 1. surf-riding. – 2. (*hinter einem Boot*) aquaplaning. — **~ˌrei·ter** *m* 1. surf-rider. – 2. (*hinter einem Boot*) aquaplaner. — **~ˌschal·ter** *m* (*radio*) (wave) band switch, wave changer. — **~ˌschlag** *m* 1. washing of the waves. – 2. (*leiser, plätschernder*) lapping of the waves. – 3. (*Brandung*) surf, breakers *pl*. — **~ˌschrei·ber** *m phys.* ondograph, vibrograph, oscillograph. — **~ˌschwund** *m* (*radio*) fading. — **~ˌsit·tich** *m zo.* budgerigar, *auch* budgereegah, budgerygah, zebra (*od.* Australian grass) parrakeet (*Melopsittacus undulatus*). — **~ˌska·la** *f* (*radio*) tuning scale (*od.* dial). — **~ˌstoß** *m phys.* wave impulse. — **~ˌstrah·lung** *f* wave radiation. — **~ˌstrang** *m tech.* transmission line, lineshaft. — **~ˌstrom** *m electr.* surge (*od.* ripple) current. — **~ˌtal** *n* 1. *mar.* trough of the sea. – 2. (*radio*) wave trough. — **~theoˌrie** *f phys. cf.* Wellenlehre. — **~verˌtei·lung** *f* (*radio*) frequency allocation. — **~ˌwi·derˌstand** *m aer.* wave drag. — **~ˌzap·fen** *m* 1. *tech.* (shaft) journal. – 2. *auto.* axle end (*od.* stub).

'Well|ˌfleisch *n gastr.* boiled pork. — **~ˌholz** *n Southwestern G.* rolling pin.

'WellˌhornˌschneckeE (*getr.* -k·k-) *f zo.* whelk (*Buccinum undatum*).

'wel·lig *adj* 1. (*Haar*) wavy. – 2. (*Landschaft, Gelände*) wavy, rolling, undulating, *auch* undulant. – 3. (*Strand*) rippled, ripply.

'Well|ˌpap·pe *f* corrugated board (*od.* paper), cellular board. — **~ˌrad** *n tech.* (*Winde*) wheel and axle. — **~ˌzap·fen** *m* pivot, toe.

Wel·pe ['vɛlpə] *m* ⟨-n; -n⟩ (*junger Hund*) puppy, pup, (*bei Wolf u. Fuchs*) cub.

Wels [vɛls] *m* ⟨-es; -e⟩ *zo.* silurid, *auch* siluroid (*Unterordng Siluroidea*): Europäischer ~ (*Waller*) sheat(h)fish (*Silurus glanis*).

welsch [vɛlʃ] *adj* 1. *hist.* (*fremdländisch*) foreign, outlandish. – 2. a) (*italienisch*) Italian, b) (*französisch*) French: die ~e Schweiz French Switzerland. – 3. *hist.* (*walisisch*) Welsh, of Wales. – 4. *cf.* welschschweizerisch. – 5. (*in Verbindungen wie*) ~er Hahn turkey; ~e Nuß walnut.

'Wel·sche¹ *m* ⟨-n; -n⟩ 1. *hist.* foreigner. – 2. a) Italian, b) Frenchman.

'Wel·sche² *f* ⟨-n; -n⟩ 1. *hist. cf.* Welsche¹ 1. – 2. a) Italian (woman *od.* girl), b) Frenchwoman.

'wel·schen *v/i* ⟨h⟩ 1. talk gibberish. – 2. use an inordinate amount of foreign (*od.* specialized *Br. auch* -s-, unusual) terms in one's conversation.

'Welsch|ˌkohl *m bot.* savoy, *auch* savoy cabbage (*Brassica oleracea*). — **~ˌkorn** *n cf.* Mais. — **~ˌkraut** *n* ⟨-(e)s; *no pl*⟩ *cf.* Welschkohl. — **~ˌland** *n* ⟨-(e)s; *no pl*⟩ 1. *hist.* (*bes. im Mittelalter*) Italy. – 2. *Swiss for* Westschweiz.

'Welsch|ˌschwei·zer *m* French Swiss. — **~ˌschwei·ze·rin** *f* French Swiss (woman *od.* girl). — **w~ˌschwei·ze·risch** *adj* French-Swiss. — **~tiˌrol** *n hist.* Southern (*od.* Italian) Tyrol (*auch* Tirol).

Welt [vɛlt] *f* ⟨-; -en⟩ 1. ⟨*only sg*⟩ (*Erde*) world, globe: eine Reise um die ~ a journey (a)round the world; er ist viel in der ~ herumgekommen, er hat viel von der ~ gesehen he has seen a lot of the world (*colloq.*); solange die ~ besteht as long as the world exists; in die weite ~ ziehen to set out into the (big) wide world; die Familie ist in alle ~ zerstreut the family is scattered all over the globe; die Karte zeigt die ganze damals bekannte ~ the map shows the world as it was known at the time; der neue Tanz hat die ~ erobert the new dance has taken the world by storm; es gibt noch mehr Männer auf der ~ there's as good fish in the sea as ever came out of it (*proverb*); ich würde mit ihm bis ans Ende der ~ gehen I would go with him to the end of the world (*od. lit.* to the ends of the earth); ihr wohnt ja hier am Ende der ~ *fig.* you live at the back of beyond (*od.* in the middle of nowhere, *colloq.* off the map, *Am. colloq.* [out] in the sticks) here; ich würde bis ans Ende der ~ dafür laufen *colloq.* I'd give the world for it; der Ort liegt gar nicht so aus der ~ *colloq.* the place isn't so far from everywhere (*od.* isn't so cut off); er ist der beste Mensch von der ~ he is the nicest person in the world; dort ist die ~ mit Brettern vernagelt *fig.* it's a long way (*od.* a far cry) from the big wide world there; das ist doch nicht die ~! *fig. colloq.* it's not as bad as all that! das wird nicht die ~ kosten *colloq.* it won't cost the earth (*od.* a fortune); wer in aller ~ hat das behauptet? *colloq.* who on earth (*od.* in the world) said that? wo in aller ~ bekommt man das? *colloq.* where on earth does one get that? ich möchte um alles in der ~ nicht (*od.* um nichts in der ~) mit ihm tauschen *colloq.* I wouldn't change with him for the world (*od.* for love or money); dem Mutigen gehört die ~ (*Sprichwort*) fortune favo(u)rs the bold (*od.* brave) (*proverb*); Geld regiert die ~ (*Sprichwort*) money makes the world go round (*proverb*); → Arsch. – 2. (*Weltall, Universum*) universe, world, cosmos: die Entstehung der ~ the evolution of the universe; die ~ im Kleinen [Großen] the microcosm [macrocosm]. – 3. ⟨*only sg*⟩ (*Dasein, Leben*) life, world: das Licht der ~ erblicken *lit.* to see the light (*lit.*); ein Kind zur ~ bringen *lit.* to give birth to (*od.* to produce) a child; zur (*od.* auf die) ~ kommen to be born, to come into the world; er hat dieses Talent mit auf die ~ gebracht he inherited this talent; freiwillig aus der ~ gehen (*od.* scheiden) *lit.* to take one's (own) life, to commit suicide; sich in der ~ nicht zurechtfinden not to be able to cope with life; ich verstehe die ~ nicht mehr I don't understand this (*od.* the) world anymore; das ist (die) verkehrte ~ it's a topsy-turvy world; die ~ steht Kopf *fig. colloq.* it's a crazy world; das ist der Lauf der ~, so geht es in der ~ that is the way of the world, such is life, that is life; das ist das Schönste auf der ~ there's nothing better (than that) under the sun; du bist die ~ für mich you mean the world (*od.* everything) to me, you are all the world to me; Gerüchte in die ~ setzen *colloq.* to start rumo(u)rs; Schwierigkeiten [Streitigkeiten] aus der ~ schaffen (*od.* räumen) to settle difficulties [disputes]; → Kind 2. – 4. alle ~, die ganze ~ (*Gesamtheit der Menschen*) (absolutely) everyone, the whole world: alle ~ wußte bereits davon the whole world knew about it already; von aller ~ abgeschnitten sein to be absolutely cut off; von aller ~ verlassen alone (*od.* lonely) and forlorn; er ist von aller ~ verkannt worden no one appreciated him (*od.* his genius); die ganze ~ feiert ihn als den größten Tenor aller Zeiten the whole world celebrates him as the greatest tenor of all times; er hat es vor aller ~ zugegeben he admitted it in front of everyone; ich könnte die ganze ~ umarmen (*vor Glück, Freude*) I could hug everybody; er kennt Gott und die ~ he knows all the world and his wife. – 5. ⟨*only sg*⟩ (*Lebensbereich, Kreis von Menschen*) world: die Alte [Neue, freie, westliche] ~ the Old [New, Free, Western] World; die abendländische ~ the Western (*od.* Occidental) World, the West; die dritte ~ *pol.* the Third World, the developing (*od.* development) countries *pl* (*od.* nations *pl*); die gelehrte [künstlerische] ~ the world of scholars [art], the learned [artistic] world; die ~ der Wissenschaft the world (*od.* realm) of science, the scientific world; die ~ des Kindes the world of the child, the child's world; die junge ~ (the) young people *pl*, the rising generation; in der ~ des Theaters zu Hause sein to be at home in the world of the theater (*bes. Br.* theatre); einen Blick in die große [vornehme] ~ tun to catch a glimpse of the big wide world [of high society]; ihre Familie ist ihre ganze ~ her family is her life; er lebt in einer völlig anderen ~ he lives in a world of his own; in einer ~ der Träume [Phantasie] leben to live in a world of dreams [fantasy]; er konnte in dieser ~ nicht heimisch werden he didn't succeed in feeling at home in this world; damit brach für sie eine ganze ~ zusammen this made the bottom fall (*od.* with this the bottom fell) out of her world; es liegen ~en zwischen den beiden, ~en trennen die beiden the two are poles (*od.* miles) apart. – 6. eine ~ von a) a tremendous amount of, b) a great deal of, c) a multitude of: einer ~ von Vorurteilen gegenüberstehen to be confronted with a multitude (*od.* world) of prejudices; eine ~ von Arbeit a tremendous amount of work; eine ~ von Ärger [Aufregung] a great deal of trouble [excitement]. – 7. ein Mann von ~ a man of the world. – 8. *lit.* (*das Irdische*) world: der ~ entsagen to renounce (*od.* forsake) this world; die Versuchungen der ~ fliehen to flee from the temptations of the world; sich von der ~ zurückziehen to withdraw from the world.

'welt|ˌab·geˌschie·den *adj* remote, secluded (from the world), isolated, solitary. — **W~ˌab·geˌschie·den·heit** *f* remoteness, seclusion (from the world), isolation, solitariness. — **~ˌab·geˌwandt** *adj* withdrawn. — **W~agrarˌmarkt** [-ˀaˌgraːr-] *m econ.* international agricultural market, agricultural world market. — **W~ˌall** *n astr.* universe, cosmos: Lehre vom ~ cosmology. — **W~ˌal·ter** *n* age, (a)eon. — **~ˌanˌschau·lich** *adj* ideological. — **W~ˌanˌschau·ung** *f* 1. world view, philosophy of life, Weltanschauung, *auch* weltanschauung. – 2. (*Ideologie*) ideology. — **W~ˌausˌfuhr** *f econ.* world export. — **W~ˌausˌstel·lung** *f* world's fair, world (*od.* international) exhibition. — **W~ˌausˌwahl** *f* (*sport*) (the) rest of the world. — **W~ˌbank** *f* ⟨-; *no pl*⟩ *econ.* World Bank. — **~beˌkannt** *adj* known all over (*od.* throughout) the world. — **~beˌrühmt** *adj* world-famous (*od.* -famed), of world renown, of world(wide) (*Br.* world[-wide]) fame. — **W~beˌrühmt·heit** *f* ⟨-; -en⟩ 1. ⟨*only sg*⟩ world(wide) (*Br.* world[-wide]) fame: ~ erlangen to acquire world fame, to become world-famous. – 2. (*Person*) world-famous person: eine ~ sein to be world-famous. — **W~ˌbe·ste** *m, f* (*sport*) 1. top athlete in the world. – 2. world (*Am.* world's) record holder. — **W~ˌbestˌlei·stung** *f* 1. world (*Am.* world's) best (performance). – 2. world

(*Am.* world's) record. — **W~ˌbestˌzeit** *f* **1.** world (*Am.* world's) best (time). – **2.** world (*Am.* world's) record (time). — **W~beˌvöl·ke·rung** *f* world population. — **~beˌwe·gend I** *adj* **1.** (*Nachricht etc*) world-shaking, earthshaking, *Br.* earth-shaking. – **2.** das ist keine ~e Sache a) it's not a matter of life and death, b) it's nothing to write home about, it's nothing to make a song (and dance) about (*beide colloq.*). – **II W~e, das** ⟨-n⟩ **3.** *only in* das ist nichts W~es a) it's not a matter of life and death, b) it's nothing to write home about, it's nothing to make a song (and dance) about (*beide colloq.*). — **W~beˌwe·gung** *f* (*Organisation*) international (*od.* worldwide, *Br.* world-wide) movement. — **W~ˌbild** *n* **1.** conception of the world. – **2.** conception (*od.* view) of life. — **W~ˌblatt** *n* international (news)paper. — **W~ˌbrand** *m poet. for* Weltkrieg. — **W~ˌbüh·ne** *f* world scene (*od.* stage). — **W~ˌbumm·ler** *m cf.* Weltenbummler. — **W~ˌbund** *m* world (*od.* international) alliance. — **W~ˌbür·ger** *m*, **W~ˌbür·ge·rin** *f* citizen of the world, cosmopolite. — **~ˌbür·ger·lich** *adj* cosmopolitan. — **W~ˌbür·ger·tum** *n* cosmopolitanism, cosmopolitism. — **W~ˌchro·nik** *f* world chronicle. — **W~ˌda·me** *f* woman of the world, lady of fashion.

ˈWel·ten|ˌbil·dung *f cf.* Weltentstehung. — **~ˌbumm·ler** *m* globe-trotter.

ˈWeltˌen·de *n* end of the world, world's end.

ˈWel·tenˌraum *m* ⟨-(e)s; *no pl*⟩ *lit. for* Weltraum.

ˈwelt|entˌrückt *adj* detached from the world. — **W~entˌste·hung** *f* cosmogony.

ˈwel·ten|ˌumˌspan·nend *adj cf.* weltumfassend. — **W~ˌwen·de** *f* world change.

ˈWelt|erˌeig·nis *n* event of worldwide (*Br.* world-wide) importance, international sensation. — **w~erˌfah·ren** *adj* worldly- (*od.* world-)wise. — **~erˌfah·ren·heit, ~erˌfah·rung** *f* experience in the ways of the world, worldly wisdom. — **~erˌfolg** *m* world success.

ˈWel·ter·geˌwicht [ˈvɛltər-] *n* (*sport*) (*beim Boxen, Ringen, Judo*) welterweight. — **ˈWel·ter·geˌwicht·ler** *m* ⟨-s; -⟩ welterweight.

ˈWelt|erˌlö·ser *m relig.* (*bes. Christus*) Redeemer (*od.* Savior, *bes. Br.* Saviour) (of the world). — **~erˌobe·rer** *m* world conqueror. — **~erˌobe·rung** *f* world conquest, conquest of the world. — **w~erˌschüt·ternd** *adj cf.* weltbewegend. — **~erˌzeu·gung** *f econ.* world production. — **w~ˌfern** *adj* unrealistic, out of touch with real life, impractical. — **~ˌfir·ma** *f econ.* firm of worldwide (*Br.* world-wide) reputation. — **~ˌflucht** *f* ⟨-; *no pl*⟩ withdrawal from the world (*od.* life), escapism. — **~ˌflücht·lingsˌjahr** *n* world refugee year. — **w~ˌfremd** *adj* inexperienced in the ways of the world, unworldly. — **~ˌfremd·heit** *f* inexperience in the ways of the world, unworldliness. — **~ˌfrie·de(n)** *m* world peace. — **~ˌfrie·densˌrat** *m pol.* World Council of Peace. — **~ˌfront·ˌkämp·fer·verˌband** *m mil.* World Veterans' Federation. — **~geˌbäu·de** *n fig.* universe, cosmos. — **~geˌfü·ge** *n* universe, cosmos, cosmic system, (the) world. — **~ˌgeist** *m* ⟨-(e)s; *no pl*⟩ **1.** mundane outlook. – **2.** (prevailing) spirit of the age (*od.* times). — **~ˌgeist·li·che** *m röm.kath.* secular (priest). — **~ˌgeist·lich·keit** *f* secular clergy. — **~ˌgel·tung** *f* ⟨-; *no pl*⟩ worldwide (*Br.* world-wide) reputation. — **~geˌricht** *n* ⟨-(e)s; *no pl*⟩ Last Judg(e)ment, doomsday, *auch* Doomsday. — **~geˌsche·hen** *n* world affairs *pl.* — **~geˌschich·te** *f* ⟨-; *no pl*⟩ **1.** world history. – **2.** in der ~ herumreisen *fig. colloq. humor.* to travel around all over the place. — **w~geˌschicht·lich I** *adj* **1.** of (*od.* pertaining to) world history. – **2.** (*Ereignis etc*) of (great) impact on world history. – **II** *adv* **3.** ~ gesehen with regard to world history, in terms of world history. — **~geˌsund·heits·or·ga·ni·sa·tiˌon** *f* ⟨-; *no pl*⟩ World Health Organization (*Br. auch* -s-). — **w~geˌwandt** *adj* versed in (*od.* acquainted with) the ways of the world, urbane. — **~geˌwandt·heit** *f* acquaintance with the ways of the world, urbanity. — **~geˌwerk·schaftsˌbund** *m* ⟨-(e)s; *no pl*⟩ World Federation of Trade Unions. — **~ˌha·fen** *m mar.* world (*od.* international) port.

ˈWeltˌhan·del *m econ.* world (*od.* international) trade.

ˈWeltˌhan·dels|ˌflot·te *f mar.* world merchant fleet. — **~ˌstra·ße** *f econ.* world trade channel (*od.* route). — **~voˌlu·men** *n* volume of world trade. — **~ˌwa·ren** *pl* world market commodities (*od.* goods).

ˈWelt|ˌhei·land *m relig. cf.* Welterlöser. — **~ˌherr·schaft** *f* ⟨-; *no pl*⟩ *pol.* world supremacy. — **~ˌhilfsˌspra·che** *f ling.* international auxiliary language. — **w~hiˌsto·risch** *adj u. adv cf.* weltgeschichtlich. — **~ˌhöchstˌlei·stung** *f* (*sport*) *cf.* Weltbestleistung. — **~ˌju·gendˌfest** *n* international youth festival. — **~ˌkar·te** *f* map of the world. — **~ˌkennt·nis** *f* knowledge of the world. — **~ˌkind** *n* **1.** child of this world. – **2.** worldling, earthling. — **~ˌkin·derˌhilfs·ˌwerk** *n* ⟨-(e)s; *no pl*⟩ United Nations Children's Fund. — **~ˌkir·chenˌrat** *m* ⟨-(e)s; *no pl*⟩ World Council of Churches. — **w~ˌklug** *adj* **1.** politic, judicious. – **2.** *cf.* welterfahren. — **~ˌklug·heit** *f* **1.** politicness, judiciousness. – **2.** *cf.* Welterfahrenheit. — **~kon·feˌrenz** *f* world (*auch* international) conference. — **~konˌgreß** *m* world (*auch* international) congress. — **~kon·junkˌtur** *f* world (*od.* international) economic trend. — **~ˌkör·per** *m astr.* heavenly (*od.* celestial) body. — **~ˌkrieg** *m* world war: der erste (*od.* Erste) ~ World War I, the First World War; der zweite (*od.* Zweite) ~ World War II, the Second World War. — **~ˌku·gel** *f* globe. — **~ˌla·ge** *f pol.* international (*od.* world) situation. — **~ˌlauf** *m* way of the world. — **w~ˌläu·fig** *adj* usual, everyday (*attrib*).

ˈwelt·lich *adj* **1.** (*Freuden, Gesinnung etc*) worldly, mundane, earthly, secular, terrestrial: ~e Gesinnung wordly-mindedness. – **2.** (*Macht, Gericht, Gerichtsbarkeit etc*) temporal, terrestrial. – **3.** (*Schule etc*) secular, lay (*attrib*). – **4.** (*Geistlicher*) secular, profane. – **5.** (*Fürst*) temporal. – **6.** (*art*) (*Kunst, Musik etc*) secular, profane.

ˈWelt·li·te·raˌtur *f* world literature.

ˈWeltˌmacht *f pol.* world power. — **~po·liˌtik** *f* imperialism, imperialist(ic) policy.

ˈWelt|ˌmann *m* ⟨-(e)s; ⸗er⟩ man of the world. — **w~ˌmän·nisch** [-ˌmɛnɪʃ] *adj* urbane, sophisticated, cosmopolitan. — **~ˌmar·ke** *f econ.* a) (*von Tabak etc*) world (*od.* international) brand, b) (*von Fahrzeugen, Radios etc*) world (*od.* international) make.

ˈWeltˌmarkt *m econ.* world (*od.* international) market. — **~ˌpreis** *m* world market price.

ˈWelt|ˌmeer *n* ocean, sea: die ~e the seven seas. — **~ˌmei·nung** *f* world opinion.

ˈWelt|ˌmei·ster *m*, **~ˌmei·ste·rin** *f* (*bes. sport*) world champion.

ˈWeltˌmei·ster·schaft *f* (*bes. sport*) world championship.

ˈWeltˌmei·sterˌti·tel *m* (*bes. sport*) world title: er gewann zwei ~ im Schwimmen he won two world swimming titles.

ˈWelt|ˌmensch *m cf.* Weltkind. — **~mo·noˌpol** *n econ.* world (*od.* international) monopoly. — **w~ˌmü·de** *adj* world-weary. — **~ˌmü·dig·keit** *f* world-weariness. — **w~ˌof·fen** *adj* cosmopolitan. — **~ˌöf·fent·lich·keit** *f* world public. — **~ˌord·nung** *f* system of the world. — **~or·ga·ni·sa·tiˌon** *f* world (*od.* international) organization (*Br. auch* -s-). — **~poˌkal** *m* (*sport*) world cup. — **~po·li·tik** *f* world (*od.* international) politics *pl* (*construed as sg or pl*), *Am. auch* weltpolitik. — **w~poˌli·tisch I** *adj* concerning world politics. – **II** *adv* ~ gesehen with regard to (*od.* in terms of) world politics. — **~ˌpost·verˌein** *m* ⟨-(e)s; *no pl*⟩ Universal Postal Union. — **~ˌpres·se** *f* ⟨-; *no pl*⟩ world press, international newspaper world. — **~ˌprie·ster** *m röm.kath.* secular (priest). — **~pro·duk·tiˌon** *f econ.* world production. — **~ˌrangˌli·ste** *f* (*sport*) world ranking list: er steht an dritter Stelle der ~ he is ranked third in the world. — **~ˌrat** *m pol.* world council. — **~ˌrät·sel** *n* mystery of the universe.

ˈWeltˌraum *m* ⟨-(e)s; *no pl*⟩ (outer *od.* cosmic, universal) space: ferner ~ deep space. — **~ˌbahn·verˌfol·gung** *f* space tracking. — **~beˌdin·gun·gen** *pl* space conditions. — **~ˌfäh·re** *f* space shuttle. — **~ˌfah·rer** *m* astronaut, (*in Ostblockländern*) cosmonaut. — **~ˌfahrt** *f* **1.** (*Wissenschaft*) astronautics *pl*, (*in Ostblockländern*) cosmonautics *pl* (*beide usually construed as sg*). – **2.** space travel (*od.* navigation), interplanetary aviation: bemannte ~ manned space travel. — **~ˌfahrˌzeug** *n* spacecraft, spaceship. — **~ˌfernˌmes·sung** *f* space telemetering. — **~ˌfernˌsteue·rung** *f* space telecommand. — **~ˌflug** *m* space flight. — **~ˌflugˌha·fen** *m* spaceport. — **~ˌfor·scher** *m* space research expert. — **~ˌfor·schung** *f* space research. — **~ˌfor·schungsˌfunk·ˌdienst** *m* space research service. — **~ˌfunk** *m* space radio. — **~ˌfunkˌdienst** *m* space service. — **~ˌfunkˌstel·le** *f* space station. — **~ˌfunk·verˌkehr** *m* space radiocommunication: Funkdienste für ~ space radiocommunication services. — **~ˌkap·sel** *f* space capsule. — **w~ˌkrank** *adj* spacesick. — **~laˌbor** *n* space laboratory, skylab, spacelab. — **~raˌke·te** *f* space rocket. — **~ˌrecht** *n* (cosmic) space law, law of outer space. — **~ˌschiff** *n cf.* Weltraumfahrzeug. — **~ˌschiffahrt** (*getr.* -ffˌf-) *f cf.* Weltraumfahrt. — **~ˌson·de** *f* space probe. — **~spa·ˌzierˌgang** *m* spacewalk. — **~sta·tiˌon** *f* space station (*od.* platform). — **~ˌstrah·lung** *f* space radiation. — **~syˌstem** *n* space system. — **~ˌumˌge·bung** *f* space environment. — **~verˌsuch** *m* space shot. — **~ver·ˌtrag** *m pol.* space treaty.

ˈWelt|reˌgie·rung *f* world government. — **~ˌreich** *n* empire. — **~ˌrei·se** *f* world tour (*od.* trip), tour of the world, journey (a)round the world, (a)round-the-world tour: eine ~ machen to go on a world tour, to do a tour of the world, to tour the world (*od.* globe). — **~ˌrei·sen·de** *m, f* globe-trotter.

ˈWelt·reˌkord *m* (*bes. sport*) world (*Am.* world's) record. — **~ˌinˌha·ber** *m*, **~ˌinˌha·be·rin** *f* ⟨-; -nen⟩ world (*Am.* world's) record holder.

ˈWelt|reˌkord·ler [-reˌkɔrtlər] *m* ⟨-s; -⟩, **~reˌkord·le·rin** *f* ⟨-; -nen⟩ (*bes. sport*) *cf.* Weltrekordinhaber(in).

ˈWelt·reˌkordˌmann *m* ⟨-(e)s; ⸗er *u.* -leute⟩ (*bes. sport*) *cf.* Weltrekordinhaber.

ˈWelt|re·li·giˌon *f* world religion. — **~re·vo·lu·tiˌon** *f* world revolution. — **~ˌruf** *m* ⟨-(e)s; *no pl*⟩ (*Berühmtheit*) world(wide) (*Br.* word[-wide]) reputation. — **~ˌruhm** *m* world(wide) (*Br.* world[-wide]) fame (*od.* glory). — **~ˌschmerz** *m* ⟨-es; *no pl*⟩ weltschmerz, *auch* Weltschmerz. — **~ˌschöp·fer** *m* **1.** Creator (of the world). – **2.** *philos.* Demiurge. — **~ˌsee·le** *f philos.* world soul. — **~ˌsi·cher·heitsˌrat** *m* ⟨-(e)s; *no pl*⟩ *pol.* (*der Vereinten Nationen*) Security Council. — **~ˌsparˌtag** *m econ.* World Savings Day. — **~ˌspra·che** *f ling.* world language. — **~ˌstaat** *m pol.* world state.

ˈWeltˌstadt *f* metropolis, cosmopolis. — **ˈweltˌstäd·tisch** *adj* metropolitan.

ˈWeltˌstadt·verˌkehr *m* metropolitan traffic.

ˈWelt|ˌstel·lung *f* position in the world. — **~syˌstem** *n* **1.** *astr.* cosmological model. – **2.** *philos.* astronomical system. — **~ˌteil** *m* **1.** continent. – **2.** part of the world. — **~ˌtierˌschutz·verˌein** *m* ⟨-(e)s; *no pl*⟩ International Society for the Prevention of Cruelty to Animals. — **~tonˌna·ge** *f mar.* world tonnage. — **w~ˌumˌfas·send** *adj* worldwide, *Br.* world-wide, global, universal, ecumenic(al), *auch* oecumenic(al). — **~ˌumˌse·ge·lung, ~ˌumˌseg·lung** *f mar.* circumnavigation of the earth (*od.* globe). — **~ˌumˌseg·ler** *m* circumnavigator of the earth (*od.* globe). — **w~ˌumˌspan·nend** *adj cf.* weltumfassend. — **~ˌun·terˌgang** *m* end of the world. — **~ˌurˌaufˌfüh·rung** *f* (*theater, film*) world premiere (*bes. Br.* première). — **~verˌband** *m* world (*od.* international) association (*od.* federation, union). — **~verˌbes·se·rer** *m* ⟨-s; -⟩ utopian, *auch* Utopian, do-gooder (*colloq.*). — **~ver·ˌein** *m* international union. — **~verˌkehr** *m econ. cf.* Welthandel. — **~verˌtrieb** *m* (*für Filme etc*) world distribution. — **~ˌwäh·rungsˌfonds** *m* ⟨-; *no pl*⟩ *econ. cf.* Währungsfonds, Internationaler. — **~ˌwäh·rungs·kon·feˌrenz** *f* international monetary conference. — **~ˌwei·se** *m* philosopher. — **~ˌweis·heit** *f* philosophy. — **w~ˌweit** *adj* worldwide, *Br.* world-wide, universal, mondial. — **~ˌwet·terˌdienst** *m* ⟨-(e)s; *no pl*⟩ World Meteorological Organization (*Br. auch* -s-). — **~ˌwirt·schaft** *f* ⟨-; *no pl*⟩ *econ.* world (*od.* international) economy (*od.* economic system). — **~ˌwirt·schaftsˌkri·se** *f* world(wide) (*Br.* world[-wide]) economic crisis, world(wide) (*Br.* world[-wide]) depression. — **~,wun·der** *n* wonder of the world. — **~,zeit,uhr** time chart.

wem [veːm] ⟨*dat of* **wer**⟩ **I** *interrog pron* to whom, whom (*od. colloq.* who) ... to: **~ hast du das Buch gegeben?** who(m) did you give the book to? **~ gehört dieses Haus?** who(m) does this house belong to? **~ sagst du das?** *colloq.* you're telling me! we are (both) in the same boat! **bei ~ bist du gewesen?** who(m) were you with? **mit ~ hast du gesprochen?** who(m) did you speak to? **von ~ ist dieser Roman?** by whom is this novel? **von ~ weißt du das?** who(m) do you know that from? – **II** *relative pron* whom, who (*colloq.*): **ich weiß nicht, ~ ich das zu verdanken habe** I don't know who(m) I owe it to; **~ auch immer** whomever, whoever (*colloq.*), whomsoever (*lit.*); **~ auch immer ich weh getan habe, es tut mir leid** who(m)ever I hurt, I am sorry.

'Wem,fall *m ling.* dative (case).

wen [veːn] ⟨*acc of* **wer**⟩ **I** *interrog pron* whom, who (*colloq.*): **~ hast du eingeladen?** who(m) did you invite? **an ~ schreibst du?** who(m) are you writing to? **für ~ hast du das gekauft?** who(m) did you buy that for? – **II** *relative pron* whom, who (*colloq.*): **ich weiß genau, ~ du meinst** I know exactly who(m) you mean; **erzähl mir, ~ du getroffen hast** tell me who(m) you met; **~ auch immer** whomever, whoever (*colloq.*), whomsoever (*lit.*); **~ auch immer du vorschlägst, ich werde einverstanden sein** who(m)ever (*od.* no matter who[m]) you propose, I shall agree.

Wen·de[1] ['vɛndə] *f* ⟨-; -n⟩ **1.** (*Anfang, Beginn*) turn: **an der** (*od.* **um die**) **~ des 19. Jahrhunderts** at the turn of the 19th century; **wir stehen an der ~ einer neuen Zeit** we are at the turn of a new era. – **2.** (*bedeutende Änderung*) turn of events: **es ist eine ~ eingetreten** there has been a turn of events. – **3.** (*Wendepunkt, Entscheidung*) turning point. – **4.** (*sport*) a) (*beim Schwimmen etc*) turn, b) (*beim Turnen*) front vault.

'Wen·de[2] *m* ⟨-n; -n⟩ *geogr.* (*Westslave*) Wend, Sorb.

'Wen·de|,becken (*getr.* -k·k-) *n mar.* (*im Hafen*) turning (*od.* man[o]euvering, *bes. Br.* manœuvring) basin. — **~,bo·je** *f* (*sport*) (*bes. beim Segeln*) turning buoy. — **~,bril·le** *f* (*optics*) reversible spectacles *pl.* — **~,form·ma,schi·ne** *f metall.* turnover molding (*bes. Br.* moulding) machine. — **~ge,trie·be** *n auto.* **1.** reversing gear mechanism. – **2.** reversing gearbox (*Br.* gear-box). — **~,halb·,mes·ser** *m auto.* turning radius.

'Wen·de,hals *m zo.* (*Specht*) wryneck (*Jynx torquilla*). — **~,frosch** *m* phrynomerid (*Phrynomerus bifasciatus*).

'Wen·de,herz·ge,trie·be *n tech.* reverse plate (*od.* mechanism).

'Wen·de,kreis *m* **1.** *auto.* turning circle: **das Auto hat einen großen [kleinen] ~** the car has a big (*od.* wide) [small *od.* narrow] turning circle. – **2.** *geogr. astr.* tropic: **~ des Krebses [Steinbocks]** Tropic of Cancer [Capricorn]. — **~,mit·te** *f auto.* turning center (*bes. Br.* centre).

Wen·del ['vɛndəl] *f* ⟨-; -n⟩ **1.** *tech.* (*Schraubenlinie*) helix, spiral. – **2.** *electr.* (*der Glühbirne*) coil. — **~an,ten·ne** *f* helical antenna (*bes. Br.* aerial). — **~,boh·rer** *m tech. cf.* Spiralbohrer. — **~,fe·der** *f* helical spring. — **~,rut·sche** *f* (*mining*) spiral chute.

'Wen·del,trep·pe *f* **1.** spiral (*od.* winding) staircase. – **2.** *zo.* (*Muschel*) wentletrap, *auch* staircase shell (*Scala scalaris*). — **'Wen·del,trep·pen,schnecke** (*getr.* -k·k-) *f zo. cf.* Wendeltreppe 2.

'Wen·de|,man·tel *m* (*fashion*) reversible coat, *bes. Am.* reversible. — **~,mar·ke** *f* (*sport*) **1.** (*in der Leichtathletik*) half-way mark. – **2.** (*bes. beim Segeln*) *cf.* Wendeboje. — **~ma,schi·ne** *f agr.* (*für Heu*) tedder.

wen·den[1] ['vɛndən] **I** *v/t* ⟨**wendet, wandte,** *rare* **wendete, gewandt, gewendet,** h⟩ **1.** (*drehen*) turn: **das Gesicht** (*od.* **den Kopf**) **zur Wand ~** to turn one's face to the wall; **j-m den Rücken ~** *auch fig.* to turn one's back on s.o. – **2.** (*lenken, richten*) turn: **seine Schritte nach der Stadt ~** to turn (one's steps) toward(s) the city; **seine Blicke zum Himmel ~** to turn (*od.* roll) one's eyes (*od.* to look) up to heaven; **den Blick zur Seite ~** a) to look aside, b) (*wegblicken*) to look away, to avert one's eyes; **kein Auge von j-m ~** not to take one's eyes off s.o.; **die Waffe gegen sich selbst ~** to take one's own life, to commit suicide. – **3. viel Mühe** (*od.* **Sorgfalt, Fleiß**) **an** (*od.* **auf**) (*acc*) **etwas ~** to go to (*od.* take) a lot of trouble over s.th., to put a lot of effort into s.th. (*beide colloq.*); **Zeit an** (*od.* **auf**) (*acc*) **etwas ~** to spend time on (*od.* devote time to) s.th.; **keinen Pfennig an** (*od.* **auf**) (*acc*) **etwas ~** not to spend a halfpenny on s.th. – **II** *v/reflex* **sich ~ 4.** turn, veer: **sich zur Tür ~** to turn to the door; **sich nach links [rechts, Süden, Norden] ~** to turn to the left [right, south, north]; **sich zur Flucht [zum Gehen] ~** to turn to flee [to go]; **sich von j-m ~** *auch fig.* to turn (away) from s.o.; **Gott hat sich von uns gewandt** (*od.* **gewendet**) God has turned (away) from us; **sich zu j-m ~** to turn to (*od.* toward[s]) s.o.; **sich gegen j-n ~** *fig.* to turn against (*od.* on) s.o.; **sich gegen etwas ~** to object (strongly) to s.th.; **er weiß sich zu drehen und zu ~** *fig.* he can worm his way out of anything. – **5. sich an j-n ~** to turn to s.o.: **sich um Rat an j-n ~** to turn to s.o. for advice; **sich vertrauensvoll an j-n ~** to confide in s.o., to take s.o. into one's confidence; **darf ich mich mit einer Bitte an Sie ~?** may I ask a favo(u)r of you? **sich an eine höhere Instanz ~** to turn (*od.* have recourse) to a higher court; **sich an das Gericht ~** to go to court; **das Buch wendet sich vorwiegend an den Fachmann** the book is intended mainly for the expert. – **III W~** *n* ⟨-s⟩ **6.** *verbal noun.* – **7.** *cf.* Wendung[1].

'wen·den[2] **I** *v/t* ⟨h⟩ **1.** (*umdrehen, drehen*) turn: **den Braten [das Getreide, das Heu] ~** to turn the roast [corn (*Am.* grain), hay]; **einen Kragen [Anzug, die Manschetten] ~** to turn a collar [suit, the cuffs]; **die Buchseite ~** to turn (over) the page; **das Auto ~** a) to turn the car, b) (*um 180 Grad*) to swing the car round; **den Fuß ~** *fig.* (*umkehren*) to turn back, to retrace one's steps; **du kannst** (*od.* **magst**) **es ~, wie du willst** *fig.* you can look at it from whatever angle you like. – **2.** *med.* (*Fötus*) turn. – **II** *v/reflex* **sich ~ 3.** (*sich ändern*) change: **der Wind [das Wetter] hat sich gewendet** the wind [weather] has changed; **es wird sich alles noch zum Guten ~** it will all turn out for the better (*od.* best). – **4. das Blatt** (*od.* **Blättchen**) **hat sich gewendet** *fig. colloq.* the tide has turned, the tables are turned. – **III** *v/i* **5.** turn: **ich kann in dieser engen Straße nicht ~** I can't turn (round) in this narrow road; **der Schwimmer hat gewendet** the swimmer turned; **bitte ~** please turn over. – **6.** *mar.* (*von Segelschiffen*) tack (about), go about, put about, go on another tack, turn (*rare*). – **IV W~** *n* ⟨-s⟩ **7.** *verbal noun.* – **8.** *cf.* Wendung[1].

'Wen·de|,pflug *m agr.* moldboard plow, *bes Br.* mouldboard plough. — **~,plat·te** *f tech.* (*einer Formmaschine*) turnover plate. — **~,platz** *m* turning area (*od.* space), (*bes. für Autobusse, Straßenbahnen etc*) loop. — **~,pol** *m electr.* interpole, commutating (*od.* reversing) pole. — **~,punkt** *m* **1.** *astr.* solstice, solstitial point. – **2.** *math.* turning point, inflection (*Br. auch* inflexion) (point). – **3.** *fig.* turning point: **das bedeutete einen ~ in der Geschichte des 19. Jahrhunderts** that marked a turning point (*od.* an epoch) in the history of the 19th century; **an einem ~ angelangt sein** to have reached (*od.* come to) a turning point. – **4.** *fig.* (*Höhepunkt, Krise*) crisis. – **5.** (*sport*) turn.

'Wen·der *m* ⟨-s; -⟩ **1.** *agr.* tedder. – **2.** *metall.* (*für Walzgut*) manipulator.

'Wen·de|,ra·di·us *m auto.* turning radius. — **~,rich·ter** *m* (*sport*) (*beim Schwimmen*) inspector of turns. — **~,schal·ter** *m electr.* reversing (*od.* commutator) switch, reverser, commutator. — **~,schwung** *m* (*sport*) (*beim Turnen*) high front face vault. — **~,trich·ter** *m* (*einer automatischen Briefaufstellanlage*) revolving funnel. — **~,zap·fen** *m metall.* (*eines Konverters*) trunnion. — **~,zei·ger** *m aer.* turn (and bank) indicator.

'wen·dig *adj* **1.** (*Auto, Schiff etc*) man(o)euverable, *bes. Br.* manœuvrable. – **2.** *fig.* (*flink, beweglich*) nimble, agile. – **3.** *fig.* (*geistig beweglich*) agile, nimble-minded, flexible: **einen ~en Geist haben, geistig ~ sein** to be agile, to have a nimble (*od.* limber) mind. — **'Wen·dig·keit** *f* ⟨-; *no pl*⟩ **1.** man(o)euverability, *bes. Br.* manœuvrability. – **2.** *fig.* nimbleness, agility. – **3.** *fig.* agility, nimble-mindedness, flexibility, flexibleness, limberness.

'wen·disch I *adj* Wendish, Sorb(ian). – **II** *ling.* **W~** ⟨*generally undeclined*⟩, **das W~e** ⟨-n⟩ Wendish, Sorb(ian).

'Wen·dung[1] *f* ⟨-; -en⟩ **1.** *cf.* Wenden[1] *u.* [2]. – **2.** turn: **eine ~ nach rechts [links] vornehmen** to make a turn to the right [left]; **eine ganze [halbe] ~** a full [half] turn; **eine halbe ~ nach rechts [links]** (*beim Reiten*) a caracole; **eine rasche ~ des Autos** a quick turn of the car. – **3.** *mil.* turn, (*bei Ausbildung*) *Am.* facing. – **4.** *mar.* turn. – **5.** *med.* a) (*des Fötus*) version, b) (*Krisis*) crisis. – **6.** *fig.* turn of events: **eine glückliche [überraschende, entscheidende] ~ trat ein** (*od.* **vollzog sich**) there was a fortunate [surprising, decisive] turn of events, events took a fortunate [surprising, decisive] turn; **die Sache nahm eine unerwartete ~** the affair took an unexpected turn. – **7.** *fig.* (*Änderung*) change, turn: **dem Gespräch eine andere ~ geben** to change the subject; **eine gute [schlechte] ~, eine ~ zum Besseren [Schlechteren]** a change for the better [worse].

'Wen·dung[2] *f* ⟨-; -en⟩ *ling.* a) (*Redewendung*) phrase, expression, locution, b) (*bildliche*) figure of speech, c) (*idiomatische*) idiom(atic expression): **eine stehende ~** a) a standard expression, b) (*beliebte Redensart von j-m*) turn of phrase.

'Wen,fall *m ling.* accusative (case).

we·nig ['veːnɪç] *indef pron* **I** (*adjektivisch*) **1.** ⟨*attrib*⟩ (*vor Substantiven im sg*) little: **sie haben sehr ~ Geld** they have very little money; **~ Änderung** *meteor.* little change; **das bringt ~ Gewinn** a) that brings little profit, b) *fig.* one gains little by that; **ich habe heute sehr ~ Zeit** I have very little (*od.* I am pressed for) time today; **es gibt ~ Neues** there is little news; **etwas mit ~ Mühe erreichen** to achieve s.th. with little trouble (*od.* quite easily); **ich habe ~ Lust hinzugehen** I don't really feel like going, I'm not greatly inclined to go; **~ Aussicht auf Erfolg haben** to have little (*od.* small) hope of success; **ein ~ Wahrheit** a modicum of truth; **du mußt ein ~ Geduld haben** you must have a little (*od.* some) patience; **mit ein ~ gutem Willen wird es schon gehen** it will work out with a little bit of good will; **die Tablette in ein ~ Wasser auflösen** to dissolve the tablet in a little (*od.* a small quantity of) water; **er kann nur ~ Englisch** he speaks only (a) little English; **das hat ~ Zweck** there is little point (*od.* use) in doing that; **ein klein ~ [ein ganz klein ~] Milch** a little drop [a tiny (little) drop, *colloq.* a teeny-weeny drop] of milk. – **2.** ⟨*attrib*⟩ (*vor Substantiven im pl*) a) (*ein paar*) a few, b) (*vereinzelte*) few: **es sind nur noch ~e Meter** it's only a few (more) yards to go; **in ~en Tagen bin ich zurück** I'll be back in a few days' time; **etwas mit ~en Worten erklären** to explain s.th. in (a) few words; **in ~en Augenblicken beginnt es** it will begin in a few moments; **ich habe ihn nur ~e Male gesehen** I have only seen him a few times; **das geht nur in ~en Fällen gut** it only works out in a few (*od.* in the minority of) cases; **es dauerte nur ~e Sekunden** it only took a few seconds; **es gibt nur ~e Menschen, die das erlebt haben** (only) few people have experienced that; **er ist ein Freund, wie es nur ~e gibt** there are few friends like him, he is the type of friend that one seldom finds, he is one (*od.* a) friend in a thousand. – **3.** ⟨*pred*⟩ **das ist ~** that's not much; **und sei es auch noch so ~, und wenn es auch noch so ~ ist** no matter how little, however little; **~, aber mit Liebe** (*od.* **von Herzen**) it's not much but it is meant sincerely. – **II** (*substantivisch*) **4.** little: **sie besitzt nur sehr ~** she possesses very little, she has very few possessions, she has very little to her name; **sie ist zufrieden mit dem ~en, was sie hat** she is content with the little she has; **mit ~(em) zufrieden sein [auskommen]** to be content with [to manage on] little; **sie ißt sehr ~** she eats very little; **es fehlte ~, und ich hätte ihm geglaubt** it would not have taken much and I would have believed him, I very nearly believed him; **es gehört ~ dazu, das zu begreifen** it doesn't take much (intelligence) to understand that; **dafür habe ich nur ~ übrig** I have little time for that, that interests me little; **ich verstehe davon nur sehr ~** I know very little about that; **er ist um (ein) ~es älter als ich** he is a little (*od.* slightly) older than I (am). – **5.** *pl* a) (*ein paar Leute*) a few (people), b) (*vereinzelte Leute*) few (people): **da wir nur ~e sind, ist der Anteil jedes einzelnen größer** since there are only a few of us each will have a bigger share; **einige ~e blieben bis Mitternacht** a few stayed on until midnight; **nur sehr ~e haben den Vortrag verstanden** only very few (people) understood the lecture; **er ist einer von den ~en, die** he is one of the few who. – **III** (*adverbial*) **6.** little: **das interessiert mich ~** that interests me little, that does not interest me greatly; **es kümmert mich ~, ob** I care little whether; **das hilft mir ~** that is (of) little help to me; **dieses Buch wird ~ gelesen** this book is not widely read (*od.* does not have [*od.* appeal to] a wide public); **das stört mich ~** it doesn't disturb me greatly; **daran liegt mir ~** I'm not greatly interested in that; **er liebt es ~, gestört zu werden** he does not take kindly to being disturbed; **das war eine ~ glückliche Wahl** that was a rather unfortunate choice; **das ist ~ erfreulich** a) that is not so (*od.* not at all) pleasant, b) that is rather disappointing; **er ist ~ beliebt** he is not very popular, he is rather unpopular; **das ist ~ nett von dir** that is not very nice of you; **ich habe mich nicht ~ geärgert** *colloq.* I was quite (*od.* pretty) annoyed; **danach fragt er ~** that is of little interest to him; **das kostet, ~ gerechnet, tausend Mark** it will cost a thousand marks and that's a low estimate. – **7. ein ~** a little, somewhat, a bit: **ein ~ schneller [besser, größer]** a little faster [better, bigger]; **ich habe ein ~ gearbeitet** I worked a bit; **das ist ein ~ übertrieben** that is a little (*od.* slightly) exaggerated, that is a slight (*od.* a bit of an) exaggeration; **ein klein ~ bezweifle ich seine Angaben** I doubt his statements somewhat, I rather doubt his statements. – **8.** (*selten*) very little, seldom: **wir haben uns in der letzten Zeit ~ gesehen** we have seen very little of each other lately, we have seen each other very little recently; **ich bin ~ ausgegangen** I went out very little.

'We·nig *n* ⟨-s; -⟩ *only in* **viele ~ machen ein Viel** (*Sprichwort*) many small make a great, many a little makes a mickle.

'We·nig‚bor·ster [-‚bɔrstər] *m* ⟨-s; -⟩ *zo.* oligochaete, *auch* oligochaet, oligochete (*Klasse Oligochaeta*).

'we·ni·ger I *comp of* wenig. – **II** *indef pron* (*adjektivisch*) **1.** less: **sie haben ~ Geld als wir** they have less money than we (have); **das hätte man auch mit ~ Aufwand erreichen können** that could have been achieved at less expense; **mit mehr oder ~ Erfolg** more or less sucessfully; **das ist ja ~ als nichts** *colloq.* that's next to nothing; **die Arbeit wird nicht ~** I'm making no headway with this work; **du wirst ja immer ~!** *colloq.* (*dünner*) you're wasting away (to a shadow). – **2.** fewer: **heute haben wir ~ Zuschauer als gestern** we have fewer spectators today than yesterday; **viel ~ Bücher** much (*od.* far) fewer books. – **III** *indef pron* (*substantivisch*) **3.** less: **ich habe etwas ~ bekommen als er** I was given a little less than he; **er verlangt hundert Mark, nicht mehr und nicht ~** he charges no more and no less than a hundred marks; **~ wäre hier mehr** less would be better in this case. – **4.** less (people): **je ~ kommen, um so lieber ist es mir** the less (people) come the better. – **IV** *indef pron* (*adverbial*) **5.** less: **es gefällt mir immer ~** I like it less and less; **sie ist ~ klug als schön** she is more beautiful than clever; **in ~ als fünf Minuten** in less than five minutes; **~ als hundert Gäste** less than a hundred guests; **nicht ~ als hundert Gäste** no less than a hundred guests, a hundred guests, no less; **ich war nichts ~ als erfreut** I was far from (*od.* anything but) pleased; **sie haben mir mehr oder ~ deutlich zu verstehen gegeben, daß** they gave me more or less to understand that; **das hängt mehr oder ~ vom Zufall ab** that's more or less a matter of chance; **es kommt ~ auf die Quantität als auf die Qualität an** it is the quality more than the quantity that matters; **je mehr ich darüber nachdenke, desto** (*od.* **um so**) **~ verstehe ich es** the more I think about it the less I understand it; **ich glaube ihm um so ~, als ich seinen Charakter kenne** I believe him all the less since I know his character; **jeder hat seine Sorgen, der eine mehr, der andere ~** everyone has his worries, the one more, the other less; **das ist ~ angenehm** *colloq.* that's not so (very) pleasant (*od.* nice); **das war ~ nett von dir** *colloq.* that wasn't very nice of you. – **6.** *math.* less, minus: **zehn ~ vier ist sechs** ten less four is (*od.* leaves) six.

'We·nig·keit *f* ⟨-; *no pl*⟩ **1.** small quantity. – **2.** (*Kleinigkeit*) trifle. – **3. meine ~** *colloq. humor.* little me (*colloq.*): **für meine ~** for little me, for my humble self; **meine ~ mußte zu Hause bleiben** yours truly had to stay (at) home (*colloq.*).

'we·nigst I *sup of* wenig. – **II** *indef pron* (*adjektivisch*) **1.** least: **sie hat von uns allen das ~e Geld** she has the least money of all of us; **das hat die ~e Mühe gemacht** that was the least trouble; **er ist die ~e Zeit im Jahr zu Hause** he is at home the least time of the year. – **2.** fewest, extremely few: **die ~en Menschen wissen das** extremely few people know that; **das trifft in den ~en Fällen zu** that applies in the fewest cases. – **III** *indef pron* (*substantivisch*) **3.** least: **das ist das ~e, was du tun kannst** that is the least you can do; **er hat am ~en geboten** he bid (the) least (of all). – **4.** fewest, extremely few: **das ist nur den ~en bekannt** extremely few people know that. – **IV** *indef pron* (*adverbial*) **5.** least: **wir sind davon am ~en betroffen** we are least concerned, it concerns us least; **das hätte ich am ~en erwartet** that is what I should have expected least of all; **zum ~en sollte man es versuchen** one should at least try (it).

'we·nig·stens *adv* at least: **wenn sie ~ geschrieben hätte** if she had at least written; **es dauerte ~ drei Stunden** it took at least three hours; **ist sie ~ reich?** is she rich at least? **hast du ~ vorher gefragt?** did you at least ask first?

wenn [vɛn] **I** *conj* **1.** (*zur Einleitung eines Temporalsatzes*) when: **~ ich von ihm höre, gebe ich dir Bescheid** when I hear from him I'll let you know; **~ man das Fenster öffnet, wird es zu kalt** when one opens the window it gets too cold; **~ ich einmal groß bin, werde ich Straßenbahnschaffner** when I grow up I'll (*od.* I want to) be a tram (*Am.* streetcar) conductor; **jedesmal, ~ wir uns treffen, regnet es** it rains every time we meet (*od.* whenever we meet); **~ du erst einmal dort bist, wird es dir bestimmt gefallen** I'm sure you'll like it once you are there; **~ man ihn hört, sollte man glauben, daß** when you listen to him, you would think that; **~ man bedenkt, daß** to think that, considering that, when one considers that; **~ man von Politik spricht** when one speaks of politics, speaking of politics. – **2.** (*zur Einleitung eines Konditionalsatzes*) if: **ich würde mich sehr freuen, ~ du kämst** I would be very pleased if you came; **~ du angerufen hättest, hätten wir uns treffen können** if you had phoned we could have met; **~ du es sagst. wird es wohl stimmen** *iron.* coming from you it must be right; **~ das wahr ist, fresse ich einen Besen** *colloq.* I'll eat my hat if that's true; **~ möglich(,) komme ich heute abend** I'll come tonight if possible; **~ du mich fragst, ich bin dagegen** if you ask me, I'm against it; **~ ich du wäre, würde ich nein sagen** if I were (*od. colloq.* was) you I would say no; **~ es schon sein muß, dann lieber gleich** if it has to be (done) (then) let's get it over at once; **~ ich ehrlich bin** to be honest; **~ ich dir die Wahrheit sagen soll, ich habe das Geld verloren** to tell you the truth (*od.* to be quite honest about it, if I am to be honest), I lost the money; **~ ich das wüßte!** if I knew that myself! I wish I knew! **selbst ~ ich es wüßte, würde ich es dir nicht sagen** even if I knew I wouldn't tell you; **wehe, ~ ich dich erwische!** *colloq.* you'll catch it if I catch you, if I catch you you'll catch it; **~ das der Fall ist, ~ es** (*od.* **dem**) **so ist, ~ es an dem ist** a) (*wenn das der Grund ist*) if that is so, b) (*wenn es so steht*) if that is the case, if that is the way it is (*od.* the way things are); **~ nichts dazwischenkommt** unless something (*od.* if nothing) happens (*od.* intervenes); **~ er nicht gewesen wäre, wäre sie tot** had it not been for him (*od.* if it had not been for him, but for him) she would be dead; **~ nicht heute, dann morgen** if not today then tomorrow; **~ ich nichts mehr von mir hören lasse, bleibt es dabei** if I don't send (any) word we'll leave it as it is, we'll leave it as it is unless I send word; **er kommt heute; ~ nicht, ruft er an** he is coming today; if not, he'll phone; **~ nicht, denn nicht!** *colloq.* if you don't want to, that's all right! **~, und nur ~** if, and only if; **außer ~** except if, unless; **~ anders** *obs.* otherwise; **~ das Wörtchen ~ nicht wär', wär' mein Vater Millionär** (*Sprichwort*) if ifs and an's were pots and pans, there'd be no trade for tinkers (*proverb*). – **3.** (*zur Einleitung eines Konzessivsatzes*) **~ auch, ~ schon, und ~** even though: **~ er auch mein Vorgesetzter ist, das hätte er nicht sagen dürfen** he ought not to have said that even though he is my superior; **~ sie auch noch sehr jung ist, so sollte man das doch von ihr verlangen können** that could be expected of her despite the fact that she is (still) very young; **das ist ein sehr gutes Restaurant, ~ auch nicht ganz billig** that is a very good restaurant if (*od.* though, albeit) not altogether cheap; **wir sind dankbar für alles, ~ es auch noch so wenig ist** we are grateful for everything however little (it may be); **ich werde es schaffen, und ~ ich Tag und Nacht arbeiten muß** I shall manage it even if I have to (*od.* should I have to) work day and night; **~ er auch noch so reich ist, ich möchte nicht mit ihm tauschen** I would not change with him no matter how rich he is (*od.* may he be ever so rich); **ich tue es nicht, und ~ er sich auf den Kopf stellt** *colloq.* I won't do it, I don't care if he stands on his head (*colloq.*); **~ ich gleich Fehler gemacht habe, so habe ich mich doch redlich bemüht** *lit.* although I did make mistakes I tried my best (*od.* I did my utmost); **~ auch!** *colloq.* even so! all the same! (*beide colloq.*). – **4.** (*zur Einleitung eines Wunschsatzes*) **~ ... doch, ~ ... nur, ~ ... bloß** if only: **~ er doch käme!** if only he would come! *bes. Am.* if he would only come! if only he came! *bes. Am.* if he only came; **~ ich nur geschwiegen hätte!** if only I had kept quiet (*od.* had held my tongue)! **~ doch schon Feierabend wäre!** if only it were (*od. colloq.* was) time to go home! – **5.** (*zur Einleitung eines irrealen Vergleichssatzes*) **wie ~, als ~** as though, as if: **er tut (so), als ~ nichts gewesen wäre** he behaves as if nothing had happened; **es war so, wie ~ j-d gerufen hätte** it was as though s.o. had called (*od.* as though there had been a call). – **6. aber ~ nun einer allein ist, was (macht er) dann?** but suppose (*od.* supposing) one is alone, what would one do? what if one is left alone? – **II W~** *n* ⟨-s; -⟩ **7.** if: **ein großes W~** a big if; **das ewige W~ und Aber** the endless ifs and buts; **nach vielen W~ und Aber** after many ifs and buts.

‚wenn'gleich *conj* (al)though.

'wenn‚schon *adv colloq.* **na ~!** so what? what of it? **~, dennschon!** a) I may (*od.* might) as well while I'm at it! b) a job worth doing is worth doing well!

Wen·zel ['vɛntsəl] *m* ⟨-s; -⟩ (*im dt. Kartenspiel*) jack, knave.

wer [veːr] **I** *interrog pron* **1.** who: **~ ist da?** who is there? **~ da?** *mil.* who goes there? **~ hat das gesagt?** a) who said that (*od.* so)? b) (*aufbegehrend*) who says? (*colloq.*); **~ kommt denn alles?** who (*Am.* who all) is coming? **~ noch?** who else? **~ anders als du?** who (else) but you? **~ ist größer, X oder Y?** who is taller, X or Y? **~ weiß?** who knows? **~ weiß, vielleicht kommt er doch noch** who knows, he may still come; **ich habe es ihm schon ~ weiß wie oft gesagt** I told him I don't know how often (*colloq.*); **er treibt sich wieder ~ weiß wo herum** he is roaming around again heaven (*od.* goodness) knows where; **ich habe ihn ~ weiß wo gesucht** I looked for him I don't know where not all (*colloq.*). – **2.** (*auswählend*) which: **~ von euch beiden?** which of the two of you? which of you two? **~ von euch hat es getan?** which of you did it? – **II** *relative pron* **3.** who: **ich weiß nicht, ~ das ist** I don't know who that is; **~ es auch immer war, er wird dafür büßen** who(so)ever it was will have to suffer for it; **es mag kommen,**

~ (da) will come who may, no matter who comes; ~ wagt, gewinnt (*Sprichwort*) nothing ventured nothing gained (*proverb*); → Grube 5; hören 3. – **4.** (*auswählend*) which: ich weiß nicht, ~ von ihnen gekommen ist I don't know which of them has come. – **III** *indef pron* **5.** *colloq.* someone: ist ~ gekommen? a) (*gerade jetzt*) did someone come? b) (*während des Tages, des Urlaubs etc*) did anyone come? ist da ~? someone there? er ist jetzt ~ he really is someone now.

ˈWer·be|ˌabˌtei·lung *f econ.* advertising (*seltener* -z-) (*od.* publicity) department: Leiter der ~ *cf.* Werbeleiter. — **~agent** [-ˀaˌgɛnt] *m* advertising (*od.* publicity) agent. — **~agenˌtur** *f* advertising (*od.* publicity) agency. — **~ak·tiˌon** *f* **1.** *cf.* Werbefeldzug. – **2.** (*für Arbeitskräfte*) recruiting drive. — **~ˌanˌteil** *m cf.* Provision. — **~ˌantˌwort** *f meist pl* (*postal service*) business-reply item (*od.* card). — **~ˌanˌzei·ge** *f econ.* advertisement (*seltener* -z-), ad (*colloq.*), *bes. Br. colloq.* advert. — **~arˌti·kel** *m* publicity (*bes. Am.* promotion) article (*od.* item). — **~ˌaufˌwand** *m cf.* Werbekosten. — **~ˌausˌga·be** *f* **1.** *philat.* propaganda issue. – **2.** *pl econ.* advertising (*od.* introductory) issue *sg.* — **~beˌra·ter** *m* advertising (*od.* publicity) consultant. — **~beˌra·tung** *f* advice on advertising. — **~beˌru·fe** *pl* advertising professions. — **~ˌblatt** *n* (*Flugblatt*) (advertisement) leaflet, (*als Beilage*) inset. — **~ˌblock** *m telev.* advertising block. — **~ˌbrief** *m* publicity circular. — **~büˌro** *n* advertising (*od.* publicity) agency. — **~ˌchef** *m cf.* Werbeleiter. — **~ˌdienst** *m* advertising (*od.* publicity) service. — **~ˌdruckˌsa·che** *f* advertising circular. — **~ˌeinˌblen·dung** *f* (*radio*) *telev.* advertising break, commercial. — **~ˌeinˌnah·men** *pl* advertising revenue *sg.* — **~erˌfolg** *m* result of advertising (*od.* publicity), publicity success. — **~etat** [-ˀeˌtaː] *m econ.* advertising (*od.* publicity) budget. — **~ex·emˌplar** *n* **1.** publicity (*od.* introductory) sample (*od.* article). – **2.** (*Buch*) publicity copy (*od.* issue). — **~ˌfachˌmann** *m* advertising (*od.* publicity) expert (*od.* man, specialist), adman (*colloq.*), *bes. Am.* promotion expert (*od.* man). — **~ˌfaltˌblatt** *n* (advertisement) folder (*od.* leaflet), handbill. — **~ˌfeldˌzug** *m* advertising (*od.* promotion) campaign, (publicity) drive. — **~ˌfernˌse·hen** *n telev.* **1.** (*als Einrichtung*) commercial television. – **2.** (*Programm*) television advertisements *pl* (*od.* commercials *pl*). — **~ˌfernˌseh·geˌsell·schaft** *f* television program (*bes. Br.* programme) company, *Br.* commercial television company. — **~ˌfilm** *m* publicity (*od.* promotion) film. — **~ˌflä·che** *f econ.* advertising space, space for advertisements. — **~ˌfonds** *m* advertising (*od.* publicity) fund. — **~ˌfrit·ze** *m colloq. contempt.* publicity chap (*colloq.*). — **~ˌfunk** *m* (*radio*) **1.** (*als Einrichtung*) commercial radio. – **2.** (*Programm*) commercial broadcast. — **~ˌgag** *m* (publicity) gag (*od. colloq.* gimmick). — **~geˌschenk** *n* advertising (*od.* publicity) gift. — **~geˌspräch** *n* sales talk (*od. colloq.* chat). — **~ˌgra·phik** *f* **1.** commercial (*od.* advertising) art. – **2.** advertising poster. — **~ˌgra·phi·ker** *m* commercial (*od.* advertising) artist. — **~kamˌpa·gne** *f cf.* Werbefeldzug. — **~ˌko·sten** *pl* advertising (*od.* publicity) cost *sg* (*od.* expenses). — **~ˌkraft** *f* publicity value, publicity (*od.* advertising) appeal, (*optische*) *auch* visual appeal, appeal to the eye. — **w~ˌkräf·tig** *adj* with (*od.* having) publicity appeal, effective. — **~ˌlei·ter** *m* publicity (*od.* advertising, *bes. Am.* promotion) manager. — **~ma·te·riˌal** *n* (*noch nicht ausgestreute Werbemittel*) advertising (*bes. Am.* promotion) material (*od.* matter). — **~ˌmit·tel** *n* (*ausgestreutes Werbematerial*) **1.** means *pl* (*construed as sg or pl*) of publicity (*od.* advertising), publicity medium (*od.* aid). – **2.** *pl* publicity (*od.* advertising) funds. — **~ˌmu·ster** *n* publicity sample.

wer·ben [ˈvɛrbən] **I** *v/t* ⟨wirbt, warb, geworben, h⟩ **1.** (*Mitglieder, Arbeitskräfte, Nachwuchs etc*) recruit, enlist. – **2.** (*Abonnenten, Kunden, Leser etc*) solicit, win. – **3.** (*Wähler, Stimmen etc*) canvass, *auch* canvas. – **4.** j-n für etwas ~ to win s.o. over to s.th. – **5.** *mil.* (*Rekruten, Soldaten, Freiwillige etc*) enlist, recruit, enrol(l). – **II** *v/i* **6.** für etwas ~ a) (*für Handelsartikel*) to advertise (*seltener* -z-) (for) s.th., to promote s.th., to publicize s.th., (*aufdringlich*) *auch* to push (*od.* boost, *sl.* plug) s.th., b) (*für eine Partei etc*) to spread propaganda for s.th., to canvass (*auch* canvas) for s.th. – **7.** um j-n ~ a) (*um Frau, Mädchen*) to court (*od. lit.* woo) s.o., b) *fig.* (*um einflußreichen Mann etc*) to court (*od. lit.* woo) s.o. – **8.** um etwas ~ *fig.* (*um Freundschaft, Liebe, Vertrauen etc*) to court (*od. lit.* woo) s.th.: um j-s Gunst ~ to court s.o.'s favo(u)r. – **III W~** *n* ⟨-s⟩ **9.** *verbal noun.* – **10.** *cf.* Werbung. — **ˈwer·bend I** *pres p.* – **II** *adj econ.* (*Kapital*) earning, productive: ~e Ausgaben *pol.* productive expenditure *sg.*

ˈWer·be|ˌnum·mer *f* (*einer Zeitschrift*) complimentary (*od.* publicity) issue (*od.* edition). — **~plaˌkat** *n econ.* (advertisement *seltener* -z-) placard (*od.* bill, poster). — **~ˌpreis** *m* publicity (*od.* introductory) price. — **~proˌspekt** *m* publicity leaflet. — **~psy·cho·loˌgie** *f* psychology of advertising (*seltener* -z-).

ˈWer·ber *m* ⟨-s; -⟩ **1.** (*Freier*) suitor. – **2.** *mil. hist.* recruiting officer, recruiter. – **3.** *colloq.* publicity man.

ˈwer·be·risch *adj econ.* **1.** promotional. – **2.** advertising (*seltener* -z-) (*attrib*).

ˈWer·be|ˌschild *n econ.* advertisement (*seltener* -z-) board. — **~ˌschrei·ben** *n* sales letter, (*als Rundschreiben*) sales circular. — **~ˌschrift** *f* prospectus, (advertisement) pamphlet. — **~ˌsen·dung** *f* (*radio*) *telev. cf.* Sponsorsendung. — **~ˌspot** *m* commercial (spot), spot. — **~ˌspruch** *m* (advertisement) slogan. — **~ˌstel·le** *f cf.* Werbeagentur. — **~ˌtä·tig·keit** *f* activity in publicity (*od.* advertising *seltener* -z-). — **~ˌtech·nik** *f* advertising technique. — **~ˌtext** *m* **1.** copy, advertising (*od.* publicity) text. – **2.** (*eines Inserats*) advertisement text (*od.* copy). — **~ˌtex·ter** *m* copywriter. — **~ˌträ·ger** *m* advertising facilities *pl* (*od.* vehicles *pl*): Plakatflächen und Adreßbücher sind unverzichtbare ~ hoardings and directories are indispensable advertising vehicles. — **~ˌtrom·mel** *f only in* die ~ (für j-n [etwas]) rühren (*od.* schlagen) *fig.* a) (*für Handelsartikel, Film, Schauspieler etc*) to advertise (*seltener* -z-) (*od.* make publicity) (for s.o. [s.th.]), b) (*für Partei, Politiker etc*) to spread propaganda (*od.* to canvass, *auch* canvas) (for s.o. [s.th.]). — **~verˌkauf** *m* publicity sales *pl*, promotional sale. — **~ˌwe·sen** *n* ⟨-s; *no pl*⟩ publicity, advertising. — **w~ˌwirk·sam** *adj cf.* werbekräftig. — **~ˌwirk·sam·keit** *f cf.* Werbekraft. — **~ˌwo·che** *f econ.* propaganda (*od.* publicity) week. — **~ˌzweck** *m* publicity purpose.

werb·lich [ˈvɛrplɪç] *adj* advertising (*seltener* -z-) (*attrib*): ~e Mittel means *pl* of advertising; für ~e Zwecke for publicity purposes.

ˈWer·bung *f* ⟨-; -en⟩ **1.** *cf.* Werben. – **2.** (*von Abonnenten etc*) solicitation. – **3.** (*von Mitgliedern, Arbeitskräften, Nachwuchs etc*) recruitment, enlistment. – **4.** *mil.* enlistment, recruitment, enrol(l)ment. – **5.** *econ.* a) (*Tätigkeit*) advertising (*seltener* -z-), (*zur Verkaufssteigerung*) sales promotion, publicity, b) (*Reklame*) advertisement (*seltener* -z-), publicity, propaganda, c) (*werbendes Inserat etc*) advertisement, d) *cf.* Werbefeldzug: er arbeitet in der ~ he is (*od.* works) in advertising; gezielte [ungezielte] ~ selective [nonselective, *Br.* non-selective] advertising; redaktionelle ~ editorial publicity; ~ in der Presse press advertising; das ist eine gute ~ für die Firma that is (a) good advertisement (*od.* that is good publicity) for the firm. – **6.** *pol.* propaganda. – **7.** (*um ein Mädchen*) courtship, suit.

ˈWer·bungsˌko·sten *pl econ.* (*in Einkommensteuer*) professional outlay *sg* (*od.* expenses).

ˈWerˌda *n* ⟨-(s); -s⟩, **~ˌruf** *m mil.* call of "who goes there?".

ˈWer·deˌgang *m* ⟨-(e)s; *no pl*⟩ **1.** (*Entwicklung*) development, history. – **2.** (*beruflicher*) career, background: er beschreibt seinen ~ in seinem Lebenslauf he describes his career in his curriculum vitae. – **3.** *tech.* (*eines Industrieprodukts*) course of manufacture.

wer·den [ˈveːrdən] **I** *v/i* ⟨wird, wurde, *poet.* ward, geworden, sein⟩ **1.** (*anfangen, etwas zu sein*) become, get: reich ~ to become rich; krank ~ to become (*od.* fall) ill, *bes. Am.* to get sick; du mußt schnell gesund ~ you must get well soon; blind ~ to go blind; katholisch ~ to become a Catholic, to turn Catholic; selten ~ to become rare; anderen Sinnes ~ to change one's mind; es muß jetzt alles anders ~ everything must change; es wird Tag day is dawning (*od.* breaking); es wird Nacht night is falling, it is getting dark; es wird Herbst [Winter] autumn [winter] is coming; das Wetter ist wieder schön geworden the weather has become beautiful (*od.* turned out nice) again; es wird höchste Zeit, daß it's high time that; morgen wird es ein Jahr, daß it's (*od.* it will be) a year tomorrow that; es ist Mode geworden, sein Auto zu bemalen it has become the fashion to paint pictures on one's car; die Röcke ~ wieder länger skirts are getting longer again; er wird immer gleich persönlich he is always getting personal; sich (*dat*) einer Sache bewußt ~ to become conscious of s.th., to realize s.th.; mir wurde angst und bange I was terrified, I was getting scared; mir wird schlecht (*od.* übel) I feel sick; mir wird kalt I'm getting cold, I'm beginning to feel cold; das Herz wurde (*od. poet.* ward) ihr schwer she became heavyhearted (*Br.* heavy-hearted); sie wurde (*od. poet.* ward) melancholisch bei dem Gedanken an (*acc*) she became (*od. lit.* waxed) sorrowful (*od.* tearful) at the thought of; bist du verrückt geworden? *colloq.* are you (*od.* have you gone) mad? (*colloq.*). – **2.** (*eine allmähliche Entwicklung bezeichnend*) grow, get: der Junge ist größer geworden the boy has grown taller (*od.* got [*Am.* gotten] bigger); älter ~ to grow older, to get on in years; er ist aber alt geworden! how old he has got, he has aged terribly (*colloq.*); böse ~ to grow angry, to anger; müde ~ to grow tired, to tire; er wurde es müde, ihn dauernd zu rügen *fig.* he grew tired of reprimanding him all the time; einer Sache überdüssig ~ to grow weary (*od.* tired) of s.th.; es ist gestern abend spät geworden we had a late night (*od.* it went on quite late) last night; es wird jetzt schon früh dunkel it grows dark very early now; der Nebel wird immer dichter the fog is getting thicker and thicker, the fog is thickening more and more; die Zeit wird mir lang I am getting bored; die Vorräte ~ immer geringer the supplies are diminishing (*od.* dwindling) more and more. – **3.** (*in Verbindung mit Präpositionen*) was ist aus ihm geworden? what has become of him? aus dem Geschäft ist nichts geworden nothing came of the deal; was soll aus dem Jungen ~? what is to become of the boy? daraus wird nichts a) nothing will come of that, b) (*als Verbot*) nothing doing, that's out, no go (*alle colloq.*); aus Kindern ~ Leute (*Sprichwort*) *etwa* children (will) grow up; aus nichts wird nichts (*Sprichwort*) *etwa* nothing will come of nothing; was ist mit dem Auto geworden? what became of the car? what happened to the car? zu Staub ~ to turn to dust; zu nichts ~ to come to nothing; der Schnee ist zu Wasser geworden the snow has turned to water (*od.* melted); j-m zur Last ~ to become a burden to s.o.; zum Gespött der Leute ~ to become the general laughingstock (*Br.* laughing-stock); zum Mann ~ to become a man; er ist zum Verräter geworden he turned traitor; etwas wird zum Sprichwort s.th. becomes a proverb (*od.* proverbial); die Ausnahme wird zur Regel the exception becomes the rule; das ist bei ihm zur fixen Idee geworden it is (*od.* has become) a fixed idea with him. – **4.** (*Beruf od. Funktion ausüben, Stelle einnehmen*) become: was willst du einmal ~? what are you going to be? Arzt [Zimmermann] ~ to become a doctor [carpenter]; Soldat ~ to go (in)to (*od.* to join, to enter) the army; Schauspieler ~ to become an actor, to go on the stage; Geistlicher ~ to become a clergyman, to go into the Church, to take holy orders; sie lassen ihren Sohn Lehrer ~ they are having their son study to be a teacher, they are having their son go into teaching; er ist Erster [Letzter] geworden he was first [last]; →

Mutter[1] 1; Vater 1. – 5. (*geschehen*) happen: man weiß nicht, was noch ~ mag one does not know what may happen; was soll nun ~? what are we going to do now? und was wurde dann? and what happened then? wird's bald? *colloq.* get a move on! (*sl.*); was nicht ist, kann (ja) noch ~ *colloq.* there is room for improvement. – 6. (*ausfallen*) turn out: wie sind die Photos geworden? how did the photographs turn (*od.* come) out? wie soll das Kleid ~? what will the dress be like? wie wird die Ernte? how will the harvest turn out? what will the harvest be like? es wird noch alles gut ~ everything will turn (*od.* work) out all right. – 7. *colloq.* (*Fortschritte machen*) come along, improve: die Sache wird things are (*od.* it's) coming along; es wird schon wieder ~ it will be all right, it's not so bad; der Kranke wird wieder the patient is getting better (*od.* improving, perking up). – 8. (*entstehen*) come into existence, arise: jeder Tag, den Gott ~ läßt every day (which) God grants us; da ward aus Abend und Morgen der erste Tag *Bibl.* and the evening and the morning were the first day. – 9. *archaic* (*zuteil werden*) be given: ihm ist ein großes Glück geworden he has been blessed with fortune; sein Lohn [Recht] soll ihm ~ he shall have his reward [right]; mir wurde keine Antwort I was given no answer; ihm wurde Befehl, die Stadt zu verlassen he was ordered to leave the town. – **II** *v/aux* ⟨*pp* worden⟩ 10. (*zur Bildung des Futurs*) ich werde kommen I shall (*od.* will) come; du wirst es ja sehen you will (*od.* you'll) see; es wird gleich regnen it is going to rain; wir ~ nichts verraten we shall (*od.* will) not breathe a word of it; ihr werdet sehr überrascht sein you will be much surprised; sie ~ nächste Woche verreisen they are going (to go) (*od.* they will be going) away next week; ich werd' dir helfen! *colloq.* so help you! (don't) you dare! I'll give you what-for (*colloq.*). – 11. (*zur Bildung des Passivs*) geliebt ~ to be loved; ich bin versetzt worden I have been transferred; du bist nicht gefragt worden you have not been asked; das Haus wird umgebaut the house is being altered, alterations are being done to the house; es ist uns gesagt worden, daß we have been told that; es wird viel gebaut there are plenty of buildings going up, there is much building going on; es wurde getanzt there was dancing; er wurde reichlich belohnt he was richly rewarded; wir sind schnell bedient worden we were given (*od.* we got) quick service; ihr wurdet bestraft you were punished; sie sind nie gelobt worden they were never praised. – 12. (*zur Bildung des Konjunktivs u. des Konditionals*) er sagte, er werde (*od.* würde) kommen he said he would come; ich würde kommen, wenn ich Zeit hätte I would come if I had time; ich würde es [nicht] tun I would [not] do it; würden Sie so nett sein und ihm den Brief geben? would you (please) be so kind as to (*od.* and) give him the letter? would you mind giving him the letter? das würden wir nicht dulden we would not allow that; sie sagten, sie ~ (*od.* würden) uns besuchen they said they would come and see us. – 13. (*in Sätzen der Ungewißheit, des Wunsches etc*) ich werde es (wohl) verloren haben I will have lost it, I expect I have lost it; es wird ihm doch nichts passiert sein? I hope nothing has happened to him; du wirst es nicht wissen you won't (*od.* wouldn't) know; es wird schon so sein, wie er sagt it will be as he says, what he says will be right; wir ~ es wohl übersehen haben we will have overlooked it; ihr werdet doch nicht schon gehen wollen? you don't want to go already, do you? you are not going to leave already, are you? sie ~ es vergessen haben they will have forgotten (it). – **III** W~ *n* ⟨-s⟩ 14. *verbal noun*: im W~ sein a) to be in the making (*od.* in the process of development), b) (*im Anfangsstadium*) to be in embryo. – 15. growth, development: das W~ und Wachsen (in) der Natur the growth and evolution of (*od.* in) nature.

'wer·dend I *pres p.* – **II** *adj* 1. (*im Entstehen begriffen*) developing, nascent (*lit.*): der ~e Tag the breaking day; mit dem ~en Tag with the sun; die ~e Republik the nascent republic. – 2. (*zukünftig*) to-be (*nachgestellt*): eine ~e Mutter a mother-to-be, an expectant mother.

Wer·der ['vɛrdər] *m*, *rare n* ⟨-s; -⟩ *geogr.* river island (*od.* islet), piece of land surrounded by water.

'Wer,fall *m ling.* nominative (case).

wer·fen ['vɛrfən] **I** *v/t* ⟨wirft, warf, geworfen, h⟩ 1. (*Ball, Stein, Handgranaten, Würfel etc*) throw, chuck (*colloq.*): „nicht ~!" (*Aufschrift auf Kisten, Paketen etc*) "handle with care!" eine Sechs ~, sechs Augen ~ (*würfeln*) to throw (*od.* cast) a six; wieviel hast du geworfen? how many did you throw (*od.* score)? – 2. (*in Verbindungen mit bestimmten Substantiven*) Blasen ~ a) (*von Wasser*) to bubble, to form bubbles, b) (*von Tapeten*) to form bubbles (*od.* air pockets); Bomben ~ a) *mil.* (*von Flugzeug*) to drop bombs, b) (*von Attentäter*) to throw bombs; Falten ~ (*von Rock, Kleid etc*) to pucker, to wrinkle; helles Licht [einen milden Schein] ~ (*von Lampe*) to cast (*od.* give off) very bright light [a soft glow]; das Los ~ *lit.* (über *acc* for) to cast lots; Schatten ~ to cast shadows; Strahlen ~ (*von der Sonne*) to emit rays; hohe Wellen ~ to billow and surge; → Anker[1] 1. – 3. Junge ~ (*von Tieren*) *cf.* jungen. – 4. (*sport*) a) (*Ball, Speer, Hammer*) throw, b) (*Diskus*) throw, *auch* toss, hurl, c) (*Baseball*) throw, pitch: ein Tor ~ to throw (*od.* shoot, score) a goal; seinen Gegner ~ a) (*beim Ringen*) to throw (*od.* floor) one's opponent, b) *hist.* (*im Turnierkampf*) to unhorse one's opponent; → Handtuch. – 5. (*in Verbindung mit Präpositionen*) j-m Grobheiten [Beleidigungen] an den Kopf ~ *fig.* to hurl curses [insults] at s.o.; er warf ihr an den Kopf, daß sie gelogen habe he accused her of (*od.* reproached her for) lying; Bilder an die Wand ~ *colloq.* to project pictures (on the wall); alles auf einen Haufen ~ to throw everything in a pile (*od.* heap); etwas auf den Boden ~ to throw s.th. on the floor; ein Auge auf j-n [etwas] ~ *fig.* to have one's eye on s.o. [s.th.]; einen Blick auf j-n [etwas] ~ to cast (*od.* throw) a glance at s.o. [s.th.], to glance (*od.* look) at s.o. [s.th.]; das hat kein gutes Licht auf ihn geworfen *fig.* that cast an unfavo(u)rable light (up)on him, that put (*od.* showed) him in an unfavo(u)rable light; j-n auf die Straße ~ *fig.* to throw s.o. out (on the street); Ware auf den Markt ~ *econ.* to throw goods on the market; eine Skizze aufs Papier ~ to sketch a drawing; einige Zeilen aufs Papier ~ to jot down a few lines; eine schwere Krankheit warf sie aufs Krankenlager a severe illness confined her to a sickbed; wir wollen keinen Stein auf ihn ~ *fig.* let us not condemn him; etwas aus dem Fenster ~ to throw s.th. out of the window; das Geld aus dem Fenster ~ *fig.* to throw one's money down the drain, to spend money right and left; j-n aus dem Haus ~ *fig.* to throw s.o. out; j-n aus der Schule ~ *fig.* to throw (*od.* kick, boot) s.o. out of school; dieses Erlebnis hat ihn völlig aus der Bahn geworfen *fig.* this experience has thrown him completely off balance; den Feind aus einer Stellung ~ *mil.* to dislodge the enemy, to drive the enemy from a position; etwas durchs Fenster ~ to throw s.th. (out) through the window; alle Bedenken hinter sich ~ *fig.* to cast aside all one's doubts (*od.* misgivings); den Ball in die Höhe ~ to throw (*od.* toss, pitch) the ball up in the air; den Ball ins Tor ~ to throw the ball into the goal; etwas ins Feuer [in den Papierkorb] ~ to throw s.th. in(to) the fire [wastepaper basket, *bes. Am.* wastebasket]; das Buch in die Ecke ~ to throw (*stärker* fling, pitch, *colloq.* chuck) the book in(to) the corner; j-n ins Gefängnis ~ to throw (*od.* thrust) s.o. in(to) prison; einen Blick ins Zimmer [in den Spiegel] ~ to cast a glance into the room [at the mirror]; die Tür ins Schloß ~ to slam the door (shut); alles in einen Topf ~ *fig.* to lump everything together; den Kopf stolz in den Nacken ~ to toss one's head (back) (proudly); ein Argument in die Waagschale ~ *fig.* to bring an argument to bear; etwas ins Gespräch (*od.* in die Debatte, Diskussion) ~ *fig.* to introduce (*od.* come up with) s.th. in a debate; j-n mit Steinen ~, Steine nach j-m ~ to throw stones at s.o., to pelt s.o. with stones; eine Decke über j-n ~ to throw a blanket over s.o.; das hat all meine Pläne über den Haufen geworfen that upset (*od.* spoilt, spoiled) all my plans; sich (*dat*) einen Mantel um die Schultern ~ to throw a coat (a)round one's shoulders; etwas von sich ~ to throw s.th. away; die Kleider von sich ~ to throw one's clothes off; alle Sorgen [Bedenken] von sich ~ *fig.* to cast aside all one's worries [misgivings]; am liebsten würde ich ihm den ganzen Kram vor die Füße ~ *fig. colloq.* I'd like to chuck the whole business (*colloq.*); den Ball zu j-m ~ to throw the ball to s.o.; wirf den Ball zu mir throw the ball (over) to me; j-m (einen) Knüppel zwischen die Beine ~ *fig.* to put a spoke in s.o.'s wheel; → Bord[1] 1; Perle 1. – **II** *v/reflex* sich ~ 6. (*von Holz*) warp. – 7. (*von Straßenbelag etc*) buckle. – 8. (*in Verbindung mit Präpositionen*) sich j-m an die Brust ~ to throw oneself into s.o.'s arms; sich j-m (förmlich) an den Hals ~ *fig.* simply to throw oneself at s.o.; sich auf j-n ~ to throw oneself on (top of) s.o.; sich auf einen Stuhl ~ to throw oneself on a chair; sich (mit Macht) auf (*acc*) etwas ~ *fig.* to throw oneself into s.th., to launch oneself upon s.th.; sich auf den Boden ~ to throw oneself to (*od.* on) the floor; sich vor j-m auf die Knie ~ to throw oneself on one's knees before s.o.; sich aufs Bett ~ to throw oneself on the bed; sich aufs Pferd ~ to leap (*od.* vault) into the saddle; sich im Bett hin und her ~ to twist and turn (*od.* to toss about) in one's bed; sich j-m in die Arme ~ to throw oneself into s.o.'s arms; sich in seine Kleider ~ *fig. colloq.* to throw on one's clothes; sich in Schale (*od.* Gala) ~ *colloq.* a) to dress (*od.* spruce) up, b) *iron.* to dress up to the hilt; sich vor den Zug ~ to throw oneself in front of a train; sich j-m zu Füßen ~ to throw oneself at s.o.'s feet; → Brust 1. – 9. (*sport*) (*vom Tormann*) dive: sich nach dem Ball ~ to dive for the ball; sich j-m vor die Füße ~ to dive at s.o.'s feet. – **III** *v/i* 10. throw: wie weit kannst du ~? how far can you throw? ich werfe 40 Meter (weit) I (can) throw (a distance of) 40 meters (*bes. Br.* metres); mit einem Stein nach j-m ~ to throw a stone at s.o.; wer wirft zuerst? who throws first? who is first to throw? who has the first throw? er wirft mit Geld nur so um sich *fig. colloq.* he throws his money around, he spends money left and right; mit Fremdwörtern [seinen Kenntnissen] (nur so) um sich ~ *fig. colloq.* to bandy foreign words [one's knowledge] about, to air (*od.* flaunt, show off with) foreign words [one's knowledge]; mit Lobesworten um sich ~ *fig. colloq.* to lavish praise. – 11. (*Junge bekommen*) *cf.* jungen. – **IV** W~ *n* ⟨-s⟩ 12. *verbal noun.*

'Wer·fer *m* ⟨-s; -⟩ 1. (*sport*) a) thrower, b) (*beim Baseball*) pitcher. – 2. *mil.* a) (*Mörser*) mortar, b) (*Raketenwerfer*) (rocket) launcher, c) (*Wasserbombenwerfer*) hedgehog, Y-gun, depth-charge thrower.

Werft [vɛrft] *f* ⟨-; -en⟩ 1. *mar.* a) shipyard, dockyard, shipbuilding yard, b) (*für Jachten*) yacht yard. – 2. *aer.* (*repair*) hangar, dock. — **~,an,la·ge** *f mar.* shipyard installations *pl.* — **~,ar·bei·ter** *m* shipyard worker.

'Werft,garn *n* (*textile*) cheviot warp yarn.

'Werft|,hal·le *f aer.* overhaul hangar. — **~,lie·ge,zeit** *f mar.* shipyard period. — **~re·pa·ra,tur** *f* shipyard repair. — **~,schiff** *n* shipyard vessel. — **~,schlep·per** *m* shipyard tug.

Werg [vɛrk] *n* ⟨-(e)s; *no pl*⟩ 1. (*Flachs-, Hanfabfall*) tow, waste. – 2. *mar.* (*gezupftes Tauwerk*) oakum. — **~,dich·tung** *f tech.* hemp packing.

'Wer,geld ['veːr-] *n* ⟨-(e)s; *no pl*⟩ *jur. hist.* manbote, *auch* manbot, wergild, wergeld, *auch* weregild.

'Werg|,garn *n* (*textile*) tow. — **~,kratz·ma,schi·ne** *f* tow card. — **~,spinn·ma·schi·ne** *f* tow spinning machine.

Werk [vɛrk] *n* ⟨-(e)s; -e⟩ 1. (*Handlung, Tat*) work, deed, act(ion): gute ~e tun to do good works (*od.* deeds); ein gutes ~ (an j-m) tun to do a good work (*od.* deed) (on s.o.); ~e der Nächstenliebe (*od.* Barmherzigkeit) works of charity; in Worten und ~en sündigen to sin in word and deed; es war das ~ eines Augenblicks it was a matter of a moment; das ist dein ~ that's your doing (*od.* handiwork). – **2.** (*Schöpfung, Erzeugnis*) work: das ~ seiner Hände the work of his hands, his handiwork; das ~ seines Fleißes the work of his industry; die ~e Gottes the works of God, God's handiwork *sg*; das ~ nähert sich der Vollendung the work is nearing completion; sein ~ krönen *fig.* to crown one's work. – **3.** (*Produkt, Frucht*) product(ion), work: das ~ vieler Jahre war vernichtet the work of many years was destroyed. – **4.** (*Errungenschaft, Leistung*) achievement: die Aussöhnung der beiden Staaten war das ~ jahrelanger Arbeit the reconciliation of the two states was the achievement of many years of work. – **5.** (*Tätigkeit, Arbeit, Aufgabe*) work: ein ~ beginnen [fördern] to begin [to sponsor] a work; sich ans ~ machen, ans ~ gehen, Hand ans ~ legen to set (*od.* get down, go) to work, to set to; (frisch) ans ~! let's set to work! eine Sache ins ~ setzen to start (*od.* initiate) work on s.th.; behutsam (*od.* vorsichtig) [geschickt] zu ~e gehen to go about it (*od.* to go to work) cautiously [skil(l)fully]; ein begonnenes ~ zu Ende führen to complete a (piece of) work one has started; es ist etwas im ~e *lit.* (*es geht etwas vor*) there is something in the air (*od.* in the wind, on foot). – **6.** (*literarisches, künstlerisches, historisches etc*) work, opus: ein umfangreiches ~ über die Geschichte des 19. Jahrhunderts a voluminous work on the history of the 19th century; dieses ~ wurde nie aufgeführt this work was never performed; Schillers sämtliche ~e in 20 Bänden the complete works of Schiller in 20 volumes; ausgewählte ~e selected works; ein unvollendetes ~ an unfinished work. – **7.** (*Betrieb, Fabrik*) works *pl* (*construed as sg or pl*), factory, plant: der Leiter eines ~es the works manager; ein ~ besichtigen to visit (*od.* view) a works; in einem großen ~ beschäftigt sein to be employed in a large plant; etwas ab ~ liefern *econ.* to deliver s.th. ex works (*od.* ex factory). – **8.** *tech.* (*Mechanismus, Triebwerk*) mechanism, works *pl*: das ~ der Uhr [der Orgel, einer Maschine] the works of the watch (*od.* clock) [the organ, a machine]. – **9.** *mil.* (*Festungswerk*) fortification(s *pl*), works *pl*.

ˈWerk|ˌan·geˌhö·ri·ge *m, f* factory (*od.* works) employee. — **~ˌanˌla·ge** *f* **1.** plant layout. – **2.** *pl* industrial plants. — **~ˌarbeit** *f ped.* hand(i)craft work, woodwork, metalwork. — **~ˌarzt** *m* factory (*od.* works) doctor. — **~ˌaufˌnah·me** *f phot.* industrial photo. — **~ˌbahn** *f tech. cf.* Fabrikbahn. — **~ˌbank** *f* ⟨-; ⸚e⟩ *tech.* (work)bench. — **~ˌblei** *n* crude lead bullion. — **~bü·cheˌrei** *f* factory (*od.* works) library.

ˈWerk·chen *n* ⟨-s; -⟩ **1.** *dim. of* Werk. – **2.** *print.* small (*od.* miniature) work, opusculum.

ˈWerkˌdruck *m* ⟨-(e)s; -e⟩ *print.* bookwork, jobbing. — **~paˌpier** *n* book(printing) (*od.* antique) paper.

ˈwerk|ˌei·gen *adj* (*Wohnung etc*) factory-(*od.* company-)owned. — **W~ˌeinˌrich·tung** *f* soziale ~en social facilities of a works (*od.* factory).

Wer·kel [ˈvɛrkəl] *n* ⟨-s; -(n)⟩ *Austrian colloq. rare for* Leierkasten 1, Drehorgel. — **~ˌmann** *m* ⟨-(e)s; ⸚er⟩ *Austrian colloq.* organ grinder.

wer·keln [ˈvɛrkəln] *v/i* ⟨h⟩ (*herumhantieren*) potter (about *od.* around), be busy.

ˈWer·kelˌtag *m obs. for* Werktag.

wer·ken [ˈvɛrkən] *v/i* ⟨h⟩ **1.** (*arbeiten*) work. – **2.** (*sich eifrig zu schaffen machen*) bustle around (*od.* about), busy about.

ˈWerk|ˌfah·rer *m econ.* factory (*od.* works) driver. — **~ˌfilm** *m* documentary (film) on the factory (*od.* works). — **~ˌfo·to** *n cf.* Werkaufnahme. — **~fo·toˌgraf** *m cf.* Werkphotograph.

ˈwerkˌfremd *adj* **1.** *cf.* betriebsfremd. – **2.** (*Maschinenteile etc*) originating outside one's own works, external.

ˈWerk|ˌfüh·rer *m econ. rare for* Betriebsleiter 1. — **~ˌfürˌsor·ge** *f* factory welfare (*od.* social) service(s *pl*). — **~ˌfürˌsor·ger** *m*, **~ˌfürˌsor·ge·rin** *f* factory welfare (*od.* social) worker. — **~geˌmein·schaft** *f* factory (*od.* works) community. — **~geˌrech·tig·keit** *f* ⟨-; *no pl*⟩ *relig.* legality. — **w~geˌtreu** *adj bes. mus.* (*Aufführung, Wiedergabe etc*) true (*od.* faithful) to the original. — **~ˌhal·le** *f econ.* workshop (hall), shop floor. — **~ka·meˌrad** *m cf.* Arbeitskollege 1. — **~kanˌti·ne** *f* factory (*od.* works) canteen. — **~ˌkin·der·ˌgar·ten** *m* factory (*od.* works) kindergarten. — **~ˌkü·che** *f* **1.** factory (*od.* works) canteen. – **2.** factory (*od.* works) kitchen(s *pl*). — **~ˌla·den** *m* company shop (*bes. Am.* store). — **~ˌlei·stung** *f* service. — **~ˌlei·ter** *m* factory (*od.* works, plant) manager. — **~ˌlei·tung** *f* factory (*od.* works, plant) management. — **~ˌleu·te** *pl obs.* workmen. — **~ˌlie·fe·rungs·verˌtrag** *m* contract for work and materials. — **~ˌlohn** *m* wage(s *pl sometimes construed as sg*). — **~ˌmei·ster** *m* foreman, master mechanic. — **~ˌnorm** *f* works standard specification. — **~ˌnum·mer** *f* factory (*od.* serial) number. — **~ˌpho·to** *n cf.* Werkaufnahme. — **~pho·toˌgraph** *m* industrial photographer. — **~ˌraum·thea·ter** [-teˌaːtər] *n* theater (*bes. Br.* theatre) workshop.

Werks... *bes. Austrian for* Werk...

ˈWerk|ˌschrift *f print.* body type. — **~ˌschu·le** *f* factory (*od.* works) school. — **~ˌschutz** *m* works (*od.* factory, plant) protection force (*od.* squad).

ˈWerks·diˌrek·tor *m* factory (*od.* works, plant) manager.

ˈWerkˌsei·de *f* (*textile*) floss silk.

ˈwerksˌei·gen *adj cf.* werkeigen.

ˈWerks|ˌeinˌrich·tun·gen *pl* works facilities. — **~erˌpro·bung** *f* factory (*od.* inspection) test. — **~ˌfeu·erˌwehr** *f* factory (*od.* works) fire brigade. — **~geˌlän·de** *n* works area (*od.* site).

ˈWerk·spioˌna·ge *f* industrial espionage.

ˈWerks|ˌprü·fung *f tech.* inspection test. — **~ˌren·te** *f econ.* company-paid annuity.

ˈWerkˌstatt *f* ⟨-; ⸚en⟩ **1.** (*eines Handwerkers*) workshop, shop. – **2.** (*eines Industriebetriebs*) machine shop. – **3.** (*eines bildenden Künstlers*) studio, atelier. — **~ˌaufˌtrag** *m* shop order. — **~beˌdarf** *m* workshop supply. — **~beˌtrieb** *m* (work)shop practice, (*bei der zerspanenden Bearbeitung*) machine-shop practice.

ˈWerkˌstät·te *f* ⟨-; -n⟩ *cf.* Werkstatt.

ˈWerkˌstatt|geˌrät *n tech.* workshop equipment. — **~ˌhandˌbuch** *n* workshop manual. — **~ˌleh·re** *f* inspection ga(u)ge. — **~ˌlei·ter** *m* foreman (of a workshop). — **~monˌta·ge** *f* shop assembly. — **~ˌpra·xis** *f* shop practice. — **~ˌschiff** *n mar.* **1.** workshop vessel. – **2.** repair ship. — **~ˌwa·gen** *m* **1.** *tech.* traveling (*bes. Br.* travelling) repair shop, repair (*od.* workshop) truck. – **2.** (*railway*) workshop (*od.* repair) waggon (*Am.* car). — **~ˌwa·genˌhe·ber** *m auto.* garage jack, workshop lifting jack. — **~ˌzeich·nung** *f* working drawing.

ˈWerk|ˌstein *m civ.eng.* (*Haustein*) ashlar, *auch* ashler. — **~ˌstel·le** *f* **1.** workshop, shop. – **2.** (*Fabrik*) works *pl* (*construed as sg or pl*), factory, plant. – **3.** place of work.

ˈWerkˌstoff *m tech.* material. — **~erˌmü·dung** *f* fatigue of material. — **w~geˌrecht** *adj* appropriate to the material. — **~ˌkun·de** *f* materials technology.

ˈWerkˌstoffor·schung (*getr.* -ff,f-) *f tech.* material research.

ˈWerkˌstoff|ˌprü·fung *f tech.* material test(ing), testing of materials. — **~ˌstan·ge** *f* (*für Drehautomaten*) bar stock.

ˈWerkˌstück *n tech.* workpiece, working (*od.* production) part, component, (*gefertigtes Teil*) work. — **~ˌaufˌla·ge** *f* work rest. — **~ˌaufˌspan·nung** *f* work loading (*od.* mounting). — **~ˌzeich·nung** *f* component drawing.

ˈWerk|stuˌdent *m*, **~stuˌden·tin** *f* working student: als ~ arbeiten, ~ sein to be working one's way through college (*od.* the university).

ˈWerks|verˌtre·ter *m* factory salesman. — **~ˌvorˌschrift** *f* works specification. — **~ˌwoh·nung** *f cf.* Werkwohnung. — **~ˌzeich·nung** *f cf.* Werkstattzeichnung. — **~ˌzeug·nis** *n* works test report (*od.* certificate).

ˈWerkˌtag *m* **1.** (*Wochentag*) weekday, workday, working day. – **2.** (*Arbeitstag*) weekday, business day. – **3.** (*tägliche Arbeitszeit*) workday, working day.

ˈwerkˌtäg·lich *adj* (*Kleidung etc*) work(a)day (*attrib*).

ˈwerkˌtags *adv* (on) weekdays. — **W~ˌklei·dung** *f* work(a)day clothes *pl*.

ˈwerkˌtä·tig I *adj* (*Bevölkerung etc*) working. – **II W~e** *m, f* ⟨-n; -n⟩ working person: die W~en the working population *sg*.

ˈWerk|ˌtisch *m* **1.** worktable, *Br.* work-table. – **2.** (*Werkbank*) (work)bench. — **~ˌti·tel** *m* (*film*) working title. — **~ˌtreue** *f bes. mus.* faithfulness to the original. — **~ˌun·terˌricht** *m ped.* **1.** (*Schulfach*) hand(i)craft(s *pl*), *Am. auch* manual training. – **2.** (*Stunde*) hand(i)craft class (*Br. auch* lesson). – **3.** (*das Unterrichten*) instruction in (*od.* teaching of) hand(i)craft(s), *Am. auch* manual training. — **~verˌkehr** *m econ.* works transport (*bes. Am.* transportation) system (*od.* traffic): „Achtung ~!" (*Warnschild*) "caution: factory vehicles!" — **~verˌtrag** *m* work contract, contract of manufacture, contract between manufacturers and orderers. — **~ˌwoh·nung** *f* factory-owned (*od.* company-owned) apartment (*bes. Br.* flat). — **~ˌzei·tung**, *auch* **~ˌzeitˌschrift** *f* house organ, company journal.

ˈWerkˌzeug *n* ⟨-(e)s; -e⟩ **1.** *tech.* tool, implement, utensil. – **2.** (*feinmechanisches*) instrument. – **3.** *collect.* tools *pl*, tool kit. – **4.** *biol. zo.* organ. – **5.** *fig.* tool, instrument, puppet, creature, cat's paw: sie ist ein willenloses (*od.* gefügiges) ~ in seiner Hand she is a pliant (*od.* pliable) tool in his hands; Gottes ~ God's passive agent. — **~ˌaufˌla·ge** *f tech.* tool rest. — **~ˌausˌga·be** *f* **1.** tool-issuing department. – **2.** distribution of tools. — **~ˌausˌrü·stung** *f* tool equipment (*od.* outfit). — **~ˌbau** *m* ⟨-(e)s; *no pl*⟩ toolmaking. — **~ˌbau·er** *m* tool engineer. — **~beˌhäl·ter** *m cf.* Werkzeugkasten. — **~ˌeinˌrich·ter** *m* ⟨-s; -⟩ tool setter. — **~ˌeinˌstel·lung** *f* tool setting. — **~faˌbrik** *f* tool manufacturing plant, tool manufacturers *pl*, toolmakers *pl*. — **~ˌfräs·maˌschi·ne** *f* cutter (*od.* tool, toolroom) milling machine. — **~ˌhal·ter** *m* **1.** toolholder, toolbox. – **2.** (*an der Hobel-, Fräsmaschine*) toolhead. — **~ˌhär·teˌrei** *f* tool-hardening shop. — **~inˌstandˌhal·tung** *f* tool upkeep (*od.* maintenance). — **~ˌka·sten** *m* toolbox, tool kit (*od.* crib). — **~ˌki·ste** *f* tool chest. — **~ˌla·ger** *n* tool storeroom (*Br.* store-room). — **~ˌleh·re** *f* tool ga(u)ge.

ˈWerkˌzeugˌma·cher *m* ⟨-s; -⟩ toolmaker.

ˌWerkˌzeug·ma·cheˈrei *f* ⟨-; -en⟩ toolroom, tool shop.

ˈWerkˌzeugˌma·cherˌschraubˌstock *m tech.* toolmaker's vise (*auch* vice).

ˈWerkˌzeug·maˌschi·ne *f tech.* machine tool.

ˈWerkˌzeug·maˌschi·nen|ˌausˌstel·lung *f* machine-tool exhibition. — **~ˌbau** *m* ⟨-(e)s; *no pl*⟩ machine-tool building. — **~ˌeinˌrich·ter** *m* machine-tool setter. — **~ˌherˌstel·ler** *m* machine-tool builder. — **~inˌduˌstrie** *f* machine-tool industry. — **~ˌpark** *m* complete line of machine tools.

ˈWerkˌzeug|ˌpfle·ge *f* tool maintenance. — **~ˌsatz** *m* tool set. — **~ˌscharfˌschleif·maˌschi·ne** *f* tool and cutter grinder. — **~ˌschlit·ten** *m* **1.** top (*od.* tool-holding) slide. – **2.** (*der Drehmaschine*) compound slide rest. – **3.** (*der Hobelmaschine*) toolhead slide. — **~ˌschlos·ser** *m* toolmaker. — **~ˌschlüs·sel** *m* tool spanner (*Am.* wrench). — **~ˌschnei·de** *f* tool nose, cutting edge. — **~ˌschrank** *m* tool cabinet. — **~ˌstahl** *m* tool steel. — **~ˌta·sche** *f* (*am Fahrrad etc*) tool bag (*od.* kit).

Wer·mut [ˈveːrmuːt] *m* ⟨-(e)s; *no pl*⟩ **1.** (*Wein*) vermouth, *auch* vermuth, (*italienischer*) *auch* it (*colloq.*). – **2.** *bot.* wormwood, absinth(e) (*Artemisia absinthium*). – **3.** *fig.* (*Bitterkeit*) bitterness, sorrow, wormwood: das war ein Tropfen ~ in dem Becher ihrer Freude that was a drop of bitterness in their cup of joy.

ˈWer·mut(s)|ˌbe·cher *m fig.* cup of bitterness. — **~ˌtrop·fen** *m fig.* drop of bitterness.

ˈWer·mutˌwein *m gastr.* vermouth, *auch* vermuth.

Wer·re [ˈvɛrə] *f* ⟨-; -n⟩ **1.** *dial. for* Maulwurfsgrille. – **2.** *dial. for* Gerstenkorn 2.

wert [veːrt] *adj* ⟨-er; -est⟩ **1.** *archaic* (*lieb, teuer*) dear: ~er Herr [Freund] (my) dear Sir [friend]; er ist mir lieb und ~ he is very dear to me; wie ist Ihr ~er Name? may I ask your name? – **2.** (*geschätzt*) esteemed: Ihr ~es Schreiben vom your (esteemed) letter of. – **3.** etwas ~ sein

a) (*einen Kaufpreis haben*) to be worth s.th., b) (*etwas verdienen*) to be worth s.th., to deserve s.th., c) (*einer Sache würdig sein*) to be worthy of s.th.: das Auto ist nicht mehr viel ~ the car isn't worth much now; der Ring ist nichts ~ the ring is worth nothing (*od.* is worthless, is of no value, is no good); die Briefmarke ist über tausend Mark ~ the stamp is worth more than a thousand marks; was (*od.* wieviel) ist das Grundstück ~? what (*od.* how much) is the piece of land worth? diese Auskunft ist Gold ~ *fig.* this information is invaluable; das wäre einen Versuch ~ it would be worth (*od.* it deserves) a try; das Buch ist ~, gelesen zu werden the book is worth reading; Berlin ist eine Reise ~ Berlin is worth a visit (*od.* journey); das ist nicht der Rede ~ it's not worth mentioning (*od.* talking about), it's nothing to speak of; das ist nicht der Mühe ~ it's not worth it (*od.* the trouble, the bother), it's not worthwhile (*od.* worth one's while); das ist aller Achtung ~ that deserves great admiration; er ist unseres Vertrauens ~ he is worthy of our confidence; er ist es nicht ~, daß man sich um ihn sorgt he does not deserve to be worried about; er hat es nicht für ~ gefunden (*od.* erachtet), mich davon zu unterrichten he did not consider it important enough (*od.* necessary) to inform me about it; das ist schon viel ~ *colloq.* that's a considerable step forward; mehr war ich ihm offenbar nicht ~ I obviously wasn't worth (*od.* didn't mean) any more to him; der ist nicht viel ~ *colloq.* he is not worth much, he isn't up to much, he is no (*od.* not much) good, he is no great shakes (*sl.*); → Herd 2; Pulver 2.

Wert *m* ⟨-(e)s; -e⟩ **1.** value: Muster ohne ~ sample — no commercial value; ein Grundstück im ~(e) von 20 000 Mark a piece of land worth (*od.* with a value of) 20,000 marks; die Ware hat einen großen (*od.* hohen) [geringen] ~ the goods have a (*od.* are of) high [low] value; der Schmuck hat keinen ~ the jewelry (*bes. Br.* jewellery) has no value (*od.* is worthless, is worth nothing); den ~ eines Schmuckstückes schätzen to estimate the value of (*od.* to value) a piece of jewel(le)ry; die Grundstücke fallen (*od.* sinken) [steigen] im ~ land is decreasing [increasing] in value, the price of land is going down [up]; etwas über [unter] (seinem) ~ verkaufen to sell s.th. over [under *od.* below] (its) value; das Haus hat an ~ gewonnen [verloren] the house has gone up [down] in value, the house has increased in value [has depreciated]. – **2.** a) (*Wertsache, Wertgegenstand*) object (*od.* item) of value, b) *pl* valuables: bei dem Brand gingen große ~e verloren many valuables were lost in the fire; ~e schaffen to produce valuables. – **3.** (*Bedeutung, Geltung, Gewicht*) value: ideeller [persönlicher] ~ sentimental [personal] value; der wahre ~ der Dichtung the true value of poetry; der wahre ~ eines Freundes erweist sich, wenn the true value of a friend becomes evident when; j-n nach seinem wahren ~ beurteilen to judge s.o. by his true merits; diese Entdeckung ist von großem (*od.* hohem) ~ this discovery is of high value; dieser Brief hat dokumentarischen ~ this letter is of documentary value; die Umwertung aller ~e *philos.* the transvaluation of all values. – **4.** (*Wichtigkeit*) importance: er ist sich seines ~es wohl bewußt he is very conscious of his importance; einer Sache [keinen] großen ~ beimessen to attribute [no] great importance to s.th., to attach much [little] importance to s.th.; großen [wenig] ~ auf (*acc*) etwas legen to set [no] great store by s.th.; ich lege ~ darauf festzustellen, daß it is most important to me to state that. – **5.** (*Nutzen, Zweck*) use: das hat keinen praktischen ~ that is of no practical use; es hat keinen ~, ihn zu fragen *colloq.* there's no use (*od.* point) in asking him. – **6.** (*Vorzug*) merit. – **7.** *fig.* (*Qualität*) quality: sie hat innere ~e she has human (*od.* personal) qualities; geistige ~e intellectual qualities. – **8.** *econ.* a) value, b) (*Vermögenswert*) asset, c) *pl* (*Wertpapiere*) securities, issues, bonds, stocks: der wahre ~ einer Münze the true value of a coin. – **9.** *math.* value, quantity: fester [veränderlicher] ~ fixed [variable] value; die errechneten ~e stimmten mit den gemessenen überein there was agreement between the calculated and the measured values. – **10.** *pl electr.* data: elektrische ~e electrical data.

ˈwertˌach·ten *v/t* ⟨*sep*, -ge-, h⟩ *obs.* esteem.

ˈWert|ˌanˌga·be *f econ.* **1.** declaration of value. – **2.** declared value. — **~ˌar·beit** *f* ⟨-; *no pl*⟩ high-class (*od.* superior) workmanship (*od.* craftsmanship). — **~ˌaufˌstockung** (*getr.* -k·k-) *f econ.* appreciation in value.

ˈWert·beˌrich·ti·gung *f* (*in der Buchhaltung*) adjustment of value: Rückstellung für ~ revaluation reserves *pl.*

ˈWert·beˌrich·ti·gungs|ˌbu·chung *f econ.* (adjustment) reversing entry. — **~ˌpo·sten** *m* adjustment item.

ˈwert·beˌstän·dig *adj* **1.** *econ.* a) (*Ware, Gegenstand*) of stable value, b) (*Währung*) stable. – **2.** (*von zeitlosem Wert*) of lasting value. — **ˈWert·beˌstän·dig·keit** *f* ⟨-; *no pl*⟩ **1.** *econ.* a) stability of value, b) (*der Währung*) monetary (*od.* currency) stability. – **2.** (*zeitloser Wert*) lasting value.

ˈWert|beˌstim·mung *f econ.* **1.** (e)valuation. – **2.** (*Schätzung*) appraisal, estimate, assessment. – **3.** (*Berechnung*) computation. – **4.** (*steuerliche*) assessment. — **~ˌbrief** *m* (*postal service*) insured letter, (*im Inlandsdienst in Großbritannien*) registered letter. — **~ˌeinˌbu·ße** *f* depreciation, loss of value, decline in value. — **~ˌein·heit** *f* **1.** unit of value. – **2.** denomination.

wer·ten [ˈveːrtən] **I** *v/t* ⟨h⟩ **1.** (*schätzen, würdigen*) appreciate: man wertete seine Leistung in keiner Weise his work was not duly appreciated (*od.* was not given due appreciation); etwas gering ~ not to appreciate s.th. duly. – **2.** (*dem Wert nach beurteilen*) rate, judge: etwas zu hoch ~ to overrate s.th.; etwas als besondere Leistung ~ to rate s.th. as a special achievement. – **3.** (*sport*) a) classify, b) (*mit Punkten*) award points to, c) judge, d) allow: ein Tor nicht ~ to disallow a goal. – **4.** *cf.* bewerten 2, 3. – **II W~** *n* ⟨-s⟩ **5.** *verbal noun.* – **6.** *cf.* Wertung.

ˈWert·erˌmitt·lung *f econ.* assessment of value.

ˈWer·te·taˌbel·le *f* (*computer*) truth table, Boolean operation table.

ˈWert|ˌfestˌset·zung *f econ.* fixation of value. — **~ˌfrachtˌzuˌschlag** *m aer.* valuable-cargo surcharge. — **w~ˌge·bend** *adj math.* (*in der Logarithmenrechnung*) significant. — **~geˌbühr** *f* (*postal service*) registration and insurance fee, (*im Inlandsdienst in Großbritannien*) registration fee. — **~ˌge·genˌstand** *m* **1.** object (*od.* item) of value. – **2.** *pl* valuables.

ˈwertˌhal·ten *v/t* ⟨*irr, sep*, -ge-, h⟩ *obs. for* wertschätzen.

ˈWert·herˌabˌset·zung *f econ. cf.* Wertminderung.

...ˌwer·tig [...veːrtɪç] **1.** *combining form denoting chem.* valent: zweiwertig bivalent. – **2.** *cf.* a) hochwertig, b) minderwertig, c) neuwertig.

ˈWer·tig·keit *f* ⟨-; *no pl*⟩ *chem.* **1.** valence, *auch* valency. – **2.** atomicity.

ˈWert|ˌklau·sel *f econ.* (*im Versicherungswesen*) valuation clause. — **~ˌleh·re** *f philos. cf.* Wertphilosophie.

ˈwert·los *adj* **1.** (*Banknoten, Briefmarken, Nachahmung etc*) worthless, valueless, of no value: ~er Plunder, ~es Zeug *colloq.* worthless stuff, trash, junk; ohne Photo ist der Ausweis ~ the identification card is worthless without a photograph. – **2.** *fig.* (*Person*) worthless, of little worth. – **3.** ⟨*pred*⟩ (*nutzlos*) useless, pointless, senseless, futile. – **4.** (*unbrauchbar*) unus(e)able, no good (*pred*). – **5.** *telev.* unfit for transmission. — **ˈWert·lo·sig·keit** *f* ⟨-; *no pl*⟩ **1.** uselessness, valuelessness. – **2.** (*Nutzlosigkeit*) uselessness, pointlessness, senselessness, futility.

ˈWertˌmar·ke *f* (*Quittung über amtliche Gebühr*) stamp.

ˈwertˌmä·ßig *adj u. adv* **1.** according to (*od.* in terms of) value. – **2.** (*bes. Zoll*) ad valorem.

ˈWert|ˌmaßˌstab, **~ˌmes·ser** *m* standard of value. — **~ˌmin·de·rung** *f* depreciation, deterioration, debasement, decrease in value. — **~paˌket** *n* (*postal service*) insured parcel, parcel with value declared.

ˈWert·paˌpier *n econ.* security, bond, stock: festverzinsliche ~e fixed-interest-bearing securities (*od.* bonds): ~e als Sicherheit verpfänden to pledge securities. — **~ˌabˌtei·lung** *f* (*einer Bank*) stock (*od.* securities) department. — **~ˌanˌla·ge** *f* investment in stock (*od.* securities). — **~ˌar·ten** *pl* stock (*od.* security) category. — **~ˌbör·se** *f* stock exchange. — **~deˌpot** *n* security deposit. — **~ˌhan·del** *m* dealing (*od.* trading) in stocks, securities trade. — **~ˌhänd·ler** *m* dealer in stocks (*od.* securities). — **~ˌkon·to** *n* securities account. — **~ˌmarkt** *m* stock (*od.* securities) market. — **~ˌsteu·er** *f* securities tax, tax on securities.

ˈWert|phi·lo·soˌphie *f philos.* axiology. — **~poˌli·ce** *f econ.* (*im Versicherungswesen*) valued policy.

ˈWertˌsa·che *f cf.* Wertgegenstand. — **ˈWertˌsa·chen·verˌsi·che·rung** *f econ.* insurance of valuables.

ˈwertˌschaf·fend *adj econ.* productive.

ˈwertˌschät·zen *v/t* ⟨*sep*, -ge-, h⟩ j-n ~ *archaic* to hold s.o. in high esteem (*od.* regard), to have great (*od.* high) esteem (*od.* a high regard) for s.o., to think highly of s.o., to esteem s.o. — **ˈWertˌschät·zung** *f* esteem, respect, appreciation: j-s ~ genießen to enjoy s.o.'s great (*od.* high) esteem; er erfreut sich ihrer besonderen ~ he enjoys their particular esteem.

ˈWert|ˌschöp·fung *f econ.* net product (*output less cost of materials used*). — **~ˌschrift** *f Swiss for* Wertpapier. — **~ˌschwan·kung** *f* fluctuation in value. — **~ˌsen·dung** *f* (*postal service*) consignment with value declared. — **~ˌska·la** *f* frame of reference. — **~ˌstei·ge·rung** *f* increase (*od.* rise) in value, appreciation, betterment. — **~ˌstel·le** *f math.* (*in der Logarithmenrechnung*) significant figure. — **~ˌstück** *n cf.* Wertgegenstand.

ˈWer·tung *f* ⟨-; -en⟩ **1.** *cf.* Werten. – **2.** (*Beurteilung*) judg(e)ment. – **3.** (*sport*) a) classification, b) (*Punkte*) points *pl*, score: der Eisläufer erhielt eine hohe ~ the skater was awarded a high score; der Werfer ist nicht mehr in der ~ the thrower is out; gestrichene [verbleibende] ~en nonadded (*Br.* non-added) [remaining] points. – **4.** *cf.* Bewertung 2, 3.

ˈWer·tungs|fakˌto·ren *pl* evaluation factors. — **~syˌstem** *n* system of classification. — **~taˌbel·le** *f* scoring table.

ˈWert|ˌur·teil *n* **1.** evaluation. – **2.** (*subjektives*) value judg(e)ment. — **~verˌlust** *m* loss of value. — **~verˌmin·de·rung**, **~verˌrin·ge·rung** *f cf.* Wertminderung.

ˈwertˌvoll *adj* **1.** (*Schmuck, Gemälde, Möbel, Kunstwerk, Sammlung etc*) valuable, (*stärker*) precious. – **2.** (*Person, Eigenschaften, Rat, Beitrag, Information etc*) valuable. – **3.** *fig.* precious: ~e Stunden vergingen precious hours went by.

ˈWertˌzei·chen *n* (*postal service*) (postage) stamp. — **~ˌge·ber** *m* ⟨-s; -⟩ stamp (selling) (*bes. Am.* stamp vending) machine. — **~paˌpier** *n* (*paper*) laid paper.

ˈWert|ˌzif·fer *f philat.* numeral of value. — **~ˌzoll** *m econ.* ad valorem duty. — **~ˌzo·ne** *f* (*sport*) (*beim Bogenschießen*) scoring zone.

ˈWertˌzuˌwachs *m econ.* accretion, increment value, unearned increment, appreciation (in value). — **~ˌsteu·er** *f* increment duty (*od.* tax).

ˈWerˌwolf [ˈveːr-] *m* **1.** *myth.* werewolf, *auch* werwolf, lycanthrope. – **2.** *pol. hist.* Werwolf (*organization of Nazi guerillas who were supposed to continue resistance after the end of the war*).

wes [vɛs] *relative pron archaic* whose: daran erkennt man gleich, ~ Geistes Kind er ist one can tell from that what sort of person he is; → Brot 1; Mund 2.

We·sen [ˈveːzən] *n* ⟨-s; -⟩ **1.** ⟨*only sg*⟩ (*Art, Charakter, Eigenschaften*) manner, way, bearing: sie hat ein freundliches [angenehmes (*od.* ansprechendes), mürrisches] ~ she has a friendly [pleasant, sullen] manner; ihr gekünsteltes ~ her affected manner (*od.* air); er hat ein einnehmendes ~ a) he has an engaging manner, b) *colloq. humor.* he takes all he can get. – **2.** ⟨*only sg*⟩ (*Natur*) nature: das entspricht gar nicht seinem ~ it is not his nature, it's not at all like him; das gehört zu ihrem ~ it is (part of) her nature. – **3.** ⟨*only sg*⟩ (*Sosein, innere Natur der Dinge*) nature: das ~ Gottes the nature of God; das ~ der Dinge zu ergründen suchen to try to discover the nature of things; seinem innersten ~ nach ist er sehr zurückhaltend he is basically (*od.* in his innermost nature) very reserved; das liegt im (*od.* gehört zum) ~ der Demokratie that is an intrinsic feature of democracy. – **4.** ⟨*only sg*⟩ (*das Wesentliche, der Kern*) essence: am ~ der Sache wird nichts geändert the essence of the matter will not be altered. – **5.** ⟨*only sg*⟩ *philos.* essence, entity. – **6.** (*Lebewesen*) being, creature: menschliche [übernatürliche] ~ human [supernatural] beings; alle lebenden ~ all living beings; das höchste ~ the Supreme Being, the Most High. – **7.** (*Person, Mensch*) creature, soul, thing: sie ist ein sehr gütiges [stilles, ängstliches] ~ she is a very good-natured [quiet, timid] creature (*od.* body); das arme ~ war ganz hilflos the poor creature was quite helpless; das kleine ~ schrie wie am Spieß *colloq.* the little thing (*od.* mite) screamed its head off; ich wußte nicht, ob es ein weibliches oder ein männliches ~ war *colloq.* I didn't know if it was a female or a male; es war kein lebendes ~ zu sehen there wasn't a living soul to be seen. – **8.** sein ~ treiben a) (*von Personen*) to be in action, b) (*von Geistern etc*) to be going around: wo treibt er wohl jetzt sein ~? I wonder where he is in action now; die Poltergeister treiben wieder ihr ~ the poltergeists are going around (*od.* are at it) again. – **9.** (viel) ~(s) von einer (*od.* um eine) Sache machen to make a (great) fuss (*od.* to-do) about s.th.

we·sen ['veːzən] *v/i* ⟨h⟩ *obs. od. poet.* **1.** (*tätig od. wirksam sein*) be active. – **2.** *philos.* exist.

'we·sen·haft I *adj* **1.** (*charakteristisch*) characteristic. – **2.** real(ly existing), substantial. – **3.** intrinsic, *auch* intrinsical. – **4.** (*artbestimmend*) determinant, determinative. – **II** *adv* **5.** Geist und Seele gehören ~ zum Menschen spirit and soul belong intrinsically to man.

'We·sen·heit *f* ⟨-; *no pl*⟩ **1.** (*das wahre, innere Sein*) real nature, essence, *philos.* entity. – **2.** (*Wesentlichkeit*) intrinsicalness. – **3.** (*Wirklichkeit*) reality, substantiality. – **4.** (*Sein*) existence, being.

'we·sen·los *adj* **1.** (*nicht stofflich*) insubstantial, unsubstantial, incorporeal, immaterial. – **2.** (*nicht existierend*) nonexistent *Br.* non-, inexistent, unreal: ohne Vergangenheit wären Gegenwart und Zukunft ~ present and future would be nonexistent without the past. – **3.** uncharacteristic. – **4.** shadowy. — **'We·sen·lo·sig·keit** *f* ⟨-; *no pl*⟩ **1.** insubstantiality, incorporeality, incorporeity, immateriality. – **2.** nonexistence *Br.* non-, inexistence, unreality. – **3.** lack of substance.

'we·sens,ähn·lich *adj* **1.** essentially alike (*od.* similar). – **2.** *relig.* homoiousian. — **'We·sens,ähn·lich·keit** *f* **1.** essential likeness (*od.* similarity). – **2.** *relig.* homoiousia.

'We·sens|,art *f* **1.** nature: das ist englische ~ that is the nature of the English. – **2.** (*Charakterzug*) trait, characteristic: das ist eine typisch weibliche ~ that is a typical feminine trait. — **w~,ei·gen** *adj* peculiar, characteristic: etwas ist j-m ~ s.th. is characteristic of s.o. — **~,ein·heit** *f* **1.** (essential) identity. – **2.** *relig.* (*Gottes des Vaters u. des Sohnes*) consubstantiality, consubstantial unity. — **w~,fremd** *adj* foreign to one's nature.

'we·sens,gleich *adj* **1.** identical (in nature *od.* character). – **2.** *relig.* homoousian. – **3.** *cf.* wesensähnlich 1. — **'We·sens·,gleich·heit** *f* **1.** identity (in nature *od.* of character). – **2.** *relig.* homoousia. – **3.** *cf.* Wesensähnlichkeit 1.

'We·sens|,leh·re *f philos.* ontology. — **~,zug** *m* **1.** characteristic feature (*od.* trait). – **2.** (*Anlage, Ader*) vein.

'we·sent·lich I *adj* **1.** essential, intrinsic, *auch* intrinsical: in ~en Dingen in essential matters; ~e Eigenschaften besitzen to possess essential qualities; ~e Punkte anführen to mention essential (*od.* the main, the most important) points; einen ~en Bestandteil von etwas bilden a) (*qualitativ*) to be an essential (*od.* integral) component of s.th., b) (*quantitativ*) to be a substantial component of s.th. – **2.** (*wichtig*) essential, important, material: ein ~es Merkmal an important element; etwas als ~ betrachten to consider s.th. essential; ja, das ist (sehr) ~ yes, that is (most) important. – **3.** (*beträchtlich*) considerable, appreciable, substantial: das ist schon ein ~er Vorteil that is a considerable (*od.* definite, positive, real) advantage; das ist ein ~er Schritt vorwärts that is a considerable (*od.* an important) step forward(s); keine ~e Änderung zu erwarten *meteor.* no great (*od.* appreciable) change (is to be) expected. – **4.** (*grundlegend*) fundamental: eine ~e Änderung a fundamental change; kein ~er Unterschied no fundamental (*od.* appreciable) difference. – **5.** (*unerläßlich, lebensnotwendig*) vital, indispensable. – **II** *adv* **6.** considerably, appreciably, substantially: ~ größer [billiger] considerably larger [cheaper]; sich ~ in [von] etwas unterscheiden to differ considerably in [from] s.th.; ich fühle mich ~ besser I feel considerably better. – **7.** (*sehr viel*) a great deal, much: wir müssen noch ~ mehr tun we must do a great deal more. – **III W~e, das** ⟨-n⟩ **8.** the essential: das W~e vom Unwesentlichen unterscheiden to distinguish the essential from the unessential. – **9.** (*das Wichtige*) the important: er sagte nichts W~es he said nothing very important (*od.* of [great] importance). – **10.** (*Hauptinhalt, Kern*) the essence, the substance, the gist: das W~e erkennen to grasp the essence. – **11.** (*mit Kleinschreibung*) im ~en basically, fundamentally, essentially, in the main, for the most part.

'Wes,fall *m ling.* genitive (case).

wes·halb [,vɛs'halp; 'vɛs,halp] **I** *adv* **1.** (*interrogativ*) why: ~ eigentlich [nicht]? why [not]? ~ schreist du? why are you shouting? what are you shouting for (*od.* about)? – **2.** (*relativ*) why: frag, ~ er nicht gekommen ist ask why he has not come; es gibt bestimmte Gründe, ~ er nicht teilnimmt there are certain reasons why he is not participating. – **II** *conj* **3.** and thus, and ... therefore, so that, for which reason, on account of which, wherefore (*lit.*): der Sänger war krank, ~ die Vorstellung ausfiel the singer was ill, and the performance was therefore cancel(l)ed. – **III W~** *n* ⟨-s; *no pl*⟩ **4.** das Warum und W~ the whys and (the) wherefores.

We·sir [ve'ziːr] *m* ⟨-s; -e⟩ vizier, *auch* vizir. — **We·si'rat** [-zi'raːt] *n* ⟨-(e)s; -e⟩ vizierate, viziership.

Wes·leya·ner [vɛsli'aːnər; vɛsle'jaːnər] *m* ⟨-s; -⟩ *relig.* (*Anhänger von Wesley*) Wesleyan, Methodist.

Wes·pe ['vɛspə] *f* ⟨-; -n⟩ *zo.* wasp, *Am. auch* yellow jacket (*od.* hornet) (*Fam. Vespidae*).

'Wes·pen|,bie·ne *f zo.* cuckoo (*od.* wasp) bee (*Fam. Nomadidae*). — **~,bock** *m* wasp cerambyx (*Necydalis major*; *beetle*). — **~,bus·sard** *m* honey buzzard (*od.* kite) (*Pernis apivorus*). — **~,kö·ni·gin** *f* queen wasp. — **~,nest** *n* wasp's nest, vespiary: in ein ~ stechen (*od.* greifen) *fig. colloq.* to stir up a hornet's nest; sich in ein ~ setzen *fig. colloq.* to bring a hornets' nest about one's ears. — **~,stich** *m* wasp('s) sting. — **~,tail·le** *f humor.* wasp waist. — **~,tail·len,rumpf** *m aer.* coke-bottle fuselage.

wes·sen ['vɛsən] *interrog pron* **1.** ⟨*gen of* wer⟩ whose: ~ Sohn ist er? whose son is he? ~ Mantel ist das? whose coat is that? ~ Schuld ist es? whose fault is it? in ~ Haus wohnst du? whose house do you live in? – **2.** ⟨*gen of* was⟩ what ... of: ~ klagt man dich an? what are you accused of? – **3.** (*relativisch*) ich weiß nicht, ~ er angeklagt ist I don't know the offence (*Am.* offense) (which) he is accused of (*od.* he is charged with).

West[1] [vɛst] ⟨*invariable*⟩ **1.** (*Himmelsrichtung*) west: der Wind kommt von ~ *lit.* the wind comes from the west; ~ zu Nord *mar.* west by north. – **2.** Ost und ~ arbeiten eng zusammen *pol.* East and West co(-)operate closely.

West[2] *m* ⟨-(e)s; *rare* -e⟩ *meteor.* west wind, *auch* west, westerly: es weht ein milder ~ a mild west wind is blowing.

'West|afri'ka·ner *m*, **~afri'ka·ne·rin** *f* West African. — **w~afri'ka·nisch** *adj* West African. — **~ber,li·ner** *m* West Berliner.

'West·chen *n* ⟨-s; -⟩ **1.** *dim. of* Weste 1. – **2.** baby's undershirt (*Br.* vest).

'west|,deutsch *adj* **1.** *geogr.* Western German. – **2.** *pol.* West German. — **W~,deut·sche** *m, f geogr.* inhabitant of Western Germany.

We·ste ['vɛstə] *f* ⟨-; -n⟩ **1.** a) (*in der Herrenmode*) *bes. Am.* vest, *bes. Br.* waistcoat, *Br. econ. auch* vest, b) (*in der Damenmode*) *cf.* Wollweste 1b: eine weiße (*od.* reine, saubere) ~ haben *fig. colloq.* to have a clean slate (*od.* a clear record); sich (*dat*) eine weiße ~ bewahren *fig. colloq.* to keep one's nose clean (*colloq.*), to keep a clean slate; immer feste auf die ~! *colloq.* give him what for! (*colloq.*), let him have it! (*sl.*); → Fleck 5; jubeln 2. – **2.** *Southern G. for* Strickjacke. – **3.** *mar. cf.* Schwimmweste.

We·sten ['vɛstən] *m* ⟨-s; *no pl*⟩ **1.** (*Himmelsrichtung*) west: im ~ in the west, out west; im ~ der Stadt in the west(ern part) of the city; nach (*od. poet.* gen) ~ zeigen [fliegen] to point [to fly] west(ward[s]); ein Wind von (*od.* aus) ~ a wind from the west, a west(erly) wind; das Schiff fährt nach ~ the ship travels westward(s), the ship is westbound (*od.* westward bound); ein Flug in Richtung ~ a westbound (*od.* westward-bound, westward) flight; das Fenster geht nach ~ the window is on the west side (*od.* faces west). – **2.** (*Landstrich, Gegend*) West, *auch* west: der ~ des Landes the western region of the country; der ~ Amerikas the west of America; der Wilde ~ the Wild West. – **3.** *pol.* West: in den ~ fliehen [gehen] to flee [to go] to the West; die Annäherung des ~s an den Osten the rapprochement of East and West. – **4.** (*Abendland*) Occident, West. – **5.** *mil. hist. cf.* Westfront: „Im ~ nichts Neues" "All Quiet on the Western Front" (*novel by Remarque*).

'West,end [-,ʔɛnt] *n* ⟨-s; -s⟩ (*einer Großstadt, bes. Londons*) West End.

'We·sten|,fut·ter *n* (*fashion*) vest (*bes. Br.* waistcoat) lining. — **~,ta·sche** *f* **1.** vest (*bes. Br.* waistcoat) pocket: eine Gegend [ein Haus] wie seine ~ kennen *colloq.* to know an area [a house] like the back of one's hand. – **2.** (*Uhrtasche*) watch pocket. — **~,ta·schen·for,mat** *n* pocket size: Auto im ~ *fig. colloq.* pocket-size(d) car; 'matchbox', 'dinky' (*colloq.*).

We·stern ['vɛstərn] *m* ⟨-(s); -⟩ (*film*) western, *auch* Western, cowboy film, *bes. Am. colloq.* horse opera.

'West|eu·ro'pä·er *m* West European. — **w~eu·ro'pä·isch** *adj* West (*od.* Western) European: ~e Zeit Western European Time; W~e Union *pol.* Western European Union; W~e Gemeinschaft *pol. econ.* Western European Community.

,West'fa·le [-'faːlə] *m* ⟨-n; -n⟩, **,West'fä·lin** [-'fɛːlɪn] *f* ⟨-; -nen⟩ Westphalian. — **,west'fä·lisch** [-'fɛːlɪʃ] *adj* Westphalian: ~er Schinken *gastr.* Westphalian ham; der W~e Friede *hist.* the Peace of Westphalia (*1648*).

'West,front *f mil. hist.* west(ern) front.

'West·ger,ma·nen *pl hist.* West Germanic peoples (*od.* tribes).

'west·ger,ma·nisch I *adj* West Germanic. – **II** *ling.* **W~** ⟨*generally undeclined*⟩, **das W~e** ⟨-n⟩ West Germanic.

'West|,go·te *m hist.* West Goth, Visigoth. — **~,go·ten,reich** *n* Visigothic kingdom. — **w~,go·tisch** *adj* Visigothic.

'West'in·di·en,fah·rer *m mar. hist.* (*großes Kauffahrteischiff*) West Indiaman.

'west'in·disch *adj* West Indian.

'We·sting,house,brem·se ['vɛstɪŋ,haus-] *f tech.* Westinghouse brake.

'we·stisch *adj anthrop.* (*Rasse etc*) Mediterranean.

'West,kü·ste *f* west(ern) coast.

'west·lich I *adj* **1.** (*Landesteil etc*) western, westerly, *auch* west (*attrib*): ~st westernmost; die ~e Halbkugel the western hemisphere; die ~e Welt *pol.* the Western World, the West; ~e Länge *geogr.* west(ern) longitude; im ~en Teil (von *od. gen*) in the west(ern part) (of). – **2.** (*Wind, Richtung*) wester(n)ly, westwardly, *auch* west (*attrib*): Wind aus ~en Richtungen *meteor.* westerly wind. – **3.** (*abendländisch*) Occidental, *auch* occidental, Hesperian (*poet.*). – **II** *adv* **4.** (to the) west, westward(s), wester(n)ly: ~ von München (to the) west of Munich. – **III** *prep* ⟨*gen*⟩ **5.** ~ des Waldes (to the) west of the forest; ~ Münchens (to the) west of Munich.

ˈWest|ˌmäch·te *pl pol.* Western Powers. — **~ˌmark** *f econ.* West German mark. — **~ˌmit·telˌdeutsch** *ling.* ⟨*generally undeclined*⟩, **das ~e** ⟨-n⟩ West Middle German.

ˌWestˌnordˈwest¹ ⟨*invariable*⟩ (*Himmelsrichtung*) west-northwest.

ˌWestˌnordˈwest² *m* ⟨-(e)s; -e⟩ (*Wind*) west-northwest wind.

ˌWest|ˌnordˈwe·sten *m cf.* Westnordwest¹. — **w~ˈöst·lich** *adj* west-east (*attrib*): → Diwan 2. — **~-ˈOst-Verˌkehr** *m pol.* traffic between East and West.

West·over [ˌvɛstˈʔoːvər] *m* ⟨-s; -⟩ sleeveless (V-necked) jersey (*od.* pullover).

ˈWest|ˌpreu·ße *m*, **~ˌpreu·ßin** *f* West Prussian. — **~ˌpunkt** *m astr.* west point, due west.

ˈWestˌrom *n* ⟨-s; *no pl*⟩ *hist.* the Western Roman (*od.* Occidental) Empire, the Empire of the West. — **ˈWestˌrö·mer** *m* Western Roman. — **ˈwestˌrö·misch** *adj* Western Roman: das W~e Reich *cf.* Westrom.

ˈWest|ˌschweiz *f* French Switzerland. — **~ˌsei·te** *f* west side. — **~ˌsek·tor** *m pol.* (*von Berlin*) West Sector.

ˌWestˌsüdˈwest¹ ⟨*invariable*⟩ (*Himmelsrichtung*) west-southwest.

ˌWestˌsüdˈwest² *m* ⟨-(e)s; -e⟩ (*Wind*) west-southwest wind.

ˌWestˌsüdˈwe·sten *m cf.* Westsüdwest¹.

ˈWest|ˌwall *m mil. hist.* Siegfried Line. — **w~ˌwärts** *adv* (to the) west, westward(s), wester(n)ly. — **~ˌwind** *m* west wind, *auch* west, westerly: die (braven) ~e the (prevailing) westerlies.

ˌwesˈwe·gen *adv u. conj cf.* weshalb.

wett [vɛt] *adj* ⟨*pred*⟩ *cf.* quitt 1.

ˈWett|ˌanˌnah·me *f* **1.** betting office, *Am. auch* poolroom. – **2.** (*bei Pferderennen*) bookmaker's (*od. colloq.* bookie's, *Br. auch* turf accountant's) office, *Br.* betting shop. — **~beˌra·ter** *m* tipster.

ˈWett|beˌwerb *m* ⟨-(e)s; -e⟩ **1.** ⟨*only sg*⟩ *bes. econ.* competition, *auch* rivalry: freier ~ free competition; funktionsfähiger ~ workable competition; redlicher ~ fair competition; unlauteren ~ betreiben to engage in unfair competition (*od.* unfair competitive practices); (mit j-m) in ~ stehen to be in competition (with s.o.), to compete (*od.* vie) (with s.o.); (mit j-m) in ~ treten to enter into competition (with s.o.); dem ~ standhalten to withstand competition; den ~ verfälschen to falsify competition. – **2.** competition, contest: an einem ~ teilnehmen to take part (*od.* participate) in a competition. — **~beˌwer·ber** *m cf.* Wettbewerbsteilnehmer.

ˈWett·be·werbs|beˌdin·gung *f meist pl* condition (*od.* term) of a (*od.* the) competition. — **~beˌschrän·kung** *f* restraint of competition. — **w~ˌfä·hig** *adj* competitive. — **~ˌfä·hig·keit** *f* ⟨-; *no pl*⟩ competitive capacity (*od.* strength). — **~ˌfrei·heit** *f* ⟨-; *no pl*⟩ freedom of competition. — **~ˌklau·sel** *f* competition clause. — **~ˌla·ge** *f* ⟨-; *no pl*⟩ competitive position. — **w~neuˌtral** *adv* sich ~ verhalten to be neutral regarding competition. — **~ˌord·nung** *f* competition regulations *pl.* — **~ˌre·geln** *pl* competition rules. — **~ˌsen·dung** *f* (*radio*) *telev.* contest (*od.* competitive-game) program (*bes. Br.* programme). — **~ˌteilˌneh·mer** *m* competitor, contestant. — **~verˌbot** *n econ.* ban on competitions. — **~verˌzer·rung** *f* competitive distortion(s *pl*). — **~ˌwirt·schaft** *f* competitive economy.

ˈWett·büˌro *n cf.* Wettannahme.

Wet·te [ˈvɛtə] *f* ⟨-; -n⟩ **1.** bet, wager: eine ~ abschließen [eingehen] to make [to take] a bet; die ~ annehmen to accept (*od.* take up) the bet; eine ~ gewinnen [verlieren] to win [to lose] a bet; was gilt die ~? what's your bet? name your wager; die ~ gilt! die ~ soll gelten! done! it's a deal! ich gehe jede ~ ein, daß I'll bet you anything (you like) that. – **2.** um die ~ laufen to race (each other), to run a race; um die ~ schwimmen to swim a race, to race (each other) (at swimming), to compete at swimming; ich schwimme [laufe] mit dir um die ~! I'll swim [run] you a race! I'll race you! mit j-m um die ~ arbeiten to compete with s.o. at work; um die ~ arbeiten a) to compete (with each other) at work, b) to work as fast as one can, to work hammer and tongs.

ˈWett|ˌei·fer *m* rivalry, competition, contention, emulation. — **w~ˌei·fern** *v/i* ⟨*insep*, ge-, h⟩ compete, contend, vie, emulate, contest: mit j-m um den ersten Platz [um j-s Gunst] ~ to contend with s.o. for first place [for s.o.'s favo(u)r]; sie wetteiferten viele Jahre miteinander they vied many years with each other, they rival(l)ed (*od.* emulated, tried to outdo) each other for many years. — **~ˌeinˌsatz** *m* stake, bet, wager.

wet·ten [ˈvɛtən] **I** *v/i* ⟨h⟩ bet, wager: wollen wir ~? shall we bet? ich wette darauf I bet you that; ~, daß! *colloq.* you may bet your sweet life on that (*colloq.*); ~, daß ich recht habe? *colloq.* I'll eat my hat if I'm wrong (*colloq.*); ich wette, daß Sie das nicht können I bet (*od.* I'll wager) you cannot do it (*colloq.*); ich könnte (*od.* möchte) ~, daß das stimmt I'll (*od.* I could) bet (that) that is so (*colloq.*); auf ein Pferd ~ to bet (*od.* wager) on (*od.* to back) a horse; ich wette (mit dir) um zehn Mark I (*od.* I'll) bet (*od.* wager) (you) ten marks, I'll lay (*od.* make) a bet (*od.* wager) of ten marks (against you); so haben wir nicht gewettet *fig. colloq.* we did not bargain for (*od.* reckon on) that, you'd like that, wouldn't you? – **II** *v/t* bet, wager: zehn gegen eins ~ to bet ten to one; ich wette hundert zu eins, daß I bet a hundred to one that, I bet you anything that; darauf wette ich meinen Kopf! *fig. colloq.* I'd stake my life on it, I bet you anything (that) it is so.

ˈWet·ten·de *m, f* ⟨-n; -n⟩ bettor, better, wagerer.

ˈWet·ter¹ *m* ⟨-s; -⟩ bettor, better, wagerer.

ˈWet·ter² *n* ⟨-s; -⟩ **1.** weather: beständiges [veränderliches] ~ settled [unsettled *od.* variable] weather; es herrscht schönes [schlechtes, stürmisches, trübes, frühlingshaftes] ~ the weather is fine (*od.* lovely, beautiful) [bad, stormy, dull, springlike]; das schönste ~ haben to have the loveliest weather; bei günstigem ~ fliegen to fly in fine weather; wenn das ~ schön ist, gehen wir baden we shall go for a swim if the weather is fine; bei jedem ~ in all weathers, rain or shine, rain, hail, or snow; bei Wind und ~ in wind and weather; falls das ~ es zuläßt weather permitting; etwas dem ~ aussetzen to weather s.th.; infolge schlechten ~s because of bad weather; wie ist bei euch das ~? what is the weather like with you? was haben wir heute für ~? what is the weather like today? bringen Sie gutes ~ mit! bring good weather with you! wir bekommen anderes ~ the weather is going to change; das ~ hält sich the weather is keeping up (*od.* staying fine); das ~ wird wieder schön the weather is clearing up; das ~ verspricht besser zu werden the weather looks promising (*od.* looks as if it might clear up); nach dem ~ sehen to see what the weather is like; vom ~ sprechen to talk about the weather; bei j-m um gut ~ bitten *fig. colloq.* to try to make it up with (*od.* to make amends to) s.o. – **2.** (*Unwetter*) (thunder)storm: ein ~ zieht herauf there is a thunderstorm approaching; ein ~ braut sich zusammen *colloq.* there is a storm brewing; gleich bricht das ~ los the thunderstorm will break any minute. – **3.** alle ~! *colloq.* (*erstaunt, bewundernd*) golly! (*colloq.*), *Am. colloq.* gee! gosh! (*sl.*). – **4.** (*mining*) air, ventilation: matte ~ *pl* irrespirable air *sg*; böses ~ damp; schlagende ~ *pl* firedamp *sg*.

ˈWet·ter|ˌabˌtei·lung *f* (*mining*) ventilating district. — **~ˌabˌzug** *m* air flue (*od.* escape). — **~ˌamt** *n meteor.* meteorological office, weather bureau. — **~ˌän·de·rung** *f* change in the weather. — **~ˌanˌsa·ge** *f cf.* Wetterbericht. — **~ˌanˌzei·ger** *m* (*mining*) air ga(u)ge, *auch* ventilation monitor. — **~ˌausˌsich·ten** *pl meteor.* **1.** weather outlook *sg*. – **2.** (*als Zeitungsrubrik etc*) tomorrow's weather *sg*. — **~ˌausˌziehˌschacht** *m* (*mining*) upcast shaft. — **~ˌausˌziehˌstrecke** (*getr.* -k·k-) *f* return airway. — **~balˌlon** *m meteor.* meteorological balloon. — **~beˌdin·gun·gen** *pl* weather conditions. — **~beˌklei·dung** *f* rainwear. — **~beˌob·ach·ter** *m* **1.** weather observer. – **2.** (*Meteorologe*) meteorologist. — **~beˌob·ach·tung** *f* meteorological observation. — **~beˌob·ach·tungs·sa·telˌlit** *m cf.* Wettersatellit. — **~beˌob·ach·tungsˌschiff** *n cf.* Wetterschiff. — **~beˌricht** *m* weather (*od.* meteorological) report (*od.* forecast). — **~beˌspre·chung** *f aer.* weather briefing. — **~ˌbes·se·rung** *f meteor.* improvement in the weather. — **w~beˌstän·dig** *adj* weatherproof, *Br.* weather-proof. — **~beˌstän·dig·keit** *f* weatherproofness, *Br.* weather-proofness. — **w~beˌstim·mend** *adj* ~ sein to influence the weather; das ~e Hoch the high-pressure area influencing our weather. — **~ˌbohrˌloch** *n* (*mining*) borehole for ventilation.

ˈWet·ter·chen *n* ⟨-s; *no pl*⟩ *colloq.* lovely (*od. colloq.* super, *sl.* fantastic) weather: das ist ein ~ heute! what super weather! isn't the weather super (*od.* fantastic) today?

ˈWet·ter|ˌdach *n* **1.** (*Vordach*) canopy. – **2.** (*als Traufe*) eaves *pl* (*construed as sg or pl*). – **3.** (*Schutzdach*) penthouse, shelter. – **4.** *civ.eng.* all-weather roof. — **~ˌdamm** *m* (*mining*) stopping. — **~ˌdeck** *n mar.* weather deck. — **~ˌdienst** *m meteor.* weather (*od.* meteorological) service. — **~ˌdi·stel** *f bot.* carline thistle (*Carlina acaulis*). — **~ˌdros·sel** *f* (*mining*) air regulator. — **~ˌecke** (*getr.* -k·k-) *f colloq.* bad-weather area. — **~ˌeinˌfluß** *m* weather influence, effect of weather conditions. — **~ˌeinˌziehˌschacht** *m* (*mining*) downcast shaft. — **~ˌeinˌziehˌstrecke** (*getr.* -k·k-) *f* intake airway. — **~erˌkun·dung** *f aer.* weather (*od.* meteorological) reconnaissance. — **w~erˌlau·bend** *adj* ~e Arbeitstage *econ. mar.* weather-permitting days. — **~erˌschei·nung** *f meist pl meteor.* meteorological phenomenon. — **~ˌfah·ne** *f* **1.** (weather) vane. – **2.** *fig.* (*launischer Mensch*) weathercock. – **3.** *aer.* a) (*Angabe in Wetterkarte*) wind tee, b) *cf.* Windsack 1. — **w~ˌfest** *adj* weatherproof, weathertight: etwas ~ machen to weatherize (*Br. auch* -s-) (*od.* weatherproof) s.th.; sich ~ anziehen to dress for the weather; ~es Tau *mar.* weatherproof rope. — **~ˌfisch** *m zo. cf.* Schlammpeitzger. — **~ˌfleck** *m Austrian* (*fashion*) waterproof wool(l)en cape. — **~ˌfront** *f meteor.* (weather) front. — **~ˌfrosch** *m* **1.** *colloq. for* Laubfrosch. – **2.** *fig. colloq. humor.* weatherman (*colloq.*). — **w~ˌfüh·lig** [-ˌfyːlɪç] *adj med.* sensitive to changes in the weather (*od.* in atmospheric conditions), meteorosensitive (*scient.*). — **~ˌfüh·lig·keit** *f* ⟨-; *no pl*⟩ sensitivity to changes in the weather (*od.* in atmospheric conditions), meteorosensitivity (*scient.*). — **~ˌfüh·rung** *f* (*mining*) ventilation (of the mine): steigende ~ ascensional ventilation. — **w~geˌbräunt** *adj* (*Gesicht, Hände etc*) weather-burned. — **~geˌsche·hen** *n meteor.* weather (events *pl*). — **w~geˌschützt** *adj* weathertight. — **~geˌschwin·dig·keit** *f* (*mining*) air velocity (*od.* speed). — **~ˌglas** *n* ⟨-es; ¨er⟩ *meteor. obs. for* Barometer 1. — **~ˌgott** *m myth.* weather god. — **~ˌhahn** *m* weathercock. — **w~ˌhart** *adj* (*Gesicht*) weather-beaten, *auch* weather-beat. — **~ˌhäus·chen** *n* weather house (*auch* box). — **~kaˌnal** *m* (*mining*) (*zum Lüften*) fan drift. — **~ˌkar·te** *f meteor.* weather (*od.* meteorological) chart (*od.* map). — **~ˌkun·de** *f* ⟨-; *no pl*⟩ meteorology. — **w~ˌkun·dig** *adj* weather-wise. — **w~ˌkund·lich** [-ˌkʊntlɪç] *adj* meteorological, *auch* meteorologic. — **~ˌla·ge** *f* weather situation: allgemeine ~ general weather situation; voraussichtliche Weiterentwicklung der ~ further outlook. — **~ˌlam·pe** *f* (*mining*) safety lamp. — **~ˌleuch·ten I** *n* ⟨-s; *no pl*⟩ **1.** *meteor.* sheet (*od.* heat, summer) lightning. – **2.** ein ~ am politischen Horizont *fig.* clouds *pl* (*od.* a storm brewing) on the political horizon. – **II w~** *v/impers* ⟨*insep*, ge-, h⟩ **3.** es wetterleuchtet *meteor.* there is sheet (*od.* heat, summer) lightning. — **~ˌloch** *n colloq.* bad-weather area. — **~ˌlut·te** *f* (*mining*) air pipe, ventilation duct. — **~ˌmänn·chen** *n colloq.* figure in a weather house (*auch* box). — **~ˌman·tel** *m* (*fashion*) raincoat, (*Trenchcoat*) *auch* trench coat. — **~ˌmel·dung** *f* **1.** *meteor.* weather (*od.* meteorological) report (*od.* forecast). – **2.** *mil. mar.* a) (*über Funk*) meteorological (*od.* weather) message, b) (*durch Radar ermittelte*) (radar-plotted) weather information. — **~moˌdell** *n* (*mining*) (*Abrufmodell aus Computerspeicherung*) (electronic) ventilation simulator.

wet·tern [ˈvɛtərn] **I** *v/impers* ⟨h⟩ **es wettert** there is a thunderstorm (raging), there is thunder and lightning, it thunders. – **II** *v/i* **gegen** (*od.* **auf** *acc*) **etwas** [j-n] ~ *colloq.* (*schimpfen*) to rant (and rave) about s.th. [s.o.], to thunder (*od.* fulminate) against s.th. [s.o.].

ˈWet·ter|ˌpro·be *f* (*mining*) air sample. — **~proˌgno·se** *f meteor. cf.* Wettervorhersage. — **~proˌphet** *m* **1.** weather prophet. – **2.** *colloq. humor.* (*Wetterfrosch*) weatherman (*colloq.*). — **~pro·pheˌzei·ung** *f* prophecy (*auch* prophesy) on the weather. — **~ˌprü·fung** *f tech.* weather exposure test. — **~raˌke·te** *f* meteorological rocket. — **~ˌre·gel** *f* weather rule (*od.* maxim). — **~ˌriß** *m* (*mining*) ventilation plan. — **~sa·telˌlit** *m meteor.* weather (*od.* meteorological) satellite. — **~ˌschacht** *m* (*mining*) ventilation shaft. — **~ˌscha·den** *m* damage caused by weather. — **~ˌschei·de** *f* weather (*od.* meteorological) divide. — **~ˌschen·kel** *m arch.* water bar. — **~ˌschiff** *n mar. meteor.* (ocean) weather ship. — **~ˌschleu·se** *f* (*mining*) air lock. — **~ˌschlüs·sel** *m mar.* (international) meteorological code. — **~ˌschutz** *m* protection against bad weather. — **~ˌsei·te** *f* **1.** weather (*od.* windward) side. – **2.** *mar. cf.* Luvseite. — **~ˌsoh·le** *f* (*mining*) ventilation road, level of main airway. — **~ˌsprengˌstoff** *m* permitted (*Am.* permissible) explosive. — **~ˌspruch** *m cf.* Wetterregel. — **~sta·tiˌon** *f* weather station. — **~ˌstei·ger** *m* (*mining*) deputy in charge of ventilation. — **~ˌstein** *m* (*Versteinerung*) belemnite. — **~ˌstö·rung** *f meteor.* weather (*od.* meteorological) disturbance. — **~ˌstrom** *m* (*mining*) air current. — **~ˌsturm** *m meteor.* tempest. — **~ˌsturz** *m* sudden (*od.* abrupt) fall in temperature (and atmospheric pressure). — **~ˌtuch** *n* (*mining*) (screen of) brattice cloth. — **w~ˌtüch·tig** *adj mar.* (*Schiff*) weatherly. — **~ˌtüch·tig·keit** *f* weatherliness. — **~ˌtür** *f* **1.** (*mining*) air door. – **2.** *mar.* weathertight door. — **~ˌty·pus** *m meteor.* weather type. — **~ˌüberˌsicht** *f* weather survey (*od.* review). — **~ˌumˌkehr** *f* (*mining*) reversal of ventilation. — **~ˌumˌschlag** *m meteor.* break in the weather, change of weather. — **~verˌhält·nis·se** *pl* weather (*od.* atmospheric) conditions: **schlechte** (*od.* **ungünstige**) ~ adverse (*od.* unfavo[u]rable) weather conditions. — **~verˌschlech·te·rung** *f* deterioration in the weather. — **~verˌsi·che·rung** *f* (*für Reisen*) bad-weather insurance. — **~ˌvorˌherˌsa·ge** *f* weather forecast: **langfristige** ~ long-range weather forecast. — **~ˌwar·nung** *f* meteorological warning, warning of bad weather. — **~ˌwart** *m* meteorological observer. — **~ˌwar·te** *f* weather(-reporting) station, meteorological observatory. — **~ˌwech·sel** *m* change of (*od.* in the) weather. — **w~ˌwen·disch** [-ˌvɛndɪʃ] *adj fig.* **1.** capricious, fickle, volatile: **~er Mensch, ~e Person** weathercock; ~ **sein** to be capricious (*od.* a weathercock). – **2.** (*launenhaft*) moody. — **~ˌwin·kel** *m colloq.* bad-weather area. — **~ˌwol·ke** *f colloq.* storm cloud. — **~ˌzei·chen** *n* **1.** weather sign. – **2.** (*für schlechtes Wetter*) sign of bad weather (*od.* an approaching storm). – **3.** *mar.* weather symbol. — **~ˌzo·ne** *f meteor.* weather zone: **Flug über der** ~ *aer.* overweather flight.

ˈWettˌfahrt *f* (*sport*) race. — **~ˌlei·tung** *f* race committee.

ˈwett|ˌflie·gen I *v/i* ⟨*only inf*⟩ **1.** have an air race. – **II W~** *n* ⟨-s⟩ **2.** *verbal noun.* – **3.** *cf.* Wettflug. — **W~ˌflug** *m* air race. — **~ˌge·hen** (*sport*) (*in der Leichtathletik*) **I** *v/i* ⟨*only inf*⟩ **1.** (walk a) race. – **II W~** *n* ⟨-s⟩ **2.** *verbal noun.* – **3.** walking race. — **W~geˌsang** *m cf.* Wettsingen.

ˈWett·geˌschäft *n* betting (business).

Wet·ti·ner [vɛˈtiːnər] *m* ⟨-s; -⟩ *hist.* (member of the house of) Wettin.

ˈWettˌkampf *m* **1.** (*sport*) competition, contest: **sportlicher** ~ sporting competition; **sportliche Wettkämpfe** a) (*Oberbegriff*) competitive sports, b) (*als Disziplinen*) sport(s) (*od.* sporting) events. – **2.** (*sport*) (*Spiel zwischen Mannschaften*) game, match. – **3.** *fig.* competition, rivalry: **im friedlichen** ~ **stehen** (*von Nationen etc*) to compete peaceably. – **4.** *cf.* Turnier. — **~beˌstim·mun·gen** *pl* (*sport*) competition rules. — **~büˌro** *n* competition office. — **~ˌstät·ten** *pl* competition sites.

ˈWettˌkämp·fer *m* (*sport*) competitor, contestant.

ˈWettˌkampf|ˌlei·ter *m* (*sport*) competition organizer (*Br. auch* -s-). — **~ˌli·ste** *f* **1.** list of competitors. – **2.** result card, list of competition results. — **~proˌgramm** *n* competition program (*bes. Br.* programme).

ˈWett|ˌlauf *m auch fig.* race: **ich mache mit dir einen** ~ I'll race you; **der** ~ **zum Mond** *fig.* the race to the moon; **ein** ~ **mit dem Tode [mit der Zeit]** *fig.* a race against death [time]. — **w~ˌlau·fen I** *v/i* ⟨*only inf*⟩ **1.** (run a) race. – **II W~** *n* ⟨-s⟩ **2.** *verbal noun.* – **3.** *cf.* Wettlauf. — **~ˌläu·fer** *m*, **~ˌläu·fe·rin** *f* ⟨-; -nen⟩ runner, racer.

ˈwettˌma·chen *v/t* ⟨*sep*, -ge-, h⟩ **1.** (*ausgleichen*) make up for, compensate (for): **eine schlechte Note durch mehrere gute Leistungen** ~ to make up for (*od.* to compensate [for]) a bad mark with good work. – **2.** (*wiedergutmachen*) make up for, make (*s.th.*) good, retrieve: **den Verlust kannst du nie (wieder)** ~ you will never (be able to) make up for that loss.

ˈWettˌnachˌrich·ten *pl* betting news *pl* (*construed as sg or pl*).

ˈwettˌren·nen[1] **I** *v/i* ⟨*only inf*⟩ **1.** (run a) race: **mit j-m** ~ a) to race s.o., to run a race with s.o., to run s.o. a race, b) (*mit Autos*) to race s.o. – **2.** (*mit Autos*) race. – **II W~** *n* ⟨-s⟩ **3.** *verbal noun.* – **4.** *auch fig.* race: **ein W~ um die Gunst der Wähler** *fig.* a race for the favo(u)r of the voters.

ˈWettˌren·nen[2] *n* race: **die Kinder machen ein** ~ the children are running (*od.* having) a race, the children are racing (each other); **es wird noch ein weiteres** ~ **stattfinden** another race will be run.

ˈwettˌru·dern I *v/i* ⟨*only inf*⟩ **1.** (row a) race. – **II W~** *n* ⟨-s⟩ **2.** *verbal noun.* – **3.** boat race: **an einem W~ teilnehmen** to take part (*od.* compete) in a boat race.

ˈwettˌrü·sten I *v/i* ⟨*only inf*⟩ **1.** compete in the (*od.* an) armament(s) (*od.* arms) race. – **II W~** *n* ⟨-s⟩ **2.** *verbal noun.* – **3.** armament(s) (*od.* arms) race: **atomares** ~ atomic armament(s) race.

ˈwettˌschie·ßen I *v/i* ⟨*only inf*⟩ **1.** have a shooting competition (*od.* contest, match). – **II W~** *n* ⟨-s⟩ **2.** *verbal noun.* – **3.** shooting competition (*od.* contest, match).

ˈWettˌschuld *f* betting debt.

ˈwettˌschwim·men I *v/i* ⟨*only inf*⟩ **1.** swim a race: **laß uns** ~ let's swim a race, let's see who can swim fastest, let's race each other. – **II W~** *n* ⟨-s⟩ **2.** *verbal noun.* – **3.** swimming competition (*od.* contest).

ˈwettˌse·geln I *v/i* ⟨*only inf*⟩ **1.** sail a race. – **II W~** *n* ⟨-s⟩ **2.** *verbal noun.* – **3.** yacht race.

ˈwettˌsin·gen I *v/i* ⟨*only inf*⟩ **1.** have a singing competition (*od.* contest). – **II W~** *n* ⟨-s⟩ **2.** *verbal noun.* – **3.** singing competition (*od.* contest).

ˈWettˌspiel *n* game, match.

ˈwettˌsprin·gen I *v/i* ⟨*only inf*⟩ **1.** have a jumping competition (*od.* contest). – **II W~** *n* ⟨-s⟩ **2.** *verbal noun.* – **3.** jumping competition (*od.* contest).

ˈWettˌsteu·er *f econ.* betting tax.

ˈWett|ˌstreit *m* ⟨-(e)s; -e⟩ **1.** contest: **j-n zum** ~ **herausfordern** to challenge s.o. (to a contest); **zwischen ihnen entspann sich ein edler** ~, **wer zuerst eintreten sollte** they gallantly argued about who should enter first. – **2.** (*Wettbewerb*) competition, rivalry: **sich mit j-m in einen** ~ **einlassen** to agree to compete with s.o.; **im friedlichen** ~ **nebeneinander leben** (*von Völkern*) to live together in peaceable competition; **sich im** ~ **messen** to compete (with [*od.* against] one another); **sich mit j-m im** ~ **messen** to compete with (*od.* against) s.o. – **3.** (*Wettspiel*) game, match. — **w~ˌstrei·ten I** *v/i* ⟨*only inf*⟩ **1.** contest. – **2.** (*in Wettbewerb*) compete, rival. – **II W~** *n* ⟨-s⟩ **3.** *verbal noun.* – **4.** *cf.* Wettstreit 1.

ˈwettur·nen (*getr.* -ttˌt-) **I** *v/i* ⟨*only inf*⟩ **1.** have a gymnastic(s) competition (*od.* contest). – **II W~** *n* ⟨-s⟩ **2.** *verbal noun.* – **3.** gymnastic(s) competition (*od.* contest).

ˈWettˌzet·tel *m* betting slip (*od.* ticket).

wet·zen [ˈvɛtsən] **I** *v/t* ⟨h⟩ **1.** (*Messer, Sense etc*) sharpen, whet. – **2.** *hunt.* (*Fänge, Hörner etc*) sharpen. – **3. den Schnabel (an einem Zweig)** ~ *zo.* to rub its beak (on a branch); → Schnabel 2. – **II** *v/i* ⟨sein⟩ **4.** *colloq.* (*rennen*) hare, dash, scoot (*colloq.*), *bes. Br. colloq.* 'nip'.

ˈWetz|ˌstahl *m* (*in Fleischerei*) butcher's steel, whetsteel, sharpener. — **~ˌstein** *m* **1.** whetstone, hone. – **2.** (*zum Schärfen einer Sense*) scythestone.

ˈWey·mouthsˌkie·fer [ˈvaɪmuːts-] *f bot.* Weymouth (*od.* white) pine (*Pinus strobus*).

Whig [vɪk; wɪg] (*Engl.*) *m* ⟨-s; -s⟩ *pol. hist.* Whig.

ˈWhipˌcord [ˈvɪp-] *m* ⟨-s; -s⟩ (*textile*) whipcord.

Whip·pet [ˈvɪpət] *m* ⟨-s; -s⟩ *zo.* (*engl. Windhund*) whippet.

Whis·ky [ˈvɪski] *m* ⟨-s; -s⟩ whisk(e)y, *bes. Br.* Scotch: **billiger** ~ cheap whisk(e)y, *Am. sl.* tanglefoot; ~ **pur** neat (*od.* straight) whisk(e)y; ~ **(und) Soda** whisk(e)y and soda, *Am.* (whisk[e]y) highball; ~ **mit Soda trinken** to drink whisk(e)y and soda; ~ **mit Eis** whisk(e)y and ice, *Am.* whisk(e)y on the rocks.

Whist [vɪst] *n* ⟨-(e)s; *no pl*⟩ (*games*) whist: **mit j-m** ~ **spielen** to play whist with s.o. — **~ˌkar·te** *f* whist card. — **~ˌmar·ke** *f* (whist) counter. — **~parˌtie** *f* game of whist. — **~ˌspie·ler** *m*, **~ˌspie·le·rin** *f* whist player. — **~turˌnier** *n Br.* whist drive.

wich [vɪç] *1 u. 3 sg pret of* weichen[1].

Wichs [vɪks] *m* ⟨-es; -e⟩, *Austrian f* ⟨-; -en⟩ *colloq.* (*Festkleidung der Verbindungsstudenten*) regalia *pl*, gala (dress), dress: **in vollem** ~ a) (*Verbindungsstudent*) in full regalia, in full (gala) dress, b) *fig.* in full array; **sich in** ~ **werfen** a) (*von Verbindungsstudenten*) to dress up, to dress in full regalia, b) *fig.* (*sich aufdonnern*) to dress up (to the hilt), to deck oneself out. — **~ˌbür·ste** *f* polishing (*für schwarze Schuhe auch* blacking) brush.

Wich·se [ˈvɪksə] *f* ⟨-; -n⟩ **1.** (*Schuhcreme*) shoe polish, (*schwarze*) blacking. – **2.** ⟨*only sg*⟩ *fig. colloq.* (*Prügel*) hiding, 'licking' (*colloq.*). – **3. das ist alles dieselbe** ~ *fig. colloq.* that is all the same (thing), it's six of one and half a dozen of the other.

ˈwich·sen I *v/t* ⟨h⟩ **1.** (*Schuhe, Stiefel*) polish, shine, (*mit schwarzer Schuhcreme*) black. – **2.** (*Parkettboden etc*) polish. – **3.** (*Faden*) wax. – **4. j-n** ~ *fig. colloq.* (*prügeln*) to give s.o. a hiding (*od. colloq.* licking). – **II** *v/i* **5.** *vulg. for* **onanieren.** – **6.** *vulg. cf.* vögeln II.

ˈWichsˌleinˌwand *f Austrian colloq. for* Wachstuch.

Wicht [vɪçt] *m* ⟨-(e)s; -e⟩ **1.** (*Kobold*) elf, sprite, goblin, (*bösartiger*) *auch* imp. – **2.** (*Zwerg*) dwarf, gnome. – **3.** *contempt.* (*Kerl*) fellow (*colloq.*), creature: **elender [erbärmlicher]** ~ vile [wretched] creature (*od. colloq.* fellow, *Br. sl.* blighter); **ein feiger** ~ a cowardly creature (*od. colloq.* fellow), a coward; **ein armer** ~ a poor creature (*od.* devil, *colloq.* fellow); **ein junger** ~ a green fellow (*colloq.*). – **4.** *colloq.* (*kleiner Kerl, bes. kleines Kind*) mite, midge, shrimp, manikin, little chap (*colloq.*), *bes. Br. colloq.* 'nipper': **was willst du denn, du kleiner** ~? what do you want, little fellow (*bes. Br.* tiny)? (*colloq.*). – **5. ein frecher** ~ *colloq.* a cheeky (little) imp (*od.* urchin, *stärker* brat, *Br. sl.* blighter).

Wich·te [ˈvɪçtə] *f* ⟨-; -n⟩ *phys. cf.* Dichte 7.

ˈWich·tel *m* ⟨-s; -⟩, **~ˌmänn·chen** *n* ⟨-s; -⟩ **1.** *cf.* Heinzelmännchen. – **2.** (*Kobold*) elf, sprite, goblin. – **3.** (*Zwerg*) dwarf, gnome. – **4.** *colloq. cf.* Wicht 4.

ˈwich·tig I *adj* **1.** important: **gleich** ~ equally important; **höchst** ~ most important; ~ **sein** to be important, to be of importance; **diese Arbeit ist nicht sehr** ~ this work is not very important (*od.* is not of great importance); **etwas ist** ~ **für etwas [j-n]** s.th. is important for s.th. [for *od.* to s.o.]; **ich halte die Sache für sehr** ~ I consider the matter very important; **das ist mir sehr** ~ that is very important to (*od.* for) me; ~ **tun, sich** ~ **machen** to be full of one's own importance, to be self-important; **er tut immer so**

schrecklich ~ *colloq.* he is (always) so self--important (*od.* full of his own importance); sich für sehr ~ halten *contempt.* to consider oneself (*od.* think one is) very important, to think no small beer of oneself; mit ~er Miene with an important air (*od.* look [on one's face]), with a look of importance (on one's face), looking very important; eine ~e Miene annehmen (*od.* aufsetzen) to put on (*od.* assume) an air (*od.* a look) of importance; ~e Geschäfte [Gründe] important business *sg* [reasons]. – **2.** (*folgenschwer, von großer Tragweite*) momentous, grave, weighty. – **3.** (*wesentlich*) important, essential, vital: ein ~er Punkt an essential (*od.* important) point. – **4.** (*entscheidend*) significant, decisive. – **5.** (*ernsthaft*) serious, grave. – **6.** (*einflußreich*) important, influential: ein ~er Mann an important man, a man of influence. – **II** *adv* **7.** etwas [sich] sehr ~ nehmen to take s.th. [oneself] very seriously. – **III W~e, das** ⟨-n⟩ **8.** the important thing: das W~e dabei ist, daß the important thing about it (*od.* the important thing to remember) is that; W~es zu tun haben to have important things to do; ich habe W~eres zu tun I have more important (*od.* other, better) things to do, I have other fish to fry; das W~ste zuerst erledigen to do the most important thing(s) first. —

'Wich·tig·keit *f* ⟨-; *no pl*⟩ **1.** importance: von großer ~ sein to be of great importance, to be very important; nicht von ~ sein to be of no importance, to be unimportant (*od.* insignificant); das ist für mich von großer ~ that is of great importance to me; einer Sache ~ beimessen to consider a matter important, to attach importance to a matter. – **2.** (*Gewichtigkeit, Tragweite*) consequence, import, moment(ousness), weight: eine Sache von großer ~ a matter of great consequence (*od.* importance). – **3.** (*Bedeutung*) (für to) significance, relevance.

'Wich·tig,ma·cher *m Bavarian and Austrian for* Wichtigtuer.

'Wich·tig,tu·er [-,tu:ər] *m* ⟨-s; -⟩ *contempt.* officious (*od.* pompous) ass, Pooh-bah, *auch* Poo-bah. — **,Wich·tig·tue'rei** *f* ⟨-; *no pl*⟩ officiousness, pompousness, pomposity. — **'wich·tig,tue·risch** *adj* officious, pompous.

Wicke (*getr.* -k·k-) ['vɪkə] *f* ⟨-; -n⟩ *bot.* **1.** vetch (*Gattg Vicia*): in die ~n gehen *fig. colloq.* to get lost. – **2.** *cf.* Gartenwicke.

Wickel (*getr.* -k·k-) ['vɪkəl] *m* ⟨-s; -⟩ **1.** *med.* (*Packung, Umschlag*) pack, wrap, *auch* hot (*od.* warm, cold) compress: j-m einen kalten ~ machen to put a cold pack on s.o.; feuchter ~ water (*od.* wet) compress; heißer (*od.* warmer) ~ fomentation, stupe. – **2.** *fig. colloq.* (*in Wendungen wie*) j-n am (*od.* beim) ~ packen (*od.* kriegen, nehmen) a) to take (*od.* grab) s.o. by the scruff of the neck, to collar s.o., b) to give s.o. a good dressing down (*od. colloq.* talking-to), to give s.o. what for (*colloq.*); j-n am (*od.* beim) ~ halten to hold s.o. by the scruff of the neck. – **3.** *tech.* reel, spool. – **4.** (*textile*) (*Garnknäuel*) ball of yarn. – **5.** (*Bündel*) bundle. – **6.** *cf.* Lockenwickel. — **~,band** *n* ⟨-(e)s; ⸚er⟩ *meist pl* swaddling (*od.* swathing) (band). — **~,bär** *m zo.* kinkajou, honey bear (*Cercoleptes caudivolvulus*). — **~,blu·se** *f* (*fashion*) crossover (*Br.* cross--over) (*od.* wraparound, *Br.* wrap-around, wrapover, *Br.* wrap-over) blouse. — **~,durch,mes·ser** *m tech.* coiling diameter. — **~,fe·der** *f* coil spring. — **~ga,ma·sche** *f* puttee. — **~,kind** *n* infant (in swaddling clothes): sie wird wie ein ~ behandelt *fig.* she is (molly)coddled (*od.* pampered), (*von einem Kind*) *auch* she is treated like a baby. — **~,kleid** *n* (*fashion*) crossover (*Br.* cross-over) (*od.* wraparound, *Br.* wrap-around, wrapover, *Br.* wrap-over) dress. — **~kom,mo·de** *f* (soft-top) nursery chest (*on which a baby is laid to be changed*). — **~kon·den,sa·tor** *m electr.* roll-type capacitor, wound(-paper) capacitor. — **~ma,schi·ne** *f* **1.** *tech.* coiler, coiling machine, reel. – **2.** (*textile*) (*in der Spinnerei*) winding frame (*od.* machine), lap machine.

wickeln (*getr.* -k·k-) ['vɪkəln] **I** *v/t* ⟨h⟩ **1.** (*Wolle, Garn etc*) wind: Wolle zu einem Knäuel ~ to wind wool into a ball; Garn auf eine Spule ~ to wind yarn on (to) a reel (*od.* spool). – **2.** (*Seile, Kabel etc*) coil. – **3.** (*Haare*) curl: sich (*dat*) die Haare (zu Locken) ~ to curl (up) one's hair, to set one's hair on rollers. – **4.** (*mit Wickelband*) (*Säugling*) swaddle, swathe. – **5.** (*Baby*) change (the diapers, *bes. Br.* napkins, *bes. Br. colloq.* nappies of), *Am.* diaper. – **6.** (*Beine, verstauchtes Glied etc*) bandage, dress, bind. – **7.** (*Zigarren*) roll, make. – **8.** (*Paket etc*) wrap: etwas in (*acc*) etwas ~ to wrap s.th. (up) in s.th.; etwas aus etwas ~ to take away the wrapping(s) of s.th. – **9.** etwas um etwas ~ a) (*binden*) to tie s.th. (a)round s.th., b) (*aufwickeln*) to wind s.th. (a)round s.th., c) (*Decke, Schal etc*) to wrap (*od.* lap) s.th. (a)round s.th., d) (*Verband etc*) to wrap (*od.* bind, lap) s.th. (a)round s.th.: eine Schnur um ein Paket ~ to tie a string (a)round a parcel; sich (*dat*) eine Decke um die Beine ~ to wrap a blanket (a)round one's legs; einen Verband um die Hand ~ to bandage the hand; j-n um den (kleinen) Finger ~ *fig. colloq.* to twist s.o. (a)round one's (little) finger. – **10.** *electr.* wind. – **II** *v/reflex* **11.** sich um etwas ~ (*von Schlangen, Schlingpflanzen etc*) to wind (*od.* entwine, *auch* intwine) itself (a)round s.th. – **III W~** *n* ⟨-s⟩ **12.** *verbal noun.* – **13.** *cf.* Wicklung.

'Wickel|,rock (*getr.* -k·k-) *m* (*fashion*) crossover (*Br.* cross-over) (*od.* wraparound, *Br.* wrap-around, wrapover, *Br.* wrap-over) skirt. — **~,schlan·ge** *f zo.* coral snake, shorttail (*Gattg Micrurus*). — **~,schritt** *m electr.* winding pitch. — **~,schür·ze** *f* (*fashion*) crossover (*Br.* cross--over) (*od.* wraparound, *Br.* wrap-around, wrapover, *Br.* wrap-over) apron. — **~,schwanz** *m zo.* prehensile tail. — **~,tisch** *m* (soft-top) nursery table (*on which a baby is laid to be changed*). — **~,trom·mel** *f tech.* winding (*od.* coiler) drum. — **~,tuch** *n* ⟨-(e)s; ⸚er⟩ pilch, *Am.* diaper, *bes. Br.* (baby's) napkin, *bes. Br. colloq.* nappy, nappie.

'Wicke·lung (*getr.* -k·k-) *f* ⟨-; -en⟩ *cf.* Wicklung.

'Wicken|,blü·te (*getr.* -k·k-) *f bot.* vetch blossom, (*einer Gartenwicke*) *auch* sweet--pea blossom. — **~,duft** *m* fragrance of sweet pea(s).

'Wick·ler *m* ⟨-s; -⟩ **1.** (*Lockenwickel*) curler, roller. – **2.** *tech.* (*Arbeiter*) drummer. – **3.** *zo.* bell moth, tortrix (*scient.*) (*Fam. Tortricidae*).

'Wick·lung *f* ⟨-; -en⟩ **1.** *cf.* Wickeln. – **2.** *electr.* winding.

'Wick·lungs|ka·pa·zi,tät *f electr.* **1.** (*Eigenkapazität der Wicklung*) winding capacity. – **2.** (*Wicklung gegen Wicklung*) interwinding capacity. — **~,schritt** *m cf.* Wickelschritt. — **~,sinn** *m* sense of winding.

'Wi·dah,fink ['vi:da:-] *m zo.* whydah, whidah, vida finch, veuve (*Unterfam. Euplectinae*).

Wid·der ['vɪdər] *m* ⟨-s; -⟩ **1.** *zo.* ram, *bes. Br.* tup. – **2.** hydraulischer ~ *tech.* (hydraulic) ram. – **3.** *mil. hist.* battering ram. – **4.** ⟨*only sg*⟩ *astr.* Ram, Aries: er ist unter dem Sternzeichen des ~s geboren he was born under Aries; er ist (ein) ~ *colloq.* he is an Aries (*colloq.*).

'Wid·der·chen *n* ⟨-s; -⟩ **1.** *dim. of* Widder. – **2.** *zo.* burnet (moth), forester (*Gattg Zygaena*).

'Wid·der|,kopf *m* ram's head. — **~,punkt** *m astr.* Vernal Equinox.

wi·der ['vi:dər] **I** *prep* ⟨*acc*⟩ **1.** *archaic for* gegen 2, 4: → Stachel 7. – **2.** *lit.* against: ~ Willen against one's will; ~ j-s Willen against s.o.'s will; ~ bessere Einsicht against one's better judg(e)ment. – **3.** *lit.* contrary to: ~ Erwarten contrary to expectation(s); ~ alles Erwarten (*od.* alle Erwartung) contrary to all expectation(s). – **II W~, das** ⟨-s⟩ **4.** *only in* das Für und (das) W~ the reasons *pl* for and against, the pros and cons *pl.*

Wi·der..., wi·der... *cf. auch* Gegen..., gegen..., Zurück..., zurück...

'wi·der,bor·stig *adj colloq. for* widerspenstig 1. — **'Wi·der,bor·stig·keit** *f* ⟨-; *no pl*⟩ *colloq. for* Widerspenstigkeit 1.

'Wi·der,christ *m* ⟨-(e)s *u.* -en; -e(n)⟩ *Bibl.* Antichrist.

'Wi·der,druck[1] *m* ⟨-(e)s; ⸚e⟩ *cf.* Gegendruck.

'Wi·der,druck[2] *m* ⟨-(e)s; -e⟩ *print.* reiteration.

,wi·der,ein'an·der *adv obs. od. lit. for* gegeneinander 1.

,wi·der'fah·ren *v/i u. v/impers* ⟨*irr, insep, no -ge-,* sein⟩ *lit.* **1.** (*geschehen*) es widerfährt mir oft, daß, mir widerfährt oft, daß it often happens to me that. – **2.** (*zustoßen*) ihm ist großes Unglück ~, es ist ihm großes Unglück ~ great misfortune has befallen him, he has met with great misfortune. – **3.** (*zuteil werden*) ihm ist viel Ehre [großes Unrecht] ~, es ist ihm viel Ehre [großes Unrecht] ~ he has been done great honor (*bes. Br.* honour) [a grave wrong]; mir ist viel Gutes von ihm ~, es ist mir viel Gutes von ihm ~ he has done me many a good turn; ihm ist Gerechtigkeit ~, es ist ihm Gerechtigkeit ~ a) (*er hat seinen gerechten Lohn od. seine gerechte Strafe gefunden*) he has been given his due, b) (*er hat sein Recht gefunden*) he has been done (*od.* given) justice.

'wi·der|,haa·rig *adj colloq. for* widerspenstig 1. — **W~,ha·ken** *m* barb, beard, fluke: mit ~ (versehen) barbed. — **W~,hall** *m* ⟨-(e)s; -e⟩ **1.** echo, reverberation, rebound (*lit.*). – **2.** *fig.* response: seine Worte fanden begeisterten [keinen] ~ his words met with enthusiastic [no] response. — **~,hal·len** *v/i* ⟨*meist sep, -ge-,* h⟩ (re)echo, *Br.* (re-)echo, reverberate, resound: der Schuß hallte von den Bergen wider (*rare* widerhallte von den Bergen) the shot re(-)echoed from the mountains; der Saal hallte von Gelächter wider (*rare* widerhallte von Gelächter) the hall echoed with laughter. — **W~,halt** *m* ⟨-(e)s; *no pl*⟩ support, resisting force. — **~,hal·ten** *v/t* ⟨*only inf u. pp* widergehalten, h⟩ *cf.* gegenhalten I. — **W~,hand·lung** *f Swiss for* Zuwiderhandlung. — **W~,kla·ge** *f jur. cf.* Gegenklage. — **~,kla·gen** *v/i* ⟨*only inf u. pp* widergeklagt, h⟩ *cf.* gegenklagen. — **W~,klä·ger** *m cf.* Gegenkläger. — **~,klin·gen** *v/i* ⟨*irr, sep, -ge-,* h⟩ resound. — **W~,kreuz** *n her.* cross-crosslet. — **W~,la·ger** *n civ.eng.* abutment.

,wi·der'leg·bar *adj auch jur.* refutable, disprovable, confutable, rebuttable: dieses Argument ist nicht ~ this argument is irrefutable (*od.* cannot be refuted); ~e Vermutung *jur.* rebuttable (*od.* refutable, *auch* inconclusive) presumption. — **,Wi·der'leg·bar·keit** *f* ⟨-; *no pl*⟩ refutability. — **,wi·der'le·gen I** *v/t* ⟨*insep, no -ge-,* h⟩ **1.** *auch jur.* (*Ansicht, Einwand etc*) refute, disprove, confute, rebut: er konnte alle Anklagepunkte ~ he was able to disprove all the points of the charge; das läßt sich nicht ~ that cannot be disproved, that is irrefutable. – **2.** (*Theorie etc*) refute, disprove, confute, defeat: diese Entdeckung widerlegt die ganze Theorie this discovery disproves the whole theory. – **II W~** *n* ⟨-s⟩ **3.** *verbal noun.* – **4.** *cf.* Widerlegung. — **,wi·der'leg·lich** *adj obs. for* widerlegbar. — **,Wi·der'le·gung** *f* ⟨-; -en⟩ **1.** *cf.* Widerlegen. – **2.** *auch jur.* refutation, disproof, refutal, confutation, rebuttal, rebutment.

'wi·der·lich I *adj* **1.** (*Geruch, Geschmack etc*) revolting, repulsive, nauseating, nauseous, repugnant, offensive, fulsome: das ist ein ~er Anblick this is a revolting (*od.* repellent) sight. – **2.** (*Tier*) revolting, repulsive, repugnant. – **3.** (*Person, Benehmen, Handlungsweise etc*) repulsive, repugnant, hateful: sie ist mir ~ I can't stand her; er ist ein ~er Kriecher he is a repugnant toady; sein ~es Gerede [Getue] his repugnant (*od.* nauseating, nauseous) talk [affectation]. – **II** *adv* **4.** das riecht [schmeckt] ~ that smells [tastes] revolting; das ist ~ süß that is revoltingly (*od.* nauseatingly, cloyingly) sweet. —

'Wi·der·lich·keit *f* ⟨-; *no pl*⟩ **1.** (*von Geruch, Geschmack etc*) repulsiveness, nauseatingness, nauseousness, repugnance, repugnancy, offensiveness, fulsomeness. – **2.** (*eines Tieres*) repulsiveness, repugnance, repugnancy. – **3.** (*von Benehmen, Handlungsweise etc*) repulsiveness, repugnance, repugnancy, hatefulness.

wi·dern ['vi:dərn] *v/t* ⟨h⟩ *cf.* anekeln.

'wi·der|na,tür·lich *adj* unnatural, perverse, perverted: → Unzucht. — **W~na,tür·lich·keit** *f* ⟨-; *no pl*⟩ unnaturalness, perversity, pervertedness.

'Wi·der,part *m* ⟨-(e)s; -e⟩ *archaic od. lit.* **1.** (*Gegner*) opponent, adversary, antagonist. – **2.** ⟨*only sg*⟩ (*Gegnerschaft*) opposition: j-m ~ geben (*od.* bieten) to oppose s.o.

,wi·der'ra·ten *v/t* ⟨*irr, insep, no* -ge-, h⟩ ich widerrate dir, das zu tun, ich widerrate es dir *lit.* I advise you against doing (*od.* not to do) that.

'wi·der\|,recht·lich *jur.* **I** *adj* illegal, unlawful, wrongful, illegitimate: ~er Gebrauch wird bestraft illegal use is liable to penalty. – **II** *adv* illegally, unlawfully, wrongfully, illegitimately: sich (*dat*) etwas ~ aneignen to appropriate s.th. unlawfully, to misappropriate (*od.* arrogate, usurp) s.th., to convert s.th. to one's own use; etwas ~ betreten to trespass (up)on s.th. — **W~,recht·lich·keit** *f* ⟨-; *no pl*⟩ illegality, unlawfulness, wrongfulness, illegitimacy.

'Wi·der\|,re·de *f* ⟨-; -n⟩ contradiction, backchat (*colloq.*), *Am. colloq.* back talk: keine ~! don't contradict (*od.* answer back, talk back)! none of your backchat! don't argue with the boss! (*sl.*); ich dulde keine ~ I will not tolerate (any) contradiction; etwas ohne ~ hinnehmen [tun] to accept [to do] s.th. without contradiction. — **~,rist** *m zo.* (*bei Vierfüßern*) withers *pl*, *auch* wither.

'Wi·der,ruf *m* ⟨-(e)s; -e⟩ *bes. jur.* **1.** (*von Erklärung, Behauptung, Geständnis etc*) withdrawal, recall, recantation, retraction, retractation, disavowal, palinode: ~ einer Zeugenaussage retraction of a deposition. – **2.** (*von Erlaubnis, Befehl, Vollmacht etc*) revocation, cancellation, *Am. auch* cancelation, withdrawal, countermand, (*bes. von Gesetzen*) repeal: ~ einer Vollmacht [kraft Gesetzes] revocation of a power of attorney (*od.* of an authority) [in law]; (bis) auf ~ until (*od.* unless) revoked (*od.* canceled, *bes. Br.* cancelled). – **3.** (*einer Warenbestellung*) countermand, cancellation (*Am. auch* cancelation) of an order. — **w~'ru·fen** [,viːdər-] **I** *v/t* ⟨*irr, insep, no* -ge-, h⟩ **1.** (*Erklärung, Behauptung, Geständnis etc*) withdraw, recall, recant, revoke, retract, disavow. – **2.** (*Erlaubnis, Befehl, Vollmacht etc*) revoke, cancel, withdraw, countermand, (*bes. Gesetze*) repeal. – **3.** (*Warenbestellung*) countermand, cancel. – **II** *v/i* **4.** (*von Angeklagtem*) a) (*Aussage zurücknehmen*) withdraw one's statement, b) (*Geständnis*) retract one's confession. – **III W~** *n* ⟨-s⟩ **5.** *verbal noun.*

'wi·der,ruf·lich I *adj bes. jur.* (*Erlaubnis, Befehl, Vollmacht etc*) revocable, revokable, precarious (*archaic*), (*bes. Gesetz*) repealable. – **II** *adv* until (*od.* unless) revoked (*od.* canceled, *bes. Br.* cancelled): j-m ~ das Wegerecht geben to give s.o. the right of way until revoked. — **'Wi·der,ruf·lich·keit** *f* ⟨-; *no pl*⟩ (*von Erlaubnis, Befehl, Vollmacht etc*) revocability, revocableness, precariousness (*archaic*).

,Wi·der'ru·fung *f* ⟨-; *no pl*⟩ **1.** *cf.* Widerrufen. – **2.** *obs. for* Widerruf.

'Wi·der,sa·cher [-,zaxər] *m* ⟨-s; -⟩ **1.** *lit.* adversary, antagonist, opponent. – **2.** der ~ *Bibl.* the Fiend, Satan.

'Wi·der\|,schall *m obs. for* Widerhall 1. — **w~,schal·len** *v/i* ⟨*auch irr, sep,* -ge-, h⟩ *obs. for* widerhallen. — **~,schein** *m* ⟨-(e)s; *no pl*⟩ **1.** (*von Licht, Feuer etc*) reflection, *Br. auch* reflexion, reflex: der ~ des Feuers leuchtete an der Wand the reflection of the fire was seen on the wall. – **2.** *fig.* (*Abglanz*) reflection, *Br. auch* reflexion. — **w~,schei·nen** *v/i* ⟨*irr, sep,* -ge-, h⟩ be reflected. — **~,schlag** *m* **1.** *obs. for* Gegenschlag 1. – **2.** *obs. for* Rückprall.

,wi·der'set·zen *v/reflex* ⟨*insep, no* -ge-, h⟩ sich ~ offer (*od.* put up) resistance: sich j-m ~ to oppose (*od.* resist) s.o.; sich einer Sache ~ to oppose (*od.* resist) s.th., to set one's face against s.th.; er hat sich meinem Willen [Befehl] widersetzt he opposed my will [order].

,wi·der'setz·lich *adj* **1.** refractory, contrary (*colloq.*). – **2.** (*gegenüber Vorgesetzten*) insubordinate. — **,Wi·der'setz·lich·keit** *f* ⟨-; *no pl*⟩ **1.** refractoriness, contrariness (*colloq.*). – **2.** (*gegenüber Vorgesetzten*) insubordination, insubordinate conduct.

'Wi·der,sinn *m* ⟨-(e)s; *no pl*⟩ **1.** *cf.* Gegensinn. – **2.** (*Unsinn*) absurdity, absurdness, preposterousness, nonsense, nonsensicalness.

'wi·der,sin·nig *adj* absurd, preposterous, nonsensical. — **'Wi·der,sin·nig·keit** *f* ⟨-; *no pl*⟩ *cf.* Widersinn 2.

'wi·der,spen·stig [-,ʃpɛnstɪç] *adj* **1.** (*Mensch, Verhalten etc*) refractory, intractable, recalcitrant, unruly, obstreperous, unmanageable. – **2.** *fig.* (*Haar, Material etc*) unruly. — **'Wi·der,spen·sti·ge** *m, f* ⟨-n; -n⟩ refractory person. — **'Wi·der,spen·stig·keit** *f* ⟨-; *no pl*⟩ **1.** (*von Mensch, Verhalten etc*) refractoriness, intractability, intractableness, recalcitrance, recalcitrancy, unruliness, obstreperousness, unmanageableness. – **2.** *fig.* (*von Haar, Material etc*) unruliness.

'wi·der,spie·geln I *v/t* ⟨*sep,* -ge-, h⟩ *auch fig.* reflect, mirror: das Wasser spiegelt die Bäume wider the water reflects the trees; der Roman spiegelt die Sitten jener Zeit wider *fig.* the novel reflects the manners of the time; sein Gesicht spiegelt seinen Zorn wider his face reflects his anger. – **II** *v/reflex* sich ~ *auch fig.* be reflected, be mirrored: die Lichter spiegelten sich im See wider the lights were reflected in the lake; dieses Erlebnis spiegelt sich in seinen Dichtungen wider *fig.* this experience is reflected in his writings. – **III W~** *n* ⟨-s⟩ *verbal noun.* — **W~,spie·ge·lung, W~,spieg·lung** *f* ⟨-; -en⟩ **1.** *cf.* Widerspiegeln. – **2.** *auch fig.* reflection, *Br. auch* reflexion.

'Wi·der,spiel *n* ⟨-(e)s; *no pl*⟩ **1.** *cf.* Gegenstück 1. – **2.** counteraction: das ~ der Kräfte action and counteraction.

,wi·der\|'spre·chen *v/i* ⟨*irr, insep, no* -ge-, h⟩ (*dat*) **1.** (*das Gegenteil behaupten*) contradict, controvert, gainsay (*lit.*): widersprich mir nicht! do not contradict (me); ich muß dieser Behauptung auf das entschiedenste ~ I must most emphatically contradict this statement; dem wurde allgemein widersprochen this raised general opposition. – **2.** *auch jur.* (*im Widerspruch stehen*) contradict, be inconsistent with: die Tatsachen ~ seiner Behauptung the facts contradict his statement; das widerspricht der Wahrheit [dem gesunden Menschenverstand] that contradicts the truth [common sense]; er hat sich (*dat*) selbst widersprochen he contradicted himself; die Aussagen ~ sich (*od.* einander) the statements contradict each other. — **~'spre·chend I** *pres p.* – **II** *adj auch jur.* contradictory, conflicting, inconsistent: sich (*od.* einander) ~e Meldungen contradictory reports; ~e Aussagen inconsistent statements; einander ~e Gesetze conflicting laws; die ~sten Nachrichten trafen ein the most contradictory reports came in.

'Wi·der,spruch *m* ⟨-(e)s; ¨e⟩ **1.** ⟨*only sg*⟩ contradiction: keinen ~! don't contradict (me), don't argue with me; keinen ~ dulden not to tolerate (any) contradiction; jeden ~ zurückweisen to reject all contradiction; etwas ohne ~ hinnehmen to accept s.th. without contradiction; j-n zum ~ reizen to provoke s.o. to contradict. – **2.** ⟨*only sg*⟩ (*Protest*) protest: empörter [heftiger] ~ indignant [vehement] protest; gegen etwas ~ erheben to (raise a) protest against s.th.; heftigen ~ bei j-m hervorrufen to provoke vehement protest from s.o.; bei j-m mit etwas auf ~ stoßen to meet with protest from s.o. with s.th. – **3.** (*Gegensatz*) contradiction, inconsistency: ein innerer [krasser, seltsamer] ~ an intrinsic [a flagrant, a strange] contradiction; etwas ist ein ~ in sich selbst s.th. is a contradiction in terms, s.th. is self-contradictory; er steckt voller Widersprüche he is full of contradictions; sich in Widersprüche verwickeln (*od.* verstricken) to get (en)tangled (*od.* caught, [en]trapped) in one's own contradictions; in ~ zu etwas geraten to contradict s.th.; im ~ zu etwas stehen to be contradictory (*od.* to present a contradiction) to s.th., to be in contradiction with s.th.; seine Handlungsweise steht in krassem ~ zu seinen Worten the way he acts is grossly contradictory to (*od.* grossly contradicts) what he says; im ~ zu seiner vorherigen Behauptung in contradiction (*od.* contrary) to his previous statement; zwischen Theorie und Praxis sollte kein ~ bestehen theory and practice should not contradict each other (*od.* be contradictory); auf immer neue Widersprüche stoßen to detect more and more contradictions. – **4.** ⟨*only sg*⟩ *jur.* a) (*Abweichung, widersprüchlicher Vortrag*) variance, discrepancy, b) (*fehlende Übereinstimmung*) repugnancy, c) (*gegen Warenzeicheneintragung*) opposition. – **5.** ⟨*only sg*⟩ *philos.* contradiction, inconsistency, antilogy: Gesetz vom ~ law of contradiction.

'wi·der,sprüch·lich [-,ʃprʏçlɪç] *adj* **1.** (*Aussage, Nachricht etc*) contradictory, contradictive. – **2.** (*Verhalten, Auftreten etc*) inconsistent, incompatible, antinomic(al). — **'Wi·der,sprüch·lich·keit** *f* ⟨-; *no pl*⟩ **1.** (*von Aussage, Nachricht etc*) contradiction, contradictoriness, contradictiveness. – **2.** (*von Verhalten, Auftreten etc*) inconsistency, *auch* inconsistence, incompatibility.

'wi·der,spruchs\|,frei *adj philos.* consistent, compatible, assertible. — **W~,geist** *m* ⟨-(e)s; -er⟩ **1.** ⟨*only sg*⟩ contradictoriness, contradictiousness, spirit of contradiction, nonconformity *Br.* non-. – **2.** *fig. colloq.* (*Person*) contradictory (*od.* contradictious) person, nonconformist *Br.* non-: er ist ein richtiger ~ he really is a contradictious person, he is always contradicting. — **W~,kla·ge** *f jur. cf.* Interventionsklage. — **~los** *adj u. adv* without contradiction. — **~,voll** *adj cf.* widersprüchlich.

'Wi·der,stand *m* ⟨-(e)s; ¨e⟩ **1.** ⟨*only sg*⟩ (*Gegenwehr, Abwehr*) resistance: aktiver [passiver, erbitterter, heldenhafter] ~ active [passive, fierce, heroic] resistance; hinhaltender ~ *mil.* delaying action; ~ gegen die Besatzungsmacht resistance to the occupation forces; (j-m [einer Sache]) ~ leisten to offer (*od.* put up) resistance (to s.o. [to s.th.]), to resist (*od.* oppose, withstand) (s.o. [s.th.]); bewaffneten ~ leisten to offer (*od.* put up [an]) armed resistance; den ~ aufgeben to give up resistance, to give in; j-s ~ brechen [überwinden] to break [to overcome] s.o.'s resistance; j-n zum ~ aufrufen to call (up)on s.o. to resist; den ~ organisieren to organize (*Br. auch* -s-) resistance; ~ gegen die Staatsgewalt *jur.* resistance to public authority; den Weg des geringsten ~es gehen to take the way (*od.* line) of least resistance. – **2.** (*Ablehnung*) opposition, resistance, antagonism: gegen den ~ der Eltern against the parents' opposition; etwas gegen alle Widerstände durchsetzen to go through with s.th. despite all opposition; bei j-m mit etwas auf ~ stoßen (*od.* treffen) to meet with opposition from s.o. with s.th.; ohne ~ von seiten seines Vaters unopposed by his father; er mußte bei ihr innere Widerstände überwinden he had to overcome her inhibitions. – **3.** (*Hindernis*) obstacle: beim Graben stieß er auf einen ~ when (he was) digging he struck an obstacle. – **4.** ⟨*only sg*⟩ *pol.* (*Untergrundbewegung*) resistance (*auch* Resistance) (movement), underground movement: während des Krieges gehörte er dem ~ an during the war he belonged to the resistance. – **5.** *electr.* a) ⟨*only sg*⟩ (*physikalische Größe*) resistance, b) (*Bauteil*) resistor, rheostat: spezifischer ~ specific resistance, (volume) resistivity; Ohmscher ~ Ohmic (*od.* true, active) resistance; komplexer ~ impedance; magnetischer ~ reluctance; einen ~ in eine Schaltung einbauen to install a resistor in a circuit arrangement. – **6.** ⟨*only sg*⟩ (*Festigkeit*) resistance. – **7.** ⟨*only sg*⟩ *aer.* drag. – **8.** (*computer*) impedance. — **~-Ge,wicht-Ver,hält·nis** *n* (*space*) drag-weight ratio.

'Wi·der,stands\|,bei,wert *m aer.* (*space*) drag coefficient. — **~be,we·gung** *f pol.* resistance (*auch* Resistance) (movement), underground movement. — **~,draht** *m electr.* resistance wire. — **~ele,ment** *n* resistance element. — **w~,fä·hig** *adj* **1.** *tech.* (*Material*) resistant, *auch* resistent, robust, sturdy, (*Gerät*) durable: Beton ist sehr ~ gegen Witterungseinflüsse concrete is very resistant to weather influence. – **2.** *med.* (*Körper, Konstitution etc*) robust, resistant, *auch* resistent: er ist nicht sehr ~ gegen Ansteckungen he does not have much resistance to infection(s). — ~ˌfä·hig·keit f ⟨-; no pl⟩ 1. tech. a) resistivity, robustness, b) (Festigkeit) strength, ability to resist: ~ gegen Kälte resistance to cold. – 2. med. (gegen to) (power of) resistance. — ~ˌgrup·pe f pol. resistance (auch Resistance) group. — ~ˌkämp·fer m member of the resistance (auch Resistance). — ~ˌkern m mil. center (bes. Br. centre) of resistance, strongpoint. — ~kom·poˌnen·te f aer. (space) drag component. — ~ˌkopp·lung f electr. resistance (od. resistive) coupling. — ~ˌkraft f ⟨-; no pl⟩ 1. med. (power of) resistance, stamina (scient.): herabgesetzte ~ lowered resistance. – 2. fig. power(s pl) of resistance (od. endurance), staying power. – 3. tech. strength, stability. – 4. aer. drag force. – 5. mil. power of resistance, defensive power. — ~ˌlam·pe f electr. resistance (od. ballast) lamp. — ~ˌli·nie f mil. line of defence (Am. defense).

ˈwi·derˌstands·los adv without resistance, passively, unresistingly, resistlessly. —

ˈWi·derˌstands·lo·sig·keit f ⟨-; no pl⟩ nonresistance Br. non-, passivity, passiveness, resistlessness.

ˈWi·derˌstands|ˌmeßˌbrücke (getr. -k·k-) f electr. resistance (od. Wheatstone's) bridge. — ~ˌmes·ser m ohmmeter. — ~ˌmit·telˌpunkt m phys. center (bes. Br. centre) of pressure. — ~moˌment n phys. electr. momentum of resistance. — ~ˌnest n mil. pocket (od. point) of resistance. — ~norˌmal n tech. (beim Meßwesen) standard resistance. — ~ˌofen m tech. resistance furnace. — ~ˌpreß·ˌschwei·ßen n resistance welding. — ~ˌrau·schen n 1. electr. a) resistance noise, b) (Wärmerauschen) thermal noise. – 2. tel. (im Mikrophon) contact-resistance noise. — ~ˌrecht n jur. right to resist. — ~ˌre·ge·lung f electr. resistance control. — ~ˌreg·ler m rheostat. — ~ˌröh·re f ballast tube (bes. Br. valve). — ~ˌschwei·ßung f tech. resistance welding. — ~ˌspu·le f electr. resistance coil. — ~ˌstumpf·ˌschwei·ßen n tech. resistance butt welding. — ~ther·moˌme·ter n phys. resistance thermometer. — ~trans·forˌma·tor m electr. impedance-matching transformer. — ~verˌlust m resistance loss. — ~ver·ˌmö·gen n cf. Widerstandskraft. — ~ver·ˌstär·ker m electr. resistance(-coupled) amplifier. — ~ˌwert m phys. electr. value (od. amount) of resistance. — ~ˌzel·le f photo-conductive cell.

ˌwi·derˈste·hen v/i ⟨irr, insep, no -ge-, h⟩ (dat) 1. (einem Angriff, Feind etc) resist, withstand, oppose. – 2. (einem Druck, einer Belastung etc) withstand, resist, stand up to: die Häuser widerstanden dem Sturm the houses withstood the storm; das Material widersteht allen Belastungen the material withstands any load. – 3. (einer Versuchung, Verlockung etc) resist, withstand. – 4. colloq. (einer Speise etc) resist: ich kann dem Alkohol nicht ~ I cannot resist alcohol. – 5. etwas widersteht j-m a) (von Arbeit etc) s.o. loathes s.th., b) (von Fett, Speise etc) s.th. revolts s.o.

ˈwi·derˌstrah·len I v/t ⟨sep, -ge-, h⟩ reflect. – II v/i be reflected.

ˌwi·derˈstre·ben I v/i ⟨insep, no -ge-, h⟩ (dat) 1. (Absichten, Plänen etc) oppose. – 2. (dem Gefühl, Empfinden etc) go against: diese Wendung widerstrebt meinem Sprachgefühl this expression goes against my feeling for language; so etwas widerstrebt seinem Gefühl (od. Charakter) a thing like that goes against his grain. – II v/impers 3. es widerstrebt mir, darüber zu sprechen I am reluctant to speak about this.

ˌWi·derˈstre·ben n ⟨-s; no pl⟩ 1. reluctance: mit ~ with reluctance, reluctantly; mit deutlichem [innerem] ~ stimmten sie zu they agreed with obvious [inward] reluctance; nach einigem ~ after some reluctance; trotz seines [anfänglichen] ~s despite his [initial] reluctance. – 2. (gegen, gegenüber against, to) antagonism, antipathy.

ˌwi·derˈstre·bend I pres p. – II adj 1. (sich sträubend) reluctant, (stärker) resisting. – 2. (gegensätzlich) contrary, opposing: in der Politik gibt es viele ~e Elemente there are many contrary (od. conflicting) elements in politics. – 3. mit ~en Gefühlen with reluctance. – III adv 4. etwas (nur) ~ tun to do s.th. reluctantly (od. with reluctance).

ˈWi·der|ˌstreit m (zwischen dat between) 1. (Feindschaft) antagonism, hostility. – 2. (Konflikt) conflict, clash: im ~ der Gefühle [Meinungen] in the conflict of feelings [opinions]; mit etwas im ~ stehen to conflict (od. clash) with s.th. — w~ˈstrei·ten [ˌviːdər-] v/i ⟨irr, insep, no -ge-, h⟩ 1. (dat with) conflict, clash, jar. – 2. (dat against) militate. — w~ˈstrei·tend [ˌviːdər-] I pres p. – II adj (Gefühle, Ansichten, Meinungen etc) conflicting, clashing, jarring, contradictory, antagonistic.

ˈWi·der|ˌton m ⟨-(e)s; no pl⟩ bot. cf. Haarmoos 1. — w~ˌtö·nen v/i ⟨sep, -ge-, h⟩ 1. (von Lauten, Klängen etc) resound. – 2. fig. (von Worten, Musik etc) reecho, Br. re-echo: seine Worte tönten in ihr wider his words re(-)echoed in her ears. — ~ˌtonˌmoos n bot. cf. Haarmoos 1.

ˈwi·derˌwär·tig [-ˌvɛrtɪç] I adj 1. (Mensch) objectionable, nasty, horrid (colloq.): er ist ein ~er Kerl colloq. he is a nasty fellow (colloq.). – 2. (Sinneseindruck) objectionable, disgusting, offensive, sickening, repulsive: ein ~er Geruch [Anblick] an objectionable smell [sight]. – 3. (Benehmen, Verhalten etc) objectionable, disgusting, disagreeable: so etwas ist ~ a thing like that is disgusting; es ist mir ~, dies zu tun it goes against my grain to do this. – 4. (Arbeit, Angelegenheit etc) objectionable, disagreeable. – II adv 5. sich ~ benehmen (od. aufführen) to behave objectionably (od. disgustingly), to behave in an objectionable (od. a disgusting) manner. — ˈWi·derˌwär·tig·keit f ⟨-; -en⟩ 1. ⟨only sg⟩ (eines Menschen) objectionableness, nastiness, horridness (colloq.). – 2. ⟨only sg⟩ (eines Sinneseindrucks) objectionableness, disgustingness, offensiveness, repulsiveness. – 3. ⟨only sg⟩ (von Benehmen, Verhalten, Arbeit, Angelegenheit etc) objectionableness, disagreeableness. – 4. cf. Widrigkeit 4.

ˈWi·derˌwil·le m 1. (gegen) aversion (to, auch for, from), loathing (for), repugnance (to, toward[s], auch against), (schwächer) distaste (for), dislike (of, for), disrelish (of) (lit.): einen starken [heimlichen] ~n gegen j-n [etwas] empfinden (od. haben) to have a strong (od. an intense) [a secret] aversion to s.o. [s.th.]; sein ~ gegen diese Arbeit wuchs his aversion to this work grew; ich habe einen ~n gegen fette Speisen I have an aversion to (od. I loathe) greasy food; etwas nur mit ~n essen to eat s.th. with intense distaste; mit ~n an eine Arbeit herangehen to go about a task with intense distaste (od. with loathing, loathingly, schwächer reluctantly, with reluctance). – 2. (Abscheu) (gegen) disgust (at, for, toward[s], against), revulsion (toward[s], to, against), repulsion (toward[s], to, against): j-m ~n einflößen to fill s.o. with disgust (od. revulsion), to revolt s.o.; j-s ~n erregen to arouse revulsion in s.o., to revolt s.o.; seine Freude verwandelte sich in ~n his delight turned (in)to disgust. – 3. (Unwilligkeit, Widerstreben) reluctance, reluctancy.

ˈwi·derˌwil·lig adv 1. with great (od. intense) distaste, loathingly: etwas (nur) ~ tun to do s.th. loathingly. – 2. (unwillig) reluctantly, with reluctance, unwillingly: einem Befehl nur sehr ~ nachkommen to comply with an order very reluctantly (od. with great reluctance), to be very reluctant to comply with an order. — ˈWi·derˌwil·lig·keit f ⟨-; no pl⟩ cf. Widerwille 3.

wid·men [ˈvɪtmən] I v/t ⟨h⟩ 1. (Buch, Gedicht etc) dedicate: er widmete seine Dissertation seinen Eltern he dedicated his doctoral thesis to his parents. – 2. (Zeit, Sorgfalt, Leben etc) devote, give: er hat sein Leben der Kunst gewidmet he devoted his life to art; er widmete seine freie Zeit der Malerei he devoted his free time to painting. – 3. (Aufmerksamkeit, Zeitungsartikel, Besprechung etc) give, devote: man hat dem Ereignis einen langen Artikel in der Zeitung gewidmet the event was given a long article (od. a long article was devoted to the event) in the newspaper; j-m [einer Sache] seine Aufmerksamkeit ~ to give (od. devote) one's attention to s.o. [s.th.]. – 4. (officialese) (der Bestimmung übergeben) (Straße etc) inaugurate, Am. auch dedicate. – II v/reflex sich ~ 5. (einer Aufgabe, einem Menschen etc) devote (od. apply) oneself: er kann sich nun ganz der Politik ~ he can now devote himself (od. give himself up) entirely to politics; sie widmet sich ganz ihren Kindern she devotes herself entirely to her children. – 6. (einem Besuch etc) give (s.o.) one's attention: nun kann ich mich ganz Ihnen ~ now I can give you my undivided attention. – 7. (einem Hobby) (dat to) give one's time. – III W~ n ⟨-s⟩ 8. verbal noun. — ˈWid·mung f ⟨-; -en⟩ 1. cf. Widmen. – 2. (Zueignung) (an acc to) dedication: eine handschriftliche ~ a handwritten dedication; j-m eine ~ in ein Buch schreiben to inscribe a book to (od. for) s.o. – 3. (officialese) (einer Straße etc) inauguration, Am. auch dedication.

ˈWid·mungs|ex·emˌplar n complimentary (od. presentation) copy. — w~geˌmäß adv according to the dedication. — ~ˌta·fel f commemorative plaque (auch placque).

wid·rig [ˈviːdrɪç] adj 1. (Umstand, Geschick etc) adverse, untoward. – 2. (Wetter) adverse, contrary, foul, unfavorable, bes. Br. unfavourable: ~e Winde erschwerten die Fahrt adverse (od. contrary) winds made the voyage difficult. – 3. cf. widerwärtig 1, 4.

ˈwid·ri·genˈfalls adv 1. (officialese) failing which. – 2. jur. in default whereof (od. of which).

ˈWid·rig·keit f ⟨-; -en⟩ 1. ⟨only sg⟩ (von Umstand, Geschick etc) adversity, untowardness. – 2. ⟨only sg⟩ (des Wetters) adversity, unfavorableness, bes. Br. unfavourableness. – 3. ⟨only sg⟩ cf. Widerwärtigkeit 2. – 4. (widriger Zufall) adversity, untoward event, contrariety: allen ~en zum Trotz in the face of all adversities.

wie [viː] I interrog adv 1. (auf welche Art und Weise) how: ~ macht man das? how is that done? er zeigte mir, ~ man es macht he showed me how to do it; ~ geht's? colloq. a) how are you?, b) how are things? (colloq.); ~ geht es dir? how are you? er hat es geschafft, aber frage mich nicht ~ he made it, but don't ask me how; er weiß nicht so recht ~ he does not quite know how; das mußt du anders machen! ~ denn? you can't do that like that! how then? er erzählte ihm, ~ es geschehen war he told him how it had happened; → gewußt. – 2. (wieso) how: ~ konnte so etwas geschehen? how could such a thing happen? es ist mir unbegreiflich, ~ das geschehen konnte I cannot understand how this could happen; ~ das? how so? – 3. (in welchem Grade od. Ausmaß) how: ~ alt ist er? how old is he? what age is he? what is his age? ~ hoch ist dieser Berg? how high is this mountain? what is the height of this mountain? ~ tief ist der See? how deep is the lake? what is the depth of the lake? ~ spät ist es? what time is it? what is the time? ~ weit ist es bis zum Museum? how far is it to the museum? ~ lang(e) willst du noch warten? how much longer are you going to wait? ~ lang(e) ist das her? how long (ago) is it? ~ oft bist du dort gewesen? how often have you been there? ~ gefällt dir das Buch? how do you like the book? du weißt, ~ wenig man zum Leben braucht you know how little one needs to live; ~ oft habe ich dir das schon gesagt! how often have I told you that! ~ sehr habe ich mir das gewünscht! how badly I wanted that! ~ schön ist der Abend! ~ schön der Abend ist! what a lovely evening! ~ habe ich mich gefreut, als ich ihn sah! how delighted I was when I saw him (od. to see him)! ~ merkwürdig! how strange! ~ schade! what a pity! und ~! colloq. and how! (colloq.). – 4. (welcher Art) what: ~? (unhöflich) what? ~ bitte? (I beg your) pardon; ~ war es im Kino? what was the film (bes. Am. colloq. movie) like? how was the film (bes. Am. colloq. movie)? er erzählte ihr, ~ es gewesen war he told her what it had been like; ~ ist er? what is he like? ~ ist das eigentlich, wenn? what is it actually like when? ich weiß, ~ es ist, wenn I know what it is like when; ~ **ist es mit dem Auto?** what about the car? ~ **war das mit dem Auto?** what was that about the car? ~ **war das noch mit diesem Unfall?** what exactly happened in the accident? ~ **wäre es, wenn wir spazierengingen?** ~ **wäre es mit einem Spaziergang?** how (*od.* what) about (going for) a walk? – **5.** (*zur Erfragung eines Namens, einer Bezeichnung etc*) what: ~ **ist Ihr Name?** what is your name? ~ **heißt ‚Hund' auf englisch?** what is (the word for) (*od.* what do you say for) 'Hund' in English? ~ **nennt man j-n, der viel raucht?** what do you call (*od.* what is the word for) s.o. who smokes a great deal (*od. colloq.* a lot)? **ich weiß nicht,** ~ **diese Blume heißt** I do not know what this flower is called (*od.* what the name of this flower is), I do not know the name of this flower. – **6.** (*nicht wahr*) **der Witz war doch herrlich,** ~? that was a great joke, wasn't it? **du bist doch hingegangen,** ~? you did go (there), didn't you? – **7.** (*als Ausdruck des Erstaunens, Unglaubens etc*) what: ~, **hat er das wirklich gesagt?** what, did he really say so? – **II** *conj* **8.** (**so**) ... **wie** (as) ... as: **er ist stark** ~ **ein Bär** he is (as) strong as an ox (*od.* a horse); **schnell** ~ **der Blitz** *colloq.* like lightning, with lightning speed; **sie ist (eben)so groß** ~ **ihre Schwester** she is as tall as her sister, she is her sister's height; **sie ist (eben)so schön,** ~ **ihre Mutter es früher war** she is as beautiful as her mother used to be; **diese Aufgabe ist nicht so leicht** ~ **die vorherige** this problem is not as easy as the previous one; **Wolkenkratzer sind zehnmal so hoch** ~ **normale Häuser** skyscrapers are ten times as high as normal houses; **das kannst du (genau)so gut** ~ **ich** you can do that as well as I can; **er ist so gut** ~ **verlobt** he is virtually (*od.* more or less, as good as) engaged; **der Prozeß ist so gut** ~ **gewonnen** the trial is virtually (*od.* as good as) won; **das ist so gut** ~ **sicher** that is practically certain; **er hat mir den Wagen so gut** ~ **versprochen** he has more or less (*od.* as good as) promised me the car; **die Musik war so laut** ~ **falsch** the music was as loud as it was out of tune; **es war so schön** ~ **noch nie** it was more beautiful than ever before. – **9.** (*beim Vergleich*) like: **du benimmst dich** ~ **ein kleines Kind** you behave like a small child; **er behandelt ihn** ~ **seinen Sohn** he treats him like a son; **der Schrank sieht wieder** ~ **neu aus** the cupboard looks like new; **er sah aus** ~ **aus dem Bach gezogen** he looked like a drowned rat. – **10.** (*Apposition als Beispiel anschließend*) such as ... (for example): **Edelmetalle** ~ **(zum Beispiel) Gold und Silber** precious metals such as gold and silver (for example); **große Dramatiker** ~ **Shakespeare** great dramatists such as Shakespeare; **B** ~ **Berta** (*beim Buchstabieren*) B as in Benjamin (*Am.* Baker). – **11.** (*Apposition zur Erläuterung anschließend*) like, such as: **ein Mann** ~ **er** a man like him (*od.* such as he); **in einem Fall** ~ **diesem** in a case like this (one); **Firmen** ~ **diese zahlen schlecht** firms like this one pay low salaries. – **12.** *colloq.* (*beim Komparativ*) than: **sie ist größer** ~ **ihre Schwester** she is taller than her sister; **er läuft schneller** ~ **sein Gegner** he runs faster than his opponent. – **13.** (*und*) both ... and: **auf dem Land** ~ **in den kleinen und großen Städten** both in the country and in the small and big towns. – **14.** (*in Vergleichssätzen*) as: **sie bäckt den Kuchen** ~ **ihre Mutter** she bakes the cake just as (*od.* like, the way) her mother did (*od.* does); **die Deutschen stehen nicht geduldig Schlange,** ~ **es (zum Beispiel) die Engländer tun** the Germans do not queue up patiently as the English do (for example); ~ **sich's (nicht anders) gehört** as is the accepted procedure, as is only fitting (*od.* proper); ~ **nicht anders zu erwarten (war)** as was to be expected; ~ **man sieht** as can be seen, as is obvious; ~ **man sagt, ist sie bereits verlobt** people (*od.* they) say that she is already engaged, she is said to be already engaged; ~ **man sagt, ist es schwer, dorthin zu gelangen** it is said to be difficult to get there; ~ **(schon) gesagt, habe ich** as I said before, I have; ~ **es scheint** as it seems, seemingly; ~ **ich es immer tue** as I always do; ~ **so oft** as is often the case; **dumm** ~ **er ist** foolish as he is, fool that he is; **(so)** ~ **er nun einmal ist** being as (*od.* the person) he is; **alles bleibt,** ~ **es war** everything remains (*od.* stays) as it was before (*od.* the way it was); **(so)** ~ **die Dinge jetzt liegen** as (*od.* the way) things are now, as it is; ~ **oben** as above; ~ **gehabt** as usual; ~ **du mir, so ich dir** (*Sprichwort*) tit for tat (*proverb*); → **Gescherr; gewinnen** 2; **Vater** 1; **Wald** 1. – **15.** (*in verallgemeinernden Nebensätzen*) however, no matter how: ~ **reich er auch sein mag** no matter how rich he is (*od.* may be); ~ **sehr ich mich auch bemühte** however hard I tried; ~ **diese Sache auch immer ausgehen mag** however it may turn out; **und** ~ **sie alle heißen mögen** and whatever their names may be; ~ **dem auch sei, sei es,** ~ **es sei** be (that) as it may. – **16.** ~ **wenn** *colloq.* (*als ob*) as if, as though: **mir war,** ~ **wenn ich Schritte auf dem Flur gehört hätte** it seemed to me as if I had heard steps in the hall. – **17.** (*nach Verben der Sinneswahrnehmung*) **ich sah,** ~ **er fiel** I saw him fall(ing); **ich hörte,** ~ **er es sagte** I heard him say(ing) that. – **18.** (*zeitlich*) (*mit Verb in der Vergangenheit meist colloq.*) (just) as: ~ **ich an dem Haus vorbeigehe, stürzt ein Mann heraus** as I go past the house a man rushes out; ~ **er aus dem Fenster schaute, sah er eine Gestalt vorbeihuschen** as he looked out of the window he saw a figure slip past. – **19.** (*relativisch*) (*im Englischen oft unübersetzt*) **in der Art,** ~ **mich diese Firma behandelt** (in) the way this firm treats me; **in eben dem Maße,** ~ **die Entwicklung weitergeht** to the same degree (*od.* in the same measure) as development progresses; **nach der Form,** ~ **dies alles geschah** (in) the way all this (*od.* this all) happened; **er schildert es in der Weise** (*od.* **so**), ~ **es sich zugetragen hat** he describes it the way it happened; **er sah Schätze,** ~ **er sie noch nie gesehen hatte** he saw treasures he had never seen before; **gesetzestreuer Bürger,** ~ **er war** law-abiding citizen that he was. – **III W~** *n* ⟨-s; *no pl*⟩ **20. es kommt nicht nur auf das Was an, sondern auch auf das W~** it is not only important what is done (*od.* said) but also how it is done (*od.* said); **das W~, Wann und Wo ist noch völlig unklar** how, when and where is still not clear at all.

Wie·de·hopf ['viːdəˌhɔpf] *m* ⟨-(e)s; -e⟩ *zo.* hoopoe, *auch* hoopoo (*Upupa epops*).

wie·der ['viːdər] *adv* **1.** again, anew: **wie, schon** ~? what, again? not again! **da bin ich** ~ here I am again; **ich bin gleich** ~ **da** I'll be back in a minute (*od.* moment, *colloq.* jiffy), I shan't be a minute (*od.* moment); **(einmal und) nie** ~! (once, and) never again! **immer** ~, ~ **und** ~ again and again, time and again, over and over again, every little while; **hin und** ~ now and then (*od.* again), on and off, off and on; ~ **einmal** once again (*od.* more); **einerseits ja, andererseits** ~ **nicht** on the one hand yes, (but) on the other (hand) no; **da sieht man's mal** ~! *colloq.* there you are (*od.* there you have it) again; **das Wetter wird** ~ **schön** the weather will clear up (again); ~ **ist ein Tag vergangen** another day has passed; **habt ihr** ~ **einmal** (*od. colloq.* **mal** ~) **von ihm gehört?** have you heard from him again (*od.* since)? → **nichts** 2. – **2.** (*in Verbindung mit Verben*) ~ **auftauchen** *mar.* (*von U-Boot*) to resurface; ~ **aufsuchen** *cf.* **wiederaufsuchen**; **das Lager** ~ **auffüllen** *econ.* to replenish the stock, to restock (the store); **sich** ~ **setzen [hinlegen]** to sit [to lie] down again; ~ **einfallen** a) (*von Mauer etc*) to collapse again, b) *mil.* (**in** *acc* into) to make another raid; ~ **gesund werden** to recover, to get well again; **werde bald** ~ **gesund!** (I wish you a) speedy recovery; ~ **zu sich kommen** to come round (*od.* to), to revive, to recover one's senses; **ein Schiff** ~ **in Dienst stellen** *mar.* to recommission a ship; ~ **machen** (*od.* **tun**) *cf.* **wiedertun**; ~ **vereinigen** (*Familie etc*) to reunite. – **3.** ~ **ganz von vorn anfangen** (*noch einmal*) to start afresh (*od.* anew), to make a fresh start.

ˌ**Wie·der|'ab**ˌ**druck** *m print.* (*eines Artikels etc*) reprint. — ~'**an**ˌ**fang** *m cf.* **Wiederbeginn.** — **w~'an**ˌ**knüp·fen** *fig.* **I** *v/t* ⟨*sep*, -ge-, h⟩ (*Beziehungen etc*) renew, re-establish, *Br.* re-establish. – **II W~** *n* ⟨-s⟩ *verbal noun.* — ~'**an**ˌ**knüp·fung** *f* ⟨-; *no pl*⟩ **1.** *cf.* **Wiederanknüpfen.** – **2.** renewal, reestablishment, *Br.* re-establishment. — ~'**an**ˌ**nä·he·rung** *f* reconciliation, *bes. pol.* rapprochement: **eine** ~ **der Standpunkte** a reconciliation of (conflicting) points of view. — ~'**an**ˌ**pfiff** *m* ⟨-(e)s; *no pl*⟩ (*sport*) a) (*nach Unterbrechung*) restarting whistle (*od.* signal), b) (*nach Halbzeitpause*) starting whistle for the second half. — ~'**an**ˌ**stel·lung** *f* reemployment, *Br.* re-employment, reengagement, *Br.* re-engagement, (*bes. von Beamten*) reappointment. — ~'**an**ˌ**stieg** *m* **1.** (*der Temperatur etc*) reincrease. – **2.** *econ.* (*von Preisen etc*) reincrease.

ˌ**Wie·der'auf**ˌ**bau** *m* ⟨-(e)s; *no pl*⟩ **1.** (*eines Gebäudes etc*) reconstruction, rebuilding. – **2.** *fig.* recovery, restoration: **der deutsche** ~ Germany's recovery; **der wirtschaftliche** ~ **des Landes** the economic recovery of the country; **der** ~ **einer Partei** the reorganization (*Br. auch* -s-) of a party. — ~ˌ**ar·beit** *f meist pl* reconstruction work. — ~ˌ**dar**ˌ**le·hen** *n econ.* reconstruction loan.

ˌ**wie·der'auf**ˌ**bau·en I** *v/t* ⟨*sep*, -ge-, h⟩ **1.** *fig.* (*Wirtschaft etc*) restore. – **2.** *fig.* (*Partei etc*) reorganize *Br. auch* -s-. – **II W~** *n* ⟨-s⟩ **3.** *verbal noun.* – **4.** *cf.* **Wiederaufbau** 1.

ˌ**Wie·der'auf**ˌ**bau|kre**ˌ**dit** *m econ.* reconstruction credit. — ~ˌ**la·sten** *pl* reconstruction burdens. — ~ˌ**plan** *m* **1.** (*für ein Gebäude etc*) reconstruction (*od.* rebuilding) plan. – **2.** *fig.* (*für ein Land etc*) recovery (*od.* restoration) plan. — ~**pro**ˌ**gramm** *n* recovery (*od.* restoration) program (*bes. Br.* programme).

ˌ**wie·der|'auf·be**ˌ**rei·ten** *nucl.* **I** *v/t* ⟨*sep, no* -ge-, h⟩ (*Kernbrennstoffe*) reconvert. – **II W~** *n* ⟨-s⟩ *verbal noun.* — **W~'auf·be**ˌ**rei·tung** *f* **1.** *cf.* **Wiederaufbereiten.** – **2.** reconversion. — ~'**auf**ˌ**blü·hen I** *v/i* ⟨*sep*, -ge-, sein⟩ **1.** *fig.* (*von Wirtschaft, Kultur etc*) flourish again (*od.* anew), reflourish, revive. – **II W~** *n* ⟨-s⟩ **2.** *verbal noun.* – **3.** (*von Blüten etc*) reopening. – **4.** *fig.* reflourish, revival. — ~'**auf·er**ˌ**ste·hen I** *v/i* ⟨*irr, sep, no* -ge-, sein⟩ *fig. cf.* **wiedererstehen**[2]. – **II W~** *n* ⟨-s⟩ *verbal noun.* — **W~'auf·er**ˌ**ste·hung** *f* ⟨-; *no pl*⟩ **1.** *cf.* **Wiederauferstehen.** – **2.** *relig. cf.* **Auferstehung** 1. – **3.** *fig. cf.* **Wiedererstehung**[2] 2, 3. — ~'**auf**ˌ**flackern** (*getr.* -k·k-) **I** *v/i* ⟨*sep*, -ge-, sein⟩ **1.** *fig.* (*von Unruhen etc*) flare up again. – **2.** *med.* (*von Krankheit etc*) recrudesce. – **II W~** *n* ⟨-s⟩ **3.** *verbal noun.* – **4.** (*eines Feuers etc*) flare-up. – **5.** *fig.* flare-up. – **6.** *med.* recrudescence. — ~'**auf**ˌ**flam·men I** *v/i* ⟨*sep*, -ge-, sein⟩ **1.** *fig.* (*von Haß etc*) flare up again, recrudesce. – **II W~** *n* ⟨-s⟩ **2.** *verbal noun.* – **3.** (*von Holzstoß etc*) flaming (*od.* blazing) up again. – **4.** *fig.* flare-up, recrudescence. — **W~'auf**ˌ**for·stung** *f* ⟨-; *no pl*⟩ (*forestry*) reforestation, *bes. Br.* reafforestation. — ~'**auf**ˌ**fri·schen I** *v/t* ⟨*sep*, -ge-, h⟩ **1.** *fig.* (*Kenntnisse etc*) refresh, brush up (*s.th.*) (again). – **2.** *fig.* (*Erinnerungen etc*) refresh, revive. – **II W~** *n* ⟨-s⟩ **3.** *verbal noun.* — **W~'auf**ˌ**fri·schung** *f* **1.** *cf.* **Wiederauffrischen.** – **2.** (*von Farben etc*) refreshment, touch-up. – **3.** *fig.* (*von Kenntnissen etc*) refreshment, brushup. – **4.** *fig.* (*von Erinnerungen etc*) refreshment, revival. — ~'**auf**ˌ**füh·ren I** *v/t* ⟨*sep*, -ge-, h⟩ **1.** (*theater*) revive. – **2.** (*film*) a) rerun, b) (*alten Film*) revive, re-release. – **3.** *mus.* (*Oper, Symphonie etc*) reperform. – **II W~** *n* ⟨-s⟩ **4.** *verbal noun.* — **W~'auf**ˌ**füh·rung** *f* **1.** *cf.* **Wiederaufführen.** – **2.** (*einer Mauer etc*) reerection, *Br.* re-erection. – **3.** (*theater*) revival. – **4.** (*film*) a) rerun, b) revival, re-release. – **5.** *mus.* reperformance. — ~'**auf**ˌ**he·ben** *jur.* **I** *v/t* ⟨*irr, sep*, -ge-, h⟩ **1.** (*Verordnung etc*) abrogate, abolish. – **2.** (*Gesetz etc*) repeal, rescind. – **II W~** *n* ⟨-s⟩ **3.** *verbal noun.* — **W~'auf**ˌ**he·bung** *f* ⟨-; *no pl*⟩ **1.** *cf.* **Wiederaufheben.** – **2.** abrogation, abolishment, abolition. – **3.** repeal, rescission. — ~'**auf**ˌ**koh·len** *metall.* **I** *v/t* ⟨*sep*, -ge-, h⟩ recarburize *Br. auch* -s-. – **II W~** *n* ⟨-s⟩ *verbal noun.* — **W~'auf**ˌ**koh·lung** *f* ⟨-; -en⟩ **1.** *cf.* **Wiederaufkohlen.** – **2.** recarburization *Br. auch* -s-. — ~'**auf**ˌ**la·den** *electr.* **I** *v/t* ⟨*irr, sep*, -ge-, h⟩ (*Batterie etc*) recharge. – **II W~** *n* ⟨-s⟩ *verbal noun.* — **W~'auf**ˌ**la·dung** *f* **1.** *cf.* **Wiederaufladen.** – **2.** recharge. —

W~ˈaufˌla·ge *f print.* **1.** *cf.* Wiederauflegen. – **2.** (*eines Buches etc*) republication.

ˌwie·derˈaufˌle·ben I *v/i* ⟨*sep*, -ge-, sein⟩ **1.** (*von Handel, Kunst etc*) revive. – **2.** (*von Politik, Idee etc*) revive, resurge. – **3.** (*von Streit etc*) recrudesce, flare up again. – **4.** eine Versicherung ~ lassen *econ.* to reinstate an insurance. – **II W~** *n* ⟨-s⟩ **5.** *verbal noun.* – **6.** (*von Handel, Kunst etc*) revival. – **7.** (*einer Politik, Idee etc*) revival, resurgence. – **8.** (*eines Streits etc*) recrudescence. – **9.** *econ.* (*einer Versicherung*) reinstatement. — **ˌwie·derˈaufˌle·bend I** *pres p.* – **II** *adj* **1.** (*Interesse, Gesinnung etc*) renascent. – **2.** (*Idee etc*) resurgent. – **3.** (*Streit etc*) recrudescent.

ˌwie·derˈaufˌle·gen *print.* **I** *v/t* ⟨*sep*, -ge-, h⟩ **1.** (*Buch etc*) republish, re-edit. – **II W~** *n* ⟨-s⟩ **2.** *verbal noun.* – **3.** *cf.* Wiederauflage 2.

ˌWie·derˈaufˌnah·me *f* ⟨-; *no pl*⟩ **1.** *cf.* Wiederaufnehmen. – **2.** (*einer Tätigkeit, von Verhandlungen etc*) resumption: ~ diplomatischer Beziehungen *pol.* re-establishment (*Br.* re-establishment) of diplomatic relations. – **3.** (*eines Themas, Gedankens etc*) (*gen* to) reversion. – **4.** (*in eine Klinik, Organisation etc*) readmission. – **5.** (*theater*) (*eines Stücks*) revival. – **6.** *mus. cf.* Reprise 3. – **7.** *jur.* a) (*eines unterbrochenen Prozesses*) revival, b) (*Revision*) revision. — **~verˌfah·ren** *n jur.* **1.** (*im Zivilrecht*) new hearing. – **2.** (*im Strafrecht*) retrial, trial de novo.

ˌwie·der|ˈaufˌneh·men I *v/t* ⟨*irr, sep*, -ge-, h⟩ **1.** (*Tätigkeit, Verhandlungen etc*) resume, take up (*s.th.*) again: die diplomatischen Beziehungen ~ to reestablish (*Br.* re-establish) (*od.* resume) diplomatic relations. – **2.** (*Thema, Gedanken etc*) revert to, come back to, take up (*s.th.*) again. – **3.** (*in eine Klinik, Organisation etc*) readmit. – **4.** (*theater*) (*Stück*) revive. – **5.** *jur.* (*unterbrochenen Prozeß*) reopen, revive. – **II W~** *n* ⟨-s⟩ **6.** *verbal noun.* – **7.** *cf.* Wiederaufnahme 2—7. — **~ˈaufˌrich·ten I** *v/t* ⟨*sep*, -ge-, h⟩ *fig.* (*verzweifelten Menschen etc*) give (*s.o.*) new courage (*od.* fresh heart), hearten. – **II W~** *n* ⟨-s⟩ *verbal noun.* — **W~ˈaufˌrich·tung** *f* ⟨-; *no pl*⟩ **1.** *cf.* Wiederaufrichten. – **2.** (*eines Masts etc*) reerection, *Br.* re-erection. — **W~ˈaufˌrü·stung** *f* ⟨-; *no pl*⟩ *mil. pol.* rearmament. — **~ˈaufˌsu·chen I** *v/t* ⟨*sep*, -ge-, h⟩ **1.** go and see (*od.* visit) (*s.o.*) again, revisit. – **II W~** *n* ⟨-s⟩ **2.** *verbal noun.* – **3.** revisit. — **~ˈaufˌtau·chen I** *v/i* ⟨*sep*, -ge-, sein⟩ **1.** *fig.* (*von Person, verlorenem Gegenstand etc*) turn up again, reappear. – **2.** *fig.* (*von Gefahr, Problem etc*) crop up again, reoccur, recur. – **3.** *fig.* (*von Zweifeln etc*) come back (again), return. – **II W~** *n* ⟨-s⟩ **4.** *verbal noun.* – **5.** reappearance on the surface, (*von U-Boot*) *auch* surfacing. – **6.** *fig.* (*einer Person, eines verlorenen Gegenstands etc*) reappearance. – **7.** *fig.* (*einer Gefahr, eines Problems etc*) reoccurrence, recurrence. – **8.** *fig.* (*von Zweifeln etc*) return. — **~ˈausˌbre·chen I** *v/i* ⟨*irr, sep*, -ge-, sein⟩ **1.** *fig.* (*von Feuer etc*) break out (*od.* flare up) again. – **2.** *fig.* (*von Krieg etc*) break out again. – **3.** *fig.* (*von Gewalt etc*) break out again, recrudesce. – **4.** *med.* (*von Seuche etc*) break out again, recrudesce. – **II W~** *n* ⟨-s⟩ **5.** *verbal noun.* — **W~ˈausˌbruch** *m* **1.** *cf.* Wiederausbrechen. – **2.** (*eines Häftlings, Raubtiers etc*) reescapement, *Br.* re-escapement. – **3.** *fig.* (*eines Feuers etc*) flare-up, new outbreak. – **4.** *fig.* (*eines Kriegs etc*) new outbreak. – **5.** *fig.* (*von Gewalt etc*) new outbreak, recrudescence. – **6.** *med.* (*einer Seuche etc*) new outbreak, recrudescence. — **W~ˈausˌfuhr** *f econ.* reexport(ation), *Br.* re-export(ation). — **~ˈausˌfüh·ren I** *v/t* ⟨*sep*, -ge-, h⟩ **1.** reexport, *Br.* re-export. – **II W~** *n* ⟨-s⟩ **2.** *verbal noun.* – **3.** *cf.* Wiederausfuhr.

ˈWie·der·beˌginn *m* ⟨-(e)s; *no pl*⟩ **1.** (*des Unterrichts, von Verhandlungen etc*) recommencement, restart. – **2.** (*der Schule*) reopening.

ˌwie·derˈbeiˌbrin·gen I *v/t* ⟨*irr, sep*, -ge-, h⟩ (*gestohlenes Fahrzeug etc*) recover. – **II W~** *n* ⟨-s⟩ *verbal noun.* — **ˌWie·derˈbeiˌbrin·gung** *f* ⟨-; *no pl*⟩ **1.** *cf.* Wiederbeibringen. – **2.** recovery.

ˈwie·der|beˌkom·men *v/t* ⟨*irr, sep, no* -ge-, h⟩ **1.** (*Ausgeliehenes etc*) get (*s.th.*) back, (*Verlorenes*) *auch* retrieve, recover. – **2.** (*Auslagen, Eigentum etc*) recover. — **~beˌle·ben I** *v/t* ⟨*sep, no* -ge-, h⟩ **1.** *med.* (*klinisch Toten etc*) bring (*s.o.*) back (*od.* restore *s.o.*) to life, revive, resuscitate. – **2.** *fig.* (*Wirtschaft etc*) revive, revitalize, reanimate. – **3.** *fig.* (*Partei etc*) resuscitate. – **4.** *fig.* (*Kunstrichtung, Brauch etc*) revive, resurrect. – **II W~** *n* ⟨-s⟩ **5.** *verbal noun.* — **W~beˌle·bung** *f* ⟨-; *no pl*⟩ **1.** *cf.* Wiederbeleben. – **2.** *med.* (*eines klinisch Toten etc*) restoration to life, revival, resuscitation. – **3.** *fig.* (*der Wirtschaft etc*) revival, revitalization, reanimation. – **4.** *fig.* (*einer Partei etc*) resuscitation. – **5.** *fig.* (*einer Kunstrichtung, eines Brauches etc*) revival, resurrection.

ˈWie·der·beˌle·bungs·verˌsuch *m meist pl med.* life-restoring attempt, attempt at revival (*od.* resuscitation): bei j-m ~e machen to attempt to restore s.o. to life; ~e blieben erfolglos attempts at revival were in vain.

ˈwie·der|ˌbrin·gen I *v/t* ⟨*irr, sep*, -ge-, h⟩ **1.** (*Ball etc*) bring (*s.th.*) back. – **2.** (*Geborgtes*) bring (*s.th.*) back, return. – **3.** *fig.* (*Frieden etc*) restore, bring (*s.th.*) back. – **II W~** *n* ⟨-s⟩ **4.** *verbal noun.* — **W~ˌbrin·gung** *f* ⟨-; *no pl*⟩ **1.** *cf.* Wiederbringen. – **2.** *fig.* restoration. – **3.** ~ (aller Dinge) *relig.* apocatastasis, apokatastasis. — **W~ˌdruck** *m print.* **1.** second impression (*od.* print). – **2.** (*Neudruck*) reprint.

ˌWie·der|ˈeinˌbau *m* ⟨-(e)s; *no pl*⟩ *tech.* **1.** *cf.* Wiedereinbauen. – **2.** reinstallment, *Am. auch* reinstalment, reinstallation. – **3.** reassembly, reassemblage. — **w~ˈeinˌbau·en I** *v/t* ⟨*sep*, -ge-, h⟩ **1.** (*Maschinen etc*) reinstall, *Am. auch* reinstal. – **2.** (*Motor etc*) remount. – **3.** (*Bauelemente*) reassemble. – **II W~** *n* ⟨-s⟩ **4.** *verbal noun.* – **5.** *cf.* Wiedereinbau 2, 3. — **w~ˈeinˌbrin·gen I** *v/t* ⟨*irr, sep*, -ge-, h⟩ **1.** (*Auslagen, Verlust etc*) recover, retrieve, recoup. – **2.** (*Zeitverlust etc*) make up (for), make good. – **II W~** *n* ⟨-s⟩ **3.** *verbal noun.* — **~ˈeinˌbrin·gung** *f* ⟨-; *no pl*⟩ **1.** *cf.* Wiedereinbringen. – **2.** recovery, retrieval, recoupment. — **w~ˈeinˌbür·gern I** *v/t* ⟨*sep*, -ge-, h⟩ repatriate. – **II W~** *n* ⟨-s⟩ *verbal noun.* — **~ˈeinˌbür·ge·rung** *f* **1.** *cf.* Wiedereinbürgern. – **2.** repatriation. — **w~ˈeinˌfal·len I** *v/i* ⟨*irr, sep*, -ge-, sein⟩ **1.** j-m ~ *fig.* (*ins Gedächtnis zurückkommen*) to come back to s.o. – **II W~** *n* ⟨-s⟩ **2.** *verbal noun.* – **3.** (*einer Mauer etc*) recollapse. – **4.** *mil.* new invasion. — **w~ˈeinˌfan·gen I** *v/t* ⟨*irr, sep*, -ge-, h⟩ **1.** (*Vogel, entflohenen Gefangenen etc*) catch (*s.o., s.th.*) again, recapture. – **II W~** *n* ⟨-s⟩ **2.** *verbal noun.* – **3.** recapture. — **w~ˈeinˌfin·den** *v/reflex* ⟨*irr, sep*, -ge-, h⟩ sich ~ **1.** (*von Person*) present oneself again. – **2.** *fig.* (*von verlorenem Gegenstand*) turn up again, reappear. — **~ˈeinˌfuhr** *f* ⟨-; *no pl*⟩ *econ.* reimport(ation). — **w~ˈeinˌfüh·ren I** *v/t* ⟨*sep*, -ge-, h⟩ **1.** *econ.* (*Ware etc*) reimport. – **2.** (*Steuern etc*) reintroduce. – **3.** *fig.* (*Brauch etc*) reintroduce, reestablish, *Br.* re-establish. – **II W~** *n* ⟨-s⟩ **4.** *verbal noun.* — **~ˈeinˌfüh·rung** *f* ⟨-; *no pl*⟩ **1.** *cf.* Wiedereinführen. – **2.** *econ. cf.* Wiedereinfuhr. – **3.** (*von Steuern etc*) reintroduction. – **4.** *fig.* (*eines Brauches etc*) reintroduction, reestablishment, *Br.* re-establishment. — **w~ˈeinˌglie·dern I** *v/t* ⟨*sep*, -ge-, h⟩ **1.** (*Flüchtlinge etc*) reintegrate. – **2.** (*beruflich*) rehabilitate. – **3.** (*nach einer Freiheitsstrafe*) rehabilitate, resocialize *Br. auch* -s-. – **II** *v/reflex* sich ~ **4.** (*von Flüchtlingen etc*) reintegrate oneself. – **5.** (*beruflich*) rehabilitate oneself, readjust (oneself). – **6.** (*nach einer Freiheitsstrafe*) rehabilitate oneself. – **III W~** *n* ⟨-s⟩ **7.** *verbal noun.* — **~ˈeinˌglie·de·rung** *f* **1.** *cf.* Wiedereingliedern. – **2.** (*von Flüchtlingen etc*) reintegration. – **3.** (*berufliche*) rehabilitation, readjustment. – **4.** (*nach einer Freiheitsstrafe*) rehabilitation, resocialization *Br. auch* -s-. — **w~ˈeinˌlie·fern I** *v/t* ⟨*sep*, -ge-, h⟩ **1.** (*ins Krankenhaus*) rehospitalize *Br. auch* -s-. – **2.** (*ins Gefängnis*) reimprison, put (*s.o.*) back in prison. – **II W~** *n* ⟨-s⟩ **3.** *verbal noun.* — **~ˈeinˌlie·fe·rung** *f* **1.** *cf.* Wiedereinliefern. – **2.** rehospitalization. – **3.** reimprisonment. — **w~ˈeinˌlö·sen I** *v/t* ⟨*sep*, -ge-, h⟩ (*Pfand etc*) redeem. – **II W~** ⟨-s⟩ *verbal noun.* — **~ˈeinˌlö·sung** *f* **1.** *cf.* Wiedereinlösen. – **2.** redemption. — **~ˈeinˌnah·me** *f* ⟨-; *no pl*⟩ **1.** *cf.* Wiedereinnehmen. – **2.** *mil.* recapture. — **w~ˈeinˌneh·men** *mil.* **I** *v/t* ⟨*irr, sep*, -ge-, h⟩ **1.** (*Stadt, Festung etc*) recapture. – **II W~** *n* ⟨-s⟩ **2.** *verbal noun.* – **3.** *cf.* Wiedereinnahme 2. — **w~ˈeinˌren·ken** *fig. colloq.* **I** *v/t* ⟨*sep*, -ge-, h⟩ (*verfahrene Angelegenheit etc*) straighten (*s.th.*) out, fix (*s.th.*) up, settle (*s.th.*) (up). – **II** *v/reflex* sich ~ straighten (itself) out, work out (all right). — **w~ˈeinˌschif·fen** *mar.* **I** *v/reflex* ⟨*sep*, -ge-, h⟩ sich ~ reembark, *Br.* re-embark. – **II W~** *n* ⟨-s⟩ *verbal noun.* — **~ˈeinˌschif·fung** *f* ⟨-; *no pl*⟩ **1.** *cf.* Wiedereinschiffen. – **2.** reembarkation, *Br.* re-embarkation, reembarkment, *Br.* re-embarkment. — **w~ˈeinˌschla·fen I** *v/i* ⟨*irr, sep*, -ge-, sein⟩ **1.** *fig.* (*von Briefwechsel, Kontakten etc*) peter (*od.* fizzle) out again. – **II W~** *n* ⟨-s⟩ **2.** *verbal noun.* – **3.** falling asleep again. — **w~ˈeinˌset·zen I** *v/t* ⟨*sep*, -ge-, h⟩ **1.** (*in ein Amt etc*) (in *acc*) reinstate (in), reappoint (to), reinstall (*Am. auch* reinstal) (in), restitute (in), restore (to). – **2.** (*in Rechte etc*) (in *acc*) reinvest (with), reestablish (*Br.* re-establish) (in), restore (to). – **3.** (*in Besitz*) (in *acc* in) reinstate. – **4.** (*König*) restore (*s.o.*) to the throne. – **II** *v/i* **5.** *med.* (*von Fieber etc*) recur. – **6.** (*von Regen etc*) set in (*od.* start) again. – **III W~** *n* ⟨-s⟩ **7.** *verbal noun.* – **8.** *med.* (*von Fieber etc*) recurrence. – **9.** nach W~ des Regens after rain had started again. — **~ˈeinˌset·zung** *f* ⟨-; *no pl*⟩ **1.** *cf.* wiedereinsetzen 7. – **2.** (*in ein Amt etc*) (in *acc*) reinstatement (in), reappointment (to), reinstallment (*Am. auch* reinstalment) (in), restitution (in), restoration (to). – **3.** (*in Rechte*) (in *acc*) reinvestiture (with), reestablishment (*Br.* re-establishment) (in), restoration (to). – **4.** (*in Besitz*) (in *acc* in) reinstatement. – **5.** (*eines Königs*) restoration. — **w~ˈeinˌstel·len** *v/reflex* ⟨*sep*, -ge-, h⟩ sich ~ *fig.* **1.** (*von Schmerzen etc*) come back again, return. – **2.** (*von verlorenem Gegenstand etc*) turn up again, reappear. — **~ˈeinˌstel·lung** *f* (*von Angestellten etc*) reemployment, *Br.* re-employment, reengagement, *Br.* re-engagement, reinstatement. — **w~ˈeinˌtre·ten I** *v/i* ⟨*irr, sep*, -ge-, sein⟩ *fig.* (*von Ereignissen etc*) reoccur, recur, happen again. – **II W~** *n* ⟨-s⟩ *verbal noun.* — **~ˈeinˌtritt** *m* ⟨-(e)s; *no pl*⟩ **1.** *cf.* Wiedereintreten. – **2.** (*space*) (*in die Erdatmosphäre etc*) (in *acc* into) reentry, *Br.* re-entry. – **3.** *fig.* (*ins Berufsleben etc*) (in *acc* into) reentry, *Br.* re-entry, reentrance, *Br.* re-entrance. – **4.** *fig.* (*von Ereignissen etc*) reoccurrence, recurrence.

ˌWie·derˈeinˌtritts|ˌbahn *f* (*space*) reentry (*Br.* re-entry) trajectory. — **~geˌschwin·dig·keit** *f* re(-)entry velocity. — **~ˌkör·per** *m* re(-)entry vehicle. — **~ˌkor·ri·dor** *m* re(-)entry corridor.

ˈWie·der|entˌdeckung (*getr.* -k·k-) *f* ⟨-; *no pl*⟩ rediscovery. — **~erˌgrei·fung** *f* ⟨-; *no pl*⟩ (*eines Entflohenen*) recapture. — **w~erˌhal·ten** *v/t* ⟨*irr, sep, no* -ge-, h⟩ *cf.* wiederbekommen. — **w~erˌken·nen I** *v/t* ⟨*irr, sep, no* -ge-, h⟩ recognize (*Br. auch* -s-) (*s.o., s.th.*) again, know (*s.o., s.th.*) again: sich (*od.* einander) ~ to recognize each other (*od.* one another) again; er war nicht wiederzuerkennen a) he was unrecognizable (*Br. auch* -s-) (*od.* beyond recognition), b) *fig.* he had changed beyond (*od.* out of [all]) recognition. – **II W~** *n* ⟨-s⟩ *verbal noun.* — **~erˌken·nung** *f* ⟨-; *no pl*⟩ **1.** *cf.* Wiedererkennen. – **2.** recognition. — **w~erˌlan·gen I** *v/t* ⟨*sep, no* -ge-, h⟩ **1.** *med.* (*Bewußtsein*) regain, recover: → Bewußtsein 1. – **2.** (*Freiheit etc*) regain. – **3.** (*Gesundheit*) recover. – **4.** *jur.* a) (*Vermögen etc*) recover, retrieve, b) (*Rechte*) redeem. – **II W~** *n* ⟨-s⟩ **5.** *verbal noun.* — **~erˌlan·gung** *f* ⟨-; *no pl*⟩ **1.** *cf.* Wiedererlangen. – **2.** *med.* (*des Bewußtseins*) recovery. – **3.** (*der Gesundheit*) recovery. – **4.** *jur.* a) (*des Vermögens etc*) recovery, retrieval, b) (*von Rechten*) redemption. — **~erˌnen·nung** *f* reappointment. — **w~erˌobern I** *v/t* ⟨*sep, no* -ge-, h⟩ **1.** recapture, reseize. – **2.** *mil.* (*Festung etc*) reconquer. – **3.** *econ.* (*Markt etc*) recapture. – **II W~** *n* ⟨-s⟩ **4.** *verbal noun.* — **~erˌobe·rung** *f* **1.** *cf.* Wiedererobern. – **2.** recapture, reseizure. – **3.** *mil.* (*einer Festung etc*) reconquest. – **4.** *econ.* (*des Markts etc*) recapture. — **w~erˌöff·nen**

I *v/t* ⟨*sep, no* -ge-, h⟩ **1.** (*Geschäft, Theater etc*) reopen. – **2.** *mil.* (*Feuer, Feindseligkeiten*) reopen. – **II** *v/i* **3.** (*von Geschäft etc*) reopen. – **II W~** *n* ⟨-s⟩ **4.** *verbal noun.* — **~erˌöff·nung** *f cf.* Wiedereröffnen. — **w~erˌschei·nen I** *v/i* ⟨*irr, sep, no* -ge-, sein⟩ **1.** *fig.* (*von Zeitung etc*) be re-published: eine Zeitschrift ~ lassen to republish (*od.* resume the publication of) a journal. – **II W~** *n* ⟨-s⟩ **2.** *verbal noun.* – **3.** reappearance. – **4.** *fig.* (*einer Zeitung etc*) republication. — **w~erˌstat·ten I** *v/t* ⟨*sep, no* -ge-, h⟩ **1.** (*Auslagen etc*) refund, reimburse. – **2.** (*geliehene Summe*) pay back, repay. – **II W~** *n* ⟨-s⟩ **3.** *verbal noun.* — **~erˌstat·tung** *f* ⟨-; *no pl*⟩ **1.** *cf.* Wiedererstatten. – **2.** (*von Auslagen etc*) refund, reimbursement. – **3.** (*einer geliehenen Summe*) repayment.

'wie·der·erˌste·hen[1] **I** *v/t* ⟨*irr, sep, no* -ge-, h⟩ **1.** rebuy, repurchase. – **II W~** *n* ⟨-s⟩ **2.** *verbal noun.* – **3.** *cf.* Wiedererstehung[1].

'wie·der·erˌste·hen[2] **I** *v/i* ⟨*irr, sep, no* -ge-, sein⟩ **1.** (*von Vergangenem*) revive: den Glanz vergangener Epochen ~ lassen to revive the splendo(u)r of bygone eras. – **2.** (*von Stadt etc*) rise (*od.* spring up) again. – **II W~** *n* ⟨-s⟩ **3.** *verbal noun.* – **4.** *cf.* Wiedererstehung[2].

'Wie·der·erˌste·hung[1] *f* ⟨-; *no pl*⟩ **1.** *cf.* Wiedererstehen[1]. – **2.** repurchase.

'Wie·der·erˌste·hung[2] *f* ⟨-; *no pl*⟩ **1.** *cf.* Wiedererstehen[2]. – **2.** (*von Vergangenem*) revival. – **3.** (*von Stadt etc*) new rise.

'wie·der|erˌwa·chen I *v/i* ⟨*sep, no* -ge-, sein⟩ **1.** *fig.* (*von Natur, Liebe etc*) reawake, reawaken. – **2.** *fig.* (*von Interesse etc*) be aroused (*od.* awakened) again. – **II W~** *n* ⟨-s⟩ **3.** *verbal noun*: beim W~ aus der Narkose *med.* (on) coming out of an(a)esthesia. — **~erˌwecken** (*getr.* -k·k-) **I** *v/t* ⟨*sep, no* -ge-, h⟩ **1.** j-n ~ *med.* to bring s.o. back to life, to resuscitate (*od.* revive) s.o. – **2.** *fig.* (*Natur, Liebe etc*) reawaken, reawake. – **3.** *fig.* (*Interesse etc*) arouse (*od.* awaken) again. – **II W~** *n* ⟨-s⟩ **4.** *verbal noun.* — **W~erˌweckung** (*getr.* -k·k-) *f* ⟨-; *no pl*⟩ **1.** *cf.* Wiedererwecken. – **2.** *med.* resuscitation, revival. — **~erˌzäh·len** *v/t* ⟨*sep, no* -ge-, h⟩ *cf.* weitererzählen 1. — **~ˌfin·den I** *v/t* ⟨*irr, sep,* -ge-, h⟩ **1.** (*Person, verlorenen Gegenstand, Weg etc*) find (*s.o., s.th.*) again: sie haben sich (*od.* einander) endlich wiedergefunden they have found each other again at last. – **2.** *fig.* regain, recover: er hat sein Selbstvertrauen wiedergefunden he has regained his self-confidence. – **II** *v/reflex* sich ~ **3.** (*von verlorenem Gegenstand etc*) turn up again, reappear. — **~ˌfor·dern** *v/t* ⟨*sep,* -ge-, h⟩ etwas ~ to ask for (*od.* demand) s.th. back.

'Wie·derˌga·be *f* ⟨-; *no pl*⟩ **1.** *cf.* Wiedergeben. – **2.** (*Bericht, Schilderung*) account, report, description: es wurde eine exakte ~ der Vorgänge verlangt an exact account of the events was requested. – **3.** (*Gestaltung, Vortrag*) interpretation, rendition: die künstlerische ~ des Liedes the artistic interpretation of the lied; der Künstler bot eine vollendete ~ des Klavierkonzertes the artist gave a perfect rendering of the piano concerto. – **4.** (*Zitieren*) quotation: die ~ einer Stelle aus Homer the quotation of a passage from Homer. – **5.** (*Wiederholung*) repetition: die wörtliche ~ der Rede the literal (*od.* word-for-word, verbatim) repetition of the speech. – **6.** (*Reproduktion*) reproduction: eine gute ~ eines Gemäldes von Dürer a good reproduction of a painting by Dürer. – **7.** (*von Eindrücken etc*) conveyance. – **8.** (*Übersetzung*) translation: eine wörtliche ~ a literal (*od.* word-for--word, verbatim) translation. – **9.** *electr.* a) (*von Schallaufzeichnung*) playback, b) (*von Frequenzen*) response: ~ einer Aufzeichnung (*radio*) *telev.* recorded broadcast. – **10.** (*radio*) *telev.* a) (*Bild- u. Tonqualität*) reproduction, b) (*Bild- u. Trennschärfe*) definition: naturgetreue (*od.* tongetreue) ~ faithful (*od.* true) reproduction, high-fidelity (*od. colloq.* hi-fi) reproduction. – **11.** (*computer*) (*von Daten*) playback. — **~entˌzer·rer** *m electr.* (*am Tonbandgerät*) reproduction equalizer (*Br. auch* -s-). — **~geˌrät** *n* (*für Bild- u. Tonaufnahmen*) playback (*od.* replay) unit (*od.* set). — **~geˌschwin·dig·keit** *f* (*am Plattenspieler etc*) reproduction speed. — **~ˌgü·te** *f* quality of reproduction. — **~ˌkopf** *m* (*am Tonbandgerät etc*) playback head. — **~ˌpe·gel** *m* playback (*od.* reproduction) level. — **~qua·liˌtät** *f* quality of reproduction. — **~ˌrecht** *n jur.* right to reproduce. — **~ˌröh·re** *f telev.* cathode-ray tube (*bes. Br.* valve), picture (*od.* display) tube (*bes. Br.* valve), *Am.* kinescope. — **~ˌta·ste** *f electr.* (*am Tonbandgerät etc*) playback button (*od.* key). — **~ˌtreue** *f* fidelity of reproduction, reproduction fidelity: hohe ~ high fidelity, hi-fi (*colloq.*). — **~verˌstär·ker** *m* playback (*od.* reproducing) amplifier.

'wie·der|ˌge·ben I *v/t* ⟨*irr, sep,* -ge-, h⟩ **1.** (*zurückgeben*) give (*s.th.*) back, return: j-m etwas ~ to give s.th. back to s.o., to give s.o. s.th. back, to return s.th. to s.o., to return s.o. s.th.; du kannst mir das Geld bei Gelegenheit (*od.* gelegentlich) ~ you can give me the money back whenever it suits you (*od.* sometime). – **2.** *fig.* (*Ehre, Freiheit, Gesundheit etc*) (*dat* to) restore. – **3.** (*schildern*) describe, give a report (*od.* an account) of: einen Vorgang genau ~ to describe a course of events precisely. – **4.** (*vortragen*) recite, render, interpret, *mus. auch* perform: eine Sonate brillant ~ to give a brilliant performance (*od.* interpretation) of a sonata; ein Gedicht vollendet ~ to recite a poem perfectly. – **5.** (*zitieren*) quote. – **6.** (*wiederholen*) repeat, retell: etwas falsch [wörtlich] ~ to repeat s.th. wrong(ly) [literally *od.* word for word, verbatim]. – **7.** (*reproduzieren*) (*Gemälde etc*) reproduce. – **8.** (*vermitteln*) (*Eindrücke, Erlebnisse etc*) convey. – **9.** (*übersetzen*) (auf *acc*, in *dat* into) translate, render. – **10.** *electr.* (*Schallaufzeichnung*) play back: der Lautsprecher gab die Musik verzerrt wieder the loudspeaker gave a distorted reproduction of the music. – **II** *v/i* **11.** können Sie mir auf 10 Mark ~? *colloq.* can you give me change for a 10-mark note (*Am.* bill)? – **III W~** *n* ⟨-s⟩ **12.** *verbal noun.* – **13.** *cf.* Wiedergabe 3—5, 7—9. — **~geˌbo·ren** *adj* **1.** *relig.* reborn. – **2.** ich fühle mich wie ~ *fig.* I feel like a new person. — **W~geˌburt** *f* **1.** *relig.* a) (*Reinkarnation*) reincarnation, rebirth, b) ⟨*only sg*⟩ (*geistige*) regeneration, c) ⟨*only sg*⟩ (*durch die Taufe, nach einer Seelenwanderung*) palingenesis. – **2.** *fig.* rebirth, renaissance: die ~ der Antike the renaissance of classical antiquity. — **W~geˌne·sung** *f* ⟨-; *no pl*⟩ *med.* recovery, convalescence, recuperation. — **~geˌwin·nen I** *v/t* ⟨*irr, sep,* -ge-, h⟩ **1.** (*Geld etc*) win back, redeem, retrieve. – **2.** (*Kunden, Stimmen etc*) win back. – **3.** *fig.* (*Selbstvertrauen etc*) regain, recover: seine Fassung ~ to regain one's composure; seinen Ruf ~ to regain (*od.* redeem, win back) one's reputation, to redeem oneself. – **II W~** *n* ⟨-s⟩ **4.** *verbal noun.* — **W~geˌwin·nung** *f* ⟨-; *no pl*⟩ **1.** *cf.* Wiedergewinnen. – **2.** (*von Geld etc*) redemption, retrieval. – **3.** *fig.* (*von Selbstvertrauen etc*) recovery, redemption. — **~ˌgrü·ßen I** *v/t* ⟨*sep,* -ge-, h⟩ **1.** j-n ~ to return s.o.'s greeting(s): bitte grüßen Sie ihn wieder please return his wishes. – **2.** *mil.* return a salute to. – **II** *v/i* **3.** return a greeting, return greetings. – **4.** *mil.* return a salute.

ˌwie·der'gutˌma·chen I *v/t* ⟨*sep,* -ge-, h⟩ **1.** (*Fehler, Schaden etc*) make amends (*od.* make up) for, make good, redeem, repair, (*Verlust*) *auch* recoup: der Schaden ist nicht wiedergutzumachen the damage is irreparable; ein Unrecht ~ to make good an injustice; j-s Verlust ~ to restitute s.o.'s loss(es). – **2.** (*sühnen*) atone (for), expiate. – **3.** *pol.* make reparations for. – **4.** *jur.* (*angerichteten Schaden etc*) redress. – **II W~** *n* ⟨-s⟩ **5.** *verbal noun.* — **ˌWie·der'gutˌma·chung** *f* ⟨-; -en⟩ **1.** *cf.* Wiedergutmachen. – **2.** ⟨*only sg*⟩ (*eines Fehlers, eines Schadens etc*) (*gen*) amends *pl* (*usually construed as sg*) (for), reparation (of), redemption (of), (*eines Verlustes*) *auch* recoupment (of): die ~ seines Verlusts the restitution of his loss(es). – **3.** ⟨*only sg*⟩ (*durch Sühne*) (*gen*) atonement (for, of), expiation (of). – **4.** *pol.* reparation. – **5.** ⟨*only sg*⟩ *jur.* (*eines angerichteten Schadens*) (*gen* of) redress.

ˌWie·der'gutˌma·chungs|ˌabˌkom·men *n pol.* agreement on reparations. — **~ˌamt** *n* reparations office. — **~ˌanˌspruch** *m* claim to reparations. — **~geˌsetz** *n* reparations law. — **~kom·mis·siˌon** *f* reparations commission. — **~ˌlei·stun·gen** *pl* reparation payments. — **~verˌhand·lun·gen** *pl* negotiations on reparations. — **~ˌzah·lung** *f* payment of reparations: ~en leisten to pay reparations.

'wie·derˌha·ben *v/t* ⟨*irr, sep,* -ge-, h⟩ *colloq.* have (*s.th.*) back (again): du kannst dein Bild ~ you may have your picture back (again); ich möchte mein Buch ~ I'd like (to have) my book back (again).

ˌWie·der|her'ausˌga·be *f* ⟨-; *no pl*⟩ **1.** *cf.* Wiederherausgeben. – **2.** return. — **w~her'ausˌge·ben I** *v/t* ⟨*irr, sep,* -ge-, h⟩ **1.** etwas ~ to give s.th. back (again), to return s.th. – **II W~** *n* ⟨-s⟩ **2.** *verbal noun.* – **3.** *cf.* Wiederherausgabe 2. — **w~her'ausˌrücken** (*getr.* -k·k-) *v/t* ⟨*sep,* -ge-, h⟩ *colloq. for* wiederherausgeben. — **w~'herˌrich·ten I** *v/t* ⟨*sep,* -ge-, h⟩ **1.** (*Zimmer, Gebäude etc*) redecorate, do up. – **2.** (*Straße etc*) repair, mend, *Am. colloq.* fix. – **II W~** *n* ⟨-s⟩ **3.** *verbal noun.* — **~'herˌrich·tung** *f* ⟨-; *no pl*⟩ **1.** *cf.* Wiederherrichten. – **2.** redecoration. – **3.** repair.

ˌwie·der'herˌstel·len I *v/t* ⟨*sep,* -ge-, h⟩ **1.** (*Beziehungen, Ruhe etc*) reestablish, *Br.* re-establish: Recht und Ordnung ~ to restore law and order. – **2.** (*Gebäude*) renovate, do up, rehabilitate, (*restaurieren*) *auch* restore. – **3.** *med.* a) (*Gesundheit etc*) restore, b) (*Patienten*) restore (*s.o.*) to health, cure. – **4.** etwas aus dem Gedächtnis ~ (*Liste etc*) to reproduce s.th. from memory. – **II W~** *n* ⟨-s⟩ **5.** *verbal noun.* — **ˌWie·der'herˌstel·lung** *f* **1.** *cf.* Wiederherstellen. – **2.** a) (*von Beziehungen, Ruhe etc*) reestablishment, *Br.* re-establishment, b) (*von Recht und Ordnung*) restoration. – **3.** (*eines Gebäudes*) renovation, rehabilitation, instauration, (*Restaurierung*) *auch* restoration. – **4.** *med.* a) (*der Gesundheit etc*) restoration, b) (*eines Patienten*) restoration to health, cure. – **5.** ~ aus dem Gedächtnis reproduction from memory.

ˌWie·der'herˌstel·lungs|chir·urˌgie *f med.* plastic (*od.* reconstruction) surgery. — **~ˌkla·ge** *f jur.* (*im Eherecht*) suit for the restitution of conjugal rights. — **~ˌko·sten** *pl* cost *sg* of renovation (*od.* rehabilitation, instauration), renovation (*od.* rehabilitation, instauration) costs, (*Restaurierungskosten*) *auch* cost *sg* of restoration, restoration costs.

ˌwie·der'hol·bar *adj* repeatable: sein Kommentar ist nicht ~ I cannot possibly repeat his comment.

ˌWie·der'hol·beˌfehl *m* (*computer*) repetition instruction.

'wie·derˌho·len[1] *v/t* ⟨*sep,* -ge-, h⟩ **1.** (*zurückholen*) (go and) get (*s.o., s.th.*) back, fetch (*s.o., s.th.*) back: j-m etwas ~ to fetch s.o. s.th. back, to fetch s.th. back for s.o. – **2.** (*Geliehenes*) (go and) get (*s.th.*) back. – **3.** *colloq.* (*Angestellten etc*) get (*s.o.*) to come back.

ˌwie·der'ho·len[2] **I** *v/t* ⟨*insep, no* -ge-, h⟩ **1.** (*Angebot, Befehl, Forderung, Gedicht etc*) repeat: eine Lektion ~ to repeat a lesson, to go over (*od.* through) a lesson again; etwas wörtlich ~ to repeat s.th. literally (*od.* word for word, verbatim), *Am. auch* to reword s.th.; ~ Sie das noch einmal! repeat that (again); das läßt sich nicht ~ that cannot be repeated, that is unrepeatable; → Klasse 1. – **2.** (*Text*) repeat, reread. – **3.** (*Prüfungsstoff etc*) revise. – **4.** (*mehrmals*) reiterate. – **5.** (*zusammenfassend*) recapitulate, sum up, summarize *Br. auch* -s-. – **6.** (*film*) (*Aufnahme*) retake. – **7.** (*radio*) *telev.* (*Sendung*) repeat, rebroadcast, rerun. – **8.** (*sport*) a) (*Spiel*) replay, b) (*Einwurf etc*) retake: der Schiedsrichter ließ den Freistoß ~ (*beim Fußball*) the referee ordered the free kick to be retaken. – **II** *v/reflex* sich ~ **9.** (*von Person*) repeat oneself: er wiederholt sich ständig he is constantly repeating himself. – **10.** (*von Ereignis etc*) happen again, (*periodisch*) *auch* recur. – **11.** (*von Motiv etc*) be repeated, repeat itself. – **12.** *math.* (*von Dezimalstelle*) recur. – **III W~** *n* ⟨-s⟩ **13.** *verbal noun.* – **14.** *cf.* Wiederholung.

ˌwie·der'ho·lend I *pres p of* wiederholen[2]. – **II** *adj* sich häufig ~ **1.** repetitive, reiterative: ein sich häufig ~es Motiv a repetitive motif, a motif (that is) frequently repeated.

– 2. (*bes. unerwünscht*) repetitious, repetitive, reiterative.

ˌwie·derˈholt I *pp of* wiederholen². – II *adj* ⟨*attrib*⟩ (*Anfrage, Vorwürfe etc*) repeated: zu ~en Malen repeatedly, again (*od.* time) and again. – III *adv* ~ auf (*acc*) etwas hinweisen to point s.th. out repeatedly; ich habe es dir ~ gesagt I have told you again (*od.* time) and again.

ˌWie·derˈho·lung *f* ⟨-; -en⟩ 1. *cf.* Wiederholen². – 2. (*eines Angebots, Befehls, Gedichts, Texts, einer Forderung etc*) repetition. – 3. (*von Prüfungsstoff etc*) revision, revisal. – 4. (*mehrmalige*) reiteration. – 5. (*zusammenfassende*) recapitulation, summary, sum-up, summarization *Br. auch* -s-. – 6. (*film*) (*einer Aufnahme*) retake. – 7. (*radio*) *telev.* (*einer Sendung*) repeat, rebroadcast, rerun: ~ in Zeitlupe *telev. cf.* Zeitlupenwiederholung. – 8. (*sport*) (*eines Einwurfs etc*) retake: der Schiedsrichter ordnete eine ~ des Freistoßes an (*beim Fußball*) the referee ordered the free kick to be retaken. – 9. *mus.* a) (*eines Musikstücks*) repeat, replay, (*als Zugabe*) encore, b) (*eines Themas etc*) repeat, repetition, c) *cf.* Refrain 1. – 10. *ling.* (*in der Rhetorik*) repetition. – 11. (*art*) (*Replik*) replica, facsimile. – 12. (*textile*) (*eines Musters*) repeat.

ˌWie·derˈho·lungs|ˌfall *m only in* im ~(e) if it should (*od.* should it) occur (*od.* happen) again, in case of recurrence. — **~ˌform** *f mus.* repetition form. — **~geˌfahr** *f* danger of recurrence. — **~ho·noˌrar** *n* (*radio*) *telev.* repeat fee. — **~ˌimp·fung** *f med.* a) repeated inoculation, b) (*gegen Pocken*) repeated vaccination. — **~ˌkurs** *m* 1. *ped.* refresher course. – 2. *Swiss mil. cf.* Wiederholungslehrgang. — **~ˌlehrˌgang** *m mil.* refresher course. — **~ˌschal·ter** *m* (*am Plattenspieler*) repeat switch. — **~ˌspiel** *n* (*sport*) replay. — **~ˌta·ste** *f* (*computer*) repeat key. — **~ˌtraum** *m psych.* recurrent dream. — **~ˌzei·chen** *n mus.* repeat (mark). — **~ˌzwang** *m psych.* 1. repetition compulsion. – 2. (*beim Sprechen*) paliphrasia, palilalia.

ˈWie·der|ˌhö·ren *n only in* auf ~! a) (*am Telephon*) good-by(e)! b) (*im Radio*) till next time! (*zum Sendeschluß*) till tomorrow! — **~ˌimp·fung** *f med.* a) reinoculation, b) (*gegen Pocken*) revaccination.

ˌWie·der|in·beˈsitzˌnah·me *f* ⟨-; *no pl*⟩ 1. *jur.* (*eines Grundstücks etc*) repossession, eviction. – 2. *mil.* (*einer Stadt etc*) recapture, reseizure. — **~in·beˈtriebˌnah·me** *f* ⟨-; *no pl*⟩ 1. (*einer Maschine etc*) restarting (operation): nach ~ der Maschine after putting the machine into operation again. – 2. (*einer Bahnlinie, Straße etc*) reopening. — **~inˈdienstˌnah·me** *f* ⟨-; *no pl*⟩ 1. *mar.* (*eines Schiffes*) recommission(ing). – 2. *mil. cf.* Reaktivierung 3. — **~inˈgangˌset·zung** *f* ⟨-; *no pl*⟩ (*einer Maschine etc*) restarting. — **~inˈkraftˌset·zung** *f* ⟨-; *no pl*⟩ *jur.* 1. (*eines Testaments, Vertrags etc*) revival. – 2. (*eines Gesetzes*) reenactment, *Br.* re-enactment. – 3. (*einer Versicherung*) reinstatement. — **~inˈstandˌset·zung** *f* ⟨-; *no pl*⟩ 1. *cf.* Wiederherstellung 3. – 2. (*eines Autos, einer Maschine etc*) repair. – 3. (*von Werkzeugen*) reconditioning. — **~inˈstandˌset·zungsˌko·sten** *pl* 1. *cf.* Wiederherstellungskosten. – 2. repair costs. – 3. reconditioning costs.

ˈwie·derˌkäu·en [-ˌkɔyən] I *v/i* ⟨*sep*, -ge-, h⟩ 1. *zo.* chew the cud, ruminate. – 2. *fig. colloq.* harp on the same things. – II *v/t* 3. *zo.* ruminate. – 4. *fig. colloq.* go on and on about, harp on. – III W~ *n* ⟨-s⟩ 5. *verbal noun.* – 6. *zo.* rumination. — **ˈWie·der·käu·er** *m* ⟨-s; -⟩ *zo.* ruminant.

ˈWie·der|ˌkauf *m econ.* 1. *cf.* Wiederkaufen. – 2. repurchase, redemption: auf ~ verkaufen to sell with option of repurchase. — **w~ˌkau·fen** I *v/t* ⟨*sep*, -ge-, h⟩ 1. buy (*s.th.*) back, repurchase, redeem. – 2. *cf.* wiedereinlösen. – II W~ *n* ⟨-s⟩ 3. *verbal noun.* – 4. *cf.* Wiederkauf 2. — **~ˌkäu·fer** *m* repurchaser.

ˈWie·derˌkaufs|ˌpreis *m econ.* repurchase (*od.* redemption) price. — **~ˌrecht** *n* right of repurchase (*od.* redemption). — **~ˌvor·beˌhalt** *m* proviso of repurchase (*od.* redemption).

ˈWie·derˌkehr *f* ⟨-; *no pl*⟩ 1. *cf.* Wiederkehren. – 2. (*Heimkehr*) (aus, von from) return. – 3. (*einmalige*) return: man glaubt an die ~ Christi Christ is believed to return to earth. – 4. (*mehrmalige*) recurrence. – 5. (*Wiederholung*) repetition, (*periodische*) *auch* recurrence. – 6. (*eines Jahrestages etc*) anniversary: die hundertjährige ~ seines Geburtstages the centenary (*od.* hundredth anniversary) of his birthday. – 7. *med.* (*eines Anfalls etc*) recurrence: ~ einer Krankheit recurrence of an illness, relapse. — **ˈwie·derˌkeh·ren** I *v/i* ⟨*sep*, -ge-, sein⟩ 1. (*heimkehren*) (aus, von from) return, come back. – 2. (*einmal*) return, come again: was vergangen ist, kehrt nie wieder the (*od.* what is) past will never return. – 3. (*mehrmals*) recur. – 4. (*wiederholt*) repeat itself, be repeated, (*periodisch*) *auch* recur: dieses Thema kehrt mehrmals wieder this theme recurs (*od.* is repeated) several times. – 5. morgen kehrt sein Todestag zum 25. Mal(e) wieder tomorrow will be the 25th anniversary of his death. – 6. *med.* (*von Anfall etc*) recur. – II W~ *n* ⟨-s⟩ 7. *verbal noun.* – 8. *cf.* Wiederkehr 2—7. — **ˈwie·der·ˌkeh·rend** I *pres p.* – II *adj* recurrent, recurring: ein jährlich ~es Fest an annual celebration, an anniversary.

ˈwie·der|ˌken·nen *v/t* ⟨*irr, sep*, -ge-, h⟩ *cf.* wiedererkennen. — **~ˌkom·men** I *v/i* ⟨*irr, sep*, -ge-, sein⟩ 1. (*zurückkommen*) come back, return: ich komme gleich wieder I'll be back in a minute (*od.* moment, *colloq.* jiffy), I shan't be a minute (*od.* moment); können Sie nicht ~? (*es paßt mir jetzt nicht*) can't you come again later (*od.* some other time)? der soll mir nur ~! *colloq.* (just) let me catch him! (just) wait till I catch (*od.* lay hands on) him! – 2. (*wiederkehren*) return, come again: so eine Gelegenheit kommt so bald nicht wieder such an opportunity will not come again for a long time. – II W~ *n* ⟨-s⟩ 3. *verbal noun.* – 4. *cf.* Wiederkunft 2.

ˈWie·derˌkunft *f* ⟨-; *no pl*⟩ 1. *cf.* Wiederkommen. – 2. return. – 3. die ~ Christi *relig.* the second advent (of Christ).

ˈwie·der|ˌlie·ben *v/t* ⟨*sep*, -ge-, h⟩ j-n ~ to return s.o.'s love. — **~ˌma·chen** *v/t* ⟨*sep*, -ge-, h⟩ *cf.* wiedertun. — **W~ˌnah·me** *f* ⟨-; *no pl*⟩ 1. *cf.* Wiedernehmen. – 2. *mil.* recapture, reseizure. — **~ˌneh·men** I *v/t* ⟨*irr, sep*, -ge-, h⟩ 1. etwas ~ to take s.th. back. – 2. *mil.* recapture, reseize. – II W~ *n* ⟨-s⟩ 3. *verbal noun.* – 4. *cf.* Wiedernahme 2. — **W~ˌschau·en** *n colloq. for* wiedersehen 3. — **~ˌschen·ken** *v/t* ⟨*sep*, -ge-, h⟩ 1. j-m etwas ~ to give s.o. s.th. as a present in return. – 2. er wurde dem Leben wiedergeschenkt *fig. lit.* he was restored to life. — **~ˌse·hen** I *v/t* ⟨*irr, sep*, -ge-, h⟩ 1. (*Person, Stadt etc*) see (*s.o., s.th.*) again: ich habe ihn nie wiedergesehen I never saw him again (*od.* since); wann sehen wir uns wieder? when will we meet (*od.* see each other) again? er sollte seine Heimatstadt nicht ~ he was not to see his home town again. – II W~ *n* ⟨-s⟩ 2. *verbal noun.* – 3. auf W~! good-by(e)! see you (again *od.* later)! (*colloq.*), so long! (*colloq.*), (I'll be) seeing you! (*colloq.*), *bes. Br. colloq.* cheerio! – 4. es wird ein W~ geben we will see each other (*od.* meet) again; er glaubte an kein (*od.* nicht an ein) W~ mit der Heimat he did not think he would ever (*od.* he never thought he would) see his home country again; W~ macht Freude *humor.* I would like (*od.* be glad) to have (*od.* see) it back.

ˈWie·der|ˌtau·fe *f* ⟨-; *no pl*⟩ *relig.* rebaptism, (*der Anabaptisten*) *auch* Anabaptism. — **~ˌtäu·fer** *m* rebaptizer *Br. auch* -s-, (*Anabaptist*) *auch* Anabaptist.

ˈwie·derˌtun *v/t* ⟨*irr, sep*, -ge-, h⟩ etwas ~ to do s.th. again: tu das nie wieder! don't you ever do that again! ich verspreche, es nicht wiederzutun I promise not to do it again.

wie·der·um [ˈviːdərum] *adv* 1. (*hingegen, andererseits*) on the other hand: ich glaube ~ nicht, daß er so weit gehen würde on the other hand, I don't believe (that) he would go as far as that; ~ stimmt es, wenn er sagt, daß on the other hand, he is right in saying that. – 2. (*erneut*) (yet) again: er hat ihm ~ Schwierigkeiten gemacht he has given him trouble (yet) again. – 3. in turn: wir ändern A, dies ~ ändert B we change A, and this in turn changes B.

ˈwie·der·verˌei·ni·gen I *v/t* ⟨*sep, no* -ge-, h⟩ *pol.* (*Land etc*) reunite, reunify. – II *v/reflex* sich ~ reunite, be reunited, be reunified. – III W~ *n* ⟨-s⟩ *verbal noun.* — **ˈWie·der·verˌei·ni·gung** *f* ⟨-; *no pl*⟩ 1. *cf.* Wiedervereinigen. – 2. (*einer Familie etc*) reunion. – 3. *pol.* (*eines Landes etc*) reunion, reunification.

ˈWie·der·verˌei·ni·gungs·beˌstre·bun·gen *pl pol.* efforts at reunion (*od.* reunification).

ˈWie·der·verˌfil·mung *f* (*eines Stoffes etc*) remake.

ˈwie·der·verˌgel·ten I *v/t* ⟨*irr, sep, no* -ge-, h⟩ j-m etwas ~ to repay (*od.* requite) s.o. for s.th., (*nur negativ*) to retaliate s.th. (up)on s.o.: ich habe es ihm wiedervergolten I have paid him back (*od.* out) (for it). – II W~ *n* ⟨-s⟩ *verbal noun.* — **ˈWie·der·verˌgel·tung** *f* ⟨-; *no pl*⟩ 1. *cf.* Wiedervergelten. – 2. requital, (*nur negativ*) retaliation, reprisal.

ˈWie·der·verˌgel·tungsˌmaßˌnah·men *pl* retaliatory measures, reprisals.

ˈWie·der·verˌhei·ra·tung *f* ⟨-; *no pl*⟩ remarriage.

ˈWie·der·verˌkauf *m econ.* 1. *cf.* Wiederverkaufen. – 2. resale, (*durch den Einzelhandel*) retail. — **ˈwie·der·verˌkau·fen** I *v/t* ⟨*sep, no* -ge-, h⟩ 1. resell, (*durch den Einzelhandel*) retail. – II W~ *n* ⟨-s⟩ 2. *verbal noun.* – 3. *cf.* Wiederverkauf 2. — **ˈWie·der·verˌkäu·fer** *m* reseller, (*Einzelhändler*) retailer, retail dealer: Verkauf nur an ~ supplied to (the) trade only.

ˈWie·der·verˌkaufs|ˌpreis *m econ.* resale price, (*Einzelhandelspreis*) retail price. — **~raˌbatt** *m* trade (*od.* resale) discount. — **~ˌrecht** *n* right of resale. — **~ˌwert** *m* resale value.

ˈwie·der|verˌpflich·ten *mil.* I *v/t u.* sich ~ *v/reflex* ⟨*sep, no* -ge-, h⟩ reenlist, *Br.* re-enlist. – II W~ *n* ⟨-s⟩ *verbal noun.* — **W~verˌpflich·tung** *f* 1. *cf.* Wiederverpflichten. – 2. reenlistment, *Br.* re-enlistment. — **W~ˌvorˌla·ge** *f* ⟨-; *no pl*⟩ (*officialese*) resubmission: zur ~ for resubmission. — **W~ˌwahl** *f* ⟨-; *no pl*⟩ 1. *cf.* Wiederwählen. – 2. reelection, *Br.* re-election: sich zur ~ stellen to stand up for re(-)election; nach seiner ~ *pol.* after being returned to parliament for another term. — **~ˌwäh·len** I *v/t* ⟨*sep*, -ge-, h⟩ 1. reelect, *Br.* re-elect: er wurde wiedergewählt *pol.* he was returned to parliament for another term. – II W~ *n* ⟨-s⟩ 2. *verbal noun.* – 3. *cf.* Wiederwahl 2. — **W~ˌzu·ˌlas·sung** *f* 1. readmission. – 2. (*eines Autos etc*) relicensing, *Br. auch* relicencing, reregistration.

wieˈfern [vi-] *adv u. conj cf.* inwiefern.

Wie·ge [ˈviːgə] *f* ⟨-; -n⟩ 1. cradle: er lag damals noch in der ~ he was still in his cradle (at that time), he was still a baby (at that time). – 2. *fig.* (*in Wendungen wie*) von der ~ an from the day he was born; von der ~ bis zur Bahre from the cradle to the grave; das ist ihm auch nicht an der ~ gesungen worden he never dreamed (*od.* dreamt) that it would come to this; das ist ihm in die ~ gelegt worden he inherited it (*od.* that); seine ~ stand in München he was born in Munich; Mainz ist die ~ der Buchdruckerkunst Mainz is the cradle (*od.* birthplace) of printing. – 3. *metall.* (*für Walzblöcke*) cradle. – 4. *mil.* (*eines Geschützrohres*) cradle. – 5. *tech.* (*Wippe*) rocker. — **~ˌbrett** *n* (*housekeeping*) chopping board (*od.* block). — **~ˌbrücke** (*getr.* -k·k-) *f tech.* weighbridge. — **~ˌgeld** *n econ.* weighage, weighing charges *pl.* — **~ˌkar·te** *f* weight ticket. — **~ˌmei·ster** *m* weigher. — **~ˌmes·ser** *n* (*housekeeping*) chopping knife, chopper.

wie·gen¹ [ˈviːgən] I *v/t* ⟨wiegt, wog, gewogen, h⟩ 1. weigh: etwas knapp [ungenau] ~ to weigh s.th. (too) short [inaccurately]; etwas in der Hand ~ to weigh s.th. in one's hand. – II *v/i* 2. weigh: ich wiege 70 kg I weigh (*od. colloq.* I am) 70 kilogram(me)s; wieviel wiegst du? what do you weigh? what weight are you? what is your weight? weniger [mehr] ~ als to weigh less [more] than, to be lighter [heavier] than; er wiegt fast doppelt soviel wie ich he is almost twice my weight. – 3. *fig.* carry weight, weigh: sein Urteil wiegt schwerer als ihres his judg(e)ment carries more weight than (*od.* weighs heavier than, outweighs) hers; seine Worte ~ [nicht] schwer what he says carries [little] weight. – **III** *v/reflex* **sich** ~ **4.** weigh oneself. – **IV W~** *n* ⟨-s⟩ **5.** *verbal noun.* – **6.** (*sport*) (*beim Boxen etc*) weigh-in.

'**wie·gen**[2] **I** *v/t* ⟨h⟩ **1.** (*Kind etc*) rock: **ein Kind in den Schlaf** ~ to rock a child to sleep; **eine Puppe in den Armen** ~ to rock (*od.* cradle) a doll in one's arms. – **2.** *fig.* (*hin und her bewegen*) rock: **die Wellen wiegten das Boot** the waves rocked the boat. – **3.** (*Kopf*) shake: **er wiegte nachdenklich seinen Kopf** he shook his head pensively. – **4.** *fig.* (*Hüften*) sway. – **5.** j-n **in Sicherheit** ~ *fig.* to lull s.o. into a false sense of security. – **II** *v/reflex* **sich** ~ **6.** *fig.* (*sich hin und her bewegen*) rock (oneself): **sich auf einem Ast** ~ to rock on a branch; **das Boot wiegt sich auf den Wellen** the boat rocks on (*od.* is rocked by) the waves; **sich im Tanz** ~ to rock (*od.* sway) to the rhythm of a dance. – **7. sich in den Hüften** ~ *fig.* to sway one's hips. – **8. sich in Sicherheit** ~ *fig.* to lull oneself into a false sense of security; **sich in falschen Hoffnungen** ~ to lull oneself into (*od.* delude oneself with) false hopes.

'**wie·gen**[3] *v/t* ⟨h⟩ *gastr.* (*Petersilie, Zwiebeln etc*) chop, mince.

'**wie·gend I** *pres p of* **wiegen**[1], [2] *u.* [3]. – **II** *adj fig.* swaying: **mit** ~**en Hüften** with swaying hips; **einen** ~**en Gang haben** to have a rolling gait, to sway one's hips (when walking); **mit** ~**en Schritten gehen** to walk with a sway (*od.* rolling gait).

'**Wie·gen|,druck** *m* ⟨-(e)s; -e⟩ *print.* incunabulum. — ~**,fest** *n humor.* birthday. — ~**,kind** *n* infant in the cradle, baby. — ~**la,fet·te** *f mil.* cradle carriage. — ~**,lied** *n* lullaby, cradlesong, berceuse (*lit*).

'**Wie·ge,platz** *m* (*beim Pferderennen*) weighing-in room.

'**Wie·ger** *m* ⟨-s; -⟩ weigher: **vereidigter** ~ sworn weigher.

'**Wie·ge|,schein,** ~**,zet·tel** *m econ.* weight note (*od.* certificate).

wie·hern ['viːərn] **I** *v/i* ⟨h⟩ **1.** (*vom Pferd*) neigh, whinny, *auch* whicker. – **2.** *fig. colloq.* guffaw, hee-haw, *Am.* horselaugh: **er wieherte vor Lachen** he guffawed (*od.* brayed) with laughter. – **II W~** *n* ⟨-s⟩ **3.** *verbal noun.* – **4.** (*eines Pferdes*) neigh, whinny, *auch* whicker. – **5.** *fig. colloq.* guffaw, hee-haw, horselaugh. — '**wie·hernd I** *pres p.* – **II** *adj* ~**es Gelächter** *fig. colloq.* guffaw, horselaugh, hee-haw, bray of laughter. – **III** *adv* ~ **lachen** *fig. colloq.* to guffaw, to hee-haw, *Am.* to horselaugh.

Wiek [viːk] *f* ⟨-; -en⟩ *geogr.* (*an dt. Küsten*) cove, small bay.

'**Wie·lands,lied, das** ⟨-(e)s; *no pl*⟩ (*literature*) the Lay of Wieland.

Wie·ling ['viːlɪŋ] *f* ⟨-; -e⟩ *mar.* pudding fender, fender of old ropes.

Wie·men ['viːmən] *m* ⟨-s; -⟩ *Low G. and Western G.* **1.** lath stand. – **2.** (hen)roost, perch.

Wie·ner[1] ['viːnər] **I** *m* ⟨-s; -⟩ Viennese: **die** ~ the Viennese. – **II** *adj* ⟨*invariable*⟩ Viennese, of Vienna: → **Kongreß** 2; **Schnitzel**[1]; **Sezession**; **Walzer**[1]; **Würstchen** 1.

'**Wie·ner**[2] *n* ⟨-s; -⟩ *meist pl colloq.* wiener, *Am. auch* weiner, *Am. sl.* wienie, weenie.

'**Wie·ne·rin** *f* ⟨-; -nen⟩ Viennese (woman *od.* girl).

'**wie·ne·risch I** *adj* Viennese, of Vienna. – **II** *ling.* **W~** ⟨*generally undeclined*⟩, **das W~e** ⟨-n⟩ Viennese, the Viennese dialect.

'**Wie·ner·le** [-lə] *n* ⟨-s; -⟩ *dial. for* **Wiener**[2].

'**wie·nern** *v/t* ⟨h⟩ *colloq.* (*Auto, Fußboden etc*) polish.

'**Wie·ner,stadt, die** *f* ⟨-; *no pl*⟩ *colloq.* Vienna.

Wie·pe ['viːpə] *f* ⟨-; -n⟩ *Low G. for* **Strohwisch.**

wies [viːs] *1 u. 3 sg pret of* **weisen.**

'**Wies,baum** *m agr. cf.* **Heubaum.**

Wie·se ['viːzə] *f* ⟨-; -n⟩ *agr.* meadow: **grüne [saftige]** ~**n** green [succulent] meadows; **einschürige [zweischürige]** ~ meadow of one cut [two cuts]; **Kühe weideten auf der** ~ cows grazed in the meadow.

'**Wie·se,baum** *m agr. cf.* **Heubaum.**

wie'sehr [vi-] *conj Austrian* however, no matter how: ~ **er sich auch bemühte** however hard he tried.

Wie·sel ['viːzəl] *n* ⟨-s; -⟩ **1.** *zo.* weasel (*Gattg Mustela*): **Großes** ~ *cf.* **Hermelin**[1] 1; **Kleines** ~ *cf.* **Mauswiesel**; **er rannte wie ein** ~ *fig.* he ran like a hare, he hared along; **flink wie ein** ~ *fig.* a) (*beim Laufen*) (as) fast as a hare, b) (*bei einer Tätigkeit*) (as) quick as a flash. – **2.** *tech.* (*für Skipisten*) snowcat. — ~**,af·fe** *m zo. cf.* **Flattermaki.** — **w~,ar·tig** *adj* musteline. — ~**,kat·ze** *f cf.* **Jaguarundi.** — ~**le,mur,** ~**,ma·ki** *m* sportive lemur (*Gattg Lepilemur*): **Großer** ~ weasel lemur, *auch* nattock (*L. mustelinus*).

'**wie·seln** *v/i* ⟨sein⟩ scuttle, scurry.

'**Wie·sen|,bach** *m* brook, rill. — ~**,bau** *m* ⟨-(e)s; *no pl*⟩ *agr.* grassland (*od.* grass) farming. — ~**,blu·me** *f bot.* meadow flower. — ~**,bocks,bart** *m* yellow goatsbeard (*Tragopogon pratensis*). — ~**,cham·pi·gnon** *m* meadow mushroom, champignon (*Agaricus campestris*). — ~**,eg·ge** *f agr.* chain harrow. — ~**,erz** *n min. cf.* **Raseneisenerz.** — ~**,eu·le** *f zo. cf.* **Sumpfohreule.** — ~**,flocken,blu·me** (*getr.* -k·k-) *f bot.* brown-rayed knapweed (*Centaurea jacea*). — ~**,fuchs,schwanz** *m,* ~**,fuchs,schwanz,gras** *n* meadow foxtail (*Alopecurus pratensis*). — ~**,gras** *n cf.* **Glatthafer.** — ~**,grund** *m* **1.** low-lying meadowland. – **2.** meadowed valley. — ~**,ha·fer** *m bot.* **1.** meadow oat grass, *auch* meadow oat (*Avena pratensis*). – **2. Hoher** ~ tall oat grass, tall meadow oat (*Arrhenatherum elatius*). – **3.** *cf.* **Goldhafer.** — ~**,hum·mel** *f zo.* meadow bumblebee (*Bombus pratorum*). — ~**,ker·bel** *m bot.* wild chervil (*od.* cicely) (*Anthriscus silvestris*). — ~**,klee** *m* (red *od.* purple) clover (*Trifolium pratense*). — ~**,knar·re** *f,* ~**,knar·rer** *m* ⟨-s; -⟩ *m zo. cf.* **Wachtelkönig.** — ~**,knopf** *m bot.* burnet (*Gattg Sanguisorba*): **Großer** ~ greater burnet (*S. officinalis*); **Kleiner** ~ lesser (*od.* salad) burnet (*S. minor*). — ~**,knö·te·rich** *m cf.* **Schlangenwurz.** — ~**,kohl** *m cf.* **Kohl(kratz)distel.** — ~**,kö·ni·gin** *f cf.* **Mädesüß.** — ~**,kres·se** *f cf.* **Wiesenschaumkraut.** — ~**,lab,kraut** *n* common bedstraw (*Galium mollugo*). — ~**,ler·che** *f zo. cf.* **Wiesenpieper.** — ~**,liesch,gras** *n bot.* timothy (grass), cat's-tail, *auch* cat's-tail grass (*Phleum pratense*). — ~**,ot·ter** *f zo.* field otter (*Vipera ursinii*). — ~**,pflan·ze** *f bot.* herbage (*od.* pasture) plant. — ~**,pie·per** *m zo.* meadow pipit, *Br. auch* cheeper (*Anthus pratensis*). — ~**,pip·pau** *m bot.* rough hawk's-beard (*Crepis biennis*). — ~**,platt,erb·se** *f* meadow pea (*Lathyrus pratensis*). — ~**,ral·le** *f zo. cf.* **Wachtelkönig.** — ~**,rau·te** *f bot.* meadow rue (*Gattg Thalictrum*): **Akeleiblätt(e)rige** ~ columbine-leaved meadow rue (*T. aquilegifolium*); **Glänzende** (*od.* **Schmalblätt[e]rige**) ~ glossy meadow rue (*T. lucidum*); **Gelbe** ~ meadow rue (*T. flavum*). — ~**,ris·pen,gras** *n* smooth-stalked meadow grass, Kentucky bluegrass (*Poa pratensis*). — ~**,schaum,kraut** *n* lady's-smock, *auch* lady smock, meadow cress (*Cardamine pratensis*). — ~**,schmät·zer** [-,ʃmɛtsər] *m zo. cf.* **Braunkehlchen.** — ~**,schna·ke** *f* tipula (*Gattg Tipula*). — ~**,schnar·cher** *m,* ~**,schnar·re** *f,* ~**,schnärz** [-,ʃnɛrts] *m* ⟨-es; -e⟩ *cf.* **Wachtelkönig.** — ~**,schwin·gel** *m bot.* meadow fescue (*Festuca pratensis*). — ~**,sieg,wurz** *f* meadow gladiolus (*Gladiolus segetum u. palustris*). — ~**,sil·ge** *f* meadow pepper (*Silaum silaus*). — ~**,tal** *n* meadowed valley. — ~**,wachs** *m* ⟨-es; *no pl*⟩ *obs. od. dial.* meadow yield, grass crop. — ~**,wal·ze** *f agr.* meadow roller. — ~**,wei·he** *f zo.* Montagu's harrier (*Circus pygargus*). — ~**,wirt·schaft** *f agr. cf.* **Wiesenbau.** — ~**,wu·cher,blu·me** *f bot.* (oxeye) daisy, *auch* ox-eyed daisy, white daisy (*Chrysanthemum leucanthemum*).

'**Wies,land** *n* ⟨-(e)s; *no pl*⟩ *Swiss for* **Wiese.**

wie'so [vi-] *interrog adv* **1.** why: ~ **kommst du (eigentlich) jetzt erst?** why are you only coming now? how is it (*od.* how does it happen) that (*od. colloq.* how come) you are coming only now? **warst du oben im Zimmer?** — **W~?** were you in the room upstairs?—Why (do you ask)? **das kannst du doch nicht tun.** — **W~ nicht?** you can't do that.—Why not? – **2.** how: ~ **ist die Sicherung durchgebrannt?** how did the fuse (*Am. auch* fuze) blow? how come the fuse blew? (*colloq.*); ~ **weißt du das?** how do you know (that)? how is it that (*od. colloq.* how come) you know that? **das hast du falsch gemacht.** — **W~?** you did that wrong. — How (so)? (*od.* Why so? *colloq.* How come?); **Peter kommt heute abend.** — **W~? Ich denke, er ist in Paris** Peter is coming tonight. — How is (*od.* how's) that (*od.* how so, *colloq.* how come)? I thought he was in Paris.

'**Wies,wachs** *m* ⟨-es; *no pl*⟩ *obs. od. dial. cf.* **Wiesenwachs.**

wie·ten ['viːtən] *v/t u. v/i* ⟨h⟩ *Low G. dial.* weed.

wie·viel [vi'fiːl; 'viː,fiːl] *interrog adv* **1.** (*allgemein od. vor sg*) how much: ~ **kostet das?** how much is that? ~ **hast du dafür bezahlt?** how much (*od.* what) did you pay for that? ~ **ist drei mal vier?** how much (*od.* what) is three times four? **ich weiß nicht** ~ I do not know how much; ~ **Uhr ist es?** what time is it? what is the time? ~ **Schönes habe ich auf dieser Reise gesehen!** how many beautiful things I saw on this journey! – **2.** (*vor pl*) how many: ~ **Einwohner hat München?** how many inhabitants has Munich? ~ **Schüler sind in deiner Klasse?** how many pupils are there in your class? – **3.** (*betont*) ~ **einfacher wäre es, wenn** how much simpler it would be if; (um) ~ **mehr müßte er dafür dankbar sein** how much more ought he to be thankful for it.

wie'vie·ler'lei *indef pron* of how many different kinds.

wie'viel,mal *interrog adv* how often, how many times.

wie·vielt [vi'fiːlt; 'viː,fiːlt] *adj* **das** ~**e Mal hat er heute gefehlt?** how many times has he been absent so far (*od.* up to now)? **der** ~**e Band ist es?** which volume is it? **als** ~**er (Läufer) ist er durchs Ziel gegangen?** what place did he come (in)? **am** ~**en August hat er Geburtstag?** what date (*od.* when) in August is his birthday?

Wie·viel·te [vi'fiːltə; 'viː,fiːltə] *m* ⟨-n; *no pl*⟩ (*in Wendungen wie*) **den** ~**n haben wir heute? der** ~ **ist heute?** what date (*od.* what day of the month) is it (today)? what's the date (today)?

wie'weit [vi-] *adv u. conj cf.* **inwieweit.**

wie'wohl [vi-] *conj cf.* **obwohl.**

Wig·wam ['vɪkvam] *m* ⟨-s; -s⟩ wigwam, Red Indian hut, (*indianisch*) tepee.

Wi·king ['viːkɪŋ] *m* ⟨-s; -er⟩, '**Wi·kin·ger** *m* ⟨-s; -⟩ *hist.* Viking.

'**Wi·kin·ger|,schiff** *n hist.* Viking ship. — ~**,zeit** *f* age of the Vikings, Viking age.

'**wi·kin·gisch** *adj* of the Vikings.

Wi·kli·fit [vɪkli'fiːt] *m* ⟨-en; -en⟩ *relig.* (*Anhänger Wyclifs*) lollard, Wycliffite, *auch* Wyclifite, Wyclif(f)ist.

Wi·la·jet [vila'jɛt] *n* ⟨-(e)s; -s⟩ (*türk. Verwaltungsbezirk*) vilayet.

wild [vɪlt] **I** *adj* ⟨-er; -est⟩ **1.** (*nicht domestiziert*) wild, savage: ~**e Schwäne** wild swans; ~**e Tiere** (*Raubtiere*) wild animals (*od.* beasts); ~ **werden** to go (*od.* become, run) wild. – **2.** (*Blume etc*) wild: ~**er Wald** natural forest; ~ **vorkommen** to occur in the wild state; ~ **wachsen** to grow wild. – **3.** (*unzivilisiert, im Naturzustand lebend*) savage, wild: **ein** ~**er Stamm** a savage tribe; **die** ~**en Sitten dieses Volkes** the savage customs of this people; ~**er Mann** (*Schreckgespenst*) bugbear, bugaboo, bo(o)g(e)yman; **die Menschen in dieser Gegend leben noch völlig** ~ the people in this region are still quite savage. – **4.** (*unkultiviert, noch nicht von Menschenhand berührt*) wild, rugged, savage: **ein** ~**es Gebirgstal** a wild mountain valley; ~**er Boden** *agr.* virgin soil. – **5.** *fig.* (*sehr lebhaft und laut*) wild, boisterous, obstreperous, (*von Mädchen*) *auch* tomboyish, hoydenish: **ein** ~**es Kind** a wild (*od.* an unruly) child; ~**e Spiele** wild games; **seid nicht so** ~! stop that horseplay! – **6.** *colloq.* (*wütend*) 'mad' (*colloq.*), raging, furious: **j-n** ~ **machen** to make s.o. mad (*colloq.*), to get s.o.'s goat (*sl.*), to exasperate (*od.* infuriate, madden) s.o.; **mach mich nicht** ~! don't exasperate me! **als er das hörte, wurde er gleich** ~ when he heard that he saw red (*od.* he went off the deep end, *colloq.* he flew off the handle, he hit the ceiling [*od.* roof], he got mad); **wenn man das sieht, könnte man** ~ **werden** it is maddening (*od.* infuriating) to see that. – **7.** (ganz) ~ **auf** (*acc*) **etwas [j-n] sein** *fig. colloq.* to be (quite) crazy (*od. colloq.* wild, mad, daft) about s.th. [s.o.]. – **8.** *fig.* (*ungezügelt*) wild: **eine** ~**e Horde [Bande]** a wild horde

[lot]; ~e Musik wild music; ~es Treiben [Geschrei] wild activity (*od. colloq.* goings-on *pl*) [screaming]; → Heer 5; Jagd 2; Jäger 1; Mann 2. – **9.** *fig.* (*ungebändigt*) wild: ~e Leidenschaft [Blicke, Verwünschungen] wild passion [looks, curses]; ~e See wild (*od.* tempestuous) sea; ein ~er Sturm der Entrüstung a wild (*od.* fierce) storm of indignation. – **10.** *fig.* (*zügellos*) wild: ein ~es Leben führen to lead a wild life; er hat eine ~e Phantasie he has a wild imagination; hier herrschen ja ~e Sitten it is pretty wild here; → Westen 2. – **11.** *fig.* (*wahnsinnig*) wild: ~es Lachen wild laughter; er rannte wie ~ he ran like mad (*colloq.*). – **12.** *fig.* (*abenteuerlich*) wild, fantastic: ~e Vermutungen [Geschichten] wild guesses [stories]. – **13.** *fig.* (*äußerst heftig*) wild, frenzied, frantic, fierce: ein ~er Kampf entbrannte a wild fight broke out. – **14.** *fig.* (*ungeordnet*) wild: ein ~es Durcheinander a wild mess (*od.* disorder); in ~er Flucht in wild (*od.* [a] headlong) flight, in a rout. – **15.** *fig.* (*ungepflegt, wirr*) wild: ein ~er Bart a wild beard; das Haar hing ihm ~ in die Stirn his hair hung wild on his forehead. – **16.** *fig.* (*nicht ordnungsgemäß*) unauthorized *Br. auch* -s-: ~es Parken [Zelten] unauthorized parking [camping]; ~er Handel *econ.* illicit (*od.* uncontrolled, under-the-counter) trade; → Ehe 1. – **17.** das ist (ja nur) halb so ~ *fig. colloq.* it is not as bad as all that. – **18.** *nucl. phys.* (*Strahlen*) spurious. – **19.** *bot.* wild: ~e Triebe *hort.* rank shoots, proud branches; W~er Reis wild rice; W~er Wein Virginia creeper, *auch* American ivy, woodbine (*Parthenocissus quinquefolia*); → Indigo 2. – **20.** ~es Fleisch *med.* proud flesh, granulations *pl* (*scient.*). – **21.** ~es Gestein (*mining*) dead rock, barren ground. – **II** *adv* **22.** *fig.* (*außer sich*) wildly: er blickte ~ um sich he looked (a)round him wildly; ~ um sich schlagen to lash out wildly; ~ auflachen to give a wild laugh. – **23.** ~ drauflosreden *fig. colloq.* to talk without thinking; ~ drauflosschreiben *fig. colloq.* to write furiously (*od. colloq.* madly) without thinking. – **24.** *fig.* (*ungeordnet*) wildly: seine Haare waren ~ zerzaust his hair was wildly tousled; es ging alles ~ durcheinander there was a wild free-for-all; alles ~ durcheinanderwerfen to make a complete muddle of everything.

Wild *n* ⟨-(e)s; *no pl*⟩ **1.** *hunt.* game: ein Stück ~ a) a head of game, b) (*Rotwild*) a deer; verfolgtes ~ quarry; wie ein gehetztes ~ like an animal at bay. – **2.** *gastr.* (*Wildfleisch*) a) game, b) (*vom Hochwild*) venison. — **w~arm** *adj* with a low game population, poor in game. — **~ˌar·mut** *f* lack of game. — **~ˌart** *f zo.* (*einer Zuchtrasse*) original.

ˈWildˌbach *m* (mountain) torrent. — **~verˌbau·ung** *f* (*im Gebirge*) regulation of a (mountain) torrent.

ˈWildˌbad *n* thermal spa.

ˈWild|ˌbahn *f* ⟨-; *no pl*⟩ *hunt.* hunting ground (*od.* preserve): in freier ~ a) in an unenclosed hunting ground, b) in the wild. — **~ˌbann** *m hist.* **1.** right(s *pl*) of shooting (*od.* hunting), right to keep a preserve. – **2.** *cf.* Jagdgebiet. — **~beˌstand** *m* game population, stock of game.

ˈWildˌbeu·ter [-ˌbɔytər] *pl anthrop.* game hunters.

ˈWildˌbra·ten *m gastr.* **1.** (*als Gericht auf der Speisekarte*) roast venison. – **2.** (*Bratenstück*) roast of venison.

ˈWildˌbret [-ˌbrɛt] *n* ⟨-s; *no pl*⟩ *gastr. hunt. cf.* Wild 2.

ˈWild|ˌdieb *m jur. cf.* Wilderer. — **w~ˌdieben** [-ˌdiːbən] *v/i* ⟨*insep*, ge-, h⟩ poach. — **~die·beˈrei** [ˌvɪlt-] *f* ⟨-; -en⟩, **~ˌdiebˌstahl** *m* ⟨-(e)s; ⸚e⟩ **1.** ⟨*only sg*⟩ poaching. – **2.** poaching offence (*Am.* offense).

Wil·de[1] [ˈvɪldə] *m, f* ⟨-n; -n⟩ **1.** savage: unter ~n leben to live with savages; der edle ~ (*literature*) the noble savage; hausen wie die ~n *colloq.* a) (*wohnen*) to live like savages, b) (*Verwüstungen anrichten*) to behave like savages; angeben wie zehn nackte ~ *colloq.* to show off like nobody's business (*colloq.*). – **2.** wie ein ~r *colloq.* like mad (*colloq.*): die Kinder tobten wie die ~n *colloq.* the children carried on (*od.* tore around) like mad (*colloq.*); sich wie ein ~r gebärden *colloq.* to act like a wild man. – **3.** *Swiss colloq.* (*parteiloser Abgeordneter*) nonparty (*Br.* non-party, cross-bench) politician, politician without party affiliation.

ˈWil·de[2] *f* ⟨-; *no pl*⟩ *obs. for* Wildnis.

ˈWil·deˌbeest [-ˌbeːst] *n* ⟨-(e)s; -e⟩ *zo. cf.* Weißschwanzgnu.

wil·deln [ˈvɪldəln] *v/i* ⟨h⟩ *gastr.* (*vom Wildbret*) (have a) taste of venison, taste gamy (*auch* gamey), have a gamy (*auch* gamey) taste (*od.* flavor, *bes. Br.* flavour).

ˈWildˌen·te *f zo.* wild duck.

wil·den·zen [ˈvɪldɛntsən] *v/i* ⟨h⟩ *dial. for* wildeln.

Wil·deˈrei *f* ⟨-; -en⟩ *jur. cf.* Wilddieberei. — **ˈWil·de·rer** *m* ⟨-s; -⟩ poacher. — **wil·dern** [ˈvɪldərn] **I** *v/i* ⟨h⟩ **1.** *jur.* (*von Menschen*) poach. – **2.** die Hunde begannen zu ~ the dogs began to hunt the game. – **3.** (*von Tieren*) revert to a wild (*od.* savage) state. – **II W~** *n* ⟨-s⟩ **4.** *verbal noun.* – **5.** *cf.* Wilddieberei 2. — **ˈwil·dernd I** *pres p.* – **II** *adj* (*Hund, Katze etc*) hunting.

ˈWildˌesel *m zo.* African wild ass (*Equus asinus*): Nubischer ~ Nubian ass (*Equus asinus africanus*).

ˈWildˌfang *m* **1.** *hunt.* a) trapping of game, b) contrivance for trapping deer, c) *animal such as hawk, horse, born in the wild state, but afterwards captured and tamed.* – **2.** *fig. colloq.* imp, little rascal (*od.* monkey), romp, (*ausgelassenes Mädchen*) tomboy, hoyden, minx.

ˈWild|ˌfeu·er *n bot.* (*des Tabaks*) tobacco wildfire. — **~ˌfleisch** *n gastr. cf.* Wild 2. — **~ˌflo·ra** *f bot. cf.* Wildpflanzen. — **~ˌform** *f* (*einer Kulturpflanze*) original (form), typical (*od.* wild) form. — **~ˌfraß** *m hunt. cf.* Wildschaden. — **w~ˈfremd** *adj colloq.* completely strange: ein ~er Mann a complete (*od.* an absolute) stranger. — **~ˌfüt·te·rung** *f hunt.* feeding of game. — **~ˌgans** *f zo.* wild goose. — **~ˌgar·ten** *m hunt. small game park in which deer are kept.* — **~ˌgat·ter** *n* **1.** game fence. – **2.** *hunt.* game preserve. — **~geˌhe·ge** *n hunt.* game enclosure, game preserve. — **~ˌger·ste** *f bot.* wild rye (*Gattg Elymus*). — **~geˌruch** *m* gamy (*auch* gamey) smell, smell (*od.* odor, *bes. Br.* odour) of venison. — **~geˌschmack** *m* taste of venison, gamy (*auch* gamey) taste (*od.* flavor, *bes. Br.* flavour). — **~ˌgru·be** *f* pit for trapping game, pitfall. — **~ˌha·fer** *m bot. cf.* Flughafer. — **~ˌhänd·ler** *m* dealer in game. — **~ˌhaut** *f* overseas (*od.* exotic) hide. — **~ˌhe·ge** *f hunt.* care and protection of game. — **~ˌhe·ger** *m* gamekeeper.

ˈWild·heit *f* ⟨-; *no pl*⟩ **1.** (*eines Tieres*) wildness. – **2.** (*eines Volkes, von Sitten etc*) savagery, savageness. – **3.** (*einer Gegend, Landschaft etc*) wildness, ruggedness, savagery. – **4.** *fig.* (*von Spielen, Kindern etc*) wildness, boisterousness: ihre ~ bereitete der Mutter große Sorgen her wildness (*od.* unruliness, tomboyishness) caused her mother great trouble. – **5.** *fig.* (*Charakterzug eines Menschen*) wildness. – **6.** *fig.* (*großer Zorn*) exasperation. – **7.** *fig.* (*von Musik, Blicken, Leidenschaft etc*) wildness. – **8.** *fig.* (*von Kampf, Streit etc*) wildness, frenzy, fierceness, ferocity, ferociousness.

ˈWild|ˌhüh·ner *pl zo.* wildfowl (*Gattg Gallus*). — **~ˌhü·ter** *m hunt.* gamekeeper. — **~ˌkalb** *n* fawn. — **~kaˌnin·chen** *n zo.* (wild) rabbit (*Oryctolagus cuniculus*). — **~ˌkan·zel** *f hunt. cf.* Hochsitz. — **~ˌkat·ze** *f zo.* wildcat. — **~ˌkau·tschuk** *m* (*rubber*) wild rubber. — **w~ˌle·bend** *adj zo.* (*Tier*) wild, feral, undomesticated.

ˈWildˌle·der *n* a) doeskin, b) buckskin, c) (*Ziegenleder, aber auch allgemein*) suede, suède: sie trug einen Rock aus ~ she wore a suede skirt. — **~ˌhandˌschuh** *m* suede (*od.* suède) glove. — **~imi·ta·tiˌon** *f* (imitation) suede (*od.* suède), suede cloth.

ˈwildˌle·dern *adj* a) (*wenn wirklich vom Wild*) (made) of doeskin (*od.* buckskin), b) (made) of suede (*od.* suède).

ˈWildˌle·derˌschuh *m meist pl* suede (*od.* suède) shoe.

Wild·ling [ˈvɪltlɪŋ] *m* ⟨-s; -e⟩ **1.** *hort.* (*zur Veredelung*) (under)stock, wilding. – **2.** *zo.* animal in its wild state. – **3.** *fig. cf.* Wildfang 2.

ˈWild·nis *f* ⟨-; -se⟩ **1.** wilderness, wild, waste. – **2.** *fig.* wilderness: der Garten war die reinste ~ the garden was an absolute wilderness.

ˈWild|ˌpark *m hunt.* game preserve, deer park. — **~ˌpfad** *m* deer path, run(way), trail. — **~ˌpferd** *n zo.* wild horse. — **~ˌpflan·zen** *pl bot.* wild plants (*od.* vegetation *sg*), wild flora *sg*. — **~ˌpfle·ge** *f hunt. cf.* Wildhege. — **~ˌre·be** *f hort.* (*des Weinstocks*) wild tendril (*od.* shoot).

ˈwildˌreich *adj* abounding in game, with a high game population. — **ˈWildˌreich·tum** *m* ⟨-s; *no pl*⟩ abundance of game.

ˈWild|ˌrind *n zo.* wild cattle. — **w~roˈman·tisch** *adj colloq.* **1.** (*Landschaft, Tal etc*) wild and romantic, romantically wild. – **2.** (*Verhältnis, Liebesgeschichte, Bühnenbild etc*) highly romantic. — **~ˌruf** *m hunt.* huntsman's call (*od.* decoy). — **~ˌsau** *f* **1.** *hunt.* wild sow. – **2.** er fährt wie eine ~ *fig. colloq.* a) (*mit dem Auto*) he drives like a madman (*od.* maniac), b) (*mit dem Motorrad*) he rides like a madman (*od.* maniac), c) (*mit den Skiern*) he skis like a madman (*od.* maniac). — **~ˌscha·den** *m* damage caused by game. — **~ˌschaf** *n* **1.** *zo. cf.* Mufflon. – **2.** *hunt.* (*weibliches Muffelwild*) female wild sheep.

Wil·dschur [ˈvɪltʃuːr] *f* ⟨-; -en⟩ fur wrap.

ˈWild|ˌschütz *m* **1.** poacher. – **2.** „Der ~" *mus.* "The Poacher" (*opera by Lortzing*). – **3.** *obs. for* Jäger 1. — **~ˌschüt·ze** *m cf.* Wildschütz 1. — **~ˌschutz·geˌbiet** *n* game preserve.

ˈWildˌschwein *n zo. hunt.* wild boar (*Sus scrofa*): junges ~ *cf.* Frischling. — **~ˌjagd** *f hunt.* boar hunting.

ˈWild|ˌspur *f hunt.* track (*od.* scent, trail, spoor) of game. — **~ˌstand** *m cf.* Wildbestand. — **~ˌtau·be** *f zo.* wild pigeon. — **~ˌvö·gel** *pl* wildfowl. — **w~ˌwach·send** *adj bot.* (*Pflanze*) wild.

ˈWildˌwas·ser *n* (mountain) torrent. — **~ˌfah·ren** *n* (*beim Kanusport*) rapid-river canoeing. — **~ˌfah·rer** *m*, **~ˌfah·re·rin** *f* rapid-river canoeist. — **~ˌstrecke** (*getr.* -k·k-) *f* rapid-river course.

ˈWildˌwech·sel *m* **1.** *hunt.* deer path, trail, run(way). – **2.** (*Verkehrsschild*) Wild animals.

ˌWildˈwest ⟨*invariable*⟩ the Wild (*auch* wild) West: in [aus] ~ in [from] the Wild West. — **~ˌfilm** *m* Western, *auch* western, Wild (*auch* wild) West film, *bes. Am. colloq.* horse opera. — **~roˌman** *m* Wild (*auch* wild) West novel, Western, *auch* western.

ˈWildˌzaun *m hunt. cf.* Wildgatter 1.

Wil·helm [ˈvɪlˌhɛlm] *npr m* ⟨-s; *no pl*⟩ *fig. colloq.* (*in Wendungen wie*) den dicken ~ markieren to play (*od.* act) the big white chief (*od. sl.* big shot), to act big (*colloq.*); den feinen ~ spielen to act the nob (*od.* swell) (*sl.*); seinen (Friedrich) ~ druntersetzen (*etwas unterschreiben*) to put one's John Henry (*bes. Am.* John Hancock) on it; ein falscher ~ (*Haarteil*) a switch.

Wil·hel·mi·nisch [vɪlhɛlˈmiːnɪʃ] *adj* ~e Zeit, ~es Zeitalter *hist.* era (*od.* period) of the Emperor William II (*1888—1918*).

will [vɪl] *1 u. 3 sg pres of* wollen[2].

Wil·le [ˈvɪlə] *m* ⟨-ns; *rare* -n⟩ **1.** (*Entschlossenheit, Wollen*) will: ein unbändiger [starker, schwacher] ~ an unbending [a strong, a weak] will; etwas durch eisernen ~n erreichen to achieve s.th. through (*od.* with) an iron will; keinen eigenen ~n haben to have no will of one's own; es ist mein fester ~, es nicht so weit kommen zu lassen I am quite (*od.* absolutely) determined not to let it come to that; es ist sein freier ~ it is his own free will (*od.* choice); etwas aus freiem ~n tun to do s.th. of one's own (free) will (*od.* of one's own accord [*od.* volition]); der ~ zur Macht the will to power; seinen ~n durchsetzen to have (*od.* get) one's (own) way (*od.* one's will); er soll seinen ~n haben, laß ihm doch seinen ~n let him have his way (*od.* will); j-m seinen ~n tun to give s.o. (*od.* let s.o. have) his way (*od.* will); auf seinem ~n bestehen to insist (up)on having one's way (*od.* will); jeder nach seinem ~n each (man) in his own way; wenn es nach seinem ~n ginge if he had (it) his way, if he had his will; j-s ~n brechen to break s.o.'s will; sich j-s ~n beugen to bend (*od.* yield) to s.o.'s will; etwas gegen j-s ~n durchsetzen to have s.th. carried out against s.o.'s will; gegen j-s ~n handeln to act against s.o.'s will; es ge-

schah gegen meinen ~n it was done against my will; **des Menschen ~ ist sein Himmelreich** (*Sprichwort*) *etwa* a man's mind is his kingdom; **wo ein ~ ist, ist auch ein Weg** (*Sprichwort*) where there's a will, there's a way (*proverb*). – **2.** (*Wunsch, Befehl*) will: **der ~ Gottes** the will of God, God's will; **dein ~ geschehe** *Bibl.* Thy will be done; **ganz nach Ihrem ~n** (just) as you wish (*od.* please); **j-m zu ~n sein** a) to comply with s.o.'s wishes, (*stärker*) to submit (*od.* yield) to s.o., b) (*sich j-m hingeben*) to give oneself (*od.* to yield) to s.o.; **sich** (*dat*) **j-n zu ~n machen** a) to bend s.o. to one's will, b) (*eine Frau*) to force s.o. to yield to one; → **Wunsch** 1. – **3.** (*Absicht, Vorsatz*) will, intention: **das geschah ohne bösen ~n** this was done without ill will; **(den) guten ~n zeigen** to show one's good intention, to show that there is no ill feeling; **es fehlt ihm nur an gutem ~n** he just lacks (the) good will; **mit einigem guten ~n** with a certain amount of good will; **er ist guten ~ns** he is willing; **den guten ~n für die Tat nehmen** to take the (good) will (*od.* intention) for the deed; **er hat den redlichen ~n, seine Sache gut zu machen** he does his best (*od.* genuinely endeavo[u]rs) to do good work; **beim besten ~** with the best will in the world, with the best of wills; **ich kann Ihnen in dieser Angelegenheit beim besten ~n nicht helfen** I cannot help you in this affair much as I should like to; **ich konnte gestern beim besten ~n keine Hausaufgaben machen** I simply could not do my homework yesterday, try as I might; **ich kann mich beim besten ~ nicht an seinen Namen erinnern** I can't remember his name for the life of me, I can't for the life of me remember his name; **wann ich zurück sein werde, kann ich beim besten ~n noch nicht sagen** I cannot say when I shall be back, much as I regret it (*od.* much to my regret); **trotz besten ~ns** despite all one's will (and effort); **es ist mein fester ~** it is my firm intention; **er hat den festen ~n, das zu tun** he is (firmly) intent (*od.* bent) (up)on doing that; **er mußte wider ~n lachen** he couldn't help laughing, he couldn't but laugh; **etwas mit ~n tun** to do s.th. on purpose (*od.* deliberately, purposely, intentionally); **nach dem ~n des Architekten sollte hier eine Tür sein** it was the architect's intention to have a door here. – **4.** (*Einwilligung*) consent, assent, permission: **es geschah ohne seinen ~n** it happened without his consent; → **Wissen** 2. – **5.** *philos.* will, volition: **der freie ~** free will. – **6. letzter ~** *jur.* will: **mein letzter ~** this is my last will and testament.

Wil·lem [ˈvɪləm] *npr m* ⟨-s; *no pl*⟩ *Northern G. fig. colloq. cf.* **Wilhelm.**

Wil·le·mit [vɪleˈmiːt; -ˈmɪt] *m* ⟨-s; *no pl*⟩ *min.* willemite.

Wil·len [ˈvɪlən] *m* ⟨-s; *rare* -⟩ *cf.* **Wille.**

ˈ**wil·len** → **um** 10.

ˈ**wil·len·los** *adj* **1.** will-less, lacking will(power) (*Br.* will[-power]): **ein ~er Mensch** a will-less person; **er ist völlig ~** he has no will of his own, he completely lacks willpower; **j-m ~ die Führung überlassen** to submit meekly to s.o.'s leadership; **sich ~ einer Leidenschaft hingeben** to yield (*od.* submit) to a passion; → **Werkzeug** 5. – **2.** *psych.* abulic, *auch* aboulic. — ˈ**Wil·len·lo·sig·keit** *f* ⟨-; *no pl*⟩ **1.** will-lessness, lack of will(power) (*Br.* will[-power]). – **2.** *psych.* ab(o)ulia.

ˈ**wil·lens** *adj* ⟨*pred*⟩ **~ sein** to be willing, to be prepared, to be ready: **er war ~, die Verantwortung zu übernehmen** he was willing to take the responsibility.

ˈ**Wil·lens|ˌakt** *m* act of volition, voluntary action. — **~ˌän·de·rung** *f* ⟨-; *no pl*⟩ change of mind. — **~ˌanˌspan·nung, ~ˌanˌstren·gung** *f* ⟨-; *no pl*⟩ effort of will(power) (*Br.* will[-power]): **durch äußerste ~** by an extreme effort of will(power). — **~ˌäu·ße·rung** *f* expression of one's will. — **~·beˌstim·mung** *f* **1.** *bes. psych.* (free) determination of one's intent. – **2.** *jur.* testamentary disposition, disposition by will. — **~·ˌbil·dung** development (*od.* formulation) of objectives: **die Parteien dienen der politischen ~** the political parties serve to develop (the) political objectives. — **~entˌschei·dung** *f* voluntary decision, volition: **freie ~** freewill (*Br.* free-will) decision. — **~erˌklä·rung** *f jur.* declaration of intention, declaratory act. — **~ˌfra·ge** *f* question of will(power) (*Br.* will[-power]). — **~ˌfrei·heit** *f* ⟨-; *no pl*⟩ *bes. philos.* freedom of (the) will, free will. — **~ˌkraft** *f* ⟨-; *no pl*⟩ will(power), *Br.* will(-power), volition, strength of will (*od.* mind): **er hat überhaupt keine ~** he has no will at all, he is so weak-willed; **verringerte [übersteigerte] ~** *psych.* hypobulia [hyperbulia]. — **~ˌkundˌge·bung** *f cf.* **Willensäußerung.** — **~ˌläh·mung** *f* ⟨-; *no pl*⟩ paralysis of the will. — **~ˌlen·kung** *f* ⟨-; *no pl*⟩ influence (*od.* influencing) of the will. — **w~ˌmä·ßig I** *adj* volitional. – **II** *adv* **einer Sache ~ zustimmen** to agree to a thing volitionally. — **~ˌsa·che** *f* matter of will(power) (*Br.* will[-power]). — **w~ˌschwach** *adj* (*Mensch*) weak-willed, dysbulic (*scient.*). — **~·ˌschwä·che** *f* ⟨-; *no pl*⟩ weak will, dysbulia (*scient.*). — **w~ˌstark** *adj* (*Mensch*) strong-willed, strong-minded, purposeful. — **~ˌstär·ke** *f* ⟨-; *no pl*⟩ strong will, strong-mindedness, purposefulness.

ˈ**wil·lent·lich I** *adj* deliberate, intentional. – **II** *adv* on purpose, deliberately, purposely, intentionally.

will·fah·ren [ˌvɪlˈfaːrən; ˈvɪlˌfaːrən] *v/i* ⟨**willfahrt** [ˌvɪlˈfaːrt; ˈvɪlˌfaːrt], **willfahrte** [ˌvɪlˈfaːrtə; ˈvɪlˌfaːrtə], **willfahrt** [ˌvɪlˈfaːrt] *u.* **gewillfahrt** [gəˈvɪlˌfaːrt], h⟩ **1. j-m (in** *dat* **etwas) ~** a) to comply with s.o.('s wishes) (in s.th.), b) (*um ihn bei Laune zu halten*) to please (*od.* humor, *bes. Br.* humour) s.o. (with s.th.). – **2. j-s Bitte ~** to comply with (*od.* accede to) s.o.'s wish; **j-s Laune ~** to gratify s.o.'s whim.

will·fäh·rig [ˈvɪlˌfɛːrɪç; ˌvɪlˈfɛːrɪç] **I** *adj* compliant, willing, complaisant, (*stärker*) submissive, obsequious (*contempt.*): **ein ~er Diener** a compliant servant; **j-m ~ sein** to comply with s.o.('s wishes), to be obsequious to(ward[s]) s.o. – **II** *adv* **sich ~ verhalten** to behave compliantly; **er ließ sich ~ zu allem benutzen** *contempt.* he obsequiously allowed himself to be used for everything. — **Will·fäh·rig·keit** [ˈvɪlˌfɛːrɪçkaɪt; ˌvɪlˈfɛːrɪç-] *f* ⟨-; *no pl*⟩ compliance, compliancy, complaisance, (*stärker*) submissiveness, obsequiousness (*contempt.*).

ˈ**wil·lig I** *adj* (*Kind, Schüler etc*) willing: **er zeigte sich sehr ~** he was very willing; **sie ist sehr ~** she is very willing; → **Geist**[1] 1; **Ohr** 3. – **II** *adv* **etwas ~ tun** to do s.th. willingly.

wil·li·gen [ˈvɪlɪgən] *v/i* ⟨h⟩ **in** (*acc*) **etwas ~** *lit.* to consent (*od.* agree, assent, accede) to s.th., to approve (of) s.th.

ˈ**Wil·lig·keit** *f* ⟨-; *no pl*⟩ willingness.

ˈ**Willˌkomm** [-ˌkɔm] *m* ⟨-s; -e⟩ **1.** *cf.* **Willkommen.** – **2.** *cf.* **Willkommbecher.** — **~ˌbe·cher** *m hist.* cup of welcome, loving cup.

ˌ**willˈkom·men** *adj* (*Gast, Gelegenheit, Nachricht etc*) welcome: **du bist mir jederzeit** (*od.* **immer**) **~** you are always welcome (in my home); **j-n (herzlich) ~ heißen** to welcome s.o. (cordially), to bid s.o. (a cordial) welcome; **~ zu Hause!** welcome home (*od.* back)! **herzlich ~!** welcome! **dein Angebot ist mir sehr ~** your offer is very welcome (*od.* acceptable); **eine ~e Abwechslung** a welcome change.

ˌ**Willˈkom·men** *n, auch m, Austrian only n* ⟨-s; -⟩ welcome: **j-m ein (herzliches) ~ bieten** (*od.* **zurufen**) to bid s.o. (a cordial) welcome.

ˌ**Willˈkom·mens|ˌgruß** *m* welcome: **j-m einen ~ zurufen** to bid s.o. welcome; **j-m einen Blumenstrauß als ~ überreichen** to present s.o. with a bouquet as a (token of) welcome. — **~ˌtrunk** *m* cup of welcome.

ˈ**Willˌkür** *f* ⟨-; *no pl*⟩ **1.** despotism: **Kampf gegen ~ und Ungerechtigkeit** struggle against despotism and injustice; **j-s ~ preisgegeben** (*od.* **ausgesetzt**) **sein** to be at s.o.'s mercy; **j-n der ~ seiner Feinde preisgeben** to leave (*od.* abandon) s.o. to the mercy of his enemies. – **2.** (*Selbstherrlichkeit*) *Br.* licence, *Am.* license, arbitrariness: **wenn ich Freiheit sage, dann meine ich nicht ~** when I say liberty I do not mean licence. – **3.** *cf.* **Willkürlichkeit** 1, 2. — **~ˌakt** *m* arbitrary act. — **~beˌwe·gung** *f bes. med. psych.* voluntary movement. — **~ˌhand·lung** *f* idiosyncratic act. — **~ˌherr·schaft** *f* arbitrary rule, despotism, tyranny.

ˈ**willˌkür·lich I** *adj* **1.** (*unbegründet, ungerechtfertigt*) arbitrary: **~e Eingriffe der Staatsgewalt** arbitrary acts of intervention on the part of the state. – **2.** (*beliebig*) random (*attrib*), arbitrary: **eine ~e Auswahl treffen** to make an arbitrary choice, to choose at random. – **3.** (*unbegründet*) ungrounded, unfounded, gratuitous: **dies ist eine völlig ~e Annahme** this is a completely ungrounded assumption. – **4.** *bes. med. psych.* (*vom Willen her bestimmt*) voluntary: **man unterscheidet ~e und unwillkürliche Bewegungen** one differentiates between voluntary and involuntary movements. – **II** *adv* **5.** arbitrarily: **etwas ~ festsetzen** to settle s.th. arbitrarily; **er handelt immer sehr ~** he always acts quite arbitrarily, he always does exactly as he pleases (*od.* likes). – **6.** at random, arbitrarily: **die Kandidaten wurden ganz ~ ausgewählt** the candidates were chosen completely at random. – **7.** without ground. – **8.** *bes. med.* voluntarily: **seine Muskeln ~ entspannen** to relax one's muscles voluntarily. — ˈ**Willˌkür·lich·keit** *f* ⟨-; -en⟩ **1.** ⟨*only sg*⟩ (*Unbegründetsein*) arbitrariness. – **2.** ⟨*only sg*⟩ (*Beliebigkeit*) arbitrariness. – **3.** ⟨*only sg*⟩ (*Unbegründetheit*) gratuitousness. – **4.** ⟨*only sg*⟩ *bes. med.* (*Gelenktsein vom Willen*) voluntariness. – **5.** *cf.* **Willkürakt.**

ˈ**Willˌkürˌmaßˌnah·me** *f meist pl* arbitrary measure.

willst [vɪlst] *2 sg pres of* **wollen**[2].

ˈ**Wil·sonˌkam·mer** [ˈwɪlsn-] (*Engl.*) *f phys.* Wilson (*od.* cloud, *auch* expansion) chamber.

ˈ**Wilt·shireˌschaf** [ˈwɪltʃɪə-] (*Engl.*) *n agr.* Wiltshire (Horn).

wim·meln [ˈvɪməln] *v/i u. v/impers* ⟨h⟩ (**von** with) **1.** (*von Ameisen etc*) swarm, be alive (*od.* crawling), crawl, pullulate: **der Wald wimmelt von Ameisen, im Wald wimmelt es von Ameisen** the wood is swarming with ants. – **2.** (*von Menschen*) swarm, seethe, teem: **im Kaufhaus hat es nur so von Menschen gewimmelt** the department store was teeming with people; **die Straße wimmelt von Menschen** the street is swarming with people. – **3.** *fig.* (*von Dingen*) teem: **in dem Wörterbuch wimmelt es von Fehlern** the dictionary is teeming with mistakes.

wim·men [ˈvɪmən] *Swiss* **I** *v/i* ⟨h⟩ harvest the grapes, vintage. – **II** *v/t* (*Trauben*) harvest, vintage.

Wim·mer[1] [ˈvɪmər] *m* ⟨-s; -⟩ **1.** (*wood*) cross grain. – **2.** *bes. Southern G.* (*kleine Warze*) small wart.

ˈ**Wim·mer**[2] *m* ⟨-s; -⟩ *Swiss* winegrower.

ˈ**Wim·mer**[3] *f* ⟨-; -n⟩ *Swiss* grape harvest, vintage.

ˈ**Wim·me·rer** *m* ⟨-s; -⟩ whimperer.

ˈ**wim·me·rig** *adj* (*oft wimmernd*) whimpering.

ˈ**Wim·merˌka·sten** *m fig. colloq.* tinny (old) piano, *Br. auch* joanna.

Wim·merl [ˈvɪmərl] *n* ⟨-s; -(n)⟩ *Bavarian and Austrian colloq.* **1.** (*Bläschen, Pickel*) pimple, spot. – **2.** (*Tasche am Gürtel der Skifahrer*) pouch, (hunch) bag. – **3.** *humor.* potbelly, paunch.

wim·mern [ˈvɪmərn] **I** *v/i* ⟨h⟩ **1.** whimper: **er wimmerte leise vor sich hin** he whimpered softly to himself; **vor Schmerzen ~** to whimper with pain. – **II W~** *n* ⟨-s⟩ **2.** *verbal noun.* – **3.** whimper. — ˈ**wim·mernd I** *pres p.* – **II** *adj* (*Laut, Ton, Kind etc*) whimpering.

Wim·met [ˈvɪmət] *m* ⟨-s; *no pl*⟩ *Swiss* grape harvest, vintage.

Wim·pel [ˈvɪmpəl] *m* ⟨-s; -⟩ **1.** pennon, *auch* penon. – **2.** *mar.* a) (*dreieckig*) pennant, pennon, *auch* penon, *Br. auch* pendant, b) (*bandartig*) pennant, pennon, *auch* penon, *Br. auch* pendant, streamer. – **3.** (*sport*) flag. — **~ˌausˌtausch** *m* (*sport*) (*vor einem Spiel*) exchange of flags. — **~ˌfisch** *m zo.* flagfish (*Gattg Heniochus*). — **~ˌstan·ge** *f* pennant staff. — **~ˌträ·ger** *m* guidon.

Wim·per [ˈvɪmpər] *f* ⟨-; -n⟩ **1.** eyelash, lash, *Am. auch* eyewinker: **sich** (*dat*) **die ~n tuschen** to mascara (*od.* do up) one's eyelashes; **die ~n senken** to cast one's eyes down; **ohne mit der ~ zu zucken** *fig.*

colloq. without (as much as) batting an eyelid (*sl.*), without turning a hair; → klimpern 2. – **2.** *zo.* cirrus, *auch* cirrhus. — **~epiˌthel** *n zo.* ciliated epithelium. — **~in·fuˌso·ri·en** *pl cf.* Wimpertierchen.

ˈWim·pern|ˌhaar *n cf.* Wimper. — **~ˌtu·sche** *f* (*cosmetics*) mascara.

ˈWim·perˌtier·chen *n zo.* ciliate, infusorian (*Klasse Ciliata*).

Wind [vɪnt] *m* ⟨-(e)s; -e⟩ **1.** wind: frischer [kalter, eisiger, böiger, schneidender, scharfer, starker, warmer] ~ fresh [cold, icy, gusty, biting, sharp, strong, warm] wind; ein lauer (*od.* sanfter, linder) ~ a gentle wind (*od.* breeze); widriger ~ *mar.* adverse (*od.* foul) wind; der ~ weht (*od.* bläst) [tobt, kommt (*od.* frischt) auf, legt sich, springt um] the wind blows [rages, rises, subsides *od.* dies down, changes]; günstiger ~ favo(u)rable (*bes. mar.* fair) wind; ~ von vorn head wind; schwache bis mäßige ~e aus Südwest light to moderate southwesterly winds; gegen den ~ ankämpfen to struggle against the wind; in ~ und Wetter spazierengehen to go out for a walk in all weathers, to go out for a walk in rain, hail or snow; er macht bei ~ und Wetter seinen täglichen Spaziergang he goes out for a walk in all weathers; ~ und Wetter ausgesetzt sein to be exposed to the weather; ~ und Wellen preisgegeben sein to be tossed by the wind and the waves; der ~ pfiff durch die Straßen the wind whistled through the streets; die Fahnen wehten im ~ the flags waved in the wind; am (*od.* beim, dicht am) ~e segeln *mar.* to sail close (*od.* near) to the wind, to sail close-hauled; mit dem ~e *mar.* before (*od.* down) the wind; vor dem ~e *mar.* downwind; vor dem ~e segeln *mar.* to sail before the wind, to run (before the wind); (schnell) wie der ~ (as) fast as the wind; die Nachricht verbreitete sich wie der ~ the news spread like wildfire; der ~ hat sich gedreht *auch fig.* the wind has changed; ein guter ~ hat ihn hierher geweht *fig. colloq.* a lucky chance brought him here; seitdem weht hier ein anderer [schärferer] ~ *fig. colloq.* since then things have (fairly) changed [have been tightened up] here; der junge Lehrer hat ein bißchen frischen ~ in die Schule gebracht *fig.* the young teacher has livened things up a bit in the school; neuen ~ in (*acc*) etwas bringen *fig.* to smarten s.th. up a bit; ein neuer ~ weht durch die Politik *fig.* a new spirit is making itself felt (*od.* is stirring) in politics, the wind of change is blowing through politics; wissen, woher der ~ weht *fig. colloq.* to know how the land lies (*od.* what way the wind is blowing); j-m den ~ aus den Segeln nehmen *fig. colloq.* to take the wind out of s.o.'s sails; das ist ~ in seine Segel *fig. colloq.* that's grist to his mill; in den ~ reden *fig. colloq.* to waste one's breath; das ist alles in den ~ geredet *fig. colloq.* that's (*od.* it's) a (complete) waste of breath; j-m ~ vormachen *fig. colloq.* to pull the wool over s.o.'s eyes; den Mantel nach dem ~ hängen (*od.* drehen), mit dem ~ segeln *fig. colloq.* to trim one's sails to the wind; in den ~ schlagen (*Warnung, Ratschlag etc*) to fling (*od.* throw) (*s.th.*) to the winds; → ernten 1; Nase 2. – **2.** (*Himmelsrichtung*) direction, wind: die Familie ist in alle ~e verstreut the family is scattered to the four winds. – **3.** *hunt.* (*Witterung*) wind, scent: das Wild hat den Jäger im ~ the deer has wind of the hunter; sie haben ~ davon bekommen *fig. colloq.* they have got wind of it. – **4.** *mus.* (*Luft der Orgel*) wind: ~ machen to make wind; mach nicht so viel ~ *fig. colloq.* a) (*mach nicht so ein Theater*) don't make such a fuss (*od.* to-do), b) (*gib nicht so an*) don't talk so big, stop bragging (*od. colloq.* gassing, *Am. colloq.* blowing). – **5.** *med.* (*Darmblähung*) wind; flatus, flatulence (*scient*): er ließ einen ~ fahren (*od.* streichen) *colloq.*, ihm ist ein ~ abgegangen he broke wind, he let one go. – **6.** *metall.* (*im Schmelzbetrieb*) (air) blast. – **7.** *mar.* leichter [schwacher, mäßiger] ~ light [gentle, moderate] breeze; frischer [starker] ~ fresh [strong] breeze; steifer [stürmischer] ~ moderate [fresh] gale.

ˈWind|ˌabˌdrift *f aer. mar.* drift. — **~ˌabˌla·ge·rung** *f geol.* wind-laid (*od. scient.* eolian, *auch* aeolian) deposit. — **~ˌabˌwei·ser** *m auto.* draft (*bes. Br.* draught) deflector. — **~ˌän·de·rung** *f* change of wind. — **~ˌanˌzei·ger** *m* (*beim Segeln*) wind vane. — **~bäckeˌrei** (*getr.* -k·k-) *f Austrian gastr.* (*Schaumgebäck*) meringue. — **~beˌstäu·bung** *f bot.* wind pollination, anemogamy (*scient.*).

ˈWindˌbeu·tel *m* **1.** *gastr.* (*Gebäck*) cream bun (*od.* puff). – **2.** *fig. colloq.* (*leichtsinniger Mensch*) loose fellow (*colloq.*), *Am. colloq.* freewheeler. – **3.** *fig. colloq.* (*Großsprecher*) 'windbag', 'gasbag' (*beide colloq.*), brag(gart), boaster, blusterer, swaggerer. — **ˌWind·beu·teˈlei** *f* ⟨-; -en⟩ *colloq.* (*Prahlerei*) bragging, swaggering.

ˈWind|ˌblat·tern *pl med. cf.* Blattern. — **~ˌblü·ter** [-ˌblyːtər] *m* ⟨-s; -⟩ *bot.* anemogamous plant. — **~ˌbruch** *m* (*forestry*) windbreak, *Br.* wind-break, windslash, *Br.* wind-slash. — **~ˌbüch·se** *f cf.* Luftgewehr. — **~ˌdre·hung** *f* veering of the wind. — **~ˌdruck** *m* ⟨-(e)s; ⁼e⟩ **1.** *metall.* blast pressure. – **2.** *auto.* wind pressure. — **~ˌdruckˌmes·ser** *m metall.* blast pressure meter, blast ga(u)ge. — **~ˌdü·se** *f metall.* blast tuyere (*bes. Br.* tuyère).

Win·de [ˈvɪndə] *f* ⟨-; -n⟩ **1.** *tech.* a) winch, b) (*Seilwinde*) rope (*od.* cable) winch, c) (*Schraubenwinde*) (screw) jack, d) (*Heber*) lifting jack, hoist. – **2.** *mar.* a) (*Ankerwinde*) windlass, b) (*Gangspill*) capstan, (*tragbare*) crab. – **3.** (*Garnrolle*) reel. – **4.** *bot.* a) bindweed (*Gattg Convolvulus*), b) small bearbind, combine (*C. arvensis sepium*), c) bellbind, hedge bindweed (*Calystegia sepium*).

ˈWindˌei *n* **1.** *zo. cf.* Fließei. – **2.** *med. cf.* Mole[2]. – **3.** *fig. colloq. cf.* Niete 2.

ˈWindˌei·sen *n tech.* tap wrench.

Win·del [ˈvɪndəl] *f* ⟨-; -n⟩ *Am.* diaper, *bes. Br.* (baby's) napkin, *bes. Br. colloq.* nappy, nappie: die ~n wechseln to change the baby('s nappy); damals lagst du noch in ~n you were still in nappies at the time; die Sache ist (*od.* liegt) noch in den ~n *fig. colloq.* the matter is still in swaddling clothes (*od.* in its infancy). — **~ekˌzem** *n med.* diaper (*bes. Br.* napkin) rash.

win·deln [ˈvɪndəln] *v/t* ⟨h⟩ *cf.* wickeln 4, 5.

ˈwin·delˈweich *adj only in* j-n ~ schlagen *colloq.* to beat s.o. to pulp (*colloq.*), to beat s.o. black and blue.

win·den[1] [ˈvɪndən] **I** *v/t* ⟨windet, wand, gewunden, h⟩ **1.** etwas um etwas [j-n] ~ to wind s.th. (a)round s.th. [s.o.]: eine Schärpe als Dekoration um etwas ~ to wind a sash (a)round s.th. as a decoration; j-m Lorbeer um die Stirn ~ to wreathe s.o.'s temples with laurels; die Arme um j-n ~ to clasp one's arms (a)round s.o. – **2.** (*Kränze*) bind, make: Blumen zu einem Kranz ~, aus Blumen einen Kranz ~ to bind flowers into a wreath, to make a wreath out of flowers. – **3.** j-m etwas aus den Händen ~ to wrench (*od.* wrest) s.th. out of s.o.'s hands. – **4.** (*mit einer Winde befördern*) hoist (*s.th.*) (up), (*Segel, Kabel etc*) heave: Steine in den ersten Stock ~ to hoist stones (up) to the first floor; Wasser aus dem Brunnen ~ to hoist (*od.* draw) water out of the well. – **5.** (*wickeln*) wind: Garn um eine Spule ~ to wind yarn (a)round a reel (*od.* spool), to reel (*od.* spool) yarn. – **II** *v/reflex* sich ~ **6.** (*von Aalen*) wriggle, squirm: er wand sich wie ein Aal he wriggled like an eel; er mochte sich drehen und ~ (wie er wollte), er mußte es schließlich doch zugeben no matter how he tried to squirm (*od.* worm) (his way) (*od.* to shuffle) out of it, he had to admit it in the end. – **7.** (*von Schlangen*) writhe, wind itself. – **8.** sich vor Schmerzen ~ to writhe with pain; → Krampf 1. – **9.** sich um etwas ~ (*von Pflanzen, Schlangen etc*) to wind (*od.* [en]twine) (itself) (a)round s.th.: eine Schlange wand sich um den Baumstamm a snake wound itself (a)round the tree trunk; Efeu windet sich um die Laube ivy winds (itself) (*od.* entwines itself) (a)round the arbo(u)r, ivy entwines the arbo(u)r. – **10.** sich durch etwas ~ (*von Flüssen, Straßen, Wegen etc*) to wind (*od.* wend) one's way through s.th., to meander through s.th.: der Bach [die Straße] windet sich durch das Tal the brook [road] winds its way through the valley; sich durch eine Menschenmenge ~ *fig.* to wind (*od.* worm) one's way through a crowd.

ˈwin·den[2] **I** *v/impers* ⟨h⟩ es windet it is windy, there is a wind blowing. – **II** *v/i hunt.* (*Witterung aufnehmen*) wind, (catch the) scent.

ˈWin·den|ˌbrem·se *f tech.* winch brake. — **~ˌdeck** *n mar.* winch deck. — **~geˌwäch·se** *pl bot.* bindweed family *sg*, convolvulaceae (*scient.*) (*Fam. Convolvulaceae*). — **~ˌknö·te·rich** *m* black bindweed (*Polygonum convolvulus*). — **~ˌschwär·mer** *m zo.* (*Falter*) sweet-potato hawkmoth (*Herse convolvuli*).

ˈWind|erˌhit·zer *m* ⟨-s; -⟩ *metall.* hot-blast stove. — **~ero·siˌon** *f geol.* wind (*od. scient.* eolian, *auch* aeolian) erosion, deflation.

ˈWin·desˌei·le *f* (*in Wendungen wie*) in ~ hatte ich meinen Koffer gepackt I had packed my suitcase in (next to) no time (*od. colloq.* in a jiffy); das Gerücht verbreitete sich mit ~ the rumo(u)r spread like wildfire; in ~ war sie oben, um zu sehen, was los war she was upstairs like a shot to see what was wrong.

ˈWind|ˌfah·ne *f* (wind) vane, anemoscope (*scient.*). — **~ˌfall** *m* (*forestry*) *cf.* Windwurf.

ˈWindˌfang *m* **1.** (*Raum vor der Haustür*) porch. – **2.** (*am Schornstein*) chimney pot, *Am. auch* windscreen. – **3.** *tech.* (*des Hochofens*) venthole. – **4.** *hunt.* (*Nase beim Schalenwild*) muffle, muzzle. — **~ˌtür** *f* porch door.

ˈWind|ˌfe·ge *f agr.* winnower, winnowing machine. — **w~ˌfest** *adj* windproof, windtight. — **~ˌflü·gel** *m tech.* **1.** (*eines Ventilators*) impeller blade. – **2.** (*einer Windmühle*) skeleton windmill. — **~ˌform** *f metall.* tuyere, *bes. Br.* tuyère. — **~ˌfri·schen** *n metall.* air blowing (*od.* refining). — **~ˌfrischˌstahl** *m* air-refined steel. — **w~geˌpreßt** *adj only in* ~er Schnee wind-packed snow, wind crust. — **w~geˌschützt** *adj* sheltered (from the wind), protected from the wind. — **~geˌschwin·dig·keit** *f* wind speed. — **~geˌschwin·dig·keitsˌmes·ser** *m* wind ga(u)ge, anemometer (*scient.*). — **~ˌgür·tel** *m only in* planetarischer ~ *astr.* planetary winds *pl.* — **~ˌha·fer** *m bot.* wild oat (*Avena fatua*). — **~ˌhalm** *m bot.* corn grass (*Apera spica-venti*). — **~ˌhar·fe** *f mus.* aeolian (*auch* Aeolian) harp (*od.* lyre), wind harp. — **~ˌhauch** *m* **1.** gentle breeze: ein leiser ~ streichelte ihre Wangen a gentle breeze caressed her cheeks. – **2.** (*Luftbewegung*) breath of air: kein ~ war zu spüren there was not a breath of air. — **~ˌho·se** *f meteor.* wind spout, vortex (*scient.*). — **~ˌhund** *m* **1.** *zo.* greyhound, *Am. auch* grayhound. – **2.** *fig. colloq. cf.* Windbeutel 2. — **~ˌhut·ze** *f mar.* (*des Schiffes*) cowl.

win·dig [ˈvɪndɪç] *adj* **1.** windy, breezy, blowy, drafty, *bes. Br.* draughty: ~e Ecke drafty corner. – **2.** *fig. colloq.* (*Angelegenheit etc*) shaky, unreliable. – **3.** *fig. colloq.* (*Person*) unreliable, independable, undependable: ein windiger Bursche an unreliable fellow (*colloq.*). – **4.** *fig. colloq.* (*Ausrede*) lame, flimsy, thin.

ˈWind|ˌjacke (*getr.* -k·k-) *f* (*fashion*) *Am.* Windbreaker (*TM*), *bes. Br.* windcheater. — **~ˌjam·mer** *m* ⟨-s; -⟩ *mar.* windjammer, *Br.* wind-jammer (*colloq.*). — **~kaˌnal** *m* **1.** *aer. phys.* wind tunnel: Versuche im ~ tests (run) in the wind tunnel. – **2.** *mus.* (*der Orgel*) wind trunk, windpipe. — **~ˌkar·te** *f* wind chart. — **~ˌka·sten** *m* **1.** *mus.* (*der Orgel*) wind chest, air chamber. – **2.** *metall.* a) (*des Kupolofens*) wind box, b) (*eines Konverters*) blast box. — **~ˌkes·sel** *m tech.* (*eines Sandstrahlgebläses*) blast pressure tank. — **~ˌklap·pe** *f tech.* (*eines Blasebalgs*) air flap. — **~ˌkraftˌanˌla·ge** *f tech.* wind power plant. — **~ˌla·de** *f mus. cf.* Windkasten 1. — **~ˌleitˌblech** *n* (*railway*) deflector (plate). — **~ˌlei·tung** *f metall.* blast main (*od.* pipe). — **~ˌlicht** *n* hurricane (*Br. auch* storm) lamp (*od.* lantern). — **~ˌma·cher** *m fig. colloq.* (*Wichtigtuer*) brag(gart), vaporer, *bes. Br.* vapourer, *Am. sl.* 'blow'. — **~ma·cheˈrei** [ˌvɪnt-] *f* ⟨-; *no pl*⟩ *fig. colloq.* bragging, *Am. colloq.* 'blowing'. — **~maˌschi·ne** *f* (*film, theater*) wind machine. — **~ˌmes·ser** *m*, **~ˌmeß·geˌrät** *n meteor.* (*sport*) *cf.*

Windgeschwindigkeitsmesser. — **~,mes·sung** *f* anemometry. — **~,mo·tor** *m tech.* windmill pump.
'Wind,müh·le *f* **1.** *tech.* windmill: gegen ~n kämpfen to fight (*od.* tilt at) windmills; das ist ein Kampf gegen ~n it's like fighting windmills. – **2.** (*Kinderspielzeug*) pinwheel, windmill. — **'Wind,müh·len,flü·gel** *m* vane of a windmill.
'Wind|,pocken (*getr.* -k·k-) *pl med.* chicken pox *sg*, varicella *sg* (*scient.*): er ist an ~ erkrankt he has contracted chicken pox. — **~,rad** *n tech.* windwheel. — **~,räd·chen** *n* (*Kinderspielzeug*) pinwheel, windmill.
'Wind,rich·tung *f* direction of the wind, wind('s) direction: gegen die ~ *mar.* up the wind, windward, in the wind's eye; mit der ~ *mar.* down the wind. — **'Wind,rich·tungs,an,zei·ger** *m* **1.** *cf.* Windmesser. – **2.** *cf.* Windsack.
'Wind|,rös·chen *n* ⟨-s; -⟩ *bot.* anemone (*Gattg Anemone*). — **~,ro·se** *f phys.* (*eines Kompasses*) compass rose (*od.* card). — **~,sack** *m* **1.** (*auf Flugplätzen, Brücken etc*) wind (*auch* air) sock, wind cone (*od.* sleeve). – **2.** *mar.* (*zur Belüftung*) windsail.
'Winds,braut *f* ⟨-; *no pl*⟩ *poet.* gale, hurricane, squall.
'Wind|,scha·den *m* damage (caused) by wind. — **~,schat·ten** *m* **1.** lee: im ~ eines Busses fahren to drive leeward of a bus. – **2.** *mar.* lee: im ~ liegen to be under the lee. — **W~,schief** *adj* **1.** *colloq.* (*Dach, Haus, Zeichnung etc*) cock-eyed (*colloq.*), (a)skew. – **2.** ~e Fläche (*wood*) surface out of wind. — **~,schirm** *m* windscreen, *Br.* wind-screen, draft (*bes. Br.* draught) screen. — **~,schliff** *m geol.* corrasion by wind-borne sand (*od.* rubble). — **W~,schlüp·fig** [-,ʃlʏpfɪç], **W~,schnit·tig** *adj tech.* streamlined, aerodynamic.
'Wind,schutz *m* **1.** windscreen, *Br.* wind-screen, windbreak(er). – **2.** (*für Mikrophone*) windshield. – **3.** *mar.* a) (*aus Holz*) weather boards *pl*, b) (*Schutzkleidung aus Segeltuch*) canvas dodger, c) im ~ (*von Schiff*) under the lee. — **~,schei·be** *f auto. Br.* wind-screen, *Am.* windshield: gegen die ~ prallen to pelt against the wind-screen.
'Wind|,sei·te *f* **1.** weather (*od.* windward) side. – **2.** *mar. cf.* Luv. — **~,ska·la** *f meteor.* Beaufort scale.
'Wind,spiel *n zo. cf.* Windhund 1. — **~an·ti,lo·pe** *f* dik-dik, dig-dig (*Gattg Madoqua*).
'Wind|,stär·ke *f meteor.* wind speed: ~ 5 Beaufort 5; bei ~ 9 with wind speed Beaufort 9. — **~,stär·ke,mes·ser** *m* wind ga(u)ge, anemometer (*scient.*). — **W~,still** *adj* **1.** windless, calm: ~ werden *mar.* to fall calm. – **2.** sheltered: ein ~es Plätzchen a sheltered place. — **~,stil·le** *f* calm, windlessness, (*kurze, vorübergehende*) *auch* lull: äquatoriale ~ equatorial belt of calms; völlige ~ dead calm.
'Wind,stoß *m* gust, blast (of wind), bluster, flurry, flaw. — **~fri,sur** *f* windswept (*Br.* wind-swept) look: sie hat eine ~ she wears her hair in the windswept look.
'Wind|,streich,holz *n* fusee, fuzee, vesuvian. — **~,tun·nel** *m aer. phys.* wind tunnel.
'Win·dung *f* ⟨-; -en⟩ **1.** (*eines Weges, Flusses etc*) bend, turn, meander, winding, curve. – **2.** (*weit ausladende*) sweep. – **3.** (*Schleife*) loop. – **4.** (*einer Spirale, Spule etc*) coil, turning, spire, spiral, convolution, contortion, ring, whorl, wreath. – **5.** (*einer Taurolle, Feder etc*) coil. – **6.** (*Schlangenbewegung*) writhe. – **7.** *tech.* a) (*einer Schraube*) turn, winding. – **8.** *med.* a) (*des Darms etc*) convolution, b) (*des Gehirns*) gyrus, convolution, c) (*des Wirbels*) whorl.
'Win·dungs,zahl *f tech.* (*einer Schraube*) number of turns.
'wind,wärts *adv mar.* windward, to the wind.
'Wind|,we·he *f* snowdrift. — **~,wurf** *m* (*forestry*) blowdowns *pl*, *Br.* blow-downs *pl*, windthrow, rolled timber, windfalls *pl.* — **~,zug** *m cf.* Luftzug 1.
Win·gert ['vɪŋərt] *m* ⟨-s; -e⟩ *Southwestern G. for* Weinberg. — **'Win·ger·ter** *m* ⟨-s; -⟩ *Southwestern G. for* Weinbauer.
Wink [vɪŋk] *m* ⟨-(e)s; -e⟩ **1.** (*Zeichen*) sign. – **2.** (*mit der Hand*) wave. – **3.** (*zu einem her*) beckon: auf j-s (leisesten) ~ zur Verfügung stehen to be at s.o.'s beck and call. – **4.** (*mit den Augen*) wink. – **5.** (*mit dem Kopf*) nod. – **6.** *fig.* (*Hinweis, Tip*) hint, tip, pointer, intimation, wrinkle (*colloq.*): j-m einen ~ geben to give s.o. a tip; to tip s.o. off, to give s.o. (*od.* put s.o. up to) a wrinkle (*colloq.*). – **7.** *fig.* (*Ratschlag*) tip: praktische ~e für die Hausfrau practical tips for the housewife. – **8.** *fig.* (*Anspielung*) hint: einen ~ verstehen to take a hint; ein ~ mit dem Zaunpfahl a broad hint; j-m einen ~ mit dem Zaunpfahl geben to give (*od.* drop) s.o. a broad hint. – **9.** *fig.* (*Hinweis, Warnung*) warning: ein ~ von oben a warning from Providence.
Win·kel ['vɪŋkəl] *m* ⟨-s; -⟩ **1.** *bes. math.* angle: ein ~ von 45 Grad an angle of 45 degrees; ein rechter [spitzer, stumpfer, gestreckter, überstumpfer] ~ a right [an acute, an obtuse, a straight, a reflex] angle; einen ~ messen to measure an angle; die Linien schneiden sich in einem spitzen ~ the lines intersect at an acute angle; der Weg biegt dort im rechten ~ nach links ab the path branches off there to the left at right angles. – **2.** (*Gebiet zwischen zwei Flüssen, Gebirgszügen etc*) district jutting into another: Berchtesgaden liegt in dem ~ zwischen Österreich und Deutschland Berchtesgaden is situated in a German district jutting into Austria. – **3.** (*Ecke*) corner: eine Wohnung mit vielen ~n an apartment (*bes. Br.* a flat) with many corners (*od.* nooks and crannies); sich in einen ~ verkriechen to creep into a corner. – **4.** (*heimliches Plätzchen*) nook, recess, corner: ein malerischer [stiller, versteckter] ~ a picturesque [quiet, secluded] nook. – **5.** (*kleinste Ritze*) nook, cranny: alle Ecken und ~ durchsuchen to search every nook and cranny. – **6.** (*abgelegener, kleiner Ort*) outpost: im entlegensten ~ Deutschlands in the remotest outpost of Germany. – **7.** ~ des Herzens corner (*od.* recesses *pl*) of one's heart. – **8.** (*Ärmelabzeichen*) chevron. – **9.** *tech.* a) (*Meßgerät*) angle ga(u)ge, b) (*Anschlagwinkel*) (try *od.* back) square: einen ~ anlegen to set a square. – **10.** *tech.* (*Kniestück*) knee, elbow. – **11.** toter ~ a) blind (*od.* dead) area, b) *mil.* dead angle (*od.* space). – **12.** *electr.* phase angle. — **~,ab,len·kung** *f phys.* angular deflection (*Br. auch* deflexion). — **~,ab,stand** *m math.* angular distance. — **~,ab,wei·chung** *f* angular deviation. — **~ad·vo,kat** *m contempt.* pettifogger, hedge lawyer, *bes. Am. colloq.* shyster. — **~,auf,spann,tisch** *m tech.* angle plate table. — **~,bank** *f contempt.* bucket shop. — **~ban·ki,er** *m contempt.* keeper of a bucket shop. — **~be,schleu·ni·gung** *f phys.* angular acceleration. — **~,bil·dung** *f med.* (*eines Organs*) angulation. — **~,blatt** *n colloq. contempt.* local rag. — **~,bohr,kopf** *m tech.* angular drill head. — **~,bör·se** *f econ. contempt.* bucket shop. — **~,ei·sen** *n tech.* angle bar (*od.* iron, steel). — **w~,för·mig** *adj* angular. — **~,frä·ser** *m tech.* angle milling cutter. — **~funk·ti,on** *f math.* goniometric (*auch* goniometrical) function. — **~,gas·se** *f* **1.** narrow crooked street, crooked alley. – **2.** *contempt.* back alley (*od.* street). — **~ge,schwin·dig·keit** *f* (*in der Ballistik*) angular velocity. — **~ge,trie·be** *n tech.* miter (*bes. Br.* mitre) gear. — **~,glei·chung** *f math.* angle equation. — **~,grad** *m* angular degree. — **~,hahn** *m tech.* angle cock. — **~,ha·ken** *m* **1.** *print.* composing (*od.* setting) stick. – **2.** *arch. tech. cf.* Winkeleisen. — **~hal,bie·ren·de** *f* ⟨-n; -n⟩ *math.* bisector (*od.* bisectrix) of an angle. — **~,he·bel** *m* bell crank, lever.
'win·ke·lig *adj* **1.** (*Haus, Wohnung etc*) full of nooks and crannies. – **2.** (*Straße*) crooked. – **3.** *math. tech.* angular, angled, (*bei 90°*) square. — **'Win·ke·lig·keit** *f* ⟨-; *no pl*⟩ *math. tech.* angularity, (*bei 90°*) squareness.
'Win·kel|kon,so·le *f tech.* (*einer Fräsmaschine*) knee. — **~,mak·ler** *m contempt.* street (*od.* outside) broker. — **~,maß** *n math. tech.* **1.** angular measure. – **2.** square. — **~,mes·ser** *m* **1.** *tech.* (bevel) protractor. – **2.** (*bei Holzbearbeitung*) bevel steel square. – **3.** (*im Vermessungswesen*) graphometer, goniometer, angle meter. – **4.** *mil.* (*Libellenquadrant*) clinometer. — **~,mes·sung** *f* goniometry. — **~mi,nu·te** *f math.* angular minute. — **~mo·du·la·ti,on** *f electr.* angle modulation.
win·keln ['vɪŋkəln] *v/t* ⟨h⟩ den Arm ~ to bend one's arm.
'Win·kel|,naht *f tech.* (*in der Schweißtechnik*) corner joint. — **~-Pla,nier,schild** *m civ.eng.* angle dozer blade, angledozer. — **~,pres·se** *f synth.* angle molding (*bes. Br.* moulding) press. — **~,pris·ma** *n* (*optics*) rectangular (*od.* angle) prism, prismatic square. — **~pro,fil** *n tech.* angle section. — **~,rah·men** *m* (*einer Lokomotive*) box angle. — **w~,recht** *obs.* **I** *adj* right-angled, *auch* right-angle (*attrib*), rectangular, square: nicht ~ out of square. – **II** *adv* at right angles. — **~re,flek·tor** *m electr.* (*beim Radar*) corner reflector. — **~,sä·ge** *f tech.* dovetail frame saw. — **~,sche·re** *f* blade tinners' snips *pl* (*construed as sg or pl*). — **w~,schlei·fen** *v/t* ⟨*irr, insep,* -ge-, h⟩ (*wood*) angle. — **~,schrau·ben,zie·her** *m tech.* offset screwdriver. — **~,schu·le** *f colloq. contempt.* backwoods school (*colloq.*): in welche ~ bist du gegangen? where did you go to school? — **~se,kun·de** *f math.* angular second. — **~,spie·gel** *m* (*optics*) optical (*od.* reflecting) square. — **~,stahl** *m tech. cf.* Winkeleisen. — **~,stel·lung** *f math. tech.* angularity, angular position. — **~,stoß** *m* (*in der Schweißtechnik*) corner joint. — **~,streich,maß** *n tech.* square-marking ga(u)ge. — **~,stück** *n* elbow. — **~,stüt·ze** *f* supporting angle. — **~,su·cher** *m phot.* angle viewfinder. — **~,tisch** *m* angle plate. — **~,treue** *f geogr.* (*in der Kartographie*) conformality. — **~ver,schie·bung** *f math.* angular displacement. — **~ver,stel·lung** *f* angle setting. — **~,zug** *m meist pl* **1.** (*Ausflucht, Vorwand*) evasion, shuffle, equivocation: mach keine Winkelzüge! don't evade the issue! stop dodging! don't shuffle! no evasions! – **2.** (*Trick, Kniff*) trick, shift, dodge (*colloq.*): durch einen geschickten ~ by a clever dodge.
win·ken ['vɪŋkən] **I** *v/i* ⟨*pp* gewinkt, *dial.* gewunken, h⟩ **1.** wave: mit der Hand [einem Tuch, einer Zeitung] ~ to wave one's hand [a kerchief, a newspaper]; mit Fähnchen ~ to wave flags; sie stand am Fenster und winkte she stood at the window and waved. – **2.** (make a) sign, signal, beckon: dem Kellner ~ to signal to the waiter (to come); einem Taxi ~ to hail a taxi; → Zaunpfahl. – **3.** j-m mit den Augen ~ to give s.o. a look. – **4.** j-m winkt etwas *fig.* a) s.o. can expect s.th., s.th. is in store for (*od.* awaits) s.o., b) s.o. is on the way to s.th.: dem Gewinner winkt ein hoher Geldpreis the winner can expect a large cash prize; ihm winkt das Glück he is on the way to happiness; dir ~ große Ziele you are on the way to achieving great goals; ihm winkt eine Tracht Prügel he is in for a good hiding. – **5.** *mar. mil.* semaphore. – **II** *v/t* **6.** j-n zu sich ~ a) (*durch deutliches Winken*) to beckon (*od.* motion) s.o. over to one, to beckon to s.o. (to come), b) (*durch leichte Andeutung*) to sign to s.o. to come: den Kellner an den Tisch ~ to sign to the waiter (to come to the table); der Lehrer winkte Ruhe the teacher signed to the pupils to be quiet. – **7.** der Linienrichter winkte Abseits (*sport*) the linesman flagged offside.
'Win·ker *m* ⟨-s; -⟩ **1.** *auto. obs.* direction indicator. – **2.** *mil.* flagman, (flag) signaller (*Am. auch* signaler), signalman. — **~,flag·ge** *f* **1.** *mil.* semaphore (*od.* signal) flag. – **2.** *mar.* semaphore (*od.* Morse) flag, handflag. — **~kon,trolleuch·te** (*getr.* -ll,l-) *f auto. obs.* direction indicator (*od.* turn signal) control lamp. — **~,krab·be** *f zo.* fiddler crab, *auch* fiddle (*Gattg Uca*).
win·kern ['vɪŋkərn] *v/i* ⟨h⟩ *mar. cf.* winken 5.
'wink·lig *adj cf.* winkelig.
'Wink|si,gnal *n mar. cf.* Winkzeichen. — **~,spruch** *m* semaphore message. — **~,zei·chen** *n* semaphore signal.
Winsch [vɪnʃ] *f* ⟨-; -en⟩ *mar.* winch.
'Win·sel,af·fe *m zo. cf.* Kapuzineraffe.
Win·se'lei *f* ⟨-; *no pl*⟩ *colloq. for* Winseln.
win·seln ['vɪnzəln] **I** *v/i* ⟨h⟩ **1.** (*bes. von Hunden*) whimper, whine: der Hund winselte vor Schmerzen the dog whimpered with pain. – **2.** *fig. contempt.* (*kriecherisch bitten*) cringe: um Gnade ~ to cringe for mercy. – **II W~** *n* ⟨-s⟩ **3.** *verbal noun.*

Win·ter [ˈvɪntər] *m* ⟨-s; -⟩ **1.** winter: **ein harter** (*od.* **strenger**) **[kalter, milder, langer] ~** a hard (*od.* severe) [cold, mild, long] winter; **die Freuden [Schrecken] des ~s** the joys [horrors] of winter; **im ~** in (the) winter; **im tiefsten ~** in the dead of winter; **Sommer wie ~** summer and winter; **gut über den ~ kommen** *colloq.* to get through the winter well, to weather the winter; **ich bin schon den dritten ~ hier** this is my third winter here; **sich den ~ über** (*od.* **über den ~, während des ~s, im ~**) **im Süden aufhalten** to spend the winter in the south, to go south for the winter, to stay in the south for the winter; **es wird ~** it is getting wint(e)ry, winter is coming. – **2.** *cf.* Winterszeit. — **~ˌabend** *m* winter('s) evening. — **~ˌanˌfang** *m* beginning of winter. — **~ˌanˌzug** *m* winter suit. — **~ˌap·fel** *m* (*Lagerobst*) winter apple. — **~ˌar·beits·lo·sig·keit** *f econ.* winter unemployment. — **~ˌaster** *f bot.* chrysanthemum (*Gattg Chrysanthemum*). — **~ˌauf·entˌhalt** *m* **1.** winter sojourn (*od.* stay). – **2.** (*Wintersportort*) winter resort. — **~ˌaufˌschlag** *m econ.* winter surcharge. — **~ˌausˌrü·stung** *f* **1.** winter clothing (*od.* clothes *pl*). – **2.** *mil. auto.* winter equipment. — **~ˌbau** *m* winter construction. — **~be·ˌdarf** *m* winter demand. — **~beˌstel·lung** *f agr.* winter tillage (*od.* cultivation). — **~be·ˌtrieb** *m* **1.** *auto.* winter (*od.* cold-weather) operation. – **2.** (*Wintersaison*) winter season. — **~ˌbir·ne** *f* (*Lagerobst*) winter pear. — **~ˌblatt** *n bot.* shortia (*Gattg Shortia, bes. S. galacifolia*). — **~ˌei·che** *f* white (*od.* chestnut) oak, durmast (*Quercus petraea*). — **~enˌdi·vie** *f* endive (*Cichorium endivia*). — **~ˌfahrˌplan** *m* winter timetable. — **~ˌfeldˌzug** *m mil.* winter campaign. — **~ˌfell** *n zo.* winter coat. — **~ˌfen·ster** *n* winter (*od.* double) window. — **w~ˌfest** *adj* **1.** winterproof: **ein Auto ~ machen** to winterize (*Br. auch* -s-) a car. – **2.** *bot.* (*Pflanze*) (winter-)hardy. — **~ˌfe·stig·keit** *f* **1.** winterproof quality. – **2.** (*von Pflanzen*) winterhardiness. — **~ˌflun·der** *f zo.* (winter) flounder (*Pseudopleuronectes americanus*). — **~ˌfri·sche** *f* ⟨-; -n⟩ **1.** winter holiday(s *pl*) (*Am.* vacation). – **2.** (*Wintersportort*) winter resort. — **~ˌfrucht** *f* **1.** winter fruit. – **2.** *agr.* winter crop. — **~ˌfut·ter** *n agr.* winterfeed, *Br.* winter-feed. — **~ˌfüt·te·rung** *f* winter feeding. — **~ˌgar·ten** *m arch.* conservatory, winter garden. — **~ˌgast** *m* winter visitor (*od.* tourist). — **~ˌger·ste** *f agr.* winter barley. — **~geˌtrei·de** *n* winter grain (*od.* corn). — **~ˌgoldˌhähn·chen** *n zo.* goldcrest (*Regulus regulus*). — **~ˌgrün** *n bot.* **1.** spicy wintergreen, checkerberry (*Gaultheria procumbens*). – **2.** wintergreen, pyrola (*scient.*) (*Gattg Pyrola*). — **~ˌhaar** *n* (*der Tiere*) winter hair. — **~ˌhaarˌkleid** *n* winter coat. — **~ˌha·fen** *m mar.* winter(ing) harbor (*bes. Br.* harbour). — **~ˌha·fer** *m agr.* winter oats *pl* (*construed as sg or pl*). — **~ˌhalb·ˌjahr** *n ped.* **1.** (*an Schule*) winter half year (*od.* term). – **2.** (*an Universität*) *cf.* Wintersemester. — **~ˌhandˌschuh** *m* winter glove. — **w~ˌhart** *adj bot.* (*Pflanze*) (winter)-hardy. — **~ˌkäl·te** *f* winter cold. — **~kar·ˌtof·fel** *f* (*zur Lagerung*) winter potato. — **~ˌkleid** *n* **1.** (*fashion*) winter dress. – **2.** *fig.* (*einer Landschaft*) winter gown (*od.* robe). – **3.** *zo.* a) winter hair (*od.* coat), b) (*der Vögel*) winter plumage. — **~ˌklei·dung** *f* (*fashion*) winter clothing (*od.* clothes *pl*, garments *pl*, wear, things *pl*). — **~ˌkohl** *m bot.* winter cabbage. — **~kol·lek·ti·ˌon** *f* (*fashion*) winter collection. — **~ˌkorn** *n* ⟨-(e)s; -e⟩ *agr.* winter corn. — **~ˌkres·se** *f bot.* poor man's cabbage (*Barbarea verna*). — **~ˌkurˌgast** *m cf.* Wintergast. — **~·ˌkurˌort** *m* winter (health) resort. — **~ˌland·schaft** *f* winter landscape.

ˈ**win·ter·lich I** *adj* **1.** (*Wetter, Landschaft, Temperaturen etc*) winter (*attrib*), wint(e)ry, hibernal (*lit.*): **~e Fahrverhältnisse** winter conditions on the roads. – **2.** (*Kleidung etc*) winter (*attrib*). – **II** *adv* **3. ~ gekleidet sein** to be dressed for (the) winter (*od.* in winter clothes).

ˈ**Win·ter·ling** *m* ⟨-s; -e⟩ *bot.* Christmas flower (*Eranthis hiemalis*).

ˈ**Win·ter|ˌman·tel** *m* (*fashion*) winter coat, (*für Herren*) *auch* winter overcoat. — **~ˌmär·chen** *n* **1.** winter fairy tale (*od.* story): **„Deutschland, ein ~"** "Germany. A Winter's Tale" (*epic poem by Heine*). – **2.** *fig.* fairy-tale winter landscape. — **~meˌlo·ne** *f bot.* cas(s)aba, *auch* cas(s)aba melon. — **~ˌmo·de** *f* (*fashion*) winter fashion. — **~ˌmo·nat** *n* winter month. — **~monˌsun** *m meteor.* winter monsoon.

win·tern [ˈvɪntərn] *v/impers* ⟨h⟩ **es wintert** it is getting wint(e)ry, winter is coming.

ˈ**Win·ter|ˌnacht** *f* winter('s) night. — **~ˌobst** *n* (*Lagerobst*) winter fruit. — **~ˌöl** *n auto.* winter oil. — **~olym·pia·de** [-ʔolym-ˌpiaːdə] *f* (*sport*) *cf.* Winterspiele. — **~ˌpau·se** *f civ.eng.* (*in der Bauindustrie*) layoff in winter. — **~ˌpelz** *m zo.* winter fur. — **~quarˌtier** *n* (*eines Zirkus, von Truppen*) winter quarters *pl.* — **~ˌrei·fen** *m auto.* snow tire (*bes. Br.* tyre). — **~ˌrei·se** *f* winter journey: **„Die ~"** *mus.* "The Winter Journey" (*by Schubert*). — **~ˌro·se** *f bot. cf.* Christrose. — **~ˌru·he** *f zo.* (*der Dachse, Bären u. Eichhörnchen*) winter rest (*od. scient.* hibernation) period.

ˈ**win·ters** *adv* in (the) winter: → **sommers.**

ˈ**Win·terˌsaat** *f agr.* **1.** winter corn. – **2.** sowing of winter corn. — **~ˌeu·le** *f zo.* (*Insekt*) white-line dart moth (*Agrotis segetum*).

ˈ**Win·ter|ˌsa·chen** *pl cf.* Winterkleidung. — **~saiˌson** *f* winter season.

ˈ**Win·tersˌanˌfang** *m* beginning of winter.

ˈ**Win·ter|ˌschach·telˌhalm** *m bot.* scouring rush, pewter wort, Dutch rush (*Equisetum hyemale*). — **~ˌschlaf** *m zo.* winter sleep, hibernation (*scient.*): **~ halten** to hibernate; **künstlicher ~** *med.* artificial hibernation. — **~ˌschlä·fer** *m* winter sleeper; hibernating animal, hibernator (*scient.*). — **~ˌschluß·verˌkauf** *m econ.* winter (clearance) sale. — **~ˌschuh** *m meist pl* winter shoe. — **~ˌschutzˌha·fen** *m mar. cf.* Winterhafen. — **~seˌme·ster** *n ped.* winter semester (*od.* term, half year). — **~ˌson·ne** *f* winter sun. — **~ˌson·nenˌwen·de** *f* (winter) solstice. — **~ˌspie·le** *pl* **Olympische ~** (*sport*) Winter Olympic Games, *auch* Winter Olympics. — **~ˌspo·re** *f bot.* (*der Rostpilze*) teliospore.

ˈ**Win·terˌsport** *m* winter sport(s *pl*). — **~ˌort, ~ˌplatz** *m* winter (*od.* ski) resort, ski center (*bes. Br.* centre).

ˈ**Win·ter|ˌstar·re** *f zo.* (*wechselwarmer Tiere*) torpor. — **~ˌstern** *m bot. cf.* Winterling. — **~ˌsturm** *m meteor.* winter storm.

ˈ**win·tersˌüber** *adv* during (the) winter.

ˈ**Win·tersˌzeit** *f* ⟨-; *no pl*⟩ wintertime, winter season, wintertide (*poet.*): **zur ~** in (the) wintertime.

ˈ**Win·ter|ˌtag** *m* winter day, day in winter. — **w~ˌtaug·lich** *adj* good (*od.* fit) for (the) wintertime.

ˈ**Win·te·rung** *f* ⟨-; *no pl*⟩ *agr. cf.* Wintersaat.

ˈ**Win·ter|uniˌform** *f mil.* winter uniform. — **~ˌurˌlaub** *m* winter holiday(s *pl*) (*Am.* vacation). — **~ˌvorˌrat** *m* winter stock. — **~ˌwei·de** *f agr.* winter pasture. — **~ˌwei·zen** *m* winter wheat. — **~ˌwet·ter** *n meteor.* winter weather. — **~ˌwicke** (*getr.* -k·k-) *f bot.* everlasting pea (*Lathyrus latifolius*). — **~ˌwit·te·rung** *f meteor. cf.* Winterwetter. — **~ˌzeit** *f* **1.** *cf.* Winterszeit. – **2.** winter time: **England hat gegenwärtig ~** England has winter time at present. — **~ˌzeug** *n colloq. for* Winterkleidung. — **~ˌzuˌschlag** *m econ.* (*für kaltes Wetter*) winter bonus (*od.* allowance). — **~ˌzwie·bel** *f bot. cf.* Jakobszwiebel.

Win·ze [ˈvɪntsə] *f* ⟨-; -n⟩ *zo. cf.* Rotdrossel.

Win·zer [ˈvɪntsər] *m* ⟨-s; -⟩ *cf.* Weinbauer. — **~ˌfest** *n* vintage festival. — **~ge·ˌnos·sen·schaft** *f* winegrowers' cooperative (*Br. auch* co-operative) (society). — **~·ˌmes·ser** *n* vine knife.

win·zig [ˈvɪntsɪç] **I** *adj* **1.** (*Mensch*) tiny, wee: **ein ~es Kerlchen** a tiny little fellow (*colloq.*). – **2.** (*Gegenstand*) tiny, diminutive, minuscule, miniscule, minikin, wee, teeny, miniature (*attrib*): **Sterne sind oft nur ~e Punkte am Himmel** stars are often just tiny points (*od.* dots) in the sky. – **3.** (*Bruchteil, Prozentsatz etc*) minute, tiny, (*stärker*) infinitesimal: **ein ~er Unterschied** a minute (*od.* fine, very slight) difference. – **II** *adv* **4. ~ klein** a) tiny little, teeny-weeny (*colloq.*), b) *cf.* winzig 2. — ˈ**Win·zig·keit** *f* ⟨-; -en⟩ **1.** ⟨*only sg*⟩ (*von Zimmer, Buchstabe etc*) tininess, diminutiveness. – **2.** ⟨*only sg*⟩ (*von Bruchteil, Prozentsatz etc*) minuteness, tininess, (*stärker*) infinitesimality. – **3.** *colloq. for* Kleinigkeit 1, 2.

Winz·ling [ˈvɪntslɪŋ] *m* ⟨-s; -e⟩ *colloq. humor.* **1.** (*sehr kleines Kind*) tiny tot, wee mite. – **2.** (*Erwachsener von kleiner Statur*) mite, 'half-pint' (*sl.*).

Wip·fel [ˈvɪpfəl] *m* ⟨-s; -⟩ treetop, top of a tree, crown, (*bei schlanken Bäumen*) *auch* spire: **in den ~n der Bäume rauscht der Wind** the wind stirs in the treetops. — **~ˌdür·re** *f bot.* stag-headedness. — **~·ˌkrank·heit** *f* ⟨-; *no pl*⟩ (*durch Forstschädlinge*) wilt, *auch* wilt disease.

ˈ**Wipp|ˌarm** *m tech.* rocker arm. — **~ˌbaum** *m* (*eines Ziehbrunnens*) sweep. — **~ˌbrücke** (*getr.* -k·k-) *f civ.eng.* bascule bridge.

Wipp·chen [ˈvɪpçən] *pl Western G. colloq.* **1.** (*Dummheiten*) tricks, dodges (*colloq.*): **er hat schon wieder ~ gemacht** he has been up to his tricks again. – **2.** (*Blödsinn*) carryings-on, nonsense *sg*: **hört doch endlich auf mit den ~** will you stop that (*od.* your) carrying-on.

Wip·pe [ˈvɪpə] *f* ⟨-; -n⟩ **1.** (*für Kinder*) seesaw, teeterboard, *auch* teeter-totter. – **2.** *tech.* rocker (*od.* hinged) plate. – **3.** *metall. cf.* Wipptisch. – **4.** (*sport*) balancing board. – **5.** *mus.* (*der Orgel*) backfall. – **6.** (*theater*) trampoline, *auch* trampolin, *Am. auch* safety net. – **7.** *hist. cf.* Wippgalgen.

wip·pen [ˈvɪpən] *v/i* ⟨h⟩ **1.** (*schaukeln*) seesaw, teeter: **auf einem Balken ~** to seesaw on a plank. – **2. auf den Zehenspitzen ~** to rock up and down. – **3. mit der Fußspitze ~** to jig(gle) one's foot. – **4. mit dem Schwanz ~** (*von Vögeln*) to wag(gle) its tail. – **5.** (*von Rocksaum, Frisur etc*) bob: **die Federn auf ihrem Hut wippten** the feathers on her hat bobbed (*od.* nodded). – **6.** (*sport*) bounce. – **7.** *mar.* whip.

ˈ**Wip·penˌsterz** *m zo. cf.* Bachstelze.

ˈ**Wip·per** *m* ⟨-s; -⟩ *tech.* tipper, tippler, dumper.

wip·pern [ˈvɪpərn] *v/i* ⟨h⟩ *dial. for* **wakkeln** 1—5.

ˈ**Wipp|ˌfe·der** *f electr.* whip. — **~ˌgal·gen** *m hist.* (*Foltergerät*) strappado. — **~ˌkran** *m tech.* luffing (*od.* whip) crane. — **~·ˌmot·te** *f zo.* crocksfoot moth (*Fam. Glyphipterygidae*). — **~ˌsä·ge** *f tech.* jigsaw. — **~ˌsterz** *m zo. cf.* Bachstelze. — **~ˌtisch** *m metall.* (*im Walzwerk*) tilting table.

wir [viːr] *personal pron* **1.** (*die Person des Sprechenden einschließende Personengruppe*) we: **~ kommen** we are coming; **~ sind es** it is we, it's us (*colloq.*); **~ sind es, die es** it is we who; **~, die ~ alles getan haben** we who have done everything; **~ Deutsche(n)** we Germans; **~ Studenten [Arbeiter]** we students [workers]; **~ Armen!** poor us! we wretched creatures! (*lit.*); **~ Armen müssen arbeiten** we poor things have to work; **~ alle** all of us, we all; **~ beide bleiben zu Hause** both of us will (*od.* we will both) stay at home; **~ selbst** we ourselves; **wer kommt mit? — W~ beide** who is coming with us?—The two of us (*od.* Both of us, *colloq.* Us two); **~ drei [vier]** we three [four], the three [four] of us. – **2.** (*Pluralis modestiae*) we: **~ legen hiermit ein völlig neues Werk vor** we present a completely new work with this book; **~ kommen zum Hauptpunkt unseres Themas** we come to the main point of our subject. – **3.** *colloq.* (*väterlich od. herablassend, nur den od. die Angeredeten meinend*) we: **na, wo haben ~ uns denn weh getan?** well, where did we hurt ourselves? **~ haben wohl nicht aufgepaßt?** we weren't paying attention, were we? – **4. W~** (*Pluralis majestatis*) (*von Monarchen, röm.kath. vom Papst*) We: **W~, Friedrich, König von Preußen, verordnen hiermit, daß** We, Frederick, King of Prussia, herewith decree that.

wirb [vɪrp] *imp sg of* **werben.**

Wir·bel [ˈvɪrbəl] *m* ⟨-s; -⟩ **1.** (*schnelle, kreisende Bewegung*) whirl, twirl: **einen Tanz mit einem ~ beenden** to finish a dance with a whirl (*od.* pirouette). – **2.** *auch geogr.* (*im Wasser*) eddy, whirlpool, backset, vortex (*scient.*). – **3.** *bes. aer. meteor.* a) (*der Luft*) eddy, b) (*einer Strömung*) vortex. – **4.** *fig.* whirl, vortex, merry-go-round, *stärker* turmoil, whirlwind: **im ~ der Ereignisse** in the whirl of events. – 5. *fig. colloq.* fuss, to-do, ado: mach nicht solch einen ~ don't make such a fuss. – 6. *fig.* (*Aufsehen, Aufregung*) stir, (*stärker*) sensation: es gab damals wegen dieser Affäre einen großen ~ this affair caused a great stir then. – 7. (*im Haar*) cowlick: sein Haar bildet am Scheitel einen ~ he has a cowlick at the crown of his head (*Br.* at his parting). – 8. (*beim Fingerabdruck*) whirl. – 9. *bot. zo.* (*von Blättern, Haaren*) whorl, whirl, verticil (*scient.*). – 10. *med.* a) (*Knochen*) vertebra, b) (*Halswirbel*) cervical vertebra, c) (*Rückenwirbel*) dorsal vertebra: sich (*dat*) einen ~ brechen [verletzen] to break [to injure] a vertebra. – 11. *zo.* (*der Weichtiere*) summit. – 12. *mus.* a) (*an einem Streich- od. Zupfinstrument*) (tuning) peg, tuning pin, (wrest) pin, b) (*auf einem Schlaginstrument*) roll: einen ~ auf der Trommel schlagen to give (*od.* play) a roll on the drum, to roll the drum. – 13. (*Drehgriff an Fenster, Tür etc*) catch. – 14. *tech.* a) (*einer Kette*) swivel, b) (*in der Sattlerei*) bolt. – 15. (*in der Hydraulik*) vortex. — **~,ab,schnitt** *m med.* vertebral segment. — **~be,reich** *m phys.* periptery. — **~be,we·gung** *f* 1. whirling motion. – 2. *phys.* turbulence. — **~,bil·dung** *f tech.* turbulence. — **~,block** *m mar.* swivel block.

'Wir·bel,bo·gen *m med. zo.* vertebral arch. — **~re·sek·ti,on** *f med.* laminectomy.

'Wir·bel|,bruch *m med.* vertebral fracture. — **~,dost** *m bot.* field (*od.* wild) basil, basilweed, hedge calaminth (*Satureja vulgaris*). — **~ent,zün·dung** *f med.* spondylitis. — **~er,kran·kung** *f* spondylopathy. — **~,fa·den** *m aer.* vortex filament. — **~,feld** *n electr.* rotational field. — **w~,för·mig** *adj* 1. (*Bewegung etc*) whirling. – 2. *med.* vertebral, vertebrate. — **~,fort,satz** *m med.* spinous process. — **w~,frei** *adj phys.* irrotational, nonvortical *Br.* non-. — **~ge,lenk** *n* 1. *med.* vertebral joint. – 2. *tech.* swivel joint. — **~,ha·ken** *m mar.* swivel hook.

'wir·be·lig *adj fig.* 1. (*Kind, Mädchen etc*) wild. – 2. dizzy, giddy: mir wird ganz ~ (im Kopf) I am getting quite dizzy, my head swims.

'Wir·bel|,kam·mer *f auto.* turbulence (*od.* combustion) chamber, swirl chamber. — **~ka,nal** *m med.* vertebral (*od.* spinal, mural) canal. — **~,ka·sten** *m mus.* (*an einem Streich- od. Zupfinstrument*) pegbox. — **~,kern** *m phys.* vortex core. — **~,kno·chen** *m med.* vertebra: zwischen den ~ befindlich intervertebral. — **~,kör·per** *m* 1. *med.* vertebral body. – 2. *zo.* centrum. — **~,loch** *n med.* vertebral (*od.* spinal) foramen.

'wir·bel·los *adj* 1. *zo.* invertebrate, invertebral. – 2. *electr.* free from vortices. — **'Wir·bel·lo·se** *pl zo.* invertebrates.

wir·beln ['vɪrbəln] **I** *v/t* ⟨h⟩ 1. (*Blätter, Sand, Schneeflocken etc*) whirl, swirl: der Wind wirbelt den Staub in die Höhe the wind swirls the dust into the air; der Sturm wirbelte Ziegel durch die Luft the storm whirled tiles through the air. – 2. (*Stock, Gerte etc*) twirl: seinen Spazierstock durch die Luft ~ to twirl one's walking stick through the air. – 3. *tech.* (*Gewinde*) whirl, spin. – **II** *v/i* ⟨h *u.* sein⟩ 4. ⟨h *u.* sein⟩ (*von Staub, Schneeflocken*) whirl, swirl. – 5. ⟨h⟩ (*von Wasser*) whirl, swirl, eddy. – 6. ⟨sein⟩ (*sich rasch u. stürmisch fortbewegen*) whirl: das Mädchen wirbelte durch das Zimmer the girl whirled through the room. – 7. ⟨sein⟩ (*von Tänzerin etc*) whirl, twirl: die Paare ~ durch den Saal the couples whirl through the hall. – 8. ⟨h⟩ mir wirbelt der Kopf *fig. colloq.* my head is spinning (*od.* in a whirl). – 9. ⟨h⟩ *mus.* roll: die Trommel wirbelt the drum rolls. – 10. ⟨h⟩ *phys.* whirl, spin. – **III W~** *n* ⟨-s⟩ 11. *verbal noun.* – 12. (*von Staub, Blättern, Schneeflocken etc*) whirl, swirl. – 13. *mus.* (*der Trommel*) roll. — **'wir·belnd I** *pres p.* – **II** *adj* 1. (*Blätter, Schneeflocken etc*) whirling, swirling. – 2. (*Tanz*) whirling, twirling. – 3. (*Bewegung*) whirling, vertiginous.

'Wir·bel,säu·le *f med.* vertebral (*od.* spinal) column, spine, backbone.

'Wir·bel,säu·len|an·ky,lo·se *f med.* ankylosis of the spine. — **~,glei·ten** *n* spondylolisthesis. — **~ka,nal** *m* spinal canal. — **~,lei·den** *n* back (*od.* spinal) trouble (*od.* problem). — **~tu·ber·ku,lo·se** *f* tuberculosis of the spine, Pott's disease; spondylarthrocace, spondylocace (*scient.*). — **~ver,krüm·mung** *f cf.* Rückgrat(s)-verkrümmung. — **~ver,stei·fung** *f* poker spine; ankylosing spondylitis, spondylitis ankylopoietica (*scient.*).

'Wir·bel,schicht|,ofen *m tech.* fluidized bed furnace. — **~,trock·ner** *m* fluidized bed dryer. — **~ver,fah·ren** *n* fluid(ized) bed process, fluidized solids operation, fluidization.

'Wir·bel|,schnecke (*getr.* -k·k-) *f zo.* papboat (*Turbinella rapa*). — **~,sin·ter·ver,fah·ren** *n metall.* fluidized bed sintering process. — **~,spalt** *m med.* cleft spine, spina bifida (*scient.*).

'Wir·bel,strom *m electr.* eddy (*od.* parasitic) current. — **~,brem·se** *f tech.* eddy-current brake. — **~,kreis** *m electr.* eddy-current circuit. — **~,läu·fer** *m* eddy-current rotor. — **~,ring** *m* vortex ring.

'Wir·bel,strö·mung *f phys.* turbulence.

'Wir·bel,strom|ver,lust *m electr.* eddy-current (*od.* parasitic) loss. — **~,wär·me** *f* eddy-current heat.

'Wir·bel|,sturm *m meteor.* whirlwind, whirlblast, (*Zyklon*) cyclone, (*Tornado*) tornado, *Am. auch* twister. — **~,tier** *n meist pl zo.* vertebrate (animal), animal with a backbone (*Unterstamm Vertebrata*). — **~,trom·mel** *f mus.* snare (*od.* side) drum, tenor drum. — **~tu·ber·ku,lo·se** *f med. cf.* Wirbelsäulentuberkulose.

'Wir·be·lung *f* ⟨-; -en⟩ *tech.* (engine) turbulence, swirling motion, whirling.

'Wir·bel|,wi·der,stand *m* (*in der Aerodynamik*) wake resistance. — **~,wind** *m* 1. *meteor.* whirlwind, (*Zyklon*) cyclone, (*Tornado*) tornado: sie fegte herein wie ein ~ *fig.* she rushed in like a whirlwind. – 2. *fig.* live wire: als Kind war sie ein richtiger ~ as a child she was a real live wire. — **~,zen·trum** *n meteor.* center (*bes. Br.* centre) of low (*od.* cyclone).

'wirb·lig *adj cf.* wirbelig.

wirbst [vɪrpst] *2 sg pres*, **wirbt** [vɪrpt] *3 sg pres of* werben.

wird [vɪrt] *3 sg pres of* werden.

wirf [vɪrf] *imp sg*, **wirfst** [vɪrfst] *2 sg pres*, **wirft** [vɪrft] *3 sg pres of* werfen.

wir·ken[1] ['vɪrkən] **I** *v/t* ⟨h⟩ 1. *lit.* (*tun, schaffen*) do: Gutes ~ to do good (works); Großes ~ to do great things (*od.* deeds); → Wunder 2, 4. – **II** *v/i* 2. (*Erfolg haben*) work: so etwas wirkt (bei ihm) immer that always works (with him); wenn das nicht wirkt if that does not work; das hat gewirkt a) that did the trick (*sl.*), b) that worked, that hit (*od.* struck) home with him (*od.* her, them). – 3. (*wirksam sein*) take (*od.* have) effect, operate: die Arznei beginnt zu ~ the medicine begins to take effect (*od.* to work); die Tabletten ~ schnell the tablets have a prompt effect; das Mittel wirkt gut gegen Husten this medicine is good (*od.* a good remedy) for a cough. – 4. (*Auswirkungen haben*) have effect: hier ~ die Ideen der Französischen Revolution the ideas of the French Revolution have effect here. – 5. (*Wirkung erzielen*) (auf *acc* [up]on) act, have an effect: Alkohol wirkt berauschend alcohol has an intoxicating effect; Kaffee wirkt [anregend] auf den Kreislauf coffee acts on [acts as a stimulus to] the circulation, coffee has an [a stimulating] effect on the circulation; ein gutes Beispiel wirkt anspornend a good example is encouraging (*od.* an incentive); eine solche Maßnahme wirkt erzieherisch such a measure has an educational (*od.* a didactic) effect (*od.* influence); dieser Raum wirkt bedrückend auf mich this room has a depressing effect on me; sein Anblick wirkt auf sie wie ein rotes Tuch the sight of him makes her see red. – 6. (*einwirken*) (auf *acc* [up]on) act, operate: der Bremsdruck wirkt zuerst auf die Bremsflüssigkeit the brake pressure first acts on the brake fluid. – 7. (*Eindruck machen*) (auf *acc* [up]on) make an impression, have an effect: das Theaterstück hat (auf mich) stark gewirkt the play made a strong impression (on me); dieses Erlebnis hat nachhaltig auf ihn gewirkt this event made a lasting impression on him; er wirkt [sehr stark] auf Frauen he impresses women [greatly], he [greatly] appeals to women, he has an [a great] appeal (*od.* attraction) for women; seine Werke ~ vor allem auf junge Leute his works appeal mainly to young people. – 8. etwas auf sich ~ lassen *cf.* einwirken 4. – 9. er wirkt gehemmt [ängstlich] he gives the impression of being inhibited [anxious], he makes an inhibited [anxious] impression; er wirkt noch immer sehr jugendlich a) he still makes a youthful impression, he is still youthful in his manner, b) (*im Aussehen*) he still has a very youthful appearance. – 10. (*aussehen*) look: ein solches Verhalten wirkt lächerlich such behavio(u)r looks ridiculous; in diesem Kleid wirkst du sehr jung you look very young in this dress, this dress makes you look very young; die Stadt wirkt, als sei sie ausgestorben the town looks as if it were dead. – 11. (*gut aussehen*) look well, be effective: diese Tapete wirkt [nicht] sehr gut in einem hohen Raum this wallpaper looks very well (*od.* is most effective) [does not look well *od.* is not very effective, loses] in a high room; das Bild wirkt erst auf die Entfernung the picture only has (full) effect when viewed at (*od.* from) a distance. – 12. (als as) act, serve: beim Bergabfahren wirkt der zweite Gang als Bremse the second gear serves as brake when a car is going downhill. – 13. (*tätig sein*) work, be active, (*von Dichtern*) *auch* flourish: für eine Idee ~ to work for an idea; als Lehrer (*od.* erzieherisch) ~ to work as a teacher, to teach; er wirkt als Missionar in Afrika he works as a missionary in Africa. – 14. dahin ~, daß to see (to it) that: er wirkte dahin, daß die Arbeitszeit verkürzt wurde he saw to it that working hours were shortened, he used his influence to bring about a reduction of working hours. – **III W~** *n* ⟨-s⟩ 15. *verbal noun.* – 16. work: sein segensreiches W~ wird uns unvergessen bleiben we shall never forget his fruitful work; während seines W~s als Leiter der Schule during his work (*od.* activity) as head of the school; das W~ einer übernatürlichen Macht the work of a supernatural power; das W~ Gottes in der Natur the work (*od.* hand) of God in nature.

'wir·ken[2] *v/t* ⟨h⟩ (*textile*) 1. (*Strümpfe etc*) knit. – 2. (*Teppiche etc*) weave.

'wir·kend I *pres p.* – **II** *adj* 1. ein rasch ~es Mittel a) a quick means, a means with a prompt effect, b) *med.* a quick remedy, a quick-acting medicine, a medicine with (a) prompt effect; ein zuverlässig ~es Mittel a) a reliable means, b) *med.* a reliable drug (*od.* medicine); ein stark ~es Mittel a) a drastic means, b) *med.* a powerful (*bes. bei Abführmittel* drastic) medicine, a potent drug (*od.* medicine). – 2. ~e Ursache *philos.* efficient cause.

'Wir·ker *m* ⟨-s; -⟩ (*textile*) (*Person*) 1. knitter, *bes. Br.* hosier. – 2. weaver. — **Wir·ke'rei** *f* ⟨-; -en⟩ (*Fabrik*) 1. knitting factory. – 2. weaving mill. — **'Wir·ke·rin** *f* ⟨-; -nen⟩ *cf.* Wirker.

'Wirk|,fak·tor *m electr.* power factor. — **~,flä·che** *f* (*einer Antenne*) effective area. — **~,grup·pen** *pl biol. chem.* active groups. — **~,lei·stung** *f* ⟨-; *no pl*⟩ *electr.* true (*od.* active, real, wattful) power. — **~,leit,wert** *m* conductance.

'wirk·lich I *adj* 1. (*wahr*) real, true, genuine, veritable; positive, proper (*colloq.*): er ist ein ~er Künstler he is a real artist. – 2. (*tatsächlich*) real, true: diese Geschichte beruht auf ~en Ereignissen this story is based on real events. – 3. (*eigentlich*) real, actual: das ~e Leben ist ganz anders als das in Romanen real life is quite different from that in novels; im ~en Leben in real life. – 4. W~er Geheimer Rat *hist.* (*Titel*) *etwa* Working Privy Councillor. – 5. *philos.* real, objective. – 6. *tech.* (*im Gegensatz zu scheinbar*) true. – **II** *adv* 7. (*der Wirklichkeit entsprechend*) really, in reality, actually: wir müssen die Dinge so sehen, wie sie ~ sind we must see things as they really are (*od.* as they are in reality). – 8. (*zur Bestätigung*) really, honestly, positively: ~? *auch iron.* really? indeed? is that so? ~! really! honestly! bist du ~ dort gewesen? have you really been there? bist du es ~? it can't be you, it is not you. – 9. (*zur Verstärkung*) really, indeed: es ist

~ wahr it is really true, indeed it is true; es ist ~ kaum zu fassen (*od.* glauben) it is really incredible; das ist ~ sehr reizend von dir that is really very sweet of you, that is very sweet of you indeed; er ist ~ ein anständiger Kerl *colloq.* he really is a decent fellow (*colloq.*), he sure is a fine guy (*sl.*); du bist ~ ein Künstler *colloq. iron.* you are a proper artist (*colloq.*); ~ und wahrhaftig would you (*od.* who would) believe it? willst du ~ nicht kommen? you really don't want to come? are you sure you won't come?

'Wirk·lich·keit *f* ⟨-; *no pl*⟩ **1.** reality: die rauhe ~ harsh reality, the hard facts *pl*; Ideal und ~ ideal and reality; ~ werden to become reality, to come true, to materialize, to be realized; die ~ ist ganz anders reality is quite different; in der Kunst die ~ darstellen to represent reality in art; auf den Boden der ~ zurückkehren to come back to reality (*od.* earth). – **2.** in ~ a) in reality, in actual fact, as a matter of fact, b) (*eigentlich*) in fact, really, in effect: in ~ ist er nie dort gewesen in reality he has never been there; in ~ meint er etwas ganz anderes in fact he means s.th. quite different. – **3.** *philos.* reality.

'wirk·lich·keits|ˌfern *adj* unrealistic. — **W~ˌform** *f* ⟨-; *no pl*⟩ *ling. cf.* Indikativ. — **~ˌfremd** *adj* **1.** (*Person, Einstellung etc*) unrealistic, starry-eyed (*colloq.*). – **2.** (*Roman etc*) unrealistic. — **~geˌtreu** *adj* **1.** true, veracious, veridical: eine ~e Abbildung a true picture. – **2.** realistic. — **W~ˌmensch** *m* realist. — **~ˌnah** *adj* (*Schilderung etc*) realistic. — **W~ˌnä·he** *f* realism. — **W~-ˌsinn** *m* ⟨-(e)s; *no pl*⟩ realism, realistic outlook. — **W~ˌtreue** *f* realism.

'Wirk·maˌschi·ne *f* (*textile*) *tech.* knitting (*bes. Br.* hosiery) machine, knitter.

'wirk·sam I *adj* **1.** (*Mittel, Methode, Behandlung, Schutz etc*) effective, efficient, efficacious, effectual: er fand ~e Unterstützung he was given effective support, he was supported effectively; dieses Mittel ist gegen Erkältung ~ this medicine is effective against (*od.* good for) a cold; ~e Schritte unternehmen to take effectual steps. – **2.** (*Argument, Worte etc*) effective, forcible. – **3.** (*Dosis etc*) operative. – **4.** (*tätig*) active: er ist in der Sozialarbeit ~ he is active (*od.* engaged) in social work. – **5.** *chem.* (*Chlor*) active. – **6.** *mil.* effective: ~er Treffbereich effective pattern (*od.* beaten zone); ~e Schußweite effective range. – **7.** ~e Zeile *telev.* active line. – **8.** valid. – **9.** *bes. jur.* (*in Wendungen wie*) ~ sein to be in force, to be operative, to inure; ~ werden to take effect, to come (*od.* enter) into force, to become operative, to inure; ~ bleiben to remain in effect (*od.* force), to remain operative. – **II** *adv* **10.** effectively, efficiently, efficaciously, effectually: ~ gegen den Rauschgifthandel vorgehen to act effectively (*od.* to take effective action) against drug traffic(king); Forderungen ~ geltend machen to enforce one's claims; politisch ~ handeln to be politically effective, to act with political effect. — **'Wirk·sam·keit** *f* ⟨-; *no pl*⟩ **1.** (*von Mittel, Methode, Behandlung etc*) effectiveness, efficiency, efficaciousness, efficacy, effectualness, effectuality. – **2.** (*von Argument, Worten etc*) effectiveness, forcibility, forcibleness. – **3.** (*Tätigkeit*) activity. – **4.** *bes. jur.* a) (*Geltung*) operation, b) (*Rechtswirksamkeit*) validity.

'Wirk|ˌspan·nung *f electr.* effective (*od.* active) voltage (*od.* potential). — **~ˌstoff** *m* ⟨-(e)s; -e⟩ *chem.* active substance (*od.* ingredient), biocatalyst (*scient.*). — **~ˌstrom** *m electr.* active (*od.* true, wattful) current. — **~ˌstuhl** *m* (*textile*) stocking frame.

'Wir·kung *f* ⟨-; -en⟩ **1.** effect: nachteilige [heilsame] ~ disadvantageous [wholesome] effect; die erhoffte [beabsichtigte] ~ blieb aus the expected [intended] effect was not achieved; aufschiebende ~ *jur.* delaying effect; hemmende ~ *bes. med. pharm.* inhibitory effect; [keinerlei] ~ zeigen a) to have [no] effect, b) (*beim Boxen*) [not] to wilt, [not] to be groggy; ~ erzielen to produce an effect; seine ~ tun to have the desired effect; seine ~ verfehlen, ohne ~ bleiben to have (*od.* produce) no effect, to prove ineffectual; nicht ohne ~ bleiben not to be without effect; etwas zur ~ bringen to put s.th. into effect; eine Maßnahme um ihre ~ bringen to rob a measure of its effect; an ~ verlieren to lose its effect; mit ~ vom 20. März effective (as from) (*od.* with effect from) 20th March, as from (*od.* as of) March 20th; mit sofortiger ~ effective immediately, as from (*od.* as of) now; auf (*acc*) etwas [j-n] ~ ausüben to have an effect (up)on s.th. [s.o.]; das Gesetz von Ursache und ~ *philos.* the law of cause and effect; keine ~ ohne Ursache no effect without cause; kleine Ursache, große ~ (*Sprichwort*) little strokes fell great oaks (*proverb*), every oak has been an acorn (*proverb*). – **2.** (*Eindruck*) impression: er ist sehr auf ~ bedacht he wants to make an impression, he wants to impress; der Film übte eine starke ~ auf die Zuschauer aus the film made a strong impression (*od.* had a strong impact) (up)on the audience. – **3.** (*Ausstrahlung*) effect: der Dichter hat seine faszinierende ~ über Jahrhunderte hinweg behalten the poet has retained his fascination (*od.* fascinating effect) over centuries. – **4.** (*Einfluß*) influence: unter der ~ einer Droge stehen to be under the influence of a drug. – **5.** (*Ergebnis*) result: die ~ seiner Worte war, daß das Kind zu weinen anfing the result of his words was that the child began to cry. – **6.** *cf.* Wirkungsweise 2. – **7.** *phys.* effect, action: ~ und Gegenwirkung action and reaction.

'Wir·kungs|beˌreich *m* **1.** sphere of activity. – **2.** *mil.* range of action, (*der Artillerie*) coverage, (*einer Einheit*) unit effects pattern. – **3.** *electr.* range of effectiveness. — **w~beˌzo·gen** *adj ling.* effect-orientated. — **~ˌdau·er** *f* **1.** duration of effect. – **2.** *chem.* persistency. — **~ˌfak·tor** *m chem.* (*bei Düngemittel*) plant-growth efficiency factor. — **~ˌfeld** *n* field of activity. — **~ˌfeu·er** *n mil.* maximum damage fire. — **~ˌgrad** *m* **1.** *tech.* a) effect, b) efficiency: mechanischer ~ mechanical efficiency. – **2.** (*computer*) operating ratio. – **3.** *med. pharm.* degree of efficiency, potency. – **4.** *aer.* figure of merit. – **5.** (*eines Sprengstoffs*) effectiveness. — **~ˌkraft** *f* ⟨-; *no pl*⟩ efficacy. — **~ˌkreis** *m* **1.** sphere of activity, purview, scope. – **2.** *cf.* Wirkungsfeld.

'wir·kungs·los I *adj* inefficient, ineffective, ineffectual, inefficacious, noneffective *Br.* non-: eine ~e Maßnahme an inefficient measure; ~ bleiben a) to have no effect, b) to be in vain: seine Worte blieben ~ his words had no effect; alle Bemühungen blieben ~ all efforts were in vain. – **II** *adv* alle Vorwürfe prallten ~ an ihm ab none of the reproaches had the slightest effect (up)on him; es verpuffte ~ it fell flat. — **'Wir·kungs·lo·sig·keit** *f* ⟨-; *no pl*⟩ inefficiency, ineffectiveness, ineffectualness, inefficaciousness, inefficacy, inefficacity: er sah die ~ dieser Strafe nicht ein he did not see the inefficiency of this punishment.

'Wir·kungs|me·chaˌnis·mus *m tech.* working (*od.* operating) mechanism. — **~ˌmus·ter** *n* (*in der Genetik*) pattern of manifestation. — **~ˌort** *m cf.* Wirkungsstätte. — **~ˌquan·tum** *n phys.* Planck constant, quantum of action. — **~ˌquerˌschnitt** *m nucl.* effective cross section: totaler ~ bulk cross section. — **~ˌra·di·us** *m nucl. mil.* (*einer Atombombe etc*) efficient range. — **~ˌspek·trum** *n med.* (*von Antibiotika*) range of action, spectrum. — **~ˌstät·te** *f* place of activity. — **~verˌmö·gen** *n* potency. — **w~ˌvoll I** *adj* **1.** (*Bild etc*) impressive. – **2.** (*gutaussehend*) effective: dieses Schmuckstück ist sehr ~ auf schwarzem Samt this piece of jewelry (*bes. Br.* jewellery) is very effective on black velvet. – **3.** *cf.* wirksam 1, 2. – **II** *adv* **4.** etwas ~ dekorieren to decorate s.th. effectively. — **~ˌwei·se** *f* ⟨-; *no pl*⟩ **1.** *bes. tech.* a) operating method, b) mode of operation, mechanism, c) (*eines Reglers*) control action. – **2.** (*eines Mittels etc*) (mode of) action, effect: die ~ dieses Medikaments ist sehr spezifisch the action of this medicine is very specific. — **~ˌzeit** *f* action time.

'Wirkˌwa·ren *pl* (*textile*) knitwear *sg*, knit goods, *bes. Br.* hosiery *sg.* — **~in·duˌstrie** *f* knitwear (*bes. Br.* hosiery) industry.

'Wirkˌwi·derˌstand *m electr.* effective (*od.* active, true) resistance.

wirr [vɪr] **I** *adj* ⟨-er; -st⟩ **1.** (*Haar*) tousled, disheveled, *bes. Br.* dishevelled: die Haare hingen ihm ~ ins Gesicht his tousled hair hair hung over his face. – **2.** (*Durcheinander*) wild, scattered: ein ~es Durcheinander von Büchern und Zeitschriften a wild mess of books and magazines; es herrschte ein ~es Durcheinander a) everything was in a wild mess (*od.* a state of chaos), b) *fig.* there was complete (*od.* utter) confusion. – **3.** (*verschlungen*) tangled: ein ~es Gestrüpp a tangled thicket; ein ~es Gestrüpp von Farnen und Schlingpflanzen a tangled thicket of ferns and creepers; in einem ~en Knäuel in a chaotic tangle. – **4.** *fig.* (*verworren*) confused: ~es Zeug reden to talk confused nonsense; er erzählte uns eine ~e Geschichte he told us a confused (*od.* jumbled, muddled, rigmarole, *auch* rigmarolish) story, he told us a rig(a)marole; ~e Gerüchte liefen um confused rumo(u)rs were going around. – **5.** *fig.* (*verwirrt*) confused: mach mich nicht ~ don't confuse (*od.* muddle) me; ich bin ganz ~ (im Kopf) I am completely confused; von dem Lärm ist mir ganz ~ im Kopf my head is in a whirl with the noise. – **6.** *fig.* (*wirrköpfig*) scatterbrained, *Br.* scatter-brained, muddleheaded, *Br.* muddle-headed, confused. – **7.** (*geistesgestört*) confused: im hohen Alter wurde er etwas ~ im Kopf in his old age he became rather confused in his mind. – **8.** *fig.* (*Blick etc*) bewildered: mit ~em Blick, mit ~en Blicken with a bewildered look. – **9.** ein ~er Kopf *fig. cf.* Wirrkopf. – **II** *adv* **10.** im Zimmer lag alles ~ durcheinander everything was scattered chaotically about the room, the room was in chaos (*od.* in a wild mess); ~ daherreden *fig.* to relate a (confused) rig(a)marole.

Wir·ren ['vɪrən] *pl* **1.** (*politische*) troubles, disturbances, disturbance *sg*, disorders, commotion *sg.* – **2.** (*des Krieges etc*) confusion *sg*: in den ~ der Nachkriegszeit in the confusion of postwar (*Br.* post-war) days, in the postwar confusion.

'wir·rig *adj dial. for* a) verworren, b) zornig I.

'Wirrˌkopf *m contempt.* scatterbrain, *Br.* scatter-brain, muddlehead, *Br.* muddle-head: er ist ein politischer ~ he is a political scatter(-)brain. — **'wirrˌköp·fig** [-ˌkœpfɪç] *adj* scatterbrained, *Br.* scatter-brained, muddleheaded, *Br.* muddle-headed, fuzzy-headed, confused.

'Wirr·nis *f* ⟨-; -se⟩, **'Wirr·sal** *n* ⟨-(e)s; -e⟩ **1.** tangle, entanglement. – **2.** *fig.* chaos, confusion: in den Wirrnissen des Lebens in the chaos of life.

'Wir·rung *f* ⟨-; -en⟩ chaos, confusion: Irrungen und ~en aberrations and confusions; „Irrungen, ~en" "Trials and Tribulations" (*novel by Fontane*).

'Wirrˌwarr [-ˌvar] *m* ⟨-s; *no pl*⟩ **1.** mess, jumble: ein ~ von Töpfen, Schüsseln und Lebensmitteln a mess of pots, dishes and groceries. – **2.** *fig.* confusion, chaos, muddle, mix-up: es herrschte ein heilloser ~ there was absolute chaos, everything was in a hopeless muddle. – **3.** *fig.* (*Lärm*) din, babel, hubbub, hurly-burly, confusion: in dem ~ von Stimmen war kaum etwas zu verstehen hardly anything could be heard in the babel of voices.

wirsch [vɪrʃ] *adj Southwestern G. and Swiss dial. for* a) aufgeregt II, b) ärgerlich 1.

Wir·sing ['vɪrzɪŋ] *m* ⟨-s; *no pl*⟩, **~ˌkohl** *m* ⟨-(e)s; *no pl*⟩ **1.** *gastr.* savoy, *auch* savoy cabbage. – **2.** *bot.* borecole, kale, kail (*Brassica oleracea var. bullata*).

wirst [vɪrst] *2 sg pres of* werden.

Wirt [vɪrt] *m* ⟨-(e)s; -e⟩ **1.** (*Gastwirt*) innkeeper, landlord, host, *Am.* saloonkeeper, *Br. auch* publican: → Magen 1; Rechnung 3. – **2.** (*Hauswirt*) landlord. – **3.** *obs.* (*Gastgeber*) host: den ~ machen *fig.* to act as host, to do the honors (*bes. Br.* honours). – **4.** *biol.* host. – **5.** *bot. cf.* Wirtspflanze. – **6.** *zo. cf.* Wirtstier.

Wir·tel ['vɪrtəl] *m* ⟨-s; -⟩ **1.** *bot. cf.* Quirl 2. – **2.** *tech.* (*in der Spinnerei*) whorl, *auch* wharl, whirl, wharve. — **~ˌech·se** *f zo. cf.* Gürtelechse.

'wir·te·lig *adj bot.* whorled, cyclic.

wir·ten ['vɪrtən] *v/i* ⟨h⟩ *Swiss dial.* be an innkeeper.

'Wir·tin *f* ⟨-; -nen⟩ **1.** (*Inhaberin einer Gast-*

wirtschaft) landlady. – **2.** (*Frau des Gastwirts*) landlady, innkeeper's wife. – **3.** (*Hauswirtin*) landlady. – **4.** *obs.* (*Gastgeberin*) hostess.

'wirt·lich *adj* **1.** (*gastlich*) hospitable. – **2.** (*Wetter*) pleasant. – **3.** (*Gegend*) pleasant: **wenig ~** *cf.* unwirtlich. — **'Wirt·lich·keit** *f* ⟨-; *no pl*⟩ **1.** (*eines Hauses etc*) hospitableness, inviting atmosphere. – **2.** (*einer Gegend*) pleasantness.

'wirt·lig *adj bot. cf.* wirtelig.

'Wirt·schaft[1] *f* ⟨-; *no pl*⟩ **1.** *econ.* (*Wirtschaftssystem*) economy: **freie ~** a) (*Marktwirtschaft*) free market economy, b) (*Privatwirtschaft*) private enterprise, free competitive economy; **gelenkte ~** controlled economy, dirigisme; **zentral gelenkte ~** centrally managed economy; **kapitalistische [sozialistische] ~** capitalist(ic) [socialist(ic)] economy; **einheimische ~** domestic economy; **wettbewerbsfähige ~** competitive economy; **Störungen in der ~** disturbances of the economy, economic disturbances; **Umstellung der ~** reorganization of the economy; **Wiederaufbau der ~** recovery of the economy. – **2.** *econ.* (*Wirtschaftsleben*) economy, economic activity: **die ~ ankurbeln [lahmlegen]** to stimulate (*od.* boost) [to paralyze *Br. auch* -s-] the economy; **Wiederbelebung der ~** revival of the economy (*od.* of economic activity). – **3.** *econ.* (*Zusammenfassung aller an Herstellung u. Verteilung Beteiligten*) trade and industry, commerce: **gewerbliche ~** trade and industry; **er geht nach seinem Examen in die ~** he will work in trade and industry after his examination; **er hat einen hohen Posten in der ~** he has a high post in trade and industry; **die ~ reagierte gelassen auf die Ankündigungen des Ministers** industry was unperturbed by the minister's announcements; **aus (Kreisen) der ~ verlautete, daß** it was reported from economic circles that. – **4.** (*Landwirtschaftsbetrieb*) farm: **während des Kriegs mußten viele Bauersfrauen ihre ~ allein führen** during the war many countrywomen had to run their farms alone. – **5.** (*Haushaltung*) housekeeping: **j-m die ~ führen** (*od.* **besorgen**) to keep house (*od.* to do the housekeeping, to run the house) for s.o.; **sie führt die ~ allein** she keeps house herself, she does her own housekeeping; **sie führen getrennte ~** each pays for his (*od.* her) own keep. – **6. schlechte ~ kann ein Unternehmen ruinieren** *colloq.* bad management can ruin an enterprise; → **polnisch** I. – **7.** *fig.* (*Art u. Weise, Dinge zu tun*) way of doing things: **mir paßt diese ~ nicht** I do not like this way of doing things. – **8.** *fig. colloq.* state of affairs: **das ist ja eine schöne** (*od.* **saubere**) **~** *iron.* that is a fine state of affairs; **was ist denn das für eine ~?** what kind of a mess is this? – **9.** *fig. colloq.* (*Umstände, Mühe*) trouble, bother: **das macht mir zuviel ~** that is too much trouble to me, I won't be bothered. – **10.** *fig. colloq.* (*Aufheben*) fuss: **mach nicht solche ~** don't make such a fuss.

'Wirt·schaft[2] *f* ⟨-; -en⟩ **1.** *cf.* Gastwirtschaft: **die ~ an der [um die] Ecke** the pub at [round] the corner; **in einer ~ einkehren** to stop at a pub. – **2. ~!** *colloq.* a) waiter! b) waitress!

'wirt·schaf·ten I *v/i* ⟨h⟩ **1.** (*eine Wirtschaft führen*) keep house, run the house: **sie versteht zu ~** she knows how to keep house. – **2.** (*im Haushalt*) manage one's money: **sie kann gut ~** she knows how to manage her money, she is a good manager; **sie hat diesen Monat schlecht gewirtschaftet** she has mismanaged (her money) this month; **sparsam ~** to manage things economically; **aus dem vollen ~** to manage on ample resources; → **Tasche** 3. – **3.** (*in Wirtschaft, Industrie etc*) manage one's affairs: **das Unternehmen hat dieses Jahr schlecht gewirtschaftet** the enterprise has mismanaged (its affairs) this year. – **4.** *colloq.* (*beschäftigt sein*) be busy: **sie wirtschaftet noch in der Küche** she is still busy in the kitchen. – **II** *v/t* **5. etwas zugrunde ~** to bring s.th. to ruin (*od.* ruin s.th., wreck s.th.) by mismanagement. – **III W~** *n* ⟨-s⟩ **6.** *verbal noun.* – **7.** management.

'Wirt·schaf·ter *m* ⟨-s; -⟩ **1.** (*Verwalter*) manager, (*bes. auf einem Landgut*) steward. – **2.** *Austrian and Swiss for* Wirtschaftler.

'Wirt·schaf·te·rin *f* ⟨-; -nen⟩ **1.** (*Haushälterin*) housekeeper. – **2.** (*Verwalterin*) housekeeper. – **3. sie ist eine gute ~** she is a good manager.

'Wirt·schäf·te·rin [-ʃɛftərɪn] *f* ⟨-; -nen⟩ *Austrian* housekeeper.

'Wirt·schaft·ler *m* ⟨-s; -⟩ economist.

'wirt·schaft·lich I *adj* **1.** (*die Volkswirtschaft betreffend*) economic: **~er Fortschritt** economic progress; **auf ~em und auf sozialem Gebiet** in the economic and social fields; **in dem Land herrschen gesunde ~e Verhältnisse** the economic conditions are sound in this country. – **2.** (*die persönliche Wirtschaftslage betreffend*) financial: **er steht vor großen ~en Problemen** he is faced with great financial problems. – **3.** (*den Gewinn od. Profit betreffend*) financial: **sich von ~en Erwägungen leiten lassen** to let oneself be guided by financial considerations (*od.* by considerations of profitability). – **4.** (*rentabel*) profitable, economically efficient: **eine ~e Geldanlage** a profitable investment. – **5.** (*haushälterisch*) economical, thrifty: **~e Haushaltsführung** economical housekeeping; **eine ~e Hausfrau** an economical housewife; **sie ist nicht sehr ~** she is not very economical. – **6.** (*Kosten, Energie etc sparend*) economical: **Kühlschränke sind ~e Einrichtungen** refrigerators are economical appliances; **ein ~es Auto** an economical car; **diese Seife ist sehr ~ im Verbrauch** this soap is very economical (in use). – **II** *adv* **7.** (*die Volkswirtschaft betreffend*) economically: **die beiden Länder können ~ nicht miteinander konkurrieren** the two countries cannot compete economically; **uns Deutschen geht es heute ~ gut** we Germans are at present in a good economic position. – **8.** (*die persönliche Wirtschaftslage betreffend*) financially: **ihm geht es ~ nicht gut** he is not in a good financial position. – **9.** (*rentabel*) profitably: **sein Geld ~ anlegen** to invest one's money profitably. – **10.** (*haushälterisch*) economically, thriftily: **den Haushalt ~ führen** to run the house economically. – **11.** (*Geld, Energie etc sparend*) economically: **die Maschine arbeitet ~** the machine works economically. — **'Wirt·schaft·lich·keit** *f* ⟨-; *no pl*⟩ **1.** (*Rentabilität*) profitability, economic efficiency, earning power. – **2.** (*kostensparende Eigenschaft*) economy, thrift(iness): **die ~ eines Wagens** the economy of a car. – **3.** (*Sparsamkeit*) economy.

'Wirt·schafts|ˌabˌkom·men *n econ.* (*zwischen Staaten*) economic agreement: **Wirtschafts- und Handelsabkommen** economic and trade agreement. — **~ˌabˌlauf** *m* economic process. — **~ˌabˌord·nung** *f* economic delegation. — **~ˌabˌtei·lung** *f* economic department (*od.* section, branch). — **~aka·deˌmie** *f ped.* commercial college. — **~ˌamt** *n hist.* provisioning office. — **~ˌat·las** *m* economic atlas. — **~at·taˌché** *m pol.* economic attaché. — **~ˌaufˌschwung** *m econ.* economic upswing (*stärker* boom). — **~ˌausˌschuß** *m pol.* economic committee: **der ~ des Deutschen Bundestages** the Economic Committee of the German Bundestag. — **~ˌausˌwei·tung** *f econ.* economic expansion. — **~ba·roˌme·ter** *n* economic barometer. — **~beˌle·bung** *f* economic revival (*od.* recovery, upturn). — **~beˌra·ter** *m* economic adviser (*Am. auch* advisor), business consultant, efficiency expert. — **~beˌreich** *m* sector of the economy, economic sector. — **~beˌtrieb** *m* (business) enterprise, operating (*od.* industrial) unit. — **~beˌzie·hun·gen** *pl* economic relations: **enge ~ herstellen** to establish close economic relations. — **~ˌblock** *m* ⟨-(e)s; ¨e *od.* -s⟩ economic bloc. — **~blocka·de** (*getr.* -kˌk-) *f* economic blockade. — **~ˌblü·te** *f* prosperity. — **~boyˌkott** *m* economic boycott. — **~ˌbuch** *n* housekeeping (account) book. — **~budˌget** *n* national economic budget. — **~ˌbünd·nis** *n* economic (*od.* business) alliance. — **~de·le·ga·tiˌon** *f* economic delegation. — **~de·mo·kraˌtie** *f* **1.** liberal economy. – **2.** economic democracy. — **~ˌden·ken** *n* economic thinking. — **~de·pres·siˌon** *f* (economic) depression, depression of business. — **~ˌein·heit** *f* **1.** economic unity. – **2.** economic unit (*od.* entity). — **~entˌwick·lung** *f* **1.** economic trend (*od.* tendency). – **2.** economic development. — **~exˌper·te** *m* economic expert, economist. — **~ˌfachˌschu·le** *f ped.* school of economics. — **~ˌför·de·rung** *f* promotion of trade and industry, promotion of economic development. — **~ˌform** *f* economic system. — **~ˌfor·schung** *f* economic research. — **~ˌfra·gen** *pl* economic questions. — **~ˌfrei·heit** *f* economic freedom. — **~ˌfüh·rer** *m* economic leader. — **~ˌfüh·rung** *f* **1.** (*im Haushalt*) housekeeping. – **2.** *econ.* running (*od.* management) of the economy. — **~funk·tioˌnär** *m econ.* (*bes. in sozialistischen Ländern*) industrial official (*od.* functionary), functionary concerned with economic matters. — **~geˌbäu·de** *n* **1.** *pl* (*eines Gutes etc*) farm buildings. – **2.** (*wirtschaftlich genutztes Gebäude*) industrial building. – **3.** *pl mil.* mess and kitchen accommodation *sg*, domestic offices. — **~geˌbiet** *n econ.* economic area. — **~geˌfäl·le** *n* economic disparity, variation in the level of economic activity. — **~geˌfü·ge** *n* economic structure. — **~ˌgeld** *n* housekeeping money: **sie kommt mit ihrem ~ gut aus** she manages well on her housekeeping money. — **~geˌmein·schaft** *f* economic community: **Europäische ~** *econ.* European Economic Community. — **~geoˌgraph** *m* economic geographer. — **~geo·graˌphie** *f* economic geography. — **w~geoˌgra·phisch** *adj* of (*od.* pertaining to) economic geography: **vom ~en Standpunkt aus** from the point of view (*od.* in terms) of economic geography. — **~geˌschich·te** *f* ⟨-; *no pl*⟩ economic history. — **~geˌsetz** *n jur.* economic law. — **~geˌsprä·che** *pl econ.* economic talks. — **~ˌgü·ter** *pl* **1.** economic goods: **langlebige ~** consumer durables. – **2.** (*in der Bilanz*) assets. — **~gymˌna·si·um** *n ped. secondary school emphasizing economic science.* — **~ˌhil·fe** *f econ.* economic aid: (**einem Land**) **~ leisten** to furnish (*od.* give, grant) economic aid (*od.* assistance) (to a country). — **~ˌhochˌschu·le** *f ped.* school of economics. — **~in·for·ma·tio·nen** [-ˀɪnfɔrmaˌtsĭoːnən] *pl econ.* economic information *sg.* — **~in·terˌes·sen** *pl* economic interests. — **~ˌjahr** *n* **1.** *econ.* business year. – **2.** *agr.* farm year. — **~jour·naˌlist** *m* financial journalist. — **~ka·biˌnett** *n pol.* economic cabinet. — **~ˌkampf** *m econ.* economic struggle. — **~ka·pa·ziˌtät** *f* (*Wirtschaftskraft*) economic capacity (*od.* power, strength, resources *pl*). — **~ka·piˌtän** *m colloq.* business leader, captain of industry, tycoon (*colloq.*). — **~ˌkar·te** *f geogr.* economic map. — **~kom·mis·siˌon** *f pol.* economic commission. — **~kon·feˌrenz** *f* economic conference. — **~konˌtrol·le** *f* industrial (*od.* business) control. — **~kor·re·sponˌdent** *m* (*einer Zeitung*) financial (*od.* economic) correspondent. — **~kor·re·sponˌden·tin** *f* **1.** *econ.* commercial correspondent. – **2.** *cf.* Wirtschaftskorrespondent. — **~ˌkraft** *f* economic power (*od.* resources *pl*): **die ~ eines Landes** the economic power of a country. — **~kreˌdit** *m* business credit. — **~ˌkrei·se** *pl* business (*od.* economic) circles. — **~ˌkreisˌlauf** *m* **1.** economic process. – **2.** (economic) circulation: **Geld in den ~ einschleusen** to put money into circulation. — **~ˌkrieg** *m* economic war(fare). — **~kri·mi·na·liˌtät** *f jur.* economic (*od.* business, *bes. Am.* white-collar) criminality. — **~ˌkri·se** *f econ.* economic crisis. — **~ˌla·ge** *f* economic situation. — **~ˌle·ben** *n* ⟨-s; *no pl*⟩ economic life. — **~ˌleh·re** *f cf.* Wirtschaftswissenschaft. — **~ˌlei·stung** *f* **1.** (*Anstrengung*) economic effort. – **2.** (*Fähigkeit*) performance. – **3.** (*Ergebnis*) output. — **~ˌlen·kung** *f* economic control, planned economy, dirigisme. — **~ˌmacht** *f* economic power: **Japan ist eine bedeutende ~** Japan is an important economic power. — **~miˌni·ster** *m pol.* Minister for Economics, Minister for Economic Affairs, (*in Großbritannien*) Minister (*od.* Secretary of State) for the Department of Trade and Industry, (*in USA*) Secretary of Commerce. — **~mi·niˌste·ri·um** *n* Ministry of Economics, (*in Großbritannien*) Department of Trade and Industry, (*in USA*) Department of Commerce. — **~mo·noˌpol** *n econ.* economic monopoly. — **~niˌveau** *n* economic level. — **~ˌoberˌschu·le** *f ped. obs. for* Wirtschaftsgymnasium. — **~ˌord·nung** *f econ. pol.* economic system: **die Wirtschafts- und Sozialordnung eines Landes** the economic and social systems of a country. — **~or·ga·ni·sa·tiˌon** *f econ.* industrial organization (*Br. auch* -s-). — **~pe·riˌode** *f* economic period. — **~ˌplan** *m* economic plan. — **~ˌpla·nung** *f* economic planning. — **~po·liˌtik** *f* economic policy. — **~poˌli·ti·ker** *m* person concerned with economic policy. — **w~poˌli·tisch** *adj* politico-economic, in terms of (*od.* with a view to, in respect of) economic policy: ~er Ausschuß des Bundestags Economic Policy Committee of the Bundestag; ~er Sprecher (*einer Partei*) spokesman on matters of economic policy. — **~po·ten·tiˌal** *n* economic potential. — **~ˌpres·se** *f* financial (*od.* economic) press. — **~proˌblem** *n* economic problem. — **~proˌzeß** *m econ.* economic process. — **~ˌprü·fer** *m* chartered accountant, *Am. auch* certified public accountant, (certified) auditor. — **~ˌprü·fung** *f* auditing. — **~psy·cho·loˌgie** *f psych.* industrial psychology. — **~ˌrat** *m pol. econ.* economic council: Europäischer ~ (*Vorläufer der OECD*) Organization (*Br. auch* -s-) for European Economic Cooperation (*OEEC*). — **~ˌraum** *m* **1.** *econ.* market (area). – **2.** (*im Haushalt, Hotel etc*) utility room. — **~ˌrecht** *n econ.* business law. — **~re·dak·ˌteur** *m* financial editor. — **~re·dak·tiˌon** *f* (*einer Zeitung*) **1.** (*Abteilung*) editorial department for economics and finance, finance and business department. – **2.** (*Personal*) financial editorial staff. — **~reˌform** *f* economic reform. — **~re·strik·tiˌon** *f meist pl* restraint on the economy. — **~ˌrückˌgang** *m* (economic) recession. — **~sa·bo·ta·ge** *f* business sabotage. — **~ˌsach·verˌstän·di·ge** *m* economic expert (*od.* consultant). — **~sank·tiˌon** *f meist pl* economic sanction. — **~ˌschrift·tum** *n* trade (*od.* industrial, economic) literature. — **~ˌschu·le** *f ped.* business (*od.* commercial) school. — **~ˌsek·tor** *m econ.* economic sector, sector of the economy: der primäre ~ ist unterbesetzt the primary economic sector is undermanned. — **~spiˌon** *m* business spy. — **~spioˌna·ge** *f* industrial (*od.* business) espionage. — **~ˌspra·che** *f* economic language. — **~sta·biliˌtät** *f* economic stability. — **~staˌti·stik** *f* economic statistics *pl* (*construed as sg or pl*). — **~ˌstraf·ge·setz** *n jur.* law on penalties for economic offences (*Am.* offenses). — **~strukˌtur** *f econ.* economic structure. — **~syˌstem** *n* economic system. — **~ˌta·gung** *f* economic conference. — **~ˌtä·tig·keit** *f* economic activity: Rückgang der ~ recession. — **~ˌteil** *m* (*einer Zeitung*) business (*od.* financial) section, commercial and financial columns *pl.* — **~theoˌrie** *f* economic theory. — **~ˌtrei·ben·de** *m* ⟨-n; -n⟩ *Austrian for* Gewerbetreibende. — **~ˌund Fiˈnanzˌausˌschuß** *m pol.* economic and financial committee. — **~ ˌund So·ziˈalˌausˌschuß** *m* (*der EWG u. der Euratom*) Economic and Social Committee. — **~ ˌund So·ziˈalˌrat** *m* (*der UN*) Economic and Social Council. — **~uniˌon** *f* economic union. — **~ˌun·ter·neh·men** *n* business enterprise. — **~verˌband** *m* trade (*od.* business) association. — **~verˌbin·dun·gen** *pl* economic connections (*Br. auch* connexions). — **~verˌbre·chen** *n jur.* economic (*od.* business) offence (*Am.* offense), *bes. Am.* white-collar crime. — **~verˌein·ba·rung** *f econ.* economic arrangement. — **~verˌfall** *m* economic decline. — **~verˌfas·sung** *f* (*eines Landes*) economic constitution (*od.* system). — **~verˌflech·tung** *f* economic interlocking, integration. — **~verˌhält·nis·se** *pl* economic conditions. — **~verˌhand·lun·gen** *pl* economic (*od.* trade) negotiations. — **~verˌkehr** *m* economic exchange: zwischenstaatlicher ~ international economic exchange. — **~verˌtrag** *m* commercial treaty. — **~voˌlu·men** *n* volume of economic activity, overall economic activity. — **~ˌvor·ˌha·ben** *n* economic project. — **~ˌvor·ˌschau** *f* economic forecast. — **~ˌwachs·tum** *n* economic growth: das ~ auf fünf Prozent beschränken to limit economic growth to five percent. — **~ˌwelt** *f* economic (*od.* industrial) world, world of trade and industry. — **~ˌwer·bung** *f* commercial advertising (*seltener* -z-). — **~ˌwis·sen·schaft** *f meist pl* economics *pl* (*usually construed as sg*), *Am. auch* economic science: ~(en) studieren to study economics. — **~ˌwis·sen·schaf·ter** *m Austrian and Swiss for* Wirtschaftswissenschaftler. — **~ˌwis·sen·schaft·ler** *m* economist. — **w~ˌwis·sen·schaft·lich** *adj* economic: ~es Gymnasium *ped. secondary school emphasizing economic science.* — **~ˌwun·der** *n* economic miracle: das deutsche ~ the German economic miracle. — **~ˌzei·tung** *f* financial (*od.* business, economic) (news)-paper. — **~ˌzen·trum** *n* economic center (*bes. Br.* centre). — **~zuˌsam·menˌschluß** *m pol.* a) (*statischer*) economic union, b) (*dynamischer*) unification. — **~ˌzweig** *m* branch of industry (*od.* trade).

ˈWirtsˌhaus *n* **1.** *cf.* Wirtschaft² 1: immer (*od.* ständig) im ~ sitzen *fig.* to spend one's time at the pub. – **2.** inn, tavern. — **~ˌle·ben** *n* ⟨-s; *no pl*⟩ pub-crawling. — **~ˌschild** *n* inn (*od.* tavern) sign.

ˈWirts|ˌleu·te *pl* **1.** landlord (*od.* innkeeper) and his wife. – **2.** landlord and landlady. — **~or·gaˌnis·mus** *m biol.* host (organism), suscept. — **~ˌpflan·ze** *f bot.* host. — **~ˌstu·be** *f* bar, *Br.* bar-parlour, *auch* public bar. — **~ˌtier** *n zo.* host. — **~ˌwech·sel** *m biol.* change of host, heteroecism (*scient.*). — **~ˌzel·le** *f* host cell.

Wirz [vɪrts] *m* ⟨-es; -e⟩ *Swiss bot. for* Wirsing 2.

Wisch [vɪʃ] *m* ⟨-(e)s; -e⟩ **1.** *contempt.* rubbishy leaflet, *Br. sl.* bumf: ich habe den ~ weggeworfen I threw the rubbish (*od.* stuff) away. – **2.** (*Bündel*) wisp, whisk.

ˈWischˌblen·de *f phot.* soft-edged wipe.

wi·schen [ˈvɪʃən] **I** *v/t* ⟨h⟩ **1.** wipe, mop: sich (*dat*) die Stirn ~ to wipe (*od.* mop) one's brow; sich (dat) [j-m] den Schweiß von der Stirn ~ to wipe the perspiration from (*od.* off) one's [s.o.'s] forehead; sich (*dat*) den Schlaf aus den Augen ~ to rub the sleep out of one's eyes; sich den Mund (mit der Serviette) ~ to wipe one's mouth (with one's napkin); und ich konnte mir den Mund ~ *fig.* and I was left empty-handed; (mit einem Tuch) die Krümel vom Tisch ~ to wipe the crumbs off the table (with a cloth); Staub ~ to dust; ich habe im ganzen Zimmer Staub gewischt I dusted the whole room. – **2.** (*reinigen*) wipe, mop, swab: den Boden (feucht) ~ to wipe the floor (with a damp cloth). – **3.** j-m eine ~ *fig. colloq.* a) (*einem Kind*) to give s.o. a smack (*od.* slap, cuff), b) to cuff s.o., to clout s.o. one (*colloq.*), to land s.o. one (*sl.*): er bekam eine (von seiner Mutter) gewischt he was given a smack (by his mother). – **II** *v/i* ⟨h *u.* sein⟩ **4.** ⟨h⟩ wipe: mit einem Lappen über den Tisch ~ to wipe the table with a cloth, to wipe a cloth over the table; der Wischer wischt schlecht the wind-screen (*Am.* windshield) wiper wipes badly. – **5.** ⟨h *u.* sein⟩ (mit etwas) über (*acc*) etwas ~ (*streifen*) to brush s.th. with s.th.: er ist mit dem Ärmel über die nasse Farbe gewischt he brushed the wet paint with his sleeve. – **6.** ⟨sein⟩ (*schlüpfen*) whisk: er wischte aus der Stube he whisked out of the room.

ˈWi·scher *m* ⟨-s; -⟩ **1.** *auto.* (wind-screen, *Am.* windshield) wiper. – **2.** *mus.* (*für Holzblasinstrumente*) mop, swab. – **3.** *mil.* (*für Geschütze*) sponge, slush brush. – **4.** (*Werkzeug eines Zeichners*) stump. — **~ˌblatt** *n* wind-screen- (*Am.* windshield-)wiper blade. — **~ˌgum·mi** *m, n* rubber strip for wiper blade, wiper squeegee (*od.* rubber).

ˈwischˌfest *adj* wiping-proof.

ˈwi·schig *adj Northern G. for* zerstreut 2, kopflos 3, 4.

Wi·schi·wa·schi [ˌvɪʃiˈvaʃi] *n* ⟨-s; *no pl*⟩ *colloq.* wish-wash (*colloq.*), twaddle.

ˈWisch|konˌtakt *m electr.* self-cleaning contact. — **~konˌtaktˌun·terˌbre·cher** *m* wipe-contact break(er). — **~ˌlap·pen** *m* **1.** (*für Geschirr*) dishcloth, *Br.* dish-cloth. – **2.** (*für den Boden*) floorcloth, *Br.* floor-cloth. – **3.** (*trockenes Tuch, Staubtuch*) duster, (dust)cloth, *Br.* (dust-)cloth.

Wisch·nu [ˈvɪʃnu] *npr m* ⟨-s; *no pl*⟩ *relig.* Vishnu (*deity in Hinduism*).

ˈWisch|ˌstock *m mil.* cleaning rod. — **~ˌtuch** *n* ⟨-(e)s; ⸚er⟩ *cf.* Wischlappen.

ˈWischˌwasch [-ˌvaʃ] *m* ⟨-(e)s; *no pl*⟩ *colloq. cf.* Wischiwaschi.

Wi·sent [ˈviːzənt] *m* ⟨-s; -e⟩ *zo.* wisent, European bison (*Bison bonasus*).

Wis·mut [ˈvɪsmuːt] *n, Austrian auch m* ⟨-(e)s; *no pl*⟩ *chem.* bismuth (Bi). — **~ace·ˌtat, ~azeˌtat** *n* bismuth acetate ($Bi(CH_3COO)_3$). — **~ˌblen·de** *f min.* eulytite, *auch* eulytine. — **~ˌbron·ze** *f chem.* bismuth bronze. — **~chloˌrid** *n* bismuth chloride ($BiCl_3$).

ˈwis·mu·ten *adj chem.* bismuthic.

ˈWis·mut|ˌerz *n min.* bismuthic ore. — **~ˌglanz** *m* bismuthinite, bismuth glance. — **~oxid** [-ʔɔˌksiːt], **~oxyd** [-ʔɔˌksyːt] *n chem.* bismuth trioxide (*od.* yellow), bismuthous oxide (Bi_2O_3). — **~sub·sa·li·cy·ˌlat** [-zupzalitsyˌlaːt] *n* ⟨-(e)s; -e⟩ bismuth subsalicylate, (basic) bismuth salicylate ($C_6H_4(OH)COOBiO$). — **~sulˌfid** *n* bismuth sulfide (*bes. Br.* -ph-) (Bi_2S_3). — **~tri·oxid** [-triʔɔˌksiːt] *n cf.* Wismutoxid.

wis·peln [ˈvɪspəln] *v/t u. v/i* ⟨h⟩ *dial. for* wispern.

wis·pern [ˈvɪspərn] **I** *v/t* ⟨h⟩ **1.** whisper: j-m etwas ins Ohr ~ to whisper s.th. in(to) s.o.'s ear. – **II** *v/i* **2.** whisper, speak in a low voice. – **III W~** *n* ⟨-s⟩ **3.** *verbal noun.* – **4.** whisper.

ˈWiß·beˌgier(·de) *f* ⟨-; *no pl*⟩ **1.** thirst for knowledge, (intellectual) curiosity, inquisitiveness. – **2.** (*Neugier*) curiosity, inquisitiveness, nosiness (*colloq.*). — **ˈwiß·beˌgie·rig I** *adj* **1.** eager for knowledge, curious, inquisitive, investigative: ~ sein to be eager (*stärker* to thirst) for knowledge. – **2.** (*neugierig*) curious, inquisitive, nos(e)y (*colloq.*). – **II** *adv* **3.** ~ blätterte er im Buch he thumbed the leaves of the book inquisitively (*od.* eager for knowledge).

wis·sen [ˈvɪsən] **I** *v/t* ⟨weiß, wußte, gewußt, h⟩ **1.** know: er weiß immer einen Rat he always knows a solution; dagegen weiß ich ein gutes Mittel *auch fig.* I know a good remedy for that; sie wußte keinen Ausweg mehr she didn't know where to turn; ein Gedicht auswendig ~ to know a poem by heart; ich weiß seinen Namen nicht I don't know his name; weißt du schon das Neueste? have you heard the latest? etwas nicht ~ a) not to know s.th., b) (*in Unkenntnis von etwas sein*) to be ignorant of s.th.; j-n in Gefahr [in Sicherheit] ~ to know that s.o. is in danger [in safety]; dort weiß ich den Jungen gut aufgehoben I know the boy is in good hands there; er will immer alles besser ~ he always knows better; ich wußte gar nichts von deinem Unfall I did not know you had an accident; j-m für etwas Dank ~ to be grateful to s.o. for s.th.; ich weiß mir kein größeres Vergnügen als I can't think of anything (*od.* I know of nothing) nicer (*od.* better) than; ich wußte mir keine Hilfe mehr I didn't know what else to do; sie wußte weder ein noch aus she didn't know where to turn, she was at her wit's end; das weiß doch alle Welt! *colloq.* (surely, *Am.* sure) everyone knows that; weißt du vielleicht eine bessere Lösung? *auch iron.* perhaps you could suggest something better; etwas von j-m (*od.* durch j-n) ~ to know s.th. from (*od.* through) s.o.; ich weiß niemand(en), der es besser machen könnte I know (of) no one who could do it (any) better; ich weiß es aus seinem eigenen Mund I have it straight from him, he told me so himself; ich weiß es aus sicherer Quelle I have it from a reliable source (*od.* [straight] from the horse's mouth); etwas aus eigener Erfahrung ~ to know s.th. from (personal *od.* one's own) experience; sie ist sehr hübsch, aber sie weiß es auch she is very pretty but (*od.* and) she knows it; woher weißt du das? how do you know (that)? woher (*od.* wie) soll ich das ~? how should I know? how am I (supposed) to know that? das hättest du doch ~ müssen you ought to have known that; soviel ich weiß, ist er gestern angekommen he arrived yesterday as far as I know; was weißt du denn davon? what do you know about it (*od.* that)? das hätte ich ~ sollen, dann wäre ich zu Hause geblieben if I had known (*od.* had I known) that I would have stayed at home; wie kann er das ~? how can he know (that)? was ich alles ~ soll! I'm supposed to know everything! das weiß ich schon, aber I know that (*od.* I am aware of that) but; daß (*od.* damit) du es nur weißt! just (so) that you know! was ich nicht weiß, macht mich nicht heiß (*Sprichwort*) what the eye doesn't see, the heart doesn't grieve over (*proverb*); → Bescheid 2; Kind 4; was 1. – **2.** etwas

nicht mehr ~ to have forgotten (*od.* to forget) s.th.: **ich weiß seinen Namen nicht mehr** I have forgotten (*od.* I forget) his name. – **3. von etwas nichts** ~ **wollen** not to want s.th.: **davon wollte sie nichts** ~ she didn't want that, she wouldn't hear of it, she would have none of it; **von Geld wollte er nichts** ~ he wouldn't hear of taking money. – **4. sie will nichts von ihm** ~ she won't have anything to do with him: **sie will nichts mehr von ihm** ~ she won't have anymore to do with him. – **5. er weiß, wer der Täter ist** he knows who did it (*od.* who the culprit is); **weißt du, wer den Roman geschrieben hat?** do you know who wrote the novel? **du mußt selbst** ~, **was das beste ist** you must know (for) yourself what is best; **wenn ich nur wüßte, ob er kommt** if I only knew whether (*od.* if) he comes; **du mußtest doch** ~ (*od.* **du hättest doch** ~ **müssen**), **daß** you ought to have known that; **sie weiß, was sie will** she knows what she wants, she knows her (own) mind; **er weiß nicht, was er sagt** a) (*er weiß nicht, was für Folgen das haben könnte*) he doesn't know what he is saying, b) (*er kennt sich nicht aus*) he doesn't know what he is talking about; **sie lassen uns vorher** ~, **wann sie kommen** they will let us know beforehand when they are coming; **Sie** ~ **doch wohl, daß das verboten ist** you know perfectly well that that is prohibited; **du weißt sehr wohl, daß das unklug wäre** you know very (*od.* full) well that that would be unwise; **ich weiß nicht recht, wie ich ihm das erklären soll** I don't quite know how to explain it to him; **ich weiß nur, daß er einen Bart hat** all I know is that he has a beard; **man will** ~, **daß er sein ganzes Geld verspielt hat** it is said (*od.* rumo[u]red) that he gambled all his money away; **er wollte von mir** ~, **warum ich das getan habe** he wanted to know why I had done that; **ich wüßte nicht, daß ich jemals meine Pflicht versäumt hätte** I have never neglected my duty as far as I know (*od.* to my knowledge); **ich möchte** ~, **wer recht behält** I wonder who is (*od.* will be) right; **ich möchte** ~, **wie er sich das vorstellt** I would like to know (*od.* I wonder) how he thinks that would work out; **man weiß ja, wie schwierig das heutzutage ist** it is a well-known fact that that is very difficult nowadays; **wer weiß, ob er überhaupt kommt** who knows if he is coming at all; **er weiß, woher der Wind weht** (*od.* **wie der Hase läuft**) *colloq.* he knows how the land lies (*od.* the wind blows); **ich weiß, was ich weiß** I know a thing or two; **ich möchte nicht** ~, **was das gekostet hat** I bet that cost a fortune; **weiß Gott** (*od.* **der Himmel, der Teufel, der Kuckuck**), **was er sich dabei gedacht hat** *colloq.* God (*od.* heaven, goodness [only]) knows what he thought he was doing; **weißt du was, wir gehen ins Kino** (do) you know what, let's go to the pictures (*bes. Am. colloq.* movies); **weißt du, das ist leichter gesagt als getan** that's easier said than done, you know; **wer weiß, was alles noch kommt** there's no knowing (*od.* who knows) what is in store (*od.* what is still to come); → Kopf 1. – **6.** (*sich vergegenwärtigen*) remember: **weißt du noch, wie es damals gegossen hat?** do you remember how it poured then? **man muß** ~, **daß das Geld damals viel mehr wert war** one must remember that money was worth much more then (*od.* in those days). – **7.** (*einsehen*) appreciate: **Sie müssen** ~, **daß wir zur Zeit sehr viel zu tun haben** you will appreciate that we have much to do at the moment. – **8.** *philos.* know, cognize *Br. auch* -s-: **ich weiß, daß ich nichts weiß** I know that I know nothing. – **9.** (*mit zu u. Infinitiv*) know: **er weiß zu leben** he knows how to live; **sich [nicht] zu benehmen** ~ [not] to know how to behave; **er weiß sich seinen Vorteil zu verschaffen** he knows how to feather his nest; **er weiß zu schweigen** he can keep a secret, he can keep his mouth shut; **j-n etwas** ~ **lassen** to let s.o. know s.th., to send s.o. word of s.th.; **ich werde ihn schon zu finden** ~ I'll find him all right; **er weiß immer das Neueste zu berichten** he can always relate the latest (news); **sie weiß gut mit Kindern umzugehen** she has a way with children, she knows how to handle children; **davon weiß ich auch ein Lied zu singen** *fig. colloq.* you don't need to tell me that, don't tell me; **ich wußte mir nicht mehr zu helfen** I was at my wit's end, I didn't know where to turn; **man muß sich nur zu helfen** ~ it's all a question of improvisation. – **10. etwas zu schätzen** (*od.* **würdigen**) ~ to appreciate s.th.: **ich weiß ihre Zuverlässigkeit zu schätzen** I appreciate her reliability. – **11.** (*in eingeschobenem Nebensatz*) **er hält sich für wer weiß wie klug** he thinks he is goodness knows how clever; **sie ist wieder wer weiß wo** heaven (*od.* goodness) knows where she is; **er tut, als ob er wer weiß wie reich wäre** he acts as if he were goodness knows how rich; **wir kamen auf die Schule, die Universität und was weiß ich noch alles zu sprechen** we talked about school, (the) university, and I don't know what not (*Am.* whatnot) all (*od.* and what not, and what have you, *Am.* and whatnot); **das war weiß Gott keine Kleinigkeit!** and heaven knows that's no mean achievement! **er hat noch weiß Gott was** (*od.* **Gott weiß was**) **erzählt** he told us heaven (*od.* goodness) knows what not (*Am.* whatnot) all. – **II** *v/i* **12. um** (*od.* **von**) **etwas** ~ to know about (*od.* of) s.th., to be cognizant (*Br. auch* -s-) of s.th. (*lit.*): **sie weiß um das Leid der Menschen** she knows of (*od.* about) man's suffering; **ich weiß von nichts** I know nothing about it. – **13. ich weiß nicht recht** I'm not so sure; **ja, ich weiß** yes, I know; **nicht, daß ich wüßte** not that I know (*od.* am aware) of, not to my knowledge; **ich weiß schon** I know what you mean; **wer weiß!** who knows; **man kann nie wissen** you never know, you never can tell, who is to know.

'**Wis·sen** *n* ⟨-s; *no pl*⟩ **1.** (*Kenntnisse*) knowledge: **sicheres** ~ sound knowledge; **er hat ein großes** (*od.* **umfangreiches**) ~ he has wide (*od.* extensive) knowledge, he is very knowledgeable; **unverdautes** ~ undigested knowledge; **aus dem Schatz** (*od.* **Reichtum**) **seines** ~**s schöpfen** to draw on one's rich store of knowledge; **die Grenzen des** ~**s erkennen** to recognize (*Br. auch* -s-) the limits of knowledge; ~ **ist Macht** (*Sprichwort*) knowledge is power (*proverb*). – **2.** (*Kenntnis*) knowledge: **meines** ~**s ist er verreist** as far as I know (*od.* to my knowledge) he is away; **das geschah ohne mein** ~ [**mit meinem** ~] that happened without my knowledge (*od.* without my knowing, unknown to me) [with my knowledge]; **etwas mit** ~ **und Willen tun** to do s.th. with intent (*od.* intentionally, deliberately); **nach bestem** ~ **und Gewissen** to the best of one's knowledge and belief. – **3.** (*Einsicht, Verstand*) judg(e)ment: **wider** (*od.* **gegen**) **besseres** ~ against one's better judg(e)ment. – **4.** ~ **um etwas** awareness (*od.* knowledge) of s.th.: **das** ~ **um die Gefährlichkeit der Angelegenheit** the awareness of the danger of the affair. – **5.** (*praktisches, technisches*) technical knowledge, know-how.

'**wis·send I** *pres p* knowing, aware, cognizant *Br. auch* -s- (*lit.*): **er tat es,** ~, **daß er sie damit kränken würde** he did it knowing that he would hurt her; **nicht** ~, **daß** not knowing that, ignorant (*od.* unaware, *lit.* incognizant *Br. auch* -s-) of the fact that. – **II** *adj* **ein** ~**er Blick** a knowing look.

'**Wis·sen·de** *m, f* ⟨-n; -n⟩ initiate, initiated (*od.* knowing, informed) person, insider.

'**Wis·sens·be**ˌ**reich** *m cf.* Wissensgebiet.

'**Wis·sen·schaft** *f* ⟨-; -en⟩ **1.** science: **die freie** ~ free science; **die exakten** [**angewandten, zweckfreien**] ~**en** the exact [applied, pure] sciences; **die mathematische** ~ mathematical science, mathematics *pl* (*usually construed as sg*); **die medizinische** ~ medical science, medicine; **die theologische** ~ theological science, theology; **Kunst und** ~ **florieren** art and science are flourishing; **Männer aus** ~ **und Forschung** men of science and research; **sich einer** ~ **verschreiben** (*od.* **widmen**) to devote oneself to a science; **die** ~ **fördern** to promote (*od.* advance) science; **das ist eine** ~ **für sich** *fig. colloq.* that is a science in itself. – **2.** (*Gesamtheit wissenschaftlicher Forschungen*) world of science, scientific world: **diese Auffassung wird von der** ~ **verworfen** (*od.* **abgelehnt**) this interpretation is rejected by the scientific world.

'**Wis·sen·schaf·ter** *m* ⟨-s; -⟩ *Austrian and Swiss for* Wissenschaftler.

'**Wis·sen·schaft·ler** *m* ⟨-s; -⟩ **1.** man of science, scientist. – **2.** (*Naturwissenschaftler*) (natural) scientist. – **3.** (*Forscher*) researcher, research scientist.

'**wis·sen·schaft·lich I** *adj* **1.** (*Werk, Methode, Untersuchung, Zeitschrift etc*) scientific. – **2.** (*Bildung*) academic. – **3. W**~**er Rat** (*Titel*) *lecturer at German universities ranking between a 'Privatdozent' and an extracurricular professor with the status of a civil servant.* – **II** *adv* **4.** scientifically: ~ **arbeiten** to work scientifically. – **5.** academically. — '**Wis·sen·schaft·lich·keit** *f* ⟨-; *no pl*⟩ scientific character.

'**Wis·sen·schafts**|**at·ta**ˌ**ché** *m pol.* scientific attaché. — ~ˌ**frei·heit** *f* freedom of science. — ~ˌ**leh·re** *f philos.* theory of science. — ~**mi**ˌ**ni·ster** *m pol.* minister of science. — ~ˌ**rat** *m* ⟨-(e)s; ⸚e⟩ *BRD pol.* Scientific Council (*of the German Federal Government*). — ~**theo**ˌ**rie** *f philos. cf.* Wissenschaftslehre.

'**Wis·sens**|ˌ**drang,** ~ˌ**durst** *m* ⟨-(e)s; *no pl*⟩ *cf.* Wißbegier(de) 1. — **w**~ˌ**dur·stig** *adj cf.* wißbegierig 1. — ~**ge**ˌ**biet** *n* field (*od.* area) of knowledge, discipline, domain, province, science. — ~ˌ**lücke** (*getr.* -k·k-) *f* gap (*od.* lacuna) in one's knowledge: **seine** ~**n** (**auf**)**füllen** to fill up the gaps in one's knowledge. — ~ˌ**schatz** *m* store of knowledge. — ~ˌ**stoff** *m* ⟨-(e)s; *no pl*⟩ **1.** (*zu bewältigender*) (body of) knowledge to be acquired. – **2.** (*bewältigter*) acquired knowledge. — ~ˌ**trieb** *m cf.* Wißbegier(de).

'**wis·sens**ˌ**wert I** *adj* **1.** worth knowing. – **2.** (*interessant*) interesting. – **II W**~**e, das** ⟨-n⟩ **3.** the interesting facts *pl* (*od.* information).

'**Wis·sens**ˌ**zweig** *m cf.* Wissensgebiet.

'**wis·sent·lich I** *adj* **1.** (*Entstellung, Irreführung etc*) knowing, deliberate, conscious, witting, (*vorsätzlich*) deliberate, intentional, wil(l)ful. – **II** *adv* **2.** knowingly, consciously, wittingly, (*vorsätzlich*) deliberately, intentionally, wil(l)fully: ~ **eine falsche Aussage machen** to give false evidence deliberately. – **3.** *jur.* scienter.

wist [vɪst] *interj* (*Fuhrmannsruf*) (*nach links*) (to the) left.

Wi·ste·rie [vɪsˈteːrɪə] *f* ⟨-; -n⟩ *bot.* wisteria, wistaria (*Gattg Wisteria*).

'**Wit**ˌ**frau** [ˈvɪt-] *f,* **Wi·tib** [ˈviːtɪp] *f* ⟨-; -e⟩ *archaic for* Witwe 1.

'**Wit**ˌ**mann** *m* ⟨-(e)s; ⸚er⟩ *archaic for* Witwer.

Wit·tels·ba·cher [ˈvɪtəlsˌbaxər] *m* ⟨-s; -⟩ *hist.* (member of the House of) Wittelsbach.

wit·tern [ˈvɪtərn] **I** *v/t* ⟨h⟩ **1.** *hunt.* (*Wild etc*) scent, smell (out), nose (out), sniff, get wind of. – **2.** *fig.* (*Gefahr, Unheil, Verrat, eine Falle, böse Absicht etc*) sense, suspect: → Morgenluft; Unrat 3. – **II** *v/i* **3.** *hunt.* scent, smell, nose.

'**Wit·te·rung**[1] *f* ⟨-; *no pl*⟩ weather: **warme** [**milde, angenehme, kühle, feuchte, rauhe, wechselnde**] ~ warm [mild, pleasant, cool, damp, bleak, changeable] weather; **das hängt von der** ~ **ab** that depends on the weather; **allen Unbilden der** ~ **trotzen** to resist all inclemencies of the weather; **den Unbilden der** ~ **ausgesetzt sein** to be exposed to the inclemency of the weather; **bei günstiger** ~ **findet das Fest im Freien statt** the party will be held out of doors, weather permitting; **bei ungünstiger** ~ should the weather be unfavo(u)rable; **bei jeder** ~ in all weathers.

'**Wit·te·rung**[2] *f* ⟨-; *no pl*⟩ **1.** *hunt.* a) (*Geruchssinn*) scent, b) (*von Lebewesen ausgehender Geruch*) scent, trail, wind, drag: **der Hund hat eine feine** ~ the dog has a keen sense of smell (*od.* a good nose); ~ **bekommen** to take scent; **die** ~ **aufnehmen** to follow the scent. – **2.** *fig.* (*Gespür*) nose: **eine feine** ~ **für etwas haben** to have a good nose for s.th. – **3.** ~ **von etwas bekommen** *fig.* to get wind of s.th.

'**wit·te·rungs**|**be**ˌ**stän·dig** *adj* weatherproof, *Br.* weather-proof: ~**er Stahl** *tech.* corrosion-resistant (*od.* stainless) steel. — **W**~**be**ˌ**stän·dig·keit** *f tech.* resistance to atmospheric conditions. — **W**~ˌ**ein**ˌ**flüs·se** *pl meteor.* influence *sg* of the weather, atmospheric effects, weather factors. — **W**~ˌ**kun·de** *f* meteorology. — **W**~ˌ**schä·den** *pl* damage *sg* caused by the weather. — **W**~ˌ**um**ˌ**schlag, W**~ˌ**um**ˌ**schwung** *m* (sudden) change of weather. — **W**~ˌ**un-**

ˌ**bil·den** *pl* inclemencies of the weather. — **W~verˌhält·nis·se** *pl* weather (*od.* atmospheric, meteorological) conditions.

Wit·tib [ˈvɪtɪp] *f* ⟨-; -e⟩ *Austrian, archaic, auch dial. for* Witwe 1.

Wit·ti·ber [ˈvɪtibər] *m* ⟨-s; -⟩ *Austrian, archaic, auch dial. for* Witwer.

Witt·ling [ˈvɪtlɪŋ] *m* ⟨-s; -e⟩ *zo.* (*Dorschart*) whiting (*Merlangus merlangus*).

ˈ**Witt·rung** *f* ⟨-; *no pl*⟩ *hunt. cf.* Witterung[2] 1.

ˈ**Witt·scher** ˈ**Topf** [ˈvɪtʃər] *m chem.* Witt jar.

Wit·tum [ˈvɪttuːm] *n* ⟨-(e)s; ⁼er⟩ *jur. obs.* **1.** (*Leibgedinge einer Witwe*) jointure: **seiner Frau ein ~ aussetzen** to settle a jointure upon one's wife, to provide a jointure for one's wife. – **2.** (*Nießbrauch der Witwe am Grundbesitz des Ehemannes*) dower.

Wit·we [ˈvɪtvə] *f* ⟨-; -n⟩ **1.** widow, (*bes. aus vornehmem Stand*) *Br.* dowager: **(zur) ~ werden** to be widowed; **sie ist eine lustige ~** she enjoys (her) life although she is a widow; **grüne ~** *suburban wife left alone on workdays and considered easy prey for other men during her husband's absence*; **„Die Lustige ~"** *mus.* "The Merry Widow" (*operetta by Lehár*). – **2. Schwarze ~** *zo.* black widow (spider) (*Latrodectus mactans*).

ˈ**Wit·wen|ˌaf·fe** *m zo.* widow monkey (*Callicebus torquatus*). — **~ˌblu·me** *f bot.* mournful widow (*Gattg Scabiosa*). — **~ˌen·te** *f zo. cf.* Witwenpfeifgans. — **~ˌgeld** *n* widow's allowance (*od.* benefit). — **~ˌkas·se** *f* widows' fund. — **~pen·siˌon** *f cf.* Witwenrente. — **~ˌpfeifˌgans** *f zo.* white-faced whistling duck (*Dendrocygna viduata*). — **~ˌren·te** *f* widow's pension (*od.* annuity).

ˈ**Wit·wen·schaft** *f* ⟨-; *no pl*⟩ widowhood.

ˈ**Wit·wenˌschlei·er** *m* widow's veil, weepers *pl*, weeds *pl*.

ˈ**Wit·wenˌstand** *m* ⟨-(e)s; *no pl*⟩, ˈ**Wit·wen·tum** *n* ⟨-s; *no pl*⟩ widowhood.

ˈ**Wit·wenˌvo·gel** *m zo.* whydah, whidah, widow bird (*od.* finch) (*Fam. Viduinae*).

Wit·wer [ˈvɪtvər] *m* ⟨-s; -⟩ widower.

ˈ**Wit·wer·schaft** *f* ⟨-; *no pl*⟩, ˈ**Wit·wer·ˌstand** *m* ⟨-(e)s; *no pl*⟩, ˈ**Wit·wer·tum** *n* ⟨-s; *no pl*⟩ widowerhood.

Witz [vɪts] *m* ⟨-es; -e⟩ **1.** joke: **ein guter [geistreicher, schlechter, zweideutiger, politischer, unanständiger, derber,** *colloq.* **dreckiger] ~** a good [a witty, a bad, an ambiguous, a political, an indecent, a coarse, a dirty] joke; **ein alter ~** a stale joke, a chestnut (*colloq.*); **einen ~ erzählen** to tell a joke; **über einen ~ [seine eigenen ~e] lachen** to laugh at a joke [one's own jokes]; **über j-n [etwas] ~e machen** (*od. colloq.* **reißen**) to make (*od. colloq.* crack) jokes about s.o. [s.th.], to joke about s.o. [s.th.]; **ich wollte doch nur einen ~ machen** I just wanted to make a joke; → Bart 1; faul 13. – **2.** (*witzige Bemerkung*) witticism, quip, jest, wisecrack (*sl.*). – **3.** (*Scherz, Streich*) prank, practical joke, lark, jest, *bes. Am.* gag: **laß doch deine ~e!** stop your pranks! – **4.** *fig. colloq.* (*in Wendungen wie*) **mach keine ~e!** (*das ist doch nicht dein Ernst*) you're joking! no kidding! (*sl.*); **das ist der ganze ~ daran** (*alles, worauf es ankommt*) that's all there is to it, that's the whole thing (*od.* knack of it); **der ~ der Sache ist der, daß** the joke (*od.* the funny thing) about it is that; **das ist doch gerade der ~ (an) der Sache** (*das, was bezweckt war*) but that's the whole point; **das ist doch (wohl nur) ein ~?** you must be joking! you are joking, of course! **ist das nicht ein ~?** (*ist das nicht komisch*) isn't that a laugh (*od.* a lark, a good one)? **du bist ein ~!** you are a good one! **in dem Aufzug bist du der reinste ~!** you look an absolute (*od.* a perfect) sight in that attire (*colloq.*). – **5.** ⟨*only sg*⟩ *archaic* (*Geist, Verstand*) wit: **etwas mit ~ und Laune erzählen** to tell s.th. with wit and humo(u)r; **seine Rede sprühte vor Geist und ~** his speech scintillated with wit and humo(u)r; **sein sprühender [feiner] ~** his sparkling [subtle] wit; **mit beißendem [sarkastischem] ~** with biting (*od.* caustic) [sarcastic] wit.

ˈ**Witzˌblatt** *n* joke magazine, (*bes. mit Zeichnungen*) comic (magazine *od.* paper): **das gehört in ein ~** *fig. colloq.* that ought to be printed in a jokebook. — **~fiˌgur** *f cf.* Witzfigur.

ˈ**Witz|ˌbold** [-ˌbɔlt] *m* ⟨-(e)s; -e⟩ *colloq.* joker, wit, wag, wisecracker (*sl.*): **du (bist ein) ~!** *colloq. iron.* you're a good one! you're very funny! big joke! — **~ˌbuch** *n* jestbook, jokebook.

Wit·ze'lei *f* ⟨-; -en⟩ *contempt.* **1.** (endless) wisecracking (*sl.*). – **2.** (*Hänseln*) chaffing, leg-pulling.

wit·zeln [ˈvɪtsəln] *v/i* ⟨h⟩ joke, make (*od. colloq.* crack) jokes: **über j-n [etwas] ~** a) to joke about s.o. [s.th.], b) *contempt.* to make silly jokes (*od.* to quip) about s.o. [s.th.].

ˈ**Wit·zeˌma·cher** *m*, ˈ**Wit·zeˌrei·ßer** *m colloq. cf.* Witzbold.

ˈ**Witz·fiˌgur** *f contempt.* funny sight (*colloq.*): **in dem Kleid bist du die reinste ~** you look an absolute (*od.* a perfect) sight in that dress (*colloq.*).

ˈ**wit·zig I** *adj* **1.** (*geistreich*) witty: **eine ~e Person [Rede, Formulierung]** a witty person [speech, formulation]. – **2.** (*komisch, zum Lachen*) funny, comic(al), jocular: **ein ~er Einfall** a funny idea; **die Geschichte war sehr ~** the story was very funny; **deine Bemerkung war alles andere als ~** your remark was anything but funny; **sehr ~!** *colloq. iron.* very funny! **du bist ja (vielleicht) ~!** *colloq. iron.* you're a good one! you're very funny! **~ aussehen** to look very comical. – **II** *adv* **3.** wittily, with wit: **etwas ~ erzählen** to tell s.th. wittily. – **4.** comically. — ˈ**Wit·zig·keit** *f* ⟨-; *no pl*⟩ **1.** wittiness. – **2.** funniness, comicalness, comicality.

ˈ**witz·los** *adj* **1.** (*Geschichte, Anekdote etc*) unwitty: **~ sein** to lack (*od.* have no) wit. – **2.** *colloq.* (*sinnlos, uninteressant*) pointless: **wenn du nicht kommst, ist die Party für mich ~** if you don't come there is no point in my going to the party. – **3.** *colloq.* (*zwecklos*) useless: **ein Auto zu haben ist ~, wenn man nicht fahren kann** it is pointless to have a car if one cannot drive.

ˈ**Witzˌsei·te** *f* (*einer Zeitung, Zeitschrift etc*) joke page, (*bes. mit Zeichnungen*) comic(s) page (*od.* sheet), comics *pl*, funnies *pl* (*colloq.*).

ˈ**witzˌsprü·hend** *adj* (*Rede etc*) sparkling with wit.

ˈ**Witz|ˌwort** *n* ⟨-(e)s; -e⟩ witty remark, witticism, sally, bon mot. — **~ˌzeich·nung** *f* cartoon.

wo [voː] **I** *interrog adv* **1.** where: **~ bist du gewesen?** where have you been? **~ hast du gesteckt?** *colloq.* where have you been hiding? **~ wohnt er?** where does he live? **~ gibt es das zu kaufen?** where can one buy that? **von ~ kommt der Zug?** *colloq.* where does the train come from? **ich weiß nicht, ~ ich meine Brille gelassen habe** I don't know where I have left my glasses; **er fragte mich, ~ ich gewesen sei** he asked me where I had been; **~ anders als bei dir sollte ich ihn suchen?** where else should I look for him but at your place? **~ steht das (geschrieben)?** where does it say so? **~ werd' ich (das tun)?** *colloq.* I wouldn't dream of (doing) it! **ach ~! i ~!** *colloq.* nonsense! not at all! not a bit of it! – **2. ~ bist du gerade bei?** *Northern G. colloq.* what are you at (*od.* doing) at the moment? – **II** *relative adv* **3.** (*örtlich*) where: **überall, ~ wir haltmachten, wurden wir freundlich empfangen** we were kindly received everywhere (*od.* wherever) we stopped; **sie sehnt sich dorthin, ~ die Sonne immer scheint** she longs to be where the sun always shines; **~ immer du auch bist, ich werde an dich denken** I shall think of you wherever you are; **bleib, ~ du bist** stay where you are; **die Stadt, ~ ich geboren wurde** *colloq.* the town where I was born; **ich habe gesehen, ~ er hingegangen [hergekommen] ist** I saw where he went [came from]; → Pfeffer 1. – **4.** *colloq.* (*zeitlich*) when: **das Jahr, ~ wir uns kennengelernt haben** the year (when) we met; **das war zu einer Zeit, ~ es mir finanziell sehr schlecht ging** that was at a time when I was financially in a bad way. – **5. der Hund, ~ mich gebissen hat** *dial.* the dog which (*od. colloq.* what) bit me. – **III** *indef adv* **6.** *colloq.* (*irgendwo*) somewhere: **die Brille muß doch ~ sein** the glasses must be somewhere. – **IV** *conj* **7.** if: **ich werde, ~ irgend möglich, kommen** I shall come if at all possible; **wir werden verreisen, ~ nicht für sehr lange, so doch jedenfalls einige Tage** we are going away, if not for very long, at least for a few days; **ich werde euch besuchen, ~ nicht, rufe ich an** I shall come and see you, if not I shall phone. – **8. ~ ... (doch)** when: **warum hast du es getan, ~ du doch wußtest, daß** why did you do it when you knew that. – **V W~** *n* ⟨-s; *no pl*⟩ **9.** where: **das W~ spielt keine Rolle, das Wann ist entscheidend** where is not important, when is decisive; **das W~ und Wann** the wheres and whens.

wo'an·ders [vo-] *adv* **1.** (*in bejahten Sätzen*) elsewhere, somewhere else: **er war mit seinen Gedanken ganz ~** his thoughts were elsewhere, his mind was on other things; **du mußt ~ suchen** you must look elsewhere. – **2.** (*in verneinten Sätzen*) anywhere else: **~ möchte ich nicht leben** I would not like to live anywhere else.

wo'an·ders'hin [vo-] *adv* to a different place, elsewhere: **sie sind ~ gefahren als ursprünglich geplant** they went to a different place from (*Am. auch* than) what (*od.* where, the one) they had originally planned; **etwas ~ legen** to put s.th. in a different place (*od.* somewhere else, elsewhere).

wob [voːp] *1 u. 3 sg pret of* weben[1].

ˈ**Wob·bel|beˌreich** *m* **1.** (*radio*) frequency deviation range. – **2.** (*beim Radar*) sweep range. — **~freˌquenz** *f* (*radio*) sweep (*od.* wobble) frequency. — **~ge·neˌra·tor, ~ˌmeßˌsen·der** *m* wobbulator, sweep-frequency signal generator.

wob·beln [ˈvɔbəln] *v/i* ⟨h⟩ (*radio*) sweep, wobble, wobbulate.

ˈ**Wob·bel|siˌgnal** *n* (*radio*) sweep (*od.* wobble) signal. — **~ˌspan·nung** *f* sweep (*od.* wobble) voltage. — **~ˌton** *m* tone frequency run.

ˈ**Wob·bler** *m* ⟨-s; -⟩ (*radio*) *cf.* Wobbelgenerator.

wö·be [ˈvøːbə] *1 u. 3 sg pret subj of* weben[1].

wo'bei [vo-] **I** *interrog adv* **1. ~ ist das passiert?** how did it happen? **~ bist du gerade?** what are you at (*od.* doing) at the moment? – **II** *relative adv* **2.** (*mit Bezug auf einen ganzen Satz*) **ich verglich die Eintragungen, ~ mir auffiel, daß** I compared the entries and whilst doing so I noticed that; **..., ~ mir einfällt, daß ...** which reminds me that; **..., ~ noch zu bemerken wäre, daß ...** and it must be added that; **..., ~ es sein Bewenden hatte ...,** and that was it. – **3. der Unfall, ~ er schwer verletzt wurde** *rare* the accident in which he was badly injured.

Wo·che [ˈvɔxə] *f* ⟨-; -n⟩ **1.** week: **diese [nächste** *od.* **kommende] ~ habe ich keine Zeit** I have no time this [next *od.* in the coming] week; **letzte** (*od.* **vergangene**) **~ war ich verreist** I was away last week; **die vergangene ~ erschien mir sehr lang** last (*od.* the past) week seemed very long to me; **in zwei ~n** in two weeks, in two weeks' time, *bes. Br.* in a fortnight('s time); **vor [nach] drei ~n** three weeks ago [after three weeks]; **vier ~n vorher** a) four weeks before (*od.* previously), b) (*im voraus*) four weeks beforehand; **~ für** (*od.* **um**) **~** a) (*regelmäßig jede Woche*) week after (*od.* for) week, week in, week out, b) (*jede Woche mehr*) week by week, c) (*viele Wochen lang*) for weeks (on end); **die Arbeit muß noch in dieser ~** (*od.* **noch diese ~**) **fertig werden** the work must be finished this week; **heute in** (*od.* **über**) **drei ~n** three weeks from today, *bes. Br.* three weeks today, this day three weeks; **nach Verlauf von sechs ~n** after (a period of) six weeks; **~n und Monate verflossen** weeks and months passed (*od.* went by); **viele ~n lang** for many weeks; **dreimal die** (*od.* **in der**) **~, jede ~ dreimal** three times a week; **alle drei ~n** every three weeks; **etwas von ~ zu ~ verschieben** to postpone s.th. from week to week (*od.* from one week to the next); → grün 4; Kieler II; weiß[2] 1. – **2.** (*Wochentage ohne Sonntag, Arbeitswoche*) week: **während** (*od.* **in,** *colloq.* **unter**) **der ~, die ~ über** during the week, (on) weekdays. – **3.** *archaic* **in die ~n kommen** to reach (*od.* be near[ing]) one's time, to be brought to bed; **in den ~n sein** (*od.* **liegen**) to be (*od.* lie) in childbed, to be confined (*od.* lying in).

ˈ**Wo·chen|ˌabˌschluß** *m econ.* weekly results *pl* (*od.* closing of accounts), weekly accounting (settlement). — **~ˌar·beit** *f* weekly work. — **~ˌar·beitsˌstun·den** *pl* weekly working hours. — **~ˌaus·ga·be** *f print.* weekly edition. — **~ˌausˌweis** *m econ.* (*einer Zentralbank*) weekly return.

— ~ₗbeiₗhil·fe *f cf.* Wochengeld. — ~beₗricht *m* weekly report.
'Wo·chenₗbett *n med.* childbed, lying-in, puerperium (*scient.*). — ~ₗ**fie·ber** *n* puerperal fever. — ~ₗ**fluß** *m* lochia. — ~**psyₗcho·se** *f* puerperal psychosis (*od.* mania), tocomania.
'Wo·chen|biₗlanz *f econ.* weekly balance. — ~ₗ**blatt** *n print.* weekly ([news]paper). — ~ₗ**do·sis** *f med. pharm.* dose rate per week. — ~ₗ**einₗnah·me** *f econ.* weekly (*od.* week's) receipts *pl.* — ~ₗ**en·de** *n* weekend: **übers** ~ for (*od.* over) the weekend; **ein verlängertes** ~ a long weekend; **das** ~ **auf dem Lande verbringen** to (spend the) weekend in the country.
'Wo·chenₗend|ₗgast *m* weekend guest, weekender. — ~ₗ**haus** *n* weekend house.
'Wo·chenₗend·ler [-ₗʔɛntlər] *m* ⟨-s; -⟩ *colloq.* weekender.
'Wo·chenₗend|proₗgramm *n* weekend program (*bes. Br.* programme). — ~ₗ**urₗlaub** *m mil.* weekend leave. — ~ₗ**urₗlau·ber** *m* weekend holidaymaker (*Am.* vacationist), weekender.
'Wo·chen|ₗfluß *m med.* lochia: **übermäßiger** ~ lochiorrhagia, lochiorrh(o)ea; **versagender** ~ lochiostasis. — ~ₗ**geld** *n*, ~ₗ**hilfe** *f* (*für Wöchnerinnen*) maternity allowance (*od.* benefit, relief). — ~ₗ**kar·te** *f* (*für Bus, Bahn*) weekly season ticket, *Am.* (weekly) commuter's (*od.* commutation) ticket, weekly season (*colloq.*). — **w**~ₗ**lang I** *adj* ⟨*attrib*⟩ **1.** lasting for weeks. – **2.** of many weeks: **nach** ~**em Warten** after (many) weeks of waiting. – **II** *adv* **3.** for weeks (on end), for weeks and weeks: **das geht jetzt schon** ~ **so** that has been going on for (many) weeks.
'Wo·chenₗlohn *m econ.* weekly pay (*od.* wage[s *pl sometimes construed as sg*]). — ~**empₗfän·ger** *m* (weekly) wage earner.
'Wo·chen|ₗmarkt *m* weekly market. — ~**ₗpfle·ge·rin** *f* (*für Wöchnerinnen*) visiting (obstetric) nurse. — ~**pro·duk·tiₗon** *f econ.* weekly production. — ~ₗ**querₗschnitt** *m* (*radio*) *telev.* weekly summary (*od.* roundup). — ~ₗ**ra·te** *f econ.* weekly installment (*bes. Br.* instalment). — ~ₗ**rückₗblick** *m* (*Nachrichten*) survey of the news of the week, weekly news summary. — ~**ₗschau** *f* ⟨-; -en⟩ (*film*) newsreel. — ~**ₗschrift** *f* weekly (magazine *od.* publication). — ~ₗ**spielₗplan** *m* (*theater, film*) weekly program (*bes. Br.* programme).
'Wo·chenₗtag *m* weekday, working day, workday: **des** ~**s** (on) weekdays. — **'wo·chenₗtags** *adv* (on) weekdays.
wö·chent·lich ['vœçəntlɪç] **I** *adj* ⟨*attrib*⟩ **1.** (*Raten, Bezahlung, Erscheinen etc*) weekly; hebdomadal, hebdomadary (*scient.*). – **II** *adv* **2.** (*jede Woche*) weekly, every week: **sie treffen sich zweimal** ~ they meet twice weekly (*od.* a week); ~ **abrechnen** to settle accounts once a week; ~ **wechseln** to change every week. – **3.** (*wochenweise*) by the week, every week.
'Wo·chen|ₗüberₗsicht *f* weekly review: **gedrängte** ~ *colloq. humor. dish made up from last week's leftovers.* — ~**verₗdienst** *m* weekly earnings *pl.* — **w**~ₗ**wei·se** *adv* by the week, every week. — ~ₗ**zeitₗschrift** *f* weekly (magazine). — ~ₗ**zei·tung** *f* weekly ([news]paper).
Wöch·ne·rin ['vœçnərɪn] *f* ⟨-; -nen⟩ *med.* woman in childbed, puerpera (*scient.*).
'Wöch·ne·rin·nen|ₗabₗtei·lung *f med.* maternity ward. — ~ₗ**heim** *n* maternity home.
Wocken (*getr.* **-k·k-**) ['vɔkən] *m* ⟨-s; -⟩ *Low G. for* **Rocken.**
Wo·dan ['vo:dan] *npr m* ⟨-s; *no pl*⟩ *myth.* Wodan, Odin.
Wod·ka ['vɔtka] *m* ⟨-s; -s⟩ vodka.
wo'durch [vo-] **I** *interrog adv* **1.** how, by what means: ~ **ist er so reich geworden?** how did he become so rich? ~ **bist du verhindert gewesen?** what kept you from coming? – **2.** (*örtlich*) what ... through: ~ **soll ich die Schnur führen?** what am I to thread the string through? ~ **sind wir gerade gefahren?** what village (*od. colloq.* where) have we just come through? – **II** *relative adv* **3.** through which: **alles,** ~ **das Unternehmen gefährdet werden kann, aus dem Wege räumen** to remove everything through which the undertaking might be endangered. – **4.** (*mit Bezug auf einen ganzen Satz*) **und dann haben sich die Verwandten eingemischt,** ~ **alles noch komplizierter wurde** and then the relatives interfered, which greatly complicated matters. – **5. der Unfall,** ~ **er gelähmt wurde** *rare* the accident through which he was paralyzed (*Br. auch* -s-).
wo'fern [vo-] *conj obs.* if, provided that.
wo'für [vo-] **I** *interrog adv* **1.** ~ **soll das gut sein?** a) (*wozu dient das*) what is that (supposed to be) for? b) (*welchen Sinn hat das*) what is the point of that? ~ **halten Sie mich?** who (*od.* what) do you take me for? who do you think I am? ~ **brauchst du das?** what do you need that for? ~ **hast du dich entschieden?** what (*od.* which) have you decided on? ~ **helfen diese Tabletten?** *colloq.* what are these tablets for? – **II** *relative adv* **2. etwas,** ~ **ich nichts kann** s.th. I cannot help, s.th. that is not my fault. – **3.** (*mit Bezug auf einen ganzen Satz*) for which: **er hat mir sehr geholfen,** ~ **ich ihm immer dankbar sein werde** he was a great help to me, for which I shall always be grateful to him (*od.* and I shall always be grateful to him for it); **der Zug hatte Verspätung,** ~ **ich nichts konnte** the train was late, something that was not my fault. – **4.** (**das,**) ~ what ... for: ~ **ich plädieren möchte, ist** what I would like to plead for (*od.* to advocate, to see) is; **er ist nicht das,** ~ **er sich ausgegeben hat** he is not what he pretended to be. – **5. die Reise,** ~ **er soviel ausgegeben hat** *rare* the trip he spent so much on.
wog [vo:k] *1 u. 3 sg pret*, **wö·ge** ['vø:gə] *1 u. 3 sg pret subj of* **wägen** *u.* **wiegen**[1].
Wo·ge ['vo:gə] *f* ⟨-; -n⟩ **1.** wave, breaker, billow, (*sehr große*) surge: **brausende [haushohe, stürmische, wilde]** ~**n** soaring [towering, surging, wild] breakers; **die** ~**n schlugen übers Schiff** the waves broke over the ship. – **2.** *fig.* wave, (*stärker*) surge: **die** ~**n der Erregung [Begeisterung] gingen hoch** there was a great surge of excitement [enthusiasm]; **Öl auf die** ~**n gießen** to pour oil on troubled waters.
wo'ge·gen [vo-] **I** *interrog adv* **1.** ~ **ist diese Medizin gut?** what is this medicine for? ~ **wehrst du dich?** what are you struggling against? – **II** *relative adv* **2.** which ... against: **etwas,** ~ **ich kämpfe** s.th. (which) I fight against. – **3.** (**das,**) ~ what ... against: **das ist es,** ~ **ich protestiere** that is what I am protesting about (*od.* against). – **4.** (*im Austausch*) in exchange (*od.* return) for which: **er gab mir das Buch,** ~ **ich ihm die Schallplatte überließ** he gave me the book in exchange for which I let him have the record. – **5.** (*mit Bezug auf einen ganzen Satz*) **die Kinder wollten ins Kino gehen,** ~ **die Eltern nichts einzuwenden hatten** the children wanted to go to the cinema (*bes. Am. colloq.* movies), (something) to which the parents did not object. – **6. die Entwicklung,** ~ **er gekämpft hat** *rare* the development (which) he fought against. – **III** *conj* **7.** *cf.* **wohingegen.**
wo·gen ['vo:gən] **I** *v/i* ⟨h⟩ **1.** (*vom Meer*) surge, heave, billow, boil: **das Meer wogte mächtig** the sea surged wildly. – **2.** *fig.* (*von Ähren, Getreidefeld etc*) ripple, wave, sway, undulate. – **3.** *fig.* (*von Menschenmenge*) surge: **der Marktplatz wogte von Menschen** the marketplace (*Br.* market-place) surged with people. – **4.** *fig.* (*von Brust, Busen*) heave. – **5. hin und her** ~ *fig.* (*von Kampf, Streitgespräch etc*) fluctuate. – **II W**~ *n* ⟨-s⟩ **6.** *verbal noun.* – **7.** surge, heave, boil. – **8.** *fig.* ripple, sway, undulation. – **9.** *fig.* surge. – **10.** *fig.* heave. — **'wo·gend I** *pres p.* – **II** *adj* **1.** (*Meer*) surging, heaving, billowing, boiling. – **2.** *fig.* (*Kornfeld etc*) rippling, waving, swaying, undulating. – **3.** *fig.* (*Menschenmenge*) surging. – **4.** *fig.* (*Brust, Busen*) heaving.
wo'her [vo-] **I** *interrog adv* where ... from, (from) whence (*lit.*): ~ **kommst du?** a) where are you coming from? b) (*woher stammst du*) where do you come from? ~ **des Wegs?** *lit. od. humor.* where are you coming from? ~ **weißt du das?** how do you (come to) know (that)? ~ **kommt das?** how is that? how come? (*colloq.*); **ich weiß nicht,** ~ **er stammt** I don't know where he comes from; ~ **mag er das nur haben?** (*auch Eigenschaft, Angewohnheit etc*) I wonder where he has (got) that from; ~ **nehmen und nicht stehlen?** *colloq.* where do you think I'd get that? **ach,** ~ (**denn**)! *colloq.* nonsense! not at all! not a bit of it! – **II** *relative adv* where ... from: **geh dahin,** ~ **du gekommen bist** go back to where you came from.
wo'hin [vo-] **I** *interrog adv* where, whither (*lit.*): ~ **gehst du?** *lit. od. humor.* ~ **des Wegs?** where are you going (to)? where are you off to? ~ **hast du die Brille gelegt?** where did you put the glasses? **ich weiß nicht,** ~ **damit** *colloq.* I don't know where to put it; ~ **soll das noch führen?** I don't know where that will end (*od.* what will be the end of that). – **II** *relative adv* ~ **er sich auch wandte, er stieß überall auf Ablehnung** he met with rejection wherever he turned.
woₗhin'ge·gen [vo-] *conj* whereas, while, whilst: **er war sehr freundlich,** ~ **seine Frau sich sehr abweisend verhielt** he was very friendly, whereas his wife was rather reserved.
wo'hin·ter [vo-] **I** *interrog adv* **1.** what ... behind: ~ **hat er sich versteckt?** what did he hide behind? – **II** *relative adv* **2. er verabscheut alles,** ~ **er Heuchelei vermutet** he abhors everything in which he suspects hypocrisy. – **3. der Schrank,** ~ **er sich versteckt hatte** *rare* the cupboard (which) he had hidden behind.
wohl [vo:l] **I** *adv* **1.** ⟨~**er**; **am** ~**sten**⟩ (*gesund*) well: **fühlst du dich nicht** ~? aren't you well? don't you feel well? **sich** ~ **fühlen** to be (*od.* feel) well, to be in good health; **sie fühlt sich** (*od.* **befindet sich, ist**) **nicht** ~ she is not well, she is unwell, she is (*od.* feels) off colo(u)r (*od.* out of sorts, under the weather) (*colloq.*); **ich habe mich nie** ~**er gefühlt (als jetzt)** I never felt better (than I do at the moment), I have never felt as (*od.* so) well; **sie sieht sehr** ~ **aus** she is looking (*od.* she looks) well. – **2.** ⟨~**er**; **am** ~**sten**⟩ (*behaglich, glücklich*) happy: **mir war dabei nicht recht** ~ **zumute** I didn't feel happy about it; **sie fühlt sich in Hamburg recht** ~ she is quite happy in Hamburg. – **3.** ⟨~**er**; **am** ~**sten**⟩ (*ungezwungen, wie zu Hause*) at ease, at home: **bei euch fühle ich mich sehr** ~ I feel quite at home at your place; **sich in seiner Haut nicht** ~ **fühlen** to feel ill at ease (*od.* rather uneasy, uncomfortable). – **4.** ⟨**besser; am besten**⟩ (*gut*) well: **sie ließen sich's** ~ **sein** they lived well, they had a good time (of it); **laß dir's weiterhin** ~ **ergehen** I hope things will go well for you; **du tätest** ~ **daran, dich vorher zu erkundigen** you would do well to inquire first; (**ich**) **wünsche,** ~ **geruht [gespeist] zu haben** *humor.* I hope you have had a pleasant rest [you enjoyed your meal]; **leb** ~! **gehab dich** ~! farewell! fare you (*od. humor.* thee) well! **schlaf** ~! sleep well; ~ **oder übel mußte ich hingehen** I had to go whether I liked it or not (*od.* willy-nilly); **nun** ~, **wir wollen es versuchen** well, we'll try; → **bekommen** 15. – **5.** (*anscheinend, vermutlich*) no doubt, I'm sure: **das wird** ~ **das beste sein** that will be the best, no doubt; **es wird** ~ **Regen geben** I'm sure it's going to rain; **er hat uns** ~ **für Schwestern gehalten** he must (*od.* will) have taken us for sisters; **ob sie** ~ **noch kommen?** I wonder if (*od.* whether) they will still come; **das wird** ~ **so sein** that will (no doubt *od.* probably) be the way it is; **das wird** ~ **seine Richtigkeit haben** I'm sure it's right; **er hat mich** ~ **gar nicht bemerkt** he mustn't (*od.* won't) have seen me; **das wird** ~ **endlich der letzte sein** I hope that will be the last one; **es ist** ~ **anzunehmen, daß** it is to be expected that; **er wird** ~ **noch auf Reisen sein** he will still be away; **ich habe** ~ **nicht recht gehört!** I can't have heard right! **das ist doch** ~ **ein Witz!** *colloq.* you must be joking! you can't be serious! **du bist** ~ **verrückt geworden!** *colloq.* you must be mad! – **6. das kannst du** ~ **nicht tun** you can't very well do that. – **7.** (*etwa, ungefähr*) about: **es wird** ~ **zwei Jahre her sein** it must have been about two years ago; **ich habe es ihm** ~ **schon zwanzigmal gesagt** I have told him at least twenty times. – **8.** (*sorgfältig, genau*) well, carefully: **der Plan war sehr** ~ **überlegt** the plan was thought out very well. – **9.** (*bekräftigend*) very (*od.* perfectly) well: **er weiß sehr** ~, **was das bedeutet** he knows very well (*od.* well enough, *colloq.* right well, rightly) what that means; **ich habe** ~ **bemerkt, daß da etwas nicht stimmt** I did not fail to notice that there is s.th. wrong

there; **ich verstehe dich** ~ I understand you perfectly well (*od.* all right); **ich bin mir dessen** ~ **bewußt** I'm quite (*od.* fully) aware (*od.* conscious) of that; **er könnte** ~ **noch kommen** he might come yet; **das kann man** ~ **sagen!** *colloq.* you're telling me! I should say so! **siehst du** ~, **wie leicht das ist** *colloq.* (you) see how easy it is; **willst du** ~ **damit aufhören!** will you stop that! – **10.** (*zwar, allerdings*) well: **das mag** ~ **sein, aber** that may well be, but; **so etwas kann** ~ **einmal vorkommen, aber es darf nicht zur Regel werden** a thing like that may happen occasionally but it must not become the rule; **er ist** ~ **gesund, aber** he is healthy enough (*od.* all right), but – **11.** *archaic* (*gut, vorteilhaft*) well: **ein bißchen mehr Höflichkeit würde dir** ~ **anstehen** a little more politeness would befit you well; **sehr** ~(, **mein Herr**)! very well(, sir)! – **II** *conj* **12.** (*zwar*) it is true, all right: ~ **habe ich zugesagt, aber nicht zu einem bestimmten Zeitpunkt** I did accept (*od.* I accepted, it is true *od.* I accepted all right) but I didn't mention (*od.* but not for) a particular time. – **III** *interj* **13.** well: ~ **dem, der keine finanziellen Sorgen hat!** happy are those who have no financial problems! ~ **ihm, daß er bei diesem Wetter zu Hause bleiben kann** he's to be envied because he can stay at home in this awful weather (*colloq.*).

Wohl *n* ⟨-(e)s; *no pl*⟩ **1.** (*Wohlergehen*) well-being, welfare: **das leibliche [seelische]** ~ **eines Menschen** the physical [spiritual] well-being of a person; **das öffentliche** ~ **im Auge haben** to have an eye to the public well-being (*od.* the common weal); **das** ~ **der Menschheit [unserer Stadt] hängt davon ab** the welfare of mankind [of our city] depends on it; **für das** ~ **der Familie sorgen, auf das** ~ **der Familie bedacht sein** to look after (*od.* concern oneself with) the welfare of the family; **um das eigene** ~ **besorgt sein** to be concerned about one's own welfare, to take care of number one (*colloq.*); **sein** ~ **liegt ihr sehr am Herzen** she is deeply concerned about his welfare; **unser** ~ **und Wehe liegt in seinen Händen** our weal and woe are (*od.* lie) in his hands; **auf das** ~ **des Gastgebers trinken** to toast (*od.* drink to) the host's health; **auf dein** ~! **zum** ~! your (very good) health! here's to you! cheers! (*colloq.*), *bes. Br. colloq.* cheerio! – **2.** (*Vorteil, Nutzen*) good, benefit, advantage: **das geschah nur zu deinem** ~ it happened only for your good.

ˈwohlˌab·geˌwo·gen *adj* ⟨**besserabgewogen** *attrib*; **bestabgewogen** *attrib*⟩ *fig.* well-weighed (*od.* -measured) (*attrib*).

ˈwohlˌacht·bar *adj lit. cf.* achtbar.

wohl·an [voˈlan; voːlˈʔan] *interj poet.* well! all right!: ~, **es sei!** well, here goes! ~, **laßt uns aufbrechen!** all right (*od.* come on), let's go!

ˈwohlˌan·geˌbracht *adj* ⟨**besserangebracht** *attrib*; **bestangebracht** *attrib*⟩ apt, appropriate.

ˈwohlˌanˌstän·dig *adj* **1.** (*Mädchen etc*) respectable. – **2.** (*Benehmen etc*) proper, decent, seemly, correct, decorous. — **ˈWohlˌanˌstän·dig·keit** *f* ⟨-; *no pl*⟩ **1.** respectability. – **2.** propriety, decency, seemliness, correctness, decorum.

wohl·auf [voˈlauf; voːlˈʔauf] **I** *adj* ⟨*pred*⟩ (*gesund*) well: **alle sind** ~ all are well. – **II** *interj poet. cf.* wohlan.

ˈwohlˌaus·geˌwo·gen *adj* ⟨**besserausgewogen** *attrib*; **bestausgewogen** *attrib*⟩ well-balanced (*attrib*).

ˈwohl·beˌdacht *adj* ⟨**besserbedacht** *attrib*; **bestbedacht** *attrib*⟩ (*Plan, Rede etc*) well-thought-out, well-contrived (*beide attrib*).

ˈWohl·beˌfin·den *n* welfare, well-being: **für j-s** ~ **sorgen** to look after s.o.'s welfare.

ˈwohl·beˌgrün·det *adj* ⟨**besserbegründet** *attrib*; **bestbegründet** *attrib*⟩ well-founded (*attrib*), valid.

ˈWohl·beˌha·gen *n* relish: **sich voller** ~ **räkeln** to stretch (oneself) with relish (*od.* luxuriously).

ˈwohl·beˌhal·ten *adj* ⟨*no comp; no sup*⟩ **1.** (*Person*) safe (and sound): **ich bin** ~ **wieder angekommen** I arrived safely (*od.* safe and sound). – **2.** (*Sachen*) in good condition.

ˈwohl·beˌkannt *adj* ⟨**besserbekannt** *attrib*; **bestbekannt** *attrib*⟩ **1.** well-known (*attrib*), familiar: **er ist mir** ~ he is well known to me, I know him well. – **2.** (*berühmt*) well-known (*attrib*), renowned.

ˈwohl·beˌleibt *adj* corpulent, portly, stout. — **ˈWohl·beˌleibt·heit** *f* ⟨-; *no pl*⟩ corpulence, portliness, stoutness.

ˈwohl·beˌra·ten *adj* ⟨**besserberaten** *attrib*; **bestberaten** *attrib*⟩ well-advised (*attrib*).

ˈwohl·beˌschaf·fen *adj* ⟨**besserbeschaffen** *attrib*; **bestbeschaffen** *attrib*⟩ in good condition.

ˈwohl·beˌstallt *adj* ⟨*no comp; no sup*⟩ (*Beamter*) well-established (*attrib*).

ˈwohl·beˌstellt *adj* ⟨**besserbestellt** *attrib*; **bestbestellt** *attrib*⟩ (*Felder etc*) well-cultivated, well-tilled (*beide attrib*).

ˈwohl·beˌwan·dert *adj* ⟨**besserbewandert** *attrib*; **bestbewandert** *attrib*⟩ well-versed (*attrib*).

ˈwohlˌdurchˌdacht *adj* ⟨**besserdurchdacht** *attrib*; **bestdurchdacht** *attrib*⟩ (*Plan etc*) well-thought-out, well-contrived, well-devised (*alle attrib*).

ˈwohl·erˌfah·ren *adj* ⟨*no comp; no sup*⟩ (*Mann etc*) well-experienced (*attrib*).

ˈWohl·erˌge·hen *n* ⟨-s; *no pl*⟩ well-being, welfare, prosperity.

ˈwohl·erˌhal·ten *adj* ⟨**bessererhalten** *attrib*; **besterhalten** *attrib*⟩ in good condition, well-preserved (*attrib*).

ˈwohl·erˌprobt *adj* ⟨**bessererprobt** *attrib*; **besterprobt** *attrib*⟩ well-tried (*attrib*).

ˈwohl·erˌwo·gen *adj* ⟨**bessererwogen** *attrib*; **besterwogen** *attrib*⟩ (*Plan etc*) well-thought-out (*attrib*), deliberate.

ˈwohl·erˌwor·ben *adj* ⟨*no comp; no sup*⟩ (*Rechte etc*) rightfully acquired.

ˈwohl·erˌzo·gen *adj* ⟨**bessererzogen** *attrib*; **besterzogen** *attrib*⟩ **1.** (*Kind*) well-mannered (*od.* -behaved) (*attrib*). – **2.** (*fein, kultiviert*) well-bred (*attrib*), cultured, refined, polished. — **ˈWohl·erˌzo·gen·heit** *f* ⟨-; *no pl*⟩ **1.** good behavior (*bes. Br.* behaviour). – **2.** good breeding, culture, refinedness, polish.

ˈWohlˌfahrt *f* ⟨-; *no pl*⟩ **1.** *lit.* (*Wohlergehen eines Volkes*) welfare, well-being. – **2.** (*öffentliche Fürsorge*) (public) welfare, (public) relief, *bes. Br. obs.* national assistance. – **3.** *colloq. cf.* Fürsorge 3.

ˈWohlˌfahrts|ˌamt *n sociol. obs. for* Fürsorgeamt. — ~**ˌausˌschuß** *m hist.* Committee of Public Safety. — ~**beˌam·te** *m sociol. obs.* welfare officer (*od.* worker, visitor). — ~**ˌeinˌrich·tung** *f* welfare institution. — ~**empˌfän·ger** *m*, ~**empˌfän·ge·rin** *f obs.* welfare recipient. — ~**ˌfonds** *m* relief (*od.* benefit) fund. — ~**ˌmar·ke** *f philat.* charity stamp. — ~**or·ga·ni·sa·tiˌon** *f sociol.* charitable institution (*od.* organization *Br. auch* -s-). — ~**ˌpfle·ge** *f sociol. obs.* welfare work. — ~**ˌpfle·ger** *m*, ~**ˌpfle·ge·rin** *f* welfare worker (*od.* officer, visitor). — ~**ˌren·te** *f* welfare pension. — ~**ˌstaat** *m* welfare state. — **w**~**ˌstaat·lich** *adj* welfarist. — ~**ˌun·terˌstüt·zung** *f sociol. obs. for* Fürsorgeunterstützung.

ˈwohlˌfeil *adj obs.* (*Ware*) inexpensive, cheap. — **ˈWohlˌfeil·heit** *f* ⟨-; *no pl*⟩ inexpensiveness, cheapness.

ˈwohl·geˌbaut *adj* ⟨**bessergebaut** *attrib*; **bestgebaut** *attrib*⟩ **1.** well-built (*attrib*). – **2.** *colloq.* (*Frau*) well-proportioned (*attrib*).

ˈwohl·geˌbo·ren *adj only in* Euer (*od.* Seiner **W**~ Herrn Heinrich Schmidt *archaic* (*in der Briefanschrift*) Heinrich Schmidt Esq.

ˈWohl·geˌfal·len *n* ⟨-s; *no pl*⟩ (*Gefallen, Freude*) pleasure, (*stärker*) delight: **sein** ~ **an** (*dat*) **etwas haben** to take pleasure in s.th., to delight in s.th.; **sich in** ~ **auflösen** a) (*zur allgemeinen Zufriedenheit enden*) to be settled to everyone's satisfaction, b) *colloq. humor.* (*zunichte werden*) to come to nothing, to go up (*od.* end) in smoke, c) *colloq. humor.* (*von Club, Verein etc*) to disintegrate, d) *colloq. humor.* (*von Buch etc*) to come apart (*od.* asunder), to disintegrate.

ˈwohl·geˌfäl·lig I *adj* **1.** pleasant, agreeable: **Gott** ~**e Werke** works well pleasing to God. – **2.** (*selbstzufrieden*) complacent. – **3.** (*Blick etc*) satisfied, pleased: **mit** ~**em Blick** with a look of satisfaction. – **II** *adv* **4.** with pleasure (*od.* delight): **etwas** ~ **betrachten** to look at s.th. with pleasure.

ˈwohl·geˌformt *adj* ⟨**bessergeformt** *attrib*; **bestgeformt** *attrib*⟩ shapely, beautifully shaped.

ˈWohl·geˌfühl *n* ⟨-(e)s; *no pl*⟩ **1.** pleasant feeling. – **2.** sense of well-being.

ˈwohl·geˌlit·ten *adj* ⟨-er; -st⟩ (*gerngesehen, willkommen*) well- (*od.* much-)liked (*attrib*), popular, welcome.

ˈwohl·geˌmeint *adj* ⟨**bessergemeint** *attrib*; **bestgemeint** *attrib*⟩ (*Rat etc*) well-meant, well-intentioned (*beide attrib*).

ˈwohl·geˌmerkt *interj* mind (you)! mark (you)! nota bene!

ˈwohl·geˌmut [-gəˌmuːt] *adj* ⟨-er; -est⟩ cheerful.

ˈwohl·geˌnährt *adj* ⟨**bessergenährt** *attrib*; **bestgenährt** *attrib*⟩ well-fed (*attrib*).

ˈwohl·geˌord·net *adj* ⟨**bessergeordnet** *attrib*; **bestgeordnet** *attrib*⟩ (*Regale, Schränke etc*) well-ordered (*attrib*), orderly.

ˈwohl·geˌra·ten *adj* ⟨-er; -st⟩ **1.** (*Werk, Arbeit etc*) well-wrought, well-turned (*beide attrib*). – **2.** (*Kind*) well-bred (*attrib*).

ˈWohl·geˌruch *m* (sweet) scent, fragrance, perfume.

ˈWohl·geˌschmack *m* flavor, *bes. Br.* flavour, savor, *bes. Br.* savour, relish.

ˈwohl·geˌsetzt *adj* ⟨*no comp; no sup*⟩ **1.** (*Rede*) well-worded (*od.* -formulated) (*attrib*). – **2.** (*Worte*) well-chosen (*attrib*).

ˈwohl·geˌsinnt *adj* ⟨-er; -est⟩ well-meaning (*attrib*): **j-m** ~ **sein** to be well disposed toward(s) s.o.

ˈwohl·geˌstalt *adj* ⟨*no comp; no sup*⟩ **1.** (*Person*) shapely, well-built (*attrib*). – **2.** (*Sache*) shapely, beautifully shaped, well-shaped (*attrib*).

ˈwohl·geˌstal·tet *adj* ⟨-er; -st⟩ well-turned, well-shaped, well-proportioned (*alle attrib*), aesthetically pleasing.

ˈwohl·geˌtan I *pp of* wohltun. – **II** *adj* ⟨*pred*⟩ **1.** well done. – **2. das war** ~ *archaic* that was a good deed.

ˈwohl·geˌzielt *adj* ⟨**bessergezielt** *attrib*; **bestgezielt** *attrib*⟩ (*Schuß etc*) well-aimed (*od.* -directed) (*attrib*).

ˈwohlˌha·bend *adj* well-off (*attrib*), well-to-do, wealthy, moneyed, *auch* monied, opulent, prosperous, *Am. colloq.* well-fixed (*attrib*): ~ **sein** to be well off, to live in easy circumstances. — **ˈWohlˌha·ben·heit** [-ˌhaːbənhaɪt] *f* ⟨-; *no pl*⟩ wealth(iness), prosperity, opulence, easy circumstances *pl.*

ˈwoh·lig I *adj* **1.** (*Gefühl, Wärme etc*) pleasant, pleasurable, cozy, *bes. Br.* cosy, snug. – **2.** (*Ruhe etc*) blissful. – **II** *adv* **3. sich** ~ **rekken** to stretch (oneself) with relish (*od.* luxuriously).

ˈWohlˌklang *m* ⟨-(e)s; *no pl*⟩ **1.** (*eines Instruments, einer Stimme etc*) melodiousness, mellowness, melodious sound, sonority. – **2.** (*eines musikalischen Werks etc*) melodiousness, melody, harmony. – **3.** (*eines Gedichts, einer Sprache etc*) melodiousness, melody, euphony.

ˈwohlˌklin·gend *adj* **1.** (*Instrument, Stimme etc*) melodious, mellow. – **2.** (*Musikstück etc*) melodious, harmonious. – **3.** (*Gedicht, Sprache etc*) melodious, euphonious.

ˈWohlˌlaut *m* ⟨-(e)s; *no pl*⟩ *cf.* Wohlklang 1.

ˈwohlˌlau·tend *adj cf.* wohlklingend 1.

ˈWohlˌle·ben *n* ⟨-s; *no pl*⟩ life of luxury, good (*od.* high) living.

ˈwohlˌlöb·lich *adj archaic od. iron.* (*Absicht, Vorsatz etc*) laudable, praiseworthy.

ˈwohlˌmei·nend *adj* **1.** *cf.* wohlgemeint. – **2.** (*wohlwollend, freundlich*) well-meaning (*attrib*), friendly.

ˈwohl·pro·por·tioˌniert *adj* ⟨**besserproportioniert** *attrib*; **bestproportioniert** *attrib*⟩ well-proportioned (*attrib*).

ˈwohlˌrie·chend *adj* (*Blume etc*) fragrant, sweet-smelling (*od.* -scented), perfumy, odorant, odor(ifer)ous.

ˈwohlˌschmeckend (*getr.* -k·k-) *adj* (*Speise*) tasty, savory, *bes. Br.* savoury, palatable, (*stärker*) delicious, delectable.

ˈWohlˌsein *n* ⟨-s; *no pl*⟩ **1.** well-being, welfare. – **2.** (*Gesundheit*) (good) health: **(zum)** ~! a) (*beim Zutrinken*) your (very good) health! here's to you! cheers! (*colloq.*), *bes. Br. colloq.* cheerio! b) *colloq.* (*wenn j-d niest*) (God) bless you! *Am. auch* gesundheit!

ˈwohl·si·tuˌiert *adj* ⟨**bessersituiert** *attrib*; **bestsituiert** *attrib*⟩ well-to-do.

ˈWohlˌstand *m* ⟨-(e)s; *no pl*⟩ wealth, prosperity: **im** ~ **leben** to live in prosperity, to live on easy street (*colloq.*).

ˈWohlˌstands|geˌsell·schaft *f* affluent (*od.* prosperous) society. — ~**ˌmüll** *m* refuse of the affluent society.

ˈWohlˌtat *f* **1.** good deed, act of charity,

charitable act: j-m eine ~ erweisen to do s.o. a good deed. – **2.** relief, blessing, benefit, boon: etwas ist eine ~ empfinden to feel s.th. to be a relief; eine wahre ~ a real benefit; das kühle Bier war eine wahre ~ the cool beer was absolute bliss (*od. colloq.* hit the spot); welch eine ~! what a relief! what bliss!

'Wohl,tä·ter *m* benefactor, patron. — **'Wohl,tä·te·rin** *f* benefactress, patroness.

'wohl,tä·tig I *adj* charitable, benevolent, beneficent: für ~e Zwecke for charitable purposes (*od.* causes). – **II** *adv* ~ wirken to work for charity. — **'Wohl,tä·tig·keit** *f* ⟨-; *no pl*⟩ charity, benevolence, beneficence: der ~ sind keine Schranken gesetzt charity knows no bounds.

'Wohl,tä·tig·keits|,ball *m* charity (*od.* benefit) ball, benefit. — **~ba,sar** *m* charity (*od.* benefit) bazaar (*auch* bazar), benefit. — **~,ein,rich·tung** *f* charitable institution. — **~,fest** *n* charity (*od.* benefit) party, benefit. — **~kon,zert** *n* charity (*od.* benefit) concert, benefit. — **~,spiel** *n* (*sport*) charity (*od.* benefit) match (*od.* game), benefit. — **~ver,an,stal·tung** *f* charity (*od.* benefit) performance, benefit. — **~ver,ein** *m* charitable (*od.* benevolent) society, eleemosynary corporation. — **~,vor,stel·lung** *f* charity (*od.* benefit) performance, benefit. — **~,zweck** *m* charitable purpose (*od.* cause), charity.

'wohl·tem·pe,riert *adj* ⟨bessertemperiert *attrib*; besttemperiert *attrib*⟩ **1.** (*Wein*) served at the right temperature. – **2.** „Das W~e Klavier" *mus.* "The Well-Tempered Clavier" (*by J. S. Bach*).

'wohl,tö·nend *adj cf.* wohlklingend 1.

'wohl,tu·end I *pres p.* – **II** *adj* **1.** (*Wärme, Kühle, Stille etc*) pleasant, agreeable: etwas (als) ~ empfinden to find s.th. agreeable. – **2.** (*lindernd*) soothing, relieving: die ~e Wirkung einer Salbe the soothing effect of an ointment. – **3.** (*beruhigend*) restful. – **III** *adv* **4.** ~ warm [kühl] pleasantly (*od.* agreeably) warm [cool].

'wohl,tun *v/i* ⟨*irr, sep,* -ge-, h⟩ **1.** do good: die Ruhe wird dir ~ the quiet will do you good; seine Worte haben mir wohlgetan his words did me good. – **2.** *archaic* do good (deeds).

'wohl,über,legt *adj* ⟨besserüberlegt *attrib*; bestüberlegt *attrib*⟩ (*Plan etc*) well-conceived (*od.* -considered), well-thought-out (*alle attrib*), circumspect, judicious.

'wohl,un·ter,rich·tet *adj* ⟨besserunterrichtet *attrib*; bestunterrichtet *attrib*⟩ well-informed (*attrib*): aus ~er Quelle verlautet, daß it is reported from a well-informed source that.

'wohl·ver,dient *adj* ⟨*no comp; no sup*⟩ **1.** (*Lohn etc*) well-earned (*attrib*), (well)-deserved, just, merited. – **2.** (*Strafe etc*) deserved, just, merited. – **3.** (*Ruhe, Ruhestand etc*) well-earned (*attrib*), (well)-deserved.

'Wohl·ver,hal·ten *n jur.* good conduct: bei ~ in the case of good conduct.

'Wohl·ver,leih *m* ⟨-(e)s; -(e)⟩ *bot. cf.* Berg-Wohlverleih.

'wohl·ver,sorgt *adj* ⟨besserversorgt *attrib*; bestversorgt *attrib*⟩ **1.** (*finanziell*) well-provided (*attrib*). – **2.** (*mit Proviant, Ausrüstung etc*) well-supplied (*attrib*).

'wohl·ver,stan·den *adj* ⟨*no comp; no sup*⟩ (*Wort etc*) well-understood (*attrib*).

'wohl·ver,wahrt *adj* ⟨besserverwahrt *attrib*; bestverwahrt *attrib*⟩ safe, in safe keeping.

'wohl,wei·se *adj archaic* (*Plan etc*) most wise.

'wohl,weis·lich [-,vaɪslɪç] *adv* very wisely, prudently: ich habe ~ meinen Schirm mitgenommen I very wisely took (*od.* I was wise enough to take) my umbrella with me.

'Wohl,wol·len *n* ⟨-s; *no pl*⟩ **1.** goodwill, benevolence, benignity, friendliness, kindliness: j-m ~ entgegenbringen (*od.* bekunden) to show s.o. goodwill; j-n mit ~ betrachten to look at s.o. benevolently; auf j-s ~ angewiesen sein to be dependent on s.o.'s goodwill. – **2.** (*Gunst*) favor, *bes. Br.* favour, kindness: sich j-s ~ erwerben to win s.o.'s favo(u)r.

'wohl,wol·len *v/i* ⟨*irr, sep,* -ge-, h⟩ j-m ~ to be well disposed toward(s) s.o., to be friendly to(ward[s]) s.o.

'wohl,wol·lend I *pres p.* – **II** *adj* (*Gesinnung, Beurteilung etc*) benevolent, kind(ly), benign: ~e Neutralität benevolent (*od.* friendly) neutrality. – **III** *adv* j-m ~ auf die Schulter klopfen to pat s.o. on the shoulder benevolently, to give s.o. a kindly pat on the shoulder.

'Wohn|,an,la·ge *f cf.* Siedlung 2, 3. — **~ba,racke** (*getr.* -k·k-) *f* hut, barrack. — **~,bau** *m* ⟨-(e)s; -ten⟩ residential building. — **w~be,rech·tigt** *adj* entitled to accommodation. — **~be,rech·ti·gung** *f* right (*od.* entitlement) to accommodation, residence right. — **~be,völ·ke·rung** *f* resident population. — **~be,zirk** *m cf.* Wohngebiet. — **~,block** *m* ⟨-(e)s; -s, *auch* ⸚e⟩ residential (*od.* domestic, residence, multiple dwelling) block, *Am.* apartment house (*od.* building), *Br.* block of flats. — **~,boot** *n* houseboat. — **~,dich·te** *f* occupant density. — **~,die·le** *f* lounge. — **~,ein·heit** *f* living (*od.* housing) unit, (*nach Le Corbusier*) neighborhood (*bes. Br.* neighbourhood) unit. — **~ele,ment** *n* **1.** housing unit. – **2.** (*in der Einrichtung*) décor (*Am. auch* decor) element, element of décor (*Am. auch* decor).

woh·nen ['voːnən] *v/i* ⟨h⟩ **1.** live, dwell: in der Stadt [auf dem Lande] ~ to live in town [in the country]; bei den Eltern ~ to live with one's parents; wo wohnst du? where do you live? sie ~ im dritten Stock they live on the third (*Am.* fourth) floor; ich wohne seit drei Jahren in Berlin I have been living in Berlin for three years; so wahr ein Gott im Himmel wohnt! as true as (there is a) God! – **2.** (*offiziell*) reside, be domiciled. – **3.** (*vorübergehend*) stay, lodge: sie hat übers Wochenende bei Bekannten gewohnt she stayed with friends over the weekend; in welchem Hotel haben Sie gewohnt? which hotel did you stay at? – **4.** (*als Mieter*) lodge, *bes. Am.* room: bei j-m in (*od.* zur) Miete (*od.* in Untermiete) ~ to lodge with s.o., to have (*od.* live in) lodgings (*od.* a room, rooms, *Br. colloq.* digs, diggings) with s.o.; sie ~ zusammen they live in lodgings (*bes. Am.* they room) together; möbliert ~ to live in lodgings (*od.* furnished rooms, a furnished room). – **5.** *fig. poet.* dwell, live: eine große Hoffnung wohnt in ihrem Herzen a great hope dwells (*od.* she nurtures a great hope) in her heart.

'Wohn|,far·ben *pl* décor (*Am. auch* decor) colors (*bes. Br.* colours). — **~,flä·che** *f* floor space. — **~ge,bäu·de** *n cf.* Wohnhaus. — **~ge,biet** *n* **1.** residential district. – **2.** *zo.* habitat. — **~,ge·gend** *f* residential area. — **~,geld** *n,* **~,geld,zu,schuß** *m* public housing allowance. — **~ge,le·genheit** *f* accommodation. — **~ge,meinschaft** *f sociol.* commune. — **~,grund,stück** *n* residential plot.

'wohn·haft *adj* ~ sein in (*dat*) (*officialese*) to be resident (*od.* domiciled) in, to be living in.

'Wohn|,haus *n* residential (*od.* domestic, residence, multiple dwelling) building, dwelling. — **~,heim** *n* **1.** (*für Arbeiter etc*) *bes. Br.* hostel, *Am.* lodging (*od.* rooming) house. – **2.** *cf.* Studentenhaus. — **~kom,fort** *m* home comfort. — **~,kü·che** *f* combined (*od.* combination) kitchen and living room, kitchen-cum-livingroom. — **~kul,tur** *f* ⟨-; *no pl*⟩ cultivation of (and taste in) home décor (*Am. auch* decor): keine ~ haben to have no interest or taste in home décor. — **~,la·ge** *f* residential location: Haus in guter (*od.* günstiger) ~ house in a good (*od.* convenient) residential location. — **~,la·ger** *n* residential camp. — **~,land·schaft** *f* landscaped interior. — **~,lau·be** *f* summerhouse.

'wohn·lich *adj* **1.** (*Zimmer etc*) comfortable, livable, *auch* liveable, gracious. – **2.** (*Atmosphäre*) pleasant, *bes. Br.* homely, *Am.* homey, *auch* homy. — **'Wohn·lich·keit** *f* ⟨-; *no pl*⟩ comfort(ableness), livableness.

'Wohn|,mö·bel *pl* house furniture *sg.* — **~,mög·lich·keit** *f* housing accommodation.

'Wohn,ort *m* ⟨-(e)s; -e⟩ **1.** (place of) residence. – **2.** *jur. cf.* Wohnsitz 1. — **~,wech·sel** *m* change of residence.

'Wohn·par,tei *f* tenant, party (of tenants), occupant.

'Wohn,raum *m* **1.** (*Zimmer*) living room. – **2.** *cf.* Wohnzimmer 1. – **3.** ⟨*only sg*⟩ (*Fläche*) living space. – **4.** ⟨*only sg*⟩ *cf.* Wohnfläche. — **~be,schaf·fung** *f* procurement of housing. — **~be,wirt·schaf·tung** *f* state administration of living (*od.* housing) space, housing control. — **~,dich·te** *f* housing density. — **~,hil·fe** *f* housing subsidy (*od.* allowance, assistance).

'Wohn|,recht *n jur.* right of residence. — **~,schiff** *n* houseboat. — **~-'Schlaf,zimmer** *n* combined (*od.* combination) bedroom and sitting room, *Br.* bed-sitting-room, *Br. colloq.* bed-sitter. — **~,sie·dlung, ~,sied·lung** *f cf.* Siedlung 2, 3.

'Wohn,sitz *m* **1.** *jur.* a) (*Hauptwohnsitz*) domicile, *auch* domicil, b) (*weiterer Wohnsitz*) residence, abode: gesetzlicher ~ legal domicile, domicile by operation of law; ehelicher ~ marital (*od.* matrimonial) domicile; fester (*od.* ständiger) ~ permanent (*od.* fixed) abode (*od.* residence); zweiter ~ residence; seinen ~ begründen [aufgeben, wechseln *od.* verlegen] to establish [to abandon, to change] one's domicile; seinen ~ im Ausland haben to be domiciled abroad; ohne festen ~ without fixed abode. – **2.** *cf.* Wohnort 1. — **~,wech·sel** *m,* **~ver,le·gung** *f* change (*od.* transfer) of residence (*od.* domicile).

'Wohn|,stät·te *f* abode, dwelling, habitation. — **~,stra·ße** *f* residential road (*bes. Am.* street). — **~,stu·be** *f cf.* Wohnzimmer 1. — **~tex,ti·li·en** *pl* décor (*Am. auch* decor) fabrics.

'Woh·nung *f* ⟨-; -en⟩ **1.** dwelling, *Am.* dwelling unit, (*Etagenwohnung*) *bes. Am.* apartment, *bes. Br.* flat: eine möblierte ~ a furnished apartment; eine ~ mit allem Komfort an apartment with all modern conveniences (*od.* amenities, comforts); eine ~ mieten [vermieten] to rent [to rent, *bes. Br.* to let] an apartment; aus einer ~ (aus)ziehen, eine ~ aufgeben to move out of (*od.* vacate) an apartment; eine ~ beziehen, in eine ~ (ein)ziehen to move into an apartment; eine ~ einrichten to furnish an apartment; sich (*dat*) eine ~ suchen to look for an apartment. – **2.** (*Heim*) home: die elterliche ~ verlassen to leave one's parental home. – **3.** (*Wohnstätte*) abode, dwelling, habitation. – **4.** (*Unterkunft*) lodging(s *pl*): ~ und Verpflegung board and lodging (*od.* residence); in einem Hotel ~ nehmen to take (up) lodgings at a hotel. – **5.** (*Unterbringung*) accommodation.

'Woh·nungs|,amt *n* housing office. — **~,än·de·rung** *f cf.* Wohnungswechsel. — **~,an,ga·be** *f* (details of one's) address: wir haben von Ihnen noch keine ~ we do not have your address yet, you have not yet sent us your address; bei der ~ when stating one's address.

'Woh·nungs,bau *m* ⟨-(e)s; *no pl*⟩ *arch.* housing (construction), domestic construction: → sozial 1. — **~,dar,le·hen** *n econ.* loan for house-building. — **~fi·nan,zie·rung** *f* financing of a housing project (*od.* of housing projects). — **~ge,neh·mi·gung** *f* house-building permit. — **~ge,nos·sen·schaft** *f* cooperative (*Br. auch* co-operative) building society. — **~ge,sell·schaft** *f* house-building association. — **~ge,setz** *n* housing law. — **~,hil·fe** *f* assistance for house-building. — **~,prä·mie** *f* housing (*od.* house-building) premium. — **~pro,gramm** *n* housing development plan (*od.* scheme).

'Woh·nungs|be,darf *m* housing requirement. — **~,ein·heit** *f* dwelling (*od.* living) unit. — **~,ein,rich·tung** *f* furniture, furnishings *pl*, appointments *pl.* — **~,flä·che** *f cf.* Wohnfläche. — **~,fra·ge** *f* housing problem. — **~,in,ha·ber** *m* **1.** (*Mieter*) tenant, *Am.* renter. – **2.** (*Haushaltungsvorstand*) householder, occupant (*od.* occupier) of an apartment (*bes. Br.* of a flat). — **w~los** *adj* **1.** homeless. – **2.** *jur.* without fixed abode. — **~,mak·ler** *m Br.* house (*od.* estate) agent, *Am.* real estate broker (*od.* agent), *auch* realtor. — **~,man·gel** *m* shortage of housing. — **~,markt** *m* housing market. — **~,mie·te** *f* rent. — **~,nach,weis** *m* housing office. — **~,not** *f* shortage of housing. — **~po·li,tik** *f* housing policy. — **~,recht** *n jur.* law of habitation, housing law. — **~,su·che** *f* search for accommodation: auf ~ sein to be looking for an apartment (*bes. Br.* a flat) (*od.* a house). — **w~,su·chend** *adj* looking for accommodation. — **~,su·chen·de** *m, f* ⟨-n; -n⟩ person looking for accommodation, home seeker. — **~,tausch** *m* exchange of apartments (*bes. Br.* flats) (*od.* houses).

'woh·nung|,su·chend *adj cf.* wohnungssuchend. — **W~,su·chen·de** *m, f* ⟨-n; -n⟩ *cf.* Wohnungssuchende.

'Woh·nungs|,wech·sel *m* change of residence (*od.* abode). — **~,we·sen** *n* ⟨-s; *no pl*⟩ housing. — **~,zwangs,wirt·schaft** *f cf.* Wohnraumbewirtschaftung.

'Wohn|ver,hält·nis·se *pl* living (*od.* housing) conditions. — **~,vier·tel** *n* residential district (*od.* area, quarter).

'Wohn,wa·gen *m* **1.** (*im Zirkus etc*) *Br.* (motor) caravan, *Am.* living van. – **2.** *cf.* Wohnwagenanhänger. — **~,an,hän·ger** *m* (camping *od.* house) trailer, *Br.* caravan, *Am. auch* trailer coach.

'Wohn|,zim·mer *n* **1.** living (*od.* sitting) room, lounge, *Br. auch* parlour. – **2.** (*Möbel*) living- (*od.* sitting-)room furniture (*od.* suite). — **~,zwecke** (*getr.* -k·k-) *pl* residential purposes: zu ~n for residential purposes.

Wöhr·de ['vøːrdə] *f* ⟨-; -n⟩ *Low G. field adjoining the cultivator's dwelling (od. home).*

Woi·lach ['vɔylax] *m* ⟨-s; -e⟩ *cf.* a) Pferdedecke, b) Satteldecke.

Woi·wod [vɔy'voːt] *m* ⟨-en; -en⟩, **Woi-'wo·de** [-də] *m* ⟨-n; -n⟩ *hist.* vaivode, voivode. — **Woi'wod·schaft** *f* ⟨-; -en⟩ vaivodeship, voivodeship.

wöl·ben ['vœlbən] **I** *v/t* ⟨h⟩ **1.** *arch.* (*Decke etc*) vault. – **2.** *tech.* curve. – **II** *v/reflex* sich ~ **3.** (*von Brücke, Decke etc*) arch, vault: über uns wölbte sich der Sternenhimmel *fig.* the starry sky overarched (*od.* formed a dome over) us. – **4.** (*von Straße etc*) camber, bulge.

'Wölb,stein *m arch.* **1.** (*Gewölbestein*) vault block, wedge(-shaped) block. – **2.** (*aus Naturstein*) arch stone, wedge(-shaped) stone, voussoir.

'Wöl·bung *f* ⟨-; -en⟩ **1.** (*gewölbte Form*) curvature: ~ nach innen concavity; ~ nach außen convexity. – **2.** (*Ausbuchtung*) bulge. – **3.** *arch.* (*Gewölbe*) vault. – **4.** (*kuppelförmige*) dome. – **5.** (*bogenförmige*) arch. – **6.** (*einer Straße*) camber. – **7.** *med.* (*des Gaumens*) vault.

Wolf [vɔlf] *m* ⟨-(e)s; ⸚e⟩ **1.** *zo.* wolf (*Canis lupus*): junger ~ wolf cub, whelp; ein Rudel Wölfe a pack of wolves; die Wölfe heulen the wolves howl; er ist ein ~ im Schafspelz *fig.* he is a wolf in sheep's clothing; mit den Wölfen heulen *fig.* to cry (*od.* howl) with the pack; hungrig wie ein ~ (as) hungry as a bear (*od.* wolf). – **2.** *med.* (*Intertrigo*) chafing, intertrigo (*scient.*): sich (*dat*) einen ~ laufen to get sore. – **3.** *cf.* Fleischwolf: ich bin wie durch den ~ gedreht *colloq. humor.* I am aching all over (*od.* from head to foot). – **4.** (*textile*) *cf.* Reißwolf 1. – **5.** *metall.* (*Luppe*) ball. – **6.** *tech. cf.* Reißwolf 2.

Wölf·chen ['vœlfçən] *n* ⟨-s; -⟩ **1.** *dim. of* Wolf 1. – **2.** wolfling.

wöl·fen ['vœlfən] *v/i* ⟨h⟩ (*werfen*) cub, whelp.

Wöl·fin ['vœlfɪn] *f* ⟨-; -nen⟩ *zo.* she-wolf, bitch (wolf).

wöl·fisch ['vœlfɪʃ] *adj fig.* (*Gier, Grausamkeit etc*) wolfish, wolflike.

Wolf·ram ['vɔlfram] *n* ⟨-s; *no pl*⟩ *chem.* tungsten, *auch* wolfram (W).

Wolf·ra·ma·te [vɔlfra'maːtə] *pl chem.* tungstates, *auch* wolframates.

'Wolf·ram|,blau *n chem.* tungsten blue (W_4O_{11}). — **~bro,mi·de** *pl* tungsten bromides. — **~,erz** *n min.* tungsten ore.

'wolf·ram,hal·tig *adj chem.* tungstic, wolframic.

Wolf·ra·mit [vɔlfra'miːt; -'mɪt] *n* ⟨-s; *no pl*⟩ *min.* wolframite, *auch* wolfram.

'Wolf·ram|kar,bid *n chem. tech.* tungsten carbide (W_2C). — **~,lam·pe** *f electr.* tungsten (*od.* wolfram) lamp.

'Wolf·ram|,ocker (*getr.* -k·k-) *n chem.* tungstite, wolfram ocher ($WO_3 \cdot H_2O$). — **~,säu·re** *f* tungstic (*od.* wolframic) acid (H_2WO_4). — **~,stahl** *m metall.* tungsten steel.

'Wolfs|,au·ge *n bot. cf.* Krummhals 2. — **~,barsch** *m zo. cf.* Seebarsch. — **~,boh·ne** *f bot.* lupine (*Gattg Lupinus*). — **~,ei·sen** *n hunt.* wolf trap. — **~,ei·sen,hut** *m bot.* foxbane (*Aconitum lycoctonum*). — **~,fal·le** *f hunt.* wolf trap. — **~,fisch** *m zo. cf.* Seewolf. — **~,gru·be** *f* **1.** *hunt.* pitfall. – **2.** *mil.* obstacle pit. — **~,he·ring** *m zo.* wolf herring (*Chirocentrus dorab*). — **~,hund** *m* **1.** Alsatian (dog), German shepherd (dog), German police dog. – **2.** wolfhound: Irischer ~ Irish wolfhound. — **~,hun·ger** *m fig. colloq. cf.* Bärenhunger. — **~,jagd** *f* wolf hunt. — **~,meer,kat·ze** *f zo.* wolf's monkey (*Cercopithecus mona wolfi*).

'Wolfs,milch *f bot.* wolf's-milk, spurge, euphorbia (*scient.*) (*Gattg Euphorbia*). — **~,schwär·mer** *m zo.* Euphorbia sphinx (*Deilephila euphorbiae*).

'Wolfs,nat·ter *f zo. cf.* Wolfszahnnatter.

'Wolfs|,ra·chen *m med.* cleft palate; uranoschisis, palatoschisis (*scient.*): mit einem ~ (behaftet) palatognathous. — **~,ru·del** *n* pack of wolves. — **~scha,kal** *m zo.* wolf jackal (*Canis aureus*). — **~,spin·ne** *f* wolf (*od.* wandering) spider (*Fam. Lycosidae*). — **~,trapp** *m* ⟨-(e)s; *no pl*⟩ *bot.* gypsyweed, gipsyweed (*Gattg Lycopus*). — **~,zahn-,nat·ter** *f zo.* wolf snake (*Gattg Lycodon*).

Wölk·chen ['vœlkçən] *n* ⟨-s; -⟩ **1.** *dim. of* Wolke 1. – **2.** cloudlet.

Wol·ke ['vɔlkə] *f* ⟨-; -n⟩ **1.** cloud: der Himmel ist mit ~n bedeckt the sky is cloudy (*od.* clouded, *stärker* overcast); dunkle ~n am Horizont *auch fig.* dark clouds on the horizon; die ~n hängen tief the clouds are low; die ~n ballen (*od.* türmen) sich am Himmel the clouds gather (*od.* loom up) in the sky; die ~n ziehen [jagen] über den Himmel the clouds drift (*od.* move) [fleet *od.* scud] across the sky; die Sonne brach durch die ~n the sun broke through the clouds; die Spitze des Berges war in ~n gehüllt the mountain peak was wreathed in clouds; eine ~ von Staub [Heuschrecken, Mücken] *fig.* a cloud of dust [locusts, midges]; eine ~ von Rauch schlug mir entgegen *fig.* a cloud of smoke came surging at me; eine ~ des Unmuts legte sich auf seine Stirn *fig.* anger clouded his brow; in den ~n schweben (*od.* wandeln) *fig.* to have one's head in the clouds; er war (wie) aus allen ~n gefallen *fig. colloq.* he was (absolutely) flabbergasted (*colloq.*). – **2.** *chem.* (*flockige Trübung in Flüssigkeiten*) floc(cule), flocculus. – **3.** *med.* cloud. – **4.** *min.* (*in Edelsteinen*) flaw. – **5.** das ist 'ne ~! *colloq.* that's great (*od.* fantastic, terrific)! (*colloq.*).

wöl·ken ['vœlkən] *v/reflex* ⟨h⟩ sich ~ *cf.* bewölken.

'Wol·ken|ap·pa,rat *m* (*theater*) innebach (projector). — **~,bank** *f meteor.* cloud bank, bank of clouds. — **~,bil·dung** *f* cloud formation.

'Wol·ken,bruch *m* cloudburst, torrential rain. — **w~,ar·tig** *adj* torrential.

'Wol·ken|,decke (*getr.* -k·k-) *f* ⟨-; *no pl*⟩ cloud cover: geschlossene ~ overcast (sky). — **~,echo** *n* (*beim Radar*) cloud return. — **~,fah·ne** *f* cloud banner. — **~,fet·zen** *pl* wisps (*od.* bits) of clouds, scud *sg*; fracto-clouds, fractocumuli (*scient.*). — **~,him·mel** *m* cloudy (*od.* clouded, *stärker* overcast) sky. — **~,hö·he** *f aer. meteor.* height of cloud, cloud height. — **~,hö·hen,mes·ser** *m* ceilometer. — **~,krat·zer** *m arch.* skyscraper. — **~'kuckucks,heim** (*getr.* -k·k-) [,vɔlkən-] *n* ⟨-(e)s; *no pl*⟩ (*Traumland*) cloud-cuckoo-land, *auch* Cloud-Cuckoo-Land, cloudland. — **~,kun·de** *f* ⟨-; *no pl*⟩ *meteor.* nephology. — **~,land·schaft** *f* cloudscape. — **w~los** *adj* **1.** cloudless, clear, unclouded. – **2.** *meteor.* (*heiter*) fair. — **~,lücke** (*getr.* -k·k-) *f* break in the clouds. — **~,mas·se** *f* cloud mass. — **~-,meer** *n* sea of clouds. — **~,ober,gren·ze** *f* cloud top. — **~,schicht** *f* layer of clouds, cloud layer. — **~,schlei·er** *m* veil of clouds, haze. — **~,strei·fen** *m* strip (*od.* streak) of clouds. — **w~,um,hüllt** *adj* wreathed in clouds, covered with (*od.* hidden under) clouds. — **~,un·ter,gren·ze** *f* cloud base. — **~,wand** *f* ⟨-; *no pl*⟩ cloud bank, bank of clouds. — **~,zug** *m* ⟨-(e)s; *no pl*⟩ passage (*od.* drift) of clouds, cloud drift (*od.* movement).

wol·kig ['vɔlkɪç] *adj* **1.** cloudy, clouded, nebulous. – **2.** (*bedeckt*) overcast. – **3.** *chem.* (*Niederschlag*) flocculent. – **4.** *min.* (*Edelstein*) milky. – **5.** *phot.* cloudy.

Wölk·lein ['vœlklaɪn] *n* ⟨-s; -⟩ *cf.* Wölkchen.

'Woll|,ab,fall *m* (*textile*) wool waste, flock. — **~,af·fe, 'Grau·er** *m zo.* woolly (*Am. auch* wooly) monkey, barrigudo, *auch* barragudo (*Gattg Lagothrix*). — **~,af·ter** *m* (*Schmetterling*) small eggar (*auch* egger) (*Eriogaster lanestris*). — **w~,ähn·lich** *adj* woollike, woolly, *Am. auch* wooly.

'Wollap·pen (*getr.* -ll,l-) *m* woolen (*bes. Br.* woollen) (*od.* flannel) rag.

'Woll|,ar·bei·ter *m*, **~,ar·bei·te·rin** *f* wool worker (*od.* dresser). — **~,ar·ten** *pl* wool types. — **w~,ar·tig** *adj* woolly, *Am. auch* wooly.

'Wollaus (*getr.* -ll,l-) *f zo.* root aphid, poplar leaf-stalk aphid (*Fam. Pemphiginae*).

'Woll|,bal·len *m econ.* wool bale. — **~,baum** *m bot. cf.* Kapokbaum. — **~,bie·ne** *f zo.* anthidium (*Gattg Anthidium*). — **~,blu·me** *f bot. cf.* Wollgras. — **~,bör·se** *f econ.* **1.** wool hall (*od.* exchange). – **2.** *hist.* wool hall. — **~,decke** (*getr.* -k·k-) *f* **1.** woolen (*bes. Br.* woollen) rug. – **2.** (*Bettdecke*) woolen (*bes. Br.* woollen) blanket.

Wol·le ['vɔlə] *f* ⟨-; *für Wollarten* -n⟩ **1.** wool: weiche [harte, rauhe, gefärbte, ungefärbte, gebleichte, ungebleichte] ~ soft [hard, rough, dyed, undyed *od.* natural, bleached, unbleached] wool; reine ~ pure wool; ~ von Schafen sheep's wool; das Kleid ist aus reiner ~ the dress is all (*od.* pure) wool; ein Mantel aus ~ a woolen (*bes. Br.* woollen) coat; ~ verarbeiten [färben, verspinnen] to manufacture [to dye, to spin] wool; in der ~ gefärbt dyed-in-the-wool (*attrib*), ingrain. – **2.** *fig. colloq.* (*langes, ungepflegtes Haar*) mop, fuzz: du mußt dir mal deine ~ abschneiden lassen! you should have your mop cut off! – **3.** *fig. colloq.* (*kurzes, krauses Haar*) wool, friz(z). – **4.** *fig. colloq.* (*in Wendungen wie*) j-n in die ~ bringen to enrage (*od.* infuriate) s.o., to make s.o. furious; in der ~ sitzen to be in clover (*od. colloq.* in the pink); sie geraten sich ständig in die ~ they are constantly quarrel(l)ing, they are always at loggerheads, *Am. colloq.* they are always getting in each other's hair; ich habe mich mit ihm ständig in der ~, ich kriege mich mit ihm ständig in die ~ I'm always quarrel(l)ing (*od.* at loggerheads) with him, *Am. colloq.* I'm always getting in his hair. – **5.** *hunt.* (*eines Hasen etc*) hair, coat. – **6.** *bot.* a) (*von Pflanzen etc*) down, fur, pappus (*scient.*), b) (*der Baumwolle*) cotton. – **7.** *metall.* (*Stahlspäne*) shavings *pl*, wool.

wol·len[1] ['vɔlən] *adj* ⟨*attrib*⟩ (*aus Wolle*) woolen, *bes. Br.* woollen: ~e Sachen wool(l)en things, wool(l)ens; woollies, *Am. auch* woolies (*colloq.*).

'wol·len[2] **I** *v/aux* ⟨will, wollte, wollen, h⟩ **1.** (*zur Bezeichnung einer Absicht*) want: er will von der Sache nichts wissen he doesn't want to know (*od.* hear) anything about it; ich will nur schnell ein paar Besorgungen machen I just want to do a few quick errands; was willst du damit sagen? a) what do you mean by that? b) (*worauf willst du hinaus*) what are you driving at? was ich sagen wollte ist what I meant to say is; ich habe vergessen, was ich sagen wollte I have forgotten (*od.* I forget) what I wanted (*od.* was going) to say; ich will dir eins sagen let me tell you one thing; was ich noch sagen wollte by the way; das will ich nicht (*od.* ich will nichts) gehört [gesehen] haben I didn't see [hear] that; sie wollte mich nicht kennen she pretended not to know me; ich habe doch nur helfen ~ I just wanted to help; ich will gern glauben, daß I can well believe that; wir ~ gehen let's go. – **2.** (*zur Bezeichnung eines Wunsches od. Anliegens*) want: ich will davon nichts mehr hören I don't want to hear anymore (*od.* another thing) about it; ich will nichts gesagt haben! I haven't said (*od.* I didn't say) anything! ich will wissen, was los ist I want to know what is going on; er will immer alles wissen he always wants to know everything; er hat nicht teilnehmen ~, weil he did not want to take part because; das will ich hoffen! I should hope so! das will ich meinen! I'll say so! das will ich dir auch geraten haben! I should think so indeed! – **3.** (*zur Bezeichnung einer unmittelbar bevorstehenden Handlung*) etwas tun ~ to be going to do s.th., to be about to do s.th., to be on the point of doing s.th.: ich wollte gerade gehen, als es klingelte I was just about to go when the doorbell rang; ich wollte gerade sagen, daß I was going to say that. – **4.** (*zur Bezeichnung einer Behauptung Dritter*) claim: er will es selbst gesehen haben he claims (that) he saw it with his own eyes; er will Architekt sein he claims he is (*od.*

he claims to be) an architect; **er will es nicht gewesen sein** he claims he did not do it, he denies having done it; **und dann will es niemand gewesen sein** and then nobody will have done it. – **5.** (*Bezeichnung eines Vorsatzes, Versprechens etc*) **ich will sehen, was sich tun läßt** I will see what can be done; **ich will es mir überlegen** I will think about (*od.* consider) it; **wir ~ sehen** we'll see; **ich will euch lehren, einen alten Mann zu verspotten** I'll teach you to make fun of an old man; **willst du wohl still sein!** will you be quiet! – **6.** (*in Wunschsätzen*) **~ Sie mir bitte den Zucker reichen?** would you pass me the sugar, please? **alle Kandidaten ~ sich bitte im Büro melden** all candidates are requested to report at the office; **das wolle Gott verhüten!** God forbid! – **7.** (*in irrealen Konditionalsätzen*) **wenn mir doch j-d helfen wollte!** if only s.o. would help me! – **8.** (*in Wendungen wie*) **es will mir scheinen, daß** I have the impression (*od.* it seems to me) that; **das will etwas [nichts] heißen** (*od.* **sagen, bedeuten**) that is saying something (*od. colloq.* a lot) [that doesn't mean anything (*od.* a thing)]; **das will nicht viel sagen** that doesn't mean much; **die Wunde will nicht heilen** the wound will not heal; **die Arbeit will mir heute nicht schmecken** *colloq.* I don't feel like work today; **das will mir nicht gefallen** I don't like (the look of) it (*od.* that); **das will vorsichtig gemacht sein** that needs (*od.* wants) to be done carefully; **es will einfach nicht schneien** there's no hope of snow, it simply won't snow; **es sieht aus, als ob es jeden Moment regnen wollte** it looks as if it were (*od. colloq.* was) about to rain any minute. – **II** *v/i* ⟨*pp* **gewollt**⟩ **9.** want: **du wirst es schon können, wenn du nur richtig willst** you can do it if you (really) want (to); **ich will nicht** I don't want to; **er will einfach** (*od. colloq.* **nun mal**) **nicht** he just doesn't want to; **(ganz) wie du willst** just as you like. – **10.** (*mögen*) want, like: **wenn du willst, kannst du mitkommen** you can come with me (*od.* us) if you like; **du mußt kommen, ob du willst oder nicht** you must come whether you like it (*od.* want to) or not; **es war Zufall oder, wenn du so willst, Schicksal** it was pure chance, or fate, if you like; **du kannst kommen, wann du willst** you can come when(ever) you like (*od.* please). – **11.** (*gewillt sein*) be willing: **er will, aber er kann nicht** he is willing but he can't (do it); **so Gott will, sehen wir uns nächstes Jahr wieder** we'll meet again next year, God willing. – **12.** (*mit weggelassenem inf der Bewegung*) **wohin willst du?** where are you going (to)? where are you off to? **~ Sie zu mir?** do you want to see me? were you on your way to me? **ich will heute ins Kino** I want to go to the cinema (*bes. Am. colloq.* movie) today; **ich will nach Hause** a) (*ich bin auf dem Heimweg*) I'm going (*od.* on my way) home, b) (*ich wäre gern zu Hause*) I want to go home; **sie will zum Film [Fernsehen, Theater]** she wants to be a film actress [go into television, go on the stage]; **er will ins Ausland** he wants to go abroad; **meine Beine ~ nicht mehr** my legs won't carry me any further. – **13.** (*in Wendungen wie*) **das will mir nicht in den Sinn** (*od.* **Kopf**) it is hard for me to believe that; **das Lied will mir nicht aus dem Sinn** (*od.* **Kopf**) I can't get the song out of my mind (*od.* head); **wart(e), dir will ich!** *colloq.* wait till I get (*od.* catch) you! **da ist nichts mehr zu ~** *colloq.* there's nothing that can be done about it. – **III** *v/impers* ⟨*pp* **gewollt**⟩ **14.** (*in Wendungen wie*) **es will mir nicht in den Sinn** (*od.* **Kopf**), **daß** it is hard for me to believe that. – **IV** *v/t* ⟨*pp* **gewollt**⟩ **15.** want: **er weiß, was er will** he knows what he wants, he knows his own mind; **was willst du von mir?** what do you want from (*od.* of) me? **er will sie zur Frau** he wants to marry her; **sie will kein Kind** she does not want (to have) a child; **ich will mein Recht** I want to have my right; **er wollte seine Ruhe** he wanted (to have) a bit of peace (and quiet); **sie will nur sein Geld** she only wants (*od.* she is only out for) his money; **ich wollte nur dein Bestes** I meant it for your good; **das wollte sie um keinen Preis** she would not have it at all, she would have none of it; **er will, daß ich mitkomme** he wants me to go with him; **was willst du mehr?** what more do you want? **so gern ich es auch wollte, es ging nicht** however much I would have liked to, I couldn't; **was willst du eigentlich?** what do you want? what is it you really want? **du hast gar nichts zu ~** *colloq.* a) you have no claim (*od.* right) to anything, b) you have no say; **du hast es so gewollt** a) that's the way you wanted (to have) it, you wanted (to have) it that way, b) (*du hast es herausgefordert*) you asked for it; **ohne es zu ~** without wanting to, unintentionally; **er will (et)was von ihr** *colloq.* he's hot on her (*sl.*); **was willst du, es ist doch alles ganz gut verlaufen** *colloq.* what are you complaining about, everything went quite well; **was du nicht willst, daß man dir tu', das füg auch keinem andern zu** (*Sprichwort*) do (by others) as you would be done by (*proverb*). – **16.** (*mögen*) like: **tu** (*od.* **mach**), **was du willst** a) do as you like (*od.* please), do what(ever) you like (*od.* please), b) (*trotzig*) do your worst. – **17.** (*wünschen*) wish: **j-m Böses ~** to wish s.o. ill; **ich wollte, es wäre schon Wochenende!** I wish the weekend were here. – **18. etwas lieber ~** to prefer s.th., to like s.th. better: **ich will lieber den Apfel als die Birne** I prefer the apple to the pear. – **19. etwas unbedingt ~** to be set (*od.* bent) (up)on s.th.: **sein Vater will unbedingt, daß er Arzt wird** his father is set on his (*od.* on him) becoming a doctor, (*stärker*) his father is determined that he should become a doctor; **sie will unbedingt ein grünes Auto** she is bent on having (*stärker* is determined to have) a green car, she has set her mind on (having) a green car. – **20.** (*brauchen, benötigen*) need, want: **diese Blumen ~ viel Licht** these flowers need a lot of light (*colloq.*). – **21.** (*fügen*) **wollte Gott, es wäre schon alles vorüber!** I wish to goodness (*od.* God) it were (*od. colloq.* was) all over; **will's Gott! das wolle Gott!** let's hope so. – **V W~** *n* ⟨-s⟩ **22.** *verbal noun*. – **23.** will, volition: **gegen mein W~** against my will. – **24.** (*Wunsch*) wish. – **25.** (*Absicht*) intention(s *pl*). – **26.** (*Bestreben, Ehrgeiz*) ambition, aspiration.

ˈwol·len³ *pp of* **wollen²** I.

ˈWoll|erˌtrag *m econ.* (wool) clip, crop (*od.* yield) of wool. — **~fa·bri·ka·tiˌon** *f* wool manufacture. — **~ˌfa·den** *m* **1.** woolen (*bes. Br.* woollen) thread. – **2.** (*zum Stricken etc*) piece of wool. — **~ˌfär·ber** *m* wool dyer. — **~fär·beˌrei** *f* **1.** wool dyeing. – **2.** wool-dyeing plant. — **~ˌfa·ser** *f* wool fiber (*bes. Br.* fibre). — **~ˌfein·heit** *f* fineness of the wool. — **~ˌfett** *n chem.* (*textile*) wool fat, (*gereinigtes*) lanolin, *auch* lanoline. — **~ˌfilz** *m* (*textile*) wool felt. — **~ˌflocke** (*getr.* -k·k-) *f* (wool) flock. — **~ˌgallˌap·fel** *m zo.* woolsower (*of the gallfly Andricus seminator*). — **~ˌgarn** *n* woolen (*bes. Br.* woollen) yarn, (*Kammgarn*) worsted (yarn). — **~geˌwe·be** *n* woolen (*bes. Br.* woollen) fabric, (*aus Kammgarn*) worsted fabric. — **~ˌgras** *n bot.* cotton grass (*od.* rush) (*Gattg Eriophorum*).

ˈWollˌhaar *n* **1.** (*textile*) wool fiber (*bes. Br.* fibre). – **2.** (*wolliges Haar*) fuzzy hair. – **3.** *med.* lanugo. – **4.** *zo.* underfur. — **~ˌbeu·telˌrat·te** *f zo. cf.* Krabbenbeutler.

ˈwollˌhaa·rig *adj* woolly- (*Am. auch* wooly)-haired.

ˈWoll|ˌhan·del *m econ.* wool trade. — **~ˌhandˌkrab·be** *f zo.* Chinese crab (*Eriocheir sinensis*). — **~ˌhänd·ler** *m econ.* wool merchant, (*Großhändler*) *auch* wool stapler. — **~ˌhandˌschuh** *m* woolen (*bes. Br.* woollen) glove. — **~ˌhemd** *n* woolen (*bes. Br.* woollen) shirt.

ˈwol·lig *adj* **1.** (*Decke, Fell, Gewebe, Schaf etc*) woolly, *Am. auch* wooly, (*sehr weich*) *auch* fleecy. – **2.** (*Haar*) woolly, *Am. auch* wooly, fuzzy, frizzy. – **3.** *bot. zo.* wool-bearing; laniferous, lanate(d) (*scient.*): **~e Pflanzen** lanuginous plants.

ˈWoll|in·duˌstrie *f econ.* woolen (*bes. Br.* woollen) (*od.* wool) industry. — **~ˌjacke** (*getr.* -k·k-) *f* **1.** woolen (*bes. Br.* woollen) jacket. – **2.** (*Strickjacke*) cardigan, knitted jacket. — **~ˌkamm** *m* wool comb. — **~ˌkämmaˌschi·ne** (*getr.* -mm·m-) *f* combing machine. — **~käm·meˌrei** *f* wool-combing plant. — **~ˌkammˌgarn** *n* worsted yarn. — **~ˌkämm·lin·ge** *pl* (wool) noil *sg*, comber waste *sg*. — **~ˌkammˌzug** *m* slubbing, botany, woolen (*bes. Br.* woollen) top. — **~ˌkar·de** *f* (wool) card. — **~klasˌsie·rung** *f* wool grading. — **~ˌkleid** *n* woolen (*bes. Br.* woollen) dress. — **~ˌklei·dung** *f* woolen (*bes. Br.* woollen) clothing. — **~ˌknäu·el** *m, n* ball (*od.* clew) of wool. — **~ˌkorb** *m* wool basket. — **~ˌkrab·be** *f zo.* sponge (*od.* woolly, *Am. auch* wooly) crab (*Dromia vulgaris*). — **~ˌkrat·ze** *f tech. cf.* Wollkrempel. — **~ˌkraut** *n bot.* mullein, *auch* mullen (*Gattg Verbascum*). — **~ˌkrem·pel** *f tech.* wool card(er). — **~ˌma·ki** *m zo.* woolly (*Am. auch* wooly) lemur (*od.* avahi) (*Lichanotus laniger*). — **~ˌmarkt** *m econ.* wool market. — **~ma·te·riˌal** *n* wool material. — **~ˌmaus** *f zo. cf.* Kleinchinchilla. — **~ˌmol·ton** *m* (*textile*) molleton. — **~mus·seˌlin** *m* wool muslin. — **~ˌmüt·ze** *f* woolen (*bes. Br.* woollen) cap. — **~ˌna·del** *f* wool needle. — **~ˌnop·pe** *f* (*textile*) burl, wool knop. — **~ˌpack·maˌschi·ne**, **~ˌpackˌpres·se** *f tech.* wool packer. — **~ˌplüsch** *m* (*textile*) woolen (*bes. Br.* woollen) plush. — **~po·peˌlin** *m*, **~po·peˌli·ne** *f* worsted poplin. — **~ˌpreis** *m econ.* wool price. — **~pro·duk·tiˌon** *f* woolgrowing, growing (*od.* production) of wool. — **~pro·duˌzent** *m* woolgrower. — **~ˌrei·ni·ger** *m* ⟨-s; -⟩ wool picker. — **~ˌrei·ßer** *m tech.* wool card(er). — **~ˌreiß·maˌschi·ne** *f* devil. — **~ˌre·ste** *pl* wool remnants. — **~ˌsa·chen** *pl* (*textile*) woolen (*bes. Br.* woollen) things, wool(l)ens; woollies, *Am. auch* woolies (*colloq.*). — **~ˌsack** *m econ.* woolsack. — **~ˌsackˌschildˌlaus** *f zo.* cottony-cushion scale (*Icerya purchasi*). — **~ˌsa·menˌbaum** *m bot. cf.* Kapokbaum. — **~ˌsamt** *m* (*textile*) wool velour(s) (*od.* velvet). — **~ˌschäd·lin·ge** *pl zo.* wool vermin *sg*. — **~ˌschaf** *n* wool sheep. — **~ˌschal** *m* woolen (*bes. Br.* woollen) scarf, comforter. — **~ˌsche·re** *f* wool shears *pl*. — **~ˌschle·gel** *m mus.* wool stick. — **~ˌschur** *f cf.* Schafschur. — **~ˌschwanz·kaˌnin·chen** *n zo.* swamp rabbit, sage(brush) rabbit (*Gattg Sylvilagus*). — **~ˌschwe·ber** [-ˌʃveːbər] *m* ⟨-s; -⟩ bee fly (*Fam. Bombyliidae*). — **~ˌschweiß** *m chem.* (*textile*) wool grease, *auch* degras, wool fat (*od.* wax). — **~ˌsie·gel** *n* (*textile*) wool seal. — **~ˌsocke** (*getr.* -k·k-) *f*, *Southern G. and Austrian* **~ˌsocken** (*getr.* -k·k-) *m* woolen (*bes. Br.* woollen) sock. — **~sorˌtie·rer** *m* woolsorter. — **~spin·neˌrei** *f* **1.** wool spinning. – **2.** wool-spinning mill. — **~ˌsten·gel** *m bot.* pipewort (*Gattg Eriocaulon*). — **~ˌstoff** *m* (*textile*) **1.** wool fabric, woolen (*bes. Br.* woollen) fabric (*od.* material). – **2.** *pl* woolens, *bes. Br.* woollens. — **~ˌstrumpf** *m* woolen (*bes. Br.* woollen) stocking. — **~ˌtier** *n* **1.** (*Schaf etc*) wool-bearing animal, wooler. – **2.** (*Spieltier*) woolly (*Am. auch* wooly) animal, soft toy (animal).

ˈWollˌtuch¹ *n* ⟨-(e)s; ¨er⟩ (*fashion*) woolen (*bes. Br.* woollen) scarf.

ˈWollˌtuch² *n* ⟨-(e)s; -e⟩ (*textile*) wool (*od.* woolen, *bes. Br.* woollen) cloth, (*aus Kammgarn*) worsted (cloth).

Wol·lust [ˈvɔlust] *f* ⟨-; ¨e⟩ **1.** lust. – **2.** (*sinnliches Vergnügen*) sensual (*od.* voluptuous) pleasure. – **3.** (*Sinnlichkeit*) sensuality, voluptuousness. – **4.** (*Geilheit*) lecherousness, lewdness, wantonness, lasciviousness; salacity, salaciousness (*lit.*). – **5.** *fig.* marked (*od.* great) relish, gratification: **sich mit ~ recken** to stretch oneself luxuriously (*od.* with great relish). — **wol·lü·stig** [ˈvɔlʏstɪç] *adj* **1.** lustful. – **2.** (*sinnlich*) sensual, voluptuous. – **3.** (*geil*) lecherous, lewd, wanton, lascivious, libidinous, licentious, salacious (*lit.*). — **ˈWol·lü·stig·keit** *f* ⟨-; *no pl*⟩ *cf.* Wollust 1—4.

Wol·lüst·ling [ˈvɔlʏstlɪŋ] *m contempt.* sensualist, debauchee, lecher, libertine, voluptuary.

ˈWollˌwa·ren *pl* (*textile*) woolen (*bes. Br.* woollen) articles (*od.* goods), woolens, *bes. Br.* woollens. — **~ˌhänd·ler** *m* wool dealer, *Br. auch* woollen draper. — **~ˌhand·lung** *f* wool shop (*bes. Am.* store), *Br. auch* woollen drapery.

ˈWoll|ˌwä·sche *f* **1.** washing of wool (*od.* woolens, *bes. Br.* woollens). – **2.** *tech.* wool scouring. – **3.** woolen (*bes. Br.* woollen) underwear (*od.* undergarments *pl*); woollies *pl*, *Am. auch* woolies *pl* (*colloq.*). — **~ˌwä·scher** *m tech.* wool scourer. — **~wä·scheˌrei** *f* wool-scouring plant. — **~ˌwaschˌmit·tel** *n* wool detergent. — **~we·beˌrei** *f* **1.** wool weaving. – **2.** wool-weaving mill. — **~ˌwe·ste** *f* **1.** (*ärmellose*) a) (*in der Herrenmode*) *bes. Am.* woolen vest, *bes. Br.* woollen waistcoat (*econ. auch* vest), b) (*in der Damenmode*) woolen (*bes. Br.* woollen) waistcoat. – **2.** *Southern G. for* Strickjacke. — **~ˌzeug** *n cf.* a) Wollsachen, b) Wollstoff. — **~ˌziest** *m bot.* lamb's ears *pl* (*usually construed as sg*), *auch* hedge nettle (*Stachys olympica*).

Wom·bat ['vɔmbat] *m* ⟨-s; -s⟩ *zo.* (*Beuteltier*) wombat (*Fam. Vombatidae*).

wo'mit [vo-] **I** *interrog adv* **1.** what ... with: ~ **soll ich die Fenster putzen?** what shall I clean the windows with? ~ **beschäftigt ihr euch?** what do you occupy yourselves with? – **2.** (*wie*) how: ~ **habe ich das verdient?** how have I deserved this? ~ **kann ich Ihnen dienen?** what can I do for you? how can I help you? – **II** *relative adv* **3.** with which: **etwas,** ~ **ich nicht zufrieden bin** s.th. (which) I am dissatisfied with (*od.* about), s.th. with which I am dissatisfied. – **4.** (*mit Bezug auf einen ganzen Satz*) by which: ..., ~ **ich nicht sagen will, daß ...,** by which I do not mean (to say) that; ~ **sich unser Konto ausgleicht** *econ.* which settles our account, thus settling our account. – **5.** (**das,**) ~ what ... with: **das ist es** (*od.* **ist's**), ~ **ich nicht zufrieden bin** that is what I am dissatisfied with (*od.* about). – **6. das Seil,** ~ **er gefesselt war** *rare* the rope with which he was bound, the rope (which) he was bound with.

wo'mög·lich [vo-] *adv* **1.** possibly, perhaps: **er ist** ~ **schon fort** he has possibly gone already. – **2.** if possible: **ich möchte** ~ **schon heute fliegen** I would like to fly today if possible.

wo'nach [vo-] **I** *interrog adv* **1.** ~ **suchst du?** what are you looking for? ~ **fragte er?** what was he asking about? ~ **sollen wir uns richten?** what should we take as a guideline? what should we be guided by? ~ **schmeckt es?** what does it taste of? – **II** *relative adv* **2. etwas,** ~ **du dich richten sollst** s.th. you should take as a guideline (*od.* be guided by); **etwas,** ~ **ich schon immer fragen wollte** s.th. (which) I always meant to ask about. – **3.** (**das,**) ~ what ... for: ~ **ich mich sehne, ist** what I long for is. – **4.** according to which: **die Meldung,** ~ **er verunglückt ist, trifft nicht zu** the report that (*od.* according to which) he was killed is not true. – **5. das Bild,** ~ **er arbeitet** *rare* the picture he uses as a model.

'Won·gaˌtau·be ['vɔŋga-] *f zo.* wonga(-wonga) (*Leucosarcia picata*).

Won·ne ['vɔnə] *f* ⟨-; -n⟩ **1.** bliss: **die** ~ **der Liebe** love's (sweet) bliss; **in eitel** ~ **schwimmen** to be blissfully happy; **sich mit** ~ **in die Fluten stürzen** to plunge into the water blissfully (*od.* in absolute bliss); **es ist eine** ~, **hier zu faulenzen!** what bliss to luxuriate here in idleness! – **2.** (*Freude, Vergnügen*) delight, joy: **es ist eine wahre** ~, **ihr zuzusehen** it is a veritable delight to watch her; **das Kind ist ihre ganze** ~ the child is all her joy; **es ist ihm eine wahre** ~, **andere zu ärgern** he delights (*od.* takes great delight) in annoying others. – **3. würden Sie das für mich erledigen? Mit** ~! *colloq.* would you see to that for me? With the greatest pleasure! — **~geˌfühl** *n* blissful feeling, feeling of bliss (*od.* delight). — **~ˌmo·nat, ~ˌmond** *m poet.* month of delight, May: **im** ~ **Mai** in the merry month of May. — **~ˌprop·pen** [-ˌprɔpən] *m* ⟨-s; -⟩ *colloq. humor.* (*niedliches, pausbäckiges Kind*) delightful roly-poly, little lump of sweetness (*beide colloq.*). — **w~sam** *adj obs. od. poet. for* wonnevoll. — **~ˌschau·er** *m* thrill of delight, shiver of pleasure. — **~ˌschrei** *m* cry of delight. — **w~ˌtrun·ken** *adj lit.* drunk with joy, overjoyed, enraptured, riding on air. — **w~ˌvoll** *adj* blissful, delightful, delicious.

'won·nig *adj* **1.** (*kleines Kind, kleiner Hund etc*) delightful, sweet, darling (*attrib*) (*colloq.*), *Am. colloq.* cute. – **2.** (*Gefühl etc*) blissful, delightful, delicious. — **'won·nig·lich** *adj obs.* blissful.

wor·an [vo'ran] **I** *interrog adv* **1.** ~ **denkst du?** what are you thinking about? ~ **erkennst du es?** what do you know it by? how do you know it? ~ **liegt es, daß sie keiner leiden kann?** how (*od.* why) is it (that) no one likes her? what is the reason for her being disliked by everyone? ~ **ist er gestorben?** what did he die of? **ich weiß nicht,** ~ **er glaubt** I don't know what he believes in; **ich weiß nicht,** ~ **ich bin** I don't know where I stand (*od.* am); **bei ihm weiß man nie,** ~ **man ist** you don't know where you are with him (*od.* what to make of him). – **2.** (*örtlich*) ~ **soll ich die Hängematte festbinden?** what shall I tie the hammock to? – **II** *relative adv* **3. etwas,** ~ **man wirklich Freude hat** something (that) one really enjoys; **das ist alles,** ~ **ich mich erinnern kann** that is all I can remember; **etwas,** ~ **du dich erinnern solltest** s.th. (which) you should remember. – **4.** (*mit Bezug auf einen ganzen Satz*) **er reagierte sauer,** ~ **man merkte, daß** he was most disgruntled, which showed that. – **5.** (**das,**) ~ **er festhält, ist** what he clings to is; (**das,**) ~ **ich gedacht hatte, war** what I had in mind (*od.* what I thought of) was. – **6. das Bild,** ~ **er arbeitet** *rare* the picture (which) he is working on.

wor·auf [vo'rauf] **I** *interrog adv* **1.** ~ **wartest du (noch)?** what are you (still) waiting for? ~ **sparst du?** what are you saving for? ~ **sinnst du?** what are you thinking of doing? ~ **freust du dich am meisten?** what are you looking forward to most? – **2.** (*örtlich*) ~ **liegst du?** what are you lying on? ~ **soll ich die Vase stellen?** what shall I set the vase on? – **II** *relative adv* **3. etwas,** ~ **ich überhaupt keinen Wert lege** s.th. to which I attach no importance at all; **etwas,** ~ **er besteht** s.th. (which) he insists (up)on. – **4.** (*mit Bezug auf einen ganzen Satz*) **Urlaub muß man im voraus beantragen,** ~ **der Chef auch besteht** one must apply for leave in advance, something which the boss insists (up)on; ..., ~ **der junge Mann erwiderte, daß ...,** to which (*od.* whereupon) the young man replied that; ~ **alle fortgingen** whereupon everyone left; ~ **du dich verlassen kannst** and you can take my word for it. – **5.** (**das,**) ~ **ich mich am meisten freue, ist** what I am looking forward to most is. – **6. der Stuhl,** ~ **er sitzt** *rare* the chair (which) he is sitting on (*od.* on which he is sitting); **das Geld,** ~ **ich warte** *rare* the money (which) I am waiting for. — **~'hin** [-ˌrauf-] *relative adv* (*mit Bezug auf einen ganzen Satz*) whereupon: **das Baby weinte,** ~ **die Mutter es tröstete** the baby was crying, whereupon it was comforted by its mother.

wor·aus [vo'raus] **I** *interrog adv* **1.** ~ **schließt du das?** what do you conclude that from? what makes you think that? ~ **ist das gemacht?** what is that made of (*auch* from, out of). – **II** *relative adv* **2. etwas,** ~ **man lernen kann** s.th. (which) one can learn from (*od.* by), s.th. from which one can learn a lesson. – **3.** (*mit Bezug auf einen ganzen Satz*) ..., ~ **man schließen kann, daß ...,** from which one can conclude that; ~ **zu entnehmen war** from which we gathered (*od.* understood) that. – **4.** (**das,**) ~ **ich am meisten gelernt habe, war** what I learned most from was. – **5. das Glas,** ~ **er trinkt** *rare* the glass out of which he is drinking; **ein Material,** ~ **man Haushaltsgeräte herstellt** *rare* a material from (*od.* out of) which household appliances are made.

'Worce·sterˌso·ße ['wʊstə-] *f gastr.* Worcester(shire) sauce.

wor·ein [vo'raɪn] **I** *interrog adv* **1.** ~ **soll ich die Lebensmittel geben?** what shall I put the groceries in(to)? – **II** *relative adv* **2. etwas,** ~ **er sich nie schicken würde** s.th. to which he would never resign himself, s.th. (which) he would never accept, s.th. in which he would never acquiesce. – **3. eine Ecke,** ~ **der Schrank leicht passen würde** *rare* a corner where (*od.* into which) the cupboard would fit easily, a corner (which) the cupboard would fit into easily.

wor·feln ['vɔrfəln] *v/t* ⟨h⟩ (*Getreide*) winnow, fan.

wor·in [vo'rɪn] **I** *interrog adv* **1.** where: ~ **besteht der Unterschied?** where (*od.* what) is the difference? where does the difference lie? ~ **liegt der Grund dafür?** what is the reason for it? where does the reason lie? – **II** *relative adv* **2.** in which, where: **etwas,** ~ **wir verschiedener Meinung sind** s.th. in which our opinions differ. – **3. er las den Brief,** ~ **die Mitteilung stand, daß** *rare* he read the letter in which (it) was stated that.

Wort [vɔrt] *n* ⟨-(e)s; ⁼er *u.* -e⟩ **1.** ⟨*pl* ⁼er⟩ word: **ein anderes** ~ **für Reise** another word (*od.* a synonym) for journey; **ein grobes [unanständiges]** ~ a coarse [bad *od.* four-letter] word; **ein neues** ~ a new word, a neologism, a neology; **das passende** ~ the right word, the mot juste; **ein veraltetes** ~ an archaic word, an archa(ic)ism; **ein zusammengesetztes** ~ a compound (word); **die Bedeutung [der Klang] eines** ~**es** the meaning [the sound] of a word; **im wahrsten Sinne des** ~**es** in the true sense of the word; **Wörter verschlucken** *fig.* to swallow (*od.* slur) (one's) words. – **2.** ⟨*pl* -e⟩ (*Bemerkung, Ausspruch, Versprechen etc*) word: ~ **für** ~ word for word; **das gedruckte [geschriebene, gesprochene]** ~ the printed [written, spoken] word; **aufmunternde [fromme, kluge]** ~**e** encouraging [pious, wise] words; **ein geistreiches** ~ a witty remark, a witticism; **das sind große** (*od.* **hochtrabende**) ~**e** those are high-sounding phrases, that is great talk; **das sind nur schöne** ~**e** those are just idle words, that is just idle talk; **das ist mein letztes** ~ that's my last word (*od.* final decision); **das letzte** ~ **haben** to have the final say; **er muß** (*od.* **will**) **immer das letzte** ~ **haben** he always has to have the last word; **in dieser Angelegenheit ist das letzte** ~ **noch nicht gesprochen** (*od.* **gefallen**) that is not the end of the matter; **j-m ein gutes** ~ **geben** to give s.o. a friendly word; **ein (gutes)** ~ **für j-n einlegen** to put in a good word for s.o.; **j-m [etwas] das** ~ **reden** to back (up) (*od.* support) s.o. [s.th.]; **ein ernstes** (*od.* **vernünftiges**) ~ **mit j-m reden** to have a good talk with s.o.; **ein offenes** ~ **mit j-m reden** to speak frankly with s.o.; **das rechte** ~ **zur rechten Zeit** the right word at the right time; **du sprichst ein großes** ~ **gelassen aus** *humor.* it's all right for you to talk like that, but it's not so easy; **das ist ein** ~! that is the very thing! **das soll ein** ~ **sein!** that's (*od.* it's) a deal!; **ein** ~ **über j-n [etwas] fallenlassen** to mention s.o. [s.th.], to (drop a) hint about s.o. [s.th.]; **bei der Unterredung ist das** ~ **Gehalt überhaupt nicht gefallen** the word salary was not mentioned at all in the talk; **kein** ~ **darüber!** not a word of it! keep it dark! **kein** ~ **über** (*acc*) **etwas verlieren** not to mention a word about s.th.; **ich habe kein** ~ **davon gewußt** I didn't know a word (*od.* thing) about it; **ich verstehe kein** ~ **davon** I don't understand a word of it; **kein** ~ **hervorbringen** not to be able to say a word, to be tongue-tied; **sie sprachen kein** ~ **miteinander** they did not speak a word to each other; **sie sprechen kein** ~ **mehr miteinander** they don't speak (*od.* aren't speaking) to each other anymore, they are no longer on speaking terms (with each other); **glaube ihm kein** ~! don't believe one (*od.* a) word he says; **kein** ~ **mehr!** not another word! **kein** ~ **weiter davon!** not another word about it! **genug der** ~**e!** say no more! no more of that! enough has been said; **spare dir deine** ~**e!** save your breath; **ein** ~ **gab das andere** one remark provoked the next (*od.* led to another); **ohne ein** ~ **zu sagen** without a word; **ohne viele** ~**e zu machen** without further ado; **um nicht viele** ~**e zu machen** to put it briefly (*od.* in a few words); **er macht nicht viel** ~**e** a) he is a taciturn person, b) he is a man of few words; **viele** ~**e machen** to be long-winded; **seine** ~**e abwägen** to weigh one's words; **sein** ~ **geben [brechen, halten]** to give (*od.* pledge) [to break, to keep] one's word; **sein** ~ **zurücknehmen** a) to take back what one has said, b) (*Versprechen*) to go back on one's word; **j-s** ~ **haben** to have s.o.'s word on it; **seinen** ~**en die Tat folgen lassen** to suit one's action to one's words; **Sie haben das** ~ you may now speak, go ahead, it is your turn to speak; **das** ~ **hat Herr X** Mr. X will now speak (to you); **kein** ~ **anbringen können** not to be able to get a word in (edgewise); **nur ein paar** ~**e!** just a few words, just a word or two; **das ist mit wenigen** ~**en gesagt** that can be summed up in a few words; **j-m das** ~ **erteilen** to give s.o. leave to speak, to allow s.o. to speak; **j-m das** ~ **entziehen** to stop s.o. speaking, to rule s.o. out of order; das ~ ergreifen a) to (begin to) speak, b) *pol.* to take the floor, to address the house; ein ~ in die Unterhaltung (ein)werfen to throw in a word; das ~ an j-n richten to address s.o.; das ~ führen to do the talking, to be the spokesman; das große ~ führen a) to monopolize (*Br. auch* -s-) the conversation, to do all the talking, b) (*sich aufspielen*) to brag, to talk big; ein ~ mitzureden haben to have a say in it (*od.* in the matter); des ~es mächtig sein to have mastery of one's words; die Magie des ~es the magic of the word (*od.* of words); das ~ ist mir entfallen [entschlüpft] the word has slipped my memory [slipped out (of me)]; bei diesem Lärm kann man sein eigenes ~ nicht verstehen you cannot hear yourself speak in this noise; ein paar ~e mit j-m wechseln to have a few words with s.o., to speak to s.o. briefly; nicht die passenden ~e finden not to find the right words; mir fehlen die ~e! it leaves me speechless; hast du (*od.* haste) (da noch) ~e! hat der Mensch ~e! *colloq.* well, I never (did)! did you ever! I never heard the like of it (*od.* that)! → dritt 1; Geld 1; Goldwaage 2; Gott 4; Hals[1] 4; Kehle 1; leer 8; Mann 3; Mund 3; Nase 2; wahr 1. – **3.** (*in Verbindung mit Präpositionen*) auf ein ~! can I have a word with you? auf mein ~! on my word of hono(u)r; auf Ihre ~e hin on the strength of what you said; j-m aufs ~ gehorchen a) to obey s.o. implicitly (*od.* to the letter), to obey s.o. at a word, b) (*von Hund*) to obey s.o. at a word; j-m aufs ~ glauben to believe s.o.'s every word, to believe s.o. implicitly; [nicht] viel auf j-s ~e geben [not] to trust (*od.* rely on) s.o.'s statements (*od.* what s.o. says); auf j-s ~(e) hören to listen to s.o., to take s.o.'s advice; höre auf meine ~e mark my word(s); auf j-s ~e schwören to swear by what s.o. says; bei diesen ~en at these words; bei seinem ~ bleiben to keep (*od.* stick to) one's word; j-n beim ~ nehmen to take s.o. at his word; 30 Mark (in ~en: dreißig) 30 marks (in writing [*od.* words]: thirty); in ~ und Bild with text and illustrations; in ~ und Tat in word and deed; in (*od.* mit) wenigen ~en in a few words, in brief; in angemessenen [gewählten] ~en in appropriate [well-chosen] words; das kann man nicht in ~e fassen (*od.* kleiden) it is difficult to put it into words, it is difficult to express it (in words); eine Sprache in ~ und Schrift beherrschen to be able to write and speak a language, to have both writing and speaking knowledge of a language; er brach in die ~e aus: „..." *lit.* he burst out with: "..."; j-m ins ~ fallen to interrupt s.o., to cut s.o. short, to butt (*od.* chip) in (on s.o.) (*colloq.*); mit anderen ~en in other words; mit packenden ~en etwas beschreiben to describe s.th. vividly; mit einem ~ in a word; mit einem ~, es bleibt dabei that's settled once and for all; mit (*od.* in) kurzen ~en briefly, in a few words; j-n mit schönen ~en abspeisen to put s.o. off with empty words; mit den ~en schließen: ... to wind up with the remark (*od.* by saying) that ...; mit ~en spielen to play with (*od.* on) words; j-m mit herzlichen [warmen] ~en danken to thank s.o. cordially [warmly]; etwas mit keinem ~ berühren [erwähnen] to make no reference to [no mention of] s.th.; es war mit keinem ~ davon die Rede that was not mentioned at all; j-n mit seinen eigenen ~en schlagen to beat s.o. at his own game, to give s.o. a bit of his own medicine; nach ~en ringen to struggle for words (*od.* to speak); nach ~en suchen to search (*od.* to be at a loss) for words; nach seinen eigenen ~en from (*od.* according to) what he (has) said himself, according to his own words; sich nach j-s ~en richten to take (*od.* be guided by) s.o.'s advice; ohne ~e without a word; „Lied ohne ~e" "Song without Words" (*by Mendelssohn*); ums ~ bitten to request (*od.* ask) leave to speak, to beg permission to speak; ich möchte ums ~ bitten I would like to ask leave to speak; nicht zu ~(e) kommen not to get a hearing, not to get a word in (edgewise); j-n nicht zu ~(e) kommen lassen not to let s.o. get a word in (edgewise); sich zu(m) ~ melden a) to ask leave (*od.* permission) to speak, b) *pol.* to ask for the floor, *Br. auch* to catch the Speaker's eye; zu seinem ~ (*od.* seinen ~en) stehen to stand by one's word. – **4.** ⟨*pl* -e⟩ (*Ausspruch, Zitat*) saying: das ~ des Dichters the saying (*od.* words *pl*) of the poet; ein ~ von Goethe a saying of Goethe; → geflügelt 4. – **5.** ⟨*only sg*⟩ das ~ *relig.* the Word: das ~ Gottes the Word of God; und das ~ ward Fleisch *Bibl.* and the Word was made flesh; am Anfang war das ~ *Bibl.* in the beginning was the Word. – **6.** ⟨*pl* -e⟩ *mus.* (*zu einer Melodie etc*) text, words *pl*: ~ und Musik words *pl* and music.

'Wort|ˌab̩ˌlei·tung *f* **1.** derivation of a word. – **2.** (*etymologische*) etymology of a word. — **~ˌähn·lich·keit** *f* similarity of (*od.* between) words. — **~ak̩ˌzent** *m* word stress (*od.* accent). — **~ˌanˌfang** *m* beginning of a word. — **~ˌanˌlaut** *m ling.* initial sound (of a word), *auch* word-initial sound. — **~arˌchiv** *n* lexical archives *pl.* — **w~ˌarm** *adj* lacking (in) vocabulary: ~ sein to lack vocabulary. — **~ˌar·mut** *f* lack of vocabulary, lexical dearth (*od.* poverty). — **~ˌart** *f* **1.** kind of word. – **2.** (*in der Grammatik*) part of speech. — **~ˌart·beˌzeich·nung** *f* part-of-speech label. — **~ˌat·las** *m* word atlas. — **~ˌaufˌwand** *m* verbosity, wordiness: mit großem ~ with great verbosity. — **~ˌausˌlaut** *m ling.* final sound (of a word), *auch* word-final sound. — **~ˌausˌwahl** *f* word (*od.* lexical) selection. — **~beˌdeu·tung** *f* meaning of a word. — **~beˌdeu·tungsˌleh·re** *f* ⟨-; *no pl*⟩ semantics *pl* (*usually construed as sg*), semasiology. — **~ˌbeu·gung** *f* inflection, *Br. auch* inflexion. — **~ˌbild** *n* **1.** structure (*od.* appearance) of a word. – **2.** (*Bild in Worten*) metaphor. — **~ˌbil·dung** *f* word formation. — **~ˌbil·dungsˌleh·re** *f* (study of) word formation, *auch* morphology. — **~ˌblind·heit** *f psych.* word blindness; alexia, logagnosia (*scient.*). — **~ˌbruch** *m* breach of promise. — **w~ˌbrü·chig** *adj* not true to one's word: (an j-m) ~ werden to break one's word (to s.o.).

Wört·chen ['vœrtçən] *n* ⟨-s; -⟩ *dim. of* Wort: ich habe noch ein ~ mit dir zu reden I want to have a word with you, I have a thing or two to tell you; dabei hab' ich auch noch ein ~ mitzureden I have a say in this matter too; davon ist kein ~ wahr there is not a word (*od.* not an iota) of truth in it.

'Wor·teˌma·cher *m contempt.* **1.** big talker. – **2.** (*Schwätzer*) wordmonger. — **ˌWor·te·ma·che'rei** *f* ⟨-; -en⟩ *contempt.* **1.** big talk. – **2.** word-mongering, word-mongery, *auch* word-spinning.

wor·ten ['vɔrtən] *v/t* ⟨h⟩ *philos.* (*in Worte umsetzen*) verbalize *Br. auch* -s-.

'Wort|ˌen·dung *f ling.* ending of a word, *auch* word ending. — **~entˌspre·chung** *f* verbal equivalent. — **~entˌstel·lung** *f* distortion of a word.

'Wör·terˌbuch *n* dictionary, *auch* lexicon, (*bes. für Spezialgebiet*) glossary.

'Wort|erˌguß *m* harangue. — **~erˌklä·rung** *f ling.* definition of a word.

'Wör·ter·verˌzeich·nis *n* **1.** (*in einem Lehrbuch etc*) vocabulary, list of words. – **2.** *cf.* Stichwortverzeichnis.

'Wort|fa̩ˌmi·lie *f ling.* word family, group of related words. — **~fech·te·rei** [ˌvɔrtfɛçtə'raɪ] *f* ⟨-; -en⟩ *cf.* Wortklauberei. — **~ˌfeld** *n ling.* semantic field. — **~ˌfet·zen** *pl* snatches (of conversation). — **~ˌfol·ge** *f ling.* word order. — **~ˌform** *f* word form. — **~ˌfor·scher** *m* **1.** lexicologist. – **2.** (*Etymologe*) etymologist. — **~ˌfor·schung** *f* **1.** lexicology. – **2.** (*Etymologie*) etymology. — **~ˌfüh·rer** *m* spokesman, mouthpiece, prolocutor: sie machten ihn zu ihrem ~ they made him their spokesman. — **~ˌfül·le** *f* richness of vocabulary. — **~geˌbühr** *f* (*postal service*) (*bei Telegrammen*) rate per word. — **~geˌdächt·nis** *n* verbal memory. — **~geˌfecht** *n* **1.** battle of words: sie trugen ein ~ aus they engaged in a battle of words. – **2.** (*Polemik*) polemic. — **~geˌfü·ge** *n ling.* construction. — **~geˌklin·gel** *n contempt.* empty talk. — **~geo·graˌphie** *f ling.* word geography, (study of the) geographical distribution of words. — **~geˌplän·kel** *n* banter, playful argument: mit j-m ein ~ haben to banter with s.o., to argue with s.o. in fun (*od.* jokingly). — **~geˌprän·ge** *n lit.* bombast. — **~geˌschich·te** *f ling.* history (*od.* etymology) of a word. — **w~geˌschicht·lich I** *adj* etymological. – **II** *adv* etymologically. — **w~geˌtreu I** *adj* **1.** (*Wiedergabe etc*) word-for-word (*attrib*), literal, verbatim, verbal. – **2.** (*Übersetzung*) close. – **II** *adv* **3.** etwas ~ wiedergeben to repeat s.th. word for word (*od.* to the letter, verbatim). – **4.** etwas ~ übersetzen to translate s.th. literally, to give a close (*od.* faithful) translation of s.th. — **w~geˌwandt** *adj* **1.** eloquent, well-spoken: er ist sehr ~ he is very eloquent, he speaks very eloquently. – **2.** *contempt.* glib. — **~ˌgot·tesˌdienst** *m röm.kath.* prayers *pl* and Scripture readings *pl* preceding the Eucharist proper. — **~ˌgrup·pe** *f ling.* group of words, word group. — **~ˌgut** *n* vocabulary. — **w~ˌha·bend** *adj* **1.** leading the discussion. – **2.** (*vorsitzend*) presiding. — **w~ˌkarg** *adj* **1.** taciturn, tight-lipped: er ist sehr ~ he is rather taciturn. – **2.** laconic. — **~ˌkarg·heit** *f* **1.** taciturnity. – **2.** laconism. — **~ˌklas·se** *f ling.* **1.** (*in der Wortkunde*) word class. – **2.** (*in der Grammatik*) part of speech, word class.

'Wortˌklau·ber [-ˌklaubər] *m* ⟨-s; -⟩ *contempt.* hairsplitter, *Br.* hair-splitter, word-splitter, niggler, quibbler, word-catcher. — **ˌWort·klau·be'rei** *f* ⟨-; -en⟩ *contempt.* **1.** ⟨*only sg*⟩ hairsplitting, *Br.* hair-splitting, word-splitting, niggling, quibbling, word-catching. – **2.** quibble.

'Wort|ˌkreu·zung *f ling.* contamination, blend. — **~ˌkun·de** *f ling.* lexicology. — **~ˌkunst** *f* linguistic artistry, style. — **~ˌlän·ge** *f* word length. — **~ˌlaut** *m* ⟨-(e)s; *no pl*⟩ **1.** amtlicher ~ official text. – **2.** wording: der ~ des Urteils the wording of the sentence; nach dem ~ des Vertrages according to the wording of (*od.* as [is] stated in) the contract; im vollen ~ zitieren to quote the exact wording; der Brief hat folgenden ~ the letter reads as follows; eine Note folgenden ~s a note with the following wording (*od.* worded as follows). – **3.** *jur.* (*einer Urkunde*) tenor. — **~ˌleh·re** *f ling.* lexicology.

Wört·lein ['vœrtlaɪn] *n* ⟨-s; -⟩ *cf.* Wörtchen.

wört·lich ['vœrtlɪç] **I** *adj* **1.** (*Sinn, Bedeutung etc*) literal: im ~en Sinne (des Wortes) in the literal sense (of the word). – **2.** (*Zitat, Wiedergabe etc*) literal, word-for-word (*attrib*), verbatim. – **3.** (*mündlich*) verbal: eine ~e Beleidigung a verbal insult. – **4.** ~e Rede *ling.* direct speech. – **II** *adv* **5.** (*im wörtlichen Sinne*) literally: etwas zu ~ nehmen to take s.th. too literally (*od.* in a too literal sense). – **6.** (*Wort für Wort*) literally, word for word, verbatim: ich wiederhole [zitiere] ~ I repeat [quote] literally; so hat er ~ gesagt that is literally what he said, those were his exact words; etwas ~ übersetzen to translate s.th. literally (*od.* word for word); das hast du ~ abgeschrieben you have copied that word for word.

'Wort|ˌli·ste *f* list of words. — **w~los** *adv* **1.** (*ohne Sprache*) without words, nonverbally *Br.* non-: etwas ~ darstellen to depict s.th. without words. – **2.** (*ohne ein Wort*) without a word: er reichte mir ~ die Hand he held out his hand to me without a word; ~ drehte er sich um he turned (a)round without a word. — **~ma·le'rei** [ˌvɔrt-] *f* ⟨-; *no pl*⟩ **1.** word-painting, (use of) imagery. – **2.** *cf.* Lautmalerei. — **~ˌmel·dung** *f* **1.** (*im Parlament, in Versammlungen etc*) request for leave to speak: ~en liegen nicht vor no one has requested leave to speak. – **2.** *telev.* item with newsreader on camera (*od.* in vision). — **~ˌmi·schung** *f ling.* hybrid (word *od.* derivation). — **~ˌneuˌbil·dung** *f* neologism. — **~ˌprä·gung** *f* **1.** ⟨*only sg*⟩ (*Vorgang*) coining of a word. – **2.** (*Resultat*) (word) coinage: neue ~ new coining, neologism. — **~proˌgramm** *n* (*radio*) *telev.* spoken word program (*bes. Br.* programme). — **~ˌrät·sel** *n* enigma, logogriph. — **~reˌgi·ster** *n cf.* Wörterverzeichnis.

'wortˌreich I *adj* **1.** (*mit großem Wortschatz*) rich in words (*od.* vocabulary): eine ~e Sprache a language rich in words. – **2.** (*mit großem Wortaufwand*) wordy, verbose: eine ~e Erklärung a wordy explanation; ~er Stil a) rich style, b) *contempt.* wordy style. – **II** *adv* **3.** wordily, verbosely: sich ~ bedanken to express one's thanks wordily; etwas ~ erklären to explain s.th. wordily. —

'**Wort,reich·tum** *m* ⟨-s; *no pl*⟩ *ling.* **1.** wealth (*od.* richness, abundance) of words (*od.* vocabulary). – **2.** wordiness, verbosity, verbiage.

'**Wort|sa,lat** *m colloq.* **1.** jumble of words. – **2.** *psych.* word salad, schizophosia (*scient.*). — **~,samm·lung** *f* collection of words, thesaurus (*lit.*). — **~,schatz** *m* ⟨-es; *no pl*⟩ **1.** vocabulary: sein ~ ist nicht sehr groß his vocabulary is not very large (*od.* wide) (*od.* is rather limited). – **2.** *cf.* Wortsammlung. — **~,schatz,test** *m psych.* verbal comprehension test. — **~,schöp·fung** *f* **1.** ⟨*only sg*⟩ (*Vorgang*) word coining. – **2.** (*Resultat*) (word) coinage. — **~,schrift** *f* ideographic writing. — **~,schwall** *m* ⟨-(e)s; *no pl*⟩ **1.** flood (*od.* torrent, avalanche, stream, spate) of words: er überschüttete uns mit einem wahren ~ he showered us with an absolute torrent of words. – **2.** (*Tirade*) tirade. — **~,sen·dung** *f* (*radio*) *telev.* spoken word broadcast. — **~,sinn** *m ling.* lexical meaning. — **~,spiel** *n* **1.** play on words, pun, wordplay, *Br.* word-play. – **2.** ⟨*only sg*⟩ (*abstrakt*) wordplay, *Br.* word-play, playing on words. — **~,stamm** *m* radical, root, *auch* (word) stem. — **~,stel·lung** *f* word order. — **~,streit** *m* **1.** (*Streit mit Worten*) argument, quarrel, altercation, (*lauter*) squabble. – **2.** (*Kontroverse*) controversy. – **3.** (*Disput*) dispute. — **~,treue** *f* literal rendition (*od.* rendering), faithfulness to the original. — **~ver,dre·her** *m* ⟨-s; -⟩ *contempt.* word twister, verbicide. — **~ver,dre·hung** *f* twisting of words, verbicide. — **~ver,kür·zung** *f ling.* **1.** abbreviation. – **2.** a) (*durch Weglassen eines Vokals*) syncope, b) (*durch Weglassen von Buchstaben od. Wortteilen*) contraction, ellipsis. — **~ver,stüm·me·lung** *f* **1.** mutilation of a word. – **2.** *tel.* clipping. — **~ver,wechs·lung** *f* confusion of terms. — **~,wahl** *f* choice of word(s). — **~,wech·sel** *m* argument, (*stärker*) dispute: es kam zu einem heftigen [lauten] ~ (zwischen ihnen) a violent [loud] argument ensued (between them); in einen ~ geraten to become involved in an argument; sie hatten einen kleinen ~ they had a slight (*od.* a bit of an) argument, they had words. — **~,witz** *m cf.* Wortspiel 1. — **w~'wört·lich I** *adj* (*Übersetzung*) word-for-word (*attrib*), literal, verbatim, verbal. – **II** *adv* literally, word for word, verbatim: ja, das hat er ~ gesagt yes, that is what he said word for word, yes, those were his exact words. — **~,zei·chen** *n* **1.** (*Zeichen für Dollar, und etc*) logogram, logograph. – **2.** (*ein als Warenzeichen schützbares Emblem*) trademark symbol. – **3.** (*in alten Handschriften, auf Münzen etc*) word sign, siglum (*scient.*). — **~zu,sam·men,set·zung** *f* **1.** ⟨*only sg*⟩ (*Vorgang*) compounding. – **2.** (*zusammengesetzes Wort*) compound (word). — **~,zwi·schen,raum** *m* space between words.

wor·über [vo'ry:bər] **I** *interrog adv* **1.** what ... about: ~ redet [lacht] er? what is he talking [laughing] about? ~ denkst du nach? what are you pondering? ~ klagt Ihr Kind? what is your child's complaint (*od.* your child complaining of)? – **II** *relative adv* **2.** etwas, ~ ich sehr verärgert war s.th. I was very angry about (*od.* at); etwas, ~ es keinen Zweifel gibt s.th. about which there is no doubt, s.th. there is no doubt about; das ist etwas, ~ man nicht gerne spricht that is s.th. one does not like to talk about. – **3.** (*mit Bezug auf einen ganzen Satz*) er ist Direktor geworden, ~ man nur lachen kann he has become director, which is an absolute farce. – **4.** (das), ~ what ... about: ~ er sich maßlos aufregt, ist what he gets so annoyed (*od.* worked up) about is. – **5.** das Thema, ~ er sprechen wird *rare* the topic (which) he will talk about (*od.* speak on).

wor·um [vo'rʊm] **I** *interrog adv* **1.** what ... about: ~ handelt es sich? what is it about? ich weiß nicht, ~ es hier geht I don't know what it is all about. – **2.** (*örtlich*) what ... (a)round: ~ soll ich die Schnur binden? what shall I tie the cord (a)round? – **II** *relative adv* **3.** da ist noch etwas, ~ ich dich bitten möchte there is still s.th. (which) I want to ask you for. – **4.** (*mit Bezug auf einen ganzen Satz*) er bot mir an, mich im Notfall dorthin zu fahren, ~ ich ihn auch später bat he offered to drive me there in an emergency, something (which) I later asked him to do. – **5.** (das,) ~ what ... about: ~ er besorgt ist, ist what he is concerned about is. – **6.** die Stelle, ~ er sich bemüht hat *rare* the post (which) he applied for.

wor·un·ter [vo'rʊntər] **I** *interrog adv* **1.** what ... under: ~ muß ich das Wort suchen? what do I have to look the word up under? ~ habt ihr am meisten gelitten? what did you suffer under most? – **2.** (*örtlich*) what ... under: ~ hat er sich versteckt? what did he hide under? – **II** *relative adv* **3.** etwas, ~ ich mir wenig vorstellen kann s.th. which means (*od.* says) nothing to me; etwas, ~ er sehr litt s.th. which made him suffer greatly, s.th. under which he suffered greatly. – **4.** (das,) ~ what ... under: ~ er besonders leidet, ist die Hitze what he particularly suffers under is the heat. – **5.** die Tyrannei, ~ das Volk litt *rare* the tyranny under which the people suffered.

wo'selbst [vo-] *adv obs.* where.

wo'von [vo-] **I** *interrog adv* **1.** ~ leben sie? what do they live on? ~ sprecht ihr? what are you talking about? ~ hast du geträumt? what did you dream about (*od.* of)? – **2.** (*aus einer bestimmten Anzahl*) which ... of: ~ produzieren Sie am meisten? which do you produce most of? – **II** *relative adv* **3.** which ... about: etwas, ~ ich nur zu träumen wage s.th. I can only dream about (*od.* of); etwas, ~ du nichts verstehst s.th. (which) you know nothing about; er erwähnte etwas, ~ ich schon wußte he mentioned s.th. (that) I already knew about. – **4.** (*mit Bezug auf einen ganzen Satz*) er wollte Rennfahrer werden, ~ er auch nicht abzubringen war he wanted to be(come) a racing driver, and there was no dissuading him. – **5.** (das,) ~ what ... of: ich träume, ist what I dream of (doing) is. – **6.** die Stelle, ~ er die Adresse hat *rare* the place (where) he got the address.

wo'vor [vo-] **I** *interrog adv* **1.** what ... of: ~ fürchtest du dich? what are you afraid of? – **2.** (*örtlich*) what ... in front of: ~ soll ich die spanische Wand stellen? what shall I set the screen in front of? – **II** *relative adv* **3.** etwas, ~ sie Angst hat s.th. she is afraid of; etwas, ~ er großen Respekt hat s.th. (which) he has great respect for, s.th. for which he has great respect. – **4.** (*mit Bezug auf einen ganzen Satz*) jetzt ist er in der Klemme, ~ ich ihn immer gewarnt hatte now he is in difficulties, which I had always warned him about. – **5.** (das,) ~ what ... of: ~ ihr euch hüten müßt, ist what you must be careful of is. – **6.** das Fenster, ~ der Schreibtisch stand *rare* the window in front of which the desk stood.

wo'zu [vo-] **I** *interrog adv* **1.** ~ (denn) das? what for? ~ dient das? what is that (supposed to be) for? ~ hast du dich entschlossen? what did you decide (up)on? ich frage mich, ~ das gut sein soll I wonder what the use (*od.* point) of that is. – **2.** *colloq.* (*warum*) why. – **3.** (*örtlich*) what ... to: ~ soll ich es tun? what shall I put it to? – **II** *relative adv* **4.** etwas, ~ ich nur raten kann s.th. (which) I can (highly) recommend; etwas, ~ ich nichts kann s.th. (which) I cannot help, s.th. that is not my fault; er ist äußerst unzuverlässig, ~ noch kommt, daß er auch trinkt he is extremely unreliable, and what is more, he drinks (too much), too. – **5.** (*mit Bezug auf einen ganzen Satz*) wir wollten seine Tante besuchen, ~ es dann aber zu spät wurde we were going to visit his aunt but then it was too late. – **6.** (das,) ~ ich Lust hätte, wäre what I would like (to do) is; ~ ich euch rate, ist what I advise you to do is. – **7.** die Party, ~ er mich einlud *rare* the party he invited me to.

wrack [vrak] *adj* **1.** (*nicht mehr ausbesserungsfähig*) beyond repair. – **2.** *mar.* wrecked. – **3.** *econ.* (*Ware*) inferior.

Wrack *n* ⟨-(e)s; -s, *rare* -e⟩ **1.** (*eines Flugzeuges, Autos etc*) wreck(age). – **2.** *mar.* a) wreck, b) (*treibende Schiffsteile*) wreckage: treibendes [verlassenes] ~ drifting [derelict] wreck. – **3.** *fig.* (*heruntergekommener Mensch*) wreck: er ist nur noch ein ~ he is just a wreck (of his former self). — **~,barsch** *m zo.* wreckfish (*Polyprion cernicum*). — **~,bo·je** *f mar.* wreck(-marking) buoy. — **~,feu·er** *n* wreck light. — **~,gut** *n* **1.** wrecked goods *pl*, wreckage. – **2.** (*Treibgut*) flotsam. — **~,ton·ne** *f cf.* Wrackboje. — **~,trüm·mer** *pl* wreckage *sg*.

wrang [vraŋ] *1 u. 3 sg pret*, **wrän·ge** ['vrɛŋə] *1 u. 3 sg pret subj of* wringen.

Wra·sen ['vra:zən] *m* ⟨-s; -⟩ *Low G.* (exhaust *od.* waste) steam.

'**Wrat·ten,fil·ter** ['vratən-] *n, m phot.* Wratten filter.

wrig·gen ['vrɪgən] *v/t* ⟨h⟩ *mar.* (*Boot*) scull.

wrin·gen ['vrɪŋən] *v/t* ⟨wringt, wrang, gewrungen, h⟩ (*Wäsche*) wring.

'**Wring·ma,schi·ne** *f* wringer.

Wrucke (*getr.* -k·k-) ['vrʊkə], **Wru·ke** ['vru:kə] *f* ⟨-; -n⟩ *Northeastern G. for* Kohlrübe.

Wu·cher ['vu:xər] *m* ⟨-s; *no pl*⟩ **1.** usury: ~ treiben to practice (*bes. Br.* practise) usury. – **2.** (*Preistreiberei*) profiteering: das ist ja ~! *colloq.* (*der Preis ist viel zu hoch*) that's an exorbitant price! — **~be,din·gun·gen** *pl* usurious conditions: Darlehen unter ~ loan on usurious terms (*od.* conditions).

'**Wu·cher,blu·me** *f bot.* oxeye (*auch* ox-eyed) daisy (*Chrysanthemum leucanthemum*).

Wu·che'rei *f* ⟨-; *no pl*⟩ usury.

'**Wu·che·rer** *m* ⟨-s; -⟩ **1.** usurer. – **2.** (*Preistreiber*) profiteer.

'**Wu·cher|,ger·ste** *f bot. cf.* Bartgerste. — **~ge,schäft** *n* usurious deal: ~e a) usurious dealings (*od.* business *sg*), usury *sg*, b) (*Schieberei, Preistreiberei*) profiteering *sg*; ~e machen a) to engage in usurious dealings, b) to profiteer. — **~ge,setz** *n* law against usury (*od.* profiteering). — **~ge,winn** *m* usurious (*od.* inordinate, exorbitant, excessive) profit. — **~,han·del** *m* **1.** usurious trade. – **2.** profiteering.

'**Wu·che·rin** *f* ⟨-; -nen⟩ *cf.* Wucherer.

'**wu·che·risch** *adj* **1.** usurious. – **2.** (*preistreiberisch*) profiteering.

'**Wu·cher|kre,dit** *m econ.* usurious loan (*od.* credit). — **~,mie·te** *f* rack rent, usurious rent.

wu·chern ['vu:xərn] **I** *v/i* ⟨h *u.* sein⟩ **1.** ⟨h *u.* sein⟩ (*von Pflanzen*) grow rampant (*od.* rank[ly]), proliferate, spread rankly, run wild (*od.* riot): üppig ~ to proliferate profusely; das Unkraut ist über den Weg gewuchert the weeds have spread over the path. – **2.** ⟨h *u.* sein⟩ (*von Bart etc*) grow profusely, proliferate. – **3.** ⟨h⟩ *fig.* (*sich rasch ausbreiten*) be rampant, run riot: eine Zeit, in der Schwarzmarkt und Korruption wucherten a time when black market and corruption were rampant. – **4.** ⟨h⟩ mit etwas ~ a) (*mit Geld*) to practice (*bes. Br.* practise) usury with s.th., b) (*mit Waren*) to profiteer with s.th.: → Pfund 3. – **5.** ⟨h *u.* sein⟩ *med.* (*von wildem Fleisch*) proliferate. – **II W~** *n* ⟨-s⟩ **6.** *verbal noun.* – **7.** (*von Pflanzen*) proliferation, rampancy. – **8.** (*von Bart etc*) proliferation. – **9.** (*mit Geld*) usury. – **10.** (*mit Waren*) profiteering. — '**wu·chernd I** *pres p.* – **II** *adj* **1.** (*Pflanzen*) proliferous, rampant, rank: üppig ~ luxuriant, growing in wild (*od.* rank) profusion. – **2.** (*Bart etc*) proliferous. – **3.** *med.* a) proliferative, proliferous, b) (*Kultur*) eugonic.

'**Wu·cher|pa·ra,gra·phen** *pl econ. jur. sections in criminal code dealing with usurious practices.* — **~,pflan·ze** *f bot.* rank weed (*od.* growth). — **~,preis** *m* exorbitant (*od.* usurious) price.

'**Wu·che·rung** *f* ⟨-; -en⟩ **1.** *cf.* Wuchern. – **2.** *bot.* a) rank growth, proliferation, b) (*Auswuchs*) excrescence. – **3.** *med.* a) (*gutartiger Auswuchs*) excrescence, b) (*Tumor*) tumor, *bes. Br.* tumour, c) (*in Nase, Rachen*) adenoids *pl*, adenoid vegetation, d) (*von Zellen*) proliferation, e) (*Granulation*) granulation, f) (*wildes Fleisch*) proud flesh.

'**Wu·cher,zins** *m* usurious (*od.* excessive) interest: zu ~en leihen to lend at usurious interest.

wuchs [vu:ks] *1 u. 3 sg pret of* wachsen[1].

Wuchs *m* ⟨-es; *no pl*⟩ **1.** (*Wachstum*) growth. – **2.** (*Figur, Gestalt*) build, physique, stature: von hohem [edlem, schlankem] ~ of a tall [noble, slender *od.* slim] build. – **3.** (*Entwicklung*) development.

wüch·se ['vy:ksə] *1 u. 3 sg pret subj of* wachsen[1].

wüch·sig ['vy:ksɪç] *adj bot.* (*Pflanze*) vigorous.

'Wuchs,stoff *m biol.* growth hormone, growth(-promoting) substance (*od.* factor), phytohormone (*scient.*). — **~her·bi,zid, ~,mit·tel** *n agr.* hormone weed killer.

Wucht [vʊxt] *f* ⟨-; *no pl*⟩ **1.** weight: **er fiel mit voller ~ auf den Rücken** he fell with his full weight (*od.* slap-bang) on his back. – **2.** (*Gewalt, Kraft*) force: **der Schlag traf ihn mit voller ~** the blow hit him (with) full force; **er rannte mit voller ~ gegen die Mauer** he ran into the wall full tilt (*od.* [with] full force); **er schlug mit voller ~** he struck with full force. – **3.** (*Druck*) pressure. – **4.** (*Anprall*) brunt, impact: **der ~ eines Angriffs widerstehen** to bear the brunt of an attack. – **5.** (*Schwung*) impetus. – **6.** *phys.* a) kinetic energy, b) (*Stoßkraft*) impact (load), momentum, c) (*Schlagkraft*) striking force. – **7. eine (ganze) ~** *fig. colloq.* quite a bit: **eine ganze ~ Hausarbeit** quite a bit (*od. colloq.* a whole pile, a whole load) of homework; **er kann schon eine ~ vertragen** he can take quite a bit (*od.* plenty, *colloq.* quite a lot). – **8.** *colloq.* (*Prügel*) spanking, thrashing, hiding: **gleich kriegst du 'ne ~!** you'll catch it! – **9. das ist eine** (*od.* **'ne**) **~!** *fig. colloq.* that's marvel[l]ous (*od. sl.* smashing, fantastic)! it's a wow! (*sl.*).

'Wucht,brum·me [-,brʊmə] *f* ⟨-; -n⟩ *colloq.* (*tolles Mädchen*) knockout, bit of hot stuff (*sl.*).

wuch·ten ['vʊxtən] **I** *v/t* ⟨h⟩ **1.** (*heben*) heave. – **2.** (*mit Hebel etc*) raise (*s.th.*) (by lever), lever (*s.th.*) up. – **3.** *tech. cf.* auswuchten 1. – **II** *v/i* **4.** *fig. colloq.* (*schwer arbeiten*) work like a Trojan (*od.* horse).

'wuch·tig I *adj* **1.** (*Mauer, Stein etc*) massive, weighty: **die Möbel sind für den Raum zu ~** the furniture are too massive for this room. – **2.** (*Figur, Gestalt*) heavily built, *bes. Am.* heavy-built, weighty. – **3.** (*Hieb, Schlag*) weighty, heavy. – **4.** *fig.* (*Stil*) heavy, ponderous. – **II** *adv* **5. ~ zuschlagen** to deal a heavy blow. — **'Wuch·tig·keit** *f* ⟨-; *no pl*⟩ **1.** massiveness, weightiness. – **2.** heaviness, weightiness. – **3.** *fig.* heaviness, ponderosity.

'Wühl|,ar·beit *f pol.* subversive (*od.* underground) activity, destructive (*od.* undermining) agitation. — **~,ech·se** *f zo. cf.* Skink.

wüh·len ['vyːlən] **I** *v/i* ⟨h⟩ **1.** (*von Maulwurf, Wühlmaus etc*) burrow. – **2.** (*von Schweinen etc*) root, grub, (*mit den Hauern*) *auch* tusk: **das Schwein wühlt im Schlamm** the pig grubs in the mud; **der Vogel wühlt nach Würmern** the bird roots for worms; **im Geld ~** *fig.* to be rolling (*od. colloq.* wallowing) in money; **im Schmutz ~** *fig.* to wallow in filth (*od.* dirt). – **3.** (*von Kindern im Sand etc*) wallow. – **4.** (*von Wasser*) excavate (*od.* wash) holes, undermine the ground. – **5.** (*suchen*) (in *dat* in) root, rummage, grub: **er wühlte in sämtlichen Schubladen (nach dem Brief)** he rooted (for the letter) in all the drawers. – **6. sich** (*dat*) **in den Haaren ~** to tousle one's hair. – **7.** (**im Bett**) **~** to twist and turn (in [one's] bed). – **8.** *fig.* (*von Hunger, Schmerz etc*) gnaw: **der Hunger wühlte ihm im Leibe** hunger gnawed at his body. – **9. in alten Wunden ~** *fig.* to open old sores. – **10.** *fig.* (*angestrengt arbeiten*) slave: **er wühlt und schuftet für zwei** he slaves and drudges for two. – **11.** *fig.* (*hetzen*) agitate: **gegen j-n ~** to agitate against s.o., to spread ill feeling toward(s) s.o. – **II** *v/t* **12.** (*einen Gang, ein Loch etc*) burrow. – **13. seinen Kopf in die Kissen ~** to bury one's face in the (*od.* one's) pillow(s). – **14. das Wasser wühlte sich** (*dat*) **ein neues Bett** the water channeled (*bes. Br.* channelled) a new course (*od.* bed). – **III** *v/reflex* **15. sich in** (*acc*) **etwas ~** (*in die Erde etc*) to burrow (oneself) into s.th. – **16. sich durch etwas ~** (*durch eine Menge etc*) to burrow one's way through s.th.

'Wüh·ler *m* ⟨-s; -⟩ **1.** *fig.* (*Aufwiegler, Hetzer*) (political) agitator, rabble-rouser, fomenter of trouble (*od.* sedition). – **2.** *fig.* (*eifrig Arbeitender, Schaffender*) slaver. – **3.** *pl zo.* burrowing (*od. scient.* fossorial) animals (*Fam. Cricetidae*).

Wüh·le'rei *f* ⟨-; -en⟩ *colloq.* **1.** *fig.* (political) agitation. – **2.** (*im Ausverkauf etc*) rummage, rummaging. – **3.** *fig.* (*übermäßiges Arbeiten*) slavery.

'wüh·le·risch *adj pol.* agitating, incendiary, subversive, rabble-rousing, seditious.

'Wühl|,grub·ber *m agr.* (*Gerät*) rigid-tine (*od.* stiff-tooth) cultivator. — **~,maus** *f zo.* vole (*Unterfam. Microtinae*). — **~,schlan·ge** *f* burrowing snake (*Ordng Henophidia*). — **~,tisch** *m colloq.* (*im Kaufhaus etc*) rummage counter.

Wuh·ne ['vuːnə] *f* ⟨-; -n⟩ *cf.* Wune.

Wul·fe·nit [vʊlfə'niːt; -'nɪt] *n* ⟨-s; *no pl*⟩ *min.* wulfenite, *auch* yellow lead ore.

Wulst [vʊlst] *m* ⟨-es; ⸚e⟩, *f* ⟨-; ⸚e⟩ **1.** ([*längliche*] *Ausbuchtung, Verdickung*) bulge. – **2.** (*an Polstermöbeln etc*) bolster roll. – **3.** (*aus Haaren*) chignon, puff. – **4.** *tech.* a) (*eines Stahlträgers*) bulb, b) (*eines Blechrandes*) bead, c) (*Schweißwulst*) reinforcement. – **5.** *auto.* (*am Reifen*) bead. – **6.** *civ.eng.* (*einer Dachrinne*) roll. – **7.** *mar.* (*eines Schiffsbugs*) bulb. – **8.** *med.* bulge, bulging, projection, protuberance, (*Knochenwulst*) torus (*scient.*). — **~,bug** *m mar.* bulb bow. — **~,fel·ge** *f* (*für Reifen*) clincher (*od.* beaded edge) rim. — **~,flach,stahl** *m metall.* flat bulb steel, beaded flats *pl.* — **~,heck** *n mar.* bulbous stern.

'wul·stig *adj* **1.** (*bauchig*) bulging, bulgy. – **2.** (*Lippen*) thick, pouting, protruding, blubbery (*contempt.*). – **3.** (*Arme, Nacken etc*) fleshy, tumid. – **4.** (*Kissen, Matratze etc*) bulging, bulgy. – **5.** *bot. zo.* torose.

'Wulst,kiel *m mar.* bulb(ous) keel.

'Wulst·ling *m* ⟨-s; -e⟩ *bot.* **1.** *cf.* Fliegenpilz. – **2.** *cf.* Knollenblätterpilz.

'Wulst|,lip·pen *pl* **1.** thick (*od.* pouting, protruding) lips. – **2.** *contempt.* blubber(y) lips. — **~,naht** *f tech.* (*beim Schweißen*) reinforced seam, upset butt (*od.* bead) weld. — **~,rand** *m* beaded edge. — **~,rei·fen** *m* clincher (*od.* beaded edge) tire (*bes. Br.* tyre). — **~,schnecke** (*getr.* -k·k-) *f zo.* woodcock's head (*od.* shell), murex (*Fam. Muricidae*). — **~,schutz,strei·fen** *m auto.* chafing strip. — **~,stahl** *m tech.* bulb angle steel.

wum·mern ['vʊmərn] *v/i* ⟨h⟩ *colloq.* **1.** (*dumpf dröhnen*) boom, thrum, drum, thud. – **2.** (*pochen*) drum, thump, *Am. auch* whump.

wund [vʊnt] *adj* **1.** (*durch Reibung*) sore, chafed, galled, (*stärker*) raw: **sich** (*dat*) **die Füße ~ laufen** a) to get sore feet (*od.* become footsore) from walking, b) *fig. colloq.* to run from pillar to post; **er hatte ganz ~e** (*od.* **~ gelaufene**) **Füße** his feet were quite sore (*od.* chafed), he was quite footsore; **sich** (*dat*) **die Ferse ~ reiben** to rub one's heel sore, to chafe (*od.* gall) one's heel; **sich (zwischen den Beinen) ~ reiben** to rub oneself sore (between the legs), to chafe (*od.* gall) oneself (between the legs); **~ geriebene Stelle** sore; **das Baby ist ganz ~** the baby is all sore (*od.* chafed); **sich ~ reiten** to chafe oneself from riding, to become saddlesore; **eine ~e Stelle** a) (*wund geriebene*) a sore, a sore (*od.* chafed) spot, (*stärker*) a raw, b) *fig.* a sore point; **den Finger auf eine ~e Stelle legen** *fig.* to touch (on) a sore point; **j-n an einer ~en Stelle treffen** to touch (on) a sore point with s.o., to touch on s.o.'s sore spot, to touch s.o. on the raw; **sich** (*dat*) **den Mund ~ reden** *fig.* to talk until one is blue in the face; → Punkt 10. – **2.** (*offen, noch nicht geheilt*) sore, (*stärker*) raw. – **3.** (*verwundet*) wounded: **ein Tier ~ schießen** to wound an animal. – **4.** *lit.* (*Herz etc*) stricken.

'Wund|,arzt *m hist.* **1.** surgeon. – **2.** (*chirurgischer Assistent*) surgeon's assistant. – **3.** barber surgeon. — **w~,ärzt·lich** *adj* surgical. — **~,bal·sam** *m med. pharm.* balm, balsam. — **~be,hand·lung** *f med.* treatment of wounds: **keimfreie ~** *cf.* Aseptik; **offene ~** open-air treatment of wounds. — **~ben,zin** *n med. pharm.* surgical spirits *pl.* — **~,blu·me** *f bot. cf.* Wundklee. — **~,brand** *m med.* **1.** gangrene. – **2.** *cf.* Wundrose. — **~diph·the,rie** *f* surgical (*od.* wound) diphtheria.

Wun·de ['vʊndə] *f* ⟨-; -n⟩ **1.** wound: **leichte [schwere, tödliche] ~** slight [severe, fatal] wound; **eiternde [offene] ~** festering (*od.* suppurating) [open] wound; **klaffende ~** gaping wound, gash; **eine ~ behandeln [verbinden, versorgen]** to treat [to bandage, to dress] a wound; **die ~ heilt [vernarbt] schlecht** the wound heals (*od.* closes) [cicatrizes *Br. auch* -s-] slowly (*od.* poorly); **aus einer ~ bluten** to bleed from a wound; **j-m eine ~ schlagen** to wound s.o.; **j-m eine ~ beibringen** to inflict a wound (up)on s.o., to wound s.o.; **in einer (alten) ~ wühlen** *fig.* to open an old sore, to turn a knife in a wound; **der Krieg hat tiefe ~n geschlagen** *fig.* war has caused great destruction, disaster and suffering; → Balsam; Zeit 9. – **2.** (*Verletzung*) injury, lesion: **an seinen ~n sterben** to die from one's injuries; **seinen ~n erliegen** to succumb to one's injuries. – **3.** (*wunde Stelle*) sore: **seinen Finger auf eine offene ~ legen** *fig.* to put one's finger on (*od.* to touch) an open sore; **eine alte ~ wieder aufreißen** *fig.* to open an old sore. – **4.** (*Abschürfung*) abrasion, excoriation (*scient.*). – **5.** (*Schnittwunde*) cut. – **6.** (*Stichwunde*) stab (wound).

Wun·der ['vʊndər] *n* ⟨-s; -⟩ **1.** (*etwas Übernatürliches*) miracle, wonder: **an ~ glauben** to believe in miracles; **das grenzt an ein ~** it borders on the miraculous (*od.* supernatural), it is almost a miracle; **wie durch ein ~ blieb er am Leben** he miraculously survived. – **2.** (*etwas Außergewöhnliches, Staunenswertes*) wonder, miracle, marvel: **die ~ der Welt [Natur]** the wonders of the world [of nature]; **ein ~ der Technik** a wonder (*od.* prodigy) of technology; **ein ~ an Schönheit [Perfektion]** a wonder of beauty [perfection]; **die Medizin tut** (*od.* **wirkt**) **~** the medicine works wonders; **ein gutes Wort wirkt oft ~** a good word often works wonders; **es ist ein ~, daß [wie]** it is a wonder (*od.* miracle) that [how]; **das ist ein wahres ~** that is really a wonder (*od.* miracle); **(das ist) kein ~** (it is) no (*od.* little, small) wonder; **ist es ein ~, wenn er müde ist?** is it any wonder that he is tired? **das ist bei seiner Gesundheit kein ~** it's no wonder with his health as it is; **was ~, daß** (*od.* **wenn**) small wonder that; **du wirst noch dein blaues ~ erleben** *colloq.* a) (*du wirst dich wundern*) you are in for a surprise (*od.* a shock) (or two) (*colloq.*), you'll get the surprise of your life, b) (*du wirst eine Tracht Prügel bekommen*) you are in for it, you'll catch it; → Zeichen 8. – **3.** (*außergewöhnlicher Mensch*) marvel, prodigy, phenomenon: **er ist ein ~ an Ausdauer, Mut und Tapferkeit** he is a marvel of perseverance, courage and valo(u)r. – **4.** *relig.* miracle: **die ~ Jesu** the miracles of Jesus; **~ tun** (*od.* **wirken, verrichten**) to work (*od.* perform) miracles. – **5.** (*mit Kleinschreibung*) (*in Wendungen wie*) **w~(s) was von j-m [etwas] denken** (*od.* **glauben, meinen, halten**) to think (that) s.o. [s.th.] is goodness knows how wonderful, to think that s.o. [s.th.] is absolutely marvel(l)ous; **ich dachte, w~(s) was es wäre** I was expecting goodness knows what, I thought it would be s.th. wonderful; **er denkt, w~(s) was er tut** he thinks he does s.th. wonderful (*od.* out of the ordinary); **er bildet sich w~ was ein** he thinks he is marvel(l)ous (*od.* wonderful, *colloq.* it, *sl.* the bee's knees, the cat's whiskers, the cat's pyjamas), he thinks no small beer of himself; **er denkt, er sei w~ wer** he thinks he is goodness knows who; **er bildet sich w~ was auf sein Auto ein** he thinks he is wonderful just because he has a car, he prides himself ever so much on his car (*colloq.*); **man hat mir w~ was darüber erzählt** I have been told great things about it.

'wun·der·bar I *adj* **1.** wonderful, marvelous, *bes. Br.* marvellous: **ein ~er Abend [Mensch]** a wonderful evening [person]; **es hat ~ geschmeckt** it tasted wonderful, it was excellent (*od.* delicious); **eine ~e Stimme** a wonderful (*od.* glorious) voice. – **2.** (*wundersam*) wondrous: **die Wege Gottes sind ~** God has many wondrous ways. – **3.** *rare* (*wie ein Wunder*) miraculous: **eine ~e Fügung wollte es, daß** strange (*od.* unfathomable) fate would have it that. – **II** *adv* **4. sie hat ~ gesungen** she sang wonderfully (*od.* beautifully); **ich habe ~ geschlafen** I slept wonderfully well; **das hast du ~ gelöst** you solved that admirably; **das Kissen ist ~ weich** *colloq.* the cushion is nice and soft. – **III W~e, das** ⟨-n⟩ **5.** the wonderful (*od.* marvelous, *bes. Br.* marvellous) thing: **das ist etwas W~es** that is s.th. wonderful. – **6.** (*Übernatürliche*) the miraculous: **das grenzt ans W~e** that borders on the miraculous.

'wun·der·ba·rer'wei·se *adv* miraculously.

ˈ**Wun·der|ˌbaum** *m bot.* castor-oil plant, palma Christi (*Ricinus communis*). — **~ˌbild** *n röm.kath. cf.* Gnadenbild. — **~ˌblu·me** *f bot.* four-o'clock (*Gattg Mirabilis*): Gemeine ~ marvel-of-Peru (*Mirabilis jalapa*). — **~ˌbuch** *n* book of legends. — **~ˌding** *n* **1.** wonder, marvel, prodigy. – **2.** ~e von j-m [etwas] erzählen *fig.* to tell wonderful (*od.* great) things (*od.* stories) about s.o. [s.th.], to build s.o. [s.th.] up no end (*colloq.*); von ihm hört man ~e one hears wonderful (*od.* great) things about him. — **~ˌdok·tor** *m* wonder doctor, quack (doctor) (*contempt.*). — **~ˌdro·ge** *f med. pharm.* miracle drug. — **~geˌschich·te** *f* miraculous story. — **~ˌglau·be** *m* belief in miracles. — **w~ˌgläu·big** *adj* ~er Mensch person who believes in miracles; ~ sein to believe in miracles. — **~ˌhei·ler** [-ˌhaɪlər] *m* ⟨-s; -⟩ **1.** *cf.* Wunderdoktor. – **2.** faith healer. — **~ˌhei·lung** *f* miracle (*od.* wonder) cure. — **~ˌhorn** *n myth.* magic horn. — **w~ˈhübsch** *adj* **1.** (*Kleid, Lied etc*) very lovely, very beautiful. – **2.** (*Mädchen etc*) exceedingly pretty, amazingly attractive. — **~ˌker·ze** *f* sparkler. — **~ˌkind** *n* infant (*od.* child) prodigy, wunderkind. — **~ˌkna·be** *m* boy wonder. — **~ˌknol·le** *f bot.* sauromatum (*Sauromatum guttatum*). — **~ˌkraft** *f* miraculous power. — **~ˌkur** *f* miraculous (*od.* miracle) cure. — **~ˌlam·pe** *f* magic lamp (*od.* lantern). — **~ˌland** *n* wonderland.

ˈ**wun·der·lich I** *adj* **1.** queer, odd, strange, peculiar: ein ~er Heiliger (*od.* Kauz) *colloq.* a queer fellow (*od.* fish) (*colloq.*), an oddity; er wird mit dem Alter etwas ~ he is becoming a bit queer in his old age. – **2.** (*schrullig*) eccentric. – **II** *adv* **3.** sich ~ benehmen (*od.* aufführen) to behave oddly (*od.* strangely), to behave in a queer (*od.* an odd, a strange) manner. – **III W~e, das** ⟨-n⟩ **4.** das W~e daran ist, daß the odd thing about it is that. — ˈ**Wun·der·lich·keit** *f* ⟨-; -en⟩ **1.** ⟨*only sg*⟩ queerness, oddness, oddity, strangeness, peculiarity. – **2.** ⟨*only sg*⟩ eccentricity. – **3.** (*wunderliche Handlung*) oddity, oddness, peculiarity. – **4.** (*Schrulle*) eccentricity.

ˈ**Wun·der|ˌmann** *m* ⟨-(e)s; -männer⟩ *cf.* Wundertäter. — **~ˌmit·tel** *n* **1.** wonder (*od.* miracle) drug. – **2.** *cf.* Allheilmittel.

wun·dern [ˈvʊndərn] **I** *v/t* ⟨h⟩ surprise, (*stärker*) astonish: das wundert mich that surprises me, I am surprised (*stärker* astonished) at that; seine Unpünktlichkeit wunderte sie his unpunctuality surprised her; mich wundert gar nichts (mehr) I am not in the least (*od.* not a bit) surprised, that does not surprise me in the least (*od.* one bit), I don't wonder at all; es wundert mich (zu hören), daß I am surprised (*od.* it surprises me) (to hear) that; es sollte mich nicht ~, wenn er doch noch käme I should not be surprised (*od.* I should not wonder) if he came in the end. – **II** *v/reflex* sich ~ (über *acc* at) be surprised, wonder, marvel: ich wunderte mich über sie [ihre Worte] I was surprised (*stärker* astonished) at her [her words]; ich wunderte mich sehr (darüber), daß er das getan hat I really wondered (*od.* I was very [*od.* most] surprised, *stärker* I was quite astonished) at his (*od.* at him) doing that, I was very surprised (*od.* I wondered) that he did that; ich wundere mich über gar nichts (mehr) I am not in the least (*od.* not a bit) surprised, that does not surprise me in the least (*od.* one bit), I don't wonder at all; sie konnte sich nicht genug darüber ~ she could not get over it; du wirst dich ~, wenn you will be surprised when; da wirst du dich aber ~! du wirst dich ~! *colloq.* there are a few surprises (*od.* shocks) in store for you; ich muß mich doch sehr ~! I am (very *od.* most) surprised at you; → ärgern I. – **III** *v/i Swiss* wonder: er wunderte, ob he wondered if.

ˈ**wun·derˌneh·men I** *v/t* ⟨*irr, sep*, -ge-, h⟩ **1.** surprise, (*stärker*) astonish: das nimmt mich nicht wunder that does not surprise me. – **II** *v/impers* **2.** es nimmt mich wunder, daß er so lange zögert it surprises me (*od.* I am surprised, I wonder, *stärker* I am astonished) that he hesitates so long, I am surprised at his hesitating so long; es braucht dich nicht wunderzunehmen, daß it need not surprise you that, you need not be surprised (*od.* wonder) that. – **3.** es nimmt mich wunder, ob *Swiss* I wonder if (*od.* whether).

ˈ**Wun·derˌquel·le** *f* miraculous spring, spring with miraculous power.

ˈ**wun·ders** → Wunder 5.

ˈ**wun·der·sam** *adj poet.* wondrous: plötzlich hörte sie eine ~e Musik all of a sudden she heard wondrous (*od.* strangely moving) music; ihm wurde ganz ~ zumute he was overcome by a wondrous feeling.

ˈ**Wun·der|ˌschei·be** *f* (*optics*) thaumatrope. — **w~ˈschön I** *adj* **1.** (*Garten, Haus, Tag etc*) absolutely (*od.* very, exceedingly) beautiful. – **2.** *poet.* (*Mädchen, Fee etc*) most beautiful, very lovely. – **II** *adv* **3.** er konnte ~ singen he could sing (very *od.* absolutely) beautifully. — **~ˌstab** *m* (*Feuerwerkskörper*) magic wand. — **~ˌtat** *f* miracle, wonder(work), miraculous deed: ~en vollbringen to work (*od.* perform) miracles. — **~ˌtä·ter** *m* wonder-worker, miracle man, worker of miracles, thaumaturge, *auch* thaumaturgist. — **w~ˌtä·tig** *adj* miraculous, wonder-working; thaumaturgic, *auch* thaumaturgical (*scient.*). — **~ˌtä·tig·keit** *f* ⟨-; *no pl*⟩ working of miracles, thaumaturgy. — **~ˌtier** *n* monster: j-n anstarren wie ein ~ to stare at s.o. as if he were a monster (*od.* freak). — **~ˌtü·te** *f* (*Scherzartikel*) surprise packet. — **w~ˌvoll I** *adj* **1.** (*Anblick, Mensch, Tag, Wetter etc*) absolutely wonderful (*od.* marvelous, *bes. Br.* marvellous). – **2.** (*Blumen etc*) absolutely wonderful (*od.* beautiful). – **II** *adv* **3.** sie kann ~ singen she can sing absolutely wonderfully (*od.* beautifully). — **~ˌwaf·fe** *f bes. mil.* miracle weapon. — **~ˌwelt** *f* ⟨-; *no pl*⟩ world of wonders. — **~ˌwerk** *n* wonder(work), miracle, marvel, prodigy: ein ~ der Natur [Technik] a wonder(work) of nature [technology]. — **~ˌzei·chen** *n bes. relig.* miraculous sign, miracle.

ˈ**Wund|ˌfie·ber** *n med.* wound (*od.* surgical, *scient.* traumatic) fever, traumatopyra (*scient.*). — **~ˌflä·che** *f* wound area (*od.* surface). — **w~geˌle·gen I** *pp of* wundliegen. – **II** *adj* sore (*od.* chafed, galled, *stärker* raw) (from lying): ~e Stelle bedsore, pressure sore; decubitus (ulcer), decubital ulcer (*scient.*); ~ sein a) (*von Mensch*) to have (*od.* suffer from) bedsores, b) (*von Stelle*) to be sore (*od.* chafed) (from lying). — **~geˌwe·be** *n med.* tissue of a wound. — **~ˌha·ken** *m* (*in der Chirurgie*) (wound) retractor, surgical hook, tenaculum (*scient.*). — **~ˌheftˌna·del** *f* surgical needle. — **~ˌhei·lung** *f* healing (*od.* closing) of a wound.

ˈ**Wund·heit** *f* ⟨-; *no pl*⟩ soreness, (*auf Abschürfung beruhende*) excoriation (*scient.*).

ˈ**Wund|ˌholz** *n biol. bot.* woundwood. — **~in·fek·tiˌon** *f med.* wound infection. — **~ˌklam·mer** *f* (wound) clip, surgical clip. — **~ˌklee** *m bot.* lady's-finger, kidney vetch (*Anthyllis vulneraria*). — **~ˌkraut** *n* **1.** (*zur Wundheilung*) vulnerary herb. – **2.** *bot. cf.* Wundklee. — **w~ˌlie·gen I** *v/t* ⟨*irr, sep*, -ge-, h⟩ **1.** sich (*dat*) den Rücken [das Gesäß] ~ to develop (*od.* get) bedsores (*od. scient.* decubital ulcers, decubiti) on the back [buttocks]. – **II** *v/reflex* sich ~ **2.** develop (*od.* get) bedsores (*od.* pressure sores, *scient.* decubital ulcers, decubiti). – **III W~** *n* ⟨-s⟩ **3.** *verbal noun.* – **4.** development of bedsores (*od.* pressure sores, *scient.* decubital ulcers, decubiti). — **~ˌmal** *n* ⟨-(e)s; -e⟩ **1.** *lit.* scar. – **2.** *relig.* stigma: die fünf ~e Christi the five stigmata of Christ. — **~ˌmit·tel** *n med. pharm.* remedy for wounds. — **~ˌnaht** *f med.* (wound) suture, surgical suture. — **~ˌöff·nung** *f* **1.** (*chirurgische*) (re)opening of a wound. – **2.** (*topographische*) orifice of a wound (on a body surface). — **~ˌpfla·ster** *n med. pharm.* adhesive plaster (*od.* tape). — **~ˌpul·ver** *n* vulnerary powder. — **~ˌrand** *m* lip (*od.* edge, margin, border) (of a wound). — **~ˌrei·ni·gung** *f* cleansing of a wound. — **~ˌro·se** *f* (traumatic *od.* surgical) erysipelas. — **~ˌsal·be** *f med. pharm.* (healing) ointment, salve. — **~ˌsäu·be·rung** *f med.* wound toilet. — **~ˌsche·re** *f* surgical scissors *pl* (*sometimes construed as sg*). — **~ˌschmerz** *m* traumatic pain. — **~ˌschock** *m* wound (*od. scient.* traumatic) shock. — **~ˌschorf** *m* scab, crust. — **~ˌsein** *n* **1.** soreness, excoriation (*scient.*). – **2.** (*Wolf*) intertrigo. – **3.** (*bei Säuglingen*) diaper (*bes. Br.* napkin, *bes. Br. colloq.* nappy) rash. — **~seˌkret** *n* secretion (*od.* discharge) of a wound, ichor (*scient.*): eitriges ~ sanies. — **~ˌsep·sis** *f* wound sepsis. — **~ˌstar** *m* traumatic cataract. — **~ˌstarrˌkrampf** *m* lockjaw, tetanus (*scient.*). — **~toiˌlet·te** *f* (wound) toilet, debridement. — **~verˌsor·gung** *f* (wound) toilet. — **~ˌwat·te** *f med. pharm.* surgical cotton, vulnerary wadding.

Wu·ne [ˈvuːnə] *f* ⟨-; -n⟩ hole in the ice.

Wunsch [vʊnʃ] *m* ⟨-(e)s; ⸚e⟩ **1.** wish: ein törichter [unerfüllbarer, unbescheidener] ~ a foolish [an unrealizable, an immodest] wish; ein frommer ~ *iron.* wishful thinking; er hegt den (sehnlichen) ~, daß he (ardently) wishes (*od.* he wishes [very much]) that; es ist sein heimlicher [größter] ~, (einmal) nach China zu reisen his secret [greatest] wish is to travel to China; einen ~ äußern (*od.* aussprechen) to express a wish; einen ~ tun to have (*od.* make) a wish, to wish; ein ~ geht in Erfüllung a wish comes true (*od.* is fulfilled); j-m jeden ~ von den Augen ablesen to anticipate s.o.'s every wish; j-m einen ~ erfüllen [versagen] to fulfill [to deny] s.o. a wish; j-s Wünschen entgegenkommen to meet (*od.* comply with) s.o.'s wishes; haben Sie sonst noch Wünsche? a) (*im Geschäft*) is there anything else (that) you want (*od.* would like)? will there be anything else? b) (*im Hotel, Restaurant etc*) is there anything else (that) you want (*od.* [that] I can do for you)? sonst hast du keine Wünsche? *colloq. iron.* are you feeling all right? ich habe nur den einen ~, so bald wie möglich nach Hause zu fahren my one and only wish is to go home as soon as possible; ein eigenes Haus war schon immer mein ~ I always wished for (*od.* wanted to have) a house of my own; es war schon immer mein ~, segeln zu lernen I always wanted to learn to sail; dein ~ ist mir Befehl *humor.* your wish is my command; es ist mein ~ und Wille, daß it is my will that; hier ist der ~ der Vater des Gedankens here the wish is father to the thought; er ist von dem ~ beseelt, Pianist zu werden *lit.* he is filled with the desire to be(come) a pianist; sich nach j-s Wünschen richten to comply with s.o.'s wishes, to do whatever s.o. wishes; es geht alles nach ~ (und Willen) everything is going smoothly (*od.* well); ihr geht alles nach ~ everything goes just as she wants it; → Ziel 3. – **2.** (*Bitte, Verlangen*) request: es erreichten uns wieder viele Wünsche von unseren Hörern we have had many requests again from our listeners; auf ~ a) by (*od.* [up]on) request, b) if desired; auf allgemeinen ~ by popular request; auf vielfachen ~ by (*od.* at, [up]on) the request of many people; auf meinen besonderen ~ hin at my special request; er scheidet auf eigenen ~ (hin) aus he is leaving at his own request; auf ~ seiner Mutter at his mother's request; nach ~ a) as desired, as requested, according to requirements, b) if desired; die Couch kann nach ~ in eine Liege verwandelt werden the couch can be turned into a bed if desired; je nach ~ as desired (*od.* required). – **3.** (*Glück, Segenswunsch*) wish: meine besten Wünsche begleiten dich you have my best wishes, I wish you well; mit den besten Wünschen für eine baldige Genesung with best wishes for (*od.* wishing you) a speedy recovery; mit allen guten Wünschen für das neue Jahr with all good wishes for the New Year; mit den besten Wünschen Ihr(e) X (*in Briefen*) (with the) best wishes, Yours, X.

ˈ**wünsch·bar** *adj Swiss for* wünschenswert.

ˈ**Wunsch|ˌbild** *n* ideal. — **~ˌden·ken** *n* ⟨-s; *no pl*⟩ wishful thinking.

ˈ**Wün·schelˌru·te** [ˈvʏnʃəl-] *f* divining (*od.* dowsing, dipping) rod. — ˈ**Wün·schelˌru·tenˌgän·ger** *m* ⟨-s; -⟩ diviner, dowser, rhabdomancer (*lit.*).

wün·schen [ˈvʏnʃən] **I** *v/t* ⟨h⟩ **1.** (*erhoffen, ersehnen*) wish: ich wünschte, ich könnte bei euch sein I wish I could be with you; er wünschte, er wäre aus der Sache heraus he wished himself out of the affair; ich wünschte mir einige Tausend Mark mehr I wish I had several thousand marks more; sie wünscht sich (*dat*) zu Weihnachten einen Teddybär she wants a teddy bear for Christmas; sie wünscht sich (*dat*) sehnlichst eine Puppe she longs for (*od.* to have) a doll, she wishes for a doll; sie haben alles, was man sich (*dat*) nur ~ kann they have everything one could wish for; ich könnte mir nichts Besseres ~ I could wish for nothing better, I could not wish for anything better; ich hätte mir den Artikel noch besser gewünscht I (should have) expected a better article, I (should have) expected this article to be better; es ist (sehr) zu ~, daß bald eine Lösung gefunden wird it is (very much) to be hoped that a solution is soon found, it is (highly) desirable that a solution (should) soon be found; es wäre sehr zu ~, daß er sofort kommt it would be desirable if he came immediately, it would be desirable for him to come immediately. – 2. (*wollen, verlangen*) wish, want, desire: etwas ~ to wish (*od.* want) s.th., to be desirous of s.th.; ich wünsche, daß meine Anordnungen befolgt werden I wish my orders to be obeyed; ich wünsche nicht, gestört zu werden I do not wish to be disturbed; was ~ Sie? what can I do for you? can I help you? was ~ Sie von mir? what do you want from (*od.* of) me? es wird gewünscht, daß die Angestellten pünktlich sind the staff are requested to be punctual. – 3. (*für einen anderen erbitten*) wish: ich wünsche dir baldige Genesung [eine gute Reise, viel Erfolg] I wish you a speedy recovery [a good journey, success]; er wünschte ihm ein frohes Weihnachtsfest und ein gutes neues Jahr he wished him a merry Christmas and a happy New Year; das wünsche ich meinem ärgsten Feind nicht I would not wish that (up)on my worst enemy, *Am. colloq.* I would not wish that to happen to a dog; j-m einen guten Morgen ~ to bid (*od.* wish) s.o. good morning; zum Geburtstag wünsche ich Dir alles Gute (*in Briefen*) I wish you all the best for (*od.* on) your birthday; j-m für etwas Glück ~ to wish s.o. luck for (*od.* in, with) s.th.; (ich) wünsche, wohl geruht zu haben *humor.* I hope you had a pleasant night's rest; → Pest 1; Pfeffer 1; Teufel 1. – II *v/i* 4. Sie ~, bitte? what can I do for you? can I help you? (ganz) wie Sie ~ a) (just) as you wish, very well, b) *auch iron.* (just) as you wish (*od.* please), suit yourself. – 5. etwas läßt (sehr) zu ~ übrig s.th. leaves much (*od.* a great deal, *colloq.* a lot) to be desired. – III *v/reflex* 6. sich an einen Ort ~ to wish (that) one were (*od. colloq.* was) somewhere: ich wünschte mich weit weg I wished I were (*od. colloq.* was) far away; mit dem Zauberring wünschte er sich auf einen hohen Berg with the magic ring he wished himself on a high mountain.

'wün·schens,wert *adj* desirable: es wäre ~, daß alle kommen (*od.* wenn alle kämen) it would be desirable if everyone came (*od.* for everyone to come); etwas ist nicht ~ s.th. is not desirable, s.th. is undesirable.

'Wunsch|,form *f ling.* optative (form). — **w~ge,mäß** *adv* as requested, as desired, according to one's (*od.* s.o.'s) wishes. — **~,kind** *n* eagerly awaited child: „Das ~" "The Wish Child" (*novel by I. Seidel*). — **~kon,zert** *n* (*radio*) (musical) request program (*bes. Br.* programme). — **w~los I** *adj* 1. ~es Glück perfect happiness. – 2. ⟨*pred*⟩ content, happy: ich bin augenblicklich ganz ~ I am perfectly happy (*od.* quite content) at the moment. – II *adv* 3. ~ glücklich sein to be quite (*od.* perfectly) happy. — **~,satz** *m ling.* optative clause. — **~,traum** *m* 1. *psych.* wish dream. – 2. *fig.* (*sehnlicher Wunsch*) dream (of one's dreams [*od.* life]): ein eigenes Haus war schon immer mein ~ it has always been the dream of my dreams to have a house of my own. — **~,vor,stel·lung** *f* wishful thinking. — **w~,wei·se** *adv* 1. as required, as desired, according to requirements. – 2. if desired. — **~,zet·tel** *m* list of wishes, (*bes. zu Weihnachten*) *auch* letter to Santa Claus.

wupp [vʊp], **~,dich** *interj* pop: und ~ war er fort and he was gone in (*od.* like) a flash.

'Wupp,dich *m* ⟨-s; -s⟩ in (*od.* mit) einem ~ *colloq.* a) in a flash, in two shakes (*colloq.*), b) (*mit einem Sprung*) in one bound.

wupps [vʊps] *interj cf.* wupp(dich).

wür·be ['vʏrbə] *1 u. 3 sg pret subj of* werben.

wur·de ['vʊrdə] *1 u. 3 sg pret*, **wür·de** ['vʏrdə] *1 u. 3 sg pret subj of* werden.

'Wür·de *f* ⟨-; -n⟩ 1. ⟨*only sg*⟩ dignity, stateliness: die ~ des Alters the dignity of age; die ~ des Menschen ist unantastbar the dignity of man shall be inviolable; ~ bewahren to keep (*od.* retain) one's dignity; mit ~ with dignity, dignified; ich werde es mit ~ tragen *colloq. humor.* I'll get over it; das ist unter aller ~ that is beneath contempt; er hält es für unter seiner ~, er findet es unter seiner ~ he deems (*od.* considers) it beneath his dignity, he considers it below him. – 2. rank, dignity: zu hohen ~n kommen (*od. lit.* emporsteigen) to advance to high rank; j-n zu den höchsten ~n erheben to raise (*od.* promote) s.o. to the highest positions (*od.* rank); j-n seiner ~ entkleiden to strip (*od.* divest) s.o. of his rank; j-m die ~ eines Doktors verleihen to confer a doctorate (up)on s.o.; der Doktortitel ist eine akademische ~ the title of doctor is an academic degree; in Amt und ~n sein a) to be in high rank and hono(u)r, b) to be well established; ~ bringt Bürde (*Sprichwort*) *etwa* hono(u)rs bring burdens with them; → Mann 2. – 3. sich der ~ eines Gebäudes entsprechend verhalten to behave in a dignified manner in keeping with the function of a building.

'wür·de·los I *adj* (*Person, Verhalten etc*) undignified. – II *adv* ~ handeln to act in an undignified manner. — **'Wür·de·lo·sig·keit** *f* ⟨-; *no pl*⟩ lack of dignity.

'Wür·den,trä·ger *m* ⟨-s; -⟩ dignitary: ein hoher ~ a high dignitary; ein geistlicher ~ an ecclesiastical dignitary.

'wür·de,voll I *adj* 1. (*Aussehen, Haltung, Person etc*) dignified, stately. – 2. (*Feier, Worte etc*) dignified, solemn. – II *adv* 3. with dignity: sich ~ bewegen to move (*od.* carry oneself) with dignity; ~ auftreten to act with dignity.

'wür·dig I *adj* 1. dignified: ein ~er alter Herr a dignified old gentleman. – 2. *cf.* würdevoll 2. – 3. (*der Würde des Menschen etc angemessen*) worthy: ein ~es Begräbnis a worthy funeral. – 4. (*wert*) worthy: ein ~er Nachfolger des Direktors a worthy successor to the director; sich einer Sache ~ erweisen to prove worthy of s.th.; j-n für ~ befinden, einen Preis zu erhalten to find s.o. worthy of a prize; er fühlt sich ihrer nicht ~ he does not feel worthy of her; er ist es (nicht) ~, bevorzugt zu werden he is (not) worthy of precedence (*od.* preference); er ist dessen nicht ~ he is not worthy of it; er war meines Vertrauens nicht ~ *lit.* he was not worthy of my confidence. – 5. (*verdient*) deserving, worthy: das Stipendium ist nur für ~e Bewerber gedacht the scholarship is intended for deserving applicants only. – II *adv* 6. with dignity: sich ~ verhalten to behave with dignity (*od.* dignified). – 7. j-n ~ vertreten to be s.o.'s adequate substitute.

'wür·di·gen *v/t* ⟨h⟩ 1. (*schätzen*) appreciate: er weiß einen guten Wein zu ~ he appreciates a good wine; ich weiß seine Güte zu ~ I appreciate his kindness. – 2. (*einschätzen*) appreciate, comprehend: um einen Roman recht ~ zu können in order to appreciate a novel properly, in order to be able to do justice to a novel. – 3. (*beachten*) appreciate: diesen Punkt hat die Forschung bisher noch nicht genügend gewürdigt research has not yet appreciated this point sufficiently, up to now research has not given this point its due. – 4. (*anerkennen*) acknowledge: ihre Leistungen wurden durch eine Prämie gewürdigt their work was recognized by a prize. – 5. (*durch Worte anerkennen*) pay tribute to: j-s Verdienste ~ to pay tribute to s.o.'s merits; in seiner Ansprache würdigte er das Werk des scheidenden Präsidenten in his address he paid tribute to the work of the retiring president. – 6. j-n keiner Antwort [keines Blickes, keines Wortes] ~ not to do so much as (to) answer (*od.* reply) [to look at, to speak to] s.o., not to condescend (*od.* deign) to answer (*od.* reply) [to look at, to speak to] s.o., not to vouchsafe s.o. an answer (*od.* a reply) [a glance, a word]. — **'wür·di·gend I** *pres p.* – II *adj* (*Worte, Sätze*) appreciative, appreciatory.

'Wür·dig·keit *f* ⟨-; *no pl*⟩ 1. worthiness. – 2. deservingness, worthiness: die ~ eines Kandidaten the deservingness of a candidate. – 3. (*im Hüttenwesen*) values *pl*, *auch* value.

'Wür·di·gung *f* ⟨-; -en⟩ 1. ⟨*only sg*⟩ appreciation: in ~ seiner Leistungen in appreciation of his accomplishments; bei aller ~ seiner Verdienste with due respect to (*od.* in all appreciation of) his merits. – 2. ⟨*only sg*⟩ consideration, appraisal: nach eingehender ~ aller Gründe after close consideration of all reasons. – 3. (*würdigender Artikel etc*) appreciation: die Zeitung brachte eine ~ seines Werkes the newspaper published an appreciation of his work. – 4. (*Ehrenerweisung*) honor, *bes. Br.* honour: ihm wurden viele ~en zuteil he was granted (*od.* awarded) many hono(u)rs, many hono(u)rs were bestowed (up)on him.

Wurf [vʊrf] *m* ⟨-(e)s; ⸚e⟩ 1. ⟨*only sg*⟩ throwing: beim ~ when one throws, when throwing. – 2. (*mit Ball, Stein etc*) throw, heave: jeder Teilnehmer hat drei Würfe each competitor has three throws; zum ~ ausholen to draw (*od.* swing) back to throw (*od.* for a throw); ein ~ aus dem Stand a standing throw; drei ~ (*od.* Würfe) eine Mark three throws one mark; ein gelungener ~ *fig.* a great success; ein glücklicher ~ *fig.* a lucky hit, *Am. colloq. auch* a ten-strike. – 3. (*mit Kugel etc*) bowl: mit einem ~ alle neune treffen (*beim Kegeln*) to knock down all of the pins with the first bowl; ein ~ in die vollen (*beim Kegeln*) first bowl. – 4. (*mit Würfel*) throw, cast: ein guter ~ a good throw; er hat den ersten ~ he has the first throw, he is first to throw; alles auf einen ~ setzen a) to stake all on a single throw, b) *fig.* to put all one's eggs in one basket; auf einen ~ *fig.* at one go; da hast du einen guten ~ getan *fig.* you made a good move there, you were very lucky there; einen großen ~ tun *fig.* to score a great hit; dieser Roman war sein großer ~ *fig.* this novel was his big success (*Am. colloq. auch* ten-strike). – 5. (*sport*) a) (*beim Judo, Ringen*) throw, b) (*beim Basketball, Handball*) throw, shot, c) (*in der Leichtathletik*) throw, d) (*beim Baseball*) pitch, throw: Würfe aus dem Stand (*beim Judo*) standing throws; Würfe durch Eigenfall (*beim Judo*) throws by sacrifice falls; ein ~ aus der zweiten Reihe (*beim Handball*) a shot from the second line. – 6. *zo.* litter, (*von Schweinen*) *auch* farrow: ein ~ junger Hunde a litter of puppies. – 7. (*von Gewand, Vorhang*) fall, folds *pl.* – 8. *mil.* a) cast, throw, b) (bomb) release. – 9. (*art*) sketch, outline: das ist der erste ~ that is the first sketch (*od.* rough outline).

'Wurf|,an·gel *f* (*zum Fischen*) spinning rod. — **~,an·ker** *m mar.* kedge (anchor), *auch* kedger. — **~,an,la·ge** *f* (*auf Sportplätzen*) throwing facility (*od.* range). — **~,an,satz** *m* (*sport*) (*beim Judo*) taking hold for throwing. — **~ap·pa,rat** *m* (*beim Tontaubenschießen*) trap. — **~,arm** *m* (*sport*) 1. (*in der Leichtathletik, beim Handball etc*) throwing arm. – 2. (*beim Bogenschießen*) bow limb. — **~,aus,füh·rung** *f* (*beim Judo*) execution of the throw. — **~,bahn** *f* 1. *phys.* trajectory. – 2. *mil.* (ballistic) trajectory, flight path. — **~be,we·gung** *f* throwing motion (*od.* action). — **~dis·zi,plin** *f* (*sport*) (*in der Leichtathletik*) throwing event, throw.

wür·fe ['vʏrfə] *1 u. 3 sg pret subj of* werfen.

Wür·fel ['vʏrfəl] *m* ⟨-s; -⟩ 1. (*Spielstein*) die, bones *pl*, *bes. Am. sl.* cube: falsche ~ loaded (*od.* cogged) dice; mit ~n spielen, ~ spielen to play (at) dice, *auch* to dice; mit falschen ~n spielen to cog, to play with loaded dice, to use cogged dice; der ~ ist (*od.* die ~ sind) gefallen *fig.* the die is cast. – 2. (*würfelförmiges Stück*) cube, die: etwas in ~ schneiden *bes. gastr.* to dice (*auch* cube) s.th. – 3. (*Eis*) cube. – 4. (*Zucker*) cube, lump. – 5. *math.* cube, hexahedron (*scient.*). — **w~,ähn·lich** *adj* cubelike, cuboid. — **~an,ten·ne** *f electr.* cubical antenna (*bes. Br.* aerial). — **~,be·cher** *m* dice cup, shaker, dicebox. — **~,bein** *n med.* (*am Fuß*) cuboid (bone), cuboid. — **~,brett** *n* dice board. — **~,erz** *n min.* cube ore, pharmacosiderite (*scient.*). — **~,form** *f* cube (*od.* cubic) shape (*od.* form), shape of a cube: ~ haben to be cube-shaped; Margarine wird in ~ hergestellt margarine is produced in cubes. — **w~,för·mig** *adj* cube-shaped, cubic(al), cubiform. — **~,fries** *m* (*bes. in romanischer Baukunst*) cubed frieze.

'wür·fe·lig *adj* etwas ~ schneiden *bes. gastr.* to dice (*auch* cube) s.th.

'Wür·fel|ˌinˌhalt *m math.* cubic contents *pl* (*od.* volume): den ~ berechnen to calculate the cubic contents. — **~ka·piˌtell,** *auch* **~ka·piˌtäl** *n arch.* cushion (*od.* block, cubiform) capital. — **~ˌmu·ster** *n* (*auf Stoffen*) check(s *pl*), checked (*od.* checkered, *Br.* chequered) design (*od.* pattern).

'wür·feln I *v/t* ⟨h⟩ **1.** throw: **sechs Augen** (*od.* **eine Sechs**) ~ to throw a six. – **2.** *gastr.* (*Speck, Zwiebel etc*) dice, *auch* cube. – **II** *v/i* **3.** play (at) dice, *auch* dice. – **4.** cast (*od.* throw) dice: **um Geld** ~ to throw dice for money; **um den ersten Einsatz** ~ to cast dice for the first throw. – **III W~** *n* ⟨-s⟩ **5.** *verbal noun*: **du bist mit (dem) W~ an der Reihe** it is your (turn to) throw. – **6.** (*Glücksspiel*) dicing.

'Wür·fel|ˌnat·ter *f zo.* dice (*od.* tesselated) snake (*Natrix tessellata*). — **~ˌschrau·be** *f tech.* cube-headed screw. — **~ˌspiel** *n* **1.** dice *pl*: **beim** ~ **sein Geld verlieren** to lose one's money at dice. – **2.** (*Partie*) game of dice. — **~ˌspie·ler** *m* dice player, (*bes. um Geld*) dicer. — **~ˌstecker** (*getr.* -k·k-) *m electr.* multi-point connector. — **~ˌzucker** (*getr.* -k·k-) *m gastr.* lump (*od.* cube) sugar.

'Wurf|ge|blä·se *n tech.* pneumatic conveyor (*od.* ejector), blower ejector. — **~geˌrät** *n mar. mil.* throwing (*od.* projecting) device, projector. — **~geˌschoß** *n* missile, projectile. — **~ˌhäcks·ler** *m* ⟨-s; -⟩ *agr.* ensilage harvester. — **~ˌham·mer** *m* (*sport*) (*in der Leichtathletik*) hammer. — **~ˌhand-ˌschuh** *m* (*beim Hammerwerfen*) (throwing) glove. — **~ˌhö·he** *f* height of throw. — **~-ˌholz** *n* **1.** throwing stick (*od.* board). – **2.** *cf.* Wurfbrett. — **~ˌkeu·le** *f* (*sport*) club. — **~kom·bi·na·tiˌon** *f* (*beim Judo etc*) combined throws *pl.* — **~ˌkör·per** *m cf.* Wurfgeschoß. — **~ˌkraft** *f* throwing force. — **~ˌkreis** *m* (*sport*) (*in der Leichtathletik, beim Handball*) throwing circle. — **~ˌlei·ne** *f mar.* heaving line.

'Wür·fler *m* ⟨-s; -⟩ *cf.* Würfelspieler.

'würf·lig *adj cf.* würfelig.

'Wurf|ˌli·nie *f* **1.** *phys.* trajectory. – **2.** (*sport*) throwing line. — **~ˌmal** *n* (*sport*) (*beim Baseball*) pitching crease (*od.* mark). — **~maˌschi·ne** *f* **1.** *mil. hist.* catapult. – **2.** (*sport*) (*zum Tontaubenschießen*) trap. — **~ˌmes·ser** *n* throwing knife (*od.* iron). — **~ˌnetz** *n mar.* cast(ing) net. — **~paˌra·bel** *f phys.* trajectory parabola. — **~ˌpfeil** *m* dart. — **~ˌrich·ter** *m* (*sport*) (*in der Leichtathletik*) judge at throwing (competitions).

'Wurfˌring *m* quoit. — **~ˌspiel** *n* **1.** quoits *pl* (*construed as sg or pl*). – **2.** (*Partie*) game of quoits.

'Wurf|ˌsal·to *m* (*beim Turnen*) throwing somersault. — **~ˌschau·fel** *f* **1.** *agr.* winnow(ing) shovel. – **2.** *tech.* (hand) scoop. — **~ˌschei·be** *f* (*sport*) (*in der Leichtathletik*) discus. — **~ˌschleu·der** *f cf.* Wurfbrett. — **~ˌschlin·ge** *f* lasso, lariat, riata. — **~ˌschnur** *f* (*beim Angeln*) **1.** stretcher. – **2.** tail fly. — **~ˌsek·tor** *m* (*sport*) (*in der Leichtathletik*) throwing sector. — **~ˌsen·dung** *f* (*postal service*) unaddressed printed papers *pl* (posted in bulk). — **~-ˌspeer** *m* **1.** (*sport*) (*in der Leichtathletik*) javelin. – **2.** (*als Waffe*) throwing spear, javelin. — **~ˌspieß** *m cf.* Wurfspeer 2. — **~ˌstoß** *m* (*sport*) (*beim Fechten*) coupé.

'Wurfˌtau·be *f* (*beim Schießsport*) clay pigeon.

'Wurfˌtau·ben|ˌflin·te *f* (*beim Schießsport*) a) (*beim Trapschießen*) trap(shooting) gun, b) (*beim Skeetschießen*) skeet gun. — **~ˌgra·ben** *m* trench. — **~ˌschie·ßen** *n* clay-pigeon shooting, (*Trapschießen*) trapshooting, (*Skeetschießen*) skeet (shooting).

'Wurf|ˌtech·nik *f* (*sport*) throwing technique. — **~ˌwaf·fe** *f* (*Steine etc*) weapon (*od.* missile) for throwing. — **~ˌwei·te** *f* **1.** throw(ing range). – **2.** *mil.* a) (*eines Granatwerfers*) mortar range, b) (*von Handgranaten*) throwing range, c) (*von Bomben*) forward travel, actual range. — **~ˌzeit** *f zo.* (*bei Säugetieren*) birth, parturition (*scient.*).

'Würg|ˌad·ler *m zo.* eagle-hawk (*Morphnus guianensis*). — **~be,we·gung** *f med.* (*beim Essen*) regurgitation.

'Wür·ge|ˌboh·rung *f tech.* (*bei Gewehren*) chokebore. — **~ˌgriff** *m* **1.** (*sport*) (*beim Judo*) stranglehold. – **2.** *fig.* stranglehold.

Wür·gel ['vʏrgəl] *n* ⟨-s; -⟩ *Middle G.* ([*ungezogenes*] *kleines Kind*) brat.

'Wür·geˌmal *n meist pl* mark of strangulation.

wür·gen ['vʏrgən] **I** *v/t* **1.** choke: **j-n** ~ to choke (*od.* throttle) s.o.; **der Kragen würgt mich (am Hals)** the collar chokes me (at the throat); **der Bissen würgte ihn** the morsel choked him, he choked on the morsel; **Angst würgte ihn** *fig.* fear choked him, he choked with fear. – **II** *v/i* **2.** *med.* (*bei Brechreiz*) gag, retch, have dry heaves, heave. – **3. an einem Bissen** ~ to choke a morsel; **an einer Arbeit** ~ *fig. colloq.* to struggle at (*od.* sweat over) a piece of work. – **III W~** *n* ⟨-s⟩ **4.** *verbal noun*: → hängen 15. – **5. ein W~ in der Kehle spüren** to feel a lump in one's throat.

'Würgˌen·gel *m Bibl.* destroying angel.

'Wür·ger *m* ⟨-s; -⟩ **1.** strangler. – **2. der** ~ *poet.* (*Tod*) Death. – **3.** *zo.* shrike (*Fam. Laniidae*): a) **Grauer** ~ great gray (*bes. Br.* grey) shrike (*Lanius excubitor*), b) **Rotrückiger** ~ redbacked shrike, *Br. auch* pope (*Lanius collurio*). – **4.** *bot.* chokeweed (*Orobanche rapumgenistae*).

'Würge|ˌspu·ren *pl* traces of strangulation. — **~ˌtech·nik** *f* (*sport*) (*beim Judo*) strangulation technique.

'Würg|ˌfal·ke *m zo.* saker (*Falco cherrug*). — **~reˌflex** *m med.* gag (*od.* retching) reflex. — **~ˌschrau·be** *f hist. cf.* Garrotte. — **~ˌspin·ne** *f meist pl zo. cf.* Vogelspinne.

Wurm[1] [vʊrm] *m* ⟨-(e)s; ⁼er⟩ **1.** worm: **das Holz ist von Würmern zerfressen** the wood is eaten by worm(s) (*od.* is worm-eaten); **voller Würmer** full of worm; vermiculous, vermiculose (*scient.*); **zu den Würmern gehörig** *zo.* helminthic; **sich krümmen wie ein** ~ *fig.* to try to worm one's way out of it, to squirm; **da ist** (*od.* **sitzt**) **der** ~ **drin** *fig. colloq.* a) there is s.th. fishy there (*od.* about that) (*colloq.*), there is s.th. funny (*od.* some funny business) going on there, b) (*im Motor etc*) there is s.th. wrong with it, there's a bug in it somewhere (*sl.*); **j-m die Würmer aus der Nase ziehen** *fig. colloq.* to worm (*durch Schmeichelei auch* wheedle) secrets out of s.o.; **der nagende** ~ **des Gewissens** *fig.* gnawing pangs *pl* of conscience. – **2.** (*Made*) maggot, mite: **im Apfel ist ein** ~ the apple is worm-eaten. – **3.** *pl med.* **Würmer haben** to have (*od.* suffer from) worms; **Mittel gegen Würmer** *pharm. cf.* Wurmmittel. – **4.** *med.* (*Nagelgeschwür*) whitlow. – **5.** *med.* a) *cf.* Wurmfortsatz, b) (*Mittelteil des Kleinhirns*) vermis. – **6.** *fig. colloq.* (*Kind*) mite (of a child): **der arme** ~! poor little mite (*od.* thing). – **7.** *poet.* a) (*kriechendes Tier*) reptile, (*Schlange*) serpent, b) (*Drache*) dragon.

Wurm[2] *n* ⟨-(e)s; ⁼er⟩ *bes. Northern G. fig. colloq. for* Wurm[1] 6.

'wurm|ˌabˌtrei·bend *adj med. pharm.* anthelmintic, vermifuge, vermicidal: **~es Mittel** *cf.* Wurmmittel. — **~ˌähn·lich** *adj* wormlike, vermicular (*scient.*). — **~ˌar·tig** *adj* **1.** wormy, vermicular (*scient.*). – **2.** *zo.* helminthoid, lumbriciform, vermiform. — **W~arzˌnei** *f med. pharm. cf.* Wurmmittel.

Würm·chen ['vʏrmçən] *n* ⟨-s; -⟩ **1.** *dim. of* Wurm[1] *u.* [2]. – **2.** *med.* vermicule, vermiculus. – **3.** *fig. colloq.* little mite: **so ein armes** ~ (what a) poor little mite.

'Würm-ˌEisˌzeit ['vʏrm-] *f geol.* Würm.

wur·men ['vʊrmən] *v/t* ⟨h⟩ *colloq.* rile (*colloq.*), nettle, gall, rankle: **es wurmt ihn, daß** it riles him that; **die Zurücksetzung wurmt ihn** the slight nettles him; **das wurmt ihn sehr** that really riles him.

'Wür·merˌkun·de *f zo.* helminthology.

'Wurm|ˌfarn *m bot.* male fern (*Dryopteris filix-mas*). — **~ˌfie·ber** *n med.* worm fever. — **w~ˌför·mig** *adj* wormlike; vermicular, vermiculose, vermiform (*scient.*). — **~ˌfort-ˌsatz** *m med.* vermiform appendix (*od.* appendage, process), appendix. — **~ˌfraß** *m* (*forestry*) damage caused by wood worms. — **~geˌschwür** *n med.* ulceration caused by parasitic worms.

'wur·mig *adj* **1.** worm-eaten, wormy, full of worms, (*Holz*) *auch* full of worm. – **2.** (*madig*) maggoty, full of maggots.

'Wurm|ˌko·lik *f med. vet.* verminous (*od.* worm) colic. — **~ˌkrank·heit** *f* worms *pl*; helminthiasis, vermination (*scient.*). — **~ˌkraut** *n bot. colloq. for* a) Wurmfarn, b) Rainfarn. — **~ˌkun·de** *f* helminthology, scolecology. — **~ˌkur** *f med.* deworming, (course of) anthelmintic treatment. — **~ˌlar·ve** *f zo.* worm larva.

Würm·lein ['vʏrmlaɪn] *n* ⟨-s; -⟩ *poet. cf.* Würmchen.

'Wurm|ˌloch *n* wormhole. — **~ˌmehl** *n* worm(hole) dust, boring dust, bore meal. — **~ˌmit·tel** *n med. pharm.* vermicide, vermifuge, helminthicide. — **~ˌpul·ver** *n* worm powder. — **~ˌrin·denˌbaum** *m bot.* cabbage bark, cabbage-bark tree (*Andira inermis*). — **~saˌlat** *m* bristly oxtongue (*Picris echioides*). — **~ˌsa·me(n)** *m med. pharm.* (American) wormseed, santonica (*scient.*). — **~ˌsa·menˌöl** *n* wormseed (*od. scient.* chenopodium) oil, oil of American wormseed. — **~ˌschlan·ge** *f zo.* worm snake (*Gattg Typhlops*). — **~ˌschnecke** (*getr.* -k·k-) *f* worm shell, old-maid's curl (*Fam. Vermicularia*). — **~ˌstich** *m* (*in Früchten, Holz*) wormhole. — **w~ˌsti·chig** *adj* (*Holz, Obst etc*) worm-eaten, wormy, full of worms, (*Holz*) *auch* full of worm: **das Holz ist** ~ **geworden** the wood is worm-eaten, the worm has got(ten) into the wood. — **w~ˌtrei·bend** *adj med. pharm.* anthelmintic, vermifuge, vermicidal. — **~-ˌwüh·le** [-ˌvyːlə] *f* ⟨-; -n⟩ *zo.* caecilian, coecilian (*Caecilia tentaculata*).

Wurscht [vʊrʃt] *f only in* **das ist mir ganz** (*od.* **völlig**) ~ *colloq.* I don't care a rap (*od.* fig), I don't give a damn (*od. colloq.* hang, *sl.* hoot). — **w~egal** [-ˀeˈgaːl] *adj colloq. cf.* wurstegal.

Wursch·te'lei *f* ⟨-; -en⟩ *colloq. cf.* Wurstelei.

wursch·teln ['vʊrʃtəln] *v/i u. v/reflex* ⟨h⟩ *colloq. cf.* wursteln.

'wursch·tig *adj colloq. cf.* wurstig. — **'Wursch·tig·keit** *f* ⟨-; *no pl*⟩ *colloq. cf.* Wurstigkeit.

Wurst [vʊrst] *f* ⟨-; ⁼e⟩ **1.** *gastr.* sausage: **frische [gebratene, geräucherte]** ~ fresh [fried, smoked] sausage; ~ **herstellen** (*od.* **machen**) to make sausages; ~ **zum** (*od.* **für**) **Aufschnitt** sausage for slicing; **ein Brot mit** ~ **belegen** to put sausage on a slice of bread; **wollen Sie die** ~ **im Stück?** do you want the sausage unsliced? – **2.** *fig.* (*etwas Wurstförmiges*) roll, sausage: **den Teig zu einer** ~ **rollen** to roll dough into a roll. – **3.** *fig. colloq.* (*in Wendungen wie*) **jetzt geht es um die** ~! now or never! it's do or die! **das ist mir (ganz** *od.* **völlig)** ~ I don't care a rap (*od.* fig), I don't give a damn (*od. colloq.* hang, *sl.* hoot), I don't give (*od.* care) two hoots (*sl.*); ~ **wider** ~ tit for tat; → Speckseite. — **~ˌblatt** *n* **1.** *cf.* Wurstscheibe. – **2.** *fig. colloq. cf.* Käseblatt. — **~ˌbrot** *n* slice of bread and (*od.* with) sausage. — **~ˌbrü·he** *f* sausage broth.

Würst·chen ['vʏrstçən] *n* ⟨-s; -⟩ **1.** *gastr.* small sausage: **heiße** ~! (*als Ausruf*) hot sausages! **Frankfurter** ~ frankfurt(er), frankfort(er), frank; **Wiener** ~ wienerwurst, wiener, *Am. auch* weiner, *Am. sl.* wienie, weenie. – **2. er ist ein** ~ *fig. contempt.* he is a nobody. – **3. armes** ~ *fig. colloq.* poor thing (*od.* soul). — **~ˌbu·de** *f,* **~ˌstand** *m* sausage stand.

'Wurst|ˌdarm *m* sausage casing (*od.* skin). — **w~egal** ['vʊrstˀeˈgaːl] *adj* **das ist mir** ~ *colloq.* I don't care a rap (*od.* fig), I don't give a damn (*od. colloq.* hang, *sl.* hoot), I don't give (*od.* care) two hoots (*sl.*).

Wur·stel ['vʊrstəl] *m* ⟨-s; -⟩ *Bavarian and Austrian for* Hanswurst, Kasperle.

Wür·stel ['vʏrstəl] *n* ⟨-s; -⟩ *Bavarian and Austrian gastr. for* Würstchen 1.

Wur·ste'lei *f* ⟨-; -en⟩ *colloq.* muddling, muddle. — **wur·steln** ['vʊrstəln] *colloq.* **I** *v/i* ⟨h⟩ **1.** muddle (*od.* fiddle, blunder) along. – **2.** *cf.* schludern. – **II** *v/reflex* **3. sich durchs Leben** ~ to muddle along (through life).

'Wür·stelˌstand *m Bavarian and Austrian for* Würstchenstand.

wur·sten ['vʊrstən] *v/i* ⟨h⟩ make sausages.

'Wurstˌen·de *n* sausage end.

Wur·ste'rei *f* ⟨-; -en⟩ *dial.* **1.** ⟨*only sg*⟩ sausage-making. – **2.** *cf.* Wurstküche.

'Wurst|faˌbrik *f* sausage factory. — **~fa·bri·ka·tiˌon** *f* sausage-making, sausage manufacture. — **~ˌfin·ger** *m meist pl contempt.* fat (*od.* bulbous) finger. — **~ˌfleisch** *n gastr.* sausage meat. — **w~ˌför·mig** *adj* sausage-shaped. — **~ˌfül·ler** *m* sausage filler. — **~ˌfül·lung** *f* sausage filling. — **~ˌhänd·ler** *m cf.* Wurstwarenhändler. — **~ˌhaut** *f* sausage skin.

wur·stig ['vʊrstɪç] *colloq.* **I** *adj* devil-may-care (*attrib*). – **II** *adv* sich ~ benehmen to have a devil-may-care attitude. — **'Wur·stig·keit** *f* ⟨-; *no pl*⟩ *colloq.* devil-may-care attitude.

'Wurst|ˌkes·sel *m* sausage boiler. — **~konˌser·ve** *f* **1.** *pl* preserved (*od.* canned, *bes. Br.* tinned) sausages. – **2.** can (*bes. Br.* tin) of sausages. — **~ˌkraut** *n bot. cf.* Majoran. — **~ˌkü·che** *f special kitchen where sausages are prepared.* — **~ˌla·den** *m* charcuterie, (shop selling) delicatessen. — **~ˌmas·se** *f* sausage mixture (*od.* meat). — **~ˌpel·le** *f bes. Northern G. for* Wursthaut. — **~ˌring** *m* sausage ring. — **~ˌschei·be** *f* slice of sausage. — **~ˌsup·pe** *f* sausage broth, (*von Blutwurst*) *auch* blood sausage (*od.* black pudding) broth. — **~verˌgif·tung** *f med.* sausage poisoning; allantiasis, botulism (*scient.*).

'Wurstˌwa·ren *pl gastr.* sausages. — **~ˌhänd·ler** *m* **1.** charcutier, dealer in delicatessen. – **2.** *cf.* Wurstladen.

'Wurstˌzip·fel *m* sausage tip (*od.* end).

Wurt [vʊrt] *f* ⟨-; -en⟩, **'Wur·te** *f* ⟨-; -n⟩ *cf.* Warf². — **'Wur·tenˌsied·lung** *f* (*an der Nordsee*) dwellings *pl* on a flood-resistant mound (*od.* knoll).

Wurt·zit [vʊr'tsiːt; -'tsɪt] *m* ⟨-s; -e⟩ *min.* wurtzite.

Wurz [vʊrts] *f* ⟨-; -en⟩ *obs. od. dial. for* Wurzel 1.

Wür·ze ['vʏrtsə] *f* ⟨-; -n⟩ **1.** (*Gewürz*) spice, relish, condiment: **die ~ des Lebens** *fig.* the spice of life. – **2.** (*Aroma*) seasoning, flavoring, *bes. Br.* flavouring: **der Soße fehlt die ~** the sauce lacks seasoning. – **3.** *brew.* wort, malt liquor: **die ~ abziehen** to drain (*od.* draw) off the wort. – **4.** *fig.* (*Witz, Reiz*) zest, relish: **dem Ganzen fehlt die (rechte) ~** the whole thing lacks zest; → Kürze 3.

Wur·zel ['vʊrtsəl] *f* ⟨-; -n⟩ **1.** *auch fig.* root: **~(n) schlagen** (*od.* **fassen**) a) (*von Pflanzen etc*) to take (*od.* strike) root, to root, b) *fig.* to take root, to root; **~n treiben** to grow (*od.* send out, develop) roots; **tiefe ~n schlagen** to grow deep roots; **etwas mit der ~ ausreißen** a) to uproot s.th., to pull s.th. out (*od.* up) by the root, to root s.th. out (*od.* up), b) *fig.* to uproot (*od.* eradicate) s.th.; **ein Übel mit der ~ ausrotten** *fig.* to eradicate an ill (*od.* a trouble); **das Übel an** (*od.* **bei**) **der ~ packen** *fig.* to get down to the root of the trouble; **die ~ allen Übels sein** *fig.* to be the root of all evil. – **2. Gelbe ~** *Northern G. agr.* carrot. – **3.** (*Haarwurzel*) (hair) root. – **4.** (*Nagelwurzel*) nail root (*od.* matrix). – **5.** (*Zahnwurzel*) root (of a tooth), (*ohne Krone*) *auch* stump. – **6.** *med.* a) (*der Hand*) wrist, carpus (*scient.*), b) (*des Fußes*) tarsal bones *pl*, tarsus. – **7.** *math.* root, radical: **zweite [dritte, vierte] ~** square [cubic, biquadratic] root; **die ~ (aus) einer Zahl ziehen** to extract (*od.* calculate) the (square) root of a number. – **8.** *ling.* radical, root. — **~abˌle·ger** *m hort.* root cutting. — **~ˌäl·chen** *n zo.* root eelworm (*Heterodera radicicola*). — **w~ˌar·tig** *adj* rootlike, rhizoid (*scient.*). — **~ausˌläu·fer** *m bot.* runner, sucker. — **~ausˌzie·her** *m* ⟨-s; -⟩ *med.* (*in der Zahnmedizin*) dental stump forceps. — **~ˌbal·len** *m bot.* root bale. — **~ˌbaum** *m bot.* mangrove, mangle, rhizophora (*scient.*) (*Rhizophora mangle*). — **~beˌhand·lung** *f med.* (*in der Zahnmedizin*) root(-canal) treatment. — **~beˌreich** *m* apical zone. — **~ˌbil·dung** *f bot.* rooting. — **~ˌblatt** *n* **1.** radical leaf. – **2.** Gekelchtes ~ air (*auch* life) plant (*Bryophyllum calycinum*). — **~ˌboh·rer** *m* **1.** *zo.* root borer (*Fam. Hepialidae*). – **2.** *med.* (*in der Zahnmedizin*) reamer. — **~ˌbrand** *m bot.* root rot, pythium root necrosis. — **~ˌbür·ste** *f* coarse scrubbing brush.

Wür·zel·chen ['vʏrtsəlçən] *n* ⟨-s; -⟩ **1.** *dim. of* Wurzel 1. – **2.** rootlet. – **3.** *Northern G. agr.* (*kleine Mohrrübe*) small carrot.

'wur·zelˌecht *adj hort.* own-root(ed).

'Wur·zel|ex·poˌnent *m math.* radical index. — **~exˌtrak·tor** *m* [-ɛksˌtraktɔr] *m* ⟨-s; -en [-'toːrən]⟩ *agr.* (*Gerät*) root rake. — **~ˌfa·ser** *f bot.* root fiber (*bes. Br.* fibre). — **~ˌfäu·le** *f agr.* soft rot. — **w~ˌfest** *adj* root-bound. — **~ˌflie·ge** *f zo.* turnip fly (*Anthomyia radium*). — **w~ˌfres·send** *adj* rhizophagous. — **~ˌfül·lung** *f med.* (*in der Zahnmedizin*) root-canal filling. — **~ˌfüßer, ~ˌfüß·ler** [-ˌfyːslər] *m* ⟨-s; -⟩ *zo.* rhizopod (*Klasse Rhizopoda*). — **~geˌflecht** *n bot.* wickerwork of roots. — **w~geˌfüllt** *adj med.* (*Zahn*) root-canal-filled. — **~geˌmü·se** *n gastr.* root vegetables *pl.* — **~geˌwächs** *n meist pl bot.* root plant. — **~gra·nuˌlom** *n med.* (*in Zahnmedizin*) root (*od.* apical) granuloma. — **~ˌgrö·ße** *f math.* radical quantity. — **~ˌhaar** *n bot.* root (*od.* radical) hair.

'wur·zel·haft *adj* rooted.

'Wur·zel|ˌhals *m med.* (*eines Zahnes*) neck of a tooth. — **~ˌhau·be** *f bot.* root cap, calyptra (*scient.*).

'Wur·zelˌhaut *f med.* (*in der Zahnmedizin*) dental (*od.* alveolar) periosteum, periodontal membrane. — **~entˌzün·dung** *f* periodontitis, dental periostitis.

'Wur·zel|ˌhe·ber *m med.* (*in der Zahnmedizin*) **1.** exolever. – **2.** *cf.* Wurzelzange. — **~ˌholz** *n* (*forestry*) root wood.

'wur·ze·lig *adj* rooty, full of roots.

'Wur·zel|kaˌnal *m med.* (*eines Zahns*) root (*od.* pulp) canal. — **~ˌkeim** *m bot.* radicle. — **~ˌknöll·chen** *n* root tubercle. — **~ˌknol·le** *f* root tuber. — **~ˌkrebs** *m zo.* root(-headed) barnacle (*Gattg Sacculina*). — **~ˌlaus** *f* root louse (*Gattg Rhizobius*).

'wur·zel·los *adj* **1.** rootless. – **2.** *fig.* (*Mensch*) rootless, without roots. — **'Wur·zel·lo·sig·keit** *f* ⟨-; *no pl*⟩ *auch fig.* rootlessness.

'Wur·zel|ˌmann *m* ⟨-(e)s; -männer⟩, **~ˌmänn·chen** *n bot. cf.* Alraun(e) 1. — **~ˌmaß** *n civ.eng.* ga(u)ge distance. — **~ˌmaus** *f zo.* root (*od.* Northern) vole, ratkop (*Microtus oeconomus ratticeps*). — **~ˌmundˌqual·le** *f* rhizostomid, rhizostoma (*Ordng Rhizostomae*).

wur·zeln ['vʊrtsəln] *v/i* ⟨h⟩ **1.** be rooted: **tief [fest] in der Erde ~** to be rooted deep [firmly] in the ground. – **2.** *fig.* (**in** *dat*) be rooted (in), root (in), stem (from): **diese Abneigung wurzelt in seiner Kindheit** this dislike is rooted (*od.* has its roots) in his childhood. – **3.** *fig.* (*tief verankert sein*) be rooted, root: **das Mißtrauen wurzelt fest in ihm** mistrust is deeply rooted in him, his mistrust is deep-rooted. – **4.** *fig.* (*tief verbunden sein*) have deep roots, have deep-rooted ties, be rooted: **j-d wurzelt in der Heimat** s.o. has deep roots in his home country (*od.* native land).

'Wur·zel|re·sek·tiˌon *f med.* (*in der Zahnmedizin*) root resection, radiectomy. — **~ˌschoß, ~ˌschöß·ling** *m bot.* (root) sucker (*od.* runner). — **~segˌment** *n* (*computer*) root (segment). — **~ˌsil·be** *f ling.* root (*od.* radical) syllable. — **~ˌspit·ze** *f* **1.** *bot.* root tip. – **2.** *med.* (*eines Zahnes*) root apex. — **~ˌspit·zen·re·sek·tiˌon** *f med.* (*in der Zahnmedizin*) apicectomy, radiectomy. — **~ˌspros·se** *f bot. cf.* Wurzelschoß. — **w~ˌspros·send** *adj* sucker-producing, soboliferous (*scient.*). — **~ˌstand** *m* radication. — **w~ˌstän·dig** *adj* growing from the root, radical. — **~ˌstock** *m* ⟨-(e)s; ⸗e⟩ rootstock, rhizome (*scient.*). — **~ˌwerk** *n* ⟨-(e)s; *no pl*⟩ **1.** *bot.* root system, roots *pl.* – **2.** *gastr. cf.* Grünzeug 1. — **~ˌwort** *n ling.* root (*od.* radical) word. — **~ˌzahl** *f math.* root (number). — **~ˌzan·ge** *f med.* (*in der Zahnmedizin*) dental stump forceps. — **~ˌzei·chen** *n math.* radical sign. — **~ˌzie·hen** *n math.* root extraction. — **~ˌzy·ste** *f med.* (*in der Zahnmedizin*) root (*od.* radicular) cyst.

wur·zen ['vʊrtsən] *v/t* ⟨h⟩ j-n ~ *Austrian dial.* to exploit s.o., to take (undue) advantage of s.o.

wür·zen ['vʏrtsən] **I** *v/t* ⟨h⟩ **1.** *bes. gastr.* season, spice, flavor, *bes. Br.* flavour: **schwach [stark, scharf] ~** to season mildly [highly *od.* strongly, hotly *od.* pungently]. – **2.** *fig.* (*Rede*) pepper, season: **er würzte seinen Vortrag mit Humor** he peppered his lecture with humo(u)r. – **3.** *fig.* (*Programm etc*) give zest to. – **II W~** *n* ⟨-s⟩ **4.** *verbal noun.*

'Würz|ˌfleisch *n gastr. cf.* Ragout. — **~ˌhap·pen** *m* tidbit, titbit, canapé, *Br. auch* small savoury.

'wür·zig *adj* **1.** (*Speisen, Getränke*) spicy, *auch* spicey. – **2.** (*Wein*) fruity. – **3.** *fig.* (*Luft*) fragrant. – **4.** (*aromatisch*) aromatic. – **5.** (*pikant*) piquant.

'Würzˌkräu·ter *pl bot. cf.* Gewürzkräuter.

'wurz·lig *adj cf.* wurzelig.

'würz·los *adj* **1.** (*Speisen, Getränke etc*) insipid, flavorless, *bes. Br.* flavourless, spiceless. – **2.** *fig.* (*Rede etc*) flat, insipid.

'Würz|ˌmit·tel *n gastr. cf.* Gewürz. — **~ˌpfan·ne** *f brew.* wort kettle, *Br. auch* hop copper. — **~ˌstoff** *m* condiment.

'Wür·zung *f* ⟨-; *no pl*⟩ *cf.* Würzen.

'Würzˌwein *m* spiced (*od.* mulled) wine.

wusch [vuːʃ] *1 u. 3 sg pret of* waschen.

Wu·sche ['vuːʃə] *f* ⟨-; -n⟩ *meist pl Eastern G. for* Filzschuh, Pantoffel.

wü·sche ['vyːʃə] *1 u. 3 sg pret subj of* waschen.

'Wu·schelˌhaar ['vʊʃəl-] *n colloq.* tousled curly (*od.* fuzzy) hair.

'wu·sche·lig *adj colloq.* **1.** fuzzy, curly. – **2.** (*unordentlich*) tousled. – **3.** (*Pelz*) fuzzy.

'Wu·schelˌkopf *m colloq.* mop (*od.* bush, fuzz) of curly hair, mop of fuzzy hair.

'wu·se·lig *adj Southern G. colloq.* busy, bustling. — **wu·seln** ['vuːzəln] *v/i* ⟨h⟩ *Southern G. colloq.* **1.** busy (*od.* bustle) about. – **2.** be teeming.

wuß·te ['vʊstə] *1 u. 3 sg pret*, **wüß·te** ['vʏstə] *1 u. 3 sg pret subj of* wissen.

Wust [vuːst] *m* ⟨-(e)s; *no pl*⟩ *colloq.* **1.** (*ungeordnete Menge*) tangled mass. – **2.** (*wüstes Durcheinander*) mess, jumble. – **3.** (*große Menge*) mass: **ein ~ von Arbeit** a mass of work. – **4.** (*von Haaren*) mass, bush. – **5.** (*Kram*) rubbish, trash.

wüst [vyːst] *adj* ⟨-er; -est⟩ **1.** (*öde*) desert, waste, desolate: **eine ~e Gegend** a desert region; **die Erde war ~ und leer** *Bibl.* the earth was without form, and void. – **2.** (*unbebaut*) uncultivated. – **3.** (*unordentlich, verwahrlost*) wild: **ein ~es Durcheinander** a wild (*od.* chaotic) mess; **~es Haar** wild (*od.* dishevel[l]ed) hair; **hier sieht es ja ~ aus** this place is (in) a wild mess (*od.* is in absolute chaos). – **4.** (*ausschweifend, liederlich*) dissolute, wild: **ein ~es Leben führen** to lead a dissolute life. – **5.** (*grob, roh, wild*) wild: **~er Kerl** *colloq.* wild fellow (*colloq.*); **~es Gelage** wild carousal.

Wü·ste ['vyːstə] *f* ⟨-; -n⟩ **1.** *geogr.* desert: **die ~ Gobi** the Gobi desert; **j-n in die ~ schikken** *fig. colloq.* to drop s.o.; → Prediger 1; Rufer 1; Schiff 3. – **2.** (*ödes Land*) waste(land), desert, wilderness: **ein Land zur ~ machen** to devastate (*od.* ravage, lay waste) a country. – **3.** *fig.* waste, wilderness, desert: **die ~ des Meeres** *poet.* the waste of waters (*od.* the ocean), the watery waste(s *pl*); **eine ~ von Eis und Schnee** a waste of ice and snow.

wü·sten ['vyːstən] *v/i* ⟨h⟩ **mit etwas ~** *colloq.* (*mit Geld, Kraft etc*) to squander (*od.* dissipate, waste) s.th., to use s.th. wastefully.

'Wü·sten|aga·me [-ʔaˌgaːmə] *f zo.* desert agama (*Agama mutabilis*). — **~beˌwoh·ner** *m* inhabitant of the desert. — **~ˌdachs** *m zo.* desert badger (*Meles arenarius*).

Wü·ste·nei [vyːstə'naɪ] *f* ⟨-; -en⟩ **1.** *obs. od. lit.* (*wüste, öde Gegend*) desert, waste(land), wilderness. – **2.** *colloq.* wild mess.

'Wü·sten|ˌfuchs *m zo. cf.* Fennek. — **~geˌbiet** *n* desert region. — **~ˌgim·pel** *m zo.* stonebird, moro (*Bucanetes githageneus*). — **~ˌheuˌschrecke** (*getr.* -k·k-) *f* desert locust (*Schistocerca gregaria*). — **~ˌhuhn** *n* grouse pigeon, sandgrouse (*Fam. Pteroclidae*). — **~ˌkö·nig** *m poet.* lion. — **~ˌkli·ma** *n* desert climate. — **~ˌlack** *m geol.* desert varnish (*od.* polish). — **~ˌland·schaft** *f* desert landscape, desertscape. — **~ˌläu·fer** *m zo.* swiftfoot (*Cursorius cursor*). — **~le·guˌan** *m* desert legua(a)n (*od.* iguana) (*Dipsosaurus dorsalis*). — **~ˌluchs** *m* desert lynx, caracal (*Caracal caracal*). — **~ˌmaus** *f* desert mouse (*Pseudomys hermannsburgensis*). — **~ˌpflan·ze** *f bot.* desert plant. — **~ˌren·ner** *m zo.* desert runner, race runner (*Gattg Eremias*). — **~ˌsand** *m* desert sand. — **~ˌschiff** *n fig.* (*Kamel*) ship of the desert. — **~ˌschlie·fer** *m zo. cf.* Klippschliefer. — **~ˌsohn** *m* son of the desert. — **~ˌspringˌmaus** *f zo.* jerboa (*Jaculus jaculus*). — **~ˌsturm** *m* desert storm. — **~ˌtier** *n zo.* desert animal. — **~waˌran** *m* desert (*od.* yellow) monitor (*Varanus griseus*). — **~ˌwind** *m* desert wind. — **~ˌzo·ne** *f* desert belt (*od.* zone).

'Wüst·heit *f* ⟨-; *no pl*⟩ **1.** desolation, desolateness, wasteness. – **2.** wildness. – **3.** dissoluteness, wildness.

'Wüst·ling *m* ⟨-s; -e⟩ libertine, (*stärker*) debauchee, lecher, rake, roué, Lothario.

'Wü·stung *f* ⟨-; -en⟩ **1.** (*verlassene Siedlung, Flur*) deserted village (*od.* settlement). – **2.** deserted plain.

Wut [vuːt] *f* ⟨-; *no pl*⟩ **1.** rage, fury, furor: **eine fürchterliche ~ haben** *colloq.* to be absolutely furious (*od. colloq.* mad), *Am. colloq.* to be really burnt up; **ihn packte die**

~ he flew into a rage; **mich packt die ~, wenn ich daran denke[, daß]** it makes me furious (*od. colloq.* mad) to think of it [to think that, to think of how]; **seine ~ an j-m auslassen** to vent one's rage (*od.* passion) on s.o.; **eine ~ auf j-n haben** to be furious (*od. colloq.* raging, mad, *Am. colloq.* burnt up) at s.o.; **eine ~ im Bauch haben** *colloq.* to be hopping mad (*colloq.*); **in blinder ~** in a blind fury (*od.* passion); **in ~ geraten** (*od.* **kommen**) to become furious, (*stärker*) to fly into a rage (*od.* passion); **leicht in ~ geraten** to lose one's temper (*Am. colloq.* to burn up) easily, to be (very) hot-tempered (*od.* hotheaded); **sie gerät immer gleich in ~** she loses her temper (*od.* she flares up, *Am. colloq.* she burns up) at the slightest provocation; **sich in ~ steigern** to work oneself into a fury; **j-n in ~ bringen** to infuriate (*od.* enrage, *stärker* incense) s.o., *Am. colloq.* to burn s.o. up; **vor ~ beben [kochen, schäumen, schnauben]** to tremble [to boil, to fume *od.* foam, to snort] with rage; **vor ~ platzen** *colloq.* to hit the ceiling (*od.* roof), to blow one's top, to fly off the handle (*alle colloq.*); **vor ~ toben** to be raging. – **2.** (*heftiger Zorn*) violent anger, wrath. – **3.** (*unwiderstehliche Neigung*) mania, passion, craze. – **4.** (*momentane Begeisterung*) frenzy: **mit einer wahren ~ tanzen** to dance in a frenzy. – **5.** *fig. lit.* (*der Elemente, des Sturmes etc*) fury. – **6.** *med. vet. cf.* Tollwut. — **~ˌanˌfall** *m* **1.** fit (*od.* flare-up) of rage (*od.* fury, passion), flare-up, wax (*sl.*): **einen ~ bekommen** (*od. colloq.* **kriegen**) to have (*od.* fly into) a fit of rage, to fly off the handle (*colloq.*). – **2.** (*launischer*) tantrum: **einen ~ bekommen** (*od. colloq.* **kriegen**) to fly into a tantrum. — **~ˌausˌbruch** *m* **1.** outburst of fury (*od.* rage), wax (*sl.*). – **2.** (*launischer*) tantrum.

wü·ten [ˈvyːtən] **I** *v/i* ⟨h⟩ **1.** (*toben, rasen*) rage, fume, foam: **er wütet vor Zorn** he is fuming with rage; **er wütet in seinem Zimmer** a) he is raging in his room, b) (*zerstörerisch*) he is storming around the room. – **2.** *fig.* (*von Unwetter, Flut, Krieg etc*) rage: **draußen wütete der Sturm** the storm was raging outside; **die Seuche wütete in der Stadt** the plague raged through the city. – **3.** (*schwere Zerstörungen anrichten*) cause (*od.* create, work) havoc, havoc: **das Feuer hat schrecklich gewütet** the fire wrought tremendous havoc. – **4.** (*von aufgebrachter Menschenmenge*) riot. – **5.** (*krankhaft*) rave. – **6.** (*wütend reden*) storm: **er wütete gegen seine Feinde** he stormed at his adversaries. – **II W~** *n* ⟨-s⟩ **7.** *verbal noun.* – **8.** rage, rampage, rave. – **9.** (*der Elemente*) rage. — ˈ**wü·tend I** *pres p.* – **II** *adj* **1.** (*Person, Menge*) furious, enraged, raging, *Am. colloq.* burnt-up (*attrib*), *Am. sl.* fit to be tied: **~ werden** to become furious, (*stärker*) to fly into a rage (*od.* passion); **j-n ~ machen** to infuriate s.o., *Am. colloq.* to burn s.o. up; **auf j-n ~ sein** to be furious (*Am. colloq.* burnt up) at s.o.; **j-n ~ anblicken** to glare (*od.* glower) at s.o., to give s.o. a furious look; **j-n ~ anschreien** to fume (*od.* storm) at s.o., to scream at s.o. furiously; **~ aufspringen** to jump up in a fury; **~ über die** (*od.* **wegen der**) **Bemerkung** furious at the remark. – **2.** (*Tier*) enraged, furious, (*Elefantenbulle*) *auch* on (*od.* in) must(h): **der Hund bellte ihn ~ an** the dog barked at him furiously. – **3.** *fig.* (*Kampf etc*) furious, fierce. – **4.** *fig.* (*Orkan etc*) raging. – **5.** *fig.* (*Schmerz*) raging, rabid.

ˈ**wut|entˌbrannt** *adj* incensed, wild with rage. — **~erˌfüllt** *adj* enraged.

Wü·te·rich [ˈvyːtərɪç] *m* ⟨-s; -e⟩ **1.** hothead, hotheaded (*od.* hot-tempered) person. – **2.** (*grausamer Mensch*) cruel (*od.* ruthless) person, tartar, Tartar. – **3.** (*grausamer Tyrann*) truculent (*od.* ruthless) tyrant.

ˈ**Wut|geˌheul** *n* howl of fury (*od.* frenzy). — **~geˌschrei** *n* cries *pl* (*od.* shouts *pl*, yells *pl*, whoops *pl*) of fury (*od.* frenzy). — **~ˌkrankheit** *f med.* lyssa, rabies.

wutsch [vʊtʃ] *interj colloq.* (*lautmalend*) whoosh: **~, war er draußen** he was outside with a whoosh (*od. colloq.* in a jiffy).

ˈ**wutˌschäu·mend** *adj* fuming (*od.* foaming) with rage, in a towering rage.

wut·schen [ˈvʊtʃən] *v/i* ⟨sein⟩ *colloq.* whoosh.

ˈ**wut|ˌschnau·bend** *adj* snorting with (*od.* breathing) rage, in a towering rage. — **~verˌzerrt** *adj* (*Gesicht*) distorted with rage.

wu·zeln [ˈvuːtsəln] *Bavarian and Austrian colloq.* **I** *v/t* ⟨h⟩ (*Zigarette etc*) roll, make (*s.th.*) by rolling. – **II** *v/reflex* **sich durch die Menge ~** to worm one's way through the crowd.

Wy·chu·chol [ˈvʏçuxəl] *m* ⟨-(s); -s⟩ *zo. cf.* Desman.

X

X, x [ɪks] *n* ⟨-; -⟩ **1.** X, x (*twenty-fourth letter of the German alphabet; nineteenth consonant*): ein großes X a capital (*od.* large) X; ein kleines X a small (*od.* little) x. – **2.** j-m ein X für ein U vormachen *fig. colloq.* to hoodwink s.o., to dupe s.o. – **3.** x *colloq.* (*unbestimmte Anzahl*) umpteen, *auch* umteen (*sl.*): x Leute habe ich gefragt I've asked umpteen people. – **4.** x *math.* (*erste Unbekannte*) x. – **5.** X (*röm. Zahl für 10*) X. – **6.** X *electr.* (*Blindwiderstand*) X. – **7.** X (*something having the shape of the capital letter X*) X.

X-ˌAch·se ['ɪks-] *f math.* x-axis, axis of the abscissas.

Xan·that [ksan'taːt] *n* ⟨-(e)s; -e⟩ *chem. cf.* Xanthogenat.

Xan·then [ksan'teːn] *n* ⟨-s; *no pl*⟩ *chem.* xanthene ($C_{13}H_{10}O$). — **~ˌfarbˌstoff** *m* xanthene dye.

Xan·thin [ksan'tiːn] *n* ⟨-s; *no pl*⟩ *chem.* xanthine ($C_5H_4N_4O_2$).

Xan·thip·pe [ksan'tɪpə] **I** *npr f* ⟨-; *no pl*⟩ Xant(h)ippe (*wife of Socrates*). – **II** *f* ⟨-; -n⟩ *fig. colloq.* xant(h)ippe, vixen, termagant, 'battle-ax(e)' (*colloq.*).

xan·tho..., Xan·tho... *combining form denoting* xantho...

xan·tho·chrom [ksanto'kroːm] *adj med.* (*gelbgefärbt*) xanthochromic. — **Xan·tho·chro'mie** [-kro'miː] *f* ⟨-; *no pl*⟩ (*des Blutserums*) xanthochromia.

xan·tho·derm [ksanto'dɛrm] *adj med.* (*gelbhäutig*) xanthodermatic. — **Xan·tho·der·'mie** [-'miː] *f* ⟨-; *no pl*⟩ (*Gelbfärbung der Haut*) xanthoderm(i)a.

Xan·tho·ge·nat [ksantoge'naːt] *n* ⟨-(e)s; -e⟩ *chem.* xanthate, xanthogenate (C_4H_9-OCSSK).

Xan·tho'genˌsäu·re [ksanto'geːn-] *f chem.* xanthogenic (*od.* xanthic) acid (C_2H_5-OCSSH).

Xan·tho'genˌsau·res 'Ka·li·um *n chem.* potassium xanthogenate [$CS(OC_2H_5)(SK)$].

Xan·thom [ksan'toːm] *n* ⟨-s; -e⟩ *med.* (*Gelbknoten der Haut*) xanthoma.

Xan·tho·ma·to·se [ksantoma'toːzə] *f* ⟨-; -n⟩ *med.* xanthomatosis.

Xan·tho·phyll [ksanto'fʏl] *n* ⟨-s; *no pl*⟩ *bot. chem.* xanthophyll.

Xan·tho·pro·te'in·re·ak·tiˌon [ksantoprote'iːn-] *f chem.* xanthoprotein reaction (*od.* test), Mulder's test.

Xan·tho·xy·lum [ksan'tɔksylʊm] *n* ⟨-s; *no pl*⟩ *bot.* (*asiatischer u. nordamer. Baum*) zanthoxylum (*Gattg Zanthoxylum*).

Xan'thy·li·umˌsal·ze [ksan'tyːlɪʊm-] *pl chem.* xanthylium salts.

X-ˌBein ['ɪks-] *n med.* knock-knee, genu valgum (*scient.*): ~e haben to have knock-knees, to be knock-kneed. — **x-ˌbei·nig** ['ɪks-] *adj* knock-kneed.

x-beˌlie·big ['ɪks-] **I** *adj* any (... you please *od.* ... you like): jeder ~e any person, anybody, any Tom, Dick or Harry; nenne mir eine ~e Zahl name me any number (you please). – **II X~e, das** ⟨-n⟩ etwas X~es anything at all (*od.* you like, you please).

X-Chro·moˌsom ['ɪks-] *n biol.* X chromosome.

Xe·nat [kse'naːt] *n* ⟨-(e)s; -e⟩ *chem.* xenate (*salt of* H_6XeO_6).

Xe·nie ['kseːnɪə] *f* ⟨-; -n⟩ **1.** (*literature*) epigram. – **2.** *biol.* xenia.

'Xe·ni·en|ˌdich·ter *m* epigrammatist. — **~ˌstreit** *m* (*in der deutschen Literatur*) controversy raised by the '*Xenien*' of Goethe and Schiller.

Xe·ni·on ['kseːnɪɔn] *n* ⟨-s; Xenien⟩ **1.** *antiq.* (*Gastgeschenk*) xenium. – **2.** (*literature*) *cf.* Xenie 1.

xe·no..., Xe·no... *combining form denoting* xeno...

xe·no·bla·stisch [kseno'blastɪʃ] *adj min.* xenoblastic.

Xe·no·ga·mie [ksenoga'miː] *f* ⟨-; *no pl*⟩ *bot. cf.* Fremdbestäubung.

Xe·no·kra·tie [ksenokra'tiː] *f* ⟨-; -n [-ən]⟩ *rare for* Fremdherrschaft.

Xe·no·lith [kseno'liːt; -'lɪt] *m* ⟨-s *u.* -en; -e(n)⟩ *geol.* xenolith.

Xe·no·lo·gie [ksenolo'giː] *f* ⟨-; *no pl*⟩ *rare for* Okkultismus.

xe·no·morph [kseno'mɔrf] *adj geol.* xenomorphic.

Xe·non ['kseːnɔn] *n* ⟨-s; *no pl*⟩ *chem.* xenon (Xe). — **~fluoˌri·de** *pl* xenon fluorides. — **~ˌlam·pe** *f phot.* xenon lamp. — **~oxi·de** [-ʔɔˌksiːdə], **~oxy·de** [-ʔɔˌksyːdə] *pl chem.* xenon oxides (*auch* oxydes) (XeO_3 *and* XeO_4). — **~ˌsäu·re** *f* xenon acid (H_6XeO_6).

xe·no·phob [kseno'foːp] *adj psych.* xenophobic, hating foreigners. — **Xe·no·pho'bie** [-fo'biː] *f* ⟨-; *no pl*⟩ xenophobia, hatred of foreigners.

Xe·no·tim [kseno'tiːm] *m* ⟨-s; *no pl*⟩ *min.* xenotime.

Xe·res ['çeːrɛs] *m* ⟨-; *no pl*⟩ sherry.

Xe·ro·der·ma [ksero'dɛrma] *n* ⟨-s; -ta [-ta] *u.* -dermen⟩ *med.* dermatoxerasia, xeroderma.

Xe·ro·der·mie [kserodɛr'miː] *f* ⟨-; *no pl*⟩ *med.* xeroderm(i)a, dryness of the skin.

Xe·ro·gra·phie [kserogra'fiː] *f* ⟨-; *no pl*⟩ *print.* xerography. — **xe·ro'gra·phisch** [-'graːfɪʃ] *adj* xerographic.

Xe·ro·ko·pie [kseroko'piː] *f print.* xerographic print.

xe·ro·morph [ksero'mɔrf] *adj bot.* xeromorphic, *auch* xeromorphal, xeromorphous.

xe·ro·phil [ksero'fiːl] *adj bot.* (*Pflanze*) xerophilous, xerophile, xerophil(ic). — **Xe·ro·phi'lie** [-fi'liː] *f* ⟨-; *no pl*⟩ xerophily.

Xer·oph·thal·mie [kserɔftal'miː] *f* ⟨-; -n [-ən]⟩ *f med.* (*Trockenheit der Bindehaut*) xeroma, xerophthalmia.

Xe·ro·phyt [ksero'fyːt] *m* ⟨-en; -en⟩ *bot.* xerophyte.

Xe·ro·se [kse'roːzə] *f* ⟨-; -n⟩ *med.* (*Austrocknung*) xerosis.

Xe·ro·sto·mie [kserosto'miː] *f* ⟨-; -n [-ən]⟩ *med.* (*Speichelmangel*) xerostomia.

xe·ro·therm [ksero'tɛrm] *adj geogr.* xerothermic.

xe·ro·tisch [kse'roːtɪʃ] *adj med.* (*krankhaft trocken*) xerotic.

x-ˌfach ['ɪks-] **I** *adv* (*in Wendungen wie*) das läßt sich ~ wiederholen *colloq.* that can be repeated as many times as one likes (*od. sl.* umpteen [*auch* umteen] times). – **II X~e, das** ⟨-n⟩ *colloq.* umpteen (*auch* umteen) times as much (*sl.*): ich habe das X~e bezahlt I paid umpteen times as much (as that), I paid umpteen times that amount (*beide sl.*), I paid that many times over.

x-ˌför·mig ['ɪks-] *adj* x-shaped, decussate.

Xi [ksiː] *n* ⟨-(s); -s⟩ xi (*14th letter of the Greek alphabet*).

x-ˌmal ['ɪks-] *adv colloq.* umpteen (*auch* umteen) times (*sl.*), a hundred times, ever so many times, time and (time) again: ich habe es ihm schon ~ gesagt I have told him that umpteen times.

X-ˌNaht ['ɪks-] *f tech.* double-V butt weld.

Xo·anon ['ksoːanɔn] *n* ⟨-s; Xoana [-na]⟩ *antiq.* (*art*) (*griech. Götterbild*) xoanon.

X-ˌStoß ['ɪks-] *m tech.* double-V joint.

X-ˌStrah·len ['ɪks-] *pl phys. cf.* Röntgenstrahlen.

x-te ['ɪkstə] *adj* **1.** *colloq.* umpteenth, *auch* umteenth, umptieth (*alle sl.*): ich sage dir das zum ~n Male (*od.* ~nmal) I have told you that umpteen (*od.* a hundred, a thousand) times, I am telling you that for the umpteenth (*od.* hundredth) time. – **2.** ~ Potenz *math.* nth power.

Xy·lan [ksy'laːn] *n* ⟨-s; *no pl*⟩ *chem.* xylan.

Xy·lem [ksy'leːm] *n* ⟨-s; -e⟩ *bot.* xylem.

Xy·le·nol [ksyle'noːl] *n* ⟨-s; -e⟩ *chem.* xylenol, dimethyl phenol [$(CH_3)_2C_6H_3OH$].

Xy·li·din [ksyli'diːn] *n* ⟨-s; -e⟩ *chem.* xylidine [$(CH_3)_2C_6H_3NH_2$].

Xy·lit [ksy'liːt; -'lɪt] *n* ⟨-s; -e⟩ *chem.* xylitol ($C_5H_7(OH)_5$).

Xy·lo·graph [ksylo'graːf] *m* ⟨-en; -en⟩ *print.* xylographer, wood engraver. — **Xy·lo·gra'phie** [-gra'fiː] *f* ⟨-; -n [-ən]⟩ **1.** ⟨*only sg*⟩ xylography, wood engraving, woodcutting. – **2.** (*Holzschnitt*) xylograph(y), woodcut, wood engraving. — **xy·lo'gra·phisch** *adj* xylographic, *auch* xylographical.

Xy·lol [ksy'loːl] *n* ⟨-s; -e⟩ *chem.* xylene, xylol ($C_6H_4(CH_3)_2$).

Xy·lo·me·ter [ksylo'meːtər] *n* ⟨-s; -⟩ (*wood*) xylometer.

Xy·lo·phon [ksylo'foːn] *n* ⟨-s; -e⟩ *mus.* xylophone. — **~ˌschle·gel** *m* xylophone belt (*od.* beater).

Xy·lo·se [ksy'loːsə] *f* ⟨-; *no pl*⟩ (*Holzzucker*) xylose ($C_5H_{10}O_5$).

Xy·stos ['ksʏstɔs] *m* ⟨-; Xysten⟩ *antiq.* (*Säulengang*) xystus, xystum.

Y

Y, y ['ʏpsilɔn] *n* ⟨-; -⟩ **1.** Y, y (*twenty-fifth letter of the German alphabet; twentieth consonant*): ein großes Y a capital (*od.* large) Y; ein kleines Y a small (*od.* little) y. – **2.** y *math.* (*zweite Unbekannte*) y. – **3.** Y *chem.* (*symbol of Yttrium*) Y. – **4.** Y (*something having the shape of the capital letter Y*) Y.

'**Yac·ca,baum** ['jaka-] *m bot.* yacca (*Podocarpus coriacea*).

Y-,Ach·se ['ʏpsilɔn-] *f math.* y-axis, axis of the ordinates.

Yacht [jaxt] *f* ⟨-; -en⟩ *cf.* Jacht.

'**Ya·gi·an,ten·ne** ['ja:gi-] *f* (*radio*) *telev.* yagi (antenna, *bes. Br.* aerial).

Yak [jak] *m* ⟨-s; -s⟩ *zo. cf.* Jak.

'**Yal·ta-Kon·fe,renz** ['jalta-] *f pol. cf.* Jalta-Konferenz.

'**Yams,wur·zel** ['jams-] *f bot. cf.* Jamswurzel.

Yang [jaŋ] *n* ⟨-; *no pl*⟩ *philos.* yang (*the masculine principle in Chinese cosmology*).

Yan·kee ['jɛŋki] *m* ⟨-s; -s⟩ *colloq.* (*Spottname für US-Amerikaner*) Yankee.

Yan·kee-doo·dle ['jæŋkidu:dl] (*Engl.*) *m* ⟨-(s); *no pl*⟩ Yankee-Doodle.

'**Yan·kee·tum** *n* ⟨-s; *no pl*⟩ *colloq.* **1.** Yankeedom. – **2.** Yankee manner (*od.* ways *pl*).

'**Ya·pok-,Schwimm,beut·ler** ['ja:pɔk-] *m zo. cf.* Wasseropossum.

Yard [ja:rt] *n* ⟨-s; -s, *nach Zahlangabe* -⟩ yard.

Yawl [jo:l] *f* ⟨-; -e *u.* -s⟩ *mar.* (*Hochseejacht*) yawl.

Y-Chro·mo,som ['ʏpsilɔn-] *n biol.* Y chromosome.

Yen [jɛn] *m* ⟨-(s); -(s)⟩ *econ.* (*jap. Währungseinheit*) yen.

Yer·ba ['jɛrba] *f* ⟨-; *no pl*⟩ *bot. cf.* Matestrauch.

Ye·ti ['je:ti] *m* ⟨-s; -s⟩ (*im Himalajagebiet*) Abominable Snowman, yeti.

Ygg·dra·sil ['ʏkdrazɪl] *npr m* ⟨-s; *no pl*⟩ *myth.* Yggdrasil (*ash tree holding together the universe*).

Yin [jɪn] *n* ⟨-; *no pl*⟩ *philos.* yin (*the feminine principle in Chinese cosmology*).

Ylang-Ylang ['i:laŋ'ʔi:laŋ] *n* ⟨-(e)s; *no pl*⟩ *bot.* ylang-ylang, ilang-ilang (*Cananga odoratum*). — **~-,Öl** *n* ⟨-(e)s; *no pl*⟩ ylang-ylang oil, cananga (*od.* an[n]ona) oil, mosoi flower oil.

Yli·de [y'li:də] *pl chem.* ylides.

Ymir ['y:mɪr] *npr m* ⟨-s; *no pl*⟩ *myth.* Ymir (*giant from whose body the gods created the world*).

Yo·ga ['jo:ga] *m* ⟨-(s); *no pl*⟩ *philos. cf.* Joga.

Yo·ghurt ['jo:gʊrt] *m, n* ⟨-s; *no pl*⟩ *cf.* Joghurt.

Yo·gi ['jo:gi] *m* ⟨-s; -s⟩ *philos. cf.* Jogi.

Yo·him·bin [johɪm'bi:n], **Yo·him'bi·num** [-nʊm] *n* ⟨-s; *no pl*⟩ *chem.* yohimbine, aphrodine, corynine, quebrachine ($C_{21}H_{26}N_2O_3$).

Yo·ko'ha·ma,huhn [joko'ha:ma-] *n zo.* (*Haushuhnrasse*) Japanese (*od.* Yokohama) fowl.

Yo·ni ['jo:ni] *n* ⟨-; -⟩ (*im Hinduismus*) yoni.

'**York·shire-,Ter·ri·er** ['jɔ:kʃə-] (*Engl.*) *m zo.* Yorkshire terrier.

Yo-Yo [jo'jo:; 'jo:'jo:] *n* ⟨-s; -s⟩ (*games*) *cf.* Jo-Jo.

Ypa·ca·ha [ipa'ka:ha] *f* ⟨-; -s⟩ *zo.* (*Ralle*) Chaco wood-rail, ypecaha (*scient.*) (*Aramides ypecaha*).

Ype·rit [ype'ri:t; ipe-; -'rɪt] *n* ⟨-s; *no pl*⟩ *chem.* yperite, mustard gas [$(ClCH_2CH_2)_2S$].

Yp·si·lon[1] ['ʏpsilɔn] *n* ⟨-(s); -s⟩ y (*twenty-fifth letter of the German alphabet*).

'**Yp·si·lon**[2] *n* ⟨-s; -s⟩ upsilon (*twentieth letter of the Greek alphabet*).

'**Yp·si·lon**[3] *n* ⟨-s; -s⟩ *zo. cf.* Ypsiloneule.

'**Yp·si·lon,eu·le** *f zo.* (silver) Y moth, dark sword grass moth (*Agrotis ypsilon*).

Y-Si,gnal ['ʏpsilɔn-] *n* (*radio*) luminance signal, y-signal.

Ysop ['i:zɔp] *m* ⟨-s; -e⟩ *bot.* hyssop (*Hyssopus officinalis*). — **~,öl** *n* hyssop oil.

Yt·ter'bin,er·den [ʏtɛr'bi:n-] *pl chem.* ytterbium earths.

Yt·ter·bi·um [ʏ'tɛrbiʊm] *n* ⟨-s; *no pl*⟩ *chem.* ytterbium (Yb).

'**Yt·ter,er·den** ['ʏtər-] *pl chem.* yttrium earths.

Yt·tri·um ['ʏtriʊm] *n* ⟨-s; *no pl*⟩ *chem.* yttrium (Y). — **~-Ver,bin·dun·gen** *pl* yttrium compounds.

Yt·tro·tan·ta·lit [ʏtrotanta'li:t; -'lɪt] *m* ⟨-s; -e⟩ *min.* yttrotantalite.

Yu·an ['ju:an] *m* ⟨-(s); -(s)⟩ *econ.* (*chines. Währungseinheit*) yuan, *auch* yuan dollar.

Yuc·ca ['jʊka], **Yuk·ka** ['jʊka] *f* ⟨-; -s⟩ *bot.* yuca, *auch* yucca (*Gattg Yucca*). — **~,mot·te** *f zo.* yucca moth (*Tegeticula alba*).

Yu·ru·mi [ju'ru:mi] *m* ⟨-(s); -(s)⟩ *zo.* ant bear, *auch* great anteater (*Br.* ant-eater) (*Myrmecophaga jubata*).

Z

Z, z [tsɛt] *n* ⟨-; -⟩ **1.** Z, z (*twenty-sixth letter of the German alphabet; twenty-first consonant*): **ein großes Z** a capital (*od.* large) Z; **ein kleines Z** a small (*od.* little) z. – **2.** Z *electr.* (*Impedanz*) Z.

zack [tsak] *interj* snap: ~, ~! get a move on! get cracking! (*beide sl.*).

Zack *m colloq.* (*in Wendungen wie*) **auf ~ sein** to keep on one's toes, to be on the ball; **j-n [etwas] auf ~ bringen** to smarten s.o. [s.th.] up.

Zäck·chen ['tsɛkçən] *n* ⟨-s; -⟩ **1.** *dim. of* Zacke(n). – **2.** (*an Blatt etc*) denticle. – **3.** (*an Spitzengewebe*) point.

Zacke (*getr.* -k·k-) ['tsakə] *f* ⟨-; -n⟩ **1.** (*spitz hervorragender Teil*) (sharp) point. – **2.** (*eines Berges, Felsens etc*) jag, sharp (*od.* jagged) peak. – **3.** (*einer Krone, eines Sterns etc*) point. – **4.** (*eines Kamms*) tooth. – **5.** (*auf Zäunen etc*) spike. – **6.** (*an Mauerkronen*) merlon. – **7.** (*an Webspitze*) point. – **8.** (*Kerbe*) notch, indent(ation). – **9.** *hunt.* (*an Geweihen*) tine, prong. – **10.** *philat.* serration, (perforation) tooth. – **11.** *bot.* crenation, crenature. – **12.** *electr.* (*beim Radar*) pip.

zackeln (*getr.* -k·k-) ['tsakəln] *v/t* ⟨h⟩ **den Stoffrand ~** to whip the (raw) edge with a zigzag stitch.

'Zackel|,schaf (*getr.* -k·k-) *n zo.* (*Hausschafrasse*) Balkan sheep. — **~,wol·le** *f* (*textile*) refuse wool.

Zacken (*getr.* -k·k-) ['tsakən] *m* ⟨-s; -⟩ *bes. Southern G. and Austrian for* **Zacke**: **du wirst dir schon keinen ~ aus der Krone brechen** *fig. colloq.* it won't do you any (*od.* it will do you no) harm, it won't hurt (*od.* kill) you; **einen ~ haben** *fig. colloq.* to be tipsy (*od.* happy, merry) (*colloq.*).

'zacken (*getr.* -k·k-) *v/t* ⟨h⟩ **1.** (*kerben*) indent, notch. – **2.** (*zähnen*) serrate, tooth, (*ungleichmäßig*) jag. – **3.** (*Papier, Stoffrand*) pink.

'zacken,ar·tig (*getr.* -k·k-) *adj* (*Vorsprung, Felsen etc*) jagged.

'Zacken|,barsch (*getr.* -k·k-) *m zo.* sea bass (*Fam. Serranidae*). — **~,blatt** *n bot.* dentate (*od.* serrate) leaf. — **~,bor·ste** *f* purl edging. — **~,bor·te** *f* (*fashion*) pointy edging. — **~,fal·ter** *m zo. cf.* Eckflügler. — **~,fels** *m geol.* crag, craggy (*auch* cragged) rock. — **~,firn** *m geogr. cf.* Büßerschnee. — **z~,för·mig** *adj cf.* zackig 1—9. — **~,hirsch** *m zo. deer of the genus Rucervus, now usually made a subgenus of Cervus.* — **~,kreuz** *n her.* Maltese cross. — **~,kro·ne** *f* antique crown. — **~,li·nie** *f* jagged (*od.* zigzag) line, zigzag. — **~,lit·ze** *f* (*fashion*) zigzag braid (*od.* binding). — **~or·na,ment** *n* serrated (*od.* indented) ornament. — **~,rand** *m* (*einer Säge etc*) serrated edge, serration.

zackern (*getr.* -k·k-) ['tsakərn] *v/i* ⟨h⟩ *Western G. dial. for* **pflügen II.**

'zackig (*getr.* -k·k-) **I** *adj* **1.** (*Bergspitzen, Felsen etc*) jagged, jaggy, craggy, cragged, serrate(d). – **2.** (*Blitz, Linie etc*) jagged, zigzag (*attrib*). – **3.** (*Krone, Stern etc*) pointed. – **4.** (*gezinkt*) pronged. – **5.** (*gezahnt*) serrate(d), toothed. – **6.** (*kerbig*) notched, indented. – **7.** (*spitz*) (sharply) pointed, pointy. – **8.** *bot.* dentate(d), serrate(d), (*von Blättern*) *auch* crenate(d). – **9.** *her.* indented. – **10.** *fig. colloq.* (*Soldat, Gruß, Marsch etc*) smart, snappy, brisk. – **II** *adv* **11. ~ grüßen** to salute smartly (*od.* briskly), to give a snappy salute. — **'Zackig·keit** (*getr.* -k·k-) *f* ⟨-; *no pl*⟩ **1.** jaggedness. – **2.** *fig. colloq.* smartness, snappiness, briskness.

zag [tsaːk] *adj poet. for* zaghaft 1.

za·gen ['tsaːgən] **I** *v/i* ⟨h⟩ *lit.* fear, lose heart, quail: **zage nicht!** do not fear! never fear! do not lose heart! **vor** (*dat*) **etwas ~** to fear (*od.* be afraid of) s.th. – **II Z~** *n* ⟨-s⟩ *verbal noun*: → Zaudern 5. — **'za·gend I** *pres p.* – **II** *adv* **~ an eine Aufgabe herangehen** to go about a task timidly (*od.* nervously).

'zag·haft I *adj* **1.** (*Mensch etc*) shy, timid, timorous, mous(e)y, *auch* fearsome: **nur nicht so ~!** a) don't be so timid! come on in! b) *iron.* (*bei der Arbeit*) get on with it! get going! – **2.** (*Stimme, Antwort, Lächeln*) timid, timorous. – **3.** (*furchtsam*) fearful, fainthearted, *Br.* faint-hearted. – **II** *adv* **4.** timidly: **..., sagte das Mädchen ~ ...,** said the girl timidly; **sich ~ vortasten** to edge forward gingerly (*od.* timidly). — **'Zag·haf·tig·keit** *f* ⟨-; *no pl*⟩ **1.** shyness, timidity, timidness, timorousness. – **2.** fearfulness, faintheartedness, *Br.* faint-heartedness.

'Zag·heit *f* ⟨-; *no pl*⟩ *lit. for* **Zaghaftigkeit.**

zäh [tsɛː] **I** *adj* ⟨-er; -(e)st⟩ **1.** tough, tenacious: **~ wie Leder** (as) tough as leather. – **2.** *gastr.* (*Fleisch*) tough, (*faserig*) stringy. – **3.** (*Teig, Masse etc*) viscous, glutinous, (*stärker*) tenacious, ropy, *auch* ropey. – **4.** (*Öl*) *cf.* zähflüssig 1. – **5.** (*Boden, Morast etc*) cloggy, tenacious, sticky. – **6.** *metall.* a) tenacious, b) (*bildsam*) ductile. – **7.** *fig.* (*Person etc*) tough, wiry: **er ist klein aber sehr ~** he is small but very tough; **er ist ein ~er Bursche** *colloq.* he is a tough fellow (*colloq.*). – **8. ein ~es Leben haben** *fig.* to be tenacious of life; **Katzen haben ein ~es Leben** *fig.* cats have nine lives. – **9.** *fig.* (*Fleiß, Ausdauer etc*) dogged, tenacious, grim: **er ist ein Mensch von ~em Fleiß** he is a dogged (*od.* very hard) worker, he is tremendously industrious. – **II** *adv* **10.** *fig.* (*hartnäckig*) tenaciously, doggedly, stubbornly: **~ an einer Ansicht festhalten** to stick doggedly to an opinion; **etwas ~ verteidigen** to defend s.th. stubbornly. – **11.** *fig.* (*schleppend*) sluggishly: **die Verhandlungen gingen nur ~ voran** the negotiations progressed sluggishly.

'Zä·heit *f* ⟨-; *no pl*⟩ **1.** *gastr.* (*des Fleisches etc*) toughness, stringiness. – **2.** (*von Masse, Teig etc*) viscousness, glutinousness, (*stärker*) tenacity, ropiness.

'zäh,flüs·sig *adj* **1.** (*Öl etc*) viscous. – **2.** (*Honig etc*) viscous, gluey, sticky. – **3.** (*Schlacke*) sticky, semipasty. – **4.** (*Klinker*) soft. – **5.** *fig.* (*Verkehr*) a) slow-moving (*attrib*), crawling, b) (*mit Stockungen*) stop-and-go (*attrib*). — **'Zäh,flüs·sig·keit** *f* ⟨-; *no pl*⟩ **1.** viscosity. – **2.** glueyness, stickiness.

'Zä·hig·keit *f* ⟨-; *no pl*⟩ **1.** *fig.* (*körperliche Ausdauer*) toughness, stamina, wiriness. – **2.** *fig.* (*Hartnäckigkeit*) tenacity, toughness. – **3.** *fig.* (*Verbissenheit*) doggedness. – **4.** *cf.* Zäheit.

Zahl [tsaːl] *f* ⟨-; -en⟩ **1.** *math.* number: **gerade ~** even number; **ungerade ~** odd number; **ganze ~** whole (*od.* integer) number, integer; **gemischte ~** mixed number; **gebrochene ~** fraction; **teilbare [unteilbare] ~** divisible [irreducible] number; **zusammengesetzte ~** composite (*od.* compound) number; **runde ~** round number (*od.* figure); **zweistellige [mehrstellige] ~** two-figure (*od.* two-digit) [multi-digit, multi-place] number; **natürliche [imaginäre, irrationale] ~** natural [imaginary, irrational] number; **zwei ~en addieren** (*od.* **zusammenzählen**) to add up two numbers; **eine ~ von einer anderen subtrahieren** (*od.* **abziehen**) to subtract one number from another; **eine ~ mit einer anderen multiplizieren** (*od.* **malnehmen**) to multiply one number by another; **eine ~ durch eine andere dividieren** (*od.* **teilen**) to divide one number by another; **eine ~ abrunden** to round off a number (*od.* figure); **eine ~ aufrunden** to round up a number, to bring a number up to a round figure; **in runden ~en ausgedrückt** expressed in round numbers (*od.* figures). – **2.** (*Ziffer*) cipher, numeral, figure: **arabische [römische] ~en** Arabic [Roman] numerals. – **3.** (*Ziffernstelle*) digit. – **4.** ⟨*only sg*⟩ (*Anzahl*) number, *bes. mil.* strength: **eine große ~ (von) Menschen** a great number of people; **die ~ der Zuschauer betrug mehr als 10000** there were more than 10,000 spectators; **5000 an der ~** 5,000 in number; **in großer ~** in large numbers; **in voller ~** in full number; **Menschen ohne** (*od. lit.* **sonder**) **~** innumerable (*od.* unnumbered) people; **j-n [etwas] an ~ übertreffen, j-m [etwas] an ~ überlegen sein** to outnumber s.o. [s.th.]; **seine Sammlung übertrifft deine an ~, nicht an Wert** his collection is greater than yours in quantity, but not in quality. – **5.** *ling.* number: **das Eigenschaftswort richtet sich in Geschlecht und ~ nach dem zugehörigen Hauptwort** the adjective agrees with its noun in gender and number.

'Zähl·ap·pa,rat *m* **1.** *tech. cf.* Zähler 3. – **2.** *med. cf.* Zählkammer.

'zahl·bar *adj econ.* payable: **~ an den Überbringer** payable to bearer; **~ auf Anforderung** (*bei einem Wechsel*) payable on demand; **~ bei Lieferung** cash (*bes. Am.* collect) on delivery; **~ bei Vorlage** (*bei einem Wechsel*) payable on presentation; **~ bei [nach] Sicht** (*bei einem Wechsel*) payable at [after] sight; **~ 30 Tage nach Sicht** payable at 30 days' sight; **~ nach** (*od.* **bei**) **Erhalt der Ware** payable (up)on receipt of goods; **bei**

Fälligkeit ~ payable when due (*od.* at maturity); im voraus ~ payable in advance; in bar ~ payable in cash; etwas ~ stellen to make s.th. payable.

ˈzähl·bar *adj* countable, numerable.

ˈZahl·bar·keit *f* ⟨-; *no pl*⟩ payability, payableness.

ˈZähl·bar·keit *f* ⟨-; *no pl*⟩ countability, numerableness.

ˈZahl·beˌreich *m* (*computer*) capacity.

ˈZählˌblatt *n* tally sheet (*od.* card).

ˈZahlˌbrett, ˈZählˌbrett *n cf.* Zahlteller.

ˈzähˌle·big [-ˌleːbɪç] *adj* tenacious of life, tough. — **ˈZähˌle·big·keit** *f* ⟨-; *no pl*⟩ toughness.

zah·len [ˈtsaːlən] **I** *v/t* ⟨h⟩ **1.** (*Rechnung, Steuer etc*) pay: ich habe 100 Mark dafür gezahlt I paid 100 marks for it; dafür zahlt er jeden Preis *auch fig.* he will pay any price (*od.* anything) for that; eine Rate ~ to pay an instal(l)ment; Kinder ~ die Hälfte children (pay) half-price; → Lehrgeld 2; Zeche[1]. – **2.** (*Schulden etc*) pay, settle. – **3.** *fig.* (*Tribut etc*) pay. – **II** *v/i* **4.** pay: bar [in Raten] ~ to pay (in) cash [by instal(l)ment(s)]; er zahlt immer pünktlich he always pays promptly; nicht ~ können to be unable to pay; (Herr Ober,) ~, bitte (*im Gasthaus, Restaurant etc*) (waiter,) the bill (*Am. auch* the check), please; sie hat teuer dafür ~ müssen *fig.* she had to pay dear(ly) for that; ich hoffe, daß er heute endlich zahlt I hope he pays up today. – **III Z~** *n* ⟨-s⟩ **5.** *verbal noun*: wenn's ans Z~ geht when it comes to paying. – **6.** *cf.* Zahlung.

zäh·len [ˈtsɛːlən] **I** *v/t* ⟨h⟩ **1.** (*Geld, Personen, Stunden etc*) count: die Kinder ~ die Tage bis Weihnachten the children are counting the days until Christmas; ich zähle die Tage bis zum Urlaub *fig.* I am (just) counting the days until my holidays (*Am.* vacation); → Bissen 1; Rippe 1. – **2.** (*Stück für Stück*) count, tell, enumerate: nach einem Wahlgang die Stimmen ~ to count the votes after a ballot. – **3.** j-n zu seinen Kunden [Freunden] ~ *fig.* to count s.o. as one of (*od.* number s.o. among) one's clients [friends]; er wird zu den größten Geistern seines Jahrhunderts gezählt he numbers (*od.* ranks) among the greatest minds of his century. – **4.** number: der Ort zählt 20 000 Einwohner the town numbers (*od.* has) 20,000 inhabitants; → Lenz 3. – **II** *v/i* **5.** count: von 1 bis 10 ~ to count from 1 to 10; ich zähle bis drei(, dann) (*als Drohung*) I'll count up to three(, and then); → drei 1. – **6.** number: sein Vermögen zählt nach Millionen his fortune runs into millions (*od.* seven figures), he owns millions. – **7.** zu j-s Freunden ~ *fig.* to number (*od.* be numbered, be reckoned, rank, be classed) among s.o.'s friends, to be considered one of s.o.'s friends; er zählt zu den größten Philosophen seiner Zeit he numbers among the greatest philosophers of his time. – **8.** auf j-n ~ *fig.* to count (*od.* rely, depend, bank) (up)on s.o.; auf (*acc*) etwas ~ to count (*od.* reckon, rely, depend) (up)on s.th.; du kannst darauf ~ you can count on it. – **9.** *fig.* (*gelten*) count: das zählt nicht that does not count. – **III Z~** *n* ⟨-s⟩ **10.** *verbal noun.* – **11.** *cf.* Zählung.

ˈZah·len|ˌach·se *f math.* number axis. — **~akroˌba·tik** *f* juggling with figures. — **~ˌanˌga·ben** *pl* numerical data, figures. — **~ˌbeiˌspiel** *n* numerical example. — **~beˌreich** *m* range of numbers: im ~ 100 bis 1 000 within the range of 100 to 1,000. — **~ˌbild** *n* figures *pl.* — **~ˌbruch** *m math.* numerical fraction.

ˈzah·lend I *pres p.* – **II** *adj* paying: ~e Stelle paying agent; ~er Gast paying guest.

ˈZah·len|ˌeinˌga·be *f* (*computer*) numerical entry. — **~ˌfol·ge** *f* numerical order. — **~ge·ber** *m tel.* automatic sender, impulse machine. — **~geˌdächt·nis** *n* memory (*od. colloq.* head) for figures (*od.* numbers): ich habe kein ~ I have no head for figures, I can't remember numbers. — **~geo·meˌtrie** *f math.* numerical geometry. — **~geˌra·de** *f math.* straight-line numerical representation. — **~ˌglei·chung** *f* numerical equation. — **~ˌgrö·ße** *f* numerical quantity. — **~lot·teˌrie** *f*, **~ˌlotˌto** *n cf.* Lotto 1.

ˈzah·lenˌmä·ßig I *adj* numerical: ~e Überlegenheit numerical superiority, superiority in number. – **II** *adv* numerically, in terms of figures: etwas ~ ausdrücken to express s.th. numerically; j-m ~ überlegen sein to outnumber s.o.

ˈZah·len|ma·te·riˌal *n cf.* Zahlenangaben. — **~ˌmy·stik** *f relig. philos.* numerology. — **~po·lyˌgon** *n math.* number polygon. — **~quaˌdrat** *n* number square. — **~ˌrät·sel** *n* numerical puzzle. — **~ˌrei·he** *f math.* **1.** number series. – **2.** (*Zahlenfolge*) number sequence. — **~ˌschloß** *n* combination lock. — **~symˌbo·lik** *f* number symbolism. — **~syˌstem** *n math.* numerical system. — **~ˌta·fel** *f* numerical table. — **~theoˌrie** *f* number theory, theory of numbers. — **~verˌhält·nis** *n* numerical proportion. — **~ˌwert** *m* numerical value.

ˈZah·ler *m* ⟨-s; -⟩ payer: guter [schlechter] ~ good [bad] payer; pünktlicher ~ prompt (*od.* punctual) payer; säumiger ~ slow (*od.* dilatory, tardy) payer, defaulter.

ˈZäh·ler *m* ⟨-s; -⟩ **1.** (*Person*) counter. – **2.** *bes. pol.* (*im Parlament, auf einer Versammlung etc*) teller, (*bei einer Volkszählung*) *auch* enumerator. – **3.** *tech.* (*für Gas, Strom etc*) (integrating) meter. – **4.** *math.* numerator. — **~ˌabˌle·sun·gen** *pl* meter readings. — **~geˌhäu·se** *n* meter case. — **~ˌta·fel** *f electr.* meter board. — **~ˌta·ste** *f cf.* Zähltaste.

ˈZählˌglas *n tech.* counting glass.

ˈZahlˌgren·ze *f* (*im Stadtverkehr*) fare stage.

ˈZähl|ˌkam·mer *f med.* a) counting cell (*od.* chamber), b) *cf.* Blutkörperchenzählkammer. — **~kan·diˌdat** *m pol.* test candidate.

ˈZahlˌkar·te *f* (*postal service*) *Br.* Giro inpayment form, order for payment (into postal Giro account), *Am.* (postal) money order.

ˈZähl|ˌkar·te *f* **1.** (*sport*) scorecard, scoring card. – **2.** (*bei einer Volkszählung*) census form. — **~ˌkas·se** *f cf.* Registrierkasse.

ˈZahlˌkell·ner *m* headwaiter (*waiter who makes out bills and collects the money*).

ˈzahl·los *adj* countless, innumerable, numberless.

ˈZähl|ˌlu·pe *f tech.* counting glass. — **~ˌmaß** *n* numerical measure.

ˈZahlˌmei·ster *m* **1.** *mil.* disbursing officer, paymaster. – **2.** (*bei der Handelsmarine*) purser. — **ˌZahl·mei·steˈrei** *f* ⟨-; -en⟩ **1.** *mil.* disbursing officer's office, pay(master's) office. – **2.** (*bei der Handelsmarine*) purser's office.

ˈZählˌmu·ster *n* (*beim Stricken*) knitting pattern.

ˈZahlˌpfen·nig *m* (*games*) counter, jetton, *Am. auch* jeton.

ˈZähl|ˌrah·men *m* abacus, counting frame (*auch* rail). — **~ˌra·te** *f nucl.* (*eines Zählrohres*) counting rate.

ˈzahlˌreich I *adj* **1.** (*Anrufe, Briefe, Beschwerden etc*) numerous, a great many (*attrib*). – **2.** (*Familie, Versammlung etc*) large. – **II** *adv* **3.** ~ kommen to come in large numbers (*od.* in great number, numerously); die Mitglieder erschienen ~ a great many members attended, members attended well, there was high attendance (*od.* a good turnout [*Br.* turn-out]).

ˈZähl|ˌreim *m* (*games*) *cf.* Abzählreim. — **~ˌrohr** *n nucl.* counter (tube).

ˈZahlˌschein *m econ.* cash inpayment form.

ˈZählˌspiel *n* (*sport*) (*beim Golf*) medal (*od.* stroke) play.

ˈZahlˌstel·le *f econ.* **1.** cashier's (*od.* paying, disbursing) office. – **2.** (*kleine Zweigstelle einer Bank*) subbranch, *Br.* sub-branch.

ˈZählˌstrich *m* tally.

ˈZahlˌtag *m econ.* payday, *Br.* pay-day.

ˈZählˌta·ste *f tech.* meter(ing) key.

ˈZahlˌtel·ler *m* plate.

ˈZah·lung *f* ⟨-; -en⟩ **1.** *cf.* Zahlen. – **2.** ⟨*only sg*⟩ payment, settlement: ~ im voraus payment in advance; ~ in Raten payment by instal(l)ments; monatliche ~ vereinbaren to arrange payment (*od.* settlement) by the month (*od.* monthly payment); bei sofortiger ~ on immediate payment, if paid immediately; gegen ~ (up)on (*od.* against) payment; ~ gegen Nachnahme cash (*bes. Am.* collect) on delivery; mangels ~ in default of payment; an ~s Statt in lieu of payment, instead of payment; ~ bei Erhalt der Ware payment on receipt of goods; ~ bei Lieferung payment (*od.* cash, *bes. Am.* collect) on delivery; ~ fordern [verweigern] to request [to refuse] payment; die ~ aufschieben to postpone payment; einen Zeitpunkt für die ~ vereinbaren to agree (up)on a date for payment; die ~ stunden to defer (*od.* postpone) payment, to extend the term of payment; die ~ erfolgt in Dollar payment will be made in dollars; etwas in ~ geben to offer s.th. as a trade-in, to trade s.th. in; etwas in ~ nehmen to accept (*od.* take) s.th. as a trade-in, to trade s.th. in; auf ~ klagen, ~ einklagen to sue for payment. – **3.** payment: regelmäßige [verspätete, zusätzliche] ~ periodical [late, additional] payment; fällige [rückständige, eingegangene] ~en payments due [in arrear, received]; eine ~ leisten to make (*od.* effect) a payment; ~en entgegennehmen [einstellen, wiederaufnehmen] to receive [to stop *od.* suspend, to resume] payments; mit seinen ~en in Verzug sein to be in arrears (*od.* to be behind) with one's payments.

ˈZäh·lung *f* ⟨-; -en⟩ **1.** *cf.* Zählen. – **2.** count: die offizielle ~ the official count; j-n bei der ~ übergehen to leave s.o. out in the count; eine ~ durchführen to take a count; nach dieser ~ by this count. – **3.** (*der Bevölkerung*) census, numeration, enumeration.

ˈZah·lungs|ˌabˌkom·men *n econ.* payment(s) agreement. — **~ˌan·geˌbot** *n* offer of payment. — **~ˌanˌwei·sung** *f econ.* **1.** (*postal service*) order for payment. – **2.** *cf.* Bankanweisung. — **~ˌanˌzei·ge** *f econ.* advice of payment. — **~ˌaufˌfor·de·rung** *f* request (*stärker* demand) for payment. — **~ˌaufˌschub** *m* extension of credit, (*bes. des geschuldeten Zolles*) postponement: ~ gewähren [erlangen] to grant [to obtain] a delay in payment (of duties). — **~ˌaufˌtrag** *m* payment order. — **~ˌausˌgang** *m* outpayment. — **~ˌausˌgleich** *m* settlement of payments: der internationale ~ international settlements *pl.* — **~beˌdin·gungen** *pl* terms (*od.* conditions) of payment. — **~beˌfehl** *m jur.* judicial order to pay: einen ~ gegen j-n erwirken to obtain (*od.* procure) an order to pay against s.o. — **~beˌleg** *m econ.* **1.** *cf.* Quittung 1. – **2.** (*bei Schecks, Überweisungen*) counterfoil. — **~beˌrech·tig·te** *m* payee. — **~beˌreit·schaft** *f* willingness to pay. — **~beˌstä·ti·gung** *f* confirmation of payment.

ˈZah·lungs·biˌlanz *f econ.* balance of payments. — **~akˌti·vum** *n* balance of payments surplus. — **~ˌde·fi·zit** *n* **1.** (balance of) payments deficit. – **2.** trade deficit. — **~kreˌdit** *m* balance of payments credit.

ˈZah·lungs|ˌde·fi·zit *n econ.* payments deficit. — **~ˌeinˌgang** *m* **1.** inpayment: der ~ ist recht schleppend the customers are rather slow in paying their bills. – **2.** (*gezahlte Beträge*) payments *pl* received. — **~ˌeinˌstel·lung** *f* suspension (*od.* cessation, stoppage) of payment: (offiziell) erklärte ~ formal indication of suspension of payments. — **~empˌfän·ger** *m* payee, recipient of payment. — **~erˌin·ne·rung** *f* reminder. — **~erˌleich·te·run·gen** *pl* easy terms for payment: mit ~ on easy (*od.* deferred, convenient) terms; ~ vorhanden credit terms available. — **~erˌmäch·ti·gung** *f* authorization (*Br. auch* -s-) to pay (*od.* to make payments). — **z~ˌfä·hig** *adj* (*Kunde etc*) able to pay, solvent. — **~ˌfä·hig·keit** *f* ⟨-; *no pl*⟩ ability (*od.* capacity) to pay, solvency. — **~ˌfreiˌgren·ze** *f* (*für Devisenbeschaffung*) free quota, quota allowed. — **~ˌfrist** *f* term of (*od.* time for, period [allowed] for) payment: die Angabe einer ~ gilt als nicht geschrieben (*auf Scheckformularen*) indications of payment times to be (*od.* are) considered nonexistent; Verlängerung der ~ extension of time for payment. — **~geˌschäf·te** *pl* payment transactions. — **~ˌklau·sel** *f* payment (*od.* settlement) clause. — **z~ˌkräf·tig** *adj* substantial, fully solvent. — **~ˌmit·tel** *n* **1.** instrument (*od.* means *pl* [*construed as sg or pl*], medium) of payment: bargeldloses ~ cashless means of payment. – **2.** money, currency, notes and coin *pl*: gesetzliches ~ legal tender, *Am. auch* lawful money. — **~ˌmit·telˌumˌlauf** *m* note and coin circulation. — **~ˌmo-**

dus *m* form (*od.* mode, method) of payment. — **~ˌort** *m* **1.** place of payment. – **2.** (*eines Wechsels*) domicile, *auch* domicil. — **z~ˌpflich·tig** *adj* liable to pay. — **~ˌpflich·ti·ge** *m, f* ⟨-n; -n⟩ payer, *auch* payor, person liable to make payment. — **~ˌplan** *m* settlement (*od.* payments) plan. — **~ˌre·ge·lung, ~ˌreg·lung** *f* payments arrangement. — **~ˌrückˌstand** *m* **1.** *meist pl* (payment) arrear. – **2.** *cf.* Zahlungsverzug. — **~ˌschwie·rig·kei·ten** *pl* financial difficulties, pecuniary embarrassment *sg.* — **~ˌsper·re** *f,* **~ˌstopp** *m* stoppage of payment(s). — **~syˌstem** *n* payments system, system of payments. — **z~ˌtech·nisch I** *adj* relating to (methods of) payments. – **II** *adv* ~ bedingt due to payment factors. — **~terˌmin** *m* date (*od.* term) of (*od.* for) payment, time (fixed) for payment. — **~ˌüberˌschuß** *m* payments surplus. — **z~ˌunˌfä·hig** *adj* unable to pay, insolvent. — **~ˌunˌfä·hig·keit** *f* ⟨-; *no pl*⟩ inability to pay, insolvency. — **~uniˌon** *f* Europäische ~ *econ. pol.* European Payments Union. — **~verˌbind·lich·keit** *f econ. cf.* Zahlungsverpflichtung. — **~verˌbot** *n jur.* (*an Drittschuldner*) garnishment. — **~verˌein·ba·rung** *f econ.* payments agreement. — **~verˌkehr** *m* payments *pl,* payment transactions *pl*: allgemeiner ~ general payments (system); bargeldloser ~ clearance (*od.* cashless transfer) system, cashless transfers *pl*; internationaler ~ international payments (system), payments to and from foreign countries. — **~verˌpflich·tung** *f* engagements *pl,* payments obligation, liability to pay: seine ~en einhalten to keep up (*od.* meet) one's payments obligations; seinen ~en pünktlich nachkommen to be punctual in one's payments, to pay on time. — **~verˌspre·chen** *n* promise to pay. — **~verˌwei·ge·rung** *f* refusal of payment (*od.* to pay), nonpayment *Br.* non-. — **~verˌzug** *m* default of (*od.* delay in) payment: in ~ geraten to make default of payment, to get into arrears. — **~ˌweg** *m* method (*od.* channel) of payment. — **~ˌwei·se** *f* form (*od.* mode, method) of payment. — **~ˌwi·derˌruf** *m* countermand of payment. — **~ˌziel** *n* credit, date of payment: wir verlängern das ~ um drei Wochen we allow you another three weeks' credit, we postpone the date of payment by three weeks. — **~ˌzuˌsa·ge** *f* promise to pay.

ˈZähl|ˌvorˌrich·tung *f tech.* (*einer Registrierkasse, eines Schrittzählers etc*) counting mechanism. — **~ˌwerk** *n* **1.** (*zum mechanischen Zählen*) counter (*od.* counting) mechanism. – **2.** *electr.* hour-meter register mechanism. — **~ˌwettˌspiel** *n* (*sport*) (*beim Golf*) *cf.* Zählspiel.

ˈZahl|ˌwort *n* ⟨-(e)s; -wörter⟩ *ling.* numeral. — **~ˌzei·chen** *n* figure, cipher, numeral, number.

ˈZählˌzeit *f mus.* beat, time.

zahm [tsaːm] **I** *adj* ⟨-er; -st⟩ **1.** (*Tier*) tame. – **2.** *fig.* (*gefügig*) docile, tractable, tame: den werde ich schon ~ kriegen *colloq.* I'll quieten him, I'll bring him to heel; er ist nach der Ermahnung recht ~ geworden he tamed (down) after being reprimanded. – **3.** *fig.* (*gemäßigt, mild*) mild: eine ~e Kritik a mild criticism. – **4.** *fig. colloq.* (*nicht so aufregend wie erwartet*) tame: der Film war recht ~ the film was pretty tame. – **II** *adv* **5.** mit j-m ~ verfahren to deal mildly (*od.* leniently, clemently) with s.o.

ˈzähm·bar *adj* **1.** tam(e)able. – **2.** (*als Haustier geeignet*) domesticable. — **ˈZähm·bar·keit** *f* ⟨-; *no pl*⟩ **1.** tam(e)ability, tam(e)ableness. – **2.** domesticability.

zäh·men [ˈtsɛːmən] **I** *v/t* ⟨h⟩ **1.** (*zahm machen*) tame. – **2.** (*domestizieren*) domesticate, domesticize. – **3.** (*abrichten*) break in. – **4.** *fig.* (*gefügig machen*) tame. – **5.** *fig.* (*im Zaum halten*) contain, restrain, control, curb, hold (*s.th.*) in check, subdue: die Ungeduld ~ to contain one's impatience; seine Zunge ~ a) (*eine Bemerkung unterdrücken*) to check (*od.* stop) oneself, b) (*allgemein*) to hold one's tongue. – **II** *v/reflex* sich ~ **6.** *fig.* (*sich beherrschen*) contain (*od.* restrain) oneself, hold back: er konnte sich nicht ~ he could not contain himself. – **III Z~** *n* ⟨-s⟩ **7.** *verbal noun.* – **8.** *cf.* Zähmung.

ˈZahm·heit *f* ⟨-; *no pl*⟩ **1.** (*eines Tieres*) tameness. – **2.** *fig.* (*Gefügigkeit*) docility, tractability, tameness.

ˈZäh·mung *f* ⟨-; *no pl*⟩ **1.** *cf.* Zähmen. – **2.** domestication. – **3.** *fig.* restraint, control.

Zahn [tsaːn] *m* ⟨-(e)s; ⸗e⟩ **1.** tooth: falsche (*od.* künstliche) Zähne (a set of) false (*od.* artificial) teeth, a denture; gute [schlechte] Zähne haben to have good [bad] teeth; die dritten Zähne *colloq. humor.* false teeth, a denture; Zähne bekommen (*von Kind*) to cut teeth, to teethe; man meint, du bekämst Zähne *fig. colloq.* you can't be quite right in your head, don't be so silly (*od.* childish); die Zähne verlieren to lose one's teeth; einen ~ füllen (*od.* plombieren) *med.* to fill (*od.* stop) a tooth; die Zähne zusammenbeißen a) to clench one's teeth, b) *fig. colloq.* to clench (*od.* set) one's teeth (*od.* jaws); ihm fallen die Zähne aus his teeth are falling (*od.* dropping) out; bei mir wackelt ein Zahn one of my teeth is loose; sich (*dat*) die Zähne putzen to brush (*od.* clean) one's teeth; sich (*dat*) einen ~ ziehen lassen to have a tooth pulled (out) (*od.* extracted); sich (*dat*) die Zähne in Ordnung bringen lassen to have one's teeth seen to (*od.* looked after); sich (*dat*) einen ~ ausbrechen to lose a tooth; sich (*dat*) einen ~ (an *dat* etwas) ausbeißen to break (off) a tooth (on s.th.); sich (*dat*) die Zähne an (*dat*) etwas ausbeißen *fig. colloq.* to find s.th. a hard (*od.* tough) nut to crack; j-m die Zähne einschlagen to knock (*od.* punch) s.o.'s teeth in; j-m einen ~ ausbrechen [ziehen] to break [to pull] s.o. a tooth; den ~ habe ich ihm gezogen *fig. colloq.* I put that (idea) out of his head; durch die Zähne pfeifen to whistle through one's teeth; durch die Zähne sprechen to speak in an undertone; mit den Zähnen knirschen to grind (*od.* grit, gnash) one's teeth; er klapperte (vor Kälte) mit den Zähnen his teeth were chattering (with cold); etwas zwischen den Zähnen murmeln [hervorstoßen] to mumble [to mutter] s.th.; der ~ der Zeit *fig.* the ravages *pl* of time; das ist (*od.* reicht) gerade für den hohlen ~ *fig. colloq.* that would not keep a sparrow alive; mit langen Zähnen essen *fig. colloq.* to pick at one's food; wenn ich Saures esse, bekomme ich lange Zähne *fig. colloq.* eating sour things makes me cringe; j-m die Zähne lang machen *fig. colloq.* to make s.o. envious (*od.* jealous); j-m auf den ~ fühlen *fig. colloq.* to sound s.o. (out); j-m die Zähne zeigen *fig. colloq.* to show one's teeth to s.o.; er kriegt die Zähne nicht auseinander *fig. colloq.* he won't open his mouth; bis an die Zähne bewaffnet sein *fig. colloq.* to be armed to the teeth; ihm tut kein ~ mehr weh *fig. colloq. humor.* he has gone to a better place; → Auge 1; fletschen; Haar 3. – **2.** *zo.* a) tooth, (*bes. Reiß-, Giftzahn*) fang, b) (*Stoßzahn*) tusk. – **3.** (*eines Kammes, Reißverschlusses etc*) tooth. – **4.** (*einer Briefmarke*) perforation. – **5.** *fig. colloq.* terrific speed (*colloq.*), 'lick' (*sl.*): einen ~ draufhaben a) to be riding hell for leather (*colloq.*), to be doing (*od.* going at) an awful lick (*sl.*), to be going at a breakneck pace (*od.* speed), b) to work away like mad (*colloq.*); mit einem tollen ~ at an awful pace (*colloq.*) (*od. sl.* lick), at a roaring pace, at (a) breakneck speed; noch einen ~ zulegen to put the boot down, to step on it (*od.* on the gas). – **6.** ein steiler ~ *colloq.* a pretty girl; a peach (of a girl), a nice bit of stuff, a bit of hot stuff, a smasher, a nice bird, a slick chick (*sl.*). – **7.** *agr.* (*einer Egge*) tusk. – **8.** *tech.* a) (*einer Säge etc*) tooth, b) (*eines Zahnrads*) cog. – **9.** *arch. antiq.* dentil.

ˈZahn|ˌabˌdruck *m* ⟨-(e)s; -drücke⟩ *med.* (dental) impression. — **~ˌanˌtrieb** *m tech.* gear drive.

ˈZahnˌar·me *pl zo.* edentates (*Ordng Edentata*).

ˈZahn|ˌarzt *m,* **~ˌärz·tin** *f* **1.** dentist. – **2.** (*Zahnchirurg*) dental surgeon. — **z~ˌärzt·lich** *adj* dental.

ˈZahnˌarzt|ˌpra·xis *f med.* dental practice (*Am. auch* practise). — **~ˌstuhl** *m* dentist's chair.

ˈZahn|ˌaufˌnah·me *f med.* X-ray of a tooth, odontoradiograph (*scient.*). — **~ˌausˌfall** *m* losing one's teeth, dedentition (*scient.*). — **~ˌausˌmei·ße·lung** *f* odontectomy. — **~ˌausˌschlag** *m* (*beim Kleinkind*) gum (*od.* tooth) rash. — **~beˌhand·lung** *f* dental treatment (*od.* care, therapy), odontotherapy (*scient.*). — **~ˌbein** *n* **1.** *med.* dentin(e). – **2.** *zo.* dentary. — **~beˌlag** *m* **1.** film (on the teeth). – **2.** (*Zahnstein*) tartar.

ˈZahnˌbett *n med.* tooth socket. — **~ˌschwund** *m* alveolar resorption.

ˈZahn|ˌbil·dung *f med.* formation (*od.* growing) of teeth, odontogeny (*scient.*). — **~ˌboh·rer** *m* dental drill (*od.* bur[r]). — **~ˌbras·se** *f zo.* dentex (*Dentex vulgaris*). — **~ˌbrücke** (*getr.* -k·k-) *f med.* dental bridge, (*mehrgliedrige*) bridgework. — **~ˌbür·ste** *f* toothbrush.

ˈZähn·chen *n* ⟨-s; -⟩ **1.** *dim. of* Zahn. – **2.** *bes. bot. zo.* denticle.

ˈZahn|chirˌurg *m med.* dental surgeon. — **~chir·urˌgie** *f* dental surgery. — **~ˌcreme** *f cf.* Zahnpasta. — **~deˌfekt** *m* dental defect. — **~ˌdurchˌbruch** *m* cutting (*od. scient.* eruption) of the teeth.

ˈzäh·neˌflet·schend *adj* (*Hund etc*) with teeth bared.

ˈZahnˌeinˌgriff *m tech.* (*eines Getriebes*) tooth engagement.

ˈZäh·ne|ˌklap·pern *n* chattering of teeth: mit ~ with chattering teeth, with teeth chattering; → heulen 7. — **z~ˌklap·pernd** *adj* with chattering teeth, with teeth chattering. — **~ˌknir·schen** *n* grinding (*od.* gnashing) of teeth, bruxism (*scient.*): mit ~ *fig.* very (*od.* most) reluctantly. — **z~ˌknir·schend** *adv fig.* very (*od.* most) reluctantly.

zäh·neln [ˈtsɛːnəln] *v/t* ⟨h⟩ *cf.* zahnen 2.

zah·nen [ˈtsaːnən] **I** *v/i* ⟨h⟩ **1.** *med.* teethe, cut (one's) teeth. – **II** *v/t* **2.** *tech.* a) (*Zahnrad*) cut teeth into, tooth, b) (*eine Kerbverzahnung*) serrate. – **III Z~** *n* ⟨-s⟩ **3.** *verbal noun.* – **4.** *cf.* Zahnung.

ˈZahn|entˌwick·lung *f med.* odontogeny, (*im weiteren Sinne*) *auch* dentition. — **~erˌsatz** *m* (artificial) denture, dental prosthesis. — **~erˌsatzˌkun·de** *f cf.* Zahnprothetik. — **~ex·trak·tiˌon** *f* tooth extraction, drawing (*od.* pulling) of a tooth.

ˈZäh·neˌzie·hen *n med. cf.* Zahnextraktion.

ˈZahn|ˌfäu·le, ~ˌfäul·nis *f med.* dental caries, tooth decay, saprodontia (*scient.*). — **~ˌfie·ber** *n* dentition fever. — **~ˌfi·stel** *f* alveolar (*od.* dental) fistula. — **~ˌflan·ke** *f tech.* **1.** tooth surface. – **2.** (*Zahnfußflanke*) tooth flank.

ˈZahnˌfleisch *n med.* gum(s *pl*), gingiva (*scient.*): auf dem ~ gehen (*od.* laufen) *fig. colloq.* to be on one's last legs. — **~ˌblu·ten** *n,* **~ˌblu·tung** *f* bleeding from the gums, ulorrh(o)ea (*scient.*). — **~entˌzün·dung** *f* inflammation of the gums, gingivitis (*scient.*). — **~ˌschwel·lung** *f* swelling of the gums, gingival swelling (*scient.*). — **~ˌschwund** *m* shrinking of the gums, gum recession, ulatrophy (*scient.*). — **~ˌta·sche** *f* periodontal (*od.* gingival) pocket. — **~ˌwu·che·rung** *f* **1.** epulis. – **2.** (*Proliferation*) gum proliferation.

ˈZahnˌfor·mel *f med.* dental formula.

ˈzahnˌför·mig *adj med.* dentiform, dentoid, odontoid (*scient.*).

ˈZahnˌformˌschleif·maˌschi·ne *f tech.* tooth profile grinder.

ˈZahn|ˌfül·lung *f med.* filling, stopping. — **~ˌfuß** *m tech.* (*bei einem Zahnrad*) dedendum, root. — **~ˌfußˌflan·ke** *f* tooth flank. — **~geˌschwür** *n med.* abscess in the gums, gumboil, parulis (*scient.*). — **~gra·nuˌlom** *n* apical (*od.* dental) granuloma. — **~ˌhals** *m* neck of a tooth, dental neck, cervix dentis (*scient.*). — **~ˌheilˌkun·de** *f cf.* Zahnmedizin. — **~ˌhe·ring** *m zo.* mooneye (*Hiodon tergisus*). — **~ˌho·bel** *m tech.* (*in der Zimmerei*) tenoner plane. — **~ˌhöh·le** *f med.* **1.** (*Alveole*) socket, alveolus (*scient.*). – **2.** (*bei einem Zahndefekt*) (dental) cavity. – **3.** (*Pulpenhöhle*) pulp cavity. — **~in·fek·tiˌon** *f* dental infection. — **~kaˌnal** *m* **1.** (*Dentinkanälchen*) dentinal tubule. – **2.** (*Wurzelkanal*) root canal, pulp canal. — **~ˌka·ri·es** *f* (dental) caries, tooth decay. — **~ˌkarp·fen** *m meist pl zo.* **1.** Eierlegender ~ cyprinodont (*Fam. Cyprinodontidae*). – **2.** Lebendgebärender ~ live-bearer (*Fam. Poeciliidae*). — **~ˌkeim** *m med.* tooth bud.

ˈZahnˌket·te *f tech.* silent chain. — **ˈZahnˌket·tenˌrad** *n* silent-chain sprocket.

ˈZahn|ˌklam·mer *f med.* brace. — **~ˌklemp·ner** *m colloq. humor.* for Zahnarzt. — ~ˌ**kli·nik** *f* dental clinic. — ~**kon·serˌvie·rung** *f* dental conservation. — ~ˌ**kopf** *m tech.* gear tooth top, tip of (the) tooth. — ~ˌ**krank·heit** *f med.* dental disease, disease of the teeth, odontopathy (*scient.*).

'**Zahnˌkranz** *m tech.* a) (*eines Bohrfutters*) gear rim, b) (*einer Planscheibe*) rim gear. — ~ˌ**rol·le** *f tech.* toothed wheel rim, gear rim (*od.* ring).

'**Zahn|ˌkrem** *f, colloq. auch m cf.* Zahnpasta. — ~ˌ**kro·ne** *f med.* crown (of a tooth), corona (*scient.*). — ~ˌ**kupp·lung** *f tech.* jaw clutch (*auch* coupling). — ~ˌ**laut** *m ling.* (*in der Phonetik*) dental (sound). — ~ˌ**li·lie** *f bot. cf.* Hundszahn. — ~ˌ**locke·rung** (*getr.* -k·k-) *f med.* loosening of teeth, gomphiasis (*scient.*).

'**zahn·los** *adj* **1.** toothless. – **2.** *zo.* edentate, mutic. — '**Zahn·lo·sig·keit** *f* ⟨-; *no pl*⟩ toothlessness.

'**Zahnˌlücke** (*getr.* -k·k-) *f* **1.** *med.* gap between the teeth. – **2.** (*eines Kammes etc*) tooth gap. – **3.** *tech.* a) (*bei Fräser, Zahnrad*) tooth gap (*od.* space), gash, b) (*bei Räumnadel, Säge*) gullet, gash, throat, chip pocket. — '**zahnˌlückig** (*getr.* -k·k-) [-ˌlʏkɪç] *adj med.* with wide-set (*od.* widely spaced) teeth.

'**Zahn|ˌmark** *n med.* (dental) pulp; odontic nerve, pulpa (*scient.*). — ~**me·diˌzin** *f med.* dentistry, dental medicine: ~ studieren to study dentistry. — ~**me·diˌzi·ner** *m* **1.** *cf.* Zahnarzt. – **2.** dental (*od.* dentistry) student. — ~ˌ**meßˌschieb·ˌleh·re** *f tech.* gear tooth caliper (*bes. Br.* calliper). — ~ˌ**mißˌbil·dung** *f med.* dental malformation. — ~ˌ**nerv** *m cf.* Zahnmark. — ~**or·tho·päˌdie** *f* orthodontics *pl* (*construed as sg or pl*), orthodontia. — ~ˌ**pa·sta**, ~ˌ**pa·ste** *f* toothpaste, *auch* dentifrice. — ~**pa·tiˌent** *m med.* dental patient.

'**Zahnˌpfle·ge** *f* care of one's teeth, dental care (*od.* hygiene), oral hygiene. — ~ˌ**mit·tel** *n* dentifrice.

'**Zahn|ˌplom·be** *f med.* filling, stopping, plug. — ~**proˌthe·se** *f* **1.** (*Gebiß*) (artificial) denture, dental plate (*od. scient.* prosthesis), artificial teeth *pl.* – **2.** (*festsitzende*) bridge(work). — ~**proˌthe·tik** *f* dental prosthetics *pl* (*construed as sg or pl*), prosthetic dentistry. — ~ˌ**pul·pa** *f cf.* Zahnmark. — ~ˌ**pul·ver** *n* (*zur Zahnpflege*) tooth powder. — ~ˌ**putzˌglas** *n* toothbrush glass (*od.* tumbler). — ~ˌ**putzˌmit·tel** *n cf.* Zahnreinigungsmittel.

'**Zahnˌrad** *n tech.* gear (wheel), cogwheel. — ~ˌ**anˌtrieb** *m* gear drive. — ~ˌ**bahn** *f* cog (*od.* rack) railroad (*Br.* railway). — ~ˌ**fräs·maˌschi·ne** *f tech.* **1.** gear-milling (*od.* -cutting) machine. – **2.** (*beim Wälzverfahren*) gear generator, gear-generating machine. — ~**geˌtrie·be** *n* **1.** gear transmission (*od.* drive). – **2.** gear mechanism. — ~ˌ**ho·bel·maˌschi·ne** *f* **1.** gear-planing machine, *bes. Am.* gear planer. – **2.** (*beim Wälzverfahren*) gear generator. — ~ˌ**pum·pe** *f* gear(ed) pump. — ~ˌ**roh·ling** *m* gear blank. — ~ˌ**schleif·maˌschi·ne** *f* gear-grinding machine, *bes. Am.* gear grinder. — ~ˌ**stoß·maˌschi·ne** *f* **1.** gear-slotting machine, *bes. Am.* gear slotter. – **2.** (*Waagerechtstoßmaschine*) gear-shaping machine, gear shaper. — ~ˌ**überˌset·zung** *f* gear transmission ratio. — ~ˌ**un·terˌset·zung** *f* gear reduction. — ~ˌ**wälz·ˌfräs·maˌschi·ne** *f* gear-hobbing machine, *bes. Am.* gear hobber.

'**Zahn|ˌrei·he** *f med.* row of teeth: obere [untere] ~ upper [lower] row of teeth. — **z**~ˌ**rei·ni·gend** *adj* cleaning teeth: ~e Wirkung dental cleansing action. — ~ˌ**rei·ni·gungsˌmit·tel** *n* dentifrice. — ~ˌ**rit·zel** *n tech.* pinion. — ~ˌ**scha·den** *m med.* dental defect. — ~ˌ**schmelz** *m* (dental *od.* tooth) enamel.

'**Zahnˌschmerz** *m meist pl* toothache; dentalgia, odontalgia (*scient.*): (heftige) ~en haben to have (a) (severe) toothache; (gut) gegen (*od.* für) ~en good for toothache. — ~ˌ**mit·tel** *n med. pharm.* toothache remedy, antiodontalgic (*scient.*).

'**Zahn|ˌschnecke** (*getr.* -k·k-) *f zo. cf.* Kahnfüßer. — ~ˌ**schnitt** *m arch.* denticulation(s *pl*). — ~ˌ**schutz** *m* (*sport*) (*der Boxer*) gum shield. — ~ˌ**sei·fe** *f* (*Zahnreinigungsmittel*) tooth soap. — ~ˌ**span·ge** *f med. cf.* Zahnklammer. — ~ˌ**spie·gel** *m* dental mirror, odontoscope (*scient.*). — ~ˌ**spin·ner** *m meist pl zo.* prominent (*Fam. Notodontidae*).

'**Zahnˌstan·ge** *f tech.* (gear) rack, tooth rack.

'**Zahnˌstan·gen|ˌanˌtrieb** *m tech.* rack and pinion drive. — ~**geˌtrie·be** *n* rack gearing (*od.* transmission).

'**Zahnˌstein** *m med.* tartar, dental calculus, odontolith (*scient.*): den ~ entfernen to scale ([the] tartar from) the teeth. — ~ˌ**bil·dung** *f* tartar formation, odontolithiasis (*scient.*). — ~**entˌfer·nung** *f* ⟨-; *no pl*⟩ scaling. — **z**~ˌ**lö·send** *adj* tartar dissolving: ~es Mittel tartar dissolvent.

'**Zahn|ˌsto·cher** *m* toothpick. — ~ˌ**stum·mel**, ~ˌ**stumpf** *m med.* stump of a tooth, (dental) stump. — ~ˌ**tau·be** *f zo.* tooth-billed pigeon, toothbill (*Didunculus strigirostris*). — ~ˌ**tech·nik** *f med.* dental technology. — ~ˌ**tech·ni·ker** *m* dental technician (*od.* mechanic). — ~ˌ**trost** *m bot.* red eyebright (*od.* bartsia) (*Odontites rubra*). — ~**türˌkis** *m min.* bone turquois(e), odontolite (*scient.*).

'**Zahn-** ˌ**und** '**Kie·fer·chir·urˌgie** *f med.* oral surgery.

'**Zah·nung** *f* ⟨-; -en⟩ **1.** *cf.* Zahnen. – **2.** ⟨*only sg*⟩ *med.* dentition. – **3.** *tech.* a) (*einer Stirnverzahnung*) tooth system, teeth *pl*, b) ⟨*only sg*⟩ (*einer Kerbverzahnung*) serration.

Zäh·nung ['tsɛːnʊŋ] *f* ⟨-; -en⟩ *philat.* (*einer Briefmarke*) perforation.

'**Zahn|ˌvö·gel** *pl zo.* (*fossile Vögel der Kreidezeit*) odontornithes. — ~ˌ**wach·tel** *f meist pl* partridge (*Unterfam. Odontophorinae*). — ~ˌ**wal** *m meist pl* toothed whale, odontocete (*scient.*) (*Unterordng Odontoceti*). — ~ˌ**was·ser** *n* (*zur Zahnpflege*) tooth wash, dental lotion. — ~ˌ**wech·sel** *m med.* second dentition, diphyodontia (*scient.*). — ~ˌ**weh** *n* toothache; dentalgia, odontalgia (*scient.*): ~ haben to have (a) toothache. — ~ˌ**wurz** *f bot.* toothwort (*Gattg Dentaria*).

'**Zahnˌwur·zel** *f med.* root (of a tooth), dental root. — ~**kaˌnal** *m* pulp (*od.* root) canal. — ~**re·sek·tiˌon** *f* apicoectomy. — ~ˌ**spit·ze** *f* root apex. — ~ˌ**zy·ste** *f* root (*od. scient.* radicular, radiculodental) cyst.

'**Zahn|ˌzan·ge** *f med.* extractor, dental forceps. — ~**zeˌment** *m* (dental *od.* tooth) cement. — ~ˌ**zie·hen** *n cf.* Zahnextraktion. — ~ˌ**zwi·schenˌräu·me** *pl* interdental spaces. — ~ˌ**zy·ste** *f* dental (*od. scient.* alveolodental) cyst, odontocele (*scient.*).

Zäh·re ['tsɛːrə] *f* ⟨-; -n⟩ *obs. poet. od. dial. for* Träne 1.

Zähr·te ['tsɛːrtə] *f* ⟨-; -n⟩ *zo.* (*Karpfenfisch*) bluenose (*Vimba vimba*).

Zain [tsaɪn] *m* ⟨-(e)s; -e⟩ **1.** *Southwestern and Swiss dial. for* Weidenzweig. – **2.** *metall.* bar, pig, ingot. – **3.** *hunt.* a) (*Schwanz eines Dachses*) tail, b) *rare* (*Brunftrute des Hirsches*) penis of stag.

Zai·ne ['tsaɪnə] *f* ⟨-; -n⟩ *Southwestern G. and Swiss* wicker basket.

zai·nen ['tsaɪnən] *v/i* ⟨h⟩ *Southwestern G. and Swiss* prepare wicker for baskets.

Zai·rer [za'iːrər] *m* ⟨-s; -⟩ Zairean. — **zai·risch** [za'iːrɪʃ] *adj* Zairean.

Zä·kum ['tsɛːkʊm] *n* ⟨-s; Zäka [-ka]⟩ *med.* c(a)ecum.

Zam·ba ['tsamba] *f* ⟨-; -s⟩, '**Zam·bo** [-bo] *m* ⟨-s; -s⟩ zambo, sambo (*a Latin American of mixed Indian and Negro ancestry*).

Zan·der ['tsandər] *m* ⟨-s; -⟩ *zo.* zander (*Lucioperca lucioperca*).

Za·nel·la [tsa'nɛla] *m* ⟨-s; -s⟩ (*textile*) (*Gewebe*) zanella cloth.

Zan·ge ['tsaŋə] *f* ⟨-; -n⟩ **1.** *tech.* a) pliers *pl*, *Am. auch* plyers *pl* (*construed as sg or pl*), b) *cf.* Draht-, Flach-, Kneif-, Kombi(nations)-, Rohr-, Rundzange: eine ~ (a pair of) pliers. – **2.** (*Schmiedezange*) tongs *pl* (*sometimes construed as sg*): eine ~ (a pair of) tongs. – **3.** *med.* a) (*des Zahnarztes etc*) forceps, b) *cf.* Geburtszange: das Kind mußte mit der ~ geholt werden the child had to be delivered by forceps. – **4.** (*für Fingernägel*) clippers *pl.* – **5.** *zo.* (*Greifwerkzeug*) nippers *pl*, pincers *pl* (*sometimes construed as sg*); forceps, maxilla (*scient.*). – **6.** *fig. colloq.* (*in Wendungen wie*) j-n in die ~ nehmen a) to press s.o. hard, to put the screw(s) on s.o., to give s.o. another turn of the screw, b) (*bes. beim Fußball etc*) to sandwich s.o.; j-n in der ~ haben to have s.o. cornered; das ist nicht einmal mit der ~ anzufassen I would not touch that with a barge pole (*Am.* a five-foot pole), that's filthy dirty. – **7.** *fig. contempt.* (*böses, zänkisches Weib*) termagant, *bes. Am.* nag, (*stärker*) battle-ax(e) (*colloq.*). – **8.** *civ.eng.* a) (*für Holzkonstruktion*) wale, waling, b) (*Dachverband*) tie. – **9.** *mil.* a) pincer, b) *cf.* Zangenbewegung: j-n in die ~ nehmen to envelop (*auch* envelope) s.o.

'**Zan·gen|ˌanˌgriff** *m mil.* pincer attack, double envelopment. — ~**beˌwe·gung** *f* pincer movement. — ~**entˌbin·dung** *f med. cf.* Zangengeburt 1. — **z**~**entˌbun·den** *adj* delivered by forceps. — **z**~ˌ**för·mig** *adj* forcipate, *auch* forcipated, cheliform. — ~**geˌburt** *f* **1.** *med.* forceps delivery. – **2.** das war die reinste ~ *fig. colloq.* (*z.B. schwierige Promotion*) that was a tough job. — ~ˌ**griff** *m* (*sport*) (*beim Ringen*) double grip. — ~ˌ**vorˌschub** *m tech.* **1.** (*eines Drehautomaten*) gripper feed. – **2.** (*als Vorrichtung*) gripper feed mechanism.

Zank [tsaŋk] *m* ⟨-(e)s; *no pl*⟩ quarrel, squabble, wrangle, dispute, broil, altercation, row: einen ~ schlichten to settle a quarrel; mit j-m in ~ geraten to get involved in a quarrel with s.o.; bei ihnen gibt es immer ~ und Streit, zwischen ihnen herrscht immer viel ~ they are always quarrel(l)ing (*od.* bickering). — ~ˌ**ap·fel** *m* ⟨-s; *no pl*⟩ bone of contention, apple of discord: das Geld ist ein ewiger (*od.* ständiger) ~ zwischen ihnen money is always a bone of contention with them.

zan·ken ['tsaŋkən] **I** *v/i* ⟨h⟩ **1.** (mit j-m) ~ to scold (s.o.): ich muß schon wieder ~, weil I have to scold (you) again because; (laut) ~ to wrangle. – **II** *v/t* **2.** sich (*untereinander*) ~ (über *acc* etwas) to (have a) quarrel (*od.* squabble, *colloq.* scrap) (about s.th., over s.th.), to bicker (about s.th., over s.th.): zankt euch nicht, prügelt euch lieber *colloq. iron.* stop (your) bickering. – **3.** sich (*untereinander*) um etwas ~ to quarrel (*od.* squabble) over s.th.: die Kinder zankten sich um den Ball the children quarrel(l)ed over the ball. – **III** *v/reflex* **4.** sich mit j-m (über *acc* etwas) ~ to have words (*od.* a quarrel, a tiff, *colloq.* a scrap) with s.o. (about s.th., over s.th.), to quarrel with s.o. (about s.th., over s.th.). – **5.** sich mit j-m um etwas ~ to quarrel (*od.* squabble) with s.o. over s.th.

Zän·ker ['tsɛŋkər] *m* ⟨-s; -⟩ quarreler, *bes. Br.* quarreller, squabbler, bickerer.

Zan·ke'rei *f* ⟨-; *no pl*⟩ *colloq.* quarreling, *bes. Br.* quarrelling, squabbling, bickering.

Zän·ke'rei *f* ⟨-; -en⟩ *meist pl colloq.* quarrel, squabble, haggle.

'**Zän·ke·rin** *f* ⟨-; -nen⟩ *cf.* Zänker.

zän·kisch ['tsɛŋkɪʃ] *adj* **1.** cantankerous, quarrelsome, contentious: sie ist alt und ~ geworden she has got old and cantankerous. – **2.** (*nörglig*) nagging, naggy.

'**Zankˌsucht** *f* ⟨-; *no pl*⟩ cantankerousness, quarrelsomeness, contentiousness. — '**zankˌsüch·tig** *adj cf.* zänkisch.

'**Zankˌteu·fel** *m contempt.* a) scold(er), b) (*Frau*) termagant, shrew, vixen, virago.

Zä·no|ge·ne·se [tsɛnoge'neːzə] *f* ⟨-; -n⟩, ~'**ge·ne·sis** [-'geːnezɪs] *f* ⟨-; -genesen [-ge'neːzən]⟩ *biol.* c(o)enogenesis, *auch* caenogenesis. — **z**~**ge'ne·tisch** [-ge'neːtɪʃ] *adj* c(o)enogenetic, *auch* caenogenetic.

Zä·no·zoi·kum [tsɛno'tsoːikʊm] *n* ⟨-s; *no pl*⟩ *geol. hist. cf.* Känozoikum. — **zä·no'zo·isch** [-ɪʃ] *adj cf.* känozoisch.

Zapf[1] [tsapf] *m* ⟨-(e)s; ⸚e⟩ **1.** *rare for* Zapfen[3]. – **2.** *Southern G. rare for* Ausschank[1] 2, 3.

Zapf[2] *m* ⟨-(e)s; -e⟩ *Austrian ped. colloq.* oral (exam) (*colloq.*).

'**Zapf·beˌtrieb** *m auto.* pump service.

Zäpf·chen ['tsɛpfçən] *n* ⟨-s; -⟩ **1.** *dim. of* Zapfen[3]. – **2.** *med.* (*am Gaumensegel*) uvula: gespaltenes ~ bifid uvula. – **3.** *med. pharm.* suppository. — ~**entˌzün·dung** *f med.* uvulitis, staphylitis. — ~ˌ**laut** *m ling.* (*in der Phonetik*) uvular (sound). — ~**-R** [-ˌʔɛr] *n* uvular r.

zap·fen[1] ['tsapfən] **I** *v/t* ⟨h⟩ **1.** (*bes. Bier*) tap. – **2.** *tech.* (*Bretter etc*) join (*s.th.*) with (mortise and) tenon, relish, tenon. – **II** *v/i* **3.** *auto.* (*an Zapfsäule*) fill. – **III Z**~ *n* ⟨-s⟩ **4.** *verbal noun.*

'**zap·fen**[2] *v/t* ⟨h⟩ *Austrian ped. colloq.* examine (*s.o.*) viva voce.

'Zap·fen³ *m* ⟨-s; -⟩ **1.** *bot.* (*der Nadelbäume*) cone, (*des Hopfens*) *auch* strobile (*scient.*). – **2.** (*Faßhahn*) tap. – **3.** (*eines Fasses*) *cf.* Spund¹ 1. – **4.** *cf.* Pfropfen 2. – **5.** (*Pflock*) peg, pin. – **6.** *tech.* a) (*Holzverbindung*) tenon, b) (*Stift*) pin, c) (*Lagerzapfen, Zapfen einer Welle*) journal, d) (*eines Zirkels*) fulcrum stud, e) (*Führungszapfen*) pilot, f) (*Heftzapfen eines Werkzeugs*) tang, g) (*Kurbelzapfen*) crankpin. – **7.** *med.* (*in der Netzhaut des Auges*) (retinal) cone. – **8.** einen ~ haben *colloq.* (*Rausch*) to be tight (*colloq.*), to have had one over the eight. — **~ˌausˌschnei·den** *n tech.* (*in der Zimmerei*) relishing, tenoning. — **~ˌausˌschnitt** *m cf.* Zapfenloch 2. — **~ˌblu·me** *f bot.* conehead (*Gattg Strobilanthes*). — **~ˌblü·te** *f bot. cf.* Zapfen³ 1. — **z~ˌblü·tig** [-ˌblyːtɪç] *adj* with cone-shaped inflorescences. — **~ˌboh·rer** *m tech.* (*in der Zimmerei*) tenon auger. — **z~ˌför·mig** *adj* **1.** cone-shaped. – **2.** *bot.* cone-shaped; pineal, strobilaceous (*scient.*). – **3.** peg-shaped. — **~ˌfrä·ser** *m tech.* shank cutter, pilot counterbore. — **~ˌfrucht** *f bot. cf.* Zapfen³ 1. — **~geˌtrie·be** *n tech.* pin tooth (*od.* lantern) gearing. — **~ˌku·gelˌla·ger** *n* ball and socket bearing. — **~ˌla·ger** *n* **1.** (*eines Drehzapfens*) pivot bearing. – **2.** (*einer Walze*) neck bearing. — **~ˌloch** *n* **1.** a) pivot hole, b) (*eines Pressenstößels*) tool shank hole. – **2.** (*in der Holzbearbeitung*) mortise. — **~ˌplat·te** *f* plate with tenon. — **~ˌrad** *n* pin gear. — **~ˌsä·ge** *f* dovetail saw. — **~ˌschicht** *f med.* (*in der Netzhaut*) layer of rods and cones. — **~ˌschlüs·sel** *m tech.* pin spanner. — **~ˌschneidˌsä·ge** *f tech.* tenon saw. — **~ˌstreich** *m* **1.** *mil.* a) (*Signal*) tattoo, *auch* tatoo, *Br. auch* last post, *bes. Am. auch* taps *pl* (*usually construed as sg*), b) (*Zeremoniell*) retreat, military tattoo: den ~ blasen to sound the tattoo; der Große ~ retirement ceremony, *Am.* the Tattoo. – **2.** jetzt ist ~ *colloq.* a) (it's) bedtime! (it's) time for bed! b) (*im Lokal*) time's up! *Br.* time, gentlemen, please! — **z~ˌtra·gend** *adj bot.* cone-bearing; coniferous, strobilaceous (*scient.*). — **~verˌbin·dung** *f tech.* (*in der Zimmerei*) mortise (and tenon) joint. — **~ˌzie·her** *m Southwestern G. and Swiss for* Korkenzieher.

'Zap·fer *m* ⟨-s; -⟩ *Southern G. dial.* tapster, tapper.

'Zapf|ˌhahn *m* **1.** tap, *Am.* faucet. – **2.** *auto.* hose nozzle. — **~ˌholz** *n agr.* toppings *pl.* — **~ˌloch** *n* (*des Fasses*) bunghole, *Br.* bung-hole. — **~ˌsäu·le** *f* (*für Benzin*) filling (*Am.* gasoline, *Br.* petrol) pump. — **~ˌstel·le** *f* **1.** (*für Benzin*) filling (*Am.* gasoline, *Br.* petrol) station. – **2.** (*für Wasser*) tap connection (*Br. auch* connexion), filling station. – **3.** *electr.* tap.

'Zap·fung *f* ⟨-; -en⟩ *auto. tech. cf.* Zapfen¹.

'Zapfˌwel·le *f auto.* power takeoff (shaft), pto shaft.

'Zap-ˌKlap·pe ['tsap-] *f aer.* (*an der Tragfläche*) zap flap.

za·po·nie·ren [tsapo'niːrən] *v/t* ⟨*no* ge-, h⟩ (*paints*) coat (*s.th.*) with cellulose lacquer.

Za'ponˌlack [tsa'poːn-] *m* (*paints*) cellulose lacquer.

Zap·pe'lei *f* ⟨-; *no pl*⟩ *colloq.* fidgeting.

'Zap·pe·ler *m* ⟨-s; -⟩, **'Zap·pelˌfrit·ze** *m colloq.* fidget(er).

'zap·pe·lig *adj colloq.* **1.** (*unruhig*) fidgety, restless, restive: sie war ganz ~ vor Aufregung she was quite (*od.* all) fidgety with excitement, she was in a dither with excitement (*colloq.*). – **2.** (*aufgeregt*) excited. – **3.** (*vor Prüfung etc*) nervous, jittery (*sl.*): ~ sein to be nervous, to have the jitters (*sl.*). — **'Zap·pe·lig·keit** *f* ⟨-; *no pl*⟩ *colloq.* **1.** fidgetiness, restlessness, restiveness. – **2.** excitement. – **3.** nervousness, (the) jitters *pl* (*construed as sg or pl*) (*sl.*).

'Zap·pelˌlie·se *f* ⟨-; -n⟩ *colloq.* fidget(er).

zap·peln ['tsapəln] **I** *v/i* ⟨h⟩ **1.** (*unruhig sein*) fidget: vor Ungeduld ~ to fidget with excitement. – **2.** (*strampeln*) struggle, kick. – **3.** (*von einem gefangenen Tier*) wriggle, struggle: der Fisch zappelt an der Angel [im Netz] the fish wriggles on the hook [in the net]. – **4.** j-n ~ lassen *fig. colloq.* to keep s.o. in suspense (*od.* on tenterhooks), to tantalize (*Br. auch* -s-) s.o. – **II Z~** *n* ⟨-s⟩ **5.** *verbal noun.*

'Zap·pelˌphil·ipp *m* ⟨-s; -e *u.* -s⟩ *colloq.* (*bes. Kind*) fidget(er).

'zap·pen'du·ster ['tsapən-] *adj colloq.* (*in Wendungen wie*) es war ~ it was pitch-dark (*od.* pitch-black); dann ist('s) ~ *fig.* you're in for it (*colloq.*), you've had it (*sl.*).

'Zapp·ler *m* ⟨-s; -⟩, **'Zapp·le·rin** *f* ⟨-; -nen⟩ *colloq.* fidget(er).

'zapp·lig *adj colloq. cf.* zappelig.

Zar [tsaːr] *m* ⟨-en; -en⟩ *hist.* czar, tsar, *auch* tzar: Weißer ~ White Czar; „~ und Zimmermann" *mus.* "Tsar and Carpenter" (*opera by Lortzing*).

za·ra·thu·strisch [tsara'tʊstrɪʃ] *adj relig. cf.* zoroastrisch.

'Za·renˌreich *n hist.* **1.** czarist (*auch* tsarist) realm, czardom, *auch* tsardom. – **2.** (*Epoche*) czar rule: im ~ during czar rule.

'Za·ren·tum *n* ⟨-s; *no pl*⟩ *hist.* czarism, *auch* tsarism.

Za·re·witsch [tsa'reːvɪtʃ] *m* ⟨-(e)s; -e⟩ *hist.* czarevitch, *auch* tsarevitch.

Za·rew·na [tsa'rɛvna] *f* ⟨-; -s⟩ *hist.* czarevna, *auch* tsarevna.

Zar·ge ['tsargə] *f* ⟨-; -n⟩ **1.** *civ.eng.* (bricked-in) frame, (*Türzarge*) bricked-in door frame. – **2.** (*in der Böttcherei*) chime. – **3.** *mus.* a) (*einer Violine etc*) rib, side, b) (*einer Trommel*) shell, body, c) (*eines Flügels*) rim.

zar·gen ['tsargən] *v/t* ⟨h⟩ *civ.eng.* (*Türen etc*) frame.

'Za·rin *f* ⟨-; -nen⟩ *hist.* czarina, *auch* tsarina, czaritza, *auch* tsaritza.

Za·ris·mus [tsa'rɪsmʊs] *m* ⟨-; *no pl*⟩ *hist.* czarism, *auch* tsarism.

za·ri·stisch [tsa'rɪstɪʃ] *adj hist.* czarist(ic), czarish, *auch* tsarist(ic), tsarish: das ~e Rußland czarist Russia.

zart [tsaːrt] **I** *adj* ⟨-er; -est⟩ **1.** (*Fleisch, Gemüse, Blätter etc*) tender. – **2.** (*Stoff, Gewebe etc*) delicate, filmy, gauzy. – **3.** (*Haut, Teint etc*) delicate. – **4.** (*Handgelenk, Knochenbau etc*) dainty, delicate. – **5.** (*Gesundheit, Verfassung etc*) delicate, (*stärker*) frail, fragile. – **6.** (*Person, Kind*) delicate, slight: er ist sehr ~ für sein Alter he is very delicate for his age. – **7.** (*Alter*) tender: im ~en Alter von fünf Jahren at the tender age of five; vom ~esten Kindesalter an from one's most tender years. – **8.** das ~e Geschlecht *colloq. humor.* (*die Frauen*) the weaker (*od.* gentle) sex. – **9.** (*Gemüt*) delicate, sensitive, tender. – **10.** (*Rücksichtnahme, Aufmerksamkeit etc*) delicate. – **11.** (*Berührung, Hauch, Behandlung etc*) gentle: j-m einen ~en Wink geben to give s.o. a gentle (*od.* subtle) hint; ~e Bande knüpfen to form a sentimental attachment. – **12.** (*Ton, Klang*) soft. – **13.** (*Stimme*) delicate. – **14.** (*Farbe*) delicate, soft, tender, subdued: ein ~es Grün a delicate green. – **15.** *poet.* ethereal. – **II** *adv* **16.** gently: fragte er ~ he asked gently; j-m ~ übers Haar streichen to stroke s.o.'s hair gently; j-n ~ behandeln to treat (*od.* deal with) s.o. gently.

'zart|beˌsai·tet *adj* ⟨-er, zarter besaitet; -st, zartest besaitet⟩ *fig.* high-strung, *bes. Br.* highly strung, sensitive: sie ist ~ she is high-strung, she is sensitive, she has a thin skin; sie ist ~er als ihre Schwester she is more highly strung than her sister. — **~ˌblau** *adj* pale-blue.

Zär·te¹ ['tsɛːrtə] *f* ⟨-; *no pl*⟩ *lit. for* Zartheit.

'Zär·te² *f* ⟨-; -n⟩ *zo. cf.* Zährte.

Zär·te·lei [tsɛːrtə'laɪ] *f* ⟨-; *no pl*⟩ *lit. for* Gekose.

'zart|ˌfüh·lend *adj* ⟨-er; -st⟩ delicate, discreet, tactful, considerate. — **Z~geˌfühl** *n* ⟨-(e)s; *no pl*⟩ delicacy (of feeling), discretion, tact(fulness), consideration: mit sehr viel ~ vorgehen to go about things with great delicacy (*od.* most delicately, most tactfully). — **~ˌglie·de·rig, ~ˌgliedrig** *adj* dainty, delicate, gracile, (*Mädchen, Frau*) *auch* petite. — **~ˌgrün** *adj* pale-green.

'Zart·heit *f* ⟨-; *no pl*⟩ **1.** (*von Fleisch, Gemüse, Blättern etc*) tenderness. – **2.** (*von Stoff, Gewebe etc*) delicacy, delicateness, filminess. – **3.** (*von Haut, Teint etc*) delicacy, delicateness. – **4.** (*zartes Verhalten*) gentleness, subtlety, subtleness. – **5.** (*von Ton, Klang*) softness. – **6.** (*einer Stimme*) delicacy, delicateness. – **7.** (*von Farben*) delicacy, delicateness, softness, tenderness.

zärt·lich ['tsɛːrtlɪç] **I** *adj* **1.** (*Blick, Gefühl etc*) tender, loving, fond: ein ~er Brief a tender (*od.* an affectionate) letter; ~e Worte tender (*od.* fond) words, words of love; j-m in ~er Liebe zugetan sein *lit.* to love s.o. tenderly, to be tenderly fond of s.o. – **2.** (*Gebärde etc*) affectionate: zu j-m ~ sein to be affectionate with s.o. – **3.** (*liebevoll*) loving, fond: sie ist ihren Kindern eine ~e Mutter she is a loving (*od.* fond) mother to her children. – **II** *adv* **4.** tenderly: j-n ~ lieben to love s.o. tenderly. – **5.** affectionately. – **6.** tenderly, fondly, lovingly: j-n ~ umarmen [liebkosen, ansehen] to embrace [to caress, to look at] s.o. tenderly; j-m ~ übers Haar streichen to stroke s.o.'s hair tenderly. — **'Zärt·lich·keit** *f* ⟨-; -en⟩ **1.** ⟨*only sg*⟩ tenderness, fondness, lovingness. – **2.** (*zärtliches Wort*) endearment: er flüsterte ihr ~en ins Ohr he whispered endearments (*od.* sweet nothings) in her ear. – **3.** (*Liebkosung*) endearment, caress, embrace: sie ist für ~en [nicht] empfänglich she is [not] susceptible (*od.* responsive) to endearments. – **4.** (*sexuelle*) embrace: bei diesem Zusammensein kam es zu ~en they embraced at this meeting.

'Zärt·lich·keits·beˌdürf·nis *n* ⟨-ses; *no pl*⟩ need of affection.

'zartˌro·sa *adj* pale-pink.

'Zartˌsinn *m* ⟨-(e)s; *no pl*⟩ *cf.* Zartgefühl. — **'zartˌsin·nig** *adj cf.* zartfühlend.

Zä·si·um ['tsɛːzɪʊm] *n* ⟨-s; *no pl*⟩ *chem.* cesium, *auch* caesium (Cs).

Za·ster ['tsastər] *m* ⟨-s; *no pl*⟩ *colloq.* (*Geld*) 'dough', 'sugar' (*beide sl.*), *bes. Br. sl.* 'tin', *Br. sl.* 'brass', *Am. sl.* 'jack'.

Zä·sur [tsɛ'zuːr] *f* ⟨-; -en⟩ **1.** *metr.* caesura, *auch* cesura, comma, rest. – **2.** *mus.* caesura, *auch* cesura. – **3.** *fig.* (*wichtiger Einschnitt*) turning point.

Zau·ber ['tsaʊbər] *m* ⟨-s; -⟩ **1.** ⟨*only sg*⟩ magic, witchcraft: etwas durch ~ bewirken to do s.th. by magic; wie durch ~ as if by magic; fauler ~ *fig. colloq.* humbug, hogwash, 'eyewash' (*colloq.*); 'rot', baloney, *auch* boloney (*sl.*). – **2.** (*Bann*) spell, charm: ein ~ hielt die Prinzessin gefangen a spell held the princess captive; einen ~ lösen to break a spell. – **3.** *fig.* magic, spell, charm, enchantment, fascination: der ~ ihrer Stimme [der Landschaft] the magic of her voice [of the landscape]; dem ~ der Musik erliegen to be spellbound (*od.* captivated) by the magic of the music; er ist ihrem ~ erlegen he fell a victim (*od.* succumbed) to her charms. – **4.** ⟨*only sg*⟩ *fig. colloq.* (*Zirkus, Theater*) hullaballoo, fuss, song and dance (*colloq.*): es hat einen riesigen ~ gegeben there was an awful hullaballoo (*colloq.*); mach doch keinen ~ don't make such a fuss. – **5.** *fig. colloq.* (*in Wendungen wie*) ich bin den ganzen ~ leid I am fed up with the whole business (*sl.*); den ~ kenne ich a) I've been through all that (*colloq.*), b) that's nothing new; ich traue dem ~ nicht it looks a bit fishy to me (*colloq.*), there is some monkey business going on somewhere; was kostet der ganze ~? what is the whole lot going to cost? (*colloq.*). — **~ˌbann** *m* spell, charm: unter einem ~ stehen to be under a spell; den ~ brechen to break the spell. — **~ˌberg**", „**Der** "The Magic Mountain" (*novel by Th. Mann*). — **~ˌbrun·nen** *m* magic fountain. — **~ˌbuch** *n* book of spells (*od.* charms).

Zau·be'rei *f* ⟨-; -en⟩ **1.** *cf.* Zaubern. – **2.** ⟨*only sg*⟩ magic, wizardry, (*bes. Hexerei*) witchcraft, sorcery: das grenzt an ~ that borders on magic. – **3.** ⟨*only sg*⟩ (*Zauberkunst*) magic art, art of magic: durch ~ by magic. – **4.** *cf.* Zauberkunststück.

'Zau·be·rer *m* ⟨-s; -⟩ **1.** wizard, magician, sorcerer. – **2.** *fig.* wizard: er ist der reinste ~ he is an absolute wizard. – **3.** *cf.* Zauberkünstler.

'Zau·ber|ˌfla·sche *f* magic bottle. — **~ˌflö·te** *f* magic flute: „Die ~" *mus.* "The Magic Flute" (*opera by Mozart*). — **~ˌfor·mel** *f* spell, charm, magic formula. — **~ˌgar·ten** *m* enchanted garden. — **~geˌschich·te** *f* tale of magic (*od.* the supernatural).

'zau·ber·haft *adj* (*Kleid, Anblick etc*) charming, delightful, captivating, enchanting, magic.

'Zau·be·rin *f* ⟨-; -nen⟩ **1.** (*Hexe*) sorceress, witch. – **2.** (female) magician (*od.* conjurer).

'Zau·ber|ˌin·sel *f* enchanted island. — **~ˌka·sten** *m* trick box. — **~ˌklang** *m* magic (*od.* enchanting) sound. — **~ˌkraft** *f* **1.** magic power, witchcraft. – **2.** *fig.* (*der*

Worte etc) magic (power). – **3.** *pl* magic properties. — **z~,kräf·tig** *adj* magic(al). — **~,kreis** *m* magic circle. — **~,kunst** *f* ⟨-; -künste⟩ **1.** ⟨*only sg*⟩ magic art, art of magic. – **2.** *pl* magic art *sg.* – **3.** ⟨*only sg*⟩ conjuring, conjury, sleight of hand. – **4.** *cf.* Zauberkunststück. — **~,künst·ler** *m* magician, conjurer, illusionist. — **~,kunst·,stück** *n* conjuring trick, sleight of hand: **~e** *pl* conjuring tricks, *auch* magic *sg.* — **~,land** *n* land of magic, fairyland. — **~la,ter·ne** *f* magic lantern. — **~,lehr·ling** *m* sorcerer's (*od.* wizard's) apprentice. — **~,macht** *f cf.* Zauberkraft. — **~,man·tel** *m* magic cloak. — **~,mär·chen** *n* fairy tale (*od.* story) about magic. — **~,mit·tel** *n* charm, sigil.

zau·bern ['tsaubərn] **I** *v/t* ⟨h⟩ **1.** j-n irgendwohin ~ to charm s.o. somewhere: die Hexe zauberte ihn in eine Flasche the witch confined him in a bottle by sorcery. – **2.** (*durch Taschenspielerei*) conjure: j-m die Uhr aus der Tasche ~ to conjure s.o.'s watch out of his pocket. – **3.** *fig.* conjure up: sie hat ein phantastisches Essen aus nichts gezaubert she conjured up a fantastic meal out of nothing. – **4.** *fig.* bring: diese Worte zauberten ein Lächeln auf ihr Gesicht these words, as if by magic, produced a smile on her face. – **II** *v/i* **5.** do (*od.* perform, practice, *bes. Br.* practise) magic, charm: ab und zu zauberte die Fee ein bißchen the fairy did a bit of magic now and then. – **6.** (*Zauberkunststücke vorführen*) do conjuring tricks, conjure, do conjury. – **7.** *fig. colloq.* (*in Wendungen wie*) ich kann doch nicht ~! I can't work miracles! I am no magician! du bist schon wieder da, du kannst wohl ~ what? back so soon? where is your magic carpet? – **III Z~** *n* ⟨-s⟩ **8.** *verbal noun.* – **9.** *cf.* Zauberei 2.

'Zau·ber|,nuß *f bot.* witch hazel (*Hamamelis virginiana*). — **~,pos·se** *f* (*theater*) fairy-tale extravaganza. — **~,prie·ster** *m* shaman. — **~,reich** *n* **1.** realm of magic. – **2.** *fig.* magic realm: im ~ der Musik in the magic realm of music. — **~,ring** *m* magic ring. — **~,ri·ten** *pl* magic rites. — **~,ru·te** *f cf.* Zauberstab. — **~,schlag** *m only in* wie mit einem ~(e) *fig.* as if by magic. — **~,schloß** *n* enchanted castle. — **~,schrift** *f* magic writing. — **~,se·gen** *m cf.* Zauberspruch. — **~,spie·gel** *m* magic mirror. — **~,spruch** *m* spell, charm, incantation, sigil, conjuration. — **~,stab** *m* (magic) wand. — **~,stein** *m* magic stone. — **~,stück** *n* **1.** *cf.* Zaubertrick. – **2.** (*theater*) *cf.* Zauberposse. — **~,trank** *m* magic potion, (*bes. Liebestrank*) philter, *bes. Br.* philtre. — **~,trick** *m* conjuring trick. — **~,wald** *m* magic wood, enchanted forest. — **~,welt** *f cf.* Zauberreich 2. — **~,werk** *n* ⟨-(e)s; *no pl*⟩ *cf.* Zauberei 2. — **~,we·sen** *n* magic being. — **~,wort** *n* ⟨-(e)s; -e⟩ magic word, spell, charm, sigil. — **~,wur·zel** *f cf.* Alraun(e) 1.

'Zau·brer *m* ⟨-s; -⟩ *cf.* Zauberer. — **'Zau·bre·rin** *f* ⟨-; -nen⟩ *cf.* Zauberin.

Zau·che ['tsauxə] *f* ⟨-; -n⟩ *obs. od. dial.* bitch.

Zau·de'rei *f* ⟨-; *no pl*⟩ *colloq. cf.* Zaudern.

'Zau·de·rer *m* ⟨-s; -⟩ **1.** hesitater, *auch* hesitator. – **2.** (*j-d, der hinausschiebt*) procrastinator, temporizer *Br. auch* -s-. – **3.** (*j-d, der schwankt*) waverer, vacillator, ditherer (*colloq.*). – **4.** Fabius der ~ *antiq.* Fabius Cunctator. — **'Zau·de·rin** *f* ⟨-; -nen⟩ *cf.* Zauderer 1—3.

zau·dern ['tsaudərn] **I** *v/i* ⟨h⟩ **1.** hesitate, hang back: er zauderte, den Befehl auszuführen he hesitated to execute (*od.* hung back from executing) the order; nur nicht ~ (*od.* gezaudert)! don't be afraid! go on! – **2.** (*zögernd*) procrastinate, temporize *Br. auch* -s-. – **3.** (*schwankend*) waver, vacillate, shilly-shally, dither (*colloq.*). – **II Z~** *n* ⟨-s⟩ **4.** *verbal noun.* – **5.** hesitation, hesitance, hesitancy: ohne Z~ without hesitation, unhesitatingly, unhesitantly; nur mit Z~ und (mit) Zagen only very hesitatingly (*od.* hesitantly); da hilft kein Z~ there is no use hesitating. – **6.** procrastination, temporization *Br. auch* -s-. – **7.** vacillation. — **'zau·dernd I** *pres p.* – **II** *adj* hesitating, hesitant: sein **~es** Verhalten his hesitation (*od.* hesitance, hesitancy). – **III** *adv* ~ innehalten to pause hesitatingly, to hesitate.

'Zau·drer *m* ⟨-s; -⟩ *cf.* Zauderer. — **'Zaud·re·rin** *f* ⟨-; -nen⟩ *cf.* Zauderer 1—3.

Zau·ke ['tsaukə] *f* ⟨-; -n⟩ *bot. cf.* Maiglöckchen.

Zaum [tsaum] *m* ⟨-(e)s; Zäume⟩ **1.** bridle: einem Pferd den ~ anlegen to put the bridle on (*od.* to bridle) a horse; ein Pferd gut im ~ halten to keep a tight hand over a horse, to keep a horse well in hand. – **2.** *fig.* (*in Wendungen wie*) sich (selbst) im ~ halten to control oneself; seine Leidenschaften im ~ halten to keep one's passions in check, to curb (*od.* bridle, restrain, control) one's passions; j-n im ~ halten to keep s.o. in check, to keep a tight rein on s.o.; → Zunge 1.

zäu·men ['tsɔymən] **I** *v/t* ⟨h⟩ **1.** (*Pferd, Reittier*) bridle. – **2.** *rare fig.* restrain, bridle. – **II Z~** *n* ⟨-s⟩ **3.** *verbal noun.*

'Zaum,pfad *m* bridle path.

'Zäu·mung *f* ⟨-; *no pl*⟩ **1.** *cf.* Zäumen. – **2.** *collect.* bridle.

'Zaum,zeug *n* headgear, head harness, bridle.

Zaun [tsaun] *m* ⟨-(e)s; Zäune⟩ **1.** fence, (*bes. aus Sträuchern etc*) hedge: ~ aus Draht *cf.* Drahtzaun; elektrischer ~ electric fence; geflochtener ~ wicker fence; lebender ~ hedge, *bes. Br.* quickset hedge, quickset; ein Grundstück mit einem ~ umgeben to fence in a piece of land; über einen ~ klettern to climb over a fence; durch den ~ schlüpfen to slip through the fence; ein paar Worte über den ~ wechseln *fig.* to exchange a few words over the fence (*od.* hedge); → Krieg 1; Streit 1. – **2.** (*Umzäunung*) fencing. – **3.** *cf.* Bauzaun. – **4.** (*beim Hindernisrennen*) timber. — **~,am·mer** *f zo.* cirl bunting (*Emberiza cirlus*). — **~bil,let** *n only in* ein ~ nehmen *obs. colloq. humor.* to watch from outside. — **~,ei·dech·se** *f zo.* sand lizard (*Lacerta agilis*).

zäu·nen ['tsɔynən] *v/t* ⟨h⟩ *cf.* einzäunen.

'Zaun|,flicker (*getr.* -k·k-) *m* fence-mender, fencer. — **~,gast** *m* ⟨-(e)s; -gäste⟩ **1.** outside spectator. – **2.** *fig.* looker-on, onlooker. — **~,gras,mücke** (*getr.* -k·k-) *f zo. cf.* Klappergrasmücke.

'Zaun,kö·nig *m zo.* (kitty) wren (*Troglodytes troglodytes*).

'Zaun,kö·nigs,mei·se *f meist pl zo.* wren-tit (*Chamaea fasciata*).

'Zaun|,lat·te *f* picket. — **~le·gu,an** *m zo.* pine lizard, swift (*Sceloporus undulatus*). — **~,lücke** (*getr.* -k·k-) *f* gap in a (*od.* the) fence. — **~,pfahl** *m* pale: j-m mit dem ~ winken, j-m einen Wink mit dem ~ geben *fig. colloq.* to give (*od.* drop) s.o. a broad hint. — **~,re·be** *f bot.* Virginia creeper (*Gattg Ampelopsis*). — **~,rü·be** *f* bryony, *auch* briony (*Gattg Bryonia*): Weißblütige (*od.* Schwarzbeerige) ~ white bryony, wood vine (*B. alba*). — **~,wei·de** *f* privet (*Ligustrum vulgare*). — **~,wicke** (*getr.* -k·k-) *f* bush (*od.* wild) vetch (*Vicia sepium*). — **~,win·de** *f* hedge (*od.* great) bindweed, lady's-nigthcap, bellbind(er), bellbine, *auch* wild morning glory (*Calystegia sepium*).

Zau·pe ['tsaupə] *f* ⟨-; -n⟩ *Middle G. colloq.* bitch.

zau·sen ['tsauzən] *v/t* ⟨h⟩ **1.** (*Haar*) tousle, *auch* touzle, ruffle: j-n bei den Haaren ~, j-m die Haare ~ to tousle s.o.'s hair. – **2.** (*Baumkronen etc*) ruffle, buffet: der Sturm zauste die Kronen der Bäume the storm ruffled the tops of the trees. – **3.** sich (gegenseitig) ~ to (have a) tussle (*od.* scuffle). – **4.** j-n ~ *fig.* to buffet s.o. (about): er ist vom Leben arg gezaust worden he has been badly buffeted by life.

'zau·sig *adj Austrian for* zerzaust II.

Zea·xan·thin [tseaksan'ti:n] *n* ⟨-s; *no pl*⟩ *chem.* zeaxanthin(e) ($C_{40}H_{54}(OH)_2$).

Ze·bra ['tse:bra] *n* ⟨-s; -s⟩ *zo. cf.* Bergzebra. — **z~,ar·tig** *adj* zebrine, zebraic, zebralike: ~ (gestreift) zebra (*attrib*). — **~,bärb·ling** [-,bɛrplɪŋ] *m* ⟨-s; -e⟩ zebra fish (*Brachydanio rerio*). — **~,bunt,barsch** *m* pigmy topminnow (*Chichlasoma nigrofasciatum*). — **~,fink** *m* zebra (*od.* chestnut-eared) finch (*Taeniopygia castanotis*). — **~,fisch** *m cf.* Zebrabärbling. — **~,hai** *m* leopard (*od.* zebra) shark (*Stegostoma fasciatum*). — **~,holz** *n* (*wood*) zebrawood, zebrano, zebrana. — **~,hund** *m zo. cf.* Beutelwolf. — **~man,gu·ste** *f* banded mongoose (*Mungos mungo*). — **~ma,ran·te** *f bot.* zebra plant (*Calathea zebrina*). — **~mu,rä·ne** *f zo.* zebra mur(a)eana (*Echidna zebra*).

Ze·bra·no [tse'bra:no] *n* ⟨-s; *no pl*⟩ (*wood*) *cf.* Zebraholz.

'Ze·bra|,schnecke (*getr.* -k·k-) *f zo.* zebra shell (*Bulla zebra*). — **~-,Schwal·ben·,schwanz** *m* zebra swallowtail (*Papilio marcellus; butterfly*). — **~,spin·ne** *f* zebra spider (*Salticus scenius*). — **~,strei·fen** *m* (*Fußgängerüberweg*) zebra crossing: über den ~ gehen to go across the zebra crossing.

Ze·bro·id [tsebro'i:t] *n* ⟨-(e)s; -e⟩ *zo.* zebroid.

Ze·bu ['tse:bu] *m, n* ⟨-s; -s⟩ *zo.* zebu, Indian bull (*Bos indicus*).

'Zech,bru·der *m colloq.* **1.** *cf.* Zechkumpan. – **2.** toper, tippler, boozer (*colloq.*).

Ze·che[1] ['tsɛçə] *f* ⟨-; -n⟩ bill, *bes. Am.* check: eine große ~ machen to run up a big bill; die ~ prellen *colloq.* to dodge (*od.* abscond without) paying the bill, *bes. Am. colloq.* to duck paying the bill; seine ~ (be)zahlen to pay one's bill; (für j-d anders) die ~ (be)zahlen *fig. colloq.* to pay up (*od.* pay the piper, *colloq.* foot the bill) (for s.o. else).

'Ze·che[2] *f* ⟨-; -n⟩ (*mining*) **1.** (coal) mine, colliery, pit: eine ~ stillegen to shut down (*od.* close) a mine. – **2.** (*Bergwerksgesellschaft*) mining company.

ze·chen ['tsɛçən] *v/i* ⟨h⟩ carouse, quaff; guzzle, booze, *auch* boose (*colloq.*): bis tief in die Nacht hinein [zum frühen Morgen] ~ to carouse until late in the night [until the small hours].

'Ze·chen|be,sit·zer *m* mineowner, *Br.* mine-owner. — **~,hal·de** *f* mine dump. — **~,koh·le** *f* mine coal. — **~,koks** *m* furnace (*od.* coke-oven, colliery) coke. — **~,kraft·,werk** *n* colliery power station. — **~,platz** *m* pit yard. — **~,stille·gung** (*getr.* -ll,l-) *f* shutdown (*od.* closure) of a mine. — **~,teer** *m* coke tar. — **~ver,wal·tung** *f* management of a mine.

'Ze·cher *m* ⟨-s; -⟩ **1.** carouser, reveler, *bes. Br.* reveller, boozer (*colloq.*). – **2.** (*gewohnheitsmäßiger*) toper, tippler, boozer (*colloq.*).

Ze·che'rei *f* ⟨-; -en⟩ *colloq.* booze, *auch* boose (*colloq.*), drinking spree (*od.* bout), carousal, carouse.

'Zech|ge,la·ge *n cf.* Zecherei. — **~ge·,nos·se** *m colloq. cf.* Zechkumpan.

Ze·chi·ne [tsɛ'çi:nə] *f* ⟨-; -n⟩ **1.** *hist.* (*alte venezianische Goldmünze*) sequin. – **2.** *pl colloq. cf.* Moneten.

'Zech|kum,pan *m colloq.* boozing (*auch* boosing) pal (*od.* mate, chum) (*colloq.*), drinking companion. — **~,prel·ler** *m* bilk. — **~prel·le'rei** [,tsɛç-] *f* ⟨-; -en⟩ bilking: auf ~ ausgehen to be out to dodge (*bes. Am. colloq.* duck) paying the bill. — **~,schuld** *f* drinking debt: **~en** haben to have drinking debts.

'Zech,stein *m* ⟨-(e)s; *no pl*⟩ *min.* Upper Permian. — **~for·ma·ti,on** *f geol.* Upper Permian formation.

'Zech,tour *f* pub crawl: eine ~ machen to pub-crawl.

Zeck[1] [tsɛk] *m, n* ⟨-(e)s; *no pl*⟩ *dial.* (*Kinderspiel*) tag, tig: ~ spielen to play tag (*od.* tig).

Zeck[2] *m* ⟨-(e)s; -e⟩ *Southern G. and Austrian dial. for* Zecke.

Zecke (*getr.* -k·k-) ['tsɛkə] *f* ⟨-; -n⟩ *meist pl zo.* tick (*Fam. Ixodidae*).

zecken (*getr.* -k·k-) ['tsɛkən] **I** *v/i* ⟨h⟩ *dial.* play tag (*od.* tig). – **II** *v/t dial. od. colloq. for* necken I.

'Zecken,fie·ber (*getr.* -k·k-) *n med.* tick fever, ixodiasis (*scient.*).

'Zeck,spiel *n dial. cf.* Zeck[1].

Ze·dent [tse'dɛnt] *m* ⟨-en; -en⟩ *jur.* conveyer, conveyor, assignor, transferor, *Am. auch* transferror, transfer(r)er.

Ze·der ['tse:dər] *f* ⟨-; -n⟩ *bot.* **1.** cedar (*Gattg Cedrus*): Echte ~ cedar of Lebanon, true cedar (*C. libani*). – **2.** Japanische ~ Japanese (*auch* Japan) cedar (*Cryptomeria japonica*).

ze·dern ['tse:dərn] *adj* made of cedar(wood) (*Br.* cedar[-wood]), cedarn.

'Ze·dern,holz *n* cedar(wood), *Br.* cedar(-wood). — **~,öl** *n* cedar(-)wood oil.

'Ze·dern|,öl *n* cedar oil. — **~wa,chol·der** *m bot.* cade, prickly cedar (*Juniperus oxycedrus*). — **~,wald** *m* forest of cedars.

'Ze·der·zy,pres·se *f bot.* juniper, southern white cedar, swamp cedar (*Chamaecyparis thyoides*).

ze'dier·bar *adj jur.* conveyable, assignable, transferable, *Am. auch* transferrable. — **ze·die·ren** [tse'diːrən] *v/t* ⟨*no* ge-, h⟩ (*dat* to) cede, convey, assign, transfer.

Ze·drach ['tseːdrax] *m* ⟨-s; *no pl*⟩, **~,baum** *m bot.* chinaberry, *auch* chinaberry tree, pride-of-India, China tree, false sycamore (*Melia azedarach*): Indischer ~ margosa (*Melia azadirachta*).

Ze'drat,baum [tse'draːt-] *m bot.* cedrat, cedrate, citron (*Citrus medica*).

Ze·dre·la [tse'dreːla] *f* ⟨-; -drelen⟩ *bot.* cedrela (*Cedrela odorata*). — **~,baum** *m cf.* Zedrela. — **~,holz** *n* cedrela wood.

'Zee,man·ef,fekt ['zeː-] *m phys.* Zeeman effect.

Zee·se ['tseːzə] *f* ⟨-; -n⟩ drag net. — **'Zee·sen·fi·sche,rei** *f* drag-net fishing.

Zeh [tseː] *m* ⟨-s; -en⟩ *cf.* Zehe 1, 2.

Ze·he ['tseːə] *f* ⟨-; -n⟩ **1.** toe: **große ~** big toe, hallux (*scient.*); **kleine ~** little toe, minimus (*scient.*); **über die große ~ gehen** (*od.* laufen) *fig. colloq.* to walk pigeon-toed; **auf den ~n gehen** to walk on tiptoe (*od.* on one's tiptoes, on the tips of one's toes, *Am. colloq.* on one's tippy-toes); **sich auf die ~n stellen** to stand on tiptoe (*od.* on one's tiptoes, on the tips of one's toes, *Am. colloq.* on one's tippy-toes); **j-m auf die ~n treten** a) to stand (*od.* step, walk, tread) on s.o.'s toes, b) *fig. colloq.* to step (*od.* tread) on s.o.'s toes; **die ~n strecken** (*bei der Gymnastik etc*) to point the toes. – **2.** *zo.* toe; dactyl, digit (*scient.*). – **3.** (*Knoblauchzehe*) clove (of garlic).

'ze·hen,ar·tig *adj* toelike.

'Ze·hen|,bal·len *m med. zo.* ball of a toe. — **~,gän·ger** *m* ⟨-s; -⟩ *meist pl zo.* digitigrade. — **~,glied** *n med.* phalanx (of a toe), pediphalanx (*scient.*). — **~,na·gel** *m* toenail. — **~re,flex** *m med.* **1.** Babinski's reflex. – **2.** Rossolimo's reflex (*od.* sign). — **~,rie·men** *m* (*an Skibindung etc*) toe strap. — **~,spit·ze** *f* tip (*od.* end) of the toe: **auf ~n gehen** *fig.* to walk on tiptoe (*od.* on one's tiptoes, on the tips of one's toes, *Am. colloq.* on one's tippy-toes); **sich auf die ~n stellen** to stand on tiptoe (*od.* on one's tiptoes, on the tips of one's toes, *Am. colloq.* on one's tippy-toes). — **~,stand** *m* (*sport*) (*beim Turnen*) toe stand: **im ~** standing on one's toes.

Ze·hent ['tseːənt] *m* ⟨-en; -en⟩ *hist. cf.* Zehnt.

zehn [tseːn] *adj* ⟨*cardinal number*⟩ ten: **wir sind ~** (*od.* **zu ~en, unser ~**) there are ten of us, we are ten; **sie wurden je ~ und ~ vorgelassen** they were admitted in tens (*od.* in groups of ten); **~ und drei macht** (*od.* **ist**) **dreizehn** ten and three is (*od.* are, make[s]) thirteen; **es ist ~ (Uhr)** it is ten (o'clock); **um ~** at ten (o'clock); **ein Viertel vor [nach] ~** a quarter to (*Am. auch* of) [past, *Am. auch* after] ten; **halb ~** half past (*Am. auch* after) nine; **Punkt ~** at ten o'clock sharp (*od. colloq.* on the dot); **Schlag ~** on the stroke (*od. colloq.* dot) of ten; **alle ~ Jahre** every ten years, decennially (*lit.*); **ich wette ~ zu eins, daß** *fig.* I bet you anything (you like) that; **sie haben ~ zu acht gewonnen** they won ten to eight; → Finger *Bes. Redewendungen*; Gebot 1; Pferd 2.

Zehn *f* ⟨-; -en⟩ **1.** (number) ten: **eine arabische [römische] ~** an Arabic [a Roman] ten. – **2.** (*auf Spielkarten etc*) ten. – **3.** *colloq.* (streetcar, *Br.* tram) number ten: **in die ~ umsteigen** to change (in)to (*Am.* to transfer to) the number ten.

'zehn|,bän·dig [-,bɛndɪç] *adj* ten-volume(d): **ein ~es Lexikon** a ten-volume(d) encyclop(a)edia, an encyclop(a)edia in ten volumes. — **~,blät·te·rig, ~,blätt·rig** *adj bot.* ten-leaved, decaphyllous (*scient.*).

,Zehn'cent,stück *n* ten-cent piece, *Am.* dime.

,Zehn'dol·lar|,no·te *f*, **~,schein** *m* ten-dollar bill, tenner (*colloq.*), *Am. sl.* ten-spot.

'Zehn|,eck *n* ⟨-(e)s; -e⟩ *math.* decagon. — **z~,eckig** (*getr.* -k·k-) *adj* decagonal. — **z~,ein'halb** *adj* ten and a half.

'Zehn,en·der [-,ˀɛndər] *m* ⟨-s; -⟩ *hunt.* stag (*od.* deer) with ten tines, ten-pointer, hart of ten.

'Zeh·ner[1] *m* ⟨-s; -⟩ **1.** *colloq. for* Zehn. – **2.** *colloq.* ten-pfennig piece. – **3.** *colloq.* (*Geldschein im Wert von zehn Währungseinheiten*) tenner (*colloq.*): **den letzten ~ anbrechen [ausgeben]** to break (into) [to spend] one's last tenner. – **4.** *math.* ten: **erst die Einer, dann die ~ zusammenzählen** to add up first the units, then the tens. – **5.** (*beim Kartenspiel*) ten, *Am. sl.* ten-spot. – **6.** (*beim Fußballtoto*) ten (numbers) right: **einen ~ haben** to have ten right. – **7.** *hunt. cf.* Zehnender.

'Zeh·ner[2] *f* ⟨-; -⟩ *colloq.* ten-pfennig (postage) stamp.

'Zeh·ner|al·pha,bet *n tel.* ten-unit code. — **~,an,zei·ge** *f* (*beim Bowling*) (tenpins) score. — **~,bruch** *m math.* decimal fraction.

Zeh·nerl ['tseːnərl] *n* ⟨-s; -(n)⟩ *Bavarian and Austrian colloq. for* Zehnpfennigstück.

'zeh·ner'lei *adj* ⟨*invariable*⟩ of ten (different) kinds (*od.* sorts, varieties): **~ Arten** ten different types; **auf ~ Art** in ten different ways.

'Zeh·ner|log·arith·men [-loga,rɪtmən] *pl math.* common (*od.* Briggsian) logarithms. — **~,packung** (*getr.* -k·k-) *f* packet (*bes. Am.* pack) of ten: **eine ~ Zigaretten** a pack(et) of ten cigarettes. — **~po,tenz** *f math.* decimal exponent (*od.* power), power of ten. — **~,rei·he** *f* **1.** *math.* decade. – **2.** *bes. mil.* row of ten: **in ~n marschieren** to march in rows of ten. — **~,stel·le** *f math.* ten's (*od.* tens) place, (the) tens *pl.* — **~sy,stem** *n* decimal system.

'zehn·eta·gig [-ˀe,taːʒɪç] *adj cf.* zehnstöckig.

'zehn,fach I *adj* tenfold, decuple, denary: **die ~e Größe von etwas haben** to be ten times bigger than s.th., to be ten times the size of s.th.; **eine ~e Vergrößerung** an enlargement ten times the size. – **II** *adv* tenfold, ten times: **sich ~ vermehren** to increase tenfold; **~ vergrößert** magnified ten times. – **III Z~e, das** ⟨-n⟩ the decuple, the tenfold (amount), ten times the amount: **das Z~e von drei ist dreißig** ten times three is (*od.* are) thirty; **die Kosten sind um das Z~e gestiegen** the costs have risen tenfold, the costs have gone up to ten times as high; **etwas um das Z~e vermehren** to decuple s.th.

,Zehn'fin·ger|-,Blind,schrei·be·me,tho·de *f* ⟨-; *no pl*⟩, **~sy,stem** *n* ⟨-s; *no pl*⟩ (*beim Maschinenschreiben*) touch system.

'Zehn,flach *n* ⟨-(e)s; -e⟩ *math.* decahedron. — **'zehn,flä·chig** *adj* decahedral. — **'Zehn,fläch·ner** [-,flɛçnər] *m* ⟨-s; -⟩ *cf.* Zehnflach.

'Zehn,fü·ßer, 'Zehn,fuß,kreb·se *pl zo.* decapoda (*Ordng Decapoda*).

,Zehn'jah·res|,fei·er *f* tenth anniversary. — **~,plan** *m econ. pol.* ten-year plan.

,Zehn'jahr,fei·er *f cf.* Zehnjahresfeier.

'zehn,jäh·rig *adj* **1.** ten-year-old (*attrib*), of ten (years): **ein ~es Kind** a ten-year-old (child), a child of ten. – **2.** ten-year (*attrib*), lasting (*od.* of) ten years. – **3.** ten-year (*attrib*), decennial: **~es Jubiläum** ten-year anniversary; **zum ~en Bestehen der Firma** for the tenth anniversary of the (establishment of the) firm; **nach ~er Pause** after an interval of ten years, after a ten-year interval; **nach ~er Amtszeit** after ten years in office.

'Zehn,jäh·ri·ge[1] *m* ⟨-n; -n⟩ ten-year-old (boy): **die ~n** the ten-year-olds.

'Zehn,jäh·ri·ge[2] *f* ⟨-n; -n⟩ ten-year-old (girl).

'zehn,jähr·lich I *adj* ten-yearly (*attrib*), (occurring) every (*od.* once in) ten years, decennial (*lit.*). – **II** *adv* every (*od.* once in) ten years, decennially (*lit.*).

'Zehn|,kampf *m* (*sport*) (*in der Leichtathletik*) decathlon. — **~,kämp·fer** *m* decathlete.

,Zehn'klas·sen,schu·le *f DDR ped.* ten-year general and polytechnical school.

'zehn|,klas·sig [-,klasɪç] *adj ped.* with ten classes (*Br.* forms, *Am.* grades). — **~,köp·fig** [-,kœpfɪç] *adj* **eine ~e Familie** a family of ten. — **~,mal** *adv* ten times: **~ so groß** ten times as large (*od.* big); **~ soviel Leute** ten times the number of people. — **~,ma·lig** *adj* ⟨*attrib*⟩ done (*od.* repeated) ten times: **~e Wiederholung** repetition for the tenth time; **nach ~em Versuch** after the tenth attempt, after ten attempts.

,Zehn'mark|,schein *m* ten-mark note (*bes. Am.* bill), tenner (*colloq.*). — **~,stück** *n* ten-mark piece.

'zehn|,mo·na·tig [-,moːnatɪç] *adj* **1.** ten-month-old (*attrib*), of ten months. – **2.** ten-month (*attrib*), lasting (*od.* of) ten months: **ein ~er Aufenthalt** a stay of ten months, a ten-month stay. — **~,mo·nat·lich I** *adj* ten-monthly (*attrib*), (occurring) every (*od.* once in) ten months. – **II** *adv* every (*od.* once in) ten months.

,Zehn'mo·nats,kind *n med.* ten-month baby.

,Zehn'pfen·nig|(,brief),mar·ke *f* ten-pfennig (postage) stamp. — **~,stück** *n* ten-pfennig piece.

'Zehn|,pfün·der [-,pfʏndər] *m* ⟨-s; -⟩ *mil. hist.* tenpounder. — **z~,pfün·dig** [-,pfʏndɪç] *adj* ten-pound (*attrib*), of ten pounds.

,Zehn'pfund,no·te *f* ten-pound note (*bes. Am.* bill), tenner (*colloq.*).

'zehn·pro,zen·tig [-pro,tsɛntɪç] *adj* **1.** (*Lösung, Lohnerhöhung etc*) ten-percent, *Br.* ten-per-cent (*attrib*), of ten percent (*Br.* per cent). – **2.** (*Darlehen etc*) at ten percent (*Br.* per cent). – **3.** (*Anlage etc*) bearing ten percent (*Br.* per cent) (interest).

,Zehn·pro'zent,klau·sel *f pol.* ten-percent (*Br.* ten-per-cent) clause.

'zehn,sei·tig *adj* **1.** ten-page (*attrib*), of (*od.* covering) ten pages: **eine ~e Broschüre** a ten-page brochure. – **2.** *math.* ten-sided, decagonal (*scient.*).

'Zehn|,sil·ber [-,zɪlbər] *m* ⟨-s; -⟩ *ling.* decasyllable, decasyllabic. — **z~,sil·big** [-,zɪlbɪç] *adj* decasyllabic, decasyllable (*attrib*). — **z~,stel·lig** [-,ʃtɛlɪç] *adj math.* **1.** (*ganze Zahl*) ten-digit (*od.* -figure) (*attrib*). – **2.** (*Dezimalzahl*) ten-figure (*od.* -place) (*attrib*). — **z~,stöckig** (*getr.* -k·k-) [-,ʃtœkɪç] *adj* ten-storeyed (*bes. Am.* -storied), ten-storey (*bes. Am.* -story) (*attrib*). — **z~,stro·phig** [-,ʃtroːfɪç] *adj* (*Gedicht*) ten-stanza (*attrib*), of ten stanzas. — **z~,stün·dig** [-,ʃtʏndɪç] *adj* ten-hour (*attrib*), lasting (*od.* of) ten hours. — **z~,stünd·lich I** *adj* ten-hourly (*attrib*), (occurring) every (*od.* once in) ten hours. – **II** *adv* every (*od.* once in) ten hours.

'zehnt *adj* **1.** ⟨*ordinal number*⟩ tenth: **der ~e Teil** the tenth part; **~es Kapitel** tenth chapter; **das ~e Kind** the tenth child; **am ~en August** on the tenth of August; **den ~en August** on the tenth of August, (on) August (the) tenth; **das habe ich dir schon zum ~en Mal gesagt** *fig. colloq.* I have told you that umpteen times (already) (*sl.*), I have told you that I don't know how often. – **2.** **zu ~ sein** to be ten in number: **wir waren zu ~** there were ten of us, we were ten.

Zehnt [tseːnt] *m* ⟨-en; -en⟩ *hist.* tithe, tithing: **den ~en geben [erheben, fordern]** to pay [to levy, to exact] the tithe.

'zehn|,tä·gig *adj* ten-day (*attrib*), lasting (*od.* of) ten days. — **~,täg·lich I** *adj* (occurring) every (*od.* once in) ten days. – **II** *adv* every (*od.* once in) ten days.

'zehn'tau·send I *adj* ⟨*cardinal number*⟩ ten thousand. – **II Z~** *pl only in* **die oberen Z~** *fig.* the upper ten (thousand).

'Zehn'tau·send[1] *n* ⟨-s; -e⟩ (*als Maßeinheit*) ten thousand: **das ~ vollmachen** to make a full ten thousand; **~e von Menschen** tens of thousands of people; **zu ~en** by the ten thousand; **die Kosten gehen in die ~e** the costs run into the ten thousands (*od.* five figures).

'Zehn'tau·send[2] *f* ⟨-; -en⟩ (figure) ten thousand: **die ~ in Ziffern schreiben** to write ten thousand in figures (*od.* numbers).

'Zehn·te[1] *m* ⟨-n; -n⟩ *hist. cf.* Zehnt.

'Zehn·te[2] *m, f* ⟨-n; -n⟩, *n* ⟨-n; *no pl*⟩ **1.** tenth: **heute ist der ~** this (*od.* today) is the tenth, it's the tenth today; **bis zum ~n des Monats** a) by the tenth of the month, b) (*des laufenden Monats*) by the tenth of this month, *econ. auch* by the tenth instant (*od.* inst.). – **2.** (*mit Kleinschreibung*) tenth: **der z~ von links** the tenth from the left. – **3.** (*mit Kleinschreibung*) **das kann der z~ nicht** *fig. colloq.* not everyone (*od.* it's not everyone that) can do that; **das weiß der z~ nicht** *fig. colloq.* many (*od. colloq.* a lot of people) don't know it. – **4.** **Karl der ~ (von Frankreich)** *hist.* Charles the Tenth (*od.* Charles X) (of France).

'Zehn·tel I *n, Swiss meist m* ⟨-s; -⟩ tenth (part): **fünf ~ machen ein Halbes** five tenths make (*od.* are equal to) one half; **ein ~ der Summe** a (*od.* one) tenth of the sum; **ein ~ der Bevölkerung** a (*od.* one) tenth of the population. – **II z~** *adj* ⟨*attrib*⟩ tenth: **ein z~ Zentner** a (*od.* one) tenth of a centner.

'Zehn·tel|,gramm *n* decigram, *bes. Br.* decigramme. — **~se,kun·de** *f* tenth of a second: **fünf ~n** five tenths of a second.

'zehn·tens *adv* tenth(ly), in the tenth place.

'zehnt|'größt *adj* tenth largest: **es ist die**

~e Stadt it is the tenth largest city. — **~ˌpflich·tig** *adj hist.* tithable. — **Z~ˌrecht** *n* ⟨-(e)s; *no pl*⟩ *jur. hist.* right to levy tithe. **ˈzehn|ˌundˌeinˈhalb** *adj cf.* zehneinhalb. — **~ˌwer·tig** *adj math.* ten-valued. — **~ˌwö·chent·lich I** *adj* ten-weekly (*attrib*), (occurring) every (*od.* once in) ten weeks. – **II** *adv* every (*od.* once in) ten weeks. — **~-ˌwö·chig** [-ˌvœçɪç] *adj* **1.** of ten weeks, ten-week-old (*attrib*). – **2.** ten-week (*attrib*), lasting (*od.* of) ten weeks: **eine ~e Reise** a ten-week journey. — **Z~ˌzei·ler** [-ˌtsaɪlər] *m* ⟨-s; -⟩ *metr.* ten-line poem, decastich (*scient.*). — **~ˌzei·lig** [-ˌtsaɪlɪç] *adj* (*Strophe, Gedicht*) of ten lines, ten-line (*attrib*).

zeh·ren [ˈtseːrən] *v/i* ⟨h⟩ **1.** live: **von seinen Vorräten ~** to live on one's reserves; **von seinen Zinsen ~** to live off (*od.* on) one's interest. – **2.** draw: **der Körper zehrt von seinem Fett** the body draws on its fat. – **3.** *fig.* (*lange Zeit Freude an etwas haben*) derive (lasting) pleasure: **von diesem Urlaub zehre ich noch lange** I shall derive lasting pleasure from this holiday (*Am.* vacation), this holiday will give me pleasure for months to come; **von seinen Erinnerungen ~** to think fondly of bygone days, to reminisce. – **4.** *fig.* (*von Baden, Seeluft, Weißwein etc*) take weight off, be slimming. – **5. etwas zehrt an** (*dat*) **etwas** *fig.* s.th. undermines (*od.* weakens) s.th.: **die Sorge zehrt an seiner Gesundheit** worry(ing) undermines his health; **die große Verantwortung zehrt an seiner Kraft** the great responsibility undermines (*od.* consumes, saps, eats up, wastes away) his strength; **der Kummer zehrt an ihrem Herzen** sorrow gnaws at her heart. — **ˈzeh·rend I** *pres p.* – **II** *adj med.* (*Krankheit*) wasting, consumptive.

ˈZehr|ˌfie·ber *n* ⟨-s; *no pl*⟩ *med. obs.* hectic fever. — **~ˌgeld** *n* traveling (*bes. Br.* travelling) money (*od.* allowance). — **~-ˌkraut** *n bot.* **1.** *cf.* Betonie. – **2.** *cf.* Jakobs(kreuz)kraut. — **~ˌpfen·nig** *m cf.* Zehrgeld.

ˈZeh·rung *f* ⟨-; *no pl*⟩ *lit.* provisions *pl*, provender.

ˈZehr|ˌwes·pe *f zo.* proctotrupid (*Fam. Proctotrupidae*). — **~ˌwurz** *f bot.* **1.** cuckoopint, lords-and-ladies *pl* (*construed as sg or pl*), *Br.* wake-robin (*Arum maculatum*). – **2.** *cf.* Kalmus.

Zei·chen [ˈtsaɪçən] *n* ⟨-s; -⟩ **1.** sign: **akustische [mathematische, magische] ~** acoustic [mathematic(al), magic] signs; **das ~ des Kreuzes** the sign of the cross; **j-m ein ~ geben** (*od.* **machen**) to give s.o. a sign (*od.* signal), to sign (*od.* signal) to s.o.; **er gab das ~ zum Aufbruch** he gave the sign to leave; **ein ~ mit dem Kopf** a nod; **sich durch ~ miteinander verständigen** to communicate by signs. – **2.** (*Signal*) signal, sign: **~ geben, wenn man nach rechts oder links abbiegt** to give a signal (*od.* to signal, to indicate) when turning (to the) right or left; **wenn einer spinnt, gibt er ein ~** *fig. colloq.* anyone can see that he is daft (*od.* cracked) (*colloq.*). – **3.** (*Merkzeichen, Kennzeichen*) mark, sign: **sich** (*dat*) **an einer Stelle im Buch ein ~ machen** to mark (*od.* make oneself a mark in) a place in the book; **der Bettler machte sich ein ~ an die Haustür** the beggar marked the door. – **4.** (*Symbol*) symbol: **chemisches ~** chemical symbol. – **5.** (*Anzeichen*) sign, indication (mark), evidence, index: **ein ~ von Gesundheit** a sign of good health; **das ist ein ~ von Unsicherheit [Schwäche]** that is a sign of lack of confidence [weakness]; **das ist ein sicheres [untrügliches] ~, daß er hier war** that is a sure [an unmistakable] sign that he was here; **wenn nicht alle ~ trügen, gibt es heute Schnee** if I'm not (*od.* unless I am) greatly mistaken there will be snow today; **er empfing mich mit allen ~ der Hochachtung** he received me with every mark (*od.* gesture) of respect; **das starke Fieber war das erste ~ für seine Krankheit** his high fever was the first sign of his illness. – **6.** (*Symptom*) symptom: **die ~ einer Krankheit** the symptoms of a disease; **das ist ein ~ der Zeit** that is a symptom of our times. – **7.** *fig.* (*Beweis, Zeugnis*) token, sign: **als** (*od.* **zum**) **~ meiner Dankbarkeit** as a token of my gratitude; **zum ~, daß ich dich liebe** as a token of my love for you. – **8.** (*Kennzeichen*) characteristic, sign. – **9.** (*Vorzeichen, Omen*) sign, omen, augury: **ein ~ des Himmels** a sign from heaven; **ich betrachte das als ein günstiges ~** I regard that as a favo(u)rable omen; **es geschehen noch ~ und Wunder** *colloq. humor.* (*Ausruf des Erstaunens*) wonders never cease. – **10. er ist seines ~s Bäcker** he is a baker by trade. – **11.** (*Satzzeichen*) punctuation mark: **die ~ setzen** to put in (*od.* insert) the punctuation marks. – **12.** (*Sternzeichen*) sign: **aufsteigendes [absteigendes] ~** *astrol.* ascendant [descending] sign; **er ist im ~ des Löwen geboren** *astrol.* he was born under the sign of Leo; **unser Jahrhundert steht im** (*od.* **unter dem**) **~ der Technisierung** *fig.* our century is marked by technological progress; **die Stadt steht im ~ der (bevorstehenden) Olympischen Spiele** *fig.* the city revolves (a)round (*od.* is preoccupied with) the (coming) Olympic Games; **die Reise stand unter einem glücklichen ~** *fig.* the journey was under a lucky star. – **13.** (*computer*) a) (*Schriftzeichen*) character, b) (*Markierzeichen*) mark, c) (*Zahl*) figure. – **14.** *aer. mar.* beacon. – **15.** *econ.* (*in der Korrespondenz, auch Diktatzeichen*) reference: **Ihr(e) [unser(e)] ~** your [our] reference. – **16.** *econ.* (*Warenzeichen*) trademark. – **17.** *mus.* mark, sign. – **18.** (*radio*) a) (*Kennmelodie*) signature tune, b) (*Zeitzeichen*) time signal, pips *pl*. – **19.** (*Einsatzsignal, für Sprecher*) cue. – **20.** *cf.* Verkehrszeichen. – **21.** *print.* a) (*Buchstabe*) character, b) (*Handzeichen*) signature, c) (*Sinnbild*) symbol.

ˈZei·chen|ˌabˌfüh·lung *f* ⟨-; *no pl*⟩ (*computer*) mark sensing. — **~ˌblock** *m* ⟨-(e)s; -s, *auch* ⸚e⟩ **1.** drawing block. – **2.** *cf.* Skizzenblock. — **~ˌbrett** *n* drawing (*od.* drafting) board. — **~büˌro** *n* drawing office, drafting room. — **~ˌdeu·ter** *m* augur, diviner. — **~ˌdeu·tung** *f* augury, divination. — **~ˌdich·te** *f* (*computer*) bit density. — **~-ˌdreiˌeck** *n* **1.** *math.* triangle, set square. – **2.** *tech.* set square. — **~erˌklä·rung** *f* **1.** (*auf Fahrplänen etc*) key. – **2.** (*auf Landkarten*) legend. – **3.** (*in Wörter-, Lehrbüchern*) signs and symbols *pl*, explanation of symbols. — **~ˌfe·der** *f* drawing pen. — **~ˌfilm** *m cf.* Zeichentrickfilm.

ˈZei·chenˌge·ber *m tel.* signal transmitter.

ˈZei·chenˌge·bung *f* ⟨-; *no pl*⟩ indication, signaling, *bes. Br.* signalling.

ˈZei·chen|ˌgeld *n econ.* representative money, marked and stamped money. — **~-geˌrät** *n* **1.** drawing instrument. – **2.** *collect.* drawing instruments *pl* (*od.* equipment, apparatus). — **~ˌheft** *n* drawing book. — **~karˌton** *m* drawing (*od.* art, fashion) board. — **~ˌkoh·le** *f* charcoal. — **~ˌkrei·de** *f* chalk, crayon. — **~ˌkunst** *f* **1.** ⟨*only sg*⟩ (art of) drawing. – **2. mit seinen Zeichenkünsten ist es nicht weit her** *colloq.* he's no great shakes at drawing (*sl.*). — **~-ˌleh·rer** *m* art teacher (*Br. auch* master). — **~ˌleh·re·rin** *f* art teacher (*Br. auch* mistress). — **~ˌlo·chung** *f* (*computer*) mark-sensed punching. — **~ˌmap·pe** *f* portfolio, loose-leaf binder, folder. — **~maˌschi·ne** *f* drafting machine. — **~ˌmaßˌstab** *m* plotting scale. — **~ma·te·riˌal** *n* drawing material. — **~paˌpier** *n* drawing paper: **rauhes ~** mill-finished drawing paper. — **~ˌpult** *n* drawing (*od.* drafting) desk. — **~ˌrol·le** *f econ.* (*Register für Warenzeichen*) register of trademarks. — **~ˌsaal** *m* **1.** art room. – **2.** *tech. cf.* Zeichenbüro. — **~ˌschrift** *f* hieroglyphics *pl* (*construed as sg or pl*). — **~ˌschu·le** *f* **1.** school of drawing and design. – **2.** school for engineering drawing. — **~ˌschutz** *m econ. jur.* protection of trademarks. — **~ˌset·zung** *f* ⟨-; *no pl*⟩ punctuation, *auch* interpunction. — **~-ˌspra·che** *f* ⟨-; *no pl*⟩ sign language, *auch* pantomime. — **~ˌstift** *m* (drawing) pencil, (*bunter*) crayon. — **~ˌstun·de** *f* drawing (*od.* art) lesson. — **~syˌstem** *n* code. — **~-taˌlent** *n* talent (*od.* gift) for drawing: **er ist ein großes ~** he is a great drawing talent. — **~ˌtin·te** *f* (*für Wäsche*) marking (*od.* indelible) ink. — **~ˌtisch** *m* drawing (*od.* drafting) table. — **~ˌtrick** *m* animation, animated diagram (*od.* cartoon). — **~ˌtrickˌfilm** *m* (animated) cartoon film. — **~ˌun·terˌricht** *m* **1.** (*Stunde*) drawing (*od.* art) lesson. – **2.** (*als Schulfach*) art. – **3.** teaching of art, art instruction. — **~utenˌsi·li·en** *pl* drawing utensils (*od.* instruments, equipment *sg*). — **~ˌvorˌla·ge** *f* drawing copy (*od.* model). — **~ˌwurz** *f bot.* green dragon (*Arisaema dracontium*).

zeich·nen [ˈtsaɪçnən] **I** *v/t* ⟨h⟩ **1.** draw: **eine Landschaft [ein Pferd] ~** to draw a landscape [a horse]; **etwas in verkleinertem Maßstab ~** to draw s.th. on a reduced scale. – **2.** (*skizzieren*) sketch (out), outline, delineate. – **3.** (*bildlich wiedergeben*) depict. – **4.** (*entwerfen*) draw up, draft, design. – **5.** (*einen Plan anfertigen von*) plot. – **6.** (*kennzeichnen, markieren*) mark: **Wäsche ~, damit sie nicht verwechselt wird** to mark linen so that it will not be mixed up. – **7.** *econ.* a) (*Geldsumme*) (für to, toward[s]) subscribe, b) (*Anleihen*) subscribe for, c) (*Aktien*) subscribe for, take up, d) (*Versicherung*) underwrite: **1000 Mark für einen Fonds ~** to subscribe 1,000 marks to a fund. – **8.** *fig.* (*Charaktere, Atmosphäre etc*) depict, draw, delineate: **der Autor hat die Charaktere sehr genau gezeichnet** the author has depicted the characters very accurately. – **9.** *fig.* (*prägen*) leave its mark on, tell on: **die Jahre des Leids haben ihr Gesicht gezeichnet** the years of sorrow have left their mark on her face. – **II** *v/i* **10.** draw: **er kann gut ~** he can draw well, he is a good drawer; **mit Bleistift [Kreide] ~** to draw in pencil [chalk]; **mit der Feder ~** to draw with a pen; **nach der Natur [dem Leben] ~** to draw from nature [life]. – **11.** (*unterschreiben*) sign: **einzeln [kollektiv] ~** *econ.* to sign individually [collectively]; **für die Firma ~** *econ.* to sign for the firm; **ich zeichne hochachtungsvoll X** I remain, most respectfully, X; respectfully (yours), X; **für etwas verantwortlich ~** *fig.* to take (the) responsibility for s.th. – **12.** *hunt.* (*von verwundetem Hirsch*) leave a trail. – **III Z~** *n* ⟨-s⟩ **13.** *verbal noun*: **Z~ aus freier Hand, freihändiges Z~** freehand (*Br.* free-hand) drawing; **technisches Z~** technical drawing. – **14.** (*Skizzieren*) delineation. – **15.** (*bildliche Wiedergabe*) depiction. – **16.** *fig.* (*von Charakteren etc*) depiction, delineation. – **17.** (*als Schulfach*) art, drawing. – **18.** *econ. cf.* Zeichnung 9.

ˈZeich·ner *m* ⟨-s; -⟩ **1.** drawer, draftsman, *Br. auch* draughtsman. – **2. graphischer** (*od.* **grafischer**) **~** graphic artist. – **3. technischer ~** draftsman, *Br. auch* draughtsman, technical drawer. – **4.** *econ.* (*einer Anleihe, Aktie*) (*gen* for) subscriber. – **5.** *cf.* Trickzeichner.

Zeich·neˈrei *f* ⟨-; -en⟩ *colloq.* bad (*od.* poor) drawing.

ˈZeich·ne·rin *f* ⟨-; -nen⟩ **1.** drawer, draftswoman, *Br. auch* draughtswoman. – **2. graphische** (*od.* **grafische**) **~** graphic artist. – **3. technische ~** draftswoman, *Br. auch* draughtswoman, technical drawer. – **4.** *cf.* Zeichner 4, 5.

ˈzeich·ne·risch I *adj* **~es Talent** talent for drawing; **~e Darstellung** drawing, graphic representation. – **II** *adv* **~ begabt sein** to have (a) talent (*od.* a gift) for drawing, to be a talented (*od.* gifted) drawer; **etwas ~ darstellen** to make a drawing of s.th.

ˈZeich·nung *f* ⟨-; -en⟩ **1.** *cf.* Zeichnen. – **2.** drawing: **technische ~** technical drawing; **eine ~ von etwas anfertigen** to make a drawing of s.th.; **graphische** (*od.* **grafische**) **~** graphic drawing (*od.* representation), graph; **etwas durch eine ~ veranschaulichen** to illustrate s.th. by (*od.* with) a drawing. – **3.** (*Skizze*) sketch. – **4.** (*Entwurf*) draft, outline. – **5.** (*Illustration*) illustration, diagram, figure. – **6.** (*Grundrißzeichnung*) plan. – **7.** *bot. zo.* (*Musterung*) marking(s *pl*), patterning. – **8.** (*im Holz*) grain. – **9.** ⟨*only sg*⟩ *econ.* (*von Anleihen, Aktien*) subscription: **zur ~ aufliegen** to be offered for subscription; **eine Anleihe zur ~ auflegen** to invite subscriptions for a loan. – **10.** *phot.* (*Bildeindruck*) contour impression: **~ in den Schatten** shadow details *pl*.

ˈZeich·nungs|ˌan·geˌbot *n econ.* (offer of) subscription, subscription offer, offer to subscribe. — **~ˌaufˌfor·de·rung** *f* invitation for subscription(s). — **~ˌauf-ˌle·gung** *f* offering (to the public) for subscription(s). — **~beˌdin·gun·gen** *pl* terms of subscription. — **~be·fug·nis** *f cf.* Zeichnungsvollmacht. — **z~beˌrech·tigt** *adj* (*unterschriftsberechtigt*) authorized (*Br.*

auch -s-) to sign: ~ **sein** (**für** for) a) to be authorized to sign, b) (*für Anleihen, Aktien*) to be authorized to subscribe. — **~beˌrech·ti·gung** *f* **1.** right (*od.* authorization *Br. auch* -s-) to sign. – **2.** (*für Anleihen, Aktien*) right (*od.* authorization *Br. auch* -s-) to subscribe. — **~beˌtrag** *m* **1.** subscription amount. – **2.** amount subscribed. — **~for·muˌlar** *n cf.* Zeichnungsschein. — **~ˌfrist** *f* subscription period. — **~ˌgren·ze** *f* (*bei der Rückversicherung*) (under)writing limit. — **~ˌjahr** *n* **1.** (*im Versicherungswesen*) year of acceptance. – **2.** (*für Wertpapiere*) year of subscription. — **~ˌli·ste** *f* subscription list. — **~ˌpreis** *m* price of subscription. — **~ˌschein** *m* (*für Wertpapiere*) subscription form (*od.* blank). — **~ˌvollˌmacht** *f* **1.** signing power, authority (*od.* power) to sign. – **2.** (*für Wertpapiere*) authority (*od.* authorization *Br. auch* -s-) to subscribe.

'Zei·delˌmei·ster *m obs. for* Bienenzüchter. — **zei·deln** ['tsaɪdəln] *v/i* ⟨h⟩ cut the honeycombs. — **'Zeid·ler** *m* ⟨-s; -⟩ *obs. for* Bienenzüchter. — **Zeid·le'rei** *f* ⟨-; *no pl*⟩ *obs. for* Bienenzucht.

'Zei·geˌfin·ger, *Swiss auch* **'Zeigˌfin·ger** *m* index finger, forefinger, index.

zei·gen ['tsaɪgən] **I** *v/t* ⟨h⟩ **1.** show: **j-m einen Brief [ein Buch, den Weg]** ~ to show s.o. a letter [a book, the way]; **j-m die Stadt** ~ to show s.o. ([a]round) the town; **j-m etwas schwarz auf weiß** ~ to show s.o. s.th. in black and white; **er ließ sich das Zimmer** ~ he asked to be shown (*od.* to see) the room; **ich zeige dir, wie man es macht** I'll show you how to do it. – **2.** (*anzeigen*) show, indicate, mark: **das Thermometer zeigt 23°** the thermometer shows (*od.* is at) 23°, it is 23° by (*od.* according to) the thermometer; **was zeigt die Waage?** what weight do the scales indicate? **die Uhr zeigt halb vier** the clock says half past three, it is half past three by the clock. – **3.** (*Film etc*) show, present. – **4.** (*zur Schau stellen*) exhibit, display, show, produce. – **5.** (*darlegen*) show, demonstrate, point out. – **6.** *fig.* show, manifest: **ich wollte meine Angst nicht** ~ I didn't want to show that I was afraid; **seinen Ärger** (*od.* **Unmut**) **[seine Ungeduld]** ~ to show one's annoyance [impatience], to let one's annoyance [impatience] be felt; **er hat bei seiner Arbeit viel Fleiß gezeigt** he showed great industry in his work, he applied himself to his work with great industry; **er kann seine Gefühle nicht** ~ he cannot show (*od.* reveal) his feelings; **er zeigte nicht das geringste Interesse** he did not show the slightest interest; **er will nur seine Macht** ~ he just wants to show (*od.* demonstrate) his power; **er zeigte keine Reue** he showed no compunction (*stärker* regret); **j-m die kalte Schulter** ~ *colloq.* to give s.o. the cold shoulder (*od. colloq.* the brush-off); **sie zeigte ihm ihre ganze Verachtung** she showed him (*od.* she let him feel) her intense contempt; **Verständnis für etwas** ~ to be very understanding about s.th.; **du solltest jedenfalls deinen guten Willen** ~ you ought at least to show your good will; **j-m die Zähne** ~ *colloq.* to show s.o. one's teeth; **dir werd' ich's** ~! *colloq.* (*drohend*) I'll show (*od.* fix) you! I'll get my own back on (*od.* get back at) you! I'll pay you back for that! **denen werd' ich's** ~! *colloq.* I'll show them a thing or two! I'll startle them! **deine Frage zeigt, daß du keine Ahnung davon hast** your question shows that you know nothing about it; **jetzt zeig mal, was du kannst** come on, show what you can do; → Harke; Kralle 1. – **II** *v/i* **7.** (*deuten*) point: **auf j-n [etwas]** ~ to point at s.o. [s.th.]; **er zeigte in die Richtung, aus der er den Schrei gehört hatte** he pointed in the direction he had heard the shout (come) from; **mit dem Finger auf j-n** ~ to point (one's finger) at s.o.; **die ganze Stadt wird mit Fingern auf dich** ~ *fig.* the whole town will point a finger at you, you will lay yourself open to (*od.* you will invite) the criticism of the whole town; **die Magnetnadel zeigt nach Norden** the compass needle points north. – **III** *v/reflex* **sich** ~ **8.** (*sich sehen lassen*) **sich öffentlich** ~ to appear in public, to make a public appearance; **sich auf einem Fest** ~ (*bes. von Prominenten*) to make an appearance at a party; **so kann ich mich niemand(em)** ~ I can't appear (*od.* let myself be seen) like this; **der Papst zeigte sich auf dem Balkon der Peterskirche** the Pope appeared on the balcony of St. Peter's; **mit ihm kann ich mich überall** ~ I can take (*od.* be seen with) him anywhere; **sich von seiner besten Seite** (*od.* **im besten Licht**) ~ *fig.* to put one's best foot forward, to present oneself to best advantage. – **9.** (*zum Vorschein kommen*) appear, come out: **am Himmel zeigten sich die ersten Sterne** the first stars appeared in the sky. – **10.** (*angeben*) show off: **er wollte sich nur** ~ he was just showing off. – **11. sich dankbar** ~ to be grateful (*od.* appreciative), to show one's appreciation; **sich erstaunt** ~ to be much surprised; **sich tapfer** ~ to be brave, to show bravery; **sich j-m erkenntlich** ~ to show s.o. one's gratitude (*od.* appreciation); **sie hat sich nicht besonders erfreut gezeigt** she was not particularly pleased, she was not exactly overjoyed. – **III** *v/impers* **12.** (*sich erweisen*) turn out, become apparent: **es zeigte sich, daß er uns alle getäuscht hatte** it turned out that he had deceived us all; **es wird sich ja** ~, **wer recht hat** we'll see who is right in the end.

Zei·ger ['tsaɪgər] *m* ⟨-s; -⟩ **1.** (*der Uhr*) hand, pointer, finger: **kleiner [großer]** ~ small (*od.* short) [large *od.* big, long] hand; **den** ~ **vorstellen [zurückstellen]** to put the hand on (*od.* forward) [back]. – **2.** (*einer Waage*) pointer, needle, tongue. – **3.** *tech. phys.* (*von Meßinstrumenten*) pointer, hand, needle, indicator hand, index, stylus. – **4.** (*der Sonnenuhr*) gnomon, style, cock, needle. – **5.** *Swiss* (*Person, die im Schießstand die Treffer anzeigt*) firing point recorder. — **~ˌanˌzei·ge** *f* pointer reading. — **~ˌausˌschlag** *m* **1.** *tech. phys.* pointer deflection (*Br. auch* deflexion). – **2.** (*im Radarwesen*) needle deflection (*Br. auch* deflexion). — **~in·struˌment** *n* dial indicator, indicating instrument. — **~ˌstel·lung** *f* pointer setting. — **~te·leˌgraph** *m tech.* pointer (*od.* needle) telegraph. — **~ˌwaa·ge** *f* dial (*od.* indicator) balance.

'Zei·ge|ˌstab *m*, **~ˌstock** *m* ⟨-(e)s; ¨e⟩ (*in der Schule, beim Lichtbildervortrag etc*) pointer.

'Zeigˌstock *m* ⟨-(e)s; ¨e⟩ *Swiss for* Zeigestock.

zei·hen ['tsaɪən] *v/t* ⟨zeiht, zieh, geziehen, h⟩ **j-n einer Sache** ~ *lit.* to accuse s.o. of s.th.: **er hat mich einer Lüge [der Grausamkeit] geziehen** he accused me of lying [of cruelty].

Zei·le ['tsaɪlə] *f* ⟨-; -n⟩ **1.** line: **neue [eingerückte]** ~ new [indented] line; **dritte** ~ **von oben** third line from the top; **eine neue** ~ **anfangen** to start a new line; ~ **halten** to keep to the line; **die** ~**n eng [weit] halten** to space the lines closely [widely]; **einen Text** ~ **für** ~ **durchgehen** to go through (*od.* over) a text line by line; **dieser Aufsatz ist** ~ **für** ~ **abgeschrieben** this essay has been copied word for word; **er hat nicht eine einzige** ~ **des Buches gelesen** he hasn't read one (*od.* a single) line (*od.* word) of the book; **j-m ein paar** ~**n schreiben** to drop s.o. a line (*colloq.*); **j-m ein paar** ~**n hinterlassen** to leave s.o. a note; **einen Übersetzer nach** ~**n bezahlen** to pay a translator by the line; ~**n schinden** *contempt.* to pad out the lines; **zwischen den** ~**n lesen** *fig.* to read between the lines. – **2.** (*von Häusern, Sitzen etc*) row: **in** ~**n** in rows. – **3.** *metr.* (*eines Gedichts*) line, verse, stich. – **4.** *telev.* (scanning) line. – **5.** *gastr.* (*von Brötchen*) row. – **6.** *agr. cf.* Furche 1.

'Zei·len|ˌabˌlenk·trans·forˌma·tor *m telev.* line output transformer. — **~ˌabˌlen·kung** *f* horizontal deflection (*Br. auch* deflexion) (*od.* sweep), line scanning. — **~ˌabˌstand** *m* **1.** (*bei der Schreibmaschine*) line space, spacing: **einfacher [doppelter]** ~ single [double] (line) space. – **2.** *telev.* distance between the lines. – **3.** (*computer*) line-to-line spacing. — **~ˌabˌta·stung** *f telev.* line scanning (*od.* blanking). — **~ˌanˌzei·ger** *m* (*an der Schreibmaschine*) line scale. — **~ˌausˌta·stung** *f telev.* line blanking. — **~ˌbrei·te** *f* width of a line. — **~ˌdruck** *m* ⟨-(e)s; -e⟩ (*computer*) line(-at-a-time) printing. — **~ˌdrucker** (*getr.* -k·k-) *m* line(-at-a-time) printer. — **~ˌdurchˌlauf** *m telev.* line traversal. — **~ˌdurchˌschuß** *m print.* reglet, *auch* riglet. — **~ˌeinˌstel·ler** *m* (*an der Schreibmaschine*) line space lever, line spacer. — **~ˌfang** *m telev.* horizontal hold. — **~ˌfangˌreg·ler** *m* horizontal hold control. — **~ˌflim·mern** *n* line crawl. — **z~ˌfrei** *adj* (*Bild*) line-free, spot-wobbled. — **~freˌquenz** *f* line frequency. — **~ˌgieß·maˌschi·ne** *f print.* line-casting (*od.* slug-casting) machine. — **~ˌguß** *m* slug. — **~ˌguß·maˌschi·ne** *f cf.* Zeilengießmaschine. — **~ho·noˌrar** *n* linage, *auch* lineage: ~ **bekommen** to be paid by the line. — **~ˌlän·ge** *f print.* length of a line. — **~ˌmaß** *n* line (*od.* type) ga(u)ge, type rule (*od.* scale). — **~ˌnorm** *f telev.* line standard. — **~ˌra·ster** *m* line-scanning pattern. — **~ˌrückˌlauf** *m* line (*od.* horizontal) flyback. — **~ˌschal·ter**, **~ˌschaltˌhe·bel** *m* (*an der Schreibmaschine*) line space and carriage return lever. — **~ˌschaltˌta·ste** *f* line space and carriage return key. — **~ˌschin·der** *m contempt.* **1.** line padder. – **2.** penny-a-liner. — **~ˌsetz·maˌschi·ne** *f print.* line-composing (*od.* slug-composing) machine. — **~ˌsprung** *m* **1.** *telev.* interlaced scanning, line interlace. – **2.** *metr. cf.* Enjambement. — **~ˌsprung·verˌfah·ren** *n telev.* interlaced scanning, interlacing. — **~ˌstel·lungs·reˌgi·ster** *n* (*computer*) line position register. — **~ˌsteue·rung** *f telev.* line control. — **~ˌsu·cher** *m* (*computer*) line feed mechanism. — **~trans·forˌma·tor** *m telev.* line transformer. — **~ˌvorˌschub** *m* (*computer*) line feed.

'zei·lenˌwei·se *adv* **1.** by the line: ~ **bezahlen** to pay by the line. – **2.** (*computer*) line by line.

'Zei·len|ˌzahl *f* **1.** *print.* number of lines, linage, *auch* lineage. – **2.** *telev.* number of lines. — **~ˌzäh·ler** *m print.* (*an der Setzmaschine*) line counter. — **~ˌzwi·schenˌraum** *m* line space, spacing.

Ze·in [tse'iːn] *n* ⟨-s; *no pl*⟩ *chem.* (*Protein des Maiskorns*) zein.

Zei·ne ['tsaɪnə] *f* ⟨-; -n⟩ *Southwestern G. and Swiss cf.* Zaine.

'Zei·sel|ˌbär ['tsaɪzəl-] *m dial. for* Tanzbär. — **~ˌwa·gen** *m dial. for* Leiterwagen 1.

'Zei·serlˌwa·gen ['tsaɪzərl-] *m Bavarian and Austrian colloq.* Black Maria, *Am.* patrol wagon, *Am. sl.* paddy wagon.

'Zei·se·sches 'Salz ['tsaɪzəʃəs] *n chem.* Zeise's salt ($KCl \cdot PtCl_2 \cdot C_2H_4 \cdot H_2O$).

Zei·sig ['tsaɪzɪç] *m* ⟨-s; -e⟩ **1.** *zo.* siskin (*Carduelis spinus*). – **2. ein lockerer** ~ *colloq.* a gay spark (*od.* blade, lad), (*stärker*) a fast liver.

Zei·sing ['tsaɪzɪŋ] *n* ⟨-s; -e⟩ *mar. cf.* Seising.

zeit [tsaɪt] *prep* ⟨*gen*⟩ *only in* ~ **meines [seines, deines] Lebens** all my [his, your] life.

Zeit *f* ⟨-; -en⟩ **1.** (*Zeitraum, Zeitspanne*) time: **lange [kurze, einige, geraume, endlose]** ~ **auf** (*acc*) **etwas warten** to wait (for) a long time [(for) a short time, (for) some time, (for) a considerable length of time, for ages *colloq.*] for s.th.; **das wird einige** ~ **dauern** that will take (some) time (*od.* a while); **die ganze** ~ the whole time, all the while; **viel freie** ~ **haben** to have a great deal (*od. colloq.* a lot) of spare time, to have a lot of time on one's hands (*colloq.*); **viel [wenig]** ~ **für etwas haben** to have ample (*od.* plenty of) [little] time for s.th.; **ich habe keine** ~ I have no time; **wir haben noch eine Stunde** ~ we have another hour; **das hat** ~ **bis morgen** that can wait until tomorrow, tomorrow will be time enough; **das hat** (*od.* **damit hat es**) (**noch**) ~ there is no hurry (*od.* rush); **das erfordert** (*od.* **braucht, kostet**) **viel** ~ that takes (*od.* requires) much (*od. colloq.* a lot of) time; **wenn Sie** ~ **haben** at your leisure; **die** ~ **drängt** time is pressing (*od.* running short, running out); **das dauerte** (*od.* **währte**) **eine lange** ~ that took a long time; **die längste** ~ **seines Lebens hat er im Gefängnis verbracht** he has spent the greater part of his life in prison; **ich war die längste** ~ **in dieser Firma** *iron.* I have been (quite) long enough in this firm; **mir wird die** ~ **nie lang** I am never lost (*od.* at a loss) for something to do, I always have plenty to keep me occupied; **die versäumte** ~ **einholen** to make up for lost time; **sich** (*dat*) **die** ~ **gut**

einteilen to organize (*Br. auch* -s-) one's time well; **j-m ~ lassen** (*od.* **gewähren**) to give (*od.* allow) s.o. time; **laß dir ~** take your time (over it); **dazu fehlt mir leider die ~** I'm afraid I just don't have the time for it; **ich habe einfach nicht die ~ gefunden, dir zu schreiben** I simply couldn't find the time to write to you; **er gönnt sich kaum (die) ~ zum Essen** he hardly takes the time for his meals; **sich** (*dat*) **~ für etwas nehmen** to take (the) time for (*od.* to do) s.th.; **er hat die ~ gut genutzt** he used the time well; **meine ~ ist sehr knapp bemessen** my time is very short, I am rather pressed for time; **ich bin Herr meiner ~** I'm master of my own time; **es ist noch ~ genug** there is (*od.* it is) time enough (yet); **es ist nur eine Frage der ~, wann sie ihn erwischen** it is (*od.* will be) just a matter of time until they catch him; **seine ~ ist vorbei** a) (*abgelaufen*) his time is up (*od.* over), b) *fig.* (*seine Blütezeit*) he has had his day, he is past (*od.* has seen) his prime; **die ~en sind vorbei, wo** there was a time when, time was when (*colloq.*); **der Wagen hat seine beste ~ hinter sich** the car has had its day (*od.* has seen better days); **~ sparen [gewinnen]** to save [to gain] time; **j-m die ~ rauben** to waste s.o.'s time; **dem lieben Gott die ~ stehlen** *fig.* to laze away the day; **die ~ totschlagen** *colloq.* to kill time; **wie hast du deine ~ verbracht?** how did you spend your time? **er kann (frei) über seine ~ verfügen** he can dispose of his time as he likes; **die ~ vergeht** (*od.* **verrinnt, verstreicht**) (the) time passes (*od.* goes by, slips by); **die ~ vergeht heute überhaupt nicht** (the) time is simply dragging today; **es verging einige ~, bevor ich Antwort erhielt** some time passed before I received an answer; **die ~ ist nur so verflogen** (the) time just flew; **es ist keine ~ zu verlieren** there is no time to lose (*od.* to waste); **ich habe keine ~ zu verlieren** I have no time to lose; **ich habe durch die Zugverspätung viel ~ verloren** I lost a lot of time through the train being late (*colloq.*); **wir wollen einige ~ verstreichen lassen, bevor wir etwas entscheiden** let's wait a while (*od.* awhile) before we decide; **die ~ vertrödeln** *colloq.* to dawdle away one's time; **sich** (*dat*) **die ~ vertreiben** to pass the time; **j-m die ~ vertreiben** to help s.o. (to) pass the time; **auf einige ~ verreisen** to go away for some time (*od.* for a while); **etwas auf unbestimmte ~ verschieben** a) to postpone s.th. to a later date, b) to postpone s.th. indefinitely; **in ihrer freien ~ liest sie viel** she reads a lot in her spare time (*od.* in her leisure hours) (*colloq.*); **in all der ~** (*od.* **in der ganzen ~, die ganze ~ hindurch**) **habe ich nichts von ihm gehört** I never heard from him in all that time (*od.* the whole time, all this while); **in der ~ von zwei bis vier** between two and four o'clock; **in ganz kurzer ~ war er damit fertig** he had finished it in no time; **in letzter ~ ist er immer so bedrückt** he has been very depressed lately (*od.* recently, this past while); **in nächster ~ gibt es hier einige gute Filme** several good films are coming here soon (*od.* shortly, presently); **das war in der ~, als** (*od. colloq.* **wo**) **ich in Berlin war** that was during the time (when) I was in Berlin (*od.* during my time in Berlin, while I was in Berlin); **mit der ~** (*od.* **im Laufe der ~**) **habe ich mich daran gewöhnt** I got used to it in (*od.* with, in the course of) time; **er weiß nicht, was er mit seiner ~ anfangen soll** he does not know what to do with his time, he has time on his hands; **nach kurzer ~ war alles fertig** everything was finished in a short time (*od.* while); **wir haben uns seit ewigen ~en nicht gesehen** we haven't seen each other for ages (*colloq.*); **seit einiger ~ grüßt er mich nicht mehr** he has not been speaking to me for some time; **das war vor langer, langer ~** that was a long, long time ago; **vor kurzer ~ habe ich ihn noch gesehen** I saw him a short time (*od.* while) ago; **während dieser ~ habe ich ihn oft besucht** I visited him often during that time; **~ ist Geld** (*Sprichwort*) time is money (*proverb*); → sparen 7. – **2.** (*Zeitpunkt*) time: **eine ~ festsetzen** (*od.* **bestimmen**) to fix a time; **du mußt die ~ genau einhalten** you must keep exactly to the time; **es ist** (*od.* **wird**) (**höchste**) **~, daß wir aufbrechen** it is (high) time that we were going; **ich habe heute die ~ verschlafen** I overslept (the time) today; **der ~ nach kann es stimmen, was er gesagt hat** as far as (the) time is concerned what he said could be true; **alles hat seine ~** there is a time for everything; **er kann die ~ nicht erwarten** (*od.* **abwarten**), **bis** he can hardly wait until; **warte deine ~ ab** wait your time, wait for the right moment; **ihre ~ ist gekommen** (*Niederkunft*) her time has come; **deine ~ ist gekommen** (*Todesstunde*) your time has come; **es gibt ~en, in denen** (*od.* **da**, *colloq.* **wo**) **ich gern Briefe schreibe** there are times when I enjoy (*od.* feel like) writing letters, at times I enjoy letter-writing; **wir sind an keine ~ gebunden** we are not tied to any particular time; **es ist an der ~ zu handeln** it is time to act; **seit der ~** since then; **um diese ~ bin ich meistens schon im Bett** I am generally in bed by that time; **morgen um diese ~** this time tomorrow, tomorrow at this time; **von ~ zu ~ besuchen sie mich** they visit me from time to time (*od.* now and again, every now and then); **von der ~ an war unser Verhältnis viel herzlicher** from that time on our relationship was much more cordial; **das Kind kam vor der ~** the child was born prematurely (*od.* before term); **wir kamen zur gleichen ~ an** we arrived at the same time; **du kannst mich zu jeder ~ anrufen** you can call me up (at) any time; **zu der ~ war ich nicht zu Hause** I was not at home at that (*od.* the) time (*od.* then); **er kam zu sehr ungelegener ~** he came at a most inconvenient time; **zu nachtschlafender ~** *colloq.* in the middle (*od. colloq.* at an ungodly hour) of the night; **alles zu seiner ~** one thing at a time; **wer nicht kommt zur rechten ~, der muß essen** (*od.* **nehmen, sehen**), **was übrigbleibt** (*Sprichwort*) first come, first served (*proverb*). – **3.** (*Datum*) date: **Ort und ~ der Konferenz sind noch nicht bekannt** the date and place of the conference are not yet known. – **4.** (*Moment*) moment: **du kommst gerade zur rechten ~** you have just come at the right moment; **zur ~ regnet es** it is raining at the moment (*od.* at present). – **5.** (*Zeitabschnitt mit den entsprechenden Lebensumständen*) time(s *pl*): **unsere ~, die heutige ~** our time, the present day; **ich verstehe die ~ nicht mehr** I don't understand the times anymore; **das waren harte** (*od.* **schwere**) [**herrliche**] **~en** those were hard [great] times; **die gute alte ~** the good old days *pl*; **sie hat bessere ~en gesehen** she has seen better days; **diese ~en sind vorbei** [**kommen nicht wieder**] those times (*od.* days) are over [will never return]; **er war seiner ~ weit voraus** he was far ahead of his time (*od.* day); **der Roman spiegelt die Sitten jener ~ wider** the novel reflects the manners of the time (*od.* day); **die ~ war noch nicht reif für diese Ideen** the time was not yet ripe for these ideas; **die ~ wird kommen, in der** the time will come when; **für kommende ~en ist gesorgt** the future is provided for; **die ~en ändern sich** (the) times are changing; **Erinnerungen an vergangene ~en austauschen** to exchange memories of old times, to exchange old memories; **auf bessere ~en hoffen** to hope for better times; **er hat genug für alle ~en** *colloq.* he has (had) enough to do him for the rest of his life; **wir wollen auch in ~en der Not zusammenhalten** we will stay together also in times of distress; **Geld für schlechte ~en zurücklegen** to put money aside for a rainy day; **man muß mit der ~ gehen** one must keep up with the times; **das muß vor meiner ~ gewesen sein** that must have been before my time (*od.* day); **zur ~ Goethes** in Goethe's time (*od.* day); **zur ~ der Reformation** at the time of the Reformation; **zu meiner ~ wäre das nicht möglich gewesen** that would not have been possible in our day; **(ach,) du liebe ~!** *colloq.* for goodness' (*od.* heaven's) sake! **andere ~en, andere Sitten** (*Sprichwort*) other times, other manners (*proverb*); **in alten ~en**, *poet.* **vor ~en** in olden days. – **6.** (*geschichtliche od. kulturelle Epoche*) period: **die ~ des Barock** the baroque period; **die ~ vor dem zweiten Weltkrieg** the period before the Second World War. – **7.** (*Ära*) era, age: **das war der Geschmack der damaligen ~** that was the taste of that era; **im Jahre 500 vor unserer ~** in the year 500 B.C. – **8.** (*Epoche*) epoch. – **9.** (*als unendliche Größe*) time: **~ und Raum** time and space; **die ~ heilt (alle) Wunden** (*od.* **ist der beste Arzt**) (*Sprichwort*) time is a great healer; **die ~ arbeitet für uns** we have time on our side; **die ~ wird es lehren** time will tell (*od.* show); **darüber verging die ~** months and years passed; **den Gang der ~ aufhalten wollen** to try to stop the progress of time; → kommen 1; Zeichen 6. – **10.** (*Uhrzeit*) time: **hast du (die) genaue ~?** have you the right (*od.* exact) time? **die genaue ~: beim Gongschlag ist es 20 Uhr** (*im Radio*) the exact time is eight p.m. with the gong, at the stroke of the gong it will be exactly eight p.m.; **bitte vergleichen Sie die ~** please check the time (*od.* your watch); **er möchte die ~ zurückdrehen** *fig.* he would like to turn the clock back; **ich habe gar nicht auf die ~ geachtet** I forgot the time; **ich habe mich in der ~ geirrt** I made a mistake in the time; **ich werde mich in der ~ nach Ihnen richten** I will comply (*od.* fit in) with whatever time suits you; **um welche ~ wollen wir uns treffen?** (at) what time (*od.* when) shall we meet? **morgen um dieselbe ~** the same time tomorrow, tomorrow at the same time. – **11.** (*Zonenzeit*) time: **es ist zehn Uhr mitteleuropäischer ~** it is ten a.m. Central European Time. – **12.** (*Frist, vorgeschriebene Zeitspanne*) time: **er hat seine ~ abgesessen** he has served his time (in jail, *Br. auch* in gaol); **er muß seine ~ noch abdienen** he still has to serve (his time), he still has to do military service; **ich gebe dir 14 Tage ~** I'll give you a fortnight's time; **innerhalb der vorgeschriebenen ~** within the appointed time; **er arbeitet an der Übersetzung schon drei Tage über die ~** he is already three days behind with his translation. – **13.** (*Saison, Jahreszeit*) season: **die stille ~** a) the off-season, b) Advent, the Advent (season); **die ~ der Weinlese** the season of the grape harvest, the vintage season; **die ~ der Bälle** the ball (*od.* dance) season. – **14.** (*sport*) time: **offizielle ~** official time; **er ist eine gute ~ gelaufen** he clocked a good time; **j-s ~ stoppen** (*od.* **nehmen**) to time s.o.; **auf ~ spielen** to play for time, to freeze the ball. – **15.** *ling.* tense: **einfache** [**zusammengesetzte**] **~en** simple [compound] tenses. – **16. auf ~** (*bes. econ. auf Termin od. Ziel*) forward: **Kauf auf ~** forward buying (*od.* purchase). – **17. Beamter auf ~** *etwa* temporary civil servant.

'**Zeit|,ab,lauf** *m auch jur.* lapse of time. — **~,ab,schnitt** *m* period, epoch, time. — **~,ab,stand** *m* (time) interval: **in regelmäßigen Zeitabständen** at regular intervals (of time), periodically. — **~,ach·se** *f* (*im Radarwesen*) time axis. — **~,al·ter** *n* **1.** age, era, epoch: **das Goldene ~** the Golden Age; **das ~ der Technik** [**der Entdeckungen**] the age of technology [discovery]; **in unserem ~** in our age (*od.* time[s]); **ein neues ~** a new era. – **2.** *geol.* period. — **~,an,ga·be** *f* **1.** (*auf einer Einladung etc*) exact date and time. – **2.** (*Datum*) date: **ohne ~** undated. – **3.** *ling. cf.* Zeitbestimmung 2. — **~,an,sa·ge** *f* **1.** (*im Radio*) announcement of the time, *Br.* time-check. – **2.** *tel.* speaking-clock announcement. — **~,ar·beit** *f econ. work for which additional staff is employed for a certain period.* — **~,auf,nah·me** *f phot.* time exposure. — **~,auf,stel·lung** *f* time sheet. — **~,auf,wand** *m* expenditure of time: **etwas ist mit großem ~ verbunden** s.th. takes (up) (*od.* costs) a great deal of time, s.th. is very time-consuming. — **~,aus,schluß** *m* (*sport*) (*beim Eishockey*) temporary exclusion. — **~,ball** *m mar.* time ball. — **~,ba·sis** *f telev.* time base. — **z~be,dingt** *adj* **1.** caused by the time(s) (*od.* prevailing circumstances). – **2.** (*saisonbedingt*) seasonal. — **~be,dürf·nis** *n* requirement (*od.* needs *pl*) of the time(s). — **z~be,grenzt** *adj* limited in time. — **~be,griff** *m* **1.** conception (*od.* idea) of time. – **2.** *cf.* Zeitsinn. — **~be,lich·tung** *f phot.* time exposure. —

~beˌrech·nung f timing, scheduling. — **z~beˌstän·dig** adj ageless, timeless. — **~beˌstim·mung** f **1.** dating. – **2.** ling. a) (Umstandswort) adverb of time, b) (Satz) time clause. — **~beˌwußtˌsein** n sense of time, time sense. — **z~beˌzo·gen** adj **1.** (zeitorientiert) time-oriented. – **2.** (aktuell) topical. — **~ˌbild** n (Darstellung einer Epoche) portrayal (od. depiction) of the times. — **~-ˈBlen·den-ˌPaa·rung** f phot. aperture-speed combination, stop-speed values pl. — **~ˌbom·be** f time bomb. — **~ˌchar·ter** f mar. time charter. — **~ˌdau·er** f length of time, period, duration, term.

ˈZeitˌdeh·ner m ⟨-s; -⟩ (film) cf. Zeitlupe. — **~ˌaufˌnah·me** f slow-motion picture.

ˈZeit|ˌdeh·nung f (film) cf. Zeitlupe. — **~dif·feˌrenz** f difference in time, time difference. — **~di·la·ta·tiˌon** f phys. time dilatation (effect). — **~do·kuˌment** n document of the times. — **~ˌdruck** m ⟨-(e)s; no pl⟩ pressure (of time): unter ~ stehen [arbeiten] to be [to work] under pressure. — **~ˌei·chung** f time calibration. — **~ˌein·heit** f unit of time. — **~ˌeinˌtei·lung** f **1.** division of time. – **2.** organization (Br. auch -s-) of (one's) time.

ˈZei·ten|ˌfol·ge f ⟨-; no pl⟩ ling. sequence of tenses. — **~ˌwen·de** f turn of an era.

ˈZeit|erˌeig·nis n event. — **z~erˌspa·rend** adj cf. zeitsparend. — **~erˌspar·nis** f saving of time: etwas ist eine ~ s.th. saves time. — **~ˌfah·ren** n (beim Radsport) a) (Disziplin) time trials pl, b) (Einzelwettbewerb) time trial. — **~ˌfah·rer** m time trialist (bes. Br. triallist). — **~ˌfak·tor** m time factor. — **~ˌfeh·ler** m (sport) (beim Springreiten) time fault. — **~ˌfestˌset·zung** f arrangement (od. fixing) of the (exact) time. — **~ˌfol·ge** f chronological order, chronology. — **~ˌform** f ling. tense. — **~ˌfra·ge** f **1.** question of time. – **2.** topic of the day. — **z~ˌfremd** adj out-of-date (attrib), behind the times. — **~ˌfunk** m (radio) topics pl of the day. — **z~geˌbun·den** adj **1.** tied to specific (od. definite) times. – **2.** (Modewort etc) passing, trendy. — **~ˌgeist** m ⟨-(e)s; no pl⟩ spirit of the time(s), zeitgeist, auch Zeitgeist. — **z~geˌmäß** adj **1.** (modern) modern, up-to-date (attrib), abreast of the times: nicht mehr ~ outmoded, out-of-date (attrib). – **2.** (in eine Zeit passend) seasonable. – **3.** cf. zeitgerecht I.

ˈZeit|geˌnos·se m **1.** contemporary, coeval. – **2.** colloq. contempt. 'customer' (colloq.): ein übler ~ a nasty customer. — **~geˌnos·sin** f cf. Zeitgenosse 1.

ˈzeit·geˌnös·sisch [-gəˌnœsɪʃ] adj contemporary, coeval.

ˈzeit·geˌrecht I adj punctual. – **II** adv on (od. in) time, on (od. according to) schedule, punctually.

ˈZeit|geˌschäft n econ. cf. Termingeschäft. — **~geˌsche·hen** n **1.** current affairs pl. – **2.** telev. topics pl of the day. — **~geˌschich·te** f ⟨-; no pl⟩ contemporary history. — **~geˌschmack** m fashion of the day, taste of the time(s), prevailing taste. — **~geˌwinn** m gain (od. saving) of time: das bedeutet einen ~ von drei Stunden that saves three hours. — **z~ˌgleich I** adj **1.** synchronous. – **2.** (sport) (Läufer etc) with the same time. – **II** adv **3.** synchronously: ~ laufen to be synchronized (Br. auch -s-). – **4.** beide kamen ~ ins Ziel both were clocked at the same time. — **~ˌglei·chung** f astr. equation of time. — **~ˌgren·ze** f time limit. — **~ˌgutˌschrift** f (beim Radsport) time bonus.

ˈzei·tig I adj **1.** (früh) early. – **II** adv **2.** early: ~ aufstehen to rise (od. get up) early, to be an early riser. – **3.** cf. pünktlich 3.

zei·ti·gen [ˈtsaɪtɪgən] v/t ⟨h⟩ einen Erfolg ~ to prove successful; ein Ergebnis ~ to produce a result; Früchte ~ fig. (von Fleiß, Bemühungen etc) to bear fruit, to be fruitful.

ˈZeit·imˌpuls m electr. timing (od. clock) pulse.

ˈZeitˌkar·te f (Wochen-, Monats-, Jahreskarte etc) season ticket. — **ˈZeitˌkar·tenˌinˌha·ber** m season-ticket holder.

ˈZeit|konˌstan·te f electr. time constant. — **~konˌtrol·le** f, **~konˌtrollˌwe·sen** n ⟨-s; no pl⟩ tech. time study. — **~kriˌtik** f **1.** criticism of contemporary issues. – **2.** (radio) telev. current affairs commentary, topical comment. — **z~ˌkri·tisch** adj critical of contemporary issues.

ˈZeitˌlang f only in eine ~ for a while (od. time), awhile: eine ~ kann man das ertragen one can bear that for a while; er war eine ~ Lehrer he taught for a while (od. for some time, at one stage).

ˈZeitˌlauf m ⟨-(e)s; ¨e [-ˌlɔyftə], auch ¨e⟩ meist pl conjuncture, trend of the times.

ˌzeitˈle·bens adv all one's life.

ˈzeit·lich I adj **1.** (die Zeit betreffend) temporal: ~e Abstimmung timing; ~er Faktor time factor. – **2.** (chronologisch) chronological: in ~er Reihenfolge in chronological order; ~es Nebeneinander simultaneity, simultaneousness. – **3.** bes. relig. (irdisch, vergänglich) temporal, transitory, transient, passing. – **II** adv **4.** ~ zusammenfallen to coincide; ~ begrenzt limited in time; das kann ich ~ nicht einrichten, das paßt mir ~ nicht I can't fit it in(to my timetable), the time does not suit me; Uhren ~ aufeinander abstimmen to time (od. synchronize Br. auch -s-) watches (od. clocks). – **5.** Austrian colloq. for zeitig 2. – **III Z~e, das** ⟨-n⟩ **6.** → segnen 1. —

ˈZeit·lich·keit f ⟨-; no pl⟩ **1.** philos. temporality, temporalness, extension (od. duration) in time. – **2.** bes. relig. (irdische Vergänglichkeit) earthly life (od. existence), temporality.

ˈZeit|ˌli·mit n time limit. — **~ˌlohn** m econ. time wage(s pl sometimes construed as sg).

ˈzeit·los adj **1.** (Kleidung) not subject to the changes (od. whims) of fashion: etwas ist ~ s.th. does not date; ein ~es Kleid a dress that will not date. – **2.** (Kunstwerk etc) timeless, ageless, dateless. – **3.** philos. timeless.

ˈZeit·lo·se f ⟨-; -n⟩ bot. cf. Herbstzeitlose.

ˈZeit·lo·sig·keit f ⟨-; no pl⟩ timelessness.

ˈZeitˌlu·pe f ⟨-; no pl⟩ (film) slow motion, slow-motion technique.

ˈZeitˌlu·pen|ˌaufˌnah·me f (film) slow-motion picture. — **~ˌfußˌball** m (sport) slow-motion (od. walking-pace) football. — **~ˌka·me·ra** f (film) slow-motion camera. — **~ˌtem·po** n slow motion: im ~ auch fig. in slow motion; im ~ arbeiten fig. colloq. to work at a leisurely pace. — **~verˌfah·ren** n slow-motion method (od. technique). — **~ˌwie·derˌho·lung** f telev. (sport) (einer Spielszene) action replay.

ˈZeit|ˌman·gel m ⟨-s; no pl⟩ lack of time: aus ~ for lack of time, since (one's) time is (od. was) so short. — **~ˌmar·ke** f phys. time marker. — **~ˌmaß** n mus. tempo. — **~ˌmes·ser** m chronometer, timer, timing instrument. — **~ˌmes·sung** f **1.** (sport) cf. Zeitnahme. – **2.** chronometry, horology. — **z~ˌnah, z~ˌna·he** adj (Problem etc) topical, of current interest.

ˈZeitˌnah·me f ⟨-; no pl⟩ (sport) timekeeping: elektrische ~ electrical timekeeping.

ˈZeitˌneh·mer m **1.** (sport) timekeeper, timer. – **2.** tech. time-study man. — **~ˌobˌmann** m ⟨-(e)s; -männer⟩ (sport) chief timekeeper. — **~ˌtrep·pe** f timekeepers' stand.

ˈZeit|ˌnot f ⟨-; no pl⟩ in ~ sein to be pressed for time. — **~ˌord·nung** f chronological order. — **z~ori·enˌtiert** adj time-oriented. — **~ˌpacht** f jur. lease for a certain time (od. a term of years). — **~per·soˌnal** n econ. additional staff employed for a certain period. — **~ˌplan** m (time) schedule, timetable, Br. time-table. — **~proˌblem** n **1.** problem of the time(s). – **2.** question of time. — **~ˌpunkt** m **1.** time: zu diesem ~ bin ich schon nicht mehr hier by that time I shall not be here anymore; zu diesem ~ wußte ich noch nicht, daß at that (particular) time I did not know yet that. – **2.** (Moment, Augenblick) moment, time: der entscheidende ~ war gekommen the decisive moment had come; den richtigen ~ verpassen to miss the right moment (od. sl. the bus); der ~ war gut [schlecht] gewählt the time was well [badly] chosen, it was well [badly] timed; du bist zum richtigen ~ gekommen you have just come at the right time; zu genau dem ~ explodierte die Bombe at that very moment (od. instant) the bomb exploded. – **3.** (beim Zusammentreffen mehrerer entscheidender Ereignisse) juncture. – **4.** (Datum) date: zu einem früheren [späteren] ~ at an earlier [a later] date; den ~ für eine Konferenz festlegen to fix the date for a conference.

ˈZeitˌraf·fer [-ˌrafər] m ⟨-s; -⟩ (film) **1.** quick motion, quick-motion technique. – **2.** (bes. beim Zeichentrickfilm) stop motion, stop-motion technique. – **3.** time-lapse photography (od. technique). – **4.** (Gerät) quick-motion camera, time-lapse motion camera. — **~ˌaufˌnah·me** f single-picture taking, stop motion, time-lapse shooting.

ˈZeitˌraf·fung f (film) quick- (od. stop)-motion effect.

ˈzeitˌrau·bend adj time-consuming.

ˈZeit|ˌraum m period, stretch: etwas erstreckt sich über einen ~ von drei Monaten s.th. extends over a period of three months. — **~re·ak·tiˌon** f meist pl chem. clock reaction. — **~ˌrech·nung** f **1.** chronology. – **2.** time, era: die christliche ~ the Christian era; nach unserer ~ (according to) our time. — **~ˌrei·hen·diaˌgramm** n time-series diagram. — **~reˌlais** n electr. time-delay (od. -lag, -limit) relay. — **~ˌren·te** f **1.** fixed-interval returns pl on (land annuity) bonds. – **2.** ~ mit jährlichen Zahlungen terminable annuity. — **~ˌschal·ter** m electr. time (od. timing) switch, time-lag (od. -limit) switch. — **~ˌschalt·geˌrät** n **1.** electr. time switch. – **2.** (in Schmiertechnik) timer. — **~ˌschrei·ber** m tech. chronograph.

ˈZeitˌschrift f (bes. Fachzeitschrift) periodical, (bes. kritische) review, journal, magazine: illustrierte ~ cf. Illustrierte.

ˈZeitˌschrif·ten|ka·taˌlog m journal catalog, bes. Br. periodical catalogue. — **~ˌle·seˌsaal** m newsroom, periodical room. — **~ˌstän·der** m newspaper (od. magazine) rack, Br. auch canterbury. — **~verˌsand** m distributor(s pl) of magazines and periodicals. — **~verˌsi·che·rung** f cf. Abonnentenversicherung. — **~ˌwer·ber** m periodicals salesman (od. canvasser). — **~ˌwe·sen** n ⟨-s; no pl⟩ periodical literature (od. journalism).

ˈZeit|ˌschuß m (sport) (beim Segeln) five-minute gun. — **~ˌsichtˌwech·sel** m econ. cf. Nachsichtwechsel. — **~ˌsinn** m ⟨-(e)s; no pl⟩ sense of time. — **~ˌspan·ne** f space (od. stretch) of time; kurze ~ (short) spell. — **z~ˌspa·rend** adj timesaving. — **~ˌspie·gel** m fig. mirror of the period. — **~ˌsprin·gen** n (sport) (beim Springreiten) speed competition. — **~ˌsprung** m (in Erzählung etc) leap in time. — **~ˌstem·pel** m (automatic) time stamp. — **~ˌstil** m style of the period: Möbel im ~ period furniture. — **~ˌstra·fe** f (sport) temporary exclusion. — **~ˌströ·mung** f tendency of the period, trend. — **~ˌstück** n (theater) topical drama.

ˈZeitˌstu·di·en pl tech. time study sg.

ˈZeitˌstu·di·en|ˌmann m ⟨-(e)s; ¨er u. -leute⟩ tech. cf. Zeitnehmer 2. — **~ˌwe·sen** n ⟨-s; no pl⟩ time study.

ˈZeit|ˌta·fel f **1.** (chronologische) chronological table, chronology. – **2.** (synoptische) synoptic table. — **~ˌüberˌschrei·tung** f overrun: er wurde wegen ~ disqualifiziert (sport) he was disqualified for exceeding (od. overrunning) the time allowed. — **~ˌumˌstän·de** pl circumstances (od. conjuncture sg) of the time(s) (od. period).

Zei·tung [ˈtsaɪtʊŋ] f ⟨-; -en⟩ **1.** (news)paper, journal: eine ~ abonnieren to subscribe to a newspaper; eine ~ abonniert haben (od. beziehen) to have a subscription to (od. be a subscriber to, take in) a newspaper; eine ~ abbestellen to cancel (od. discontinue) (one's subscription to) a newspaper, to stop a newspaper; ~en austragen to deliver newspapers; die ~ hat ihr Erscheinen eingestellt the newspaper has stopped publication (od. is no longer published); in der ~ steht, daß it says in the paper that, the paper says that; eine Anzeige in die ~ setzen a) (für Familiennachrichten etc) to put an announcement in the newspaper, b) (zu Werbezwecken etc) to put an advertisement in the newspaper; welche ~ lesen Sie? which newspaper do you read? diese Nachricht habe ich aus der ~ colloq. I read that in the newspaper; durch die ~, durch Veröffentlichung in der ~ through (an advertisement in) the newspaper; die ~en waren voll davon colloq. the papers were full of it; etwas in eine ~ einwickeln to wrap s.th. (up) in a newspaper. – **2.** (amtliche) gazette. – **3.** (Presse) press: dieser Vorfall ging durch alle ~en this incident went through the whole press; er arbeitet (od. colloq. ist) bei der ~ he works for (od. is with) a newspaper, he is a newspaper man,

Am. he newspapers, *Br.* he works in Fleet Street; er ist (*od.* kommt) von der ⁓ *colloq.* he is from the press (*od.* from a newspaper). – **4.** *colloq.* (*Zeitungsgeld*) subscription (charges *pl*): die ⁓ kassieren to collect the subscription. – **5.** *archaic* (*Botschaft, Nachricht*) tiding(s *pl*).

'Zei·tungˌle·sen *n* newspaper reading: er möchte beim ⁓ nicht gestört werden he does not wish to be disturbed when reading the (news)paper.

'Zei·tungs|ˌabˌla·ge *f* newspaper shelf (*od.* storage place). — **⁓abon·neˌment** *n* subscription to a newspaper. — **⁓abon·ˌnent** *m* subscriber to a newspaper. — **⁓anˌnon·ce, ⁓ˌanˌzei·ge** *f* newspaper (*od.* press) advertisement (*seltener* -z-), ad (*colloq.*), *bes. Br. colloq.* advert. — **⁓ar·ˌchiv** *n* newspaper archives *pl.* — **⁓arˌti·kel** *m* newspaper article.

'Zei·tungsˌausˌschnitt *m* press (*od.* newspaper) clipping, newsclip, *bes. Br.* press (*od.* newspaper) cutting. — **⁓büˌro** *n* clipping bureau (*od.* service), *bes. Br.* (press *od.* newspaper) cuttings agency.

'Zei·tungs|ˌausˌträ·ger *m* newspaper carrier, (*Junge*) *auch* news(paper)boy. — **⁓ˌausˌträ·ge·rin** *f* newspaper carrier, (*Mädchen*) *auch* news(paper)girl. — **⁓ˌbeiˌla·ge** *f* newspaper supplement. — **⁓beˌricht** *m* newspaper report. — **⁓be·ˌricht·erˌstat·ter** *m* press (*od.* newspaper) reporter. — **⁓beˌzug** *m* ⟨-(e)s; *no pl*⟩ subscription to a newspaper. — **⁓be·ˌzugsˌgeld** *n* subscription (charges *pl*). — **⁓ˌblatt** *n* sheet of a newspaper. — **⁓ˌbu·de** *f cf.* Zeitungskiosk. — **⁓ˌdeutsch** *n* journalese. — **⁓ˌdienst** *m* (*postal service*) newspaper service. — **⁓ˌdruck** *m* ⟨-(e)s; *no pl*⟩ news(paper) printing. — **⁓druckeˌrei** (*getr.* -k·k-) *f* newspaper printers *pl* (*od.* printing office). — **⁓ˌen·te** *f* (newspaper) hoax, canard, false press report. — **⁓ˌfrau** *f* **1.** newspaper carrier. – **2.** *cf.* Zeitungshändlerin. – **3.** *cf.* Zeitungsverkäuferin. — **⁓ˌfrit·ze** *m colloq. contempt.* newspaper chap (*colloq.*). — **⁓ˌhal·ter** *m* newspaper holder. — **⁓ˌhänd·ler** *m*, **⁓ˌhänd·le·rin** *f* newsagent, *bes. Am.* news dealer. — **⁓in·se·ˌrat** *n cf.* Zeitungsannonce. — **⁓ˌjun·ge** *m* news(paper)boy, newspaper carrier, *Am. colloq.* newsy, newsie. — **⁓ki·osk** *m* newspaper stand (*od.* kiosk), *bes. Am.* newsstand, *Br. auch* news stall. — **⁓kor·re·sponˌdent** *m* press (*od.* newspaper) correspondent. — **⁓ˌle·ser** *m* newspaper reader. — **⁓ˌle·se·ˌraum** *m* newsroom. — **⁓ˌle·se·rin** *f cf.* Zeitungsleser. — **⁓ˌle·seˌzim·mer** *n* newsroom. — **⁓ˌmann** *m* ⟨-(e)s; ⸚er *u.* -leute⟩ **1.** ⟨*pl meist* Zeitungsleute⟩ pressman, newspaperman, journalist. – **2.** newspaper carrier. – **3.** *cf.* Zeitungshändler. – **4.** *cf.* Zeitungsverkäufer. — **⁓noˌtiz** *f* press item (*od.* notice). — **⁓ˌnum·mer** *f* copy: alte ⁓ back number. — **⁓paˌpier** *n* **1.** newspaper: etwas in ⁓ einwickeln to wrap s.th. (up) in newspaper. – **2.** (*paper*) (*Papierqualität, bes. für Zeitungen*) newsprint, print, newspaper. — **⁓re·dakˌteur** *m* newspaper editor. — **⁓re·dak·tiˌon** *f* press editorial department. — **⁓reˌkla·me** *f* press advertising (*seltener* -z-). — **⁓roˌman** *m novel serialised in a newspaper.* — **⁓ˌsatz** *m* ⟨-es; *no pl*⟩ *print.* news(paper) work. — **⁓ˌschrei·ber** *m contempt.* newspaperman, journalist. — **⁓ˌspal·te** *f* column. — **⁓ˌspan·ner** *m* newspaper holder. — **⁓ˌstand** *m cf.* Zeitungskiosk. — **⁓ˌstel·le** *f* (*postal service*) newspaper service. — **⁓ˌstil** *m* journalese. — **⁓ˌträ·ger** *m*, **⁓ˌträ·ge·rin** *f* ⟨-; -nen⟩ *cf.* Zeitungsausträger(in). — **⁓·verˌkäu·fer** *m*, **⁓verˌkäu·fe·rin** *f* news vendor, newspaper seller. — **⁓verˌlag** *m* newspaper publishers *pl* (*od.* publishing company). — **⁓verˌle·ger** *m* newspaper publisher, newspaperman. — **⁓verˌschlei·ßer** [-ˌʃlaɪsər] *m* ⟨-s; -⟩ *Austrian for* Zeitungshändler. — **⁓ˌwer·bung** *f cf.* Zeitungsreklame. — **⁓ˌwe·sen** *n* ⟨-s; *no pl*⟩ journalism, (the) press. — **⁓ˌwis·sen·schaft** *f obs.* (science of) journalism.

'Zeit|ˌun·terˌschied *m* difference in time. — **⁓ˌun·terˌschrei·tung** *f* underrun. — **z⁓·verˌgeu·dend** *adj* time-wasting. — **⁓ver·ˌgeu·dung** *f* waste of time. — **⁓ver·ˌgü·tung** *f* (*beim Radsport*) *cf.* Zeitgutschrift. — **⁓verˌhält·nis·se** *pl cf.* Zeitumstände. — **⁓verˌlust** *m* loss of time, delay: ohne ⁓ without delay. — **⁓verˌsäum·nis** *n, obs. f* loss of time. — **⁓verˌschie·bung** *f* time shift. — **⁓verˌschwen·dung** *f cf.* Zeitvergeudung. — **z⁓verˌsetzt** *adj telev.* (*Sportübertragung etc*) deferred. — **⁓verˌsi·che·rung** *f econ.* term insurance. — **⁓verˌtreib** *m* ⟨-(e)s; -e⟩ pastime, amusement, diversion, kill-time: nur zum ⁓ just as a pastime, just to pass the time; sie malt zum ⁓ she paints as a pastime. — **⁓ˌvor·ˌsprung** *m* start: j-m gegenüber einen ⁓ haben to have a start over s.o. — **⁓ˌwaa·ge** *f tech.* watch timer. — **⁓ˌwahl** *f med.* (*in der Geburtenkontrolle*) rhythm method. — **⁓ˌwegˌschrei·ber** *m auto.* tachograph, time mileage recorder.

'zeitˌwei·lig [-ˌvaɪlɪç] **I** *adj* **1.** (*eine Zeitlang dauernd*) temporary, provisional. – **2.** (*gelegentlich*) intermittent, occasional. – **II** *adv* **3.** for a time, temporarily.

'zeitˌwei·se *adv* **1.** (*von Zeit zu Zeit*) from time to time, occasionally, at times, intermittently. – **2.** (*zeitweilig*) for a time, temporarily.

'Zeit|ˌwen·de *f* new era, (new) epoch: vor der ⁓ before Christ, B.C.; nach der ⁓ after Christ, A.D. — **⁓ˌwert** *m econ.* time value, present (market) value (at a given time). — **z⁓ˌwid·rig** *adj* anachronistic, *auch* anachronistical, anachronic(al), anachronous. — **⁓ˌwort** *n* ⟨-(e)s; ⸚er⟩ *ling.* verb. — **⁓ˌzäh·ler** *m* time recorder. — **⁓ˌzei·chen** *n* time signal, pips *pl*: beim letzten Ton des ⁓s war es acht Uhr it was eight o'clock at the last pip.

'Zeitˌzo·ne *f geogr.* time zone.

'Zeitˌzo·nen|taˌrif *m tel.* time and zone rate. — **⁓ˌzäh·ler** *m* time and zone meter. — **⁓ˌzäh·lung** *f* time and zone metering.

'Zeitˌzün·der *m mil.* **1.** time (delay) fuse (*Am.* fuze). – **2.** (mechanischer) ⁓ (mechanical) time fuse (*Am.* fuze): Bombe mit ⁓ time(-fuse) bomb. – **3.** (*mit Sprengpunkt über einem Ziel*) aerial-burst fuse (*Am.* fuze).

Ze·le·brant [tseleˈbrant] *m* ⟨-en; -en⟩ *röm.kath.* celebrant.

Ze·le·bra·ti·on [tselebraˈtsi̯oːn] *f* ⟨-; -en⟩ *röm.kath.* celebration.

ze·le·brie·ren [tseleˈbriːrən] *v/t* ⟨*no* ge-, h⟩ *röm.kath.* (*Messe*) celebrate, officiate at.

Ze·le·bri·tät [tselebriˈtɛːt] *f* ⟨-; -en⟩ *rare* (*berühmte Person*) celebrity.

'Zell|ˌaf·ter *m zo.* (*der Urtierchen*) anal aperture, cytopyge (*scient.*). — **⁓ˌat·mung** *f biol.* vesicular breathing. — **⁓ˌbau** *m* ⟨-(e)s; *no pl*⟩ cell structure. — **⁓beˌfund** *m med.* cytologic(al) findings *pl*: quantitativer ⁓ cerebrospinal fluid cell count. — **z⁓ˌbil·dend** *adj biol.* cytogenous. — **⁓ˌbil·dung** *f* cell formation; cytogenesis, cytopoiesis (*scient.*). — **⁓diaˌgno·stik** *f med.* cytodiagnosis, cytoscopy.

Zel·le [ˈtsɛlə] *f* ⟨-; -n⟩ **1.** (*eines Gefängnisses, Klosters etc*) cell. – **2.** *cf.* Fernsprechzelle. – **3.** (*Einheit, Teil eines Ganzen*) unit. – **4.** *biol.* cell: die ⁓n teilen sich the cells divide. – **5.** (*der Bienenwabe*) cell. – **6.** *aer.* (*im Flugzeugbau*) airframe. – **7.** *electr.* (*einer Batterie*) cell, element: photoelektrische ⁓ photoelectric cell, photocell. – **8.** *pol.* (*einer politischen Organisation*) cell: in den Universitäten wurden ⁓n gebildet cells were formed in the universities. – **9.** *mar.* (*Tank*) tank.

'Zelleib (*getr.* -ll,l-) *m biol. cf.* Zellkörper.

'Zell|ˌein,la·ge·rung *f*, **⁓ˌeinˌschluß** *m biol.* cell inclusion.

'Zel·len|ˌat·mung *f biol.* vesicular breathing. — **⁓beˌton** *m civ.eng.* cellular(-expanded) concrete. — **⁓ˌbil·dung** *f* **1.** *biol. cf.* Zellbildung. – **2.** *pol.* formation of cells.

'zel·lenˌför·mig *adj biol.* **1.** cellular, cell-shaped. – **2.** *cf.* zellig.

'Zel·len|geˌfan·ge·ne *m jur.* prisoner in cellular confinement. — **⁓geˌfäng·nis** *n* cellular prison, cell house. — **⁓geˌnos·se** *m* cellmate. — **⁓geˌwe·be** *n biol. cf.* Zellgewebe. — **⁓geˌwöl·be** *n arch.* cell vault. — **⁓ˌhaft** *f jur.* cellular confinement. — **⁓·ˌkalk** *m geol.* cellular lime. — **⁓ˌküh·ler** *m auto.* cellular (*od.* honeycomb) radiator. — **⁓ˌleh·re** *f* ⟨-; *no pl*⟩ *biol.* cytology. — **⁓·ˌplan** *m* (*computer*) allocation plan. — **⁓·ˌschmelz** *m* (*art*) *cf.* Cloisonné. — **⁓ˌspan·nung** *f electr.* cell voltage. — **⁓theoˌrie** *f biol. cf.* Zellulartheorie.

'Zell|entˌste·hung, ⁓entˌwick·lung *f biol.* development of cells, cytogenesis (*scient.*).

'Zel·lenˌwa·gen *m jur. cf.* Gefangenenwagen.

Zel·ler [ˈtsɛlər] *m* ⟨-s; -⟩ *bot. Austrian dial. for* Sellerie.

'Zell|ˌfa·ser *f chem.* cellulose fiber (*bes. Br.* fibre). — **⁓ˌflüs·sig·keit** *f biol.* cell sap, enchylema (*scient.*). — **⁓fu·siˌon** *f* cell fusion. — **⁓geˌwe·be** *n* cellular tissue. — **⁓geˌwebs·entˌzün·dung** *f med.* cellulitis, phlegmon (*scient.*). — **⁓ˌgift** *n biol.* cellular poison, cytotoxin (*scient.*). — **⁓ˌglas** *n* ⟨-es; *no pl*⟩ *synth.* (*Folie*) cellophane. — **⁓horˌmon** *n meist pl biol.* cell hormone, cytohormone (*scient.*).

'Zellˌhorn *n* ⟨-(e)s; *no pl*⟩ *chem. tech. cf.* Zelluloid.

'zel·lig *adj biol.* cellular, celled.

'Zell|ˌkern *m biol.* (cell) nucleus. — **⁓·ˌkör·per** *m* cell body. — **⁓memˌbran** *f* cell membrane. — **⁓ˌmund** *m* cytostome. — **⁓ˌplas·ma** *n* protoplasm, cell plasm, cytoplasm (*scient.*). — **⁓pro·li·fe·ra·tiˌon** *f* proliferation of cells. — **⁓ˌsaft** *m* cell sap. — **z⁓ˌschä·di·gend** *adj* cellulotoxic. — **⁓ˌschä·di·gung** *f* cell (*od.* cellular) damage, damage to cells. — **⁓ˌschrump·fung** *f* cellular shrinkage.

'Zellˌstoff *m chem. tech.* cellulose. — **⁓ˌbrei** *m* pulp.

'Zellˌstoffaˌbrik (*getr.* -ff·f-) *f tech.* cellulose factory.

'Zellˌstoff|in·duˌstrie *f econ.* cellulose industry. — **⁓ˌtuch** *n* (*paper*) cellulose tissue. — **⁓ˌwat·te** *f* Cellucotton (*TM*).

'Zell|strukˌtur *f biol.* cell structure. — **⁓subˌstanz** *f* cell substance. — **⁓ˌtä·tig·keit** *f* cell activity. — **⁓ˌtei·lung** *f* cell division: direkte ⁓ direct cell division, amitosis (*scient.*); indirekte ⁓ indirect cell division, mitosis (*scient.*). — **⁓ˌtod** *m* cell death; cytolysis, necrocytosis (*scient.*). — **z⁓ˌtö·tend** *adj* cytocidal.

zel·lu·lar [tsɛluˈlaːr] *adj biol.* cellular, cellulous. — **Z⁓pa·tho·loˌgie** *f med.* cellular pathology. — **Z⁓theoˌrie** *f biol.* cell theory. — **Z⁓the·raˌpie** *f med.* treatment with cells.

Zel·lu·li·tis [tsɛluˈliːtɪs] *f* ⟨-; -litiden [-liˈtiːdən]⟩ *med.* (*Zellgewebsentzündung*) cellulitis, phlegmon (*scient.*).

Zel·lu·lo·id [tsɛluˈlɔʏt; -loˈiːt] *n* ⟨-(e)s; *no pl*⟩ *chem. tech.* celluloid.

Zel·lu·lo·se [tsɛluˈloːzə] *f* ⟨-; *no pl*⟩ *biol. chem.* cellulose.

'Zell|ver,ei·ni·gung *f biol.* **1.** (*bei der Befruchtung*) syngamy. – **2.** (*zweier somatischer Zellen*) cell fusion. — **⁓ver·ˌmeh·rung** *f biol. med.* **1.** (*im Blut*) polycytosis. – **2.** (*im Liquor*) pleocytosis. — **⁓verˌschmel·zung** *f biol. cf.* Zellfusion. — **⁓ˌwand** *f biol.* cell wall. — **⁓ˌwol·le** *f* (*textile*) rayon staple, spun rayon. — **⁓ˌzäh·lung** *f biol.* **1.** cytometry. – **2.** (*Ergebnis*) cell count. — **⁓zerˌfall** *m* cytolysis.

Ze·lot [tseˈloːt] *m* ⟨-en; -en⟩ **1.** *antiq.* Zealot. – **2.** *fig.* zealot, fanatic.

Ze'lo·ten·tum *n* ⟨-s; *no pl*⟩ zealotry, fanaticism. [zealot, fanatic.]

ze'lo·tisch *adj* **1.** *antiq.* zealotic. – **2.** *fig.*

Zelt[1] [tsɛlt] *n* ⟨-(e)s; -e⟩ **1.** tent: ein ⁓ aufbauen (*od.* aufschlagen) [abbrechen] to pitch (*od.* put up) [to strike] a tent; in ⁓en wohnen (*od.* leben) to live in tents; im ⁓ schlafen to sleep in a tent (*od.* under canvas); es regnete ins ⁓ it rained into the tent; nach drei Jahren brach er seine ⁓e in Berlin ab *fig. colloq.* after three years he struck his tent (*bes. Br. colloq.* he packed up) in Berlin; ich werde meine ⁓e wieder in Hamburg aufschlagen *fig. colloq.* I shall pitch my tent in Hamburg again. – **2.** (*Festzelt*) marquee, pavillon. – **3.** (*Zirkuszelt*) circus tent, big top. – **4.** *poet.* (*Himmels-, Sternenzelt*) vault, canopy. – **5.** *Bibl.* tabernacle.

Zelt[2] *m* ⟨-(e)s; *no pl*⟩ *cf.* Zeltgang.

'Zelt|ˌaus,rü·stung *f* camping (*od.* tent) equipment, tentage. — **⁓ˌbahn** *f* **1.** tent square. – **2.** (tent) fly, tent awning (*od.* canopy), *Am.* shelter half. — **⁓ˌbau** *m* ⟨-(e)s; *no pl*⟩ pitching of a tent. — **⁓ˌblatt** *n Austrian for* Zeltbahn. — **⁓ˌbo·den** *m* tent floor. — **⁓ˌdach** *n* **1.** tent roof. – **2.** *arch.* tented roof, tent-shaped roof. — **⁓ˌeinˌgang** *m* opening (*od.* entrance) flap.

zel·ten [ˈtsɛltən] **I** *v/i* ⟨h⟩ camp (out), tent. – **II Z⁓** *n* ⟨-s⟩ *verbal noun.*

'Zel·ten *m* ⟨-s; -⟩ *Bavarian and Austrian for* Lebkuchen.

Zel·ter[1] [ˈtsɛltər] *m* ⟨-s; -⟩ (*Reitpferd*) palfrey.

'Zel·ter[2] *m* ⟨-s; -⟩ *rare for* Zeltler.
'Zelt,fahrt *f* camping trip.
'Zelt,gang *m* (*beim Reiten*) (*Paßgang*) amble.
'Zelt|,la·ger *n* (tent) camp: im ~ under canvas. — **~,le·ben** *n* ⟨-s; *no pl*⟩ camping. — **~,lei·ne** *f* guy (rope), tent rope. — **~,lein,wand** *f* canvas, *auch* canvass.
Zelt·ler ['tsɛltlər] *m* ⟨-s; -⟩ camper.
Zelt·li ['tsɛltli] *n* ⟨-s; -⟩ *Swiss dial. for* Bonbon 1.
'Zelt|,lie·ge *f* camp bed. — **~-Man,sar·den-,dach** *n arch.* mansard (roof). — **~,mast** *m* (circus) tent mast (*od.* pole). — **~,pflock** *m* tent peg (*od.* pin), picket, *auch* piquet. — **~,pla·ne** *f* tarpaulin, awning. — **~,platz** *m* camp(ing) ground, camp(ing) site. — **~,rau·pe** *f zo.* tent caterpillar. — **~,sack** *m* tent bag. — **~,stadt** *f* city of tents. — **~,stan·ge** *f* tent pole. — **~,stock** *m* ⟨-(e)s; ⸗e⟩ center (*bes. Br.* centre) pole, mast. — **~,stoff** *m* canvas, *auch* canvass. — **~,stüt·ze** *f cf.* Zeltstock. — **~,tür** *f cf.* Zelteingang. — **~,wand** *f* tent wall.
Ze·ment [tse'mɛnt] *m* ⟨-(e)s; -e⟩ **1.** (*Baustoff*) cement: schnellbindender ~ quick-setting cement; ~ anrühren to mix (*od.* temper) cement. – **2.** *med.* a) (*des Zahnes*) cement(um), b) (*für Füllungen*) (dental) cement. — **~,an,teil** *m civ.eng.* (*des Mörtels etc*) cement content (*od.* factor). — **~,ar·bei·ter** *m* cementer, cement finisher.
Ze·men·ta·ti·on [tsemɛnta'tsĭoːn] *f* ⟨-; *no pl*⟩ *chem.* cementation.
Ze·men·ta·ti'ons,zo·ne *f* (*unterhalb des Grundwasserspiegels*) reduction zone.
Ze'ment|,bahn *f* (*sport*) concrete (running *od.* racing) track. — **~be,ton** *m civ.eng.* cement concrete. — **~be,wurf** *m* cement facing. — **z~,blau** *adj* (*paints*) **1.** manganese-black. – **2.** ultramarine-green. — **~,bo·den** *m civ.eng.* concrete floor. — **~,brei** *m* wet cement. — **~,brü·he** *f* cement grout. — **~fa,brik** *f tech.* cement works *pl* (*construed as sg or pl*), cement factory (*od.* mill). — **~,far·be** *f* cement paint, *bes. Am.* cement color. — **~,flie·se** *f* cement tile. — **~,fül·lung** *f med.* (*im Zahn*) cement filling. — **~,fuß,bo·den** *m civ.eng.* concrete floor.
ze·men·tie·ren [tsemɛn'tiːrən] **I** *v/t* ⟨*no* ge-, h⟩ **1.** *civ.eng.* (*mit Zement verputzen od. füllen*) cement. – **2.** *metall.* carburize *Br. auch* -s-. – **3.** *fig.* (*festigen*) cement, consolidate, solidify. – **4.** *fig.* (*endgültig machen*) seal. – **II Z~** *n* ⟨-s⟩ **5.** *verbal noun.* – **6.** *cf.* Zementierung.
Ze·men'tie·rer *m* ⟨-s; -⟩ *cf.* Zementarbeiter.
Ze·men'tier|,mit·tel *n metall.* cementing (*od.* case-hardening) agent. — **~,ofen** *m metall.* cementation furnace.
Ze·men'tie·rung *f* ⟨-; *no pl*⟩ **1.** *cf.* Zementieren. – **2.** cementation. – **3.** *metall.* carburization *Br. auch* -s-. – **4.** *fig.* cementation, consolidation, solidification.
Ze·men·tit [tsemɛn'tiːt; -'tɪt] *m* ⟨-s; *no pl*⟩ *chem. cf.* Eisenkarbid.
Ze'ment|,kalk *m chem. tech.* lime cement, hydraulic lime. — **~,klin·ker** *m* cement clinker. — **~,kup·fer** *n* cement (*od.* precipitated) copper. — **~,mör·tel** *m civ.eng.* cement mortar. — **~,müh·le** *f tech.* cement grinding mill. — **~,ofen** *m* cement kiln. — **~,plat·te** *f cf.* Zementfliese. — **~,putz** *m civ.eng.* cement plaster. — **~,rohr** *n* cement pipe. — **~,sack** *m* cement bag. — **~,si·lo** *m, auch n* cement silo. — **~,spritz·ver,fah·ren** *n* cement-grout spraying method. — **~,stahl** *m metall.* converted steel. — **~,tie·gel** *m* cement crucible. — **z~ver,klei·det** *adj* cement-lined. — **~,werk** *n tech.* cement works *pl* (*construed as sg or pl*), cement plant.
Zen [zɛn; tsɛn] *n* ⟨-(s); *no pl*⟩ *relig.* Zen (Buddhism) (*a Japanese school of Mahayana Buddhism*).
Zend·awe·sta [tsɛnda'vɛsta] *n* ⟨-; *no pl*⟩ *obs. for* Awesta.
'Ze·ner|di,ode ['tseːnər-] *f electr.* Zener (*od.* breakdown) diode. — **~ef,fekt** *m* Zener effect.
Ze·nit [tse'niːt] *m* ⟨-(e)s; *no pl*⟩ **1.** *astr.* zenith, vertex: die Sonne steht im ~ the sun is in (*od.* at) the zenith. – **2.** *fig.* (*Höhepunkt*) zenith, peak, height: er stand im ~ seiner Laufbahn he was at the zenith of his career. — **~di,stanz** *f astr.* zenith distance, coaltitude.
Ze·no·taph [tseno'taːf] *n* ⟨-s; -e⟩ (*leeres Grabmal*) cenotaph.

Ze·no·ta·phi·on [tseno'taːfĭɔn], **Ze·no'ta·phi·um** [-fĭʊm] *n* ⟨-s; -phien⟩ *obs. for* Zenotaph.
zen·sie·ren [tsɛn'ziːrən] **I** *v/t* ⟨*no* ge-, h⟩ **1.** (*Bücher, Briefe etc*) censor. – **2.** *ped.* (*Schularbeit, Aufsatz etc*) mark, grade, score: ein Diktat mit „Gut" ~ to give a dictation the mark of "good". – **II** *v/i* **3.** sehr streng ~ to mark very strictly, to be a hard marker. – **III Z~** *n* ⟨-s⟩ **4.** *verbal noun.* — **Zen'sie·rung** *f* ⟨-; -en⟩ **1.** *cf.* Zensieren. – **2.** *cf.* Zensur 2.
Zen·sor ['tsɛnzɔr] *m* ⟨-s; -en [-'zoːrən]⟩ *jur. hist.* censor.
Zen·sur [tsɛn'zuːr] *f* ⟨-; -en⟩ **1.** ⟨*only sg*⟩ (*staatliche Aufsicht od. Prüfstelle*) censorship, censure: der Film ist von der ~ verboten the film has been censored; einer strengen ~ unterliegen to be subject to severe censorship; die Briefe gehen durch die ~ the letters are censored. – **2.** ⟨*only sg*⟩ *psych.* censorship. – **3.** (*Note*) mark, grade, score: sie hat in allen Fächern gute ~en she has obtained (*od.* got) good marks in all subjects. – **4.** *pl* (*Zeugnis*) (term's) report *sg*: Ostern gibt es ~en reports are written at Easter. — **~,bo·gen** *m ped.* record card.
Zen'su·ren|,buch *n ped. obs.* mark (*od.* grade) book. — **~kon·fe,renz** *f* reports conference. — **~,li·ste** *f* list of marks (*od.* grades).
zen·su·rie·ren [tsɛnzu'riːrən] *v/t u. v/i* ⟨*no* ge-, h⟩ *Austrian and Swiss for* zensieren.
Zen'sur|,stel·le *f* censor's (*od.* censorship) office. — **~ver,merk** *m* censorship remark, censor's comment.
Zen·sus ['tsɛnzʊs] *m* ⟨-; -⟩ **1.** (*Volkszählung*) census. – **2.** *antiq.* (*Steuerquote*) census, property qualification. – **3.** (*im Bibliothekswesen*) inventory of incunabula. — **~,wahl,recht** *n pol.* property qualification (in elections).
Zent [tsɛnt] *f* ⟨-; -en⟩ *hist.* **1.** (*Gau, Hundertschaft*) hundred. – **2.** (*im fränkischen Reich*) criminal jurisdiction (*od.* court).
Zen·taur [tsɛn'taʊər] *m* ⟨-en; -en⟩ **1.** *myth.* centaur. – **2.** *astr.* Centaurus. — **Zen'tau·ren,schlacht** *f myth.* centauromachia.
'Zent,ding *n hist. etwa* hundred court.
Zen·te·nar [tsɛnte'naːr] *m* ⟨-s; -e⟩ (*Hundertjähriger*) centenarian. — **~,fei·er** *f* centenary (*od.* centennial) (celebration).
Zen·te·na·ri·um [tsɛnte'naːrĭʊm] *n* ⟨-s; -rien⟩ centenary.
zen·te·si·mal [tsɛntezi'maːl] *adj* centesimal. — **Z~,ein,tei·lung** *f* **1.** centesimal division. – **2.** (*für Thermometer*) centigrade scale. — **Z~,waa·ge** *f* centesimal balance.
'Zent|ge,richt *n hist. cf.* Zentding. — **~,graf** *m* criminal judge.
Zen·ti·fo·lie [tsɛnti'foːlĭə] *f* ⟨-; -n⟩ *bot.* cabbage rose (*Rosa centifolia*).
Zen·ti|grad [tsɛnti'graːt] *m* centigrade, hundredth of a degree. — **~'gramm** [-'gram] *n* centigram, *bes. Br.* centigramme. — **~'li·ter** [-'liːtər] *m, n* centiliter, *bes. Br.* centilitre.
Zen·ti·me·ter [tsɛnti'meːtər] *m, n* centimeter, *bes. Br.* centimetre. — **~-'Gramm-Se'kun·den·sy,stem** *n cf.* CGS-Maßsystem. — **~,maß** *n* tape measure. — **~,wel·le** *f electr.* centimeter (*bes. Br.* centimetre) wave, (*in Frequenzen ausgedrückt*) *auch* superhigh frequency.
Zent·ner ['tsɛntnər] *m* ⟨-s; -⟩ **1.** metric hundredweight, centner (*50 kilograms*). – **2.** *Austrian and Swiss* metric (*od.* double) centner, quintal (*100 kilograms*). — **~ge,wicht** *n* (the) weight of a metric hundredweight. — **~,last** *f fig.* heavy burden (*od.* load): mir fällt eine ~ vom Herzen that is a great load (*od.* weight) off my mind. — **z~,schwer** **I** *adj fig.* excessively (*od.* very) heavy: eine ~e Last a heavy burden (*od.* load). – **II** *adv* es liegt mir ~ auf der Seele, daß it weighs very heavily on my mind that; es lastet ~ auf ihr it preys on her mind. — **z~,wei·se** *adv* by the (metric) hundredweight.
zen·tral [tsɛn'traːl] *adj* **1.** central: eine ~e Lage a central location; es liegt sehr ~ it is very central (*od.* centrally situated); ~e Regelstelle (*radio*) central control position. – **2.** *fig.* (*Problem etc*) central, crucial, pivotal: das ist das ~e Problem that is the crucial problem, that is the crux of the matter.
Zen'tral,ab,la·ge *f econ.* (*einer Firma etc*) central filing department.

zen'tral|afri,ka·nisch *adj* Central African. — **~ame·ri,ka·nisch** *adj* Central American.
Zen'tral|,amt *n* central office. — **~an,ten·ne** *f* communal (*od.* common, block) antenna (*bes. Br.* aerial). — **~ar,chiv** *n* main reference library. — **z~asia·tisch** [-ʔa,zĭaːtɪʃ] *adj* Central Asian. — **~,aus,schuß** *m* central committee. — **~,bahn,hof** *m* central (railroad, *Br.* railway) station, *Am.* (*für verschiedene Bahngesellschaften*) *auch* union station. — **~,bank** *f econ.* central bank. — **~,bank,rat** *m BRD* Central Bank Council. — **~,bau** *m arch.* centralized (*Br. auch* -s-) building (*od.* block), centrally planned building, building with central space. — **~be,dien,platz** *m tech.* central operation position. — **~be,hör·de** *f* central authority. — **~dis·po·si·ti,on** *f telev.* production planning department.
Zen'tra·le *f* ⟨-; -n⟩ **1.** (*von Banken, Organisationen etc*) central (*od.* main, head) office, headquarters *pl* (*often construed as sg*). – **2.** (*von Firmen, Geschäften etc*) headquarters *pl* (*often construed as sg*), main business (*od.* firm). – **3.** (*für Taxis*) headquarters *pl* (*often construed as sg*). – **4.** (*für Busse*) a) bus depot, b) central bus station. – **5.** *tel.* telephone exchange. – **6.** (*radio*) *telev.* studio: wir schalten zurück zur ~ and now back to the studio. – **7.** *electr.* central power station (*od.* plant). – **8.** *mil.* a) (*Hauptstelle*) head (*od.* main) office, b) (*Artilleriestand*) fire control center (*bes. Br.* centre), transmitting station. – **9.** *mar.* a) (*auf einem Kriegsschiff*) control station, b) (*eines Docks*) dock control house (*od.* room). – **10.** (*Zentrum*) center, *bes. Br.* centre: die ~ aller sinnlichen Wahrnehmungen ist das Gehirn the brain is the center of all sensory perception.
Zen'tral|,ein·heit *f* (*computer*) central processing unit, CPU. — **z~er,re·gend** *adj zo.* (*Mechanismus*) central excitational. — **~,fak·tor** *m med. psych.* general factor, g-factor. — **~,flug,ha·fen** *m aer.* central airport. — **~ge,nos·sen·schaft** *f econ.* central cooperative (*Br. auch* co-operative) (society). — **~ge,walt** *f pol.* central power.
Zen'tral,hei·zung *f tech.* central heating.
Zen'tral,hei·zungs|,an,la·ge *f* central heating system. — **~,kes·sel** *m* central heating boiler. — **~,rohr** *n* central heating pipe, radiator pipe.
Zen'tral·in·sti,tut *n* central institute.
Zen·tra·li·sa·ti·on [tsɛntraliza'tsĭoːn] *f* ⟨-; *no pl*⟩ centralization *Br. auch* -s-.
zen·tra·li·sie·ren [tsɛntrali'ziːrən] **I** *v/t* ⟨*no* ge-, h⟩ centralize *Br. auch* -s-. – **II Z~** *n* ⟨-s⟩ *verbal noun.* — **Zen·tra·li'sie·rung** *f* ⟨-; *no pl*⟩ **1.** *cf.* Zentralisieren. – **2.** *cf.* Zentralisation.
Zen·tra·lis·mus [tsɛntra'lɪsmʊs] *m* ⟨-; *no pl*⟩ *pol.* centralism, unitarianism, *auch* Unitarianism. — **zen·tra'li·stisch** [-tɪʃ] *adj* centralist(ic), unitarian.
Zen·tra·li·tät [tsɛntrali'tɛːt] *f* ⟨-; *no pl*⟩ centrality, centeredness, *bes. Br.* centredness.
Zen'tral|ka,nal *m med.* (*des Rückenmarks*) central canal. — **~,kap·sel** *f zo.* (*der Strahlentierchen*) central capsule. — **~kar,tei** *f* **1.** central card index, central (index) file. – **2.** (*in Bibliotheken etc*) central catalog (*bes. Br.* catalogue). — **~ko·mi,tee** *n pol.* (*Führungsgremium*) central committee. — **~,kör·per·chen** *n biol.* central body; centriole, centrosome (*scient.*): doppeltes ~ diplosome. — **~,kraft** *f phys.* **1.** *cf.* Zentrifugalkraft. – **2.** *cf.* Zentripetalkraft. — **~,ner·ven·sy,stem** *n med.* central nervous system. — **~or,gan** *n* **1.** *med. zo.* central organ. – **2.** (*in der Publizistik*) official party organ. — **~pro·jek·ti,on** *f* (*in der Kartographie*) central projection. — **~re,gie·rung** *f pol.* central government. — **~,richt·ge,rät** *n mil.* full-chain director. — **~,schmier,ein,rich·tung** *f tech.* central (*od.* centralized *Br. auch* -s-) lubrication system. — **~,schmier,pum·pe** *f* one-shot pump. — **~,schmie·rung** *f* **1.** centralized (*Br. auch* -s-) lubrication (*od.* oiling). – **2.** (*als Einrichtung*) central (*od.* centralized *Br. auch* -s-) lubrication system. — **~se,kun·den,zei·ger** *m* (*watchmaking*) center (*bes. Br.* centre) second hand. — **~,stel·le** *f* **1.** center, *bes. Br.* centre. – **2.** (*space*) tracking center (*bes. Br.* centre). — **~,uh·ren,an,la·ge** *f tech.* electrical time distribution system. — **~ver,band** *m* central association. — **~ver-**

ˌmitt·lungsˌstel·le *f tel.* central exchange. — **~verˌschluß** *m phot.* diaphragm shutter, between-the-lens shutter. — **~verˌwal·tung** *f* central administration. — **~ˌwert** *m* (*in der Statistik*) median.

Zen'trier|ˌanˌsatz *m tech.* **1.** (*eines Spindelendes*) centering (*bes. Br.* centring) register. – **2.** (*einer Arbeitsspindel*) centering (*bes. Br.* centring) shoulder. — **~ˌblen·de** *f phot.* centering (*bes. Br.* centring) diaphragm. — **~ˌboh·rer** *m tech.* centering (*bes. Br.* centring) (*od.* center, *bes. Br.* centre) drill. — **~ˌboh·rung** *f* center (*bes. Br.* centre) bore (*od.* drill hole).

zen·trie·ren [tsɛn'triːrən] **I** *v/t* ⟨*no* ge-, h⟩ **1.** *tech.* center, *bes. Br.* centre, center- (*bes. Br.* centre-)drill (*od.* bore). – **2.** (*optics*) center, *bes. Br.* centre. – **II** *v/reflex* sich ~ **3.** concentrate, center, *bes. Br.* centre. – **III Z~** *n* ⟨-s⟩ **4.** *verbal noun.* – **5.** *cf.* Zentrierung.

Zen'trier|ˌflä·che *f* centering (*bes. Br.* centring) surface. — **~ˌglas** *n* centering lens. — **~maˌschi·ne** *f tech.* centering machine. — **~ˌplanˌschei·be** *f* self-centering table. — **~ˌpunkt** *m* (*optics*) optical center (*bes. Br.* centre).

Zen'trie·rung *f* ⟨-; *no pl*⟩ **1.** *cf.* Zentrieren. – **2.** concentration. – **3.** *bes. tech.* centration.

Zen'trier|ˌvorˌrich·tung *f tech.* centering (*bes. Br.* centring) device. — **~ˌwin·kel** *m* center (*bes. Br.* centre) square. — **~ˌwulst** *f mil.* (*in der Artillerie*) bourrelet.

zen·tri·fu·gal [tsɛntrifu'gaːl] *adj* **1.** *phys.* centrifugal. – **2.** *med.* (*Nerven*) centrifugal, efferent.

Zen·tri·fu'gal|beˌwe·gung *f* centrifugal motion. — **~geˌblä·se** *n* centrifugal blower. — **~ˌkraft** *f phys.* centrifugal force. — **~ˌpum·pe** *f* centrifugal pump. — **~ˌreg·ler** *m* centrifugal governor (*od.* regulator). — **~ˌwir·kung** *f* centrifugal effect.

Zen·tri·fu·ge [tsɛntri'fuːgə] *f* ⟨-; -n⟩ *tech.* **1.** centrifuge. – **2.** *cf.* Milchzentrifuge. – **3.** (*als Trockner*) hydroextractor.

zen·tri·fu·gie·ren [tsɛntrifu'giːrən] **I** *v/t* ⟨*no* ge-, h⟩ **1.** centrifuge, centrifugalize *Br. auch* -s-. – **2.** (*Milch*) centrifuge, separate. – **II Z~** *n* ⟨-s⟩ **3.** *verbal noun.* — **Zen·tri·fu'gie·rung** *f* ⟨-; *no pl*⟩ **1.** *cf.* Zentrifugieren. – **2.** centrifugation, centrifugalization *Br. auch* -s-.

zen·tri·pe·tal [tsɛntripe'taːl] *adj* **1.** *phys.* centripetal. – **2.** *med.* (*Nerven*) centripetal, afferent. — **Z~ˌkraft** *f phys.* centripetal force.

zen·trisch ['tsɛntrɪʃ] *adj* **1.** central, centric: ~ verlaufen to run true. – **2.** (*konzentrisch*) concentric.

'Zen·triˌwin·kel ['tsɛntri-] *m math.* center (*bes. Br.* centre) angle.

Zen·tro·mer [tsɛntro'meːr] *n* ⟨-s; -e⟩ *biol.* centromere.

Zen·tro·som [tsɛntro'zoːm] *n* ⟨-s; -e⟩ *biol.* centriole, central body, centrosome.

Zen·trum ['tsɛntrʊm] *n* ⟨-s; -tren⟩ **1.** center, *bes. Br.* centre: das absolute ~ the dead center; im absoluten ~ sein to be dead in the center; im ~ des Interesses stehen *fig.* to be the center (*od.* focus) of interest. – **2.** (*einer Stadt*) (city) center (*bes. Br.* centre), *Am. auch* downtown: im ~ New Yorks in the center of New York, in the New York city center, *Am. auch* (in) downtown New York. – **3.** (*von Unruhestiftern, Verschwörern etc*) center, *bes. Br.* centre, focal point. – **4.** (*einer Schießscheibe*) bull's-eye. – **5.** *meteor.* (*eines tropischen Sturms*) center, *bes. Br.* centre, eye. – **6.** *pol. hist. cf.* Zentrumspartei. — **~ˌboh·rer** *m tech.* center (*bes. Br.* centre) bit.

'Zen·trums·parˌtei, die *pol. hist.* the Center (*bes. Br.* Centre) Party.

Zen·tu·rie [tsɛn'tuːriə] *f* ⟨-; -n⟩ *antiq.* century.

Zen·tu·rio [tsɛn'tuːrio] *m* ⟨-s; -nen [-tu'rioːnən]⟩ *antiq.* centurion.

Zeo·lith [tseo'liːt; -'lɪt] *m* ⟨-s *od.* -en; -e(n)⟩ *min.* zeolite.

Ze·phal|al·gie [tsefalal'giː] *f* ⟨-; -n [-ən]⟩ *med.* (*Kopfschmerz*) cephalalgia, cephalgia, headache. — **~hä·ma'tom** [-hɛma'toːm] *n* cephalh(a)ematoma.

ze·pha·lo..., Ze·pha·lo... *combining form denoting* cephalo...

Ze·pha·lo·hy·dro·ze·le [tsefalohydro'tseːlə] *f med.* cephalocele.

Ze·pha·lo·me·trie [tsefalome'triː] *f* ⟨-; -n [-ən]⟩ *med.* cephalometry.

Ze·pha·lon ['tseːfalɔn] *n* ⟨-s; *no pl*⟩ *med.* macrocephalus.

Ze·pha·lo·po·de [tsefalo'poːdə] *m* ⟨-n; -n⟩ *zo.* (*Kopffüßer*) cephalopod (*Klasse Cephalopoda*).

Ze·pha·lo·to·mie [tsefaloto'miː] *f* ⟨-; -n [-ən]⟩ *med.* cephalotomy.

Ze·pha·lo·trip·sie [tsefalotrɪ'psiː] *f* ⟨-; -n [-ən]⟩ *med.* cephalotripsy.

Ze·pha·lo·ze·le [tsefalo'tseːlə] *f* ⟨-; -n⟩ *med.* cephalocele.

Ze·phan·ja [tse'fanja] *npr m* ⟨-; *no pl*⟩ *Bibl.* (*Prophet*) Zephaniah.

Ze·phir ['tseːfɪr] *m* ⟨-s; -e [-fiːrə]⟩ *Austrian for* Zephyr II. — **ze·phi·risch** [tse'fiːrɪʃ] *adj Austrian for* zephyrisch.

'Ze·phirˌwol·le *f Austrian for* Zephyrwolle.

Ze·phyr ['tseːfyr] **I** *npr m* ⟨-s; *no pl*⟩ **1.** *myth.* Zephyr (*Greek god of the west wind*). – **II** *m* ⟨-s; -e [-fyːrə]⟩ **2.** ⟨*only sg*⟩ (*milder Südwestwind*) zephir. – **3.** (*textile*) (*Baumwollgewebe*) zephyr. — **ze·phy·risch** [tse'fyːrɪʃ] *adj poet.* zephyrean, zephyrian, zephyrous.

Ze·phy·rus ['tseːfyrus] *npr m* ⟨-; *no pl*⟩ *myth. cf.* Zephyr I.

'Ze·phyrˌwol·le *f* zephyr.

Zep·pe·lin ['tsɛpəliːn; tsɛpə'liːn] *m* ⟨-s; -e⟩ *aer.* (*Luftschiff*) zeppelin, Zeppelin, rigid airship.

Zep·ter ['tsɛptər] *n, rare m* ⟨-s; -⟩ **1.** scepter, *bes. Br.* sceptre: das ~ führen (*od.* schwingen), das ~ in der Hand haben *fig.* to rule the roost. – **2.** *mar.* oarlock, rowlock.

Zer [tseːr] *n* ⟨-s; *no pl*⟩ *chem. cf.* Cerium.

Ze·rat [tse'raːt] *n* ⟨-(e)s; -e⟩ *med. pharm.* cerate.

zer'bei·ßen *v/t* ⟨*irr, no* ge-, h⟩ **1.** (*Bonbon, Tablette, Knochen etc*) crunch. – **2.** (*Leine etc*) bite (*s.th.*) to pieces. – **3.** (*durchbeißen*) bite through.

zer'ber·sten *v/i* ⟨*irr, no* ge-, sein⟩ burst (apart *od.* in pieces, *lit.* asunder).

Zer·be·rus ['tsɛrberus] **I** *npr m* ⟨-; *no pl*⟩ *myth.* Cerberus. – **II** *m* ⟨-; -se⟩ *fig. humor.* cerberus, watchdog.

zer'beu·len *v/t* ⟨*no* ge-, h⟩ **1.** (*Auto, Hut etc*) dent, batter. – **2.** (*Hose etc*) make (*s.th.*) baggy, wear (*s.th.*) out of shape.

zer'bla·sen *v/t* ⟨*irr, no* ge-, h⟩ blow (*s.th.*) apart.

zer'blät·tern *v/t* ⟨*no* ge-, h⟩ strip (*s.th.*) of its leaves.

zer'bom·ben [-'bɔmbən] *v/t* ⟨*no* ge-, h⟩ *mil.* shatter (*s.th.*) with bombs, destroy (*s.th.*) by bombing, bomb (*s.th.*) to smithereens (*od.* bits). — **zer'bombt I** *pp.* – **II** *adj* bomb-shattered.

zer'bre·chen I *v/t* ⟨*irr, no* ge-, h⟩ **1.** break: → Kopf 1. – **2.** (*in viele kleine Stücke*) break (*s.th.*) to pieces (*od.* to bits, to smithereens), smash, shatter. – **II** *v/i* ⟨sein⟩ **3.** (*von Glas, Porzellan etc*) break in(to) pieces (*od.* bits, smithereens), shatter, smash: alle seine Hoffnungen zerbrachen *fig.* all his hopes were dashed (*od.* shattered). – **4.** (*von Ring, Stock etc*) break. – **5.** an (*dat*) etwas ~ *fig.* to be broken by s.th.

zer'brech·lich *adj* **1.** (*Porzellan etc*) fragile, frail, breakable, delicate: Vorsicht, ~! (*Aufschrift*) fragile, handle with care. – **2.** *fig.* (*Person, Gesundheit*) delicate, (*stärker*) frail, fragile. – **3.** *fig.* (*zart gebaut*) delicate, dainty: von ~er Gestalt sein to have a delicate build, to be delicate (*od.* dainty). – **4.** (*spröde*) brittle. — **Zer'brech·lich·keit** *f* ⟨-; *no pl*⟩ **1.** (*eines Gegenstandes*) fragility, frailness, delicateness, delicacy. – **2.** (*einer Person, der Gesundheit*) delicacy, delicateness, (*stärker*) frailty, frailness, fragility. – **3.** (*des Körperbaus*) delicacy, delicateness, daintiness. – **4.** (*Sprödheit*) brittleness.

zer'bröckeln (*getr.* -k·k-) **I** *v/t* ⟨*no* ge-, h⟩ crumble, break up. – **II** *v/i* ⟨sein⟩ crumble, break up. – **III Z~** *n* ⟨-s⟩ *verbal noun.* — **Zer'bröcke·lung** (*getr.* -k·k-), **Zer'bröck·lung** *f* ⟨-; *no pl*⟩ *cf.* Zerbröckeln.

zer'dät·schen [-'dɛtʃən] *v/t* ⟨*no* ge-, h⟩ *colloq.* **1.** (*Hut, Frisur etc*) squash, crush. – **2.** (*Apfel etc*) smash, bash.

zer'dep·pern [-'dɛpərn] *v/t* ⟨*no* ge-, h⟩ *colloq. for* zerbrechen 2.

zer'drücken (*getr.* -k·k-) *v/t* ⟨*no* ge-, h⟩ **1.** crush, squash, (*von oben*) squelch: ein Ei in der Hand ~ to squash an egg in one's hand. – **2.** (*Kartoffeln, Obst etc*) mash, crush: eine Knoblauchzehe ~ to crush (*od.* squeeze out) a clove of garlic. – **3.** (*Tabletten*) crush, powder. – **4.** (*Kleid etc*) crush, crease, crumple. – **5.** (*Hut etc*) squash, crush.

Ze·rea·li·en [tsere'aːliən] *pl* **1.** cereals, breadstuff *sg.* – **2.** *antiq.* cerealia.

ze·re·bel·lar [tserebɛ'laːr] *adj med. cf.* cerebellar. — **Ze·re'bel·lum** [-lʊm] *n* ⟨-s; -bella [-la]⟩ *med. cf.* Cerebellum.

ze·re·bral [tsere'braːl] **I** *adj med.* cerebral. – **II Z~** *m* ⟨-s; -e⟩ *ling.* cerebral.

Ze·re·bro·sid [tserebro'ziːt] *n* ⟨-(e)s; -e⟩ *med.* cerebroside.

ze·re·bro·spi·nal [tserebrospi'naːl] *adj med.* cerebrospinal.

Ze·re·brum ['tseːrebrʊm] *n* ⟨-s; Zerebra [-bra]⟩ *med. cf.* Cerebrum.

Ze·re·mo·nie [tseremo'niː; -'moːniə] *f* ⟨-; -ien [-'niːən; -'moːniən]⟩ ceremony.

ze·re·mo·ni·ell [tseremo'niɛl] **I** *adj* (*Handlung etc*) ceremonial. – **II Z~** *n* ⟨-s; -e⟩ ceremonial: diplomatisches ~ *pol.* diplomatic ceremonial, protocol.

Ze·re'mo·ni·enˌmei·ster *m archaic* master of ceremonies, M.C., emcee.

ze·re·mo·ni·ös [tseremo'niøːs] *adj* ceremonious, formal.

Ze·re·sin [tsere'ziːn] *n* ⟨-s; *no pl*⟩ *chem.* ceresin, *auch* ceresine.

Ze·re·vis [tsere'viːs] *n* ⟨-; -⟩ (*students' sl.*) *obs.* **1.** beer. – **2.** *cap worn by members of fraternities* (*Br. students' societies*).

zer'fah·ren[1] *v/t* ⟨*irr, no* ge-, h⟩ **1.** crush (*od.* break, smash) (*s.th.*) by driving over it. – **2.** (*Straße, Weg etc*) rut, cut ruts in.

zer'fah·ren[2] **I** *pp of* zerfahren[1]. – **II** *adj* (*Straße etc*) rutted, rutty.

zer'fah·ren[3] *adj fig.* **1.** (*zerstreut*) absent-minded, *Br.* absent-minded. – **2.** (*wirr, unkonzentriert*) muddleheaded, *Br.* muddle-headed, scatterbrained, *Br.* scatter-brained: ein ~er Mensch a scatterbrain, *Br.* a scatter-brain.

Zer'fah·ren·heit *f* ⟨-; *no pl*⟩ *fig.* **1.** absent-mindedness, *Br.* absent-mindedness. – **2.** muddleheadedness, *Br.* muddle-headedness.

Zer'fall *m* ⟨-(e)s; *no pl*⟩ **1.** (*eines Gebäudes, Reiches etc*) decay, ruin. – **2.** *fig.* (*von Kultur, Moral etc*) decay, decline, decadence. – **3.** *nucl. phys.* disintegration, decay: radioaktiver ~ radioactive disintegration. – **4.** *chem.* (*durch Einwirkung von Hitze, Licht od. Chemikalien*) decomposition. – **5.** *biol.* (*von Zellen*) disintegration. – **6.** (*einer Leiche*) decomposition.

zer'fal·len[1] *v/i* ⟨*irr, no* ge-, sein⟩ **1.** (*von Gebäude, Mauer etc*) decay, fall apart (*od.* into ruin): (in Stücke) ~ to go to pieces (*od.* bits), to disintegrate; in seine Bestandteile ~ *auch chem. phys.* to disintegrate; → Staub 1. – **2.** *fig.* (*von Reich*) decay. – **3.** *fig.* (*von Kultur, Moral etc*) decay, decline. – **4.** (*von Leib*) decompose: der Leib zerfällt nach dem Tode the body decomposes after death. – **5.** *nucl. phys.* disintegrate, decay. – **6.** *chem.* decompose: (im Wasser) ~ to hydrolyze. – **7.** *biol.* (*von Zellen*) disintegrate. – **8.** *fig.* (*geteilt werden*) (in *acc* into) be divided: das Buch zerfällt in vier Kapitel the book has four chapters, the book is divided into four chapters. – **9.** *cf.* verwittern.

zer'fal·len[2] **I** *pp of* zerfallen[1]. – **II** *adj* **1.** (*Burg etc*) in ruins. – **2.** *fig.* (*in Wendungen wie*) mit j-m ~ sein to have fallen out with s.o., (*stärker*) to have broken with s.o.; mit sich selbst ~ sein to be at odds (*od.* dissatisfied, discontented) with oneself; mit sich und der Welt ~ sein to be discontented (*od.* dissatisfied) with life.

Zer'falls|ˌelek·tron *n nucl.* disintegration electron. — **~enerˌgie** *f* disintegration energy. — **~erˌschei·nung** *f* sign of decay. — **~geˌschwin·dig·keit** *f* **1.** *nucl.* rate of decay per unit of time. – **2.** *chem.* rate (*od.* velocity) of decomposition. — **~ˌgift** *n pharm.* endotoxin. — **~ˌket·te** *f nucl. cf.* Zerfallsreihe. — **~konˌstan·te** *f* **1.** *chem. phys.* a) specific rate of decomposition, b) decay constant. – **2.** *astr.* disintegration (*od.* decay) constant. — **~proˌdukt** *n* disintegration (*od.* decay) product, (*bei der Kernspaltung*) daughter (product). — **~proˌzeß** *m* decomposition process. — **~ˌra·te** *f* decay rate. — **~re·ak·tiˌon** *f nucl. phys. cf.* Zerfall 3. — **~ˌrei·he** *f* disintegration (*od.* decay) series: radioaktive ~ radioactive series (*od.* family), decay chain. — ~,**wär·me** *f* heat of decomposition. — ~,**zeit** *f* decay period (*od.* time), expected life(time) of a radioactive nucleus.

Zer'fa·se·rer *m* ⟨-s; -⟩ *tech.* **1.** (*für Holz*) disintegrator, (chip) crusher. – **2.** (*für Papier*) pulper, kneader, (*für Altpapier*) perfecting engine, perfect pulper. – **3.** (*für Lumpen*) unravel(l)ing machine.

zer'fa·sern I *v/t* ⟨*no* ge-, h⟩ **1.** (*durch Reibung*) (*Stoff, Tau etc*) fray, fret, ravel, frazzle. – **2.** (*paper*) break (up *od.* in). – **3.** (*textile*) reduce (*s.th.*) to fibers (*bes. Br.* fibres), tear (*s.th.*) into fibers (*bes. Br.* fibres), devil. – **II** *v/i* ⟨sein⟩ **4.** (*von Tauende, Stoffrand etc*) fray, (un)ravel, fret, frazzle.

zer'fet·zen [-'fɛtsən] *v/t* ⟨*no* ge-, h⟩ **1.** (*Hose, Fahne, Zeitung etc*) tear (*s.th.*) to pieces (*od.* shreds, bits): **ich habe mir die Hose zerfetzt** I have torn my trousers (to pieces); **der Wind hat die Fahne zerfetzt** the wind has torn the flag to shreds, the wind has tattered (*od.* frayed) the flag. – **2. etwas (in kleine Stücke)** ~ (*Papier, Brief etc*) to tear s.th. to shreds. – **3.** (*durch Schnitte zerstören*) slash. – **4.** j-n ~ *cf.* zerreißen 1, 5, 6. – **5.** *fig. colloq.* (*Buch, Theaterstück etc*) tear (*s.th.*) to pieces (*od.* shreds), maul: **den zerfetze ich in der Luft** I'll tear him apart limb by limb. – **6.** *hunt.* tailor, shoot (*game*) so as to mangle it. — **zer'fetzt I** *pp.* – **II** *adj* **1.** (*Hose, Mantel etc*) tattered, ragged, torn (to pieces). – **2.** (*Arm, Fuß etc*) mangled, lacerated, mauled, *Am. auch* malled. – **3.** (*Wundrand*) ragged, lacerated.

zer'fled·dern *v/t* ⟨*no* ge-, h⟩ *colloq.* (*Buch, Zeitung etc*) tatter. — **zer'fled·dert I** *pp.* – **II** *adj colloq.* (*Buch, Zeitung etc*) tattered. —

zer'fle·dern [-'fleːdərn] *v/t* ⟨*no* ge-, h⟩ *colloq. cf.* zerfleddern. — **zer'fle·dert I** *pp.* – **II** *adj colloq. cf.* zerfleddert II.

zer'flei·schen [-'flaɪʃən] **I** *v/t* ⟨*no* ge-, h⟩ **1.** (*Beute*) maul, *Am. auch* mall, mangle, lacerate, (*in Stücke*) tear (*s.th.*) to pieces, rend: **sich gegenseitig** (*od.* **einander**) ~ to tear each other to pieces. – **2. einander im Krieg** ~ *fig. lit.* to slaughter each other in war. – **II** *v/reflex* **sich** ~ **3.** *fig.* (*nervlich, seelisch*) torment (*od.* torture) oneself: **er zerfleischt sich in Vorwürfen gegen sich selbst** he torments himself with self-reproach. – **III Z**~ *n* ⟨-s⟩ **4.** *verbal noun.* — **Zer'flei·schung** *f* ⟨-; *no pl*⟩ **1.** *cf.* Zerfleischen. – **2.** laceration.

zer'flie·ßen *v/i* ⟨*irr, no* ge-, sein⟩ **1.** (*von Butter, Eis etc*) melt, dissolve. – **2.** (*von Tinte, Farbe etc*) run. – **3.** *fig.* (*schmelzen*) melt: **vor Mitleid** ~ to melt with pity. – **4.** (*sich auflösen*) dissolve: **in Tränen** ~ *fig.* to dissolve (*od.* melt) into tears. – **5.** *fig.* (*zunichte werden*) melt (away), dwindle away (*od.* to nothing): **das Geld zerfließt einem nur so unter den Händen** money just melts away, money just goes like that (*colloq.*); **der Reichtum ist ihm unter den Händen zerflossen** his fortune simply melted away; **alle seine Hoffnungen zerflossen in nichts** all his hopes melted away, his hopes died. – **6.** *chem.* deliquesce.

zer'fres·sen¹ I *v/t* ⟨*irr, no* ge-, h⟩ **1.** (*Stoff, Holz etc*) eat (holes in): **Motten haben den Stoff zerfressen** moths have eaten holes in the material. – **2.** (*zernagen*) gnaw (*s.th.*) to pieces, gnaw holes in. – **3.** *chem.* corrode: **der Rost hat das Eisen** ~ the rust has corroded the iron. – **4.** *geol.* erode. – **5.** *med.* (*von Geschwür*) (*Organ etc*) corrode, erode. – **II Z**~ *n* ⟨-s⟩ **6.** *verbal noun.* – **7.** *chem. med.* corrosion. – **8.** *geol.* erosion.

zer'fres·sen² I *pp of* zerfressen¹. – **II** *adj* **1. (von Motten)** ~ moth-eaten; **(von Würmern)** ~ worm-eaten. – **2.** *chem.* **(vom Rost)** ~ corroded. – **3.** *bot.* erose.

zer'fres·send I *pres p of* zerfressen¹. – **II** *adj chem.* (*ätzend*) corrosive, caustic.

zer'fur·chen *v/t* ⟨*no* ge-, h⟩ (*Weg etc*) rut, furrow. — **zer'furcht I** *pp.* – **II** *adj* **1.** (*Gesicht, Stirn*) furrowed. – **2.** (*Weg etc*) rutted, rutty, furrowed.

zer'ge·hen *v/i* ⟨*irr, no* ge-, sein⟩ **1.** (*schmelzen*) (in *dat* in) melt, dissolve: **etwas im Munde** ~ **lassen** to let s.th. melt in one's mouth; **das Fett in der Pfanne** ~ **lassen** to melt (*od.* dissolve) the fat in the pan. – **2.** *fig.* melt: **das Fleisch ist so zart, daß es einem auf der Zunge zergeht** the meat is so tender that it melts in your mouth. – **3.** (*sich auflösen*) dissolve: **etwas im Wasser** ~ **lassen** to dissolve s.th. in water. – **4. in nichts** ~ *fig.* (*von Plänen etc*) to come to nothing.

zer·gen ['tsɛrgən] *v/t* ⟨h⟩ *Middle and Northeastern G. for* necken I, ärgern II.

Zer'glie·de·rer *m* ⟨-s; -⟩ **1.** *med.* anatomist, dissector. – **2.** *fig.* analyst.

zer'glie·dern I *v/t* ⟨*no* ge-, h⟩ **1.** (*Land etc*) dismember. – **2.** *fig.* (*analysieren*) analyze *Br. auch* -s-. – **3.** *med.* a) (*abtrennen, sezernieren*) (*Glied*) dismember, disarticulate, b) (*sezieren*) dissect. – **4.** *ling. cf.* zerlegen 6. – **5.** *math.* analyze *Br. auch* -s-. – **II Z**~ *n* ⟨-s⟩ **6.** *verbal noun.* — **Zer'glie·de·rung** *f* ⟨-; *no pl*⟩ **1.** *cf.* Zergliedern. – **2.** (*eines Landes etc*) dismemberment. – **3.** *ling. u. fig.* (*Analyse*) analysis. – **4.** *med.* a) dismemberment, disarticulation, b) dissection.

zer'hacken (*getr.* -k·k-) *v/t* ⟨*no* ge-, h⟩ **1.** hack (*s.th.*) to pieces (*od.* bits), cut (*od.* chop) (*s.th.*) (in)to pieces (*od.* bits), (*kleinmachen*) chop (*s.th.*) small (*od.* fine). – **2.** (*Fleisch, Knochen etc*) chop, (*ganz fein*) mince.

Zer'hacker (*getr.* -k·k-) *m* ⟨-s; -⟩ **1.** *electr.* a) (*eines Gleichspannungswandlers*) inverter, b) (*für Gleichstromunterbrechung od. -umpolung*) vibrator. – **2.** (*radio*) ticker, chopper. — ~,**schei·be** *f tel.* (*radio*) ticker (*od.* chopper) disc (*od.* disk). — ~,**um·,for·mer** *m* vibrator-convertor (*auch* -converter).

zer'häm·mern *v/t* ⟨*no* ge-, h⟩ hammer (*od.* pound) (*s.th.*) to pieces (*od.* bits).

zer'hau·en *v/t* ⟨*irr, no* ge-, h⟩ **1.** *cf.* zerhacken 1. – **2.** (*Kohle, Steine etc*) crush. – **3.** (*beim Schlachten*) cut up. – **4.** *fig.* (*Knoten*) cut. – **5.** *colloq.* (*Teller etc*) break, smash.

Ze·ri·um ['tseːrɪum] *n* ⟨-s; *no pl*⟩ *chem. cf.* Cerium.

Zer'ka·rung [-'kaːrʊŋ] *f* ⟨-; *no pl*⟩ *geol.* cirque cutting (*od.* excavation).

zer'kau·en I *v/t* ⟨*no* ge-, h⟩ **1.** chew (up), masticate (*scient.*). – **II Z**~ *n* ⟨-s⟩ **2.** *verbal noun.* – **3.** mastication.

Zer'klei·ne·rer *m* ⟨-s; -⟩ *tech. cf.* Zerkleinerungsmaschine.

zer'klei·nern [-'klaɪnərn] **I** *v/t* ⟨*no* ge-, h⟩ **1.** (*Gemüse, Kartoffeln etc*) cut (*s.th.*) up, (*Fleisch*) *auch* mince. – **2.** (*Holz*) cut (*s.th.*) down, (*Bäume*) *auch* buck. – **3.** (*Steine etc*) crush, break (*s.th.*) up, buck. – **4.** (*pulverisieren*) pulverize *Br. auch* -s-, comminute (*scient.*). – **5.** *pharm.* pulverize *Br. auch* -s-, pound, triturate, comminute (*scient.*). – **6.** *agr.* (*Scholle*) break up. – **II Z**~ *n* ⟨-s⟩ **7.** *verbal noun.* — **Zer'klei·ne·rung** *f* ⟨-; *no pl*⟩ **1.** *cf.* Zerkleinern. – **2.** (*Pulverisierung*) pulverization *Br. auch* -s-, comminution (*scient.*). – **3.** *pharm.* pulverization *Br. auch* -s-, trituration, comminution (*scient.*).

Zer'klei·ne·rungs|,an,la·ge *f tech.* crushing installation (*od.* plant). — ~**ma,schi·ne** *f* **1.** crusher, crushing mill, breaker. – **2.** pulverizer *Br. auch* -s-, comminutor (*scient.*).

zer'klop·fen *v/t* ⟨*no* ge-, h⟩ beat (*od.* pound) (*s.th.*) to pieces, break up (*od.* down), smash: **Schotter** ~ *tech.* to crush ballast.

zer'klüf·tet [-'klʏftət] *adj* **1.** *geol.* (*Küste, Landschaft etc*) fractured, fissured. – **2.** (*Felsen, Gebirge, Gestein etc*) rugged, jagged. – **3.** *med.* (*Mandeln*) fissured, rugged. — **Zer'klüf·tung** *f* ⟨-; -en⟩ *geol.* fracturing, jointing.

zer'knacken (*getr.* -k·k-) *v/t* ⟨*no* ge-, h⟩ **1.** (*mit Nußknacker etc*) crush, crack (*od.* break) (*s.th.*) to pieces. – **2.** (*Knochen etc*) crunch.

zer'knal·len I *v/i* ⟨*no* ge-, sein⟩ (*von Luftballon etc*) burst: **eine aufgeblasene Tüte** ~ **lassen** *colloq.* to blow up a paper bag and burst it. – **II** *v/t* ⟨h⟩ *colloq.* (*Tasse, Vase etc*) smash, break.

zer'knaut·schen *v/t* ⟨*no* ge-, h⟩ **1.** *cf.* zerknittern 1. – **2.** *cf.* zerknüllen 1. — **zer'knautscht I** *pp.* – **II** *adj* **1.** *cf.* zerknittert 1. – **2.** *cf.* zerknüllt 1. – **3.** *colloq.* (*Gesicht*) crinkled, crinkly: **er sieht** ~ **aus** a) he has a crinkled face, b) *colloq. humor.* (*nach einer durchzechten Nacht etc*) he is looking rather the worse for wear (*od.* rather sorry for himself). – **4.** *colloq.* (*Greisengesicht*) wizened.

zer'knirscht *adj* **1.** crestfallen, shamefaced, remorseful, repentant: ~ **sein** to be (*od.* look) crestfallen, to be full of remorse; ~ **hörte er die Vorwürfe an** he listened shamefacedly to the reproaches. – **2.** *relig.* contrite. — **Zer'knirscht·heit** *f* ⟨-; *no pl*⟩ **1.** crestfallen look, crestfallenness, shamefacedness, remorse(fulness), repentance. – **2.** *relig.* contrition.

Zer'knir·schung *f* ⟨-; *no pl*⟩ *cf.* Zerknirschtheit.

zer'knit·tern *v/t* ⟨*no* ge-, h⟩ **1.** (*Kleid etc*) crush, crumple, crease. – **2.** *cf.* zerknüllen 1. — **zer'knit·tert I** *pp.* – **II** *adj* **1.** (*Kleid etc*) crushed, crumpled, creased. – **2.** *cf.* zerknüllt 1. – **3.** *colloq. for* zerknirscht 1.

zer'knül·len *v/t* ⟨*no* ge-, h⟩ **1.** crumple up, (s)crunch up: **etwas in der Hand** ~ to crumple s.th. up in one's hand. – **2.** *cf.* zerknittern 1. — **zer'knüllt I** *pp.* – **II** *adj* **1.** crumpled, (s)crunched. – **2.** *cf.* zerknittert 1.

zer'ko·chen *gastr.* **I** *v/i* ⟨*no* ge-, sein⟩ cook (*od.* boil) too long, overcook, overboil. – **II** *v/t* ⟨h⟩ overcook, overboil, overdo, cook (*od.* boil) (*s.th.*) too long: **etwas zu Brei** ~ to cook s.th. to pulp. — **zer'kocht I** *pp.* – **II** *adj* overcooked, overboiled: **das Fleisch ist ganz zerkocht** the meat has cooked too long (*od.* is overdone).

zer'kör·nen *v/t* ⟨*no* ge-, h⟩ *tech.* granulate, grain.

zer'krat·zen I *v/t* ⟨*no* ge-, h⟩ **1.** (*Tischplatte etc*) score, scratch, scrape. – **2.** (*Gesicht, Haut etc*) scratch, scrape. – **II** *v/reflex* **sich** ~ **3.** (*beim Rosenschneiden etc*) scratch oneself. — **zer'kratzt I** *pp.* – **II** *adj* **die Oberfläche war ganz** ~ the surface was all scored (*od.* covered with scratches).

zer'krü·meln *v/t* ⟨*no* ge-, h⟩ *u. v/i* ⟨sein⟩ (s)crumble, crumb.

zer'las·sen¹ *v/t* ⟨*irr, no* ge-, h⟩ *gastr.* (*Butter etc*) melt, dissolve.

zer'las·sen² I *pp of* zerlassen¹. – **II** *adj* (*Butter etc*) melted.

zer'lau·fen *v/i* ⟨*irr, no* ge-, sein⟩ **1.** (*von Fett etc*) melt, dissolve: **etwas** ~ **lassen** to melt (*od.* dissolve) s.th. – **2.** *cf.* verlaufen 7.

zer'leg·bar *adj* **1.** (*Maschine, Möbel*) detachable, separable, easily disassembled: ~**e Antenne** (*radio*) sectioned antenna (*bes. Br.* aerial); ~**e Küvette** *tech.* take-down cell. – **2.** (*abtrennbar*) detachable. – **3.** (*Spielzeug etc*) dismountable. – **4.** *math.* divisible, resolvable, reducible, decomposable: **in Faktoren** ~ factorable. – **5.** *chem.* decomposable. — **Zer'leg·bar·keit** *f* ⟨-; *no pl*⟩ **1.** detachability, separability, separableness. – **2.** detachability. – **3.** dismountability. – **4.** *math.* a) divisibility, resolvability, reducibility, decomposability, b) (*in Faktoren*) factorability. – **5.** *chem.* decomposability.

zer'le·gen I *v/t* ⟨*no* ge-, h⟩ **1.** (*Maschine etc*) dismantle, dismount, disassemble, detach, take (*s.th.*) apart (*od.* to pieces): **etwas in seine Bestandteile** ~ to dismantle s.th. into its component parts. – **2.** *gastr.* (*Braten etc*) carve (up). – **3.** (*Schlachtvieh, Wild*) cut (*s.th.*) up. – **4.** (*teilen*) divide: **etwas in zwei Teile** ~ to divide s.th. in two (*od.* into two parts). – **5.** *fig.* (*Idee, Plan etc*) analyze *Br. auch* -s-, dissect. – **6.** *ling.* (*grammatisch zergliedern*) parse, analyze *Br. auch* -s-: **einen Satz grammatisch** ~ to analyze (*od.* parse) a sentence. – **7.** *math.* a) reduce, decompose, b) (*in Faktoren*) factorize, c) (*Kräfte*) resolve. – **8.** *chem. phys.* decompose. – **9.** (*railway*) (*Zug etc*) split up, divide. – **10.** (*optics*) disperse. – **11.** *med.* (*in der Anatomie*) dissect. – **12.** *mil.* (*Waffe*) strip, dismantle. – **13.** *mus.* segment, dissect. – **II Z**~ *n* ⟨-s⟩ **14.** *verbal noun.* – **15.** *cf.* Zerlegung.

Zer'le·ger *m* ⟨-s; -⟩ *mil.* (*von Geschossen, Geschoßteilen*) destructor: **Granate mit** ~ self-destroying shell. — ~,**zün·der** *m* self-destroying (*od.* destruction) fuse (*Am.* fuze).

Zer'le·gung *f* ⟨-; *no pl*⟩ **1.** *cf.* Zerlegen. – **2.** (*einer Maschine etc*) dismantlement, disassembly. – **3.** (*Teilung*) division. – **4.** *fig.* analysis, dissection. – **5.** *ling.* (*eines Satzes*) analysis. – **6.** *math.* a) reduction, decomposition, b) (*in Faktoren*) factorization, c) (*von Kräften*) resolution. – **7.** *chem. phys.* decomposition, resolution. – **8.** *chem.* decomposition. – **9.** (*optics*) dispersion. – **10.** *med.* (*in der Anatomie*) dissection.

zer'le·sen *adj* (*Buch etc*) well-thumbed (*attrib*), (*stärker*) shabby, battered.

zer'lö·chern *v/t* ⟨*no* ge-, h⟩ **1.** make holes

in. – **2.** (*zerstechen*) prick holes in, (*mit einem Dolch, Säbel etc*) *auch* pierce holes in. – **3.** (*zerschießen*) riddle (*s.th.*) (with bullets). – **4.** (*perforieren*) perforate. — **zer'lö·chert I** *pp.* – **II** *adj* seine Socken sind ganz ~ his socks are full of holes (*od.* are in holes).

zer'lumpt *adj* ragged, tattered (and torn), tatterdemalion, in rags, in tatters: ein ~er Mensch a ragamuffin, a tatterdemalion.

zer'mah·len *v/t* ⟨*irr, no* ge-, h⟩ grind (*s.th.*) (fine *od.* down, up): zu Staub (*od.* Pulver) ~ to pulverize *Br. auch* -s-, to powder, to triturate.

zer'mal·men [-'malmən] *v/t* ⟨*no* ge-, h⟩ crush: sein Körper wurde von den Rädern zermalmt his body was crushed by the wheels; die Häuser wurden von der Lawine zermalmt the houses were crushed by the avalanche; sein Zorn wird euch alle ~ *fig.* he will crush you all in his anger.

zer'man·schen *v/t* ⟨*no* ge-, h⟩ *colloq.* crush, mash.

zer'mar·tern I *v/reflex* ⟨*no* ge-, h⟩ sich ~ *fig.* torment (*od.* torture) oneself. – **II** *v/t* sich (*dat*) das Hirn (*od.* den Kopf) ~ *fig.* to rack (*od.* cudgel) one's brains.

zer'mür·ben [-'myrbən] **I** *v/t* ⟨*no* ge-, h⟩ **1.** (*körperlich*) wear (*s.o.*) out, jade, finish (*s.o.*) (off) (*sl.*), *bes. Am. colloq.* frazzle (*s.o.*) (out). – **2.** (*seelisch*) wear (*od.* get) (*s.o.*) down, fray (*s.o.'s*) nerves: die Sorgen haben ihn allmählich zermürbt worry has worn him down. – **3.** (*Feind etc*) wear (*od.* break) down the resistance of: den Feind durch eine Blockade ~ to wear down the enemy's resistance by a blockade. – **4.** *lit.* (*Mauern etc*) crumble, dilapidate. – **5.** *lit.* (*brüchig machen*) make (*s.th.*) brittle. – **II Z~** *n* ⟨-s⟩ **6.** *verbal noun.* – **7.** (*des Feindes etc*) attrition. — **zer'mür·bend I** *pres p.* – **II** *adj* wearing, trying, killing (*colloq.*), (*stärker*) nerve(w)racking: das lange Warten ist ~ the long wait is (very) wearing. — **Zer'mür·bung** *f* ⟨-; *no pl*⟩ *cf.* Zermürben.

Zer'mür·bungs|,krieg *m mil.* war of attrition. — **~,tak·tik** *f* tactics *pl* (*usually construed as sg*) of attrition.

zer'na·gen *v/t* ⟨*no* ge-, h⟩ **1.** gnaw (*s.th.*) to pieces, gnaw holes in. – **2.** *chem. med.* corrode, erode.

Ze·ro ['zeːro] *f* ⟨-; -s⟩, *n* ⟨-s; -s⟩ (*beim Roulett*) zero.

Ze·ro·graph [tsero'graːf] *m* ⟨-en; -en⟩ (*Wachsgravierer*) cerographist.

Ze·ro·gra·phie [tserogra'fiː] *f* ⟨-; -n [-ən]⟩ **1.** ⟨*only sg*⟩ (*Handwerk*) cerography. – **2.** (*Produkt*) cerograph.

Ze·ro·pla·stik [tsero'plastɪk] *f* ⟨-; -en⟩ **1.** ⟨*only sg*⟩ (*Handwerk*) ceroplastics *pl* (*construed as sg*). – **2.** (*Produkt*) waxwork.

Ze·ro'tin,säu·re [tsero'tiːn-] *f chem.* cerotic acid ($C_{25}H_{51}COOH$).

zer'pflücken (*getr.* -k·k-) *v/t* ⟨*no* ge-, h⟩ **1.** (*Blume etc*) pick (*od.* pull) (*s.th.*) to pieces, fritter. – **2.** *fig.* (*Argument, Roman etc*) pull (*s.th.*) to pieces, pick holes in, make mincemeat of (*colloq.*).

zer'plat·zen *v/i* ⟨*no* ge-, sein⟩ **1.** (*von Flasche, Ballon, Seifenblase etc*) burst, bust (*sl.*): seine Träume zerplatzten wie Seifenblasen *fig.* his dreams were shattered. – **2.** (*von Granaten etc*) burst, explode.

zer'pul·vern *v/t* ⟨*no* ge-, h⟩ *cf.* pulverisieren.

zer'quält *adj* (*Gesicht, Züge etc*) haggard, drawn.

zer'quet·schen *v/t* ⟨*no* ge-, h⟩ **1.** crush, squash: der Mann wurde von den Gesteinsmassen zerquetscht the man was crushed by the masses of rock; ich habe mir den Finger in der Tür zerquetscht I crushed my finger in the door. – **2.** (*zu einer breiigen Masse*) crush, squash, squelch, bruise, mash. – **3.** eine Träne ~ *fig. colloq.* to squeeze a tear. — **Zer'quetsch·te** *pl colloq. only in* drei Mark und ein paar ~ three marks odd (*od.* and something or other); unser Flugzeug startet um 5 (Uhr) und ein paar ~ our plane starts at five (o'clock) and something or other.

zer'rau·fen *v/t* ⟨*no* ge-, h⟩ sich (*dat*) das Haar ~ to ruffle (*od.* rumple) one's hair. — **zer'rauft I** *pp.* – **II** *adj* (*Haar*) ruffled, rumpled.

'Zerr,bild *n* **1.** caricature, distorted image (*od.* picture). – **2.** *fig.* caricature, distortion, distorted picture, travesty: dieser Roman gibt ein ~ der Gesellschaft this novel presents a caricature of society.

zer're·den *v/t* ⟨*no* ge-, h⟩ (*Thema etc*) flog (*s.th.*) to death.

zer'rei·ben I *v/t* ⟨*irr, no* ge-, h⟩ **1.** grind (*s.th.*) (down), pound: zu Pulver ~ to pulverize *Br. auch* -s-, to rub (*s.th.*) to powder, to powder, to triturate; to levigate, to comminute (*scient.*). – **2.** (*Getreide etc*) grind. – **3.** etwas zwischen [mit] den Fingern ~ to rub (*od.* crush) s.th. between [with] one's fingers. – **4.** *fig.* (*Truppen etc*) wear (*s.o.*) down. – **II Z~** *n* ⟨-s⟩ **5.** *verbal noun.* – **6.** pulverization *Br. auch* -s-, trituration; comminution, levigation (*scient.*).

Zer'rei·ber *m* ⟨-s; -⟩ *pharm. obs.* triturator.

Zer'rei·bungs,mehl *n geol.* rock flour.

'Zerr,ei·che *f bot.* Turkey (*od.* wainscot) oak, *auch* Adriatic oak, cerris (*Quercus cerris*).

zer'reiß·bar *adj* tearable: leicht ~ sein to tear easily. — **Zer'reiß·bar·keit** *f* ⟨-; *no pl*⟩ tearableness.

Zer'reiß|be,la·stung *f tech.* ultimate tensile stress, breaking load. — **~,bol·zen** *m* breaker pin.

zer'rei·ßen I *v/t* ⟨*irr, no* ge-, h⟩ **1.** (*Brief, Rechnung, Blatt Papier etc*) tear (*od. lit.* rend) (*s.th.*) to pieces, tear (*s.th.*) up: einen Brief in kleine Stücke ~ to tear a letter (in)to shreds; ich könnte ihn (in der Luft) ~ *fig. colloq.* I could tear him apart limb by limb. – **2.** (*Faden etc*) break, tear. – **3.** sich (*dat*) etwas ~ to tear (*od.* rip) s.th.: ich habe mir das Kleid zerrissen I have torn my dress. – **4.** *lit.* (*als Ausdruck der Trauer etc*) rend: der König zerriß sein Gewand the king rent his raiment. – **5.** (*von wilden Tieren*) maul, *Am. auch* mall, mangle, lacerate: er wurde von einem Löwen zerrissen he was mauled by a lion. – **6.** (*von einem Geschoß*) tear (*s.o.*) to pieces (*od.* bits), lacerate: er wurde von einer Handgranate zerrissen he was torn to pieces by a grenade. – **7.** (*Ketten, Fesseln etc*) break, burst. – **8.** *fig.* (*Bindungen etc*) sever, break off, rupture, disrupt. – **9.** *med.* tear, rupture, lacerate, disrupt. – **10.** *fig.* (*in Wendungen wie*) der Sturm zerreißt die Wolkendecke the storm rends (*od.* rives) the clouds; ein Blitz zerriß das Dunkel a flash of lightning rent the darkness; ein Schuß zerriß die Stille a shot broke (*od.* pierced) the silence; → Herz *Besondere Redewendungen*; Maul 2. – **II** *v/i* ⟨sein⟩ **11.** (*von Kleidungsstücken*) tear, rip, split: als ich mich bückte, zerriß (mir) die Hose when I bent down my trousers ripped. – **12.** (*von Schnur etc*) break, snap, tear. – **13.** *med.* burst, rupture, tear. – **14.** *tech.* tear, break, rupture. – **III** *v/reflex* ⟨h⟩ sich ~ **15.** *fig. colloq.* (*in Wendungen wie*) ich könnte mich vor Wut ~ I am bursting with rage; ich kann mich doch nicht ~ I can't be in two places at once; sie zerreißt sich förmlich, um she goes to no end of trouble (in order) to, she goes out of her way to, she bends (*od.* leans, falls) over backwards to (*colloq.*). – **IV Z~** *n* ⟨-s⟩ **16.** *verbal noun.* – **17.** *fig.* severance, rupture, disruption. – **18.** *cf.* Zerreißung.

zer'reiß|,fest *adj tech.* resistant to tension. — **Z~,fe·stig·keit** *f* tensile (*od.* ultimate, breaking) strength.

Zer'reiß|,gren·ze *f tech.* point of fracture, breaking limit (*od.* point). — **~,pro·be** *f* **1.** *tech.* a) (*Vorgang*) tension (*od.* pull) test, b) (*Probestück*) tension (*od.* tensile) test specimen. – **2.** *fig.* endurance test, ordeal: das war eine ~ für meine Nerven that was quite an ordeal for me, my nerves were tried to (the) breaking point; das war eine ~ für unsere Freundschaft our friendship was tried to (the) breaking point (*od.* to its limits); darüber kam es innerhalb der Koalition zu einer ~ on this issue it came to a locking of horns within the coalition; beim Rennen wurde der Motor einer echten ~ unterworfen the race was a real stress test for the engine. — **~ma,schi·ne** *f tech.* tensile-test(ing) (*od.* pull-test) machine. — **~,span·nung** *f* tensile (*od.* ultimate) stress. — **~,stab** *m* (tensile) test bar.

Zer'rei·ßung *f* ⟨-; *no pl*⟩ **1.** *cf.* Zerreißen. – **2.** *med.* tear, rupture, laceration, disruption.

Zer'reiß·ver,such *m tech.* tension (*od.* tensile, pull) test.

zer·ren ['tsɛrən] **I** *v/t* ⟨h⟩ **1.** drag, haul: einen Sack in ein Auto ~ to drag a sack into a car; j-n aus dem Bett ~ to drag s.o. out of bed; er zerrte seinen kleinen Bruder hinter sich her he dragged his little brother behind him; etwas an die Öffentlichkeit ~ *fig.* to drag s.th. into the limelight; j-n vor Gericht ~ *fig.* to drag s.o. to court, to haul s.o. before a court; → Schmutz 7. – **2.** j-m die Kleider vom Leibe ~ to tear (*od.* rip) the clothes off s.o., to tear (*od.* rip) s.o.'s clothes off. – **3.** *med.* a) strain, stretch, b) (*überdehnen*) (over)strain, pull, overstretch: sich (*dat*) eine Sehne [einen Muskel] ~ to strain (*od.* pull) a sinew [a muscle]. – **II** *v/i* **4.** (*an Leine, Fessel etc*) tug, pull, strain: der Hund zerrt an der Leine the dog pulls (*od.* strains) at its lead. – **5.** (*an Ärmel, Rockschoß etc*) tug, pull, twitch: das Kind zerrte an ihrem Saum the child tugged at her hem. – **6.** der Lärm zerrt an meinen Nerven *fig.* the noise jars on my nerves.

zer'rin·nen *v/i* ⟨*irr, no* ge-, sein⟩ **1.** (*von Schnee, Eis etc*) melt (away). – **2.** *fig.* (*von Geld, Vermögen etc*) melt away, dwindle (away): das Geld zerrinnt ihm unter den Händen (*od.* zwischen den Fingern) money runs through his fingers like water; das ganze Geld ist (in nichts) zerronnen all the money has dwindled away to nothing, the money has all been frittered away; → gewinnen 2. – **3.** *fig.* (*von Hoffnung etc*) fade, vanish. – **4.** *fig.* (*von Plänen etc*) dissolve: unsere Pläne sind zerronnen our plans came to nothing.

zer'ris·sen I *pp of* zerreißen. – **II** *adj* **1.** torn, tattered, ripped: die Hose ist ~ the trousers are torn; ein ~es Bettuch flicken to mend a tear (*od.* rip) in a sheet, to mend a torn sheet. – **2.** (*Schuhwerk*) battered. – **3.** ~e Nebelschwaden *fig.* wisps of mist. – **4.** *fig.* (*Küstenlinie*) rugged. – **5.** *fig.* (*uneins*) disrupted, torn apart: das Land ist politisch ~ the country is disrupted politically. – **6.** das Band der Freundschaft ist ~ *fig.* the bond of friendship has been severed. — **Zer'ris·sen·heit** *f* ⟨-; *no pl*⟩ *fig.* disintegration: innere ~ inner disintegration.

'Zerr|,kluft *f geol.* tension joint. — **~,spie·gel** *m* distorting mirror.

'Zer·rung *f* ⟨-; -en⟩ *med.* **1.** (*von Sehne, Muskel*) strain. – **2.** (*Überdehnung*) strain, (over)straining, pulling, overstretching.

zer'rup·fen *v/t* ⟨*no* ge-, h⟩ **1.** eine Blume ~ to pull (*od.* pick) a flower to pieces. – **2.** sich (gegenseitig) ~ (*von Hühnern etc*) to peck at each other. – **3.** *fig. colloq. for* zerpflücken 2. — **zer'rupft I** *pp.* – **II** *adj* du siehst ja ganz ~ aus *fig. colloq.* you look rather the worse for wear, you look like the wreck of the Hesperus.

zer'rüt·ten I *v/t* ⟨*no* ge-, h⟩ **1.** (*Ordnung, Staat, Moral, Ehe, Finanzen*) ruin, destroy, disrupt: ihre Karriere hat ihre Ehe zerrüttet her career ruined (*od.* wrecked) her marriage. – **2.** (*Geist, Verstand*) derange, unhinge. – **3.** (*Nerven, Gesundheit*) shatter, ruin. – **II Z~** *n* ⟨-s⟩ **4.** *verbal noun.* – **5.** *cf.* Zerrüttung. — **zer'rüt·tet I** *pp.* – **II** *adj* **1.** broken, disrupted: eine ~e Ehe a disrupted marriage; ~e Familienverhältnisse a broken home *sg*; in ~en Verhältnissen leben to live in a broken home. – **2.** (*Geist, Verstand*) deranged, unhinged. – **3.** (*Nerven etc*) shattered, ruined. — **Zer'rüt·tung** *f* ⟨-; *no pl*⟩ **1.** *cf.* Zerrütten. – **2.** (*von Ordnung etc*) disruption: ~ der Ehe *jur.* breakup (*Br.* break-up) of a marriage, disruption of marital relations. – **2.** (*des Geistes*) derangement. – **3.** (*der Gesundheit*) ruin.

zer'sä·gen *v/t* ⟨*no* ge-, h⟩ saw (*s.th.*) up (*od.* to pieces).

zer'schel·len *v/i* ⟨*no* ge-, sein⟩ **1.** (*von Gegenstand etc*) smash, shatter, be smashed (*od.* break) (in)to smithereens, be smashed (*od.* shattered, dashed), shiver: die Vase zerschellte am Boden the vase smashed on the floor. – **2.** (*von Schiff*) be wrecked (*od.* dashed), smash: das Schiff ist an den Klippen zerschellt the ship was wrecked on the rocks. – **3.** (*von Flugzeug*) crash: das Flugzeug zerschellte an einem Berg the aircraft crashed into a mountain.

zer'schie·ßen *v/t* ⟨*irr, no* ge-, h⟩ **1.** (*Gebäude etc*) shoot (*s.th.*) to pieces, riddle (*s.th.*) with bullets, batter. – **2.** (*Arm etc*) riddle (*s.th.*) with bullets, maim (*s.th.*) by shooting.

zer'schla·gen[1] **I** *v/t* ⟨*irr, no* ge-, h⟩ **1.** (*absichtlich, mit einem Gegenstand*) beat (*od.* hammer, smash) (*s.th.*) to pieces (*od.* to bits, [in]to smithereens): **ich zerschlage dir alle Knochen im Leib** (*als Drohung*) I'll break every bone in your body. – **2.** (*von Stein, Fels etc*) smash, shatter: **ein Stein zerschlug die Fensterscheibe** a stone shattered the windowpane. – **3.** (*von Wind, Sturm etc*) batter: **der Hagel hat die Ernte zerschlagen** the hail battered (*od.* beat down) the crops. – **4.** (*zerbrechen*) break: **einen Teller** ~ to break a plate; **etwas in kleine Stücke** ~ to break s.th. to pieces (*od.* bits, [in]to smithereens), to smash (*od.* shatter) s.th.; → Porzellan. – **5.** *fig.* (*Staat, Besitz etc*) disintegrate, split up. – **6.** *fig.* (*Organisation, Spionagering*) smash. – **II** *v/reflex* **sich** ~ **7.** *fig.* (*von Plan, Projekt etc*) fall through, come to nothing (*od. lit.* naught): **die Verlobung hat sich** ~ nothing came of the engagement, they did not get engaged after all. – **8.** *fig.* (*von Hoffnung*) be dashed (*od.* shattered). – **III Z**~ *n* ⟨-s⟩ **9.** *verbal noun.* – **10.** *cf.* Zerschlagung.

zer'schla·gen[2] **I** *pp of* zerschlagen[1]. – **II** *adj* **1.** broken: → Porzellan. – **2.** (*in viele kleine Stücke*) smashed, shattered. – **3.** (*Getreide*) battered. – **4. ich bin wie** (*od.* **ganz**) ~ *fig. colloq.* I am (absolutely) fagged out (*od.* exhausted, dead beat, *colloq.* whacked); **sie kamen ganz** ~ **zu Hause an** *fig. colloq.* a) they arrived home absolutely fagged out (*od.* dead beat, *colloq.* whacked), they arrived home quite exhausted (*od.* worn out), b) they arrived home quite crestfallen (*od.* down in the mouth).

Zer'schla·gen·heit *f* ⟨-; *no pl*⟩ exhaustion.

Zer'schla·gung *f* ⟨-; *no pl*⟩ **1.** *cf.* Zerschlagen[1]. – **2.** *fig.* (*von Staat, Besitz etc*) disintegration.

zer'schlei·ßen *v/t* ⟨*irr, no* ge-, h⟩ (*Kleidung etc*) wear out.

zer'schlis·sen I *pp of* zerschleißen. – **II** *adj* tattered, worn to shreds.

zer'schmei·ßen *v/t* ⟨*irr, no* ge-, h⟩ *colloq.* (*Fensterscheibe etc*) break, smash.

zer'schmel·zen I *v/i* ⟨*irr, no* ge-, sein⟩ *auch fig.* melt: **Butter zerschmilzt in der Sonne** butter melts in the sun; **sie zerschmolz vor Rührung** *fig.* she melted with emotion. – **II** *v/t* ⟨h⟩ melt: **Butter in der Pfanne** ~ to melt butter in the pan; **Metall in einem Tiegel** ~ to melt metal in a crucible.

zer'schmet·tern *v/t* ⟨*no* ge-, h⟩ **1.** (*mit Wucht zerschlagen*) dash (*od.* smash) (*s.th., s.o.*) to pieces, shatter, shiver: **ein Blitz zerschmetterte den Baum** a flash of lightning shattered the tree; **eine Kugel zerschmetterte ihm das Bein** a bullet shattered his leg (*od.* blew his leg to pieces). – **2.** *fig.* (*vernichten*) shatter, crush: **seine Feinde** ~ to shatter one's enemies. – **3.** *fig.* (*tief treffen*) shatter: **die Nachricht hat ihn völlig zerschmettert** the news quite shattered him. — **zer'schmet·tert I** *pp.* – **II** *adj* **1.** shattered: **er lag mit** ~**en Gliedern im Abgrund** his shattered body lay in the chasm. – **2.** *fig.* shattered: **sie ist völlig** ~ she is quite shattered.

zer'schmol·zen I *pp of* zerschmelzen. – **II** *adj* (*Butter etc*) melted.

zer'schnei·den *v/t* ⟨*irr, no* ge-, h⟩ **1.** (*Band, Film etc*) cut. – **2.** (*in Stücke*) cut (up): **etwas in kleine Stücke** ~ to cut s.th. into small pieces, to shred s.th. – **3.** (*in zwei Hälften*) cut (*s.th.*) in two (*od.* in half), bisect. – **4.** (*tranchieren*) carve, cut up. – **5.** *cf.* zerhacken. – **6.** *fig.* break: **ein Schrei zerschnitt die Stille** a cry pierced (*od.* broke) the silence; **das zerschneidet mir das Herz** that breaks my heart, (*stärker*) that pierces me to the core; **der Bug des Schiffes zerschneidet die Wellen** the ship's bow cuts (*od.* parts) the waves; → Tischtuch. – **7.** *geogr.* dissect: **die Cañons** ~ **die Hochebene** the canyons dissect the plateau. – **8.** (*verletzen*) cut: **die Glasscherben zerschnitten ihnen die Füße** the broken glass cut their feet; **ich habe mir die Hand an einer Glasscherbe zerschnitten** I cut my hand on a piece of broken glass. – **9.** *fig.* (*durchschneiden*) intersect. – **10.** (*unterbrechen*) interrupt. – **11.** *med.* dissect.

zer'schnip·peln, zer'schnip·seln *v/t* ⟨*no* ge-, h⟩ *colloq.* (*Papier, Stoff etc*) snip (*s.th.*) into pieces, fritter.

zer'schos·sen I *pp of* zerschießen. – **II** *adj* **1.** (*Gebäude etc*) destroyed by shots, riddled with bullets, battered. – **2.** (*Körperglied*) riddled with bullets, battered, maimed by shooting.

zer'schram·men *v/t* ⟨*no* ge-, h⟩ *cf.* zerkratzen I.

zer'schrün·det [-'ʃryndət] *adj geol.* (*Gletscherfeld*) dissected, cracked.

zer'schun·den *adj* (*Knöchel, Knie etc*) grazed, cut, (*Haut*) barked.

zer'set·zen I *v/t* ⟨*no* ge-, h⟩ **1.** *bes. chem.* decompose, disintegrate. – **2.** *chem.* (*durch Säure*) corrode, erode. – **3.** *fig.* (*Moral, politische Ordnung etc*) corrupt, undermine, corrode: **eine Gemeinschaft (moralisch)** ~ to corrupt (the morals of) a community, to demoralize (*Br. auch* -s-) (*od.* subvert) a community. – **II** *v/reflex* **sich** ~ **4.** *bes. chem.* decompose. – **5.** *chem.* (*durch Säure*) corrode. – **6.** (*faulen*) putrefy, *auch* putrify, decay. – **7.** (*sich auflösen*) dissolve. – **III Z**~ *n* ⟨-s⟩ **8.** *verbal noun.* – **9.** *cf.* Zersetzung. — **zer'set·zend I** *pres p.* – **II** *adj* **1.** *bes. chem.* decomposing: ~**e Destillation** dry (*od.* destructive) distillation, carbonization *Br. auch* -s- (*scient.*). – **2.** *chem.* corrosive, caustic. – **3.** *fig.* (*Äußerung, Schriften etc*) corruptive, corrosive. – **4.** (*Kritik etc*) destructive, corrosive.

zer'setzt I *pp.* – **II** *adj* **1.** *bes. chem.* decomposed. – **2.** *chem.* corroded. – **3.** (*faulig, verfault*) putrid. – **4.** (*aufgelöst*) dissolved.

Zer'set·zung *f* ⟨-; *no pl*⟩ **1.** *cf.* Zersetzen. – **2.** *bes. chem.* decomposition, breakdown, disintegration. – **3.** *chem.* corrosion, erosion. – **4.** (*Auflösung*) dissolution. – **5.** (*Fäulnis*) putrefaction, *auch* putrifaction, putrescence, decay. – **6.** *fig.* (*von Moral etc*) corruption, corrosion: ~ **der Moral** corruption of morals, demoralization *Br. auch* -s-; ~ **der Wehrkraft** *mil.* demoralization (*Br. auch* -s-) of the troops, sedition.

Zer'set·zungs|de·stil·la·ti,on *f chem. tech.* dry (*od.* destructive) distillation, carbonization *Br. auch* -s- (*scient.*). — ~**er,schei·nung** *f* symptom of decomposition. — ~**ge,schwin·dig·keit** *f* rate of decomposition. — ~**pro,dukt** *n chem. biol.* waste product, product of decomposition. — ~**pro,zeß** *m* **1.** *bes. chem.* process of decomposition. – **2.** *chem.* (*durch Säure*) process of corrosion (*od.* erosion). – **3.** *fig.* demoralization *Br. auch* -s-. — ~**,punkt** *m chem.* decomposition point. — ~**,span·nung** *f* decomposition potential (*od.* voltage). — ~**,vor,gang** *m biol. med.* decomposition. — ~**,wär·me** *f phys. chem.* decomposition heat, heat of decomposition.

zer'sie·deln *v/t* ⟨*no* ge-, h⟩ **die Landschaft** ~ to spoil the landscape by indiscriminate spread of settlements of low density.

zer'sin·gen *v/t* ⟨*irr, no* ge-, h⟩ (*Lied*) hackney, flog (*s.th.*) to death, debase (*s.th.*) by overuse.

zer'spal·ten[1] *v/t u.* **sich** ~ *v/reflex* ⟨*irr, no* ge-, h⟩ *cf.* spalten.

zer'spal·ten[2] **I** *pp of* zerspalten[1]. – **II** *adj* split: **er lag da mit** ~**em Schädel** he lay there with his skull split.

zer'span·bar *adj tech.* machinable. — **Zer'span·bar·keit** *f* ⟨-; *no pl*⟩ machinability, ease of machining.

zer'spa·nen *tech.* **I** *v/t* ⟨*no* ge-, h⟩ **1.** machine, cut, cut (*od.* remove) metal from. – **II Z**~ *n* ⟨-s⟩ **2.** *verbal noun.* – **3.** *cf.* Zerspanung. — **zer'spa·nend I** *pp.* – **II** *adj* ~**e Formgebung** shape-cutting method. — **Zer'spa·nung** *f* ⟨-; *no pl*⟩ **1.** *cf.* Zerspanen. – **2.** metal-cutting, cutting operation.

Zer'spa·nungs|,lei·stung *f tech.* metal-removing capacity. — ~**ma,schi·ne** *f* metal-cutting machine. — ~**,werk,zeug** *n* metal-cutting tool.

zer'spei·len [-'ʃpaɪlən] *v/t* ⟨*no* ge-, h⟩ split (*s.th.*) (completely).

zer'spel·len [-'ʃpɛlən] *v/t* ⟨*no* ge-, h⟩ *obs. od. lit. for* zerspeilen.

zer'splei·ßen *v/t* ⟨*irr, no* ge-, h⟩ *obs. for* zerspeilen.

zer'split·tern I *v/t* ⟨*no* ge-, h⟩ **1.** (*Baum, Mast etc*) split. – **2.** (*Spiegel, Glas etc*) shatter, splinter, shiver. – **3.** *fig.* (*Gruppe, Familie, Staat etc*) splinter. – **4. seine Kräfte** ~ *fig.* to dissipate one's strength. – **II** *v/i* ⟨sein⟩ **5.** (*von Glas etc*) shatter, splinter, shiver. – **6.** *med.* (*von Knochen*) splinter, comminute (*scient.*). – **7.** *fig.* (*von Gruppe, Familie etc*) splinter, fragment: **die Gruppe zersplitterte in mehrere Parteien** the group splintered into several factions. – **III** *v/reflex* **sich** ~ ⟨h⟩ **8.** *fig.* dissipate one's strength. – **IV Z**~ *n* ⟨-s⟩ **9.** *verbal noun.* – **10.** *cf.* Zersplitterung. — **zer'split·tert I** *pp.* – **II** *adj* **1.** (*Baum, Mast etc*) split. – **2.** (*Glas etc*) shattered, splintered, shivered. – **3.** *med.* (*Knochen*) splintered, comminute(d) (*scient.*). – **4.** *fig.* (*Gruppe, Familie etc*) splintered, fragmented, disunited: **die politische Mitte ist in viele Gruppierungen** ~ the political center (*bes. Br.* centre) is splintered into many groups. — **Zer'split·te·rung** *f* ⟨-; *no pl*⟩ **1.** *cf.* Zersplittern. – **2.** *med.* comminution. – **3.** *fig.* (*politische, staatliche etc*) fragmentation. – **4.** *fig.* (*von Kraft, Energie*) dissipation.

zer'sprat·zen [-'ʃpratsən] *v/i* ⟨*no* ge-, sein⟩ *geol.* (*von glühenden Gesteinen*) spatter, sprout.

zer'spren·gen *v/t* ⟨*no* ge-, h⟩ **1.** burst: **der Druck zersprengte den Behälter** the pressure burst the container; **seine Ketten** ~ *auch fig.* to burst (*od.* break, throw off) one's chains; **der Schmerz zersprengt mir fast die Brust** *fig.* the pain is breaking my heart, (*stärker*) the pain pierces me to the core. – **2.** (*Menschenmenge*) disperse, scatter, break up. – **3.** *mil.* (*feindliche Formation*) break up, scatter. – **4.** *med.* (*Eihäute etc*) burst, break. — **zer'sprengt I** *pp.* – **II** *adj mil.* dispersed.

zer'sprin·gen *v/i* ⟨*irr, no* ge-, sein⟩ **1.** shatter, splinter, shiver: **der Spiegel ist in tausend Stücke zersprungen** the mirror shattered into a thousand pieces. – **2.** (*Sprünge bilden*) crack. – **3.** (*von Lampe etc*) smash, shatter. – **4.** (*von Violinsaite etc*) break, snap. – **5.** (*von Holz*) split. – **6.** *fig.* (*in Wendungen wie*) **ich könnte vor Wut** ~ *colloq.* I am so angry I could burst; **sie glaubte, ihr Herz müßte vor Freude** ~ *lit.* she thought her heart would burst with joy; **der Kopf zersprang ihm fast vor Schmerzen** his head was splitting with pain, he had a splitting headache. – **7.** *mil.* burst, explode. – **8.** *tech.* (*von Guß*) crack, burst.

zer'sprun·gen I *pp of* zerspringen. – **II** *adj* (*Scheibe etc*) cracked.

zer'spurt *adj* (*Schnee*) tracked.

zer'stamp·fen *v/t* ⟨*no* ge-, h⟩ **1.** (*Kartoffeln etc*) mash, crush. – **2.** (*Viehfutter*) mash, crush, bruise. – **3.** (*im Mörser zerkleinern*) pound, bray, pestle. – **4.** (*durch Stampfen zerstören*) trample down: **die Pferde** ~ **den Rasen** the horses trample down the lawn.

zer'stäu·ben I *v/t* ⟨*no* ge-, h⟩ **1.** atomize *Br. auch* -s-. – **2.** (*sprühen*) spray: **Parfüm im Zimmer** ~ to spray perfume (a)round the room. – **3.** (*Pulver*) dust, sprinkle, strew. – **4.** (*verdampfen*) vaporize *Br. auch* -s-. – **5.** (*verteilen*) disperse. – **II Z**~ *n* ⟨-s⟩ **6.** *verbal noun.* – **7.** *cf.* Zerstäubung.

Zer'stäu·ber *m* ⟨-s; -⟩ **1.** atomizer *Br. auch* -s-. – **2.** spray(er). – **3.** vaporizer *Br. auch* -s-. – **4.** (*Düse*) spray (*od.* atomizer *Br. auch* -s-) nozzle (*od.* jet). – **5.** *agr.* duster. — ~**,bren·ner** *m tech.* atomizing (*Br. auch* -s-) burner. — ~**,dü·se** *f cf.* Zerstäuber 4.

Zer'stäu·bung *f* ⟨-; *no pl*⟩ **1.** *cf.* Zerstäuben. – **2.** atomization *Br. auch* -s-. – **3.** vaporization *Br. auch* -s-.

Zer'stäu·bungs,trock·nung *f chem. tech.* spray drying.

zer'ste·chen *v/t* ⟨*irr, no* ge-, h⟩ **1. j-n** ~ (*von Insekten*) to bite s.o. all over: **die Mücken haben mich ganz zerstochen** the midges have bitten me all over, I am eaten all over by midges. – **2. sich** (*dat*) **die Finger** ~ to prick one's fingers. – **3.** (*durchstechen*) pierce.

zer'stie·ben *v/i* ⟨*irr, no* ge-, sein⟩ **1.** (*von Wasser, Gischt etc*) spray. – **2.** (*von Schneeflocken*) scatter, be scattered. – **3.** *fig.* (*von Menschenmenge*) scatter, disperse, vanish, be scattered as dust: **die Feinde sind in alle Richtungen** (*od.* **Winde**) **zerstoben** the enemies scattered in all directions (*od.* to the four winds).

zer'sto·chen I *pp of* zerstechen. – **II** *adj* **1.** covered with bites, bitten all over: **ich**

bin völlig ~ I am covered with bites. – **2.** (*Finger*) pricked.

zer'stör·bar *adj* destructible, destroyable. — **Zer'stör·bar·keit** *f* ⟨-; *no pl*⟩ destructibility.

zer'stö·ren I *v/t* ⟨*no* ge-, h⟩ **1.** (*Stadt, Haus etc*) destroy, demolish, obliterate: die Stadt ist im Krieg zerstört worden the town was destroyed during the war; das Feuer zerstörte einen ganzen Stadtteil the fire destroyed (*od.* consumed) a whole district. – **2.** (*mutwillig*) wreck, destroy, vandalize *Br. auch* -s-: die Popfanatiker haben den Saal zerstört the pop fans wrecked the hall. – **3.** *fig.* undermine, subvert. – **4.** (*Organ etc*) destroy, consume, eat: Tuberkulose zerstört die Lunge tuberculosis destroys the lungs. – **5.** *fig.* (*verderben*) spoil, ruin, destroy: diese Beleuchtung zerstört die Wirkung des Bildes this lighting spoils the effect of the picture. – **6.** *fig.* (*ruinieren*) ruin, destroy, ruinate: der Alkohol hat seine Gesundheit zerstört alcohol has ruined his health. – **7.** *fig.* (*zugrunde richten*) ruin, wreck; er hat seine Existenz [Ehe] zerstört he ruined his livelihood [marriage]. – **8.** *fig.* (*zunichte machen*) shatter, destroy, undo: j-s Illusionen ~ to shatter s.o.'s illusions, to disillusion s.o.; j-s Hoffnungen ~ to shatter (*od.* dash) s.o.'s hopes. – **9.** (*Knospen*) kill. – **II Z~** *n* ⟨-s⟩ **10.** *verbal noun.* – **11.** *cf.* Zerstörung. — **zer'stö·rend I** *pres p.* – **II** *adj* destructive: die ~e Kraft des Wassers the destructive force of water; ~es Lesen (*computer*) destructive read (*od.* reading, readout).

Zer'stö·rer *m* ⟨-s; -⟩ **1.** destroyer. – **2.** *mar. mil.* destroyer. – **3.** *fig.* subverter.

zer'stö·re·risch *adj* destructive: hier waren ~e Kräfte am Werk destructive forces were at work here.

zer'stör·lich *adj Swiss for* endgültig 2.

zer'stört I *pp.* – **II** *adj* destroyed, demolished, ruined: eine ~e Stadt wieder aufbauen to rebuild a destroyed city; → Boden 2.

Zer'stö·rung *f* ⟨-; -en⟩ **1.** *cf.* Zerstören. – **2.** ⟨*only sg*⟩ destruction, demolition, obliteration, havoc: die ~ Trojas the fall of Troy. – **3.** ⟨*only sg*⟩ (*mutwillige*) wreckage, destruction, vandalization *Br. auch* -s-. – **4.** *fig.* subversion. – **5.** ⟨*only sg*⟩ (*eines Organs etc*) destruction, consumption. – **6.** ⟨*only sg*⟩ *fig.* (*einer Landschaft etc*) ruin. – **7.** ⟨*only sg*⟩ *fig.* (*von Gesundheit, Existenz, Ehe, Glück, gutem Ruf etc*) ruin(ation). – **8.** *pl* destruction *sg*, wreckage *sg*: die ~en, die die Explosion verursacht hat the destruction caused by the explosion. – **9.** *fig.* (*von Illusionen*) shattering, destruction, undoing. – **10.** *mil.* kill.

Zer'stö·rungs|,feu·er *n mil.* destruction fire. — **z~,frei** *adj* **1.** *metall.* (*in der Werkstoffprüfung*) nondestructive *Br.* non-: ~e Prüfung non(-)destructive test. – **2.** ~es Lesen (*computer*) nondestructive (*Br.* non-destructive) read (*od.* reading, readout). — **~,kraft** *f* destructive force. — **~,trieb** *m psych.* destructive instinct, (*in der Psychoanalyse*) death instinct. — **~,trupp** *m mil.* demolition party. — **~,werk** *n* work of destruction: sein ~ vollenden to complete one's work of destruction. — **~,wut** *f* destructive frenzy, vandalism.

zer'sto·ßen *v/t* ⟨*irr, no* ge-, h⟩ crush, bray, pestle, (*fein*) triturate.

Zer'strah·lung *f* ⟨-; *no pl*⟩ *nucl.* annihilation radiation.

zer'strei·ten I *v/t* ⟨*irr, no* ge-, h⟩ sich ~ a) (*von zwei od. mehreren Personen od. Gruppen*) to fall out, b) (*von einer Gruppe*) to split (*od.* break) up (through disagreement): die politische Linke hat sich zerstritten the political left has split up (through disagreement). – **II** *v/reflex* sich mit j-m (über *acc* etwas) ~ to fall out with s.o. (over s.th.): er hat sich mit ihr zerstritten he has fallen out with her.

zer'streu·en I *v/t* ⟨*no* ge-, h⟩ **1.** scatter, disperse: ein Luftzug zerstreute die Zettel im ganzen Raum a draught scattered the slips of paper all over the room; die Polizei zerstreute die Demonstranten the police dispersed (*od.* broke up) the demonstrators. – **2.** *fig.* (*Argwohn, Zweifel etc*) dispel, allay, dissipate. – **3.** j-n ~ *fig.* to take s.o.'s mind off things. – **4.** *phys.* (*Licht*) diffuse, disperse, scatter. – **II** *v/reflex* sich ~ **5.** (*von Gruppen, Blättern etc*) scatter, disperse, dissipate: die Menschenmenge zerstreute sich the crowd dispersed (*od.* broke up). – **6.** *fig.* (*von Argwohn, Zweifel etc*) be dispelled, be allayed, be dissipated. – **7.** *fig.* (*von einer Person*) take one's mind off things, relax: um mich zu ~, ging ich ein wenig spazieren I went for a short walk to take my mind off things. – **III Z~** *n* ⟨-s⟩ **8.** *verbal noun.* – **9.** *cf.* Zerstreuung.

zer'streut I *pp.* – **II** *adj* **1.** scattered, dispersed: die ~en Zettel einsammeln to gather up the scattered slips of paper; ~ liegende Häuser scattered houses. – **2.** *fig.* absentminded, *Br.* absent-minded, abstracted: er ist immer etwas ~ he is always rather absent(-)minded; → Professor 1. – **3.** *phys.* (*Licht*) diffused, dispersed, scattered. — **Zer'streut·heit** *f* ⟨-; *no pl*⟩ absentmindedness, *Br.* absent-mindedness, abstractedness.

Zer'streu·ung *f* ⟨-; -en⟩ **1.** *cf.* Zerstreuen. – **2.** ⟨*only sg*⟩ dispersion, dispersal. – **3.** ⟨*only sg*⟩ *fig.* (*von Argwohn, Zweifel etc*) allayment, dissipation. – **4.** ⟨*only sg*⟩ *fig.* absentmindedness, *Br.* absent-mindedness: in meiner ~ habe ich die Tasche liegenlassen I left my bag behind in my absent(-)mindedness. – **5.** ⟨*only sg*⟩ *fig.* amusement, entertainment, distraction: ~ suchen to seek amusement. – **6.** *fig.* entertainment: seinen Gästen allerlei ~en bieten to offer one's guests a variety of entertainments. – **7.** ⟨*only sg*⟩ *phys.* (*des Lichts*) diffusion, dispersion, dispersal: thermische ~ thermal diffusion.

Zer'streu·ungs|,bild *n* (*optics*) image produced by a divergent lens. — **~,kreis** *m* circle of divergence. — **~,lin·se** *f* diverging (*od.* divergent, concave, negative) lens. — **~,punkt** *m* point (*od.* focus) of divergence, center (*bes. Br.* centre) of dispersion, virtual focus. — **~,spie·gel** *m* convex mirror. — **~,win·kel** *m* angle of diffusion.

zer'strit·ten I *pp of* zerstreiten. – **II** *adj* die ~en Parteien the parties at variance; sie ist mit ihm ~ she has fallen out with him; sie sind (miteinander) (*od.* in *dat* sich) ~ they have fallen out (with each other).

zer'stückeln (*getr.* -k·k-) **I** *v/t* ⟨*no* ge-, h⟩ **1.** (*Fleisch, Brot etc*) cut (*s.th.*) (up) (*od.* into pieces). – **2.** (*Körper, Leiche etc*) dismember. – **3.** *fig.* (*Land, Grundbesitz*) dismember, disintegrate, parcel out, divide (*s.th.*) into small sections. – **4.** *fig.* analyze *Br. auch* -s-, dissect. – **II Z~** *n* ⟨-s⟩ **5.** *verbal noun.* – **6.** *cf.* Zerstück(e)lung. — **zer'stückelt** (*getr.* -k·k-) **I** *pp.* – **II** *adj* **1.** (*Körper, Leiche etc*) dismembered. – **2.** *fig.* (*Land, Grundbesitz etc*) dismembered, disintegrated. — **Zer'stücke·lung** (*getr.* -k·k-), **Zer'stück·lung** *f* ⟨-; *no pl*⟩ **1.** *cf.* Zerstückeln. – **2.** (*von Körper, Leiche etc*) dismemberment. – **3.** *fig.* (*von Land, Grundbesitz etc*) dismemberment, disintegration, parcellation. – **4.** *fig.* analysis, dissection.

zer'ta·len [-'ta:lən] *geol.* **I** *v/t* ⟨*no* ge-, h⟩ **1.** dissect, channel. – **II Z~** *n* ⟨-s⟩ **2.** *verbal noun.* – **3.** *cf.* Zertalung. — **zer'talt I** *pp.* – **II** *adj* (*Gelände etc*) dissected, channeled, *bes. Br.* channelled. — **Zer'ta·lung** *f* ⟨-; *no pl*⟩ **1.** *cf.* Zertalen. – **2.** dissection.

Zer·ta·ti·on [tsɛrta'tsĭo:n] *f* ⟨-; *no pl*⟩ *biol. bot.* certation.

zer'tei·len I *v/t* ⟨*no* ge-, h⟩ **1.** (in *acc* into) divide: etwas in mehrere Stücke ~ to divide s.th. into several pieces, to divide s.th. up. – **2.** *gastr.* a) (*Brot etc*) cut (*od.* divide) (*s.th.*) in(to) pieces (*od.* halves), b) (*Braten*) *cf.* zerlegen 2. – **3.** (*auseinandertreiben*) part: der Wind zerteilt die Wolken the wind parts the clouds; der Bug zerteilt die Wellen the bow parts the waves. – **4.** *math.* resolve, divide (*s.th.*) up. – **5.** *med.* a) (*Knoten durch Massage*) disperse, b) (*sezieren*) dissect, c) (*zergliedern*) dismember. – **II** *v/reflex* sich ~ **6.** (*von Wolken, Nebel, Wasser etc*) part, break up. – **III Z~** *n* ⟨-s⟩ **7.** *verbal noun.* — **Zer'tei·lung** *f* ⟨-; *no pl*⟩ **1.** *cf.* Zerteilen. – **2.** division. – **3.** *med.* a) (*eines Knotens*) dispersion, b) (*Sezierung*) dissection, c) (*Zergliederung*) dismemberment.

zer'tep·pern [-'tɛpərn] *v/t* ⟨*no* ge-, h⟩ *colloq. for* zerbrechen 2.

Zer·ti·fi·kat [tsɛrtifi'ka:t] *n* ⟨-(e)s; -e⟩ **1.** *ped.* a) (*Teilnahmebestätigung*) certificate of attendance, b) (*Zeugnis*) certificate: ein ~ ausstellen to issue a certificate; ein ~ erwerben to obtain a certificate. – **2.** *econ.* a) (*einer Investmentgesellschaft*) (investment) certificate, b) (*über Hinterlegung von Wertpapieren bei einer Bank*) (deposit) certificate. — **zer·ti·fi'zie·ren** [-'tsi:rən] *v/t* ⟨*no* ge-, h⟩ (*officialese*) certify.

zer'tram·peln *v/t* ⟨*no* ge-, h⟩ **1.** trample all over: die Kinder haben den Rasen zertrampelt the children trampled all over the lawn. – **2.** (*niedertrampeln*) trample (*s.th.*) down, crush, (*von Menschen*) *auch* trample (*s.th.*) underfoot.

zer'tren·nen *v/t* ⟨*no* ge-, h⟩ **1.** (*Kleid etc*) rip (open *od.* out) the seams of. – **2.** *cf.* trennen 2.

zer'tre·ten[1] *v/t* ⟨*irr, no* ge-, h⟩ **1.** walk (*od.* tread) all over: den Rasen ~ to walk all over the lawn; sie haben die ganzen Blumen ~ they walked all over (*od.* crushed all) the flowers. – **2.** (*tottreten*) crush: einen Käfer ~ to crush a beetle; er wird ihn (wie einen Wurm) ~ *fig.* he will crush him. – **3.** (*austreten*) stamp out: die schwelende Glut ~ to stamp out the glowing embers.

zer'tre·ten[2] **I** *pp of* zertreten[1]. – **II** *adj* **1.** (*Rasen etc*) trodden-on (*attrib*). – **2.** (*Blume, Insekt etc*) crushed.

zer'trüm·mern [-'trʏmərn] **I** *v/t* ⟨*no* ge-, h⟩ **1.** (*in kleinere Stücke*) smash, shatter: eine Fensterscheibe ~ to smash (*od.* shatter) a windowpane; er zertrümmerte eine Bierflasche auf seinem Kopf he smashed a beer bottle on (*od.* over) his head; j-m (mit einem Hieb) den Schädel ~ to smash (*od.* crack) s.o.'s scull (with one blow). – **2.** (*zerstören*) destroy, demolish. – **3.** (*demolieren*) smash, wreck: bei dem Popkonzert wurde die ganze Inneneinrichtung zertrümmert the whole interior was smashed at the pop concert; die Explosion hat das Haus zertrümmert the explosion smashed the house. – **4.** *nucl.* (*Atom*) cause (*atom*) to split. – **II Z~** *n* ⟨-s⟩ **5.** *verbal noun.* – **6.** *cf.* Zertrümmerung. — **zer'trüm·mert I** *pp.* – **II** *adj* **1.** smashed, (*Fensterscheibe etc*) *auch* shattered. – **2.** (*Schädel*) smashed, cracked. – **3.** (*zerstört*) destroyed, demolished. – **4.** (*demoliert*) smashed, wrecked. — **Zer'trüm·me·rung** *f* ⟨-; *no pl*⟩ **1.** *cf.* Zertrümmern. – **2.** destruction, demolition. – **3.** *geol.* clastic deformation.

Ze·ru·men [tse'ru:mən] *n* ⟨-s; *no pl*⟩ *med.* (*Ohrenschmalz*) cerumen, earwax.

ze·ru·mi·nal [tserumi'na:l] *adj med.* ceruminous, *auch* ceruminal. — **Z~,pfropf** *m* ceruminous (*auch* ceruminal) plug.

Zer·ve'lat,wurst [tsɛrve'la:t-] *f gastr.* (*eine Dauerwurst*) *Am.* cervelat, *auch* servelas, *Br.* saveloy.

zer·vi·kal [tsɛrvi'ka:l] *adj med.* cervical.

Zer·vix ['tsɛrvɪks] *f* ⟨-; Zervizes [-'vi:tsɛs]⟩ *med. cf.* Cervix.

zer'wer·fen *v/reflex* ⟨*irr, no* ge-, h⟩ sich ~ (mit with) **1.** fall out, break, split: sich mit j-m zerworfen haben to have fallen out (*od.* broken) with s.o., to be on bad terms with s.o. – **2.** (*sich streiten*) quarrel.

zer'wir·ken *v/t* ⟨*no* ge-, h⟩ *hunt.* (*Schalenwild*) skin (*od.* flay) and dress.

zer'wüh·len *v/t* ⟨*no* ge-, h⟩ **1.** (*Erde etc*) root up, (*stärker*) churn up: Maulwürfe ~ den Garten moles root up the garden; die Panzer hatten das Feld zerwühlt the tanks had churned up the field. – **2.** (*Bett*) rumple. – **3.** (*Haar*) dishevel, tousle, rumple, ruffle. — **zer'wühlt I** *pp.* – **II** *adj* **1.** (*Erde etc*) churned-up (*attrib*). – **2.** ein ~es Bett rumpled bedclothes *pl.* – **3.** (*Haar*) disheveled, *bes. Br.* dishevelled, tousled, rumpled, ruffled.

Zer'würf·nis [-'vʏrfnɪs] *n* ⟨-ses; -se⟩ **1.** disagreement, difference (of opinion), variance: Anlaß für das ~ war ein Bild a picture was the cause of the disagreement. – **2.** (*Streit*) quarrel, strife. – **3.** (*Bruch*) split, rupture.

zer'zau·sen *v/t* ⟨*no* ge-, h⟩ **1.** (*Haar*) tousle, dishevel. – **2.** j-n ~ to tousle (*od.* dishevel) s.o.'s hair. — **zer'zaust I** *pp.* – **II** *adj* tousled, disheveled, *bes. Br.* dishevelled: ~ aussehen to look dishevelled.

zer'zup·fen *v/t* ⟨*no* ge-, h⟩ **1.** pull (*od.* pick) (*s.th.*) to pieces. – **2.** (*in der Histologie*) tease.

Zes·si·bi·li·tät [tsɛsibili'tɛ:t] *f* ⟨-; *no pl*⟩ *jur.* assignability, transferability.

Zes·si·on [tsɛˈsĭoːn] *f* ⟨-; -en⟩ *jur.* cession, assignment, transfer, (*von Grundeigentum*) *auch* conveyance. — **Zes·sioˈnar** [-sĭoˈnaːr] *m* ⟨-s; -e⟩ cessionary, assign(ee), transferee.

Ze·sto·den [tsɛsˈtoːdən] *pl med. zo.* cestodes, cestoda (*Klasse Cestodes*). — **zeˈsto·den-ˌar·tig** *adj cf.* bandwurmartig.

Ze·ta [ˈtseːta] *n* ⟨-(s); -s⟩ zeta (*sixth letter of the Greek alphabet*).

Ze·tan [zeˈtaːn] *n* ⟨-s; *no pl*⟩ *chem. cf.* Cetan.

Ze·ter [ˈtseːtər] *n only in* ~ **und Mord(io) schreien** *colloq.* a) (*laut schreien*) to cry blue murder (*colloq.*), to raise a hullabal(l)oo (*od. colloq.* shindy), to raise a hue and cry, b) (*in Aufruhr geraten*) to create (*od.* raise) a hullabal(l)oo (*od. colloq.* shindy), to raise a hue and cry (*od.* an uproar, a fuss). — **~geˌschrei** *n colloq.* **1.** (*lautes Geschrei*) hullabal(l)oo, hue and cry, shindy (*colloq.*). – **2.** (*Aufruhr*) hullabal(l)oo, hue and cry, uproar, fuss, shindy (*colloq.*).

ˈZe·terˈmor·dio *n* ⟨-s; *no pl*⟩ *colloq.* **1.** *cf.* Zetergeschrei. – **2.** (*mit Kleinschreibung*) *only in* z~ schreien *cf.* Zeter.

ze·tern [ˈtseːtərn] *v/i* ⟨h⟩ *colloq.* **1.** (*schimpfen*) scold. – **2.** (*laut jammern*) wail, lament. – **3.** (*quengeln*) whine.

Zet·tel[1] [ˈtsɛtəl] *m* ⟨-s; -⟩ **1.** (*unbeschriebener*) page, slip (of paper), (*herausgerissener*) *auch* scrap of paper: **etwas auf einem ~ notieren** to jot s.th. down on a slip (of paper). – **2.** (*Notiz*) note: **zu Hause fand ich einen ~ vor** I found a note at home. – **3.** (*zur Bekanntmachung*) leaflet, handbill, *Am. auch* pamphlet. – **4.** (*einer Kartei*) card: **~ ordnen** to arrange cards in order. – **5.** (*Klebe-, Anhängezettel*) label. – **6.** *colloq.* (*Beleg, Quittung*) receipt, voucher. – **7.** *cf.* Programm 2. – **8.** (*Manuskriptzettel*) manuscript slip.

ˈZet·tel[2] *m* ⟨-s; -⟩ (*in der Weberei*) warp, chain.

ˈZet·tel|ˌbaum *m* (*in der Weberei*) warp beam. — **~ˌfach** *n* (*im Schreibsekretär*) pigeonhole, *Br.* pigeon-hole. — **~karˌtei** *f* **1.** card index, (card) index file. – **2.** *cf.* Zettelkatalog. — **~ˌka·sten** *m* slip box. — **~ka·taˌlog** *m* (*in Bibliotheken*) card catalog (*bes. Br.* catalogue). — **~ˌkram** *m colloq.* bits *pl* of paper.

zet·teln [ˈtsɛtəln] *v/i* ⟨h⟩ (*in der Weberei*) warp.

Zeug [tsɔʏk] *n* ⟨-(e)s; -e⟩ **1.** ⟨*only sg*⟩ *colloq.* (*Sachen*) stuff, things *pl*: **nimm dein ~ da weg** take your stuff away there; **überall liegt sein ~ herum** his stuff is lying about all over the place. – **2.** ⟨*only sg*⟩ *colloq. contempt.* (*Plunder*) stuff, junk, trash, rubbish: **weg mit dem ~!** away with (all) that stuff! **was soll ich mit dem ~ anfangen?** what am I supposed to do with the stuff? – **3.** ⟨*only sg*⟩ *colloq.* (*Getränk, Medizin etc*) 'stuff' (*colloq.*): **das ist ja ein furchtbares [ungenießbares] ~** that's terrible stuff [that's rotten stuff (*sl.*)]; **tolles ~** a) (*Medizin*) great (*od.* good) stuff, b) (*Getränk*) hot (*od.* good) stuff. – **4.** ⟨*only sg*⟩ *colloq. contempt.* (*Unsinn*) rubbish, (stuff and) nonsense, drivel, twaddle, 'bilge' (*sl.*): **viel dummes ~ reden** to talk a lot of nonsense (*colloq.*); **er redet (nur) ungereimtes ~** there is neither rhyme nor reason in what he says. – **5.** ⟨*only sg*⟩ *colloq.* (*Angelegenheit*) affair: **ich mag von dem ~ nichts mehr hören** I'm sick and tired of the whole affair (*colloq.*). – **6.** ⟨*only sg*⟩ (*Handwerkszeug*) tools *pl*. – **7.** ⟨*only sg*⟩ *fig. colloq.* (*in Wendungen wie*) **er hat das ~ zu einem guten Pianisten** he has the makings (*od.* stuff) of a good pianist; **er hat nicht das ~ dazu** he hasn't got what it takes; **sie arbeiten, was das ~ hält** they are working for all they are worth (*od.* hell for leather) (*colloq.*), they are working hammer and tongs; **er brüllt, was das ~ hält** he shouts as hard as he can, he shouts at the top of his voice, he yells his head off; **sich ins ~ legen** to put one's shoulder to the wheel, to pitch in; **sich für j-n ins ~ legen** to go all out for s.o. (*colloq.*); **mit j-m scharf ins ~ gehen** to give s.o. what for (*colloq.*), to let s.o. have it (*sl.*), to give s.o. a sharp rebuke. – **8.** ⟨*only sg*⟩ (*Kleidung*) things *pl*, duds *pl* (*sl.*), *Br. sl. auch* clobber: **ich habe mein ältestes ~ angezogen** I put on my oldest things (*od.* duds); **sein ~ in Ordnung halten** to take good care of one's clothes. – **9.** ⟨*only sg*⟩ (*Wäsche*) linen. – **10.** *obs.* (*Gewebe*) cloth, fabric, material: **eine Tasche aus ~** a bag made of cloth, a cloth bag; **er versucht ständig, mir etwas am ~(e) zu flicken** *fig. colloq.* he is always trying to find fault with me (*od. colloq.* picking at me). – **11.** (*textile*) a) (*Material zur Verarbeitung*) stuff, cloth, textile fabric, b) canvas, *auch* canvass. – **12.** *hunt.* hunting equipment: **dunkle ~e** (*Tücher*) toils; **lichte ~e** (*Netze*) nets. – **13.** *mar.* a) sailor's clothing, b) slop chest. – **14.** (*beim Segeln*) (*Takelage*) rigging, canvas, *auch* canvass: **mit vollem ~ (segeln)** (to go) full sail, (to sail) under full canvas.

ˈZeug|ˌamt *n mil.* arsenal, (equipment) depot. — **~ˌdruck** *m* ⟨-(e)s; -e⟩ (*textile*) cloth (*od.* textile) printing.

Zeu·ge [ˈtsɔʏgə] *m* ⟨-n; -n⟩ **1.** *bes. jur.* witness: **glaubwürdiger ~** credible witness; **~ der Anklage [Verteidigung]** witness for the prosecution [defence (*Am.* defense)]; **vor ~n, in Anwesenheit** (*od.* **im Beisein**) **von ~n** in the presence of witnesses; **~ von etwas sein** to be (a) witness to s.th., to witness s.th.; **Sie sind ~, daß ich bezahlt habe** you are witness that I have paid; **sie war ~ des Unfalls** she was (a) witness to (*od.* she witnessed) the accident; **es waren keine ~n dabei** there were no witnesses (there); **einen ~n stellen** (*od.* **beibringen**) to produce (*od.* adduce) a witness; **einen ~n ablehnen [vereidigen, vernehmen]** to object to [to swear in, to examine] a witness; **~n einander gegenüberstellen** to confront witnesses; **~n werden gesucht [mögen sich melden]** witnesses are wanted [are asked to report to the police]; **unfreiwillig ~ von etwas werden** to be a reluctant witness to s.th., to be a witness to s.th. against one's will; **j-n als ~n anrufen** (*od.* **benennen**) to call s.o. as (a) witness (*od.* in testimony); **j-n als ~n vernehmen** to take the testimony of s.o.; **j-n zum ~n nehmen** to take s.o. as a witness; **j-n als ~n hören [vorladen]** to hear [to summon] s.o. as a witness; **als ~ (gegen j-n) aussagen** to give evidence (*od.* to testify) as a witness (against s.o.), to bear witness (against s.o.); **Gott** (*od.* **der Himmel**) **ist** (*od.* **sei**) **mein ~** may God be my witness; **Gott** (*od.* **den Himmel**) **zum** (*od.* **als**) **~n anrufen** to invoke God as witness. – **2. ~n Jehovas** *relig.* Jehovah's Witnesses. – **3.** *fig.* testimony: **die Ruinen sind ~n einer längst vergangenen Zeit** the ruins are a testimony of times long past.

zeu·gen[1] [ˈtsɔʏgən] **I** *v/t* ⟨h⟩ **1.** (*Kinder*) beget, engender: **er zeugte mit ihr einen Sohn** he begot a son by her. – **2.** *biol.* procreate, reproduce, generate, propagate. – **3.** (*bes. von Haustieren*) procreate, sire. – **4.** *fig.* (*hervorbringen*) generate, produce, create. – **II Z~** *n* ⟨-s⟩ **5.** *verbal noun.* – **6.** *cf.* Zeugung.

ˈzeu·gen[2] *v/i* ⟨h⟩ **1. für [gegen] j-n ~** *jur.* to testify (*od.* give evidence) for [against] s.o., to (bear) witness for [against] s.o. – **2. von etwas ~** *fig.* to bespeak (*od.* testify [to], be evidence of) s.th.: **ihre Worte ~ von großem Verständnis** her words bespeak great understanding; **sein Verhalten zeugt von großer Erfahrung** his conduct bespeaks great experience. – **3. für etwas ~** *fig.* to vouch for s.th.: **dafür kann ich ~** I can vouch for that.

ˈZeu·gen|ˌaufˌruf *m jur.* calling of witnesses. — **~ˌausˌsa·ge** *f* testimony, evidence, statement by (*od.* made by a) witness, (*zu Protokoll gegebene, eidliche*) deposition: **voneinander abweichende** (*od.* **sich widersprechende**) **~n** conflicting evidence *sg*, divergent testimonies; **die ~n widersprechen sich** the witnesses differ (*od.* contradict each other); **eine ~ zu Protokoll nehmen** to place a deposition on the court records; **eine ~ widerrufen** to withdraw testimony. — **~ˌbank** *f* ⟨-; ¨e⟩ witness stand (*bes. Br.* box). — **~beˌeinˌflus·sung** *f* subornation (of witnesses). — **~beˌste·chung** *f* corruption (*od.* bribing) of witnesses, subornation (of witnesses). — **~beˌweis** *m* evidence (of a witness), parole (*od.* oral) evidence. — **~ˌeid** *m* oath of a witness, oath taken by a witness, oath administered to a witness. — **~ˌein·ver·ˌnah·me** *f bes. Austrian for* Zeugenverhör. — **~geˌbühr** *f*, **~ˌgeld** *n* **1.** witness expenses *pl* (*od.* fees *pl*). – **2.** (*Reisekosten*) conduct money. — **~ˌla·dung** *f* summons (of a witness), (*unter Strafandrohung*) subpoena (ad testificandum).

ˈZeu·gen·schaft *f* ⟨-; *no pl*⟩ **1.** *jur.* deposition (of witnesses), (sworn) evidence. – **2.** capacity (*od.* quality) as witness.

ˈZeu·gen|ˌstand *m jur.* witness stand (*bes. Br.* box): **den ~ betreten** to enter the witness stand. — **~verˌei·di·gung** *f* swearing (in) of a witness. — **~verˌhör** *n*, **~verˌneh·mung** *f* hearing (*od.* examination) of a witness.

ˈZeugˌhaus *n* arsenal, armory, *bes. Br.* armoury.

ˈZeu·gin *f* ⟨-; -nen⟩ *bes. jur.* (female) witness.

Zeug·ma [ˈtsɔʏgma] *n* ⟨-s; -s *u.* -ta [-ta]⟩ *ling.* (*Redefigur*) zeugma.

Zeug·nis [ˈtsɔʏknɪs] *n* ⟨-ses; -se⟩ **1.** (*Schulzeugnis*) report: **~ der Reife** *cf.* Abiturzeugnis; **zu Ostern bekommen die Kinder ~se** the pupils are given reports at Easter; **er hat ein gutes ~** he was given a good report. – **2.** (*Note*) mark, grade. – **3.** (*Prüfungszeugnis*) certificate, diploma, credential. – **4.** *pl* (*Zeugnispapiere*) credentials: **dem Arbeitgeber seine ~se vorlegen** to present one's credentials to one's employer. – **5.** (*Führungszeugnis für Angestellte*) reference, testimonial, (letter of) recommendation, character: **j-m ein ~ ausstellen** to write s.o. a reference; **j-m ein gutes ~ geben** to give s.o. a good character; **ich kann ihm nur das beste ~ ausstellen** *fig.* I cannot speak highly enough of him. – **6.** (*Bescheinigung*) certificate, attestation. – **7.** *jur. u. lit.* (*Zeugenaussage*) testimony, evidence: **für [gegen] j-n ~ ablegen** to testify for [against] s.o.; **falsches ~ ablegen** to bear false witness, to give false testimony; **das ~ verweigern** to refuse to give evidence. – **8.** *jur.* (*Bestätigung, Bezeugung*) witness: **zum ~ von** (*od. gen*) in witness of; **zum ~ dessen** in witness (*od.* testimony) whereof. – **9.** (**ärztliches**) **~** *med.* (*Attest*) medical certificate, doctor's statement: **sich** (*dat*) **ein (ärztliches) ~ ausstellen lassen** to obtain a medical certificate. – **10.** *fig.* testimony: **die Ruinen sind ein ~ der damaligen Baukunst** the ruins are a testimony to the architecture of that time. — **~ˌabˌle·gung** *f jur.* giving of evidence, (*eidliche*) deposition. — **~ˌabˌschrift** *f* copy of a certificate (*od.* diploma). — **~ˌheft** *n* (*in der Schule*) report book. — **~kon·feˌrenz** *f ped.* reports conference. — **~paˌpie·re** *pl* credentials. — **~ˌpflicht** *f jur.* obligation to give evidence. — **~ver·ˌwei·ge·rung** *f* refusal to give evidence. — **~verˌwei·ge·rungsˌrecht** *n* privilege of a witness to decline to answer questions, (*bei Gefahr eigener strafrechtlicher Verfolgung*) privilege against self-incrimination.

Zeugs [tsɔʏks] *n* ⟨-; *no pl*⟩ *colloq. contempt. cf.* Zeug 1—5.

ˈZeug|ˌschmied *m* toolsmith. — **~ˌschuh** *m meist pl cf.* Segeltuchschuh.

ˈZeu·gung *f* ⟨-; -en⟩ **1.** *cf.* Zeugen[1]. – **2.** begettal. – **3.** *biol.* procreation, reproduction, generation, propagation.

ˈZeu·gungsˌakt *m biol.* progenitive act.

ˈzeu·gungs|ˌfä·hig *adj* procreative, capable of procreation, potent. — **Z~ˌfä·hig·keit** *f* ⟨-; *no pl*⟩ procreative capacity.

ˈZeu·gungs|ˌglied *n* **1.** *biol.* genital member. – **2.** *med.* virile member, penis (*scient.*). — **~ˌkraft** *f* **1.** *biol.* generative (*od.* procreative) power. – **2.** *med.* virility, virile power. — **~orˌga·ne** *pl biol. med.* genital (*od.* reproductive, sexual) organs, genitalia. — **~ˌtrieb** *m* procreative (*od.* sexual) instinct.

ˈzeu·gungs|unˌfä·hig *adj biol. med.* impotent, sterile. — **Z~unˌfä·hig·keit** *f* ⟨-; *no pl*⟩ impotence, impotency, sterility.

Zeus [tsɔʏs] *npr m* ⟨-; *no pl*⟩ *myth.* Zeus (*supreme Greek god*).

Zib·be [ˈtsɪbə] *f* ⟨-; -n⟩ *Northern G. dial.* **1.** (*weibliches Lamm*) ewe (lamb). – **2.** (*Ziege*) young nanny goat. – **3.** (*Häsin*) (young) doe rabbit. – **4.** *colloq. contempt. cf.* Ziege 3.

Zi·be·be [tsiˈbeːbə] *f* ⟨-; -n⟩ *bes. Southern G. and Austrian* (*große Rosine*) muscatel raisin.

Zi·be·li·ne [tsibəˈliːnə] *f* ⟨-; *no pl*⟩ (*textile*) zibeline, *auch* zibelline.

Zi·bet ['tsiːbɛt] m ⟨-s; no pl⟩ zo. (*Drüsenabsonderung der Zibetkatze*) civet, zibet(h). — **~ˌbaum** m bot. durian (*Durio zibethinus*). — **~ˌbi·ber** m zo. cf. Bisamratte. — **~hyä·ne** [-hyˌɛːnə] f cf. Erdwolf. — **~ˌkat·ze** f civet (cat), viverrine (*scient.*) (*Fam. Viverrinae*): Afrikanische ~ cf. Zivette; Indische ~ zibet(h) (*Viverra zibetha*).

Zi·be·ton [tsibe'toːn] n ⟨-s; no pl⟩ chem. civetone ($C_{17}H_{30}O$).

Zi·bo·ri·um [tsi'boːrĭum] n ⟨-s; -rien⟩ röm.kath. ciborium (a) *a vessel for the consecrated bread*, b) *a canopy placed over an altar*, c) *a tabernacle*).

Zi·cho·rie [tsɪ'çoːrĭə] f ⟨-; -n⟩ **1.** bot. chicory, *auch* chiccory, chickory, witloof (chicory), blue daisy (*Cichorium intybus*). – **2.** gastr. (*Kaffeezusatz*) (roasted) chicory (*auch* chiccory, chickory).

Zi'cho·ri·en|ˌkaf·fee m chicory coffee. — **~ˌwur·zel** f chicory (root).

Zicke (getr. -k·k-) ['tsɪkə] f ⟨-; -n⟩ **1.** (*weibliche Ziege*) she-goat, goat doe, nanny goat, nanny. – **2.** colloq. contempt. cf. Ziege 3. – **3.** colloq. contempt. a) silly girl (*od.* woman), b) prim (*od.* prudish) girl (*od.* woman).

Zickel (getr. -k·k-) ['tsɪkəl] n ⟨-s; -(n)⟩, **'Zickel·chen** (getr. -k·k-) n ⟨-s; -⟩ (*Ziegenjunges*) kid, yeanling, Br. *auch* goatling.

zickeln (getr. -k·k-) ['tsɪkəln] v/i ⟨h⟩ (*Junge werfen*) (*von Ziege*) kid, yean.

Zicken (getr. -k·k-) ['tsɪkən] pl colloq. **1.** tricks: mach (ja) keine ~! don't try any tricks! none of your tricks! – **2.** er macht immer soviel (unnötige) ~ he is always fooling around (*od.* acting irresponsibly).

'zickig (getr. -k·k-) adj colloq. contempt. **1.** (*albern*) (*von Mädchen*) silly: sie benahmen sich ~ they behaved like silly geese (*od.* goats). – **2.** (*prüde*) prim, prudish.

'Zick·lein n ⟨-s; -⟩ cf. Zickel(chen).

'Zickˌzack ['tsɪk-] **I** m ⟨-(e)s; -e⟩ zigzag: im ~ gehen (*od.* laufen, fahren) to zigzag. – **II z~** adv zigzag: z~ gehen (*od.* laufen, fahren) to zigzag.

'zickˌzackˌför·mig adj zigzag, zigzagging, *auch* zigzaggy.

'Zickˌzack|ˌfuß m (*an der Nähmaschine*) zigzagger. — **~ˌklee** m bot. zigzag (*od.* meadow, *auch* cow) clover (*Trifolium medium*). — **~ˌkurs** m *auch fig.* zigzag (course), zigzaggery: im ~ fahren to zigzag. — **~ˌli·nie** f zigzag, zigzag(ging) line. — **~ˌlo·chung** f tech. diagonal (*od.* zigzag) perforation. — **~ˌmu·ster** n zigzag pattern, zigzags pl. — **~ˌschal·tung** f electr. zigzag connection (Br. *auch* connexion). — **~ˌstich** m (*an der Nähmaschine*) zigzag stitch. — **~ˌweg** m zigzag path.

Zi·der ['tsiːdər] m ⟨-s; no pl⟩ (*Obst-, bes. Apfelwein*) cider.

Zie·ge ['tsiːgə] f ⟨-; -n⟩ **1.** zo. goat (*Gattg Capra*). – **2.** zo. (*Karpfenfisch*) sicklefish (*Pelecus cultratus*). – **3.** colloq. contempt. goose: sie ist eine dumme (*od.* blöde, alte) ~ she is a silly (*od.* stupid) old hag; unsere Nachbarin ist eine richtige ~ our neighbo(u)r is a regular old bag (*sl.*).

Zie·gel ['tsiːgəl] m ⟨-s; -⟩ **1.** (*Mauerziegel*) (building *od.* solid) brick: ~ brennen to bake (*od.* burn) bricks. – **2.** pl collect. brickwork sg. – **3.** (*Dachziegel*) (roofing) tile: ein Dach mit ~n decken to tile a roof, to cover a roof with tiles. – **4.** pl collect. tiling sg. — **~ˌausˌfa·chung** [-ˌfaxʊŋ], **~ˌausˌfül·lung** f brick nogging. — **~ˌbarsch** m zo. tilefish (*Fam. Malacanthidae*). — **~ˌbau** m ⟨-(e)s; -ten⟩ (clay) brick building (*od.* construction). — **~ˌbren·nen** n **1.** brick burning. – **2.** (*von Dachziegeln*) tile burning. — **~ˌbren·ner** m **1.** brickmaker. – **2.** (*von Dachziegeln*) tilemaker. — **~bren·ne'rei** [ˌtsiːgəl-] f cf. Ziegelei. — **~ˌbrennˌofen** m **1.** brickkiln, Br. brick-kiln. – **2.** (*für Dachziegel*) tilery. — **~ˌdach** n (clay-)tiled roof.

Zie·ge'lei f ⟨-; -en⟩ **1.** brickworks pl (*construed as sg or pl*), brickyard, Br. *auch* brickfield. – **2.** (*für Dachziegel*) tilery. — **~ˌar·bei·ter** m **1.** brickmaker. – **2.** tilemaker.

'Zie·gel|ˌer·de f (*zur Ziegelherstellung*) brick earth. — **~ˌin·duˌstrie** f brick industry. — **~ˌmau·er** f brick wall. — **~ˌmehl** n brick dust. — **~ˌofen** m **1.** brickkiln, Br. brick-kiln. – **2.** (*für Dachziegel*) tilery. — **~ˌpfla·ster** n brick paving. — **~ˌpres·se** f brick-pressing machine. — **~ˌrohˌbau** m ⟨-(e)s; -ten⟩ (clay) brick carcass (*od.* fabric, shell). — **z~ˌrot** adj brick-red. — **~ˌschot·ter** m crushed bricks pl, brickbats pl, Br. brick-bats pl. — **~ˌschutt** m brick rubble. — **~ˌstein** m brick. — **~ˌton** m cf. Ziegelerde. — **~ˌwand** f brick wall. — **~ˌwurz** f bot. tileroot (*Gattg Geissorhiza*).

'Zie·gen|an·tiˌlo·pe f zo. goral, goat antelope, gray (*bes. Br.* grey) Himalayan goral (*Nemorhaedus goral*). — **~ˌbart** m **1.** (*der Ziege*) goat's beard. – **2.** (*von Menschen*) goatee. – **3.** bot. goatsbeard (*Gattg Tragopogon*). — **~ˌbock** m he-goat, billy goat. — **~ˌfell** n goatskin, kidskin. — **~ˌher·de** f flock of goats. — **~ˌhirt**, obs. od. poet. **~ˌhir·te** m goatherd. — **~ˌkä·se** m gastr. goat's cheese. — **~ˌle·der** n goatskin, kidskin, kid leather. — **~ˌlip·pe** f bot. (*Pilz*) goat's lip (*Xerocomus subtomentosus*). — **~ˌmel·ker** m zo. nightjar (*Caprimulgus europaeus*): Ägyptischer ~ Egyptian nightjar (*C. aegyptius*). — **~ˌmilch** f goat's milk. — **~ˌpe·ter** m ⟨-s; -⟩ med. mumps pl (*construed as sg*), parotitis (*scient.*). — **~ˌpfef·fer** m bot. red (*od.* cayenne) pepper (*Capsicum frutescens*). — **~ˌrau·te** f cf. Geißraute.

Zieg·ler ['tsiːglər] m ⟨-s; -⟩ cf. Ziegelbrenner.

zieh [tsiː] *1 u. 3 sg pret of* zeihen.

'Ziehˌbank f tech. **1.** (*für Draht, Rundstahl etc*) drawbench. – **2.** (*für Rohre*) sinking bench.

'zieh·bar adj tech. drawable. — **'Zieh·bar·keit** f ⟨-; no pl⟩ drawability, drawing quality.

'Zieh|ˌbrücke (getr. -k·k-) f drawbridge. — **~ˌbrun·nen** m draw well. — **~ˌdorn** m **1.** metall. mandrel. – **2.** tech. broach. — **~ˌei·sen** n (*für Drahtziehen*) drawplate, drawing block. — **~ˌel·tern** pl foster parents.

zie·hen ['tsiːən] **I** v/t ⟨zieht, zog, gezogen, h⟩ **1.** (*hinter sich her bewegen*) draw, pull: die Pferde ~ den Wagen [Pflug] the horses draw the wag(g)on [plough, *bes. Am.* plow]; das Kind zog den Schlitten the child drew the sleigh. – **2.** (*zu sich her bewegen*) pull: die Handbremse ~ to pull (*od.* put on) the hand brake; den Starter ~ to pull the starter; die Glocke (*od.* Klingel) ~ to pull (*od.* ring) the bell; die Wasserspülung ~ to pull the chain, to flush the lavatory; „Z~" (*Hinweisschild auf Türen*) "Pull". – **3.** (*herausziehen*) draw, pull: die Brieftasche [Geldbörse] ~ a) to pull (*od.* take) out one's wallet [purse], b) *fig. colloq.* to fork out (*od.* up) (*colloq.*); den Degen (*od.* das Schwert) ~ to draw one's sword; ein Los ~ to draw a lot; das Große Los ~ a) to win (the) first prize, to draw the winning number, b) *fig.* to have a lucky draw, to be in luck; den kürzeren ~ *fig.* to come off badly (*od.* second best); Möhren [Rüben] ~ to pull carrots [turnips]; → Niete 1; Register 5; Zahn 1. – **4.** (*Striche, Linien etc*) draw: eine Senkrechte ~ to drop (*od.* erect) a perpendicular; eine Parallele ~ *auch fig.* to draw a parallel; wir wollen einen Schlußstrich unter die Sache ~ *fig.* let's let bygones be bygones. – **5.** (*Gräben*) dig, cut. – **6.** (*Furchen*) cut. – **7.** (*Mauer, Wand etc*) build, erect. – **8.** (*Wäscheleine*) put up: → Leine 1. – **9.** den Hut ~ to raise one's hat; → Bilanz 2; Blase 1, 2; Gesicht[1] 2; Schlußfolgerung 3; Vergleich 2. – **10.** (*in Verbindung mit Präpositionen*) ein Boot ans Ufer (*od.* an[s] Land) ~ to haul a boat ashore; j-n an den Haaren [Ohren] ~ to pull (*od.* tweak) s.o.'s hair [ears]; j-n am Ärmel ~ to tug s.o.'s sleeve; j-n an (*acc*) sich ~ a) to draw s.o. to one, to draw s.o. close (to one), b) *fig.* to appeal to s.o., to attract s.o.; Perlen auf eine Schnur ~ to thread beads; Saiten auf die Geige ~ to string the violin; Wein auf Flaschen ~ to bottle wine; j-n auf die Seite ~ to draw (*od.* take) s.o. aside; j-n auf seine Seite ~ *fig.* to win s.o. over; die Aufmerksamkeit auf (*acc*) sich ~ to attract attention; die Blicke auf (*acc*) sich ~ to catch people's eye, to be rather striking; j-s Haß [Unmut, Zorn] auf (*acc*) sich ~ to incur s.o.'s hatred [annoyance, anger]; einen Wechsel auf j-n ~ *econ.* to draw a bill on s.o.; einen Nagel aus der Wand ~ to pull (*od.* draw) a nail out of the wall, to extract a nail from the wall; einen Zettel aus der Tasche ~ to pull a note out of one's pocket; das Schwert aus der Scheide ~ to draw one's sword; Geld aus dem Verkehr ~ to withdraw money from circulation; Geld aus einem Geschäft ~ to draw money from a business; ein Auto aus dem Verkehr ~ (*durch Behörde*) to take a car off the road; Pflanzen ~ ihre Nahrung aus dem Boden plants draw succulence from the earth; eine Lehre aus etwas ~ to take s.th. as a lesson; Schlüsse aus etwas ~ to draw conclusions from s.th.; daraus ziehe ich den Schluß, daß from that I conclude that; Nutzen aus etwas ~ to profit (*od.* benefit) from s.th.; aus einer Zahl die Wurzel ~ *math.* to extract the (square) root from a number; den Faden durch das Nadelöhr ~ to thread a needle; Strümpfe kurz durchs Wasser ~ to rinse out one's stockings; j-n durch den Kakao ~ *fig. colloq.* to pull s.o.'s leg, to kid s.o. (*sl.*); etwas durch den Kakao ~ *fig. colloq.* to make fun of s.th.; j-n ins Haus ~ to pull s.o. into the house; j-n mit sich in die Tiefe ~ to pull s.o. down (*od.* under) with one; die Stirn in Falten ~ to frown, to knit one's brows; j-n ins Gespräch ~ to draw s.o. into (*od.* to include s.o. in) the conversation; etwas in Erwägung ~ to take s.th. into consideration, to consider s.th.; etwas ins Lächerliche ~ to hold s.th. up to ridicule, to ridicule s.th.; j-n ins Vertrauen ~ to take s.o. into one's confidence; j-s Worte in Zweifel ~ to doubt (*od.* question) s.o.'s words (*od.* what s.o. says); etwas in die Länge ~ a) (*Gummiband etc*) to stretch (*od.* extend) s.th., b) *fig.* (*Verhandlungen etc*) to drag s.th. on (*od.* out), to prolong s.th., c) *fig.* (*Wörter etc*) to drawl s.th.; j-n mit sich ~ to pull (*od.* drag) s.o. with one; etwas nach oben ~ to pull (*od.* draw) s.th. up; das wird schlimme Folgen nach sich ~ that will have grave consequences; diese Maßnahmen werden weitere nach sich ~ these measures will be followed by (*od.* will entail, will involve) others; einen Pullover über die Bluse ~ to put a pullover on over the blouse; eine Decke enger um sich ~ to pull a blanket (a)round one snugly; den Ring vom Finger ~ to take off the ring, to take the ring off one's finger; die Gardine vors Fenster ~ to draw (*od.* pull) the curtain (over *od.* across); j-n vor Gericht ~ to take s.o. to court; die schwere Last zog ihn fast zu Boden the heavy load weighed him down; j-n zu Rate ~ to ask s.o. for advice; j-n zur Rechenschaft ~ to call s.o. to account; j-n zur Verantwortung ~ to hold s.o. responsible; → Fell 7; Mitleidenschaft; Schmutz 7. – **11.** bot. (*Rosen etc*) cultivate, breed. – **12.** zo. (*züchten*) breed, raise, rear. – **13.** med. (*Fäden*) take out. – **14.** (*Kerzen*) dip, draw. – **15.** mil. (*Gewehrlauf, Geschützrohr*) rifle. – **16.** mar. (*Schiff*) tow, haul. – **17.** phot. (*Kopie*) print. – **18.** tech. a) (*Draht*) draw, b) (*Gußblöcke*) pull, c) (*Rohre*) sink. – **19.** aer. (*Flugzeug*) nose up. – **II** v/i ⟨h u. sein⟩ **20.** ⟨sein⟩ (*von Wolken, Nebel, Rauch etc*) drift, float, move: die Wolken [Nebel] ~ the clouds [the patches of fog] drift by; der Rauch zieht ins Zimmer the smoke drifts (*od.* comes) into the room; das Gewitter ist nach Westen gezogen the thunderstorm has moved (*od.* shifted) west. – **21.** ⟨sein⟩ (*gehen*) go: in den Krieg [in die Fremde] ~ to go to war [to go abroad]; j-n ungern ~ lassen to be sorry to let (*od.* see) s.o. go; heimwärts ~ to go home; seines Weges ~ to go one's way(s); laß ihn ~! let him go (there)! von dannen ~ *humor.* to depart (thence); auf Wache ~ *mil.* to mount guard; Jahr um Jahr zog ins Land *poet.* year after year went by. – **22.** ⟨sein⟩ (*wandern, streifen*) roam, rove: über Land ~ to roam (across) the country; durch die Welt ~ to roam the world. – **23.** ⟨sein⟩ (*von Zugvögeln*) fly, migrate. – **24.** ⟨h⟩ an (*dat*) etwas ~ a) (*an der Glocke, einem Strick etc*) to pull (*od.* tug) at s.th., b) (*an der Pfeife, Zigarre etc*) to (take a) puff at s.th., to (have a) draw on s.th.: an der Glocke ~ to pull (*od.* ring) the bell; der Hund zieht an der Leine the dog pulls (*od.* strains) at its leash; am gleichen Strang ~ *fig.* to be in the same boat. – **25.** ⟨h⟩ (*von Ofen, Kamin, Pfeife, Zigarre* *etc*) draw: der Ofen zieht nicht the stove won't draw. – **26.** ⟨sein⟩ (*umziehen*) move, remove: aufs Land [in die Stadt] ~ to move to the country [(in)to the city]; in ein anderes Haus ~ to move (to another) house; auf ein anderes Zimmer ~ to move to another room, to move rooms (*od.* lodgings); sie zog zu ihrer Tochter she went to live (*od.* she moved in) with her daughter, she moved to her daughter's. – **27.** ⟨h⟩ (*von Tee*) draw, infuse: der Tee muß fünf Minuten ~ the tea must draw (*od.* stand) for five minutes; den Tee ~ lassen to let the tea draw, to infuse the tea. – **28.** ⟨h⟩ (*Wirkung haben*) work: diese Ausrede zieht nicht mehr this excuse does not work anymore; das zieht bei ihm nicht that does not work (*od.* cuts no ice) with him; das zog endlich that finally worked. – **29.** ⟨h⟩ (*Anklang finden, ankommen*) go down (well), be (well) received: moderne Stücke ~ hier nicht modern plays don't go down well here. – **30.** ⟨h⟩ (*beim Schachspiel etc*) move: mit dem König ~ to move the king; wer zieht? whose move is it? who is to move? – **31.** ⟨h⟩ (*sport*) set the pace. – **32.** ⟨h⟩ *aer.* (*von Pilot*) raise the elevator. – **33.** ⟨h⟩ einen ~ lassen *vulg.* to let one go, to fart (*vulg.*). – **III** *v/reflex* ⟨h⟩ sich ~ **34.** (*sich erstrecken*) stretch, extend, run: das Gebirge zieht sich bis zur Küste the mountain range stretches to the coast. – **35.** *fig.* run: dieses Motiv zieht sich durch die ganze Oper this motif runs through the whole opera; → Faden[1] 2. – **36.** (*verlaufen*) run, lead: die Straße zieht sich in vielen Kurven auf den Berg the road runs up the mountain in serpentines, the road winds (its way) up the mountain. – **37.** sich in die Länge ~ a) (*von Verhandlungen etc*) to drag on (and on), b) (*von Weg etc*) to go on endlessly. – **38.** (*von Holz*) warp. – **39.** (*von Stahl*) distort. – **40.** (*von Kaugummi, überbackenem Käse etc*) pull into strings. – **IV** *v/impers* ⟨h⟩ **41.** es zieht there is a draft (*bes. Br.* draught): Tür zu, es zieht close the door, there is a draft; es zieht durch das Fenster there is a draft at the window. – **42.** es zieht mir im Rücken I have a twinge (*od.* ache) in my back; es zieht mir in allen Gliedern I'm aching all over. – **43.** es zog ihn in die Ferne he had an urge to go abroad (*od.* far afield); es zieht mich nicht zu dieser Gesellschaft I am not very keen to see (*od.* not attracted by) these people, I am not overanxious to see these people. – **V Z~** *n* ⟨-s⟩ **44.** *verbal noun.* – **45.** *cf.* Ziehung. – **46.** (*einer Wand etc*) erection. – **47.** (*von Rosen etc*) cultivation. – **48.** (*von Schiffen*) haulage. – **49.** *math.* (*einer Wurzel*) extraction. – **50.** (*von Tee*) infusion. – **51.** (*stechender Schmerz, Reißen*) twinge, ache.

'zie·hend I *pres p.* – **II** *adj* ~er Schmerz twinge, ache.

'Zie·her *m* ⟨-s; -⟩ **1.** (*Gerät*) puller. – **2.** *tech.* (*von Draht*) drawer.

Zie·he'rei *f* ⟨-; -en⟩ *tech.* **1.** drawing shop. – **2.** drawing plant (*od.* mill).

'Ziehˌfä·hig·keit *f* ⟨-; *no pl*⟩ *tech.* drawing property.

'Zieh|ˌfe·der *f cf.* Reißfeder. — **~ˌfett** *n tech.* (*zum Naßziehen*) wire-drawing grease. — **z~ˌglät·ten** *v/t* ⟨*insep*, -ge-, h⟩ *tech.* pull-burnish.

'Zieh·harˌmo·ni·ka *f mus.* a) concertina, b) *cf.* Akkordeon. — **~ˌspie·ler** *m* accordionist.

'Zieh|ˌhund *m archaic* dog used for drawing (light carts). — **~kar tei** *f* (*computer*) tub file. — **~ˌkind** *n* foster child. — **~ˌklin·ge** *f tech.* scraper. — **~ˌkraft** *f phys. tech. cf.* Zugkraft 1. — **~ˌmut·ter** *f* foster mother. — **~ˌpfla·ster** *n med. pharm. cf.* Zugpflaster. — **~ˌpres·se** *f metall.* drawing press. — **z~ˌschlei·fen** *v/t* ⟨*irr, insep*, -ge-, h⟩ *tech.* hone. — **~ˌschnur** *f* **1.** (*an einer Lampe etc*) drawcord, pullcord. – **2.** (*an einem Wäschebeutel, einer Tasche etc*) drawstring, *auch* drawing string. — **~ˌstahl** *m tech.* steel suitable for drawing. — **~ˌstein** *m* wire-drawing die.

'Zie·hung *f* ⟨-; -en⟩ **1.** *cf.* Ziehen. – **2.** (*in der Lotterie*) draw: ~ der Lottozahlen Lotto draw. – **3.** *econ.* (*eines Wechsels*) drawing.

'Zie·hungs|ˌli·ste *f* (*einer Lotterie etc*) drawing list. — **~ˌtag** *m* drawing day.

'Ziehˌva·ter *m* foster father.

Ziel [tsiːl] *n* ⟨-(e)s; -e⟩ **1.** (*einer Reise, Wanderung etc*) destination: wir sind am ~ we are at our destination; sich seinem ~ nähern to near one's destination; mit unbekanntem ~ verreisen a) to set out for an unknown destination, b) to set out with no particular destination; wer langsam geht, kommt auch zum ~ (*Sprichwort*) slow and (*od.* but) sure (*od.* steady) wins the race. – **2.** *bes. mil.* a) target, mark, aim, b) (*Zielscheibe*) target, c) (*in der Taktik*) objective: „~ erfaßt" "on target"; das ~ treffen [verfehlen] to hit [to miss] the target; die Hafenanlagen boten dem Feind gute ~e the harbo(u)r installations provided a good target for the enemy; ein ~ unter Beschuß nehmen to engage a target; einen Flughafen als (*od.* zum) ~ nehmen to take an airport as a (*od.* one's) target; das ~ ansprechen to designate the target; (weit) über das ~ hinausschießen *auch fig.* to overshoot the mark. – **3.** *fig.* goal, aim, object(ive), end, (*bes. angestrebtes*) purpose, intent(ion): ein ~ verfolgen to pursue (*od.* aim at) a goal; sich (*dat*) ein hohes ~ setzen (*od.* stecken) to aim high, to set oneself an ambitious goal; gerade aufs ~ losgehen to go (*od.* head) straight for one's goal; auf diesem Wege kommst (*od.* gelangst) du nicht ans ~ you will never achieve your goal this way; dieser Weg führt nicht zum ~ that's not the right way to go about it; sich (*dat*) etwas als (*od.* zum) ~ nehmen to make s.th. one's goal, to aim at s.th.; wir dürfen das ~ nicht aus den Augen verlieren we must not lose sight of the goal; wir müssen das ~ im Auge behalten we must keep sight of the goal; ein ~ vor Augen haben to aim at a goal; er hat das ~ seiner Wünsche erreicht, er ist am ~ seiner Wünsche (angelangt) he has reached (*od.* achieved) his goal; er hat sein ~ erreicht a) he has reached (*od.* achieved) his goal, b) (*seinen Willen durchgesetzt*) he has got what he wanted, he has had (*od.* got) his way; er studiert Biologie mit dem ~, in die Forschung zu gehen he is studying biology with the aim of going into research. – **4.** *fig.* (*Grenze*) bounds *pl*, limits *pl*: etwas mit [ohne] Maß und ~ tun to do s.th. with moderation [to excess]; sein Ehrgeiz kennt weder Maß noch ~ his ambition knows no bounds; seinem Leben war frühzeitig ein ~ gesetzt he died prematurely. – **5.** (*sport*) finish, winning (*od.* finishing) post: als erster [zweiter] durchs ~ gehen to finish (*od.* come [in], reach the winning post) first [second]; er mußte kurz vor dem ~ aufgeben he had to give up just before the finish. – **6.** *econ.* (*Zahlungsfrist*) credit, period of payment: mit kurzem [langem] ~ on a short-term [long-term] basis, with a short [long] credit; etwas auf ~ verkaufen a) to sell s.th. on credit (*od.* against payment on a fixed date), b) (*Termingeschäft*) to sell s.th. forward; j-m drei Monate ~ gewähren to grant s.o. a three-month credit, to grant s.o. three months' credit; j-m offene ~e einräumen to grant s.o. open account terms.

'Ziel|ˌabˌdeckung (*getr.* -k·k-) *f mil.* target coverage. — **~ˌabˌla·ge** *f* terminal miss distance. — **~adres·se** [-ˀaˌdrɛsə] *f* (*computer*) transfer address.

'ZielˌanˌflugI *m aer. mil.* approach run (*od.* flight), approach to target, run-in. — **~geˌrät** *n* homing device.

'Ziel|ˌanˌga·ben *pl mil.* target data (*od.* information *sg*). — **~ˌanˌord·nung** *f* target array. — **~ˌanˌspra·che** *f* target designation. — **~ˌanˌsteue·rung** *f aer.* homing: automatische ~ homing guidance. — **~ˌaufˌfas·sung** *f electr.* (*mit Radar*) target acquisition (*od.* pickup). — **~ˌaufˌnah·me** *f* target photograph. — **~ˌbahnˌhof** *m* (*railway*) station of destination. — **~ˌband** *n* ⟨-(e)s; ¨er⟩ (*sport*) finishing tape: das ~ durchreißen to breast (*od.* break) the tape. — **~beˌkämp·fung** *f mil.* target engagement. — **~beˌreich** *m* target area. — **z~beˌwußt** *adj u. adv cf.* zielstrebig. — **~beˌwußt·heit** *f cf.* Zielstrebigkeit. — **~ˌbild** *n mil.* target image. — **~ˌbo·je** *f* (*beim Kanusport etc*) finishing buoy. — **~ˌbril·le** *f* (*optics*) aiming spectacles *pl.* — **~ˌdarˌstel·lung** *f mil.* target simulation. — **~ˌdreiˌeck** *n* shot group.

'Ziel|ˌeinˌlauf *m* (*sport*) finishing order. — **~ˌeinˌrich·tung** *f mil.* (*an Waffen*) (weapon) sight, *bes. Br.* sighting mechanism.

zie·len ['tsiːlən] *v/i* ⟨h⟩ **1.** (take) aim, level, sight: auf (*acc*) etwas [j-n] ~, nach etwas [j-m] ~ to (take) aim (*od.* to level) at s.th. [s.o.], to sight for s.th. [s.o.]; auf j-s Kopf [Herz] ~ to aim at s.o.'s head [heart]. – **2.** auf j-n [etwas] ~ *fig.* (*sich beziehen, gerichtet sein*) a) (*von Personen*) to aim at s.o. [s.th.], b) (*von Bemerkung etc*) to be aimed (*od.* directed) at s.o. [s.th.]: das war auf dich gezielt that was aimed at (*od.* meant for) you; die Bemerkung zielte auf mich (*od.* war auf mich gezielt) the remark was aimed at me (*iron.* was for my benefit, *colloq.* was getting at me); hast du bemerkt, worauf er zielte? have you noticed what he was aiming (*od.* driving, *colloq.* getting) at? worauf zielte diese Frage? what were you driving at with your question?

'zie·lend I *pres p.* – **II** *adj u. adv ling. cf.* transitiv.

'Ziel|erˌfas·sung *f mil.* acquisition of target, target acquisition (*od.* pickup). — **~ˌfahrt** *f* (*sport*) (motor) rally (*auch* rallye). — **~ˌfeh·ler** *m mil.* sighting (*od.* aiming) error. — **~ˌfernˌrohr** *n* telescopic sight, aiming (*od.* direct sight) telescope, (*für Gewehre*) sniperscope. — **~ˌflag·ge** *f* (*im Motorsport*) checkered (*Br.* chequered) flag. — **~ˌflug** *m aer.* homing. — **~ˌflug·geˌrät** *n* homing indicator. — **~ˌflugˌha·fen** *m* port of destination. — **~ˌflugˌzeug** *n aer. mil.* aerial target, target airplane. — **~ˌfo·to** *n*, **~fo·to·graˌfie** *f* (*sport*) *cf.* Zielphoto(graphie). — **~ˌfo·toˌka·me·ra** *f cf.* Zielphotokamera. — **~geˌbiet** *n mil.* target area, (*für Bomber*) *auch* impact area. — **~geˌnau·ig·keit** *f* aiming accuracy, accuracy of aim. — **~geˌra·de** *f* (*sport*) home straight, *bes. Am.* homestretch. — **~geˌrät** *n mil.* **1.** (gun)sight, sight unit. – **2.** (*für Bomben*) bombsight. — **z~geˌrich·tet** *adj* (*Politik, Studium etc*) purposeful, purposive. — **~ˌgrup·pe** *f* (*bes. in der Werbung*) target group. — **~ˌha·fen** *m mar.* port of destination. — **~ˌka·me·ra** *f* (*sport*) photo-finish camera. — **~ˌkauf** *m econ.* **1.** purchase on credit (terms), purchase on deferred payment terms. – **2.** (*Termingeschäft*) purchase for fixed-date delivery, forward buying (purchase). — **~konˌflikt** *m psych.* conflict of goals. — **~ˌkur·ve** *f* (*sport*) home bend. — **~ˌlan·dung** *f aer.* (*space*) precision (*od.* accuracy, spot) landing. — **~ˌli·nie** *f* **1.** (*sport*) finish(ing) line. – **2.** *mil.* line of sight.

'ziel·los I *adj* **1.** (*Suchen, Umherwandern etc*) aimless, purposeless, objectless: ein ~er Mensch *fig.* an aimless person, a drifter. – **2.** (*vom Zufall bestimmt, aufs Geratewohl*) random (*attrib*), haphazard, desultory. – **II** *adv* **3.** ~ durch die Straßen wandern to wander aimlessly through (*od.* roam) the streets. — **'Ziel·lo·sig·keit** *f* ⟨-; *no pl*⟩ **1.** aimlessness, lack of purpose, purposelessness, objectlessness. – **2.** randomness, haphazardness, desultoriness.

'Ziel|ˌort *m* (place of) destination. — **~ˌpei·lung** *f aer.* homing. — **~ˌpfo·sten** *m* (*beim Pferderennen*) goal. — **~ˌpho·to** *n*, **~pho·to·graˌphie** *f* (*sport*) picture of the finish. — **~ˌpho·toˌka·me·ra** *f* photo-finish camera. — **~ˌpunkt** *m* **1.** aiming point, point of aim, bull's-eye, center (*bes. Br.* centre) of the target. – **2.** *fig.* goal.

'Zielˌrich·ter *m* (*sport*) judge at the finish. — **~ˌobˌmann** *m* chief judge at the finish. — **~ˌtrep·pe** *f* judges' stand at the finish.

'Ziel|ˌschei·be *f* (*beim Schießen*) (practice) target: die ~ treffen [verfehlen] to hit [to miss] the target; er war oft die ~ des Spottes *fig.* he was often the target of derision (*od.* the butt); j-n zur ~ des Spottes machen *fig.* to make s.o. the target (*od.* object) of mockery (*od.* the butt), to make a laughingstock (*Br.* laughing-stock) of s.o.; als ~ des Spottes dienen to be made the target of derision (*od.* the butt), to become a laughingstock (*Br.* laughing-stock). — **~ˌschiff** *n* **1.** *mar. mil.* target ship. – **2.** (*sport*) (*bei Segelregatta*) finishing boat. — **~ˌschlepp·ˌflugˌzeug** *n aer. mil.* target-towing aircraft. — **~ˌset·zung** *f* ⟨-; -en⟩ (*Bestrebung, Absicht*) objective, target. —

z~ˌsi·cher I *adj* (*Schütze*) unerring, sure: ~ sein (*beim Schießen*) to have a good aim, to be a good shot (*od.* marksman), to have a good eye. – **II** *adv* ~ auf j-n zugehen to go straight up to s.o. — **~ˌsi·cher·heit** *f* unerring precision, unerringness. — **~ˌspie·gel** *m* (*beim Schießen*) aim corrector. — **~ˌspra·che** *f ling.* (*beim Übersetzen*) target language. — **~ˌstan·ge** *f civ.eng.* (*bei der Landvermessung*) leveling (*bes. Br.* levelling) rod (*od.* pole), object staff.

ˈzielˌstre·big [-ˌʃtreːbɪç] **I** *adj* (*Person*) purposeful, resolute, determined, single-minded, purposive. – **II** *adv* ~ an die Arbeit gehen to set to work purposefully (*od.* resolutely, with resolve, with determination). — **ˈZielˌstre·big·keit** *f* ⟨-; *no pl*⟩ purposefulness, singleness of purpose, resolve, determination, single-mindedness, purposiveness.

ˈZiel|ˌsu·che *f aer. mil.* homing guidance. — **z~ˌsu·chend** *adj mar. mil.* (*Torpedo etc*) target-seeking, homing. — **~ˌsu·cher**, **~ˌsuchˌkopf** *m mil.* homing device (*od.* head). — **~ˌsuchˌlen·kung** *f mil.* (*space*) homing guidance. — **~ˌsuch·verˌfah·ren** *n* homing. — **~ˌübung** *f mil.* target practice. — **~verˌfol·gung** *f* (*mittels Radar*) target tracking. — **~ˌvorˌrich·tung** *f* **1.** aiming system (*od.* device), sighting device. – **2.** (*für Bomben*) bombsight.

Ziem [tsiːm] *m* ⟨-(e)s; -e⟩ *gastr.* (*oberes Keulenstück des Rindes*) aitchbone, *auch* edgebone.

zie·men [ˈtsiːmən] *v/reflex u. v/impers* ⟨h⟩ sich ~ *lit.* be befitting, be right and proper: es ziemt sich nicht it is unbefitting (to do so), it is bad form, it is not good form (*od.* not the done thing); es ziemt sich nicht für ein junges Mädchen, so etwas zu tun, es ziemt sich nicht, daß ein junges Mädchen so etwas tut it is not befitting (*od.* right) that a young girl should do such a thing, it does not befit (*od.* it is not befitting for) a young girl to do such a thing.

Zie·mer[1] [ˈtsiːmər] *m* ⟨-s; -⟩ *gastr.* a) (*Rükken des Wildbrets*) haunch (of venison), b) (*Lendenstück von Schlachttieren*) loin(s *pl*), chine.

ˈZie·mer[2] *m* ⟨-s; -⟩ **1.** (*männliches Glied vom Stier etc*) pizzle. – **2.** *cf.* Ochsenziemer.

ˈziem·lich I *adj* **1.** ⟨*attrib*⟩ *colloq.* (*beträchtlich*) fair, considerable, quite a: eine ~e Strecke quite a distance (*od.* long way), a considerable distance; eine ~e Anzahl quite a number, a fair (*od.* good) number; es war eine ~e Arbeit it was quite hard work, it was quite a bit (*od. colloq.* lot) of work, it was a fair bit of work; das ist eine ~e Frechheit! that's rather a (*od.* a fair) cheek! es hat eine ~e Zeit gedauert it took quite some time, it took a fair (*od.* good) while; die Bücher haben ein ~es Gewicht the books are quite a weight. – **2.** *archaic for* geziemend II. – **II** *adv* **3.** (*recht, einigermaßen*) quite, rather, pretty: ich mußte mich ~ beeilen I had to hurry (*od.* rush) quite a bit; der Schrank ist ~ hoch [breit, groß] the cupboard is pretty (*od.* rather) high [wide, big]; es ist ~ spät geworden it went on (until) quite late; ich bin ~ sicher I am reasonably sure; ~ viele Leute a good many (*od.* quite a few, a fair number of) people; ~ ausführlich at some length; es hat ~ viel geschneit it has snowed quite a bit, there has been quite a bit (*od.* fall) of snow; wir haben noch ~ viel Zeit we have plenty of time. – **4.** (*fast*) almost, nearly, more or less, practically, just about, pretty well: ich bin so ~ fertig *colloq.* I'm more or less (*od.* I'm just about) ready; bist du fertig? so ~! are you ready? more or less (*od.* just about)! so ~ alles practically everything; so ~ dasselbe pretty much (*od.* very nearly, more or less) the same thing; das ist ~ gleich, *Swiss auch* das ist so ~ X it's all (*od.* more or less) the same thing, it's six of one and half a dozen of the other; er ist so ~ in meinem Alter he is just about my age.

zie·pen [ˈtsiːpən] **I** *v/t* ⟨h⟩ **1.** j-n an den Haaren ~ to pull s.o.'s hair (*od.* s.o. by the hair), to tweak s.o.'s hair. – **II** *v/i* **2.** das ziept! (*beim Kämmen etc*) that hurts! that's sore! – **3.** *cf.* piepen 1.

Zier [tsiːr] *f* ⟨-; *no pl*⟩ *obs. od. poet.* adornment, embellishment, ornament, decoration: Höflichkeit ist eine ~, doch weiter kommt man ohne ihr *colloq. humor.* politeness is an adornment but one gets further without it. — **~ˌaf·fe** *m fig. contempt.* (*Geck*) fop, coxcomb. — **~ˌap·fel(ˌstrauch)** *m bot.* Siberian crab, *auch* Siberian crab apple, cherry apple (*od.* crab) (*Malus baccata*).

Zie·rat [ˈtsiːraːt] *m* ⟨-(e)s; -e⟩ *lit.* ornament, decoration, adornment, embellishment.

ˈZier|ˌbaum *m hort.* ornamental tree. — **~ˌbor·te** *f* braid(ing), trimming. — **~ˌbuch·ˌsta·be** *m* **1.** ornamented (*od.* swash, fancy) letter. – **2.** (*bes. in mittelalterlichen Handschriften*) illuminated letter.

Zier·de [ˈtsiːrdə] *f* ⟨-; -n⟩ **1.** ⟨*only sg*⟩ ornament, decoration, adornment: Blumen zur ~ auf den Tisch stellen to set flowers on the table as a decoration; die Knöpfe dienen nur als (*od.* zur) ~ the buttons are just for decoration. – **2.** (*Verschönerung*) embellishment. – **3.** ⟨*only sg*⟩ *fig.* credit, honor, *bes. Br.* honour: sie ist eine ~ ihres Geschlechts she is a credit to her sex; dieser Politiker gereicht (*od.* dient) der Partei nicht gerade zur ~ this politician is not exactly a credit to his party.

ˈZierˌdeck·chen *n* (*auf Kommode etc*) doily, mat.

zie·ren [ˈtsiːrən] **I** *v/t* ⟨h⟩ *lit.* **1.** adorn, ornament: Kupferstiche zierten die Wände (copperplate) engravings adorned the walls. – **2.** (*verschönern*) embellish, enhance, deck out: eine Perlenkette zierte ihr schlichtes Kleid a pearl necklace embellished her plain dress. – **3.** (*schmücken*) decorate. – **4.** (*garnieren*) garnish, dress. – **5.** *fig.* (*auszeichnen*) be an asset to, grace: Großherzigkeit ziert jeden Menschen magnanimity is an asset to everyone. – **II** *v/reflex* sich ~ **6.** (*sich scheinbar gegen etwas wehren*) simper, make a fuss: er hat sich furchtbar geziert, bevor er das Geld angenommen hat he simpered terribly before he accepted the money; zier dich doch nicht so! don't make such a fuss! – **7.** (*um die Sache herumreden*) hesitate, beat about (*od.* around) the bush: sie zierte sich nicht lange, sondern nahm die Einladung gern an she did not hesitate but gladly accepted the invitation. – **8.** (*sich gekünstelt od. albern benehmen*) behave affectedly, play coy. – **9.** (*beim Essen*) like to be pressed (*od.* persuaded): er zierte sich nicht lange he didn't need much pressing.

Zie·reˈrei *f* ⟨-; *no pl*⟩ *contempt.* **1.** simpering, fuss. – **2.** hesitation. – **3.** affected modesty. – **4.** affectation, coyness.

ˈZier|ˌfisch *m zo.* toy fish. — **~ˌgar·ten** *m* ornamental garden. — **~geˌwächs** *n bot. cf.* Zierpflanze. — **~ˌgie·bel** *m arch.* pediment. — **~ˌgrä·ser** *pl hort.* ornamental grasses. — **~ˌkan·te** *f* fancy edge (*od.* edging). — **~ˌkap·pe** *f auto.* (*am Rad*) (ornamental) hubcap, wheel embellisher (*od.* hubcap). — **~ˌlam·pe** *f* ornamental lamp. — **~ˌlaus** *f zo.* painted aphid (*Fam. Drepanosiphonidae*). — **~ˌlei·ste** *f* **1.** (*an Türen, Schränken etc*) border. – **2.** *auto.* styling strip, beltmolding, *bes. Br.* beltmoulding. – **3.** (*an der Wand*) picture rail (*od.* molding, *bes. Br.* moulding), (*Tapetenleiste*) border, decorative strip. – **4.** *print.* border: obere [untere] ~ headpiece [tailpiece]. – **5.** *arch.* molding, *bes. Br.* moulding.

ˈzier·lich *adj* **1.** (*Person*) petite, dainty. – **2.** (*Figur, Hände, Füße, Schrift, Ring, Vase etc*) dainty, delicate. – **3.** (*zerbrechlich*) delicate, frail, fragile. — **ˈZier·lich·keit** *f* ⟨-; *no pl*⟩ **1.** petiteness, daintiness. – **2.** daintiness, delicacy, delicateness. – **3.** delicacy, delicateness, frailty, fragility.

ˈZier|ˌna·gel *m* decorative (*od.* ornamental) nail. — **~ˌpflan·ze** *f bot.* ornamental (plant). — **~ˌpup·pe** *f contempt.* pretty face with nothing behind it, dolled-up creature (*colloq.*). — **~ˌrip·pe** *f arch.* decorative (*od.* ornamental) rib. — **~ˌsalm·ler** *m zo.* (*Aquarienfisch*) pencil fish (*Gattg Nannostomus*). — **~ˌschildˌkrö·te** *f* painted turtle (*Chrysemys picta*). — **~ˌschrift** *f* **1.** ornamental (*od.* fancy) letters *pl*. – **2.** *print.* ornamental (*od.* fancy) type. — **~ˌschür·ze** *f* fancy (*od.* frilly) apron. — **~ˌstich** *m* (*beim Nähen*) fancy (*od.* ornamental) stitch. — **~ˌstrauch** *m hort.* ornamental (shrub). — **~ˌstück** *n* ornament. — **~ˌta·bak** *m bot.* flowering tobacco (*Gattg Nicotiana*). — **~ˌta·schenˌtuch** *n* fancy handkerchief. — **~ˌwerk** *n* ⟨-(e)s; *no pl*⟩ ornamentation.

Zie·sel [ˈtsiːzəl] *m*, *Austrian n* ⟨-s; -⟩ *zo.* common s(o)uslik (*Citellus citellus*).

Ziest [tsiːst] *m* ⟨-(e)s; -e⟩ *bot.* woundwort (*Gattg Stachys*): Wolliger ~ *cf.* Wollziest.

Zif·fer [ˈtsɪfər] *f* ⟨-; -n⟩ **1.** figure, numeral, number: römische ~n Roman numerals; arabische ~n Arabic numerals, ciphers; in ~n in figures. – **2.** (*in einer Zahl*) figure, digit: eine Zahl mit drei ~n a three-figure number. – **3.** (*Unterabschnitt in amtlichen Schriftstücken*) subparagraph. – **4.** (*in einem Vertrag*) item. — **~ˌanˌzei·ge·geˌrät** *n tech.* digital reader. — **~ˌblatt** *n* **1.** dial, (clock)face. – **2.** (*einer Armbanduhr etc*) dial, (watch)face.

ˈZif·fer(n)ˌka·sten *m print.* figure case.

ˈZif·fern|ˌle·se·geˌrät *n* elektronisches ~ (*computer*) figure-reading electronic device. — **z~ˌmä·ßig I** *adj* **1.** numerical, in figures (*od.* numbers, numerals). – **2.** (*computer*) digital. – **II** *adv* **3.** ~ darstellen (*computer*) to digitize, to digitalize.

ˈZif·fern|ˌre·chenˌanˌla·ge *f*, **~ˌrech·ner** *m* (*computer*) digital computer. — **~ˌschrift** *f* numeral script.

-zig [tsɪç] *adj* ⟨*invariable*⟩ *colloq.* (*unendlich viele*) umpteen, *auch* umteen (*sl.*): ~ Leute, die ich nie zuvor gesehen habe umpteen people (that) I have never seen before.

Zi·ga·ret·te [tsigaˈrɛtə] *f* ⟨-; -n⟩ cigarette, *Am. auch* cigaret; weed, fag (*sl.*): ~ mit Filter filter-tip cigarette, filter tip; eine Schachtel (*od.* ein Päckchen) ~n a packet (*bes. Am.* pack) of cigarettes; sich (*dat*) eine ~ anzünden (*od. colloq.* ins Gesicht stecken) to light oneself a cigarette; sich (*dat*) eine ~ drehen to roll oneself a cigarette; eine ~ ausdrücken to put (*od.* stub) a cigarette out.

Zi·gaˈret·ten|ˌanˌzün·der *m* (cigarette) lighter. — **~ˌasche** *f* cigarette ash. — **~au·toˌmat** *m* cigarette (slot) machine. — **~ˌdo·se** *f* cigarette box. — **~etui** [-ˀɛtˌviː] *n* cigarette case. — **~faˌbrik** *f* cigarette factory. — **~ˌfil·ter** *m* cigarette filter. — **~ˌkip·pe** *f cf.* Zigarettenstummel. — **~ˌlän·ge** *f colloq.* smoke: auf eine ~ zu j-m kommen to come to s.o. for a smoke; wir machten eine ~ Pause we took a break for a cigarette, we stopped for a smoke. — **~ˌmar·ke** *f* brand of cigarettes. — **~maˌschi·ne** *f* cigarette machine. — **~ˌpackung** (*getr.* -k·k-) *f* packet (*bes. Am.* pack) of cigarettes. — **~paˌpier** *n* cigarette paper. — **~ˌpau·se** *f only in* eine ~ machen (*od.* einlegen) to take a break for a cigarette, to stop for a smoke. — **~ˌrau·cher** *m*, **~ˌrau·che·rin** *f* ⟨-; -nen⟩ cigarette smoker. — **~ˌschach·tel** *f* cigarette packet (*bes. Am.* pack). — **~ˌspit·ze** *f* cigarette holder. — **~ˌstum·mel** *m* cigarette end, (cigarette) butt, (cigarette) stub, fag end (*sl.*). — **~ˌta·bak** *m* cigarette tobacco. — **~ˌtö·ter** *m* cigarette extinguisher. — **~verˌkäu·fe·rin** *f* (*in einem Restaurant etc*) cigarette girl.

Zi·ga·ril·lo [tsigaˈrɪlo; *rare* -ˈrɪljo] *n*, *auch m* ⟨-s; -s⟩, *colloq. auch f* ⟨-; -s⟩ cigarillo, *Am. auch* cigarito.

Zi·gar·re [tsiˈgarə] *f* ⟨-; -n⟩ **1.** cigar, *auch* segar, weed (*sl.*). – **2.** *fig. colloq.* (*in Wendungen wie*) j-m eine ~ verpassen (*eine Rüge erteilen*) to give s.o. a dressing down (*od.* a [good] talking-to); eine ~ bekommen to be given a dressing down (*od.* a [good] talking-to).

Ziˈgar·ren|ˌabˌschnei·der *m* cigar cutter. — **~ˌanˌzün·der** *m* cigar lighter. — **~ˌasche** *f* cigar ash. — **~ˌdeckˌblatt** *n* wrapper. — **~etui** [-ˀɛtˌviː] *n* cigar case. — **~faˌbrik** *f* cigar factory. — **~ˌhal·ter** *m* cigar holder. — **~ˌhänd·ler** *m* tobacconist. — **~ˌkä·fer** *m zo.* cigarette beetle (*Lasioderma serricorne*). — **~ˌki·ste** *f* cigar box. — **~ˌla·den** *m* tobacconist's (shop), *Am.* cigar store. — **~ˌrau·cher** *m* cigar smoker. — **~ˌschach·tel** *f* cigar box. — **~ˌsche·re** *f* cigar scissors *pl* (*sometimes construed as sg*). — **~ˌspitz** *m Austrian for* Zigarrenspitze. — **~ˌspit·ze** *f* **1.** cigar holder. – **2.** (*spitzes Ende*) cigar tip. — **~ˌstum·mel** *m* cigar end, (cigar) butt, (cigar) stub. — **~ˌwick·ler** *m zo. cf.* Rebenstecher.

Zi·geu·ner [tsiˈgɔʏnər] *m* ⟨-s; -⟩ **1.** gypsy, gipsy, (*ungarischer*) tzigane. – **2.** (*als Rasse*) Gypsy, Gipsy, Romany, *auch* Rommany: (ungarischer) ~ Tzigane. – **3.** *fig. colloq.* vagabond, bohemian, *auch* Bohemian, gypsy, gipsy. — **~ba,ron**", „**Der** "The Gypsy Baron" (*operetta by J. Strauß*). — **~,frau** *f* gypsy woman.

zi'geu·ner·haft *adj* gypsylike, gipsylike, gypsyish, gipsyish.

Zi'geu·ner,huhn *n zo.* hoa(c)tzin, *auch* hoacin (*Opisthocomus hoatzin*).

Zi'geu·ne·rin *f* ⟨-; -nen⟩ **1.** gypsy (*od.* gipsy) (woman *od.* girl). – **2.** *cf.* Zigeuner 2, 3.

zi'geu·ne·risch *adj cf.* zigeunerhaft.

Zi'geu·ner|ka,pel·le *f* group of gypsy (*od.* gipsy, tzigane) musicians, gypsy band. — **~,la·ger** *n* ⟨-s; -⟩ gypsy camp. — **~,le·ben** *n* ⟨-s; *no pl*⟩ gypsy life. — **~,mäd·chen** *n* gypsy girl. — **~mu,sik** *f* gypsy (*od.* tzigane) music.

zi·geu·nern [tsi'gɔʏnərn] *v/i* ⟨*no* ge-, h⟩ gypsy, gipsy, vagabond, lead a roaming life, have a rootless existence.

Zi'geu·ner|,pri·mas *m* primas. — **~,spra·che** *f* die ~ *ling.* Romany, *auch* Rommany, Romani, Gypsy, Gipsy, the Romany language. — **~,stamm** *m* Gypsy tribe.

Zi'geu·ner·tum *n* ⟨-s; *no pl*⟩ gypsydom, gipsydom.

Zi'geu·ner|,volk *n* **1.** das ~ *collect.* the gypsies *pl*, the gipsies *pl*, the Romany, *auch* the Rommany. – **2.** *cf.* Zigeunerstamm. — **~,wa·gen** *m* gypsy caravan. — **~,weib** *n* gypsy woman.

'zig|,fach *colloq.* **I** *adj* umpteen- (*auch* umteen-)times (*attrib*) (*sl.*). – **II** *adv* umpteen (*auch* umteen) times (*sl.*). – **III Z~e, das** ⟨-n⟩ umpteen (*auch* umteen) times as much (*od.* the amount) (*sl.*). — **~,mal** *adv colloq.* umpteen (*auch* umteen) times (*sl.*): **ich hab's dir schon ~ gesagt** I told you time and again (*od. colloq.* ever so often). — **~'tau·send** *adj colloq.* thousands and thousands of. — **Z~'tau·sen·de** *pl colloq.* thousands and thousands.

Zi·ka·de [tsi'ka:də] *f* ⟨-; -n⟩ *zo.* cicada, harvest fly, locust, jarfly (*Unterordng Cicadina*).

Zi·li'ar|,kör·per [tsi'lĭa:r-] *m med.* ciliary body. — **~,mus·kel** *m* ciliary muscle. — **~,nerv** *m* ciliary nerve. — **~neur·al,gie** *f* ciliary neuralgia.

Zi·lia·ten [tsi'lĭa:tən] *pl zo.* (*Wimpertierchen*) Ciliata (*Klasse Ciliata*).

Zi·lie ['tsi:lĭə] *f* ⟨-; -n⟩ *med.* (*Wimper*) eyelash, cilium (*scient.*).

Zil·le ['tsɪlə] *f* ⟨-; -n⟩ (*flacher Kahn*) barge.

Zilp·zalp ['tsɪlp,tsalp] *m* ⟨-(e)s; -e⟩ *zo.* chiffchaff (*Phylloscopus collybita*; *bird*).

Zim·bal ['tsɪmbal] *n* ⟨-s; -e *u.* -s⟩ *mus.* dulcimer, zimbalon, zymbalum, cimbalon, cymbalom, czimbalon.

Zim·bel ['tsɪmbəl] *f* ⟨-; -n⟩ *mus.* (*Orgelregister*) cymbal.

Zim·bern ['tsɪmbərn] *pl hist.* Cimbri.

Zim·mer ['tsɪmər] *n* ⟨-s; -⟩ **1.** room: (**gemütliches**) **~ den** (*colloq.*); **ein möbliertes ~** a furnished room; **ineinandergehende ~** interconnecting rooms, rooms which open into each other; **ein ~ mit Balkon** [**fließendem Wasser**] a room with a balcony [with running water]; **ein ~ nach vorn** [**hinten**] (**hinaus**) a front [back] room; **ein eigenes ~ haben** to have a room of one's own, to have one's own room, to have a room to oneself; **ein ~ voller Leute** a roomful of people; **ein ~ mieten** [**vermieten**] to rent [to rent (out), *bes. Br.* to let (out)] a room; **~ zu vermieten** rooms to let; **geh in** (*od.* **auf**) **dein ~!** go to your room! **haben Sie ein ~** (**frei**)? (*im Hotel*) have you a room vacant? **sich** (*dat*) **ein ~ nehmen** (*im Hotel*) to take a room; **das ~ hüten** to stay in (*od.* to keep to) one's room, to stay indoors. – **2.** (*in Untermiete*) room, lodgings *pl*, *Br. colloq.* digs *pl*: **sich** (*dat*) **ein ~ suchen** to look for a room (*od.* for lodgings). – **3.** (*in Palästen etc*) chamber. — **~an,ten·ne** *f* (*radio*) *telev.* indoor (*od.* room) antenna (*bes. Br.* aerial).

'Zim·mer|,ar·beit *f tech.* carpentry, carpentering. — **~,axt** *f cf.* Zimmermannsaxt.

'Zim·mer|ba·ro,me·ter *n* indoor barometer. — **~be,stel·lung** *f* (*im Hotel*) booking of a room (*od.* of rooms). — **~,cal·la** *f bot.* calla (lily) (*Zantedeschia aethiopica*). — **~,decke** (*getr.* -k·k-) *f* ceiling. — **~de·ko·ra·ti,on** *f* (*theater*) interior set.

Zim·me'rei *f* ⟨-; *no pl*⟩ *tech.* carpentry, carpentering.

'Zim·mer,ein,rich·tung *f* **1.** (*Möbel*) furniture. – **2.** (*Innenausstattung*) interior, décor, *Am. auch* decor, furnishings *pl.* – **3.** (*Vorgang*) furnishing.

'Zim·me·rer *m* ⟨-s; -⟩ *cf.* Zimmermann.

'Zim·mer|,flucht *f* ⟨-; -en⟩ suite of rooms. — **~,frau** *f Austrian* landlady. — **~ge,nos·se** *m* roommate, *Br.* room-mate.

'Zim·mer·ge,sel·le *m* journeyman carpenter.

'Zim·mer·gym,na·stik *f* home (*od.* indoor) gymnastics *pl* (*construed as sg*).

'Zim·mer,hand,werk *n tech.* carpentry, carpentering, carpenter's trade.

'Zim·mer,hau·er *m* (*mining*) timberman.

'Zim·mer,herr *m* lodger, *Am. auch* roomer.

'Zim·mer|,kell·ner *m* room waiter. — **~,laut,stär·ke** *f* (*radio*) moderate volume: **stellen Sie bitte Ihr Gerät auf ~** please turn your radio down to moderate volume. — **~,lin·de** *f bot.* African hemp (*Sparmannia africana*).

'Zim·mer,mäd·chen *n* chambermaid.

'Zim·mer,mann *m* ⟨-(e)s; -leute⟩ carpenter: **j-m zeigen, wo der ~ das Loch gelassen hat** *fig. colloq.* to show s.o. the door; → Axt 1.

'Zim·mer,manns,axt *f tech.* carpenter's ax(e), broadax(e).

'Zim·mer,mei·ster *m* master carpenter.

'Zim·mer|,mie·te *f* room rent, rent for a room. — **~,mie·ter** *m*, **~,mie·te·rin** *f* room tenant, tenant lodger.

zim·mern ['tsɪmərn] **I** *v/t* ⟨h⟩ **1.** (*Dachstuhl etc*) carpenter. – **2.** (*Boot, Haus, Regal, Tisch etc*) build, make. – **3.** *fig.* shape, make: **sich** (*dat*) **sein Leben ~** to shape one's own life. – **4.** *tech.* (*mining*) timber, prop, lag. – **II** *v/i* **5.** carpenter. – **6.** **an** (*dat*) **etwas ~** (*an Boot etc*) to work on s.th. – **III Z~** *n* ⟨-s⟩ **7.** *verbal noun.*

'Zim·mer|,nach·bar *m* next-door neighbor (*bes. Br.* neighbour), neighbor (*bes. Br.* neighbour) in the next room (*od.* in the room next door). — **~,ofen** *m* stove. — **~,pflan·ze** *f* indoor (*od.* house) plant.

'Zim·mer|,platz *m tech. cf.* Zimmerwerkplatz. — **~po,lier** *m* foreman carpenter.

'Zim·mer|,rei·he *f cf.* Zimmerflucht. — **~re·ser,vie·rung** *f* (*im Hotel*) reservation (*od.* booking) of a room (*od.* of rooms). — **~,schlüs·sel** *m* room key, key to (*od.* of) the room. — **~,schmuck** *m* **1.** room ornament. – **2.** *collect.* indoor decoration (*od.* décor, *Am. auch* decor). — **~,spin·ne** *f zo.* house spider (*Gattg Tegenaria*). — **~,su·che** *f* room hunting: **auf ~ sein** to be on the room hunt, *Br. colloq.* to be on the look-out for digs. — **~,tan·ne** *f bot.* Norfolk Island pine, araucaria (*scient.*) (*Araucaria excelsa*). — **~te·le,fon**, **~te·le,phon** *n* telephone in one's room. — **~tem·pe·ra,tur** *f* ⟨-; *no pl*⟩ room temperature. — **~thea·ter** [-te,a:tər] *n* **1.** arena stage, little theater (*bes. Br.* theatre), *auch* cellar theater (*bes. Br.* theatre). – **2.** (*Unternehmen*) little theatrical company, little theater (*bes. Br.* theatre) group (*od.* company). — **~ther·mo,me·ter** *n* indoor thermometer.

'Zim·me·rung *f* ⟨-; -en⟩ **1.** *cf.* Zimmern. – **2.** *tech.* (*mining*) timberwork.

'Zim·mer|ver,mie·ter *m* landlord. — **~ver,mie·te·rin** *f* landlady. — **~ver,mie·tung** *f* renting (*bes. Br.* letting) of rooms. — **~ver,mitt·lung** *f* **1.** (*als Dienstleistung*) accommodation service. – **2.** (*als Einrichtung*) accommodation agency.

'Zim·mer|,werk,platz *m tech.* carpenter's yard, *bes. Am.* lumberyard. — **~,werk,statt** *f* carpenter's workshop.

zi·mo·lisch [tsi'mo:lɪʃ] *adj min.* cimolitic: **~e Erde** cimolite.

Zi·mo·lit [tsimo'li:t; -'lɪt] *m* ⟨-s; -e⟩ *min.* cimolite.

zim·per·lich ['tsɪmpərlɪç] *adj* **1.** finical, finickin(g), *bes. Am.* finicky, fastidious, squeamish, gingerly, pernickety (*colloq.*): **~ tun** to be finical; **sei nicht so ~!** don't be so finickin(g)! – **2.** (*prüde*) prudish, prim (and proper), priggish, kid-glove (*attrib*), *Am. colloq.* prissy: **ein ~er Mensch** a prude, a prig; **sei nicht so ~!** don't be such a prude (*od.* prig)! **nicht ~ sein** not to be overnice. – **3.** (*geziert*) coy, simpering. – **4.** (*leicht Ekel empfindend*) squeamish, overdainty, *Br.* over-dainty, kid-glove (*attrib*). – **5.** (*wehleidig*) soft, *Br. sl.* cissy, *Am. sl.* sissy: **bist du aber ~!** you are a softy (*od.* a softie, *Br. sl.* a cissy, *Am. sl.* a sissy)! — **'Zim·per·lich·keit** *f* ⟨-; *no pl*⟩ **1.** finicalness, finickin(g)ness, *bes. Am.* finickiness, fastidiousness, squeamishness, gingerliness, pernicketiness (*colloq.*). – **2.** (*Prüderie*) prudishness, prudery, primness, priggishness, *Am. colloq.* prissiness. – **3.** (*Geziertheit*) coyness, simpering (manner). – **4.** squeamishness, overdaintiness, *Br.* over-daintiness. – **5.** (*Wehleidigkeit*) softness.

'Zim·per,lie·se ['tsɪmpər-] *f* ⟨-; -n⟩ *colloq.* **1.** (*wehleidiges Mädchen*) softy, softie, *Br. sl.* cissy, *Am. sl.* sissy. – **2.** (*prüdes Mädchen*) prude, prig. – **3.** (*geziertes Mädchen*) simperer.

Zimt [tsɪmt] *m* ⟨-(e)s; -e⟩ **1.** *gastr.* a) *auch* **Echter ~** cinnamon (*von Cinnamomum ceylanicum*), b) *auch* **Weißer ~**, **Chinesischer ~** cassia, Chinese cinnamon (*von C. cassia*): **gemahlener ~** ground cinnamon. – **2.** *fig. colloq.* (*in Wendungen wie*) **laß mich mit dem ~ in Ruhe** don't bother me with that business (*od.* stuff); **du redest wieder einen furchtbaren ~** you are talking a lot of rubbish (*od.* nonsense) again (*colloq.*); **da hast du den ganzen ~** there you have the whole caboodle (*od.* bang shoot) (*sl.*); **der ganze ~ kann mir gestohlen bleiben** I don't give a damn (*od. sl.* care a hoot *od.* two hoots) about the whole lot, to pot (*stärker* to blazes) with (*od.* bother) the whole lot! (*alle colloq.*). — **~al·de,hyd** *m chem.* cinnamaldehyde, cinnamyl aldehyde ($C_6H_5CH:CHCHO$). — **~,al·ko·hol** *m* cinnamyl (*auch* cinnamic) alcohol ($C_6H_5CH=CHCH_2OH$). — **~,ap·fel** *m bot.* sugar (*od.* custard) apple, sweetsop, Anon (*Annona squamosa*). — **~,bär** *m zo.* cinnamon bear, American black bear (*Ursus americanus*). — **~,baum** *m bot.* cinnamon tree (*Cinnamomum ceylanicum*). — **~,blü·te** *f* **1.** (*von Cinnamomum ceylanicum*) cinnamon flower. – **2.** (*von Cinnamomum cassia*) cassia bud. — **~,brom,bee·re** *f* sweet-scented bramble, *Am.* salmonberry (*Rubus odoratus*). — **~,en·te** *f zo.* cinnamon teal (*Anas cyanoptera*). — **z~,far·ben**, **z~,far·big** *adj* cinnamon(-colored, *bes. Br.* -coloured). — **~,öl** *n* ⟨-(e)s; *no pl*⟩ cinnamon oil. — **~,rin·de** *f bot.* **1.** (*von Cinnamomum ceylanicum*) cinnamon bark. – **2.** (*von Cinnamomum cassia*) cassia bark, Chinese cinnamon. — **~,rin·den,öl** *n* ⟨-(e)s; *no pl*⟩ cinnamon(-bark) oil. — **~,ro·se** *f bot.* cinnamon rose (*Rosa cinnamomea*).

'Zimt,säu·re *f* ⟨-; *no pl*⟩ *chem.* cinnamic acid ($C_6H_5CH:CHCOOH$). — **~äthyl,ester** [-ˀɛ,ty:l-] *m* ethyl cinnamate. — **~me,thyl,ester** *m* methyl cinnamate.

'Zimt|,stan·ge *f* stick (*od.* quill) of cinnamon. — **~,stern** *m gastr.* cinnamon star.

Zin·cke·nit [tsɪŋkə'ni:t; -'nɪt] *m* ⟨-s; *no pl*⟩ *min.* zinkenite, *auch* zinckenite.

Zin·der ['tsɪndər] *m* ⟨-s; -⟩ *meist pl* (*ausgeglühte Steinkohle*) cinder.

Zi·neb ['tsi:nɛp] *n* ⟨-s; *no pl*⟩ *chem.* zineb, zinc diethyldithiocarbamate [$(-CH_2-NHCSS)_2Zn$].

Zi·ne·ra·ria [tsine'ra:rĭa], **Zi·ne'ra·rie** [-rĭə] *f* ⟨-; -rien⟩ *bot.* cineraria (*Senecio cruentus*).

Zin·gel[1] ['tsɪŋəl] *m* ⟨-s; -(n)⟩ *zo.* (*Barsch*) zingel (*Aspro zingel*).

'Zin·gel[2] *m* ⟨-s; -⟩ *hist.* circular wall.

Zin·gu·lum ['tsɪŋgulum] *n* ⟨-s; -s *u.* -la [-la]⟩ *röm.kath.* (*Gürtel*) cingulum.

Zink[1] [tsɪŋk] *n* ⟨-(e)s; *no pl*⟩ *chem. min.* zinc, zincum, (*rohes*) *auch* spelter (Zn): **chromsaures ~** *cf.* Zinkchromat; **schwefelsaures ~** *cf.* Zinksulfat; **mit ~ belegen** to galvanize *Br. auch* -s-, to zinc, to coat (*od.* plate, cover, line) (*s.th.*) with zinc.

Zink[2] *m* ⟨-(e)s *od.* -en; -e *od.* -en⟩ *mus.* **1.** *hist.* (*Holzblasinstrument*) cornett, zinke, *auch* zink. – **2.** (*Orgelregister*) serpent.

'Zink|ace,tat *n chem.* zinc acetate [$(CH_3COO)_2Zn \cdot 2H_2O$]. — **~amal,gam** *n* zinc amalgam. — **~am,mo·ni·um·chlo,rid** *n* zinc ammonium chloride ($ZnCl_2 \cdot 2NH_4Cl$). — **~,ar·bei·ter** *m* zinc worker. — **~,asche** *f chem.* zinc ash (*od.* dross, skimmings *pl*).

Zin·ka·te [tsɪŋ'ka:tə] *pl chem.* zincates.

'Zink|äthyl [-ˀɛ,ty:l] *n chem.* zinc ethyl (*od.* diethyl, ethide) [$(C_2H_5)_2Zn$]. — **~,ät·zung** *f print.* **1.** ⟨*only sg*⟩ (*Verfahren*) zincography. – **2.** (*geätzte Platte*) zinc etching (*od.* plate). – **3.** *cf.* Zinkographie 2. — **~aze,tat** *n chem. cf.* Zinkacetat. — **~,blech** *n metall.* **1.** (*als Werkstoff*) sheet zinc. – **2.** (*als Erzeugnis*) zinc sheet. – **3.** (*ver-*

zinktes Blech) galvanized (*Br. auch* -s-) sheet: ein Dach mit ~ decken to cover a roof with galvanized sheets. — ~ˌ**blen·de** *f chem. min.* zinc blende, sphalerite, *auch* blackjack, false galena, blende (ZnS). — ~ˌ**blu·me** *f min.* zinc flower, flower of zinc. — ~ˌ**blü·te** *f* zinc bloom, hydrozincite (*scient.*). — ~**broˌmid** *n chem.* zinc bromide ($ZnBr_2$). — ~**car·boˌnat** [-karboˌnaːt] *n* ⟨-(e)s; -e⟩ *meist pl* zinc carbonate ($ZnCO_3$). — ~**chloˌrid** *n* zinc chloride, butter of zinc ($ZnCl_2$). — ~**chroˌmat** *n* zinc chromate. — ~**cyaˌnid** *n* zinc cyanide ($Zn(CN)_2$). — ~ˌ**dach** *n tech.* zinc roofing. — ~**di·alˌky·le** [-diˀalˌkyːlə] *pl chem.* zinc dialkyls.

ˈ**Zinkˌdruck** *m* ⟨-(e)s; -e⟩ *print. cf.* Zinkographie. — ~ˌ**guß** *m metall.* die-cast zinc. — ~ˌ**plat·te** *f print.* zinc printing plate.

Zin·ke [ˈtsɪŋkə] *f* ⟨-; -n⟩ **1.** (*am Kamm*) tooth. – **2.** (*an Gabel, Rechen etc*) prong, tine. – **3.** *tech.* (*Holzverbindung*) dovetail, tenon. – **4.** (*auf Spielkarten*) (secret) mark. – **5.** *mus. hist. cf.* Zink² 1.

ˈ**Zink·elek·troˌly·se** *f metall.* electrolytic zinc process, electrolytic separation of zinc.

Zin·ken [ˈtsɪŋkən] *m* ⟨-s; -⟩ **1.** *cf.* Zinke 1, 2, 3. – **2.** *colloq.* (*große Nase*) 'bugle', 'nozzle', 'pecker', *Br. auch* 'hooter' (*alle colloq.*), proboscis (*humor.*). – **3.** *mus. hist. cf.* Zink² 1. – **4.** *cf.* Gaunerzinken.

ˈ**zin·ken**¹ *adj chem. tech.* (of) zinc.

ˈ**zin·ken**² *v/t* ⟨h⟩ **1.** fit (*s.th.*) with prongs (*od.* tines). – **2.** (*Karten*) mark (*cards*) (with secret signs), rig. – **3.** *tech.* (*Bretter etc*) dovetail.

ˈ**Zink|ˌerz** *n min.* zinc ore. — ~ˌ**far·be** *f* (*paints*) zinc paint. — ~**fluoˌrid** *n chem.* zinc fluoride (ZnF_2). — ~ˌ**fo·lie** *f* zinc foil. — ~ˌ**gelb** *n* (*paints*) zinc yellow, hydrated zinc chromate. — ~ˌ**grau** *n* zinc gray (*bes. Br.* grey). — ~ˌ**grün** *n* zinc green. — ~ˌ**grup·pe** *f chem.* zinc group. — ~ˌ**guß·ˌla·ger** *n metall.* cast zinc-bearing alloy. — **z**~ˌ**hal·tig** *adj chem.* zinciferous, zincic, zin(c)ky, zincy. — ~ˌ**hochˌät·zung** *f print.* **1.** anastatic printing, (anastatic) zincography. – **2.** *cf.* Zinkographie 2. — ~ˌ**hüt·te** *f* zinc works *pl* (*construed as sg or pl*). — ~**hy·droˌxid** [-hydrəˌksiːt] *n* ⟨-(e)s; -e⟩ *chem.* zinc hydroxide ($Zn(OH)_2$).

ˈ**zin·kig** *adj* pronged, tined.

Zin·kit [tsɪŋˈkiːt; -ˈkɪt] *m* ⟨-s; *no pl*⟩ *min.* zincite, red zinc ore.

ˈ**Zink|leˌgie·rung** *f chem. tech.* zinc alloy. — ~ˌ**leim·verˌband** *m med.* Unna's paste dressing. — ~ˌ**lot** *n tech.* zinc solder. — ~**meˌthyl** *n chem.* zinc methyl (*od.* methide), dimethyl zinc ($Zn(CH_3)_2$). — ~**niˌtrat** *n* zinc nitrate ($Zn(NO_3)_2$).

Zin·ko·gra·phie [tsɪŋkograˈfiː] *f* ⟨-; -n [-ən]⟩ *print.* **1.** ⟨*only sg*⟩ (*Verfahren*) zincography. – **2.** zincograph, zinc-plate printing, zinc etching.

ˈ**Zink|ˌöl** *n med. pharm.* zinc oil. — **z**~**or·ˌga·nisch** *adj chem.* (*Verbindung*) organozinc (*attrib*). — ~**oxid** [-ˀəˌksiːt], ~**oxyd** [-ˀəˌksyːt] *n* zinc oxide (*auch* oxyde) (*od.* white), flowers *pl* of zinc, Chinese white, philosopher's wool (ZnO). — ~**phosˌphat** *n* zinc (ortho)phosphate ($Zn(PO_4)_2 \cdot 4H_2O$). — ~**phosˌphid** [-fəsˌfiːt] *n* ⟨-s; -e⟩ zinc phosphide (Zn_3P_2). — ~ˌ**plat·te** *f print.* zinc plate. — ~ˌ**pu·der** *m med. pharm.* zinc powder. — ~**re·siˌnat** *n chem.* zinc resinate. — ~ˌ**sal·be** *f med. pharm.* zinc (oxide, *auch* oxyde) ointment. — ~**sa·li·cyˌlat** [-zalitsyˌlaːt], ~**sa·li·zyˌlat** *n chem.* zinc salicylate. — ~ˌ**sarg** *m* zinc coffin. — ~**si·liˌcat-ˌAnˌstri·che** [-ziliˌkaːt-] *pl* (*paints*) zinc silicate coatings (*od.* paintings). — ~**si·liˌca·te** [-ziliˌkaːtə], ~**si·liˌka·te** *pl chem.* zinc silicates. — ~ˌ**spat** *m min.* smithsonite, zinc spar.

ˈ**Zinkˌstaub** *m* **1.** *metall.* blue dust. – **2.** *chem.* zinc dust. — ~**de·stil·la·tiˌon** *f chem.* zinc dust distillation. — ~ˌ**far·ben** *pl* (*paints*) zinc dust paints: hochpigmentierte ~ highly pigmented zinc dust paints.

ˈ**Zink|sulˌfat** *n chem.* zinc sulfate (*bes. Br.* -ph-), *auch* white vitriol, zinkosite ($ZnSO_4 \cdot 7H_2O$). — ~**sulˌfid** *n* zinc sulfide (*bes. Br.* -ph-) (ZnS). — ~**ti·taˌnat** [-titaˌnaːt] *n* ⟨-(e)s; -e⟩ zinc titanate. — ~ˌ**überˌzug** *m* zinc coating. — ~**verˌgif·tung** *f med.* zinc poisoning. — ~**vi·triˌol** *n chem. cf.* Zinksulfat. — ~ˌ**walzˌwerk** *n tech.* zinc rolling mill. — ~ˌ**wan·ne** *f* zinc bath (*od.* tub). — ~ˌ**weiß** *n chem. cf.* Zinkoxid. — ~**zyaˌnid** *n cf.* Zinkcyanid.

Zinn [tsɪn] *n* ⟨-(e)s; *no pl*⟩ **1.** *chem.* tin (Sn). – **2.** (*legiertes, für Haushaltswaren etc*) pewter, (*mittelhartes*) trifle. — ~ˌ**ader** *f* (*mining*) tin vein (*od.* lode). — ~**amal·ˌgam** *n chem.* tin amalgam. — ~ˌ**asche** *f* **1.** *chem.* tin ashes *pl*, stannic (*od.* tin) oxide (*auch* oxyde) (SnO_2). – **2.** (*zum Polieren*) putty powder, tin putty, jeweler's (*bes. Br.* jeweller's) putty. — ~ˌ**baum** *m chem.* tin tree. — ~ˌ**be·cher** *m* pewter beaker (*od.* mug). — ~ˌ**blech** *n metall.* **1.** tin (metal) sheet. – **2.** (*Weißblech*) tinplate. — ~**broˌmid** *n chem.* **1.** tin (*od.* stannic) bromide ($SnBr_4$). – **2.** tin (*od.* stannous) bromide ($SnBr_2$). — ~ˌ**bron·ze** *f* tin bronze. — ~ˌ**but·ter** *f* butter of tin, tin (*od.* stannic) chloride ($SnCl_4 \cdot 5H_2O$). — ~**chloˌrid** *n meist pl* **1.** tin (*od.* stannic) chloride ($SnCl_4$). – **2.** tin (*od.* stannous) chloride ($SnCl_2$). — ~**chloˌrür** *n cf.* Zinnchlorid 2. — ~**di·oxid** [-diˀəˌksiːt], ~**di·oxyd** [-diˀəˌksyːt] *n* **1.** *chem.* tin (*od.* stannic) oxide (*auch* oxyde) (SnO_2). – **2.** *min. cf.* Kassiterit. — ~ˌ**druck·ˌguß** *m metall.* tin pressure die-casting.

Zin·ne [ˈtsɪnə] *f* ⟨-; -n⟩ *arch. hist.* merlon.

ˈ**Zinn·elek·troˌly·se·verˌfah·ren** *n metall.* electrolytic tin-refining process.

ˈ**zin·nen** *adj cf.* zinnern.

ˈ**Zin·nen|beˌsatz** *m arch. hist. cf.* Zinnenkranz. — ~ˌ**fen·ster** *n* crenel, *auch* crenelle, embrasure. — ~ˌ**fries** *m* merlon-type frieze. — ~ˌ**kranz** *m* crenelation, *bes. Br.* crenellation. — ~ˌ**türm·chen** *n* battlement turret.

ˈ**zin·nern** *adj* (of) tin, tinny, (*aus Zinnlegierung*) (of) pewter.

ˈ**Zinn|ˌerz** *n* **1.** *metall.* tin ore. – **2.** *min. cf.* Kassiterit. — ~ˌ**far·be** *f* (*paints*) *cf.* zinnoberrot II. — ~**fiˌgur** *f* pewter figure. — ~**fluoˌrid** *n chem.* **1.** tin (*od.* stannous) fluoride (SnF_2). – **2.** tin (*od.* stannic) fluoride (SnF_4). — ~ˌ**fo·lie** *f* tinfoil. — ~**ge·ˌschirr** *n* **1.** pewter(ware). – **2.** (*aus einer Legierung mittlerer Härte*) trifles *pl*. — ~**geˌschrei** *n metall.* tin cry. — ~ˌ**gie·ßer** *m* **1.** tinsmith, tinner. – **2.** (*von legierten Haushaltswaren etc*) pewterer. — ~**gie·ßeˌrei** *f* tin foundry. — ~ˌ**guß** *m* tin casting. — **z**~·ˌ**hal·tig** *adj* (*Legierungen*) stanniferous, tin-bearing.

Zin·nie [ˈtsɪnĭə] *f* ⟨-; -n⟩ *bot.* zinnia (*Gattg Zinnia*).

ˈ**Zinn|ˌkies** *m min.* stannite, tin pyrites *pl*. — ~ˌ**krät·ze** *f metall.* tin dross (*od.* waste). — ~ˌ**kraut** *n bot.* horsetail (*Gattg Equisetum*). — ~ˌ**krug** *m* **1.** (*für Bier etc*) pewter mug. – **2.** (*als Kanne*) pewter jug (*Am.* pitcher). — ~**leˌgie·rung** *f* tin(-base) alloy. — ~**mon·oxid** [-ˀəˌksiːt], ~**mon·oxyd** [-ˀəˌksyːt] *n* tin (*od.* stannous) oxide (*auch* oxyde) (SnO).

Zin·no·ber¹ [tsɪˈnoːbər] *m* ⟨-s; -⟩ **1.** *min.* cinnabar, natural vermilion (*Am. auch* vermillion), liver ore. – **2.** *fig. colloq.* (*in Wendungen wie*) mach keinen ~ don't make such a fuss! stop (*od.* none of) your nonsense! was kostet der ganze ~? what does the whole lot (*colloq.*) (*od. sl.* caboodle) cost? – **3.** (*paints*) (*Malerfarbe*) red cinnabar.

Zinˈno·ber² *n* ⟨-s; *no pl*⟩ *Austrian* (*Farbe*) red cinnabar.

zinˈno·berˌrot (*paints*) **I** *adj* vermilion, *Am. auch* vermillion. – **II Z**~ *n* vermilion, *Am. auch* vermillion.

ˈ**Zinn|oxid** [-ˀəˌksiːt], ~**oxyd** [-ˀəˌksyːt] *n chem. cf.* a) Zinndioxid, b) Zinnmonoxid. — ~ˌ**pest** *f metall.* tin disease, tin pest, *auch* tin plague. — ~**phosˌphid** [-fəsˌfiːt] *n* ⟨-s; -e⟩ *chem.* tin phosphide (Sn_4P_3). — ~·ˌ**salz** *n* tin (*od.* stannic, stannous) salt. — ~·ˌ**sand** *m min.* grain tin. — ~ˌ**säu·ren** *pl chem.* stannic acids. — ~ˌ**schrei** *m metall.* tin cry. — ~ˌ**schüs·sel** *f* pewter bowl. — ~**solˌdat** *m* tin soldier. — ~ˌ**stein** *m* ⟨-(e)s; *no pl*⟩ *min. cf.* Kassiterit. — ~**sulˌfat** *n chem.* tin (*od.* stannous) sulfate (*bes. Br.* -ph-) [$Sn(SO_4)$]. — ~**sulˌfid** *n* **1.** tin (*od.* stannous) sulfide (*bes. Br.* -ph-) (SnS). – **2.** tin (*od.* stannic) sulfide (*bes. Br.* -ph-) (SnS_2). — ~·ˌ**tel·ler** *m* pewter plate. — ~**te·tra·chloˌrid** [-tetrakloˌriːt] *n* ⟨-s; -e⟩ *chem.* tin (tetra)chloride ($SnCl_4$). — ~**te·tra·pheˌnyl** [-tetrafeˌnyːl] *n* ⟨-s; *no pl*⟩ tetraphenyl tin ($Sn(C_6H_5)_4$). — ~**verˌbindung** *f* tin compound.

Zins¹ [tsɪns] *m* ⟨-es; -en⟩ *meist pl econ.* interest: zu 4% ~en at 4% interest; zu hohen ~en at a high interest (rate); aufgelaufene ~en accumulated (*od.* accrued) interest *sg*; fällige [jährliche, laufende] ~en outstanding [annual, current] interest *sg*; gestaffelte ~en equated (*od.* graduated) interest *sg*; rückständige ~en unpaid interest *sg*, arrears of interest; abzüglich der ~en less (*od.* minus) interest; ohne ~en ex (*od.* without) interest; 3% ~en bringen (*od.* abwerfen, tragen) to bear (*od.* carry, yield) interest at 3%; ~en zum Satz von interest at the rate of; etwas auf (*od.* gegen) ~en ausleihen [leihen] to lend s.th. (*od.* put s.th. out) [to borrow s.th.] at interest; von den ~en leben to live on the interest (of one's capital); die ~en abheben to (with)draw the interest; die ~en anstehen lassen to allow interest to accrue (*od.* accumulate); die ~en ausrechnen [berechnen] to compute [to charge] interest; die ~en kapitalisieren to capitalize (*Br. auch* -s-) the interest; die ~en laufen vom (the) interest is due (*od.* payable) from; die ~en zum Kapital schlagen to add the interest to the capital; j-m etwas mit ~en zurückzahlen (*od.* zurückgeben) *fig.* to pay s.th. back to s.o. with interest; → Zinseszins.

Zins² *m* ⟨-es; -e⟩ **1.** *Southern G., Austrian and Swiss for* a) Miete¹ 1, Mietzins, b) Pacht 3. – **2.** *bes. Bibl.* tribute. – **3.** *hist.* (*Abgabe an den Grundherrn*) ground rent.

ˈ**Zins|ˌabˌkom·men** *n econ.* interest (rates) agreement. — ~ˌ**abˌschnitt** *m* interest coupon (*od.* warrant). — ~ˌ**anˌlei·he** *f* (*rückzahlbar zum festgesetzten Termin*) interest-bearing loan (repayable at fixed date). — ~**ar·bi·traˌge** *f* arbitrage on interest rates. — ~ˌ**ausˌfall** *m* loss of interest. — **z**~**bar** *adj* **1.** *rare for* a) zinspflichtig 1, b) zinsbringend I. – **2.** *hist.* tributary. — ~ˌ**bau·er** *m hist.* peasant paying tithe(s), *Br.* copyholder, (*im weiteren Sinn*) tenant. — ~**beˌdin·gun·gen** *pl econ.* interest terms. — **z**~**beˌgün·stigt** *adj* benefiting (*bes. Br.* benefitting) from preferential interest rate. — ~**beˌla·stung** *f* interest charge. — ~**beˌrech·nung** *f* interest computation (*od.* calculation). — ~**beˌreich** *m*, *rare n* interest rate category. — **z**~ˌ**bil·lig** *adj* low-interest (*attrib*). — **z**~·ˌ**brin·gend I** *adj* interest-bearing, bearing (*od.* carrying, yielding) interest: ~e Kapitalsanlage interest-bearing investment. – **II** *adv* Geld ~ anlegen to invest money at interest. — ~ˌ**diˌvi·sor** *m* interest divisor. — ~ˌ**einˌbu·ße** *f* loss of interest. — ~ˌ**ein·ˌkom·men** *n* income from interest.

zin·sen [ˈtsɪnzən] *v/i* ⟨h⟩ **1.** *archaic od. Swiss* pay interest. – **2.** *hist.* pay tribute.

ˈ**Zin·sen|ˌaufˌstel·lung** *f econ.* statement of interest, interest account (statement). — ~ˌ**ausˌfall** *m cf.* Zinsausfall. — ~**beˌrech·nung** *f* computation (*od.* calculation) of interest. — ~ˌ**dienst** *m* (*einer Anleihe etc*) interest service (*od.* payment). — ~ˌ**gut·ˌschrift** *f* **1.** interest crediting. – **2.** interest credited. — ~ˌ**kon·to** *n* interest account. — ~ˌ**last** *f* interest charge, burden of interest (to be paid).

ˈ**Zins|erˌhö·hung** *f econ. cf.* Zinssatzerhöhung. — ~**erˌmä·ßi·gung** *f* reduction of interest (*od.* of the interest rate). — ~**erˌneue·rungsˌschein** *m* talon. — ~**er·ˌtrag** *m* interest yield.

ˈ**Zin·sesˌzins** *m* ⟨-es; -en⟩ *meist pl econ.* compound interest: (j-m) etwas mit Zins und ~ zurückzahlen (*od.* heimzahlen) *fig.* to repay (*od.* return) s.th. (to s.o.) with interest, to give (s.o.) back more than one got (*colloq.*). — ~ˌ**rech·nung** *f math. econ.* computation (*od.* calculation) of compound interest.

ˈ**Zins|ˌfäl·lig·keits·terˌmin** *m econ.* date of interest due. — ~ˌ**for·de·rung** *f* **1.** interest claim. – **2.** (*als Posten der Bilanz*) interest receivable. — ~ˌ**for·mel** *f* interest formula. — **z**~ˌ**frei** *adj* **1.** *econ.* interest-free, free of interest: ~es Kapital interest-free capital. – **2.** *hist.* (*Gut etc*) al(l)odial, rent-free. — ~ˌ**frei·heit** *f* ⟨-; *no pl*⟩ *hist.* exemption from paying tribute, al(l)odiality.

ˈ**Zinsˌfuß** *m* ⟨-es; ⸚e⟩ *econ.* interest rate, rate of interest: die Höhe des ~es ist 5% the rate of interest is 5%; gesetzlicher [vereinbarter] ~ legal [agreed] rate of interest. — ~**erˌhö·hung** *f cf.* Zinssatzerhöhung.

ˈ**Zins|geˌfäl·le** *n econ.* interest margin (*od.* differental), gap between interest rates. — ~**geˌnuß** *m* entitlement to receiving interest. — ~**geˌschäft** *n* business earning (*od.*

costing) interest. — **~ˌgro·schen** *m hist.* tribute money. — **z~ˌgün·stig** *adj econ.* low-interest (*attrib*). — **~ˌgut** *n hist.* leasehold, *Br.* copyhold. — **~ˌgutˌschrift** *f econ.* **1.** interest crediting. – **2.** interest credited. — **~ˌhahn** *m hist.* (*im Feudalwesen*) cock given as rent, duty fowl: rot wie ein ~ *fig. colloq.* (as) red as a beetroot. — **~ˌhaus** *n Southern G., Austrian and Swiss rare for* Miethaus 1. — **~herˌabˌset·zung** *f econ. cf.* Zinsermäßigung. — **~ˌherr** *m hist.* lessor, *Br.* ground landlord. — **~ˌhö·he** *f econ.* amount (*od.* level) of interest. — **~ˌklau·sel** *f* interest clause. — **~ˌknecht·schaft** *f hist.* interest serfdom (*slavery due to permanent indebtedness to a landlord*). — **~kuˌpon** *m econ.* (interest) coupon. — **~ˌlast** *f cf.* Zinsenlast. — **~ˌle·hen** *n hist.* **1.** fee farm. – **2.** *cf.* Zinsgut. — **~ˌleu·te** *pl* tenants, *Br.* copyholders. — **z~los** *adj econ.* non-interest-bearing, free of interest: → Darlehen. — **~ˌmehrˌaufˌwand** *m* (*bei Gewinn- u. Verlustrechnung*) net interest paid. — **~ˌmehr·erˌtrag** *m* (*bei Gewinn- u. Verlustrechnung*) net interest received. — **~paˌpier** *n* interest-bearing security (*od.* paper). — **~ˌpflicht** *f hist.* **1.** (*zur Zahlung eines Tributs*) obligation to pay tribute. – **2.** (*zur Zahlung von Pacht etc*) obligation to pay rent. — **z~ˌpflich·tig** *adj* **1.** *econ.* subject to the payment of interest. – **2.** *hist.* a) (*abgabepflichtig*) tributary, b) (*verpflichtet, Pacht etc zu zahlen*) liable (*od.* obliged) to pay rent. — **~ˌpflich·ti·ge** *m* ⟨-n; -n⟩ **1.** *econ.* person liable (*od.* obliged) to pay interest. – **2.** *hist.* a) (*j-d, der Abgaben od. Tribut entrichten muß*) person liable (*od.* obliged) to pay tribute, b) (*j-d, der Pacht etc zahlen muß*) person liable (*od.* obliged) to pay rent. — **~po·liˌtik** *f econ.* interest rate policy. — **z~po·liˌtisch** *adj* relating to interest rate policy. — **~ˌrech·nung** *f* **1.** (*als Rechnungsvorgang*) computation (*od.* calculation) of interest. – **2.** (*als Aufstellung*) account interest (charged *od.* credited). — **~renˌdi·te** *f* interest yield. — **~ˌri·si·ko** *n* interest risk, risk of adverse movement in the rate of interest. — **~ˌrückˌstän·de** *pl* arrears of interest. — **~ˌsal·do** *m* balance of interest, net interest paid (*od.* received).

ˈZinsˌsatz *m econ.* interest (rate), rate of interest: üblicher [vereinbarter] ~ conventional [contract *od.* agreed] interest; den ~ erhöhen (*od.* heraufsetzen) [senken *od.* herabsetzen] to raise [to reduce] the rate of interest; Darlehen mit niedrigem ~ low-interest loan. — **~erˌhö·hung** *f* increase (*od.* raising) of interest rates.

ˈZinsˌschein *m econ.* (interest) coupon. — **~ˌbo·gen** *m* coupon sheet.

ˈZins|ˌschuld *f econ.* interest debt. — **~ˌsen·kung** *f* reduction of interest. — **~ˌspan·ne** *f* interest margin. — **~ˌstaf·fel** *f* (day-to-day) interest statement. — **~ˌstaf·fe·lung** *f* interest gradation. — **~ˌsteu·er** *f* tax on interest. — **~ˌstopp** *m* interest ceiling (*od.* freeze). — **~taˌbel·le** *f* interest table. — **~ˌta·ge** *pl* (*bei der Zinsrechnung*) days considered for interest purposes. — **~terˌmin** *m* interest date, due date for interest payments. — **z~ˌtra·gend** *adj* interest-bearing. — **~verˌlust** *m* loss of interest. — **~ˌwu·cher** *m* charging of (*od.* lending at) exorbitant interest, usury. — **~ˌwu·che·rer** *m* usurer, *Am.* loan shark. — **~ˌzahl** *f* **1.** interest rate. – **2.** interest product. — **~ˌzah·lung** *f* ⟨-; *no pl*⟩ payment of interest.

Zi·on [ˈtsiːɔn] *npr m* ⟨-(s); *no pl*⟩ Zion (a) *a hill in Jerusalem,* b) *the city of Jerusalem,* c) *the people of Jerusalem,* d) *the Jewish people,* e) *relig. the City of God*).

Zio·nis·mus [tsĭoˈnɪsmʊs] *m* ⟨-; *no pl*⟩ *pol.* Zionism. — **Zioˈnist** [-ˈnɪst] *m* ⟨-en; -en⟩ Zionist. — **zioˈni·stisch** *adj* Zionist, *auch* Zionistic.

Zio·ni·ten [tsĭoˈniːtən] *pl relig. hist.* (*christliche Sekte*) Zionites.

Zip·fel [ˈtsɪpfəl] *m* ⟨-s; -⟩ **1.** (*einer Schürze, eines Kissens, von Stoff, eines Taschentuches etc*) corner, tag: etwas beim rechten ~ anfassen *fig. colloq.* to tackle s.th. the right way, to go the right way about s.th.; etwas an allen vier ~n haben *fig. colloq.* to be sure of s.th.; man bringt einfach nicht alle ~ zusammen *fig. colloq.* one simply can't have everything, there is always something (wrong). – **2.** (*einer Wurst*) end(piece). – **3.** (*eines Sackes etc*) end. – **4.** (*unebene Stelle am Saum*) dip, bump, uneven hem. – **5.** (*einer Zipfelmütze, eines Barts etc*) tip, point, end, peak. – **6.** *geogr.* a) promontory, tongue (of land), spit, b) area of one state projecting into that of another. – **7.** *med.* a) (*eines Organs*) lobe, b) (*des Herzens*) cusp, c) (*der Haut*) flap, d) (*des Ohrs*) lobe. – **8.** (*einer Antenne*) lobe. – **9.** *colloq. humor.* peter (*colloq.*).

ˈzip·fe·lig *adj* **1.** (*Saum etc*) uneven. – **2.** *bot.* laciniate, laciniolate(d), laciniform. – **3.** *med.* lobate, cuspidal, cuspidate.

ˈZip·fel|ˌkä·fer *m zo.* malachid beetle (*Fam. Malachiidae*). — **~ˌkrö·tenˌfrosch** *m* horn frog (*Megophrys nasuta*). — **~ˌmüt·ze** *f* pointy cap, (*für den Wintersport*) *auch* ski cap, stocking cap. – **2.** *obs.* (*Nachtmütze*) nightcap.

ˈzip·feln *v/i* ⟨h⟩ (*von Kleid etc*) have an uneven hem.

ˈzipf·lig *adj cf.* zipfelig.

zipp [tsɪp] *interj* **1.** (*Lockruf der Drossel*) zip! – **2.** er kann nicht ~ sagen *fig. colloq.* (*er ist völlig erschöpft*) he is out for the count, he is more dead than alive.

Zipp *m* ⟨-s; -s⟩ (*TM*) *Austrian for* Reißverschluß.

ˈZippˌam·mer *f zo.* rock bunting (*Emberiza cia*).

ˈZippˌdros·sel *f*, **Zip·pe** [ˈtsɪpə] *f* ⟨-; -n⟩ *Middle G. for* Singdrossel.

zip·pen [ˈtsɪpən] *v/i* ⟨h⟩ (*von Vögeln*) chirp.

Zip·per·lein [ˈtsɪpərlaɪn] *n* ⟨-s; *no pl*⟩ *med. obs.* gout: das ~ haben to suffer from gout.

Zip·pus [ˈtsɪpʊs] *m* ⟨-; - *u.* Zippen⟩ *antiq.* (*Gedenk-, Grenzstein*) cippus.

ˈZipp·verˌschluß *m Austrian for* Reißverschluß.

Zir·be [ˈtsɪrbə], **Zir·bel** [ˈtsɪrbəl] *f* ⟨-; -n⟩ *bot. cf.* Arve 1.

ˈZir·bel|ˌdrü·se *f med.* pineal body (*od.* gland), epiphysis cerebri (*scient.*). — **~ˌholz** *n econ.* cembra wood. — **~ˌkie·fer** *f bot. cf.* Arve 1. — **~ˌnuß** *f* cedar (*od.* cembra) nut.

Zir·co·ni·um [tsɪrˈkoːnĭʊm] *n* ⟨-s; *no pl*⟩ *chem. cf.* Zirkonium.

zir·ka [ˈtsɪrka] *adv* about, approximately, or thereabouts (*nachgestellt*): er verdient ~ 1000 Mark he earns about 1,000 marks, he earns something in the neighbo(u)rhood of (*od.* something like) 1,000 marks, he earns 1,000 marks or thereabouts. — **Z~ˌaufˌtrag** *m econ.* (*im Börsengeschäft*) limited order allowing for slight price deviations. — **Z~ˌpreis** *m* (*bei Kostenvoranschlag*) approximate price.

Zir·kas·si·er [tsɪrˈkasĭər] *m* ⟨-s; -⟩ (*Tscherkesse*) Circassian. — **zirˈkas·sisch** [-sɪʃ] *adj* Circassian.

Zir·kel [ˈtsɪrkəl] *m* ⟨-s; -⟩ **1.** (*Instrument*) pair of compasses, compasses *pl*, compass, (*Spitz-, Teilzirkel*) divider(s *pl*): ~ mit Reißfeder [Stellbogen] inking [quadrant] compass; mit dem ~ einen Kreis schlagen to draw a circle with a pair of compasses; eine Entfernung mit dem ~ abgreifen (*od.* abstecken) to measure a distance with a pair of compasses; alles mit dem ~ messen *fig. colloq.* to be overmeticulous, to be overprecise. – **2.** (*Kreislinie*) circle: die Quadratur des ~s *auch fig.* the quadrature of the circle. – **3.** *fig.* (*Gesellschaftskreis*) (social) circle: die Künstler bildeten einen ~ the artists formed a circle (*od.* group); literarischer ~ literary society. – **4.** (*sport*) (*beim Dressurreiten*) circle. – **5.** (*im studentischen Verbindungswesen*) (*verschlungener Schriftzug*) cipher. — **~ˌbo·gen** *m math.* arc. — **~de·fi·ni·tiˌon** *f philos.* circular definition (*inadequate definition which contains the term to be defined*). — **~ˌka·non** *m mus.* circle (*od.* circular) canon. — **~ˌka·sten** *m math.* compass box (*od.* case, set). — **~ˌli·nie** *f* circular line.

zir·keln [ˈtsɪrkəln] **I** *v/i* ⟨h⟩ make measurements with compasses. – **II** *v/t cf.* abzirkeln 1, 2.

ˈZir·kel|ˌschen·kel *m math.* leg of a compass, compass (*od.* divider) leg. — **~ˌschluß** *m philos.* vicious circle, *auch* circular reasoning. — **~ˌspit·ze** *f math.* point of a compass, compass (*od.* divider) point. — **~verˌlän·ge·rung** *f* compass (*od.* divider) extension. — **~ˌwei·te** *f* span of a pair of compasses (*od.* of a compass).

Zir·kon [tsɪrˈkoːn] *m* ⟨-s; -e⟩ *min.* zircon.

Zirˈkon·alk·oxi·de [-ˀalkɔˌksiːdə] *pl chem.* zirconium alkoxides.

Zir·ko·nat [tsɪrkoˈnaːt] *n* ⟨-(e)s; -e⟩ *chem.* zirconate.

Zirˈkon|ˌbron·ze *f metall.* zirconium bronze. — **~ˌer·de** *f chem.* **1.** zirconia. – **2.** *cf.* Zirkoniumoxid.

Zir·ko·ni·um [tsɪrˈkoːnĭʊm] *n* ⟨-s; *no pl*⟩ *chem.* zirconium (Zr). — **~boˌrid** *n chem.* zirconium boride (ZrB_2). — **~carˌbid** *n min.* zirconium carbide (ZrC). — **~hyˌdrid** *n chem.* zirconium hydride (ZrH_2). — **~karˌbid** *n min. cf.* Zirkoniumcarbid. — **~oxid** [-ˀɔˌksiːt], **~oxyd** [-ˀɔˌksyːt] *n chem.* zirconium (di)oxide, zirconic anhydride, *auch* zirconia (ZrO_2).

Zirˈkon|ˌlam·pe *f* zirconium lamp. — **~oxid·chloˌrid** [-ˀɔˌksiːt-], **~oxyd·chloˌrid** [-ˀɔˌksyːt-] *n chem.* zirconium oxychloride, zirconyl (*od.* basic zirconium) chloride ($ZrOCl_2 \cdot 8H_2O$). — **~ˌsand** *m* circonia sand.

Zir·ku·lar [tsɪrkuˈlaːr] *n* ⟨-s; -e⟩ *obs.* circular (letter).

zir·kuˈlar, zir·kuˈlär [-ˈlɛːr] *adj* **1.** (*kreisförmig*) circular. – **2.** zirkuläres Irresein *med.* circular (*od.* cyclic) insanity (*od.* psychosis).

Zir·kuˈlar|kreˌditˌbrief *m econ.* (*Akkreditiv*) circular letter of credit, circular note. — **~ˌno·te** *f pol.* (*in der Diplomatie*) circular note.

Zir·ku·la·ti·on [tsɪrkulaˈtsĭoːn] *f* ⟨-; *no pl*⟩ (*des Blutes, Geldes etc*) circulation: die ~ betreffend circulatory.

Zir·ku·la·tiˈons|ˌpum·pe *f tech.* circulating (*od.* circulation) pump. — **~ˌstö·rung** *f med.* disturbed circulation.

Zir·ku·la·tor [tsɪrkuˈlaːtɔr] *m* ⟨-s; -en [-laˈtoːrən]⟩ *electr.* (*in der Hochfrequenztechnik*) circulator.

zir·ku·la·to·risch [tsɪrkulaˈtoːrɪʃ] *adj* circulatory.

zir·ku·lie·ren [tsɪrkuˈliːrən] *v/i* ⟨*no* ge-, h⟩ (*umlaufen*) circulate: etwas ~ lassen (*Liste etc*) to pass s.th. (a)round, to circulate s.th. — **zir·kuˈlie·rend I** *pres p.* – **II** *adj* circulatory, *auch* current, circulating.

zir·kum·anal [tsɪrkʊmˀaˈnaːl] *adj med.* circumanal.

Zir·kum·duk·ti·on [tsɪrkʊmdʊkˈtsĭoːn] *f* ⟨-; -en⟩ *med.* circumduction.

zir·kum·flek·tie·ren [tsɪrkʊmflɛkˈtiːrən] *v/t* ⟨*no* ge-, h⟩ put a circumflex on, mark (*s.th.*) with a circumflex.

Zir·kum·flex [tsɪrkʊmˈflɛks] *m* ⟨-es; -e⟩ *ling.* circumflex (accent): etwas mit einem ~ versehen to put a circumflex on s.th., to mark s.th. with a circumflex.

zir·kum·po·lar [tsɪrkʊmpoˈlaːr] *adj* circumpolar. — **Z~ˌstern** *m astr.* circumpolar star.

zir·kum·skript [tsɪrkʊmˈskrɪpt] *adj med.* (*umschrieben*) circumscribed.

Zir·kum·zi·si·on [tsɪrkʊmtsiˈzĭoːn] *f* ⟨-; -en⟩ **1.** *relig. med. cf.* Beschneidung 3. – **2.** *med.* circumcision.

Zir·kus [ˈtsɪrkʊs] *m* ⟨-; -se⟩ **1.** circus, big top: in den ~ gehen to go to the circus; er ist beim ~ he is with (*od.* in) the circus. – **2.** ⟨*only sg*⟩ *fig. colloq.* (*in Wendungen wie*) mach nicht solchen ~ a) don't make such a fuss, b) don't make such an exhibition; ich habe den (ganzen) ~ satt! I'm sick of the whole thing (*colloq.*)! ist das ein ~! such a to-do (*od.* carrying-on)! – **3.** *antiq.* circus. — **~are·na** [-ˀaˌreːna] *f* circus ring. — **~ˌclown** *m* circus clown, *Am. auch* whiteface. — **~diˌrek·tor** *m* circus director, ring master, equestrian director. — **~ˌle·ben** *n* circus (*od.* sawdust) life. — **~ˌpferd** *n* circus horse: wie ein ~ aussehen *fig. contempt.* to look like a bird of paradise (*od.* a cockatoo). — **~ˌrei·ter** *m* circus rider, *auch* circus equestrian. — **~ˌrei·te·rin** *f* circus rider, *auch* circus equestrienne. — **~ˌvorˌstel·lung** *f* circus performance. — **~ˌwa·gen** *m* circus waggon (*bes. Am.* wagon), circus caravan. — **~ˌzelt** *n* circus tent, (*Hauptzelt*) *auch* big top.

Zir·pe [ˈtsɪrpə] *f* ⟨-; -n⟩ *colloq. for* Zikade.

zir·pen [ˈtsɪrpən] **I** *v/i* ⟨h⟩ **1.** (*von Vögeln, Insekten*) chirp, chirr, churr, (*von Insekten*) *auch* stridulate, (*von jungen Vögeln*) *auch* cheep, peep, pip. – **II Z~** *n* ⟨-s⟩ **2.** *verbal noun.* – **3.** (*der Grille etc*) stridulation. — **ˈzir·pend I** *pres p.* – **II** *adj* (*Grille etc*) stridulatory, stridulous.

ˈZirpˌfrosch *m zo.* peeper, peep frog (*Crinia signifera*).

Zir·rho·se [tsɪ'roːzə] *f* ⟨-; -n⟩ *med.* (*Organschrumpfung*) cirrhosis. — **zir'rho·tisch** [-tɪʃ] *adj* cirrhotic.

Zir·ro|ku·mu·lus [tsɪro'kuːmulʊs] *m meteor.* (*Schäfchenwolke, kleine Haufenwolke*) cirrocumulus. — **~'stra·tus** [-'straːtʊs] *m* ⟨-; -⟩ (*Schleierwolke in großer Höhe*) cirrostratus.

Zir·rus ['tsɪrʊs] *m* ⟨-; - *od.* Zirren⟩ *meteor.* (*Federwolke*) cirrus (*auch* cirrhus) (cloud). — **~,wol·ke** *f cf.* Zirrus.

zir·zen·sisch [tsɪr'tsɛnzɪʃ] *adj* circensian: ~e Spiele *antiq.* circensian games.

zis·al·pin [tsɪsˀal'piːn], **zis·al'pi·nisch** *adj* cisalpine, situated on the southern side of the Alps.

zisch [tsɪʃ] *interj* ~ machen a) (*von abgelassenem Dampf*) to hiss, b) (*von plötzlich entweichender Luft*) to fizz, c) (*von heißem Fett*) to sizzle to frizz(le), d) (*von vorbeifliegendem Pfeil etc*) to whiz(z).

Zisch *m* ⟨-(e)s; -e⟩ hiss. — **z~'bum** *interj* whiz(z)bang!

Zi·sche'lei *f* ⟨-; -en⟩ *colloq. contempt.* whispering.

zi·scheln ['tsɪʃəln] **I** *v/i u. v/t* ⟨h⟩ **1.** whisper. – **II Z~** *n* ⟨-s⟩ **2.** *verbal noun.* – **3.** whisper.

zi·schen ['tsɪʃən] **I** *v/i* ⟨h⟩ **1.** (*von Schlange, abgelassenem Dampf etc*) hiss. – **2.** (*von plötzlich entweichender Luft*) fizz. – **3.** (*von heißem Fett*) sizzle, frizzle, frizz. – **4.** (*von vorbeifliegendem Pfeil etc*) whiz(z). – **5.** (*sein Mißfallen zeigen*) hiss: das Publikum zischte the audience hissed. – **II** *v/t* **6.** (*Frage, Ausruf etc*) hiss. – **7.** *fig. colloq.* (*in Wendungen wie*) einen ~ to wet one's whistle, to have a couple (*beide colloq.*). – **III Z~** *n* ⟨-s⟩ **8.** *verbal noun.* – **9.** hisses *pl.*

'Zi·scher *m* ⟨-s; -⟩ hisser.

'Zisch|,hahn *m tech.* compression tap. — **~,laut** *m ling.* (*in der Phonetik*) sibilant. — **~,nat·ter** *f zo.* sand snake (*Gattg Psammophis*).

Zi·se·leur [tsize'løːr] *m* ⟨-s; -e⟩ engraver, (en)chaser.

Zi·se'lier,ar·beit *f* engraved (*od.* [en]chased) work.

zi·se·lie·ren [tsize'liːrən] (*art*) **I** *v/t* ⟨*no* ge-, h⟩ engrave, (en)chase. – **II Z~** *n* ⟨-s⟩ *verbal noun.*

Zi·se'lie·rer *m* ⟨-s; -⟩ (*art*) *cf.* Ziseleur.

Zi·se'lier,kunst *f* (*art*) engraver's (*od.* [en]chaser's) art, engraving, (en)chasing.

Zi·se'lie·rung *f* ⟨-; -en⟩ *cf.* Ziselieren.

Zi·se'lier,werk,zeug *n* engraving (*od.* [en]chasing) tool.

zis·lei·tha·nisch [tsɪslaɪ'taːnɪʃ] *adj hist.* cisleithan, situated on the Austrian side of the Leitha river.

zis·pa·da·nisch [tsɪspa'daːnɪʃ] *adj* cispadane, situated on the Roman side of the Po river.

zis·rhe·na·nisch [tsɪsre'naːnɪʃ] *adj* cisrhenane, situated west of the Rhine.

Zis·soi·de [tsɪso'iːdə] *f* ⟨-; -n⟩ *math.* cissoid.

Zi·sta ['tsɪsta] *f* ⟨-; Zisten⟩, **'Zi·ste** *f* ⟨-; -n⟩ *archeol.* (*etruskisches Bronzegefäß; Urne*) cist, cista.

Zi·ster·ne [tsɪs'tɛrnə] *f* ⟨-; -n⟩ **1.** cistern. – **2.** *med.* cistern, cisterna.

Zi'ster·nen|punk·ti,on *f med.* cisternal (*od.* suboccipital) puncture. — **~,wa·gen** *m* cistern (*od.* tank) car. — **~,was·ser** *n* ⟨-s; *no pl*⟩ water from a tank (*od.* cistern).

Zi·ster·zi·en·ser [tsɪstɛr'tsiɛnzər] *m* ⟨-s; -⟩ *röm.kath.* Cistercian. — **~ab,tei** *f* Cistercian abbey. — **~,klo·ster** *n* Cistercian monastery. — **~,mönch** *m* Cistercian (monk). — **~,non·ne** *f* Cistercian (nun). — **~,or·den** *m* Cistercian order.

'Zist|,ro·se *f*, **~,rös·chen** [-,røːsçən] *n* ⟨-s; -⟩ *bot.* (sweet) cistus, rockrose (*Gattg Cistus*).

Zi·ta·del·le [tsita'dɛlə] *f* ⟨-; -n⟩ citadel.

Zi·tat [tsi'taːt] *n* ⟨-(e)s; -e⟩ quotation, quote, citation: abgedroschenes ~ hackneyed quotation; falsches ~ misquotation, misquote; Ende des ~s unquote.

Zi'ta·ten|,le·xi·kon *n* dictionary of quotations. — **~,schatz** *m* **1.** repertoire (*od.* store) of quotations. – **2.** (*Buch*) thesaurus (*od.* treasury) of quotations.

Zi·ta·ti·on [tsita'tsioːn] *f* ⟨-; *no pl*⟩ *jur. obs.* citation, summons, (*unter Strafandrohung*) subpoena.

Zi·ther ['tsɪtər] *f* ⟨-; -n⟩ *mus.* zither, *auch* zittern: die (*od.* auf der) ~ spielen to play (on) the zither. — **~,ring** *m* zither ring, plectrum. — **~,spiel** *n* ⟨-(e)s; *no pl*⟩ zither music. — **~,spie·ler** *m* zither player, zitherist.

zi·tie·ren [tsi'tiːrən] **I** *v/t* ⟨*no* ge-, h⟩ **1.** (*wiedergeben, anführen*) quote, cite: ich zitiere wörtlich I quote literally (*od.* verbatim); ich zitiere: ..., Ende des Zitats quote, ..., unquote; falsch ~ to misquote; Stellen aus einem Werk ~ to quote from a work. – **2.** (*vorladen*) summon, cite, (*unter Strafandrohung*) subpoena: er wurde vor Gericht zitiert he was summoned to court. – **3.** (*Geister*) conjure up. – **II Z~** *n* ⟨-s⟩ **4.** *verbal noun.* – **5.** citation, (*unter Strafandrohung*) subpoena.

Zi·tral [tsi'traːl] *n* ⟨-(e)s; *no pl*⟩ *chem.* citral ($C_9H_{15}CHO$).

Zi·trin[1] [tsi'triːn] *m* ⟨-s; -e⟩ *min.* citrine, quartz.

Zi'trin[2] *n* ⟨-s; *no pl*⟩ *chem.* citrine (SiO_2).

Zi·tro·nat [tsitro'naːt] *n* ⟨-(e)s; -e⟩ *gastr.* **1.** (candied) lemon peel, citron. – **2.** lemonade.

Zi·tro·ne [tsi'troːnə] *f* ⟨-; -n⟩ *bot.* **1.** (*Baum*) lemon (tree) (*Citrus limon*). – **2.** (*Frucht*) lemon: eine ~ auspressen to squeeze (*od.* crush) a lemon. – **3.** da haben wir mit ~n gehandelt *fig. colloq.* that was bad (*od. sl.* rotten) luck.

Zi·tro·nel·lal [tsitronɛ'laːl] *n* ⟨-s; *no pl*⟩ *chem.* citronellal ($C_9H_{17}CHO$).

Zi·tro·nel·le [tsitro'nɛlə] *f* ⟨-; -n⟩ *bot.* lime (tree) (*Citrus aurantifolia*).

Zi'tro·nen|,baum *m bot.* lemon (tree) (*Citrus limon*). — **~bon,bon** *m, n gastr.* lemon drop. — **~,eis** *n* lemon ice (cream). — **~,fal·ter** *m zo.* brimstone, *auch* brimstone butterfly (*Gonepteryx rhamni*). — **z~,far·ben, z~,far·big** *adj cf.* zitronengelb 2. — **~,fink** *m zo. cf.* Zitronengirlitz. — **~,gelb I** *n* ⟨-s; *no pl*⟩ **1.** lemon (yellow), citron (yellow), queen's yellow, mimosa. – **II z~** *adj* **2.** lemon(-colored, *bes. Br.* -coloured), citron-yellow. – **3.** (*paints*) citron-yellow, citreous. — **~,gir·litz** *m zo.* citril finch (*Carduelis citrinella*). — **~,gras** *n bot.* citronella, *auch* citronella grass (*Cymbopogon nardus*): Indisches ~ camel grass (*od.* hay), sweet rush (*Cymbopogon schoenanthus*). — **~,hai** *m zo.* lemon shark (*Negaprion brevirostris*). — **~,holz** *n* **1.** (*vom Satinbaum*) satinwood. – **2.** (*vom Rosenbaum*) rosewood, citronwood. — **~,kern** *m* lemon pip. — **~,kraut** *n bot.* **1.** *cf.* Gartenmelisse. – **2.** lemon verbena, aloysia (*Lippia citriodora*). — **~li,kör** *m gastr.* lemon liqueur. — **~li·mo·,na·de** *f* lemonade, (*mit Sodawasser*) lemon soda. — **~me,lis·se** *f bot. cf.* Gartenmelisse. — **~,min·ze** *f* bergamot (*Mentha citrata*). — **~,öl** *n* citron oil. — **~,pilz** *m bot. cf.* Sandpilz. — **~,pres·se** *f* lemon squeezer. — **~,saft** *m* **1.** lemon juice. – **2.** *cf.* Zitronenwasser. — **z~,sau·er** *adj only in* zitronensaures Salz *chem.* citrate.

Zi'tro·nen,säu·re *f* ⟨-; *no pl*⟩ *chem.* citric acid ($C_6H_8O_7$). — **~,zy·klus** *m* Krebs cycle, *auch* citric (*od.* tricarboxylic) acid cycle.

Zi'tro·nen|,scha·le *f* lemon peel (*od.* rind): geriebene ~ grated lemon peel. — **~,schei·be** *f* slice of lemon. — **~,stel·ze** *f zo.* yellow-headed wagtail (*Motacilla citreola*). — **~,was·ser** *n gastr.* lemon juice (*od.* water, *Br. auch* squash). — **~,zei·sig** *m zo. cf.* Zitronengirlitz.

Zi·trul·le [tsi'trʊlə] *f* ⟨-; -n⟩ *bot. cf.* Wassermelone 1.

'Zi·trus|,frucht ['tsiːtrʊs-] *f meist pl bot.* citrus fruit, hesperidium (*scient.*). — **~ge,wäch·se** *pl cf.* Agrumen. — **~,knos·pen,mil·be** *f zo.* citrus bud mite (*Aceria sheldoni*). — **~,kom·ma,laus** *f* purple (*od.* citrus mussel) scale (*Lepidosaphes beckii*). — **~,laus** *f* **1.** a) Schwarze ~ black citrus aphid (*Toxoptera aurantii*), b) Braune ~ brown citrus aphid (*T. citricida*). – **2.** Grüne ~ green citrus aphid, spirea aphid (*Aphis spiraecola*). — **~,öle** *pl* citrus fruit oils. — **~,schmier,laus** *f zo.* citrus mealybug (*Pseudococcus citri*).

'Zit·ter|,aal *m zo.* electric eel (*Electrophorus electricus*). — **~,gras** *n bot.* trembling (*od.* quaking) grass (*Gattg Briza*): Kleines ~ small quaking grass (*B. minor*).

'zit·te·rig I *adj* (*Schrift, Stimme, Person etc*) shaky, trembly, tremulous, shivery; doddering, doddery (*colloq.*): ein ~er alter Mann a shaky (*od.* doddering, doddery) old man; mit ~en Händen with shaky hands. – **II** *adv* er schreibt ganz ~ he has a very shaky hand.

'Zit·ter,läh·mung *f* ⟨-; *no pl*⟩ *med.* shaking palsy, paralysis agitans (*scient.*).

zit·tern ['tsɪtərn] **I** *v/i* ⟨h⟩ **1.** (vor *dat* with) shiver, tremble, shake, shudder, quake: sie zitterte am ganzen Körper she trembled all over (*od.* from top to toe), her whole body trembled; → Glied 1. – **2.** (*vor Angst etc*) (vor *dat* with) tremble, shake, quake, quaver: ~ und beben to tremble and shake, to shake in one's shoes; → Espenlaub. – **3.** (*vor Aufregung etc*) (vor *dat* with) tremble, shake, quiver, flutter, vibrate. – **4.** (*von Hand etc*) shake, tremble: mir ~ die Knie my knees are shaking. – **5.** (*von Stimme, Ton etc*) tremble, shake, quaver. – **6.** (*von Erde, Haus etc*) tremble, shake, quake: → Wand 1. – **7.** (*von Nadel, Zeiger etc*) flicker. – **8.** (*in Wendungen wie*) die Blätter zitterten im Wind the leaves trembled (*od.* quivered) in the wind; Sonnenstrahlen ~ auf dem Wasser sunbeams dance (*od.* flicker) on the water; die Luft zittert in der Mittagshitze the air quivers in the midday heat. – **9.** *fig.* (*in Wendungen wie*) bei dem Gedanken an (*acc*) etwas ~ to tremble (*od.* quake) at the thought of s.th.; für j-n ~, (in Sorge) um j-n ~ to tremble (*od.* fear) for s.o.; vor j-m ~ to be terrified of s.o.; vor j-s Zorn ~ to fear s.o.'s anger. – **10.** *tech.* (*von einer Maschine*) chatter. – **11.** *phys.* vibrate. – **II Z~** *n* ⟨-s⟩ **12.** *verbal noun.* – **13.** (*vor Kälte*) shiver, tremble, shake. – **14.** (*vor Angst*) tremble, shake, quaver. – **15.** (*vor Aufregung*) tremble, shake, quiver, vibration. – **16.** (*der Hand*) shake, tremble. – **17.** *med.* tremor, trepidation. – **18.** *electr.* (*beim Radar*) jitter. – **19.** (*eines Hauses etc*) tremble, tremor, quake. – **20.** *phys.* vibration. — **'zit·ternd I** *pres p.* – **II** *adj* **1.** trembling, shivery: sie stand ~ in der Kälte she stood trembling in the cold; ~ und bebend quaking all over (*od.* from top to toe). – **2.** (*Stimme*) trembling, trembly, shaky, shaking, tremulous, (*vor Angst*) *auch* vibrant.

'Zit·ter|,pap·pel *f bot.* trembling poplar (*od.* tree), (European) aspen, asp (*Populus tremula*). — **~,pilz** *m meist pl cf.* Gallertpilz. — **~,ro·chen** *m zo.* electric ray, torpedo (fish), crampfish (*Fam. Torpedinidae*). — **~,wels** *m* electric catfish (*Malapterurus electricus*).

'zitt·rig *adj u. adv cf.* zitterig.

Zit·wer ['tsɪtvər] *m* ⟨-s; -⟩ *bot.* **1.** zedoary (*Curcuma zedoaria*). – **2.** Arabischer ~ *cf.* Giftheil. – **3.** Deutscher ~ sweet flag (*Acorus calamus*). – **4.** *cf.* Ingwer. — **~,blü·ten** *pl pharm.* wormseed *sg*, santonica *sg.* — **~,sa·me(n)** *m* **1.** *bot.* seed of zedoary. – **2.** *pharm. cf.* Zitwerblüten. — **~,wur·zel** *f bot.* zedoary (root).

Zitz [tsɪts] *m* ⟨-es; -e⟩ (*textile*) chintz.

Zit·ze ['tsɪtsə] *f* ⟨-; -n⟩ **1.** *zo.* (*am Euter der Kühe, Ziegen etc*) teat, dug, nipple, mamilla, *bes. Am.* mammilla (*scient.*). – **2.** *vulg.* (*Brustwarze*) tit (*sl.*).

'Zit·zen|,feld *n* ⟨-(e)s; *no pl*⟩ *zo. cf.* Gesäuge. — **z~,för·mig** *adj* nipple-shaped; mamiform, *bes. Am.* mammiform, mamillary, *bes. Am.* mammillary (*scient.*).

Zi·vet·te [tsi'vɛtə] *f* ⟨-; -n⟩ *zo.* African civet (cat) (*Civettictis civetta*).

zi·vil [tsi'viːl] *adj* **1.** (*im Gegensatz zu militärisch*) civilian: ~es Gefolge *mil.* civilian component; ~e Versorgungsgüter civilian supplies; ~er Ersatzdienst *mil.* civil alternative service; ~e Luftfahrt civil aviation; ~e Verteidigung civil emergency planning; → Bevölkerungsschutz. – **2.** *fig.* (*nichtberuflich*) normal, everyday (*attrib*): im ~en Leben in normal life. – **3.** *jur.* civil: ~e Trauung civil marriage. – **4.** *fig.* (*Preis*) reasonable, moderate. – **5.** *archaic* (*anständig, gebildet*) civil: ein ~er Mensch a civil person.

Zi'vil *n* ⟨-s; *no pl*⟩ **1.** plain (*od.* civilian) clothes *pl*, (*im Gegensatz zur Militäruniform*) *auch* civilian dress, mufti, civvies *pl*, *auch* civies *pl* (*sl.*): er ist heute in ~ he is in plain clothes (*od. sl.* in civvies) today. – **2.** (*allgemein*) plain clothes: Detektiv in ~ plainclothes detective, plainclothesman; ~ tragen to wear plain clothes. — **~,an,zug** *m* ⟨-(e)s; *no pl*⟩ *cf.* Zivil. — **~be,darf** *m* civilian requirements *pl.* — **~be,hör·de** *f* civilian authority. — **~be,ruf** *m* **1.** civilian profession: im ~ ist er Lehrer his civilian profession is teaching. – **2.** civilian trade:

im ~ ist er Schreiner his civilian trade is joinery. — **~beˌvöl·ke·rung** *f* civilian population, civilians *pl*. — **~couˌra·ge** *f* courage of one's convictions, personal courage, determination to stand up for one's convictions: ~ beweisen (*od.* zeigen) to stand up for one's convictions. — **~ˌdienst** *m* civilian service. — **~ˌehe** *f jur.* civil marriage. — **~ˌflugˌha·fen** *m aer.* civil airport. — **~ˌflugˌzeug** *n* civil aircraft. — **~ˌflug-ˌzeugˌfüh·rerˌschein** *m* civil pilot's licence (*Am.* license). — **~geˌricht** *n jur.* court for civil law cases, civil court. — **~geˌrichts·bar·keit** *f* civil jurisdiction. — **~geˌsetz-ˌbuch** *n Swiss* civil code. — **~in·ge·niˌeur** *m* patent engineer.

Zi·vi·li·sa·ti·on [tsiviliza'tsĭoːn] *f* ⟨-; -en⟩ **1.** ⟨*only sg*⟩ civilization *Br. auch* -s-: der Einfluß der europäischen ~ auf (*acc*) the influence of European civilization (up)on; in die ~ zurückkehren to return (*od.* come back) to civilization. – **2.** civilization *Br. auch* -s-, culture: im Orient gibt es Spuren bedeutender vorchristlicher ~en there are traces of important pre-Christian civilizations in the Orient.

Zi·vi·li·sa·ti'onsˌkrank·heit *f* civilizational (*Br. auch* -s-) disease.

zi·vi·li·sa·to·risch [tsiviliza'toːrɪʃ] *adj* (*Leistung etc*) civilizatory *Br. auch* -s-, civilizing *Br. auch* -s-.

zi·vi·li'sier·bar *adj* civilizable *Br. auch* -s-, capable of becoming civilized (*Br. auch* -s-), receptive to civilization (*Br. auch* -s-).

zi·vi·li·sie·ren [tsivili'ziːrən] **I** *v/t* ⟨*no* ge-, h⟩ **1.** civilize *Br. auch* -s-. – **II Z~** *n* ⟨-s⟩ **2.** *verbal noun*. – **3.** *cf.* Zivilisierung.

zi·vi·li'siert I *pp*. – **II** *adj* civilized *Br. auch* -s-: aus wilden Stämmen wurden ~e Völker savage tribes became civilized peoples; viele Menschen sind zwar ~, aber nicht kultiviert many people are civilized but not cultured; benimm dich wie ein ~er Mensch behave like a civilized person. – **III** *adv* benimm dich etwas ~er behave in a more civilized manner, be more civilized. — **Zi·vi·li'siert·heit** *f* ⟨-; *no pl*⟩ civilized state (*od.* behavior, *bes. Br.* behaviour).

Zi·vi·li'sie·rung *f* ⟨-; *no pl*⟩ **1.** *cf.* Zivilisieren. – **2.** civilization *Br. auch* -s-.

Zi·vi·list [tsivi'lɪst] *m* ⟨-en; -en⟩ civilian.

Zi'vilˌ|kam·mer *f jur.* civil division (of a 'Landgericht'). — **~ˌkla·ge** *f* civil suit. — **~ˌklei·dung** *f cf.* Zivil. — **~ˌle·ben** *n* **1.** civilian life. – **2.** normal (*od.* everyday) life. — **~ˌli·ste** *f* civil list. — **~ˌluftˌfahrt** *f* civil aviation. — **~perˌson** *f* civilian. — **~proˌzeß** *m jur.* civil suit (*od.* proceedings *pl*, case, procedure, action). — **~proˌzeßˌord·nung** *f* code (*od.* rules *pl*) of civil procedure (*od.* practice). — **~ˌrecht** *n* ⟨-(e)s; *no pl*⟩ civil law. — **z~ˌrecht·lich I** *adj* civil: ~e Haftung civil liability. – **II** *adv* j-n ~ verfolgen to bring a civil action (*od.* suit) against s.o., to sue s.o. — **~ˌrich·ter** *m* judge in a civil court. — **~ˌsa·che** *f* civil case. — **~ˌschutz** *m Swiss and Austrian* civil defence (*Am.* defense) (service), protection of the civilian population. — **~seˌnat** *m* **1.** *cf.* Zivilkammer. – **2.** (*Senat eines Zivilgerichts*) division of a civil court.

Zi'vilˌstand *m* ⟨-(e)s; *no pl*⟩ *Swiss* **1.** (*Familienstand*) marital status. – **2.** (*Personenstand*) personal (*od.* civil) status.

Zi'vilˌstands|ˌamt *n Swiss for* Standesamt. — **~reˌgi·ster** *n cf.* Personenstandsregister.

Zi'vil|ˌtrau·ung *f* civil marriage. — **~verˌfah·ren** *n jur.* civil proceedings *pl*: ein ~ anhängig machen to bring (*od.* institute) civil proceedings. — **~verˌtei·di·gung** *f mil.* civil defence (*Am.* defense). — **~verˌwal·tung** *f* **1.** civil administration. – **2.** *mil.* civil government.

Zlo·ty ['zlɔti; '(t)slɔti] *m* ⟨-s; -s⟩ *econ.* (*polnische Währungseinheit*) zloty.

Znü·ni ['tsnyːni] *m, n* ⟨-s; *no pl*⟩ *Swiss* morning snack, (light) lunch, *Br.* elevenses *pl*.

Zo·bel ['tsoːbəl] *m* ⟨-s; -⟩ **1.** *zo.* (Siberian) sable (*Martes zibellina*): Amerikanischer ~ American sable (*od.* marten) (*M. americana*). – **2.** *zo.* (*Karpfenfisch*) zobel, kanov (*Abramis sapa*). – **3.** *cf.* Zobelfell, -pelz: mit ~ besetzt sable-lined (*od.* -trimmed). — **z~ˌar·tig** *adj* zibeline, *Am. auch* zibelline. — **~ˌfeh** *n* sable squirrel. — **~ˌfell** *n* sable (skin). — **~ˌjagd** *f* sable hunting. — **~ˌman·tel** *m* sable coat. — **~ˌpelz** *m* sable (fur). — **~verˌbrä·mung** *f* sable trimming(s *pl*).

zockeln (*getr.* -k·k-) ['tsɔkəln] *v/i* ⟨sein⟩ *colloq. cf.* zuckeln.

zo·dia·kal [tsodĭa'kaːl] *adj astr. astrol.* zodiacal. — **Z~ˌlicht** *n astr.* zodiacal light.

Zo·dia·kus [tso'diːakʊs] *m* ⟨-; *no pl*⟩ *astr. astrol.* zodiac.

Zo·fe ['tsoːfə] *f* ⟨-; -n⟩ lady's maid.

zog [tsoːk] *1 u. 3 sg pret*, **zö·ge** ['tsøːgə] *1 u. 3 sg pret subj of* ziehen.

'Zö·ge·rer *m* ⟨-s; -⟩ *cf.* Zauderer 1—3.

zö·gern ['tsøːgərn] **I** *v/i* ⟨h⟩ **1.** hesitate, hold off, procrastinate, falter, halt, tarry: mit der Antwort ~ to hesitate to reply; ohne lange zu ~ without much (*od.* any great) hesitation; er hat zu lange damit gezögert he hesitated (*od.* delayed, hung back) too long; du darfst nicht zu lange ~, sonst you must not hesitate (*od.* delay, hang back) too long or else; er zögerte, ob er das Angebot annehmen sollte, er zögerte, das Angebot anzunehmen he hesitated to accept the offer, he wondered whether he should accept the offer. – **2.** (*schwanken*) hesitate, waver, shilly-shally: ich habe keinen Augenblick gezögert I did not hesitate for a moment. – **II Z~** *n* ⟨-s⟩ **3.** *verbal noun*. – **4.** hesitation, procrastination, cunctation (*lit.*): ohne Z~ handeln to act without hesitation (*od.* unhesitatingly); nach anfänglichem Z~ after (some) initial hesitation. – **5.** (*Schwanken*) shilly-shally. — **'zö·gernd I** *pres p*. – **II** *adj* **1.** hesitant, hesitating, hesitative, faltering: ~en Schrittes with hesitant (*od.* halting) steps, hesitantly, haltingly. – **2.** (*schwankend*) shilly-shally. – **3.** (*hinhaltend*) dilatory. – **4.** (*langsam, allmählich*) slow, gradual. – **III** *adv* **5.** hesitantly, haltingly: die Antwort kam nur ~ the reply came hesitantly; ~ antworten [gehorchen] to reply [to obey] hesitantly. — **'Zö·ge·rung** *f* ⟨-; *no pl*⟩ *cf.* Zögern.

Zög·ling ['tsøːklɪŋ] *m* ⟨-s; -e⟩ **1.** pupil. – **2.** *jur. cf.* Fürsorgezögling.

Zo·he ['tsoːə] *f* ⟨-; -n⟩ *Southwestern G.* (*Hündin*) bitch.

Zö·kum ['tsøːkʊm] *n* ⟨-s; -ka [-ka]⟩ *med.* (*Blinddarm*) c(a)ecum, coecum, typhlon.

Zö·len·te·ra·ten [tsølɛnte'raːtən] *pl zo.* (*Hohltiere*) coelenterata (*Stamm Coelenterata*).

Zö·le·stin [tsølɛs'tiːn] *m* ⟨-s; -e⟩ *min.* celestite, c(o)elestine.

Zö·le'sti·ner *m* ⟨-s; -⟩ *röm.kath. hist.* Celestine (monk).

Zö·lia·kie [tsølĭa'kiː] *f* ⟨-; -n [-ən]⟩ *med.* (Gee-)Herter disease, c(o)eliac disease.

Zö·li·bat [tsøli'baːt] *n, relig. m* ⟨-(e)s; *no pl*⟩ *bes. relig.* celibacy: im ~ leben to practice (*bes. Br.* practise) celibacy, to live a celibate life, to be celibate. — **Zö·li'bats-ˌzwang** *m* (compulsory) celibacy.

Zoll[1] [tsɔl] *m* ⟨-(e)s; ᵘe⟩ **1.** *econ.* (customs) duty (*od.* tariff): ~ zahlen (für) to pay duty (on); die Zölle senken [erhöhen] to lower (*od.* decrease) [to raise *od.* increase] the duties; auf (*acc*) etwas ~ erheben to levy (*od.* put) a duty on s.th.; bestimmte Waren unterliegen einem ~, auf bestimmten Waren liegt ein ~ certain goods are subject to duty, there is (a) duty on certain goods. – **2.** ⟨*only sg*⟩ (*Kontrollstelle*) customs *pl* (*construed as sg*): etwas beim ~ angeben to declare s.th. at the customs; etwas durch den ~ schmuggeln to smuggle s.th. through the customs. – **3.** ⟨*only sg*⟩ *colloq.* (*Zollbehörde*) customs *pl* (*construed as sg*), *Br. auch* customs and excise: mein Bruder ist beim ~ my brother is with (*od.* works for) the customs. – **4.** *hist.* (*Brückenzoll*) toll: einen ~ entrichten to pay a toll. – **5.** *fig.* (*Tribut*) toll: jeder muß der Natur seinen ~ zahlen (*od.* entrichten) everyone must pay the toll (*od.* debt) of (*od.* his debt to) nature; die Natur fordert ihren ~ nature takes its toll.

Zoll[2] *m* ⟨-(e)s; -⟩ (*Längenmaß*) inch: drei ~ lang three inches long; jeder ~ ein Ehrenmann [König] *fig.* every inch a gentleman [king]; nicht einen ~ nachgeben *fig.* not to budge (*od.* yield) an inch.

'Zoll|aban·donˌnie·rung [-ˀabãdɔˌniːrʊŋ] *f* ⟨-; *no pl*⟩ *econ.* abandonment (of goods at customs). — **~ˌabˌbau** *m* reduction of tariffs. — **~ˌabˌfer·ti·gung** *f* customs clearance, clearing of goods (at the customs), clearing (through the customs). — **~ˌabˌfer·ti·gungs·geˌbüh·ren** *pl* clearance charges. — **~ˌabˌfer·ti·gungsˌstel·le** *f* **1.** customs clearance. – **2.** *cf.* Zollamt. — **~ˌabˌga·ben** *pl* customs duties. — **~ˌab-ˌkom·men** *n pol.* tariff agreement, customs convention. — **~agent** [-ˀaˌgɛnt] *m* customhouse (*Br.* custom-house) broker, customs agent (*od.* broker). — **~agenˌtur** *f* customs agency.

'Zolla·ger (*getr.* -llˌl-) *n econ.* bonded warehouse (*od.* store).

'Zoll|ˌamt *n* **1.** customs office. – **2.** customhouse, *Br.* custom-house. — **z~ˌamt·lich I** *adj* ~e Bescheinigung customs certificate; ~e Untersuchung customs inspection. – **II** *adv* etwas ~ abfertigen to clear s.th. through (the) customs: das Gepäck ~ abfertigen lassen to get one's baggage (*bes. Br.* luggage) through the customs.

'zollang (*getr.* -llˌl-) *adj* ⟨*attrib*⟩ one-inch, inch-long.

'Zoll|ˌanˌmel·dung *f* **1.** (customs) entry. – **2.** (*für Einlagerung unter Zollverschluß*) declaration for bond. — **~ˌanˌschluß** *m* accession to a customs union. — **~ˌanˌschluß-geˌbiet** *n* area belonging to a customs territory, *auch* customs enclave. — **~ˌan-ˌtrag** *m* bill of entry. — **~ˌaufˌschlag** *m* additional duty, (customs) surcharge. — **~ˌaufˌse·her** *m* customs inspector. — **~ˌaufˌsicht** *f* customs supervision. — **~ˌausˌkunft** *f* tariff information. — **~ˌaus-ˌland** *n* countries *pl* outside customs frontier. — **~ˌausˌschlüs·se** *pl* sovereign territories belonging to foreign customs territory. — **~ˌbahnˌhof** *m* customs station, railroad (*Br.* railway) station with customs facilities.

'zoll·bar *adj econ. cf.* zollpflichtig.

'Zoll|be·am·te *m econ.* customs officer (*od.* official, *bes. Am.* guard). — **~be-ˌfrei·ung** *f* exemption from duty. — **~-beˌgleitˌschein** *m* bond note, customs (bond) warrant. — **~beˌgün·sti·gungs-ˌli·ste** *f* special (*od.* preferential) tariff list. — **~beˌhör·de** *f* customs authorities *pl*, customs *pl* (*construed as sg*), *Br. auch* customs and excise (authorities *pl*). — **~beˌschrän·kung** *f* customs restriction: keinen ~en unterliegen not to be subject to customs restrictions. — **~beˌstim·mun·gen** *pl* customs (*od.* tariff) regulations. — **~beˌzirk** *m* customs district. — **~ˌblei** *n* customs seal. — **~ˌboot** *n mar.* revenue cutter.

'zollˌbreit *adj* ⟨*attrib*⟩ (*Spalt, Öffnung etc*) one-inch, inch-wide.

'Zollˌbreit *m fig.* (*in Wendungen wie*) keinen ~ (zurück)weichen not to budge (*od.* yield) an inch; keinen ~ Landes hergeben not to cede an inch of territory.

'Zoll|ˌbrücke (*getr.* -k·k-) *f hist.* toll bridge. — **~ˌbürgˌschein** *m econ.* (*des Importeurs*) customs bond. — **~de·kla·ra·tiˌon** *f cf.* Zollerklärung.

'zollˌdick *adj* ⟨*attrib*⟩ one-inch, inch-thick: ein ~es Brett a one-inch board.

'Zoll|ˌdienst *m* **1.** *econ.* customs service. – **2.** *mar.* revenue cutter service. — **~do·ku-ˌmen·te** *pl econ.* customs documents (*od.* documentation *sg*). — **~ˌeinˌfuhr·erˌklä·rung** *f* **1.** *cf.* Zollanmeldung. – **2.** inward manifest. — **~ˌeinˌgangsˌli·ste** *f* customs bill of entry. — **~ˌeinˌnah·men** *pl* customs revenue *sg*. — **~ˌeinˌneh·mer** *m* **1.** customs collector, collector (*od.* receiver) of customs. – **2.** *hist.* (*an Brücken, Wegen etc*) toll collector.

zol·len ['tsɔlən] *v/t* ⟨h⟩ (*in Wendungen wie*) j-m Bewunderung ~ to show s.o. one's admiration, to express one's admiration for s.o.; j-m Beifall ~ to applaud s.o., to give s.o. applause; j-m Dank ~ to express one's gratitude (*od.* thanks) to s.o.; → Achtung 1; Anerkennung 4; Lob 1; Tribut 3.

'Zoll|erˌhö·hung *f econ.* increase of customs duties, tariff increase, raising of duties. — **~erˌklä·rung** *f* customs declaration. — **~erˌlaß** *m* remission of duty. — **~er-ˌlaub·nisˌschein** *m* customs permit. — **~erˌleich·te·run·gen** *pl* customs facilities. — **~erˌmä·ßi·gung** *f* tariff reduction, reduction of tariffs (*od.* duties). — **~-ˌfahn·der** [-ˌfaːndər] *m* ⟨-s; -⟩ customs surveillance officer, customs investigator. — **~ˌfahn·dung** *f* investigation of customs fraud, customs investigation. — **~ˌfahn-**

dungsˌstel·le *f* customs investigation (*od.* surveillance) office. — **~ˌfestˌset·zung** *f* assessment of tariff (*od.* [customs] duty), *Am.* tariff making. — **~ˌflag·ge** *f* revenue flag. — **~ˌflugˌha·fen** *m* customs airport. — **~for·ma·liˌtä·ten** *pl* customs formalities: die ~ erledigen to attend to (*od.* settle) customs formalities. — **z~ˌfrei** *adj* duty-free, exempt from (*od.* free of) (customs) duty: ~er Verkehr free trade, trade exempted from duty; ~e Waren duty-free goods; → Gedanke 1. — **~ˌfrei·geˌbiet** *n* customs-free area. — **~ˌfrei·heit** *f* customs exemption, exemption from duty. — **~ˌfreiˌla·ger** *n* **1.** bond. – **2.** (*Örtlichkeit*) bonded warehouse. — **~ˌfreiˌli·ste** *f* free list. — **~ˌfreiˌzo·ne** *f* bonded area. — **~geˌbäu·de** *n cf.* Zollamt 2. — **~geˌbiet** *n* customs territory. — **~geˌbüh·ren** *pl* duty *sg*, customs duties (*od.* dues, charges), tariffs. — **~geˌfäl·le** *n* customs differential. — **~geˌmein·schaft** *f* customs union. — **~geˌrech·tig·keit** *f hist. cf.* Zollrecht 2. — **~geˌsetz** *n* **1.** tariff law. – **2.** tariff act. — **~geˌsetzˌge·bung** *f* tariff legislation. — **~geˌwahr·sam** *m* customs custody. — **~geˌwicht** *n* dutiable weight. — **~ˌgrenz·beˌzirk** *m* customs control area. — **~ˌgrenzˌdienst** *m* customs frontier service. — **~ˌgren·ze** *f* customs frontier (*od.* boundary). — **~ˌgrenzˌschutz** *m cf.* Zollgrenzdienst.

'Zollˌgut *n econ.* **1.** goods *pl* subject to customs control. – **2.** goods *pl* (*Am.* freight) in (*auch* under) customs bond (*od.* seal). — **~ˌla·ger** *n cf.* Zollniederlage.

'Zoll|ˌha·fen *m mar.* port of entry. — **~ˌhaus** *n* customhouse, *Br.* custom-house, *auch* customshouse. — **~ˌhin·terˌzie·hung** *f* evasion of (the) customs (duties), *bes. jur.* defraudation of the customs: ~ begehen to evade customs (duties).

'zollˌhoch *adj* ⟨*attrib*⟩ one-inch, inch-high.

'Zollˌho·heit *f econ.* customs jurisdiction (*auch* sovereignty).

'Zollˌinˌhalts·erˌklä·rung *f* customs declaration.

'Zolli·nie (*getr.* -llˌl-) *f econ. cf.* Zollgrenze.

'Zoll|ˌinˌland *n econ.* territory within the customs frontiers. — **~in·spek·tiˌon** *f* customs inspection. — **~inˌspek·tor** *m cf.* Zollbeamte. — **~ˌkas·se** *f* customs collector's office. — **~kon·tinˌgent** *n* tariff(-rate) quota. — **~konˌtrol·le** *f* customs control (*od.* examination, inspection). — **~ˌkreu·zer** *m mar.* customs (*od.* revenue) cutter. — **~ˌkrieg** *m econ.* tariff war. — **~ˌkut·ter** *m mar. cf.* Zollboot. — **~ˌmar·ke** *f econ.* customs clearance stamp.

'Zollˌmaß *n* **1.** (*Maßsystem*) inch (*od.* English) system. – **2.** (*Maßstab*) inch rule.

'Zollˌmau·er *f econ.* tariff wall.

Zöll·ner ['tsœlnər] *m* ⟨-s; -⟩ **1.** *colloq. for* Zollbeamte. – **2.** *Bibl.* publican.

'Zoll|ˌnie·derˌla·ge *f econ.* bonded warehouse (*od.* store). — **~paˌpie·re** *pl* customs documents (*od.* documentation *sg*). — **~pasˌsierˌschein** *m* triptyque, *auch* triptique, tryptyque. — **~ˌpflicht** *f* liability to pay (customs) duties. — **z~ˌpflich·tig** *adj* dutiable, liable (*od.* subject) to duty: nicht ~ duty-free. — **~ˌplom·be** *f* customs seal. — **~po·liˌtik** *f* tariff (*od.* customs) policy. — **~ˌquit·tung** *f* customs (*od.* customhouse) receipt, *Br. auch* docket. — **~ˌrecht** *n* ⟨-(e)s; *no pl*⟩ **1.** *jur.* customs law. – **2.** *hist.* toll. — **~reˌform** *f* tariff reform. — **~reˌgal** *n hist. cf.* Zollrecht 2. — **~re·vi·siˌon** *f* customs examination (*od.* inspection). — **~ˌrück·erˌstat·tung, ~ˌrück·verˌgü·tung** *f* (*bei Wiederausfuhr*) (customs) drawback. — **~ˌsatz** *m* rate of duty, tariff rate: die Zollsätze herabsetzen to reduce the rates of duty. — **~ˌschiff** *n mar. cf.* Zollkreuzer. — **~ˌschran·ke** *f econ. fig. meist pl* customs (*od.* tariff) barrier. — **~ˌschup·pen** *m* customs shed. — **~ˌschutz** *m* tariff protection. — **~ˌsen·kung** *f* tariff cut (*od.* reduction), reduction (*od.* lowering) of (customs) duties. — **~ˌspei·cher** *m cf.* Zollniederlage. — **~sta·tiˌon, ~ˌstel·le** *f* customs post.

'Zollˌstock *m* ⟨-(e)s; -stöcke⟩ inch rule.

'Zoll|ˌstra·fe *f econ.* customs fine. — **~ˌstra·ße** *f* **1.** customs road. – **2.** *cf.* Mautstraße. — **~syˌstem** *n* customs (*od.* tariff) system. — **~taˌrif** *m* (customs) tariff: gemischter (*od.* kombinierter) ~ compound (*od.* mixed) duty (*od.* tariff); laut ~ according to (*od.* as per) tariff.

'zollˌtief *adj* ⟨*attrib*⟩ one-inch, inch-deep.

'Zoll|- ˌund 'Han·delsˌabˌkom·men *n* Allgemeines ~ General Agreement on Tariffs and Trade. — **~uniˌon** *f* customs (*od.* tariff) union. — **~ˌun·terˌschied** *m cf.* Zollgefälle. — **~verˌein, 'Deut·scher** *m hist.* Zollverein. — **~verˌge·hen** *n jur.* customs offence (*Am.* offense). — **~verˌgün·sti·gun·gen** *pl* preferential tariff *sg.* — **~verˌgü·tung** *f* (*bei Wiederausfuhr*) (customs) drawback. — **~verˌschluß** *m* customs seal, bond: Waren unter ~ goods under customs seal (*od.* in bond), bonded goods; Waren unter ~ lassen to leave goods in bond. — **~verˌtrag** *m* tariff agreement, customs treaty. — **~verˌwal·tung** *f* customs administration. — **~ˌvorˌschrif·ten** *pl* customs (laws and) regulations. — **~ˌwa·che** *f cf.* Zollstation.

'zollˌwei·se *adv* **1.** by the inch, by inches. – **2.** inch by inch.

'Zoll|ˌwert *m econ.* dutiable (*od.* customs) value. — **~ˌwe·sen** *n* ⟨-s; *no pl*⟩ customs *pl* (*construed as sg*): Zugeständnisse auf dem Gebiet des ~s tariff concessions. — **~ˌzuˌschlag** *m* additional duty.

Zö·lom [tsø'loːm] *n* ⟨-s; -e⟩ *med.* coelom, *auch* coelome, celom, body (*od.* somatic) cavity.

Zö·lo·stat [tsølo'staːt] *m* ⟨-(e)s *u.* -en; -en⟩ (*optics*) coelostat.

Zö·me·te·ri·um [tsøme'teːrium] *n* ⟨-s; -rien⟩ **1.** *cf.* Friedhof 1—3. – **2.** *cf.* Katakombe.

Zö·na·kel [tsø'naːkəl] *n* ⟨-s; -⟩ *röm.kath.* (*in Klöstern*) refectory.

zo·nal [tso'naːl], **zo'nar** [-'naːr] *adj* zonal.

Zo·ne ['tsoːnə] *f* ⟨-; -n⟩ **1.** *geogr.* zone: heiße [tropische] ~ torrid [tropical] zone; gemäßigte ~ temperate zone; kalte [polare] ~ frigid [polar] zone. – **2.** *pol.* a) zone, b) die ~ *colloq.* the GDR, the German Democratic Republic: nach dem Krieg war Deutschland in vier ~n aufgeteilt after the war Germany was divided into four zones; die britische (*od.* britisch besetzte) ~ the British-occupied zone, the British zone of occupation; meine Tante wohnt in der ~ *colloq.* my aunt lives in the GDR. – **3.** (*Gegend, Gebiet, Bezirk*) zone, area: in dieser ~ kann man noch Getreide anbauen cereals can still be grown in this zone; ~ des Schweigens (*bei Vulkanausbruch etc*) zone of silence; entmilitarisierte ~ demilitarized (*Br. auch* -s-) zone; blaue ~ (*Gebiet mit beschränkter Parkzeit*) blue zone. – **4.** (*für Gebührenberechnung bei öffentlichen Verkehrsmitteln*) stage: der Fahrpreis für die erste ~ beträgt 60 Pfennig the fare for the first stage is 60 pfennigs. – **5.** *tel.* zone. – **6.** *geol.* zone, horizon. – **7.** *med.* (*Gürtel, Bezirk*) zone, region, area, zona (*scient.*). – **8.** tote ~ a) (*beim Radar*) dead spot, gap, hole, b) *tel.* blind spot (*od.* area), c) *electr.* (*radio*) skip (*od.* dead) zone (*od.* spot). – **9.** *math.* (*bei der Kugel*) zone. – **10.** (*in der Kristallographie*) zone.

'Zo·nen|ˌbe·cher *m archeol.* zone beaker. — **~ˌeinˌtei·lung** *f* **1.** division into zones. – **2.** (*für Gebührenberechnung bei Verkehrsbetrieben*) division into fare stages. — **~geˌbühr** *f tel.* zone rate. — **~ˌgren·ze** *f* **1.** *pol. colloq.* demarcation line (between East and West Germany). – **2.** (*bei öffentlichen Verkehrsmitteln*) stage border, *Br.* fare stage. – **3.** *tel.* zonal border. — **~ka·taˌlog** *m astr.* zone catalog (*bes. Br.* catalogue). — **~ˌlin·se** *f* (*optics*) echelon lense. — **~ˌlo·chung** *f* (*computer*) zone punching. — **~ˌrand·geˌbiet** *n bes. econ.* zonal border area. — **~reˌflek·tor** *m* circular reflector. — **~taˌrif** *m* (*bei öffentlichen Verkehrsmitteln*) stage tariff. — **~turˌnier** *n* (*Ausscheidung zur Schachweltmeisterschaft*) zone tournament. — **~ˌzeit** *f* zone time.

Zö·no·bit [tsøno'biːt] *m* ⟨-en; -en⟩ *relig.* (*im Kloster lebender Mönch*) c(o)enobite. — **zö·no'bi·tisch** *adj* c(o)enobitic(al).

Zö·no·bi·um [tsø'noːbium] *n* ⟨-s; -bien⟩ **1.** *relig.* (*Kloster*) c(o)enoby, c(o)enobium. – **2.** *bot. zo.* (*Zellkolonie*) c(o)enobium, *auch* c(o)enobe.

Zö·no·karp [tsøno'karp] *n* ⟨-s; -e⟩ *bot.* coenocarp.

Zoo [tsoː; *rare* 'tsoːo] *m* ⟨-s; -s⟩ zoo, zoological garden(s *pl*). — **~beˌsu·cher** *m* visitor at (*od.* to) the zoo.

Zoo·chlo·rel·le [tsooklo'rɛlə] *f* ⟨-; -n⟩ *bot.* (*Grünalge*) zoochlorella (*Gattg Chlorella*).

'Zoo·diˌrek·tor *m* zoo director.

zoo·gen [tsoo'geːn] *adj geol.* (*Gestein etc*) zoogenic, zoogenous, *auch* zoogeneous.

Zoo|geo·gra·phie [tsoogeogra'fiː] *f* (*Tiergeographie*) zoogeography, zoography. — **z~geo'gra·phisch** [-'graːfɪʃ] *adj* zoogeographic, *auch* zoogeographical, zoographic(al).

Zoo·glöe [tsoo'gløːə] *f* ⟨-; -n⟩ *biol.* zooglea, *auch* zoogloea.

Zoo·gra·phie [tsoogra'fiː] *f* ⟨-; -n [-ən]⟩ zoography.

'Zooˌhand·lung *f* pet shop.

Zoo·la·trie [tsoola'triː] *f* ⟨-; -n [-ən]⟩ *relig.* (*Tierkult*) zoolatry.

Zoo·lith [tsoo'liːt; -'lɪt] *m* ⟨-s *od.* -en; -e(n)⟩ *meist pl geol.* (*Tierversteinerung*) zoolite, zoolith.

Zoo·lo·ge [tsoo'loːgə] *m* ⟨-n; -n⟩ zoologist.

Zoo·lo·gie [tsoolo'giː] *f* ⟨-; *no pl*⟩ zoology. — **zoo'lo·gisch** [-'loːgɪʃ] *adj* zoological, *auch* zoologic: ~er Garten zoological garden(s *pl*), zoo.

Zoom [zuːm] (*Engl.*) *m* ⟨-s; -s⟩ (*film*) zoom. — **'zoo·men** *v/i* ⟨h⟩ zoom, use variable focusing.

'Zoom·ob·jekˌtiv *n* (*film*) zoom (*od.* variable-focus) lens.

zoo·morph [tsoo'mɔrf] *adj anthrop.* zoomorphic.

Zoo·no·se [tsoo'noːzə] *f* ⟨-; -n⟩ *med.* zoonosis.

Zo·on po·li·ti·kon ['tsoːɔn politi'kɔn] *n* ⟨- -; *no pl*⟩ *philos.* (*bei Aristoteles*) political being, social animal.

Zoo·pa·ra·sit [tsoopara'ziːt] *m biol.* zooparasite.

zoo·phag [tsoo'faːk] *adj biol.* (*fleischfressend*) zoophagous, carnivorous. — **Zoo'pha·ge** *m* ⟨-n; -n⟩ *meist pl* zoophagous (*od.* carnivorous, insectivorous) plant (*od.* animal): die ~n *pl* the zoophaga.

Zoo·pho·bie [tsoofo'biː] *f psych.* zoophobia.

Zoo·phyt [tsoo'fyːt] *m* ⟨-en; -en⟩ *zo. obs.* (*Hohltier*) zoophyte, plant animal. — **zoo'phy·tisch** *adj* zoophytic.

Zoo·plank·ton [tsoo'plaŋktɔn] *n zo.* zooplankton.

Zoo·sper·mie [tsoospɛr'miː] *f* ⟨-; -n [-ən]⟩ *med.* **1.** ⟨*only sg*⟩ zoospermia. – **2.** *pl* zoosperms.

Zoo·spo·re [tsoo'spoːrə] *f bot.* zoospore.

Zoo·to·mie [tsooto'miː] *f* ⟨-; *no pl*⟩ *zo.* zootomy.

Zoo·to·xin [tsootɔ'ksiːn] *n* (*Tiergift*) zootoxin.

Zopf [tsɔpf] *m* ⟨-(e)s; ⸚e⟩ **1.** (*bes. geflochtener*) plait, braid, pigtail: falscher ~ false plait; Zöpfe tragen to wear one's hair in a plait (*od.* in braids); sein Haar in Zöpfe flechten to plait (*od.* braid) one's hair. – **2.** (*bei Männern*) queue, pigtail: früher trugen die Chinesen einen ~ the Chinese wore queues in former days. – **3.** *fig. colloq.* (*in Wendungen wie*) das ist ein alter ~ that is an antiquated custom; die alten Zöpfe abschneiden to part with old traditions. – **4.** *gastr.* (*Gebäck*) twist, plait. – **5.** (*forestry*) top. — **~ˌband** *n* ⟨-(e)s; -bänder⟩ pigtail ribbon.

zop·fen ['tsɔpfən] *v/t* ⟨h⟩ die Haare ~ *rare* to plait (*od.* braid) one's hair.

'Zopfˌhal·ter *m* clasp.

'zop·fig *adj fig.* antiquated, old-fashioned.

'Zopf|ˌmu·ster *n* (*im Pullover, Strumpf etc*) cable stitch (pattern), cable. — **~peˌrücke** (*getr.* -k·k-) *f hist.* peruke, perruque, *auch* peruque, periwig, tiewig, *Br.* tie-wig.

Zo·pho·ros ['tsoːforɔs], **'Zo·pho·rus** [-rus] *m* ⟨-; -phoren [tso'foːrən]⟩ *antiq.* zophoros.

Zo·res ['tsoːrɛs] *m* ⟨-; *no pl*⟩ *Southwestern G. colloq.* fuss.

Zo·ril·la [tso'rɪla] *m* ⟨-s; -s⟩, *auch f* ⟨-; -s⟩ *zo. cf.* Bandiltis.

Zorn [tsɔrn] *m* ⟨-(e)s; *no pl*⟩ anger, fury; wrath, ire (*lit.*): heiliger (*od.* gerechter) ~ righteous anger; der ~ Gottes the wrath of God; der ~ packte ihn he was seized with anger; sein ~ war verraucht his anger had blown over (*od.* worn off); j-s ~ fürchten to fear s.o.'s anger; vor j-s ~ fliehen to flee from s.o.'s anger; (leicht) in ~ geraten to be (easily) moved to anger, to blow up (easily); j-n in ~ bringen to anger s.o.; blaß vor ~ white with anger, livid (with rage); **rot vor ~** purple with rage; **einen (furchtbaren) ~ auf j-n haben** to be (terribly) angry at (*od. colloq.* [absolutely] mad with) s.o.; **in hellem ~ entbrannt, vor ~ glühend** incensed with anger; **voller ~** full of anger. — **~,ader** *f* vein of anger: **j-m schwillt die ~ (an)** *fig.* s.o.'s anger rises. — **~,aus,bruch** *m* fit (*od.* [out]burst) of anger (*od.* rage), outburst.

'Zorn,bin·kel [-,bɪŋkəl] *m* ⟨-s; -⟩ *Bavarian and Austrian colloq.* hothead, hotheaded (*od.* hot-tempered) person.

'zorn·ent,brannt *adj* incensed, boiling with rage.

'Zor·nes|,ader *f cf.* Zornader. — **~,aus,bruch** *m cf.* Zornausbruch. — **~,rö·te** *f cf.* Zornröte.

'zorn,glü·hend *adj cf.* zornentbrannt.

Zor·nickel (*getr.* -k·k-) ['tsɔr,nɪkəl] *m* ⟨-s; -⟩ *Southwestern G. colloq.* hothead, hotheaded person.

'zor·nig I *adj* (*Person, Blick, Geste, Worte etc*) angry, furious, mad (*colloq.*); irate, wrathful (*lit.*): **~ werden** to become (*od.* get) angry, to be angered, to throw a fit (*colloq.*); **über j-n [etwas] ~ sein** to be angry at (*od.* with) s.o. [s.th.]; **j-n ~ machen** to make s.o. angry, to anger s.o.; **die ~en jungen Männer** (*engl. Schriftstellergeneration der 50er Jahre*) the Angry Young Men. – **II** *adv* angrily.

'Zorn|,nat·ter *f zo.* coluber (*Gattg Coluber*): **Gewöhnliche ~** dark green snake (*C. viridiflavus*). — **~,rö·te** *f* flush of anger.

Zo·roa·ster [tsoro'astər] *npr m* ⟨-s; *no pl*⟩ *relig.* Zoroaster. — **zo·roa·strisch** [-'astrɪʃ] *adj* Zoroastrian.

Zo·ster ['tsoːstər] *m* ⟨-; *no pl*⟩ *med. cf.* Gürtelrose. — **z~,ähn·lich** *adj* zosteroid, zosteriform.

Zo·te ['tsoːtə] *f* ⟨-; -n⟩ smutty (*od.* dirty, [*stärker*] filthy, bawdy, obscene, blue) joke, obscenity: **~n reißen** to talk smut (*od.* bawdy), to tell obscene jokes.

'zo·ten·haft *adj cf.* zotig.

'Zo·ten,rei·ßer *m* bawdy joker.

'zo·tig *adj* (*Witz, Erzählung etc*) smutty, dirty, (*stärker*) filthy, bawdy, obscene, blue.

Zot·te¹ ['tsɔtə] *f* ⟨-; -n⟩ *Southwestern and Middle G. for* Tülle 1.

'Zot·te² *f* ⟨-; -n⟩ **1.** (*bei Tieren*) tuft (of hair), shag, cot(t): **~n** *pl* tufts, shags, *Br. auch* dags. – **2.** (*bei Menschen*) *cf.* Zottel 2. – **3.** *med.* (*des Darms*) villus.

Zot·tel ['tsɔtəl] *f* ⟨-; -n⟩ *meist pl* **1.** (*bei Tieren*) *cf.* Zotte² 1. – **2.** (*bei Menschen*) strand of shaggy hair. — **~,af·fe** *m zo.* saki, Humboldt's saki monkey (*Pithecia monachus*). — **~,bär** *m* shaggy bear. — **~,bart** *m* shaggy beard. — **~,blu·me** *f bot. cf.* Bitterklee.

Zot·te'lei *f* ⟨-; *no pl*⟩ *colloq.* strolling around.

'Zot·tel,haar *n* shaggy hair.

'zot·te·lig *adj* **1.** (*Hund etc*) shaggy. – **2.** *colloq.* unkempt, shaggy-looking.

'Zot·tel,kopf *m* **1.** mop, shaggy (head of) hair. – **2.** person with shaggy hair.

zot·teln ['tsɔtəln] *v/i* ⟨sein⟩ *colloq.* stroll, saunter, toddle: **durch die Stadt ~** to stroll (a)round the town.

'Zot·tel,wol·le *f* shaggy wool.

'Zot·ten|ge,schwulst *f med.* villous papilloma. — **~,haut** *f med. zo.* (*bei Embryos*) chorion. — **~,schwanz** *m meist pl zo.* (*Urinsekt*) thysanuran (*Ordng Thysanura*).

'zot·tig *adj* **1.** (*Haar, Bart etc*) shaggy, scraggly. – **2.** (*Fell, Mähne etc*) shaggy, scraggly, ragged, hirsute. – **3.** *med. zo.* villiferous, villous, villose. — **'Zot·tig·keit** *f* ⟨-; *no pl*⟩ shagginess.

'zott·lig *adj cf.* zottelig.

zu [tsuː] **I** *prep* ⟨*dat*⟩ **1.** (*räumlich, eine Bewegung, einen Endpunkt bezeichnend*) to: **komm ~ mir** come to me; **~ seinen Eltern fahren** to go to see one's parents; **~m Arzt [Bäcker] gehen** to go to the doctor [baker's]; **~r Schule [Kirche] gehen** to go to school [church]; **~r Bühne gehen** *fig.* to go on (*od.* take to) the stage, to become an actor; **~m Militär gehen** to go into (*od.* join) the army; **~ Bett [Tisch] gehen** to go to bed [table]; **~ Pferde steigen** to mount a horse; **seine Haut ~ Markte tragen** *fig.* to risk one's life; **j-n ~r Bahn bringen** to see s.o. off at the station; **sich ~r Ruhe setzen** to retire, to go into retirement; **der Weg ~r Stadt** the way to town; **der Weg ~m Erfolg** *fig.* the road to success; **er schickte ihn ~ seinem Vater hinauf** he sent him (up) to his father; **~ j-m hochblicken** to look up at s.o.; **~ j-m aufblicken** *fig.* to look up to s.o.; **bis ~m Bahnhof sind es noch drei Kilometer** it is another three kilometers (*bes. Br.* kilometres) to the station; **von Haus ~ Haus** from house to house; **von Frau ~ Frau** between women; → Boden 2, 17; Feld 8; Fuß¹ 1; Grab 1; Herz *Besondere Redewendungen*; Kopf *Verbindungen mit Präpositionen*; Ohr 3; Papier 1. – **2.** (*räumlich, eine Richtung bezeichnend*) to, toward(s): **er wies ~r Tür (hin)** he pointed to (*od.* at) the door; **sie blickte ~ ihm hinüber** she looked over to (*od.* at) him; **er wandte sich ~m Publikum hin** he turned to the audience; **das Zimmer liegt ~r Straße hin** the room looks out over (*od.* out on, toward[s]) (*od.* faces, overlooks) the street; **~r Tür hinausgehen** to go out (of) the door; **~m Fenster hinaussehen** to look out (of) the window; **etwas ~m Fenster hinauswerfen** to throw s.th. out (of) the window; **Geld ~m Fenster hinauswerfen** *fig. colloq.* to throw money away (*od.* down the drain); **~r Tür hereinkommen** to come in through (*od.* by) the door; **~m Fenster hineinsehen** to look in (at *od.* through) the window. – **3.** (wieder) **~ sich kommen** a) (*nach Ohnmacht etc*) to regain consciousness, to come round, to come to, b) (*nach tiefem Schlaf etc*) to come to (*od.* recover) one's senses, c) (*nach Schock etc*) to recover. – **4.** (*räumlich, einen Ort bezeichnend*) at: **~ Hause** at home; **~ ebener Erde wohnen** to live on the ground (*Am.* first) floor; **die Aussicht im dritten Stock besser als ~ ebener Erde** the view is better from the third (*Am.* fourth) floor than at ground level; **~ j-s Füßen sitzen** to sit at s.o.'s feet; **~ seiner Rechten** on (*od.* to) his right; **~ beiden Seiten des Rheins** on both sides of the Rhine; **j-m ~r Seite stehen** *fig.* to stand by s.o.; **~r See fahren** to be at sea; **er herrscht ~ Wasser und ~ Lande** he reigns on land and on sea; **Gasthof ~m Goldenen Löwen** Golden Lion Inn; → Haupt 1; Stelle 1. – **5.** (*vor Ortsnamen*) in: **geboren ~ Berlin** born in Berlin; **der Dom ~ Köln** the Cologne Cathedral. – **6.** (*vor Namen als Adelspartikel*) of: **Graf ~ Mansfeld** Count of Mansfeld; **Freiherr vom und ~m Stein** Baron Stein; **ein Herr von und ~** *iron.* a distinguished gentleman. – **7.** (*zeitlich, einen Vorgang, Zeitraum bezeichnend*) to: **~ Ende gehen** to draw to a close, to near its close; **von Tag ~ Tag** from day to day, from one day to the next; **von Zeit ~ Zeit** from time to time, now and then (*od.* again). – **8.** (*zeitlich, einen Endpunkt bezeichnend*) to: **bis ~r** (*od.* **~ dieser) Stunde** to this moment, as yet; **bis ~m bitteren Ende** to the bitter end; **bis ~m Ende aller Tage** until the end of the world; **er hat uns diese Geschichte bis ~m Überdruß erzählt** he told us this story to the point of boredom; **eine Rechnung bis ~m Ende des Monats bezahlen** to pay a bill by the end of the month. – **9.** (*zeitlich, einen Zeitpunkt bezeichnend*) at: **~ Anfang** at the beginning (*od.* outset); **~m Schluß** at the end; **~ Mittag** at noon; **~r Stunde** at the (*od.* this very) moment; **~r Zeit** a) at the moment, just now, b) for the time being; **~r rechten Zeit** at the right moment (*od.* time); **~ dieser Zeit** at that time; **~r Zeit des Dreißigjährigen Krieges** at the time of the Thirty Years' War; **~ Goethes Zeiten** in Goethe's day; **~ meiner Zeit** in my day; **~ Ostern** at Easter. – **10.** (*einen Übergang, eine Verwandlung, das Ergebnis einer Tätigkeit bezeichnend*) (in)to: **~ Asche verbrennen** to burn to ashes; **etwas ~ Brei** (*od.* **Mus) zerquetschen** to crash s.th. to pulp; **etwas ~ Pulver zermahlen** to grind s.th. to powder; **wenn man Sahne sehr lange schlägt, wird sie ~ Butter** if cream is beaten for a long time it turns into butter; **~ Eis werden** to turn into ice; **~m Dieb werden** to become (*od.* to develop into) a thief; **~m Mann heranwachsen** to grow into a man; **j-n ~m Oberst befördern** to advance (*od.* promote) s.o. to (the rank of) colonel; **er wurde ~m Gespött aller Leute** he became the general laughing-stock. – **11. j-n ~m Direktor ernennen** to appoint s.o. director; **j-n ~m König wählen** to elect s.o. king; **sich** (*dat*) **j-n ~m Feind machen** to make s.o. one's enemy; **er machte es sich** (*dat*) **~r Pflicht** he made it his duty; → Narr 1. – **12.** (*einen Zweck, ein Ziel bezeichnend*) for: **~m Nutzen von** (*od. gen*) for the benefit of; **etwas ~m Scherz sagen** to say s.th. for (*od.* in) fun; **j-m ~ Ehren** in s.o.'s hono(u)r; **ihm ~m Trotz** to spite him; **~ seinen Gunsten** in his favo(u)r; **das ist nur ~ deinem Besten** that is for your own benefit, it is to your own good; **mit seiner Gesundheit steht es nicht ~m besten** his health is not at its best; **~m Wohl!** (to) your health! **~ Hilfe!** help! **j-n ~ Hilfe rufen** to call to s.o. for help, to call to s.o. to help; **j-m ~ Hilfe kommen** to come to s.o.'s aid; **~ Händen von** (for the) attention of; **über j-n ~ Gericht sitzen** *auch fig.* to sit in judg(e)ment (up)on s.o.; **j-n ~r Frau nehmen** to take s.o. to wife; **er ist ~m Dichter geboren** he was born (to be) a poet; **j-n ~ etwas ermuntern** to encourage s.o. to do s.th.; **er taugt ~ gar nichts** he is no good (*od.* use) at anything; **~ Diensten** at your service; **j-m ~ bedenken geben, daß** to draw s.o.'s attention to the fact that; **sich ~ erkennen geben** to disclose one's identity; → Befehl 1; Wille 2. – **13.** (*einen Verwendungszweck bezeichnend*) for: **Stoff ~ einem Kleid** material for a dress; **Papier ~m Schreiben** paper to write on (*od.* for writing on); **Platz ~m Spielen** room to play (*od.* for playing). – **14.** (*als*) as: **~m Zeitvertreib** as a pastime; **j-n ~m Freund [Vater] haben** to have s.o. as (*od.* for) a friend [father]. – **15.** (*das Ergebnis, die Folge bezeichnend*) to: **~ seinem Ergötzen [Erstaunen]** to his amusement [surprise]; **~ meiner Zufriedenheit** to my satisfaction; **hier ist es ~m Sterben langweilig** I am bored to death (*od.* tears) here; **es ist ~m Verrücktwerden** it's enough to drive you mad; **j-n ~ Tode prügeln** to beat (*od.* flog) s.o. to death. – **16.** (*einen Anlaß bezeichnend*) for: **j-m ~ seinem Geburtstag etwas schenken** to give s.o. a present for his birthday; **das Kind bekam ~ Weihnachten eine Puppe** the child was given a doll for Christmas; **~m Markt in die Stadt gehen** to go to (the) market in town. – **17.** (*ein Hinzufügen, eine Verbindung bezeichnend*) with: **Brot ~m Fleisch essen** to have bread with one's meat; **Zucker ~m Kaffee nehmen** to take sugar with (*od.* in) one's coffee; **Lieder ~r Laute** songs to the lute; **~ allem Unglück** to make matters worse; **~ allem Überfluß** to crown (it) all; **~ alledem kommt hinzu, daß** and what is more; **Blau paßt gut ~ Gelb** blue goes well with yellow. – **18.** (*ein Verhältnis bezeichnend*) for: **aus Freundschaft ~ ihm** out of friendship for him; **Zuneigung ~ j-m** affection for s.o.; **Liebe ~ Gott** love of God; **die Liebe Gottes ~ den Menschen** God's love for mankind. – **19.** (*eine Bestimmung bezeichnend*) to, of: **der Schlüssel ~ meinem Schreibtisch** the key to my desk; **die Tür ~m Versteck** the door to the hiding place. – **20.** (*Mittel, Art u. Weise bezeichnend*) a) on, b) by: **~ Fuß** on foot; **~ Pferde** on horseback; **~ Schiff** by ship; **~ Wasser und ~ Lande** by water and by land (*od.* overland); **~ deutsch** in German. – **21.** (*bei Verhältnisangaben*) to: **der Verein hat drei ~ zwei gewonnen** the club won three two; **zwei verhält sich ~ vier wie drei ~ sechs** two is to four as three is to six; **im Verhältnis eins ~ zwei** in the ratio of one to two; **im Vergleich ~** in comparison with (*od.* to); **im Gegensatz ~, ~m Unterschied von** contrary to, unlike. – **22.** (*bei Zahlen- od. Mengenangaben*) at: **etwas ~m halben Preis kaufen** to buy s.th. at half price; **Äpfel ~ 80 Pfennig das Pfund verkaufen** to sell apples at (*od.* for) 80 pfennigs a pound; **wir sind ~ dreien** (*od.* **dritt**) there are three of us; **sie kamen ~ dreien** (*od.* **dritt**) three of them came, they came in a group of three; **sie kamen ~ Hunderten** they came in (their) hundreds; **~m Teil** partly, in part; **das Haus ist ~r Hälfte abgebrannt** half of the house was burnt down; **das Haus gehört ~r Hälfte mir** I own one half of the house; **Deutschland ist ~r Hälfte katholisch und ~r Hälfte evangelisch** half of Germany is Catholic and half is Protestant. – **23.** (*vor Ordnungszahlen*) for: **~m ersten Mal** for the first time; **~m ersten haben wir kein Geld, und ~m zweiten ist der Plan unausführbar** first(ly) (*od.* in the first place, for one thing) we have no money and second(ly) (*od.* in the second place, for a second) the plan is impracticable; **~m ersten, ~m zweiten und ~m dritten!** (*bei Auktionen*) going, going, gone! – **II** *conj* **24.** (*in Infinitivsätzen*) to: **er befahl ihm, das Zimmer auf der Stelle ~ verlassen** he ordered him to leave the room at once; **sie hatten den Auftrag, das Volk mit aufrührerischen Ideen ~ durchsetzen** they were given orders to infiltrate the population with revolutionary ideas; **es ist meine Pflicht, dir dies ~ sagen** it is my duty to tell you this; **ich habe die Gelegenheit, nach England ~ fahren** I have the opportunity of going to England. – **25. anstatt ~** instead of: **du spielst, anstatt ~ arbeiten** you play instead of working. – **26. ohne ~** without: **er ging weg, ohne sich um sie ~ kümmern** he went away without bothering about her. – **27. um ~** (in order) to: **ich gehe in die Stadt, um mir ein Kleid ~ kaufen** I am going to town to buy myself a dress; **nicht ~ vergessen seine Tätigkeit als** not forgetting (*od.* to forget) his activity as. – **28.** (*die Notwendigkeit bezeichnend*) to: **er hatte viel ~ tragen** he had to carry much; **du hast ~ schweigen** you (are to) be quiet! **die Rechnung ist sofort ~ bezahlen** the bill is to be (*od.* must be) paid immediately; **er braucht nicht mehr ~ kommen** he need not come anymore; **was ~ beweisen wäre** which (still) is to be proved; **nicht ~ unterschätzende Schwierigkeiten** difficulties which must not be underestimated; **der ~ Versichernde** the person to be insured, the insurant; **der ~ Prüfende** the person to be examined, the examinee. – **29.** (*die Möglichkeit bezeichnend*) **das ist kaum ~ glauben** this is scarcely (*od.* hardly) credible; **Herr X ist nicht ~ sprechen** Mr. X cannot see you. – **III** *adv* **30.** (*ein Übermaß bezeichnend*) too: **die Schuhe sind ~ weit** the shoes are too large; **das ist ~ schön, um wahr zu sein** this is too good to be true; **das Loch ist ~ groß, als daß man es noch flicken könnte** the hole is too big to be mended; **das ist ~ dumm!** that's too bad! – **31.** (*die Richtung bezeichnend*) toward(s): **dem Walde ~ gehen** to go toward(s) the wood; **nach Norden ~** toward(s) the north; **nun geht es der Heimat ~** we are heading for home now; **auf die Stadt ~ marschieren** to advance on the town; **nur ~** *colloq.* go ahead, carry on. – **32. ab und ~** now and then (*od.* again), from time to time. – **33.** (*geschlossen*) closed, shut: **Tür ~!** close the door! **wir haben heute ~** we are closed today; **das Geschäft hat montags ~** the shop is closed on Mondays; **du hast deinen Reißverschluß nicht ~** you have not closed your zip, your zip is open. – **34.** *colloq.* (*in Wendungen wie*) **mach ~!** hurry up! come on! get a move on! (*sl.*); **immer** (*od.* **nur**) **~! dann mach ~!** come on! on you go! – **IV** *adj* **35.** *colloq.* closed: **die Tür ist ~** the door is closed; **das ~(n)e Fenster** *rare* the closed window.

zuˈal·lerˈerst [tsu-] *adv* first of all. — **~ˈletzt** *adv* last of all. — **~ˈmeist** *adv* most of all.

ˈzuˌar·bei·ten *v/i* ⟨*sep*, -ge-, h⟩ **j-m ~** to do the preliminary work for s.o.

zuˈäu·ßerst [tsu-] *adv* highly, extremely.

Zua·ve [ˈtsŭaːvə] *m* ⟨-n; -n⟩ *auch mil. hist.* Zouave.

ˈzuˌbal·lern *v/t* ⟨*sep*, -ge-, h⟩ *colloq.* (*Tür*) slam, bang.

ˈZuˌbau *m* ⟨-(e)s; -ten⟩ *Austrian for* Anbau² 1.

ˈzuˌbau·en *v/t* ⟨*sep*, -ge-, h⟩ **1.** (*freien Blick etc*) build (*s.th.*) up, block (*s.th.*) with a building. – **2.** (*Baulücke etc*) build (*s.th.*) up.

ˈZu·beˌhör [-bəˌhøːr] *n*, *rare m* ⟨-(e)s; -e, *Swiss auch* -den [-dən]⟩ **1.** accessories *pl*, auxiliaries *pl*, appurtenance. – **2.** *tech.* (*Ausrüstung einer Maschine*) equipment, attachment. – **3.** *phot.* accessories *pl*. — **~in·duˌstrie** *f* accessories industry. — **~ˌta·sche** *f* *phot.* gadget bag. — **~ˌteil** *n* ⟨-(e)s; -e⟩ *meist pl tech.* accessory (part *od.* unit).

ˈzuˌbei·ßen *v/i* ⟨*irr*, *sep*, -ge-, h⟩ **1.** (*von Hund*) snap. – **2.** (take a) bite. – **3.** (*beim Zahnarzt*) bite.

ˈzu·beˌkom·men *v/t* ⟨*irr*, *sep*, *no* -ge-, h⟩ *colloq.* **1.** (*Tür, Koffer etc*) get (*s.th.*) shut (*od.* to close, to shut). – **2.** (*als Dreingabe bekommen*) get (*s.th.*) as an extra.

ˈzu·beˌnannt *adj* surnamed, called.

Zu·ber [ˈtsuːbər] *m* ⟨-s; -⟩ tub.

ˈzu·beˌrei·ten I *v/t* ⟨*sep*, *no* -ge-, h⟩ **1.** (*Speise, Mahlzeit*) prepare, make, *Am. auch* fix, (*Salat*) dress. – **2.** (*Medizin*) dispense, make up. – **II Z~** *n* ⟨-s⟩ **3.** *verbal noun.* – **4.** *cf.* Zubereitung. — **ˈZu·beˌrei·ter** *m* ⟨-s; -⟩ *print.* pressman. — **ˈZu·beˌrei·tung** *f* ⟨-; -en⟩ **1.** *cf.* Zubereiten. – **2.** ⟨*only sg*⟩ preparation. – **3.** ⟨*only sg*⟩ (*von Medizin*) dispensation. – **4.** (*Produkt, Zubereitetes*) preparation.

Zuˈbettˌge·hen [tsu-] *n* (*in Wendungen wie*) **beim ~** at bedtime; **vor dem ~** before going to bed.

ˈzuˌbil·li·gen I *v/t* ⟨*sep*, -ge-, h⟩ (*Recht, Vergünstigung etc*) grant, allow, concede: **j-m etwas ~** to grant s.o. s.th., to grant s.th. to s.o.; **einem Angeklagten mildernde Umstände ~** *jur.* to allow mitigating (*od.* extenuating) circumstances in a defendant's case, to allow (*od.* grant) a defendant mitigating (*od.* extenuating) circumstances. – **II Z~** *n* ⟨-s⟩ *verbal noun.* — **ˈZuˌbil·li·gung** *f* ⟨-; *no pl*⟩ *cf.* Zubilligen: **unter ~ mildernder Umstände** *jur.* allowing mitigating circumstances.

ˈzuˌbin·den *v/t* ⟨*irr*, *sep*, -ge-, h⟩ **1.** (*Sack etc*) tie (*od.* bind) (*s.th.*) up: **er band den Sack mit einer Schnur zu** he tied the sack up with a piece of string. – **2.** (*Schnur, Schnürsenkel etc*) tie: **sich** (*dat*) **die Schuhe ~** to tie one's shoelaces, to lace one's shoes. – **3. j-m die Augen ~** to blindfold s.o.

ˈzuˌblei·ben *v/i* ⟨*irr*, *sep*, -ge-, sein⟩ *colloq.* stay closed (*od.* shut).

ˈzuˌblin·zeln *v/i* ⟨*sep*, -ge-, h⟩ **j-m ~** to wink at s.o., to give s.o. a wink.

ˈzuˌbrin·gen *v/t* ⟨*irr*, *sep*, -ge-, h⟩ **1.** (*verbringen*) spend, pass: **die Zeit mit etwas ~** to spend one's time at (*od.* with) s.th.; **die Nacht im Freien ~** to spend the night in the open (*od.* outdoors, out of doors). – **2. j-m etwas ~** a) to take s.o. s.th., to take s.th. to s.o., b) *fig.* (*hinterbringen*) to inform s.o. about s.th., to tip s.o. off about s.th. (*colloq.*). – **3.** *colloq.* (*Fenster, Koffer etc*) get (*s.th.*) shut (*od.* to close, to shut). – **4.** (*im Verkehr*) feed. – **5.** *tech.* (*Material*) feed, transfer. – **6.** *jur. cf.* einbringen 7.

ˈZuˌbrin·ger *m* ⟨-s; -⟩ **1.** (*Zubringerstraße*) feeder road. – **2.** *cf.* Zubringerbus. – **3.** *aer. cf.* Zubringerflugzeug. – **4.** *tech.* feeder, conveyor, *auch* conveyer. – **5.** *fig.* informer. – **6.** (*radio*) *cf.* Zubringerleitung 1. — **~ˌanˌla·ge** *f* (*computer*) satellite system. — **~ˌbus** *m* **1.** (*zum Flughafen*) airport bus. – **2.** (*zwischen Flughafengebäude u. Maschine*) transfer bus. – **3.** (*zu öffentlichen Verkehrsmitteln*) feeder bus. — **~ˌdienst** *m* **1.** feeder service. – **2.** (*vom u. zum Flughafen, von der u. zur Maschine*) transfer service. – **3. ~ gestattet** *Swiss* (*im Verkehr*) residents only. — **~ˌflug** *m aer.* feeder (*od.* branch) service flight, feeder flight. — **~ˌflugˌzeug** *n* feeder aircraft. — **~ˌför·derˌband** *n* ⟨-(e)s; ⸚er⟩ *tech.* delivery belt conveyor (*auch* conveyer). — **~ˌhe·bel** *m* *mil.* (*an einem Maschinengewehr*) feeder lever. — **~ˌlei·tung** *f* **1.** (*radio*) program (*bes. Br.* programme) line, transmission line. – **2.** (*computer*) offering line. — **~ˌli·nie** *f* (*im Verkehr*) feeder line. — **~ˌspei·cher** *m* (*computer*) auxiliary store. — **~ˌstra·ße** *f* feeder road. — **~verˌkehr** *m* **1.** feeder traffic. – **2.** *aer.* feeder service. — **~ˌzug** *m* (*railway*) feeder train.

ˈZuˌbrot *n* ⟨-(e)s; *no pl*⟩ *gastr.* entremets *pl* (*construed as sg or pl*).

ˈzuˌbrül·len *v/t* ⟨*sep*, -ge-, h⟩ **j-m etwas ~** to yell (*od.* roar) s.th. at s.o.

ˈZuˌbu·ße *f* **1.** allowance. – **2.** (*Beitrag*) contribution. – **3.** additional payment. – **4.** (*mining*) *payment in times of need by the owners of a mine to support mining operations.*

ˈzuˌbut·tern *v/t* ⟨*sep*, -ge-, h⟩ *colloq.* **1.** (*zuschießen*) chip (*s.th.*) in (*colloq.*), contribute: **ich mußte 100 Mark ~** I had to contribute 100 marks. – **2.** add: **er kann durch einen Nebenverdienst zu seiner Rente etwas ~** he can up (*od.* boost) his pension a little by making a few pennies on the side.

Zuc·chet·to [tsʊˈkɛto] *m* ⟨-s; -tti [-ti]⟩ *Swiss* zucchetto, small gourd.

Zucht [tsʊxt] *f* ⟨-; -en⟩ **1.** ⟨*only sg*⟩ (*von Vieh, Fischen, Pelztieren etc*) breeding, raising, rearing: **die ~ von Pferden** horse breeding. – **2.** ⟨*only sg*⟩ (*von Bakterien, Bienen, Seidenraupen, Perlen etc*) culture. – **3.** ⟨*only sg*⟩ (*von Pflanzen*) breeding, (*Anbau*) *auch* growing, cultivation. – **4.** (*Rasse*) breed: **aus verschiedenen ~en** from different breeds. – **5.** ⟨*only sg*⟩ (*Farm*) breeding farm. – **6.** ⟨*only sg*⟩ *fig.* discipline: **strenge ~** strict discipline; **j-n an ~ und Ordnung gewöhnen** to accustom s.o. to discipline; **in** (*acc*) **etwas ~ und Ordnung bringen** to bring (some) discipline into s.th., to see (to it) that there is discipline in s.th.; **euch fehlt es an ~** you have no discipline, you are an undisciplined (*od.* a disorderly) crowd (*colloq.*); **etwas** [**j-n**] **in ~ halten** to keep strict control (*od.* a tight rein) over s.th. [s.o.]; **j-n in ~ nehmen** to discipline s.o.; **sich selbst in ~ nehmen** to discipline oneself; **er hält auf strenge ~** he has an iron hand, he is a strict disciplinarian; **hier herrscht ~ und Ordnung** there is good discipline here; **hier herrscht ja eine tolle** (*od.* **schöne**) **~** *colloq. iron.* this is absolute chaos, (*stärker*) this is absolute (*od. colloq.* a regular) Bedlam (*od.* all hell let loose). — **~ˌausˌwahl** *f agr. cf.* Zuchtwahl. — **~ˌbo·den** *m biol.* culture medium. — **~ˌbuch** *n zo.* studbook. — **~ˌbul·le** *m agr.* breeding bull, bull for service. — **~ˌeber** *m* breeding boar.

züch·ten [ˈtsʏçtən] **I** *v/t* ⟨h⟩ **1.** (*Vieh, Fische, Pelztiere etc*) breed, raise, rear. – **2.** (*Bakterien, Bienen, Perlen, Seidenraupen etc*) culture. – **3.** (*Blumen, Obstsorten etc*) breed, (*anbauen*) *auch* grow, cultivate. – **4.** *fig.* (*Haß etc*) breed. – **II Z~** *n* ⟨-s⟩ **5.** *verbal noun.* – **6.** *cf.* Züchtung.

ˈZüch·ter *m* ⟨-s; -⟩ **1.** (*von Vieh, Fischen, Pelztieren etc*) breeder, raiser. – **2.** (*von Perlen, Seidenraupen etc*) culturist. – **3.** *cf.* Bienenzüchter. – **4.** *cf.* Geflügelzüchter. – **5.** (*von Blumen, Obstsorten etc*) breeder, fancier, (*Anbauer*) *auch* grower, cultivator.

ˈZucht·erˌfolg *m* **1.** (*bei Pflanzen, Tieren*) breeding success. – **2.** (*bei Perlen etc*) success achieved through training.

ˈZüch·ter|verˌband *m*, **~verˌei·ni·gung** *f* breeders' association.

ˈZucht|ˌesel *m agr.* breeding ass. — **~geˌflü·gel** *n* breeding poultry. — **~geˌnos·sen·schaft** *f* (*von Viehzüchtern*) breeders' cooperative (*Br. auch* co-operative) association.

ˈZuchtˌhaus *n jur.* **1.** *Br.* convict prison, *Am.* penitentiary, state prison: **im ~ sitzen** to be (imprisoned) in a convict prison (*Am.* penitentiary); **mit einem Bein im ~ stehen** *fig. colloq.* to be halfway to prison. – **2.** ⟨*only sg*⟩ (*Zuchthausstrafe*) prison sentence, imprisonment, *auch* penal servitude: **lebenslänglich(es) ~** life imprisonment; **j-n zu zehn Jahren ~ verurteilen** to sentence s.o. to ten years' imprisonment. — **~ˌar·beit** *f* convict labor (*bes. Br.* labour), (*Zwangsarbeit als Zusatzstrafe*) *Am.* hard labor.

ˈZuchtˌhäus·ler *m* ⟨-s; -⟩ convict, jailbird, *Br. auch* gaolbird, *bes. Br. sl.* lag.

ˈZuchtˌhausˌstra·fe *f jur.* imprisonment, prison (*od.* jail, *Br. auch* gaol) sentence, *Am.* confinement in a penitentiary: **eine ~ verbüßen** to serve a sentence.

ˈZucht|ˌhengst *m agr.* studhorse, stallion. — **~ˌher·de** *f* breeding (*od.* pedigree) herd.

züch·tig [ˈtsʏçtɪç] *adj* **1.** modest, chaste: **keusch und ~** chaste and modest; **ein ~es Rot färbte ihre Wangen** she blushed in her modesty. – **2.** (*tugendhaft*) virtuous. – **3.** (*spröde*) prim (and proper), prudish.

züch·ti·gen [ˈtsʏçtɪgən] *lit.* **I** *v/t* ⟨h⟩ **1.** (*körperlich*) punish, cane, flog, chastise, (*mit dem Lineal*) ferule. – **2.** (*strafen*) punish, correct, castigate. – **3.** *Bibl.* chasten. – **II Z~** *n* ⟨-s⟩ **4.** *verbal noun.* – **5.** *cf.* Züchtigung.

ˈZüch·tig·keit *f* ⟨-; *no pl*⟩ **1.** modesty, chasteness. – **2.** (*Tugendhaftigkeit*) virtue, virtuousness. – **3.** primness, prudishness.

ˈZüch·ti·gung *f* ⟨-; -en⟩ *lit.* **1.** *cf.* Züchtigen. – **2.** punishment, chastisement, (*mit dem Lineal*) ferule, *auch* ferula. – **3.** (*Bestra-*

fung) punishment, correction, castigation: körperliche ~ corporal punishment.

'Züch·ti·gungs,recht *n jur.* right to punish, right to inflict corporal punishment.

'Zucht|kri,stall *m min.* synthetic crystal. — **~,kuh** *f agr.* breeding cow. — **~,läh·me** *f vet. cf.* Beschälseuche.

'zucht·los *adj* **1.** undisciplined, disorderly, without discipline. – **2.** (*liederlich*) loose, licentious, (*stärker*) dissolute, dissipated: ein ~es Leben führen to lead a dissipated life. – **3.** (*wild*) unruly, disorderly, wild. — **'Zucht·lo·sig·keit** *f* ⟨-; *no pl*⟩ **1.** lack of discipline, disorderliness. – **2.** looseness, licentiousness, (*stärker*) dissoluteness, dissipation. – **3.** unruliness, disorderliness, wildness.

'Zucht|,mit·tel *n* disciplinary measure, means of correction. — **~,per·le** *f* (*jewelry*) cultured (*auch* culture) pearl. — **~,ras·se** *f* pedigree breed. — **~,ru·te** *f obs.* disciplinary cane, rod: unter j-s ~ stehen *fig.* to be under s.o.'s thumb (*od.* authority). — **~,saat** *f*, **~,saat,gut** *n agr.* selected seed. — **~,sau** *f* breeding sow, sow for breeding. — **~,schaf** *n* breeding ewe, ewe for breeding. — **~,schwein** *n* breeding pig, pig for breeding. — **~,stier** *m* breeding bull, bull for service. — **~,stu·te** *f* breeding mare, broodmare. — **~,tier** *n* breeding animal: ~e *pl auch* breeding stock *sg.*

'Züch·tung *f* ⟨-; -en⟩ **1.** *cf.* Züchten. – **2.** (*von Tieren etc*) breed. – **3.** (*von Pflanzen*) breed, (*Anbau*) *auch* cultivation. – **4.** (*von Perlen, Seidenraupen etc*) culture.

'Züch·tungs·me,tho·de *f* **1.** (*in der Tier-, Blumen-, Baumzucht*) breeding method, method of breeding. – **2.** (*in der Perlen-, Seidenraupenzucht etc*) method of culture.

'Zucht|ver,bes·se·rung *f* genetical improvement, (*bes. von Zuchtvieh*) livestock improvement. — **~,vieh** *n* breeding cattle, cattle for breeding: gutes ~ good breeders *pl.* — **~,wahl** *f agr.* selective breeding, selection: geschlechtliche [künstliche, natürliche] ~ sexual [artificial, natural] selection. — **~,wert** *m* breeding value.

zuck [tsʊk] *interj* → ruck.

Zuck *m* ⟨-(e)s; *no pl*⟩ *colloq.* **1.** (sudden) jerk: mit einem ~ riß er das Haar aus with a sudden pull (*od.* jerk, tug) he tweaked the hair out. – **2.** mit einem ~ war sie weg she was off like a shot.

zuckeln (*getr.* -k·k-) ['tsʊkəln] *v/i* ⟨sein⟩ *colloq.* jog along (*od.* on).

'Zuckel,trab (*getr.* -k·k-) *m colloq.* jog, *auch* jog trot.

zucken (*getr.* -k·k-) ['tsʊkən] **I** *v/i* ⟨h⟩ **1.** twitch, jerk: er zuckte nervös im Schlaf he twitched nervously in his sleep; sein ganzer Körper zuckte in Krämpfen his whole body twitched with cramps. – **2.** (*von Mund, Lippen, Augenpartie etc*) twitch: er zuckt mit dem Mund (*od.* den Lippen), sein Mund (*od.* seine Lippen) ~ a) (*im Moment*) his mouth twitches, b) (*als Angewohnheit*) he has a twitch at the (*od.* his) mouth; um ihren Mund zuckte es (*sie war kurz vorm Lachen od. Weinen*) her mouth twitched; ohne mit der Wimper zu ~ *fig.* without batting an eyelid. – **3.** (*bei Schmerzen*) flinch, wince: er hat nicht (mit der Wimper) gezuckt he didn't flinch once. – **4.** *colloq.* (*zwicken, reißen*) twinge: es zuckt mir in allen Gliedern I have twinges all over, I have all sorts of aches and pains. – **5.** (*von sterbenden Tieren etc*) twitch: ein Fisch zuckte an der Angel a fish twitched on the line. – **6.** mit den Schultern ~ to shrug (one's shoulders). – **7.** *fig.* (*von Blitz, Lichtstrahl etc*) flash: Blitze zuckten durch die Nacht bolts of lightning flashed through the night. – **8.** (*von Flammen*) flare. – **9.** *fig. colloq.* itch: es zuckte mir in den Händen I could have (*od.* I would have dearly loved to) hit him one; es zuckte mir in den Fingern, das Geld zu nehmen I was itching to take (*od.* to get my hands on) the money; es zuckt mir in den Beinen I'm itching (*od.* dying) to dance. – **II** *v/t* **10.** die Schultern (*od.* Achseln) ~ to shrug (one's shoulders). – **III Z~** *n* ⟨-s⟩ **11.** *verbal noun.* – **12.** twitch, tic: sie leidet an einem nervösen Z~ she has a nervous twitch. – **13.** *cf.* Zuckung. – **14.** shrug.

zücken (*getr.* -k·k-) ['tsʏkən] *v/t* ⟨h⟩ **1.** (*Brieftasche, Bleistift etc*) pull out, produce: den Geldbeutel ~ to pull (*od.* take) out one's purse. – **2.** (*Schwert etc*) draw.

'zuckend (*getr.* -k·k-) **I** *pres p.* – **II** *adj* (*Bewegung, Mund etc*) twitching.

Zucker (*getr.* -k·k-) ['tsʊkər] *m* ⟨-s; *Zuckersorten* -⟩ **1.** sugar: brauner [gestoßener] ~ brown [coarsely granulated] sugar; ein Stück ~ a lump of sugar; etwas mit ~ süßen to sweeten s.th. with sugar, to sugar s.th.; in (*acc*) etwas ~ tun to put sugar in(to) s.th.; nehmen Sie ~ zum Tee? do you take sugar in (*od.* with) your tea? du bist doch nicht aus ~ *fig. colloq.* don't be so soft; j-m ~ in den Arsch blasen *vulg.* a) (*antreiben*) to make s.o. get a move on (*sl.*), b) (*sich einschmeicheln*) to suck up to s.o. (*sl.*); → Affe 1. – **2.** *med.* a) (*Zuckerkrankheit*) diabetes, b) (*in der Physiologie*) glucose: er hat ~ he is (a) diabetic. – **3.** das ist ~! *fig. colloq.* that's marvel(l)ous (*od. colloq.* terrific, *sl.* smashing)! — **~,ab,bau** *m med.* breaking down of sugar. — **~,ahorn** *m bot.* sugar maple (*Acer saccharinum*). — **~,al·ko·hol** *m meist pl chem.* sugar alcohol. — **~,an,bau** *m* cultivation of sugar cane. — **~an·hy,dri·de** *pl chem.* sugar anhydrides. — **~,ap·fel** *m bot.* sweetsop, *auch* sugar (*od.* custard) apple, anon (*Annona squamosa*). — **~,ar·ten** *pl* sugars. — **z~,ar·tig** *adj* **1.** sugarlike, sugary. – **2.** *chem.* saccharoid, *auch* saccharoidal. — **~,äther** *m chem.* sugar ether. — **~,aus,schei·dung** *f med.* glycorrh(o)ea, (*im Urin*) *auch* glycosuria, (*im Speichel*) *auch* glycoptyalism.

'Zucker|,bäcker (*getr.* -k·k-) *m Southern G. and Austrian for* Konditor. — **~bäcke,rei** (*getr.* -k·k-) *f Southern G. and Austrian* **1.** *cf.* Konditorei 1. – **2.** pastry and cake making.

'Zucker,bäcker,stil (*getr.* -k·k-) *m arch.* pastry cook's architecture, overelaborate decorated style.

'Zucker|,bee·re (*getr.* -k·k-) *f bot.* sugarberry, hackberry (*Celtis occidentalis*). — **~be,stim·mung** *f* **1.** *med.* detection of sugar, glucose determination. – **2.** *chem. cf.* Zuckergehaltsbestimmung. — **~,bil·dung** *f* **1.** *chem.* saccharification. – **2.** *med.* (*in der Physiologie*) glycogenesis, (*aus Eiweiß od. Fett*) *auch* glucoreogenesis, glyconeogenesis. — **~,bir·ke** *f bot.* mountain mahogany, mahogany birch (*Betula lenta*). — **~,bir·ne** *f hort.* sugar pear. — **~,bör·se** *f econ.* sugar exchange. — **~,bre·zel** *f* sweet pretzel. — **~,brot** *n* **1.** slice of bread and butter (sprinkled) with sugar. – **2.** (*Gebäck*) pastry, cake. – **3.** mit ~ und Peitsche *fig.* by kicks and halfpence (*Am.* candy), with a stick and a carrot. — **~,büch·se** *f* **1.** *cf.* Zuckerdose. – **2.** (*für größere Menge*) sugar bin.

'Zucker·chen (*getr.* -k·k-) *n* ⟨-s; -⟩ *Northern G. dial. for* Bonbon.

'Zucker|cou,leur (*getr.* -k·k-) *f* ⟨-; *no pl*⟩ *gastr.* caramel. — **~di,ät** *f med.* diabetic diet. — **~,do·se** *f* sugar bowl (*Br. auch* basin). — **~,erb·se** *f bot.* edible-podded pea, sugar pea (*Pisum sativum var. saccharatum*). — **~fa,brik** *f* sugar factory (*od.* refinery). — **~-,Fett,säu·re,ester** *m chem.* fatty acid ester of sugar. — **~,früch·te** *pl gastr.* candied (*od.* crystallized *Br. auch* -s-, glacé) fruits. — **~,gä·rung** *f chem.* saccharine (*od.* amylic) fermentation, fermentation of sugar. — **~,gast** *m zo.* silverfish, *auch* fish moth, slicker (*Lepisma saccharina*). — **~ge,backe·ne** (*getr.* -k·k-) *n* ⟨-n; *no pl*⟩ confectionery, *Am. auch* confectionary.

'Zucker·ge,halt (*getr.* -k·k-) *m* **1.** sugar content. – **2.** *chem. med.* glucose content.

'Zucker·ge,halts|be,stim·mung (*getr.* -k·k-) *f chem.* saccharimetry. — **~,mes·ser** *m* saccharimeter. — **~,mes·sung** *f* saccharimetry.

'Zucker|ge,schmack (*getr.* -k·k-) *m* sugary taste. — **~ge,win·nung** *f* sugar extraction (*od.* manufacture), sugaring. — **~gla,sur** *f gastr. cf.* Zuckerguß. — **~,gras** *n bot.* sorgo, sugar grass (*Polinia Cumingii*). — **~,guß** *m gastr.* icing, frosting, sugarcoating: mit ~ überzogen iced, frosted, sugarcoated; etwas mit ~ überziehen to ice (*od.* frost, sugarcoat) s.th. — **z~,hal·tig** *adj* **1.** containing sugar, with sugar content. – **2.** *chem.* sacchariferous. — **~,han·del** *m econ.* sugar trade. — **~,har·nen** *n med.* glycosuria. — **~,harn,ruhr** *f* diabetes mellitus. — **~,hörn·chen** *n zo. cf.* Beutelflughörnchen. — **~,hut** *m gastr.* sugarloaf.

'zucke·rig (*getr.* -k·k-) *adj* sugary.

'Zucker·in·du,strie (*getr.* -k·k-) *f* sugar industry.

'Zucker|,kand (*getr.* -k·k-) [-,kant] *m* ⟨-(e)s; *no pl*⟩, **~,kan·dis** *m colloq. for* Kandis(zucker).

'Zucker·kar,bon,säu·re (*getr.* -k·k-) *f chem.* sugar carboxylic acid.

'zucker|,krank (*getr.* -k·k-) *adj med.* diabetic. — **Z~,kran·ke** *m, f* diabetic. — **Z~,krank·heit** *f* diabetes.

Zuckerl (*getr.* -k·k-) ['tsʊkərl] *n* ⟨-s; -(n)⟩ **1.** *Bavarian and Austrian for* Bonbon 1. – **2.** *Austrian fig.* (*etwas Besonderes*) treat.

'Zucker|,lecken (*getr.* -k·k-) *n only in* das ist kein ~ *colloq.* it's no picnic (*colloq.*), it's not all beer and skittles. — **~,löf·fel** *m* sugar spoon. — **z~los** *adj* sugarless. — **~,lö·sung** *f* **1.** sugar solution. – **2.** *brew.* primer.

'Zuckerl,stand (*getr.* -k·k-) *m Austrian* candy (*Br.* sweet) stall.

'Zucker|,man·del (*getr.* -k·k-) *f* sugared almond. — **~,man·gel** *m* **1.** (*in Notzeiten*) shortage (*od.* scarcity) of sugar. – **2.** *med.* (*im Blut*) blood sugar deficiency, hypoglyc(a)emia (*scient.*). — **~,markt** *m econ.* sugar market. — **~,mäul·chen** *n only in* j-d ist ein ~ s.o. has a sweet tooth. — **~me,lo·ne** *f bot.* sweet melon, muskmelon (*Cucumis melo*). — **~,mes·ser** *m* ⟨-s; -⟩, **~,meß·ge,rät** *n* **1.** *med.* (*für Diabetiker*) diabetometer, glycosometer. – **2.** *chem.* saccharimeter. — **~,mes·sung** *f chem.* saccharimetry. — **~,mil·be** *f zo.* sugar mite (*Glyciphagus destructor*).

zuckern (*getr.* -k·k-) ['tsʊkərn] *v/t* ⟨h⟩ **1.** sugar. – **2.** (*süßen*) sugar, sweeten (*s.th.*) with sugar. – **3.** (*Wein*) chaptalize. – **4.** *pharm.* coat (*s.th.*) with sugar, sugar(coat).

'Zucker|,pal·me (*getr.* -k·k-) *f bot.* sugar palm (*Arenga saccharifera*): Indische ~ gomuti (palm) (*A. pinnata*). — **~,pflan·zung**, **~plan,ta·ge** *f* sugar plantation. — **~,plätz·chen** *n* **1.** (*Keks*) sugared biscuit (*bes. Am.* cookie, *auch* cooky). – **2.** *archaic* lozenge, *Br.* sweet, sugarplum, (*klares, hartes*) *auch* drop, (*mit Füllung*) *auch* comfit. — **~,pro·be** *f* **1.** sugar test. – **2.** *med.* sugar (*od.* glucose) test. — **~,pup·pe** *f fig. colloq.* sugar doll, 'peach' (*beide sl.*). — **~raf·fi,na·de** *f* refined sugar. — **~raf·fi·ne,rie** *f* sugar refinery. — **~ra·ti,on** *f* sugar ration.

'Zucker,rohr (*getr.* -k·k-) *n bot.* (sugar)cane, *Br.* (sugar-)cane (*Saccharum officinarum*). — **~,blatt,laus** *f zo.* sugarcane (*Br.* sugar-cane) aphid (*Rhopalosiphon sacchari*). — **~,boh·rer** *m* sugarcane (*Br.* sugar-cane) borer (*Diatraea saccharalis*). — **~,hir·se** *f bot.* sorgo, *auch* sorgho, sweet sorghum (*Sorghum vulgare var. saccharatum*). — **~,saft** *m* sugarcane (*Br.* sugar-cane) juice. — **~,schmier,laus** *f zo.* sugarcane (*Br.* sugar-cane) (*od.* pink) mealybug (*Pseudococcus sacchari*).

'Zucker,rü·be (*getr.* -k·k-) *f bot.* sugar beet, *Br.* sugar-beet, *auch* beet (*Beta vulgaris*).

'Zucker,rü·ben|,an,bau (*getr.* -k·k-) *m agr.* sugar beet (*Br.* sugar-beet) cultivation (*od.* growing). — **~,ge·gend** *f* sugar beet (*Br.* sugar-beet) region. — **~,saft** *m cf.* Zuckersaft. — **~,schnit·zel** *n, m* sugar beet (*Br.* sugar-beet) cossette (*od.* chip).

'Zucker|,ruhr (*getr.* -k·k-) *f med.* diabetes mellitus. — **~,sack** *m* bag of sugar. — **~,saft** *m* syrup, sirup. — **~,säu·re** *f chem.* saccharid acid. — **~,scha·le** *f* sugar bowl (*Br. auch* basin). — **~,scho·te** *f bot. cf.* Zuckererbse. — **~,sie·der** *m tech.* filler. — **~sie·de,rei** *f* sugar refinery. — **~,si·rup** *m* molasses *pl, bes. Br.* treacle. — **z~,spal·tend** *adj chem.* saccharolytic. — **~,spie·gel** *m med.* blood sugar level: erhöhter ~ elevated blood sugar level, hyperglyc(a)emia (*scient.*); ~ nach dem Essen postprandial blood sugar level. — **~,stan·ge** *f* stick of candy, sugar-stick, *Br. auch* stick of rock. — **~,steu·er** *f econ.* duty on sugar. — **~,stoff,wech·sel** *m biol.* sugar metabolism, glycometabolism, saccharometabolism. — **~,stö·rung** *f med.* dysglyc(a)emia. — **~,streu·er** *m* **1.** (*mit vielen kleinen Öffnungen*) sugar caster (*auch* castor) (*od.* dredger). – **2.** (*mit einer größeren Öffnung*) sugar measure. — **z~'süß** *adj* **1.** (as) sweet as sugar. – **2.** *fig.* (*Worte etc*) honeyed, sugary, sugar-candy (*attrib*), syrupy, sirupy, saccharine. — **~ˌtang** *m bot.* sweet tangle, sugar wrack, girdle (*Laminaria saccharina*). — **~to·leˌranz** *f med.* glucose (*od.* sugar) tolerance. — **~ˌtopf** *m Northern G. for* Zuckerdose. — **~ˌtü·te** *f large cornet filled with sweets and given to children in Germany on their first day at school.* — **~ˌüberˌguß, ~ˌüberˌzug** *m* **1.** *gastr. cf.* Zuckerguß. – **2.** *pharm.* sugarcoating. — **~verˌbin·dun·gen** *pl chem.* saccharates, sucrates. — **~ˌvö·gel** *pl zo.* honeycreepers (*Fam. Coerebidae*). — **~ˌwa·ren** *pl* confectionery *sg*, *Am. auch* confectionary *sg*, sweetmeats, sweets, *Am.* candy *sg.* — **~ˌwas·ser** *n* sugared water. — **~ˌwat·te** *f gastr. Br.* candy floss, *Am.* floss candy. — **~ˌwerk** *n* confectionery, *Am. auch* confectionary, sweetmeats *pl*, sweets *pl*, *Am.* candy, goodies *pl* (*colloq.*). — **~ˌwur·zel** *f bot.* skirret (*Sium sisarum*). — **~ˌzan·ge** *f* pair of sugar tongs, sugar tongs *pl* (*sometimes construed as sg*). — **~ˌzeug** *n cf.* Zuckerwerk.

'Zuckˌkrampf *m med.* clonic convulsion (*od.* spasm): ~ im Handgelenk wrist clonus.

'Zuckˌmücke (*getr.* -k·k-) *f zo.* chironomid (*Fam. Chironomidae*): Larve der ~ bloodworm.

'zuck·rig *adj cf.* zuckerig.

'Zuckung (*getr.* -k·k-) *f* ⟨-; -en⟩ **1.** *cf.* Zucken. – **2.** (*Reflex*) jerk. – **3.** (*bei Krämpfen*) convulsion: (krampfartige) **~en bekommen** to be seized with convulsions. – **4.** (*eines Muskels*) contraction, (*kleiner Muskeln*) *auch* twitch. – **5.** die letzten **~en** *auch fig.* the death throes.

'zuˌdäm·men *v/t* ⟨*sep*, -ge-, h⟩ dam up.

'Zuˌdecke (*getr.* -k·k-) *f colloq. for* Bettdecke 1.

'zuˌdecken (*getr.* -k·k-) **I** *v/t* ⟨*sep*, -ge-, h⟩ **1.** (*Person*) cover (*s.o.*) (up): j-n gut ~ to tuck s.o. up (well); j-n mit einer Decke ~ to cover s.o. (up) with a blanket. – **2.** (*Gegenstand*) cover: einen Topf mit einem Deckel ~ to cover a saucepan, to put a lid on a saucepan; ein Beet mit Stroh ~ to cover a bed with straw; etwas mit dem Mantel der Nächstenliebe ~ *fig.* to cover s.th. with the cloak of charity. – **3.** *fig. cf.* vertuschen. – **4.** j-n mit etwas ~ *fig. colloq.* a) (*mit Bosheiten, Vorwürfen etc*) to rain s.th. on s.o., b) (*mit Fragen etc*) to pester (*od.* badger, ply) s.o. with s.th. – **5.** *fig.* (*übertönen*) drown. – **6.** *mil.* (*mit Artilleriefeuer etc*) pin (*s.o., s.th.*) down. – **II** *v/reflex* sich ~ **7.** cover oneself (up), tuck oneself up.

zu·dem [tsu'deːm] *adv* (*außerdem, überdies*) besides, moreover, furthermore, in addition (to this).

'zuˌden·ken *v/t* ⟨*irr, sep*, -ge-, h⟩ *meist pp* j-m etwas zugedacht haben a) (*Geschenk, Ehre etc*) to have intended (*od.* earmarked) s.th. for s.o., to have wanted s.o. to have s.th., b) (*ein schweres Schicksal etc*) to have inflicted (*od.* imposed) s.th. (up)on s.o., c) (*Strafe, Denkzettel etc*) to have s.th. in store for s.o.

'zu·dikˌtie·ren *v/t* ⟨*sep, no* -ge-, h⟩ **1.** j-m etwas ~ (*zuweisen*) to assign s.o. to s.th., to allot (*od.* allocate) s.th. to s.o. – **2.** j-m eine Strafe ~ to impose (*od.* inflict) a punishment (up)on s.o.

'Zuˌdrang *m* ⟨-(e)s; *no pl*⟩ rush, run: es herrschte ein ungewöhnlicher ~ an der Theaterkasse there was an unusual run on the box office.

'zuˌdre·hen I *v/t* ⟨*sep*, -ge-, h⟩ **1.** (*Heizung, Hahn etc*) turn (*s.th.*) off. – **2.** j-m den Rücken ~ to turn one's back on s.o. – **II** *v/reflex* **3.** sich j-m ~ to turn round to s.o., to turn and face s.o.

'zuˌdring·lich *adj* **1.** (*Person*) intrusive, obtrusive, importunate, impertinent, importune, urgent, pushing: ~ sein to be intrusive, to be an intrusive (*od.* a pushing) person; j-m gegenüber ~ werden a) to intrude (up)on s.o., to importune s.o., b) (*einer Frau, einem Mädchen gegenüber*) to make (improper) advances at (*od.* toward[s]) s.o., to importune s.o., to make a pass at s.o. (*sl.*), *Am. colloq.* to get fresh with s.o. – **2.** (*Fragen etc*) impertinent, importunate, intrusive, importune. — **'Zuˌdring·li·che** *m, f* ⟨-n; -n⟩ intrusive (*od.* impertinent) person, intruder. — **'Zuˌdring·lich·keit** *f* ⟨-; -en⟩ **1.** ⟨*only sg*⟩ (*einer Person*) intrusiveness, obtrusiveness, importunity, importunateness, impertinence, *auch* impertinency, urgency. – **2.** ⟨*only sg*⟩ (*einer Frage etc*) impertinence, *auch* impertinency, importunity, importunateness, intrusiveness. – **3.** (*Frage, Bemerkung etc*) impertinence, *auch* impertinency. – **4.** (*plumper Annäherungsversuch*) (improper) advance, pass (*sl.*).

'zuˌdrücken (*getr.* -k·k-) *v/t* ⟨*sep*, -ge-, h⟩ **1.** (*Verschluß etc*) press (*s.th.*) shut. – **2.** (*Tür etc*) push (*s.th.*) shut. – **3.** j-m die Kehle (*od.* Gurgel) ~ a) to strangle (*od.* throttle) s.o., b) *fig. colloq.* (*j-n wirtschaftlich ruinieren*) to cut s.o.'s throat. – **4.** einem Toten die Augen ~ to close a dead person's eyes. – **5.** *fig. colloq.* (*in Wendungen wie*) ein Auge (*od.* beide Augen) ~ to turn a blind eye, to close an eye; er hat noch mal ein Auge zugedrückt he has turned a blind eye (to it) again, he has stretched a point this once.

'zuˌeig·nen I *v/t* ⟨*sep*, -ge-, h⟩ **1.** j-m etwas ~ *lit.* (*widmen*) to dedicate s.th. to s.o. – **2.** sich (*dat*) etwas ~ *cf.* aneignen 1. – **II Z~** *n* ⟨-s⟩ **3.** *verbal noun.* – **4.** *cf.* Zueignung. — **'zuˌeig·nend I** *pres p.* – **II** *adj* dedicatory, *auch* dedicatorial. — **'Zuˌeig·nung** *f* ⟨-; -en⟩ **1.** *cf.* Zueignen. – **2.** (*Widmung in einem Buch*) dedication. – **3.** *cf.* Aneignung 2.

'zuˌei·len *v/i* ⟨*sep*, -ge-, sein⟩ **1.** auf j-n ~, j-m ~ to hurry (*od.* rush, hasten) up to s.o. – **2.** dem Ziel ~, auf das Ziel ~ to press toward(s) the finish.

zu·ein'an·der [tsu-] *adv* to each other, (*bei mehr als zwei*) *auch* to one another: ~ sprechen to speak to each other; ~ passen a) (*von Personen*) *cf.* passen 5, b) (*von Handschuhen etc*) to match, c) (*farblich*) to go well together, to match, d) (*im Stil*) to go well together; seid gut ~ be kind to each other (*od.* to one another); wie stehen sie ~? what is their attitude toward(s) each other? Vertrauen ~ haben to trust each other (*od.* one another). — **~ˌfin·den** *v/i* ⟨*irr, sep*, -ge-, h⟩ **1.** meet (one another) eventually. – **2.** *fig.* discover common ground, reach an understanding. — **~geˌhö·ren** *v/i* ⟨*sep, pp* zueinandergehört, h⟩ belong together. — **~geˌsel·len** *v/reflex* ⟨*sep, pp* zueinandergesellt, h⟩ sich ~ meet up, join up, come together. — **~ˌste·hen** *v/i* ⟨*irr, sep*, -ge-, h *u.* sein⟩ *fig.* hold to each other (*od.* to one another), stick together.

'zu·erˌkenn·bar *adj* awardable. — **'zu·erˌken·nen I** *v/t* ⟨*irr, sep, no* -ge-, h⟩ **1.** (*Preis etc*) award, give: ihm wurde eine hohe Belohnung zuerkannt he was given a high reward. – **2.** (*Ehre, Würde etc*) award, bestow, confer. – **3.** *jur.* a) (*Strafe*) mete out, b) (*Besitz*) award, adjudge, adjudicate. **II Z~** *n* ⟨-s⟩ **4.** *verbal noun.* — **'Zu·erˌken·nung** *f* ⟨-; *no pl*⟩ **1.** *cf.* Zuerkennen. – **2.** *jur.* adjudication.

zu'erst [tsu-] *adv* **1.** (*als erster*) first: er kam ~ an he arrived first, he was (the) first to arrive; wer schoß ~? who shot first? who started (the) shooting? wer kommt ~ dran? (*im Laden etc*) who is first, please? → kommen 4. – **2.** (*vor allem übrigen*) first (of all): ~ lesen, dann übersetzen read it first before you translate it; ~ müssen wir etwas tun we must do some work first; gleich ~ first of all, first thing, first go-off (*colloq.*). – **3.** (*anfangs*) at first, at the beginning, initially: ~ verstand ich nicht, was er meinte, aber dann at first I didn't understand what he meant but then. – **4.** (*ursprünglich*) originally. – **5.** *jur.* in the first instance. — **Z~ˌkom·men·de** *m, f* firstcomer, *Br.* first-comer.

'zu·erˌtei·len I *v/t* ⟨*sep, no* -ge-, h⟩ (*Auszeichnung, Ehre, Preis etc*) award, bestow, confer. – **II Z~** *n* ⟨-s⟩ *verbal noun.* — **'Zu·erˌtei·lung** *f* ⟨-; *no pl*⟩ **1.** *cf.* Zuerteilen. – **2.** award.

'zuˌfä·cheln *v/t* ⟨*sep*, -ge-, h⟩ **1.** j-m Kühlung (*od.* Luft) ~ to fan s.o. – **2.** sich (*dat*) Luft ~ to fan oneself.

'zuˌfah·ren *v/i* ⟨*irr, sep*, -ge-, sein⟩ **1.** drive (*od.* go) on: fahr (doch) zu! go on! – **2.** auf (*acc*) etwas [j-n] ~ a) to travel toward(s) (*od.* in the direction of) s.th. [s.o.], b) (*mit dem Auto*) to drive toward(s) (*od.* in the direction of) s.th. [s.o.], c) (*mit dem Fahrrad, Motorrad etc*) to ride toward(s) (*od.* in the direction of) s.th. [s.o.], d) (*mit dem Schiff etc*) to head (*od.* make, sail) for s.th. [s.o.]: er fuhr auf den Polizisten zu he drove up to (*od.* straight for, straight at) the policeman. – **3.** auf j-n ~ *fig.* to fly (*od.* jump) at s.o.

'Zuˌfahrt *f* **1.** approach. – **2.** (*zu einem Gebäude etc*) drive, *bes. Am.* driveway. – **3.** *cf.* Zufahrtsstraße. – **4.** *mar.* entrance.

'Zuˌfahrtsˌba·ke *f mar.* entrance beacon. — **~kaˌnal** *m cf.* Zufahrtsrinne. — **~ˌram·pe** *f* approach ramp. — **~ˌrin·ne** *f mar.* entrance channel. — **~ˌstra·ße** *f* approach (*od.* access) road. — **~ˌweg** *m* **1.** (*zu einem Gebäude*) drive, *bes. Am.* driveway. – **2.** *mar.* channel.

'Zuˌfall *m* ⟨-s; ⸗e⟩ **1.** (*Ereignis*) chance, coincidence, accident: blinder ~ pure chance (*od.* accident, coincidence), haphazard; ein glücklicher [unglücklicher] ~ a lucky [an unlucky] chance (*od.* coincidence); welch glücklicher ~ what a lucky chance (*od.* coincidence), what a stroke of luck; sich durch ~ treffen to meet by chance (*od.* coincidence, accident), to meet accidentally; etwas durch einen reinen (*od.* bloßen) ~ entdecken to discover s.th. by mere chance (*od.* purely by accident, by a pure fluke); es ist kein ~, daß it is not purely by chance that, it is no accident (*od.* coincidence) that. – **2.** (*Ursache der Ereignisse*) chance: ein Spiel des ~s a whim of chance; ein Werk des ~s the working of chance; der ~ wollte es, daß chance would have it that; wie es der ~ will as chance will (have it); es [etwas] dem ~ überlassen a) to leave it [s.th.] to chance, to let chance play its part, b) to take potluck; nichts blieb dem ~ überlassen nothing was left to chance (*od.* contingency); darüber mag der ~ entscheiden that must be left to chance. – **3.** (*im Versicherungswesen*) fortuitous event.

'zuˌfal·len *v/i* ⟨*irr, sep*, -ge-, sein⟩ **1.** (*von Klappe, Tür etc*) bang (shut), slam (shut). – **2.** (*von Augen*) close: die Augen fallen mir zu I cannot keep my eyes open. – **3.** j-m ~ a) (*von Erbe, Vermögen etc*) to fall to (*od.* devolve upon) s.o., b) (*von Preis etc*) to be awarded to s.o., c) (*von Gewinnen*) to accrue to s.o., d) (*von Amt, Rolle etc*) to be assigned (*od.* given) to s.o., e) (*von Wissen etc*) to come (quite) naturally to s.o.: mir ist die Aufgabe zugefallen zu vermitteln I was given (*od.* assigned) the task of mediating; mir ist der Reichtum nicht einfach zugefallen, ich habe ihn mir erarbeitet I did not acquire my wealth by chance, I worked for it; diese undankbare Aufgabe fiel ihm zu this thankless task fell to his lot.

'zuˌfäl·lig I *adj* **1.** (*Zusammentreffen etc*) coincidental, accidental, fortuitous, haphazard, chance (*attrib*): Ähnlichkeiten sind rein ~ any similarities are purely coincidental. – **2.** (*Bekanntschaft, Beobachtung etc*) chance (*attrib*), coincidental, incidental. – **3.** (*Blick*) chance (*attrib*). – **4.** (*Ereignisse, Geschehnisse, Umstände etc*) coincidental, accidental, fortuitous, contingent. – **5.** (*von ungefähr u. gelegentlich*) random (*attrib*), casual, incidental. – **II** *adv* **6.** by chance (*od.* coincidence, accident), coincidentally, accidentally, perchance (*lit.*): rein ~ purely by chance, purely accidentally, by a pure fluke; ~ etwas tun to do s.th. by chance, to happen (*od.* chance) to do s.th.; ich traf ihn ~ I happened to meet him, I met him by chance (*od.* coincidence); mein Bruder kam ~ vorbei my brother happened to call; sollte es ~ ein ähnliches Buch geben should there happen to be a similar book; Leute, die ich ~ kannte people I happened to know, people I knew by chance (*od.* incidentally); wenn er ~ da sein sollte if he should happen to be there, if he should be there by any chance; ich stieß ~ auf dieses Wort I came across (*od.* I stumbled upon, I chanced upon) this word, I found this word by chance; ob ~ oder absichtlich whether by accident or design (*od.* intent), whether accidentally or intentionally. – **7.** (*in Fragen*) by any chance, possibly: könnten Sie mir ~ etwas Geld leihen? could you possibly lend me some money? hast du ganz ~ einen Hammer bei dir? do you happen to have a hammer on you?

'zuˌfäl·li·ger'wei·se *adv cf.* zufällig II.

'Zuˌfäl·lig·keit *f* ⟨-; -en⟩ **1.** ⟨*only sg*⟩

coincidence, accidentality, accidentalness, fortuitousness, fortuity, (*von Ereignissen, Umständen etc*) *auch* contingency, contingent. – **2.** ⟨*only sg*⟩ randomness, casualness, incidentalness. – **3.** *meist pl* fortuity, contingency, contingent.

'Zuˌfäl·lig·keitsˌgrad *m econ.* degree of randomness.

'Zuˌfalls|ˌanˌord·nung *f econ.* (*in der Marktforschung*) random order. — **~ˌaus·ˌwahl** *f* random selection (*od.* sampling). — **z~beˌdingt** *adj* due to chance (*od.* accident), fortuitous, accidental. — **~beˌkannt·schaft** *f* acquaintance made by chance, chance acquaintance. — **~erˌfin·dung** *f* chance (*od.* coincidental) discovery. — **~erˌgeb·nis** *n* chance result. — **~ˌglau·be** *m philos.* fortuitism, casualism. — **~ˌhaf·tung** *f econ.* (*im Versicherungswesen*) liability for fortuitous events. — **~moˌment** *n* chance factor. — **~ˌstreu·beˌreich** *m* (*in der Statistik*) random (*od.* erratic) range. — **~ˌstreu·ung** *f* (*in der Statistik*) random dispersion (*od.* variation). — **~ˌtor** *n* (*sport*) chance goal. — **~ˌtref·fer** *m* **1.** (*sport*) (*games*) a) lucky (*od.* fluke) shot, fluke, (*beim Billard*) *auch* scratch, b) (*sport*) *cf.* Zufallstor. – **2.** (*bei einer Lotterie etc*) lucky draw. – **3.** (*beim Quiz etc*) lucky guess.

'zuˌfas·sen *v/i* ⟨*sep*, -ge-, h⟩ **1.** take hold of it: **die Vase fiel runter, weil ich nicht richtig zugefaßt hatte** the vase fell down because I hadn't taken a good hold of it (*od.* because I didn't hold [*od.* grasp] it properly). – **2.** *fig. colloq.* (*mithelfen*) give (*od.* lend) a hand, help: **die Arbeit ist schnell getan, wenn alle (mit) ~** the work will be done quickly if all lend a hand; **zugefaßt!** get to work! get down to it! – **3.** *fig.* (*die Gelegenheit wahrnehmen*) jump at the opportunity.

'zuˌflicken (*getr.* -k·k-) *v/t* ⟨*sep*, -ge-, h⟩ **1.** patch up, mend. – **2.** (*zustopfen*) darn.

'zuˌflie·gen *v/i* ⟨*irr*, *sep*, -ge-, sein⟩ **1.** *colloq.* (*von Fenster, Tür etc*) slam (shut), bang (shut), shut with a bang. – **2. auf** (*acc*) **etwas ~** a) to fly toward(s) s.th., b) (*von Flugzeug etc*) to fly toward(s) (*od.* head for) s.th., (*auf ein Ziel*) to home for s.th. – **3. j-m ~** a) (*von Vogel*) to fly into s.o.'s home, b) *fig.* (*von Gedanken, Ideen etc*) to come easily to s.o.: **ihm fliegt alles nur so zu** everything comes easily to him; **die Herzen aller flogen ihm zu** he won the heart of everyone.

'zuˌflie·ßen I *v/i* ⟨*irr*, *sep*, -ge-, sein⟩ (*dat*) **1.** (*von Fluß, Strom etc*) flow to(ward[s]): **dem Meer ~** to flow to(ward[s]) the sea. – **2.** (*von frischem Wasser etc*) flow into: **dem Meer fließt ständig Süßwasser zu** fresh water is constantly flowing into the sea. – **3.** *fig.* (*von Einnahmen, Spenden etc*) flow into, accrue (*od.* redound, go) to: **dem Hilfsfond fließen große Summen zu** great sums of money flow into the relief fund. – **4. j-m fließen Gelder aus allen möglichen Quellen zu** *fig.* s.o. receives (*od.* derives) money from all sorts of sources. – **5. j-m etwas ~ lassen** to let s.o. have s.th., to grant s.o. s.th. – **6.** *fig.* (*von Gedanken etc*) come easily to. – **II Z~** *n* ⟨-s⟩ **7.** *verbal noun.* — **'zuˌflie·ßend I** *pres p.* – **II** *adj geogr.* (*Strom etc*) tributary.

'Zuˌflucht *f* ⟨-; *no pl*⟩ **1.** (*Ort, Person*) refuge, shelter, asylum: **bei seinen Freunden ~ finden [suchen]** to find [to seek] refuge with one's friends; **der Flüchtling fand in Frankreich ~** the refugee found (an) asylum in France; **j-m (in seinem Haus) ~ gewähren** to give (*od.* grant) s.o. shelter (*od.* asylum) (in one's house); **bei j-m seine ~ nehmen** to take refuge with s.o.; **eine ~ finden** to find refuge (*od. lit.* a haven of rest). – **2.** *fig.* refuge, harborage, *bes. Br.* harbourage: **bei der Musik ~ finden [suchen]** to find [to seek] refuge in music. – **3.** *fig.* (*Ausweg*) resort: **seine ~ zu etwas nehmen** to resort (*od.* take) to s.th.; **seine ~ zu Ausreden nehmen** to resort (*od.* to have recourse) to excuses; **das ist meine letzte ~** that is my last resort.

'Zuˌfluchts|ˌha·fen *m* **1.** *mar.* harbor (*bes. Br.* harbour) (*od.* port) of refuge. – **2.** *fig. cf.* Zufluchtsort 2. — **~ˌort** *m*, **~ˌstät·te** *f* **1.** (place of) refuge, shelter. – **2.** *fig.* retreat, asylum, sanctuary, harborage, *bes. Br.* harbourage, haven (*lit.*).

'Zuˌfluß *m* **1.** *cf.* Zufließen. – **2.** (*Vorgang*) influx, inflow. – **3.** (*in ein Becken, zum Meer etc*) inlet: **der See hat mehrere Zuflüsse** the lake has several inlets. – **4.** *geogr.* (*Nebenfluß*) tributary, affluent, confluent, subsidiary stream. – **5.** *fig.* (*von Flüchtlingen etc*) influx, inflow. – **6.** *econ.* a) (*von ausländischem Kapital, von Geldern etc*) inflow, influx, afflux, b) (*von Waren*) supply. – **7.** *med.* a) influx, afflux, b) (*von Blut*) flow, c) (*Aufnahme*) intake. – **8.** *tech.* influx, inflow. — **~geˌbiet** *n geogr.* river (*od.* lake) basin. — **~geˌfäß** *n med.* (*in der Anatomie*) tributary (*od.* afferent) vessel. — **~ˌgra·ben** *m* feeder. — **~ˌmen·ge** *f* rate of flow. — **~ˌreg·ler** *m tech.* flow regulator. — **~ˌrohr** *n* supply (*od.* delivery, feed) pipe.

'zuˌflü·stern *v/t* ⟨*sep*, -ge-, h⟩ **j-m etwas ~** a) to whisper s.th. to s.o., b) *fig.* to tell s.o. s.th. confidentially, to whisper s.th. to s.o. (*od.* in s.o.'s ear): **er hat ihm das Stichwort zugeflüstert** (*im Theater*) he whispered the cue to him, he prompted him; **das hat man mir zugeflüstert** *fig.* a little bird told me (that).

zu'fol·ge [tsu-] *prep* ⟨*nachgestellt mit dat*; *vorangestellt mit gen*⟩ **1.** (*gemäß*) according to, in accordance with, in compliance with: **seinen Wünschen ~, ~ seiner Wünsche** according to his wishes, in accordance with his wishes; **dem Befehl ~** *cf.* befehlsgemäß. – **2.** (*als Folge von*) in consequence of, as a result of, due (*od.* owing) to. – **3.** *jur.* (*gemäß*) in pursuance of, pursuant to.

zu'frie·den [tsu-] *adj* **1.** (*mit dem Leben, den Umständen etc*) content, happy, contented: **ein stiller und ~er Mensch** a quiet and contented person; **er ist mit allem ~** he is content (*od.* happy) with anything; **mit weniger ~ sein** to be content with less; **ich bin es ~** *archaic* that's all right with me; **mit nichts ~ sein** to be generally discontented (*od.* dissatisfied); **ich bin ganz ~, wenn ich zu Hause bleibe** I am quite content (*od.* happy) to stay at home; **wie geht es Ihnen? Danke, ich bin ~** how are you? Not bad (*od.* I can't complain); **glücklich und ~** as happy as larry. – **2.** (*mit Leistungen etc*) satisfied, pleased: **ich bin mit ihr sehr ~** I am very pleased with her; **ich kann tun, was ich mag, er ist nie ~** no matter what I do, he is never satisfied (*od.* nothing pleases him); **j-n ~ machen** to satisfy (*od.* please) s.o. – **3.** (*angenehm berührt*) pleased. – **4.** (*selbstzufrieden*) complacent: **mit einem ~en Lächeln** with a complacent smile.

Zu'frie·de·ne *m, f* ⟨-n; -n⟩ contented person.

zu'frie·denˌge·ben *v/reflex* ⟨*irr*, *sep*, -ge-, h⟩ **sich ~** content oneself: **sich mit etwas ~** to content oneself with (*od.* to make do [with]) s.th.; **er will sich nicht ~** a) he is still not satisfied, b) he won't accept it.

Zu'frie·den·heit *f* ⟨-; *no pl*⟩ **1.** (*bezüglich der Lebensansprüche, der Gegebenheiten etc*) contentment, content, contentedness: **innere ~** inner contentment; **mit einem Ausdruck der ~** with a look of contentment; **~ geht über Reichtum** (*Sprichwort*) contentment is more than a kingdom (*proverb*). – **2.** (*mit Leistungen etc*) satisfaction: **er strahlte vor ~** he beamed with satisfaction; **zu meiner größten ~** to my greatest satisfaction; **das Problem wurde zur allgemeinen ~ gelöst** the problem was solved to the satisfaction of everyone. – **3.** (*Selbstzufriedenheit*) complacency, complacence.

zu'frie·denˌlas·sen *v/t* ⟨*irr*, *sep*, -ge-, h⟩ **j-n ~** to leave (*od.* let) s.o. alone, to give s.o. peace, to leave s.o. in peace: **laß ihn zufrieden!** let him alone (*od.* be)! leave him alone (*od.* in peace)! give him peace! **laß ihn damit zufrieden!** leave him alone (*od.* give him peace) about that!

zu'frie·denˌstel·len I *v/t* ⟨*sep*, -ge-, h⟩ **1. j-n ~** to satisfy (*od.* please, content) s.o.: **er ist leicht zufriedenzustellen** he is easily satisfied (*od.* pleased); **es ist schwer, ihn zufriedenzustellen, er ist nicht leicht zufriedenzustellen** he is hard to please (*od.* suit), it is hard to please (*od.* suit) him; **man kann ihn mit nichts ~** he is never satisfied with anything, you cannot please him however hard you try. – **2.** (*Ehrgeiz etc*) satisfy, gratify. – **II Z~** *n* ⟨-s⟩ **3.** *verbal noun.* – **4.** *cf.* Zufriedenstellung. — **zu'frie·denˌstel·lend I** *pres p.* – **II** *adj* (*Antwort, Leistung etc*) satisfactory: **die Antwort war nicht ~** the answer was unsatisfactory (*od.* unacceptable). — **Zu'frie·denˌstel·lung** *f* ⟨-; *no pl*⟩ **1.** *cf.* Zufriedenstellen. – **2.** satisfaction. – **3.** satisfaction, gratification.

'zuˌfrie·ren *v/i* ⟨*irr*, *sep*, -ge-, sein⟩ (*von See etc*) freeze (over *od.* up).

'zuˌfü·gen *v/t* ⟨*sep*, -ge-, h⟩ **1.** (*hinzufügen*) (*dat* to) add. – **2. j-m etwas ~** a) (*Böses, Verlust etc*) to inflict s.th. (up)on s.o., b) (*Leid etc*) to cause s.o. s.th.: **j-m (einen) Schaden ~** a) (*seelisch, materiell*) to do s.o. harm, to harm s.o., b) (*körperlich*) to inflict an injury (up)on s.o., to injure s.o.; **j-m (einen) Schmerz ~** a) (*seelisch*) to cause s.o. sorrow (*od.* pain), b) (*körperlich*) to inflict pain (up)on s.o.; **j-m (ein) Unrecht ~** to do s.o. an injustice, to wrong s.o.; **j-m einen schweren Verlust ~** to inflict a heavy loss (up)on s.o.; **j-m eine Niederlage ~** to inflict (*od.* bring) defeat (up)on s.o.; **sich** (*dat*) **selbst etwas ~** to do oneself harm, to harm oneself.

'Zuˌfuhr *f* ⟨-; -en⟩ **1.** (*von Gas, Luft, Wasser etc*) supply. – **2.** (*Versorgungsgüter*) supplies *pl*: **einer Stadt die ~ abschneiden** to cut off a city's supplies. – **3.** *econ.* delivery. – **4.** *bes. mil.* provisions *pl.* – **5.** (*Einfuhr*) import(ation). – **6.** *meteor.* (*von frischer Meeresluft etc*) influx. – **7.** *med.* a) supply, b) (*von Flüssigkeit, Nahrung etc*) intake, c) (*von Blut*) supply, afflux, d) (*Verabreichung*) administration. – **8.** *electr. tech.* supply, feed.

'zuˌfüh·ren I *v/t* ⟨*sep*, -ge-, h⟩ **1.** (*Gas, Luft, Wasser etc*) (*dat* to) supply: **einem Becken frisches Wasser ~** to supply (*od.* carry) fresh water to a basin. – **2. dem Körper Nahrung ~** to feed the body. – **3.** (*Arbeitskräfte etc*) bring, supply: **diese Entwicklung hat der Industrie neue Arbeitskräfte zugeführt** this development introduced a new labo(u)r force into industry. – **4. j-n j-m ~** a) (*miteinander bekanntmachen*) to introduce s.o. to s.o., b) (*zuleiten*) to bring s.o. to s.o., c) (*zusammenbringen*) to unite s.o. with s.o., (*erneut*) to reunite s.o. with s.o.: **einem Geschäftsmann Kunden ~** to bring customers to a businessman; **ein Kind seinen Eltern (wieder) ~** to reunite a child with its parents; **dem Bräutigam die Braut ~** *archaic* to give the bride away. – **5. j-n auf** (*acc*) **etwas ~** to lead s.o. up to s.th. – **6.** *fig.* (*in Wendungen wie*) **etwas seiner Bestimmung ~** to direct s.th. to its destined purpose; **j-n seiner verdienten Strafe ~** to punish s.o. as he deserves, to inflict a deserved punishment (up)on s.o.; **einer Sache frisches Blut ~** to instil(l) fresh blood into s.th., to revitalize (*Br. auch* -s-) s.th.; **eine Frage einer vernünftigen Lösung ~** to find a satisfactory solution to (*od.* for) a question. – **7.** *electr. tech.* (*in Wendungen wie*) **einer Maschine Strom ~** to supply a machine with current. – **8. j-m etwas ~** *med.* a) to supply s.o. with s.th., b) (*Nahrung*) to feed s.o. on s.th.: **j-m künstliche Nahrung ~** to feed s.o. artificially. – **9. einer Einheit Versorgungsgüter ~** *mil.* to provision a unit. – **10. dem Hengst die Stute ~** *zo.* to mate a mare with a stallion, to bring a stallion to a mare. – **II** *v/i* **11. auf** (*acc*) **etwas ~** *auch fig.* to lead to s.th.: **die Straße führt auf das Dorf zu** the road leads to the village; **die Entwicklung der Wirtschaft führt auf einen Krieg zu** the development of the economy will lead to war. – **III Z~** *n* ⟨-s⟩ **12.** *verbal noun.* – **13.** *cf.* Zuführung.

'Zuˌfüh·rer *m tech.* feeder.

'Zuˌfuhr|ˌgleis *n* (*railway*) approach track, entry line. — **~ˌreg·ler** *m tech.* supply valve. — **~ˌstockung** (*getr.* -k·k-) *f econ.* interruption of supply. — **~ˌstra·ße** *f* **1.** *cf.* Zubringerstraße. – **2.** *cf.* Zufahrtsstraße.

'Zuˌfüh·rung *f* ⟨-; *no pl*⟩ **1.** *cf.* Zuführen. – **2.** *cf.* Zufuhr 1, 7, 8. – **3.** *tech.* (*Vorgang*) feed, supply: **~ durch Druck** pressure feed. – **4.** *electr.* a) *cf.* Zuführungsleitung, b) (*Drahtleitung*) lead-in wire: **lose ~** wandering lead. – **5.** *econ.* (*neuer Arbeitskräfte*) supply.

'Zuˌfüh·rungs|ap·paˌrat *m tech.* feeding device, feeder. — **~ˌdraht** *m* **1.** feed wire. – **2.** *electr.* lead-in (*od.* feed) wire. — **~ˌka·bel** *n electr.* feeder cable. — **~ˌlei·tung** *f* feed (*od.* feeder, supply) line. — **~ˌrohr** *n tech.* supply (*od.* feed) pipe. — **~ˌschie·ne** *f* conductor bar. — **~ˌschlauch** *m* supply hose. — **~ˌschnur** *f electr.* flexible lead (*od.* cable), *bes. Br.* flex. — ~ˌ**wal·ze** *f metall.* feed roll.

'Zuˌfuhrˌvorˌrich·tung *f tech.* feeding device.

Zug[1] [tsuːk] *m* ⟨-(e)s; ¨e⟩ **1.** (*railway*) train: abgehender [durchgehender] ~ departing [through *od.* direct] train; eingesetzter [liegengebliebener] ~ extra [broken-down] train; elektrischer ~ electric train (set); fahrplanmäßiger ~ scheduled train; der ~ nach [von] the train to [from]; der ~ aus the train from; der ~ fährt ab the train departs; den ~ nehmen [verpassen] to take [to miss] the train; der ~ fährt the train proceeds; der ~ hat Verspätung the train is late (*od.* delayed); der ~ hat 10 Minuten Verspätung the train is 10 minutes late (*od.* behind time, behind schedule); mit dem ~ fahren to go by train; einen ~ zusammenstellen to marshal (*od.* make up) a train; j-n an den ~ bringen to see s.o. off at the station; im ~ on (*od.* in, aboard) the train; in den ~ einsteigen to get into the train, to board the train; Sie sitzen im falschen ~ a) you are on the wrong train, b) *fig.* (*Sie irren sich*) you are on the wrong track, you're barking up the wrong tree; der ~ ist weg! *fig. colloq.* it's too late for that now! – **2.** (*mining*) underground train for coal haulage (*od.* man-riding).

Zug[2] *m* ⟨-(e)s; ¨e⟩ **1.** (*Festzug*) procession, *auch* parade: ein feierlicher [festlicher] ~ a ceremonious [festive] procession; der ~ der Demonstranten the procession of demonstrators. – **2.** (*Kolonne etc*) line, (*umfangreicher*) stream: der ~ der Gefangenen nahm kein Ende the line of prisoners went on and on. – **3.** (*eines Heeres*) march: Hannibals ~ über die Alpen Hannibal's crossing of the Alps. – **4.** ⟨*only sg*⟩ (*bes. von Tieren in andere Zonen*) passage, migration. – **5.** ⟨*only sg*⟩ *meteor.* (*von Wolken*) movement, drift. – **6.** ⟨*only sg*⟩ (*Reise*) journey, passage: der ~ der Zehntausend *hist.* (*unter Xenophon*) the march (*od.* journey) of the Ten Thousand; der ~ der Kinder Israel(s) durch die Wüste *Bibl.* the journey of the children of Israel through the desert. – **7.** (*Vogelschwarm*) flight, (*von Kranichen*) *auch* flock. – **8.** (*Fischschwarm*) school, shoal. – **9.** (*Fang*) catch, haul. – **10.** (*zusammengespannte Tiere*) team: sechsspänniger ~ team of six, coach and six. – **11.** *mil.* a) (*als Gliederung*) platoon, b) (*von Fahrzeugen*) convoy: er führt den ~ an he leads the platoon. – **12.** (*Bergzug*) mountain range. – **13.** *arch.* (*von Häusern*) row: das Theater befindet sich im ~ der Nordsüdachse the theater (*bes. Br.* theatre) lies on the north-south axis.

Zug[3] *m* ⟨-(e)s; ¨e⟩ **1.** ⟨*only sg*⟩ draft, *bes. Br.* draught: ein leichter ~ a light draft; im ~ sitzen [stehen] to sit [to stand] in the (*od.* a) draft; ich bin in den ~ gekommen I have got a draft; der Ofen hat keinen ~ the stove does not draw well; das Feuer muß erst ~ bekommen, um zu brennen the fire needs a draft in order to burn properly. – **2.** *cf.* Ofenzug. – **3.** (*beim Rauchen*) draw, drag, pull, whiff, draft, *bes. Br.* draught, (*bes. an der Pfeife*) *auch* puff: einen ~ aus der Pfeife nehmen (*od.* tun) to take a puff on (*od.* at, from) one's pipe; gib mir mal einen ~! laß mich mal einen ~ machen! *colloq.* let me have a puff! ich muß erst (einmal) einen ~ tun I must have a smoke first. – **4.** (*beim Atmen*) draft, *bes. Br.* draught, breath, *auch* draw: die Luft in vollen Zügen einatmen to breathe deeply; in den letzten Zügen liegen a) (*sterben*) to be dying, to be breathing one's last (*lit.*), b) *fig. colloq.* (*von Arbeit etc*) to be nearing its end. – **5.** (*beim Trinken*) draft, *bes. Br.* draught, pull, swig (*colloq.*): einen kräftigen (*od.* tiefen) ~ (aus der Flasche *od. colloq.* Pulle) tun to take a good draft (from the bottle); sein Glas auf einen (*od.* mit, in einem) ~ leeren (*od.* austrinken) to empty one's glass in one draft (*od. colloq.* at one go); in langen Zügen trinken to drink in long drafts; du hast einen guten ~ *colloq.* you can take a good draft; sein Leben in vollen Zügen genießen *fig.* to enjoy life to the full (*od.* thoroughly). – **6.** *metall.* (*im Hochofen*) draft, *bes. Br.* draught.

Zug[4] *m* ⟨-(e)s; ¨e⟩ **1.** ⟨*only sg*⟩ (*Ziehen*) pull, tug: ein ~ an der Leine, und die Schwimmweste bläst sich auf a pull on the cord, and the life jacket inflates. – **2.** (*Ruck*) jerk. – **3.** (*beim Sägen*) pull. – **4.** (*games*) (*beim Schach etc*) move: einen ~ machen to make a move; den ersten ~ haben to have the first move; Sie sind am ~(e) a) it's your (turn to) move, b) *fig.* it's your turn; am ~ sein to be playing (*od.* at play); in drei Zügen matt sein to be checkmate in three moves; Weiß ist am ~ it's white's move; zum ~(e) kommen *fig.* a) (*in einer Diskussion*) to be given a chance to speak, to get a word in, b) (*bei einer Tätigkeit*) to be given a (*od.* one's) turn, to be given a chance; nicht zum ~(e) kommen *fig.* a) (*in einer Diskussion*) not to get (*od.* be given) a chance to speak, not to get a word in (edgewise), b) (*bei einer Tätigkeit*) not to get (*od.* be given) a chance; j-n zum ~ kommen lassen *fig.* to give s.o. a chance; ~ um ~ *fig.* a) (*vergeltend*) tit for tat, b) (*der Reihe nach*) one after the other, c) (*Schritt für Schritt*) step by step, one thing at a time; die Geschäfte wurden ~ um ~ abgewickelt the transactions were carried out one after the other; das muß ~ um ~ erfolgen that must be done step by step; in (*od.* mit) einem ~ *fig.* at one (*od.* a) stroke, at one go (*colloq.*). – **5.** (*an der Kapuze, am Wäschebeutel etc*) drawstring, *auch* drawing string. – **6.** (*aus Gummi*) elastic band: einen ~ in der Taille einnähen to put an elastic band in at the waist. – **7.** (*am Schuh*) elastic strap. – **8.** (*an der Klingel*) bellpull. – **9.** *phys.* (*mechanischer*) tension, pull, traction: das Material wurde unter Anwendung von ~ und Druck geprüft the material was subjected to a tension and pressure test. – **10.** *tech.* a) (*bei der Kaltverformung*) draw, b) (*beim Schweißen*) pass, c) (*einer Feder, eines Riemens etc*) pull, d) (*eines Schlittens*) feed movement (*od.* motion), e) (*einer Spindel, eines Stößels*) stroke. – **11.** *tech cf.* Flaschenzug. – **12.** *metall.* (*im Walzewesen*) length. – **13.** *tech.* (*im Gewehrlauf*) groove. – **14.** (*sport*) a) (*beim Schwimmen*) stroke, b) (*beim Ringen, Gewichtheben*) pull, c) (*beim Rudern*) pull, tug(ging), d) (*beim Reiten*) jerk, e) (*beim Schießen*) rifling: einen ~ machen (*beim Schwimmen*) to do a stroke. – **15.** *mus.* a) (*an der Orgel*) stop, b) (*an der Posaune*) position, slide, c) (*an der Handharmonika*) draw. – **16.** *mar.* (*eines Segels*) draw, draft, *bes. Br.* draught. – **17.** (*einer Pumpe*) suction.

Zug[5] *m* ⟨-(e)s; ¨e⟩ **1.** (*Gesichtszug*) feature, lineament: seine Züge haben sich kaum verändert his features have changed very little. – **2.** (*Gesichtsausdruck*) line, look: ein bitterer [grausamer] ~ um seinen Mund a bitter [cruel] line about his mouth. – **3.** (*Charakterzug, Eigenart*) characteristic, trait: j-s Züge tragen to take after s.o.; das ist ein sympathischer ~ an ihm that is a nice trait of his; das ist ein schöner ~ von ihm gewesen that was nice of him (to do that). – **4.** (*Trend*) trend: der allgemeine ~ zum Süden the general southward trend; das ist der ~ der Zeit that is the trend of the time. – **5.** (*Verlauf*) course: im ~e der Neugestaltung in the course of reorganization (*Br. auch* -s-). – **6.** (*Umriß*) outline: in groben Zügen berichten to report in broad outlines; in kurzen, knappen Zügen briefly, in short, in a nutshell. – **7.** (*Rahmen*) framework, scope: im ~ des Aufbauprogramms werden 1000 Wohnungen gebaut the construction program(me) includes the building of 1,000 homes. – **8.** (*Strich, Linie*) stroke: etwas in kräftigen Zügen skizzieren to sketch s.th. with firm strokes; er schrieb seinen Namen in einem ~ he wrote his name in one stroke. – **9.** (*Neigung*) tendency, propensity, proneness: einen ~ zur Verschwendung haben to have a tendency to (*od.* propensity for) extravagance, to be inclined (*od.* to tend) to be extravagant; einen leichtsinnigen ~ haben to have a tendency to be irresponsible (*od.* an irresponsible twist in one), to be prone to irresponsibility, to be apt to be irresponsible. – **10.** (*Drang*) urge: dem ~e des Herzens folgen to follow the promptings of one's heart. – **11.** *fig. colloq.* (*Schwung*) drive, go (*colloq.*): da ist kein rechter ~ drin there is no go (*od.* drive) about it; er hat seine Klasse gut im ~ he has (*od.* keeps) his pupils on their toes; so recht im (*od.* im besten) ~e sein to be going great guns (*Am. auch* a humdinger); wenn er richtig im ~e ist, kann ihn nichts aufhalten once he gets going there is no stopping him.

'Zuˌga·be *f* **1.** (*beim Einkauf*) extra: als ~ as an extra; das Kind erhielt ein Bonbon als ~ the child was given a sweet (*Am.* candy) as an extra. – **2.** (*im Konzert, Theater*) encore: als ~ as an encore; durch Applaus eine ~ erzwingen to obtain an encore by applause; von j-m eine ~ erzwingen to encore s.o.; er mußte mehrere ~n geben he got (*od.* had to give) several encores. – **3.** *econ.* bonus, premium. – **4.** *tech.* allowance. – **5.** (*in der Näherei, für Nähte*) addition.

'Zug|ˌabˌfer·ti·gung *f* (*railway*) train dispatch (*od.* despatch). — ~ˌ**abˌfer·ti·gungsˌdienst** *m* train dispatch service. — ~ˌ**abˌstand** *m* **1.** headway (*od.* distance) between trains. – **2.** (*zeitlicher*) interval between trains. — ~ˌ**abˌteil** *n* compartment.

'Zuˌgang *m* **1.** (*Eingang*) entrance: der Bunker hat mehrere Zugänge the bunker has several entrances; gibt es in diesem Haus nur einen ~? is there only one entrance to this house? die Zugänge sind gesperrt the entrances are locked (*od.* closed). – **2.** (*Tor*) gateway, entrance, entry. – **3.** (*Tür*) door, entrance, entry. – **4.** (*Möglichkeit des Betretens*) admittance, entry, access: kein ~! no admittance! – **5.** ~ zu etwas haben (*zu Dokumenten, zum Meer etc*) to have access to s.th.: ich habe keinen ~ zur modernen Musik *fig.* I have no ear for modern music, modern music says nothing to me; ~ zum Meer *mar.* access to the sea. – **6.** zu j-m ~ haben to be given admittance (*od.* to be admitted) to s.o.: zu diesen Kreisen findet er keinen ~ *fig.* he is not admitted to these circles, these circles are not open to him; zu j-m schwer ~ finden *fig.* to find it hard to get to know s.o. – **7.** *pl* (*im Hotel*) new registrations. – **8.** *pl* (*im Krankenhaus*) new admissions. – **9.** *pl* (*an einer Universität etc*) new enrol(l)ments. – **10.** *pl* (*zu einer Partei, zu einem Club etc*) new members. – **11.** (*Zunahme*) increase. – **12.** *meist pl* (*in Bücherei, Museum*) accession. – **13.** *meist pl econ.* a) (*von Ware*) arrival, receipt, (*im Lagerhaus etc*) quantity received, b) (*auf Konten*) inpayment, lodgement, credit entry, c) (*Einnahmen*) receipts *pl*: auf dem Konto ist kein ~ zu verzeichnen no inpayment has been entered, no credit entry has been made. – **14.** *mil.* reinforcement. – **15.** *med.* a) access, b) (*Öffnung*) orifice, c) (*zum Becken*) inlet.

zu·gan·ge [tsu'gaŋə] *adv bes. Northern G. colloq.* (*in Wendungen wie*) ~ sein to be going on; mit etwas ~ sein to be busy with s.th.; mit etwas ~ kommen to manage s.th.

'zuˌgäng·lich [-ˌgɛŋlɪç] *adj* **1.** (*Zugang bietend*) accessible, approachable; get-at-able, come-at-able (*colloq.*): der Aussichtspunkt ist leicht ~ the viewpoint is easy to get at (*od.* is easy of access), access to the viewpoint is easy; die Hütte ist im Winter schwer ~ the (alpine) hut is hard to get at (*od.* is difficult of access) in winter, access to the (alpine) hut is difficult in winter. – **2.** *fig.* open, accessible: das Schloß ist allgemein ~ the castle is open to everyone; etwas der breiten Öffentlichkeit ~ machen to make s.th. accessible (*od.* to open s.th.) to the general public. – **3.** *fig.* (*verständlich*) accessible: j-m die moderne Dichtung ~ machen to make modern poetry accessible to s.o.; durch die Romantik wurden uns viele Volkslieder wieder ~ the romantic period made many folk songs accessible to us. – **4.** *fig.* (*verfügbar*) available, on hand: das Buch ist zur Zeit nicht ~ the book is not available at the moment. – **5.** *fig.* (*umgänglich*) approachable, accessible, accostable: unsere Nachbarn sind sehr ~e Menschen our neighbo(u)rs are very approachable people. – **6.** einer Sache (*od.* für eine Sache) ~ sein *fig.* a) to be amenable (*od.* open, pervious) to s.th., b) (*nicht standhaft gegen*) to be open (*od.* accessible) to s.th.: sie ist allem Schönen ~ she is amenable to everything beautiful; er ist für einen guten Rat stets ~ he is always amenable (*od.* willing to listen) to (good) advice; Vernunftgründen ~ sein to be amenable to reason; der Bestechung ~ sein to be open (*od.* accessible) to bribery; einer Therapie ~ sein *med.* to be amenable (*od.* to respond) to a treatment. — **'Zu,gäng·lich·keit** *f* ⟨-; *no pl*⟩ **1.** (*eines Ortes*) accessibility, accessibleness, approachability, approachableness. – **2.** *fig.* (*Umgänglichkeit*) approachability, approachableness, accessibility, accessibleness. – **3.** *fig.* (*Empfänglichkeit*) (für to) amenability, amenableness, openness, perviousness. – **4.** *fig.* (*mangelnde Standhaftigkeit*) (für to) openness, accessibility, accessibleness. – **5.** *med.* amenability, response.

'Zu,gangs|,stra·ße *f cf.* Zufahrtsstraße. — **~,weg** *m cf.* Zufahrtsweg 1.

'Zug,an·ker *m tech.* tension rod.

'Zug,an,schluß *m* train connection (*Br. auch* connexion).

'Zug|,bal·ken *m arch. tech.* tie beam. — **~,band** *n* ⟨-(e)s; ⸚er⟩ **1.** (*zum Anziehen von Stiefeln*) pull strap (*od.* tab). – **2.** *tech.* tie member. — **~be,an,spru·chung** *f tech.* tensile stress.

'Zug|be,ein,flus·sung *f* (*railway*) **1.** (*Einrichtung*) train controlling feature. – **2.** ⟨*only sg*⟩ (*Vorgang*) train control: automatische ~ automatic train control. — **~be,glei·ter** *m* **1.** train conductor (*Br.* guard). – **2.** (*kleiner Fahrplan für jeweils einen Fernschnellzug*) (express) train timetable (*od.* schedule). — **~be,gleit·per·so,nal** *n*, **~be,glei·tung** *f* train staff (*Am.* crew).

'Zug·be,la·stung *f tech.* tensile (*od.* tension) load.

'Zug|be,leuch·tung *f* (*railway*) **1.** (*innen*) train lighting system. – **2.** (*außen*) train lights *pl.* — **~be,schil·de·rer** [-bə,ʃɪldərər] *m* ⟨-s; -⟩ plate changer.

'Zug|,blatt *n agr.* (*des Pferdegeschirrs*) breast collar. — **~,brü·cke** (*getr.* -k·k-) *f* drawbridge.

'Zug|,dich·te *f* (*railway*) **1.** density of trains. – **2.** *cf.* Zugabstand. — **~,dienst** *m* train service.

'Zug-'Druck-,Kraft *f tech.* tension-compression load, tenso-compressive load.

'zu,ge·ben *v/t* ⟨*irr, sep,* -ge-, h⟩ **1.** (*zusätzlich geben*) throw in: der Kaufmann hat ein paar Bonbons zugegeben the grocer has thrown in a few sweets (*Am.* candies). – **2.** (*hinzufügen*) add: einem Gericht etwas Salz ~ to add some salt to a dish. – **3.** (*auf der Bühne*) give (*s.th.*) as an encore. – **4.** (*gestehen*) admit, own, confess: etwas unumwunden ~ to admit s.th. freely (*od.* frankly); er hat es zugegeben he admitted (*od.* owned, confessed) (to having done) it. – **5.** (*einräumen*) admit, concede, confess, acknowledge, agree: du mußt ~, daß das nicht sehr nett war you must admit that that was not very nice; ich gebe zu, daß du viel Arbeit hast I admit (*od.* I grant you) that you have a lot of work to do (*colloq.*). – **6.** (*zulassen*) allow, permit: ich kann nicht ~, daß so etwas geschieht I cannot allow this to happen, I cannot permit a thing like that. – **7.** (*einsehen*) recognize.

'zu·ge,bracht I *pp of* zubringen. – **II** *adj jur.* (*Vermögen etc*) brought-in (*attrib*).

'zu·ge,dacht I *pp of* zudenken. – **II** *adj* die ihm ~e Aufgabe a) the work intended for him, b) the work assigned to him.

'zu·ge,deckt I *pp.* – **II** *adj* covered.

'zu·ge,fro·ren I *pp of* zufrieren. – **II** *adj* **1.** frozen: ein ~er See a frozen lake; der See ist ~ the lake is frozen (over). – **2.** (*durch Eis blockiert*) icebound: der Hafen ist im Winter ~ the port is icebound in winter.

'zu·ge,ge·ben *pp of* zugeben: ~! granted; dies ~, so bleibt immer noch die Tatsache, daß (even) allowing for this (*od.* this allowed), the fact still remains that; ~, das war nicht sehr klug, aber, ~, daß das nicht sehr klug war, aber granted (*od.* true) that was not very wise, but, admittedly, that was not very wise, but.

'zu·ge,ge·be·ner'ma·ßen *adv* **1.** admittedly: er ist ~ recht nett he is admittedly quite a nice person. – **2.** admittedly, avowedly, confessedly: er ist ~ dabeigewesen he was admittedly present, he admits that he was present (*od.* to having been present).

zu'ge·gen [tsu-] *adj* ⟨*pred*⟩ *lit.* present: ~ sein to be present; bei etwas ~ sein to be present at s.th., to attend s.th.

'zu·ge,hau·en I *pp of* zuhauen. – **II** *adj* **1.** (*Bruchstein etc*) dressed, pared. – **2.** (*in der Zimmerei*) a) hewed, hewn, b) (*rechteckig*) squared, trimmed.

'zu,ge·hen I *v/i* ⟨*irr, sep,* -ge-, sein⟩ **1.** *colloq.* (*sich schließen lassen*) close, shut: der Koffer geht nicht zu the suitcase will not close; die Tür geht nicht zu the door does not close (*od.* shut). – **2.** j-m ~ (*von Briefen etc*) to reach s.o.: die Antwort wird Ihnen morgen ~ the answer will reach you tomorrow; j-m etwas ~ lassen to have s.th. sent (*od.* forwarded) to s.o., to let s.o. have s.th. – **3.** spitz ~ (*von Türmen etc*) to taper to a point, to taper off. – **4.** auf j-n [etwas] ~ a) to go (*od.* walk) toward(s) s.o. [s.th.], b) (*in seine direkte Nähe*) to go (*od.* walk) up to s.o. [s.th.]: er ging einige Schritte auf ihn zu he went a few steps toward(s) him; er ging auf die offene Tür zu he went up to the open door; gerade(n)wegs auf j-n [etwas] ~ to make a beeline (*od.* to head straight) for s.o. [s.th.]. – **5.** *fig.* (*sich einem Zeitpunkt nähern*) be going (*od.* getting) on for: er geht auf die Siebzig zu he is going on for seventy; dem Ende ~ to be nearing the (*od.* its) end, to be drawing to a close; die Saison geht dem Ende zu the season is drawing to a close. – **6.** (*sich abspielen*) happen: das kann doch nicht mit rechten Dingen ~ there is s.th. funny (*od.* odd, *colloq.* fishy) about that, that looks funny (*od.* odd, *colloq.* fishy) to me; ich weiß noch, wie es zugegangen ist I still remember how it happened. – **7.** geh zu! *colloq.* a) move on! b) *fig. Southern G.* come on! go on! – **II** *v/impers* **8.** (*sich abspielen*) happen: wie geht es zu, daß er das alles bekommt? how is it that he gets all that? how come he gets all that? (*colloq.*); es geht im Leben manchmal seltsam zu life is strange sometimes; wie es so im Leben zugeht as it happens; so geht es nun einmal zu in der Welt such is life, life is like that, that's the way the world works, that's just the way is goes; bei ihnen geht es immer lebhaft zu they are a lively group; bei ihnen geht's toll zu a) they lead quite a wild life, b) (*im Augenblick*) they are having a whale of a (*od.* a grand old) time (*colloq.*); → Teufel 1. – **9.** *fig.* (*sich einem Zeitpunkt nähern*) be going (*od.* getting) on for: es geht dem Ende zu the end is near; es geht dem (*od.* auf den) Winter zu it is going (*od.* getting) on for winter, it is becoming wintry.

'Zu,ge·he·rin [-,ge:ərɪn] *f* ⟨-; -nen⟩, **'Zu,geh,frau** *f Southern G. and Austrian* cleaning woman, cleaner (woman), *bes. Br.* charwoman.

'Zu,geh,hil·fe *f Southern G. and Austrian* home (*od.* domestic) help.

'Zu·ge,hör *n* ⟨-(e)s; *no pl*⟩, *Swiss f* ⟨-; *no pl*⟩ *Austrian and Swiss for* Zubehör.

'zu·ge,hö·ren *v/i* ⟨*sep, pp* zugehört, h⟩ *lit.* (*dat* to) belong.

'zu·ge,hö·rig *adj* **1.** ~e Teile accessory parts; ein Bauernhof und die ~en Grundstücke a farm and the plots of land belonging to it. – **2.** (*begleitend*) accompanying. – **3.** (*in Farbe, Form etc*) matching. – **4.** j-m ~ sein to belong to s.o. – **5.** *jur.* appurtenant: ~es Recht appurtenance. — **'Zu·ge,hö·rig·keit** *f* ⟨-; *no pl*⟩ **1.** (*zu einem Land, einer Konfession etc*) (zu to, with) affiliation: die ~ Berchtesgadens zu Bayern the affiliation of Berchtesgaden to Bavaria. – **2.** (*zu einer Partei, einem Club, Verein etc*) (zu in) membership. – **3.** (*geistige Ausrichtung*) tendencies *pl*: seine politische ~ his political leanings (*od.* tendencies).

'zu·ge,knöpft I *pp.* – **II** *adj fig. colloq.* (*verschlossen, reserviert*) close(-lipped), tight-lipped, uncommunicative, reticent, silent.

Zü·gel ['tsy:gəl] *m* ⟨-s; -⟩ **1.** rein: ein Pferd am ~ führen to lead a horse by the rein; ein Pferd am kurzen [langen] ~ führen to lead a horse on a tight [long] rein; einem Pferd in die ~ fallen to rein a horse; die ~ anziehen to draw rein, to rein up (*od.* in, back); die ~ lockern (*od.* schleifen lassen) to give a horse the reins, to keep a slack rein (*od.* hand); die ~ kurz nehmen to shorten the rein; mit verhängten ~n at a long rein. – **2.** *fig.* (*in Wendungen wie*) j-m ~ anlegen to keep s.o. in check; seinen Leidenschaften ~ anlegen to bridle (*od.* curb, check, rein [in *od.* up]) one's passions, to keep (*od.* hold) one's passions in check; seinem Zorn die ~ schießenlassen to give (full) rein (*od.* vent) to one's anger; bei j-m die ~ kurz halten to keep s.o. on a tight rein; bei j-m die ~ straffer anziehen to keep a tighter rein on s.o.; j-m in die ~ fallen to check (*od.* stop, restrain) s.o.; die ~ lockern (*od.* schleifen lassen) to loosen the reins; die ~ an (*acc*) sich reißen to seize the reins; die ~ fest in der Hand haben (*od.* halten) to have a firm hold of things; die ~ aus der Hand geben to hand over the reins. – **3.** *zo.* (*bei Vögeln*) lore, mastax (*scient.*).

'zu·ge,las·sen I *pp of* zulassen. – **II** *adj* **1.** allowed. – **2.** (*Auto, Flugzeug etc*) licensed, *Br. auch* licenced, registered. – **3.** (*Arzt etc*) licensed, *Br. auch* licenced: amtlich ~ authorized *Br. auch* -s-; staatlich ~ certified. – **4.** ~e Gesellschaft *jur.* chartered company.

'Zug·ela·sti·zi,tät *f tech.* elasticity in tension.

'zu·ge,lau·fen I *pp of* zulaufen. – **II** *adj* ~er Hund *stray dog having found a new home.*

'Zü·gel|,füh·rung *f* (*beim Reitsport*) manner of holding the reins: geschickte [schlechte] ~ good [no good] hands *pl.* — **~,hand** *f* (*des Reiters*) bridle hand. — **~,hil·fe** *f meist pl* rein aid, hand.

'zü·gel·los *adj* **1.** (*Pferd*) without reins, unreined. – **2.** *fig.* (*undiszipliniert*) undisciplined. – **3.** *fig.* ([*sexuell*] *ausschweifend*) wanton, intemperate, (*stärker*) dissipated, dissolute, licentious, libertine: ein ~er Mensch a libertine. – **4.** *fig.* (*Begierden, Leidenschaften etc*) unbridled, uncurbed, unrestrained, unchecked, reinless. — **'Zü·gel·lo·sig·keit** *f* ⟨-; *no pl*⟩ *fig.* **1.** (*mangelnde Selbstdisziplin*) lack of (self-)discipline. – **2.** ([*sexuelle*] *Ausschweifung*) wantonness, intemperateness, intemperance, (*stärker*) dissipation, dissoluteness, licentiousness. – **3.** (*von Begierden, Leidenschaften etc*) unrestrainedness, unrestraint.

zü·geln[1] ['tsy:gəln] **I** *v/t* ⟨h⟩ **1.** (*Pferd*) rein (up *od.* in, back). – **2.** *fig.* (*Gedanken, Leidenschaften, Temperament etc*) bridle, curb, put a curb (up)on, check, rein (up *od.* in), keep (*od.* hold) (*s.th.*) in check. – **II** *v/reflex* sich ~ **3.** *fig.* restrain (*od.* curb) oneself. – **III Z~** *n* ⟨-s⟩ **4.** *verbal noun.* – **5.** restraint.

'zü·geln[2] *v/i* ⟨sein⟩ *Swiss dial.* move (house), remove.

'Zü·gel,ring *m* (*am Pferdegeschirr*) terret, ring.

'Zü·ge·lung *f* ⟨-; *no pl*⟩ *cf.* Zügeln[1].

'Zu·ge,mü·se *n gastr. obs. for* Beilage 3.

'zu·ge,näht I *pp.* – **II** *adj* → verdammt 1.

'Zug,en·de *n* **1.** (*railway*) end of a (*od.* the) train. – **2.** end of a (*od.* the) procession (*od.* parade).

'zu·ge,neigt I *pp.* – **II** *adj cf.* geneigt 5.

'Zü·gen,glöck·lein ['tsy:gən-] *n Bavarian and Austrian for* Sterbeglocke.

'Zug·ent,glei·sung *f* (*railway*) derailment of a train.

'zu·ge,ord·net I *pp.* – **II** *adj cf.* beigeordnet II.

'Zu·ge,rei·ste *m, f* ⟨-n; -n⟩ newcomer.

'zu·ge,rit·ten I *pp of* zureiten. – **II** *adj* (*Pferd*) broken(-in): nicht ~ unbroken, unbacked.

'zu·ge,schneit I *pp.* – **II** *adj* ~ sein to be snowed up.

'zu·ge,schnit·ten I *pp of* zuschneiden. – **II** *adj* **1.** (*Stoff*) cut(-out): der Mantel ist schlecht ~ the coat is badly cut. – **2.** auf j-n ~ sein *fig.* to be cut out for s.o. – **3.** auf (*acc*) etwas ~ sein *fig.* to be geared (*od.* framed, tailored) to s.th.: der Kursus war ganz auf die Prüfung ~ the course was geared entirely to the examination.

'zu·ge,sel·len I *v/t* ⟨*sep, pp* zugesellt, h⟩ j-n j-m ~ a) (*auf einer Gesellschaft etc*) to ask s.o. to join s.o., to put s.o. with s.o., b) (*als Gefährten*) to give s.o. s.o. as a companion, to arrange for s.o. to have s.o.'s company. – **II** *v/reflex* sich j-m ~ to join s.o.: wir haben uns einer anderen Gruppe zugesellt we joined another group; meinem Schnupfen hat sich nun eine Bronchitis zugesellt *fig.* I now have bronchitis as well as a cold.

'zu·ge,si·chert I *pp.* – **II** *adj* guaranteed.

'zu·ge,spitzt I *pp.* – **II** *adj* **1.** pointed, pointy. – **2.** *fig.* (*Formulierung, Behauptung etc*) exaggerated. – **3.** *fig.* (*Lage*) precarious, critical, tight. – **4.** *bot.* attenuate, acuminate, cuspidate(d). – **5.** *zo.* spiculate(d).

'zu·ge,stan·de·ner'ma·ßen *adv cf.* zugegebenermaßen.

'Zu·ge,ständ·nis *n* ⟨-ses; -se⟩ **1.** concession: bei den Verhandlungen mußten beide Seiten (erhebliche) ~se machen both sides had to make (considerable) concessions in the negotiations; der Zeit ~se machen to make concessions to the times. – **2.** admission, concession, acknowledg(e)ment:

ich muß ihm das ~ machen, daß er sich bemüht hat I must admit (*od.* concede) that he made an effort.

'zu·ge,ste·hen *v/t* ⟨*irr, sep, pp* zugestanden, h⟩ **1.** (*Recht, Vergünstigung etc*) grant, concede: j-m etwas ~ to grant s.o. s.th. – **2.** (*zugeben, eingestehen*) admit, confess, concede, acknowledge: ich muß ihm ~, daß er Geschmack hat I must admit that he has good taste.

'zu·ge,tan I *pp of* zutun[1] *u.* [2]. – **II** *adj lit.* **1.** j-m ~ sein to be attached to s.o., to be fond of s.o.: er ist ihr sehr ~ he is very attached to her, he has (a) great affection for her; er ist der holden Weiblichkeit ~ he is fond of women, he is a ladies' (*auch* lady's) man. – **2.** einer Sache ~ sein a) to be fond of s.th., to have a liking (*od.* taste) for s.th., b) (*sich einer Sache verschrieben haben*) to be dedicated (*od.* devoted) to s.th.: er ist den schönen Künsten ~ he is fond of the fine arts; er ist dem Alkohol ~ he is fond of (*od.* partial to) liquor, he has a taste for liquor.

'Zu·ge,wan·der·te *m, f* ⟨-n; -n⟩ newcomer.

'zu·ge,wandt I *pp of* zuwenden. – **II** *adj* **1.** die ihm ~e Person the person facing him; die der Straße ~en Zimmer the rooms facing (*od.* overlooking) the street. – **2.** *fig.* (*dat* in) interested.

'Zu·ge,winn *m jur.* (*im Eherecht*) goods *pl* (*od.* property) acquired during marriage. — **~ge,mein·schaft** *f* community of goods (*od.* property) acquired during marriage.

'Zu·ge,zo·ge·ne *m, f* ⟨-n; -n⟩ newcomer.

'Zug,fäh·re *f* (*railway*) train ferry.

'Zug|,fa·sern *pl biol.* mantle fibers (*bes. Br.* fibres). — **~,fe·der** *f* **1.** *tech.* tension spring. – **2.** (*watchmaking*) barrel spring, mainspring. — **z~,fest** *adj* **1.** *tech.* tensionproof. – **2.** *metall.* (*Stahl*) high-tensile (*attrib*). — **~,fe·stig·keit** *f* ⟨-; *no pl*⟩ *tech.* tensile (*od.* ultimate) strength.

'Zug,fol·ge *f* (*railway*) **1.** train succession. – **2.** *cf.* Zugdichte.

'zug,frei *adj* (*Raum, Platz etc*) draft- (*bes. Br.* draught-)free.

'Zug|,füh·rer *m* **1.** (*railway*) *Am.* train conductor, *Br.* chief guard. – **2.** *mil.* platoon leader. — **~,funk** *m* train radio. — **~,gat·tung** *f* type of train.

'Zug·ge,schirr *n* (*für Pferde*) draw gear.

'Zug·ge,spräch *n tel.* train call.

'Zug|,glocke (*getr.* -k·k-) *f* pull bell. — **~,griff** *m tech.* pull (*od.* pulling) handle. — **~,gurt** *m* (*am Pferdegeschirr*) breast strap (*od.* harness). — **~,ha·ken** *m tech.* (*railway*) (*auch am Pferdegeschirr*) draw hook. — **~,hand** *f* (*sport*) (*beim Bogenschießen*) drawing hand. — **~,he·bel** *m tech.* draw lever. — **~,hub** *m* ⟨-(e)s; -e⟩ (*mining*) hand-operated winch.

'zu,gie·ßen *v/t* ⟨*irr, sep,* -ge-, h⟩ **1.** (j-m) etwas ~ to pour (*od.* give) s.o. more of s.th.: darf ich (Ihnen) noch Kaffee ~? may I give you some more coffee? may I add some coffee (to your cup)? – **2.** (*Loch etc*) stop (up), fill (up): eine Ritze mit Zement ~ to fill up a crack with cement.

zu·gig ['tsu:gɪç] *adj* **1.** (*Raum etc*) drafty, *bes. Br.* draughty. – **2.** (*Gelände*) windy.

zü·gig ['tsy:gɪç] **I** *adj* **1.** (*Schrift etc*) smooth. – **2.** (*Abfertigung, Bearbeitung etc*) swift, brisk. – **3.** (*Arbeiten*) steady, at a consistent rate. – **4.** (*Vorankommen, Autofahren etc*) smart, brisk. – **5.** *Swiss for* zugkräftig. – **II** *adv* **6.** swiftly, briskly: wir wurden an der Grenze ~ abgefertigt we were dealt with swiftly at the border. – **7.** ~ arbeiten to work steadily. – **8.** smartly, briskly: er fährt sehr ~ he drives very smartly (*od.* speedily); ~ vorankommen a) (*beim Gehen, Autofahren etc*) to make good (*od.* steady) headway, b) (*bei der Arbeit*) to make steady progress. — **'Zü·gig·keit** *f* ⟨-; *no pl*⟩ **1.** (*bei der Abfertigung etc*) swiftness, briskness. – **2.** (*beim Fahren etc*) smartness, briskness. – **3.** ~ des Verkehrs speedy flow of traffic. – **4.** (*beim Arbeiten*) steadiness.

'zu,gip·sen *v/t* ⟨*sep,* -ge-, h⟩ (*Loch etc*) plaster up.

'Zug|,ket·te *f* **1.** *tech.* (*im Förderwesen*) drag chain. – **2.** (*an der Wasserspülung einer Toilette*) pull chain. — **~,klap·pe** *f* (*am Schornstein*) damper. — **~,knopf** *m* pull knob.

'Zug·kon,trol·le *f* (*railway*) train control.

'Zug|,kraft *f* ⟨-; *no pl*⟩ **1.** *phys. tech.* tractive (*od.* traction) power, tractive force, pulling force (*od.* power). – **2.** *tech.* a) (*einer Feder*) tension, b) (*eines Magneten*) attraction force. – **3.** *fig.* (*von Theaterstück, Buchtitel, Werbung etc*) attraction, appeal: das Kino hat viel an ~ eingebüßt (the) cinema has lost much of its appeal. – **4.** (*sport*) (*beim Bogenschießen*) bow strength. – **5.** *econ.* (*einer Anzeige*) attention value. — **z~,kräf·tig** *adj* **1.** *econ.* ~er Artikel popular (*od.* quick-selling) article, draw; ~ sein to be a draw. – **2.** *fig.* attractive, appealing: dieses Plakat ist sehr ~ this poster has great (buying) appeal (*od.* is very attractive).

'Zug,kraft,mes·ser *m phys. tech.* traction dynamometer.

'Zug|,kü·bel,bag·ger *m civ.eng. cf.* Eimerseilbagger. — **~,lam·pe** *f* (*über dem Eßtisch etc*) adjustable ceiling lamp.

zu'gleich [tsu-] *adv* **1.** (*zeitlich*) at the same time, (all) at once, together: wenn alle ~ reden when all talk at the same time; man kann nicht überall ~ sein one cannot be everywhere at once; sie lachte und weinte ~ she laughed and cried at the same time; er kam ~ mit mir an he arrived at the same time as I did. – **2.** both, (all) at once: sie ist schön und intelligent ~ she is both beautiful and intelligent; Goethe war Staatsmann und Dichter ~ Goethe was both a statesman and a poet.

'Zug|,lei·ne *f* **1.** (*am Pferdegeschirr*) trace. – **2.** *tech.* dragline. – **3.** (*beim Wasserskifahren*) towline, pull rope. – **4.** *pl* (*theater*) set *sg* of lines, pull-up *sg.* — **~,lei·stung** *f* **1.** *tech.* a) tractive power, pulling capacity, b) (*eines Ventilators*) suction power. – **2.** *agr.* (*der Zugtiere*) draft (*bes. Br.* draught) (efficiency). — **~,li·nie** *f* (*der Zugvögel*) fly line. — **~,loch** *n* (*am Ofen*) air hole (*od.* vent). — **~,luft** *f* draft, *bes. Br.* draught: in diesem Zimmer herrscht ~ there is a draft in this room. — **~,luft,schrau·be** *f aer.* tractor propeller (*auch* propellor).

'Züg·lung *f* ⟨-; *no pl*⟩ *cf.* Zügeln[1].

'Zug·ma,schi·ne *f* **1.** tractor, *bes. mil.* prime mover. – **2.** (*des Sattelschleppers*) truck (*bes. Br.* motor) tractor.

'Zug|,mel·de,dienst *m*, **~,mel·de·sy,stem** *n* (*railway*) train signaling (*bes. Br.* signalling) system.

'Zug,mes·ser[1] *m* **1.** *tech.* (*für Feuerungen*) draft (*bes. Br.* draught) ga(u)ge, suction ga(u)ge. – **2.** *phys.* tensometer, traction dynamometer.

'Zug,mes·ser[2] *n* (*bei der Holzbearbeitung*) draw (*od.* stripping) knife.

'Zug,mit·tel *n* **1.** *fig.* draw, attraction. – **2.** *med. pharm.* blistering agent; vesicant, epispastic (*scient.*).

'Zug,num·mer *f* **1.** (*railway*) train number. – **2.** *fig.* (*Attraktion*) drawing card, *auch* drawcard. – **3.** (*radio*) *telev.* audience puller.

'Zug,och·se *m agr.* draft (*bes. Br.* draught) ox.

'Zug·per·so,nal *n* (*railway*) train staff (*Am.* crew), trainmen *pl*, train officials *pl.*

'Zug|,pferd *n* **1.** *agr.* draft (*bes. Br.* draught) (*od.* cart) horse, *Am.* drafter. – **2.** *fig.* drawing card, *auch* drawcard. — **~,pfla·ster** *n med. pharm.* blistering (*od. scient.* cantharides) plaster. — **~,pha·se** *f* (*sport*) (*beim Rudern, Schwimmen*) pulling phase. — **~,rad** *n tech.* traction wheel. — **~,re·chen** *m agr.* (*zum Ährensammeln*) gleaner. — **~,reg·ler** *m* (*am Kamin*) draft (*bes. Br.* draught) regulator, damper.

'zu,grei·fen I *v/i* ⟨*irr, sep,* -ge-, h⟩ **1.** (make a) grab for (*od.* at) it: die Vase war am Umfallen, aber ich konnte noch rasch ~ the vase was about to fall over but I managed to make a quick grab for it. – **2.** *fig.* jump at the opportunity: bei diesem günstigen Angebot habe ich sofort zugegriffen I jumped at this favo(u)rable offer at once; er braucht nur zuzugreifen he can (*od.* may) have it for the asking. – **3.** *fig.* (*bei Tisch*) help oneself: bitte greifen Sie zu, greifen Sie nur zu please (*od.* just) help yourself; die Kinder griffen tüchtig zu the children fell to (*od.* tucked in). – **4.** *fig.* (*reagieren*) act, intervene: die Polizei hat rasch zugegriffen the police intervened quickly. – **5.** *fig.* (*helfen*) lend (*od.* give) a hand, muck in (*sl.*): er greift überall zu, wo es notwendig ist he lends a hand wherever it is necessary. – **6.** *cf.* zupacken 2. – **II Z~** *n* ⟨-s⟩ **7.** *verbal noun.* – **8.** *fig.* action, intervention. – **9.** *cf.* Zugriff 3.

'Zug,rich·tung *f* (*railway*) direction of travel (of the train).

'Zug,rie·men *m* **1.** *tech.* pulling strap. – **2.** (*am Pferdegeschirr*) *cf.* Zuggurt.

'Zu,griff *m* ⟨-(e)s; -e⟩ **1.** *cf.* Zugreifen. – **2.** grip: ein fester ~ a firm grip. – **3.** *fig.* action: sich (*dat*) etwas durch raschen ~ sichern to secure s.th. by quick action (*od.* decision); sich dem ~ der Polizei entziehen to evade police action, to get out of (the) reach of the police. – **4.** (*computer*) access: willkürlicher ~ random access.

'Zu,griffs,zeit *f* (*computer*) access time.

'Zug,ring *m* pull ring.

'Zug,rohr *n* **1.** *tech.* (chimney) stack. – **2.** (*mining*) trompe.

zu·grun·de [tsu'grʊndə] *adv* **1.** ~ gehen a) (*von Personen*) to perish, b) (*von Reichen, Institutionen etc*) to go to ([w]rack and) ruin, c) (*von einer Firma*) to be ruined: er ist an dieser Krankheit ~ gegangen he perished of this illness, this illness killed him; er ist an der Lieblosigkeit seiner Mitmenschen ~ gegangen the harshness of his fellows destroyed him. – **2.** etwas ~ legen to take s.th. as a basis: wenn wir diese Hypothese ~ legen if we take this hypothesis as a basis; er legte der Predigt ein Bibelwort ~ he based his sermon on a quotation from the Bible. – **3.** einer Sache ~ liegen to be (*od.* form) the basis of s.th., to underlie s.th.: der Überlieferung liegen mehrere Quellen ~ several sources are the basis of the tradition, the tradition (has) evolved from several sources; seinem Buch liegt die Auffassung ~, daß his book is based on the idea that. – **4.** j-n [etwas] ~ richten to ruin (*od.* wreck, destroy) s.o. [s.th.]: du wirst dich damit noch ~ richten you will ruin (*od.* destroy) yourself with that; die ewigen Streitereien haben die Partei ~ gerichtet the eternal quarrels have wrecked the party; seine Gesundheit ~ richten to ruin (*od.* destroy) one's health; eine Firma ~ richten to ruin a firm, to bring a firm to ruin. – **5.** etwas ~ wirtschaften to bring s.th. to ruin, to ruin (*od.* wreck) s.th.: er hat das Unternehmen ~ gewirtschaftet he brought the enterprise to ruin.

Zu'grun·de,ge·hen *n* ruin.

Zu'grun·de,le·gung *f* ⟨-; *no pl*⟩ (*in Wendungen wie*) unter ~ dieser Theorie taking (*od.* if one takes) this theory as a basis.

zu'grun·de,lie·gend *adj* (*Gedanke etc*) basic, underlying.

'Zugs,ab,teil *n Austrian* (*railway*) *for* Zugabteil.

'Zug|,sä·ge *f tech.* two-man crosscut saw. — **~,sal·be** *f med. pharm.* blistering (*od.* basilicon, *scient.* vesicant) ointment, resin cerate.

'Zug,schaff·ner *m* (*railway*) train conductor, *Am. auch* carman.

'Zug|,schal·ter *m electr.* pull switch. — **~,schei·be** *f mil.* vanishing target. — **~,scheit** *n tech. cf.* Ortscheit. — **~,schie·ber** *m* (chimney) damper. — **~,schlau·fe** *f* (*zum Anziehen von Stiefeln*) pull strap (*od.* tab). — **~,schlep·per** *m auto. cf.* Sattelschlepper. — **~,schnur** *f* **1.** drawcord. – **2.** (*zum Auf- u. Zuziehen der Gardinen etc*) drawstring, *auch* drawing string. — **~,schrau·be** *f aer. cf.* Zugluftschraube. — **~,seil** *n* **1.** *tech.* a) (*einer Seilbahn*) traction rope, b) (*eines Förderers*) drag (*od.* haulage) cable, c) (*eines Hebegeräts*) hoisting rope. – **2.** (*mining*) haulage rope. – **3.** (*sport*) (*Teil der Seilsteuerung beim Bob*) steering cable (*od.* rope). — **~,sei·te** *f tech.* (*bei der Werkstoffprüfung*) side in tension.

'Zugs,füh·rer *m Austrian* (*railway*) *for* Zugführer 1.

'Zug|,si·che·rung *f* (*railway*) track control. — **~si,gnal** *n* railroad (*Br.* railway) (*od.* train) signal.

'Zug|,span·nung *f tech.* tensile stress. — **~,stab** *m* tension bar. — **~,stan·ge** *f* **1.** *tech.* a) tie rod, b) (*an der Zugmaschine*) drawbar, tow (*od.* towing) bar, c) (*an der Werkzeugmaschine*) draw-in spindle. – **2.** (*railway*) drawbar, *Br. auch* dragbar. – **3.** (*theater*) fly-bar.

'Zug,stär·ke *f* (*railway*) length of a train.

'Zug|,stem·me *f* ⟨-; -n⟩ (*sport*) (*beim Turnen*) uprise from straight hang. — **~,stie·fel** *m meist pl* elastic-sided boot, *Am. auch* congress boot, *Br. colloq.* jemima. — **~,stück** *n* (*theater*) box-office draw.

'Zugs·verˌkehr *m Austrian (railway) for* Zugverkehr.

'Zug|te·le·foˌnie *f cf.* Zugfunk. — **~te·le·ˌgramm** *n tel.* train telegram. — **~te·le·phoˌnie** *f cf.* Zugfunk.

'Zug|ˌtier *n agr.* draft (*bes. Br.* draught) animal. — **~ˌträ·ger** *m civ.eng.* tie beam. — **~tromˌpe·te** *f mus. hist.* slide trumpet.

'Zugˌüberˌwa·chung *f (railway)* train control.

'zuˌgucken (*getr.* -k·k-) *v/i* ⟨*sep*, -ge-, h⟩ *colloq. for* zuschauen.

'Zug-ˌum-'Zug-ˌLei·stung *f econ.* pari passu performance.

'Zug- ˌund 'Bie·geˌprü·fung *f tech.* tensile and bend test.

'ZugˌunˌglÜck *n* train accident (*stärker* disaster).

zu·gun·sten [tsu'gʊnstən] *prep* ⟨*gen, rare nachgestellt dat*⟩ **1.** (*zum Vorteil*) to the advantage of: **er hat sich ~ des Kunden verrechnet** he miscalculated to the customer's advantage. – **2.** (*zum Nutzen*) for the benefit of: **er hat ~ seiner Schwester auf das Erbe verzichtet** he renounced the heritage for the benefit of his sister; **eine Sammlung ~ des Roten Kreuzes** a collection for the benefit (*od.* in aid) of the Red Cross. – **3.** *bes. econ. jur.* in favor (*bes. Br.* favour) of: **die Geschworenen haben ~ des Angeklagten entschieden** the jury found for the defendant.

zu·gu·te [tsu'guːtə] *adv* **1. j-m etwas ~ halten** to make allowance(s) for s.th.: **j-m seine Jugend ~ halten** to make allowance(s) for s.o.'s youth; **man muß ihm ~ halten, daß die Umstände gegen ihn waren** one must make allowance(s) for the fact that circumstances were against him; **man muß ihm seine Unkenntnis der Lage ~ halten** one must make allowance(s) for his not knowing the situation, in fairness to him, it must be said that he did not know the situation. – **2. j-m [einer Sache] ~ kommen** a) to be of benefit (*od.* advantage) to s.o. [s.th.], b) to be for the benefit (*od.* in aid) of s.o. [s.th.]: **ein Auslandsaufenthalt kommt den Sprachkenntnissen ~** a stay abroad is of benefit to one's knowledge of the language; **es kam ihm ~, daß er Englisch sprach** his spoken knowledge of English was of benefit to him; **seine früheren Erfahrungen kommen ihm dabei sehr ~** his previous experience is of great benefit to him (*od.* stands him in good stead) there; **das Geld kommt dem Kinderheim ~** the money is for the benefit of the children's home. – **3. j-m [einer Sache] etwas ~ kommen lassen** to give (*bes. jur.* donate) s.th. to s.o. [s.th.]: **er läßt die Erträge seiner Mutter ~ kommen** he gives the returns to his mother. – **4. j-m etwas ~ tun** to give s.o. a treat; **sich** (*dat*) **etwas ~ tun** to give oneself a treat. – **5. sich** (*dat*) **auf eine Sache etwas ~ halten** (*od.* **tun**) to pride (*od.* plume) oneself on s.th.: **du brauchst dir darauf nichts ~ zu halten** you needn't pride yourself on that.

'Zug·verˌband *m med.* traction (*od.* extension) bandage.

'Zug|verˌbin·dung *f (railway)* train connection (*Br. auch* connexion). — **~verˌkehr** *m* **1.** railroad (*Br.* railway) traffic. – **2.** (*auf bestimmter Strecke*) train service.

'Zug·verˌmö·gen *n cf.* Zugkraft 1, 2.

'Zug·verˌspä·tung *f (railway)* train delay.

'Zug|verˌsuch *m tech.* tensile test. — **~ˌvieh** *n agr.* draft (*bes. Br.* draught) cattle (*usually construed as pl*). — **~ˌvo·gel** *m zo.* migrant, migratory bird, bird of passage. — **~ˌvorˌhang** *m* draw(able) curtain. — **~ˌvorˌrich·tung** *f* **1.** *tech.* a) traction gear, b) (*Hebegerät*) hoisting gear, c) (*eines Förderers*) haulage gear (*od.* attachment). – **2.** (*theater*) (scenic) flying equipment. – **3.** *med.* (*in der Chirurgie*) traction apparatus (*od.* device). — **~ˌwa·gen** *m tech.* (automobile) tractor.

'Zugˌwech·sel *m (railway)* change of train(s).

'Zugˌweg *m zo.* (*der Vögel*) **1.** fly line. – **2.** (*jeweilige Route*) flyway.

'zugˌwei·se *adv mil.* in (*od.* by) platoons.

'Zug|ˌwel·le *f tech.* feed rod (*od.* shaft). — **~ˌwi·derˌstand** *m cf.* Zugfestigkeit. — **~ˌwind** *m cf.* Zugluft. — **~ˌwin·de** *f tech. cf.* Flaschenzug. — **~ˌwin·kel** *m phys. tech.* angle of traction. — **~ˌzün·der** *m mil.* pull fuse (*Am.* fuze), pull-type firing device.

'Zug·zuˌsam·menˌstel·lung *f (railway)* marshaling (*bes. Br.* marshalling) (of) trains.

'zuˌha·ken *v/t* ⟨*sep*, -ge-, h⟩ **1.** (*Rock etc*) fasten the hook(s) of, hook: **dieses Jäckchen läßt sich ~** this jacket hooks. – **2.** (*Gatter, Tür etc*) hook, put the hook on.

'zuˌhal·ten I *v/t* ⟨*irr, sep*, -ge-, h⟩ **1. j-m** [**sich** *dat*] **den Mund** [**die Augen**] **~** to put one's hand(s) over s.o.'s [one's] mouth [eyes]; **sich** (*dat*) **die Ohren ~** to hold (*od.* stop) one's ears; **sich** (*dat*) **die Nase ~** to hold one's nose; **die Hand ~** to clench one's fist. – **2.** (*Tür etc*) hold (*od.* keep) (*s.th.*) closed (*od.* shut). – **3.** (*Kleidungsstück, gegen Wind etc*) keep (*od.* hold) (*s.th.*) closed. – **4.** (*Kleidungsstück, durch Verschluß*) close: **die Jacke wird durch einen Hakenverschluß zugehalten** the jacket is closed by a hook and eye. – **5.** *mus.* (*Griffloch*) stop. – **II** *v/i* **6. auf** (*acc*) **etwas ~** to head (*od.* make, go straight) for s.th., *mar. auch* to bear in with s.th.

'Zuˌhäl·ter [-ˌhɛltər] *m* ⟨-s; -⟩ pimp, pander(er), *auch* pandar, procurer, fancy man, souteneur, bully. — **ˌZu·häl·te'rei** *f* ⟨-; *no pl*⟩ pandering, procuring. — **'zuˌhäl·te·risch** *adj* panderly. — **'Zuˌhäl·terˌwe·sen** *n* ⟨-s; *no pl*⟩ *cf.* Zuhälterei.

'Zuˌhal·tung *f* ⟨-; -en⟩ *tech.* (*am Türschloß*) tumbler.

zu·han·den[1] [tsu'handən] *adv rare* (*in Wendungen wie*) **es ist mir ~ gekommen** I came (*od.* happened to come) across it; **~ sein** to be within easy reach.

zu'han·den[2] *adv only in* **~ des Herrn X, ~ (von) Herrn X** for the attention of Mr. X.

'zuˌhän·gen *v/t* ⟨*sep*, -ge-, h⟩ (*Fenster, Öffnung etc*) hang s.th. across (*od.* over): **das Fenster mit einer Decke ~** to hang a blanket over the window.

'zuˌhau·en I *v/t* ⟨*irr, sep*, -ge-, h⟩ **1.** (*Bruchsteine etc*) dress, pare. – **2.** (*in der Zimmerei*) (rough-)hew. – **3.** *colloq.* (*Tür etc*) slam (*od.* bang) (*s.th.*) (shut). – **II** *v/i* **4.** *colloq.* hit: **tüchtig ~** to hit (*od.* punch) hard; **hau zu!** hit him hard! let him have it! (*sl.*).

zu·hauf [tsu'hauf] *adv* **sie kamen ~** *poet.* they thronged in.

Zu·hau·se [tsu'hauzə] *n* ⟨-; *no pl*⟩ home: **er hat kein ~ mehr** he has no home anymore.

'zuˌhef·ten *v/t* ⟨*sep*, -ge-, h⟩ **1.** tack (*od.* baste) (*s.th.*) (together *od.* up). – **2.** (*Manteltasche etc*) tack (*od.* baste) (*s.th.*) (up *od.* over).

'zuˌhei·len I *v/i* ⟨*sep*, -ge-, sein⟩ **1.** (*von Wunde*) heal (up *od.* over), skin over. – **II Z~** *n* ⟨-s⟩ **2.** *verbal noun.* – **3.** healing process.

Zu'hil·feˌnah·me [tsu-] *f* ⟨-; *no pl*⟩ (*in Wendungen wie*) **unter ~ von** (*od.* *gen*) with the aid of; **ohne ~ von** (*od.* *gen*) without the aid of, without resorting (*od.* recourse) to.

zu'hin·terst [tsu-] *adv* **1.** (*ganz hinten*) at the (very) end. – **2.** (*an letzter Stelle*) last of all.

zu'höchst [tsu-] *adv* **1.** right at the top, at the very top. – **2.** *fig.* extremely, highly.

'zuˌhor·chen *v/i* ⟨*sep*, -ge-, h⟩ *cf.* zuhören.

'zuˌhö·ren *v/i* ⟨*sep*, -ge-, h⟩ (*dat* to) listen: **sie hörte dem Bericht aufmerksam zu** she listened attentively to the account; **ich habe (dir) nicht zugehört** I was not listening (to you), I was not paying attention (to you); **er hört nie zu** he never listens (to what you are telling him); **er kann gut ~** he is a good listener; **hörst du überhaupt zu?** are you listening at all? **hör mal zu!** listen (to what I'm saying)! **jetzt hör mal zu, so geht das nicht!** listen here, you can't do that! **hört mir mal genau zu!** listen carefully (*od.* pay attention) to what I am going to say! **ohne zuzuhören sagte er** without listening he said; **ihr habt nur zuzuhören** all you have to do is (to) listen; (**j-m [einer Sache]**) **heimlich ~** to eavesdrop (on s.o. [on s.th.]).

'Zuˌhö·rer *m* ⟨-s; -⟩ **1.** listener. – **2.** (*bei einer Veranstaltung, am Radio*) listener, auditor: **die ~** *pl* the listeners, the audience *sg.* — **~ˌbank** *f* ⟨-; ⸗e⟩ listeners' bench.

'Zuˌhö·re·rin *f* ⟨-; -nen⟩ *cf.* Zuhörer.

'Zuˌhö·rerˌraum *m* auditorium.

'Zuˌhö·rer·schaft *f* ⟨-; *no pl*⟩ audience.

zu'in·nerst [tsu-] *adv* **1.** (*im innersten Herzen*) in one's heart of hearts, in one's innermost (*auch* inmost) heart. – **2.** (*zutiefst*) most deeply: **er fühlte sich ~ getroffen** he felt most deeply hurt.

'zuˌja·gen *v/i* ⟨*sep*, -ge-, sein⟩ speed to: **der Fahrer jagt dem Sieg zu** the driver is speeding to victory; **der Reiter jagt dem Wald** (*od.* **auf den Wald**) **zu** the rider is speeding toward(s) the wood.

'zuˌjauch·zen, 'zuˌju·beln *v/i* ⟨*sep*, -ge-, h⟩ **j-m ~** to cheer (*od.* hail, acclaim) s.o.

'zuˌkau·fen *v/t* ⟨*sep*, -ge-, h⟩ **etwas ~** *colloq.* (*zur Ergänzung*) to buy (some) more of s.th., to buy s.th. in addition: **wir müssen Tassen ~** we must buy some more cups.

'zuˌkeh·ren I *v/t* ⟨*sep*, -ge-, h⟩ **1. j-m das Gesicht ~** to turn one's face toward(s) s.o.; **j-m den Rücken ~** to turn one's back (up)on s.o.; **ein Bild dem Licht ~** to turn a picture to the light. – **II** *v/reflex* **2. sich j-m ~** to turn to s.o.; **sich der Wand ~** to turn (one's face) to the wall. – **III** *v/i* ⟨*sein*⟩ *Austrian colloq.* **3.** *cf.* einkehren 1. – **4. bei j-m ~** to call on s.o.

'zuˌkit·ten *v/t* ⟨*sep*, -ge-, h⟩ cement (*s.th.*) (up), putty (*s.th.*) (up).

'zuˌklap·pen I *v/t* ⟨*sep*, -ge-, h⟩ **1.** (*Buch*) clap (*s.th.*) shut. – **2.** (*Deckel etc*) clap (*s.th.*) down (*od.* shut). – **3.** (*Taschenmesser*) fold up. – **4.** (*von Krokodil etc*) (*Maul*) snap (*s.th.*) shut. – **II** *v/i* ⟨*sein*⟩ **5.** (*von Deckel etc*) clap down (*od.* shut). – **6.** (*von Tür etc*) clap shut.

'zuˌklat·schen *v/i* ⟨*sep*, -ge-, h⟩ **j-m ~** to applaud (*od.* clap) s.o., to give s.o. applause (*od.* a good hand, a clap).

'zuˌkle·ben *v/t* ⟨*sep*, -ge-, h⟩ **1.** (*Briefumschlag*) seal. – **2.** (*Loch etc*) paste (*od.* stick) (*s.th.*) over, paste up: **einen Riß ~** to paste s.th. over a crack, to paste up a crack.

'zuˌklei·stern *v/t* ⟨*sep*, -ge-, h⟩ *cf.* zukleben 2.

'zuˌklem·men *v/t* ⟨*sep*, -ge-, h⟩ **1.** press (*s.th.*) shut. – **2.** (*mit Klemme*) clamp.

'zuˌklin·ken *v/t* ⟨*sep*, -ge-, h⟩ (*Tür*) latch.

'zuˌknal·len I *v/t* ⟨*sep*, -ge-, h⟩ (*Tür etc*) slam (*od.* bang) (*s.th.*) (shut). – **II** *v/i* ⟨*sein*⟩ (*von Tür etc*) slam (*od.* bang) (shut).

'zuˌknei·fen *v/t* ⟨*irr, sep*, -ge-, h⟩ **die Augen ~** a) to shut (*od.* close) one's eyes tight, b) *cf.* zusammenkneifen 1a.

'zuˌknöp·fen I *v/t* ⟨*sep*, -ge-, h⟩ (*Kleid, Mantel etc*) button (up), fasten (up). – **II Z~** *n* ⟨-s⟩ *verbal noun*: **zum Z~** with buttons, buttoned.

'zuˌknüp·fen *v/t* ⟨*sep*, -ge-, h⟩ tie (up).

'zuˌkom·men I *v/i* ⟨*irr, sep*, -ge-, sein⟩ **1. auf j-n ~** a) to come up to s.o., b) *fig.* to be in store for s.o., to be coming to s.o., c) *fig.* (*an j-n herantreten*) to contact (*od.* get in touch with) s.o.: **er kam auf mich zu** he came up to me; **du weißt nicht, was noch auf dich zukommt** *fig.* you do not know what is in store for you; **er ahnte nicht, was mit dieser Arbeit auf ihn zukam** *fig.* he had no idea of what he was in for with this work; **die Dinge auf sich ~ lassen** *fig.* to let events (*od.* things) take their course, to see how things turn out (*od.* develop); **ich lasse alles auf mich ~** *fig.* I just let things take their course; **wir werden gegebenenfalls auf Sie ~** *fig.* we'll contact you if the occasion arises. – **2. auf** (*acc*) **etwas ~** to come up to s.th. – **3. j-m etwas ~ lassen** a) to have s.th. sent to s.o., b) to let s.o. have s.th., to give s.o. s.th.: **sie hat ihrer Mutter eine große Summe Geld ~ lassen** she had a large sum of money sent to her mother; **wir ließen ihm eine Nachricht ~** we had word sent to him, we arranged for a message to be sent to him; **er läßt seinem Neffen gelegentlich etwas (Geld) ~** he gives his nephew some money now and then. – **4. j-m ~** a) to be due to s.o., b) *lit.* to befit s.o.: **mir kommen noch drei Tage Urlaub zu** three days' leave are still due to me; **eine solche Frage kommt dir nicht zu** *lit.* such a question does not befit you. – **5. der Sache kommt große Bedeutung zu** great importance is attached (*od.* attributed) to the matter. – **II** *v/impers* **6. es kommt dir nicht zu, so etwas zu sagen** *lit.* it does not befit you to say such a thing.

'zuˌkor·ken *v/t* ⟨*sep*, -ge-, h⟩ (*Flasche*) cork.

'Zuˌkost *f* ⟨-; *no pl*⟩ *gastr. cf.* Beilage 3.

'zuˌkrie·gen *v/t* ⟨*sep*, -ge-, h⟩ *colloq. cf.* zubekommen.

'Zuˌkunft *f* ⟨-; *no pl*⟩ **1.** future: **eine trübe ~** a bleak future; **abwarten, was die ~ bringt** to wait and see what the future has in store; **der ~ zuversichtlich entgegensehen** to look forward to the future with confidence (*od.* confidently); **die ~ wird es lehren** the future will tell, time will tell; **wie stellst du dir deine ~ vor?** how do you see your future? j-m eine glänzende ~ voraussagen to predict a brilliant future for s.o.; eine große ~ vor (*dat*) sich haben to look forward to a great future; einer ungewissen ~ entgegengehen to face an uncertain future; j-m die ~ aus der Hand [dem Kaffeesatz] lesen to read s.o.'s hand [cup]; dieses Unternehmen hat keine ~ this firm has no future; dieser Beruf hat keine ~ there is no future in this profession; an die ~ denken to think of the future; für die ~ sorgen to provide for the future; Pläne für die ~ haben [machen] to have [to make] plans for the future; das gilt für alle ~ that applies without exception from now on; in ~ in (the) future, from now on; henceforth, *auch* hereafter (*lit.*); in naher [nächster] ~ in the near [immediate *od.* very near] future; in ferner ~ in the distant (*auch* remote) future; ein Blick in die ~ a glimpse of the future; in die ~ blicken to look into the future, to look ahead; etwas von der ~ erwarten to expect s.th. of (*od.* from) the future; Angst vor der ~ fear of the future; → Mann 2. – **2.** *ling.* future (tense): das Verb steht in der ~ the verb is in the future; ein Verb in die ~ setzen to put a verb into the future (tense).

'zuˌkünf·tig I *adj* ⟨*attrib*⟩ **1.** future, prospective: mein ~er Wohnort my future domicile; ihr ~er Ehemann her future husband, her husband-to-be; ihr ~er Schwiegersohn her prospective son-in-law. – **2.** (*Generationen etc*) future, coming. – **3.** *jur.* (*Erbe etc*) expectant. – **II** *adv* **4.** in future, from now on: ~ wirst du abends zu Hause bleiben you will stay at home in (the) future.

'Zuˌkünf·ti·ge[1] *m* ⟨-n; -n⟩ *colloq.* intended (*sl.*), husband-to-be: mein ~r my intended.

'Zuˌkünf·ti·ge[2] *f* ⟨-n; -n⟩ *colloq.* intended (*sl.*), wife-to-be: meine ~ my intended.

'Zuˌkunfts|ˌausˌsich·ten *pl* outlook *sg*, prospects for the future. — **~ˌbild** *n* concept (*od.* idea, notion) of the future. — **~muˌsik** *f fig. colloq.* dreams *pl* of the future. — **~ˌplä·ne** *pl* plans for the future. — **z~ˌreich** *adj* (*Beruf etc*) promising, with a great future. — **~roˌman** *m* (*literature*) **1.** *pl* (*Gattungsbegriff*) science fiction *sg*. – **2.** (*Einzelwerk*) piece of science fiction, *auch* science fiction novel. — **~ˌstaat** *m* state of the future. — **z~ˌträch·tig, z~ˌvoll** *adj* **1.** *cf.* zukunftsreich. – **2.** (*schwerwiegend, bedeutungsvoll*) pregnant, momentous. — **z~ˌwei·send** *adj* trend-setting.

'zuˌlä·cheln *v/i* ⟨*sep*, -ge-, h⟩ j-m (freundlich) ~ to smile at s.o. (in a friendly way), to give s.o. a (friendly) smile.

'Zuˌla·de,mög·lich·keit *f* possibility of supplementary loading.

'Zuˌla·dung *f* ⟨-; -en⟩ **1.** additional load. – **2.** *aer.* disposable load. – **3.** *mar.* supplement cargo.

'Zuˌla·ge *f* ⟨-; -n⟩ **1.** (*zum Lohn, Gehalt etc*) extra (*od.* additional) pay. – **2.** (*Bonus, Prämie*) bonus. – **3.** (*von Staats wegen*) allowance. – **4.** *cf.* a) Gehaltserhöhung, b) Lohnerhöhung.

zu·lan·de [tsu'landə] *adv only in* bei uns ~ in my (*od.* our) country, where I (*od.* we) come from.

'zuˌlan·gen *v/i* ⟨*sep*, -ge-, h⟩ *colloq.* **1.** (*von Dieb etc*) help oneself. – **2.** *fig. cf.* zugreifen 2, 3. – **3.** etwas langt [nicht] zu (*von Geld etc*) there is [not] enough of s.th. – **4.** *cf.* zupacken 2, 3.

'zuˌläng·lich *adj* (*Besoldung, Verpflegung etc*) adequate, sufficient.

'zuˌlas·sen I *v/t* ⟨*irr, sep*, -ge-, h⟩ **1.** (*erlauben, dulden*) allow, permit; countenance, suffer (*lit.*): er läßt keine Ausnahmen zu he does not allow any exceptions; ich kann nicht ~, daß so etwas geschieht I cannot permit such a thing (to happen). – **2.** (*Raum lassen für*) admit (of), permit (of), allow (of): die Tatsachen lassen keinen Zweifel zu the facts do not admit (of) any doubt. – **3.** (*Zutritt gestatten*) admit, allow (*od.* give) (*s.o.*) admittance, let (*od.* allow) (*s.o.*) in, adhibit: das Publikum wurde nicht zugelassen the public was not admitted; Reporter zu einer Gerichtsverhandlung ~ to admit reporters to a trial. – **4.** (*Erlaubnis erteilen, akzeptieren*) admit: j-n zur Prüfung [zum Studium] ~ to admit s.o. to an examination [to a university]; ein Medikament zum Verkauf ~ to admit a medicine to the market, to approve a medicine; j-n als Zeugen ~ *jur.* to admit s.o. as (a) witness; etwas als Beweis(mittel) ~ *jur.* to admit s.th. in evidence. – **5.** (*beruflich*) license, *Br. auch* licence, qualify: amtlich ~ to authorize *Br. auch* -s-; staatlich ~ to certify; einen Arzt zur Praxis ~ to license a doctor to open a practice; als Arzt zugelassen werden to be licensed (*od.* to qualify) as a physician; j-n als Rechtsanwalt ~ to call (*od.* admit) s.o. to the bar. – **6.** (*bes. Auto*) license, *Br. auch* licence, register. – **7.** *colloq.* (*Tür etc*) leave (*s.th.*) shut (*od.* closed). – **8.** *colloq.* (*Geschäft*) keep (*s.th.*) closed: wir lassen montags das Geschäft zu we keep the shop closed (*od.* we stay closed) on Mondays. – **9.** *bes. jur.* a) (*Frage*) admit, approve, b) (*Berufung*) grant leave for: etwas nicht ~ not to admit s.th., to rule s.th. out of order. – **10.** *zo.* (*Hengst*) lead (*a stallion*) to the mare. – **II Z~** *n* ⟨-s⟩ **11.** *verbal noun*. – **12.** *cf.* Zulassung.

'zuˌläs·sig *adj* **1.** admissible, *auch* admissable, permissible, allowable: das ist nicht ~ that is not admissible (*od.* allowed, permitted); ~e Abweichung *tech.* permissible variation, tolerance, allowance; ~e Beanspruchung *tech.* safe working stress; ~e Belastung *auto.* safe load; ~es Gesamtgewicht *auto.* licence (*Am.* license) weight; ~e Höchstgeschwindigkeit speed limit. – **2.** *jur.* (*Beweismittel, Frage etc*) admissible, *auch* admissable, receivable: dieses Verfahren ist nicht ~ this procedure is not admissible. — **'Zuˌläs·sig·keit** *f* ⟨-; *no pl*⟩ **1.** admissibility, *auch* admissability, permissibility, allowability. – **2.** *jur.* admissibility, *auch* admissability, receivability.

'Zuˌlas·sung *f* ⟨-; -en⟩ **1.** *cf.* Zulassen. – **2.** (*zu einer Prüfung, zum Studium*) admission, entrance. – **3.** (*zu einem Amt etc*) admission: ~ als Rechtsanwalt call (*od.* admission) to the bar; um ~ nachsuchen to seek admission. – **4.** *bes. auto.* a) registration, b) (*Zulassungsschein*) licence, *Am.* license, registration.

'Zuˌlas·sungs|ˌal·ter *n* entrance age, age of admission. — **~ˌanˌtrag** *m* **1.** application for admission (*od.* entrance). – **2.** application for registration. — **~ˌausˌschuß** *m* (*für Prüfungen etc*) admission committee. — **~beˌdin·gun·gen** *pl* terms of admission. — **~beˌschrän·kung** *f* restriction of admissions. — **~geˌbühr** *f* **1.** (*für eine Prüfung etc*) admission (*od.* entrance) fee. – **2.** *bes. auto.* registration fee. — **~geˌsuch** *n cf.* Zulassungsantrag. — **~ˌnum·mer** *f bes. auto.* registration number. — **~ˌprü·fung** *f* **1.** *ped.* entrance examination. – **2.** *aer.* certification test (*od.* procedure). — **~ˌschein** *m* **1.** *ped.* certificate of admission. – **2.** *bes. auto.* licence, *Am.* license, registration. — **~ˌschild** *n auto. cf.* Kennzeichen 4. — **~ˌstel·le** *f* **1.** *bes. auto.* registration office. – **2.** *econ.* (*an der Börse*) admitting agency, admission board, committee on the admission to the stock exchange. — **~verˌfah·ren** *n* admission procedure. — **~vorˌausˌset·zun·gen** *pl* terms of admission.

'Zuˌlauf *m* ⟨-(e)s; *no pl*⟩ **1.** (*Andrang*) rush (of people), throng: großen ~ haben a) (*von Lokal etc*) to have a large clientele, to be very popular, b) (*von Ärzten, Anwälten etc*) to have a large (*od.* an extensive) practice, c) (*von Geschäft etc*) to have a large clientele (*od.* a large number of customers), d) (*von Theaterstück etc*) to have a powerful draw, to draw full houses (*od.* large crowds), to be very popular, e) (*von Redner etc*) to draw (*od.* have) large audiences. – **2.** *tech.* a) (*Zufluß*) supply, b) (*Bauteil*) intake. – **3.** *metall.* (*eines Gießtrichters*) runner.

'zuˌlau·fen *v/i* ⟨*irr, sep*, -ge-, sein⟩ **1.** auf j-n [etwas] ~ to run up to s.o. [s.th.]: die Kinder kamen auf uns zugelaufen the children came running up to us; die Straße läuft auf das Haus zu the road leads (*od.* runs) up to the house. – **2.** *colloq.* (*weiterlaufen*) run on: lauf zu! a) run on! b) (*lauf schneller*) hurry up! – **3.** j-m ~ (*von Hund, Katze etc*) to find a new home with s.o. after straying. – **4.** (*einlaufen*) run (*od.* flow) in: heißes Wasser ~ lassen to add hot water, to run hot water in. – **5.** spitz ~ (*von Kegel, Pyramide etc*) to end in (*od.* taper to) a point, to taper (off).

'Zuˌlaufˌmenˌge *f* flow rate.

'zuˌle·gen I *v/t* ⟨*sep*, -ge-, h⟩ **1.** (*dazulegen, hinzutun*) add. – **2.** (*zum Gehalt etc*) increase (*od.* raise) s.o.'s salary (*od.* wages, pay) by: (j-m) hundert Mark ~ to increase s.o.'s pay by a hundred marks. – **3.** sich (*dat*) etwas ~ *colloq.* a) (*neues Auto, Kleid etc*) to buy (*od.* get) oneself s.th., to treat oneself to s.th., b) (*etwas annehmen*) to adopt s.th.: er hat sich einen anderen Namen zugelegt he has adopted (*od.* assumed) another name; sie hat sich eine neue Frisur zugelegt she has changed her hairstyle; er hat sich eine Freundin [Frau] zugelegt *humor.* he has got himself a girl friend [wife]; er hat sich einen Bauch zugelegt *humor.* he has developed (*od.* got) a paunch (*od. colloq.* a corporation); sich eine Erkältung ~ *humor.* to catch (*od.* get) a cold. – **4.** *colloq.* (*draufzahlen*) lose: bei einem Geschäft tausend Mark ~ to lose a thousand marks on a deal. – **5.** (*abdecken, schließen*) cover (up), cover over. – **6.** *mil.* (*beim Schießen*) increase the range by. – **II** *v/i* **7.** *colloq.* a) hot up the pace, step on it (*od.* on the gas) (*alle colloq.*), b) (*beim Autofahren*) put one's foot down, step on it (*od.* on the gas). – **8.** *colloq.* (*draufzahlen*) lose.

zu·lei·de [tsu'laɪdə] *adv* j-m etwas ~ tun to harm (*od.* hurt) s.o., to do s.o. harm: er kann keiner Fliege etwas ~ tun *colloq.* he wouldn't hurt a fly; was hat er dir ~ getan? what harm has he done (to) you? what has he done to you? → zuliebe.

'zuˌlei·men *v/t* ⟨*sep*, -ge-, h⟩ glue up.

'zuˌlei·ten I *v/t* ⟨*sep*, -ge-, h⟩ **1.** (*Wasser etc*) let in. – **2.** j-m etwas ~ a) (*weitergeben*) to pass s.th. (on) to s.o., b) (*Nachrichten, Mitteilungen etc*) to pass s.th. on to s.o., to transmit (*od.* impart) s.th. to s.o., c) (*auf dem Amtswege*) to channel s.th. to s.o. – **3.** *tech.* supply, pipe in, feed. – **II Z~** *n* ⟨-s⟩ **4.** *verbal noun*. — **'Zuˌlei·tung** *f* ⟨-; -en⟩ **1.** *cf.* Zuleiten. – **2.** ⟨*only sg*⟩ (*von Mitteilungen etc*) transmission. – **3.** *tech.* supply (*od.* feed) line. – **4.** *meist pl electr.* a) power supply wiring, b) (*Drahtleitung*) lead. – **5.** (*radio*) signal lead.

'Zuˌlei·tungs|ˌdraht *m electr.* lead-in (*od.* supply line) wire. — **~ˌka·bel** *n* supply cable. — **~kaˌnal** *m civ.eng.* supply canal, (*geschlossener*) supply duct, (*von Wasserkraftanlagen*) penstock. — **~ˌrohr** *n tech.* supply (*od.* feed) pipe.

'zuˌler·nen *v/t* ⟨*sep*, -ge-, h⟩ *colloq. for* dazulernen.

zu'letzt [tsu-] *adv* **1.** (*als letzte[r]*) last: er kommt immer ~ he is always (the) last (to arrive); ganz ~ last of all; → lachen 1. – **2.** bis ~ to the end: sie blieben bis ~ they stayed to the very end; er hat bis ~ die Hoffnung nicht aufgegeben he never gave up hope right up to the end. – **3.** (*schließlich, am Ende*) finally, in the end, eventually, ultimately, last: ~ war er bei der Firma X he was last with Messrs. X; ~ verlor er die Geduld in the end he lost patience; ~ hat er doch meinen Wunsch erfüllt finally he fulfilled my wish, he fulfilled my wish after all; die Krankheit endet ~ im Wahnsinn the disease will ultimately end in madness. – **4.** (*zum letzten Mal*) last: wann hast du ihn ~ gesehen? when did you last see him? when did you see him last? when was the last time you saw him? – **5.** nicht ~ not least: das ist nicht ~ eine Frage des Geldes that is not least a question of money.

zu'lie·be [tsu-], *Austrian auch* **zu'lieb** *adv* j-m ~ etwas tun to do s.th. for s.o.'s sake (*od.* to please s.o.): tu es mir ~ do it for my sake; niemandem ~, niemandem zuleide (*Sprichwort*) *etwa* without favo(u)r.

'Zuˌliefˌer·beˌtrieb *m econ.* subcontractor, ancillary supplier.

'Zuˌlie·fe·rer *m econ. cf.* Zulieferbetrieb.

'Zuˌlie·fer·in·duˌstrie *f econ.* ancillary (*od.* subcontracting) industry.

'zuˌlie·fern *econ.* **I** *v/t* ⟨*sep*, -ge-, h⟩ **1.** supply, effect ancillary supplies for. – **II Z~** *n* ⟨-s⟩ **2.** *verbal noun*. – **3.** *cf.* Zulieferung.

'Zuˌlie·fer·proˌgramm *n econ.* supply program (*bes. Br.* programme).

'Zuˌlie·fe·rung *f econ.* **1.** *cf.* Zuliefern. – **2.** (ancillary) supply.

'Zuˌlie·fe·rungsˌteiˌle *pl tech.* subsupplied parts.

zul·len ['tsʊlən] *v/i* ⟨h⟩ *dial.* (*lutschen, saugen*) suck.

Zulp [tsʊlp] *m* ⟨-(e)s; -e⟩ *Eastern Middle G. for* Schnuller. — **'zul·pen** *v/i* ⟨h⟩ *Eastern Middle G.* (*lutschen, saugen*) suck.

Zu·lu[1] ['tsuːlu] *m* ⟨-(s); -(s)⟩ (*Bantuneger*) Zulu.

'Zu·lu[2] *n* ⟨*generally undeclined*⟩ *ling.* Zulu, the Zulu language.

ˈZu·luˌfrau *f* Zulu (woman).
ˈZuˌluft *f tech.* air supply (*od.* intake).
ˈZu·lu|ˌkaf·fer *m* Zulu kaf(f)ir (*auch* caffer, caffre). — **~ˌspra·che** *f ling.* Zulu language.
zum [tsum] *short for* zu dem.
ˈzuˌma·chen *colloq.* **I** *v/t* ⟨*sep*, -ge-, h⟩ **1.** (*Tür, Fenster, Koffer etc*) close, shut: mach die Tür zu! shut the door! ich habe die ganze Nacht kein Auge zugemacht *fig.* I didn't shut an eye (*od.* sleep a wink) all night. – **2.** (*Loch etc*) fill up, stop up. – **3.** (*Brief*) close. – **4.** (*Kleid, Jacke, Hose etc*) button (up), do up, close. – **5.** (*Schirm*) put down. – **6.** ein Geschäft ~ a) (*zu den Ladenschlußzeiten*) to close (*od.* shut) a shop, b) (*auflösen*) to close down a shop. – **7.** etwas fest (*od.* sicher) ~ to fasten s.th. up, to secure s.th. – **II** *v/i* **8.** (*zu den Ladenschlußzeiten*) close, shut: wann macht die Bank zu? when does the bank close? – **9.** (*für immer*) close down. – **10.** (*sich beeilen*) hurry up, be quick: nun mach doch endlich zu! step on it! (*colloq.*), hurry up! come on!
zuˈmal [tsu-] **I** *adv* (*besonders, vor allem*) particularly, especially, above all: alle Zuschauer, ~ die jüngeren, waren begeistert all the spectators, particularly the younger ones, were enthusiastic. – **II** *conj* ~ (da) particularly (*od.* especially) since: ich muß jetzt gehen, ~ ich noch einen weiten Weg vor mir habe I must go now, especially since (*od.* [all] the more so since, [all] the more so as) I have a long way ahead of me; ich möchte nicht darüber sprechen, ~ ich es nicht ganz sicher weiß I don't want to speak about it, particularly since (*od.* [all] the less so since, [all] the less so as) I'm not quite sure about it.
ˈzuˌmau·ern *v/t* ⟨*sep*, -ge-, h⟩ (*Türöffnung etc*) brick up, wall (up), block up.
zuˈmeist [tsu-] *adv cf.* meist 3.
ˈzuˌmes·sen *v/t* ⟨*irr, sep*, -ge-, h⟩ **1.** j-m etwas ~ (*Essen, Land, Arbeit, Strafe etc*) to measure out (*od.* mete out, allot, portion out, apportion) s.th. to s.o.: etwas knapp (*od.* sparsam) ~ to dole out s.th. – **2.** einer Sache [keine] Bedeutung ~ to attach [no] importance to an affair.
zuˈmin·dest [tsu-] *adv* at least: du solltest ihn ~ grüßen you should at least say hello to him.
ˈZuˌmi·schung *f* (*radio*) *telev.* admixture.
ˈzuˌmut·bar *adj* **1.** (*Belastung, Steuer etc*) reasonable. – **2.** etwas ist (für j-n) [nicht] ~ s.th. can[not] (reasonably) be expected (of s.o.). — **ˈZuˌmut·bar·keit** *f* ⟨-; *no pl*⟩ reasonableness, reasonability.
zu·mu·te [tsuˈmuːtə] *adv* ~ sein to feel: wie ist dir ~? how do you feel? mir ist wohl ~ I am in good form (*od.* spirits), I feel good (*od. colloq.* fine), I am of good cheer (*lit. od. humor.*); mir ist übel ~ I am (*od.* feel) out of sorts, I am (*od.* feel) a bit down (*beide colloq.*), I am in low spirits, I am in bad form; ihm ist dabei (*od.* bei der Sache) (gar) nicht wohl ~ he doesn't feel (at all *od.* a bit) happy about it; mir ist ganz jämmerlich ~ I feel quite miserable; ihr könnt euch denken, wie mir ~ war you can imagine how I felt; mir ist nicht nach Tanzen ~ I don't feel like dancing, I'm not in the mood for dancing; mir ist ganz sonderbar ~ I have a strange (*od.* funny) feeling, I feel strange (*od.* odd).
ˈzuˌmu·ten *v/t* ⟨*sep*, -ge-, h⟩ **1.** j-m etwas ~ a) (*verlangen*) to expect (*od.* ask) s.th. of s.o., (*stärker*) to demand (*od.* exact) s.th. from s.o., b) (*aufbürden*) to burden (*od.* saddle) s.o. with s.th.: das kann man ihm nicht ~ one cannot expect that of him. – **2.** sich (*dat*) zuviel ~ to attempt (*od.* take on) too much, to overtax (*od.* overtask) oneself, to bite off more than one can chew.
ˈZuˌmu·tung *f* ⟨-; -en⟩ **1.** unreasonable demand, imposition, (*stärker*) exaction: das ist eine starke ~ that is too much to expect, that is a tall order, that's expecting (*od.* asking) a bit much; was für eine ~! what a thing to ask for! – **2.** (*Unverschämtheit*) impertinence: das ist eine ~ that is an impertinence.
ZumˈvorˌscheinˌKom·men *n* appearance, emergence.
zuˈnächst [tsu-] **I** *adv* **1.** (*vorerst, vorläufig*) for the time being, for the present (*od.* moment): daran denke ich ~ noch nicht I'm not even thinking of that for the time being. – **2.** (*anfangs, zuerst*) first (of all): ~ müssen wir uns erkundigen, ob first of all we must inquire whether. – **3.** (*erstens*) for one thing, in the first place, to begin with: ~ einmal hast du kein Geld dafür you don't have the money for it for one thing. – **4.** (*in erster Linie*) above all. – **II** *prep* ⟨*dat*⟩ **5.** next to: er stand ~ der Tür he stood next to the door. — **Z~ˌlie·gen·de, das** ⟨-n⟩ *cf.* Nächstliegende.
ˈzuˌna·geln *v/t* ⟨*sep*, -ge-, h⟩ **1.** (*Fenster, Tür etc*) board up. – **2.** (*Kiste etc*) nail up. – **3.** (*Deckel*) nail down.
ˈzuˌnä·hen *v/t* ⟨*sep*, -ge-, h⟩ sew up.
ˈZuˌnah·me *f* ⟨-; -n⟩ **1.** increase, augmentation: ~ des Verkehrs increase in traffic. – **2.** (*Anstieg*) rise. – **3.** (*Wachstum*) growth, accretion. – **4.** (*an Gewicht*) increase, gain. – **5.** (*Wertzuwachs*) increment, gain.
ˈZuˌna·me *m* **1.** surname, family (*od.* last) name, cognomen. – **2.** (*Spitzname*) nickname, cognomen, agnomen. – **3.** (*Beiname*) agnomen.
ˈZünd|ˌanˌla·ge *f auto.* ignition system. — **~ˌanˌlaßˌschal·ter** *m* ignition-starter switch. — **~ap·paˌrat** *m electr.* magneto, igniter, primer. — **~bat·teˌrie** *f* ignition battery. — **~beˌschleu·ni·gung** *f chem.* **1.** (*für Dieselkraftstoff*) ignition accelerator (*od.* improver). – **2.** (*für Brennstoffe*) ignition dope. — **~ˌblätt·chen** *n* (*für Spielzeugpistolen*) percussion cap. — **~ˌbol·zen** *m mil.* firing pin, igniter. — **~ˌdraht** *m* priming wire. — **~ˌdrehˌzahl** *f auto.* firing speed. — **~ˌeinˌrich·tung** *f* **1.** *tech.* ignition system. – **2.** *mil.* firing system. — **~ˌeinˌstel·lung** *f* **1.** *auto.* a) ignition (*od.* spark) timing, ignition setting (*od.* adjustment), b) (*bei Dieselmotoren*) injection timing. – **2.** *tech.* (*bei Sprengladung*) ignition timing.
zün·deln [ˈtsyndəln] *v/i* ⟨h⟩ *Southern G. and Austrian* play with fire.
zün·den [ˈtsyndən] **I** *v/i* ⟨h⟩ **1.** (*von Streichholz, Feuerholz etc*) kindle, light, catch (*auch* take) fire, ignite. – **2.** (*von Pulver, Sprengladung etc*) ignite, fire. – **3.** (*Feuer fangen*) catch (*od.* take) fire. – **4.** *auto. electr.* fire, ignite, spark. – **5.** (*vom Blitz*) strike. – **6.** *fig.* kindle (*od.* inspire, arouse) enthusiasm: dieser Gedanke zündete sofort this idea inspired enthusiasm at once. – **II** *v/t* **7.** *tech.* a) (*Feuerung*) ignite, b) (*Lichtbogen*) strike. – **III** *v/impers* **8.** bei ihm hat's gezündet *fig. colloq.* a) (*er hat es begriffen*) the penny has dropped with him, he has caught on (*colloq.*), he has cottoned on (*sl.*), b) (*er hat sich verliebt*) he has fallen in love. – **IV Z~** *n* ⟨-s⟩ **9.** *verbal noun.* – **10.** *cf.* Zündung. — **ˈzün·dend I** *pres p.* – **II** *adj fig.* (*Rede, Worte etc*) rousing, stirring, electrifying.
Zun·der [ˈtsʊndər] *m* ⟨-s; -⟩ **1.** tinder, punk, amadou, touchwood: etwas brennt wie ~ s.th. burns like tinder. – **2.** *metall.* (*Hammerschlag*) (hammer) scale. – **3.** warte, gleich gibt es ~! *colloq.* wait, you'll catch it!
ˈZün·der *m* ⟨-s; -⟩ **1.** igniter, ignitor. – **2.** (*für Sprengstoff*) fuse, *Am.* fuze. – **3.** (*für Mine*) igniter, ignitor, detonator. – **4.** *pl Austrian* matches.
ˈzun·der|beˌstän·dig *adj metall.* nonscaling *Br.* non-, scale-resistant. — **Z~beˌstän·dig·keit** *f* ⟨-; *no pl*⟩ resistance to scaling, nonscaling (*Br.* non-scaling) property. — **Z~ˌbil·dung** *f* scaling.
ˈZün·der|ˌeinˌstel·ler *m mil.* (*Person*) fuse (*Am.* fuze) setter, fuse- (*Am.* fuze-)setting operator. — **~geˌhäu·se** *n*, **~ˌkör·per** *m mil. tech.* fuse body (*od.* case). — **~ˌlaufˌzeit** *f* **1.** fuse range. – **2.** (*Zünderstellwert*) fuse setting.
zun·dern [ˈtsʊndərn] *v/i* ⟨h⟩ *metall.* oxidize *Br. auch* -s-, scale.
ˈZun·derˌschwamm *m bot.* touchwood (*Placodes fomentarius*).
ˈZün·der|ˌstell·maˌschi·ne *f mil. tech.* automatic fuse (*Am.* fuze) setter, fuse- (*Am.* fuze-)setting machine, fuse (*Am.* fuze) rammer. — **~ˌstellˌschlüs·sel** *m* manual fuse setter, fuse wrench. — **~ˌstel·lung** *f* setting of a fuse. — **~ˌstellˌwert** *m* fuse setting.
ˈZündˌfa·den *m mil. tech.* ignition filament.
ˈzündˌfä·hig *adj* **1.** *cf.* feuergefährlich. – **2.** (*explosiv*) explosive. – **3.** (*Kraftstoff*) ignitable. – **4.** *mil.* (*Munition*) sensitive. — **ˈZündˌfä·hig·keit** *f* ⟨-; *no pl*⟩ **1.** *cf.* Feuergefährlichkeit. – **2.** explosiveness. – **3.** ignitability. – **4.** *mil.* sensitivity.
ˈzünd|ˌfer·tig *adj* **1.** armed, fused, *Am.* fuzed, ready for firing. – **2.** (*Mine*) primed. – **3.** (*Sprengladung*) prepared for firing. — **Z~ˌflam·me** *f* (*eines Gasboilers*) pilot burner (*od.* flame). — **Z~ˌfol·ge** *f auto.* firing (*od.* ignition) order (*od.* sequence). — **Z~ˌfun·ke(n)** *m* (ignition) spark.
ˈZünd|ˌholz *n*, **~ˌhölz·chen** [-ˌhœltsçən] *n* ⟨-s; -⟩ *bes. Southern G., Austrian and Swiss* match.
ˈZündˌholzˌschach·tel *f* matchbox.
ˈZünd|ˌhüt·chen *n mil. tech.* **1.** (*des Geschoßzünders*) igniter (*od.* percussion) cap. – **2.** (*der Zündschraube der Kartusche*) (percussion *od.* propellant) primer. – **3.** (*der Treibladung*) cartridge primer. — **~ˌka·bel** *n* **1.** *auto.* ignition cable. – **2.** *mil.* firing wire (*od.* cable). – **3.** (*beim Sprengen*) blasting (*od.* ignition) cable. — **~kaˌnal** *m* **1.** blow-through (*od.* detonator) hole. – **2.** (*der Munition*) primer vent hole. – **3.** (*eines Zünders*) air gap. — **~ˌkap·sel** *f* **1.** priming cap, squib. – **2.** (*für Sprengmunition*) detonator (cap). – **3.** (*Teil des Zünders*) detonator.
ˈZündˌker·ze *f auto.* spark (*Br. auch* sparking) plug.
ˈZündˌker·zen|ˌprüfˌschal·ter *m auto.* spark plug test key. — **~ˌschlüs·sel** *m* spark plug socket wrench, *bes. Br.* spark plug spanner. — **~ˌstö·rung** *f* spark plug trouble.
ˈZündˌkir·sche *f chem. tech.* ignition pellet.
ˈZünd·konˌtakt *m auto.* ignition contact. — **~ˌnocken** (*getr.* -k·k-) *m* ignition contact cam.
ˈZünd|ˌkreis *m* **1.** *auto.* firing (*od.* ignition) circuit. – **2.** *mil.* detonation (*od.* blasting) circuit. – **3.** *telev.* unblanking circuit. — **~ˌla·dung** *f mil. tech.* **1.** primer (charge), booster charge. – **2.** (*für Leuchtmunition u. Sprengpatronen*) detonating (*od.* ignition) composition, ignition charge, igniter, ignitor, booster. – **3.** (*bei Friktionszünder*) igniting primer (*od.* charge). — **~ˌlei·tung** *f auto.* ignition lead (*od.* cable), spark plug lead. — **~ˌloch** *n* **1.** vent, flash (*od.* fire) hole. – **2.** (*an alten Kanonen*) touch hole. — **~maˌgnet** *m auto. cf.* Magnetzünder. — **~maˌschi·ne** *f* (*mining*) exploder. — **~ˌmit·tel** *n* explosive initiator (*od.* device), detonating agent, primer, igniter, ignitor, igniting mixture (*od.* composition). — **~moˌment** *m auto.* firing (*od.* ignition) point.
ˈZündˌna·del *f mil. hist.* firing (*od.* percussion) pin. — **~geˌwehr** *n* needle gun.
ˈZünd|pa·tro·ne *f mil.* **1.** (*Munition*) percussion tube (*od.* primer). – **2.** (*eines Torpedos*) igniter, ignitor. — **~ˌpfan·ne** *f* (*bei alten Handfeuerwaffen*) touch pan. — **~ˌpil·le** *f* (*des Aufschlagzünders*) igniting pellet.
ˈZündˌpunkt *m auto.* ignition (*od.* timing) point. — **~ˌeinˌstel·lung** *f* ignition (*od.* spark) timing.
ˈZünd|ˌsatz *m* **1.** (*der Zündschraube od. des Zünders*) (percussion) primer, priming composition (*od.* charge). – **2.** (*Munition*) igniting charge, igniter, ignitor. – **3.** (*Übertragungsladung in der Kartusche*) igniting primer. — **~ˌschal·ter** *m* **1.** *auto.* ignition (*od.* magneto) switch. – **2.** *mil.* firing switch. — **~ˌschloß** *n* **1.** *auto.* ignition lock. – **2.** *mil.* firing lock. — **~ˌschlüs·sel** *m auto.* ignition key.
ˈZündˌschnur *f* (*mining*) *tech.* (safety *od.* blasting) fuse (*Am.* fuze), (*beim gleichzeitigen Schuß mehrerer Ladungen*) detonating fuse (*Am.* fuze), cordtex, primacord. — **~ˌpul·ver** *n* fuse (*Am.* fuze) gunpowder.
ˈZünd|ˌschrau·be *f mil. tech.* threaded (percussion) primer, (percussion) priming screw. — **~ˌsi·che·rung** *f tech.* ignition safety feature. — **~ˌspan·nung** *f* **1.** *auto.* firing (*od.* starting, ignition) voltage. – **2.** *electr. tech.* (*einer Gasentladungsröhre*) strike (*od.* striking) potential. — **~ˌspu·le** *f electr. auto.* ignition (*od.* spark) coil. — **~ˌsteue·rung** *f* ignition timing. — **~ˌstein** *m* flint. — **~ˌstift** *m* **1.** *auto.* center (*bes. Br.* centre) electrode, igniter, ignitor. – **2.** *mil.* firing pin. — **~ˌstoff** *m* **1.** inflammable matter, incendiary agent. – **2.** *fig.* (für for) dynamite, tinder. – **3.** *mil.* detonation agent, primary, explosive. — **~tem·pe·raˌtur** *f* ignition temperature. — **~ˌuhr** *f* ignition timing mechanism.
ˈZün·dung *f* ⟨-; *no pl*⟩ **1.** *cf.* Zünden. – **2.** (*von Munition, Rakete etc*) ignition: ~ durch Schlag percussive ignition. – **3.** *auto.* ignition, spark: Einstellung der ~ ignition timing; die ~ zurückstellen to retard the spark.
ˈZünd|ˌun·terˌbre·cher *m auto.* contact breaker. — **~verˌsa·ger** *m* ignition (*od.* sparking) failure. — **~verˌstel·ler** *m* spark

control, ignition timing device. — **~verˌstel·lung** *f* ignition (*od.* spark) control, ignition (*od.* spark) timing. — **~verˌtei·ler** *m* ignition distributor (*auch* distributer). — **~verˌzö·ge·rung** *f*, **~verˌzug** *m* ignition lag. — **~ˌvorˌrich·tung** *f* **1.** *mil. tech.* explosive fitting, firing mechanism, igniter, ignitor. – **2.** *auto.* ignition device, igniter, ignitor.

ˈZündˌwa·ren *pl* (in)flammables, matches and other igniters (*od.* ignitors). — **~ˌsteu·er** *f* tax on matches (and stearic candles).

ˈzündˌwil·lig *adj chem.* ignitable, *auch* ignitible. — **ˈZündˌwil·lig·keit** *f* ⟨-; *no pl*⟩ ignition quality, cetan number.

ˈzuˌneh·men I *v/i* ⟨*irr, sep,* -ge-, h⟩ **1.** (*an Körpergewicht*) gain (*od.* put on) weight, gain. – **2.** (*an Stärke, Intensität etc*) increase, gain, wax (*lit.*): der Wind hat (an Stärke) zugenommen the wind has gained (in) strength; die Kälte nimmt zu it is getting increasingly colder; seine Kräfte haben schon wieder zugenommen, er hat schon wieder an Kräften zugenommen he has gained (*od.* gathered) strength again. – **3.** (*an Zahl, Umfang, Ausmaß etc*) increase, grow, augment, rise: die Zahl der Einwohner nimmt jährlich zu the number of the inhabitants increases yearly; an Wert ~ to increase (*od.* improve) in value, to appreciate. – **4.** (*an Länge*) grow (*od.* get) longer, lengthen: die Tage [Nächte] nehmen zu the days [nights] are growing longer. – **5.** (*schlimmer werden*) grow (*od.* get) worse, worsen. – **6.** (*vom Mond*) wax, increase. – **7.** (*beim Stricken*) increase. – **II** *v/t* **8.** (*Gewicht*) gain, put on. – **9.** (*Maschen*) increase by: jetzt mußt du fünf Maschen ~ you have to increase by five stitches now. – **III Z~** *n* ⟨-s⟩ **10.** *verbal noun*: der Mond ist im Z~ the moon is waxing (*od.* on the increase). – **11.** *cf.* Zunahme 1—4. —

ˈzuˌneh·mend I *pres p.* – **II** *adj* **1.** (*Schwierigkeiten, Sorgen etc*) increasing: in ~em Maße increasingly, to an increasing extent; ~e Gewitterneigung increasing tendency to thunderstorms. – **2.** (*fortschreitend*) advancing: mit ~en Jahren, mit ~em Alter with advancing years, as one advances in years, as one grows older. – **3.** (*Mond*) waxing. – **III** *adv* **4.** increasingly: er gewann ~ an Einfluß he gained increasing influence, his influence increased; es wird ~ kälter it's becoming increasingly colder.

ˈzuˌnei·gen I *v/reflex* ⟨*sep,* -ge-, h⟩ sich j-m [etwas] ~ a) (*sich hinunterbeugen*) to bend toward(s) (*od.* down to) s.o. [s.th.], b) (*sich hinwenden*) to lean toward(s) (*od.* over to) s.o. [s.th.], c) (*sich vornüber neigen*) to lean (*od.* incline) toward(s) s.o. [s.th.]: er neigte sich seinem Nachbarn zu he leaned toward(s) his neighbo(u)r; der Baum neigte sich dem Fluß zu the tree inclined toward(s) the river; das Glück neigte sich ihm zu *fig.* fortune favo(u)red him; der Tag [das Fest] neigte sich dem Ende zu *fig.* the day [the party] drew to a close. – **II** *v/i* der Meinung (*od.* Ansicht) ~, daß to be inclined (*od.* to tend) to think that.

ˈZuˌnei·gung *f* (für, zu for) affection, attachment: aufrichtige [herzliche, innige] ~ sincere [cordial, deep] affection; ~ zu j-m fassen to take (a liking) to s.o., to warm to s.o.; ~ zu j-m haben (*od.* empfinden, hegen) to have affection for s.o., to be attached to (*od.* fond of) s.o.; j-s ~ erwidern to return s.o.'s affection.

Zunft [tsʊnft] *f* ⟨-; =e⟩ **1.** *hist.* guild, *auch* gild: die ~ der Zimmerleute the carpenters' guild. – **2.** *fig. colloq. humor.* brotherhood: er ist auch von der ~ he is one of the brotherhood; er ist von der ~ he is an expert; die ~ der Journalisten the brotherhood of journalists. – **3.** *fig. colloq. contempt.* 'crowd', 'lot' (*beide colloq.*), band, tribe: ihr seid mir ja eine saubere ~! a nice lot you are! you're a nice lot! — **~ˌbrief** *m hist.* guild charter. — **~ˌgeist** *m* party (*od.* corporate) spirit, esprit de corps.

ˈzunft·geˌmäß *adj u. adv* according to the statutes of a (*od.* the) guild.

ˈZunft|geˌnos·se *m hist.* member of a guild, guildsman, guild brother. — **~ˌhaus** *n* guildhall, hall (*od.* meeting place) of a guild.

zünf·tig [ˈtsʏnftɪç] **I** *adj* **1.** *hist.* belonging to a guild. – **2.** *fig.* (*fachmännisch*) competent. – **3.** *colloq.* (*Kleidung, Ausrüstung, Mahlzeit etc*) proper: er hat eine ganz ~e Bergausrüstung he has the proper mountaineering gear, *Am. sl.* his mountaineering gear is the real McCoy. – **4.** *colloq.* (*Ohrfeige, Schluck etc*) good, fair, *bes. Br. colloq.* 'proper'. – **II** *adv* **5.** es ging bei der Party ~ zu *colloq.* everyone had a whale of a time at the party (*colloq.*).

ˈZunft|ˌmei·ster *m hist.* chief warden (of a guild). — **~ˌord·nung** *f* regulations *pl* of a guild. — **~ˌrol·le** *f* guild roll. — **~ˌwap·pen** *n* arms *pl* of a guild. — **~ˌwe·sen** *n* ⟨-s; *no pl*⟩ system of guilds. — **~ˌzwang** *m* compulsory guild membership.

Zun·ge [ˈtsʊŋə] *f* ⟨-; -n⟩ **1.** tongue: belegte ~ furred (*od.* coated) tongue; trockene ~ dry (*od.* parched) tongue; mit der ~ anstoßen to lisp; mit der ~ schnalzen to click one's tongue; zeigen Sie mal Ihre ~ (*zum Patienten*) show me your tongue, put your tongue out; j-m die ~ herausstrecken (*od.* zeigen) (*als Ungehörigkeit*) to stick (*od.* put) one's tongue out at s.o.; dem Hund hängt die ~ heraus the dog's tongue is hanging out; mir hängt die ~ (zum Halse) heraus *fig. colloq.* my tongue is hanging out; das Fleisch zergeht auf der ~ the meat melts in one's mouth; sich (*dat*) die ~ verbrennen a) to burn one's tongue, b) *fig. colloq.* to say too much, to open one's mouth too wide; etwas brennt auf der ~ s.th. burns the tongue; es brennt mir auf der ~, es dir zu sagen *fig.* I can hardly wait (*od.* I'm dying) to tell you; sich (*dat*) auf die ~ beißen a) to bite one's tongue, b) *fig.* to check oneself; lieber würde ich mir die ~ abbeißen, als das Geheimnis zu verraten *fig.* I'd rather do anything than disclose the secret; mir klebt die ~ am Gaumen *fig. colloq.* my throat is (*od.* I'm) parched; eine feine ~ haben *fig.* to have a delicate palate, to be a gourmet; das beleidigt seine ~ *fig.* that insults his palate; eine spitze (*od.* scharfe) ~ haben *fig.* to have a sharp tongue; eine böse [lose, spöttische] ~ haben *fig.* to have an evil (*od.* a malicious) [a loose, a sarcastic] tongue; eine schwere ~ haben *fig.* a) (*schwerfällig sprechen*) to have a heavy tongue, b) (*nach Alkoholgenuß*) to have slurred speech; eine geläufige ~ haben *fig.* to be eloquent, to have the gift of the gab (*colloq.*); der Wein hat ihm die ~ gelöst *fig.* the wine loos(en)ed his tongue; sein Name liegt (*od.* schwebt) mir auf der ~ *fig. colloq.* his name is (*od.* I have his name) on the tip of my tongue; etwas geht j-m schwer von der ~ a) s.o. cannot get his tongue (a)round s.th., b) s.o. cannot bring himself to say s.th.; seine ~ im Zaum halten (*od.* zügeln, beherrschen, bezähmen) *fig.* to mind one's tongue (*od.* what one says), to be careful of (*od.* about) what one says; der ~ freien Lauf lassen *fig.* to talk freely; die ~ stockte mir, meine ~ stockte I was tongue-tied; an dem Wort kann man sich ja die ~ abbrechen *fig. colloq.* that word is an awful tongue twister (*od.* an awful jawbreaker [*Br.* jaw-breaker]) (*colloq.*); hüte deine ~! mind your tongue! mind what you say! → Herz *Besondere Redewendungen*. – **2.** *fig. colloq.* (*Gerüchtemacher*) gossip: lose ~n behaupten, daß malicious gossips (*od.* tongues) say that; sie ist eine böse [spitze] ~ she is a malicious [sharp-tongued] gossip. – **3.** *poet.* (*Sprache*) tongue, language: in fremden ~n reden to speak in foreign tongues; alle Länder deutscher ~ all German-speaking countries. – **4.** *gastr.* a) (*Fleischgericht*) tongue, b) (*Seezunge*) sole. – **5.** (*am Schuh*) tongue, flap. – **6.** (*einer Schnalle*) catch. – **7.** *math. tech.* (*eines Rechenschiebers*) slide, sliding scale. – **8.** (*einer Waage*) tongue, needle, pointer, indicator. – **9.** (*einer Flamme etc*) tongue. – **10.** *mus.* a) (*Zungenpfeife der Orgel*) tongue, b) *obs. for* Kern 12b, c) (*des Harmoniums*) vibrator, d) (*des Akkordeons, der Mundharmonika*) reed, e) (*des Cembalos*) tongue, f) (*der Rohrblattinstrumente*) reed. – **11.** *geogr. cf.* a) Gletscherzunge, b) Landzunge.

zün·geln [ˈtsʏŋəln] *v/i* ⟨h⟩ **1.** (*von Schlangen*) dart (*od.* shoot) its tongue in and out. – **2.** *fig.* (*von Feuer, Flamme etc*) lick, flicker. — **ˈzün·gelnd I** *pres p.* – **II** *adj* (*Flammen*) licking, lambent.

ˈZun·genˌbänd·chen *n med.* frenulum of the tongue. — **~geˌschwür** *n* ulcer of the tongue.

ˈZun·gen|ˌbein *n med.* hyoid (bone). — **~beˌlag** *m* coating (*od.* coat, fur) of the tongue. — **~ˌbre·cher** *m fig. colloq.* tongue twister, jawbreaker, *Br.* jaw-breaker (*colloq.*).

ˈzun·genˌbre·che·risch *adj fig. colloq.* jawbreaking, *Br.* jaw-breaking, crackjaw, *Br.* crack-jaw (*attrib*) (*beide colloq.*).

ˈZun·gen|ˌbutt *m zo. cf.* Rotzunge. — **~entˌzün·dung** *f med.* glossitis. — **~ˌfarn** *m bot.* **1.** tongue fern (*Cyclophorus lingua*). – **2.** hart's-tongue (fern) (*Phyllitis scolopendrium*). — **~ˌfeh·ler** *m cf.* Sprachfehler 1. — **z~ˌfer·tig** *adj* **1.** eloquent, fluent, voluble. – **2.** *contempt.* glib. — **~ˌfer·tig·keit** *f* ⟨-; *no pl*⟩ **1.** eloquence, fluency, volubility, gift of the gab (*colloq.*). – **2.** *contempt.* glibness. — **z~ˌför·mig** *adj* tongue-shaped, linguiform, lingular, lingulate. — **~ˌgau·menˌbo·gen** *m med.* glossopalatine arch. — **~ˌge·gend** *f* lingual region. — **~ˌgrund** *m* retrolingual region. — **~ˌhal·ter** *m* tongue forceps, linguotrite. — **~ˌkrebs** *m med.* cancer (*od. scient.* carcinoma) of the tongue. — **~ˌkuß** *m* French (*od.* soul, deep) kiss. — **~ˌläh·mung** *f med.* paralysis of the tongue, glossoplegia (*scient.*): halbseitige ~ hemiglossoplegia. — **~ˌlaut** *m ling.* lingual (sound). — **~ˌmu·schel** *f zo.* tongue shell (*Gattg Lingula*). — **~ˌmus·kel** *m med.* lingual muscle. — **~ˌnerv** *m* a) (*sensorischer*) lingual nerve, b) (*motorischer*) hypoglossal nerve. — **~ˌpfei·fe** *f mus.* reed pipe. — **~-R** [-ˌʔɛr] *n ling.* trilled (*od.* rolled) r. — **~ˌre·den** *n relig.* glossolalia. — **~reˌgi·ster** *n mus.* reed stop. — **~ˌrücken** (*getr.* -k·k-) *m med.* back (*od. scient.* dorsum) of the tongue. — **~ˌschlag** *m* **1.** *fig.* (*in Wendungen wie*) einen guten ~ haben *colloq.* to have the gift of the gab (*colloq.*), to be eloquent; ein falscher ~ a slip of the tongue. – **2.** (*Sprachstörung*) stammer. – **3.** (*nach Alkoholgenuß*) slur(red speech). – **4.** *mus.* (*bei Blasinstrumenten*) stroke of the tongue. — **~ˌspa·tel** *m med.* tongue depressor. — **~ˌspit·ze** *f* tip (*od.* point) of the tongue, *auch* apex, proglossis (*scient.*). — **~ˌstel·lung** *f ling.* (*in der Phonetik*) tongue position. — **~ˌstim·me** *f mus.* (*der Orgel*) reed stop: die ~n the reedwork *sg*, the reed pipes. — **~ˌwurm** *m zo.* tongue worm (*Klasse Linguatulida*). — **~ˌwurst** *f gastr.* tongue sausage. — **~ˌwur·zel** *f med.* root of the tongue.

Züng·lein [ˈtsʏŋlaɪn] *n* ⟨-s; -⟩ *dim. of* Zunge: das ~ an der Waage sein (*od.* bilden) *fig. u. pol.* to tip the scales, to hold the balance of power.

zu·nich·te [tsuˈnɪçtə] *adv* (*in Wendungen wie*) etwas ~ machen a) (*Hoffnungen, Glück etc*) shatter, wreck, ruin, destroy, dash, frustrate, blight, b) (*Pläne etc*) thwart, foil, frustrate, wreck, ruin; meine Pläne sind ~ geworden my plans came to nothing; all meine Hoffnungen sind ~ all my hopes are shattered (*od.* dashed).

ˈzuˌnicken (*getr.* -k·k) *v/i* ⟨*sep,* -ge-, h⟩ j-m ~ to nod to (*od.* at) s.o.: j-m freundlich ~ to give s.o. a friendly nod.

Züns·ler [ˈtsʏnslər] *m* ⟨-s; -⟩ *zo.* (*Schmetterling*) pyralid(id) (*Fam. Pyralididae*).

zu·nut·ze [tsuˈnʊtsə] *adv* sich (*dat*) etwas ~ machen a) (*im negativen Sinn*) to take advantage of s.th., to profit from s.th., to capitalize (*Br. auch* -s-) ([up]on) s.th., to turn s.th. to account, to cash in on s.th., b) (*im positiven Sinn*) to utilize (*Br. auch* -s-) s.th., to turn s.th. to account, to take advantage of s.th., to avail oneself of s.th.: sich j-s Unwissenheit ~ machen to take advantage of s.o.'s ignorance.

zuˈoberst [tsu-] *adv* uppermost, at the very top: das Unterste ~ kehren to turn everything upside down (*od.* topsy-turvy, *auch* topsy-turvey).

ˈzuˌord·nen *v/t* ⟨*sep,* -ge-, h⟩ **1.** etwas j-m [einer Sache] ~ to assign (*od.* attribute, refer) s.th. to s.o. [s.th.]: ein Tier einer Familie ~ to assign an animal to a family. – **2.** (*computer*) allocate. — **ˈZuˌord·ner** *m* (*computer*) allocator. — **ˈZuˌord·nung** *f* **1.** attribution, assignment. – **2.** (*computer*) allocation.

ˈzuˌpacken (*getr.* -k·k-) *v/i* ⟨*sep,* -ge-, h⟩ *colloq.* **1.** (*anfassen*) grip, clutch, grasp: er hat so kräftig zugepackt, daß mir das Handgelenk weh tut he gripped so tightly that my wrist hurts. – **2.** (*kräftig arbeiten*) work hard, knuckle down. – **3.** (*mithelfen*) lend a hand.

zu·paß [tsuˈpas], **zu·pas·se** [tsuˈpasə] *adv* etwas kommt j-m ~ s.th. comes at the right time for s.o., s.th. comes in handy for s.o., s.th. suits s.o. admirably.

zup·fen ['tsʊpfən] **I** *v/t* ⟨h⟩ **1.** pull, pick, pluck: j-n am (*od.* beim) Ärmel [Bart] ~ to pull s.o.'s sleeve [beard]. – **2.** Unkraut ~ to weed, to pull weeds. – **3.** *mus.* (*die Saiten*) pluck, twang, plunk, *auch* plonk. – **II** *v/i* **4.** an (*dat*) etwas ~ to pull (*od.* tug, pluck, twitch) at s.th. – **III** *v/reflex* **5.** sich an (*dat*) etwas ~ to pull (*od.* pluck, tug, twitch) oneself at s.th.: zupf dich an deiner eigenen Nase! *fig. colloq.* sweep before your own door!

'Zupf|,gei·ge *f colloq.* guitar. — **~in·stru·,ment** *n* plucked (string) instrument.

'zu,pfrop·fen *v/t* ⟨*sep*, -ge-, h⟩ **1.** (*Flasche etc*) cork (up), stopper (up). – **2.** (*Faß*) bung (up).

'zu,pres·sen *v/t* ⟨*sep*, -ge-, h⟩ **1.** (*Loch im Schlauch etc*) press one's finger on (*s.th.*) (to close it). – **2.** (*Koffer etc*) press (*s.th.*) shut.

'zu,pro·sten *v/i* ⟨*sep*, -ge-, h⟩ j-m ~ to raise one's glass to s.o.

zur [tsuːr; tsʊr] *short for* zu der.

'zu,ra·ten I *v/i* ⟨*irr, sep*, -ge-, h⟩ j-m ~, etwas zu tun to advise (*od.* recommend) s.o. to do s.th.: ich kann dir nur ~ I can highly recommend it, I can only advise it; ich rate dir weder zu noch ab I won't advise you one way or the other; ich kann dir nur ~, das Haus zu kaufen I can only advise (*od.* recommend) you to buy the house. – **II Z~** *n* ⟨-s⟩ *only in* auf j-s Z~ (up)on s.o.'s advice (*od.* recommendation).

Zu'ra·te,zie·hung [tsu'raːtə-] *f* consultation.

'zu,rau·nen *v/t* ⟨*sep*, -ge-, h⟩ j-m etwas ~ to whisper (*od.* murmur) s.th. to s.o.

Zür·cher ['tsʏrçər] **I** *m* ⟨-s; -⟩ *Swiss for* Züricher I. – **II** *adj* ⟨*invariable*⟩ *Swiss for* Züricher II. — **'zür·che·risch** *adj Swiss for* züricherisch.

Zur·dis·po·si·ti'on(s),stel·lung *f jur.* subjection to disposition (*od.* settlement, arrangement).

'zu,rech·nen *v/t* ⟨*sep*, -ge-, h⟩ **1.** (*addieren*) add: Zinsen zum Kapital ~ to add interest to the capital. – **2.** (*zuordnen*) number (*od.* reckon) among, class with: einen Künstler den Modernen ~ to class an artist with the modern school. – **3.** *fig.* (*zuschreiben*) ascribe (*od.* attribute) to, (*bes. Schlechtes*) impute to: er rechnet mir bessere Fähigkeiten zu, als ich besitze he ascribes to me better qualities than I possess.

'Zu,rech·nung *f only in* unter ~ aller Kosten including all charges.

'zu,rech·nungs,fä·hig *adj* sound of mind, sane, *bes. jur.* responsible, compos mentis (*scient.*): nicht ~ *cf.* unzurechnungsfähig. — **'Zu,rech·nungs,fä·hig·keit** *f* ⟨-; *no pl*⟩ soundness of mind, *bes. jur.* responsibility: strafrechtliche ~ criminal responsibility; verminderte ~ diminished responsibility.

zu'recht|,bie·gen [tsu-] *v/t* ⟨*irr, sep*, -ge-, h⟩ **1.** (*Draht etc*) bend (*s.th.*) into shape. – **2.** eine (verfahrene) Angelegenheit ~ *fig. colloq.* to set things straight, to smooth things out, to settle things (*od.* an affair). – **3.** *fig.* (*Artikel, Nachricht etc*) angle. — **~,brin·gen** *v/t* ⟨*irr, sep*, -ge-, h⟩ **1.** (*in Ordnung bringen, bereinigen*) put (*s.th.*) right (*od.* to rights), set (*s.th.*) right. – **2.** (*zuwege bringen, bewerkstelligen*) manage. — **~,fei·len** *v/t* ⟨*sep*, -ge-, h⟩ file (*s.th.*) into shape. — **~,fin·den** *v/reflex* ⟨*irr, sep*, -ge-, h⟩ sich ~ **1.** (*in einer Stadt etc*) find one's way (about *od.* around). – **2.** *fig.* (*in schwierigen Situationen etc*) get along, manage: du mußt lernen, dich in der Welt allein zurechtzufinden you must learn to get along in the world on your own. – **3.** *fig.* (*die Übersicht haben, etwas kapieren*) see what's what: jetzt finde ich mich überhaupt nicht mehr zurecht I can't see what's what, I can't make head or tail of it, I can make neither head nor tail of it. — **~,häm·mern** *v/t* ⟨*sep*, -ge-, h⟩ hammer (*s.th.*) into shape. — **~,kom·men** *v/i* ⟨*irr, sep*, -ge-, sein⟩ **1.** (*zur rechten Zeit kommen*) come in (good) time. – **2.** mit etwas ~ a) (*mit einer schwierigen Aufgabe etc*) to work s.th. out, b) (*mit einem komplizierten Mechanismus etc*) to manage s.th.: ich komme mit dem neuen Fernseher einfach nicht zurecht I simply can't manage the new television set. – **3.** mit j-m ~ (*auskommen*) to get along (*od.* on) with s.o., to have a way with s.o., to hit it off with s.o. – **4.** er kommt gut zurecht a) he does very well, b) (*bes. finanziell*) he manages very well; wie kommt er zurecht? how does he manage? — **~,le·gen** *v/t* ⟨*sep*, -ge-, h⟩ **1.** (*für die Reise etc*) prepare, lay (*s.th.*) out ready: ich habe dir deine Sachen schon zurechtgelegt I have laid your things out ready for you. – **2.** sich (*dat*) einen Vorwand [eine Ausrede] ~ *fig.* to have a pretext [an excuse] ready. – **3.** *fig.* (*erklären*) explain: ich kann mir den Fall nur so ~, daß the only way I can explain the case is that. — **~,ma·chen** *colloq.* **I** *v/t* ⟨*sep*, -ge-, h⟩ **1.** (*Speisen*) prepare, get (*s.th.*) ready, (*Salat*) dress. – **2.** (*Zimmer etc*) get (*s.th.*) ready, *Am. colloq.* 'fix'. – **3.** (*Bett etc*) make up. – **4.** (*aufräumen*) tidy (up), clear (up). – **5.** *fig.* (*ausdenken*) think up, concoct, *Am.* figure out: sich (*dat*) eine Ausrede [Erklärung] ~ to think up an excuse [explanation]. – **6.** (*Abrechnung, Bilanz etc*) fake (up), doctor, manipulate, fudge. – **II** *v/reflex* sich ~ **7.** get ready, get dressed. – **8.** (*sich schminken*) make up, do oneself up, titivate (*colloq.*): sich fürs Theater ~ to do oneself up for the theater; sich vorteilhaft [unvorteilhaft] ~ to do oneself up to one's advantage [disadvantage]. — **~,rücken** (*getr.* -k·k-) *v/t* ⟨*sep*, -ge-, h⟩ **1.** (*Stuhl etc*) fix. – **2.** (*Brille etc*) fix, adjust: (sich *dat*) den Hut ~ to fix one's hat. – **3.** (*Krawatte*) fix, straighten. – **4.** j-m den Kopf ~ *fig. colloq.* to bring s.o. to his senses, to put sense into s.o. – **5.** *fig. cf.* richtigstellen. — **~,schnei·den** *v/t* ⟨*irr, sep*, -ge-, h⟩ **1.** (*Haar, Nägel etc*) trim, clip, tidy. – **2.** (*Bäume, Hecken etc*) trim, clip, tidy. — **~,set·zen I** *v/t* ⟨*sep*, -ge-, h⟩ *cf.* zurechtrücken 1, 2, 4. – **II** *v/reflex* sich ~ (*bis man bequem sitzt*) settle oneself. — **~,stel·len** *v/t* ⟨*sep*, -ge-, h⟩ set (*s.th.*) out ready: ich habe dir alles zurechtgestellt I've set out everything ready for you. — **~,stut·zen** *v/t* ⟨*sep*, -ge-, h⟩ **1.** *cf.* zurechtschneiden. – **2.** *fig. cf.* zustutzen 4.

zu'recht,wei·sen *v/t* ⟨*irr, sep*, -ge-, h⟩ j-n ~ to reprimand (*od.* rebuke, correct) s.o., (*stärker*) to take s.o. to task. — **Zu'recht,wei·sung** *f* ⟨-; -en⟩ reprimand, rebuke, correction, reprehension.

'zu,re·den I *v/i* ⟨*sep*, -ge-, h⟩ **1.** j-m (gut) ~(, etwas zu tun) a) to encourage s.o. (to do s.th.), (*stärker*) to persuade s.o. (to do s.th.), b) (*j-n beschwatzen*) to coax s.o. (into doing s.th.), c) (*j-n dringend bitten*) to urge s.o. (to do s.th.): wir haben ihm (gut) zugeredet, das Angebot anzunehmen we encouraged him to accept the offer. – **II Z~** *n* ⟨-s⟩ **2.** *verbal noun.* – **3.** encouragement, (*stärker*) persuasion: auf mein Z~ (hin) nahm er das Angebot an upon my encouragement he accepted the offer; trotz allen (*od.* alles) Z~s (*od.* trotz allem Z~) ging er nicht mit despite all the urging he didn't go with us; alles Z~ nützte (*od.* half) nichts all persuasion was in vain; Z~ hilft (*Sprichwort*) *etwa* with a little coaxing it can be managed.

'zu,rei·chen I *v/t* ⟨*sep*, -ge-, h⟩ j-m etwas ~ to hand (*od.* pass) s.th. to s.o.: der Friseuse die Lockenwickler ~ to hand the curlers to the hairdresser. – **II** *v/i colloq.* (*ausreichen*) be sufficient, suffice, be enough, go round, do. — **'zu,rei·chend I** *pres p.* – **II** *adj* (*ausreichend*) sufficient, adequate: nicht ~ insufficient, inadequate; der Satz vom ~en Grunde *philos.* the law of sufficient reason. – **III** *adv* sufficiently, adequately: er hat es nicht ~ begründet he did not give sufficient reason for it.

'zu,rei·ten I *v/t* ⟨*irr, sep*, -ge-, h⟩ **1.** ein Pferd ~ to break (in) a horse. – **II** *v/i* ⟨sein⟩ **2.** auf j-n [etwas] ~ to ride up to s.o. [s.th.]. – **3.** (*weiterreiten*) ride on.

'Zu,rei·ter *m* (horse)breaker, roughrider, *Br.* rough-rider, (*von wilden Pferden*) broncobuster.

'Zür·gel,baum ['tsʏrgəl-] *m bot.* hackberry, nettle tree (*Gattg Celtis*).

Zü·ri·cher ['tsyːrɪçər] **I** *m* ⟨-s; -⟩ native (*od.* inhabitant) of Zurich. — **II** *adj* ⟨*invariable*⟩ of Zurich. — **'zü·ri·che·risch** *adj* of Zurich.

'Zu,rich·te|,bo·gen *m print.* overlay (*od.* make-ready) sheet. — **~,mes·ser** *n* overlay (*od.* make-ready) knife.

'zu,rich·ten I *v/t* ⟨*sep*, -ge-, h⟩ **1.** (*zubereiten*) prepare. – **2.** *tech.* a) adjust, (*genau herrichten*) fit up, refit, recondition. – **3.** *metall.* (*Guß*) dress. – **4.** *print.* (*Satz*) make (*s.th.*) ready, make up. – **5.** (*Holz, Steine etc*) cut, trim, (*rechtwinklig*) square. – **6.** (*leather*) (*gerben*) curry, finish, dress. – **7.** (*textile*) (*appretieren*) finish. – **8.** *gastr.* a) (*Essen*) prepare, b) (*Geflügel, Wild etc*) truss. – **9.** j-n ~ *fig.* to injure s.o. badly, to maul s.o., (*bei Schlägerei*) to beat s.o. up: bei der Schlägerei ist er übel (*od.* bös[e]) zugerichtet worden he was badly beaten up in the fight. – **10.** etwas schön ~ *fig. colloq. iron.* to make a nice mess of s.th. – **II Z~** *n* ⟨-s⟩ **11.** *verbal noun.* – **12.** *cf.* Zurichtung.

'Zu,rich·te·pa,pier *n print.* make-ready paper.

'Zu,rich·ter *m* **1.** preparer. – **2.** *metall.* dresser. – **3.** *print.* assistant minder. – **4.** (*leather*) dresser, currier.

,Zu·rich·te'rei *f* ⟨-; -en⟩ **1.** *metall.* dressing shop. – **2.** (*leather*) currying work.

'Zu,rich·te,sche·re *f print.* make-ready scissors *pl* (*sometimes construed as sg*).

'Zu,rich·tung *f* ⟨-; *no pl*⟩ **1.** *cf.* Zurichten. – **2.** (*Zubereitung*) preparation. – **3.** *tech.* a) adjustment, b) fitting up, refitting, reconditioning. – **4.** *metall.* dress. – **5.** *print.* a) (*des Satzes*) makeready, makeup, b) (*mechanische*) mechanical overlay (*od.* makeready). – **6.** (*leather*) currying, finishing, leather-dressing.

'zu,rie·geln *v/t* ⟨*sep*, -ge-, h⟩ (*Tür, Fenster etc*) bolt.

zür·nen ['tsʏrnən] *v/i* ⟨h⟩ j-m ~ *lit.* a) (*mit j-m böse sein*) to be angry with s.o., b) (*j-m etwas übelnehmen*) to harbor (*bes. Br.* harbour) resentment against s.o., to bear s.o. a grudge, to bear (*od.* have) a grudge against s.o.: er zürnte mir wegen meines Briefes he was angry with me because of my letter.

'zu,rol·len *v/i* ⟨*sep*, -ge-, sein⟩ auf j-n [etwas] ~ (*von Ball, Faß, Auto etc*) to roll toward(s) s.o. [s.th.].

'zu,ro·sten *v/i* ⟨*sep*, -ge-, sein⟩ (become covered with) rust, corrode.

'Zurr,brook *f mar.* boat lashing.

zur·ren ['tsʊrən] *v/t* ⟨h⟩ *mar. cf.* festzurren 1.

Zur·ring ['tsʊrɪŋ] *m* ⟨-s; -s *u.* -e⟩, **'Zurr·,lei·ne** *f mar.* lashing, seizing, (*für Boote*) gripes *pl.*

Zur'ru·he,set·zung *f* ⟨-; *no pl*⟩ retirement.

Zur'schau,stel·lung *f* ⟨-; *no pl*⟩ **1.** display, exhibition, presentation, show. – **2.** *contempt.* parade, exhibition.

zu·rück [tsu'rʏk] **I** *adv* **1.** (*örtlich u. zeitlich*) back: einige Jahre [Stationen] ~ a few years [stations] back; ich bin gleich wieder ~ I'll be back in a minute; hin wurden wir gefahren, aber ~ mußten wir laufen we were taken there (by car *od.* by bus) but we had to walk back; Dr. med. X vom Urlaub ~ Dr. X is back from his holiday (*Am.* vacation); ~ zur Natur back to nature; ~! a) (*halt, nicht weitergehen*) go back! b) (*Platz machen*) stand back! make way! – **2.** ~ sein a) (*in der Schule*) to be lagging behind, b) (*in der geistigen u. körperlichen Entwicklung*) to be slow (*od.* retarded), c) (*nicht mit der Zeit gegangen sein*) to be behind the times, d) (*von Bäumen, Blumen, Pflanzen etc*) to be late: in Englisch ist er sehr ~ he is lagging behind (*od.* he is behind the others) in English; die Obstbäume sind in diesem Jahr noch sehr ~ the fruit trees are very late this year. – **3.** → hin 11. – **4.** an Absender ~ (*postal service*) return to sender. – **5.** acht Punkte ~ (*sport*) eight points down (*od.* behind). – **II Z~** *n* ⟨-s; *no pl*⟩ **6.** es gibt kein Z~ mehr there's no going back.

zu'rück|,be·ben *v/i* ⟨*sep*, -ge-, sein⟩ (vor *dat* from) shrink, recoil. — **~be,ge·ben** *v/reflex* ⟨*irr, sep, no* -ge-, h⟩ sich ~ return, go back. — **~be,glei·ten** *v/t* ⟨*sep, no* -ge-, h⟩ j-n ~ to accompany (*od.* conduct, escort) s.o. back. — **~be,hal·ten I** *v/t* ⟨*irr, sep, no* -ge-, h⟩ **1.** keep (*s.th.*) back, retain. – **2.** (*zurücklegen, reservieren*) reserve, keep. – **3.** (*einbehalten*) withhold, hold (*s.th.*) back. – **II Z~** *n* ⟨-s⟩ **4.** *verbal noun.*

Zu'rück·be,hal·tung *f* ⟨-; *no pl*⟩ **1.** *cf.* Zurückbehalten. – **2.** retention. – **3.** (*Reservierung*) reservation.

Zu'rück·be,hal·tungs,recht *n jur.* (retaining) lien, right of retention.

zu'rück|be,kom·men *v/t* ⟨*irr, sep, no* -ge-, h⟩ **1.** (*Wechselgeld, verliehenen*

Gegenstand etc) get (*od.* be given) (*s.th.*) back: ich bekam drei Mark zurück a) I got three marks back, b) I got three marks' change. – **2.** (*gestohlenen Gegenstand, ausgelegtes Geld etc*) get (*od.* be given) (*s.th.*) back, recover. — **~beˌor·dern** *v/t* ⟨*sep, no* -ge-, h⟩ j-n ~ to order s.o. back. — **~beˌru·fen I** *v/t* ⟨*irr, sep, no* -ge-, h⟩ j-n ~ a) to call (*od.* summon) s.o. back, b) (*abberufen*) to recall s.o., c) (*absetzen*) to dismiss (*od.* remove) s.o. – **II Z~** *n* ⟨-s⟩ *verbal noun.* — **Z~beˌru·fung** *f* **1.** *cf.* Zurückberufen. – **2.** (*Abberufung*) recall. – **3.** (*Absetzung*) dismissal, removal. — **~ˌbeu·gen I** *v/t* ⟨*sep*, -ge-, h⟩ **1.** lean (*od.* incline) (*s.th.*) back. – **II** *v/reflex* sich ~ **2.** lean (*od.* bend) back. – **3.** (*sport*) lean (*od.* bend) backward(s). — **~beˌwe·gen** *v/t u.* sich ~ *v/reflex* ⟨*sep, no* -ge-, h⟩ back (up). — **~beˌzah·len** *v/t* ⟨*sep, no* -ge-, h⟩ *cf.* zurückzahlen. — **Z~beˌzah·lung** *f* ⟨-; -en⟩ *cf.* Rückzahlung. — **~ˌbie·gen I** *v/t* ⟨*irr, sep*, -ge-, h⟩ bend (*s.th.*) back. – **II** *v/reflex* sich ~ bend (*od.* lean) back. — **~ˌbil·den I** *v/reflex* ⟨*sep*, -ge-, h⟩ sich ~ **1.** *biol.* regress. – **2.** *med.* a) recede, b) (*von Hautausschlag*) remit. – **II Z~** *n* ⟨-s⟩ **3.** *verbal noun.* — **Z~ˌbil·dung** *f* ⟨-; -en⟩ **1.** *cf.* Zurückbilden. – **2.** *biol.* regression. – **3.** *med.* recession. — **~ˌblei·ben** *v/i* ⟨*irr, sep*, -ge-, sein⟩ **1.** (*nicht mitgehen, dableiben*) stay (*od.* remain) behind: zehn Männer blieben als Wache zurück ten men stayed behind as guards. – **2.** (*nicht Schritt halten*) lag (*od.* fall) behind: er blieb weit hinter den anderen zurück he lagged far behind the others; sie sind hinter der Zeit zurückgeblieben *fig.* they are behind (*od.* they have not kept up with) the times. – **3.** (*von Uhr*) go (*od.* run) slow, lose (time). – **4.** (*nicht weitergehen*) keep (*od.* stay) back: bleib zurück! keep back! – **5.** *fig.* (*in der Schule*) be behind: durch seine Krankheit ist er in Latein sehr zurückgeblieben he is very far behind in Latin as a result of his illness. – **6.** *fig.* (*geistig*) be retarded (*od.* slow) (in one's mental development). – **7.** (*übrigbleiben*) be left: als Waise ~ to be left (as) an orphan, to be orphaned; eine große Schwäche ist von seiner Krankheit zurückgeblieben his illness has left him very weak. – **8.** hinter (*dat*) etwas ~ *fig.* (*nicht erreichen*) to fall (*od.* come) short of s.th.: die Aufführung blieb hinter meinen Erwartungen zurück the performance fell short of my expectations (*od.* was nothing like what I had expected); die Umsätze blieben hinter denen des Vorjahres weit zurück the turnovers fell short of those of the previous year. – **9.** *cf.* zurückstehen 2. – **10.** (*sport*) be left behind, drop back, lag behind. – **11.** *electr.* (*bei der Phasenverschiebung*) lag. – **12.** hinter der Formation ~ (*von Flugzeug, Schiff etc*) to straggle. — **~ˌblen·den** *v/i* ⟨*sep*, -ge-, h⟩ *auch fig.* flash back. — **~ˌblicken** (*getr.* **-k·k-**) *v/i* ⟨*sep*, -ge-, h⟩ *auch fig.* look back: auf (*acc*) etwas ~ a) to look back at s.th., b) *fig.* to look back (up)on s.th. — **~ˌbrin·gen** *v/t* ⟨*irr, sep*, -ge-, h⟩ **1.** (*Geliehenes*) bring (*s.th.*) back, return, (*Verlorenes, Gestohlenes*) *auch* restore: er hat mir das Buch zurückgebracht he brought the book back to me, he brought me back the book, he brought me the book back; ich habe ihm das Buch zurückgebracht I took the book back to him; etwas ins Leben ~ *fig.* (*Brauch etc*) to revive s.th. – **2.** (*in der Entwicklung, Leistung etc*) retard, keep (*s.o.*) back. — **~ˌdäm·men** *v/t* ⟨*sep*, -ge-, h⟩ (*Wasser, Flut etc*) dam (*od.* bay) (*s.th.*) back (*od.* up). — **~daˌtie·ren I** *v/t* ⟨*sep, no* -ge-, h⟩ date (*s.th.*) back, antedate, predate. – **II Z~** *n* ⟨-s⟩ *verbal noun.* — **Z~daˌtie·rung** *f* ⟨-; -en⟩ *cf.* Zurückdatieren. — **~ˌden·ken** *v/i* ⟨*irr, sep*, -ge-, h⟩ **1.** (an *acc* to) think back: wenn ich so an meine Jugendzeit zurückdenke when I think back to my youth. – **2.** (*sich erinnern*) think back, recall, remember, recollect: so weit man ~ kann as far as one can recall. — **~ˌdrän·gen I** *v/t* ⟨*sep*, -ge-, h⟩ **1.** (*Menge, Zuschauer etc*) push (*od.* press) (*s.o.*) back. – **2.** den Feind ~ *mil.* to drive (*od.* force) the enemy back, to repel the enemy. – **3.** *fig.* (*Haß, Neid etc*) repress, repel, restrain. – **II Z~** *n* ⟨-s⟩ **4.** *verbal noun.* – **5.** *fig.* repression. — **Z~ˌdrän·gung** *f* ⟨-; *no pl*⟩ *cf.* Zurückdrängen. — **~ˌdre·hen** *v/t* ⟨*sep*, -ge-, h⟩ (*Uhrzeiger etc*) turn (*od.* put) back: man kann das Rad der Geschichte nicht ~ *fig.* the wheel of history cannot be turned back. — **~ˌdür·fen** *v/i* ⟨*irr, sep*, -ge-, h⟩ *colloq.* be allowed to go back (*od.* to return). — **~ˌei·len** *v/i* ⟨*sep*, -ge-, sein⟩ hurry (*od.* hasten) back. — **~erˌbit·ten** *v/t* ⟨*irr, sep, no* -ge-, h⟩ ask for (*od.* request) (*s.th.*) back. — **~erˌhal·ten** *v/t* ⟨*irr, sep, no* -ge-, h⟩ *cf.* zurückbekommen. — **~erˌin·nern** *v/reflex* ⟨*sep, no* -ge-, h⟩ sich an (*acc*) etwas ~ to think back to s.th. — **~erˌobern I** *v/t* ⟨*sep, no* -ge-, h⟩ **1.** *mil.* reconquer, recapture, retake. – **2.** j-n ~ *fig.* (*verlorenen Freund*) to win s.o. back. – **II Z~** *n* ⟨-s⟩ **3.** *verbal noun.* — **Z~erˌobe·rung** *f* **1.** *cf.* Zurückerobern. – **2.** *mil.* reconquest, recapture. — **~erˌstat·ten** *v/t* ⟨*sep, no* -ge-, h⟩ *cf.* rückerstatten. — **Z~erˌstat·tung** *f cf.* Rückerstattung. — **~erˌwar·ten** *v/t* ⟨*sep, no* -ge-, h⟩ j-n ~ to expect s.o. back. — **~ˌfah·ren I** *v/i* ⟨*irr, sep*, -ge-, sein⟩ **1.** (*mit dem Zug, Bus etc*) go (*od.* travel) back, (*mit dem eigenen Auto*) *auch* drive back: ich werde mit dem Bus ~ I'll go back by bus. – **2.** *fig.* (*vor Schreck, Entsetzen etc*) shrink (*od.* start) back, recoil, wince: vor Schreck ~ to shrink back in terror. – **II** *v/t* ⟨h⟩ **3.** (*Person, Fahrzeug etc*) drive (*od.* roll) (*s.o., s.th.*) back. — **~ˌfal·len** *v/i* ⟨*irr, sep*, -ge-, sein⟩ **1.** fall back: erschöpft ließ sie sich in einen Sessel ~ she fell back (*od.* collapsed, slumped) into an armchair exhausted. – **2.** (*von Strahlen*) be reflected. – **3.** *fig.* (*schlechter werden*) go down, lapse: in Englisch ist er sehr zurückgefallen he has gone down in English very much. – **4.** auf j-n ~ *fig.* (*j-n treffen, sich an j-m rächen*) to reflect (up)on s.o.: dieser Vorwurf fällt auf dich (selbst) zurück this reproach reflects on you (yourself). – **5.** an j-n ~ *fig.* (*j-m erneut gehören*) to revert (*od.* return) to s.o., to go back to s.o.: das Grundstück ist an den ehemaligen Besitzer zurückgefallen the land reverted to the previous owner. – **6.** in (*acc*) etwas ~ *fig.* a) (*in Fehler, Sünden etc*) to (re)lapse into s.th., b) (*in eine Krankheit*) to relapse: in den alten Schlendrian ~ *colloq.* to fall back into the old rut. – **7.** (*sport*) a) (*von Läufern, Pferden etc*) fall behind, drop back, b) (*von Weitspringer etc*) fall backward(s): der Läufer ist auf den dritten Platz zurückgefallen the runner dropped back to (the) third place; um eine Länge ~ to drop back a length. — **~ˌfin·den I** *v/i* ⟨*irr, sep*, -ge-, h⟩ **1.** find one's way back: ich finde schon allein zurück I'll find my way back myself, I'll find my own way back. – **2.** *fig.* (*in Wendungen wie*) zu sich selbst ~ to find (one's) peace of mind again, to regain one's peace of mind; zur alten Vertrautheit ~ to reestablish (*Br.* re-establish) one's old familiarity; zu den alten Freunden ~ to establish the relationship with one's old friends again. – **II** *v/reflex* sich ~ **3.** find one's way back. — **~ˌflie·gen** *v/i* ⟨*irr, sep*, -ge-, sein⟩ fly back. — **~ˌflie·ßen I** *v/i* ⟨*irr, sep*, -ge-, sein⟩ **1.** *auch fig.* flow back. – **II Z~** *n* ⟨-s⟩ **2.** *verbal noun.* – **3.** reflux. — **~ˌflu·ten I** *v/i* ⟨*sep*, -ge-, sein⟩ **1.** flow (*od.* flood) back, regurgitate, regorge. – **2.** *fig.* (*von Menschenmassen etc*) stream back. – **3.** *mil.* sweep back. – **II Z~** *n* ⟨-s⟩ **4.** *verbal noun.* – **5.** reflux. — **~ˌfor·dern I** *v/t* ⟨*sep*, -ge-, h⟩ **1.** (*Geld, ausgeliehene Bücher, Verlobungsgeschenke etc*) claim (*od.* ask for, *stärker* demand) (*s.th.*) back, reclaim. – **2.** *jur. obs.* (*Rechte*) revindicate. – **II Z~** *n* ⟨-s⟩ **3.** *verbal noun.* — **Z~ˌfor·de·rung** *f* **1.** *cf.* Zurückfordern. – **2.** reclamation. – **3.** *jur. obs.* (*von Rechten*) revindication.

zu'rückˌführ·bar *adj fig.* (auf *acc* to) a) (*zuzuschreiben*) due, traceable, b) (*auf einfache Formel etc*) reducible: darauf ~, daß a) due (*od.* traceable) to the fact that, b) reducible to the fact that.

zu'rückˌfüh·ren I *v/t* ⟨*sep*, -ge-, h⟩ **1.** j-n ~ to lead (*od.* guide, take) s.o. back: einen Blinden an seinen Platz ~ to lead a blind person back to his seat; j-n in die Heimat ~ *fig.* to repatriate s.o.; j-n auf den rechten Weg ~ *fig.* to lead s.o. back to the straight and narrow; diese Bemerkung führt mich auf mein eigentliches Anliegen zurück *fig.* this remark brings me back to my actual business; j-n (im Geist) ~ *fig.* to take s.o. back. – **2.** etwas auf (*acc*) etwas ~ *fig.* a) to attribute (*od.* ascribe) s.th. to s.th., to put s.th. down to s.th., b) to reduce s.th. to s.th.: ich führe seine schlechte Laune darauf zurück, daß I attribute his bad mood to the fact that; der Unfall ist auf Leichtsinn zurückzuführen the accident is due (*od.* is traceable) to carelessness, the accident can be attributed (*od.* ascribed, traced) to carelessness; ein Problem auf eine einfache Formel ~ to reduce a problem to a simple formula. – **3.** *tech.* (*den Revolverkopf eines Drehautomaten*) traverse (*s.th.*) back. – **4.** *econ.* (*Güter*) return. – **II** *v/i* **5.** lead back: dieser Weg führt direkt zurück ins Tal this path leads directly back into the valley; es führt kein Weg zurück a) there is no way back, b) *fig.* there is no going back. – **III Z~** *n* ⟨-s⟩ **6.** *verbal noun.* — **Zu'rückˌfüh·rung** *f* ⟨-; *no pl*⟩ **1.** *cf.* Zurückführen. – **2.** *fig.* (*in die Heimat*) repatriation. – **3.** *fig.* (*auf eine einfache Formel etc*) reduction. – **4.** *econ.* (*von Gütern*) return.

Zu'rückˌga·be *f* ⟨-; *no pl*⟩ *cf.* Rückgabe.

zu'rückˌge·ben *v/t* ⟨*irr, sep*, -ge-, h⟩ **1.** (*Geliehenes, Geschenktes, Überlassenes etc*) give (*s.th.*) back, return, (*Verlorenes, Gestohlenes*) *auch* restore: der Lehrer gab die Aufsätze zurück the teacher gave the essays back; sie hat mir drei Mark zurückgegeben (*als Wechselgeld*) she gave me three marks back (*od.* three marks' change); j-m sein Wort ~ *fig.* a) (*ihn von seinem Versprechen entbinden*) to release s.o from his word, b) (*seine Verlobung lösen*) to break off one's engagement with s.o.; das gab ihm sein Selbstvertrauen zurück *fig.* that gave him back (*od.* restored) his confidence. – **2.** (*entgegnen, antworten*) retort, rejoin, return: „das sieht dir ähnlich", gab sie zurück "that's just like you," she retorted. – **3.** *fig.* (*Schläge, Beleidigungen etc*) give back, retaliate: er hat sie beleidigt, aber sie hat es ihm kräftig zurückgegeben he insulted her but she gave him back as good as she got. – **4.** den Ball ~ (*sport*) to pass the ball back.

zu'rück·geˌblie·ben I *pp of* zurückbleiben. – **II** *adj fig.* **1.** (*körperlich*) backward, slow, retarded. – **2.** (*geistig*) (mentally) retarded: ein ~es Kind a (mentally) retarded child. — **Z~ˌsein** *n* ⟨-s; *no pl*⟩ *psych.* mental retardation, backwardness.

zu'rück·geˌbo·gen I *pp of* zurückbiegen. – **II** *adj med.* retroflexed.

zu'rück·geˌhal·ten I *pp of* zurückhalten. – **II** *adj* **1.** (*einbehalten*) retained. – **2.** *fig.* (*Wut etc*) restrained, suppressed, repressed. – **3.** *mar.* (*Schiff*) detained.

zu'rückˌge·hen I *v/i* ⟨*irr, sep*, -ge-, sein⟩ **1.** go back, return: sie ging zurück, um den Regenschirm zu holen she went back for the umbrella. – **2.** (*zurücktreten*) go (*od.* step, move) back: zwei Schritte ~ to step back two paces. – **3.** *mil.* (*von Feind*) retreat, fall back, give way. – **4.** (*von Kursen, Preisen etc*) go down, decline, decrease, diminish, drop: Kleidung ist im Preis zurückgegangen clothes have gone down in price. – **5.** (*von Geburten, Sterbefällen etc*) go down, decrease, diminish. – **6.** (*von Geschäft, Handel etc*) recede, fall (*od.* drop) off, slacken. – **7.** (*schlechter werden*) deteriorate. – **8.** (*von Temperaturen*) drop, fall. – **9.** ebb, (*von Flut, Hochwasser*) go down, subside, abate. – **10.** *med.* a) (*von Schmerzen*) subside, b) (*von Fieber*) go down, abate, fall, c) (*von Schwellung etc*) go down, recede, d) (*von Ausschlag etc*) fade (away), e) (*von Symptomen*) disappear. – **11.** (*zurückgeschickt werden*) be sent back, be returned: von den bestellten Waren hat sie die Hälfte ~ lassen she returned half of the goods she had ordered; der Brief ging an den Absender zurück the letter was returned to (the) sender. – **12.** *fig.* (auf *acc* to) go back, (*zeitlich*) *auch* date (*od.* hark) back: auf die Quellen [bis ins Altertum] ~ to go back to the sources [to antiquity]; man muß in der Geschichte weit ~, um ähnliches zu finden one must go far back in history to find the like; wir müssen (im Text) etwas ~ we have to back up a little in the text; diese Sünde geht bis auf Adam und Eva zurück this sin dates back to Adam and Eve. – **13.** ~ auf (*acc*) (*den Ursprung haben in*) to originate from, to trace back to, to have its origin in: **dieser Name geht auf die französische Besetzung zurück** this name originates from the French occupation. – **14.** ~, **um die Fährte neu aufzunehmen** *hunt.* (*von Jagdhund*) to hark back. – **II** *v/t* **15.** go back: **denselben Weg** ~ a) to go back the same way, b) (*umkehren*) to retrace one's steps. – **III Z**~ *n* ⟨-s⟩ **16.** *verbal noun.* – **17.** (*des Preises*) (*gen* in) fall, decline, drop. – **18.** (*der Ausgaben, Umsätze etc*) (*gen* in) drecrease, diminution, diminishment. – **19.** (*des Geschäfts, Handels*) recession. – **20.** (*Verschlechterung*) (*gen* in) deterioration. – **21.** (*der Temperatur*) (*gen* in) drop, fall. – **22.** (*der Flut etc*) subsidence, abatement. – **23.** *med.* a) (*der Schmerzen*) subsidence, b) (*des Fiebers*) abatement, remission, c) (*einer Schwellung etc*) regression, d) (*von Symptomen*) disappearance, regression, e) (*rückwärtige Verlagerung*) retrocession.

zu'rück·ge,legt I *pp.* – **II** *adj* (*Strecke etc*) covered: ~**e Entfernung** distance covered.

zu'rück·ge,lei·ten *v/t* ⟨*sep, pp* zurückgeleitet, h⟩ j-n ~ *lit.* to escort (*od.* conduct) s.o. back.

zu'rück·ge,setzt I *pp.* – **II** *adj* **1.** neglected, ignored: **er fühlte sich** ~ he felt that he had been disregarded (*od.* neglected). – **2.** *econ. rare* (*Waren*) reduced (in price), marked-down (*attrib*).

Zu'rück·ge,stell·te *m* ⟨-n; -n⟩ *mil.* person exempted from military service.

zu'rück·ge,win·nen I *v/t* ⟨*irr, sep, pp* zurückgewonnen, h⟩ **1.** (*Geld, Kunden, Freunde etc*) win (*s.o., s.th.*) back. – **2.** *fig.* (*Gesundheit, Ansehen, Stellung etc*) regain, recover, recuperate. – **3.** *mil. cf.* zurückerobern 1. – **4.** *tech.* recover, reclaim. – **5.** *jur.* revendicate. – **II Z**~ *n* ⟨-s⟩ **6.** *verbal noun.* — **Zu'rück·ge,win·nung** *f* ⟨-; *no pl*⟩ **1.** *cf.* Zurückgewinnen. – **2.** *fig.* recovery, recuperation. – **3.** *mil. cf.* Zurückeroberung 2. – **4.** *tech.* recovery, reclamation. – **5.** *jur.* revendication.

zu'rück·ge,zo·gen I *pp of* zurückziehen. – **II** *adj* (*Lebensweise*) secluded, retired, cloistered, (*für sich allein*) private. – **III** *adv* ~ **leben** to live a secluded life (*od.* a life of seclusion), to live in seclusion. — **Zu'rück·ge,zo·gen·heit** *f* ⟨-; *no pl*⟩ **1.** seclusion, retirement. – **2.** (*Ungestörtheit*) privacy.

zu'rück|gi,rie·ren *v/t* ⟨*sep, no* -ge-, h⟩ *econ.* endorse (*od.* negotiate) (*s.th.*) back. — ~**,grei·fen** *v/i* ⟨*irr, sep,* -ge-, h⟩ **1. auf** (*acc*) **etwas** ~ a) (*auf Ersparnisse, Vorräte, Reserven etc*) to fall back (up)on s.th., b) (*auf ein bereits besprochenes Thema etc*) to go back (*od.* return) to s.th.: **im Notfall kann ich auf meine Ersparnisse** ~ I can fall back on my savings if need be. – **2. weit** ~ (*beim Erzählen*) to go far back into the past. — ~**,ha·ben** *v/t* ⟨*irr, sep,* -ge-, h⟩ have (*s.th.*) back: **ich möchte das Buch bis Dienstag** ~ I'd like to have the book back by Tuesday.

zu'rück,hal·ten I *v/t* ⟨*irr, sep,* -ge-, h⟩ **1.** (*festhalten, aufhalten*) hold (*s.o.*) back: **ich konnte ihn gerade noch** ~, **sonst wäre er in den Abgrund gestürzt** I was just able to hold him back, otherwise he would have fallen over the precipice. – **2.** (*nicht weitergeben, einbehalten*) hold (*od.* keep) back, withhold, retain: **ein Schiff** ~ to detain a ship; **Informationen** ~ to keep back information. – **3.** (*hindern*) keep (*s.o.*) back, stop: **wenn Sie gehen wollen, möchte ich Sie nicht** ~ if you want to go I wouldn't like to keep you back. – **4. j-n von** (*od.* **vor** *dat*) **etwas** ~ *fig.* to keep (*od.* prevent) s.o. from (doing) s.th.: **j-n von** (*od.* **vor**) **einem unüberlegten Schritt** ~ to keep s.o. from doing s.th. rash; **ich konnte ihn gerade noch davon** ~, **eine Dummheit zu begehen** I just managed to keep him from doing something foolish. – **5.** (*Gefühle*) restrain, suppress, repress, check: **er hielt seinen Ärger zurück** he suppressed his anger. – **6.** (*Tränen, Lachen etc*) hold (*od.* keep) back, contain, suppress, restrain, stifle. – **7.** (*Urteil, Meinung etc*) withhold, refrain from expressing. – **II** *v/reflex* **sich** ~ **8.** (*reserviert sein*) be reserved, be withdrawn, be retiring. – **9.** (*den Kontakt meiden*) keep oneself to oneself, keep one's distance. – **10.** (von from) withhold, refrain. – **11.** (*sich beherrschen*) contain oneself, hold back. – **III** *v/i* **12. mit etwas** ~ a) (*mit Urteil, Meinung etc*) to withhold s.th., to refrain from expressing s.th., b) (*mit Gefühlen*) to keep back (*od.* hide) s.th., c) *econ.* (*mit Käufen, Verkäufen etc*) to hold back with s.th.: **mit seinen Gefühlen** [**nicht**] ~ [not] to hide one's feelings, to be undemonstrative [to give vent to one's feelings]. – **IV Z**~ *n* ⟨-s⟩ **13.** *verbal noun.* – **14.** *cf.* Zurückhaltung. — **zu'rück,hal·tend I** *pres p.* – **II** *adj* **1.** (*reserviert*) reserved, withdrawn, retiring, reticent, buttoned-up (*attrib*) (*colloq.*). – **2.** (*abweisend, unnahbar*) distant, aloof, detached, offish, cool: **sie ist sehr** ~ she keeps her distance. – **3.** (*bescheiden, unaufdringlich*) unobtrusive, *auch* shy, coy. – **4.** ~ **mit etwas sein** (*mit Lob, Kritik etc*) to be sparing in (*od.* with) s.th., to be chary of s.th.; **nicht** ~ **mit etwas sein** a) (*mit Kritik, Tadel etc*) to be unsparing in (*od.* with) s.th., b) (*mit Lob, Applaus etc*) to be lavish with s.th. – **5.** *econ.* (*Börse*) dull, inactive. – **6.** (*Farbe*) restrained, muted, subdued. – **III** *adv* **7. das Publikum reagierte sehr** ~ the reaction of the audience was very cool; **er äußerte sich sehr** ~ **über den Plan** he was not enthusiastic (*od.* he did not express much enthusiasm) about the plan.

Zu'rück,hal·tung *f* ⟨-; *no pl*⟩ **1.** *cf.* Zurückhalten. – **2.** *jur.* (*Einbehaltung*) retention. – **3.** (*Reserviertheit*) reserve, reservedness, withdrawn (*od.* retiring) manner, reticence. – **4.** (*Unnahbarkeit*) distant (*od.* detached) manner, aloofness, offishness, coolness. – **5.** (*Bescheidenheit, Unaufdringlichkeit*) unobtrusiveness, *auch* shyness, coyness. – **6.** (*Selbstbeherrschung*) restraint: **sich** (*dat*) ~ **auferlegen**, ~ **üben** to exercise restraint. – **7.** *econ.* (*an der Börse*) dullness, inactivity, restraint. – **8.** *mar.* (*Beschlagnahme*) detention.

zu'rück|,ho·len *v/t* ⟨*sep,* -ge-, h⟩ **1.** fetch (*s.th., s.o.*) back. – **2.** (*Ausgeliehenes, Gestohlenes etc*) fetch (*od. colloq.* go and get) (*s.th.*) back. – **3.** (*Angestellten, Schauspieler etc*) ask (*od.* get) (*s.o.*) to come back. — ~**,ja·gen I** *v/t* ⟨*sep,* -ge-, h⟩ **1.** chase (*s.o., animals*) back. – **2.** (*Vögel, Gänse, Hühner etc*) shoo (*birds*) back. – **II** *v/i* ⟨sein⟩ **3.** rush (*od.* race, speed, gallop) back. — ~**,käm·men** *v/t* ⟨*sep,* -ge-, h⟩ **sich** (*dat*) **das Haar** ~ to comb one's hair back. — ~**,kau·fen** *v/t* ⟨*sep,* -ge-, h⟩ **1.** buy (*s.th.*) back, repurchase, redeem. – **2.** (*auf Auktionen*) buy (*s.th.*) in. — ~**,keh·ren I** *v/i* ⟨*sep,* -ge-, sein⟩ **1.** *auch fig.* come (*od.* go) back, return: **aus dem Krieg** [**von einer Reise**] ~ to come back from the war [a journey]; **reumütig nach Hause** ~ to come (back) home repentantly; **er ist aus der Gefangenschaft nicht zurückgekehrt** he has not returned from captivity; **ins bürgerliche Leben** ~ *fig.* to return to civil life; **in den Schoß der Familie** ~ *fig.* to return to (the bosom of) one's family; **langsam kehrte mein Bewußtsein** ~ *fig.* I slowly recovered consciousness; **langsam kehrte meine Erinnerung zurück** *fig.* my memory gradually came back; **zum Thema** ~ *fig.* to come back (*od.* return, revert) to one's topic; **er ist zu seiner Frau zurückgekehrt** he came back to his wife. – **2.** *cf.* zurückfahren 1. – **II Z**~ *n* ⟨-s⟩ **3.** *verbal noun.* — ~**,klapp·bar** *adj* (*Sitz etc*) folding (*attrib*). — ~**,klap·pen** *v/t* ⟨*sep,* -ge-, h⟩ (*Autositz, Falltür etc*) fold (*s.th.*) back. — ~**,kom·men** *v/i* ⟨*irr, sep,* -ge-, sein⟩ **1.** come back, return: **er ist gestern aus dem Urlaub zurückgekommen** he came back from his holiday (*Am.* vacation) yesterday. – **2.** (*noch einmal kommen*) come again. – **3. auf** (*acc*) **etwas** ~ a) (*gesprächsweise*) to come back (*od.* return, revert) to s.th., b) (*erneut in Erwägung ziehen*) to refer to s.th.: **auf ein Thema** ~ to come back to a topic; **auf j-s Angebot** ~ to refer to s.o.'s offer, to take s.o. up on his offer; **ich werde bei Gelegenheit darauf** ~ I may take you up on that later; **immer wieder auf etwas** ~ to harp on s.th. – **4. mit etwas** ~ (*in Rückstand geraten*) to get behind with s.th.: **durch die Krankheit ist er mit seiner Arbeit sehr zurückgekommen** he got far behind with his work as a result of his illness. — ~**,kön·nen** *v/i* ⟨*irr, sep,* -ge-, h⟩ *colloq.* **1.** be able to go back (*od.* to return). – **2.** *fig.* (*nach einer Entscheidung etc*) be able to go back: **du kannst nicht mehr zurück** there is no going back. — ~**,kur·beln** *v/t* ⟨*sep,* -ge-, h⟩ turn (*s.th.*) back(ward[s]). — ~**,las·sen** *v/t* ⟨*irr, sep,* -ge-, h⟩ **1.** leave: **ich habe mein Gepäck dort zurückgelassen** I left my luggage there; **j-m eine Nachricht** ~ a) (*schriftlich*) to leave s.o. a note, b) (*mündlich*) to leave word for s.o.; **der Verunglückte ließ drei kleine Kinder zurück** the victim left three small children; **die Operation hat eine häßliche Narbe zurückgelassen** the operation left an ugly scar; **die harten Jahre haben Spuren in ihrem Gesicht zurückgelassen** the hard years have left their mark (*od.* have told) (up)on her face. – **2.** (*verlassen*) abandon, desert. – **3. j-n** (**weit**) **hinter sich** ~ a) (*beim Wettlauf, Wettschwimmen etc*) to leave s.o. (far) behind, to outstrip (*od.* outdistance) s.o. (by far), b) *fig.* (*j-n übertreffen*) to outstrip (*od.* outdo) s.o. (by far), to be (streets) ahead of s.o. (*colloq.*). – **4.** *colloq.* (*zurückkehren lassen*) allow (*s.o.*) back, allow (*s.o.*) to come back (*od.* to return).

Zu'rück,las·sung *f* ⟨-; *no pl*⟩ *only in* **unter** ~ (*gen*) leaving behind.

zu'rück|,lau·fen *v/i* ⟨*irr, sep,* -ge-, sein⟩ **1.** run back. – **2.** walk back. – **3.** (*von Wasser etc*) flow back. — ~**,le·gen I** *v/t* ⟨*sep,* -ge-, h⟩ **1.** put (*od.* lay) (*s.th.*) back: **etwas an seinen Platz** ~ to put s.th. back in its place, to replace s.th. – **2. den Kopf** ~ to lay (*od.* lean) one's head back. – **3.** (*aufheben, zur Seite legen*) keep, hold, put (*s.th.*) aside: **sich** (*dat*) **ein Kleid** ~ **lassen** to have a dress kept for one; **können Sie mir die Karten bis morgen** ~? could you keep (*od.* reserve) the tickets for me until tomorrow? – **4.** (*sparen*) put away (*od.* by, aside), lay by (*od.* aside, up), save: **einen Notgroschen** ~ to put away money for a rainy day, to lay aside a nest egg. – **5.** (*aufschieben*) shelve, put aside: **j-s Antrag zunächst** ~ to shelve s.o.'s petition. – **6.** (*Weg, Strecke*) cover, travel, do: **eine Entfernung** (*od.* **Strecke**) **von zwanzig Kilometern** ~, **zwanzig Kilometer** ~ to cover twenty kilometers (*bes. Br.* kilometres). – **7.** (*von Licht*) travel: **das Licht legt 144 Millionen km in 8 Minuten zurück** light travels 144 million km in 8 minutes. – **II** *v/reflex* **sich** ~ **8.** lie back, recline. — ~**,leh·nen** *v/t u.* **sich** ~ *v/reflex* ⟨*sep,* -ge-, h⟩ lean back, recline. — ~**,lei·ten** *v/t* ⟨*sep,* -ge-, h⟩ **1.** lead back. – **2.** (*Verkehr*) divert (*traffic*) back, revert, turn (*traffic*) back. – **3.** (*postal service*) (*Postsendung*) return. – **4.** *tech.* feed back, return. — ~**,len·ken** *v/t* ⟨*sep,* -ge-, h⟩ **1.** (*Wagen, Kutsche etc*) drive (*s.th.*) back. – **2. seine Schritte** ~ to retrace one's steps. – **3.** *fig.* (*Aufmerksamkeit etc*) bring (*od.* carry) (*s.th.*) back, revert. – **4.** *fig.* direct back, cause (*s.th.*) to resume its original course. — ~**,lie·gen** *v/i* ⟨*irr, sep,* -ge-, h *u.* sein⟩ **diese Begebenheit liegt schon lange zurück** this event took place a long time ago; **es liegt fünf Jahre zurück, daß** it is five years since. — ~**mar,schie·ren** *v/i* ⟨*sep, no* ge-, sein⟩ march back. — ~**,mel·den I** *v/reflex* ⟨*sep,* -ge-, h⟩ **sich** ~ report back: **sich bei j-m** ~ to report back to s.o.; **sich vom Urlaub** ~ *mil.* to report back from leave. – **II** *v/t* **j-n** ~ to report s.o. back. — ~**,müs·sen** *v/i* ⟨*irr, sep,* -ge-, h⟩ *colloq.* **1.** (*nach Hause etc*) have to go back, be obliged to return. – **2.** (*zurückgebracht werden müssen*) have to be returned: **die Bücher müssen zurück in die Bibliothek** the books must be returned to the library. – **3. ein Stück** ~ a) (*von Personen*) to have to go back a bit, b) (*von Möbeln etc*) to have to go (*od.* be moved, be put) back a bit.

Zu'rück,nah·me *f* ⟨-; -n⟩ **1.** *cf.* Zurücknehmen. – **2.** *mil.* withdrawal. – **3.** (*einer Beleidigung etc*) withdrawal. – **4.** (*eines Versprechens, einer Maßnahme etc*) withdrawal, retraction, recantation. – **5.** *jur.* (*einer Klage*) withdrawal. – **6.** *bes. econ.* (*eines Angebots, Patents etc*) revocation.

zu'rück|,neh·men I *v/t* ⟨*irr, sep,* -ge-, h⟩ **1.** take (*s.th.*) back: **leere Flaschen** ~ to take empty bottles back; **Ausverkaufsware kann nicht zurückgenommen werden** we will not take back goods sold in the sale, goods sold in the sale cannot be returned (*od.* are not returnable). – **2.** *mil.*

(*Truppen, Front etc*) withdraw. – **3.** (*Beleidigung, Beschuldigung, Verdacht, Beschwerde etc*) take (*s.th.*) back, withdraw. – **4.** (*Versprechen, gegebenes Wort etc*) take (*s.th.*) back, withdraw, go back on, retract, recant: das Gesagte ~ to withdraw what one has said, to retract one's statement. – **5.** (*Maßnahme etc*) withdraw, retract, recant. – **6.** *jur.* (*Klage*) withdraw. – **7.** (*Angebot, Patent etc*) revoke. – **8.** *econ.* a) (*Preise*) reduce, lower, b) (*Waren*) reduce (*od.* lower) the price of, mark (*s.th.*) down. – **9.** einen Zug ~ (*games*) to go back on a move. – **10.** (*sport*) (*Stürmer*) call (*s.o.*) back, back. – **11.** den Blinker ~ *auto.* to cancel the trafficator signal. – **II Z~** *n* ⟨-s⟩ **12.** *verbal noun.* – **13.** *cf.* Zurücknahme. — **~ˌpfei·fen** *v/t* ⟨*irr, sep,* -ge-, h⟩ **1.** einen Hund ~ to whistle a dog back, to whistle for a dog to come back. – **2.** j-n ~ *fig. colloq.* to reprimand s.o. for going too far (*in his policy etc*). — **~ˌpral·len** *v/i* ⟨*sep,* -ge-, sein⟩ **1.** (*von Ball etc*) rebound, bounce back. – **2.** (*von Geschoß*) ricochet. – **3.** *phys.* (*von Strahlen*) be reflected, reverberate. – **4.** *fig.* (*zurückschrecken*) recoil, start back, shrink back: vor Schreck ~ to recoil in horror. — **~ˌrech·nen I** *v/i* ⟨*sep,* -ge-, h⟩ reckon back. – **II** *v/t* (*Aufgabe etc*) reckon (*od.* calculate) (*s.th.*) back. — **~ˌrei·chen I** *v/t* ⟨*sep,* -ge-, h⟩ **1.** (*wiedergeben*) hand (*s.th.*) back. – **2.** (*Unterlagen, Schriftstücke etc*) return. – **3.** (*nach hinten reichen*) pass (*od.* hand) (*s.th.*) back. – **II** *v/i* **4.** go back: sein Gedächtnis reicht weit zurück his memory goes far back. – **5.** (*sich zurückverfolgen lassen*) date (*od.* go) back: die Geschichte dieser Stadt reicht zurück bis ins Mittelalter the history of this town dates back to the Middle Ages. — **~ˌrei·sen** *v/i* ⟨*sep,* -ge-, sein⟩ travel (*od.* go) back, return. — **~ˌrei·ten** *v/i* ⟨*irr, sep,* -ge-, sein⟩ ride back. — **~ˌren·nen** *v/i* ⟨*irr, sep,* -ge-, sein⟩ run (*od.* dash, rush) back. — **~ˌrol·len** *v/i* ⟨*sep,* -ge-, sein⟩ roll back, (*von Auto*) *auch* run back. — **~ˌru·dern I** *v/i* ⟨*sep,* -ge-, sein⟩ row back. – **II** *v/t* ⟨h⟩ j-n ~ to row s.o. back. — **~ˌru·fen I** *v/t* ⟨*irr, sep,* -ge-, h⟩ **1.** (*durch Rufen zurückholen*) call (*s.o.*) back. – **2.** (*rufend antworten*) shout (*od.* call) (*s.th.*) back. – **3.** *colloq.* (*am Telephon*) call (*bes. Br.* ring, *colloq.* phone) (*s.o.*) back. – **4.** (*zurückberufen*) call (*od.* summon) (*s.o.*) back. – **5.** sich (*dat*) etwas ins Gedächtnis ~ to recall s.th., to call s.th. to mind. – **6.** j-m etwas ins Gedächtnis ~ to remind s.o. of s.th. – **7.** ins Leben ~ *fig.* a) (*Menschen*) to bring (*s.o.*) back to life, to revive, b) (*Verein, Organisation etc*) to revive. – **8.** *econ.* (*Wechsel*) withdraw. – **II** *v/i* **9.** (*am Telephon*) call (*bes. Br.* ring, *colloq.* phone) back. — **~ˌschaf·fen** *v/t* ⟨*sep,* -ge-, h⟩ bring (*s.th.*) back, return. — **~ˌschal·len** *v/i* ⟨*auch irr, sep,* -ge-, h⟩ resound, reecho, *Br.* re-echo. — **~ˌschal·ten** *v/i* ⟨*sep,* -ge-, h⟩ *auto.* change (*Am.* shift) down: in den ersten Gang ~ to change down into first (gear). — **~ˌschau·dern** *v/i* ⟨*sep,* -ge-, sein⟩ (vor *dat* from) shrink back, recoil. — **~ˌschau·en** *v/i* ⟨*sep,* -ge-, h⟩ *cf.* zurückblicken. — **~ˌscheu·chen** *v/t* ⟨*sep,* -ge-, h⟩ **1.** (*Hühner, Kinder etc*) shoo (*s.th., s.o.*) back. – **2.** (*zurücktreiben*) drive (*s.o., s.th.*) back. — **~ˌscheu·en** *v/i* ⟨*sep,* -ge-, sein⟩ vor (*dat*) etwas ~ a) to shrink (*od.* flinch) from s.th., to shy at (*od.* from) s.th., b) (*von Pferden*) to balk (*od.* shy) at s.th. — **~ˌschicken** (*getr.* -k·k-) *v/t* ⟨*sep,* -ge-, h⟩ **1.** (*Waren*) send (*s.th.*) back, return, (*amtlich*) *auch* reconsign. – **2.** (*Kind, Boten etc*) send (*s.o.*) back. — **~ˌschie·ben** *v/t* ⟨*irr, sep,* -ge-, h⟩ push (*s.th.*) back. — **~ˌschla·gen I** *v/t* ⟨*irr, sep,* -ge-, h⟩ **1.** *mil.* (*Feind, Angriff etc*) beat off, repel, repulse. – **2.** (*Tennisball etc*) return. – **3.** (*Bettdecke, Schleier etc*) fold back. – **4.** (*Verdeck*) put down, fold back. – **5.** (*Kapuze etc*) put down. – **6.** (*Mantel etc*) blow (*s.th.*) open. – **7.** (*Buchseiten*) leaf back. – **II** *v/i* **8.** hit back. – **9.** *mil.* strike back, retaliate. – **10.** (*von Flammen*) flare back. – **11.** *fig.* (*im Streitgespräch*) give back as good as one gets, retaliate. — **~ˌschlei·chen** *v/i* ⟨*irr, sep,* -ge-, sein⟩ creep (*od.* slip, sneak) back. — **~ˌschlep·pen I** *v/t* ⟨*sep,* -ge-, h⟩ drag (*od.* lug, haul, *colloq.* cart) (*s.th.*) back. – **II** *v/reflex* sich ~ (*von Verletzten etc*) drag oneself back. — **~ˌschleu·dern** *v/t* ⟨*sep,* -ge-, h⟩ fling (*od.* pitch, toss, *stärker* hurl, dash) (*s.th.*) back. — **~ˌschnap·pen** *v/i* ⟨*sep,* -ge-, sein⟩ (*von Schloß etc*) spring back. — **~ˌschnei·den** *v/t* ⟨*irr, sep,* -ge-, h⟩ *hort.* (*Bäume, Sträucher etc*) cut, prune, lop, pare. — **~ˌschnel·len I** *v/i* ⟨*sep,* -ge-, sein⟩ **1.** (*von Feder etc*) snap (*od.* spring, jump) back, resile. – **II Z~** *n* ⟨-s⟩ **2.** *verbal noun.* – **3.** resilience, *auch* resiliency. — **~ˌschrau·ben** *v/t* ⟨*sep,* -ge-, h⟩ *fig.* **1.** (*Ansprüche etc*) cut (*od.* whittle) down. – **2.** (*Preise, durch staatliche Eingriffe*) reduce, *Am.* roll (*prices*) back. — **~ˌschrecken** (*getr.* -k·k-) **I** *v/i* ⟨schreckt *od.* schrickt zurück, schrak zurück, zurückgeschreckt, *rare* zurückgeschrocken, sein⟩ (vor *dat*) **1.** (*vor Schreck zurückfahren*) start back (from), recoil (from), wince. – **2.** *fig.* (*sich scheuen vor*) shrink (from), flinch (from), shy (at, from): er schreckt vor nichts zurück he stops (*od.* sticks) at nothing. – **II** *v/t* ⟨*sep,* -ge-, h⟩ **3.** j-n ~ (*durch Drohungen etc*) to put s.o. off, to deter s.o. — **~ˌschrei·ben** *v/i u. v/t* ⟨*irr, sep,* -ge-, h⟩ write back. — **~ˌschwim·men** *v/t* ⟨*irr, sep,* -ge-, sein⟩ swim back. — **~ˌse·geln** *v/i* ⟨*sep,* -ge-, sein⟩ sail back. — **~ˌse·hen** *v/i* ⟨*irr, sep,* -ge-, h⟩ *cf.* zurückblicken. — **~ˌseh·nen I** *v/reflex* ⟨*sep,* -ge-, h⟩ sich ~ nach a) (*nach einem Ort*) to long (*od.* yearn) to be back in, b) (*nach einer Zeit*) to long for (*s.th.*) to be back, c) (*sehnsüchtig denken an*) to think back of (*od.* recall) (*s.th.*) with nostalgia. – **II** *v/t* j-n [etwas] ~ to long for s.o. [s.th.] to be back. — **~ˌsen·den** *v/t* ⟨*meist irr, sep,* -ge-, h⟩ *cf.* zurückschicken. — **Z~ˌsen·dung** *f* ⟨-; -en⟩ *cf.* Rücksendung.

zu'rückˌset·zen I *v/t* ⟨*sep,* -ge-, h⟩ **1.** (*nach hinten setzen*) move (*od.* set, put) (*s.th.*) back. – **2.** (*wieder an den alten Platz setzen*) put (*od.* set) (*s.th.*) back in its place. – **3.** (*Auto*) reverse, back. – **4.** *econ. rare for* zurücknehmen 8. – **5.** j-n ~ *fig.* to discriminate against s.o. – **6.** *arch.* (*Wand etc*) inset. – **II** *v/reflex* sich ~ **7.** sit back: sich bequem im Sessel ~ to sit back comfortably in one's armchair. – **8.** sit further back: ich werde mich einige Reihen weiter ~ I'll go and sit a few rows further back. – **III** *v/i* **9.** (*im Auto*) reverse, back: Vorsicht, ich setze zurück! be careful, I'm going to reverse. – **10.** *hunt.* (*vom Hirsch etc*) produce smaller antlers than in the previous year. – **IV Z~** *n* ⟨-s⟩ **11.** *verbal noun.* – **12.** *econ.* (*von Preisen u. Waren*) reduction. — **Zu'rückˌset·zung** *f* ⟨-; -en⟩ **1.** *cf.* Zurücksetzen. – **2.** (*Benachteiligung*) discrimination, disregard, slight: das Kind leidet unter der ~ the child suffers from the discrimination against him (*od.* from being discriminated against).

zu'rück|ˌsin·ken *v/i* ⟨*irr, sep,* -ge-, sein⟩ sink back: sie sank in die Kissen zurück she sank back into her cushions. — **~ˌspie·geln** *v/t* ⟨*sep,* -ge-, h⟩ reflect. — **~ˌspie·len** *v/t* ⟨*sep,* -ge-, h⟩ den Ball ~ (*sport*) to pass the ball back. — **~ˌsprin·gen** *v/i* ⟨*irr, sep,* -ge-, sein⟩ **1.** jump back. – **2.** *cf.* zurückprallen 1, 2. – **3.** *colloq.* run (*od.* dash, fly, *bes. Br. colloq.* nip) back. – **4.** *arch.* recess. — **~ˌstau·en** *v/t* ⟨*sep,* -ge-, h⟩ **1.** (*Wasser*) stem. – **2.** *mar.* (*Ladung*) restow. — **~ˌstecken** (*getr.* -k·k-) **I** *v/t* ⟨*sep,* -ge-, h⟩ **1.** put (*s.th.*) back. – **2.** einen Pflock (*od.* einige, ein paar Pflöcke) ~ (müssen) *fig. colloq.* a) (to have) to moderate one's demands, b) (to have) to come down a peg or two. – **II** *v/i* **3.** *fig.* a) moderate one's demands, b) (*nach Übertreibung etc*) to come down a peg or two. — **~ˌste·hen** *v/i* ⟨*irr, sep,* -ge-, h *u.* sein⟩ **1.** (*von Haus etc*) be set (further) back. – **2.** hinter j-m [etwas] ~ *fig.* a) (*benachteiligt werden*) to come off worse than s.o. [s.th.], to get the poor end of the deal with s.o. [s.th.], b) (*schlechter sein*) to be behind s.o. [s.th.]: sie muß immer hinter ihrem Bruder ~ she always gets the poor end of the deal with her brother; er steht weit hinter seinen Freunden zurück (*in seinen Leistungen etc*) he is far (*od.* way) behind his friends. – **3.** nicht ~ wollen *fig.* not to want to be left behind: alle halfen, und da wollte ich nicht ~ everybody helped and I did not want to be the only one who didn't. – **4.** ~ müssen to be left out, to miss out on it, to have to forgo (*auch* forego) it. — **~ˌstel·len I** *v/t* ⟨*sep,* -ge-, h⟩ **1.** (*nach hinten stellen*) move (*od.* set, put) (*s.th.*) back. – **2.** (*wieder an den alten Platz stellen*) put (*od.* set) (*s.th.*) back in its place. – **3.** (*Uhr etc*) put (*s.th.*) back: die Uhr (*od.* die Zeiger der Uhr) um eine halbe Stunde ~ to put the time half an hour back; man kann die Zeiger der Uhr nicht ~ *fig.* one cannot put the clock (*od.* time) back. – **4.** j-m etwas ~ to put s.th. aside (*od.* keep s.th.) for s.o.: ich habe mir einen netten Sessel ~ lassen I had a nice armchair put aside (*od.* reserved) for me. – **5.** *mil.* a) exempt (*s.o.*) from service, reserve, b) (*zeitweilig*) defer: wegen seines Studiums wurde er zurückgestellt he was exempted from service because of his studies. – **6.** *fig.* (*hintansetzen*) put (*s.th.*) last: seine persönlichen Interessen ~ to put one's personal interests last. – **7.** *fig.* (*aufschieben*) postpone. – **8.** *fig.* (*später bearbeiten od. behandeln*) defer, pigeonhole. – **II** *v/reflex* sich ~ **9.** move (*od.* stand) back. – **III Z~** *n* ⟨-s⟩ **10.** *verbal noun.* — **Z~ˌstel·lung** *f* ⟨-; -en⟩ **1.** *cf.* Zurückstellen. – **2.** *mil.* a) exemption from service, b) (*vorübergehende*) deferment. – **3.** (*Aufschiebung*) postponement. – **4.** (*spätere Bearbeitung od. Behandlung*) deferment. — **~ˌsteu·ern** *v/i* ⟨*sep,* -ge-, h⟩ *mar.* put back. — **~ˌsto·ßen I** *v/t* ⟨*irr, sep,* -ge-, h⟩ **1.** push (*s.o., s.th.*) back. – **2.** *fig.* (*abstoßen*) repel, repulse, disgust. – **II** *v/i* **3.** (*im Auto*) reverse, back. — **~ˌstrah·len** *phys.* **I** *v/t* ⟨*sep,* -ge-, h⟩ reflect, reverberate. – **II** *v/i* be reflected, reverberate. – **III Z~** *n* ⟨-s⟩ *verbal noun.* — **Z~ˌstrah·lung** *f* **1.** *cf.* Zurückstrahlen. – **2.** reflection, *Br. auch* reflexion, reverberation. — **~ˌstrei·chen** *v/t* ⟨*irr, sep,* -ge-, h⟩ sich (*dat*) das Haar ~ to smooth one's hair back. — **~ˌstrei·fen** *v/t* ⟨*sep,* -ge-, h⟩ (*Ärmel etc*) push (*od.* turn) up. — **~ˌströ·men** *v/i* ⟨*sep,* -ge-, sein⟩ **1.** (*von Wasser etc*) stream (*od.* flow) back. – **2.** *fig.* (*von Menschenmenge etc*) stream (*od.* pour) back. — **~ˌtau·meln** *v/i* ⟨*sep,* -ge-, sein⟩ reel (*od.* stagger) back. — **~te·le·foˌnie·ren** *v/i* ⟨*sep, no* -ge-, h⟩ *cf.* zurücktelephonieren. — **~te·le·graˌfie·ren**, **~te·le·graˌphie·ren** *v/t u. v/i* ⟨*sep, no* -ge-, h⟩ wire back. — **~te·le·phoˌnie·ren** *v/i* ⟨*sep, no* -ge-, h⟩ call (*bes. Br.* ring, *colloq.* phone) back. — **~ˌtra·gen** *v/t* ⟨*irr, sep,* -ge-, h⟩ **1.** carry (*s.th., s.o.*) back. – **2.** (*zurückbringen*) take (*od.* bring) (*s.th.*) back. — **~trasˌsie·ren** *v/t* ⟨*sep, no* -ge-, h⟩ *econ.* (*Wechsel*) (auf j-n upon s.o.) redraw. — **~ˌtrei·ben** *v/t* ⟨*irr, sep,* -ge-, h⟩ **1.** drive (*s.o., s.th.*) back. – **2.** *mil.* repel, repulse. — **~ˌtre·ten** *v/i* ⟨*irr, sep,* -ge-, sein⟩ **1.** step (*od.* stand) back: einen Schritt ~ to take a step back; ~, bitte! make way, please! vor j-m ~ to make way for s.o. – **2.** (*von Hochwasser*) recede, subside, abate. – **3.** (*von Fluß*) recede. – **4.** von etwas ~ *fig.* a) (*von Amt, Posten etc*) to resign (from) s.th., b) (*von einem Kauf*) to go back on s.th., to withdraw from s.th., to back out of s.th., c) (*von einem Vertrag*) to withdraw (from) s.th., to back out of s.th., to cancel s.th., d) (*von einer Behauptung, Abmachung etc*) to go back on s.th., to withdraw (*od.* recede) from s.th., e) (*von einer Forderung etc*) to abandon (*od.* renounce) s.th. – **5.** *fig.* (*von Minister, Regierung etc*) resign. – **6.** *fig.* (*weniger werden*) diminish, decline: seine Bedeutung [sein Einfluß] tritt immer mehr zurück his importance [influence] is diminishing more and more. – **7.** *fig.* (*weniger wichtig sein*) be less important: deine Sorgen treten hinter (*od.* gegenüber) unseren Problemen weit zurück your troubles are much less important than (*od.* in comparison with) our problems. – **8.** *fig.* (*hintanstehen*) come second, take second (*od.* last) place: unsere Interessen müssen hinter dem Allgemeinwohl ~ our interests must come second to the general welfare. – **9.** in Reih und Glied ~ *mil.* to fall back (into the ranks). – **10.** (*art*) (*perspektivisch*) recede. — **~ˌtun** *v/t* ⟨*irr, sep,* -ge-, h⟩ *colloq.* **1.** etwas (an seinen Platz) ~ to put s.th. back (in its place). – **2.** einen Schritt ~ to take a step back. — **~überˌset·zen** *v/t* ⟨*sep, no* -ge-, h⟩ *cf.* rückübersetzen. — **Z~überˌset·zung** *f* *cf.* Rückübersetzung. — **~ˌüberˌtra·gen** *econ.*

I *v/t* ⟨*irr, sep, no* -ge-, h⟩ recede, retrocede, retransfer. – **II Z~** *n* ⟨-s⟩ *verbal noun.* — **Z~ˌüberˌtra·gung** *f* **1.** *cf.* Zurückübertragen. – **2.** recession, retrocession, retransference. — **~verˌfol·gen** *v/t* ⟨*sep, no* -ge-, h⟩ *auch fig.* trace (*s.o., s.th.*) back, retrace. — **~verˌgü·ten** *v/t* ⟨*sep, no* -ge-, h⟩ *econ. cf.* rückvergüten. — **Z~verˌgü·tung** *f cf.* Rückvergütung. — **~verˌlan·gen** *v/t* ⟨*sep, no* -ge-, h⟩ *cf.* zurückfordern. — **~verˌle·gen I** *v/t* ⟨*sep, no* -ge-, h⟩ **1.** (*Veranstaltung etc*) postpone, defer. – **2.** *mil.* a) (*Artilleriefeuer etc*) shorten the range of, b) (*Truppen, Front etc*) withdraw. – **II Z~** *n* ⟨-s⟩ **3.** *verbal noun.* — **Z~verˌle·gung** *f* **1.** *cf.* Zurückverlegen. – **2.** (*einer Veranstaltung etc*) postponement, deferment. – **3.** *mil.* (*der Front etc*) withdrawal. — **~verˌset·zen I** *v/t* ⟨*sep, no* -ge-, h⟩ **1.** (*Angestellten, Beamten etc*) (nach to) transfer (*s.o.*) back. – **2.** *ped.* (*Schüler*) move (*s.o.*) down, demote. – **3.** *fig.* carry (*s.o.*) back: **seine Worte versetzten mich in meine Jugend zurück** his words carried me back into my youth. – **II** *v/reflex* **sich ~ 4.** think (*od.* turn one's mind) back: **sich in seine Kindheit ~** to think back to (the time) when one was a child; **sich ins Mittelalter zurückversetzt fühlen** to feel taken back (in)to the Middle Ages. – **III Z~** *n* ⟨-s⟩ **5.** *verbal noun.* — **Z~verˌset·zung** *f* **1.** *cf.* Zurückversetzen. – **2.** *ped.* demotion. — **~verˌwan·deln I** *v/t* ⟨*sep, no* -ge-, h⟩ (in *acc* into) turn (*s.o., s.th.*) back, retransform. – **II** *v/reflex* **sich ~** (in *acc* into) change (*od.* turn back). – **III Z~** *n* ⟨-s⟩ *verbal noun.* — **Z~verˌwand·lung** *f* **1.** *cf.* Zurückverwandeln. – **2.** retransformation. — **~verˌwei·sen I** *v/t* ⟨*irr, sep, no* -ge-, h⟩ (an *acc* to) **1.** refer (*s.o.*) back. – **2.** *jur. pol.* refer (*s.o., s.th.*) back, remand, remit: **eine Gesetzesvorlage an einen Ausschuß ~** to refer a bill to a committee, to recommit a bill. – **II Z~** *n* ⟨-s⟩ **3.** *verbal noun.* — **Z~verˌwei·sung** *f* **1.** *cf.* Zurückverweisen. – **2.** *jur. pol.* remand, remission: **~ einer Gesetzesvorlage an einen Ausschuß** recommission. — **~ˌwan·dern** *v/i* ⟨*sep,* -ge-, sein⟩ wander (*od. colloq.* hike) back. — **~ˌwei·chen** *v/i* ⟨*irr, sep,* -ge-, sein⟩ **1.** stand (*od.* draw) back: **sie wichen zurück, um dem König Platz zu machen** they stood back to make way for the king. – **2. ~ vor** (*dat*) a) (*vor einem Angreifer, gefährlichem Tier etc*) to recede (*od.* step back) before, b) (*vor Schreck*) to start back from, c) *fig.* (*vor einer Aufgabe, Anstrengung etc*) to shrink (back) (*od.* flinch, recoil) from, d) *fig.* (*vor Drohungen etc*) to yield (*od.* submit) to. – **3.** *mil.* give ground (*od.* way), withdraw, retire, fall back, yield. – **4.** (*von Gebirge etc*) recede, retreat. – **5.** (*von Hochwasser*) recede, subside, abate.

zu'rückˌwei·sen I *v/t* ⟨*irr, sep,* -ge-, h⟩ **1.** (*Geschenk, Sendung etc*) refuse (to accept), reject, rebuff, (*schwächer*) decline. – **2.** (*Angebot etc*) refuse, turn down, reject, decline, repudiate, rebuff: **ein Angebot schroff [entschieden] ~** to reject an offer bluntly [emphatically]. – **3.** (*Bitte, Ansinnen etc*) refuse, turn down, disapprove (of). – **4.** (*Beschuldigung, Vorwurf Einspruch, Beschwerde, Argument etc*) reject, repudiate. – **5.** (*Vorschlag etc*) reject, turn down: **er wies jeden Gedanken an eine Aussöhnung zurück** he rejected any thought of reconciliation. – **6.** (*Forderung etc*) repudiate, refuse. – **7.** (*Kandidaten, Zeugen etc*) turn down, refuse, reject. – **8.** (*nicht hereinlassen*) refuse (*s.o.*) entry, turn (*s.o.*) back: **j-n an der Grenze ~** to turn s.o. back at the border. – **9. j-n in seine Grenzen** (*od.* **an seinen Platz**) **~** *fig.* to put s.o. (back) in his place. – **10.** *jur.* (*Klage*) dismiss. – **11.** *econ.* a) (*Wechsel*) dishonor, *bes. Br.* dishonour, b) (*Scheck*) return. – **12.** *mil.* (*Angriff*) repel. – **II Z~** *n* ⟨-s⟩ **13.** *verbal noun.* — **Zu'rückˌwei·sung** *f* ⟨-; *no pl*⟩ **1.** *cf.* Zurückweisen. – **2.** (*eines Geschenks etc*) refusal (to accept), rejection, rebuff. – **3.** (*eines Angebots etc*) refusal, rejection, repudiation, rebuff. – **4.** (*einer Bitte, eines Ansinnens etc*) refusal. – **5.** (*einer Beschuldigung, Beschwerde etc*) rejection, repudiation. – **6.** (*eines Vorschlags etc*) rejection. – **7.** (*einer Forderung etc*) repudiation, refusal. – **8.** (*eines Kandidaten, Zeugen etc*) refusal, rejection. – **9.** *jur.* (*einer Klage*) dismissal. – **10.** *econ.* (*eines Schecks*) return. – **11.** *mil.* (*eines Angriffs*) repulsion.

zu'rück|ˌwen·den I *v/reflex* ⟨*auch irr, sep,* -ge-, h⟩ **sich ~** turn back. – **II** *v/t* (*Kopf etc*) turn (*s.th.*) back: **den Blick ~** to turn one's eyes back, to revert one's eyes. — **~ˌwer·fen I** *v/t* ⟨*irr, sep,* -ge-, h⟩ **1.** (*Ball etc*) throw (*od.* fling) (*s.th.*) back, return: **die Brandung warf den Schwimmer zurück** the surf threw the swimmer back. – **2. den Kopf ~** to toss one's head back. – **3. den Feind ~** *mil.* to repulse (*od.* repel) the enemy. – **4.** (*Lichtstrahlen*) reflect, reverberate. – **5.** (*Schall*) reverberate, reecho, *Br.* re-echo, resound. – **6.** *fig.* (*ins Elend etc*) cast (*s.o.*) back. – **7.** *fig.* (*in der Entwicklung zurückbringen*) throw (*od.* set, pull) (*s.o., s.th.*) back: **der Reifenwechsel hat den Rallyefahrer erheblich zurückgeworfen** the tire (*bes. Br.* tyre) change set the rally(e) driver back considerably; **der Patient wurde in seiner Genesung weit zurückgeworfen** the patient's recovery (*od.* convalescence) was retarded a great deal. – **II** *v/reflex* **sich ~ 8.** (*auf ein Bett, in einen Sessel etc*) throw oneself back. – **III Z~** *n* ⟨-s⟩ **9.** *verbal noun.* – **10.** *mil.* (*des Feindes*) repulsion. – **11.** (*des Lichts*) reflection, *Br. auch* reflexion, reverberation. – **12.** (*des Schalls*) reverberation. — **~ˌwir·ken** *v/i* ⟨*sep,* -ge-, h⟩ (auf *acc* [up]on) react, retroact, reverberate. — **~ˌwün·schen** *v/t* ⟨*sep,* -ge-, h⟩ j-n [etwas] **~** to wish (that) s.o. [s.th.] were back. — **~ˌzah·len I** *v/t* ⟨*sep,* -ge-, h⟩ **1.** (*Schulden etc*) pay back (*od.* off), repay, (*Darlehen*) *auch* redeem: **Schulden ~** to pay back (*od.* off) debts; **einen Kredit ~** to redeem (*od.* pay off) a credit; **ich zahle dir das Geld morgen zurück** I'll return the money to you tomorrow, I'll repay you tomorrow. – **2.** (*Auslagen etc*) reimburse, refund: **j-m seine Auslagen ~** to reimburse s.o. (for) his expenses, to refund s.o.'s expenses. – **3.** *fig. colloq.* (*heimzahlen*) repay, pay (*s.o.*) back: **ich werde dir diese Gemeinheit ~!** I'll repay you for that mean trick! – **II Z~** *n* ⟨-s⟩ **4.** *verbal noun.* — **Z~ˌzah·lung** *f* **1.** *cf.* Zurückzahlen. – **2.** *cf.* Rückzahlung. — **~ˌzie·hen I** *v/t* ⟨*irr, sep,* -ge-, h⟩ **1.** draw (*od.* pull) (*s.o., s.th.*) back: **die Vorhänge ~** to draw the curtains back, to open the curtains; **j-n vom Abgrund ~** to draw s.o. back from the abyss. – **2.** (*zu sich heranziehen*) withdraw, draw (*s.th.*) back: **die Füße ~** to draw (*od.* pull) one's feet back (*od.* in); **die Hand ~** to draw (*od.* take) one's hand back. – **3.** *fig.* (*Antrag, Angebot, Bestellung, Bewerbung, Kündigung etc*) withdraw, cancel: → **Meldung** 15. – **4.** *fig.* (*Beschwerde, Klage etc*) withdraw, retract. – **5.** *fig.* (*Geld*) withdraw. – **6.** *mil.* (*Truppen etc*) withdraw. – **7.** (*games*) move (*a piece*) back: **eine Schachfigur ~** to retreat. – **II** *v/reflex* **sich ~ 8.** retire, withdraw: **sie hat sich schon (in ihr Zimmer) zurückgezogen** she has already retired (to her room); **er hat sich aufs Land [ins Kloster, ins Privatleben] zurückgezogen** he retired to the country [into a monastery, into private life]; **er hat sich von seinen Geschäften** (*od.* **vom Geschäftsleben**) **zurückgezogen** he retired from business; **das Gericht zog sich zur Beratung zurück** the court retired for deliberation; **sich von der Bühne ~** to retire from (*bes. Am.* quit) the stage, to give up acting; **sich aus der Öffentlichkeit [von der Welt] ~** to retire from public life [from the world]; **sich in** (*acc*) **sich selbst ~** to retire (*od.* retreat) into oneself; **ich ziehe mich in meine Gemächer zurück** *humor.* I retire to my boudoir. – **9.** (*von einer Verbindlichkeit*) back out. – **10. sich von j-m ~** to dissociate oneself from s.o. – **11.** *mil.* retire, retreat, withdraw. – **III** *v/i* ⟨sein⟩ **12.** go back. – **13.** (*von Truppen etc*) march back. – **14.** (*wieder umziehen*) move back. – **15.** (*von Vögeln*) migrate back. – **IV Z~** *n* ⟨-s⟩ **16.** *verbal noun.* – **17.** *cf.* Zurückziehung.

Zu'rückˌzie·her *m* ⟨-s; -⟩ *rare for* Rückzieher 1.

Zu'rückˌzie·hung *f* ⟨-; -en⟩ **1.** *cf.* Zurückziehen. – **2.** *fig.* (*eines Antrages, Angebots, einer Bestellung, Bewerbung, Kündigung etc*) withdrawal, cancel(l)ation. – **3.** *fig.* (*einer Beschwerde, Klage, eines Versprechens etc*) withdrawal.

zu'rückˌzucken (*getr.* -k·k-) *v/i* ⟨*sep,* -ge-, sein⟩ flinch, duck.

'Zuˌruf *m* **1.** shout: **ein ~ aus dem Publikum** a shout from the audience; **höhnische** (*od.* **ironische**) **~e** derisive shouts, heckling *sg.* – **2.** (*ermunternder, begeisterter*) shout, cheer: **die Mannschaft wurde durch die ~e ihrer Landsleute angefeuert** the team was encouraged by the cheers of its compatriots. – **3. j-n durch ~ wählen** to elect s.o. by acclamation; **durch ~ abstimmen** to cast one's vote by acclamation.

'zuˌru·fen *v/t* ⟨*irr, sep,* -ge-, h⟩ **j-m etwas ~** to shout (*od.* cry) s.th. at s.o.

'zuˌrü·sten I *v/t* ⟨*sep,* -ge-, h⟩ **1.** prepare. – **2.** (*ausrüsten*) attach, equip. – **II Z~** *n* ⟨-s⟩ **3.** *verbal noun.* — **'Zuˌrü·stung** *f* ⟨-; -en⟩ **1.** *cf.* Zurüsten. – **2.** preparation. – **3.** equipment, attachment.

Zur·ver'fü·gungˌstel·lung *f* (*officialese*) supplying, putting (*of s.th.*) at s.o.'s disposal.

zur'zeit *adv Austrian and Swiss* at present, now, for the time being.

'Zuˌsa·ge *f* ⟨-; -n⟩ **1.** (*Versprechen*) promise, word, pledge: **eine bindende ~** a binding promise; **j-m eine ~ geben** (*od.* **machen**) to give (*od.* make) s.o. a promise; **eine ~ brechen** (*od.* **nicht einhalten**) to break a promise. – **2.** (*auf eine Einladung*) acceptance: **auf meine Einladung bekam ich zahlreiche ~n** I received numerous acceptances to my invitation. – **3.** (*Einwilligung*) assent, consent.

'zuˌsa·gen I *v/t* ⟨*sep,* -ge-, h⟩ **1.** (*versprechen*) promise: **er hat mir schnelle Hilfe zugesagt** he promised me to (*od.* that he would) help quickly; **er hat sein Kommen zugesagt** a) he promised to come, b) (*zu einem offiziellen Anlaß*) he indicated acceptance of the invitation; **der Künstler hat seine Mitwirkung bei der Veranstaltung zugesagt** the artist agreed to participate (*od.* take part) in the performance. – **2. j-m etwas auf den Kopf ~** to tell s.o. s.th. outright (*od.* to his face): **ich habe ihm auf den Kopf zugesagt, daß er gelogen hat** I told him to his face that he had lied. – **II** *v/i* **3.** accept an invitation: **ich habe schon anderweitig zugesagt** I have already accepted another invitation, I have previous engagements. – **4. etwas sagt j-m [nicht] zu** s.th. is [not] to s.o.'s liking (*od.* taste), s.th. appeals [doesn't appeal] to s.o., s.th. suits [doesn't suit] s.o., s.o. likes [doesn't like] s.th.: **seine neue Tätigkeit sagt ihm gar nicht zu** his new job is not at all to his liking.

'zuˌsa·gend I *pres p.* – **II** *adj* **1.** (*Antwort, Bescheid etc*) positive, affirmative. – **2.** (*Gesellschaft etc*) palatable, congenial.

zu·sam·men [tsu'zamən] *adv* **1.** (*gemeinsam*) together: **wir sind ~ in die Schule gegangen** we went to school together; **wir wollen ~ fahren** let's go together; **wir wollen ~ überlegen, was zu tun ist** let's work out together what can be done; **das machen wir alle ~** we'll all work together, we'll make a joint effort, we'll combine our efforts; **~ mit den Kindern sind wir neun Personen** there are nine of us all together (*od.* along) with the children, there are nine of us counting (*od.* including) the children. – **2.** (*beieinander*) together: **wir waren fast jeden Tag ~** we were together nearly every day. – **3.** (*gemeinschaftlich*) together, jointly: **~ mit** together (*od.* in company) with; **sie haben das Geschäft ~ aufgebaut** they built up the business together. – **4.** (*insgesamt*) together: **das macht ~ genau zehn Mark** that comes to (*od.* amounts to) exactly ten marks all together, that makes a total of ten marks (all together); **sie verdienen ~ 3 000 Mark** they earn 3,000 marks together (*od.* between them), their joint earnings are 3,000 marks; **wir haben ~ noch zwanzig Mark** we have twenty marks left all together (*od.* between us); **ich bezahle alles ~** I pay for everything together, I pay for it all (together). – **5.** (*gleichzeitig*) at the same time.

Zu'sam·men|ˌar·beit *f* ⟨-; *no pl*⟩ **1.** cooperation, *Br. auch* co-operation, collaboration: **enge [dauernde, internationale] ~** close [lasting, international] cooperation; **~ zwischen Gewerkschaften und Unternehmern** union-management cooperation. – **2.** (*innerhalb eines Teams*) teamwork. – **3.** ~ mit dem Feind *pol.* collaboration (with the enemy), collusion. — **z~-ˌar·bei·ten** *v/i* ⟨*sep*, -ge-, h⟩ **1.** cooperate, *Br. auch* co-operate, collaborate. – **2.** (*in einem Team*) work together, be (*od.* make) a good team. – **3.** mit dem Feind ~ *pol.* to collaborate with the enemy, to enter into collusion with the enemy.

zu'sam·menˌbacken (*getr.* -k·k-) *v/i* ⟨*sep*, -ge-, h *u.* sein⟩ *colloq. for* zusammenkleben II.

zu'sam·men|ˌbal·len I *v/t* ⟨*sep*, -ge-, h⟩ **1.** (*Papier, Schnee etc*) roll (*s.th.*) into a ball. – **II** *v/reflex* sich ~ **2.** (*von Gewitterwolken etc*) loom (*od.* bank) up, accumulate, conglomerate, lump, mass together: Unheil ballt sich über j-m zusammen *fig. lit.* disaster is looming over s.o. – **3.** (*von Menschenmassen etc*) mass together, agglomerate. – **4.** *fig.* (*von Kapital etc*) concentrate, agglomerate. – **5.** *tech.* a) ball, coalesce, cake, b) agglomerate, conglomerate. – **III Z~** *n* ⟨-s⟩ **6.** *verbal noun.* — **Z~ˌbal·lung** *f* ⟨-; *no pl*⟩ **1.** *cf.* Zusammenballen. – **2.** (*von Wolken etc*) accumulation, conglomeration. – **3.** (*von Menschen etc*) mass. – **4.** *fig.* (*von Kapital etc*) concentration, agglomeration. – **5.** *tech.* a) coalescence, b) agglomeration, conglomeration.

Zu'sam·men|ˌbau *m* ⟨-(e)s; -e⟩ *tech.* **1.** *cf.* Zusammenbauen. – **2.** assembly, assemblage. — **z~ˌbau·en I** *v/t* ⟨*sep*, -ge-, h⟩ **1.** assemble, fit: etwas wieder ~ to reassemble s.th. – **II Z~** *n* ⟨-s⟩ **2.** *verbal noun.* – **3.** *cf.* Zusammenbau 2.

zu'sam·men|ˌbei·ßen *v/t* ⟨*irr, sep*, -ge-, h⟩ die Zähne ~ *auch fig.* to clench (*od.* set) one's teeth. — **~beˌkom·men** *v/t* ⟨*irr, sep, no* -ge-, h⟩ **1.** get (*things*) together (*od.* to meet). – **2.** (*Geld*) collect, raise. – **3.** (*bei einer Kleidersammlung etc*) collect. — **~beˌru·fen** *v/t* ⟨*irr, sep, no* -ge-, h⟩ *cf.* einberufen 2, 3. — **~ˌbet·teln** *v/t* ⟨*sep*, -ge-, h⟩ beg (*s.th.*) together (from various sources). — **~ˌbin·den** *v/t* ⟨*irr, sep*, -ge-, h⟩ tie (*od.* bind) (*s.th.*) together: etwas zu etwas ~ to tie (*od.* bind) s.th. (up) into s.th. — **~ˌblei·ben** *v/i* ⟨*irr, sep*, -ge-, sein⟩ stay together. — **~ˌbor·gen** *v/t* ⟨*sep*, -ge-, h⟩ borrow (*s.th.*) from various sources. — **~ˌbrau·en I** *v/t* ⟨*sep*, -ge-, h⟩ *colloq.* (*Getränk etc*) concoct, cook (up), brew. – **II** *v/reflex* sich ~ (*von Gewitter, Unwetter etc*) be brewing: zwischen den beiden braut sich etwas zusammen *fig.* there's trouble brewing between the two.

zu'sam·menˌbre·chen I *v/i* ⟨*irr, sep*, -ge-, sein⟩ **1.** (*von Stuhl, Brücke etc*) break down, collapse. – **2.** *fig.* (*von Unternehmung, Geschäft, Angriff etc*) break down, fail, crumble, fold up (*colloq.*): ohne ihn würde alles ~ without him everything would break down (*od.* go to pieces). – **3.** (*vor Erschöpfung, Überanstrengung, Übermüdung, Kummer etc*) break down, collapse, crack up (*sl.*): bei der Nachricht von seinem Tod ist sie völlig zusammengebrochen upon the news of his death she broke down completely; tödlich getroffen brach er zusammen he collapsed fatally wounded; der Angeklagte brach unter der Last der Beweise zusammen the defendant broke down under the weight of the evidence. – **4.** *fig.* (*von Verkehr*) be paralyzed (*Br. auch* -s-), come to a standstill. – **5.** *electr.* (*von Spannung*) break down. – **II Z~** *n* ⟨-s⟩ **6.** *verbal noun.* – **7.** *cf.* Zusammenbruch.

zu'sam·menˌbrin·gen *v/t* ⟨*irr, sep*, -ge-, h⟩ **1.** j-n mit j-m ~ a) to introduce s.o. to s.o., to bring s.o. into contact with s.o., b) (*zwecks späterer Heirat*) to introduce s.o. to s.o., to bring s.o. together with s.o.: j-n mit einem einflußreichen Geschäftsmann ~ to introduce s.o. to an influential businessman; die Mutter versucht, ihre Tochter mit dem Nachbarssohn zusammenzubringen the mother tries to bring her daughter together with the neighbo(u)r's son. – **2.** wieder ~ (*aussöhnen*) to reconcile, to bring together: zerstrittene Familienmitglieder wieder ~ to reconcile estranged members of a family. – **3.** (*zusammenberufen*) assemble. – **4.** (*vereinigen*) unite. – **5.** (*gedanklich verbinden*) (mit with) couple. – **6.** etwas mit etwas ~ (*Materialien etc*) to bring s.th. into contact with s.th. – **7.** (*Geld*) raise, collect. – **8.** (*Vermögen*) amass. – **9.** *colloq.* remember: ich weiß nicht, ob ich das Gedicht noch zusammenbringe I don't know whether I remember all of the poem. – **10.** *colloq.* be able to say: er hat keine drei Sätze zusammengebracht he couldn't manage three sentences. – **11.** *colloq. for* zusammenbekommen 1. – **12.** *colloq. for* fertigbringen 1.

Zu'sam·menˌbruch *m* ⟨-(e)s; ⸚e⟩ **1.** *cf.* Zusammenbrechen. – **2.** (*eines Unternehmens, Angriffs etc*) collapse, failure, smash, (*finanzieller*) *auch* ruin. – **3.** *pol.* breakdown. – **4.** *econ.* (*der gesamten Wirtschaft*) collapse. – **5.** (*plötzlicher, katastrophaler*) debacle. – **6.** (*vor Erschöpfung, Überanstrengung, Kummer etc*) breakdown, collapse, crack-up (*sl.*).

zu'sam·men|ˌdrän·gen I *v/t* ⟨*sep*, -ge-, h⟩ **1.** (*Menschenmassen etc*) crowd (*od.* crush) (*persons, animals*) together: wir wurden auf engstem Raum zusammengedrängt we were crowded together on a minimum of space. – **2.** *fig.* (*kürzer darstellen*) condense. – **II** *v/reflex* sich ~ **3.** (*von Menschen*) crowd (*od.* huddle [up]) together. – **4.** *fig.* (*zeitlich*) be concentrated: alles drängte sich in den letzten Tagen zusammen everything was concentrated into the last days. — **~-ˌdre·hen I** *v/t* ⟨*sep*, -ge-, h⟩ (*Schnüre etc*) twist (*od.* twine) (*things*) together. – **II** *v/reflex* sich ~ twist (*od.* twine) together, become twisted (*od.* twined) together, become entwined (*od.* entangled). — **~ˌdrücken** (*getr.* -k·k-) *v/t* ⟨*sep*, -ge-, h⟩ **1.** press (*s.th.*) together. – **2.** (*zusammenquetschen*) squeeze (*s.th.*) together, squash. – **3.** (*verdichten*) compress. — **~ˌfah·ren I** *v/i* ⟨*irr, sep*, -ge-, sein⟩ **1.** *cf.* zusammenstoßen 1. – **2.** (*vor Schreck etc*) start (back), recoil, startle, boggle. – **II** *v/t* ⟨h⟩ **3.** *colloq.* (*kaputtfahren*) wreck, smash.

Zu'sam·men|ˌfall *m* ⟨-(e)s; *no pl*⟩ (*von Ereignissen etc*) coincidence, clash. — **z~ˌfal·len** *v/i* ⟨*irr, sep*, -ge-, sein⟩ **1.** (*von Gebäude etc*) collapse, cave in: die Hütte ist (in *acc* sich) zusammengefallen the hut caved in. – **2.** *gastr.* (*von Hefeteig etc*) go down in the middle. – **3.** (*von Ballon etc*) wilt, collapse, deflate. – **4.** (*zeitlich*) coincide, clash: mein Geburtstag fällt mit eurem Hochzeitstag zusammen my birthday coincides with your wedding anniversary. – **5.** (*sich überschneiden*) overlap. – **6.** *math.* coincide. – **7.** *fig.* (*von Hoffnungen, Plänen etc*) come to nothing: meine Pläne fielen zusammen wie ein Kartenhaus my plans collapsed like a house of cards. – **8.** *fig.* (*von Argumentation, Theorie etc*) collapse. – **9.** *fig.* (*abmagern*) become emaciated, be reduced to nothing. – **10.** *Austrian for* hinfallen 1.

zu'sam·menˌfal·ten *v/t* ⟨*sep*, -ge-, h⟩ (*Briefbogen, Serviette, Tischtuch etc*) fold up: etwas einmal ~ to fold s.th. in two, to double s.th.; dieses Papier läßt sich leicht ~ this paper folds easily.

zu'sam·men|ˌfas·sen I *v/t* ⟨*sep*, -ge-, h⟩ **1.** (*vereinigen*) unite, combine, integrate: mehrere kleine Vereine in einer gemeinsamen Organisation ~ to unite (*od.* amalgamate) several small clubs in a common organization; etwas zentral ~ to centralize (*Br. auch* -s-) s.th.; Personen zu Gruppen ~ to group people. – **2.** (*kurz darstellen*) summarize *Br. auch* -s-, sum up, brief, (*schriftlich*) *auch* epitomize *Br. auch* -s-: seine Eindrücke in einem Satz ~ to summarize one's impressions in (*od.* with) one sentence; etwas in Stichworten ~ to sum s.th. up in key words; etwas läßt sich dahin ~, daß s.th. can be summed up to the effect that. – **3.** (*kurz wiederholen*) recapitulate, résumé. – **4.** (*straffen, kürzen*) condense. – **5.** etwas unter (*dat*) etwas ~ to class (*od.* subsume) s.th. under s.th.: verschiedene Begriffe unter einem Oberbegriff ~ to class different terms under a general term. – **6.** seine Gedanken ~ to collect one's thoughts. – **7.** *mil.* a) (*Truppen*) concentrate, mass, b) (*Angriff*) concentrate, concert, combine, c) (*Material*) pool, d) (*Feuer*) concentrate. – **II** *v/i* **8.** summarize *Br. auch* -s-, sum up. – **III Z~** *n* ⟨-s⟩ **9.** *verbal noun.* – **10.** *cf.* Zusammenfassung. — **~ˌfas·send I** *pres p.* – **II** *adj* (*Darstellung, Satz, Bericht etc*) summary, synoptic, recapitulative, recapitulatory. – **III** *adv* ~ läßt sich (*od.* kann man) sagen, daß to sum up it can be said that. — **Z~ˌfas·sung** *f* ⟨-; -en⟩ **1.** *cf.* Zusammenfassen. – **2.** (*Vereinigung*) combination, integration. – **3.** (*kurze Darstellung*) summary, summarization *Br. auch* -s-, summing-up, résumé, synopsis, compendium, conspectus, (*schriftliche*) *auch* epitome: eine ~ geben to give a summary, to sum up. – **4.** (*kurze Wiederholung*) recapitulation, résumé. – **5.** (*Straffung, Kürzung*) condensation. – **6.** (*als Aufgabe in der Schule etc*) précis. – **7.** ~ unter (*dat*) etwas subsumption under s.th. – **8.** *mil.* a) (*von Truppen*) concentration, b) (*des Angriffs*) concentration, combination, c) (*des Feuers*) concentration.

zu'sam·men|ˌfe·gen *v/t* ⟨*sep*, -ge-, h⟩ **1.** (*auf einen Haufen*) sweep (*s.th.*) together (*od.* into a pile). – **2.** (*auffegen*) sweep (*s.th.*) up. — **~ˌfin·den I** *v/i* ⟨*irr, sep*, -ge-, h⟩ (*von zwei Partnern*) come together, find each other. – **II** *v/reflex* sich ~ (*sich treffen*) meet, come together, gather. — **~ˌflech·ten** *v/t* ⟨*irr, sep*, -ge-, h⟩ **1.** (*Haare*) plait (*od.* braid, tress) (*hair*) together. – **2.** (*Blumen etc*) wreathe (*od.* bind) (*things*) together. — **~ˌflicken** (*getr.* -k·k-) *v/t* ⟨*sep*, -ge-, h⟩ **1.** (*zusammensetzen*) piece (*s.th.*) together. – **2.** (*notdürftig*) patch (*s.th.*) up, botch.

zu'sam·men|ˌflie·ßen I *v/i* ⟨*irr, sep*, -ge-, sein⟩ **1.** (*von Flüssen*) flow together, meet, join. – **2.** (*von Farben etc*) run together. – **3.** *med.* (*von Flecken, Exanthemen*) merge (together), run together. – **II Z~** *n* ⟨-s⟩ **4.** *verbal noun.* – **5.** *cf.* Zusammenfluß. — **~-ˌflie·ßend I** *pres p.* – **II** *adj auch med.* confluent. — **Z~ˌfluß** *m* **1.** *cf.* Zusammenfließen. – **2.** (*von Flüssen*) confluence, concourse, junction.

zu'sam·menˌfü·gen I *v/t* ⟨*sep*, -ge-, h⟩ **1.** join (*od.* fit) (*things*) together, connect. – **2.** *tech.* a) (*Paßteile*) mate, b) (*zusammenbauen*) assemble, fit, mount, c) (*durch Fugen*) joint (*things*) together. – **3.** *med.* a) (*Bruchenden*) fit (*ends of a fractured bone*) together, join, unite, knit, b) (*Wundränder*) fit (*lips of a wound*) together, c) (*mit Klammern*) clamp, d) (*nähen*) sew (*things*) together. – **II** *v/reflex* sich ~ **4.** *fig.* (*verlaufen, sich ergeben*) work out: alles fügt sich schön zusammen everything works out well. – **5.** *fig.* (*von Beweisen etc*) fit together, dovetail. – **III Z~** *n* ⟨-s⟩ **6.** *verbal noun.* — **Z~ˌfü·gung** *f* ⟨-; *no pl*⟩ **1.** *cf.* Zusammenfügen. – **2.** (con)junction. – **3.** *tech.* assembly, assemblage.

zu'sam·menˌfüh·ren I *v/t* ⟨*sep*, -ge-, h⟩ **1.** (*fremde Menschen*) bring (*persons*) together: das Schicksal hat sie zusammengeführt fate brought them together. – **2.** wieder ~ (*Familien etc*) to reunite. – **II Z~** *n* ⟨-s⟩ **3.** *verbal noun.* — **Z~ˌfüh·rung** *f* **1.** *cf.* Zusammenführen. – **2.** (*von Familien etc*) reunion.

zu'sam·men|geˌben *v/t* ⟨*irr, sep*, -ge-, h⟩ join (*persons*) in matrimony, marry, unite. — **~geˌbis·sen I** *pp of* zusammenbeißen. – **II** *adj* mit ~en Zähnen *fig. colloq.* with teeth clenched. — **~geˌdrängt I** *pp.* – **II** *adj* ~ wie die Heringe *colloq. humor.* (packed) like sardines in a box (*Br.* tin). — **~geˌflickt I** *pp.* – **II** *adj fig.* scrappy, bitty, bittie. — **~geˌhen** *v/i* ⟨*irr, sep*, -ge-, sein⟩ *colloq.* **1.** (*zueinander passen*) match. – **2.** (*schrumpfen*) shrink. – **3.** (*von Linien*) intersect, cross, meet. – **4.** (*sich schließen lassen*) meet. – **5.** ~ mit *fig.* (*als Begleiterscheinung haben*) to be accompanied by. – **6.** *fig.* (*gemeinsame Sache machen*) make common cause, join.

zu'sam·men|geˌhö·ren *v/i* ⟨*sep*, *pp* zusammengehört, h⟩ **1.** (*von Personen*) belong together. – **2.** (*von Socken, Schuhen, Handschuhen etc*) match, form a pair, belong together. — **~geˌhö·rend I** *pres p.* – **II** *adj cf.* zusammengehörig.

zu'sam·men·geˌhö·rig *adj* **1.** (*Personen*) belonging together: sie fühlen sich ~ they feel that they belong together. – **2.** ⟨*attrib*⟩ (*Socken, Schuhe, Handschuhe, Teile etc*) matching. — **Zu'sam·men·geˌhö·rig·keit** *f* ⟨-; *no pl*⟩ (*von Gruppen, Personen etc*) solidarity, (*geistige*) *auch* fellowship.

Zu'sam·men·geˌhö·rig·keits·geˌfühl *n* (feeling of) solidarity, fellow feeling.

Zu'sam·men|geˌkoch·te *n* ⟨-n; *no pl*⟩ *gastr.* **1.** hot pot, stew, hotchpotch, hodgepodge. – **2.** *contempt.* hotchpotch, hodgepodge. — **z~geˌra·ten** *v/i* ⟨*irr, sep*, *pp* zusammengeraten, sein⟩ **1.** come together. – **2.** *fig.* cross swords, have an argument:

die beiden sind heftig zusammengeraten the two of them had a fierce argument. — **z~geˌschu·stert I** *pp.* – **II** *adj fig.* botchy. — **z~geˌsetzt I** *pp.* – **II** *adj* **1.** ~ sein aus to be made up of, to be composed of, to consist of. – **2.** *math.* (*Zahl*) composite, compound, complex (*alle attrib*). – **3.** *ling.* a) (*Wort*) compound (*attrib*), b) (*Satz*) compound, complex (*beide attrib*): ~es Wort compound (word). – **4.** *tech.* assembled. — **z~geˌwür·felt I** *pp.* – **II** *adj* (*Geschirr, Gesellschaft etc*) oddly assorted, conglomerate, motley. — **z~ˌgie·ßen** *v/t* ⟨*irr, sep,* -ge-, h⟩ pour (*things*) together.

Zu'sam·men|ˌhalt *m* ⟨-(e)s; *no pl*⟩ **1.** cohesion, coherence. – **2.** *fig.* (*innerhalb einer Gruppe*) bond. — **z~ˌhal·ten I** *v/t* ⟨*irr, sep,* -ge-, h⟩ **1.** hold (*s.th.*) together, keep (*s.th.*) closed: die Hose mit einem Gürtel ~ to hold the trousers together with a belt. – **2.** (*Gruppe von Kindern etc*) keep (*persons*) together. – **3.** sein Geld ~ *colloq.* to be careful with one's money. – **4.** seine Gedanken ~ *fig.* to keep track of one's thoughts. – **5.** (*vergleichend*) hold (*things*) together. – **II** *v/i* **6.** (*von Geleimtem, Geklebtem etc*) hold, stay together, cohere. – **7.** (*von Freunden*) hold to each other (*od.* to one another), keep (*od. colloq.* stick) together: → Pech 1.

Zu'sam·men|ˌhang *m* ⟨-(e)s; ⸚e⟩ **1.** connection, *Br. auch* connexion, nexus: zwischen den beiden Ereignissen besteht ein ~ there is a connection between the two incidents, the two incidents are connected; zwei Ereignisse miteinander in ~ bringen to establish a connection between two events; ich sehe keinen ~ I see no connection, I don't see the connection; einen ~ ahnen (*od.* vermuten) to suspect a connection; die Zusammenhänge durchschauen to see the connections; sein Name wurde im ~ mit dem politischen Skandal genannt his name was mentioned in connection with the political scandal; das steht im (*od.* in) ~ mit that is connected with; das steht in keinem ~ mit der Affäre X that has no connection (*od.* is in no way connected) with the X affair; das muß in diesem ~ einmal gesagt werden that must be said in this connection (*od.* context). – **2.** (*sinnvolles Ganzes*) context: einen Satz aus dem ~ reißen (*od.* herauslösen) to take a sentence out of its context; etwas im ~ erzählen to tell s.th. in its context; die Dinge im ~ sehen to see things in their context (*od.* in perspective). – **3.** (*Beziehung, Verhältnis*) relation: ursächlicher ~ causal relation. – **4.** (*Wechselbeziehung*) correlation. – **5.** (*einer Geschichte, Rede etc*) continuity, coherence: die Geschichte hat keinen ~ the story has no coherence (*od.* does not cohere). – **6.** *philos.* coherence. — **z~ˌhän·gen I** *v/i* ⟨*irr, sep,* -ge-, h⟩ **1.** (*miteinander verbunden sein*) (mit) be joined (to), be linked (with): die Insel hing früher mit dem Festland zusammen the island was formerly joined to the continent; → Klette 2. – **2.** *fig.* be connected: meine Müdigkeit hängt mit dem Wetter zusammen my tiredness is connected (*od.* has to do) with the weather; Ursache und Wirkung hängen zusammen cause and effect are connected (*od.* related). – **3.** *fig.* be linked up: sie erzählte mir genau, wie alles zusammenhing she told me exactly how everything was linked up, she told me the ins and outs of it; wie hängt das zusammen? how is that linked up? – **II** *v/t* ⟨*sep,* -ge-, h⟩ **4.** (*Kleidung etc*) hang (*things*) (up) together. — **z~ˌhän·gend I** *pres p.* – **II** *adj* **1.** (*Sätze, Rede etc*) coherent. – **2.** (*Linie etc*) continuous. – **III** *adv* **3.** etwas ~ erzählen to relate s.th. coherently.

zu'sam·menˌhang(s)·los *adj* (*Sätze, Rede etc*) incoherent, disjointed, disconnected, loose. — **Zu'sam·menˌhang(s)·lo·sig·keit** *f* ⟨-; *no pl*⟩ incoherence, disjointedness, disconnectedness, looseness.

zu'sam·men|ˌhar·ken *v/t* ⟨*sep,* -ge-, h⟩ *Northern G.* rake (*s.th.*) (together). — **~ˌhau·en** *v/t* ⟨*irr, sep,* -ge-, h⟩ *colloq.* **1.** (*zertrümmern*) smash (*s.th.*) (to pieces). – **2.** j-n ~ to beat s.o. up (*od.* to a pulp), to give s.o. the works (*sl.*). – **3.** den Feind ~ *mil.* to crush the enemy, to beat the enemy down. – **4.** (*ohne Sorgfalt herstellen*) throw (*s.th.*) together, do a makeshift job on, do (*od.* make) (*s.th.*) any old way (*od.* any old how) (*sl.*). – **5.** (*Aufsatz, Artikel etc*) throw (*s.th.*) together, scribble (*s.th.*) down any old way (*od.* any old how) (*sl.*). — **~ˌhäu·fen** *v/t* ⟨*sep,* -ge-, h⟩ heap (*od.* pile) (*s.th.*) up, accumulate. — **~ˌhef·ten** *v/t* ⟨*sep,* -ge-, h⟩ **1.** (*in einem Ordner*) file, place (*s.th.*) in a file. – **2.** (*mit einer Heftmaschine*) staple (*s.th.*) together. – **3.** (*in der Schneiderei*) tack (*od.* baste) (*s.th.*) together. – **4.** (*in der Buchbinderei*) stitch (*s.th.*) together. — **~ˌhei·len** *v/i* ⟨*sep,* -ge-, sein⟩ *med.* **1.** (*von Wunden*) heal (up *od.* over), skin over. – **2.** (*von Knochen*) consolidate, knit. — **~ˌho·len** *v/t* ⟨*sep,* -ge-, h⟩ gather (*things, persons*) up (*od.* together). — **~ˌkau·ern** *v/reflex* ⟨*sep,* -ge-, h⟩ sich ~ **1.** huddle (*od.* hunch) up. – **2.** (*vor Angst*) cower. — **~ˌkau·fen** *v/t* ⟨*sep,* -ge-, h⟩ **1.** buy (*things*) in various places, collect: etwas von überall her ~ to buy s.th. from all over the place. – **2.** *contempt.* (*wertlose Gegenstände*) buy a conglomeration (*od.* odd assortment) of. — **~ˌkeh·ren** *v/t* ⟨*sep,* -ge-, h⟩ *cf.* zusammenfegen. — **~ˌket·ten** *v/t* ⟨*sep,* -ge-, h⟩ chain (*persons, things*) together. — **~ˌkit·ten** *v/t* ⟨*sep,* -ge-, h⟩ **1.** cement. – **2.** *fig.* (*Ehe, Freundschaft etc*) mend, repair, patch up. — **~ˌklam·mern** *v/t* ⟨*sep,* -ge-, h⟩ **1.** (*mit Büroklammer*) pin (*s.th.*) together (with a paper clip). – **2.** *med. cf.* klammern 2.

Zu'sam·menˌklang *m* **1.** *mus.* harmony, chord. – **2.** *fig.* (*von Farben etc*) harmony, blend, accord. – **3.** *fig.* (*zwischen Menschen*) harmony.

zu'sam·men|ˌklapp·bar *adj* **1.** (*Tisch, Stuhl, Kinderwagen etc*) collapsible, folding (*attrib*): der Stuhl ist ~ the chair folds. – **2.** (*Taschenmesser etc*) folding (*attrib*). — **~ˌklap·pen I** *v/t* ⟨*sep,* -ge-, h⟩ **1.** (*Tisch, Stuhl, Messer, Fächer etc*) fold up. – **2.** (*Buch etc*) shut. – **3.** die Hacken ~ to click one's heels. – **II** *v/i* ⟨sein⟩ *colloq.* **4.** (*vor Erschöpfung etc*) break down, collapse, drop, go to pieces, crumple up, crack up (*sl.*). – **5.** (*in Ohnmacht fallen*) faint, swoon, pass out (*colloq.*).

zu'sam·men|ˌklau·ben *v/t* ⟨*sep,* -ge-, h⟩ gather up, collect. — **~ˌkle·ben I** *v/t* ⟨*sep,* -ge-, h⟩ stick (*od.* glue, paste, gum) (*things*) together. – **II** *v/i* ⟨h *u.* sein⟩ stick together. — **~ˌklei·stern** *v/t* ⟨*sep,* -ge-, h⟩ *colloq.* paste (*things*) together. — **~ˌklin·gen** *v/i* ⟨*irr, sep,* -ge-, h⟩ **1.** *mus.* sound together (*od.* simultaneously). – **2.** *fig.* (*von Farben etc*) harmonize *Br. auch* -s-, blend. — **~ˌklum·pen** *v/i* ⟨*sep,* -ge-, h⟩ *med. chem.* conglomerate, agglutinate. — **~ˌknei·fen** *v/t* ⟨*irr, sep,* -ge-, h⟩ **1.** die Augen ~ a) (*bei Schmerzen etc*) to squint (one's eyes), b) (*bei schlechter Sicht*) to peer. – **2.** (*Lippen*) press (*lips*) together. – **3.** (*After*) clench. – **4.** *vulg.* kneif den Arsch zusammen! a) (*halt die Ohren steif*) keep a stiff upper lip! b) (*reiß dich zusammen*) pull yourself together! er hat den Arsch zusammengekniffen (*ist abgekratzt*) he snuffed out (*colloq.*); he popped off, he kicked the bucket (*sl.*). – **5.** *tech.* (*Zange*) pinch (*od.* squeeze) (*s.th.*) together. — **~ˌkno·ten** *v/t* ⟨*sep,* -ge-, h⟩ knot (*od.* tie) (*things*) together. — **~ˌknül·len** *v/t* ⟨*sep,* -ge-, h⟩ (*Papier*) crumple (*od.* scrunch, rumple) (*s.th.*) up (into a ball). — **~ˌknüp·fen** *v/t* ⟨*sep,* -ge-, h⟩ *cf.* zusammenknoten.

zu'sam·men|ˌkom·men *v/i* ⟨*irr, sep,* -ge-, sein⟩ **1.** (*sich treffen*) meet: regelmäßig ~ to meet regularly; mit j-m ~ to meet s.o.; zur Beratung ~ to meet for a consultation; ich bin gestern mit ihm zusammengekommen I met him yesterday; die ehemaligen Schüler kommen einmal im Jahr zusammen the former pupils meet once a year; wir kommen ja wieder zusammen we'll see each other again. – **2.** (*sich versammeln*) assemble, gather, (*in größerem Rahmen*) rally. – **3.** (*zwanglos*) get together. – **4.** (*verabredet sein*) have an appointment (*od.* a rendezvous): sie kommen morgen zusammen they have an appointment for tomorrow. – **5.** (*zusammenwirken*) combine: verschiedene unglückliche Zufälle kamen zusammen various unfortunate events combined. – **6.** (*sich ansammeln*) accumulate: er läßt erst einige Schulden ~, bevor er bezahlt he lets some debts accumulate before he pays. – **7.** (*von gesammeltem Geld etc*) be collected: es ist nicht viel Geld zusammengekommen there hasn't been much money collected.

zu'sam·men|ˌkop·peln *v/t* ⟨*sep,* -ge-, h⟩ **1.** couple (*things*) (together). – **2.** (*space*) dock. — **~ˌkra·chen** *v/i* ⟨*sep,* -ge-, sein⟩ *colloq.* **1.** (*von Stuhl etc*) break down, collapse. – **2.** (*von zwei Autos*) smash (*od.* crash, smack) into each other, collide (with each other). — **~ˌkramp·fen** *v/reflex* ⟨*sep,* -ge-, h⟩ sich ~ (*von Muskeln*) cramp: mein Herz krampft sich bei diesem Anblick zusammen *fig.* it breaks my heart to see that. — **~ˌkrat·zen** *v/t* ⟨*sep,* -ge-, h⟩ scrape up, scrape (*s.th.*) together: ich mußte meine letzten Pfennige ~ *fig. colloq.* I had to scrape the bottom of the barrel.

Zu'sam·menˌkunft *f* ⟨-; ⸚e⟩ **1.** meeting: unsere wöchentliche ~ our weekly meeting; eine ~ verabreden to arrange a meeting. – **2.** (*Versammlung*) assembly, gathering, conference, (*größere*) rally. – **3.** (*zwangloses Treffen*) get-together. – **4.** (*Verabredung*) appointment, rendezvous.

Zu'sam·menˌkunftsˌort *m* meeting place.

zu'sam·men|ˌläp·pern *v/reflex* ⟨*sep,* -ge-, h⟩ sich ~ *colloq.* mount up, add up. — **~ˌlas·sen** *v/t* ⟨*irr, sep,* -ge-, h⟩ leave (*things, persons*) together. — **~ˌlau·fen** *v/i* ⟨*irr, sep,* -ge-, sein⟩ **1.** (*herbeiströmen*) gather, congregate: eine Menge Schaulustiger war zusammengelaufen a crowd of onlookers had gathered. – **2.** (*von Flüssen etc*) flow together, meet, join. – **3.** mir läuft das Wasser im Mund zusammen *fig. colloq.* my mouth waters. – **4.** (*von Linien etc*) intersect, meet, cross: alle Fäden des Unternehmens laufen in seiner Hand zusammen *fig.* he pulls the strings (*od.* wires) of the whole enterprise. – **5.** (*von Farben, Lacken etc*) coagulate. – **6.** (*von Stoff beim Waschen*) shrink. – **7.** (*von Milch*) curdle, coagulate. – **8.** *math.* converge.

zu'sam·men|ˌle·ben *v/reflex* ⟨*sep,* -ge-, h⟩ sich ~ adapt to each other. — **Z~ˌle·ben** *n* ⟨-s; *no pl*⟩ das ~ mit j-m life with s.o.: ein ~ mit ihm ist unmöglich it is impossible to live with him.

zu'sam·men|ˌleg·bar *adj* dismountable: etwas ist ~ s.th. can be dismounted (*od.* taken apart), s.th. is collapsible. — **~ˌle·gen I** *v/t* ⟨*sep,* -ge-, h⟩ **1.** (*an eine Stelle legen*) put (*od.* lay) (*s.th.*) in one place: etwas auf einen Haufen ~ to heap (*od.* pile) s.th. together. – **2.** (*Patienten etc*) put (*persons*) together (*od.* in the same room). – **3.** (*Wäschestücke, Wolldecke etc*) fold up: Kleidungsstücke ordentlich ~ to fold one's clothes carefully. – **4.** Geld ~ to pool one's money, to club together. – **5.** (*gleichzeitig stattfinden lassen*) hold together: zwei Hochzeiten ~ to hold two weddings together. – **6.** (*zwei Schulklassen etc*) put (*s.th.*) together, amalgamate, join. – **7.** (*zerlegen*) dismantle, dismount, disassemble, take (*s.th.*) to pieces (*od.* apart). – **8.** *econ.* a) (*Unternehmen, Aktien etc*) consolidate, amalgamate, merge, b) (*Grundstücke*) combine, consolidate. – **II** *v/i* **9.** club together: für ein Geschenk ~ to club together (*od.* pool one's money) for a present. – **III Z~** *n* ⟨-s⟩ **10.** *verbal noun.* — **Z~ˌle·gung** *f* ⟨-; -en⟩ **1.** *cf.* Zusammenlegen. – **2.** (*von Festen, Schulklassen etc*) amalgamation. – **3.** *econ.* a) (*von Unternehmen, Aktien etc*) consolidation, amalgamation, b) (*von Grundstücken*) combination, consolidation, c) (*Fusion*) merger, fusion.

zu'sam·men|ˌlei·hen *v/t* ⟨*irr, sep,* -ge-, h⟩ sich (*dat*) etwas ~ to borrow s.th. from various sources. — **~ˌlei·men** *v/t* ⟨*sep,* -ge-, h⟩ glue (*s.th.*) together. — **~ˌle·sen** *v/t* ⟨*irr, sep,* -ge-, h⟩ (*aufsammeln*) gather (*s.th.*) (together). — **~ˌlö·ten** *v/t* ⟨*sep,* -ge-, h⟩ solder (*s.th.*) together. — **~ˌlü·gen** *v/t* ⟨*irr, sep,* -ge-, h⟩ make up, invent, concoct, cook up. — **~ˌna·geln** *v/t* ⟨*sep,* -ge-, h⟩ nail (*s.th.*) together. — **~ˌnä·hen** *v/t* ⟨*sep,* -ge-, h⟩ sew (*od.* seam, stitch) (*s.th.*) together. — **~ˌneh·men I** *v/t* ⟨*irr, sep,* -ge-, h⟩ **1.** (*Gedanken etc*) collect, gather. – **2.** (*Kräfte, Mut etc*) summon up, gather: ich mußte all meinen Mut ~ I had to summon (*od.* muster) up all my courage. – **3.** (*zusammenlegen*) fold up. – **4.** (*zusammenraffen*) gather up. – **5.** alles zusammengenommen a) all together, b) all things considered, all in all: alles zusammengenommen, hat es zehn Mark gekostet it cost ten marks all together, it cost a total of ten marks; alles zusammengenommen, hat es mir recht gut gefallen all things considered I quite enjoyed it. – II *v/reflex* sich ~ 6. (*sich beherrschen*) control oneself: ich mußte mich ~, um nicht zu lachen I had to control myself not to laugh. – 7. (*sich zusammenreißen*) pull oneself together: nimm dich zusammen, und hör auf zu weinen! pull yourself together and stop crying! – 8. (*sich fassen*) collect oneself. — **~,packen** (*getr.* -k·k-) I *v/t* ⟨*sep*, -ge-, h⟩ 1. (*aufräumen*) pack up. – 2. (*zusammen einwickeln*) wrap (*s.th.*) up together. – 3. (*zusammen verpacken*) pack (*s.th.*) up together. — **~,pas·sen** I *v/i* ⟨*sep*, -ge-, h⟩ 1. (*farblich*) match, go together, harmonize *Br. auch* -s-, tone: die beiden Farbtöne passen gut zusammen the two shades go well together (*od.* match well, tone well); der Rock und die Bluse passen nicht zusammen shirt and blouse don't go well together; die Gardinen und der Teppich passen überhaupt nicht zusammen the curtains and the carpet don't go at all well together (*od.* don't match at all well). – 2. (*im Stil*) go together, harmonize *Br. auch* -s-: die Möbel passen gut zusammen the pieces of furniture go well together. – 3. (*von Personen*) be suited to each other: Herr X und Fräulein Y passen sehr gut zusammen Mr. X and Miss Y are well suited to each other (*od.* make a good pair); die beiden passen nicht zusammen the two of them are ill suited to each other. – II *v/t* 4. *tech.* adjust, fit (*s.th.*) together, match. — **~,pfer·chen** *v/t* ⟨*sep*, -ge-, h⟩ *cf.* zusammendrängen 1. — **~phan·ta,sie·ren** *v/t* ⟨*sep*, *no* -ge-, h⟩ 1. make up, think up, dream up. – 2. *cf.* zusammenlügen.

Zu'sam·men|,prall *m* 1. (*zwischen zwei Autos etc*) collision, crash. – 2. (*zwischen zwei Personen*) bump. – 3. (*Aufprall*) impact. – 4. *fig.* (*mit der Polizei etc*) clash. — **z~,pral·len** *v/i* ⟨*sep*, -ge-, sein⟩ 1. (*von zwei Autos etc*) collide, crash. – 2. mit j-m ~ to bump into s.o. – 3. *fig.* (*mit der Polizei etc*) clash.

zu'sam·men|,pres·sen *v/t* ⟨*sep*, -ge-, h⟩ 1. *cf.* zusammendrücken. – 2. die Lippen ~ to press one's lips together. — **~,pum·pen** *v/t* ⟨*sep*, -ge-, h⟩ *colloq. for* zusammenleihen. — **~,quet·schen** *v/t* ⟨*sep*, -ge-, h⟩ squeeze (*s.th.*) together, squash. — **~,raf·fen** *v/t* ⟨*sep*, -ge-, h⟩ gather up. — **~,re·chen** *v/t* ⟨*sep*, -ge-, h⟩ rake (*s.th.*) (together). — **~,rech·nen** *v/t* ⟨*sep*, -ge-, h⟩ add (*s.th.*) up (*od.* together), reckon (*od. colloq.* tot) (*s.th.*) up: alles zusammengerechnet a) all together, b) *fig.* all things considered, all in all. — **~,rei·men** I *v/t* ⟨*sep*, -ge-, h⟩ 1. sich (*dat*) etwas ~ to make sense of s.th.: das kann ich mir nicht ~ I can't make any sense of it. – II *v/reflex* 2. sich ~ make sense, be logical: wie reimt sich das zusammen? where's the logic in that? – 3. (*in Einklang zu bringen sein*) (mit with) tally: wie reimt sich das mit seinen Versprechungen zusammen? how does that tally with his promises? — **~,rei·ßen** *v/reflex* ⟨*irr*, *sep*, -ge-, h⟩ sich ~ *colloq.* pull oneself together. — **~,rin·geln** *v/reflex* ⟨*sep*, -ge-, h⟩ sich ~ (*von Schlange etc*) coil (itself) up. — **~,rol·len** I *v/t* ⟨*sep*, -ge-, h⟩ 1. (*Wolldecke, Schlafsack etc*) roll up. – II *v/reflex* sich ~ 2. (*von Schlange etc*) coil (itself) up. – 3. (*von Hund, Katze, Igel etc*) curl itself up.

zu'sam·men|,rot·ten I *v/reflex* ⟨*sep*, -ge-, h⟩ sich ~ 1. (*bes. von Jugendlichen*) form gangs, band together, gang up. – 2. (*aufrührerisch*) riot, gather into a mob, *bes. Br.* form a riotous assembly. – III **Z~** *n* ⟨-s⟩ 3. *verbal noun.* — **Z~,rot·tung** *f* ⟨-; -en⟩ 1. *cf.* Zusammenrotten. – 2. (*Menge*) (riotous) mob. – 3. *bes. jur.* riot, *bes. Br.* riotous assembly.

zu'sam·men|,rücken (*getr.* -k·k-) I *v/t* ⟨*sep*, -ge-, h⟩ (*Stühle, Möbel etc*) move (*things*) closer together. – II *v/i* ⟨sein⟩ (*dichter aufrücken*) move up closer. — **~,ru·fen** *v/t* ⟨*irr*, *sep*, -ge-, h⟩ 1. call (*persons*) together. – 2. (*einberufen*) convoke, convene, summon. — **~,sacken** (*getr.* -k·k-) *v/i* ⟨*sep*, -ge-, sein⟩ (in *acc* sich) ~ 1. (*von Personen*) slump, fall in a heap, collapse, drop. – 2. *gastr.* (*von Omelett etc*) go down in the middle. — **~,scha·ren** *v/reflex* ⟨*sep*, -ge-, h⟩ sich ~ 1. come together, meet, gather, congregate. – 2. *cf.* zusammenrotten. — **~,schar·ren** *v/t* ⟨*sep*, -ge-, h⟩ *cf.* zusammenkratzen.

Zu'sam·men,schau *f* ⟨-; *no pl*⟩ synopsis, view.

zu'sam·men|,schieb·bar *adj* telescopic. — **~,schie·ben** *v/t* ⟨*irr*, *sep*, -ge-, h⟩ 1. (*näher zusammen*) push (*things*) together. – 2. (*ineinander*) telescope.

zu'sam·men|,schie·ßen I *v/t* ⟨*irr*, *sep*, -ge-, h⟩ 1. (*Dörfer, Gebäude etc*) riddle (*s.th.*) with bullets, shoot (*s.th.*) to pieces (*od.* bits). – 2. (*Personen*) riddle (*s.o.*) with bullets, shoot (*s.o.*) down. – 3. (*mit Artillerie*) batter (*s.o.*, *s.th.*) down. – 4. *cf.* zusammenlegen 4. – II *v/i* ⟨h *u.* sein⟩ 5. ⟨sein⟩ *min.* (*von Kristallen*) shoot (*od.* spring) together. – 6. ⟨h⟩ *cf.* zusammenlegen 9. — **~,schla·gen** I *v/t* ⟨*irr*, *sep*, -ge-, h⟩ 1. (*Hacken, Absätze etc*) click. – 2. *mus.* (*Becken*) clash (*cymbals*) together. – 3. (*Hände*) clap: die Hände über dem Kopf ~ *colloq.* (*vor Erstaunen*) to throw up one's hands. – 4. (*zusammenfalten*) fold (up). – 5. *colloq.* (*zertrümmern*) smash (*s.th.*) (to pieces). – 6. j-n ~ *colloq.* to beat s.o. up (*od.* to a pulp), to give s.o. the works (*sl.*). – II *v/i* ⟨sein⟩ 7. (*von Wellen*) break: die Wellen schlugen über ihm (*od.* über seinem Kopf) zusammen the waves broke over him; das Unglück (*od.* Verhängnis) schlug über ihm zusammen *fig.* disaster descended upon him.

zu'sam·men|,schlie·ßen I *v/reflex* ⟨*irr*, *sep*, -ge-, h⟩ sich ~ 1. join up, unite, combine, club together: Arbeitnehmer schließen sich zu Gewerkschaften zusammen employees join up to form trade unions. – 2. (*gemeinsame Sache machen*) join forces. – 3. (*zu einer Gruppe*) band together, team up (*colloq.*). – 4. *econ.* (*von Unternehmen etc*) amalgamate, consolidate, merge, pool, combine, unify. – 5. *pol.* (*zu einem Bund*) federate. – II *v/t* 6. unite, combine: Arbeiter zu einer Gewerkschaft ~ to unite workers in a trade union. – 7. *econ.* (*Unternehmen etc*) amalgamate, consolidate, merge, pool. – 8. *pol.* (*zu einem Bund*) federate. – 9. *electr.* connect. – III **Z~** *n* ⟨-s⟩ 10. *verbal noun.* — **Z~,schluß** *m* 1. *cf.* Zusammenschließen. – 2. union. – 3. *econ.* (*von Unternehmen etc*) amalgamation, consolidation, merger, pool, combination, integration. – 4. *pol.* (*zu einem Bund*) federation, (*in einem Bündnis*) coalition.

zu'sam·men|,schmel·zen I *v/t* ⟨*irr*, *sep*, -ge-, h⟩ 1. *metall.* a) (*verschmelzen*) sinter, fuse, b) (*einschmelzen*) melt down. – II *v/i* ⟨sein⟩ 2. (*von Schnee etc*) melt away. – 3. *fig.* (*von Geld, Vorräten etc*) melt (*od.* dwindle) away. — **~,schmie·den** *v/t* ⟨*sep*, -ge-, h⟩ 1. *tech.* forge (*s.th.*) together. – 2. *fig.* (*Personen*) weld. — **~,schmie·ren** *v/t* ⟨*sep*, -ge-, h⟩ *contempt.* 1. (*Aufsatz, Roman etc*) throw (*s.th.*) together, scribble (*s.th.*) down any old way (*od.* any old how) (*sl.*). – 2. (*Bild etc*) daub. — **~,schnü·ren** *v/t* ⟨*sep*, -ge-, h⟩ 1. (*Bündel, Paket etc*) tie (*od.* do, make, bind) up. – 2. die Angst schnürte ihm die Kehle zusammen *fig.* he choked with fear, fear stifled his voice; der Anblick schnürte mir das Herz zusammen *fig.* the sight made my heart bleed. — **~,schrau·ben** *v/t* ⟨*sep*, -ge-, h⟩ *tech.* 1. screw (*s.th.*) together. – 2. (*mit Bolzen*) bolt (*s.th.*) together. — **~,schrecken** (*getr.* -k·k-) *v/i* ⟨*irr*, *sep*, -ge-, sein⟩ *cf.* zusammenfahren 2.

zu'sam·men|,schrei·ben *v/t* ⟨*irr*, *sep*, -ge-, h⟩ 1. (*in einem Wort*) write (*s.th.*) in one word. – 2. *econ.* (*Rechnung*) make out. – 3. *ped.* (*aus dem gesammelten Material*) (*Referat*) compose. – 4. (*aus anderen Büchern zusammenstellen*) compile. – 5. *contempt.* (*aus anderen Büchern abschreiben*) string (*s.th.*) together (from various sources), copy (*s.th.*) from various sources. – 6. *contempt. cf.* zusammenschmieren 1. – 7. (*durch Schreiben verdienen*) earn (*od.* acquire) (*s.th.*) by writing professionally. — **Z~,schrei·bung** *f* writing in one word.

zu'sam·men|,schrump·fen *v/i* ⟨*sep*, -ge-, sein⟩ *cf.* schrumpfen. — **~,schu·stern** *v/t* ⟨*sep*, -ge-, h⟩ *colloq.* (*flüchtig anfertigen*) throw (*od.* cobble) (*s.th.*) together. — **~,schüt·ten** *v/t* ⟨*sep*, -ge-, h⟩ pour (*things*) together. — **~,schwei·ßen** *v/t* ⟨*sep*, -ge-, h⟩ 1. *tech.* weld (*s.th.*) (together). – 2. *fig.* (*Personen*) weld.

Zu'sam·men,sein *n* ⟨-s; *no pl*⟩ 1. (*Beisammensein*) meeting, gathering, get-together. – 2. *cf.* Zusammenleben.

zu'sam·men,set·zen I *v/t* ⟨*sep*, -ge-, h⟩ 1. (*Mosaik, Puzzle etc*) put (*od.* fit) (*s.th.*) together: Steine zu einem Mosaik ~ to put stones together into a mosaic. – 2. (*Getreidegarben etc*) put (*od.* set) (*things*) together. – 3. *tech.* (*Maschine etc*) assemble. – 4. *chem.* compose. – 5. (*Holzteile etc*) join. – 6. *mil.* (*Gewehre*) pile. – 7. (*Personen*) put (*od.* seat) (*persons*) together. – II *v/reflex* sich ~ 8. sit together, sit down beside each other. – 9. (*zusammenkommen*) get together. – 10. sich ~ aus (*bestehen aus*) to consist (*od.* be made up) of: die Kommission setzt sich aus sechs Mitgliedern zusammen the commission consists of six members. – III **Z~** *n* ⟨-s⟩ 11. *verbal noun.* – 12. *cf.* Zusammensetzung.

Zu'sam·men,setz,spiel *n* jigsaw puzzle.

Zu'sam·men,set·zung *f* ⟨-; -en⟩ 1. *cf.* Zusammensetzen. – 2. (*eines Kabinetts etc*) makeup, *Br.* make-up. – 3. (*einer Mixtur etc*) composition, makeup, *Br.* make-up. – 4. *tech.* (*einer Maschine etc*) assembly, assemblage. – 5. *chem.* composition, compound. – 6. *fig.* (*Gefüge etc*) structure, setup, *Br.* set-up, fabric. – 7. *ling.* compound. – 8. (*Bestandteile*) ingredients *pl.*

zu'sam·men|,sin·ken *v/i* ⟨*irr*, *sep*, -ge-, sein⟩ (in sich) ~ 1. *cf.* zusammensacken 1. – 2. (*von Gebäuden etc*) collapse, cave in. – 3. *cf.* zusammenfallen 2, 3. — **~,sit·zen** *v/i* ⟨*irr*, *sep*, -ge-, h *u.* sein⟩ sit together (*od.* beside each other, next to one another). — **~,span·nen** *v/t* ⟨*sep*, -ge-, h⟩ (*Pferde etc*) harness (*animals*) together, team. — **~,spa·ren** *v/t* ⟨*sep*, -ge-, h⟩ save up. — **~,sper·ren** *v/t* ⟨*sep*, -ge-, h⟩ shut (*od.* lock) (*persons, animals*) up together.

Zu'sam·men|,spiel *n* ⟨-(e)s; *no pl*⟩ 1. teamwork. – 2. (*Koordination*) coordination, *Br.* co-ordination. – 3. (*wechselseitige Beeinflussung*) (zwischen *dat* between) interplay. – 4. (*sport*) (*Kombination*) move. – 5. *mus.* (*zwischen Instrumenten*) ensemble playing. – 6. (*theater*) ensemble acting (*od.* playing). — **z~,spie·len** *v/i* ⟨*sep*, -ge-, h⟩ coordinate, *Br.* co-ordinate.

zu'sam·men|,stau·chen *v/t* ⟨*sep*, -ge-, h⟩ 1. j-n ~ *colloq.* to give s.o. what for (*colloq.*), to give s.o. a dressing down. – 2. *tech.* upset. — **~,stecken** (*getr.* -k·k-) I *v/t* ⟨*sep*, -ge-, h⟩ 1. (*Stoffteile etc*) pin (*things*) together. – 2. die Köpfe ~ *fig. colloq.* to whisper (gossip) to each other. – II *v/i* 3. die beiden stecken immer zusammen *colloq.* the two of them are inseparable. — **~,ste·hen** *v/i* ⟨*irr*, *sep*, -ge-, h *u.* sein⟩ 1. stand together (*od.* beside each other, next to one another). – 2. *fig.* (*zusammenhalten*) keep (*od. colloq.* stick) together.

zu'sam·men|,stel·len I *v/t* ⟨*sep*, -ge-, h⟩ 1. (*Betten, Stühle etc*) put (*od.* set) (*things*) together. – 2. (*Programm, Menü, Liste, Rechnung etc*) make out, compose. – 3. (*Radiosendung etc*) arrange. – 4. (*Farben, Kleidungsstücke etc*) combine. – 5. (*harmonisch aufeinander abstimmen*) blend. – 6. (*Blumenstrauß etc*) make up. – 7. (*Übersicht, Bericht etc*) compile, make out, compose. – 8. (*Unterlagen etc*) prepare. – 9. (*Ausstellung*) compose. – 10. etwas in einer Tabelle ~ to draw up a table of s.th. – 11. etwas nach Klassen ~ to sort (*od.* assort, classify) s.th. – 12. (*anordnen*) arrange, collocate. – 13. etwas nach Gruppen ~ to group s.th. – 14. (*Buch etc*) compile. – 15. (*sport*) (*Mannschaft etc*) make up, assemble. – 16. *mil.* (*Truppen*) assemble, marshal. – 17. (*railway*) (*Zug*) marshal, make up. – 18. *print.* (*Satz*) make (*s.th.*) ready. – II *v/reflex* sich ~ 19. stand together (*od.* beside each other, next to one another). – 20. sich näher ~ to stand (*od.* move up) closer together. – III **Z~** *n* ⟨-s⟩ 21. *verbal noun.* — **Z~,stel·lung** *f* ⟨-; -en⟩ 1. *cf.* Zusammenstellen. – 2. (*eines Programms, Menüs etc*) composition. – 3. (*einer Radiosendung etc*) arrangement. – 4. (*von Farben, Kleidungsstücken etc*) combination. – 5. (*harmonische Abstimmung*) blend. – 6. (*Übersicht*) survey: eine ~ über die häufigsten Unfallursachen a survey of the most frequent causes of accidents. – 7. (*Tabelle*) table, schedule. – 8. (*Liste*) list. – 9. (*nach Klassen*) assortment, classification. – 10. (*Kompilation*) compilation. – 11. (*einer Mannschaft*) makeup, *Br.* make-up. –

12. (*Anordnung*) arrangement, collocation.

zu'sam·men|,stim·men I *v/i* ⟨*sep*, -ge-, h⟩ **1.** harmonize *Br. auch* -s-. – **2.** (*von Farben etc*) harmonize *Br. auch* -s-, blend. – **3.** (*von Meinungen, Aussagen etc*) agree: nicht ~ not to agree, to differ, (*stärker*) to clash. – **II Z~** *n* ⟨-s⟩ **4.** *verbal noun.* — **Z~,stim·mung** *f* ⟨-; *no pl*⟩ **1.** *cf.* Zusammenstimmen. – **2.** harmony.

zu'sam·men,stop·peln *v/t* ⟨*sep*, -ge-, h⟩ *colloq.* **1.** (*aus Resten zusammensetzen*) piece (*od.* patch, cobble) (*s.th.*) together. – **2.** *contempt.* botch (*s.th.*) together. – **3.** *contempt. cf.* zusammenschmieren 1.

Zu'sam·men|,stoß *m* **1.** (*von Fahrzeugen*) collision, crash, smashup, *Br.* smash-up: frontaler ~ head-on collision. – **2.** (*Aufprall*) impact, shock. – **3.** *fig.* clash, encounter: es kam zu Zusammenstößen mit der Polizei there were clashes with the police. – **4.** *mil.* encounter. — **z~,sto·ßen I** *v/i* ⟨*irr*, *sep*, -ge-, sein⟩ **1.** (*von Fahrzeugen*) collide, crash, smash together: mit j-m ~ to collide with s.o., to run (*od.* crash) into s.o., (*weniger heftig*) to bump into s.o. – **2.** *fig.* (*mit der Polizei etc*) clash, have a clash (*od.* an encounter): ich bin mit ihm heftig zusammengestoßen I had quite a clash with him. – **3.** *mil.* (mit) encounter (*acc*). – **4.** (*von Grundstücken etc*) adjoin, abut: mit etwas ~ to adjoin (*od.* meet, abut upon) s.th. – **II** *v/t* ⟨h⟩ **5.** bang (*things*) together. – **6.** (*Gläser*) clink.

zu'sam·men|,strei·chen *v/t* ⟨*irr*, *sep*, -ge-, h⟩ **1.** (*Text*) shorten, condense, trim, tighten (*s.th.*) up. – **2.** (*theater*) (*Szene, Stück*) abridge. — **~,stricken** (*getr.* -k·k-) *v/t* ⟨*sep*, -ge-, h⟩ zwei Maschen ~ to knit two stitches together. — **~,strö·men** *v/i* ⟨*sep*, -ge-, sein⟩ flock (*od.* swarm) together, congregate. — **~,stücke(l)n** (*getr.* -k·k-) *v/t* ⟨*sep*, -ge-, h⟩ piece (*od.* patch) (*s.th.*) together.

Zu'sam·men|,sturz *m* collapse. — **z~,stür·zen** *v/i* ⟨*sep*, -ge-, sein⟩ (*von Gebäude, Brücke etc*) collapse, cave in, fall down.

zu'sam·men|,su·chen *v/t* ⟨*sep*, -ge-, h⟩ **1.** gather (*s.th.*) up. – **2.** (*Sammelgegenstände*) collect. — **~,tra·gen** *v/t* ⟨*irr*, *sep*, -ge-, h⟩ **1.** *auch fig.* collect, gather (*s.th.*) together. – **2.** (*kompilieren*) compile. — **~,tref·fen I** *v/i* ⟨*irr*, *sep*, -ge-, sein⟩ **1.** mit j-m ~ to meet s.o. – **2.** (*gleichzeitig stattfinden*) (*von Umständen etc*) coincide, be concurrent, clash. – **3.** (*von Ereignissen*) convene. – **4.** (*sich treffen*) (*von Schiffen etc*) (mit with) rendezvous. – **II Z~** *n* ⟨-s⟩ **5.** *verbal noun*: ich möchte ein Z~ mit ihm vermeiden I want to avoid meeting him. – **6.** meeting. – **7.** (*Gleichzeitigkeit*) coincidence, concurrence: es war ein unglückseliges Z~ verschiedener Umstände it was an unhappy coincidence of several circumstances. — **~,trei·ben** *v/t* ⟨*irr*, *sep*, -ge-, h⟩ **1.** (*Vieh etc*) drive (*animals*) together, round up. – **2.** *hunt.* beat up. – **3.** *fig.* (*Außenstände etc*) round up.

zu'sam·men|,tre·ten I *v/t* ⟨*irr*, *sep*, -ge-, h⟩ crush (*s.th.*) under foot. – **II** *v/i* ⟨sein⟩ (*von Kommission, Parlament, Verein, Vorstand etc*) meet, assemble, convene. — **Z~,tritt** *m* meeting, assemblage, assembly, convention.

zu'sam·men|,trom·meln *v/t* ⟨*sep*, -ge-, h⟩ *fig. colloq.* (*Leute*) round up, get hold of. — **~,tun I** *v/t* ⟨*irr*, *sep*, -ge-, h⟩ **1.** *colloq.* put (*s.th.*) together. – **II** *v/reflex* sich ~ **2.** join up, combine, club together, unite. – **3.** (*gemeinsame Sache machen*) join forces, collaborate. – **4.** (*zu einer Gruppe*) band together, team up (*colloq.*). – **5.** (*Geld zusammenlegen*) pool one's money, club together. — **~,wach·sen** *v/i* ⟨*irr*, *sep*, -ge-, sein⟩ **1.** *biol. med.* grow together, accrete. – **2.** *med.* a) (*von Knochen*) knit (together), b) (*von Wundrändern*) heal (up), close, unite, c) (*anwachsen*) adhere. – **3.** *fig.* (*verschmelzen*) grow together, coalesce. – **4.** *fig.* (*seelisch*) develop close ties: sie sind in ihrer langen Freundschaft zusammengewachsen they have developed very close ties during their long friendship. — **~,wer·fen** *v/t* ⟨*irr*, *sep*, -ge-, h⟩ **1.** throw (*od.* lump) (*things*) together. – **2.** *fig.* (*verwechseln*) confound, confuse. – **3.** *fig.* (*durcheinanderbringen*) mix (*od.* jumble) (*s.th.*) up. – **4.** *fig.* (*in einen Topf werfen*) lump (*s.th.*) together. – **5.** *fig. colloq.* (*Ersparnisse, Geld etc*) pool. — **~,wickeln** (*getr.* -k·k-) *v/t* ⟨*sep*, -ge-, h⟩ wrap (*od.* do) (*things*) up together. — **~,wir·ken I** *v/i* ⟨*sep*, -ge-, h⟩ **1.** (*von Personen*) work together, cooperate, *Br. auch* co-operate, collaborate, concur. – **2.** (*von Umständen, Kräften etc*) combine. – **II Z~** *n* ⟨-s⟩ **3.** *verbal noun.* – **4.** cooperation, *Br. auch* co-operation, collaboration, concurrence, combined (*od.* joint, united) effort. – **5.** combination. — **~,wür·feln** *v/t* ⟨*sep*, -ge-, h⟩ *fig.* (*wahllos vereinen*) lump (*things, persons*) together. — **~,zäh·len** *v/t* ⟨*sep*, -ge-, h⟩ add (*s.th.*) up (*od.* together), reckon (*od. colloq.* tot) (*s.th.*) up.

zu'sam·men,zieh·bar *adj* contractile, *auch* contractible. — **Zu'sam·men,zieh·bar·keit** *f* ⟨-; *no pl*⟩ contractility, *auch* contractibility.

zu'sam·men|,zie·hen I *v/t* ⟨*irr*, *sep*, -ge-, h⟩ **1.** (*zwei Fadenenden etc*) pull (*od.* draw) (*things*) together (*od.* tight). – **2.** die Augenbrauen (*od.* die Stirn) ~ (*vor Unwillen*) to knit one's brow, to frown. – **3.** den Mund ~ a) (*beim Genuß von etwas Saurem*) to cringe, b) (*kurz vor dem Weinen*) to pucker up one's mouth: der Zitronensaft zieht mir den Mund zusammen the lemon juice makes me cringe (*od.* sets my teeth on edge). – **4.** (*Loch im Strumpf etc*) mend (*s.th.*) superficially, *Br. auch* cobble. – **5.** (*Truppen, Polizei etc*) concentrate, mass. – **6.** *cf.* zusammenzählen. – **7.** kürzen 3, 4. – **8.** *ling.* (*Wörter, Vokale*) contract. – **II** *v/reflex* sich ~ **9.** (*von elastischem Material etc*) contract: unter Kälteeinwirkung ziehen sich die Körper zusammen bodies contract under the influence of cold. – **10.** (*schrumpfen, einlaufen*) shrink. – **11.** *med.* a) (*von Muskel*) contract, b) (*von Gefäß*) constrict, become constricted, c) (*sich verengen*) narrow, d) (*schrumpfen*) shrink, e) (*krampfhaft*) convulse. – **12.** (*von Gewitter etc*) brew (up), gather. – **13.** (*von Unheil etc*) brew. – **III** *v/i* ⟨sein⟩ **14.** (*in eine Wohnung*) move in together: mit j-m ~ to move in (together) with s.o. – **IV Z~** *n* ⟨-s⟩ **15.** *verbal noun.* – **16.** *cf.* Zusammenziehung. — **~,zie·hend I** *pres p.* – **II** *adj med. pharm.* (*Mittel*) astringent: ~es Mittel astringent. — **Z~,zie·hung** *f* ⟨-; *no pl*⟩ **1.** *cf.* Zusammenziehen. – **2.** (*von Truppen etc*) concentration. – **3.** *ling.* contraction. – **4.** (*von elastischem Material etc*) contraction. – **5.** *med.* a) (*von Muskeln*) contraction, b) (*von Gefäßen*) constriction, c) (*Verengung*) narrowing, d) (*Schrumpfung*) shrinkage, e) (*krampfhafte*) convulsion: ~ des Herzmuskels contraction of the heart muscle, systole (*scient.*).

zu'sam·men,zucken (*getr.* -k·k-) *v/i* ⟨*sep*, -ge-, sein⟩ **1.** (*vor Schmerz*) (vor *dat* with) wince, flinch. – **2.** *cf.* zusammenfahren 2.

'Zu,satz *m* ⟨-es; Zusätze⟩ **1.** *cf.* Zusetzen. – **2.** ⟨*only sg*⟩ addition: unter ~ von etwas with the addition of s.th., when s.th. is added. – **3.** (*Ergänzung*) (zu to) supplement. – **4.** (*zu Nahrungsmitteln etc*) additive: ohne künstliche Zusätze contains no artificial additives. – **5.** (*Beimischung*) admixture: Haarwaschmittel mit einem ~ von Lanolin hair shampoo with an admixture of lanolin. – **6.** (*kleine Menge, Spur, Schuß, Spritzer etc*) dash, soupçon, touch, trace. – **7.** (*zu Kraftstoff u. Öl*) additive. – **8.** (*zu Metallen*) alloying addition. – **9.** *tech.* (*Lötzusatz*) filler metal. – **10.** (*zusätzliche Anmerkung*) addition, additional remark, addendum. – **11.** (*Postskriptum*) postscript. – **12.** *jur.* a) (*zu einem Gesetz, einer Versicherung etc*) rider, b) (*zu einem Testament*) codicil. – **13.** *pl* (*am Ende eines Buches*) addenda. — **~,ab,kom·men** *n pol.* supplementary (*od.* supplement[al]) agreement (*od.* convention). — **~ag·gre,gat** *n* **1.** *tech.* additional (*od.* auxiliary) set. – **2.** *electr.* booster. — **~,an,mel·dung** *f* (*patents*) additional application. — **~,an,trag** *m* **1.** (*zusätzlicher Antrag*) supplementary application. – **2.** (*in Sitzung, Versammlung*) supplementary motion. – **3.** *pol.* (*im Parlament*) amendment. — **~ar,ti·kel** *m pol.* supplementary (*od.* additional) article. — **~,aus,rü·stung** *f tech.* supplementary (*od.* extra) equipment. — **~bat·te,rie** *f electr.* booster (*od.* additional) battery. — **~be,din·gung** *f pol.* supplementary condition. — **~be,la·stung** *f tech.* additional load. — **~be,stim·mung** *f* supplementary provision. — **~be,trag** *m* additional amount. — **~,blitz,leuch·te** *f phot.* **1.** (*mit Kamera verbundene*) extension flash (unit). – **2.** (*durch Photozelle*) slave unit. — **~,dü·se** *f aer. tech.* auxiliary jet. — **~er,klä·rung** *f pol.* supplementary declaration. — **~,for·de·rung** *f* additional claim (*od.* demand). — **~ge,bühr** *f* additional fee. — **~ge,rät** *n* **1.** *tech.* attachment, additional implement, ancillary equipment. – **2.** *electr.* auxiliary set. – **3.** *phot.* accessories *pl.* — **~,haus,halt** *m econ.* supplementary budget. — **~,kar·te** *f* (*für die Eisenbahn etc*) extra (*od.* supplementary, additional) ticket. — **~,klau·sel** *f jur. pol.* additional clause. — **~,ko·sten** *pl econ.* additional (*od.* supplementary) costs. — **~,kräf·te** *pl* additional (*od.* supplementary) forces. — **~kre,dit** *m econ.* supplementary credit (*od.* loan). — **~,la·dung** *f* **1.** *auto.* supercharge. – **2.** *mil.* auxiliary charge, increment. — **~,last** *f tech.* additional load. — **~,lei·stung** *f* additional capacity.

'zu,sätz·lich [-,tsɛtslɪç] **I** *adj* **1.** (*Kosten, Ausgaben, Belastung, Arbeit, Sicherheit etc*) additional, extra, added: es entstanden keine ~en Kosten there were no additional costs. – **2.** (*ergänzend*) supplementary. – **3.** (*für den Notfall*) auxiliary. – **4.** (*weiter, ferner*) further. – **5.** (*über die Pflicht hinausgehend*) supererogatory. – **II** *adv* **6.** (*außerdem*) in addition, as well, besides this (*od.* that), on top of this (*od.* that): ~ zu in addition to, over and above; ~ verdient er hundert Mark durch Nachhilfeunterricht he earns a hundred marks in addition by giving private lessons.

'Zu,satz|,licht *n* **1.** (*theater*) booster light. – **2.** *phot.* booster (*auch* boom) light. — **~,lohn** *m econ.* **1.** additional wage(s *pl sometimes construed as sg*). – **2.** (*Prämie*) bonus, premium, extra (*Am.* premium) pay. — **~,lüf·ter** *m* (*mining*) auxiliary fan. — **~me,tall** *n tech.* (*beim Löten, Schweißen*) filler metal. — **~,mo·tor** *m* booster (engine). — **~,nah·rung** *f* supplementary nutrition, *Am.* interval feeding. — **~pa,tent** *n econ.* additional patent. — **~,prä·mie** *f* additional premium, (*für Sonderleistungen*) extra bonus. — **~pro,gramm** *n* (*radio*) *telev.* additional program (*bes. Br.* programme). — **~pro·to,koll** *n* supplementary protocol. — **~ra,ke·te** *f aer.* booster rocket. — **~,ren·te** *f econ.* supplementary allowance. — **~,schal·ter** *m electr.* booster switch. — **~,steu·er** *f econ.* supplementary tax. — **~,stoff** *m* additive. — **~,stra·fe** *f* additional punishment. — **~ver,ein·ba·rung** *f* supplementary agreement. — **~ver,gü·tung** *f econ.* additional allowance (*od.* remuneration). — **~ver,si·che·rung** *f* supplementary insurance. — **~ver,such** *m* (*sport*) (*beim Gewichtheben*) extra attempt. — **~ver,trag** *m econ. jur.* supplementary (*auch* supplemental) convention (*od.* agreement).

'zu,schal·ten I *v/t* ⟨*sep*, -ge-, h⟩ **1.** *electr.* (*dat od.* zu to) connect. – **2.** (*zwischenschalten*) insert, interconnect. – **3.** (*radio*) *telev.* (*Sender*) hook up. – **II** *v/reflex* sich ~ **4.** (*radio*) *telev.* (*von Sender*) (re)insert. – **III Z~** *n* ⟨-s⟩ **5.** *verbal noun.* – **6.** Z~ eines Senders (*radio*) *telev.* (re)insertion. — **'Zu,schal·tung** *f* ⟨-; -en⟩ **1.** *cf.* Zuschalten. – **2.** insertion, interconnection, *Br. auch* interconnexion.

zu·schan·den [tsu'ʃandən] *adv* (*in Wendungen wie*) etwas ~ machen a) (*Hoffnungen, Erwartungen etc*) to wreck (*od.* ruin, dash) s.th., b) (*Pläne etc*) to thwart (*od.* foil, frustrate) s.th.; ~ werden a) (*von Hoffnungen, Erwartungen etc*) to be wrecked (*od.* ruined, dashed), to come to nothing (*od.* naught), b) (*von Plänen etc*) to be thwarted (*od.* foiled, frustrated), to end up in smoke; sich ~ arbeiten *colloq.* to kill oneself working, to work oneself to the bone; ein Pferd ~ reiten to founder a horse; er hat sein Auto ~ gefahren he has wrecked his car.

'zu,schan·zen *v/t* ⟨*sep*, -ge-, h⟩ j-m etwas ~ *colloq.* (*guten Posten etc*) to help s.o. to s.th., to line up s.th. for s.o., *Br.* to put s.o. in the way of s.th.

'zu,schar·ren *v/t* ⟨*sep*, -ge-, h⟩ (*Loch etc*) close (*s.th.*) over, fill (*s.th.*) up.

'zu,schau·en *v/i* ⟨*sep*, -ge-, h⟩ watch, look on: j-m (bei etwas) ~ to watch s.o. (do[ing] s.th.).

'Zu,schau·er *m* ⟨-s; -⟩ **1.** (*im Theater, Kino*

etc) member of the audience, spectator: die ~ *pl* the audience *sg.* – **2.** (*bei Sportveranstaltungen, im Zirkus, bei öffentlichen Vorführungen etc*) spectator, onlooker, looker-on. – **3.** *telev.* viewer. – **4.** (*zufälliger Beobachter*) bystander, stander-by. – **5.** (*nicht beteiligter, neugieriger Beobachter*) onlooker, looker-on. – **6.** (*aufmerksamer Beobachter*) observer. – **7.** (*Augenzeuge*) (eye)witness. – **8.** *pl* (*im Parlament*) gallery *sg.* — **~beˌfra·gung** *f telev.* **1.** television audience survey. – **2.** (*Abteilung*) audience research.

'Zuˌschaue·rin *f* ⟨-; -nen⟩ **1.** (*im Theater etc*) member of the audience, spectatress, *auch* spectatrix. – **2.** (*bei Sportveranstaltungen etc*) spectatress, *auch* spectatrix, onlooker, looker-on. – **3.** *cf.* Zuschauer 3—7.

'Zuˌschau·er|ˌmen·ge *f* **1.** (*im Theater, Kino etc*) audience. – **2.** (*bei Sportveranstaltungen etc*) crowd (of spectators), audience. – **3.** (*Passanten*) onlookers *pl*, lookers-on *pl*, bystanders *pl*, standers-by *pl*, crowd. — **~ˌmes·sung** *f telev.* audience rating. — **~ˌplät·ze** *pl* **1.** (*im Theater, Kino etc*) seating *sg.* – **2.** (*im Stadion, Zirkus etc*) spectator(s') seats. — **~ˌpost** *f telev.* television program (*bes. Br.* programme) correspondence, viewers' letters *pl.* — **~ˌrän·ge** *pl* (*im Stadion*) terraces. — **~ˌraum** *m* (*im Theater, Kino etc*) auditorium, house. — **~triˌbü·ne** *f* (spectator) stand, *Am. auch* bleacher(s *pl sometimes construed as sg*). — **~ˌzahl** *f meist pl* attendance figure: sinkende ~en falling gates.

'zuˌschau·feln *v/t* ⟨*sep*, -ge-, h⟩ shovel (*od.* fill) (*s.th.*) up.

'zuˌschen·ken *v/t* ⟨*sep*, -ge-, h⟩ *cf.* zugießen 1.

'zuˌschicken (*getr.* -k·k-) *v/t* ⟨*sep*, -ge-, h⟩ j-m etwas ~ to send (*od.* dispatch, despatch) s.o. s.th. (*od.* s.th. to s.o.), (*mit der Post*) *auch* to mail (*bes. Br.* post) s.o. s.th. (*od.* s.th. to s.o.).

'zuˌschie·ben *v/t* ⟨*irr, sep*, -ge-, h⟩ **1.** (*Schiebetür, Schublade, Riegel etc*) close, shut. – **2.** j-m etwas ~ (*Buch, Glas etc*) to push s.th. over to s.o. – **3.** *fig.* (*in Wendungen wie*) j-m die Schuld ~ to lay (*od.* put) the blame (for it) on s.o., to blame s.o. (for it), to lay it at s.o.'s door, to pass the buck to s.o. (*sl.*); j-m die Verantwortung ~ to lay the responsibility (for it) on s.o., to hold s.o. responsible (for it); → Peter 1.

'zuˌschie·ßen I *v/t* ⟨*irr, sep*, -ge-, h⟩ **1.** *colloq.* (*beisteuern*) contribute: ihr Vater hat tausend Mark zu der Wohnung zugeschossen her father contributed a thousand marks to(ward[s]) the apartment (*bes. Br.* flat). – **2.** j-m wütende Blicke ~ *fig.* to glower (*od.* glare) at s.o., to dart angry looks at s.o., to look daggers at s.o. – **3.** j-m den Ball ~ to kick the ball (over) to s.o. – **II** *v/i* ⟨sein⟩ **4.** auf j-n ~ *colloq.* to dash (*od.* dart, shoot) up to s.o.

'Zuˌschlag *m* **1.** (*Preisaufschlag*) extra (*od.* additional) charge, surcharge: die Filme wurden mit einem ~ von fünf Mark verkauft the films were sold at an extra charge of five marks. – **2.** (*zum Fahrpreis*) supplement, excess fare: der Zug kostet ~ there is a supplement on the tickets for that train. – **3.** (*für Postsendungen*) surcharge. – **4.** (*zur Steuer*) surtax, additional tax. – **5.** (*Erhöhung*) increase, augmentation. – **6.** (*Extrazahlung, Sondervergütung*) bonus, extra pay. – **7.** (*bei Ausschreibungen*) award (of the contract), acceptance of tender: die Firma X erhielt den ~ (für den Auftrag) the firm of X obtained (*od.* was awarded) the contract. – **8.** (*bei Auktionen*) award: Herr X erhielt den ~ für das Gemälde the painting was knocked down (*od.* went) to Mr. X. – **9.** *civ.eng.* (*für Mörtel u. Beton*) addition, admixture. – **10.** *metall.* flux, addition.

'zuˌschla·gen I *v/t* ⟨*irr, sep*, -ge-, h⟩ **1.** (*Deckel, Fenster, Tür etc*) slam (*od.* bang) (*s.th.*) (shut). – **2.** (*Buch etc*) close. – **3.** (*Kiste etc*) nail (*s.th.*) shut (*od.* up). – **4.** j-m den Ball ~ (*beim Tennis etc*) to hit the ball (over) to s.o. – **5.** (*aufschlagen*) add (*s.th.*) (on), put (*s.th.*) on: auf den Preis werden 10% zugeschlagen 10% is added on to the price, the price is increased (*od.* put up) by 10%. – **6.** j-m etwas ~ *econ.* a) (*bei einer Ausschreibung*) to award s.th. to s.o., b) (*bei einer Auktion*) to knock s.th. down to s.o.: das Gemälde wurde einem Kunsthändler zugeschlagen the painting was knocked down to an art dealer; der Auftrag wurde der Firma X zugeschlagen the firm of X obtained (*od.* was awarded) the contract. – **II** *v/i* ⟨h *u.* sein⟩ **7.** ⟨sein⟩ (*von Tür etc*) slam (*od.* bang) (shut). – **8.** ⟨h⟩ (*Schläge austeilen*) hit, strike, (*mit der Faust*) *auch* punch: schlag zu! hit him hard! let him have it! (*sl.*). – **9.** ⟨h⟩ *fig.* strike: das Schicksal hat erbarmungslos zugeschlagen fate struck mercilessly; der Mörder hat wieder zugeschlagen the murderer has struck again; der Gegner hatte hart zugeschlagen *mil.* the enemy had struck hard.

'Zuˌschlä·ger *m tech.* (*in der Schmiede*) hammerman, striker.

'Zuˌschlagˌham·mer *m tech. cf.* Vorschlaghammer.

'zuˌschlag(s)|ˌfrei *adj econ.* without extra charge(s). — **Z~geˌbühr** *f* **1.** extra (*od.* additional) fee. – **2.** (*postal service*) surcharge. – **3.** (*railway*) excess (*od.* extra) fare. — **Z~ˌkar·te** *f* (*railway*) extra (*od.* supplementary) ticket. — **~ˌpflich·tig** *adj econ.* subject to (an) extra charge. — **Z~ˌprä·mie** *f* extra premium.

'Zuˌschlag|ˌstoff *m* **1.** *tech.* (*im Zeitstudienwesen*) allowance. – **2.** *meist pl metall.* extra charge. – **3.** *civ.eng.* (*beim Beton*) aggregate. — **~ˌzoll** *m econ.* extra (*od.* additional) duty.

'zuˌschlie·ßen *v/t* ⟨*irr, sep*, -ge-, h⟩ **1.** (*Tür, Schrank etc*) lock. – **2.** (*Haus, Laden, Zimmer etc*) lock (up).

'zuˌschmei·ßen *v/t* ⟨*irr, sep*, -ge-, h⟩ *colloq.* (*Tür etc*) slam (*od.* bang) (*s.th.*) (shut), fling (*s.th.*) shut.

'zuˌschmie·ren *v/t* ⟨*sep*, -ge-, h⟩ (*Fugen etc*) smear (*od.* daub) (*s.th.*) up (*od.* over).

'zuˌschnal·len *v/t* ⟨*sep*, -ge-, h⟩ (*Gürtel etc*) buckle, fasten, (*mit Riemen*) *auch* strap.

'zuˌschnap·pen *v/i* ⟨*sep*, -ge-, h *u.* sein⟩ **1.** ⟨sein⟩ (*von Türschloß*) click (*od.* snap) shut. – **2.** ⟨sein⟩ (*von Taschenmesser etc*) snap shut, close with a snap. – **3.** ⟨h⟩ (*zubeißen*) (*bes. von Hund*) snap.

'Zuˌschnei·de|ˌbrett *n* (*der Sattler, Schuster etc*) cutting board. — **~ˌkunst** *f* (*in der Schneiderei*) art of cutting out. — **~ˌkur·sus** *m* cutting-out course. — **~maˌschi·ne** *f* (*in der Konfektion*) cutting-out machine.

'zuˌschnei·den *v/t* ⟨*irr, sep*, -ge-, h⟩ **1.** (*Kleidungsstücke*) cut out: ein Kleid nach einem Schnittmuster ~ to cut out a dress from a pattern. – **2.** *tech.* (*auf eine bestimmte Größe schneiden*) (*Blech, Holz, Glas etc*) cut (*s.th.*) to size: Bleche rechtwinklig ~ to square sheets. – **3.** *metall.* (*Rohlinge*) blank.

'Zuˌschnei·der *m* (*für Kleidungsstücke*) cutter.

ˌZu·schnei·de'rei *f* cutting-out room.

'Zuˌschnei·de·rin *f* cutter.

'Zuˌschnei·de|ˌsche·re *f* (*in der Schneiderei*) cutting-out scissors *pl* (*sometimes construed as sg*), trimmers *pl.* — **~ˌtisch** *m* cutting board.

'zuˌschnei·en *v/t* ⟨*only pp*⟩ zugeschneit werden to be snowed in (*bes. Br.* up).

'Zuˌschnitt *m* **1.** (*eines Kleidungsstücks*) cut. – **2.** *fig.* (*Format*) caliber, *bes. Br.* calibre, stature: ein Mann von seinem ~ wird es weit bringen a man of his caliber will go far. – **3.** *fig. lit.* (*Aufbau, Gestaltung*) pattern: der ~ seines Lebens the pattern of his life.

'zuˌschnü·ren *v/t* ⟨*sep*, -ge-, h⟩ **1.** (*Paket etc*) tie (*od.* bind) up. – **2.** (*Schuhe, Mieder etc*) lace up. – **3.** j-m die Kehle (*od.* Gurgel) ~ a) to strangle s.o., b) *fig. colloq.* (*j-n wirtschaftlich ruinieren*) to cut s.o.'s throat: (die) Angst schnürte ihm die Kehle zu *fig.* fear choked him, he was choked with fear.

'zuˌschrau·ben *v/t* ⟨*sep*, -ge-, h⟩ **1.** (*Glas, Dose etc*) screw (*s.th.*) shut. – **2.** (*Deckel etc*) screw (*s.th.*) on.

'zuˌschrei·ben *v/t* ⟨*irr, sep*, -ge-, h⟩ **1.** *colloq.* (*Geschriebenes hinzufügen*) add: einige Worte ~ to add a few words. – **2.** (*zum Konto hinzufügen*) credit: dieser Betrag ist dem Reservefonds zugeschrieben worden this amount was credited to (*od.* added to, placed to the credit of) the reserve fund. – **3.** (*Grundstück*) transfer. – **4.** (*anlasten*) blame: das hast du dir selbst zuzuschreiben you have yourself to blame (*od.* thank) for that, that is your own fault (*od.* doing); das kann man nur deiner Dummheit ~ (only) your stupidity is to blame for that; die Schuld an dem Unfall ist ihm zuzuschreiben he is to blame for the accident. – **5.** (*beimessen, zuerkennen*) ascribe, attribute: einer Sache große Bedeutung ~ to ascribe great importance to a matter; das Verdienst wird ihm zugeschrieben he is given credit for it, he is credited with it. – **6.** etwas wird j-m [etwas] zugeschrieben (*nachgesagt*) s.th. is ascribed (*od.* attributed, imputed) to s.o. [s.th.]: dieser Pflanze wird eine heilkräftige Wirkung zugeschrieben healing power is ascribed to this plant, this plant is said to have healing power; dieses Bild wird Rembrandt zugeschrieben this painting is ascribed to (*od.* said to be by) Rembrandt. – **7.** (*zurückführen*) (*dat* to) attribute, ascribe, put (*s.th.*) down: das ist nur der Tatsache zuzuschreiben, daß that is only due to the fact that.

'zuˌschrei·en *v/t* ⟨*irr, sep*, -ge-, h⟩ j-m etwas ~ to shout s.th. at s.o.

'zuˌschrei·ten *v/i* ⟨*irr, sep*, -ge-, sein⟩ **1.** auf j-n ~ to stride (*od.* walk) up to s.o. – **2.** (kräftig *od.* tüchtig) ~ *colloq.* to step out well, to put one's best foot forward (*od.* foremost), to step on it (*colloq.*).

'Zuˌschrift *f* **1.** (*Leserbrief etc*) letter. – **2.** (*auf eine Annonce*) answer, reply: ich habe auf meine Anzeige viele ~en bekommen I received many replies to my advertisement, many people answered my advertisement.

zu'schul·den [tsu-] *adv* sich (*dat*) etwas ~ kommen lassen to get on the wrong side of the law, to make oneself guilty of an offence (*Am.* offense).

'Zuˌschuß *m* **1.** (*einmalige Leistung*) contribution: die Krankenkasse gibt einen ~ zu meiner Kur the health insurance pays a contribution toward(s) my cure. – **2.** (*regelmäßige Leistung*) allowance: er bekommt von seinen Eltern einen ~ zu seinem Studium he gets an allowance for his studies from his parents; j-m einen ~ gewähren to grant s.o. an allowance. – **3.** (*Kostenbeitrag*) subsidy. – **4.** (*staatlicher*) subsidy, subvention, grant: innerstaatliche Zuschüsse grants-in-aid. – **5.** *print.* spoilage, waste sheets *pl*, *Br.* overs *pl.* — **~beˌtrieb** *m* subsidized (*Br. auch* -s-) (*od.* debt-incurring) business (*od.* firm). — **~ˌbo·gen** *m print.* oversheet.

'zuˌschu·stern *v/t* ⟨*sep*, -ge-, h⟩ **1.** j-m etwas ~ *colloq. cf.* zuschanzen. – **2.** Geld ~ *cf.* zusetzen 2.

'zuˌschüt·ten *v/t* ⟨*sep*, -ge-, h⟩ **1.** (*Loch, Graben etc*) fill (*s.th.*) up. – **2.** *colloq.* (*hinzuschütten*) add.

'zuˌse·hen I *v/i* ⟨*irr, sep*, -ge-, h⟩ **1.** watch, look on: j-m bei der Arbeit ~ to watch s.o. work(ing) (*od.* at work); den Kindern beim Spielen ~ to watch the children play(ing) (*od.* at play); aus sicherer Entfernung ~ to watch from a safe distance; ich mußte untätig ~, wie er gequält wurde I had to watch how he was tortured without being able to do anything. – **2.** *fig.* (*abwarten*) wait: ich werde noch eine Weile ~, bevor ich eingreife I'll wait a while before I interfere. – **3.** *fig.* (*etwas dulden, untätig bleiben*) sit (*od.* stand) back and watch, sit on one's hands: kannst du ruhig ~, wenn ein solches Unrecht geschieht? can you just sit back and watch such (an) injustice? can you sit on your hands while such injustice is going on? jetzt kann ich nicht mehr länger ~ I can't just sit back and watch any longer now. – **4.** *colloq.* (*sich bemühen*) see (to it) that: wir müssen ~, daß wir bis heute abend fertig werden we must see (to it) that we get finished by this evening; sieh doch zu, daß du mitkommen kannst see if you can (*od.* try to) come with us. – **5.** *colloq.* (*aufpassen*) take care, be careful, mind, watch: sieh zu, daß du nicht fällst take care that you don't fall, be careful (*od.* mind, watch) (that) you don't fall, watch your step. – **II Z~** *n* ⟨-s⟩ **6.** *verbal noun*: bei näherem (*od.* genauerem) Z~ stellte ich fest, daß (up)on closer inspection (*od.* examination) I noticed that; vom Z~ wird niemand satt (*Sprichwort*) *etwa* seeing others eat does not appease one's hunger.

'zuˌse·hends [-ˌzeːənts] *adv* **1.** (*sichtlich*) appreciably, noticeably, visibly: dem Kranken geht es ~ besser the patient is improving appreciably. – **2.** (*sehr schnell*) rapidly.

'zuˌsein *v/i* ⟨*irr, sep*, -ge-, sein⟩ *colloq.* be closed (*od.* shut).

'zuˌsen·den *v/t* ⟨*meist irr, sep*, -ge-, h⟩ *cf.* zuschicken.

'Zu,sen·dung *f* **1.** (*Ware*) consignment. – **2.** (*Post*) sending.

'zu,set·zen I *v/t* ⟨*sep*, -ge-, h⟩ **1.** (*hinzufügen*) add: Wasser zum Wein ~ a) to add water to wine, b) (*panschen*) to adulterate (*od.* water) wine. – **2.** Geld ~ to lose money: er hat bei dem Geschäft tausend Mark zugesetzt he lost a thousand marks on that transaction. – **3.** *colloq.* nicht viel zuzusetzen haben not to have much extra fat (*od.* weight); einiges zuzusetzen haben to have some spare fat (*od.* weight). – **II** *v/i* **4.** j-m ~ a) (*mit Fragen, Bitten etc*) to badger (*od.* pester, plague, harass, ply) s.o., b) (*von Krankheit, großer Hitze etc*) to take it out of s.o., c) (*von Kummer, Leid etc*) to affect s.o. (badly), d) *mil.* to harass s.o.: j-m mit Bitten ~, bis er nachgibt to badger s.o. with entreaties until he gives in; ihm wurde so lange zugesetzt, bis er gestand he was badgered until he owned up; die Krankheit hat ihm sehr zugesetzt the illness took a lot out of him (*colloq.*). – **III** Z~ *n* ⟨-s⟩ **5.** *verbal noun.*

'zu,si·chern I *v/t* ⟨*sep*, -ge-, h⟩ j-m etwas ~ to assure s.o. of s.th., to guarantee (*auch* guaranty) s.o. s.th. – **II** Z~ *n* ⟨-s⟩ *verbal noun.* — **'Zu,si·che·rung** *f* **1.** *cf.* Zusichern. – **2.** assurance, guarantee, *auch* guaranty: eine ~ erhalten to obtain (*od.* be given, receive) an assurance.

'zu,sie·geln *v/t* ⟨*sep*, -ge-, h⟩ seal (*s.th.*) (up).

Zu'spät,kom·men·de [tsu-] *m, f* ⟨-n; -n⟩ latecomer.

'Zu,spei·se *f obs. od. Austrian gastr. for* Beilage 3.

'zu,sper·ren *v/t* ⟨*sep*, -ge-, h⟩ *cf.* zuschließen.

'Zu,spiel *n* ⟨-(e)s; *no pl*⟩ (*sport*) **1.** (*Paß*) pass. – **2.** (*allgemein*) passing: genaues ~ accurate passing. — **'zu,spie·len** *v/t* ⟨*sep*, -ge-, h⟩ **1.** j-m den Ball ~ (*sport*) to pass the ball to s.o.; → Ball[1] 1. – **2.** j-m etwas ~ *fig.* to pass s.th. to s.o. surreptitiously (*od.* on the sly).

'zu,spit·zen I *v/t* ⟨*sep*, -ge-, h⟩ **1.** (*Holz etc*) point, taper, sharpen. – **2.** *fig.* (*Rede, Worte etc*) sharpen. – **II** *v/reflex* sich ~ **3.** (*von Lage, Situation etc*) come to a head, become (more and more) critical (*od.* grave). – **III** Z~ *n* ⟨-s⟩ **4.** *verbal noun.* — **'Zu,spit·zung** *f* ⟨-; *no pl*⟩ **1.** *cf.* Zuspitzen. – **2.** *fig.* (*der Lage, Situation etc*) increasing gravity.

'Zu,spit·zungs·ver,hält·nis *n aer.* taper ratio.

'zu,spre·chen I *v/t* ⟨*irr, sep*, -ge-, h⟩ **1.** j-m Mut ~ to encourage s.o.; j-m Trost ~ to comfort (*od.* console) s.o. – **2.** j-m ein Telegramm ~ (*telephonisch übermitteln*) to deliver a telegram by telephone to s.o. – **3.** j-m etwas ~ (*zuerkennen*) a) *jur.* (*Erbe etc*) to adjudicate (*od.* award, adjudge) s.th. to s.o., b) *jur.* (*Kind bei Scheidungsklage*) to grant custody of (*a child*) to s.o., c) (*Preis*) to award s.th. to s.o.: das Gericht sprach ihm die Erbschaft zu the court awarded the inheritance to him; das Kind wurde der Mutter zugesprochen the mother was granted custody of the child. – **II** *v/i* **4.** j-m begütigend (*od.* besänftigend) ~ to calm s.o.; j-m freundlich ~ to speak gently to s.o.; j-m ermutigend [tröstend] ~ to encourage [to comfort *od.* console] s.o. – **5.** *colloq.* do justice to: einer Speise gut (*od.* tüchtig) ~ to do ample justice to a dish; die Gäste haben dem Wein tüchtig (*od.* kräftig) zugesprochen the guests did full justice to the wine. – **III** Z~ *n* ⟨-s⟩ **6.** *verbal noun.* — **'Zu,spre·chung** *f* ⟨-; *no pl*⟩ **1.** *cf.* Zusprechen. – **2.** (*Zuerkennung*) adjudication, award, adjudg(e)ment.

'zu,sprin·gen *v/i* ⟨*irr, sep*, -ge-, sein⟩ auf j-n ~ to jump at s.o.

'Zu,spruch *m* ⟨-(e)s; *no pl*⟩ **1.** words *pl*: auf ihren besänftigenden [tröstlichen, freundlichen] ~ hin beruhigte er sich he calmed down at her soothing [comforting *od.* consoling, friendly] words; auf j-s ~ hören to listen to s.o. – **2.** (*Anklang, Beliebtheit*) reception, approval, appreciation: der Film fand großen ~ the film was well received (*od.* met with a favo[u]rable reception, went down well); allgemeinen ~ finden to meet with general approval; das kalte Büfett fand regen ~ the cold buffet was greatly appreciated (*od.* went down well). – **3.** (*Zulauf, viele Besucher*) popularity: der Arzt hat viel ~ the doctor is much sought after (*od.* is very popular, is in great demand); das neue Lokal erfreut sich großen ~s the new restaurant is very popular (*od.* enjoys great popularity).

'Zu,stand *m* ⟨-(e)s; ⸚e⟩ **1.** (*Verfassung*) condition, state: körperlicher ~ physical state, shape; seelischer ~ mental state; der ~ des Patienten hat sich gebessert [verschlechtert] the patient's condition has improved [deteriorated]; sein ~ ist ernst [bedenklich, hoffnungslos] his condition is serious [critical, hopeless]; im ~ der Trunkenheit in a drunken state, under the influence of alcohol; in diesem ~ möchte ich dich nicht allein lassen I wouldn't like to leave you alone in your condition. – **2.** (*augenblickliche Lage*) state of affairs: das ist ein unerträglicher (*od.* unhaltbarer) ~ that is an intolerable state of affairs; ich fand alles in demselben ~ vor, wie ich es verlassen hatte I found everything as I had left it; das ist doch kein ~! *colloq.* that's intolerable! – **3.** *pl* (*Verhältnisse*) conditions: in den von dem Erdbeben heimgesuchten Gebieten herrschen katastrophale Zustände conditions are catastrophic in the areas (that have been) hit by the earthquake; → Rom 1. – **4.** (*von Gebäuden, Autos, Kleidung etc*) condition, order, state: das Haus ist in sehr schlechtem ~ the house is in very bad condition (*od.* in a very bad state). – **5.** *phys.* state: fester [flüssiger, gasförmiger] ~ solid [liquid, gaseous] state; vom festen in den flüssigen ~ übergehen to pass from a solid (in)to a liquid state. – **6.** *pl colloq.* (*Nervenanfälle*) fit *sg*: Zustände bekommen (*od.* kriegen) to have a fit (*colloq.*); da kriegt man ja Zustände! that would (*od.* is enough to) drive you mad (*Br. sl.* round the bend).

zu·stan·de [tsu'ʃtandə] *adv* **1.** etwas ~ bringen a) to manage (*od.* achieve, accomplish) s.th., to succeed in (doing) s.th., to consummate s.th., b) (*mit Erfolg durchführen*) to bring s.th. off, to achieve s.th.: er hat schier Unmögliches ~ gebracht he achieved the virtually impossible; was mir nicht gelungen ist, wirst du auch nicht ~ bringen you will not manage what I did not succeed in doing; einen Frieden ~ bringen to achieve (*od.* bring about) peace. – **2.** ~ kommen a) to come off, to materialize *Br. auch* -s-, b) (*von Gesetz*) to be passed (*od.* made): das Treffen ist nicht ~ gekommen the meeting didn't come off; eine Einigung ist nicht ~ gekommen no agreement was reached (*od.* achieved); die Ehe ist nicht ~ gekommen the marriage didn't come off; das Gesetz ist verfassungsmäßig ~ gekommen the law was passed constitutionally.

Zu'stan·de|,brin·gen *n* achievement, accomplishment, consummation. — ~,**kom·men** *n* materialization *Br. auch* -s-: das ~ des Treffens verdanken wir ihm we owe it to him that the meeting materialized (*od.* came off).

'zu,stän·dig *adj* **1.** responsible, appropriate (*attrib*): niemand will für diesen Fall ~ sein nobody wants to be responsible for this case; ich habe mich an den ~en Beamten gewandt I approached the appropriate official (*od.* the official in charge); für diese Fragen bin ich nicht ~ I'm not competent to answer these questions. – **2.** *jur.* (*Richter, Behörde, Gericht etc*) competent, cognizant: ~es Gericht court of competent jurisdiction; ~e Behörde (*od.* Stelle) competent authority; sich für ~ erklären to declare oneself competent. – **3.** nach Wien ~ sein *Austrian* (*officialese*) to have the right of domicile in Vienna. — **'Zu,stän·dig·keit** *f* ⟨-; *no pl*⟩ **1.** responsibility. – **2.** *jur.* a) (*sachliche*) competence, competency, jurisdiction, cognizance, b) (*örtliche*) (territorial) jurisdiction: örtliche ~ eines Gerichts venue. – **3.** *cf.* Zuständigkeitsbereich.

'Zu,stän·dig·keits·be,reich *m* **1.** (sphere of) responsibility, purview: das fällt nicht in meinen ~ that does not fall within my purview. – **2.** *jur.* competence, jurisdiction: zu dem ~ eines Gerichts gehören to be within the competence of a court; seinen ~ überschreiten to exceed one's competence.

'zu,stän·dig·keits,hal·ber *adv* for reasons of competence.

'Zu,stän·dig·keits,streit *m* conflict of (*od.* dispute over) competence.

'Zu,stands|,än·de·rung *f phys.* change of state. — ~**dia,gramm** *n* state diagram. — ~,**glei·chung** *f* equation of state. — ~,**grö·ße** *f* variable of state.

zu·stat·ten [tsu'ʃtatən] *adv* etwas kommt j-m ~ a) s.th. stands s.o. in good stead, s.th. is useful to s.o., b) (*gelegen kommen*) s.th. comes in handy to s.o.: was du jetzt lernst, wird dir später ~ kommen what you learn now will stand you in good stead later.

'zu,stecken (*getr.* -k·k-) *v/t* ⟨*sep*, -ge-, h⟩ **1.** (*mit Nadeln schließen*) pin (*s.th.*) together. – **2.** j-m etwas ~ (*heimlich geben*) to slip s.o. s.th., to slip s.th. into s.o.'s hands: seine Großmutter steckt ihm hin und wieder ein paar Mark zu his grandmother slips him a few marks now and again.

'zu,ste·hen *v/i* ⟨*irr, sep*, -ge-, h *u.* sein⟩ **1.** j-m steht etwas zu s.o. is entitled to s.th., s.o. has a claim to s.th., s.th. is due to s.o.: 25% des Gewinns stehen ihm rechtlich zu he is lawfully entitled to 25% of the profit; das steht mir von Rechts wegen zu I am lawfully entitled to that, that is my lawful right; dieser Titel steht mir nicht zu I have no right to this title. – **2.** es steht j-m nicht zu, etwas zu tun s.o. has no right to do s.th., it is not for s.o. to do s.th.: es steht mir nicht zu, dein Handeln zu tadeln I have no right to criticize (*Br. auch* -s-) your action; darüber steht Ihnen kein Urteil zu it's not for you to judge that.

'zu,stei·gen *v/i* ⟨*irr, sep*, -ge-, sein⟩ (*in Bus, Straßenbahn etc*) get on: noch jemand zugestiegen? a) any more (*od.* all) fares, please? b) (*im Zug*) any more tickets, please? Fahrgäste ~ lassen to take on passengers; zehn Passagiere sind am Flughafen Hamburg zugestiegen ten passengers boarded the plane (*od.* joined the flight) at Hamburg airport.

'Zu,stell|,amt *n* (*postal service*) *cf.* Zustellpostamt. — ~**be,reich** *m* delivery area. — ~**be,zirk** *m* delivery walk (*od.* round), postman's walk. — ~,**dienst** *m* delivery service.

'zu,stel·len[1] **I** *v/t* ⟨*sep*, -ge-, h⟩ **1.** *econ.* deliver. – **2.** (*postal service*) (*Briefe, Telegramme etc*) deliver. – **3.** *jur.* serve: j-m eine Ladung ~ to serve a citation (*od.* summons) (up)on s.o., to serve s.o. with a citation (*od.* summons). – **II** Z~ *n* ⟨-s⟩ **4.** *verbal noun.* – **5.** *cf.* Zustellung.

'zu,stel·len[2] *v/t* ⟨*sep*, -ge-, h⟩ (*Verbindungstür etc*) set a piece of furniture across (*od.* in front of), block: die Tür mit einem Schrank ~ to set a cupboard across the door.

'Zu,stel·ler *m* ⟨-s; -⟩ **1.** (*von Briefen, Paketen, Zeitungen etc*) postman, *Am.* mailman, *Am. auch* mail (*od.* letter) carrier; (*bes. für Telegramme*) telegram messenger. – **2.** *jur.* (*einer gerichtlichen Verfügung*) process server.

'Zu,stell|ge,bühr *f* (*postal service*) (*für Pakete*) postal delivery fee. — ~,**post,amt** *n* delivery (post) office.

'Zu,stel·lung *f* ⟨-; *no pl*⟩ **1.** *cf.* Zustellen[1]. – **2.** delivery: ~ durch die Post delivery by mail (*Br.* post). – **3.** *jur.* (*von gerichtlichen Verfügungen*) service: ~ einer Ladung service of a summons.

'Zu,stel·lungs|be,am·te *m jur.* process server. — ~**be,voll,mäch·tig·te** *m, f* person authorized (*Br. auch* -s-) to accept service on s.o.'s behalf. — ~,**nach,weis** *m* proof of service. — ~,**ur,kun·de** *f* (*postal service*) documentary evidence of the delivery.

'Zu,stell·ver,merk *m* (*postal service*) indication of reason for nondelivery (*Br.* non-delivery).

'zu,steu·ern I *v/i* ⟨*sep*, -ge-, h *u.* sein⟩ **1.** auf (*acc*) etwas ~ a) ⟨h *u.* sein⟩ *mar.* to steer (*od.* make, head) for s.th., b) ⟨h *u.* sein⟩ *fig.* (*zutreiben*) to be heading for s.th., c) ⟨h⟩ *fig.* (*abzielen*) to be aiming (*od.* getting) at s.th.: das Schiff steuerte auf die Küste zu the ship steered for the coast; bei dieser Politik steuern wir auf einen Krieg zu this policy is heading for war. – **2.** ⟨sein⟩ auf j-n [etwas] ~ (*geradewegs zugehen*) to make (*od.* head, make a beeline) for s.o. [s.th.]. – **II** *v/t* ⟨h⟩ **3.** *colloq.* (*beisteuern*) contribute.

'zu,stim·men I *v/i* ⟨*sep*, -ge-, h⟩ **1.** j-m ~ a) to agree with s.o., to assent to s.o.'s opinion, (*ohne Widerspruch*) to acquiesce in s.o.'s opinion, b) (*j-s Vorhaben billigen*) to consent to s.o.: er stimmte mir nicht zu he did not agree with me, he disagreed with me. – **2.** einer Sache ~ to agree (*od.* consent) to s.th., to approve s.th., to give one's assent to s.th., to accede to s.th. –

II Z~ *n* ⟨-s⟩ **3.** *verbal noun.* – **4.** *cf.* Zustimmung. — **'zu,stim·mend I** *pres p.* – **II** *adj* **1.** (*Antwort etc*) affirmative, positive: **eine ~e Antwort** an affirmative answer, an answer in the affirmative. – **2.** (*Kopfnicken etc*) assenting: **ein ~es Nicken** a nod of assent. – **III** *adv* **3. ~ nicken** to give a nod of assent, to nod one's head in agreement. — **'Zu,stim·mung** *f* ⟨-; *no pl*⟩ **1.** *cf.* Zustimmen. – **2.** consent, assent, agreement, approval, accord, suffrage: **stillschweigende ~** implicit (*od.* implied, tacit) consent; **nur widerwillig** (*od.* **zögernd**) **seine ~ geben** to consent reluctantly, to give reluctant consent; **seine ~ zu etwas geben** (*od.* **erteilen**) to give one's consent to s.th.; **seine ~ verweigern** to refuse (*od.* withhold) one's consent; **etwas findet allgemeine ~** s.th. meets with general consent (*od.* approval).

'Zu,stim·mungs·ge,setz *n BRD pol. jur. bill subject to an affirmative vote by the 'Bundesrat'.*

'zu,stop·fen *v/t* ⟨*sep*, -ge-, h⟩ **1.** (*mit Füllmaterial schließen*) plug (up), stop (up), stuff up. – **2.** (*Loch im Strumpf etc*) darn, mend.

'zu,stöp·seln *v/t* ⟨*sep*, -ge-, h⟩ cork (*od.* bung, stopper, stopple) up, plug (up).

'zu,sto·ßen I *v/t* ⟨*irr, sep*, -ge-, h⟩ **1.** (*Tür etc*) push (*s.th.*) shut, (*mit Wucht*) bang (*s.th.*) shut. – **II** *v/i* ⟨h *u.* sein⟩ **2.** ⟨h⟩ (*mit dem Messer*) stab. – **3.** ⟨h⟩ (*beim Fechten*) thrust, (*mit Ausfallschritt*) lunge. – **4.** ⟨sein⟩ happen: **ihm muß etwas zugestoßen sein, sonst wäre er schon hier** something must have happened to him, otherwise he would be here by now; **ihm ist ein Unglück zugestoßen** he had (*od.* met with) an accident; **falls mir etwas ~ sollte** should anything happen to me, in case of accident.

'zu,stre·ben *v/i* ⟨*sep*, -ge-, h *u.* sein⟩ (*dat*) **1.** ⟨sein⟩ make (*od.* head) for: **die Zuschauer strebten dem Ausgang zu** the audience made for the exit. – **2.** ⟨h⟩ *fig.* head for: **einem beruflichen Ziel ~** to head for a professional goal.

'Zu,strom *m* ⟨-(e)s; *no pl*⟩ **1.** inflow, influx, inpour, inrush: **ein ständiger ~ von Arbeitskräften aus dem Süden** a permanent inflow of labo(u)r from the south; **heimlicher ~** *pol.* infiltration. – **2.** (*von Frischluft etc*) inflow, inrush: **~ frischer Meeresluft** *meteor.* inflow of fresh sea air. – **3.** (*Andrang, Ansturm*) rush, run. – **4.** *cf.* Zufluß 5, 6.

'zu,strö·men *v/i* ⟨*sep*, -ge-, sein⟩ (*dat*) **1.** (*von Flüssen*) flow (*od.* stream) toward(s). – **2.** *fig.* (*von Menschenmenge etc*) stream (*od.* crowd, throng) toward(s).

'zu,stür·men *v/i* ⟨*sep*, -ge-, sein⟩ **auf j-n ~** to rush up to s.o.

'zu,stür·zen *v/i* ⟨*sep*, -ge-, sein⟩ **auf j-n ~** to rush up to s.o., to descend (*od.* light) (up)on s.o., to make for s.o.: **sobald er aus dem Haus trat, stürzten gleich zehn Reporter auf ihn zu** as soon as he stepped out of the house, ten reporters descended (up)on him.

'zu,stut·zen *v/t* ⟨*sep*, -ge-, h⟩ **1.** *cf.* zurechtschneiden. – **2.** (*passend machen*) cut (*s.th.*) to size, fit. – **3.** *fig.* (*Stück für die Bühne etc*) adapt. – **4.** *fig.* (*zurechtmachen*) lick (*s.th.*) into shape, make (*s.th.*) presentable.

zu·ta·ge [tsu'taːgə] *adv* **1. ein Geheimnis ~ bringen** (*od.* **fördern**) to bring a secret to light, to unearth (*od.* disclose, uncover, reveal) a secret; **seine Absichten liegen offen** (*od.* **klar**) **~** his intentions are evident (*stärker* obvious); **seine Schuld ist ~ gekommen** (*od.* **getreten**) his guilt came (*od.* was brought) to light (*od.* became manifest, was revealed). – **2. ~ bringen** (*mining*) *cf.* fördern 13. – **3. ~ treten** *geol.* to outcrop.

'Zu,tat *f* ⟨-; -en⟩ *meist pl* **1.** *gastr.* ingredient. – **2.** (*beim Nähen*) accessory, extra.

zu'teil [tsu-] *adv* **j-m wird etwas ~** *lit.* s.o. is given s.th., s.th. is bestowed (up)on s.o. (*lit.*): **dieses Glück ist mir nicht ~ geworden** this good fortune was not bestowed on me, this good fortune did not fall to my share (*od.* lot), I never met with this good fortune; **dem Kranken wurde die beste Behandlung ~** the patient was given the best treatment; **ihm ist nie die rechte Aufmerksamkeit ~ geworden** he was never given due attention; **etwas ist j-m in reichem Maße ~ geworden** s.th. was lavished on s.o.; **j-m eine Vergünstigung ~ werden lassen** to award (*od.* grant, allow) s.o. a privilege; **ihm wurde eine freundliche Aufnahme ~** he met with a kind reception, he was kindly received.

'zu,tei·len I *v/t* ⟨*sep*, -ge-, h⟩ **1.** (*Lebensmittel etc*) allot, apportion, ration (*od.* portion) out: **im Krieg wurden der Bevölkerung die Lebensmittel zugeteilt** food was allotted to the population during the war. – **2.** (*zuweisen*) assign, allot, allocate: **j-m eine Arbeit [Aufgabe] ~** to assign a task to s.o., to assign s.o. (to) a task, to allot s.o. a task; **sie hat eine Wohnung zugeteilt bekommen** she has been assigned a flat; **j-m eine Rolle ~** *auch fig.* to assign (*od.* give) s.o. a role. – **3. j-n j-m [einer Stelle] ~** *auch mil.* (*dienstlich*) a) (*ständig*) to assign s.o. to s.o. [a position], b) (*vorübergehend*) to attach s.o. to s.o. [a position]. – **4.** *econ.* a) (*Aktien etc*) allot, b) (*Darlehen*) pay out. – **II Z~** *n* ⟨-s⟩ **5.** *verbal noun.* — **'Zu,tei·lung** *f* ⟨-; -en⟩ **1.** *cf.* Zuteilen. – **2.** allotment, apportionment. – **3.** (*Zuweisung*) assignment, allotment, allocation. – **4.** (*dienstliche, ständige*) assignment. – **5.** (*dienstliche, vorübergehende*) attachment. – **6.** *econ.* (*von Aktien*) allotment. – **7.** (*Kontingent*) quota. – **8.** (*Ration*) ration.

'Zu,tei·lungs|,kurs *m econ.* (*für Aktien*) allotment rate (*od.* price). — **~sy,stem** *n* **1.** quota system. – **2.** allocation system. — **~ver,fah·ren** *n* apportionment (*od.* rationing) procedure.

zu'tiefst [tsu-] *adv* **1.** deeply: **er war ~ gekränkt** he was deeply hurt; **er war ~ betrübt** he was extremely saddened. – **2.** (*sehr*) badly.

'zu,tra·gen I *v/t* ⟨*irr, sep*, -ge-, h⟩ **1.** (*hintragen*) carry: **j-m Holz ~** to carry wood to s.o. – **2.** (*berichten*) report: **das ist mir von einer Nachbarin zugetragen worden** a neighbo(u)r reported that to me. – **II** *v/reflex* **sich ~ 3.** (*sich ereignen*) happen, occur, transpire (*colloq.*): **das hat sich vor vielen Jahren zugetragen** that happened many years ago.

'Zu,trä·ger *m* ⟨-s; -⟩ informant, informer, telltale, talebearer.

,Zu·trä·ge'rei *f* ⟨-; *no pl*⟩ *colloq.* **1.** informing, taletelling, talebearing. – **2.** (*Klatsch*) gossip.

'zu,träg·lich [-,trɛːklɪç] *adj* **1.** (*förderlich*) conducive, beneficial: **Rauchen und Trinken sind der Gesundheit nicht ~** smoking and drinking are not conducive to good health. – **2.** (*gesundheitsfördernd*) healthy, wholesome, salutary, (*Klima*) *auch* salubrious: **diese Art der Ernährung ist ihm nicht ~** this sort of diet is not healthy for him (*od.* does not agree with him); **dieses Klima ist meiner Gesundheit nicht ~** this climate is not salubrious for me. — **'Zu,träg·lich·keit** *f* ⟨-; *no pl*⟩ **1.** conduciveness, beneficialness. – **2.** healthiness, wholesomeness, salutariness, salubrity.

'zu,trau·en *v/t* ⟨*sep*, -ge-, h⟩ **j-m etwas ~** to think (*od.* believe) s.o. capable of s.th.: **traust du ihm eine solche Tat zu?** do you think him capable of such a thing? **das hätte ich ihm nie zugetraut** a) I would never have thought him capable of (doing) that, b) (*anerkennend*) I never knew he had it in him; **das traue ich mir [nicht] zu** I [don't] think I am capable of doing it, I [don't] think I can do it; **du hast dir zuviel zugetraut** a) (*zugemutet*) you have taken on too much, b) (*dich überschätzt*) you have overrated (*od.* overestimated) yourself; **er traut sich überhaupt nichts zu** he has no self-confidence; **ich traue ihm nicht viel Gutes zu** I don't have a very high (*od.* good) opinion of him; **ich hätte dir einen besseren Geschmack zugetraut** I would have thought (that) you had better taste; **das ist ihm zuzutrauen! ihm ist alles zuzutrauen!** I wouldn't put it past him!

'Zu,trau·en *n* ⟨-s; *no pl*⟩ (zu in) confidence, trust: **ich habe kein ~ zu ihm** I have no confidence in him; **~ zu j-m fassen** to begin to have confidence in s.o.; **ich habe alles ~ zu ihm verloren** I have lost all confidence in him.

'zu,trau·lich *adj* **1.** (*Kind etc*) trusting, confiding. – **2.** (*Tier*) friendly, unafraid (*pred*). — **'Zu,trau·lich·keit** *f* ⟨-; *no pl*⟩ **1.** trustingness, confidingness, trusting (*od.* confiding) nature. – **2.** friendliness.

'zu,tref·fen *v/i* ⟨*irr, sep*, -ge-, h⟩ **1.** apply, be right (*od.* correct, true): **seine Behauptung trifft nicht zu** what he says does not apply (*od.* is not correct); **das trifft durchaus zu** that's quite correct; **das dürfte nicht ganz ~** that is not quite correct; **das trifft nicht zu** that is not the case. – **2.** (*gelten*) apply: **dasselbe trifft für ihn zu** the same applies to (*od.* is true for, goes for) him; **diese Regel trifft nicht immer zu** this rule does not always apply (*od.* follow); **das trifft für alle Angestellten zu** that applies to all employees. – **3.** (*passend sein*) fit, apply: **die Beschreibung trifft genau auf ihn zu** the description fits him perfectly. – **4.** (*sich bewahrheiten*) come true, prove (*od.* turn out) (to be) true. — **'zu,tref·fend I** *pres p.* – **II** *adj* apt, appropriate: **eine ~e Beschreibung** an apt (*od.* a fitting) description. – **III Z~e, das** ⟨-n⟩ **Z~es bitte unterstreichen** (*auf Formularen*) please underline what is (*od.* where) applicable.

'zu,tref·fen·den'falls *adv* (*officialese*) if so, if that should be the case, if that be so.

'zu,trei·ben I *v/i* ⟨*irr, sep*, -ge-, sein⟩ drift toward(s): **das Schiff treibt den Klippen zu** the ship drifts toward(s) the cliffs. – **II** *v/t* ⟨h⟩ drive (*s.th.*) toward(s): **den Jägern das Wild ~** to drive the game toward(s) the hunters.

'zu,trin·ken *v/i* ⟨*irr, sep*, -ge-, h⟩ **j-m ~** to drink to (the health of) s.o., to raise one's glass to s.o.

'Zu,tritt *m* ⟨-(e)s; *no pl*⟩ **1.** admission, admittance, entry: **~ unentgeltlich** admission free; **freien ~ zu etwas haben** a) to have free admission to s.th., b) *fig.* to have free access to s.th.; **~ nur mit Ausweis** admission only (up)on presentation of an identity card; **j-m ~ gewähren** to give s.o. admission; **kein ~! ~ verboten!** no admittance! **Unbefugten ist der ~ verboten!** no admittance except on business! admittance for authorized (*Br. auch* -s-) persons only! **~ zu etwas erlangen, sich** (*dat*) **~ zu etwas verschaffen** to gain admittance to s.th.; **~ bei Hofe haben** to be admitted at court. – **2.** (*von Luft, Flüssigkeit etc*) access: **etwas vor ~ von Luft schützen** to protect s.th. from the access of air.

'zu,tu·lich *adj cf.* zutraulich.

'zu,tun[1] **I** *v/t* ⟨*irr, sep*, -ge-, h⟩ *colloq.* (*hinzufügen*) add: **tu bitte noch etwas Milch zu** add a little milk, please. – **II Z~** *n* ⟨-s⟩ *verbal noun*: **ohne mein Z~** a) (*ohne meine Hilfe*) without my help, b) (*ohne eigene Mühe*) without effort on my part, c) (*ohne eigene Schuld*) through no fault of my own (*od.* of mine).

'zu,tun[2] *v/t* ⟨*irr, sep*, -ge-, h⟩ (*schließen*) shut, close: **ich habe die ganze Nacht kein Auge zugetan** *fig.* I didn't sleep a wink (*od.* have a wink of sleep) all night; **er hat die Augen für immer zugetan** *euphem.* he passed away.

'zu,tun·lich *adj cf.* zutraulich.

zu·un·gun·sten [tsu'ʔʊn,gʊnstən] *prep* ⟨*gen, rare nachgestellt dat*⟩ to the disadvantage of.

zu'un·terst [tsu-] *adv* right at the bottom, at the very bottom: **das Oberste ~ kehren** to turn everything upside down (*od.* topsy-turvy, *auch* topsy-turvey).

'zu·ver,läs·sig I *adj* **1.** (*Arbeiter, Freund etc*) reliable, dependable: **ein ~er Mensch** a reliable person. – **2.** (*vertrauenswürdig*) trustworthy. – **3.** (*verantwortungsbewußt*) responsible. – **4.** (*treu*) stanch, *bes. Br.* staunch, faithful. – **5.** (*Arznei, Auto, Nachricht, Wetterbericht etc*) reliable: **aus ~er Quelle** from a reliable source. – **II** *adv* **6.** for sure, for certain: **ich weiß ~, daß** I know for sure that, I am quite certain that. — **'Zu·ver,läs·sig·keit** *f* ⟨-; *no pl*⟩ **1.** reliability, reliableness, dependability, dependableness. – **2.** trustworthiness. – **3.** responsibility. – **4.** stanchness, *bes. Br.* staunchness, faithfulness. – **5.** (*einer Arznei, eines Autos, einer Nachricht etc*) reliableness, *auch* safety.

'Zu·ver,läs·sig·keits|,fahrt *f auto.* reliability run. — **~,prü·fung** *f* reliability test. — **~,über,prü·fung** *f pol.* (*des Personals*) security clearance, screening.

'Zu·ver,sicht *f* ⟨-; *no pl*⟩ **1.** (*Vertrauen in die Zukunft*) confidence, trust, sanguinity (*lit.*): **ich bin voller ~, daß er gesund wird** I am quite confident that he will be cured; **ich habe meine ganze ~ auf dich gesetzt** I have put all my trust in you; **voller ~ in die Zukunft blicken** to look (forward) to the future with confidence (*od.* confidently); **nichts kann meine ~ erschüttern** nothing can shake my confidence; **seine ~ zurück-**

gewinnen to regain one's confidence. – 2. (*Überzeugung*) confidence, assurance: **ich habe die feste** (*od.* **bin der festen**) ~, **daß alles wieder gut wird** I am quite confident that all will be well.

'zu·ver,sicht·lich I *adj* **1.** confident, sanguine (*lit.*): **eine** ~**e Haltung zeigen** to have a confident attitude. – **2.** (*überzeugt*) confident, assured. – **II** *adv* **3.** ~ **hoffen, daß** to be quite confident that. — **'Zu·ver,sicht·lich·keit** *f* ⟨-; *no pl*⟩ *cf.* Zuversicht.

zu'viel [tsu-] *indef pron* **I** (*adjektivisch*) **1.** ⟨*attrib*⟩ (*vor Substantiven im sg*) too much: **es ist** ~ **Zucker im Kaffee** there is too much sugar in the coffee. – **2.** ⟨*attrib*⟩ (*vor Substantiven im pl*) too many: **er hat** ~ **Bücher** he has too many books. – **3.** ⟨*pred*⟩ **es ist ihr alles** ~ everything is too much of an effort to her; **das ist des Guten** ~ (*od.* ~ **des Guten**) *iron.* that's too much of a good thing; **was** ~ **ist, ist** ~ there's a limit to everything. – **II** (*adverbial*) **4.** too much: **er denkt** ~ he thinks too much. – **5.** too many: **in dieser Gruppe ist einer** ~ there is one too many in this group; **er hat einen** ~ **getrunken** he has had one too many (*od.* one over the eight). – **III** (*substantivisch*) **6.** too much: **er hat mir** ~ **berechnet** he charged me too much, he overcharged me; **er weiß** ~ he knows too much; **ich habe schon** ~ **gesagt** I have said too much already; **du hast mir viel** ~ **geschenkt** you have given me far (*od.* much) too much; **das wäre** ~ **verlangt** that would be asking (*od.* expecting) too much; **sie hat sich** ~ **zugemutet** a) (*aufgebürdet*) she has taken on too much, b) (*sich überschätzt*) she has overrated (*od.* overestimated) herself; **da kann man ja** ~ **kriegen!** *colloq.* that's enough to drive you mad (*Br. sl.* round the bend); **besser** ~ **als zuwenig** better too much than too little. – **7.** too many: **es sind** ~ **gekommen** too many have come.

Zu'viel *n* ⟨-s; *no pl*⟩ **ein** ~ **an Schmuck** too much jewel(le)ry; **jedes** ~ **wäre störend** the slightest iota too much would spoil the effect; **ein** ~ **ist besser als ein Zuwenig** better too much than too little.

zu'vor [tsu-] *adv* **1.** (*vorher*) before: **ich habe ihn nie** ~ **gesehen** I have never seen him before; **wir sollten es wieder machen wie** ~ we should do it as (*od.* the way) we did before. – **2.** (*davor*) before(hand): **kurz** ~ **habe ich noch mit ihm gesprochen** I talked to him shortly before; **das war am Tag** ~ that had been the day before (*od.* [on] the previous day); **ich hatte mich** ~ **erkundigt, ob** I had inquired beforehand whether. – **3.** *archaic* (*im voraus*) first, beforehand.

zu'vor·derst [tsu-] *adv* (*ganz vorn*) right in front, right at the front, at the very front.

zu·vör·derst [tsu'fœrdərst] *adv archaic* **1.** (*vor allem*) first and foremost. – **2.** (*zuerst*) first of all, to begin with.

zu'vor,kom·men *v/i* ⟨*irr, sep*, -ge-, *sein*⟩ **1. etwas** (*dat*) ~ a) (*einer Frage, einem Wunsch etc*) to anticipate s.th., b) (*durch rasches Handeln hindern*) to forestall s.th.: **einer Gefahr** ~ to anticipate a danger; **einem Einwand** ~ to forestall an objection. – **2. j-m** ~ a) (*schneller handeln als j-d*) to forestall s.o., to anticipate s.o., to beat s.o. to it (*colloq.*), b) (*j-n überrunden, j-m den Rang ablaufen*) to steal a march on s.o., to get the better of s.o., to outstrip s.o.: **ich mußte mich schnell entschließen, sonst wären mir andere zuvorgekommen** I had to make up my mind quickly, otherwise others would have beaten me to it.

zu'vor,kom·mend I *pres p.* – **II** *adj* **1.** (*gefällig, entgegenkommend*) obliging, complaisant, complacent, gracious, accommodating. – **2.** (*höflich*) polite, civil, courteous. – **III** *adv* **3. ich bin dort immer sehr** ~ **bedient worden** I have always been served very obligingly there.

Zu'vor,kom·men·heit *f* ⟨-; *no pl*⟩ **1.** (*Gefälligkeit, Entgegenkommen*) obligingness, complaisance, graciousness. – **2.** (*Höflichkeit*) politeness, civility, courtesy.

zu'vor,tun *v/t* ⟨*irr, sep*, -ge-, h⟩ **es j-m in** (*dat*) (*od.* **an** *dat*) **etwas** ~ to surpass (*od.* excel, outdo) s.o. in s.th.: **er tut es dir an Mut zuvor** he surpasses you in courage.

'Zu,waa·ge *f* ⟨-; *no pl*⟩ *Bavarian and Austrian* makeweight.

'Zu,wachs [-,vaks] *m* ⟨-es; *no pl*⟩ **1.** (*an Kapital, Einnahmen, Vermögen etc* (**an** *dat*) increase (in), augmentation (of), increment (of), accrual (of), accretion (of): **ein** ~ **an Kapital** an increase in capital. – **2.** (*an Grundeigentum*) (**an** *dat* of) accession. – **3.** (*an Mitgliedern, Arbeitskräften etc*) (**an** *dat*) increase (in), augmentation (of): **der Verein hatte einen** ~ **von hundert Mitgliedern** the club had an increase of a hundred members. – **4.** *colloq.* addition to the family: **die Nachbarn haben** ~ **bekommen** the neighbo(u)rs have had an addition to the family. – **5. etwas auf** ~ **kaufen** *colloq.* to buy s.th. big enough to allow for growth (*od.* rather on the large side). – **6.** *bot. hort.* growth: **jährlicher** ~ annual growth.

'zu,wach·sen *v/i* ⟨*irr, sep*, -ge-, *sein*⟩ **1.** (*von Wundrändern*) grow (*od.* knit) together. – **2.** (*von Wunden*) heal (up *od.* over), skin over. – **3.** (*von unbenutztem Weg etc*) become overgrown, overgrow. – **4.** (*von Aussicht etc*) be blocked by new growth. – **5.** (*von Lücke in einer Hecke etc*) close up. – **6.** (*zufallen, zufließen*) accrue: **ihm wächst ein Gewinn von tausend Mark zu** a profit of a thousand marks accrues to him.

'Zu,wachs|,ra·te *f econ.* ratio of increase (*od.* growth), growth rate. — ~**,steu·er** *f* **1.** (*für Vermögen, Einkommen*) increment tax. – **2.** (*auf Gewinne*) tax on excess profits.

'Zu,wan·de·rer *m* immigrant. — **'zu,wan·dern I** *v/i* ⟨*sep*, -ge-, *sein*⟩ immigrate. – **II Z**~ ⟨-s⟩ *verbal noun.* — **'Zu,wan·de·rung** *f* **1.** *cf.* Zuwandern. – **2.** immigration. – **3.** (*Bevölkerungswachstum*) increase in population. – **4.** (*Zustrom zu einer Stadt etc*) afflux. — **'Zu,wand·rer** *m cf.* Zuwanderer.

'zu,war·ten I *v/i* ⟨*sep*, -ge-, h⟩ **1.** wait (patiently). – **2.** (*günstige Zeit abwarten*) temporize *Br. auch* -s-. – **II Z**~ *n* ⟨-s⟩ **3.** *verbal noun.* – **4.** temporization *Br. auch* -s-.

Zu'was·ser,las·sen [tsu-] *n mar.* **1.** (*von Schiffen*) launching. – **2.** (*von Rettungsbooten*) lowering.

zu·we·ge [tsu've:gə] *adv* **1. etwas** ~ **bringen** a) to manage (*od.* achieve, accomplish) s.th., to succeed in (doing) s.th., b) (*mit Erfolg durchführen*) to bring s.th. off, to achieve s.th.: **was niemand** ~ **gebracht hatte, gelang ihr ohne Schwierigkeiten** she managed without difficulty what no one else had achieved; **er hat es** ~ **gebracht, unbemerkt zu verschwinden** he managed to disappear unnoticed. – **2.** ~ **kommen** to come off, to materialize *Br. auch* -s-: **die Verlobung kam nicht so schnell** ~ the engagement did not come off so quickly. – **3. mit etwas [nicht]** ~ **kommen** [not to be able] to manage s.th.: **ich komme mit diesem Verschluß nicht** ~ I can't manage this fastener. – **4. gut [schlecht]** ~ **sein** *colloq.* to feel well [unwell].

'zu,we·hen *v/i* ⟨*sep*, -ge-, *sein*⟩ **1. etwas weht j-m zu** (*von Geruch, Geräusch etc*) s.th. wafts (*od.* floats) to s.o. – **2.** (*von Weg etc*) become blocked with drifts.

zu'wei·len [tsu-] *adv* **1.** (*von Zeit zu Zeit, relativ selten*) from time to time, now and then (*od.* again), occasionally, every once in a while. – **2.** (*manchmal, nicht so selten*) sometimes, at times.

'zu,wei·sen I *v/t* ⟨*irr, sep*, -ge-, h⟩ **1.** *cf.* zuteilen 2, 3. – **2.** *econ.* a) (*Aufgaben*) assign, b) (*Finanzmittel*) allocate, grant. – **II Z**~ *n* ⟨-s⟩ **3.** *verbal noun.* — **'Zu,wei·sung** *f* ⟨-; -en⟩ **1.** *cf.* Zuweisen. – **2.** *cf.* Zuteilung 1—5.

'zu,wen·den I *v/t* ⟨*auch irr, sep*, -ge-, h⟩ **1.** turn: **j-m den Rücken** ~ to turn one's back on s.o.; **j-m das Gesicht** ~ to turn one's face toward(s) s.o., to face s.o.; **das Gesicht der Sonne** ~ to turn one's face toward(s) the sun; **sie wendeten** (*od.* **wandten**) **ihre Schritte dem Ausgang zu** they turned their steps toward(s) the exit. – **2.** (*zukommen lassen*) bestow: **der reiche Onkel hat seinem Neffen größere Summen zugewendet** the rich uncle bestowed considerable sums (up)on his nephew. – **3.** *fig.* (*widmen*) devote, bestow: **j-m seine ganze Liebe** ~ to devote all one's love to s.o.; **einer Sache seine ganze Aufmerksamkeit** ~ to devote one's entire (*od.* undivided) attention to a matter. – **II** *v/reflex* **sich** ~ **4.** (*dat* to) turn: **sich j-m** ~ to turn and face s.o., to turn to s.o.; **endlich wandte sich ihr das Glück wieder zu** *fig.* luck came her way again at last. – **5.** *fig.* (*übergehen auf*) (*dat* to) turn: **wir wollen uns einem anderen Thema** ~ let us turn to another topic; **ihr Interesse hat sich anderen Dingen zugewendet** her interest has turned to other things. – **6.** *fig.* (*widmen*) (*dat* to) devote (*od.* apply) oneself: **er will sich jetzt ganz dem Studium** ~ he wants to devote himself entirely to his studies now. – **III Z**~ *n* ⟨-s⟩ **7.** *verbal noun.* — **'Zu,wen·dung** *f* ⟨-; -en⟩ **1.** *cf.* Zuwenden. – **2.** bestowal, bestowment. – **3.** (*regelmäßige*) allowance. – **4.** (*Schenkung*) donation, gift. – **5. letztwillige** ~ *jur.* bequest, legacy.

zu'we·nig [tsu-] *indef pron* **I** (*adjektivisch*) **1.** ⟨*attrib*⟩ (*vor Substantiven im sg*) too little: **es ist** ~ **Salz in der Suppe** there is too little salt in the soup. – **2.** ⟨*attrib*⟩ (*vor Substantiven im pl*) too few: **er hat** ~ **Freunde** he has too few (*od.* not enough) friends. – **3.** ⟨*pred*⟩ **das ist** ~ **für ihn** that isn't sufficient for him. – **II** (*adverbial*) **4.** too little: **er schläft** ~ he sleeps too little, he does not get enough sleep. – **5.** too few: **in dieser Gruppe ist einer** ~ there is one too few in this group. – **6.** (*nicht gründlich genug*) not well enough: **du hast dich** ~ **vorbereitet** you did not prepare yourself well enough. – **III** (*substantivisch*) **7.** too little: **er weiß** ~ he knows too little. – **8.** too few: **es sind** ~ **gekommen** too few have come.

Zu'we·nig *n* ⟨-s; *no pl*⟩ **ein** ~ **an Gewürzen** too few spices *pl*, too little spice.

'zu,wer·fen *v/t* ⟨*irr, sep*, -ge-, h⟩ **1. j-m etwas** ~ (*Ball etc*) to throw s.th. to s.o., (*leicht, lässig*) to toss s.th. to s.o.: **j-m einen Blick** ~ *fig.* to cast (*od.* dart) a glance at s.o., (*wütenden, feurigen*) *auch* to flash a glance at s.o.; **j-m eine Kußhand** ~ *fig.* to blow s.o. a kiss. – **2.** (*Tür etc*) slam (*od.* bang) (*s.th.*) (shut), fling (*s.th.*) shut. – **3.** (*Graben, Grube etc*) shovel (*od.* fill) (*s.th.*) up.

zu'wi·der [tsu-] **I** *adj* ⟨*pred*⟩ **1. dieses Essen ist mir** ~ this food disgusts (*od.* revolts) me, I hate (*od.* loathe, detest) this food, I find this food disgusting (*od.* revolting); **es ist mir** ~**, zu diesen Partys zu gehen** I hate (*od.* loathe) going to these parties; **dieser Mensch ist mir** ~ a) (*unsympathisch*) I hate (*od.* loathe, detest) this person, I find this person odious, b) (*abstoßend*) this person disgusts (*od.* revolts, repels) me, I find this person repulsive (*od.* repugnant); **so etwas ist mir** ~ I abhor a thing like that; **ich bin mir selbst** ~ I hate myself. – **2. das Schicksal war ihm oft** ~ fate was often unkind to him. – **II** *prep* ⟨*dat*⟩ **3.** (*entgegen*) against, contrary to, opposed to, abhorrent to: **das ist aller Vernunft [Erfahrung]** ~ that is contrary to all reason [experience]; **allen Erwartungen** ~ **ist er doch noch gekommen** he came in the end contrary to all expectation(s).

zu'wi·der|,han·deln I *v/i* ⟨*sep*, -ge-, h⟩ (*dat*) **1.** act against, act contrary to. – **2.** (*Vorschriften, Gesetzen etc*) contravene, violate, offend against, transgress, trespass against. – **II Z**~ *n* ⟨-s⟩ **3.** *verbal noun.* – **4.** *cf.* Zuwiderhandlung. — ~**,han·delnd I** *pres p.* – **II** *adj* contravening: ~**e Person** *cf.* Zuwiderhandelnde. — **Z**~**,han·deln·de** *m, f* ⟨-n; -n⟩ *jur.* contravener, offender, (*speziell bei bestimmten Tatbeständen*) trespasser. — **Z**~**,hand·lung** *f* **1.** *cf.* Zuwiderhandeln. – **2.** contravention, violation, *Br.* offence, *Am.* offense, transgression.

zu'wi·der,lau·fen *v/i* ⟨*irr, sep*, -ge-, *sein*⟩ (*dat*) (*entgegenstehen*) be contrary to, run counter to, counter, traverse.

'zu,win·ken *v/i* ⟨*sep*, -ge-, h⟩ **j-m** ~ a) (*als Gruß*) to wave to (*od.* at) s.o., b) (*j-m ein Zeichen geben*) to sign (*od.* signal, motion) to s.o., to make a sign to s.o., c) (*j-n herbeiwinken*) to beckon to s.o. (to come), to signal to s.o. to come: **j-m zum Abschied** ~ to wave s.o. good-by(e), to wave good-by(e) to s.o.

'zu,zah·len I *v/t* ⟨*sep*, -ge-, h⟩ **1. noch zwanzig Mark** ~ **müssen** to have to pay another twenty marks. – **II Z**~ *n* ⟨-s⟩ **2.** *verbal noun.* – **3.** *cf.* Zuzahlung.

'zu,zäh·len I *v/t* ⟨*sep*, -ge-, h⟩ **1.** (*addieren*) add. – **2.** (*mit einbeziehen*) include. – **II Z**~ *n* ⟨-s⟩ **3.** *verbal noun.* – **4.** *cf.* Zuzählung.

'Zu,zah·lung *f* **1.** *cf.* Zuzahlen. – **2.** additional (*od.* extra) payment.

'Zu,zäh·lung *f* ⟨-; *no pl*⟩ **1.** *cf.* Zuzählen. – **2.** inclusion.

zu·zei·ten [tsu'tsaɪtən] *adv cf.* zuweilen.

zu·zeln ['tsuːtsəln] *v/i* ⟨h⟩ *Bavarian and Austrian colloq.* (an *dat* at) suck.

'zuˌzie·hen I *v/t* ⟨*irr, sep,* -ge-, h⟩ **1.** (*Knoten, Schlinge, Schleife etc*) pull (*od.* draw) (*s.th.*) tight, tighten. – **2.** (*Vorhang etc*) draw (*od.* pull) (*s.th.*) (together). – **3.** (*Tür etc*) draw (*od.* pull) (*s.th.*) shut. – **4.** j-n (zu etwas) ~ (*hinzuziehen*) to call in s.o. (for advice on s.th.), to consult s.o. (on s.th.): einen Arzt [einen Fachmann] ~ to call in a doctor [an expert]; einen Kollegen ~ (*zu einem Krankheitsfall*) to consult a colleague. – **5.** sich (*dat*) etwas ~ a) (*ansteckende Krankheit*) to contract (*od.* incur, catch, get) s.th., b) (*organisches Leiden, Knochenbruch etc*) to incur (*od.* sustain) s.th., c) (*Tadel, Verweis, Strafe, Haß, Zorn etc*) to incur s.th.: sich j-s Haß ~ to incur s.o.'s hatred; sich Unannehmlichkeiten ~ to get oneself into trouble; sie hat sich eine Erkältung zugezogen she caught a cold. – **II** *v/reflex* sich ~ **6.** (*von Schlinge etc*) tighten, pull tight. – **III** *v/i* ⟨sein⟩ **7.** (*hierherziehen*) move in (*od.* here): die Nachbarn sind erst vor kurzem zugezogen the neighbo(u)rs only moved in a short while ago. – **IV Z~** *n* ⟨-s⟩ **8.** *verbal noun.* — **'Zuˌzie·hung** *f* ⟨-; *no pl*⟩ **1.** *cf.* Zuziehen. – **2.** (*eines Arztes, Fachmanns etc*) consultation: unter ~ mehrerer Sachverständiger with the consultation of several experts. – **3.** (*einer ansteckenden Krankheit*) contraction.

'Zuˌzug *m* **1.** move, remove: seit unserem ~ nach Hamburg since our move to Hamburg. – **2.** *cf.* Zustrom 1. – **3.** *cf.* Zuwanderung. – **4.** *cf.* Zuzugsrate.

'Zuˌzü·ger [-ˌtsyːgər] *m* ⟨-s; -⟩ *Swiss for* Zuzügler.

'Zuˌzüg·ler [-ˌtsyːklər] *m* ⟨-s; -⟩ newcomer.

'zuˌzüg·lich [-ˌtsyːklıç] *prep* ⟨*gen*⟩ *bes. econ.* plus: ~ der Nebenkosten plus extras; ~ des Portos, ~ Porto plus postage.

'Zuˌzugs|erˌleich·te·run·gen *pl* migration benefits *pl.* — **~geˌneh·mi·gung** *f* **1.** (*fürs Inland*) permission to take up residence, migration permit. – **2.** (*fürs Ausland*) entry and residence permit. — **~ˌra·te** *f* migration rate. — **~ˌsper·re** *f* migration ban.

'zuˌzwin·kern *v/i* ⟨*sep,* -ge-, h⟩ j-m ~ to wink at s.o., to give s.o. a wink.

Zvie·ri ['tsfiːɛri] *m, n* ⟨-s; *no pl*⟩ *bes. Swiss dial.* afternoon snack.

zwacken (*getr.* -k·k-) ['tsvakən] *v/t* ⟨h⟩ **1.** (*zwicken, kneifen*) pinch. – **2.** j-n (zwikken und) ~ *fig.* (*plagen*) to torment (*od.* plague) s.o.

zwang [tsvaŋ] *1 u. 3 sg pret of* zwingen.

Zwang *m* ⟨-(e)s; ⁼e⟩ **1.** compulsion: (die) Teilnahme ist ~ participation is compulsory; etwas nur aus ~ tun to do s.th. under compulsion (*od.* pressure); einem inneren ~ folgen to follow an inner compulsion (*od.* urge). – **2.** (*Pflicht*) obligation: ein moralischer ~ a moral obligation; es besteht kein ~ there is no obligation. – **3.** restraint, constraint: seinen Gefühlen ~ antun (*od.* auferlegen) to constrain one's feelings; allen ~ ablegen to abandon all restraint(s); tu dir keinen ~ an! a) (*benimm dich ganz natürlich*) don't stand on ceremony! b) (*sag, was du sagen willst*) go ahead, speak your mind! out with it! – **4.** (*Druck*) pressure: einen ~ auf j-n ausüben to exert pressure on s.o.; der ~ der Verhältnisse the pressure of the situation. – **5.** (*Gewalt*) force: der ~ des Gesetzes the force of the law; man mußte ~ anwenden it was necessary to resort to (*od.* apply) force. – **6.** (*Herrschaft*) command: der ~ der Mode the tyranny of (the) fashion. – **7.** *jur.* (*Nötigung*) coercion, duress, constraint: unter ~ under duress; unter ~ aussagen to bear witness under coercion. – **8.** *med. psych.* a) compulsion, b) *cf.* Zwangsvorstellung, c) (*Druck*) pressure, d) (*beim Stuhlgang*) painful pressure.

zwän·ge ['tsvɛŋə] *1 u. 3 sg pret subj of* zwingen.

zwän·gen ['tsvɛŋən] **I** *v/t* ⟨h⟩ **1.** etwas in (*acc*) etwas ~ to squeeze (*od.* cram, jam) s.th. into s.th. – **2.** etwas durch etwas ~ to squeeze s.th. through s.th. – **3.** etwas zwischen (*acc*) etwas ~ (*einkeilen*) to squeeze (*od.* jam, wedge, cram) s.th. (in) between s.th. – **II** *v/reflex* **4.** sich in (*acc*) etwas ~ to squeeze (*od.* cram, jam) oneself into s.th. – **5.** sich durch etwas ~ to squeeze oneself through s.th. – **6.** sich zwischen (*acc*) etwas ~ to squeeze (*od.* jam, wedge) oneself (in) between s.th.

'zwang·haft *adj* **1.** (*erzwungen*) (en)forced, forcible. – **2.** *psych.* compulsive, obsessive.

'ZwangˌhuF *m* ⟨-(e)s; *no pl*⟩ *vet.* contracted foot (*od.* heel). — **'zwangˌhu·fig** [-ˌhuːfıç] *adj* narrow-hoofed.

'Zwangˌlauf *m tech.* positive movement.

'zwangˌläu·fig *adj tech.* **1.** (*Antrieb*) positive. – **2.** (*Zahnradgetriebe*) geared. – **3.** (*Ölumlauf*) forced, force-feed (*attrib*). — **'Zwangˌläu·fig·keit** *f* ⟨-; *no pl*⟩ *tech.* guided (*od.* forced) motion.

'Zwangˌlaufˌleh·re *f tech.* **1.** kinetics *pl* (*construed as sg or pl*). – **2.** kinematics *pl*, *auch* cinematics *pl* (*construed as sg*).

'zwang·los I *adj* **1.** (*Beisammensein, Umgang etc*) casual, informal, free and easy, unceremonious, unconstrained. – **2.** (*Kleidung etc*) informal, casual, *bes. mil. auch* undress (*attrib*). – **3.** (*Sitten etc*) unconventional. – **4.** (*vertraut*) familiar, free. – **5.** in ~er Folge erscheinen (*von Zeitschrift etc*) to be published occasionally (*od.* at irregular intervals). – **II** *adv* **6.** in a casual (*od.* free and easy) manner, free(ly): sich ~ benehmen to have a casual (*od.* free and easy) manner; es ging ziemlich ~ zu things were very casual (*od.* informal); wir kommen im Monat zweimal ~ zusammen we meet informally twice a month. – **7.** (*ohne Umstände*) unceremoniously, without ceremony. — **'Zwang·lo·sig·keit** *f* ⟨-; *no pl*⟩ **1.** casualness, informality, unceremoniousness, unconstraint, freedom. – **2.** (*der Kleidung etc*) informality, casualness. – **3.** (*der Sitten etc*) unconventionalness. – **4.** (*Vertrautheit*) familiarity, freedom. – **5.** (*Natürlichkeit*) ease of manner.

'Zwangs|ˌabˌga·be *f econ.* compulsory levy (*od.* charge, impost). — **~ˌabˌlie·fe·rung** *f* (*z. B. an den Staat*) compulsory delivery (*od.* supply). — **~ˌabˌtre·tung** *f jur.* **1.** compulsory cession. – **2.** (*Enteignung*) expropriation. — **~amor·ti·sa·tiˌon** *f econ. jur.* compulsory redemption (*od.* amortization). — **~ˌanˌlei·he** *f pol.* compulsory loan. — **~ˌanˌtrieb** *m tech.* positive drive. — **~ˌar·beit** *f* **1.** forced (*od.* compulsory, slave) labor (*bes. Br.* labour): Abschaffung der ~ abolition of forced labo(u)r. – **2.** (*Gefangenenarbeit*) (*als Zusatzstrafe*) convict labor (*bes. Br.* labour), *Am.* hard labor. — **~ˌar·bei·ter** *m* forced labor (*bes. Br.* labour) convict. — **~ˌauf·entˌhalt** *m* **1.** compulsory (*od.* enforced) delay. – **2.** detention. — **~ˌausˌgleich** *m* compulsory settlement. — **~ˌausˌhe·bung** *f mil. hist. cf.* Aushebung 3. — **~ˌausˌwei·sung** *f* expulsion. — **~ˌbeiˌtrei·bung** *f econ. jur.* forcible collection. — **~ˌbeiˌtritt** *m* compulsory membership. — **~beˌurˌlau·bung** *f* compulsory suspension. — **~beˌwe·gung** *f med.* compulsive movement. — **z~beˌwirt·schaf·ten** *econ. pol.* **I** *v/t* ⟨*only inf u. pp* zwangsbewirtschaftet, h⟩ **1.** control, (*Häuser*) control the rents of. – **II Z~** *n* ⟨-s⟩ **2.** *verbal noun.* – **3.** *cf.* Zwangsbewirtschaftung. — **z~beˌwirt·schaf·tet I** *pp.* – **II** *adj* under (economic) control, controlled, (*Häuser*) rent-controlled. — **~beˌwirt·schaf·tung** *f* (economic) control, (*von Häusern*) rent control: die ~ von etwas aufheben to decontrol s.th. — **~ˌden·ken** *n psych.* obsession, compulsive thinking. — **~ˌdienst** *m* compulsory service. — **~ˌeinˌquarˌtie·rung** *f mil.* compulsory quartering (*od.* billeting). — **~ˌeinˌwei·sung** *f* (*in eine Heilanstalt etc*) compulsory hospitalization (*Br. auch* -s-). — **~ˌeinˌzie·hung** *f econ. jur.* **1.** (*von Außenständen etc*) compulsory collection. – **2.** (*das Löschen der Mitgliedschaft eines Gesellschafters*) expulsion of a partner. – **3.** (*von Aktien*) compulsory redemption. — **~entˌeig·nung** *f* compulsory expropriation, *Am.* condemnation. — **~erˌnäh·rung** *f* forcible feeding (*od.* alimentation). — **~erˌschei·nung** *f meist pl psych.* obsessional (*od.* compulsive) phenomenon. — **~erˌzie·hung** *f obs. for* Fürsorgeerziehung. — **~erˌzie·hungsˌanˌstalt** *f cf.* Erziehungsanstalt. — **~ˌför·de·rung** *f tech.* positively controlled conveyance. — **~geˌfühl** *n psych.* (obsessive) compulsion. — **~geˌmeinˌschuld·ner** *m jur.* involuntary bankrupt. — **z~geˌschmiert** *adj tech.* force-feed lubricated. — **~ˌhaft** *f jur.* coercive detention. — **~ˌhaftˌpflicht·verˌsi·che·rung** *f econ.* (common law) obligatory third party (*od.* liability) insurance. — **~ˌhal·tung** *f psych.* forced attitude. — **~ˌhand·lung** *f* obsessional (*od.* compulsive) act. — **~ˌherr·schaft** *f* despotism, dictatorship. — **~hy·poˌthek** *f econ. jur.* (*Sicherungshypothek*) judicial (*od.* covering) mortgage. — **~idee** [-ˀiˌdeː] *f psych.* obsessive idea, obsession. — **~imˌpuls** *m* compelling impulse. — **~isoˌlie·rung** *f* compulsory isolation. — **~ˌjacke** (*getr.* -k·k-) *f auch fig.* straitjacket, straightjacket: j-n in eine ~ stecken to straitjacket s.o. — **~ka·piˌtalˌbil·dung** *f econ.* compulsory formation of capital. — **~karˌtell** *n* compulsory cartel (*Br. auch* kartell). — **~ˌkauf** *m* (en)forced purchase. — **~kol·lek·ti·ˌvie·rung** *f* compulsory collectivization. — **~ˌkrank·heit** *f psych. cf.* Zwangserscheinung. — **~ˌkurs** *m econ.* compulsory (*od.* controlled) rate (*od.* price). — **~ˌla·chen** *n psych.* compulsive (*od.* obsessive) laughter.

'Zwangsˌla·ge *f* **1.** constraining position. – **2.** *fig.* predicament, difficult (*od.* embarrassing) situation, strait(s *pl*), fix, jam (*sl.*): ich befinde mich (*od.* bin) in einer ~ I am in a predicament; j-n in die ~ versetzen, etwas zu tun to put s.o. in a position where he is forced to do s.th. – **3.** *fig.* (*Dilemma*) dilemma, quandary. – **4.** *fig.* (*Dringlichkeit*) exigency, exigence, urgency.

'zwangsˌläu·fig I *adj* **1.** inevitable, unavoidable: das ist die ~e Folge dieser Politik that is the inevitable consequence of this policy. – **2.** necessary. – **II** *adv* **3.** inevitably, unavoidably, automatically, of necessity: das führt ~ zur Katastrophe that will inevitably lead to catastrophe. – **4.** (*unbedingt*) necessarily, of necessity: er mußte ~ davon hören he could not fail (*od.* he was bound) to hear of it; ich muß ~ hingehen I am bound to go there; es mußte ~ dahin kommen that was bound to happen. — **'Zwangsˌläu·fig·keit** *f* ⟨-; *no pl*⟩ **1.** inevitability, unavoidability. – **2.** necessity.

'Zwangs|ˌleh·re *f econ.* compulsory apprenticeship. — **~li·qui·da·tiˌon** *f* **1.** compulsory liquidation. – **2.** *econ.* (*einer Gesellschaft*) compulsory winding up, winding up by (the) court. — **~liˌzenz** *f* compulsory licence (*Am.* license). — **z~ˌmä·ßig** *adj* **1.** (en)forced, forcible. – **2.** *psych.* compulsive, obsessive. — **~ˌmaßˌnah·me** *f meist pl* **1.** compulsory measure, strong-arm method, *bes. jur.* coercive measure, measure of coercion: zu ~n greifen, ~n ergreifen to take (*od.* resort to) compulsory measures, *bes. jur.* to use coercive measures. – **2.** *pol.* sanction. – **3.** (*Repressalie*) reprisal. – **4.** (*bei Geisteskranken*) restraint. — **~ˌmaßˌre·gel** *f rare for* Zwangsmaßnahme 1. — **~ˌmie·ter** *m* assigned tenant. — **~ˌmit·tel** *n* means *pl* (*construed as sg or pl*) of coercion, coercive means *pl* (*construed as sg or pl*), *bes. jur. pol.* sanction. — **~neuˌro·se** *f psych.* compulsion (*od.* obsessional, *bes. Am.* obsessive-compulsive) neurosis. — **~neuˌro·ti·ker** *m* obsessional (*bes. Am.* obsessive-compulsive) neurotic. — **z~neuˌro·tisch** *adj* obsessive, compulsive, *bes. Am.* obsessive-compulsive. — **~pen·sioˌnie·rung** *f* compulsory retirement. — **~ˌpreis** *m econ.* controlled price. — **~psyˌcho·se** *f psych.* compulsive insanity. — **~ˌräu·mung** *f jur. mil.* compulsory evacuation. — **~reˌgie·rung** *f*, **~reˌgime** *n pol.* government by force, despotism, dictatorship. — **~re·guˌlie·rung** *f econ.* (*eines nicht erfüllten Börsengeschäfts*) compulsory settlement. — **~re·kruˌtie·rung** *f mil. hist. cf.* Aushebung 3. — **~ˌschie·ne** *f* (*railway*) wing (*od.* check) rail. — **~ˌspa·ren** *n econ.* compulsory saving. — **~ˌstall** *m vet.* chute, *auch* shute. — **~ˌsteue·rung** *f tech.* positive control. — **~ˌstock** *m only in* j-n in den ~ legen *hist.* to put s.o. in the stocks, to stock s.o. — **z~syn·chro·niˌsiert** *adj auto.* (*Gänge*) baulked synchromesh. — **~syn·chro·niˌsie·rung** *f* baulk synchromesh. — **z~ˌumˌsie·deln** *v/t* ⟨*only inf u. pp* zwangsumgesiedelt, h⟩ *pol.* displace (*s.o.*) (by force). — **~ˌumˌsied·ler** *m* displaced person. — **~verˌanˌla·gung** *f econ.* compulsory assessment. — **~verˌäu·ße·rung** *f cf.* Zwangsverkauf. — **~verˌfah·ren** *n* coercive proceedings *pl.* — **~verˌgleich** *m jur.* enforced settlement, compulsory composition, forced agreement. — **~verˌkauf** *m econ.* (en)forced sale. — **z~verˌpflich·tet** *adj* conscript (*attrib*), conscripted. — **z~verˌschicken** (*getr.* -k·k-) *v/t* ⟨*only inf u. pp* zwangsverschickt, h⟩ deport. — **~verˌschickung** (*getr.* -k·k-) *f* deportation. — **~verˌsi·cher·te** *m, f econ.* compulsorily insured person, person subject to compulsory insurance. — **~verˌsi·che·rung** *f* compulsory insurance. — **z~verˌstei·gern** *v/t* ⟨*only inf u. pp* zwangsversteigert, h⟩ put (*s.th.*) up for compulsory auction. — **~verˌstei·ge·rung** *f* compulsory auction (*od.* sale), *Am. auch* execution sale. — **z~verˌwal·ten** *v/t* ⟨*only inf u. pp* zwangsverwaltet, h⟩ sequester, sequestrate. — **~verˌwal·ter** *m* (official) receiver, judicial trustee, sequestrator. — **~verˌwal·tung** *f* forced administration, sequestration, receivership: unter gerichtlicher ~ in chancery. — **~verˌwal·tungs·beˌschluß** *m* receiving order. — **z~ˌvollˌstrecken** (*getr.* -k·k-) *v/i* ⟨*only inf u. pp* zwangsvollstreckt, h⟩ *jur.* issue (*od.* levy) execution. — **~ˌvollˌstreckung** (*getr.* -k·k-) *f* execution, distraint, enforcement (by writ), *Am.* (*in ein Grundstück*) foreclosure: eine ~ vornehmen to put in an execution. — **~ˌvollˌstreckungs·beˌfehl** (*getr.* -k·k-) *m* warrant of attachment (*od.* distress), fieri facias. — **~ˌvoll·ˌstreckungs·verˌfah·ren** (*getr.* -k·k-) *n* execution proceedings *pl.* — **~ˌvorˌfüh·rung** *f* enforced appearance in court. — **~ˌvorˌstel·lung** *f meist pl psych.* obsessive (*od.* compulsive) idea, obsession: von einer ~ befallen obsessed. — **z~ˌwei·se I** *adj* **1.** compulsory, obligatory. – **2.** (*Verkauf etc*) (en)forced. – **II** *adv* **3.** on a compulsory (*od.* an obligatory) basis, compulsorily. – **4.** forcibly, enforcedly, under constraint. — **~ˌwirt·schaft** *f econ.* **1.** government control (*od.* planning): Aufhebung der ~ decontrol. – **2.** controlled economy. — **z~ˌwirt·schaft·lich** *adj* relating to government control: ~e Preisbindung price control.

zwan·zig [ˈtsvantsɪç] **I** *adj* ⟨*cardinal number*⟩ **1.** twenty: ~ sein to be twenty (years old); etwa ~ (Jahre alt) sein to be about twenty, *bes. Br. colloq.* to be twentyish; im Alter von ~ Jahren at (the age of) twenty; ein ~ Jahre altes Mädchen a twenty-year-old girl, a girl of twenty; ~ (Kilometer in der Stunde) fahren to go at a speed of twenty kilometers, to do twenty (kilometers); es ist zwölf Uhr ~ it is twenty past (*Am. auch* after) twelve, it is twelve-twenty; ~ beide (*sport*) (*beim Tischtennis etc*) twenty all. – **II Z~** *f* ⟨-; -en⟩ **2.** (number) twenty. – **3.** ⟨*only sg*⟩ twenties *pl*: Mitte [Ende] Z~ sein to be in one's mid [late] twenties.

ˈzwan·zi·ger *adj* ⟨*invariable*⟩ *only in* die ~ Jahre the twenties; die goldenen ~ Jahre the roaring twenties; in den ~ Jahren in the twenties; die Mode der ~ Jahre the fashion of the twenties.

ˈZwan·zi·ger[1] *m* ⟨-s; -⟩ **1.** man of twenty, man in his twenties. – **2.** wine of the vintage '20. – **3.** die ~ *pl* (*Alter*) the twenties: in den ~n sein to be in one's (*od.* the) twenties; Mitte [Ende] der ~ sein to be in one's mid [late] twenties; hoch in den ~n sein to be in one's late twenties. – **4.** die goldenen ~ *fig.* the roaring twenties. – **5.** *colloq.* a) twenty-mark note (*Am.* bill), b) *hist.* twenty-pfennig piece.

ˈZwan·zi·ger[2] *f* ⟨-; -⟩ *colloq.* twenty-pfennig (postage) stamp.

ˈZwan·zi·ge·rin *f* ⟨-; -nen⟩ woman (*od.* girl) of twenty, woman (*od.* girl) in her twenties.

ˈZwan·zi·gerˌjah·re, die *pl* the twenties.

ˈzwan·zi·gerˈlei *adj* ⟨*invariable*⟩ of twenty (different) kinds (*od.* sorts).

ˈZwan·zi·gerˌpackung (*getr.* -k·k-) *f* packet (*bes. Am.* pack) of twenty.

ˈzwan·zigˌfach I *adj* twentyfold: in ~er Ausfertigung in twenty copies. – **II** *adv* twentyfold, twenty times. – **III Z~e, das** ⟨-n⟩ the twentyfold amount, twenty times the amount.

ˈzwan·zigˌfäl·tig [-ˌfɛltɪç] *adj cf.* zwanzigfach I.

ˈZwan·zigˌflach *n* ⟨-(e)s; -e⟩ *math. min.* icosahedron. — **ˈzwan·zigˌflä·chig** *adj* icosahedral. — **ˈZwan·zigˌfläch·ner** [-ˌflɛçnər] *m* ⟨-s; -⟩ *cf.* Zwanzigflach.

ˈzwan·zigˌjäh·rig I *adj* **1.** twenty-year-old (*attrib*), of twenty (years): ein ~er junger Mann a twenty-year-old young man, a young man of twenty. – **2.** twenty-year (*attrib*), lasting (*od.* of) twenty years. – **3.** (*Jubiläum*) twentieth. – **II Z~e** *m, f* ⟨-n; -n⟩ **4.** twenty-year-old (person): die Z~en the twenty-year-olds.

ˈzwan·zigˌmal *adv* twenty times.

ˌZwan·zigˈmark|ˌschein *m econ.* twenty-mark note (*Am.* bill). — **~ˌstück** *n hist.* (*Goldmünze*) twenty-mark piece.

ˌZwan·zigˈpfen·nig|(ˌbrief)ˌmar·ke *f* twenty-pfennig (postage) stamp. — **~ˌstück** *n econ. hist.* twenty-pfennig piece.

ˈZwan·zigˌpfün·der [-ˌpfʏndər] *m* ⟨-s; -⟩ *mil. hist.* twenty-pounder.

ˈzwan·zig·proˌzen·tig [-proˌtsɛntɪç] *adj* **1.** (*Lösung, Erhöhung etc*) twenty-percent, *Br.* twenty-per-cent (*attrib*). – **2.** (*Darlehen etc*) at twenty percent (*Br.* per cent). – **3.** (*Anlage etc*) bearing twenty percent (*Br.* per cent).

ˈzwan·zigst I *adj* ⟨*ordinal number*⟩ **1.** twentieth: am ~en März on the twentieth of March, March the twentieth (20th March, March 20th); am ~en Tage on the twentieth day, after twenty days. – **II Z~e, der** ⟨-n⟩ **2.** (*in der Rangfolge*) (the) twentieth. – **3.** (*zeitlich*) (the) twentieth: heute ist der Z~e this (*od.* today) is the twentieth, it's the twentieth today; am Z~en (des Monats) on the twentieth (of the month).

ˈZwan·zig·stel I *n, Swiss meist m* ⟨-s; -⟩ twentieth (part): ein ~ der Summe a twentieth of the sum; neunzehn ~ nineteen twentieths. – **II z~** *adj* ⟨*attrib*⟩ twentieth: der Schilling war ein z~ Pfund the shilling was a (*od.* one) twentieth of a pound.

ˈzwan·zigˌstöckig (*getr.* -k·k-) [-ˌʃtœkɪç] *adj* twenty-storeyed (*bes. Am.* -storied), twenty-storey (*bes. Am.* -story) (*attrib*).

zwar [tsvaːr] *adv* **1.** ~ ..., aber ... it is true ..., but ...: er hat ~ viel Geld, ist aber doch nicht glücklich he does have (*od.* it's true he has) plenty of money, but he isn't happy all the same (*od.* but still he isn't happy), although he has plenty of money, he isn't happy, he may have plenty of money, but he (still) isn't happy; der Raum ist ~ klein, aber doch sehr gemütlich the room may be small, but it's (still) very cosy. – **2.** und ~ a) (*erklärend*) namely, to be more precise, b) (*verstärkend*) in fact: er hat in diesem Monat Geburtstag, und ~ am Zehnten it's his birthday this month, (namely) on the tenth; ich habe eine neue Stellung, und ~ bei der Firma X I have a new position (*od. colloq.* job), (namely) with the firm of X; ich werde mich beschweren, und ~ noch heute I'm going to complain, in fact I'm going to do it today, I'm going to complain, and that today; er hat aufgeräumt, und ~ so gründlich, daß he tidied up, in fact (he did it) so thoroughly that; ich habe die Nase voll, und ~ gründlich *colloq.* I'm absolutely fed up, I'm fed up to the back teeth (*beide sl.*).

Zweck [tsvɛk] *m* ⟨-(e)s; -e⟩ **1.** purpose: einem bestimmten ~ dienen to serve a specific purpose; etwas für besondere ~e aufheben to keep s.th. for a special purpose; entspricht das Ihren ~en? does that serve (*od.* answer) your purpose? es würde dem ~ eher dienen, wenn it would be more to the purpose if; die Gelder sind nicht für den vorgesehenen ~ verwendet worden the funds were not used for the intended purpose; dieses kleine Gerät erfüllt völlig seinen ~ this small device serves its purpose perfectly (well); das erfüllt einen doppelten ~ that serves a dual purpose (*od.* two purposes); seinen ~ verfehlen to defeat its purpose, to fail to achieve its purpose; dieser Befehl hat seinen ~ völlig verfehlt this order defeated its purpose completely; zu diesem ~(e) for this purpose; zu diesem ~(e) mußte die Straße gesperrt werden to (*od.* for) this purpose the road had to be closed; der Mensch macht die Natur seinen ~en dienstbar man uses Nature for his purpose(s); ohne Ziel und ~ arbeiten to work without any definite purpose (*od.* aim); etwas zu unerlaubten ~en verwenden to use s.th. for unlawful purposes; dieser Apparat dient keinem anderen ~ als der Speicherung von Daten this apparatus has the sole purpose of storing data; zu welchem ~? what for? zu welchem ~ willst du das haben? what do you want that for? – **2.** purpose, use: Räume für gewerbliche [private] ~e rooms for commercial [private] use. – **3.** (*Ziel*) purpose, object, aim, purport, end: der ~ meines Besuches ist folgender the purpose of my visit is this (*od.* as follows); was ist der ~ Ihrer Reise? what is the purpose (*od.* object) of your journey? einen ~ erreichen to achieve an end (*od.* aim); der ~ dieser Maßnahmen ist der (*od.* liegt darin), daß die Produktion gesteigert wird the purpose of these measures is to increase production; zu einem ~ zusammenarbeiten to cooperate (*Br.* co-operate) toward(s) an end; einen ~ verfolgen to pursue an object; mit etwas einen bestimmten ~ verfolgen to pursue a specific aim with s.th.; → Mittel[1] 1. – **4.** (*Sinn*) point, use: es hat keinen ~, noch lange zu warten there is no point (*od.* use) in waiting any longer; was soll das für einen ~ haben? what's the point of that? das wird wenig ~ haben a) there is little point in doing that, b) (*das wird nichts helfen*) that won't help much (*od.* do any good); das war (doch *od.* gerade) der ~ der Übung *colloq.* that was precisely the idea (*od.* aim); das hat alles keinen ~, das hat ja doch keinen ~ there's no point (in doing that), it's (*od.* there is) no use (doing that), it's not a bit of good. – **5.** (*Sache*) cause: einem guten ~ dienen to serve a good cause; Geld für wohltätige ~e spenden to donate money for charity. – **6.** (*Absicht*) intent(ion), design: wer weiß, welchen ~ er im Auge hat who knows what his intentions are (*od.* what he is intending). – **7.** (*Funktion*) function.

ˈZweck|ˌbau *m* ⟨-(e)s; -ten⟩ *arch.* **1.** functional building. – **2.** ⟨*only sg*⟩ functional architecture. — **z~beˌdingt** *adj* tied to a specific purpose. — **z~beˌstimmt** *adj* **1.** assigned to a definite (*od.* particular) purpose, appropriated. – **2.** *bes. econ. cf.* zweckgebunden. – **3.** *arch.* functional. – **4.** (*Schriftwerk etc*) tendentious. — **~beˌstim·mung** *f* (*bes. von Geldern*) appropriation. — **z~beˌtont** *adj* **1.** purposive, purposeful. – **2.** (*nützlich*) utilitarian, utility (*attrib*). – **3.** *tech.* functional. — **~ˌbin·dung** *f econ.* (*im Finanzwesen*) earmarking (*od.* predetermination) for specific purposes. — **~ˌden·ken** *n* utility thinking.

ˈzweckˌdien·lich *adj* **1.** practical, serviceable, purposive. – **2.** (*nützlich*) useful, expedient. – **3.** (*passend, vorteilhaft*) expedient, suitable: es ist nicht ~, das zu tun it is not expedient to do that. – **4.** (*betreffend, einschlägig*) relevant, pertinent. – **5.** *cf.* zweckmäßig 1. — **ˈZweckˌdien·lich·keit** *f* ⟨-; *no pl*⟩ **1.** practicality, serviceability. – **2.** usefulness, expediency, expedience. – **3.** expediency, expedience, suitableness. – **4.** relevance, pertinence.

Zwecke (*getr.* -k·k-) [ˈtsvɛkə] *f* ⟨-; -n⟩ **1.** tack, brad. – **2.** (*hölzerne*) (wooden) peg. – **3.** *cf.* Reißzwecke.

zwecken (*getr.* -k·k-) [ˈtsvɛkən] *v/t* ⟨h⟩ **1.** tack, brad. – **2.** peg. – **3.** etwas an die Wand ~ to pin s.th. to the wall.

ˈZweckenˌham·mer (*getr.* -k·k-) *m tech.* tack hammer.

ˈzweck|entˌfrem·den *v/t* ⟨*only inf u. pp* zweckentfremdet, h⟩ misappropriate, misuse. — **~entˌfrem·det I** *pp.* – **II** *adj* (*Geld, Wohnung etc*) misappropriated, misused. — **Z~entˌfrem·dung** *f* ⟨-; *no pl*⟩ misappropriation, misuse.

ˈzweck|entˌspre·chend I *adj* suitable, appropriate. – **II** *adv* suitably, appropriately. — **Z~ˌfahrˌzeug** *n* utility vehicle. — **Z~ˌform** *f* functional design. — **~ˌfremd** *adj* foreign to the purpose. — **~geˌbun·den** *adj bes. econ.* earmarked (*od.* predetermined) for specific purposes, appropriated. — **~geˌmäß** *adj u. adv cf.* zweckentsprechend. — **~geˌrich·tet** *adj bes. econ. cf.* zweckgebunden.

ˈzweck·haft *adj* **1.** suitable, appropriate. – **2.** practical. – **3.** *arch.* functional. — **ˈZweck·haf·tig·keit** *f* ⟨-; *no pl*⟩ **1.** suitability, appropriateness. – **2.** practicality. – **3.** *arch.* functionality.

ˈZweckˌleh·re *f philos.* teleology, purposivism.

ˈzweck·los *adj* **1.** (*sinnlos*) pointless, useless, of no use: hier ist es ~, um etwas zu bitten it is pointless to ask for anything here, there is no point in asking (*od.* there is no use asking) for anything here; **es ist vollkommen ~ zu fragen** there is absolutely no point in asking, it's not a bit of good asking; **es ist ~, das zu tun** there is no point in doing that, it's no good doing that. **– 2.** (*vergeblich*) futile, fruitless, idle. **– 3.** (*ziellos*) purposeless, aimless, objectless. — **'Zweck·lo·sig·keit** *f* ⟨-; *no pl*⟩ **1.** pointlessness, uselessness: **er sah die ~ seines Tuns ein** he saw the pointlessness of his action. **– 2.** futility, fruitlessness, idleness. **– 3.** purposelessness, aimlessness, objectlessness.

'zweckˌmä·ßig I *adj* **1.** (*Anordnung, Einrichtung etc*) suitable, appropriate: **es wäre ~er, wenn** it would be more suitable (*od.* more to the purpose) if. **– 2.** (*Ausstattung etc*) practical. **– 3.** (*ratsam*) advisable: **es ist nicht ~, das zu tun** it's not advisable to do that. **– 4.** (*vorteilhaft*) suitable, expedient. **– 5.** (*zeitlich gesehen*) opportune. **– 6.** *cf.* **zweckdienlich** 1. **– 7.** *tech.* functional. **– II** *adv* **8.** suitably, appropriately. — **'Zweckˌmä·ßig·keit** *f* ⟨-; *no pl*⟩ **1.** suitability, appropriateness. **– 2.** practicality. **– 3.** advisability. **– 4.** suitability, expediency, expedience: **eine Frage der ~** a question of expediency. **– 5.** opportuneness. **– 6.** *tech.* functionality.

'Zweckˌmä·ßig·keits·erˌwä·gung *f* consideration of expediency (*od.* expedience).

'Zweck|ˌmel·dung *f* inspired news item. — **~ˌmö·bel** *pl* functional furniture *sg.* — **~op·tiˌmis·mus** *m* purposive optimism. — **~pes·siˌmis·mus** *m* purposive pessimism. — **~pro·paˌgan·da** *f bes. pol.* propaganda with a specific target.

zwecks [tsvɛks] *prep* ⟨*gen*⟩ for the purpose of, with a view to: **~ Prüfung der Echtheit** to examine (*od.* test) authenticity.

'Zweck|ˌsatz *m ling. cf.* **Finalsatz.** — **~ˌspa·ren** *n econ.* saving for specific purposes, target saving. — **~ˌspra·che** *f ling.* language (created) for a specific purpose, functional jargon. — **~ˌsteu·er** *f econ.* regulatory tax. — **~ˌstil** *m arch.* functionalism. — **~ˌurˌsa·che** *f* final cause. — **~verˌband** *m* specific administration union. — **~verˌmö·gen** *n jur.* assets *pl* earmarked for a special purpose. — **z~ˌvoll** *adj u. adv cf.* **zweckmäßig.** — **z~ˌwid·rig** *adj* **1.** unsuitable, inappropriate. **– 2.** unpractical, *Am.* impractical. **– 3.** inexpedient. **– 4.** (*untauglich*) unserviceable.

zween [tsveːn] *adj* ⟨*cardinal number*⟩ *obs. for* **zwei.**

Zweh·le ['tsveːlə] *f* ⟨-; -n⟩ *Western G. for* a) **Handtuch,** b) **Tischtuch.**

zwei [tsvaɪ] **I** *adj* ⟨*cardinal number*⟩ **1.** two: **~ mal ~ ist vier** two times two is (*od.* are, make[s]) four; **~ zu drei** (*bes. sport*) two to three, 2—3; **~ Uhr** two o'clock; **es ist ~ (Uhr)** it's two (o'clock); **Punkt** (*od.* **Schlag**) **~** two o'clock sharp (*od. colloq.* on the dot); **die nächsten ~** the next two; **alle ~ Monate** every two months, every second month; **diese ~** these two; **(sie) alle ~** both (of them), the two of them; **Mutter ~er Kinder** (*od.* **von ~ Kindern**) mother of two (children); **ein Kind von ~ Jahren** a two-year-old child; **das Kind ist ~ (Jahre alt)** the child is two (years old); **ein oder ~ (Bücher)** one or two (books); **ein, ~ Leute fehlten** one or two people were missing; **aus ~ Einheiten bestehend** consisting of two, binary; **in ~ Ausfertigungen** in two copies, with a duplicate; **mit ~ Triebwerken** *aer.* twin-engine(d); **mit ~ Öffnungen** *biol.* biforate; **mit ~ entgegengesetzten Polen** *phys.* bipolar; **du kannst es mit ~en aufnehmen** you can tackle two at once; **dazu gehören immer ~!** *colloq.* it always takes two; **sie kamen zu ~t** (*od.* **zu ~en**) two (of them) came; **sie gingen ~ und ~** they went two by two (*od.* in pairs); **sie durften immer zu ~t** (*od.* **~ und ~**) **eintreten** they were allowed in in twos (*od.* two at a time); **sie [wir] waren zu ~en** (*od.* **zu ~t**), **es waren ihrer [wir waren unser] ~** there were two of them [us], they [we] were two (in number); **zu ~en hintereinander** in double file; **zu ~t marschieren** to march two abreast (*od.* in twos). **– II Z~** *f* ⟨-; -en⟩ **2.** (number *od.* figure) two: **eine arabische [römische] Z~** an Arabic [a Roman] two. **– 3.** *ped.* (*in Klassenarbeit, Examen etc*) B: **fünf Z~en im Zeugnis haben** to have five B's in one's report; **eine Z~ in Latein schreiben** (*od.* **bekommen**) to get a B in Latin. **– 4.** *colloq.* (streetcar, *Br.* tram) number two. **– 5.** (*eines Würfels*) (number) two, deuce: **zwei Z~en würfeln** to throw two twos.

'Zweiˌach·ser [-ˌˀaksər] *m* ⟨-s; -⟩ *auto.* two-axle vehicle, four-wheeler, (*Lastwagen*) *auch* six-wheeler. — **'zweiˌach·sig** [-ˌˀaksɪç] *adj* **1.** *bes. math.* biaxial. **– 2.** *auto.* two-axle (*attrib*), with (*od.* having) two axles.

ˌZwei·adres·sen·beˌfehl [-ˀa'drɛsən-] *m* (*computer*) two-address instruction.

'Zweiˌak·ter [-ˌˀaktər] *m* ⟨-s; -⟩ (*theater*) two-act play. — **'zweiˌak·tig** [-ˌˀaktɪç] *adj* two-act (*attrib*).

'zwei|ˌar·mig [-ˌˀarmɪç] *adj* **1.** two-armed. **– 2.** (*Leuchter etc*) two-branch (*attrib*), with (*od.* having) two branches. — **~ˌästig** *adj* bifurcate(d), biforked. — **~ato·mig** [-ˀaˌtoːmɪç] *adj chem.* diatomic. — **~ˌäu·gig** *adj* **1.** two-eyed, binoculate. **– 2.** (*optics*) binocular. — **~ˌbah·nig** [-ˌbaːnɪç] *adj* **1.** (*Straße*) two-lane(d). **– 2.** (*Tuch*) of two breadths. — **~ˌbän·dig** [-ˌbɛndɪç] *adj* two-volume (*attrib*), in (*od.* of) two volumes: **ein ~es Werk** a work in two volumes. — **~ˌba·sig** [-ˌbaːzɪç], **~ˌba·sisch** *adj chem.* (*Säure*) bibasic, dibasic. — **~ˌbäu·chig** [-ˌbɔʏçɪç] *adj med.* (*Muskel*) digastric, biventral, biventer (*attrib*).

'Zweiˌbein *n phot.* (*Stativ*) bipod. — **'Zweiˌbei·ner** *m* ⟨-s; -⟩ *colloq. humor.* man, human being. — **'zweiˌbei·nig** *adj* two-legged, bipedal.

'zweiˌbet·tig [-ˌbɛtɪç] *adj* with two beds, double-bedded.

'ZweiˌbettˌzimMer *n* double room.

'zwei|ˌblät·te·rig, ~ˌblätt·rig *adj bot.* two-leaf (*attrib*), two-leaved; bifoliate(d), diphyllous (*scient.*).

'zwei|ˌblu·mig, ~ˌblü·tig [-ˌblyːtɪç] *adj bot.* two-flowered; biflorate, biflorous (*scient.*).

'zwei|ˌbrü·de·rig [-ˌbryːdərɪç], **~ˌbrüd·rig** *adj bot. cf.* **zweibündelig.**

'Zweiˌbund *m* ⟨-(e)s; *no pl*⟩ *pol. hist.* Dual Alliance (*between Austria-Hungary and Germany against Russia*) (*1879*).

'zweiˌbün·de·lig [-ˌbʏndəlɪç] *adj bot.* diadelphous.

'zweiˌchö·rig [-ˌkøːrɪç] *adj mus.* **1.** (*Laute*) bichord. **– 2.** (*Chorwerk*) two-chorus (*attrib*).

'Zweiˌdecker (*getr.* -k·k-) [-ˌdɛkər] *m* ⟨-s; -⟩ **1.** *aer.* biplane. **– 2.** *mar. hist.* two-decker. — **'zweiˌdeckig** (*getr.* -k·k-) [-ˌdɛkɪç] *adj* (*Schiff etc*) two-decked.

'zweiˌdeu·tig [-ˌdɔʏtɪç] **I** *adj* **1.** (*doppeldeutig*) ambiguous, equivocal. **– 2.** (*anstößig, unanständig*) ambiguous, suggestive, risqué, off-color, *bes. Br.* off-colour (*attrib*) (*colloq.*): **~e Witze** suggestive (*od.* risqué) jokes. **– II** *adv* **3. ~ reden** a) to talk ambiguously, to equivocate, to use ambiguous (*od.* equivocal) language, to double-talk, b) to use off-colo(u)r language (*colloq.*). — **'Zweiˌdeu·tig·keit** *f* ⟨-; -en⟩ **1.** ⟨*only sg*⟩ ambiguity, ambiguousness, equivocality, equivocalness: **die ~ seiner Antwort** the ambiguity of his answer. **– 2.** ⟨*only sg*⟩ ambiguity, ambiguousness, suggestiveness. **– 3.** (*zweideutige Bemerkung*) ambiguity, suggestive remark, equivoque, equivocation, equivocality. **– 4.** risqué joke.

'zwei·di·men·sioˌnal *adj* two-dimensional, bidimensional. — **'Zwei·di·men·sio·na·liˌtät** *f* ⟨-; *no pl*⟩ two-dimensionality, bidimensionality.

'zweiˌdräh·tig [-ˌdrɛːtɪç] *adj* two-cored, two-wired.

'Zweiˌdrahtˌsyˌstem *n electr. tel.* two-wire system. — **~verˌstär·ker** *m* two-wire amplifier.

ˌZwei'drit·telˌmehr·heit *f bes. pol.* majority of two thirds, two-thirds majority.

'Zweiˌdü·senˌbren·ner *m tech.* two-jet (gas) burner.

'zweiˌeckig (*getr.* -k·k-) *adj* **1.** two-cornered, biangular. **– 2.** *math.* biangular, biangulate.

'zweiˌehig [-ˌˀeːɪç] *adj bot.* digamous.

'zweiˌei·ig [-ˌˀaɪɪç] *adj biol.* dizygotic, binovular, dichorial: **~e Zwillinge** dizygotic (*od.* fraternal, binovular) twins. — **'Zweiˌei·ig·keit** *f* ⟨-; *no pl*⟩ dizygotism.

'zweiˌein'halb *adj* two and a half.

'Zwei·er *m* ⟨-s; -⟩ **1.** *bes. Southern G. for* **Zwei.** **– 2.** (*sport*) (*Ruderboot*) pair-oars *pl*, pairs *pl*: **~ mit Steuermann** pair-oars *pl* with coxswain; **~ ohne Steuermann** coxswainless pair-oars *pl*. **– 3.** *Swiss* two deciliters (*bes. Br.* decilitres) of wine. **– 4.** two-pfennig piece (*od.* coin). — **~ˌanˌschluß** *m tel.* two-party line (system). — **~ˌblock** *m* **1.** (*sport*) (*beim Volleyball*) two-man block. **– 2.** *philat.* block of two stamps. — **~ˌbob** *m* (*sport*) two-man bob. — **~ˌboot** *n cf.* **Zweier** 2. — **~geˌspann** *n* pair (of horses). — **~ˌgrup·pe** *f* group of two, pair, duad. — **~ˌka·jak** *m* (*sport*) *cf.* **Kajakzweier.** — **~kaˌna·di·er** *m* Canadian pair(s *pl*).

'zwei·er'lei *adj* ⟨*invariable*⟩ of two (different) kinds (*od.* sorts): **~ Brot** two (different) kinds of bread; **~ Schuhe** two different (*od.* odd) shoes; **auf ~ Art** (*od.* **Weise**) in two different ways; **Versprechen und Halten sind ~** making a promise and keeping it are two different things, it is one thing to make a promise and another (thing) to keep it; **~ Reden führen** to be double-tongued; → **Maß**[1] 1.

'Zwei·er|parˌtie *f* (*beim Klettern*) two-man rope party (*od.* team), rope of two. — **~reˌgie·rung** *f hist.* duumvirate. — **~ˌrei·he** *f* row of two: **in ~n marschieren** to march two abreast (*od.* in twos); **in ~n antreten** to line up in twos. — **~ˌschlag** *m mus.* (*beim Dirigieren*) two beats *pl* to the bar. — **~ˌtakt** *m* duple time, two-in-a-measure time.

'zwei·eta·gig [-ˀeˌtaːʒɪç] *adj* two-storey, *bes. Am.* two-story (*attrib*), two storeyed, *bes. Am.* two-storied: **~e Kreuzung** double-deck (*od.* two-level) intersection.

'zweiˌfach I *adj* **1.** double, twofold, dual: **in ~er Ausfertigung** (*od.* **Ausführung**) in two copies, in duplicate; **die ~e Menge** two times the amount, twice the amount; **~es Verbrechen** *jur.* double crime. **– 2.** (*textile*) (*Garn*) two-ply (*attrib*). **– 3.** *bot.* binate. **– II** *adv* **4.** double: **das Papier ~ nehmen** to fold the paper double (*od.* in two); **~ gelagert** *tech.* carried on double bearings; **~ geschlitzt** *bot.* bisected; **~ gespalten** *med.* double-cleft, bifid; **~ zugespitzt** *bot.* biacuminate. **– II Z~e, das** ⟨-n⟩ **5.** two times (*od.* twice) the amount, double: **sich um das Z~e vermehren** to double, to increase twofold; **das Z~e nehmen** to take double (*od.* twice) the amount, to take two times the amount, to take twice as much.

'ZweiˌfachˌdÜ·se *f tech.* twin nozzle.

'zweiˌfä·che·rig *adj* **1.** *bot.* a) bilocular, biloculate, b) (*zweikapselig*) bicapsular. **– 2.** *rare* (*Schrank etc*) with (*od.* having) two shelves. **– 3.** *med.* two-chambered, bipartite, bilocular.

'Zweiˌfach|ˌstecker (*getr.* -k·k-) *m electr.* two-pin plug. — **~te·leˌgraf** *m tel. cf.* **Zweifachtelegraph.** — **~te·le·graˌfie** *f cf.* **Zweifachtelegraphie.** — **~te·leˌgraph** *m* double-telegraph set. — **~te·le·graˌphie** *f* two-channel (*od.* duplex) telegraphy. — **~verˌbin·dung** *f chem.* binary compound. — **~verˌstär·ker** *m electr.* two-phase amplifier.

'Zweiˌfa·den|ˌaufˌhän·gung *f electr.* bifilar suspension. — **~ˌlam·pe** *f* bifilar bulb.

'Zweiˌfä·denˌnaht *f med.* cobbler's suture.

'zweiˌfä·dig [-ˌfɛːdɪç] *adj electr. tech.* bifilar.

ˌZwei·fa'mi·li·enˌhaus *n* duplex (*od.* two-family) house.

ˌZwei'far·benˌblind·heit *f med.* dichromatopsia.

ˌZwei'far·benˌdruck *m print.* **1.** ⟨*only sg*⟩ two-color (*bes. Br.* two-colour) printing. **– 2.** two-color (*bes. Br.* two-colour) print. — **~au·toˌmat** *m* automatic two-colo(u)r press.

ˌZwei'far·ben·maˌschi·ne *f print.* two-color (*bes. Br.* two-colour) machine.

'zwei|ˌfar·big, *Austrian* **~ˌfär·big** *adj* two-color, *bes. Br.* two-colour, two-tone, bicolor, *bes. Br.* bicolour (*alle attrib*), two-colored, *bes. Br.* two-coloured, two-toned, bicolorous, *bes. Br.* bicolourous, dichromatic: **ein ~es Auto** a two-tone car.

'Zweiˌfar·big·keit *f* ⟨-; *no pl*⟩ **1.** dichromatism. **– 2.** (*eines Kristalls*) dichroism.

Zwei·fel ['tsvaɪfəl] *m* ⟨-s; -⟩ **1.** doubt, *auch* dubitation, query: **berechtigter ~** justifiable doubt; **~ an** (*dat*) **sich selbst haben** to doubt oneself; **~ an der Echtheit des Briefes haben** to have doubts about (*od.* to doubt) the authenticity of the letter; **~ aufkommen lassen über** (*acc*) **etwas** to cast doubt (up)on s.th.; **~ äußern über** (*acc*) **etwas** to voice one's doubts about s.th.; **j-s ~ beheben** (*od.* **beseitigen**) to dispel s.o.'s doubts (*od.* suspicions); **es bestehen**

~, **ob er Erfolg hat** it is doubtful (*od.* dubious) whether he will succeed; **es besteht kein ~ an deinem guten Willen** there is no doubt about your good intentions; **darüber besteht nicht der geringste** (*od.* **leiseste**) ~ there is not the slighest (*od.* the shadow of a) doubt about it; **keinen ~ haben, daß** to have no doubt that; **das unterliegt keinem ~, darüber besteht kein ~** there is no doubt about that (*od.* it); **es unterliegt keinem ~, daß** there is no doubt that; **mir kommen ~** I am beginning to doubt (*od.* to have my doubts); **ich habe meine ~** I have my doubts; **er ließ keinen ~** (**darüber**) **aufkommen, wer Herr im Hause ist** he admitted of no doubt as to who is master of the house; **~ haben** (*od.* **hegen**) (**hinsichtlich** *od.* **wegen etwas**) to have doubts (about s.th.); **ich habe ~, ob** (*ich bezweifle*) I doubt whether; **ich hatte** (**schwere**) **~, ob ich es tun sollte** I had (grave) doubts about doing it, I was (very) dubious (*od.* doubtful) about doing it; **es sind mir einige ~ gekommen, ob es richtig war, daß ich ihr geholfen habe** I had some doubts as to whether it was right to help her, I had some doubts about helping her; **außer ~** beyond (all) doubt, (*stärker*) beyond the shadow of a doubt; **es steht außer ~, daß er recht hat** it is beyond (all) doubt that he is right; **das ist außer ~** that is beyond all doubt, that is quite certain; **etwas außer** (**allen**) **~ stellen** to put s.th. beyond all doubt (*od. archaic* beyond [a] peradventure); **im ~** in doubt; **im ~ sein** (**über** *acc*, **wegen** about) to be doubtful (*od.* dubious, in doubt), to be in two minds; **ich bin im ~, ob ich zusage** I am doubtful about accepting; **j-n über** (*acc*) **etwas im ~ lassen** to leave s.o. in doubt about s.th.; **j-n über** (*acc*) **etwas nicht im ~ lassen** to leave s.o. in no doubt about s.th.; **etwas in ~ stellen** to cast (a) doubt (up)on s.th.; **etwas in ~ ziehen** a) to doubt (*od.* question, impugn) s.th., b) *jur.* (*Gültigkeit eines Schriftstücks etc*) to impeach s.th.; **ohne ~** without (a) doubt, no doubt, doubtless, beyond (a) doubt, surely, and no mistake (*colloq.*); **er ist ohne ~ der Beste** he is the best beyond (a) doubt, he is the best and no mistake, he is unquesitonably the best; **ohne jeden ~** without (*od.* beyond) doubt, undoubtedly, most certainly; **über allen** (*od.* **jeden**) **~ erhaben** beyond all doubt, beyond the shadow of a doubt; **von** (**nagendem**) **~ befallen** assailed (*od.* beset) by (gnawing) doubts. – **2.** (*Ungewißheit*) uncertainty. – **3.** (*Befürchtung*) misgiving(s *pl*). – **4.** (*Verdacht*) suspicion.

ˌ**Zwei'fel·derˌwirt·schaft** *f agr.* two-field system, (two-course *od.* two-field) crop rotation, two-year crop rotation system.

Zwei·fe'lei *f* ⟨-; *no pl*⟩ *colloq.* constant doubting, skepticism, *bes. Br.* scepticism.

'**zwei·fel·haft** *adj* **1.** doubtful, dubious, dubitable, uncertain, equivocal: **der Erfolg ist** (**noch**) **~** the success is (still) doubtful; **von ~em Wert** of doubtful (*od.* debatable) merit; **es ist ~, ob** it is doubtful whether; **es erscheint kaum ~** there seems to be no doubt; **etwas ~ erscheinen lassen** to cast doubt (up)on s.th., to discredit s.th.; **das ist ein ~es Vergnügen** *colloq. iron.* it is a doubtful pleasure. – **2.** (*fraglich, fragwürdig*) doubtful, questionable, dubitable. – **3.** (*Gesellschaft, Umgang, Firma etc*) dubious, questionable, shady, doubtful, equivocal, suspect (*pred*), (*bes. finanziell*) shaky: **seine Geschäfte erscheinen mir ~** his transactions seem doubtful to me. – **4.** **~e Außenstände** *econ.* a) (*Rechtsanspruch*) doubtful claims, b) (*Zahlung*) doubtful debts, bad debts. – **5.** (*Kompliment etc*) doubtful, dubious, questionable, left-handed, backhanded, double-handed. — '**Zwei·fel·haf·tig·keit** *f* ⟨-; *no pl*⟩ **1.** doubtfulness, dubiousness, dubiety, dubiosity, uncertainty, equivocalness. – **2.** (*Fragwürdigkeit*) doubtfulness, questionableness, questionability. – **3.** (*von Gesellschaft, Firma etc*) dubiousness, dubiosity, questionableness, questionability, shadiness, doubtfulness, equivocalness, (*bes. finanzielle*) shakiness.

'**zwei·fel·los I** *adv* undoubtedly, unquestionably, doubtless, without (a) (*od.* beyond [all]) doubt: **das ist ~ eine Verbesserung** that is undoubtedly an improvement; **er hat ~ recht** he is undoubtedly right; **sie ist ~ das hübscheste Mädchen** she is the prettiest girl, and no doubt about it. – **II** *adj* undoubted, indubitable, unquestioned.

'**Zwei·felˌmut** *m* indecision, irresolution. — '**zwei·felˌmü·tig** *adj* irresolute, undecided.

zwei·feln ['tsvaɪfəln] **I** *v/i* ⟨h⟩ **1.** doubt: **an** (*dat*) **etwas ~** to be doubtful (*od.* skeptic[al], *bes. Br.* sceptic[al]) about (*od.* of) s.th., to doubt s.th.; **wer kann daran ~?** who can doubt it? **ich zweifle daran** I doubt it, I have my doubts (about it); **nicht ~ an** (*dat*) to have no doubt about; **ich zweifle nicht daran** I don't doubt it; **daran ist nicht zu ~** there is no doubt about it; **ich zweifle nicht an deinem guten Willen** I don't doubt (but) that you have good intentions, I don't doubt your good intentions; **ich zweifelte nicht, daß er kommen würde** I did not doubt (but) that he would come, I had no doubt about him coming; **ich zweifle am Erfolg der Pläne** I doubt if the plans will be successful; **ich zweifle** (**noch**), **ob die Meldung stimmt** I (still) doubt whether (*od.* if) the news is right; **dies läßt** (*od.* **macht**) **mich ~** this makes me doubt; **ich zweifle an seinem Verstand** I doubt his mental faculties. – **2.** (*schwanken*) be in doubt, be in two minds: **ich zweifelte, ob ich gehen sollte** I was in doubt (*od.* in two minds) about going. – **3.** **an** (*dat*) **etwas ~** (*in Frage stellen*) to question (*od.* doubt) s.th. – **II Z~** *n* ⟨-s⟩ **4.** *verbal noun*: **laß doch das Z~!** don't be such a doubter (*od.* doubting Thomas)! – **5.** dubitation. — '**zweifelnd I** *pres p*: **an ihrer Ehrlichkeit ~, sagte er** doubting her honesty he said. – **II** *adj* (*Person*) doubting, doubtful, dubitative: **ein ~es Gesicht machen** to look skeptic(al) (*bes. Br.* sceptic[al]); **~ schüttelte er den Kopf** he shook his head in doubt.

'**Zwei·fels|ˌfall** *m* **1.** **im ~(e)** in case of doubt, when (*od.* if) in doubt. – **2.** (*Grenzfall*) borderline case. — **~ˌfra·ge** *f* doubt: **in ~n** when (*od.* if) in doubt. — **z~ˌfrei** *adj* free of doubt(s). — **z~'oh·ne** [ˌtsvaɪfəls-] *adv* undoubtedly, doubtless, without (a) doubt, beyond (a *od.* all) doubt.

'**Zwei·fel|ˌsucht** *f* ⟨-; *no pl*⟩ **1.** *psych.* doubting insanity. – **2.** *bes. philos.* skepticism, *bes. Br.* scepticism. — **z~ˌsüch·tig** *adj* inclined to doubt, skeptic(al), *bes. Br.* sceptic(al).

ˌ**Zwei'fin·gerˌfaulˌtier** *n zo.* unau, two-toed sloth (*Choloepus didactylus*).

'**zweiˌfin·ge·rig** [-ˌfɪŋərɪç] *adj zo.* two-fingered; bidigitate, bidactyl(e), *auch* bidactylous (*scient.*).

'**zweiˌflä·chig** *adj* **1.** two-faced. – **2.** *math.* dihedral. — '**Zweiˌfläch·ner** [-ˌflɛçnər] *m* ⟨-s; -⟩ *math.* dihedral.

'**zwei|ˌflam·mig** *adj* (*Gasherd etc*) two-flame (*attrib*). — **~ˌfleckig** (*getr.* -k·k-) *adj bot. zo.* bimaculate, *auch* bimaculated.

'**Zweif·ler** *m* ⟨-s; -⟩, '**Zweif·le·rin** *f* ⟨-; -nen⟩ doubter, skeptic, *bes. Br.* sceptic, unbeliever. — '**zweif·le·risch** *adj* skeptic(al), *bes. Br.* sceptic(al).

'**zweiˌflü·ge·lig** [-ˌflyːgəlɪç] *adj* **1.** two-winged, double-winged: **~e Tür** double-(-winged) door. – **2.** *bot. zo.* dipterous. — '**Zweiˌflüg·ler** [-ˌflyːglər] *m* ⟨-s; -⟩ *zo.* **1.** dipterous insect, dipteran, dipteron. – **2.** *pl* diptera (*Ordng Diptera*). — '**zweiˌflüg·lig** *adj cf.* zweiflügelig.

'**Zwei|for·mat(ˌbild)·proˌjek·tor** *m phot.* dual-standard projector. — **~'fron·tenˌkrieg** [ˌtsvaɪ-] *m mil.* war on two fronts.

ˌ**Zwei'fünf·telˌschein** *m astrol.* biquintile (aspect).

'**Zweiˌfuß** *m* bipod. — '**Zweiˌfü·ßer** *m* ⟨-s; -⟩ *zo.* (*Vögel*) biped. — '**zweiˌfü·ßig** *adj* two-footed, biped(al) (*scient.*).

Zweig [tsvaɪk] *m* ⟨-(e)s; -e⟩ **1.** (*dünner*) twig, sprig, spray: **einen ~** (**vom Strauch**) **abbrechen** to break off a sprig (from the bush). – **2.** (*Ast*) (main) branch, arm, bough, limb, ramus (*scient.*): **kleiner ~** branchlet; **Gesamtheit der ~e** branchage, ramification; **~e treiben** to ramify, to branch (out); **trockener ~** stick; **voller ~e** a) full of branches, branchy, b) full of sprigs, spriggy, full of twigs, twiggy; → **grün 1.** – **3.** *fig.* (*eines Geschlechts*) branch: **er entstammt einem ~ der königlichen Familie** he is descended from a branch of the royal family. – **4.** *fig.* (*der Grammatik, der Naturwissenschaft etc*) branch. – **5.** *fig.* (*einer Bahnlinie*) branch. – **6.** (*als Wirtshauszeichen*) bush. – **7.** *med.* branch, ramus (*scient.*).

'**Zweigˌabˌtei·lung** *f econ.* branch, section.

'**Zweiˌgang·geˌtrie·be** *n tech.* two-speed gear (*od.* transmission).

'**zweiˌgän·gig** *adj tech.* (*Schraube*) double-threaded.

'**Zweiˌgang|ˌmo·tor** *m tech.* two-speed engine (*od.* motor). — **~ˌschal·tung** *f* two-speed gearshift: **Fahrrad mit ~** two-speed bicycle.

'**Zweig|ˌanˌstalt** *f econ.* branch (establishment). — **z~ˌar·tig** *adj* branchlike; ramiform, ram(e)ous, ramose (*scient.*). — **~ˌbahn** *f econ.* branch (line). — **~ˌbank** *f econ.* branch bank. — **~beˌtrieb** *m econ.* **1.** branch (establishment). – **2.** *cf.* Zweiggeschäft. — **~ˌboh·rer** *m zo.* (*Sammelname*) twig borer. — **~büˌro** *n* suboffice, branch (office).

'**zwei|geˌlei·sig** [-gəˌlaɪzɪç] *adj* (*railway*) *cf.* zweigleisig. — **~geˌpaart** *adj bot.* biconjugate. — **Z~geˌsang** *m mus.* duet, duo.

'**zwei·geˌschlech·tig** [-gəˌʃlɛçtɪç] *adj biol.* bisexual, hermaphroditic, *auch* hermaphroditical. — '**Zwei·geˌschlech·tig·keit** *f* ⟨-; *no pl*⟩ bisexuality, hermaphroditism.

'**zwei·geˌschos·sig** [-gəˌʃɔsɪç] *adj cf.* zweietagig.

'**Zwei|geˌspann** *n* **1.** team of two horses. – **2.** yoke of oxen (*od.* bullocks). – **3.** (*zweispänniger Wagen*) a) carriage and pair, pair-horse (*od.* two-horse) carriage, b) *antiq.* biga. – **4.** *fig. colloq.* twosome, duo, couple. — **~geˌspräch** *n obs. od. dial. for* Zwiegespräch.

'**zwei·geˌstal·tig** [-gəˌʃtaltɪç] *adj* **1.** biform. – **2.** *biol. min.* dimorphic. — '**Zwei·geˌstal·tig·keit** *f* ⟨-; *no pl*⟩ *biol. min.* dimorphism.

'**Zwei|geˌstirn** *n astr.* double (*od.* binary) star. — **z~geˌstri·chen** *adj mus.* (*Note*) two-line, twice-accented (*beide attrib*). — **z~geˌteilt I** *pp.* – **II** *adj* **1.** divided, divided into two (parts), bipartite. – **2.** *bes. bot.* dichotomic, dichotomous, bipartite. – **3.** *med.* a) bipartite, b) (*Gefäße etc*) bifurcate.

'**zweig|ˌför·mig** *adj* branched, branchy; ramiform, ram(e)ous (*scient.*). — **Z~geˌschäft** *n econ.* branch (shop, *bes. Am.* store). — **Z~geˌsell·schaft** *f* **1.** *econ.* branch (company). – **2.** (*Vereinigung*) affiliated society.

'**zwei|ˌgip·fe·lig** [-ˌgɪpfəlɪç], **~ˌgipf·lig** [-ˌgɪpflɪç] *adj* **1.** (*Berg*) having two peaks (*od.* summits), double- (*od.* two-)peaked. – **2.** *math.* bimodal. – **3.** **~er Akzent** *ling.* complex tone. — **Z~ˌgit·terˌröh·re** *f electr.* tetrode, *Am.* double-grid tube.

Zweig·lein ['tsvaɪklaɪn] *n* ⟨-s; -⟩ **1.** *dim.* of Zweig. – **2.** sprig, spray, twig. – **3.** (*Ästchen*) branchlet, small branch, ramulus (*scient.*). – **4.** *med.* branchlet, ramulus (*scient.*).

'**zweiˌglei·sig** [-ˌglaɪzɪç] *adj* (*railway*) (*Strecke*) two-rail (*attrib*), double-track (*attrib*), double-tracked.

'**Zweigˌlei·tung** *f* **1.** branch line (*od.* lead). – **2.** (*einer Antenne*) spur feeder.

'**zwei|ˌglie·de·rig**, **~ˌglied·rig** *adj* **1.** two-membered. – **2.** *math.* a) (*Ausdruck*) binomial, two-termed, b) (*Operation*) dyadic, *auch* diadic: **~e Größe** binomial. – **3.** *biol. zo.* a) dimerous, b) (*Nomenklatur*) binomial.

'**Zweiˌglim·mer|ˌgneis** *m geol.* two-mica gneiss. — **~graˌnit** *m* two-mica granite.

'**Zweig|ˌli·nie** *f* (*railway*) sideline, branch line (*od.* railroad, *Br.* railway, track). — **~ˌnie·derˌlas·sung** *f econ.* branch (establishment): **~ im Ausland** foreign branch. — **~or·ga·ni·sa·tiˌon** *f* branch organization (*Br. auch* -s-). — **~ˌpostˌamt** *n* post office (without administrative service).

'**zwei|ˌgrif·fe·lig** [-ˌgrɪfəlɪç], **~ˌgriff·lig** [-ˌgrɪflɪç] *adj bot.* distylous.

'**Zweig|ˌrip·pe** *f arch.* (*beim gotischen Gewölbe*) branch. — **~ˌschal·ter** *m electr.* branch switch. — **~ˌspurˌstrang** *m bot.* branch trace. — **~ˌstel·le** *f* **1.** suboffice, branch (office): **regionale ~ einer Gewerkschaft** (local) union branch, *Am.* local. – **2.** (*Agentur etc*) branch. — **z~ˌtra·gend** *adj bot.* ramiferous, ram(e)ous. — **~ˌwerk** *n econ.* branch (factory).

'**Zweiˌhals-ˌRundˌkol·ben** *m chem.* two-neck(ed) round bottom flask.

'**Zweiˌhän·der** [-ˌhɛndər] *m* ⟨-s; -⟩ **1.** two-handed (*od.* doublehanded) sword. – **2.** *zo.* two-handed (*od. scient.* bimanous) animal, bimane (*scient.*). — ˈ**zweiˌhän·dig** [-ˌhɛndɪç] **I** *adj* **1.** two-handed; bimanal, bimanous (*scient.*). – **2.** (*Musikstück*) for two hands. – **II** *adv* **3.** ~ spielen to play with both hands.

ˈ**zweiˌhäu·sig** [-ˌhɔʏzɪç] *adj bot.* dioecious, dioecian. — ˈ**Zweiˌhäu·sig·keit** *f* ⟨-; *no pl*⟩ dioecism.

ˈ**Zwei·heit** *f* ⟨-; *no pl*⟩ **1.** duality. – **2.** *auch* Lehre von der ~ *philos.* dualism.

ˈ**zwei|ˌhen·ke·lig** [-ˌhɛŋkəlɪç], ~ˌ**henk·lig** *adj* two-handled, double-handled: ~e Vase *antiq.* amphora, pelike.

ˈ**zweiˌhöcke·rig** (*getr.* -k·k-) *adj* two-humped: → Kamel 1.

ˈ**Zweiˌhör·ner** [-ˌhœrnər] *m* ⟨-s; -⟩ *zo.* bicorne, *auch* bicorn. — ˈ**zweiˌhör·nig** [-ˌhœrnɪç] *adj* two-horned; bicornuous, bicornuate, *auch* bicornate (*scient.*).

ˈ**Zweiˌhu·fer** [-ˌhuːfər] *m* ⟨-s; -⟩ *zo. cf.* Paarhufer.

ˈ**zweiˈhun·dert** *adj* ⟨*cardinal number*⟩ two hundred. — **Z~ˈjahrˌfei·er** [ˌtsvaɪˌhʊndərt-] *f* bicentenary, bicentennial. — ~ˌ**jäh·rig** *adj* bicentenary, bicentennial.

ˈ**zweiˈhun·dertst** *adj* ⟨*ordinal number*⟩ two hundredth. — ˈ**Zweiˈhun·dert·stel** *n* two hundredth (part).

ˌ**Zweiˈjah·resˌplan** *m econ. pol.* two-year plan.

ˈ**zwei|ˌjäh·rig** **I** *adj* **1.** two-year (*attrib*), lasting (*od.* of) two years, biennial, biyearly. – **2.** two-year-old (*attrib*), of two (years): ein ~es Kind a two-year-old child. – **3.** *bot.* biennial. – **II Z~e** *m, f* ⟨-n; -n⟩ **4.** two-year-old (child). — ~ˌ**jähr·lich** *adj* (occurring) every two years, biennial, biyearly, *auch* biannual.

ˈ**zweiˌkam·me·rig** [-ˌkamərɪç] *adj bot.* bilocular, biloculate.

ˌ**Zweiˈkam·mer·syˌstem** *n pol.* two-chamber system, bicameralism.

ˈ**Zwei|ˌkampf** *m* **1.** (*auch sport*) duel: j-n zum ~ fordern to challenge s.o. (to a duel). – **2.** *mil.* single combat. — ~ˌ**kämp·fer** *m* duelist, *bes. Br.* duellist, dueler, *bes. Br.* dueller.

ˈ**zwei·kaˌna·lig** [-kaˌnaːlɪç] *adj electr.* two-channel, double-channel (*beide attrib*).

ˈ**zwei|ˌkap·se·lig** [-ˌkapsəlɪç], ~ˌ**kaps·lig** *adj bot.* bicapsular, two-capsule (*attrib*).

ˈ**zweiˌkeim|ˌblät·te·rig**, ~ˌ**blätt·rig** *adj bot.* dicotyledonous, *auch* dicotyledonary.

ˈ**zweiˌker·nig** *adj* **1.** *biol. phys.* binuclear, *auch* binucleate(d). – **2.** *bot.* two-grained.

ˈ**zweiˌkie·lig** [-ˌkiːlɪç] *adj bot. zo.* bicarinate.

ˈ**Zweiˌkie·mer** [-ˌkiːmər] *m* ⟨-s; -⟩ *zo.* dibranchiate. — ˈ**zweiˌkie·mig** [-ˌkiːmɪç] *adj* dibranchiate.

ˌ**Zweiˈkin·der·syˌstem** *n* ⟨-s; *no pl*⟩ two-child system.

ˈ**Zweiˌklang** *m mus.* interval. — ~-ˌ**Stark·tonˌhorn** *n* loud dual-tone horn.

ˈ**zweiˌklap·pig** [-ˌklapɪç] *adj* **1.** two-valved. – **2.** *zo.* bivalve (*attrib*), bivalvular.

ˈ**zweiˌköp·fig** [-ˌkœpfɪç] *adj* **1.** (consisting) of two (persons): eine ~e Familie a family of two. – **2.** *myth.* two-headed, double-headed: ~er Adler *her.* two-headed eagle. – **3.** *med.* a) dicephalous, bicephalous, bicephalic, b) (*Muskel*) bicipital: ~er Muskel biceps. — ˈ**Zweiˌköp·fig·keit** *f* ⟨-; *no pl*⟩ *med.* dicephalism.

ˈ**Zwei|ˌkorn** *n* ⟨-(e)s; *no pl*⟩ *bot. cf.* Emmer. — ~ˌ**kör·per·proˌblem** *n math.* two-body problem.

ˈ**Zweiˌkreis|ˌbrem·se** *f auto.* two- (*od.* dual)-circuit brake. — ~**syˌstem** *n econ.* dual system of cost and financial accounting.

ˈ**zwei|ˌku·ge·lig**, ~ˌ**kug·lig** *adj bot.* dicoccous. — ~ˌ**lap·pig** *adj* two-lobed, bilobular, bilobate, *auch* bilobated, bilobed.

ˈ**zweiˌla·stig** [-ˌlastɪç] *adj mar.* on (an) even keel.

ˈ**zweiˌlei·big** [-ˌlaɪbɪç] *adj astrol.* (*Zodiakzeichen*) bicorporal, *auch* bicorporeal.

ˈ**Zweiˌlei·terˌka·bel** *n electr.* two- (*od.* twin-)core cable.

ˈ**Zwei|ˌlei·tungsˌbrem·se** *f auto.* (*für Anhänger*) double-circuit brake. — ~ˌ**lin·sen·ob·jekˌtiv** *n* (*optics*) doublet.

ˈ**zweiˌlip·pig** [-ˌlɪpɪç] *adj bot.* two-lipped, bilabiate.

ˈ**Zweiˌlochˌbren·ner** *m tech.* twin nozzle (*od.* jet).

ˈ**zwei|ˌlö·che·rig**, ~ˌ**löch·rig** *adj bot. zo.* biforate.

ˌ**Zweiˈmäch·teˌabˌkom·men** *n pol.* bipartite (*od.* two-power) agreement.

ˈ**zweiˌmäch·tig** *adj bot.* didynamian, didynamous.

ˈ**zweiˌmäh·dig** [-ˌmɛːdɪç] *adj agr.* (*Wiese*) mown twice a year.

ˈ**zweiˌmal** *adv* twice: ~ pro (*od.* im) Monat [Jahr] twice a month [a year], bimonthly [biannually]; ~ täglich twice a day, twice daily; ~ so alt wie er twice his age; ~ soviel twice as much, twice the amount; das lasse ich mir nicht ~ sagen *colloq.* I don't need (*od.* wait) to be told twice, I'm all for it (*colloq.*); das habe ich mir nicht ~ sagen lassen *colloq.* I didn't need (*od.* wait) to be told twice, I jumped at the offer; überlege es dir ~, bevor du es tust think twice before doing it (*od.* before you do it).

ˈ**zweiˌma·lig** *adj* ⟨*attrib*⟩ done (*od.* repeated) twice: nach ~em Versuch after the second attempt, after two attempts; er erhielt eine ~e Aufforderung he was requested twice.

ˈ**ZweiˌmannˌBoot** *n* two-man dinghy (*od.* boat).

ˈ**zweiˌmän·nig** [-ˌmɛnɪç] *adj bot.* diandrian.

ˈ**Zweiˌmann-ˌU-ˌBoot** *n mar. mil.* two-man submarine.

ˌ**ZweiˈmarkˌStück** *n* two-mark piece (*od.* coin).

ˈ**Zweiˌma·ster** [-ˌmastər] *m* ⟨-s; -⟩ *mar.* two-master, two-masted (sailing) boat, brig. — ˈ**zweiˌma·stig** [-ˌmastɪç] *adj* two-masted.

ˈ**zweiˌmäu·lig** [-ˌmɔʏlɪç] *adj zo.* distomatous.

ˈ**zwei|ˌmo·na·tig** [-ˌmoːnatɪç] *adj* **1.** two-month (*attrib*), lasting (*od.* of) two months. – **2.** (*Baby etc*) two-month-old (*attrib*). — ~ˌ**mo·nat·lich** **I** *adj* bimonthly, bimestrial. – **II** *adv* every two months, bimonthly.

ˌ**Zweiˈmo·nats|ˌschrift** *f* bimonthly (publication). — ~(ˌ**zah·lungs**)ˌ**ziel** *n* two months' credit: gegen ~ at a prompt of two months.

ˈ**zwei·moˌto·rig** [-moˌtoːrɪç] *adj aer.* twin-engined, twin-jet (*attrib*).

ˈ**zweiˌna·mig** [-ˌnaːmɪç] *adj bot. zo.* binomial.

ˈ**zweiˌöh·rig** [-ˌˀøːrɪç] *adj bot.* (*Blattgrund etc*) biauriculate.

ˈ**zweiˌpaa·rig** *bot.* **I** *adj* bijugate, *auch* bijugous. – **II** *adv* ~ gefiedertes Blatt bijugate leaf.

ˈ**Zwei·paˌra·me·terˌschar** *f math.* bundle.

ˌ**Zwei·parˈtei·en·syˌstem** *n pol.* two-party system.

ˌ**Zwei|ˈpfen·nigˌstück** *n* two-pfennig piece (*od.* coin). — ~ˈ**pfer·deˌsprin·gen** *n* (*sport*) (*beim Springreiten*) two-horse competition.

ˈ**Zweiˌpfün·der** [-ˌpfʏndər] *m* ⟨-s; -⟩ **1.** *gastr.* two-pound loaf. – **2.** *mil. hist.* two-pounder.

ˌ**Zweiˈpha·sen|ˌnetz** *n electr.* two-phase mains *pl* (*od.* system). — ~ˌ**strom** *m* two-phase current. — ~ˌ**wir·kung** *f med.* two-phase effect. — ~ˌ**zäh·ler** *m electr.* two-phase meter.

ˈ**zweiˌpha·sig** [-ˌfaːzɪç] *adj electr.* two-phase (*attrib*): ~er Stromkreis two-phase circuit; ~er Wechselstrom two-phase alternating current.

ˈ**Zweiˌpol** *m electr.* two-pole, two-terminal network. — ˈ**zweiˌpo·lig** *adj* **1.** *electr.* two-pole, double-pole (*beide attrib*), bipolar: ~er Stecker two-pin plug. – **2.** *phys.* dipolar, bipolar.

ˈ**ZweiˌpolˌröH·re** *f electr.* diode.

ˈ**zwei·proˌzen·tig** [-proˌtsɛntɪç] *adj* **1.** *chem. pharm.* (*Lösung etc*) two-percent, *Br.* two-per-cent (*attrib*). – **2.** *econ.* two-percent, *Br.* two-per-cent (*attrib*), bearing two percent (*Br.* per cent) interest.

ˈ**ZweiˌpunktˌeinˌStel·lung** *f phot.* zone focusing (*auch* focussing).

ˈ**Zweiˌrad** *n* **1.** bicycle, bike (*colloq.*). – **2.** *cf.* Tourenrad. – **3.** *cf.* Moped. – **4.** *cf.* Mofa. – **5.** *cf.* Motorrad. — ~ˌ**anˌhän·ger** *m* two-wheel trailer.

ˈ**zweiˌrä·de·rig** [-ˌrɛːdərɪç] *adj* two-wheeled: ~er Wagen two-wheeled car, two-wheeler, (*als Droschke*) hansom.

ˈ**Zweiˌrad·in·duˌstrie** *f econ.* bicycle and motorcycle industry.

ˈ**zweiˌräd·rig** *adj cf.* zweiräderig.

ˈ**ZweiˌradˌSchlep·per** *m* two-wheel tractor.

ˈ**Zweiˌraum·kasˌset·te** *f phot.* double-chamber magazine.

ˈ**Zweiˌrei·her** *m* ⟨-s; -⟩ (*fashion*) double-breasted suit. — ˈ**zweiˌrei·hig** [-ˌraɪɪç] *adj* **1.** placed in two (*od.* double) rows (*od.* lines), two- (*od.* double-)row (*attrib*). – **2.** (*fashion*) (*Anzug etc*) double-breasted. – **3.** *bot.* bifarious, distichous.

ˈ**zweiˌrin·gig** [-ˌrɪŋɪç] *adj zo.* biannulate.

ˈ**zweiˌrip·pig** [-ˌrɪpɪç] *adj bot.* two-nerved, binervate (*scient.*).

ˈ**Zweiˌröh·ren·empˌfän·ger** *m* (*radio*) two-valve receiver.

ˈ**Zweiˌru·de·rer** *m antiq.* bireme. — ˈ**zwei·ˌru·de·rig** *adj* two-oared, pair-oar (*attrib*).

ˈ**ZweiˌrumpfˌBoot** *n* (*sport*) (*beim Segeln*) catamaran.

ˈ**zweiˌsai·tig** [-ˌzaɪtɪç] *adj mus.* two-stringed, bichord (*attrib*).

ˈ**zwei·sam** *adj obs. poet.* twosome.

ˈ**zweiˌsa·mig** [-ˌzaːmɪç] *adj bot.* two-seeded, dispermous (*scient.*).

ˈ**Zwei·sam·keit** *f* ⟨-; *no pl*⟩ *obs. poet.* twosomeness.

ˈ**zweiˌsäu·lig** [-ˌzɔʏlɪç] *adj arch.* distyle.

ˈ**zweiˌsäu·rig** [-ˌzɔʏrɪç] *adj chem.* (*Basen*) diacid.

ˈ**zweiˌschäf·tig** [-ˌʃɛftɪç] *adj* (*Tau*) two-ply (*attrib*).

ˈ**zweiˌscha·lig** [-ˌʃaːlɪç] *adj zo.* bivalve (*attrib*), *auch* bivalved: ~es Muscheltier, ~e Muschel bivalve.

ˈ**zwei|ˌschen·ke·lig** [-ˌʃɛŋkəlɪç], ~ˌ**schenk·lig** *adj math. tech.* two-legged.

ˈ**Zweiˌschich·ten|ˌfilm** *m phot.* bipack. — ~**geˌwe·be** *n* (*textile*) double cloth.

ˈ**zweiˌschich·tig** [-ˌʃɪçtɪç] *adj* **1.** two-layered, double-layer (*attrib*), bilaminate(d), *auch* bilaminar: ~er Mauerbewurf *civ.eng.* two-coat work. – **2.** (*wood*) two-ply (*attrib*).

ˈ**zwei|ˌschlä·fe·rig** [-ˌʃlɛːfərɪç], ~ˌ**schlä·fig** [-ˌʃlɛːfɪç], ~ˌ**schläf·rig** *adj only in* ~es Bett double bed, bed for two persons.

ˈ**zweiˌschlä·gig** [-ˌʃlɛːgɪç] *adj med.* (*Puls etc*) dicrotic.

ˈ**Zweiˌschlitz** *m arch.* diglyph. — ˈ**zwei·ˌschlit·zig** *adj med. bot.* birimose.

ˈ**zweiˌschnei·dig** *adj* **1.** (*Messer etc*) *auch fig.* double- (*od.* two-)edged: → Schwert 1. – **2.** *bot.* ancipitous, ancipital.

ˈ**ZweiˌschrittˌWal·zer** *m mus.* valse à deux temps.

ˈ**zweiˌschü·rig** [-ˌʃyːrɪç] *adj agr.* **1.** (*Wiese*) mown twice a year. – **2.** (*Schaf*) twice-shorn (*attrib*), shorn twice a year. – **3.** (*Wolle*) of the second shearing.

ˈ**Zweiˌsei·ten|ˌband** *n* (*radio*) double-side band. — ~ˌ**band·empˌfän·ger** *m* double-sideband receiver. — ~ˌ**kip·per** *m auto. Am.* two-way dump truck, *Br.* two-way tipping lorry (*od.* tipper).

ˈ**zweiˌsei·tig** **I** *adj* **1.** (*Folie etc*) two-side (*attrib*). – **2.** *math.* two-sided, bilateral. – **3.** *jur. pol.* (*Abkommen etc*) bipartite, (*bes. verbindlich*) bilateral: ~es Vertragssystem system of bilateral agreements. – **4.** (*Brief etc*) two-page(d): ~e Anzeige [~es Photo] *print.* double spread, double-page spread. – **5.** (*textile*) (*Stoff*) reversible, double-face (*attrib*). – **6.** *bot.* (*Blüte*) zygomorphic. – **7.** *med. biol.* bilateral. – **II** *adv* **8.** on both sides, bilaterally: ~ beschrieben written on both sides; ~ bedruckt printed on both sides, opisthographic(al); ~ verbindlich *jur. pol.* bilaterally (binding); ~ satiniert *print.* calendered on both sides, two-sided calendered. — ˈ**Zweiˌsei·tig·keit** *f* ⟨-; *no pl*⟩ *jur. pol.* bilateralism, bilaterality.

ˈ**zweiˌsei·tig-symˌme·trisch** *adj bes. bot.* bisymmetric(al).

ˈ**zweiˌsil·big** [-ˌzɪlbɪç] *adj ling.* two-syllable(d), dis(s)yllabic.

ˈ**Zweiˌsit·zer** [-ˌzɪtsər] *m* ⟨-s; -⟩ **1.** *auto.* two-seater, two-passenger car: geschlossener ~ coupé; offener ~ roadster. – **2.** *aer.* two-seater. — ˈ**zweiˌsit·zig** [-ˌzɪtsɪç] *adj* two-seated, (*nebeneinander*) double-seated, (*hintereinander*) with tandem seats.

ˈ**zweiˌspal·tig** [-ˌʃpaltɪç] **I** *adj* **1.** (*Zeitungsartikel etc*) two-column(ed). – **2.** *bes. bot. zo.* bifid. – **II** *adv* **3.** ~ gedruckt printed in double column (*od.* two columns).

ˈ**Zweiˌspän·ner** [-ˌʃpɛnər] *m* ⟨-s; -⟩ carriage and pair. — ˈ**zweiˌspän·nig** [-ˌʃpɛnɪç] **I** *adj* (*Wagen etc*) two- (*od.* pair-)horse (*attrib*), drawn by two horses. – **II** *adv* ~ fahren to drive (in) a carriage and pair.

ˈ**Zweiˌspin·del|ˌfräs·maˌschi·ne** *f tech.* two-spindle milling machine, duplex miller. — ~ˌ**planˌfräs·maˌschi·ne** *f* two-spindle fixed-bed-type (*od.* manufacturing-tape) milling machine, duplex fixed-bed miller.

ˈ**Zwei|ˌspitz** *m* ⟨-es; -e⟩ **1.** *hist.* two-cornered (*od.* cocked) hat, *auch* bicorne. – **2.** (*Steinmetzwerkzeug*) railroad (*od.* clay) pick. — **z~ˌspit·zig** *adj* **1.** two- (*od.* double)-pointed, two-peaked. – **2.** *bot.* (*Blatt*) bicuspid, *auch* bicuspidate.

'zweiˌspo·rig [-ˌʃpoːrɪç] *adj zo.* (*bes. Vögel*) bicalcarate.

'zweiˌspra·chig [-ˌʃpraːxɪç] *adj* in two languages, bilingual, diglot: eine ~e Erklärung an explanation in two languages; eine ~e Ausgabe a diglot. — **'Zweiˌspra·chi·ge** *m, f* ⟨-n; -n⟩ bilingual. — **'Zwei-ˌspra·chig·keit** *f* ⟨-; *no pl*⟩ bilingualism, *auch* bilinguality.

'Zweiˌspur *f electr.* (*eines Tonbandgeräts*) dual track. — **'zweiˌspu·rig** *adj* **1.** (*Fahrbahn*) two-lane(d). – **2.** (*railway*) double-track(ed).

'Zweiˌspurˌtonˌband·geˌrät *n electr.* dual- (*od.* twin-)track tape recorder.

'Zweiˌstän·der|ˌho·bel·maˌschi·ne *f tech.* standard-type (*od.* double-housing) planer. — **~-ˌHo·bel- ˌund ˌFräs·maˌschi·ne** *f* double-column planing and milling machine.

'zweiˌstän·dig *adj bot.* dichotomous.

'Zweiˌstär·ken|ˌbril·le *f* (*optics*) bifocals *pl*, bifocal glasses *pl.* — **~ˌbril·lenˌglas** *n* bifocal lens.

'zweiˌstei·nig *adj bot.* (*Frucht*) dipyrenous.

'zweiˌstel·lig [-ˌʃtɛlɪç] *adj math.* **1.** (*Zahl*) two-figure (*attrib*), two-digit (*attrib*). – **2.** (*Dezimalbruch*) two-place (*attrib*).

'zweiˌstim·mig [-ˌʃtɪmɪç] **I** *adj mus.* for (*od.* in) two voices, two-voiced, two-part (*attrib*), in two parts: ~er Gesang a) duet, b) two-part song. – **II** *adv* ~ singen to sing in duet.

'zweiˌstöckig (*getr.* -k·k-) [-ˌʃtœkɪç] *adj* **1.** two-storey, *bes. Am.* two-story (*attrib*), two-storeyed, *bes. Am.* two-storied. – **2.** (*Bett etc*) double-deck(ed).

'Zweiˌstoff|leˌgie·rung *f metall.* binary alloy. — **~syˌstem** *n* (*space*) bi-fuel system. — **~ˌtreibˌmit·tel** *n*, **~ˌtreibˌstoff** *m* bipropellant.

'Zweiˌstrahl *m phys.* dual trace (*od.* beam). — **'zweiˌstrah·lig** *adj* **1.** *bot. phys.* biradiate, *auch* biradiated. – **2.** *aer.* (*Strahltriebwerk*) twin-jet (*attrib*). – **3.** *zo.* didactyl(e), *auch* didactylous.

'zweiˌsträh·nig *adj* two-ply (*attrib*).

'Zweiˌstrei·fen|chaˌmä·le·on *n zo.* two-lined chameleon (*Chamaeleo bitaeniatus*). — **~ˌmolch** *m* two-lined salamander (*Eurycea bislineata*).

ˌZwei'stromˌland, das *geogr.* Mesopotamia (*region between the Tigris and Euphrates rivers*).

ˌZwei'stu·fen|ˌmo·tor *m tech.* two-speed motor. — **~raˌke·te** *f* (*space*) two-stage rocket. — **~verˌga·ser** *m auto.* double-barrel carburetor (*auch* carbureter) (*bes. Br.* carburetter, carburettor).

'zweiˌstu·fig *adj* **1.** of (*od.* with) two steps. – **2.** *tech.* a) (*Schaltgetriebe*) two-speed (*attrib*), b) (*Scheibenwischer*) two-stage (*attrib*), c) (*Vorgelege*) two-step (*attrib*). – **3.** (*space*) (*Rakete*) two-stage (*attrib*).

'zweiˌstün·dig [-ˌʃtʏndɪç] *adj* two-hour (*attrib*), lasting (*od.* of) two hours: in einer ~en Unterredung in a two-hour conference, in a conference lasting two hours; das Flugzeug hat eine ~e Verspätung the plane is two hours late.

'zweiˌstünd·lich I *adj* two-hourly, every two hours. – **II** *adv* every two hours, at two-hour intervals.

zweit *adj* ⟨*ordinal number*⟩ **1.** second: zum ~en Mal for the second time; am ~en Mai on May (the) second, on the second of May; an ~er Stelle stehen to be in (the) second place, to be (placed) second; ~e Ausfertigung duplicate; der ~e Band volume two; ~e Klasse second class; ein Hotel ~er Klasse a second-class hotel; ein Abteil ~er Klasse (*railway*) a second-class compartment; etwas aus ~er Hand erwerben to buy s.th. secondhand (*Br.* second-hand); ~es Programm a) (*radio*) *telev.* second program (*bes. Br.* programme), b) (*computer*) alternate program (*bes. Br.* programme); Z~es Deutsches Fernsehen Second German Television program (*bes. Br.* programme); ein ~er Stalin another Stalin; ~e Person a) *ling.* second person, b) *econ. jur.* second party; ein Artikel ~er Wahl *econ.* a substandard article; → Bildungsweg; Geige; Gesicht[1] 6; Ich 1; Natur 4. – **2.** (*Buchhalter etc*) junior.

'zweiˌtä·gig *adj* **1.** two-day (*attrib*), lasting (*od.* of) two days: ein ~er Ausflug a two-day trip; (eine) ~e Gültigkeitsdauer haben to have two days' validity, to be valid for two days. – **2.** two-day-old (*attrib*).

'Zweiˌtakt *m auto.* two-stroke cycle.

'Zweiˌtak·ter *m* ⟨-s; -⟩ *auto. cf.* Zweitaktmotor.

'Zweiˌtakt|geˌmisch *n auto.* two-stroke (*Am. auch* two-cycle) mixture. — **~ˌmo·tor** *m* two-stroke (*Am. auch* two-cycle) engine. — **~ˌöl** *n* (*für Motorrad etc*) two-stroke oil. — **~verˌfah·ren** *n* two-stroke (*Am. auch* two-cycle) system.

'zweitˌäl·test I *adj* second (eldest *od.* oldest), (*von nur zweien*) younger, junior: das ~e Kind the second child. – **II Z~e** *m, f* ⟨-n; -n⟩ second eldest (*od.* oldest).

'Zwei·taˌrifˌzäh·ler *m electr.* dual-tariff-rate hour meter.

'zwei'tau·send *adj* ⟨*cardinal number*⟩ two thousand.

'Zwei'tau·sen·der *m* ⟨-s; -⟩ *colloq.* (*Berg*) two-thousand-meter (*bes. Br.* two-thousand-metre) mountain, twothousander (*colloq.*).

ˌZweiˌtau·send'jahrˌfei·er *f* bimillenary, bimillenial.

'zwei'tau·sendst *adj* ⟨*ordinal number*⟩ two thousandth.

'Zweit|ˌausˌfer·ti·gung *f* **1.** second copy (*od.* issue), duplicate. – **2.** (*eines Wechsels*) second of exchange. — **~beˌlich·tung** *f phot.* double exposure, reexposure.

'zweit'best I *adj* second-best. – **II Z~e** *m, f* ⟨-n; -n⟩ second best.

'Zweitˌdruck *m* ⟨-(e)s; -e⟩ *print.* second print.

'Zwei·te *m, f* ⟨-n; -n⟩, *n* ⟨-n; *no pl*⟩ **1.** (*Rangordnung*) (the) second: er ist der ~ a) he is the second, b) (*in einer Firma etc*) he is second in command; er ist der ewige ~ (*sport*) he is always second (*od.* runner-up); als ~r das Ziel erreichen to come in (*od.* finish) second. – **2.** es ist noch ein ~s zu erwähnen there is another point to be mentioned. – **3.** (*zeitlich*) the second: heute ist der ~, wir haben heute den ~n today is the second, it is the second today; bis zum ~n des Monats by the second of this month, (*in Geschäftsbriefen*) *auch* by the second instant. – **4.** (*mit Kleinschreibung*) du bist der z~, der mich danach fragt you are the second (person) to ask me that; er kann arbeiten wie kein z~r *fig.* he is second to none as a worker, he is a great (*od.* very hard) worker. – **5.** Heinrich der ~ (*od.* II.) *hist.* Henry the Second, Henry II.

'zweiˌtei·len I *v/t* ⟨*only inf u. pp* zweigeteilt, h⟩ **1.** etwas ~ to divide s.th. (into two [parts]). – **II Z~** *n* ⟨-s⟩ **2.** *verbal noun.* – **3.** *cf.* Zweiteilung.

'zweiˌtei·lig *adj* **1.** (*Anzug etc*) two-piece (*attrib*): ~es Altarbild diptych; ~es Ensemble two-piece, two-piecer; ~er Badeanzug two-piece bathing suit, bikini. – **2.** in two parts, two-part (*attrib*), bipartite (*lit.*): ein ~es Epos a two-part epic, an epic in two parts. – **3.** *med.* bipartite, dimerous. – **4.** *bot.* dimerous, binate. – **5.** *math.* binomial. — **'Zweiˌtei·lung** *f* ⟨-; *no pl*⟩ **1.** *cf.* Zweiteilen. – **2.** bipartition. – **3.** *math.* bisection. – **4.** (*Gabelung*) bifurcation. – **5.** *pol.* (*eines Landes*) division (into two parts), partition. – **6.** *biol.* binary fission (*od.* division).

'Zweit·empˌfän·ger *m* (*radio*) *telev.* second receiver (*od.* home set).

'zwei·tenˌmal *only in* zum ~ for the second time.

'zwei·tens *adv* secondly, in the second place.

'Zweit|ˌfahrˌzeug *n auto.* second car. — **~ˌfrachtˌfüh·rer** *m econ.* second carrier. — **~friˌsur** *f* (*Perücke*) wig.

'zweit|geˌbä·rend *adj med.* secundiparous. — **Z~geˌbä·ren·de** *f* ⟨-n; -n⟩ bipara, secundipara. — **~geˌbo·ren** *adj* second, younger. — **Z~geˌburt** *f* distocia.

'Zweit·geˌrät *n* (*radio*) *telev. cf.* Zweitempfänger.

'zweit|'größt *adj* second biggest (*od.* largest). — **~'höchst** *adj* second highest. — **Z~ˌimp·fung** *f med.* second vaccination, revaccination. — **~ˌjüngst** *adj* second youngest, youngest but one.

'zweitˌklas·sig [-ˌklasɪç] *adj* **1.** second-class. – **2.** *cf.* zweitrangig.

'ZweitˌklaßˌwaNgen *m Swiss* second-class passenger car (*Br.* coach).

'zweitˌletzt I *adj* ⟨*attrib*⟩ second last, last but one, next to the last: das ~e Haus the last house but one (in the row); er kam als ~er an he was the second last to arrive; ~e Silbe penultimate syllable, penult, *auch* penultimate. – **II Z~e** *m, f* ⟨-n; -n⟩ the last but one.

'Zweit|ˌluft *f metall.* secondary air. — **~ˌmäd·chen** *n* second maid. — **z~'nächst** *adj* next but one: am ~en Tag (on) the second day after, two days later.

'Zweiˌton·ner [-ˌtɔnər] *m* ⟨-s; -⟩ *auto. Br.* two-ton lorry, *Am.* two-tonner.

ˌZwei'tou·ren|maˌschi·ne, ~ˌpres·se *f print.* two-revolution machine (*od.* press). — **~ˌschnellˌpres·se** *f* high-speed press.

'zweiˌtou·rig [-ˌtuːrɪç] *adj* two-speed (*attrib*).

'zweitˌran·gig [-ˌraŋɪç] *adj* second-rate, second-string, secondary, below standard, (*stärker*) inferior, subordinate, one-horse (*attrib*) (*sl.*). — **'Zweitˌran·gig·keit** *f* ⟨-; *no pl*⟩ secondariness, inferiority.

'zweit'schlech·test I *adj* worst but one. – **II Z~e** *m, f* ⟨-n; -n⟩, *n* ⟨-n; *no pl*⟩ worst but one.

'Zweit|ˌschrift *f* second copy, duplicate, duplication. — **~ˌschuld·ner** *m* secondary debtor. — **~ˌsen·dung** *f* **1.** (*radio*) repeat (broadcast). – **2.** *telev.* second showing. — **~ˌstim·me** *f pol.* (*auf Wahlzettel*) second vote.

'zweiˌtü·rig [-ˌtyːrɪç] *adj* (*Auto*) two-door (*attrib*).

'Zweit|ˌwa·gen *m auto.* second car. — **~ˌwirt** *m biol.* secondary host. — **~ˌwoh·nung** *f* second home.

'Zweiˌund'drei·ßi·ger *m print. cf.* Zweiunddreißigerformat.

'Zweiˌund'drei·ßi·ger·forˌmat *n print.* thirty-twomo, *Br.* thirty-two-mo, 32mo.

'Zweiˌund'drei·ßig·stel *n*, **~ˌno·te** *f mus.* thirty-second (note), *bes. Br.* demisemiquaver. — **~ˌpau·se** *f* thirty-second rest, *bes. Br.* demisemiquaver-rest.

'zweiˌundˌein'halb *adj cf.* zweieinhalb.

'zweiˌund'zwan·zig *adj* ⟨*cardinal number*⟩ **1.** twenty-two: er ist ~ he is twenty-two (years of age). – **2.** es ist ~ Uhr it's 10 o'clock p.m.

ˌZwei'vier·telˌtakt *m mus.* two-four time.

'Zweiˌwal·zen·geˌrüst *n metall.* two-high mill.

'Zweiˌweg..., 'Zweiˌwe·ge... *combining form denoting electr. tech.* two-way ...

'Zweiˌweg|anˌten·ne *f* duplexer. — **~au·to-ˌmat** *m* (*computer*) two-way automaton. — **~ˌhahn** *m tech.* two-way tap (*od.* cock). — **~ˌgleichˌrich·ter** *m* (*radio*) full-wave rectifier.

'zweiˌwer·tig *adj* **1.** *chem. nucl.* bivalent, divalent: ~es Element bivalent element, dyad. – **2.** *math.* two-valued. — **'Zwei-ˌwer·tig·keit** *f* ⟨-; *no pl*⟩ **1.** *chem. nucl.* bivalence, bivalency, divalence. – **2.** *math.* two-valuedness.

'zweiˌwim·pe·rig [-ˌvɪmpərɪç] *adj biol.* biciliate(d).

'zwei|ˌwin·ke·lig, ~ˌwink·lig *adj math.* biangular, biangulate.

'zweiˌwö·chent·lich I *adj* two-weekly, biweekly, *bes. Br.* fortnightly. – **II** *adv* every two weeks, biweekly, *bes. Br.* fortnightly.

'zweiˌwö·chig [-ˌvœçɪç] *adj* two-week (*attrib*), *bes. Br.* fortnightly, lasting (*od.* of) two weeks: ~er Urlaub two-week holiday.

'Zweiˌzack *m* ⟨-(e)s; -e⟩ two-pronged fork, bident. — **'zweiˌzackig** (*getr.* -k·k-) *adj* **1.** two-pronged. – **2.** *bes. bot. zo.* bidentate(d), bifurcate.

'Zweiˌzahl *f* **1.** *ling.* dual. – **2.** dyad. — **'zweiˌzah·lig** *adj* dyadic, *auch* diadic.

'zweiˌzäh·lig [-ˌtsɛːlɪç] *adj chem. math.* binary.

'Zweiˌzahn *m bot.* bur(r) marigold, tickseed sunflower (*Gattg Bidens*). — **'zweiˌzäh·nig** [-ˌtsɛːnɪç] *adj med.* bidental, bidentate.

'Zweiˌzahnˌwal *m zo.* beaked whale (*Gattg Mesoplodon*).

'zweiˌze·hig [-ˌtseːɪç] *adj* two-toed, didactyl(e), *auch* didactylous (*scient.*).

'Zweiˌzei·ler [-ˌtsaɪlər] *m* ⟨-s; -⟩ (*Strophe od. Gedicht*) distich, (*gereimter*) couplet. — **'zweiˌzei·lig** [-ˌtsaɪlɪç] **I** *adj* **1.** two-line (*attrib*), of (*od.* having) two lines. – **2.** (*Abstand bei der Schreibmaschine etc*) double-spaced. – **3.** *bot.* two-rowed, distichous, bifarious. – **II** *adv* ~ schreiben to double-space.

ˈ**zweiˌzei·tig** *adj* **1.** *bot.* dichronous. – **2.** ~e Silbe *ling.* dichronous syllable.

ˈ**zweiˌzel·lig** [-ˌtsɛlɪç] *adj biol.* two-celled; bicellular, bilocular, biloculate (*scient.*).

ˈ**zwei|ˌzif·fe·rig** [-ˌtsɪfərɪç], ~ˌ**zif·frig** [-ˌtsɪfrɪç] *adj* two-figure (*attrib*).

ˈ**zweiˌzim·me·rig** [-ˌtsɪmərɪç] *adj* double-roomed.

ˌ**Zweiˈzim·merˌwoh·nung** *f* two-room apartment (*bes. Br.* flat).

ˈ**zweiˌzin·kig** [-ˌtsɪŋkɪç] *adj* (*Gabel etc*) two-pronged, biforked.

ˈ**zwei|ˌzip·fe·lig** [-ˌtsɪpfəlɪç], ~ˌ**zipf·lig** [-ˌtsɪpflɪç] *adj med.* bicuspid(al), *auch* bicuspidate.

ˈ**zweiˌzöl·lig** [-ˌtsœlɪç] *adj* two-inch (*attrib*).

ˈ**zweiˌzo·nig** [-ˌtsoːnɪç] *adj pol.* bizonal.

ˈ**Zweiˌzü·ger** [-ˌtsyːgər] *m* ⟨-s; -⟩ (*Schachaufgabe*) problem with solution in two moves.

ˈ**zweiˌzün·gig** [-ˌtsʏŋɪç] *adj cf.* doppelzüngig.

ˈ**Zwei·zyˌlin·der** *m auto.* **1.** *cf.* Zweizylindermotor. – **2.** *colloq.* two-cylinder (car). — ~ˌ**bo·xerˌmo·tor** *m* (horizontally) opposed twin-cylinder engine, flat twin-cylinder engine, pancake-type engine. — ~ˌ**mo·tor** *m* two-cylinder engine. — ~-ˌ**Vierˌtaktˌmo·tor** *m* two-cylinder four-stroke engine.

ˈ**zwei·zyˌlin·drig** [-tsiˌlɪndrɪç; -tsy-] *adj* two-cylinder (*attrib*), of (*od.* having) two cylinders.

Zwen·ke [ˈtsvɛŋkə] *f* ⟨-; -n⟩ *bot.* false brome-grass (*Gattg Brachypodium*).

zwerch [tsvɛrç] *adv obs. for* quer.

ˈ**Zwerchˌfell** *n med.* diaphragm, midriff: unter dem ~ (gelegen) subphrenic. — ~ˌ**at·mung** *f* abdominal breathing. — ~-ˌ**bruch** *m* diaphragmatic hernia, diaphragmatocele. — ~**entˌzün·dung** *f* diaphragmatitis, phrenitis. — ~**erˌschlaf·fung** *f* relaxation of the diaphragm. — **z~erˌschüt·ternd** *adj fig.* (*Lachen, Komik etc*) (side)-splitting, *Br.* (side-)splitting. — ~ˌ**her·nie** *f med. cf.* Zwerchfellbruch. — ~ˌ**krampf** *m* phrenospasm. — ~ˌ**kup·pel** *f* subphrenic space. — ~ˌ**läh·mung** *f* phrenoplegia, phrenoparalysis. — ~ˌ**nerv** *m* phrenic nerve. — ~ˌ**tiefˌstand** *m* phrenoptosis. — ~**verˌwach·sun·gen** *pl* diaphragmatic adhesions.

ˈ**zwerchˌho·beln** *v/t* ⟨*insep*, -ge-, h⟩ *tech.* plane across the grain of.

ˈ**Zwerchˌrip·pe** *f* (*vom Rind*) foreribs *pl.*

Zwerg [tsvɛrk] *m* ⟨-(e)s; -e⟩ **1.** (*Person von kleinem Wuchs*) dwarf, midget, Tom Thumb, Lilliputian, hop-o'-my-thumb, dot, mite: im Vergleich zu dir ist er ein ~ *auch fig.* he is a dwarf compared to you. – **2.** *myth.* gnome, pixie, pixy, pygmy, *auch* pigmy, dwarf. – **3.** *fig. contempt.* nobody, nonentity: so ein lächerlicher (, kleiner) ~ such a nobody. – **4.** *astr.* dwarf, *auch* dwarf star.

ˈ**Zwerg|ˌad·ler** *m zo.* booted eagle (*Hieraetus pennatus*). — ~ˌ**ahorn** *m bot.* dwarf maple (*Acer glabrum*). — ~ˌ**al·penˌglöck·chen** *n* dwarf soldanella (*Soldanella pusilla*). — ~ˌ**al·penˌro·se** *f* dwarf rosebay (*Rhododendron chamaecistus*). — ~ˌ**amei·senˌbär** *m zo.* silky (*od.* little) anteater (*Cyclopes didactylus*). — ~ˌ**am·mer** *f* little bunting (*Emberiza pusilla*). — ~ˌ**ap·fel** *m bot. cf.* Paradiesapfel 1. — ~ˌ**ap·felˌsi·ne** *f* **1.** mandarin (orange), tangerine (*Citrus reticulata*). – **2.** *cf.* Klementine. – **3.** kumquat, *auch* cumquat (*Fortunella japonica*). — ~ˌ**ar·bei·te·rin** *f zo.* (*bei Ameisen*) minim. — **z~ˌar·tig** *adj* dwarfish, of diminutive size, dwarflike, Lilliputian, manikin (*attrib*), pygmy (*attrib*), pygm(a)ean, nanoid (*scient.*). — ~ˌ**bandˌwurm** *m zo.* dwarf tapeworm (*Hymenolepis nana*). — ~ˌ**bar·be** *f* (*Aquarienfisch*) toy barb (*Puntius phutunio*). — ~ˌ**bärb·ling** [-ˌbɛrplɪŋ] *m* ⟨-s; -e⟩ (*Aquarienfisch*) Rasbora barb (*Rasbora maculata*). — ~ˌ**bar·sche** *pl* pygmy (*auch* pigmy) sunfish (*Gattg Elassoma*). — ~ˌ**baum** *m bot.* dwarf tree, stunted tree, arbuscle. — **z~ˌbaumˌar·tig** *adj* arbuscular. — ~**beˌtrag** *m econ.* diminutive amount. — ~**beˌtrieb** *m* **1.** *econ.* small-size undertaking, minifactory. – **2.** *agr.* very small farm (*od.* holding). — ~-ˌ**beu·telˌrat·te** *f zo.* pygmy (*auch* pigmy) opossum (*Marmosa cinerea*). — ~ˌ**bil·dung** *f bot. biol.* dwarfism, nanism (*scient.*). — ~ˌ**bir·ke** *f bot.* dwarf (*od.* alpine) birch (*Betula nana*). — ~ˌ**böck·chen** *n zo.* royal antelope, *auch* kleeneboc (*Neotragus pygmaeus*). — ~ˌ**buchsˌbaum** *m bot.* dwarf (*od.* ground) box (*Buxus sempervirens suffruticosa*). — ~ˌ**butt** *m zo.* Norwegian topknot (*Phrynorhombus norvegicus*). — ~**cha-ˌmä·le·on** *n* dwarf chameleon (*Chamaeleo pumilus*). — ~ˌ**dorsch** *m* poor cod (*Gadus minutus*). — ~ˌ**dra·chenˌflos·ser** [-ˌflɔsər] *m* (*Aquarienfisch*) swordtail characin (*Corynopoma riisei*). — ~ˌ**dros·sel** *f* Swainson's thrush (*Hylocichla ustulatus*). — ~-ˌ**ei·che** *f bot.* scrub oak (*Gattg Quercus, bes. Q. ilicifolia*). — ~ˌ**el·fe** *f zo.* wood star (*Gattgen Chaetocerus u. Acestrura*).

ˈ**zwer·genˌhaft** *adj cf.* zwerghaft.

ˈ**Zwerg|ˌfa·denˌfisch** *m zo.* (*Aquarienfisch*) gourami (*Colisa lalia*). — ~ˌ**fal·ke** *m cf.* Merlin(falke). — ~ˌ**fas·sung** *f electr.* Edison screw-base. — ~ˌ**finnˌwal** *m zo. cf.* Zwergwal. — ~ˌ**flachs** *m bot.* flaxseed, allseed (*Radiola linoides*). — ~**flam·boyˌant** *m* ⟨-s; -s⟩ peacock flower (*Caesalpinia pulcherrima*). — ~ˌ**flech·te** *f med.* erythrasma. — ~ˌ**fle·derˌmaus** *f zo.* pipistrel(le) (*Pipistrellus pipistrellus*). — ~ˌ**flie·genˌschnäp·per** *m cf.* Zwergschnäpper. — ~ˌ**flug-ˌbeut·ler** *m* pygmy (*auch* pigmy) flying phalanger (*Acrobates pygmaeus*). — ~ˌ**flug-ˌhörn·chen** *n* North American flying phalanger (*auch* squirrel) (*Glaucomys volans*). — ~ˌ**flußˌpferd** *n* pygmy (*auch* pigmy) hippopotamus (*Hippopotamus liberiensis*). — ~ˌ**für·sten·tum** *n* pocket(-size) (*od.* tiny) principality. — ~ˌ**fü·ßer** *m* ⟨-s; -⟩ *zo.* garden centipede, symphilid, *auch* symphylid (*scient.*) (*Gattg Symphyla*). — ~**gaˌla·go** *m* lesser galago (*Galago senegalensis*). — ~-ˌ**gans** *f* lesser white-fronted goose (*Anser erythropus*). — ~ˌ**glattˌwal** *m* pygmy (*auch* pigmy) whale (*Neobalaena marginata*). — ~-**grifˌfon** *m* (*Haushund*) pygmy (*auch* pigmy) griffon. — ~ˌ**gür·telˌtier** *n* dwarf armadillo (*Zaëdius minutus*).

ˈ**zwerg·haft** *adj* **1.** dwarfish, dwarfed, dwarflike, Lilliputian, manikin (*attrib*), pygm(a)ean, nanoid (*scient.*). – **2.** *myth.* gnomish, dwarfish. — ˈ**Zwerg·haf·tig·keit** *f* ⟨-; *no pl*⟩ dwarfishness.

ˈ**Zwerg|ˌhahn** *m zo.* (*Haushuhnrasse*) Bantam, *auch* bantam. — ~ˌ**hai** *m* pygmy (*auch* pigmy) shark (*Etmopterus hillianus*). — ~-ˌ**hei·delˌbee·re** *f bot.* dwarf bilberry (*od.* blueberry) (*Vaccinium caespitosum*). — ~-**hoˌlun·der** *m cf.* Attich. — ~ˌ**hörn·chen** *n zo.* Orientalisches ~ mouse squirrel (*Gattg Myosciurus*); Afrikanisches ~ pygmy (*auch* pigmy) squirrel (*M. pumilio*). — ~ˌ**huhn** *n* (*Haushuhnrasse*) Baillon's crake, Bantam, *auch* bantam. — ~ˌ**hund** *m* lap dog.

zwer·gig [ˈtsvɛrgɪç] *adj cf.* zwerghaft.

Zwer·gin [ˈtsvɛrgɪn] *f* ⟨-; -nen⟩ **1.** (*Frau von kleinem Wuchs*) dwarf, midget, Lilliputian, hop-o'-my-thumb, dot, mite. – **2.** *myth.* dwarf.

ˈ**Zwerg|kaˌnin·chen** *n zo.* pygmy (*auch* pigmy) rabbit (*Oryctolagus cuniculus*). — ~**kaˌsta·nie** *f bot.* a) dwarf chestnut (tree) (*Castanea pumila*), b) *Am.* (bush) chinquapin (*C. chinquapin*). — ~ˌ**kie·fer** *f* dwarf pine (*Pinus pumilio*), knee pine (*P. mugho pumilio*). — ~ˌ**kir·sche** *f* dwarf cherry (*Gattg Prunus*). — ~ˌ**klap·perˌschlan·ge** *f zo.* ground rattler (*auch* rattlesnake), pygmy (*auch* pigmy) rattlesnake (*Sistrurus miliaris*). — ~ˌ**lam·pe** *f electr.* miniature lamp. — ~-ˌ**laus** *f zo.* grape louse (*Gattg Phylloxera*). — ~ˌ**lor·beer** *m bot.* leatherleaf (*Chamaedaphne calyculata*). — ~ˌ**ma·ki** *m zo.* dwarf lemur (*Gattg Microcebus*). — ~ˌ**mau·er** *f* dwarf wall. — ~ˌ**maus** *f zo.* harvest mouse (*Micromys minutus*). — ~ˌ**mensch** *m anthrop.* pygmy, *auch* pigmy. — ~**mi·kro-ˌphon** *n* (*radio*) *telev.* midget microphone. — ~ˌ**mis·pel** *f bot.* cotoneaster (*Fam. Rosaceae*). — ~ˌ**mohn** *m* alpine poppy (*Papaver pygmaeum*). — ~ˌ**mo·schusˌtier** *n zo.* chevrotain, *auch* chevrotin (*Gattg Tragulus*). — ~ˌ**mö·we** *f* little gull (*Larus minutus*). — ~ˌ**och·se** *m* runt. — ~ˌ**ohrˌeu·le** *f* scops owl (*Otus scops*): Amerikanische ~ screech owl (*O. flammeolus*). — ~**oran·ge** [-ʔoˌrãːʒə] *bot. cf.* Zwergapfelsine 3. — ~-ˌ**pal·me** *f* dwarf (fan) palm, hemp (*od.* fan) palm, palmetto (*Chamaerops humilis*). — ~**pa·paˌgei** *m zo.* pygmy (*auch* pigmy) parrot (*Gattg Micropsitta*). — ~ˌ**pa·vi·an** *m* yellow baboon (*Papio cynocephalus*). — ~ˌ**pflan·ze** *f bot.* dwarf (plant), groundling. — ~ˌ**phlox** *m* moss pink, *auch* dwarf phlox (*Phlox subulata*). — ~ˌ**pin·scher** *m zo.* (*Haushundrasse*) pet terrier. — ~ˌ**pottˌwal** *m* pygmy (*auch* pigmy) sperm whale (*Kogia breviceps*). — ~ˌ**pu·del** *m* (*Haushundrasse*) pygmy (*auch* pigmy) poodle. — ~ˌ**py·thon** *m* pygmy (*auch* pigmy) boa (*Bothrochilus boa*). — ~ˌ**ras·se** *f* dwarf (*od.* miniature) race. — ~ˌ**rind** *n agr.* runt. — ~ˌ**rohrˌdom·mel** *f zo.* little bittern (*Ixobrychus minutus*). — ~ˌ**rost** *m bot.* (*Gerstenkrankheit*) dwarf leaf (*od.* brown) rust of barley. — ~ˌ**sä·ger** *m zo.* smew, smee (*Mergus albellus*). — ~**sa·la-ˌman·der** *m* dwarf salamander (*Manculus quadridigitatus*). — ~ˌ**schar·be** *f* pygmy (*auch* pigmy) cormorant (*Phalacrocorax pygmaeus*). — ~ˌ**schellˌfisch** *m* tomcod (*Gattg Microgadus*). — ~ˌ**schlan·ge** *f* dwarf snake (*Gattg Calamaria*). — ~ˌ**schnäp·per** *m* red-breasted flycatcher (*Fidecula parva*). — ~ˌ**schnau·zer** *m* (*Haushundrasse*) miniature schnauzer. — ~ˌ**schnep·fe** *f* jacksnipe (*Limnocryptes gallinula*). — ~ˌ**schu·le** *f ped.* one-room school. — ~ˌ**schwal·be** *f zo.* least tern (*Sterna antillarum*). — ~ˌ**schwan** *m* Bewick's swan (*Cygnus bewickii*). — ~-ˌ**seeˌbär** *m* Cape (fur) seal (*Arctocephalus pusillus*). — ~ˌ**seeˌschwal·be** *f* little tern (*Sterna albifrons*). — ~ˌ**sei·denˌäff·chen** *n* pygmy (*auch* pigmy) marmoset (*Callithrix pygmaeus*). — ~ˌ**spa·ni·el** *m* (*Haushundrasse*) English toy spaniel. — ~ˌ**specht** *m cf.* Kleinspecht. — ~ˌ**staat** *m* ⟨-(e)s; -en⟩ miniscule (*od.* miniature, pocket-size) state. — ~ˌ**steißˌfuß** *m zo.* dabchick, didapper, little grebe (*Podiceps ruficollis*). — ~ˌ**stern** *m astr.* dwarf, *auch* dwarf star. — ~ˌ**strandˌläu·fer** *m zo.* little stint (*Calidris minuta*). — ~-ˌ**strauch** *m bot.* dwarf shrub, shrublet. — ~ˌ**sumpfˌhuhn** *n zo.* Baillon's crake (*Porzana pusilla*). — ~ˌ**tau·cher** *m cf.* Zwergsteißfuß. — ~ˌ**tier** *n* dwarf (animal). — ~ˌ**ti·gerˌkat·ze** *f* margay (*Felis tigrina*). — ~ˌ**trap·pe** *m* ⟨-n; -n⟩, *auch f* ⟨-; -n⟩, *hunt. only m zo.* little bustard (*Tetrax tetrax*). — ~-ˌ**U-ˌBoot** *n mar. mil.* midget submarine. — ~ˌ**volk** *n anthrop.* dwarf (*od.* pygmy, *auch* pigmy) tribe. — ~ˌ**wachs·tum** *n biol. med. cf.* Zwergwuchs 1. — ~ˌ**wal** *m zo.* lesser rorqual, piked (*od.* little picket) whale (*Balaenoptera acuto-rostratus*). — ~ˌ**wei·zen** *m bot. agr.* club wheat (*Triticum compactum*). — ~ˌ**wels** *m zo.* catfish (*Ictalurus nebulosus*). — ~ˌ**wick·ler** *m* cotton leaf perforator (*Bucculatrix thurberiella*). — ~ˌ**wild-ˌschwein** *n* pygmy (*auch* pigmy) hog (*Sus salvanius*). — ~ˌ**wuchs** *m* **1.** *biol. med.* dwarfism, nanism (*scient.*). – **2.** *bot. hort.* dwarf growth. — **z~ˌwüch·sig** [-ˌvyːksɪç] *adj* **1.** *biol. med.* dwarfish, stunted in growth, pygm(a)ean. – **2.** *bot. hort.* dwarf (*attrib*). — ~ˌ**zie·ge** *f zo.* (*Hausziegenrasse*) Syrian goat (*Capra hircus*). — ~**ziˌka·de**, ~ˌ**zir·pe** *f* cotton jassid, leafhopper (*Empoasca decipiens*).

Zwet·sche [ˈtsvɛtʃə] *f* ⟨-; -n⟩ *bot.* plum: gedörrte (*od.* getrocknete) ~ dried plum, prune.

ˈ**Zwet·schen|ˌbaum** *m bot.* plum tree (*Prunus domestica*). — ~**komˌpott** *n gastr.* stewed plums *pl.* — ~ˌ**mus** *n* plum jam: steifes ~ plum cheese.

Zwetsch·ge [ˈtsvɛtʃgə] *f* ⟨-; -n⟩ *Southern G. and Swiss for* Zwetsche.

ˈ**Zwetsch·gen|ˌbaum** *m Southern G. and Swiss for* Zwetschenbaum. — ~ˌ**dat·schi** [-ˌdaːtʃi] *n* ⟨-s; -s⟩ *Bavarian gastr.* plum cake. — ~**komˌpott** *n Southern G. and Swiss for* Zwetschenkompott. — ~ˌ**mus** *n Southern G. and Swiss for* Zwetschenmus. — ~ˌ**schildˌlaus** *f zo.* (European) brown scale, peach scale (*Eulecanium corni*). — ~ˌ**schnaps** *m*, ~ˌ**was·ser** *n* ⟨-s; ⸚⟩ *Southern G. and Swiss* plum brandy.

Zwetsch·ke [ˈtsvɛtʃkə] *f* ⟨-; -n⟩ *Austrian for* Zwetsche: die sieben ~n (ein)packen *fig. humor.* to pack one's bag(s) (and leave).

ˈ**Zwetsch·ken|ˌknö·del** *m Austrian gastr.* plum dumpling. — ~**komˌpott** *n Austrian for* Zwetschenkompott. — ~ˌ**mus** *n Austrian for* Zwetschenmus. — ~ˌ**pfef·fer** *m Austrian* prune cheese. — ~ˌ**rö·ster** *m* ⟨-s; -⟩ *Austrian* stewed plums *pl.*

Zwicke (*getr.* -k·k-) [ˈtsvɪkə] *f* ⟨-; -n⟩ *obs. for* Zwecke.

Zwickel (*getr.* -k·k-) [ˈtsvɪkəl] *m* ⟨-s; -⟩ **1.** (*in Kleidungsstücken, in einer Strumpf-*

hose etc) gusset: einen ~ einsetzen to insert a gusset. – **2.** (*Einsatz bei Handschuhen*) gore. – **3.** *arch.* spandrel. – **4.** *med.* cuneus. – **5.** *her.* gyron. – **6.** (*einer Tüte etc*) gusset. – **7.** *fig. colloq. for* Sonderling. — ~ˌ**bart** *m* imperial. — ~ˌ**feld** *n arch. cf.* Zwickel 3.

zwicken (*getr.* -k·k-) [ˈtsvɪkən] **I** *v/t* ⟨h⟩ **1.** pinch, nip: j-n ~ to pinch (*od.* nip) s.o., to give s.o. a pinch; j-n in den Arm [in die Wange] ~ to pinch s.o.'s arm [cheek]; j-n am Ohr ~ to pinch (*od.* tweak) s.o.'s ear. – **2.** der Kragen zwickt mich *colloq.* the collar is choking me (*od.* is too tight). – **3.** j-n ~ und zwacken *fig. colloq. cf.* zwacken 2. – **4.** *bes. Southern G. and Austrian colloq.* (*Fahrkarte*) punch. – **5.** j-n mit glühenden Zangen ~ *obs.* (*Foltermethode*) to torture s.o. with red-hot pincers. – **II** *v/impers* **6.** es zwickt mich hier *colloq.* I have a twinge here: es zwickt mich im Bauch *colloq.* I have a pain in my tummy (*colloq.*). – **III** *v/i* **7.** pinch, nip: j-m in den Arm ~ to pinch s.o.'s arm. – **8.** (*von Kleidungsstück*) be too tight. – **IV Z~** *n* ⟨-s⟩ **9.** *verbal noun.* – **10.** pinch, nip, *auch* tweak.

ˈ**Zwicker** (*getr.* -k·k-) *m* ⟨-s; -⟩ **1.** (*optics*) pince-nez, nippers *pl.* – **2.** (a pair of) pincers *pl* (*sometimes construed as sg*). – **3.** *arch.* (rock) spall.

ˈ**Zwick|ˌmüh·le** *f* **1.** (*Stellung im Mühlespiel*) double mill (*od.* row). – **2.** (*beim Bridge-, Whistspiel*) crossruff, seesaw. – **3.** *fig. colloq.* fix, tight squeeze, dilemma, quandary: wie kommen wir aus dieser ~ wieder heraus? how can we get out of this fix? er befand sich (*od.* war, saß) in einer ~ he was in a dilemma (*od.* fix), he was on the horns of a dilemma. — ~ˌ**stein** *m arch. cf.* Zwicker 3. — ~ˌ**zan·ge** *f colloq. for* Kneifzange.

Zwie..., zwie... *cf.* Zwei..., zwei...

ˈ**Zwieˌback** [ˈtsviː-] *m* ⟨-(e)s; ⸗e *u.* -e⟩ zwieback, rusk, *Am. auch* biscuit.

Zwie·bel [ˈtsviːbəl] *f* ⟨-; -n⟩ **1.** *bot.* a) (*Echte*) ~ onion (*Allium cepa*), b) (*Blumenzwiebel*) (flower) bulb. – **2.** *gastr.* onion: gebräunte ~(n) browned (*od.* fried) onions; mit ~n gewürzt oniony; mit ~(n) würzen to flavo(u)r with onions, to onion; mit ~n (zubereitet) prepared (*od.* seasoned) with onions, lyonnaise (*nachgestellt*); nach ~n schmeckend (*od.* riechend) oniony. – **3.** (*Form*) bulb. – **4.** *fig. colloq. humor.* (*Uhr*) 'turnip' (*colloq.*), *Am. sl.* souper, watch. — **z~ˌähn·lich** *adj* bulbiform, bulboid. — **z~ˌar·tig** *adj* **1.** bulb-shaped, bulbous. – **2.** *bot.* alliaceous. — ~ˌ**au·ge** *n bot.* (*Brutzwiebel*) bulbil, bulbel, bulblet. — ~ˌ**beet** *n hort.* bed of onions. — ~ˌ**dach** *n arch.* imperial roof. — ~ˌ**feld** *n agr.* field of onions. — ~ˌ**fisch** *m meist pl print.* (printers') pi (*auch* pie): ~e aufsetzen to pi (*auch* pie). — ~ˌ**fleisch** *n gastr.* meat stew with onions. — ~ˌ**flie·ge** *f zo.* onion fly (*Hylemya antiqua*). — **z~ˌför·mig** *adj* bulbiform. — ~**geˌricht** *n gastr.* dish strongly flavo(u)red with onions. — ~**geˌruch** *m* smell of onions. — ~**geˌschmack** *m* taste of onions. — ~**geˌwächs** *n bot.* bulbous plant, bulb. — ~ˌ**hau·be** *f arch. cf.* Zwiebeldach. — ~**karˌtof·feln** *pl gastr.* potatoes lyonnaise. — ~ˌ**keim** *m bot. cf.* Zwiebelauge. — ~ˌ**ku·chen** *m gastr.* onion tart (*od.* cake). — ~ˌ**kup·pel** *f arch.* imperial (*od.* bulbous, Moorish) dome (*od.* cupola). — ~ˌ**lauch** *m bot.* onion (*Allium cepa*). — ~ˌ**mar·mor** *m min.* cipolin. — ~ˌ**mu·schel** *f zo.* jingle (*od.* clink) shell (*Gattg Anomia*). — ~ˌ**mu·ster** *n* ⟨-s; *no pl*⟩ *econ.* (*auf Porzellan*) onion pattern.

zwie·beln [ˈtsviːbəln] *v/t* ⟨h⟩ j-n ~ *fig. colloq.* a) (*durch ständiges Drängen*) to keep at s.o., b) (*Rekruten etc*) to be hard on s.o., to give s.o. a hard (*od.* bad) time, to give s.o. hell, c) (*quälen*) to torment (*od.* harass) s.o.: er hat mich so lange gezwiebelt, bis ich die Vokabeln konnte he kept at me until I knew the vocabulary.

ˈ**Zwie·bel|ˌring** *m meist pl gastr.* onion ring. — ~ˌ**saft** *m* onion juice. — ~ˌ**sa·men** *m bot.* onion seed. — ~ˌ**scha·le** *f* **1.** onion skin. – **2.** *zo.* (*Muschel*) jingle (*od.* clink) shell (*Gattg Anomia*). — ~ˌ**scha·len·paˌpier** *n* (*paper*) onionskin. — ~ˌ**so·ße** *f gastr.* onion sauce, soubise (sauce). — ~ˌ**sup·pe** *f* onion soup. — **z~ˌtra·gend** *adj bot.* bulbiferous. — ~ˌ**turm** *m arch.* onion tower.

ˈ**Zwieˌbra·che** *f* ⟨-; -n⟩ *agr. obs.* (*zweites Pflügen des Brachackers im Spätjahr*) twifallow(ing). — ˈ**zwieˌbra·chen** *v/t* ⟨h⟩ twifallow.

ˈ**zwieˌfach**, ˈ**zwieˌfäl·tig** [-ˌfɛltɪç] *adj* double, twofold.

ˈ**Zwieˌfa·che**, ˈ**Zwieˌfal·ti·ge** [-ˌfaltɪɡə] *m* ⟨-n; -n⟩ (*Volkstanz in Böhmen, Österreich u. Bayern*) dance, *alternating between duple and triple time, but not always at regular intervals.*

ˈ**Zwie·geˌsang** *m mus.* duet, duo.

ˈ**Zwie·geˌspräch** *n* **1.** dialogue, *Am. auch* dialog, *auch* duologue, colloquy. – **2.** conversation, talk.

ˈ**Zwieˌlaut** *m ling. cf.* Diphthong.

ˈ**Zwieˌlicht** *n* ⟨-(e)s; *no pl*⟩ **1.** twilight, dusk, crepuscule, owl-light: im ~ in the twilight, in the dusk. – **2.** (*bes. aus Tageslicht u. künstlichem Licht*) twilight. – **3.** ins ~ geraten *fig.* to lay oneself open to suspicion. — ˈ**zwieˌlich·tig** *adj* **1.** twilight (*attrib*), dusky. – **2.** *fig.* (*Charakter etc*) dubious, shady: seine Haltung war etwas ~ his attitude was rather dubious.

ˈ**Zwie·meˌtall** *n tech.* bimetal, composite (*od.* clad) metal.

ˈ**Zwieˌmilch·erˌnäh·rung** *f med.* (*des Säuglings*) mixed milk feeding.

ˈ**Zwie·naˌtur** *f* double nature.

Zwie·sel [ˈtsviːzəl] *f* ⟨-; -n⟩, *auch m* ⟨-s; -⟩ *dial.* **1.** *hort.* forked branch. – **2.** (*Gabelung*) fork, bifurcation. — ~ˌ**bee·re** *f bot. dial. for* Vogelkirsche 1. — ~ˌ**dorn** *m* ⟨-(e)s; ⸗er⟩ *dial. for* Stechpalme.

ˈ**zwie·se·lig** *adj dial.* forked, bifurcate.

zwie·seln [ˈtsviːzəln] *v/reflex* ⟨h⟩ sich ~ *dial.* fork, bifurcate.

ˈ**zwies·lig** *adj dial. cf.* zwieselig.

ˈ**Zwieˌspalt** *m* ⟨-(e)s; *rare* -e *u.* ⸗e⟩ **1.** (*innere Uneinigkeit*) conflict: innerer ~ inner conflict; j-n in einen ~ stürzen (*od.* bringen) a) to bring s.o. into conflict, b) to put s.o. in a dilemma; in ~ geraten (mit) to come into conflict (with); im ~ sein mit to be in conflict with; mit sich selbst im ~ sein to be in conflict (*od.* at odds) with oneself; ~ zwischen Gefühl und Verstand conflict between emotion and reason. – **2.** (*Dilemma*) dilemma: ich befinde mich in einem ~ I am in (*od.* on the horns of) a dilemma. – **3.** (*Uneinigkeit*) disunion, discord. – **4.** *bes. relig.* schism. – **5.** (*Abweichung*) discrepancy, *auch* discrepance.

ˈ**zwieˌspäl·tig** [-ˌʃpɛltɪç] *adj* **1.** (*Person*) with conflicting traits, with a conflicting personality. – **2.** (*unausgeglichen*) unbalanced. – **3.** (*Gefühl*) conflicting. – **4.** (*uneinig*) disunited, discordant. – **5.** mein Eindruck war ~ my impressions were mixed. — ˈ**Zwieˌspäl·tig·keit** *f* ⟨-; *no pl*⟩ **1.** conflict, conflicting nature. – **2.** unbalanced personality. – **3.** disunion, discordance.

ˈ**Zwieˌspra·che** *f* ⟨-; *no pl*⟩ dialogue, *Am. auch* dialog: mit j-m ~ halten to converse with s.o.; mit sich selbst ~ halten to reflect, to ponder; mit Gott ~ halten to commune with God.

ˈ**Zwieˌtracht** *f* ⟨-; *no pl*⟩ **1.** discord, disunion, dissension: ~ erzeugend causing discord, divisive; ~ säen (*od.* stiften) to sow the seeds of discord, to make (*od.* cause) mischief; ~ zwischen Freunden stiften to set friends at variance; zwischen beiden herrscht ~ they are disunited (*od.* at variance, at odds); in ~ sein mit j-m to be at variance (*od.* at odds) with s.o.; die Göttin der ~ *myth.* the goddess of discord, Eris; → Apfel 1. – **2.** (*Hader, Zwist*) strife. – **3.** (*innerhalb einer Partei*) party strife, faction. – **4.** (*Fehde*) feud. — ˈ**zwieˌträch·tig** *adj* discordant, at variance (*od.* odds), disunited.

ˈ**Zwieˌtrachtˌstif·ter** *m* mischief-maker.

Zwilch [tsvɪlç] *m* ⟨-(e)s; -e⟩ (*textile*) *cf.* Zwillich. — ˈ**zwil·chen** *adj* ⟨*attrib*⟩ (made) of tick(ing), drill-twilled.

Zwil·le [ˈtsvɪlə] *f* ⟨-; -n⟩ *Low G.* **1.** wooden fork. – **2.** *Br.* catapult, *Am.* slingshot.

Zwil·lich [ˈtsvɪlɪç] *m* ⟨-s; -e⟩ (*textile*) tick(ing), drill. — ~ˌ**kit·tel** *m* denim smock (*Br.* overall).

Zwil·ling[1] [ˈtsvɪlɪŋ] *m* ⟨-s; -e⟩ **1.** *med.* twin: eineiige ~e identical (*od. scient.* monozygotic, enzygotic) twins; zweieiige ~e fraternal (*od. scient.* dizygotic, binovular) twins; siamesische ~e Siamese (*od.* conjointed) twins; ~e gebärend bearing twins, biparous (*scient.*); als ~(e) geboren twin-born, twinned; ~e gebären to give birth to twins, to twin; ~e bekommen to have twins. – **2.** *pl astr.* Gemini *pl* (*usually construed as sg*), (the) Twins: geboren im (*od.* unter dem) Sternbild der ~e *astrol.* born under the sign of Gemini. – **3.** die ~e *myth.* Castor and Pollux, the Twins, *auch* the twin brothers. – **4.** *min. cf.* Zwillingskristall.

ˈ**Zwil·ling**[2] (*TM*) *m* ⟨-s; -e⟩ (*Gewehr*) double-barreled (*bes. Br.* double-barrelled) gun.

ˈ**Zwil·lings|ˌach·se** *f* (*in der Kristallographie*) twin-axis. — ~ˌ**ar·ten** *pl biol.* twin species. — ~ˌ**au·ßenˌräum·maˌschi·ne** *f tech.* dual-ram surface broaching machine. — ~**beˌrei·fung** *f auto. cf.* Zwillingsreifen. — ~ˌ**bil·dung** *f biol.* twinning. — ~ˌ**blatt** *n bot.* twinleaf (*Jeffersonia diphylla*). — **z~ˌblü·tig** [-ˌblyːtɪç] *adj* geminiflorous. — ~ˌ**bru·der** *m* twin brother. — **z~ˌbür·tig** [-ˌbʏrtɪç] *adj zo.* biparous. — ~ˌ**dampf·maˌschi·ne** *f* (*railway*) twin-cylinder engine. — ~ˌ**fen·ster** *n arch.* double (*od.* twin, dual) window. — ~ˌ**flak** *f mil.* twin antiaircraft (*Br.* anti-aircraft) gun. — ~ˌ**for·mel** *f* (*in der Sprachwissenschaft*) twin formula. — ~ˌ**for·schung** *f biol.* gemellology. — ~ˌ**frucht** *f bot.* twinned fruit. — ~**geˌburt** *f med.* birth of twins, twin birth: er stammt aus einer ~ he was born a twin. — ~**geˌschütz** *n mil.* two-barreled (*bes. Br.* two-barrelled) gun, paired cannon. — ~**geˌschwi·ster** *pl* **1.** twins. – **2.** (*zwei Brüder*) twins, twin brothers. – **3.** (*zwei Schwestern*) twins, twin sisters. — ~**geˌstirn** *n astr.* twin. — ~ˌ**jun·ge** *m* twin boy. — ~ˌ**ka·bel** *n electr.* twin cable. — ~ˌ**kin·derˌwa·gen** *m Am.* baby carriage (*od.* buggy) for twins, *Br.* perambulator (*od. colloq.* pram) for twins. — ~**konˌtrol·le** *f* (*computer*) twin (*od.* duplication) check. — ~**kriˌstall** *m min.* twin(ned) (*od.* macle) crystal. — ~ˌ**mäd·chen** *n* twin girl. — ~**maˌschi·nen·geˌwehr** *n mil.* twin-barreled (*bes. Br.* twin-barrelled) machine gun. — ~**meˌtho·de** *f med.* matched pairs method. — ~ˌ**mus·kel** *m meist pl med.* twin muscle, gemellus (*scient.*). — ~ˌ**paar** *n* pair of twins. — ~**räumˌwerkˌzeug** *n tech.* twin broach. — ~ˌ**rei·fen** *pl auto.* double (*od.* twin, dual) tires (*bes. Br.* tyres). — ~ˌ**schwan·ger·schaft** *f med.* twin (*od. scient.* bigeminal) pregnancy. — ~ˌ**schwe·ster** *f* twin sister. — ~ˌ**städ·te** *pl* twin cities. — ~ˌ**stecker** (*getr.* -k·k-) *m electr.* biplug. — ~ˌ**strei·fenˌbil·dung** *f metall.* twinning. — ~ˌ**triebˌwerk** *n aer.* twin engine: mit ~ with two engines. — ~ˌ**uhr** *f* (*Parkuhr*) twin-head parking meter. — ~ˌ**waf·fe** *f mil. cf.* a) Zwillingsgeschütz, b) Zwillingsmaschinengewehr. — ~ˌ**zahnˌradˌfräs·maˌschi·ne** *f tech.* twin-head gear cutting machine.

ˈ**Zwingˌburg** *f hist.* (tyrant's) stronghold, citadel, fortress, bastille, *auch* bastile.

Zwin·ge [ˈtsvɪŋə] *f* ⟨-; -n⟩ **1.** (*eines Stockes*) ferrule. – **2.** (*eines Schirms*) tip. – **3.** *tech.* a) (*aus Stahl*) steel ferrule, b) (*Schraubknecht*) spindle handscrew, c) (*Schraubzwinge*) C-clamp, screw clamp.

zwin·gen [ˈtvɪŋən] **I** *v/t* ⟨zwingt, zwang, gezwungen, h⟩ **1.** force, compel, constrain, make, (*durch moralischen Zwang*) *auch* impel: j-n zu etwas ~ to force s.o. into s.th.; j-n ~, etwas zu tun to force (*od.* compel, constrain) s.o. to do s.th., to make s.o. do s.th.; j-n zu einem Geständnis ~ to force s.o. into (*od.* to make) a confession; j-n zum Handeln ~ to force s.o. into action (*od.* to act); die Umstände zwangen mich zu diesem Schritt (the) circumstances forced me to take this step (*od.* drove me to this step), I was forced (*od.* reduced) by circumstance to take this step; man mußte ihn förmlich (*od.* geradezu) ~ he had to be practically (*od.* virtually) forced; ich lasse mich auf keinen Fall (dazu) ~ I will not be forced (into it) under any circumstances; ich lasse mich zu nichts ~ I will not be forced into anything; Liebe [das Glück] kann man nicht ~ love cannot be forced (*od.* must come from the heart) [fortune cannot be forced]; das läßt sich nicht ~ it cannot be done by force; er zwang sie zur Liebe he forced her; j-n in Fesseln ~ to cast s.o. (in)to chains; eine Festung zur Übergabe ~ to force (*od.* reduce) a stronghold to surrender; → Knie 1. – **2.** j-n (durch Willenskraft) zu etwas ~ to will s.o. to do s.th. – 3. (*nötigen*) (zu into) coerce. – 4. *jur.* obligate. – 5. *colloq.* (*bewältigen können*) 'manage' (*colloq.*): ich zwinge das Essen [die Arbeit] nicht I cannot manage the meal [the work]. – II *v/i* 6. zu etwas ~ (*erforderlich machen*) to necessitate s.th.: die Wirtschaftslage zwingt zu Kosteneinsparungen the economic situation necessitates cutting down expenses; die veränderte Weltlage zwang zum Umdenken world changes necessitated a new approach. – III *v/reflex* sich ~ 7. force (*od.* constrain) oneself: sich zu einem Lächeln ~ to force (*od.* constrain, affect) a smile; sich zur Höflichkeit ~ to force oneself to be polite; sich ~, etwas zu tun to force oneself to do s.th., to make oneself do s.th., (*stärker*) to will oneself to do s.th.; ich muß mich ~ (, das zu tun) I have to force myself (to do that), it costs me great effort (to do that).

'zwin·gend I *pres p.* – II *adj* 1. (*Grund etc*) urgent, cogent: es liegt kein ~er Grund vor there is no urgent (*od.* compelling) reason. – 2. (*Umstände, Notwendigkeit etc*) urgent, stringent. – 3. (*Argument, Beweis, Schluß etc*) cogent, forcible, conclusive, compelling. – 4. *jur.* (*Beweisgrund*) conclusive: die Beweisführung ist nicht ~ the evidence is inconclusive. – 5. (*Pflicht*) imperative, imperious. – 6. (*Maßnahme*) coercive. – III *adv* 7. etwas ~ darlegen to present s.th. conclusively (*od.* cogently).

'Zwin·ger *m* ⟨-s; -⟩ 1. (*für Hunde*) kennel. – 2. (*Zuchtstätte für Hunde*) kennel(s *pl*). – 3. (*Bärenzwinger*) bear-pit. – 4. (*Käfig*) cage. – 5. (*Turm*) tower, dungeon, keep. – 6. (*Hofzwinger*) outer ward.

'Zwing|ˌherr *m hist.* tyrant, despot. — **~ˌherr·schaft** *f* ⟨-; *no pl*⟩ tyranny, despotism.

Zwing·lia·ner [tsvɪŋ'liaːnər] *m* ⟨-s; -⟩ *relig. hist.* Zwinglian, *auch* Zwinglianist, follower of Zwingli. — **Zwing·lia'nis·mus** [-lia'nɪsmʊs] *m* ⟨-; *no pl*⟩ Zwinglianism.

'Zwingˌschrau·be *f tech.* (*in der Schreinerei*) ferrule screw.

zwin·kern ['tsvɪŋkərn] *v/i* ⟨h⟩ 1. (*um etwas anzuzeigen*) wink: mit dem Auge ~ to wink (one's eye). – 2. (*bei plötzlich auftretender Helligkeit*) blink, wink.

zwir·beln ['tsvɪrbəln] *v/t* ⟨h⟩ (*Bart, Faden etc*) twirl, twiddle.

Zwirn [tsvɪrn] *m* ⟨-(e)s; *Zwirnarten* -e⟩ 1. (*textile*) twist, twine, double yarn. – 2. Meister ~ *fig. humor.* (*Schneider*) whipstitch. – 3. → Himmel 6. — **~ˌaufˌspul·apˌpaˌrat** *m* bobbin winder. — **~ˌband** *n* ⟨-(e)s; ⸚er⟩ tape. — **~ˌdre·hung** *f* twist.

zwir·nen ['tsvɪrnən] I *v/t* ⟨h⟩ 1. (*textile*) a) (*Fäden*) twine, double, twist, b) (*Seide*) twist, throw, mill. – II Z~ *n* ⟨-s⟩ 2. *verbal noun.* – 3. *cf.* Zwirnung.

'Zwir·ner *m* ⟨-s; -⟩, **'Zwir·ne·rin** *f* ⟨-; -nen⟩ twiner, twister.

Zwir·ne'rei *f* ⟨-; -en⟩ (*textile*) 1. ⟨*only sg*⟩ *cf.* Zwirnen. – 2. doubling mill.

'Zwirn|fa·bri·ka·tiˌon *f* thread-making. — **~ˌfa·den** *m cf.* Zwirnsfaden. — **~ˌhandˌschuh** *m* cotton glove. — **~ˌknäu·el** *m, n* ball of thread. — **~ma·schi·ne** *f tech.* twisting machine, twister, doubling (*bei Seide* throwing) frame. — **~ˌsei·de** *f* twisted (*od.* thrown) silk.

'Zwirnsˌfa·den *m* 1. (linen) thread: er ist dünn wie ein ~ *fig. colloq.* he is (as) thin as a rake. – 2. *fig. colloq.* (*in Wendungen wie*) etwas hängt an einem ~ s.th. hangs by a thread; über einen ~ stolpern a) to come to grief over a trifle, b) to let oneself be ruffled by a triviality.

'Zwirn|ˌspit·ze *f* (*textile*) thread lace, footing. — **~ˌspu·le** *f* twisting bobbin.

'Zwir·nung *f* ⟨-; *no pl*⟩ (*textile*) 1. *cf.* Zwirnen. – 2. (*der Seide*) twist.

zwi·schen ['tsvɪʃən] I *prep* ⟨*dat*⟩ 1. (*räumlich*) between, 'tween; betwixt, 'twixt (*obs. od. poet.*): das Haus liegt ~ Bahnhof und Postamt the house is between the station and the post office; er saß ~ mir und meiner Schwester he sat between me and my sister; ~ zwei Gästen between two guests; ~ den Augen (befindlich) *med.* interocular; ~ den Ozeanen (liegend) interoceanic; → Angel 2; Zeile 1. – 2. (*mitten unter vielen*) among(st): ~ der Menge among(st) the crowd. – 3. (*zeitlich*) between, 'tween: ~ heute und morgen between this (day) and tomorrow; ~ Weihnachten und Neujahr between Christmas and New Year; er ist wohl ~ 30 und 40 Jahre alt he must be between 30 and 40 years old; ich bin ~ 3 und 4 Uhr zu Hause I'll be at home between 3 and 4 o'clock. – 4. (*eine Beziehung ausdrückend*) between, 'tween: ~ ihm und seiner Frau bestehen Spannungen there is tension between him and his wife; ~ uns ist keine Verständigung möglich we can't agree; ~ zwei Männern wie du und ich between two men like you and me; du mußt dich ~ Ja und Nein entscheiden you must say yes or no; er muß sich ~ dir und mir entscheiden he has to decide between you and me; ~ beiden Begriffen ist ein Unterschied there is a difference between the two concepts, the two concepts differ; die Freundschaft ~ ihnen wuchs beständig the friendship between them (*od.* their friendship) grew steadily; → schweben 12. – II *prep* ⟨*acc*⟩ 5. (*örtlich*) between, 'tween; betwixt, 'twixt (*obs. od. poet.*): sich ~ beide Bänke stellen to go and stand between the two benches; etwas ~ die Bücher legen to put s.th. between the books; komm und setz dich ~ uns come and sit between us; ~ zwei Streitende treten to intercede between two quarrel(l)ers. – 6. (*mitten unter*) among(st), in between: etwas ~ die Blumen säen to sow s.th. among(st) (*od.* in between) the flowers; → Stuhl 1.

'Zwi·schen|ˌabˌkom·men *n bes. pol.* interim (*od.* temporary) agreement. — **~ˌabˌschluß** *m econ. cf.* Zwischenbilanz 2. — **~ˌabˌtrieb** *m auto.* intermediate (power) takeoff.

'Zwi·schenˌakt *m* (*theater*) entr'acte, interact, *auch* intermission: im ~ between the (two) acts. — **~mu·sik** *f* interlude, intermezzo, entr'acte. — **~ˌvorˌhang** *m* (*theater*) act drop.

'Zwi·schen|ˌamt *n electr. tel.* intermediate exchange. — **~ˌanˌflug** *m aer.* intermediate approach. — **~ˌanˌsa·ge** *f* 1. intermediate announcement. – 2. (*radio*) cue. — **~apˌplaus** *m* (*theater*) applause during the action. — **~arˌti·kel** *m* (*einer Zeitung*) padding. — **~ˌauf·entˌhalt** *m* stopover, stop-off. — **~ˌausˌweis** *m* 1. interim (*od.* temporary) certificate. – 2. *econ.* (*Bilanzveröffentlichung*) interim report. — **~ˌbahn** *f* (*space*) intermediate (*od.* parking) orbit. — **~ˌbahnˌhof** *m* (*railway*) intermediate station. — **~ˌbal·ken** *m arch.* joist between storeys (*bes. Am.* stories). — **~ˌbau** *m civ. eng.* mediate building. — **~be·ge·ben·heit** *f* episode. — **~beˌmer·kung** *f* 1. incidental remark. – 2. (*unterbrechende*) interruption. — **~beˌricht** *m* interim report. — **~beˌscheid** *m* interim (*od.* provisional) reply. — **z~beˌtrieb·lich** *adj* intercompany (*attrib*). — **~biˌlanz** *f* 1. interim results *pl.* – 2. *econ.* interim balance, (*vorliegendes Papier*) interim balance sheet. — **~ˌblatt** *n* 1. interleaf. – 2. *biol.* (*in der Embryologie*) mesenchyme. — **z~ˌblattˌstän·dig** *adj bot.* interfoliar, interfoliaceous. — **~ˌblech** *n tech.* shim. — **~ˌblu·tung** *f med.* breakthrough bleeding. — **~ˌbo·den** *m tech.* 1. false ceiling. – 2. (*im Regal etc*) shelf. — **~ˌbrunst·pe·riˌode** *f zo.* (*bei weiblichen Tieren*) di(o)estrum. — **~ˌbuchˌhan·del** *m econ.* intermediate book trade.

'Zwi·schenˌdeck *n mar.* (*eines Schiffes*) 'tween (*auch* between) deck, intermediate deck, (*unterste Passagierklasse*) steerage: im ~ 'tween decks. — **~ˌbun·ker** *m* 'tween-deck bunker.

'Zwi·schenˌdecke (*getr.* -k·k-) *f arch.* false ceiling.

'Zwi·schenˌdecks·pas·saˌgier *m mar.* steerage passenger.

'Zwi·schen|ˌding *n* intermediate, cross: dieser Raum ist ein ~ zwischen Wohnzimmer und Küche this room is an intermediate (*od.* is halfway) between a living room and a kitchen; es ist ein ~ it is a bit of both, it is halfway between the two. — **~di·viˌden·de** *f econ.* interim dividend, dividend at interim.

ˌzwi·schen'drein *adv colloq.* 1. in between: etwas ~ legen to lay (*od.* put, place) s.th. in between. – 2. (in the) meantime, (in the) meanwhile.

ˌzwi·schen'drin *adv colloq.* in between: ~ liegen to lie in between.

'Zwi·schen·du·pliˌkat *n* intermediate duplicate.

ˌzwi·schen'durch *adv colloq.* 1. through: ~ fahren [fallen] to drive [to fall] through. – 2. (*zeitlich*) in between (times), between whiles. – 3. (*in zeitlichen Abständen*) at intervals, occasionally. – 4. (*zur Abwechslung*) for a change.

ˌzwi·schen'ein *adv colloq. cf.* zwischendurch.

'Zwi·schen|ˌeisˌzeit *f geol. hist.* interglacial period. — **z~ˌeisˌzeit·lich** *adj* interglacial. — **~entˌschei·dung** *f* 1. interim (*od.* temporary) decision. – 2. *jur. cf.* Zwischenurteil. — **~erˌgeb·nis** *n* intermediate (*od.* intermediary) result: die ersten ~se liegen vor we have the first intermediate results. — **~ˌern·te** *f agr.* intermediate crop. — **~ˌfall** *m* incident: es kam zu einem schweren ~ there was a serious incident; es kam zu unvorhergesehenen Zwischenfällen there were some unforeseen incidents (*od.* events); ohne einen ~ without (an) incident; ohne ~ ankommen to arrive safely. — **~ˌfar·be** *f* intermediate (*od.* intermediary) color (*bes. Br.* colour). — **z~fiˌnanˌzie·ren** *econ.* I *v/t* ⟨*only inf u. pp* zwischenfinanziert, h⟩ finance (*s.th.*) temporarily (*od.* provisionally). – II Z~ *n* ⟨-s⟩ *verbal noun.* — **~fi·nanˌzie·rung** *f* 1. *cf.* Zwischenfinanzieren. – 2. interim (*od.* intermediate) financing. — **~ˌflä·che** *f* interface. — **~ˌflugˌha·fen** *m aer.* intermediate airport. — **~ˌform** *f* intermediate (*od.* intermediary) form. — **~ˌfra·ge** *f* 1. *pol.* supplementary question. – 2. (*allgemein*) interposed question. — **~freˌquenz** *f* (*radio*) intermediate frequency. — **~ˌfruchtˌbau** *m* ⟨-(e)s; *no pl*⟩ *agr.* intercropping. — **~ˌfut·ter** *n* (*fashion*) interlining.

'Zwi·schenˌgang *m* 1. passage in between. – 2. (*zwischen Wänden*) corridor. – 3. *auto.* intermediate gear. — **~geˌtrie·be** *n auto.* intermediate transmission.

'Zwi·schenˌgas *n auto. only in* ~ geben to double-clutch.

'zwi·schen·geˌla·gert I *pp.* – II *adj geol.* interstratified.

'Zwi·schen|geˌricht *n gastr.* entrée, *Am. auch* entree. — **~geˌsang** *m* 1. inserted song. – 2. *antiq.* mesode. — **z~geˌschal·tet** I *pp.* – II *adj* 1. *electr.* connected in series. – 2. *tech.* (*Bauteile*) interposed, interconnected. — **~geˌschirr** *n* (*mining*) suspension gear. — **~geˌschoß** *n arch.* mezzanine, entresol. — **~geˌwe·be** *n med.* interstitial substance. — **~geˌwinn** *m econ.* middleman's profit. — **~ˌglied** *n* intermediate (*od.* connecting) link, interlink. — **z~ˌglü·hen** *metall.* I *v/t* ⟨*only inf u. pp* zwischengeglüht, h⟩ process-anneal. – II Z~ *n* ⟨-s⟩ *verbal noun.* — **~ˌglü·hung** *f* 1. *cf.* Zwischenglühen. – 2. intermediate (*od.* process) anneal. — **~ˌgrup·pe** *f math.* intermediate group. — **~ˌha·fen** *m mar.* intermediate harbor (*bes. Br.* harbour). — **~ˌhan·del** *m econ.* intermediate trade. — **~ˌhan·dels·geˌwinn** *m cf.* Zwischengewinn. — **~ˌhänd·ler** *m* (merchant) middleman, intermediary, in-between. — **~ˌhand·lung** *f* (*literature*) 1. episode. – 2. (*im Drama etc*) interlude. — **z~'her** [ˌtsvɪʃən-] *adv colloq.* (in the) meanwhile, (in the) meantime. — **~ˌherr·schaft** *f* ⟨-; *no pl*⟩ interregnum. — **z~hin'ein** [ˌtsvɪʃən-] *adv colloq.* 1. in between. – 2. (*zeitlich*) in between (times). — **~ˌhirn** *n med.* interbrain, betweenbrain; diencephalon, thalamencephalon (*scient.*). — **~ˌhol·ding** *f* ⟨-; -s⟩ *econ.* subholding company, intermediate holding company. — **~ˌhül·se** *f tech.* adaptor sleeve. — **z~'in·ne** [ˌtsvɪʃən-] *adv Northern G. dial.* between the two, in between. — **~ˌkern** *m nucl.* compound nucleus. — **~ˌkie·fer**, **~ˌkie·ferˌkno·chen** *m med.* intermaxillary (bone), incisive bone. — **~ˌkie·menˌdeckel** (*getr.* -k·k-) *m zo.* interopercle, interoperculum. — **~ˌknor·pel** *m med.* interarticular cartilage. — **z~ˌkno·tig** *adj med. zo.* internodal. — **z~kon·fes·sioˌnell** *adj* interdenominational, interconfessional, interchurch (*attrib*). — **~ˌkö·nig** *m antiq.* interrex. — **~ˌkör·per** *m med.* amboceptor. — **~kreˌdit** *m econ.* intermediate (*od.* interim, temporary) credit (*od.* loan). — **~ˌla·ge** *f* 1. interposition. – 2. *tech.* cushion. — **z~ˌla·gern** I *v/t* ⟨*only inf u. pp* zwischengelagert, h⟩ 1. *econ.* put (*s.th.*) in intermediate storage. – 2. *geol.* interstratify, intercalate. – II Z~ *n* ⟨-s⟩ 3. *verbal noun.* — **~ˌla·ge·rung** *f* 1. *cf.*

Zwischenlagern. – 2. *econ.* intermediate storage. – 3. *geol.* interstratification, intercalation. — **z~ˌlan·den** *aer.* **I** *v/i* ⟨*only inf u. pp* zwischengelandet, sein⟩ (in *dat* in, at) make an intermediate landing (*od.* stop), stop. – **II Z~** *n* ⟨-s⟩ *verbal noun.* — **~ˌlan·dung** *f* **1.** *cf.* Zwischenlanden. – **2.** intermediate landing: ohne ~ direct, nonstop, *Br.* non-stop (*attrib*). — **~ˌlauf** *m* (*sport*) intermediate heat. — **~ˌlegˌschei·be** *f tech.* shim, spacer. — **z~ˌlie·gend** *adj* ⟨*attrib*⟩ **1.** intermediate, lying between. – **2.** (*Zeit*) interim, intervening. — **~ˌli·nie** *f* intermediate line, interline. — **~ˌlin·sen·ver·ˌschluß** *m phot.* between-the-lens shutter. — **~ˌlö·sung** *f* interim (*od.* temporary) solution. — **~ˌmahlˌzeit** *f* **1.** *gastr.* snack between meals. – **2.** (*für Säuglinge*) in-between feed. — **~ˌmau·er** *f civ.eng.* partition wall. — **z~ˌmensch·lich** *adj* (*Beziehungen etc*) interhuman, interpersonal. — **~ˌmit·tel** *n* (*mining*) dirt band. — **~mo·du·la·tiˌon** *f phys.* intermodulation. — **z~mo·le·kuˌlar** *adj chem. phys.* intermolecular. — **~muˌsik** *f cf.* Zwischenaktmusik. — **~ˌne·ga·tiv** *n phot.* duplicate negative. — **~ˌpau·se** *f* interval, intermission, break. — **~ˌpfan·ne** *f metall.* (*beim Stranggießen*) tundish. — **~ˌpfei·ler** *m civ.eng.* intermediate pillar. — **z~ˌpflan·zen** *med.* **I** *v/t* ⟨*only inf u. pp* zwischengepflanzt, h⟩ interpose. – **II Z~** *n* ⟨-s⟩ *verbal noun.* — **~ˌpflan·zung** *f* **1.** *cf.* Zwischenpflanzen. – **2.** interposition. — **z~pla·neˌta·risch** *adj astr.* interplanetary. — **~ˌplat·te** *f* **1.** (*eines Ausziehtisches*) (table) leaf. – **2.** *mar.* (*eines Schiffes*) intercostal plate. — **~ˌpol** *m electr.* interpole. — **~ˌpo·si·tiv** *n phot.* intermediate positive. — **~proˌdukt** *n econ.* intermediate (*od.* intermediary) product, semifinished product. — **~ˌprü·fung** *f ped.* intermediate (*od.* intermediary) examination (*od.* test). — **~ˌquit·tung** *f econ.* interim (*od.* temporary) receipt. — **~ˌrad** *n tech.* (*im Radgetriebe*) intermediate gear, idler. — **~ˌrang** *m* (*theater*) mezzanine.

ˈZwi·schenˌraum *m* **1.** (*räumlich*) space (between), interval, interspace: 5 m ~ 5 meters' interval, a 5-meter interval; einen ~ lassen to leave (a) space; ~ zwischen den Häusern space between the houses. – **2.** (*zeitlich*) interval. – **3.** (*Entfernung*) distance. – **4.** (*Lücke*) gap, interstice. – **5.** (*Spielraum*) clearance. – **6.** *print.* a) space, blank, b) (*Zeilenabstand*) spacing: mehr [weniger] ~ more [less] space; eine Zeile ~ a space; den ~ vermindern to close up. – **7.** *biol. med.* interspace, interstice. – **8.** (*railway*) (*zwischen zwei Zügen*) headway. – **9.** *mar.* (*Abstand von einem anderen Schiff od. von einer Pier etc*) berth. — **~ˌta·ste** *f* (*der Schreibmaschine etc*) space bar, spacer.

ˈZwi·schen|ˌrech·nung *f econ.* intermediate bill (*od.* invoice). — **~ˌre·de** *f* interruption. — **~ˌred·ner** *m* person who interrupts, (*Zwischenrufer*) heckler. — **~ˌre·ge·lung** *f* interim (*od.* temporary) settlement. — **~re·gie·rung** *f* interim (*od.* temporary) government, caretaker government. — **~ˌreich** *n* **1.** *hist.* interregnum. – **2.** *geogr.* centrally situated country, country occupying a median position. – **3.** mysterious in-between region (*area between heaven and earth* [*od. life and death*]). — **~ˌrei·he** *f* row (in) between, intermediate row. — **~reˌlais** *n electr.* intermediate relay. — **~ˌring** *m phot.* extension tube.

ˈZwi·schenˌrip·pe *f* **1.** *med.* intermediate rib. – **2.** *arch.* lierne. – **3.** *gastr.* sirloin, entrecote, *bes. Br.* entrecôte.

ˈZwi·schenˌrip·pen|ˌmus·kel *m med.* intercostal (muscle). — **~ˌraum** *m* intercostal (space).

ˈZwi·schen|ˌruf *m* heckler's shout: empörte ~e angry heckling *sg*; er wurde durch häufige ~e unterbrochen he was interrupted by constant heckling. — **~ˌru·fer** *m* heckler. — **~ˌrun·de** *f* (*sport*) intermediate round. — **~ˌsatz** *m* **1.** *ling.* inserted clause, parenthesis. – **2.** *mus.* a) middle section, b) (*beim Rondo*) couplet, episode. — **z~ˌschal·ten** *electr.* **I** *v/t* ⟨*only inf u. pp* zwischengeschaltet, h⟩ **1.** insert, interpose, interconnect, connect (*s.th.*) in series. – **Z~** *n* ⟨-s⟩ **2.** *verbal noun.* – **3.** *cf.* Zwischenschaltung. — **~ˌschal·ter** *m* intermediate switch. — **~ˌschal·tung** *f* **1.** *cf.* Zwischenschalten. – **2.** *electr.* insertion, interposition, interconnection, *Br. auch* interconnexion, interpolation. – **3.** *print.* interlineation. — **~ˌschein** *m econ.* (*bei Aktien*) interim voucher, provisional share (*bes. Am.* stock) certificate. — **~ˌschei·telˌbein** *n med.* interparietal bone. — **~ˌschicht** *f* **1.** intermediate layer, interlayer. – **2.** *tech.* (*in Galvanoplastik*) intermetallic layer. — **z~ˌschie·ben** **I** *v/t* ⟨*only inf u. pp* zwischengeschoben, h⟩ **1.** push (*s.th.*) (in) between, insert. – **II Z~** *n* ⟨-s⟩ **2.** *verbal noun.* – **3.** insertion. — **~ˌschlüs·selˌbein** *n zo.* interclavicle. — **~ˌschnitt** *m phot.* **1.** cutaway. – **2.** insert. — **~ˌsen·der** *m* (*radio*) *telev.* relay station (*od.* transmitter). — **z~ˌset·zen** *v/t* ⟨*only inf u. pp* zwischengesetzt, h⟩ *print.* (*Schrift, Zeilen etc*) interline. — **~ˌspei·cher** *m* (*computer*) intermediate (*od.* temporary) store, scratch pad memory. — **~ˌspiel** *n* **1.** *mus.* a) interlude, entr'acte, intermezzo, b) (*einer Fuge*) episode, c) (*auf der Orgel*) voluntary. – **2.** (*theater*) interlude. – **3.** *fig.* intermezzo. — **~ˌsprung** *m telev.* interlace. — **~ˌspurt** *m* (*sport*) short burst of speed, spurt: einen ~ einlegen to spurt off. — **z~ˌstaat·lich** *adj pol.* intergovernmental, international, *Am.* (*zwischen Bundesstaaten*) interstate (*attrib*). — **~ˌsta·di·um** *n* intermediate (*od.* intermediary) stage, intermediary. — **~ˌstap·ler** *m* (*postal service*) intermediate stacker. — **~sta·tiˌon** *f* **1.** intermediate (*Am.* way) station. – **2.** *pl* (*postal service*) interim points. — **~ˌstecker** (*getr.* -k·k-) *m electr.* adapter (*auch* adaptor) (plug). — **~ˌstel·lung** *f tech.* intermediate position. — **~ˌstock** *m arch. cf.* Zwischengeschoß. — **~ˌstock(ˌum)ˌsprung** *m* (*beim Skifahren*) window jump. — **~ˌstockˌwerk** *n arch. cf.* Zwischengeschoß. — **~ˌstrich** *m* (*beim Gravieren*) interline. — **~ˌstromˌland** *n geogr.* interfluve. — **~ˌstück** *n* **1.** insertion. – **2.** *tech.* adapter, *auch* adaptor. – **3.** *electr.* connecting link.

ˈZwi·schenˌstu·fe *f* **1.** intermediate (*od.* intermediary) stage, intermediary. – **2.** (*im Darwinismus*) (*fehlende Übergangsform*) missing link. – **3.** *tech.* (*in der Wärmebehandlung*) austempering region.

ˈZwi·schenˌstu·fen|geˌfü·ge *n tech.* intermediate structure, bainite. — **z~verˌgü·ten** *v/t* ⟨*only inf u. pp* zwischenstufenvergütet, h⟩ austemper.

ˈZwi·schen|ˌstun·de *f* **1.** hour in between, intermediate hour. – **2.** *ped.* free period. — **~ˌsum·me** *f* subtotal. — **~ˌtext** *m* (*film*) inserted text. — **~ˌti·tel** *m* **1.** (*film*) title link, subtitle, information caption. – **2.** *print.* subhead(ing). — **~ˌträ·ger** *m* **1.** *fig.* talebearer, telltale, informant. – **2.** *electr.* (*in Frequenztechnik*) subcarrier. – **3.** *med.* (*von Parasiten*) mediator. — **~trä·geˈrei** [ˌtsvɪʃən-] *f* ⟨-; -en⟩ talebearing, taletelling. — **~ˌträ·ge·rin** *f* ⟨-; -nen⟩ *cf.* Zwischenträger 1. — **~ˌur·teil** *n jur.* interlocutory decree. — **~verˌkauf** *m econ.* intermediate sale: ~ vorbehalten subject to prior sale, subject to being unsold. — **~verˌkehr** *m* intercommunication. — **~verˌstär·ker** *m electr. tel.* intermediate repeater (*od.* amplifier). — **~verˌtei·ler** *m electr. tel.* intermediate distributing frame, intermediate board. — **z~voˌka·lisch** *adj ling.* intervocalic. — **~ˌvorˌhang** *m* (*theater*) drop scene. — **~ˌwand** *f* **1.** *arch.* internal wall. – **2.** *med.* septum. — **~ˌwert** *m math.* intermediate value.

ˈZwi·schenˌwir·bel|ˌknor·pel *m med.* intervertebral cartilage. — **~ˌloch** *n* intervertebral foramen. — **~ˌraum** *m* intervertebral space. — **~ˌschei·be** *f* intervertebral disc.

ˈZwi·schen|ˌwirt *m biol.* intermediate host. — **~ˌzäh·ler** *m* **1.** *electr.* intermediate hour meter. – **2.** *tech.* intermediate counter.

ˈZwi·schenˌzei·le *f* **1.** intermediate line. – **2.** *telev.* interline, interlace.

ˈZwi·schenˌzei·len|ˌabˌta·stung *f telev.* interlaced scanning. — **~ˌbild** *n* interlaced picture. — **~ˌflim·mern** *n* interline (*od.* wave) flicker.

ˈzwi·schenˌzei·lig *adj* interlinear.

ˈZwi·schen|ˌzeit *f* **1.** ⟨*only sg*⟩ meantime, meanwhile, interim (period): in der ~ (in the) meantime, (in the) meanwhile, in the interim. – **2.** (*sport*) intermediate time. — **z~ˌzeit·lich** **I** *adj* ⟨*attrib*⟩ (*Abmachung, Lösung etc*) intermediate. – **II** *adv* (in the) meantime, (in the) meanwhile. — **z~ˌzel·lig** [-ˌtsɛlɪç] *adj biol.* intercellular. — **~ˌzeug·nis** *n* **1.** *econ.* interim (*od.* intermediate) reference. – **2.** *ped.* intermediate (*od.* intermediary) report. — **~ˌziel** *n mil.* intermediate objective. — **~ˌzin·sen** *pl econ.* mesne interest *sg.*

Zwist [tsvɪst] *m* ⟨-(e)s; -e⟩ **1.** (*Streit*) quarrel, dispute: mit j-m (über *acc* etwas) in ~ geraten to become involved in a quarrel (*od.* dispute) with s.o. (about s.th.). – **2.** (*Uneinigkeit*) discord, strife, dissension, disunion: mit j-m in ~ leben to live in discord with s.o. – **3.** (*zwischen Familien, Völkern etc*) feud: wir wollen den alten ~ begraben let us forget our feud, let us bury the hatchet.

ˈzwi·stig *adj archaic* (*uneinig*) discordant, at variance, at odds. — **ˈZwi·stig·keit** *f* ⟨-; -en⟩ **1.** discordance, discordancy. – **2.** *cf.* Zwist.

zwit·schern [ˈtsvɪtʃərn] **I** *v/i* ⟨h⟩ **1.** (*von Vögeln*) twitter, chirp, chirrup, chitter, chirk, *Am.* chipper; → Alte[1] 1. – **2.** (*trillern, jubilieren*) warble. – **II** *v/t* **3.** *cf.* zwitschern 1. – **4.** einen ~ *fig. colloq.* to wet one's whistle (*colloq.*). – **III Z~** *n* ⟨-s⟩ **5.** *verbal noun.* – **6.** twitter, chirp, chirrup, chitter. – **7.** (*radio*) chirping, birdies *pl*, canaries *pl.*

Zwit·ter [ˈtsvɪtər] *m* ⟨-s; -⟩ **1.** *biol.* hermaphrodite, androgyne. – **2.** *myth. cf.* Zwitterwesen 2. — **z~ˌar·tig** *adj biol. cf.* zwittrig. — **~ˌbil·dung** *f* hermaphroditism, *auch* hermaphrodism. — **~ˌblü·te** *f bot.* hermaphrodite (flower), androgynous flower. — **z~ˌblü·tig** *adj* hermaphroditic, *auch* hermaphroditical, hermaphrodite, androgynous. — **~ˌblü·tig·keit** *f* ⟨-; *no pl*⟩ hermaphroditism, *auch* hermaphrodism, androgynism. — **~ˌding** *n fig.* hermaphrodite. — **~ˌdrü·se** *f zo.* ovotestis. — **~ˌform** *f biol.* hermaphroditic stage.

ˈzwit·ter·haft *adj biol. cf.* zwittrig. — **ˈZwit·ter·haf·tig·keit** *f* ⟨-; *no pl*⟩ *cf.* Zwittrigkeit.

ˈzwit·te·rig *adj biol. cf.* zwittrig.

ˈZwit·ter|ion [-ˀiˌoːn] *n* **1.** *chem. phys.* zwitterion, *auch* zwitter-ion, dipolar ion. – **2.** *chem.* betaine. — **~ˌrind** *n zo.* freemartin. — **~ˌstel·lung** *f fig.* ambiguous position: eine ~ einnehmen to sit on the fence.

ˈZwit·ter·tum *n* ⟨-s; *no pl*⟩ *biol. cf.* Zwittrigkeit.

ˈZwit·ter|ˌwe·sen *n* **1.** *biol. cf.* Zwitter 1. – **2.** *myth.* hermaphrodite. — **~ˌwort** *n ling.* hybrid (word).

ˈzwitt·rig *adj biol.* hermaphroditic, *auch* hermaphroditical, hermaphrodite, bisexual, androgynous. — **ˈZwitt·rig·keit** *f* ⟨-; *no pl*⟩ hermaphroditism, *auch* hermaphrodism, bisexuality, androgyny.

zwo [tsvoː] *adj colloq. for* zwei.

zwölf [tsvœlf] *adj* ⟨*cardinal number*⟩ twelve: um ~ (Uhr) at twelve (o'clock), (*mittags*) *auch* at noon, (*nachts*) *auch* at midnight; Punkt (*od.* Schlag) ~ twelve o'clock sharp (*od. colloq.* on the dot); die Uhr schlug ~ the clock struck twelve; halb ~ half past eleven; ~ Flaschen twelve bottles; ~ Stück twelve, one dozen; ein Junge von ~ Jahren a twelve-year-old boy; der Junge ist ~ (Jahre alt) the boy is twelve (years old); sie [wir] waren ~ (*od.* zu ~en), es waren ihrer [unser] ~ there were twelve of them [of us], they [we] were twelve (in number); die ~ Apostel, die ~ Jünger Christi the Twelve (Apostles), the twelve disciples (of Jesus); die ~ Monate the twelve months; ~ enthaltend *math.* duodecimal, duodenary; die Z~ Nächte *cf.* Rauhnächte; die Z~ Tafeln *antiq.* (*römische Gesetze*) the Twelve Tables; → fünf 2.

Zwölf *f* ⟨-; -en⟩ **1.** (number *od.* figure) twelve. – **2.** die ~ (*im Zentrum der Zielscheibe*) carton: er hat eine ~ geschossen he hit the carton. – **3.** *colloq.* (streetcar, *Br.* tram) number twelve.

ˈZwölfˌach·ser [-ˌˀaksər] *m* ⟨-s; -⟩ *auto.* twelve-axle vehicle. — **ˈzwölfˌach·sig** [-ˌˀaksɪç] *adj* twelve-axle (*attrib*), with (*od.* having) twelve axles.

ˈZwölf|ˌeck *n* ⟨-(e)s; -e⟩ *math.* dodecagon. — **z~ˌeckig** (*getr.* -k·k-) *adj* dodecagonal.

ˈzwölfˌeinˈhalb *adj* twelve and a half.

ˈZwölfˌen·der [-ˌˀɛndər] *m* ⟨-s; -⟩ *hunt.* stag (*od.* deer) with twelve tines, twelve-pointer.

ˈZwöl·fer *m* ⟨-s; -⟩ *colloq. for* Zwölf. – **2.** *hunt. cf.* Zwölfender. — **~forˌmat** *n print.* twelvemo, 12mo, twelves *pl.*

ˈzwöl·ferˈlei *adj* ⟨*invariable*⟩ of twelve (different) kinds (*od.* sorts).

'**zwölfˌfach I** *adj* twelvefold. – **II** *adv* twelvefold, twelve times. – **III Z~e, das** ⟨-n⟩ twelve times the amount.

ˌ**Zwölf'fin·gerˌdarm** *m med.* duodenum: den ~ betreffend duodenal. — **~en·do·skoˌpie** *f* duodenoscopy. — **~entˌzün·dung** *f* duodenitis. — **~geˌschwür** *n* duodenal ulcer.

'**Zwölf|ˌflach** *n* ⟨-(e)s; -e⟩ *math. min.* dodecahedron. — **z~ˌflä·chig** *adj math.* dodecahedral. — **~ˌfläch·ner** [-ˌflɛçnər] *m* ⟨-s; -⟩ dodecahedron.

'**ZwölfˌherT·schaft** *f* ⟨-; *no pl*⟩ *hist.* dodecarchy.

'**zwölfˌjäh·rig I** *adj* **1.** twelve-year (*attrib*), lasting (*od.* of) twelve years. – **2.** twelve-year-old (*attrib*), of twelve (years): ein ~es Mädchen a twelve-year-old girl. – **II Z~e** *m, f* ⟨-n; -n⟩ **3.** twelve-year-old (child).

'**zwölfˌmal** *adv* twelve times.

'**zwölfˌma·lig** *adj* ⟨*attrib*⟩ done (*od.* repeated) twelve times.

ˌ**Zwölf'mei·len|ˌgren·ze** *f* twelve-mile limit. — **~ˌzo·ne** *f* twelve-mile zone.

'**Zwölfˌpfün·der** [-ˌpfʏndər] *m* ⟨-s; -⟩ *mil. hist.* twelve-pounder.

'**zwölfˌsei·tig** *adj* **1.** *math.* twelve-sided, dodecagonal. – **2.** (*Broschüre etc*) of twelve pages, twelve-page (*attrib*).

'**zwölfˌsil·big** [-ˌzɪlbɪç] *adj ling. metr.* twelve-syllable(d), dodecasyllabic.

'**zwölfˌstün·dig** [-ˌʃtʏndɪç] *adj* twelve-hour (*attrib*), lasting (*od.* of) twelve hours.

'**zwölfˌstünd·lich I** *adj* occurring every twelve hours. – **II** *adv* every twelve hours, at twelve-hour intervals.

zwölft [tsvœlft] *adj* **1.** ⟨*ordinal number*⟩ twelfth: zum ~en Mal for the twelfth time; am ~en Juni on June (the) twelfth, on the twelfth of June; in der ~en Stunde *lit.* at the twelfth hour. – **2.** zu ~ sein to be twelve in number; wir waren zu ~ there were twelve of us, we were twelve; sie kamen zu ~ twelve of them came.

ˌ**Zwölf'ta·fel·geˌsetz** *n meist pl jur. antiq.* (code [*od.* law] of the) Twelve Tables *pl.*

'**zwölf'tau·send** *adj* ⟨*cardinal number*⟩ twelve thousand.

'**Zwölf·te** *m, f* ⟨-n; -n⟩, *n* ⟨-n; *no pl*⟩ **1.** twelfth: der ~ des Monats the twelfth of the month. – **2.** (*mit Kleinschreibung*) twelfth: der z~ von links the twelfth from the left. – **3.** Ludwig XII. (*od.* der ~) *hist.* Louis XII (*od.* the Twelfth).

'**zwölfˌtei·lig** *adj* **1.** of twelve parts, twelve-piece (*attrib*). – **2.** *bot.* dodecamerous. – **3.** *math.* duodecimal.

'**Zwölf·tel I** *n, Swiss meist m* ⟨-s; -⟩ twelfth (part). – **II z~** *adj* ⟨*attrib*⟩ twelfth. — **~(ˌbo·gen)·forˌmat** *n print.* duodecimo.

'**Zwölf·ten, die** *pl cf.* Rauhnächte.

'**zwölf·tens** *adv* twelfthly, in the twelfth place.

'**Zwölfˌtö·ner** [-ˌtøːnər] *m* ⟨-s; -⟩ *mus.* twelve-tone (*bes. Br.* twelve-note) composer.

'**Zwölfˌton·muˌsik** *f mus.* twelve-tone (*bes. Br.* twelve-note) music, dodecaphonic music.

'**Zwölfˌton·ner** [-ˌtɔnər] *m* ⟨-s; -⟩ *auto.* twelve-ton lorry (*bes. Am.* truck).

'**Zwölfˌton|ˌrei·he** *f mus.* twelve-tone (*bes. Br.* twelve-note) row (*od.* series). — **~sy·ˌstem** *n* twelve-tone (*bes. Br.* twelve-note) system. — **~ˌtech·nik** *f* twelve-tone (*bes. Br.* twelve-note) technique, dodecaphonism, *auch* dodecaphony.

'**zwölfˌundˌein'halb** *adj cf.* zwölfeinhalb.

'**Zwölf·zyˌlin·der** *m auto.* **1.** *cf.* Zwölfzylindermotor. – **2.** *colloq.* twelve-cylinder (car). — **~ˌmo·tor** *m* twelve-cylinder engine.

'**zwölf·zyˌlin·drig** [-tsiˌlɪndrɪç; -tsy-] *adj* twelve-cylinder (*attrib*), with (*od.* having) twelve cylinders.

zwot *adj colloq. for* zweit.

Zyan..., zyan... *combining form denoting chem.* cyan...

Zy·an [tsy'aːn] *n* ⟨-s; *no pl*⟩ *chem.* cyanogen [$(CN)_2$]. — **~ˌäther** *m* cyanic ether.

Zy'anˌbad *n chem. tech.* cyanide bath. — **~ˌhär·ten** *n*, **~ˌhär·tung** *f* cyaniding.

Zya·ne [tsy'aːnə] *f* ⟨-; -n⟩ *bot. cf.* Kornblume 1.

Zy'an|ˌei·sen *n chem.* cyanide (*auch* cyanid) of iron (FeCN). — **z~ˌhal·tig** *adj* cyanous.

Zya·nid [tsya'niːt] *n* ⟨-s; -e⟩ *chem.* (*Salz des Zyanwasserstoffs*) cyanide, *auch* cyanid. — **z~ˌfrei** *adj* cyanide-free. — **~ver·ˌfah·ren** *n tech.* cyanide process.

Zya·nin [tsya'niːn] *n* ⟨-s; -e⟩ *chem.* (*blauer Farbstoff*) cyanine, *auch* cyanin, cyanine blue ($C_{29}H_{35}IN_2$).

Zya·ni·sa·ti·on [tsyaniza'tsĭoːn] *f* ⟨-; *no pl*⟩ *chem. tech. cf.* Kyanisation. — **zya·ni'sie·ren** [-'ziːrən] *v/t* ⟨*no* ge-, h⟩ *cf.* kyanisieren.

Zya·nit [tsya'niːt; -'nɪt] *m* ⟨-s; *no pl*⟩ *min. cf.* Disthen.

Zyˌan'ka·li *n* ⟨-s; *no pl*⟩ *chem.* (*starkes Gift*) potassium cyanide, cyanide (*auch* cyanid) of potash (KCN). — **~ˌsalz** *n* **1.** *chem. cf.* Zyankali. – **2.** *tech.* (*für galvanische Vergoldung etc*) potassium cyanide (*auch* cyanid) salt.

Zyˌan'ka·li·um *n* ⟨-s; *no pl*⟩ *chem. obs. for* Zyankali.

Zy'anˌkup·fer *n chem.* cyanide (*auch* cyanid) of copper, copper cyanide (CuCN).

Zyano..., zyano... *combining form denoting chem.* cyano...

Zya·no·phy·ze·en [tsyanofy'tseːən] *pl bot. cf.* Blaualgen.

Zya·no·se [tsya'noːzə] *f* ⟨-; -n⟩ *med.* (*Blausucht*) cyanosis. — **zya'no·tisch** [-tɪʃ] *adj* cyanotic.

Zya·no·ty·pie [tsyanoty'piː] *f* ⟨-; -n [-ən]⟩ *phot. print.* **1.** ⟨*only sg*⟩ cyanotype. – **2.** (*Kopie*) cyanotype.

Zya·no'typ·paˌpier [tsyano'tyːp-] *n phot. print.* cyanotype paper.

Zy'anˌsalzˌbad *n chem. tech.* cyanide (*auch* cyanid) salt bath.

zy'an|ˌsau·er *adj chem.* cyanic: zyansaures Salz cyanate. — **Z~ˌsäu·re** *f* cyanic acid (HOCN). — **Z~ˌsil·ber** *n* cyanide (*auch* cyanid) of silver, silver cyanide (AgCN). — **Z~·verˌbin·dung** *f* cyanogen compound. — **Z~·verˌgif·tung** *f med.* cyanogen poisoning. — **Z~'was·serˌstoff** [tsyˌaːn-] *m chem.* hydrogen cyanide (*auch* cyanid) (HCN).

Zy·gä·ne [tsy'gɛːnə] *f* ⟨-; -n⟩ *zo.* (*Schmetterling*) forester, *auch* forester moth, burnet moth (*Fam. Zygaenidae*).

Zy·go·ma ['tsyːgoma; tsy'goːma] *n* ⟨-s; -ta [tsy'goːmata]⟩ *med.* (*Jochbein*) zygoma. — **zy·go·ma·tisch** [tsygo'maːtɪʃ] *adj* zygomatic.

zy·go·morph [tsygo'mɔrf] *adj bot.* (*Blüte*) [zygomorphic.]

Zy·go·te [tsy'goːtə] *f* ⟨-; -n⟩ *biol.* zygote, zygocyte. — **zy'go·tisch** *adj* zygotic.

Zy·ka·de·en [tsyka'deːən] *pl bot.* cycads (*Fam. Cycadaceae*).

Zy·kas ['tsyːkas] *f* ⟨-; -⟩ *bot.* (*Palmfarn*) cycas (*Gattg Cycas*). — **~ˌwe·del** *m* cycas leaf.

Zy·kla·me [tsy'klaːmə] *f* ⟨-; -n⟩ *Austrian bot. for* Alpenveilchen.

Zy·kla·men [tsy'klaːmən] *n* ⟨-s; -⟩ *bot. cf.* Alpenveilchen.

Zy·kli·de [tsy'kliːdə] *f* ⟨-; -n⟩ *math.* cyclide.

Zy·kli·ker ['tsyːklikər] *m* ⟨-s; -⟩ (*literature*) cyclic poet.

zy·klisch ['tsyːklɪʃ] *adj* **1.** cyclic, cyclical. – **2.** *chem. cf.* cyclisch 1.

Zyklo..., zyklo... *combining form denoting* cyclo...

zy·klo·id [tsyklo'iːt] *adj* **1.** *math.* cycloid, cycloidal. – **2.** *psych.* cyclothymic, cycloid.

Zy·kloi·de[1] [tsyklo'iːdə] *f* ⟨-; -n⟩ *math.* cycloid.

Zy·kloi·de[2] [tsyklo'iːdə] *m, f* ⟨-n; -n⟩ *psych.* cyclothyme, cycloid.

Zy·kloi·den·verˌzah·nung [tsyklo'iːdən-] *f tech.* cycloidal tooth system.

Zy·klo'id|ˌschup·pe *f zo.* cycloidal scale. — **z~ˌschup·pig** *adj* cycloid.

Zy·klo|me·ter [tsyklo'meːtər] *n* ⟨-s; -⟩ *tech.* (*Wegmesser*) cyclometer. — **z~'me·trisch** [-'meːtrɪʃ] *adj* antitrigonometric.

Zy·klon [tsy'kloːn] *m* ⟨-s; -e⟩ **1.** *meteor.* (*Wirbelsturm*) cyclone, cyclonic storm, (*Tornado*) tornado. – **2.** (*TM*) *tech.* cyclone (collector, *auch* separator).

Zy·klo·ne [tsy'kloːnə] *f* ⟨-; -n⟩ *meteor.* (*Tiefdruckgebiet*) cyclone, depression, low. — **zy'klo·nisch** *adj* cyclonic, *auch* cyclonical.

Zy·klop [tsy'kloːp] *m* ⟨-en; -en⟩ *myth.* Cyclops: die ~en the Cyclopes.

Zy'klo·penˌmau·er *f archeol.* cyclopean (*auch* cyclopian) masonry (*od.* wall).

Zy·klo·pie [tsyklo'piː] *f* ⟨-; *no pl*⟩ *med.* cyclopia, *auch* cyclopy.

zy'klo·pisch *adj* (*riesenhaft*) cyclopean, *auch* cyclopian: ~e Mauer *archeol. cf.* Zyklopenmauer.

Zy·klo·ple·gie [tsyklople'giː] *f* ⟨-; -n [-ən]⟩ *med.* cycloplegia.

zy·klo·thym [tsyklo'tyːm] *adj psych.* cyclothymic.

Zy·klo'thy·me *m, f* ⟨-n; -n⟩ *psych.* cyclothyme, *auch* cyclothym, cyclothymic.

Zy·klo·thy·mie [tsyklotyˈmiː] *f* ⟨-; *no pl*⟩ *psych.* cyclothymia.

Zy·klo·tron ['tsyːklotrɔn] *n* ⟨-s; -e [-troːnə; tsyklo'troːnə], *auch* -s⟩ *nucl.* cyclotron.

Zy·klus ['tsyːklʊs] *m* ⟨-; Zyklen⟩ **1.** (*Kreislauf*) cycle: der ~ des Jahres the cycle of the year. – **2.** (*Reihe*) cycle, series: ein ~ von Vorträgen a series of talks. – **3.** *mus.* (*literature*) cycle. – **4.** *med.* a) cycle, b) (*der Frau*) menstrual cycle. – **5.** *geogr.* cycle: arider [orogener, vulkanischer] ~ arid [orogenetic, volcanic] cycle. – **6.** *econ.* (*computer*) cycle. — **~ˌzeit** *f* (*computer*) cycle time.

Zy·lin·der [tsi'lɪndər; tsy-] *m* ⟨-s; -⟩ **1.** (*fashion*) top (*od.* silk) hat, topper (*colloq.*). – **2.** *math.* cylinder. – **3.** *auto.* cylinder: dieser Wagen hat acht ~ this car has eight cylinders. – **4.** *tech.* (*eines Zylinderschlosses*) cylinder. – **5.** (*für Petroleumlampen*) (lamp) chimney (*od.* glass): den ~ über die Flamme stülpen to put the chimney over the flame. – **6.** *chem.* cylinder, test glass. – **7.** *med.* a) (*Harnzylinder*) cast, b) (*einer Spritze*) barrel.

Zy'lin·derˌblock *m* ⟨-(e)s; ⸚e⟩ *auto. tech.* cylinder block. — **~ˌräum·maˌschi·ne** *f tech.* cylinder block line-broaching machine.

Zy'lin·der|ˌbohr- ˌund ˌFräs·maˌschi·ne *f tech.* cylinder boring and milling machine. — **~ˌboh·rung** *f* cylinder bore. — **~ˌbüch·se** *f auto. tech.* cylinder sleeve (*od.* liner). — **~ˌdeckel** (*getr.* -k·k-) *m tech.* cylinder cover. — **~ˌdich·tungsˌring** *m auto.* cylindrical packing ring. — **~ˌdurchˌmes·ser** *m auto. math. tech.* diameter of a cylinder. — **~epiˌthel** *n med.* cylindrical epithelium. — **~ˌflä·che** *f math.* surface of a cylinder, cylindrical surface. — **z~ˌför·mig** *adj* (*Glas, Pille etc*) cylindric(al). — **~funk·tiˌon** *f math.* cylindrical function. — **~ˌglas** *n* ⟨-es; ⸚er⟩ (*optics*) cylindrical lens. — **~ˌhem·mung** *f* (*der Uhr*) cylinder (*od.* horizontal) escapement. — **~ˌhub** *m auto.* cylinder stroke. — **~ˌhut** *m* (*fashion*) *cf.* Zylinder 1. — **~ˌinˌhalt** *m* **1.** *math.* volume of a cylinder, cylindrical volume. – **2.** *auto.* swept volume, piston displacement, cylinder capacity. — **~ˌkol·ben** *m auto. tech.* cylinder piston. — **~kon·denˌsa·tor** *m electr.* cylindrical capacitor.

Zy'lin·derˌkopf *m auto. tech.* cylinder head. — **~ˌdich·tung** *f* cylinder-head gasket. — **~ˌschrau·be** *f* **1.** *tech.* fillister-head screw. – **2.** *auto.* cylinder-head screw.

Zy'lin·der|ˌkühlˌrip·pe *f auto.* cylinder cooling fin. — **~ˌla·ger** *n tech.* journal bearing. — **~ˌlaufˌbüch·se** *f auto. tech. cf.* Zylinderbüchse. — **~ˌman·tel** *m tech.* cylinder jacket.

zy·lin·dern [tsi'lɪndərn; tsy-] *v/t* ⟨*no* ge-, h⟩ *tech.* (*kalandern*) calender.

Zy'lin·der|ˌpres·se *f tech.* roller press. — **~pro·jek·tiˌon** *f* (*in der Kartographie*) cylindrical projection. — **~reˌflek·tor** *m tel.* cylindrical reflector. — **~ˌrei·he** *f auto.* bank of cylinders. — **~ˌringˌan·ker** *m electr.* cylindrical ring armature. — **~ˌrohr** *n tech.* cylindrical pipe. — **~ˌrol·lenˌla·ger** *n* cylindrical roller bearing. — **~ˌro·se** *f zo.* tube anemone (*Gattg Cerianthus*). — **~schlei·feˌrei** *f* **1.** (*Vorgang*) cylinder grinding. – **2.** (*Werkstatt*) cylinder grinding shop. — **~ˌschloß** *n tech.* cylinder lock. — **~ˌschnellˌpres·se** *f print.* high-speed cylinder (printing) press. — **~ˌsieb·maˌschi·ne** *f* (*paper*) *tech.* cylinder (*od.* mold, *bes. Br.* mould) machine. — **~ˌspu·le** *f electr.* cylindrical coil, solenoid. — **~ˌtrock·ner** *m* (*paper*) drying cylinder. — **~ˌuhr** *f* (*watchmaking*) watch with cylinder (*od.* horizontal) escapement. — **~venˌtil** *n mus.* (*an einem Blechblasinstrument*) rotary valve. — **~ˌwalm** *m arch.* (*am Dach*) cylindrical hip. — **~ˌwan·dung** *f* cylinder wall. — **~ˌwick·lung** *f electr.* cylinder winding.

zy·lin·drisch [tsi'lɪndrɪʃ; tsy-] *adj* cylindric(al).

Zy·lin·dro·id [tsylɪndro'iːt] *math.* **I** *n* ⟨-(e)s; -e⟩ cylindroid. – **II z~** *adj* cylindroid.

Zy·ma ['tsyːma] *n* ⟨-s; -ta [-ta]⟩ (*Gärung bewirkendes Ferment*) zyme, zymin.

Zy·ma·se [tsy'maːzə] *f* ⟨-; *no pl*⟩ *biol. chem.* zymase.

Zym·bal ['tsʏmbal] *n* ⟨-s; -e *u.* -s⟩ *mus.* cimbalon, *auch* cymbalom, cymbalon.
'Zym·bel,kraut ['tsʏmbəl-] *n bot. cf.* Leinkraut.
zy·misch ['tsy:mɪʃ] *adj biol. chem.* zymic.
Zy·mo·gen [tsymo'ge:n] *biol. chem.* **I** *n* ⟨-s; -e⟩ zymogen, *auch* proenzyme. – **II z~** *adj* zymogenic.
zy·mo·id [tsymo'i:t] *adj chem.* zymoid.
Zy·mol [tsy'mo:l] *n* ⟨-s; *no pl*⟩ *chem.* cymene, isopropyl toluene [$(CH_3)_2CHC_6H_4$-CH_3].
Zy·mo·lo·gie [tsymolo'gi:] *f* ⟨-; *no pl*⟩ *biol. chem.* zymology. — **zy·mo'lo·gisch** [-'lo:gɪʃ] *adj* zymologic(al).
zy·mös [tsy'mø:s] *adj bot.* (*Verzweigung etc*) cymose.
Zy·mo·tech·nik [tsymo'tɛçnɪk] *f* ⟨-; *no pl*⟩ *chem.* zymotechnics *pl* (*construed as sg or pl*). — **zy·mo'tech·nisch** *adj* zymotechnic(al).
zy·mo·tisch [tsy'mo:tɪʃ] *adj biol. chem.* zymotic.
Zyn·ege·tik [tsyne'ge:tɪk] *f* ⟨-; *no pl*⟩ *hunt.* cynegetics *pl* (*construed as sg*), hunting with dogs. — **zyn·ege·tisch** [tsyne'ge:tɪʃ] *adj* cynegetic.
Zy·ni·ker ['tsy:nikər] *m* ⟨-s; -⟩ **1.** cynic. – **2.** *antiq. philos. cf.* Kyniker. — **'zy·nisch** [-nɪʃ] **I** *adj* (*Bemerkung etc*) cynical, cynic. – **II** *adv* ~ lachen to laugh cynically, to give a cynical laugh. — **Zy·nis·mus** [tsy'nɪsmʊs] *m* ⟨-; -nismen⟩ **1.** ⟨*only sg*⟩ (*Haltung*) cynicism. – **2.** cynical remark, cynicism. – **3.** ⟨*only sg*⟩ *antiq. philos. cf.* Kynismus.
'Zy·per|,gras ['tsy:pər-] *n* ⟨-es; *no pl*⟩ *bot.* cypress grass, cyperus (*scient.*) (*Gattg Cyperus*): Eßbares ~ chufa, *auch* earth (*od.* ground) almond, rush nut (*C. esculentus*). — **~,kat·ze** *f zo.* (*Hauskatze*) Cyprian cat.
'Zy·pern,holz ['tsy:pərn-] *n bot.* Spanish elm (*Cordia gerascanthus*).
'Zy·per|,wein *m* wine from Cyprus. — **~,wurz** *f* ⟨-; *no pl*⟩ *bot.* cypress, round cyperus (*Cyperus rotundus*).
Zy·prer ['tsy:prər] *m* ⟨-s; -⟩, **'Zy·pre·rin** *f* ⟨-; -nen⟩ Cypriot(e).
Zy·pres·se [tsy'prɛsə] *f* ⟨-; -n⟩ *bot.* cypress (*Gattg Cupressus*): Echte ~ Italian cypress (*C. sempervirens*).
zy'pres·sen *adj* cypress(-wood) (*attrib*).
Zy'pres·sen|,baum *m bot.* cypress (tree). — **~,fich·te** *f* American arborvitae (*Thuja occidentalis*). — **z~,för·mig** *adj* cypress-shaped. — **~ge,wäch·se** *pl bot.* Cupressaceae, cypress family *sg* (*Fam. Cupressaceae*). — **~,hain** *m* cypress grove, grove of cypresses. — **~,holz** *n* cypress (wood). — **~,kraut** *n bot.* ground cypress (*Santolina chamaecyparissus*). — **~,öl** *n* cypress oil. — **~,wald** *m* cypress wood. — **~,wolfs,milch** *f* cypress spurge (*Euphorbia cyparissias*). — **~,zweig** *m* cypress branch.
Zy·pri·er ['tsy:priər] *m* ⟨-s; -⟩, **'Zy·prie·rin** *f* ⟨-; -nen⟩ *cf.* Zyprer(in).
Zy·prin [tsy'pri:n] *n* ⟨-s; *no pl*⟩ *min.* cyprine.
Zy·pri·ot [tsypri'o:t] *m* ⟨-en; -en⟩, **Zy·prio·tin** [-'o:tɪn] *f* ⟨-; -nen⟩ *cf.* Zyprer(in). — **zy·prio·tisch** [-'o:tɪʃ] *adj cf.* zyprisch.
zy·prisch ['tsy:prɪʃ] **I** *adj* Cyprian, Cypriot(e): ~er Dialekt *cf.* zyprisch II. – **II** *ling.* **Z~** ⟨*generally undeclined*⟩, **das Z~e** ⟨-n⟩ Cyprian, Cypriot(e), the Cyprian (*od.* Cypriot[e]) dialect.
zy·ril·lisch [tsy'rɪlɪʃ] *adj ling. cf.* kyrillisch.
Zyst·al·gie [tsʏstal'gi:] *f* ⟨-; -n [-ən]⟩ *med.* cystalgia, cystodynia.
Zy·ste ['tsʏstə] *f* ⟨-; -n⟩ *bot. med. zo.* cyst.
Zyst·ek·to·mie [tsʏstɛkto'mi:] *f* ⟨-; -n [-ən]⟩ *med.* cystectomy.
'Zy·sten|,bil·dung *f med.* cyst formation, cystic degeneration, cystogenesis (*scient.*). — **~,lun·ge** *f* honeycomb lung. — **~,nie·re** *f* cystic kidney, cystonephrosis (*scient.*). — **~ope·ra·ti,on** *f* cystectomy.
Zy·stin [tsʏs'ti:n] *n* ⟨-s; *no pl*⟩ *chem.* cystine [$(SCH_2CH(NH_2)COOH)_2$].
'zy·stisch *adj med.* cystic.
Zy·sti·tis [tsʏs'ti:tɪs] *f* ⟨-; -tiden [-ti'ti:dən]⟩ *med.* (*Harnblasenentzündung*) cystitis.
Zy·sti·zer·ko·se [tsʏstitsɛr'ko:zə] *f* ⟨-; -n⟩ *med.* cysticercosis.
Zy·sti·zer·kus [tsʏsti'tsɛrkʊs] *m* ⟨-; -ken⟩ *med.* cysticercus.
Zysto..., zysto... *combining form denoting* cysto...
Zy·stom [tsʏs'to:m] *n* ⟨-(e)s; -e⟩ *med.* cystoma.
Zy·sto·pye·li·tis [tsʏstopye'li:tɪs] *f* ⟨-; -litiden [-li'ti:dən]⟩ *med.* (*Entzündung von Blase u. Nierenbecken*) cystopyelitis, pyelocystitis.
Zy·sto·skop [tsʏsto'sko:p] *n* ⟨-s; -e⟩ *med.* (*Blasenspiegel*) cystoscope. — **Zy·sto·sko'pie** [-sko'pi:] *f* ⟨-; -n [-ən]⟩ cystoscopy: bei j-m eine ~ vornehmen to cystoscope s.o. — **zy·sto'sko·pisch** *adj* cystoscopic.
Zy·sto·to·mie [tsʏstoto'mi:] *f* ⟨-; -n [-ən]⟩ *med.* (*Öffnung der Harnblase*) cystotomy.
Zy·sto·ze·le [tsʏsto'tse:lə] *f* ⟨-; -n⟩ *med.* (*Blasenvorfall*) cystocele.
Zy·ti·sin [tsyti'zi:n] *n* ⟨-s; *no pl*⟩ *chem.* cytisine ($C_{11}H_{14}N_2O$).
Zy·ti·sus ['tsy:tizʊs] *m* ⟨-; -⟩ *bot. cf.* Goldregen 1.
Zyto..., zyto... *combining form denoting* cyto...
Zy·to·blast [tsyto'blast] *m* ⟨-en; -en⟩ *meist pl biol.* (*Zellkern*) cytoblast.
Zy·to·chrom [tsyto'kro:m] *n* ⟨-s; -e⟩ *meist pl biol.* cytochrome.
Zy·to·de [tsy'to:də] *f* ⟨-; -n⟩ *biol.* cytode.
Zy·to·dia·gno·stik [tsytodia'gnɔstɪk] *f med.* cytodiagnosis.
zy·to·gen [tsyto'ge:n] *adj biol.* cytogenic, cytogenous.
Zy·to·ge·ne·tik [tsytoge'ne:tɪk] *f* ⟨-; *no pl*⟩ *biol.* cytogenetics *pl* (*construed as sg or pl*).
Zy·to·lo·ge [tsyto'lo:gə] *m* ⟨-n; -n⟩ *biol. med.* cytologist. — **Zy·to·lo'gie** [-lo'gi:] *f* ⟨-; *no pl*⟩ (*Zellenlehre*) cytology. — **zy·to'lo·gisch** *adj* cytologic(al).
Zy·to·ly·se [tsyto'ly:zə] *f* ⟨-; *no pl*⟩ *biol. med.* (*Zellenabbau*) cytolysis.
Zy·to·pha·gie [tsytofa'gi:] *f* ⟨-; -n [-ən]⟩ *med.* cytophagy.
Zy·to·plas·ma [tsyto'plasma] *n* ⟨-s; *no pl*⟩ *biol.* (*Zellplasma*) cytoplasm.
Zy·to·sin [tsyto'zi:n] *n* ⟨-s; *no pl*⟩ *chem.* cytosine ($C_4H_5N_3O$).
Zy·to·som [tsyto'zo:m] *n* ⟨-s; -e⟩, **Zy·to'so·ma** [-ma] *n* ⟨-s; -ta [-ta]⟩ *biol.* cytosome.
Zy·to·sta·ti·kum [tsyto'sta:tikʊm] *n* ⟨-s; -tika [-ka]⟩ *pharm.* cytostatic drug (*od.* agent). — **zy·to'sta·tisch** [-tɪʃ] *adj* cytostatic.
Zy·to·stom [tsyto'sto:m] *n* ⟨-s; -e⟩, **Zy·to'sto·ma** [-ma] *n* ⟨-s; -ta [-ta]⟩ *biol.* cytostome, cell mouth.
Zy·to·to·xin [tsytotə'ksi:n] *n* ⟨-s; -e⟩ *biol.* cytotoxin. — **zy·to'to·xisch** [-ksɪʃ] *adj* cytotoxic.

ANHANG

APPENDIX

I. ABKÜRZUNGEN

I. ABBREVIATIONS

Dieser Anhang enthält deutsche Abkürzungen und solche fremdsprachigen, die auch im Deutschen gebräuchlich sind. Nicht aufgenommen wurden englische Abkürzungen, da sie bereits im Anhang des englisch-deutschen Teils enthalten sind.

Abkürzungen von Substantiven, für die als Auflösung nur eine maskuline Form angegeben ist, werden im allgemeinen auch für die entsprechende feminine Form gebraucht:

Fachl. Fachlehrer; ...
aber auch: Fachlehrerin.

Abkürzungen von Substantiven, für die als Auflösung nur die Singularform angegeben ist, stehen im allgemeinen auch für die entsprechende Pluralform:

S. ... Seite; ...
aber auch: Seiten.

This appendix contains German abbreviations as well as those foreign ones which are commonly used in German. English abbreviations were not included, as they already appear in the appendix of the German-English part.

Abbreviations of nouns for which an explanation is given in masculine form only are in general also used for the corresponding feminine form:

Fachl. Fachlehrer; ...
but also: Fachlehrerin.

Abbreviations of nouns for which an explanation is given in the singular form only generally stand for the corresponding plural form as well:

S. ... Seite; ...
but also: Seiten.

A

A *tech.* Aggregat; Akten *pl*; *electr.* Ampere; Anfang; Aufzeichnung; *auto.* Augsburg; Ausgabe; *auto.* Austria.

A. Abteilung; *mus.* Alt; (*Lat.*) anno, im Jahre; Antrag; *jur.* Anwalt; *med.* Arterie.

Ä Ämter *pl.*

Å *phys.* Ångström(einheit).

a (*Lat.*) anno, im Jahre; (*Lat.*) annus, das Jahr; Ar.

a. alt; am, an; (*Lat.*) anno, im Jahre; anonym; (*Lat.*) ante, vor; asymmetrisch; auch; auf; aus; außen.

ä. äußerlich.

AA Arbeitsamt; Arbeitsausschuß; *mil.* Ausbildungsabteilung; Ausführungsanweisung; Auslandsabteilung; Auswärtiges Amt.

A.A. *mil.* Aufklärungsabteilung.

Aa. (*Lat.*) *med.* arteriae, Arterien *pl.*

a.A. *mil. tech.* alter Art; anderer Ansicht; auf Abruf; auf Anfrage; *mil.* auf Anhänger; auf Anordnung; auf Antrag.

ä.A. ältere Ausgabe (*of books*).

aa, āā, āā. (*Lat.*) *pharm.* ana partes aequales, zu gleichen Teilen.

a.a. (*Lat.*) ad acta, zu den Akten.

AAB Arbeiter- und Angestelltenbund (*Austria*).

a.a.C(hr). (*Lat.*) anno ante Christum, im Jahr vor Christus.

a.a.C(hr).n. (*Lat.*) anno ante Christum natum, im Jahr vor Christi Geburt.

AA.HH. Alte Herren *pl* (*of a students' society*).

AAM *psych.* angeborener auslösender Mechanismus.

AAnw. *jur.* Amtsanwalt(schaft); Ausführungsanweisung.

a.a.O. am angegebenen *od.* angeführten Ort (*in books*).

AAP Apothekenabgabepreis (*DDR*).

AAR *med.* Antigen-Antikörper-Reaktion.

AAS (*Lat.*) Acta Apostolicae Sedis, Akten des Apostolischen Stuhls (*gazette of the Holy See*); Allgemeiner Ausschuß für Segelsport.

a.a.S. auf angegebener *od.* angeführter Seite (*in books*).

AB *electr.* Anodenbatterie; Arbeitsbereich; Arbeitsbewertung; *civ.eng.* armierter Beton; Aufsichtsbehörde; Ausführungsbestimmungen *pl*; Außenbeamte; Außenhandelsbank; *tech.* aussetzender Betrieb.

A.B. *mil.* Armeebefehl; *mil.* Artilleriebeobachter, -beobachtung; *relig. hist.* Augsburger Bekenntnis.

Ab. Aberration; Abitur(ient).

a.B. auf Befehl; auf Bestellung; außer Betrieb.

ab. abends; aber; (*Lat.*) aberratio, Aberration; abgefertigt; abgegangen; abgesandt; abonniert.

ABA Arbeitsgemeinschaft für betriebliche Altersversorgung.

AbändG Abänderungsgesetz.

ABB Arbeitsbefreiungsbescheinigung; Arbeitsstelle für betriebliche Berufsausbildung.

Abb. Abbildung; *civ.eng.* Abbinden.

Abd. Abdankung; Abend.

Abdr. Abdruck.

Abdr. gen. Abdruck genehmigt.

abds. abends.

ABE Allgemeine Betriebserlaubnis.

ABest. Ausführungsbestimmungen *pl.*

ABez, A.-Bez. Amtsbezirk.

ABF Arbeiter- und Bauern-Fakultät (*DDR*).

Abf. Abfahrt; Abfassung; Abfertigung; Abfindung; Abflug; Abfuhr; Abfüllung (*of wine*).

Abfl. Abflug.

ABG Allgemeine Betriebsgenehmigung; (*mining*) Allgemeines Berggesetz.

Abg. Abgaben *pl*; Abgang; Abgase *pl*; Abgeordnete; Abguß.

abg. abgeändert; abgefaßt; abgekürzt; abgerissen; abgeschlossen; abgestempelt; abgestürzt.

ABGB Allgemeines Bürgerliches Gesetzbuch (*Austria*).

abgedr. abgedruckt.

abgef. abgefahren; abgefaßt; abgefertigt; abgeführt.

abgeg. abgegangen; abgegeben.

abgeh. abgeheftet.

abgek. abgekürzt.

abgel. abgeleitet; abgelichtet.

abger. abgerechnet; abgereist; abgerissen.

AbGes. Abänderungsgesetz.

abges. abgesagt; abgesandt.

abgeschl. abgeschlagen; abgeschlossen.

abgest. abgestempelt.

AbgH, Abg.-H. Abgangshafen; Abgeordnetenhaus.

AbgO (Reichs)Abgabenordnung.

AbgSt, Abg.-St. Abgangsstation.

Abh. Abhandlung; Abhang; Abholung.

abh. abhängen, abhängig; abheben; abholen; abhören.

Abhn. Abhandlungen *pl.*

ABI Arbeiter- und Bauern-Inspektion (*DDR*).

ab in(it). (*Lat.*) ab initio, von Anfang (an).

Abit. Abitur(ient).

Abk. Abkommen; Abkunft; Abkürzung.

abk. abkürzen.

ABKK Allgemeine Betriebskrankenkasse.

Abk.-L. Abkürzungsliste.

Abk.-Verz. Abkürzungsverzeichnis.

ABl. Amtsblatt; Anwaltsblatt.

Abl. Ablage; Ablagerung; *ling.* Ablativ; Ablauf; *ling.* Ablaut; Ablehnung; Ableitung; Ablieferung; Ablösung; Amtsblatt.

abl. abladen; ablagern; *ling.* ablauten(d);

ablegen; ablehnen; ableiten; ablichten; abliefern; ablösen.
Abl. abs. (*Lat.*) *ling.* ablativus absolutus, Ablativus absolutus.
Abl.-Fr. Ablieferungsfrist.
Abl.-Pfl. Ablieferungspflicht.
Abl.-Pl. Ablade-, Ablagerungsplatz.
Abl.-S. Ablöse-, Ablösungssumme.
AblSch., Abl.-Sch. Ablieferungsschein; Ablösungsschein.
Abl.-Term. Ablieferungstermin.
Abn. Abnahme(stelle), Abnehmer; Abnormität; Abnutzung.
abn. abnehmen; abnorm(al).
ABO Allgemeine Bauordnung; Apotheken-Betriebsordnung.
Abo Abonnement.
ABP Arbeitsbeschaffungsprogramm.
ABR Amtliches Bayerisches Reisebüro.
Abr. Abrechnung; Abreise; Abriß; Abruf; Abrüstung.
abr. abrechnen; abreisen; abrichten; abrunden; abrüsten.
Abr.-Nr. Abrechnungsnummer.
Abr.-Term. Abrechnungstermin.
Abs. Absatz; Absender; Absetzung; Absicherung; Absicht; Absolvent; Absorption.
abs. abseits; absetzen; absichtlich; absolut; absolvieren; absondern; absurd.
a.b.S. an berufsbildenden Schulen.
Abschl. Abschlag; Abschluß.
abschl. abschlagen; abschleppen; abschließen(d).
Abschl.-D. *auto.* Abschleppdienst.
Abschn. Abschnitt.
Abschr. *econ.* Abschreibung; Abschrift.
Absp. Absperrung.
Abspr. Absprache.
Abst. Abstammung; Abstand; (*sport*) Absteiger; Abstieg; Abstimmung; Abstufung; *mil.* Abwehrstelle.
abst. abstammen; abstellen; abstimmen; abstufen.
Abstr. Abstraktion; *ling.* Abstraktum.
Abt. Abtei; Abteil(ung).
Abt.-Dir. Abteilungsdirektor.
AbtL, Abt.-L. Abteilungsleiter.
Abtlg(n). Abteilung(en *pl*).
Abtr. Abtragung; *med.* Abtreibung; Abtrennung; Abtretung; Abtrieb; Abtrift.
abulg. altbulgarisch.
ABUS Volkseigene Betriebe zur Ausrüstung von Bergbau und Schwerindustrie (*DDR*).
ABV Abschnittsbevollmächtigter (*der Deutschen Volkspolizei*) (*DDR*); Amateur-Boxverband.
Abw. *tech.* Abwärme; Abwasser; Abwechslung; Abwehr; Abweichung; Abwerbung; Abwertung; Abwesenheit; Abwicklung; Abwurf.
abw. abwählen; abwärts; abwechseln(d); abwehren; abweichen(d); abwerben; abwerfen; abwerten(d); abwesend; abwickeln.
AbwSt, Abw.-St. Abwehrstelle; Abwicklungsstelle.
ABz Amtsbezirk.
Abz. Abzahlung; Abzeichen; Abzug.
abz. abzahlbar, abzahlen; abziehbar, abziehen; abzüglich; abzugsfähig.
AbzG Abzahlungsgesetz.
Abz.-G(esch). Abzahlungsgeschäft.
abzgl. abzüglich.
Abzw. Abzweig(ung).
AC Abgeordnetenconvent (*of a students' society*); Aeroclub; Antrittsconvent (*of a students' society*); Automobilclub.
A.C. Allgemeiner Convent (*of a students' society*); Äußerer Convent.
Ac *chem.* Aceton; *chem.* Actinium; *meteor.* Altocumulus.
Ac. (*Lat.*) *chem.* Acidum, Säure.
a.C. (*Lat.*) ante Christum, vor Christus.
a c. (*Ital.*) *econ.* a conto, auf Rechnung.
a.c. (*Lat.*) anni currentis, laufenden Jahres; (*Lat.*) anno currente, im laufenden Jahr; (*Lat.*) *pharm.* ante cibum, vor dem Essen.
acc. (*Lat.*) *ling.* accusativus, Akkusativ.
accel. (*Ital.*) *mus.* accelerando, schneller werdend.
ACE Auto-Club Europa.
ACHEMA Ausstellung für chemisches Apparatewesen.
a.Chr. (*Lat.*) ante Christum, vor Christus.
a.Chr.n. (*Lat.*) ante Christum natum, vor Christi Geburt.
a.c.i. (*Lat.*) *ling.* accusativus cum infinitivo, Akkusativ mit Infinitiv.
ACS Automobilclub der Schweiz.
ACV Arbeitsgemeinschaft Chemische Verfahrenstechnik.
AD (*computer*) Ablaufdiagramm; *mil.* Abwehrdienst; Außendienst; *tech.* Außendurchmesser; Austauschdienst.
A.D. (*Lat.*) Anno Domini, im Jahre des Herrn.
a.D. (*Lat.*) anno Domini, im Jahre des Herrn; auf Dienstreise; außer Dienst.
ä.D. *tech.* äußerer Durchmesser.
a d. (*Lat.*) a dato, vom Tage der Ausstellung.
a.d. an dem *od.* der; (*Lat.*) ante diem, vor dem Tag; auf dem *od.* der; aus dem *od.* der.
ADA Allgemeine Dienstanweisung; Amtsdienstalter.
ADABAS (*computer*) adaptierbares Datenbanksystem.
ADAC Allgemeiner Deutscher Automobil-Club.
ADAS Abkommen über deutsche Auslandsschulen.
ADB Adreßbuch des deutschsprachigen Buchhandels; Allgemeine Deutsche Biographie; Arbeitsgemeinschaft Deutscher Betriebsingenieure.
A.D.B. Allgemeine Deutsche Burschenschaft; Allgemeiner Deutscher Beamtenbund; Allgemeiner Deutscher Burschenbund.
AdB Arbeitsgemeinschaft der Buchhandlungen.
adb. *meteor.* adiabatisch.
a.d.Bs. aus dem Besitz.
ADBB Allgemeiner Deutscher Beamtenbund.
ADC Arbeitsgemeinschaft Deutscher Chorverbände.
A.D.C. Allgemeiner Deputierten-Convent (*of a students' society*).
ADCA Allgemeine Deutsche Creditanstalt.
ADD Arbeitsgemeinschaft Deutscher Detektive.
Add. (*Lat.*) Addenda, Ergänzungen *pl*; (*Lat.*) Addendum, Ergänzung; Addition.
a.d.D. *geogr.* an der Donau; an diesem Datum; auf dem Dienstweg.
a.d.E. *geogr.* an der Elbe.
ADF *pol.* Aktion Demokratischer Fortschritt.
ad fin. (*Lat.*) ad finem, bis zum Ende.
a.d.G. auf *od.* aus dem Gebiet.
ADGB *hist.* Allgemeiner Deutscher Gewerkschaftsbund.
Adgo Allgemeine Deutsche Gebührenordnung (für Ärzte).
ADH *chem.* Alkoholdehydrogenase; Arbeitsgemeinschaft Deutscher Hochschulsport.
A.d.H. Anmerkung des Herausgebers.
Adh. Adhäsion.
a.d.H. aus dem Hause.
ADHGB Allgemeines Deutsches Handelsgesetzbuch.
A.d.Hrsg. Anmerkung des Herausgebers.
AdIA Aerodynamisches Institut Aachen.
ADIG Allgemeine Deutsche Investment-gesellschaft.
ad inf. (*Lat.*) ad infinitum, bis ins unendliche, unaufhörlich.
ad init. (*Lat.*) ad initium, zu Beginn, am Anfang.
ad int. (*Lat.*) ad interim, inzwischen, vorläufig.
ADir., A.-Dir. Amtsdirektor; Archivdirektor.
Adj. *ling.* Adjektiv; Adjunkt; Adjutant.
a.d.J. aus dem Jahre.
adj. *ling.* adjektivisch; adjustieren.
ADK Arbeitsausschuß Demokratischer Kreise; Arbeitgeberverband *od.* Arbeitsgemeinschaft der Deutschen Kautschukindustrie.
ADL Arbeitsgemeinschaft Deutscher Landwirte.
a.d.L. *geogr.* an der Lahn *od.* Limmat.
ad l., ad lib(it). (*Lat.*) ad libitum, nach Belieben.
ad lit. (*Lat.*) ad litteram, nach dem Buchstaben, wörtlich.
ADLLV Allgemeiner Deutscher Lehrer- und Lehrerinnenverein.
ad loc. (*Lat.*) ad locum, am *od.* zum Ort.
ADM Allgemeiner Deutscher Musikverein; Arbeitsgemeinschaft des Deutschen Motorsports; Arbeitsgemeinschaft Deutscher Musiker; Arbeitsgemeinschaft Deutscher Musikkritiker; Arbeitskreis Deutscher Marktforschungsinstitute.
Adm. Administration, Administrator; *mar.* Admiral(ität); *relig.* Admission; *relig.* Admonition.
adm. administrativ.
Admst. *mil.* Admiralstab.
ADMV Allgemeiner Deutscher Motorsport-Verband; Allgemeiner Deutscher Musikverein.
ADN *auto.* Aden; Allgemeiner Deutscher Nachrichtendienst (*DDR*).
ADNV *hist.* Allgemeiner Deutscher Neuphilologen-Verband.
ADO Allgemeine Dienstordnung.
a.d.O. an der Oberfläche; *geogr.* an der Oder.
AdöR, A.d.ö.R. Anstalt des öffentlichen Rechts.
ADP *chem.* Adenosindiphosphat.
Adr. Adressat, Adresse.
a.d.R. *geogr.* an der Ruhr.
Adrema (*TM*) *eine* Adressiermaschine.
ADS Aktion Demokratischer Studenten; Allgemeiner Deutscher Sprachverein; Arbeitsgemeinschaft Deutscher Studentenschaften.
a.d.S. *geogr.* an der Saale; an der See.
ADSp Allgemeine Deutsche Spediteurbedingungen.
a.ds.T. an demselben Tag.
ADT Allgemeiner Deutscher Turnerbund; Arbeitsgemeinschaft Deutscher Tierzüchter.
ADTV Allgemeiner Deutscher Tanzlehrer-Verband.
ADU (*computer*) Analog-Digital-Umsetzer.
A.d.Ü. Anmerkung des Übersetzers.
ad us. (*Lat.*) ad usum, zum Gebrauch.
ADV Allgemeine Durchführungsverordnung; Arbeitsgemeinschaft Deutscher Verkehrsflughäfen; Arbeitskreis Datenverarbeitung; Atlas der deutschen Volkskunde; automatische Datenverarbeitung.
Adv. *relig.* Advent; *ling.* Adverb; Advokat.
adv. *ling.* adverbial, adverbiell; *ling.* adversativ.
ad. v(al). (*Lat.*) ad valorem, dem Wert nach.
ADW Allgemeine Deutsche Warennummerung; (*computer*) Analog-Digital-Wandler; Arbeitsgemeinschaft Deutscher Werbungsmittler.
AdW, A.d.W. Akademie der Wissenschaften.
a.d.W. *geogr.* an der Weinstraße *od.* Weser *od.* Wupper.
AE Abfindungserklärung; *econ.* Arbeitseinheit; *med.* Antitoxineinheit; astronomische Einheit; *econ.* Ausfuhrerklärung.
ÅE *phys.* Ångströmeinheit.
A.E. *med.* Antitoxineinheit; *med.* Aureomyzineinheit.
a.E. als Ersatz; am Ende.
ae. altenglisch.
AeCS Aeroclub der Schweiz.
AeCvD Aeroclub von Deutschland.
AED Atomkernenergie-Dokumentation.
AEF Ausschuß für Einheiten und Formelgrößen.
AEG (*TM*) Allgemeine Elektricitäts-Gesellschaft; Allgemeines Eisenbahngesetz; Arbeitnehmererfindungs-Gesetz.
aengl. altenglisch.
AER *psych.* abnorme Erlebnisreaktion; Aeroflot (*Soviet airline*).
AET Arbeitskreis Energietechnik.
AEV Arbeitsgemeinschaft Erdölgewinnung und -verarbeitung.
AF (*Fr.*) Air France (*French airline*); *mar.* alle Fahrt; Arbeitsfähigkeit; *med.* Atemfrequenz; *electr.* Audiofrequenz; Ausgleichsforderung; *tel.* Auslandsfernamt.
a.F. alte Fassung; alte Folge; alte Form.
AFA Arbeitsgemeinschaft für Abfallbeseitigung.
AfA *econ.* Abschreibung *od.* Absetzung für Abnutzung.
AFB *tel.* Amtliches Fernsprechbuch; Arbeitsausschuß für Berufsausbildung; Arbeitsgemeinschaft Fachärztlicher Berufsverbände; Ausführungsbestimmung; (*railway*) Automatische Fahr- und Bremssteuerung.
AfD Amt für Datenverarbeitung.
AFeB *tel.* Amtliches Fernsprechbuch.
AfELF Ausschuß für Ernährung, Landwirtschaft und Forsten.

AfEP Amt für Erfindungs- und Patentwesen (*DDR*).
AFF *aer. mar.* Ansteuerungsfunkfeuer.
aff. (*Lat.*) *biol.* affinis, verwandt.
AFG Arbeitsförderungsgesetz.
Afgh Afghani (*monetary unit*).
Afgh. Afghane, Afghanistan.
afgh. afghanisch.
AfI Amt für Information.
AFK Arbeitsgemeinschaft für Friedens- und Konfliktforschung.
AfK Arbeitsgemeinschaft für Kerntechnik; Archiv für Kulturgeschichte (*a journal*).
AFL *mil.* Abfanglinie; *med.* Antifibrinolysin.
AFM Arbeitsgemeinschaft freier Mineralölimporteure; Außenhandelsverband für Mineralöl.
AFN Anzeigegerät für Funknavigation; *electr.* automatische Frequenznachstimmung.
AFNOR (*Fr.*) Association Française de Normalisation (*French association for standardization*).
AFÖ Akademische Föderation Österreichs.
AFP (*Fr.*) Agence France Presse (*French news agency*).
AFR *electr.* automatische Frequenzregelung.
AfR Arbeitskreis für Rechtschreiberegelung.
Afr. Afrika; *ling.* Afrikaans; Afrikaner; *ling.* Altfriesisch.
afr. afrikanisch; altfränkisch; altfriesisch.
afranz. altfranzösisch.
afries. altfriesisch.
afrik. afrikanisch.
afrz. altfranzösisch.
AFS (*computer*) automatisierte Fertigungssteuerung.
AfS *econ.* Absetzung für Substanzverringerung; Amt für Standardisierung (*DDR*).
AFT *med.* Antifibrinolysintest.
AfU Arbeitsgemeinschaft für Unfallverhütung.
AfuG Amateurfunkgesetz.
AfV Amt für Verteidigungslasten; Anzeigenblatt für Verkehr (*Austria*); Ausschuß für Verkehr.
AG *mil.* Abwehrgruppe; Aktiengesellschaft; Amtsgehilfe; Amtsgericht; Appellationsgericht; Arbeitgeber; Arbeitsgang; Arbeitsgemeinschaft; Arbeitsgruppe; Atomgewicht; Aufbaugesetz; Aufklärungsgruppe; Aufwertungsgesetz; *econ.* Ausfuhrgenehmigung; Ausführungsgesetz; Autonomes Gebiet.
ÄG Änderungsgesetz.
A.G. Atomgewicht.
Ag (*Lat.*) *chem.* Argentum, Silber.
Ag. Agent(ur); *med.* Antigene *pl.*
Äg. Ägypten, Ägypter.
aG auf Gegenseitigkeit.
a.G. *econ.* ab Grenze; (*theater etc*) als Gast; auf Gegenseitigkeit.
a.g. anderweitig genannt.
AGA Arbeitgeberanteil; Arbeitgeberverband Groß- und Außenhandel.
AGAF Arbeitsgemeinschaft für Ausbildung und Fortbildung.
AGB Allgemeine Geschäftsbedingungen *pl*; Amerika-Gedenkbibliothek (*in Berlin*); Amtsgerichtsbezirk.
AGBz Amtsgerichtsbezirk.
AGD(ir.) Amtsgerichtsdirektor.
AGDL Arbeitsgemeinschaft Deutscher Lehrerverbände.
AGE Arbeitsgemeinschaft Energie; Arbeitsgemeinschaft Entwicklungsländer.
AGEH Arbeitsgemeinschaft für Entwicklungshilfe.
agerm. altgermanisch.
AGF Arbeitsgemeinschaft für Güterfernverkehr.
Agfa (*TM*) Aktiengesellschaft für Anilinfabrikation.
AGG Abteilungsgewerkschaftsgruppe (*DDR*); Arbeitsgerichtsgesetz; Gesetz über Aktiengesellschaften.
Aggr. *tech.* Aggregat.
AG i.L. Aktiengesellschaft in Liquidation.
Agitprop Agitation und Propaganda (*DDR*).
AGJJ Arbeitsgemeinschaft für Jugendpflege und Jugendfürsorge.
AGK Arbeitsgemeinschaft Kälteindustrie.
AGL Abteilungsgewerkschaftsleitung (*DDR*).
a.g.L. akademisch geprüfter Landwirt.
aglfrz. anglofranzösisch.
a. gl. O. am gleichen Ort (*in books*).
AGN Arbeitsgemeinschaft Güternahverkehr.
AGO Abteilungsgewerkschaftsorganisation (*DDR*).
AGP Arbeitsgemeinschaft Personenverkehr; Arbeitsgemeinschaft der Produktionsgenossenschaften (*DDR*).
AGPräs. Amtsgerichtspräsident.
AGR Amtsgerichtsrat.
AGr. Arbeitsgruppe.
Agr. Agrarier; Agrikultur; Agronom(ie); *ling.* Altgriechisch.
a.Gr. *econ.* ab Grenze.
AGS *med.* adrenogenitales Syndrom.
Agt. Agent(ur).
AGV Akademischer Gesangverein; Angestelltenversicherungsgesetz; Arbeitgeberverband, -vereinigung; Arbeitsgemeinschaft der Verbraucherverbände.
AGW Anthropologische Gesellschaft in Wien.
AH Außenhandel.
A.H. Alter Herr (*of a students' society*).
Ah *electr.* Amperestunde.
Ah. Anhang; *auto.* Anhänger.
AHB Alters- und Hinterlassenenbeihilfe (*Switzerland*); Außenhandelsbank.
ahd. althochdeutsch.
AHG *med.* antihämophiles Globulin; Außenhandelsgesellschaft (*DDR*); Außenhandelsgesetz.
Ahg. Anhang; *auto.* Anhänger.
AHGB Allgemeines Handelsgesetzbuch.
AHK Außenhandelskontor.
AHO Allgemeine Hafenordnung; Außenhandelsorganisation (*DDR*).
AHU Außenhandelsunternehmen (*DDR*).
AHVB Allgemeine Haftpflichtversicherungsbedingungen.
AI Aerodynamisches Institut; Amtsinspektor; Anthropologisches Institut; Archäologisches Institut; Automobilindustrie.
ai. altindisch.
AIA Aerodynamisches Institut Aachen.
AiA Angestellte im Außendienst.
AIAG Aluminium-Industrie AG (*Switzerland*).
AIB Aerodynamisches Institut Braunschweig.
AID Aerodynamisches Institut Darmstadt; Allgemeiner Informationsdienst (*Austria*).
AIK Agrarinvestitionskredit (*Austria*).
aind. altindisch.
air. altirisch.
aisl. altisländisch.
AIT (*Fr.*) Alliance Internationale de Tourisme, Internationaler Verband für Autotouristik.
AIV Alters- und Invalidenversicherung; Architekten- und Ingenieurverein; (*computer*) Automatische Informationsverarbeitung.
AIZ Allgemeine Immobilienzeitung.
AK *phys.* Absorptionskoeffizient; Aktienkapital; Amtskasse; *med.* Antikörper; Anwaltskammer; Arbeitskarte; *econ.* Arbeitskraft(einheit); Arbeitskreis; *mil.* Armeekorps; Athletikklub; *mar.* äußerste Kraft; Autokarte; *print.* Autorenkorrektur.
Ak. Akademie, Akademiker; Akustik; *med.* Antikörper.
a.K. *tech.* auf Kohle(basis); *econ.* auf Kommissionsbasis; auf Kredit; außer Konkurrenz; außer Kraft.
ak altkatholisch.
ak. akademisch; akustisch; akut.
AKA Ausfuhrkreditanstalt.
Akad. Akademie, Akademiker.
akad. akademisch.
Akad. d. K. Akademie der Künste.
Akad. d. Wiss. Akademie der Wissenschaft(en).
akath. altkatholisch.
AKB Allgemeine Kraftverkehrsversicherungsbedingungen *pl*; Allgemeine Kundendienstbedingungen *pl* (*DDR*); Atomkraftwerk Bayern.
Ak.d.K. Akademie der Künste.
AkDR Akademie für Deutsches Recht.
AKDStV Arbeitsgemeinschaft katholischer deutscher Studentenverbindungen.
Ak.d.Wiss. Akademie der Wissenschaft(en).
AKG Allgemeines Kriegsfolgengesetz.
AKh *econ.* Arbeitskraftstunde.
AKI Arbeitsgemeinschaft Deutsche Kunststoffindustrie; Arbeitsgemeinschaft keramische Industrie.
Aki Aktualitätenkino.
Akk. Akkord; Akkordeon; *ling.* Akkusativ.
Akkr. *econ.* Akkreditiv.
Akku *electr.* Akkumulator.
AKM (Gesellschaft der) Autoren, Komponisten und Musikverleger GmbH (*Austria*).
AKO *mil.* Armeekommando (*Austria*).
AKP Afrika, Karibik, Pazifik (*applied to countries in Africa, the Caribbean, and the Indian and Pacific Oceans associated with the EEC*); Arbeitsgemeinschaft Kirchliche Presse.
a.Kr. auf Kredit; *hist.* auf Kriegsdauer.
AKRA Arbeitsgemeinschaft Kraftwagenspedition.
AKrB Allgemeine Krankenversicherungsbedingungen *pl.*
Akt. Aktion; Aktionär; *econ.* Aktiva; Aktivität; Aktualität.
AktG, Akt.-Ges. Aktiengesetz.
Akt.-Nr. Aktennummer.
AktR Aktienrecht.
AktZ, Akt.-Z. Aktenzeichen.
Aküv *mil.* Abkürzungsverzeichnis (*Switzerland*).
AKV Allgemeine Krankenversicherungsbedingungen *pl*; Allgemeiner Knappschaftsverein; *mar.* äußerste Kraft voraus.
a.K.v. *mar.* äußerste Kraft voraus.
AKW Amt für Kontrolle des Warenverkehrs (*DDR*); Atomkraftwerk.
Akz. Aktenzeichen; Akzent; *econ.* Akzept, Akzeptant, Akzeptation; *print.* Akzidenz; Akzise.
akz. *econ.* akzeptiert.
Akz.-Dr. Akzidenzdruck(erei).
Akz.-Kr. Akzeptkredit.
AL Abteilungsleiter; *auto.* Albanien; (*sport*) Amateurliga; Amtsleiter; *tech.* Anschlußleitung; Anzeigenleiter; *econ.* Ausfuhrliste.
A.L. *pol.* Arabische Liga.
Al *chem.* Aluminium.
Al. *ling.* Alemannisch; Alimente *pl*; Alkohol; Alumnat; Alumne; *tech.* Anlasser; Arbeitslose.
a.L. *mar.* an Land; auf Lebenszeit; auf Lieferung.
ä.L. ältere Linie.
al. alemannisch; (*Lat.*) alias, sonst, auch ... genannt.
ALA *biol.* Ahnenlistenaustausch; Allgemeines Luftwaffenamt.
alat. *ling.* altlateinisch.
ALB Allgemeine Lebensversicherungsbedingungen *pl*; Allgemeine Liefer- und Leistungsbedingungen *pl* (*DDR*).
Alb. Albanien, Albanier, *ling.* Albanisch; Album.
alb. albanisch.
AlBz Aluminiumbronze.
Ald. Aluminiumdose.
al. ed. (*Lat.*) alia editione, in einer anderen Ausgabe.
alem. alemannisch.
AlF Arbeitslosenfürsorge.
al f. (*Ital.*) *mus.* al fine, bis zum Ende.
Alg. Algebra; Algerien, Algerier, Algier; Algorithmus.
alg. algebraisch; algerisch.
ALITALIA (*Ital.*) Aerolinee Italiane Internazionali (*Italian airline*).
Alk. *chem.* Alkali; Alkohol.
alk. *chem.* alkalisch; alkoholisch.
All. (*Ital.*) *mus.* Allegro; *pol.* Alliierte; *relig.* Alleluja.
all. (*Ital.*) *mus.* allegro, schnell; alleinig; alliiert.
alleg. allegorisch.
allegr. (*Ital.*) *mus.* allegretto, mäßig bewegt.
alleinst. alleinstehend.
allerh. allerhand; allerheiligst; allerhöchst.
Allg. *geogr.* Allgäu; Allgemeinheit.
allg. allgemein.
allj. alljährlich.
Alm. Almanach; Almosen.
Alph. Alphabet.
alph. alphabetisch.
ALR (*radio*) automatische Lautstärkeregelung.
Alr. *tech.* Aluminiumröhre.
ALRT Arbeitsgemeinschaft Luftfahrt- und Raumfahrttechnik.
al s. (*Ital.*) *mus.* al segno, bis zum Zeichen.

ALT Arbeitsgemeinschaft Luftfahrttechnik.
alt. altaisch; alternativ.
ält. älter, ältest.
ält. Ausg. ältere Ausgabe.
altd(t). altdeutsch.
Altersh. Altersheim.
altgr. altgriechisch.
AltH Alten-, Altersheim.
altk(ath). altkatholisch.
altl(at). *ling.* altlateinisch.
Altm. Altmark.
alts. altsächsisch.
altspr. altsprachlich.
alttest. *Bibl.* alttestamentlich.
Alu Aluminium; Arbeitslosenunterstützung.
ALV Arbeitslosenversicherung.
ALZ Aluminium-Zentrale.
AM Abrechnungsmaschine; *electr.* Amperemeter; *electr.* Amplitudenmodulation; *econ.* Ausfuhrmeldung.
Am *chem.* Americium.
Am. Amateur; Amerika, Amerikaner, *ling.* Amerikanisch, Amerikanismus.
a. M. als Mitglied; *geogr.* am Main; amtliche Mitteilung; anderer Meinung; angewandte Mathematik.
am. amerikanisch; *chem.* amorph.
amagn. amagnetisch.
Amb. Ambulanz.
amb. ambulant.
AMC Auto- und Motorrad-Club.
a.m.d.F.b. augenblicklich mit der Führung beauftragt.
Amer(ik). Amerikaner, *ling.* Amerikanisch.
amer(ik). amerikanisch.
AMG Arzneimittelgesetz.
Amm. *chem.* Ammoniak.
Amp. *electr.* Ampere; Ampulle; *med.* Amputation, Amputierte.
amp. amputiert.
amtl. amtlich.
amtl. Begr. amtliche Begründung.
amtl. Bek. amtliche Bekanntmachung.
Amtm. Amtmann.
Amtsbl. Amtsblatt.
Amtsdt. Amtsdeutsch.
Amtsh. Amtshandlung.
AmtsL Amtsleiter.
AmtsO Amtsordnung.
AmtsR Amtsrat; Amtsrichter.
Amtsspr. Amtssprache.
Amtsvorm. Amtsvormund.
AMU Afrikanisch-Madagassische Union.
AMV *med.* Atemminutenvolumen.
AmZ, am.Z. *hist.* amerikanische Zone.
AN *chem.* Ammoniumnitrat; Arbeitnehmer; *econ.* Arbeitsnorm (*DDR*).
An. Analyse; *electr.* Anode; Arbeitnehmer.
an. altnordisch; analog; ano(r)mal.
a. N. *geogr.* am Neckar.
a.n. (*Lat.*) ad notam, zur Kenntnisnahme.
Anal. Analogie; Analyse.
anal. analog; analytisch.
Anat. *geogr.* Anatolien; Anatom(ie).
anat. anatolisch; anatomisch.
a.n.C(hr). (*Lat.*) ante navitatem Christi, vor Christi Geburt.
AND *auto.* Andorra.
And. Andacht; (*Ital.*) *mus.* Andante; Andenken.
and. altniederländisch; (*Ital.*) *mus.* andante, gehend; andauernd; andere; anders; *geogr.* andorranisch.
Änd. Änderung.
ÄndB(est.) Änderungsbestimmung.
ÄndG(es). Änderungsgesetz.
and. g(en). anderweitig genannt.
and. verg. anderweitig vergeben.
and. vorg. anderweitig vorgesehen.
Anerk. Anerkennung.
anerk. anerkannt.
Anf. Anfall; Anfang, Anfänger; *jur.* Anfechtung; Anforderung; Anführer.
anfgl. anfänglich.
Anfr. *ling.* Altniederfränkisch; Anfrage, Anfrager.
anfr. *ling.* altniederfränkisch; anfragen.
anfr(än)k. *ling.* altniederfränkisch.
Ang. Angabe; Angebot; Angehörige; Angestellte; Angriff.
ang. angeblich; angeboten; angehörend; angehörig; angekündigt; angelegt; angemeldet; angenommen; angestellt; angewandt; angular.
an. g. anderweitig genannt.
a. n. g. anderweitig nicht genannt.
Angeb. Angebot.
angeb. angeboten; angebunden.
angef. angefangen; angefordert; angeführt.
angegl. angeglichen; angegliedert.
Angeh. Angehörige.
angeh. angehoben; angehörend, angehörig.
angek. angekommen; angekündigt.
Angekl. Angeklagte.
angekl. angeklagt.
Angel. Angelegenheit.
angel. angelernt; angelegt; angeliefert.
angem. angemahnt; angemeldet; angemessen.
angen. angenommen.
Angesch. *jur.* Angeschuldigte.
angesch. angeschafft; angeschossen; angeschrieben; *jur.* angeschuldigt.
angeschl. angeschlagen; angeschlossen.
angeschw. angeschweißt; angeschwemmt; angeschwollen.
Angest. Angestellte.
angest. angestellt; angestoßen.
angew. angewachsen; angewandt, angewendet; angewiesen.
Angl. Angleichung; Angliederung; *relig.* Anglikaner.
angl. angleichen; *relig.* anglikanisch.
Ang-Sch. Angelschein.
AngV(ers.), Ang.-Vers. Angestelltenversicherung.
Anh. Anhalt; Anhalter; Anhang; Anhänger; Anhörung.
anh. anhalten; anhängend; anhängig; anhören.
ANIS (*computer*) allgemeines nichtnumerisches Informationssystem.
Ank. Ankauf; Anker; Ankündigung; Ankunft.
Ankl. *jur.* Anklage, Ankläger; Anklang.
Ankl.-Vertr. *jur.* Anklagevertreter.
Anl. Anlage; *tech.* Anlasser; *ling.* Anlaut; Anleihe; Anleitung; Anlieferung; Anlieger.
anl. anläßlich; *ling.* anlautend; anlegen; anleiten; anlernen; anliefern; anliegend.
Anl.-Bl. Anlageblatt.
Anl. f. d. Bed. *tech.* Anleitung für die Bedienung.
AnlK, Anl.-K. *econ.* Anlagekapital *od.* -kosten; Anliegerkosten.
AnlP, Anl.-P. *econ.* Anleihepapier.
Anl.-Pl. *mar.* Anlegeplatz.
Anl.-St. *mar.* Anlegestelle.
Anm. Anmaßung; Anmeldung; Anmerkung.
Anm. d. Red. Anmerkung der Redaktion.
Anm.-Form. Anmeldeformular.
Anm.-Pf. Anmeldepflicht.
Anm.-St. Anmeldestelle.
Ann. Annahme; Annalen *pl*; Annonce; Annullierung.
ann. annoncieren, -ciert; annullieren, -liert.
Ann.-St. Annahmestelle.
AnO Anordnung.
anon. anonym.
Anord. Anordnung.
anord. altnordisch; anordnen.
anorg. anorganisch.
Anp. Anpassung.
anp.-f. anpassungsfähig.
AnpG, Anp.-Ges. Anpassungsgesetz.
ANr. Aktennummer.
Anr. Anrainer; Anrechnung; Anruf.
ANS *med.* Atemnot-Syndrom.
Ans. Ansage, Ansager; Ansehen; Ansicht; Ansiedlung.
ANSA (*Ital.*) Agenzia Nazionale Stampa Associata (*Italian news agency*).
Ansch. Anschaffung; Anschuldigung.
ansch. anschaffen.
Ansch.-K. Anschaffungskosten *pl.*
Ansch.-Kr. Anschaffungskredit.
Anschl. Anschlag; Anschluß.
anschl. anschließen(d).
Anschr. Anschrift.
Ansp. (*sport*) Anspiel; Anspielung.
ansp. anspielen.
Anspr. Ansprache; Anspruch.
anspr. ansprechen(d); anspringen.
Anst. Anstalt; Anstand; Anstellung; Anstich; Anstoß.
anst. anstechen; *med.* anstecken(d); anstellen; ansteuern; anstoßen.
Anst.-Bed. Anstellungsbedingungen *pl.*
Anst.-L(tr). Anstaltsleiter.
Anst.-Schr. Anstellungsschreiben.
Anst.-Vertr. Anstellungsvertrag.
Ant. Anteil; Antenne; *print.* Antiqua; Antiquar(iat), Antiquitäten *pl.*
ant. anteilig; antik; antiquarisch.
Anth(ol). Anthologie.
Anthropol(ol). Anthropologe, -logie.
anthrop(ol). anthropologisch.
Antiq. Antiquar(iat), Antiquitäten *pl.*
Antiq.-Hdl. Antiquitätenhandel, -händler.
Antiq.-Kat. Antiquariatskatalog.
antis. antisemitisch; *med.* antiseptisch.
Antr. Antrag; *tech.* Antrieb; Antritt.
Antw. Antwort.
Antw.-K. Antwortkarte.
Antw.-Pk. Antwortpostkarte.
Antw.-Schr. Antwortschreiben.
ANUGA Allgemeine Nahrungs- und Genußmittelausstellung.
AnV Angestelltenversicherung; Arbeitnehmerverband; Arbeitnehmervertreter, -vertretung.
an. v. anderweitig vergeben; anderweitig vorgesehen.
a(n).n.v. anderweitig nicht vorgesehen.
an. verg. anderweitig vergeben.
AnVG Angestelltenversicherungsgesetz.
an. vorg. anderweitig vorgesehen.
Anw. *jur.* Anwalt(schaft); Anwärter; Anwartschaft; Anweisung; Anwendung; Anwesen; Anwohner.
AnwK Anwaltskammer.
Anw.-K. Anwaltskosten *pl.*
Anw.-L. Anwesenheitsliste.
Anz. Anzahl; Anzahlung; Anzeige; Anzeiger; Anzug.
Anz.-Abt(lg). Anzeigenabteilung.
Anz.-Betr. Anzahlungsbetrag.
Anz.-Pfl. Anzeigepflicht.
Anz.-Schl. Anzeigenschluß.
Anz.-Vertr. Anzeigenvertreter.
AO (Reichs)Abgabenordnung; Advokatenordnung (*Austria*); Anordnung; *econ.* Ausfuhrordnung; Auslandsorganisation.
ao. außerordentlich.
a.o. (*Lat.*) ab ovo, von Anfang an; außerordentlich.
AOA Allgemeiner Organisationsausschuß.
AÖA Abteilung für Öffentlichkeitsarbeit.
aoG, ao. Ges. außerordentlicher Gesandter.
aoGubM außerordentlicher Gesandter und bevollmächtigter Minister.
aoGV, ao. GV außerordentliche Generalversammlung.
aoH, ao. H. außerordentlicher Haushalt.
aoHV, ao. HV außerordentliche Hauptversammlung.
AOI Amtsoberinspektor.
AOK Allgemeine Ortskrankenkasse; *mil.* Armeeoberkommando.
aoM, ao. Mitgl. außerordentliches Mitglied.
aoMV, ao. MV außerordentliche Mitgliederversammlung.
ao. Prof., a.o. Prof. außerordentlicher Professor.
AöR Anstalt des öffentlichen Rechts; Archiv des öffentlichen Rechts.
Aor. *ling.* Aorist.
AÖV Arbeitsgemeinschaft Österreichischer Verkehrsflughäfen.
AÖZ *med.* Anodenöffnungszuckung.
AP *econ.* Abschlußprovision; Anhaltspunkt; *mar.* Anlegepunkt; Arbeitsplanung; Arbeitsproduktivität; Arbeitsprogramm; Aufnahmepunkt; Aussichtspunkt.
Ap. Apostel; Apotheke(r).
a.P. als Prüfer; auf Probe.
ap. apostolisch.
APA Arzneimittel-Prüfungsanstalt (*Switzerland*); Austria Presse-Agentur.
Apart. Apartment.
a.p.C(hr). (*Lat.*) anno post Christum, im Jahre nach Christus.
a.p.C(hr).n. (*Lat.*) anno post Christum natum, im Jahr nach Christi Geburt.
APED Arbeitsgemeinschaft privater Entwicklungsdienste.
apers. altpersisch.
ApG Apothekengesetz.
Apg. *Bibl.* Apostelgeschichte.
Apk *Bibl.* Apokalypse.
Apl. *econ.* Absatzplan(ung); Arbeitsplan(ung).
apl. Prof. außerplanmäßiger Professor.
ApM (*typewriting*) Anschläge pro Minute.
APO Abteilungsparteiorganisation (*DDR*); Allgemeine Prüfungsordnung, Ausbildungs- und Prüfungsordnung; Außerparlamentarische Opposition.
Apo Außerparlamentarische Opposition.
ApoG Apothekengesetz.

Apok. *Bibl.* Apokalypse, Apokalyptik(er); *ling.* Apokope.
apok. apokalyptisch.
Apokr. *Bibl.* Apokryphen *pl.*
App. Apparat(ur); Appartement; Appell; *ling.* Appellativ(um); Appendix; *ling.* Apposition.
app. (*Ital.*) *mus.* appassionato, leidenschaftlich.
Appl. Applaus; Applikation.
Appos. *ling.* Apposition.
Appr. (*textile*) Appretur; Approbation; *math.* Approximation.
appr. (*textile*) appretieren, -tiert; approbieren, -biert; *math.* approximativ.
Apr. April.
apr. *philos.* apriorisch; apropos.
a pr. (*Lat.*) *philos.* a priori, von vornherein.
APS Arbeitsgemeinschaft politischer Studentenverbände.
APV Arbeitsgemeinschaft der papier- und pappeverarbeitenden Industrie; Arbeitsgemeinschaft für pharmazeutische Verfahrenstechnik; Ausländerpolizeiverordnung.
APVO Ausbildungs- und Prüfungsverordnung.
Aq. Aquarell; Aquarium.
aq. (*Lat.*) (*scient.*) aqua, Wasser.
Äq. Äquator; Äquivalent, -valenz.
äq. äquatorial; äquivalent.
aq. dest. (*Lat.*) *chem.* aqua destillata, destilliertes Wasser.
Aql (*Lat.*) *astr.* Aquila, der Adler.
Aqr (*Lat.*) *astr.* Aquarius, Wassermann.
Äquiv. Äquivalent, -valenz.
äquiv. äquivalent.
AR Aktienrecht; Arbeitsrecht; Amtsrat; Amtsrichter; (*computer*) Analogrechner; Archivrat; *mil.* Artillerieregiment; (*Lat.*) *astr.* ascensio recta, Rektaszension; Aufsichtsrat; Ausgleichsrechnung; Außenhandelsrecht (*DDR*); automatische Regelung; Autonome Republik.
Ar *chem.* Argon; *chem.* Aryl.
Ar. *ling.* Altrussisch; Araber, Arabien, *ling.* Arabisch; Aroma.
a.R. alte Regel(ung); altes Recht; am Rande; auf Rechnung; auf Reise(n); außer Reichweite.
ar. aromatisch.
Arab. Araber, Arabien, *ling.* Arabisch.
arab. arabisch.
ARAG Allgemeine Rechtsschutz Versicherungs-Aktiengesellschaft.
ARA-Häfen Amsterdam, Rotterdam, Antwerpen.
aram. aramäisch.
ARB Akademischer Ruderbund; Allgemeine Bedingungen *pl* für die Rechtsschutzversicherung.
Arb. Arbeit(er).
ArbA Arbeitsamt; Arbeitsanweisung.
Arb.-B. Arbeitsbeginn; Arbeitsbuch.
Arb.-Bl. Arbeitsblatt.
Arbf. Arbeitsfeld; Arbeitsförderung.
ArbFördG Arbeitsförderungsgesetz.
ArbG Arbeitgeber; Arbeitsgericht; Arbeitsgesetz.
Arbg. Arbeitgeber.
Arb.-Geb. Arbeitsgebiet.
Arb.-Gem. Arbeitsgemeinschaft.
Arb.-Gr. Arbeitsgruppe.
ARBIT, Arbit Arbeitsgemeinschaft für Bitumenindustrie.
Arb.-Kr. Arbeitskreis.
ArbM, Arb.-Min. Arbeitsminister(ium).
ArbN, Arbn. Arbeitnehmer.
Arb.-Nachw. Arbeitsnachweis.
ArbNV Arbeitnehmervertreter, -vertretung.
ArbO, Arb.-Ord. Arbeitsordnung.
Arb.-Pl. Arbeitsplan(ung); Arbeitsplatz.
ArbR Arbeitsrecht.
Arb.-Tg., Arbtg. Arbeitstagung.
ArbVerm, Arb.-Verm. Arbeitsvermittlung.
ArbZ Arbeitszeit.
ArbZO Arbeitszeitordnung.
ArbZVO Arbeitszeitverordnung.
arc. (*Lat.*) *math.* arcus, Bogen.
Arch. Archäologe, -logie; *psych.* Archetyp; Archipel; Architekt(ur); Archiv(ar).
arch. archaisch; archäologisch; *psych.* archetypisch; architektonisch; archivalisch, archivieren.
ARD Arbeitsgemeinschaft der öffentlich-rechtlichen Rundfunkanstalten der Bundesrepublik Deutschland.
ARE Arbeitsgemeinschaft der regionalen Elektrizitätsversorgungsunternehmen.
ARFF *aer. mar.* Allrichtungsfunkfeuer.
ARG Agrarreformgesetz; Altrentnergesetz.
Arg. Argentinien, -tinier; Argument.
arg. argentinisch.
Arge Arbeitsgemeinschaft.
argent. argentinisch.
a. Rh. *geogr.* am Rhein.
Arith. Arithmetik.
arith. arithmetisch.
Arm. *tech.* Armatur; Armee; Armenien, -nier, *ling.* Armenisch; *civ.eng.* Armierung.
arm. armenisch; *civ.eng.* armiert.
arom. aromatisch, aromatisieren, -siert.
Arr. *mus.* Arrangement, Arrangeur; Arrest(ant).
arr. arrangieren.
Arret. Arretierung.
arret. arretieren, -tiert.
Ars. Arsenal.
Art. *med.* Arterie; Artikel; Artikulation; *mil.* Artillerie; Artist.
art. artikuliert; artistisch.
Art.-Abt. *mil.* Artillerieabteilung.
Art.-Einh. *mil.* Artillerieeinheit.
Art.-Nr. Artikelnummer.
Art.-Off. *mil.* Artillerieoffizier.
Art.-Rgt. *mil.* Artillerieregiment.
aruss. altrussisch.
ArV Arbeiterrentenversicherung.
ARZ (*railway*) Autoreisezug.
ArznG Arzneimittelgesetz.
ärztl. ärztlich.
AS Amtliche Sammlung; Arbeitsschutz; *med.* Arteriosklerose; *ped.* Aufbauschule.
As *meteor.* Altostratus; *electr.* Amperesekunde; *chem.* Arsen.
as. altsächsisch; *med.* aseptisch; asiatisch; asymmetrisch.
a. S. auf Seite (*in books*); auf Sicht.
asächs. altsächsisch.
ASAT Arbeitsgemeinschaft Satellitenträger.
ASB Angestelltenverein des Schweizer Buchhandels; Arbeiter-Samariter-Bund; Arbeitsschutzbestimmungen *pl*; *tech.* Aussetzschaltbetrieb.
Asb. Asbest.
asb *phys.* Apostilb.
ASBw Amt für Sicherheit der Bundeswehr.
ASC Allgemeiner Sportclub.
ASG Arbeitsgemeinschaft Sozialpädagogik und Gesellschaftsbildung; Armeesportgemeinschaft (*DDR*).
ASI Arbeitsschutzinspektion (*DDR*).
ASJ Arbeitsgemeinschaft Sozialdemokratischer Juristen.
ASK Agrarsonderkredit (*Austria*); Allgemeiner Sportklub; Arbeitsgruppe für Sozial- und Konsumforschung; Arbeitsschutzkommission (*DDR*); Armeesportklub (*DDR*); Athletiksportklub.
ASKÖ Arbeiterbund für Sport und Körperkultur in Österreich.
ASL *mil.* Atomsicherheitslinie.
asl(aw). altslawisch.
ASO Arbeitsschutzobmann; Arbeitsschutzordnung.
ASp Arbeitsgemeinschaft Spedition und Lagerei; (*computer*) Arbeitsspeicher.
Asp. Aspekt; Aspirant; *ling.* Aspirata; Aspiration.
Asph. Asphalt.
asph. asphaltieren, -tiert.
ASR *med.* Achillessehnenreflex.
Ass. *jur.* Asservat; Assessor; Assimilation; Assistent; Assoziation; Assoziierte, Assoziierung; Assyrer, -rien.
ass. (*Ital.*) *mus.* assai, sehr, genug; assistieren, -stiert; assoziieren, -ziiert.
Ass.-Arzt Assistenzarzt.
Assist. Assistent, Assistenz.
ASSR Autonome Sozialistische Sowjetrepublik.
Assyr. Assyrer, Assyrien; Assyriologe, -logie.
assyr. assyriologisch; assyrisch.
ASt(.) Abwehrstelle; alterungsbeständiger Stahl; Amtsstelle; Anmeldestelle; Annahmestelle; Antragsteller, -stellung; Ausgabestelle; Ausgleichsteuer; Außenstelle; Auswertungsstelle.
Ast Antragsteller; (*railway*) Außenstelle.
Ast. (*optics*) Astigmatismus.
a. St. alter Stil, alten Stils (*referring to the Julian calendar*); am Stück; *mar.* auf Stapel.
ast. (*optics*) astigmatisch.
Asta Allgemeiner Studentenausschuß.
Asth. Asthenie, Astheniker.
asth. asthenisch.
Ästh. Ästhetik(er), -tizismus.
ästh. ästhetisch, -tisieren, -tizistisch.
Astr. Astrologe, -logie; Astronaut(ik); Astronom(ie).
astr. astrologisch; astronautisch; astronomisch.
ASTRA *nucl. tech.* Adaptierter Schwimmbecken-Tank-Reaktor Austria.
Astrol. Astrologe, -logie.
astrol. astrologisch.
Astron. Astronom(ie).
astron. astronomisch.
Astrophot. Astrophotographie.
AStVO Allgemeine Steuerverordnung (*DDR*).
ASU Arabische Sozialistische Union; Arbeitsgemeinschaft selbständiger Unternehmer.
ASV Akademischer Sportverband *od.* -verein; Allgemeiner Schriftstellerverein; Allgemeiner Schwimmverein; Allgemeiner Sportverein; Arbeiterschwimmverein; Arbeiterselbstverwaltung; Arbeitersportverein; Armeesportverein(igung) (*DDR*); Athletiksportverband *od.* -verein; Atlas der Schweizerischen Volkskunde.
ASVG Allgemeines Sozialversicherungsgesetz (*Austria*).
ASVÖ Allgemeiner Sportverband Österreichs.
asym. asymmetrisch.
asyn(chr). asynchronisch.
ASZ *med.* Anodenschließungszuckung.
Asz. Aszendent, -denz.
AT Ankertau; Ausnahmetarif; Aussichtsturm; Austausch.
A.T. *Bibl.* Altes Testament.
At *chem.* Astatin.
aT auf Tausend; außer Tarif, außertariflich.
At. Atelier; Atom.
at *tech.* Atmosphäre.
a t. (*Ital.*) *mus.* a tempo, im (Anfangs-) Tempo.
ATA Anwendungstechnische Abteilung.
ata *tech.* Atmosphäre absolut.
ATB Akademischer Turnerbund; Arbeiter-Touring-Bund.
AtG Atomgesetz.
At.-Gew. Atomgewicht.
ATH August-Thyssen-Hütte AG (*a steelworks*).
Äth. Äther; Äthiopien, -pier; Äthyl.
äth. ätherisch; äthiopisch.
athl. athletisch.
ATIS Anerkannte Tourist-Informationsstelle.
Atl. Atlantik; Atlas.
atl. atlantisch.
ATM *auto.* Austauschmotor.
Atm. Atmosphäre; Atmung.
atm *phys.* Atmosphäre.
atm. atmosphärisch.
ATO Allgemeine Tarifordnung; Allgemeine Treuhandorganisation.
ATP *biol. chem.* Adenosintriphosphat.
ATR Arbeitsausschuß Transportrationalisierung.
ATSV Allgemeiner Turn- und Sportverband *od.* -verein.
Att. Attaché; Attentat, -täter; Attest; *geogr.* Attika; Attitude.
Attr. Attraktion; Attrappe; *ling.* Attribut.
attr. attraktiv; *ling.* attributiv.
atü *tech.* Atmosphärenüberdruck.
ATV Abwassertechnische Vereinigung; Akademischer Turnverein; Allgemeine Tarifvorschriften *pl*; Allgemeiner Turnverein; Allgemeine Technische Vorschriften *pl*; Arbeiterturnverein; Automobil-Treuhandverband.
AU Arbeitsunfähigkeit.
Au (*Lat.*) *chem.* Aurum, Gold.
au, au. arbeitsunfähig.
AUA (*Engl.*) Austrian Airlines *pl.*
AUB Allgemeine Unfallversicherungsbedingungen *pl.*
A-UB *econ.* Ausfuhr-Unbedenklichkeitsbescheinigung.
Aubo *mar.* Außenbord(motor).
aubo *mar.* außenbord(s).

AUBV Allgemeine Unfallversicherungsbedingungen *pl.*
a.u.c. (*Lat.*) ab urbe condita, seit Gründung der Stadt (Rom).
AUD *pol.* Aktionsgemeinschaft Unabhängiger Deutscher.
Aud. Audienz; Auditorium.
Audiogr. *med.* Audiogramm.
Audiom. *med.* Audiometer, -metrie.
audiom. *med.* audiometrisch.
a.u.d.T. auch unter dem Titel (*of books*).
AUF Archiv für Urkundenforschung (*a journal*).
Auf. Aufenthalt.
Aufb. Aufbau(ten *pl*); Aufbewahrung.
Aufbew. Aufbewahrung.
AufbG Aufbaugesetz.
Auff. Auffassung; Auffindung; Aufforderung; Aufführung; Auffüllung.
Aufg. Aufgabe; Aufgang; Aufgebot; *econ.* Aufgeld.
aufgef. aufgeführt.
Aufh. Aufhebung.
aufh. aufheben; aufhören.
Aufk. Aufkauf, -käufer.
Aufkl. *mil.* Aufklärer; *meteor.* Aufklarung; *mil.* Aufklärung.
Aufl. Auflage; Auflockerung; Auflösung.
Aufn. Aufnahme.
Aufr. Aufrichtigkeit; Aufriß; Aufruhr.
aufr. aufrecht; aufreißen; aufrichtig.
Aufs. Aufsatz; Aufseher, Aufsicht.
Aufs.-B(eam). Aufsichtsbeamte.
Aufs.-B(eh). Aufsichtsbehörde.
Aufsch. Aufschub; Aufschüttung.
Aufschl. Aufschluß.
Aufschr. Aufschrift.
Aufs.-Pers. Aufsichtsperson(al).
AufsR, Aufs.-R. Aufsichtsrat.
Aufst. Aufstand; Aufstellung; Aufstufung.
Auft(lg). Aufteilung.
Auftr. Auftrag; (*theater*) Auftritt.
Auftr.-Best. Auftragsbestätigung.
Auftr.-Nr. Auftragsnummer.
Auftr.-Verg. Auftragsvergabe.
Aufw. Aufwand; Aufwartung; Aufwendungen *pl*; Aufwertung.
aufw. aufwarten; aufwärts; aufwerten.
Aufw.-Entsch. Aufwandsentschädigung.
Aufz. Aufzeichnung; Aufzug.
Aufz.-Bed. *tech.* Aufzugsbedienung.
Aug. August; *röm.kath.* Augustiner.
AUMA Ausstellungs- und Messeausschuß der deutschen Wirtschaft.
AuPO Ausbildungs- und Prüfungsordnung.
AUS *auto.* Australien.
Ausb. Ausbau; Ausbesserung; Ausbietung; Ausbilder, -bildung.
ausbez. ausbezahlen, ausbezahlt.
Ausbild. Ausbildung.
Ausbild.-Beih. Ausbildungsbeihilfe.
Ausf. Ausfahrt; Ausfall; *chem.* Ausfällung; Ausfertigung; *econ.* Ausfuhr; Ausführung.
AusfBest., Ausf.-Best. Ausführungsbestimmungen *pl.*
Ausf.-Bürg. Ausfallbürgschaft; *econ.* Ausfuhrbürgschaft.
Ausf.-Erkl. Ausfallerklärung; *econ.* Ausfuhrerklärung.
AusfErl., Ausf.-Erl. Ausführungserlaß.
Ausf.-Ford. Ausfallforderung.
AusfFörd, Ausf.-Förd. *econ.* Ausfuhrförderung.
AusfG, Ausf.-Ges. Ausfuhrgesetz; Ausführungsgesetz.
Ausf.-Gar. *econ.* Ausfuhrgarantie.
Ausf.-Geb. Ausfertigungsgebühr.
Ausf.-Gen. *econ.* Ausfuhrgenehmigung.
Ausf.-Nr. Ausfertigungsnummer; Ausführungsnummer.
AusfV, Ausf.-Verord. Ausführungsverordnung.
Ausf.-Verb. *econ.* Ausfuhrverbot.
Ausf.-Vers. Ausfallversicherung.
Ausf.-Vertr. *econ.* Ausfuhrvertrag.
Ausf.-Vol. *econ.* Ausfuhrvolumen.
Ausg. Ausgabe; Ausgang.
Ausg.-Dat. Ausgangsdatum.
ausgeg. ausgegeben.
ausgegl. ausgeglichen.
ausgen. ausgenommen; ausgenutzt.
ausgesch. ausgeschieden.
ausgeschl. ausgeschlossen.
Ausgest. Ausgestaltung.
ausgest. ausgestattet; ausgestellt; ausgestopft; ausgestorben; ausgestoßen.
ausgew. ausgewählt; ausgewiesen; ausgewogen; *tech.* ausgewuchtet.
ausgez. ausgezahlt; ausgezählt.
Ausgl. Ausgleich.
AusglA Ausgleichsamt.
AusglSt., Ausgl.-St. Ausgleichssteuer.
Ausg.-Nr. Ausgabenummer; Ausgangsnummer.
Ausg.-P. Ausgangspunkt.
Ausg.-Pos. Ausgangsposition.
Ausg.-St. Ausgangsstempel.
Aush. Aushang; Aushilfe.
Ausk. Auskommen; Auskunft.
ausk.-ber. auskunftsberechtigt.
Ausk.-Pfl. Auskunftspflicht.
Ausk.-St. Auskunftsstelle.
Ausl. Ausladung; Auslage(n *pl*); Ausland, Ausländer; *ling.* Auslaut; Ausleihe; Auslieferung; Auslosung.
ausl. ausländisch; *ling.* auslautend; auslegen; ausliefern; auslosen; auslösen.
Ausl.-Antr. *jur.* Auslieferungsantrag.
Ausl.-Auf. Auslandsaufenthalt.
AuslD Auslandsdienst.
AuslG Ausländergesetz; Auslieferungsgesetz.
AuslPVO Ausländerpolizeiverordnung.
Ausl.-Term. Auslieferungstermin.
Ausl.-Vertr. Auslandsvertretung; Auslieferungsvertrag.
Ausn. Ausnahme; Ausnutzung.
Ausn.-Zust. Ausnahmezustand.
Ausr. Ausrichtung; Ausrüstung.
ausr. ausreichend.
Aussch. Ausschuß.
Ausschl. Ausschlag; Ausschließung, Ausschluß.
ausschl. ausschließend, ausschließlich.
Außenst. *econ.* Außenstände *pl*; Außenstelle.
außerger. außergerichtlich.
Ausspr. Aussprache; Ausspruch.
Ausst. Ausstand; Ausstattung; Ausstellung; Aussteuer.
Ausstatt(g). Ausstattung.
Aust. Austausch.
Austr. Australien, -lier; (*Lat.*) Austria, Österreich.
austr. australisch.
Austral. Australien, -lier.
austral. australisch.
Ausv(erk). Ausverkauf.
Ausw. Auswahl; Auswanderer, Auswanderung; Auswechs(e)lung; Ausweis; Ausweisung; Ausweitung; Auswertung.
ausw. auswählen; auswärtig; auswärts; auswechseln; ausweiten.
AuswBeh., Ausw.-Beh. Auswanderungsbehörde.
AuswG Auswanderungsgesetz.
Ausw.-Koll. *econ.* Auswahlkollektion.
Ausw.-Sp. (*sport*) Auswahlspiel(er).
Ausz. Auszahlung; Auszählung; Auszeichnung; Auszug.
Ausz.-Sch. Auszahlungsschein.
Aut. Autarkie; *print.* Autograph; Automat(ion); Automobil; Autonomie; Autor; Autorität.
aut. autark; autogen; automatisch, automatisiert; autonom; autorisiert; autoritär; autoritativ.
auth. authentisch.
Autogr. Autogramm; *print.* Autograph(ie).
autogr. *print.* autographiert, autographisch.
Autom. Automatik; Automation, Automatisierung.
Auton. Autonomie.
auton. autonom.
autor. autorisieren, -siert.
AUVB Allgemeine Versicherungsbedingungen *pl* für die Unfallversicherung.
a.u.Z. auf unbestimmte Zeit.
AV *mar.* alle Fahrt voraus; Allgemeiner Vertrag; Allgemeine Verfügung; Allgemeine (Verwaltungs)Vorschrift; Alpenverein; Altersversicherung, -versorgung; Amtsvormund(schaft); Amtsvorstand, -vorsteher; Angestelltenversicherung; Anlagevermögen; Arbeitslosenversicherung; Arbeitsvermittlung; Arbeitsvertrag; Arbeitsvorbereitung; Architektenverein; *med.* Atemvolumen; audiovisuell; Ausbildungsverordnung, -vorschrift; Ausführungsverordnung, -vorschrift.
a.V. anerkannter Verein.
av arbeitsverwendungsfähig.
av. arbeitsverwendungsfähig; avestisch.
a v. (*Ital.*) *econ.* a vista, bei Vorlage zahlbar; (*Ital.*) *mus.* a vista, vom Blatt.
a.v. (*Lat.*) ad valorem, dem Wert nach.
AVA Aerodynamische Versuchsanstalt; Automobil- und Warenkredit-Verkehrsanstalt (*Austria*).
AVAVG Gesetz über die Arbeitsvermittlung und Arbeitslosenversicherung.
AVB Ausschuß für wirtschaftliche Betriebsführung (*Austria*).
AV-Block *med.* atrioventrikulärer Block.
Avbr *tech.* automatische Vakuumbremse.
AvD Automobilclub von Deutschland.
AVers, AVers. Altersversicherung; Angestelltenversicherung; Arbeitslosenversicherung.
AVG Angestelltenversicherungsgesetz.
AVH Arbeitsrechtliche Vereinigung Hamburg.
AVI Arbeitsgemeinschaft der eisen- und metallverarbeitenden Industrie.
AVK Allgemeine Verwaltungskosten.
AVL Amt für Verteidigungslasten; Armeeverpflegungslager.
AVN Angehörige der Vereinten Nationen.
AVO Ausführungsverordnung.
AVON *tel.* Amtliches Verzeichnis der Ortsnetzkennzahlen.
AVorm. Amtsvormund.
AVR Arbeitsgemeinschaft Versuchsreaktor GmbH; Atomversuchsreaktor.
avu, avu. arbeitsverwendungsunfähig.
Avus Automobil-Verkehrs- und Übungsstraße (*in Berlin*).
AVV Adreßbuchverlegerverband; Allgemeiner Verband der Versicherungsangestellten; Allgemeine Verwaltungsvorschrift; Arbeitsgemeinschaft der Vereinigungen öffentlicher Verkehrsbetriebe.
AW (*computer*) Addierwerk; *econ.* Anschaffungswert; *med.* Atemwiderstand; Aufwertung; (*railway*) Ausbesserungswerk; Ausbildungswesen; (*literature*) Ausgewählte Werke; Außenwirtschaft; Automobilwirtschaft.
Aw. Anwartschaft; Anwesende *pl*, Anwesenheit; Aufwertung; Ausweis; Ausweisung; Auswertung.
a.W. *econ.* ab Werk; auf Widerruf; auf Wunsch.
ä.W. *tech.* äußere Weite.
AWA Anstalt zur Wahrung der Aufführungsrechte (*DDR*); Arbeitsgemeinschaft Wasser.
AWB (*sport*) Allgemeine Wettkampfbestimmungen *pl*; Ausschuß für wirtschaftliche Betriebsführung.
AWE Arbeitsgruppe Werbung Elektroindustrie; Automobilwerke Eisenach (*DDR*).
AWF Ausschuß für wirtschaftliche Fertigung.
AWG Arabische Wirtschaftsgemeinschaft; Arbeiterwohnungsbaugenossenschaft (*DDR*); Außenwirtschaftsgesetz.
AwG Aufwertungsgesetz.
AWK Ausschuß für Wärme- und Kraftwirtschaft.
AWM Arbeitsgemeinschaft Werbeagenturen und Marketingberatung.
AWO Arbeiterwohlfahrt.
AWP Adria-Wien-Pipeline-Gesellschaft.
AWR Außenwirtschaftsrecht.
AWV Arbeitsgemeinschaft wissenschaftlicher Verlage; Ausschuß für wirtschaftliche Verwaltung; Außenwirtschaftsverordnung.
AWWV Arbeitsgemeinschaft der Wasserwirtschaftsverbände.
AZ Abendzeitung; Aktenzeichen; Allgemeine Zeitung; *hist.* Amerikanische Zone; Arbeitszeit; *mil.* Aufschlagzünder; *astr. math.* Azimut.
Az. Aktenzeichen; Amtszeichen.
aZ *med.* allgemeiner Zustand.
a.Z. als Zugabe; auf Zeit.
AZH Allgemeines Zoll- und Handelsabkommen.
AZKW *hist.* Amt für Zoll und Kontrolle des Warenverkehrs (*DDR*).
AZO Allgemeine Zollordnung; Arbeitszeitordnung.
AZR *med.* Aschheim-Zondek-Schwangerschaftsreaktion.
AZU Afrikanische Zahlungsunion.
AZV Arbeitszeitverordnung; Autofahrlehrer-Zentralverband.
AZVO Arbeitszeitverordnung.

B

B Bauer (*in chess*); *geogr.* Bayern; *econ.* Beitrag; *phys.* Bel; *auto.* Belgien; *auto.* Berlin (West); Beton; *chem.* Bor; *mar.* Bord; *econ.* Brief; Bund; Bundesstraße; *auto.* Burgenland (*Austria*); (*computer*) Byte.
B. Bad; *geogr.* Baden; Bahn; Band; Bank; Barometer(stand); Baron(esse); Basis; Baß; Bazillus; Beamte; Beispiel; Bibel; Bogen; Boliviano (*monetary unit*); *med.* Bronchus; Buch; Bund; Burg; Büro.
b *meteor.* bar; *nucl.* Barn; *econ.* bezahlt; (*computer*) bit; blau.
b. badisch; bay(e)risch; bei(m); bis.
BA *mus.* Bach-Archiv; Bankaktie; Bauabteilung; Bauamt(mann); Beamtenanwärter; (*mining*) Bergakademie, -amt; Berufsausbildung; Beschaffungsabteilung, -amt; Beschwerdeabteilung; Betriebsabteilung; Betriebsanleitung, -anweisung; Bezirksamt, -ausschuß; Bodenanteil; Buchungsautomat; Bundesamt, -anstalt; Bundesanwalt(schaft); Bundesanzeiger.
Ba *chem.* Barium.
Ba. Batterie.
BAA Bauaufsichtsamt; Bundesaufsichtsamt (für das Versicherungs- und Bausparwesen); Bundesausgleichsamt.
BAB Bankaufsichtsbehörde; Betriebsabrechnungsbogen; Bundesautobahn.
bab. babylonisch.
Bad. Baden(er).
bad. badisch.
B.A.d.W. Bayerische Akademie der Wissenschaften.
Bad.-Württ. *geogr.* Baden-Württemberg.
BAF Beratender Ausschuß für Forschungspolitik.
BAfAA Bundesanstalt für Arbeitsvermittlung und Arbeitslosenversicherung.
BAfH Bundesamt für das Heimatwesen.
BAFÖG Bundesausbildungsförderungsgesetz.
BAG Betriebs-, Bezirksarbeitsgemeinschaft (*DDR*); Buchhändler-Abrechnungsgesellschaft mbH; Bundesanstalt für den Güterfernverkehr; Bundesarbeitsgemeinschaft; Bundesarbeitsgericht.
BAGG Bundesarbeitsgerichtsgesetz.
BAH Bundesamt für das Heimatwesen.
Bahngel. (*railway*) Bahngelände.
Bahnw. (*railway*) Bahnwärter; Bahnwesen.
BAI Bundesverband der Agraringenieure.
bair. *ling.* bairisch.
Baj. Bajadere; Bajazzo; *mil.* Bajonett.
BAK *med.* Blutalkoholkonzentration; Bundesassistentenkonferenz; Bundesaufsichtsamt für das Kreditwesen.
Bakt. Bakterie(n *pl*), Bakteriologe, -logie.
bakt. bakteriell, bakteriologisch.
B.a.L. Beamter auf Lebenszeit.
Bal. Balustrade.
Bald. Baldachin.
Ball. Ballade; Ballast; Ballett(euse); *med.* Ballismus; Ballistik; Ballon.
ball. ballistisch.
Balt. *geogr.* Baltikum.
balt. baltisch.
BAM Bundesanstalt für (mechanische und chemische) Materialprüfung; Bundesarbeitsminister(ium).
Band. Bandage; Banderole; *mus.* Bandoneon.
band. bandagieren, -giert.
B.-Ang(est). Bankangestellte; Bundesangestellte.
Bank. Bankett; Bankrott.
bank. bankrott.
BankR Bankrat; Bankrecht.
B.-Anst. Bundesanstalt.
BAnw. Bundesanwalt(schaft).
BAnz., Banz. Bundesanzeiger (*a journal*).
BAO Berliner Absatzorganisation.
BÄO Bundesärzteordnung.
Baon *mil.* Bataillon (*Austria*).
Bapt. Baptist.
bapt. baptistisch.
BAQ Bundesamt für Qualitätsforschung.
Bar. Baracke; Barett; Bariton; Barock; Barometer(stand); Baron(esse); *Bibl.* Baruch.
bar. barock.
Barb. *geogr.* Barbados; Barbar; *econ.* Barbestand; *pharm.* Barbiturat, Barbitursäure.
barb. barbarisch.
Barbest. *econ.* Barbestand.
BArbG Bundesarbeitsgericht.
BArbGG Bundesarbeitsgerichtsgesetz.
Bark. *mus.* Barkarole; *mar.* Barkasse.
Barpr. *econ.* Barpreis.
Barv(erk). *econ.* Barverkauf.
Barz(ahl). *econ.* Barzahlung.
BAS Bundesarbeitsgemeinschaft für Schadenverhütung; Bundesarbeitsgemeinschaft für Soldatenbetreuung.
Bas. Basalt; Basar; *geogr.* Basel; Basis.
baschk(ir). baschkirisch.
BASF Badische Anilin- und Sodafabrik AG.
bask. baskisch.
BAss. Bauassessor; Bundesbahnassistent.
BAst. Bundesabrechnungsstelle; Bundesausgleichsstelle.
Bast. Bastard.
BAT Bundesangestellten-Tarif(vertrag).
Bat. *mil.* Bataillon; Batterie.
Batt(r). Batterie.
BauAss(ess). Bauassessor.
Bauaufs. Bauaufsicht.
Baubeschr. Baubeschreibung.
BauDir., Baudir. Baudirektor.
Bauf. Bauführer, -führung.
bauf. baufällig.
BauG Baugesetz.
Baugel. Baugelände.
Baugen. Baugenehmigung; Baugenossenschaft.
Bauges. Baugesellschaft.
Bauing. Bauingenieur.
Bauj. Baujahr.
Bauk. Baukasten; Baukosten; Baukunst.
Baul. Bauland; Bauleiter, -leitung.
BAUMA, Bauma Baumaschinenausstellung.
Baumstr. Baumeister.
BauO Bauordnung.
Baupfl. Baupflege; Baupflicht.
Baupl. Bauplan; Bauplatz.
Baupol. Baupolizei.
baupol. baupolizeilich.
Baupr. Baupreis.
BauR Baurat.
Bautechn. Bautechnik(er).
bautechn. bautechnisch.
Bautr. Bauträger; Bautreuhänder(schaft).
Bauverw. Bauverwaltung.
Bauw. Bauweise; Bauwesen.
BAV Bundesaufsichtsamt für das Versicherungs- und Bausparwesen.
Bav. (*Lat.*) Bavaria, Bayern.
BAVAV, BAvAv. Bundesanstalt für Arbeitsvermittlung und Arbeitslosenversicherung.
BAW Bundesamt für gewerbliche Wirtschaft.
B.a.W. Beamter auf Widerruf.
b.a.W. bis auf Widerruf.
b.a.w. bis auf weiteres.
BAWAG Bayerische Wasserkraftwerke AG.
Ba.-Wü. *geogr.* Baden-Württemberg.
Bay. Bayern.
bay. bay(e)risch.
BAZ Bauaufsichtliche Zulassungen *pl*; Bundesanzeiger (*a journal*).
B.a.Z. Beamter auf Zeit.
Baz. Bazar; Bazillen *pl*, Bazillus.
BB *mar.* Backbord; Beamtenbund; *tech.* Bereitschaftsbetrieb; Berufsberater, -beratung; Besoldungsbestimmungen *pl*; *econ.* Bestellbuch; Betriebsbuchhaltung; *econ.* Buchungsbescheinigung; Bundesbahn; Bundesbruder (*of a students' society*); Bundesratsbestimmungen *pl.*
Bb. *mar.* Backbord; Baubeschreibung; Buchbinder(ei); Bundesbeamte.
bB *econ.* bezahlt und Brief.
BBB Bayerischer Beamtenbund; Bremer Baumwollbörse; Bund der Beamten der Bundeswehr.
BBC Brown, Boveri & Cie. AG.
Bbd. *mar.* Backbord; Bauernbund.
BBE Betriebswirtschaftliche Beratungsstelle für den Einzelhandel.
BBed. Bahnbedienstete; Bundesbedienstete; Bürobedarf.
B.-Bed. Bürobedarf.
BBeir. Beamtenbeirat.
BBesG Bundesbesoldungsgesetz.
Bbf. Betriebsbahnhof.
BBG Beamtenbesoldungsgesetz; Berufsbildungsgesetz; Binnenschiffahrtsberufsgenossenschaft; Bundesbaugesetz; Bundesbeamtengesetz; Bundesbesoldungsgesetz.
BbG Bundesbahngesetz.
BBK Brown-Boveri/Krupp Reaktorbau.
B.B.K. Berufsverband Bildender Künstler.
Bbl. Beiblatt; Besoldungsblatt (*a journal*); Börsenblatt für den Deutschen Buchhandel (*a journal*); Bundesblatt (*a journal, Switzerland*).
BBO Gesamtverband Büromaschinen, Büromöbel und Organisationsmittel.
BbOI Bundesbahnoberinspektor.
BbOR Bundesbahnoberrat.
BbR Bundesbahnrat.
BBS (*computer*) Band-Betriebssystem; Betriebsberufsschule (*DDR*).
BBW Bundesausschuß Betriebswirtschaft.
BC Badmintonclub; Ball(spiel)club; Basketballclub; Billardclub; (*computer*) Binärcode; Bootsclub; Boxclub.
B.c., b.c. (*Ital.*) *mus.* basso continuo, Generalbaß.
BCG *med.* Bacillus Calmette-Guérin; Bund Christlicher Gewerkschaften.
Bch. Buch.
Bchst. Buchstabe.
Bck. *mus.* Becken.
BD Bahndirektion; Bezirksdirektion; (*computer*) Blockdiagramm; *med.* Blutdruck; Bombenfliegerdivision (*DDR*); Bundesbahndirektion; *auto.* Bundesrat *od.* Bundesregierung *od.* Bundestag; Bürodirektor.
Bd. Bad; *geogr.* Baden; Band; Blechdoes; Bund; Bündel.
b.d. bei dem, bei den, bei der.
BDA Besoldungsdienstalter; Bund Deutscher Architekten; Bundesdenkmalamt; Bundesvereinigung der Deutschen Arbeitgeberverbände.
BDB Bund Deutscher Baumeister, Architekten und Ingenieure; Bundesverband Deutscher Banken.
BdB Bund deutscher Baumschulen; Bund deutscher Berufsboxer; Bundesverband der Betonsteinindustrie.
BDBK Bund Deutscher Berufskraftfahrer.
Bdch(n). Bändchen (*small volume*).
BDD Bund Deutscher Detektive.
BdD *pol.* Bund der Deutschen.
Bde. Bände *pl* (*volumes*); Binde.
BDF Bundesverband des Deutschen Güterfernverkehrs.
BdF Bundesminister(ium) der Finanzen.
BDFA Bund Deutscher Filmamateure.
BDG Bund Deutscher Gebrauchsgraphiker.
Bdg. *med.* Bindegewebe; Bindung.
BDGA Bund Deutscher Garten- und Landschaftsarchitekten.
BDH Bund Deutscher Heimatvertriebener; Bund Deutscher Holzwirte; Bundesdisziplinarhof.
BdH Bund der Heimkehrer.
BDI Bund Deutscher Ingenieure; Bundesverband der Deutschen Industrie.
BdI Bundesminister(ium) des Innern.
BDIA Bund Deutscher Innenarchitekten.
BDJ Bund Deutscher Jugend; Bund Deutscher Jugendvereine.
BDK Bezirksdirektion für Kraftverkehr (*DDR*); Brüsseler Dezimalklassifikation; Bund Deutscher Kunsterzieher; Bundesdisziplinarkammer; Bundesverband Deutscher Kosmetikerinnen.
BdK Bezirksdirektion für Kraftverkehr (*DDR*); Bund der Kinderreichen; Bund der Kriegsgegner.
BDKJ Bund der Deutschen Katholischen Jugend.
BdKJ Bund der Kommunisten Jugoslawiens.
BdL *hist.* Bank deutscher Länder (*now* DBB).
BDLI Bundesverband der Deutschen Luft- und Raumfahrt-Industrie.
BDM *hist.* (*in NS-Zeit*) Bund Deutscher Mädchen.

BDN Bundesverband des Deutschen Güternahverkehrs.
Bdn. Bänden *dat pl* (*volumes*).
BDO Beamtendienstordnung; Besondere Dienstordnung; Bundesdisziplinarordnung.
BDP Berufsverband Deutscher Psychologen; Bezirksdirektion der Deutschen Post (*DDR*); Bund Deutscher Pfadfinder (-innen); Bund Deutscher Polizeibeamten; Bundesverband des Deutschen Personenverkehrsgewerbes.
B.D.Ph. Bund Deutscher Philatelisten.
BDR *med.* Bauchdeckenreflex.
B.-Dr. Bundesdruckerei.
Bd.-R. Bundesrat.
Bdr. Buchdruck, Buchdrucker(ei).
Bd.-Reg. Bundesregierung.
BDS *auto.* Barbados; Bund Demokratischer Studenten; Bund Deutscher Sekretärinnen; Bundesverband der Deutschen Schrottwirtschaft; Bundesverband des Deutschen Stahlhandels; Bund Deutscher Segler (*DDR*).
bds. beiderseits.
BDSt Bund Deutscher Steuerbeamten; Bund Deutscher Steuerberater; Bund Deutscher Studenten.
BdSt. Bund der Steuerzahler.
Bdtg. Bedeutung.
BDU Bund Deutscher Unternehmensberater.
BDÜ Bundesverband der Dolmetscher und Übersetzer.
BDV Bund Deutscher Verkehrsverbände; Bundesverband Deutscher Volks- und Betriebswirte.
BdV Bund der Vertriebenen.
BDW Bund deutscher Wanderer; Bund Deutscher Werbeberater und Werbeleiter.
Bdw. *ling.* Bindewort.
BDZ Bibliographie der deutschen Zeitschriftenliteratur; Bund Deutscher Zollbeamten; Bundesverband der Deutschen Zahnärzte.
BDZV Bundesverband Deutscher Zeitungsverleger.
BE Bauelement; *med.* Bazillenemulsion; *med.* Beckenendlage; Berichterstatter; Betriebseinheit; *electr.* Betriebserde; biologische Einheit; Bundesgerichtsentscheidung (*Switzerland*).
Be *chem.* Beryllium.
BEA Bundeserziehungsanstalt (*Austria*).
Bea(mt). Beamte.
beamt. beamtet.
Bearb. Bearbeiter, -tung.
bearb. bearbeitet.
Bed. Bedarf; Bedeutung; Bedienung; Bedingung; Bedürfnis.
bed. bedeutend; bedeutet; bedienen; bedürfen, bedürftig.
Bef. Befähigung; *jur.* Befangenheit; Befehl(shaber); *aer. mar.* Befeuerung; Befinden; Beförderung; Befugnis; Befund; Befürchtung.
bef. befähigt; *jur.* befangen; befohlen; befördert; befugt; befunden; befürchtet.
Bef.-Bed. Beförderungsbedingungen *pl.*
BefG Beförderungsgesetz.
Befh. *mil.* Befehlshaber.
Bef.-N(achw). Befähigungsnachweis.
Befr. Befragung; Befreiung; Befremden; Befried(ig)ung; Befristung.
befr. befreit; befremdet; befreundet; befriedigend, befriedigt; befristet.
BefSt., Bef.-St. Beförderungssteuer.
Bef.-Z(eu)gn. Befähigungszeugnis.
BEG Bundesentschädigungsgesetz.
Beg. Beginn.
Begl. Beglaubigung; Begleichung; Begleiter, -tung.
begl. beglaubigt; begleitet; beglichen.
Begl.-Sch. Begleitschein.
Begl.-Schr. Beglaubigungsschreiben; Begleitschreiben.
Begr. Begräbnis; Begrenzung; Begriff; Begründer, Begründung; Begrüßung.
begr. begraben; begreifen; begrenzen, begrenzt; begriffen, begrifflich; begründen, -det; begrüßen.
Beh. Behälter; Behandlung; Behelf; Behörde.
beh. behandeln, -delt; behaupten; beheimatet; behelfsmäßig; behördlich.
Beh.-St. Beherbergungssteuer.
Beibl. Beiblatt.
beif. beifolgend; beifügen.
Beig. Beigeordnete.
beig(eh). beigeheftet.
Beih. Beiheft; Beihilfe.
Beil. Beilage; Beileid.
beil. beiliegend.
Bein. Beiname.
Beir. Beirat.
Beis. Beisammensein; *ling.* Beisatz; Beisitzer.
Beisp. Beispiel.
beisp. beispielhaft; beispielsweise.
Beitr. Beitrag, Beiträge *pl*; Beitritt.
Beiw. *auto.* Beiwagen.
BEJ Bund Europäischer Jugend.
BEJÖ Bund Europäischer Jugend Österreichs.
BEK Barmer Ersatzkasse.
Bek. Bekämpfung; Bekannte; Bekanntmachung; Bekenntnis; Beköstigung.
bek. bekannt; bekennen; beköstigen.
Bekl. *jur.* Beklagte; Bekleidung.
Bel. Belag; Belagerung; Belastung; Beleg; Belegschaft; Belehrung; Beleidigung; Beleuchtung; Belichtung; Belieben; Belohnung.
bel. beladen; belasten, belastet; belegen, belegt; beleidigen, -digt; beleuchten, -tet; belichten, -tet; beliebt; belohnen, belohnt.
BELF Bundesminister(ium) für Ernährung, Landwirtschaft und Forsten.
Belg. Belgien, Belgier.
belg. belgisch.
BEM Bundesernährungsminister(ium).
Bem. Bemerkung; Bemessung; Bemühung.
bem. bemerken; bemühen, bemüht.
Ben. Benachrichtigung; *röm.kath.* Benefiziat, Benefizium; Benotung; Benutzung.
ben. benachrichtigen, -tigt; benoten; benötigen, -tigt; benutzen, benutzt.
Benelux Belgien, Niederlande, Luxemburg.
Beob. Beobachter, -tung.
beob. beobachten, -tet.
Ber. Berater, Beratung; Berechnung; Bereich; Bereinigung; Bereitschaft; Bericht; Berichtigung; Beruf(ung); Beruhigung.
ber. beraten; berechnen, -net; bereinigen, -nigt; bereits; berichtigen, -tigt; berufen; beruhigen, -higt.
Ber.-Ber(at). Berufsberatung.
Ber.-Fr. *jur.* Berufungsfrist.
Bergass. (*mining*) Bergassessor.
Bergb. Bergbau.
Bergdir. (*mining*) Bergdirektor.
BergG (*mining*) Berggesetz.
Ber.-Gen. Berufsgenossenschaft.
Ber.-Ger. Berufungsgericht.
Berging. (*mining*) Bergingenieur.
BergR (*mining*) Bergrat.
Ber.-Gr. Berufsgruppe.
Ber.-Grundl. Berechnungsgrundlage.
Bergw. Bergwerk.
Ber. Ing. Beratender Ingenieur.
Berl. Berlin(er).
berl. berlin(er)isch.
Ber. Pol. Berittene Polizei.
BerSchG Berufsschulgesetz.
Ber.-St. Beraterstab; Beratungsstelle.
Bes. Besatzung; Besichtigung; Besitz(er); Besoldung; Besuch.
bes. besichtigen, -tigt; besonder; besorgen, besorgt; besuchen, besucht.
Besch. Beschädigung; Beschäftigte, -tigung; Bescheid; Bescheinigung; *tech.* Beschichtung; *jur.* Beschuldigte; Beschluß.
besch. beschädigen, -digt; beschäftigen, -tigt; bescheiden; bescheinigen, -nigt; beschuldigen, -digt; beschönigen, -nigt.
Beschl. Beschlagnahme; Beschleunigung; Beschluß.
beschl. beschlagnahmen, -nahmt; beschließen; beschleunigen, -nigt; beschlossen.
Beschr. Beschränkung; Beschreibung; Beschriftung.
beschr. beschrankt; beschränkt; beschreiben, beschrieben; beschriften, -tet.
Beschw. Beschwerde.
Beschw.-F. Beschwerdeführer.
BesDO Besondere Dienstordnung.
BesG Besoldungsgesetz.
BesGr., Bes.-Gr. Besoldungsgruppe.
BesO Besoldungsordnung.
besp. bespannen, bespannt; bespielen, bespielbar.
Bespr. Besprechung.
bespr. besprechen, besprochen; besprühen.
Bes.-St. *hist.* Besatzungsstatut; Besitzsteuer.
Bes.-T. Besoldungstarif.
Best. Bestallung; Bestand, Bestandteil(e *pl*); Bestätigung; Bestehen; Bestellung; Bestimmung(en *pl*).
best. bestätigen, -tigt; bestehen; bestellen, bestellt; bestens; bestimmen, bestimmt; bestohlen.
Best.-A(ufn). Bestandsaufnahme.
Best.-H. Bestimmungshafen.
Best.-Nr. Bestellnummer.
Bestr. Bestrafung.
bestr. bestrafen, bestraft; bestreiten, bestritten.
Best.-Sch. Bestellschein.
Best.-W. *ling.* Bestimmungswort.
Bes.-W. Besitz(er)wechsel.
BET *psych.* Berufseignungstest.
Bet. Beteiligung.
Betr. Betrag; Betragen; Betreff; Betreten; Betreuung; Betrieb; Betrug, Betrüger.
betr. betreffen(d), betreffs; betreiben; betreuen; betrifft, betroffen; betrügen, betrügerisch; betrunken.
BetrKK Betriebskrankenkasse.
BetrO, Betr.-Ord. Betriebsordnung.
Betr.-Pr. Betriebsprüfer, -prüfung.
BetrR, Betr.-R. Betriebsrat.
BetrRG Betriebsrätegesetz.
Betr.-St. Betriebsstätte; Betriebsstatut; Betriebsstoff.
Betr.-Verb. Betriebsverband; Betriebsverbindung; Betriebsverbund.
BetrV(erf)G Betriebsverfassungsgesetz.
Betr.-Wirt(sch). Betriebswirtschaft(ler).
bettl. bettlägerig.
Beurl. Beurlaubung.
beurl. beurlaubt.
BEV Bayerischer Eissport-Verband; Bergbau - Elektrizitäts - Verbundgemeinschaft; Berliner Eislaufverein.
Bev. Bevölkerung; Bevollmächtigte.
bev. bevölkert; bevollmächtigt; bevor.
Bevollm. Bevollmächtigte.
bevollm. bevollmächtigt.
Bew. Bewachung; Bewaffnung; Bewährung; Bewandtnis; Bewässerung; Bewegung; Beweis; Bewerber, -bung; Bewertung; Bewilligung; Bewohner; Bewölkung; Bewunderung.
bew. bewachen, bewacht; bewaffnet; bewährt; beweglich, bewegt; beweisen; bewerben; bewerten, -tet; bewiesen; bewilligt; bewohnt; bewölkt.
Bew.-Anl. Bewässerungsanlage.
Bew.-Fr. *jur.* Bewährungsfrist.
Bew.-H. *jur.* Bewährungshelfer.
Bez. Bezahlung; Bezeichnung; Bezichtigung; Bezieher; Beziehung; Bezirk; Bezug.
bez. bezahlen, bezahlt; bezeichnen(d), -net; beziehen; beziffern, beziffert; bezogen; bezüglich.
BezA Bezirksamt; Bezirksausgabe.
bezB, bez.B. *econ.* bezahlt und Brief.
bezb. beziehbar.
Bez.-Bgm. Bezirksbürgermeister.
bezG, bez.G. *econ.* bezahlt und Geld.
bezgl. bezüglich.
Bez.-H(au)ptst. Bezirkshauptstadt.
Bez.-R. Bezirksrichter; *econ.* Bezugsrecht.
Bez.-St. Bezirksstadt; Bezirksstelle.
bezw. beziehungsweise; bezwecken, bezweckt; bezweifeln, bezweifelt; bezwingen, bezwungen.
BF *electr.* Bandfilter; Berufsfeuerwehr; *econ.* Betriebsfläche; Brigadeführer (*DDR*); Bundesführer.
Bf. Bahnhof; Beförderung; Beruf; Beschwerdeführer; Bischof; Brief.
b.f. (*Lat.*) bona fide, guten Glaubens.
BFA Betriebsfachausschuß (*DDR*); Bezirksfachausschuß (*DDR*); Bundesfußballausschuß.
BfA Bundesanstalt für Arbeit; Bundesstelle für Außenhandelsinformation; Bundesversicherungsanstalt für Angestellte; Büro für Außenhandelsdienst (*DDR*).
BfArb Bundesanstalt für Arbeitsvermittlung und Arbeitslosenversicherung.
BfB Bundesanstalt für Bodenforschung; Bundesmonopolverwaltung für Branntwein.
BfE Büro für Erfindungs- und Vorschlagswesen (*DDR*).
BffL Bund für freie Lebensgestaltung.

BFG Berliner Flughafengesellschaft.
BfG Bank für Gemeinwirtschaft.
Bfg. Befähigung; *ling.* Beifügung; Berufung.
bfgd. beifügend.
bfgn. beifügen.
BFH Bundesfinanzhof.
Bfh. Befehlshaber.
BFJD Bundesverband Freier Juristen Deutschlands.
Bfk Briefkasten.
BfL Bank für Landwirtschaft.
bfl. bischöflich.
BFM Bundesfinanzminister(ium).
Bfm Briefmarke.
bfn, b.f.n. *econ.* brutto für netto.
bfr belgischer Franc (*monetary unit*).
bfrs. belgische Francs *pl* (*monetary unit*).
BFS Bundesanstalt für Flugsicherung.
BfS Büro für Standardisierung (*DDR*).
BFStrG Bundesfernstraßengesetz.
BfU Beratungsstelle für Unfallverhütung (*Switzerland*).
BFV Badischer Fußballverband; Bayerischer Fußballverband; Bezirksfürsorgeverband; Bundesfinanzverwaltung.
BfV Bundesamt für Verfassungsschutz.
BfVS Bund für Vogelschutz.
BG Beamtengesetz; Berufsgenossenschaft; Berufungsgericht; Besoldungsgesetz; Bezirksgericht (*Austria, DDR*); Börsengesetz; *mil.* Brigadegeneral; *auto.* Bulgarien; Bundesgebiet; Bundesgericht (*Switzerland*); Bundesgesetz; *auto.* Bundesgrenzschutz; Bundesgymnasium (*Austria*).
bG *econ.* bezahlt und Geld.
Bg. *tech.* Bedienungsgerät; Beitrag; Berg; Biegung; *med.* Bindegewebe; Bogen; Burg; Bürger.
BGA Bundesverband des deutschen Groß- und Außenhandels.
Bg.-Arb. Bergarbeiter.
Bg.-Ass(ess). (*mining*) Bergassessor.
BGB Bauern-, Gewerbe- und Bürgerpartei (*Switzerland*); Bürgerliches Gesetzbuch.
Bgb. Bergbau.
BGBl. Bundesgesetzblatt.
BGE Entscheidungen *pl* des schweizerischen Bundesgerichts.
Bge. Berge *pl.*
BGF Bundesgeschäftsführer.
BGG Betriebsgewerkschaftsgruppe (*DDR*).
BGH Bundesgerichtshof.
BGHSt. Entscheidungen *pl* des Bundesgerichtshofs in Strafsachen (*a journal*).
BGHZ Entscheidungen *pl* des Bundesgerichtshofs in Zivilsachen (*a journal*).
BGL Betriebsgewerkschaftsleitung (*DDR*).
Bgl. Beglaubigung; Begleitung.
bgl. begleiten, -tet; begleichen, beglichen; berufsgenossenschaftlich; bürgerlich.
Bgld. *geogr.* Burgenland (*in Austria*).
Bgm(str). Bürgermeister.
BGO Bundesgebührenordnung (für Rechtsanwälte).
BGr Baugruppe; Besoldungsgruppe; Betriebsgruppe; Bezirksgruppe.
BgR (*mining*) Bergrat.
B.-Gr. Baugruppe; Besoldungsgruppe; Betriebsgruppe; Bezirksgruppe.
Bgr. Begräbnis; Begründer, Begründung; Bürger.
bgr. begraben; begründen, -det.
Bgrz. Begrenzung.
bgrzt. begrenzt.
BGS Bundesgrenzschutz.
BGV Bundesvereinigung der Deutschen Graphischen Verbände.
Bgw. Bergwerk.
Bgw.-Dir. (*mining*) Bergwerksdirektor.
BH *civ.eng.* Bauhöhe; Behelfsheim; Berghauptmann; Bezirkshauptmann(schaft) (*Austria*); *auto.* Britisch-Honduras; *auto.* Bundesheer (*Austria*); Büstenhalter.
Bh. Bauherr; Beiheft; Bewährungshelfer; Buchhandel, -händler, -handlung.
Bhdl. Buchhandel, -händler.
Bhdlg. Buchhandlung.
Bhf. Bahnhof.
BHG Bäuerliche Handelsgenossenschaft (*DDR*); Bayerischer Hotel- und Gaststättenverband; Berliner Handelsgesellschaft (*bank*); Berlinhilfegesetz.
BHI Bank für Handel und Industrie; Bezirkshygieneinstitut (*DDR*).
BHK Bundeshauptkasse.
Bhm(.) Bahnhofsmission.
bhm. behelfsmäßig.
BHR *med.* Bauchhautreflex.
bhut(an). bhutanisch.
BHV Bayerischer Handball-Verband; Briefmarkenhändlerverband; Bundesbahnhauptverwaltung.
BHW Beamtenheimstättenwerk.
BHZ Berliner Handelszentrale (*DDR*).
BI Bauinspektor; Betriebsingenieur; Bibliographisches Institut; Bundesbahninspektor.
Bi (*Lat.*) *chem.* Bismutum, Wismut.
Bi. Bischof, Bistum.
BIB Bekleidungsindustrie-Berufsgenossenschaft; Berliner Industriebank.
Bib. Bibel.
BIBG Binnenschiffahrts-Berufsgenossenschaft.
Bibl. Bibliographie; Bibliothek(ar).
bibl. bibliographieren, -phiert, -phisch; biblisch.
Bibl.-Dir. Bibliotheksdirektor.
BIE Bundesverband Industrieller Einkauf.
BIGA Bundesamt für Industrie, Gewerbe und Arbeit (*Switzerland*).
BIH (*Fr.*) Bureau International de l'Heure, Internationales Zeitamt.
Bil. Bilanz.
bil. bilateral.
bildl. bildlich.
Bill. Billard; Billett; Billigung; Billion.
BIM Bundesinnenminister(ium).
BInsp., B.-Insp. Bauinspektor.
Bio. Billion.
Biogr. Biograph(ie).
biogr. biographisch.
Biol. Biologe, -logie.
biol. biologisch.
birm. birmanisch.
Bisch. Bischof.
bisch(öfl). bischöflich.
bisl. bislang.
Bist. Bistum.
bisw. bisweilen.
BIT *psych.* Berufsinteressentest; (*Fr.*) Bureau International du Travail, Internationales Arbeitsamt.
Bit. Bitumen.
BIZ Bank für Internationalen Zahlungsausgleich.
Bj. Baujahr; Betriebsjahr.
BJA Bezirks-Jugendausschuß.
BJD Bund Junger Deutscher.
BJG Bundesjagdgesetz.
BJM Bundesjustizminister(ium).
BJPl. Bundesjugendplan.
BJR Bundesjugendring.
BJSchG Bundesjugendschutzgesetz.
BJV Bayerischer Journalisten-Verband; Bundesjägerverband.
BK Ballklub; Baukombinat (*DDR*); Baukommission; Baukosten *pl*; *hist.* (*in NS-Zeit*) Bekennende Kirche; Bibelkreis; Billardklub; Bobklub; Bootsklub; Boxklub; Bundeskanzler(amt).
Bk *chem.* Berkelium.
Bk. Bank; Baukunst; Buchkunst.
BKA Bodenkreditanstalt; Bundeskanzleramt; Bundeskartellamt; Bundeskriminalamt.
BKB Braunkohlenbergwerk (*DDR*).
Bk.-Bed. Bankbedingungen *pl.*
BKD Bund der Kinderreichen Deutschlands.
BKE (*optics*) Brechkrafteinheit.
Bkg. Bekämpfung; Bekanntgabe; Bekleidung.
Bk.-Ges. Bankgesellschaft.
Bk.-Gesch. Bankgeschäft.
BKGG Bundeskindergeldgesetz.
BKJ Bund der Kaufmannsjugend; Bund der Kommunisten Jugoslawiens.
BKK Betriebskrankenkasse; Bezirkskontrollkommission (*DDR*).
Bk.-K(to). Bankkonto.
Bk.-Kr. Bankkredit.
Bkl. *jur.* Beklagte(r); Bekleidung.
Bkm. Bekanntmachung.
BKS *med.* Blutkörperchensenkungsreaktion.
BKU Bund katholischer Unternehmer.
BKV Betriebskollektivvertrag (*DDR*); Bund der Kriegsdienstverweigerer.
BKZ, Bkz. Baukostenzuschuß.
BL Betriebsleiter, -leitung; Betriebsstofflager; Büroleiter, -leitung; Bußgeldliste.
Bl. Blase; *mus.* Bläser; Blatt, Blätter *pl* (*of paper*); Blazer; Blech; Blei; Blick; Blinde; Blinker; Block; Blockade; Bluse; Blut.
bl. blank; blanko; blau; blind; blond; bloß; blutig.
BLBG Baulandbeschaffungsgesetz.
Bld. Blechdose(n *pl*).
Bldg. Beiladung; Beladung; Beleidigung; Bildung.
BLG Baulandgesetz; Bundesleistungsgesetz.
blg. bahnlagernd; beiliegend.
Bl.-Gr. *med.* Blutgruppe.
Bl.-H(d). Blindenhund.
BLK Bayerische Landesbodenkreditanstalt; Bezirkslehrerkonferenz (*Austria*); *med.* Blutkörperchen.
Blk. *geogr.* Balkan; Balken; Balkon; *med.* Blutkörperchen.
Bl.-Kr. *econ.* Blankokredit.
Bll. *econ.* Ballen; Blätter *pl* (*of paper*).
Bln. Berlin.
Bl.-Nr. Blattnummer.
BLS Betriebsluftschutz (*DDR*).
Bl.-Schr. Blockschrift.
Bl.-St., Blst. Blockstation, -stelle.
BLSV Bundesluftschutzverband.
Bl.-V. Blankovollmacht.
Blz. Blattzahl; Blitzfeuer.
BM *phot.* Belichtungsmesser; *aer.* Bordmechaniker; Bundesminister(ium); Bürgermeister; (*computer*) Bytemaschine.
Bm. Baumeister; Baumuster; Bürgermeister.
BMA Bundesminister(ium) für Arbeit und Sozialordnung.
BMAt. Bundesminister(ium) für Atomkernenergie und Wasserwirtschaft.
BMAuS Bundesminister(ium) für Arbeit und Sozialordnung.
BMAusw. Bundesminister(ium) des Auswärtigen.
BMBR Bundesminister(ium) für Angelegenheiten des Bundesrates und der Länder.
BMBW Bundesminister(ium) für Bildung und Wissenschaft.
BMD Bund der Mitteldeutschen.
BMF Bundesminister(ium) der Finanzen; Bundesverband Montagebau und Fertighäuser.
BMFa. Bundesminister(ium) für Familie und Jugend.
BMfU Bundesministerium für Unterricht (*Austria*).
BMG Betäubungsmittelgesetz; *aer. mil.* Bordmaschinengewehr; Bundesmietengesetz.
BMGes. Bundesminister(ium) für das Gesundheitswesen.
BMI Bundesminister(ium) des Innern.
BMJ Bundesminister(ium) der Justiz.
BMK Bau- und Montagekombinat (*DDR*); *aer. mil.* Bordmaschinenkanone.
BML Bundesminister(ium) für Ernährung, Landwirtschaft und Forsten.
BMN, BmN Bundesmarine-Norm.
BMP Bundesminister(ium) für das Post- und Fernmeldewesen.
BMS Bundesminister(ium) für besondere Aufgaben.
BMSchatz. Bundesschatzminister(ium).
BMSR-Technik Betriebsmeß-, Steuerungs- und Regelungstechnik.
Bmstr. Baumeister; Baumuster.
BMT Bundesmanteltarif.
BMV Bundesminister(ium) für Verkehr.
BMVt. Bundesminister(ium) für Vertriebene, Flüchtlinge und Kriegsgeschädigte.
BMVtdg. Bundesminister(ium) der Verteidigung.
BMW Bayerische Motorenwerke AG (*automobile works*).
BMWF *hist.* Bundesminister(ium) für Wirtschaft und Finanzen.
BMwF Bundesminister(ium) für wissenschaftliche Forschung.
BMWi. Bundesminister(ium) für Wirtschaft.
BMWo. Bundesminister(ium) für Wohnungswesen und Städtebau.
BMZ Bundesminister(ium) für wirtschaftliche Zusammenarbeit.
BN Baumuster-Nummer; Betriebsnorm(en *pl*) (*DDR*); Bundesbahn-Norm.
Bn. Beiname; Berlin.
BND Bundesnachrichtendienst.
B.-Nr. Buchungsnummer.
BO Bankordnung; Bauordnung; Beitragsordnung; Benutzungsordnung; Berufs-

offizier; Berufsordnung; Besoldungsordnung; Betriebsordnung; Börsenordnung; Brennereiordnung; Eisenbahn-Bau- und Betriebsordnung.
bo *econ.* brutto.
b.o. bis oben; bis oberhalb.
Böh(m). *geogr.* Böhmen.
BOI Bauoberinspektor; Bundesbahnoberinspektor.
Bol. Bolívar (*monetary unit in Venezuela*); Bolivianer; Boliviano (*monetary unit in Bolivia*); Bolivien, Bolivier.
bol(iv). bolivi(an)isch.
BOR Bundesbahnoberrat.
Borg. *print.* Borgis.
Bot. Botanik(er).
bot. botanisch.
Botsch. Botschaft(er).
BP Baupolizei; Bayernpartei; Benzin und Petroleum AG; Betriebsprüfer, -prüfung; *auto.* Bundespost; Bundespräsident.
Bp Bahnpolizei; Bahnpost; (*computer*) Bedienungspult.
Bp. Betriebsprüfer, -prüfung.
BPA Bahnpostamt; Bundespersonalausschuß; Bundespresseamt.
B.P.a. Bundespatent angemeldet.
BPG Bundespersonalgesetz.
BPKK Bezirksparteikontrollkommission (*DDR*).
BPM Bundespostminister(ium).
BpM Buchstaben pro Minute (*in typewriting*).
BPO Betriebsparteiorganisation (*DDR*); Betriebsprüfungsordnung.
BPol., B.-Pol. Baupolizei.
BPr. Betriebsprüfer, -prüfung; Bundespräsident.
BPrA Bundespräsidialamt.
BPz *mil.* Bergungspanzer.
BR Baurat; *tech.* Baureihe; Bayerischer Rundfunk; (*mining*) Bergrat; Bergrevier; Berufsregister (*Switzerland*); Betriebsrat; (*computer*) Betriebsrechner; *auto.* Brasilien; Bundesbahnrat; Bundesrat; Bundesrepublik; Bundesrichter; Mitglied des Bundesrates (*Austria*).
Br *chem.* Brom.
Br. Branche; Braten; Bratsche; Brauerei; Braut; Bräutigam; Breite; Bremse; *tech.* Brenner; Brennstoff; Brett; Brief; Brigade; Brokat; Bronze; Broschüre; Brot; Bruch; Brücke; Bruder; Brunnen; Brust; Brut; Brüter.
br. braun; breit; bremsen; britisch; bronzen; broschiert; *econ.* brutto.
Brandm(str). Brandmeister.
BrandR Brandrat.
Brandvers. Brandversicherung.
Branntw.(-St.) Branntwein(steuer).
BRAO Bundesrechtsanwaltsordnung.
Bras. Brasilianer, Brasilien.
bras. brasilianisch.
BRat Bundesrat.
Brauing. Brauingenieur.
Braum(str). Braumeister.
bräunl. bräunlich.
Br.-Aussch. Brauereiausschank.
BRB Bundesratsbeschluß (*Switzerland*).
BRD Bundesrepublik Deutschland.
BReg., B.-Reg. Bundesregierung.
Brennst. Brennstoff(e *pl*).
Bret. *geogr.* Bretagne, Bretone.
bret. bretonisch.
BRG Betriebsrätegesetz; Bodenreformgesetz; Bundesrealgymnasium (*Austria*).
Br.-G(ew). Bruttogewicht; Bruttogewinn.
BRH Bundesrechnungshof.
Briefm. Briefmarke.
Brig. Brigade; *mil.* Brigadier.
BrigGen *mil.* Brigadegeneral.
Brill. Brillant; Brillanz.
brit. britisch.
BRK Bayerisches Rotes Kreuz.
Brk. Braunkohle; Brücke.
Brm. Barometer; Briefmarke.
BRN *auto.* Bahrein.
brn. braun.
Brosch. Broschüre.
brosch. broschiert.
Br.-Reg.-T. *mar.* Bruttoregistertonne.
brschw(g). braunschweigisch.
BRT *mar.* Bruttoregistertonnage, -tonne.
Br.-T., Brt. Brieftaube.
brt. breit; *econ.* brutto.
Brtw.-St. Branntweinsteuer.
BRU *auto.* Brunei.
Brüa, Br.ü.a. *tech.* Breite über alles.
brün. brünett.
BRV Betriebsratsvorsitzende; Bundesratsverordnung; Bundesreferendarverband.
Br.-Vers. Brandversicherung.
BRVO Bundesratsverordnung.
Br.-W. Briefwechsel.
BrZ, br. Z. *hist.* Britische Besatzungszone.
BS *auto.* Bahama-Inseln *pl*; Begleitschiff; Berufsschule; *hist.* Besatzungsstatut; Betriebsschutz; Betriebssektion (*DDR*); (*computer*) Betriebssystem; *med.* Blutsenkung; *tech.* Brennschluß.
Bs. *jur.* Beisitzer; Besitzer.
BSA Bund Schweizer Architekten; Bund Sozialistischer Akademiker, Intellektueller und Künstler (*Austria*).
BSB Bayerische Staatsbibliothek; biochemischer Sauerstoffbedarf.
BSC Ballspielclub; Boxsportclub.
BSch., B.-Sch. Bundesbahnschaffner.
BSchG Binnenschiffahrtsgesetz.
BSchR Bezirksschulrat.
Bschr. Beschreibung.
bsd. besonders.
BSE Industriegewerkschaft Bau, Steine, Erden.
BSG Betriebssportgemeinschaft (*DDR*); Binnenschiffahrtsgesetz; *med.* Blutkörperchensenkungsgeschwindigkeit; Bundesseuchengesetz; Bundessozialgericht.
Bsg. *mus.* Besetzung.
BSGE Entscheidungen *pl* des Bundessozialgerichts (*a journal*).
BSGJ Bund der Schweizerischen Genossenschaftsjugend.
BSHG Bundessozialhilfegesetz.
BSN *mar. mil.* Befehlshaber der Seestreitkräfte Nordsee.
BSO *mar. mil.* Befehlshaber der Seestreitkräfte Ostsee.
BSozG Bundessozialgericht.
BSP *econ.* Bruttosozialprodukt; Bund Schweizerischer Pfadfinderinnen.
Bsp. Bauspar-; Beispiel; *mar.* Bugspriet.
BSpK Bausparkasse.
Bspr. Besprechung.
bspw. beispielsweise.
BSR *jur.* Binnenschiffsregister; *med.* Bizepssehnenreflex; *med.* Blutkörperchensenkungsreaktion; Bund Schweizerischer Reklameberater und Werbeagenturen.
BSt. *hist.* Besatzungsstatut; Beschaffungsstelle; Bundesstelle.
B.-St. Bahnstation; Bezirksstelle.
Bst. Bahnstation; *civ.eng.* Baustoff.
b. St. *mil.* beim Stab.
B-Stelle *mil.* Beobachtungsstelle.
BStG Beförderungssteuergesetz; Besitzsteuergesetz; Bundesstrafgericht (*Switzerland*).
Bstg. Bahnsteig.
BStGB Bundesstrafgesetzbuch.
Bstlg. Bestallung; Bestellung.
BStR Bezirksstadtrat.
BT *med.* Basaltemperatur; Bezirkstag; Bildtelegrafie; *tech.* Bildträger; Brennstofftechnik; Bundestag.
Bt. Bistum; Boot.
bt. bunt.
BTA Betriebstechnische Abteilung; Bezirkstransportausschuß (*DDR*).
BTE Bundesverband des Deutschen Textileinzelhandels.
B.-Techn. Bautechnik(er).
btechn. bautechnisch.
BTH Bibliothek der Technischen Hochschule (Hannover).
Btl. *mil.* Bataillon; *econ.* Beutel.
Btm. *pharm.* Betäubungsmittel.
bto. *econ.* brutto.
Btr. Beitrag; Betrag; Betreuer, Betreuung; Betrieb.
Btr.-Ing. Betriebsingenieur.
Btr.-Insp. Betriebsinspektion, -inspektor.
Btr.-L(tg). Betriebsleitung.
Btsm *mar. mil.* Bootsmann.
btto. *econ.* brutto.
Bttr. *mil.* Batterie.
BU *electr.* Bandumsetzer, -umsetzung; Berufsunfähigkeit; *jur.* Berufungsurteil; Betriebsunfall; Betriebsunterbrechung; *geogr.* Breitenunterschied.
BÜ Bahnübergang.
Bu. Buch(ung); Bund.
Bü. Bücher; Büro.
b.u. bis unten; bis unter.
BUA Bakteriologische Untersuchungsanstalt.
Büa, B.ü.a. *tech.* Breite über alles.
BuB *econ.* Buch- und Betriebsprüfung.
Büch. Bücherei.
Buchdr. Buchdruck(er), -druckerei.
Buchf. *econ.* Buchführer, -führung.
Buchh. *econ.* Buchhalter(ei), -haltung; Buchhandel, -händler, -handlung.
Buchhdl. Buchhandel, -händler.
Buchhdlg. Buchhandlung.
Buchst. Buchstabe; Buchstelle; Buchstütze.
buchst. buchstabieren, -stäblich.
Bü.-Dir. Bürodirektor.
B.u.E. Berichtigungen *pl* und Ergänzungen *pl*.
Bü.-L(tr). Büroleiter.
Bulg. Bulgare, Bulgarien, *ling.* Bulgarisch.
bulg. bulgarisch.
Bull. Bulletin.
BUR *auto.* Burma.
b.u.R. bitte um Rücksprache.
Bürg. Bürger(schaft); Bürgschaft.
bürg. bürgerlich.
Bürgm(str). Bürgermeister.
bürg.R. bürgerliches Recht.
Bürgsch. Bürgschaft.
BuRi. Bundesrichter.
BV Bahnverbindung; Bauverbot; *tech.* Bedienungsvorschrift; Besoldungsvorschrift (-en *pl*); Betriebsvereinbarung; Betriebsvermögen; Bezirksverband, -verein(igung); Bezirksvorstand; Branchenverzeichnis; Bundesverband; Bundesverfassung (*Switzerland*); Bürovorsteher.
BVA Bundesvermessungsamt (*Austria*); Bundesversicherungsamt; Bundesverwaltungsamt.
BVB Besondere Vertragsbedingungen *pl*; Bühnenvolksbund.
BvD Bund vertriebener Deutscher.
BVerfG Bundesverfassungsgericht.
BVerfGE Entscheidungen *pl* des Bundesverfassungsgerichts (*a journal*).
BVerwG Bundesverwaltungsgericht.
BVerwGE Entscheidungen *pl* des Bundesverwaltungsgerichts (*a journal*).
BVF *tech.* Bauvorschriften *pl* für Flugzeuge.
BVFG Bundesvertriebenengesetz.
BVG Berliner Verkehrsgesellschaft; Betriebsverfassungsgesetz; Bundesverfassungsgericht; Bundesverfassungsgesetz (*Austria*); Bundesversorgungsgesetz; Bundesvertriebenengesetz; Bundesverwaltungsgericht.
Bvh. Bauvorhaben.
BVI Bundesversuchsinstitut (*Austria*).
BVM Bundesverband Deutscher Marktforscher; Bundesverkehrsminister(ium).
BVN Bund der Verfolgten des Naziregimes.
BVorst., B.-Vorst. Bundesvorstand; Bürovorstand, -vorsteher.
BVR Bundesverfassungsrichter; Bundesverteidigungsrat; Bund für vereinfachte Rechtschreibung (*Switzerland*).
bvr. bevorrechtigt.
BVS Bauvorschriften *pl* für Segelflugzeuge; Bundesverband für Selbstschutz.
BVSt. Bundesvermögensstelle.
BVW Bezirksverwaltung; Bundesverkehrswacht.
BW *geogr.* Baden-Württemberg; Bergwacht; Betriebswirt; *auto.* Bundes-Wasser- und Schiffahrtsverwaltung.
Bw. Bauwagen; Bauwesen; Baumwolle; *auto.* Beiwagen; *ling.* Beiwort; *econ.* Beleihungswert; *ling.* Bindewort; Bundeswehr.
b.w. bitte wenden.
BWB Bundesamt für Wehrtechnik und Beschaffung.
BwDA Bundeswehrdisziplinaranwalt.
BWEA Bundeswehrersatzamt.
bwf. bewaffnet.
BWG Bundeswahlgesetz.
Bwg. Bewegung.
bwgl. beweglich.
BWK Berufswettkampf.
BWL *auto.* Baden-Württemberg, Landesregierung und Landtag; Betriebswirtschaftslehre.
BwLaz Bundeswehrlazarett.
BWLV Baden-Württembergischer Luftsportverband.
BWM Bundeswirtschaftsminister(ium).
BWO Bundeswahlordnung.
BWR Bundeswirtschaftsrat.
BWS *med.* Brustwirbelsäule.
BWV *mus.* Bachwerkeverzeichnis; Bundeswehrverwaltung.
BWVO Binnenwasserstraßen-Verkehrsordnung.
By. Bayern.

BYL *auto.* Bayern, Landesregierung und Landtag.
Byz. Byzantiner, Byzanz.
byz. byzantinisch.
BZ Badezimmer; Bauzuschuß; Berliner Zeitung; *tel.* Besetztzeichen; Betriebszentrale; *hist.* Britische Zone.
Bz. *econ.* Bestellzettel; Bezahlung; Bezeichnung; Bezirk; Bezug; Bücherzettel.
bz *econ.* bezahlt.
bz. *econ.* bezahlt; bezeichnet.
BZA Biologische Zentralanstalt; Bundesbahnzentralamt.
BzA Bezirksamt, -ausschuß.
BZB Berliner Zentralbank; Bundesamt für Zivilen Bevölkerungsschutz.
B.z.B. *aer.* Bord zu Bord.
bzB *econ.* bezahlt Brief.
BzBm., Bz.-Bm. Bezirksbürgermeister.
bzG *econ.* bezahlt Geld.
bzgl. bezüglich.
Bzl. Benzol.
Bzn. Benzin.
b.z.R. bitte zur Rücksprache.
B.z.W(v). Beamter zur Wiederverwendung.
bzw. beziehungsweise.

C

C *chem.* Carboneum, Kohlenstoff; *phys.* Celsius; (*Lat.*) centum, hundert; Code; *electr.* Coulomb; *auto.* Coupé; *phys.* (altes) Curie; *auto.* Kuba.
c (*Lat.*) *phys.* celeritas, Lichtgeschwindigkeit; Cent; Centavo; Centesimo; Centime; Centimo; *phys.* (neues) Curie; Karat; Zenti...
c. (*Lat.*) capitulum, Kapitel; (*Lat.*) caput, Kopf; (*Lat.*) causa, Fall; Cent; Centavo; Centesimo; Centime; Centimo; (*Lat.*) cum, mit.
CA *chem.* Celluloseacetat.
C.A. (*Lat.*) Collegium Academicum.
Ca *chem.* Calcium, Kalzium; *med.* Carcinoma, Krebs.
Ca. *med.* Carcinoma, Krebs.
ca. (*Lat.*) circa, ungefähr; (*Lat.*) contra, gegen.
c.a. (*Ital.*) *mus.* coll'arco, mit dem Bogen.
Cabr. *auto.* Cabriolet.
cad. (*Ital.*) *mus.* cadenza, Kadenz.
CAI (*Fr.*) Conférence Aéronautique Internationale, Internationale Luftverkehrskonferenz.
CAJ Christliche Arbeiterjugend.
cal *phys.* (Gramm)Kalorie.
Calv. *relig.* Calvinismus, -nist.
calv. *relig.* calvinistisch.
cand. (*Lat.*) candidatus, Kandidat.
cant. (*Ital.*) *mus.* cantabile, (ge)sanglich.
cap. (*Lat.*) capitulum, Kapitel; (*Lat.*) caput, Kopf.
caps. (*Lat.*) *pharm.* capsula, Kapsel.
C.A.S. Club Alpin Suisse (*Switzerland*).
CaZ *tech.* Cetanzahl.
Cb *chem.* Columbium.
Cb. Cembalist, Cembalo.
c.B., c.b. (*Ital.*) *mus.* col basso, mit dem Baß.
cbcm Kubikzentimeter.
cbdm Kubikdezimeter.
CBHV Christlicher Bau- und Holzarbeiterverband.
cbkm Kubikkilometer.
cbm Kubikmeter.
cbmm Kubikmillimeter.
CC Chargiertenconvent (*of a students' society*); Corps(burschen)-Convent (*of a students' society*); (*Fr.*) *auto.* Corps Consulaire, Konsularisches Corps.
CCI (*Fr.*) Chambre de Commerce Internationale, Internationale Handelskammer.
ccm Kubikzentimeter.
C.C.R. (*Fr.*) Commission Centrale pour la Navigation du Rhin, Zentralkommission für die Rheinschiffahrt.
CCVD Christlicher Chemiearbeiter-Verband Deutschlands.
CD (*Fr.*) *auto.* Corps Diplomatique, Diplomatisches Corps.
Cd *chem.* Cadmium, Kadmium.
cd (*Lat.*) *phys.* Candela (*unit of luminous intensity*).
CDA Christlich-Demokratische Arbeitnehmerschaft; Convent Deutscher Akademikerverbände; Convent Deutscher Altherrenverbände.
CDG Carl-Duisberg-Gesellschaft.
CDH Centralvereinigung Deutscher Handelsvertreter- und Handelsmaklerverbände; Christlich-Demokratische Hochschulgruppe.
c.div. (*Lat.*) *econ.* cum dividendo, mit Dividende.
CDK Convent Deutscher Korporationsverbände.
CdL Club der Luftfahrt.
cdm Kubikdezimeter.
CDN *auto.* Kanada.
CDP Christlich-Demokratischer Pressedienst.
CDU Christlich-Demokratische Union.
CE *chem.* Collip-Einheit.
C.E. (*Fr.*) Conseil de l'Europe, Europarat.
Ce *chem.* Cer.
CEA (*Fr.*) Confédération Européenne de l'Agriculture, Europäische Agrarunion.
C.E.C.A. (*Fr.*) Communauté Européenne du Charbon et de l'Acier, Europäische Gemeinschaft für Kohle und Stahl.
C.E.E. (*Fr.*) Communauté Economique Européenne, Europäische Wirtschaftsgemeinschaft.
C.E.E.A. (*Fr.*) Communauté Européenne de l'Energie Atomique, Europäische Gemeinschaft für Atomenergie, Europäische Atomgemeinschaft.
Cel. *phys.* Celsius.
Cell(oph). Cellophan.
Cels. *phys.* Celsius.
CEMA Centrale Marketinggesellschaft der deutschen Agrarwirtschaft.
Cemb. Cembalist, Cembalo.
CEMT (*Fr.*) Conférence Européenne des Ministres des Transports, Europäische Verkehrsminister-Konferenz.
CEPT (*Fr.*) Conférence Européenne des Administrations des Postes et des Télécommunications, Europäische Konferenz der Verwaltungen für Post- und Fernmeldewesen.
CERN, C.E.R.N. Conseil Européen pour la Recherche Nucléaire, Europäische Organisation für Kernforschung.
Ceyl. Ceylon(ese).
ceyl. ceylonesisch.
Cf *chem.* Californium.
cf. (*Lat.*) confer, vergleiche.
C.F.F. (*Fr.*) Chemins de Fer Fédéraux, Schweizerische Bundesbahnen *pl.*
CFK Chemiefaserkombinat (*DDR*); Christliche Friedenskonferenz.
CFW Chemiefaserwerk (*DDR*).
cg Zentigramm.
CGB Christlicher Gewerkschaftsbund Deutschlands.
CGBE Christliche Gewerkschaft Bergbau und Energie.
CGD *hist.* Christliche Gewerkschaften *pl* Deutschlands.
CGDE Christliche Gewerkschaft Deutscher Eisenbahner.
CGP Christliche Gewerkschaft des Post- und Fernmeldepersonals.
CH (*Lat.*) *auto.* Confoederatio Helvetica, Schweizerische Eidgenossenschaft.
Ch. (*sport*) Champion; Charge; *tech.* Chassis; Chauffeur; Chaussee; Chef; Chemie; Chiffre; *geogr.* China; Chirurg(ie); Chor(sänger).
chald. chaldäisch.
cham. chamois.
Champ. Champagner; Champignon; (*sport*) Champion(at).
chang. changieren(d).
Char. Charakter; Charge; Chargierte (*of a students' society*); Charité (*hospital in Berlin*).
char. charakterisiert; charakteristisch.
ChBK Chef des Bundeskanzleramts.
ChBPr. Chef des Bundespräsidialamts.
Ch.-Dir. *mus.* Chefdirigent; Chordirektor, -dirigent.
ChdOP Chef der Ordnungspolizei.
ChdSt, Ch.d.St. *mil.* Chef des Stabes.
Chefdir. *mus.* Chefdirigent.
Chem. Chemie, Chemiker.
chem. chemisch.
chem. Rein. chemische Reinigung.
chiff(r). chiffrieren, chiffriert.
chil. chilenisch.
Chin. Chinese, *ling.* Chinesisch; *pharm.* Chinin.
chin. chinesisch.
Ch.-Ing. Chefingenieur.
CHIO (*Fr.*) Concours Hippique International Officiel, offizielles internationales Reitturnier.
Chir. Chirurg(ie).
chir. chirurgisch.
Ch.-Korr. Chefkorrektor.
Chol. Cholera; Choleriker.
chol. cholerisch.
Chor. Choral; Chorsänger.
Ch.-P(il). *aer.* Chefpilot.
Ch.-Pl. Chefplaner.
Chr. Christ(entum), Christus; *metall.* Chrom; Chronik, -nist; Chronologie; Chronometer.
chr. christlich; chronisch; chronologisch.
Ch.-Red. Chefredakteur, -redaktion.
Christ. Christentum.
christl. christlich.
chrom. chromatisch; chromatisieren, -siert.
Chron. Chronik, -nist; Chronologie.
chron. chronisch; chronologisch.
Chronogr. Chronogramm, -graphie.
chronogr. chronographisch.
Ch.-Sekr. Chefsekretärin.
Ch.v.D. Chef vom Dienst.
CI (*Lat.*) Caritas Internationalis, Internationale Caritas; (*Fr.*) *auto.* Côte d'Ivoire, Elfenbeinküste.
Ci. *phys.* Curie; *meteor.* Zirrus.
Cic. *print.* Cicero.
C.I.C.R. (*Fr.*) Comité International de la Croix Rouge, Internationales Komitee vom Roten Kreuz.
Cie. (*Fr.*) *obs. econ.* Compagnie, Kompanie.
C.I.M. (*Fr.*) Convention internationale concernant le transport des marchandises par chemins de fer, Internationales Übereinkommen über den Eisenbahnfrachtverkehr.
C.I.M.E. (*Fr.*) Comité Intergouvernemental pour les migrations Européennes, Zwischenstaatliches Komitee für Europäische Auswanderung.
CINA Commission Internationale de Navigation Aérienne, Internationale Kommission für Flugnavigation.
C.I.O. Comité International Olympique, Internationales Olympisches Komitee.
CISAC (*Fr.*) Confédération Internationale des Sociétés d'Auteurs et Compositeurs, Internationale Vereinigung der urheberrechtlichen Verwertungsgesellschaften.
CJD Christliches Jugenddorf(werk).
ckm Kubikkilometer.
CKW *chem.* chlorierte Kohlenwasserstoffe *pl.*
CL *auto.* Ceylon.
Cl *chem.* Chlor.
Cl. Club.
cl Zentiliter.
c.l. (*Lat.*) citato loco, am angegebenen Ort (*in books*); (*Ital.*) *mus.* col legno, mit der Bogenstange; (*Lat.*) cum laude, mit Lob.
Cm *chem.* Curium.
cm Zentimeter.
CMa (*Lat.*) *astr.* Canis Major, Großer Hund.
CMi (*Lat.*) *astr.* Canis Minor, Kleiner Hund.
cmm Kubikmillimeter.
cm/s Zentimeter pro Sekunde.
CMV Christlicher Metallarbeiterverband.
Cn *chem.* Centurium.
CND Christlicher Nachrichtendienst.

Cntr. *econ.* Container.
CO *auto.* Kolumbien.
Co *chem.* Kobalt.
Co. (*Fr.*) *econ.* Compagnie, Kompanie.
Cod. Codex.
cod. codieren, codiert.
Col. Colophonium.
col. (*Lat.*) *print.* columna, Spalte.
Coll. Collage; College, Collegium.
Colleg. Collegium.
Com(m). *aer. mil. mar.* Commodore.
Comp. *print.* Composer; Computer.
Conf. (*Lat.*) confessio, Bekenntnis.
Confr. (*Lat.*) Confrater, Mitbruder.
Cont. *econ.* Container; *mus.* Continuo.
Cont.-Term. *econ.* Containerterminal.
Conv. *biol.* Convarietät; *tech.* Converter, Umformer.
Corp. (*Lat.*) corpus, Körper.
Corr. (*Lat.*) Corrigenda *pl*, Berichtigungen *pl.*
corr. corr. impr. (*Lat.*) *print.* correctis corrigendis imprimatur, nach Ausführung der Korrekturen druckfertig.
cos *math.* Kosinus.
cosec *math.* Kosekans.
cot(g) *math.* Kotangens.
coth *math.* Kotangens hyperbolicus.
Coul. Couleur.
Coup. Coupage; Coupon.
Court. Courtage.
Cous. Cousin(e).
Cout. Couture, Couturier.
CP Christliche Pfadfinderschaft.
cP *meteor.* kontinentale Polarluft.
CPVA Chemisch-Physikalische Versuchsanstalt.
CR Ceylon-Rupie (*monetary unit*); *auto.* Costa Rica.
Cr *chem.* Chrom.
cr. (*Lat.*) *obs.* currentis, laufenden (Jahres *od.* Monats).
cresc. (*Ital.*) *mus.* crescendo, anschwellend.
CrNiSt Chrom-Nickel-Stahl.
Cruz. Cruzeiro (*monetary unit in Brazil*).
CS *auto.* Tschechoslowakei.
Cs *chem.* Cäsium; *meteor.* Zirrostratus.
CSA Christlich-Soziale Arbeitnehmerschaft.
C.S.A. (*Lat.*) *röm.kath.* Canonici Sancti Augustini, Augustinerchorherren *pl.*
ČSSR (*Czech.*) Československá Socialistická Republika, Tschechoslowakische Sozialistische Republik.
CSU Christlich-Soziale Union (*of Bavaria*).
CSW Christlicher Studenten-Weltbund.
cT *meteor.* kontinentale Tropikluft.
ct. Cent, Centime.
c.t. (*Lat.*) cum tempore, mit akademischem Viertel (*15 minutes later*).
ctg *math.* Kotangens.
CTI Chemisch-Technisches Institut.
cts. Cents *pl*, Centimes *pl* (*monetary unit*).
CU *auto.* Curaçao.
Cu *chem.* Cuprum, Kupfer.
CV Cartellverband der katholischen deutschen Studentenverbindungen.
CVJM Christlicher Verein Junger Männer.
CVJT Schweizerischer Nationalverband Christlicher Vereine Junger Töchter und Frauen.
CVP Christlichdemokratische Volkspartei (*Switzerland*).
CVWJ Christlicher Verein Weiblicher Jugend.
CW (*computer*) Codewort.
CY *auto.* Zypern.
CZ *tech.* Cetanzahl.

D

D Dame (*in chess*); Dampfer, Dampfschiff; (*computer*) Daten *pl*; Datum; *econ.* Debet; Deka; *chem.* Deuterium; *ling.* Deutsch; *auto.* Bundesrepublik Deutschland; *math.* Dezimalpotenz; *phys.* Dichte; *tech.* Dieselmotor; Dimension; Dinar (*monetary unit*); Diode; *electr.* (*optics*) Dioptrie; *mus.* Dominante; *biol.* Dominanz; Dose; Drachme (*monetary unit of Greece*); (*postal service*) dringend; (*railway*) Durchgangszug; *auto.* Düsseldorf.
D. *phys.* Dichte; Dicke; *mus.* Diskant; *econ.* Diskont; Doktor der (protestantischen) Theologie; (*Lat.*) Dominus, Herr; Doppel; Durchgang; Durchlauf; *tech.* Durchmesser.
d (*Lat.*) *print.* deleatur, es soll getilgt werden; *hist.* Denar(ius); *phys.* Deuteron; *chem. phys.* dextrogyr; Dezi...; (*Lat.*) *astr.* dies, Tag; *math.* (totales) Differential; *tech.* Durchmesser.
d. das, dem, den, der, des; deutsch; dicht; dick; die; doppelt; dünn; durch.
DA algerischer Dinar (*monetary unit*); Daueranstellung; Dauerauftrag; Deutsche Akademie; Deutsches Archiv; Dienstanweisung; Dienstaufsicht; Dienstausweis; Dienstauszeichnung; Durchführungsanordnung.
d.A. der Autor; *tel.* durch Anruf.
d.Ä. der Ältere.
da *tech.* Außendurchmesser; Deka...; Deziar.
DAA Deutsche Angestellten-Akademie.
DAAD Deutscher Akademischer Austauschdienst.
DAB Deutscher Athleten-Bund; Deutsches Arzneibuch.
DaB, D.a.B. *mar. mil.* Dienst an Bord.
dab. dabei.
DABB Deutscher Amateur-Billard-Bund.
DABV Deutscher Amateur-Box-Verband.
DAC Deutsch-Ausländischer Club.
DACA Deutsche Arbeitsgemeinschaft Christlicher Aufbaulager.
Dachg. Dachgeschoß; *econ.* Dachgesellschaft.
Dachorg. Dachorganisation.
Dachverb. *econ.* Dachverband.
dad. (gek.) dadurch (gekennzeichnet).
DAdW Deutsche Akademie der Wissenschaften (*DDR*).
DAE Dienstaufwandsentschädigung.
DAeC Deutscher Aero-Club.
DAF *hist.* (*in NS-Zeit*) Deutsche Arbeitsfront.
daf. dafür.
DAG Deutsche Afrika-Gesellschaft; Deutsche Angestellten-Gewerkschaft; *jur.* Deutsches Auslieferungsgesetz.
dag Dekagramm.
dag. dagegen.
DAGK Deutsche Arbeitsgemeinschaft Kybernetik.
DAGV Deutsche Arbeitsgemeinschaft Vakuum.
Dah. Dahomey(er).
dah. daheim; daher; dahinter; dahomeyisch.
DAHV Deutscher Automobilhändlerverband.
DAHW Deutsches Aussätzigen-Hilfswerk.
DAI Deutscher Architekten- und Ingenieur-Verband; Deutsches Archäologisches Institut; Deutsches Auslandsinstitut.
DAK Deutsche Angestellten-Krankenkasse; Deutsche Atom-Kommission; *mil. hist.* Deutsches Afrikakorps.
DAL Deutsche Akademie der Landwirtschaftswissenschaften (*Berlin*); Deutsche Akademie der Luftfahrtforschung; Deutscher Arbeitsring für Lärmbekämpfung.
Dalm. Dalmatien, Dalmatiner.
dalm. dalmatinisch.
DAM Deutsches Apotheker-Museum.
dam Dekameter.
dam. damalig, damals.
D.-Am. Deutsch-Amerikaner.
DAMW Deutsches Amt für Meßwesen und Warenprüfung (*DDR*).
Dän. Däne(mark), *ling.* Dänisch.
dan. danach.
dän. dänisch.
dank. danken(d).
Dankb. Dankbarkeit.
DAnw., D.-Anw. Dienstanweisung; Durchführungsanweisung.
DAO Dividendenabgabenordnung; Durchführungsanordnung.
DAP *hist.* Deutsche Arbeiterpartei; Deutsches Ausschließungspatent.
DARA Deutsche Arbeitsgemeinschaft für Rechenanlagen.
DARAG Deutsche Auslands- und Rückversicherungs-AG (*DDR*).
DArbGG Deutsches Arbeitsgerichtsgesetz.
DARC Deutscher Amateur-Radio-Club.
dargel. dargelegt.
dargest. dargestellt.
Darl. Darlegung; Darlehen.
darl. darlegen.
Darst. Darsteller, -lung.
DAS Deutscher Allgemeiner Sängerbund; Deutscher Arbeitersängerbund; Deutscher Arbeiter-Schachbund; Deutscher Automobilschutz; (*computer*) Direkt-Abfrage-Sprache.
das. daselbst.
DASD Deutscher Amateur-Sende- und Empfangsdienst.
DASR Deutsche Akademie für Staats- und Rechtswissenschaft (*DDR*).
dass. dasselbe.
DAT Deutsch-Atlantische Telegraphengesellschaft; Deutsche Arznei-Taxe; Deutsche Automobil-Treuhand GmbH.
Dat. Daten *pl*; *ling.* Dativ; Datum.
DATAG, Datag Deutsche Allgemeine Treuhand AG.
DAtF Deutsches Atomforum.
DATV Deutscher Amateur-Tanzsportverband.
DAU (*computer*) Digital-Analog-Umsetzer *od.* -Umwandler.
D.-Aufs. Dienstaufseher, -sicht.
D.-Auftr. Dauerauftrag; Dienstauftrag.
DAV Deutscher Adreßbuch-Verlag; Deutscher Alpenverein; Deutscher Angler-Verband (*DDR*); Deutscher Anwaltverein; Deutscher Apotheker-Verein; Deutscher Arbeitskreis Vakuum; Deutscher Artisten-Verband; Deutscher Astrologen-Verband; Deutscher Automaten-Verband; Deutscher Autoren-Verband; Dividendenabgabeverordnung.
dav. davon; davor.
DAW Deutsche Akademie der Wissenschaften (*DDR*); Deutscher Arbeitskreis Wasser(forschung).
DAZ Dienstalterszulage.
dazw. dazwischen.
DB (*computer*) Datenbank; (*computer*) Datenbestand; *tech.* Dauerbelastung, -betrieb; Deutsche Bank; Deutsche Bibliothek; Deutsche Bücherei; Deutsche Bundesbahn; Deutsche Bundesbank; Dienstbeschädigung; *med.* Diphtheriebazillus; Direktionsbezirk; Doppelspielband (*magnetic tape*); Dresdner Bank; Durchführungsbestimmung(en *pl*); Durchlaßbereich.
D.B. Deutsche Burschenschaft.
dB *phys.* Dezibel.
d.B. dieses Bandes *od.* Buches; durch Boten.
DBA Doppelbesteuerungsabkommen.
DBB Deutsche Bundesbank; Deutscher Basketball-Bund; Deutscher Beamtenbund; Deutscher Brauerbund.
DBD Demokratische Bauernpartei Deutschlands (*DDR*).
Dbd. Doppelband (*of books*).
DBest. Durchführungsbestimmung(en *pl*).
DBG Deutsche Baugemeinschaft; Deutsche Botanische Gesellschaft; Deutsche Buch-Export- und Import-Gesellschaft (*DDR*); Deutsche Buchgemeinschaft; Deutsches Beamtengesetz.
DBGM Deutsches Bundes-Gebrauchsmuster.
DBIV Deutscher Braunkohlen-Industrie-Verein.
DBJR Deutscher Bundes-Jugendring.
DBK Deutsche Beamten-Krankenversicherung.
Dbl. Deckblatt; Dienstblatt; Doppelblatt.
d. Bl. dieses Blattes.
DBO Deutsche Bauordnung.
DBP Deutsche Bundespost; Deutsches Bundespatent.

DBPa Deutsches Bundespatent angemeldet.
dbr. dunkelbraun.
DBS Deutsche Bausparkasse; Deutscher Berufsfahrerschutz.
DBSV Deutscher Billardsportverband (*DDR*); Deutscher Bob- und Schlittensportverband; Deutscher Bogenschützen-Verband (*DDR*).
DBT Deutscher Bundestag.
DBV Deutsche Beamtenversicherung; Deutscher Bäderverband; Deutscher Bankbeamtenverein; Deutscher Badminton-Verband; Deutscher Basketball-Verband (*DDR*); Deutscher Bauernverband; Deutscher Berufsboxverband; Deutscher Bibliotheksverband (*DDR*); Deutscher Bob-Verband; Deutscher Boxverband (*DDR*); Deutscher Buchdrucker-Verein; Deutscher Bühnenverein; Deutscher Büro- und Behördenangestellten-Verband; Deutscher Bundeswehr-Verband.
DBWV Deutscher Bergsteiger- und Wander-Verband.
DBZ Deutsche Bauernzeitung; Deutsches Bauzentrum.
DC Delegiertenconvent (*of students' societies*); (*Ital.*) *pol.* Democrazia Cristiana.
D.C. *hist.* (*in NS-Zeit*) Deutsche Christen *pl.*
d.c. (*Ital.*) *mus.* da capo, noch einmal (von Anfang an).
DCC Deutscher Campingclub.
DCG Deutsche Chemische Gesellschaft.
dch. durch.
Dchs. Durchsicht.
dcm Dezimeter.
DCSV Deutsche Christliche Studentenvereinigung.
DCV Deutscher Caritasverband.
DD *tech.* Dampfdichte; *med.* Differentialdiagnose; *aer.* Doppeldecker; doppelt dick, doppelte Dicke.
D.D. *med.* Differentialdiagnose.
Dd. *math.* Dividend; Doktorand.
d.D. der Direktor, die Direktion.
DDB Deutscher Diabetiker-Bund; Deutscher Dolmetscherbund; Dokumentationsdienst der Deutschen Bundesbahn.
DDD Deutscher Depeschen-Dienst (*a news agency*).
DDG Deutsche Datel-Gesellschaft für Datenfernverarbeitung; Deutsche Dendrologische Gesellschaft.
DDO Dienst- und Disziplinarordnung.
DDP *hist.* Deutsche Demokratische Partei.
D.d.Pst. Datum des Poststempels.
DDR Deutsche Demokratische Republik.
DDSG Donau-Dampfschiffahrtsgesellschaft.
DDT *chem.* Dichlordiphenyltrichlormethylmethan (*an insecticide*); *electr.* Doppeldrehtransformator.
DDV Deutscher Drogistenverband; (*computer*) direkte Datenverarbeitung.
DE (*computer*) Datenerfassung; *phys.* Dielektrizitätskonstante; Diensteinkommen; *tech.* dieselelektrisch.
De *electr.* Demodulator; *electr.* Detektor.
d.E. (*postal service*) durch Eilboten.
DEA (*TM*) Deutsche Erdöl-AG; (*theater, film*) *mus.* Deutsche Erstaufführung.
DEB Deutscher Eishockey-Bund.
Deb. Debatte; *econ.* Debitor(en *pl*).
dec. (*Ital.*) *mus.* decrescendo, abnehmend.
DECHEMA, Dechema Deutsche Gesellschaft für chemisches Apparatewesen.
DED Deutscher Entwicklungsdienst.
DEE (*computer*) Datenendeinrichtung.
Def. Defekt; Defensive; Defilee; Definition; Defizit; Deformation, -mierung.
def. defekt; defensiv; definieren, -niert; definitiv; defizitär; deformiert.
DEFA Deutsche Film-AG (*DDR*).
DEG Deutsche Eisenbahner-Gewerkschaft; Deutsche Entwicklungsgesellschaft.
Deg. Degeneration.
deg. degeneriert.
DEGEBO, Degebo Deutsche Gesellschaft für Bodenmechanik.
Degesch Deutsche Gesellschaft für Schädlingsbekämpfung.
DEGETO Deutsche Gesellschaft für Ton und Bild.
degr. degressiv.
Degussa Deutsche Gold- und Silberscheideanstalt.
DEHOGA, Dehoga Deutscher Hotel- und Gaststättenverband.
DEHV Deutscher Eishockeyverband.
DEI Deutsches Entomologisches Institut.
DEK Deutsche Einheitskurzschrift; Dortmund-Ems-Kanal.
Dek. Dekade; Dekadenz; *Bibl.* Dekalog; Dekameron; Dekameter; Dekan(at); Dekorateur, Dekor(ation); Dekorum.
dek. dekadent; dekorieren, -riert.
Dekl. Deklamation; Deklaration; Deklination.
dekl. deklamieren; deklarieren, -riert; deklinieren, -niert.
Deko. Dekoration.
Dekor. Dekorateur, -ration.
Dekr. *med.* Dekrement; Dekret, *relig.* Dekretale.
DEKT Deutscher Evangelischer Kirchentag.
Del. Delegation, -gierte; Delikt; Delinquent.
del. delegieren, -giert; (*Lat.*) *print.* deleatur, es soll getilgt werden; delikat; (*Lat.*) (*art*) delineavit, hat es gezeichnet.
Dem. Demarche; Demarkation; Dementi; Demission; Demokrat(ie); Demonstrant, -stration; Demontage.
dem. dementieren, -tiert; demokratisch; demonstrativ, demonstrieren; demontieren.
DEMAG Deutsche Maschinenfabrik AG.
Dem.-L. Demarkationslinie.
demn. demnach; demnächst.
DEMV Deutscher Einheitsmietvertrag.
demz(uf). demzufolge.
den (*textile*) Denier.
Denkm. Denkmal.
Denkschr. Denkschrift.
Dent. Dentist.
Dep. (*Fr.*) Departement; (*Fr.*) Dependance; Depesche; *ling.* Deponens; Deportation; Depositär; *econ.* Depositen *pl*; Deposition; Depositorium; Depot; Deputat; Deputation, Deputierte.
Dep.-B. Depositenbank.
Depr. Depression(en *pl*); *relig.* Deprivation.
depr. deprimiert.
Deput. Deputat; Deputation; Deputierte.
DER Deutsche Eisenbahn-Reklame; Deutsches Reisebüro.
Der. Derivat(ion).
DERA Darmstädter elektronische Rechenanlage.
dergl. dergleichen.
derj. derjenige.
Derm. *med.* Dermatologe, -logie.
derm. dermaßen.
ders. derselbe.
DES Dieselelektroschiff.
desgl. desgleichen.
Desinf. Desinfektion.
desinf. desinfizieren, -ziert.
deskr. deskriptiv.
Desp. Despot(ie), -tismus.
desp. despotisch.
Dess. Dessert; Dessin; Dessous.
dess. desselben.
Dest. Destillat(eur), -lation; Destination.
DESY *nucl.* Deutsches Elektronen-Synchroton.
Desz. Deszendent, -denz.
desz. deszendent, deszendieren(d).
Det. Detail; Detektiv; *electr.* Detektor; Detergenzien *pl*; Determinante; Determination, *ling.* Determinativ; Determinismus; Detonation.
det. detaillieren, -liert; determinieren, -niert; deterministisch; detonieren, -niert.
DEU Deutsche Eislaufunion; Deutsche Europa-Union.
DEUBAU Deutsche Bauausstellung.
Deut. *phys.* Deuteron; *Bibl.* Deuteronomium.
DEV Deutscher Eisenwarenhändler-Verband; Deutscher Eissport-Verband; Deutscher Export-Verband.
Dev. Devestitur; Deviation; Devise; Devisen *pl*; *röm.kath.* Devotionalien *pl.*
dev. devot.
Devot. *röm.kath.* Devotionalien *pl.*
DEVV Deutscher Eisenbahnverkehrsverband.
DEW Deutsche Edelstahlwerke AG.
Dez. Dezember; Dezennium; Dezernat, -nent; Dezimale; *mus.* Dezime; Dezimeter.
dez. dezent; dezimal.
DF (*computer*) Datenfeld; Deutsches Fernsehen.
Df *biol.* Defizienz; Drahtfunk(technik).
Df. Dorf; Durchführung.
d.f. de facto.
DFB Demokratischer Frauenbund; Deutscher Fechterbund; Deutscher Fußballbund; Devisenfreibetrag.
DFD Demokratischer Frauenbund Deutschlands (*DDR*).
DFF Deutscher Fernsehfunk (*DDR*); *aer. mar.* Drehfunkfeuer.
DFFB Deutsche Film- und Fernsehakademie Berlin.
DFG Deutsche Forschungsgemeinschaft; Deutsche Friedensgesellschaft.
dfg. dienstfähig.
DFH Deutsche Forschungsanstalt Hubschrauber und Vertikalflugtechnik.
DFJW Deutsch-Französisches Jugendwerk.
DFK Deutscher Verband für Freikörperkultur.
DFKG Deutsche Fernkabel-Gesellschaft.
DFL Dampffischlogger; Deutsche Forschungsanstalt für Luftfahrt.
DFP Demokratische Fortschrittliche Partei (*Austria*); *chem.* Di-isopropylfluorphosphat.
DFR Deutscher Forschungsrat.
DFS Deutsche Forschungsanstalt für Segelflug; Deutsche Funkschule.
DFSp (*computer*) Dünnschicht-Filmspeicher.
DFTV Deutscher Funktechnischer Verband.
DFU Deutsche Friedensunion.
DFÜ (*computer*) Datenfernübertragung.
DFV (*computer*) Datenfernverarbeitung; Deutscher Familienverband; Deutscher Faustball-Verband (*DDR*); Deutscher Fechtverband (*DDR*); Deutscher Federballverband (*DDR*); Deutscher Fernsehverband; Deutscher Feuerwehrverband; Deutscher Fischereiverband; Deutscher Fleischerverband; Deutscher Forstverein; Deutscher Fototechniker-Verband; Deutscher Fremdenverkehrsverband; Deutscher Funktechnischer Verband; Deutscher Fußballverband (*DDR*).
DfV(O) Durchführungsverordnung.
DFVLR Deutsche Forschungs- und Versuchsanstalt für Luft- und Raumfahrt.
DFW Deutsches Frauenwerk.
DFWR Deutscher Forstwirtschaftsrat.
DG Dampfschiffahrtsgesellschaft; *hist.* Danziger Gulden (*monetary unit*); Deutscher Härtegrad (*of water*); Diplomgärtner; Durchführungsgesetz.
D.G. Deutscher Härtegrad (*of water*).
Dg Dekagramm.
Dg. *tech.* Dichtung; Durchgang; Durchschlag.
d.G. *mil.* des Generalstabs; des Gesetzes; durch Gesetz; durch Güte (*of letters*).
dg Dezigramm.
DGAK Deutsche Gesellschaft für Afrikakunde.
DGAVL Deutsche Gesellschaft für Allgemeine und Vergleichende Literaturwissenschaft.
DGB Deutsche Gesellschaft für Betriebswirtschaft; Deutscher Gewerkschaftsbund; Deutscher Gymnastikbund.
DGBW Deutsche Gesellschaft für Bewässerungswirtschaft.
DGD Deutsche Gesellschaft für Dokumentation.
DGE Deutsche Gesellschaft für Ernährung.
DGF Deutsche Gesellschaft für Flugwissenschaften.
DGfB Deutsche Gesellschaft für Betriebswirtschaft.
DGfH Deutsche Gesellschaft für Holzforschung.
DGFI Deutsche Gesellschaft Freier Ingenieure; Deutsches Geodätisches Forschungsinstitut.
DGfK Deutsche Gesellschaft für Kartographie.
DGfM Deutsche Gesellschaft für Metallkunde.
DGfPh Deutsche Gesellschaft für Photographie.
DGfPs Deutsche Gesellschaft für Psychologie.
DGG Deutsche Gartenbau-Gesellschaft; Deutsche Geologische Gesellschaft; Deutsche Glastechnische Gesellschaft; Deutsche Grammophon-Gesellschaft.
DGK Deutsche Generalkarte; Deutsche Genossenschaftsbank; Deutsche Gesellschaft für Kybernetik.

dgl. der-, desgleichen.
DGLR Deutsche Gesellschaft für Luft- und Raumfahrt.
DGLRM Deutsche Gesellschaft für Luft- und Raumfahrtmedizin.
DGM Deutsches Gebrauchsmuster; Deutsches Gesundheitsmuseum.
DGMA Deutsche Gesellschaft für Meßtechnik und Automatisierung (*DDR*).
DGMK Deutsche Gesellschaft für Mineralölwissenschaft und Kohlechemie.
DGO Deutsche Gemeindeordnung.
DGON Deutsche Gesellschaft für Ortung und Navigation.
DGPh Deutsche Gesellschaft für Photographie.
DGQ Deutsche Gesellschaft für Qualitätsforschung.
d.Gr. der *od.* die Große.
DGRR Deutsche Gesellschaft für Raketentechnik und Raumfahrt.
DGRS Deutsche Gesellschaft zur Rettung Schiffbrüchiger.
DGS Deutsche Gesellschaft für Standardisierung (*DDR*).
DGT Deutscher Gemeindetag.
Dgt. Dirigent.
DGU Deutsche Gesellschaft für Unternehmensforschung.
DGV Deutsche Gesellschaft für Vakuumtechnik; Deutsche Graphologische Vereinigung; Deutscher Gastwirteverband; Deutscher Genossenschaftsverband; Deutscher Gewerbeverband; Deutscher Gewichtheberverband (*DDR*).
DGVN Deutsche Gesellschaft für die Vereinten Nationen.
DGZ Deutsche Girozentrale.
DH Dirham (*monetary unit of Morocco*); Doppelheft; Durchfahrthöhe.
dH deutscher Härtegrad (*of water*).
d.H. der Herausgeber.
d.h. das heißt.
DHA Deutsches Handelsarchiv; *chem.* Dihydroxyaceton.
DHB Deutscher Handballbund; Deutscher Hausfrauenbund; Deutscher Hockey-Bund.
DHfK Deutsche Hochschule für Körperkultur (*DDR*).
DHfL Deutsche Hochschule für Leibesübungen.
DHfM Deutsche Hochschule für Musik.
DHfP Deutsche Hochschule für Politik.
DHG Deutsche Handelsgesellschaft; Deutsche Hilfsgemeinschaft; Deutsche Historikergesellschaft (*DDR*).
DHI Deutsches Handwerksinstitut; Deutsches Historisches Institut (*Paris*); Deutsches Hydrographisches Institut.
DHM Deutsche Handwerksmesse; Deutsches Hygiene-Museum.
DHS Deutsche Hauptstelle gegen die Suchtgefahren.
DHSV Deutscher Hockey-Sportverband (*DDR*).
DHV Deutscher Handels- und Industrie-Angestelltenverband; Deutscher Hokkey-Verband; Deutscher Holzarbeiterverband.
DHWR Deutscher Holzwirtschaftsrat.
DHZ Deutsche Handelszentrale (*DDR*).
DI Deutsches Industrieinstitut; Dolmetscherinstitut.
Di *med.* Diphtherie.
Di. Dienst; Dienstag.
di. dienstags; dienstlich.
d.i. das ist.
DIA Deutsche Industrie-Ausstellung; Deutscher Innen- und Außenhandel (*DDR*).
Diab. *med.* Diabetes, Diabetiker.
diab. diabetisch; diabolisch.
Diag. *med.* Diagnose, Diagnostik(er); (*textile*) Diagonal; *math.* Diagonale.
diag. diagonal.
Diagn. *med.* Diagnose, Diagnostik(er).
Diagr. Diagramm.
Diak. Diakon(at), Diakonisse.
diakr. diakritisch.
Dial. Dialekt; Dialektik(er); Dialog.
dial. dialektisch.
Diam. Diamant; Diameter.
diam. diametral, diametrisch.
DIB Deutsche Investitionsbank (*DDR*); Deutscher Ingenieurbund; Deutsches Institut für Betriebswirtschaft.
DiB *med.* Diphtheriebazillus.
Did. Didaktik(er).
did. didaktisch.
diej. diejenige(n *pl*).
dienst. dienstags.
dienstl. dienstlich.
dies. dieselbe(n *pl*); dieses; *meteor.* diesig.
diesj. diesjährig.
diess. diesseits.
DIFAD Deutsches Institut für angewandte Datenverarbeitung.
DIfB Deutsches Institut für Berufs(aus)bildung (*DDR*).
DIFF Deutsches Institut für Fernstudien.
Diff. Differential; Differenz; Differenzierung.
diff. different; differential, differentiell; differenzieren, -ziert; diffizil; diffus.
diffam. diffamieren, -miert.
Diff.-Diag(n). *med.* Differentialdiagnose.
Diff.-Gesch. *econ.* Differenzgeschäft.
Diff.-Getr. *tech.* Differentialgetriebe.
Diff.-Gl. *math.* Differentialgleichung.
Diff.-Quot. *math.* Differentialquotient.
DIfW Deutsches Institut für Wirtschaftsforschung.
dig. *med.* (*computer*) digital.
DIHT Deutscher Industrie- und Handelstag.
DIL Deutsches Institut für Luftverkehrsstatistik.
DIM Deutsche Industriemesse; Deutsches Institut für Marktforschung (*DDR*).
Dim. Dimension; *mus.* Diminution; *ling.* Diminutiv.
dim *phys.* Dimension.
dim. dimensional; (*Ital.*) *mus.* diminuendo, leiser werdend; diminutiv; dimorph.
DIN Deutsche Industrie-Norm(en *pl*).
Din Dinar (*monetary unit of Yugoslavia*).
Dion Direktion (*Austria*); *mil.* Division (*Austria*).
DIPF Deutsches Institut für Internationale Pädagogische Forschung.
Dipl. Diplom(and); Diplomat(ie); Diplomatik.
dipl. diplomatisch; diplomiert.
Dipl.-Arch(it). Diplomarchitekt.
Dipl.-Bibl. Diplombibliothekar.
Dipl.-Chem. Diplomchemiker.
Dipl.-Dolm. Diplomdolmetscher.
Dipl.-Geol. Diplomgeologe.
Dipl.-Gwl. Diplomgewerbelehrer.
Dipl.-Hdl. Diplomhandelslehrer.
Dipl.-Holzw. Diplomholzwirt.
Dipl.-Ing. Diplomingenieur.
Dipl.-K(au)fm. Diplomkaufmann.
Dipl.-L(an)dw. Diplomlandwirt.
Dipl.-Math. Diplommathematiker.
Dipl.-Met. Diplommeteorologe.
Dipl.-Min. Diplommineraloge.
Dipl.-Phys. Diplomphysiker.
Dipl.-Prüf. Diplomprüfung.
Dipl.-Psych. Diplompsychologe.
Dipl.-Übers. Diplomübersetzer.
Dipl.-V(olks)w. Diplomvolkswirt.
DIR Deutsches Institut für Rechtswissenschaft (*DDR*).
Dir. Direktion; Direktive; Direktor(at); Direktorium; Direktrice; Dirigent.
Dir.-App. *tel.* Direktapparat.
Dir.-Ass(ist). Direktionsassistent.
Dir.-Best. *econ.* Direktbestellung.
Dir.-Sekr. Direktionssekretariat, -sekretärin.
Dir.-Übertr. (*radio*) *telev.* Direktübertragung.
Dir.-Verb. *tel.* Direktverbindung.
Disc. *econ.* Discount(er).
dish. disharmonisch.
Disk. *mus.* Diskant; *econ.* Diskont; Diskothek; Diskus; Diskussion.
disk. diskutabel; diskutieren, -tiert.
Diskr. Diskretion; Diskriminierung.
diskr. diskret; diskriminieren(d), diskriminiert.
DISMA Deutsches Institut für statistische Markt- und Meinungsforschung.
Disp. *econ.* Dispatcher; Dispens; *chem. phys.* Dispergens, Dispersion; *econ.* Disponent; Disposition; Disput(ation).
disp. dispensieren, -siert; *chem. phys.* dispergieren, dispers; disponibel, disponieren, -niert; dispositiv.
Diss. Dissertation; *relig.* Dissident; Dissimilation; Dissolution; Dissonanz; Dissoziation.
diss. dissoziativ, dissoziieren, -ziiert.
Dist. Distanz; *metr.* Distichon; *med.* (*optics*) Distorsion.
Distr. *geol. med.* Distraktion; Distrikt.
distr. distributiv.
Disz. Disziplin.
disz. disziplinarisch, diszipliniert.
Div. Divergenz; Diverses; Diversifikation; *mus.* Divertimento; *econ.* Dividende; *math. mil.* Division; *math.* Divisor.
DIW Deutsches Institut für Wirtschaftsforschung.
DIZ Deutsche Industriefilm-Zentrale; Deutsches Institut für Zeitgeschichte (*DDR*).
DJ Deutsche Jägerschaft; Deutsche Jugend; Deutsche Jugendbücherei; *hist.* (*in NS-Zeit*) Deutsches Jungvolk.
d.J. der *od.* die Jüngere; dieses Jahr(es).
DJB Deutscher Judobund.
DJC Deutscher Judoclub.
DJD Deutsche Jungdemokraten *pl.*
DJFR Deutscher Jugendfahrtenring.
DJH Deutsche Jugendherberge; Deutsche Jugendhilfe; Deutscher Jugendherbergsverband.
DJK Deutsche Jugendkraft (*a sports association*).
DJMM (*sport*) Deutsche Jugendmannschafts-Meisterschaften *pl.*
DJO Deutsche Jugend des Ostens.
DJRK Deutsches Jugendrotkreuz.
DJT Deutscher Juristentag.
DJU Deutsche Journalisten-Union.
DJV Demokratischer Jugendverband; Deutscher Jagdschutz-Verband; Deutscher Journalistenverband; Deutscher Judo-Verband (*DDR*).
DJW Deutsches Jugendschriftenwerk.
DK *tech.* Dampfkraft; *auto.* Dänemark; Delegiertenkommission, -konferenz; Deutsches Konsulat; Dezimalklassifikation; *phys.* Dielektrizitätskonstante; Dieselkraftstoff; *electr.* Drehkondensator.
DKA Deutscher Kriegsopferausschuß.
DKB Deutscher Keglerbund; Deutscher Kulturbund (*DDR*); Deutscher Künstlerbund.
DKBD Demokratischer Kulturbund Deutschlands.
Dkfm. Diplomkaufmann (*Austria*).
DKfO Deutsche Kommission für Ozeanographie.
DKfW Deutsche Kommission für Weltraumforschung.
DKFZ Deutsches Krebsforschungszentrum.
DKG Deutsche Kautschuk-Gesellschaft; Deutsche Keramische Gesellschaft; Deutsche Krankenhausgesellschaft.
dkg Dekagramm (*Austria*).
DKGD Deutsche Konzert- und Gastspieldirektion (*DDR*).
DKI Deutsches Kunststoff-Institut; Deutsches Kupferinstitut.
d.Kl. der *od.* die Kleine; d(ies)er Klasse.
dkl Dekaliter.
dkl. dunkel.
Dkm. Denkmal.
dkm Dekameter.
DKP Deutsche Kommunistische Partei.
dkr dänische Krone (*monetary unit*).
DKS Deutsche Kraftwagen-Spedition.
DKSB Deutscher Kinderschutzbund.
DKSV Deutscher Kanusportverband (*DDR*).
DKU Deutsche Kraftfahrer-Union.
DKV Deutsche Krankenversicherungs-AG; Deutscher Kältetechnischer Verein; Deutscher Kanuverband; Deutscher Keglerverband (*DDR*); Deutscher Kraftfahrerverband; Deutscher Künstlerverband.
DKW Dampfkraftwerk.
DL *tech.* Dampfleitung; *mar.* Dampflogger; Demarkationslinie; Deutsche Landsmannschaft; Diplomlandwirt; (*Lat.*) *med. pharm.* dosis letalis, tödliche Dosis.
D.L. Deutsche Landsmannschaft.
Dl Dekaliter.
Dl. *tech.* Druckluft.
dl Deziliter.
D-Lampe *electr.* Doppelwendellampe.
DLB Dienstleistungsbetrieb.
DLF Deutschlandfunk (*a radio station*).
DLfM Deutsche Liga für Menschenrechte.
DLG Deutsche Landwirtschafts-Gesellschaft; Deutsche Lichtbild-Gesellschaft.
DLH Deutsche Lufthansa AG (*an airline*).
DLR Deutsche Luftreederei; Deutscher Landwirtschaftsrat.
DLRG Deutsche Lebens-Rettungs-Gesellschaft.
DLSV Deutscher Luftsportverband.
DLTG Deutsche Lichttechnische Gesellschaft.

DLV Deutscher Landfrauenverband; Deutscher Leichtathletik-Verband; Deutscher Leihverkehr (*library*); Deutscher Luftfahrt-Verband; Deutscher Luftpostverband; Deutscher Luftschutz-Verband; Deutscher Luftsport-Verband.
DLZ Deutsche Lehrerzeitung (*DDR*); Deutsche Literaturzeitung.
DM Dampfmühle; Deutsche Mark; (*sport*) Deutsche Meisterschaft(en *pl*); Deutsches Museum; *tech.* Dieselmotor.
Dm Dekameter.
Dm. Damm; Denkmal; Domäne; Durchmesser.
d.M. der Marine; deutsche Meile (= *7532 m*); d(ies)es Monats.
D-Mark Deutsche Mark.
DMG Deutsche Maschinentechnische Gesellschaft; Deutsche Meteorologische Gesellschaft; Deutsche Morgenländische Gesellschaft; Deutsche Musikgesellschaft.
DMI Deutsches Mode-Institut.
DMJ Deutsches Meteorologisches Jahrbuch.
DMK Deutsche Meereskarte; Deutscher Motorboot-Klub.
DMM (*sport*) Deutsche Mannschaftsmeisterschaft(en *pl*).
DMR Deutsches Mietrecht.
Dmr. Durchmesser.
d.Mts. d(ies)es Monats.
DMV Deutsche Mathematiker-Vereinigung; Deutscher Metallarbeiter-Verband; Deutscher Motorradsport-Verband; Deutscher Musikverleger-Verband.
DMW Deutsche Medizinische Wochenschrift; *electr.* Dezimeterwelle(n *pl*).
DMYV Deutscher Motoryachtverband.
D.-N. Doppelnummer (*of journals*).
DNA Deutscher Normenausschuß.
DNB Deutsche Notenbank (*DDR*); *hist.* Deutsches Nachrichtenbüro; *chem.* Dinitrobenzol.
DNK Deutsches Nationales Komitee.
DNotV Deutscher Notarverein.
DNR Deutscher Naturschutzring.
DNS *biol. chem.* Desoxyribonukleinsäure.
DNVP *hist.* Deutschnationale Volkspartei.
DO Dienst(straf)ordnung; Dieselöl; Disziplinarordnung.
Do Dornier (*aircraft*).
Do. Donnerstag; Doppel.
d.O. der *od.* die Obige.
do. (*Ital.*) detto, dito, ditto (*Austria*), dasselbe, ebenso; donnerstags.
DOA Dienstordnung für Angestellte.
DOAG Deutsch-Ostasiatische Gesellschaft.
D.Ö.A.V. Deutsch-Österreichischer Alpenverein.
DOB Damenoberbekleidung(sindustrie); Deutscher Offiziersbund.
Do.-Bd. Doppelband (*of books*).
d.ö.D. des öffentlichen Dienstes.
DOG Deutsche Olympische Gesellschaft.
Do.-H. Doppelheft (*of journals*).
Dok. Dokument(ation).
dok. dokumentieren, -tiert.
Dokt. Doktor(and); Doktrin.
doktr. doktrinär.
Dolm. Dolmetscher.
DOM *auto.* Dominikanische Republik.
Dom. Domäne; Dominante; Dominion; (*Lat.*) Dominus, Herr; Domizil.
dom. dominieren(d); dominikanisch.
dom $ dominikanischer Peso (*monetary unit*).
Dom.-Verw. Domänenverwalter, -verwaltung.
dopp. doppelt.
Doppelz. Doppelzentner; Doppelzimmer.
d.ö.R. des öffentlichen Rechts.
dorth. dorther; dorthin.
Dos. Dosierung, Dosis.
dos. dosieren, dosiert.
DOZ Deutsches Olympiazentrum.
Doz. Dozent(ur).
Do.-Z(i). Doppelzimmer.
Do.-Ztr. Doppelzentner.
DP Demokratische Partei; Deutsche Partei; Deutsche Post (*DDR*); Deutsches Patent; *chem.* Durchschnitts-Polimerisationsgrad.
Dp. Doppel-.
DPA Deutscher Personalausweis; Deutsches Patentamt.
dpa Deutsche Presse-Agentur.
DPB Deutscher Pfadfinderbund.
Dp.-Bd. Doppelband (*of books*).
DPD *hist.* Deutscher Pressedienst.
DPf, Dpf Deutscher Pfennig.
Dpf. Dampf; Dampfer, Dampfschiff.
Dpf.-Lok Dampflok(omotive).
Dpfm., Dpf.-Masch. Dampfmaschine.
Dpf.-T(urb). Dampfturbine.
DPG Deutsche Physikalische Gesellschaft; Deutsche Postgewerkschaft; Deutsche Psychoanalytische Gesellschaft; Deutsches Patentgericht.
Dp.-H. Doppelheft (*of journals*).
DPhV Deutscher Philologen-Verband.
DPN Deutsche Postnorm (*DDR*); *chem. med.* Diphosphopyridinnukleotid.
Dpp. Doppel.
dpp. doppelt.
Dptr., dpt(r). (*optics*) Dioptrie.
DPV Deutscher Pfadfinder-Verband; Deutscher Pferdesport-Verband (*DDR*).
DPWV Deutscher Paritätischer Wohlfahrtsverband.
Dp.-Z(i). Doppelzimmer.
DPZI Deutsches Pädagogisches Zentralinstitut (*DDR*).
DR Dauerrente; Demokratische Republik; Deutsche Reichsbahn (*DDR*); Deutsches Recht; Deutsches Reich; (*computer*) Digitalrechner.
Dr. Doktor; Drachme (*monetary unit of Greece*); Draht; Drama; *tech.* Drossel; Druck; Drucker(ei); (*postal service*) Drucksache; *med.* Drüse.
d.R. *mil.* der Reserve; des Ruhestandes; die Redaktion.
dr. Drachme (*monetary unit of Greece*); dringend; drücken(d).
DRAC Deutscher Radio-Amateur-Club.
Dr. agr. (*Lat.*) doctor agronomiae, Doktor der Landwirtschaft.
DRB Deutscher Ringerbund.
DRBG *hist.* Deutsche Reichsbahngesellschaft.
Drchf. Durchfahrt; Durchführung.
Drchg. Durchgang.
Drcks. (*postal service*) Drucksache.
d.Red. die Redaktion.
d.Ref. der Referent.
Dr.E.h. Doktor Ehren halber.
Drehko. *electr.* Drehkondensator.
Dres. (*Lat.*) Doctores, Doktoren *pl.*
d.Res. *mil.* der Reserve.
d.Rez. der Rezensent.
DRF *pharm.* Deutsche Rezeptformeln *pl*; *nucl.* Dosisreduzierungsfaktor.
D.R.F. *pharm.* Deutsche Rezeptformeln *pl.*
Dr. forest. (*Lat.*) doctor scientiae rerum forestalium, Doktor der Forstwissenschaft.
DRF(F)V Deutscher Radio- und Fernseh-Fachverband.
DRG Deutsche Raketen-Gesellschaft; Deutsche Röntgen-Gesellschaft; *hist.* Deutsches Reichsgesetz.
drgl. dergleichen.
DRGM Deutsches Reichs-Gebrauchsmuster.
Drgt. Dirigent.
Dr. (*z. B.* **med.**) **habil.** (*Lat.*) Doctor habilitatus, habilitierter Doktor (*z. B.* der Medizin).
Dr.h.c. (*Lat.*) Doctor honoris causa, Doktor ehrenhalber, Ehrendoktor.
Dr.-Ing. Doktoringenieur, Doktor der Ingenieurwissenschaften.
Dr. j. u(tr). (*Lat.*) doctor juris utriusque, Doktor beider Rechte.
Dr. jur. (*Lat.*) Doctor juris, Doktor der Rechte.
DRK Deutsches Rotes Kreuz.
Dr. med. (*Lat.*) doctor medicinae, Doktor der Medizin.
Dr. med. dent. (*Lat.*) doctor medicinae dentariae, Doktor der Zahnmedizin.
Dr. med. univ. (*Lat.*) doctor medicinae universae, Doktor der gesamten Medizin (*Austria*).
Dr. med. vet. (*Lat.*) doctor medicinae veterinariae, Doktor der Tiermedizin.
Dr. oec. (*Lat.*) doctor oeconomiae, Doktor der Wirtschaftswissenschaft.
Dr. oec. publ. (*Lat.*) doctor oeconomiae publicae, Doktor der Staatswissenschaften.
Drog. Drogerie, Drogist.
DRP *hist.* Deutsche Rechtspartei; *hist.* Deutsche Reichspartei; *hist.* Deutsche Reichspost; Deutsches Reichspatent.
Drp. *tech.* Druckpunkt.
DRPa. Deutsches Reichspatent angemeldet.
Dr. paed. (*Lat.*) doctor paedagogiae, Doktor der Pädagogik.
Dr. pharm. (*Lat.*) doctor pharmaciae, Doktor der Pharmazie.
Dr. phil. (*Lat.*) doctor philosophiae, Doktor der Philosophie.
Dr. phil. nat. (*Lat.*) doctor philosophiae naturalis, Doktor der Naturwissenschaften.
Dr. rer. agr. (*Lat.*) doctor rerum agrarium, Doktor der Landwirtschaft und Bodenkultur.
Dr. rer. camer. (*Lat.*) doctor rerum camerarum, Doktor der Staatswirtschaftskunde (*Switzerland*).
Dr. rer. hort. (*Lat.*) doctor rerum hortensium, Doktor der Gartenbauwissenschaften.
Dr. rer. mont. (*Lat.*) doctor rerum montanarum, Doktor der Bergbauwissenschaften.
Dr. rer. nat. (*Lat.*) doctor rerum naturalium, Doktor der Naturwissenschaften.
Dr. rer. oec. (*Lat.*) doctor rerum oeconomicarum, Doktor der Wirtschaftswissenschaften.
Dr. rer. pol. (*Lat.*) doctor rerum politicarum, Doktor der Staatswissenschaften.
Dr. rer. techn. (*Lat.*) doctor rerum technicarum, Doktor der technischen Wissenschaften.
DrS (*computer*) Druckstreifen.
Drs. (*Lat.*) doctorandus, Doktorand; (*postal service*) Drucksache.
Dr. sc. (*Lat.*) doctor scientiae, Doktor der Wissenschaft (*DDR*).
Dr. sc(ient). math. (*Lat.*) doctor scientiarum mathematicarum, Doktor der mathematischen Wissenschaften.
Dr. sc(ient). nat. (*Lat.*) doctor scientiarum naturalium, Doktor der Naturwissenschaften.
Dr. sc. pol. (*Lat.*) doctor scientiarum politicarum, Doktor der politischen Wissenschaften.
DrSL (*computer*) Druckstreifenleser.
Dr.-Sp. *print.* Druckspiegel.
DRSV Deutscher Radsport-Verband (*DDR*); Deutscher Rudersport-Verband (*DDR*); Deutscher Rugbysport-Verband.
Dr. techn. (*Lat.*) doctor rerum technicarum, Doktor der technischen Wissenschaften.
Dr. theol. (*Lat.*) doctor theologiae, Doktor der Theologie.
Drucks. (*postal service*) Drucksache.
DRV Demokratische Republik Vietnam; Deutscher Reisebüro-Verband; Deutscher Reklame-Verband; Deutscher Ringer-Verband (*DDR*); Deutscher Rollsport-Verband; Deutscher Ruderverband; Deutscher Rugby-Verband.
DRZ (*computer*) Deutsches Rechenzentrum.
DS Dampfschiffahrt; (*computer*) Datensatz; Deutschlandsender (*DDR*); Dienstsache; Dienstsiegel; *electr.* Drehstrom.
D.S. Deutsche Sängerschaft; Deutsche Seewarte; Deutsche Sektion.
d.s. (*Ital.*) *mus.* dal segno, vom Zeichen an (wiederholen); das sind.
DSA Deutscher Sprachatlas; Deutsches Spracharchiv.
DSB Deutscher Dolmetscher- und Sprachlehrerbund; Deutscher Sängerbund; Deutscher Siedlerbund; Deutscher Soldatenbund; Deutscher Sportbund.
DSBV Deutscher Schlitten- und Bobsportverband (*DDR*).
DSC Deutscher Schwimmclub; Deutscher Sportclub.
DSE Deutsche Stiftung für Entwicklungsländer.
DSF Gesellschaft für Deutsch-Sowjetische Freundschaft (*DDR*).
DSG Deutsche Saatgut-Gesellschaft (*DDR*); (*railway*) Deutsche Schlafwagen- und Speisewagen-Gesellschaft; Deutsche Schwesterngemeinschaft.
dsgl. desgleichen.
DSGV Deutscher Sparkassen- und Giroverband.
DSH Deutsche Sporthochschule.
DSI Deutsches Schuhinstitut.
DSJ Deutsche Sportjugend.
ds.J(s). dieses Jahr(es).
DSK Demokratischer Studentenkreis.
DSLV Deutscher Skiläufer-Verband (*DDR*).

DSM Deutsche Schiffsmaklerei.
ds.M. dieses Monats.
DSMF Deutscher Sportverband Moderner Fünfkampf (*DDR*).
ds.Mts. dieses Monats.
DSp (*computer*) Datenspeicher.
dspr. deutschsprachig.
DSR Deutsche Seereederei (*DDR*); Deutscher Studienring.
DSRK Deutsche Schiffs-Revision und -Klassifikation (*DDR*).
DSSV Deutscher Schwimmsport-Verband (*DDR*); Deutschschweizerischer Sprachverein (*Switzerland*).
DST (*computer*) Datenstation.
D.-St. Dienststelle.
Dst. Dienst(stelle).
DStB Deutscher Städtebund; Deutscher Stenographenbund; Deutsche Staatsbibliothek (*DDR*).
Dst.-Bez. Dienstbezeichnung; Dienstbezirk.
DStG Deutsche Statistische Gesellschaft.
Dst.-Gr. *mil.* Dienstgrad.
dstl. dienstlich.
DStR Deutsches Steuerrecht; Deutsches Strafrecht.
DStrV Dienststrafverfahren.
Dst.-St. Dienststunden *pl.*
DStV Deutscher Stahlbauverband.
Dst.-Zt. Dienstzeit(en *pl*).
DSU Deutsche Schiffahrts- und Umschlagsbetriebe *pl* (*DDR*); Deutsche Studentenunion.
DSV Deutscher Schachverband (*DDR*); Deutscher Schriftstellerverband (*DDR*); Deutscher Schützenverband; Deutscher Schwimmverband; Deutscher Segler-Verband; Deutscher Ski-Verband; Deutscher Sportverein; Deutscher Sprachverein.
DSW Deutsches Siedlungswerk; Deutsches Sozialwerk; Deutsches Studentenwerk.
DSZ deutsche Sommerzeit.
DT (*computer*) Datenträger; *med.* Delirium tremens; Deutsche Turnerschaft; (*railway*) Doppeltriebwagen.
D.T. *med.* Delirium tremens.
Dt *Bibl.* Deuteronomium; (*railway*) Durchgangstriebwagen.
dt Dezitonne (= *100 kg*).
dt. deutsch.
DTA Deutscher Turnerausschuß.
DTB Deutscher Tennisbund; Deutscher Turnerbund.
DTC Deutscher Touring-Club.
D. theol. (*Lat.*) doctor theologiae, Doktor der (evangelischen) Theologie.
DTL (*computer*) Dioden-Transistor-Logik.
Dtl(d). Deutschland.
dto. (*Ital.*) detto, dito, ditto (*Austria*), dasselbe, ebenso.
DTSB Deutscher Turn- und Sportbund (*DDR*).
dt. Spr. deutsche Sprache; deutscher Sprecher.
DTTB Deutscher Tischtennisbund.
DTTV Deutscher Tischtennisverband (*DDR*).
DTV Deutscher Tankstellenverband; Deutscher Tanzsportverband; Deutscher Techniker-Verband; Deutscher Tennis-Verband (*DDR*); Deutscher Tierschutzverein; Deutscher Transportversichererverband; Deutscher Turnverband (*DDR*); Deutsche Treuhandverwaltung.
dtv Deutscher Taschenbuchverlag.
Dtz(d). Dutzend.
DU Demokratische Union (*Austria*); Deutsche Union; Dienstunfähigkeit, -untauglichkeit.
DÜ (*computer*) Datenübertragung.
d.U. der Unterzeichnete.
du. dienstunfähig, -untauglich.
d.u. dauernd untauglich.
dub. dubios.
Dubl. Dublette.
DUD Deutschland-Union-Dienst (*news agency of the CDU*).
D.u.D. Dienstsiegel und Dienststempel.
DÜE (*computer*) Datenübertragungseinrichtung.
DUF Deutsche Union der Filmschaffenden.
Dulag *mil.* Durchgangslager.
Dupl. Duplikat.
Durchf. Durchfahrt; Durchführung.
Durchl. Durchlaß; *hist.* Durchlaucht.
Durchm. Durchmesser.
Durchschn. Durchschnitt.
durchschn. durchschnittlich.
Durchw.(-Nr.) *tel.* Durchwahl(nummer).
DUZ Deutsche Universitätszeitung.
DV (*computer*) Datenverarbeitung; Dienstvertrag; Dienstvorschrift; Diplomatischer Vertreter; *print.* Druckverfahren; *print.* Druckvermerk; Durchführungsverordnung.
d.V. der Verfasser; der Vertreter, die Vertretung; durch Vertrag.
DVA (*computer*) Datenverarbeitungsanlage; Deutsche Verkehrsausstellung; Deutsche Verlagsanstalt; Deutsche Versicherungs-Akademie; Deutsche Versicherungsanstalt (*DDR*).
DVD Deutscher Veranstaltungsdienst (*DDR*).
d.Verf. der Verfasser.
d.Vertr. der Vertreter, die Vertretung; durch Vertrag.
d.Vf. der Verfasser.
DVFA Deutsche Vereinigung für Finanzanalyse und Anlageberatung.
DVFB Deutscher Vieh- und Fleischhandelsbund.
DVfL Deutscher Verband für Leichtathletik (*DDR*).
DVfV Deutscher Verband für Versehrtensport (*DDR*).
DVG Deutsche Verbundgesellschaft; Deutscher Verein für Gesundheitspflege.
d.v.J. des vorigen Jahres.
DVK Deutscher Volkskongreß (*DDR*); Druckerei- und Verlagskontor (*DDR*).
DVKB Deutsche Verkehrs-Kreditbank.
DVL Deutsche Versuchsanstalt für Luft- und Raumfahrt.
DVM Deutscher Verband für Materialprüfung.
DVMF Deutscher Verband für modernen Fünfkampf.
DVO Dienst- und Vollzugsordnung; Durchführungsverordnung.
DVP *hist.* Demokratische Volkspartei; *hist.* Deutsche Volkspartei; Deutsche Volkspolizei (*DDR*); *mil.* Divisionsversorgungspunkt.
DVR Demokratische Volksrepublik; Deutscher Volksrat (*DDR*); Deutsche Verkehrsreklame.
DVS (*computer*) Datenverarbeitungssystem; Deutscher Verband für Schweißtechnik; Deutscher Versehrtensportverband; Deutsche Verkehrsfliegerschule.
DVSI Deutscher Verein selbständiger Ingenieure.
DVT(WV) Deutscher Verband Technisch-Wissenschaftlicher Vereine.
DVV Deutscher Volleyball-Verband.
DVW Deutscher Verein für Vermessungswesen; Deutscher Verlag der Wissenschaften (*DDR*).
DVWG Deutsche Verkehrswissenschaftliche Gesellschaft.
DVWW Deutscher Verband für Wasserwirtschaft.
DVZ Deutsche Verkehrszeitung; Deutsche Versicherungszeitschrift.
DW Deutsche Welle (*a radio station*); Deutsche Werft; Dienstwohnung.
Dw. *tel.* Durchwahl.
d.W. der Wissenschaft(en *pl*); diese(r) Woche.
DWA Deutscher Werbeausschuß; Deutscher Wortatlas; Deutsche Waren-Abnahme-Gesellschaft (*DDR*).
DWD Deutscher Wetterdienst; Deutscher Wirtschaftsdienst.
DWG Deutsche Weltwirtschaftliche Gesellschaft.
DWI Deutsches Wirtschaftsinstitut (*DDR*).
DWK Deutsche Weltkarte.
DWM Deutsche Waggon- und Maschinenfabrik.
Dw.-Nr. *tel.* Durchwahlnummer.
DWO (*sport*) Deutsche Wettkampfordnung.
DWP Deutsches Wirtschaftspatent.
DWR Dauerwohnrecht; *nucl. tech.* Druckwasserreaktor.
DWS Deutsche Gesellschaft für Wertpapiersparen.
DWV Deutscher Wassersportverband; Deutscher Wirtschaftsverband; Deutscher Wissenschaftler-Verband; Deutsche Warenvertriebsgesellschaft (*DDR*).
DY *auto.* Dahomey.
Dy *chem.* Dysprosium.
Dyn. Dynamik; Dynamit; Dynamo; Dynastie.
dyn. dynamisch; dynastisch.
DZ *auto.* Algerien; (*computer*) Datenzentrale; *econ.* Deckungszusage; *med. psych.* Depressionszustand; Doppelzimmer; *mil.* Doppelzünder.
Dz. Doppelzentner; Dozent; Dutzend.
dz Doppelzentner.
dz. derzeit(ig).
DZA Deutsches Zentralarchiv (*DDR*).
DZB Deutsche Zentralbücherei für Blinde (*DDR*).
Dzd. Dutzend.
DZF Deutsche Zentrale für Fremdenverkehr.
DZFV Deutsche Zentralfinanzverwaltung (*DDR*).
DZG Deutsche Zoologische Gesellschaft.
DZI Deutsches Zigarren-Institut.
Dzt. Dienstzeit; Dozent.
dzt(g). derzeit(ig).
DZZ Dienstzeitzulage.

E

E (*Engl.*) *meteor.* East, Ost(en); (*railway*) Eilzug; *econ.* Einfuhr; (*computer*) Eingabe; Eingang; Einheit(smaß); Einkauf; *electr.* Einphasenstrom; Einsatzwagen; (*postal service*) Einschreiben; (*sport*) Einzel; elektrische Feldstärke; Elektrizität(s-); Elektro-; Elektrostahl; *chem.* Eliminierungsreaktion; Emission; *med.* Emmetropie; Empfang(s-); Ende; *nucl.* Energie; *jur.* Entscheidung; Entwurf; *phys.* Erg; *phys.* Erstarrungspunkt; (*Span.*) *auto.* España, Spanien; *auto.* Essen; *auto.* Europa; Europastraße.
E. Eigentum, Eigentümer; Einsender, -sendung; Einwohner; *ling.* Englisch; Ersatz.
e *nucl.* Elektron; *nucl.* Elementarladung; *math.* Eulersche Zahl.
e. ehrenamtlich; ein(e), einem, einen, einer, eines; (*postal service*) eingeschrieben; eingetragen.
EA *econ.* Einfuhrausschuß; Eintrittsalter; Einzahlungsauftrag; *med.* Enteroanastomose; *psych.* Entwicklungsalter; (*theater, film*) *mus.* Erstaufführung; Erstausgabe; Europa-Archiv (*a journal*); Evangelische Akademie; Exportauftrag.
E.A. Evangelische Akademie.
ea. ehrenamtlich.
EAB Evangelische Arbeiterbewegung.
EAEG Europäische Atomenergie-Gesellschaft.
EAG Einfuhr- und Ausfuhrhandelsgesellschaft; *med.* Elektroatriogramm; Europäische Aktionsgemeinschaft; Europäische Atomgemeinschaft.
EAGL Europäischer Ausrichtungs- und Garantiefonds für die Landwirtschaft.
EAK (*computer*) Eingabe-Ausgabe-Kanal; Evangelischer Arbeitskreis; *auto.* Kenia.
EAM *electr.* Einseitenband-(Amplituden-)-Modulation.
EAO (*computer*) Eingabe-Ausgabe-Operation.
EaR *med.* Entartungsreaktion.
EAS (*computer*) Eingabe-Ausgabe-System.
EAST (*computer*) Eingabe-Ausgabe-Steuerung.

EAT *auto.* Tansania.
EAU *auto.* Uganda.
EAV Einheitsarchitektenvertrag.
EAW (*computer*) Eingabe-Ausgabe-Werk; Eisenbahnausbesserungswerk.
EAZ *auto.* Sansibar.
EB Eigenbericht(erstatter) (*of a newspaper*); Eigentumsbildung; *econ.* Einfuhrbewilligung; Entwicklungsbank; Eröffnungsbilanz; Erziehungsberatung; Europäische Bewegung.
Eb. Ebene; Ehrenbürger; Eisenbahn; Erzbischof, -bistum.
eb. eben; erwerbsbeschränkt.
e.b. *econ.* etwas bezahlt.
ebd. ebenda.
ebenf. ebenfalls.
EBf. (*postal service*) Einschreibbrief; (*railway*) Endbahnhof.
Ebf. Erzbischof.
ebf. ebenfalls.
EBM Europa-Bergmeisterschaft; Wirtschaftsverband Eisen, Blech und Metall verarbeitende Industrie.
EBO Eisenbahn-Bau- und Betriebsordnung.
e.Br.m.U. eigenhändiger Brief mit Unterschrift.
Ebt. Erzbistum.
EBU Europäische Boxunion.
EBW Erwachsenenbildungswerk.
EC *auto.* Ecuador; Eisenbahnclub; Eishockeyclub; Eislaufclub.
Ec. Ecuador(ianer).
ec. ecuadorianisch.
e.c. (*Lat.*) exempli causa, beispielshalber.
Eccl. (*Lat.*) Ecclesia, die Kirche.
ECK Elektrochemisches Kombinat (*DDR*).
Ecuad(or). Ecuadorianer.
ecuad(or). ecuadorianisch.
ED *pharm.* Effektivdosis; *jur.* Einbruchdiebstahl; *pharm.* Einfalldosis; *electr.* Einschaltdauer; *pharm.* Einzeldosis; Eisenbahndirektion; *pharm.* Erythemdosis.
Ed. Edikt; Edition.
e.D. *econ.* exklusive Dividende.
ed. (*Lat.*) edidit, hat herausgegeben.
EDB *econ.* Einheitsdurchschreibebuchhaltung.
edd. (*Lat.*) ediderunt, haben herausgegeben.
Edeka Einkaufsgenossenschaft deutscher Kolonialwarenhändler.
EDR Einkaufsring Deutscher Rundfunkhändler.
EDS Elektronisches Datenvermittlungssystem; Elektronisches Datenwählsystem.
edul entgegen dem Uhrzeiger laufend.
EDV(A) Elektronische Datenverarbeitung(sanlage).
EE *econ.* Einfuhrerklärung; Einkaufsermächtigung; *phys.* Entropie-Einheit.
E.E. Euer Ehren; Euer Ehrwürden.
EEF Europäischer Entwicklungsfonds.
EEG *med.* Elektroenzephalogramm, -graphie.
EF Eisenbahnfähre; *tel.* Endfernamt; Erwerbsfähigkeit; Erziehungsfürsorge.
E.-F. Eisenbahnfähre.
Ef. Erbfolge.
ef. erwerbsfähig.
EFB Europäische Föderalistische Bewegung.
Eff. Effekt; *econ.* Effekten *pl*; Effizienz.
eff. effektiv; effizient.
EFG Entscheidungen *pl* der Finanzgerichte.
EFP Europäische Föderalistische Partei.
EFU Europäische Frauenunion.
EG *econ.* Einfuhrgenehmigung; Einführungsgesetz; Eislaufgemeinschaft; Entschädigungsgesetz; Erdgeschoß; Ergänzungsgesetz; Europäische Gemeinschaft.
e.G. eingetragene Genossenschaft; eingetragene Gesellschaft.
Egb. Eigenbau.
Egbd. Ergänzungsband (*of books*).
Egbf (*railway*) Eilgüterbahnhof.
EGG *med.* Elektrogastrogramm.
EGH Ehrengerichtshof.
EGK (*railway*) Europäische Güterzugfahrplankonferenz.
EGKS Europäische Gemeinschaft für Kohle und Stahl.
EGmbH, eGmbH eingetragene Genossenschaft mit beschränkter Haftpflicht.
EGmuH, eGmuH eingetragene Genossenschaft mit unbeschränkter Haftpflicht.
EGr. Einsatzgruppe.
EH Einzelhandel; Erholungsheim; Erwerbslosenhilfe.
E.H. Erste Hilfe.
E.h. Ehren halber.
eh. ehelich; ehemalig, ehemals; ehrenhalber; eigenhändig.
e.h. eigenhändig (*Austria*).
EHC Eishockeyclub.
eh(e)d. ehedem.
EheG Ehegesetz.
Ehel. Ehelosigkeit.
ehel. ehelich; ehelos.
ehem. ehemalig, ehemals.
ehrl. ehrlich.
Ehrw. Ehrwürden.
ehrw. ehrwürdig.
EHV Einzelhandelsverband; Einzelhandelsvertretung.
EHW Eisenhüttenwerk; Erziehungswissenschaftliche Hochschule.
Eh.-Z. Ehrenzeichen.
Ehz(g). Erzherzog.
Ehzg(i)n. Erzherzogin.
Ehzgtm. Erzherzogtum.
EIB Europäische Investitionsbank; Export-Import-Bank.
Eichm(str). Eichmeister.
Eidg(en). Eidgenossenschaft.
eidg(en). eidgenössisch.
Eif. *geogr.* Eifel; Eifer.
eig. eigen; eigentlich.
Eig.-Bed. Eigenbedarf.
Eig.-Ber. Eigenbericht (*of a newspaper*).
eigenh. eigenhändig.
Eigent. Eigentum, -tümer.
eigent. eigentümlich.
eigentl. eigentlich.
Eigent.-Whg. Eigentumswohnung.
eigh. eigenhändig.
Eig.-Kap. Eigenkapital.
Eign. Eignung.
Eign.-T. Eignungstest.
Eigt. Eigentum, -tümer.
eigtl. eigentlich.
Eigt.-Vorb. Eigentumsvorbehalt.
Eigt.-Whg(n). Eigentumswohnung(en *pl*).
Eig.-W. *ling.* Eigenschaftswort.
Eilb. (*postal service*) Eilboten.
Eilg. (*railway*) Eilgut.
Eilzust. (*postal service*) Eilzusteller, -zustellung.
Einb. Einband; Einbau; Einberufung; Einbeziehung; Einbildung; Einbuchtung; Einbürgerung; Einbuße.
einb. einbauen; einbilden; einbinden; einbürgern; einbüßen.
Einb.-Bef. *mil.* Einberufungsbefehl.
Einbd. Einband.
einbez. einbezahlen, einbezahlt; einbeziehen, einbezogen.
Einb.-Kü. Einbauküche.
Einbr. Einbruch.
Einb.-Schr. Einbauschrank.
Einb.-Zi. Einbettzimmer.
eind. eindeutig.
Eindr. Eindruck.
eindr. eindringen; eindringlich; eindrücklich; eindrucksvoll.
eindrgl. eindringlich.
Einf. Einfachheit; Einfahrt; Einfall; Einfassung; Einfügung; Einfühlung; *econ.* Einfuhr; Einführung.
einf. einfach; einfahren; einfallen; einfassen; einfügen; einführen.
Einf.-Hs. Einfamilienhaus.
Einf.-Kont. *econ.* Einfuhrkontingent.
Einfl. Einfluß.
Einf.-Verb. *econ.* Einfuhrverbot.
Einf.-Wi. Einfallswinkel.
Einf.-Z. *auto.* Einfahrzeit; *econ.* Einfuhrzoll.
Eing. Eingabe; Eingang.
eing. eingeben; eingehen.
Eing.-Dat. Eingangsdatum.
einged. eingedeckt; eingedeutscht.
eingedr. eingedruckt; eingedrückt; eingedrungen.
eingef. eingefahren; eingefallen; eingefaßt; eingeführt.
eingeg. eingegangen; eingegeben.
eingegl. eingegliedert.
eingel. eingeladen; eingelassen; eingeleitet; eingeliefert; eingelöst.
Eingem. Eingemeindung.
eingem. eingemeindet.
einger. eingerichtet; eingerissen; eingerückt.
eingesch. eingeschickt; eingeschoben.
eingeschl. eingeschlagen; eingeschliffen; eingeschlossen.
eingetr. eingetragen; eingetreten.
eingez. eingezahlt; eingezeichnet; eingezogen.
Eingl. Eingliederung.
eingl. (*railway*) eingleisig; eingliedern.
Eing.-Nr. Eingangsnummer.
Eingr. Eingriff; Eingruppierung.
Eing.-St. Eingangsstempel.
Einh. Einheimische; Einheit; Einheitlichkeit; Einhelligkeit.
einh. einheimisch; einheitlich; einhellig; einhundert.
EinhW Einheitswert (*of buildings*).
Eink. Einkauf; Einkehr; Einkommen, Einkünfte *pl.*
Eink.-Gr. Einkommensgrenze; Einkommensgröße.
Eink.-Pr. Einkaufspreis.
Eink.-St. Einkommensteuer.
einkstpfl. einkommensteuerpflichtig.
Einl. Einladung; Einlage; Einlagerung; Einlaß; Einlauf; Einleitung; Einlieferung; Einlösung.
Einl.-Whg. Einliegerwohnung.
Einn. Einnahme(n *pl*).
Einr. (*fashion*) Einreiher; Einrichtung.
Eins. Einsamkeit; Einsatz; *relig.* Einsegnung; Einseitigkeit; Einsendung; Einsetzung; Einsiedler; Einsicht; *aer. auto.* Einsitzer.
eins. einsam; einseitig; einsenden; einsetzen; einsichtig; *aer. auto.* einsitzig.
Einschl. Einschlag; Einschließung.
einschl. einschlägig; einschlafen; einschlagen; einschleichen; einschließen(d), einschließlich.
Einschr. Einschränkung; (*postal service*) Einschreiben; Einschreibung.
einschr. einschränken; einschreiben; einschreiten.
einsp. *print.* einspaltig; einspännig; einspurig.
Einspr. Einspritzung; *jur.* Einspruch.
Einspr.-Fr. *jur.* Einspruchsfrist.
Einst. Einstimmigkeit; Einstellung; Einstufung; Einsturz.
einst. einstampfen; einstellen; einstimmig; einstöckig; einstoßen; einstufig.
einstm. einstmalig, -mals.
einstr. einstrahlen; einstreuen.
Eint. Einteilung; Eintönigkeit; *gastr.* Eintopf.
eint. eintauchen; eintausend; einteilen; einteilig; eintönig.
Eintr. Eintracht; Eintrag(ung); Eintritt; *meteor.* Eintrübung.
eintr. einträchtig; eintragen; eintreffen; eintreten; *meteor.* eintrüben.
Einv. Einverleibung; *jur.* Einvernahme; Einvernehmen; Einverständnis.
einverl. einverleiben.
Einw. Einwand; Einwanderer, -wanderung; Einweihung; Einwendung; Einwilligung; Einwirkung; Einwohner.
einw. einwandern; einwandfrei; einwechseln; einweihen; einwenden; einwilligen; einwirken.
einwdfr. einwandfrei.
EinwMA Einwohnermeldeamt.
Einw.-Z. Einwohnerzahl.
Einz. *ling.* Einzahl; Einzahlung; Einzäunung; (*sport*) Einzel; Einziehung; Einzug.
einz. einzahlen; einzäunen; einzeln; einziehen.
Einzelh. Einzelhaft; Einzelhandel; Einzelheft (*of journals*); Einzelheit.
Einz.-Pr. Einzelpreis.
Einz.-Sch. Einzahlungsschein.
Einz.-Unt(ers). Einzeluntersuchung.
Einz.-Z(i). Einzelzimmer.
EIR *auto.* Eire, Irland.
Eis.-Bet. *civ.eng.* Eisenbeton.
Eisenb. Eisenbahn(er).
Eisenb.-Br. Eisenbahnbrücke.
eisenh. eisenhaltig; eisenhart.
Eish. Eisheiligen *pl*; Eishockey.
EJ Erscheinungsjahr.
EK Eigenkapital; Einheitskurzschrift; *mil. hist.* Eisernes Kreuz; Eishockeyklub; Eislaufklub; Elektrokarren; Ersatzkasse; Exekutivkomitee.
Ek. Ekuador(ianer).
ek. ekuadorianisch.
EKD *metall.* Eisen-Kohlenstoff-Diagramm; Evangelische Kirche in Deutschland.
EKG, Ekg *med.* Elektrokardiogramm.
EKKI Exekutivkomitee der Kommunistischen Internationale.
EKO Eisenhüttenkombinat Ost (*DDR*).

EKR *econ.* Einheitskontenrahmen (*DDR*).
EKT *med.* Elektrokrampftherapie.
EKU Evangelische Kirche der Union.
Ekuad(or). Ekuadorianer.
ekuad(or). ekuadorianisch.
EKV Einheitskurzschriftverein.
EKW Eisenbahnkesselwagen.
El. Elastizität; Eleganz; Elektrik; Elektrizität; Elektro-; *nucl.* Elektron; Elektronik; Element; Elend; Elevator; Elite.
el. elastisch; elegant; elektrisch; elektronisch; elitär.
Ela Elektroakustik.
ela elektroakustisch.
ELAV Eidgenössischer Leichtathletik-Verband.
Elektr. Elektriker, Elektrizität; *nucl.* Elektron(en *pl*), Elektronik(er).
elektr. elektrifizieren, -fiziert, elektrisch; elektronisch.
elektrochem. elektrochemisch.
elektromagn. elektromagnetisch.
elektromot. elektromotorisch.
Elektrotechn. Elektrotechnik(er).
Elev. Elevator.
ElHz elektrische Heizung.
El.-Ind. Elektroindustrie.
El.-Inst. Elektroinstallateur, -installation.
ELK Evangelisch-Lutherische Kirche.
Ell. Ellipse.
ell. elliptisch.
ELLK Evangelisch-Lutherische Landeskirche.
El.-Mikr. Elektronenmikroskop.
El.-Mod. *tech.* Elastizitätsmodul; Elektrizitätsmodul.
ELR Entwicklungsring für Luft- und Raumfahrt.
Els. *geogr.* Elsaß, Elsässer.
els. elsässisch.
Els.-Lothr. *geogr.* Elsaß-Lothringen.
Elt Elektrizität.
EM Ehrenmitglied(schaft); *electr.* Einseitenbandmodulation; *tech.* Einzelmaß; Elektromagnet; Elektromotor; Elektronenmikroskop; Entfernungsmesser, -messung; Erwerbsminderung; (*sport*) Europameister, Europameisterschaft(en *pl*).
Em Entfernungsmesser, -messung.
Em. Email(le); *chem. obs.* Emanation; Emanzipation; *röm.kath.* Eminenz; Emissär; Emission; Emulsion.
em. elektromagnetisch; emailliert; emanzipiert; (*Lat.*) emeritus, emeritiert, in den Ruhestand versetzt; eminent; emittiert.
EMA *mar. tech.* Entmagnetisierungsanlage.
Emb. *econ.* Emballage; Embargo; *med.* Embolie.
EMD Eidgenössisches Militärdepartement; *pharm.* Einzelmaximaldosis.
EME, E.M.E., emE elektromagnetische Einheit.
E-Messer *mil.* Entfernungsmesser.
EMG *med.* Elektromyogramm, -graphie.
EMK elektromotorische Kraft.
EMNID Erforschung, Meinung, Nachrichten, Informationsdienst (*an institute of public opinion*).
EMO *mil.* Entfernungsmeßoffizier.
EMP Evangelischer Mädchenpfadfinderbund.
EMPA Eidgenössische Materialprüfungs- und Versuchsanstalt.
Empf. Empfang, Empfänger; Empfehlung; Empfindung.
empf. empfohlen.
empf. Pr. *econ.* empfohlener Preis.
empf. Rpr. *econ.* empfohlener Richtpreis.
Empf.-Schr. Empfehlungsschreiben.
EMT Elektromeßtechnik.
E-Musik ernste Musik.
EMV Einheitsmietvertrag.
En. Eigenname; Energie.
endg. endgültig.
Endst. Endstation; Endstelle.
energ. energetisch; energisch.
Eng. Engagement.
eng. engagiert; englisch.
Engl. *geogr.* England, Engländer, *ling.* Englisch.
engl. englisch.
E-Nr. Einzelnummer (*of journals*); Erkennungsnummer.
Ent. Entomologe, -logie.
ent. entomologisch.
entb. entbehren, entbehrlich; entbieten; entbinden.
Entb.-St. *med.* Entbindungsstation.
Entd. Entdecker, -deckung.
entd. entdecken, -deckt.
Enteig(n). Enteignung.
enteig(n). enteignen.
Entf. Entfaltung; Entfernung; Entführung.
entf. entfallen, -fällt; entfalten; entfernen, -fernt; entfesselt; entführen, -führt.
entg. entgangen; entgegen; entgegnen; entgehen; entgelten; entgiften, -giftet.
entggs. entgegengesetzt.
entgl. entgleisen, -gleist; entgleiten, -glitten.
Enth. Enthaltsamkeit; Enthaltung; Enthebung.
enth. enthalten(d); enthaltsam; entheben, enthoben.
Entl. Entladung; Entlassung; Entlastung; Entledigung.
entl. entladen; entlang; entlassen; entlasten, -lastet; entlaufen; entlocken, -lockt.
Entn. Entnahme.
entn. entnehmen, -nommen.
Ents. Entseuchung; Entsicherung.
ents. entsetzt; entseuchen, -seucht; entsichern, -sichert.
Entsch. Entschädigung; Entscheidung; Entschuldigung; Entschuldung.
entsch. entschädigen, -digt; entscheiden(d), -schieden; entschuldigen, -digt.
Entschl. Entschließung; Entschlossenheit; Entschluß.
entschl. entschließen, -schlossen.
Entspr. Entsprechung.
entspr. entsprechen(d), -spricht; entsprungen.
Entst. Entstehung; Entstellung; *tech.* Entstörung.
entst. entstanden, -stehen; entstellt; *tech.* entstören, -stört.
Entw. Entwaffnung; Entwässerung; Entwendung; Entwerter; Entwicklung; Entwöhnung; Entwurf.
entw. entwaffnen; entwässern; entweder; entweichen; entweihen; entwenden; entwerfen; entwerten; entwichen; entwikkeln; entwirren; entwöhnen; entworfen; entwurzelt.
Entz. Entziehung; Entzifferung; Entzug; Entzündung.
entz. entziehen; entziffern; entzogen; entzünden.
Enz. *röm.kath.* Enzyklika; Enzyklopädie; *med.* Enzym(e *pl*).
enz(ykl). enzyklopädisch.
Enzykl. *röm.kath.* Enzyklika; Enzyklopädie.
EO Ehrenordnung; Eichordnung; elektrischer Omnibus; *mil.* Elektronikoffizier.
EOK Evangelischer Oberkirchenrat.
E-Ort Erscheinungsort (*of books*).
EOS Erweiterte Oberschule (*DDR*).
e.o.W. *mar.* erstes offenes Wasser.
EP (*optics*) Eintrittspupille; *chem.* Erstarrungspunkt; *chem.* Erweichungspunkt; Europäisches Parlament; Europa-Partei.
Ep. Epik; Epilog; Episode; Epistel; Epoche; Epos.
ep. episch; episkopal; epochal.
EPA Europäische Presseagentur; Europäisches Patentamt.
epd Evangelischer Pressedienst.
EPG Europäische Politische Gemeinschaft.
Eph. *Bibl.* Epheser.
EPI Evangelischer Presse- und Informationsdienst.
Epid. *med.* Epidemie; *med.* Epidermis; (*optics*) Epidiaskop.
epid. *med.* epidemisch.
Epig. Epigone.
Epigr. Epigramm, Epigrammatik(er); Epigraph, Epigraphik(er).
epigr. epigrammatisch; epigraphisch.
Epil. *med.* Epilepsie, -leptiker; Epilog.
epil. *med.* epileptisch.
Epis. Episode.
Episk. Episkopat.
EPl. *econ.* Einzelplan.
EPn (*postal service*) Einschreibpäckchen.
EPO Europäische Politische Organisation.
EPR elektronenparamagnetische Resonanz.
EPr., E.-Pr. *econ.* Einzelpreis.
ePS *tech.* effektive Pferdestärke.
EPSO Europäische (und Mediterrane) Pflanzenschutzorganisation.
EPU Europäische Parlamentarische Union.
EPZ Europäische Produktivitätszentrale.
EQ *auto.* Ecuador.
Eq. (*sport*) Equipe.
ER *econ.* Einfuhrerklärung; *tech.* Einzelrahmen; *chem.* Eiweißreaktion; Elektronenrechner; *electr.* Empfangsrelais; Entschädigungsrente; Ergänzungsrichtlinien *pl*; Europarat; (*sport*) Europarekord.
E.R. eiserne Ration.
Er Elektronenröhre; *chem.* Erbium.
ERA Elektronische Rechenanlagen — Studiengesellschaft für wissenschaftliche Datenverarbeitung.
Erb. Erbauer, Erbauung.
erb. erbauen, erbaut; erbeten; erbeuten, -tet; erbitten.
Erbf. Erbfolge.
Erbl. *jur.* Erblasser; Erblindung.
erbl. erblassen; erblinden, -det.
ErbR Erbrecht.
Erbsch. Erbschaft; Erbschein.
ErbschSt., Erbsch.-St. Erbschaftssteuer.
Erbt. Erbteil.
ERC Eislauf- und Rollschuhclub.
erd. erdacht, erdenken, erdenklich; erdichten, -tet; erdulden.
Erdg. Erdgeschichte; Erdgeschoß.
Erf. Erfahrung; Erfassung; Erfinder, -dung; Erfolg; Erfordernis; Erforschung; Erfüllung.
erf. erfahren; erfassen, erfaßt; erfinden; erfolgen, erfolgt; erforderlich; erforschen, erforscht; erfüllen, erfüllt; erfunden.
erfdl. erforderlich.
erfdlf(s). erforderlichenfalls.
Erf.-O. *jur.* Erfüllungsort.
erford. erfordern, -dert.
Erfr. Erfrierung; Erfrischung.
ERG *med.* Elektroretinogramm.
Erg, erg *phys.* Einheit der Energie.
Erg. Ergänzung; Ergebenheit; Ergebnis; Ergebung; Ergiebigkeit; Erguß.
erg. ergänze(n), ergänzt; ergeben(st); ergiebig.
Erg.-Bd. Ergänzungsband (*of books*).
Ergeb. Ergebnis; Ergebung.
Erg.-H. Ergänzungsheft (*of journals*).
ErgKdo *mil.* Ergänzungskommando (*Austria*).
Erg.-Lfg. Ergänzungslieferung.
Erh. Erhalt; Erhaltung; Erhebung; Erhöhung; Erholung.
erh. erhalten, erhältlich; erheben; erhitzen, erhitzt; erhoben; erhöht; erholen, erholt.
Erh.-Url. Erholungsurlaub.
ERIAG Erdölraffinerie Ingolstadt AG.
ERK Evangelisch-Reformierte Kirche.
Erk. Erkaltung; Erkältung; Erkenntnis; Erkennung; Erker; Erkundigung; Erkundung.
erk. erkalten; erkältet; erkannt, erkennen; erkenntlich; erkoren; erkunden; erkundigen.
Erk.-D. Erkennungsdienst.
Erkl. Erklärung.
erkl. erklären, erklärlich; erklettern; erklingen.
Erk.-M. *mil.* Erkennungsmarke.
Erkr. Erkrankung.
erkr. erkrankt.
Erk.-S(ign). Erkennungssignal.
Erk.-Z. Erkennungszeichen.
Erl. Erlaß; Erlaubnis; Erläuterung; Erlebnis; Erledigung; Erleichterung.
erl. erlangen; erlassen; erlauben, erlaubt; erläutern, -tert; erleben, erlebt; erledigen, -digt; erlegen; erleichtern, -tert; erleiden; erlernen, erlernt; erlesen; erlogen; erloschen, erlöschen.
Erl.-Ber. Erlebnisbericht.
Erl.-Sch. Erlaubnisschein.
ERM Erdölraffinerie Mannheim GmbH.
Erm. Ermächtigung; Ermangelung; Ermäßigung; Ermessen; Ermittlung(en *pl*); Ermutigung.
erm. ermächtigen, -tigt; ermäßigen, -ßigt; ermitteln; ermöglichen; ermutigen.
erm. Pr. ermäßigter Preis.
Erm.-Verf. *jur.* Ermittlungsverfahren.
ERN Erdölraffinerie Neustadt (Donau).
ERNO Entwicklungsring Nord (*of German aircraft industry*).
Err. (*Lat.*) Errata, Druckfehler *pl*; Erreger, -gung; Erreichung; Errettung; Errichtung; Erringung; Errungenschaft.
err. erraten; erregen, erregt; erreichen, erreicht; erringen; erröten; errungen.
Ers. Ersatz.
ers. ersetzbar, ersetzen, ersetzt; ersichtlich; ersuchen.
ERSC Eislauf- und Rollschuhclub.

Ersch. Erscheinen, -nung; Erschießung; Erschöpfung; Erschütterung.
ersch. erscheinen, erschienen; erschießen; erschöpft; erschossen; erschüttern, erschüttert.
Erschl. Erschleichung; Erschließung.
erschl. erschlagen; erschleichen, erschlichen; erschließbar, erschließen, erschlossen.
Erschw. Erschwerung.
erschw. erschweren, erschwert; erschwingen, erschwinglich.
Ers.-D. (ziviler) Ersatzdienst.
Erst. Erstattung; Ersteigung; Ersteigerung; Erstellung.
erst. erstatten, -tet; ersteigen, erstiegen; ersteigern, -gert.
erstg(en). erstgenannt.
Erstkl. *ped.* Erstkläßler.
erstkl. erstklassig.
erstm. erstmalig, -mals.
Erstp. *chem.* Erstarrungspunkt.
Ert. Erteilung; Ertönen.
ert. erteilen, erteilt; ertönen, ertönt.
Ertr. Ertrag, Erträge *pl.*
ertr. ertragbar, ertragen, erträglich; ertrinken, ertrunken.
Erw. Erwachsene; Erwägung; Erwähnung; Erwärmung; Erwartung; Erweiterung; Erwerb(ung); Erwiderung.
erw. erwachsen; erwägen; erwähnen, erwähnt; erwarten, -tet; erwerben; erweitern, -tert; erwidern, -dert; erwiesen; erwirken, erwirkt; erwogen; erworben; erwünscht.
Erz. Erzähler, -lung; Erzeuger, Erzeugnis, Erzeugung; Erzieher, -hung.
erz. erzählen, erzählt; erzeugen, erzeugt; erziehen, erzogen.
Erzb. *relig.* Erzbischof, -bistum.
erzb(isch). *relig.* erzbischöflich.
Erz.-Ber. Erziehungsberater, -beratung; Erziehungsberechtigte.
Erzh(zg). Erzherzog.
erzw. erzwingen, erzwungen.
ES Eilschrift; *electr.* Einschaltdauer; *jur.* Entscheidungssammlung; Erkennungssignal.
Es *chem.* Einsteinium; Esche.
ESB *electr.* Einseitenband.
Esc Escudo (*monetary unit of Portugal and Chile*).
E.-Schw. *metall.* Elektroschweißen, -schweißer.
ESdg (*postal service*) Einschreibsendung.
esE *phys.* elektrostatische Einheit.
ESEM *tech.* Elasto-Statik-Element-Methode.
ESG Einscheiben-Sicherheitsglas; Europäische Strahlenschutzgesellschaft; Evangelische Studentengemeinde in Deutschland.
ESi *electr.* Einzelsicherung.
Esk. Eskimo; Eskorte.
esk. eskortieren, -tiert.
Esot. Esoterik(er).
esot. esoterisch.
Esp. (*Span.*) España, Spanien; *ling.* Esperanto.
espr(ess). (*Ital.*) *mus.* espressivo, ausdrucksvoll.
ESR *chem. phys.* Elektronenspinresonanz.
Eßl. Eßlöffel.
ESt. Einkommensteuer.
E.-St. Einkommensteuer; Eisenbahnstation.
EStG Einkommensteuergesetz.
Estl. *geogr.* Estland, Estländer.
estn. estnisch.
E-Str. Europastraße.
ESTU Europäische Studententheaterunion.
ESV Eisenbahnersportverein.
ET *auto.* Ägypten; (*railway*) Eiltriebwagen; Eintontelegrafie; (*railway*) elektrischer Triebwagen; Elektrotechnik.
Et (*railway*) Eiltriebwagen.
Et. Etage; Etappe; Etat; Etymologie.
ETA (*railway*) elektrischer Triebwagen mit Akkumulatorenbatterie; Elektrotechnische Assistentin.
et al. (*Lat.*) et alia, und anderes; (*Lat.*) et alibi, und anderswo; (*Lat.*) et alii, und andere.
ETB Ausschuß für Einheitliche Technische Baubestimmungen.
ETC Eissport- und Tennisclub.
etc. (*Lat.*) et cetera, und so weiter.
ETF *electr.* einheitliche Trägerfrequenz.
ETG Elektrotechnische Gesellschaft.
Etg.-Hzg. Etagenheizung.
ETH *auto.* Äthiopien; Eidgenössische Technische Hochschule (*Zurich*).
Ethn. Ethnologe, -logie.
ethn. ethnologisch.
ETL *tech.* Elektrotauchlackierung.
ETM *mar. tech.* Einheitstrimmoment.
Etr. Etrusker, *ling.* Etruskisch.
etr. etruskisch.
ETS Eidgenössische Turn- und Sportschule.
ETT (*railway*) Einheitlicher Transittarif; Eintontelegrafie.
ETTU Europäische Tischtennis-Union.
ETV Eidgenössischer Turnverein; Elektrotechnischer Verein.
ETVA Elektrotechnische Versuchsanstalt Arsenal (*Vienna*).
etw. etwaig, etwas.
etw bB, etw. bez. B. *econ.* etwas bezahlt, Brief.
etw bG, etw. bez. G. *econ.* etwas bezahlt, Geld.
Etym. Etymologie.
etym. etymologisch.
EU *electr.* Einankerumformer; *electr.* Empfängerumformer; Entfernungsunterschied; Erholungsurlaub; Erwerbsunfähigkeit; *auto.* Europa; Europa-Union.
E.U. eigenhändige Unterschrift; Evangelische Union.
Eu Europa; *chem.* Europium.
e.U. eigenhändige Unterschrift.
EUCD Europäische Union Christlicher Demokraten.
Euph. Euphemismus; Euphorie.
euph. euphemistisch; euphorisch.
euphem. euphemistisch.
EuR Europarecht.
Eur. Europa, Europäer.
eur. europäisch.
EurArch. Europa-Archiv.
EuRat Europarat.
EURATOM, Euratom Europäische Atomgemeinschaft.
europ. europäisch.
EUWID, Euwid Europäischer Wirtschaftsdienst.
EV *jur.* Ehevertrag; *jur.* Eigentumsvorbehalt; Einführungsverordnung; Einziehungsverordnung; Eislaufverein; Eissportverband; Eissportverein(igung); Elektrotechnischer Verein; *nucl.* Emaniervermögen; *electr.* Empfangsverstärker; *electr.* Endverstärker; *electr.* Endverzweiger, -zweigung; *jur.* Erbvertrag.
E.V. eingetragener Verein.
Ev. *Bibl.* Evangelist, -gelium; Eventualität.
E. v. Eingang vorbehalten.
eV Elektronenvolt.
e.V. eingetragener Verein.
ev. evangelisch; eventuell; evident.
EVA Einheitsvertrag für Architekten; Eisenbahnverkehrsamt.
Evang. Evangelist, -gelium.
EVD Eidgenössisches Volkswirtschaftsdepartement.
EVG *med.* Elektroventrikulogramm; *hist.* Europäische Verteidigungsgemeinschaft.
Evg *med.* Elektroventrikulogramm.
evgl. evangelisch.
EvH Hilfswerk der Evangelischen Kirche in Deutschland.
ev.-luth. evangelisch-lutherisch.
EVO Eisenbahnverkehrsordnung; *hist.* Europäische Verteidigungsorganisation.
EVÖ Elektrotechnischer Verein Österreichs.
EVP Einzel(handels)verkaufspreis; Endverbraucherpreis; Endverkaufspreis.
ev.-ref. evangelisch-reformiert.
EVT *psych.* Eignungs- und Verwendungstest; Europäische Vereinigung für Tierzucht.
evtl. eventuell.
EVU Elektrizitätsversorgungsunternehmen.
EW Eigentumswohnung; *tech.* Einheitswelle; Einheitswert (*of buildings*); *med.* Eiweiß; Elektrizitätswerk.
E.W. *econ.* Eingetragenes Warenzeichen.
Ew. *ling.* Eigenschaftswort; Einwohner; Entweichung; *obs.* Euer, Eure (*with title*).
e.W. *econ.* eingetragenes Warenzeichen.
ew. einstweilig; ewig.
EWA Europäisches Währungsabkommen; Europäische Werkzeugmaschinen-Ausstellung.
EWBS Exportwarenbegleitschein (*DDR*).
EWF Europäischer Währungsfonds.
EWG Europäische Wirtschaftsgemeinschaft.
EWI Elektrowärme-Institut Essen.
EWL *mar.* Entwurfwasserlinie.
Ew.M. Eure Majestät.
Ewr. Euer, Eure (*Austrian for* Ew.).
E.Wz. *econ.* Eingetragenes Warenzeichen.
Ew.-Z. Einwohnerzahl.
e.Wz. *econ.* eingetragenes Warenzeichen.
Ex. Exaktheit; Examen; Exekutive; Exempel; Exemplar; Exil; Exkursion.
ex. exakt; exerzieren, -ziert.
exalt. exaltiert.
exD(iv.) *econ.* ausschließlich Dividende.
Exek. Exekution.
exempl. exemplarisch; exemplifizieren, -ziert.
Exerz. *röm.kath.* Exerzitien *pl.*
Exh. Exhibition(ismus), Exhibitionist.
exh. exhibitionistisch.
Exk. *röm.kath.* Exkommunikation; *jur.* Exkulpation; Exkurs; Exkursion.
exk. *röm.kath.* exkommunizieren, -ziert; *jur.* exkulpieren, -piert.
Exkl. Exklamation; Exklave; Exklusion; Exklusivität.
exkl. exklusiv(e).
Ex.-Kom. Exekutivkomitee.
exot. exoterisch; exotisch.
Exp. Expander; Expansion; Expedient, Expedition; Experiment; Experte; Exponat; Exponent; *econ.* Export; Exposé; Exposition; *relig.* Expositur, Expositus.
exp. expandieren, expansiv; expedieren; experimental, -tell, experimentieren; exponieren, -niert.
Exped. *econ.* Expedient; Expedition.
Expl. Explanation; *med.* Explantation; Exemplar; Explikation; Exploration; Explosion.
expl. explizieren; explizite; explodieren, explosiv.
Ex.-Pl. *mil.* Exerzierplatz.
Expr. Expreß; Expressionismus, -nist; Expressivität.
expr. expressionistisch; expressiv.
Ext. *ped.* Extemporale; Extempore; *geol.* Extension; Extensität; Extensivität; Exterieur; Externa *pl*; *ped.* Externat, *ped.* Externe; *med.* Externist; *med.* Externum; Exterritorialität.
ext. extensiv; extern; exterritorial.
exterr. exterritorial.
Extr. Extrakt; Extrem, Extremismus, -mist; Extremität(en *pl*).
extr. extrahieren; extrem(istisch).
Exz. Exzellenz; *tech.* Exzenter; Exzentrik(er); Exzerpt; Exzeß.
exz. exzellent; exzentrisch; exzeptionell; exzerpieren, -piert; *med.* exzidieren; *med.* exzitabel, exzitativ.
exzept. exzeptionell.
EZ Ehrenzeichen; *med.* eineiige Zwillinge *pl*; Einwohnerzahl; Einzelzimmer; Entstehungszeit; *med.* Ernährungszustand; *chem.* Esterzahl.
Ez. (*railway*) Eilzug; *ling.* Einzahl; Einzahlung; *electr.* Entzerrer.
EZA Eisenbahnzentralamt.
EZO Eisenbahn-Zollordnung.
EZU *hist.* Europäische Zahlungsunion.
E-Zug (*railway*) Eilzug.

F

F *phys.* Fahrenheit; *electr.* Farad; *aer. mil.* Fernaufklärer; *tel.* Ferngespräch; (*railway*) Fernschnellzug; *tel.* Fernsprecher; *tech.* Festigkeit; *biol.* Filialgeneration; *math.* Fläche; *chem.* Fließpunkt; Flugzeug; *chem.* Fluor; Franc; *auto.* Frankfurt; *auto.* Frankreich; Frequenz; *chem.* Fusionspunkt.
F. Fach; Fahndung; Fähre; Fahrer; Fährte; Fallschirm; Faß; Februar; Femininum; Ferne; Festung; Folge; Folio; Form; Forst, Förster; Freitag; Frühstück.
f (*Lat.*) (*optics*) focus, Brennpunkt; (*Ital.*) *mus.* forte, stark; Frequenz; *math.* Funktion.
f. fachlich; fast; *econ.* fein; feminin; fest; folgende (Seite) (*of books*); für.
FA Fachabteilung, -ausschuß; *mil.* Fahrabteilung; *tech.* Fernantrieb; Fernmeldeamt; Finanzamt; *mil.* Flugabwehr; Forschungsabteilung, -amt, -anstalt; Forstamt.
FÄ Fernmeldeämter *pl*; Finanzämter *pl.*
Fa. Firma.
f.a.B. *econ.* frei an Bord.
Fabr. Fabrik(ant), Fabrikat(ion).
Fabr.-Bes. Fabrikbesitzer.
Fabr.-Pr. Fabrikpreis.
F.-Abt. Finanzabteilung; Forschungsabteilung.
Fachb. Fachberater, -beratung; Fachbereich; Fachbibliothek; Fachbuch.
Fachber. Fachberater, -beratung; Fachbereich; Fachbericht.
Fachbibl. Fachbibliothek.
Fachl. Fachlehrer; Fachleute *pl*; Fachliteratur.
Fachlit. Fachliteratur.
FAD *tel.* Fernsprechauftragsdienst; *mil.* Feuerabwehrdienst; Freiwilliger Arbeitsdienst (*Switzerland*).
f.a.F. *econ.* frei ab Fabrik.
FAG *mil.* Feldarbeitsgerät; Finanzausgleichsgesetz; Flughafen Frankfurt/Main AG; Flugtechnische Arbeitsgemeinschaft; Frauenarbeitsgemeinschaft; Gesetz über Fernmeldeanlagen.
Fag. Fagott.
f.a.H. *econ.* frei ab Haus.
f.a.h. *econ.* frei ab hier.
fahrb. fahrbar; fahrbereit.
Fahrg(est).-Nr. Fahrgestellnummer.
Fahrw. *mar.* Fahrwasser; *aer. auto.* Fahrwerk.
Fahrz. Fahrzeug.
FAI (*Fr.*) Fédération Aéronautique Internationale, Internationaler Luftsportverband.
FAK Familienausgleichskasse.
Fak. Fakultät.
fak. fakultativ.
Fa.-Kat. Firmenkatalog.
Faks. Faksimile.
Fakt. Fakten *pl*, Faktum; *econ.* Faktur(a), Fakturist.
fakt. faktisch; faktitiv; *econ.* fakturieren, -riert.
FAL Forschungsanstalt für Landwirtschaft.
Fallsch. Fallschirm.
fallw. fallweise.
FAM Fachausschuß für Mineralöl- und Brennstoffnormung; *electr.* Frequenz- und Amplitudenmodulation.
Fam. Familie; Famulus.
fam. familiär; famos.
FAMAB Fachverband Messe- und Ausstellungsbau.
Fan. Fanal; Fanatiker, Fanatismus.
fan. fanatisch.
Fanf. Fanfare.
FAR *mil.* Feldartillerieregiment.
farb. farbig.
farbl. farblich; farblos.
FAS *mil.* Flakartillerieschule.
Fas. Fasan(erie).
Fasch. Fasching; *pol.* Faschismus, Faschist.
fasch. *pol.* faschistisch.
Fass. Fassade; Fassette; Fassung.
Fass.-Verm. Fassungsvermögen.
Fasz. Faszikel; Faszination.
fasz. faszinieren(d), fasziniert.
Fav. Favorit.
fav. favorisiert.
f.a.W. *econ.* frei ab Werk.
FAX, Fax Faksimilegerät.
FAZ, F.A.Z. Frankfurter Allgemeine Zeitung.
FB Feinbrot; Fernmeldebau; Forschungsbericht; *econ.* Frachtbrief.
Fb. Fabrik; Fahrbahn; Feldbahn; Flugbetrieb; Flugbetriebsstoff; Formenbau; Fortbildung; *mar.* Freibord; Fußball.
fb. fahrbar; fahrbereit.
FBA Fernmeldebauamt; *med.* Fetalblutanalyse.
Fbd. Farbband; *mar.* Freibord.
Fbf. Farbfilm; (*railway*) Fernbahnhof.
FBG Feuerbestattungsgesetz; Fleischbeschaugesetz; Flurbereinigungsgesetz.
fbg. farbig.
Fbl. Faltblatt; Formblatt.
FBM Frankfurter Buchmesse.
Fbr. Fabrik(ant).
Fb.-Sch. Fortbildungsschule.
FBV Funkbetriebsvorschrift.
FBW Filmbewertungsstelle Wiesbaden; Forschungsgemeinschaft Bauen und Wohnen.
FC Fechtclub; Fußballclub.
FCGU *ped.* fernseh- und computerunterstützter Gruppenunterricht.
FD (*railway*) Ferndurchgangszug, Fernschnellzug; *tel.* Fernmelde-, Fernsprechdienst; Filialdirektion; Filmdienst; Fischdampfer; (*computer*) Flußdiagramm; *med. pharm.* Froschdosis.
Fd. *mil.* Feind; Feld; Fund.
f.D. *econ.* frei Dock.
f.d. für das, für den, für die.
f.d.D. für den Dienstgebrauch.
FDE Fachverband Deutscher Eisenwaren- und Hausrathändler.
f.d.e.B. für den eigenen Bedarf.
f.d.e.G. für den eigenen Gebrauch.
Fdg. Fahndung; *tech.* Federung; Forderung; Förderung.
f.D.G. für (den) Dienstgebrauch.
FDGB Freier Deutscher Gewerkschaftsbund (*DDR*).
FDJ Freie Deutsche Jugend (*DDR*).
f.d.J. für das *od.* dieses Jahr.
FDK Familienbund Deutscher Katholiken; Freie Demokratische Korrespondenz (*news agency of the F.D.P.*).
Fdl (*railway*) Fahrdienstleiter.
fdl. *mil.* feindlich.
FDO *mil.* Felddienstordnung.
FDP, F.D.P. Freie Demokratische Partei.
FDR *nucl.* Fortschrittlicher Druckwasserreaktor.
F.d.R., f.d.R. für die Richtigkeit.
FDS Freier Demokratischer Studentenbund.
FDt (*railway*) Fernschnelltriebwagen.
Fdw. *mil.* Feldwebel.
FD-Zug (*railway*) Ferndurchgangszug.
FE Fachverband der Elektroindustrie (*Austria*); Fetteinheit; Flächeneinheit; Fürsorgeerziehung.
Fe *chem.* Ferrum, Eisen; *tel.* Fernsprech...
Fe. Fehler; *tel.* Fernsprecher.
FeAD *tel.* Fernsprechauftragsdienst.
FeAS *tel.* Fernsprechanschluß.
FEB Fürsorgeerziehungsbehörde.
Febr. Februar.
fec. (*Lat.*) (*art*) fecit, hat es gemacht.
FED *mil.* Flugzeugerkennungsdienst.
FeGeb *tel.* Fernsprechgebühren *pl.*
FEH Freiwillige Erziehungshilfe.
FeH *tel.* Fernsprechhäuschen.
FEI (*Fr.*) Fédération Equestre Internationale, Internationaler Reitsportverband.
Feing. Feingold.
Feingeh. *metall.* Feingehalt.
Feinmech. Feinmechanik(er).
Feldm. *mil.* Feldmarschall; Feldmesser (*land surveyor*).
Feldw. *mil.* Feldwebel.
Fem. Femininum.
fem. feminin.
FEP Forschungs-, Erfindungs- und Patentwesen.
Ferm. Ferment(ation).
ferm. fermentieren, -tiert.
Fernl(tg). Fernleitung.
Fernr. *tel.* Fernruf.
Fernschr. Fernschreiben, -schreiber.
FerS *jur.* Feriensenat.
Festg. Festgabe.
Festpr. *econ.* Festpreis; Festprogramm.
Festst. Feststellung.
Feuerbest. Feuerbestattung.
feuerg(ef). feuergefährlich.
Feuervers. Feuerversicherung.
Feuerw. Feuerwache; Feuerwaffe; Feuerwehr.
FeVD *tel.* Fernsprechvermittlungsdienst.
FeZ *tel.* Fernsprechzelle.
FF französischer Franc; Freiwillige Feuerwehr; Fremdenführer; *econ. tech.* Fremdfertigung; *aer. mar.* Funkfeuer.
F.f. Fortsetzung folgt.
ff (*Ital.*) *mus.* fortissimo, sehr stark; *econ.* sehr fein.
ff. folgende (Seiten) (*of books*).
FFA Filmförderungsanstalt.
FFF Film, Funk, Fernsehen.
FFG Filmförderungsgesetz.
FFH *mil.* Feldflughafen.
FfH Forschungsstelle für den Handel.
Ffl. *mil.* Fahnenflucht, -flüchtiger.
FFM Flugwissenschaftliche Forschungsanstalt München.
FFP *mil.* Feldflugplatz.
Ffr. Freifrau.
FFS Fischereiforschungsschiff; *mil.* Flugzeugführerschule.
FFSp *mil.* Feldfernsprecher.
FFW Freiwillige Feuerwehr.
FG Fachgruppe; (*railway*) Fahrgeschwindigkeit; *tech.* Feingewinde; *jur.* Feststellungsgesetz; Finanzgericht; Fleischbeschaugesetz; Fördergemeinschaft; Förderungsgesetz; Forstgesetz; Frauenhofer-Gesellschaft; *jur.* Freiwillige Gerichtsbarkeit; Friedensgericht.
Fg. Fagott; Fahrgestell; Feingold; *tel.* Ferngespräch; *phys.* Fliehgewicht; Forschung.
FGB Familiengesetzbuch (*DDR*).
Fgd. *mil.* Feldgendarm(erie).
FGeb *tel.* Fernmelde-, Fernsprechgebühren *pl.*
F.-Geb. *med.* Fehlgeburt.
FGK *econ.* Fertigungsgemeinkosten *pl*; Forschungsgesellschaft Kunststoffe.
Fgn. Forschungen *pl.*
FGO *tel.* Fernsprechgebührenordnung; Finanzgerichtsordnung.
Fgr. Fachgruppe.
FGS Fischerei-Fahrzeug- und Gerätestation (*DDR*).
Fgst. Fahrgast; Fahrgestell.
Fgst.-Nr. Fahrgestellnummer.
Fgut (*railway*) Frachtgut.
Fgz (*railway*) Ferngüterzug.
FH Fachhochschule; Familienherberge (*Switzerland*); Flugzeughandbuch.
F.-H. Fachhochschule.
Fh. Fähre; Forsthaus.
FHD *astr.* Farben-Helligkeits-Diagramm; *mil.* Frauenhilfsdienst (*Switzerland*).
Fhr. *mil.* Fähnrich; Fahrer; Freiherr; Führer.
Fhrw. *mar.* Fahrwasser; *aer. auto.* Fahrwerk; Fuhrwerk.
Fhrz. Fahrzeug.
FHS Fachhochschule.
FHV Freidemokratischer Hochschulverband.
FHZ Freihandelszone.
FI *med.* Färbeindex; Fertigungsingenieur; Flugingenieur; Flugtechnisches Institut; Forschungsinstitut.
Fi. Fichte; Film; Filter; *mus.* (*sport*) Finale; (*sport*) Finalist; Finanzamt, Finanzen; Finne; *ling.* Finnisch; Fisch(erei).
FIA (*Fr.*) Fédération Internationale de l'Automobile, Internationaler Automobilverband.
FIAT, Fiat (*Ital.*) (*TM*) Fabbrica Italiana Automobili Torino, Italienische Automobilfabrik Turin.
FICC (*Fr.*) Fédération Internationale de Camping et de Caravanning, Internationaler Campingverband.
FIFA (*Fr.*) Fédération Internationale des Football Associations, Internationaler Fußballverband.

FiG Fischereigesetz.
Fig. Figur.
fig. figural; figurativ, figürlich.
FIH (*Fr.*) Fédération Internationale de Hockey, Internationaler Hockeyverband.
Fil. *econ.* Filiale; Filiation.
filt. filtern, filtrieren.
FIM Fernstudium im Medienverbund; Frankfurter Internationale Messe.
FIMA Fischwirtschaftliches Marketinginstitut.
Fin. *mus.* (*sport*) Finale; (*sport*) Finalist; Finanz(en *pl*).
fin. *ling.* final; finanziell.
FinA Finanzamt.
FinG Finanzgericht.
FinJ Finanzjahr.
FinK Finanzkasse.
FinMin. Finanzminister(ium).
finn. finnisch.
finnl. finnländisch.
Fin.-Pr. Finanzprüfer, -prüfung.
Fin.-W(iss). Finanzwissenschaft.
Firm. *röm.kath.* Firmung.
firm. *econ.* firmieren.
Firm.-St. Firmenstempel.
FIS (*Fr.*) Fédération Internationale de Ski, Internationaler Skiverband.
fisk. fiskalisch.
FIT (*Fr.*) Fédération Internationale des Traducteurs, Internationaler Übersetzerverband.
FIW Forschungsinstitut für Wirtschaftsverfassung und Wettbewerb.
FIZ Forschungsinstitut für Internationale Technische Zusammenarbeit.
Fj. *geogr.* Fjord.
FJB Freireligiöser Jugendbund.
FJF Fachausschuß für Jugendfragen.
FJg *mil.* Feldjäger.
Fjg. *mil.* Fallschirmjäger.
FJP Fünfjahresplan.
FK Fachkommission; *mil.* Feldkommandantur; *mil.* Feldküche; *mil.* Fernkampf; Fernlenkkörper; Fernsehkamera; (*computer*) Festkomma; Finanzkasse; Fischkutter; Fliegerklub; Flugkörper; *mar. mil.* Fregattenkapitän; *mil. hist.* Freikorps; Führerkompaß; Fußballklub.
Fk. (*railway*) Fahrkarte; *tel.* Fernkabel; [Funk(er).
fk. fachkundig.
Fka (*railway*) Fahrkartenausgabe.
FKFS Forschungsinstitut für Kraftfahrzeuge und Fahrzeugmotoren der Universität Stuttgart.
FKK Freikörperkultur.
FKpt. *mar. mil.* Fregattenkapitän.
Fkta. *econ.* Faktura.
FKü *mil.* Feldküche.
FKZ Hamburger Fremdenverkehrs- und Kongreßzentrale.
FL *mil.* Feldlazarett; Fischlogger; *auto.* Fürstentum Liechtenstein.
Fl. *tech.* Fernlenkung; Fläche; Flachs; Flanke; Flasche; Fleisch; *ling.* Flektion; Flieger; Florin (*monetary unit*); Flöte, Flötist; Flotte; Flottille; Flug; Fluß; Flüssigkeit.
fl. flach; flämisch; *ling.* flektieren, -tiert; fliegen(d); fließen(d); Florin (*monetary unit*); flüchtig; flüssig.
FLA Fachlehranstalt.
Fla *mil.* Flieger- *od.* Flug(zeug)abwehr.
Flab *mil.* Fliegerabwehr (*Switzerland*).
Flachdr. *print.* Flachdruck.
Fl.-Adm. Flotten- *od.* Flottillenadmiral.
Flak *mil.* Flieger- *od.* Flug(zeug)abwehrkanone.
Fla-R, Flarak *mil.* Flieger- *od.* Flug(zeug)-abwehrrakete (*DDR*).
FLaz *mil.* Feldlazarett.
Flb *mar. mil.* Flottenbasis.
Flb. *mar. mil.* Flottenbasis; Flugbahn; *arch.* Flügelbau.
Fl.-Bl., Flbl. *print.* Flugblatt.
Fl.-Dr. *print.* Flachdruck.
Fldw. *mil.* Feldwebel.
flekt. *ling.* flektieren, -tiert.
Fleurop (*TM*) Flores Europae (*European flower mailing organization*).
Flex. Flexibilität; *ling.* Flexion.
flex. flexibel.
FLG *aer.* Funkleitstrahlgerät.
Flg. Flieger.
flg. fliegend, fliegerisch; flüg(e)lig; folgend(e).
Flgz. Flugzeug.
Fl.-H. *aer. mil.* Fliegerhorst; Flottenhafen; Flughalle.
Fl.-Hf. Flughafen.
Fl.-Ing. Flotten-, Flottilleningenieur; Flugzeugingenieur.
FlK *tel.* Fernleitungskabel.
Flk. Flugkörper; Flüssigkeit.
Fl.-K. Flakkompanie; Fliegerkorps; Flugkörper; Flußkarte.
fl.k.u.w.W. fließend kaltes und warmes Wasser.
Fllg. Füllung.
Fl.-Ort. Flugzeugortung.
Flp. *chem. tech.* Flammpunkt.
FLS *mil.* Feuerleitsystem (*DDR*).
Fl.-Sch. Fliegerschule; Flugschein; Flußschiffahrt.
FLT Freileitungstelegrafie.
Fl.-Tr. *mil.* Fliegertruppe; Flug(zeug)-transport; Flußtransport.
Flugb. Flugboot.
Flugh. Flughafen.
Flugz. Flugzeug.
Fluko Flugwachkommando.
Fluma Flugmeldeabteilung.
Fluna Flugnachrichtenabteilung.
fluor. fluoreszierend.
Flusi *mil.* Flugsicherheit.
Fluwa Flugwache.
Fluz Flugsicherungszentrale.
Flw. *mil.* Flammenwerfer; Fliegerwerkstoff.
fl.W. fließendes Wasser.
Flzg. Flugzeug.
FM *econ.* Fälligkeitsmonat; *mil.* Feldmarschall; *tech.* Fertigungsmittel; Festmiete; Feuermelder; Finanzminister(ium); Flächenmaß; Flußmine; Fördermaschine; Forstmeister; *electr.* Frequenzmodulation; Fuchsmajor (*of a students' society*); Funkmeister; Fußballmannschaft; Fußballmeister(schaft).
F.M. (*Lat.*) *röm.kath.* Fratres Minores, Mindere Brüder *pl.*
Fm *chem.* Fermium.
fm (*forestry*) Festmeter.
fmdl. fernmündlich.
FMF Fachverband Moderne Fremdsprachen.
FMG Fernmeldegesetz; Flakmeßgerät; Funkmeßgerät; Futtermittelgesetz.
FMH, F.M.H. (*Lat.*) Foederatio Medicorum Helveticorum (*Swiss medical association*).
FMin. Finanzminister(ium).
FmK Finnmark (*monetary unit of Finland*).
fm o.R. (*forestry*) Festmeter ohne Rinde.
FMP Flugmeldeposten (*DDR*).
FMR *nucl.* Forschungs- und Meßreaktor.
FMS Flugmeldestelle (*DDR*).
FMSEO Fachverband der Maschinen-, Stahl- und Eisenbauindustrie Österreichs.
Fmt Format(bezeichnung).
FMV Freier militärischer Vorunterricht (*Switzerland*).
FMW Fernmeldewesen.
FN *tel.* Fernnetz; *econ. jur.* Forderungsnachweis.
Fn. Fahrtnummer; Familienname; Fußnote.
FNA Fachnormenausschuß.
FO *mil. hist.* Felddienstordnung; Fernsprechordnung; Fischereiordnung; Forstordnung; *aer.* Funkortung.
FoA Forstamt; Forstarchiv.
FoAss. Forstassessor.
Föd. Föderalismus, -list; Föderation.
föd. föderal(istisch); föderativ.
FoG Forstgesetz.
FOGRA Deutsche Gesellschaft für Forschungen im graphischen Gewerbe.
FÖJ Freie Österreichische Jugend.
FOL Fachschuloberlehrer.
Fol., fol. Folio(blatt).
folg. folgend(e).
FoMstr. Forstmeister.
FONDAK Fonds für Deutsche Aktien.
FONDRA Fonds für Deutsche Renten und Aktien.
FoR Forstrat.
Ford. Forderung.
Förd. Förderer, Förderung.
FORFA, Forfa Forschungsinstitut für Arbeitspsychologie und Personalwesen.
Form. Formalität(en *pl*); Formation; Formular.
form. formal(istisch); formieren, -miert; formulieren, -liert.
Formal. Formalität(en *pl*).
Forsch. Forschung(en *pl*).
Forsch.-Gem. Forschungsgemeinschaft.
Forsch.-Sat. (*space*) Forschungssatellit.
Forstw. Forstwesen, -wirtschaft; Forstwissenschaft.
Fortf. Fortfall; Fortführung.
fortgef. fortgeführt.
fortges. fortgesetzt.
fortl. fortlaufend.
Forts. Fortsetzung.
Fortschr. Fortschritt(e *pl*).
fortschr. fortschrittlich.
Forts. f. Fortsetzung folgt.
Fot. Fotograf(ie).
Fotogr. Fotograf(ie).
fotogr. fotografisch.
FP *tech. chem.* Festpunkt; *tech. chem.* Fixpunkt; *tech. chem.* Flammpunkt; *tech. chem.* Fusionspunkt.
F.P. französisches Patent.
Fp *tech. chem.* Fließpunkt.
Fp. *mil.* Feldpost; *mil.* Fuhrpark.
FPG Fischerei-Produktionsgenossenschaft (*DDR*).
Fpl. Fahrplan; Festplatz; Flugplan.
FPÖ Freiheitliche Partei Österreichs.
FPräs. Finanzpräsident.
FR Familienrecht; (*postal service*) Fernmelderechnung; Finanzrat; Flußräumboot; *nucl.* Forschungsreaktor; Forstrat; Funkraum.
Fr *chem.* Francium.
Fr. Fracht; Frage; Franken (*monetary unit of Switzerland*); (*Lat.*) *röm.kath.* Frater, Bruder; Frau; Freiheit; Freitag; Friede; Frist; Frucht; Frühstück.
fr Franc (*monetary unit of France*); französisch-reformiert.
fr. *econ.* franko; französisch; frei; freitags; frisch; früh(er).
frag. fragil.
fragl. fraglich.
Fragm. Fragment.
fragm. fragmentarisch.
Frakt. Fraktion; Fraktur.
frank. frankiert.
Franz. Franzose, *ling.* Französisch.
franz. französisch.
frb. fahrbar.
frbl. freibleibend.
Frbr, Fr.-Br. *econ.* Frachtbrief.
Frdh. Friedhof.
frdl. freundlich; friedlich; friedliebend.
Frdlkt. Freundlichkeit.
frdspr. fremdsprachig, -sprachlich.
Frdw. Fremdwort.
Frdz(i). Fremdenzimmer.
Freg. *mar.* Fregatte.
Freg.-Kap., Freg.-Kpt. *mar. mil.* Fregattenkapitän.
Freigr. Freigrenze.
Freih. Freiheit; Freiherr.
freih. freihändig; freiheitlich.
Freim. Freimachung; (*postal service*) Freimarke; Freimaurer(tum).
Freist. Freistaat.
Freiw. Freiwillige.
freiw. freiwillig.
Frelimo (*Portug.*) Frente de Libertação de Moçambique, Befreiungsfront von Mozambique.
fremdl. fremdländisch.
fremdspr. fremdsprachig, -sprachlich.
Fremdst. Fremdstoff.
Fremdw. Fremdwort.
Frequ. Frequenz.
Frfr. Freifrau.
frfr. *econ.* frachtfrei.
Fr.-G. *econ.* Frachtgut.
Fr.-Gel. Freigelände.
frger. fristgerecht.
frgm. fragmentarisch; freigemacht.
Fr.-H. Freihafen; Freihandel.
Frh. Freiheit; Freiherr.
fr.H. *econ.* frei Haus.
Frhf. Freihafen; Friedhof.
Frhr. Freiherr.
frhtl. freiheitlich.
fries. friesisch.
friesl. friesländisch.
frig. frigide.
Fris. Friseur, Frisur.
Frisco *geogr.* San Francisco.
Frk(r). *geogr.* Frankreich.
Fr.-K. *econ.* Frachtkosten.
Frl. Fräulein.
Frm. (*postal service*) Freimarke; Freimaurer(tum).
frnhd. *ling.* frühneuhochdeutsch.
fro. *econ.* franko.
Fr.P. französisches Patent.
Frq. Frequenz.

frs Francs *pl* (*monetary unit*).
Fr.-Sch. *econ.* Frachtschein; Frachtschiff.
Frst. Freistaat; Fürstentum.
frstl. fürstlich.
frtr. *tech.* freitragend.
Fr.-Verk. Freiverkauf; Fremdenverkehr.
fr.Verk. freier Verkauf.
Fr.-V(erl). Fristverlängerung.
Frw, Fr.-W. Frischwasser.
Frwk. Feuerwerk(er).
FrZ *hist.* Französische Zone.
Frz. Franzose, *ling.* Französisch; Freizeit.
fr.Z. *hist.* Französische Zone.
frz. französisch.
Frzb(d). Franzband.
FS Fachschule; Fallschirm; Fernschreiben, -schreiber; Fernsehen; Flugsicherung; Flußschnellboot; *tech.* Formstoff; Forschungsschiff; Frauenschule; Funkstation, -stelle.
Fs Feinsilber; Fernschreiben, -schreiber.
Fs. Festschrift; Fortsetzung; Fürsorge.
fs farblos.
FSC Fallschirmsportspringerclub.
FSch Feuerschiff.
F.-Sch. Fachschule; Forstschule; *auto.* Führerschein.
Fsch.-Jg. Fallschirmjäger.
fschrl. fernschriftlich.
Fsch.-Spr. Fallschirmspringer.
FSD Frankfurter Societäts-Druckerei.
FSG Fachschulsportgemeinschaft (*DDR*).
FSH *med.* follikelstimulierendes Hormon.
FSI Fachverband Schneidwarenindustrie.
FSK Freiwillige Selbstkontrolle der Filmwirtschaft.
Fspr. *tel.* Fernsprecher, Fernspruch.
Fspr.-Kb. Fernsprechkabel.
Fss. Fassungen *pl*; Fortsetzungen *pl.*
FSt. *mil.* Feuerstellung; Funkstation, -stelle; Fürsorgestelle.
Fst. Fernsteuerung; Festung; Fürst(entum).
Fstg. *tech.* Fernsteuerung; Festung.
fstl. fürstlich.
Fstm. (*forestry*) Festmeter; Festmiete; Forstmeister; Fürstentum.
Fst.-Mstr. Forstmeister.
FSV Fußballsportverein.
FT Funktelegrafie; Funkturm; Funk- und Telegrafenstation.
Ft (*railway*) Fernschnelltriebwagen(zug); Forint (*monetary unit of Hungary*).
Ft. Fett; Fort; Fürstentum; Furt.
FTG Fernsehtechnische Gesellschaft.
Ftg. *tech.* Fertigung.
ftgn. *tech.* fertigen.
FTO *mil.* Funktechnischer Offizier.
FTÖ Fachverband der Textilindustrie Österreichs.
FTZ Fernmeldetechnisches Zentralamt.
FU Freie Universität (*Berlin West*); *electr.* Frequenzumformer *od.* -umsetzer.
Fu Funk(wesen).
FÜ (*computer*) Fernübertragungssystem; Funküberwachung(sstelle).
Fü. Führer, Führung.
FüAkBw *mil.* Führungsakademie der Bundeswehr.
fud. (*Lat.*) (*art*) fudit, hat (es) gegossen.
FuE Forschung und Entwicklung.
FUEV Föderalistische Union europäischer Volksgruppen.
FüH *mil.* Führungsstab des Heeres.
FüL *mil.* Führungsstab der Luftwaffe.
FuLS Funkleitstelle.
FuM Funkmeßtechnik.
FüM *mil.* Führungsstab der Marine.
FuMG Funkmeßgerät.
FuMstr. *mil.* Funkmeister.
Funkm. *mil.* Funkmeister.
Funkt. Funktion(är); Funkturm.
funkt. funktionell; funktionieren.
FuO Feinmechanik und Optik.
FuPA Funkpeilanlage.
Fur. *mil.* Furier; *med.* Furunkel.
Furn. Furnier.
furn. furnieren, -niert.
Fürs. Fürsorge(r).
FuS Funksignal.
Fus. Fusion.
fus. fusionieren, -niert.
F.u.S.f. Fortsetzung und Schluß folgen.
FuSpr., Fu.-Spr. Funkspruch.
Fußn. Fußnote.
FuSt. Funkstation, -stelle.
FuStö Funkstörung.
Fut. *ling.* Futur(um); (*art*) Futurismus, -rist; Futurologie.
fut. *ling.* futurisch; futuristisch.
FuV, FuVerb. Funkverbindung.
FuZ Funkzentrale.
FV Fachverband, -vereinigung; Fernverkehr; Finanzvertrag; Finanzverwaltung; Freie Vereinigung; Friedensvertrag; Fußballverband, -verein.
FVD (*postal service*) Fernsprechvermittlungsdienst.
FW Feuerwehr; Forstwirtschaft.
Fw. Fahrwerk; Feinwäsche; *mil.* Feldwache; *mil.* Feldwebel; Feuerwerk(er); *mil.* Flammenwerfer; Forstwart; Fremdwort; *ling.* Fürwort.
fw. freiwillig.
Fwb. Fachwörterbuch; Fremdwörterbuch.
Fwk. Feuerwerk(er); Feuerwerkskörper.
FZ Fachzeitschrift; Fernmeldezug; *electr.* Frequenzzeiger; Funkzentrale.
Fz. Fahrzeug; Fernziel; Fernzug; Finanz(en *pl*); Formelzeichen; Fragezeichen; *tel.* Freizeichen.
FZA Fernmeldetechnisches Zentralamt, Fernmeldezentralamt; Fernmeldezeugamt; Funktechnisches Zentralamt.
Fzb(d). Franzband.
Fzgn. Führungszeugnis.
FZM *mil.* Feldzeugmeister (*Austria*).
Fzw. Finanzwesen.

G

G Gas; *phys.* Gauß; *tech.* gegossen; geheim, Geheimsache; *econ.* Geld; Gemeinde; Gerät; Gericht; Gesandte, Gesandtschaft; Geschwindigkeit; Gesetz; Gewehr; Gewicht(sschwerpunkt); Gewinn; *math. tech.* Giga; *tech.* Gitter; *electr.* Gleichstrom; Golf; *auto.* Graz (*Austria*); Grenzschutz; *math.* Größe; *math.* Grundfläche; Grundgehalt; *math.* Grundlinie; Gruppe; *auto.* Guatemala; Gulden (*monetary unit of the Netherlands*); Gummi; Guß.
G. Ganze; Geld; Gong; Gully; Gut, Güter *pl.*
g Gramm; grob (*quality*); Groschen (*monetary unit of Austria*); *math.* Grundlinie.
g. gelb; geschlossen; golden; gotisch; gut.
GA Gemeindeausschuß; Gemeinschaftsanlage; *tel.* Gemeinschaftsanschluß; Generalagent(ur); Gerichtsassessor; Gesamtausgabe; Gesamtausschuß; Geschäftsanteil; Geschäftsanweisung; Geschäftsaufsicht; Gesetzesartikel; Gesundheitsamt; Gewerbeaufsicht; Große Anfrage (*in parliament*).
Ga *chem.* Gallium; (*railway*) Güterabfertigung.
Ga. Garage; Garten.
GAA Gewerbeaufsichtsamt.
GAB Gewerbeaufsichtsbeamte.
gab(un). gabunisch.
GAD Grenzaufsichtsdienst.
GaG Gaststättengesetz.
Gagfah Gemeinnützige Aktiengesellschaft für Angestellten-Heimstätten.
GAL Gesellschaft für Absatzförderung der deutschen Landwirtschaft; Gesellschaft für Angewandte Linguistik.
GAl *metall.* Gußaluminium.
Gal *phys.* Galilei.
Gal. *Bibl.* Galater; Galerie; *geogr.* Galizien; Galopp; Galoschen *pl.*
gäl. gälisch.
Gall. Gallert(e); *geogr. hist.* Gallien; *relig.* Gallikanismus; *ling.* Gallizismus.
Galv. *med.* Galvanisation; *tech.* Galvanisierung; *print.* Galvano.
galv. *tech.* galvanisch; galvanisieren, -siert.
Gam. Gamaschen *pl.*
GAMM Gesellschaft für Angewandte Mathematik und Mechanik.
GAP Großhandelsabgabepreis (*DDR*).
GAR *mil.* Gebirgsartillerieregiment (*Austria*).
Gar. Garage; Garant(ie).
Gär. Gärung.
gar. garantieren, -tiert.
Gard. Garderobe, Garderobiere; Gardine.
Garm. *print.* Garmond.
Garn. Garnierung; Garnison; Garnitur.
garn. garnieren, -niert.
Gar.-W. *auto.* Garagenwagen.
Gas. Gasometer.
Gasm. Gasmaske; Gasmesser; Gasmotor.
GAss. Gerichtsassessor.
Gastr. Gastronomie.
gastr. gastronomisch.
Gasw. Gaswerk.
Gatt. Gattung.
G.-Aufl. Gesamtauflage (*of books*).
GAZ Gesamtverzeichnis ausländischer Zeitschriften.
Gaz. Gazelle; Gazette.
GAZS Gesamtverzeichnis ausländischer Zeitschriften und Serien.
GB *econ.* Geld und Brief; Genehmigungsbescheid; Generalbeauftragte; Generalbevollmächtigte; Genossenschaftsbank (*DDR*); Geschäftsbedingungen *pl*; Geschäftsbericht; Gesetzbuch; Gesundheitsbuch; Gewerbebank (*DDR*); *auto.* Großbritannien; *jur.* Grundbuch.
Gb. Geber; Gebühr; Geburt; Gegenbesuch; *mus.* Generalbaß; Gesangbuch.
gb. gebeizt; gebunden (*of books*); genehmigungsberechtigt.
GBA Generalbundesanwalt; Geologische Bundesanstalt (*Austria*); Gesetzbuch der Arbeit (*DDR*); *auto.* (Großbritannien) Alderney; Grundbuchamt.
GBAG Gelsenkirchener Bergwerks-AG.
Gbd. Gebäude; Großband (*of books*).
gbd. gebunden (*book*).
Gbf (*railway*) Güterbahnhof.
GBG Gemeinnützige Baugesellschaft; *auto.* (Großbritannien) Guernsey.
GBJ *auto.* (Großbritannien) Jersey.
GBL Generalbetriebsleitung.
GBl. Gesetzblatt.
Gbl. Geburtsland.
GBM *auto.* (Großbritannien) Insel Man.
Gbm. Gebrauchsmuster.
GbmG Gebrauchsmustergesetz.
GBO Grundbuchordnung.
Gbo. Geburtsort.
gbr. gebräuchlich; gebraucht; gebrochen.
Gbrm. Gebrauchsmuster.
Gbst. Geburtsstadt.
Gbt. Gebet; Gebiet; Gebot; Geburt.
GBV (*railway*) Güterbeförderungsvorschriften.
GBZ *auto.* Gibraltar.
GbZ (*postal service*) Gebührenzettel.
Gbz Gerichtsbezirk; Gutsbezirk.
GC *chem.* Gaschromatographie; Golfclub.
GCA *auto.* Guatemala.
Gcal. *phys.* Gigakalorie.
g.Ch. *mus.* gemischter Chor.
GCW Gesellschaft der Chirurgen in Wien (*Austria*).
GD Generaldirektion, -direktor; Gesundheitsdienst; Gottesdienst.
Gd *chem.* Gadolinium.
Gd. Garde, Gardist; Gold; *mar.* Grund.
GDB Genossenschaft Deutscher Bühnenangehöriger.
GdB Gesellschaft des Bauwesens.
GDBA Genossenschaft Deutscher Bühnenangehöriger; Gewerkschaft Deutscher Bühnenangestellter; Gewerkschaft Deutscher Bundesbahnbeamter und -anwärter.
Gdbgr(e). Grundbegriff(e *pl*).
GDBH Gesellschaft Deutscher Berg- und Hüttenleute (*DDR*).
G.d.b.R. *jur.* Gesellschaft des bürgerlichen Rechts.
GDCh Gesellschaft Deutscher Chemiker.
GDE Gesamtverband des Einzelhandels.

Gde. Gemeinde; Gründe *pl.*
GdED Gewerkschaft der Eisenbahner Deutschlands.
GDH Gemeinschaft Deutscher Hochschulverbindungen.
GDL Gemeinschaft Deutscher Lehrerverbände; Gesellschaft Deutscher Lichtbildner.
GDM Gemeinschaft Deutscher Musikverbände; Gesamtverband Deutscher Metallgießereien.
Gdm. Grundmuster.
gdm *meteor.* geodynamisches Meter.
GDMB Gesellschaft Deutscher Metallhütten- und Bergleute.
GDN Gesellschaft Deutscher Neurologen.
GDNÄ Gesellschaft Deutscher Naturforscher und Ärzte.
GDO Gemeindedienstordnung; Gesellschaft für Datenverarbeitung und Organisation.
GDP Gesamtdeutsche Partei; Gewerkschaft der Polizeibeamten.
G.d.P. Gegenstand des Patents.
GDS (*postal service*) Gebührenpflichtige Dienstsache; Große Deutsche Schuhmusterschau.
GDSF Gesellschaft für Deutsch-Sowjetische Freundschaft (*DDR*).
GDT Genossenschaft Deutscher Tonsetzer.
GdT Gemeinschaftsausschuß der Technik.
GDU *electr.* Gleichstrom-Drehstrom-Umformer.
GDV Gasdynamische Versuchsanstalt.
Gdw Gradierwerk.
GDZS Gesamtverzeichnis deutscher Zeitschriften und Serien.
GE *med.* Gastroenterostomie; Gesundheitserziehung; Getreideeinheit; Gewichtseinheit.
Ge *tech.* Generator; *chem.* Germanium; *tech.* Gußeisen.
g.e. gut erhalten (*coins etc*).
GEB *ped.* Gesamtelternbeirat.
Geb. Gebäude; Gebet; Gebiet; Gebirge; Gebiß; Gebot; Gebühr(en *pl*); Geburt.
ge.B. geographische(r) Breite.
geb. gebaut; gebildet; gebogen; geboren(e); geboten; gebunden (*book*); gebürtig.
gebd. gebunden (*book*).
gebh. *med.* geburtshilflich.
Geb.-J. Geburtsjahr.
Geb.-Jg. *mil.* Gebirgsjäger; Geburtsjahrgang.
Geb.-Kontr. Gebietskontrolle; Geburtenkontrolle.
Gebl. *tech.* Gebläse.
Geb.-L. Geburtsland.
gebl. geblasen; gebleicht; geblendet.
GebO Gebührenordnung.
Geb.-O. Geburtsort.
Gebr. Gebrauch, Gebräuche *pl*; Gebrüder *pl.*
gebr. gebrannt; gebräuchlich; gebraucht; gebräunt; gebrochen.
ge.Br. geographische(r) Breite.
Gebr.-A. Gebrauchsanleitung, -anweisung.
Geb.-Reg. Geburtenregelung.
Gebrm. Gebrauchsmuster.
GebrMG Gebrauchsmustergesetz.
Geb.-St. Gebäudesteuer; Geburtsstadt, Geburtsstätte; Geburtsstunde.
Geb.-T. Geburtstag.
Geb.-Tar. Gebührentarif.
Ged. *gastr.* Gedeck; Gedicht.
gedr. gedrängt; gedreht; gedroschen; gedruckt; gedrückt.
Gef. Gefahr; Gefährdung; Gefälle; *mil.* Gefallene; Gefangene; Gefängnis.
gef. gefährden, -det; gefahren; *mil.* gefallen; gefällig(st); gefärbt; gefälscht; gefaltet; gefalzt; gefangen; gefaßt; gefertigt; gefestigt; gefolgt; gefordert; geführt; gefüllt; gefunden.
GEFA Gesellschaft für Absatzfinanzierung; Gesellschaft für Arbeitspädagogik.
Gef.-Aufs. Gefangenenaufseher, -aufsicht; Gefängnisaufseher, -aufsicht.
Gef.-Dir. Gefängnisdirektor.
Gef.-Gr. Gefahrengruppe.
Gefgsch. Gefangenschaft.
Gef.-Kl. Gefahrenklasse.
Gefl. Geflecht; Geflügel.
gefl. gefällig(st); geflohen; geflüchtet.
Gef.-L(ag). Gefangenenlager.
Gefr. *mil.* Gefreite.
Gefr.-Fl. Gefrierfleisch.
Gefr.-P. Gefrierpunkt.
Gef.-St. Gefahrenstelle.
GEFU Gesellschaft zur Förderung gewerblicher Unternehmen.
Gef.-Verw. Gefängnisverwalter, -verwaltung.
GEG Großeinkaufsgesellschaft Deutscher Konsumgenossenschaften mbH.
Geg. Gegensatz; Gegner.
geg. gegeben; gegen.
gegr. gegründet.
Geh. Gehalt; *tech.* Gehäuse; Geheimnis; Geheimsache; Gehilfe; Gehorsam.
geh. gehackt; gehalten; geheftet (*book*); geheim; gehoben; gehören(d); gehörig.
Geh.-A. Geheimakten *pl*; Geheimarchiv.
GEHAG Gemeinnützige Heimstätten-Aktiengesellschaft.
geh.D. gehobener Dienst.
Geh.-Erh. Gehaltserhöhung.
Geh.-Ersch. *med.* Gehirnerschütterung.
geh.Kdos. *mil.* geheime Kommandosache.
Geh.-R. *hist.* Geheimrat.
geistl. geistlich.
gek. gekachelt; gekennzeichnet; gekocht; gekonnt; gekoppelt; gekörnt; gekühlt; gekündigt; gekürzt.
Gel. Gelage; Gelände; Gelassenheit; Gelatine; Gelegenheit; Gelehrte; Geleit; Gelenk; Geliebte; Gelingen; Gelöbnis; Gelübde; Gelüst(e *pl*).
gel. geladen; gelagert; gelähmt; gelandet; geländet; gelappt; gelassen; gelaunt; gelegen; gelehrt; geleiten, geleitet; gelesen; geliebt; geliefert; gelingen; geloben, gelobt; gelöscht; gelöst; gelungen.
ge.L. geographische(r) Länge.
Gel.-Arb. Gelegenheitsarbeit(er).
Gelbf. *phot.* Gelbfilter.
gelbl. gelblich.
gelt. geltend.
Gem. Gemälde; Gemarkung; Gemeinde; Gemeinheit; Gemeinnützigkeit; Gemeinsamkeit; Gemeinschaft; Gemisch; Gemüse; Gemüt.
gem. gemacht; gemahlen; gemalt; gemäß; gemäßigt; gemein; gemeinnützig; gemeinsam; gemeinschaftlich; gemeldet; gemessen; gemischt; gemustert; gemütlich.
GEMA Gesellschaft für musikalische Aufführungs- und mechanische Vervielfältigungsrechte.
gem.Ch. *mus.* gemischter Chor.
GEMES Gesellschaft für Messegestaltung und Organisation.
GemO Gemeindeordnung.
GemR, Gem.-Rat Gemeinderat.
Gem.-Schr. Gemeindeschreiber.
GemSt., Gem.-St. Gemeindesteuer.
GemVerb., Gem.-Verb. Gemeindeverband.
Gem.-Vertr. Gemeindevertreter, -vertretung.
Gem.-Verw. Gemeindeverwaltung.
Gen. Genealoge, -logie; Genehmigung; *mil.* General; Generation; *tech.* Generator; Genetik; *med.* Genitalien *pl*; *ling.* Genitiv; Genosse, Genossenschaft(ler); Genuß.
gen. genannt; genau; genealogisch; genehm; genehmigen, -migt; geneigt; generell; genetisch; genial; *tech.* genietet; genormt; genossenschaftlich; genuesisch; genügend; *tech.* genutet.
Gen.-Ag. Generalagent(ur).
Gen.-Amn. Generalamnestie.
Gen.-Bev(ollm). Generalbevollmächtigte.
Gend. Gendarm(erie).
Gen.-Dir. Generaldirektor.
Genex Geschenkdienst und Kleinexport GmbH (*DDR*).
Gen.-Fm. *mil.* Generalfeldmarschall.
GenG Genossenschaftsgesetz.
Gen.-Gouv. Generalgouvernement, -gouverneur.
Gen.-Insp. *mil.* Generalinspekteur, -inspektion.
Gen.-Int. (*theater*) Generalintendant.
Gen.-Kdo. *mil.* Generalkommando.
Gen.-Kons. Generalkonsul(at).
GenLt(n) *mil.* Generalleutnant.
GenMaj *mil.* Generalmajor.
Gen.-Pr. (*theater*) *etc* Generalprobe.
Gen.-Ref. Generalreferent.
Gen.-Reg. Generalregister; *econ.* Genossenschaftsregister.
Gen.-Sekr. Generalsekretär, -sekretariat.
Gen.-St. *mil.* Generalstab.
Gen.-Sup.-Int. *relig.* Generalsuperintendent.
Gen.-Vers. Generalversammlung.
Gen.-Vertr. *econ.* Generalvertreter, -vertretung.
Gen.-Vik. *röm.kath.* Generalvikar
Gen.-Vollm. *econ.* Generalvollmacht.
Geod. Geodäsie, Geodät.
geod. geodätisch.
Geogr. Geograph(ie).
geogr. geographisch.
Geol. Geologe, Geologie.
geol. geologisch.
Geom. Geomantie; Geometer; Geometrie.
geom. geometrisch.
geophys. geophysikalisch.
geopol. geopolitisch.
GEOREF *aer. mil.* geographisches Referenzsystem.
georg. georgisch.
geoz. geozentrisch; geozyklisch.
Gep. Gepäck; Gepard.
gep. gepaart; gepanzert.
Gepa (*railway*) Gepäckabfertigung.
gepfl. gepflanzt; gepflegt; gepflückt.
gepl. geplant.
gepr. gepreßt; geprüft.
gepr.u.gen. geprüft und genehmigt.
Gep.-Sch. Gepäckschein.
Gep.-Tr. Gepäckträger.
Ger. Gerade; Gerät(e *pl*); Geräusch; Gericht; Geruch; Gerücht; *ling.* Gerundium; Gerüst.
ger. gerade; gerecht; gerettet; gerichtet; gerichtlich; gerieben; geronnen; gerundet; gerüstet.
Ger.-Arzt Gerichtsarzt.
GerAss, Ger.-Ass. Gerichtsassessor.
Ger.-K. Gerichtskosten *pl.*
Germ. Germane; Germanist(ik).
germ. germanisch; germanistisch.
Ger.-Med. Gerichtsmedizin(er).
ger.Med. gerichtliche Medizin.
GerRef., Ger.-Ref. Gerichtsreferendar.
GerSchr., Ger.-Schr. Gerichtsschreiber.
Ger.-Verf. Gerichtsverfahren; Gerichtsverfassung.
Ger.-Vollz. Gerichtsvollzieher.
Ges. Gesamtheit; Gesandte, Gesandtschaft; Gesang; Geselle; *econ.* Gesellschaft(er); Gesetz(gebung); Gesicht; Gesinnung; Gesuch; Gesundheit.
ges. gesammelt; gesamt; gesandt; gesehen; gesetzlich; gesetzt; gesichert; gesittet; gesucht; gesund; gesungen.
GESA Gesellschaft Schweizer Akademiker.
GesA Gesundheitsamt.
ges.Abh. gesammelte Abhandlungen *pl.*
Ges.-Anz. Gesellschaftsanzug.
ges.Aufs. gesammelte Aufsätze *pl.*
Ges.-Ausg. Gesamtausgabe.
Ges.-Betr. Gesamtbetrag.
Ges.-Bl. Gesetzblatt.
Gesch. Geschädigte; Geschäft; Geschenk; Geschichte; Geschick; Geschoß; *mil.* Geschütz.
gesch. geschädigt; geschäftlich; geschätzt; geschichtlich; geschickt; geschieden; geschützt.
Gesch.-Abschl. Geschäftsabschluß.
Gesch.-Ant. Geschäftsanteil(e *pl*).
Gesch.-Anw. Geschäftsanweisung.
Gesch.-Aufg. Geschäftsaufgabe.
Gesch.-Aufs. Geschäftsaufsicht.
Gesch.-Ber. Geschäftsbereich; Geschäftsbericht.
Gesch.-F. Geschäftsführer, -führung.
geschfd.(Dir.) geschäftsführend(er Direktor).
Gesch.-Inh. Geschäftsinhaber.
Geschl. Geschlecht.
geschl. geschlagen; geschlechtlich; geschliffen; geschlossen.
Geschl.-Kr(ht). *med.* Geschlechtskrankheit.
Geschl.-Verk. Geschlechtsverkehr.
geschm. geschmeidig; geschmiedet; geschmolzen; geschmückt.
geschn. *gastr.* geschnetzelt; geschnitten.
GeschO, Gesch.-Ord. Geschäftsordnung.
geschr. geschraubt; geschrieben.
Gesch.-St. Geschäftsstelle.
Gesch.-Tr. *pol.* Geschäftsträger.
Gesch.-Verb. Geschäftsverbindung.
GeschVPl. Geschäftsverteilungsplan.
Geschw. *aer. mar. mil.* Geschwader; Geschwindigkeit; Geschwister *pl*; *jur.* Ge-

schworene; *med.* Geschwulst; *med.* Geschwür.
Geschw.-Begr. Geschwindigkeitsbegrenzung.
Geschw.-Beschr. Geschwindigkeitsbeschränkung.
Geschw.-Ger. *jur.* Geschworenengericht.
Geschw.-Kontr. Geschwindigkeitskontrolle.
GeschZ, Gesch.-Z. Geschäftszeichen.
Gesch.-Zi. Geschäftszimmer.
ges.ger. gesetzlich geregelt.
ges.gesch. gesetzlich geschützt.
Ges.-Gew. Gesamtgewicht.
Ges.-Kap. *econ.* Gesellschaftskapital.
gesp. gespart; gesperrt.
gespr. gesprochen; gesprüht.
Ges.-Pr(od). Gesamtproduktion.
Ges.-Pr(ok). *econ.* Gesamtprokura.
GesR Gesandtschaftsrat.
ges.Reg. gesetzliche Regelung.
ges.Schr. gesammelte Schriften *pl.*
Ges.-Slg. Gesetzessammlung.
Ges.-St. Gesamtstärke; Gesellschaftssteuer.
GESt. Grunderwerbssteuer.
Gest. Gestade; Gestalt(ung); Geständnis; *tech.* Gestänge; Gestank; Gestein; Gestell; Gestik(ulation); Gestüt.
gest. gestaffelt; gestalten, gestaltet; geständig; gestartet; gestatten, gestattet; gestehen; gestern; gestickt; gestiegen; gestiftet; gestochen; gestorben; gestoßen; gestundet.
Gestapo *hist.* Geheime Staatspolizei.
gestr. gestrafft; gestreift; gestrichen; gestrig.
Ges.-Unt. Gesangsunterricht.
Ges.-V. *econ.* Gesellschaftsvertrag.
Ges.-Verb. Gesamtverband.
Ges.-Vertr. *econ.* Gesellschaftsvertrag.
ges.Vertr. gesetzlicher Vertreter.
Ges.-Verz. Gesamtverzeichnis.
ges.W. gesammelte Werke *pl.*
Ges.-Z. Gesamtzahl.
get. *relig.* getauft; getestet; getilgt; getötet.
Getr. Getränk(e *pl*); Getreide; *tech.* Getriebe.
getr. getraut; getrennt; getrieben; getrocknet.
Getr.-St. Getränkesteuer.
GeV *electr.* Gigaelektronenvolt.
GEW Gas, Elektrizität, Wasser; Gewerkschaft Erziehung und Wissenschaft.
Gew. Gewächs; Gewähr(leistung); Gewahrsam; Gewalt; Gewässer; Gewebe; Gewehr; *hunt.* Geweih; Gewerbe; Gewerkschaft; Gewicht; *tech.* Gewinde; Gewinn; Gewinnung; Gewissen; Gewohnheit; Gewölbe; Gewürz.
gew. gewachst; gewagt; gewählt; gewähren; gewandt; gewaschen; gewässert; gewerblich; (*textile*) gewirkt; gewogen; gewöhnlich; gewölbt; gewonnen; gewünscht.
GewA *econ.* Gewinnanteil.
GewAA Gewerbeaufsichtsamt.
Gew.-Ant. *econ.* Gewinnanteil.
GewG, Gew.-Ger. Gewerbegericht.
Gew.-Kl. Gewichtsklasse; Gewinnklasse.
Gew.-L. Gewerbelehre(r).
GewO Gewerbeordnung.
Gewog Gemeinnützige Wohnstättengesellschaft.
Gew.-Sch. Gewerbeschein; Gewerbeschule.
Gew.-Sekr. Gewerkschaftssekretär.
GewSt., Gew.-St. Gewerbesteuer.
Gew.-T. Gewichtsteil(e *pl*).
Gew.-Tr. Gewerbetreibende.
Gew.-Verl. Gewichtsverlust.
Gew.-Vert. Gewichtsverteilung; Gewinnverteilung.
Gez. Gezeiten *pl.*
gez. gezählt; gezahnt, gezähnt; gezeichnet; gezielt; geziert; gezogen; gezüchtet.
Gez.-Krw. Gezeitenkraftwerk.
Gez.-W. Gezeitenwechsel.
gezw. (*textile*) gezwirnt; gezwungen(ermaßen).
GF Geschäftsführer(in), -führung; *mar.* große Fahrt.
Gf. Geschäftsführer, -führung; Grundfarbe; Grundform.
g.F. gegebenen Falles, gegebenenfalls.
gf. gasförmig.
GFA Gewerbeförderungsamt (*Austria*); Großförderanlage.
GfA Gesellschaft für Arbeitstechnik; Gesellschaft für Arbeitswissenschaft.
GfD Gesellschaft für Datenverarbeitung.
GFF Gesellschaft zur Förderung der Forschung an der ETH (*Switzerland*).
GFG Güterfernverkehrsgesetz.
gfg. gasförmig.
GFK glasfaserverstärkter Kunststoff.
GfK Gesellschaft für Kernforschung; Gesellschaft für Konsum-, Markt- und Absatzforschung; Gewerkschaftsgruppe für Kleinbetriebe (*DDR*).
GFKF Gesellschaft zur Förderung der kernphysikalischen Forschung.
Gfl. Geflecht.
gfl. gefällig; geflochten; gräflich.
GFM *mil.* Generalfeldmarschall.
GfM Gesellschaft für Marktforschung.
GfN Gesellschaft für Nebenbetriebe auf den Bundesautobahnen.
GFP glasfaserverstärktes Polyesterharz.
GFpl (*railway*) Güterzugfahrplan.
Gfr Goldfranken.
Gfsch. Gefangenschaft; Grafschaft.
Gft. Grafschaft.
Gfter *econ.* Gesellschafter.
GfU Gemeinschaft freier Unternehmensberater.
GfV Gesellschaft für Vertriebsforschung; Güterfernverkehr.
GfW Gesellschaft für Wehrkunde; Gesellschaft für Weltraumforschung.
GG *hist.* Generalgouvernement, -gouverneur; *econ.* Geschäftsgang; *jur.* Geschworenengericht (*Austria*); Gesundheitstechnische Gesellschaft; Getreidegesetz; *electr.* Gleichstromgenerator; Goethe-Gesellschaft; *metall.* Grauguß; Grundgesetz; *jur.* Gütergemeinschaft.
GG. Gesetze *pl.*
Gg. *med.* Ganglion; Gegner.
gg. (*textile*) Gauge; gegen; geländegängig.
g.g. ganz geheim.
ggb. gegenüber.
ggbfs. gegebenenfalls.
ggez. gegengezeichnet.
ggf(s). gegebenenfalls.
GGG Gewerbegerichtsgesetz.
GGK Gehaltsgruppenkatalog (*DDR*).
GGLF Gewerkschaft Gartenbau, Land- und Forstwirtschaft.
GGO Gemeinsame Geschäftsordnung der Bundesministerien.
ggr. *gastr.* gegrillt; gegründet.
Ggs. Gegensatz.
ggs. gegensätzlich; gegenseitig.
ggT, g.g.T. *math.* größter gemeinsamer Teiler.
g.g.u. gelesen, genehmigt, unterschrieben.
Ggw. Gegenwart; Gegenwert; Gutgewicht.
ggz. gegengezeichnet, -zeichnen.
Ggzg. Gegenzeichnung; (*railway*) Gegenzug.
GH *auto.* Ghana; Großhandel.
Gh. Gasthaus, -hof; Gehalt; Gehöft; Gehör; Gesamthöhe.
ghan. ghanaisch.
GHD Großhandelsdirektion (*DDR*).
GHG Gemeinwirtschaftliche Hochseefischerei-Gesellschaft; Gesamtverband des deutschen Handwerks, Handels und Gewerbes; Großhandelsgesellschaft (*DDR*).
Ghg(in). Großherzog(in).
Ghgt. Großherzogtum.
GHH Gutehoffnungshütte (*steelworks*).
GHK Gewerkschaft Holz und Kunststoff; Großhandelskontor (*DDR*).
Ghl. Gehilfe.
GHM Gesellschaft für Handwerks-Ausstellungen und -Messen.
Ghrz. Großherzog(in).
Ghrzgt. Großherzogtum.
GHS(p.) Großhandelsspanne.
GHz *phys.* Gigahertz.
Ghz(g). Großherzog(in).
Ghzgt. Großherzogtum.
GI *mil.* Generalinspekteur, -inspektion.
Gi (*postal service*) Giro; *electr.* Gitter.
Gibr. *geogr.* Gibraltar.
GIFA Internationale Gießerei-Fachmesse.
GiKo Girokonto.
GIM Gesellschaft für Innere Medizin.
GIS Gesellschaft für industrielle Schweißtechnik.
Git. Gitarre, Gitarrist.
GJ Geographisches Jahrbuch.
GK Generalkonsul(at); Genfer Konvention; Gesamtkatalog; Girokonto; Golfklub; *electr.* Gummikabel; *econ.* Güteklasse.
G.K. Genfer Konvention; Gregorianischer Kalender.
Gk. Gelenk.
gk griechisch-katholisch.
GKA Grenzkontrollamt (*DDR*).
g.Kdos. *mil.* geheime Kommandosache.
GKG Gerichtskostengesetz.
GKH *med.* Gelbkörperhormon.
GKl. *econ.* Güteklasse.
GKM Großkraftwerk Mannheim.
GKO Geschäftskostenordnung.
G.-Kons. Generalkonsul(at).
GKSS Gesellschaft für Kernenergieverwertung in Schiffbau und Schiffahrt.
GKT Gesellschaft für Kernverfahrenstechnik.
GKV Gesamtverband Kunststoffverarbeitende Industrie; Gesetzliche Krankenversicherung.
GKWG Gemeinde- und Kreiswahlgesetz.
Gl (*railway*) Gleis.
Gl. *tech.* Gelenklager; Glanz; Glas; Glasur; Glaube; Gläubiger; Gleichung; Gleis; Gletscher; Glied; Gliederung; Glocke; Gloria; Glosse; Glück.
gl. *auto.* geländegängig; glänzend; glatt; gläubig; gleich; gleitend; glücklich.
gl.A. gleicher Ansicht.
glbld. gleichbleibend.
Gld. Ganzleder(einband) (*of books*).
gleichl. gleichlaufend; gleichlautend.
gleichn. gleichnamig.
gleichz. gleichzeitig.
GLF Gewerkschaft Landwirtschaft und Forsten.
Glfl. *aer.* Gleitflug.
Gl.-Gew., Glgew. Gleichgewicht.
gl.M. gleicher Meinung.
Gln. Ganzleinen(einband) (*of books*).
gl.N. gleichen Namens.
gl.Nr. gleicher Nummer.
gls. glaubenslos.
Gl.-Str., Glstr. *electr.* Gleichstrom.
gl.T. (zu) gleiche(n) Teile(n).
glt. gültig.
gltd. geltend; gleitend.
gltg. gültig.
GLV Graphische Lehr- und Versuchsanstalt (*Austria*).
Gl.-Vers. Glasversicherung; *econ.* Gläubigerversammlung.
GLZ Gleitzeit.
glz. gleichzeitig.
glzd. glänzend.
GM Gebrauchsmuster; Geldmarkt; *mil.* Generalmajor; Geschwindigkeitsmesser; Gleichstrommotor; Goldmark; Greenwich Meridian.
GmbH Gesellschaft mit beschränkter Haftung.
GMBl. Gemeinsames Ministerialblatt.
GMD Generalmusikdirektor.
Gmde. Gemeinde.
GMG Gebrauchsmustergesetz.
Gmk. Gemarkung.
gms. gemeinsam.
Gn.-B. *röm.kath.* Gnadenbild.
G.n.b.R. Gesellschaft nach bürgerlichem Recht.
Gn.-J. *röm.kath.* Gnadenjahr.
GnO *jur.* Gnadenordnung.
GNT Güternahverkehrstarif.
GO Gebührenordnung; Gemeindeordnung; Geschäftsordnung; Gewerbeordnung; Grundbuchordnung; Grundordnung; Grundorganisation; Gründungsordnung.
Go. *med.* Gonorrhoe.
GOA Gebührenordnung für Architekten.
GOÄ Gebührenordnung für Ärzte.
GOG Gerichtsorganisationsgesetz (*Austria*).
GOGA Gebührenordnung für Garten- und Landschaftsarchitekten.
GOI Gebührenordnung für Ingenieure.
got. gotisch.
Gouv. Gouvernement, Gouverneur.
GÖV Gesellschaft Österreichischer Volkswirte.
GOW Gesetz über Ordnungswidrigkeiten.
GOZ Gebührenordnung für Zahnärzte.
GP Gefrierpunkt; Gegenprobe; *mus.* Generalpause; *econ.* Gesamtpreis; Grenzpolizei; *mus.* Große Pause; (*sport*) Großer Preis; Gymnasialprofessor.
gp. gepaart; gepanzert.
GPG Gärtnerische Produktionsgenossenschaft (*DDR*).

gpr. gepreßt; geprüft.
gpr.u.gen. geprüft und genehmigt.
GPU (*Russ.*) *hist.* Gossudarstwennoje Politittscheskoje Uprawlenije, Staatliche Politische Verwaltung (*Soviet secret police*).
GR Geheimer Rat, Geheimrat; *röm.kath.* Geistlicher Rat; Gemeinderat; Gesamtregister; *auto.* Griechenland; Großraum; *jur.* Güterrechtsregister.
G.R. gegen Rückgabe; Geheimer Rat, Geheimrat; *röm.kath.* Geistlicher Rat; geltendes *od.* gültiges Recht.
Gr. Grab; Graben; Gracht; Grad; Graf, Gräfin; Grammatik; *min.* Granat; *mil.* Granate; *med.* Granulom; Graphik; *min.* Graphit; Gras; Gravur; Greenwich; Gremium; *mil.* Grenadier; Grenze; Grieche(nland); Grieß; Griff; Griffel; Grill; *med.* Grippe; Gros; Groschen (*monetary unit of Austria*); Größe; *econ.* Grossist; Grotte; Grube; Gruft; Grün; Grund; Gründung; Gruppe; Gruß.
g.R. gegen Rückgabe; geltendes *od.* gültiges Recht.
gr. graphisch; gratis; grau; grausam; gravieren, -viert; griechisch; grob; groß; grün.
GRA (*computer*) Großrechenanlage.
Grad. Gradation; *math. meteor. phys.* Gradient; *relig.* Graduale; Graduation, Graduierung.
grad. *math. meteor. phys.* Gradient; gradieren; gradual; graduell; graduieren, -duiert.
Grad.-W. Gradierwerk.
Gram(m). Grammatik.
gram(m). grammatisch.
Gran. *min.* Granat; *mil.* Granate; *min.* Granit; Granulat(or); *min.* Granulit; *med.* Granulom.
gran. granieren; granulieren, -liert, granulös.
Graph. Graphik(er); Graphologe, -logie.
graph. graphisch; graphologisch.
GRat Geheimrat.
Grat. Gratifikation; Gratulant, Gratulation.
grat. gratis; gratulieren.
Grav. Graveur; *med.* Gravida, *med.* Gravidität; *chem. phys.* Gravimeter, -metrie; *phys.* Gravisphäre; *phys.* Gravitation; *print.* Gravur, Gravüre.
grav. gravieren(d); graviert; *chem. phys.* gravimetrisch; gravitätisch; *phys.* gravitieren.
graz. grazil; graziös, (*Ital.*) *mus.* grazioso.
Gr.-Bes. Grundbesitz(er).
Gr.-Br(it). *geogr.* Großbritannien.
grch. griechisch.
Grchl. *geogr.* Griechenland.
Grd. Grund.
grd *phys.* Grad.
Grdb. Grundbesitz; Grundbuch.
Grdf. Grundfassung; Grundform.
Grdfl. Grundfläche.
Grdg. Gründung.
Grdl. Grundlage; Grundlast(en *pl*); *math.* Grundlinie.
Grdr. Gründer; Grundrecht; Grundrente; Grundriß.
Grds. Grundsatz.
Grdst. Grundstock; Grundstoff; Grundstück; Grundstufe.
GrdSt, Grd.-St. Grundsteuer.
Grdw. Grundwasser; Grundwert; *ling.* Grundwort.
Grdw.-Sp., Grdwsp. Grundwasserspiegel.
Grdz. Grundzahl; Grundzug, -züge *pl.*
Grdzg. Grundzug, -züge *pl.*
Greg. K(al). Gregorianischer Kalender.
GrE(rw)St. Grunderwerbssteuer.
grfl. gräflich.
Grfsch. Grafschaft.
Grhdl. Großhandel, -händler.
Grhdlg. Großhandlung.
Grhzg. Großherzog(in).
grhzgl. großherzoglich.
Grhzgt. Großherzogtum.
griech. griechisch.
griech.-or(th). griechisch-orthodox.
Grim. Grimasse.
Gr.-Ind. Großindustrie, -industrielle.
gr.-k(ath). griechisch-katholisch.
Gr.-Kfm., Grkfm. Großkaufmann.
gr.-l(at). griechisch-lateinisch.
Grld. *geogr.* Grönland, -länder.
Gr.-Mstr. Großmeister (*of a Freemasons' lodge*).
gr.-orth. griechisch-orthodox.
gr.-röm. (*sport*) griechisch-römisch.
GrS, Gr.S. *jur.* Großer Senat.
GrSSt. *jur.* Großer Senat in Strafsachen.
GrSt. Grundsteuer.
Gr.-St. Grenzstadt; Grenzstation; Großstadt; Grundstein; Grundsteuer.
Gr.-Str. Grenzstraße; Grenzstreifen; Grünstreifen.
Gruga Große Ruhrländische Gartenbauausstellung.
Grundst. Grundsteuer; Grundstoff; Grundstück; Grundstufe.
Grundw. Grundwasser; Grundwert; Grundwort.
grus(in). grusinisch.
Grv. *print.* Gravüre.
Gr.-W. *mil.* Granatwerfer; Grundwasser.
GrWB, Gr.Wb. Grimms Wörterbuch.
Grz. Grenze.
GS Gasschutz; Gesammelte Schriften *pl*; Geschäftsstelle; Gesetzessammlung; *electr.* Gleichstrom; Grenzschutz; *jur.* Großer Senat; Grundschule.
Gs *electr.* Gauß; *electr.* Gleichstrom.
Gs. Gesandtschaft; Geselle; Gesetz; Gesicht; Gesuch.
GSA *mil.* Generalstabsarzt; Grenzschutzabteilung.
Gschf. Geschäftsführer.
GSchV Gesamtschulverband.
GSE Große Sowjet-Enzyklopädie.
GSekr., G.-Sekr. Generalsekretär, -sekretariat.
GSF Gesellschaft für Strahlenforschung.
GSG Gemeinnützige Siedlungsgesellschaft des Hilfswerks der Evangelischen Kirche Deutschlands; Grenzschutzgruppe.
Gsg. Gesang.
Gsge. Gesänge *pl.*
GSK Grenzschutzkommando.
GSMBA Gesellschaft Schweizer Maler, Bildhauer und Architekten.
GSMBK Gesellschaft Schweizerischer Malerinnen, Bildhauerinnen und Kunstgewerblerinnen.
GSPV Gewerblich-Selbständigen-Pensionsversicherung (*Austria*).
GST Gesellschaft für Sport und Technik (*DDR*).
GSt., Gst. *mil.* Generalstab.
GStA Generalstaatsanwalt; *mil.* Generalstabsarzt.
Gstb. Gästebuch; *mil.* Generalstab.
GStG Gaststättengesetz; Gemeindesteuergesetz; Gewerbesteuergesetz.
Gstr. Gastronom(ie); *electr.* Gleichstrom.
Gstw. Gastwirt(schaft).
GSW Gemeinnützige Siedlungs- und Wohnungsbaugesellschaft mbH; Gesellschaft zum Schutz der deutschen Wirtschaft.
GSZ *jur.* Großer Senat in Zivilsachen.
GT Gasturbine; Gebührentarif; Gehaltstarif; (*railway*) Gelenktriebwagen; Gemeindetag; *pol.* Geschäftsträger; Gewichtsteil; Gleichstromtelegrafie; *auto.* (*Fr.*) Grand Tourisme, (*Ital.*) Gran Turismo; *tech.* Temperguß.
Gt. Garten; Gerät(etafel); *agr.* Gut.
GTB Gewerkschaft Textil und Bekleidung.
GTK Große Tarifkommission (*of trade unions*).
Gtr.-Bhf. (*railway*) Güterbahnhof.
Gtr.-Verk. Güterverkehr.
GTS *tech.* Temperguß Schwarz.
Gttg. Gattung.
GTV Gebirgstrachtenverein; Gefangenentransportvorschrift.
GTW Gesellschaft der Tierärzte in Wien (*Austria*); Gesellschaft für Technik und Wirtschaft; *tech.* Temperguß Weiß.
GU *med.* Grundumsatz.
GÜ Grenzübergang.
Gu. Gummi.
Guat. *geogr.* Guatemala, Guatemalteke.
guat(emalt). guatemaltekisch.
Guay. *geogr.* Guayana, Guayaner.
guay. guayanisch.
Guer. Guerilla(s *pl*).
guin. guineisch.
Gült. Gültigkeit.
Gült.-D. Gültigkeitsdauer.
gumm. gummieren, gummiert.
GUT Gemeinwirtschaftliches Unternehmen für Touristik.
Güt.-B(hf). (*railway*) Güterbahnhof.
Güt.-Gem. *jur.* Gütergemeinschaft.
Guth. Guthaben.
gütl. gütlich.
Güt.-Tr. Gütertransport; *jur.* Gütertrennung.
Güt.-Verk. Güterverkehr.
GUV Gesetzliche Unfallversicherung.
GuV *econ.* Gewinn- und Verlust(rechnung).
GUVU Gesellschaft für Ursachenforschung bei Verkehrsunfällen.
GV Deutscher Genossenschaftsverband; Gebirgsverein; Gemeindeverband; Gemeinsame Verfügung; Generalversammlung; Generalvertreter, -vertretung; *röm. kath.* Generalvikar; Gerichtsvollzieher; Gesamtverband; Gesamtverzeichnis; Gesangverein; *biol.* Geschlechterverhältnis; *electr.* Gigavolt; *mar.* große Fahrt voraus; Güterverkehr.
gv, g.v. *mil.* garnison(s)verwendungsfähig.
GVB Generalversammlungsbeschluß.
GVBl. Gesetz- und Verordnungsblatt.
GVD Generalverkehrsdirektion.
GVerg., G.-Verg. Grundvergütung.
GVG Gerichtsverfassungsgesetz.
GVK Gesellschaft für Vergleichende Kunstforschung (*Austria*); Gesetz über den Verkehr mit Kraftfahrzeugen (*DDR*).
GVL Gesellschaft zur Verwertung von Leistungsschutzrechten.
GVP Generalverkehrsplan; *hist.* Gesamtdeutsche Volkspartei; Großhandelsverkaufspreis (*DDR*).
GVS Gasversorgung Süddeutschland.
GVT Forschungsgesellschaft Verfahrenstechnik.
GVU Gasversorgungsunternehmen.
Gvz. Gerichtsvollzieher.
GW Gas und Wasser; Gaswerk; Gesamtkatalog der Wiegendrucke; Gesamtwert; Gesellschaft für Wärmewirtschaft (*Austria*); *electr.* Gigawatt; *electr.* Gleichstrom/Wechselstrom.
G.W. Gesammelte Werke *pl*; Gewöhnlicher Wasserstand.
Gw. Geldwert; *ling.* Geschlechtswort; Gewerbe; Gewicht; Gewinn; Goldwert.
GWA Gesellschaft Werbeagenturen.
GWB Gesetz gegen Wettbewerbsbeschränkungen.
Gwb. Gewölbe.
GWG Gemeindewahlgesetz.
GWh *electr.* Gigawattstunde.
GWI Gesellschaft für Wirtschaftsinformation.
GWK Gesellschaft zur Wiederaufarbeitung von Kernbrennstoffen.
GWO Gemeindewahlordnung.
GwO Gewerbeordnung.
Gw.-Sch. Gewerbeschule, -schüler.
GwSchR Gewerbeschulrat.
GwSt., Gw.-St. Gewerbesteuer.
Gw.v.H. Gewichtsteile vom Hundert.
Gymn. Gymnasiast, Gymnasium; Gymnastik, Gymnastin.
gymn. gymnastisch.
Gyn(äk). *med.* Gynäkologe, -logie.
gyn(äk). *med.* gynäkologisch.
GZ Gesamtzahl; Grundzahl.
Gz (*railway*) Güterzug.
gz. ganz; gezählt; gezähnt; gezeichnet; *tech.* gezogen.
gzj. ganzjährig.
Gzl. Ganzleinen(einband) (*of books*).
Gzld. Ganzleder(einband) (*of books*).
Gzln. Ganzleinen(einband) (*of books*).
Gzn. Gezeiten *pl.*
Gzpgt. Ganzpergament(einband) (*of books*).
GZS *jur.* Großer Senat in Zivilsachen.

H

H *econ.* Haben; Hafen; Haltestelle; Handel; *auto.* Hannover; *tech.* Härte; Haupt-; Hauptblatt; *mus.* Hauptstimme; *phys.* Henry; Hersteller; *geogr.* Hessen; (*railway*) *etc* Hinfahrt; *meteor.* Hoch(druck); Hochschule; Höhe; *auto.* Hungaria, Ungarn; Hydrant; *chem.* Hydrogenium, Wasserstoff.
H. Haft; Haftung; Handel; Handschrift; Haus; Heck; Heft; Heim(at); Heizung; Helligkeit; Hengst; Hitze; Höhe; Hoheit; Holz; *mus.* Horn(ist); Hort; Hotel; *tech.* Hub; Hund; Hundert.
h Hekto-; (*Lat.*) hora, Stunde.
h. hart; heiß; hell; hinten; hoch; horizontal.
HA Handausgabe; Handelsabkommen; Hauptabschnitt; Hauptabteilung; Hauptamt; Hauptausschuß; Hausanschluß; Hausarzt; Haushaltsabteilung; Heimarbeit(er); *röm.kath.* Hochamt; *chem.* Hydroxylamin.
Ha *chem.* Hahnium.
Ha. Hafen; Hafer; Handel; Harfe.
h.A. herrschende Ansicht.
ha Hektar.
ha. hauptamtlich.
HAA Hauptarbeitsausschuß.
H.A.B. Homöopathisches Arzneibuch.
Hab. Habilitation.
hab. habilitieren, -tiert.
Habil. Habilitation.
habil. (*Lat.*) habilitatus, habilitiert.
Habil.-Schr. Habilitationsschrift.
Habsb. Habsburg(er).
habsb. habsburgisch.
HADAG Hafen-Dampfschiffahrtsgesellschaft (*Hamburg*).
HAdW Heidelberger Akademie der Wissenschaften.
Haf. Hafen; Hafer.
Hafraba (Autobahn) Hamburg-Frankfurt-Basel.
haftb. haftbar.
Haftpfl. Haftpflicht.
haftpfl. haftpflichtig.
HAG Hauptarbeitsgemeinschaft; Heimarbeitsgesetz.
H.-Ag. Handelsagent.
Hageda Handelsgesellschaft Deutscher Apotheker.
Hagiogr. *relig.* Hagiograph(ie).
hagiogr. *relig.* hagiographisch.
HaH Handelshochschule.
hait. haitisch.
HAIZY Hamburger Isochron-Zyklotron.
HAK *hist.* Hohe Alliierte Kommission (*in Germany*).
HAL *mar.* Hamburg-Amerika-Linie; Hauptabteilungsleiter; Hauptanschlußleitung.
halb. halbieren, -biert.
Halbf. *econ.* Halbfabrikat; *econ.* Halbfertigung; *econ.* Halbfertigware.
Halbj. Halbjahr.
halbj(hg). halbjährig.
halbj(hl). halbjährlich.
Halt. *tech.* Halter(ung); Haltung.
haltb. haltbar.
Ham. Hamiten *pl*, *ling.* Hamitisch.
ham. hamitisch.
hamb. hamburgisch.
Handb. *tech.* Handbedienung; Handbibliothek; Handbuch.
handgest. *tech.* handgesteuert.
handgew. (*textile*) handgewebt.
Handl. Handlanger; Handlung.
handl. handlich.
Handschr. Handschreiben; Handschrift.
Handw. Handwerk(er).
Handwb. Handwörterbuch.
HandwK, Handw.-K. Handwerkskammer.
HandwO Handwerksordnung.
hann. hannover(i)sch, hannöver(i)sch.
Hanomag Hannoversche Maschinenbau AG.
hans. hanseatisch.
HAnst., H.-Anst. Heilanstalt.
HAP Handelsabgabepreis (*DDR*).
HAPAG, Hapag *hist.* Hamburg-Amerikanische Packetfahrt-Actien-Gesellschaft.
HArb., H.-Arb. Heimarbeit(er); Hilfsarbeit(er).
Harm. Harmonie; Harmonium.
harm. harmonisch.
harml. harmlos.
Harp. Harpune, Harpunier(er).
Ha.-Art. Handelsartikel; Hauptartikel.
HASt. Hauptabrechnungsstelle; Hauptannahmestelle.
Haub. *mil.* Haubitze.
haupts. hauptsächlich.
Hausbes. Hausbesitzer; Hausbesorger (*Austria*); Hausbesuch.
HAusg. Handausgabe.
Hausgeh. Hausgehilfin.
Haush. Haushalt(ung); Hausherr.
Hausm. Hausmacht; Hausmädchen; Hausmarke; Hausmeister.
Hausr. Hausrat; Hausrecht.
Hausverw. Hausverwalter, -verwaltung.
Hausw. Hauswirtschaft.
hausw. hauswirtschaftlich.
Hausw.-L. Hauswirtschaftslehre(r).
Hausw.-Sch. Hauswirtschaftsschule.
Hav. *geogr.* Havanna; Havarie, Havarist; *geogr.* Havel.
Ha.-Vertr. Handelsvertrag; Handelsvertreter, -vertretung.
HAVO Handelsabgabenverordnung (*DDR*).
HAW Heidelberger Akademie der Wissenschaften.
HAWIE *psych.* Hamburg-Wechsler-Intelligenztest für Erwachsene.
HAWIK *psych.* Hamburg-Wechsler-Intelligenztest für Kinder.
HB *tech.* Brinell-Härte; Handbibliothek, -bücherei; Handelsbetrieb; Handelsbilanz; *auto.* Hansestadt Bremen; *med.* Hartmannbund; *econ.* Hauptbuch; Hauptbüro; *agr.* Herdbuch; *chem.* Hexachlorbutadien; *civ.eng.* Hochbau; Hofbibliothek; Hofbräu.
H.B. *relig.* Helvetisches Bekenntnis.
Hb *med.* Hämoglobin; (*postal service*) Hausbriefkasten.
Hb. Handball; *tech.* Handbedienung, -betrieb; Handbuch; (*Lat.*) *pharm.* herba, Kraut; Herberge.
hb. halb.
HBA Hochbauamt.
HBAbt. Hochbauabteilung.
Hbd. Halbband (*of books*).
H.-Ber. Handelsbericht.
H.-Bez. Handelsbezeichnung; Handelsbeziehung; Handelsbezirk.
Hbf. Hauptbahnhof; Heimatbahnhof.
Hbg. Habsburg; *geogr.* Hamburg.
hbg. habsburgisch; hamburgisch.
H.-Bil. Handelsbilanz.
Hbj. Halbjahr.
HBK Hochschule für Bildende Künste.
HBl. Handelsblatt (*a journal*); Hauptblatt.
H.-Bl. *med.* Harnblase.
Hbl. Halbblut (*horse*); Halbleinen(einband) (*of books*); Hinterbliebene.
H.-Br. Handelsbrauch; Handelsbrief.
Hbschr. *aer.* Hubschrauber.
hbst. halbstarr; halbsteif.
hbstg. halbstündig.
hbstl. halbstündlich.
HBV Gewerkschaft Handel, Banken und Versicherungen.
HC Hockeyclub.
h.c. (*Lat.*) honoris causa, ehrenhalber.
HCC *chem.* Hexachlorcyclohexan (*an insecticide*).
HCH *chem.* Hexachlorcyclohexan (*an insecticide*).
HD Hafendienst; Hafendirektion, -direktor; *mar.* Hauptdeck; *tech.* Heißdampf; *med.* Herddosis; *tech.* Hochdruck; *med. pharm.* Höchstdosis.
Hd. Hand; Handel; Hemd; Herd; *ling.* Hochdeutsch; Hund; Hundert.
hd. -händig; *ling.* hochdeutsch; hundert.
Hd.-Ausg. Handausgabe.
Hdb. Handbuch; *agr.* Herdbuch.
Hd.-Bibl. Handbibliothek.
Hdbr. *tech.* Handbremse.
hdbr. handbreit.
hdg. -händig.
hdgest. *tech.* handgesteuert.
hdgew. (*textile*) handgewebt.
hdgm. handgemacht.
Hdgr. Handgriff.
hdgr. handgroß.
hdgrfl. handgreiflich.
HDH Hauptverband der deutschen Holzindustrie.
HdH Haus des Handwerks.
Hdhbg. Handhabung.
HdJ Haus der Jugend.
Hdl. Handel; Handelslehrer; Händler; Handlung.
hdl. handlich.
HdlAbk., Hdl.-Abk. Handelsabkommen.
Hdl.-Bez. Handelsbezeichnung; Handelsbeziehungen *pl.*
Hdlg. Handlung.
Hdlg.-Geh. Handlungsgehilfe.
Hdlg.-V(ollm). Handlungsvollmacht.
Hdl.-Reg. Handelsregister.
Hdl.-Vertr. Handelsvertrag; Handelsvertreter, -vertretung.
HD-Öl (*Engl.*) *tech.* Heavy-duty-Öl, Öl für schwere Betriebsbelastung.
HDP Hauptverband für Zucht und Prüfung deutscher Pferde.
HDR *nucl.* Heißdampfreaktor.
Hdschr. Handschreiben; Handschrift.
hdschr. handschriftlich.
Hd.-St. Hundesteuer.
HDT *tech.* Hochdruckturbine.
HdT Haus der Technik.
Hdt. Hundert.
hdt. hundert.
Hdtsch(ft). Hundertschaft.
HDv *mil.* Heeresdienstvorschrift.
Hdw. Handwagen; Handwerk(er).
Hdwb. Handwörterbuch.
HdwO Handwerksordnung.
HDZ *tech.* Hochdruckzylinder.
Hdz. Handzeichen.
He *chem.* Helium.
h.e. (*Lat.*) hic est, hier ist; (*Lat.*) hoc est, das ist, das heißt.
HebG Hebammengesetz.
Hebr. *Bibl.* Hebräer.
hebr. hebräisch.
HED *med.* Hauteinheitsdosis.
HEG Haftentschädigungsgesetz.
Heilpr. Heilpraktiker.
HeilprG Heilpraktikergesetz.
Heilst. Heilstätte.
Heim. Heimat.
heim. heimisch.
Heimatl. Heimatlose.
heimatl. heimatlich; heimatlos.
Heimk. Heimkehrer.
Heiml. Heimleiter, -leitung; Heimlichkeit.
heiml. heimlich.
Heimw. Heimweg; Heimwerker.
HEinn. Haushalteinnahmen *pl.*
heir. heiraten.
Heir.-Anz. Heiratsanzeige.
Heir.-Reg. Heiratsregister.
Heiz.-Ing. Heizungsingenieur.
HEKiD Hilfswerk der Evangelischen Kirche in Deutschland.
HEKS Hilfswerk der Evangelischen Kirche in der Schweiz.
HEL *auto.* Hessen, Landesregierung und Landtag.
Helg. *geogr.* Helgoland, -länder.
helg. helgoländisch.
Heliogr. *phot.* Heliograph; *print.* Heliographie, -gravüre.
hell. hellenisch.
Helv. Helvetia, Helvetien, Helvetier.
helv. helvetisch.
Her. Heraldik(er); Herold.
Herg. Hergabe; Hergang.
herg(est). hergestellt.
Herk. Herkommen, Herkunft.
Herk.-Ang. Herkunftsangabe.
Herk.-L. Herkunftsland.
Herm. Hermelin.
herm. hermetisch.
Herst. Hersteller, Herstellung.
Herst.-Gen. Herstellungsgenehmigung.
Herst.-K. *econ.* Herstellungskosten *pl.*
Herst.-R. Herstellungsrecht.
Herst.-Verf. Herstellungsverfahren.
herv. hervor(ragend).
herz(gl). herzoglich.
hess. hessisch.
heth. hethitisch.
hett. hettitisch.
Heur. Heuristik.
heur. heuristisch.
HEW Hamburgische Elektricitätswerke *pl.*
hex. *chem. math.* hexagonal.

Hex(am). *metr.* Hexameter.
HEZ *aer.* Haupteinflugzeichen; Höchstrichterliche Entscheidungen *pl* in Zivilsachen.
HF *mar.* halbe Fahrt; *electr.* Hochfrequenz.
Hf *chem.* Hafnium.
Hf. Hafen; Halbfranz(einband) (*of books*); Handelsform; Harfe; Hauptform; *mil.* Heeresfahrzeug; Hilfsförster.
HFB Hamburger Flugzeugbau GmbH; Heizflächenbelastung.
Hfbf (*railway*) Hafenbahnhof.
HfBK Hochschule für Bildende Künste.
HFF Hannoversches Forschungsinstitut für Fertigungsfragen.
HFG Hinterbliebenenfürsorgegesetz.
HfG Hochschule für Gestaltung.
hfl holländischer Gulden (*monetary unit*).
Hfn. Hafen.
HFR *nucl.* Hochflußreaktor.
Hfr. Halbfranz(einband) (*of books*).
Hfrzbd. Halbfranz(ein)band (*of books*).
HFSt. Hauptfürsorgestelle.
Hft(g). Haftung.
HfV Hochschule für Verkehrswesen (*DDR*).
Hfw. *mil.* Hauptfeldwebel.
HG Handelsgenossenschaft; Handelsgericht; Handelsgesellschaft; Handelsgüte; Hausgemeinschaft (*DDR*); Haushaltsgesetz; Hockeygesellschaft; *mil.* Horchgerät.
Hg *chem.* Hydrargyrum, Quecksilber.
Hg. Hang; *mil.* Heeresgerät; Herausgeber; Hergang; Hofgebäude; Hügel.
hg Hektogramm.
hg. hängend; herausgegeben.
HGA Hypothekengewinnabgabe.
HGB Handelsgesetzbuch.
Hgb. Herausgeber.
hgb. herausgegeben.
Hgbf. (*railway*) Hauptgüterbahnhof.
hgd. hängend.
H.-Ges. Handelsgesellschaft.
HGF Hauptgeschäftsführer.
hgg. herausgegeben.
HGL Hausgemeinschaftsleitung (*DDR*).
Hgl. Hagel; Hügel.
hgm. hausgemacht.
HGO Hauptgeschäftsordnung.
HGr., H.-Gr., Hgr. *mil.* Handgranate; Häusergruppe; *mil.* Heeresgruppe.
HGS, HGSt. Hauptgeschäftsstelle.
HGÜ *electr.* Hochspannungs-Gleichstrom-übertragung.
HGW Höchster Grundwasserstand.
Hgw *tech.* Hartgewebe.
HH Handelshochschule; *auto.* Hansestadt Hamburg; Hochschulen *pl.*
H.H. *röm.kath.* Hochwürdig(st)er Herr.
HHA Hamburger Hochbahn Aktiengesellschaft.
HHF *electr.* Höchstfrequenz, Ultrahochfrequenz.
HHG Häftlingshilfegesetz.
HHI Heinrich-Hertz-Institut (für Schwingungsforschung).
HHL *med.* Hinterhauptslage; *med.* Hypophysenhinterlappen.
HHLA Hamburger Hafen- und Lagerhaus-Aktiengesellschaft.
HHQ höchste Quantität, höchste Hochwassermenge.
HHS Handelshochschule.
HHT *ped.* Handarbeit-Hauswirtschaft -Turnen.
HHTHW höchster Tidenhochwasserstand.
HHTNW höchster Tidenniedrigwasserstand.
HHW höchstes Hochwasser.
Hhz Hochdruckdampfheizung.
HI Halbinsel; Hydrographisches Institut.
Hi. Hilfs-.
HiFi, Hi-Fi, Hifi (*Engl.*) (*radio*) high fidelity, höchste Klangtreue.
Hi.-L. Hilfslehrer.
Hind. Hindernis; *geogr.* Hindustan.
hind. hinderlich; hindern; hindustanisch.
hingew. hingewiesen.
hinr. hinreichend.
Hins. Hinsicht.
hins. hinsichtlich.
hint. hinten; hinter.
Hinterg. Hintergaumen; Hintergebäude; Hintergedanke; Hintergehung.
Hintergr. Hintergrund.
Hinterh. Hinterhalt, Hinterhältigkeit; Hinterhand; Hinterhaupt; Hinterhaus.
Hinterl. Hinterland; Hinterlassene, -lassenschaft, -lassung; Hinterleger, -legung; Hinterlist.
Hinw. Hinweg; Hinweis.
hinw. hinweisen(d).
Hipo Hilfspolizei, -polizist.
HIS Hochschulinformationssystem.
hisp. hispanisch.
Hist. *med.* Histologie; Historie, Historiker.
hist. *med.* histologisch; historisch.
Hist. Jb. Historisches Jahrbuch.
Hiwi *mil. hist.* Hilfswillige.
HJ *hist.* (*in NS-Zeit*) Hitlerjugend.
H.J. (*Lat.*) hic iacet, hier liegt.
Hj. Halbjahr.
hj. halbjährig, -jährlich.
HjD Halbjahresdurchschnitt.
H.J.S. (*Lat.*) hic iacet sepultus, hier liegt begraben.
Hjschr. Halbjahresschrift.
HK Handelskammer; Handwerkskammer; Hauptkasse; *phys. obs.* Hefnerkerze; Heilkosten *pl*; Hinterkante; *electr.* Hochspannungskabel; Hockeyklub; Hoher Kommissar, Hohe Kommission; *auto.* Hongkong.
HKA Historisch-kritische Ausgabe.
HKG, HkG Heimkehrergesetz.
HKI Fachverband Heiz- und Kochgeräteindustrie.
HKL *mil.* Hauptkampflinie.
HKS *mil.* Hilfskriegsschiff.
HK$ Hongkongdollar (*monetary unit*).
HKW Heizkraftwerk.
HL *electr.* Halbleiter; *auto.* Hansestadt Lübeck; *tech.* Hauptleitung; *mil.* Heeresleitung; *mar.* hinteres Lot; Hochleistung.
Hl. Halbleder(einband) (*of books*); Hauptlager; Heilige.
h.L. herrschende Lehre.
hl Hektoliter.
hl. heilig.
h.l. (*Lat.*) hoc loco, an diesem Ort.
Hld(r). Halbleder(einband) (*of books*).
Hldbd. Halbleder(ein)band (*of books*).
Hlg. *chem.* Halogen; Heilige.
hlg. heilig; hochliegend.
Hlk. Heilkunde.
Hll. Heilige *pl.*
Hln. Halbleinen(einband) (*of books*).
Hlnbd. Halbleinen(ein)band (*of books*).
Hl.S(chr). *Bibl.* Heilige Schrift.
Hlwd. Halbleinwand(einband) (*of books*).
Hlwdbd. Halbleinwand(ein)band (*of books*).
HM Hamburg-Mannheimer (Versicherungsaktiengesellschaft); Handelsmarine; Handelsministerium (*Austria*); Hochleistungsmotor; Höhenmarke (*in surveying*); Höhenmeßgerät.
Hm. *math.* Halbmesser; Hausmarke; Hausmeister.
h.M. *math.* harmonisches Mittel; herrschende Meinung.
hm Hektometer.
HMS *mar. mil.* Hilfsminensuchboot.
HN Handelsniederlassung.
HNO *med.* Hals, Nase(n), Ohren.
HNW höheres Niedrigwasser.
HO Handelsorganisation (*DDR*); Handwerksordnung; Haushaltsordnung; Hausordnung; *tech.* Hochofen; *agr.* Höfeordnung.
Ho *chem.* Holmium.
HOAG Hüttenwerke Oberhausen AG.
HOB Herrenoberbekleidung(sindustrie).
hochd. *ling.* hochdeutsch.
Hochf. Hochform; Hochformat.
Hochsch. Hochschule, -schüler.
Höchstbel. Höchstbelastung.
Höchstgeschw. Höchstgeschwindigkeit.
Höchstgew. Höchstgewicht.
Höchstpr. *econ.* Höchstpreis.
Höchstst. Höchststand; Höchststufe.
Hochw. Hochwasser; *röm.kath.* Hochwürden.
hochw. hochwertig; *röm.kath.* hochwürdig(st).
höfl. höflich(st).
HOG Hermann-Oberth-Gesellschaft (zur Förderung der Erforschung und Erschließung des Weltraums); Handelsorganisation-Gaststätte(n *pl*) (*DDR*).
HOGAFA Hotel- und Gaststätten-Fachausstellung.
Hoh. Hoheit.
hohtl. hoheitlich.
Holl. *geogr.* Holland, Holländer, *ling.* Holländisch.
holl(änd). holländisch.
holst. holsteinisch.
Hom. *med.* Homöopath(ie).
hom. *med.* homöopathisch.
Hon. Honorar.
hon. honorieren, -riert.
Hon(or). Honoratioren *pl.*
Hond. Honduraner, *geogr.* Honduras.
hond. honduranisch.
Hon.-Prof. Honorarprofessor.
Hor. Horizont; Horizontale.
hor(iz). horizontal.
Hosp. Hospital; Hospitant; Hospiz.
Hot. Hotel(ier).
Hott. Hottentotte(n *pl*).
HOZ Hochofenzement.
HP Halbpension; Hartpapier; Heilpraktiker; *electr.* Hochpaß.
Hp Hartpapier.
Hp. Haltepunkt.
HPA Handelspolitische Abteilung; Handelspolitischer Ausschuß; Hauptprüfungsamt; Hauptprüfungsausschuß; Hochschulpolitisches Amt.
Hpbf (*railway*) Hauptpersonenbahnhof.
Hpfl. Haftpflicht.
HpflG Haftpflichtgesetz.
HpflV Haftpflichtversicherung.
HPG Handwerkerproduktionsgenossenschaft, Handwerkliche Produktionsgenossenschaft (*DDR*); Heilpraktikergesetz.
HPl., H.-Pl. Haushaltsplan.
Hpt. Haupt-.
HptA Hauptamt; Hauptausschuß.
Hptb. *econ.* Hauptbuch.
Hptgl. *econ.* Hauptgläubiger.
Hptl. Hauptlehrer.
Hptm. *mil.* Hauptmann.
hptpl. hauptpostlagernd.
Hpts. Hauptsache.
hpts. hauptsächlich.
Hptsch. Hauptschuld(ner); Hauptschule, -schüler.
Hptst. Hauptstadt.
Hptw. Hauptwerk; *ling.* Hauptwort.
hptw. *ling.* hauptwörtlich.
Hptwm. Hauptwachmeister.
HPV Hauptverband der Papier und Pappe verarbeitenden Industrie.
HQ, H.-Qu. *mil.* Hauptquartier.
HR Handelsrechnung; Handelsrecht; Handelsregister; *tech.* Handregelung; Hauptredaktion; Hauptreferat, -referent; Hessischer Rundfunk; Hofrat (*Austria*).
Hr. Herr; *mus.* Horn.
h.R. herrschende Rechtsprechung.
HRD *astr.* Hertzsprung-Russell-Diagramm.
HReg. Handelsregister.
HRG Handwörterbuch der Rechtsgeschichte.
H.R.I.P. (*Lat.*) hic requiescit in pace, hier ruht in Frieden.
Hrn. Herrn *dat*; *mus.* Hörner *pl.*
HRR *hist.* Heiliges Römisches Reich.
Hrsg. Herausgeber.
hrsg. herausgegeben.
Hrst. Hersteller, Herstellung.
Hrzg. Herzog(in).
Hrzgt. Herzogtum.
HS Haltestelle; Hauptsachbearbeiter; *electr.* Hauptschalter; Hochschule.
Hs. Handschrift; Haus.
hs. handschriftlich.
h.s. (*Lat.*) hoc sensu, in diesem Sinne.
Hs.-Bew. Hausbewohner.
H.-Sch. Handelsschiff(ahrt); Handelsschule; Hauptschule; Hochschule.
HSchG Hochschulgesetz.
HSchL Hochschullehrer.
Hschr. Handschrift.
hschr. handschriftlich.
HSDG Hamburg-Südamerikanische Dampfschiffahrts-Gesellschaft.
HSFl *mar. mil.* Hafenschutzflottille.
HSG Hochschulsportgemeinschaft.
Hsh. Haushalt(ung).
Hsh.-Vorst. Haushaltungsvorstand.
HSi *electr.* Hauptsicherung.
hsl. handschriftlich; häuslich.
Hs.-Nr. Hausnummer.
Hsp. (*radio*) Hörspiel; Hospital; Hospitant; Hospiz.
HSR Hochschulring.
Hss. Handschriften *pl*; *geogr.* Hessen.
HSST *psych.* Heidelberger sprachfreier Schulreifetest.
HSt. Hundesteuer.
Hst. Haltestelle; *tech.* Handsteuerung; Hauptstadt; Hauptstelle; Heilstätte; Hilfsstelle.
h.s.t. (*Lat.*) hora sine tempore, Stunde ohne akademisches Viertel, pünktlich.

HStA Hauptstaatsarchiv.
HStG Heimstättengesetz; Hundesteuergesetz.
HSU Humanistische Studentenunion.
HSV Hamburger Sportverein.
HT *med.* Herztöne *pl*; *tech.* Hochtemperatur.
h.t. (*Lat.*) hoc tempore, in dieser Zeit; (*Lat.*) hoc titulo, unter *od.* mit diesem Titel.
HTA Haupttelegrafenamt.
HTI Handwerkstechnisches Institut (*Austria*).
HTL Höhere Technische Lehranstalt.
Htp. Haltepunkt.
HTSLw Höhere Technische Schule der Luftwaffe.
HU *tech.* Hauptuntersuchung.
Hüa *tech.* Höhe über alles.
Hubbr. *tech.* Hubbrücke.
Hubr. *tech.* Hubraum.
Hubschr. *aer.* Hubschrauber.
HuG *med.* Haut- und Geschlechtskrankheiten *pl.*
HUK Haftpflicht-, Unfall- und Kraftverkehrsversicherung.
Hum. Humanist, Humanismus, Humanität; Humoreske; Humorist.
hum. human(istisch); humoristisch.
HUS *mil.* Heeresunteroffizierschule.
HV Handelsverkehr; Handelsvertrag; Handelsvertreter, -vertretung; *econ.* Handverkauf; *tel.* Handvermittlung; Hauptversammlung; Hauptvertrag; Hauptvertretung; Hauptverwaltung; Hauptvorstand; Haushaltungsvorstand; Haushaltvorschriften *pl*; Hausverwalter, -verwaltung; *hist.* Heeresverwaltung; Heimatverband, -verein; Heimatvertriebene; Historischer Verein; Historische Vierteljahresschrift; Verfassung des Landes Hessen.
H.V. Historischer Verein.
HVA Hauptvermessungsabteilung; Hauptversorgungsamt; Hauptverwaltung Aufklärung (*DDR*); Hauptverwaltung Ausbildung (*DDR*).
HVB Hauptverwaltung der Deutschen Bundesbahn.
HVD Hauptverkehrsdirektion (*DDR*).
HVDR Hauptverwaltung der Deutschen Reichsbahn (*DDR*).
HVDVP Hauptverwaltung der Deutschen Volkspolizei (*DDR*).
HVers., H.-Vers. Hauptversammlung; Höherversicherung.
HVertr., H.-Vertr. Handelsvertrag; Handelsvertreter, -vertretung; Hauptvertreter, -tretung.
HVerw., H.-Verw. Hauptverwaltung; Hausverwalter, -verwaltung.
HVIÖ Hauptverwaltung der Industrie Österreichs.
HVL Hauptverwaltung Luftpolizei (*DDR*); *med.* Hypophysenvorderlappen.
HVPl *med. mil.* Hauptverbandplatz.
HVS Hauptverwaltung Seepolizei (*DDR*).
HVSt. *tel.* Hauptvermittlungsstelle; (*postal service*) Hauptverteilungsstelle.
HVV Hamburger Verkehrsverbund.
HVZL Hauptverwaltung der Zivilen Luftfahrt (*DDR*).
HW *med.* Halswirbel; Handelsware; Handelswert; Handelswissenschaft; Handwerk(er); Handwörterbuch; Hochwasser.
Hw *tech.* Hammerwerk; *tech.* Heizwerk; *tech.* Heizwert; *metall.* Hüttenwerk.
Hw. Handwagen; Hauptwerk; *ling.* Hauptwort; Hauswart.
hW *electr.* Hektowatt.
h.W. höchster Wasserstand; höchster Wert.
Hwb. Handwörterbuch.
HWD *nucl.* Halbwertdicke; Halbwertdosis (*of radiation*).
HWF Höhere Wirtschaftsfachschule.
Hwg. *obs.* Hochwohlgeboren.
hwG, h.w.G. häufig wechselnde Geschlechtspartner *pl.*
HWH Hochwasserhöhe.
HWI Hochwasserintervall.
HWK, HwK Handwerkskammer.
HWL Hauptwirtschaftslager (*DDR*); Höhere Wirtschaftliche Lehranstalt.
HWM, Hwm. Hauptwachtmeister; Hauptwerkmeister.
HwO Handwerksordnung.
HWS *nucl.* Halbwertschicht (*of radiation*); *med.* Halswirbelsäule.
HWWA Hamburgisches Weltwirtschaftsarchiv.
HWZ *nucl.* Halbwertzeit (*of radiation*); Heereswetterzentrale; Hochwasserzeit.
Hy *med.* Hysterie.
Hy. *tech.* Hydraulik.
hy. *tech.* hydraulisch.
Hyaz. Hyazinthe.
hybr. hybrid(isch).
Hydr. Hydrant; *chem.* Hydrat; *tech.* Hydraulik; Hydrologe, -logie; *chem.* Hydrolyse.
hydr. *tech.* hydraulisch; hydrologisch.
Hydrogr. Hydrograph(ie).
hydrogr. hydrographisch.
Hydrol. Hydrologe, -logie; *chem.* Hydrolyse.
hydrol. hydrologisch.
hydrom. hydrometrisch.
hydromech. hydromechanisch.
hyg. hygienisch.
Hygr(om). Hygrometer, -metrie.
hygrosk. hygroskopisch.
Hyp. *math.* Hyperbel; *med.* Hypophyse; *econ. jur.* Hypothek; Hypothese.
hyp. hypothetisch.
Hyp.-B(k). Hypothekenbank.
Hyp.-Br. Hypothekenbrief.
Hyp.-D(arl). Hypothekendarlehen.
hyperb. hyperbolisch.
Hypn. Hypnose, Hypnotiseur.
hypn. hypnotisieren, -tisiert; hypnotisch.
Hypot. *math.* Hypotenuse.
Hypoth. Hypothese.
hypoth. hypothetisch.
hypt. *med.* hypertonisch.
HZ Handelszentrale (*DDR*); Historische Zeitschrift; *agr. hort.* Hochzucht.
Hz *phys.* Hertz; *agr. hort.* Hochzucht.
Hz. Handzeichen; Handzettel; Hauptzähler; Hochzeit.
HZA Handels- und Zahlungsabkommen; Hauptzollamt.
hzb. heizbar.
Hzbl. *mus.* Holzbläser.
Hzg. Heizung; Herzog.
Hzgin Herzogin.
hzgl. herzoglich.
Hzgt(m). Herzogtum.
Hzl *tech.* Heizleitung.
Hzt(m). Herzogtum.
H.-Zw., Hzw. Handelszweig; Hauptzweig.

I

I *auto.* Italien; (*optics*) Lichtintensität; *electr.* Stromstärke.
I. Imperator; Imperium; Industrie; Insel; Inspektion; Institut.
i *math.* imaginäre Einheit.
i. im, in; innen; innerhalb; innerlich.
IA *psych.* Intelligenzalter.
I.A. Im Auftrag.
i.A. im Aufbau; im Auftrag; in Abwesenheit; in Ausbildung.
i.a. im allgemeinen; *med.* interarteriell.
IAA *hist.* Internationale Arbeiterassoziation; Internationale Automobilausstellung; Internationales Arbeitsamt.
IAB Interministerieller Ausschuß Bauwirtschaft; Internationales Ausstellungsbüro (*DDR*).
IAD Internationaler Austauschdienst.
IAF Internationale Astronautische Föderation.
IAFH Institut für Aeromechanik und Flugtechnik der Technischen Hochschule Hannover.
IAK Internationale Arbeitskonferenz; Internationales Auschwitz-Komitee.
I.A.K. Internationale Aerologische Kommission.
I.A.K.V. Interessengemeinschaft österreichischer Autoren, Komponisten und Musikverleger.
IAL Internationale Artistenloge.
i.allg. im allgemeinen.
IAM *electr.* Impuls-Amplitudenmodulation; Internationale Arbeitsgemeinschaft für Müllforschung.
I.A.N. *med.* Internationale anatomische Nomenklatur.
IAO Internationale Arbeitsorganisation.
i.ao.D. im außerordentlichen Dienst.
IAP *econ.* Industrieabgabepreis (*DDR*).
IArbA Internationales Arbeitsamt.
IAS Internationale Arbeitsgemeinschaft (Sicherheit beim) Ski(lauf); (*postal service*) Internationaler Antwortschein.
IAU Internationale Astronomische Union.
i.Aufb. im *od.* in Aufbau.
i.A.u.f.R. *econ.* im Auftrag und für Rechnung.
i.Auftr. im Auftrag.
i.A.u.i.V. im Auftrag und in Vertretung.
i.Ausb. im *od.* in Ausbau; in Ausbildung.
I-Ausweis Identitätsausweis (*Austria*).
IAV Internationales Archiv für Verkehrswesen (*a journal*); Internationales Ausschreibungsverfahren.
i.a.W. in anderen Worten.
IB Industriebau(ten *pl*); (*computer*) Informationsbank; Informationsblatt; Informationsbüro; Ingenieurbau; Internationales Büro.
i.B. im *od.* in Bau; in Bayern; im *od.* in Betrieb; in Buchstaben.
i.b. im besonderen.
ib. (*Lat.*) ibidem, ebenda, -dort.
IBA Internationale Baufachausstellung; Internationale Buchkunst-Ausstellung; Internationales Biographisches Archiv.
i.b.A. in besonderem Auftrag.
IBCAG Internationaler Bund Christlicher Angestelltengewerkschaften.
IBCG Internationaler Bund Christlicher Gewerkschaften.
ibd. (*Lat.*) ibidem, ebenda, -dort.
IBE Internationales Büro für Erziehungsfragen.
i.bes. im besonderen.
i.bes.A. in besonderem Auftrag.
IBFG Internationaler Bund Freier Gewerkschaften.
IBI Internationales Burgenforschungsinstitut (*Switzerland*).
IBK Internationale Beleuchtungskommission.
IBM (Deutschland) Internationale Büro-Maschinen GmbH.
IBMG Internationales Büro für Maße und Gewichte.
IBP Internationaler Bund der Privatangestellten.
i.Br. *geogr.* im Breisgau.
IBU Internationale Binnenschiffahrtsunion.
IBV Internationaler Bergarbeiterverband.
IBWZ Internationale Bank für Wirtschaftliche Zusammenarbeit (*Moscow*).
ICR *med.* Interkostalraum.
ICSV Internationale Christlich-Soziale Vereinigung.
ID *mil.* Infanteriedivision; Informationsdienst; Innendienst; *tech.* Innendurchmesser; irakischer Dinar (*monetary unit*).
i.D. im Dienst; im Durchmesser; im Durchschnitt; *econ.* inklusive Dividende; *tech.* innerer Durchmesser.
Id. Identifikation, Identifizierung; Identität.
id. ideal; ideell; (*Lat.*) idem, der-, dasselbe; identisch.
i.d. in das, in dem, in den, in der, in die.
IDC Internationale Dokumentationsgesellschaft für Chemie.
Ident. Identifizierung; Identität.
ident. identifizieren, -ziert; identisch.
i.d.F. *jur.* in der Fassung; in der Form.
i.d.Fa. *jur.* in der Fassung; in der Firma.
IDFF Internationale Demokratische Frauenföderation.

i.d.F.v. *jur.* in der Fassung vom.
i.d.G. in d(ies)er Gegend; *jur.* in dem Gesetz.
i.d.g.F. *jur.* in der geltenden Fassung.
IDJE Internationaler Diakonischer Jugendeinsatz.
IDK Interessenverband Deutscher Komponisten.
IdK Internationale der Kriegsdienstgegner.
i.d.M(in). in der Minute.
I.D.N. (*Lat.*) in Dei nomine, im Namen Gottes.
i.d.R. in der Regel; in der Reserve.
IDS (*computer*) Integrierte Datenspeicherung.
IdS Institut für deutsche Sprache.
i.d.S. in dem Sinne; in der Sache; in der Sekunde.
i.d.Sek. in der Sekunde.
i.d.St(d). in der Stunde.
IDU Interessengemeinschaft der Urheber.
i.Durchm. im Durchmesser.
i.Durchschn. im Durchschnitt.
IDV Institut für Datenverarbeitung (*DDR*); (*computer*) Integrierte Datenverarbeitung; Internationaler Deutschlehrerverband.
IDW Institut für Dokumentationswesen.
IdW Institut der Wirtschaftsprüfer.
IDZ Internationales Design-Zentrum.
IE *med.* Immunisierungseinheit; (*computer*) Informationseinheit; *med.* Insulineinheit; *med.* Internationale Einheit.
I.E. *med.* Immunisierungseinheit; *med.* Insulineinheit; *med.* Internationale Einheit.
i.E. im Entstehen; im Entwurf; in Entwicklung.
i.e. im einzelnen; (*Lat.*) id est, das heißt, das ist.
i.e.F. in erleichterter Form; in erweiterter Form.
IEK Internationales Exekutivkomitee.
i.Entw. im Entwurf; in Entwicklung.
IEP *med.* isoelektrischer Punkt.
i.e.R. im einstweiligen Ruhestand.
i.Erm. im Ermessen; in Ermangelung.
i.e.S. im eigentlichen *od.* engeren Sinne.
IETK Internationales Eisenbahntransportkomitee.
IEV Internationaler Eisenbahnverband; Internationaler Eisschießverband.
IF Interflug (*DDR airline*).
i.F. *mil. hist.* im Felde; in (der) Fassung; in Firma; in Form.
i.f. (*Lat.*) ipse fecit, hat es selbst gemacht.
IFA Industrieverwaltung Fahrzeugbau, Volkseigene Betriebe für Fahrzeugbau (*DDR*); Informationen für alle (*Austrian news agency*).
i.Fa. in Firma.
IFAS Institut für angewandte Sozialwissenschaften.
IFAT Internationale Fachmesse für Abwassertechnik.
IFB Internationale Filmfestspiele Berlin; Internationales Filmbüro.
IfB Institut für Bedarfsforschung (*DDR*).
IFBM Internationale Frankfurter Buchmesse.
IfD Institut für Demoskopie; Institut für Dokumentation.
IFE Institut für Technische Forschung und Entwicklung (*Austria*).
IFFA Institut für forstliche Arbeitswissenschaft; Internationale Fleischerei-Fachausstellung.
Ifg Institut für Gewerbeforschung (*Austria*).
IFH Internationale Föderation des Handwerks.
IFIF Internationale Föderation von Industriegewerkschaften und Fabrikarbeiterverbänden.
IFIG Internationales Forschungs- und Informationszentrum für Gemeinwirtschaft (*Switzerland*).
IfK Institut für Körpererziehung (*DDR*).
IFKM Internationale Föderation für Kurzschrift und Maschine(n)schreiben.
IFL Internationale Freundschaftsliga.
IfL Institut für Lehrerbildung (*DDR*); Institut für Leibesübungen.
i.flag(r). (*Lat.*) *jur.* in flagranti, auf frischer Tat.
IFLFF Internationale Frauenliga für Frieden und Freiheit.
IFM *electr.* Impulsfrequenzmodulation.
IFMA Internationale Fahrrad- und Motorradausstellung.
IFO Institut für Wirtschaftsforschung; Internationale Filmorganisation; Internationale Flüchtlingsorganisation.
i.folg. im folgenden.
IFR *aer.* Instrumentenflugregeln *pl*; Internationaler Frauenrat.
IfR Institut für Regelungstechnik (*DDR*).
IfS Institut für Schienenfahrzeuge (*DDR*).
IFSB Internationaler Fernschachbund.
IFV Internationaler Faustballverband; Internationaler Fernmeldevertrag.
IfV Institut für Verkehrsforschung (*DDR*).
i.F.v. in Form von.
IfW Institut für Wasserwirtschaft (*DDR*); Rheinisch-Westfälisches Institut für Wirtschaftsforschung.
ifw Institut für Warenprüfung.
IfZF Institut für Zeitforschung.
IG Industriegewerkschaft; Interessengemeinschaft.
i.G. im Gange; *mil.* im Generalstab; in Gold; *econ.* in Gründung.
i.g. im ganzen.
IGA Internationale Gartenbauausstellung.
IGAFA Internationale Gastronomie- und Fremdenverkehrsausstellung.
IGB Internationaler Genossenschaftsbund; Internationaler Gewerkschaftsbund; Internationales Gewerkschaftsbüro; (*railway*) Internationales Güterkursbuch.
IGBE Industriegewerkschaft Bergbau und Energie.
IGdA Interessengemeinschaft deutschsprachiger Autoren.
i.Gfgs. im Gefängnis.
i.Gfgsch. in Gefangenschaft.
IGH Internationaler Gerichtshof.
IGJ Internationales Geophysikalisches Jahr.
IGK Internationaler Genetikkongreß; (*railway*) Internationales Güterkursbuch.
IGM Industriegewerkschaft Metall; Institut für Geschichte der Medizin (*Austria*); Internationale Gesellschaft für Moorforschung.
IGMW Internationale Gesellschaft für Musikwissenschaft.
IGNM Internationale Gesellschaft für Neue Musik.
IGR Interessengemeinschaft für Rundfunkschutzrechte.
IGSP Internationale Gesellschaft für Schriftpsychologie.
IGT (*railway*) Internationaler Eisenbahngütertarif.
IGU Internationale Geographische Union; Internationale Gewerbeunion.
IGV Internationaler Gemeindeverband.
IH Investitionshilfe.
I.H. *obs.* Ihre(r) Hochwohlgeboren; Ihre Hoheit.
i.H. im Hauptamt; im Hause; im Hochschuldienst.
IHB Internationaler Handballbund; Internationales Hydrographisches Büro; Investitions- und Handelsbank.
IHD Internationales Hydrologisches Dezennium.
IHF Internationale Handballföderation.
IHI Internationales Handelsinstitut (*DDR*); Internationales Hilfskomitee für Intellektuelle.
IHK Industrie- und Handelskammer; Internationale Handelskammer.
IHM Internationale Handwerksmesse.
IHS (*Lat.*) Jesus, Hominum Salvator, Jesus, Erlöser der Menschen, *colloq.* Jesus, Heiland, Seligmacher.
I.H.S. (*Lat.*) in hoc salus, hierin liegt das Heil; (*Lat.*) in hoc signo, in diesem Zeichen.
i.Hs. im Hause.
IHT Institut für Härtereitechnik.
IHV Internationaler Handballverband; Internationaler Hotelverband.
i.H.v. in Höhe von.
IID Internationales Institut für Dokumentation.
i.i.D. im inneren Dienst.
IIP Internationales Institut für Politische Philosophie.
IIS Internationales Institut für Schweißtechnik; Internationales Institut für Statistik.
IIVw Internationales Institut für Verwaltungswissenschaften.
i.J. im Jahre.
IJB Internationale Jugendbibliothek.
IJF Internationale Journalistenföderation; Internationale Judoföderation.
IJGD Internationaler Jugendgemeinschaftsdienst.
IJK Internationale Juristenkommission.
IJO Internationale Journalistenorganisation.
IK *med.* Immunkörper.
I.K. *med.* Immunkörper; *med.* Infektionskrankheit.
i.K. *econ.* in Kommission; im *od.* in Konkurs; in Kürze.
IKA Volkseigene Betriebe für Installation, Kabel und Apparate (*DDR*).
IKAB Internationale Katholische Arbeiterbewegung.
IKB Industrieverband Kunststoff-Boden- und Wandbeläge.
IKBK Internationales Katholisches Büro für das Kind.
IKG Internationale Kommission für Glas.
I.K(gl).H. Ihre Königliche Hoheit.
IKI Internationales Kali-Institut.
IKJ Internationales Kuratorium für das Jugendbuch.
IKK Innungskrankenkasse.
IKMB Internationale Katholische Mittelstandsbewegung.
IKN Internationale Kommission für Numismatik.
i.Komm. *econ.* in Kommission.
IKPK Internationale Kriminalpolizeikommission.
IKPO Internationale Kriminalpolizeiliche Organisation.
IKR Internationales Katholisches Rundfunkbüro.
ikr. isländische Krone (*monetary unit*).
IKRK Internationales Komitee vom Roten Kreuz.
IKS Internationale Kontrollstelle für Arzneimittel (*Switzerland*).
IKV Institut für Kunststoffverarbeitung in Industrie und Handwerk; Internationale Kartographische Vereinigung; Internationale kriminalistische Vereinigung; Internationaler Konditormeister-Verband; Internationaler Krankenhausverband.
IKVSA Internationale Katholische Vereinigung für Soziale Arbeit.
IKZ *electr.* Impulskennzeichen.
IL *aer. tech.* intermittierendes Luftstrahltriebwerk; *auto.* Israel.
i.L. *tech.* im Lichten (gemessen); *econ.* in Liquidation.
ILA Internationale Luftfahrtausstellung.
Ilag Interniertenlager.
ILF Internationale Landarbeiterföderation.
ILIS (*computer*) Integriertes Leitungs-Informationssystem.
Ill. Illumination; Illusion; Illustrierte.
ill. illuminieren, -niert; illustriert.
ILM *electr.* Impulslängenmodulation; Internationale Liga für Menschenrechte.
ILP, I.L.P. (*Lat.*) *röm.kath.* Index Librorum Prohibitorum, Index der verbotenen Bücher.
ILS *aer.* Instrumentenlandesystem.
IM *electr.* Impulsmodulation; Innenminister(ium); Innungsmeister.
I.M. Ihre Majestät; *relig.* Innere Mission.
Im. Imitation; Isoliermittel.
i.M. im Mittel; im Monat; in Mappe.
im. imitiert.
i.m. *med.* intramuskulär.
IMA Interministerieller Ausschuß.
IMAG Internationaler Messe- und Ausstellungsdienst GmbH.
im allg. im allgemeinen.
IMB Internationaler Metallarbeiterbund.
im bes. im besonderen.
I.M.D.G. (*Lat.*) in maiorem Dei gloriam, zur größeren Ehre Gottes.
IMEKO Internationale Meßtechnische Konferenz *od.* Konföderation.
IMF Internationale Vereinigung für Marktforschung.
IMG Internationale Moselgesellschaft; Internationale Musikgesellschaft.
i.Mi. im Mittel.
IMK Innenministerkonferenz.
Imm. Immission; Immobilien *pl.*
imm. immanent; immatrikulieren, -liert.
immens. immensurabel.
Imm.-Ges. Immobiliengesellschaft.
Imm.-Hdl. Immobilienhandel, -händler.
I.M.O. Internationale Meteorologische Organisation.
Imp. *ling.* Imperativ; Imperator, Impera-

trix; *ling.* Imperfekt; Imperialismus; Imperium; Import; Impuls.
imp. *ling.* imperativisch; imperialistisch; imponieren(d); importieren, -tiert; (*Lat.*) *print.* imprimatur, es werde gedruckt; impulsiv.
Imper. *ling.* Imperativ.
Imperf. *ling.* Imperfekt.
Impf. Impfung.
Impr. Imprägnierung; Impression(ismus), Impressionist; *print.* Impressum; *print.* Imprimatur; (*literature*) *mus.* Impromptu; Improvisation, -sator.
impr. imprägnieren, -gniert; impressionistisch; (*Lat.*) *print.* imprimatur, es werde gedruckt; improvisieren, -siert.
Imp.-St. Importsteuer.
IMR Internationaler Musikrat.
imst. imstande.
IMT *hist.* Internationales Militärtribunal.
IMV Internationaler Milchwirtschaftsverband; Internationaler Motorradfahrerverband.
IMZ Internationales Musikzentrum.
IN *auto.* Indonesien.
In *chem.* Indium.
i.N. im Namen; *chem. phys.* im Normalzustand.
INA, Ina *phys.* Internationale Normalatmosphäre.
inbegr. inbegriffen.
I.N.C. (*Lat.*) in nomine Christi, im Namen Christi.
IND *auto.* Indien.
I.N.D. (*Lat.*) in nomine Dei, im Namen Gottes; (*Lat.*) in nomine Domini, im Namen des Herrn.
Ind. Inder; Index; Indianer; *geogr.* Indien; Indifferenz; Indigo; *med.* Indikation; *ling.* Indikativ; Indikator; Indiskretion; Indiz(ien *pl*); *econ.* Indossament; Industrie, Industrielle.
i.N.d. im Namen des *od.* der.
Ind.-B. Industriebahn; Industriebetrieb.
ind. Bel. indirekte Beleuchtung.
Ind.-Betr. Industriebetrieb.
indef. *ling.* indefinit.
indekl. *ling.* indeklinabel.
Indep. Independenz.
Indet. Indetermination, Indeterminismus.
indet. indeterminabel.
Indiff. Indifferentismus, Indifferenz.
indiff. indifferent.
Indik. Indikation; *ling.* Indikativ; Indikator.
indir. indirekt.
indisk. indiskutabel.
Indiskr. Indiskretion.
indiskr. indiskret.
indisp. indisponibel; indisponiert.
Indiv. Individualität; Individuum.
indiv. individuell.
indog(erm). *ling.* indogermanisch.
Indon. *geogr.* Indonesien, -nesier.
indon. indonesisch.
INDROFA Internationale Drogisten-Fachausstellung.
Indusi (*railway*) induktive (Zug)Sicherung.
INEA Internationaler Elektronik-Arbeitskreis.
INEL Internationale Fachmesse für industrielle Elektronik (*Switzerland*).
INF Internationale Naturistenföderation.
Inf. Infamie; Infant; *mil.* Infanterie; Infektion; *ling.* Infinitiv; Information.
inf. infam; infektiös; infizieren, -ziert; infolge; informativ; informatorisch; informieren, -miert.
INFAS Institut für angewandte Sozialwissenschaft.
Inf.-Bl. Informationsblatt.
Inf.-Kr. *med.* Infektionskrankheit.
Infl. *econ.* Inflation; Influenz.
infl. *econ.* inflationär, inflationistisch.
Info Information.
Inform. Information(en *pl*).
inform. informativ, informieren, -miert.
Ing. Ingenieur.
Ing. (grad.) graduierter Ingenieur.
Ingr. Ingredienz(en *pl*).
Ing.-Sch. Ingenieurschule, -schüler.
INH *pharm.* Isonicotinsäurehydrazid.
Inh. Inhaber; *med.* Inhalation; Inhalt.
inh. *med.* inhalieren; inhaltlich; inhuman.
Inh.-Ang. Inhaltsangabe.
Inh.-Verz. Inhaltsverzeichnis.
Init. Initiale(n *pl*); Initiative.
init. initiativ, initiatorisch.
Inj. *med.* Injektion; Injurie.
inj. *med.* injizieren, -ziert.
I.N.J. (*Lat.*) in nomine Jesu, im Namen Jesu.
Ink. Inkasso; *print.* Inkunabel.
ink. inkompetent; inkorrekt; inkurabel.
inkl. inklusive.
inkomm. inkommensurabel; inkommodieren, -diert.
inkomp. inkomparabel; inkompatibel; inkompetent.
Inkons. Inkonsequenz.
inkons. inkonsequent.
Inkorp. Inkorporation.
inkorp. *med.* inkorporal; inkorporieren, -riert.
Inkrafttr. *jur.* Inkrafttreten.
Inl. Inland; *ling.* Inlaut.
inl. inländisch; *ling.* inlautend.
inn. innen; innerlich.
innerl. innerlich.
inoff. inoffiziell.
INR Institut für Neutronenphysik und Reaktortechnik.
I.N.R.I. (*Lat.*) Jesus Nazarenus Rex Judaeorum, Jesus von Nazareth, König der Juden.
Ins. Insekt; Insel; Insemination; Inserat; Insulaner; Insult(ation).
insb(es). insbesondere.
Inschr. Inschrift.
insg. insgesamt.
Insp. Inspekteur; Inspektion; Inspektor; Inspiration; Inspizient; Inspizierung.
insp. inspirieren, -riert; inspizieren, -ziert.
Inst. Installateur, Installation, Installierung; Instandsetzung; Instanz; Instinkt; Institut(ion).
Instr. Instrukteur, Instruktion(en *pl*); *mus.* Instrument(al-); Instrument(arium); *mus.* Instrumentierung.
Insz. Inszenierung.
insz. inszenieren, -niert.
Int. Intarsia, -sien *pl*; Integration, Integrierung; Intendant(ur), Intendanz; Intensität; Intention; Interesse(nt); Interim; *med.* Internist.
int. intensiv(ieren); interessant; intern; international.
int. al. (*Lat.*) inter alia, unter anderem *od.* anderen.
Intell. Intellektuelle; Intelligenz.
intell. intellektuell; intelligent.
INTERBAU Internationale Bauausstellung.
INTERGU Internationale Gesellschaft für Urheberrecht.
Interj. *ling.* Interjektion.
interk. interkommunal; interkontinental.
interl. interlinear.
Interm. *zo.* Intermedium; *mus.* Intermezzo; *med.* Intermission.
interm. interministeriell; intermittieren(d).
intern. international; internieren, -niert.
interp. interpellieren; interpolieren, -liert.
Interpr. Interpret(ation).
interpr. interpretieren, -tiert.
interr(og). *ling.* interrogativ.
Interv. Intervall; Intervention.
interv. intervenieren, -niert.
Int.-Gem. Interessengemeinschaft.
Intr. Intrigant, Intrige; *mus.* Introduktion; *relig. mus.* Introitus.
intr. intransigent; *ling.* intransitiv; intrigieren.
intrm. *med.* intramuskulär.
Introd. *mus.* Introduktion.
Introsp. *psych.* Introspektion.
introsp. *psych.* introspektiv.
introv. *psych.* introvertiert.
intrv. *med.* intravenös.
Int.-Vertr. Interessenvertreter, -vertretung; Interimsvertrag.
Inv. Invalide, Invalidität; Invasion; *econ.* Inventar, Inventur; Inversion; *tel.* Inverter; *econ.* Investition(en *pl*); *jur.* Investitur; *econ.* Investment.
inv. invalide; invariabel, invariant; *econ.* inventarisieren; invers; *econ. jur.* investieren.
Invent. Inventar(isation); *mus.* Invention; *econ.* Inventur.
inVerb.m. in Verbindung mit.
Invest. *econ.* Investition(en *pl*); *jur.* Investitur; *econ.* Investment.
invest. *econ. jur.* investieren.
Inv.-R. Invalidenrente.
InvV Invalidenversicherung.
inw. inwendig; inwiefern; inwieweit.
inwf. inwiefern.
inww. inwieweit.
inzw. inzwischen.
Io *chem.* Ionium.
i.O. *geogr.* in Oldenburg; in Ordnung.
IOB Informations- und Organisationsbüro (*DDR*); Internationales Organisationsbüro (*DDR*).
i.O.b. in Ordnung befunden.
IÖD Internationale der Öffentlichen Dienste.
IÖGF Institut für österreichische Geschichtsforschung.
IOK Internationales Olympisches Komitee.
IOZV Internationale Organisation für Zivilverteidigung.
IP Industrieproduktion; *econ.* Inhaberpapier; *econ.* Inkassoprovision; (*computer*) Interpolationsrechner.
i.P. in Papier; in Pension.
IPA Internationale Pelzfachausstellung; Internationale Polizeiausstellung; Internationaler Programmaustausch; Internationales Phonetisches Alphabet.
IPAV Internationales Pressearchiv für Verkehrswesen.
IPB Internationales Patentbüro (*DDR*).
IPF Institut für Post- und Fernmeldewesen (*DDR*).
IPI Internationales Presseinstitut.
I.P.K. Schweizerische Interessengemeinschaft für pharmazeutische und kosmetische Produkte.
IPM *electr.* Impulsmodulation; Institut für Praktische Mathematik.
IPP Institut für Plasmaphysik.
IPPT Internationale des Personals der Post-, Telegrafen- und Telefonbetriebe.
IPR Internationales Privatrecht.
iPS *tech.* induzierte Pferdestärke.
IPU Interparlamentarische Union.
IPZ Informations- und Pressezentrum.
IQ, I.Q. *psych.* Intelligenzquotient.
IR *mil.* Infanterieregiment; Infrarot; Internationaler Rat; *auto.* Iran.
I.R. (*Lat.*) Imperator Rex, Kaiser und König.
Ir *chem.* Iridium.
iR indische Rupie (*monetary unit*).
i.R. im Rückfall; im Ruhestand; in Reserve; in Ruhe.
ir. irisch; ironisch.
irak. irakisch.
iran. iranisch.
ird. irdisch.
i.Res. in Reserve.
irg. irgend.
IRK Internationales Rotes Kreuz.
IRKK Internationales Rotes-Kreuz-Komitee.
IRL *auto.* Irland.
Irl. *geogr.* Irland.
IRO Institut für Rationalisierung und Organisation (*DDR*).
IRQ *auto.* Irak.
irr(at). irrational.
irreg. irregulär.
irrev. irreversibel.
Irrl. Irrläufer.
IRT Institut für Rundfunktechnik.
IRV Internationale Rundfunkvereinigung.
IS Informationssystem; Ingenieurschule; *electr.* integrierte Schaltung; *auto.* Island.
I.S. *mar.* Internationales Signalbuch.
Is. Isolation, Isolator(en *pl*), Isolierung.
iS *electr.* integrierte Schaltung.
i.S. im Sinne; im Sommer; in Sachen; *geogr.* in Sachsen; in Sonderstellung; in summa.
is. isoliert.
i.Sa. in Sachen; *geogr.* in Sachsen; in summa.
ISB Institut für Selbstbedienung; Internationaler Studentenbund.
ISBN Internationale Standardbuchnummer.
ISC Internationaler Studentenclub.
i.Schw. *geogr.* im Schwarzwald.
ISD Internationaler Suchdienst.
i.S.d. im Sinne des.
ISG Industriesportgemeinschaft (*DDR*); Internationale Schlafwagengesellschaft.
ISH Institut des Seeverkehrs und der Hafenwirtschaft (*DDR*); Internationaler Verband der Seeleute und Hafenarbeiter.
ISI Internationales Statistisches Institut.
ISK Internationale Sportkorrespondenz.
Isl. Islam; *geogr.* Island, Isländer.
isl(am). islamisch.
isl(änd). isländisch.
Isol. Isolation, Isolator(en *pl*), Isolierung.
isol. isolieren, isoliert.
Isr. *geogr.* Israel, Israeli.

isr. israel(it)isch.
IST *psych.* Intelligenzstrukturtest.
i.St. *mil.* im Stab(e).
i.St.d. im Stil des *od.* der.
ISTG Internationale Schlafwagen- und Touristik-Gesellschaft.
IStR Internationales Steuerrecht.
ISV Innerschweizer Schriftstellerverein.
i.S.v. im Sinne von.
ISW Interessengemeinschaft für den Schweizerischen Weinimport.
IT Impulstelegrafie; Informationstechnik; (*computer*) Informationsträger.
It. *geogr.* Italien, Italiener.
i.T. im Text; in Tausend; *geogr.* in Tirol.
it. italienisch; italisch; (*Lat.*) item, ebenso, ferner; *ling.* iterativ.
ital. italienisch; italisch.
ITB Internationaler Turnerbund; Internationale Touristik-Börse.
iter. *ling.* iterativ.
i.Th. *geogr.* in Thüringen.
ITI Internationales Theaterinstitut.
ITK Internationales Eisenbahntransportkomitee.
ITP *biol. chem.* Inosintriphosphat; Institut für Technische Physik.
ITR *nucl.* Incore-Thermionik-Reaktor.
i.Tr. in der Trockenmasse (*percentage of fat in cheese*).
itr. *ling.* intransitiv.
ITS Internationale techno-geographische Gesellschaft.
ITTF Internationale Tischtennis-Föderation.
ITTV Internationaler Tischtennisverband.
ITVV Internationaler Transportversicherungsverband.
IU *auto.* Insassenunfallversicherung; Internationale Union; Interparlamentarische Union.
i.U. im *od.* in Umbau; im *od.* in Umbruch; in Umwandlung; in Umwälzung.
i.ü. im übrigen.
IUAO Internationale Union für Angewandte Ornithologie.
I.u.A.v. Irrtum und Auslassungen vorbehalten.
i.u.F. im umgekehrten Falle.
IÜG Internationales Übereinkommen über den Eisenbahngüterverkehr.
IÜP Internationales Übereinkommen über den Eisenbahn-Personen- und Gepäckverkehr.
IV Industrieverband, -vereinigung; Informationsverarbeitung; Institut für Verkehrssicherheit (der TU Berlin); Invalidenversicherung.
I.V. In Vertretung; In Vollmacht.
I.v. Irrtum vorbehalten.
i.V. *phys. tech.* im Vakuum; *geogr.* im Vogtland; im Vorbereitungsdienst; im Vorjahr; in Veränderung; in Verbindung; in Vertretung; in Verwahrung; in Verwaltung; in Vollmacht; in Vorbereitung.
i.v. *med.* intravenös.
IVA Internationale Verkehrsausstellung.
IVB Institut für Verwaltungsorganisation und Bürotechnik (*DDR*).
i.Vbdg.m. in Verbindung mit.
IVBH Internationale Vereinigung für Brückenbau und Hochbau.
IVC Industrievereinigung Chemiefaser.
IVCLG Internationaler Verband Christlicher Landarbeitergewerkschaften.
IVDJ Internationale Vereinigung Demokratischer Juristen.
i.Verb.m. in Verbindung mit.
IVfgR, I.V.f.g.R. Internationale Vereinigung für gewerblichen Rechtsschutz.
IVG Industrieverwaltungsgesellschaft; Internationale Vereinigung der Gewerkschaften; Invalidenversicherungsgesetz.
IVHF Internationaler Verband für hydraulische Forschungen.
IVJH Internationale Vereinigung für Jugendhilfe.
IVK Internationale Versicherungskasse.
IVL Internationale Vereinigung der Lehrerverbände.
IVM Internationale Verkaufs- und Modewoche für Damenoberbekleidung.
i.Vm. im Vormonat.
i.V.m. in Verbindung mit.
i.v.O. in verschiedenen Orten.
i.Vorb(er). in Vorbereitung.
IVR Internationale Vereinigung des Rheinschiffahrtsregisters.
IVS (*computer*) Informationsverarbeitendes System.
IVSF Internationale Vereinigung für Sozialen Fortschritt.
IVSS Internationale Vereinigung für Soziale Sicherheit.
IVSt Industrieversuchsstelle.
IVU Internationale Vegetarier-Union; Internationale Verleger-Union.
IVW Internationale Vereinigung der Widerstandskämpfer und Opfer des Faschismus.
IVWSR Internationaler Verband für Wohnungswesen, Städtebau und Raumordnung.
i.W. im Wartestand; im wesentlichen; im Winter; *tech.* innere Weite; *geogr.* in Westfalen; in Worten.
IWA Internationales Weizenabkommen; Internationale Werkzeugmaschinenausstellung.
IWBS Importwarenbegleitschein (*DDR*).
IWE Informationsbüro West.
IWF Institut für wirtschaft(swissenschaft)liche Forschungen (*DDR*); Institut für den wissenschaftlichen Film; Internationaler Währungsfonds.
IWK Internationale Weltkarte.
IWL Institut für gewerbliche Wasserwirtschaft und Luftreinhaltung.
IWR Internationaler Weizenrat.
IWS Internationales Wollsekretariat.
i.w.S. im weiteren Sinne.
i.W.v. im Wert(e) von.
IWWK Institut für Weltwirtschaft an der Universität Kiel.
IZ Informationszentrale, -zentrum; Internationale Zusammenschlüsse *pl.*
i.Z. im Ziel; im *od.* in Zusammenhang; in Zusammenarbeit.
IZA Internationales Zuckerabkommen.
IZD Internationaler Zivildienst.
IZEE Informationszentrale der europäischen Eisenbahnen.
IZG *electr.* Impulszusatzgerät.
IZH *hist.* Interzonenhandel.
i.Z.m. im *od.* in Zusammenhang mit; in Zusammenarbeit mit.

J

J *auto.* Japan; Jet; *chem.* Jod; *phys.* Joule.
J. Jahr(e *pl*); Journal(ist); Justitiar; Justiz.
j. jährlich; jemand; jetzt; jüdisch; jung; juristisch.
JA Jahresausgleich; *auto.* Jamaika; Jugendamt; Jugendarbeit; *jur.* Jugendarrest.
Jabo *aer. mil.* Jagdbomber.
JAG Jahresarbeitsverdienstgrenze; Juristenausbildungsgesetz.
JagdG Jagdgesetz.
Jagdh. Jagdhaus.
Jahrb. Jahrbuch.
Jahresber. Jahresbericht.
Jahresz. Jahreszahl; Jahreszeit.
Jahrg. Jahrgang.
Jahrh. Jahrhundert.
Jahrt. Jahrtausend.
Jak. *Bibl.* Jakobus.
jak(ut). jakutisch.
Jam. *geogr.* Jamaika, Jamaikaner.
jam. jamaikanisch.
Jan. Januar.
JAO Juristenausbildungsordnung; Justizausbildungsordnung.
Jap. *geogr.* Japan, Japaner, *ling.* Japanisch.
jap. japanisch.
JA(rb)SchG Jugendarbeitsschutzgesetz.
Jato *econ.* Jahrestonne(n *pl*).
JAV Jahresarbeitsverdienst.
JB Jahresbeitrag; Judikatenbuch (des Obersten Gerichtshofes) (*Austria*); Jugendbewegung.
Jb. Jahrbuch; Jahresbericht.
Jbb. Jahrbücher *pl.*
JBer., J.-Ber. Jahresbericht.
J.-Bil. *econ.* Jahresbilanz.
JC Judoclub.
J.Chr. Jesus Christus.
JD Jahresdurchschnitt; Justizdepartement (*Switzerland*); Justizdienst.
jem. jemals; jemand; jemenitisch.
jemen. jemenitisch.
jens. jenseitig, jenseits.
jew. jeweilig, jeweils.
JF Jugendfürsorge.
jf(r). (*film*) jugendfrei.
JG *aer. mil.* Jagdgeschwader; Jagdgesetz; Jugendgericht.
Jg. *mil.* Jäger; Jahrgang.
jg. jung.
Jgd. Jugend.
JgdA Jugendamt.
jgdfd. jugendfördernd.
jgdfr. (*film*) jugendfrei.
Jgd.-H. Jugendheim.
Jgd.-H(er)b. Jugendherberge.
Jgd.-L. Jugendleiter.
Jgdl. Jugendliche.
Jgd.-M. (*sport*) Jugendmannschaft.
Jgd.-Pfl. Jugendpflege.
Jgd.-Schr. Jugendschriften *pl.*
JGG Jugendgerichtsgesetz.
Jgg. Jahrgänge *pl.*
JGH Jugendgerichtshof (*Austria*).
JH Jugendherberge.
Jh. Jahresheft; Jahrhundert.
Jhb. Jahrbuch.
Jhdt. Jahrhundert.
Jhtsd. Jahrtausend.
JHW Jugendhilfswerk.
jidd. jiddisch.
J./J. *econ.* (*interest due in*) Januar/Juli.
j.J. jedes Jahr, jedes *od.* jeden Jahres.
JJC Jiu-Jitsu-Club.
JJK Jiu-Jitsu-Klub.
JK Jugend-, Juniorenkreis.
J.K. Julianischer Kalender.
j.L. jüngere Linie.
JM Justizminister(ium).
j.M. jeder Monat, jedes *od.* jeden Monats.
JMBl. Justizministerialblatt.
jmd. jemand.
jmdm. jemandem.
jmdn. jemanden.
j.Mts. jedes *od.* jeden Monats.
J.-Nr. *econ.* Journalnummer.
JO Jagdordnung.
Joh. *Bibl.* Johannes.
JOR *auto.* Jordanien.
jord(an). jordanisch.
Journ. Journal(ismus), Journalist(ik).
JP Jahresprämie; Jetpilot; Junge Pioniere *pl* (*DDR*).
JPfl. Jugendpflege.
JPP Juristischer Presse-Dienst.
JR Juristische Rundschau (*a journal*); Justizrat.
Jr., jr. (*Lat.*) junior, jünger, der Jüngere.
JRK Jugendrotkreuz.
JSchG Jugendschutzgesetz.
J.-Sch. Jagdschein.
J.-Schr. Jahresschrift.
Jt. Jahrtausend.
Jtg. Jahrestag.
Jtsd. Jahrtausend.
JU Junge Union (*in the CDU, CSU*); Junge Unternehmer (*in the ASU*).
Jub. Jubilar, Jubiläum.
Jud. *Bibl.* Judas.
jüd. jüdisch.
Judo(s *pl*) Jungdemokrat(en *pl*) (*in the F.D.P.*).
Jug. Jugoslawe, *geogr.* Jugoslawien.
jug. jugoslawisch.
JugA Jugendamt.
Jugosl. Jugoslawe, *geogr.* Jugoslawien.
jugosl. jugoslawisch.
JUH Johanniter-Unfallhilfe.

Jul.-K. Julianischer Kalender.
Jun. Junior(en *pl*), (*sport*) Jugendliche *pl.*
jun. (*Lat.*) junior, jünger, der Jüngere.
Jur. Jurisprudenz, Jurist.
jur. juridisch, juristisch.
jur.P. juristische Person.
Juso(s *pl***)** Jungsozialist(en *pl*) (*in the SPD*).
Just. Justitiar, Justiz.
JustM Justizminister(ium).
Juw. Juwel(en *pl*), Juwelier.
JV Jugendverband; Jugendvertreter, -vertretung.
JV(er)w. Justizverwaltung.
J.-Verz. Jahresverzeichnis.
JWA Jugendwohlfahrtsausschuß.
JWG Jugendwohlfahrtsgesetz.
JWH Jugendwohnheim.
JZ *chem.* Jodzahl; Juristenzeitung.

K

K Kajak; *chem.* Kali; Kaliber; *chem.* Kalium; Kammer; *auto.* Kärnten; *auto.* Kambodscha; Kanal; Karat; *electr.* Kathode; *phys.* Kelvin; Kip (*monetary unit of Laos*); König (*in chess*); *chem.* Konzentration; Kote (*in surveying*); Krone (*monetary unit*).
K. *electr.* Kabel; Kap; Kapitel; Karabiner; Karton; Kasse; Kirche; Kiste; Kommandant(ur); Kommissar(iat); Konsonant; Konsul(at); Konto; *chem.* Konzentration; *math.* Koordinaten *pl*; Kopf; Korps.
k Karat; Kilo-.
k. *hist.* kaiserlich; kalt; katholisch; kommissarisch; *hist.* königlich; körnig; künftig; künstlich.
KA (*computer*) Kartenart; Kassenanwalt; Kassenarzt; Katholische Aktion; Kleine Anfrage (*in parliament*); *tel.* Knotenamt; *econ.* Kontoauszug; *econ.* Konzessionsabgabe; Kreditabkommen; Kulturabkommen; Kunstakademie; *econ.* Kurzarbeit.
kA *electr.* Kiloampere.
Kä. *geogr.* Kärnten.
KAB Katholische Arbeiterbewegung; Kostenabrechnungsbogen (*DDR*).
Kab. *electr.* Kabel; Kabine; Kabinett.
Kad. Kadenz; Kader; *mil.* Kadett.
KAG Künstlerische Arbeitsgruppe (*DDR*).
KAJ Katholische Arbeiterjugend.
Kaj. Kajüte.
KAJÖ Katholische Arbeiterjugend Österreichs.
Kal. Kalender; Kaliber.
Kalf. Kalfaktor.
Kam. Kamerad(schaft); Kammer.
Kamb. *geogr.* Kambodscha, Kambodschaner.
kamb. kambodschanisch.
Kan. *geogr.* Kanada, Kanadier; Kanal; Kanister; Kanon; Kanone; *röm.kath.* Kanoniker, Kanonikus; *med.* Kanüle.
kan. kanadisch; kanonisch.
kanad. kanadisch.
Kand. Kandare; Kandidat(ur).
kand. kandidieren.
kan$ kanadischer Dollar (*monetary unit*).
Kant. *mus.* Kantabile; *mus.* Kantate; *philos.* Kantianer; Kantine; Kanton.
kant. kantonal.
KAnw., K.-Anw. *econ.* Kassenanweisung.
KAP Kommunistische Arbeiterpartei.
Kap. Kapazität; Kapelle; *biol. med.* Kapillare; Kapital(ismus), Kapitalist; Kapitän; Kapitel; *arch.* Kapitell; Kapitol; *relig.* Kapitular; Kapitulation; Kapuze; *relig.* Kapuziner.
kap. kapitalistisch; kapitulieren, -liert.
Kap.-Ges. Kapitalgesellschaft.
Kapl. *röm.kath.* Kaplan.
KapSt. Kapitalertragssteuer.
Kapt. Kapitän.
KaptL, Kaptlt *mar. mil.* Kapitänleutnant.
Kapt.z.S. *mar. mil.* Kapitän zur See.
Kar. Karabiner; Karaffe; Karat; Karate; Karawane; Karenz; Karosse; Karotte(n *pl*); Karussell.
kar(el). karelisch.
Kard. *röm.kath.* Kardinal.
karib. karibisch.
Kart. Kartätsche; *röm.kath.* Kartause, Kartäuser; Kartei; *econ.* Kartell; Kartoffel(n *pl*); Kartograph(ie); Karton(age); Kartothek.
kart. kartographisch; kartoniert (*of books*).
KartG Kartellgericht; Kartellgesetz.
KAS Katholische Arbeitsgemeinschaft für Soldatenbetreuung.
Kas. *geogr.* Kasachstan.
Kass. *jur.* Kassation; Kasserolle; Kassette; Kassiber; Kassier(er).
Kast. Kastagnette(n *pl*); Kastanie(n *pl*); Kastell; *geogr.* Kastilien.
Kat. Katalog; *geogr.* Katalonien; Katapult; *chem.* Katalysator; *mar.* Katamaran; Katarakt; *med.* Katarrh; Kataster; Katastrophe; *relig.* Katechese, Katechet, Katechismus; *relig.* Katechumene; Kategorie.
kat. katalanisch; katastrophal; *relig.* katechetisch; kategorisch.
Kath. Kathedrale; Katholik, Katholizismus.
kath. katholisch.
Kaufh. Kaufhaus.
Kaufm. Kaufmann(schaft).
kaufm. kaufmännisch.
Kaus. Kausalität; *ling.* Kausativ.
kaus. kausal; *ling.* kausativ.
Kaut. *med.* Kauterisation; *chem. med.* Kauterium; Kaution.
KAV Katholischer Akademikerverband; *econ.* Kaufanwartschaftsvertrag; Kommunale arbeitsrechtliche Vereinigungen *pl.*
KÄV Kassenärztliche Vereinigung.
Kav. Kavalier; Kavalkade; *mil. hist.* Kavallerie, -rist; *mus.* Kavatine; *med.* Kaverne; Kaviar.
KB Kartenbeilage; Kassenbestand; Kassenbuch; (*computer*) Kilo-Bytes *pl*; Kinderbeihilfe; Kommissionsberatung, -bericht; *econ.* Konnossementsbedingungen *pl*; *econ.* Konzessionsbetrieb; *econ.* Kostenbereich; Kraftstoffbehälter; Kriegsbeschädigte; Kulturbund; (*railway*) Kursbuch; Kurzbericht; *tech.* Kurzzeitbetrieb.
K.B. *hist.* Königlich-Bay(e)risch.
Kb. Karabiner; Kontrabaß; (*railway*) Kursbuch.
KBA Kraftfahrt-Bundesamt.
K.-Bel. *econ.* Kassenbeleg(e *pl*).
Kblg. *mar.* Kabellänge.
KBR *med.* Komplementbindungsreaktion.
KBS *electr.* Kathodenbasisschaltung; Kaufmännische Berufsschule (*DDR*).
KBV Kassenärztliche Bundesvereinigung; Kirchenbauverein.
k.b.V. keine besonderen Vorkommnisse.
kcal *phys.* Kilo(gramm)kalorie.
Kčs (*Czech.*) Koruna československá, tschechische Krone (*monetary unit*).
KD Kontrolldienst; Kundendienst.
K.D., k.D. Kulturgeschichtliches Denkmal.
KDA Katholische Deutsche Akademikerschaft.
KDB Kommunaler Dienstleistungsbetrieb (*DDR*); Kriegsdienstbeschädigte, -beschädigung.
kdb. kriegsdienstbeschädigt; kündbar.
Kde. *econ.* Kunde.
KdF *hist.* (*in NS-Zeit*) Kraft durch Freude.
KDF(B) Katholischer Deutscher Frauenbund.
Kdg(g). Kündigung.
Kdo. *mil.* Kommando.
KdöR, K.d.ö.R. Körperschaft des öffentlichen Rechts.
Kdos. *mil.* Kommandosache.
Kdr. Kinder *pl*; *mil.* Kommandeur.
Kdre. *mil.* Kommandeure *pl*; *aer. mil. mar.* Kommodore.
Kds. *mil.* Kommandosache.
KDSE Katholische Deutsche Studenteneinigung.
KDStV, K.D.St.V. Katholische Deutsche Studentenverbindung.
KDT, KdT Kammer der Technik (*DDR*).
Kdt. *mil.* Kommandant.
kdt. *mil.* kommandiert.
Kdtr. *mil.* Kommandantur.
kdt.z. *mil.* kommandiert zum *od.* zur.
KDV Kriegsdienstverweigerer, -verweigerung.
KDVD Kassendentistische Vereinigung Deutschlands.
KE (*computer*) Karteneinheit; Kommissionsentwurf; *econ.* Konkurseröffnung.
K.E. *phys.* kinetische Energie.
Ke. Kessel; Kette.
KEG Katholische Erziehergemeinschaft.
kelt. keltisch.
ken. kenianisch.
Kennz. Kennzahl; Kennzeichen; Kennziffer.
kennz. kennzeichnen(d).
Ke.-Nr. Kennummer.
Ker. Keramik; *med.* Keratitis, Keratom.
ker. keramisch.
keV *electr.* Kiloelektronenvolt.
Ke.-Zif. Kennziffer.
KF *meteor.* Kaltfront; Kassenführer; *mar.* kleine Fahrt; *mil.* Kompanieführer; *econ.* Konsulatsfaktura; *tech.* Korrosionsfestigkeit; *econ.* Kostenfestsetzung; *agr.* Kulturfläche.
Kf. Kauf; *mil.* Kompanieführer; Kraftfahrer; Kurzfassung, -form.
KFA Kernforschungsanlage (Jülich); Kreisfachausschuß (*DDR*); Kreisfußballausschuß.
KfA Kammer für Außenhandel (*DDR*).
KFB Katholische Frauenbewegung (*Austria*).
Kffr. Kauffrau.
KfH Kraftfahrzeughaftpflicht.
Kfh. Kaufhaus.
KfJ Kreisausschuß für Jugendweihe (*DDR*).
KFK Kernforschungszentrum Karlsruhe.
Kfm. Kaufmann.
kfm. kaufmännisch.
Kf.-Pr. Kaufpreis.
KfR Kommission für Raumfahrttechnik.
kfr. *med.* keimfrei.
KFS *electr.* Kugelfunkenstrecke.
KfS Koordinierungsstelle für Standardisierung (*DDR*).
KFT Kraftfahrzeugtechnik; Kraftfahrzeugteilversicherung.
KFuSt *mil.* Küstenfunkstelle.
KFV Kraftfahrzeugvollversicherung.
KfW Kreditanstalt für Wiederaufbau.
KFZ Kraftfahrzeug; *med.* Krebsforschungszentrum (Heidelberg).
Kfz Kraftfahrzeug.
Kfz.-Anh. Kraftfahrzeuganhänger.
Kfz.-Br. Kraftfahrzeugbrief.
Kfz-Gew. Kraftfahrzeuggewerbe, -gewicht.
KfzH Kraftfahrzeughaftpflicht.
Kfz-Mech. Kraftfahrzeugmechaniker.
Kfz-Vers. Kraftfahrzeugversicherer, -versicherung.
Kfz-Zul. Kraftfahrzeugzulassung.
KG Kammergericht; *aer. mil.* Kampfgeschwader, *mil.* Kampfgruppe; Kantonsgericht (*Switzerland*); Kassationsgericht (*Switzerland*); Kirchengeschichte, -gesetz; Kommanditgesellschaft; Konsumgenossenschaft (*DDR*); Körpergewicht; Kreisgericht (*Austria*).
K.G. *mil.* Kommandierender General.
Kg. Kegeln; König.
K.g. Kenntnis genommen.
kg Kilogramm.
KGaA Kommanditgesellschaft auf Aktien.
KGB (*Russ.*) Komitet gossudarstwennoi besopasnosti, Komitee für Staatssicherheit (*UdSSR*).
KGD Konzert- und Gastspieldirektion (*DDR*).
K.-Gew. Kunstgewerbe.
Kgf. Kriegsgefangene, -gefangenschaft.
KGG Kindergeldgesetz.
KGl. *econ.* Konkursgläubiger.
kgl. königlich.
Kgn. Königin.
KGO Kirchengemeindeordnung.
KGPräs. Kammergerichtspräsident.
KGR Kammergerichtsrat.
Kgr. *mil.* Kampfgruppe; Kiesgrube; Kongreß; Königreich.

KGV Katholischer Gesellenverein; Konsumgenossenschaftsverband (*DDR*); *econ.* Kurs-Gewinn-Verhältnis.
kgV, k.g.V. *math.* kleinstes gemeinsames Vielfaches.
KH Karbonathärte (*of water*); Kirchliche Hochschule; Kohlehydrat(e *pl*); Kraftfahrzeughaftpflicht; Kriegshinterbliebene.
Kh. Krankenhaus.
k.H., kh. kurzerhand.
KHD Katastrophenhilfsdienst.
Khdw. Kunsthandwerk.
Khf. Kirchhof.
KHJÖ Katholische Hochschuljugend Österreichs.
KHl. Kunsthalbleinen(einband) (*of books*).
KHld(r). Kunsthalbleder(einband) (*of books*).
KHÖ Katholische Hochschuljugend Österreichs.
kHz *phys.* Kilohertz.
KI Kommunistische Internationale; Kriminalinspektor.
Ki *bot.* Kiefer; Kimme.
Ki. Kirche.
KIB Konstruktions- und Ingenieurbüro.
Kiesb. *civ.eng.* Kiesbeton.
KiG Kirchengeschichte; Kirchengesetz.
Ki.-G(em). Kirchengemeinde.
Ki.-Krh(s). Kinderkrankenhaus.
kin. kinetisch.
kinderl. kinderleicht; kinderlieb(end); kinderlos.
KIPA Katholische Internationale Presseagentur.
Ki.-Pfl. Kinderpflege.
KiR Kirchenrat; Kirchenrecht.
kirg. kirgisisch.
Kis. Kisuaheli.
Ki.-St. Kirchensteuer.
Kj. Kalenderjahr; *ling.* Konjunktion; *ling.* Konjunktiv.
k.J. kommenden Jahres.
KJA Kreisjugendamt; Kreisjugendausschuß.
KJG Katholische Jungmännergemeinschaft.
KJI Kommunistische Jugendinternationale.
KJL Kreisjugendleiter.
KJM, Kjm. Kreisjägermeister.
KJÖ Katholische Jugend Österreichs.
KJS Kinder- und Jugendsportschule (*DDR*).
KJSÖ Katholische Jungschar Österreichs.
KK Kirchenkanzlei; Kleinkaliber; *mar.* Kompaßkurs; *mar. mil.* Korvettenkapitän; Krankenkasse; Krankheitskosten; Kreiskasse; Kulturkammer.
K.K. *hist.* Kaiserlich-Königlich.
k.k. *hist.* kaiserlich-königlich.
KKB Kundenkreditbank.
KKH Kaufmännische Krankenkasse Halle.
KKIA Kommission der Kirchen für internationale Angelegenheiten.
KKK Kontokorrentkonto; Kreiskontrollkommission (*DDR*).
KKM *tech.* Kreiskolbenmotor.
KKN Kernkraftwerk Niederaichbach.
KKS Kernkraft Stade; Kleinkaliberschießen, -schütze.
KKV Katholischer Kaufmännischer Verein; Verband Katholischer Kaufmännischer Vereine Deutschlands.
KL *mar.* Kabellänge; *mar. mil.* Kapitänleutnant; (*computer*) Kartenleser; Kassenleiter; Kirchenleitung; *tech.* Kondensatorleistung; *tech.* Kontrollampe; *electr.* Kurzschlußläufer.
Kl (*computer*) Kartenlocher.
Kl. Kladde; *obs.* Klafter; *jur.* Klage, Kläger; Klammer; Klang; *tel.* Klappe; Klarheit; Klarinette, Klarinettist; Klasse, Klassifikation, Klassifizierung; Klassik; Klaue(n *pl*); *jur.* Klausel; Klavier; Klee; Kleid(er *pl*), Kleidung; Klemme; Klient(in); Klinge; Klingel; Klinik(er); Klinke; Klinker; Klippe; Klöppel; Kloß, Klöße *pl*; Kloster; Klub.
kl Kiloliter.
kl. klagen; klar; klären; klassisch; kleben; kleiden; klein; klingeln; klingen; klug.
Klar. Klarinette, Klarinettist.
Klass. Klassik(er).
klass. klassisch.
Klav. Klaviatur, Klavier.
Kl.-B., Klb (*railway*) Kleinbahn.
Kl.-Bhf., Klbhf (*railway*) Kleinbahnhof.
KlC Kleincomputer.
Kld. Kunstleder(einband) (*of books*).
klf. klassifiziert.
Kl.-G. Kleingarten, -gärtner; Klostergut.
Klg. *tech.* Kugellager.
Kl.-Hdl. Kleinhandel, -händler.
Klin. Klinik(er).
klin. klinisch.
KLJ Katholische Landjugend Österreichs.
KLJB Katholische Landjugendbewegung.
Kl.-Kw., Klkw. *auto.* Kleinkraftwagen.
Kl.-Ldw. Kleinlandwirt(schaft).
KLM (*Dutch*) Koninklijke Luchtvaart Maatschappij (*Dutch airline*).
Kl.-P(ack). *econ.* Kleinpackung; *pharm.* Klinikpackung.
Kl.-V(erk). *econ.* Kleinverkauf, -verkäufer.
Kl.-W., Klw. *auto.* Kleinwagen.
KM *jur.* Kindesmutter; Kirchenmusik; *med.* Kontrastmittel; Kontrollmarke; *hist.* Kriegsmarine; Kultusminister(ium); *mar. mil.* Küstenmine.
k.M. kommenden Monats.
km Kilometer.
KMB Katholische Männerbewegung.
KMBoot *mar. mil.* Küstenminensuchboot.
KMD Kirchenmusikdirektor.
kmd. *mil.* kommandieren(d).
Kmdo. *mil.* Kommando.
Kmdr. *mil.* Kommandeur.
Kmdt. *mil.* Kommandant.
kmdt. *mil.* kommandiert.
Kmdtr. *mil.* Kommandantur.
kmfr. *med.* keimfrei.
km/h Kilometer pro Stunde.
KMJÖ Katholische Mittelschuljugend Österreichs.
KMK Kultusministerkonferenz.
KML (*radio*) Kurz-, Mittel- und Langwellen(bereich).
KMS Küstenmotorsegler.
km/st Kilometer pro Stunde.
KMU Karl-Marx-Universität (Leipzig).
KN *mar.* Kartennull.
Kn. Knie; Knoten.
kn *mar.* Knoten.
KNA Katholische Nachrichtenagentur.
KND Kirchlicher Nachrichtendienst.
KNK Kompakte natriumgekühlte Kernreaktoranlage (*Karlsruhe*).
KNL *aer.* Kombiniertes Navigations- und Landesystem.
K.-Nr. Katalognummer; Kennummer.
Kn(R)V Knappschafts(renten)versicherung.
KO Kassenordnung; *phys.* Kathodenstrahl-Oszillograph; Kirchenordnung; Konkursordnung; Kostenordnung; Kreisordnung.
Ko Kokos(faser); Koks; *tech.* Kondensator.
Ko. Kommission; Komödie; Kompaß; *econ.* Konnossement; Kontrolle, Kontrolleur; *econ.* Kosten *pl.*
K.o., k.o. Knockout, knockout.
kΩ *electr.* Kiloohm.
KÖB Kraftwagenbetrieb der Österreichischen Bundesbahnen.
Koeff. *math. phys.* Koeffizient.
Koh. *phys.* Kohäsion; *mil. antiq.* Kohorte.
koh. kohärent.
KOI Kriminaloberinspektor.
Kok. *chem. med.* Kokain; Kokarde.
Kol. *print.* Kolonel; Kolonie; Kolonnade; *mil.* Kolonne; *mus.* Koloratur; Koloß; *Bibl.* Kolosser; *geogr.* Columbien, Kolumbier; *print.* Kolumne.
kol. kolonial; koloriert; kolossal; kolumb(ian)isch.
Koll. *med.* Kollaps; Kolleg; Kollege, Kollegium; Kollektion; Kollektiv(ismus); *ling.* Kollektivum; Kollision; *chem.* Kollodium; *chem. phys.* Kolloid; Kolloquium.
koll. *med.* kollabieren, -biert; kollationieren; kollegial; kollektiv; kollidieren, -diert; *chem. phys.* kolloidal.
Koll.-V(ertr). Kollektivvertrag.
Kolp. Kolportage.
kolumb. kolumb(ian)isch.
Kom. Komiker; Komitat; Komitee; Komödie.
kom. komisch; komödiantisch; kommunal; kommunistisch.
Komb. Kombinat (*DDR*); Kombination.
Komf. Komfort.
komf. komfortabel.
Kominform *hist.* Kommunistisches Informationsbüro.
Komintern *hist.* Kommunistische Internationale.
Komm. *econ.* Kommanditist; Kommentar, Kommentator; Kommissar; *econ.* Kommission(är); Kommunarde, Kommune; *relig.* Kommunikant; Kommunikation; *relig.* Kommunion; Kommunismus, Kommunist.
komm. kommentieren(d), -tiert; kommissarisch; kommunal; kommunikativ; kommunistisch.
Komp. *econ. mil.* Kompanie; Komparation; *ling.* Komparativ; Komparse; Kompaß; Kompensation; Kompetenz; Kompilation; Komponente; Komponist, Komposition; *ling.* Kompositum; *agr.* Kompost(ierung).
komp. kompakt; kompatibel; kompensieren, -siert; kompetent; kompilieren, -liert; komponieren, -niert.
Kompl. Komplement(är); *röm.kath.* Komplet; Komplex; *med.* Komplexion; Komplice; Komplikation; Kompliment; Komplott.
kompl. komplementär; komplett; komplex; komplizieren, -ziert.
Kompr. *med.* Kompresse; *tech.* Kompression, Kompressor; Kompromiß.
kompr. *print.* kompreß; *tech.* kompressibel; komprimieren, -miert.
Kond. Kondensat(ion); *tech.* Kondensator; Kondition; *ling.* Konditional; Kondolenz; *med.* Kondom; Kondominium; *electr. med.* Konduktor.
kond. kondensieren, -siert; *ling.* konditional; konditionieren, -niert; kondolieren.
Konf. Konfekt; Konfektion(är); Konferenz; *relig.* Konfession; Konfetti; *relig.* Konfirmand, -mation; Konfiskation, Konfiszierung; Konfitüre; Konföderation; Konformismus, -mist, -mität; Konfusion.
konf. konferieren; *relig.* konfessionell; *relig.* konfirmieren, -miert; konfiszieren, -ziert; konföderiert; (*optics*) konfokal; konform(istisch); konfus.
Konfl. Konflikt; Konfluenz.
konfl. konfessionslos.
Konfr. *relig.* Konfrater; Konfrontation.
konfr. konfrontieren, -tiert.
kong. kongenial; *med.* kongenital; kongolesisch.
Kongl. Konglomerat; *med.* Konglutination.
kongol. kongolesisch.
Kongr. *röm.kath.* Kongregation; Kongreß; Kongruenz.
kongr. kongruent.
Konj. Konjektur; *ling.* Konjugation; *astr. ling.* Konjunktion; *ling.* Konjunktiv; *econ.* Konjunktur.
konj. *ling.* konjugieren, -giert; *ling.* konjunktional; *ling.* konjunktivisch; *econ.* konjunkturell.
Konk. Konkordanz; *jur.* Konkordat; Konkubinat; Konkurrent, -renz; *econ.* Konkurs.
konk. *phys.* konkav.
Konkl. *röm.kath.* Konklave; *philos.* Konklusion.
Konkr. *med.* Konkrement; *geol. med.* Konkretion; *ling.* Konkretum.
konkr. konkret, konkretisieren, -siert.
Ko.-Nr. Kontonummer.
Kons. *relig.* Konsekration; Konsequenz; Conservative, Konservati(vi)smus; Konservator; Konservatorium; Konserve; Konsilium; Konsistenz; *relig.* Konsistorium; Konsole; Konsolidation, Konsolidierung; *ling.* Konsonant(ismus); Konsonanz; Konsorten *pl*; *econ.* Konsortium; Konsul, Konsulat; Konsultation; Konsum(ent), Konsumtion.
kons. *relig.* konsekrieren, -kriert; *ling.* konsekutiv; konsequent; konservativ; konservieren, -viert; konsistent; konsolidieren, -diert; konsonantisch; konsularisch; konsultativ, konsultieren; konsumieren, konsumtiv.
konsek. *ling.* konsekutiv.
Konserv. Konservative, Konservati(vi)smus; Konservator; Konservatorium.
konserv. konservativ; konservieren, -viert.
Konsp. Konspiration.
konsp. konspirativ, konspirieren.
Konst. *math.* Konstante; Konstanz; Konstellation; Konstitution.
konst. konstant; konstatieren; konsterniert; konstituieren(d), -tuiert; konstitutionell; konstitutiv.
Konstr. *med.* Konstriktion; Konstrukteur, -tion.
konstr. *med.* konstringieren; konstruieren, -iert; konstruktiv.
Konstr.-Pl. Konstruktionsplan.
Kons.-Vertr. Konsularvertrag; Konsularvertretung.

Kont. Kontakt; Kontamination; Kontemplation; Kontext; Kontinent; *med.* Kontinenz; Kontingent; Kontinuität; Kontor(ist); *med.* Kontorsion; *med.* Kontusion.
Kontr. Kontrahent; Kontrakt; Kontraktion; *med.* Kontraktur; *mus.* Kontrapunkt; Kontrast; Kontrolle, Kontrolleur; Kontroverse.
kontr. kontraktlich; *mus.* kontrapunktisch; kontrastieren(d); kontrollieren; kontrovers.
Konv. *jur. med.* Konvaleszenz; *phys.* Konvektion; *röm.kath.* Konveniat; Konvenienz; Konvent; Konventikel; Konvention; *röm.kath.* Konventuale; Konvergenz; Konversation; Konversion; *tech.* Konverter; *econ.* Konvertierbarkeit; Konvertit; Konvikt(uale); Konvoi; Konvolut; *med.* Konvulsion.
konv. *phys.* konvektiv; konventionell; konvergent, konvergieren; *econ.* konvertierbar; *phys.* konvex; konvulsiv(isch).
Konv.-Str. Konventionalstrafe.
Konz. Konzentrat(ion); Konzept(ion); *econ.* Konzern; Konzert; Konzession(är); Konzil; Konzilianz.
konz. konzentrieren, -triert; konzentrisch; konzeptionell; *mus.* konzertant, konzertieren; *ling.* konzessiv; konziliant; konzipieren.
Konz.-M(str). Konzertmeister.
Koop. Kooperation, Kooperator.
koop. kooperativ, kooperieren.
Koord. *math.* Koordinaten *pl*; Koordination, Koordinator, Koordinierung.
koord. koordinieren, -niert.
Kop. Kopeke (*monetary unit of the USSR*); Kopie; *ling.* Kopula; *biol.* Kopulation.
kop. kopieren, kopiert; *ling.* kopulativ.
Kopr(od). Koproduktion.
kopt. koptisch.
Kor. Koralle; Koreaner; *Bibl.* Korinther; [Korona.]
kor(ean). koreanisch.
Korp. *mil. hist.* Korporal; Korporation; Korpulenz; *print.* Korpus.
korp. korporiert.
körp(erl). körperlich.
Körp.d.ö.R. Körperschaft des öffentlichen Rechts.
KörpSt, Körp.-St. Körperschaftssteuer.
Korr. Korrektor, Korrektur; Korrelat(ion); *mus.* Korrepetitor; Korrespondent, -denz; Korridor; Korrigenda *pl*; *chem.* Korrosion; Korruption.
korr. korrekt; korrelativ; korrepetieren; korrespektiv; korrespondieren(d); korrigieren, -giert; korrodieren, -diert; korrumpieren, -piert; korrupt.
Korref. Korreferat, -rent.
korref. korreferieren.
Korresp. Korrespondent, -denz.
korr.M(t)gl. korrespondierendes Mitglied.
Korv.-K(ap)., Korv.-Kpt. *mar. mil.* Korvettenkapitän.
Kos. Kosak(en *pl*); *math.* Kosinus.
Kost. Kostüm *pl*; Kostüm.
Kot. *math.* Kotangens; Kotelett; *econ.* Kotierung; Kotillon.
kot. *econ.* kotieren.
Kotfl. Kotflügel.
KP *pharm.* Kassenpackung; Kaufpreis; *econ.* Kleinpackung; *pharm.* Klinikpakkung; Kommunistische Partei; *mar.* Kompaßpeilung; Kontrollpunkt; *pharm.* Kurpackung.
Kp *mus.* Kontrapunkt.
Kp. *phys.* Kochpunkt; *phys.* Kohäsionspunkt; Kolbenpumpe; *mil.* Kompanie; *phys.* Kondensationspunkt; *mus.* Kontrapunkt; *print.* Korpus.
kp Kilopond.
KPA Kriminalpolizeiamt.
KPB Kommunistische Partei Belgiens *od.* Boliviens *od.* Brasiliens *od.* Bulgariens.
KPČ Kommunistische Partei der Tschechoslowakei.
kpc *astr.* Kiloparsec.
KPCh Kommunistische Partei Chinas.
KPD Kommunistische Partei Dänemarks *od.* Deutschlands.
KPdSU Kommunistische Partei der Sowjetunion.
KPF Kommunistische Partei Finnlands *od.* Frankreichs.
Kpf. *mil.* Kampf; Kupfer.
K.-Pfl. *agr. hort.* Kulturpflanze(n *pl*).
Kpf.-St. Kupferstich.
KPI Kommunistische Partei Indiens *od.* Italiens.
KPJ Kommunistische Partei Japans.
KPKK Kreisparteikontrollkommission (*DDR*).
Kpl. Kapelle; *röm.kath.* Kaplan; *tech.* Kupplung.
kpl. komplett.
Kplm. Kapellmeister.
kpm *phys.* Kilopondmeter.
Kpn. *mil.* Kompanien *pl*.
KPÖ Kommunistische Partei Österreichs.
KPr., K.-Pr. *econ.* Kassenprüfer, -prüfung.
KPS Kommunistische Partei Schwedens *od.* Spaniens.
Kpt. Kapitän; Kapital; Kapitel; *phys.* Kochpunkt.
Kpt.-Lt. *mar. mil.* Kapitänleutnant.
Kpt.z.S. *mar. mil.* Kapitän zur See.
KPV Kommunalpolitische Vereinigung.
KPz *mil.* Kampfpanzer.
KR Kirchenrat; Kirchenrecht; Konsistorialrat; Kontrollrat; Kreisrat; (*sport*) *mar.* Kreuzer-Rennwert.
Kr Krone (*monetary unit*); *chem.* Krypton.
Kr. Kraft; Kragen; *med.* Krampf; Kran; Kranke, Krankheit; Kranz; Krater; Kraut; Krawatte; Kreation; Kreatur; Krebs; Kredit; Kreide; Kreis, Kreisel; Krematorium; Kreole; Krepp; Kresse; Kreuz; *mar. mil.* Kreuzer; Krieg; Krise; Kristall; Kriterium; Kritik; Kroate, *ling.* Kroatisch; Krone; *med.* Kropf; Krug; Krypta.
kr Krone (*monetary unit*).
kr. kraft; kräftig; krank; kraus; kristallen, kristallin(isch); kritisch; krumm.
KRA (*computer*) Kleinrechenanlage.
Kr.-A. Kreisamt; Kreisarzt; Kreisausschuß.
kr.A. kraft Amtes; kraft Auftrages.
Krad Kraftrad.
Kradf. Kraftradfahrer.
Krad m.B. Kraftrad mit Beiwagen.
Krad o.B. Kraftrad ohne Beiwagen.
Kraftf. Kraftfahrer.
Kranf. Kranführer.
KRB Kernkraftwerk RWE-Bayernwerk Gundremmingen.
Kr.-Bl. Kreisblatt (*newspaper*).
KRD Katholische Rundfunkarbeit in Deutschland.
Kr.-Dir. Kreisdirektion, -direktor.
Krem. Krematorium.
Krf. Kraft(wagen)fahrer, Kraftwagenführer; Kranführer.
krfg. kreuzförmig.
krfr. kreisfrei.
Kr.-Frw. Kriegsfreiwillige.
Krfw. Kraftwagen.
KRG *hist.* Kontrollratsgesetz.
KrG Kreisgericht.
Kr.-Gef. Kriegsgefangene.
Krh. Krankenhaus.
Kr.-Hint. Kriegshinterbliebene.
Krhs. Krankenhaus.
KrI Kreditinstitut.
Krim. Kriminalist(ik); Kriminologie.
krim. kriminalistisch; kriminell; kriminologisch.
Krist. Kristall(isation).
krist. kristallen, kristallin(isch); kristallisieren, -siert.
Krist.-P. *phys.* Kristallisationspunkt.
krit. kritisch.
KrJA Kreisjugendamt, -ausschuß.
KrK Krankenkasse; Kreiskasse.
krk. krank.
Krkhs. Krankenhaus.
Kr.-Komp. Kreiselkompaß.
Krk.-Pfl. Krankenpflege(r).
Krk.-Sch. Krankenschein.
Krkschw., Krk.-Schw. Krankenschwester.
Krk.-Vers. Krankenversicherung.
Krkw. Krankenwagen.
Kr.-Pfl. Krankenpflege(r).
KrR Kreisrat; Kriegsrecht.
Krs. Kreis.
Kr.-Schw. Krankenschwester.
Kr.-Spark. Kreissparkasse.
Krst., Kr.-St. Kreisstadt.
krt. kartoniert (*of books*).
kr.T(emp). *phys.* kritische Temperatur.
KrV Krankenversicherung; Kreditversicherung.
Kr.-Verb. Kreisverband.
Kr.-Vers. Krankenversicherung; Kreditversicherung.
Krw. Kraftwagen; Krankenwagen.
Kr.-Wg. Krankenwagen.
Krz. Kranz; Kreuz; Kreuzung.
krzf(g). kreuzförmig.
krzfr. kreuzungsfrei (*roads etc*).
KS Kantonsschule (*Switzerland*); Körperschulung; kosmische Strahlung; *phys.* Kühlstärke; *mil.* Küstenschnellboot; Küstenschutz; Kunststoff.
Ks. Kaiser; Kaserne; *electr.* Kippschalter; Konsul; Kunstseide.
k.S. *econ.* (auf) kurze Sicht.
KSA Katholische Studentenaktion; Kraftfahrzeug-Sachverständigenausschuß.
KSC Kraftsportclub.
KSchG Kinderschutzgesetz; Kündigungsschutzgesetz.
Kschr. Kurzschrift.
KSchw. *mil.* Kampfschwimmer.
KSCV Kösener Senioren-Convent-Verband (*of students' societies*).
KSG Kanusportgemeinschaft; Katholische Studentengemeinde; Kündigungsschutzgesetz.
Ksgr. Kiesgrube.
KSH Kernkraftwerk Schleswig-Holstein.
KSJ Katholische Studierende Jugend.
ksl(aw). kirchenslawisch.
KSP *phys.* Kegelschmelzpunkt; (*sport*) Körperschwerpunkt.
KSp (*computer*) Kernspeicher.
k.Sp. keine Spur(en *pl*).
KSpSte (*computer*) Kernspeicherstelle.
KSt (*computer*) Kartenstanzer.
KSt. Körperschaftsteuer.
KStG Körperschaftsteuergesetz.
kstl. köstlich; künstlerisch; künstlich.
KSV Kegelsportverein; Kraftsportverband, -vereinigung.
KSZ, K.S.Z. *med.* Kathoden-Schließungs-Zuckung.
KSZE Konferenz über Sicherheit und Zusammenarbeit in Europa.
KT Kabeltechnik; Kabeltelegramm; Kältetechnik; Kompaßtochter; Kreistag; Kriegsteilnehmer; Kunstturnen.
Kt. Kanton (*Switzerland*); Karat; Karte; Kartei; Karton; Kaution.
kt Kilotonne.
kt. kantonal; kartoniert (*of books*); kraftfahrtechnisch.
KTA Kraftfahrzeugtechnische Anstalt, -s Amt (*DDR*); Kriegstechnische Abteilung (des Eidgenössischen Militärdepartements).
KTBL Kuratorium für Technik und Bauwesen in der Landwirtschaft.
Kt.-Bl. Karteiblatt.
KTI Kriminaltechnisches Institut.
KTL Kuratorium für Technik in der Landwirtschaft.
Ktn. Karten; *geogr.* Kärnten.
Kt.-Nr. Karteinummer.
Kto. *econ.* Konto.
Kto.-Ausz. *econ.* Kontoauszug.
Kto.-Nr. *econ.* Kontonummer.
Ktr. Kontrakt; Kontrast; Kontrolle, Kontrolleur; *mar.* Kutter.
Ktr.-Nr. Kontrollnummer.
KTU Kriminaltechnische Untersuchungsstelle.
KTV Kommando der Territorialen Verteidigung.
KU *econ.* Konzessionsunternehmen, -unternehmung.
Ku *chem.* Kurtschatowium.
Kü. Küche; Küste.
KUA (*computer*) Kartenunterart.
Kub. Kubaner; (*art*) Kubist, Kubismus.
kub. kubanisch; kubisch; (*art*) kubistisch.
Kü.-Ben. Küchenbenutzung.
K.u.F. *econ.* Kosten und Fracht.
KUG Kunsturhebergesetz.
k.u.k. *hist.* kaiserlich und königlich.
kul. kulinarisch.
Kult. Kultur; Kultus.
kult. kultisch; kultiviert; kulturell.
Kümo Küstenmotorschiff.
Künd. Kündigung.
Kunstgesch. Kunstgeschichte.
Kunsthist. Kunsthistoriker.
kunsthist. kunsthistorisch.
künstl. künstlerisch; künstlich.
Kunstst. Kunststoff.
Kunstw. Kunstwerk; *ling.* Kunstwort.
Kur. *röm.kath.* Kurat(ie); Kurator(ium).
Kür. *mil. hist.* Kürassier.
Kurf. *hist.* Kurfürst.
kurfl. *hist.* kurfürstlich.
Kurft. *hist.* Kurfürstentum.
Kürl. (*sport*) Kürlaufen.
Kurp. *pharm.* Kurpackung.

Kurpf. *hist.* Kurpfalz.
kurpf. *hist.* kurpfälzisch.
kurs. kursieren(d); *print.* kursiv; kursorisch.
Kursw. *econ.* Kurswert.
Kursz. *econ.* Kurszettel.
Kurt. Kurtaxe.
Kürz. Kürzung.
Kurzarb. *econ.* Kurzarbeit(er).
kurzfr. kurzfristig.
Kurzschr. Kurzschrift.
Kurzw. Kurzwort.
KÜV Kraftschaden-Überwachungsverein.
kuw. kuwaitisch.
KV *electr.* Kabelverzweiger; Kanuverband, -verein; Kartellverband (katholischer deutscher Studentenvereine); Kassenärztliche Vereinigung; kaufmännische Verwaltung; Kaufvertrag; Kirchenverfassung; Kirchenvorstand; *mar.* kleine Fahrt voraus; Knappschaftsversicherung; *mus.* Köchelverzeichnis; *econ.* Konkursverfahren, -verwalter, -verwaltung; Konsularvertrag; Kraftverkehr; Krankenversicherung; Kreisverband; Künstlerverband, -verein(igung); Kunstverein.
kV *electr.* Kilovolt.
kv. kriegsverwendungsfähig.
KVA Kraftverkehrsamt (*DDR*).
kVA *electr.* Kilovoltampere.
KVD Kassenärztliche Vereinigung Deutschlands.
KvD Kommissar vom Dienst.
KVG Kapitalverkehrssteuergesetz; Krankenversicherungsgesetz.
KVI *med.* Kernverschiebungsindex.
KVK *hist.* Kriegsverdienstkreuz.
KVO Kraftverkehrsordnung.
KVP *hist.* Kasernierte Volkspolizei (*DDR*).
KVSt *tel.* Knotenvermittlungsstelle.
KW Kraftwerk; Kreditanstalt für Wiederaufbau; (*radio*) Kurzwelle.
Kw. Kassenwart; Kraftwagen; Krankenwagen; (*railway*) Kurswagen.
kW *electr.* Kilowatt.
k.W. kaltes Wasser; kommende(r) Woche.
Kw.-Anh. Kraftwagenanhänger.
KWD Küstenwarndienst.
KWE (*radio*) Kurzwellenempfänger.
KWEA Kreiswehrersatzamt.
Kwf(.) Kraftwagenfahrer, -führer.
KWG Kreditwesengesetz; Kommunalwahlgesetz.
kWh *electr.* Kilowattstunde.
KWI *hist.* Kaiser-Wilhelm-Institut.
KwK, Kw.-Kol. Kraftwagenkolonne.
KWL Kernkraftwerk Lingen; *mar.* Konstruktionswasserlinie.
KWO Kernkraftwerk Obrigheim; Kommunalwahlordnung.
KWS (*radio*) Kurzwellensender.
KW-Stoffe Kohlenwasserstoffe *pl.*
KWT *auto.* Kuwait.
KWV Kommunale Wohnungsverwaltung (*DDR*).
KWW Kernkraftwerk Würgassen.
Kyffh. *geogr.* Kyffhäuser.
kymr. kymrisch.
KZ *metall.* Kernzahl; Kinderzulage, -zuschlag; Kompaßzahl; *econ.* Konjunkturzuschlag; *hist.* Konzentrationslager; Koordinationszahl; *econ.* Kostenzettel; Kostenzuschuß; *med.* Kräftezustand; *econ.* Kurszettel.
K.Z. *econ.* Kurszettel.
Kz. Kennzahl, -zeichen, -ziffer; Kerze; Kranz; Kreuz; Kürzung.
kz. kurz.
k.z. *mil.* kommandiert zum *od.* zur.
KZBV Kassenzahnärztliche Bundesvereinigung.
Kze. Kürze.
Kzf. Kurzfassung, -form.
kzfg. kreuzförmig; kurzfristig.
kzfr. kurzfristig.
Kzl. Kanzel; Kanzlei; Kanzler.
KZV Kaninchenzuchtverein.
KZVD Kassenzahnärztliche Vereinigung Deutschlands.
KZW (*radio*) Kurzwelle.

L

L Läufer (*in chess*); (*railway*) Läuten; (*radio*) Lautsprecher; *med.* Lendenwirbel; *auto.* Linz; *econ.* Lorokonto; *phys.* Loschmidtsche Zahl; *auto.* Luxemburg; Luxus(ausführung); (*railway*) Luxuszug.
L. Ladung; Lage; Land; Länge; Last; *ling.* Latein; Leistung; (*Lat.*) *jur.* Lex, Gesetz; Licht; Lied; Lieferant, Lieferung; Liga; *bot.* Linné; Lira, Lire *pl* (*monetary unit of Italy*); Liste; Loch; Lösung; *med.* Lues.
l *chem. phys.* lävogyr; Leu, Lei *pl* (*monetary unit of Romania*); Liter.
l. lang; lateinisch; laut; legal; leicht; lies!; links; *chem.* löslich.
LA Landesamt; Landratsamt; Lastenausgleich; Lebensalter; Lehramt; Lehrauftrag; Lehrautomat; Leichtathletik; (*sport*) Linksaußen.
La *chem.* Lanthan.
l.A. laut Akte(n); laut Angabe(n); *econ.* laut Angebot; *econ.* laut Auftrag; laut Auskunft.
l.a. (*Lat.*) *med.* lege artis, nach der Regel der Kunst, vorschriftsmäßig.
LAA Landesarbeitsamt; Landesausgleichsamt; Lehramtsanwärter.
LAB Lastenausgleichsbank.
Lab. *ling.* Labial(laut); Labilität; Labor(ant), Laboratorium.
lab. labial; labil.
LAbg., L.-Abg. Landtagsabgeordnete.
Lad. Laden; Ladung.
lad. laden; ladinisch.
Laf. *mil.* Lafette.
LAG Landesarbeitsgericht; Lastenausgleichsgesetz; Literaturarbeitsgemeinschaft.
Lag. *econ.* Lager(ist); Lagerung.
Lag.-Best. *econ.* Lagerbestand.
Lag.-H. Lagerhalle, -haus.
lak. lakonisch.
L.A.M. (*Lat.*) Liberalium artium magister, Magister der freien Künste.
lam. laminieren, -niert (*of books*).
Landk. Landkarte.
Landkr. Landkreis.
Landr. Landrat; *hist.* Landrecht.
Landsch. Landschaft.
Landstr. Landstraße; Landstreicher.
Landw. *mil. hist.* Landwehr; Landwirt(schaft).
landw. landwirtschaftlich.
langfr. langfristig.
langj. langjährig.
Langob. Langobarden *pl.*
langob. langobardisch.
LAO *auto.* Laos.
laot. laotisch.
LAR *mil.* leichter Artillerie-Raketenwerfer.
larg. (*Ital.*) *mus.* larghetto, etwas langsam.
Lastz. *auto.* Lastzug.
Lat. *ling.* Latein; Lateran; Laterne.
lat. lateinisch; latent; *med.* lateral.
Latr. Latrine.
Laufb. Laufbahn; Laufbursche.
Laut. Lautenist.
LAV Landesarbeitgeberverband; Landesstelle für Arbeitsvermittlung.
Lav. *bot.* Lavendel.
lav. lavieren.
LAW Lehrlingsausbildungswerkstatt.
Law. Lawine.
Laz. *mil.* Lazarett.
LB Landbund; Landesbezirk; Landesbibliothek; Landwirtschaftsbank; Leihbibliothek; Lesebuch; Lochband.
Lb. Lehrberuf; Lehrbuch; Leihbibliothek, -bücherei; Libelle; Lichtbild; *phot.* Luftbild.
l.B. laut Bericht.
lb. liebe(r).
LBA Luftfahrt-Bundesamt.
lbd. lebend.
lbdg. lebendig.
Lbd.-Gew. Lebendgewicht.
LBF *tech.* Lichtbogenfestigkeit.
LBG Landbeschaffungsgesetz; Landwirtschaftliche Berufsgenossenschaft.
LBI Lehrerbildungsinstitut (*DDR*).
LBK Landbaukombinat (*DDR*).
LBO Landbewirtschaftungsordnung; Landesbauordnung.
l.c. (*Lat.*) loco citato, am angeführten Ort.
LD Landesdirektion; *pharm.* Letaldosis, letale Dosis; *mar.* Lotsendampfer.
Ld. Leder(einband) (*of books*).
l.D. *tech.* lichter Durchmesser.
ld. ledig; luftdicht.
Ldbd. Leder(ein)band (*of books*).
Ld.-Bez. Landbezirk.
Ldg. Ladung; Landung.
Ld.-Gem. Landgemeinde.
Ld.-Ger. Landgericht.
Ld.-Gr. Landesgrenze; Landesgruppe.
Ldgr. *hist.* Landgraf.
Ldk. Landkarte.
Ld.-Kr., Ldkr. Landkreis.
LDO Landesdienststrafordnung; Landesdisziplinarordnung.
LDP(D) Liberaldemokratische Partei Deutschlands (*DDR*).
Ld.-Pr., Ldpr. Ladenpreis.
LDr (*computer*) Listendrucker.
LdR(at) Landrat.
L.d.R. *mil.* Leutnant der Reserve.
Ldr. Länder *pl*; Leder; *tech.* Linksdrall.
Ldrb. Leder(ein)band (*of books*).
Ldrr. Lederrücken (*of books*).
LDS Liberaler Deutscher Studentenbund.
Ldsch. Landschaft.
ldschl. landschaftlich.
Ld.-Str., Ldstr. Landstraße; Landstreicher.
Ldtg. Landtag.
LDV Linguistische Datenverarbeitung.
LDv Luftwaffendienstvorschrift.
Ldw. *mil. hist.* Landwehr; Landwirt(schaft).
ldw. landwirtschaftlich.
LE *ped.* Lerneinheit; Lichtbogen-Elektrostahl.
l.E. letzten Endes.
Leb.-Gew. Lebendgewicht.
Leb.-Vers. Lebensversicherung.
Led. Leder.
led. ledig; lediglich.
Lefa Lebensmittelfachausstellung; Lederfaserwerkstoff.
Leg. Legalität; Legat(ion); Legende; *metall.* Legierung; *mil. hist.* Legion(är); Legitimation.
leg. legal(isieren); (*Ital.*) *mus.* legato, gebunden; legendär; *metall.* legieren, legiert; legitim, legitimieren, -miert.
Legg. *metall.* Legierungen *pl.*
legg. (*Ital.*) *mus.* leggiero, leicht.
Leg.-Per. Legislaturperiode.
LegR, Leg.-R. Legationsrat.
Lehrg. Lehrgang.
Lehrj. Lehrjahr.
Lehrl. Lehrling.
leibh. leibhaftig.
leibl. leiblich.
Leibr. Leibrente.
leichtl. *chem.* leichtlöslich.
leichts. leichtsinnig.
Leist. Leistung.
Leist.-Pr. Leistungsprämie.
Leist.-Zul. Leistungszulage.
Leit. Leiter, Leitung.
leit. leiten(d).
Leitf. Leitfaden.
Leitl. Leitlinie.
leit. Pos. leitende Position.
Leits. Leitsatz.
Lekt. Lektion; Lektor(at); Lektüre.
Les. *geogr.* Lesotho; Lesung.
lett. lettisch.
letztw. letztwillig.
Lev. *geogr.* Levante, Levantiner.
lev. levantinisch.
Lex. Lexikologie, Lexikon.
lex. lexikalisch.
Lex.-F. Lexikonformat.
Lexikogr. Lexikograph(ie).
lexikogr. lexikographisch.

LF *mil.* Lafettenfahrzeug; *mar.* langsame Fahrt; Löschfahrzeug.
Lf. Läufer; Leitfaden; *aer. mar.* Leuchtfeuer; *econ.* Lieferant, Lieferung.
LFA Landesfinanzamt; Landesfürsorgeamt; Landwirtschaftliche Forschungsanstalt.
Lfb. Laufbahn; Laufbursche.
Lf.-Bed. *econ.* Liefer(ungs)bedingungen *pl.*
LFD Landesfinanzdirektion.
lfd. laufend.
lfd.J. laufenden Jahres, laufendes Jahr.
lfd.M. laufenden Monats, laufender Monat.
lfdm, lfd.m. laufende Meter *pl.*
lfd.Nr. laufende(r) Nummer.
lfd.W. laufende(r) Woche.
LFF *aer.* Landefunkfeuer; *mil.* Luftfahrzeugführer.
Lf.-Fr. *econ.* Lieferfrist.
LFG Lernmittelfreiheitsgesetz; Lohnfortzahlungsgesetz; Luftfahrtgesetz (*Switzerland*).
Lfg(n). Lieferung(en *pl*).
LFK *aer.* Lenkflugkörper.
LFM Landesfinanzminister(ium); Leipziger Frühjahrsmesse; Luftfahrtforschungsanstalt München.
lfm laufende Meter *pl.*
lfr. Luxemburger Franc (*monetary unit*).
Lfrg. *econ.* Lieferung.
lfrs Luxemburger Francs *pl* (*monetary unit*).
Lft. Lieferant; Luftfahrt.
LFV Landesforstverwaltung; Landesfürsorgeverband.
LFv *mar.* langsame Fahrt voraus.
LfV Landesamt für Verfassungsschutz.
LFW Luftfahrtforschungsanstalt Wien.
LfW Liga für die Weltregierung.
Lfw. Luftfahrtwesen.
Lfz Luftfahrzeug.
Lf.-Zt., Lfzt. *econ.* Laufzeit; *econ.* Lieferzeit.
LG Landesgericht (*Austria*); Landesgesetz; Landgericht; Lebendgewicht; Leichtathletikgemeinschaft; Literaturgeschichte.
Lg. Lager(ung); Länge; *metall.* Legierung; Leitung; Lösung.
lg. lang; ledig.
LGA Landesgesundheitsamt; Landesgewerbeamt.
Lg.-B. *mar.* Logbuch.
LGD Landgerichtsdirektor.
lgd. liegend.
lgfr. langfristig.
Lgg. *metall.* Legierungen *pl.*
LGL Lilienthal-Gesellschaft für Luftfahrtforschung.
Lgn. Lösungen *pl.*
LGO Landesgebührenordnung; Landgemeindeordnung.
Lg.-Pl. Lageplan.
LGPräs. Landgerichtspräsident.
LGR Landgerichtsrat.
LGr., L.-Gr. *tech.* Leistungsgröße; Leistungsgruppe; Lohngruppe.
LGV Lehrergesangverein.
LH Landwirtschaftliche Hochschule; Lesehalle; Lufthansa (*German airline*); Luftheizung; *med.* Luteinisierungshormon.
l.H. *mus.* linke Hand.
LHM Leipziger Herbstmesse.
LHO Leistungs- und Honorarordnung der Ingenieure.
Lhr. Lehrer.
Lhs. (*literature*) Liederhandschrift.
Lhwg. *auto.* Leihwagen.
Lhz. Luftheizung.
L.I. *mar.* Leitender Ingenieur.
Li *chem.* Lithium.
Li. Licht(er *pl*); Lieferung; Linie; Liste; Lithographie; Lizenz.
li. links.
Lib. *geogr.* Libanon; Libelle; Liberale, Liberalismus; *geogr.* Liberia; *geogr.* Libyen.
lib. libanesisch; liberal(istisch); liberianisch; libysch.
liban. libanesisch.
liber. liberalistisch; liberianisch.
Libr. *mus.* Librettist, Libretto.
Lic. (*Lat.*) *relig.* Licentiatus, Lizentiat.
Lief. *econ.* Lieferant, Lieferung.
Lief.-Bed. *econ.* Liefer(ungs)bedingungen *pl.*
Liefersch. *econ.* Lieferschein.
Lig. (*Lat.*) *med.* Ligamentum, Band; *med. mus. print.* Ligatur.
Ligg. (*Lat.*) *med.* Ligamenta, Bänder *pl.*
LIM Landesinnungsmeister; *electr.* linearer Induktionsmotor.
Lim. Limonade; Limone; *auto.* Limousine.
lim. limitieren, -tiert.
Lin. Lineal; Linie; Linoleum.
lin. linear.
Ling. Linguist(ik).
ling. linguistisch.
Liq. *econ.* Liquidation; (*Lat.*) *pharm.* Liquor, Flüssigkeit.
liq. liquide; liquidieren.
Lit italienische Lira, Lire *pl* (*monetary unit*).
Lit. *röm.kath.* Litanei; *geogr.* Litauen, Litauer; (*Lat.*) litera, Buchstabe; Literat(ur); *relig.* Liturgie, -gik.
lit. litauisch; literarisch; liturgisch.
liter. literarisch.
LiTG Lichttechnische Gesellschaft.
Lit.-Gesch. Literaturgeschichte.
litgesch. literaturgeschichtlich.
Lith. Lithograph(ie).
lith. lithographisch.
Lit.-Hdb. Literaturhandbuch.
Lit.-Verz. Literaturverzeichnis.
LIV Landesinnungsverband.
Liz. *relig.* Lizentiat; Lizenz.
liz. lizensieren, -siert.
Liz.-Geb. Lizenzgebühr(en *pl*).
Liz.-Sp. (*sport*) Lizenzspieler.
LJ Landjugend.
Lj. *astr.* Lichtjahr.
l.J. laufenden Jahres, laufendes Jahr.
LJA Landesjugendamt; Landesjugendausschuß; Lohnsteuerjahresausgleich.
LJG Landesjagdgesetz.
LJR Landesjugendring.
LJV Landesjagdverband.
LK Länderkammer; Landkreis; Landwirtschaftskammer; (*computer*) Lochkarte; Luftkühlung; *med.* Lymphknoten.
LKA Landeskirchenamt; Landeskriminalamt; (*computer*) Lochkartenanlage.
LKF *mil.* leichtes Kampfflugzeug.
LKG Leipziger Kommissions- und Großbuchhandel (*DDR*).
LKK Landeskrankenkasse.
LKL (*computer*) Lochkartenleser.
Lkl (*computer*) Lochkartenlocher.
LKM (*computer*) Lochkartenmaschine.
LKO Landkreisordnung.
LKP Landeskriminalpolizei.
LKR Landeskirchenrat.
Lkr. Landkreis.
LKSt Lochkartenstanzer; Lochkartenstelle.
Lkt. Landkarte; Lektor(at).
LKV Lochkartenverfahren.
LKW, Lkw Lastkraftwagen.
LKZSt Lochkartenzentralstelle.
LL *econ.* Ladeliste; *pol.* Landesliste.
l.l. *chem.* leicht löslich.
LLD(iv) *mil.* Luftlandedivision.
LM Landsmannschaft; Landwirtschaftsminister(ium); Leichtmetall; Leipziger Messe; Leitender Maschinist; *aer. mil.* Luftmine.
Lm Lehrmittel; Lernmittel.
l.M. laufenden Monats, laufender Monat; *econ.* laut Muster.
lm *phys.* Lumen.
LMA Leipziger Messeamt.
LMB *civ.eng.* Leichtmetallbauweise.
LMG, LmG Lebensmittelgesetz.
l.MG *mil.* leichtes Maschinengewehr.
lmh *phys.* Lumenstunde.
LMK (*radio*) Lang-, Mittel-, Kurzwellen(bereich).
LMKU (*radio*) Lang-, Mittel-, Kurz- und Ultrakurzwellen(bereich).
LMP Leichtmetallprodukt.
lms *phys.* Lumensekunde.
LMU Ludwig-Maximilian-Universität (München).
LN landwirtschaftliche Nutzfläche; Leistungsnachweis; Luftfahrtnormen *pl.*
Ln. Ländername; Leinen(einband) (*of books*).
ln (*Lat.*) *math.* logarithmus naturalis, natürlicher Logarithmus.
Lnbd. Leinen(ein)band (*of books*).
LNF landwirtschaftliche Nutzfläche.
LNr., L.-Nr. Listennummer.
LO Landesorganisation.
l.o. links oben.
Log. Logik; Logistik.
log *math.* Logarithmus.
log. logisch; logistisch.
Lok. Lokal; Lokalisierung.
lok. lokal(isieren).
lomb. lombardisch.
Los. Losung.
Lös. Lösung.
lösl. *chem.* löslich.
Lothr. *geogr.* Lothringen, Lothringer.
lothr. lothringisch.
LP (*computer*) Ladeprogramm; Land(es)-polizei; Langspielplatte; (*railway*) Läuten und Pfeifen; Leistungsprüfung; *med.* Lumbalpunktion.
Lp Luftpost.
LPA Landespersonalamt, -ausschuß; Leitpostamt.
LPB Landespolizeibezirk.
LpBf Luftpostbrief.
LPC Luftfahrt-Presseclub.
LPD Landespostdirektion.
LPG Landespachtgesetz; Landesplanungsgesetz; Landespressegesetz; Landwirtschaftliche Produktionsgenossenschaft (*DDR*).
LPI Landespolizeiinspektion.
LPK Landespressekonferenz.
LPKK Landes-Parteikontrollkommission (*DDR*).
LpPkt Luftpostpaket.
LPVG Landespersonalvertretungsgesetz.
LR Landesregierung; Landrat; Landwirtschaftsrat; Legationsrat; Leibrente; (*sport*) Linienrichter; Lokalredakteur, -redaktion.
Lr *chem.* Laurentium.
l.R. *econ.* laufende Rechnung; *econ.* laut Rechnung.
LRA Landratsamt.
LRat Landrat.
LRB *mil.* Luftraumbeobachtung.
LReg Landesregierung.
LRH Landesrechnungshof.
lrh. linksrheinisch.
LRS Lese-Rechtschreib-Schwäche.
LS *aer.* Lastensegler; (*radio*) Lautsprecher; Leichtstahl(konstruktion); Leitsatz; *electr.* Leitungsschutzsicherung; Lesesaal; *auto.* Lesotho; *econ.* Lieferschein; Lochstreifen; (*Lat.*) loco sigilli, anstatt des Siegels; Luftschutz; *tech.* Lüftungsschieber.
l.S. *econ.* (auf) lange Sicht; linke Seite.
l.s. (*Lat.*) loco sigilli, anstatt des Siegels.
LSA Landessportausschuß.
L.-Sch. Land(es)schule; Lastschiff; *econ.* Lieferschein.
LSchA Londoner Schuldenabkommen.
LSchlG Ladenschlußgesetz.
LSD Liberaler Studentenbund Deutschlands; *pharm.* Lysergsäurediäthylamid.
LSG Landessozialgericht; Landschaftsschutzgebiet; Luftschutzgesetz.
Lsg. Losung; Lösung.
Lsgg. Lösungen *pl.*
LSHD Luftschutzhilfsdienst.
LSK Lochstreifenkarte; *aer. mil.* Luftstreitkräfte *pl.*
LSL (*computer*) Lochstreifenleser.
LSl (*computer*) Lochstreifenlocher.
LSO London Symphony Orchestra.
Lsp. (*radio*) Lautsprecher; Luftsport; Lustspiel.
LSR Luftschutzraum.
LSSt (*computer*) Lochstreifenstanzer.
LSt. Leitstelle; Lohnsteuer.
LStG Lohnsteuergesetz.
LStJA Lohnsteuerjahresausgleich.
LSTO *mil.* Leitender Schiffstechnischer Offizier.
L.-Str., Lstr. Landstraße; Landstreicher.
LSÜ (*computer*) Lochschriftübersetzer.
LSV Landessportverband.
LSW Liberaler Studentenbund West-Berlin.
LT Landtag; *mar.* Leuchtturm.
Lt. Laut; *mus.* Laute; Leiter; *mil.* Leutnant; Licht; Liter.
lt *relig.* lutherisch.
lt. laut; leitend.
LTA Lohntarifabkommen.
ltd. leitend.
LTG Lichttechnische Gesellschaft; *mil.* Lufttransportgeschwader; *tech.* Luftturbinengerät.
Ltg(n). Leitung(en *pl*).
LTH *med.* luteotropes Hormon.
LTK Lexikon für Theologie und Kirche.
LTM Landesverband der Tonkünstler und Musiklehrer.
Ltm. (*literature*) *mus.* Leitmotiv.
Ltn. *mil.* Leutnant.
LT-Präs. Landtagspräsident.
Ltq. türkisches Pfund (*monetary unit*).

Ltr. Leiter; Liter.
Ltr.o.G(l). Liter ohne Glas (*without bottle etc*).
Ltspr. (*radio*) Lautsprecher.
LTV Lohntarifvertrag.
Lt.z.S. *mil.* Leutnant zur See.
LU Literaturunterricht.
LÜ (*railway*) Lademaßüberschreitung.
Lu *chem.* Lutetium.
l.U. laut Untersuchung.
l.u. links unten.
Lüa *tech.* Länge über alles.
luftd. *tech.* luftdicht.
luftgef. *tech.* luftgefedert.
luftgek. *tech.* luftgekühlt.
LUG Gesetz betreffend das Urheberrecht an Werken der Literatur und der Tonkunst.
Luk. *Bibl.* Lukas.
Lum. *phys.* Luminiszenz.
LüP (*railway*) Länge über Puffer.
luth. *relig.* lutherisch.
Lux. *geogr.* Luxemburg, Luxemburger.
lux. luxemburgisch.
LV Landesverband, -verein; Landesverfassung; Landesverfügung; Landesverordnung; *mar.* lange Fahrt voraus; Lebensversicherung; Leihverkehrsordnung (für die deutschen Bibliotheken); Luftfahrtvorschriften *pl*; Luftverkehr; *mil.* Luftverteidigung.
l.v. *mil.* leicht verwundet.
LVA Landesvermessungsamt; Landesversicherungsamt, -anstalt; Landesversorgungsamt; Landesversuchsanstalt.
LvD, L.v.D. Leiter vom Dienst.
LVf(g). Landesverfassung; Landesverfügung.
LVG Landesverwaltungsgericht; Landesverwaltungsgesetz; *agr.* Lehr- und Versuchsgut; Literarische Verwertungsgesellschaft (*Austria*); Luftverkehrsgesellschaft; Luftverkehrsgesetz.
LVK *phys.* Lichtverteilungskurve; *mil.* Luftverteidigungskommando.
LVL Schweizerischer Landesverband für Leibesübungen.
LVO Landesverordnung; Laufbahnverordnung; Leihverkehrsordnung (für die deutschen Bibliotheken); Luftverkehrsordnung.
LVV Landesverkehrsverband; Luftverkehrsverordnung.
LW (*radio*) Langwelle(n *pl*); *tel.* Leitungswähler; *electr.* Leitungswiderstand; *auto.* Lieferwagen; (*railway*) Liegewagen; *mil.* Luftwaffe.
Lw Lew (*monetary unit of Bulgaria*).
Lw. Landwehr; Landwirt(schaft); Lebenswerk; *ling.* Lehnwort; Leinwand; Leitungswasser; *mil.* Luftwaffe.
l.W. laufende(r) Woche; letzte(r) Woche; *tech.* lichte Weite.
LWA Landeswohlfahrtsamt, -ausschuß; Landwirtschaftsamt.
LwA Landwirtschaftsamt.
LWB *relig.* Lutherischer Weltbund.
Lwd. Leinwand(einband) (*of books*).
Lwdbd. Leinwand(ein)band (*of books*).
LWG Landeswahlgesetz; Landeswassergesetz; Landeswohnungsgesetz.
LwG Landwirtschaftsgericht; Landwirtschaftsgesetz.
Lwg. *auto.* Lastwagen; *auto.* Leihwagen.
LwK Landwirtschaftskammer.
Lwk. *aer.* Leitwerk.
LWM, LwM Landwirtschaftsminister(ium).
LWO Landeswahlordnung.
LWR Landwirtschaftsrat.
LWS (*radio*) Langwellensender; *med.* Lendenwirbelsäule.
LWV Landeswohlfahrtsverband.
LWZ Luftschutzwarnzentrale.
lx *phys.* Lux.
lxs *phys.* Luxsekunde.
lyr. lyrisch.
Lyz. Lyzeum.
LZ *aer.* Landezone; *mil.* Lazarettzug; (*computer*) Leerzeichen; Leerzimmer; Leistungszulage; Lesezimmer; Lesezirkel; (*railway*) Lichtzeichenanlage; (*railway*) Luxuszug.
Lz. *mil.* Lazarett; Leerzimmer; Lehrzeit; Lizenz.
LZB Landeszentralbank.
L.-Zi. Leerzimmer.
LZL *econ.* Lohnzahlungsliste.
LZM *mil.* Luftzeugmeister.
L-Zug (*railway*) Luxuszug.

M

M *phys.* Mach(-Zahl); Magnet; *auto.* Malta; Mark (*DDR, monetary unit*); Mega-; Meile; Menge; *astr.* Messierkatalog; (*Lat.*) Mille, Tausend; Mitte; Mittel; *econ.* Mittelsorte; *mar. mil.* Minensucher; Modell; *math. tech.* Modul; *phys.* Molekulargewicht; Motorschiff; *auto.* München.
M. Magister; Majestät; Majorität; *mus.* Manual; Maria; Markt; Maß; Masse; Maßstab; Mater; Meer; Meereshöhe; *geogr.* Meridian; Methode; Minister(ium); Mitglied; Mitteilung; Modell; Monat; Monatsschrift; Monitor; (*Fr.*) Monsieur, mein Herr; Montag; (*Lat.*) *med.* Morbus, Krankheit; Munition; Muschel; (*Lat.*) *med.* Musculus, Muskel; Museum; Musik; Muster; Mutter.
m magnetisch; (*Lat.*) *astr.* magnitudo, Größe (*of stars*); (*Lat.*) masculinum, männlich; *econ.* Mehrwert; meta-; Meter; Milli-; Minute; mittel-.
m. männlich; manuell; maskulin; mehr; merke!; mit; mittlere(r, -s); (*Lat.*) *pharm.* mixtura, Mischung; monatlich; montags.
m² Quadratmeter.
m³ Kubikmeter.
MA *econ.* Markenartikel; *auto.* Marokko; mathematisch-technischer Assistent; Medizinalassistent; Medizinische Akademie; Meldeamt; Militärakademie; Militärattaché; Ministeramt; Ministerialabteilung; Mitarbeiter; Mondaufgang; Musikakademie.
MA. Mittelalter.
M.A. (*Lat.*) Magister Artium, Magister der freien Künste; Miniaturausgabe; Mitglied der Akademie.
Ma *phys.* Mach(-Zahl); *chem. obs.* Masurium.
Ma. Magnet; Mansarde; Mantel; Maschine; *ling.* Mundart.
mA *electr.* Milliampere.
m.A. mangels Angabe(n *pl*); *econ.* mangels Annahme; mit Akten; mit Anlagen (*enclosures*).
m.Ä. mit Änderungen.
ma. mittelalterlich.
m.a. mit anderem *od.* anderen.
m.Abb. mit Abbildung(en).
MAD Militärischer Abschirmdienst.
Mad. *geogr.* Madagaskar, Madagasse; *geogr.* Madeira.
mad(ag). madagassisch.
Madr. *mus.* Madrigal.
Mag. Magazin; Magister; Magistrat.
Magn. Magnat; Magnet(ismus); Magnifizenz.
magn. magnetisch.
MagR, Mag.-R. Magistratsrat.
Magy. Magyare, *ling.* Magyarisch.
Maj. Majestät; *mil.* Major; Majoran; Majorität.
MAK *psych.* maximale Arbeitsplatzkonzentration.
Mak. *geogr.* Makedonien, Makedonier; Makulatur.
Makl.(-Geb.) *econ.* Makler(gebühr).
Makr. Makrokosmos; Makroskop.
makr. makroskopisch.
Mal. Malaie, *ling.* Malaiisch; *med.* Malaria; Maler(ei).
mal. malaiisch; malerisch; mittelalterlich.
Mall. *geogr.* Mallorca.
M.A.N. Maschinenfabrik Augsburg-Nürnberg AG.
Man. *mil.* Manöver; *mus.* Manual.
m.A.n. meiner Ansicht nach.
ma.N. magnetisch Nord.
man. manuell.
Mand. Mandarine(n *pl*); Mandat; Mandoline; *geogr.* Mandschurei.
mandsch. mandschurisch.
Mann.-Aufst. (*sport*) Mannschaftsaufstellung.
Mann.-F. (*sport*) Mannschaftsführer, -führung.
Mar. Marine; (*theater*) Marionette(n *pl*); Marokkaner, *geogr.* Marokko.
mar. maritim; marokkanisch.
Marg. Margarine; Marginalie(n *pl*).
Mark. Marketing; Markierung; *Bibl.* Markus.
mark. markieren, -kiert.
Mar. K(ongr). *röm.kath.* Marianische Kongregation.
Marktfl. Marktflecken.
Marm. Marmelade.
marm. marmoriert.
MarO, Maro Marineordnung.
marokk. marokkanisch.
MAS Marineartillerieschule; *hist.* Maschinenausleihstation (*DDR*).
Mas. Maserung; *psych.* Masochist, -chismus; *geogr.* Masuren.
mas. *psych.* masochistisch.
masc. (*Lat.*) *ling.* masculinum, männlich.
Masch. Maschine, Maschinist.
masch. maschinell.
maschr. maschinenschriftlich.
Masch.-Schl. Maschinenschlosser.
Masch.-Schr. Maschine(n)schreiben, -schrift.
Masch.-Techn. Maschinentechnik.
Mask. Maskerade, Maskierung; Maskottchen; *ling.* Maskulinum.
mask. maskieren, maskiert; maskulin.
Mass. Massage, Masseur.
Maßn. Maßnahme(n *pl*).
Mat. Material; Materialismus; *ped.* Matur, Matura, Maturum; *relig.* Matutin.
mat. materialistisch; materiell.
Mat.-Ausg. Materialausgabe.
Mat.-Besch. Materialbeschaffung.
Math. Mathematik(er).
math. mathematisch.
Mat.-K. *econ.* Materialkosten *pl*.
Matr. Matratze(n *pl*); Matrikel; Matrize; Matrose.
Matth. *Bibl.* Matthäus.
MAW Ministerium für Außenwirtschaft (*DDR*).
m.a.W. mit anderen Worten.
Max. Maximum.
max. maximal, maximieren.
May. Mayonnaise.
MAZ *telev.* magnetische Aufzeichnung.
Maz. *geogr.* Mazedonien, Mazedonier; *mus.* Mazurka.
m.a.Z. *econ. tech.* mit allem Zubehör.
MB *tech.* Magnetband; (*computer*) *mil.* maschinelles Berichtswesen; Maschinenbau; *auto.* Mercedes Benz; Militärbezirk; Ministerialbekanntmachung; Motorboot; Musikbücherei.
Mb *phys.* Megabar.
Mb. *geogr.* Meerbusen; Meeresboden; Meeresbucht.
m.B. *auto.* mit Beiwagen; *econ.* mit Beleg(en).
MBar *phys.* Megabar.
mb(ar) *phys.* Millibar.
MBer., Mber. Monatsbericht.
M.-Ber. *econ.* Marktbericht; Monatsbericht.
mbH, m.b.H. *econ.* mit beschränkter Haftung *od.* Haftpflicht.
MBL Materialprüfstelle der Bundeswehr für Luftfahrtgerät.
MBl. Ministerialblatt.
Mbl. Merkblatt; Mitteilungsblatt; Monatsblatt.
mbl. möbliert.
MBO Musterbauordnung.
M-Boot *mil.* Minenräum- *od.* -suchboot; Motorboot.
m.Br. mit Brief; mit Brillanten.
MBSp (*computer*) Magnetbandspeicher.
MBST (*computer*) Magnetbandsteuerung.
m.B.u.R. mit Bitte um Rücksprache.

MC *röm.kath.* Marianische Congregation; (*computer*) Maschinencode; *auto.* Monaco.
MCC Mainzer Carneval-Club.
m.c.l. (*Lat.*) magna cum laude, mit besonderer Auszeichnung.
MCV Mainzer Carneval-Verein.
MD *med. pharm.* Maximaldosis; Militärdienst; Ministerialdirektor *od.* -dirigent; *tech.* Mitteldruck; Monatsdurchschnitt; Musikdirektor.
Md *chem.* Mendelevium.
Md. *geogr.* Maryland; Milliarde(n *pl*); Mitteldeutsche.
m.D. meines Dafürhaltens; mit Durchschlag (*copy*).
md. *ling.* mitteldeutsch.
m.d. (*Ital.*) *mus.* mano destra, mit der rechten Hand; mit dem *od.* der.
MdA, M.d.A. Mitglied der Akademie *od.* des Abgeordnetenhauses *od.* des Aufsichtsrates.
m.d.A. mit dem Auftrag; mit den Akten; mit der Aufgabe.
mdal. *ling.* mundartlich.
m.d.Auss.a. mit der Aussicht auf.
MdB, M.d.B. Mitglied der Bürgerschaft; Mitglied des Bundestages.
m.d.B.(u.Ktn.) mit der Bitte (um Kenntnisnahme).
MdE Minderung der Erwerbsfähigkeit.
m.d.E. mit dem Ersuchen.
MdF Minister(ium) der Finanzen.
m.d.F.(d.G.)b. mit der Führung (der Geschäfte) beauftragt.
MdHB Mitglied der Hamburger Bürgerschaft.
MdI Minister(ium) des Innern.
MdJ Minister(ium) der Justiz.
mdj. minderjährig.
MdK, M.d.K. Mitglied des Kreistages.
MdL, M.d.L. Mitglied des Landtages.
mdl. mündlich.
m.d.L.(d.G.)b. mit der Leitung (der Geschäfte) beauftragt.
mdls. *jur. econ.* mündelsicher.
M.d.M. Mitte des Monats.
MDN *hist.* Mark der Deutschen Notenbank (*DDR*).
MdN, M.d.N. *hist.* Mitglied der Nationalversammlung.
MdR *hist.* Mitglied des Reichstages.
M.d.R. *mil.* Major der Reserve; *hist.* Mitglied des Reichstages.
m.d.R. mit dem Rang(e).
MdS, M.d.S. Mitglied des Senats.
MDT *tech.* Mitteldruckturbine; (*computer*) Mittlere Datentechnik.
Mdt. *jur.* Mandant, Mandat.
m.d.T(it). mit dem Titel.
M.D.u.H. Meine Damen und Herren.
MDv Marinedienstvorschrift.
MdV, M.d.V. Mitglied der Volkskammer (*DDR*).
m.d.W. mit den Worten.
m.d.W.(d.G.)b. mit der Wahrnehmung (der Geschäfte) beauftragt.
MDZ Militärische Dokumentenzentrale.
ME *phys.* Mache-Einheit; Maßeinheit; *nucl.* Masse(n)einheit; Mengeneinheit; Ministerialentschließung, -erlaß.
Me Messing; Metall; *chem.* Methyl.
Me. Mechanik(er), Mechanismus; Metall.
m.E. meines Erachtens; mit Einschränkung(en); mit Erlaubnis.
Mech. Mechanik(er), Mechanismus.
mech. mechanisch, mechanisiert.
meckl. mecklenburgisch.
Med. Medaille; Medaillon; Medikament; Medium; Medizin(er).
med. medikamentös; medizinisch.
Med.-Dir. Medizinaldirektor.
MedR, Med.-R. Medizinalrat.
MEG Max-Eyth-Gesellschaft zur Förderung der Landtechnik.
Meg. Megalith; Megaphon.
m.e.G. mit eigenem Geschäftsbereich.
MEGA Marx-Engels-Gesamtausgabe (*DDR*).
Mehrf.-H. Mehrfamilienhaus.
mehrj. mehrjährig.
Mehrw.(-St.) *econ.* Mehrwert(steuer).
Mehrz. Mehrzahl.
m.Einschr. mit Einschränkung(en).
meistb. *econ.* meistbietend.
Meistbeg.-Kl. *econ.* Meistbegünstigungsklausel.
Mel. *psych.* Melancholie; *geogr.* Melanesien; Melange; *med.* Melanin; *agr.* Melasse; *agr.* Melioration; *mus.* Melismatik; *bot.* Melisse; Melodie, Melodik; Melodram(a).
mel. melancholisch; melanesisch; meliert; melodisch; melodramatisch.
melan. melanesisch.
melanch. melancholisch.
Meld. Melder, Meldung.
meldepfl. meldepflichtig.
MELF Minister(ium) für Ernährung, Landwirtschaft und Forsten.
Mem. *relig.* Memento; Memoiren *pl*; Memorandum; Memorial.
Men. Menage; Menagerie; *med.* Menarche; Menetekel; *med.* Meningitis; *med.* Meniskus; *med.* Menorrhagie, Menorrhö.
m.En. männlicher Eigenname.
mengl. *ling.* mittelenglisch.
Mens. Mensur.
MERC Mannheimer Eis- und Rollsport-Club.
MESZ mitteleuropäische Sommerzeit.
Met. Metall; Meteor(it); Meteorologe, -logie; *biol. chem.* Methionin.
met. metallisch; metaphorisch; *philos.* metaphysisch; meteorologisch.
Metall. Metallurge, -lurgie.
metall. metallen, metallisch; metallurgisch.
Metaph. Metaphorik; *philos.* Metaphysik.
meteor. meteorologisch.
Meth. Methode, Methodik(er); *relig.* Methodist.
meth. methodisch; *relig.* methodistisch.
MeV *electr.* Megaelektronenvolt.
MEX *auto.* Mexiko.
Mex. Mexikaner, *geogr.* Mexiko.
mex. mexikanisch.
MEZ mitteleuropäische Zeit.
MF Marktforschung; Maschinenfabrik; (*radio*) Mittelfrequenz; Meinungsforschung; *astr.* Mondfinsternis; *psych.* Motivforschung; *tel.* Münzfernsprecher; Musikfest.
Mf. (*sport*) Mannschaftsführer; Motorfahrzeug; Musikfolge; Musikforschung.
mF *electr.* Millifarad.
μF *electr.* Mikrofarad.
mf (*Ital.*) *mus.* mezzoforte, halbstark.
MFA Medizinische Forschungsanstalt.
MfA Minister(ium) für Arbeit (*DDR*).
MfAA Minister(ium) für Auswärtige Angelegenheiten (*DDR*).
MFB (*computer*) Mehrfunktionenbaustein.
MfB Minister(ium) für Bauwesen (*DDR*).
MfE Minister(ium) für Eisenbahnwesen (*DDR*).
MfF Minister(ium) für Finanzen (*DDR*).
MFG *mil.* Marinefliegergeschwader; *electr.* Meßfrequenzgenerator; Milch- und Fettgesetz.
MfG Minister(ium) für Gesundheitswesen (*DDR*).
MfHF Minister(ium) für Hoch- und Fachschulwesen (*DDR*).
MfHV Minister(ium) für Handel und Versorgung (*DDR*).
MfJ Minister(ium) für Justiz (*DDR*).
MFK *mar.* Motorfischkutter.
MfK Minister(ium) für Kultur (*DDR*).
MFKE (*computer*) Mehrfunktions-Karteneinheit.
MFL *mar.* Motorfischlogger.
MfL Minister(ium) für Leichtindustrie (*DDR*).
Mfl. Marktflecken.
m.fl.k.u.w.W. mit fließend kaltem und warmem Wasser.
MfM Minister(ium) für Maschinenbau (*DDR*).
MfNV Minister(ium) für Nationale Verteidigung (*DDR*).
MfPF Minister(ium) für Post- und Fernmeldewesen (*DDR*).
MFR Militärischer Führungsrat.
mfr(k). *ling.* mittelfränkisch.
MFrSch *mar.* Motorfrachtschiff.
MFS *mar.* Motorfährschiff.
MfS Minister(ium) für Staatssicherheit (*DDR*).
MfSI Minister(ium) für Schwerindustrie (*DDR*).
MFSp (*computer*) Magnetfilmspeicher.
MfV Minister(ium) für Verkehrswesen (*DDR*); Minister(ium) für Volksbildung (*DDR*).
mFw, m.Fw. *tech.* mit Fahrwerk.
m.f.W. mit folgenden Worten.
MG Mädchengymnasium; *mil.* Maschinengewehr; Meldegesetz; *tech.* Meßgerät; Mietgesetz; Milchgesetz; Militärgericht; *phys.* Molekulargewicht; Monopolgesetz; Musikgeschichte.
Mg *chem.* Magnesium.
Mg. Magen; Magister.
m.G. mit Gesang; mit Goldschnitt (*books*).
mg Milligramm.
μg Mikrogramm.
mGal, mgal *phys.* Milligal.
MGD *phys.* Magnetogasdynamik; Militärgeographische Dokumentation.
Mgf. *hist.* Markgraf.
MGFA Militärgeschichtliches Forschungsamt.
Mgfsch., Mgft. *hist.* Markgrafschaft.
MGG Maß- und Gewichtsgesetz.
MGH Monumenta Germaniae Historica (*collection of historical sources*).
MGK *mil.* Maschinengewehrkompanie.
Mgl. Mitglied.
Mgr. Manager; (*Fr.*) Monseigneur; (*Ital.*) *röm.kath.* Monsignore.
mgr. *ling.* mittelgriechisch; mittelgroß.
MGs *mil.* Maschinengewehre *pl.*
MGV Männergesangverein.
MGZ mittlere Greenwichzeit.
Mh. Monatsheft(e *pl*); Musikalienhandel.
mH *electr.* Millihenry.
μH *electr.* Mikrohenry.
MHD *phys.* Magnetohydrodynamik; Malteserhilfsdienst; Meteorologischer und Hydrologischer Dienst (*DDR*).
mhd. *ling.* mittelhochdeutsch.
Mhe. Monatshefte *pl.*
MHF Minister(ium) für Hoch- und Fachschulwesen (*DDR*).
m.HH.! meine Herren!
m.Hr.! mein Herr!
MHW mittleres Hochwasser.
MHWH mittlere Hochwasserhöhe.
MHz *phys.* Megahertz.
Mi. Mikrofon; Milch; Minarett; *mil.* Mine; Mineraloge, -logie; Mischung; Mitte; Mittel; Mittwoch.
Mia. Milliarde(n *pl*).
MIB Münchener Institut für Betriebsführung.
MIF Militärische Infrastrukturförderung.
MIG-Schweißen *tech.* Metall-Inertgas-Schweißen.
MIK maximale Immissionskonzentration (*in air pollution*).
Mikr. Mikrofon; Mikrokosmos; Mikrometer; Mikroskop.
mikr. mikroskopisch.
Mikrof. *biol.* Mikrofauna; Mikrofilm; Mikrofon.
Mikroorg. *biol.* Mikroorganismen *pl.*
Mil. Militär; Miliz.
mil. militant; militärisch.
Mil.-Bef. Militärbefehl(shaber).
Mil.-Bez. Militärbezirk.
Mil.-Gef. Militärgefangene, -gefängnis.
Mil.-Gouv. Militärgouvernement, -gouverneur.
milit. militant; militärisch; militaristisch.
Mill. Milliarde(n *pl*); Million(en *pl*), Millionär.
Mil.-Pf. Militärpfarrer.
Mil.-Reg. Militärregierung.
Min. Minarett; Mineral, Mineraloge, -logie; Miniatur; Minimum; Minister; Ministerial-; Ministerium; Minuskel; Minute.
min Minute.
min. mineral(og)isch; minimal; ministeriell; minus.
MinBl. Ministerialblatt.
mind. minderjährig; mindestens.
minderj. minderjährig.
minderw. minderwertig.
MinDgt, Min.-Dgt. Ministerialdirigent.
Min.d.I. Minister(ium) des Innern.
MinDir., Min.-Dir. Ministerialdirektor.
Miner. Mineraloge, -logie.
MinErl., Min.-Erl. Ministerialerlaß.
m.Inh. mit Inhalt.
MinR, Min.-R. Ministerialrat; Ministerrat.
Mio. Million(en *pl*).
mir. *ling.* mittelirisch.
MIS Management Informationssystem.
Mi.-Sch. Mittelschule, -schüler.
Miss. *relig.* Mission(ar).
Mißb. Mißbildung; Mißbilligung.
Mißbr. Mißbrauch.
mißbr. mißbrauchen, mißbraucht.
Mißf. Mißfallen.
Mißh(dlg). Mißhandlung.
Mißtr. Mißtrauen.
Misz. Miszellen *pl.*
Mitben. Mitbenutzung.

Mitbest. Mitbestimmung.
Mitbew. Mitbewerber; Mitbewohner.
mitget. mitgeteilt.
Mitgl. Mitglied.
Mithg. Mitherausgeber.
Mitropa Mitteleuropäische Schlafwagen- und Speisewagen-Aktiengesellschaft (*DDR*).
MIT-Schweißen *tech.* Metall-Inert-Schweißen.
Mitt. Mitteilung.
mitt. mittels.
MittBl., Mitt.-Bl. Mitteilungsblatt.
mitteld(t). mitteldeutsch.
Mittelfr. *geogr.* Mittelfranken.
Mittelw. Mittelwert; *ling.* Mittelwort.
Mittw. Mittwoch.
mittw. mittwochs.
Mitw. Mitwirkende, Mitwirkung; Mitwisser.
Mixt. *pharm.* Mixtur.
MJ *phys.* Megajoule; *relig.* Missionsjahr.
Mj. Minderjährige; *relig.* Missionsjahr.
m.J. (*sport*) männliche Jugend; mittlerer Jahrgang.
mj. minderjährig.
MJD Musikalische Jugend Deutschlands.
MJOe Musikalische Jugend Österreichs.
Mjr. *mil.* Major.
MK (*computer*) Magnetkarte; Marinekameradschaft; *mil.* Marschkolonne; Marschkompaß; *mil.* Maschinenkanone; *relig.* Missionskonferenz.
Mk. Marke; Markierung.
m.K. (*jewelry*) metrisches Karat; *tech.* mit Kabel; *tech.* mit Kappe; mit Karte; mit Kern (*fruit*); mit Kerze; *econ.* mit Kupon.
mk Markka (*monetary unit of Finland*).
mk. mikroskopisch.
MKC Magnetkontencomputer.
MKF Militärkraftfahrer.
Mkfs. *med.* Muskelfaser.
mkg *phys.* Meterkilogramm.
Mkgr. *hist.* Markgraf(schaft).
MKK (*computer*) Magnetkontenkarten *pl.*
M.-Komm. Mordkommissariat, -kommission.
MKP Marineküstenpolizei.
mkp *phys.* Meterkilopond.
MKR *nucl.* magnetische Kernresonanz.
mkr. mikroskopisch.
MKS *electr.* Massekernspule; *vet.* Maul- und Klauenseuche.
MKS(A)-System *phys.* Meter-Kilogramm--Sekunde-(Ampere-)System.
MKSp (*computer*) Magnetkartenspeicher.
Mkt. Markt(gemeinde).
Mktfl. Marktflecken.
Mktg. *econ.* Marketing.
MKZ maximal zulässige Konzentration.
ML (*computer*) Markierungsleser; Marxisten-Leninisten; Metall-Lack; *mar. mil.* Minenleger; (*radio*) *tel.* Mithörlautsprecher; *ling.* Mittellatein; (*sport*) Mittelläufer; *mar.* Motorleichter.
Ml. *tel.* Meldeleitung.
ml Milliliter.
µl Mikroliter.
mlat. *ling.* mittellateinisch.
Mld. Melder, Meldung.
Mldg. Meldung.
MLK *geogr.* Mittellandkanal.
Mlle(s). (*Fr.*) Mademoiselle(s *pl*), mein(e *pl*) Fräulein.
MLR-Boot *mil.* Minenleg- und -räumboot.
m.l.Schr. mein letztes Schreiben.
Mlst. Meilenstein.
MM Meßmarke; Militärmission; Militärmusik; (Leipziger) Mustermesse.
MM. (*Fr.*) Messieurs *pl*, meine Herren.
M.M. *mus.* Mälzels Metronom.
Mm. (*Lat.*) *med.* musculi, Muskeln *pl.*
mM *phys.* Millimol.
m.M. *econ.* mangels Masse; mangels Materials; meiner Meinung.
mm Millimeter.
mm² Quadratmillimeter.
mm³ Kubikmillimeter.
mµ Millimikron.
µm Mikrometer
m.m. (*Lat.*) mutatis mutandis, mit den nötigen Änderungen.
Mme. (*Fr.*) Madame, meine Dame.
Mmes. (*Fr.*) Mesdames *pl*, meine Damen.
MMG Münchener Messe- und Ausstellungs-GmbH.
mm Hg *phys.* Millimeter Hydrargyrum, Millimeter Quecksilber(säule).
MMK *phys.* magnetomotorische Kraft.
MMM *econ.* Moderne Marktmethoden *pl.*
m.M.n. meiner Meinung nach.
mm QS *phys.* Millimeter Quecksilbersäule.
mm WS *phys.* Millimeter Wassersäule.
Mn *chem.* Mangan.
m.N. *econ.* mangels Nachfrage.
MnBz *metall.* Manganbronze.
mnd(d). *ling.* mittelniederdeutsch.
mndl. *ling.* mittelniederländisch.
mnl. *ling.* mittelniederländisch.
MnSt *metall.* Manganstahl.
MNU mathematisch-naturwissenschaftlicher Unterricht.
MNV Minister(ium) für Nationale Verteidigung (*DDR*).
MNW, M.N.W. mittleres Niedrigwasser.
MNWH, M.N.W.H. mittlere Niedrigwasserhöhe.
MO Marktordnung; Meldeordnung; Meßordnung; Militärorganisation (*Switzerland*).
Mo *chem.* Molybdän.
Mo. Monat; Montag; Morgen; *med.* Morphium; Motor.
MΩ *electr.* Meg(a)ohm.
mΩ *electr.* Milliohm.
µΩ *electr.* Mikroohm.
Mob. Mobiliar; *econ.* Mobilien *pl*; *mil.* Mobilisierung, Mobilmachung.
mob. mobil; *mil.* mobilisieren, -siert.
Mobilm. *mil.* Mobilmachung.
möbl. möbliert.
Möb.-Sped. Möbelspediteur, -spedition.
Mod. Modalitäten *pl*; Modell(ieren); Moderator; Modernismus; Modifikation; *mus.* (*radio*) Modulation, Modulator; Modus.
mod *math.* modulo.
mod. *ling.* modal; modellieren; (*Ital.*) *mus.* moderato, mäßig (bewegt); moderieren; modern; modisch; modulieren, -liert.
Modem (*computer*) Modulator-Demodulator.
Mod.-Kl. Modellkleid.
Mofa Motorfahrrad.
mögl. möglich(st).
Moh. Mohammedaner.
moh(ammed). mohammedanisch.
MOK *mil.* Marineoberkommando.
Mol. *phys.* Molekel, Molekül; *geogr.* Molukken *pl.*
mol *phys.* Mol, Gramm-Molekül.
mol. *phys.* molekular.
Mol.-Biol. Molekularbiologie.
Mol.-Gew. *phys.* Molekulargewicht.
Mom. Moment.
mom. momentan.
Mom.-Aufn. *phot.* Momentaufnahme.
Mon. *geogr.* Monaco; *philos.* Monade; Monarch(ie), Monarchismus, Monarchist; Monat; *philos.* Monismus; *tech.* Monitor; Monitum; *mus.* Monodie; Monokel; Monolog; *econ.* Monopol(ist); Monument.
Mong. Mongole, *geogr.* Mongolei; *anthrop.* Mongolide; *ling.* Mongolisch; *med.* Mongolismus.
mong. *anthrop.* mongolid; mongolisch; *med.* mongoloid.
Monog. Monogamie; *biol.* Monogonie.
monog. monogam(isch).
Monogr. Monogramm; Monographie.
Monol. *relig.* Monolatrie; Monolith; Monolog.
monol. monolithisch.
Monot. Monotonie.
Monst. *relig.* Monstranz; *med.* Monstrosität, Monstrum.
Mont. Montag; *tech.* Montage; Monteur; Montierung; Montur.
mont. montags; montieren, -tiert.
MOPS (*computer*) maschinenorientierte Programmiersprache.
Mor. Moral(ist), Moralität; *geol.* Moräne; Morast; *jur.* Moratorium.
mor. moralisch; moralisierend; (*Ital.*) *mus.* morendo, verlöschend.
Morb. *med.* Morbidität.
morg. *hist.* morganatisch; morgen; morgens.
Morph. *pharm.* Morphium; *biol.* Morphogenese; Morphologie.
morph. morphologisch.
Mos. Mosaik.
mos. mosaisch.
Mosk. *geogr.* Moskau; *zo.* Moskito.
mosl. *relig.* moslemisch.
Mot. *mus.* Motette; *biol. med.* Motilität; Motiv(ierung); *mus.* Motivik; Motor; *med.* Motorik; Motorrad.
mot. motivieren, -viert; motorisch; motorisieren, -siert.
M.o.W. *econ.* (*postal service*) Muster ohne Wert.
m.o.w. mehr oder weniger.
MOZ mittlere Ortszeit; *tech.* Motoroktanzahl.
MP (*computer*) Magnetplatte; *pol. hist.* Marshallplan; *mil.* Maschinenpistole; *electr.* Metallpapier; Militärpolizei; Ministerpräsident.
Mp *phys.* Megapond.
Mp. Mittelpunkt.
mP *meteor.* maritime Polarluft.
m.P. *gastr.* mit Pension; *econ.* mit Protest.
mp (*Ital.*) *mus.* mezzopiano, halbleise; *phys.* Millipond.
m.p. (*Lat.*) manu propria, eigenhändig.
MPA Materialprüfungsamt, -anstalt; Meisterprüfungsausschuß.
MPC Motor-Presse-Club.
Mpc *astr.* Megaparsec.
MPD *phys.* Magnetoplasmadynamik.
MPF Minister(ium) für Post- und Fernmeldewesen (*DDR*).
MPG Max-Planck-Gesellschaft.
MPI Max-Planck-Institut; Medizinisch-Psychologisches Institut.
MPi *mil.* Maschinenpistole.
m.Pl. mit Plan, mit Plänen.
MPr(äs). Ministerpräsident.
m.pr. (*Lat.*) manu propria, eigenhändig.
MPS *tech.* Motorpferdestärke.
MPSh *tech.* Motorpferdestärkenstunde.
MPSp (*computer*) Magnetplattenspeicher.
MR Maschinenraum; Medizinalrat; Militärregierung; (*computer*) Mittelrechner; Moderedakteur.
m.R. *econ.* meine Rechnung; *econ.* mit Rechnung; mit Recht; mit Rinde.
MRB *mar.* Motorrettungsboot.
Mrd. Milliarde(n *pl*).
mrd *phys.* Millirutherford.
Mrh. *geogr.* Mittelrhein.
mrh. mittelrheinisch.
MRK Menschenrechtskonvention.
MRS *mil.* Minenräumschiff.
Mrs. (*Fr.*) Messieurs *pl*, meine Herren; *mil.* Mörser.
Mrz. März; Mehrzahl.
MS (*computer*) Magnetstreifen; Manuskript; *phys.* Massenspektrometer; *auto.* Mauritius; Mittelschule; *chem.* Mischsäure; *mar.* Mitte Schiff; *mar.* Motorschiff; *med.* multiple Sklerose.
M$ malaysischer Dollar (*monetary unit*).
Ms *chem.* Messing.
Ms. Manuskript; Monatsschrift; *mar.* Motorsegler.
m.S. *med.* multiple Sklerose.
ms Millisekunde.
µs Mikrosekunde.
m/s Meter pro Sekunde.
m.s. (*Ital.*) *mus.* mano sinistra, mit der linken Hand.
MSB Marxistischer Studentenbund; *mil.* Minensuchboot.
MSC Motorsportclub.
MSch. Mieterschutz; Mutterschutz.
M.-Sch. Marineschule; Mittelschiff; Mittelschule, -schüler.
Msch. Mannschaft; Maschine, Maschinist.
MSchG Mieterschutzgesetz; Mutterschutzgesetz.
Mschg. Mischung.
MSchL Mittelschullehrer.
MSchl *mar.* Motorschlepper.
MSchr. Monatsschrift.
M.-Schr. *econ.* Mahnschreiben.
Mschr. Maschinenschrift; Monatsschrift.
mschr. maschinenschriftlich.
msec Millisekunde.
µsec Mikrosekunde.
m/sec Meter pro Sekunde.
M.-Seels. Militärseelsorge(r).
MSG Mieterschutzgesetz; Motorsportgemeinschaft; Mutterschutzgesetz.
Msgr. (*Ital.*) *röm.kath.* Monsignore.
Mskr. Manuskript.
Mss. Manuskripte *pl.*
Mst. *mus.* Männerstimme; Maßstab; Muster.
m.St. mit Stab; mit Stern; *mar.* (*sport*) mit Steuermann.
mst. meist(ens), meistenteils.
Mstb. Maßstab.
MStG(B) Militärstrafgesetz(buch).
MsTh *chem.* Mesothorium.
m.Stm. *mar.* (*sport*) mit Steuermann.

Mstr. Meister; Muster.
MSZ mittlere Sommerzeit.
MT *mar. mil.* Maat; *tech.* Magnetton; (*computer*) Magnettrommel; Manteltarif(vertrag); Mittelfrequenztelegrafie; *mar.* Motortanker.
Mt Megatonne.
Mt. *mar.* Maat; Monat; (*Fr.*) Mont, Berg; Motor.
mT *meteor.* maritime Tropikluft.
m.T. *econ.* mit Talon.
mt *phys.* Metertonne.
MTA medizinisch-technische Assistentin.
MTB Manteltarifvertrag für Arbeiter des Bundes; *med.* Meinicke-Trübungsreaktion; Meßtischblatt; Militärisches Tagebuch.
MtBt Motorboot.
Mte. Miete; Monate *pl.*
MTL Manteltarifvertrag für Arbeiter der Länder.
Mtl. Mantel; Motel.
mtl. monatlich.
Mtr. Matrose; Meter; Mieter; Motor.
MTS Maschinen-Traktorenstation (*DDR*); *mar.* Motortankschiff.
Mts.-Abo. Monatsabonnement.
Mts.-Geh. Monatsgehalt.
MTS-System *phys.* Meter-Tonne-Sekunde-System.
Mttl. Mittel.
mttl. mittlere.
MTV Männerturnverein; Manteltarifvertrag.
Mtv. Mietvorauszahlung; Monatsversammlung.
MTW *mil.* Mannschaftstransportwagen.
MU *tech.* Materialuntersuchung; Monduntergang; Montanunion.
MÜ (*computer*) *ling.* maschinelle Übersetzung.
Mu. Muschel(n *pl*); Muster(ung); Mutter.
m.U. *econ.* mit Umsatzsteuer.
MUBA Schweizer Mustermesse in Basel.
MuBO Musterbauordnung.
M.U.Dr. (*Lat.*) medicinae universae doctor, Doktor der gesamten Medizin (*Austria*).
muH, m.u.H. *econ.* mit unbeschränkter Haftung *od.* Haftpflicht.
mul mit dem Uhrzeiger laufend.
Mult. *math.* Multiplikand, Multiplikation, Multiplikator.
mult. multipel; (*radio*) multiplex; multiplizieren.
multilat. multilateral.
m.ü.M. Meter über Meer.
Mun. Munition.
m.u.N. *econ.* mit unbeschränkter Nachschußpflicht.
M&S, M+S *auto.* Matsch und Schnee (*tires*).
Mus. Museum; Musik(er).
mus. musikalisch; musisch.
MuSa., Musa. Mustersatzung.
Mus.-Dir. Museumsdirektor.
Musk. Muskat; Muskateller; Muskel(n *pl*); Muskete; *med.* Muskulatur.
musk. *med.* muskulär; muskulös.
Mus.-Sem. Musikseminar.
Must. Muster(ung).
MustG Geschmacksmustergesetz.
Mut. *biol. med.* Mutation; *biol.* Mutualismus; (*mining*) Mutung.
mut. mutual, mutuell; *biol. med.* mutieren; mutig.
Mutw. Mutwille, Mutwilligkeit.
MUV Mainschiffahrts-Unternehmerverband.
MuV Montanunionvertrag.
M.u.V. Mitteilungen und Verfügungen *pl.*
MuVBl. Mitteilungs- und Verordnungsblatt.
MV *electr.* Megavolt; Mietvorauszahlung; *tech.* Minutenvolumen; *chem.* Misch(ungs)verhältnis; Mitgliederversammlung; Mitverfasser; Motorverband; Musikverein.
M.V. *tech.* Minutenvolumen; *chem.* Misch(ungs)verhältnis.
m.V. mit Verpflegung; mit Verspätung; mit Vertrag; mit Vertretung; mit Verzögerung; mündliche Vereinbarung.
mV *electr.* Millivolt.
μV *electr.* Mikrovolt.
m.v. (*Ital.*) *mus.* mezza voce, mit halber Stimme.
MVA *electr.* Megavoltampere; Müllverbrennungsanlage.
M.v.D. *mar. mil.* Maat vom Dienst.
MVG *econ.* Mengenverbrauchsgüter *pl*; Militärversorgungsgericht, -gesetz.
MVI metallverarbeitende Industrie.
MVN *econ. tech.* Materialverbrauchsnorm(en *pl*).
m.Vn. männlicher Vorname.
MVO Marineverbindungsoffizier.
MVR Mongolische Volksrepublik.
MVV Milchversorgungsverband; Münchener Verkehrsverbund.
MVZ Mietvorauszahlung.
MW *auto.* Malawi; Mappenwerk (*book*); (*computer*) Maschinenwort; *electr.* Megawatt; Mehrheitswahl; *econ.* Mehrwert; Mietwohnung; Mittelwasser(stand); (*radio*) Mittelwelle; Motorenwerk(e *pl*); Musikwissenschaft.
Mw. Mannschaftswagen; *econ.* Massenware(n *pl*); *econ.* Mehrwert; Mißweisung; *ling.* Mittelwort; Motorwagen; Müllwagen; Musikwissenschaft.
mW *electr.* Milliwatt.
μW *electr.* Mikrowatt.
m.W. markierter Weg; meines Wissens; *iron.* meine Wenigkeit; *tech.* mit Winde; mit Worten.
m.W.(d.G.)b. mit Wahrnehmung (der Geschäfte) beauftragt.
MWD (*Russ.*) Ministerstwo Wnutrennich Del, Ministerium für innere Angelegenheiten (*USSR*).
MWG *phys.* Massenwirkungsgesetz.
MWh *electr.* Megawattstunde.
MWS *econ.* Mehrwertsteuer; (*radio*) Meßwertsender.
m Ws *phys.* Meter Wassersäule.
MwSt., Mw.-St. *econ.* Mehrwertsteuer.
MWT Minister(ium) für Wissenschaft und Technik (*DDR*).
MWV Milchwirtschaftsverband; Mineralölwirtschaftsverband.
m.W.v. *jur.* mit Wirkung vom.
Mx. Maximum.
mx. maximal.
Myk. Mykologe, -logie.
myk. mykologisch.
Myst. *relig.* Mysterium; Mystifikation; *relig.* Mystik(er), Mystizismus.
myst. mysteriös; *relig.* mystisch.
Myth. Mythologie; Mythos.
myth. mythisch; mythologisch.
MZ Maßzahl; *tech.* Mauerziegel; Mehrzweck; Meßzahl; Milchzentrale; Mineralölzoll; Mittelmeerzone; Moskauer Zeit; Musikzug.
Mz. *ling.* Mehrzahl; Münze.
m.Z. *econ.* mangels Zahlung; *econ. tech.* mit Zubehör; mit Zusatz.
MZA Meteorologisches Zentralamt, Meteorologische Zentralanstalt (*Switzerland*).
MZFR *nucl.* Mehrzweckforschungsreaktor.
Mzg. Münzgeld; Münzgold.
MZK maximal zulässige Konzentration.
mZL (*computer*) magnetischer Zeichenleser.
MZM maximal zulässige Menge.
Mz.-Pr. Münzprägung.
MZV Mineralölzentralverband.
Mzz. Münzzeichen.

N

N (*postal service*) Nachnahme; (*railway*) Nahschnellverkehrszug; Navigation; *print.* Neudruck; *phys.* Newton; *auto.* Niederösterreich; *meteor.* Niederschlag; (*Lat.*) *chem.* Nitrogenium, Stickstoff; Nord(en); Norm; Normal(zustand); *auto.* Norwegen; *econ.* Nostrokonto; *phys.* Nukleon; *auto.* Nürnberg.
N. Nachmittag; *mil.* Nachschub; Name; *mus.* Nebenstimme; (*Lat.*) *med.* nervus, Nerv; *ling.* Neutrum; nimm!; *ling.* Nominativ; November.
n Nano-; *phys.* Neutron; *chem.* normal.
n. nach; nachmittags; nächst; namens; nasal; naß; (*Lat.*) natus, geboren; nein; (*Lat.*) *med.* nervus, Nerv; *econ.* netto; neu; neutral; *ling.* Neutrum; nicht; nimm!; nördlich; normal; nur.
NA *mil.* Nachrichtenabteilung; *econ.* Namensaktie; Nebelanlage; *tech.* Nebenanschluß; *print.* Neuauflage, -ausgabe; *auto.* Niederländische Antillen *pl*; Notausgang.
Na *astr.* Nadir; *chem.* Natrium.
n.A. nach Antrag; neue(r) Art; neue Auflage.
na. (*Lat.*) natura, Natur; nebenamtlich.
n.a. nicht abnehmbar; nicht aktiv; nicht annehmbar.
NAA *phys.* Neutronenaktivierungsanalyse.
n.a.a. nicht anderweitig angegeben *od.* aufgeführt.
n.Abg. nach Abgang.
n.abz. *econ.* nicht abzugsfähig.
Nachb. Nachbar; Nachbildung.
nachd. nachdem.
Nachdr. *print.* Nachdruck.
nachdr. nachdringlich; *print.* nachdrucken; nachdrücken; nachdrücklich.
Nacherz. Nacherzählung.
Nachf. Nachfahre; Nachfolge(r); Nachforschung.
Nachfr. *econ.* Nachfrage.
Nachgeb. (*postal service*) Nachgebühr; *med.* Nachgeburt.
Nachh. *mil.* Nachhut.
Nachh.-Std. Nachhilfestunde(n *pl*).
Nachk. Nachkomme(nschaft).
Nachl. *jur.* Nachlaß; (*literature*) Nachlese.
Nachl.-Ger. Nachlaßgericht.
Nachl.-Verw. Nachlaßverwalter.
Nachm. Nachmieter; Nachmittag.
nachm. nachmittäglich; nachmittags.
Nachn. (*postal service*) Nachnahme.
Nachr. Nachricht(en *pl*).
Nachs. Nachsatz; (*postal service*) Nachsendung; Nachsicht.
nachst. nachstehend.
Nacht. Nachteil(e *pl*).
Nachtr. Nachtrag; *mil.* Nachtrupp.
nachtr. nachträglich.
Nachw. Nachweis; Nachwort; Nachwuchs.
nachwsl. nachweislich.
Nachz. Nachzahlung; Nachzins; Nachzoll; Nachzügler.
NAD *med.* Netzhautarteriendruck; *chem.* Nikotinamidadenindinukleotid.
NADP *chem.* Nikotinamidadenindinukleotidphosphat.
NAG Nationale Arbeitnehmergemeinschaft (*Switzerland*); Notaufnahmegesetz.
NÄG Gesetz über die Änderung von Familiennamen und Vornamen.
n.a.g. nicht anderweitig genannt.
Näh. Näheres.
nam. namentlich.
näml. nämlich.
Nam.-V(erz). Namensverzeichnis.
NAP *med.* Nervenaustrittspunkt(e *pl*).
NaP Niveau am Pegel.
Nat. Nation; Nationalismus, -list; Nationalität; Natur.
nat. national(istisch); naturalisieren, -siert; naturalistisch; natürlich; (*Lat.*) natus, geboren.
natfarb. naturfarben.
nat.Gr. natürliche(r) Größe.
Nat.-Ök. Nationalökonom(ie).
Natr. *chem.* Natrium; Natron.
Nat.-Sch. Naturschutz.
Nat.-Soz. *hist.* Nationalsozialismus, -sozialist.
natsoz. *hist.* nationalsozialistisch.
Naturw(iss). Naturwissenschaft(en *pl*), -wissenschaftler.
naturw(iss). naturwissenschaftlich.
Nat.-V(ers). Nationalversammlung.
Nat.-Wirtsch. Naturalwirtschaft.
Nat.-Wiss. Naturwissenschaft(en *pl*), -wissenschaftler.

natw(iss). naturwissenschaftlich.
n.Aufl. *print.* neue Auflage.
n.Ausg. *print.* neue Ausgabe.
naut. nautisch.
NAV Verband der niedergelassenen Ärzte in Deutschland.
Nav. Navigation, -gator.
n.a.v. nicht anderweitig vorgesehen.
NAW Nationales Aufbauwerk (*DDR*).
NB *mil.* Nachrichtenbataillon; Nationalbibliothek; *chem.* Nitrobenzol; Normalbedingungen *pl*; (*Lat.*) notabene, übrigens; *mus.* Notenbeilage.
N.B. (*Lat.*) notabene, übrigens.
Nb *meteor.* Nimbus; *chem.* Niob(ium).
Nb. *tech.* Nachbau; Nachbildung; Nebel; (*railway*) Nebenbahn; Neubau; Nußbaum.
n.B. nördliche(r) Breite.
nb. neben; nichtbeamtet.
n.b. (*Lat.*) notabene, übrigens.
N.-Bay. *geogr.* Niederbayern.
Nbf. Nebenbahnhof; *ped.* Nebenfach; Nebenform.
nbf. *econ.* nichtbuchführend.
Nbfl. Nebenfluß.
Nbk. *econ.* Nebenkosten.
n.Br. nördliche(r) Breite.
NbSt Nebenstelle.
Nb.-Whg. Neubauwohnung.
NC (*Lat.*) Numerus clausus, zahlenmäßig beschränkte Zulassung (*at universities*).
Nchf. Nachfolge(r).
Nachfr. *econ.* Nachfrage.
n.Chr. nach Christus.
n.Chr.G. nach Christi Geburt.
n.c.i. (*Lat.*) *ling.* nominativus cum infinitivo, Nominativ mit Infinitiv.
ND Nachrichtendienst; *econ.* Nebenkosten und Dienstleistungen; *tech.* Nenndruck; Neues Deutschland (*DDR newspaper*); *tech.* Niederdruck; Nutzungsdauer.
Nd *chem.* Neodym.
Nd. *meteor.* Niederschlag; Niederung.
nd. *ling.* niederdeutsch; norddeutsch.
NDB Neue Deutsche Biographie.
NDD *tech.* Niederdruckdampf.
ndd. *ling.* niederdeutsch.
NDL *mar.* Norddeutscher Lloyd.
Ndl. Niederlage; *geogr.* Niederlande *pl*, Niederländer, *ling.* Niederländisch; *econ.* Niederlassung.
ndl. niederländisch; nördlich.
Ndlg. *econ.* Niederlassung.
NDP(D) Nationaldemokratische Partei Deutschlands (*DDR*).
NDR Norddeutscher Rundfunk.
Ndr. *print.* Nachdruck.
Ndrh. *geogr.* Niederrhein.
ndrh. niederrheinisch.
ndrl. niederländisch.
Ndr.verb. *print.* Nachdruck verboten.
Nds. *geogr.* Niedersachsen.
nds. niedersächsisch.
Ndschr. Niederschrift.
NDT *tech.* Niederdruckturbine.
ndt. *ling.* niederdeutsch; norddeutsch.
Nd-Wss Niedrigwasser.
n.d.Z. nach der Zeitenwende *od.* Zeitrechnung.
NE *mil.* Nachrichteneinheit; Nachtragserklärung; *print.* Neuerscheinung; Nichteisen(metall).
Ne *chem.* Neon.
n.E. *econ.* nach Eingang *od.* Erhalt.
ne. *ling.* neuenglisch.
neap. neapolitanisch.
Neb. Nebel; Neben-.
neb. neben.
Nebens. Nebensache.
Neb.-K. *econ.* Nebenkosten *pl.*
nebl. neblig.
Neg. Negation; Negativ.
neg. negativ; negiert.
NEM *med.* Nährmitteleinheit.
Neolit. *geol.* Neolithikum.
Nep. *geogr.* Nepal, Nepaler, Nepalese.
nep(al). nepal(es)isch.
NES *mar.* Nachterkennungssignal.
Neubes. Neubesetzung; Neubesitz.
Neudr. *print.* Neudruck.
Neuersch. *print.* Neuerscheinung.
Neuerw. Neuerwerbung.
Neuf. Neufassung.
Neugr. *ling.* Neugriechisch; Neugründung.
Neuhebr. *ling.* Neuhebräisch.
Neulat. *ling.* Neulateinisch.
Neur(ol). *med.* Neurologe, Neurologie.
neur(ol). *med.* neurologisch.
neur(ot). *med.* neurotisch.

neuseel. neuseeländisch.
neutest. *Bibl.* neutestamentlich.
Neutr. Neutrale, Neutralismus; *ling.* Neutrum.
neutr. neutral, neutralisieren, -siert, neutralistisch.
Neuw. Neuwahl(en *pl*); *econ.* Neuwert; *ling.* Neuwort.
neuw. neuwertig.
NF Nationale Front (des demokratischen Deutschland) (*DDR*); neue Fassung; neue Folge (*of journals*); neue Form; *electr.* Niederfrequenz; Normalformat (*of bricks*).
Nf. Nachfolge(r), Nachfolgeschaft; Nachforschung(en *pl*); Nebenform.
n.F. neue Fassung; neue Folge (*of journals*); neue Form.
nf. nachfolgend; naturfarben; *electr.* niederfrequent.
n.f. nicht fertig; nicht für; nur für.
NFA *mar.* Nachtfahrtanzeiger.
nfa, n.f.a. *econ.* neu für alt.
NfD, n.f.D. nur für den Dienstgebrauch.
Nff. Nachfolger *pl.*
Nfgr. Nachfolger.
NFl. *aer.* Nachtflug.
Nfl. Nebenfluß.
NFR *nucl.* Niederfluxreaktor.
nfr (*postal service*) nicht freigemacht.
NFV Norddeutscher Fußballverband.
NG Neuregelungsgesetz; *chem.* Nitroglyzerin.
NGA Nationale Gesellschaft zur Förderung der industriellen Atomtechnik (*Switzerland*).
n.Gew. *econ.* nach Gewicht.
NGG Gewerkschaft Nahrung-Genuß-Gaststätten.
Ngl. *chem.* Nitroglyzerin.
n.Gr. *econ.* nach Größe; natürliche(r) Größe.
ngr. *ling.* neugriechisch.
NH Normalhöhenpunkt.
N.H. Normalhöhenpunkt.
NHB Nationaldemokratischer Hochschulbund.
nhbr. *ling.* neuhebräisch.
nhd. *ling.* neuhochdeutsch.
nhebr. *ling.* neuhebräisch.
NHG Naturhistorische Gesellschaft; Neue Helvetische Gesellschaft (*Switzerland*).
NHP Normalhöhenpunkt.
Nhz *tech.* Niederdruckdampfheizung.
Ni *chem.* Nickel.
NIC *auto.* Nicaragua.
Nichterf. Nichterfassung; Nichterfüllung.
Nicht.-Erkl. *jur.* Nichtigkeitserklärung.
NiCrSt *metall.* Nickelchromstahl.
Niederl. Niederlage; *geogr.* Niederlande *pl*, -länder; *econ.* Niederlassung.
niederl. niederländisch.
niem. niemals; niemand.
Nife Nickel-Ferrum, Nickel-Eisen(kern der Erde).
NIG *auto.* Niger.
Nig. *geogr.* Nigeria, Nigerianer.
nig(er). nigerianisch.
nigr. nigrisch (*from Niger*).
n.i.H. nicht im Handel; nicht im Hause.
Nikar. *geogr.* Nikaragua, Nikaraguaner.
nikar(ag). nikaraguanisch.
nirg. nirgends.
NiSt *metall.* Nickelstahl.
Niv. Niveau; Nivellement.
NJ Neues Jahrbuch.
n.J. nächsten Jahres.
nj (*film*) nicht jugendfrei.
NK Nationalkomitee; Naturkautschuk; *electr.* Niederspannungskabel.
NKFD *hist.* Nationalkomitee „Freies Deutschland".
nkr norwegische Krone (*monetary unit*).
NL Nationalliga; *auto.* Niederlande *pl*; Niederlassung; *geogr.* Niederlausitz; *auto.* Niedersachsen, Landtag und Landesregierung.
Nl. *tel.* Nahleitung; Nebenlager; Niederlage; *ling.* Niederländisch; *econ.* Niederlassung.
nl. *ling.* neulateinisch; niederländisch.
n.l. nach links; *chem.* nicht löslich.
nlat. *ling.* neulateinisch.
NM *tech.* Nennmaß.
Nm *phys.* Newtonmeter; *tech.* Nummer metrisch, metrische Nummer (*yarn measure*).
n.M. nach Meinung; *econ.* nach Muster; nächsten Monat(s).
nm Nanometer.

nm. nachmittags; namentlich.
n.Mng. nach Meinung.
nmtl. namentlich.
n.M.v. nach Meinung von; nach Mitteilung vom.
n.m.W. nach meinem Willen *od.* Wunsch.
NN (*postal service*) Nachnahme; (*Lat.*) nomen nescio, den Namen weiß ich nicht; (*Lat.*) nomen nominandum, der Name ist noch zu nennen; Normalnull(punkt).
N.N. (*Lat.*) nomen nescio, den Namen weiß ich nicht; (*Lat.*) nomen nominandum, der Name ist noch zu nennen; Normalnull(punkt).
N/N *econ.* nicht notieren, ohne Notierung.
Nn *phys.* Neutron.
n.n.bez. nicht näher bezeichnet.
nnd. *ling.* neuniederdeutsch.
nnl. *ling.* neuniederländisch.
NNM *med.* Nebennierenmark.
NNO Nordnordost(en).
nnö nordnordöstlich.
NNR *med.* Nebennierenrinde.
NNW niedrigstes Niedrigwasser; Nordnordwest(en).
N.N.W. niedrigstes Niedrigwasser.
NO Nordost(en); *jur.* Notarordnung.
NÖ *geogr.* Niederösterreich.
No *chem.* Nobelium.
no. *econ.* netto; nordostwärts.
nö. niederösterreichisch; nordöstlich.
n.ö. nicht öffentlich.
NOK Nationales Olympisches Komitee; *geogr.* Nordostseekanal.
Nom. Nomade; *ling.* Nominativ.
nom. (*Lat.*) nomen, Name; nominell; nominieren, -niert.
Nomenkl. Nomenklatur.
Nonp. *print.* Nonpareille.
NÖP *hist.* Neue Ökonomische Politik (*USSR*).
nord. nordisch.
nordd. norddeutsch.
nördl.(Br.) nördlich(er Breite).
Norm. *math.* Normale; Normalien *pl*; *geogr.* Normandie; Norm(ier)ung.
norm. normal(erweise); normannisch; normativ; normieren, -miert.
Norw. *geogr.* Norwegen, Norweger, *ling.* Norwegisch.
norw. norwegisch.
NÖS Neues ökonomisches System (*DDR*).
NOSK *geogr.* Nordostseekanal.
NÖSPL Neues ökonomisches System der Planung und Leitung der Volkswirtschaft (*DDR*).
Not. Notar(iat); *mus.* Notation; Notiz.
n.o.T. *tech.* nach oberem Totpunkt.
not. notariell; notieren, notiert; notorisch.
nöt. nötig.
notf. notfalls.
notgedr. notgedrungen.
Notgem. Notgemeinschaft.
Noth. *mar.* Nothafen; Nothilfe.
Notl. Notlage; *aer.* Notlandung.
Notverb. *med.* Notverband.
Notw. *jur.* Notwehr; Notwendigkeit.
notw. notwendig.
Nov. *jur.* Novation; Novelle; *jur.* Novellierung; Novellist; November; *röm.kath.* Novene; Novität; *röm.kath.* Novize, Noviziat.
NP *econ.* Namenpapier; Netzplan; Nordpol; *econ.* Normalpackung; *tech.* Normalprofil; Nullpunkt.
N.P. *econ.* Normalpackung.
Np *electr.* Neper; *chem.* Neptunium; *print.* Nonpareille.
n.P. *econ.* nach Protest; (*sport*) nach Punkten.
NPD Nationaldemokratische Partei Deutschlands.
NPG Nukleare Planungsgruppe (*of NATO*).
npl(m). nichtplanmäßig.
NPN *electr.* negativ-positiv-negativ (*transistors*).
N.-Pr. *econ.* Nettopreis; Neuprägung (*of coins*).
n.Pr. nach Probe *od.* Prüfung; neue Probe; *econ.* neuer Preis.
NPT Nationalpreisträger (*DDR*); *econ.* Netzplantechnik.
NR (Mitglied des) Nationalrat(s) (*Austria*); *mar.* Nettoregister(tonne).
N.R. neue Reihe (*of journals*).
Nr. Nummer.
n.R. nach Rückgabe; nach Rückkehr; nach Rücksprache.
n.r. nach rechts; nicht richtig.

Nrh. *geogr.* Niederrhein.
n.R.m. nach Rücksprache mit.
Nrn. Nummern *pl.*
NRT *mar.* Nettoregistertonne(n *pl*).
n.r.v. *econ.* nicht *od.* nur rückzahlbar vor.
NRW *geogr.* Nordrhein-Westfalen.
NS Nachschrift; *econ.* nach Sicht; *hist.* Nationalsozialismus, Nationalsozialistisch; *chem.* Natronsalpeter; *biol. chem.* Nukleinsäure; *tel.* Nummernschalter.
Ns *meteor.* Nimbostratus.
Ns. *mil.* Nachschub; *geogr.* Niedersachsen.
n.S. *econ.* nach Sicht; neue Serie.
ns Nanosekunde.
Nsch. *mil.* Nachschub.
NSDAP *hist.* Nationalsozialistische Deutsche Arbeiterpartei.
NSG Naturschutzgebiet.
Nsp. Nachspiel.
NSt Nebenstelle.
n.St. neuen Stils, neuer Stil (*Gregorian calendar*).
NT Nachrichtentechnik; *mar.* Nettotonne, -tonnage; Normaltarif; Normaltemperatur; Normteil.
N.T. *Bibl.* Neues Testament.
Ntf. Naturforscher.
Ntfg. Naturforschung.
NTG Nachrichtentechnische Gesellschaft.
nto(.) *econ.* netto.
Ntr. Nachtrag.
Ntw. Naturwissenschaft(ler).
NTWZ Verzeichnis Neuer Technisch-Wissenschaftlicher Zeitschriften.
Ntzg. Nutzung.
Ntzl. *tech.* Nutzlast.
Ntzlstg. *tech.* Nutzleistung.
NU *med.* Nachuntersuchung.
NÜ (*computer*) Nachrichtenübertragung.
nukl. nuklear.
Num. *ling.* Numerale; Numerierung; Numerus; *geogr.* Numidien, Numid(i)er; Numismatik(er).
num. numerieren, -riert; numerisch; numidisch; numismatisch.
n.u.T. *tech.* nach unterem Totpunkt.
n.u.Z. nach unserer Zeitrechnung.
NV (*computer*) Nachrichtenverarbeitung; Nationalversammlung; *electr.* Niedervolt-; Notverordnung.
n.V. nach Vereinbarung; (*sport*) nach Verlängerung; nach Verzicht.
n.v. nicht verwendungsfähig; nicht veröffentlicht; nicht vorhanden.
NVA Nationale Volksarmee (*DDR*).
NVP Nationale Volkspartei.
n.v.u.n.v. nicht verwandt und nicht verschwägert.
NW Nachwahl(en *pl*); Nachwort; *tech.* Nennweite; Netzwerk; *econ.* Neuwert; Niedrigwasser; Nordwest(en).
Nw. Nachrichtenwesen; Nachwahl(en *pl*); Nachwort; Nachwuchs; *econ.* Neuwert; *ling.* Neuwort.
n.W. nächste(r) Woche; nach Westen.
nw. nordwestlich.
nwd(t). nordwestdeutsch.
nwsl. nachweislich.
N.W.Sp. Niedrigwasserspiegel.
NZ Nachrichtenzentrale; Nachzahlung; *auto.* Neuseeland; *chem.* Neutralisationszahl; Neuzeit; *tech.* Normalzahl; Normalzeit; *econ. tech.* Normzahl(en *pl*).
Nz *chem.* Neutralisationszahl; *chem.* Nitrozellulose.
n.Z. nach der Zeitenwende *od.* Zeitrechnung; nach Zeichnung; nach Zusage.
nzl. neuzeitlich.
n.zul. nicht zulässig.
n.Zw. nach der Zeitenwende.
NZZ Neue Zürcher Zeitung.

O

O Ober-; Oberfläche; *auto.* Oberösterreich; *mus.* Oktave; *auto.* Omnibus; -ordnung; Ort(s)-; Ost(en)-; *electr.* Oszillator; *chem.* Oxygenium, Sauerstoff.
O. Oase; *mil.* Oberst; *econ.* Offerte; *mil.* Offizier; *mus.* Oktave; *mus.* Oper; *econ.* Order; Ordnung; Orgel; Orient; Ort; Ozean.
Ω *electr.* Ohm.
o. oben, oberhalb; oder; offen; ohne; ordentlich.
ö. öffentlich; örtlich; östlich.
OA *med.* Oberarzt; *mil.* Offizieranwärter; Originalausgabe (*of books*); Ortsausschuß.
ÖA Öffentlichkeitsarbeit.
o.A. ohne Adresse; ohne Akten; ohne Angabe(n); ohne Anhang; ohne Anlagen (*no enclosures*); ohne Anzeige(n); ohne Auftrag.
o.a. oben angeführt *od.* angegeben; oder andere(s).
o.ä. oder ähnliche(s).
OAA Oberamtsanwalt.
ÖAAB Österreichischer Arbeiter- und Angestelltenbund.
o. Abb. ohne Abbildung(en) (*book*).
OAE Organisation für afrikanische Einheit.
ÖAeC Österreichischer Aero-Club.
OAG Oberstes (Landes)Arbeitsgericht.
ÖAI Österreichisches Archäologisches Institut.
ÖAK Österreichischer Alpen-Klub.
ÖAL Österreichischer Arbeitsring für Lärmbekämpfung.
ÖAMTC Österreichischer Auto-, Motor-, Touring-Club.
o.Anh. ohne Anhang; *auto.* ohne Anhänger.
OAR Oberamtsrat; Oberamtsrichter; Oberarchivrat.
OAS Organisation amerikanischer Staaten.
ÖASC Österreichischer Automobil-Sportclub.
ÖAV Österreichischer Alpenverein.
OB *mil.* Oberbefehlshaber; Oberbundesanwalt; Oberbürgermeister; *mil.* Offizierbewerber.
Ob. Ober; Oberin; *mil.* Oberst; Oboe, Oboist.
o.B. ohne Beanstandung(en); *med.* ohne Befund; *auto.* ohne Beiwagen; *relig.* ohne Bekenntnis; *econ.* ohne Beleg(e); ohne Bericht; ohne Beruf; ohne Besonderheiten; ohne Billigung.
ob. oben; obere; oberhalb.
ö.b. öffentlich bestellt.
OBA (*mining*) Oberbergamt; Oberbundesanwalt.
OBB Oberste Baubehörde.
ÖBB Österreichische Bundesbahnen *pl.*
Obb. *geogr.* Oberbayern.
o.b.B. ohne besonderen Befund.
Ob.-Bfh. *mil.* Oberbefehlshaber.
OBD Oberbaudirektion, -direktor.
Obd. *med.* Obduktion; *ling.* Oberdeutsch.
obd. *ling.* oberdeutsch.
Ob.d.H. *mil.* Oberbefehlshaber des Heeres.
Ob.d.L. *mil.* Oberbefehlshaber der Luftwaffe.
Ob.d.M. *mil.* Oberbefehlshaber der Marine.
Oberf. Oberförster.
Oberfl. Oberfläche.
oberfl. oberflächlich.
Oberfr. *geogr.* Oberfranken.
Oberg. Obergeschoß.
Obergefr. *mil.* Obergefreiter.
oberh. oberhalb.
Oberk. *tech.* Oberkante; Oberkellner; *mil.* Oberkommando.
Oberpf. *geogr.* Oberpfalz.
Oberschl. *geogr.* Oberschlesien.
Oberst. *mus.* Oberstimme; *ped.* Oberstufe.
OBF Oberbrigadeführer (*DDR*).
O.-Bf. Omnibusbahnhof; Ostbahnhof.
Obf. Oberförster; Omnibusbahnhof; Ostbahnhof.
Obfr(k). *geogr.* Oberfranken.
obfr(k). oberfränkisch.
OBG Oberstes Bundesgericht; Olympia-Baugesellschaft.
ObG Oberstes Gericht.
ObGer., Ob.-Ger. Obergericht.
Obgfr. *mil.* Obergefreiter.
ObGH Oberster Gerichtshof.
obgl. obgleich.
OBH *mil.* Oberbefehlshaber des Heeres.
obh. oberhalb.
Ob.-Ing. Oberingenieur.
Ob.-Insp. Oberinspektor.
Obj. Objekt; Objektiv; Objektivität.
obj. objektiv.
ÖBJR Österreichischer Bundesjugendring.
OBL Oberste Bauleitung.
Obl. Oblate(n *pl*); *econ.* Obligation(en *pl*); *econ.* Obligo.
obl. obliegen(d); obligat(orisch).
oblig. obligatorisch.
Ob.-Lt., Oblt. *mil.* Oberleutnant.
Obm. Obermeister; Obmann.
Ob.-Med.-R. Obermedizinalrat.
OBR Oberbaurat; (*mining*) Oberbergrat; Oberbibliotheksrat.
ÖBRD Österreichischer Bergrettungsdienst.
Obs(erv). Observant; Observanz; Observation; Observator(ium).
obs. obskur; obsolet.
Obst. *mil.* Oberst.
Obstlt. *mil.* Oberstleutnant.
OBtsm *mar. mil.* Oberbootsmann.
ÖBV Österreichischer Bundesverlag.
OC (*computer*) Operationscode.
o.c. (*Lat.*) opere citato, im angegebenen Werk.
ÖCI Österreichisches Credit-Institut.
ÖCV Österreichischer Cartellverband.
OD *med.* Oberflächendosis; Ordnungsdienst; Ostdeutschland.
o.D. ohne Datum; *econ.* ohne Dividende(nschein).
od. oder.
öd. *tech.* öldicht.
o.Db. *econ.* ohne Dividendenbogen.
OdF Opfer des Faschismus.
o.d.T. *geogr.* ob der Tauber.
Odw. *geogr.* Odenwald.
OE Offenbarungseid.
o.E. ohne Erfolg; ohne Erinnerung.
o.e. oben erwähnt.
OEZ osteuropäische Zeit.
OF *mil.* Oberfeldwebel; Oberförster(ei); *electr.* Oszillatorfrequenz.
o.F. ohne Fäden; *econ.* ohne Faktur; ohne Fehler; ohne Fortsetzung.
ÖFB Österreichischer Fußballbund.
OFD Oberfinanzdirektion.
öFeB örtliches Fernsprechbuch.
Off. Offensive; *econ.* Offerte; *röm.kath.* Offertorium; Offizial; Offizier; *print. pharm.* Offizin; *röm.kath.* Offizium.
off. offen; offensiv; offerieren, -riert; offiziell; offizinell; offiziös.
Öff. Öffentlichkeit.
öff. öffentlich.
Offbg. *Bibl.* Offenbarung.
offiz. offiziell; offiziös.
Offs. *print.* Offset(druck).
öfftl. öffentlich.
Offz. *mil.* Offizier; *print. pharm.* Offizin.
offz. offiziell; offiziös.
ÖFG Österreichische Friedensgesellschaft.
ÖFI Ökonomisches Forschungsinstitut bei der Staatlichen Plankommission (*DDR*).
OfJ Oberschule für Jungen.
OFK Oberfinanzkasse.
OfL Organisation freiwilliger Luftschutzhelfer (*DDR*).
OfM Oberschule für Mädchen.
O.F.M. (*Lat.*) *röm.kath.* Ordinis Fratrum Minorum, vom Orden der Minderbrüder *od.* Franziskaner.
O.F.M.C(ap). (*Lat.*) *röm.kath.* Ordinis Fratrum Minorum Capucinorum, vom Orden der Minderen Kapuzinerbrüder.
OFN *tel.* Ortsfernsprechnetz.
Ofö Oberförsterei.
OFoR Oberforstrat.
OFP Oberfinanzpräsident.
Ofr. *geogr.* Oberfranken; *geogr.* Ostfriesland.

ofrs. ostfriesisch.
Ofw. *mil.* Oberfeldwebel.
OG Obergericht; Obergeschoß; Oberstes Gericht; Opiumgesetz; Ortsgruppe.
o.G. ohne Garantie; (*railway*) ohne Gepäck(beförderung); ohne Gewähr.
o.g. oben genannt.
ÖGB Österreichischer Gewerkschaftsbund.
ÖGDB Österreichische Gesellschaft für Dokumentation und Bibliographie.
OGefr *mil.* Obergefreite.
o.gen. oben genannt.
OGH Oberster Gerichtshof.
OGL Ortsgewerkschaftsleitung (*DDR*).
o.Gl. ohne Glas (*without bottle etc*).
ÖGMV Österreichische Glücksspielmonopolverwaltung.
o.Gr. ohne Grund *od.* Gründe.
ÖGRR Österreichische Gesellschaft für Raumforschung und Raumplanung.
ÖGV Österreichischer Gebirgsverein.
oGV, o.GV ordentliche Generalversammlung.
o.H. ohne Heizung; ordentlicher Haushalt.
OHG offene Handelsgesellschaft.
OHL *mil. hist.* Oberste Heeresleitung.
ÖHS Österreichische Hochschülerschaft.
oHV, o.HV ordentliche Hauptversammlung.
Ohz(g). Ofenheizung.
OI Oberinspektor.
ÖIAV Österreichischer Ingenieur- und Architektenverband.
ÖIG Österreichische Industrieverwaltungsgesellschaft.
O.-Ing. Oberingenieur.
o.Inh. ohne Inhalt.
o.J. ohne Jahr(esangabe) (*in books*).
ÖJB Österreichische Jugendbewegung.
ÖJHV Österreichischer Jugendherbergsverband.
OJR Oberjustizrat.
ÖJRK Österreichisches Jugendrotkreuz.
o.J.u.O. ohne Jahr(es-) und Ort(sangabe) (*of books*).
OK *tech.* Oberkante; *mil.* Oberkommando; Organisationskomitee; Ortskrankenkasse.
Ök. Ökologie; Ökonom(ie).
o.K. ohne Kommentar; *print.* ohne Korrektur; *econ.* ohne Kosten.
ök. ökologisch; ökonomisch.
ÖKB Österreichischer Komponistenbund.
OKD Oberkreisdirektor.
Ö.K.f.d.O. Österreichische Kommission für die Orthographiereform.
OKH *mil. hist.* Oberkommando des Heeres.
OKiR Oberkirchenrat.
ÖKISTA Österreichisches Komitee für den internationalen Studentenaustausch.
OKK *mar. tech.* Oberkante Kiel; Oberkriegskommissariat (*Switzerland*); Ortskrankenkasse.
Okk. *econ.* Okkasion; Okkultismus, -tist; *mil.* Okkupation.
okk. okkultistisch; okkupieren.
Okkl. *meteor. phys.* Okklusion.
OKL *mil. hist.* Oberkommando der Luftwaffe.
O.-Kl., Okl. Ortsklasse.
OKM *mil. hist.* Oberkommando der Kriegsmarine.
Ökol. Ökologie.
ökol. ökologisch.
ökon. ökonomisch.
OKR Oberkirchenrat; Oberkonsistorialrat.
Okt. *mus.* Oktave; *math. arch.* Oktogon; Oktober.
OKV Ortsklassenverzeichnis.
OKW *mil. hist.* Oberkommando der Wehrmacht.
ÖKW Österreichisches Kuratorium für Wirtschaftlichkeit.
OL *geogr.* Oberlausitz; Oberlehrer; *mil.* Oberleutnant; Organisationsleiter.
Ol. *bot.* Oleander; (*Lat.*) Oleum, Öl; *bot.* Olive(n *pl*).
ol. oliv(farben).
ö.L. östliche(r) Länge.
OLAG Oberlandesarbeitsgericht.
old(enb). oldenburgisch.
OLG(er). Oberlandesgericht.
OLGPr. Oberlandesgerichtspräsident.
OLGR Oberlandesgerichtsrat.
OLK Oberste Luftsportkommission.
OLSch *econ.* Orderlagerschein.
OLt. *mil.* Oberleutnant.
OLwR Oberlandwirtschaftsrat.
OM Obermeister.
o.M. ordentliches Mitglied.
O.M.C(ap). (*Lat.*) *röm.kath.* Ordinis Minorum Capucinorum, vom Orden der Minderen Kapuziner.
ÖMG Österreichische Mathematische Gesellschaft; Österreichische Mineralogische Gesellschaft.
OMK Oberste Motorradsport-Kommission.
Omn. Omnibus.
OMR Obermedizinalrat.
O.-Mstr. Obermeister.
O.-Mt. *mar.* Obermaat.
ÖMV Österreichische Mineralölverwaltung.
oMV, o.MV ordentliche Mitgliederversammlung.
ON Ordnungsnummer; Ortsname; *tel.* Ortsnetz.
On. Ortsname.
o.N. ohne Namen; ohne Nummer.
ÖNA Österreichischer Normenausschuß.
o.n.A. ohne nähere Angabe(n).
ÖNB Österreichische Nationalbank; Österreichische Nationalbibliothek.
ONO Ostnordost(en).
onö. ostnordöstlich.
ÖNORM Österreichische Norm.
o.Nr. ohne Nummer.
ONS Oberste Nationale Sportkommission für den Automobilsport in Deutschland.
Oö. *geogr.* Oberösterreich.
o.O. *econ.* ohne Obligo; ohne Ort(sangabe) (*of books*).
oö. oberösterreichisch.
ÖOC Österreichisches Olympisches Comité.
o.ö.Prof. *ped.* ordentlicher öffentlicher Professor.
o.O.u.J. ohne Ort(s-) und Jahr(esangabe) (*of books*).
OP Oberpräsident; Oberprüfungsamt; Objektprogramm; *med.* Operationssaal; *econ.* Orderpapier; Ordnungspolizei; Orientierungspunkt; *econ.* Originalpackung.
O.P. (*Lat.*) *röm.kath.* Ordinis Praedicatorum, vom Predigerorden, vom Dominikanerorden; *econ.* Originalpackung; Originalprämie.
Op. Oper; (*computer*) Operand; Operateur, Operation; Operator; *med.* Opium; (*Lat.*) *mus.* Opus, Werk.
o.P. *mus.* ohne Pedal; *mil.* ohne Portepee; ohne Protest; *ped.* ordentlicher Professor.
op. operativ; operieren, operiert; (*Lat.*) *mus.* opus, Werk.
o.Pag. ohne Paginierung.
OPB *econ.* Offene-Posten-Buchhaltung.
ÖPB Österreichischer Pfadfinderbund.
op.cit. (*Lat.*) opere citato, im angegebenen Werk.
OPD Oberpostdirektion; *mar.* Operativdienst.
ÖPNV Öffentlicher Personennahverkehr.
op.posth. (*Lat.*) *mus.* opus posthumum, nachgelassenes Werk.
OPR Oberpostrat.
O.Pr. (*Lat.*) *röm.kath.* Ordinis Praedicatorum, vom Predigerorden, vom Dominikanerorden.
o.Prof. *ped.* ordentlicher Professor.
Opt. *ling.* Optativ; Optik(er); Optimismus, -mist; Optimum; *econ.* Option.
opt. optimal; optimieren; optimistisch; optisch.
OPV Ostschweizerischer Presse-Verband.
OPZ Oberschule praktischen Zweigs.
ÖPZ Österreichisches Produktivitätszentrum.
Op.-Z(l). *mus.* Opuszahl.
OR Oberreferent; *econ.* Obligationenrecht (*Switzerland*); (*sport*) Olympischer Rekord; *röm.kath.* Ordensritter; (*art*) Originalradierung.
Or. *mus.* Oratorium; Orient(ale); Orientierung.
o.R. *econ.* ohne Rechnung; ohne Recht; ohne Religion; ohne Rinde.
or. orientalisch; orientieren, -tiert.
Orat. *mus.* Oratorium.
Orch. Orchester; Orchidee.
Ord. Orden; *econ.* Order; Ordinariat; Ordinarius; *math.* Ordinate; Ordination; Ordnung; *mil.* Ordonnanz.
ord. ordentlich; ordinär; ordinieren, ordiniert.
Ordn. Ordnung.
Ord.-Nr. Ordnungsnummer.
ORF Österreichischer Rundfunk.
ORG Ostschweizerische Radio-Gesellschaft.
Org. Organ; (*textile*) Organdy; Organisation, -sator; Organismus; *mus.* Organist(in); (*textile*) Organza; Orgasmus; Orgel.
org. organisatorisch; organisch; organisieren, -siert.
OrgA, Org.-A. Organisationsausschuß.
Org.-Kom. Organisationskomitee.
Org.-L(t). Organisationsleiter, -leitung.
Org.-Pl. Organisationsplan.
ORh., O.-Rh. *geogr.* Oberrhein.
Orient. Orientale; Orientalist(ik); Orientierung.
orient. orientalisch; orientalistisch; orientieren, -tiert.
Orig. Original(ität).
orig. original; originär; originell.
Orig.-Abf. Originalabfüllung (*of wine etc*).
ÖRK Ökumenischer Rat der Kirchen.
Orn. Ornament(ik); Ornat; Ornithologe, -logie.
orn. ornamental; ornithologisch.
ORR Oberregierungsrat.
ORTF (*Fr.*) Office de Radiodiffusion-Télévision Française (*French radio and television company*).
Orth. *relig.* Orthodoxe, -doxie; Orthographie; *med.* Orthopäde, -pädie.
orth. *relig.* orthodox; orthographisch; *med.* orthopädisch.
örtl. örtlich.
Ortskl. Ortsklasse.
ORZ Organisations- und Rechenzentrum.
OS Oberschule; *mil.* Offiziersschule; ohne Schaffner (*bus and tram*).
Os *chem.* Osmium.
o.S. *econ.* ohne Sack.
OSA (*Lat.*) *röm.kath.* Ordinis Sancti Augustini, vom Orden des heiligen Augustinus, vom Augustinerorden.
OSB Oberste Sportbehörde; (*Lat.*) *röm. kath.* Ordinis Sancti Benedicti, vom Orden des heiligen Benedikt, vom Benediktinerorden.
OSC Olympischer Sportclub.
OSchR Oberschulrat.
OSD Oberstudiendirektor; (*Lat.*) *röm. kath.* Ordinis Sancti Dominici, vom Orden des heiligen Dominikus, vom Dominikanerorden.
OSF (*Lat.*) *röm.kath.* Ordinis Sancti Francisci, vom Orden des heiligen Franziskus, vom Franziskanerorden.
OSI Otto-Suhr-Institut (*FU Berlin*).
OSL (*theater*) Oberspielleiter; *mil.* Offiziersschule der Luftwaffe.
OSO Ostsüdost(en).
osö. ostsüdöstlich.
OSR Obersanitätsrat; Oberstudienrat.
Osram (*TM*) Osmium + Wolfram.
OST (*computer*) Operationssteuerung.
o.St. *mar.* (*sport*) ohne Steuermann.
ÖSTA Österreichisches Sport- und Turnabzeichen.
OStA Oberstaatsanwalt; *mil.* Oberstabsarzt.
o.Stb. ohne Stammbaum.
OStD(ir.) Oberstadtdirektor; Oberstudiendirektor.
Ostd. Ostdeutsche, -deutschland.
ostd(t). ostdeutsch.
österr. österreichisch.
Ostfr. *geogr.* Ostfranken; *geogr.* Ostfrankreich; *geogr.* Ostfriesland.
ostfr. ostfränkisch; ostfriesisch.
östl. östlich.
o.Stm. *mar.* (*sport*) ohne Steuermann.
ostmd. ostmitteldeutsch.
ostpr. ostpreußisch.
OStR Obersteuerrat; Oberstudienrat.
ÖSU Österreichische Studentenunion.
ÖSV Österreichischer Skiverband.
o.T. *tech.* oberer Totpunkt.
ÖTC Österreichischer Touring-Club.
ÖTK Österreichischer Touristen-Klub.
ÖTTV Österreichischer Tischtennisverband.
ÖTV Gewerkschaft Öffentliche Dienste, Transport und Verkehr.
OTZ Oberschule technischen Zweiges.
o.U. *econ.* ohne Umsatz; *econ.* ohne Umsatzsteuer; ohne Unterschied; ohne Untersuchung.
Ouv. *mus.* Ouvertüre.
OV Oberveterinär; Ortsverband, -verein(igung); Ortsverzeichnis.

o.V. ohne Verfasser(angabe); ohne Verpflegung; ohne Verzögerung *od.* Verzug; ohne Vorgang.
OvD, O.v.D. *mil.* Offizier vom Dienst.
ÖVE Österreichischer Verband für Elektrotechnik.
OVG(er.) Oberverwaltungsgericht.
OVN Organisation der Vereinten Nationen.
ÖVP Österreichische Volkspartei.
OVR Oberverwaltungsrat; Oberveterinärrat.
OW Oberwasserstand.
o.W. ohne Wert.
ö.W. österreichische Währung.
ÖWB Österreichisches Wörterbuch.
OW(i)G Ordnungswidrigkeitengesetz.
OWM Oberwerkmeister.
ÖWSGV Österreichischer Wander-, Sport- und Geselligkeitsverein.
O.W.Sp. Oberwasserspiegel.
OWZ Oberschule wissenschaftlichen Zweiges.
oxdd. *chem.* oxydierend.
Oxyd. *chem.* Oxydation.
oxyd. *chem.* oxydieren, -diert.
OZ *tech.* Oktanzahl; *chem.* Ordnungszahl; Organisationszentrale *od.* -zentrum; Ortszeit; Ortszuschlag.
Oz. *geogr.* Ozean.
o.Z. *econ.* ohne Zahlung; ohne Zeichnung.
OZD Oberzolldirektion, -direktor.
ÖZH Ölzentralheizung.
OZI Oberzollinspektor.
OZL (*computer*) optischer Zeilenleser.
OZS Oberzollsekretär.
o.Zw. ohne Zweifel; ohne Zwischenfall.

P

P *econ.* Papier (*on the stock exchange*); Pappband (*of books*); *biol.* Parentalgeneration; Parkplatz; Patent; Pegel; Peil-; (*railway*) Personenzug; *print.* Petit; (*railway*) Pfeifen; *chem.* Phosphor; *phys.* Poise; Pol; *phys.* Polarisation; *auto.* Portugal; Post.
P. Paar; Packung; (*Lat.*) *röm.kath.* Papa, Papst; *mus.* Partitur; Pastor; *röm.kath.* Pater; Pedal; Person(al); Piaster (*monetary unit*); Pistole; *med.* Puls; Punkt; Pylon; Pyramide.
p Para; *econ.* pari; Penni (*monetary unit of Finland*); Peso (*monetary unit*); (*Ital.*) *mus.* piano, leise; Pico-; *phys.* Pond; *phys.* Proton; *print.* (typographischer) Punkt.
p. (*Lat.*) pagina, Seite; per; (*Lat.*) pinxit, hat (es) gemalt; pro.
p- *chem.* para-.
PA *auto.* Panama; Parlamentarischer Ausschuß; Patentanmeldung; Patentanwalt; Personalabteilung; Personalakte(n *pl*); *chem.* Polyamid; Postamt; Postanschrift; Postanweisung; *med.* Primäreffekt; Produktionsabgabe (*DDR*); Produktionsarbeit (*DDR*); Prüfungsausschuß.
Pa *chem.* Protactinium.
p.A. per Adresse, bei.
pa. prima.
p.a. (*Lat.*) per annum, das Jahr hindurch; (*Lat.*) pro anno, pro Jahr, für das Jahr.
PAD Pädagogischer Austauschdienst; *med.* pathologisch-anatomische Diagnose; *econ.* Persönliches Anschaffungsdarlehen.
Päd. Pädagoge, -gogik, -gogium; Päderast(ie); *med.* Pädiatrie.
päd. pädagogisch.
p.Adr. per Adresse, bei.
p.ae. (*Lat.*) *pharm.* partes aequales, zu gleichen Teilen.
PAG Personalausweisgesetz; Polizeiaufgabengesetz.
Pag. Pagina, Paginierung; Pagode.
pag. (*Lat.*) pagina, Seite; paginieren, -niert.
PAK *auto.* Pakistan; Politischer Arbeitskreis.
Pak *mil.* Panzerabwehrkanone.
pak(ist). pakistanisch.
PAL (*Engl.*) Phase Alternating Line (*German colo[u]r television system*).
Pal. Paläograph(ie); *geol.* Paläolithikum; Paläontologe, -logie; *geol.* Paläozoikum; Palast; *geogr.* Palästina, Palästinenser; *ling.* Palatal; Paleozän; Paletot; Palette; Palimpsest; Palindrom; Palisade; Palisander.
pal. paläographisch; paläolithisch; paläontologisch; paläozoisch; palästinensisch.
Pall. *med.* Palliativ, Pallium.
Pan. *geogr.* Panama, Panamaer; Paneel.
pan(am). panamaisch.
panar. panarabisch.
Pap. *zo.* Papagei; Papier; *biol. med.* Papille.
Papr. Paprika.
Par. Parabel; *mil.* Parade; Paradies; *ling.* Paradigma; Paradoxon; Paraffin; Paragramm; Paragraph; *geogr.* Paraguay, Paraguayer; Parallaxe; Parallele, Parallelismus, Parallelität; *math.* Parallelogramm; *med.* Paralyse; Paraphrase; Parasit(en *pl*); Parität; Parole.
par. parabolisch; paradox; paraguayisch; parallel; paraphieren, -phiert; paritätisch.
parag. paraguayisch.
Parl. Parlament; *mil.* Parlamentär; Parlamentarier, -rismus.
parl(ament). parlamentarisch.
Parsec, Parsek *astr.* Parallaxensekunde.
Part. Partei; Parterre; Partikel; Partisan; *mus.* Partitur; *ling.* Partizip; Partner.
part. parteiisch, parteilich; parterre; partiell.
PartG Gesetz über die politischen Parteien.
Parz. Parzelle.
parz. parzellieren, -liert.
Pass. *mus.* Passacaglia; Passage; Passagier; *relig. mus.* Passion; *ling.* Passiv; *econ.* Passiva *pl.*
pass. (*Lat.*) passim, da und dort verstreut; (*Ital.*) *mus.* passionato, mit Leidenschaft; passiv(isch).
Pass.-Sch. Passagierschiff; Passierschein.
Past. Pasteurisation, Pasteurisierung; Pastille(n *pl*); Pastor; *mus.* Pastorale.
past. pasteurisieren, -siert; pastoral.
Pat. Patent; Patience; Patient; Patina.
pat. patent; patentieren, -tiert; patinieren, -niert.
PatAnw., Pat.-Anw. Patentanwalt.
PatG Patentgesetz.
Path. Pathetik; *med.* Pathologe, -logie.
path. pathetisch; *med.* pathologisch.
PatR Patentrecht.
Patr. Patriarch(at); Patriot(ismus); *relig.* Patristik; *print.* Patrize; Patriziat, Patrizier; *relig.* Patrologie; Patron(age), Patronat; Patrone; Patronymikon; Patrouille; Patrozinium.
patr. patriarchalisch; patrimonial; patriotisch; *relig.* patristisch; patrizisch; patrouillieren.
P.-Ausw. Personalausweis.
Pav. *zo.* Pavian; Pavillon.
PB *mil.* Panzerbataillon; Postbuch; (*computer*) Programmbibliothek; Prüfbericht.
Pb (*Lat.*) *chem.* Plumbum, Blei.
Pbd. Pappband (*of books*).
Pbf (*railway*) Personenbahnhof; (*postal service*) Postbahnhof.
PBG Personenbeförderungsgesetz; Preisbildungsgesetz.
PBS (*computer*) Platte-Betriebssystem.
PBV (*railway*) Personenbeförderungsvorschriften *pl*; Preisbindungsvorschriften *pl.*
PC (*computer*) Pseudocode.
pc *astr.* Parsec, Parallaxensekunde.
p.c. (*Lat.*) *pharm.* post cibum, nach dem Essen; (*Lat.*) pro centum, für Hundert.
p.Chr. (*Lat.*) post Christum, nach Christus.
p.Chr.n. (*Lat.*) post Christum natum, nach Christi Geburt.
Pck(g). *econ.* Packung.
PD Patentdokumentation; *mar.* Postdampfer; Postdirektor; *electr.* Potentialdifferenz; Pressedienst; Privatdozent.
Pd *chem.* Palladium.
Pd. Pädagoge, Pädagogik; *econ.* Pappdose.
P.d. *econ.* Preis der *od.* des.
p.d. (*Lat.*) per diem, pro die, pro Tag.
PDA Pressedienst der Deutschen Arbeitgeberverbände.
PdA Partei der Arbeit (*Switzerland*).
PDB Polizeigewerkschaft im Deutschen Beamtenbund.
PDV, PDv. Polizei-Dienstvorschrift.
PdVP Präsidium der Volkspolizei (*DDR*).
PE *tech.* Paßeinheit; *med.* Penizillineinheit; *auto.* Peru; *econ.* Produktionseinheit.
PEG *med.* Pneumoenzephalographie.
Pen. *pharm.* Penizillin.
Pens. Pension(är); Pensionat; Pensionierung; Pensum.
Pent. *math.* Pentagon; *metr.* Pentameter; *electr.* Pentode.
Per. Periode; Peripherie; Peruaner.
per. peruanisch.
Perf. *ling.* Perfekt; Perfektion(ismus); Perforation, Perforator, Perforierung.
perf. perfekt, perfektionieren, -niert, perfektionistisch; *ling.* perfektivisch; perforieren, -riert.
Perg. Pergament.
Perm. Permanenz; *math.* Permutation.
perm. permanent.
Pers. Perser; Persianer; *geogr.* Persien; Persiflage; Person(en *pl*); Personal(ien *pl*).
pers. persisch; persönlich.
PersK, Pers.-K. Personalkarte(i).
PersR, Pers.-R. Personalrat.
Pet. Petersilie; Petition.
Petr. *Bibl.* Petrus.
P.F. Personenfähre.
Pf Pfennig.
pF *electr.* Picofarad.
Pf. Pfand, Pfändung; Pfarrei, Pfarrer; Pferd; Pfund; Pianoforte; Postfach.
Pf.-Br. *econ.* Pfandbrief.
Pfd. Pfand; Pfund.
Pfdg. Pfändung.
Pfd.St. Pfund Sterling.
Pfg. Pfennig.
Pf.-H. Pfandhaus; Pfarrhaus.
Pf.-Jgd. Pfarrjugend.
Pf.-K. Pfarrkirche; Pfarrkurat.
PfL Prüfstelle für Luftfahrt(gerät).
Pfl. Pflanze, Pflanzung; Pflege, Pfleger; Pflicht; Pflug.
Pfl.-Vers. Pflichtversicherung.
PFM *electr.* Pulsfrequenzmodulation.
Pfr. Pfarrer.
PFS Peilfunkstelle.
PFZ Post- und Fernmeldetechnisches Zentralamt.
PG Patentgesetz; Pensionsgesetz; Polizeigesetz; Produktionsgenossenschaft (*DDR*); (*computer*) Programmgenerator; Progymnasium.
Pg. Paginierung; *hist.* (*in NS-Zeit*) Parteigenosse; Pergament(einband).
pg. (*Lat.*) pagina, Seite; paginieren, -niert.
PGA *mil.* Personalgutachterausschuß.
PGeb Postgebühren.
PGH Patentgerichtshof; Produktionsgenossenschaft des Handwerks (*DDR*).
Pgl. Pegel.
PGR *med.* psychogalvanischer Reflex.
Pgt. Pergament.
PH Pädagogische Hochschule.
Ph *econ.* Papphülse; *phys.* Phon.
pH (*Lat.*) *chem.* pondus hydrogenii, Wasserstoffionenkonzentration.
Ph. Philosophie; *phys.* Phon; Photo(zelle).
ph *phys.* Phot.
p.h. persönlich haftend.
Pharm. Pharmakologe, -logie; Pharmazie, Pharmazeut.
pharm. pharmakologisch; pharmazeutisch.
PhBz *metall.* Phosphorbronze.
PHD *econ.* Persönliches Hypothekendarlehen.
p.h.G. *econ.* persönlich haftender Gesellschafter.
Phil. Philatelie, -list; *Bibl.* Philipper; *geogr.* Philippinen *pl*; Philologe, -logie; Philosoph, -sophie.

phil. philatelistisch; philippinisch; philologisch; philosophisch.
philanthr. philanthropisch.
philat. philatelistisch.
Philem. *Bibl.* Philemon.
Philh(arm). Philharmonie, Philharmoniker.
philh(arm). philharmonisch.
Philol. Philologe, -logie.
philol. philologisch.
Philos. Philosoph(ie).
philos. philosophisch.
PHK Polizeihauptkommissar.
PHM Polizeihauptmeister.
Phon. Phonetik(er); Phonologie.
phon. phonetisch.
Phonotyp. Phonotypistin.
phosph. phosphoreszierend.
Photogr. Photogramm(etrie); Photograph(ie).
photogr. photogrammetrisch; photographisch.
PHV private Haftpflichtversicherung.
Phys. Physik(er); *med.* Physikum; Physiognomie, Physiognomik; Physiologie.
phys. physikalisch; physisch; physiognomisch; physiologisch.
physiol. physiologisch.
PI Pädagogisches Institut; Patentingenieur; *auto.* Philippinen; Polizeiinspektor; Polytechnisches Institut (*DDR*); Postinspektor.
Pi. Piaster (*monetary unit*); *mil.* Pionier; Pistole.
pinx. (*Lat.*) pinxit, hat (es) gemalt.
pizz. (*Ital.*) *mus.* pizzicato, gezupft.
PK Paddelklub; Personenkennziffer; Portokasse; Postscheckkonto; Preiskontrolle; Privatkonzession (*DDR*); Prüfungskammer.
Pk. Paket; Park; Pauke; Postkarte.
PKB Planungs- und Konstruktionsbüro; Projektierungs- und Konstruktionsbüro.
PKG *med.* Phonokardiogramm, -graphie.
Pkg. *econ.* Packung.
PKK Parteikontrollkommission; *econ.* Persönlicher Kleinkredit.
PKLA (*computer*) Produktionskontroll- und -lenkungsanlage.
PKM Projektierungs-, Konstruktions- und Montagebüro.
Pkt. Paket; Punkt.
Pkte. Punkte *pl.*
Pkt.-Sdg. (*postal service*) Paketsendung.
PKV Private Krankenversicherung.
PKW, Pkw Personenkraftwagen.
PL *auto.* Polen; *ped.* Programmiertes Lernen.
Pl. Plakat; Plan(ung); Plastik; Plateau; Platte; Platz; Plenum; *ling.* Plural; Preisliste.
pl. planmäßig; plastisch; *ling.* Plural, pluralisch.
planm. planmäßig.
Plant. Plantage.
PLM *electr.* Pulslängenmodulation.
plm. planmäßig.
Pln. Planung.
plötzl. plötzlich.
Pl.-Sitz. Plenarsitzung.
Pl.-St. Planstelle; Planungsstab.
Plur. *ling.* Plural; Pluralismus.
Plv. Pulver.
PLZ (*postal service*) Postleitzahl.
PM Papiermaß; *electr.* Phasenmodulation; Polizeimelder; Postminister(ium); *electr.* Pulsmodulation.
Pm *chem.* Promethium.
pm Picometer; *phys.* Pondmeter.
p.m. (*Lat.*) post meridiem, nachmittags; (*Lat.*) post mortem, nach dem Tod; (*Lat.*) pro memoria, zur Erinnerung; (*Lat.*) pro mense, pro Monat; (*Lat.*) pro mille, pro Tausend; (*Lat.*) propria manu, mit eigener Hand.
PMB Postmietbehälter.
PN, Pn. Personenname.
pn. *tech.* pneumatisch.
p.n.Chr. (*Lat.*) post nativitatem Christi, nach Christi Geburt.
Pneu *tech.* Pneumatik; *med.* Pneumothorax.
PNS *med.* peripheres Nervensystem.
PO Parteiorganisation; politische Organisation; Postordnung; *mar.* Prisenordnung; Prüfungsordnung.
P.O. (*Lat.*) Professor ordinarius, ordentlicher Professor.
Po *chem.* Polonium.
p.o. (*Lat.*) *med.* per os, durch den Mund, peroral.
poet. poetisch.
Pol. Polarisation, -sator, -sierung; Polarität; Polemik; *econ.* Police; Politik(er); Politologe, -logie; Politur; Polizei, Polizist; Polizze (*Austria*).
pol. polarisieren, -siert; polemisieren, polemisch; polieren, poliert; politisch; polizeilich.
Pol.-B. Polizeibeamte; Polizeibehörde.
Pol.-Ber. Polizeibereitschaft; Polizeibericht.
Pol.-F. Polizeifunk.
pol.Fzgn. polizeiliches Führungszeugnis.
Pol.-Gef. Polizeigefängnis.
pol.Gef. politischer Gefangener.
Pol.-H(pt)wm. Polizeihauptwachtmeister.
Polio *med.* Poliomyelitis.
Pol.-Kom. Polizeikommissar(iat).
Pol.-M(str). Polizeimeister.
poln. polnisch.
Pol.Ök(on). Politische Ökonomie.
Pol.-Präs. Polizeipräsident.
Pol.-Rev. Polizeirevier.
Pol.-St(d). Polizeistunde.
Pol.-Wm. Polizeiwachtmeister.
Polyg. *anthrop.* Polygamie, -mist; *math.* Polygon; *anthrop.* Polygynie.
polyg. *anthrop.* polygam; polygen; *math.* polygonal.
Polygr. *med.* Polygraph(ie).
Polym. *chem.* Polymer(e *pl*), *biol. chem.* Polymerie, *chem.* Polymerisat(ion), *chem.* Polymerisierung; *meteor.* Polymeter; *metr. mus.* Polymetrie; Polymorphismus.
polym. *chem.* polymer(isieren); polymorph.
Polyn. *geogr.* Polynesien, Polynesier.
polyn. polynesisch.
Pop. (*textile*) Popeline; Popularität.
pop. populär.
Port. Portal; *mus.* Portativ; Portemonnaie; *mil.* Portepee; Portier; Portiere; Portion; *geogr.* Portugal, Portugiese.
port(ug). portugiesisch.
Portr. Porträt(ist).
Porz. Porzellan.
POS Polytechnische Oberschule (*DDR*).
Pos. Posament; Posaune, Posaunist; Position; Positiv; *philos.* Positivismus, -vist; *phys.* Positron; Positur.
pos. positiv.
Poss. *jur.* Possession; *ling.* Possessiv.
Poss.-Pron. *ling.* Possessivpronomen.
Postf. (*postal service*) Postfach.
postw. postwendend.
Postwz. (*postal service*) Postwertzeichen.
Potp. *mus.* Potpourri.
POW Polizeioberwachtmeister.
PP *chem.* Polypropylen; (*computer*) Pseudoprogramm.
PP. *relig.* Patres *pl.*
P.P. (*Lat.*) praemissis praemittendis, der gebührende Titel sei vorausgeschickt (*in letter addresses*).
Pp. Pappe, Papp(ein)band (*of books*); *röm. kath.* Papst; (*postal service*) Postpaket.
pp (*Ital.*) *mus.* pianissimo, sehr leise.
pp. (*Lat.*) paginae, Seiten *pl* (*of books*); (*Lat.*) perge, perge, und so weiter; (*Lat.*) *econ.* per procura(tionem), in Vollmacht; (*Lat.*) praeterpropter, ungefähr.
p.p. (*Lat.*) *econ.* per procura(tionem), in Vollmacht; (*Lat.*) *med.* post partum, nach der Geburt, nachgeburtlich.
ppa, p. pa. (*Lat.*) *econ.* per procura(tionem), in Vollmacht.
Ppb(d). Pappband (*of books*).
PPL *med.* Plasma-Protein-Lösung.
Ppl. Pipeline.
P.prim. (*Lat.*) Pastor primarius, Oberpfarrer.
ppt. prompt.
PR *hist.* Parlamentarischer Rat; Personalrat; Personalreferent; Postrat; Preisrecht; (*computer*) Prozeßrechner.
Pr *chem.* Praseodym.
pR pakistanische Rupie (*monetary unit*).
Pr. Präambel; Prädikat; Praktik(en *pl*); Praktikant, Praktikum; *relig.* Prälat; Praline; Prämie; Prämisse; Prärie; *ling.* Präsens; *relig.* Präses; Präsident(schaft), Präsidium; Praxis; Präzision; Prediger; Preis; Preuße, *hist.* Preußen; *ped.* Prima(ner); Primarius; Primat; *röm.kath.* Primiz(iant); Prinz; *röm.kath.* Prior(in); Priorität; Prisma; Probe; Problem; Professor; (*sport*) Profi; Profil; Profit; Programm(ierung); Progression; Projekt; Projektion, Projektor; *econ.* Prokura, Prokurist; Prolog; Prolongation; Promenade; Promille; *ling.* Pronomen; Prophet; Proportion, Proporz; *relig.* Propst(ei); Prosa; Prospekt; Protektion; Protektorat; Protest; *relig.* Protestant(ismus); *med.* Prothese; Protokoll; *phys.* Proton; Proviant; Provinz; Provision; Provisorium; Prozent; Prozeß; Prüfer, Prüfung.
pr. praktisch; prall; preußisch; prima; primär; primitiv; privat(isieren); profan; profund; prominent; *relig.* protestantisch; provisorisch.
p.r. (*Lat.*) *med.* per rectum, rektal; (*Lat.*) *med.* post radiationem, nach Bestrahlung (auftretend); (*Lat.*) pro rata, nach Verhältnis.
PrA Prüfungsamt, -ausschuß.
Pr.-A. Prachtausgabe (*of books*); *econ.* Prioritätsaktie.
Präd. Prädikat.
präd(ik). *ling.* prädikativ.
Präf. *röm.kath.* Präfation; Präfekt(ur); Präferenz; Präfiguration; *ling.* Präfix; *biol.* Präformation.
Prakt. Praktikant; Praktiker; Praktikum.
prakt. praktisch; praktizieren(d), -ziert.
Präl. *relig.* Prälat; *mus.* Präludium.
Präm. Prämie, Prämi(i)erung; Prämisse; *röm.kath.* Prämonstratenser.
präm. prämi(i)eren, prämi(i)ert.
Präp. Präparat; Präparation; *ling.* Präposition.
Präs. *ling.* Präsens; *econ.* Präsentant, Präsentation, Präsentierung; Präsenz; *med.* Präservativ; Präsident(schaft), Präsidium; Präsumtion.
präs. präsent; *ling.* präsentisch; präsidieren; präsumtiv.
Prät. Prätendent; Prätention; *ling.* Präteritum.
prbw. probeweise.
Pr.-Doz. Privatdozent.
Preugo Preußische Gebührenordnung für Ärzte.
Preußag Preußische Bergwerks- und Hütten-Aktiengesellschaft.
Prf(g). Prüfung.
PrG Pressegesetz.
Prim. *ped.* Primaner; Primarius; Primitivität, Primitivismus; *röm.kath.* Primiz(iant).
prim. primär; primitiv.
prinz. prinzipiell.
Priv. Privatissimum; Privileg.
priv. privat; privatisiert; privilegiert.
Priv.-Doz. Privatdozent.
Pr.-K. *econ.* Preiskartell; Privatkasse; Privatkonto.
Pr.-Kl. *econ.* Preisklasse; *jur.* Privatklage, -kläger.
Pr.-L. Preisliste; Privatlehrer.
Pr.-Not. *econ.* Preisnotierung.
Pr.-Nr. *tel.* Privatnummer; Probenummer (*of a journal etc*); Prüfungsnummer.
PrO Prüfungsordnung.
prob. probabel; probat; probieren, -biert.
Probl. Problem(atik).
probl. problematisch.
Prod. Produkt(ion), Produktivität, Produzent.
prod. produktiv, produzieren, -ziert.
Prof. Profanität; Profession; Professor; Profil(ierung); Profit.
Profi Professional, Berufssportler.
Progn. Prognose.
Progr. Programm; (*computer*) Programmierer, -mierung; Progreß; Progression.
progr. programmatisch; programmieren, -miert; progressiv.
Proj. Projekt(ierung); Projektil; Projektion, Projektor.
Prok. *econ.* Prokura; Prokuration; *econ.* Prokurist.
Prokl. Proklamation, Proklamierung; *ling.* Proklise.
Prol. Proletariat, Proletarier; Proliferation; Prolog; *econ.* Prolongation.
Prom. Promenade; *econ.* Promesse; Promille; Prominenz; Promiskuität; Promotion; Promotor; *jur.* Promulgation.
prom. promenieren; prominent; promovieren, -viert.
Pron. *ling.* Pronomen.
pron. *ling.* pronominal; prononciert.
Prop. Propädeutik; Propaganda, -dist; Propeller; Proportion; Proporz; Proposition.
prop. proportional, proportioniert.
proph. prophetisch, prophezeien; prophylaktisch.

Pros. Proseminar.
pros. prosaisch; *ling.* prosodisch.
Prosp. Prospekt; Prosperität.
Prost. *med.* Prostata; Prostituierte, Prostitution.
Prot. Protagonist; Protegé; *chem.* Proteid, Protein; Protektion; Protektor, Protektorat; Protest; *relig.* Protestant(ismus); Protokoll; *röm.kath.* Protonotar.
prot. protegieren; *relig.* protestantisch; protestieren; protokollieren, -liert.
Prov. Provenienz; Proviant; Provinz; Provinzial; Provision; Provisor(ium); Provokateur, -tion.
prov. provenzalisch; provinziell; provisorisch; provokatorisch, provozieren(d).
Proz. Prozedur; Prozent(e *pl*); Prozeß; *relig.* Prozession.
Pr.-Sch. Privatschule.
Pr.-St. *med.* Privatstation; Privatstudien *pl*; Prüfstelle; Prüfstempel.
prt, p.r.t. (*Lat.*) pro rata temporis, entsprechend dem Zeitablauf.
Prüfz. Prüfzeichen.
Pr.-V(ers). Privatversicherer, -versicherung.
PrVO Preisverordnung.
Prz. Porzellan.
PS Patentschrift; *med.* Penizillin-Sulfonamid-Kombination; *tech.* Pferdestärke; Postsache; Postsekretär; Postskript(um); Prämiensparen; (*computer*) Programmiersystem; *nucl.* Protonen-Synchrotron; (*sport*) Punktsieger.
Ps. Psalm; Pseudonym.
PSA Postsparkassenamt.
Psc *astr.* Pisces, Fische *pl.*
PSch Postscheck.
PSchA Postscheckamt.
PSchK(to) Postscheckkonto.
Pseud. Pseudonym.
PSF (*postal service*) Postschließfach.
PSK Postscheckkonto; *mil.* Psychologische Kampfführung.
PSL *mil.* Psychologische Lage.
PSpA Postsparkassenamt.
PSpB Postsparbuch.
PSR *med.* Patellarsehnenreflex.
PST (*computer*) Programmsteuerung.
PSt Poststelle.
P.-St. Personenstand; Poststempel.
PSV Polizeisportverein; Postsportverein.
PSW (*computer*) Programmstatuswort.
Psych. Psychiater, Psychiatrie; Psychologe, -logie; *med.* Psychose.
psych. psychedelisch; psychiatrisch; psychisch; psychogen; psychologisch.
psychiat(r). psychiatrisch.
Psychol. Psychologe, -logie.
psychol. psychologisch.
Psychop. Psychopath(ie); Psychopathologie.
psychop. psychopathisch.
Psychosom. Psychosomatik.
psychosom. psychosomatisch.
Psychother. Psychotherapeut(ik), Psychotherapie.
PT *med.* Pulmonalton.
P.T. (*Lat.*) pleno titulo, mit vollem Titel; (*Lat.*) praemisso titulo, mit vorausgeschicktem Titel (*in letter addresses*).
Pt. Pilot; Punkt.
p.t. (*Lat.*) pleno titulo, mit vollem Titel; (*Lat.*) praemisso titulo, mit vorausgeschicktem Titel (*in letter addresses*); (*Lat.*) pro tempore, für jetzt, vorläufig.
Pta(s) Peseta(s *pl*) (*monetary unit of Spain*).
PTB Physikalisch-Technische Bundesanstalt.
PTD *med.* prozentuale Tiefendosis.
PTL *aer. tech.* Propeller-, Turbinen-, Luftstrahltriebwerk.
PTM *auto.* Malaysia.
Ptr. Porträt.
PTT Post, Telephon, Telegraph (*Switzerland*).
PTZ Physikalisch-Technisches Zentralinstitut; Posttechnisches Zentralamt.
PU *ped.* programmierter Unterricht, programmierte Unterweisung; (*computer*) Programmunterbrechung.
Pu *chem.* Plutonium.
pU *ped.* programmierte Unterweisung.
Publ. Publikation; Publikum; Publizistik.
publ. publizieren, -ziert.
p.u.c. (*Lat.*) post urbem conditam, nach Gründung der Stadt (Rom).
pulv. pulverisiert.
PUR (*computer*) Programm-Umsetzer-Routine.
PUV Private Unfallversicherung.
PV Parteivorsitzende, -vorstand; Personalversammlung; Personenverkehr; Polizeiverordnung, -verwaltung; Postverkehr; Preisverordnung; Prüfvorschrift.
pv. pulverisiert.
PVA *chem.* Polyvinylalkohol.
PVAC *chem.* Polyvinylacetat.
PVC *chem.* Polyvinylchlorid.
PVG Patentverwertungsgesellschaft; Personalvertretungsgesetz; Postverkehrsgesetz (*Switzerland*).
PVO Polizeiverordnung; Preisverordnung.
PVP Polyvinylpyrrolidon (*artificial blood plasma*).
PW (*railway*) Personenwagen; (*railway*) Postwagen; Postwert.
pw. paarweise.
PWz (*postal service*) Postwertzeichen.
PY *auto.* Paraguay.
PZ *mil.* Panzerzug; *med.* Pärchenzwillinge *pl*; *mil.* Pionierzug; Postzeitungs-.
Pz. *mil.* Panzer; (*railway*) Personenzug; (*sport*) Platzziffer.
PZA (*postal service*) Postzeitungsamt; (*postal service*) Postzollamt.
PZO Postzollordnung.
Pz.-Pl. Panzerplatte.
pzt. -prozentig.
PZU (*postal service*) Postzustellungsurkunde.
P-Zug (*railway*) Personenzug.
PZV (*postal service*) Postzeitungsvertrieb.

Q

Q Quetzal (*monetary unit of Guatemala*).
Q. Qualität; Quantität; Quarantäne; Quart; Quartal; Quartett; Quartier; Quarz; Querschnitt.
q Quadrat-; Doppelzentner (*Austria*).
q. quasi.
qcm Quadratzentimeter.
qdm Quadratdezimeter.
q.e.d. (*Lat.*) quod erat demonstrandum, was zu beweisen war.
qkm Quadratkilometer.
QM *phys.* Quantenmechanik; *mil.* Quartiermeister.
qm Quadratmeter.
qmm Quadratmillimeter.
Q.-Mstr., Qmstr. *mil.* Quartiermeister.
QS *phys.* Quecksilbersäule.
Qu. Quart; Quartal; Quartier; Quarz; Quelle; Querschnitt.
qu. (*Lat.*) quasi, gewissermaßen.
Quadr. *relig.* Quadragesima; Quadratur; *mus.* Quadrille; Quadrillion.
quadr. quadratisch.
Qual. Qualifikation; Qualität.
qual. qualifizieren, -ziert; qualitativ.
Quant. Quantität.
quant. quantitativ.
Quar. Quarantäne.
Quart. Quartal; Quartett; Quartier.
Quat. *röm.kath.* Quatember.
Quitt. Quittung.
quitt. quittieren, -tiert.

R

R *econ.* Rabatt; Rand (*monetary unit of South Africa*); *phys.* Reaumur; *mus.* rechte Hand; *math.* rechter Winkel; (*computer*) Regelung; *auto.* Regensburg; Register, Registratur; *econ.* Regulierungsposten; *electr.* Relais; *mus.* Reprise; *relig.* Responsorium; Rücksprache; *auto.* Rumänien.
R. Radio; Radius; (*Lat.*) *math.* Radix, Wurzel; *med.* Ramus; Rat; Raum; Recht; (*Lat.*) *pharm.* recipe, nimm!; Referat, Referent; *mil.* Regiment; (*Lat.*) Regina, Königin; Reich; Religion; Rente; Reserve; (*Lat.*) Rex, König; Richtung; Risiko; Rückseite; Ruine.
r *math.* Radius(vektor); *phys.* Röntgen.
r. rechts; richtig; rot; rund; russisch.
RA *auto.* Argentinien; (*computer*) Rechenanlage; *econ.* Rechnungsauszug; Rechtsabteilung, -amt; Rechtsanordnung; Rechtsanwalt; Rechtsausschuß; (*sport*) Rechtsaußen; Regierungsamtmann.
Ra *chem.* Radium.
r.A. reiner Alkohol.
ra. *phys.* radioaktiv.
Rab. *econ.* Rabatt; Rabbiner.
RAD *hist.* (*in NS-Zeit*) Reichsarbeitsdienst.
Rad. Radar; (*art*) Radierung; Radikale, Radikalisierung, Radikalismus, -list; Radius; (*Lat.*) *math.* Radix, Wurzel.
rad *math.* Radiant.
rad. radial; radikal.
Raff. Raffinade, Raffination, Raffinerie; Raffinesse.
raff. raffinieren, -niert.
RAGO Bundesgebührenordnung für Rechtsanwälte.
RAI (*Ital.*) Radiotelevisione Italiana (*Italian broadcasting and television company*).
Rak. *mil.* Rakete(n *pl*).
RAL Reichsausschuß für Lieferbedingungen, *now* Ausschuß für Lieferbedingungen und Gütesicherung.
rall. (*Ital.*) *mus.* rallentando, langsamer werdend.
Randb(em). Randbemerkung.
RAnw, R.-Anw. Rechtsanwalt.
RAO Reichsabgabenordnung.
Rat. Ratifikation, -fizierung; Ration; Rationalisierung; Rationierung.
rat. ratifizieren, -ziert; rational; rationalisieren, -siert; rationell; rationieren, -niert.
RAW Rationalisierungsausschuß der deutschen Wirtschaft; Reichsbahnausbesserungswerk (*DDR*).
RB *auto.* Botsuana; Radio Bremen; Rechenschaftsbericht; Rechtsberater, -beratung; Rechtsbeschwerde; Regierungsbaurat; Regierungsbezirk; Reichsbahn (*DDR*).
Rb *chem.* Rubidium.
Rb. Rechnungsbüro; Reihenbild.
Rba Reichsbahnamt (*DDR*).
RBD, Rbd Reichsbahndirektion (*DDR*).
RBDir. Regierungsbaudirektor.
R.-Ber. Rechtsberater, -beratung.
R.-Beschw. Rechtsbeschwerde.
R.-Bez. Regierungsbezirk.
Rbf (*railway*) Rangierbahnhof.
RBgR (*mining*) Regierungsbergrat.

RBI Regierungsbauinspektor.
Rbl Rubel (*monetary unit of the USSR*).
RBm. Regierender Bürgermeister; Regierungsbaumeister.
RBR Regierungsbaurat.
RBÜ Revidierte Berner Übereinkunft zum Schutze von Werken der Literatur und Kunst.
RBW relative biologische Wirksamkeit.
RBz. Regierungsbezirk.
rbz. rückbezüglich.
RC *auto.* Taiwan; Rad(fahrer)club; Republikanischer Club; Ruderclub.
RCA *auto.* Zentralafrikanische Republik.
RCB *auto.* Kongo (Brazzaville).
RCDS Ring Christlich-Demokratischer Studenten.
RCH *auto.* Chile.
RCL Radiochemisches Laboratorium; *mar.* Rhein-Container-Linie.
Rd. Rand; Runde.
rd *phys.* Rutherford.
rd. rund.
RDA Rangdienstalter; Reisering Deutscher Autobusunternehmungen.
R.d.A. Rückseite der Akten.
R.d.B. Rat des Bezirks (*DDR*).
Rd.-Br., Rdbr. Rundbrief.
Rd.-Erl., RdErl. Runderlaß.
Rdf. Radfahrer; Rundfunk.
RDir., R.-Dir. Regierungsdirektor.
R.d.K. Rat des Kreises (*DDR*).
RDM Ring Deutscher Makler.
Rdn. Randnotiz; Runden *pl.*
RDO Rhein-Donau-Ölleitung.
RDS Ring Deutscher Siedler.
Rdsch. Rundschau (*a journal*).
Rd.-Schr., Rdschr. Rundschreiben.
RE *econ.* Rechnungseinheit; Rechtsentscheid(ung); Referentenentwurf; Regierungsentschließung, -entwurf; *metall.* Roheisen; Rückerstattung; *tech.* Rundeisen.
Re (*computer*) Rechner; *tech.* Regler; *chem.* Rhenium.
Re. *econ.* Rimesse.
REA (*radio*) Richtempfangsantenne.
reakt. reaktionär; reaktivieren, -viert.
real. realisieren, -siert; realistisch.
Rec. (*Lat.*) *pharm.* recipe, nimm!
Rech. Recherche(n *pl*), Rechercheur.
rech. recherchieren, -chiert.
Rechn(g). *econ.* Rechnung.
Rechtf. Rechtfertigung.
rechtl. rechtlich; rechtlos.
Rechtsf. Rechtsfähigkeit; Rechtsfindung.
Rechtspfl. Rechtspflege(r).
Rechtspr. Rechtsprechung.
Rechtsspr. Rechtssprache.
Rechtsv. Rechtsverfahren.
rechtsw. rechtswidrig.
Red. Redakteur, -tion; Reduktion; Reduplikation.
red. redaktionell; redigieren, -giert; reduplizieren; reduzieren, -ziert.
Ref. Referat; Referendar; Referendum; Referent; Referenz; Reform; Reformation.
REFA *formerly* Reichsausschuß für Arbeitszeitermittlung, *then* Reichsausschuß für Arbeitsstudien, *now* Verband für Arbeitsstudien.
Refl. Reflektant; Reflektor; Reflex; Reflexion; *ling.* Reflexivum.
refl. reflektieren(d), reflektiert; reflektorisch; *ling.* reflexiv.
reform. reformatorisch; reformieren, -miert.
Reg. Regatta; Regeneration, Regenerator; *röm.kath.* Regens; Regent(schaft); Regierung; Regime; *mil.* Regiment; Region; Regisseur; Register, Registratur, Registrierung; *röm.kath.* Regular; Regulator; Regulierung.
reg. regenerieren, -riert; regieren; regional; registrieren, -striert; regulär; regulieren, -liert.
Reg.-Bd. Registerband.
Reg.-Bez. Regierungsbezirk.
Reg.-Bm(str). Regierungsbaumeister.
RegBR Regierungsbaurat.
Reg.-Dir. Regierungsdirektor.
regelm. regelmäßig.
Regl. Reglement(ierung).
Reg.-Nr. Registriernummer.
Reg.-Pr(äs). Regierungspräsident, -präsidium.
RegR Regierungsrat.
Regt. *mil.* Regiment.
reg. Wz. registriertes Warenzeichen.
Reiseg. Reisegeld; Reisegepäck.
Reisek. Reisekosten *pl.*
Rekl. *econ.* Reklamation; Reklame.
Rekr. *mil.* Rekrut.
Rel. *electr.* Relais; Relation; Relativität; Relegation; Relief; Religion; Relikt; *mar.* Reling; Reliquie.
rel. relativ(ieren); relevant; religiös.
Rem. Remedium.
Ren. Renaissance; Renommee; Renovierung; *econ.* Renumeration; Renunziation.
Reorg. Reorganisation.
Rep. Reparation(en *pl*); Reparatur; *econ.* Repartition; Repertoire; Repertorium; Repetent, Repetition, Repetitor; Report(age), Reporter; Republik(aner); *tech.* Repulsion; Reputation.
rep. reparieren, -riert; *econ.* repartieren, -tiert; repetieren, -tiert.
repbed. reparaturbedürftig.
Repr. Repräsentant, Repräsentation; Repressalien *pl*; Reprise; Reprivatisierung; Reproduktion; Reprographie.
RES, R.E.S. *med.* retikuloendotheliales System.
Res. *med.* Resektion; Reservat(ion); Reserve; *mil.* Reservist; Reservoir; Residenz; Resignation; Resistenz; Resolution; Resonanz; Resorbens, Resorption; Ressentiment; Ressort; Resultat; Resümee.
res. reservieren, -viert; residieren.
Resoz. Resozialisierung.
Resp. Respekt; *med.* Respiration; *relig.* Responsorium.
resp. respektabel, respektieren; respektive.
Ress. Ressort.
Rest. *econ.* Restant; *gastr.* Restaurant, -rateur; (*art*) Restauration, Restaurator, Restaurierung; *jur.* Restitution.
restl. restlich; restlos.
Ret. *relig.* Retabel; *mus.* Retardation; *chem.* Retorte; *phot.* Retusche.
Rev. Revanche; Revers; Revier; Revirement; Revision; Revisionismus, -nist; *econ.* Revokation; Revolte, Revolution(är); Revolver; Revue.
rev. reversibel; revidieren, -diert; revisionistisch; revoltieren; revolutionär.
Rez. Rezensent, Rezension; Rezept; Rezeption; Rezeptur; *jur.* Rezeß; *econ.* Rezession; Rezitation; *mus.* Rezitativ; Rezitator.
rez. *biol.* rezent; rezensieren, -siert; reziprok.
RF (*computer*) Rechnerfamilie; Reiseführer; (*Fr.*) République Française, Französische Republik; *pharm.* Rezeptformel(n *pl*); rheumatisches Fieber.
R.F. (*Fr.*) République Française, Französische Republik.
Rf. Radfahrer; Rechnungsführer; Riff; Rundfunk.
rf *relig.* evangelisch-reformiert.
rf. (*Ital.*) *mus.* rinforzando, stärker werdend.
RFF *aer. mar.* Richtfunkfeuer.
RFH *hist.* Reichsfinanzhof.
Rfn. Rufname; *tel.* Rufnummer.
Rfs. Rundfunksender.
RFT (*sport*) Reit- und Fahrturnier.
Rfz. *tel.* Rufzeichen.
rfz. (*Ital.*) *mus.* rinforzando, stärker werdend.
RG *med.* Rasselgeräusch(e *pl*); Rationalisierungsgemeinschaft; *psych.* Reaktionsgeschwindigkeit; Realgymnasium; Rechtsgeschichte; *hist.* Reichsgericht; *hist.* Reichsgesetz; Religionsgeschichte; Renngemeinschaft; Rudergemeinschaft, -gesellschaft.
Rg *metall.* Rotguß.
Rg. Rang; Rechnung; Regierung; Regie; Register; Ring.
Rg.-Bez. Regierungsbezirk.
RGE Rat der Gemeinden Europas.
RGeh., R.-Geh. Ruhegehalt.
RGK *psych.* Reaktionsgeschwindigkeitskonstante.
Ggl. Rangliste; Regel; Reglement; *tech.* Regler; Regulativ.
rglm. regelmäßig.
Rg.-Pr(äs). Regierungspräsident, -präsidium.
Rgstr. Register, Registratur.
Rgt. *mil.* Regiment.
RGW Rat für gegenseitige Wirtschaftshilfe (= *Engl. COMECON*).
RH *auto.* Haiti; *metall.* Rockwellhärte.
Rh *med.* Rhesusfaktor (positiv); *chem.* Rhodium.
Rh. *geogr.* Rhein; *math.* Rhombus.
r.H. *mus.* rechte Hand.
rh *med.* Rhesusfaktor (negativ).
rh. rheinisch; *math.* rhombisch.
rhet. rhetorisch.
rhfrk. rheinfränkisch.
RHG Rechnungshofgesetz; Rechtshilfegesetz; *hist.* Reichshaftpflichtgesetz.
Rhj. *econ.* Rechnungshalbjahr.
Rhld. *geogr.* Rheinland.
RHS *med.* retikulo-histiozytäres System.
RhZ *chem.* Rhodanzahl.
RI *auto.* Indonesien.
RIAS, Rias Rundfunk im amerikanischen Sektor (Berlin).
Richtl. Richtlinie(n *pl*).
RIM *auto.* Mauretanien.
Rim. *econ.* Rimesse.
R.I.P. (*Lat.*) requiescat in pace, er *od.* sie ruhe in Frieden!
rip. (*Ital.*) *mus.* ripieno, mit vollem Orchester.
rit. (*Ital.*) *mus.* ritardando, zögernd; (*Ital.*) *mus.* ritenuto, zurückhaltend.
Riv. Rivale, Rivalität; *geogr.* Riviera.
Rj. *econ.* Rechnungsjahr.
RK *hist.* Reichskanzler; *hist.* Reichskommissar; *jur.* Restitutionskammer; *mil. hist.* Ritterkreuz; Rotes Kreuz.
Rk. Rakete; Reisekosten *pl.*
rk, r.-k. römisch-katholisch.
RKDB Ring katholischer deutscher Burschenschaften.
rkr. rechtskräftig.
Rkt. Rakete; *mil.* Rekrut.
RKV Rahmenkollektivvertrag (*DDR*).
RKW Rationalisierungskuratorium der deutschen Wirtschaft.
RL *auto.* Libanon; Reallexikon; *econ.* Rechnungslegung; Richtlinien *pl.*
Rl Rial (*monetary unit of Iran*); Riyal (*monetary unit of Saudi-Arabia*).
RM *auto.* Madagaskar; Rechenmaschine; *econ.* Rechnungsmonat; *jur.* Rechtsmittel; *hist.* Reichsmarine; *hist.* Reichsmark; *hist.* Reichsminister(ium); *hist.* Rentenmark; *tech.* Richtmaß; *tech.* Rudermaschine.
Rm. Raum; *med.* Rückenmark.
R.m. Rücksprache mit.
RMC *auto.* Rallye Monte Carlo.
R.M.C. Radio Monte-Carlo.
RMedR Regierungsmedizinalrat.
RMG Rechtsmittelgesetz; *hist.* Reichsmilitärgericht.
RMM *auto.* Mali.
rm oR (*forestry*) Raummeter ohne Rinde.
RMR Rhein-Main-Rohrleitung.
RMSV Rad- und Motorsportverein.
RN Rechtsnachfolge.
Rn *chem.* Radon.
R.-Nr. Rechnungsnummer; Registriernummer.
RNS *biol. chem.* Ribonukleinsäure.
RO (*computer*) Rechenoperation.
RÖ Rapsöl.
r.o. rechts oben.
ROA *mil.* Reserveoffizieranwärter.
ROG Raumordnungsgesetz.
ROI Regierungsoberinspektor.
Röm. *Bibl.* Römer.
rom. romanisch; romantisch.
röm. römisch.
röm.-kath. römisch-katholisch.
Röntg. *med.* Röntgenologe, -logie.
Rot. Rotation.
Rot.-Dr. *print.* Rotationsdruck.
rotw. *ling.* rotwelsch.
ROZ *tech.* Researchoktanzahl.
RP Regierungspräsident, -präsidium; Reisepaß; (*Fr.*) Réponse payée, Antwort bezahlt (*of telegrams*); Richtpunkt.
R.P. (*Lat.*) *röm.kath.* Reverendus Pater, Ehrwürdiger Vater.
Rp Rupiah (*monetary unit of Indonesia*).
Rp. Rappen (*monetary unit of Switzerland*); (*Lat.*) *pharm.* recipe, nimm!
RPfl., R.-Pfl. Rechtspflege(r).
Rp.-Fz. Raupenfahrzeug.
RPG Regionale Planungsgemeinschaft.
RPJ Ring Politischer Jugend.
RPL *auto.* Rheinland-Pfalz, Landesregierung und Landtag.
RPO *ped.* Reifeprüfungsordnung.
Rpr. *econ.* Rechnungsprüfer, -prüfung; Reproduktion; *econ.* Richtpreis.
RR Rechnungsrat; Regierungsrat; (*sport*) Ringrichter.

Rr. *med.* Rami *pl*; Richter.
RRP Rotterdam-Rhein-Pipeline.
RRV *mil.* rückwärtiger Rand des Verteidigungsraumes.
RS Rallye Sport; Rechtsschutz; *mil.* Rekrutenschule (*Switzerland*).
Rs *chem.* Reizstoff; *electr.* Relais.
Rs. Reise; Reserve; Rückseite; Rücksicht.
rs. rosa(farben).
Rsb. Reisebüro.
RSch. Realschule.
Rschr. Reinschrift.
RSFSR Russische Sozialistische Föderative Sowjetrepublik.
RSHA *hist.* Reichssicherheitshauptamt.
Rsl. Reiseleiter, -leitung.
RSM *auto.* Republik San Marino.
RSO Radio-Symphonie-Orchester (Berlin).
Rspr. Rechtsprechung; Rechtssprache; Richterspruch; Rücksprache.
RSQ *psych.* Reaktionssicherheitsquotient.
RSR *auto.* Rhodesien.
RStGB *hist.* Reichsstrafgesetzbuch.
Rsz. Resonanz.
RT Raumtemperatur; Regelungstechnik; *mar.* Registertonne; *hist.* Reichstag; *tech.* Rohteil.
R.T. Raumtemperatur.
Rt. Rente.
RTB (*Fr.*) Radiodiffusion-Télévision Belge (*Belgian radio and television company*).
RTI Rundfunktechnisches Institut.
RTL (*sport*) Riesentorlauf.
Rtm. *mil. hist.* Rittmeister.
Rtn. Rentner.
RTV Rahmentarifvertrag.
RU *auto.* Burundi; *med.* Reihenuntersuchung; Religionsunterricht; *med. tech.* Röntgenuntersuchung.
Ru *chem.* Ruthenium.
r.u. rechts unten.
RUB Ruhruniversität Bochum.
Rückf. Rückfahrt; Rückfall; Rückforderung; Rückführung.
Rückg. Rückgabe.
Rückl. *econ.* Rücklage(n *pl*); Rücklieferung.
Rückp. Rückporto.
Rücks. Rückseite; Rücksendung; Rücksicht.
Rückst. Rückstand; Rückstellung; *tech.* Rückstoß.
Rückv(ers). Rückversicherung.
rückw. rückwärtig; rückwärts; rückwirkend.
Rückz. Rückzahlung; Rückzieher; *mil.* Rückzug.
rum(än). rumänisch.
Rundf. Rundfunk.
RundfG Rundfunkgesetz.
russ. russisch.
RV Radfahrerverein; Rahmenvertrag; Redakteur-, Redaktionsversammlung; Rechtsverordnung; Regattaverein; *hist.* Reichsverfassung; Reiterverein; Rentenversicherung; Rodelverein; Ruderverband, -verein; *tech.* Rückschlagventil; Rückversicherung.
R.v. Rücksendung vorbehalten.
Rvj. *econ.* Rechnungsvierteljahr.
RVO Rechtsverordnung; Reichsversicherungsordnung.
RW *electr.* Regelwiderstand; *econ.* Rückkaufwert.
RWA *auto.* Ruanda.
RWB Rechtswörterbuch.
RWE Rheinisch-Westfälisches Elektrizitätswerk AG.
RWG Richterwahlgesetz.
RWI Rheinisch-Westfälisches Institut für Wirtschaftsforschung.
RWL *auto.* Nordrhein-Westfalen, Landesregierung und Landtag.
RWST (*computer*) Rechenwerksteuerung.
RZ (*computer*) Rechenzentrum; Rentenzahlung; *bes. chem.* Restzahl; *econ.* Restzahlung; Rückzahlung.
RZA Reichsbahnzentralamt (*DDR*); Rückzahlungsanweisung.
rzp. reziprok.
Rzpt. Rezept(ur).
rz(p)tpfl. *pharm.* rezeptpflichtig.
Rzs. Rezension; *econ.* Rezession.
Rzt. Rezensent; Rezept.

S

S *econ.* Saldo; *auto.* Salzburg; Schilling (*monetary unit of Austria*); Schnellbahn; Schnellbus; Schnellstraße; *auto.* Schweden; *med.* Sehleistung, -schärfe; Sen (*monetary unit of Japan*); *electr.* Siemens; Sonderklasse; Spezial; Sport; Springer (*in chess*); *auto.* Stuttgart; *mus.* Subdominante; Süd(en); *chem.* Sulfur, Schwefel; Super.
S. Sache; *geogr.* Sachsen; San, Sankt, Sant', Santa, Santo, Sao (*in geographical names etc*); Seine (*e.g.* Exzellenz *etc*); Seite; Senat; Sender; Serie; Silber; Sirup; Sohn; Soll; Solo; Sommer; *mus.* Sopran; Sortiment; Summa, Summe; Symmetrie.
S/. Sol (*monetary unit of Peru*).
s Sekunde.
s. sachlich; sächlich; schwarz; schwer; sein; seit; sich; siehe!; (*Lat.*) sine, ohne; solo; symmetrisch.
s/. Sucre (*monetary unit of Ecuador*).
SA *tech.* Sammelanschluß; *econ.* Sammelauftrag; Schlichtungsausschuß; Sicherheitsabstand; *print.* Sonderabdruck, -ausgabe; Sonderausschuß; Sonnenaufgang; Sozialamt; *hist.* (*in NS-Zeit*) Sturmabteilung.
S.A. *mil.* Sanitätsabteilung; (*Span.*) Sociedad Anónima, (*Ital.*) Societá Anonima, (*Fr.*) Société Anonyme, Aktiengesellschaft.
Sa. *geogr.* Sachsen; Sammler, Sammlung; Samstag; *ling.* Sanskrit; Sonnabend; Summa.
s.a. siehe auch; (*Lat.*) sine anno, ohne Jahr(esangabe) (*of books*).
SAA Schweizerische Astronautische Arbeitsgemeinschaft.
Sab. Sabotage, Saboteur.
SABA, Saba (*TM*) Schwarzwälder Apparatebauanstalt.
SABENA, Sabena (*Fr.*) Société Anonyme Belge d'Exploitation de la Navigation Aérienne (*Belgian airline*).
SAC Schweizer Alpen-Club.
Sachb. Sachbearbeiter; Sachbuch.
sachk. sachkundig.
sächs. sächsisch.
Sachv. Sachverhalt; Sachverständige.
s.a.e.l. (*Lat.*) sine anno et loco, ohne Jahr(es-) und Ort(sangabe) (*of books*).
SAI Sozialistische Arbeiterinternationale.
SAJ Sozialistische Arbeiterjugend.
SAJV Schweizerische Arbeitsgemeinschaft der Jugendverbände.
Sakr. *relig.* Sakrament.
SAKS Schweizerische Arbeitsgemeinschaft katholischer Studenten.
SAL *auto.* Saarland, Landesregierung und Landtag.
Sal. *röm.kath.* Salesianer; Saline.
Samml. Sammlung.
San. Sanatorium; Sanierung; Sanitäter.
san. sanitär.
Sanat. Sanatorium.
Sani *bes. mil. colloq.* Sanitäter.
Sanka *bes. mil. colloq.* Sanitätskraftwagen.
Sa.-Nr. *tel.* Sammelnummer.
San.-R. Sanitätsrat.
sanskr. *ling.* Sanskrit.
SAR Schweizerischer Autorennsportclub.
s.a.S. siehe auch Seite!
SASV Schweizerischer Akademischer Sportverband.
sat. (*paper, leather*) satiniert; *chem.* saturiert.
SATUS Schweizerischer Arbeiter-Turn- und Sportverein.
S.-Auftr. *econ.* Sammelauftrag.
Sax. Saxophon(ist).
SaZ *mil.* Soldat auf Zeit.
SB Sammelband; Sammelbegriff, -bezeichnung; Schachbund; Schülerbund; Schutzbereich; *econ.* Selbstbedienung; *econ.* Selbstbehalt, -beteiligung; Sonderbericht; Sonderbezeichnung; Staats-, Stadtbibliothek.
Sb (*Lat.*) *chem.* Stibium, Antimon.
Sb. Sachbearbeiter; Schaubild; Sitzungsbericht; Sonderband (*book*); Sonderbericht.
s.B. südliche(r) Breite.
sb *phys.* Stilb.
s.b. siehe bei!
SBA Straßenbauamt; Straßenbeauftragte (*DDR*).
S-Bahn Stadtbahn.
SBB Schweizerische Bundesbahnen *pl.*
Sbb. Sitzungsberichte *pl.*
Sbd. Sammelband; Sonderband (*book*); Sonnabend.
SBE Sonderberichterstatter, -erstattung.
SBG Schweizerische Bankgesellschaft; Schwerbeschädigtengesetz; Seeberufsgenossenschaft.
SBJ Schweizerischer Bund für Jugendherbergen.
SBK Schweizerische Beleuchtungskommission; Spezialbaukombinat (*DDR*); *tech.* Styrol-Butadien-Kautschuk.
SBN Schweizerischer Bund für Naturschutz; Standard-Buchnummer.
SBR Schweizerischer Bundesrat.
s.Br. südliche(r) Breite.
Sbst. Selbstbestimmung; *ling.* Substantiv; Substanz.
sbst. selbständig.
SBT Schiffbautechnik.
SBV *tech.* Säurebindungsvermögen (*of water*); Schweizerischer Baumeister-Verband.
SBVV Schweizerischer Buchhändler- und Verleger-Verein.
SBZ *hist.* Sowjetische Besatzungszone; Sozialistische Bildungszentrale (*Austria*).
SC Schlittschuhclub; Schwimmclub; Segel-, Seglerclub; Skiclub; Sportclub; (*computer*) Symbolcode.
S.C. Senioren-Convent (*of a students' society*).
Sc *chem.* Scandium.
sc. (*Lat.*) scilicet, nämlich; (*Lat.*) sculpsit, hat es gestochen; *med.* subkutan.
Sch. Schachtel; *electr.* Schalter, Schaltung; Scheck; Schein; Schiene(n *pl*); *jur.* Schöffe; *mar.* Schoner; (*forestry*) Schonung; Schornstein; Schuh(e *pl*); Schuldner; Schule, Schüler; Schutz; Schütze.
sch. scharf; schief; schön.
SchA Scheckamt; Schutzaufsicht.
Schallpl. Schallplatte.
Sch.-Aufs. Schulaufseher, -aufsicht; Schutzaufsicht.
Schdsr. Schiedsrichter.
Schem. Schema(tismus).
schem. schematisch.
scherz. (*Ital.*) *mus.* scherzando, heiter.
scherzh. scherzhaft.
SchG Scheckgesetz; Schiedsgericht.
Schiffb. Schiffbarkeit; Schiffbau.
SchK *electr.* Schaltkasten.
Schl. Schlacke; Schlamm; Schlange; Schlauch; Schleife; Schlepper; Schleuse; Schlichtung; Schlick; *tech.* Schliff; Schlitten; Schloß; Schlucht; Schluß.
schl. schlank; schlecht; schleichen(d); schließen; schließlich.
SchlA Schlichtungsausschuß.
Schl.-Betr. Schlußbetrachtung; *econ.* Schlußbetrag.
schl. erh. schlecht erhalten.
Schl.-Nr. Schlüsselnummer.
Schm. *jur.* Schiedsmann; Schmied(e); *tech.* Schmierung; Schmuggel, Schmuggler.
Schmp. *phys.* Schmelzpunkt.
Schn. Schnecken *pl*; Schneider(ei); Schneise; Schnitt.
Schn.-P., Schnp. Schnittpunkt.
SchöffG Schöffengericht.
schott. schottisch.
SchP Schutzpolizei.
Schp. Schwerpunkt.
Sch.-Pl. Schießplatz.

SchR Schulrat.
Schr. Schrank; Schranke; Schraube; Schreiben, Schreiber, Schreibung, Schrift(en *pl*).
Schriftf. Schriftführer.
Schriftl. Schriftleiter, -leitung.
schriftl. schriftlich.
Schrifts. Schriftsetzer.
Schriftst. Schriftsteller(ei).
Schr.-R. Schriftenreihe.
Schubf. Schubfach; *tech.* Schubfestigkeit.
Schufa *econ.* Schutzgemeinschaft für allgemeine Kreditsicherung.
Schußw. Schußwaffe; Schußweite.
Schw. Schwabe, *geogr.* Schwaben; Schwäche, Schwächung; Schwager; Schwank; Schwankung(en *pl*); Schwanz; Schwarm; Schwarte; *geogr.* Schwarzwald; Schwede, *geogr.* Schweden; *chem.* Schwefel; *tech.* Schweißen, Schweißer; *geogr.* Schweiz, Schweizer; Schwelle; Schwellung; Schwenkung; Schwert; Schwester; Schwimmen, Schwimmer; Schwingung; *econ.* Schwund.
Sch.-W. Schätzwert; Schaumwein; Scheinwerfer; Schiffswerft.
schw. schwäbisch; schwach; schwanken(d); schwarz; schweben(d); schwedisch; schweißen; schweizerisch; schwenken; schwer; schwierig; schwingen(d); schwül.
schwb. schwäbisch.
schwed. schwedisch.
schweiz. schweizerisch.
Schwerb(esch). Schwerbeschädigte.
schwerl. schwerlich; *chem.* schwerlöslich.
SchwG Schwurgericht.
Schwg. *tech.* Schwingung.
Schwldbd. Schweinsleder(ein)band (*of books*).
Schwp. Schwerpunkt.
Schw.-V(bd). Schwimmverband.
Sch.-Z. Schutzzoll.
scil. (*Lat.*) scilicet, nämlich.
s.c.l. (*Lat.*) summa cum laude, mit höchstem Lob.
SCNL (*Fr.*) Société Nationale des Chemins de Fer Luxembourgeois, Luxemburgische Staatsbahnen *pl.*
SCSV Schweizerische Christliche Studentenvereinigung.
SD Sicherheitsdienst; Sonderdienst; *print.* Sonderdruck; Sonntagsdienst; *med.* Standarddeviation; Subdirektion; *auto.* Swasiland; *med.* Systolendauer.
S.D. *hist.* Seine(r) Durchlaucht.
sd. seitdem; siedend; süddeutsch.
s.d. siehe dies; siehe dort.
SDA Schweizerische Depeschenagentur.
SDAJ Sozialistische Deutsche Arbeiterjugend.
Sd.-Ausf. *econ. tech.* Sonderausführung.
Sd.-Ausg. Sonderausgabe (*of books*).
Sd.-Ausst. Sonderausstattung.
SdB Sonderbericht(erstatter); Sonderbezeichnung.
Sd.-Bd., Sdbd. Sonderband (*book*).
Sdg. Sendung.
sdl. südlich.
Sdp. (*radio*) Sendepause; *phys.* Siedepunkt.
SDR Süddeutscher Rundfunk.
SDS Schutzverband Deutscher Schriftsteller; Schweizerischer Damen-Skiklub; Sprachatlas der deutschen Schweiz; (*Lat.*) *röm.kath.* Societatis Divini Salvatoris, von der Gesellschaft vom Göttlichen Heiland, Salvatorianer; Sozialistischer Deutscher Studentenbund.
S. Durchl. *hist.* Seine(r) Durchlaucht.
SDV Sonderdienstvertrag.
SDW Schutzgemeinschaft Deutscher Wald; Stifterverband für die Deutsche Wissenschaft.
Sdz (*railway*) Sonderzug.
SE *tech.* elektrische Schweißung; *electr.* Schaltelement; *tech.* Schweißeisen; *phys.* Sekundärelektron; *phys.* Sekundäremission; (*radio*) Senderempfänger, Sende- und Empfangsgerät.
S.E. *röm.kath.* Seine Eminenz; Seine Exzellenz.
Se *chem.* Selen; (*radio*) Sender, Sendung; (*computer*) Systemeinheit.
Se. Seine (*e.g.* Exzellenz *etc*); Summe.
SEA Aktionsausschuß Sichere Elektrizitätsanwendung; (*sport*) Spieleinnahmeabgabe; *electr.* Stromerzeugeraggregat.
sec *math.* Sekans; Sekunde.
SECAM, Secam (*Fr.*) sequentielle à mémoire (*French colo[u]r television system*).
SED Sozialistische Einheitspartei Deutschlands (*DDR*).
Se.E. *röm.kath.* Seine Eminenz; Seine Exzellenz.
Seef. Seefahrt.
seef. seefertig; seefest.
Seeh. Seehafen; Seehandel.
Seek. Seekarte; Seekunde.
seekr. seekrank.
Seels. Seelsorge(r).
Seem. Seemann; *mil.* Seemine; Seemole.
seem. seemännisch.
Seevers. Seeversicherung.
Seew. Seewarte; Seewasser; Seewesen.
seew. seewärts.
SEF *phys.* Sekundäremissionsfaktor.
Sehkr. *med.* Sehkraft.
seitw. seitwärts.
Sek. *math.* Sekante; *ped.* Sekunda(ner); Sekundant; Sekunde.
sek Sekunde.
Se.Kgl.H. Seine Königliche Hoheit.
Se.K.H. Seine Kaiserliche Hoheit.
Sekr. Sekretär, Sekretariat, Sekretärin; *med.* Sekretion.
Sekt. Sektion; Sektor.
SEL (*TM*) Standard Elektrik Lorenz AG; *phys.* Summeneinflußlinie.
sel. selig.
selbst. selbständig.
Selbstf. *auto.* Selbstfahrer.
selbstv(erst). selbstverständlich.
S.Em. *röm.kath.* Seine Eminenz.
Se.M. Seine Majestät.
Sem. *ling.* Semantik, Semasiologie; Semester; Seminar(ist); *med.* Semiologie, *psych. med.* Semiotik.
sem. *ling.* semantisch, semasiologisch; semitisch; (*Ital.*) *mus.* sempre, immer.
Sen. Senat(or); Senior(en *pl*).
sen. senegal(es)isch; (*Lat.*) senior, der Ältere, älter.
seneg. senegal(es)isch.
SenG Senatsgesetz.
senkr. senkrecht.
Senkr.-St. *aer.* Senkrechtstarter.
sens. sensationell; sensibel; *philos.* sensualistisch.
Sep. Separation, Separatist.
sep. separat.
SEPL Südeuropäische Pipeline.
Sept. September; *relig.* Septuagesima; *Bibl.* Septuaginta.
Seq. Sequenz; *econ. med.* Sequester, *econ.* Sequestration.
seq. (*Lat.*) sequens, folgend.
seqq. (*Lat.*) sequentes, folgende *pl.*
Ser. Serie; *print.* Serife(n *pl*).
serb. serbisch.
Ser.-Nr. Seriennummer.
Serv. Service; Serviette; *jur.* Servitut.
Servol. *auto.* Servolenkung.
SES *tech.* Standardliste für Eisen und Stahl.
SEU (*radio*) Sender-Empfänger-Umformer.
SEV Schweizerischer Eisenbahnerverband; Schweizerischer Elektrotechnischer Verein; *phys.* Sekundärelektronenvervielfacher; (*radio*) Sendereingangsverstärker; Süddeutsche Eisenhandelsvereinigung.
SEW Sozialistische Einheitspartei West-Berlin.
sex. sexuell.
Sext. *ped.* Sexta(ner); *mar.* Sextant.
Sez. Sezession; *med.* Sezierung.
sez. *med.* sezieren, seziert.
SF *auto.* Finnland; *tech.* Saugfähigkeit; *econ.* Schadenfreiheit(sklasse); Schließfach; Seefunk; *auto.* Selbstfahrer; *econ.* Selbstfinanzierung; *electr.* Signalfrequenz; Sonnenfinsternis; Sportfischer; (*computer*) Systemfamilie.
s.F. soziale Fürsorge.
sf (*Ital.*) *mus.* sforzando, sforzato, verstärkt.
sf. seefest.
SFB Seefahrtbuch; Sender Freies Berlin; Sozialer Frauenbund.
SFF (*Ital.*) Strade Ferrate Federale, Schweizerische Bundesbahnen.
SFG Segelflug-Funksprechgerät; Siedlungsförderungsgesetz; Studien- und Förderungsgesellschaft.
SFJ Sozial-, Familien- und Jugendrecht.
SFK *aer.* selbstgesteuerter *od.* selbststeuernder Flugkörper.
Sfk. Seefunk.
SFL *mil.* Selbstfahrlafette.
Sfl. Segelflieger, -flug.
SFO Seefrachtordnung.
SFR *econ.* Schadenfreiheitsrabatt.
sFr., sfr. Schweizer Franken (*monetary unit*).
SFRJ Sozialistische Föderative Republik Jugoslawien.
SFV Schweizerischer Fußballverband; Segelflugverein.
sfz. (*Ital.*) *mus.* sforzando, sforzato, verstärkt.
SG Schülergemeinschaft; *med.* Senkungsgeschwindigkeit; Soldatengesetz; Sozialgericht; Sportgemeinschaft; Studiengesellschaft.
Sg (*railway*) Schnellgüterzug.
Sg. Sachgebiet; (*railway*) Schnellgut; Seitengebäude; *ling.* Singular.
S.g. Sehr geehrte(r) ...
s.g. so genannt.
SGA Schweizerische Gesellschaft für Automatik.
SGAE Studiengesellschaft für Atomenergie (*Austria*).
SGB Schweizerischer Gewerkschaftsbund.
s.g.e. sehr gut erhalten.
S.-Geb. Seitengebäude.
SGFF Schweizerische Gesellschaft für Familienforschung.
SGG Schweizerische Geologische Gesellschaft; Sozialgerichtsgesetz.
SGJ Schweizerische Gewerkschaftsjugend.
SGL Schulgewerkschaftsleitung (*DDR*).
SGP *auto.* Singapur.
SH *auto.* Schleswig-Holstein, Landesregierung und Landtag; Sommerhalbjahr.
S.H. Seine Hoch(ehr)würden *od.* Hochwohlgeboren *od.* Hoheit.
s.h. siehe hinten.
SHB Sozialdemokratischer Hochschulbund.
Shb. Seehandbuch.
SHS Schweizerischer Heimatschutz.
SHSN (*Fr.*) Société Helvétique des Sciences Naturelles, Schweizerische Gesellschaft für Naturwissenschaften.
SHV Schweizer Hotelier-Verein; Süddeutscher Handballverband.
SHZ Sulfathüttenzement.
SI Sicherheitsingenieur.
Si *electr.* Sicherung; *chem.* Silizium.
SIA Schweizerischer Ingenieur- und Architekten-Verein.
Sial *geol.* Silizium + Aluminium.
siam. siamesisch.
Sib. *geogr.* Sibirien, Sibirier.
Sich. Sicherheit; Sicherung.
sich. sicherlich; sichern.
Sichtv. Sichtvermerk.
Sichtw. *econ.* Sichtwechsel; Sichtweite; *econ.* Sichtwerbung.
Sig. Signal; Signatur.
sig. signiert.
Sign. Signal; Signatur; Signum.
sign. signiert.
SIK *electr.* Selbstinduktionskoeffizient.
Sim. *tech.* Simulation, Simulator.
Sima *geol.* Silizium + Magnesium.
sin *math.* Sinus.
Sinf. *mus.* Sinfonie, Sinfoniker.
sinf. *mus.* sinfonisch.
Sing. *geogr.* Singapur; *ling.* Singular.
sing. singulär; *ling.* singularisch.
sinng(em). sinngemäß.
Sipo *hist.* Sicherheitspolizei.
Sir. Sirene; Sirup.
SIS Staatliche Ingenieurschule.
Sit. Situation.
Sittl. Sittlichkeit.
sittl. sittlich.
Sitz.-Ber. Sitzungsbericht.
Sitz.-Pr. Sitzungsprotokoll.
SIZ Selbstkontrolle Illustrierter Zeitschriften.
SJ (*Lat.*) Societatis Jesu, von der Gesellschaft Jesu, Jesuit; Sozialistische Jugend.
SJH Schweizerische Jugendherberge.
SJW Soziales Jugendwerk.
SK Sanitätskolonne; *auto.* Sarawak; *electr.* Schaltkasten; *electr.* Schaltkontakt; Schützenklub; Schwimmklub; *tech.* Sechskant; Segelklub; *tech.* Segerkegel; Seglerklub; Skiklub; Sonderkommission; Sonderkorrespondent; Sportklub; *tech.* Synthesekautschuk.

Sk. Skala; Skizze; *econ.* Skonto.
sk. sachkundig; *med.* subkutan.
Skand. *geogr.* Skandinavien, Skandinavier.
skand. *metr.* skandierend; skandinavisch.
SKB Steinkohlenbergwerk.
SKE *tech.* Steinkohleneinheit.
SKG Schweizerische Kriminalistische Gesellschaft.
S.Kgl.H. Seine Königliche Hoheit.
SKGV Schweizerischer Katholischer Gesellenverein.
S.K.H. Seine Kaiserliche Hoheit.
SKIV Schweizerischer Kulturingenieurverein.
SKJV Schweizerischer Katholischer Jungmannschaftsverband.
SKK *hist.* Sowjetische Kontrollkommission (in Deutschland); Sportkegelklub.
skr schwedische Krone (*monetary unit*).
skr. *ling.* sanskritisch; *ling.* serbokroatisch.
Skt *tech.* Skalenteil.
Skt. Sankt; Sektion; Sektor.
S.k.u.k.H. Seine kaiserliche und königliche Hoheit.
SKV Schweizerischer Kaufmännischer Verein; Schweizer Kegler-Vereinigung; Studentische Krankenversorgung.
SL Schriftleiter, -leitung; *aer.* Seitenleitwerk; Sudetendeutsche Landsmannschaft.
s.l. (*Lat.*) sine loco, ohne Ort(sangabe) (*of books*).
slaw. slawisch.
SLB *aer.* Start- und Landebahn.
s.l.e.a. (*Lat.*) sine loco et anno, ohne Ort(s-) und Jahr(esangabe) (*of books*).
Slg(n). Sammlung(en *pl*).
SLL Schweizerischer Landesverband für Leibesübungen.
s.l.l. *chem.* sehr leicht löslich.
Slow. Slowake, *geogr.* Slowakei; Slowene, *geogr.* Slowenien.
SLRG Schweizerische Lebensrettungsgesellschaft.
SLV Schweißtechnische Lehr- und Versuchsanstalt; Schweizerischer Landwirtschaftlicher Verein.
SM Saarmesse; Schreibmaschine; *tech.* Siemens-Martin-...; Sortiermaschine; *tech.* Synchronmotor.
S.M. Seine Majestät.
Sm *chem.* Samarium.
Sm. Saum.
sm Seemeile.
sm. (*Ital.*) *mus.* smorzando, ersterbend.
s.m. (*Ital.*) *mus.* sinistra mano, mit der linken Hand.
SMA(D) *hist.* Sowjetische Militäradministration (in Deutschland).
SME *auto.* Suriname, Niederländisch-Guayana.
SMG *ped.* Schülermitgestaltung.
sMG *mil.* schweres Maschinengewehr.
smorz. (*Ital.*) *mus.* smorzando, ersterbend.
Smp. *phys.* Schmelzpunkt.
SMR Schweizerischer Motorrad-Rennsportklub.
S.M.S. *hist.* Seiner Majestät Schiff.
SMUV Schweizerischer Metall- und Uhrenarbeiterverband.
SMV Schülermitverwaltung; *hist.* Sowjetische Militärverwaltung (in Deutschland); *hist.* Sowjetische Mineralölverwaltung (*Austria*).
SN *auto.* Senegal.
Sn (*Lat.*) *chem.* Stannum, Zinn.
SNB *hist.* Sowjetisches Nachrichtenbüro.
SnBz *metall.* Zinnbronze.
SNCB (*Fr.*) Société Nationale des Chemins de Fer Belge, Belgische Staatsbahnen *pl.*
SNCF (*Fr.*) Société Nationale des Chemins de Fer Français, Französische Staatsbahnen *pl.*
SNCL Société Nationale des Chemins de Fer Luxembourgeois, Luxemburgische Staatsbahnen *pl.*
S.n.P. (*sport*) Sieger nach Punkten.
S.-Nr. *tel.* Sammelnummer; Seriennummer.
SNV Schweizerische Normenvereinigung.
SO Seemannsordnung; Südost(en).
So. Sonder-; Sonntag.
so. sonntags.
sö. südöstlich.
s.o. siehe oben.
SOC Schweizerisches Olympisches Comitee.
SOCist., S.O.Cist. (*Lat.*) *röm.kath.* Sacer Ordo Cisterciensis, Heiliger Zisterzienserorden.
sod. sodann.
sof. sofern; sofort(ig).
SOG Gesetz über die öffentliche Sicherheit und Ordnung.
sog(en). sogenannt.
Sol. Solidarität; Solidität; Solist; (*Lat.*) solutio, *pharm.* Lösung, *med.* Ablösung.
sol. solange; solidarisch; solide.
solv. solvent.
som(al). somalisch.
Son. *mus.* Sonate; (*literature*) Sonett.
sonst. sonstige(s).
Sopr. *mus.* Sopran(istin).
Sort. Sortiment(er).
SOS (*Engl.*) save our ship, rettet unser Schiff, *od.* save our souls, rettet unsere Seelen.
sost(en). (*Ital.*) *mus.* sostenuto, getragen.
Soubr. (*theater*) Soubrette.
Sout. *relig.* Soutane; Souterrain.
Souv. Souverän(ität).
souv. souverän.
sow. erl. soweit erlaubt; soweit erledigt.
sowj(et). sowjetisch.
SOZ *tech.* Straßenoktanzahl.
Soz. Sozialisierung, Sozialismus, -alist; Sozietät; Soziologe, -logie.
soz. sozial, sozialisieren, -siert, sozialistisch; soziologisch.
SozG Sozialgericht.
Soz.-Vers. Sozialversicherung.
SP Schiffspeilung; *mil.* Schützenpanzer; Seitenpeilung; *phys.* Siedepunkt; *auto.* Somalia; Sozialdemokratische Partei; Südpol.
Sp *phys.* Siedepunkt.
Sp. *print.* Spalte; *geogr.* Spanien, Spanier, *ling.* Spanisch; Spannung; Spediteur, Spedition; Speicher; Sperre; Sperrung; Spezial-; Spiel, Spieler; Sport, Sportler; Spule; Spur(en *pl*).
sp. spanisch; später; (*Lat.*) *biol.* species, Art; sperrig; speziell; spezifisch; spielend; spürbar.
SPA Sonderpostamt.
Sp.-A. Sportabzeichen; Sportanzug.
Sp.-Abz. Sportabzeichen.
span. spanisch.
Spark. Sparkasse; Sparkonto.
SPB Schweizerischer Pfadfinderbund.
SpB, Sp.-B. Spar(kassen)buch; Spielbank.
SPD Sozialdemokratische Partei Deutschlands.
Spd. Spritzdose, Sprühdose.
spec. (*Lat.*) *biol.* species, Art.
Sped. Spediteur; Spedition.
Spek. Spekulation.
spek. spekulativ; spekulieren.
Spez. Spezialist; Spezialität.
spez. speziell; spezifisch; spezifiziert.
Spez.-Ausf. *tech.* Spezialausführung.
spez.Gew. *phys.* spezifisches Gewicht.
spez.W. *phys.* spezifische Wärme.
spf. *econ.* superfein.
Sp.-Fl. Spezialflasche; *aer.* Spezialflugzeug; Sportflieger, -flugzeug.
Spfl. Spritz-, Sprühflasche.
Spfr(de). Sportfreund(e *pl*).
sp.G(ew). *phys.* spezifisches Gewicht.
sph. *math.* sphärisch.
Spielz. Spielzeug.
SPIO, Spio Spitzenorganisation der deutschen Filmwirtschaft.
Spir. Spirale; Spiritismus, -tist; Spirituosen *pl*; Spiritus.
spir. spiralenförmig, spiralig; spiritistisch; spirituell; (*Ital.*) *mus.* spirituoso, feurig-lebhaft.
SPK Sozialdemokratische Presse-Korrespondenz; Staatliche Plankommission (*DDR*).
SpK Sparkasse.
Sp.-K. Spezialkarte (*map*); Spielkarte(n *pl*).
Spk. Sparkasse.
SPkt. (*postal service*) Schnellpaket.
Spl. Splitt; Splitter; Supplement.
SPÖ Sozialistische Partei Österreichs.
SPOGA, Spoga Internationale Fachmesse für Sportartikel, Campingbedarf und Gartenmöbel.
Sportfr. Sportfreunde *pl.*
Sp.-Pl. (*theater*) *etc* Spielplan; Spielplatz; Sportplatz.
S.P.Q.R. (*Lat.*) *hist.* Senatus Populusque Romanus, Senat und Volk von Rom.
Spr. Sprache; Sprecher; Sprengel; Sprengung; Spruch.
spr. sprachlich; sprechen; spreizen; sprengen; sprich!; springen; spritzen; sprühen.
Sprachw(iss). Sprachwissenschaft(ler).
sprachw(iss). sprachwissenschaftlich.
Spr.-D. Spritz-, Sprühdose.
Sprd(r). *print.* Sperrdruck.
Spr.-Erz. Sprecherziehung.
Spr.-Fl. Spritzflasche.
Spr.-Gr. Sprachgrenze.
Sprk. Sprechkunde; Sprengkörper.
Spr.-Sch. (*sport*) Sprungschanze.
SPS Sozialdemokratische Partei der Schweiz; (*computer*) Symbol-Programm-System.
Sps. *med.* Sepsis.
Sp.-Sch. Sportschule.
SpST (*computer*) Speichersteuerung.
Sp.-St. Sperrstunde; Sportstudent, -studium.
SpSte (*computer*) Speicherstelle.
Sp.-V(erb). Spitzenverband.
sp.v(ol). *phys.* spezifisches Volumen.
Spvg(g). Spiel-, Sportvereinigung.
SPW *mil.* Schützenpanzerwagen.
SpW (*computer*) Speicherwerk.
Spw. Spannweite.
sp.W. *phys.* spezifische Wärme.
SPz *mil.* Schützenpanzer.
SpZ (*computer*) Speicherzelle.
SR Saarländischer Rundfunk; Sanitätsrat; (*computer*) Satellitenrechner; Schiedsrichter; (*radio*) Schweizerischer Rundspruchdienst; Senatsrat; *med.* Senkungsreaktion; Sicherheitsrat; *econ.* Sonderrabatt; Sozialistische Republik; *econ.* Summenrabatt.
Sr *chem.* Strontium.
Sr. Seiner (*z.B.* Exzellenz *etc*); (*Lat.*) Senior, der Ältere.
s.R. siehe Rückseite.
SRB Schweizerischer Radfahrer-Bund.
S.R.E. (*Lat.*) *röm.kath.* Sancta Romana Ecclesia, Heilige Römische Kirche.
SRFK Staatliches Rundfunkkomitee (*DDR*).
SRG Schweizerische Radio- und Fernsehgesellschaft.
S.R.I. (*Lat.*) *hist.* Sacrum Romanum Imperium, Heiliges Römisches Reich.
SRK Schweizerisches Rotes Kreuz; *mar.* Seenotrettungskreuzer; Staatliches Rundfunkkomitee (*DDR*).
SRP *hist.* Sozialistische Reichspartei.
SS (*space*) Satellitensystem; Scharfschütze; *hist.* (*in NS-Zeit*) Schutzstaffel; Sommersemester; Sprengstoff; *tech.* synthetischer Schmierstoff.
SS. (*Lat.*) Sanctae *od.* Sancti, die Heiligen; (*Lat.*) Sanctissimum, das Allerheiligste; Seiten *pl* (*of books*).
S.S. (*Lat.*) *Bibl.* Sancta Scriptura, Heilige Schrift; (*Lat.*) *röm.kath.* Sancta Sedes, Heiliger Stuhl; *mar.* Schraubenschiff; (*Lat.*) *röm.kath.* Sua Sanctitas, Seine Heiligkeit; (*Lat.*) Summa Summarum, alles in allem.
SSC Schwimmsportclub.
SSD *mil.* Schiffssicherungsdienst; Staatssicherheitsdienst (*DDR*); *auto.* Stahlschiebedach.
SSG Sauerstoffschutzgerät; Schulsportgemeinschaft.
Sskr. Subskription.
SSL *med.* Scheitel-Steiß-Länge.
SSO *mil.* Schiffssicherungsoffizier; Seestraßenordnung; Südsüdost(en).
ssö. südsüdöstlich.
SSR Seeschiffsregister; Sozialistische Sowjetrepublik.
SSS Segelschulschiff.
SSt., S.-St. Sammelstelle.
SSV Schweizerischer Schriftstellerverein; Schweizerischer Ski-Verband; Schweizerischer Städteverband; Sommerschlußverkauf; Sport- und Spielverein.
SSVO Strahlenschutzverordnung.
SSW Südschleswigscher Wählerverband; Südsüdwest(en).
ssw. südsüdwestlich.
ST Schiffstechnik; *mar.* Schnelltransport(er).
St. Sankt; Staat; *mil.* Stab; Stadion; Stadium; Stadt; *aer. mil.* Staffel; Stahl; *ling.* Stamm; Stand; Standard; Ständer; Stange; Stapel; Stärke; Start; Statik(er); Station; Statistik(er); Status; Statut; *electr.* Stekker; Stein; Stelle; Stellung; Steuer(n *pl*); Stift; Stil; *mus.* Stimme; Stimmung; Stock(werk); *meteor.* Stratus; Stück; Student;

Studie; Studio; Studium; Stufe; Stunde; Sturz; Stute.
st *astr.* Stunde.
st. *tech.* selbsttragend; staatlich; städtisch; stählern; ständig; stark; starr; stationär; statisch; statistisch; statt.
s.t. (*Lat.*) sine tempore, ohne (akademisches) Viertel, pünktlich.
Sta. (*Span., Portug.*) Santa, Heilige.
staatl. staatlich.
staatl. gen. staatlich genehmigt.
staatl. gepr. staatlich geprüft.
Stab. Stabilisator; Stabilität.
stacc. (*Ital.*) *mus.* staccato, gestoßen.
Stad. Stadion; Stadium.
städt. städtisch.
Stadtv(er). Stadtverordnete.
Stadtv(erw). Stadtverwaltung.
Staf. Stafette.
Staff. Staffage; Staffel(ung).
Stalu *metall.* Stahlaluminium.
Stand. Standard; Standarte; Standesamt.
ständ. ständig; ständisch.
St.-Ang. Staatsangehörige, -angehörigkeit; Staatsangestellte.
St.-Anl. Staatsanleihe.
St.-Anw. Staatsanwalt(schaft).
St.-Anz. Staatsanzeiger (*official gazette*).
St.-Arch. Staatsarchiv(ar); Stadtarchiv(ar).
St.-Ass. Studienassessor.
Stat. Station; Statist; Statistik(er); Stativ; *med. biol.* Statolith; Stator; *aer.* Statoskop; Statue; Statur; Status; Statut.
stat. stationär; stationieren, -niert; statisch; statistisch; statuarisch; statutarisch.
StatBA Statistisches Bundesamt.
stattl. stattlich.
StB Staatsbibliothek; Stadtbibliothek, -bücherei; Steuerbeamte; Steuerbescheid; Steuerbetrag; Steuerbilanz.
Stb. Staatsbibliothek; Stadtbibliothek, -bücherei; Stammbaum; Stammbuch; Steuerberater, -beratung; *mar.* Steuerbord; *med.* Stimmband.
St.-Ber. Steuerberater, -beratung; Steuerberechnung.
St.-Besch. Steuerbescheid.
St.-Bev. Steuerbevollmächtigte.
St.-Bez. Stadtbezirk; Steuerbezirk.
St.-Bibl. Staatsbibliothek; Stadtbibliothek.
Stckpr. Stückpreis.
Stckz. Stückzahl.
Std. Stand; Standard; Stunde.
std(g). ständig; -ständig.
Stdg. *econ.* Stundung.
St.-Dir. Stadtdirektor.
stdl. stündlich.
Stdn. Stunden *pl.*
STE (*computer*) Steuereinheit.
Ste (*Fr.*) Sainte, Heilige.
StEG Strafrechtsergänzungsgesetz (*DDR*).
Steig. Steigerung; Steigung.
Stell(g). Stellung.
Stellv. Stellvertreter, -vertretung.
stellv. stellvertretend.
Sten(ogr). Stenograph(ie).
sten(ogr). stenographisch.
Stenotyp. Stenotypist(in).
STEP Systematisches Training und Entscheidungsprogramm (der Bundesanstalt für Arbeit).
St.-Erm. Steuerermäßigung.
St.-Ex. Staatsexamen.
stf. steuerfrei.
StFB Staatlicher Forstwirtschaftsbetrieb (*DDR*).
St.-Fdg. Steuerfahndung.
stfr. steuerfrei.
St.-Frh. Steuerfreiheit.
STG Schiffsbautechnische Gesellschaft.
StG Staatsgesetz; *metall.* Stahlguß.
St.G. *econ.* Stiller Gesellschafter.
Stg *metall.* Stahlguß.
Stg. Sonntag; Steigerung; Steigung; Stellung; Steuerung.
stg. steigend.
-stg. -stimmig.
StGB Strafgesetzbuch.
STH *med.* somatotropes Hormon.
sth. *ling.* stimmhaft.
StI Steuerinspektor.
Stift. Stifter, Stiftung.
stil. stilisieren, -siert; stilistisch.
Still. (*art*) Stilleben; Stillegung.
St.-Insp. Steuerinspektor.
Stip. Stipendiat, Stipendium.
Stj. Sterbejahr; Steuerjahr.
StJA Stadtjugendamt.
St.Jb. Statistisches Jahrbuch.
StK *econ.* Stammkapital; Sterbekasse; *jur.* Strafkammer.
StK. Steuerkarte.
Stk. Steinkohle; Steuerkarte.
St(.-)Kl. Steuerklasse.
St.-Kr., Stkr. Stadtkreis.
St.-Kzl. Staatskanzlei.
stl. staatlich; *ling.* stimmlos.
StM Staatsminister(ium); (*computer*) Stellenmaschine.
Stm. *geogr.* Steiermark; *mar.* Steuermann.
Stmb. Stammbaum; Stammbuch.
Stmk. *geogr.* Steiermark.
St.-Nr. Steuernummer.
StO *mil.* Stabsoffizier; Städteordnung; Standort.
Sto. (*Span.*) Santo, Heilige.
StOK *mil.* Standortkommandantur.
STP (*computer*) Steuerprogramm.
Stp. *tech.* Steuerpult; Stützpunkt.
St.-Pers. Stammpersonal.
Stpfl. Steuerpflichtige.
stpfl. steuerpflichtig.
St.-Pl., Stpl. Stadtplan; Stehplatz; Stellenplan.
StPO Strafprozeßordnung.
St.-Pr. Staatspreis.
St.-Pr(äs). Staatspräsident.
StR Staatsrat; Staatsrecht; Stadtrat; Steuerrat; Steuerrecht; Studienrat.
Str. Strafe; Strahl(ung); Strand; Straße; Straßenbahn; Strauch; Strecke; *mus.* Streicher; Streife; Streifen; Streit; Strich; Strom; Strophe; Struktur.
str (*Ital.*) *mus.* stringendo, schneller werdend.
str. streitig, strittig.
Str.-A(nst). Strafanstalt.
Strab. Straßenbahn.
Strafr. Strafrecht; Strafrichter.
Strafs. Strafsache; Strafsenat.
Str.-Antr. Strafantrag.
Strat. Strategie; Stratosphäre.
strat. strategisch.
Str.-B. Straßenbahn; Straßenbau.
St.-Ref. Steuerreform; Studienreferendar.
str. geh. streng geheim.
string. (*Ital.*) *mus.* stringendo, schneller werdend.
StrK Strafkammer.
Str.-Kr. Straßenkreuzung.
Str.-Reg. Strafregister.
StrRG Gesetz zur Reform des Strafrechts.
Str.-Sen. Strafsenat.
Str.-V(ollstr). Strafvollstreckung.
Str.-V(ollz). Strafvollzug.
Str.-Verk. Straßenverkauf, -verkäufer.
StSi *metall.* Siliziumstahl.
StT Städtetag.
Stud. Student, Studie(n *pl*); Studierende, Studium.
stud. studentisch; studieren; (*Lat.*) studiosus, Student, Studierende.
Stud.-Ass. Studienassessor.
Stud.-Ref. Studienreferendar.
StUffz *mil.* Stabsunteroffizier.
STUVA Studiengesellschaft für unterirdische Verkehrsanlagen.
STV Schweizerischer Studentenverein; Schweizerischer Techniker-Verband; Schweizerischer Tonkünstlerverein.
StV Staatsvertrag; *mil.* Stabsveterinär; Stadtverwaltung; Stellvertreter, -vertretung; Straßenverkehr.
Stv. Stadtverordnete; Stellvertreter, -vertretung; Straßenverkehr.
stv. stellvertretend.
StVA Straßenverkehrsamt.
St.-Verw. Staatsverwaltung; Stadtverwaltung; Steuerverwaltung.
StVG Straßenverkehrsgesetz.
StVO Strafvollstreckungsordnung; Straßenverkehrsordnung.
StVR Straßenverkehrsrecht.
StVZO Straßenverkehrszulassungsordnung.
STW (*computer*) Steuerwerk.
StW *brew.* Stammwürzegehalt (*of beer*).
Stw. Staatswissenschaft(en *pl*); *ling.* Stammwort; Sternwarte.
SU Sonnenuntergang; Sowjetunion.
s.u. siehe unten; siehe unter.
Subd. *röm.kath.* Subdiakon.
Subj. Subjekt.
subj. subjektiv.
Subskr. Subskribent, Subskription.
Subskr.-Pr. Subskriptionspreis.
Subst. *ling.* Substantiv; Substanz; Substitut.
subst. *ling.* substantivieren, -viert, substantivisch.
Subtr. Subtraktion; Subtropen *pl.*
subtr. subtrahieren, -hiert; subtropisch.
Subv. Subvention(en *pl*); Subversion.
subv. subventionieren, -niert; subversiv.
sud(an). sudan(es)isch.
südd(t). süddeutsch.
südl. südlich.
südl.Br. südliche(r) Breite.
s.u.d.T. siehe unter dem Titel.
südw. südwärts; südwestlich.
sugg. suggerieren, -riert, suggestibel, suggestiv.
summ. summarisch.
Sup. *relig.* Superintendent; *röm.kath.* Superior; *ling.* Superlativ; Supermarkt.
Suppl.(-Bd.) Supplement(band).
Susp. Suspendierung, Suspension; *med.* Suspensorium.
SUVA, Suva Schweizerische Unfallversicherungsanstalt.
SV Sachverhalt; Sachverständige; Schachverband; Schülervereinigung; Schwimmverband, -verein; Seglerverein(igung); Selbstverwaltung; *jur.* Sicherungsverwahrung; (*computer*) Simultanverarbeitung; Skiverband; *econ.* Sondervermögen; Sonderverzeichnis; Sozialversicherung; Spielvereinigung; Sportverband, -verein(igung); Stifterverband.
s.v. siehe vorn; (*Ital.*) *mus.* sotto voce, gedämpft; (*Lat.*) sub verbo *od.* sub voce, unter dem (Stich)Wort.
SVA Sachverständigenausschuß; Sozialversicherungsanstalt; Straßenverkehrsamt.
sva. soviel als.
SVB Schweizerische Volksbibliothek.
SVD Schweizerische Vereinigung für Dokumentation; Straßenverkehrsdirektion.
SVDS Studentenverband Deutscher Seefahrtschulen.
S.-Verw. Selbstverwaltung.
SVI Studentenverband Deutscher Ingenieurschulen.
SVK Sozialversicherungskasse (*DDR*).
SVO *mil.* Schiffsversorgungsoffizier; Strahlenschutzverordnung.
SVP Saarländische Volkspartei; Südtiroler Volkspartei.
s.v.v. (*Lat.*) sit venia verbo, man verzeihe das Wort!
S.-Vw. Selbstverwaltung.
svw. sinnverwandt, soviel wie.
SVZ Schweizerische Verkehrszentrale.
SW Südwest(en).
SWB Schweizerischer Werkbund.
SWF Südwestfunk.
SWFD *tel.* Selbstwählferndienst.
s.w.h. siehe weiter hinten.
S.-Wk., Swk. Sammelwerk.
s.w.l. *chem.* sehr wenig löslich.
s.w.o. siehe weiter oben.
s.w.u. siehe weiter unten.
SWV Schweizerischer Wasserwirtschaftsverband.
s.w.v. siehe weiter vorn.
SY *auto.* Seychellen *pl.*
sym. symmetrisch.
symb. symbolisch.
symp. sympathetisch; sympathisch.
Symph. *mus.* Symphonie, Symphoniker.
symph. *mus.* symphonisch.
Syn. *relig.* Synagoge; *relig.* Synodale, Synode; *ling.* Synonym(ik); *Bibl.* Synopse, Synoptik(er).
syn. synonym(isch); synoptisch.
synchr. synchron(isch), synchronisieren, -siert; synchronistisch.
Synd. Syndikalismus, -list, Syndikat; *jur.* Syndikus.
synt. *ling.* syntaktisch.
synth. synthetisch.
SYR *auto.* Syrien.
syr. syrisch.
syst. systematisch; *med.* systolisch.
SZ *chem.* Säurezahl; Schlafzimmer; Sommerzeit; Süddeutsche Zeitung.
Sz. Seitenzahl; Sitzzahl; Szenerie.
s.Z. seinerzeit.
SZD *med.* Streuzusatzdosis.
SZH Schweizerische Zentrale für Handelsförderungen.
SZR *econ.* Sonderziehungsrechte *pl.*
szs. sozusagen.
s.Zt. seinerzeit.
SZV Schweizerischer Zeitungsverleger-Verband; Schweizerische Zentrale für Verkehrsförderungen.

T

T *tech.* Takt; *phys.* Tangentialkraft; *mil.* Tank; Tank(er), Tankschiff; Tankstelle; *econ.* Tara; *mar.* Tauchtiefe; Tausend; Taxe; *econ.* Taxkurs; Telefon; Telegraf(ie); Temperatur; *mus.* Tenor; Tera-; Termin; *phys.* Tesla; Test; *auto.* Thailand; *metall.* Thomasstahl; *meteor.* Tief, Tiefdruck(gebiet); *mar.* Tiefgang; *auto.* Tirol; Tonband(gerät); *mus.* Tonika; *med.* Tonikum; *tech.* Touren(zahl) *pl*; Touristenklasse; *tech.* Tragfähigkeit; *electr.* Transformator; *electr.* Transistor; Transport; (*railway*) Triebwagenzug; *chem.* Tritium; Turm; Typ(e), Typus.
T. Tag; *tech.* Takt; Tarif; Tasse; Tat; Tau; Taufe; Tausch; Tausend; Taxe; Technik; Teil; Teilung; Tempo; *mus.* Tenor; Termin; Testament; Text; Textilien *pl*; Titel; Tochter; (*Lat.*) Tomus, Band (*of books*); *med.* Tonikum; Tor; (*sport*) Torhüter; Tornister; Torpedo; (*sport*) Torwart; *tech.* Touren(zahl) *pl*; Tourist(en *pl*), Touristenklasse; Tür; Turbine; Turm; Turnen; Turnus; Typ(e), Typus.
t Temperatur; (*Lat.*) *phys.* tempus, Zeit; *mus.* Tenor; (*Ital.*) *mus.* tenuto, (aus)gehalten; Tonne (*weight*).
t. täglich; tariflich; technisch; tief; (*Lat.*) tomus, Band (*of books*); total; (*Ital.*) *mus.* tutti, alle.
TA Tarifangestellte; Taschen(buch)ausgabe; Technische Abteilung; Technische Akademie; Technischer Angestellter; Technischer Assistent; Technischer Ausschuß; Telegrammadresse; Telegraphenamt; Textausgabe; Tierarzt (*Austria*); *electr. tech.* Tonabnehmer.
T.A. Taschen(buch)ausgabe.
Ta Tanne; *chem.* Tantal; *econ.* Tara.
Ta. Tank(er); Tanz; Tasche; Tasse; Tastatur, Taste.
TAB Technische Aufsichtsbehörde, Technischer Aufsichtsbeamter; Technisches Außenbüro.
Tab. Tabak; Tabelle, Tabellierer; *röm. kath.* Tabernakel; Tabulator.
tab. tabellarisch.
Tabl. Tablett; *pharm.* Tablette(n *pl*).
Tab.-St. Tabaksteuer.
Tabu *colloq.* Taschenbuch.
Taf. Tafel.
tägl. täglich.
Ta.-Gr. Tarifgruppe.
TÄH Tierärztliche Hochschule (*Austria*).
TÄK Tierärztekammer.
takt. taktieren, taktisch.
taktl. taktlos.
taktv. taktvoll.
TAL Transalpine Ölleitung.
Talm. *relig.* Talmud; Talmulde.
Tam. Tamil, Tamile(n *pl*).
tam. tamilisch.
Tamb. Tambour.
TAN technisch begründete Arbeitsnorm [(*DDR*).]
tan *math.* Tangens.
Tang. Tangente.
tang. tangential; tangieren, tangiert.
Tans. *geogr.* Tansania, Tansanier.
tans. tansanisch.
Tant. Tantieme.
Tar. Tarif.
tar. tarif(ar)isch, tariflich.
Tar.-Gr. Tarifgruppe.
Tar.-Nr. Tarifnummer.
TarO, Tar.-Ord. Tarifordnung.
Tar.-Vertr. Tarifvertrag.
TASS Technische Arbeitsgemeinschaft für Schrift und Sprache (*Austria*); (*Russ.*) Telegrafnoje Agentstwo Sowetskogo Sojusa (*Soviet news agency*).
Tast. Tastatur.
TAT Transatlantisches Telefonkabel.
tat(ar). tatarisch.
Tats. Tatsache.
tats. tatsächlich.
Tax. Taxameter; Taxation, Taxator, Taxierung.
tax. taxieren, taxiert.
TB Tarifbestimmung(en *pl*); Tätigkeitsbericht; Technische Bestimmungen *pl*; Technischer Beamter; Technischer Bericht; Technisches Büro; Tennisbund; Touringbund; Turnerbund.
Tb *chem.* Terbium; *med.* Tuberkulose.
Tb. Taschenbuch; *jur.* Tatbestand; Taube; *mus.* Tuba; Tube.
TBA Telegraphenbauamt.
TbB Tuberkelbakterium.
Tbc *med.* Tuberkulose.
Tbk. *med.* Tuberkulose.
Tbl. *pharm.* Tablette; Titelblatt.
TBO Telegraphenbauordnung.
T-Boot *mil.* Torpedoboot.
TBR *med.* Trockenblutreaktion.
TBS Technische Betriebsschule (*DDR*).
TC Tennisclub; Touringclub; Touristenclub.
Tc *chem.* Technetium.
T.C.F. (*Fr.*) Touring-Club de France, Französischer Touringclub.
T.C.I. (*Ital.*) Touring-Club Italiano, Italienischer Touringclub.
T.C.S. (*Fr.*) Touring-Club de Suisse, Touringclub der Schweiz.
Tct., tct. (*Lat.*) *pharm.* tinctura, Tinktur.
TD *pharm.* Tagesdosis; *mar.* Tankdampfer; Technischer Dienst; Technischer Direktor; Testdaten *pl*; *med.* Tiefendosis; Transportdienst.
tD tunesischer Dinar (*monetary unit*).
TdL Tarifgemeinschaft der Länder.
TDM tausend Deutsche Mark.
tdu. *mil.* tropendienstuntauglich; *mil.* truppendienstuntauglich.
TDv. *mil.* Technische Dienstvorschrift.
TE Trennungsentschädigung.
Te *chem.* Tellur; *geogr.* Tessin; *med.* Tetanus; *econ.* Tratte.
Tech(n). Technik(er); Technikum.
techn. technisch; technologisch.
Technol. Technologie.
technol. technologisch.
TEE (*railway*) Trans-Europ-Express.
Teel. Teelöffel.
TEEM (*railway*) Trans-Europ-Express-Marchandises (*goods express train*).
TeG *metall.* Temperguß.
Teilh. *econ.* Teilhaber(schaft).
Teiln. Teilnahme, -nehmer.
teilw. teilweise.
Teilz. *econ.* Teilzahlung.
TEL Technische Einsatzleitung.
Tel. Telefon; Telegraf(ie), -gramm.
tel. telefonieren, -fonisch; telegen; telegrafieren, -grafisch.
telef. telefonieren, -fonisch.
Telegr. Telegrafie, -gramm.
telegr. telegrafisch.
Tel.-Nr. Telefonnummer.
Tel.-Sa.-Nr. Telefonsammelnummer.
Tel.-Verb. Telefonverbindung.
Tel.-Verz. Telefonverzeichnis.
Temp. Temperament; Temperatur.
temp. temperamentvoll; temperieren, -riert; *ling.* temporal; temporär.
ten. (*Ital.*) *mus.* tenuto, (aus)gehalten.
Tend. Tendenz.
tend. tendenziell; tendenziös; tendieren.
Term. Terminal; Terminierung; Terminologie, Terminus; *zo.* Termite(n *pl*).
term. terminieren, -niert; terminlich; terminologisch.
term. tech. (*Lat.*) terminus technicus, Fachausdruck.
Terr. Terrasse; Terrazzo; Territorium.
terr. territorial.
TerrRes *mil.* Territorialreserve.
Tert. *ped.* Tertia(ner); *geol.* Tertiär.
TES Turbinenelektroschiff.
Test. Testament; Testator; Testierung; *med.* Testikel; *jur.* Testimonium.
tetr. *math. chem.* tetragonal.
Tex. *geogr.* Texas.
Text. Texter; Textil(ien *pl*); *chem. tech.* Textur.
TEXTIMA Volkseigene Betriebe für Maschinen der Textil- und Bekleidungsindustrie (*DDR*).
TF *electr.* Trägerfrequenz; *mil.* Truppenführung.
TF-Boot Tragflächenboot.
Tfl. Tafel; Täfelung.
Tflg. Täfelung.
Tfm (*forestry*) tausend Festmeter.
TG Tagegeld; Tarifvertragsgesetz; Technische Grundsätze *pl*; Temperaturgrenze; Tennisgemeinschaft; Tierschutzgesetz; *auto.* Togo; Trennungsgeld; Turngemeinschaft.
Tg Telegraf(ie); *mar.* Tiefgang.
Tg. Tag; Tagung.
tg *math.* Tangens.
Tgb.(-Nr.) Tagebuch(nummer).
tgh *math.* Hyperbeltangens.
TGL Technische Geschäftsleitung; Technische Normen, Gütevorschriften und Lieferbedingungen (*DDR*).
tgl. täglich.
T.-Gr. Tarifgruppe.
Tgt. *math.* Tangente.
Tgw. Tagewerk (*surface measure*).
TH Technische Hochschule.
Th *chem.* Thorium.
Th. Theater; Thema; Theologe, -logie; Theorie; Therapie; Thermometer; *tech.* Thermostat; *geogr.* Thüringen.
thail(änd). thailändisch.
theatr. theatralisch.
them. thematisch.
theor. theoretisch.
ther(ap). therapeutisch.
Therm. Thermograph; Thermometer; *tech.* Thermostat.
therm. thermisch.
thermon. thermonuklear.
Thess. *Bibl.* Thessalonicher.
Th.-Sst. *metall.* Thomasstahl.
THTR *nucl.* Thorium-Hochtemperatur-Reaktor.
Thür. *geogr.* Thüringen, Thüringer.
thür. thüringisch.
THW Technisches Hilfswerk; Tidehochwasserstand.
Thw. Tidehochwasserstand.
TI Technische Inspektion; Technologisches Institut.
Ti *chem.* Titan.
Ti. *geogr.* Tirol, Tiroler; Tisch; Titel, Titulierung.
TIB Technische Informationsbibliothek [(Hannover).]
tib(et). tibet(an)isch.
TiH Tierärztliche Hochschule.
Tilg.(-R.) *econ.* Tilgung(srate).
Tim. *Bibl.* Timotheus.
Tir. *geogr.* Tirol, Tiroler.
Tit. Titel; *Bibl.* Titus.
tit. titulieren, -liert.
Tit.-Bisch. *röm.kath.* Titularbischof.
Tit.-Bl. Titelblatt.
TK Tarifkommission; Technische Kommission; technische Konstruktion; Technische Kurzbeschreibung; *phys.* Temperaturkoeffizient; *tech.* Totalkapazität.
Tk. Tank; Tonkunst.
TKK Tiefkühlkost.
Tkm tausend Kilometer.
tkm Tonnenkilometer.
t/km Tonnen pro Kilometer.
TKO Technische Kontrollorganisation (*DDR*).
Tkst. Tankstelle.
Tkw. Tankkraftwagen.
TL Tanklager; Taschenlampe; Technische Leitung; Technische Lieferbedingungen *pl*; Technischer Leiter; *tech.* Traglast; *aer.* Turbinen-Luftstrahltriebwerk; Turbolokomotive.
Tl *chem.* Thallium.
Tl. Teil.
t.l. *chem.* teilweise löslich.
Tle. Teile *pl.*
TLF Tanklöschfahrzeug.
-tlg. -teilig.
Tln. Teilnahme, -nehmer.
tlw. teilweise.
TM Technisches Museum (*Austria*); Tonmodulation; *tech.* Turbomotor.
Tm *chem.* Thulium.
tm Tonnenmeter.
tm. teilmotorisiert.
TMD *pharm.* Tagesmaximaldosis.
TME *nucl.* Tausendstelmasse(n)einheit.
T/min *tech.* Touren pro Minute.
TMS *mar.* Tankmotorschiff; *mar.* Turbinenmotorschiff.
TMÜ *anthrop.* Tier-Mensch-Übergangsfeld.
TN *econ.* Tagesnorm (*DDR*); Telefonnummer; *auto.* Tunesien.

TNT *chem.* Trinitrotoluol.
TO Tagesordnung; Tarifordnung; Technische Oberschule; *mil.* Technischer Offizier; *mil.* Transportoffizier.
tödl. tödlich.
tog. togoisch, togolesisch.
Toil. Toilette.
TÖK technisch-ökonomische Kennziffer (*DDR*).
TOM technisch-organisatorische Maßnahmen *pl* (*DDR*).
Tonn. *mar.* Tonnage.
Top. Topograph(ie); *math.* Topologie.
top(ogr). topographisch.
Torp. *mil.* Torpedo.
tot. total.
Totp. *tech.* Totpunkt.
TP *aer.* Testpilot; Testprogramm; *electr.* Tiefpaß; Triangulationspunkt, Trigonometrischer Punkt.
Tp. Temperatur; Tempo; Transport.
TPD Technischer Pressedienst.
TpM, T.p.M. *tech.* Touren pro Minute.
tpm *chem.* Transmutationen pro Minute.
TPN *chem. med.* Triphosphopyridinnukleotid.
tps *nucl.* Transmutationen pro Sekunde.
TQ *phot.* Tageslichtquotient.
TR Technische Richtlinien *pl*; (*theater, film*) *etc* Titelrolle; *auto.* Türkei.
Tr *electr.* Transformator.
Tr. Trab(er); Tracht; Tradition; Träger; Tragödie; (*sport*) Trainer, Training; Trakt; Traktor; Tran; Trance; Träne; Transit; Transistor; Transport; Trapez; Trasse; *econ.* Tratte; Trauer; Trauung; *mar.* Trawler; Treff(en); Trend; Trennung; Tresse; Trick; Trieb; *mus.* Triller; *mus.* Trio; *med.* Tripper; Triumph; Trommel; Trompete; Tropfen; Trophäe; Troß; Trost; Truhe; Trupp(e).
tr. tragbar; tragisch; trainieren, -niert; *ling.* transitiv; transportieren; treffen; trennen; *mus.* Triller; trivial; trocken; tropisch; trübe.
Trad. Tradition, Traditionalismus, -list.
trad. traditionell.
Trafo *electr.* Transformator.
Trag. Tragödie.
trag. tragisch.
tragb. tragbar.
Tragf. *tech.* Tragfähigkeit.
Tragkr. *tech.* Tragkraft.
Trans. Transaktion; Transit.
trans. *ling.* transitiv; transitorisch.
Transf. Transfer(ierung); *relig.* Transfiguration; Transformation, Transformierung; *med.* Transfusion.
transf. transferieren; transformieren.
Transkr. *ling. mus.* Transkription.
transkr. transkribieren, -biert.
Transl. Translation; *ling.* Transliteration; *biol.* Translokation.
transl. *ling.* transliterieren, -riert.
Transp. Transparent; Transparenz; Transpiration; *mus.* Transponierung; Transport(er), Transporteur; *mus.* Transposition.
transp. transparent; transpirieren; *mus.* transponieren; transportabel, transportieren.
Transpl. *bot. med.* Transplantat(ion).
transpl. *bot. med.* transplantieren, -tiert.
Trapo *colloq.* Transportpolizei (*DDR*).
Tr.-Arb. Transportarbeiter.
Trem. (*Ital.*) *mus.* Tremolo, Beben, Zittern.
trem. (*Ital.*) *mus.* tremolando, bebend, zitternd.
Tr.-G. *econ.* Transitgut.
Trgf. *tech.* Tragfähigkeit.
Trgkr. *tech.* Tragkraft.
Trgl. Traglast.
Trgw. Tragweite; *aer. civ.eng.* Tragwerk.
Tri *chem.* Trichloräthylen; *chem.* Trinatriumphosphat.
Trib. Tribunal; Tribüne; Tribut.
Trig. Trigonometrie.
trig. *math. chem.* trigonal; trigonometrisch.
Trik. Trikolore; Trikot(agen *pl*).
trikl. *chem.* triklin(isch).
trk. türkisch.
trop. tropisch.
Tr.-P. Treffpunkt.
Trp. Treffpunkt; Trompete(r); *tech.* Tropfpunkt.
Trsf. Transfer.
Trsp. Transpiration; Trauerspiel.
TrV Truppenvertrag; Truppenverwaltung.
Tr.-V. *econ.* Transitverkehr.
TS *econ.* Tagessatz; Talseite; Talsperre; Tankschiff; Tankstelle; Taucherstation; Technische Schule; (*computer*) Ternärsystem; Transportschiff; *electr.* Trennschalter; *mar.* Turbinenschiff.
Ts. *geogr.* Taunus.
TSA Tiroler Sprachatlas.
TSC Turn- und Sportclub.
tsch. tschadisch; tschechisch.
Tschft. Turnerschaft.
Tsd. Tausend.
TSG Turn- und Sportgemeinschaft.
T.-Sp., Tsp. Talsperre.
TSV Technische Sicherheitsvorschriften *pl*; Turn- und Sportverein(igung).
TT Tischtennis; *tech.* Tonträger; *electr.* Transistortechnik; *tech.* Trenntaste; *auto.* Trinidad und Tobago; *mar.* Turbinentanker.
TTC Tischtennisclub.
Ttl. Titel; *print.* Titelei; Titulatur.
TTS *print.* Teletypesetter.
TTV Tischtennisverband, -verein.
TU Technische Universität; Technische Unterlagen *pl*.
TÜ Technische Überwachung.
Tu. Tube; Tulpe; *med.* Tumor; *tech.* Turbine.
TÜA Technisches Überwachungsamt.
TÜD Technischer Überwachungsdienst.
Tun(es). *geogr.* Tunesien, Tunesier.
tun(es). tunesisch.
Tura Turn- und Rasensportverein.
Turb. *tech.* Turbine; *meteor. phys.* Turbulenz.
turb. turbulent.
türk. türkisch.
turkm(en). turkmenisch.
Turn. Turnen, Turner; Turnier; Turnus.
TuS Turn- und Spielvereinigung; Turn- und Sportverein.
TÜV Technischer Überwachungsverein.
TV Tarifvertrag; Technische Verordnung; Technische Verwaltung; Technische Vorschrift; Television; Tennisverein; *electr.* Teravolt; Terminverlegung; *mil.* Territoriale Verteidigung; *jur.* Testamentsvollstrecker; (*computer*) Textverarbeitung; (*sport*) Titelverteidiger; Touristenverein; Truppenvertrag; Turnverein(igung).
TVA Technische Versuchsanstalt.
TVE (*Span.*) Televisión Española (*Spanish television company*).
TVG Tarifvertragsgesetz.
TW Tankwagen; *tel.* Teilnehmerwählbetrieb; *electr.* Terawatt; Turnwart.
Tw. *econ.* Tageswert; *econ.* Taxwert; (*sport*) Torwart; Transportwagen; *tech.* Triebwerk; Turnwart.
tw. teilweise.
TWB, T.-Wb., Twb. Taschenwörterbuch.
TWh *electr.* Terawattstunde.
TWK technisch-wirtschaftliche Kennziffer.
TWL Technische Werkleitung; Technisch-Wissenschaftliche Lernmittelzentrale (Berlin).
TWS Technische Werke Stuttgart.
TWV Technisch-Wissenschaftliche Vereinigung; Technisch-Wissenschaftlicher Verein.
TWZ Technisch-Wissenschaftliche Zusammenarbeit.
TWZA Technisch-Wissenschaftliches Zentralamt.
Typ. *print.* Typograph(ie); Typologie.
typ. typisch; typisieren; *print.* typographisch; typologisch.
typogr. *print.* typographisch.
typol. typologisch.
TZ *econ.* Tarazuschlag; Technischer Zeichner, Technisches Zeichnen; Technische Zentralstelle; *econ.* Teilzahlung; Teuerungszulage; Tierzucht; *tech.* Tourenzahl, -zähler; Transportzentrale.
Tz. Tanz; *mus. metr.* Terzett; Textziffer.
TZB Technische Zentralbibliothek (Hannover).
TZG Tierzuchtgesetz.
T.-Zul. Teuerungszulage.

U

U *tech.* Umdrehung; Umfang; *electr.* Umformer; Umleitung; Union; Universität; Untergrundbahn; Unterricht; Unterseeboot; *chem.* Uran; (*theater, film*) *mus.* Uraufführung; *geogr.* Uri; Urschrift, urschriftlich; *auto.* Uruguay.
Ü (*radio*) *telev.* Übertrager, -tragung.
U. *econ.* Ultimo; *tech.* Umdrehung; Umfang; *electr.* Umformer; Umlauf; Umschlag; Umschließung; Umstellung; Umweg; Union; Unterhalt; Unterhaltung; Unterkunft; Unterricht; Untersuchung; Urlaub; Urteil.
Ü. (*radio*) *telev.* Übertrager, -tragung.
u. und.
ü. über; übrig.
UA *econ.* unsichtbare Ausfuhr; Unterabschnitt; Unterabteilung; Unterausschuß; *mil.* Unteroffizieranwärter; Untersuchungsamt, -ausschuß; (*theater, film*) *mus.* Uraufführung.
ÜA Übergangsabkommen.
u.A. unter Abschnitt; unter Anweisung; unter Anzeige; unter Aufgabe.
u.Ä. unsere(r) Ära.
u.a. und andere(s); unter anderem *od.* anderen.
u.ä. und ähnliche(s).
ü.a. über alles.
u.a.a. und alle anderen, und alles andere.
u.a.a.O. und am angeführten *od.* angegebenen Ort; und an anderen Orten.
u.a.m. und andere(s) mehr.
u.ä.m. und ähnliche(s) mehr.
UASt Umsatzausgleichsteuer.
u.a.ü. und alles übrige, und alle übrigen.
U.A.w.g., u.A.w.g. um Antwort wird gebeten (*in written invitations*).
UB Unbedenklichkeitsbescheinigung; Universitätsbibliothek; Unterhaltsbeihilfe, -beitrag; Urkundenbuch.
Üb. Übereinkommen; Überschrift; Übersee; Übersetzer, -setzung; Übersicht; Übertragung; Überweisung; Übung.
üb. über; überall.
U-Bahn Untergrundbahn.
Üb.-Anl. Übungsanlage; Übungsanleitung.
Üb.-Auftr. *econ.* Überweisungsauftrag.
Überf. Überfahrt; Überfall; Überforderung; Überführung.
überf. überfällig; überfordern, -fordert; überführen, -führt.
Überg. Übergabe; Übergang.
überg. übergeben; übergehen.
Übergr. (*fashion*) Übergröße.
Überh. Überhang; Überheblichkeit; Überhöhung; Überholung.
überh. überhängen(d); überhastet; überhaupt; überheblich; überhöht; überhört.
Überl. (*fashion*) Überlänge; Überlassung; Überlastung; Überläufer; Überlegung; Überleitung.
Übern. Übernachtung; Übernahme.
Überpr. Überprüfung.
Übers. Übersee; Übersendung; Übersetzer, -setzung; Übersicht; Übersiedlung.
übers. übersetzen, -setzt; übersichtlich; übersiedeln.
Übersch. *tech.* Überschall; *econ.* Überschuß.
überschl. überschlagen; überschlägig, -schläglich.
Überschr. *jur.* Überschreibung; Überschreitung; Überschrift.
Überst. Überstunde(n *pl*).

Übertr. Übertrag; Übertragung; Übertretung; Übertritt.
übertr. übertragbar; übertragen; übertreten.
Überw. Überwältigung; Überweisung; Überwinterung.
überw. überwältigen(d); überweisen; überwiegen(d); überwiesen; überwintern.
Überz. Überzahl; Überzeugung; Überzug.
überz. überzählig; überzeugen(d), überzeugt; überziehen, -zogen; überzüchtet.
übf. überfällig.
übh. überhaupt; überhöht.
übl. üblich.
üblw. üblicherweise.
Übn. Übernahme.
U-Boot *mar. mil.* Unterseeboot.
übpl. überplanmäßig.
übsch. überschüssig.
Übtr. Übertrag; Übertragung; Übertritt.
übz. überzählig.
UCI (*Fr.*) Union Cycliste Internationale, Internationaler Radsportverband.
ÜD Übersetzungsdienst.
u.D. unseres Dafürhaltens.
u.d.ä. und dem ähnliche(s).
u.dergl.(m.) und dergleichen (mehr).
u.desgl.(m.) und desgleichen (mehr).
u.d.f. und das folgende, und die folgenden *pl.*
u.dgl.(m.) und der- *od.* desgleichen (mehr).
u.d.L. unter der Leitung.
u.d.M. unter dem Meeresspiegel; unter dem Mikroskop.
ü.d.M. über dem Meeresspiegel.
UdSSR Union der Sozialistischen Sowjetrepubliken.
u.d.T. unter dem Titel.
UE *econ.* unsichtbare Einfuhr.
u.E. unseres Erachtens *od.* Ermessens; unter Einschränkung.
UEA (*Esperanto*) Universala Esperanto Asocio, Esperanto-Weltbund.
u.e.a.(m.) und einige(s) andere (mehr).
UEFA (*Fr.*) Union Européenne de Football Associations, Union der Europäischen Fußballverbände.
u.f. und ferner; und folgende.
ÜF *electr.* Überlagerungsfrequenz.
Ufa Universum-Film AG.
u.ff. und folgende *pl.*
Uffz. *mil.* Unteroffizier.
UfJ Untersuchungsausschuß freiheitlicher Juristen.
UFK ungelenkter Flugkörper.
UFO, Ufo unbekanntes Flugobjekt.
UFr., Ufr. *geogr.* Unterfranken.
Ufw. *mil. hist.* Unterfeldwebel.
UG Untergeschoß; Untersuchungsgefängnis.
Ug. *geogr.* Uganda, Ugander.
ü.G. über Grund.
ugf. ungefähr.
U.g.R. Urschrift gegen Rückgabe.
ugr. *ling.* ugrisch.
ugs. umgangssprachlich.
UH Unterhaltshilfe; Untersuchungshaft.
U-Haft Untersuchungshaft.
UHC Universitäts-Hockeyclub.
UHV *phys.* Ultrahochvakuum.
UI (*Fr.*) Union Interparlementaire, Interparlamentarische Union.
UIC (*Fr.*) Union Internationale des Chemins de fer, Internationaler Eisenbahnverband.
UICC (*Fr.*) Union Internationale contre le Cancer, Internationale Vereinigung gegen den Krebs.
UIE (*Fr.*) Union Internationale des Étudiants, Internationaler Studentenverband.
UINF (*Fr.*) Union Internationale de la Navigation Fluviale, Internationaler Binnenschiffahrtsverband.
UIP (*Fr.*) Union Internationale de Patinage, Internationaler Eislaufverband.
UIPE (*Fr.*) Union Internationale pour la protection de l'Enfance, Internationale Union für Kinderschutz.
UIPM (*Fr.*) Union Internationale du Pentathlon Moderne, Internationaler Verband für den Modernen Fünfkampf.
UIPPA (*Fr.*) Union Internationale de la Physique Pure et Appliqué, Internationale Union für reine und angewandte Physik.
UIS (*Fr.*) Union Internationale de Secours, Welthilfsverband.
UIT (*Fr.*) Union Internationale des Télécommunications, Internationale Fernmeldeunion; (*Fr.*) Union Internationale de Tir, Internationaler Schützenverband.
UIV (*Fr.*) Union Internationale de Villes et Pouvoirs Locaux, Internationaler Gemeindeverband.
U.J.D. (*Lat.*) utriusque iuris doctor, Doktor beider Rechte.
UK Umgebungskarte; Untersuchungskommission.
ÜK Übersichtskarte.
uk *mil. hist.* unabkömmlich.
UKE (*radio*) Ultrakurzwellenempfänger.
UKML (*radio*) Ultrakurz-, Kurz-, Mittel- und Langwellenbereich.
Ukr. *geogr.* Ukraine(r), *ling.* Ukrainisch.
ukr. ukrainisch.
UKW (*radio*) Ultrakurzwelle(n *pl*).
UKWE (*radio*) Ultrakurzwellenempfänger.
UKWS (*radio*) Ultrakurzwellensender.
ÜL (*computer*) Überlappung.
ul. *chem.* unlöslich.
ULA Union der leitenden Angestellten.
U.L.F. *röm.kath.* Unsere(r) Liebe(n) Frau.
Ult. Ultimatum; *econ.* Ultimo.
ult. *econ.* ultimo.
UM Unterrichtsministerium.
U/m *tech.* Umdrehungen *pl* pro Minute.
u.M. unter dem Meeresspiegel; unter Mitarbeit.
ü.M. über dem Meeresspiegel.
Umarb. Umarbeitung.
Umb. Umbau; Umbettung; *econ.* Umbuchung.
umb. umbauen, umbaut; umbetten; *econ.* umbuchen.
Umbr. Umbruch.
Umd. Umdeutung.
Umdr. *tech.* Umdrehung; *print.* Umdruck.
Umf. Umfang; *electr.* Umformer; Umformung.
umf. umfahren; umfassen(d).
Umg. Umgang; Umgebung; Umgehung.
umg. umgänglich; *ling.* umgangssprachlich; umgeändert; umgearbeitet; umgehen(d).
umgearb. umgearbeitet.
umgeb. umgebaut; umgebettet; *econ.* umgebucht.
umged. umgedeutet.
umgek. umgekehrt.
umgel. umgelautet; umgelegt; umgeleitet.
umgest. umgestalten, -staltet; umgestellt.
Umgr. Umgrenzung; Umgruppierung.
U/min *tech.* Umdrehungen *pl* pro Minute.
Umk. Umkehrung.
Umkr. Umkreis.
Uml. Umladung; Umlage; Umlauf; Umlaut; Umleitung.
u.M.n. unserer Meinung nach.
Umr. Umrandung; Umrechnung; Umriß.
Ums. *econ.* Umsatz; Umsetzung; Umsicht.
ums. umseitig; umsichtig; umsonst.
Umsch. *tech.* Umschaltung; Umschau; *econ.* Umschuldung.
UmsSt., Ums.-St. Umsatzsteuer.
U-Musik Unterhaltungsmusik.
Umw. Umwandlung; Umwechslung; Umweg.
u.N. unter Naturschutz; unter Normal; unter Null.
un. *relig.* uniert.
unabl. unablässig.
unang. unangemeldet; unangenehm.
unb. unbekannt.
unbeb. unbebaut; unbebildert (*book*).
unbed. unbedenklich; unbedeutend; unbedingt.
unbef. unbefangen; unbefugt.
unbefl. unbefleckt.
unbefr. unbefriedigend, -digt.
unbegr. unbegreiflich; unbegrenzt; unbegründet.
unbek. unbekannt; unbekümmert.
unbem. unbemängelt; unbemannt; unbemerkt.
unber. unberechenbar; *econ.* unberechnet; unberechtigt; unberichtigt.
unbesch. unbeschadet; unbeschädigt; unbeschäftigt; unbescheiden; unbescholten.
unbeschr. (*railway*) unbeschrankt; unbeschränkt.
unbest. unbeständig; unbestimmt.
unbestr. unbestraft; unbestreitbar.
unbet. unbeteiligt; unbetont.
unbew. unbewachsen; unbewacht; unbewaldet; unbewältigt; unbeweglich; unbewegt; unbewiesen; unbewußt.
unbez. unbezahlbar; *econ.* unbezahlt; unbezähmbar.
unbr. unbrauchbar; unbrennbar.
unehel. unehelich.
unempf. unempfänglich; unempfindlich.
unentb. unentbehrlich.
unentg. unentgeltlich.
unentsch. unentschieden.
unentschl. unentschlossen.
unerf. unerfahren; unerfindlich; unerfüllt.
unergr. unergründlich.
unerh. unerheblich.
unerkl. unerklärlich.
unerl. unerläßlich; unerlaubt; unerledigt.
unerm. unermeßlich; unermüdlich.
unertr. unerträglich.
unerw. unerwartet; unerwidert; unerwünscht.
UNES (*Fr.*) Union Nationale des Étudiants de Suisse, Verband der Schweizerischen Studentenschaften.
Unf. Unfall.
unf. unfähig; unfair; unfaßbar; unfehlbar; unfein; unfertig; unförmig.
unfl. *ling.* unflektiert.
Unf.-R. Unfallrente.
unfr. (*postal service*) unfrankiert; unfrei; unfreundlich; unfruchtbar.
unfrw. unfreiwillig.
Unf.-Vers. Unfallversicherung.
ung. ungarisch; ungefähr; ungefährlich; ungenau; ungern; ungültig; ungünstig.
ungar. ungarisch.
ungeb. ungebeten; ungebildet; ungebührlich; ungebunden.
ungebr. ungebräuchlich; ungebraucht.
unged. *econ.* ungedeckt; *mil.* ungedient; ungeduldig.
ungeh. ungehalten; ungeheftet; ungeheuer(lich); ungehindert; ungehörig; ungehorsam.
ungek. ungekündigt.
ungel. ungelegen; ungelernt; ungelöst.
ungen. ungenannt; ungenau; ungenügend; ungenutzt.
unges. ungesalzen; *chem.* ungesättigt; ungesattelt; ungesehen; ungesetzlich; ungesichert; ungesund.
ungeschl. ungeschlagen; *biol.* ungeschlechtlich; *tech.* ungeschliffen.
ungest. ungestört.
ungestr. ungestraft.
ungew. ungewiß; ungewöhnlich; ungewohnt; ungewollt.
ungez. ungezählt; ungezähnt; ungezogen.
ungezw. ungezwungen.
ungl. ungleich(mäßig); unglücklich.
unh. unhandlich; unharmonisch; unheilbar; unheimlich; unhöflich.
Uni-Kl. Universitätsklinik.
Unimog (*TM*) Universalmotorgerät.
unis. (*Ital.*) *mus.* unisono, im Einklang *od.* in der Oktave.
Univ. Universität; Universum.
univ. universal, universell.
Univ.-Bibl. Universitätsbibliothek.
Univ.-Prof. Universitätsprofessor.
Unk. Unkenntnis; *econ.* Unkosten *pl.*
unk. unkenntlich; unkündbar; unkundig.
unkl. unklar; unklug.
unl. unlängst; unlauter; unlimitiert; unlogisch; unlösbar; *chem.* unlöslich.
ü. NN über Normalnull.
unp(a)g. unpaginiert (*books*).
unpf. *jur.* unpfändbar.
unr. unrecht; unregelmäßig; unreif; unrein; unrentabel; unrichtig; unruhig.
unreg(elm). unregelmäßig.
uns. unsicher; unsymmetrisch.
unselbst. unselbständig.
unstr. unstreitig.
Unt. Unterricht; Unterstützung; Untersuchung.
unt. unten; unter; unterhalb.
Unterbr. Unterbrechung; Unterbringung.
Unterfr. *geogr.* Unterfranken.
Unterg. Untergang; Untergebene; Untergeschoß.
Unterh. Unterhalt; Unterhaltung; Unterhändler.
unterh. unterhalb.
Unterm. Untermiete(r).
Untern. *econ.* Unternehmen, -nehmer, -nehmung.
Unterr(ed). Unterredung.
Unters. Untersuchung.
untersch. unterschätzen, -schätzt; unterscheiden, -schieden, unterschiedlich; unterschoben.

Unterst. *mil.* Unterstand; Unterstellung; Unterstützung.
unterw. unterwegs; unterweisen.
Unterz. Unterzeichner, -zeichnete, -zeichnung.
untgl. untauglich.
untr. untragbar.
unv. unverändert; unvollständig.
unverb. unverbesserlich; unverbindlich; unverbunden.
unverbr. unverbraucht; unverbrüchlich.
unverd. unverdaut; unverdünnt.
unverg. unvergänglich; unvergessen, unvergeßlich.
unverh. unverheiratet.
unverk. unverkäuflich.
unverp. unverpackt.
unvers. unversehrt; unversichert.
unversch. unverschämt.
unverz. unverzollt; unverzüglich.
unvollst. unvollständig.
unvorb. unvorbereitet.
unvors. unvorsichtig.
unw. unwegsam; unwesentlich; unwillig; unwirklich; unwirksam; unwohl; unwürdig.
Unz. Unzahl; Unzeit; Unzucht, Unzüchtigkeit; Unzufriedenheit.
unz. unzahlbar; unzählig; unzufrieden.
unzerbr. unzerbrechlich.
unzerst. unzerstört.
unzertr. unzertrennlich.
unzug. unzugänglich.
Unzul. Unzulänglichkeit; Unzulässigkeit.
unzul. unzulänglich; unzulässig.
unzust. unzuständig; (*postal service*) unzustellbar.
unzuv. unzuverlässig.
unzw. unzweideutig; unzweifelhaft.
UO *tech.* Umschaltbetrieb ohne Unterbrechung; *mil.* Unteroffizier.
ÜO (*computer*) Übertragungsoperation.
u.o. und oft.
u.ö. und öfter.
UP *chem.* ungesättigte Polyester *pl*; Universitätsprofessor; (*computer*) Unterprogramm.
ÜP (*computer*) Übersetzungsprogramm.
Up. *chem.* Umwandlungspunkt.
u.P. *civ.eng.* unter Putz.
up. unpaginiert (*books*).
UpM, U.p.M. *tech.* Umdrehungen *pl* pro Minute.
UPP *econ.* unveränderlicher Planpreis (*DDR*).
UP-Schweißen *tech.* Unterpulverschweißen.
UPU (*Fr.*) Union Postale Universelle, Weltpostverein.
UR *phys.* Ultrarot; Unfallrente; Untersuchungsrichter; Urheberrecht; Urkundenregister; Urschrift gegen Rückgabe.
u.R. *civ.eng.* umbauter Raum; unter Rückerbittung; unter Rückgabe.
URA (*radio*) Universalringantenne.
Urf. Urfassung; Urform.
URG Urheberrechtsgesetz.
urgerm. *ling.* urgermanisch.
urgesch. urgeschichtlich.
UrhG Urheberrechtsgesetz.
uridg. *ling.* urindogermanisch.
Urk. Urkunde.
urk(dl). urkundlich.
Url. Urlaub.
Urs. Ursache.
urs. ursächlich.
urschr. urschriftlich.
urslaw. *ling.* urslawisch.
Urspr. Ursprung.
urspr. ursprünglich.
Urt. Urteil; Urtext.
Urug. *geogr.* Uruguay, Uruguayer.
urug. uruguayisch.
US *tech.* Ultraschall.
U/s *tech.* Umdrehungen *pl* pro Sekunde.
u.s. (*Lat.*) ut supra, wie oben.
usb(ek). usbekisch.
USC Universitätssportclub.
U/sec. *tech.* Umdrehungen *pl* pro Sekunde.
usf. und so fort.
u.sp. und später.
USPD *hist.* Unabhängige Sozialdemokratische Partei Deutschlands.
US-Schweißen *tech.* Unterschienenschweißen.
USSR Ukrainische Sozialistische Sowjetrepublik.
USt. Umsatzsteuer.
UStG Umsatzsteuergesetz.
UStrab, U-Strab Unterpflasterstraßenbahn.
USW Ultraschallwellen *pl.*
usw. und so weiter.
UT Unfalltod(versicherung); Unterlagerungstelegrafie; Unterwassertelegrafie.
ÜT Überlagerungstelegrafie.
u.T. *tech.* unterer Totpunkt.
UTP Unterrichtstag in der Produktion (*DDR*).
u.U. unter Umständen.
u.ü.V. unter dem üblichen Vorbehalt.
UV *phys.* Ultraviolett; *econ.* Umlaufvermögen; Unfallverhütungsvorschriften *pl*; Unfallversicherung; Unterverband.
u.V. unter Vorbehalt.
uv. unverkäuflich.
u.V.a. unter Verzicht auf.
u.v.a.(m.) und viele(s) andere (mehr).
UvD *mil.* Unteroffizier vom Dienst.
UVG Unfallversicherungsgesetz.
UVR Ungarische Volksrepublik.
UW *electr.* Umspannwerk; Unterwasser(stand).
Uw. *ling.* Umstandswort; Umwandlung.
u.W. *econ.* unlauterer Wettbewerb; unseres Wissens; unter Wasser.
ü.W. über Wasser.
Ü-Wagen (*radio*) *telev.* Übertragungswagen.
UWG *econ.* Gesetz gegen den unlauteren Wettbewerb; Unabhängige Wählergemeinschaft.
UWL Unterwasserlabor.
UZ Uhrzeit; *econ.* Ursprungszeugnis.
u.Z. unsere(r) Zeitrechnung.
u.z. und zwar; unten zitiert; urschriftlich zurück.
UZA Unternehmensverband für Zeitarbeit.
Uzg. *econ.* Ursprungszeugnis.
u.zw. und zwar.

V

V *tech.* Vakuum; (*Fr.*) Valeur, Farbwert; *econ.* Valuta; *chem.* Vanadium; Variante; *auto.* Vatikanstadt; Verband; Verbindung; (Wasser)Verdrängung; *meteor.* Verdunstung; Verordnung; Versicherung; Versorgung; *tech.* Verstärker, Verstärkung; Versuch; *electr.* Volt; Volumen; *auto.* Vorarlberg.
V. *med.* Vene; Veränderung; *ling.* Verb; Verbindung; Verein; Verfasser; Verfassung; Verfügung; Verkauf, Verkäufer; Verkehr; Verlag; Verordnung; Vers; Vertrag; Vertreter, Vertretung; Verwalter; Verzug; Violine; (*Lat.*) *med.* Visus, Sehschärfe; *ling.* Vokal; *ling.* Vokativ; Vorkommen; Vorkommnis; Vorschrift; Vorurteil.
v (*Lat.*) *phys.* velocitas, Geschwindigkeit.
v. variabel, veränderlich; (*Lat.*) versus, gegen; (*Lat.*) verte, (bitte) wenden; vertikal; (*Lat.*) via, (auf dem Weg) über; (*Lat.*) vide, siehe; (*Lat.*) vidi, ich habe (es) gesehen; violett; (*Lat.*) *pharm.* vitrum, Glas; *ling.* vokalisch; voll; vollständig; vom, von; vor; vorläufig; vormittags; vorn.
VA *econ.* Verbrauchsabgabe; *tech.* Verbundanlage; Verkaufsabteilung; Verkehrsabteilung, -agentur, -amt; Verlagsangestellte; Verlagsanstalt; Verlegerausschuß; Vermessungsabteilung; Vermittlungsausschuß; Vermögensabgabe; Versicherungsamt, -anstalt; Versorgungsamt, -anstalt; Versuchsabteilung, -anstalt; Verwaltungsakt; Verwaltungsabteilung, -amt; Verwaltungsangestellte; *mar. mil.* Vizeadmiral; *print.* Volksausgabe; *electr.* Voltampere; Voranmeldung; *econ.* Vorzugsaktie.
Va. *tech.* Vakuum; *mus.* Viola.
v.a. von allen; vor allem.
v.Abg. vor Abgabe; vor Abgang.
V.-Abschl. Vertragsabschluß.
VAD Vereinigung von Afrikanisten in Deutschland.
V.a.G. Verein auf Gegenseitigkeit.
VAh *electr.* Voltamperestunde.
VAK Versuchsatomkraftwerk; *mil.* Vertikal-Aufklärungs- und Kampfflugzeug.
Vak. Vakanz; *tech.* Vakuum.
Val. *chem. psych.* Valenz; *econ.* Valuta.
VAN Vorläufige Arbeitsnorm (*DDR*).
VAnw. Verwaltungsanweisung.
VAO Verwaltungsanordnung.
VAÖD Verband der Angestellten im öffentlichen Dienst.
VAP Verlagsabgabepreis (*DDR*); Versorgungsanstalt der Deutschen Bundespost.
VAR *hist.* Vereinigte Arabische Republik.
Var. Variabilität; Variante; Variation; Varieté.
var. (*Lat.*) varietas, Varietät, Abart.
VAS *hist.* Vereinigte Arabische Staaten *pl.*
vasomot. *med.* vasomotorisch.
v.-aut. vollautomatisch.
VAVÖ Verband Alpiner Vereine Österreichs.
VAW Vereinigte Aluminiumwerke AG.
v.A.w. von Amts wegen.
VB *chem.* Valenzband; Verfassungsbeschwerde; Verhandlungsbasis; Versuchsbericht; Versuchsbetrieb; Verwaltungsbezirk; *hist.* Völkerbund; Volksbibliothek, -bücherei; Volksbund; Vollziehungs-, Vollzugsbeamte; Vollzugsbestimmungen *pl*; *mil.* vorgeschobener Beobachter.
Vb. *ling.* Verb; Verband; Verbindung; Verbrauch; Verbund; Vereinbarung.
vb. verbal; verbessert; verbindend; verbindlich; verbunden.
VBB Verband Berliner Ballspielvereine; Verband der Beamten der Bundeswehr.
Vbb. Verbindungen *pl.*
Vbd. Verband; Verbindung; Verbund; Vorbedingung.
vbd. verbunden.
Vbde. Verbände *pl.*
Vbdg. Verbindung.
vbdl. verbindlich; vorbildlich.
Vbem. Vorbemerkung.
Vbf (*railway*) Verschiebebahnhof.
VBG Vermögensbildungsgesetz.
Vbg. *geogr.* Vorarlberg.
VBI Verein Beratender Ingenieure.
VBK Verein Berliner Konsumgenossenschaften (*DDR*); *mil.* Verteidigungsbezirkskommando.
VBKD Verband Bildender Künstler Deutschlands (*DDR*).
VBL Versorgungsanstalt des Bundes und der Länder.
VBl. Verordnungsblatt (*a journal*); Verwaltungsblatt.
vbl. variabel; verbindlich.
vBP *econ.* vereidigter Buchprüfer.
V.-Br. Vertragsbruch.
Vbr. Verbrauch(er); Verbrechen, Verbrecher.
vBR *econ.* vereidigter Bücherrevisor.
Vbr.-St. Verbrauchssteuer.
v.B.u.Z. vor Beginn unserer Zeitrechnung.
VBV Vereinigung Beratender Betriebs- und Volkswirte.
VBW Volksbildungswerk.
VBZ verlorener Baukostenzuschuß.
Vc. *mus.* Violoncello.
VCH Verband Christlicher Hospize.
v.Chr. vor Christo *od.* Christus.
v.Chr.G. vor Christi Geburt.
VCI Verband der Chemischen Industrie.
VD vergleichende Darstellung; Verwaltungsdirektion; *print.* Vierfarbendruck.
v.D. vom Dienst.
vd verschiedene.

v.d. von dem *od.* der; vor dem *od.* der.
VDA Verband der Automobilindustrie; Verband Deutscher Arbeitgeber; Verein für das Deutschtum im Ausland.
VdA Verband der Automobilindustrie.
v.d.A. vor der Ausfertigung.
VdAK Verband der Angestellten-Krankenkassen.
VdAR *econ.* Vorsitz(end)er des Aufsichtsrates.
VDB (Bundes)Verband der vereidigten Buchprüfer; Verband Deutscher Betriebswirte; Verband Deutscher Biologen; Verband Deutscher Bücherrevisoren; Verband Deutscher Burschen; Verein Deutscher Bibliothekare.
VdCh Verein deutscher Chemiker.
VDD Verband Deutscher Dentisten; Verband Deutscher Drogisten.
VDDI Verband Deutscher Diplom-Ingenieure.
VDE Verband Deutscher Eisenwarenhändler; Verband Deutscher Elektrotechniker.
v.d.E. *pharm.* vor dem Essen.
VDEh Verband Deutscher Eisenhüttenleute.
VDEI Verband Deutscher Eisenbahn-Ingenieure.
VDEW Vereinigung Deutscher Elektrizitätswerke.
VDF Verband Deutscher Flieger; Verband Deutscher Flugleiter; Verein Deutscher Freimaurer.
VdF Verein der Faustkämpfer.
VDG Verein Deutscher Gießereifachleute; Vereinigung Deutscher Gewässerschutz.
VdgB Vereinigung der gegenseitigen Bauernhilfe (*DDR*).
VDH Verband Deutscher Heilbrunnen.
VdH Verband der Handelsauskunfteien; Verband der Heimkehrer.
v.d.H. vor der Höhe.
VDI Verein Deutscher Ingenieure.
VDJ Verband der Deutschen Journalisten (*DDR*).
VDJD Vereinigung Demokratischer Juristen Deutschlands (*DDR*).
VDK Verband des Kraftfahrzeughandels und -gewerbes; Verband Deutscher Komponisten und Musikwissenschaftler (*DDR*); Verband Deutscher Konsumgenossenschaften (*DDR*); Verband Deutscher Küstenschiffer; Volksbund Deutsche Kriegsgräberfürsorge.
VdK Verband der Kriegsbeschädigten, Kriegshinterbliebenen und Sozialrentner.
VDL Verband Deutscher Diplomlandwirte; Verband Deutscher Lehrer; Verband Deutscher Luftfahrt-Techniker.
VdL Verband der Landsmannschaften.
VDLU Verband Deutscher Luftfahrtunternehmen.
VDM Verband Deutscher Makler; Verband Deutscher Mineralbrunnen; Verband Deutscher Motorjournalisten; Vereinigte Deutsche Metallwerke AG.
VDMK Verband Deutscher Musikerzieher und Konzertierender Künstler.
VDN Verband des Deutschen Nahrungsmittel-Großhandels.
VdN Verfolgte des Naziregimes.
VDP Verband Deutscher Papierfabriken.
VDR Verband Deutscher Realschullehrer; Verband Deutscher Reeder; Verband Deutscher Rentenversicherungsträger.
VdRBw Verband der Reservisten der Bundeswehr.
VDRG Verband Deutscher Rundfunk- und Fernseh-Fachgroßhändler.
VDRZ Verband Deutscher Rechenzentren.
VDS Verband Deutscher Soldaten; Verband Deutscher Sportpresse; Verband Deutscher Studentenschaften; Verein Deutscher Spediteure; Vereinigung Demokratischer Studenten Österreichs.
VDSF Verband Deutscher Sportfischer.
VDSI Verein Deutscher Sicherheitsingenieure.
VDST Verband Deutscher Sporttaucher.
VDT Verband Deutscher Techniker.
VDÜ Verband Deutscher Übersetzer literarischer und wissenschaftlicher Werke.
VDV Verband Deutscher Diplomvolkswirte; Verband Deutscher Verkehrsverwaltungen; Verband Deutscher Volksbibliothekare.
VdV Vereinigung des Verkehrsgewerbes.
VDW Verband Deutscher Wissenschaftler.
VDZ Verband Deutscher Zeitschriftenverleger.
v.d.Z. vor der Zeitrechnung.
VDZV Verein Deutscher Zeitungsverleger.
v.d.Zw. vor der Zeitenwende.
VE *ling.* Verbergänzung; *econ.* Verrechnungseinheit.
VEAB Volkseigener Erfassungs- und Aufkauf-Betrieb landwirtschaftlicher Erzeugnisse (*DDR*).
VEB Volkseigener Betrieb (*DDR*).
VEBA Vereinigte Elektrizitäts- und Bergwerks-Aktiengesellschaft.
VEG (Bundes)Verband des Elektro-Großhandels; *agr.* Volkseigenes Gut (*DDR*).
VEH Volkseigener Handel (*DDR*).
VEI Volkseigene Industrie (*DDR*).
VEK Volkseigenes Kombinat (*DDR*); *econ.* Volkseigenes Kontor (*DDR*).
VELA Vereinigung leitender Angestellten.
VELKD Vereinigte Evangelisch-Lutherische Kirche Deutschlands.
VEM Volkseigene Betriebe des Elektromaschinenbaus (*DDR*).
ven. venerabel; *med.* venerisch; venezianisch.
venez. venezianisch; venezolanisch.
Ver. Veranda; Verein; Vereinigte ...
ver. vereinigt.
Veranl. Veranlagung; Veranlassung.
Verantw. Verantwortliche, Verantwortung.
verantw. verantworten, verantwortlich.
Verb. Verband; Verbannung; Verbesserung; Verbindlichkeit; Verbindung; Verbund.
verb. verbessern, -bessert; verbieten; verbinden; verbindlich; verboten; verbunden.
Verbb. Verbindungen *pl.*
Verbdg. Verbindung.
Verbr. *econ.* Verbrauch(er); Verbrechen, Verbrecher; Verbrennung.
verbr. verbrannt; verbrauchen, -braucht; verbrecherisch; verbrennen; verbreiten; verbreitern; verbreitert; verbreitet; verbrieft; verbrüht.
Verbr.-Abg. *econ.* Verbrauchsabgabe.
Verbr.-Pr. *econ.* Verbraucherpreis.
Verbr.-St. Verbrauchssteuer; Verbrechensstatistik.
verchr. verchromt.
Verd. Verdacht, Verdächtigung; Verdammung; Verdauung; Verderben; Verdichtung; Verdienst; Verdingung; Verdünnung; Verdunkelung; Verdunstung.
verd. verdächtigen, -tigt; verdecken, -deckt; verdichten; verdicken; verdienen, -dient; verdorben; verdunkeln, -dunkelt; verdünnen, -dünnt; verdunsten, -dunstet.
vereh. verehelicht.
Vereinb. Vereinbarung.
vereinf. vereinfachen, -facht.
vereinh. vereinheitlichen, -licht.
Verf. Verfärbung; Verfahren; Verfall; Verfasser; Verfassung; Verfehlung; Verfolgung; Verfügung.
VerfG Verfassungsgericht.
Verfg. Verfügung.
verfr. verfrüht.
Verg. Vergabe; Vergangenheit; *tech.* Vergaser; Vergehen; Vergeltung; Vergiftung; Vergünstigung; Vergütung.
verg. vergangen; vergeben; vergessen; vergeuden, -geudet; vergiften, -giftet; vergilbt; vergolden, -goldet; vergüten, -gütet.
Vergl. Verglasung; Vergleich.
vergl. verglasen, -glast; vergleiche!, vergleichen, -glichen.
Vergn. Vergnügen.
Vergr. Vergrößerung.
vergr. vergriffen; vergrößern, -größert.
Verh. Verhaftung; Verhalten; Verhältnis; Verhandlung; Verhinderung; Verhör.
verh. verhaften, -haftet; verhalten; verhandeln; verheiratet; verhindern, -hindert; verhören, -hört.
Verj. *jur.* Verjährung; Verjüngung.
verj. *jur.* verjährt; verjüngt.
Verj.-Fr. *jur.* Verjährungsfrist.
Verk. Verkalkung; *geol.* Verkarstung; Verkauf, -käufer; Verkehr; *tech.* Verkokung; Verkörperung; Verkünd(ig)ung; Verkürzung.
verk. verkaufen, -kauft; verkehren; verkommen; verkümmert; verkünden, -kündet; verkündigen, -kündigt; verkürzen, -kürzt.
Verk.-Bed. *econ.* Verkaufsbedingungen *pl.*
Verkl. Verkleidung; Verkleinerung.
Verk.-Pr. Verkaufspreis.
Verk.-St. Verkaufssteuer; Verkehrssteuer.
Verk.-Stat. Verkehrsstatistik.
Verl. Verladung; Verlag; Verlagerung; Verlängerung; Verlauf; Verlegenheit; Verleger; Verlegung; Verletzung; Verlobung; Verlust.
verl. verladen; verlagern, -lagert; verlangen; verlängern, -längert; verlassen; verlegen, -legt; verletzt; verliehen; verlobt; verlogen; verloren.
Verl.-A(nst). Verlagsanstalt.
Verl.-Buchh. Verlagsbuchhandel, -handlung.
Verl.-Ges. Verlagsgesellschaft.
Verl.-St. (*railway*) Verladestation, -stelle; *tech.* Verlängerungsstück.
Verm. Vermächtnis; Vermählung; Vermengung; Vermerk; Vermessung; Verminderung; Vermischung; Vermittler, -lung; Vermögen; Vermutung.
verm. vermählt; vermehrt; vermengen, -mengt; vermerken, -merkt; vermessen; vermieten, -mietet; vermindern, -mindert; vermischen, -mischt; vermissen, -mißt; vermitteln, -mittelt; vermuten.
VermA Vermessungsamt.
Verm.-Ant. Vermögensanteil.
Verm.-Bild. Vermögensbildung.
Verm.-Ing. Vermessungsingenieur.
VermSt, Verm.-St. Vermögenssteuer.
Vern. Vernachlässigung; Vernehmung; Verneinung; Vernichtung.
vern. vernachlässigen, -lässigt; vernehmen; verneinen; -neint; vernichten, -nichtet; vernommen.
veröff. veröffentlichen, -licht.
Verp. Verpächter, Verpachtung; Verpakkung.
verp. verpachten, -pachtet; verpacken, -packt.
verpf. verpfänden, -pfändet; verpfuscht.
Verpfl. Verpflegung; Verpflichtung.
verpfl. verpflanzen; verpflegen, -pflegt; verpflichten, -pflichtet.
Verp.-K. *econ.* Verpackungskosten *pl.*
Verr. *econ.* Verrechnung.
verr. verrechnen, -rechnet; verreisen, -reist; verringern, -ringert.
Verr.-Einh. *econ.* Verrechnungseinheit.
Verr.-Sch. *econ.* Verrechnungsscheck.
Vers. Versagen, Versager; *print.* Versalien *pl*; Versammlung; Versandung; Versäumnis; Versehen; Versehrte; Versendung; Versetzung; Versicherung; Version; Versöhnung; Versorgung; Versuch.
vers. versammelt; versandet; versäumen, -säumt; versehentlich; versenden; versetzen, -setzt; versichern, -sichert; versiert; versilbert; versorgen, -sorgt.
VersA Versicherungsamt, -anstalt; Versorgungsamt, -anstalt; Versuchsamt, -anstalt.
Vers.-Anst. Versicherungsanstalt; Versorgungsanstalt; Versuchsanstalt.
Vers.-Bed. Versicherungsbedingungen *pl.*
Vers.-Bez. Versorgungsbezüge *pl.*
Versch. Verschiebung; Verschiedenes; Verschiedenheit; Verschulden; *econ.* Verschuldung.
versch. verschenken; verschieben; verschieden(tlich); verschiffen; verschoben; verschollen; verschuldet.
Verschl. Verschleiß; Verschluß.
verschl. verschleudern; verschließen, -schlossen.
Vers.-Empf. Versorgungsempfänger.
VersG Versammlungsgesetz; Versicherungsgesetz; Versorgungsgesetz.
Vers.-Gesch. Versandgeschäft.
Vers.-N. Versicherungsnehmer.
Vers.-Nr. Versicherungsnummer.
Vers.-Pol. Versicherungspolice.
VerSt, Vers.-St. Versicherungssteuer.
Verst. Verstaatlichung; Verständigung; *tech.* Verstärker, -kung; Versteifung; Versteigerung; Verstoß.
verst. verstaatlicht; verstanden; verstärken, -stärkt; verstehen; versteigern, -steigert; verstorben; verstoßen; verstümmelt.
Vers.-Tr. Versicherungsträger.
Ver.St.v.A. *geogr.* Vereinigte Staaten von Amerika.

Vert. Vertagung; Verteidiger, -gung; Verteiler, -lung; Verteuerung; Vertikale.
vert. vertagen, -tagt; (*Lat.*) *print.* vertatur, man drehe um!; verteidigen, -teidigt; verteilen; vertikal.
Vertr. Vertrag; Vertrauen; Vertraulichkeit; Vertreibung; Vertreter, -tung; *econ.* Vertrieb; *pol.* Vertriebene.
vertr. vertraglich; vertrauensvoll; vertraulich; vertreiben; vertreten; vertrieben.
Vertr.-Br. Vertragsbruch; Vertrauensbruch.
Vertr.-Ges. Vertragsgesellschaft; Vertriebsgesellschaft.
Vertr.-Part. Vertragspartner.
vertrw. vertretungsweise.
Verv(ielf). Vervielfältigung.
Verw. Verwalter, -tung; Verwand(e)lung; Verwandte; Verwarnung; Verwechslung; Verweigerung; Verweis; Verwendung; Verwertung; Verwesung; Verwitterung; Verwundete, Verwundung.
verw. verwaist; verwalten, -waltet; verwandeln; verwandt; verwarnen, -warnt; verwechseln, -wechselt; verweigern; verweisen; verwenden, -wendet; verwerten, -wertet; verwesen, -west; verwiesen; verwildert; verwittert; verwitwet; verworfen; verwundet.
Verw.-Angest. Verwaltungsangestellte.
Verw.-Bez. Verwaltungsbezirk.
Verw.-Geb. Verwaltungsgebäude; Verwaltungsgebühren *pl.*
Verw.-Ger. Verwaltungsgericht.
VerwR, Verw.-R. Verwaltungsrat; Verwaltungsrecht.
Verz. Verzeichnis; Verzerrung; Verzicht; Verzinsung; Verzögerung; Verzollung; Verzug.
verz. verzeichnen, -zeichnet; verzerrt; verzichten; verzinkt; verzinnt; verzinslich; verzogen; verzögern, -zögert; verzollen, -zollt.
Verz.-Z. *econ.* Verzugszinsen, -zuschlag.
Vet. *mil.* Veteran; Veterinär.
VEW Verband der Elektrizitätswerke Österreichs; Vereinigte Elektrizitätswerke Westfalen AG; Volkseigene Wirtschaft (*DDR*).
VEZ *aer.* Voreinflugzeichen.
VF *electr.* veränderliche Frequenz; *telev.* Videofrequenz.
Vf. Verfasser; Verfassung; Verfügung; Vorfahrt.
V.f. Vorschrift für.
v.F. *brew.* vom Faß.
VFA Vereinigung Freischaffender Architekten Deutschlands.
VfB Verein für Ballspiele; Verein für Bewegungsspiele.
VFG Vieh- und Fleischgesetz.
Vfg. Verfassung; Verfügung.
VfGH Verfassungsgerichtshof.
VfK Verein für Kraftsport.
VFL Vogelfluglinie (*road and rail route from Schleswig-Holstein to South Sweden*).
VfL Verein für Leibesübungen; Verein für Leichtathletik; Verein für Luftfahrt.
VfR Verein für Rasenspiele.
VFS Verkehrsfliegerschule; *mar.* Verkehrsfunkstelle.
V.f.S. Verein für Sozialpolitik.
VFU Vereinigung für Freies Unternehmertum (*Switzerland*).
VFW Vereinigte Flugtechnische Werke.
VG *tech.* Verbundglas; Vereinsgesetz; Verlagsgesetz; Versicherungsgesetz; Vertragsgesetz; Verwaltungsgericht; Verwertungsgesellschaft; Viehseuchengesetz; Volkswirtschaftliche Gesamtrechnung; Vormundschaftsgericht.
Vg. Vereinigung; Vorgang; Vorgeschichte.
vg. vorrangig; vorig.
VGB Verband der Graphischen Betriebe.
Vgg. Vereinigung.
v.G.G. *hist.* von Gottes Gnaden.
VGH Verfassungsgerichtshof; Verwaltungsgerichtshof; *hist.* Volksgerichtshof.
Vgl. *tech.* Verglasung; Vergleich.
vgl.(a.) vergleiche (auch)!
vgl.d. vergleiche da *od.* dies(e) *od.* dort!
vgl.o. vergleiche oben!
vgl.u. vergleiche unten!
VGR Verwaltungsgerichtsrat.
Vgr. *tech.* Vergaser; Vergrößerung; Vorgriff.
v.Gr. volle Größe; von Greenwich.
Vgt.(-Gr.) Vergütung(sgruppe).

Vgtl. *geogr.* Vogtland.
v.g.u. vorgelesen, genehmigt, unterschrieben.
VGW Verband der Deutschen Gas- und Wasserwerke.
VH *metall.* Vickershärte.
vH vom Hundert.
v.H. vom Hause; vom Hundert.
vh. verheiratet.
Vhdlg. Verhandlung.
v.h.n.v. von hinten nach vorn.
VHS Volkshochschule.
Vhw. *pol.* Verhältniswahl; *ling.* Verhältniswort.
VHZ Volkseigene Handelszentrale (*DDR*).
VI Vermessungsingenieur; *tech.* Viskositätsindex.
Vi. Vignette.
v.i. (*Lat.*) *ling.* verbum intransitivum, intransitives Verb.
VIAG Vereinigte Industrie-Unternehmungen AG.
vid. (*Lat.*) vide, siehe!
viell. vielleicht.
vietn(am). vietnamesisch.
VIK Vereinigung Industrielle Kraftwirtschaft.
Viol. Violine, Violinist.
viol. violett.
VIP Vereinigung der Industriefilmproduzenten.
Vis. Visier; Visum.
Visk. *tech.* Viskosität.
Vit. *biol.* Vitamin.
viv. (*Ital.*) *mus.* vivace, lebhaft.
VIW Vereinigte Institute *pl* für Wärmetechnik.
VJ Versicherungsjahr.
Vj. Vierteljahr; Vorjahr.
v.J. vom Jahre; vorigen Jahres, voriges Jahr.
vj. vierteljährig, -jährlich.
Vj.-H., Vjh. Vierteljahresheft.
Vjs. Vierteljahresschrift.
v.Js. vorigen Jahres.
Vj.-Schr., Vjschr. Vierteljahresschrift.
VK *med.* Vektorkardiograph; Verband der Kriegsdienstverweigerer; (*computer*) Verbundkarten *pl*; *tech.* Vergaserkraftstoff; Verkehrskarte; Verkehrskontrolle; Verlagskatalog; Versicherungskasse; Versorgungskasse; *med.* Vitalkapazität; Vizekanzler; Vizekonsul; Volkskammer (*DDR*); *econ.* Vorbehaltskauf, -käufer; *agr.* Vorkultur.
Vk. Verkauf, -käufer; Verkehr; *electr.* Verteilerkasten; Volkskunst.
vk. verkauft; verkürzt.
VKA Vereinigung der kommunalen Arbeitgeberverbände; Volkskontrollausschuß (*DDR*).
VKBI Verband der Deutschen Kunststoff-, Folien- und Beschichtungs-Industrie.
VkBl., Vk.-Bl. Verkehrsblatt.
Vkde. Volkskunde.
VKE Verband kunststofferzeugende Industrie und verwandte Gebiete.
Vkf. Verkauf, -käufer; *ling.* Verkleinerungsform.
VKG *med.* Vektorkardiogramm.
VKI Verband der Körperpflegemittel-Industrie.
VKJO Verband Katholischer Jugendorganisationen.
VKP *econ.* Verkaufspreis.
Vk.-R. *econ.* Vorkaufsrecht.
VkSt, Vk.-St. *econ.* Verkaufsstelle.
VKU Verband kommunaler Unternehmen.
VL Vatikan-Lira (*monetary unit*); Verlagsleiter, -leitung; Versuchsleiter.
Vl. Violine.
vl. verlängert; verloren.
v.l. (*Lat.*) varia lectio, andere Lesart; von links.
VLA Amt für Verteidigungslasten.
VLB Verzeichnis lieferbarer Bücher.
Vlc. Violoncello.
V-Leute Verbindungs-, Vertrauensleute *pl.*
Vlg. Veranlagung; Verlag; Verlängerung; Verleger.
vlg. verlängert.
vlgt. verlagert; verlängert; verlegt.
vll. vielleicht.
v.l.n.r. von links nach rechts.
VLR Vortragender Legationsrat.
VM *tech.* Verbrennungsmotor; Volksmarine (*DDR*); *electr.* Voltmeter; vorbeugende Maßnahmen *pl.*

Vm. Vermerk; Vermessung; Vordermann; Vormann; Vormittag.
v.M. vergangenen *od.* vorigen Monats.
vm. vermißt; vormittags.
V-Mann Verbindungs-, Vertrauensmann.
VMPA Verband der Materialprüfungsämter.
VN Vereinte Nationen *pl*; Versicherungsnehmer; *auto.* Vietnam.
Vn. Vorname.
VO *econ.* Veredelungsordnung; Vergleichsordnung; Verkehrsordnung; Vollzugsordnung.
v.o. von oben.
VOB Verdingungsordnung für Bauleistungen; Vereinigung organisationseigener Betriebe (*DDR*).
VOBl. Verordnungsblatt.
VÖEST Vereinigte Österreichische Eisen- und Stahlwerke *pl.*
VOI Verwaltungsoberinspektor.
VÖI Verband Österreichischer Ingenieure.
Vok. Vokabel, Vokabular; *ling.* Vokal; *ling.* Vokativ.
Vok.-Ens. *mus.* Vokalensemble.
VOL Verdingungsordnung für Leistungen, ausgenommen Bauleistungen; Vereinigte Ostdeutsche Landsmannschaften *pl.*
Vol. Volontär, -tariat; Volumen.
vol. (*Lat.*) volumen, Band (*of books*).
volkst. volkstümlich.
Volksw. Volkswirt, -wirtschaft(ler).
Vollm. Vollmacht.
vollst. vollständig.
Vollstr. Vollstreckung.
vollsyn(chr). *tech.* vollsynchronisiert.
Vollz. Vollzähligkeit; Vollziehung, Vollzug.
vollz. vollzählig.
v.o.n.u. von oben nach unten.
Vopo *colloq.* Volkspolizei, -polizist (*DDR*).
vor. voraus; vorig.
Vorarb. Vorarbeit(er).
Vorb. Vorbedingung; Vorbehalt; Vorbemerkung; Vorbereitung; Vorbericht; Vorbestellung; Vorbeugung.
Vorbed. Vorbedingung.
Vorbeh. Vorbehalt.
Vorbem. Vorbemerkung.
Vorber. Vorbereitung; Vorbericht.
Vorbest. Vorbestellung.
Vordr. Vordruck.
Vorf. Vorfahre; Vorfahrt; Vorfall; Vorfeld; Vorfilm; Vorführung.
Vorg. Vorgabe; Vorgang; Vorgesetzte.
vorg(es). vorgesehen.
vorg(esch). vorgeschoben.
vorh. vorhanden; vorher(gehend).
Vorj. Vorjahr.
Vork. Vorkommen; Vorkommnis.
Vorl. *jur.* Vorladung; Vorlage; Vorlauf; Vorleger (*carpet*); Vorleistung; Vorlesung.
vorl. vorläufig; vorliegend.
Vorm. Vormarsch; Vormittag; Vormund.
vorm. vormalig, vormals; vormittags.
VormG Vormundschaftsgericht.
vor.Mts. vorigen Monats.
Vorn. Vorname.
Vorr. Vorrat; Vorrecht; Vorrede; Vorrichtung.
vorr. vorrangig; vorrätig.
Vors. Vorsatz; Vorsicht; *ling.* Vorsilbe; Vorsitz(er), Vorsitzende.
vors. vorsichtig; vorsitzend.
Vorsch. Vorschrift; *econ.* Vorschuß.
vorschm. vorschriftsmäßig.
Vorschr. Vorschrift(en *pl*).
vorschw. vorschriftswidrig.
Vorst. Vorstadt; Vorstand, Vorsteher; Vorstellung; Vorstoß.
Vortr. Vortrag; Vortrupp.
Vorw. *tel.* Vorwahl; Vorwand; *agr.* Vorwerk; Vorwort.
vorw. vorwärts; vorwiegend.
Vorz. Vorzimmer; Vorzug.
vorz. vorzeitig; vorzüglich.
VorzA, Vorz.-A. *econ.* Vorzugsaktien *pl.*
vorz.erh. vorzüglich erhalten.
VOS Vereinigung der Opfer des Stalinismus.
v.o.T. *tech.* vom oberen Totpunkt.
VP (*computer*) Verarbeitungsprogramm; Verkaufspreis; Verkehrspolizei; *mil.* Versorgungspackung; Versuchsperson; Versuchsprogramm; Vertrauensperson; Vizepräsident; Volkspartei; Volkspolizei (*DDR*); Vollpension; *mil.* Vorauspersonal; *mil.* Vorposten.

Vp. Versuchsperson.
VPB *econ.* vertikale Preisbindung; Volkspolizeibereitschaft (*DDR*).
vpf. verpfändet.
Vpfl. Verpflanzung; Verpflegung; Verpflichtung.
vpfl. verpflanzt; verpflegt; verpflichtet.
VPKA Volkspolizei-Kreisamt (*DDR*).
VPö(A) Verordnung über die Preise bei öffentlichen Aufträgen.
VPR Volkspolizei-Revier (*DDR*).
Vpr(äs). Vizepräsident.
VQ Verbrauchsquote.
VR *tech.* Verdampferreaktor; *jur.* Vereinsregister; Verkaufsrecht; Verlagsrecht; Vermessungsrat; Verwaltungsrat; Völkerrecht; Volksrepublik; Vorkaufsrecht; Vormundschaftsrichter.
Vr *tech.* Verstärker.
v.r. von rechts.
vrb. verbessert.
VRG Verkehrsradargerät.
Vrg. Vereinigung; Vergangenheit; *tech.* Vergaser; Vorgang.
vrgr. vergriffen; vergrößert.
VRKD Verband reisender Kaufleute Deutschlands.
Vrm. Vermerk; Vermessung.
vrm. vermerkt; vermessen; vermißt.
v.r.n.l. von rechts nach links.
vrt. vertikal.
VRV *mil.* Vorderer Rand des Verteidigungsraumes.
v.R.w. *jur.* von Rechts wegen.
VS (*computer*) Verarbeitungssystem; Verband deutscher Schriftsteller; Verschlußsache; Versicherungssumme; *tech.* Verstellschraube; Volkssolidarität (*DDR*).
vs. väterlicherseits; (*Lat.*) versus, gegen.
v.s. (*Lat.*) vide supra, siehe oben.
VSA Verband Schweizerischer Abwasserfachleute; Verband Schweizerischer Angestelltenverbände; Verband Schweizerischer Annoncen-Expeditionen.
VSB Vereinigung Schweizerischer Bibliothekare.
VSch Volksschule.
VSchG Verfassungsschutzgesetz.
VSchL Volksschullehrer.
Vschr. Vorschrift.
v.S.d. von Seiten der *od.* des.
VSE Verband Schweizerischer Elektrizitätswerke.
VSG Verband Schweizer Graphiker; Verein Schweizerischer Gymnasiallehrer; Viehseuchengesetz.
VSI Verband Selbständiger Ingenieure.
VSK Verband Schweizerischer Konsumvereine.
vsl. voraussichtlich.
VSM Verein Schweizerischer Maschinenindustrieller.
VSP Verein der Schweizer Presse; Vereinigung Schweizerischer Petroleumgeologen und Ingenieure.
VSS Verband der Schweizerischen Studentenschaften; Versehrtensportschule.
VSSTÖ Verband Sozialistischer Studenten Österreichs.
VST Verband Schweizerischer Transportanstalten; Vereinigung Schweizerischer Tiefbauunternehmen.
VSt. Verbindungsstelle; Verkaufsstelle; Vermittlungsstelle; Vermögenssteuer; Verteilungsstelle; Vorsteuer.
Vst. *tech.* Verstärker, -kung; Vorstand; Vorstellung; Vorstufe.
vst. verstärkt; versteigert; vollständig.
V.St.A. *geogr.* Vereinigte Staaten von Amerika.
VStBw *mil.* Verbindungsstab der Bundeswehr.
Vstdg. Verständigung.
VStG Vermögenssteuergesetz.
Vstg. Versteigerung; Versteuerung.
v.St.w. von Staats wegen.
VSV Versehrtensportverband, -verein.
VSW Bundesverband der Studenten an Wirtschaftsakademien und Höheren Wirtschaftsfachschulen.
VSWV Verband schöngeistiger und wissenschaftlicher Verleger.
VT Verbandstag; Verfahrenstechnik; *jur.* Verkündungstermin; *tech.* Verschleißteil; Volumenteil.
Vt. Verteiler, -lung; Viertel.
vT vom Tausend.
v.T. vom Tage; vom Tausend.
vt. verteilt; vertikal; volkstümlich.
v.t. (*Lat.*) *ling.* verbum transitivum, transitives Verb.
Vtdg. Verteidigung.
VTG Verfahrenstechnische Gesellschaft.
VTL Vorläufige Technische Lieferbedingungen *pl.*
VTr. Versicherungsträger.
Vtr. Vertrag; Vertreter.
VU Verfassungsurkunde; *jur.* Versäumnisurteil; Versicherungsunternehmen; Versorgungsunternehmen.
VÜ Verbandsübereinkommen, -übereinkunft; Vereinsübereinkommen, -übereinkunft.
v.u. von unten.
VUA Veterinäruntersuchungsanstalt.
VUB Verkehrsunfallbereitschaft.
Vulg. *Bibl.* Vulgata.
vulg. vulgär.
vulglat. *ling.* vulgärlateinisch.
vulk. *geol.* vulkanisch; *tech.* vulkanisieren, -siert.
v.u.n.o. von unten nach oben.
v.u.T. *tech.* vom unteren Totpunkt.
v.u.Z. vor unserer Zeit(rechnung).
v.u.z. von und zu.
VV Verdingungsvorschrift; Verkehrsverein; Verkehrsvorschrift; *hist.* Versailler Vertrag; Versicherungsverein; Verwaltungsvorschrift; Vollzugsvorschriften *pl.*
v.v. (*Lat.*) vice versa, (im) umgekehrt(en Fall); von vorn.
VVaG Versicherungsverein auf Gegenseitigkeit.
VVB Verwaltung Volkseigener Betriebe (*DDR*).
VVD Volkswagen-Versicherungsdienst.
V.V.D.St. Verband der Vereine Deutscher Studenten.
VVEAB Vereinigung Volkseigener Erfassungs- und Aufkaufbetriebe (für landwirtschaftliche Erzeugnisse) (*DDR*).
VVG Verwaltung Volkseigener Güter (*DDR*).
VVK Verband der Versicherungskaufleute; Verein für Volkskunde.
VVN Vereinigung der Verfolgten des Naziregimes.
v.v.n.h. von vorn nach hinten.
VVO Veredelungsverordnung; Vereinfachungsordnung; Versicherungsverordnung.
VVS Verkehrsversicherungsschein (*DDR*); *mil.* Vertrauliche Verschlußsache (*DDR*); Verwaltung des Volkseigenen Seeschiffsbaues (*DDR*).
VVV Vereinigung Volkseigener Verlage (*DDR*).
VVW Vereinigung Volkseigener Warenhäuser (*DDR*); Verwaltung Volkseigener Werften (*DDR*).
VW Verhältniswahl; Volkswagen(werk); Volkswirtschaft; Vormundschaftswesen.
Vw. *ling.* Verhältniswort; Verwalter, -tung; Verweis; Verwendung; Verwertung; Volkswirt; Vorwerk; Vorwort.
VwA Verwaltungsakt.
VWD Vereinigte Wirtschaftsdienste GmbH (*a news agency*).
VWF Verband der Wissenschaftler an Forschungsinstituten.
VwG Verwaltungsgericht.
VWI Verband Deutscher Wirtschaftsingenieure.
VwI Verwaltungsinspektor.
VWJ Vereinigung der Wirtschaftsjuristen.
VWL Volkswirtschaftslehre.
VWR Volkswirtschaftsrat (*DDR*).
VWS Versuchsanstalt für Wasserbau und Schiffsbau.
VWt. Verkehrswacht.
Vw.-Z(w)., **Vwz.** Verwendungszweck.
VZ Veranlagungszeitraum; Versäumniszuschlag; *chem.* Verseifungszahl; Verzugszeit; Volkszählung; Vorauszahlung.
Vz. Verzweigung; Vorzeichen; (*railway*) Vorzug.
v.Z. vor der Zeitrechnung.
vz verzinkt.
Vzg. Verzögerung; Verzug; Vorzug.
v.Zw. vor der Zeitenwende.

W

W Währung; Wasserstand; *electr.* Watt; Wechsel; *electr.* Wechselstrom; *tech.* Weiche; Weite; Wert; West(en); *auto.* Wien; Woche; Wochenblatt, -schrift; *chem.* Wolfram; Wolle; *auto.* Wuppertal.
W. Wald; Wand; Warte; Wasser; Weiler; Weizen; Wert; Wissen(schaft); Wort; Wunde; Würde.
w. warm; weiblich; weich; weiß; werktags; westlich; wirklich; wöchentlich; wörtlich.
WA *tech.* Wärmeaustauscher; *aer.* Warschauer Abkommen; Wetteramt; Wirtschaftsabkommen; Wirtschaftsamt; Wissenschaftlicher Angestellter; Wochenausgabe (*of newspapers*); Wohnungsamt.
Wa. Waage; Waffe(n *pl*); Wagen; Wand; Ware(n *pl*); Wasser.
WAB *econ.* Warenausgangsbuch.
Wachst. *mil.* Wachstube; Wachstum.
Wachtm. *mil. hist.* Wachtmeister.
WAG *auto.* Gambia.
Wag. Wagen; (*railway*) Waggon.
Wahlb(ez). Wahlbezirk.
Wahlp. Wahlperiode.
wahrsch. wahrscheinlich.
WAL *auto.* Sierra Leone.
wal. walisisch.
wall(on). wallonisch.
WAN *auto.* Nigeria.
WAP *econ.* Werksabgabepreis (*DDR*).
WaR *med.* Wassermann-Reaktion.
WAS *chem.* waschaktive Substanzen *pl.*
Waspo Wassersport(verein).
WAV *tech.* Wasserabscheidevermögen.
WAZ Westdeutsche Allgemeine Zeitung.
WB Wanderbund; *mar.* Wasserballast; Wehrbeauftragte des Bundestages; *mil.* Wehrbereich; *hist.* Wehrmachtsbericht; Weiterbildung; Werkbericht; Werkbund (*Switzerland*); Wohnbezirk; Wohnungsbau; Wörterbuch.
Wb. Wasserball; Wörterbuch.
WBA Wohnbezirksausschuß (*DDR*).
Wbb. Wörterbücher *pl.*
WBDJ Weltbund der Demokratischen Jugend.
WBE *med.* Weißbroteinheit.
WBG Wettbewerbsgesetz; Wohnungsbaugesetz.
WBK *mil.* Wehrbereichskommando; *mil.* Wehrbezirkskommando (*DDR*).
W.-Bl., **Wbl.** Wochenblatt (*newspaper*).
wbl. weiblich.
WBS *econ.* Warenbegleitschein; Wetterbeobachtungssatellit, -schiff.
Wbs. *med.* Wirbelsäule.
WBZ Werbender Buch- und Zeitschriftenhandel.
WBz *metall.* Walzbronze.
WC Wasserklosett.
WD *geogr.* Westdeutschland; Wetterdienst; *med.* Wirkungsdosis (*of radiation*); *econ.* Wochendurchschnitt.
wd. wasserdicht; westdeutsch.
WDB Wehrdienstbeschädigung.
Wdg. Wanderung; Wendung; Wiedergabe; Wiedergutmachung; *tech.* Windung.
Wdh(lg). Wiederholung.
wdh. wiederholen.
WDK, WdK Wirtschaftsverband der deutschen Kautschukindustrie.
WdKl. *jur.* Widerklage.
WDO *mil.* Wehrdisziplinarordnung.
WDR Westdeutscher Rundfunk.
Wdst. Widerstand.
wdt. westdeutsch.

WE *econ.* Währungseinheit; *tech.* Wärmeeinheit; *econ.* Werteinheit; *meteor.* Witterungseinflüsse *pl*; Wohnungseigentum; Wohn(ungs)einheit.
WEB *econ.* Wareneingangsbescheinigung, -buch.
Web. Weberei.
WEG Wirtschaftsverband Erdölgewinnung; Wohnungseigentumsgesetz.
Wegf. Wegfall.
Wegw. Wegweiser.
wehrf. wehrfähig.
wehrtgl. wehrtauglich.
WEI Wirtschaftsgruppe Elektroindustrie.
weidm. weidmännisch.
weil. weiland.
Weinstr. *geogr.* Weinstraße.
Weis. Weisung.
WEK Welt-Erdölkongreß; (*space*) Wiedereintrittskörper.
wend. wendisch.
Werkst. Werkstatt, -stätten *pl*; Werkstoff.
werkt. werktäglich, -tags.
Wertp. *econ.* Wertpapier(e *pl*).
westd(t). westdeutsch.
Westf. *geogr.* Westfalen.
westf. westfälisch.
westidg. *ling.* westindogermanisch.
west.L. westliche(r) Länge.
westl. westlich.
WESZ westeuropäische Sommerzeit.
WEU Westeuropäische Union.
WEV Wirtschaftsgruppe Elektrizitätsversorgung.
WEZ *aer.* Warteeinflugzeichen; westeuropäische Zeit.
WF Wagenfähre; Waggonfabrik; *math.* Wahrscheinlichkeitsfaktor; Werkfoto.
Wf. Wasserfall; *geogr.* Westfalen; Werfer, Wurf.
wf. wasserfrei.
WFG Wirtschaftsförderungsgesetz.
Wfl. Wohnfläche.
WFR Weltfriedensrat.
WFV Weltfrontkämpferverband; Weltfunkvertrag; Westdeutscher Fußballverband.
WFW Weltföderation der Wissenschaftler; Werk(s)feuerwehr.
WG Waffengesetz; Wahlgesetz; Währungsgesetz; Wassergesetz; *econ.* Wechselgesetz; *electr.* Wechselstrom-Generator; Wehrgesetz; Weingesetz; Wiedergutmachung; Wohnungsgesetz.
Wg. Wagen; (*railway*) Waggon; Weg.
wg. wassergeschützt; *ling.* westgermanisch.
WGA Wiedergutmachungsamt; Wirtschaftsvereinigung Groß- und Außenhandel.
WGB Weltgewerkschaftsbund.
Wgdr. *print.* Wiegendruck.
W.Geh.R. *hist.* Wirklicher Geheimer Rat.
WGG Wiedergutmachungsgesetz.
WGL Wissenschaftliche Gesellschaft für Luftfahrt.
Wgl. *econ.* Wagen-, Waggonladung.
wgl. weglegen.
WGLR Wissenschaftliche Gesellschaft für Luft- und Raumfahrt.
WGO Weltgesundheitsorganisation.
W.-Gr. Wagengröße; *econ.* Warengruppe.
WGZ Wohnungsgeldzuschuß.
WH Wiederherstellung; Winterhalbjahr; Wirtschaftshochschule; *geogr. hist.* Württemberg-Hohenzollern.
Wh *electr.* Wattstunde.
Wh. Wiederholung; Wirtshaus; Wohnhaus.
wh. wiederholt.
Whg(n). Wohnung(en *pl*).
W.-Hj. Winterhalbjahr.
WHV Westdeutscher Handballverband.
WHW *hist.* (*in NS-Zeit*) Winterhilfswerk.
WI *mar. mil.* Wachhabender Ingenieur(offizier); Wirtschaftsingenieur; Wirtschaftsinstitut.
Wi. Widerstand; Winter; Wirtschaft; Wissenschaft(ler); Witwe(r).
Widia (*TM*) *metall.* „Wie Diamant" (*special sort of steel*).
wiederh. wiederholen, -holt.
WIG *tech.* Wolfram-Inert-Gas(-Verfahren).
willk. willkürlich.
Wi.-Pl. Wirtschaftsplan.
Wi.-Pr. Wirtschaftsprüfer.
WiR Wirtschaftsrat; Wirtschaftsrecht; Wissenschaftsrat.
Wi.-Rt. Witwenrente.
Wirtsch. Wirtschaft(ler); Wirtschaftlichkeit.
wirtsch. wirtschaftlich.
WiSo Wirtschafts- und Sozialwissenschaften *pl*.
Wiss. Wissenschaft(ler), -schaftlichkeit.
wiss. wissenschaftlich; wissentlich.
Wiss.R. Wissenschaftlicher Rat.
WiStG Wirtschaftsstrafgesetz.
Witt. Witterung.
Wj. Wirtschaftsjahr.
w.J. (*sport*) weibliche Jugend.
WJB (*sport*) Weltjahresbestleistung.
WjD Wirtschaftsjahresdurchschnitt.
WK Wanderkarte; Wasserkraft; Weltkrieg; *econ.* Werbungskosten *pl*; Wetterkarte; *mil.* Wiederholungskurs (*Switzerland*).
Wk. Werk; Wirkung.
WKA *tech.* Wasserkraftanlage.
Wkg. Wirkung.
WKK Wehrkreiskommando (*DDR*).
Wkm(str). Werkmeister.
WKP Weibliche Kriminalpolizei.
Wkr. Wahlkreis; Wasserkraft; Wehrkreis (*DDR*).
WKS Werkkunstschule.
Wkst. Werkstatt, -stätten *pl*; Werkstoff.
wktgs. werktags.
Wkz(g). Werkzeug.
WL *electr.* Wellenlänge; Werk(s)leiter, -leitung.
w.L. westliche(r) Länge.
w.l. *chem.* wenig löslich.
wlösl. *chem.* wasserlöslich.
WLV Westdeutscher Leichtathletikverband.
WM *electr.* Wechselstrommotor; *tech.* Weißmetall; (*sport*) Weltmeisterschaft; Werkmeister; Werkzeugmaschine; Wirtschaftsminister(ium); (*computer*) Wortmaschine.
Wm. Werkmeister; Wertmarke.
wm. weidmännisch.
WMF (*TM*) Württembergische Metallwaren-Fabrik.
WNW Westnordwest(en).
wnw. westnordwestlich.
WO *mil.* Wachoffizier; *econ.* Wechselordnung; Wegeordnung; Weltorganisation.
Wo. Woche; Wohnung; Wolle.
wö. wöchentlich.
w.o. weiter oben; wie oben.
w.o.a. wie oben angegeben *od.* angeführt.
WOM Weltorganisation für Meteorologie.
WOMAN Weltorganisation der Mütter aller Nationen.
WP Wahlperiode; *pol.* Warschauer Pakt; Warenprüfung; *econ.* Wechselprotest; Werkstoffprüfung; *econ.* Wertpapier; Wirtschaftsprüfer, -prüfung.
Wp. Wirtschaftsprüfer, -prüfung.
WPflG Wehrpflichtgesetz.
Wpl. Wimpel; Wohnplatz.
WpM, wpm *tel.* Wörter pro Minute.
WPV Weltpostverein.
WR Wahlrecht; Währungsreform; Weltrekord; Wirtschaftsrat; Wirtschaftsrecht; Wirtschaftsredakteur, -redaktion; Wirtschaftsring; Wissenschaftsrat.
WRK Westdeutsche Rektorenkonferenz.
Wrkg. Wirkung.
WRV *hist.* Weimarer Reichsverfassung.
WS *mil.* Waffensystem; *phys.* Wassersäule; Werkschutz; *auto.* West-Samoa; Wintersemester; *med.* Wirbelsäule.
Ws *electr.* Wattsekunde; *electr.* Wechselstrom.
Ws. *phys.* Wassersäule; Wertsachen *pl*; Wochenschrift (*journal*).
WSA Wasser- und Schiffahrtsamt; Wirtschafts- und Sozialausschuß.
WSC Wassersportclub; Wintersportclub.
W.S.C. Weinheimer Senioren-Convent (*of students' societies*).
W.-Sch. Waffenschein; *econ.* Warenschein.
Wschr. Wochenschrift (*journal*).
WSD Wasser- und Schiffahrtsdirektion.
WSG Wasserschutzgebiet; Wassersportgemeinschaft; Wehrsoldgesetz.
WSP Wasserschutzpolizei.
W.-Sp. Wasserspiegel.
WSR Weltsicherheitsrat.
wss. *chem.* wässerig, wäßrig.
WSt., W.-St. *econ.* Wechselsteuer.
Wst. Werkstatt; Werkzeugstahl.
wstd. westdeutsch.
WStG Wehrstrafgesetz.
WStr., W.-Str. Wasserstraße.
WSV Wassersportverein; Wasser- und Schiffahrtsverwaltung; Winterschlußverkauf; Wintersportverein.
WSW Westsüdwest(en).
wsw. westsüdwestlich.
WT Wachturm; *mil.* Waffentechnik; Wasserturm; Wechselstromtelegrafie; Wiederholungsteil.
W.T. Wachturm; Wasserturm, -tank.
WTA Wissenschaftlich-Technische Abteilung; Wissenschaftlich-Technische Assistentin.
Wtb. Wörterbuch.
Wtg. *tech.* Wartung.
wtgl. werktäglich; wertgleich.
wtgs. werktags.
wtl. wertlos; wörtlich.
Wttbg. *geogr.* Württemberg.
WTZ Wissenschaftlich-Technisches Zentrum (*DDR*).
w.u. weiter unten; wie unten.
w.ü. wie üblich.
WUA Welturheberrechtsabkommen.
Wü.-Ho., Wü.-Hhz. *geogr. hist.* Württemberg-Hohenzollern.
WUST, Wust Warenumsatzsteuer (*Switzerland*).
Württ. *geogr.* Württemberg.
WV *econ.* Warenverzeichnis; Wirtschaftsverband; Wirtschaftsvertreter; Wohlfahrtsverband; Wörterverzeichnis.
Wv. Weiter-, Wiederverwendung; Wiedervorlage.
w.v. weiter *od.* wieder vorlegen; wie vorstehend.
Wvb. Wirtschaftsverband.
w.Vn. weiblicher Vorname.
WVU Wasserversorgungsunternehmen.
WVV Wissenschaftlicher Verein für Verkehrswesen.
Wvz. *econ.* Warenverzeichnis.
WW Warmwasser; Wasserwerk.
Ww. Warmwasser; Wasserwerk; Wegweiser; *geogr.* Westerwald; Witwe(r).
w.W. warmes Wasser.
WWA Wasserwirtschaftsamt.
Wwe. Witwe.
WWG Werbewissenschaftliche Gesellschaft (*Austria*).
WWI Wirtschaftswissenschaftliches Institut (der Gewerkschaften).
Wwr. Witwer.
WWV Wärmewirtschaftsverband.
Wwv. Warmwasserversorgung.
WZ Warenzeichen; Wartezeit; Wasserzeichen; Weltzeit; Wohnzimmer.
Wz Warenzeichen; Wasserzeichen.
Wz. Warenzeichen; Wasserzeichen; Wohnzimmer.
w.z.b.w. was zu beweisen war.
WZG Warenzeichengesetz.
Wzg. Werkzeug.

X, Y, Z

Xe *chem.* Xenon.
Xerogr. Xerographie.
Xerok. Xerokopie.
Xyl. Xylograph(ie); Xylophon.

Y *auto.* Bundeswehr; *chem.* Yttrium.
Yb *chem.* Ytterbium.
YC Yachtclub.
YE *auto.* Jemen.
YU *auto.* Jugoslawien.
YV *auto.* Venezuela.

Z *auto.* Sambia; Zähler; Zeichen; Zeitschrift, Zeitung; Zenit; Zentrale, Zentrum; *auto.* Zoll; Zone; (*railway*) Zug.
Z. Zahl; Zahlung; Zeichen; Zeile; Zeit; Zettel; Zeuge; Zeugnis; Ziffer; Zimmer; Zitat; Zone; Züchter; Zuchthaus; Zucker; Zurücknahme; Zusammensetzung.
z. zu, zum, zur.
ZA *auto.* Republik Südafrika; Zahlungsabkommen; Zentralabteilung, -amt; Zinsabkommen; Zollamt.
z.A. zur Ansicht; zur Anstellung.
za. zirka.
ZAB Zollamt am Bahnhof.
ZAED Zentralstelle für Atomenergie-Dokumentation.
ZAG Zentralarbeitsgemeinschaft.
Zahlm. *mil.* Zahlmeister.
zahlr. zahlreich.
Zahlst. Zahlstelle.
z.Anw. zur Anwendung.
ZASK Zentraler Armeesportklub (*DDR*).
ZAV Zentralstelle für Arbeitsvermittlung; Zollabfertigungsvorschriften *pl*; Zollamtsvorsteher.
ZAW Zentralamt für Werbung (*DDR*); Zentralausschuß der Werbewirtschaft.
ZB Zahlungsbefehl; Zahlungsbewilligung; Zentralbibliothek; Zentralblatt (*journal*); Zentralbüro; Zivilbeschädigte; Ziviler Bevölkerungsschutz; Zulassungsbüro; Zürcher Bibel; Zusatzbestimmung; Zwischenbericht.
z.B. zum Beispiel.
Z.-Bef. Zahlungsbefehl.
z.Begl. zur Beglaubigung.
ZBR Zentralbankrat.
z.b.V. zur besonderen Verfügung *od.* Verwendung.
Zch(n)g. Zeichnung.
Zch(n)gn. Zeichnungen *pl.*
Zchn. Zeichen; Zeichnen.
ZD Zeitschriften-, Zeitungsdienst; Zentraldirektion.
z.D. zur Dienstleistung; zur Disposition.
z.d.A. zu den Akten.
ZDF Zweites Deutsches Fernsehen.
Zdg. *tech.* Zündung.
ZDH Zentralverband des Deutschen Handwerks.
ZDK Zentralverband des Kraftfahrzeughandels und -gewerbes; Zentralverband Deutscher Konsumgenossenschaften.
ZDL Zentralausschuß der Deutschen Landwirtschaft.
ZDW Zentralamt des Deutschen Wetterdienstes.
ZDWV Zentralverband Demokratischer Widerstandskämpfer- und Verfolgtenorganisationen.
ZE *econ.* Zahlungseinstellung; Zeiteinheit; (*computer*) Zentraleinheit.
z.E. zu Ehren; zum Exempel; zur Einsichtnahme.
ZED Zentraler Ermittlungsdienst.
zeitgen. zeitgenössisch.
Zeitl. *econ.* Zeitlohn; (*film*) Zeitlupe.
zeitl. zeitlich; zeitlos.
Zeitschr. Zeitschrift.
Zeitw. *econ.* Zeitwert; *ling.* Zeitwort.
zeitw. zeitweilig, -weise.
ZEK Zentralexekutivkomitee.
ZEL Zentralersatzteillager.
Zellst. Zellstoff.
Zem. Zement(ierung).
Zentr. Zentrale; Zentralismus, -list; Zentrum.
zentr. zentral; zentralistisch; zentriert; zentrisch.
zerl. zerlassen; zerlaufen; zerlegen, -legt.
Zers. Zersetzung.
Zerst. Zerstörung.
zerstr. zerstreuen, -streut; zerstritten.
ZF *agr.* Zusatzfutterfläche; *electr.* Zwischenfrequenz.
Zf. *econ.* Zinsfuß; Zufahrt; Zufuhr; Zusammenfassung.
z.F. zu Fuß.
ZFA Zentral-Fachausschuß; Zentralfinanzamt.
ZFD Zollfahndungsdienst.
z.F.d.W. zur Förderung der Wissenschaften.
zfr. zinsfrei; zollfrei.
ZFSt. Zollfahndungsstelle.
ZFV Deutsche Zentrale für Fremdenverkehr.
ZG Zivilgericht (*Switzerland*); Zollgesetz.
Z.G. Zollgewicht; Zoologischer Garten.
Zg. Zeitung; Zeuge; Ziegelei; *mil.* Zug.
ZGB Zivilgesetzbuch (*Switzerland*).
ZGD Zollgrenzdienst.
z.gefl.K. zur gefälligen Kenntnisnahme.
Zgf. (*railway*) Zugfolge; *mil.* Zugführer.
Zgh. Zugehörigkeit.
ZGK Zollgrenzkommissariat.
zgl. zugleich.
Zgm. *auto.* Zugmaschine.
Zgn. Zeugen *pl*; Zeugnis.
z.g.R. zur gefälligen Rücksprache.
z.gr.T. zum großen Teil.
zgs. zusammengesetzt.
zgst. zusammengestellt.
zgw. zugewandert; *mil.* zugweise.
z.g.w.V. zur gefälligen weiteren Veranlassung.
ZH Zentralheizung.
z.H. zu Händen; zur Hälfte.
z.Hd(n).(v.) zu Händen (von).
zhlr. zahlreich.
ZHV Zoll- und Handelsvertrag.
Zhz(g). Zentralheizung.
ZI Zentralinstitut; Zollinhaltserklärung; Zollinspektor.
Zi. Ziffer; Zimmer.
Zig. Zigarre, Zigarette, Zigarillo.
ZIID Zentralinstitut für Information und Datenverarbeitung (*DDR*).
Zim. Zimmer.
zinsl. zinslos.
ZIS Zentralinstitut für Sprachwissenschaft.
Zit. Zitadelle; Zitat.
zit.(n.) zitiert (nach).
ZIV Zentrale Informationsstelle für Verkehr.
Ziv. Zivil; Zivilisation; Zivilist.
ziv. zivil; zivilisatorisch; zivilisiert.
ZivS *jur.* Zivilsenat.
Ziv.-S. *jur.* Zivilsache.
ZK (*sport*) Zeitkontrolle; Zentralkatalog; Zentralkomitee; *jur.* Zivilkammer; Zollkasse; Zollkontrolle; *tech.* Zugkraft.
Zk. (*postal service*) Zahlkarte; Zollkasse; *tech.* Zündkerze.
z.K. zur Kenntnisnahme.
zk. zurück.
ZKA Zentraler Kreditausschuß; Zentralkatalog für Auslandsliteratur.
ZKfSK Zentrale Kommission für Staatliche Kontrolle (*DDR*).
Zkft. Zukunft; Zusammenkunft.
ZKK Zentrale Kontrollkommission (*DDR*); Zentrale Kundenkartei.
Zkw *auto.* Zugkraftwagen.
ZL Zentrallabor(atorium); *aer.* Zwischenlandung.
Zl Zloty (*monetary unit of Poland*).
Zl. Zahl; Zeile; Ziel.
z.l. *chem.* ziemlich löslich.
ZLDI Zentralstelle für Luftfahrtdokumentation und -information.
Zle. Zeile.
Zlg. Zahlung; Zerlegung.
Zm. *mil.* Zahlmeister; Zeitmaß, -messung.
ZMD Zentrale Marinedienststelle; Zentralstelle für maschinelle Dokumentation.
ZMF Zentrale Marktforschung.
ZN Zahlungsnachweis; Zimmernachweis; Zweigniederlassung.
Zn *chem.* Zink.
Zn. Zeichen; Zunahme; Zuname.
z.n. zu nehmen.
ZNK Zentrale Namenkartei (des DRK).
ZNP Ziviles Notstandsprogramm.
ZNS *med.* Zentralnervensystem.
ZO Zahlungsordnung; Zulassungsordnung.
ZOB Zentraler Omnibusbahnhof.
Zool. Zoologe, -logie.
zool. zoologisch.
ZÖV Zentrale Ölversorgung.
ZP *hist.* Zentrumspartei; Zimmerpreis; Zusatzpatent.
z.P. zur Person.
z. Pf. zu Pferde.
ZPKK Zentrale Parteikontrollkommission (*DDR*).
ZPL Zentrale Parteileitung (*DDR*).
ZPO Zivilprozeßordnung.
ZPR Zivilprozeßrecht.
ZR Zentralrat; Zollrat.
Zr *chem.* Zirkonium.
Zr. Zimmer.
z.R. zu Recht; zur Revision.
zr. zahlreich.
ZRS *jur.* Zivilrechtssache.
ZS Zentralsekretariat (*DDR*); Zentralstelle; Zivilschutz (*Switzerland*); *jur.* Zivilsenat; Zollsekretär.
Zs. Zeitschrift; Zusage; Zusatz; Zusammensetzung.
z.S. zur Sache; *mil.* zur See.
zs. zusammen.
ZSchK Zivilschutzkorps.
Zschr. Zeitschrift.
ZSG Zentralsportgemeinschaft.
zsges. zusammengesetzt.
zsgest. zusammengestellt.
ZSGL Zentrale Schulgruppenleitung (*DDR*).
Zshg. Zusammenhang.
ZSK Zentraler Sportklub; Zivilschutzkorps.
ZSL *telev.* Zentrale Sendeleitung (des Deutschen Fernsehens).
Zss. Zeitschriften *pl.*
ZSt. Zentralstelle; Zollstelle; Zweigstelle.
Zst. Zusammenstellung; Zustand; Zustellung.
z. Stn. zur Stellungnahme.
Zstzg. Zusammensetzung.
ZSW *tech.* Zeitschaltwerk; Zentralinstitut für Sozialistische Wirtschaftsführung (*DDR*).
z.s.Z(t). zu seiner Zeit.
ZT Zähltaste; Zahlungstermin; Zolltarif.
Zt. Zeit; Zitat; Zuteilung.
z.T. zum Teil; zum Termin.
ZTA Zentraler Transportausschuß (*DDR*).
ZTG *tech.* Zeittaktgeber; Zentralverband des Tankstellen- und Garagengewerbes; Zolltarifgesetz.
Ztg. Zeitung; Zuteilung.
Ztgn. Zeitungen *pl.*
ztl. zeitlich; zeitlos.
Ztr. Zeitrechnung; Zentner; Zentrale; Zentrum; Zutritt.
z.tr.H. zu treuen Händen.
Ztr.-Hzg., Ztrhzg. Zentralheizung.
Zts(chr). Zeitschrift.
Ztw. *econ.* Zeitwert; *ling.* Zeitwort.
ztw. zeitweilig; zeitweise.
ZU (*postal service*) Zustellungsurkunde.
z.U. zur Unterschrift; zur Untersuchung.
z.u. zeitlich untauglich.
Zub. Zubehör.
Zubr. Zubringer.
Zuf. Zufall; Zufuhr.
zuf. zufällig; zufolge.
Zug. Zugabe; Zugang.
zug. zugängig, -gänglich.
zugel. zugelassen.
zuget. zugeteilt.
Zugew. Zugewanderte; *econ.* Zugewinn.
zugew. zugewandert; zugewiesen.
zugl. zugleich.
zuk. zukünftig.
Zul. Zulage; Zulässigkeit; Zulassung.
zul. zulässig; zuletzt.
Zündw. Zündwaren *pl.*
zur. zurück.
Zus. Zusammenhang; Zusammensetzung; Zusatz.
zus. zusammen; zusätzlich.
Zusch. Zuschuß.

Zuschr. Zuschrift.
Zust. Zustand; Zuständigkeit; (*postal service*) Zusteller, -lung.
zust. zuständig; zustellen.
Zut. Zutaten *pl*; Zuteilung.
Zuw. Zuwachs; Zuweisung; Zuwendung.
zuw. zuweilen.
zuz. zuzüglich.
ZV (*mining*) Zechenverband; Zeitungsverlag, -vertrieb; Zentralverband; Zentralverwaltung, -vorstand; Zivilverteidigung; Zollvertrag; Zollvorschrift; Zwangsversteigerung.
z.V. zum Verkauf; zum Vermerk; zum Vorgang; zur Verfügung; zur Vormerkung.
z.v. zu verkaufen.
ZVA Zeitungsvertriebsamt; Zentrale Versorgungsanlage; Zentralverkehrsamt.
ZVEH Zentralverband des Deutschen Elektrohandwerks.
ZVEI Zentralverband der Elektrotechnischen Industrie.
ZW *tech.* Zählwerk; Zellwolle.
Zw. *econ.* Zahlungsweise; *ling.* Zahlwort; *ling.* Zeitwort; Zollwert; Zuwachs; Zwang; Zweck; Zwillinge *pl.*
zw. zwar; zwecks; zwei; zwischen.
zwangl. zwanglos.
Zwg. Zweig.
Zwgn. Zweigniederlassung.
Zwgst. Zweigstelle.
zwgw. zwangsweise.
ZWL Zentralstelle für wissenschaftliche Literatur (*DDR*).
ZwSt. Zweigstelle.
Zwst. Zwischenstock(werk).
ZwV Zwangsvollstreckung.
z.Wv. zur Wiederverwendung; zur Wiedervorlage.
z.w.V. zur weiteren Veranlassung; zur weiteren Verwendung.
Zyl. Zylinder.
zyl. zylindrisch.
zypr. zypr(iot)isch.
ZZ Zonenzeit; *med.* zweieiige Zwillinge *pl.*
Zz. Zeilen *pl*; Zinszahl; *tech.* Zylinderzahl.
z.Z. zur Zeit.
zzgl. zuzüglich.
z.Zt. zur Zeit.

II. BIOGRAPHISCHE NAMEN

II. BIOGRAPHICAL NAMES

A

Abä·lard, Peter ['abɛlart; abɛ'lart] Abélard, Abailard. *French philosopher and theologian; 1079—1142.*

Ab·be, Ernst ['abe] *German physicist; 1840—1905.*

Abra·ham a San(c)·ta Cla·ra ['a:braham a: 'zaŋ(k)ta 'kla:ra] *Austrian theologian and satirical writer; 1644—1709.*

Abra·ham, Paul ['a:braham] *Hungarian-German composer of operettas; 1892—1960.*

Abt, Franz [apt] *German conductor and composer; 1819—85.*

Ach, Narziss [ax] *German psychologist; 1871—1946.*

Achen·bach, Andreas ['axən,bax] *German landscape and marine painter; 1815—1910.*

Achen·bach, Oswald ['axən,bax] *German landscape painter; 1827—1905.*

Ach·ma·to·wa, Anna [ax'ma:tova] *Russian lyric poet; 1893—1966.*

Acker·mann, Konrad Ernst (*getr.* -k·k-) ['akər,man] *German actor; 1712—71.*

Adal·bert, der heilige ['a:dal,bɛrt] St. Adalbert, St. Adelbert (*called* Apostle of the Prussians). *Bohemian prince, bishop of Prague; 956?—997.*

Adam, Adolphe Charles [a'dã:] *French composer; 1803—56.*

Adam, Albrecht ['a:dam] *German painter and lithographer; 1786—1862.*

Adel·heid, die heilige ['a:dəl,haɪt] St. Adelaide. *German noblewoman and religious figure; 931?—999.*

Ade·lung, Johann Christoph ['a:dəlʊŋ] *German philologist; 1732—1806.*

Ade·nau·er, Konrad ['a:dənauər] *German politician, first chancellor of the BRD; 1876—1967.*

Ad·ler, Alfred ['a:dlər] *Austrian psychologist; 1870—1937.*

Adolf von Nas·sau ['a:dɔlf fən 'nasau] Adolf of Nassau. *King of Germany; 1250?—98.*

Ador·no, Theodor W. [a'dɔrno] *German philosopher, sociologist, and composer; 1903—69.*

Aga Khan III. ['a:ga 'ka:n] *Indian statesman and spiritual leader of the Ismaili Moslem sect; 1877—1957.*

Aga·si·as (von Ephe·sus) [a'ga:zĭas (fən 'e:fezus)] Agasias of Ephesus. *Greek sculptor; about 100 B.C.*

Agas·siz, Louis Jean Rodolphe [aga'si:] *Swiss naturalist; 1807—73.*

Aga·tho·kles [a'ga:toklɛs] Agathocles. *Tyrant of Syracuse; 361—289 B.C.*

Age·si·la·os II. [agezi'la:ɔs] Agesilaus, Agesilaos. *King of Sparta; 400—360 B.C.*

Agnes von Poi·tou ['agnɛs fən pŏa'tu:] Agnes of Poitou. *Second consort of the emperor Henry III; 1025—1077.*

Agri·co·la, Alexander [a'gri:kola] *German or Dutch composer of religious music; 1446—1506.*

Agri·co·la, Georg [a'gri:kola] *German mineralogist; 1494—1555.*

Agri·co·la, Gnäus Julius [a'gri:kola] *Roman general; 37—93.*

Agri·co·la, Johann [a'gri:kola] *German Protestant theologian; 1492—1566.*

Agri·co·la, Johann Friedrich [a'gri:kola] *German organist and composer; 1720—74.*

Agri·co·la, Rudolf Frisius [a'gri:kola] *Dutch scholar; 1443—85.*

Agrip·pa, Marcus Vipsanius [a'grɪpa] *Roman general and politician; 63—12 B.C.*

Agrip·pa von Net·tes·heim, Heinrich Cornelius [a'grɪpa fən 'nɛtəs,haɪm] *German philosopher and physician; 1486—1535.*

Agrip·pi·na, Julia (die Jüngere) [agrɪ'pi:na] Agrippina (the Younger). *Mother of the emperor Nero; 15?—59.*

Ahl·wardt, Theodor Wilhelm ['a:l,vart] *German orientalist; 1828—1909.*

Ai·chin·ger, Ilse ['aɪçɪŋər] *Austrian writer; *1921.*

Ais·chy·los ['aɪsçylɔs] → Äschylus.

Ala·rich ['a:larɪç] Alaric. *King of the West Goths; 370?—410.*

Al·ba, Fernando Álvarez de Toledo ['alba] (Duke of) Alva (*od.* Alba). *Spanish general and governor of the Netherlands; 1508—1582.*

Al·bé·niz, Isaac [al'be:nɪs] *Spanish pianist and composer; 1860—1909.*

Al·bers, Hans ['albərs] *German film actor; 1892—1960.*

Al·bert, Eugen D' [dal'bɛ:r] → D'Albert, Eugen.

Al·ber·tus Ma·gnus [al'bɛrtʊs 'magnʊs] *German scholastic philosopher; 1193?—1280.*

Al·be·rus, Erasmus ['alberʊs] *German scholar and poet; 1500?—1553.*

Al·bo·in ['alboi:n] *King of the Lombards; ?—573.*

Al·brecht I. (der Bär) ['albrɛçt] Albert I (*of Brandenburg*) (the Bear). *Margrave (and founder of the house) of Brandenburg; 1100?—1170.*

Al·brecht I. ['albrɛçt] Albert I (*of Germany*). *Duke of Austria and king of Germany; 1255—1308.*

Al·brecht II. ['albrɛçt] Albert II (*of Germany*). *First Hapsburg Holy Roman Emperor; 1397—1439.*

Al·brecht II. ['albrɛçt] Albert II. *Elector and Archbishop of Mainz; 1490—1545.*

Al·brecht III. (Achilles) ['albrɛçt] Albert III (*of Brandenburg*) (*called* Albert Achilles). *Elector of Brandenburg; 1414—86.*

Al·brecht V. ['albrɛçt] Albert V (*of Bavaria*). *Duke of Bavaria; 1550—79.*

Al·brecht, Friedrich Rudolf ['albrɛçt] Albert (*of Austria*). *Archduke of Austria and Austrian field marshal; 1817—95.*

Al·bu·in ['albui:n] → Alboin.

Alex·an·der [alɛ'ksandər] *Emperors of Russia*: Alexander I. Alexander I (*1777—1825*); Alexander II. Alexander II (*1818—1881*); Alexander III. Alexander III (*1845—1894*).

Alex·an·der [alɛ'ksandər] *Name of 8 popes*: Alexander VI. (Rodrigo Lanzol y Borja) Alexander VI; *1431—1503.*

Alex·an·der (der Große) [alɛ'ksandər] Alexander (the Great). *King of Macedonia; 356—323 B.C.*

Alex·an·der Se·ve·rus [alɛ'ksandər ze'vе:rʊs] *Roman emperor; 208?—235.*

Alex·an·der von Aphro·di·si·as [alɛ'ksandər fən afro'di:zĭas] *Greek philosopher; about 200.*

Alex·ei, Michailowitsch [alɛ'kse:i] Alexis (*od.* Aleksey) Mikhailovich. *Czar of Russia; 1629—76.*

Alex·ios I. Kom·ne·nos [a'lɛksĭɔs kɔm'ne:nɔs] Alexius I Comnenus. *Emperor of the East; 1048—1118.*

Ale·xis, Willibald [a'lɛksɪs] (*originally* Georg Wilhelm Häring) *German novelist; 1798—1871.*

Al·ka·me·nes [al'ka:menɛs] Alcamenes, Alkamenes. *Greek sculptor; 448?—?404 B.C.*

Al·ki·bia·des [alki'bi:adɛs] Alcibiades. *Athenian politician and general; 450—?404 B.C.*

Alk·mai·on von Kro·ton [alk'maɪɔn fən 'kro:tɔn] Alcmaeon of Crotona. *Greek physician and philosopher; about 500 B.C.*

Alm·quist, Carl Jonas Love ['alm,kvɪst] *Swedish poet and essayist; 1793—1866.*

Alt·dor·fer, Albrecht ['alt,dɔrfər] *German painter and engraver; 1480?—1538.*

Al·ten·berg, Peter ['altən,bɛrk] *Austrian writer; 1859—1919.*

Alz·hei·mer, Alois ['alts,haɪmər] *German psychiatrist; 1864—1915.*

Ama·ti, Nicola [a'ma:ti] *Italian violin maker; 1596—1684.*

Am·ber·ger, Christoph ['am,bɛrgər] *German painter; 1500?—1561.*

Am·bro·si·us [am'bro:zĭʊs] Ambrose. *Bishop of Milan, one of the fathers of the church; 339?—397.*

Ame·no·phis [ame'no:fɪs], **Amen·ho·tep** [amen'ho:tɛp] *Kings of Egypt*: Amenophis III. Amenhotep (*od.* Amenophis) III (*reigned 1411—1375 B.C.*); Amenophis IV. Amenhotep (*od.* Amenophis) IV Ikhnaton (*reigned 1375—1358 B.C.*).

Ame·ri·go Ves·puc·ci [ame'ri:go vɛs'pʊtʃi] → Vespucci.

Amer·ling, Friedrich von ['a:mərlɪŋ] *Austrian painter; 1803—87.*

Ami·el, Henri Frédéric [a'mĭɛl] *Swiss poet and philosopher; 1821—81.*

Am·mia·nus Mar·cel·li·nus [a'mĭa:nʊs martsɛ'li:nʊs] *Roman historian; about 370.*

Am·père, André Marie [ã'pɛ:r] *French physicist; 1775—1836.*

Amund·sen, Roald ['a:mʊntsən] *Norwegian polar explorer; 1872—1928.*

Ana·kre·on [a'na:kreɔn] Anacreon. *Greek lyric poet; 572?—?488 B.C.*

Ana·xa·go·ras [ana'ksa:goras] *Greek philosopher and naturalist; 500?—428 B.C.*

Ana·xi·man·der [anaksi'mandər] *Greek philosopher and mathematician; 611?—?547 B.C.*

Ana·xi·me·nes [ana'ksi:menɛs] *Greek philosopher; 585?—?525 B.C.*

An·da, Géza ['anda] *Hungarian-Swiss pianist; *1921.*

An·ders, Peter ['andərs] *German tenor; 1908—54.*

An·dersch, Alfred ['andərʃ] *German writer; *1914.*

An·der·sen, Hans Christian ['andərzən] *Danish writer; 1805—75.*

An·drae, Walter ['andrɛ] *German arch(a)eologist; 1875—1956.*

An·dre·as-Sa·lo·mé, Lou [an'dre:as'za:lome] *German novelist, biographer, and psychoanalyst; 1861—1937.*

An·dres, Stefan ['andrəs] *German writer, dramatist, and lyric poet; *1906.*

An·drić, Ivo ['andrɪtʃ] *Yugoslavian writer and essayist; 1892—1975.*

An·dro·ni·kos von Rho·dos [andro'ni:kɔs fən 'ro:dɔs] Andronicus of Rhodes. *Greek philosopher in Rome; about 70 B.C.*

Äne·si·de·mos [ɛnezi'de:mɔs] Aenesidemus. *Greek philosopher; about 100 B.C.*

An·ge·li·co, Fra (Fra Giovanni da Fiesole) [an'dʒe:liko] *Italian painter; 1387—1455.*

An·ge·lus Si·le·si·us ['aŋgelʊs zi'le:zĭʊs] (*originally* Johann[es] Scheffler) *German religious poet; 1624—77.*

An·gil·bert, der heilige ['aŋgɪlˌbɛrt] St. Angilbert. *Frankish poet; 740?—814.*

Ång·ström, Anders Jonas ['ɔŋˌstrø:m] *Swedish physicist; 1814—74.*

An·na Ama·lia ['ana a'ma:lĭa] *Duchess of Saxe-Weimar; 1739—1807.*

An·na Iwa·now·na ['ana i'va:nɔvna] Anna Ivanovna. *Empress of Russia; 1693—1740.*

An·na von Öster·reich ['ana fɔn 'ø:stəraɪç] Anne of Austria. *Consort of Louis XIII of France and regent for Louis XIV; 1601—66.*

An·no II., der heilige ['ano] St. Anno, St. Hanno. *Archbishop of Cologne; 1010—1075.*

An·nun·zio, Gabriele d' [a'nʊntsĭo] *Italian poet, novelist, and politician; 1863—1938.*

Anouilh, Jean [a'nu:j] *French dramatist; *1910.*

An·schütz-Kaemp·fe, Hermann ['anˌʃʏts-'kɛmpfə] *German engineer and inventor; 1872—1931.*

An·ser·met, Ernest [ãsɛr'me:] *Swiss conductor; 1883—1969.*

Ans·gar, der heilige ['ansgar] (*called* Apostel des Nordens) St. Anschar, St. Ansgar, St. Anskar (*called* Apostle of the North). *Frankish Benedictine missionary to Scandinavia; 801—865.*

An·the·mi·os [an'te:mĭɔs] Anthemius. *Greek mathematician and architect; about 500.*

An·ti·go·nos I. (Monophthalmos) [an'ti:go-nɔs] Antigonus I (*surnamed* Cyclops *od.* Monophthalmos). *King of Macedonia; general of Alexander the Great; 382?—301 B.C.*

An·ti·ma·chos [an'ti:maxɔs] Antimachus. *Greek epic and elegiac poet; about 410 B.C.*

An·tio·chos III. (der Große) [an'ti:ɔxɔs] Antiochus III (the Great). *King of Syria; 241?—187 B.C.*

An·tio·chos von As·ka·lon [an'ti:ɔxɔs fɔn 'askalɔn] Antiochus of Ascalon. *Greek eclectic philosopher; 120?—69 B.C.*

An·ti·pha·nes [an'ti:fanɛs] *Greek comic poet; 408?—?334 B.C.*

An·ti·sthe·nes [an'tɪstenɛs] *Athenian philosopher, founder of the school of the Cynics; 444?—?366 B.C.*

An·to·nel·lo da Mes·si·na [anto'nɛlo da mɛ'si:na] *Italian painter; 1430?—79.*

An·to·nes·cu, Ion [anto'nɛsku] *Rumanian general and dictator; 1882—1946.*

An·to·ni·us, Marcus [an'to:nĭʊs] Mark (*od.* Marc) Antony, Marcus Antonius. *Roman general; 83?—30 B.C.*

An·to·ni·us von Pa·dua [an'to:nĭʊs fɔn 'pa:dŭa] Ant(h)ony of Padua. *Franciscan monk; 1195—1231.*

An·zen·gru·ber, Ludwig ['antsənˌgru:bər] *Austrian dramatist; 1839—89.*

Ar·chi·lo·chos [ar'çi:lɔxɔs] Archilochus. *Greek lyric poet; 700?—650 B.C.*

Ar·chi·me·des [arçi'me:dɛs] *Greek mathematician and physicist; 287?—212 B.C.*

Ari·ost, Ludovico [a'rĭɔst], **Ario·sto** [a'rĭɔsto] Lodovico Ariosto. *Italian poet; 1474—1533.*

Ario·vist [arĭo'vɪst] Ariovistus. *Leader of the Suevi; 71?—?58 B.C.*

Ari·sti·des [arɪs'ti:dɛs] Aristides, Aristeides. *Athenian statesman and general; 530?—?468 B.C.*

Ari·sto·pha·nes [arɪs'to:fanɛs] *Athenian comic dramatist; 448?—?380 B.C.*

Ari·sto·te·les [arɪs'to:telɛs] Aristotle. *Greek philosopher; 384—322 B.C.*

Ar·mi·ni·us [ar'mi:nĭʊs], **Ar·min** ['armi:n] *Leader of the Cherusci; 17? B.C.—21 A.D.*

Arndt, Ernst Moritz [arnt] *German political writer and poet; 1769—1860.*

Ar·nim, Achim (*od.* Ludwig Joachim) von ['arnɪm] *German poet; 1781—1831.*

Ar·nim, Bettina (*od.* Anna Elisabeth) von ['arnɪm] *German writer; 1785—1859.*

Arp, Hans [arp] *German painter and writer; 1887—1966.*

Ár·pád ['arpat] Árpád. *Founder of the Árpád dynasty in Hungary; ?—907.*

Ar·rhe·ni·us, Svante August [a're:nĭʊs] *Swedish physicist and chemist; 1859—1927.*

Asam ['a:zam] *German artists:* Hans Georg (*fresco painter and stucco worker; 1649—1711*); *his sons* Cosmas Damian (*painter and architect; 1686—1739*) *and* Egid Quirin (*sculptor, stucco worker, and architect; 1692—1750*).

Äschi·nes ['ɛ(:)ʃinɛs] Aeschines. *Athenian orator; 389—314 B.C.*

Aschoff, Ludwig ['aʃɔf] *German pathologist; 1866—1942.*

Äschy·lus ['ɛ(:)ʃylʊs] Aeschylus. *Athenian tragic dramatist; 525—456 B.C.*

Äsop [ɛ'zo:p] Aesop, *auch* Esop. *Greek fabulist; 620?—?560 B.C.*

Atha·na·si·us, der heilige [ata'na:zĭʊs] *Greek father of the church; 293?—373.*

At·ti·la ['atila] *King of the Huns; 406?—453.*

Au·ber, Daniel François Esprit [o'bɛ:r] *French composer; 1782—1871.*

Au·er·bach, Berthold ['auərˌbax] *German novelist; 1812—82.*

Au·er von Wels·bach, Carl ['auər fɔn 'vɛls-ˌbax] *Austrian chemist; 1858—1929.*

Au·gust II. (der Starke) ['aʊgʊst] Augustus II (the Strong). *King of Poland; as elector of Saxony* Friedrich August I. Frederick Augustus I; *1670—1733.*

Au·gu·stin [aʊgʊs'ti:n] → Augustinus.

Au·gu·sti·nus, der heilige [aʊgʊs'ti:nʊs] St. Augustine. *Bishop of Hippo and father of the church; 354—430.*

Au·gu·stus, Gajus Julius Cäsar Oktavian [aʊ'gʊstʊs] Augustus, Gaius Julius Caesar Octavianus. *First Roman emperor; 63 B.C.—14 A.D.*

Au·re·li·an (Lucius Domitius Aurelianus) [aʊre'lĭa:n] *Roman emperor; 212?—275.*

Ave·na·ri·us, Richard [ave'na:rĭʊs] *German philosopher; 1843—96.*

Aven·ti·nus, Johannes [avɛn'ti:nʊs] *Bavarian historian; 1477—1534.*

Aver·ro·es [a'vɛroɛs] Averr(h)oës. *Arab philosopher and physician; 1126—98.*

Awer·tschen·ko, Arkadi Timofejewitsch [a'vɛrtʃɛŋko] *Russian satirist and humorist; 1881—1925.*

Ay·rer, Jakob ['aɪrər] *German dramatic poet; 1543?—1605.*

B

Baa·de, Walter ['ba:də] *German astronomer; 1893—1960.*

Baa·der, Franz Xaver von ['ba:dər] *German philosopher; 1765—1841.*

Bach [bax] *German composers:* Johann Sebastian (*1685—1750*); *his sons* Carl Philipp Emanuel (*1714—88*), Johann Christian (*1735—82*), Johann Christoph Friedrich (*1732—95*), *and* Wilhelm Friedemann (*1710—84*).

Ba·chem, Bele ['baxəm] *German painter and writer; *1916.*

Bach·mann, Ingeborg ['baxˌman] *Austrian lyric poet and author; 1926—73.*

Back·haus, Wilhelm ['bakˌhaʊs] *German pianist; 1884—1969.*

Bae·de·ker, Karl ['bɛ:dəkər] *German publisher, founder of a series of guidebooks; 1801—59.*

Bahr, Hermann [ba:r] *Austrian journalist and dramatic critic; 1863—1934.*

Bähr, Georg [bɛ:r] *German architect; 1666—1738.*

Ba·ku·nin, Michail Alexandrowitsch [ba-'ku:ni:n] Mikhail Aleksandrovich Bakunin. *Russian anarchist and writer; 1814—76.*

Ba·lan·chine, Georges ['bɛlənˌʃi:n] *Russian dancer and choreographer; *1904.*

Bal·dung, Hans ['baldʊŋ] (*called* Grien) *German painter and engraver; 1484/85—1545.*

Bal·ser, Ewald ['balzər] *German actor; *1898.*

Bal·zac, Honoré de [bal'zak] *French novelist; 1799—1850.*

Bamm, Peter [bam] (*originally* Curt Emmrich) *German writer; 1897—1975.*

Bang, Bernhard [baŋ] *Danish veterinary surgeon; 1848—1932.*

Bar·ba·ros·sa [barba'rɔsa] → Friedrich I. (Barbarossa).

Ba·rentsz, Willem ['ba:rənts] Barents. *Dutch navigator; 1550?—97.*

Bark·hau·sen, Heinrich Georg ['barkˌhaʊzən] *German physicist; 1881—1956.*

Bar·lach, Ernst ['barlax] *German sculptor and graphic artist; 1870—1938.*

Bar·log, Boleslaw ['barlɔk] *German stage director; *1906.*

Bar·ras, Paul François Jean Nicolas Vicomte de [ba'ra:s] *French politician and revolutionist; 1755—1829.*

Bar·rault, Jean Louis [ba'ro:] *French actor and director; *1910.*

Barth, Heinrich [ba(:)rt] *German travel(l)er and geographer; 1821—65.*

Barth, Karl [ba(:)rt] *Swiss Protestant Reformed theologian and educator; 1886—1968.*

Bar·tók, Béla ['bartɔk] *Hungarian composer and pianist; 1881—1945.*

Bar·to·lom·meo, Fra [bartolɔ'me:o] (*called* Baccio della Porta) *Florentine painter; 1472—1517.*

Ba·se·dow, Johannes Bernhard ['ba:zədo] *German educator; 1724—90.*

Ba·se·dow, Karl von ['ba:zədo] *German physician; 1799—1854.*

Ba·si·li·us (der Große), der heilige [ba-'zi:lĭʊs; bazi'li:ʊs] St. Basil, St. Basilius (the Great). *Greek father of the church; bishop of Caesarea; 330?—379.*

Bas·ser·mann, Albert ['basərˌman] *German actor; 1867—1952.*

Ba·sti·an, Adolf ['bastĭa(:)n] *German ethnologist; 1826—1905.*

Ba·to·ni, Pompeo [ba'to:ni] *Italian painter; 1708—87.*

Bauch, Bruno [baux] *German philosopher; 1877—1942.*

Bau·de·laire, Charles [bodə'lɛ:r] *French poet, critic, and essayist; 1821—67.*

Bau·dis·sin, Wolf Heinrich Graf von ['baʊdɪsi:n] *German writer and translator; 1789—1878.*

Bau·dou·in I. [bo'dŭɛ̃:] Baudouin I. *King of Belgium; *1930.*

Bau·er, Bruno ['baʊər] *German Protestant theologian and Biblical critic; 1809—82.*

Bau·er, Wilhelm ['baʊər] *German engineer; inventor of the submarine; 1822—75.*

Bau·ern·feld, Eduard von ['baʊərnˌfɛlt] *Austrian playwright; 1802—90.*

Bau·mé, Antoine [bo'me:] *French chemist and pharmacist; 1728—1804.*

Bau·mei·ster, Willi ['baʊˌmaɪstər] *German abstract painter; 1889—1955.*

Bäu·mer, Gertrud ['bɔʏmər] *German feminist leader, teacher, and writer; 1873—1954.*

Baum·gar·ten, Alexander Gottlieb ['baʊmˌgartən] *German philosopher; 1714—1762.*

Beau·har·nais [boar'nɛ:]: Joséphine de (*first wife of Napoleon I; 1763—1814*); *her daughter* Hortense de (*wife of Louis Bonaparte, queen of Holland; 1783—1837*).

Beau·voir, Simone de [bo'vŏa:r] *French writer; *1908.*

Be·bel, Ferdinand August ['be:bəl] *German labo(u)r politician and writer; 1840—1913.*

Be·cher, Johannes Robert ['bɛçər] *German expressionist poet; 1891—1958.*

Bech·stein, Ludwig ['bɛçˌʃtaɪn] *German poet, folklorist, and novelist; 1801—60.*

Bech·te·rew, Wladimir Michailowitsch ['bɛçtərɛf] Vladimir Michailovich Bechterev. *Russian neurologist; 1857—1927.*

Beck, Ludwig [bɛk] *colonel general and participant in the July plot, 1944, against Hitler; 1880—1944.*

Beck·mann, Max ['bɛkˌman] *German painter and engraver; 1884—1950.*

Beet·ho·ven, Ludwig van ['be:tˌho:fən] *German composer; 1770—1827.*

Be·gas, Reinhold ['be:gas] *German sculptor; 1831—1911.*

Be·ha·ghel, Otto [be'ha:gəl] *German philologist; 1854—1936.*

Be·ham ['be:ham] *German painters and engravers:* Hans Sebald (*1500—1550*) *and his brother* Barthel (*1502—40*).

Beh·rens, Peter ['be:rəns] *German architect; 1868—1940.*

Beh·ring, Emil von ['be:rɪŋ] *German physiologist; 1854—1917.*

Bé·jart, Maurice [be'ʒa:r] *French choreographer; 1927—73.*

Be·li·sar ['be:lizar] Belisarius. *Roman general of the Eastern Empire; 505?—565.*

Bel·li·ni [bɛ'li:ni] *Italian painters:* Jacopo (*1400?—?1470*); *his sons* Gentile (*1429?—1507*) *and* Giovanni (*1430—1516*).

Bel·li·ni, Vincenzo [bɛ'li:ni] *Italian composer; 1801—35.*

Bel·lot·to, Bernardo [bɛ'lɔto] *Italian painter and nephew of Antonio Canaletto; 1720—80.*

Bel·sa·zar [bɛl'za:tsar] Belshazzar. *Last king of Babylonia; ?—538 B.C.*
Be·natz·ky, Ralph [be'natski] *Austrian composer of operettas; 1887—1957.*
Ben·der, Hans ['bɛndər] *German psychologist; *1907.*
Be·ne·det·ti-Mi·chel·an·ge·li, Arturo [bene'dɛtimike'landʒeli] *Italian pianist; *1920.*
Be·ne·dikt ['be:nedɪkt] Benedict (*name of 15 popes*).
Be·ne·dikt von Nur·sia, der heilige ['be:nedɪkt fən 'nʊrzĭa] St. Benedict of Nursia. *Founder of the Benedictine Order; 480?—543.*
Be·ne·ke, Friedrich Eduard ['bɛnəkə] *German empirical psychologist and philosopher; 1798—1854.*
Be·neš, Eduard ['bɛnɛʃ] *Czechoslovak politician; 1884—1948.*
Ben Gu·ri·on, David [ˌbɛn 'gu:rĭən] *Israeli statesman; 1886—1973.*
Ben·ja·min, Walter ['bɛnjami:n] *German writer, essayist, and critic; 1892—1940.*
Benn, Gottfried [bɛn] *German expressionist writer; 1886—1956.*
Benz, Carl [bɛnts] *German engineer and automobile manufacturer; 1844—1924.*
Berch·told, Graf Leopold von ['bɛrçtɔlt] *Austro-Hungarian statesman; 1863—1942.*
Berg, Alban [bɛrk] *Austrian composer; 1885—1935.*
Ber·gen·gruen, Werner ['bɛrgənˌgry:n] *German novelist and poet; 1892—1964.*
Ber·ger, Erna ['bɛrgər] *German coloratura soprano; *1900.*
Ber·gi·us, Friedrich ['bɛrgĭʊs] *German industrial chemist; 1884—1949.*
Berg·man, Ingrid ['bɛrkˌman] *Swedish stage and film actress; *1911.*
Berg·ner, Elisabeth ['bɛrgnər] *Austrian actress; *1897.*
Be·ring, Vitus ['be:rɪŋ] *Danish navigator; 1680—1741.*
Ber·li·chin·gen, Götz (*od.* Gottfried) von ['bɛrlɪçɪŋən] *German feudal knight, one of the leaders of the peasant revolt in 1525; 1480?—1562.*
Ber·li·oz, Hector [bɛr'lĭo:s] *French composer; 1803—69.*
Ber·nau·er, Agnes ['bɛrnaʊər] *daughter of an Augsburg tradesman, secretly married to Albert III of Bavaria and drowned in the Danube at Straubing in 1435.*
Bern·hard von Clair·vaux, der heilige ['bɛrnˌhart fən klɛr'vo:] St. Bernard of Clairvaux. *French monastic reformer, mystic, and scholar, abbot of the Cistercian monastery at Clairvaux; 1090—1153.*
Bern·hardt, Sarah [bɛr'na:r] (*originally* Rosine Bernard) *French actress; 1844—1923.*
Ber·ni·ni, Giovanni Lorenzo [bɛr'ni:ni] *Italian architect, sculptor, and painter; 1598—1680.*
Bes·sel, Friedrich Wilhelm ['bɛsəl] *German astronomer; 1784—1846.*
Bier, August [bi:r] *German surgeon; 1861—1949.*
Bier·baum, Otto Julius ['bi:rˌbaʊm] *German poet, editor, and novelist; 1865—1910.*
Bil·lin·ger, Richard ['bɪlɪŋər] *Austrian writer; 1893—1965.*
Bill·roth, Theodor ['bɪlro:t] *Austrian surgeon; 1829—94.*
Bin·ding, Rudolf Georg ['bɪndɪŋ] *German poet and novelist; 1867—1938.*
Bins·wan·ger, Ludwig ['bɪnsˌvaŋər] *Swiss psychiatrist; 1881—1966.*
Bis·marck(-Schön·hau·sen), Fürst Otto Eduard Leopold von ['bɪsmark('ʃø:nˌhaʊzən)] *Prussian statesman, creator and first chancellor of the German Empire; 1815—1898.*
Bi·zet, Georges [bi'ze:] *French composer; 1838—75.*
Bla·cher, Boris ['blaxər] *German composer; 1903—75.*
Blech, Leo [blɛç] *German conductor and composer; 1871—1958.*
Bleu·ler, Eugen ['blɔʏlər] *Swiss psychiatrist and neurologist; 1857—1939.*
Bloch, Ernst [blɔx] *German philosopher; *1885.*
Blü·cher, Gebhard Leberecht von ['blʏçər] *Prussian field marshal; 1742—1819.*
Boc·cac·cio, Giovanni [bɔ'katʃo] *Italian poet and humanist; 1313—75.*
Boc·che·ri·ni, Luigi [bɔke'ri:ni] *Italian composer; 1743—1805.*
Böck·lin, Arnold ['bœkli:n] *Swiss painter; 1827—1901.*
Boe·thi·us, Anicius Manlius Severinus [bo'e:tsĭʊs; bo'e:tĭʊs] Boethius, Boece. *Roman philosopher; 480?—524.*
Böhm, Karl [bø:m] *Austrian conductor; *1894.*
Böh·me, Jakob ['bø:mə] *German philosopher and mystic; 1575—1624.*
Bohr, Niels [bo:r] *Danish physicist; 1885—1962.*
Bo·lí·var, Simón de [bo'li:var] *Venezuelan general and statesman, hero of the South American independence movement; 1783—1830.*
Böll, Heinrich [bœl] *German writer; *1917.*
Bo·na·par·te [bona'parte] → Napoleon I.; *his brothers:* Jérôme (*king of Westphalia; 1784—1860*); Joseph (*king of Naples and Spain; 1768—1844*); Louis (*king of Holland; 1778—1846*); Lucien (*prince of Canino; 1775—1840*).
Bon·hoef·fer, Dietrich ['bo:nˌhœfər; 'bɔn-] *Protestant theologian and member of the resistance movement against Hitler; 1906—1945.*
Bo·ni·fa·ti·us, der heilige [boni'fa:tsĭʊs] (*originally* Winfrid, Wynfrith) St. Boniface. *English missionary, apostle of Germany; 674?—754.*
Bo·ni·fa·ti·us [boni'fa:tsĭʊs] Boniface (*name of 9 popes*): Bonifatius VIII. (Benedetto Gaetani) Boniface VIII; *1235?—1303.*
Bo·ni·faz [boni'fa:ts; 'bo:-] → Bonifatius (*Päpste*).
Bor·chert, Wolfgang ['bɔrçərt] *German poet; 1921—47.*
Bor·ghe·se [bɔr'ge:ze] *Name of a famous Roman family during the period of the Renaissance.*
Bor·gia, Rodrigo ['bɔrdʒa] → Alexander VI.; *father of* Cesare (*duke of Valentinois and cardinal; 1475?—1507*) *and* Lucrezia (*duchess of Ferrara; 1480—1519*).
Born, Max [bɔrn] *German nuclear physicist; 1882—1970.*
Bör·ne, Ludwig ['bœrnə] *German satirist and political writer; 1786—1837.*
Bo·ro·din, Alexandr Porfirjewitsch [boro'di:n] Aleksandr Porfirevich Borodin. *Russian composer; 1834—87.*
Bosch, Carl [bɔʃ] *German industrial chemist and industrialist; 1874—1940.*
Bosch, Hieronymus [bɔʃ] *Dutch painter; 1450?—?1516.*
Bos·co, Don ['bɔsko] St. John Bosco. *Italian priest and educator; 1815—88.*
Bött·ger, Johann Friedrich ['bœtgər] *German chemist, discoverer of the process by which Dresden china is made; 1682—1719.*
Bot·ti·cel·li, Sandro [bɔti'tʃɛli] *Italian painter; 1444?—1510.*
Brach·vo·gel, Albert Emil ['bra:xˌfo:gəl] *German novelist and playwright; 1824—78.*
Brahms, Johannes [bra:ms] *German composer; 1833—97.*
Bra·man·te, Donato d'Agnolo [bra'mante] *Italian architect and painter; 1444?—1514.*
Brandt, Willy [brant] (*originally* Herbert Karl Frahm) *German politician, 4th chancellor of the BRD; *1913.*
Brant, Sebastian [brant] *German satirical poet; 1457—1521.*
Braque, Georges [brak] *French cubist painter; 1882—1963.*
Braun, Wernher von [braʊn] *German-American physicist and rocketeer; *1912.*
Brecht, Bert(olt) [brɛçt] *German dramatist; 1898—1956.*
Brehm, Alfred [bre:m] *German naturalist and travel(l)er; 1829—84.*
Bren·ta·no, Clemens [brɛn'ta:no] *German romantic poet and novelist; 1778—1842.*
Bresch·new, Leonid Iljitsch ['brɛʃnɛf] Leonid Ilyich Brezhnev. *Russian politician, 1st secretary of the communist party; *1906.*
Breu·ghel ['brɔʏgəl] Brueghel, Bruegel, Breughel. *Flemish painters:* Pieter (der Ältere) Pieter (the Elder) (*1525?—69*); *his sons* Pieter (der Jüngere) Pieter (the Younger) (*1564?—1638*) *and* Jan (*1568—1625*).
Bri·on, Friederike ['bri:ən; 'bri:o:n] *Goethe's lady friend in his Strasbourg days; 1752—1813.*
Broch, Hermann [brɔx] *Austrian novelist; 1886—1951.*
Brod, Max [bro:t] *Israeli writer; *1884.*
Bruch, Max [brʊx] *German composer; 1838—1920.*
Bruck·ner, Anton ['brʊknər] *Austrian composer and organist; 1824—96.*
Brue·g(h)el ['brɔʏgəl] → Breughel.
Brü·ning, Heinrich ['bry:nɪŋ] *German politician; 1885—1970.*
Bru·no, Giordano ['bru:no] *Italian philosopher; 1548?—1600.*
Bru·tus, Marcus Junius ['bru:tʊs] *Roman politician and general; 85?—42 B.C.*
Bu·ber, Martin ['bu:bər] *Jewish religious philosopher; 1878—1965.*
Buch·holz, Horst ['bu:xˌhɔlts] *German film actor; *1933.*
Büch·ner, Georg ['by:çnər] *German dramatist; 1813—37.*
Büch·ner, Ludwig ['by:çnər] *German physician and philosopher; 1824—99.*
Bud·dha ['bʊda] *Indian philosopher and religious leader, founder of Buddhism; 560?—?480 B.C.*
Bu·gen·ha·gen, Johann ['bu:gənˌha:gən] *German reformer and coadjutor of Martin Luther; 1485—1558.*
Bü·low, Bernhard Fürst von ['by:lo] *German statesman, chancellor of the German Empire; 1849—1929.*
Bü·low, Bernhard Wilhelm von ['by:lo] *German diplomat; 1885—1936.*
Bü·low, Friedrich Wilhelm Graf ['by:lo] *Prussian general in the Napoleonic wars; 1755—1816.*
Bult·mann, Rudolf ['bʊltˌman] *German Protestant theologian; *1884.*
Burck·hardt, Carl Jakob ['bʊrkˌhart] *Swiss historian, writer, and diplomat; 1891—1974.*
Burck·hardt, Jacob ['bʊrkˌhart] *Swiss art historian; 1818—97.*
Bür·ger, Gottfried August ['bʏrgər] *German poet; 1748—94.*
Busch, Fritz [bʊʃ] *German conductor; 1890—1951.*
Busch, Wilhelm [bʊʃ] *German draftsman, painter and poet; 1832—1908.*
Bu·so·ni, Ferruccio [bu'zo:ni] *Italian pianist and composer; 1866—1924.*
Bux·te·hu·de, Dietrich [ˌbʊkstə'hu:də] *German composer and organist; 1637—1707.*

C

Ca·be·za de Va·ca, Álvar Núñez [ka'bɛsa de 'vaka] *Spanish explorer; 1490?—?1557.*
Ca·bo·to, Giovanni [ka'bo:to] John Cabot. *Italian navigator; 1450?—98.*
Cae·sar, Gajus Julius ['tsɛ:zar] → Cäsar.
Ca·glio·stro, Alessandro Graf von [kal'jɔstro] (*originally* Giuseppe Balsamo) *Italian adventurer; 1743—95.*
Cal·de·rón de la Bar·ca, Pedro [kalde'rɔn de la 'barka] *Spanish dramatist and poet; 1600—1681.*
Ca·li·gu·la, Gajus Julius Caesar Germanicus [ka'li:gula] *Roman emperor; 12—41.*
Cal·las, Maria ['kalas] *Greek-American soprano; *1923.*
Cal·vin, Johann [kal'vi:n] (*originally* Jean Chauvin [*od.* Cauvin]) John Calvin. *French-Swiss theologian and Protestant reformer; 1509—64.*
Cam·pe, Joachim Heinrich ['kampə] *German lexicographer and writer of juveniles; 1746—1818.*
Ca·mus, Albert [ka'my:] *French writer; 1913—60.*
Ca·na·let·to [kana'lɛto] → Bellotto, Bernardo.
Ca·na·let·to, Antonio [kana'lɛto] (*originally* Antonio Canal) *Italian painter; 1697—1768.*
Ca·na·ris, Wilhelm [ka'na:rɪs] *German admiral and chief of the German secret service, participant in the resistance movement against Hitler; 1887—1945.*
Ca·net·ti, Elias [ka'nɛti] *Austro-German writer; *1905.*
Ca·no·va, Antonio [ka'no:va] *Italian sculptor; 1757—1822.*
Ča·pek, Karel ['tʃapɛk] *Czech novelist, playwright, and essayist; 1890—1938.*
Ca·ra·cal·la, Marcus Aurelius Antonius [kara'kala] *Roman emperor; 188—217.*
Ca·ra·vag·gio, Michelangelo da [kara'vadʒo] (*originally* Michelangelo Merisi) *Italian painter; 1573—1610.*
Car·duc·ci, Giosué [kar'dutʃi] (*originally* Enotrio Romano) *Italian poet; 1835—1907.*
Carl XVI. Gu·stav, Folke Hubertus, Herzog

von Jämtland ['karl 'gustaf] Charles XVI Gustavus. *King of Sweden*; **1946.*
Car·los, Don ['karləs] *Eldest son of Philip II of Spain*; *1545—68.*
Ca·rols·feld ['ka:rəls,fɛlt] → Schnorr von Carolsfeld, Julius.
Ca·ros·sa, Hans [ka'rɔsa] *German writer and physician*; *1878—1956.*
Car·te·si·us, Renatus [kar'te:zius] → Descartes, René.
Ca·rus, Carl Gustav ['ka:rus] *German physiologist and psychologist*; *1789—1869.*
Ca·ru·so, Enrico [ka'ru:zo] *Italian dramatic tenor*; *1873—1921.*
Ca·sa, Lisa della ['ka:za] *Swiss soprano*; **1919.*
Ca·sals, Pablo [ka'zals] *Spanish cellist*; *1876—1973.*
Ca·sa·no·va, Giacomo Girolamo [kaza'no:va] *Italian writer and adventurer*; *1725—1798.*
Cä·sar, Gajus Julius ['tsɛ:zar] Gaius Julius Caesar. *Roman general, statesman, and writer*; *100?—44 B.C.*
Cas·si·rer, Ernst [ka'si:rər] *German philosopher*; *1874—1945.*
Cas·si·us Lon·gi·nus, Gajus ['kasius lɔŋ'gi:nus] *Roman general and politician*; *?—42 B.C.*
Ca·sti·glio·ne, Baldassare Graf [kastɪl'jo:ne] *Italian courtier, diplomat, and writer*; *1478—1529.*
Ca·stro (Ruz), Fidel ['kastro ('rus)] *Cuban politician, prime minister of Cuba*; **1927.*
Ca·ti·li·na, Lucius Sergius [kati'li:na] Catiline. *Roman politician and conspirator*; *108?—62 B.C.*
Ca·to ['ka:to]: Cato, Marcus Porcius (der Ältere) Cato (the Elder *od.* the Censor) (*Roman statesman, general, and writer*; *234—149 B.C.*); *his great-grandson* Cato (der Jüngere) Cato (the Younger) (*Roman patriot and Stoic philosopher*; *95—46 B.C.*).
Ca·tul·lus [ka'tulus] → Katull.
Cau·er, Minna ['kauər] *German feminist*; *1841—1922.*
Ca·vael, Rolf [ka'va:l] *German painter*; [**1898.*]
Ce·bo·ta·ri, Maria [tʃebo'ta:ri] *Austrian soprano*; *1910—49.*
Ce·li·bi·da·che, Sergius [tʃelibi'dake] *Rumanian conductor*; **1912.*
Cel·li·ni, Benvenuto [tʃɛ'li:ni] *Italian sculptor and goldsmith*; *1500—1571.*
Cel·si·us, Anders ['tsɛlzius] *Swedish astronomer*; *1701—44.*
Cel·tis, Cel·tes, Konrad ['tsɛltɪs, 'tsɛltəs] Conrad Celtes. *German poet and scholar*; *1459—1508.*
Cer·van·tes (Saa·ve·dra), Miguel de [sɛr'vantɛs (zaa've:dra)] *Spanish novelist, poet, and dramatist*; *1547—1616.*
Cé·zanne, Paul [se'zan] *French painter*; *1839—1906.*
Cha·gall, Marc [ʃa'gal] *Russian painter and graphic artist*; **1887.*
Cha·mis·so, Adelbert von [ʃa'mɪso] *German poet and naturalist*; *1781—1838.*
Cha·teau·bri·and, François René Vicomte de [ʃatobri'ã:] *French writer and politician*; *1768—1848.*
Che·fren ['çe:frɛn] → Chephren.
Che·ops ['çe:ɔps] Khufu, Cheops. *Egyptian king of the 4th dynasty*; *reigned 2900—2877 B.C.*
Che·phren ['çe:frɛn] Khafre, *auch* Kafre, Chephren. *Egyptian king of the 4th dynasty*; *reigned about 2850 B.C.*
Che·ru·bi·ni, Luigi [keru'bi:ni] *Italian composer*; *1760—1842.*
Che·va·li·er, Maurice [ʃəva'lie:] *French chansonnier and actor*; *1888—1972.*
Chleb·ni·kow, Welemir ['xlɛbnikɔf] *Russian poet*; *1885—1922.*
Chlod·wig I. ['klo:tvɪç] Clovis I. *Frankish king*; *466?—511.*
Cho·do·wi·ec·ki, Daniel [kodo'viɛtski; ço-; xo-] *Polish-German painter and engraver*; *1726—1801.*
Cho·pin, Frédéric [ʃo'pɛ̃:] *Polish-French pianist and composer*; *1810—49.*
Chou En-lai [tʃuʔɛn'laɪ] → Tsch(o)u En-lai.
Chré·ti·en (*od.* **Chre·sti·en**) **de Troyes** [kre'tiɛ̃: də 'trŏa] *Medieval French poet*; *1150?—?90.*
Chri·stus ['krɪstus] → Jesus (Christus).
Chru·schtschow, Nikita Sergejewitsch [xruʃ'tʃɔf; kruʃ-] Nikita Sergeevich Khrushchev. *Russian politician, premier of the Soviet Union*; *1894—1971.*
Chu·ang-tzu ['tʃŭaŋtsə] Chuang-tze, Chwang-tse. *Chinese philosopher*; *2nd half of 4th century B.C.*
Ci·ce·ro, Marcus Tullius ['tsi:tsero] *Roman statesman, orator, philosopher, and writer*; *106—43 B.C.*
Cid, Rodrigo (*od.* Ruy) Díaz de Bivar [tsi:t; si:t] The Cid. *Spanish national hero*; *1040?—1099.*
Ci·ma·bue, Giovanni [tʃima'bu:e] *Italian painter*; *1240?—?1302.*
Clau·del, Paul [klo'dɛl] *French poet, dramatist, and diplomat*; *1868—1955.*
Clau·di·us ['klaudius] *Roman emperors*: Claudius I. (Tiberius Claudius Nero Germanicus) Claudius I (*10 B.C.—54 A.D.*); Claudius II. (Claudius Marcus Aurelius Claudius Gothicus) Claudius II (*214—270*).
Clau·di·us, Matthias ['klaudius] *German poet*; *1740—1815.*
Clau·se·witz, Karl von ['klauzəvɪts] *Prussian officer and military writer*; *1780—1831.*
Coc·teau, Jean [kɔk'to:] *French poet, novelist, playwright, and film director*; *1889—1963.*
Co·lum·bus [ko'lumbus] → Kolumbus, Christoph.
Co·me·ni·us, Johann Amos [ko'me:nius] John Amos Comenius. *Bohemian theologian and scholar*; *1592—1670.*
Comte, Auguste [kõ:t] *French philosopher*; *1798—1857.*
Con·rad, Michael Georg ['kɔnra:t] *German writer and critic*; *1846—1927.*
Cor·bu·si·er [kɔrby'zie:] → Le Corbusier.
Co·rel·li, Arcangelo [ko'rɛli] *Italian violinist and composer*; *1653—1713.*
Co·rinth, Lovis [ko'rɪnt] *German genre and portrait painter*; *1858—1925.*
Cor·neille, Pierre [kɔr'nɛ:j] *French dramatist*; *1606—84.*
Cor·ne·li·us, Peter [kɔr'ne:lius] *German composer and poet*; *1824—74.*
Cor·ne·li·us, Peter von [kɔr'ne:lius] *German painter*; *1783—1867.*
Co·rot, Camille [ko'ro:] *French painter*; *1796—1875.*
Cor·reg·gio, Antonio Allegri da [kɔ'rɛdʒo] *Italian painter*; *1489—1534.*
Cor·tez ['kɔrtɛs], **Cor·tés** [kɔr'tɛs], Hernando *od.* Fernando *Spanish conqueror of Mexico*; *1485—1547.*
Courths-Mah·ler, Hedwig ['kurts'ma:lər] *German novelist*; *1867—1950.*
Cou·steau, Jacques-Yves [kus'to:] *French oceanographer and documentary film director*; **1910.*
Cra·nach ['kra:nax] *German painters*: Lucas (der Ältere) Lucas (the Elder) (*1472—1553*) *and his son* Lucas (der Jüngere) Lucas (the Younger) (*1515—86*).
Cran·ko, John ['krɛŋko] *English choreographer*; *1927—73.*
Cras·sus, Marcus Licinius ['krasus] *Roman general and statesman*; *114?—?53 B.C.*
Cro·ce, Benedetto ['kro:tʃe] *Italian philosopher and politician*; *1866—1952.*
Cso·kor, Franz Theodor ['tʃɔkɔr] *Austrian author*; *1885—1969.*
Cu·rie [ky'ri:]: Marie (*Polish-French chemist and physicist*; *1867—1934*) *and her husband* Pierre (*French physicist*; *1859—1906*).
Cur·ti·us Ru·fus, Quintus ['kurtsius 'ru:fus] *Roman historian*; *about 50 A.D.*
Cu·vil·li·és, François de [kyvi'lie:; -vi'je:] *French-German architect and stucco worker*; *1695—1768.*
Cy·pria·nus, Thascius Cäcilius, der heilige [tsypri'a:nus] St. Cyprian. *Christian father of the church, bishop of Carthage*; *200?—258.*
Czi·bul·ka, Freiherr Alfons von ['tʃi:bulka; tʃi'bulka] *Austrian writer*; *1888—1969.*

D

Dach, Simon [dax] *German poet*; *1605—59.*
Daf·fin·ger, Moritz Michael ['dafɪŋər] *Austrian painter of miniatures*; *1790—1849.*
Da·guerre, Louis Jacques Mandé [da'gɛ:r] *French painter and inventor of the daguerreotype process of photography*; *1789—1851.*
Dahl, Hans [da:l] *Norwegian-German landscape and genre painter*; *1849—1937.*
Dahl, Johan Christian Claussen [da:l] *Norwegian landscape painter*; *1788—1857.*
Dahl·mann, Friedrich Christoph ['da:l,man] *German historian and politician*; *1785—1860.*
Dahn, Felix [da:n] *German historian and poet*; *1834—1912.*
Daim·ler, Gottlieb Wilhelm ['daɪmlər] *German engineer and inventor, pioneer manufacturer of automobiles*; *1834—1900.*
Da·lai-La·ma ['da:laɪ'la:ma] Dalai Lama. *Title of the spiritual and political leader of Tibetan Lamaism.*
Dal·berg, Karl Theodor Reichsfreiherr von ['da:l,bɛrk] *German nobleman, prelate, and littérateur, last archbishop-elector of Mainz*; *1744—1817.*
Dal·berg, Wolfgang Heribert Reichsfreiherr von ['da:l,bɛrk] *German theater director and dramaturgist at Mannheim*; *1750—1806.*
D'Al·bert, Eugen [dal'bɛ:r] *Scottish pianist and composer*; *1864—1932.*
Da·lí, Salvador [da'li:] *Spanish surrealist painter*; **1904.*
Da·mo·kles ['da:moklɛs] Damocles. *Syracusan courtier of Dionysius the elder*; *about 400 B.C.*
Dan·necker, Johann Heinrich von (*getr.* -k·k-) ['danɛkər] *German sculptor*; *1758—1841.*
d'An·nun·zio, Gabriele [da'nuntsio] → Annunzio, Gabriele d'.
Dan·te Ali·ghie·ri ['dante ali'gie:ri] *Italian poet*; *1265—1321.*
Dan·ton, Georges Jacques [dã'tõ:] *French revolutionary leader*; *1759—94.*
Da·ri·us I. (der Große) [da'ri:us] Darius I (the Great). *King of Persia*; *522—486 B.C.*
Dar·win, Charles Robert ['darvi:n] *English naturalist*; *1809—82.*
Däub·ler, Theodor ['dɔyblər] *German writer and essayist*; *1876—1934.*
Dau·det, Alphonse [do'dɛ:] *French novelist*; *1840—97.*
Dau·mi·er, Honoré [do'mie:] *French painter, lithographer, and caricaturist*; *1809—79.*
Dau·then·dey, Max ['dautəndaɪ] *German lyric poet*; *1867—1918.*
Da·vid, Jacques Louis [da'vi:t] *French painter*; *1748—1825.*
Da·vid, Johann Nepomuk ['da:fɪt; -vɪt] *Austrian composer*; **1895.*
De·bus·sy, Claude Achille [dəby'si:] *French composer*; *1862—1918.*
De·de·kind, Richard ['de:də,kɪnt] *German mathematician*; *1831—1916.*
De·gas, Edgar [də'ga] *French painter*; *1834—1917.*
De Gas·pe·ri, Alcide [de 'gasperi] *Italian politician*; *1881—1954.*
de Gaulle, Charles André Joseph Marie [də'go:l] → Gaulle, de.
De·gen·hardt, Franz Josef ['de:gən,hart] *German writer and protest singer*; **1931.*
Deh·mel, Richard ['de:məl] *German poet*; *1863—1920.*
De·la·croix, Eugène [dəla'krŏa] *French painter*; *1798—1963.*
De·libes, Léo [də'li:p] *French composer*; *1836—91.*
De·mo·krit [demo'kri:t] Democritus. *Greek philosopher*; *460?—?380 B.C.*
De·mo·sthe·nes [de'mɔstenɛs] *Athenian orator and statesman*; *385?—322 B.C.*
Derff·lin·ger, Georg Freiherr von ['dɛrflɪŋər] *Brandenburg general in the Thirty Years' War*; *1606—95.*
Der·mo·ta, Anton [dɛr'mo:ta] *Austrian tenor*; **1910.*
Dé·ry, Tibor ['de:ri] *Hungarian writer*; **1814.*
Des·cartes, René [de'kart] *French philosopher and mathematician*; *1596—1650.*
Des·mou·lins, Camille [demu'lɛ̃:] *French revolutionist and writer*; *1760—94.*
Des·sau·er, Friedrich ['dɛsauər] *German biophysicist and philosopher*; *1881—1963.*
Deutsch, Ernst [dɔytʃ] *German actor*; *1890—1969.*
De·wet, De Wet, Christiaan Rudolf [də'vɛt] Christiaan Rudolf De Wet. *Boer general*; *1854—1922.*
Dia·ghi·lew, Sergei Pawlowitsch ['dia:gilɛf] Sergei Pavlovich Diaghilev. *Russian ballet producer*; *1872—1929.*
Di·az, Di·as, Bartolomeu ['di:as] *Portuguese navigator*; *1450?—1500.*
Di·be·li·us, Otto [di'be:lius] *German Protestant theologian*; *1880—1967.*
Di·de·rot, Denis [didə'ro:] *French philoso-*

pher, encyclop(a)edist, and writer; 1713—1784.
Diels, Otto [diːls] *German chemist; 1876—1954.*
Die·sel, Rudolf ['diːzəl] *German engineer and inventor of the Diesel engine; 1858—1913.*
Die·ster·weg, Adolf ['diːstərˌveːk] *German educator and writer on pedagogics; 1834—1906.*
Diet·rich, Marlene ['diːtrɪç] *German-American actress; *1904.*
Dietz, Ferdinand [diːts] → Tietz, Ferdinand.
Dil·they, Wilhelm ['dɪltaɪ] *German philosopher; 1833—1911.*
Dio·ge·nes ['dĭoːgenɛs] *Greek philosopher; 412?—323 B.C.*
Dio·kle·ti·an (Gajus Aurelius Valerius Diocletianus) [dĭokle'tsĭaːn] Diocletian. *Roman emperor; 243?—313.*
Dio·ny·si·os (der Ältere) [dĭo'nyːzĭɔs] Dionysius (the Elder). *Tyrant of Syracuse; 430?—367 B.C.*
Dio·ny·si·os von Ha·li·kar·naß [dĭo'nyːzĭɔs fɔn halikar'nas] Dionysius of Halicarnassus. *Greek rhetorician and historian; ?—7 B.C.*
Dio·ny·si·us Exi·gu·us [dĭo'nyːzĭʊs ɛ'ksiːguʊs] *Christian monk and scholar, founder of the Christian (od. Dionysian) era; 500?—?550.*
Dio·ny·si·us, der heilige [dĭo'nyːzĭʊs] St. Denis, St. Denys. *Apostle to the Gauls and patron saint of France; about 250.*
Dix, Otto [dɪks] *German painter; 1891—1969.*
Döb·lin, Alfred ['døbliːn; dø'bliːn] *German physician and novelist; 1878—1957.*
Do·brov·ský, Josef ['dɔbrɔfski] *Czech philologist, founder of Slavic philology; 1753—1829.*
Do·de·rer, Heimito von ['doːdərər] *Austrian writer; 1896—1966.*
Dohm, Hedwig [doːm] *German feminist; 1833—1919.*
Doll·fuß, Engelbert ['dɔlˌfuːs] *Austrian politician; 1892—1934.*
Do·magk, Gerhard ['doːmak] *German chemist and physician; 1895—1964.*
Do·mi·ni·kus, der heilige [do'miːnikʊs] St. Dominic. *Spanish founder of the Dominican order of friars; 1170?—1221.*
Do·mi·ti·an (Titus Flavius Domitianus) [domi'tsĭaːn] *Roman emperor; 51—96.*
Do·na·tel·lo [dona'tɛlo] (*originally* Donato di Niccolò di Betto Bardi) Donatello, *auch* Donato. *Florentine sculptor; 1386?—1466.*
Don Bos·co [dɔn'bɔsko] → Bosco, Don.
Don Car·los [dɔn'karlɔs] → Carlos, Don.
Don·gen, Kees van ['dɔŋən] *Dutch painter; 1877—1968.*
Dön·hoff, Marion Gräfin ['døːnˌhɔf] *German journalist; *1909.*
Dö·nitz, Karl ['døːnɪts] Karl Doenitz (*auch* Dönitz). *German admiral; *1891.*
Do·ni·zet·ti, Gaetano [doni'tsɛti] *Italian composer; 1797—1848.*
Don Ju·an de Au·stria [dɔn'xŭan de 'austria] → Juan de Austria, Don.
Don·ner, Georg Raphael ['dɔnər] *Austrian sculptor; 1693—1741.*
Doo·mer, Lambert ['doːmər] *Dutch painter; 1622?—1700.*
Döpf·ner, Julius ['dœpfnər] *German cardinal; *1913.*
Do·ré, (Paul) Gustave [do'reː] *French illustrator and painter; 1832—83.*
Do·ria, Andrea ['doːrĭa] *Genoese admiral and statesman; 1468—1560.*
Do·ri·gny, Sir Nicolas [dorɪn'jiː] *French engraver; 1658—1748.*
Dor·ni·er, Claudius [dɔr'nĭeː] Claude Dornier. *German aircraft designer and industrialist; 1884—1969.*
Dorsch, Käthe [dɔrʃ] *German actress; 1889—1957.*
Dorst, Tankred [dɔrst] *German writer and dramatist; *1925.*
Do·stal, Nico ['dɔstal] *Austrian composer of operettas; *1895.*
Do·sto·jew·ski, Fjodor Michailowitsch [dɔsto'jɛfski] Feodor Mikhailovich Dostoevski. *Russian novelist; 1821—81.*
Drais, Karl Friedrich, Freiherr von Sauerbronn [draɪs] *German inventor; 1785—1851.*
Dra·kon ['draːkɔn] Draco(n). *Athenian legislator; late 7th century B.C.*
Drd·la, Franz ['dɪrdla] *Czech-Austrian violinist and composer; 1868—1944.*
Drews, Arthur [dreːfs] *German philosopher; 1865—1935.*
Drey·fus, Alfred ['draɪˌfuːs] *French army officer, supposed traitor to his country; 1859—1935.*
Drey·se, Johann Nikolaus von ['draɪzə] *German inventor of the needle gun and of the breechloader; 1787—1867.*
Driesch, Hans [driːʃ] *German philosopher and biologist; 1867—1941.*
Dro·ste-Hüls·hoff, Annette von ['drɔstə'hʏlsˌhɔf] *German poetess; 1797—1848.*
Dry·gal·ski, Erich von [dry'galski] *German explorer; 1865—1949.*
Dschin·gis-Khan ['dʒɪŋgɪs'kaːn] Genghis (*od.* genghiz, ginghis) Khan. *Mongol conqueror; 1162—1227.*
Dub·ček, Alexander ['dʊptʃɛk] *Czechoslovakian politician; *1921.*
Du·ce ['duːtʃe] → Mussolini, Benito.
Du·den, Konrad ['duːdən] *German lexicographer; 1829—1911.*
Duis·berg, (Friedrich) Carl ['dyːsˌbɛrk] *German chemist and industrialist; 1861—1935.*
Du·mas [dy'ma] *French novelists and dramatists:* Alexandre (*called* Dumas père; *1802—70) and his son* Alexandre (*called* Dumas fils; *1824—95).*
Du·nant, Henri [dy'nɑ̃ː] *Swiss philanthropist and founder of the Red Cross; 1828—1910.*
Dü·rer, Albrecht ['dyːrər] *German painter, draftsman, and engraver; 1471—1528.*
Dür·ren·matt, Friedrich ['dʏrənˌmat] *Swiss dramatist and narrative writer; *1921.*
Du·se, Eleonora ['duːze] *Italian tragic actress; 1858—1924.*
Duun, Olav [duːn] *Norwegian novelist; 1876—1939.*
Dvo·řák, Antonín ['dvɔrʒak] *Czech composer; 1841—1904.*
Dyck, Anthonis van [daɪk] Sir Anthony Van Dyck (*od.* Vandyke). *Flemish painter; 1599—1641.*

E

Eb·becke, Ulrich (*getr.* -k·k-) ['ɛbəkə] *German physiologist; 1883—1960.*
Eb·bing·haus, Hermann ['ɛbɪŋˌhaʊs] *German psychologist; 1850—1909.*
Ebert, Friedrich ['eːbərt] *German statesman, first president of the Weimar Republic; 1871—1925.*
Eberth, Karl Joseph ['eːbərt] *German anatomist, pathologist, and bacteriologist; 1835—1926.*
Eb·ner-Eschen·bach, Marie von ['eːbnər'ʔɛʃənˌbax] *Austrian writer; 1830—1916.*
Ech·na·ton [ɛç'naːtɔn] → Amenophis IV.
Eck, Johann [ɛk] (*originally* Johann Maier) *German Roman Catholic theologian, opponent of Luther and the Reformation; 1486—1543.*
Eckart (*getr.* -k·k-) ['ɛkart], **Ecke·hart** ['ɛkəˌhart] (*called* Meister Eckart) *Dominican friar and German mystic; 1260?—?1328.*
Ecke·ner, Hugo (*getr.* -k·k-) ['ɛkənər] *German aircraft engineer and airship pilot; 1868—1954.*
Ecker·mann, Johann Peter (*getr.* -k·k-) ['ɛkərˌman] *German writer, friend and literary executor of Goethe; 1792—1854.*
Ed·schmid, Kasimir ['eːtˌʃmɪt; 'ɛt-] (*originally* Eduard Schmid) *German writer; 1890—1966.*
Ed·zard, Conrad Karl ['ɛtsart] *German sculptor; 1890—1972.*
Egell, Paul ['eːgəl] *German sculptor and stucco worker; 1691—1752.*
Egk, Werner [ɛk] *German composer; *1901.*
Eg·mont, Eg·mond, Lamoral, Graf von, Fürst von Gavre ['ɛgmɔnt] *Flemish general, governor of Flanders and Artois under Philip II of Spain; 1522—68.*
Eh·ren·fels, Christian Freiherr von ['eːrənˌfɛls] *Austrian philosopher; 1859—1932.*
Ehr·lich, Paul ['eːrlɪç] *German serologist; 1854—1915.*
Eibl-Ei·bes·feldt, Irenäus ['aɪbəl'ʔaɪbəsˌfɛlt] *Austrian behavio(u)rist; *1928.*
Eich, Günter [aɪç] *German writer; 1907—1972.*
Ei·chen·dorff, Joseph Freiherr von ['aɪçənˌdɔrf] *German poet and narrative writer; 1788—1857.*
Ei·er·mann, Egon ['aɪərˌman] *German architect; 1904—1970.*
Ei·gen, Manfred ['aɪgən] *German chemist; *1927.*
Eijk·man, Christiaan ['aɪkˌman] *Dutch hygienist; 1858—1930.*
Ei·nem, Gottfried von ['aɪnəm] *German composer; *1918.*
Ein·stein, Albert ['aɪnˌʃtaɪn] *German-American physicist; 1879—1955.*
Eip·per, Paul ['aɪpər] *German writer, especially of stories about animals; 1891—1964.*
Ei·sen·barth, Ey·sen·barth, Johannes Andreas ['aɪzənˌbaːrt] *German physician; 1663—1727.*
Ei·sen·stein, Sergei Michailowitsch ['aɪzənˌʃtaɪn] Sergei Mikhailovich Eisenstein. *Russian film director and producer; 1898—1948.*
Eke·lund, Vilhelm ['eːkəˌlʊnt] *Swedish poet and essayist; 1880—1949.*
Ek·hof, Konrad ['eːkˌhoːf] *German actor; 1720—78.*
Elia·de, Mircea [e'lĭaːde] *Rumanian writer and religious scholar; *1907.*
Eli·sa·beth [e'liːzabɛt] Elizabeth. *Empress of Austria and queen of Hungary; 1837—98.*
Eli·sa·beth Char·lot·te [e'liːzabɛt ʃar'lɔtə] (*called* Liselotte von der Pfalz) *Duchess of Orléans* (*called* Liselotte of the Palatinate)*; 1652—1722.*
El·saes·ser, Martin ['ɛlzɛsər] *German architect; 1884—1957.*
Els·hei·mer, Adam ['ɛlsˌhaɪmər] *German painter and etcher; 1578—1610.*
Emich, Friedrich Peter ['eːmɪç] *Austrian chemist; 1860—1940.*
Em·pe·do·kles [ɛm'peːdoklɛs] Empedocles. *Greek philosopher and statesman; 490—430 B.C.*
En·ci·na, Juan del [ɛn'siːna] Juan de la (*od.* del) Encina (*od.* Enzina). *Spanish poet; 1468?—1529/30.*
En·cke, Johann Franz ['ɛŋkə] *German astronomer; 1791—1865.*
En·dell, August ['ɛndəl] *Leading German architect of the "Jugendstil"; 1871—1925.*
Enes·cu [e'nɛsku], **Enes·co** [e'nɛsko], George Georges Enesco (*od.* Enescu). *Rumanian violinist and composer; 1881—1955.*
En·gel, Erich ['ɛŋəl] *German stage and film director; 1891—1966.*
En·gel·ke, Gerrit ['ɛŋəlkə] *German lyric poet; 1890—1918.*
En·gels, Friedrich ['ɛŋəls] *German socialist leader, with Karl Marx one of the founders of modern socialism; 1820—95.*
En·sin·ger, von En·sin·gen, Ulrich ['ɛnzɪŋər, fɔn 'ɛnzɪŋən] *German architect; 1359?—1419.*
En·sor, James ['ɛnzɔr] *Belgian painter; 1860—1949.*
En·zens·ber·ger, Hans Magnus ['ɛntsənsˌbɛrgər] *German writer; *1929.*
Epa·mi·non·das [epami'nɔndas] *Theban general; 420?—362 B.C.*
Epi·ktet [epɪk'teːt] Epictetus. *Greek Stoic philosopher; 50?—?140.*
Epi·kur [epi'kuːr] Epicurus. *Greek philosopher; 341—271 B.C.*
Eras·mus, Desiderius [e'rasmʊs] (*called* Erasmus von Rotterdam) *Dutch humanist and theological scholar; 1466 od. 69—1536.*
Er·hard, Ludwig ['eːrˌhart] *German politician, 2nd chancellor of the BRD; *1897.*
Er·ni, Hans ['ɛrni] *Swiss painter and graphic artist; *1909.*
Ernst, Max [ɛrnst] *German surrealist painter and graphic artist; *1891.*
Er·win von Stein·bach ['ɛrviːn fɔn 'ʃtaɪnˌbax] *German architect; ?—1318.*
Esch·kol, Esh·kol, Levi ['ɛʃkɔl; -'kɔl] Levi Eshkol. *Israeli politician; *1895.*
Et·zel ['ɛtsəl] → Attila.
Eucken, Rudolf (*getr.* -k·k-) ['ɔʏkən] *German philosopher; 1846—1926.*
Eu·gen, Prinz von Savoyen [ɔʏ'geːn] Eugene (*od.* Eugène), Prince of Savoy. *Austrian general and statesman; 1663—1736.*
Eu·gé·nie [øʒe'niː] *Empress of France; 1826—1920.*
Eu·klid [ɔʏ'kliːt] Euclid. *Greek mathematician; about 300 B.C.*
Eu·ler, Leonhard ['ɔʏlər] *Swiss mathematician and physicist; 1707—83.*
Eu·ri·pi·des [ɔʏ'riːpidɛs] *Greek dramatic poet; 480?—406 B.C.*
Ewers, Hanns Heinz ['eːvərs] *German writer; 1871—1943.*

Eybl, Franz ['aɪbəl] *Austrian painter; 1806—80.*
Eyck [aɪk] *Dutch painters:* Hubert van (*1370?—1426*) *and his brother* Jan van (*1390?—1441*).

F

Fah·ren·heit, Daniel Gabriel ['faːrənˌhaɪt] *German physicist; 1686—1736.*
Fal·cken·berg, Otto ['falkənˌbɛrk] *German stage director; 1873—1947.*
Fall, Leo [fal] *Austrian composer of operettas; 1873—1925.*
Fal·la, Manuel de ['falja] *Spanish composer; 1873—1946.*
Fal·la·da, Hans ['falada] (*originally* Rudolf Ditzen) *German writer; 1893—1947.*
Fan·fa·ni, Amintore [fan'faːni] *Italian politician; *1908.*
Fass·baen·der, Brigitte ['fasˌbɛndər] *German mezzo-soprano; *1939.*
Faul·ha·ber, Michael von ['faulˌhaːbər] *German cardinal; 1869—1952.*
Fech·ner, Gustav Theodor ['fɛçnər] *German psychologist and philosopher; 1801—87.*
Feh·ling, Jürgen ['feːlɪŋ] *German stage director; *1885.*
Fei·sal (Faisal Abd Al Asis Ibn Saud) ['faɪzal] Faisal. *King of Saudi Arabia; 1904—75.*
Fel·sen·stein, Walter ['fɛlzənˌʃtaɪn] *Austrian opera director and theater manager; *1901.*
Fé·ne·lon, François de Salignac de La Mothe- [fenə'lõː] *French theologian and writer; 1651—1715.*
Fer·di·nand ['fɛrdinant] *Emperors of the Holy Roman Empire:* Ferdinand I. Ferdinand I (*1503—64*); Ferdinand II. Ferdinand II (*king of Bohemia and Hungary; 1578—1637*); Ferdinand III. Ferdinand III (*king of Bohemia and Hungary; 1608—57*).
Fer·di·nand V. (der Katholische) ['fɛrdinant] Ferdinand V (the Catholic). *King of Spain; as* Ferdinand II *king of Aragon and Sicily; as* Ferdinand III *king of Naples; 1452—1516.*
Fer·mi, Enrico ['fɛrmi] *Italian physicist; 1901—54.*
Fer·nán·dez, Juan [fɛr'nandɛs] *Spanish navigator; 1538?—?1602.*
Feucht·wan·ger, Lion ['fɔʏçtˌvaŋər] *German novelist and dramatist; 1884—1958.*
Feu·er·bach, Anselm ['fɔʏərˌbax] *German painter; 1829—80.*
Feu·er·bach, Ludwig ['fɔʏərˌbax] *German philosopher; 1804—72.*
Fey·deau, Georges [fɛ'doː] *French playwright; 1862—1921.*
Fich·te, Johann Gottlieb ['fɪçtə] *German philosopher; 1762—1814.*
Fie·se·ler, Gerhard ['fiːzələr] *German aircraft designer; *1896.*
Figl, Leopold ['fiːgəl] *Austrian politician, chancellor of the Republic of Austria; 1902—65.*
Filch·ner, Wilhelm ['fɪlçnər] *German writer, explorer of Asia and the arctic and antarctic regions; 1877—1957.*
Finck, Werner [fɪŋk] *German cabaret artiste and actor; *1902.*
Fi·scher, Edwin ['fɪʃər] *Swiss pianist; 1886—1960.*
Fi·scher-Dies·kau, Dietrich ['fɪʃər'diːskaʊ] *German lyric baritone; *1925.*
Fi·scher von Er·lach, Johann Bernhard ['fɪʃər fən 'ɛrlax] *Austrian architect; 1656—1723.*
Fla·ke, Otto ['flaːkə] (*pseudonym* Leo F. Kotta) *German writer; 1880—1963.*
Flau·bert, Gustave [flo'bɛːr] *French novelist; 1821—80.*
Fleu·ry, André Hercule de [flø'riː] *French statesman and cardinal; 1653—1743.*
Flicken·schildt, Elisabeth (*getr.* -k·k-) ['flɪkənˌʃɪlt] *German actress; *1905.*
Flo·tow, Friedrich von ['floːto] *German composer; 1812—83.*
Focke, Henrich (*getr.* -k·k-) ['fɔkə] *German aircraft designer; *1890.*
Fok·ker, Anthony Herman Gerard ['fɔkər] *Dutch aircraft designer and manufacturer; 1890—1939.*
Fon·ta·ne, Theodor [fən'taːnə] *German poet, novelist, and essayist; 1819—98.*
Fo·rel, Auguste [fo'rɛl] *Swiss psychiatrist and entomologist; 1848—1931.*
Forst, Willy [fɔrst] *Austrian film actor and director; *1903.*
Fou·cault, Jean Bernard Léon [fu'koː] *French physicist; 1819—68.*
Fou·ché, Joseph, Herzog von Otranto [fu'ʃeː] *French statesman, minister of police under Napoleon I; 1759—1820.*
Fou·qué [fu'keː] → La Motte-Fouqué.
Fra·go·nard, Jean Honoré [frago'naːr] *French painter and engraver; 1732—1806.*
France, Anatole [frãːs] (*originally* Jacques Anatole Thibault) *French writer; 1844—1924.*
Fran·ce·sca, Piero della [fran'tʃɛska] *Italian painter; 1420?—92.*
Fran·co, Francisco ['fraŋko] *Spanish general and politician; head of Spanish state; *1892.*
Frank, Bruno [fraŋk] *German writer and playwright; 1887—1945.*
Frank, Ilja Michailowitsch [fraŋk] Ilya Mikhailovich Frank. *Russian physicist; *1908.*
Frank, Leonhard [fraŋk] *German writer; 1882—1961.*
Franz I. [frants] Francis I. *King of France; 1494—1547.*
Franz I. [frants] (*originally* Franz Stephan) Francis I. *Husband of Maria Theresa and emperor of the Holy Roman Empire; 1708—1765.*
Franz II. [frants] Francis II. *Last emperor of the Holy Roman Empire; as* Francis I *first emperor of Austria; 1768—1835.*
Franz Fer·di·nand ['frants 'fɛrdinant] Francis Ferdinand. *Archduke of Austria; 1863—1914.*
Franz Jo·seph I. ['frants 'joːzɛf] Francis Joseph I. *Emperor of Austria and king of Hungary; 1830—1916.*
Franz von As·si·si, der heilige ['frants fən a'siːzi] St. Francis of Assisi. *Italian friar; founder of the Franciscan order; 1181/82—1226.*
Franz von Sales, der heilige ['frants fən 'zal] St. Francis of Sales. *French doctor of the church and bishop of Geneva; 1567—1622.*
Franz Xa·ver, der heilige ['frants 'ksaːvər] → Xaver Franz, der heilige.
Fraun·ho·fer, Joseph von ['fraunˌhoːfər] *German physicist and optician; 1787—1826.*
Frei·lig·rath, Ferdinand ['fraɪligraːt; -lɪçˌraːt] *German poet; 1810—76.*
Freud, Sigmund [frɔʏt] *Austrian neurologist and psychoanalyst, founder of psychoanalysis; 1856—1939.*
Frey·tag, Gustav ['fraɪˌtaːk] *German writer; 1816—95.*
Frick, Gottlob [frɪk] *German bass; *1906.*
Fric·say, Ferenc ['frɪtʃaɪ] *Hungarian conductor; 1914—63.*
Frie·den·thal, Richard ['friːdənˌtaːl] *German writer; *1896.*
Fried·land, Herzog von ['friːtˌlant] → Wallenstein.
Fried·rich I. (Barbarossa) ['friːdrɪç] Frederick I (Barbarossa). *Emperor of the Holy Roman Empire and king of Germany, of the Hohenstaufen line; 1125?—90.*
Fried·rich II. ['friːdrɪç] Frederick II. *Emperor of the Holy Roman Empire, king of Germany, Sicily, and Jerusalem, of the Hohenstaufen line; 1194—1250.*
Fried·rich II. (der Weise) ['friːdrɪç] Frederick II (the Wise). *Elector palatine; 1482—1556.*
Fried·rich III. (der Weise) ['friːdrɪç] Frederick III (the Wise). *Elector of Saxony; 1463—1525.*
Fried·rich V. (der Winterkönig) ['friːdrɪç] Frederick V (the Winter King). *Elector palatine and king of Bohemia; 1596—1632.*
Fried·rich ['friːdrɪç] *Kings of Prussia:* Friedrich I. Frederick I (*1657—1713*); Friedrich II. (der Große) Frederick II (the Great) (*1712—86*).
Fried·rich III. ['friːdrɪç] Frederick III. *German emperor and king of Prussia; 1831—1888.*
Fried·rich Wil·helm (der Große Kurfürst) ['friːdrɪç 'vɪlˌhɛlm] Frederick William (the Great Elector). *Elector of Brandenburg; 1620—88.*
Fried·rich Wil·helm ['friːdrɪç 'vɪlˌhɛlm] *Kings of Prussia:* Friedrich Wilhelm I. Frederick William I (*1688—1740*); Friedrich Wilhelm II. Frederick William II (*1744—1797*); Friedrich Wilhelm III. Frederick William III (*1770—1840*); Friedrich Wilhelm IV. Frederick William IV (*1795—1861*).
Fried·rich, Caspar David ['friːdrɪç] *German landscape painter; 1774—1840.*
Frings, Joseph [frɪŋs] *German cardinal; *1887.*
Frisch, Karl von [frɪʃ] *Austrian behavio(u)rist, animal psychologist, and zoologist; *1886.*
Frisch, Max [frɪʃ] *Swiss writer and playwright; *1911.*
Fritz, der Alte [frɪts] → Friedrich II. (der Große).
Frö·bel, Friedrich ['frøːbəl] *German educator; 1782—1852.*
Frois·sart, Jean [frŏa'saːr] *French chronicler and poet; 1337—?1410.*
Frunds·berg, Georg von ['frʊntsˌbɛrk] *German commander-in-chief under the emperors Maximilian I and Charles V; 1473—1528.*
Fug·ger ['fʊgər] *German merchants and bankers to the Hapsburgs in the 16th century.*
Furt·wäng·ler, Wilhelm ['fʊrtˌvɛŋlər] *German conductor; 1886—1954.*
Füss·li, Johann Heinrich ['fyːsli] Henry Fuseli. *Swiss painter; 1741—1825.*

G

Ga·bels·ber·ger, Franz Xaver ['gaːbəlsˌbɛrgər] *German stenographer, inventor of a system of stenography; 1789—1849.*
Ga·bo·ri·au, Émile [gabo'rĭoː] *French novelist, author of detective stories; 1832—1873.*
Ga·ga·rin, Juri Alexejewitsch [ga'gaːriːn] Yuri Alekseyevich Gagarin. *Soviet cosmonaut, first man to circle the earth in orbital flight; 1934—68.*
Ga·li·lei, Galileo [gali'leːi] *Italian mathematician, physicist, and astronomer; 1564—1642.*
Gal·va·ni, Luigi [gal'vaːni] *Italian physician and naturalist; 1737—98.*
Ga·ma, Vasco da ['gaːma] *Portuguese navigator; 1469?—1524.*
Gan·dhi, Shrimati Indira ['gandi] *Indian politician, prime minister of India; *1917.*
Gan·dhi, Mohandas Karamchand ['gandi] (*called* Mahatma Gandhi) *Hindu nationalist leader and Indian politician; 1869—1948.*
Gar·bo, Greta ['garbo] (*originally* Greta Gustafsson) *Swedish film actress; *1903.*
Gar·cía Lor·ca, Federico [gar'siːa 'lɔrka] *Spanish poet and dramatist; 1899—1936.*
Ga·ri·bal·di, Giuseppe [gari'baldi] *Italian nationalist; 1807—82.*
Gau·guin, Paul [go'gɛ̃ː] *French painter; 1848—1903.*
Gaulle, Charles André Joseph Marie de [goːl] *French general and politician, president of France; 1890—1970.*
Gauß, Carl Friedrich [gaus] Carl Friedrich Gauss. *German mathematician and astronomer; 1777—1855.*
Gau·ta·ma Bud·dha ['gaʊtama 'bʊda] → Buddha.
Gau·ti·er, Théophile [go'tĭeː] *French poet, art critic, and novelist; 1811—72.*
Ged·da, Nicolai ['gɛda] *Swedish tenor; *1925.*
Gei·bel, Emanuel ['gaɪbəl] *German poet; [1815—84.]*
Gel·lert, Christian Fürchtegott ['gɛlərt] *German writer; 1715—69.*
Ge·or·ge, Heinrich [ge'ɔrgə] *German actor; 1893—1946.*
Ge·or·ge, Stefan [ge'ɔrgə] *German poet; 1868—1933.*
Ger·haert von Ley·den, Nicolaus ['geːrˌhart fən 'laɪdən] *Dutch sculptor; 1430?—73.*
Ger·hardt, Paul ['geːrˌhart] *German poet, hymn writer, and Lutheran preacher; 1607—1676.*
Ger·lach, Walther ['gɛrlax] *German physicist; *1889.*
Ger·ma·ni·cus, Gajus Julius Cäsar [gɛr'maːnikʊs] Germanicus Caesar. *Roman general; 15 B.C.—19 A.D.*
Gide, André [ʒiːt] *French writer; 1869—1951.*
Gieh·se, Therese ['giːzə] (*originally* Gift) *German actress; 1898—1975.*
Gie·se·king, Walter ['giːzəkɪŋ] *German pianist; 1895—1956.*
Gi·gli, Beniamino ['dʒɪlji] *Italian tenor; 1890—1957.*

Gior·gio·ne [dʒər'dʒoːne] (*originally* Giorgio da Castelfranco) *Italian painter; 1477/1478—1510.*
Giot·to (di Bondone) ['dʒɔto] *Italian painter and architect; 1266?—1337.*
Gi·rau·doux, Jean [ʒiro'duː] *French diplomat and writer; 1882—1944.*
Gis·card d'Estaing, Valéry [ʒɪs'kaːr dɛs'tɛ̃ː] *French politician, president of France; *1926.*
Gla·su·now, Alexandr Konstantinowitsch [glazu'nɔf] Aleksandr Konstantinovich Glazunov. *Russian composer; 1865—1936.*
Glin·ka, Michail Iwanowitsch ['glɪŋka] Mikhail Ivanovich Glinka. *Russian composer; 1804—57.*
Gluck, Christoph Willibald Ritter von [glʊk] *German composer; 1714—87.*
Gnei·se·nau, August Graf Neidhardt von ['gnaɪzənaʊ] *Prussian general; 1760—1831.*
Go·du·now, Boris Fjodorowitsch [go'duːnɔf; godu'nɔf] Boris Fedorovich Godunov. *Czar of Russia; 1552?—1605.*
Goeb·bels, Paul Joseph ['gœbəls] *German Nazi politician and propagandist; 1897—1945.*
Goe·the, Johann Wolfgang von ['gøːtə] *German poet, dramatist, novelist, philosopher, statesman, and scientist; 1749—1832.*
Goetz, Curt [gœts] *German actor and playwright; 1888—1960.*
Gogh, Vincent van [goːk; gɔx] *Dutch painter; 1853—90.*
Go·gol, Nikolai Wassiljewitsch ['goːgəl] Nikolai Vasilievich Gogol; *Russian writer; 1809—52.*
Gol·do·ni, Carlo [gɔl'doːni] *Italian dramatist; 1707—93.*
Gon·court [gõ'kuːr] *French writers:* Edmond Huot de *(1822—96) and his brother* Jules Huot de *(1830—70).*
Gö·ring, Hermann Wilhelm ['gøːrɪŋ] *German Nazi politician; 1893—1946.*
Gor·ki, Maxim ['gɔrki] (*originally* Alexei Maximowitsch Peschkow Aleksei Maksimovich Peshkov). *Russian writer; 1868—1936.*
Gott·fried von Straß·burg ['gɔtˌfriːt fɔn 'ʃtraːsˌbʊrk] *Middle High German epic poet; about 1200.*
Gott·helf, Jeremias ['gɔtˌhɛlf] (*originally* Albert Bitzius) *Swiss narrative writer; 1797—1854.*
Gott·sched, Johann Christoph ['gɔtʃeːt] *German scholar and writer; 1700—1766.*
Gott·wald, Klement ['gɔtˌvalt] *Czechoslovak politician; 1896—1953.*
Gou·nod, Charles [gu'noː] *French composer; 1818—93.*
Grab·be, Christian Dietrich ['grabə] *German dramatic poet; 1801—36.*
Grac·chus ['graxʊs] *Roman statesmen:* Gajus Sempronius *(154/53—121 B.C.) and his brother* Tiberius Sempronius *(163/62—133 B.C.).*
Graf, Oskar Maria [graːf] *German writer; 1894—1967.*
Graff, Anton [graf] *Swiss portrait painter; 1736—1813.*
Grass, Graß, Günter [gras] *German writer, sculptor, and graphic artist; *1927.*
Gra·ti·an (Flavius Gratianus) [gra'tsǐaːn] *Roman emperor; 359—383.*
Gre·co, El ['grɛko] (*originally* Domenikos Theotokopulos) *Greek-Spanish painter and sculptor; 1541—1614.*
Gre·gor ['greːgɔr] Gregory (*name of 16 popes*).
Grieg, Edvard [griːk] *Norwegian composer; 1843—1907.*
Grill·par·zer, Franz ['grɪlˌpartsər] *Austrian poet and dramatist; 1791—1872.*
Grimm [grɪm] *German philologists and collectors of fairy tales:* Jacob *(1785—1863) and his brother* Wilhelm *(1786—1859).*
Grim·mels·hau·sen, Hans Jacob Christoph von ['grɪməlsˌhaʊzən] *German writer; 1620/21—76.*
Grock [grɔk] (*originally* Adrian Wettach) *Swiss musical clown; 1880—1959.*
Gro·my·ko, Andrei Andrejewitsch [gro'mʏko] Andrei Andreevich Gromyko. *Russian politician and diplomat; *1909.*
Gron·chi, Giovanni ['grɔŋki] *Italian politician; *1887.*
Gro·pi·us, Walter ['groːpǐʊs] *German architect; 1883—1969.*
Gro·te·wohl, Otto ['groːtəˌvoːl] *German politician, minister-president of the DDR; 1894—1964.*
Gro·the, Franz ['groːtə] *German composer, especially of film music; *1908.*
Gro·ti·us, Hugo ['groːtsǐʊs] (*originally* Huigh de Groot) *Dutch jurist and statesman; 1583—1645.*
Gründ·gens, Gustav ['grʏntgəns] *German actor, stage director, and theater manager; 1899—1963.*
Grü·ne·wald, Matthias ['gryːnəˌvalt] *German painter; 1470 od. 75—1528.*
Grzi·mek, Bernhard ['gʒɪmɛk] *German veterinary surgeon and zoologist; *1909.*
Gsov·sky, Tatjana ['ksɔfski] *Russian dancer and choreographer; *1901.*
Gu·ar·di, Francesco ['gŭardi] *Italian painter; 1712—93.*
Gu·ar·di·ni, Romano [gŭar'diːni] *German-Italian Roman Catholic theologian and religious philosopher; 1885—1968.*
Gue·ricke, Otto von (*getr.* -k·k-) ['geːrɪkə] (*originally* Gericke) *German physicist; 1602—86.*
Gue·va·ra, Ernesto [ge'vaːra] (*called* Che Guevara) *Cuban physician and politician; 1928—67.*
Gui·try, Sacha [gi'triː] *French writer, playwright, and actor; 1885—1957.*
Gul·brans·son, Olaf ['gʊlbransən] *Norwegian illustrator, caricaturist, and painter; 1873—1958.*
Gul·da, Friedrich ['gʊlda] *Austrian pianist; *1930.*
Gun·nars·son, Gunnar ['gunarsən] *Icelandic writer; *1889.*
Gün·ther, Ignaz ['gʏntər] *German sculptor; 1725—75.*
Gu·stav II. Adolf ['gʊstaf 'aːdɔlf] Gustavus II (Gustavus Adolphus). *King of Sweden; 1594—1632.*
Gu·ten·berg, Johannes ['guːtənˌbɛrk] (*originally* Johannes Gensfleisch) *German inventor of printing from movable type; 1397?—1468.*
Gü·ters·loh, Albert Paris ['gyːtərsˌloː] (*originally* Albert Conrad Kiehtreiber) *Austrian painter and writer; *1887.*

H

Ha·be, Hans ['haːbə] *Hungarian-German writer; *1911.*
Ha·ber, Fritz ['haːbər] *German chemist; 1868—1934.*
Ha·ber, Heinz ['haːbər] *German physicist and astronomer; *1913.*
Hä·ber·lin, Paul ['hɛːbərliːn] *Swiss philosopher and educator; 1878—1960.*
Haeckel, Ernst (*getr.* -k·k-) ['hɛkəl] *German naturalist and philosopher; 1834—1919.*
Haecker, Theodor (*getr.* -k·k-) ['hɛkər] *German philosopher; 1879—1945.*
Ha·dri·an (Publius Aelius Hadrianus) [hadri'aːn; 'haː-] Hadrian, *auch* Adrian. *Roman emperor; 76—138.*
Ha·ge·dorn, Friedrich von ['haːgəˌdɔrn] *German poet; 1708—54.*
Ha·gel·stan·ge, Rudolf ['haːgəlˌʃtaŋə] *German writer; *1912.*
Ha·gen·beck, Karl ['haːgənˌbɛk] *German circus manager, established the Zoological Garden at Hamburg; 1844—1913.*
Hahn, Otto [haːn] *German chemist; 1879—1968.*
Hai·le Se·las·sie I. ['haɪle ze'lasi] Haile Selassie I. *Emperor of Ethiopia; *1892.*
Hal·be, Max ['halbə] *German writer and dramatist; 1865—1944.*
Hall·stein, Walter ['halˌʃtaɪn] *German politician and jurist; *1901.*
Hals, Frans [hals] *Dutch painter; 1581 od. 1585—1666.*
Hals·ke, Johann Georg ['halskə] *German electrotechnician; 1814—90.*
Ha·mil·kar Bar·kas [ha'mɪlkar 'barkas] Hamilcar Barca(s). *Carthaginian general; ?—229/28 B.C.*
Ham·sun, Knut ['hamzʊn] (*originally* Knut Pedersen) *Norwegian writer; 1859—1952.*
Hän·del, Georg Friedrich ['hɛndəl] George Frederick Handel. *German composer; 1685—1759.*
Hand·ke, Peter ['hantkə] *Austrian writer; *1942.*
Han·ni·bal ['hanibal] *Carthaginian general; 247/46—?183 B.C.*
Har·den·berg, Karl August Fürst von ['hardənˌbɛrk] *Prussian statesman; 1750—1822.*
Härt·ling, Peter ['hɛrtlɪŋ] *German writer; *1933.*
Hart·mann, Karl Amadeus ['hartˌman] *German composer; 1905—63.*
Hart·mann von Aue ['hartˌman fən 'aʊə] *Middle High German poet; 1160?—?1210.*
Har·tog, Jan de ['hartɔx] *Dutch writer; *1914.*
Ha·šek, Jaroslav ['haʃɛk] *Czech writer; 1883—1923.*
Ha·sen·cle·ver, Walter ['haːzənˌkleːvər] *German expressionist poet and dramatist; 1890—1940.*
Hauff, Wilhelm [haʊf] *German novelist and poet; 1802—27.*
Haupt·mann, Gerhart ['haʊptˌman] *German dramatist and writer; 1862—1946.*
Ha·vel, Václav ['havɛl] *Czech playwright; *1936.*
Haydn, Joseph ['haɪdən] *Austrian composer; 1732—1809.*
Heb·bel, Friedrich ['hɛbəl] *German dramatist; 1813—63.*
Heckel, Erich (*getr.* -k·k-) ['hɛkəl] *German painter and graphic artist; *1883.*
He·din, Sven Anders von [he'diːn] *Swedish explorer in Asia; 1865—1952.*
He·gel, Georg Wilhelm Friedrich ['heːgəl] *German philosopher; 1770—1831.*
Hei·deg·ger, Martin ['haɪdɛgər] *German philosopher; *1889.*
Hei·fetz, Jascha ['haɪfɛts] *Russian violinist; *1901.*
Hei·ne, Heinrich ['haɪnə] *German poet and writer; 1797—1856.*
Hei·ne, Thomas Theodor ['haɪnə] *German painter and caricaturist; 1867—1948.*
Hei·ne·mann, Gustav ['haɪnəˌman] *German politician, 3rd president of the BRD; *1899.*
Hein·kel, Ernst Heinrich ['haɪŋkəl] *German aircraft designer and manufacturer; 1888—1958.*
Hein·rich ['haɪnrɪç] *Emperors of the Holy Roman Empire and kings of Germany:* Heinrich I. Henry I *(876—936);* Heinrich II. Henry II *(973—1024);* Heinrich III. Henry III *(1017—56);* Heinrich IV. Henry IV *(1050—1106);* Heinrich V. Henry V *(1081 od. 86—1125);* Heinrich VI. Henry VI *(1165—1197);* Heinrich VII. Henry VII *(1275?—1313).*
Hein·rich (der Löwe) ['haɪnrɪç] Henry (the Lion). *Duke of Saxony and Bavaria; 1129—1195.*
Hein·rich (der Seefahrer) ['haɪnrɪç] Henry (the Navigator). *Infante of Portugal; 1394—1460.*
Hei·sen·berg, Werner Karl ['haɪzənˌbɛrk] *German physicist; *1901.*
Heis·sen·büt·tel, Helmut Dietrich ['haɪsənˌbʏtəl] *German writer; *1921.*
Hel·vé·ti·us, Claude Adrien [hɛl'veːtsǐʊs] *French philosopher; 1715—71.*
He·nie, Sonja ['hɛni] *Norwegian figure-skating champion and actress; 1912—69.*
Hen·le, Friedrich Gustav Jacob ['hɛnlə] *German pathologist and anatomist; 1809—1885.*
Hen·lein, Peter ['hɛnlaɪn] *German mechanic, manufactured the first watches; 1480?—1542.*
Hen·ze, Hans Werner ['hɛntsə] *German composer; *1926.*
He·ra·klit [hera'kliːt] Heraclitus. *Greek philosopher; 550?—480 B.C.*
Her·bart, Johann Friedrich ['hɛrbart] *German philosopher and educator; 1776—1841.*
Her·der, Johann Gottfried von ['hɛrdər] *German poet and philosopher; 1744—1803.*
Her·mann der Che·rus·ker ['hɛrman der çe'rʊskər] → Arminius.
He·ro·des (der Große) [he'roːdɛs] Herod (the Great). *King of Judea; 72?—4 B.C.*
He·ro·des An·ti·pas [he'roːdɛs 'antipas] Herod Antipas. *Tetrarch of Galilee and Peraea; 4 B.C.—39 A.D.*
He·ro·dot [hero'dɔt; -'doːt] (*called* Vater der Geschichte) Herodotus (*called* the Father of History). *Greek historian; 490?—?425 od. 420.*
Her·re·ra, Francisco de (el Viejo, der Ältere) [ɛ'reːra] Francisco de Herrera (el Viejo, the Elder). *Spanish painter and engraver; 1590?—1656.*
Hertz, Heinrich Rudolf [hɛrts] *German physicist; 1857—94.*
Herzl, Theodor ['hɛrtsəl] *Austrian writer, founder of Zionism; 1860—1904.*
He·si·od [he'zǐoːt] *Greek poet; about 700 B.C.*

Hess, Rudolf [hɛs] *German Nazi politician; *1894.*
Hes·se, Hermann ['hɛsə] *German poet and novelist; 1877—1962.*
Heuss, Theodor [hɔʏs] *German writer and politician, first president of the BRD; 1884—1963.*
Hey·se, Paul von ['haɪzə] *German writer; 1830—1914.*
Hie·ro·ny·mus, der heilige [hĭe'ro:nymʊs] St. Hieronymus, St. Jerome. *Latin father and doctor of the church; 347?—420.*
Hil·de·brandt, Johann Lukas von ['hɪldəˌbrant] *Austrian architect; 1668—1745.*
Hil·ler, Johann Adam ['hɪlər] *German composer; 1728—1804.*
Hil·pert, Heinz ['hɪlpərt] *German stage director and theater manager; 1890—1967.*
Himm·ler, Heinrich ['hɪmlər] *German Nazi politician; 1900—1945.*
Hin·de·mith, Paul ['hɪndəˌmɪt] *German composer; 1895—1963.*
Hin·den·burg, Paul von ['hɪndənˌbʊrk] *German field marshal, second president of the Weimar Republic; 1847—1934.*
Hinz, Werner [hɪnts] *German actor; *1903.*
Hip·po·kra·tes [hɪ'po:kratɛs] Hippocrates. *Greek physician; 460?—375 B.C.*
Hi·ro·hi·to [hiro'hi:to] *Emperor of Japan; *1901.*
Hit·ler, Adolf ['hɪtlər] *German chancellor and Nazi dictator; 1889—1945.*
Hoch·huth, Rolf ['ho:xˌhu:t] *German writer; *1931.*
Ho Chi Minh [hotʃi'mɪn] *President of North Vietnam; 1890—1969.*
Hod·ler, Ferdinand ['ho:dlər] *Swiss painter; 1853—1918.*
Ho·fer, Andreas ['ho:fər] *Tyrolese patriot; 1767—1810.*
Hoff·mann, August Heinrich *od.* **Hoffmann von Fal·lers·le·ben** ['hɔfˌman fən 'falərsˌle:bən] *German philologist and poet; 1798—1874.*
Hoff·mann, Ernst Theodor Amadeus ['hɔfˌman] *German writer, composer, and illustrator; 1776—1822.*
Hof·manns·thal, Hugo von ['ho:fˌmansˌta:l] *Austrian poet, dramatist, and writer; 1874—1929.*
Hol·bein ['hɔlˌbaɪn] *German painters:* Hans (der Ältere) Hans (the Elder) (*1465?—1524) and his son* Hans (der Jüngere) Hans (the Younger) (*1497—1543*).
Höl·der·lin, Johann Christian Friedrich ['hœldərli:n] *German poet; 1770—1843.*
Holl, Elias [hɔl] *German architect; 1573—1646.*
Hol·laen·der, Felix ['hɔlɛndər] *German writer and theater critic; 1867—1931.*
Hol·län·der, Friedrich ['hɔlɛndər] *German composer and cabaret artiste; *1896.*
Höl·zel, Adolf ['hœltsəl] *German painter; 1853—1934.*
Ho·mer, [ho'me:r] *Greek epic poet; 8th century B.C.*
Ho·necker, Erich (*getr.* -k·k-) ['ho:nɛkər] *German politician of the DDR; *1912.*
Ho·neg·ger, Arthur ['ho:nɛgər] *French-Swiss composer; 1892—1955.*
Hop·pe, Marianne ['hɔpə] *German actress; *1911.*
Ho·raz (Quintus Horatius Flaccus) [ho'ra:ts] Horace. *Roman poet; 65—8 B.C.*
Hör·bi·ger ['hœrbɪgər] *Austrian actors:* Attila (**1896) and his brother* Paul (**1894*).
Ho·ro·witz, Wladimir ['ho:rovɪts] Vladimir Horowitz. *Russian-American pianist; *1904.*
Hor·vath, Ödön von ['hɔrva:t] *Austrian writer; 1901—38.*
Hu·ber, Kurt ['hu:bər] *Swiss philosopher, spiritual center of the anti-Nazi student movement "Weiße Rose"; 1893—1943.*
Huch, Ricarda [hu:x] *German novelist and poet; 1864—1947.*
Hu·go, Victor [y'go:] *French poet, novelist, and dramatist; 1802—85.*
Hum·boldt, Alexander Freiherr von ['hʊmbɔlt] *German naturalist and geographer; 1769—1859.*
Hum·boldt, Wilhelm Freiherr von ['hʊmbɔlt] *German philologist, philosopher, and statesman; 1767—1835.*
Hum·per·dinck, Engelbert ['hʊmpərˌdɪŋk] *German composer; 1854—1921.*
Hun·dert·was·ser, Fritz ['hʊndərtˌvasər] (*originally* Friedrich Stowasser) *Austrian painter; *1928.*
Hur·ta·do de Men·do·za, Diego [ʊr'ta:do de mɛn'dɔsa] → Mendoza, Diego Hurtado de.
Hus, Jan *od.* **Huß,** Johannes [hʊs] John Hus(s). *Czech preacher and religious reformer; 1370?—1415.*
Hus·sein II. [hʊ'saɪn], **Hu·sain II.** [hʊ'saɪn; hu'zaɪn], *auch* **Hus·sain II.** [hʊ'saɪn] Hussein II. *King of Jordan; *1935.*
Hut·ten, Ulrich von ['hʊtən] *German humanist; 1488—1523.*
Huy·gens, Christiaan ['hɔʏgəns] Christian Huyg(h)ens. *Dutch physicist, mathematician, and astronomer; 1629—95.*

I

Ib·sen, Henrik ['ɪpsən] *Norwegian dramatist and poet; 1828—1906.*
Iff·land, August Wilhelm ['ɪfˌlant] *German actor, theater manager, and dramatist; 1759—1814.*
Igna·ti·us von Lo·yo·la [ɪ'gna:tsĭʊs fən lo'jo:la] Ignatius of Loyola. *Spanish founder of the Society of Jesus, the Jesuit order; 1491—1556.*
Im·mer·mann, Karl Leberecht ['ɪmərˌman] *German poet, dramatist, and novelist; 1796—1840.*
In·dy, Vincent d' [dɛ̃'di:] *French composer; 1851—1931.*
In·gar·den, Roman ['ɪnˌgardən] *Polish philosopher; *1893.*
In·gres, Jean Auguste Dominique ['ɛ̃:gər] *French painter; 1780—1867.*
In·no·zenz ['ɪnotsɛnts] Innocent (*name of 13 popes*).
Inö·nü, Ismet ['i:nøny] *Turkish politician; 1884—1973.*
Io·nes·co, Eugène [jo'nɛsko] *French dramatist; *1912.*
Isa·bel·la I. (die Katholische) [iza'bɛla] Isabella I (the Catholic). *Queen of Castile and Aragon; 1451—1504.*
Iwan III. Was·sil·je·witsch (Iwan der Große) ['i:van va'sɪljevɪtʃ] Ivan III Vasilievich (Ivan the Great). *Grand duke of Moscow; 1440—1505.*
Iwan IV. Was·sil·je·witsch (Iwan der Schreckliche) ['i:van va'sɪljevɪtʃ] Ivan IV Vasilievich (Ivan the Terrible). *Czar of Russia; 1530—84.*

J

Jahn, Friedrich Ludwig [ja:n] (*called* der Turnvater) *German educator* (*called* father of gymnastics); *1778—1852.*
Ja·ná·ček, Leoš ['janatʃɛk] *Czech composer; 1854—1928.*
Jan·nings, Emil ['janɪŋs] *German actor; 1884—1950.*
Jan·sen, Corneli(u)s (Cornelius Jansenius) ['janzən] *Dutch Roman Catholic theologian, founder of the sect named for him, the Jansenists; 1585—1638.*
Jas·pers, Karl ['jaspərs] *German philosopher; 1883—1969.*
Jeanne d'Arc [ʒan'dark] St. Joan of Arc. *French national heroine; 1410 od. 12—31.*
Jean Paul [ʒã'paul] (*originally* Johann Paul Friedrich Richter) *German writer and poet; 1763—1825.*
Jen·sen, Hans Daniel ['jɛnzən] *German nuclear physicist; *1907.*
Jes·per·sen, Jens Otto Harry ['jɛspərzən] *Danish philologist; 1860—1943.*
Je·sus (Chri·stus) ['je:zʊs ('krɪstʊs)] Jesus (Christ). *Source of the Christian religion and Savio(u)r in the Christian faith; 8 od. 4? B.C.—?30 A.D.*
Jew·tu·schen·ko, Jewgeni Alexandrowitsch [jɛftʊ'ʃɛŋko] Yevgeni Aleksandrovich Yevtushenko. *Russian poet; *1933.*
Ji·mé·nez, Juan Ramón [xi'me:nɛs] *Spanish poet; 1881—1958.*
Joa·chim, Joseph ['jo:axɪm] *German-Hungarian violinist and composer; 1831—1907.*
Jo·chum, Eugen ['jɔxʊm] *German conductor; *1902.*
Jo·han·na (die Wahnsinnige) [jo'hana] Joanna (*od.* Juana) (the Mad). *Queen of Castile, mother of the emperor Charles V; 1479—1555.*
Jo·han·na von Or·lé·ans, die heilige [jo'hana fən ɔrle'ã:] → Jeanne d'Arc.
Jo·han·nes [jo'hanəs] John (*name of 21 popes*): Johannes XXIII. (Angelo Giuseppe Roncalli) John XXIII; *1881—1963.*
John·son, Uwe ['jo:nzən] *German writer; *1934.*
Join·ville, Jean de [ʒõɛ̃'vɪl] *French chronicler; 1225—1317.*
Jo·nas, Franz ['jo:nas] *Austrian politician, president of the Republic of Austria; 1899—1974.*
Jor·daens, Jakob ['jɔrda:ns] *Flemish painter; 1593—1678.*
Jo·seph ['jo:zɛf] *Emperors of the Holy Roman Empire:* Joseph I. Joseph I (*king of Hungary and the Romans; 1678—1711*); Joseph II. Joseph II (*king of the Romans; 1741—90*).
Jo·sé·phine de Beau·har·nais [ʒoze'fi:n də boar'nɛ:] → Beauharnais, Joséphine de.
Ju·an de Au·stria, Don ['xŭan de 'aʊstria] John of Austria. *Spanish general; illegitimate son of the emperor Charles V; 1547—1578.*
Ju·lia·na [ju'lĭa:na] *Queen of the Netherlands; *1909.*
Jung, Carl Gustav [jʊŋ] *Swiss psychologist and psychiatrist; 1875—1961.*
Jün·ger, Ernst ['jʏŋər] *German writer; *1895.*
Jung·frau von Or·lé·ans ['jʊŋˌfraʊ fən ɔrle'ã:] → Jeanne d'Arc.
Jun·kers, Hugo ['jʊŋkərs] *German aircraft designer and manufacturer; 1859—1935.*
Jür·gens, Curd ['jʏrgəns] *German film and stage actor; *1915.*
Ju·ve·nal (Decimus Junius Juvenalis) [juve'na:l] *Roman satirical poet; 60?—?140.*

K

Ká·dár, János ['ka:dar] Janos Kadar. *Hungarian politician; *1912.*
Kaf·ka, Franz ['kafka] *Austrian writer; 1883—1924.*
Kainz, Josef [kaɪnts] *Austrian actor; 1858—1910.*
Kai·ser, Georg ['kaɪzər] *German dramatist; 1878—1945.*
Kalb, Charlotte von [kalp] *German writer; 1761—1843.*
Kalck·reuth, Leopold Graf von ['kalkˌrɔʏt] *German painter; 1855—1928.*
Kál·mán, Emmerich ['ka:lman] *Hungarian composer of operettas; 1882—1953.*
Ka·min·ski, Heinrich [ka'mɪnski] *German composer; 1886—1946.*
Kan·din·sky, Wassily [kan'dɪnski] Vasili Kandinski. *Russian painter and graphic artist; 1866—1944.*
Kant, Immanuel [kant] *German philosopher; 1724—1804.*
Ka·ra·jan, Herbert von ['ka(:)rajan] *Austrian conductur; *1908.*
Karl I. (der Große) [karl] Charlemagne, Charles I (the Great). *King of the Franks and emperor of the West; 742—814.*
Karl [karl] *Emperors of the Holy Roman Empire:* Karl II. (der Kahle) Charles II (the Bald) (*as* Charles I *king of France; 823—877*); Karl III. (der Dicke) Charles III (the Fat) (*as* Charles II *king of France; 839—888*); Karl IV. Charles IV (*1316—78*); Karl V. Charles V (*as* Charles I *king of Spain; 1500—1558*); Karl VI. Charles VI (*as* Charles III *king of Hungary and pretender to the throne of Spain; 1685—1740*); Karl VII. Albrecht Charles VII Albert (*elector of Bavaria; 1697—1745*).
Karl I. [karl] Charles I. *Emperor of Austria; as* Charles IV *king of Hungary; 1887—1922.*
Karl (der Kühne) [karl] Charles (the Bold). *Duke of Burgundy; 1432—77.*
Karl·feldt, Erik Axel ['karlˌfɛlt] *Swedish lyric poet; 1864—1931.*
Karl Lud·wig ['karl 'lu:tvɪç] *Archduke of Austria and general; 1771—1847.*
Karl Mar·tell (der Hammer) ['karl mar'tɛl] Charles Martel (the Hammer). *Ruler of the Franks; 689?—741.*
Kasch·nitz, Marie Luise ['kaʃnɪts] *German writer; 1901—74.*
Käst·ner, Erich ['kɛstnər] *German writer; 1899—1974.*
Ka·tha·ri·na [kata'ri:na] *Empresses of Russia:* Katharina I. Catherine I (*wife of Peter the Great; 1684—1727*) *and* Katha-

rina II. (die Große) Catherine II (the Great) (*1729—96*).

Ka·tha·ri·na von Ara·go·ni·en [kata'riːna fən ara'goːnĭən] Catherine of Aragon. *First wife of Henry VIII of England; 1485—1536.*

Ka·tull (Gaius Valerius Catullus) [ka'tʊl] Gaius Valerius Catullus. *Roman poet; 84?—?54 B.C.*

Kaul·bach, Wilhelm von ['kaʊlˌbax] *German painter; 1805—74.*

Käut·ner, Helmut ['kɔʏtnər] *German actor, stage and film director; *1908.*

Ka·wa·ba·ta, Jasunari [kava'baːta] *Japanese writer; *1899.*

Ka·zan·tza·kis, Ka·san·tza·kis, Nikos [kazan'tsakɪs] Nikos Kazantzakis. *Greek poet and novelist; 1883—1957.*

Keil·berth, Joseph ['kaɪlbɛrt] *German conductor; 1908—68.*

Kei·tel, Wilhelm ['kaɪtəl] *German field marshal; 1882—1946.*

Kel·ler, Gottfried ['kɛlər] *Swiss poet and novelist; 1819—90.*

Ke·mal Ata·türk ['keːmal ata'tʏrk] (*originally* Mustafa Kemal Pascha) *Turkish statesman; 1880—1938.*

Kempff, Wilhelm [kɛmpf] *German pianist and composer; *1895.*

Kep·ler, Johannes ['kɛplər] *German astronomer; 1571—1630.*

Ke·ren·ski, Alexandr Fjodorowitsch ['keːrɛnski] Aleksandr Feodorovich Kerenski; *Russian revolutionist; 1881—1970.*

Kerr, Alfred [kɛr] (*originally* Alfred Kempner) *German writer and theater critic; 1867—1948.*

Ker·schen·stei·ner, Georg ['kɛrʃənˌʃtaɪnər] *German educator; 1854—1932.*

Ker·sting, Friedrich Georg ['kɛrstɪŋ] *German painter; 1785—1847.*

Kes·sel·ring, Albert ['kɛsəlˌrɪŋ] *German field marshal; 1885—1960.*

Kier·ke·gaard, Sören Aabye ['kɪrkəˌgart] *Danish theologian and philosopher; 1813—1855.*

Kie·sin·ger, Kurt Georg ['kiːzɪŋər] *German politician, 3rd chancellor of the BRD; *1904.*

Kipp·hardt, Heinar ['kɪpˌhart] *German writer; *1922.*

Kirch·hoff, Gustav Robert ['kɪrçˌhɔf] *German physicist; 1824—87.*

Kirch·ner, Ernst Ludwig ['kɪrçnər] *German painter and graphic artist; 1880—1938.*

Kirch·schlä·ger, Josef ['kɪrçˌʃlɛːgər] *Austrian politician, president of the Republic of Austria; *1915.*

Kirst, Hans Hellmut [kɪrst] *German writer; *1914.*

Kla·bund [kla'bʊnt] (*originally* Alfred Henschke) *German writer; 1890—1928.*

Kla·ges, Ludwig ['klaːgəs] *German philosopher and psychologist; 1872—1956.*

Klaus, Josef [klaʊs] *Austrian politician, chancellor of the Republic of Austria; *1910.*

Klee, Paul [kleː] *Swiss painter and graphic artist; 1879—1940.*

Klei·ber, Erich ['klaɪbər] *Austrian conductor; 1890—1956.*

Klein, Felix [klaɪn] *German mathematician; 1849—1925.*

Kleist, Heinrich von [klaɪst] *German dramatist and narrative writer; 1777—1811.*

Kle·mens ['kleːməns] Clement (*name of 14 popes*).

Kle·mens von Alex·an·dria (Titus Flavius Clemens) ['kleːməns fən alɛ'ksandria] Clement of Alexandria. *Greek Christian theologian and father of the church; 140 od. 150—?215/16.*

Klem·pe·rer, Otto ['klɛmpərər] *German conductor; 1885—1973.*

Klen·ze, Franz Karl Leo von ['klɛntsə] *German architect; 1784—1864.*

Kleo·pa·tra [kle'oːpatra] Cleopatra. *Queen of Egypt; 69—30 B.C.*

Klop·stock, Friedrich Gottlieb ['klɔpˌʃtɔk] *German poet; 1724—1803.*

Klu·ge, Alexander ['kluːgə] *German writer and film director; *1932.*

Knap·perts·busch, Hans ['knapərtsˌbʊʃ] *German conductor; 1888—1965.*

Kneipp, Sebastian [knaɪp] *German Roman Catholic priest, skilled in the art of healing; 1821—97.*

Knig·ge, Adolf Freiherr von ['knɪgə] *German writer, best known for his collection of maxims and precepts; 1751—96.*

Knut (der Große) [knuːt] Canute (the Great); *King of England, Denmark, and Norway; 994?—1035.*

Koch, Robert [kɔx] *German bacteriologist; 1843—1910.*

Ko·dá·ly, Zoltán ['koːdaɪ] *Hungarian composer; 1882—1967.*

Koest·ler, Arthur ['kœstlər] *Hungarian-English writer; *1905.*

Kohl·rausch, Friedrich Wilhelm Georg ['koːlˌraʊʃ] *German physicist; 1840—1910.*

Ko·hout, Pavel ['koːhuːt] *Czech writer and dramatist; *1928.*

Ko·kosch·ka, Oskar [ko'kɔʃka; 'kɔkɔʃka] *Austrian expressionist painter, graphic artist, and writer; *1886.*

Kolb, Annette [kɔlp] *German writer; 1870—1967.*

Koll·witz, Käthe ['kɔlvɪts] *German painter and graphic artist; 1867—1945.*

Ko·lum·bus, Christoph [ko'lʊmbʊs] Christopher Columbus. *Genoese navigator; discoverer of America; 1447?—1506.*

Kon·fu·zi·us (Konfutse) [kɔn'fuːtsĭʊs] Confucius. *Chinese philosopher; 551?—?479 B.C.*

Kon·stan·tin I. (der Große) ['kɔnstantiːn; -'tiːn] Constantine I (the Great). *Roman emperor; 288?—337.*

Ko·per·ni·kus, Nikolaus [ko'pɛrnikʊs] Nicolaus Copernicus. *Polish-German astronomer; 1473—1543.*

Kör·ber, Hilde ['kœrbər] *Austrian actress; *1906.*

Ko·rio·lan (Gnaeus Marcius Coriolanus) [korĭo'laːn] Gnaeus (*od.* Gaius) Marcius Cariolanus. *Roman legendary hero; 5th century B.C.*

Kör·ner, Hermine ['kœrnər] *German actress; 1882—1960.*

Kör·ner[1], Theodor ['kœrnər] *German lyric and dramatic poet; 1791—1813.*

Kör·ner[2], Theodor ['kœrnər] *Austrian politician, president of the Republic of Austria; 1873—1957.*

Korn·gold, Erich Wolfgang ['kɔrnˌgɔlt] *Austrian composer; 1897—1957.*

Ko·ro·len·ko, Wladimir Galaktionowitsch [koro'lɛŋko] Vladimir Galaktionovich Korolenko. *Russian writer; 1853—1921.*

Kort·ner, Fritz ['kɔrtnər] *Austrian actor, stage and film director; 1892—1970.*

Kos·suth, Lajos ['kɔʃuːt] *Hungarian politician; 1802—94.*

Kos·sy·gin, Alexei Nikolajewitsch [kɔ'syːgiːn] Aleksei Nikolaevich Kosygin. *Russian politician, premier of the Soviet Union; *1904.*

Köth, Erika [køːt] *German coloratura soprano; *1925.*

Kot·ze·bue, August von ['kɔtsəˌbuː] *German dramatist; 1761—1819.*

Krae·pe·lin, Emil ['krɛːpəliːn] *German psychiatrist; 1865—1926.*

Kra·siń·ski, Zygmunt Graf [kra'zɪnski] *Polish poet; 1812—59.*

Kraus, Karl [kraʊs] *Austrian writer and satirist; 1874—1936.*

Krauss, Clemens [kraʊs] *Austrian conductor; 1893—1954.*

Krauss, Werner [kraʊs] *German actor; 1884—1959.*

Krei·sky, Bruno ['kraɪski] *Austrian politician, chancellor of the Republic of Austria; *1911.*

Kreis·ler, Fritz ['kraɪslər] *Austro-American violinist and composer; 1875—1962.*

Kretsch·mer, Ernst ['krɛtʃmər] *German psychiatrist and neurologist; 1888—1964.*

Kreutz·berg, Harald ['krɔʏtsˌbɛrk] *German dancer and choreographer; 1902—68.*

Kreut·zer, Konradin ['krɔʏtsər] *German composer; 1780—1849.*

Kreut·zer, Rodolphe ['krɔʏtsər] *German-French violinist and composer; 1766—1831.*

Kreu·zer, Konradin ['krɔʏtsər] → Kreutzer, Konradin.

Krö·sus ['krøːzʊs] Croesus. *King of Lydia; amassed vast wealth; ?—546 B.C.*

Krue·ger, Felix ['kryːgər] *German philosopher and psychologist; 1874—1948.*

Krü·ger, Paulus ['kryːgər] (*called* Oom Paul) Paulus Kruger. *South African statesman; 1825—1904.*

Krupp [krʊp] *German steel manufacturers.*

Ku·be·lik, Jan ['kuːbəlɪk] *Czech violinist; 1880—1940.*

Ku·bin, Alfred ['kuːbiːn; ku'biːn] *Austrian draftsman and illustrator; 1877—1959.*

Kub·lai-Khan ['kuːblaɪ'kaːn], **Ku·bi·lai-Khan** ['kuːbilaɪ'kaːn] Kublai (*od.* Kubla) Khan. *Founder of the Mongol dynasty in China; 1215—94.*

Ku·by, Erich ['kuːbi] *German writer and journalist; *1910.*

Kuhn, Richard Johann [kuːn] *Austro-German chemist; 1900—1967.*

Kulm·bach, Hans von ['kʊlmˌbax] (*originally* Hans Suess) *German painter; 1480?—1522.*

Kun, Béla [kuːn] *Hungarian communist; 1886—1939.*

Kün·ne·ke, Eduard ['kʏnəkə] *German composer of operettas; 1885—1953.*

Ky·ros (der Große *od.* der Ältere) ['kyːrɔs] Cyrus (the Great *od.* the Elder). *King of Persia; 600?—529 B.C.*

Ky·ros (der Jüngere) ['kyːrɔs] Cyrus (the Younger). *Persian prince and satrap; 423—401 B.C.*

L

La Bruy·ère, Jean de [labry'jɛːr] *French writer and moralist; 1645—96.*

Lach·mann, Karl ['laxˌman] *German philologist; 1793—1851.*

La Fa·yette, La·fa·yette, Marie Joseph Motier, Marquis de [lafa'jɛt] Marquis de Lafayette. *French general and statesman; 1757—1834.*

La Fon·taine, Jean de [lafõ'tɛːn] *French fabulist and poet; 1621—95.*

La·ger·löf, Selma ['laːgərˌlœf] *Swedish novelist; 1858—1940.*

La·grange, Joseph Louis de [la'grãːʃ] *French mathematician; 1736—1813.*

La·mar·tine, Alphonse de [lamar'tiːn] *French poet; 1790—1869.*

Lam·bert, Johann Heinrich ['lambɛrt] *German mathematician, physicist, and astronomer; 1728—77.*

La Motte-Fou·qué, Friedrich Baron de [lamɔtfu'keː] *German poet; 1777—1843.*

Land·gre·be, Erich ['lantˌgreːbə] *Austrian writer; *1908.*

Lang, Fritz [laŋ] *Austrian film director; *1890.*

Lang·behn, Julius ['laŋˌbeːn] *German writer and critic; 1851—1907.*

Lan·ge, Helene ['laŋə] *German feminist leader; 1848—1930.*

Lang·gäs·ser, Elisabeth ['laŋˌgɛsər] *German poet; 1899—1950.*

Lang·hans, Carl Gotthard ['laŋˌhans] *German architect; 1732—1808.*

Lan·ner, Joseph ['lanər] *Austrian composer of dances; 1801—43.*

Lao·tse [la'oːtsə] Lao-tzu, *auch* Lao-tse. *Chinese philosopher; 604?—?531 B.C.*

La·place, Pierre Simon Marquis de [la'plaːs] *French astronomer and mathematician; 1749—1827.*

La Roche·fou·cauld, François VI. Herzog von [larɔʃfu'koː] *French writer and moralist; 1613—80.*

Las Ca·sas, Bartolomé de [las 'kaːzas] *Spanish Dominican and historian; 1474—1566.*

Las·ker-Schü·ler, Else ['laskər'ʃyːlər] *German poet; 1869—1945.*

Las·salle, Ferdinand [la'sal] *German socialist; 1825—64.*

Las·so, Orlando di ['laso] Lassus Orlandus, *auch* Orlando di Lasso, Orlande de Lassus. *Dutch composer; 1532—94.*

Laue, Max von ['laʊə] *German physicist; 1879—1960.*

Lau·rens, Henri [lo'rãːs] *French cubist painter and sculptor; 1885—1954.*

La·va·ter, Johann Kaspar ['laːvaːtər] *Swiss philosopher and theologian; 1741—1801.*

Le Cor·bu·si·er [ləkɔrby'zĭeː] (*originally* Charles Édouard Jeanneret) *Swiss-French architect; 1887—1965.*

Le Fort, Gertrud Freiin von [lə'foːr] *German poet and novelist; 1876—1971.*

Le·hár, Franz ['leːhar; le'haːr] *Hungarian composer of operettas; 1870—1948.*

Leh·mann, Wilhelm ['leːˌman] *German narrative writer; 1882—1968.*

Lehm·bruck, Wilhelm ['leːmˌbrʊk] *German sculptor; 1881—1919.*

Leibl, Wilhelm ['laɪbəl] *German portrait and genre painter; 1844—1900.*

Leib·niz, Gottfried Wilhelm Freiherr von ['laɪbnɪts] Leibniz, *auch* Leibnitz. *German philosopher and mathematician; 1646—1716.*

Leip, Hans [laɪp] *German writer; *1893.*

Le·nau, Nikolaus ['le:naʊ] (*originally* Nikolaus Franz Niembsch) *Austrian poet; 1802—1850.*

Len·bach, Franz von ['le:nˌbax] *German portrait painter; 1836—1904.*

Le·nin, Wladimir Iljitsch ['le:ni:n] Nikolai (*od.* Vladimir Ilyich) Lenin. *Russian revolutionist and statesman; 1870—1924.*

Lenz, Jakob Michael Reinhold [lɛnts] *German poet; 1751—92.*

Lenz, Siegfried [lɛnts] *German writer; *1926.*

Leo ['le:o] *Name of 13 popes:* **Leo I.** (der Große) Leo I (the Great) (*390?—461*); **Leo III.,** der heilige St. Leo III (*750?—816*); **Leo XIII.** Leo XIII (*1810—1903*).

Leo·nar·do da Vin·ci [leo'nardo da 'vɪntʃi] *Italian painter, sculptor, architect, and engineer; 1452—1519.*

Le·on·ca·val·lo, Ruggiero [leɔŋka'valo] *Italian composer; 1858—1919.*

Le·on·hard, Wolfgang ['le:ɔnˌhart] *German writer; *1921.*

Leo·ni·das [le'o:nidas] *King of Sparta; ?—480 B.C.*

Leo·pold ['le:opɔlt] *Emperors of the Holy Roman Empire:* **Leopold I.** Leopold I (*1640—1705*); **Leopold II.** Leopold II (*1747—92*).

Leo·pold I. ['le:opɔlt] (*called* **der Alte Dessauer**) Leopold I. *Prince of Anhalt-Dessau; 1676—1747.*

Lep·si·us, Karl Richard ['lɛpsĭʊs] *German Egyptologist and philologist; 1810—84.*

Ler·net-Ho·le·nia, Alexander ['lɛrnɔtho-'le:nĭa] *Austrian writer; *1897.*

Lersch, Heinrich [lɛrʃ] *German proletarian poet and novelist; 1889—1936.*

Les·sing, Gotthold Ephraim ['lɛsɪŋ] *German critic and dramatist; 1729—81.*

Let·tow-Vor·beck, Paul von ['lɛto'fo:rˌbɛk] *German general, commander of the colonial forces in East Africa; 1870—1964.*

Le·win, Kurt ['le:vi:n; le'vi:n] *German psychologist; 1890—1947.*

Ley·den, Ernst Victor von ['laɪdən] *German physician; 1832—1910.*

Lie·ber·mann, Max ['li:bərˌman] *German painter; 1847—1935.*

Lie·big, Justus Freiherr von ['li:bɪç] *German chemist; 1803—73.*

Lieb·knecht, Karl ['li:pˌknɛçt] *German socialist politician; 1871—1919.*

Lieb·knecht, Wilhelm ['li:pˌknɛçt] *German socialist politician; 1826—1900.*

Li·li·en·cron, Detlev von ['li:lĭənˌkro:n] *German poet; 1844—1909.*

Li·li·en·thal, Otto ['li:lĭənˌta:l] *German aeronautical pioneer; 1848—96.*

Lin·cke, Paul ['lɪŋkə] *German composer of operettas; 1866—1946.*

Lin·né, Carl von [lɪ'ne:] Carolus Linnaeus. *Swedish naturalist and botanist; 1707—78.*

Liszt, Franz von [lɪst] *Hungarian composer and pianist; 1811—86.*

Litt·mann, Enno ['lɪtˌman] *German Oriental scholar; 1875—1958.*

Li·vi·us, Titus ['li:vĭʊs] Livy. *Roman historian; 59 B.C.—17 A.D.*

Loch·ner, Stephan ['lɔxnər] *German painter; 1410?—51.*

Loe·we, Karl ['lø:və] *German composer; 1796—1869.*

Lo·gau, Friedrich von ['lo:gaʊ] (*originally* Salomon von Golaw) *German poet; 1604—1655.*

Lon·gi·nus, Dionysius Cassius [lɔŋ'gi:nʊs] *Greek philosopher and critic; 213?—273.*

Löns, Hermann [lø:ns; lœns] *German writer; 1866—1914.*

Lo·renz, Konrad ['lo:rɛnts] *Austrian behavio(u)rist and animal psychologist; *1903.*

Lor·re, Peter ['lɔrə] *Austro-American film actor; 1904—64.*

Lort·zing, Albert ['lɔrtsɪŋ] *German composer of comic operas; 1801—51.*

Lo·schmidt, Joseph ['lo:ˌʃmɪt] *Austrian physicist; 1821—95.*

Lo·yo·la, Ignatius von [lo'jo:la] → **Ignatius von Loyola.**

Lu·bitsch, Ernst ['lu:bɪtʃ] *German-American film director; 1872—1947.*

Lüb·ke, Heinrich ['lʏpkə] *German politician, 2nd president of the BRD; 1894—1972.*

Lu·cas van Ley·den ['lu:kas fan 'laɪdən] (*originally* Lucas Huyghenz) *Dutch painter and engraver; 1489?—1533.*

Luck·ner, Felix Graf von ['lʊknər] *German naval officer; 1886—1966.*

Lu·cre·ti·us [lu'kre:tsĭʊs] → **Lukrez.**

Lu·cul·lus, Lucius Licinius [lu'kʊlʊs] *Roman general; 117?—57 B.C.*

Lu·den·dorff, Erich von ['lu:dənˌdɔrf] *German general and politician; 1865—1937.*

Lud·wig ['lu:tvɪç] *Kings of Bavaria:* **Ludwig I.** Louis I (*1786—1868*); **Ludwig II.** Louis II (*1845—86*); **Ludwig III.** Louis III (*1845—1921*).

Lud·wig ['lu:tvɪç] *Kings of France:* **Ludwig V.** (der Faule) Louis V (Le Fainéant) (*966?—987*); **Ludwig VI.** (der Dicke) Louis VI (Le Gros) (*1081—1137*); **Ludwig IX.** (der Heilige) Louis IX (Saint) (*1214—70*); **Ludwig XIV.** (der Sonnenkönig) Louis XIV (Le Roi Soleil) (*1638—1715*); **Ludwig XV.** Louis XV (*1710—74*); **Ludwig XVI.** Louis XVI (*1754—93*); **Ludwig Philipp I.** (der Bürgerkönig) Louis Philippe I (Roi Citoyen) (*king of the French; 1773—1850*).

Lud·wig ['lu:tvɪç] *Kings of the East Franks:* **Ludwig II.** (der Deutsche) Louis II (the German) (*804—876*); **Ludwig III.** (der Jüngere) Louis III (the Younger) (*830?—882*); **Ludwig IV.** (das Kind) Louis IV (the Child) (*893—911*).

Lud·wig ['lu:tvɪç] *Emperors of the Holy Roman Empire:* **Ludwig I.** (der Fromme) Louis I (Le Pieux *and* Le Débonnaire) (*778—840*); **Ludwig II.** Louis II (*825—875*); **Ludwig III.** (der Blinde) Louis III (the Blind) (*880?—928*); **Ludwig IV.** (der Bayer) Louis IV (the Bavarian) (*1287?—1347*).

Lud·wig, Christa ['lu:tvɪç] *German mezzo-soprano; *1924.*

Lui·se ['lŭi:zə] (*full name* Auguste Wilhelmine Amalie Luise) Louise. *Queen of Prussia; 1776—1810.*

Lu·kan (Marcus Annaeus Lucanus) [lu'ka:n] Lucan. *Roman poet and prose writer; 39—65.*

Lu·ki·an [lu'kĭa:n] Lucian. *Greek satirist; 120?—?180.*

Lu·krez (Titus Lucretius Carus) [lu'kre:ts] Lucretius. *Roman philosophical poet; 96?—55 B.C.*

Lu·ther, Martin ['lʊtər] *German Reformation leader and translator of the Bible; 1483—1546.*

Lüt·zow, Ludwig Adolf Freiherr von ['lʏtso] *Prussian general; 1782—1834.*

Lu·xem·burg, Rosa ['lʊksəmˌbʊrk] *German socialist politician; 1870—1919.*

Ly·kurg [ly'kʊrk] Lycurgus. *Spartan legislator; about 9th century B.C.*

Ly·nen, Feodor ['ly:nən] *German biochemist; *1911.*

Ly·san·der [ly'zandər] *Spartan commander; ?—395 B.C.*

M

Mach, Ernst [max] *Austrian physicist; 1838—1916.*

Ma·chia·vel·li, Niccolò [makĭa'vɛli] *Italian statesman, political philosopher, and writer; 1469—1527.*

Macke, August (*getr.* -k·k-) ['makə] *German painter; 1887—1914.*

Ma·da·ria·ga y Ro·jo, Salvador de [mada-'rĭa:ga i 'rɔxo] *Spanish writer and diplomat; *1886.*

Mae·ce·nas, Gajus Cilnius [mɛ'tse:nas] *Roman statesman and patron of literature; 70?—8 B.C.*

Ma·gel·lan, Ferdinand [magɛ'la:n] *Portuguese navigator; 1480?—1521.*

Mah·ler, Gustav ['ma:lər] *Austrian composer and conductor; 1860—1911.*

Ma·kart, Hans ['makart] *Austrian painter; 1840—84.*

Mal·herbe, François de [ma'lɛrp] *French poet; 1555—1628.*

Mal·lar·mé, Stéphane [malar'me:] *French poet; 1842—98.*

Mal·raux, André [mal'ro:] *French writer and politician; *1901.*

Ma·net, Édouard [ma'ne:] *French painter; 1832—83.*

Mann, Erika [man] *German writer; 1905—1969.*

Mann, Golo (Gottfried) [man] *German historian; *1909.*

Mann, Heinrich [man] *German writer; 1871—1950.*

Mann, Thomas [man] *German writer; 1875—1955.*

Man·te·gna, Andrea [man'tɛnja] *Italian painter; 1431?—1506.*

Man·zo·ni, Alessandro [man'tso:ni] *Italian poet; 1785—1873.*

Mao Tse-tung [maʊtse'tʊŋ] *Chinese politician, chairman of the People's Republic of China; *1893.*

Ma·rat, Jean Paul [ma'ra] *French revolutionary leader; 1743—93.*

Marc, Franz [mark] *German expressionist painter and graphic artist; 1880—1916.*

Mar·ceau, Marcel [mar'so:] *French pantomimist; *1923.*

Mar·cel, Gabriel [mar'sɛl] *French philosopher and dramatist; 1889—1973.*

Mar·cel·lus, Marcus Claudius [mar'tsɛlʊs] *Roman general and consul; 268?—208 B.C.*

Marcks, Erich [marks] *German historian; 1861—1938.*

Mar·co·ni, Guglielmo Marchese [mar-'ko:ni] *Italian electrical engineer, developed a system of wireless telegraphy; 1874—1937.*

Mar·co Po·lo ['marko 'po:lo] → **Polo, Marco.**

Mar·cu·se, Herbert [mar'ku:zə] *German-American philosopher; *1898.*

Mar·cu·se, Ludwig [mar'ku:zə] *German-American literary historian and philosopher; 1894—1971.*

Ma·rées, Hans von [ma're:] *German painter; 1837—87.*

Mar·ga·re·te Maul·tasch [marga're:tə 'maʊlˌtaʃ] Margaret Maultasch. *Countess of Tyrol; 1318—69.*

Mar·ga·re·te von Na·var·ra [marga're:tə fɔn na'vara] Margaret of Navarre. *Queen of Navarre; 1492—1549.*

Mar·ga·re·te von Öster·reich [marga're:tə fɔn 'ø:stəraɪç] Margaret of Austria. *Regent of the Netherlands; 1480—1530.*

Mar·ga·re·te von Va·lois [marga're:tə fɔn va'lŏa] Margaret of Valois. *Queen of France; 1553—1615.*

Mar·ga·re·the II. [marga're:tə] *Queen of Denmark; *1940.*

Ma·ria The·re·sia [ma'ri:a te're:zĭa] Maria Theresa. *Archduchess of Austria and Queen of Hungary and Bohemia, wife of the emperor Francis I; 1717—80.*

Ma·rie An·toi·nette [ma'ri: ãtŏa'nɛt] *Queen of France, wife of Louis XVI; 1755—93.*

Ma·rie Loui·se [ma'ri: 'lŭi:zə] *Empress of the French, second wife of Napoleon I; 1791—1847.*

Ma·ri·na·tos, Spyridon [mari'na:tɔs] *Greek arch(a)eologist; 1901—74.*

Ma·ri·us, Gajus ['ma:rĭʊs] *Roman general; 155?—86 B.C.*

Ma·ri·vaux, Pierre Carlet de Chamblain de [mari'vo:] *French dramatist and novelist; 1688—1763.*

Mark An·ton ['mark an'to:n] → **Antonius, Marcus.**

Mark Au·rel ['mark aʊ're:l] Marcus Aurelius Antoninus. *Roman emperor and philosopher; 121—180.*

Mar·tell, Karl [mar'tɛl] → **Karl Martell.**

Mar·tin (von Tours), der heilige ['marti:n (fɔn 'tu:r)] St. Martin (of Tours). *Bishop of Tours and missionary in Gaul; 317?—397.*

Marx, Karl [marks] *German economist, philosopher, and socialist; 1818—83.*

Mas·ca·gni, Pietro [mas'kanji] *Italian composer; 1863—1945.*

Mas·se·net, Jules [masə'ne:] *French composer; 1842—1912.*

Ma·tisse, Henri [ma'tɪs] *French painter; 1869—1954.*

Mau·pas·sant, Guy de [mopa'sã:] *French novelist and short-story writer; 1850—93.*

Mau·ri·ac, François [mo'rĭak] *French novelist, dramatist, and essayist; 1885—1970.*

Mau·rois, André [mo'rŏa] (*pseudonym of* Émile Herzog) *French novelist, biographer, and historian; 1885—1967.*

Ma·xi·mi·li·an [maksi'mi:lĭa:n] *Emperors of the Holy Roman Empire:* **Maximilian I.** Maximilian I (*1459—1519*); **Maximilian II.** Maximilian II (*1527—76*).

Ma·xi·mi·li·an [maksi'mi:lĭa:n] *Electors of Bavaria:* **Maximilian I.** Maximilian I (*called* Maximilian the Great) (*1573—1651*); **Maximilian II. Emanuel** Maximilian II Emanuel (*1662—1726*); **Maximilian III. Joseph** Maximilian III Joseph (*1727—77*).

Ma·xi·mi·li·an [maksi'mi:lĭa:n] *Archduke of Austria, emperor of Mexico; 1832—67.*

May, Karl [maɪ] *German author of adventure and travel stories; 1842—1912.*
Ma·za·rin, Jules [maza'rɛ̃:] *French cardinal and statesman; 1602—61.*
Me·chow, Karl Benno von ['mɛço] *German novelist; 1897—1960.*
Me·di·ci ['me:ditʃi] *Italian family which ruled in Florence and Tuscany in the 15th and 16th century.*
Mei·necke, Friedrich (*getr.* -k·k-) ['maɪnəkə] *German historian; 1862—1954.*
Mein·rad, Josef ['maɪnra:t] *Austrian actor; *1913.*
Me·ir, Golda [me'i:r] *Israeli politician; *1898.*
Meit·ner, Lise ['maɪtnər] *Austrian physicist; 1878—1968.*
Me·lan·chthon, Philipp [me'lançtɔn] (*originally* Philipp Schwarzerd) *German scholar and Protestant reformer; 1497—1560.*
Me·nan·der [me'nandər] *Athenian comic dramatist; 342?—?291 B.C.*
Men·del, Gregor Johann ['mɛndəl] *Austrian biologist; 1822—84.*
Men·dels·sohn-Bar·thol·dy, Felix ['mɛndəlsˌzo:nbar'tɔldi] *German composer; 1809—1847.*
Men·do·za, Diego Hurtado de [mɛn'dɔsa] *Spanish poet, novelist, historian, and politician; 1503—75.*
Me·nes ['me:nɛs] *1st king of Egypt, founder of the 1st dynasty; about 2900 B.C.*
Meng·tse ['mɛŋtsə] *Chinese philosopher; 372—289 B.C.*
Me·not·ti, Gian-Carlo [me'nɔti] *Italian composer; *1911.*
Men·zel, Adolph von ['mɛntsəl] *German painter; 1815—1905.*
Mer·ca·tor, Gerhard [mɛr'ka:tɔr] (*originally* Gerhard Kremer) Gerhardus Mercator. *Flemish geographer; 1512—94.*
Me·ri·an, Matthäus (der Ältere) ['me:rian] Matthäus Merian (the Elder). *Swiss engraver; 1593—1650.*
Mé·ri·mée, Prosper [meri'me:] *French novelist and historian; 1803—70.*
Mes·sa·li·na, Valeria [mɛsa'li:na] *Roman empress, 3rd wife of the emperor Claudius; 25?—48.*
Mes·ser·schmitt, Willy ['mɛsərˌʃmɪt] *German aircraft designer; *1898.*
Me·tschni·kow, Ilja ['mɛtʃnikɔf] Élie Metchnikoff. *Russian zoologist and bacteriologist; 1845—1916.*
Met·ter·nich, Josef ['mɛtərnɪç] *German baritone; *1915.*
Met·ter·nich, Klemens Wenzel Nepomuk Lothar Fürst von ['mɛtərnɪç] *Austrian statesman; 1773—1859.*
Mey·er, Conrad Ferdinand ['maɪər] *Swiss poet and novelist; 1825—98.*
Mey·er·beer, Giacomo ['maɪərˌbe:r] (*originally* Jakob Liebmann Meyer Beer) *German composer; 1791—1864.*
Mi·chel·an·ge·lo (Buo·nar·ro·ti) [mike'landʒelo (bŭona'rɔ:ti)] *Italian sculptor, painter, architect, and poet; 1475—1564.*
Mic·kie·wicz, Adam [mɪts'kĭe:vɪtʃ] *Polish poet; 1798—1855.*
Mies van der Ro·he, Ludwig ['mi:s fan der 'ro:ə] *German-American architect; 1886—1969.*
Mil·haud, Darius [mi'jo:r] *French composer; 1892—1974.*
Mil·let, Jean François [mi'lɛ:; mi'jɛ:] *Flemish painter; 1814—75.*
Mil·löcker, Karl (*getr.* -k·k-) ['mɪlœkər] *Austrian composer of operettas; 1842—99.*
Mil·tia·des [mɪl'ti:adɛs] *Athenian general; 540?—?489 B.C.*
Mind·szen·ty, József ['mɪntsɛnti] *Hungarian cardinal; 1892—1975.*
Mi·ra·beau, Honoré Gabriel Riqueti, Graf von [mira'bo:] *French statesman; 1749—91.*
Mi·ró, Joan [mi'ro:] *Spanish surrealist painter; *1893.*
Mis·tral, Frédéric [mɪs'tral] *Provençal poet; 1830—1914.*
Mi·thri·da·tes VI., Eupator (der Große) [mitri'da:tɛs] Mithridates VI (Eupator) (the Great). *King of Pontus; 132?—63 B.C.*
Mit·scher·lich, Alexander ['mɪtʃərlɪç] *German physician and psychologist; *1908.*
Mo·ham·mad Re·sa Pah·la·wi [mo'hamat 're:za 'paxlavi] Mohammed Riza Pahlavi (*od.* Pahlevi). *Shah of Iran; *1919.*
Mo·ham·med ['mo:hamɛt] Muhammad, *auch* Mohammed, Mahomet. *Arab prophet, founder of Islam; 570?—632.*
Mois·si, Alexander ['mɔʏsi] *Austrian actor; 1880—1935.*
Mo·lière, Jean-Baptiste Poquelin [mo'lĭɛ:r] *French dramatist and actor; 1622—73.*
Mol·nár, Franz (Ferenc) ['mɔlna:r] *Hungarian writer; 1878—1952.*
Mo·lo·tow, Wjatscheslaw Michailowitsch ['mo:lotɔf] Vyacheslav Mikhailovich Molotov. *Russian politician; *1890.*
Molt·ke, Helmuth Graf von ['mɔltkə] *Prussian field marshal; 1800—1891.*
Mom·bert, Alfred ['mɔmbɛrt] *German poet; 1872—1942.*
Momm·sen, Theodor ['mɔmzən] *German historian; 1817—1903.*
Mo·na·co, Mario del ['mo:nako] *Italian tenor; *1915.*
Mo·net, Claude [mo'ne:] *French painter; 1840—1926.*
Mon·tai·gne, Michel Eyquem de [mõ'tɛnjə] *French essayist and philosopher; 1533—92.*
Mon·tes·qui·eu, Charles de Secondat, Baron de La Brède et de [mõtɛs'kĭø:] *French writer and political philosopher; 1689—1755.*
Mon·te·ver·di, Claudio [mɔnte'vɛrdi] *Italian composer; 1567—1643.*
Mon·tez, Lola ['mɔntɛs] *British dancer, mistress of Louis I of Bavaria; 1818—61.*
Mon·te·zu·ma II. [mɔnte'su:ma] Montezuma II. *Last Aztec emperor of Mexico; 1466?—1520.*
Mo·ra·via, Alberto [mo'ra:vĭa] (*originally* Alberto Pincherle) *Italian writer; *1907.*
Mor·gen·stern, Christian ['mɔrgənˌʃtɛrn] *German poet; 1871—1914.*
Mö·ri·ke, Eduard ['mø:rɪkə] *German poet; 1804—75.*
Mo·ritz, Karl Philipp ['mo:rɪts] *German writer; 1756—93.*
Mo·ritz von Sach·sen ['mo:rɪts fɔn 'zaksən] Maurice. *Elector and duke of Saxony; 1521—53.*
Mo·ser, Hans ['mo:zər] *Austrian actor; 1896—1964.*
Möss·bau·er, Rudolf Ludwig ['mœsˌbaʊər] *German physicist; *1929.*
Mosz·kow·ski, Moritz [mɔʃ'kɔfski] *Polish pianist and composer; 1854—1925.*
Mottl, Felix ['mɔtəl] *Austrian conductor; 1856—1911.*
Mo·zart, Wolfgang Amadeus ['mo:tsart] *Austrian composer; 1756—91.*
Muel·ler, Otto ['mʏlər] *German expressionist painter and lithographer; 1874—1930.*
Münch·hau·sen, Börries Freiherr von ['mʏnçˌhaʊzən] (*pseudonym* H. Albrecht) *German poet; 1874—1945.*
Münch·hau·sen, Karl Friedrich Hieronymus Freiherr von ['mʏnçˌhaʊzən] Munchausen. *German cavalry officer and reputed exaggerator; 1720—97.*
Mun·ká·csy, Mihály von ['muŋkatʃi] (*originally* Michael Lieb) *Hungarian painter; 1844—1900.*
Mün·ter, Gabriele ['mʏntər] *German painter; 1877—1962.*
Mün·zer, Thomas ['mʏntsər] *German religious enthusiast; 1489?—1525.*
Mu·ril·lo, Bartolomé Esteban [mu'rɪljo] *Spanish painter; 1617—82.*
Mu·sil, Robert ['mu:zɪl] *Austrian novelist; 1880—1942.*
Mus·set, Alfred de [my'se:] *French poet and playwright; 1810—57.*
Mus·so·li·ni, Benito [muso'li:ni] *Italian Fascist premier and dictator; 1883—1945.*
Mus·sorg·ski, Modest Petrowitsch [mu'sɔrkski; 'mʊ-] Modest Petrovich Musorgski (*od.* Moussorgsky). *Russian composer; 1839—81.*
Mu·sta·fa Ke·mal Pa·scha ['mustafa 'ke:mal 'paʃa] → Kemal Atatürk.
My·ron aus Eleu·the·rai ['my:rɔn aʊs e'lɔʏteraɪ] Myron of Eleutherae. *Greek sculptor of the 5th century B.C.*

N

Na·bo·kov, Vladimir [na'bo:kɔf; 'na:bokɔf] *Russian-American writer; *1899.*
Nach·ti·gal, Gustav ['naxtɪgal] *German travel(l)er in Africa; 1834—85.*
Nan·sen, Fridtjof ['nanzən] *Norwegian arctic explorer; 1861—1930.*
Na·po·le·on I., Na·po·le·on Bo·na·par·te [na'po:leɔn, - bona'partə] Napoleon I. *Emperor of the French; 1769—1821.*
Na·po·le·on II. [na'po:leɔn] → Reichstadt, Napoléon Herzog von.
Na·po·le·on III. [na'po:leɔn] Napoleon III (Louis Napoleon). *Emperor of the French; 1808—73.*
Nas·ser, Gamal Abd el ['nasər] *Egyptian politician, president of the Arab Republic of Egypt and the United Arab Republic; 1918—70.*
Na·torp, Paul ['na:tɔrp] *German philosopher; 1854—1924.*
Nau·mann, Friedrich ['naʊˌman] *German politician and Protestant theologian; 1860—1919.*
Ne·bel, Rudolf ['ne:bəl] *German rocket pioneer; *1894.*
Ne·bu·kad·ne·zar II. [nebukat'ne:tsar] Nebuchadnezzar II, *auch* Nebuchadrezzar II. *King of Babylonia; 604?—562 B.C.*
Neh·ru, Jawaharlal ['ne:ru] (*called* Pandit Nehru) *Indian politician, prime minister of India; 1889—1964.*
Neis·ser, Albert ['naɪsər] *German physician; 1855—1916.*
Né·meth, László ['ne:mɛt] *Hungarian writer; *1901.*
Ne·po·muk, Johannes von, der heilige ['ne:pomʊk] St. John of Nepomuk. *Patron saint of Bohemia; 1340—93.*
Ne·pos, Cornelius ['ne:pɔs] *Roman historian; 99?—?24 B.C.*
Nernst, Walther Hermann [nɛrnst] *German physicist and chemist; 1864—1941.*
Ne·ro, Claudius Caesar Drusus Germanicus ['ne:ro] *Roman emperor; 37—68.*
Ne·stroy, Johann Nepomuk ['nɛstrɔʏ] *Austrian playwright; 1801—62.*
Neu·ber, Friederike Caroline ['nɔʏbər] *German actress; 1697—1760.*
Neu·mann, Alfred ['nɔʏˌman] *German writer; 1895—1952.*
Neu·mann, Johann Balthasar ['nɔʏˌman] *German architect; 1687—1753.*
Neu·mann, Robert ['nɔʏˌman] *Austrian writer; 1897—1975.*
Ney, Elly [naɪ] *German pianist; 1882—1968.*
Ni·co·lai, Christoph Friedrich [niko'laɪ; 'nɪkolaɪ] *German writer and bookseller; 1733—1811.*
Ni·co·lai, Otto [niko'laɪ; 'nɪkolaɪ] *German composer and conductor; 1810—49.*
Nie·buhr, Barthold Georg ['ni:bu:r] *German historian and diplomat; 1776—1831.*
Nie·hans, Paul ['ni:ˌhans] *Swiss physician; 1882—1971.*
Niel·sen, Asta ['ni:lzən] *Danish film actress; 1881—1972.*
Niel·sen, Carl August ['ni:lzən] *Danish composer; 1865—1931.*
Nie·möl·ler, Martin ['ni:ˌmœlər] *German Protestant theologian; *1892.*
Nietz·sche, Friedrich Wilhelm ['ni:tʃə; 'ni:tsʃə] *German philosopher; 1844—1900.*
Ni·jin·ski, Waslaw [ni'ʒɪnski] (*originally* Wazlaw Fomitsch Nischinski) Waslaw (*auch* Vaslav) Nijinsky. *Russian ballet dancer and choreographer; 1890—1950.*
Ni·kisch, Arthur ['nɪkɪʃ] *Hungarian-German composer and conductor; 1855—1922.*
Ni·ko·laus ['ni:kolaʊs; 'nɪ-] *Emperors of Russia:* Nikolaus I. Nicholas I (*1796—1855*); Nikolaus II. Nicholas II (*1868—1918*).
Ni·ko·laus ['ni:kolaʊs; 'nɪ-] Nicholas (*name of 5 popes*).
Ni·ko·laus, der heilige ['ni:kolaʊs; 'nɪ-] St. Nicholas. *Bishop of Myra, Asia Minor, and patron saint of children; ?—?350.*
Ni·ko·laus von Kues ['ni:kolaʊs fɔn 'ku:s; 'nɪ-] Nicholas of Cusa. *German philosopher and theologian; 1401—64.*
No·bel, Alfred Bernhard [no'bɛl] *Swedish chemist and engineer; 1833—96.*
Nol·de, Emil ['nɔldə] (*originally* Emil Hansen) *German expressionist painter; 1867—1956.*
No·stra·da·mus [nɔstra'da:mʊs] (*originally* Michel de No[s]tredame) *French astrologer and physician; 1503—66.*
No·va·lis [no'va:lɪs] (*originally* Friedrich Leopold Freiherr von Hardenberg) *German lyric poet; 1772—1801.*
Nur·mi, Paavo ['nurmi] *Finnish athlete; 1897—1973.*

O

Oberth, Hermann ['o:bɛrt] *German rocketeer; *1894.*
Odoa·ker [odo'a:kər] Odoacer. *First barbarian ruler of Italy; 433—493.*
Oeh·len·schlä·ger, Adam Gottlob ['ø:lən-ˌʃlɛ:gər] *Danish poet and dramatist; 1779—1850.*
Oe·ster·gaard, Heinz ['ø:stərˌga:rt] *German couturier; *1916.*
Oet·ker ['œtkər] *German industrialists.*
Of·fen·bach, Jacques (Jacob) ['ɔfənˌbax] *German-French composer; 1819—80.*
Ohm, Georg Simon [o:m] *German physicist; 1789—1854.*
Oi·strach, ['ɔʏstrax] *Russian violinists:* David *(1908—74) and his son* Igor *(*1931).*
Oken, Lorenz ['o:kən] *(originally* Lorenz Ockenfuß) *German naturalist and philosopher; 1779—1851.*
Ok·ta·via [ɔk'ta:vĭa] Octavia. *Sister of the emperor Augustus and wife of Mark Antony; ?—11 B.C.*
Ok·ta·vi·an [ɔkta'vĭa:n], **Ok·ta·via·nus** [ɔkta'vĭa:nʊs] → Augustus.
Olaf V. ['o:laf] Olav V. *King of Norway; *1903.*
Ol·bers, Wilhelm ['ɔlbərs] *German physician and astronomer; 1758—1840.*
Ol·brich, Joseph Maria ['ɔlbrɪç] *Austrian architect; 1867—1908.*
Ol·dach, Julius ['ɔldax] *German painter; 1804—30.*
Oost [o:st] *Dutch painters:* Jacob van (der Ältere) Jacob van (the Elder) *(1601—71) and his son* Jacob van (der Jüngere) Jacob van (the Younger) *(1639—1713).*
Opel ['o:pəl] *German industrialists, manufacturers of automobiles.*
Opitz, Martin ['o:pɪts] *German poet; 1597—1639.*
Orff, Carl [ɔrf] *German composer; *1895.*
Ori·ge·nes [o'ri:genɛs] Origen. *Greek father of the church; 185?—253/54.*
Or·lik, Emil ['ɔrlɪk] *German painter and graphic artist; 1870—1932.*
Or·te·ga y Gas·set, José [ɔr'te:ga i ga'sɛt] *Spanish philosopher and writer; 1883—1955.*
Osi·an·der, Andreas [o'zĭandər] *(originally* Andreas Hosemann) *German Protestant theologian; 1498—1552.*
Os·man I. ['ɔsman; ɔs'ma:n] Osman, Othman. *Founder of the Ottoman Empire; 1259—1326.*
Os·si·etz·ki, Carl von [ɔ'sĭɛtski] *German journalist and pacifist; 1889—1938.*
Osta·de, Adriaen van [ɔs'ta:də] *Dutch painter; 1610—85.*
Ostrow·ski, Alexandr Nikolajewitsch [ɔs'trɔfski] Aleksandr Nikolaevich Ostrovsky. *Russian dramatist; 1823—86.*
Ost·wald, Wilhelm ['ɔstˌvalt] *German chemist, physicist, and philosopher; 1853—1932.*
Os·wald von Wol·ken·stein ['ɔsˌvalt fɔn 'vɔlkənˌʃtaɪn] *Austrian lyric poet of the Late Middle Ages; 1377?—1445.*
Ot·to ['ɔto] *Emperors of the Holy Roman Empire and kings of Germany:* Otto I. (der Große) Otto I (the Great) *(912—973);* Otto II. Otto II *(955—983);* Otto III. Otto III *(980—1002);* Otto IV. von Braunschweig Otto IV *(1175?—1218).*
Ot·to, Nikolaus August ['ɔto] *German engineer and inventor of the Otto engine; 1832—1891.*
Ot·to von Bam·berg, der heilige ['ɔto fɔn 'bamˌbɛrk] *(called* Apostel der Pommern) St. Otto of Bamberg. *German bishop and missionary to Pommern; 1060?—1139.*
Ot·to von Frei·sing ['ɔto fɔn 'fraɪzɪŋ] Otto of Freising. *German bishop and historian; 1111?—58.*
Ot·to von Habs·burg ['ɔto fɔn 'ha:psˌbʊrk] *Ex-crown prince of Austria-Hungary; *1912.*
Ot·to-Pe·ters, Luise ['ɔto'pe:tərs] *(pseudonym* Otto Stern) *German writer, journalist, and feminist leader; 1819—95.*
Over·beck, Johann Friedrich ['o:vərˌbɛk] *German painter; 1789—1869.*
Ovid (Publius Ovidius Naso) [o'vi:t] *Roman poet; 43 B.C.—?17 A.D.*
Oxen·stier·na, Axel Gustafsson Graf ['ɔksənˌstĭɛrna] *Swedish statesman; 1583—1654.*

P

Pa·cher, Michael ['paxər] *German painter and wood-carver; 1435?—98.*
Pa·de·rew·ski, Ignacy Jan [pade'rɛfski] *Polish pianist, composer, and politician; 1860—1941.*
Pa·ga·ni·ni, Niccolò [paga'ni:ni] *Italian violin virtuoso and composer; 1782—1840.*
Pa·gnol, Marcel [pan'jɔl] *French playwright; *1895.*
Pa·le·stri·na, Giovanni Pierluigi da [palɛs'tri:na] *Italian composer; 1525?—94.*
Pal·la·dio, Andrea [pa'la:dĭo] *Italian architect; 1508—80.*
Pal·len·berg, Max ['palənˌbɛrk] *Austrian comedian; 1877—1934.*
Pal·me, Olof ['palmə] *Swedish politician; *1927.*
Pal·mer, Lilli ['palmər] *(originally* Lilli Peiser) *German stage and film actress; *1914.*
Palm·gren, Selim ['palmˌgre:n] *Finnish pianist and composer; 1878—1951.*
Pa·luc·ca, Gret [pa'lʊka] *German dancer; *1902.*
Pan·dit Neh·ru ['pandɪt 'ne:ru] → Nehru, Jawaharlal.
Pa·pen, Franz von ['pa:pən] *German politician and diplomat; 1879—1969.*
Pa·ra·cel·sus, Philippus Aureolus Theophrastus [para'tsɛlzʊs] *(originally* Theophrastus Bombastus von Hohenheim) *German physician and naturalist; 1493—1541.*
Par·ler, Peter ['parlər] *German architect and sculptor; 1330—99.*
Pas·cal, Blaise [pas'kal] *French mathematician, physicist, and philosopher; 1623—62.*
Pa·schen, Friedrich ['paʃən] *German physicist; 1865—1947.*
Pa·ster·nak, Boris Leonidowitsch [pastɛr'nak] Boris Leonidovich Pasternak. *Russian poet and writer; 1890—1960.*
Pa·steur, Louis [pas'tø:r] *French chemist and bacteriologist; 1822—95.*
Pat·zak, Julius ['patsak] *Austrian tenor; 1898—1974.*
Pau·er, Max von ['paʊər] *German pianist; 1866—1945.*
Paul I. [paʊl] Paul I. *King of Greece; 1901—1964.*
Paul I. (Pawel I. Petrowitsch) [paʊl] Paul I (Pavel I Petrovich). *Czar of Russia; 1754—1801.*
Paul [paʊl] *Name of 6 popes:* Paul VI. (Giovanni Battista Montini) Paul VI; **1897.*
Pau·li, Wolfgang ['paʊli] *Austrian physicist; 1900—1958.*
Paum·gart·ner, Bernhard ['paʊmˌgartnər] *Austrian conductor, composer, and musicologist; 1887—1971.*
Pau·sa·ni·as [paʊ'za:nĭas] *Greek travel(l)er and geographer; 2nd century A.D.*
Pa·ve·se, Cesare [pa've:ze] *Italian writer; 1908—50.*
Paw·low, Iwan Petrowitsch ['pavlɔf] Ivan Petrovich Pavlov. *Russian physiologist; 1849—1936.*
Paw·lo·wa, Anna ['pavlova] Anna Pavlova. *Russian ballet dancer; 1882—1931.*
Pay·er, Julius Ritter von ['paɪər] *Austrian arctic explorer; 1842—1915.*
Pech·stein, Max ['pɛçˌʃtaɪn] *German expressionist painter and graphic artist; 1881—1955.*
Pel·le·gri·ni, Alfred Heinrich [pɛle'gri:ni] *Swiss painter; 1881—1958.*
Penck, Albrecht [pɛŋk] *German geographer; 1858—1945.*
Pen·zoldt, Ernst ['pɛntsɔlt] *German writer and sculptor; 1892—1955.*
Pé·rez de Aya·la, Ramón ['pe:rɛs de a'ja:la] *Spanish writer and diplomat; 1881—1962.*
Pé·rez Gal·dós, Benito ['pe:rɛs gal'dɔs] *Spanish writer; 1843—1920.*
Pe·ri·kles ['pe:riklɛs] Pericles. *Athenian statesman; 500?—429 B.C.*
Per·mo·ser, Balthasar ['pɛrˌmo:zər] *German sculptor; 1651—1732.*
Pe·rón, Juan Domingo [pe'rɔn] *Argentine general and politician; 1895—1974.*
Per·rault, Charles [pɛ'ro:] *French writer; 1628—1703.*
Pe·ru·gi·no [peru'dʒi:no] *(originally* Pietro Vannucci) *Italian painter; 1448?—1523.*
Pes·ca·ra, Fernando Francesco d'Ávalos, Marchese di [pɛs'ka:ra] *Italian general in the service of the emperor Charles V; 1490—1525.*
Pe·sta·loz·zi, Johann Heinrich [pɛsta'lɔtsi] *Swiss educational reformer; 1746—1827.*
Pé·tain, Philippe [pe'tɛ̃:] *French marshal and politician; 1856—1951.*
Pe·tel, Georg ['pe:təl] *German sculptor; 1601?—34.*
Pe·ter ['pe:tər] *Czars of Russia:* Peter I. (der Große) Peter I (the Great) *(1672—1725);* Peter II. Peter II *(1715—30);* Peter III. Peter III *(as* Karl Peter Ulrich *duke of Holstein-Gottorp; 1728—62).*
Pe·te·rich, Eckart ['pe:tərɪç] *German writer; 1900—1968.*
Pe·ter·mann, August ['pe:tərˌman] *German geographer and cartographer; 1822—78.*
Pe·tő·fi, Sándor ['pɛtøfi] *Hungarian lyric poet and national hero; 1823—49.*
Pe·trar·ca, Francesco [pe'trarka] Francesco Petrarch. *Italian poet and humanist; 1304—1374.*
Pe·tro·ni·us Ar·bi·ter, Gajus [pe'tro:nĭʊs 'arbitər] *Roman satirist; ?—66.*
Pet·ten·ko·fer, Max von ['pɛtənˌko:fər] *German hygienist; 1818—1901.*
Pet·zold, Alfons ['pɛtsɔlt] *Austrian proletarian poet; 1882—1923.*
Peyre·fitte, Roger Pierre [pɛr'fɪt] *French writer; *1907.*
Pfeif·fer, Richard ['pfaɪfər] *German bacteriologist; 1858—1945.*
Pfitz·ner, Hans ['pfɪtsnər] *German composer; 1869—1949.*
Pforr, Franz [pfɔr] *German painter; 1788—1812.*
Phä·drus ['fɛ:drʊs] Phaedrus. *Roman fabulist; ?—?50.*
Phi·di·as ['fi:dĭas] *Greek sculptor; 5th century B.C.*
Phi·le·mon [fi'le:mɔn] *Greek poet of the New Attic Comedy; 365/60—?264 B.C.*
Phil·ipp von Schwa·ben ['fi:lɪp fɔn 'ʃva:bən] Philip. *Duke of Swabia and king of Germany; 1178?—1208.*
Phil·ipp ['fi:lɪp] *Dukes of Burgundy:* Philipp II. (der Kühne) Philip II (the Bold) *(1342—1404);* Philipp III. (der Gute) Philip III (the Good) *(1396—1467).*
Phil·ipp ['fi:lɪp] *Kings of France:* Philipp I. Philip I *(1052—1108);* Philipp II. August Philip II Augustus *(1165—1223);* Philipp III. (der Kühne) Philip III (the Bold) *(1245—85);* Philipp IV. (der Schöne) Philip IV (the Fair) *(1268—1314);* Philipp V. (der Lange) Philip V (the Tall) *(1293—1322);* Philipp VI. von Valois Philip VI of Valois *(1293—1350).*
Phil·ipp I. (der Schöne) ['fi:lɪp] Philip I (the Handsome). *King of Castile (od. Spain); 1478—1506.*
Phil·ipp II. ['fi:lɪp] Philip II. *King of Macedon; 382?—336 B.C.*
Phil·ipp ['fi:lɪp] *Kings of Spain:* Philipp I. → Philipp I. (der Schöne); Philipp II. Philip II *(king of Portugal; 1527—98);* Philipp III. Philip III *(1578—1621);* Philipp IV. Philip IV *(1605—65);* Philipp V. Philip V *(Duke of Anjou; 1683—1746).*
Phi·lon von Alex·an·dria ['fi:lɔn fɔn alɛ'ksandria] Philo (Judaeus), *auch* Philo of Alexandria. *Hellenistic Jewish philosopher; 13 B.C.—45/50 A.D.*
Pi·cas·so, Pablo [pi'kaso] *(originally* Pablo Ruiz y Picasso) *Spanish painter, sculptor, and graphic artist; 1881—1973.*
Pic·card [pɪ'ka:r]: Auguste *(Swiss physicist; 1884—1962) and his son* Jacques *(Swiss oceanographer; *1922).*
Pic·co·lo·mi·ni, Ottavio, Herzog von Amalfi [pɪko'lo:mini] Octavio Piccolomini, Duke of Amalfi. *General in the Thirty Years' War, in the imperial and later in the Spanish service; 1599—1656.*
Pich·ler, Karoline ['pɪçlər] *Austrian writer; 1769—1843.*
Pi·co del·la Mi·ran·do·la, Giovanni ['pi:ko 'dɛla mi'randola] *Italian humanist and philosopher; 1463—94.*
Pic·tet, Raoul [pɪk'te:] *Swiss physicist and chemist; 1846—1929.*
Pieck, Wilhelm [pi:k] *German politician, president of the DDR; 1876—1960.*
Pil·gram, Anton ['pɪlgram] *German architect and sculptor; 1450/60—?1515.*
Pin·dar ['pɪndar] *Greek lyric poet; 518?—?446 B.C.*
Pin·der, Wilhelm ['pɪndər] *German art historian; 1878—1947.*

Pi·on·tek, Heinz ['pĭɔntɛk] *German writer; *1925.*

Pip·pin III. (der Jüngere *od.* der Kleine) [pɪ'piːn] Pepin (the Younger *od.* the Short). *King of the Franks; 715?—768.*

Pi·ran·del·lo, Luigi [piran'dɛlo] *Italian dramatist and novelist; 1867—1936.*

Pir(c)k·hei·mer, Willibald ['pɪrkˌhaɪmər] *German humanist; 1470—1530.*

Pi·sa·no, Giovanni [pi'zaːno] *Italian sculptor and architect; 1250?—?1314.*

Pis·ca·tor, Erwin [pɪs'kaːtɔr] *German stage director and theater manager; 1893—1966.*

Pi·us ['piːʊs] *Name of 12 popes:* Pius XII. (Eugenio Pacelli) Pius XII; *1876—1958.*

Pi·zar·ro, Francisco [pi'saro] *Spanish conqueror of Peru; 1478—1541.*

Planck, Max [plaŋk] *German physicist; 1858—1947.*

Pla·ten, August Graf von ['plaːtən] *German poet; 1796—1835.*

Pla·to(n) ['plaːto ('plaːtɔn)] Plato. *Greek philosopher; 427—347 B.C.*

Plau·tus, Titus Maccius ['plaʊtʊs] *Roman comic dramatist; 250?—184 B.C.*

Pli·ni·us (der Ältere) (Gajus Plinius Secundus) ['pliːnĭʊs] Pliny (the Elder). *Roman writer; 23/24—79.*

Pli·ni·us (der Jüngere) (Gajus Plinius Caecilius Secundus) ['pliːnĭʊs] Pliny (the Younger). *Roman orator, statesman, and writer; 61/62—?113.*

Pli(e)·vi·er, Theodor [pli'vĭeː] *German writer; 1892—1955.*

Plu·tarch [plu'tarç] *Greek philosopher and biographer; 50?—?125.*

Poc·ci, Franz Graf von ['pɔtʃi] *German poet, musician, and illustrator; 1807—76.*

Pod·gor·ny, Nikolai Wiktorowitsch [pɔt'gɔrni] Nikolai Viktorovich Podgorny. *Russian politician, president of the Soviet Union; *1903.*

Poin·ca·ré, Raymond [pŏɛ̃ka'reː] *French statesman; 1860—1934.*

Pol·gar, Alfred ['pɔlgar] *Austrian writer and critic; 1875—1955.*

Po·li·zia·no, Angelo [poli'tsĭaːno] (*originally* Angiolo Ambrogini) Politian. *Italian humanist and poet; 1454—94.*

Po·lo, Marco ['poːlo] *Venetian travel(l)er; 1254—1324.*

Po·ly·do·ros [poly'doːrɔs] Polydorus. *Greek sculptor; 1st century B.C.*

Po·ly·klet [poly'kleːt] Polycl(e)itus. *Greek sculptor; 5th century B.C.*

Pom·mer, Erich ['pɔmər] *German-American film producer; 1889—1966.*

Pom·pa·dour, Jeanne Antoinette Poisson, Marquise de [pɔmpa'duːr; pŏpa'duːr] *Mistress of Louis XV of France; 1721—64.*

Pom·pe·jus (Gnäus Pompejus Magnus) [pɔm'peːjʊs] Pompey (the Great). *Roman general and statesman; 106—48 B.C.*

Pom·pi·dou, Georges [pŏpi'duː] *French politician, president of France; 1911—74.*

Pon·ce de Le·ón, Juan ['pɔnse de le'ɔn] *Spanish explorer and discoverer of Florida; 1460?—1521.*

Pon·to, Erich ['pɔnto] *German actor; 1884—1957.*

Por·sche, Ferdinand ['pɔrʃə] *German engineer and manufacturer of automobiles; 1875—1951.*

Por·ten, Henny ['pɔrtən] *German film actress; 1890—1960.*

Port·mann, Adolf ['pɔrtˌman] *Swiss zoologist; *1897.*

Po·tem·kin, Po·tjom·kin, Grigori Alexandrowitsch Fürst [po'tɛmkiːn; pɔt'jɔmkiːn] Prince Grigori Aleksandrovich Potëmkin. *Russian general and statesman; 1739—91.*

Pot·ter, Paulus ['pɔtər] *Dutch painter; 1625—54.*

Pou·lenc, Francis [pu'lɛ̃ːk] *French composer; 1899—1963.*

Pous·sin, Nicolas [pu'sɛ̃ː] *French painter; 1593/94—1665.*

Prae·to·ri·us, Michael [prɛ'toːrĭʊs] *German composer and music historian; 1571—1621.*

Prandtl, Ludwig ['prantəl] *German physicist; 1875—1953.*

Pra·xi·te·les [pra'ksiːtelɛs] *Greek sculptor; 4th century B.C.*

Pree·to·ri·us, Emil [pre'toːrĭʊs] *German stage designer and illustrator; *1883.*

Pregl, Fritz ['preːgəl] *Austrian chemist; 1869—1930.*

Pré·vost d'Exiles, Antoine François [prevo dɛ'ksiːl] (*called* Abbé Prévost) *French writer; 1697—1763.*

Prey, Hermann [praɪ] *German baritone; *1929.*

Pro·ko·fjew, Sergei Sergejewitsch [pro'kɔfjɛf] Sergei Sergeevich Prokofiev. *Russian composer; 1891—1953.*

Pro·ta·go·ras [pro'taːgoras] *Greek philosopher; 481?—411 B.C.*

Proust, Marcel [pruːst] *French novelist; 1871—1922.*

Pto·le·mä·us I. (Soter) [ptole'mɛːʊs] Ptolemy I (Soter). *King of Egypt and founder of the dynasty; 367?—283 B.C.*

Pto·le·mä·us, Claudius [ptole'mɛːʊs] Ptolemy (Claudius Ptolemaeus). *Alexandrian astronomer, geographer, and mathematician; 100?—?180.*

Puc·ci·ni, Giacomo [pʊ'tʃiːni] *Italian composer; 1858—1924.*

Pusch·kin, Alexandr Sergejewitsch ['pʊʃkiːn] Aleksander Sergeevich Pushkin. *Russian poet; 1799—1837.*

Pyr·rhus ['pʏrʊs] *King of Epirus; 319—272 B.C.*

Py·tha·go·ras [py'taːgoras] *Greek philosopher and mathematician; 570?—?497/96 B.C.*

Q

Quad·flieg, Will ['kvatˌfliːk] *German actor; *1914.*

Qual·tin·ger, Helmut ['kvaltɪŋər] *Austrian actor and cabaret artiste; *1928.*

Quantz, Johann Joachim [kvants] *German flutist and composer; 1697—1773.*

Qua·si·mo·do, Salvatore [kva'ziːmodo] *Italian writer and lyric poet; 1901—68.*

Que·neau, Raymond [kə'noː] *French writer; *1903.*

Quen·tal, Antero Tarquínio de [kɛn'tal] *Portuguese poet; 1842—91.*

Quer·cia, Jacopo della ['kvɛrtʃa] *Italian sculptor; 1367—1438.*

Quer·vain, Alfred de [kɛr'vɛ̃ː] *Swiss geophysicist; 1879—1927.*

Quer·vain, Fritz de [kɛr'vɛ̃ː] *Swiss surgeon; 1868—1940.*

Ques·nay, François [kɛ'nɛː] *French physician and political economist; 1694—1774.*

Que·ve·do y Vil·le·gas, Francisco Gómez de [ke'veːdo i vɪl'jeːgas] *Spanish writer; 1580—1645.*

Quid·de, Ludwig ['kvɪdə] *German historian, politician, and pacifist; 1858—1941.*

Qui·nault, Philippe [ki'noː] *French dramatist; 1635—88.*

Quin·cke, Georg Hermann ['kvɪŋkə] *German physicist; 1834—1924.*

Quin·cke, Heinrich Irenäus ['kvɪŋkə] *German physician; 1842—1922.*

Quin·ti·li·an (Marcus Fabius Quintilianus) [kvɪnti'lĭaːn] *Roman rhetorician; 30?—?96.*

R

Raab, Julius [raːp] *Austrian politician, chancellor of the Republic of Austria; 1891—1964.*

Raa·be, Wilhelm ['raːbə] (*pseudonym* Jakob Corvinus) *German writer; 1831—1910.*

Ra·be·lais, François [rabə'lɛː] *French physician, satirist, and humorist; 1494?—1553.*

Rach·ma·ni·now, Sergei Wassiljewitsch [rax'maːninɔf] Sergei Wassilievitch Rachmaninoff. *Russian composer, pianist, and conductor; 1873—1943.*

Ra·cine, Jean [ra'siːn] *French dramatist; 1639—99.*

Ra·dec·ki, Sigismund von [ra'dɛtski] *German writer; 1891—1970.*

Ra·detz·ky, Joseph Wenzel Graf Radetzky von Radetz [ra'dɛtski] *Austrian field marshal; 1766—1858.*

Ra·dha·krish·nan, Sir Sarvepalli [rada'krɪʃnan] *Indian philosopher and politician; *1888.*

Rae·der, Erich ['rɛːdər] *German admiral; 1876—1960.*

Raf·fa·el ['rafaɛl], **Ra·pha·el** ['raːfaɛl] (*originally* Raffaello Santi *od.* Sanzio) *Italian painter and architect; 1483—1520.*

Raiff·ei·sen, Friedrich Wilhelm ['raɪfˌʔaɪzən] *German economist; 1818—88.*

Rai·mon·di, Marcantonio [raɪ'mɔndi] *Italian engraver; 1480?—?1534.*

Rai·mund, Ferdinand ['raɪˌmʊnt] (*originally* Ferdinand Raimann) *Austrian playwright and actor; 1790—1836.*

Ra·ma·krish·na [rama'krɪʃna] (*originally* Gadadhar Chattopadhyaya) *Indian mystic; 1836—86.*

Ram·bouil·let, Catherine de Vivonne, Marquise de [rãbu'jeː] *French leader of society; 1588—1665.*

Ra·min, Günther [ra'miːn] *German organist and choirmaster; 1898—1956.*

Ra·món y Ca·jal, Santiago [ra'mɔn i ka'xal] *Spanish histologist; 1852—1934.*

Rams·au·er, Carl Wilhelm ['ramzaʊər] *German physicist; 1879—1955.*

Ram·ses ['ramzɛs] *Kings of Egypt of the 19th and 20th dynasty:* Ramses II. Ramses II (*1290—1224 B.C.*) *and* Ramses III. Ramses III (*1184—1153 B.C.*).

Ra·muz, Charles Ferdinand [ra'myː] *Swiss writer; 1878—1947.*

Ran·ke, Leopold von ['raŋkə] *German historian; 1795—1886.*

Ra·pac·ki, Adam [ra'patski] *Polish politician; 1909—70.*

Rask, Rasmus Kristian [rask] *Danish philologist; 1787—1832.*

Ras·mus·sen, Knud ['rasmʊsən] *Danish arctic explorer and ethnologist; 1879—1933.*

Ras·pu·tin, Grigori Jefimowitsch [ras'puːtiːn] Grigori Efimovich Rasputin. *Russian monk, favo(u)rite at the court of Czar Nicholas II; 1872—1916.*

Ra·stel·li, Enrico [ras'tɛli] *Italian juggler; 1896—1931.*

Ra·the·nau, Walther ['raːtənaʊ] *German industrialist and politician; 1867—1922.*

Rauch, Christian Daniel [raʊx] *German sculptor; 1777—1857.*

Rauch·ei·sen, Michael ['raʊxˌʔaɪzən] *German pianist; *1889.*

Ra·vel, Maurice [ra'vɛl] *French composer; 1875—1937.*

Ray·mond, Fred ['raɪmɔnt] (*originally* Friedrich Vesely) *Austrian composer; 1900—1954.*

Ré·au·mur, René Antoine Ferchault de [reo'myːr] *French physicist and biologist; 1683—1757.*

Re·ger, Max ['reːgər] *German composer; 1873—1916.*

Re·gio·mon·ta·nus [regĭomɔn'taːnʊs] (*originally* Johannes Müller) *German mathematician and astronomer; 1436—76.*

Rei·chen·bach, Georg von ['raɪçənˌbax] *German mechanic and engineer; 1771—1826.*

Rei·chert, Willy ['raɪçərt] *German actor; 1896—1973.*

Reich·stadt, Napoléon Herzog von ['raɪçˌʃtat] *Son of Napoleon I and Marie Louise; 1811—32.*

Reich·stein, Tadeus ['raɪçˌʃtaɪn] *Swiss chemist; *1897.*

Rein·hardt, Max ['raɪnˌhart] (*originally* Max Goldmann) *Austrian stage director and theater manager; 1873—1943.*

Rein·mar von Ha·ge·nau ['raɪnmar fɔn 'haːgənaʊ] *Middle High German lyric poet and minnesinger; 1160/70—1205/10.*

Reis, Johann Philipp [raɪs] *German physicist; 1834—74.*

Reitsch, Hanna [raɪtʃ] *German pilot; *1912.*

Re·marque, Erich Maria [rə'mark] (*originally* Erich Paul Remark) *German writer; 1898—1970.*

Rem·brandt ['rɛmˌbrant] (*originally* Rembrandt Harmensz van Rijn) *Dutch painter; 1606—69.*

Re·ni, Guido ['reːni] *Italian painter; 1575—1642.*

Ren·ner, Karl ['rɛnər] *Austrian politician, president of the Republic of Austria; 1870—1950.*

Ren·nert, Günther ['rɛnərt] *German opera director and theater manager; *1911.*

Re·noir, Pierre Auguste [rə'nŏaːr] *French painter and graphic artist; 1841—1919.*

Re·pin, Ilja Jefimowitsch ['reːpiːn] Ilya Efimovich Repin. *Russian painter; 1844—1930.*

Re·thel, Alfred ['reːtəl] *German painter and graphic artist; 1816—59.*

Reuch·lin, Johannes ['rɔʏçliːn] *German humanist; 1455—1522.*

Reu·ter, Ernst ['rɔʏtər] *German politician; 1889—1953.*

Reu·ter, Fritz ['rɔʏtər] *German writer; 1810—1874.*
Reut·ter, Georg ['rɔʏtər] *Austrian composer; 1708—72.*
Reut·ter, Hermann ['rɔʏtər] *German composer; *1900.*
Rey·naud, Paul [rɛ'no:] *French politician; 1878—1966.*
Rez·ni·ček, Emil Nikolaus Freiherr von ['rɛsnitʃɛk] *Austrian composer and conductor; 1860—1945.*
Rez·zo·ri, Gregor von [rɛ'tso:ri] (*originally* Gregor von Rezori d'Arezzo) *German writer; *1914.*
Rib·ben·trop, Joachim von ['rɪbən,trɔp] *German Nazi politician; 1893—1946.*
Ri·be·ra, Jusepe de [ri'be:ra] (*called* lo Spagnoletto) *Spanish painter and etcher; 1591—1652.*
Ri·che·li·eu, Armand Jean du Plessis, Herzog von ['rɪʃəliø; rɪʃə'liø:] *French cardinal and statesman; 1585—1642.*
Rich·ter, Johann (Jean) Paul Friedrich ['rɪçtər] → Jean Paul.
Rich·ter, (Adrian) Ludwig ['rɪçtər] *German painter and illustrator; 1803—84.*
Richt·ho·fen, Ferdinand Freiherr von ['rɪçt,ho:fən] *German geographer and geologist; 1833—1905.*
Richt·ho·fen, Manfred Freiherr von ['rɪçt,ho:fən] *German fighter pilot; 1892—1918.*
Rie·mann, Georg Friedrich Bernhard ['ri:,man] *German mathematician; 1826—1866.*
Rie·men·schnei·der, Tilman ['ri:mən,ʃnaɪdər] *German sculptor and wood-carver; 1460?—1531.*
Ri·en·zo, Ri·en·zi, Cola di ['rĭɛntso, 'rĭɛntsi] *Italian patriot, tribune of Rome; 1313—54.*
Rie·se, Adam ['ri:zə] (*originally* Adam Ries) *German arithmetician; 1492—1559.*
Rig·gen·bach, Nikolaus ['rɪgən,bax] *Swiss engineer; 1817—99.*
Ril·ke, Rainer Maria ['rɪlkə] *Austrian poet; 1875—1926.*
Rim·baud, Arthur [rɛ̃'bo:] *French poet; 1854—91.*
Rim·ski-Kor·sa·kow, Nikolai Andrejewitsch ['rɪmski'kɔrzakɔf] Nikolai Andreevich Rimski-Korsakov. *Russian composer; 1844—1908.*
Rin·gel·natz, Joachim ['rɪŋəl,nats] (*originally* Hans Bötticher) *German poet and writer of satirical nonsense verse; 1883—1934.*
Rin·ser, Luise ['rɪnzər] *German writer; *1911.*
Rit·ter, Carl ['rɪtər] *German geographer; 1779—1859.*
Ri·ve·ra, Diego [ri've:ra] *Mexican painter and muralist; 1886—1957.*
Riz·zo, Antonio ['rɪtso] *Italian sculptor and architect; 1430?—?99.*
Robbe-Gril·let, Alain [rɔpgri'je:] *French writer; *1922.*
Ro·bes·pi·erre, Maximilien de [robɛs'pĭɛ:r] *French revolutionary leader; 1758—94.*
Ro·da Ro·da, Alexander ['ro:da 'ro:da] (*originally* Alexander Friedrich Rosenfeld) *Austrian writer, author of anecdotes and satirical plays; 1872—1945.*
Ro·din, Auguste [ro'dɛ̃:] *French sculptor; 1840—1917.*
Ro·han, Louis René Édouard Fürst von [ro'ã:] *French cardinal; 1734—1803.*
Rol·land, Romain [rɔ'lã:] *French writer; 1866—1944.*
Ro·mains, Jules [ro'mɛ̃:] (*originally* Louis Farigoule) *French writer and philosopher; 1885—1972.*
Rom·mel, Erwin ['rɔməl] *German field marshal; 1891—1944.*
Ron·sard, Pierre de [rõ'sa:r] *French poet; 1525—85.*
Rönt·gen, Wilhelm Conrad ['rœntgən] Wilhelm Conrad Roentgen (*od.* Röntgen). *German physicist; 1845—1923.*
Ror·schach, Hermann ['ro:rʃax] *Swiss psychiatrist and psychologist; 1884—1922.*
Ro·sa, Salvator(e) ['ro:za] *Italian painter and satirical poet; 1615—73.*
Ro·seg·ger, Peter ['ro:zɛgər; ro'zɛgər] (*pseudonym* P[etri] K[ettenfeier]) *Austrian writer; 1843—1918.*
Ros·si·ni, Gioacchino Antonio [rɔ'si:ni] *Italian composer; 1792—1868.*
Ros·waen·ge, Helge Anton ['rɔs,vɛŋə] *Danish tenor; 1897—1972.*
Roth, Eugen [ro:t] *German writer; *1895.*
Roth, Joseph [ro:t] *Austrian writer and journalist; 1894—1939.*
Ro·the, Hans ['ro:tə] *German writer and translator of Shakespeare; *1894.*
Ro·then·ber·ger, Anneliese ['ro:tən,bɛrgər] *German soprano; *1924.*
Roth·schild, Mayer Amschel ['ro:t,ʃɪlt] *German banker, founder of the house of Rothschild; 1744—1812.*
Rous·seau, Jean-Jacques [ru'so:] *Franco-Swiss writer and philosopher; 1712—78.*
Ru·bens, Peter Paul ['ru:bəns] *Flemish painter; 1577—1640.*
Ru·bin·stein, Anton ['ru:bi:n,ʃtaɪn] *Russian pianist and composer; 1830—94.*
Rückert, Friedrich (*getr.* -k·k-) ['rʏkərt] (*pseudonym* Freimund Reimar) *German orientalist, poet, and translator; 1788—1866.*
Ru·dolf ['ru:dɔlf] Rudolf of Hapsburg (*od.* Habsburg). *Archduke and crown prince of Austria, son of the emperor Francis Joseph I; 1858—89.*
Ru·dolf I. von Habs·burg ['ru:dɔlf fən 'ha:ps,burk] Rudolf I of Hapsburg (*od.* Habsburg). *King of Germany and founder of the Hapsburg dynasty; 1218—91.*
Ru·dolf II. ['ru:dɔlf] Rudolf II. *Emperor of the Holy Roman Empire; 1552—1612.*
Ru·dolf von Ems ['ru:dɔlf fən 'ɛms] *Middle High German epic poet; 1200?—1250/54.*
Rüh·mann, Heinz ['ry:,man] *German actor; *1902.*
Ruis·dael ['rɔʏs,da:l] *Dutch painters:* Jacob van *(1628/29—82) and his uncle* Salomon van *(1600?—1670).*
Ru·mor, Mariano [ru'mo:r] *Italian politician; *1915.*
Run·ge, Philipp Otto ['rʊŋə] *German painter; 1777—1810.*
Rup·precht, Kronprinz ['rʊprɛçt] Rupert. *Crown prince of Bavaria and German field marshal; 1869—1955.*
Ru·precht von der Pfalz ['ru:prɛçt fən der 'pfalts] (*called* Clem) Rupert. *King of Germany; 1352—1410.*
Ru·žička, Leopold ['ru:ʒɪtʃka] *Croatian-Swiss chemist; *1887.*
Ry·sa·nek, Leonie ['ri:zanɛk; 'ry:-] *Austrian soprano; *1928.*

S

Saa·di, Sa'di ['za:di] Saadi, *auch* Sadi; *Persian poet; 1193? od. 1213?—1292.*
Saar, Ferdinand von [za:r] *Austrian narrative writer and lyric poet; 1833—1906.*
Sa·ba·ti·ni, Rafael [zaba'ti:ni] *Italo-English novelist; 1875—1950.*
Sachs, Hans [zaks] *German Meistersinger and poet; 1494—1576.*
Sachs, Nelly [zaks] *German-Swedish lyric poet; 1891—1970.*
Sack, Erna [zak] *German coloratura soprano; 1903—72.*
Sa·dat, Mohammed Anwar [za'da:t] *Egyptian politician, president of the Arab Republic of Egypt; *1918.*
Sa·gan, Françoise [za'gã:] *French writer and dramatist; *1935.*
Sainte-Beuve, Charles Augustin [zɛ̃t'bø:f] *French poet, literary critic, and historian; 1804—69.*
Saint-Exu·pé·ry, Antoine de [zɛ̃tɛksype'ri:] (*originally* Marie Roger Comte de Saint-Exupéry) *French writer; 1900—44.*
Saint-Saëns, Camille [zɛ̃'sã:s] *French composer and pianist; 1835—1921.*
Sal·lust (Gajus Sallustius Crispus) [za'lʊst] *Roman historian; 86—34 B.C.*
Sa·lo·mon, Ernst von ['za:lomən] *German writer; 1902—72.*
Sal·ten, Felix ['zaltən] (*originally* Siegmund Salzmann) *Austrian writer; 1869—1945.*
Sand·rock, Adele ['zandrɔk] *German actress; 1863—1937.*
San·til·la·na, Íñigo López de Mendoza, Marqués de [zantɪl'ja:na] *Spanish poet; 1398—1458.*
Sap·pho ['za(p)fo] *Greek lyric poet; about 600 B.C.*
Sar·tre, Jean Paul ['zartər] *French philosopher, critic, and dramatist; *1905.*
Sau·er·bruch, Ernst Ferdinand ['zauər,brʊx] *German surgeon; 1875—1951.*
Sa·vo·na·ro·la, Girolamo [zavona'ro:la] *Italian Dominican, political and religious reformer; 1452—98.*
Sca·li·ger, Joseph Justus ['ska:ligɛr] *French Protestant scholar; 1540—1609.*
Scar·lat·ti, Alessandro [skar'lati] *Italian composer; 1659—1725.*
Scha·dow, Johann Gottfried ['ʃa:do] *German sculptor; 1764—1850.*
Schä·fer, Wilhelm ['ʃɛ:fər] *German writer; 1868—1952.*
Scha·lja·pin, Fjodor Iwanowitsch [ʃal'ja-pi:n] Feodor Ivanovitch Chaliapin. *Russian bass; 1873—1938.*
Schärf, Adolf [ʃɛrf] *Austrian politician, president of the Republic of Austria; 1890—1965.*
Scharn·horst, Gerhard Johann David von ['ʃarn,hɔrst] *Prussian general; 1755—1813.*
Scha·roun, Hans Bernhard [ʃa'ru:n] *German architect; 1893—1972.*
Schau·mann, Ruth ['ʃau,man] *German poet, sculptor, and graphic artist; *1899.*
Scheel, Walter [ʃe:l] *German politician, 4th president of the BRD; *1919.*
Schef·fel, Joseph Victor von ['ʃɛfəl] *German poet and novelist; 1826—86.*
Sche·ler, Max ['ʃe:lər] *German philosopher; 1874—1928.*
Schell, Maximilian [ʃɛl] *Swiss actor; *1930.*
Schel·ling, Friedrich Wilhelm Joseph von ['ʃɛlɪŋ] *German philosopher; 1775—1854.*
Schen·ken·dorf, Max von ['ʃɛŋkən,dɔrf] *German lyric poet; 1783—1817.*
Scher·chen, Hermann ['ʃɛrçən] *German conductor; 1891—1966.*
Scheuch·zer, Johann Jakob ['ʃɔʏçtsər] *Swiss naturalist; 1672—1733.*
Schi·ka·ne·der, Emanuel [ʃika'ne:dər] *German theater manager and librettist; 1751—1812.*
Schil·ler, Johann Christoph Friedrich von ['ʃɪlər] *German poet, dramatist, and historian; 1759—1805.*
Schin·kel, Karl Friedrich ['ʃɪŋkəl] *German architect and painter; 1781—1841.*
Schlaf, Johannes [ʃla:f] *German writer; 1862—1941.*
Schläf·li, Ludwig ['ʃlɛ:fli] *Swiss mathematician; 1814—95.*
Schlat·ter, Adolf ['ʃlatər] *Swiss Protestant theologian; 1852—1938.*
Schle·gel, August Wilhelm von ['ʃle:gəl] *German poet and critic; 1767—1845.*
Schlei·cher, Kurt von ['ʃlaɪçər] *German politician and general; 1882—1934.*
Schlei·er·ma·cher, Friedrich Ernst Daniel ['ʃlaɪər,maxər] *German philosopher and Protestant theologian; 1768—1834.*
Schlem·mer, Oskar ['ʃlɛmər] *German painter and sculptor; 1888—1943.*
Schlick, Moritz [ʃlɪk] *German philosopher; 1882—1936.*
Schlie·mann, Heinrich ['ʃli:,man] *German arch(a)eologist and travel(l)er; 1822—90.*
Schlos·ser, Friedrich Christoph ['ʃlɔsər] *German historian; 1776—1861.*
Schlus·nus, Heinrich ['ʃlʊsnʊs] *German baritone; 1888—1952.*
Schlü·ter, Andreas ['ʃly:tər] *German sculptor and architect; 1664?—1714.*
Schmidt, Arno [ʃmɪt] *German writer; *1914.*
Schmidt, Helmut [ʃmɪt] *German politician, 5th chancellor of the BRD; *1918.*
Schmidt, Joseph [ʃmɪt] *German lyric tenor; 1904—42.*
Schmidt-Is·ser·stedt, Hans ['ʃmɪt'ʔɪsər,ʃtɛt] *German conductor; 1900—1973.*
Schna·bel, Franz ['ʃna:bəl] *German historian; 1887—1966.*
Schnei·der, Reinhold ['ʃnaɪdər] *German writer and essayist; 1903—58.*
Schnei·der, Romy ['ʃnaɪdər] *Austrian film actress; *1938.*
Schnitz·ler, Arthur ['ʃnɪtslər] *Austrian writer and physician; 1862—1931.*
Schnorr von Ca·rols·feld, Julius ['ʃnɔr fən 'ka:rɔls,fɛlt] *German painter; 1794—1872.*
Scholl [ʃɔl] *Members of the anti-Nazi student movement "Weiße Rose":* Hans *(1918—43) and his sister* Sophie *(1921—43).*
Scho·lo·chow, Michail Alexandrowitsch ['ʃo:lɔxɔf] Mikhail Aleksandrovich Sholokhov. *Russian writer; *1905.*
Schön·bein, Christian Friedrich ['ʃø:n,baɪn] *German chemist; 1799—1868.*
Schön·berg, Arnold ['ʃø:n,bɛrk] *Austrian composer; 1874—1951.*
Schon·gau·er, Martin ['ʃo:n,gauər] *German engraver and painter; 1435?—91.*
Scho·pen·hau·er, Arthur ['ʃo:pən,hauər] *German philosopher; 1788—1860.*

Scho·sta·ko·witsch, Dmitri Dmitrijewitsch [ʃɔsta'koːvɪtʃ] Dimitri Dimitrievich Shostakovich. *Russian composer; *1906.*
Schrö·der, Rudolf Alexander ['ʃrøːdər] *German poet; 1878—1962.*
Schrö·din·ger, Erwin ['ʃrøːdɪŋər] *Austrian physicist; 1887—1961.*
Schu·bert, Franz ['ʃuːbɛrt] *Austrian composer; 1797—1828.*
Schücking, Levin Ludwig (*getr.* -k·k-) ['ʃʏkɪŋ] *German Anglicist; 1878—1964.*
Schuh, Oskar Fritz [ʃuː] *German stage director and theater manager; *1904.*
Schu·kow, Grigori Konstantinowitsch ['ʃuːkɔf] Grigory Konstantinovich Zhukov. *Russian marshal; 1896—1974.*
Schu·len·burg, Friedrich Werner Graf von ['ʃuːlən,bʊrk] *German diplomat and participant in the July plot, 1944, against Hitler; 1875—1944.*
Schultz-Hen·cke, Harald ['ʃʊlts'hɛŋkə] *German psychotherapist; 1892—1953.*
Schu·ma·cher, Ernst ['ʃuː,maxər] *German painter; 1905—63.*
Schu·ma·cher, Kurt ['ʃuː,maxər] *German socialist politician; 1895—1952.*
Schu·man, Robert ['ʃuː,man] *French statesman; 1886—1963.*
Schu·mann, Robert ['ʃuː,man] *German composer; 1810—56.*
Schu·richt, Carl ['ʃuːrɪçt] *German conductor; 1880—1967.*
Schusch·nigg, Kurt von ['ʃʊʃnɪk] *Austrian politician; *1897.*
Schütz, Heinrich [ʃʏts] *German composer; 1585—1672.*
Schwab, Gustav [ʃvaːp] *German poet; 1792—1850.*
Schwan·tha·ler, Ludwig von ['ʃvaːn,taːlər] *German sculptor; 1802—48.*
Schwar·zen·berg, Felix Fürst zu ['ʃvartsən,bɛrk] *Austrian statesman; 1800—1852.*
Schwar·zen·berg, Karl Philipp Fürst zu ['ʃvartsən,bɛrk] *Austrian general; 1771—1820.*
Schwarz·kopf, Elisabeth ['ʃvarts,kɔpf] *German soprano; *1915.*
Schweit·zer, Albert ['ʃvaɪtsər] *Alsatian Protestant clergyman, physician, philosopher, and musicologist; 1875—1965.*
Schwenck·feld, Caspar (von) ['ʃvɛŋk,fɛlt] *German Protestant mystic and reformer; 1489—1561.*
Schwind, Moritz von [ʃvɪnt] *German painter; 1804—71.*
Sci·pio (der Ältere) (Publius Cornelius Scipio Africanus Maior) ['stsiːpĭo] Scipio (the Elder). *Roman general; 235?—183 B.C.*
Sci·pio (der Jüngere) (Publius Cornelius Scipio Aemilianus Africanus Minor) ['stsiːpĭo] Scipio (the Younger). *Roman general; 185?—129 B.C.*
Scribe, Augustin Eugène [skriːp] *French dramatist; 1791—1861.*
Scu·dé·ry, Madeleine de [skyde'riː] *French novelist and poet; 1607—1701.*
Seals·field, Charles ['ziːls,fiːlt] (*originally* Karl Postl) *Austrian writer; 1793—1864.*
See·wald, Richard ['zeː,valt] *German-Swiss painter and graphic artist; *1889.*
Se·ghers, Anna ['zeːgərs] (*originally* Netty Radványi) *German writer; *1900.*
Se·gni, Antonio ['zɛnji] *Italian politician; *1891—1972.*
Sei·del, Heinrich ['zaɪdəl] *German writer; 1842—1906.*
Sei·del, Ina ['zaɪdəl] *German poet and novelist; 1885—1974.*
Se·leu·kos I. [ze'lɔʏkɔs] Seleucus I. *King of Syria; 358?—280 B.C.*
Se·ne·ca, Lucius Annaeus ['zeːneka] *Roman Stoic philosopher and poet; 4 B.C.—65 A.D.*
Se·ne·fel·der, Alois ['zeːnə,fɛldər] *Austrian inventor, discoverer of the process of lithography; 1771—1834.*
Se·ve·rus, Septimius (Lucius Septimius Severus) [ze'veːrʊs] *Roman emperor; 146—211.*
Sé·vi·gné, Marie Marquise de [zevɪn'jeː] *French epistolary writer; 1626—96.*
Seyd·litz, Friedrich Wilhelm Freiherr von ['zaɪdlɪts] *Prussian cavalry general; 1721—1773.*
Sfor·za, Ludovico ['sfɔrtsa] Lodovico (*od.* Ludovic) Sforza. *Duke of Milan; 1452—1508.*
Si·be·li·us, Jean [zi'beːlĭʊs] *Finnish composer; 1865—1957.*
Sickin·gen, Franz von (*getr.* -k·k-) ['zɪkɪŋən] *German knight; 1481—1523.*
Siebs, Theodor [ziːps] *German philologist; 1862—1941.*
Sie·burg, Friedrich ['ziː,bʊrk] *German writer; 1893—1964.*
Sie·mens, Werner von ['ziːməns] *German inventor and founder of electrotechnology; 1816—92.*
Si·en·kie·wicz, Henryk [zĭɛŋ'kĭeːvɪtʃ] *Polish writer; 1846—1916.*
Sil·cher, Philipp Friedrich ['zɪlçər] *German composer of popular songs; 1789—1860.*
Si·le·si·us, Angelus [zi'leːzĭʊs] → Angelus Silesius.
Sil·ja, Anja ['zɪlja] *German soprano; *1940.*
Sim·rock, Karl ['zɪmrɔk] *German poet and philologist; 1802—76.*
Sin·der·mann, Horst ['zɪndər,man] *German politician, minister-president of the DDR; *1915.*
Sle·vogt, Max ['sleː,foːkt] *German painter, lithographer, and engraver; 1868—1932.*
Sle·zak, Leo ['slɛzak] *Austrian tenor; 1873—1946.*
Sme·ta·na, Bedřich (Friedrich) ['smɛtana] *Czech composer; 1824—84.*
So·kra·tes ['zoːkratɛs] Socrates. *Greek philosopher; 470?—399 B.C.*
So·lon ['zoːlɔn] *Athenian lawgiver; 640?—?561 B.C.*
So·lo·wjow, Wladimir Sergejewitsch [zolə'vjɔf] Vladimir Sergeevich Soloviev. *Russian philosopher and poet; 1853—1900.*
Sol·sche·ni·zyn, Alexandr Issajewitsch [zɔlʃe'nɪtsiːn] Alexandr Isaevich Solzhenitsyn. *Russian writer; *1918.*
So·pho·kles ['zoːfoklɛs] Sophocles. *Greek dramatist; 496?—406 B.C.*
Spaak, Paul Henri [spaːk] *Belgian statesman; 1899—1972.*
Spar·ta·kus ['ʃpartakʊs; 'spar-] Spartacus. *Thracian slave, gladiator, and insurrectionist; ?—71 B.C.*
Spee: Friedrich Spee von Langenfeld [ʃpeː] *German Jesuit and religious poet; 1591—1635.*
Spee, Maximilian Reichsgraf von [ʃpeː] *German admiral; 1861—1914.*
Speng·ler, Oswald ['ʃpɛŋlər] *German cultural philosopher; 1880—1936.*
Spi·no·za, Baruch (*od.* Benedictus) de [spi'noːtsa; ʃpi-] *Dutch philosopher; 1632—1677.*
Spit·te·ler, Carl ['ʃpɪtələr] (*pseudonym* Carl Felix Tandem) *Swiss poet; 1845—1924.*
Spitz·weg, Carl ['ʃpɪts,veːk] *German painter and illustrator; 1808—85.*
Spoerl, Heinrich [ʃpœrl] *German writer; 1887—1955.*
Spohr, Louis [ʃpoːr] *German composer; 1784—1859.*
Spran·ger, Eduard ['ʃpraŋər] *German philosopher and educator; 1882—1963.*
Sprin·ger, Axel Cäsar ['ʃprɪŋər] *German publisher; *1912.*
Staël, Madame de [staːl] *French writer; 1766—1817.*
Sta·lin, Iossif Wissarionowitsch ['staːliːn; 'ʃtaː-] Joseph (*od.* Iosif Vissarionovich) Stalin. *Russian statesman and dictator; 1879—1953.*
Sta·nis·laus ['ʃtaːnɪslaʊs] *Kings of Poland:* Stanislaus I. (Leszczynski) Stanislaus (*od.* Stanislas) I (Leszczynski) (*1677—1766*); Stanislaus II. (August) Stanislaus (*od.* Stanislas) II (Augustus) (*1732—98*).
Sta·ti·us, Publius Papinius ['staːtsĭʊs] *Roman poet; 45?—?96.*
Stau·din·ger, Hermann ['ʃtaʊdɪŋər] *German chemist; 1881—1965.*
Stauf·fen·berg, Graf Schenk von ['ʃtaʊfən,bɛrk] *Participants in the July plot, 1944, against Hitler:* Berthold (*1905—44*) *and his brother* Claus (*1907—44*).
Ste·fa·no, Giuseppe di ['steːfano] *Italian tenor; *1921.*
Stein, Charlotte von [ʃtaɪn] *German lady noted for her friendship with Goethe; 1742—1827.*
Stein, Karl Reichsfreiherr vom und zum [ʃtaɪn] *Prussian statesman; 1757—1831.*
Stei·ner, Jakob ['ʃtaɪnər] *Swiss geometer; 1796—1863.*
Stei·ner, Rudolf ['ʃtaɪnər] *Austrian philosopher, founder of anthroposophy; 1861—1925.*
Sten·dhal [stɛ̃'dal] (*originally* Marie Henri Beyle) *French novelist and critic; 1783—1842.*
Ste·phan ['ʃtɛfan] Stephen (*name of 10 popes*).
Stern, Otto [ʃtɛrn] *German-American physicist; 1888—1969.*
Stern·berg, Josef von ['ʃtɛrn,bɛrk] *Austro-American film director; 1894—1969.*
Stern·heim, Carl ['ʃtɛrn,haɪm] *German writer and playwright; 1878—1942.*
Steu·ben, Friedrich Wilhelm von ['ʃtɔʏbən] *Prussian and American general; 1730—94.*
Stickel·ber·ger, Emanuel (*getr.* -k·k-) ['ʃtɪkəl,bɛrgər] *Swiss novelist; 1884—1962.*
Stif·ter, Adalbert ['ʃtɪftər] *Austrian poet; 1805—68.*
Stock·hau·sen, Karlheinz ['ʃtɔk,haʊzən] *German composer; *1928.*
Stol·berg-Stol·berg, Reichsgraf zu ['ʃtɔl,bɛrk'ʃtɔl,bɛrk] *German poets:* Christian (*1748—1821*) *and his brother* Friedrich Leopold (*1750—1815*).
Stolz, Robert [ʃtɔlts] *Austrian composer; 1880—1975.*
Stoph, Willi [ʃtoːf] *German politician of the DDR; *1914.*
Storm, Theodor [ʃtɔrm] *German poet; 1817—1888.*
Stoß, Veit [ʃtoːs] Veit Stoss. *German sculptor; 1445?—1533.*
Stra·bo ['straːbo] *Greek geographer and historian; 63? B.C.—?24 A.D.*
Stra·di·va·ri, Antonio [stradi'vaːri] *Italian violin maker; 1644?—1737.*
Straus, Oscar [ʃtraʊs] *Austrian composer of operettas; 1870—1954.*
Strauß, David Friedrich [ʃtraʊs] David Friedrich Strauss. *German Protestant theologian and philosopher; 1808—74.*
Strauß [ʃtraʊs] Strauss. *Austrian composers and conductors:* Johann (*1804—49*) *and his son* Johann (*1825—99*).
Strauss, Richard [ʃtraʊs] *German composer and conductor; 1864—1949.*
Strauß und Tor·ney, Lulu von ['ʃtraʊs ,ʊnt 'tɔrnaɪ] *German writer; 1873—1956.*
Stra·win·sky, Igor Fjodorowitsch [ʃtra'vɪnski; stra-] Igor Fëdorovich Stravinsky. *Russian-American composer; 1882—1971.*
Stre·se·mann, Gustav ['ʃtreːzə,man] *German statesman of the Weimar Republic; 1878—1929.*
Strind·berg, (Johan) August ['ʃtrɪnt,bɛrk] *Swedish dramatist and novelist; 1849—1912.*
Stuck, Franz von [ʃtʊk] *German painter and graphic artist; 1863—1928.*
Stumpf, Carl [ʃtʊmpf] *German philosopher and psychologist; 1848—1936.*
Su·der·mann, Hermann ['zuːdər,man] *German playwright and novelist; 1857—1928.*
Sue·ton (Gajus Suetonius Tranquillus) [zŭe'toːn] Suetonius. *Roman biographer and historian; 70?—?140.*
Su·lei·man II. (der Prächtige *od.* der Große) [zulaɪ'maːn] Suleiman I (the Magnificent). *Sultan of Turkey 1494?—1566.*
Sul·la (Lucius Cornelius Sulla Felix) ['zʊla] *Roman general and dictator; 138—78 B.C.*
Sul·ly Pru·dhomme [zylipry'dɔm] (*originally* René François Armand Prudhomme) *French poet and critic; 1839—1907.*
Sup·pé, Franz von [zʊ'peː] *Austrian composer; 1819—95.*
Su·ter·mei·ster, Heinrich ['zuːtər,maɪstər] *Swiss composer; *1910.*
Sut·ter, John Augustus ['zʊtər] (*originally* Johann August Suter) *Swiss-American pioneer in California; 1803—80.*
Süt·ter·lin, Ludwig ['zʏtərliːn] *German graphic artist and educator; 1865—1917.*
Sutt·ner, Bertha Freifrau von ['zʊtnər] *Austrian novelist; 1843—1914.*
Swe·den·borg, Emanuel ['sveːdən,bɔrk] *Swedish scientist and theosophist; 1688—1772.*
Szell, George [sɛl] *Hungarian-American conductor; 1897—1970.*

T

Ta·ci·tus, Publius Cornelius ['taːtsitʊs] *Roman historian; 55?—116.*
Ta·go·re, Rabindranath [ta'goːr(ə)] *Hindu philosopher, poet, and artist; 1861—1941.*
Tal·ley·rand(-Pé·ri·gord), Charles Maurice Herzog von, Fürst von Benevent [talɛ'rãː(peri'goːr)] *French statesman and diplomat; 1754—1838.*

Ta·mer·lan [ˈtaːmərlaːn] → Timur-Leng.

Tank·red [ˈtaŋkreːt] Tancred. *Norman soldier, leader in the first Crusade; 1078?—1112.*

Tas·man, Abel Janszoon [ˈtasman] *Dutch navigator; 1603—59.*

Tas·si·lo III. [ˈtasilo] *Duke of Bavaria; 742?—?794.*

Tas·so, Torquato [ˈtaso] *Italian poet; 1544—1595.*

Tau, Max [taʊ] *German writer; *1897.*

Tau·ber, Richard [ˈtaʊbər] *Austrian tenor; 1892—1948.*

Te·bal·di, Renata [teˈbaldi] *Italian soprano; *1922.*

Te·le·mann, Georg Philipp [ˈteːləˌman] *German composer; 1681—1767.*

Tell, Wilhelm [tɛl] William Tell. *Legendary national hero of Switzerland.*

Ter·borch, ter Borch, Gerard [tɛrˈbɔrç] *Dutch genre and portrait painter; 1617—81.*

Ter·brug·ghen, ter Brug·ghen, Hendrik [tɛrˈbrʏgən] *Dutch painter; 1588—1629.*

Te·renz (Publius Terentius Afer) [teˈrɛnts] Terence. *Roman comic poet; 190?—?159 B.C.*

Ter·tul·li·an (Quintus Septimius Florens Tertullianus) [tɛrtʊˈli̯aːn] *Ecclesiastical writer, one of the fathers of the Latin church; 160?—?225.*

Tha·les von Mi·let [ˈtaːlɛs fɔn miˈleːt] *Greek philosopher, astronomer, and geometer; 650?—?560 B.C.*

Thäl·mann, Ernst [ˈtɛːlˌman] *German Communist leader; 1886—1944.*

The·mi·sto·kles [teˈmɪstoklɛs] Themistocles. *Athenian statesman and general; 525?—?460 B.C.*

Theo·de·rich (der Große) [teˈoːdərɪç] Theodoric (the Great). *King of the East Goths; 456?—526.*

Theo·de·rich von Prag [teˈoːdərɪç fɔn ˈpraːk] Theodoric of Prague. *Bohemian painter; ?—?1381.*

Theo·do·ra·kis, Mikis [teodoˈrakɪs] *Greek composer; *1925.*

Theo·do·si·us I. (der Große) [teoˈdoːzi̯ʊs] Theodosius I (the Great). *Roman emperor; 347—395.*

Theo·krit [teoˈkriːt] Theocritus. *Greek poet; 305?—?260 B.C.*

Theo·phrast [teoˈfrast] Theophrastus. *Greek philosopher; 372?—287 B.C.*

Thes·pis [ˈtɛspɪs] *Attic poet; about 6th century B.C.*

Thi·ers, Louis Adolphe [ti̯ɛːr] *French statesman and historian; 1797—1877.*

Thiersch, Ludwig [tiːrʃ] *German painter; 1825—1909.*

Thieß, Frank [tiːs] Frank Thiess. *German writer; *1890.*

Thi·mig [ˈtiːmɪç] *Austrian actors:* Hugo *(1854—1944) and his daughter* Helene *(1889—1974).*

Tho·ma, Ludwig [ˈtoːma] *German writer of stories, novels, and plays dealing with rural Bavarian life; 1867—1921.*

Tho·mas von Aquin (*od.* **Aqui·no**), der heilige [ˈtoːmas fɔn aˈkviːn(o)] St. Thomas Aquinas. *Italian theologian; 1225—74.*

Tho·mas von Kem·pen (a Kempis) [ˈtoːmas fɔn ˈkɛmpən] Thomas a Kempis. *German mystic and ascetic writer; 1380?—1471.*

Thö·ny, Eduard [ˈtøːni] *Austrian painter and illustrator; 1866—1950.*

Thor·vald·sen, Thor·wald·sen, Bertel [ˈtoːrˌvaltsən] *Danish sculptor; 1770—1844.*

Thu·ky·di·des [tuˈkyːdidɛs] Thucydides. *Greek historian; 460?—?400 B.C.*

Thys·sen, Fritz [ˈtʏsən] *German industrialist; 1873—1951.*

Ti·be·ri·us, Claudius Nero Cäsar [tiˈbeːri̯ʊs] *Roman emperor; 42 B.C.—37 A.D.*

Ti·bull (Albius Tibullus) [tiˈbʊl] Albius Tibullus. *Roman elegiac poet; 50?—?19 B.C.*

Tieck, Ludwig [tiːk] *German poet and critic; 1773—1853.*

Tie·po·lo, Giovanni Battista [ˈti̯eːpolo] *Venetian painter; 1696—1770.*

Tietz, Ferdinand [tiːts] *Bohemian sculptor; 1709—77.*

Til·ly, Johann Tserclaes Reichsgraf von [ˈtɪli] *General in the Spanish, Bavarian, and imperial service, commander of the forces of the Catholic League in the Thirty Years' War; 1559—1632.*

Ti·mur-Leng [ˈtiːmʊrˈlɛŋ] Tamerlane, Timour, Timur, Timur Leng. *Mongol conqueror; 1336—1405.*

Tin·to·ret·to [tɪntoˈrɛto] (*originally* Iacopo Robusti) *Venetian painter; 1518—94.*

Tir·pitz, Alfred von [ˈtɪrpɪts] *German admiral; 1849—1930.*

Tisch·bein [ˈtɪʃˌbaɪn] *German painters:* Johann Heinrich (der Ältere) Johann Heinrich (the Elder) *(1722—89) and his nephew and pupil* Johann Heinrich Wilhelm *(1751—1829).*

Tis·sot, James [tɪˈsoː] (*originally* Jacques-Joseph Tissot) *French etcher and painter; 1836—1903.*

Ti·to, Josip [ˈtiːto] (*originally* Josip Broz) *Yugoslav politician, president of Yugoslavia; *1892.*

Ti·tus (Titus Flavius Sabinus Vespasianus) [ˈtiːtʊs] *Roman emperor; 39—81.*

Ti·zi·an [ˈtiːtsi̯aːn; tiˈtsi̯aːn] (*originally* Tiziano Vecelli[o]) Titian. *Venetian painter; 1477?—1576.*

Tol·ler, Ernst [ˈtɔlər] *German dramatist and poet; 1893—1939.*

Tol·stoi, Lew (*od.* Leo) Nikolajewitsch Graf [tɔlˈstɔʏ] Lev (*od.* Leo) Nikolaevich Tolstoy (*auch* Tolstoi). *Russian writer; 1828—1910.*

Tor·ri·cel·li, Evangelista [tɔriˈtʃɛli] *Italian physicist and mathematician; 1608—47.*

Tos·ca·ni·ni, Arturo [tɔskaˈniːni] *Italian conductor; 1867—1957.*

Tou·louse-Lau·trec, Henri de [tuluslo-ˈtrɛk] *French painter and graphic artist; 1864—1901.*

Tra·jan (Marcus Ulpius Trajanus) [traˈjaːn] *Roman emperor; 53?—117.*

Trakl, Georg [ˈtraːkəl] *Austrian poet; 1887—1914.*

Tro·ger, Paul [ˈtroːgər] *Austrian painter and etcher; 1698—1762.*

Trotz·ki, Leo [ˈtrɔtski] (*originally* Lew Dawidowitsch Bronstein) Leon Trotsky (*auch* Trotski). *Russian revolutionist and writer; 1879—1940.*

Tschai·kow·ski, Peter Iljitsch [tʃaɪˈkɔfski] Peter Ilyich Tchaikovsky (*auch* Tschaikovsky, Tschaikowsky). *Russian composer; 1840—93.*

Tschan·dra·gup·ta [tʃandraˈgʊpta] Chandragupta. *King of northern India, founder of the Maurya empire; ?—?286 B.C.*

Tschang Tso·lin [tʃaŋtsoˈlɪn] Chang Tsolin. *Chinese general, military ruler of Manchuria; 1873—1928.*

Tsche·chow, Anton Pawlowitsch [ˈtʃɛçɔf] Anton Pavlovich Chekhov (*auch* Tchekhov). *Russian short-story writer and dramatist; 1860—1904.*

Tschi·ang·kai·schek [tʃi̯aŋkaɪˈʃɛk] Chiang Kai-shek, *auch* Chiang Chieh-shih. *Chinese politician, president of Taiwan; 1886—1975.*

Tschu·ang-tse [ˈtʃu̯aŋtsə] → Chuang-tzu.

Tsch(o)u En-lai [tʃuˀɛnˈlaɪ] Chou En-lai. *Chinese politician, premier of the People's Republic of China; *1898.*

Tu·chol·sky, Kurt [tuˈxɔlski] (*pseudonyms* Kaspar Hauser, Peter Panter, Theobald Tiger, Ignaz Wrobel) *German journalist and writer; 1890—1935.*

Tur·ge·njew, Iwan (Sergejewitsch) [tʊrˈgɛnjɛf] Ivan Sergeevich Turgenev (*auch* Turgeniev). *Russian novelist; 1818—83.*

Tut·ench·amun [tutɛnˈçaːmʊn] Tutankhamen, *auch* Tutankhamon, Tutankhamun, Tutenkhamon. *King of Egypt of the 18th dynasty; 14th century B.C.*

U

Uh·de, Fritz von [ˈuːdə] *German painter; 1848—1911.*

Uh·land, Johann Ludwig [ˈuːˌlant] *German lyric poet; 1787—1862.*

Uh·len·huth, Paul Theodor [ˈuːlənˌhuːt] *German bacteriologist and hygienist; 1870—1957.*

Ula·no·wa, Galina Sergejewna [uˈlaːnova] *Russian ballet dancer; *1910.*

Ul·bricht, Walter [ˈʊlbrɪçt] *German politician of the DDR; 1893—1973.*

Ul·fi·las [ˈʊlfilas] *Bishop to the Goths and translator of the Bible; 311?—?383.*

Und·set, Sigrid [ˈʊntsɛt] *Norwegian novelist; 1882—1949.*

Un·ruh, Fritz von [ˈʊnˌruː] *German writer; 1885—1970.*

Ur·ban [ˈʊrbaːn] *Name of 8 popes:* Urban II. (Odo de Lagery) Urban II *(1042?—1099);* Urban VIII. (Maffeo Barberini) Urban VIII *(1568—1644).*

V

Va·lens, Flavius [ˈvaːlɛns] *Roman emperor; 328?—378.*

Va·len·tin, Karl [ˈfalɛntiːn] (*originally* Valentin Ludwig Fey) *Bavarian comic actor; 1882—1948.*

Va·le·ra y Al·ca·lá Ga·lia·no, Juan [vaˈleːra i alkaˈla gaˈli̯aːno] *Spanish writer and diplomat; 1824—1905.*

Va·le·ri·an (Publius Licinius Valerianus) [valeˈri̯aːn] *Roman emperor; ?—260.*

Va·le·ri·us Ca·to, Publius [vaˈleːri̯ʊs ˈkaːto] *Roman poet and grammarian; about 1st century B.C.*

Va·lé·ry, Paul Ambroise [valeˈriː] *French poet and philosopher; 1871—1945.*

van Dyck, Anthonis [fan ˈdaɪk] → Dyck, Anthonis van.

van Gogh, Vincent [fan ˈgoːk; - ˈgɔx] → Gogh, Vincent van.

Varn·ha·gen von En·se, Karl August [ˈfarnˌhaːgən fɔn ˈɛnzə] *German writer; 1785—1858.*

Varn·ha·gen von En·se, Rahel [ˈfarnˌhaːgən fɔn ˈɛnzə] *German literary hostess in Berlin in the first part of the 19th century; 1771—1833.*

Var·ro, Marcus Terentius [ˈvaro] *Roman scholar and writer; 116—27 B.C.*

Va·sa·ri, Giorgio [vaˈzaːri] *Italian architect and painter; 1511—74.*

Vas·co da Ga·ma [ˈvasko da ˈgaːma] → Gama, Vasco da.

Ve·ga, Lope de [ˈveːga] (*originally* Lope Félix de Vega Carpio) *Spanish dramatist and poet; 1562—1635.*

Veit, Philipp [faɪt] *German painter; 1793—1877.*

Ve·láz·quez, Diego Rodríguez de Silva y [veˈlaskɛs] Velázquez, *auch* Velásquez. *Spanish painter; 1599—1660.*

Vel·de, Adriaen van de [ˈvɛldə; ˈfɛldə] *Dutch painter and etcher; 1636—72.*

Ver·di, Giuseppe [ˈvɛrdi] *Italian composer; 1813—1901.*

Ver·gil (Publius Vergilius Maro) [vɛrˈgiːl] Vergil, *auch* Virgil. *Roman poet; 70—19 B.C.*

Ver·laine, Paul [vɛrˈlɛːn] *French poet; 1844—1896.*

Ver·meer, Jan (Jan van der Meer van Delft) [vɛrˈmeːr; fɛr-] *Dutch painter; 1632—75.*

Verne, Jules [vɛrn] *French novelist; 1828—1905.*

Ver·ner, Karl Adolph [ˈvɛrnər] *Danish linguist; 1846—96.*

Ve·ro·ne·se, Paolo [veroˈneːze] (*originally* Paolo Caliari) *Italian painter; 1528—88.*

Ver·roc·chio, Andrea del [vɛˈrɔkio] *Italian sculptor; 1435—88.*

Ves·pa·si·an (Titus Flavius Sabinus Vespasianus) [vɛspaˈzi̯aːn] *Roman emperor; 9—79.*

Ves·puc·ci, Amerigo [vɛsˈpʊtʃi] *Italian navigator; 1451?—1512.*

Vie·big, Clara [ˈfiːbɪç] *German writer; 1860—1952.*

Vi·gny, Alfred Comte de [vɪnˈjiː] *French poet; 1797—1863.*

Vik·tor [ˈvɪktər] Victor (*name of 3 popes*).

Vik·tor Em·ma·nu·el III. [ˈvɪktər ɛˈmaːnu̯ɛl] Victor Emmanuel III. *King of Italy; 1869—1947.*

Vil·lon, François [viˈjõː] (*originally* François de Montcorbier) *French poet; 1431—?63.*

Vin·ci, Leonardo da [ˈvɪntʃi] → Leonardo da Vinci.

Vin·zenz von Paul, der heilige [ˈvɪntsɛnts fɔn ˈpaʊl] St. Vincent de Paul. *French Roman Catholic reformer, founder of the order of Sisters of Charity; 1581—1660.*

Vir·chow, Rudolf [ˈfɪrço; ˈvɪrço] *German pathologist, anthropologist, and politician; 1821—1902.*

Vi·scher [ˈfɪʃər] *German sculptors:* Peter (der Ältere) Peter (the Elder) *(sculptor and bronze founder; 1460?—1529) and his son* Peter (der Jüngere) Peter (the Younger) *(1487—1528).*

Vi·truv (Marcus Vitruvius Pollio) [viˈtruːf] Vitruvius Pollio. *Roman architect and (military) engineer; 1st century B.C.*

Vi·val·di, Antonio [viˈvaldi] *Italian violinist and composer; 1675 od. 78—1741.*

Vo·gel, Wladimir [ˈfoːgəl] Vladimir Vogel. *Russian-Swiss composer; *1896.*

Vol·ta, Alessandro Graf [ˈvɔlta] *Italian physicist; 1745—1827.*

Vol·taire [vɔl'tɛ:r] (*originally* François Marie Arouet) *French philosopher, writer, dramatist, and essayist; 1694—1778.*
Von·del, Joost van den ['vɔndəl; 'fɔndəl] *Dutch dramatist and poet; 1587—1679.*
Voß, Johann Heinrich [fɔs] Johann Heinrich Voss. *German poet and translator of classical poets; 1751—1826.*
Vries, Adriaen de [vri:s; fri:s] *Dutch sculptor; 1560?—1626.*
Vries, Hugo de [vri:s; fri:s] *Dutch botanist; 1848—1935.*
Vul·pi·us, Christian August ['vʊlpĭʊs] *German novelist; 1762—1827.*
Vul·pi·us, Christiane ['vʊlpĭʊs] *Wife of Johann Wolfgang von Goethe; 1765—1816.*

W

Wag·gerl, Karl Heinrich ['vagərl] *Austrian narrative writer; 1897—1973.*
Wag·ner, Richard ['va:gnər] *German composer; 1813—83.*
Wal·dau, Gustav ['valdaʊ] *German actor; 1871—1958.*
Wald·mül·ler, Ferdinand Georg ['valt-ˌmʏlər] *Austrian painter; 1793—1865.*
Wal·len·stein, *auch* **Wald·stein,** Albrecht Wenzel Eusebius von, Herzog von Friedland ['valənˌʃtaɪn, 'valtˌʃtaɪn] (*called* der Friedländer) *Austrian general in the Thirty Years' War; 1583—1634.*
Wal·ser, Martin ['valzər] *German writer; *1927.*
Wal·ter, Bruno ['valtər] *German-American conductor; 1876—1962.*
Wal·ther von der Vo·gel·wei·de ['valtər fɔn der 'fo:gəlˌvaɪdə] *Middle High German lyric poet; 1170?—?1230.*
Wan·kel, Felix ['vaŋkəl] *German engineer and inventor of a rotary-piston engine; *1902.*
Was·ser·mann, Jakob ['vasərˌman] *German writer; 1873—1934.*
Wat·teau, (Jean) Antoine [va'to:] *French genre painter; 1684—1721.*
We·ber, Carl Maria von ['ve:bər] *German composer; 1786—1826.*
We·bern, Anton von ['ve:bərn] *Austrian composer; 1883—1945.*
We·de·kind, Frank ['ve:dəˌkɪnt] *German dramatist; 1864—1918.*
We·ge·ner, Paul ['ve:gənər] *German actor; 1874—1948.*
Wei·er·straß, Karl Theodor ['vaɪərˌʃtra:s] *German mathematician; 1815—97.*
Wei·gel, Helene ['vaɪgəl] *German actress; 1900—1971.*
Weill, Kurt [vaɪl] *German-American composer; 1900—1950.*
Wein·gart·ner, Felix von ['vaɪnˌgartnər] *Austrian composer and conductor; 1863—1942.*
Wein·he·ber, Josef ['vaɪnˌhe:bər] *Austrian lyric poet; 1892—1945.*
Wei·sen·born, Günther ['vaɪzənˌbɔrn] (*pseudonym* Eberhard Foerster, Christian Munk) *German writer and playwright; 1902—69.*
Weis·ger·ber, Leo ['vaɪsˌgɛrbər] *German linguist; *1899.*
Weis·man·tel, Leo ['vaɪsˌmantəl] *German writer and educator; 1888—1964.*
Weiss, Peter [vaɪs] *German-Swedish writer and painter; *1916.*
Wei·ße, Christian Felix ['vaɪsə] Christian Felix Weisse. *German writer and poet; 1726—1804.*
Weiz·säcker, Carl Friedrich Freiherr von (*getr.* -k·k-) ['vaɪtsˌzɛkər] *German physicist and philosopher; *1912.*
Wel·ser, Bartholomäus ['vɛlzər] *German banker, head of one of the richest banking and commercial firms of his time in Augsburg; 1484?—1561.*
Wen·zel[1] ['vɛntsəl] Wenceslaus, Wenceslas. *Duke and patron saint of Bohemia; 910?—929.*
Wen·zel[2] ['vɛntsəl] Wenceslaus. *King of Bohemia and Germany; 1361—1419.*
Wer·fel, Franz ['vɛrfəl] *Austrian novelist, poet, and playwright; 1890—1945.*
Wer·ner, Abraham Gottlob ['vɛrnər] *German mineralogist and geologist; 1750—1817.*
Wer·ner, Oskar ['vɛrnər] *Austrian actor; *1922.*
Werth, Johann Reichsgraf von [ve:rt] *General in the imperial and Bavarian service in the Thirty Years' War; 1600?—1652.*
Wert·hei·mer, Max ['ve:rtˌhaɪmər] *German psychologist, founder of Gestalt psychology; 1880—1943.*
Wes·se·ly, Paula ['vɛsəli] *Austrian actress; *1908.*
Wey·den, Rogier van der ['vaɪdən] *Flemish painter; 1400?—1464.*
Wicki, Bernhard (*getr.* -k·k-) ['vɪki] *Swiss actor and film director; *1919.*
Wi·du·kind ['vi:duˌkɪnt] Wittekind, *auch* Widukind. *Leader of the Saxons against Charlemagne; ?—?807.*
Wie·chert, Ernst ['vi:çərt] (*pseudonym* Barany Bjell) *German writer; 1887—1950.*
Wie·land, Christoph Martin ['vi:ˌlant] *German poet and novelist; 1733—1813.*
Wie·man, Mathias ['vi:ˌman] *German actor; *1902.*
Wig·man, Mary ['vi:kˌman] *German dancer and choreographer; 1886—1973.*
Wild·gans, Anton ['vɪltˌgans] *Austrian lyric poet and dramatist; 1881—1932.*
Wil·helm ['vɪlˌhɛlm] *Emperors of Germany and kings of Prussia:* Wilhelm I. William I (*1797—1888*); Wilhelm II. William II (*1859—1941*).
Wil·helm ['vɪlˌhɛlm] William. *Crown prince of the German Empire and of Prussia; 1882—1951.*
Wil·helm I. (von Oranien) (der Schweiger) ['vɪlˌhɛlm] William I (of Orange) (the Silent). *Prince of Orange and count of Nassau; 1533—84.*
Wil·helm III. (von Oranien) ['vɪlˌhɛlm] William III (of Orange). *King of England and stadholder of the Netherlands; 1650—1702.*
Wil·hel·mi·na [vɪlhɛl'mi:na] *Queen of the Netherlands; 1880—1962.*
Win·ckel·mann, Johann Joachim ['vɪŋkəl-ˌman] *German arch(a)eologist, founder of scientific arch(a)eology; 1717—68.*
Wind·gas·sen, Wolfgang ['vɪntˌgasən] *German tenor; 1914—74.*
Win·kel·ried, Arnold von ['vɪŋkəlˌri:t] *Swiss national hero; ?—1386.*
Wit·te·kind ['vɪtəˌkɪnt] → **Widukind.**
Witt·gen·stein, Ludwig ['vɪtgənˌʃtaɪn] *Austro-English philosopher; 1889—1951.*
Witz, Konrad [vɪts] *German painter; 1400?—?1445.*
Wolf, Friedrich [vɔlf] *German dramatist; 1888—1953.*
Wolf, Hugo [vɔlf] *Austrian composer; 1860—1903.*
Wolf, Max [vɔlf] *German astronomer; 1863—1932.*
Wolff, Albert [vɔlf] *German sculptor; 1814—1892.*
Wolff, Christian Freiherr von [vɔlf] *German philosopher and mathematician; 1679—1754.*
Wölff·lin, Eduard ['vœlfli:n] *Swiss classical scholar; 1831—1908.*
Wolf·ram von Eschen·bach ['vɔlfram fɔn 'ɛʃənˌbax] *Middle High German poet; 1170?—?1220.*
Wolfs·kehl, Karl ['vɔlfsˌke:l] *German lyric poet; 1869—1948.*
Wot·ru·ba, Fritz ['vɔtruba] *Austrian sculptor; *1907.*
Wran·gel, Carl Gustav, Graf von Salmis ['vraŋəl] *Swedish field marshal in the Thirty Years' War; 1613—76.*
Wul·fi·la ['vʊlfila] → **Ulfilas.**
Wun·der·lich, Fritz ['vʊndərlɪç] *German tenor; 1930—66.*
Wundt, Wilhelm [vʊnt] *German philosopher and psychologist; 1832—1920.*

X

Xan·thip·pe [ksan'tɪpə] Xanthippe, *auch* Xantippe. *Wife of Socrates, proverbial for her shrewish disposition; about 5th century B.C.*
Xa·ver, Franz, der heilige (Apostel der Inder) ['ksa:vər] (*originally* Francisco Javier) St. Francis Xavier (Apostle of the Indies). *Spanish Jesuit and missionary; 1506—52.*
Xe·na·kis, Yannis [ksɛ'nakɪs] *Greek composer; *1922.*
Xe·no·kra·tes [kse'no:kratɛs] Xenocrates. *Greek philosopher; 396—314 B.C.*
Xe·no·pha·nes [kse'no:fanɛs] *Greek philosopher and poet; 570?—?480 B.C.*
Xe·no·phon ['kse:nofən] *Greek historian and essayist; 430?—?355 B.C.*
Xer·xes I. (der Große) ['ksɛrksɛs] Xerxes I (the Great). *King of Persia; 519?—465 B.C.*

Z

Za·ra·thu·stra [tsara'tʊstra] → **Zoroaster.**
Zeiss, Carl [tsaɪs] *German optician and precision mechanic; 1816—88.*
Zel·ler, Carl ['tsɛlər] *Austrian composer of operettas; 1842—98.*
Zel·ler, Eduard ['tsɛlər] *German philosopher and Protestant theologian; 1814—1908.*
Zel·ter, Carl Friedrich ['tsɛltər] *German composer; 1758—1832.*
Ze·no (von Elea) (*auch* Zeno der Ältere) ['tse:no (fɔn e'le:a)] Zeno (of Elea) (*auch* Zeno the Elder). *Greek philosopher; 490?—?430 B.C.*
Ze·no (von Ki·ti·on) (*auch* Zeno der Jüngere) ['tse:no (fɔn 'ki:tĭɔn)] Zeno (of Citium) (*auch* Zeno the Younger, Zeno the Stoic). *Greek philosopher, founder of the Stoic school of philosophy; 336?—?264 B.C.*
Zep·pe·lin, Ferdinand Graf von ['tsɛpəli:n; tsɛpə'li:n] *German general and aeronaut; designer and manufacturer of the Zeppelin; 1838—1917.*
Zieg·ler, Karl ['tsi:glər] *German chemist; 1898—1973.*
Zie·hen, Theodor ['tsi:ən] *German philosopher, psychiatrist, and psychologist; 1862—1950.*
Zieh·rer, Carl Michael ['tsi:rər] *Austrian composer of operettas; 1843—1922.*
Zie·ten, Zie·then, Hans Joachim von ['tsi:tən] *Prussian general under Frederick the Great; 1699—1786.*
Zil·cher, Hermann ['tsɪlçər] *German composer; 1881—1948.*
Zil·le, Heinrich ['tsɪlə] *German illustrator; 1858—1929.*
Zim·mer·mann, Bernd Alois ['tsɪmərˌman] *German composer and musicologist; 1918—1970.*
Zim·mer·mann, Dominikus ['tsɪmərˌman] *German architect; 1685—1766.*
Zis·ka, Johann ['tsɪska] → **Žižka, Jan.**
Žiž·ka, Jan ['ʒɪʃka] *Bohemian Hussite leader; 1370?—1424.*
Zo·la, Émile [zo'la] *French writer; 1840—1902.*
Zorn, Anders Leonhard [tsɔrn] *Swedish impressionist painter and etcher; 1860—1920.*
Zo·roa·ster [tsoro'astər] (*originally* Spitama) Zoroaster, *auch* Zarathustra. *Founder of ancient Persian religion; 630?—?553 B.C.*
Zsig·mon·dy, Richard ['ʃɪgmɔndi] *Austrian chemist; 1865—1929.*
Zuck·may·er, Carl ['tsʊkˌmaɪər] *German-Swiss playwright; *1896.*
Zü·gel, Heinrich von ['tsy:gəl] *German animal and genre painter; 1850—1914.*
Zweig, Arnold [tsvaɪk] *German writer; 1887—1968.*
Zweig, Stefan [tsvaɪk] *Austrian novelist, dramatist, and biographer; 1881—1942.*
Zwing·li, Ulrich (Ulricus Zvinglius) ['tsvɪŋli] *Swiss Protestant reformer; 1484—1531.*

III. VORNAMEN

III. CHRISTIAN NAMES

A

Ab·bo ['abo] *m short for* Adalbert.
Abel ['a:bəl] *m* Abel.
Abo ['a:bo] *m short for* Adalbert.
Abra·ham ['a:braham] *m* Abraham.
Ab·sa·lom ['apsaləm] *m* Absalom.
Achim ['axɪm] *m short for* Joachim.
Ach·med ['axmɛt] *m.*
Ada ['a:da] *f short for* Adelheid, Adelgunde.
Adal·bert ['a:dal,bɛrt] *m* Adalbert, *auch* Adelbert.
Adal·ber·ta [adal'bɛrta] *f.*
Adal·brecht ['a:dal,brɛçt] *m variant of* Adalbert.
Adal·mar ['a:dalmar] *m.*
Adam ['a:dam] *m* Adam.
Ad·da ['ada] *f short for* Adelheid, Adelgunde.
Ad·do ['ado] *m short for* Adolf.
Ade·la [a'de:la] *f* Adela, *auch* Adele.
Ade·lai·de [adela'i:də] *f* Adelaide.
Adel·bert ['a:dəl,bɛrt], **Adel·brecht** ['a:dəl,brɛçt] *m variant of* Adalbert.
Ade·le [a'de:lə] *f* Adele, *auch* Adela.
Adel·gun·de [,a:dəl'gʊndə], *auch* **Adel·gund** ['a:dəl,gʊnt] *f.*
Adel·heid ['a:dəl,haɪt] *f* Adelheid.
Adel·hil·de [,a:dəl'hɪldə], *auch* **Adel·hild** ['a:dəl,hɪlt] *f.*
Ade·lin·de [,a:də'lɪndə] *f.*
Ade·li·ne [,a:də'li:nə] *f* Adeline, *auch* Adelina.
Adel·mut ['a:dəl,mu:t] *f.*
Adel·traud ['a:dəl,traʊt], *auch* **Adel·trud** ['a:dəl,tru:t] *f.*
Adi·na [a'di:na] *f.*
Ado ['a:do] *m short for* Adolf.
Adolf ['a:dɔlf] *m* Adolf, *auch* Adolph, Adolphe, Adolphus.
Adol·fa [a'dɔlfa], **Adol·fi·ne** [adɔl'fi:nə] *f.*
Adri·an ['a:dria:n] *m* Adrian.
Adria·ne [adri'a:nə] *f* Adrienne.
Afra ['a:fra] *f* Afra.
Aga·the [a'ga:tə] *f* Agatha.
Ag·da ['akda] *f.*
Agi ['a:gi] *f pet form of* Agnes.
Ägid [ɛ'gi:t], *auch* **Ägi·di·us** [ɛ'gi:dĭʊs] *m* Giles.
Agnes ['agnɛs] *f* Agnes.
Ah·med ['axmɛt] *m variant of* Achmed.
Al·ban ['alba:n; al'ba:n] *m* Alban, *auch* Alben, Albin.
Al·be·rich ['albərɪç] *m* Aubrey.
Al·bert ['albɛrt] *m* Albert, Elbert.
Al·ber·ta [al'bɛrta] *f* Alberta.
Al·ber·ti·na [albɛr'ti:na] *f* Albertine, *auch* Albertina.
Al·bin ['albi:n; al'bi:n] *m* Albin, *auch* Alban, Alben.
Al·brecht ['albrɛçt] *m.*
Al·de·mar ['aldəmar] *m variant of* Adalmar.
Al·do ['aldo] *m.*
Ale·na [a'le:na] *f short for* Magdalena.
Ales·san·dra [alɛ'sandra] *f variant of* Alexandra.
Alex ['a:lɛks] *m* a) *short for* Alexander, b) Alex, *auch* Alec(k), Alix.
Alex·an·der [alɛ'ksandər] *m* Alexander.
Alex·an·dra [alɛ'ksandra] *f* Alexandra.
Alex·an·dri·ne [alɛksan'dri:nə] *f* Alexandrina.
Ale·xei [alɛ'kse:i] *m.*
Ale·xis [a'lɛksɪs] *m* Alexis.
Alf [alf] *m* a) *short for* Alfred, Adolf, b) Alf.
Al·fons ['alfɔns], **Al·fon·so** [al'fɔnzo] *m* Alphonso, *auch* Alonso, Alonzo.
Al·fred ['al,fre:t] *m* Alfred.
Al·fried ['al,fri:t] *m.*
Ali·ce [a'li:sə] *f* Alice, *auch* Alyce, Alys.
Ali·da [a'li:da] *f short for* Adelheid.
Ali·na [a'li:na], *auch* **Ali·ne** [a'li:nə] *f* a) *short for* Adeline, b) Aline.
Al·ke ['alkə], *auch* **Alk·je** ['alkjə] *f Low G. pet form of* Adelheid.
Al·ma ['alma] *f* Alma.
Al·mar ['almar] *m short for* Adalmar.
Al·ma·rich ['almarɪç], *auch* **Al·me·rich** ['almərɪç] *m* Almeric.
Al·mut ['al,mu:t], *auch* **Al·muth** ['al,mu:t] *f short for* Adelmut.
Alois ['a:lɔɪs; 'a:loi:s], *auch* **Aloi·si·us** [alo'i:zĭʊs] *m* Aloysius.
Aloi·sia [alo'i:zĭa] *f.*
Al·phonse [al'fõ:s] *m variant of* Alfons.
Al·run ['alru:n] *f.*
Al·traud ['al,traʊt], *auch* **Al·trud** ['al,tru:t] *f short for* Adeltraud.
Al·win ['alvi:n] *m* Alvin, *auch* Alwin, Alwyn.
Al·wi·ne [al'vi:nə] *f* Alvina.
Ama·de·us [ama'de:ʊs] *m* Amadeus, Amadeo.
Ama·lie [a'ma:lĭə], *auch* **Ama·lia** [a'ma:lĭa] *f* Amelia, *auch* Amalia.
Aman·da [a'manda] *f* Amanda.
Am·bro·si·us [am'bro:zĭʊs], *auch* **Am·bros** ['ambrɔs] *m* Ambrose.
Ame·lie ['ameli; a'me:lĭə; ame'li:], **Amé·lie** [ame'li:] *f variant of* Amalie.
Amos ['a:mɔs] *m* Amos.
Ana·sta·sia [anas'ta:zĭa] *f* Anastasia.
Ana·sta·si·us [anas'ta:zĭʊs] *m* Anastasius.
Ana·tol [ana'to:l; 'anato:l], *auch* **Ana·to·li·us** [ana'to:lĭʊs] *m* Anatol, *auch* Anatole, Annatol.
An·derl ['andərl], **An·di** ['andi] *m dim. of* Andreas.
An·dré [ã'dre:] *m* André, Andrew.
An·drea [an'dre:a] *f* Andrea.
An·dre·as [an'dre:as] *m* Andrew.
An·drée [ã'dre:] *f* Andrée, Andrea.
An·ge·la ['aŋgela; aŋ'ge:la] *f* Angela.
An·ge·li·ka [aŋ'ge:lika] *f* Angelica, Angelic.
An·ge·li·na [aŋge'li:na] *f* Angelina, *auch* Angeline, Angelyn.
Angé·lique [ãʒe'lɪk] *f variant of* Angelika.
Ani·ta [a'ni:ta] *f* Anita.
An·ja ['anja] *f.*
An·ka ['aŋka] *f.*
An·ke ['aŋkə] *f.*
Ann [an] *f short for* Anna.
An·na ['ana] *f* Ann(e), Anna.
An·na·bel·la [ana'bɛla] *f* Annabel, Annabella, Annabelle.
Änn·chen ['ɛnçən] *n dim. of* Anna.
An·ne ['anə] *f variant of* Anna.
An·ne·gret ['anə,gre:t] *f.*
An·ne·li ['anəli], *auch* **An·ne·lie** ['anəli] *f Southern G. dim. and pet form of* Anna.
An·ne·lie·se ['anə,li:zə] *f.*
An·ne·ma·rie ['anəma,ri:] *f.*
An·ne·mie ['anəmi] *f short for* Annemarie.
An·nerl ['anərl] *n Bavarian dim. and pet form of* Anna.
An·net·te [a'nɛtə] *f* Annette.
An·ni ['ani] *f pet form of* Anna.
An·no ['ano] *m short for* Arnold.
Ans·bert ['ansbɛrt] *m.*
An·selm ['anzɛlm] *m* Anselm, *auch* Ansel.
An·sel·ma [an'zɛlma] *f.*
Ans·gar ['ansgar] *m.*
Ant·je ['antjə] *f Low G. dim. and pet form of* Anna.
An·toi·nette [ãtŏa'nɛt] *f* Antoinette.
An·ton ['anto:n] *m* Anthony, *auch* Antony.
An·to·nia [an'to:nĭa], *auch* **An·to·nie** [an'to:nĭə] *f* Antonia.
Anusch·ka ['anʊʃka] *f.*
Apol·lo·nia [apɔ'lo:nĭa] *f.*
Ara·bel·la [ara'bɛla] *f* Arabel, *auch* Arabella.
Ar·chi·bald ['arçi,balt] *m* Archibald.
Aria·ne [a'rĭa:nə] *f* Ariane.
Ari·bert ['a:ri,bɛrt] *m* → Herbert.
Ari·stid [arɪs'ti:t] *m.*
Ar·min ['armi:n] *m* Armin.
Ar·ne ['arnə] *m.*
Arn·fried ['arn,fri:t] *m.*
Ar·no ['arno] *m* a) *short for* Arnold, b) Arno.
Ar·nold ['arnɔlt] *m* Arnold.
Ar·nulf ['arnʊlf] *m.*
Ar·t(h)ur ['artʊr] *m* Arthur, *auch* Artur.
As·pa·sia [as'pa:zĭa] *f* Aspasia.
Asta ['asta] *f short for* Anastasia, Astrid, Auguste.
Astrid ['astri:t] *f* Astrid.
Atha·na·si·us [ata'na:zĭʊs] *m* Athanasius.
At·ti·la ['atila] *m.*
Au·gust ['aʊgʊst] *m* August(us).
Au·gu·ste [aʊ'gʊstə], *auch* **Au·gu·sta** [aʊ'gʊsta] *f* Augusta.
Au·gu·stin ['aʊgʊsti:n; aʊgʊs'ti:n] *m* Augustin(e), Austin.
Au·gu·sti·ne [aʊgʊs'ti:nə] *f.*
Au·re·lia [aʊ're:lĭa], *auch* **Au·re·lie** [aʊ're:lĭə] *f* Aurelia.
Au·re·li·us [aʊ're:lĭʊs] *m* Aurelius.
Au·ro·ra [aʊ'ro:ra] *f* Aurora.
Axel ['aksəl] *m* Axel.

B

Ba·bet·te [ba'bɛtə], *auch* **Ba·bett** [ba'bɛt] *f* Babette, *auch* Barbette.
Babs [baps], **Bab·si** ['bapsi] *f* a) *dim. and pet form of* Barbara, b) Babs.
Bal·du·in ['baldui:n], **Bald·win** ['baltvi:n] *m* Baldwin.
Bal·dur ['baldʊr] *m.*
Bal·tha·sar ['baltazar] *m* Balthazar, Balthasar.
Bap·tist [bap'tɪst] *m* Baptist.
Barb [barp] *f short for* Barbara.
Bar·ba·ra ['barbara] *f* Barbara.
Bar·be ['barbə] *f short for* Barbara.
Bär·bel ['bɛrbəl] *f dim. and pet form of* Barbara.
Bar·bi ['barbi] *f bes. Southern G. dim. and pet form of* Barbara.
Bar·na·bas ['barnabas] *m* Barnabas.
Bar·net ['barnət] *m variant of* Bernhard.
Bar·thel ['bartəl] *m short for* Bartholomäus.
Bart·hold ['bartɔlt] *m Low G. for* Berthold.
Bar·tho·lo·mä·us [bartolo'mɛ:ʊs] *m* Bartholomew.
Ba·si·li·us [ba'zi:lĭʊs], *auch* **Ba·sil** [ba'zi:l; 'ba:zi:l] *m* Basil, Basilius.
Ba·sti·an ['bastĭa(:)n], **Ba·sti·en** [bas'tĭɛ̃:] *m short for* Sebastian.
Bea·te [be'a:tə], *auch* **Bea·ta** [be'a:ta] *f* Beata.
Bea·tri·ce [bea'tri:sə] *f* Beatrice.
Bea·trix [be'a:trɪks; 'be:atrɪks] *f* Beatrix.

Becki (*getr.* -k·k-) [ˈbɛki] *f* a) *short for and pet form of* Rebekka, b) Becky.
Be·ke [ˈbeːkə], *auch* **Be·ka** [ˈbeːka] *f Low G. pet form of* Berta.
Bé·la [ˈbeːla] *m* Bela.
Be·lin·da [beˈlɪnda] *f* Belinda.
Bel·la [ˈbɛla] *f* Belle, Bella, Bel(l).
Ben [bɛn] *m* a) *short for* Benjamin, b) Ben.
Be·ne·dikt [ˈbeːnedɪkt], *auch* **Be·ne·dik·tus** [beneˈdɪktʊs] *m* Benedict.
Be·ne·dik·ta [beneˈdɪkta] *f* Benedicta.
Be·ni·ta [beˈniːta] *f* Benita.
Ben·ja·min [ˈbɛnjamiːn] *m* Benjamin.
Ben·net [ˈbɛnət] *m.*
Ben·no [ˈbɛno] *m short for* Bernhard.
Ben·ny [ˈbɛni] *m* Benny.
Bep·po [ˈbɛpo] *m.*
Be·re·ni·ke [bereˈniːke], *auch* **Be·re·ni·ce** [bereˈniːtse] *f* Berenice.
Be·rit [ˈbeːrɪt] *f variant of* Birgit.
Ber·na [ˈbɛrna] *f short for* Bernharde.
Ber·na·dette [bɛrnaˈdɛt] *f* Bernadette.
Ber·nald [ˈbɛrnalt] *m variant of* Bernold.
Ber·nard [ˈbɛrnart] *m variant of* Bernhard.
Bernd [bɛrnt], *auch* **Bernt** [bɛrnt] *m short for* Bernhard.
Bern·hard [ˈbɛrnˌhart] *m* Bernard, Barnard.
Bern·har·de [ˌbɛrnˈhardə], *auch* **Bern·har·da** [ˌbɛrnˈharda] *f.*
Bern·har·di·ne [bɛrnharˈdiːnə] *f* Bernardina, Bernardine, *auch* Bernadine.
Bern·hild [ˈbɛrnˌhɪlt], *auch* **Bern·hil·de** [ˌbɛrnˈhɪldə] *f.*
Bern·hold [ˈbɛrnˌhɔlt] *m variant of* Bernold.
Ber·no [ˈbɛrno] *m short for* Bernhard.
Ber·nold [ˈbɛrnɔlt] *m.*
Be·ro [ˈbeːro] *m short for* Bernhard.
Bert [bɛrt] *m short for* Albert, Berthold, Bertram, Herbert.
Ber·ta [ˈbɛrta], *auch* **Ber·tha** [ˈbɛrta] *f* Bertha, Berta.
Ber·tel[1] [ˈbɛrtəl] *m dim. and pet form of* Berthold.
Ber·tel[2] [ˈbɛrtəl] *f dim. and pet form of* Berta.
Bert·hild [ˈbɛrtɪlt; ˈbɛrtˌhɪlt] *f.*
Bert·hold [ˈbɛrtɔlt; ˈbɛrtˌhɔlt] *m* Berthold.
Ber·ti [ˈbɛrti] *m dim. and pet form of* Berthold.
Ber·ti·na [bɛrˈtiːna], *auch* **Ber·ti·ne** [bɛrˈtiːnə] *f short for* Albertina.
Ber·told [ˈbɛrtɔlt] *m variant of* Berthold.
Ber·tolf [ˈbɛrtɔlf] *m.*
Ber·tram [ˈbɛrtram] *m* Bertram, Bartram.
Bet·ti [ˈbɛti] *f short for and pet form of* Elisabeth.
Bet·ti·na [bɛˈtiːna], *auch* **Bet·ti·ne** [bɛˈtiːnə] *f* Bettina.
Bi·an·ca [ˈbi̯aŋka], **Bi·an·ka** [ˈbi̯aŋka] *f* Bianca.
Bill [bɪl] *m* Bill.
Bi·ne [ˈbiːnə] *f short for* Sabine.
Bir·git [ˈbɪrgɪt], **Bir·git·ta** [bɪrˈgɪta] *f.*
Bir·ke [ˈbɪrkə] *f.*
Bir·te [ˈbɪrtə] *f short for* Birgit.
Björn [bjœrn] *m.*
Blanche [blãːʃ] *f* Blanch(e).
Blan·da [ˈblanda] *f.*
Blan·di·ne [blanˈdiːnə] *f.*
Blan·ka [ˈblaŋka] *f.*
Bla·si·us [ˈblaːzi̯ʊs] *m* Blasius, Blaise, *auch* Blase.
Bob [bɔp] *m* Bob.
Bob·by[1] [ˈbɔbi] *m* Bobby.
Bob·by[2] [ˈbɔbi] *f* Bobby.
Bo·do [ˈboːdo] *m.*
Boi [bɔʏ], **Bo·je** [ˈboːjə] *m.*
Bo·les·law [ˈboːlɛslaf] *m.*
Bol·ko [ˈbɔlko] *m short for* Boleslaw.
Bo·ni·fa·ti·us [boniˈfaːtsi̯ʊs], **Bo·ni·faz** [boniˈfaːts; ˈboː-] *m* Boniface.
Bo·ris [ˈboːrɪs] *m* Boris.
Bork [bɔrk] *m Low G. short for* Burkhard.
Bör·ri·es [ˈbœri̯əs], *auch* **Bor·ri·es** [ˈbɔri̯əs] *m Low G. short for* Liborius.
Bo·to [ˈboːto], *auch* **Bo·tho** [ˈboːto] *m variant of* Bodo.
Brecht [brɛçt] *m short for* Albrecht.
Bri·git·te [briˈgɪtə], *auch* **Bri·git·ta** [briˈgɪta] *f* Bridget, Brigid, Brigit.
Brit [brɪt], **Brit·ta** [ˈbrɪta] *f short for* Brigitte.
Bro·der [ˈbroːdər] *m.*
Brun·hild [ˈbruːnˌhɪlt], *auch* **Brun·hil·de** [ˌbruːnˈhɪldə] *f* Brunhilde, *auch* Brunhilda.
Bru·ni [ˈbruːni] *f dim. and pet form of* Brunhild.
Bru·no [ˈbruːno] *m* Bruno.
Bur·ga [ˈbʊrga] *f short for* Burghild, Walpurga.
Bur·gel [ˈbʊrgəl] *f Bavarian and Austrian for* Burghild, Walburg.
Burg·hild [ˈbʊrkˌhɪlt], **Burg·hil·de** [ˌbʊrkˈhɪldə] *f.*
Burgl [ˈbʊrgəl] *f variant of* Burgel.
Burk [bʊrk] *m short for* Burkhard.
Burk·hard [ˈbʊrkˌhart], *auch* **Burk·hart** [ˈbʊrkˌhart] *m.*

C

Cä·ci·lie [tsɛˈtsiːli̯ə], *auch* **Cä·ci·lia** [tsɛˈtsiːli̯a] *f* Cecile, Cecilia, Cecily, Cicely, Celia.
Ca·mil·la [kaˈmɪla] *f* Camilla, Camila, Camile, Camille.
Can·di·da [ˈkandida] *f* Candida.
Ca·ri·na [kaˈriːna] *f* Carina.
Carl [karl] *m* → Karl.
Car·la [ˈkarla] *f* → Karla.
Car·lo [ˈkarlo] *m.*
Car·me·la [karˈmeːla] *f* Carmel(a), Carmella.
Car·men [ˈkarmən] *f* Carmen.
Ca·rol [ˈkɛrəl] *f* Carol, Carrol(l), Caryl.
Ca·ro·la [kaˈroːla; ˈkaːrola] *f* Carola.
Ca·ro·li·na [karoˈliːna] *f* Caroline, Carolyn, Karoline.
Ca·ro·li·ne [karoˈliːnə] *f* → Karoline.
Ca·ro·lus [ˈkaːrolus; kaˈroːlʊs] *m* Carol, Carrol(l), Caryl.
Car·sta [ˈkarsta] *f* → Karsta.
Car·sten [ˈkarstən] *m Low G. for* Christian.
Cä·sar [ˈtsɛːzar] *m* Caesar.
Ca·si·mir [ˈkaːzimiːr] *m* → Kasimir.
Cas·par [ˈkaspar] *m* → Kaspar.
Ca·te·ri·na [kateˈriːna] *f* → Katharina.
Ce·lia [ˈtseːli̯a] *f short for* Cäcilie.
Char·lot·te [ʃarˈlɔtə] *f* Charlotte.
Chlod·wig [ˈkloːtvɪç] *m.*
Chlot·hil·de [kloˈtɪldə] *f* → Klothilde.
Chris[1] [krɪs] *m* Chris.
Chris[2] [krɪs] *f* Chris.
Chri·sta [ˈkrɪsta] *f short for* Christiane.
Chri·sta·ma·ria [ˌkrɪstamaˈriːa] *f.*
Chri·stel [ˈkrɪstəl] *f dim. and pet form of* Christiane, Christa.
Chri·sti·an [ˈkrɪsti̯an] *m* Christian.
Chri·stia·ne [krɪsˈti̯aːnə], *auch* **Chri·stia·na** [krɪsˈti̯aːna] *f* Christiana.
Chri·sti·ne [krɪsˈtiːnə], *auch* **Chri·sti·na** [krɪsˈtiːna] *f* Christina, Christine.
Christl [ˈkrɪstəl] *f dim. and pet form of* Christiane, Christa.
Chri·stoph [ˈkrɪstɔf], *auch* **Chri·stof** [ˈkrɪstɔf] *m* Christopher.
Cil·li [ˈtsɪli], *auch* **Cil·ly** [ˈtsɪli] *f short for* Cäcilie.
Claas [klaːs] *m Low G. short for* Nikolaus.
Claire [klɛːr] *f* Claire, Clare, Clair.
Cla·ra [ˈklaːra] *f* → Klara.
Cla·ris·sa [klaˈrɪsa], *auch* **Cla·ris·se** [klaˈrɪsə] *f* → Klarissa.
Claude[1] [kloːt] *m variant of* Claudius.
Claude[2] [kloːt] *f variant of* Claudia.
Clau·dette [kloˈdɛt] *f dim. of* Claude[2].
Clau·dia [ˈklaudi̯a] *f* Claudia.
Clau·di·ne [klauˈdiːnə] *f* Claudine.
Clau·dio [ˈklaudi̯o] *m.*
Clau·di·us [ˈklaudi̯ʊs] *m* Claudius.
Claus [klaus] *m* → Klaus.
Cle·mens [ˈkleːməns] *m* Clement.
Cle·men·tia [kleˈmɛntsi̯a] *f* Clemency, Clemence.
Cle·men·ti·ne [klemenˈtiːnə] *f* Clementina, Clementine, Clementia.
Clio [ˈkliːo] *f* Clio.
Co·let·ta [koˈlɛta], **Co·lette** [koˈlɛt] *f* Colette.
Con·ni[1] [ˈkɔni], *auch* **Con·ny** [ˈkɔni] *m* a) *pet form of* Konrad, b) Connie.
Con·ni[2] [ˈkɔni], *auch* **Con·ny** [ˈkɔni] *f pet form of* Cornelia.
Con·nie [ˈkɔni], *auch* **Con·ny** [ˈkɔni] *f* Connie, *auch* Connee.
Con·rad [ˈkɔnraːt] *m* → Konrad.
Con·stan·ce [kɔnˈstantsə] *f* → Konstanze.
Con·stan·tin [ˈkɔnstantiːn; -ˈtiːn] *m* → Konstantin.
Con·stan·ze [kɔnˈstantsə] *f* → Konstanze.
Co·ra [ˈkoːra] *f short for* Cordelia, Cordula.
Cor·de·lia [kɔrˈdeːli̯a] *f* Cordelia.
Cor·du·la [ˈkɔrdula] *f.*
Co·rin·na [koˈrɪna] *f* Corinna, *auch* Corinne, Corynne.
Co·rinne [koˈrɪn] *f variant of* Corinna.
Cor·ne·lia [kɔrˈneːli̯a] *f* Cornelia.
Cor·ne·li·us [kɔrˈneːli̯ʊs] *m* Cornelius.
Cor·nell [ˈkɔrnəl] *f short for* Cornelia.
Co·sette [koˈzɛt], *auch* **Co·sett** [koˈzɛt] *f dim. of* Nicole.
Co·si·ma [ˈkoːzima] *f.*
Cres·cen·tia [krɛsˈtsɛntsi̯a] *f.*
Cris·pi·nus [krɪsˈpiːnʊs], *auch* **Cri·spin** [krɪsˈpiːn] *m* Crispin, *auch* Crispian, Crispinian.
Curt [kʊrt], *auch* **Curd** [kʊrt] *m* → Kurt.
Cyn·thia [ˈtsʏnti̯a] *f* Cynthia.
Cy·pria·nus [tsypriˈaːnʊs], *auch* **Cy·pri·an** [tsypriˈaːn] *m* Cyprian.
Cy·ril·lus [tsyˈrɪlʊs], *auch* **Cy·rill** [tsyˈrɪl] *m* Cyril.

D

Dag [daːk] *m short for* Dagobert, Dagomar.
Dag·mar [ˈdagˌmar] *f* Dagmar.
Da·go·bert [ˈdaːgoˌbɛrt] *m.*
Da·go·mar [ˈdaːgomar] *m.*
Dai·sy [ˈdeːzi] *f* Daisy, *auch* Daysie.
Da·ni·el [ˈdaːni̯ɛl] *m* Daniel.
Da·nie·la [daˈni̯eːla], *auch* **Da·ni·el·la** [daˈni̯ɛla] *f* Daniela.
Da·ni·elle [daˈni̯ɛl] *f variant of* Daniela.
Dank·mar [ˈdaŋkmar] *m.*
Dank·ward [ˈdaŋkˌvart], *auch* **Dank·wart** [ˈdaŋkˌvart] *m.*
Da·ny [daˈniː] *f pet form of* Daniela, Danielle.
Daph·ne [ˈdafnə] *f* Daphne.
Da·ria [daˈriːa] *f.*
Dar·ja [ˈdarja] *f.*
Da·vid [ˈdaːfɪt; -vɪt] *m* David.
Da·vi·da [daˈviːda] *f* Davida, *auch* Davita.
De·bo·ra [deˈboːra], *auch* **De·bo·rah** [deˈboːra] *f* Deborah, *auch* Debora.
De·gen·hard [ˈdeːgənˌhart] *m.*
Dei·ke [ˈdaɪkə] *f.*
De·la [ˈdeːla], *auch* **De·le** [ˈdeːlə] *f short for* Adele.
Delf [dɛlf] *m short for* Detlef.
De·lia [ˈdeːli̯a] *f* Delia.
De·li·la(h) [deˈliːla] *f* Delilah.
De·me·tri·us [deˈmeːtrius] *m* Demetrius.
De·nise [dəˈniːs] *f* Denise, *auch* Denice, Denys.
De·no [ˈdeːno] *m short for* Degenhard.
Derk [dɛrk], *auch* **De·rek** [ˈdeːrɛk] *m Low G. short for* Dietrich.
Dé·si·rée [deziˈreː] *f* Désirée.
De·ta [ˈdeːta] *f Low G. short for* Diethild, Dietlind.
Det·lef [ˈdeːtlɛf; ˈdɛtlɛf], *auch* **Det·lev** [ˈdeːtlɛf; ˈdɛtlɛf] *m.*
Det·mar [ˈdɛtmar] *m.*
Dia·na [ˈdi̯aːna] *f* Diana, *auch* Diane, Dyana, Dyane.
Die·mo [ˈdiːmo] *m short for* Dietmar.
Die·mut [ˈdiːˌmuːt] *f variant of* Dietmut.
Dierk [diːrk] *m Low G. and Frisian short for* Dietrich.
Die·ta [ˈdiːta] *f short for* Diethild, Dietlind.
Diet·bert [ˈdiːtbɛrt] *m.*
Die·ter [ˈdiːtər] *m short for* Dietrich.
Diet·gard [ˈdiːtˌgart] *f.*
Diet·hard [ˈdiːtˌhart] *m.*
Diet·helm [ˈdiːtˌhɛlm] *m.*
Die·ther [ˈdiːtər; ˈdiːtˌhɛr] *m variant of* Dieter.
Diet·hild [ˈdiːtˌhɪlt], *auch* **Diet·hil·de** [ˌdiːtˈhɪldə] *f.*
Diet·lind [ˈdiːtˌlɪnt], **Diet·lin·de** [ˌdiːtˈlɪndə] *f.*
Diet·mar [ˈdiːtmar] *m.*
Diet·mut [ˈdiːtˌmuːt], *auch* **Diet·mu·te** [ˌdiːtˈmuːtə] *f.*
Diet·rich [ˈdiːtrɪç] *m.*
Diet·run [ˈdiːtruːn], *auch* **Diet·ru·ne** [ˌdiːtˈruːnə] *f.*
Di·na[1] [ˈdiːna], *auch* **Di·nah** [ˈdiːna] *f* Dinah.
Di·na[2] [ˈdiːna] *f short for* Bernhardine, Christina, Leopoldine.
Dio·ny·si·us [di̯oˈnyːzi̯ʊs], *auch* **Dio·nys** [di̯oˈnyːs] *m* Dionysius.
Dio·ti·ma [ˈdi̯oːtima; di̯oˈtiːma] *f.*
Dirk [dɪrk] *m Low G. short for* Dietrich.
Ditt·mar [ˈdɪtmar], *auch* **Ditt·mer** [ˈdɪtmər] *m variant of* Dietmar.
Do·do [ˈdoːdo; doˈdoː] *f short for and pet form of* Dorothea.
Dolf [dɔlf] *m short for* Adolf, Rudolf.
Dol·ly [ˈdɔli], *auch* **Do·ly** [ˈdɔli] *f* Dolly, *auch* Dollie.
Do·lo·res [doˈloːrɛs] *f* Dolores, *auch* Delores.
Do·me·ni·ca [doˈmeːnika] *f variant of* Dominika.
Do·mi·nic [ˈdoːminɪk] *m short for* Dominikus.

Do·mi·ni·ka [do'mi:nika] *f* Dominica.
Do·mi·ni·kus [do'mi:nikus] *m* Dominic(k), *auch* Domenic(k).
Do·mi·nique [domi'nɪk] *f* Dominique.
Do·nald ['do:nalt] *m* Donald.
Do·ra ['do:ra], *auch* **Do·re** ['do:rə] *f* Dora.
Do·rette [do'rɛt], *auch* **Do·rett** [do'rɛt] *f dim. of* Dorothée.
Do·ri·na [do'ri:na] *f* Dorine.
Do·ris ['do:rɪs] *f* Doris.
Do·rit ['do:rɪt], *auch* **Do·ritt** ['do:rɪt] *f short for* Dorothea.
Dor·le ['do:rlə] *n dim. and pet form of* Dora.
Do·ro ['do:ro] *f short for* Dorothea.
Do·ro·thea [doro'te:a] *f* Dorothea, Dorothy, Dorothee.
Do·ro·thée ['do:rote; doro'te:(ə)] *f variant of* Dorothea.
Dor·te ['do:rtə], **Dör·te** ['dø:rtə], *auch* **Dor·the** ['do:rtə] *f Low G. short for* Dorothea.
Dort·je ['do:rtjə] *f Frisian short for and pet form of* Dorothea.
Doug·las ['dagləs] *m* Douglas, *auch* Douglass.
Dun·ja ['dunja] *f*.

E

Eb·bo ['ɛbo], *auch* **Ebo** ['e:bo] *m short for* Eberhard.
Eber·hard ['e:bər,hart], *auch* **Eber·hart** ['e:bɛr,hart] *m*.
Eckart (*getr.* -k·k-) ['ɛkart] *m variant of* Eckehard.
Eck·bert ['ɛkbɛrt] *m* Egbert.
Ecke·hard (*getr.* -k·k-) ['ɛkə,hart], *auch* **Ecke·hart** (*getr.* -k·k-) ['ɛkə,hart], **Eck·hart** ['ɛk,hart; 'ɛkart] *m* Eckhardt.
Ed·da ['ɛda] *f*.
Ed·dy ['ɛdi], *auch* **Ed·die** ['ɛdi] *m* Eddy, Eddie.
Ede ['e:də] *m short for* Eduard.
Edel·bert ['e:dəl,bɛrt] *m* → Adalbert.
Edel·gard ['e:dəl,gart] *f*.
Edel·traud ['e:dəl,traut], *auch* **Edel·trud** ['e:dəl,tru:t] *f*.
Ed·gar ['ɛtgar] *m* Edgar.
Edith ['e:dɪt] *f* Edith, *auch* Edithe, Edyth(e).
Edi·tha [e'di:ta] *f variant of* Edith.
Ed·mund ['ɛt,mʊnt] *m* Edmund, Edmond.
Ed·na ['ɛtna] *f* Edna.
Edu·ard ['e:dŭart] *m* Edward.
Ed·win ['ɛtvi:n] *m* Edwin.
Ed·wi·ne [ɛt'vi:nə] *f* Edwina.
Ef·fi ['ɛfi] *f short for and pet form of* Elfriede.
Eg·bert ['ɛkbɛrt], **Eg·brecht** ['ɛkbrɛçt] *m variant of* Eckbert.
Eg·go ['ɛgo], *auch* **Eg·ge** ['ɛgə] *m Frisian short for* Eginald, Eginhard.
Egi·nald ['e:ginalt] *m*.
Egin·hard ['e:gɪn,hart] *m*.
Eg·mund ['ɛk,mʊnt] *m*.
Egon ['e:gɔn] *m*.
Eh·ren·fried ['e:rən,fri:t] *m*.
Eh·ren·gard ['e:rən,gart] *f*.
Eh·ren·traut ['e:rən,traut] *f*.
Ehr·hard ['e:r,hart] *m variant of* Erhard.
Ei·ke[1] ['aɪkə] *m Low G. short for* Eckehard.
Ei·ke[2] ['aɪkə] *f*.
Eil·mar ['aɪlmar] *m*.
Ei·nar ['aɪnar] *m*.
Ein·hard ['aɪn,hart] *m variant of* Eginhard.
Ele·na ['e:lena] *f* → Helene.
Eleo·no·re [eleo'no:rə], *auch* **Eleo·no·ra** [eleo'no:ra] *f* Eleanor(a), Eleonora, Eleonore, Elenor(e), Elinor.
El·fi ['ɛlfi], *auch* **El·fie** ['ɛlfi] *f short for and pet form of* Elfriede.
El·frie·de [ɛl'fri:də] *f*.
El·ga ['ɛlga] *f*.
El·ger ['ɛlgər] *m*.
Elia·ne [e'lĭa:nə] *f*.
Elin ['e:lɪn] *f* → Helene.
Eli·sa [e'li:za] *f short for* Elisabeth.
Eli·sa·beth [e'li:zabɛt] *f* Elizabeth, Elisabeth.
Eli·se [e'li:ze] *f short for* Elisabeth.
Eli·za·beth [e'li:zabɛt] *f variant of* Elisabeth.
El·ke ['ɛlkə] *f Frisian pet form of* Adelheid.
El·ko ['ɛlko] *m*.
El·la ['ɛla] *f short for* Eleonore, Elfriede, Elisabeth.
El·len ['ɛlən] *f* Ellen, *auch* Ellin.
El·li ['ɛli] *f short for and pet form of* Elisabeth.
El·li·nor ['ɛlino:r] *f variant of* Eleonore.
El·ly ['ɛli] *f variant of* Elli.
El·mar ['ɛlmar], *auch* **El·mer** ['ɛlmər] *m* Elmer.
El·mi·ra [ɛl'mi:ra] *f*.
El·mo ['ɛlmo] *m short for* Elmar.
El·sa ['ɛlza] *f* Elsa.
Els·beth ['ɛlsbɛt] *f* Elspeth.
El·se ['ɛlzə] *f* Elsie.
El·si ['ɛlzi] *f* Elsie.
El·vi·ra [ɛl'vi:ra] *f* Elvira.
Ema·nu·el [e'ma:nŭɛl] *m* Em(m)anuel, *auch* Immanuel.
Ema·nue·la [ema'nŭe:la] *f*.
Eme·rich ['e:mərɪç] *m variant of* Emmerich.
Emil ['e:mi:l] *m* Emil(e).
Emi·lie [e'mi:lĭə], *auch* **Emi·lia** [e'mi:lĭa] *f* Emily, *auch* Emilie, Emilia.
Em·ma ['ɛma] *f* Emma.
Em·me·rich ['ɛmərɪç] *m* Emery, *auch* Emory.
Em·mi ['ɛmi] *f dim. and pet form of* Emma.
Em·mo ['ɛmo] *m short for* Emmerich.
Em·my ['ɛmi] *f variant of* Emmi.
Ena ['e:na] *f short for* Helena.
En·gel·bert ['ɛŋəl,bɛrt] *m*.
En·gel·brecht ['ɛŋəl,brɛçt] *m variant of* Engelbert.
En·no ['ɛno] *m Frisian short for* Eginhard, Einhard.
En·ri·ca [ɛn'ri:ka] *f* Enrica.
En·ri·co [ɛn'ri:ko] *m* Enrico.
Ephra·im ['e:fra-ɪm] *m* Ephraim.
Eras·mus [e'rasmus] *m* Erasmus.
Er·hard ['e:r,hart], **Er·hart** ['e:r,hart] *m*.
Erich ['e:rɪç] *m* Eric, Erik.
Erik ['e:rɪk] *m bes. Northern G. for* Erich.
Eri·ka ['e:rika] *f* Erica, Erika.
Er·men·traud ['ɛrmən,traut], *auch* **Er·men·trud** ['ɛrmən,tru:t], **Erm·traud** ['ɛrm,traut], **Erm·trud** ['ɛrm,tru:t] *f* → Irmtraud.
Er·na ['ɛrna] *f* Erna.
Er·nest ['ɛrnɛst; ɛr'nɛst] *m variant of* Ernst.
Er·ne·sta [ɛr'nɛsta] *f*.
Er·ne·sti·ne [ɛrnɛs'ti:nə] *f* Ernestine, *auch* Ernestyne.
Ernst [ɛrnst] *m* Ernest.
Er·win ['ɛrvi:n] *m* Erwin.
Es·me·ral·da [ɛsme'ralda] *f* Esmeralda.
Es·ra ['ɛsra] *m* Ezra.
Es·ther ['ɛstər] *f* Est(h)er, Hester.
Estrel·la [ɛs'trɛla] *f*.
Eu·gen ['ɔygе:n; -'ge:n] *m* Eugene.
Eu·ge·nie [ɔy'ge:nĭə] *f* Eugenia, *auch* Eugenie.
Eu·la·lia [ɔy'la:lĭa], *auch* **Eu·la·lie** [ɔy'la:lĭə] *f* Eulalia, *auch* Eulalie.
Eu·se·bia [ɔy'ze:bĭa] *f*.
Eu·se·bi·us [ɔy'ze:bĭus] *m* Eusebius.
Eu·sta·chi·us [ɔys'taxĭus], *auch* **Eu·stach** [ɔys'tax] *m* Eustace.
Ev [e:f] *f short for* Eva.
Eva ['e:fa; 'e:va] *f* Eve, Eva.
Eva·ma·ria [,e:fama'ri:a; ,e:va-], *auch* **Eva·ma·rie** [,e:fama'ri:; ,e:va-] *f*.
Ev·chen ['e:fçən] *n dim. and pet form of* Eva.
Eve ['e:fə] *f variant of* Eva.
Eve·lyn ['e:vəli:n], *auch* **Eve·li·ne** ['e:vəli:n; evə'li:nə; eve'li:nə] *f* Evelyn, *auch* Evelynne, Eveline, Evelina, Eveleen.
Evi ['e:fi] *f pet form of* Eva.
Evi·ta [e'vi:ta] *f* Evita.
Ewald ['e:,valt] *m*.

F

Fa·bia ['fa:bĭa] *f* Fabia.
Fa·bi·an ['fa:bĭa:n] *m* Fabian.
Fa·bio·la [fa'bĭo:la] *f*.
Fa·bi·us ['fa:bĭus] *m*.
Falk [falk], *auch* **Fal·ke** ['falkə] *m*.
Fal·ko ['falko] *m*.
Fan·ni[1] ['fani] *f short for* Stephanie.
Fan·ni[2] ['fani], *auch* **Fan·ny** ['fani] *f short for* Franziska.
Far·hild ['far,hɪlt] *f*.
Fa·ti·ma ['fa:tima] *f* Fatima.
Fe·dor ['fe:dər] *m*.
Fe·do·ra [fe'do:ra] *f* Fedora.
Fee [fe:] *f short for* Felizitas.
Fe·lix ['fe:lɪks] *m* Felix.
Fe·li·zia [fe'li:tsĭa] *f* Felicia.
Fe·li·zi·tas [fe'li:tsitas] *f* Felicity, *auch* Felicita.
Fer·di ['fɛrdi] *m short for* Ferdinand.
Fer·di·nand ['fɛrdinant] *m* Ferdinand.
Ferdl ['fɛrdəl] *m Bavarian pet form of* Ferdinand.
Fi·des ['fi:dɛs] *f*.
Fie·ke ['fi:kə] *f Low G. dim. and pet form of and short for* Sophia.
Fie·ne ['fi:nə] *f Low G. short for* Josefine.
Fie·te ['fi:tə] *m Low G. short for* Friedrich.
Fi·na ['fi:na] *f variant of* Fiene.
Fips [fɪps] *m short for* Philip(p).
Fi·ta ['fi:ta] *f short for* Friederike.
Fla·via ['fla:vĭa] *f* Flavia.
Fla·vio ['fla:vĭo] *m*.
Fleur [flø:r] *f* Fleur.
Flo·ra ['flo:ra] *f* Flora.
Flo·ren·ze [flo'rɛntsə] *f* Florence, *auch* Florance.
Flo·ri[1] ['flo:ri] *m Southern G. dim. and pet form of* Florian.
Flo·ri[2] ['flo:ri] *f Southern G. pet form of* Flora.
Flo·ri·an ['flo:rĭa:n] *m*.
Flo·ria·ne [flo'rĭa:nə] *f*.
Flo·rin ['flo:ri:n; flo'ri:n] *m variant of* Florian.
Focke (*getr.* -k·k-) ['fɔkə], *auch* **Focko** (*getr.* -k·k-) ['fɔko] *m short for* Volkhard, Vol(k)mar.
Fol·ke[1] ['fɔlkə] *m short for* Volkhard, Vol(k)mar.
Fol·ke[2] ['fɔlkə] *f short for* Volkhild.
Fons [fɔns] *m short for* Alfons.
Frank [fraŋk] *m* Frank.
Franz [frants] *m* Francis.
Fran·zi ['frantsi] *f dim. and pet form of* Franziska.
Fran·zis·ka [fran'tsɪska] *f* Frances.
Fran·zis·kus [fran'tsɪskus] *m*.
Frau·ke ['fraukə] *f*.
Fred [fre:t; frɛt] *m* a) *short for* Alfred, Manfred, b) *Low G. short for* Frederik.
Fred·dy ['frɛdi] *m* Freddie.
Fre·de·rik ['fre:dərɪk] *m Low G. for* Friedrich.
Fred·rik ['fre:drɪk] *m variant of* Friedrich.
Freia ['fraɪa], *auch* **Freya** ['fraɪa] *f*.
Fricka (*getr.* -k·k-) ['frɪka] *f short for* Friederike.
Fri·da ['fri:da] *f variant of* Frieda.
Fri·do·lin ['fri:doli:n] *m*.
Frie·da ['fri:da] *f* Frieda, Freda.
Frie·del[1] ['fri:dəl] *m dim. and pet form of* Fridolin, Friedrich, Gottfried.
Frie·del[2] ['fri:dəl] *f dim. and pet form of* Frieda, Elfriede.
Frie·de·lind ['fri:də,lɪnt], *auch* **Frie·de·lin·de** [,fri:də'lɪndə] *f*.
Frie·de·mann ['fri:də,man] *m*.
Frie·de·mar ['fri:dəmar] *m*.
Frie·der ['fri:dər] *m short for* Friedrich.
Frie·de·ri·ke [fri:də'ri:kə] *f* Frederica, Frederika.
Fried·helm ['fri:t,hɛlm] *m*.
Fried·hild ['fri:t,hɪlt], *auch* **Fried·hil·de** [,fri:t'hɪldə] *f*.
Friedl ['fri:dəl] *f variant of* Friedel[2].
Fried·lieb ['fri:t,li:p] *m*.
Fried·mann ['fri:t,man] *m variant of* Friedemann.
Fried·mar ['fri:tmar] *m variant of* Friedemar.
Fried·rich ['fri:drɪç] *m* Frederic(k), Fredric, Fredrich, Friedrich.
Fried·run ['fri:dru:n] *f*.
Frig·ga ['frɪga], *auch* **Frig·ge** ['frɪgə] *f Low G. short for* Friederike.
Fritz [frɪts] *m* a) *short for* Friedrich, b) Fritz.
Frit·zi ['frɪtsi], *auch* **Friz·zi** ['frɪtsi] *f short for and pet form of* Friederike.
Froh·mut ['fro:,mu:t] *f*.
Fürch·te·gott ['fʏrçtə,gɔt] *m*.

G

Ga·bi ['ga:bi] *f short for and pet form of* Gabriele.
Ga·bor ['ga:bər] *m variant of* Gabriel.
Ga·bri·el ['ga:brĭel] *m* Gabriel.
Ga·brie·le [gabri'e:lə] *f* Gabriella, Gabrielle, *auch* Gabriela.
Ga·by ['ga:bi] *f variant of* Gabi.
Geb·hard ['gɛp,hart] *m*.
Geert [ge:rt] *m short for* Gerhard.
Ge·la[1] ['ge:la] *f short for* Gertrud.
Ge·la[2] ['ge:la] *f short for* Angela.
Ge·le ['ge:lə] *f variant of* Gela[1].
Ge·li ['ge:li] *f short for and pet form of* Angelika.
Gem·ma ['gɛma] *f*.
Gene·vi·eve [ʒən'vĭɛ:f] *f* Genevieve, Geneviève.
Ge·no·ve·va [geno'fe:fa; -'ve:va] *f* Genoveva.
Ge·org ['ge:ɔrk; ge'ɔrk] *m* George.
Ge·or·gia [ge'ɔrgĭa] *f* Georgia.
Ge·or·gi·ne [geɔr'gi:nə] *f* Georgi(a)na, *auch* Georgine.

Ge·rald ['ge:ralt] *m* Gerald.
Ge·ral·de [ge'raldə] *f* Geralda.
Ge·ral·di·ne [geral'di:nə] *f* Geraldine.
Ger·bert ['gɛrbɛrt] *m.*
Gerd [gɛrt] *m short for* Gerhard.
Ger·da ['gɛrda] *f* Gerda.
Ger·fried ['ge:r,fri:t] *m.*
Ger·hard ['ge:r,hart] *m* Gerard.
Ger·har·de [,ge:r'hardə] *f.*
Ger·hart ['ge:r,hart] *m variant of* Gerhard.
Ger·hild ['ge:r,hɪlt], *auch* **Ger·hil·de** [,ge:r'hɪldə] *f.*
Ge·rit[1] ['ge:rɪt] *m variant of* Gerrit[1].
Ge·rit[2] ['ge:rɪt] *f variant of* Gerrit[2].
Ger·ke[1] ['ge:rkə] *m Low G. and Frisian short for and pet form of* Gerhard.
Ger·ke[2] ['ge:rkə] *f Low G. and Frisian short for and pet form of* Gertrud.
Ger·ko ['ge:rko] *m variant of* Gerke[1].
Ger·lin·de [,ge:r'lɪndə], *auch* **Ger·lind** ['ge:r,lɪnt] *f.*
Ger·mar ['gɛrmar] *m.*
Ger·mo ['gɛrmo] *m short for* Germar.
Ger·not ['ge:r,no:t] *m.*
Ge·ro ['ge:ro] *m short for* Gerhard.
Ge·rold ['ge:rɔlt] *m variant of* Gerald.
Ge·rolf ['ge:rɔlf] *m.*
Ger·rit[1] ['gɛrɪt] *m Frisian short for* Gerhard.
Ger·rit[2] ['gɛrɪt] *f Frisian short for* Gerharde.
Gert[1] [gɛrt] *m variant of* Gerd.
Gert[2] [gɛrt] *f short for* Gertrud.
Ger·ta ['gɛrta] *f short for* Gertrud.
Ger·ti ['gɛrti] *f Southern G. short for* Gertrud.
Ger·traud ['gɛr,traʊt], *auch* **Ger·trau·de** [,gɛr'traʊdə], **Ger·traut** ['gɛr,traʊt] *f variant of* Gertrud.
Ger·trud ['gɛr,tru:t], *auch* **Ger·tru·de** [,gɛr'tru:də] *f* Gertrude.
Ger·win ['gɛrvi:n] *m.*
Ge·sa ['ge:za], *auch* **Ge·se** ['ge:zə] *f Low G. and Frisian for* Gertrud.
Ge·si·na [ge'zi:na], *auch* **Ge·si·ne** [ge'zi:nə] *f.*
Gi·la ['gi:la] *f short for* Gisela.
Gil·bert ['gɪlbɛrt] *m.*
Gi·na ['gi:na] *f short for* Regina.
Gi·sa ['gi:za] *f short for* Gisela, Gislinde.
Gis·bert ['gɪsbɛrt] *m.*
Gi·se·la ['gi:zəla] *f.*
Gi·sel·bert ['gi:zəl,bɛrt], *auch* **Gi·sel·brecht** ['gi:zəl,brɛçt] *m.*
Gi·sel·her ['gi:zəl,he:r] *m.*
Gis·lin·de [,gɪs'lɪndə] *f.*
Git·ta ['gɪta], *auch* **Gi·ta** ['gɪta] *f short for* Brigitte.
Git·te ['gɪtə] *f short for* Brigitte.
Glo·ria ['glo:rĭa] *f* Gloria, *auch* Glori(e), Glory.
God·win ['gɔtvi:n] *m Low G. for* Gottwin.
Go·lo ['go:lo] *m.*
Gorch [gɔrç] *m Low G. for* Georg.
Gott·fried ['gɔt,fri:t] *m* Godfrey, Geoffrey, Jeffrey.
Gott·hard ['gɔt,hart] *m* Goddard.
Gott·helf ['gɔt,hɛlf], *auch* **Gott·hilf** ['gɔt,hɪlf] *m.*
Gott·hold ['gɔt,hɔlt] *m.*
Gott·lieb ['gɔt,li:p] *m.*
Gott·lob ['gɔt,lo:p] *m.*
Gott·win ['gɔtvi:n] *m* Godwin.
Götz [gœts] *m short for* Gottfried.
Grace [gre:s], **Gra·cia** ['gra:tsĭa] *f variant of* Grazia.
Gra·zia ['gra:tsĭa], *auch* **Gra·tia** ['gra:tsĭa] *f* Grace, Gracia, Gratia, Grayce.
Greet [gre:t] *f Low G. short for* Margarete.
Gre·gor ['gre:gɔr] *m* Gregory.
Gre·ta ['gre:ta] *f short for* Margarete.
Gret·chen ['gre:tçən] *n dim. and pet form of* Grete.
Gre·te ['gre:tə] *f short for* Margarete.
Gre·tel ['gre:təl] *f dim. and pet form of* Margarete.
Gret·je ['gre:tjə] *f Frisian dim. and pet form of* Grete.
Gretl ['gre:təl] *f dim. and pet form of* Margarete.
Gri·scha ['grɪʃa] *m variant of* Gregor.
Gri·sel·da [gri'zɛlda], *auch* **Gri·sel·dis** [gri'zɛldɪs] *f* Griselda.
Grit [grɪt], **Gri·ta** ['gri:ta], *auch* **Gritt** [grɪt], **Grit·ta** ['grɪta] *f short for* Margarete.
Gu·da ['gu:da] *f short for* Gudrun.
Gu·drun ['gu:dru:n] *f.*
Gu·du·la ['gu:dula] *f.*
Gui·do ['gŭi:do; 'gi:do] *m* Guido.
Gun [gʊn] *f short for* Gunhild.
Gu·nar ['gʊnar] *m variant of* Gunnar.
Gun·da ['gʊnda], *auch* **Gun·de** ['gʊndə] *f short for* Adelgunde, Hildegunde, Kunigunde.
Gun·del ['gʊndəl] *f pet form of* Gunda, Adelgunde, Hildegunde, Kunigunde.
Gun·de·la ['gʊndəla] *variant of* Gundula.
Gun·dolf ['gʊndɔlf] *m.*
Gun·du·la ['gʊndula] *f.*
Gun·hild ['gu:n,hɪlt] *f variant of* Gunthild.
Gunn [gʊn] *f variant of* Gun.
Gun·nar ['gʊnar] *m* Gunnar.
Gun·ter ['gʊntər] *m variant of* Günter.
Gün·ter ['gʏntər] *m.*
Gun·ther ['gʊntər] *m variant of* Gunter.
Gün·ther ['gʏntər] *m variant of* Günter.
Gunt·hild ['gʊnt,hɪlt], *auch* **Gunt·hil·de** [,gʊnt'hɪldə] *f.*
Gunt·mar ['gʊntmar] *m.*
Gus [gʊs] *m short for* Gustav.
Gu·stav ['gʊstaf], *auch* **Gu·staf** ['gʊstaf] *m* Gustavus, Gustave.
Gu·ste ['gʊstə] *f short for* Auguste.
Gu·stel[1] ['gʊstəl] *m short for and pet form of* August, Gustav.
Gu·stel[2] ['gʊstəl] *f short for and pet form of* Auguste.
Gu·sti ['gʊsti] *f short for and pet form of* Auguste.

H

Ha·dri·an [hadri'a:n; 'ha:-] *m* → Adrian.
Ha·gen ['ha:gən] *m.*
Ha·jo ['ha:jo] *m Frisian for* Hagen.
Ha·kon ['ha:kɔn] *m.*
Han·jo ['hanjo] *m short for* Hansjoachim, Hansjosef.
Han·ke ['haŋkə] *m Low G. short for and pet form of* Johannes.
Han·na ['hana] *f short for* Johanna.
Han·nah ['hana] *f* Hannah.
Han·ne ['hanə] *f variant of* Hanna.
Han·ne·lo·re ['hanə,lo:rə] *f.*
Han·ne·ro·se ['hanə,ro:zə] *f.*
Han·nes ['hanəs] *m short for* Johannes.
Han·ni ['hani] *f pet form of* Johanna.
Han·no ['hano] *m short for* Johannes.
Hans [hans], *auch* **Hanns** [hans] *m short for* Johannes.
Häns·chen ['hɛnsçən] *n dim. and pet form of* Hans.
Hans·die·ter [,hans'di:tər] *m.*
Hans·ge·org [,hans'ge:ɔrk] *m.*
Han·si[1] ['hanzi] *m pet form of* Hans.
Han·si[2] ['hanzi] *f short for and pet form of* Johanna.
Hans·jo·a·chim [,hans'jo:axɪm] *m.*
Hans·jo·sef [,hans'jo:zɛf] *m.*
Hans·jür·gen [,hans'jʏrgən] *m.*
Ha·rald ['ha:ralt] *m variant of* Harold.
Har·bert ['harbɛrt] *m Frisian for* Herbert.
Har·di ['hardi], **Har·dy** ['hardi] *m short for and pet form of* Gerhard, Hartmut.
Harm [harm] *m Frisian short for* Harmen.
Har·men ['harmən] *m Frisian for* Hermann.
Ha·ro ['ha:ro] *m variant of* Harro.
Ha·rold ['ha:rɔlt] *m* Harold.
Har·ri ['hari] *m variant of* Harry.
Har·ri·et ['harĭɛt] *f* Harriet, Harriot, Harriett(e), Harrietta.
Har·ro ['haro] *m Frisian short for* Harmen, Harbert.
Har·ry ['hari] *m* Harry.
Hart·lieb ['hart,li:p] *m.*
Hart·mann ['hart,man] *m.*
Hart·mut ['hart,mu:t] *m.*
Hart·wig ['hartvɪç] *m.*
Has·ko ['hasko] *m Frisian pet form of* Hasso.
Has·so ['haso] *m.*
Hed·da ['hɛda] *f short for* Hedwig.
He·di ['he:di] *f* a) *short for and pet form of* Hedwig, b) Hedie, Hedy, Heddie.
Hed·wig ['he:tvɪç] *f* Hedwig.
He·dy ['he:di] *f variant of* Hedi.
Hei·de ['haɪdə] *f variant of* Heidi.
Hei·de·lin·de ['haɪdə,lɪndə] *f.*
Hei·de·lo·re ['haɪdə,lo:re] *f.*
Hei·de·ma·rie ['haɪdəma,ri:], *auch* **Hei·de·ma·ria** ['haɪdəma'ri:a] *f.*
Hei·de·ro·se ['haɪdə,ro:zə] *f.*
Hei·di ['haɪdi] *f short for and pet form of* Adelheid, Heidemarie, Heidrun.
Heid·run ['haɪdru:n] *f.*
Hei·ke ['haɪkə] *f Frisian short for and pet form of* Heinrike.
Hei·ko ['haɪko] *m Frisian short for and pet form of* Heinrich.
Hei·me·ran ['haɪməran] *m.*
Hei·me·rich ['haɪmərɪç] *m.*
Heim·ke ['haɪmkə] *f.*
Hei·mo ['haɪmo] *m short for* Heimeran, Heimerich.
Hein [haɪn] *m bes. Low G. short for* Heinrich.
Hei·ner ['haɪnər] *m short for* Heinrich.
Hei·ni ['haɪni] *m short for and pet form of* Heinrich.
Hein·ke ['haɪŋkə] *f Low G. short for and pet form of* Heinrike.
Hein·ko ['haɪŋko] *m Low G. and Frisian short for and pet form of* Heinrich.
Hei·no ['haɪno] *m short for* Heinrich.
Hein·rich ['haɪnrɪç] *m* Henry.
Hein·ri·ke [haɪn'ri:kə] *f variant of* Henrike.
Heinz [haɪnts] *m short for* Heinrich.
Heio ['haɪo] *m Frisian short for* Heinrich.
Hek·tor ['hɛktɔr] *m* Hector.
He·la ['he:la] *f variant of* Hella.
He·len ['hɛlən; 'he:lən; -le:n] *f variant of* Helene.
He·le·ne [he'le:nə], *auch* **He·le·na** ['he:lena] *f* Helen(a), Ellen, Eileen.
Hel·ga ['hɛlga] *f* Helga.
Hel·ge[1] ['hɛlgə] *m.*
Hel·ge[2] ['hɛlgə] *f variant of* Helga.
Hel·la ['hɛla] *f* a) *short for* Helene, b) *pet form of* Helga.
Hell·muth ['hɛl,mu:t] *m variant of* Helmut.
Hel·ma ['hɛlma] *f short for* Helmtraud, Wilhelma.
Hel·mar ['hɛlmar] *m variant of* Hildemar.
Hel·mi·ne [hɛl'mi:nə], *auch* **Hel·mi·na** [hɛl'mi:na] *f short for* Wilhelmine.
Helm·ke ['hɛlmkə] *f short for* Helmtraud, Wilhelma.
Helm·traud ['hɛlm,traʊt], *auch* **Helm·traut** ['hɛlm,traʊt] *f.*
Hel·mut ['hɛl,mu:t], *auch* **Hel·muth** ['hɛl,mu:t] *m.*
Hen·drik ['hɛndrɪk] *m bes. Low G. for* Henrik.
Hen·drik·je [hɛn'dri:kjə] *f pet form of* Henrike.
Hen·ner ['hɛnər] *m short for* Heinrich.
Hen·nes ['hɛnəs] *m Rhenish short for* Johannes.
Hen·ni ['hɛni] *f short for* Henrike.
Hen·nig ['hɛnɪç], *auch* **Hen·ning** ['hɛnɪŋ] *m short for and pet form of* Heinrich, Johannes.
Hen·ny ['hɛni] *f variant of* Henni.
Hen·ri ['hɛnri] *m short for* Heinrich.
Hen·ri·et·te [hɛnri'ɛtə] *f* Henrietta.
Hen·rik ['hɛnrɪk] *m Low G. for* Heinrich.
Hen·ri·ke [hɛn'ri:kə] *f.*
Hen·ry ['hɛnri] *m* Henry.
Her·bert ['hɛrbɛrt], *auch* **He·ri·bert** ['he:ri,bɛrt] *m* Herbert.
Her·lin·de [,hɛr'lɪndə] *f.*
Her·ma ['hɛrma] *f short for* Hermine.
Her·mann ['hɛrman] *m* Herman.
Her·mi·ne [hɛr'mi:nə] *f* Hermina, *auch* Hermine.
Her·ta ['hɛrta], *auch* **Her·tha** ['hɛrta] *f* Hert(h)a.
He·ster ['hɛstər] *f* Hester, Est(h)er.
Het·ti ['hɛti], *auch* **Het·ty** ['hɛti] *f short for and pet form of* Hedwig.
Hi·as ['hi:as] *m Bavarian and Austrian short for* Matthias.
Hie·ro·ny·mus [hĭe'ro:nymʊs] *m* Jerome.
Hil·de ['hɪldə], *auch* **Hil·da** ['hɪlda] *f* Hilda.
Hil·de·brand ['hɪldə,brant] *m* Hildebrand.
Hil·de·gard ['hɪldə,gart] *f* Hildegard(e).
Hil·de·gun·de [,hɪldə'gʊndə] *f.*
Hil·de·mar ['hɪldəmar] *m.*
Hil·drun ['hɪldru:n] *f.*
Hil·ger ['hɪlgər] *m.*
Hil·ke ['hɪlkə] *f Frisian short for and pet form of* Hildegard.
Hil·ma ['hɪlma] *f variant of* Helma.
Hil·mar ['hɪlmar] *m short for* Hildemar.
Hil·traud ['hɪl,traʊt], *auch* **Hil·trud** ['hɪl,tru:t] *f.*
Hin·nerk ['hɪnərk] *m Low G. for and Frisian pet form of* Heinrich.
Hin·rich ['hɪnrɪç] *m Low G. for* Heinrich.
Hjal·mar ['hjalmar] *m.*
Hol·ger ['hɔlgər] *m.*
Holm [hɔlm] *m.*
Horst [hɔrst] *m.*
Horst·mar ['hɔrstmar] *m.*
Hor·ten·sia [hɔr'tɛnzĭa] *f.*
Hu·bert ['hu:bɛrt] *m* Hubert, Hobert.
Hu·ber·ta [hu'bɛrta] *f.*
Hu·ber·tus [hu'bɛrtʊs] *m variant of* Hubert.
Hu·go ['hu:go] *m* Hugh, Hugo.
Hul·da ['hʊlda] *f* Hulda(h).
Hum·bert ['hʊmbɛrt] *m* Humbert.

I

Ida ['iːda] *f* Ida.
Idu·na [i'duːna] *f* Iduna.
Ignaz [ɪ'gnaːts; 'ɪgnaːts], *auch* **Igna·ti·us** [ɪ'gnaːtsĭus] *m* Ignatius.
Igor ['iːgɔr] *m.*
Ilia·ne [i'lĭaːnə] *f variant of* Juliane.
Il·ja ['ɪlja] *m.*
Il·ka ['ɪlka] *f* Ilka.
Ilo·na ['iːlona; 'ɪlona; i'loːna] *f* Ilona, *auch* Ilone.
Ilon·ka ['iːlɔŋka; 'ɪlɔŋka; i'lɔŋka] *f.*
Il·se ['ɪlzə], *auch* **Il·sa** ['ɪlza] *f a) short for* Elisabeth, b) Ilse.
Il·se·gret ['ɪlzəˌgreːt] *f.*
Im·ma ['ɪma] *f short for* Irmgard, Irmtraud.
Im·ma·nu·el [ɪ'maːnŭɛl] *m* Em(m)anuel, Immanuel.
Im·me ['ɪmə] *f variant of* Imma.
Im·mo ['ɪmo] *m short for* Irmbert.
Ina ['iːna], *auch* **Ine** ['iːnə] *f* Ina.
Ines ['iːnɛs] *f* Ines, Inez.
In·ga ['ɪŋga] *f short for* Ingeborg.
In·ge ['ɪŋə] *f short for* Ingeborg.
In·ge·borg ['ɪŋəˌbɔrk] *f.*
In·ge·lo·re ['ɪŋəˌloːrə] *f.*
In·ge·ma·rie ['ɪŋəmaˌriː] *f.*
In·ge·ro·se ['ɪŋəˌroːzə] *f.*
In·ge·traud ['ɪŋəˌtraut] *f.*
Ing·mar ['ɪŋmar] *m variant of* Ingomar.
In·go ['ɪŋgo] *m short for* Ingobert, Ingomar.
In·go·bert ['ɪŋgoˌbɛrt] *m.*
In·go·mar ['ɪŋgomar] *m* Ingemar, *auch* Ingmar.
In·grid ['ɪŋgrɪt] *f* Ingrid.
In·ka ['ɪŋka] *f variant of* Inken.
In·ken ['ɪŋkən] *f Frisian short for and pet form of* Ingeborg.
In·no·zen·tia [ɪno'tsɛntsĭa] *f.*
In·no·zenz ['ɪnotsɛnts] *m* Innocent.
Ira ['iːra] *f* Ira.
Ire·ne [i'reːnə] *f* Irene, Irena, Irina.
Iri·na [i'riːna] *f variant of* Irene.
Iris ['iːrɪs] *f* Iris.
Ir·ma ['ɪrma] *f short for* Irmgard, Irmtraud.
Irm·bert ['ɪrmbɛrt] *m.*
Ir·me·la ['ɪrməla] *f dim. and pet form of* Irma.
Irm·fried ['ɪrmˌfriːt] *m.*
Irm·gard ['ɪrmˌgart] *f* Ermengarde.
Irm·hild ['ɪrmˌhɪlt], *auch* **Irm·hil·de** [ˌɪrm'hɪldə] *f.*
Ir·min·gard ['ɪrmɪnˌgart] *f rare for* Irmgard.
Irm·traud ['ɪrmˌtraut], *auch* **Ir·min·traud** ['ɪrmɪnˌtraut], **Irm·trud** ['ɪrmˌtruːt] *f* Ermentrud(e).
Isa ['iːza] *f short for* Isabella.
Isaak ['iːza(ː)k] *m* Isaac.
Isa·bel ['iːzabɛl] *f variant of* Isabella.
Isa·bel·la [iza'bɛla], *auch* **Isa·bel·le** [iza'bɛlə] *f* Isabel(la), Isabelle, Isobel.
Isi·dor ['iːzidoːr] *m* Isidor(e), Isador(e).
Isol·de [i'zɔldə] *f* Isolde.
Ivar ['iːvar] *m* Ivar.
Ivo ['iːvo] *m.*
Iwan ['iːvan] *m* Ivan.
Iwar ['iːvar] *m variant of* Ivar.

J

Jack [dʒɛk] *m* Jack.
Jacque·line [ʒa'kliːn] *f* Jacqueline, Jacquelyn(ne), Jacalin(ne), Jacalyn, Jackelyn.
Jacques [ʒak] *m* Jacques.
Ja·kob ['jaːkɔp] *m* Jacob.
James [dʒeːms] *m* James.
Jan [jan] *m Low G. and Frisian* Jan.
Ja·na ['jana] *f.*
Jane [dʒeːn] *f* Jane.
Ja·net [ʒa'neː] *f* Janet, *auch* Janetta.
Ja·ni·na [ja'niːna] *f* Janina.
Jan·ka ['jaŋka] *f variant of* Johanna.
Jan·ko ['jaŋko] *m pet form of* Jan.
Ja·ro·mir ['jaːromiːr] *m.*
Ja·ros·law ['jaːrɔslaf] *m* Jaroslav.
Ja·scha ['jaʃa] *m* Jascha.
Jas·min [jas'miːn] *f* Jasmine, Jasmin, Jasmina.
Jean[1] [ʒãː] *m* Jean.
Jean[2] [dʒiːn] *f* Jean.
Jeanne [ʒan] *f* Jeanne.
Jean·nette [ʒa'nɛt] *f* Jeanette.
Jean·nine [ʒa'niːn] *f.*
Jeff [dʒɛf] *m* Jeff.
Jen·ni ['jɛni], **Jen·ny** ['jɛni] *f short for and pet form of* Johanna.
Jens [jɛns] *m.*
Je·re·mi·as [jere'miːas] *m* Jeremiah.
Jet·te ['jɛtə] *f short for* Henriette.
Jill [dʒɪl] *f* Jill.
Jim [dʒɪm] *m* Jim.
Jim·my ['dʒɪmi] *m* Jimmie, Jimmy.
Ji·ri ['jiri; 'jɪrʒi] *m variant of* Georg.
Jo [joː] *f short for* Johanna.
Joa·chim ['joːaxɪm; jo'axɪm] *m* Joachim.
Jo·chen ['jɔxən] *m short for* Joachim.
Jockel (*getr.* -k·k-) ['jɔkəl] *m pet form of* Jakob.
Joe [dʒoː] *m* Joe, Jo.
Jo·hann [jo'han; 'joːhan] *m variant of* Johannes.
Jo·han·na [jo'hana] *f* Joan, Jo(h)anna, Joann(e), Jane, Jean.
Jo·han·nes [jo'hanəs] *m* John, Johannes.
John[1] [joːn] *m Low G. short for* Johannes.
John[2] [dʒɔn] *m* John.
John·ny ['dʒɔni] *m* Johnny.
Jo·lan·the [jo'lantə] *f.*
Jo·nas ['joːnas] *m* Jonah, Jonas.
Jo·na·than ['joːnatan] *m* Jonathan.
Jon·ny ['dʒɔni] *m variant of* Johnny.
Jörg [jœrk] *m short for* Georg.
Jörn [jœrn] *m Low G. short for* Jürgen.
Jo·sef ['joːzɛf] *m variant of* Joseph.
Jo·se·fa [jo'zɛfa; -'zeːfa] *f variant of* Josepha.
Jo·se·fi·ne [joze'fiːnə] *f variant of* Josephine.
Jo·seph ['joːzɛf] *m* Joseph.
Jo·se·pha [jo'zɛfa; -'zeːfa] *f* Josepha.
Jo·se·phi·ne [joze'fiːnə] *f* Josephine.
Jost [joːst] *m.*
Jo·sua ['joːzŭa] *m* Joshua.
Jua·ni·ta [xŭa'niːta] *f* Juanita.
Ju·dith ['juːdɪt] *f* Judith.
Jul·chen ['juːlçən] *n dim. of* Julia.
Ju·lia ['juːlĭa] *f* Julia, Julie, Juliet.
Ju·lia·na [ju'lĭaːna], *auch* **Ju·lia·ne** [ju'lĭaːnə] *f* Juliana, Julianna, Julianne.
Ju·lie ['juːlĭə] *f variant of* Julia.
Ju·li·ette [ʒy'lĭɛt] *f* Juliet, Juliette.
Ju·lisch·ka ['juːlɪʃka] *f.*
Ju·li·us ['juːlĭʊs] *m* Julius.
Jupp [jʊp] *m Rhenish short for and pet form of* Joseph.
Jür·gen ['jʏrgən] *m.*
Ju·sti·na [jʊs'tiːna], *auch* **Ju·sti·ne** [jʊs'tiːnə] *f* Justina, Justine.
Ju·sti·nus [jʊs'tiːnʊs] *m* Justin.
Ju·stus ['jʊstʊs] *m* Justus.
Jut·ta ['jʊta] *f pet form of* Judith.

K

Kai[1] [kaɪ] *f* Kay.
Kai[2] [kaɪ] *m* Kay.
Ka·ja ['kaːja] *f Frisian short for* Katharina.
Kal·le ['kalə] *m pet form of* Karl.
Ka·mil·la [ka'mɪla] *f* → Camilla.
Kan·di·da ['kandida] *f* → Candida.
Ka·ren ['kaːrən] *f variant of* Karin.
Ka·rin ['kaːriːn; -rɪn] *f* Karen, Karin, Karyn(ne), Caren, Carin, Caryn.
Ka·ri·na [ka'riːna] *f* Carina.
Karl [karl] *m* Charles, Carl, Karl.
Kar·la ['karla] *f* Carla, Karla.
Karl·chen ['karlçən] *n dim. of* Karl.
Karl·heinz [ˌkarl'haɪnts] *m.*
Ka·ro·la [ka'roːla; 'kaːrola] *f* Carola.
Ka·ro·li·na [karo'liːna] *f* → Carolina.
Ka·ro·li·ne [karo'liːnə] *f* Caroline, Carolyn, Karoline.
Kar·sta ['karsta] *f.*
Kar·sten ['karstən] *m Low G. for* Christian.
Ka·si·mir ['kaːzimiːr] *m* Casimir, Kasimir.
Kas·par ['kaspar] *m* Caspar, Casper, Gaspar.
Kä·te ['kɛːtə] *f variant of* Käthe.
Ka·tha·ri·na [kata'riːna] *f* Catherine, Catharine, Catharina, Catheryn, Katherine, Katharine, Kathryn(ne), Katharina, Katrina, Caterina, Katryna.
Ka·tha·ri·ne [kata'riːnə] *f variant of* Katharina.
Käth·chen ['kɛːtçən] *n dim. and pet form of* Käthe.
Kä·the ['kɛːtə] *f* Kate.
Ka·the·ri·na [kate'riːna] *f variant of* Katharina.
Ka·thi ['kaːti] *f variant of* Kati.
Ka·thin·ka [ka'tɪŋka] *f.*
Ka·threin [ka'traɪn], **Ka·thrin** [ka'triːn] *f Southern G. short for* Katharina.
Ka·ti ['kaːti] *f Bavarian short for and pet form of* Katharina.
Ka·tin·ka [ka'tɪŋka] *f variant of* Kathinka.
Kat·ja ['katja] *f.*
Ka·trein [ka'traɪn], **Ka·trin** [ka'triːn] *f variant of* Kathrein, Kathrin.
Ker·sten ['kɛrstən] *m Low G. for* Christian.
Ker·stin ['kɛrstiːn] *f.*
Ki·li·an ['kiːlĭan] *m.*
Kir·sten[1] ['kɪrstən] *m Low G. for* Christian.
Kir·sten[2] ['kɪrstən] *f* Kirsten.
Kir·stin ['kɪrstiːn] *f variant of* Kirsten[2].
Kit·ty ['kɪti] *f* Kittie, Kitty.
Klaas [klaːs] *m Low G. short for* Nikolaus.
Kla·ra ['klaːra] *f* Clare, Claire, Clair.
Kla·ris·sa [kla'rɪsa] *f* Clarissa, Clarice.
Klau·dia ['klaudĭa] *f* → Claudia.
Klau·di·ne [klaʊ'diːnə] *f* → Claudine.
Klaus [klaʊs] *m a) short for* Nikolaus, b) Claus.
Kle·mens ['kleːmɛns] *m* → Clemens.
Kle·men·ti·ne [klemɛn'tiːnə] *f* → Clementine.
Klot·hil·de [klo'tɪldə] *f* Clot(h)ilda, Clot(h)ilde.
Knut [knuːt] *m* Canute, Knut.
Kon·ny ['kɔni] *m* → Conni[1].
Kon·rad ['kɔnraːt] *m* Konrad, *auch* Conrad.
Kon·ra·din ['kɔnradiːn] *m.*
Kon·stan·tin ['kɔnstantiːn; -'tiːn] *m* Constantine.
Kon·stan·ze [kɔn'stantsə] *f* Constance.
Ko·ra ['koːra] *f* → Cora.
Kor·bi·ni·an [kɔrbi'nĭaːn; kɔr'biːnĭaːn] *m.*
Kord [kɔrt] *m Low G. short for* Konrad.
Kor·de·lia [kɔr'deːlĭa] *f* → Cordelia.
Ko·rin·na [ko'rɪna] *f* → Corinna.
Kor·ne·lia [kɔr'neːlĭa] *f* → Cornelia.
Kor·ne·li·us [kɔr'neːlĭʊs] *m* → Cornelius.
Ko·si·ma ['koːzima] *f* → Cosima.
Kres·zen·tia [krɛs'tsɛntsĭa] *f* → Crescentia.
Kriem·hild ['kriːmˌhɪlt], *auch* **Kriem·hil·de** [ˌkriːm'hɪldə] *f.*
Kri·sta ['krɪsta] *f* → Christa.
Kri·sti·an ['krɪstĭan] *m* → Christian.
Kri·sti·ne [krɪs'tiːnə] *f* → Christine.
Ku·ni·bert ['kuːniˌbɛrt] *m.*
Ku·ni·gun·de [kuni'gʊndə] *f.*
Ku·no ['kuːno] *m short for* Konrad, Kunibert.
Kurt [kʊrt] *m* Kurt, *auch* Curt.
Ky·ril·lus [ky'rɪlʊs], *auch* **Ky·rill** [ky'rɪl] *m* → Cyrillus.

L

La·dis·laus ['laːdɪslaʊs] *m.*
Lai·la ['laɪla] *f.*
Lam·bert ['lambɛrt] *m* Lambert.
Lars [lars] *m.*
Lau·ra ['laura] *f* Laura.
Lau·ren·tia [laʊ'rɛntsĭa] *f.*
Lau·ren·ti·us [laʊ'rɛntsĭʊs] *m* Laurence, Lawrence, Lorence.
Lau·rette [lo'rɛt] *f* Lauretta, Laurette.
Lau·ritz ['laurɪts] *m.*
Lea ['leːa] *f* Lea(h).
Leif [laɪf] *m* Leif.
Lei·la ['laɪla] *f* Leila(h).
Le·na ['leːna] *f variant of* Lene.
Le·ne ['leːnə] *f a) short for* Helene, Magdalena, b) Lena.
Le·ni ['leːni] *f short for and pet form of* Helene, Magdalena.
Le·no·re [le'noːrə] *f* Lenora, Lenore.
Lenz [lɛnts] *m short for* Lorenz.
Leo ['leːo] *m* Leo.
Le·on·hard ['leːɔnˌhart] *m* Leonard.
Leo·nie ['leːoni] *f* Leonie.
Leo·no·re [leo'noːrə] *f* Leonora, Leonore.
Leo·pold ['leːopɔlt] *m* Leopold.
Leo·pol·di·ne [leopɔl'diːnə] *f.*
Les·lie[1] ['lɛsli] *f* Leslie, Lesley.
Les·lie[2] ['lɛsli] *m* Leslie, *auch* Lesley.
Lex [lɛks] *m short for* Alexander.
Lia ['liːa] *f short for* Julia.
Lia·ne ['lĭaːnə] *f short for* Juliana.
Li·bo·ri·us [li'boːrĭʊs] *m.*
Li·da ['liːda] *f short for* Ludmilla.
Lid·dy ['lɪdi] *f* Lid(d)ie.
Lieb·gard ['liːpˌgart] *f.*
Lieb·hard ['liːpˌhart] *m.*
Lieb·traud ['liːpˌtraut] *f.*
Lien·hard ['liːnˌhart] *m Southern G. for* Leonhard.
Lie·sa ['liːza], **Lies·beth** ['liːsbɛt] *f a) short for* Elisabeth, b) Lisa.
Lies·chen ['liːsçən] *n dim. of* Liese.
Lie·se ['liːzə] *f short for* Elisabeth.
Lie·se·lot·te ['liːzəˌlɔtə; ˌliːzə'lɔtə] *f* Liselotte.
Lil [lɪl] *f variant of* Lill.
Li·li ['lɪli] *f variant of* Lilli.
Li·li·an ['lɪlĭan] *f* Lil(l)ian, Lilyan.
Lill [lɪl] *f short for* Lilli.

Lil·li ['lɪli], **Lil·ly** ['lɪli] *f* Lil(l)y, Lil(l)i.
Li·lo ['li:lo] *f short for* Liselotte.
Li·na ['li:na] *f short for* Karolina.
Lin·da ['lɪnda] *f variant of* Linde.
Lin·de ['lɪndə] *f short for* Dietlind, Sieglinde.
Li·nus ['li:nʊs] *m* Linus.
Li·sa ['li:za] *f variant of* Liesa.
Li·san·ne [li'zanə] *f.*
Lis·beth ['li:sbɛt; 'lɪsbɛt] *f variant of* Liesbeth.
Li·se·lot·te ['li:zəˌlɔtə; ˌli:zə'lɔtə] *f* Liselotte.
Li·set·te [li'zɛtə] *f dim. of* Elisabeth.
Lis·sy ['lɪsi] *f* Lizzy, *auch* Lizzie.
Li·via ['li:vĭa] *f* Livia.
Li·vi·us ['li:vĭʊs] *m.*
Lois [lɔys] *m Bavarian and Austrian short for* Alois.
Loisl ['lɔyzəl] *m Bavarian and Austrian short for and pet form of* Alois.
Lo·la ['lo:la] *f* Lola.
Lo·li·ta [lo'li:ta] *f* Lolita, Loleta.
Lo·ni ['lo:ni], *auch* **Lon·ni** ['lɔni], **Lo·ny** ['lo:ni], *auch* **Lon·ny** ['lɔni] *f* a) *short for and pet form of* Apollonia, Leonie, b) Loni, *auch* Lonie.
Lo·re ['lo:rə] *f* Lore.
Lo·renz ['lo:rɛnts] *m* Laurence, Lawrence, Lorence.
Lo·ret·ta [lo'rɛta], *auch* **Lo·ret·te** [lo'rɛtə] *f* Loretta, Lorette.
Lo·thar ['lo:tar] *m.*
Lott·chen ['lɔtçən] *n dim. of* Lotte.
Lot·te ['lɔtə], **Lot·ti** ['lɔti] *f* a) *short for* Charlotte, b) Lottie, *auch* Lotta, Lotty.
Lou·is ['lu:i] *m* Louis.
Loui·se ['lŭi:zə] *f* Louisa, Louise.
Lu [lu:] *f* Lu.
Lu·cia ['lu:tsĭa], **Lu·cie** ['lu:tsĭə] *f* Lucia.
Lu·cin·de [lu'tsɪndə] *f* Lucinda.
Lu·ci·us ['lu:tsĭʊs] *m* Lucius.
Lu·cy ['lu:si] *f* Lucy, *auch* Luci.
Lü·der ['ly:dər] *m Low G. for* Lothar.
Lud·ger ['lu:tgɛr] *m variant of* Luitger.
Lud·mil·la [lu:t'mɪla] *f.*
Lu·dolf ['lu:dɔlf] *m.*
Lud·wig ['lu:tvɪç] *m* Louis, Lewis, Ludovic, Ludowick.
Lud·wi·ga [lu:t'vi:ga] *f.*
Lu·is ['lu:ɪs] *m.*
Lui·se ['lŭi:zə] *f* Louise, Louisa.
Lu·it·bert ['lu:ɪtˌbɛrt] *m.*
Lu·it·gard ['lu:ɪtˌgart] *f.*
Lu·it·ger ['lu:ɪtˌgɛr] *m.*
Lu·it·pold ['lu:ɪtˌpɔlt] *m variant of* Leopold.
Lu·kas ['lu:kas] *m* Luke, Lucas.
Lu·kre·tia [lu'kre:tsĭa], **Lu·kre·zia** [lu'kre:tsĭa] *f* Lucretia, *auch* Lucrece.
Lu·lu ['lu:lu; lu'lu:] *f* Lulu.
Lutz [lʊts] *m short for* Ludwig.
Lu·zia ['lu:tsĭa] *f* Lucia.
Lu·zin·de [lu'tsɪndə] *f* Lucinda.
Lu·zi·us ['lu:tsĭʊs] *m* Lucius.
Ly·dia ['ly:dĭa] *f* Lydia.

M

Ma·bel ['me:bəl] *f* Mabel, Mable.
Made·leine [ma'dlɛ:n] *f* Madeleine, Madelaine, Madelene, Madeline, Madalyn(ne), Madlyn(ne).
Mag·da ['makda] *f short for* Magdalena.
Mag·da·le·na [makda'le:na], *auch* **Mag·da·le·ne** [makda'le:nə] *f* Magdalen(e), Magdalena, Magdalenne.
Mag·gie ['mɛgi] *f* Maggie.
Ma·gnus ['magnʊs] *m* Magnus.
Maie ['maɪə], *auch* **Mai** [maɪ] *f Frisian short for* Maria.
Ma·ja ['ma:ja] *f.*
Ma·le ['ma:lə] *f short for* Amalie, Malwine.
Mal·te ['maltə] *m.*
Mal·wi·da [mal'vi:da] *f.*
Mal·wi·ne [mal'vi:nə] *f* Malvine, Malvina.
Man·dy ['mɛndi] *f short for and pet form of* Amanda.
Man·fred ['manˌfre:t] *m.*
Ma·non [ma'nõ:] *f pet form of* Maria.
Ma·nu·el ['ma:nŭɛl] *m* Manuel.
Ma·nue·la [ma'nŭe:la] *f short for* Emanuela.
Marc [mark] *m* Marc, Mark.
Mar·cel [mar'sɛl] *m* Marcel.
Mar·cel·la [mar'tsɛla] *f* Marcella, Marcelle, Marcile, Marcille.
Mar·co ['marko] *m.*
Ma·ren ['ma:rən] *f.*
Ma·ret ['ma:rət], **Mar·ga** ['marga] *f short for* Margarete.
Mar·ga·li·ta [marga'li:ta] *f variant of* Margarete.
Mar·ga·re·te [marga're:tə], *auch* **Mar·ga·re·ta** [marga're:ta] *f* Margaret, Margaret(t)a, Margaret(t)e.
Mar·ga·ri·ta [marga'ri:ta], **Mar·ghe·ri·ta** [marge'ri:ta] *f variant of* Margarete.
Mar·git ['margɪt] *f short for* Margarete.
Mar·git·ta [mar'gɪta] *f variant of* Margit.
Mar·got ['margɔt] *f* Margot.
Mar·gret ['margre:t] *f short for* Margarete.
Mar·grit ['margrɪt] *f variant of* Margret.
Mar·guerite [mar'gri:t] *f* Marguerite.
Ma·ria [ma'ri:a] *f* Mary, Maria, Marie.
Ma·ria·ne [ma'rĭa:nə] *f.*
Ma·ri·an·ne [ma'rĭanə] *f* Marian, Marianne, *auch* Maryanne, Marianna.
Ma·rie [ma'ri:] *f variant of* Maria.
Ma·rie·chen [ma'ri:çən] *n dim. and pet form of* Maria.
Ma·ri·el·la [ma'rĭɛla] *f.*
Ma·rie·lui·se [mari'lŭi:zə] *f* Marie Louise.
Ma·rie·ro·se [mari'ro:zə] *f.*
Ma·ri·et·ta [ma'rĭɛta] *f* Marietta, *auch* Mariett.
Ma·ri·ka [ma'ri:ka; 'ma:rika] *f.*
Ma·ri·lyn ['mɛrilɪn] *f* Marilyn, *auch* Marilynne, Marylyn(ne).
Ma·ri·na [ma'ri:na] *f* Marina.
Ma·rio ['ma:rĭo] *m* Mario.
Ma·ri·on ['ma:rĭɔn] *f* Marion.
Ma·ri·sa [ma'ri:za] *f.*
Ma·rit ['ma:rɪt] *f.*
Ma·ri·ta [ma'ri:ta] *f.*
Ma·rit·ta [ma'rɪta] *f.*
Ma·ri·us ['ma:rĭʊs] *m.*
Mark [mark] *m* Mark, Marc.
Mar·ko ['marko] *m.*
Mar·kus ['markʊs] *m* Marcus, Mark.
Mark·ward ['markˌvart] *m.*
Mar·le·ne [mar'le:nə] *f* Marlene, Marleen(e), Marlena.
Mar·lies ['marli:s], *auch* **Mar·lis** ['marli:s] *f.*
Mar·litt ['marlɪt], *auch* **Mar·lit** ['marlɪt] *f.*
Mar·ten ['martən] *m Low G. for* Martin.
Mar·tha ['marta] *f* Martha.
Mar·tin ['marti:n] *m* Martin.
Mar·ti·na [mar'ti:na] *f* Martina.
Mar·ti·ne [mar'ti:nə] *f* Martine.
Ma·ry ['mɛ:ri] *f* Mary.
Ma·scha ['maʃa] *f.*
Mat·hil·de [ma'tɪldə] *f* Mat(h)ilda, Mat(h)ilde.
Mat·thä·us [ma'tɛ:ʊs] *m* Matthew.
Mat·thi·as [ma'ti:as] *m* Matthias, Matthyas.
Maud [mo:t] *f* Maud(e).
Max [maks] *m* Max.
Ma·xi ['maksi] *f bes. Southern G. short for and pet form of* Maximiliane.
Ma·xi·mi·li·an [maksi'mi:lĭa:n] *m* Maximilian.
Ma·xi·mi·lia·ne [maksimi'lĭa:nə] *f.*
Mecht·hild ['mɛçtɪlt; 'mɛçtˌhɪlt], *auch* **Mecht·hil·de** [ˌmɛçt'hɪldə; mɛç'tɪldə] *f variant of* Mathilde.
Mei·ke ['maɪkə] *f Frisian dim. and pet form of* Maria.
Mei·na ['maɪna] *f Frisian short for* Meinhild.
Mei·nald ['maɪnalt] *m.*
Mein·hard ['maɪnˌhart] *m* Maynard.
Mein·hild ['maɪnˌhɪlt], *auch* **Mein·hil·de** [ˌmaɪn'hɪldə] *f.*
Mein·hold ['maɪnˌhɔlt] *m variant of* Meinald.
Mei·no ['maɪno] *m Frisian short for* Meinhard, Meinhold.
Mei·nold ['maɪnɔld] *m variant of* Meinald.
Mei·nolf ['maɪnɔlf] *m.*
Mein·rad ['maɪnra:t] *m.*
Mei·nulf ['maɪnʊlf] *m variant of* Mainolf.
Me·la ['me:la] *f short for* Melitta.
Me·la·nie [me'la:nĭə; mela'ni:; 'me:lani; 'mɛlani] *f* Melanie.
Mel·chi·or ['mɛlçĭɔr] *m.*
Me·li·na [me'li:na] *f.*
Me·lin·da [me'lɪnda] *f* Melinda, Malinda.
Me·li·ne [me'li:nə] *f.*
Me·lis·sa [me'lɪsa] *f* Melissa, *auch* Melissie, Melissy.
Me·lit·ta [me'lɪta] *f.*
Mer·ce·des [mɛr'tse:dɛs] *f* Mercedes.
Mer·ten ['mɛrtən] *m Low G. for* Martin.
Me·ta ['me:ta] *f short for* Margarete.
Mia ['mi:a] *f short for* Maria.
Mi·cha·el ['mɪçaɛl] *m* Michael.
Mi·chae·la [mɪça'e:la] *f.*
Mi·chel ['mɪçəl] *m short for* Michael.
Mi·chèle [mi'ʃɛl] *f* Michele, Michelle.
Miche·line [mɪʃ'li:n] *f.*
Mi·chelle [mi'ʃɛl] *f variant of* Michèle.
Mi·gnon [mɪn'jõ:] *f* Mignon, *auch* Mignonne.
Mi·guel [mi'gɛl] *m.*
Mike [maɪk] *m* Mike.
Mi·la ['mi:la] *f short for* Ludmilla.
Mil·li ['mɪli] *f short for and pet form of* Emilie.
Mi·mi ['mi:mi], *auch* **Mim·mi** ['mɪmi] *f pet form of* Maria.
Mi·net·te [mi'nɛtə] *f.*
Min·na ['mɪna] *f short for and pet form of* Wilhelmine.
Mi·ra ['mi:ra] *f short for* Mirabella.
Mi·ra·bel·la [mira'bɛla], *auch* **Mi·ra·bell** [mira'bɛl] *f* Mirabel.
Mi·ran·da [mi'randa] *f* Miranda.
Mi·rel·la [mi'rɛla] *f short for* Mirabella.
Mir·jam ['mɪrjam], *auch* **Mi·ri·am** ['mi:rĭam] *f* Miriam, Miryam.
Mir·ko ['mɪrko] *m short for* Miroslaw.
Mi·ros·law ['mi:rɔslaf] *m.*
Mi·scha ['mɪʃa] *m.*
Miz·zi ['mɪtsi], *auch* **Mit·zi** ['mɪtsi] *f bes. Austrian short for and pet form of* Maria.
Mom·bert ['mɔmbɛrt] *m.*
Mom·me ['mɔmə] *m short for* Mombert.
Mo·na ['mo:na] *f* Mona.
Mo·ni ['mo:ni] *f short for* Monika.
Mo·ni·ka ['mo:nika] *f* Monica.
Mo·nique [mo'nɪk] *f.*
Mo·ritz ['mo:rɪts], *Austrian auch* **Mo·riz** ['mo:rɪts] *m* Maurice, Morris.
Mor·ten ['mɔrtən] *m variant of* Martin.

N

Na·di·ne [na'di:nə] *f* Nadine.
Nad·ja ['nadja] *f.*
Nan·cy [nã'si:] *f* Nancy, Nancie, Nancee.
Nan·ne ['nanə], *auch* **Nan·na** ['nana] *f dim. and pet form of* Anna.
Nan·net·te [na'nɛtə] *f* Nan(n)ette.
Nan·ni ['nani] *f Southern G. dim. and pet form of* Anna.
Nan·nie ['nɛni] *f* Nanny.
Nan·no ['nano] *m short for* Ferdinand.
Na·ta·lie [na'ta:lĭə], *auch* **Na·ta·lia** [na'ta:lĭa] *f* Natalie, *auch* Natalia, Nathalie.
Na·ta·scha [na'taʃa] *f* Natas(c)ha.
Na·than ['na:tan] *m* Nathan.
Neid·hard ['naɪtˌhart], *auch* **Neid·hart** ['naɪtˌhart] *m.*
Nel·li ['nɛli], **Nel·ly** ['nɛli] *f* Nelly, Nellie, Nell.
Ne·po·muk ['ne:pomʊk] *m.*
Nick [nɪk] *m* Nick, *auch* Nic.
Ni·co ['ni:ko] *m.*
Ni·co·lai [niko'laɪ; 'nɪkolaɪ] *m variant of* Nikolai.
Ni·cole [ni'kɔl], *auch* **Ni·colle** [ni'kɔl] *f* Nicole.
Ni·co·let·ta [niko'lɛta] *f* Nicolette.
Ni·co·lette [niko'lɛt] Nicolette.
Niels [ni:ls] *m variant of* Nils.
Ni·klas ['ni:klas; 'nɪklas] *m short for* Nikolaus.
Ni·klaus ['nɪklaʊs] *m Swiss short for* Nikolaus.
Ni·ko·de·mus [niko'de:mʊs] *m* Nicodemus.
Ni·ko·lai [niko'laɪ; 'nɪkolaɪ] *m.*
Ni·ko·laus ['ni:kolaʊs; 'nɪ-] *m* Nic(h)olas.
Nils [nɪls] *m Low G. for* Nikolaus.
Ni·na ['ni:na] *f* Nina.
Ni·nette [ni'nɛt] *f* Ninette.
Ni·non [ni'nõ:] *f.*
No·ra ['no:ra] *f* Nora.
Nor·bert ['nɔrbɛrt] *m* Norbert.
No·ri·na [no'ri:na] *f.*
Nor·ma ['nɔrma] *f* Norma.
Nor·man ['nɔrman], *auch* **Nor·mann** ['nɔrman] *m* Norman.

O

Odette [o'dɛt] *f* Odette.
Odi·lo ['o:dilo] *m.*
Ok·ta·via [ɔk'ta:vĭa], **Ok·ta·vie** [ɔk'ta:vĭə] *f* Octavia.
Olaf ['o:laf] *m* Olaf, *auch* Olav.
Oleg ['o:lɛk] *m.*
Olf [ɔlf] *m short for* Gerolf, Ludolf.
Ol·ga ['ɔlga] *f* Olga.
Oli·ver ['o:livər] *m* Oliver.
Oli·via [o'li:vĭa] *f* Olivia, Olive.
Ol·li[1] ['ɔli] *m pet form of* Oliver.
Ol·li[2] ['ɔli] *f pet form of* Olga.
Olym·pia [o'lʏmpĭa] *f* Olympia.
Ophe·lia [o'fe:lĭa] *f* Ophelia.
Ort·hild ['ɔrtˌhɪlt], *auch* **Ort·hil·de** [ˌɔrt'hɪldə] *f.*

Ort·lieb ['ɔrtˌliːp] *m.*
Or·trud ['ɔrˌtruːt], *auch* **Or·traud** ['ɔrˌtraʊt] *f.*
Or·trun ['ɔrtruːn] *f.*
Ort·win ['ɔrtviːn] *m.*
Os·bert ['ɔsbɛrt] *m* Osbert.
Os·kar ['ɔskar], *auch* **Os·car** ['ɔskar] *m* Oscar.
Os·mar ['ɔsmar] *m.*
Os·mund ['ɔsˌmʊnt] *m* Osmond, Osmund.
Os·si ['ɔsi] *m short for and pet form of* Oswald, Oskar.
Os·wald ['ɔsˌvalt] *m* Oswald, Oswold.
Os·win ['ɔsviːn] *m.*
Ot·fried ['ɔtˌfriːt] *m.*
Ot·mar ['ɔtmar] *m.*
Ot·ti·lie [ɔ'tiːlĭə] *f* Ottilia, Ottilie.
Ott·mar ['ɔtmar] *m variant of* Otmar.
Ot·to ['ɔto] *m* Otto.
Ot·to·kar ['ɔtokar] *m.*

P

Pa·me·la [pa'meːla; pa'mɛla] *f* Pamela.
Pas·cal [pas'kal] *m* Pascal.
Pat·rick ['patrɪk; 'pɛtrɪk] *m* Patrick.
Pa·tri·zia [pa'triːtsĭa] *f* Patricia, *auch* Patrecia.
Pa·tri·zi·us [pa'triːtsĭʊs] *m* Patrick.
Paul [paʊl] *m* Paul.
Pau·la ['paʊla] *f* Paula.
Pau·lette [po'lɛt] *f* Paulette.
Pau·li·ne [paʊ'liːnə] *f* Paulina, Pauline.
Peer [peːr] *m.*
Peg·gy ['pɛgi] *f* Peggy.
Pen·ny ['pɛni] *f* Penny, Pennie.
Pe·pi[1] ['peːpi] *m Bavarian and Austrian pet form of* Joseph, Josef.
Pe·pi[2] ['peːpi] *f Bavarian and Austrian pet form of* Josepha, Josefa, Josephine, Josefine.
Per·cy ['pɛrsi] *m* Percy.
Per·di·ta ['pɛrdita] *f* Perdita.
Per·ry ['pɛri] *m* Perry.
Pe·ter ['peːtər] *m* Peter.
Pe·tra ['peːtra] *f.*
Phi·li·ne [fi'liːnə] *f.*
Phil·ip(p) ['fiːlɪp] *m* Philip, *auch* Philipp.
Phil·ip·pa [fi'lɪpa] *f* Philippa.
Phil·ip·pi·ne [filɪ'piːnə] *f.*
Phi·lo·me·la [filo'meːla] *f.*
Phi·lo·me·na [filo'meːna] *f* Philomena.
Phyl·lis ['fʏlɪs] *f* Phyllis(s), Phillis.
Pia ['piːa] *f* Pia.
Pi·erre [pĭɛːr] *m* Pierre.
Piet [piːt] *m Low G. short for* Pieter.
Pie·ter ['piːtər] *m Low G. for* Peter.
Pi·lar [pi'laːr] *f.*
Pip·pa ['pɪpa] *f pet form of* Philippa.
Pitt [pɪt] *m variant of* Peter.
Pit·ter ['pɪtər] *m Rhenish for* Peter.
Pius ['piːʊs] *m* Pius.
Pol·di ['pɔldi] *m Bavarian and Austrian short for and pet form of* Leopold.
Pol·ly ['pɔli] *f* Polly.
Pris·ca ['prɪska] *f.*
Pris·cil·la [prɪs'tsɪla] *f* Priscilla.

Q

Quin·ti·nus [kvɪn'tiːnʊs], *auch* **Quin·tin** [kvɪn'tiːn] *m* Quentin, *auch* Quenton, Quinton, Quintin.
Quin·tus ['kvɪntʊs] *m.*
Qui·rin [kvi'riːn], *auch* **Qui·ri·nus** [kvi'riːnʊs] *m.*

R

Ra·chel ['raxəl] *f* Rachel.
Rag·na ['ragna] *f short for* Ragnhild.
Ragn·hild ['ragənˌhɪlt] *f.*
Ra·hel ['raːɛl] *f variant of* Rachel.
Rai·mar ['raɪmar] *m.*
Rai·mund ['raɪˌmʊnt] *m* Raymond, Raymund.
Rai·nald ['raɪnalt] *m* Reginald.
Rai·ner ['raɪnər] *m* Rainer, *auch* Rayner.
Ralf [ralf], *auch* **Ralph** [ralf] *m* Ralph.
Ra·mo·na [ra'moːna] *f* Ramona.
Ran·do ['rando] *m short for* Randolf.
Ran·dolf ['randɔlf], *auch* **Ran·dolph** ['randɔlf] *m* Randolph.
Ra·pha·el ['raːfaɛl] *m* Raphael.
Ra·phae·la [rafa'eːla] *f.*
Rau·te ['raʊtə] *f short for* Rautgund.
Raut·gund ['raʊtˌgʊnt] *f.*
Re·bek·ka [re'bɛka] *f* Rebecca, *auch* Rebekah.
Re·gi·na [re'giːna] *f* Regina.
Re·gi·nald ['reːginalt] *m* Reginald, Reynold.
Re·gi·ne [re'giːnə] *f variant of* Regina.
Rei·mar ['raɪmar] *m.*
Reim·bert ['raɪmbɛrt] *m.*
Reim·bold ['raɪmbɔlt] *m.*
Rei·mer ['raɪmər] *m.*
Rei·mo ['raɪmo] *m short for* Reimbert, Reimbold.
Rei·mund ['raɪˌmʊnt] *m variant of* Raimund.
Rei·nald ['raɪnalt] *m variant of* Rainald.
Rei·ner ['raɪnər] *m variant of* Rainer.
Rein·fried ['raɪnˌfriːt] *m.*
Rein·gard ['raɪnˌgart] *f.*
Rein·hard ['raɪnˌhart] *m* Re(y)nard.
Rein·hild ['raɪnˌhɪlt], *auch* **Rein·hil·de** [ˌraɪn'hɪldə] *f.*
Rein·hold ['raɪnˌhɔlt] *m variant of* Reinold.
Rein·mar ['raɪnmar] *m.*
Rei·nold ['raɪnɔlt] *m* Reynold.
Re·na ['reːna] *f short for* Renate, Verena.
Re·na·te [re'naːtə] *f* Renata.
Re·né [rə'neː] *m* René.
Re·née [rə'neː] *f* Renée.
Re·ni ['reːni] *f short for and pet form of* Irene, Renate, Verena.
Re·si ['reːzi] *f Bavarian and Austrian short for and pet form of* Therese.
Rex [rɛks] *m* Rex.
Ria ['riːa] *f short for* Maria.
Ri·ca ['riːka] *f variant of* Rike.
Ri·chard ['rɪçart] *m* Richard, *auch* Rychard.
Ri·char·da [rɪ'çarda] *f.*
Rick [rɪk] *m* Rick.
Rik [rɪk] *m short for* Hendrik.
Ri·ke ['riːkə], *auch* **Ri·ka** ['riːka] *f short for* Friederike, Henrike, Ulrike.
Rik·lef ['rɪklɛf] *m.*
Ri·ta ['riːta] *f* Rita.
Ro·bert ['roːbɛrt] *m* Robert.
Ro·ber·ta [ro'bɛrta] *f* Roberta.
Ro·chus ['rɔxʊs] *m.*
Ro·de·rich ['roːdərɪç] *m* Roderick.
Ro·dol·fo [ro'dɔlfo] *m.*
Ro·dri·go [ro'driːgo] *m.*
Ro·ger ['roːgər] *m* Roger.
Ro·land ['roːlant] *m* Roland, Rolland, Rowland.
Rolf [rɔlf] *m* Rolf, Rolph.
Ro·man ['roːman] *m* Roman.
Ro·mi ['roːmi], **Ro·my** ['roːmi] *f pet form of* Rosemarie.
Ron [rɔn] *m* Ron.
Ro·nald ['roːnalt] *m* Ronald.
Ro·sa ['roːza] *f* Rosa, Rose.
Ro·sa·lia [ro'zaːlĭa] *f* Rosalia, Rosalie.
Ro·sa·lin·de [roza'lɪndə] *f* Rosalind.
Ro·sa·mun·de [roza'mʊndə] *f* Rosamond, Rosamund.
Ro·se ['roːzə] *f variant of* Rosa.
Ro·se·ma·rie ['roːzəmaˌriː], *auch* **Ro·se·ma·ry** ['roːzəmaˌriː] *f* Rosemary, Rosemarie.
Ro·si ['roːzi] *f* Rosie, Rosy.
Ro·si·na [ro'ziːna], *auch* **Ro·si·ne** [ro'ziːnə] *f* Rosina.
Ro·si·ta [ro'ziːta] *f* Rosita.
Ros·ma·rie ['roːsmaˌriː] *f variant of* Rosemarie.
Ros·wi·tha [rɔs'viːta] *f.*
Ro·traud ['roːˌtraʊt], *auch* **Ro·traut** ['roːˌtraʊt] *f.*
Ro·we·na [ro'veːna] *f* Rowena.
Roy [rɔʏ] *m* Roy, Ray.
Ru·di ['ruːdi] *m pet form of* Rudolf.
Rü·di·ger ['ryːdigər] *m* Roger.
Ru·dolf ['ruːdɔlf] *m* Rudolph, Rudolf.
Ru·dol·fa [ru'dɔlfa] *f.*
Ru·dolph ['ruːdɔlf] *m variant of* Rudolf.
Ru·fus ['ruːfʊs] *m* Rufus.
Ru·pert ['ruːpɛrt], *auch* **Ru·per·tus** [ru'pɛrtʊs] *m* Rupert.
Ru·precht ['ruːprɛçt] *m variant of* Rupert.
Ruth [ruːt] *f* Ruth.

S

Sa·bi·ne [za'biːnə], *auch* **Sa·bi·na** [za'biːna] *f* Sabina.
Sa·bri·na [za'briːna] *f* Sabrina.
Sal·ly ['zɛli] *f* Sally, Sallie, Sallye.
Sa·lo·me ['zaːlome; za'loːmə] *f* Salome.
Sam [zɛm] *m* Sam.
Sam·my ['zami] *m* Sammy, *auch* Sammie.
Sa·mu·el ['zaːmŭɛl] *m* Samuel.
San·dra ['zandra] *f* Sandra, *auch* Saundra, Sondra.
San·dri·na [zan'driːna] *f dim. of* Sandra.
San·dy[1] ['zɛndi] *m* Sandy.
San·dy[2] ['zɛndi] *f* Sandy, Sandie.
Sa·ra ['zaːra], *auch* **Sa·rah** ['zaːra] *f* Sara(h).
Sa·scha ['zaʃa] *m.*
Schorsch [ʃɔrʃ] *m short for* Georg.
Se·bald ['zeːbalt], *auch* **Se·bal·dus** [ze'baldʊs] *m.*
Se·ba·sti·an [ze'bastĭan] *m* Sebastian.
Se·li·na [ze'liːna] *f* Selina.
Sel·ma ['zɛlma] *f* Selma.
Sel·mar ['zɛlmar] *m.*
Sen·ta ['zɛnta] *f.*
Sepp [zɛp] *m Bavarian and Austrian short for* Joseph.
Ser·ge [sɛrʃ], **Ser·gi·us** ['zɛrgĭʊs] *m* Serge.
Ser·va·ti·us [zɛr'vaːtsĭʊs], *auch* **Ser·vaz** [zɛr'vaːts] *m.*
Se·ve·rin [zeve'riːn; 'zeːveriːn], **Se·ve·ri·nus** [zeve'riːnʊs] *m.*
Shei·la ['ʃaɪla] *f* Sheila(h), Sheelah, Shelagh.
Shir·ley ['ʃøːrli] *f* Shirley, Sherley, Shirlee, Shirlie.
Si·byl·le [zi'bɪlə], *auch* **Si·byl** ['ziːbɪl] *f* Sibyl, Sybil, Sibylle, Syble.
Sieg·bert ['ziːkbɛrt] *m.*
Sieg·fried ['ziːkˌfriːt] *m* Siegfried.
Sieg·hard ['ziːkˌhart] *m.*
Sieg·hild ['ziːkˌhɪlt], *auch* **Sieg·hil·de** [ˌziːk'hɪldə] *f.*
Sieg·lin·de [ˌziːk'lɪndə], *auch* **Sieg·lind** ['ziːkˌlɪnt] *f.*
Sieg·mar ['ziːkmar] *m.*
Sieg·mund ['ziːkˌmʊnt] *m.*
Si·gi[1] ['zɪgi; 'ziːgi] *f short for and pet form of* Sieglinde, Sigrid.
Si·gi[2] ['zɪgi; 'ziːgi] *m short for and pet form of* Siegfried.
Si·gis·mund ['ziːgɪsˌmʊnt] *m* Sigismund.
Sig·rid ['ziːgrɪt] *f* Sigrid.
Sig·run ['ziːgruːn] *f.*
Sil·ja ['zɪlja] *f.*
Sil·ke ['zɪlkə] *f Low G. and Frisian pet form of* Cäcilie.
Sil·van [zɪl'vaːn], *auch* **Sil·va·nus** [zɪl'vaːnʊs] *m* Silvan, Silvanus.
Sil·va·na [zɪl'vaːna] *f* Silvana, Sylvana.
Sil·ve·ster [zɪl'vɛstər] *m* Silvester, Sylvester.
Sil·via ['zɪlvĭa] *f* Silvia, Sylvia.
Si·mon ['ziːmɔn] *m* Simon.
Si·mo·ne [zi'moːnə] *f* Simona.
Si·mo·net·te [zimo'nɛtə], *auch* **Si·mo·net·ta** [zimo'nɛta] *f dim. of* Simone.
Sis·sy ['zɪsi] *f Austrian pet form of* Elisabeth.
Siw [ziːf] *f.*
Six·ta ['zɪksta] *f.*
Six·tus ['zɪkstʊs] *m* Sixtus.
So·fie [zo'fiː(ə); 'zɔfi] *f variant of* Sophia.
Sol·veig ['zoːlvaɪk] *f.*
Son·dra ['zɔndra] *f* Sondra, *auch* Sandra, Saundra.
Son·ja ['zɔnja] *f* Sonia, Sonya, Sonja.
Sön·ke ['zøːnkə] *m.*
Sonn·hild ['zɔnˌhɪlt] *f.*
So·phia [zo'fiːa], *auch* **So·phie** [zo'fiː(ə); 'zɔfi] *f* Sophia, Sophie, Sofia, Sophy.
Sö·ren ['zøːrən] *m.*
Stan [stɛn] *m* Stan.
Sta·nis·laus ['ʃtaːnɪslaʊs] *m* Stanislaus.
Sta·si ['ʃtaːzi] *f Bavarian and Austrian dim. and pet form of* Anastasia.
Ste·fan ['ʃtɛfan] *m variant of* Stephan.
Ste·fa·nie ['ʃtɛfani; ʃtɛfa'niː] *f variant of* Stephanie.
Stef·fen ['ʃtɛfən] *m Low G. short for* Stephan.
Stef·fi ['ʃtɛfi] *f short for and dim. of* Stephanie.
Stel·la ['ʃtɛla] *f* Stella.
Sten [ʃteːn] *m* Sten.
Ste·phan ['ʃtɛfan] *m* Stephen, Steven.
Ste·pha·nie ['ʃtɛfani; ʃtɛfa'niː] *f* Stephana, Stephanie, Stephany, Stephania, Stefana, Stefanie, Stefania.
Ste·ven ['ʃteːvən] *m* Steven.
Sti·ne ['ʃtiːnə], *auch* **Sti·na** ['ʃtiːna] *f short for* Christine, Ernestine, Justina.
Stof·fel ['ʃtɔfəl] *m short for* Christoph.
Sun·hild ['zuːnˌhɪlt], *auch* **Sun·hil·de** [ˌzuːn'hɪldə] *f.*
Su·san ['zuːzən] Susan, Suzan.
Su·san·ne [zu'zanə], *auch* **Su·san·na** [zu'zana] *f* Susanna(h), Susanne.
Su·se ['zuːzə] *f short for* Susanne.
Su·sette [zy'zɛt] *f* Susette.

Su·si ['zu:zi] *f* Susie, Susy, Susi, Suzie, Suzy.
Sven [svɛn], *auch* **Swen** [svɛn] *m.*
Sy·bil·le [zy'bɪlə] *f variant of* Sibylle.
Syl·ve·ster [zʏl'vɛstər] *m variant of* Silvester.
Syl·via ['zʏlvĭa; 'zɪlvĭa], *auch* **Syl·vie** ['zɪlvi] *f variant of* Silvia.

T

Ta·ge ['ta:gə] *m.*
Ta·ma·ra [ta'ma:ra] *f* Tamara.
Tan·ja ['tanja], *auch* **Ta·nia** ['tanĭa] *f* Tanya.
Tank·red ['taŋkre:t] *m* Tancred.
Tas·ja ['tasja] *f.*
Tas·si·lo ['tasilo] *m.*
Tat·ja·na [tat'ja:na] *f* Tatiana.
Ted [tɛt] *m* Ted.
Tet·je ['te:tjə] *m Low G. and Frisian short for* Dietrich, Theodor.
Thad·dä·us [ta'dɛ:ʊs] *m* Thaddeus.
Thank·mar ['taŋkmar] *m* → Dankmar.
Thas·si·lo ['tasilo] *m variant of* Tassilo.
Thea ['te:a] *f* Thea.
Thek·la ['te:kla] *f* Thecla, Thekla.
Theo ['te:o] *m short for* Theobald, Theodor, Theophil.
Theo·bald ['te:o,balt] *m* Theobold.
Theo·dor ['te:odo:r] *m* Theodore, *auch* Theodor.
Theo·do·re [teo'do:rə], *auch* **Theo·do·ra** [teo'do:ra] *f* Theodora.
Theo·do·sia [teo'do:zĭa] *f* Theodosia.
Theo·do·si·us [teo'do:zĭʊs] *m* Theodosius.
Theo·phil ['te:ofi:l], *auch* **Theo·phi·lus** [te'o:filʊs] *m* Theophilus.
The·re·se [te're:zə], *auch* **The·re·sia** [te're:zĭa] *f* Theresa.
Thie·mo ['ti:mo] *m.*
Thil·de ['tɪldə] *f short for* Klothilde, Mathilde.
Thi·lo ['ti:lo] *m short for* Dietrich.
Tho·mas ['to:mas] *m* Thomas.
Tho·ra ['to:ra] *f.*
Tho·rolf ['to:rɔlf] *m.*
Thor·sten ['tɔrstən] *m variant of* Torsten.
Thor·wald ['to:r,valt] *m.*
Thu·rid ['tu:rɪt] *f.*
Thus·nel·da [tʊs'nɛlda] *f.*
Ti·be·ri·us [ti'be:rĭʊs] *m* Tiberius.
Ti·bor ['ti:bɔr] *m.*
Til·de ['tɪldə] *f variant of* Thilde.
Till [tɪl] *m short for and pet form of* Dietrich.
Til·la ['tɪla], **Til·ly** ['tɪli] Tillie, *auch* Tilli, Tilly.
Ti·lo ['ti:lo] *m variant of* Thilo.
Tim [tɪm], *auch* **Timm** [tɪm] *m* Tim.
Tim·mo ['tɪmo] *m variant of* Thiemo.
Ti·mo·the·us [ti'mo:teʊs] *m* Timothy.
Ti·na ['ti:na], **Ti·ne** ['ti:nə], **Ti·ni** ['ti:ni] *f* Tina, *auch* Teena.
Tin·ka ['tɪŋka] *f short for* Kathinka.
Ti·no ['ti:no] *m.*
Ti·tus ['ti:tʊs] *m* Titus.
Tjalf [tjalf] *m Frisian short for* Detlef.
Tjard [tjart] *m Frisian short for* Diethard.
Tjark [tjark] *m Frisian short for* Dietrich.
To·bi·as [to'bi:as] *m* Tobias, *auch* Tobiah.
Tom [tɔm] *m* Tom.
Tom·my ['tɔmi] *m* Tommy.
To·ni[1] ['to:ni] *m* Tony.
To·ni[2] ['to:ni] *f* Toni, Tony.
Ton·ja ['tɔnja] *f.*
Tord [tɔrt] *m.*
Tor·sten ['tɔrstən] *m.*
Tor·wald ['to:r,valt] *m variant of* Thorwald.
Tos·ka ['tɔska] *f.*
Trau·de ['traʊdə] *f short for* Gertraud, Waltraud.
Trau·del ['traʊdəl] *f pet form of* Gertraud, Waltraud.
Trau·te ['traʊtə] *f short for* Gertraut, Waltraut.
Tri·stan ['trɪstan] *m* Tristan, Tristram, Tristam.
Trix [trɪks] *f short for* Beatrix.
Tri·xi ['trɪksi] *f* Trixy, Trixie.
Tru·de ['tru:də] *f short for* Gertrud.
Tru·del ['tru:dəl] *f short for and pet form of* Gertrud.
Trud·hild ['tru:t,hɪlt], *auch* **Trud·hil·de** [,tru:t'hɪldə] *f.*
Tru·die ['tru:di] *f* Trudy, Trudi, Trudie.
Trutz [trʊts] *m.*
Tün·nes ['tʏnəs] *m Rhenish short for* Anton.

U

Uda ['u:da] *f.*
Udo ['u:do] *m.*
Ulf [ʊlf] *m.*
Ul·fert ['ʊlfərt] *m.*
Ulf·hard ['ʊlf,hart] *m.*
Ul·fried ['ʊl,fri:t] *m.*
Uli[1] ['u:li] *m short for and pet form of* Ulrich.
Uli[2] ['u:li] *f short for and pet form of* Ulrike.
Ul·la ['ʊla] *f short for* Ulrike, Ursula.
Ul·li[1] ['ʊli] *m variant of* Uli[1].
Ul·li[2] ['ʊli] *f variant of* Uli[2].
Ul·rich ['ʊlrɪç] *m* Ulric.
Ul·ri·ke [ʊl'ri:kə] *f* Ulrica, *auch* Ulrika.
Una ['u:na] *f* Una, O(o)na, Oonagh.
Un·di·ne [ʊn'di:nə] *f* Undine.
Ur·ban ['ʊrba:n] *m* Urban.
Urs [ʊrs] *m.*
Ur·sel ['ʊrzəl] *f short for* Ursula.
Ur·si·na [ʊr'zi:na] *f.*
Ur·su·la ['ʊrzula] *f* Ursula.
Uschi ['ʊʃi] *f dim. and pet form of* Ursula.
Ute ['u:tə], *auch* **Uta** ['u:ta] *f.*
Uwe ['u:və] *m.*

V

Va·len·tin ['va:lɛnti:n; 'va-] *m* Valentine.
Va·len·ti·ne [valɛn'ti:nə] *f* Valentina.
Va·le·rie [va'le:rĭə], *auch* **Va·le·ria** [va'le:rĭa] *f* Valeria, Valery.
Va·les·ka [va'lɛska] *f.*
Va·nes·sa [va'nɛsa] *f* Vanessa.
Veit [faɪt] *m.*
Ve·ra ['ve:ra] *f* Vera.
Ve·re·na [ve're:na] *f* Verena.
Ve·ro·na [ve'ro:na] *f Bavarian and Austrian short for* Veronika.
Ve·ro·ni·ka [ve'ro:nika] *f* Veronica, Veronika.
Vicki (*getr.* -k·k-) ['vɪki], *auch* **Vicky** (*getr.* -k·k-) ['vɪki] *f* Vicky, Vickie, Vik(k)i.
Vi·co ['vi:ko] *m.*
Vik·tor ['vɪktər] *m* Victor.
Vik·to·ria [vɪk'to:rĭa] *f* Victoria.
Vil·ma ['vɪlma] *f* Vilma, *auch* Velma.
Vil·mar ['fɪlmar] *m.*
Vin·zent ['vɪntsɛnt], **Vin·zenz** ['vɪntsɛnts] *m* Vincent.
Vio·la ['vi:ola; 'vĭo:la] *f* Viola.
Vio·let·ta [vĭo'lɛta] *f* Violette, Violetta.
Vir·gi·nia [vɪr'gi:nĭa] *f* Virginia.
Vi·tus ['vi:tʊs] *m.*
Vi·via·ne [vi'vĭa:nə] *f* Vivian, Vivien, Vivienne, Vivyan, Vyvyan.
Vol·kard ['fɔlkart], *auch* **Vol·kart** ['fɔlkart] *m variant of* Volkhard.
Volk·bert ['fɔlkbɛrt] *m.*
Vol·ker ['fɔlkər] *m.*
Vol·kert ['fɔlkərt] *m.*
Volk·hard ['fɔlk,hart] *m.*
Volk·hild ['fɔlk,hɪlt], *auch* **Volk·hil·de** [,fɔlk'hɪldə] *f.*
Vol(k)·mar ['fɔl(k)mar] *m.*
Vre·ni ['fre:ni] *f Swiss dim. and pet form of* Verena.
Vro·ni ['fro:ni; 'vro:ni] *f Bavarian and Austrian short for and pet form of* Veronika.

W

Wal·burg ['val,bʊrk], *auch* **Wal·bur·ga** [,val'bʊrga] *f.*
Wal·de·mar ['valdəmar] *m.*
Wald·hild ['valt,hɪlt], *auch* **Wald·hil·de** [,valt'hɪldə] *f.*
Wal·do ['valdo] *m short for* Waldemar.
Wald·traut ['valt,traʊt] *f variant of* Waltraud.
Wal·li ['vali], *auch* **Wal·ly** ['vali] *f* Wally.
Wal·pur·ga [val'pʊrga] *f.*
Wal·ter ['valtər], *auch* **Wal·ther** ['valtər] *m* Walter.
Wal·traud ['val,traʊt], *auch* **Wal·traut** ['val,traʊt] *f.*
Wal·trud ['val,tru:t] *f variant of* Waltraud.
Wan·da ['vanda] *f* Wanda.
Wastl ['vastəl] *m Bavarian and Austrian short for and pet form of* Sebastian.
Welf [vɛlf] *m.*
Welf·hard ['vɛlf,hart] *m.*
Wen·del ['vɛndəl] *m.*
Wen·de·lin ['vɛndəli:n] *m.*
Wen·zel ['vɛntsəl] *m short for* Wenzeslaus.
Wen·zes·laus ['vɛntsəslaʊs] *m.*
We·ra ['ve:ra] *f* → Vera.
Wer·na ['vɛrna] *f.*
Wer·ner ['vɛrnər] *m* Werner.
Wern·fried ['vɛrn,fri:t] *m.*
Wern·her ['vɛrn,hɛr] *m.*
Wern·hild ['vɛrn,hɪlt], *auch* **Wern·hil·de** [,vɛrn'hɪldə] *f.*
Wer·no ['vɛrno] *m.*
Wib·ke ['vi:pkə] *f variant of* Wiebke.
Wi·du·kind ['vi:du,kɪnt] *m.*
Wieb·ke ['vi:pkə] *f.*
Wie·land ['vi:,lant] *m.*
Wig·bert ['vi:kbɛrt] *m.*
Wig·go ['vɪgo] *m Frisian short for* Wigbert, Wighard.
Wig·hard ['vi:k,hart] *m.*
Wig·mar ['vi:kmar] *m.*
Wil·fried ['vɪl,fri:t] *m* Wilfred, Wilfrid.
Wil·frie·de [,vɪl'fri:də], *auch* **Wil·frie·da** [,vɪl'fri:da] *f.*
Wil·helm ['vɪl,hɛlm] *m* William.
Wil·hel·ma [,vɪl'hɛlma] *f.*
Wil·hel·mi·ne [vɪlhɛl'mi:nə], *auch* **Wil·hel·mi·na** [vɪlhɛl'mi:na] *f* Wilhelmina.
Wil·ko ['vɪlko] *m Frisian short for* Wilhelm.
Wil·li ['vɪli], *auch* **Will** [vɪl] *m* Willy, Willie, Will.
Wil·li·bald ['vɪli,balt] *m.*
Wil·li·bert ['vɪli,bɛrt] *m.*
Will·mar ['vɪlmar] *m variant of* Wilmar.
Wil·ly ['vɪli] *m variant of* Willi.
Wil·ma ['vɪlma] *f* Wilma.
Wil·mar ['vɪlmar] *m.*
Wil·traud ['vɪl,traʊt], *auch* **Wil·traut** ['vɪl,traʊt] *f variant of* Wiltrud.
Wil·trud ['vɪl,tru:t], *auch* **Wil·tru·de** [,vɪl'tru:də] *f.*
Wim [vɪm] *m short for* Wilhelm.
Wi·nand ['vi:nant] *m.*
Win·fried ['vɪn,fri:t] *m* Winfred.
Win·frie·da [,vɪn'fri:da], *auch* **Win·frie·de** [,vɪn'fri:də] *f.*
Wi·ni·fred ['vi:ni,fre:t] *f* Winifred.
Win·nie ['vɪni] *f* Winnie, Winny.
Win·trud ['vɪn,tru:t], *auch* **Win·tru·de** [,vɪn'tru:də] *f.*
Wi·to ['vi:to] *m short for* Witold.
Wi·told ['vi:tɔlt] *m.*
Wla·di·mir [vla'di:mi:r; 'vla:dimi:r] *m* Vladimir, Wladimir.
Wla·dis·laus ['vla:dɪslaʊs], *auch* **Wla·dis·law** ['vla:dɪslaf] *m.*
Wolf [vɔlf] *m short for* Wolfgang.
Wolf·diet·rich [,vɔlf'di:trɪç], *auch* **Wolf·die·ter** [,vɔlf'di:tər] *m.*
Wolf·gang ['vɔlf,gaŋ] *m* Wolfgang.
Wolf·ger ['vɔlfgɛr] *m.*
Wolf·hard ['vɔlf,hart], *auch* **Wolf·hart** ['vɔlf,hart] *m.*
Wolf·ram ['vɔlfram] *m.*
Wulf [vʊlf] *m variant of* Wolf.
Wu·ni·bald ['vʊni,balt], *auch* **Wun·ni·bald** ['vʊni,balt] *m.*

X

Xa·ver ['ksa:vər] *m* Xavier.
Xe·nia ['kse:nĭa] *f* Xenia, Zenia.

Y

Yves [i:f] *m.*
Yvette [i'vɛt] *f* Yvette.
Yvonne [i'vɔn] *f* Yvonne.

Z

Za·cha·ri·as [tsaxa'ri:as] *m* Zachariah, Zacharias, Zachary, Zechariah.
Za·rah ['tsa:ra] *f* → Sara.
Zä·zi·lie [tsɛ'tsi:lĭə], *auch* **Zä·zi·lia** [tsɛ'tsi:lĭa] *f* → Cäcilie.
Zden·ko ['sdɛŋko] *m.*
Zen·zi ['tsɛntsi] *f Bavarian and Austrian pet form of* Crescentia, Innozentia.
Zil·li ['tsɪli] *f* → Cilli.
Zi·ta ['tsi:ta] *f.*
Zoe ['tso:ə] *f* Zoe.
Zol·tán ['zɔltan] *m.*

IV. GEOGRAPHISCHE NAMEN

IV. GEOGRAPHICAL NAMES

A

Aa·chen ['a:xən] *n* Aachen, Aix-la-Chapelle: a) *area of North Rhine-Westphalia, BRD,* b) *capital of* a.
Aa·land ['a:ˌlant] *n* → Åland.
Aal·borg ['o:lˌbɔrk] *n* → Ålborg.
Aa·len ['a:lən] *n city in Baden-Württemberg, BRD.*
Aar·au ['a:raʊ] *n capital of the Swiss canton of Aargau.*
Aa·re ['a:rə] (die) (the) Aar(e) (*Swiss river flowing into the Rhine river on the West German border*).
Aar·gau ['a:rˌgaʊ] (der) *canton in the north of Switzerland.*
Aar·hus ['o:rˌhu:s] *n* → Århus.
Ab·cha·si·sche Au·to·no·me So·zia·li·sti·sche So·wjet·re·pu·blik [ap'xa:zɪʃə auto'no:mə zotsi̯a'lɪstɪʃə zɔ'vjɛtrepuˌbli:k] (die) Abkhazia, *auch* Abkhasia, (the) Abkhazian Autonomous Soviet Socialist Republic (*on the east coast of the Black Sea*).
Ab·de·ra [ap'de:ra] *n antiq. city in Thrace, on the Aegean Sea.*
Abes·si·ni·en [abɛ'si:ni̯ən] *n hist.* Abyssinia (→ Äthiopien).
Abi·djan [abi'dʒa:n] *n capital of Ivory Coast.*
Abruz·zen [a'brʊtsən] (die) *pl,* **Abruz·zi·sche Apen·nin** [a'brʊtsɪʃə apɛ'ni:n] (der) (the) Abruzzi *pl* (*mountainous region in central Italy*).
Abu Sa·bi ['a:bu 'za:bi] *n* Abu Dhabi (*sheikdom and seaport on the Persian Gulf*).
Abu Sim·bel ['a:bu 'zɪmbəl] Abu Simbel, Ipsambul (*locality in Egypt with two rock temples of Ramses II*).
Aby·dos [a'by:dɔs] *n antiq.* a) *ruined city in central Egypt,* b) *town in Asia Minor at the narrowest part of the Hellespont.*
Achaia [a'xa:ja; a'xaɪa] *n antiq.* Achaea, *auch* Achaia (*district in Greece, on the Gulf of Corinth*).
Ache·lo·os [axe'lo:ɔs] (der) (the) Achelous (*Greek river flowing into the Ionian Sea*).
Achen·paß ['a:xənˌpas] (der) (the) Achen Pass (*mountain pass between the Tegernsee and the Achen Lake, Bavaria, BRD*).
Achen·see ['a:xənˌze:] (der) (the) Achen Lake (*in the north of the Tyrol, Austria*).
Ada·mel·lo·grup·pe [ada'mɛloˌgrʊpə] (die) (the) Adamello Alps *pl* (*group of the Alps near the border between Italy and the Tyrol*).
Ada·na ['adana] *n* Adana, *auch* Seyhan (*city in the south of Turkey*).
Ad·da ['ada] (die) (the) Adda (*Italian river flowing into the Po river*).
Ad·dis Abe·ba ['adɪs 'a:beba; — a'be:ba] *n* Addis Ababa (*capital of Ethiopia*).
Adel·bo·den ['a:dəlˌbo:dən] *n resort in the Bernese Oberland, Switzerland.*
Aden ['a:dən] *n capital of Democratic Yemen and seaport.*
Ad·mi·ra·li·täts·in·seln [atmirali'tɛ:tsˌʔɪnzəln] (die) *pl* (the) Admiralty Islands, *auch* (the) Admiralties (*group of islands in the Pacific*).
Ad·mont ['atmɔnt] *n town in Styria, Austria; Benedictine abbey.*
Adria ['a:dria] (die) → Adriatische Meer.
Adria·no·pel [adria'no:pəl] *n antiq.* Adrianople (→ Edirne).
Adria·ti·sche Meer [adri'a:tɪʃə 'me:r] (das) (the) Adriatic (Sea) (*between Italy and Yugoslavia*).
Adsch·man [atʃ'ma:n] *n* Ajman (*sheikdom on the Persian Gulf*).
Adsch·mir [atʃ'mi:r] *n* Ajmer (*city in northern India*).
Adua ['a:dŭa] *n* Aduwa (*town in Ethiopia*).
Adu·la Al·pen ['a:dulaˌʔalpən] (die) *pl* (the) Adula Alps (*Switzerland*).
Af·gha·ni·stan [af'ga:nɪsta:n] *n republic in West Asia.*
Afri·ka ['a:frika; 'afrika] *n* Africa.
Aga·dir [aga'di:r] *n seaport in Morocco.*
Äga·di·schen In·seln [ɛ'ga:dɪʃən 'ɪnzəln] (die) *pl* Egadi, *auch* (the) Aegadian (*od.* Aegadean) Islands (*group of islands in the Mediterranean Sea near Sicily*).
Ägä·is [ɛ'gɛ:ɪs] (die) → Ägäische Meer.
Ägäi·sche Meer [ɛ'gɛ:ɪʃə 'me:r] (das) (the) Aegean Sea (*between Greece and Turkey*).
Ägäi·schen In·seln [ɛ'gɛ:ɪʃən 'ɪnzəln] (die) *pl* (the) Aegean Islands (*in the Aegean Sea*).
Agaña [a'ganja] *n capital of and seaport in Guam.*
Ägi·na [ɛ'gi:na] *n* Aegina: a) *Greek island in the Saronic Gulf,* b) *seaport on* a.
Agram ['a:gram] *n* → Zagreb.
Agri·gent [agri'gɛnt] *n* Agrigento (*town in Sicily*).
Ägyp·ten [ɛ'gʏptən] *n* Egypt (*now* → Arabische Republik Ägypten).
Ahl·beck ['a:lˌbɛk] *n seaside resort on the island of Usedom, DDR.*
Ah·len ['a:lən] *n city in North Rhine-Westphalia, BRD.*
Ah·me·da·bad ['axmedaba:t] *n* Ahmedabad, Ahmadabad (*city in Gujarat state, India*).
Ahr [a:r] (die) *West German river flowing into the Rhine river.*
Aju·thia [a'ju:ti̯a] *n* Ayudhia, Ayuthea (*city in central Thailand*).
Aka·ba ['akaba] *n* 'Aqaba, Akaba(h) (*seaport in the southwest of Jordan*).
Ak·jab ['akjap] *n* Akyab (*seaport in Burma*).
Ak·kad ['akat] *n antiq.* Accad, *auch* Akkad (*town in Babylonia*).
Ak·kra ['akra] *n* Accra, *auch* Akkra (*capital of Ghana*).
Ak·sum ['aksʊm] *n antiq.* Aksum, *auch* Axum (*capital of an Ethiopian kingdom*).
Ak·ti·um ['aktsi̯ʊm] *n antiq.* Actium (*promontory and town in the northwest of Greece*).
Alai·ge·bir·ge [a'laɪgəˌbɪrgə] (das) (the) Alai Mountains *pl* (*mountain range, Soviet Union in Asia*).
Åland ['a:ˌlant] *n province of Finland.*
Åland·in·seln ['a:ˌlantˌʔɪnzəln] (die) *pl* (the) Åland Islands (*group of Finnish islands in the Baltic Sea*).
Al·ba Lon·ga ['alba 'lɔŋga] *n antiq. city of Latium, near Rome, Italy; legendary birthplace of Romulus and Remus.*
Al·ba·ner Ber·ge [al'ba:nər 'bɛrgə] (die) *pl* (the) Alban Hills (*mountain group in Italy, to the southeast of Rome*).
Al·ba·ner See [al'ba:nər 'ze:] (der) Lake Albano (*Italy*).
Al·ba·ni·en [al'ba:ni̯ən] *n* Albania (*people's republic in the Balkan Peninsula, Europe*).
Al·ba·ni·schen Al·pen [al'ba:nɪʃən 'alpən] (die) *pl* (the) Albanian Mountains (*mountain range between Albania and Yugoslavia*).
Al·bert·see ['albɛrtˌze:] (der) Lake Albert (*between Zaire and Uganda, Africa*).
Ål·borg ['o:lˌbɔrk] *n seaport in Jutland, Denmark.*
Al·bu·la ['albula] (die) *Swiss river flowing into the Rhine river.*
Al·bu·la·paß ['albulaˌpas] (der) (the) Albula (Pass) (*mountain pass between the Grisons and the Upper Engadine, Switzerland*).
Al·der·ney ['o:ldərni] *n one of the Channel Islands in the English Channel.*
Alep·po [a'lɛpo] *n* Alep, Aleppo (*city in the northwest of Syria*).
Aletsch·glet·scher [a'lɛtʃˌglɛtʃər] (der) (the) Aletsch Glacier (*largest glacier of the Alps in the Bernese Alps, Switzerland*).
Aleu·ten [ale'u:tən] (die) *pl* (the) Aleutian Islands (*archipelago between Alaska and Kamchatka*).
Alex·an·der-Ar·chi·pel [alɛ'ksandər-ʔarçiˌpe:l] (der) (the) Alexander Archipelago (*group of islands in the southeast of Alaska*).
Alex·an·dria [alɛ'ksandria; alɛksan'dri:a], **Alex·an·dri·en** [alɛ'ksandri̯ən] *n* Alexandria (*seaport in the Arab Republic of Egypt, in the Nile delta*).
Alex·an·dru·po·lis [alɛksan'dru:polɪs] *n* Alexandroupolis (*seaport in the northeast of Greece*).
Al·ge·ri·en [al'ge:ri̯ən] *n* Algeria (*republic in North Africa*).
Al·gier ['alʒi:r] *n* Algiers (*capital of Algeria*).
Al·le·ghe·nies ['ɛlɪgɛni:s] (die) *pl,* **Al·le·ghe·ny·ge·bir·ge** ['ɛlɪgɛnigəˌbɪrgə] (das) (the) Allegheny Mountains *pl, auch* (the) Alleghenies *pl* (*mountain range in Pennsylvania, USA*).
Al·ler ['alər] (die) (the) Aller (*river rising in the DDR and flowing into the Weser river in the BRD*).
All·gäu ['alˌgɔʏ] (das) (the) Al(l)gäu (*region in Bavaria and Baden-Württemberg, BRD*).
All·gäu·er Al·pen ['alˌgɔʏər 'alpən] (die) *pl* (the) Al(l)gäu Alps (*mountain group between Bavaria and the Tyrol*).
Al·ma-Ata [al'maʔa'ta] *n capital of Kazakstan in the south of the Soviet Union.*
Al·pen ['alpən] (die) *pl* (the) Alps (*mountain range in Southern Europe*).
Al·ster ['alstər] (die) *river in Schleswig-Holstein and Hamburg, BRD.*
Al·tai [al'ta:i] (der), **Al·tai·ge·bir·ge** [al'ta:igəˌbɪrgə] (das) (the) Altai (*auch* Altay) Mountains *pl* (*mountain range in central Asia*).
Alt·aus·se·er See ['altʔaʊˌse:ər 'ze:] (der) *lake in the Salzkammergut, Austria.*
Alt·dorf ['altˌdɔrf] *n capital of the Swiss canton of Uri.*
Al·ten·burg ['altənˌbʊrk] *n city to the east of Weimar, DDR.*
Alt·mühl ['altˌmy:l] (die) *West German river flowing into the Danube river.*
Alt·ran·städt ['altˌranˌʃtɛt; ˌalt'ranˌʃtɛt] *n village near Leipzig, DDR; treaties of 1706 and 1707.*
Ama·zo·nas[1] [ama'tso:nas] (der) (the) Amazon (*river in the north of South America*).
Ama·zo·nas[2] [ama'tso:nas] *n state in the northwest of Brazil.*
Ame·ri·ka [a'me:rika] *n* America.
Ame·ri·ka·ni·schen Jung·fern·in·seln [ameri'ka:nɪʃən 'jʊŋfərnˌʔɪnzəln] (die) *pl*

(the) Virgin Islands of the United States (*in the West Indies*).

Ame·ri·ka·nisch-Ozea·ni·en [ameri'ka:nɪʃ?otse'a:nĭən] *n* American Oceania.

Ame·ri·ka·nisch-Sa·moa [ameri'ka:nɪʃza'mo:a] *n* American Samoa.

Ami·ran·ten [ami'rantən] (die) *pl* (the) Amirantes (*islands in the Indian Ocean*).

Am·man [a'ma:n] *n capital of Jordan.*

Am·mer·see ['amər,ze:] (der) *lake in Upper Bavaria, BRD.*

Amor·gos [a'mɔrgɔs] *n Greek island in the Cyclades.*

Am·per ['ampər] (die) *West German river flowing into the Isar river.*

Am·rum ['amrʊm] *n island of the North Frisians, BRD.*

Am·ster·dam [,amstər'dam; 'amstər,dam] *n capital of the Netherlands.*

Amu-Dar·ja [a'mu:dar'ja:] (der) (the) Amu Darya (*river in central Asia*).

Amur [a'mu:r] (der) *river in the east of Asia.*

Ana·to·li·en [ana'to:lĭən] *n* Anatolia (*large region in Asiatic Turkey*).

An·da·lu·si·en [anda'lu:zĭən] *n* Andalusia (*region in the south of Spain*).

An·da·ma·nen und Ni·ko·ba·ren [anda'ma:nən ,ʊnt niko'ba:rən] (die) *pl* (the) Andaman and Nicobar Islands (*two groups of islands in the eastern part of the Bay of Bengal*).

An·den ['andən] (die) *pl* (the) Andes (*mountain range in the west of South America*).

An·der·matt ['andər,mat] *n town in the Swiss canton of Uri.*

An·dor·ra [an'dɔra] *n republic in the east Pyrenees between France and Spain.*

An·dor·ra la Vel·la [an'dɔra la 'vɛlja] *n capital of Andorra.*

An·geln ['aŋəln] *n region in Schleswig-Holstein, BRD.*

An·gle·sey ['ɛŋəlzi] *n island and county in the northwest of Wales, Great Britain.*

An·go·la [aŋ'go:la] *n* Angola, *auch* Portuguese West Africa.

An·guil·la [aŋ'gŭıla] *n island in the north of the Leeward Islands, in the West Indies.*

An·ka·ra ['aŋkara] *n* Ankara, *auch* Angora (*capital of Turkey*).

An·na·berg ['ana,bɛrk] *n city in the Erz Gebirge, DDR.*

An·na·pur·na [ana'pʊrna] (der) An(n)apurna (*mountain in the Himalayas*).

Ans·bach ['ans,bax] *n* Ansbach, Anspach (*capital of Middle Franconia, Bavaria, BRD*).

Ant·ark·tis [ant'?arktɪs] (die) (the) Antarctica, (the) Antarctic Continent.

An·ti·li·ba·non ['anti'li:banɔn] (der) (the) Anti-Lebanon (*mountain range between Syria and the Lebanon*).

An·til·len [an'tɪlən] (die) *pl* (the) Antilles (*islands in the West Indies*).

An·tio·chia [anti'ɔxĭa; antio'xi:a] *n* Antioch: a) *city in the south of Turkey*, b) *antiq. capital of the ancient kingdom of Syria.*

An·ti·po·den-In·seln [anti'po:dən,?ɪnzəln] (die) *pl* (the) Antipodes (*in the southeast of New Zealand*).

Ant·wer·pen [,ant'vɛrpən; 'ant,vɛrpən] *n* Antwerp (*seaport in the north of Belgium*).

Äo·li·en [ɛ'o:lĭən] *n antiq.* Aeolis, *auch* Aeolia (*coastal region in Asia Minor*).

Äo·li·schen In·seln [ɛ'o:lɪʃən 'ɪnzəln] (die) *pl* → Liparischen Inseln.

Apen·nin [apɛ'ni:n] (der), **Apen·ni·nen** [apɛ'ni:nən] (die) *pl* (the) Apennines *pl*, (the) Apennine Mountains *pl* (*mountain range in Italy*).

Apen·ni·nen·halb·in·sel [apɛ'ni:nən,halp,?ɪnzəl] (die) (the) Apennine Peninsula.

Apia [a'pi:a] *n capital of Western Samoa and seaport.*

Ap·pa·la·chen [apa'laxən] (die) *pl* (the) Appalachian Mountains, (the) Appalachians (*mountain range in the east of North America*).

Ap·pen·zell [,apən'tsɛl; 'apən,tsɛl] *n* a) *canton in northeast Switzerland, divided into two independent areas*: → Appenzell Außerrhoden, Appenzell Innerrhoden, b) *capital of Appenzell Inner Rhoden.*

Ap·pen·zell Au·ßer·rho·den [,apən'tsɛl 'aʊsər,ro:dən; 'apən,tsɛl —] *n* Appenzell Ausser Rhoden (*demicanton of Appenzell*).

Ap·pen·zell In·ner·rho·den [,apən'tsɛl 'ɪnər,ro:dən; 'apən,tsɛl —] *n* Appenzell Inner Rhoden (*demicanton of Appenzell*).

Apu·li·en [a'pu:lĭən] *n* Apulia (*region in the southeast of Italy*).

Äqua·to·ri·al·gui·nea [ɛkvato'rĭa:lgi,ne:a] *n* Equatorial Guinea (*republic in West Africa*).

Aqui·le·ja [akvi'le:ja] *n* Aquileia (*town in northern Italy*).

Aqui·ta·ni·en [akvi'ta:nĭən] *n hist.* Aquitaine (*region in the southwest of France*).

Ara·bi·en [a'ra:bĭən] *n* Arabia (*peninsula in southwest Asia*).

Ara·bi·sche Meer [a'ra:bɪʃə 'me:r] (das) (the) Arabian Sea (*arm of the Indian Ocean between India and Arabia*).

Ara·bi·schen Emi·ra·te [a'ra:bɪʃən emi'ra:tə] (die) *pl* (the) (Federation of) Arabian Emirates (*now* → **Vereinigten Arabischen Emirate**).

Ara·bi·sche Re·pu·blik Ägyp·ten [a'ra:bɪʃə repu'bli:k ɛ'gʏptən] (die) (the) Arab Republic of Egypt.

Ara·bi·sche Wü·ste [a'ra:bɪʃə 'vy:stə] (die) (the) Arabian Desert (*in the east of the Arab Republic of Egypt*).

Ara·fu·ra-Meer [ara'fu:ra,me:r] (das) (the) Arafura Sea (*between Australia and New Guinea*).

Ara·go·ni·en [ara'go:nĭən] *n hist.* Aragon (*kingdom in the northeast of Spain*).

Aral·see ['a:ral,ze:] (der) (the) Aral Sea, *auch* Lake Aral (*inland sea to the east of the Caspian Sea, Soviet Union in Asia*).

Ara·mäa [ara'mɛ:a] *n* Aram (*biblical name of ancient Syria*).

Arau·ka·ni·en [araʊ'ka:nĭən] *n hist.* Araucania (*region in Chile*).

Ar·chan·gelsk [ar'çaŋəlsk] *n* Archangel, Arkhangelsk (*seaport in the north of the Soviet Union in Europe*).

Ar·den·nen [ar'dɛnən] (die) *pl*, **Ar·den·ner·wald** [ar'dɛnər,valt] (der) (the) Forest *sg* of Ardennes, (the) Ardennes *pl* (*wooded plateau covering parts of Belgium, France, and Luxembourg; battles during World War I and II*).

Ar·gen·ti·ni·en [argɛn'ti:nĭən] *n* Argentina, *auch* the Argentine.

Ar·go·lis ['argolɪs] (die) *antiq. district in the southeast of Greece.*

Ar·gon·nen [ar'gɔnən] (die) *pl*, **Ar·gon·ner·wald** [ar'gɔnər,valt] (der) (the) Argonne Forest *sg*, (the) Argonne *sg* (*wooded plateau in the northeast of France; battles during World War I and II*).

År·hus ['o:r,hu:s] *n seaport in Jutland, Denmark.*

Ari·ma·thia [arima'ti:a] *n antiq.* Arimath(a)ea (*town in Palestine*).

Ar·ka·di·en [ar'ka:dĭən] *n* Arcadia (*region in the Peloponnesus, Greece*).

Ark·tis ['arktɪs] (die) (the) Arctic.

Ark·ti·sche Oze·an ['arktɪʃə 'o:tsea:n] (der) (the) Arctic Ocean (*to the north of the Arctic Circle*).

Arl·berg(·paß) ['arl,bɛrk(,pas)] (der) (the) Arlberg (Pass) (*on the border of the Tyrol and Vorarlberg, Austria*).

Arl·berg·tun·nel ['arl,bɛrk,tʊnəl] (der) (the) Arlberg Tunnel (*linking the Tyrol and Vorarlberg, Austria*).

Är·mel·ka·nal ['ɛrməlka,na:l] (der) (the) English Channel, (the) Channel (*between England and France*).

Ar·me·ni·en [ar'me:nĭən] *n* Armenia (*region in the west of Asia*).

Ar·me·ni·sche So·zia·li·sti·sche So·wjet·re·pu·blik [ar'me:nɪʃə zotsĭa'lɪstɪʃə zə'vjɛtrepu,bli:k] (die) (the) Armenian Soviet Socialist Republic (*in southern Caucasia*).

Ar·mo·ri·ka [ar'mo:rika] *hist.* Armorica (*region between the mouths of the Seine and Loire rivers, France*).

Ar·no ['arno] (der) *river in central Italy.*

Arns·berg ['arns,bɛrk] *n* a) *area of North Rhine-Westphalia, BRD*, b) *capital of* a.

Arn·stadt ['arn,ʃtat] *n city to the south of Erfurt, DDR.*

Aro·sa [a'ro:za] *n resort in the Swiss canton of the Grisons.*

Aschaf·fen·burg [a'ʃafən,bʊrk] *n city in the northeast of Bavaria, BRD.*

Aschan·ti [a'ʃanti] *n* Ashanti: a) *hist. kingdom and British colony in West Africa*, b) *region of Ghana.*

Asch·cha·bad [aʃxa'bat] *n* Ashkhabad (*capital of Turkmenistan, Soviet Union*).

Aschers·le·ben ['aʃərs,le:bən] *n city to the southwest of Magdeburg, DDR.*

Aser·bei·dschan [azɛrbaɪ'dʒa:n] *n* Azerbaijan, *auch* Azerbaidzhan (*province in the northwest of Iran*).

Aser·bei·dscha·ni·sche So·zia·li·sti·sche So·wjet·re·pu·blik [azɛrbaɪ'dʒa:nɪʃə zotsĭa'lɪstɪʃə zə'vjɛtrepu,bli:k] (die) (the) Azerbaijan Soviet Socialist Republic (*constituent republic of the Soviet Union, Caucasia*).

Asi·en ['a:zĭən] *n* Asia.

As·ka·lon ['askalɔn] *n antiq.* Ashkelon (*seaport in Palestine*).

As·me·ra [as'me:ra] *n capital of Eritrea.*

Asow·sche Meer ['a:zɔfʃə 'me:r; a'zɔfʃə —] (das) (the) Sea of Azov (*od.* Azof) (*bay of the Black Sea*).

As·phalt·see [as'falt,ze:] (der) Pitch Lake (*in Trinidad, in the West Indies*).

As·sam ['asam] *n state in the northeast of India.*

As·si·si [a'si:zi] *n town in central Italy.*

As·su·an [a'sŭa:n] *n* Aswan, *auch* Ass(o)uan, Aswân (*city in the southeast of the Arab Republic of Egypt*).

As·sy·ri·en [a'sy:rĭən] *n antiq.* Assyria (*empire in Asia*).

Astra·chan ['astraxa(:)n] *n* Astrakhan (*city at the mouth of the Volga river, Soviet Union in Europe*).

Astu·ri·en [as'tu:rĭən] *n hist.* Asturias (*kingdom and province in the northwest of Spain*).

Asun·ción [azʊn'sĭɔn] *n capital of Paraguay.*

Athen [a'te:n] *n* Athens (*capital of Greece*).

Äthio·pi·en [ɛ'tĭo:pĭən] *n* Ethiopia (*kingdom in East Africa*).

Athos ['a:tɔs] (der) *mountain in the northeast of Greece; site of the Mount Athos republic.*

At·lan·tik [at'lantɪk], **At·lan·ti·sche Oze·an** [at'lantɪʃə 'o:tsea:n] (der) (the) Atlantic (Ocean).

At·las·ge·bir·ge ['atlasgə,bɪrgə] (das) (the) Atlas Mountains *pl* (*North Africa*).

Ät·na ['ɛ(:)tna] (der) (Mount) Etna, *auch* Mount Aetna (*active volcano, Sicily*).

Äto·li·en [ɛ'to:lĭən] *n antiq.* Aetolia (*district in the west of Greece*).

At·ter·see ['atər,ze:] (der) (the) Atter Lake (*in the Salzkammergut, Austria*).

At·ti·ka ['atika] *n antiq.* Attica (*region in the southeast of Greece*).

Au·er·bach ['aʊər,bax] *n city in the DDR.*

Au·er·stedt ['aʊər,ʃtɛt] *n village in the district of Erfurt, DDR; scene of battle, 1806.*

Augs·burg ['aʊks,bʊrk] *n capital of Swabia, Bavaria, BRD.*

Au·lis ['aʊlɪs] *n antiq. harbo(u)r in Boeotia, Greece; scene of the sacrifice of Iphigenia.*

Au·rich ['aʊrɪç] *n* a) *area of Lower Saxony, BRD*, b) *capital of* a.

Ausch·witz ['aʊʃvɪts] *n* a) Oświęcim (*town in Poland*), b) *hist. town in Upper Silesia, site of a former Nazi concentration camp.*

Äu·ße·ren He·bri·den ['ɔʏsərən he'bri:dən] (die) *pl* (the) Outer Hebrides.

Au·ster·litz ['aʊstərlɪts] *n* a) Slavkov u Brna (*town in central Czechoslovakia*), b) *hist. town in Moravia.*

Au·stral·asi·en [aʊstra'la:zĭən] *n* Australasia (*Australia, New Zealand, and neighbo[u]ring islands in the South Pacific*).

Au·stra·li·en [aʊs'tra:lĭən] *n* Australia.

Au·stro·ne·si·en [aʊstro'ne:zĭən] *n* Austronesia (*islands of the Central and South Pacific*).

Avar·va [a'varva] *n capital of the Cook [Islands.]*

Aver·ner See [a'vɛrnər 'ze:] (der) Lake Avernus (*near Naples, Italy*).

Avi·gnon [avɪn'jõ:] *n capital of the department of Vaucluse, France; papal residence, 1309—1377.*

Azin·court [azɛ̃'ku:r] *n* Agincourt (*village in France, near Calais; victory of the English over the French, 1415*).

Azo·ren [a'tso:rən] (die) *pl* (the) Azores (*group of islands to the west of Portugal*).

B

Baal·bek ['ba:l,bɛk] *n town in the east of the Lebanon; ruins of ancient city.*

Ba·by·lon ['ba:bylɔn] *n antiq. capital of Babylonia.*

Ba·by·lo·ni·en [baby'lo:nĭən] *n antiq.* Babylonia.

Bad Cann·statt [ˌbaːt ˈkanˌʃtat] *n suburb of Stuttgart, BRD.*
Bad Dürk·heim [ˌbaːt ˈdʏrkˌhaɪm] *n town in Rhineland-Palatinate, BRD.*
Bad Ems [ˌbaːt ˈɛms] *n spa to the southeast of Koblenz, BRD.*
Ba·den [ˈbaːdən] *n* a) *hist. Land in the southwest of the BRD, now incorporated into Baden-Württemberg,* b) → Baden-Baden, c) *town to the southeast of Bremen, BRD,* d) *town in Lower Austria,* e) *town in the Swiss canton of Aargau.*
Ba·den-Ba·den [ˈbaːdənˈbaːdən] *n city in Baden-Württemberg, BRD.*
Ba·den-Würt·tem·berg [ˈbaːdənˈvʏrtəmˌbɛrk] *n Land of the BRD.*
Bad·ga·stein [ˌbaːtgasˈtaɪn] *n spa and resort in the province of Salzburg, Austria.*
Bad Go·des·berg [ˌbaːt ˈgoːdəsˌbɛrk] *n city to the south of Bonn, BRD.*
Bad Hall [ˌbaːt ˈhal] *n spa and resort in Upper Austria.*
Bad Hof·ga·stein [ˌbaːt ˈhoːfgasˌtaɪn] *n spa and resort in the province of Salzburg, Austria.*
Bad Hom·burg [ˌbaːt ˈhɔmˌbʊrk] *n city in Hesse, BRD.*
Bad Hon·nef (am Rhein) [ˌbaːt ˈhɔnɛf (am ˈraɪn)] *n town in North Rhine-Westphalia, BRD.*
Bad Ischl [ˌbaːt ˈɪʃəl] *n spa and resort in the Salzkammergut, Austria.*
Bad Kis·sin·gen [ˌbaːt ˈkɪsɪŋən] *n spa and resort in Lower Franconia, Bavaria, BRD.*
Bad Nau·heim [ˌbaːt ˈnaʊˌhaɪm] *n town and spa in Hesse, BRD.*
Bad Pyr·mont [ˌbaːt pʏrˈmɔnt] *n spa in Lower Saxony, BRD.*
Bad Rei·chen·hall [ˌbaːt ˌraɪçənˈhal] *n spa and resort in the southeast of Bavaria, BRD.*
Bad Wö·ris·ho·fen [ˌbaːt ˈvøːrɪsˌhoːfən] *n (Kneipp) spa in the district of Swabia, Bavaria, BRD.*
Baf·fin·land [ˈbɛfɪnˌlant] *n* Baffin Island, *auch* Baffin Land (*Canadian island in the Arctic Ocean*).
Bag·dad [ˈbakdat] *n* Baghdad, *auch* Bagdad (*capital of Iraq*).
Ba·ha·mas [baˈhaːmas], *auch* **Ba·ha·ma·in·seln** [baˈhaːmaˌʔɪnzəln] (die) *pl* (the) Bahamas, *auch* (the) Bahama Islands (*in the British West Indies*).
Bah·rain [baˈraɪn] *n* Bahrain, *auch* Bahrein: a) *island in the Persian Gulf,* b) *sheikdom.*
Bah·rain·in·seln [baˈraɪnˌʔɪnzəln] (die) *pl* (the) Bahrain (*auch* Bahrein) Islands.
Bai·kal·see [ˈbaɪkalˌzeː] (der) Lake Baikal (*Soviet Union in Asia*).
Bak·tri·en [ˈbaktriən] *n antiq.* Bactria, *auch* Bactriana (*country in West Asia*).
Ba·ku [ˈbaːku] *n capital of Azerbaijan on the Caspian Sea, Soviet Union.*
Ba·la·kla·wa [balaˈklaːva] *n* Balaklava (*seaport in Crimea on the Black Sea, Soviet Union*).
Bal·boa [balˈboːa] *n capital of the Panama Canal Zone.*
Bal·chasch·see [balˈçaʃˌzeː] (der) Balkhash (*salt lake, Soviet Union in Asia*).
Ba·lea·ren [baleˈaːrən] (die) *pl* (the) Balearic Islands (*group of islands in the West Mediterranean Sea*).
Ba·li [ˈbaːli] *n island in Indonesia.*
Bal·kan [ˈbalka(ː)n] (der) a) (the) Balkan Mountains *pl,* (the) Balkans *pl* (*mountain range extending from Bulgaria to the Black Sea*), b) → **Balkanhalbinsel.**
Bal·kan·halb·in·sel [ˈbalka(ː)nˌhalpˌʔɪnzəl] (die) (the) Balkan Peninsula.
Bal·kan·staa·ten [ˈbalka(ː)nˌʃtaːtən] (die) *pl* (the) Balkan States, (the) Balkans.
Bal·ti·kum [ˈbaltikʊm] (das) (the) Baltic Provinces *pl* (*area of the former Baltic States*).
Bal·trum [ˈbaltrʊm] *n* a) *island of the East Frisians, BRD,* b) *town on* a.
Ba·ma·ko [baˈmaːko] *n capital of Mali.*
Bam·berg [ˈbamˌbɛrk] *n city in Upper Franconia, Bavaria, BRD.*
Ba·nat [baˈnaːt] *n hist. region in Central Europe in the Danube basin between the Tisza and Mures rivers.*
Ban·dung [ˈbandʊŋ] *n city in Java, Indonesia.*
Ban·ga·lur [ˈbaŋgaluːr] *n* Bangalore (*capital of Mysore, India*).
Bang·kok [ˈbaŋkɔk] *n capital of Thailand and seaport.*
Ban·gla·desch, *auch* **Ban·gla Desh, Ban·gla·desh** [ˌbaŋglaˈdɛʃ] *n* Bangladesh (*people's republic at the Bay of Bengal*).
Ban·gui [bɑ̃ˈgiː] *n capital of the Central African Republic.*
Bang·we·olo·see [baŋveˈoːloˌzeː] (der) Lake Bangweulu (*shallow lake and swamp, Zambia*).
Ban·ka [ˈbaŋka] *n* Bang(k)a (*island in Indonesia*).
Bar·ba·dos [barˈbaːdɔs] *n island of the Lesser Antilles, in the West Indies.*
Bar·ce·lo·na [bartseˈloːna; barse-] *n seaport in Spain.*
Bar·do·wiek [bardoˈviːk] *n small town to the north of Lüneburg, BRD; famous for its Abbey Church.*
Bä·ren·in·sel [ˈbɛːrənˌʔɪnzəl] (die) Bear Island (*between Norway and Spitzbergen*).
Ba·rents·see [ˈbaːrəntsˌzeː] (die) (the) Barents Sea (*part of the Arctic Ocean*).
Ba·ri [ˈbaːri] *n capital of Apulia and seaport, Italy.*
Ba·san [ˈbaːzan] *n antiq.* Bashan (*region in Palestine*).
Basch·ki·ri·en [baʃˈkiːriən] *n* Bashkiria (*region in the east of the Soviet Union in Europe*).
Basch·ki·ri·sche Au·to·no·me So·zia·li·sti·sche So·wjet·re·pu·blik [baʃˈkiːrɪʃə aʊtoˈnoːmə zotsi̯aˈlɪstɪʃə zɔˈvjɛtrepuˌbliːk] (die) (the) Bashkir Autonomous Soviet Socialist Republic (*in the eastern Soviet Union in Europe*).
Ba·sel [ˈbaːzəl] *n* Basel, *auch* Basle: a) *canton in northern Switzerland, divided into two independent areas:* → Basel-Land, Basel-Stadt, b) *capital of Basel-Stadt.*
Ba·sel-Land [ˌbaːzəlˈlant] *n demicanton of Basel.*
Ba·sel-Stadt [ˌbaːzəlˈʃtat] *n demicanton of Basel.*
Ba·si·li·ka·ta [baziliˈkaːta] (die) (the) Basilicata (*region in southern Italy*).
Bas·ken·land [ˈbaskənˌlant] (das), **Bas·ki·schen Pro·vin·zen** [ˈbaskɪʃən proˈvɪntsən] (die) *pl* (the) Basque Provinces *pl* (*region in the north of Spain*).
Bas·ra(h) [ˈbasra] *n* Basra, *auch* Busra(h) (*seaport in Iraq*).
Basse·terre [basˈtɛːr] *n capital of Guadeloupe.*
Bass-Stra·ße [ˈbɛsˌʃtraːsə] (die) (the) Bass Strait (*between Australia and Tasmania*).
Ba·su·to·land [baˈzuːtoˌlant] *n hist.* → Lesotho.
Bath·urst [ˈbɛsøːrst] *n capital of (the) Gambia.*
Baut·zen [ˈbaʊtsən] *n city in the DDR, on the Spree river; scene of defeat of Prussian and Russian armies by Napoleon, 1813.*
Baye·ri·schen Al·pen [ˈbaɪərɪʃən ˈalpən] (die) *pl* (the) Bavarian Alps (*mountain range in the south of Upper Bavaria, BRD*).
Baye·ri·sche Wald [ˈbaɪərɪʃə ˈvalt] (der) (the) Bavarian Forest (*wooded range in the west of Bavaria, BRD*).
Bay·ern [ˈbaɪərn] *n* Bavaria (*Land of the BRD*).
Bay·reuth [baɪˈrɔʏt] *n capital of Upper Franconia, Bavaria, BRD; annual Wagner music festivals.*
Be·frie·de·te Oman [bəˈfriːdətə oˈmaːn] (das) Trucial Oman (*group of seven Arab sheikdoms on the southern coast of the Persian Gulf*).
Bei·lan·paß [ˈbaɪlanˌpas] (der) (the) Bailan (*auch* Beilan) Pass (*mountain pass in Turkey, connecting Asia Minor with Syria*).
Bei·rut [ˈbaɪruːt; baɪˈruːt] *n capital of the Lebanon.*
Bel·fast [ˈbɛlfaːst] *n capital of Northern Ireland and seaport.*
Bel·gi·en [ˈbɛlgiən] *n* Belgium (*kingdom in West Europe*).
Bel·gisch-Kon·go [ˈbɛlgɪʃˈkɔŋgo] *n hist.* Belgian Congo.
Bel·grad [ˈbɛlgraːt] *n* Belgrade (*capital of Yugoslavia*).
Be·li·ce [beˈlɪse], *auch* **Be·li·ze** [beˈlɪse] *n* Belize (*capital of and seaport in British Honduras*).
Belle-Isle-Stra·ße [bɛˈliːlˌʃtraːsə] (die) (the) Strait of Belle Isle (*between Labrador, Newfoundland, and Canada*).
Bel·lin·zo·na [bɛlɪnˈtsoːna] *n capital of the Swiss canton of Ticino.*
Be·lo Ho·ri·zon·te [ˈbɛlo horiˈzɔnte] *n* Belo (*auch* Bello) Horizonte (*city in Brazil*).
Be·lu·tschi·stan [beˈluːtʃɪstaːn; beˈlʊ-] *n* Baluchistan: a) *mountainous region in Asia,* b) *former territory of British India, now incorporated into Pakistan.*
Be·na·res [beˈnaːrɛs] *n* Benares, *auch* Banares, Varanasi (*city in the northeast of India, on the Ganges river*).
Be·ne·dikt·beu·ern [ˌbeːnedɪktˈbɔʏərn] *n town in Upper Bavaria, BRD; former Benedictine abbey.*
Be·ne·lux-Län·der [ˈbeːnelʊksˌlɛndər] (die) *pl* (the) Benelux Countries (*Belgium, the Netherlands, and Luxemb[o]urg*).
Be·ne·vent [beneˈvɛnt] *n* Benevento (*city in Campania, Italy*).
Ben·ga·len [bɛŋˈgaːlən] *n hist.* Bengal (*province in India, now divided between India and Bangladesh*).
Ben·ga·li·sche Meer·bu·sen [bɛŋˈgaːlɪʃə ˈmeːrˌbuːzən] (der) (the) Bay of Bengal (*between India and Burma*).
Ben·ga·si [bɛnˈgaːzi] *n* Benghazi, *auch* Bengasi (*capital of Libya*).
Be·ni·ha·san [ˌbɛniˈhasan] *n* Beni Hasan (*village in the Arab Republic of Egypt; ancient rock tombs*).
Bens·berg [ˈbeːnsˌbɛrk] *n town in North Rhine-Westphalia, BRD.*
Be·nue [ˈbeːnŭə] (der) (the) Benue (*river in West Africa, flowing from Cameroon to the Niger river*).
Berch·tes·ga·den [ˌbɛrçtəsˈgaːdən] *n resort in the Bavarian Alps, BRD.*
Berch·tes·ga·de·ner Al·pen [ˌbɛrçtəsˈgaːdənər ˈalpən] (die) *pl* (the) Berchtesgaden Alps (*BRD*).
Be·re·si·na [bereˈziːna] (der) (the) Berezina (*river in the Soviet Union, flowing into the Dnieper river; crossed by Napoleon, 1812*).
Ber·gisch Glad·bach [ˈbɛrgɪʃ ˈglatˌbax] *n city in North Rhine-Westphalia, BRD.*
Berg Isel [ˈbɛrk ˈiːzəl] (der) *hill near Innsbruck, Austria; scene of fights during the Tyrolean struggle for freedom, 1809.*
Be·ring·meer [ˈbeːrɪŋˌmeːr] (das) (the) Bering Sea (*part of the North Pacific*).
Be·ring·stra·ße [ˈbeːrɪŋˌʃtraːsə] (die) (the) Bering Strait (*between Alaska and the Soviet Union*).
Ber·lin [bɛrˈliːn] *n former capital of Germany, now divided into* → **Ost-Berlin, West-Berlin.**
Ber·mu·das [bɛrˈmuːdas], *auch* **Ber·mu·da·in·seln** [bɛrˈmuːdaˌʔɪnzəln] (die) *pl* Bermuda, *auch* (the) Bermuda Islands, (the) Bermudas (*group of islands in the Atlantic*).
Bern [bɛrn] *n* Bern(e): a) *capital of Switzerland,* b) *canton in the west of Switzerland,* c) *capital of* b.
Ber·ner Al·pen [ˈbɛrnər ˈalpən] (die) *pl* (the) Bernese Alps (*Switzerland*).
Ber·ner Ober·land [ˈbɛrnər ˈoːbərˌlant] (das) (the) Bernese Oberland (*northern part of the Bernese Alps, Switzerland*).
Ber·ni·na [bɛrˈniːna] (der) a) *short for* Berninagruppe, b) *short for* Piz Bernina.
Ber·ni·na·grup·pe [bɛrˈniːnaˌgrʊpə] (die) Bernina (*mountain range in the Rhaetian Alps, Switzerland*).
Ber·ni·na·paß [bɛrˈniːnaˌpas] (der) (the) Bernina Pass (*mountain pass between Switzerland and Italy*).
Be·ro·mün·ster [ˌbeːroˈmʏnstər] *n town in the Swiss canton of Lucerne.*
Be·san·çon [bəzɑ̃ˈsɔ̃ː] *n capital of the department of Doubs, France.*
Bes·ki·den [bɛsˈkiːdən] (die) *pl* (the) Beskids (*mountain ranges in the Carpathians, central Europe*).
Bes·sa·ra·bi·en [bɛsaˈraːbiən] *n* Bessarabia (*region in the southwest of the Soviet Union*).
Be·tha·ni·en [beˈtaːniən] *n antiq.* Bethany (*village in Palestine*).
Be·thel [ˈbeːtəl] *n antiq. town in Palestine.*
Beth·le·hem [ˈbeːtlehɛm] *n town in Palestine near Jerusalem; birthplace of Jesus and David.*
Be·tschua·na·land [beˈtʃŭaːnaˌlant] *n hist.* Bechuanaland (*now* → **Botsuana**).
Beu·ron [ˈbɔʏrɔn] *n town in Baden-Württemberg, BRD; Benedictine abbey.*
Beu·then [ˈbɔʏtən] *n* a) Bytom (*city in Poland*), b) *hist. city in Upper Silesia.*
Bhaw·na·gar [ˈbaʊnagar] *n* Bhaunagar, *auch* Bhavnagar (*seaport in the west of India*).

Bhu·tan ['bu:tan] *n kingdom in the Himalayas.*
Bia·fra ['bïafra] *n eastern part of Nigeria, Africa.*
Bi·ber·ach (an der Riß) ['bi:bərax (an der 'rɪs)] *n* Biberach (on the Riss) (*city in Baden-Württemberg, BRD*).
Biel [bi:l] *n* Biel, Bienne (*town in the Swiss canton of Bern*).
Bie·le·feld ['bi:lə͵fɛlt] *n city in North Rhine-Westphalia, BRD.*
Bie·ler See ['bi:lər 'ze:], *auch* **Bie·ler·see** ['bi:lər͵ze:] (der) (the) Lake of Biel (*od.* Bienne), Lake Biel (*in the northwest of Switzerland*).
Bi·har·ge·bir·ge ['bi:hargə͵bɪrgə], *auch* **Bi·hor·ge·bir·ge** [bi'ho:rgə͵bɪrgə] (das) (the) Bihar Mountains *pl* (*Rumania*).
Bi·ki·ni·atoll [bi'ki:niˀa͵tɔl] (das) Bikini (*atoll in the Marshall Islands; scene of atomic tests, 1946*).
Bin·gen ['bɪŋən] *n town in Rhineland-Palatinate, BRD.*
Bin·ger Loch ['bɪŋər 'lɔx] (das) *rocky ledges and swift currents of the Rhine whirlpool, BRD.*
Bir·ma ['bɪrma] *n* Burma (*republic in southeast Asia*).
Bir·ma·ni·sche Uni·on [bɪr'ma:nɪʃə u'nïo:n] (die) (the) Union of Burma.
Bi·ser·ta [bi'zɛrta] *n* Bizerte, *auch* Bizerta (*seaport in Tunisia*).
Bis·ka·ya [bɪs'ka:ja] (die) → **Golf von Biskaya.**
Bis·marck-Ar·chi·pel ['bɪsmarkˀarçi͵pe:l] (der) (the) Bismarck Archipelago (*group of islands in the southeast Pacific*).
Bis·sau [bɪ'sau] *n* Bissau, *auch* Bissão (*capital of and seaport in Guinea-Bissau*).
Bi·thy·ni·en [bi'ty:nïən] *n antiq.* Bithynia (*country in Asia Minor*).
Bit·ter·se·en ['bɪtər͵ze:ən] (die) *pl* (the) Bitter Lakes (*two lakes in the Arab Republic of Egypt, connected by the Suez Canal*).
Blan·ken·burg (am Harz) ['blaŋkən͵bʊrk (am 'ha:rts)] *n* Blankenburg (in the Harz) (*city near Magdeburg, DDR*).
Blau·en Ber·ge ['blaʊən 'bɛrgə] (die) *pl* (the) Blue Mountains (*range of low mountains in Oregon and Washington, USA*).
Blaue Nil ['blaʊə 'ni:l] (der) (the) Blue Nile (*tributary of the Nile, Africa*).
Bled [ble:t] *n resort in Slovenia, Yugoslavia.*
Blind·heim ['blɪnt͵haɪm] *n* Blenheim (*village near Augsburg, BRD; victory of the Duke of Marlborough over the French, 1704*).
Blu·denz ['blu:dɛnts] *n town in Vorarlberg, Austria.*
Böb·lin·gen ['bø:blɪŋən] *n town to the southeast of Stuttgart, BRD.*
Bo·chum ['bo:xʊm; 'bɔxʊm] *n industrial city in North Rhine-Westphalia, BRD.*
Böck·stein ['bœk͵ʃtaɪn] *n resort in the province of Salzburg, Austria.*
Bo·den·see ['bo:dən͵ze:] (der) Lake Constance, (the) Lake of Constance (*bounded by the BRD, Austria, and Switzerland*).
Bo·go·tá [bogo'ta] *n capital of Colombia.*
Böh·men ['bø:mən] *n* a) Čechy (*region in the west of Czechoslovakia*), b) *hist.* Bohemia (*formerly region in Austria; 1939—1945 part of Bohemia-Moravia*).
Böh·men und Mäh·ren ['bø:mən ͵ʊnt 'mɛ:rən] *n hist.* Bohemia-Moravia (*German protectorate, 1939—1945*).
Böh·mer·wald ['bø:mər͵valt] (der) (the) Bohemian Forest (*wooded mountain range between Bavaria and Czechoslovakia*).
Böh·misch-Mäh·ri·sche Hö·he ['bø:mɪʃ-'mɛ:rɪʃə 'hø:ə] (die) (the) Bohemian-Moravian Highlands *pl* (*mountain range in Czechoslovakia*).
Bo·lan·paß [bo'la:n͵pas] (der) (the) Bolan Pass (*Pakistan*).
Bo·li·vi·en [bo'li:vïən] *n* Bolivia (*republic in South America*).
Bo·lo·gna [bo'lɔnja] *n city in northern Italy.*
Bom·bay ['bɔmbe] *n* a) *capital of Maharashtra, West India, and seaport,* b) *hist. state in West India.*
Bon·ai·re [bo'nɛ:r(ə)] *n island in the Netherlands Antilles.*
Bo·nin·in·seln ['bo:nɪn͵ˀɪnzəln] (die) *pl* (the) Bonin Islands, *auch* (the) Bonins (*between Japan and Mariana Islands in the North Pacific*).
Bonn [bɔn] *n capital of the BRD, on the Rhine river.*
Bö·oti·en [bø'o:tsïən], *auch* **Boi·oti·en** [bɔʏ'o:tsïən] *n antiq.* Boeotia (*district in Greece*).
Bor·deaux [bɔr'do:] *n seaport in the southwest of France.*
Bor·kum ['bɔrkʊm] *n* a) *island of the East Frisians, BRD,* b) *town on* a.
Bor·neo ['bɔrneo] *n island in the Malay Archipelago.*
Born·holm [͵bɔrn'hɔlm] *n Danish island in the Baltic Sea.*
Bos·ni·en ['bɔsnïən] *n* Bosnia (*region in Yugoslavia*).
Bos·ni·en und Her·ze·go·wi·na ['bɔsnïən ͵ʊnt hɛrtse'go:vina; – – hɛrtsego'vi:na] *n* Bosnia and Herzegovina (*constituent republic of Yugoslavia*).
Bos·po·rus ['bɔspoRʊs] (der) (the) Bosporus, *auch* (the) Bosphorus (*strait connecting the Black Sea and the Sea of Marmara*).
Bo·tsua·na [bo'tsŭa:na], **Bo·tswa·na** [bɔ'tsva:na] *n* Botswana (*republic in South Africa*).
Bott·ni·sche Meer·bu·sen ['bɔtnɪʃə 'me:r-͵bu:zən] (der) (the) Gulf of Bothnia (*arm of the Baltic Sea, between Sweden and Finland*).
Bot·trop ['bɔtrɔp] *n city in North Rhine-Westphalia, BRD.*
Bo·zen ['bo:tsən] *n* Bolzano (*city in South Tyrol, Italy*).
Brah·ma·pu·tra [brama'pʊtra; -'pu:tra] (der) *river in India.*
Bran·den·burg ['brandən͵bʊrk] *n* a) *hist. region in the northeast of central Germany; margraviate and electorate; Prussian province,* b) *hist. Province, 1946—1952,* c) *city in the district of Potsdam, DDR.*
Bra·si·lia [bra'zi:lïa] *n capital of Brazil.*
Bra·si·li·en [bra'zi:lïən] *n* Brazil, *auch* Brasil (*republic in South America*).
Bra·tis·la·va ['bratɪsla:va] *n city in Czechoslovakia.*
Braun·au (am Inn) ['braʊnaʊ (am 'ɪn)] *n* Braunau (on the Inn) (*town in Upper Austria*).
Braun·schweig ['braʊn͵ʃvaɪk] *n* Brunswick: a) *area of Lower Saxony, BRD,* b) *capital of* a.
Braz·za·ville [braza'vɪl] *n capital of Zaire.*
Bre·genz ['bre:gɛnts] *n capital of Vorarlberg, Austria.*
Bre·gen·zer·wald ['bre:gɛntsər͵valt], *auch* **Bre·gen·zer Wald** ['bre:gɛntsər 'valt] (der) *Alpine region in Vorarlberg, Austria.*
Breis·ach ['braɪzax] *n* (Alt-)Breisach (*town in Baden, BRD*).
Breis·gau ['braɪs͵gaʊ] (der) *region between the Upper Rhine and the Black Forest, BRD.*
Bre·men ['bre:mən] *n* a) *Land of the BRD,* b) *capital of* a.
Bre·mer·ha·ven [͵bre:mər'ha:fən] *n seaport at the mouth of the Weser river, BRD; port of Bremen.*
Bren·ner(·paß) ['brɛnər(͵pas)] (der) (the) Brenner Pass (*mountain pass on the border between Austria and Italy, on the way from Innsbruck to Bolzano*).
Bren·ta(·grup·pe) ['brɛnta(͵grʊpə)] (die) (the) Brenta Mountains *pl* (*mountain group in South Tyrol, Italy*).
Bres·lau ['brɛslaʊ] *n* a) Wroclaw (*city in Poland*), b) *hist. capital of Lower Silesia.*
Brest (Li·towsk) ['brɛst (li'tɔfsk)] *n* Brest (Litovsk) (*city in Byelorussia, Soviet Union in Europe*).
Bre·ta·gne [bre'tanjə; brə-] (die) Brittany (*peninsula in the northwest of France*).
Bridge·town ['brɪtʃ͵taʊn] *n capital of Barbados.*
Bri·en·zer See ['bri:ɛntsər 'ze:] (der) (the) Lake of Brienz (*Switzerland*).
Brio·ni [bri'o:ni] *n* Brioni, (the) Isle of Brioni (*largest of the Brioni Islands*).
Brio·ni·schen In·seln [bri'o:nɪʃən 'ɪnzəln] (die) *pl* (the) Brioni Islands (*island group in the Adriatic Sea, Yugoslavia*).
Bri·tan·ni·en [bri'tanïən] *n* Britain, Britannia: a) *hist. island of Great Britain,* b) *short for* Großbritannien.
Bri·ti·sche Ant·ark·tis-Ter·ri·to·ri·um ['brɪtɪʃə ant'ˀarktɪstɛri͵to:rïʊm] (das) (the) British Antarctic Territory.
Bri·ti·schen Jung·fern·in·seln ['brɪtɪʃən 'jʊŋfərn͵ˀɪnzəln] (die) *pl* (the) British Virgin Islands (*in the West Indies*).
Bri·tisch-Gua·ya·na ['brɪtɪʃgŭa'ja:na] *n hist.* British Guiana (*now* → **Guayana**).
Bri·tisch-Hon·du·ras ['brɪtɪʃhɔn'du:ras] *n* British Honduras (*British crown colony in the north of Central America*).
Bri·tisch-Ko·lum·bi·en ['brɪtɪʃko'lʊmbïən] *n* British Columbia (*province in the west of Canada on the Pacific coast*).
Bri·xen ['brɪksən] *n* Bressanone (*town in South Tyrol, Italy*).
Brocken (*getr.* -k·k-) ['brɔkən] (der) Mount Brocken (*highest point in the Harz Mountains, DDR*).
Brom·berg ['brɔm͵bɛrk] *n* Bydgoszcz (*city in Poland*).
Brüg·ge ['brʏgə] *n* Bruges, Brugge (*city in the northwest of Belgium*).
Brühl [bry:l] *n* a) *city to the south of Cologne, North Rhine-Westphalia, BRD,* b) *town in Baden-Württemberg, BRD.*
Bru·nei ['bru:naɪ] *n* a) *sultanate on the northeast coast of Borneo,* b) *capital and seaport of* a.
Brünn [brʏn] *n* a) Brno (*city in central Czechoslovakia*), b) *hist. capital of southern Moravia.*
Brooks-Ket·te ['brʊks͵kɛtə] (die) (the) Brooks Range (*mountain range in Alaska*).
Brüs·sel ['brʏsəl] *n* Brussels, Bruxelles, Brussel (*capital of Belgium*).
Bu·cha·ra [bu'xa:ra] *n* Bukhara, *auch* Bokhara: a) *hist. state in the southwest of Asia,* b) *city in Uzbekistan, Soviet Union in Asia.*
Bu·chen·land ['bu:xən͵lant] (das) → **Bukowina.**
Bu·chen·wald ['bu:xən͵valt] *n village near Weimar, DDR; site of a former Nazi concentration camp.*
Bu·da·pest ['bu:dapɛst] *n capital of Hungary.*
Bue·nos Ai·res ['büe:nɔs 'aɪrɛs] *n capital of Argentina.*
Bug [bu:k] (der) (the) Bug: a) Südlicher (*od.* Ukrainischer) Bug *river in the Ukraine, Soviet Union in Europe,* b) (Westlicher) Bug *river in Poland.*
Büh·ler Hö·he ['by:lər 'hø:ə], **Büh·ler·hö·he** ['by:lər͵hø:ə] (die) *region in the Black Forest, BRD.*
Bu·jum·bu·ra [budʒʊm'bu:ra] *n* Usumbura (*capital of Burundi*).
Bu·ka·rest ['bu:karɛst] *n* Bucharest (*capital of Rumania*).
Bu·ko·wi·na [buko'vi:na] (die) Bucovina, *auch* Bukovina (*region in the north of Rumania*).
Bul·ga·ri·en [bʊl'ga:rïən] *n* Bulgaria (*people's republic in Southeast Europe*).
Bun·des·re·pu·blik Deutsch·land ['bʊndəsrepu͵bli:k 'dɔʏtʃ͵lant] (die) (the) Federal Republic of Germany.
Bur·gen·land ['bʊrgən͵lant] *n province in the east of Austria.*
Bur·gund [bʊr'gʊnt] *n* Burgundy (*region in the southeast of France*).
Bur·gun·di·sche Pfor·te [bʊr'gʊndɪʃə 'pfɔrtə] (die) (the) Belfort Gap (*sink between the Vosges and Jura Mountains, France*).
Bu·rja·ti·sche Au·to·no·me So·zia·li·sti·sche So·wjet·re·pu·blik [bʊr'ja:tɪʃə auto'no:mə zotsïa'lɪstɪʃə zɔ'vjɛtrepu͵bli:k] (die) (the) Buryat (*od.* Buriat) Autonomous Soviet Socialist Republic (*Soviet Union in Asia*).
Bur·ma ['bʊrma] *n* → **Birma.**
Bu·run·di [bu'rʊndi] *n republic in Central Africa.*
Bü·sum ['by:zʊm] *n seaside resort and port on the North Sea, Schleswig-Holstein, BRD.*
Bu·tung ['bu:tʊŋ] *n* Buton, Boetoeng (*island to the southeast of Celebes, Indonesia*).
By·zanz [by'tsants] *n hist.* Byzantium (→ **Istanbul**).

C

Ca·bin·da [ka'bɪnda] *n* a) *exclave of Angola on the west coast of Africa,* b) *capital of* a.
Cá·diz ['ka:dɪs] *n seaport in the southwest of Spain.*
Cae·sa·rea [tsɛza're:a] *n antiq. seaport in and Roman capital of Palestine.*
Cai·cos·in·seln ['kaikɔs͵ˀɪnzəln] (die) *pl* → Turks- und Caicosinseln.
Ca·lais [ka'lɛ:] *n seaport in the north of France, on the Strait of Dover.*
Cal·be (an der Saa·le) ['kalbə (an der 'za:lə)] *n* Calbe (on the Saale) (*city in the district of Magdeburg, DDR*).

Cal·cut·ta [kal'kʊta] *n* → Kalkutta.
Calw [kalf] *n city in Baden-Württemberg, BRD.*
Ca·margue [ka'mark] (die) (La) Camargue (*district in the delta of the Rhone river, France*).
Ca·na·da ['kanada] *n* → Kanada.
Can·ber·ra ['kɛnbərə] *n capital of Australia.*
Can·dia ['kandĭa] *n* → Iraklion.
Can·nae ['kanɛ] *n antiq. town in the southeast of Italy; defeat of the Romans by Hannibal, 216 B.C.*
Cannes [kan] *n resort on the Mediterranean Sea, France.*
Cann·stadt, Bad *n* → Bad Cannstatt.
Ca·nos·sa [ka'nɔsa] *n village and ruined castle in northern Italy; scene of Henry IV's penance, 1077.*
Ca·pri ['ka:pri] *n island in the Bay of Naples, Italy.*
Ca·ra·cas [ka'rakas] *n capital of Venezuela.*
Car·pen·ta·ria-Golf [karpɛn'ta:rĭa,gɔlf] (der) (the) Gulf of Carpentaria (*on the coast of northern Australia*).
Ca·sa·blan·ca [kaza'blaŋka] *n city and seaport in Morocco.*
Cas·si·no [ka'si:no] *n town in central Italy.*
Ca·yenne [ka'jɛn] *n capital of French Guiana.*
Cay·man·in·seln ['kaɪman,ˀɪnzəln] (die) *pl* (the) Cayman Islands (*three islands in the West Indies*).
Ce·le·bes [tse'le:bɛs; 'tse:lebɛs] *n island in Indonesia.*
Ce·le·ri·na [tsele'ri:na; tʃe-] *n resort in the Upper Engadine, Switzerland.*
Cel·le ['tsɛlə] *n city in Lower Saxony, BRD.*
Ce·ri·go [tʃe'ri:go] *n* Cerigo, *auch* Cythera (*one of the Ionian Islands, Greece*).
Ceu·ta ['se:ʊta] *n* a) *enclave of Spain in northern Morocco,* b) *seaport.*
Ce·ven·nen [se'vɛnən] (die) *pl* (the) Cévennes (Mountains) (*mountain range in the south of France*).
Cey·lon ['tsaɪlɔn] *n now* → Sri Lanka.
Cha·ba·rowsk [xa'ba:rɔfsk] *n* Khabarovsk (*capital of the Khabarovsk region, Soviet Union in Asia*).
Chal·däa [kal'dɛ:a] *n antiq.* Chald(a)ea (*region in the lower Tigris and Euphrates valley*).
Chal·ki·di·ke [çal'ki:dike] (die) Chalcidice (*peninsula in the northeast of Greece*).
Chal·kis ['çalkɪs] *n* Chalcis, Chalkis (*city on the west coast of Euboea, Greece*).
Cham [ka:m] *n* a) *town in Upper Palatinate, BRD,* b) *town in the Swiss canton of Zug.*
Cha·mo·nix [ʃamo'ni:] *n resort at the foot of the Mont Blanc, France.*
Cha·nia [xa'nĭa] *n* Canea (*capital of Crete*).
Char·kow ['çarkɔf] *n* Kharkov (*city in the Ukraine, Soviet Union in Europe*).
Char·lotte Ama·lie ['ʃarlɔt a'ma:lĭə] *n capital of the Virgin Islands.*
Char·lot·ten·burg [ʃar'lɔtən,bʊrk] *n administrative district of West Berlin.*
Cha·ryb·dis [ça'rʏpdɪs] (die) *whirlpool in the Strait of Messina off the northeast coast of Sicily.*
Chem·nitz ['kɛmnɪts] *n now* → Karl-Marx-Stadt.
Cher·son [çɛr'zɔn] *n* Kherson (*seaport in the Ukraine, Soviet Union in Europe*).
Cher·so·nes [çɛrzo'ne:s] (der, *auch* die) *antiq.* Chersonese (*name of several Greek peninsulas*).
Chi·ca·go [ʃi'ka:go] *n city in Illinois, USA.*
Chiem·gau ['ki:m,gaʊ] (der) *region around Lake Chiem, Upper Bavaria, BRD.*
Chiem·gau·al·pen ['ki:m,gaʊ,ˀalpən] (die) *pl* (the) Chiemgau Alps (*part of the Alps in Upper Bavaria, BRD*).
Chiem·see ['ki:m,ze:] (der) Lake Chiem (*in Upper Bavaria, BRD*).
Chi·ka·go [ʃi'ka:go] *n* → Chicago.
Chi·le ['tʃi:le; 'çi:le] *n republic in South America.*
Chim·bo·ras·so [tʃɪmbo'raso] *m* Chimborazo (*volcano in central Ecuador, in the Andes*).
Chi·na ['çi:na] *n* China.
Chi·na (Tai·wan) ['çi:na ('taɪvan; taɪ'va(:)n)] *n now* → Taiwan.
Chi·ne·si·sche Meer [çi'ne:zɪʃə 'me:r] (das) (the) China Sea.
Chi·os ['çi:ɔs] *n* a) *Greek island in the Aegean Sea,* b) *capital of* a.
Chi·wa ['çi:va] *n* Khiva (*city to the south of the Aral Sea, Soviet Union in Asia*).
Cho·tan [ko'ta:n] *n* Khotan (*city in China*).
Chur [ku:r] *n capital of the Swiss canton of the Grisons.*
Clu·ny [kly'ni:] *n town in the east of France; remains of the Benedictine abbey of Cluny.*
Co·burg ['ko:,bʊrk] *n city in Upper Franconia, Bavaria, BRD.*
Co·lom·bo [ko'lɔmbo] *n capital of Ceylon.*
Co·mer See ['ko:mər 'ze:] (der) Lake Como (*in northern Italy near the Swiss border*).
Co·mo ['ko:mo] *n city at the southwest end of Lake Como, Italy.*
Co·na·kry ['ko:nakri] *n* Conakry, *auch* Konakry (*seaport in and capital of Guinea*).
Cook·in·seln ['kʊk,ˀɪnzəln] (die) *pl* (the) Cook Islands (*in the South Pacific*).
Cór·do·ba ['kɔrdoba] *n* Cordoba, *auch* Cordova (*city in the south of Spain*).
Cor·ti·na (d'Am·pez·zo) [kɔr'ti:na (dam'pɛtso)] *n resort in the Dolomites, Italy.*
Co·sta Ri·ca ['kɔsta 'ri:ka] *n republic in Central America.*
Côte d'Azur ['ko:t da'zy:r] (die) *name of the French Riviera.*
Cott·bus ['kɔtbʊs] *n* a) *district of the DDR,* b) *capital of* a.
Cot·ti·schen Al·pen ['kɔtɪʃən 'alpən] (die) *pl* (the) Cottian Alps (*on the boundary between France and Italy*).
Cu·ba ['ku:ba] *n* → Kuba.
Cu·mä ['ku:mɛ] *n antiq.* Cumae (*city in Italy, on the coast of Campania*).
Cu·ra·çao [kura'sa:o] *n main island of the Netherlands Antilles.*
Cux·ha·ven [,kʊks'ha:fən] *n seaport in Lower Saxony, on the North Sea at the mouth of the Elbe river, BRD.*
Cy·pern ['tsy:pərn] *n* → Zypern.
Cy·re·nai·ka [tsyre'na:ika; -'naɪka] (die) *antiq.* Cyrenaica, *auch* Cirenaica, Barca (*region to the west of the Arab Republic of Egypt*).
Czer·no·witz ['tʃɛrnovɪts] *n* Chernovtsy (*city in the Ukraine, Soviet Union in Europe*).

D

Dac·ca ['daka] *n capital of Bangladesh.*
Dach·au ['daxaʊ] *n city in Upper Bavaria, BRD; site of a former Nazi concentration camp.*
Dach·stein ['dax,ʃtaɪn] (der) *mountain in the Salzburg Alps, Austria.*
Da·ge·sta·ni·sche Au·to·no·me So·zia·li·sti·sche So·wjet·re·pu·blik [dagɛs'ta:nɪʃə aʊto'no:mə zotsĭa'lɪstɪʃə zɔ'vjɛtrepu,bli:k] (die) (the) Dagestan Autonomous Soviet Socialist Republic (*Soviet Union in the Caucasus*).
Da·gö ['da:gø] *n* Hiiumaa, Dagö (*Russian island in the Baltic Sea*).
Da·ho·mey [daho'mɛ:], *auch* **Da·ho·me** [daho'me:] *n* Dahomey (*republic in West Africa*).
Da·kar ['dakar] *n capital of Senegal and seaport.*
Da·ki·en ['da:kĭən] *n antiq.* Dacia (*kingdom and later Roman province in South Europe*).
Dal·ma·ti·en [dal'ma:tsĭən] *n* Dalmatia (*region in Yugoslavia, along the Adriatic Sea*).
Da·mas·kus [da'maskʊs] *n* Damascus (*capital of Syria*).
Dä·ne·mark ['dɛ:nə,mark] *n* Denmark, Danmark (*kingdom in North Europe*).
Dan·zig ['dantsɪç] *n* a) Gdansk (*seaport on the Baltic Sea, Poland*), b) *hist.* (Free City of) Danzig (*self-governing territory including the seaport of Danzig*).
Dan·zi·ger Bucht ['dantsɪgər 'bʊxt] (die) (the) Bay (*od.* Gulf) of Gdansk (*od.* Danzig) (*inlet of the Baltic Sea*).
Dar·da·nel·len [darda'nɛlən] (die) *pl* (the) (Straits of the) Dardanelles (*strait between Europe and Asian Turkey*).
Dar·dschi·ling [dar'dʒi:lɪŋ] *n* Darjeeling, Darjiling (*town in West Bengal, India*).
Dar·es·sa·lam [darɛsa'la:m] *n* Dar es Salaam, *auch* Dar-es-Salaam (*capital of Tanzania*).
Darm·stadt ['darm,ʃtat] *n* a) *area of Hesse, BRD,* b) *capital of* a.
Da·vis·stra·ße ['de:vɪs,ʃtra:sə] (die) (the) Davis Strait (*between Canada and Greenland*).
Da·vos [da'vo:s] *n resort in the Swiss canton of the Grisons.*
Da·zi·en ['da:tsĭən] *n antiq.* → Dakien.
De·bre·zin ['dɛbrɛtsi:n], *auch* **De·bre·czin** ['dɛbrɛtsi:n] *n* Debrecen (*city in Hungary*).
Dek·kan ['dɛkan], **De·khan** ['dɛkan] (der) (the) Deccan (*plateau region in South India*).
De·la·goa-Bai [dela'go:a,baɪ] (die) (the) Delagoa Bay (*inlet of the Indian Ocean in Mozambique*).
De·litzsch ['de:lɪtʃ] *n city near Dessau, DDR.*
De·los ['de:lɔs] *n Greek island in the Cyclades.*
Del·phi ['dɛlfi] *n village and ancient city in Phocis, Greece; seat of the Delphic Oracle.*
De·mo·kra·ti·sche Re·pu·blik Vi·et·nam [demo'kra:tɪʃə repu'bli:k vĭɛt'nam] (die) (the) Democratic Republic of Viet-Nam.
De·mo·kra·ti·sche Volks·re·pu·blik Ko·rea [demo'kra:tɪʃə 'fɔlksrepu,bli:k ko're:a] (die) (the) Democratic People's Republic of Korea.
Den Haag [den 'ha:k] The Hague (*city in the Netherlands*).
Des·sau ['dɛsaʊ] *n* a) *city in the DDR,* b) *hist. capital of Anhalt.*
Det·mold ['dɛtmɔlt] *n* a) *area of North Rhine-Westphalia, BRD,* b) *capital of* a.
Det·tin·gen ['dɛtɪŋən] *n village in Bavaria, BRD; scene of victory of George II of England over the French, 1743.*
Deut·sche Bucht ['dɔʏtʃə 'bʊxt] (die) (the) German Bay (*in the North Sea*).
Deut·sche De·mo·kra·ti·sche Re·pu·blik ['dɔʏtʃə demo'kra:tɪʃə repu'bli:k] (die) (the) German Democratic Republic.
Deutsch·land ['dɔʏtʃ,lant] *n* Germany (*country in central Europe, now divided into East Germany* [→ Deutsche Demokratische Republik] *and West Germany* [→ Bundesrepublik Deutschland]).
Deutsch-Ost-Afri·ka ['dɔʏtʃ'ˀɔst'ˀa:frika] *n hist.* German East Africa.
Deutsch-Süd·west-Afri·ka ['dɔʏtʃ,zy:t'vɛst'ˀa:frika] *n hist.* German Southwest Africa.
Die·den·ho·fen ['di:dən,ho:fən] *n* Thionville (*city on the Moselle river, France*).
Di·en Bi·en Phu ['dĭɛn'bĭɛn'fu:] *n village in North Viet-Nam; French military post in Indochina war.*
Di·na·ri·schen Al·pen [di'na:rɪʃən 'alpən] (die) *pl* (the) Dinaric Alps (*mountain range in the west of Yugoslavia*).
Dins·la·ken ['dɪns,la:kən] *n city in North Rhine-Westphalia, BRD.*
Dith·mar·schen ['dɪt,marʃən; 'di:t-] *n* Ditmarsh (*region in the southwest of Schleswig-Holstein, BRD, between the Elbe and Eider rivers*).
Dja·kar·ta [dʒa'karta] *n capital of Indonesia and seaport.*
Dnjepr ['dnjɛpər] (der) (the) Dnieper (*river in the Soviet Union in Europe*).
Dnje·pro·pe·trowsk [dnjɛprope'trɔfsk] *n* Dnepropetrovsk (*city in the Ukraine, Soviet Union in Europe*).
Dnjestr ['dnjɛstər] (der) (the) Dniester (*river in the Soviet Union in Europe*).
Dö·beln ['dø:bəln] *n city on the Mulde river, DDR.*
Do·bru·dscha [do'brʊdʒa] (die) (the) Dobru(d)ja (*region in Rumania and Bulgaria*).
Do·de·ka·nes [dodeka'ne:s] (der) (the) Dodecanese, (the) Dodecanesus, (the) Dodecanese Islands *pl* (*twelve Greek islands in the Aegean Sea*).
Dog·ger·bank ['dɔgər,baŋk] (die) (the) Dogger Bank (*shoal in the North Sea*).
Do·ha ['do:ha] *n capital of Qatar.*
Dol·lart ['dɔlart] (der) (the) Dollart (*arm of the North Sea at the mouth of the Ems river, between the northwest part of the BRD and the Netherlands*).
Do·lo·mi·ten [dolo'mi:tən] (die) *pl* (the) Dolomites (*mountain range in the Alps, Italy*).
Do·mi·ni·ca [do'mi:nika] *n one of the Windward Islands, in the West Indies.*
Do·mi·ni·ka·ni·sche Re·pu·blik [domini'ka:nɪʃə repu'bli:k] (die) (the) Dominican Republic, *auch* Santo Domingo (*republic in the West Indies*).
Don [dɔn] (der) *river in the central Soviet Union, flowing to the Sea of Azov.*

Do·nau ['do:naʊ] (die) (the) Danube (*river in Central Europe, rising in the BRD and flowing into the Black Sea*).
Do·nau·wörth [ˌdo:naʊ'vø:rt] *n town in Bavaria, BRD.*
Do·nez ['do:nɛts] (der) (the) Donets (*river in the Soviet Union in Europe*).
Do·nez·becken (*getr.* -k·k-) ['do:nɛts,bɛkən] (das) (the) Donets (Basin) (*important coal mining region and industrial area in the Ukraine, Soviet Union in Europe*).
Do·ris ['do:rɪs] *n antiq. region in central Greece.*
Dorn·birn ['dɔrn,bɪrn] *n town in Vorarlberg, Austria.*
Dor·pat ['dɔrpat] *n* Tartu (*city in Estonia, Soviet Union in Europe*).
Dort·mund ['dɔrt,mʊnt] *n industrial city in North Rhine-Westphalia, BRD.*
Dou·ro ['du:ro] (der) → Duero.
Dra·kens·ber·ge ['dra:kəns,bɛrgə] (die) *pl* (the) Drakensberg Mountains, *auch* (the) Quathlamba *sg* (*mountain range in South Africa*).
Drau [draʊ] (die) (the) Drava, *auch* (the) Drave (*river rising in East Tyrol, Austria, and flowing along the border between Hungary and Yugoslavia into the Danube*).
Dres·den ['dre:sdən] *n* a) *district of the DDR,* b) *capital of* a, c) *hist. capital of Saxony.*
Dront·heim ['drɔnt,haɪm] *n* Trondheim (*seaport in central Norway*).
Dsau·dschi·kau [dzaʊdʒi'kaʊ] *n* Dzaudzhikau (*city in the Caucasus, Soviet Union in Europe*).
Dschai·pur ['dʒaɪpu:r] *n* Jaipur (*capital of Rajasthan, India*).
Dscha·lan·dhar ['dʒalandar] *n* Jullundur (*city in central Punjab, India*).
Dscham·na ['dʒamna] (die) (the) Jumna (*river in India*).
Dscham·sched·pur ['dʒa:mʃɛtpu:r] *n* Jamshedpur (*city in the northeast of India*).
Dschan·si ['dʒa:nzi] *n* Jhansi (*city in Uttar Pradesh, India*).
Dschi·bu·ti [dʒi'bu:ti] *n* Djibouti, Jibuti (*seaport in and capital of Somaliland*).
Dschid·da ['dʒɪda] *n* Jidda, *auch* Jedda (*seaport of Mecca, Saudi Arabia*).
Dschih·lam ['dʒi:lam] (der) (the) Jhelum (*river in Asia*).
Dschu·ba ['dʒu:ba] (der) (the) Juba (*river in Somalia, East Africa*).
Du·bai [du'baɪ] *n* Dubai, *auch* Dibai (*seaport in the northeast of Trucial Oman, on the Persian Gulf*).
Dub·lin ['dablɪn] *n* a) *capital of the Republic of Ireland and seaport,* b) *county in the east of Ireland.*
Du·brov·nik ['du:brɔvnɪk] *n seaport in Yugoslavia, on the Adriatic Sea.*
Dü·de·lin·gen ['dy:dəlɪŋən] *n city in Luxemb(o)urg.*
Due·ro ['düe:ro] (der) (the) Douro, (the) Duero (*river flowing through northern Spain and Portugal into the Atlantic*).
Duis·burg ['dy:s,bʊrk] *n industrial city in North Rhine-Westphalia, BRD.*
Düna, West·li·che (*od.* **Süd·li·che**) ['dy:na, 'vɛstlɪçə ('zy:tlɪçə)] (die) (the) Western (*od.* Southern) Dvina (*river in the Soviet Union in Europe*).
Dun·das·stra·ße [dan'dɛs,ʃtra:sə] (die) (the) Dundas Strait (*between the Northern Territory and Melville Island, Australia*).
Dün·kir·chen ['dy:n,kɪrçən] *n* Dunkirk (*seaport in the north of France; scene of the evacuation of a British expeditionary force, 1940*).
Dü·ren ['dy:rən] *n city in North Rhine-Westphalia, BRD.*
Dürk·heim, Bad *n* → Bad Dürkheim.
Durl·ach ['durlax] *n city in Baden-Württemberg, BRD.*
Dürn·stein ['dyrn,ʃtaɪn] *n town in the Wachau, on the Danube river, Austria.*
Dü·scham·be [dyʃam'be:] *n* Dyushambe, *auch* Diushambe (*capital of Tadzhikistan, Soviet Union in Asia*).
Düs·sel·dorf ['dʏsəl,dɔrf] *n* a) *area in North Rhine-Westphalia, BRD,* b) *capital of* a.
Dwi·na, Nörd·li·che ['dvi:na, 'nœrtlɪçə] (die) (the) Northern Dvina (*river in the north of the Soviet Union in Europe*).
Dwi·na, West·li·che (*od.* **Süd·li·che**) ['dvi:na, 'vɛstlɪçə ('zy:tlɪçə)] (die) → Düna.

E

Ebro ['e:bro] (der) *Spanish river flowing into the Mediterranean Sea.*
Eckern·för·de (*getr.* -k·k-) [ˌɛkərn'fø:rdə] *n seaport on the Kiel Bay, BRD.*
Ecua·dor [ekŭa'do:r] *n republic in the northwest of South America.*
Eder ['e:dər] (die) *West German river flowing into the Fulda river.*
Eder·tal·sper·re ['e:dər,ta:l,ʃpɛrə] (die) *dam across the Eder river in Hesse, BRD.*
Edes·sa [e'dɛsa] *n antiq. city in Mesopotamia.*
Edir·ne [e'dɪrne] *n city in the northwest of European Turkey.*
Edu·ard·see ['e:dŭart,ze:] (der) Lake Edward (*East Africa*).
Eger ['e:gər] *n* a) Cheb (*city in Czechoslovakia*), b) *hist. city in western Bohemia.*
Eger·land ['e:gər,lant] (das) *hist. region in Bohemia, now in Czechoslovakia.*
Ei·der ['aɪdər] (die) *West German river in Schleswig-Holstein, flowing into the North Sea.*
Ei·der·stedt ['aɪdər,ʃtɛt] *n peninsula in Schleswig-Holstein, BRD.*
Ei·fel ['aɪfəl] (die) *region in the west of the BRD.*
Ei·ger ['aɪgər] (der) *mountain in the Bernese Alps, Switzerland.*
Ei·lat ['aɪlat] *n* → Elat.
Ei·len·burg ['aɪlən,bʊrk] *n city to the northeast of Leipzig, DDR.*
Ein·beck ['aɪn,bɛk] *n town in Lower Saxony, BRD.*
Ein·sie·deln ['aɪn,zi:dəln] *n town in the Swiss canton of Schwyz; Benedictine abbey.*
Éire ['a:iri; 'i:ri] *n* → Irland.
Ei·sack ['aɪzak] (der) (the) Isarco (*Italian river rising in South Tyrol and flowing into the Adige river*).
Ei·sen·ach ['aɪzənax] *n city in the district of Erfurt, DDR.*
Ei·sen·stadt ['aɪzən,ʃtat] *n capital of Burgenland, Austria.*
Ei·ser·ne Tor ['aɪzərnə 'to:r] (das) (the) Iron Gate(s *pl*) (*gorge cut by the Danube river through the Carpathian Mountains, between Rumania and Yugoslavia*).
Eis·le·ben ['aɪs,le:bən] *n city in the Harz Mountains, DDR.*
Eis·meer, Nörd·li·che ['aɪs,me:r, 'nœrtlɪçə] (das) → Nordpolarmeer.
Eis·meer, Süd·li·che ['aɪs,me:r, 'zy:tlɪçə] (das) → Südpolarmeer.
Ek·ba·ta·na [ɛk'ba:tana] *n antiq.* Ecbatana (*now* → Hamadan).
Ekua·dor [ekŭa'do:r] *n* → Ecuador.
Elam ['e:lam] *n antiq.* Elam, *auch* Susiana (*kingdom on the Persian Gulf*).
Elat ['e:lat] *n* Elath, Eilat (*seaport in the south of Israel at the head of the Gulf of 'Aqaba*).
El·ba ['ɛlba] *n Italian island in the Mediterranean Sea.*
El·be ['ɛlbə] (die) (the) Elbe (*river in central Europe, rising in Czechoslovakia and flowing through the DDR and the BRD into the North Sea near Hamburg*).
El·brus ['ɛlbrʊs] (der) (the) Elbrus, *auch* (the) Elbruz, (the) Elborus (*highest mountain in the Caucasus Mountains, Soviet Union in Europe*).
Elb·sand·stein·ge·bir·ge [ˌɛlp'zant,ʃtaɪngə,bɪrgə] (das) *low mountain range on both sides of the Elbe river, DDR and Czechoslovakia.*
El·burs [ɛl'bʊrs] (der) (the) Elburz Mountains *pl* (*mountain range in Iran*).
Eleu·sis [e'lɔʏzɪs] *n antiq. city in Attica, Greece.*
El·fen·bein·kü·ste[1] ['ɛlfən,baɪn,kʏstə] (die) (the) Ivory Coast (*region in West Africa, along the Atlantic coast*).
El·fen·bein·kü·ste[2] ['ɛlfən,baɪn,kʏstə] *n* (Republic of the) Ivory Coast (*West Africa*).
Elles·mere·land ['ɛlsmi:r,lant] *n* Ellesmere Island (*in the Arctic Ocean, to the northwest of Greenland*).
El·lice-In·seln ['ɛlɪs,ʔɪnzəln] (die) *pl* (the) Ellice Islands (*group of islands in the central Pacific*).
Elms·horn [ˌɛlms'hɔrn] *n city in Schleswig-Holstein, BRD.*
El Sal·va·dor [ɛl zalva'do:r] *n* El Salvador, *auch* Salvador (*republic in the west of Central America*).
El·saß ['ɛlzas] (das) Alsace (*region in the northeast of France*).
El·saß-Loth·rin·gen ['ɛlzas'lo:trɪŋən] *n* Alsace-Lorraine (*region in the northeast of France*).
El·ster ['ɛlstər] (die) *East German river flowing into the Elbe river.*
Em·den ['ɛmdən] *n seaport in Lower Saxony, BRD.*
Em·me ['ɛmə] (die) *Swiss river flowing into the Aare river.*
Em·men·tal ['ɛmən,ta:l] (das) *region in the Swiss canton of Bern.*
Em·me·rich ['ɛmərɪç] *n city in North Rhine-Westphalia, BRD.*
Ems[1] [ɛms] (die) *West German river flowing into the North Sea.*
Ems[2]**, Bad** *n* → Bad Ems.
En·ga·din ['ɛŋgadi:n; -'di:n] (das) (the) Engadine (*valley in the Swiss canton of the Grisons*).
En·gel·berg ['ɛŋəl,bɛrk] *n resort in the Swiss canton of Unterwalden.*
Eng·land ['ɛŋ,lant] *n* England.
Eng·li·sche Ka·nal ['ɛŋlɪʃə ka'na:l] (der) → Ärmelkanal.
Eni·we·tok [e'ni:vetɔk] *n atoll in the northwest of the Marshall Islands; proving ground for atomic weapons.*
Enns[1] [ɛns] (die) *Austrian river flowing into the Danube river.*
Enns[2] [ɛns] *n town in Upper Austria.*
Ephe·sos ['e:fezɔs], **Ephe·sus** ['e:fezʊs] *n antiq. city in Asia Minor.*
Epi·dau·ros [epi'daʊrɔs], **Epi·dau·rus** [epi'daʊrʊs] *n antiq. seaport on the Saronic Gulf, Greece.*
Epi·rus [e'pi:rʊs] *n* Epirus, *auch* Epeirus: a) *hist. district in the northwest of Greece and partly in Albania,* b) *region in the northwest of Greece.*
Ere·bus ['e:rebʊs] (der) Mount Erebus (*volcano in Antarctica, on Ross Island*).
Er·furt ['ɛr,fʊrt] *n* a) *district of the DDR,* b) *capital of* a.
Erie·see ['e:ri,ze:] (der) Lake Erie (*one of the Great Lakes, between the USA and Canada*).
Eri·trea [eri'tre:a] *n province on the Red Sea, federated with Ethiopia.*
Eri·wan [eri'va(:)n; 'e:-] *n* Erivan, Yerevan (*capital of Armenia, Soviet Union in Europe*).
Er·lan·gen ['ɛrlaŋən] *n city in Upper Franconia, Bavaria, BRD.*
Erm·land ['ɛrm,lant] *n hist. region in East Prussia.*
Er-Ri·ad [ɛ'rĭa:t], **Er-Ri·yad** [ɛri'ja:t] *n* Riyadh (*capital of Saudi Arabia*).
Ery·thräa [ery'trɛ:a] *n* → Eritrea.
Erz·berg ['e:rts,bɛrk; 'ɛrts-] (der) *mountain in Styria, Austria.*
Erz·ge·bir·ge ['e:rtsgə,bɪrgə; 'ɛrts-] (das) (the) Erz Gebirge, (the) Erz (*od.* Ore) Mountains *pl* (*mountain range between the DDR and Czechoslovakia*).
Es·sen (an der Ruhr) ['ɛsən (an der 'ru:r)] *n* Essen (on the Ruhr) (*industrial city in North Rhine-Westphalia, BRD*).
Ess·lin·gen (am Neckar) (*getr.* -k·k-) ['ɛslɪŋən (am 'nɛkar)] *n* Esslingen (on the Neckar) (*city in Baden-Württemberg, BRD*).
Est·land ['e:st,lant] *n* Estonia, *auch* Esthonia: a) *hist. republic on the east side of the Baltic Sea,* b) *constituent republic of the Soviet Union in Europe.*
Est·ni·sche So·zia·li·sti·sche So·wjet·re·pu·blik ['e:stnɪʃə zotsĭa'lɪstɪʃə zɔ'vjɛtrepu,bli:k] (die) (the) Estonian Soviet Socialist Republic.
Etru·ri·en [e'tru:rĭən] *n antiq.* Etruria (*region in central Italy*).
Etsch [ɛtʃ] (die) (the) Adige (*Italian river rising in South Tyrol and flowing into the Adriatic Sea*).
Ett·lin·gen ['ɛtlɪŋən] *n city in Baden-Württemberg, BRD.*
Eu·böa [ɔʏ'bø:a] *n* Euboea, *auch* Negropont (*Greek island in the Aegean Sea*).
Eu·phrat ['ɔʏfrat] (der) (the) Euphrates (*river in Asia*).
Eu·ra·si·en [ɔʏ'ra:zĭən] *n* Eurasia (*Europe and Asia considered as a whole*).
Eu·ro·pa [ɔʏ'ro:pa] *n* Europe.
Eu·ro·pä·ische Nord·meer [ɔʏro'pɛ:ɪʃə 'nɔrt,me:r] (das) (the) Norwegian (and Greenland) Sea (*part of the Arctic Ocean*).
Eu·tin [ɔʏ'ti:n] *n town in Schleswig-Holstein, BRD.*

Eve·rest ['ɛvərɛst] (der) Mount Everest (*mountain in the Himalayas; highest mountain in the world*).

Eyre-Halb·in·sel ['ɛːrˌhalpˌʔɪnzəl] (die) (the) Eyre Peninsula (*South Australia*).

F

Fal·ken·see [ˌfalkən'zeː] *n city to the west of Berlin, DDR.*

Falk·land·in·seln ['falkˌlantˌʔɪnzəln] (die) *pl* (the) Falkland Islands (*in the South Atlantic*).

Fä·rö·er [fɛ'røːər] (die) *pl* (the) Faeroe (*od.* Faroe) Islands (*group of Danish islands in the North Atlantic*).

Fa·scho·da [fa'ʃoːda] *n hist.* Fashoda (*town in the southeast of the Sudan Republic*).

Feh·marn ['feːmarn] *n island in the Baltic Sea, Schleswig-Holstein, BRD.*

Fel·ber·tau·ern-Tun·nel ['fɛlbərˌtauərn-ˌtʊnəl] (der) *tunnel linking the provinces of Salzburg and East Tyrol, Austria.*

Feld·berg ['fɛltˌbɛrk] (der) *highest point in the Black Forest, BRD.*

Feld·kirch ['fɛltˌkɪrç] *n town in the east of Vorarlberg, Austria.*

Fel·sen·ge·bir·ge ['fɛlzəngəˌbɪrgə] (das) (the) Rocky Mountains *pl*, (the) Rockies *pl* (*mountain system in the west of North America*).

Fes·san [fɛ'saːn] *n* Fezzan (*part of the Sahara, Libya*).

Feu·er·land ['fɔʏərˌlant] *n* Tierra del Fuego (*group of islands at the southern tip of South America*).

Fich·tel·ge·bir·ge ['fɪçtəlgəˌbɪrgə] (das) (the) Fichtel Gebirge (*mountain range near Bayreuth, Bavaria, BRD*).

Fich·ten·in·sel ['fɪçtənˌʔɪnzəl] (die) (the) Isle of Pines (*in the Caribbean Sea*).

Fi·dschi ['fɪdʒi] *n* Fiji (*state in the South Pacific*).

Fi·dschi·in·seln ['fɪdʒiˌʔɪnzəln] (die) *pl* (the) Fiji Islands (*group of islands in the South Pacific*).

Fin·ni·sche Meer·bu·sen ['fɪnɪʃə 'meːr-ˌbuːzən] (der) (the) Gulf of Finland (*arm of the Baltic Sea*).

Finn·land ['fɪnˌlant] *n* Finland (*republic in North Europe*).

Fin·ster·aar·horn [ˌfɪnstər'ʔaːrˌhɔrn] (das) *mountain in the Bernese Alps, Switzerland.*

Flan·dern ['flandərn] *n* Flanders (*region on the northern coast of France, Belgium, and the Netherlands*).

Flens·burg ['flɛnsˌbʊrk] *n city in the north of Schleswig-Holstein, BRD.*

Flens·bur·ger För·de ['flɛnsˌbʊrgər 'føːrdə] (die) (the) Flensburg Förde (*bay near Flensburg, in the Baltic Sea*).

Fle·xen·paß ['flɛksənˌpas] (der) (the) Flexen Pass (*mountain pass in Arlberg, Austria*).

Flo·renz [flo'rɛnts] *n* Florence (*city in central Italy*).

Flo·ri·da·stra·ße ['floːridaˌʃtraːsə] (die) (the) Florida Strait, (the) Straits *pl* of Florida (*between Florida, Cuba, and the Bahamas*).

Föhr [føːr] *n island of the North Frisians, BRD.*

For·mo·sa [fɔr'moːza] *n* Formosa, Taiwan (*now* → Taiwan).

Fort-de-France [fɔrdə'frɑ̃ːs] *n capital of Martinique.*

Fort La·my ['foːr la'miː] *n* Fort-Lamy (*capital of Chad*).

Fou·li·ang ['faulĭaŋ] *n* Fowliang (*town in the southeast of China*).

Fran·ken ['fraŋkən] *n* Franconia: a) *region in the north of Bavaria, BRD, comprising districts of Upper, Middle, and Lower Franconia*, b) *hist. medieval duchy in Germany.*

Fran·ken·berg (in Sach·sen) ['fraŋkən-ˌbɛrk (ɪn 'zaksən)] *n* Frankenberg (in Saxony) (*city in the DDR*).

Fran·ken·thal ['fraŋkənˌtaːl] *n city in Rhineland-Palatinate, BRD.*

Fran·ken·wald ['fraŋkənˌvalt] (der) (the) Franconian Forest (*wooded mountain range between the Thuringian Forest and the Fichtel Gebirge*).

Frank·furt (am Main) ['fraŋkˌfʊrt (am 'maɪn)] *n* Frankfort (on the Main), *auch* Frankfurt-on-Main (*city in Hesse, BRD*).

Frank·furt (an der Oder) ['fraŋkˌfʊrt (an der 'oːdər)] *n* Frankfort (on the Oder), *auch* Frankfurt-on-Oder: a) *district of the DDR*, b) *capital of* a.

Frän·ki·sche Alb ['frɛŋkɪʃə 'alp] (die), **Frän·ki·sche Ju·ra** ['frɛŋkɪʃə 'juːra] (der) (the) Franconian Jura (*mountain range in the southeast of the BRD*).

Frän·ki·sche Saa·le ['frɛŋkɪʃə 'zaːlə] (die) → Saale b.

Frän·ki·sche Schweiz ['frɛŋkɪʃə 'ʃvaɪts] (die) (the) Franconian Switzerland (*region in the northern part of the Franconian Jura in Bavaria, BRD*).

Frank·reich ['fraŋkˌraɪç] *n* France.

Franz-Jo·seph-Land [ˌfrants'joːzɛfˌlant] *n* Franz Josef Land, *auch* Fridtjof Nansen Land (*archipelago in the Arctic Ocean; belongs to the Soviet Union*).

Fran·zö·sisch-Äqua·to·ri·al·afri·ka [fran-'tsøːzɪʃʔɛkvato'rĭaːlˌʔaːfrika] *n hist.* French Equatorial Africa.

Fran·zö·si·sche Afar-und-Is·sa-Kü·ste [fran'tsøːzɪʃə 'aːfarˌʔʊnt'ʔɪsaˌkʏstə] (die) French Afar and Issa Coast (*on the Gulf of Aden*).

Fran·zö·sisch-Gua·ya·na [fran'tsøːzɪʃgŭa-'jaːna] *n* French Guiana (*on the northeastern coast of South America*).

Fran·zö·sisch-Gui·nea [fran'tsøːzɪʃgi'neːa] *n hist.* French Guinea.

Fran·zö·sisch-In·di·en [fran'tsøːzɪʃ'ʔɪndĭən] *n hist.* French India.

Fran·zö·sisch-In·do·chi·na [fran'tsøːzɪʃ-'ʔɪndo'çiːna] *n hist.* French Indochina.

Fran·zö·sisch-Ozea·ni·en [fran'tsøːzɪʃ-ʔotse'aːnĭən] *n hist.* French Oceania.

Fran·zö·sisch-Po·ly·ne·si·en [fran'tsøːzɪʃ-poly'neːzĭən] *n* French Polynesia (*in the South Pacific*).

Fran·zö·sisch-So·ma·li·land [fran'tsøːzɪʃ-zo'maːliˌlant] *n hist.* French Somaliland.

Fran·zö·sisch-Su·dan [fran'tsøːzɪʃzu'daːn] *n hist.* French Sudan.

Fran·zö·sisch-West·afri·ka [fran'tsøːzɪʃ-'vɛst'ʔaːfrika] *n hist.* French West Africa.

Frau·en·feld ['frauənˌfɛlt] *n capital of the Swiss canton of Thurgau.*

Free·town ['friːˌtaʊn] *n capital of Sierra Leone and seaport.*

Frei·burg ['fraɪˌbʊrk] *n* → Fribourg.

Frei·burg (im Breis·gau) ['fraɪˌbʊrk (ɪm 'braɪsˌgaʊ)] *n capital of South Baden, Baden-Württemberg, BRD.*

Freie Han·se·stadt Bre·men ['fraɪə 'hanzə-ˌʃtat 'breːmən] (die) → Bremen b.

Frei·en·wal·de, Bad [ˌbaːt ˌfraɪən'valdə], **Frei·en·wal·de (an der Oder)** [ˌfraɪən-'valdə (an der 'oːdər)] *n* Freienwalde (on the Oder) (*spa to the northeast of Berlin, DDR*).

Freie und Han·se·stadt Ham·burg ['fraɪə ˌʊnt 'hanzəˌʃtat 'hamˌbʊrk] (die) → Hamburg.

Freu·den·stadt ['frɔʏdənˌʃtat] *n city in the Black Forest, BRD.*

Freund·schafts·in·seln ['frɔʏntʃaftsˌʔɪn-zəln] (die) *pl* (the) Tonga (*od.* Friendly) Islands (*in the South Pacific*).

Fri·aul [fri'aʊl] *n* Friuli (*region in the northeast of Italy*).

Fri·bourg [fri'buːr] *n* a) *canton in western Switzerland*, b) *capital of* a.

Fried·richs·ha·fen ['friːdrɪçsˌhaːfən] *n city on the Lake of Constance, BRD.*

Fried·richs·hain ['friːdrɪçsˌhaɪn] *n administrative district of East Berlin.*

Frie·si·schen In·seln ['friːzɪʃən 'ɪnzəln] (die) *pl* (the) Frisian Islands (*chain of islands in the North Sea*).

Fries·land ['friːsˌlant] *n* Friesland, *bes. Br.* Frisian (*province in the Netherlands*).

Frun·se ['frʊnzə] *n* Frunze (*capital of Kirghizia, Soviet Union in Asia*).

Fu·dschi·ja·ma [fudʒi'jaːma], **Fu·dschi·san** ['fuːdʒiˌzan] (der) Fuji, *auch* Fujiyama, Fujisan (*highest mountain in Japan*).

Fu·jai·rah [fu'dʒaɪra] *n sheikdom on the Persian Gulf.*

Ful·da[1] ['fʊlda] *n city in Hesse, BRD.*

Ful·da[2] ['fʊlda] (die) *river in the BRD, flowing into the Weser river.*

Fun·dy·bai ['fandiˌbaɪ] (die) (the) Bay of Fundy (*inlet of the Atlantic in Canada, between New Brunswick and Nova Scotia*).

Fü·nen ['fyːnən] *n* Fyn (*second largest island of Denmark*).

Für·sten·tum Liech·ten·stein ['fʏrstəntuːm 'lɪçtənˌʃtaɪn] (das) → Liechtenstein.

Für·sten·tum Mo·na·co ['fʏrstəntuːm 'moː-nako; – mo'nako] (das) → Monaco.

Für·sten·wal·de [ˌfʏrstən'valdə] *n city on the Spree river, DDR.*

Fürth [fʏrt] *n neighbo(u)ring town of Nuremberg, Bavaria, BRD.*

Fuschl·see ['fʊʃəlˌzeː] (der) *lake in the Salzkammergut, Austria.*

Fu·ta-Dscha·lon ['fuːta'dʒaːlən] *n* Fouta Djallon, *auch* Futa Jallon (*region in Guinea; source of the Niger and the Senegal rivers*).

Fu·tschou ['fuːtʃaʊ] *n* Foochow (*seaport in the southeast of China*).

G

Ga·blonz (an der Nei·ße) ['gaːblɔnts (an der 'naɪsə)] *n* a) Jablonec (nad Nisou) (*town in Czechoslovakia*), b) *hist.* Gablonz (on the Neisse) (*town in Bohemia*).

Ga·bo·ro·ne [gabo'roːne] *n* Gaberones (*capital of Botswana*).

Ga·bun [ga'buːn] *n* Gabon, *auch* Gabun (*republic in the southwest of Africa*).

Ga·da·ra ['gaːdara] *n Bibl. town on the Sea of Galilee, Palestine.*

Ga·ja ['gaːja] *n* Gaya (*city in central Bihar, India*).

Ga·la·pa·gos·in·seln [ga'la(ː)pagəsˌʔɪnzəln] (die) *pl* (the) Galapagos Islands (*archipelago on the equator in the Pacific*).

Ga·la·ti·en [ga'laːtsĭən] *n antiq.* Galatia (*country in central Asia Minor*).

Ga·li·ci·en [ga'liːtsĭən] *n hist.* Galicia (*maritime region in the northwest of Spain*).

Ga·li·läa [gali'lɛːa] *n* Galilee (*region in the north of Israel*).

Ga·li·lä·ische Meer [gali'lɛːɪʃə 'meːr] (das) → See Genezareth.

Ga·li·zi·en [ga'liːtsĭən] *n* Galicia (*region in central Europe in the north of the Carpathian Mountains*).

Gal·li·en ['galĭən] *n antiq.* Gaul, Gallia.

Gal·li·po·li·halb·in·sel [ga'liːpoliˌhalpˌʔɪn-zəl] (die) (the) Gallipoli Peninsula (*in European Turkey*).

Gam·bia[1] ['gambĭa] (der) *river in West Africa.*

Gam·bia[2] ['gambĭa] *n* (the) Gambia (*republic in West Africa*).

Gam·bi·er·in·seln [gɑ̃'bĭeːˌʔɪnzəln] (die) *pl* (the) Gambier Islands (*group of islands in the Pacific*).

Gan·ges ['gaŋgɛs; 'gaŋəs] (der) *river in India; sacred to the Hindus.*

Gang·tok ['gaŋtɔk] *n capital of Sikkim.*

Gar·da·see ['gardaˌzeː] (der) Lake Garda (*in northern Italy*).

Gar·misch-Par·ten·kir·chen ['garmɪʃ-ˌpartən'kɪrçən] *n resort in the Bavarian Alps, BRD.*

Ga·ronne [ga'rɔn] (die) *river rising in the Pyrenees, Spain, and flowing through France into the Atlantic Ocean.*

Ga·sa ['gaːza] *n* Gaza (*seaport on the southeast coast of the Mediterranean Sea*).

Ga·sa·strei·fen ['gaːzaˌʃtraɪfən] (der) (the) Gaza Strip.

Gas·co·gne [gas'kɔnjə] (die) *hist.* Gascony (*province in the south of France*).

Ga·stein [gas'taɪn] *n* → Badgastein.

Ga·stei·ner Ache [gas'taɪnər 'aːxə] (die) *river in Austria, flowing from the Hohe Tauern to the Salzach river.*

Gdin·gen ['gdɪŋən] *n* a) Gdynia (*seaport in Poland*), b) *hist. port near Danzig.*

Geis·lin·ger Stei·ge ['gaɪslɪŋər 'ʃtaɪgə] (die) *height of the pass in the Swabian Jura, BRD.*

Gel·be Fluß ['gɛlbə 'flʊs] (der) → Hwangho.

Gel·be Meer ['gɛlbə 'meːr] (das) (the) Yellow Sea (*arm of the Pacific, between China and Korea*).

Gel·der·land ['gɛldərˌlant], **Gel·dern** ['gɛl-dərn] *n* Gelderland, *auch* Guelders (*province in the Netherlands*).

Gel·sen·kir·chen [ˌgɛlzən'kɪrçən] *n industrial city in North Rhine-Westphalia, BRD.*

Ge·ne·za·reth [ge'neːtsarɛt] (der) → See Genezareth.

Genf [gɛnf] *n* Geneva: a) *canton in the southwest of Switzerland*, b) *capital of* a.

Gen·fer See ['gɛnfər 'zeː] (der) Lake Geneva, (the) Lake of Geneva, Lake Leman (*Switzerland*).

Gent [gɛnt] *n* G(h)ent (*city in Belgium*).

Ge·nua ['ge:nŭa] *n* Genoa (*seaport on the Riviera, Italy*).

George·town ['dʒɔ:rtʃ,taʊn] *n* a) *capital of and seaport in Guyana*, b) *capital of the Cayman Islands.*

Geor·gia·stra·ße ['dʒɔ:rdʒĭa,ʃtra:sə] (die) (the) Strait of Georgia (*inlet of the Pacific in Canada*).

Ge·or·gi·en [ge'ɔrgĭən] *n* Georgia (*region in Transcaucasia, Soviet Union in Europe*).

Ge·or·gi·sche So·zia·li·sti·sche So·wjet·re·pu·blik [ge'ɔrgɪʃə zotsĭa'lɪstɪʃə zɔ'vjɛt-repu,bli:k] (die) (the) Georgian Soviet Socialist Republic (*Transcaucasia*).

Ge·ra ['ge:ra] *n* a) *district of the DDR*, b) *capital of* a.

Ger·ma·ni·en [gɛr'ma:nĭən] *n hist.* Germania.

Ge·sell·schafts·in·seln [gə'zɛlʃafts,ʔɪnzəln] (die) *pl* (the) Society Islands (*South Pacific*).

Ge·würz·in·seln [gə'vʏrts,ʔɪnzəln] (die) *pl* → Molukken.

Gha·na ['ga:na] *n republic in West Africa.*

Gi·bral·tar [gi'braltar; gibral'ta:r] *n seaport and fortress near the southern tip of Spain.*

Gib·son·wü·ste ['gɪpsən,vy:stə] (die) (the) Gibson Desert (*Australia*).

Gie·ßen ['gi:sən] *n* Giessen (*city in Hesse, BRD*).

Gil·bert- und El·lice-In·seln ['gɪlbərt-,ʔʊnt'ʔɛlɪs,ʔɪnzəln] (die) *pl* (the) Gilbert and Ellice Islands (*in the central Pacific*).

Gi·seh ['gi:zɛ], **Gi·zeh** ['gi:zɛ], **Gi·sa** ['gi:za], **Gi·zah** ['gi:za] *n* El Giza, *auch* El Gizeh, *auch* Giza, Gizeh (*city near Cairo; the Egyptian pyramids and the Sphinx are located nearby*).

Glad·beck ['glat,bɛk] *n industrial city in North Rhine-Westphalia, BRD.*

Glar·ner Al·pen ['glarnər 'alpən] (die) *pl* (the) Glarus Alps (*Switzerland*).

Gla·rus ['gla:rʊs] *n* a) *canton in the east of central Switzerland*, b) *capital of* a.

Glatz [gla:ts] *n* a) Kłodzko (*city in Poland*), b) *hist. city in Lower Silesia.*

Glat·zer Nei·ße ['gla:tsər 'naɪsə] (die) → Neiße b.

Glo·gau ['glo:gaʊ] *n* a) Głogów (*city in Poland*), b) *hist. city in Lower Silesia.*

Go·bi ['go:bi] (die) (the) Gobi (*desert in central Asia*).

Go·des·berg, Bad *n* → Bad Godesberg.

Godt·håb ['gɔt,ho:p] *n* Godthaab (*capital of Greenland*).

Go·lan·hö·hen [go'la:n,hø:ən] (die) *pl* (the) Golan Heights (*mountain range on the Israel-Syrian border*).

Gol·de·ne Horn ['gɔldənə 'hɔrn] (das) (the) Golden Horn (*inlet of the Bosporus, in European Turkey*).

Gol·de·ne Tor ['gɔldənə 'to:r] (das) (the) Golden Gate (*strait between San Francisco Bay and the Pacific*).

Gold·kü·ste ['gɔlt,kʏstə] (die) *hist.* (the) Gold Coast (*now* → Ghana).

Golf von Aka·ba ['gɔlf fɔn 'akaba] (der) (the) Gulf of ʻAqaba (*arm of the Red Sea*).

Golf von Ar·go·lis ['gɔlf fɔn 'argolɪs] (der) (the) Gulf of Argolis (*gulf of the Aegean Sea, in the southeast of Greece*).

Golf von Ben·ga·len ['gɔlf fɔn bɛŋ'ga:lən] (der) (the) Bay of Bengal (*part of the Indian Ocean between India and Burma*).

Golf von Bis·ka·ya ['gɔlf fɔn bɪs'ka:ja] (der) (the) Bay of Biscay (*bay of the Atlantic between France and Spain*).

Golf von Ga·bes ['gɔlf fɔn 'ga:bɛs] (der) (the) Gulf of Gabès (*on the eastern coast of Tunisia*).

Golf von Ge·nua ['gɔlf fɔn 'ge:nŭa] (der) (the) Gulf of Genoa (*part of the Ligurian Sea*).

Golf von Ko·rinth ['gɔlf fɔn ko'rɪnt] (der) (the) Gulf of Corinth (*Greece*).

Golf von Nea·pel ['gɔlf fɔn ne'a:pəl] (der) (the) Bay of Naples (*Italy*).

Golf von Sa·lo·ni·ki ['gɔlf fɔn zalo'ni:ki] (der) (the) Gulf of Salonika (*arm of the Aegean Sea, in the northeast of Greece*).

Golf von Sa·ros ['gɔlf fɔn 'za:rɔs] (der) (the) Gulf of Saros (*inlet of the Aegean Sea, north of the Gallipoli Peninsula*).

Golf von Si·dra ['gɔlf fɔn 'zi:dra] (der) (the) Gulf of Sidra (*on the northern coast of Libya*).

Golf von Ta·rent ['gɔlf fɔn ta'rɛnt] (der) (the) Gulf of Taranto (*Italy*).

Golf von Tong·king ['gɔlf fɔn 'tɔŋkɪŋ] (der) (the) Gulf of Ton(g)king (*South China Sea*).

Golf von Tri·est ['gɔlf fɔn tri'ɛst] (der) (the) Gulf of Trieste (*in the Adriatic Sea*).

Golf von Ve·ne·dig ['gɔlf fɔn ve'ne:dɪç] (der) (the) Gulf of Venice (*Italy*).

Go·me·ra [go'me:ra] *n one of the Canary Islands.*

Go·mor·r(h)a [go'mɔra] *n Bibl.* Gomorrah, *auch* Gomorrha (*city in Palestine*).

Göp·pin·gen ['gœpɪŋən] *n city in Baden-Württemberg, BRD.*

Gör·litz ['gœrlɪts] *n city on the Neisse river, DDR.*

Gör·lit·zer Nei·ße ['gœrlɪtsər 'naɪsə] (die) → Neiße a.

Gor·low·ka ['gɔrlɔfka] *n* Gorlovka (*city in the Ukraine, Soviet Union in Europe*).

Gor·ner·grat ['gɔrnər,gra:t] (der) (the) Gorner Grat (*mountain ridge in the Swiss canton of Valais*).

Görz [gœrts] *n* Gorizia (*city in the northeast of Italy*).

Gos·lar ['gɔslar] *n city in the southeast of Lower Saxony, BRD.*

Gö·te·borg ['gø:tə,bɔrk] *n* Göteborg, *auch* Gothenburg (*seaport in the southwest of Sweden*).

Go·tha ['go:ta] *n city in the district of Erfurt, DDR.*

Gott·hard·tun·nel ['gɔt,hart,tʊnəl] (der) (the) Gotthard tunnel (*Switzerland*).

Göt·tin·gen ['gœtɪŋən] *n city in Lower Saxony, BRD.*

Gra·do ['gra:do] *n* a) *island in the Gulf of Trieste, Italy*, b) *town on* a.

Grae·cia Ma·gna ['grɛ:tsĭa 'magna] *n antiq.* → Großgriechenland.

Gra·ham·land ['gra:ham,lant] *n* Graham Coast, *hist.* Graham Land (*northern part of the Antarctic Peninsula*).

Gra·ji·schen Al·pen ['gra:jɪʃən 'alpən] (die) *pl* (the) Graian Alps (*between Italy and France*).

Gram·pi·an·ge·bir·ge ['grɛmpĭəngə,bɪrgə] (das) (the) Grampian Hills *pl*, *auch* (the) Grampians *pl* (*Scotland*).

Gra·na·da [gra'na:da] *n city in the south of Spain.*

Gran Ca·na·ria ['gran ka'na:rĭa] *n* Gran Canaria, *auch* Grand Canary (*second largest island of the Canary Islands*).

Gran Cha·co ['gran 'tʃako] (der) (the) Chaco (*region in central South America*).

Grand Com·bin ['grã: kõ'bɛ̃:] (der) *mountain in the Pennine Alps, Switzerland.*

Grau·bün·den [,graʊ'bʏndən] *n* (the) Grisons (*canton in the east of Switzerland*).

Grau·bünd·ner Al·pen [,graʊ'bʏndnər 'alpən] (die) *pl* (the) Grisons Alps (*Switzerland*).

Graz [gra:ts] *n capital of Styria, Austria.*

Gre·na·da [gre'na:da] *n island in the Caribbean Sea, in the Windward Islands.*

Gre·na·di·nen [grena'di:nən] (die) *pl* (the) Grenadines (*chain of islands in the Caribbean Sea, part of the Windward Islands*).

Grenz·mark (Po·sen-West·preu·ßen) ['grɛnts,mark ('po:zən'vɛst,prɔʏsən)] (die) *hist.* (the) Grenzmark (Posen-Westpreussen) (*Prussian province in the east of Germany*).

Grie·chen·land ['gri:çən,lant] *n* Greece.

Grin·del·wald ['grɪndəl,valt] *n resort in the Bernese Oberland, Switzerland.*

Gro·nin·gen ['gro:nɪŋən] *n city in the Netherlands.*

Grön·land ['grø:n,lant] *n* Greenland.

Grön·land·see ['grø:n,lant,ze:] (die) (the) Greenland Sea (*part of the Arctic Ocean*).

Gros·ny ['grɔsni] *n* Grozny (*capital of the Chechen-Ingush Republic, Soviet Union in Europe*).

Groß·bri·tan·ni·en ['gro:sbri'tanĭən] *n* Great Britain.

Gro·ße Ar·ber ['gro:sə 'arbər] (der) (the) Great Arber (*highest point in the Bohemian Forest, Bavaria, BRD*).

Gro·ße Bä·ren·see ['gro:sə 'bɛ:rən,ze:] (der) (the) Great Bear Lake (*Canada*).

Gro·ße Bar·rie·re-Riff ['gro:sə ba'rĭɛ:rə-,rɪf] (das) (the) Great Barrier Reef (*coral reef, Australia*).

Gro·ße Bel·chen ['gro:sə 'bɛlçən] (der) *highest point of the Vosges, France.*

Gro·ße Belt ['gro:sə 'bɛlt] (der) (the) Great Belt (*strait between the islands of Zealand and Fyn, Denmark*).

Gro·ße Müg·gel·see ['gro:sə 'mʏgəl,ze:] (der) *lake to the southeast of East Berlin.*

Gro·ßen An·til·len ['gro:sən an'tɪlən] (die) *pl* (the) Greater Antilles (*group of islands in the West Indies*).

Gro·ßen·bro·de [,gro:sən'bro:də] *n seaport on the Baltic Sea, Schleswig-Holstein, BRD.*

Gro·ßen Se·en ['gro:sən 'ze:ən] (die) *pl* (the) Great Lakes (*five lakes in central North America*).

Gro·ßen Sun·da·in·seln ['gro:sən 'zʊnda-,ʔɪnzəln] (die) *pl* (the) Greater Sunda Islands (*in the Malay Archipelago*).

Gro·ße Oze·an ['gro:sə 'o:tsea:n] (der) → Pazifik.

Gro·ße Salz·see ['gro:sə 'zalts,ze:] (der) (the) Great Salt Lake (*Utah, USA*).

Gro·ße Sankt Bern·hard ['gro:sə ,zaŋkt 'bɛrn,hart] (der) (the) Great St. Bernard (Pass) (*leading from Valais, Switzerland, to Italy*).

Gro·ße Syr·te ['gro:sə 'zʏrtə] (die) → Golf von Sidra.

Groß·glock·ner ['gro:s,glɔknər] (der) (the) Gross Glockner (*mountain in the Hohe Tauern range, highest point in Austria*).

Groß·grie·chen·land ['gro:s'gri:çən,lant] *n antiq.* Magna Graecia (*colonial cities and settlements of Greece in southern Italy*).

Groß·ve·ne·di·ger ['gro:sve,ne:dɪgər] (der) (the) Gross Venediger (*mountain in the Hohe Tauern range, Austria*).

Gstaad [kʃta:t] *n resort in the Bernese Oberland, Switzerland.*

Gua·dal·ca·nal [gŭadalka'nal] *n* a) *largest island of the Solomon Islands*, b) *town in Spain.*

Gua·de·loupe [gŭadə'lu:p] *n largest island of the Lesser Antilles, in the West Indies.*

Gu·am [gŭam] *n largest island of the Marianas group in the North Pacific.*

Gua·te·ma·la [gŭate'ma:la] *n* a) *republic in Central America*, b) *capital of* a.

Gua·ya·na [gŭa'ja:na] *n* Guiana (*region in the northeast of South America*).

Gudsch·ran·wa·la [gʊdʒran'va:la] *n* Gujranwala (*city in Pakistan*).

Guern·sey ['gœrnzi] *n one of the Channel islands.*

Gui·nea [gi'ne:a] *n* a) *coastal region in West Africa*, b) *republic in West Africa.*

Gui·nea-Bis·sau [gi'ne:abɪ'saʊ] *n republic in West Africa.*

Gü·ters·loh ['gy:tərs,lo:] *n city in North Rhine-Westphalia, BRD.*

Gu·ya·na [gu'ja:na] *n republic on the northeast coast of South America.*

H

Haag [ha:k] (der) → Den Haag.

Haar [ha:r] (die) *range of hills in Westphalia, BRD.*

Haard [ha:rt] (die) *wooded hills in the Münsterland, BRD.*

Haardt [ha:rt] (die) *eastern part of the Palatinate Forest, BRD.*

Ha·ba·na, La [la ha'ba:na] *n* → Havanna.

Habs·burg ['ha:ps,bʊrk] *n small town in the Swiss canton of Aargau; original seat of the Hapsburgs.*

Ha·d(h)ra·maut [hadra'maʊt] *n* Hadhramaut, *auch* Hadramaut (*region along the southern coast of the Arabian peninsula*).

Ha·gen ['ha:gən] *n city in North Rhine-Westphalia, BRD.*

Ha·gen·au ['ha:gənaʊ] *n* Haguenau (*city in Lower Alsace, France*).

Ha·gia Tria·da [ha'gi:a tri'a:da] *n antiq. site of the ruins of a Minoan palace, Crete.*

Hai·der·abad ['haɪdəraba:t] *n* Hyderabad: a) *city in Pakistan*, b) *city in West India*, c) *hist. state in South India.*

Hai·fa ['haɪfa] *n seaport in the northwest of Israel.*

Hai·nan ['haɪnan] *n island in the South China Sea.*

Hai·phong ['haɪfɔŋ] *n seaport in North Viet-Nam.*

Hai·ti [ha'i:ti] *n* a) *island in the Greater Antilles, in the West Indies*, b) *republic.*

Ha·li·kar·nas·sos [halikar'nasɔs] *n antiq.* Halicarnassus (*seaport in Asia Minor*).

Hall[1] [hal] *n* → Solbad Hall.

Hall[2]**, Bad** *n* → Bad Hall.

Hal·le (an der Saa·le) ['halə (an der 'za:lə)] *n* Halle (on the Saale): a) *district of the DDR*, b) *capital of* a.

Hal·lein [ha'laın] *n town to the south of Salzburg, Austria.*
Hal·lert·au ['halərtau] (die) *region in Upper Bavaria, BRD.*
Hal·li·gen ['halıgən] (die) *pl island group of the North Frisians, BRD.*
Hall·statt ['hal,ʃtat] *n resort on the shore of the Lake of Hallstatt, Upper Austria.*
Hall·stät·ter See ['hal,ʃtɛtər 'zeː] (der) (the) Lake of Hallstatt, (the) Hallstätter Lake (*in the Salzkammergut, Austria*).
Hall·wi·ler See ['hal,viːlər 'zeː] (der) (the) Hallwiler Lake (*to the southwest of Zurich, Switzerland*).
Hal·ma·he·ra [halma'heːra] *n* Halmahera, *auch* Halmaheira, Gilolo, Jilolo (*largest island of the Moluccas, Indonesia*).
Ha·ma·dan [hama'daːn] *n city in West Iran.*
Ham·bach ['ham,bax] *n town in Rhineland-Palatinate, BRD.*
Ham·burg ['ham,bʊrk] *n* a) *Land of the BRD,* b) *capital of* a, c) *seaport.*
Ha·meln ['haːməln] *n* Hameln, *auch* Hamelin (*city on the Weser river in Lower Saxony, BRD; scene of the legend of the Pied Piper of Hamelin*).
Ha·mil·ton ['hɛmıltən] *n capital of the Bermudas and seaport.*
Ham·mer·fest ['hamər,fɛst] *n seaport in Norway; northernmost town in Europe.*
Han·au ['haːnau] *n city in Hesse, BRD.*
Hang·tschou ['haŋtʃau] *n* Hangchow (*capital of the Chekiang province, China*).
Han·no·ver [ha'noːfər] *n* Hanover: a) *capital of Lower Saxony, BRD,* b) *area in Lower Saxony.*
Ha·noi [ha'nɔy; 'ha-] *n capital of North Viet-Nam.*
Hardt [hart; haːrt] (die) *part of the Swabian Jura, BRD.*
Harz [haːrts] (der) (the) Harz Mountains *pl* (*range of mountains in central Germany between the Elbe and Weser rivers*).
Ha·sche·mi·ti·sche Kö·nig·reich Jor·da·ni·en [haʃe'miːtıʃə 'køːnık,raıç jɔr'daːnĭən] (das) (the) Hashemite Kingdom of Jordan.
Hau·ra ['haura] *n* Howrah (*city in East India*).
Ha·van·na [ha'vana] *n* Havana (*capital of Cuba*).
Ha·vel ['haːfəl] (die) *East German river flowing into the Elbe river.*
Ha·waii [ha'vaıi] *n* a) *largest of the Hawaiian Islands,* b) → Hawaii-Inseln.
Ha·waii-In·seln [ha'vaıi,ˀınzəln] (die) *pl* (the) Hawaiian Islands (*in the North Pacific*).
He·bri·den [he'briːdən] (die) *pl* (the) Hebrides (*group of islands off the west coast of and belonging to Scotland*).
Hei·del·berg ['haıdəl,bɛrk] *n city on the Neckar river, Baden-Württemberg, BRD.*
Heil·bronn [,haıl'brɔn] *n city in Baden-Württemberg, BRD.*
Hel·go·land ['hɛlgo,lant] Helgoland, *auch* Heligoland (*island in the North Sea, BRD*).
Hel·go·län·der Bucht ['hɛlgo,lɛndər 'bʊxt] (die) (the) Helgoland (*auch* Heligoland) Bight (*in the North Sea*).
He·li·kon ['heːlikɔn] (der) Helicon (*mountain in Boeotia, Greece*).
He·lio·po·lis [he'lĭoːpolıs] *n* a) *antiq. ruined city in Egypt,* b) *ancient Greek name of Baalbek.*
Hel·las ['hɛlas] *n hist.* Hellas, Greece.
Hel·les·pont [hɛlɛs'pɔnt] (der) (the) Hellespont, (the) Hellespontus (*ancient name of the Dardanelles*).
Helm·stedt ['hɛlm,ʃtɛt] *n city in Lower Saxony, BRD, near the border to the DDR.*
Hel·sin·ki ['hɛlzıŋki] *n capital of Finland.*
Hel·ve·ti·en [hɛl'veːtsĭən] *n hist.* Helvetia, Switzerland.
Hen·ne·gau ['hɛnə,gau] (der) Hainaut (*province in Belgium*).
He·ra·kleia [hera'klaıa; he'raːklaıa] *n hist.* Heraclea (*city in southern Italy*).
He·ra·klei·on [hera'klaıɔn; he'raːklaıɔn] *n* → Iraklion.
He·ris·au ['heːrizau] *n capital of the Swiss demicanton of Appenzell Ausser Rhoden.*
Her·ku·la·ne·um [hɛrku'laːneum] *n antiq.* Herculaneum (*city near Naples at the foot of Mount Vesuvius; destroyed by an eruption in 79 A.D.*).
Her·mann·stadt ['hɛrman,ʃtat] *n* Sibiu (*city in central Rumania*).
Her·mon ['hɛrmɔn] (der), **Her·mon·ge·bir·ge** ['hɛrmɔngə,bırgə] (das) Mount Hermon (*mountain range in Syria*).
Her·ne ['hɛrnə] *n city in North Rhine-Westphalia, BRD.*
Hers·bruck ['hɛrs,brʊk] *n town in Middle Franconia, Bavaria, BRD.*
Her·ze·go·wi·na [hɛrtse'goːvina; -go'viːna] (die) *hist.* Herzegovina (*region in Yugoslavia*).
Her·zo·gen·busch [,hɛrtsoːgən'bʊʃ] *n* 's Hertogenbosch (*city in the Netherlands*).
Her·zog·tum Lau·en·burg ['hɛrtsoːktuːm 'lauən,bʊrk] *n region in Schleswig-Holstein, BRD.*
Hes·sen ['hɛsən] *n* Hesse (*Land of the BRD*).
Hes·sen-Nas·sau ['hɛsən'nasau] *n hist.* Hesse-Nassau (*province in Prussia*).
Hi·dschas [hi'dʒaːs] *n* Hejaz, *auch* Hedjaz (*region bordering on the Red Sea, Saudi Arabia*).
Hil·des·heim ['hıldəs,haım] *n* a) *area of Lower Saxony, BRD,* b) *capital of* a.
Hil·mend [hıl'mɛnt] (der) (the) Helmand (*river in Afghanistan*).
Hi·ma·la·ja [hi'maːlaja; -ma'laːja] (der) (the) Himalaya(s *pl*), (the) Himalaya Mountains *pl* (*mountain range in Central Asia*).
Him·mel·fahrts·in·sel ['hıməl,faːrts,ˀınzəl] (die) Ascension (*in the South Atlantic Ocean*).
Hin·du·kusch ['hındukʊʃ] (der) (the) Hindu Kush (*mountain range in Afghanistan, extending westwards from the Himalayas*).
Hin·du·stan ['hındustaːn] *n* Hindustan, Hindostan: a) *hist. name of India,* b) *region in India.*
Hin·ter·in·di·en ['hıntər,ˀındĭən] *n* Indochina, *auch* Farther India.
Hin·ter·pom·mern ['hıntər,pɔmərn] *n hist.* → Ostpommern.
Hin·ter·rhein ['hıntər,raın] (der) (the) Hinter Rhein (*headstream of the Rhine, Switzerland*).
Hi·ro·schi·ma [hiro'ʃiːma] *n* Hiroshima (*seaport on Honshu, Japan; 1945 first military use of the atomic bomb*).
His·pa·nia [hıs'paːnĭa], **His·pa·ni·en** [hıs'paːnĭən] *n hist.* Hispania (*ancient name of Spain*).
His·pa·nio·la [hıspa'nĭoːla] *n island in the West Indies, comprising the republic of Haiti and the Dominican Republic.*
Höch·städt ['høːç,ʃtɛt] *n town in Bavaria on the Danube river, BRD; scene of battles in the War of the Spanish Succession and in the Napoleonic Wars.*
Hoek van Hol·land ['huːk fan 'hɔlant] *n* Hook of Holland (*cape and seaport in the Netherlands*).
Hof [hoːf] *n city in Upper Franconia, Bavaria, BRD.*
Hof·ga·stein, Bad *n* → Bad Hofgastein.
Ho·hen·lin·den [,hoːən'lındən] *n village in Upper Bavaria, BRD; French victory over the Austrians, 1800.*
Ho·hen·stau·fen [,hoːən'ʃtaufən] (der) *mountain near Göppingen, Baden-Württemberg, BRD; site of ruins of the ancestral castle of the Hohenstaufen family.*
Ho·hen Tau·ern ['hoːən 'tauərn] (die) *pl section of the Central Alps between Carinthia and the Tyrol, Austria.*
Ho·hen·zol·lern [,hoːən'tsɔlərn] *n region in Baden-Württemberg, BRD.*
Hok·kai·do [hɔ'kaıdo] *n large island in the north of Japan.*
Hol·land ['hɔlant] *n* a) Holland, (the) Netherlands *pl,* b) *hist.* Holland (*medieval county and province on the North Sea*).
Hol·led·au ['hɔlədau] (die) → Hallertau.
Hol·men·kol·len ['hɔlmən,kɔlən] *n district of Oslo, Norway; ski-jumping center.*
Hol·stein ['hɔl,ʃtaın] *n region in the southern part of the peninsula of Jutland, BRD.*
Hol·stei·ni·sche Schweiz ['hɔl,ʃtaınıʃə 'ʃvaıts] (die) (the) Holstein Switzerland (*region to the north of Lübeck, Schleswig-Holstein, BRD*).
Hom·burg, Bad *n* → Bad Homburg.
Hon·do ['hɔndo] *n* → Honschu.
Hon·du·ras [hɔn'duːras] *n republic in Central America.*
Hong·kong ['hɔŋkɔŋ] *n* Hong Kong, *auch* Hong-Kong (*British crown colony bordering southeast China*).
Hon·nef am Rhein, Bad *n* → Bad Honnef (am Rhein).
Ho·no·lu·lu [hono'luːlu] *n seaport on and capital of Hawaii.*
Hon·schu ['hɔnʃu] *n* Honshu, *auch* Hondo (*chief island of Japan*).
Ho·peh ['hoːpe], **Ho·peih** ['hoːpai] *n* Hopeh, *auch* Hopei (*province in the northeast of China*).
Hör·num ['hœrnʊm] *n seaside resort on and southern part of the North Frisian island of Sylt, BRD.*
Hud·son·bai ['hatsən,baı] (die) (the) Hudson Bay (*large inland sea, Canada*).
Hud·son·stra·ße ['hatsən,ʃtraːsə] (die) (the) Hudson Strait (*connecting Hudson Bay and the Atlantic*).
Hue [hŭeː] *n* Hué (*seaport in central Viet-Nam*).
Hug·li ['huːgli] (der) (the) Hooghly, *auch* (the) Hugli (*most westerly channel of the Ganges river, India*).
Hum·boldt·strom ['hʊmbəlt,ʃtroːm] (der) (the) Peru Current, *auch* (the) Humboldt Current (*cold Pacific Ocean current flowing north along the coasts of Chile and Peru*).
Hu·nan ['huːnan] *n province in the south of China.*
Huns·rück ['hʊns,rʏk] (der) *mountain range between the Moselle and Nahe rivers, BRD.*
Hu·peh ['huːpe], **Hu·pei** ['huːpaı] *n* Hupeh (*province in central China*).
Hu·ron·see [hu'roːn,zeː], **Hu·ro·nen·see** [hu'roːnən,zeː] (der) Lake Huron (*one of the five Great Lakes, between the USA and Canada*).
Hu·sum ['huːzʊm] *n* a) *seaport on the west coast of Schleswig-Holstein, BRD,* b) *seaport in Sweden,* c) *district of Copenhagen.*
Hvar [xvaːr] *n* a) *island in the Adriatic Sea, Yugoslavia,* b) *seaport on and capital of* a.
Hwang·ho ['xvaŋho] (der) (the) Hwang Ho, *auch* (the) Hoangho, (the) Yellow River (*river in China*).
Hy·der·abad ['haıdərabaːt] *n* → Haiderabad.
Hy·dra ['hyːdra] *n Greek island in the Aegean Sea.*
Hyr·ka·ni·en [hʏr'kaːnĭən] *n antiq.* Hyrcania (*province of the Persian Empire*).

I

Ibe·ri·en [i'beːrĭən] *n antiq.* Iberia (*the Iberian Peninsula*).
Ibe·ri·sche Halb·in·sel [i'beːrıʃə 'halp,ˀınzəl] (die) → Pyrenäenhalbinsel.
Ibe·ro·ame·ri·ka [i'beːroˀa,meːrika] *n* → Lateinamerika.
Ibi·za [i'bısa] *n* a) Iviza, Ibiza (*one of the Balearic Islands in the Mediterranean Sea*), b) *seaport on* a.
Idu·mäa [idu'mɛːa] *n antiq.* Idum(a)ea (*region to the south of the Dead Sea*).
Ifer·ten ['iːfərtən] *n* → Yverdon.
If·ni ['ıfni] *n former Spanish province on the northwestern coast of Africa.*
Ijs·sel·meer ['aısəl,meːr] (das) Lake IJssel, IJsselmeer (*lake in the Netherlands, separated from the North Sea by a dike*).
Ika·ria [i'kaːrĭa] *n Greek island in the Aegean Sea.*
Île-de-France [ıldə'frãːs] (die) *hist.* (the) Île de France (*province in the north of France, including Paris and the region around it*).
Ill [ıl] (die) a) *Austrian river rising in Vorarlberg and flowing into the Rhine river,* b) *French river rising in Alsace and flowing into the Rhine river.*
Il·ler ['ılər] (die) *river rising in the Tyrol, Austria, and flowing into the Danube river in the BRD.*
Il·ly·ri·en [ı'lyːrĭən] *n antiq.* Illyria (*country along the eastern coast of the Adriatic Sea*).
Ilm [ılm] (die) a) *East German river flowing into the Saale river,* b) *West German river flowing into the Danube river.*
Il·men·au ['ılmənau] (die) *West German river flowing into the Elbe river.*
Il·men·see ['ılmən,zeː] (der) Lake Ilmen (*to the south of Lake Ladoga, Soviet Union in Europe*).
In·di·en ['ındĭən] *n* India.
In·di·sche Oze·an ['ındıʃə 'oːtseaːn] (der) (the) Indian Ocean.
In·do·chi·na ['ındo'çiːna] *n peninsula in the southeast of Asia.*
In·do·ne·si·en [ındo'neːzĭən] *n* Indonesia (*republic in the Malay Archipelago*).

In·dor [ɪn'doːr] *n* Indore (*city in central India*).
In·dus ['ɪndʊs] (der) *river in Asia.*
In·ger·man·land ['ɪŋərman,lant] *n hist.* Ingria, Ingermanland (*region on the Gulf of Finland between the lakes Ladoga and Peipus*).
In·gol·stadt ['ɪŋgəl,ʃtat] *n city in Upper Bavaria, BRD.*
Inn [ɪn] (der) *river rising in Switzerland and flowing through Austria and Bavaria into the Danube river in the BRD.*
In·ner·asi·en ['ɪnər,ʔaːzĭən] *n* Central Asia.
In·ne·re Mon·go·lei ['ɪnərə mɔŋgo'laɪ] (die) Inner Mongolia.
In·ne·ren He·bri·den ['ɪnərən he'briːdən] (die) *pl* (the) Inner Hebrides.
Inns·bruck ['ɪns,brʊk] *n capital of the Tyrol, Austria.*
Inn·vier·tel ['ɪn,fɪrtəl] (das) *district in the west of Upper Austria.*
In·sel Man ['ɪnzəl 'mɛn] (die) (the) Isle of Man (*in the Irish Sea*).
In·seln über dem Win·de ['ɪnzəln ,yːbər dem 'vɪndə] (die) *pl* (the) Leeward Islands (*in the West Indies*).
In·seln un·ter dem Win·de ['ɪnzəln ,ʊntər dem 'vɪndə] (die) *pl* (the) Windward Islands (*in the West Indies*).
In·sel Wake ['ɪnzəl 'veːk] (die) Wake Island (*in the North Pacific*).
In·sel Wight ['ɪnzəl 'vaɪt] (die) (the) Isle of Wight (*island off the southern coast of England*).
In·ster·burg ['ɪnstər,bʊrk] *n* a) Chernyakhovsk (*town to the east of Kaliningrad, Soviet Union in Europe*), b) *hist. town in East Prussia.*
In·su·lin·de [ɪnzu'lɪndə] (die) → Malaiische Archipel.
In·ter·la·ken ['ɪntər,lakən] *n town in the Bernese Oberland, Switzerland.*
In·tschön [ɪn'tʃœn] *n* Inchon, *auch* Chemulpo (*seaport in South Korea*).
Io·ni·en [i'oːnĭən] *n antiq.* Ionia (*region on the western coast of Asia Minor*).
Io·ni·schen In·seln [i'oːnɪʃən 'ɪnzəln] (die) *pl* (the) Ionian Islands (*group of Greek islands off the west coast of Greece, Cerigo off the south coast*).
Io·ni·sche Meer [i'oːnɪʃə 'meːr] (das) (the) Ionian Sea (*arm of the Mediterranean between southern Italy, Sicily, and Greece*).
Ios ['iːɔs] *n Greek island in the Aegean Sea.*
Irak [i'raːk; 'iːrak] (der) *od. n* Iraq, *auch* Irak (*republic in the southwest of Asia*).
Ira·kli·on [i'raːklĭɔn] *n* Herakleion, Candia (*seaport in the north of Crete*).
Iran [i'raːn] (der) *od. n* Iran (*kingdom in the southwest of Asia*).
Ira·wa·di [ira'vaːdi] (der) (the) Irrawaddy (*largest river in Burma*).
Iri·an [i'riːan] *n* → Neuguinea.
Iri·sche See ['iːrɪʃə 'zeː] (die) (the) Irish Sea (*od.* Channel) (*between Ireland and England*).
Ir·kutsk [ɪr'kʊtsk] *n city in the Soviet Union in Asia.*
Ir·land ['ɪr,lant] *n* a) Ireland (*large western island of the British Isles, comprising Northern Ireland and the Republic of Ireland*), b) (the) Republic of Ireland.
Ir·tysch [ɪr'tʏʃ] (der) (the) Irtish, *auch* (the) Irtysh (*river in central Asia*).
Isar ['iːzar] (die) *river rising in the Tyrol, Austria, and flowing into the Danube river in the BRD.*
Ischewsk [i'ʒɛfsk] *n* Izhevsk (*capital of the Udmurt Republic, Soviet Union in Europe*).
Is·chia ['ɪskĭa] *n* a) *Italian island in the Tyrrhenian Sea,* b) *seaport on* a.
Ischl, Bad *n* → Bad Ischl.
Iser·ge·bir·ge ['iːzərgə,bɪrgə] (das) (the) Iser Mountains *pl* (*range of mountains in the Sudeten, Czechoslovakia*).
Iser·lohn [,iːzər'loːn] *n city in North Rhine-Westphalia, BRD.*
Is·lam·abad [ɪs'laːmabaːt] *n capital of Pakistan.*
Is·land ['iːs,lant] *n* Iceland (*island and republic in the North Atlantic*).
Is·ra·el ['ɪsraɛl] *n republic in the Near East.*
Is·sos ['ɪsɔs] *n antiq.* Issus (*town in Asia Minor; victory of Alexander the Great over Darius III, 333 B.C.*).
Istan·bul ['ɪstambuːl] *n* Istanbul, *auch* Stamb(o)ul (*seaport in Turkey, on the European side of the Bosporus*).
Isth·mus von Ko·rinth ['ɪstmʊs fən ko'rɪnt] (der) (the) Isthmus of Corinth (*Greece*).
Istri·en ['ɪstrĭən] *n* Istria (*peninsula at the northern end of the Adriatic Sea*).
Ita·li·en [i'taːlĭən] *n* Italy.
Ita·lie·ni·sche Ri·vie·ra [ita'lĭeːnɪʃə ri'vĭeːra] (die) (the) Italian Riviera.
Itha·ka ['iːtaka] *n* Ithaca (*one of the Ionian islands, Greece; legendary home of Ulysses*).
Iwa·no·wo [i'vaːnovo] *n* Ivanovo (*city in the central Soviet Union in Europe*).
Iz·mir ['ɪzmɪr] *n seaport in the west of Turkey.*

J

Ja·blo·noi·ge·bir·ge [jablo'nɔʏgə,bɪrgə], **Ja·blo·no·wy·ge·bir·ge** ['jablonovigə,bɪrgə] (das) (the) Yablonoi (*auch* Yablonovoi) Mountains *pl* (*in the southeast of the Soviet Union in Asia*).
Ja·de·bu·sen ['jaːdə,buːzən] (der) (the) Jade Bay (*inlet of the North Sea, BRD*).
Jaf·fa ['jafa] *n seaport in Israel, part of Tel-Aviv.*
Jagst [jakst] (die) *West German river flowing into the Neckar river.*
Ja·ku·ti·sche Au·to·no·me So·zia·li·sti·sche So·wjet·re·pu·blik [ja'kuːtɪʃə auto'noːmə zotsĭa'lɪstɪʃə zɔ'vjɛtrepu,bliːk] (die) (the) Yakut Autonomous Soviet Socialist Republic (*in East Siberia, Asia*).
Ja·kutsk [ja'kʊtsk] *n* Yakutsk (*capital of the Yakut Republic, Soviet Union in Asia*).
Jal·ta ['jalta] *n* Yalta (*seaport in the southern Ukraine, Soviet Union in Europe; wartime conference, February 1945*).
Ja·lu ['jaːlu] (der) (the) Yalu (*river in East Asia*).
Ja·lung·ki·ang ['jaːlʊŋkĭaŋ] (der) (the) Yalung (*river in southern China*).
Ja·mai·ka [ja'maɪka] *n* Jamaica (*island in the West Indies*).
Ja·mal [ja'mal] *n* (the) Yamal Peninsula (*in the northwest of the Soviet Union in Asia*).
James·town ['dʒeːms,taʊn] *n capital of St. Helena.*
Ja·na ['jaːna] (der) (the) Yana (*river in northeast Siberia, Soviet Union in Asia*).
Jang·tse ['jaŋtsə], **Jang·tse·ki·ang** ['jaŋtsəkĭaŋ] (der) (the) Yangtze, *auch* (the) Yangtze-Kiang (*river in East Asia*).
Jan May·en ['jan 'maɪən] *n* Jan Mayen (*volcanic island in the Arctic Ocean*).
Jan·tse·ki·ang ['jantsəkĭaŋ] (der) → Jangtse.
Jap [jap] *n* Yap (*one of the Caroline Islands, in the West Pacific*).
Ja·pan ['jaːpan] *n* Japan.
Ja·pa·ni·sche In·land·see [ja'paːnɪʃə 'ɪn,lant,zeː] (der) (the) Inland Sea (*enclosed by the islands Honshu, Shikoku, and Kyushu*).
Ja·pa·ni·sche Meer [ja'paːnɪʃə 'meːr] (das) (the) Sea of Japan (*branch of the Pacific between Russia, Korea, and Japan*).
Ja·ro·slawl [jaro'slaːvəl] *n* Yaroslavl (*city on the Volga river, in the central Soviet Union in Europe*).
Jar·vis·in·sel ['dʒaːrvɪs,ʔɪnzəl] (die) Jarvis Island (*in the central Pacific*).
Jau·er·sche Nei·ße ['jaʊərʃə 'naɪsə] (die) (the) Jauersche Neisse (*river in Lower Silesia, Poland*).
Jau·fen(·paß) ['jaʊfən(,pas)] (der) (the) Jaufen (Pass) (*between Sterzing and Merano, Italy*).
Jaun·de ['jaʊnde] *n* Yaoundé, *auch* Yaunde (*capital of Cameroon*).
Ja·va ['jaːva] *n main island of Indonesia.*
Ja·va·ri [ʒava'riː] (der) (the) Javarí, (the) Yacarana (*river in Peru and Brazil*).
Ja·va·see ['jaːva,zeː] (die) (the) Java Sea (*between Java and Borneo*).
Ja·wa·ta [ja'waːta] *n* Yawata (*city on Kyushu, Japan*).
Je·ka·te·rin·burg [jekate,riːn'bʊrk] *n hist.* Ekaterinburg (*now* → Swerdlowsk).
Je·men ['jeːmən] (der) *od. n* (the) Yemen (*country in the southwest of Arabia*): a) (the) People's Democratic Republic of Yemen, b) (the) Yemen Arab Republic.
Je·na ['jeːna] *n city on the Saale river, DDR; scene of battle, 1806.*
Je·nan ['jeːnan] *n* Yenan, *auch* Fushih (*city in China*).
Je·nis·sei [jenɪ'seːi; -'saɪ] (der) (the) Yenisei (*river in the Soviet Union in Asia*).
Je·ri·cho ['jeːrɪço] *n antiq. city in Palestine.*
Jer·sey ['dʒøːrzi] *n one of the Channel Islands.*
Je·ru·sa·lem [je'ruːzalɛm] *n* a) *capital of Israel,* b) *ancient holy city.*
Jing·kou ['jɪŋkaʊ] *n* Yingkow (*port in the northeast of China*).
Jo·han·nes·burg [jo'hanəs,bʊrk] *n city in Transvaal, Republic of South Africa.*
Jo·ko·ha·ma [joko'haːma] *n* Yokohama (*seaport on Honshu, Japan*).
Jo·ko·su·ka [joko'zuːka] *n* Yokosuka (*seaport on Honshu, Japan*).
Jor·dan ['jɔrdan] (der) (the) Jordan (*river in Palestine*).
Jor·da·ni·en [jɔr'daːnĭən] *n* Jordan (*kingdom in the southwest of Asia*).
Ju·da ['juːda] *n Bibl.* Judah (*kingdom of the Hebrews in Palestine*).
Ju·däa [ju'dɛːa] *n antiq.* Juda(e)a (*southern region of Palestine*).
Ju·go·sla·wi·en [jugo'slaːvĭən] *n* Yugoslavia, Jugoslavia (*republic in South Europe*).
Juist [jyːst] *n* a) *island of the East Frisians, BRD,* b) *town on* a.
Jü·lich ['jyːlɪç] *n city in North Rhine-Westphalia, BRD.*
Ju·li·er(·paß) ['juːlĭər(,pas)] (der) (the) Julier (Pass) (*in the Grisons Alps, Switzerland*).
Ju·li·schen Al·pen ['juːlɪʃən 'alpən] (die) *pl* (the) Julian Alps (*mountain range in Yugoslavia*).
Jung·fern·in·seln ['jʊŋfərn,ʔɪnzəln] (die) *pl* (the) Virgin Islands (*in the West Indies*).
Jung·frau ['jʊŋ,fraʊ] (die) *mountain in the Bernese Alps, Switzerland.*
Jün·nan ['jʏnan] *n* Yunnan, Yünnan: a) *province in the southwest of China,* b) *hist. for* Kunming.
Ju·ra ['juːra] (der) (the) Jura (Mountains *pl*) (*mountain range in Central Europe, between France and Switzerland*).
Jüt·land ['jyːt,lant] *n* Jutland (*peninsula comprising the continental portion of Denmark*).

K

K 2 [,kaː'tsvaɪ] (der) K 2, *auch* Godwin Austen, Dapsang (*mountain in Kashmir; second highest peak in the world*).
Kab·ar·di·no-Bal·ka·ri·sche Au·to·no·me So·zia·li·sti·sche So·wjet·re·pu·blik [kabar'diːnobal'kaːrɪʃə auto'noːmə zotsĭa'lɪstɪʃə zɔ'vjɛtrepu,bliːk] (die) (the) Kabardino-Balkar Autonomous Soviet Socialist Republic (*Soviet Union in Europe*).
Ka·bul [ka'bʊl; 'kaːbʊl] *n capital of Afghanistan.*
Ka·by·lei [kaby'laɪ] (die) Kabylia (*region in the Atlas Mountains, Algeria*).
Ka·desch ['kaːdɛʃ] *n antiq.* Kadesh (*town in Syria*).
Ka·diz ['kaːdɪs] *n* → Cádiz.
Ka·far·na·um [ka'farna-ʊm] *n Bibl.* → Kapernaum.
Ka·go·schi·ma [kago'ʃiːma] *n* Kagoshima (*seaport on Kyushu, Japan*).
Kah·len·berg ['kaːlən,bɛrk] (der) *hill near Vienna, Austria; scene of battle, 1683.*
Kaie·teur·fall ['kaɪətøːr,fal] (der) (the) Kaieteur (Falls *pl*) (*in central Guyana, South America*).
Kai·man·in·seln ['kaɪman,ʔɪnzəln] (die) *pl* (the) Cayman Islands (*in the West Indies*).
Kai·ro ['kaɪro] *n* Cairo (*capital of the Arab Republic of Egypt*).
Kai·ser ['kaɪzər] (der), **Kai·ser·ge·bir·ge** ['kaɪzərgə,bɪrgə] (das) (the) Kaiser Mountains *pl* (*mountain range in the north of the Tyrol, Austria*).
Kai·sers·lau·tern [,kaɪzərs'laʊtərn] *n city in the south of Rhineland-Palatinate, BRD.*
Kai·ser·stuhl ['kaɪzər,ʃtuːl] (der) *mountain group in the upper Rhine valley, BRD.*
Kai·ser-Wil·helm-Ka·nal [,kaɪzər'vɪl-,hɛlmka,naːl] (der) → Nord-Ostsee-Kanal.
Ka·la·bri·en [ka'laːbrĭən] *n* Calabria (*region in the south of Italy*).
Ka·la·ha·ri [kala'haːri] (die) (the) Kalahari (Desert) (*largely in Botswana, Africa*).
Ka·lat [ka'laːt] *n* Kalat, *auch* Khelat (*region in Pakistan*).
Ka·le·do·ni·en [kale'doːnĭən] *n hist. od. poet.* Caledonia (*Scotland*).

Ka·le·do·ni·sche Ka·nal [kaleˈdoːnɪʃə kaˈnaːl] (der) (the) Caledonian Canal (*in the north of Scotland*).

Ka·li·for·ni·en [kaliˈfɔrnĭən] *n* California (*state in the southwest of the USA*).

Ka·li·kut [ˈkalikʊt] *n* Calicut (*seaport in the southwest of India*).

Kal·kut·ta [kalˈkʊta] *n* Calcutta: a) *capital of West Bengal, India,* b) *seaport.*

Kal·mücki·sche Au·to·no·me So·zia·li·sti·sche So·wjet·re·pu·blik (*getr.* -k·k-) [kalˈmʏkɪʃə autoˈnoːmə zotsĭaˈlɪstɪʃə zəˈvjɛtrepuˌbliːk] (die) (the) Kalmu(c)k Autonomous Soviet Socialist Republic (*Soviet Union in Asia*).

Ka·ly·don [ˈkaːlydən; kalyˈdoːn] *n antiq.* Calydon (*city in Aetolia, Greece*).

Kam·bo·dscha [kamˈbɔdʒa] *n* Cambodia (*republic in Southeast Asia*).

Ka·me·run [ˈka(ː)məruːn; kaməˈruːn] *n* Cameroon (*West Africa*).

Ka·me·run·berg [ˈka(ː)məruːnˌbɛrk] (der) (the) Cameroon (*active volcano in the south of Cameroon, West Africa*).

Kamp [kamp] (der) *Austrian river flowing into the Danube river.*

Kam·pa·la [kamˈpaːla] *n capital of Uganda.*

Kam·pa·ni·en [kamˈpaːnĭən] *n* Campania (*region in the southwest of Italy*).

Kam·pen [ˈkampən] *n seaside resort on the North Frisian island of Sylt.*

Kam·tschat·ka [kamˈtʃatka] *n* Kamchatka (*peninsula between the Bering Sea and the Sea of Okhotsk, Soviet Union in Asia*).

Ka·na [ˈkaːna], **Ka·naa** [ˈkaːnaa] *n Bibl.* Cana (*town in Galilee*).

Ka·na·an [ˈkaːnaan] *n antiq.* Canaan (*region in Palestine*).

Ka·na·da [ˈkanada] *n* Canada.

Ka·na·di·sche Kü·sten·ge·bir·ge [kaˈnaːdɪʃə ˈkʏstəngəˌbɪrgə] (das) (the) Canadian Coast Ranges *pl* (*on the west coast of Canada*).

Ka·na·di·schen Se·en [kaˈnaːdɪʃən ˈzeːən] (die) *pl* → Großen Seen.

Ka·na·di·sche Schild [kaˈnaːdɪʃə ˈʃɪlt] (der) (the) Laurentian Mountains *pl* (*range of low mountains in Canada*).

Ka·nal [kaˈnaːl] (der) → Ärmelkanal.

Ka·nal·in·seln [kaˈnaːlˌʔɪnzəln] (die) *pl* (the) Channel Islands (*British island group in the English Channel*).

Ka·na·ren [kaˈnaːrən], **Ka·na·ri·schen In·seln** [kaˈnaːrɪʃən ˈɪnzəln] (die) *pl* (the) Canary Islands, *auch* (the) Canaries (*in the Atlantic Ocean, near the northwest coast of Africa*).

Ka·na·sa·wa [kanaˈzaːva] *n* Kanazawa (*seaport on Honshu, Japan*).

Kang·chen·dzön·ga [kaŋtʃɛnˈtsœŋga] (der) Kanchenjunga, *auch* Kanchanjanga, Kinchinjunga (*mountain in the Himalayas; third highest in the world*).

Kan·pur [ˈkaːnpuːr] *n* Kanpur, Cawnpore (*city in the north of India*).

Kan·su [ˈkanzu] *n province in the northwest of China.*

Kan·ta·bri·sche Ge·bir·ge [kanˈtaːbrɪʃə gəˈbɪrgə] (das) (the) Cantabrian Mountains *pl* (*near the Pyrenees, Spain*).

Kan·ton [ˈkantən] *n* Canton: a) *capital of the Kwangtung province, China,* b) *seaport.*

Kan·ton·fluß [ˈkantənˌflʊs] (der) (the) Canton (*river in the south of China*).

Kan·tschi·pu·ram [kanˈtʃiːpuram] *n* Kanchipuram, Conjeeveram (*town in Madras India*).

Kap Agul·has [ˌkap aˈguljas] (das) → Nadelkap.

Kap-Bre·ton-In·sel [ˌkapˈbrɛtənˌʔɪnzəl] (die) Cape Breton (Island) (*island forming the northeast part of Nova Scotia, Canada*).

Kap Ca·na·ve·ral [ˌkap kəˈnɛvərəl] *n* Cape Canaveral (*on the east coast of Florida, USA; long-range missile test center*).

Kap Co·mo·rin [ˌkap koˈmoːrɪn] *n* Cape Comorin (*on the southern tip of India*).

Kap der Gu·ten Hoff·nung [ˈkap der ˈguːtən ˈhɔfnʊŋ] (das) (the) Cape of Good Hope, *auch* (the) Cape (*promontory in South Africa*).

Kap Desch·njow [ˌkap dɛʃˈnjɔf] *n* Cape Dezhnev (*on the Bering Strait, the northeasternmost point of Asia*).

Ka·per·na·um [kaˈpɛrna·ʊm] *n Bibl.* Capernaum (*town in Palestine*).

Kap Far·vel [ˌkap farˈvɛl] *n* Cape Farewell (*southernmost point of Greenland*).

Kap Gu·ar·da·fui [ˌkap gŭardaˈfuːi] *n* Cape Guardafui (*at the east extremity of Africa*).

Kap Hoorn (*od.* **Horn**) [ˌkap ˈhoːrn (ˈhɔrn)] *n* Cape Horn, the Horn (*southernmost point of South America*).

Kap Ken·ne·dy [ˌkap ˈkɛnedi] *n* Cape Kennedy (*now renamed into* → Kap Canaveral).

Kap·ko·lo·nie [ˈkapkoloˌniː] (die), **Kap·land** [ˈkapˌlant] *n* → Kapprovinz.

Kap Nord·kinn [ˌkap ˈnuːrˌçɪn] *n* Cape Nordkyn (*northernmost point of the European mainland, Norway*).

Kap Or·te·gal [ˌkap ɔrteˈgal] *n* Cape Ortegal (*on the Bay of Biscay, Spain*).

Kap·pa·do·ki·en [kapaˈdoːkĭən], **Kap·pa·do·zi·en** [kapaˈdoːtsĭən] *n antiq.* Cappadocia (*country in Asia Minor*).

Kap·pro·vinz [ˈkapproˌvɪnts] (die) Cape Province, (the) Province of the Cape of Good Hope (*South Africa*).

Kap Ska·gen [ˌkap ˈskaːgən] *n* The Skaw, *auch* Cape Skagen (*cape at the northern tip of Denmark*).

Kap·stadt [ˈkapˌʃtat] *n* Cape Town, *auch* Capetown: a) *legislative capital of the Republic of South Africa,* b) *seaport.*

Kap Su·ni·on [ˌkap ˈzuːnĭən] *n* Cape S(o)union (*at the southern tip of Attica, Greece*).

Kap Tra·fal·gar [ˌkap traˈfalgar] *n* Cape Trafalgar (*on the southwest coast of Spain; Nelson's victory over the French and Spanish fleets, 1805*).

Kap Tsche·ljus·kin [ˌkap tʃɛlˈjuskiːn] *n* Cape Chelyuskin (*northernmost point of the Asian mainland*).

Kap Ver·de [ˌkap ˈvɛrde] *n* Cape Verde (*in Senegal, westernmost point of Africa*).

Kap·ver·di·schen In·seln [ˌkapˈvɛrdɪʃən ˈɪnzəln] (die) *pl* (the) Cape Verde Islands (*in the Atlantic Ocean*).

Ka·ra·ko·rum [karakoˈrʊm; -ˈkoːrʊm] (der) (the) Karakoram (*od.* Karakorum) Range, (the) Mustagh (*mountain range in Kashmir, India*).

Ka·ra·kum [karaˈkʊm] (die) (the) Kara Kum, *auch* (the) Qara Qum (*desert in the Soviet Union in Asia*).

Ka·ra·tschi [kaˈraːtʃi] *n* Karachi (*seaport in Pakistan*).

Ka·ra·wan·ken [karaˈvaŋkən] (die) *pl section of the Eastern Alps in the south of Austria and in the northwest of Yugoslavia.*

Ka·re·li·en [kaˈreːlĭən] *n* Karelia (*region in the northwest of the Soviet Union in Europe*).

Ka·re·li·sche Au·to·no·me So·zia·li·sti·sche So·wjet·re·pu·blik [kaˈreːlɪʃə autoˈnoːmə zotsĭaˈlɪstɪʃə zəˈvjɛtrepuˌbliːk] (die) (the) Karelian Autonomous Soviet Socialist Republic (*Soviet Union in Europe*).

Ka·re·li·sche Land·en·ge [kaˈreːlɪʃə ˈlantˌʔɛŋə] (die) (the) Karelian Isthmus (*strip of land between Lake Ladoga and the Gulf of Finland, Soviet Union in Europe*).

Kar·freit [karˈfraɪt] *n* a) Kobarid (*town in Slovenia, Yugoslavia*), b) *hist.* Caporetto (*village in Italy; defeat of the Italians by the Germans and Austrians, 1917*).

Ka·ri·bik [kaˈriːbɪk] (die), **Ka·ri·bi·sche Meer** [kaˈriːbɪʃə ˈmeːr] (das), **Ka·ri·bi·sche See** [kaˈriːbɪʃə ˈzeː] (die) (the) Caribbean Sea, *auch* (the) Caribbean (*part of the Atlantic Ocean bounded by Central America, the West Indies, and South America*).

Ka·ri·en [ˈkaːrĭən] *n antiq.* Caria (*district in Asia Minor*).

Ka·ri·sche Meer [ˈkaːrɪʃə ˈmeːr] (das) (the) Kara Sea (*arm of the Arctic Ocean*).

Karl-Marx-Stadt [ˌkarlˈmarksˌʃtat] *f* a) *district of the DDR,* b) *capital of* a.

Karls·bad [ˈkarlsˌbaːt] *n* a) Karlovy Vary (*spa and resort in Czechoslovakia*), b) *hist. town in Bohemia.*

Karls·ru·he [ˈkarlsˌruːə] *n capital of North Baden, Baden-Württemberg, BRD.*

Kar·mel [ˈkarməl] (der) Mount Carmel (*in the northwest of Israel*).

Kar·na·tik [karˈnaːtɪk] (die) (the) Carnatic, (the) Karnatic (*region on the southeast coast of India*).

Kar·ni·schen Al·pen [ˈkarnɪʃən ˈalpən] (die) *pl* (the) Carnic Alps (*mountain range in the Alps between Austria and Italy*).

Kärn·ten [ˈkɛrntən] *n* Carinthia (*province in the south of Austria*).

Ka·ro·li·nen [karoˈliːnən] (die) *pl* (the) Caroline Islands (*group of islands in the Pacific*).

Kar·pa·ten [karˈpaːtən] (die) *pl* (the) Carpathian Mountains, *auch* (the) Carpathians (*mountain range in central Europe, extending from Czechoslovakia to central Rumania*).

Kar·pa·ten·ukrai·ne [karˈpaːtənʔukraˌiːnə; -ˌkraɪnə], **Kar·pa·to·ukrai·ne** [karˈpaːtoʔukraˌiːnə; -ˌkraɪnə] (die) (the) Carpatho-Ukraine (*western part of the Ukraine*).

Kar·ru [kaˈruː] (die) (the) Karroo (*vast plateau in the Republic of South Africa*).

Karst [karst] (der) (the) Karst (*limestone plateau in Yugoslavia*).

Kar·tha·go [karˈtaːgo] *n antiq.* Carthage, Carthago (*city-state in North Africa*).

Kar·wen·del(·ge·bir·ge) [karˈvɛndəl(gəˌbɪrgə)] (das) (the) Karwendel Mountains *pl* (*mountain range along the Tyrolean and Bavarian border to the north of Innsbruck*).

Ka·sa·chi·sche So·zia·li·sti·sche So·wjet·re·pu·blik [kaˈzaxɪʃə zotsĭaˈlɪstɪʃə zəˈvjɛtrepuˌbliːk] (die) (the) Kazak Soviet Socialist Republic (*Soviet Union in Asia*).

Ka·san [kaˈzaːn] *n* Kazan (*city in the Soviet Union in Europe, near the Volga river*).

Kas·bek [kasˈbɛk] (der) Mount Kazbek (*auch* Kasbek) (*extinct volcano in the Soviet Union in Europe*).

Kasch·mir [ˈkaʃmɪr] *n* Kashmir (*state in the southwest of Asia*).

Kas·ka·den·ge·bir·ge [kasˈkaːdəngəˌbɪrgə] (das) (the) Cascade Range (*od.* Mountains *pl*) (*extending from the north of California to the west of Canada*).

Kas·pi·sche Meer [ˈkaspɪʃə ˈmeːr] (das), **Kas·pi·see** [ˈkaspiˌzeː] (die) (the) Caspian Sea (*salt lake between Europe and Asia*).

Kas·sai [kaˈsaɪ] (der) (the) Kasai (*river in the southwest of Africa*).

Kas·sel [ˈkasəl] *n* Kassel, *auch* Cassel: a) *area of Hesse, BRD,* b) *capital of* a.

Ka·sti·li·en [kasˈtiːlĭən] *n* Castile, Castilla: a) *region in central Spain,* b) *hist. kingdom comprising most of Spain.*

Ka·ta·lau·ni·schen Fel·der [kataˈlaunɪʃən ˈfɛldər] (die) *pl hist.* (the) Catalaunian Plains (*od.* Fields) (*plain in the north of France; scene of battle between Attila and the Roman Aëtius, 451 A.D.*).

Ka·ta·lo·ni·en [kataˈloːnĭən] *n* Catalonia (*region in the northeast of Spain*).

Ka·tan·ga [kaˈtaŋga] *n southernmost province in Zaire.*

Ka·tar [ˈkatar] *n* Qatar, *auch* Katar: a) *peninsula in the east of Arabia, in the Persian Gulf,* b) *sheikdom.*

Kat·man·du [katˈmandu; katmanˈduː] *n* Katmandu, *auch* Kathmandu (*capital of Nepal*).

Kat·te·gat [ˈkatəgat] (das) (the) Kattegat, *auch* (the) Cattegat (*strait between Jutland and Sweden*).

Kat·to·witz [ˈkatovɪts] *n* a) Katowice (*city in the south of Poland*), b) *hist. city in Silesia.*

Kau·di·ni·schen Päs·se [kauˈdiːnɪʃən ˈpɛsə] (die) *pl* (the) Caudine Forks (*two mountain passes in the south of Italy*).

Kau·hsi·ung [ˈkauzĭʊŋ] *n* Kaohsiung (*seaport on Taiwan*).

Kau·ka·si·en [kauˈkaːzĭən] *n* Caucasia, *auch* Caucasus (*region in the Soviet Union between the Black and Caspian Seas*).

Kau·ka·sus [ˈkaukazʊs] (der) (the) Caucasus (Mountains *pl*) (*mountain range between the Black and Caspian Seas*).

Kau·lun [ˈkaulʊn] *n* Kowloon (*seaport in the Hong Kong colony*).

Kea [ˈkeːa] *n* Keos, *auch* Kea, Zea (*Greek island in the Aegean Sea*).

Kee·ling·in·seln [ˈkiːlɪŋˌʔɪnzəln] (die) *pl* → Kokosinseln.

Kehl [keːl] *n town on the Rhine river, in Baden-Württemberg, BRD.*

Kemp·ten (All·gäu) [ˈkɛmptən (ˈalˌgɔʏ)] *n city in the administrative district of Swabia, Bavaria, BRD.*

Ke·nia [ˈkeːnĭa] *n* Kenya (*republic in East Africa*).

Ke·os [ˈkeːɔs] *n* → Kea.

Ke·phal·le·nia [kefaˈleːnĭa] *n* Cephalonia, Kephallenia (*largest of the Ionian Islands, Greece*).

Ke·phi·sos [keˈfiːzɔs] (der) (the) Cephis(s)us (*river in Attica, Greece*).

Ke·ra·la [ˈkeːrala] *n state in the southwest of India.*

Ker·gue·len [kɛrˈgeːlən] (die) *pl* (the) Kerguelen Islands (*od.* Archipelago *sg*) (*in the Indian Ocean*).

Kertsch [kɛrtʃ] *n* Kerch (*seaport in the Crimea, Soviet Union in Europe*).

Key·In·seln ['kiː,ˀɪnzəln] (die) *pl* (the) Florida Keys (*chain of islands off the coast of southern Florida*).

Khai·ber·paß ['kaɪbər,pas] (der) (the) Khyber (*auch* Khaibar) Pass (*chief mountain pass between Pakistan and Afghanistan*).

Khan·pur ['kaːnpuːr] *n* Cawnpore, *auch* Cawnpur (*city in Uttar Pradesh, India*).

Khar·tum ['kartum; kar'tuːm] *n* Khartoum, *auch* Khartum (*capital of the Sudan*).

Ki·ang·si ['kĭaŋzi] *n province in the southeast of China.*

Ki·ang·su ['kĭaŋzu] *n maritime province in the east of China.*

Ki·au·tschou ['kĭautʃau] *n hist.* Kiaochow (*former German naval base in China*).

Kiel [kiːl] *n capital of Schleswig-Holstein and seaport, BRD.*

Kie·ler Bucht ['kiːlər 'buxt] (die) Kiel Bay (*gulf of the Baltic Sea in the north of the BRD*).

Kie·ler För·de ['kiːlər 'føːrdə] (die) *inlet of Kiel Bay, Schleswig-Holstein, BRD.*

Kiel·ka·nal ['kiːlka,naːl] (der) → Nord-Ostsee-Kanal.

Ki·ew ['kiːɛf] *n* Kiev (*capital of the Ukraine, Soviet Union in Europe*).

Ki·ga·li [ki'gaːli] *n capital of Rwanda.*

Ki·li·ki·en [ki'liːkĭən] *n antiq.* Cilicia (*country in Asia Minor, later a Roman province*).

Ki·li·ma·ndscha·ro [kiliman'dʒaːro] (der) Mount Kilimanjaro (*volcanic mountain in Tanzania; highest peak in Africa*).

Kings·ton ['kɪŋstən] *n capital of Jamaica and seaport.*

King·tschou ['kɪŋtʃau] *n* Kiangling, *auch* Chiangling (*city in Hupeh, central China*).

Kin·sha·sa [kɪn'ʃaːza] *n capital of Zaire.*

Kio·to ['kĭoːto] *n* Kyoto, *auch* Kioto (*city on Honshu, Japan*).

Kir·gi·sen·step·pe [kɪr'giːzən,ʃtɛpə] (die) (the) Kirghiz Steppe, *auch* (the) Steppes *pl* (*in Kazakstan, Soviet Union in Asia*).

Kir·gi·si·sche So·zia·li·sti·sche So·wjet·re·pu·blik [kɪr'giːzɪʃə zotsĭa'lɪstɪʃə zɔ'vjɛt-repu,bliːk] (die) (the) Kirghiz Soviet Socialist Republic, Kirghizia (*Soviet Union in Asia*).

Ki·rin ['kiːrɪn] *n province in central Manchuria, China.*

Ki·row ['kiːrɔf] *n* Kirov (*city in the Soviet Union in Europe*).

Ki·sil Ir·mak [ki'zɪl ɪr'mak] (der) (the) Kizil Irmak (*river in Turkey*).

Kis·sin·gen, Bad *n* → Bad Kissingen.

Ki·thä·ron [ki'tɛːrɔn] (der) Cithaeron (*mountain between Boeotia and Attica, Greece*).

Kitz·bü·hel ['kɪts,byːəl] *n resort in the Tyrol, Austria.*

Kiu·schu ['kĭuːʃu] *n* Kyushu, *auch* Kiushu (*island in Japan*).

Ki·vu·see ['kiːvu,zeː], **Ki·wu·see** ['kiːvu,zeː] (der) Lake Kivu (*in Zaire*).

Kla·gen·furt ['klaːgən,furt] *n capital of Carinthia, Austria.*

Klau·sen·burg ['klauzən,burk] *n* Cluj (*city in Rumania*).

Kla·zo·me·nä [kla'tsoːmenɛ] *n antiq.* Clazomenae (*one of the twelve Ionian cities*).

Klein·asi·en [,klaɪn'ˀaːzĭən] *n* Asia Minor.

Klei·nen An·til·len ['klaɪnən an'tɪlən] (die) *pl* (the) Lesser Antilles (*chain of islands in the West Indies*).

Klei·nen Sun·da·in·seln ['klaɪnən 'zunda-,ˀɪnzəln] (die) *pl* (the) Lesser Sunda Islands (*in the Malay Archipelago*).

Klei·ne Sankt Bern·hard ['klaɪnə ,zaŋkt 'bɛrn,hart] (der) (the) Little St. Bernard (Pass) (*leading from France to Italy*).

Klei·ne Schei·degg ['klaɪnə ʃaɪ'dɛk] (die) (the) Little Scheidegg (*mountain pass in the Bernese Oberland, Switzerland*).

Klei·ne Wal·ser·tal ['klaɪnə 'valzər,taːl] (das) *valley in the Al(l)gäu Alps, Austria.*

Kle·ve ['kleːvə] *n* Cleves (*city on the Rhine river, North Rhine-Westphalia, BRD*).

Klo·ster·neu·burg [,kloːstər'nɔʏ,burk] *n city to the northeast of Vienna, Austria.*

Klo·sters ['kloːstərs] *n resort in the Swiss canton of the Grisons.*

Kni·dos ['kniːdɔs] *n antiq.* Cnidus (*city in Asia Minor*).

Knos·sos ['knɔsɔs] *n antiq.* Knossos, *auch* Cnossus (*ruined city near Herakleion, Crete; capital of the ancient Minoan civilization*).

Ko·blenz ['koːblɛnts] *n* Coblenz, *auch* Koblenz: a) *area of Rhineland-Palatinate, BRD,* b) *capital of* a.

Ko·chel·see ['kɔxəl,zeː] (der) *lake in Upper Bavaria, BRD.*

Ko·cher ['kɔxər] (der) *West German river flowing into the Neckar river.*

Koim·ba·tor ['kɔʏmbatoːr] *n* Coimbatore (*city in Madras, India*).

Ko·kos·in·seln ['koːkɔs,ˀɪnzəln] (die) *pl* (the) Cocos Islands (*in the Indian Ocean*).

Ko·la ['koːla] *n* Kola (Peninsula) (*in the northwest Soviet Union in Europe*).

Kol·berg ['kɔl,bɛrk] *n* a) Kołobrzeg (*seaport on the Baltic Sea, Poland*), b) *hist. town in Pomerania.*

Kol·chis ['kɔlçɪs] *n antiq.* Colchis (*country in Asia, in the south of the Caucasus and bordering on the Black Sea*).

Kol·mar ['kɔlmar] *n* a) Chodzież (*city in Poland*), b) *hist. city in the voivodeship Posen.*

Köln [kœln] *n* Cologne: a) *area of North Rhine-Westphalia, BRD,* b) *capital of* a.

Ko·lum·bi·en [ko'lumbĭən] *n* Colombia (*republic in South America*).

Ko·mo·ren [ko'moːrən] (die) *pl* (the) Comoro Archipelago *sg* (*od.* Islands) (*between Madagascar and East Africa*).

Ko·na·kry ['koːnakri] *n* → Conakry.

Kon·go[1] ['kɔŋgo] (der) (the) Congo (*river in Central Africa*).

Kon·go[2] ['kɔŋgo] (der) (the) Congo: a) *people's republic in Central Africa,* b) *hist. the Democratic Republic of Congo (now* → Zaire).

Kon·go·becken (*getr.* -k·k-) ['kɔŋgo,bɛkən] (das) (the) Congo Basin (*Africa*).

Kongs·berg ['kɔŋs,bɛrk] *n town to the southwest of Oslo, Norway.*

Kö·nig·grätz [,køːnɪç'grɛːts; 'køːnɪç,grɛːts] *n* a) Hradec Králové (*city in Czechoslovakia*), b) *hist. city in the west of Bohemia, scene of battle, 1866.*

Kö·ni·gin-Ma·ry-Land [,køːnɪgɪn'mɛːri-,lant] *n* Queen Mary Land (*coastal region of Antarctica*).

Kö·ni·gin-Maud-Ge·bir·ge [,køːnɪgɪn-'moːtgə,bɪrgə] (das) (the) Queen Maud Range (*mountain range in Antarctica*).

Kö·ni·gin-Maud-Land [,køːnɪgɪn'moːt-,lant] *n* Queen Maud Land (*coastal region of Antarctica*).

Kö·nigs·berg ['køːnɪçs,bɛrk] *n* a) Kaliningrad (*seaport in the west of the Soviet Union in Europe*), b) *hist. capital of East Prussia.*

Kö·nigs·see ['køːnɪçs,zeː] (der) *mountain lake near Berchtesgaden, Upper Bavaria, BRD.*

Kö·nig·stein (im Tau·nus) ['køːnɪç,ʃtaɪn (ɪm 'taunus)] *n city in Hesse, BRD.*

Kon·stan·ti·no·pel [kɔnstanti'noːpəl] *n hist.* Constantinople (*now* → Istanbul).

Kon·stanz ['kɔnstants] *n* Constance (*city on the Lake of Constance, BRD*).

Ko·pen·ha·gen [,koːpən'haːgən] *n* Copenhagen (*capital of Denmark*).

Kö·pe·nick ['køːpənɪk] *n administrative district of East Berlin, DDR.*

Ko·ral·len·meer [ko'ralən,meːr] (das), **Ko·ral·len·see** [ko'ralən,zeː] (die) (the) Coral Sea (*part of the South Pacific*).

Kor·dil·le·ren [kɔrdɪl'jeːrən] (die) *pl* (the) Cordilleras (*mountain range on the Pacific coast of North and South America*).

Ko·rea [ko'reːa] *n* Korea (*country in East Asia, now divided into North Korea* [→ Demokratische Volksrepublik Korea] *and South Korea* [→ Republik Korea]).

Ko·rea·stra·ße [ko'reːa,ʃtraːsə] (die) (the) Korea Strait (*between Korea and Japan*).

Kor·fu ['kɔrfu; kɔr'fuː] *n* Corfu (*one of the Ionian Islands, Greece*).

Ko·rinth [ko'rɪnt] *n* Corinth (*city in Greece, on the Isthmus of Corinth*).

Ko·rin·thi·sche Golf [ko'rɪntɪʃə 'gɔlf] (der) → Golf von Korinth.

Ko·ro·man·del-Kü·ste [koro'mandəl,kʏstə] (die) (the) Coromandel Coast (*India*).

Kor·si·ka ['kɔrzika] *n* Corsica (*island in the Mediterranean Sea, to the southeast of France*).

Kos [kɔs] *n* Kos, *auch* Cos: a) *Greek island in the Aegean Sea,* b) *town on* a.

Ko·sta·ri·ka [kɔsta'riːka] *n* → Costa Rica.

Ko·ta Ba·ru ['koːta 'baːru] *n* Kota Bharu (*capital of West Irian*).

Ko·tschin ['koːtʃɪn] *n* Cochin (*seaport in the southwest of India*).

Ko·tschin·chi·na [kɔtʃɪn'çiːna] *n* Cochin China (*region in South Viet-Nam*).

Kra(h) [kraː] *n* (the) (Isthmus of) Kra (*narrowest part of the Malay Peninsula*).

Krain [kraɪn] *n* Carniola (*western part of Slovenia, Yugoslavia*).

Kra·ka·tau ['krakatau] *n* Krakatoa, *auch* Krakatau, Krakatao (*volcanic island in Indonesia*).

Kra·kau ['kraːkau] *n* Kraków, Cracow (*city and voivodeship in the south of Poland*).

Kras·no·jarsk [krasno'jarsk] *n* Krasnoyarsk (*town in the central Soviet Union in Asia*).

Kre·feld ['kreː,fɛlt] *n city in North Rhine-Westphalia, BRD.*

Krems[1] [krɛms] (die) *river in Lower Austria.*

Krems[2] **(an der Do·nau)** ['krɛms (an der 'doːnau)] *n* Krems (on the Danube) (*city in Lower Austria*).

Krems·mün·ster [,krɛms'mʏnstər] *n town in Upper Austria; Benedictine abbey.*

Kre·ta ['kreːta] *n* Crete, *auch* Candia (*island in the eastern Mediterranean Sea, Greece*).

Kre·ti·sche Meer ['kreːtɪʃə 'meːr] (das) (the) Cretan Sea (*part of the Aegean Sea between Crete and the Cyclades*).

Kreuz·berg ['krɔʏts,bɛrk] *n administrative district of West Berlin.*

Krim [krɪm] (die) (the) Crimea (*peninsula in the Soviet Union in Europe, between the Black Sea and the Sea of Azov*).

Krk [kɪrk] *n* a) *island at the head of the Adriatic Sea, Yugoslavia,* b) *town on* a.

Kroa·ti·en [kro'aːtsĭən] *n* Croatia: a) *constituent republic of Yugoslavia,* b) *hist. Austrian crown land.*

Kroa·ti·sche Kü·sten·land [kro'aːtɪʃə 'kʏstən,lant] (das) (the) (Croatian) Coastland: a) *coastal region in Yugoslavia,* b) *hist. province of Austria.*

Kron·stadt ['kroːn,ʃtat] *n* a) *city in central Rumania,* b) *seaport in the Soviet Union in Europe.*

Krü·ger-Na·tio·nal·park ['kryːgərnatsĭo-,naːl,park] (der) (the) Kruger National Park (*game reserve in the northeast of the Republic of South Africa, bordering Mozambique*).

Kte·si·phon ['kteːzifɔn] *n antiq.* Ctesiphon (*ruined city in Iraq*).

Kua·la Lum·pur ['kŭaːla 'lumpur] *n capital of Malaysia.*

Kuan·go ['kŭaŋgo] (der) (the) Cuango, (the) Kwango (*river in the southeast of Africa*).

Ku·an·tung ['kŭantuŋ] *n* Kwantung (*territory in the northeast of China*).

Ku·ba ['kuːba] *n* Cuba (*republic and largest island in the Caribbean Sea*).

Kü·chen·see ['kʏçən,zeː] (der) → Ratzeburger See.

Ku·ei·tschou ['kŭaɪtʃau] *n* Kweichow (*province in the south of China*).

Ku·fra·Oa·sen ['kufraˀo,aːzən] (die) *pl* (the) Oases of Cufra (*in the Libyan Desert*).

Kuf·stein ['kuf,ʃtaɪn; 'kuːf-] *n town on the Inn river in the Tyrol, Austria.*

Kui·by·schew ['kuːibʏʃɛf] *n* Kuibyshev (*port on the Volga river, Soviet Union in Europe*).

Kulm·bach ['kulm,bax] *n city on the Main river, Upper Franconia, Bavaria, BRD.*

Kum·bri·sche Berg·land ['kumbrɪʃə 'bɛrk-,lant] (das) (the) Cumbrian Mountains *pl* (*in the northwest of England*).

Ku·na·xa [ku'naksa; 'kuːnaksa] *n antiq.* Cunaxa (*town in Babylonia; battle between Cyrus the Younger and Artaxerxes II, 401 B.C.*).

Ku·ne·ne [ku'neːnə] (der) (the) Cunene (*river in Angola, West Africa*).

Kun·ming ['kunmɪŋ] *n* Kunming, *auch* Yünnan (*capital of the Yünnan province in the southwest of China*).

Ku·ra [ku'ra] (die) *largest river in Transcaucasia.*

Kur·di·stan ['kurdɪstaːn] *n mountain and plateau region in Turkey.*

Ku·ri·len [ku'riːlən] (die) *pl* (the) Kurile (*auch* Kuril) Islands (*chain of islands between Hokkaido and Kamchatka; under Soviet administration*).

Ku·ri·sche Haff ['kuːrɪʃə 'haf] (das) (the) Courland (*od.* Kurland) Lagoon (*lagoon of the Soviet Union, partially in former East Prussia, on the coast of the Baltic Sea*).

Ku·ri·sche Neh·rung ['kuːrɪʃə 'neːruŋ] (die) (the) Curische (*od.* Kurische) Nehrung (*between the Courland Lagoon and the Baltic Sea*).

Kur·land ['ku:r,lant] *n hist.* Kurland, Courland (*duchy on the Baltic Sea, later province of Russia and, in 1918, incorporated into Latvia*).

Kusch [ku:ʃ] *n antiq.* Cush, *auch* Kush (*country in the Nile valley*).

Kus·nez·ker Becken (*getr.* -k·k-) [kʊs'nɛtskər 'bɛkən] (das) (the) Kuznetsk Basin (*mining area in Siberia, Soviet Union in Asia*).

Küß·nacht (am Ri·gi) ['kʏsnaxt (am 'ri:gi)] *n* Küssnacht (*village on the northern shore of Lake Lucerne, Switzerland*).

Kü·sten·ge·bir·ge ['kʏstəngə,bɪrgə] (das) (the) Coast Range (*od.* Mountains *pl*) (*along the Pacific coast of North America*).

Kü·sten·land ['kʏstən,lant] (das) *hist.* (the) Coastland (*province of Austria in Yugoslavia*).

Kü·strin [kʏs'tri:n] *n* a) Kostrzyn (*city in Poland*), b) *hist. city in the province of Brandenburg, Prussia.*

Kutsch-Bi·har ['kʊtʃbi'ha:r] *n* Cooch Behar (*part of West Bengal*).

Ku·wait [ku'vaɪt; 'ku:vaɪt] *n* Kuwait: a) *sheikdom in the northeast of Arabia*, b) *capital of* a *and seaport.*

Kwang·tung ['kvaŋtʊŋ] *n province in the southeast of China.*

Kyff·häu·ser ['kɪf,hɔʏzər] (der) *line of hills in Thuringia, DDR.*

Ky·kla·den [ky'kla:dən] (die) *pl* (the) Cyclades (*group of Greek islands in the Aegean Sea*).

Ky·re·nai·ka [kyre'na:ika; -'naɪka] (die) → **Cyrenaika.**

Ky·re·ne [ky're:ne] *n antiq.* Cyrene (*Greek city and colony in Cyrenaica*).

Ky·re·nia [ky're:nĭa] *n* Kyrenia (*seaport in the north of Cyprus*).

Ky·the·ra [ky'te:ra] *n* → **Cerigo.**

Kyth·nos ['kʏtnɔs] *n* Kythnos, *auch* Cythnos (*Greek island in the Cyclades*).

Kyu·shu ['kĭu:ʃu] *n* → **Kiuschu.**

Ky·zi·kos ['ky:tsikɔs] *n antiq.* Cyzicus (*city on a peninsula in the Sea of Marmara*).

L

Laa·cher See ['la:xər 'ze:] (der) Lake Laach (*in the Eifel, BRD*).

Laa·land ['la:,lant] *n* → **Lolland.**

La·boe [la'bø:] *n seaside resort on the Baltic Sea, Schleswig-Holstein, BRD.*

La·bra·dor [labra'do:r] *n peninsula in the east of Canada.*

La·bra·dor·strom [labra'do:r,ʃtro:m] (der) (the) Labrador Current (*cold ocean current of the Atlantic*).

La·bu·an [la'bu:an] *n island off the northwest coast of Borneo.*

La·do·ga·see ['la:doga,ze:] (der) Lake Ladoga (*in the northwest of the Soviet Union in Europe*).

La·go Mag·gio·re ['la:go ma'dʒo:re] (der) Lake Maggiore (*in the south of Switzerland and in the north of Italy*).

La·gos ['la:gɔs] *n capital of Nigeria and seaport.*

Lahn [la:n] (die) *West German river flowing into the Rhine river.*

La·hor(e) [la'ho:r] *n* Lahore (*city in Pakistan*).

Lah·ti ['laxti] *n city to the northeast of Helsinki, Finland.*

Lai·bach ['laɪ,bax] *n* Ljubljana (*capital of Slovenia, Yugoslavia*).

La·ke·dä·mon [lake'dɛ:mɔn] *n antiq.* Lacedaemon (→ **Sparta**).

Lak·ka·di·ven [laka'di:vən] (die) *pl* (the) Laccadive Islands (*in the Arabian Sea*).

La·ko·ni·en [la'ko:nĭən] *n* Laconia, Laconica (*region in the southeast of the Peloponnesus, Greece*).

La·ko·ni·sche Golf [la'ko:nɪʃə 'gɔlf] (der) (the) Gulf of Laconia (*Greece*).

La Man·cha [la 'mantʃa] *region in New Castile, central Spain.*

Lam·ba·re·ne [lamba're:ne] *n* Lambaréné (*town in Gabon, Africa*).

Lam·pe·du·sa [lampe'du:za] *n largest of the Pelagian Islands in the Mediterranean Sea.*

Lan·deck ['landɛk] *n town on the Inn river in the Tyrol, Austria.*

Lands·berg (am Lech) ['lants,bɛrk (am 'lɛç)] *n* Landsberg (on the Lech) (*city in Upper Bavaria, BRD*).

Lands·hut ['lants,hu:t] *n capital of Lower Bavaria, BRD.*

Lan·ge·oog [,laŋə'ʔo:k] *n* a) *island of the East Frisians, BRD*, b) *town on* a.

Lan·tschou ['lantʃaʊ] *n* Lanchow (*capital of Kansu, China*).

Lan·za·ro·te [lansa'ro:te] *n one of the Canary Islands, Spain.*

Lao·di·cea [laodi'tse:a], **Lao·di·keia** [laodi'kaɪa] *n antiq.* Laodicea (*seaport in Syria*).

La·os ['la:ɔs] *n* Laos (*kingdom in Southeast Asia*).

La Pal·ma [la 'palma] *n one of the Canary Islands.*

La Paz [la 'pas] *n capital of Bolivia.*

Lapp·land ['lap,lant] *n* Lapland (*region in northern Europe*).

Lap·tew-See ['laptɛf,ze:] (die) (the) Laptev Sea (*arm of the Arctic Ocean*).

La·ri(s)·sa ['larɪsa] *n town in the north of Greece.*

Las Pal·mas [las 'palmas] *n seaport on Gran Canaria.*

La·tein·ame·ri·ka [la'taɪnʔa,me:rika] *n* Latin America (*Central and South America*).

La·ti·um ['la:tsĭʊm] *n hist. region in central Italy.*

Lau·en·burg ['laʊən,bʊrk] *n* a) *town in Schleswig-Holstein, BRD*, b) → **Herzogtum Lauenburg.**

Lau·ren·ti·sche Mas·siv [laʊ'rɛntɪʃə ma'si:f] (das) → **Kanadische Schild.**

Lau·sanne [lo'zan] *n capital of the Swiss canton of Vaud, on the Lake of Geneva.*

Lau·sitz ['laʊzɪts] (die) Lusatia (*region between the Elbe and Oder rivers, DDR*).

Lau·sit·zer Berg·land ['laʊzɪtsər 'bɛrk,lant] (das) (the) Lusatian Hills *pl* (*low mountain range, DDR*).

Lau·sit·zer Nei·ße ['laʊzɪtsər 'naɪsə] (die) → **Neiße** a.

Lech[1] **(am Arl·berg)** ['lɛç (am 'arl,bɛrk)] *n resort in Arlberg, Austria.*

Lech[2] [lɛç] (der) *river rising in Austria and flowing into the Danube river in the BRD.*

Lech·feld ['lɛç,fɛlt] *n hist. scene of battle on the Lech river near Augsburg, Bavaria; Otto I defeated a large Hungarian army, 955.*

Lech·ta·ler Al·pen ['lɛç,ta:lər 'alpən] (die) *pl* (the) Lechtal Alps (*mountain range in the Tyrol and Vorarlberg, Austria*).

Lee·ward·in·seln ['li:vɔrt,ʔɪnzəln] (die) *pl* (the) Leeward Islands (*in the northern part of the Lesser Antilles*).

Lei·den ['laɪdən] *n* Leiden, Leyden (*city in the Netherlands*).

Lei·ne ['laɪnə] (die) *West German river flowing into the Aller river.*

Leip·zig ['laɪptsɪç] *n* Leipzig, *auch* Leipsic: a) *district of the DDR*, b) *capital of* a.

Lei·tha ['laɪta] (die) *river rising in Austria and flowing into the Danube river in Hungary.*

Le Mans [lə'mã:] *n city in the northwest of France.*

Lem·berg ['lɛm,bɛrk] *n* a) Lvov (*city in the Ukraine, Soviet Union in Europe*), b) *hist.* Lwów (*city in Poland*).

Lem·nos ['lɛmnɔs] *n Greek island in the Aegean Sea.*

Le·na ['le:na] (die) *river in the Soviet Union in Asia.*

Le·nin·grad ['le:ni:n,gra:t] *n seaport on the Gulf of Finland, Soviet Union in Europe.*

Leo·ben [le'o:bən] *n town in Styria, Austria.*

Le·pon·ti·ni·schen Al·pen [lepɔn'ti:nɪʃən 'alpən] (die) *pl* (the) Lepontine Alps (*central range of the Alps in the south of Switzerland and in the northwest of Italy*).

Les·bos ['lɛsbɔs] *n* Lesbos, Mytilene (*Greek island in the Aegean Sea*).

Le·so·tho [le'zo:to] *n* Lesotho (*kingdom in South Africa*).

Lett·land ['lɛt,lant] *n* Latvia: a) *hist. republic on the east side of the Baltic Sea*, b) *constituent republic of the Soviet Union in Europe.*

Leu·then ['lɔʏtən] *n* a) Lutynia (*town in Poland*), b) *hist. town in Lower Silesia, near Breslau; scene of battle, 1757.*

Le·van·te [le'vantə] (die) (the) Levant (*the countries bordering on the east Mediterranean Sea*).

Le·ver·ku·sen ['le:vər,ku:zən] *n city in North Rhine-Westphalia, BRD.*

Lha·sa ['la:za] *n* Lhasa, *auch* Lassa (*capital of Tibet, sacred city of Lamaism*).

Li·au·ning ['lĭaʊnɪŋ], *auch* **Li·ao·ning** ['lĭaʊnɪŋ] *n* Liaoning (*province in Manchuria, China*).

Li·au·tung ['lĭaʊtʊŋ], *auch* **Li·ao·tung** ['lĭaʊtʊŋ] *n* (the) Liaotung Peninsula (*in Manchuria, China*).

Li·au·yang ['lĭaʊjaŋ], *auch* **Li·ao·yang** ['lĭaʊjaŋ] *n* Liaoyang (*city in Manchuria, China*).

Li·ba·non ['li:banɔn] (der) (the) Lebanon (*republic in the Near East*).

Li·bau ['li:baʊ] *n* Liepaja (*seaport in Latvia, Soviet Union in Europe*).

Li·be·ria [li'be:rĭa] *n republic in West Africa.*

Li·bre·ville [libre'vɪl] *n capital of Gabon.*

Li·by·en ['li:byən] *n* Libya: a) *country in North Africa*, b) → **Libysche Arabische Republik.**

Li·by·sche Ara·bi·sche Re·pu·blik ['li:bʏʃə a'ra:bɪʃə repu'bli:k] (die) (the) Libyan Arab Republic.

Li·by·sche Wü·ste ['li:bʏʃə 'vy:stə] (die) (the) Libyan Desert (*North Africa*).

Lich·ten·berg ['lɪçtən,bɛrk] *n administrative district of East Berlin, DDR.*

Liech·ten·stein ['lɪçtən,ʃtaɪn] *n small principality in Central Europe between Austria and Switzerland.*

Lieg·nitz ['li:gnɪts] *n* a) Legnica (*city in Poland*), b) *hist. city in Lower Silesia.*

Li·enz ['li:ɛnts] *n capital of East Tyrol, Austria.*

Li·en·zer Do·lo·mi·ten ['li:ɛntsər dolo'mi:tən] (die) *pl mountain range to the south of Lienz, Austria.*

Lies·tal ['li:s,ta:l] *n capital of the Swiss demicanton of Basel-Land.*

Li·gu·ri·en [li'gu:rĭən] *n* Liguria (*region in the northwest of Italy*).

Li·gu·ri·sche Meer [li'gu:rɪʃə 'me:r] (das) (the) Ligurian Sea (*part of the Mediterranean Sea between Corsica and northern Italy*).

Li·ma ['li:ma] *n capital of Peru.*

Lim·burg ['lɪm,bʊrk] *n* a) → **Limburg** (an der Lahn), b) *hist.* Limburg (*medieval duchy in West Europe*), c) Limburg (*province in the Netherlands*), d) Limbourg (*province in Belgium*).

Lim·burg (an der Lahn) ['lɪm,bʊrk (an der 'la:n)] *n* Limburg (on the Lahn) (*city in Hesse, BRD*).

Lind·au (im Bo·den·see) ['lɪndaʊ (ɪm 'bo:dən,ze:)] *n* Lindau (in the Lake of Constance) (*city in Swabia, Bavaria, BRD*).

Lin·des·nes [,lɪndəs'ne:s] *n* Lindesnes, (the) Naze (*cape at the southern tip of Norway*).

Lin·dos ['lɪndɔs] *n village on the Greek island of Rhodes; ancient city.*

Linz [lɪnts] *n capital of Upper Austria.*

Li·pa·ri·schen In·seln [li'pa:rɪʃən 'ɪnzəln] (die) *pl* (the) Lipari Islands (*group of volcanic islands to the north of Sicily*).

Lip·pe ['lɪpə] (die) *West German river flowing into the Rhine river.*

Lip·per (*od.* **Lip·pi·sche**) **Wald** ['lɪpər ('lɪpɪʃər) 'valt] (der) *southeastern part of the Teutoburger Wald, BRD.*

Lis·sa·bon ['lɪsabɔn] *n* Lisbon (*capital of Portugal*).

List [lɪst] *n seaside resort on the North Frisian island of Sylt.*

List·land ['lɪst,lant] *n northern part of the North Frisian island of Sylt.*

Li·tau·en ['lɪtaʊən] *n hist.* Lithuania (*republic on the Baltic Sea*).

Li·tau·ische So·zia·li·sti·sche So·wjet·re·pu·blik ['lɪtaʊɪʃə zotsĭa'lɪstɪʃə zɔ'vjɛtrepu,bli:k] (die) (the) Lithuanian Soviet Socialist Republic, Lithuania (*constituent republic of the Soviet Union in Europe*).

Liu·kiu·in·seln ['liu:kĭu,ʔɪnzəln] (die) *pl* → **Riukiuinseln.**

Liv·land ['li:f,lant] *n hist.* Livonia (*region on the Baltic Sea*).

Lö·bau ['lø:baʊ] *n city to the east of Dresden, DDR.*

Lo·car·no [lo'karno] *n town in the south of Switzerland, on Lake Maggiore.*

Lodz [lɔtʃ], **Lodsch** [lɔtʃ] *n* Łódź (*city in central Poland*).

Lo·fo·ten ['lo:fo:tən], **Lo·fot·in·seln** ['lo:fo:t,ʔɪnzəln] (die) *pl* (the) Lofoten (Islands) (*Norway*).

Loire [lŏa:r] (die) *French river flowing into the Bay of Biscay.*

Lo·kris ['lo:krɪs] *n antiq.* Locris (*either of two districts in central Greece*).

Lol·land ['lɔlant] *n* Laaland, *auch* Lolland (*Danish island, to the south of Zealand*).
Lom·bar·dei [lɔmbar'daɪ] (die) Lombardy: a) *region in the north of Italy*, b) *hist. former kingdom*.
Lom·bok ['lɔmbɔk] *n island in Indonesia*.
Lo·mé ['loːme] *n capital of Togo and seaport*.
Lon·don ['lɔndɔn] *n capital of England*.
Lo·re·ley [loːrə'laɪ; 'loːrəlaɪ], *auch* **Lo·re·lei** [loːrə'laɪ; 'loːrəlaɪ] (die) *cliff overlooking the Rhine river near St. Goarshausen, BRD*.
Lo·thrin·gen ['loːtrɪŋən] *n* Lorraine (*region in the northeast of France*).
Löt·schen·paß ['lœtʃən,pas] (der) (the) Lötschen Pass (*in the Bernese Alps, Switzerland*).
Lourdes [lʊrt] *n town in the southwest of France*.
Lou·ren·ço Mar·ques [lo'rɛnso 'markɛs] *n capital of Mozambique*.
Lö·wen ['løːvən] *n* a) Louvain, Leuven (*city in central Belgium*), b) Lewin Brzeski (*city in Poland*), c) *hist. city in Lower Silesia*.
Lu·an·da ['lŭanda] *n* Luanda, *auch* Loanda, São Paulo de Luanda (*capital of Angola and seaport*).
Lü·beck ['lyːbɛk] *n seaport in Schleswig-Holstein, BRD*.
Lü·becker Bucht (*getr.* -k·k-) ['lyːbɛkər 'bʊxt] (die) (the) Lübeck Bay, (the) Bay of Lübeck (*inlet of the Mecklenburg Bay, BRD*).
Lü·den·scheid ['lyːdən,ʃaɪt] *n city in Sauerland, North Rhine-Westphalia, BRD*.
Lud·wigs·burg ['luːtvɪçs,bʊrk] *n city to the north of Stuttgart, Baden-Württemberg, BRD*.
Lud·wigs·ha·fen (am Rhein) ['luːtvɪçs-,haːfən (am 'raɪn)] *n* Ludwigshafen (on the Rhine) (*city in Rhineland-Palatinate, BRD*).
Lu·ga·ner See [lu'gaːnər 'zeː] (der) Lake Lugano (*Switzerland*).
Lu·ga·no [lu'gaːno] *n town in the Swiss canton of Ticino, on Lake Lugano*.
Lü·ne·burg ['lyːnə,bʊrk] *n* a) *area of Lower Saxony, BRD*, b) *capital of* a.
Lü·ne·bur·ger Hei·de ['lyːnə,bʊrgər 'haɪdə] (die) (the) Lüneburg Heath (*region in Lower Saxony, BRD*).
Lü·nen (an der Lip·pe) ['lyːnən (an der 'lɪpə)] *n* Lünen (on the Lippe) (*city in North Rhine-Westphalia, BRD*).
Lu·sa·ka [lu'zaːka] *n capital of Zambia*.
Lu·si·ta·ni·en [luzi'taːnĭən] *n antiq.* Lusitania (*Roman province in the Iberian Peninsula*).
Lüt·tich ['lʏtɪç] *n* Liège: a) *city in Belgium*, b) *province in the east of Belgium*.
Lüt·zen ['lʏtsən] *n town near Leipzig, DDR; scene of battles, 1632 and 1813*.
Lu·xem·burg ['lʊksəm,bʊrk] *n* Luxemb(o)urg: a) *grand duchy between the BRD, France, and Belgium*, b) *capital of* a.
Lu·xor ['lʊksɔr] *n town on the Nile river, Arab Republic of Egypt; ruins of temple*.
Lu·zern [lu'tsɛrn] *n* Lucerne: a) *canton in central Switzerland*, b) *capital of* a.
Lu·zon [lu'sɔn] *n chief island of the Philippines*.
Ly·di·en ['lyːdĭən] *n antiq.* Lydia (*region and kingdom in the west of Asia Minor*).
Ly·kao·ni·en [lyka'oːnĭən] *n antiq.* Lycaonia (*country in the south of Asia Minor*).
Ly·ki·en ['lyːkĭən] *n antiq.* Lycia (*region in the southwest of Asia Minor*).
Ly·on [lĭõː] *n* Lyons, Lyon (*city in central France*).

M

Mä·an·der [mɛ'andər] (der) *antiq.* (the) M(a)eander (*now* → Menderes).
Maas [maːs] (die) (the) Meuse, (the) Maas (*river in West Europe, rising in France and flowing through Belgium and the Netherlands into the North Sea*).
Maas·tricht [,maːs'trɪçt] *n* Maastricht, *auch* Maestricht (*city in the Netherlands*).
Ma·cau [ma'kaʊ], *auch* **Ma·cao** [ma'kaːo] *n* a) *Portuguese territory in the south of China*, b) *capital of and seaport in* a.
Mac·don·nel-Ket·te [mɛk'dɔnəl,kɛtə] (die) (the) Macdonnel Ranges *pl* (*mountain system in central Australia*).
Ma·da·gas·kar [mada'gaskar] *n* Madagascar (*island republic in the Indian Ocean*).
Ma·dei·ra [ma'daɪra], *auch* **Ma·de·ra** [ma'deːra] *n* a) (the) Madeira Islands *pl*, Madeira (*group of five islands off the northwest coast of Africa, belonging to Portugal*), b) Madeira (*chief island of this group*).
Ma·dhja Pra·desch ['madja pra'deːʃ] *n* Madhya Pradesh (*state in central India*).
Ma·don·na di Cam·pi·glio [ma'dɔna di kam'pɪljo] *n resort in the Brenta Mountains, Italy*.
Ma·dras ['ma(ː)dras] *n* a) *state in the south of India*, b) *capital of* a.
Ma·drid [ma'drɪt] *n capital of Spain*.
Ma·du·ra [ma'duːra] *n* Madura, *auch* Madurai (*city in the south of Madras, India*).
Mag·da·la ['makdala] *n Bibl. town in Palestine*.
Mag·de·burg ['makdə,bʊrk] *n* a) *district of the DDR*, b) *capital of* a, c) *hist. capital of the Prussian province of Saxony*.
Ma·gel·lan·stra·ße [magɛ'laːn,ʃtraːsə] (die) (the) Strait of Magellan (*between the mainland of Chile and Tierra del Fuego, connecting the Atlantic and the Pacific*).
Ma·ghreb ['magrɛp] (der) (the) Maghreb, (the) Maghrib (*Tunisia, northern Algeria, and Morocco*).
Mahl·strom ['maːl,ʃtroːm] (der) (the) Maelstrom (*whirlpool off the northwest coast of Norway*).
Mäh·ren ['mɛːrən] *n* a) Moravia, Morava (*region in central Czechoslovakia*), b) *hist.* Moravia (*former province of Austria; 1939—1945 part of Bohemia-Moravia*).
Mäh·ri·sche Pfor·te ['mɛːrɪʃə 'pfɔrtə] (die) (the) Moravian Gap (*od.* Gate) (*between the Sudeten and the Carpathian Mountains, Central Europe*).
Mäh·risch-Ostrau ['mɛːrɪʃ'ˀɔstraʊ] *n* a) Moravská Ostrava (*former name of Ostrava, city in Czechoslovakia*), b) *hist. capital of northern Moravia, 1939—1945*, → Ostrau b.
Mai·land ['maɪ,lant] *n* Milan, *auch* Milano (*industrial city in the north of Italy*).
Main [maɪn] (der) *West German river flowing into the Rhine river near Mainz*.
Main·au ['maɪnaʊ] (die) *island in the Lake of Constance, BRD*.
Main·fran·ken ['maɪn,fraŋkən] *n* → Unterfranken.
Mainz [maɪnts] *n* Mainz, Mayence (*capital of Rhineland-Palatinate, BRD*).
Mai·sur [maɪ'zuːr] *n* Mysore: a) *state in the south of India*, b) *city in* a.
Ma·kao [ma'kaːo] *n* → Macau.
Ma·ke·do·ni·en [make'doːnĭən] *n* Macedonia: a) *antiq. auch* Macedon (*ancient country in the Balkan Peninsula*), b) *region in South Europe, including parts of Greece, Bulgaria, and Yugoslavia*, c) *republic of Yugoslavia*.
Ma·kwa ['makva] *n capital of Nauru*.
Ma·la·bar ['maːlabar] *n*, **Ma·la·bar·kü·ste** ['maːlabar,kʏstə] (die) (the) Malabar (Coast) (*region along the entire southwest coast of India*).
Má·la·ga ['maːlaga; 'ma-] *n seaport in the south of Spain, on the Mediterranean Sea*.
Ma·lai·ische Ar·chi·pel [ma'laɪɪʃə arçi'peːl] (der) (the) Malay Archipelago, *auch* Malaysia (*extensive island group in the Indian and Pacific Oceans*).
Ma·lai·ische Bund [ma'laɪɪʃə 'bʊnt] (der) *hist.* (the) Federation of Malaya, Malaya (*now part of the Federation of Malaysia*).
Ma·lai·ische Halb·in·sel [ma'laɪɪʃə 'halp-,ˀɪnzəl] (die) (the) Malay Peninsula, *auch* Malaya (*in the southeast of Asia*).
Ma·lak·ka [ma'laka] *n* Malacca: a) *state in Malaysia*, b) *seaport in and capital of* a.
Ma·lak·ka·stra·ße [ma'laka,ʃtraːsə] (die) (the) Strait of Malacca, (the) Malacca Strait (*between Sumatra and the Malay Peninsula*).
Mä·lar·see ['mɛːlar,zeː] (der) Lake Mälar (*in the southeast of Sweden*).
Ma·la·wi [ma'laːvi] *n republic in the southeast of Africa*.
Ma·la·wi·see [ma'laːvi,zeː] (der) → Njassasee.
Ma·laya [ma'laɪa] *n* → Malaiische Halbinsel.
Ma·lay·sia [ma'laɪzĭa] *n* a) (Federation of) Malaysia (*independent federation in the southeast of Asia*), b) → Malaiische Archipel.
Ma·lé ['maːle] *n capital of the Maldive Islands*.
Ma·le·di·ven [male'diːvən] (die) *pl* (the) Maldive Islands, *auch* (the) Maldives (*republic to the southwest of Ceylon, in the Indian Ocean*).
Ma·len·te [ma'lɛntə] *n town in Schleswig-Holstein, BRD*.
Ma·li ['maːli] *n republic in West Africa*.
Ma·li·sche Golf ['maːlɪʃə 'gɔlf] (der) (the) Gulf of Lamia, *auch* (the) Malian Gulf (*arm of the Aegean Sea, Greece*).
Mal·lia ['malĭa] *n town in Crete; site of an excavated Minoan palace*.
Mall·nitz ['malnɪts] *n village in Carinthia, Austria*.
Mall·nit·zer Tau·ern ['malnɪtsər 'taʊərn] (die) *pl* → Niederen Tauern.
Mal·lor·ca [ma'lɔrka; mal'jɔrka] *n* Majorca, Mallorca (*Spanish island in the west of the Mediterranean Sea; the largest of the Balearic Islands*).
Mal·me·dy ['malmedi] *n* Malmédy (*city in the province of Liège, Belgium*).
Mal·mö ['malmø] *n seaport in the south of Sweden, opposite Copenhagen*.
Ma·lo·ja·paß [ma'loːja,pas] (der) (the) Maloja (Pass) (*mountain pass between Switzerland and Italy*).
Mal·ta ['malta] *n* Malta: a) *auch* (the) Maltese Islands *pl* (*group of three islands to the south of Sicily*), b) *state and chief island of the Malta group*.
Mal·wi·nen [mal'viːnən] (die) *pl* (the) Malvinas (*now* → Falklandinseln).
Man [mɛn] → Insel Man.
Ma·na·gua [ma'naːgŭa] *n capital of Nicaragua*.
Ma·na·gua·see [ma'naːgŭa,zeː] (der) Lake Managua (*Nicaragua*).
Ma·na·ma [ma'naːma] *n capital of Bahrain*.
Ma·náus [ma'naʊs] *n* Manáos, *auch* Manaus (*capital of Amazonas, Brazil*).
Man·cha ['mantʃa] (die) → La Mancha.
Man·dschu·kuo [man'dʒʊkŭo; man'tʃʊkŭo] *n hist.* Manch(o)ukuo (*country in Asia*).
Man·dschu·rei [mandʒu'raɪ; mantʃu-] (die) Manchuria (*region in the northeast of China*).
Man·ga·lur ['maŋgaluːr] *n* Mangalore (*seaport on the western coast of India*).
Ma·ni·la [ma'niːla] *n capital of and seaport in the Philippines*.
Mann·heim ['man,haɪm] *n city in Baden-Württemberg, BRD*.
Man·ti·nea [manti'neːa] *n antiq.* Mantine(i)a (*city in Arcadia, Greece; battles, 362 B.C. and 223 B.C.*).
Man·tua ['mantŭa] *n city in the north of Italy*.
Ma·nua·in·seln [ma'nuːa,ˀɪnzəln] (die) *pl* (the) Manua Islands (*group of three small islands in American Samoa*).
Ma·ra·cai·bo·see [mara'kaɪbo,zeː] (der) Lake Maracaibo (*Venezuela*).
Ma·ra·thon ['maːratɔn] *n plain in Attica, Greece; the Athenians defeated the Persians here in 490 B.C.*
Mar·bach (am Neckar) (*getr.* -k·k-) ['mar,bax (am 'nɛkar)] *n* Marbach (on the Neckar) (*town in Baden-Württemberg, BRD*).
Mar·burg (an der Lahn) ['maːr,bʊrk (an der 'laːn)] *n* Marburg (on the Lahn) (*city in Hesse, BRD*).
March [març] (die) (the) Morava, *hist.* (the) March (*river in Moravia, Czechoslovakia*).
March·feld ['març,fɛlt] (das) (the) Marchfeld (*plain to the northeast of Vienna, Austria; scene of battles, 1278 and 1809*).
Mar·cus·in·sel ['markʊs,ˀɪnzəl] (die) Marcus Island (*in the Pacific*).
Ma·ren·go [ma'rɛŋgo] *n village in Piedmont, Italy; Napoleon defeated the Austrians here in 1800*.
Ma·ria·nen [ma'rĭaːnən] (die) *pl* (the) Mariana Islands, *auch* (the) Marianas (*in the Pacific, to the east of the Philippines*).
Ma·rie-Byrd-Land [,mɛːri'bøːrt,lant] *n* Marie Byrd Land (*part of Antarctica*).
Ma·ri·en·bad [ma'riːən,baːt] *n* a) Mariánské Lázně (*spa in Czechoslovakia*), b) *hist. spa in Bohemia*.
Ma·ri·en·burg [ma'riːən,bʊrk] *n* a) Malbork (*city in the north of Poland*), b) *hist.* Marienburg (*city in East Prussia*).
Ma·ri·on·in·sel ['maːrĭɔn,ˀɪnzəl] (die) → Prinz-Eduard- und Marioninseln.
Ma·rit·za [ma'rɪtsa] (die) (the) Maritsa (*river rising in Bulgaria and flowing into the Aegean Sea on the border between Greece and Turkey*).

Mar·ken ['markən] (die) *pl* (the) Marches (*region between the Apennine Mountains and the Adriatic Sea, Italy*).

Mar·ma·ra·meer ['marmara,meːr] (das) (the) Sea of Marmara (*auch* Marmora) (*inland sea between the Bosporus and the Dardanelles*).

Mar·mo·la·da [marmo'laːda], **Mar·mo·la·ta** [marmo'laːta] (die) (the) Marmolada (*highest mountain in the Dolomites, Italy*).

Mar·ne ['marnə] (die) *French river flowing into the Seine river near Paris.*

Ma·rok·ko [ma'rɔko] *n* Morocco (*kingdom in the northwest of Africa*).

Mar·que·sas·in·seln [mar'keːzas,ʔɪnzəln] (die) *pl* (the) Marquesas Islands (*Polynesia*).

Mar·ra·kesch [mara'kɛʃ; 'marakɛʃ] *n* Marrakech, *auch* Marrakesh (*city in Morocco*).

Mar·shall·in·seln ['marʃal,ʔɪnzəln] (die) *pl* (the) Marshall Islands (*group of atolls in the North Pacific*).

Mar·ti·nique [marti'nɪk] *n island in the West Indies.*

Ma·se·ru [ma'zeːru] *n capital of Lesotho.*

Mas·kat ['maskat] *n* Muscat, *auch* Masgat (*capital of and seaport in Muscat and Oman*).

Mas·kat und Oman ['maskat ,ʊnt o'maːn] *n* Muscat and Oman (*sultanate in the southeast of Arabia*).

Ma·su·ren [ma'zuːrən] *n* Masuria: a) *region in Poland,* b) *hist. region in East Prussia.*

Ma·su·ri·schen Se·en [ma'zuːrɪʃən 'zeːən] (die) *pl* (the) Masurian Lakes (*Poland*).

Ma·ta·pan [mata'pan] *n* Cape Matapan (*at the southern tip of the Peloponnesus, Greece*).

Ma·tsu·ja·ma [matsu'jaːma] *n* Matsuyama (*seaport on Shikoku, Japan*).

Mat·ter·horn ['matər,hɔrn] (das) (the) Matterhorn (*mountain in the Valais Alps near Zermatt, Switzerland*).

Mau·na·kea ['mauna'keːa] (der) (the) Mauna Kea (*extinct volcano on the island of Hawaii*).

Mau·na·loa ['mauna'loːa] (der) (the) Mauna Loa (*volcano on the island of Hawaii*).

Mau·re·ta·ni·en [maure'taːnïən] *n* a) Mauritania (*republic in West Africa*), b) *antiq.* Mauretania, *auch* Mauritania (*kingdom in the northwest of Africa*).

Mau·ri·ti·us [mau'riːtsïus] *n island in the Indian Ocean, to the west of Madagascar.*

Ma·ze·do·ni·en [matse'doːnïən] *n* → Makedonien.

Mba·ba·ne [mba'baːne] *n capital of Swaziland.*

Me·cheln ['mɛçəln] *n* Mechlin, Mechelen (*city in Belgium*).

Meck·len·burg ['meːklən,bʊrk] *n* a) *region in the north of the DDR, on the Baltic Sea,* b) *hist. Land of the German Reich 1934—1945,* c) *hist. Land of the DDR, 1945—1952.*

Meck·len·bur·ger Bucht ['meːklən,bʊrgər 'bʊxt] (die) (the) Bay of Mecklenburg, (the) Mecklenburg Bay (*in the Baltic Sea*).

Meck·len·burg-Schwe·rin ['meːklən,bʊrk-ʃve'riːn] *n hist.* a) *grand duchy, 1815—1918,* b) *state of the Weimar Republic, 1918—1934,* c) *became integrated to form Mecklenburg, 1934.*

Meck·len·burg-Stre·litz ['meːklən,bʊrk-'ʃtreːlɪts] *n hist.* a) *grand duchy, 1815—1918,* b) *state of the Weimar Republic, 1918—1934,* c) *became integrated to form Mecklenburg, 1934.*

Me·di·en ['meːdïən] *n antiq.* Media (*country in the west of Asia*).

Me·di·na [me'diːna] *n city in the west of Saudi Arabia; holy city of Islam.*

Meer·al·pen ['meːr,ʔalpən] (die) *pl* → Seealpen.

Me·ga·ra ['meːgara] *n seaport on the Isthmus of Corinth, Greece.*

Me·gid·do [me'gɪdo] *n antiq. city in Palestine.*

Mei·ßen ['maɪsən] *n* Meissen (*city in the southeast of the DDR*).

Mek·ka ['mɛka] *n* Mecca, *auch* Makkah, Mekka (*capital of Hejaz, Saudi Arabia; birthplace of Muhammad and spiritual center of Islam*).

Me·kong ['meːkɔŋ] (der) (the) Mekong (*one of the longest rivers in Asia, flowing along most of the boundary between Thailand and Laos into the South China Sea*).

Me·la·ne·si·en [mela'neːzïən] *n* Melanesia (*island group in the South Pacific*).

Mel·bourne ['mɛlbərn] *n capital of Victoria, Australia.*

Me·lil·la [me'lɪlja] *n seaport on the northeast coast of Africa.*

Melk [mɛlk] *n town on the Danube river in the Wachau, Lower Austria; Benedictine abbey.*

Me·los ['meːlɔs] *n* → Milos.

Me·mel ['meːməl] (die) a) (the) Neman, (the) Niemen (*river in the Soviet Union in Europe, flowing into the Baltic Sea*), b) *hist.* (the) Memel (*river in East Prussia*).

Me·mel·land ['meːməl,lant] (das) *hist. region to the north of the Memel river.*

Mem·min·gen ['mɛmɪŋən] *n town in Swabia, Bavaria, BRD.*

Mem·phis ['mɛmfɪs] *n antiq. ruined city in the north of Egypt.*

Me·nai·ka·nal ['mɛnaɪka,naːl] (der) (the) Menai Strait (*between Anglesey Island and Wales*).

Me·nam ['meːnam] (der) (the) Menam, *auch* (the) Chao Phraya (*river in Thailand*).

Men·del ['mɛndəl] (die), **Men·del·paß** ['mɛndəl,pas] (der) (the) Mendel (Pass) (*near Merano, Italy*).

Men·de·res ['mɛnderɛs] (der) (the) Menderes (*river in Asia Minor*).

Meng·tse ['mɛŋtsə] *n* Mengtsz, *auch* Mengtseu, Mengtsu, Meng-tzu (*city in Yünnan, China*).

Me·nor·ca [me'nɔrka] *n* Minorca, Menorca (*one of the Balearic Islands*).

Me·ran [me'raːn] *n* Merano (*town in South Tyrol, Italy*).

Mer·se·burg ['mɛrzə,bʊrk] *n city to the west of Leipzig, DDR.*

Mesch·hed [mɛʃ'hɛt] *n* Meshed, Mashhad (*city in Iran*).

Me·so·po·ta·mi·en [mezopo'taːmïən] *n* Mesopotamia (*region in Asia, between the Euphrates and Tigris rivers*).

Mes·se·ni·en [mɛ'seːnïən] *n antiq.* Messenia (*region in the Peloponnesus, Greece*).

Mes·si·na [mɛ'siːna] *n seaport in Sicily, Italy.*

Metz [mɛts] *n city on the Moselle river, France.*

Me·xi·ko ['mɛksiko] *n* Mexico: a) *republic in the south of North America,* b) *auch* Mexico City (*capital of* a), c) *state in central Mexico.*

Mi·chi·gan·see ['mɪʃigən,zeː] (der) Lake Michigan (*one of the Great Lakes, USA*).

Mid·way·in·seln ['mɪtve,ʔɪnzəln] (die) *pl* (the) Midway Islands (*islets to the northwest of the Hawaiian Islands, in the North Pacific*).

Mi·kro·ne·si·en [mikro'neːzïən] *n* Micronesia (*groups of islands in the northwest of Oceania*).

Mi·let [mi'leːt] *n antiq.* Miletus (*city in Asia Minor, on the Aegean Sea*).

Mill·stät·ter See ['mɪl,ʃtɛtər 'zeː] (der) Lake Millstatt (*Carinthia, Austria*).

Mi·los ['miːlɔs] *n* Melos, *auch* Milo(s) (*Greek island in the Cyclades*).

Mi·nor·ka [mi'nɔrka] → Menorca.

Minsk [mɪnsk] *n capital of Byelorussia, Soviet Union in Europe.*

Mi·rat ['miːrat] *n* Meerut (*city in Uttar Pradesh, India*).

Mis·sis·sip·pi [mɪsɪ'sɪpi] (der) *principal river of the USA.*

Mis·sou·ri [mɪ'suːri] *m* (der) *North American river flowing into the Mississippi river.*

Mi·stra ['mɪstra] *n hist. ruined city to the northwest of Sparta, Greece.*

Mit·te ['mɪtə] *n administrative district of East Berlin, DDR.*

Mit·tel·afri·ka ['mɪtəl'ʔaːfrika] *n* → Zentralafrika.

Mit·tel·ame·ri·ka ['mɪtəlʔa'meːrika] *n* Middle America, (*ohne Westindien*) Central America.

Mit·tel·asi·en ['mɪtəl'ʔaːzïən] *n* Central Asia.

Mit·tel·bal·kan ['mɪtəl,balka(ː)n] (der) (the) Central Balkan.

Mit·tel·deutsch·land ['mɪtəl,dɔʏtʃ,lant] *n* Central Germany.

Mit·tel·eu·ro·pa ['mɪtəlʔɔʏ'roːpa] *n* Central Europe.

Mit·tel·fran·ken ['mɪtəl,fraŋkən] *n* Middle Franconia (*administrative district in the north of Bavaria, BRD*).

Mit·tel·län·di·sche Meer ['mɪtəl,lɛndɪʃə 'meːr] (das) → Mittelmeer.

Mit·tel·land·ka·nal ['mɪtəl,lantka,naːl] (der) (the) Mittelland Canal (*connecting the Rhine, Weser, and Elbe rivers and Berlin*).

Mit·tel·meer ['mɪtəl,meːr] (das) (the) Mediterranean (Sea).

Mit·tel·rhein ['mɪtəl,raɪn] (der) (the) Middle Rhine (*section of the Rhine river from the Binger Loch up to Bonn, BRD*).

Mit·tel·slo·wa·kei ['mɪtəlslova,kaɪ] (die) Central Slovakia.

Mit·ten·wald ['mɪtən,valt] *n resort in the Bavarian Alps, BRD.*

Mo·çam·bique [mosam'bɪk; -'biːk] *n* Mozambique: a) *people's republic in the southeast of Africa,* b) *seaport.*

Mo·ga·di·schu [moga'dɪʃu] *n* Mogadiscio, *auch* Mogadishu (*capital of Somalia and seaport*).

Mo·ja·ve·wü·ste [mo'haːve,vyːstə], **Mo·ha·ve·wü·ste** [mo'haːve,vyːstə] (die) (the) Mojave (*auch* Mohave) Desert (*California, USA*).

Mol·dau[1] ['mɔldau] (die) a) (the) Vltava, b) *hist.* (the) Moldau (*Czech river flowing into the Elbe river*).

Mol·dau[2] ['mɔldau] (die) a) Moldavia, Moldova (*region in the northeast of Rumania*), b) *hist.* Moldavia (*region between Transylvania and the Dniester river; once a principality*).

Mölln [mœln] *n town in Schleswig-Holstein, BRD.*

Mo·luk·ken [mo'lʊkən] (die) *pl* (the) Moluccas, *auch* (the) Molucca (*od.* Spice) Islands (*group of islands in Indonesia*).

Mom·ba·sa [mɔm'baːza] *n* a) *island in the south of Kenya,* b) *seaport on* a.

Mo·na·co ['moːnako; mo'nako], *auch* **Mo·na·ko** ['moːnako; mo'nako] *n* Monaco: a) *principality on the Mediterranean coast, bordering France,* b) *capital of* a.

Mönch [mœnç] (der) *mountain in the Bernese Alps, Switzerland.*

Mön·chen·glad·bach [,mœnçən'glat,bax] *n city in North Rhine-Westphalia, BRD.*

Mond·see ['moːnt,zeː] (der) *lake in the Salzkammergut, Austria.*

Mon·go·lei [mɔŋgo'laɪ] *f* a) Mongolia (*highland in Central Asia*), b) → Mongolische Volksrepublik.

Mon·go·li·sche Volks·re·pu·blik [mɔŋ'goːlɪʃə 'fɔlksrepu,bliːk] (die) (the) Mongolian People's Republic.

Mon·ro·via [mɔn'roːvïa] *n capital of Liberia, West Africa.*

Mon·ser·rat [mɔnzɛ'rat] (der) → Montserrat[2].

Mon·ta·fon [mɔnta'foːn] (das) *valley along the upper Ill river in Vorarlberg, Austria.*

Mont·blanc [mõ'blãː] (der) Mont Blanc (*mountain in the southwest of Europe, between France and Italy; highest peak of the Alps*).

Mon·te Car·lo ['mɔnte 'karlo] *n town in the Monaco principality.*

Mon·te·ne·gro [mɔnte'neːgro] *n constituent republic of Yugoslavia.*

Mon·te Ro·sa ['mɔnte 'roːza] (der) (the) Monte Rosa (*mountain in the Pennine Alps, on the Swiss-Italian border*).

Mon·te·vi·deo [mɔntevi'deːo] *n capital of Uruguay and seaport.*

Mont·re·al [mɔntre'aːl] *n seaport in Quebec, Canada.*

Mon·treux [mõ'trøː] *n town at the east end of the Lake of Geneva, Switzerland.*

Mont·ser·rat[1] [mɔntsɛ'rat] *n island in the central Leeward Islands, in the West Indies.*

Mont·ser·rat[2] [mɔntsɛ'rat] (der) *mountain in Catalonia, Spain.*

Mor·dwi·ni·sche Au·to·no·me So·zia·li·sti·sche So·wjet·re·pu·blik [mɔrt'viːnɪʃə auto'noːmə zotsïa'lɪstɪʃə zɔ'vjɛtrepu,bliːk] (die) (the) Mordovian (*auch* Mordvinian) Autonomous Soviet Socialist Republic (*central Soviet Union in Europe*).

Mo·ro·ni [mo'roːni] *n capital of the Comoro Islands.*

Mo·sam·bik [mozam'bɪk; -'biːk] *n* → Moçambique.

Mo·sel ['moːzəl] (die) (the) Moselle, *auch* (the) Mosel (*river in the west of Central Europe, rising in France and flowing into the Rhine river near Koblenz, BRD*).

Mos·kau ['mɔskau] *n* Moscow (*capital of the Soviet Union*).

Mos·ko·wi·ter·reich [mɔsko'viːtər,raɪç] (das) *hist.* Muscovy, *auch* (the) Grand Duchy of Muscovy (*Russia*).

Mo·skwa [mɔs'kva] (die) (the) Moskva (*river in the Soviet Union in Europe*).
Mo(s)·sul ['mo:sʊl] *n* Mosul (*city in Iraq*).
Mo·zam·bique [mozam'bɪk; -'bi:k] *n* → Moçambique.
Mühl·dorf (am Inn) ['my:lˌdɔrf (am 'ɪn)] *n* Mühldorf (on the Inn) (*city in Upper Bavaria, BRD*).
Mühl·heim (an der Do·nau) ['my:lˌhaɪm (an der 'do:naʊ)] *n* Mühlheim (on the Danube) (*city in Baden-Württemberg, BRD*).
Mühl·vier·tel ['my:lˌfɪrtəl] (das) *district in Upper Austria to the north of the Danube river.*
Muk·den ['mʊkdən] *n* Mukden, *auch* Moukden (*city in the south of Manchuria, China*).
Mul·de ['mʊldə] (die) (the) Mulde (*East German river flowing into the Elbe river*).
Mül·hau·sen [ˌmy:l'haʊzən] *n* Mulhouse (*city in Upper Alsace, France*).
Mül·heim (an der Ruhr) ['my:lˌhaɪm (an der 'ru:r)] *n* Mülheim (on the Ruhr) (*city in North Rhine-Westphalia, BRD*).
Mul·tan [mʊl'ta:n] *n city in Punjab, central Pakistan.*
Mün·chen ['mʏnçən] *n* Munich: a) *capital of Bavaria,* b) *capital of Upper Bavaria, BRD.*
Mün·ster ['mʏnstər] *n* a) *area of North Rhine-Westphalia, BRD,* b) Münster (in Westphalia) (*capital of* a).
Mün·ster·land ['mʏnstərˌlant] (das) (the) Münsterland (*region in Westphalia between the Teutoburg Forest and the Lippe river, BRD*).
Mur [mu:r] (die) (the) Mur (*river rising in Austria and flowing into the Drau river in Yugoslavia*).
Mur·man·kü·ste ['mʊrmanˌkʏstə] (die) (the) Murman Coast (*Arctic coastal region on the Kola Peninsula, Soviet Union in Europe*).
Mur·mansk ['mʊrmansk] *n ice-free seaport on the Murman Coast, Soviet Union in Europe.*
Mür·ren ['mʏrən] *n resort in the Bernese Oberland, Switzerland.*
Mur·suk [mʊr'zu:k] *n* Murzuch, Murzuq (*oasis in the Fezzan, Libya*).
My·ra ['my:ra] *n antiq. city in Asia Minor.*
My·si·en ['my:zĭən] *n antiq.* Mysia (*country in Asia Minor*).
My·ke·ne [my'ke:ne], **My·ke·nä** [my'ke:nɛ] *n* Mycenae (*village in Argolis, Greece; ruins of a Mycenaean city*).
My·ti·le·ne [myti'le:ne] *n* a) → Lesbos, b) *capital of Lesbos.*

N

Naab [na:p] (die) (the) Na(a)b (*West German river flowing into the Danube river*).
Naarn [na:rn] (die) (the) Naarn (*Austrian river flowing into the Danube river*).
Na·del·kap ['na:dəlˌkap] (das) Cape Agulhas (*southernmost point of Africa*).
Na·ga·sa·ki [naga'za:ki] *n seaport on Kyushu, Japan; second military use of the atomic bomb, 1945.*
Na·go·ja [na'go:ja] *n* Nagoya (*city on Honshu, Japan*).
Na·ha ['na:ha] *n* Naha, Nawa (*capital of the Ryukyu Islands*).
Na·he ['na:ə] (die) (the) Nahe (*West German river flowing into the Rhine river*).
Nai·ro·bi [naɪ'ro:bi] *n capital of Kenya.*
Na·ma·land ['na:maˌlant] *n* Namaqualand, *auch* Namaland (*coastal region in the southern part of South-West Africa*).
Na·mi·bia [na'mi:bĭa] *n* → Südwestafrika.
Nan·chang ['nantʃaŋ] *n* → Nantschang.
Nan·ga Par·bat ['naŋga 'parbat] (der) Nanga Parbat (*mountain in the Himalayas*).
Nan·king ['naŋkɪŋ] *n capital of Kiangsu, China.*
Nan·schan ['nanʃan] (der) (the) Nan Shan (*mountain range in China*).
Nan·tschang ['nantʃaŋ] *n* Nanchang (*capital of Kiangsi, China*).
Nar·vik ['narvɪk] *n seaport on the Ofoten Fjord, Norway.*
Nas·sau ['nasaʊ] *n* a) *city in Rhineland-Palatinate,* b) *region in the central BRD, formerly a duchy,* c) *capital of the Bahamas.*
Nas·sau·ge·bir·ge ['nasaʊgəˌbɪrgə] (das) (the) Nassau Mountains *pl* (*od.* Range) (*New Guinea*).
Nas·ser·see ['nasərˌze:] (der) Lake Nasser (*reservoir in the Arab Republic of Egypt, formed in the Nile river south of the Aswan Dam*).
Na·tio·nal·chi·na [natsĭo'na:lˌçi:na] *n* → Taiwan.
Nau·heim, Bad → Bad Nauheim.
Nau·kra·tis ['naʊkratɪs] *n antiq.* Naucratis (*Greek city on the Nile delta*).
Naum·burg (an der Saa·le) ['naʊmˌbʊrk (an der 'za:lə)] *n* Naumburg (on the Saale) (*city in the district of Halle, DDR*).
Nau·plia ['naʊplia], **Nau·pli·on** ['naʊplĭən] *n* Nauplia (*city on the Gulf of Argolis, Greece*).
Nau·ru [na'u:ru] *n* a) *Pacific island near the Equator,* b) *republic on* a.
Nau·ru·an [naʊ'ru:an] *n capital of Nauru.*
Na·var·ra [na'vara] *n* Navarre (*region in the north of Spain*).
Na·xos ['naksɔs] *n Greek island in the Aegean Sea, largest of the Cyclades.*
Na·za·reth ['na:tsarɛt] *n town in Galilee, Israel.*
Nea·pel [ne'a:pəl] Naples (*city and seaport in the southwest of Italy*).
Ne·bel·horn ['ne:bəlˌhɔrn] (das) *mountain in the Al(l)gäu Alps, BRD.*
Neckar (*getr.* -k·k-) ['nɛkar] (der) (the) Neckar (*West German river flowing into the Rhine river near Mannheim*).
Nedschd [nɛtʃt] *n* Nejd (*region in central Saudi Arabia*).
Ne·gev ['ne:gɛf; 'nɛgɛf] (der) (the) Negeb, (the) Negev (*desert area in the south of Israel*).
Nei·ße ['naɪsə] (die) (the) Neisse: a) *auch* Lausitzer (*od.* Görlitzer) Neiße (the) Lusatian (*od.* Görlitzer) Neisse (*river rising in Czechoslovakia and flowing into the Oder river on the border between the DDR and Poland*), b) *auch* Glatzer (*od.* Schlesische) Neiße (the) Glatzer (*od.* Silesian) Neisse (*river rising on the Czechoslovak border and flowing into the Oder river in Poland*).
Ne·mea [ne'me:a] *n valley in ancient Argolis, Greece; ruins of a Zeus temple.*
Ne·pal ['ne:pal; ne'pa:l] *n kingdom in the Himalayas.*
Net·ze ['nɛtsə] (die) (the) Noteć (*Polish river flowing into the Warta river*).
Neu·bran·den·burg [ˌnɔʏ'brandənˌbʊrk] *n* a) *district of the DDR,* b) *capital of* a.
Neu·braun·schweig [ˌnɔʏ'braʊnˌʃvaɪk] *n* New Brunswick (*province in Canada*).
Neu-Brei·sach [ˌnɔʏ'braɪzax] *n* Neuf-Brisach (*town in Upper Alsace, France*).
Neu·châ·tel [nøʃa'tɛl] *n* → Neuenburg.
Neu-De·lhi [ˌnɔʏ'de:li] *n* New Delhi (*capital of India*).
Neu·en·burg ['nɔʏənˌbʊrk] *n* Neuchâtel: a) *canton in the west of Switzerland,* b) *capital of* a.
Neu·en·bur·ger See ['nɔʏənˌbʊrgər 'ze:] (der) (the) Lake of Neuchâtel (*Switzerland*).
Neu·eng·land [ˌnɔʏ'ˀɛŋˌlant] *n* New England (*northeast section of the USA*).
Neu·en He·bri·den ['nɔʏən he'bri:dən] (die) *pl* (the) New Hebrides (*island group in the South Pacific*).
Neu·fund·land [ˌnɔʏ'fʊntˌlant] *n* Newfoundland: a) *large island in the east of Canada,* b) *province in the east of Canada.*
Neu·gui·nea [ˌnɔʏgi'ne:a] *n* New Guinea, *auch* Papua (*large island in the north of Australia*).
Neu·ir·land [ˌnɔʏ'ˀɪrˌlant] *n* New Ireland (*island in the South Pacific*).
Neu·ka·le·do·ni·en [ˌnɔʏkale'do:nĭən] *n* New Caledonia (*island in the east of Australia*).
Neu·ka·sti·li·en ['nɔʏkas'ti:lĭən] *n* New Castile (*region in central Spain*).
Neu·kölln [ˌnɔʏ'kœln] *n administrative district of West Berlin.*
Neu·mün·ster [ˌnɔʏ'mʏnstər] *n town in Schleswig-Holstein, BRD.*
Neu·schott·land [ˌnɔʏ'ʃɔtˌlant] *n* Nova Scotia (*peninsula and province in the southeast of Canada*).
Neu·see·land [ˌnɔʏ'ze:ˌlant] *n* New Zealand (*country in the South Pacific*).
Neu·see·län·di·schen Al·pen [ˌnɔʏ'ze:ˌlɛndɪʃən 'alpən] (die) *pl* (the) Southern Alps (*mountain range in New Zealand*).
Neu·si·bi·ri·schen In·seln [ˌnɔʏzi'bi:rɪʃən 'ɪnzəln] (die) *pl* (the) New Sibirian Islands (*in the Arctic Ocean*).
Neu·sied·ler See ['nɔʏˌzi:dlər 'ze:] (der) (the) Neusiedler Lake (*on the border between Austria and Hungary*).
Neuss [nɔʏs] *n city in North Rhine-Westphalia, BRD.*
Neu·stadt an der Wein·stra·ße ['nɔʏˌʃtat an der 'vaɪnˌʃtra:sə] *n capital of Rhinehesse-Palatinate, BRD.*
Neu·stri·en ['nɔʏstrĭən] *n hist.* Neustria (*western part of the empire of the Franks*).
Neu·süd·wales [ˌnɔʏˌzy:tˌve:ls] *n* New South Wales (*state in Australia*).
Ne·wa ['ne:va; ne'va] (die) (the) Neva (*river in the Soviet Union in Europe*).
Ngo·ron·go·ro-Kra·ter [ngorɔŋ'go:roˌkra:tər] (der) (the) Ngorongoro Crater (*in the north of Tanganyika; game reserve*).
Nia·ga·ra [nĭa'ga:ra] (der) *river between Lake Erie and Lake Ontario, on the border between the USA and Canada.*
Nia·ga·ra·fäl·le [nĭa'ga:raˌfɛlə] (die) *pl* (the) Niagara Falls.
Nia·mey [nĭa'mɛ:] *n capital of and port in Niger.*
Ni·cäa [ni'tsɛ:a] *n* → Nizäa.
Ni·ca·ra·gua [nika'ra:gŭa] *n republic in Central America.*
Nid·wal·den ['ni:tˌvaldən] *n demicanton of Unterwalden in central Switzerland.*
Nie·der·bay·ern ['ni:dərˌbaɪərn] *n* Lower Bavaria (*administrative district of Bavaria, BRD*).
Nie·de·ren Tau·ern ['ni:dərən 'taʊərn] (die) *pl section of the Central Alps between the Tyrol and Styria, Austria.*
Nie·der·ka·li·for·ni·en ['ni:dərkali'fɔrnĭən] *n* Lower California (*peninsula on the west coast of Mexico*).
Nie·der·lan·de ['ni:dərˌlandə] (die) *pl* (the) Netherlands, *auch* Holland *sg* (*kingdom in West Europe*).
Nie·der·län·di·schen An·til·len ['ni:dərˌlɛndɪʃən an'tɪlən] (die) *pl* (the) Netherlands Antilles (*group of islands in the Caribbean Sea*).
Nie·der·län·disch-Gua·ya·na ['ni:dərˌlɛndɪʃgŭa'ja:na] *n hist.* Netherlands (*od.* Dutch) Guiana (→ Surinam).
Nie·der·län·disch-In·di·en ['ni:dərˌlɛndɪʃ-'ˀɪndĭən] *n hist.* (the) Netherlands (East) Indies *pl* (→ Indonesien).
Nie·der·län·disch-Neu·gui·nea ['ni:dərˌlɛndɪʃˌnɔʏgi'ne:a] *n hist.* Netherlands (*od.* Dutch) New Guinea (→ Westirian).
Nie·der·län·disch-West·in·di·en ['ni:dərˌlɛndɪʃ'vɛstˌˀɪndĭən] *n hist.* (the) Netherlands (*od.* Dutch) West Indies *pl* (→ Niederländischen Antillen).
Nie·der·lau·sitz ['ni:dərˌlaʊzɪts; ˌni:dər'laʊzɪts] (die) Lower Lusatia (*northern part of Lusatia, DDR*).
Nie·der·öster·reich ['ni:dərˌˀø:stəraɪç] *n* Lower Austria (*province in the northeast of Austria*).
Nie·der·rhein ['ni:dərˌraɪn] (der) (the) Lower Rhine (*section of the Rhine river between Bonn, BRD, and the division into Waal and Lek in the Netherlands*).
Nie·der·sach·sen ['ni:dərˌzaksən] *n* Lower Saxony (*Land of the BRD*).
Nie·der·schle·si·en ['ni:dərˌʃle:zĭən] *n hist.* Lower Silesia (*now in Poland*).
Ni·ger[1] ['ni:gər] (der) (the) Niger (*river in West Africa*).
Ni·ger[2] ['ni:gər] *n* (the) Niger (*republic in the northwest of Africa*).
Ni·ge·ria [ni'ge:rĭa] *n republic in West Africa.*
Ni·ka·ra·gua [nika'ra:gŭa] *n* → Nicaragua.
Ni·ko·ba·ren [niko'ba:rən] (die) *pl* (the) Nicobar Islands (*in the Bay of Bengal, India*).
Ni·ko·sia [niko'zi:a; ni'ko:zĭa] *n* Nicosia (*capital of Cyprus*).
Nil [ni:l] (der) (the) Nile (*river in East Africa*).
Nil·del·ta ['ni:lˌdɛlta] (das) (the) Nile delta.
Nil·gi·ri·ber·ge [nɪl'gi:riˌbɛrgə] (die) *pl* (the) Nilgiri Hills (*India*).
Nim·we·gen ['nɪmˌve:gən] *n* Nijmegen, *auch* Nimwegen, Nymwegen (*city in the Netherlands*).
Ni·ni·ve ['ni:nive] *n antiq.* Nineveh (*capital of Assyria*).

Nisch [nɪʃ] *n* Niš, *auch* Nish (*city in Serbia, Yugoslavia*).
Ni·ue [ni'u:e] *n* Niue (Island), *auch* Savage Island (*in the South Pacific*).
Ni·zäa [ni'tsɛ:a] *n antiq.* Nicaea (*city in Asia Minor*).
Niz·za ['nɪtsa] *n* Nice (*seaport and resort on the Mediterranean Sea, France*).
Njas·sa·land ['njasa,lant] *n hist.* Nyasaland (→ Malawi).
Njas·sa·see ['njasa,ze:] (der) Lake Nya(s)sa (*in the southeast of Africa*).
Nord·afri·ka ['nɔrt'ʔa:frika] *n* North Africa.
Nord·al·ba·ni·schen Al·pen ['nɔrtʔal-,ba:nɪʃən 'alpən] (die) *pl* (the) North Albanian Alps.
Nord·al·pen ['nɔrt,ʔalpən] (die) *pl* (the) Northern Alps.
Nord·ame·ri·ka ['nɔrtʔa'me:rika] *n* North America.
Nord·at·lan·tik ['nɔrtʔat'lantɪk] (der) (the) North Atlantic (Ocean).
Nord·au·stra·li·en ['nɔrtʔaʊs'tra:lĭən] *n* North Australia.
Nord·ba·den ['nɔrt'ba:dən] *n* North Baden (*area of Baden-Württemberg, BRD*).
Nord·bor·neo ['nɔrt'bɔrneo] *n hist.* North Borneo (→ Sabah).
Nord·bra·bant ['nɔrtbra'bant] *n* North Brabant (*province in the Netherlands*).
Nord·chi·ne·si·sche Tief·ebe·ne ['nɔrtçi-,ne:zɪʃə 'ti:f,ʔe:bənə] (die) (the) North China Plain.
Nord·da·ko·ta ['nɔrtda'ko:ta] *n* North Dakota (*state in the central USA*).
Nord·deutsch·land ['nɔrt,dɔʏtʃ,lant] *n* North(ern) Germany.
Nord·dorf ['nɔrt,dɔrf] *n seaside resort on the North Frisian island of Amrum.*
Nor·der·ney [,nɔrdər'naɪ] *n* a) *island of the East Frisians, BRD,* b) *town on* a.
Nor·der·oog ['nɔrdər,ʔo:k] *n holm to the west of the North Frisian island of Pellworm, BRD.*
Nord·eu·ro·pa ['nɔrtʔɔʏ'ro:pa] *n* North(ern) Europe.
Nord·frie·si·schen In·seln ['nɔrt'fri:zɪʃən 'ɪnzəln] (die) *pl* (the) North Frisians (*islands in the North Sea, BRD*).
Nord·fries·land ['nɔrt'fri:s,lant] *n* North Friesland (*bes. Br.* Frisian) (*region in Schleswig-Holstein, BRD*).
Nord·hol·land ['nɔrt'hɔlant] *n* North Holland (*province in the Netherlands*).
Nord·ir·land ['nɔrt'ʔɪr,lant] *n* Northern Ireland (*part of the United Kingdom*).
Nord·ka·nal ['nɔrtka,na:l] (der) (the) North Channel (*strait between Scotland and Ireland*).
Nord·kap ['nɔrt,kap] (das) (the) North Cape (*point of land on an island in Norway; the northernmost point of Europe*).
Nord·ka·ro·li·na ['nɔrtkaro'li:na] *n* North Carolina (*state on the Atlantic coast of the USA*).
Nord·kau·ka·si·en ['nɔrtkaʊ,ka:zĭən] *n* North Caucasus (*region in the south of the Soviet Union in Europe*).
Nord·ket·te ['nɔrt,kɛtə] (die) *mountain range of the Karwendel Mountains to the north of Innsbruck, the Tyrol, Austria.*
Nord·ko·rea ['nɔrtko're:a] *n* North Korea (→ Demokratische Volksrepublik Korea).
Nord·land ['nɔrt,lant] *n* Northern Land (→ Sewernaja Semlja).
Nörd·li·che Eis·meer ['nœrtlɪçə 'aɪs,me:r] (das) → Nordpolarmeer.
Nörd·li·chen Kalk·al·pen ['nœrtlɪçən 'kalk-,ʔalpən] (die) *pl* (the) Northern Limestone Alps (*section of the Alps, BRD and Austria*).
Nörd·li·chen Spo·ra·den ['nœrtlɪçən ʃpo-'ra:dən] (die) *pl* (the) Northern Sporades (*Greek island group in the Aegean Sea*).
Nörd·lin·gen ['nœrdlɪŋən] *n town in Bavaria, BRD; scene of two battles in the Thirty Years' War, 1634 and 1645.*
Nord·mark ['nɔrt,mark] (die) *hist.* (the) Saxon East Mark (*region between the Elbe and Oder rivers*).
Nord·meer ['nɔrt,me:r] (das) → Nordpolarmeer.
Nord-Os·se·ti·sche Au·to·no·me So·zia·li·sti·sche So·wjet·re·pu·blik ['nɔrt-ʔɔ,se:tɪʃə auto'no:mə zotsĭa'lɪstɪʃə zɔ'vjɛt-repu,bli:k] (die) (the) North Ossetian Autonomous Soviet Socialist Republic (*in the southeast of the Soviet Union in Europe*).
Nord·ost·kap [,nɔrt'ʔɔst,kap] (das) → Kap Tscheljuskin.
Nord-Ost·see-Ka·nal [,nɔrt'ʔɔst,ze:ka,na:l] (der) (the) Kiel Canal (*connecting the North and Baltic seas, BRD*).
Nord·pol ['nɔrt,po:l] (der) (the) North Pole.
Nord·po·lar·ge·biet ['nɔrtpo,la:rgə,bi:t] (das) → Arktis.
Nord·po·lar·meer ['nɔrtpo,la:r,me:r] (das) (the) Arctic Ocean.
Nord·rhein-West·fa·len ['nɔrt,raɪn,vɛst-'fa:lən] *n* North Rhine-Westphalia (*Land of the BRD*).
Nord·rho·de·si·en ['nɔrtro,de:zĭən] *n hist.* Northern Rhodesia (*now* → Sambia).
Nord·schles·wig ['nɔrt'ʃle:svɪç] *n* Northern Schleswig (*Denmark*).
Nord·see ['nɔrt,ze:] (die) (the) North Sea (*arm of the Atlantic Ocean between Great Britain and the European mainland*).
Nord·see·ka·nal ['nɔrt,ze:ka,na:l] (der) (the) North Sea Canal (*extending from Amsterdam to the North Sea, North Holland*).
Nord·strand ['nɔrt,ʃtrant] *n island of the North Frisians, BRD.*
Nord·ter·ri·to·ri·um ['nɔrttɛri,to:rĭʊm] (das) (the) Northern Territory (*Australia*).
Nord·ti·ro·ler Kalk·al·pen ['nɔrtti,ro:lər 'kalk,ʔalpən] (die) *pl* (the) North Tyrolean Limestone Alps.
Nord-Vi·et·nam, Nord·vi·et·nam ['nɔrt-vĭɛt'nam] *n* North Viet-Nam (→ Demokratische Republik Vietnam).
Nord·west-Ter·ri·to·ri·en [,nɔrt'vɛsttɛri-,to:rĭən] (die) *pl* (the) Northwest Territories (*Canada*).
Nord·würt·tem·berg ['nɔrt,vʏrtəm,bɛrk] *n* North Württemberg (*area of Baden-Württemberg, BRD*).
Nor·folk·in·sel ['nɔ:rfək,ʔɪnzəl] (die) Norfolk Island (*in the South Pacific*).
No·ri·cum ['no:rikʊm] *n antiq. Roman province in Central Europe.*
No·ri·schen Al·pen ['no:rɪʃən 'alpən] (die) *pl* (the) Noric Alps (*section of the Alps in Austria*).
Nor·man·die [nɔrman'di:] (die) Normandy (*region in the north of France*).
Nor·man·ni·schen In·seln [nɔr'manɪʃən 'ɪnzəln] (die) *pl* → Kanalinseln.
Nor·we·gen ['nɔrve:gən] *n* Norway (*kingdom in Northern Europe*).
Nor·we·gi·sche See ['nɔrve:gɪʃə 'ze:] (die) (the) Norwegian Sea (*part of the Arctic Ocean*).
Now·go·rod ['nɔfgorɔt] *n* Novgorod (*city to the southeast of Leningrad, Soviet Union in Europe*).
No·wo·kus·nezk [novokʊs'nɛtsk] *n* Novokuznetsk (*city and industrial center in the Kuznetsk Basin, Soviet Union in Asia*).
No·wos·si·birsk [novɔsi'bɪrsk] *n* Novosibirsk (*city in Siberia, Soviet Union in Asia*).
Nu·ak·schott [nŭak'ʃɔt] *n* Nouakchott (*capital of Mauritania*).
Nu·bi·en ['nu:bĭən] *n* Nubia (*region in the northeast of Africa*).
Nu·kua·lo·fa [nukua'lo:fa] *n capital of Tonga.*
Nu·man·tia [nu'mantsĭa] *n antiq. city in the north of Spain.*
Nu·mi·di·en [nu'mi:dĭən] *n antiq.* Numidia (*country in North Africa*).
Nürn·berg ['nʏrn,bɛrk] *n* Nuremberg (*city in central Bavaria, BRD*).

O

Ob [ɔp] (der) *river in Siberia, Soviet Union in Asia.*
Ober·am·mer·gau [,o:bər'ʔamər,gaʊ] *n resort in the Bavarian Alps; famous for its Passion play.*
Ober·bay·ern ['o:bər,baɪərn] *n* Upper Bavaria (*administrative district of the south of Bavaria, BRD*).
Ober·el·saß ['o:bər,ʔɛlzas] (das) Upper Alsace (*France*).
Ober·en·ga·din ['o:bər,ʔɛŋgadi:n] (das) (the) Upper Engadine (*Switzerland*).
Obe·re See ['o:bərə 'ze:] (der) Lake Superior (*northernmost of the Great Lakes, between the USA and Canada*).
Ober·fran·ken ['o:bər,fraŋkən] *n* Upper Franconia (*administrative district in the northeast of Bavaria, BRD*).
Ober·hau·sen ['o:bər,haʊzən] *n industrial city in North Rhine-Westphalia, BRD.*
Ober·hes·sen ['o:bər,hɛsən] *n* Upper Hesse (*BRD*).
Ober·hof [,o:bər'ho:f] *n resort in the Thuringian Forest, DDR.*
Ober·ita·li·en ['o:bərʔi,ta:lĭən] *n* Upper (*od.* North[ern]) Italy.
Ober·kärn·ten ['o:bər,kɛrntən] *n* Upper Carinthia (*western part of Carinthia, Austria*).
Ober·krain ['o:bər,kraɪn] *n* Upper Krain (*region in the west of Yugoslavia*).
Ober·lau·sitz ['o:bər,laʊzɪts; ,o:bər'laʊzɪts] (die) Upper Lusatia (*southern part of Lusatia, DDR*).
Ober·öster·reich ['o:bər,ʔø:stəraɪç] *n* Upper Austria (*province in the north of Austria*).
Ober·pfalz ['o:bər,pfalts] (die) Upper Palatinate (*administrative district in the northeast of Bavaria, BRD*).
Ober·rhein ['o:bər,raɪn] (der) (the) Upper Rhine (*section of the Rhine from Basel up to Bingen, BRD*).
Ober·rhei·ni·sche Tief·ebe·ne ['o:bər-,raɪnɪʃə 'ti:f,ʔe:bənə] (die) (the) Upper Rhine Plain (*on both sides of the Upper Rhine, BRD and France*).
Ober·salz·berg [,o:bər'zalts,bɛrk] (der) *elevation near Berchtesgaden, BRD.*
Ober·schle·si·en ['o:bər,ʃle:zĭən] *n hist.* Upper Silesia (*southeastern part of Silesia*).
Ober·schwa·ben ['o:bər,ʃva:bən] *n* Upper Swabia (*region between the Alps and the Swabian Jura, Baden-Württemberg, BRD*).
Oberst·dorf ['o:bərst,dɔrf] *n resort in the Al(l)gäu Alps, BRD.*
Ober·stei·er·mark ['o:bər,ʃtaɪər,mark] (die) Upper Styria (*Austria*).
Ober·vol·ta [,o:bər'vɔlta] *n* (the) Upper Volta (*republic in West Africa*).
Ob·wal·den ['ɔp,valdən] *n demicanton of Unterwalden in central Switzerland.*
Ochot·ski·sche Meer [ɔ'xɔtskɪʃə 'me:r] (das) (the) Sea of Okhotsk (*arm of the North Pacific*).
Öden·burg ['ø:dən,bʊrk] *n* Sopron (*city in the west of Hungary*).
Oden·wald ['o:dən,valt] (der) (the) Odenwald (*mountainous area between the Neckar and Main rivers, BRD*).
Oder ['o:dər] (die) (the) Oder (*river in Central Europe, rising in Czechoslovakia and flowing through Poland and along the border between the DDR and Poland into the Baltic Sea*).
Odes·sa [o'dɛsa] *n seaport on the Black Sea, Soviet Union in Europe.*
Of·fen·bach (am Main) ['ɔfən,bax (am 'maɪn)] *n* Offenbach (on the Main) (*city in Hesse, BRD*).
Of·fen·burg ['ɔfən,bʊrk] *n city in Baden-Württemberg, BRD.*
Ofo·ten·fjord ['o:fo:tən,fjɔrt] (der) (the) Ofoten Fjord (*Norway*).
Oka·ja·ma [oka'ja:ma] *n* Okayama (*city on Honshu, Japan*).
Oki·na·wa [oki'na:va] *n* a) *island group in the Ryukyu Islands in the North Pacific, belonging to Japan,* b) *largest island of* a.
Ol·den·burg ['ɔldən,bʊrk] *n* a) *area of Lower Saxony, BRD,* b) *capital of* a.
Olymp [o'lʏmp] (der) (Mount) Olympus (*in the northeast of Greece; in ancient Greek mythology, the home of the Gods*).
Olym·pia [o'lʏmpĭa] *n* a) *antiq. plain in ancient Elis in the west of the Peloponnesus, Greece; site of a sanctuary of Zeus and of the Olympic Games,* b) *town near* a.
Olynth [o'lʏnt] *n antiq.* Olynthus (*city in the northeast of Greece*).
Oman [o'ma:n] *n sultanate in the southeast of Arabia* (→ Maskat und Oman).
Omu·da [o'mu:da] *n* Omuta, *auch* Omuda (*seaport on Kyushu, Japan*).
One·ga·see [o'ne:ga,ze:] (der) Lake Onega (*in the northwest of the Soviet Union in Europe*).
On·ta·rio·see [ɔn'ta:rĭo,ze:] (der) Lake Ontario (*smallest of the Great Lakes, between the USA and Canada*).
Oran [o'ra:n] *n seaport in the northwest of Algeria.*
Ora·ni·en [o'ra:nĭən] *n* Orange (*former small principality of West Europe; now in the southeast part of France*).
Oran·je [o'ranjə] (der) (the) Orange (*largest river in the Republic of South Africa*).
Oran·je·frei·staat [o'ranjə,fraɪ,ʃta:t] (der) Orange Free State (*province in the central Republic of South Africa*).

Öre·sund ['øːrəˌzʊnt] (der) → Sund.
Ori·no·ko [ori'noːko] (der) (the) Orinoco (*river in the north of South America*).
Ork·ney·in·seln ['ɔːrknɪˌʔɪnzəln] (die) *pl* (the) Orkney Islands, (the) Orkneys (*island group off the northeast tip of Scotland*).
Or·lé·ans [ɔrle'ãː] *n city in central France.*
Ort·ler ['ɔrtlər] (der) a) *highest peak of the Ortler Mountains,* b) → Ortlergruppe.
Ort·ler·grup·pe ['ɔrtlərˌgrʊpə] (die) (the) Ortler (Mountains *pl*) (*mountain range of the Eastern Alps, Italy*).
Osa·ka [o'zaːka] *n seaport on Honshu, Japan.*
Ösel ['øːzəl] *n* Saaremaa, *auch* Saare (*island in the Baltic Sea, Soviet Union in Europe*).
Os·lo ['ɔslo] *n capital of Norway.*
Os·na·brück [ˌɔsna'brʏk] *n* a) *area of Lower Saxony, BRD,* b) *capital of* a.
Os·se·ti·en [ɔ'seːtsiən] *n* Ossetia (*region in Caucasia, Soviet Union in Europe*).
Os·si·ach ['ɔsĭax] *n town on Lake Ossiach, Carinthia, Austria.*
Os·si·acher See ['ɔsĭaxər 'zeː] (der) Lake Ossiach (*to the northeast of Villach, Austria*).
Ost·afri·ka ['ɔst'ʔaːfrika] *n* East Africa.
Ost·al·pen ['ɔstˌʔalpən] (die) *pl* (the) Eastern Alps.
Ost·an·gli·en ['ɔst'ʔaŋgliən] *n* East Anglia (*region in the east of England*).
Ost·asi·en ['ɔst'ʔaːzĭən] *n* Eastern Asia.
Ost-Ben·ga·len ['ɔstbɛŋˌgaːlən] *n hist.* East Bengal (*now* → Bangladesch).
Ost-Ber·lin ['ɔstbɛrˌliːn] *n* East Berlin (*capital of the DDR; eastern part of the former capital of Germany*).
Ost·chi·ne·si·sche Meer ['ɔstçiˌneːzɪʃə 'meːr] (das) (the) East China Sea.
Ost·deutsch·land ['ɔstˌdɔʏtʃˌlant] *n* East Germany (→ Deutsche Demokratische Republik).
Ost·en·de [ˌɔst'ʔɛndə] *n* Ostend (*seaport in the northwest of Belgium*).
Oster·in·sel ['oːstərˌʔɪnzəl] (die) Easter Island, Rapa Nui (*island in the South Pacific*).
Öster·reich ['øːstəraɪç] *n* Austria (*republic in Central Europe*).
Öster·rei·chi·schen Al·pen ['øːstəraɪçɪʃən 'alpən] (die) *pl* (the) Austrian Alps.
Öster·reich-Un·garn ['øːstəraɪç'ʔʊŋgarn] *n hist.* Austria-Hungary.
Ost·eu·ro·pa ['ɔst'ʔɔʏ'roːpa] *n* East(ern) Europe.
Ost·flan·dern ['ɔstˌflandərn] *n* East Flanders.
Ost·fran·ken ['ɔstˌfraŋkən] *n hist.* Eastern Franconia.
Ost·frie·si·schen In·seln ['ɔst'friːzɪʃən 'ɪnzəln] (die) *pl* (the) East Frisians (*islands in the North Sea, BRD*).
Ost·fries·land ['ɔst'friːsˌlant] *n* East Friesland (*bes. Br.* Frisian) (*area of Lower Saxony, BRD*).
Ost·ghats ['ɔstˌgats] (die) *pl* (the) Eastern Ghats (*low mountain range in the south of India*).
Ost·in·di·en ['ɔst'ʔɪndĭən] *n* (the) East Indies *pl*, (the) Indies *pl*, Indonesia.
Ost·pa·ki·stan ['ɔstˌpaːkɪstaːn] *n hist.* East Pakistan (*now* → Bangladesch).
Ost·pom·mern ['ɔstˌpɔmərn] *n hist.* Eastern Pomerania (*region east of the Lower Oder river*).
Ost·preu·ßen ['ɔstˌprɔʏsən] *n hist.* East Prussia (*former province in the northeast of Germany, now divided between Poland and the Soviet Union*).
Ostrau ['ɔstraʊ] *n* a) Ostrava (*city in Czechoslovakia*), b) *hist. capital of northern Moravia.*
Ost·see ['ɔstˌzeː] (die) (the) Baltic (Sea).
Ost·see·staa·ten ['ɔstˌzeːˌʃtaːtən] (die) *pl hist.* (the) Baltic States (*formerly independent republics of Estonia, Latvia, Lithuania, and sometimes Finland*).
Ost·thra·ki·en ['ɔstˌtraːkĭən] *n* Eastern Thrace (*region in the eastern part of the Balkan Peninsula, belonging to Turkey*).
Ost·ti·rol ['ɔsttiˌroːl] *n* East Tyrol (*part of the Austrian province of the Tyrol*).
Ot·ta·wa ['ɔtava] *n capital of Canada.*
Ot·to·beu·ren [ˌɔto'bɔʏrən] *n town in Bavaria, near Memmingen, BRD; Benedictine abbey.*
Ötz·ta·ler Al·pen ['œtsˌtaːlər 'alpən] (die) *pl* (the) Oetztal (*od.* Ötztaler) Alps (*mountain range in the south of the Tyrol, Austria*).
Oua·ga·dou·gou [u̯aga'duːgu] *n capital of Upper Volta.*
Owen-Stan·ley-Ge·bir·ge [ˌoːɪn'stɛnlɪgəˌbɪrgə] (das) (the) Owen Stanley Range (*New Guinea*).
Ozea·ni·en [otse'aːnĭən] *n* Oceania, *auch* Oceanica (*islands of the Central and South Pacific*).

P

Pa·dua ['paːdŭa] *n* a) *province in the northeast of Italy,* b) *capital of* a.
Pae·stum ['pɛːstʊm; 'pɛstʊm] *n antiq. city on the Gulf of Salerno, Italy; ruins of three Greek temples.*
Pa·hang ['paːhaŋ] *n state in Malaysia.*
Pa·ki·stan ['paːkɪstaːn] *n republic in the south of Asia.*
Pa·lä·sti·na [palɛs'tiːna] *n* a) *Bibl.* Palestine, b) *hist.* Palestine (*now divided between Israel and Jordan*).
Pa·lau·in·seln ['paːlaʊˌʔɪnzəln] (die) *pl* (the) Palau (*auch* Pelew) Islands (*West Pacific*).
Pa·ler·mo [pa'lɛrmo] *n* a) *province in the northwest of Sicily,* b) *capital of* a.
Palk·stra·ße ['pɔːlkˌʃtraːsə] (die) (the) Palk Strait (*channel between Ceylon and India*).
Pal·ma (de Mal·lor·ca) ['palma (de ma'lɔrka; — mal'jɔrka)] *n capital of and seaport on the Balearic Islands.*
Pal·mer-Ar·chi·pel ['paːmər'ʔarçiˌpeːl] (der) (the) Palmer Archipelago (*island group between South America and Antarctica*).
Pal·mer·Land ['paːmərˌlant] *n* Palmer Land (*southern part of the Antarctic Peninsula*).
Pal·my·ra [pal'myːra] *n antiq. city in central Syria.*
Pa·mir ['paːmiːr] (der) (the) Pamir(s *pl*) (*plateau in central Asia*).
Pam·phy·li·en [pam'fyːlĭən] *n antiq.* Pamphylia (*country in the south of Asia Minor*).
Pam·plo·na [pam'ploːna] *n* Pamplona, *auch* Pampeluna (*city in the north of Spain*).
Pa·na·ma ['pa(ː)nama] *n* a) *republic in the south of Central America,* b) *auch* Panama City (*capital of* a).
Pa·na·ma·ka·nal ['pa(ː)namakaˌnaːl] (der) (the) Panama Canal (*extending from the Atlantic Ocean to the Pacific*).
Pa·na·ma·ka·nal-Zo·ne ['pa(ː)namakaˌnaːlˌtsoːnə] (die) (the) Panama Canal Zone.
Pandsch·ab [pan'dʒaːp; 'pan-] (das) (the) Punjab (*region in the northwest of India*).
Pan·kow ['paŋko] *n administrative district of East Berlin, DDR.*
Pan·mun·jom [panmʊn'dʒɔm] *n village on the boundary between North Korea and South Korea; site of the truce talks at the close of the Korean War.*
Pan·no·ni·en [pa'noːnĭən] *n antiq.* Pannonia (*Roman province including territory now mostly in Yugoslavia and Hungary*).
Pa·phla·go·ni·en [pafla'goːnĭən] *n antiq.* Paphlagonia (*country and Roman province in the north of Asia Minor*).
Pa·pua ['paːpŭa; pa'puːa] *n* (the) Territory of Papua (*now* → Papua-Neuguinea).
Pa·pua-Neu·gui·nea ['paːpŭaˌnɔʏgi'neːa] *n* Papua-New Guinea (*Australian territory*).
Pa·ra·gu·ay [para'gŭaːi; 'paragvaɪ] *n republic in central South America.*
Pa·ra·ma·ri·bo [parama'riːbo] *n capital of and seaport in Surinam.*
Pa·ris [pa'riːs] *n capital of France.*
Par·naß [par'nas] (der) Mount Parnassus (*in the north of the Gulf of Corinth, Greece*).
Pa·ros ['paːrɔs] *n Greek island of the Cyclades in the Aegean Sea.*
Par·thi·en ['partĭən] *n antiq.* Parthia (*country in the west of Asia*).
Pa·sar·ga·dai [pa'zargadaɪ], **Pa·sar·ga·dä** [pa'zargadɛ] *n antiq.* Pasargadae (*ruined city in the south of Iran*).
Pas·sau ['pasaʊ] *n city at the confluence of the Danube, Inn, and Ilz rivers, BRD.*
Pa·ta·go·ni·en [pata'goːnĭən] *n* Patagonia (*region in the south of South America*).
Pat·mos ['patmɔs] *n one of the Dodecanese Islands, Greece.*
Pa·tras ['patras] *n seaport in the Peloponnesus, Greece.*
Pa·via [pa'viːa] *n* a) *province in the north of Italy,* b) *capital of* a.
Pa·zi·fik [pa'tsiːfɪk; 'paːtsifɪk] (der) (the) Pacific (Ocean).
Pa·zi·fik·in·seln [pa'tsiːfɪkˌʔɪnzəln], **Pa·zi·fi·schen In·seln** [pa'tsiːfɪʃən 'ɪnzəln] (die) *pl* (the) Pacific Islands.
Pa·zi·fi·sche Oze·an [pa'tsiːfɪʃə 'oːtseaːn] (der) → Pazifik.
Pee·ne ['peːnə] (die) (the) Peene (*East German river flowing into the Stettiner Haff, Baltic Sea*).
Pee·ne·mün·de [ˌpeːnə'mʏndə] *n small town on the island of Usedom, DDR; former rocket center.*
Peg·nitz ['peːgnɪts] (die) (the) Pegnitz (*West German river flowing into the Rednitz river*).
Pei·pus·see ['paɪpʊsˌzeː] (der) Lake Peipus (*on the eastern boundary of Estonia, Soviet Union in Europe*).
Pe·king ['peːkɪŋ] *n capital of China.*
Pe·la·gi·schen In·seln [pe'laːgɪʃən 'ɪnzəln] (die) *pl* (the) Pelagian Islands (*island group to the south of Sicily, Italy*).
Pel·la ['pɛla] *n* a) *antiq. capital of Macedonia, in the north of Greece,* b) *Bibl. town in Palestine.*
Pell·worm [ˌpɛl'vɔrm] *n island of the North Frisians, BRD.*
Pe·lo·pon·nes [pelopɔ'neːs] (der, *auch* die) (the) Peloponnesus, *auch* (the) Peloponnese, (the) Peloponnesos (*peninsula forming the southern part of Greece*).
Pe·nang ['peːnaŋ] *n island in the southeast of Asia.*
Pen·ni·ni·sche Ge·bir·ge [pɛ'niːnɪʃə gə'bɪrgə] (das) (the) Pennine Mountains *pl* (*od.* Chain) (*range of hills in the north of England*).
Pen·ni·ni·schen Al·pen [pɛ'niːnɪʃən 'alpən] (die) *pl* → Walliser Alpen.
Penn·syl·va·ni·en [pɛnzɪl'vaːnĭən] *n* Pennsylvania (*state in the east of the USA*).
Pen·te·li·kon [pɛn'teːlikɔn] (der) (Mount) Pentelicus (*auch* Pentelikon) (*mountain in Attica, near Athens, Greece*).
Pe·räa [pe'rɛːa] *n antiq.* Per(a)ea (*region in Palestine*).
Per·ga·mon ['pɛrgamɔn] *n antiq.* Pergamum, *auch* Pergamon, Pergamus, Pergamos (*capital of the kingdom of Pergamum, in the west of Asia Minor*).
Per·len·in·seln ['pɛrlənˌʔɪnzəln] (die) *pl* (the) Pearl Islands, *auch* (the) Perlas Archipelago (*in the Gulf of Panama*).
Perl·fluß ['pɛrlˌflʊs] (der) → Kantonfluß.
Per·nam·bu·co, Per·nam·bu·ko [pɛrnam'buːko] *n hist. now* → Recife.
Per·se·po·lis [pɛr'zeːpolɪs] *n antiq. capital of Persia.*
Per·si·en ['pɛrzĭən] *n hist.* Persia (*now* → Iran).
Per·si·sche Golf ['pɛrzɪʃə 'gɔlf] (der) (the) Persian Gulf (*arm of the Arabian Sea, between Iran and Arabia*).
Pe·ru [pe'ruː] *n republic in South America.*
Pe·ters·burg ['peːtərsˌbʊrk], **Pe·tro·grad** ['peːtroˌgraːt] *n hist. now* → Leningrad.
Pfalz [pfalts] (die) (the) Palatinate, *auch* Lower (*od.* Rhine) Palatinate (*district in the southwest of the BRD*).
Pfäl·zer Wald ['pfɛltsər 'valt] (der) (the) Palatinate Forest (*to the southeast of Kaiserslautern, BRD*).
Pforz·heim ['pfɔrtsˌhaɪm] *n city in Baden-Württemberg, BRD.*
Phai·stos ['faɪstɔs] *n antiq. site of the ruins of a Minoan palace, Crete.*
Pha·ros ['faːrɔs] *n peninsula near Alexandria, Arab Republic of Egypt.*
Phar·sa·los ['farzalɔs; far'zaːlɔs] *n* Pharsalus (*city in central Greece*).
Phi·lip·pi [fi'lɪpi] *n antiq. ruined city in the northeast of Greece.*
Phi·lip·pi·nen [filɪ'piːnən] (die) *pl* a) (the) Philippines, *auch* (the) Philippine Islands (*archipelago in the Pacific*), b) (the) Philippines (*republic on* a).
Phle·gräi·schen Fel·der [fle'grɛːɪʃən 'fɛldər] (die) *pl* (the) Campi Phlegraei (*near Naples, Italy*).
Phnom Penh [pnɔm'pɛn] *n* Phnom Penh, *auch* Pnom Penh, Pnom-penh, Pnompenh (*capital of Cambodia*).
Pho·käa [fo'kɛːa] *n antiq.* Phocaea (*seaport in Asia Minor*).
Pho·kis ['foːkɪs] *n antiq.* Phocis (*district in central Greece*).
Phö·ni·ki·en [fø'niːkĭən], **Phö·ni·zi·en** [fø'niːtsĭən] *n antiq.* Phoenicia, *auch* Phenicia,

Phenice (*country in the west of Asia, in the region of modern Syria, Lebanon, and Israel*).

Phry·gi·en ['fry:gĭən] *n antiq.* Phrygia (*country in the west of central Asia Minor*).

Pi·car·die [pikar'di:] (die) Picardy (*region in the north of France*).

Pie·mont [pĭe'mɔnt] *n* Piedmont (*region in the north of Italy*).

Pi·kar·die [pikar'di:] (die) → Picardie.

Pi·la·tus [pi'la:tus] (der) (Mount) Pilatus (*in central Switzerland, near Lucerne*).

Pil·lau ['pılau] *n* a) Baltiisk (*town and naval base near Kaliningrad, Soviet Union in Europe*), b) *hist.* Seestadt Pillau (*seaport near Königsberg, East Prussia*).

Pil·sen ['pılzən] *n* a) Plzeň (*city in Czechoslovakia*), b) *hist. city in Bohemia.*

Pin·dos ['pındɔs] (der) (the) Pindus (Mountains *pl*) (*mountain range in central Greece*).

Pi·ra·ten·kü·ste [pi'ra:tən,kystə] (die) (the) Pirate Coast (*now* → Befriedete Oman).

Pi·rä·us [pi'rɛ:us] (der) Piraeus, *auch* Peiraeus (*port of Athens, Greece*).

Pi·sa ['pi:za] *n city in the northwest of Italy.*

Pi·si·di·en [pi'zi:dĭən] *n antiq.* Pisidia (*country in the south of Asia Minor*).

Piz Ber·ni·na ['pıts bɛr'ni:na] (der) (the) Piz Bernina (*highest peak in the Bernina group, Switzerland*).

Pjöng·jang [pjœŋ'jaŋ] *n* Pyongyang (*capital of North Korea*).

Pla·täa [pla'tɛ:ɛ] *n antiq.* Plataea, *auch* Plataeae (*city in Boeotia, Greece*).

Plat·ten·see ['platən,ze:] (der) Lake Balaton (*in the west of Hungary*).

Plön [plø:n] *n town in Schleswig-Holstein, BRD.*

Plö·ner See ['plø:nər 'ze:] (der) Lake Plön (*in Schleswig-Holstein, BRD*).

Plow·diw ['plɔvdıf] *n* Plovdiv (*city in Bulgaria*).

Pnom·penh [pnɔm'pɛn] *n* → Phnom Penh.

Po [po:] (der) (the) Po (*Italian river flowing into the Adriatic Sea*).

Po·len ['po:lən] *n* Poland (*people's republic in East[ern] Europe*).

Po·le·si·en [po'le:zĭən] *n* Polesie (*marshland in the southwestern part of the Soviet Union in Europe*).

Pol·ni·sche Kor·ri·dor ['pɔlnıʃə 'korido:r] (der) *hist.* (the) Polish Corridor (*strip of land in Poland which separated East Prussia from the main part of Germany*).

Pol·ta·wa [pɔl'ta:va] *n* Poltava (*city in the Ukraine, Soviet Union in Europe*).

Po·ly·ne·si·en [poly'ne:zĭən] *n* Polynesia (*islands in the central Pacific*).

Pom·mern ['pɔmərn] *n* a) Pomorze (*region in Poland*), b) *hist.* Pomerania (*former province of Prussia on the Baltic Sea*).

Pom·mer·sche Bucht ['pɔmərʃə 'buxt] (die) (the) Bay of Pomerania (*in the Baltic Sea*).

Pom·pe·ji [pɔm'pe:ji] *n* Pompeii (*city on the Bay of Naples, Italy; the ancient city was buried by an eruption of the nearby Mount Vesuvius in 79 A.D.*).

Pon·ti·ni·schen In·seln [pɔn'ti:nıʃən 'ınzəln] (die) *pl* → Ponza-Inseln.

Pon·ti·ni·schen Sümp·fe [pɔn'ti:nıʃən 'zympfə] (die) *pl* (the) Pontine Marshes (*area in the west of Italy; now drained*).

Pon·ti·sche Ge·bir·ge ['pɔntıʃə gə'bırgə] (das) (the) Pontic Mountains *pl* (*in the north of Anatolia, Asia*).

Pon·tos ['pɔntɔs] *n antiq.* Pontus (*country in the northeast of Asia Minor*).

Pon·tre·si·na [pɔntre'zi:na] *n resort in the Upper Engadine, Switzerland.*

Pon·tus Eu·xi·nus ['pɔntus ɔy'ksi:nus] (der) *antiq.* → Schwarze Meer.

Pon·za-In·seln ['pɔntsa,ʔınzəln] (die) *pl* (the) Ponza Islands (*Italian islands in the Tyrrhenian Sea*).

Port-au-Prince [pɔrto'prɛ̃:s] *n capital of Haiti.*

Por·ta West·fa·li·ca ['pɔrta vɛst'fa:lika] (die) → Westfälische Pforte.

Port Louis ['pɔ:rt 'lu:i; — 'lu:ıs] *n capital of and seaport in Mauritius.*

Port of Spain ['pɔ:rt əf 'spe:n] *n* Port-of--Spain: a) *capital of Trinidad and Tobago,* b) *seaport on Trinidad.*

Por·to No·vo ['pɔrto 'no:vo] *n capital of Dahomey.*

Por·to Ri·co, Por·to·ri·ko ['pɔrto 'ri:ko] *n* → Puerto Rico.

Port Said ['pɔrt 'zaıt] *n seaport in the Arab Republic of Egypt.*

Port Su·dan ['pɔrt zu'da:n] *n seaport in Sudan, on the Red Sea.*

Por·tu·gal ['pɔrtugal] *n republic on the Iberian Peninsula.*

Por·tu·gie·sisch Gui·nea [pɔrtu'gi:zıʃ gi'ne:a] *n hist.* Portuguese Guinea (*now* → Guinea-Bissau).

Por·tu·gie·sisch-Ost·afri·ka [pɔrtu'gi:zıʃ-'ʔɔst'ʔa:frika] *n hist.* Portuguese East Africa (*now* → Moçambique).

Por·tu·gie·sisch-Ti·mor [pɔrtu'gi:zıʃ-'ti:mɔr] *n* Portuguese Timor (*Portuguese overseas territory comprising the eastern part of the island Timor*).

Por·tu·gie·sisch-West·afri·ka [pɔrtu'gi:zıʃ-'vɛst'ʔa:frika] *n hist.* Portuguese West Africa (*now* → Angola).

Po·sen ['po:zən] *n* Poznán (*city in Poland*).

Pots·dam ['pɔts,dam] *n* a) *district of the DDR,* b) *capital of* a.

Prag [pra:k] *n* Prague: a) *capital of Czechoslovakia,* b) *capital of Čechy,* c) *hist. capital of Bohemia.*

Praia ['praıa] *n capital of the Cape Verde Islands.*

Prenz·lau·er Berg ['prɛntslauər 'bɛrk] (der) *administrative district of East Berlin, DDR.*

Preß·burg ['prɛs,burk] *n* a) Bratislava (*capital of Slovakia, on the Danube river, Czechoslovakia*), b) *hist.* Pressburg.

Pre·to·ria [pre'to:rĭa] *n capital of the Republic of South Africa.*

Preu·ßen ['prɔysən] *n hist.* Prussia (*former kingdom and state in the north of Germany*).

Prinz-Edu·ard- und Ma·ri·on·in·seln [,prınts'ʔe:dŭart ,ʔunt 'ma:rĭɔn,ʔınzəln] (die) *pl* (the) Prince Edward and Marion Islands (*in the Indian Ocean, to the south of Africa*).

Pu·er·to Ri·co ['pŭɛrto 'ri:ko] *n island in the central West Indies.*

Pu·na·kha ['pu:naka] *n capital of Bhutan during the winter.*

Pu·san [pu'zan] *n seaport in South Korea.*

Pu·ster·tal ['pustər,ta:l] (das) (the) Puster Tal, (the) Pusteria (*Alpine valley in East Tyrol and South Tyrol*).

Pyd·na ['pydna] *n antiq. town in Macedonia.*

Py·los ['py:lɔs] *n* Pylos, Navarino (*seaport in the southwest of the Peloponnesus, Greece*).

Py·re·nä·en [pyre'nɛ:ən] (die) *pl* (the) Pyrenees (*mountain range along the border between Spain and France*).

Py·re·nä·en·halb·in·sel [pyre'nɛ:ən,halp-,ʔınzəl] (die) (the) Iberian (*od.* Spanish) Peninsula (*Europe, occupied by Spain and Portugal*).

Pyr·mont, Bad *n* → Bad Pyrmont.

Q

Qa·tar ['katar] *n sheikdom in the east of Arabia, in the Persian Gulf.*

Qued·lin·burg ['kve:dlın,burk] *n city in the district of Halle, DDR.*

Queens·land ['kvi:nslənt] *n second largest state in Australia.*

Que·moy [ke'mɔy] *n island in the Formosa Strait.*

Quer·furt ['kve:r,furt] *n city in the district of Halle, DDR.*

Que·zon Ci·ty [ke'sɔn 'sıti] *n capital of the Philippines.*

Qui·to ['ki:to] *n capital of Ecuador.*

R

Raab [ra:p] (die) (the) Raab, (the) Rába (*river rising in Austria and flowing into the Danube river in Hungary*).

Ra·bat [ra'ba(:)t; 'ra:bat] *n capital of Morocco.*

Rad·stadt ['ra:t,ʃtat] *n town in the province of Salzburg, Austria.*

Rad·städ·ter Tau·ern[1] ['ra:t,ʃtɛ(:)tər 'tauərn] (die) *pl* (the) Radstädter Tauern (*western part of the Lower Tauern, Austria*).

Rad·städ·ter Tau·ern[2] ['ra:t,ʃtɛ(:)tər 'tauərn] (der) *mountain pass on the way from Radstadt to Mauterndorf, Austria.*

Ran·gun [raŋ'gu:n] *n* Rangoon (*capital of Burma*).

Ra·pal·lo [ra'palo] *n seaport on the Gulf of Genoa, Italy; treaty between Russia and Germany, 1922.*

Ras al-Khai·mah ['ra:s al'xaıma] *n sheikdom and port on the Persian Gulf.*

Ra·statt ['raʃtat; 'rastat] *n city in Baden--Württemberg, BRD; Treaty of Rastatt, 1714.*

Ra·tak·in·seln ['ra:tak,ʔınzəln] (die) *pl* (the) Ratak (*od.* Radak) Islands (*eastern chain of the Marshall Islands, in the Pacific*).

Rä·ti·en ['rɛ:tsĭən] *n antiq.* R(h)aetia (*Roman province, including most of what is now the Tyrol, Vorarlberg, and the Grisons*).

Rä·ti·kon ['rɛ:tikɔn] (der, *auch* das) *section of the East Alps on the Swiss-Austrian border.*

Rä·ti·schen Al·pen ['rɛ:tıʃən 'alpən] (die) *pl* (the) Rhaetian Alps (*section of the Alps in the east of Switzerland*).

Rat·ze·burg ['ratsə,burk] *n town in Schleswig-Holstein, BRD.*

Rat·ze·bur·ger See ['ratsə,burgər 'ze:] (der) Lake Ratzeburg (*to the southeast of Lübeck, Schleswig-Holstein, BRD*).

Ra·ven·na [ra'vɛna] *n* a) *province in the northeast of Italy,* b) *capital of* a.

Ra·wal·pin·di [raval'pındi] *n city in the northwest of Pakistan.*

Re·ci·fe [re'si:fe] *n* Recife, *auch* Pernambuco (*seaport in the east of Brazil*).

Reck·ling·hau·sen [,rɛklıŋ'hauzən] *n city in North Rhine-Westphalia, BRD.*

Red·nitz ['re:dnıts] (die) (the) Rednitz (*West German river which, united with the Pegnitz river, forms the Regnitz river*).

Re·gens·burg ['re:gəns,burk] *n* Regensburg, *obs.* Ratisbon (*capital of Upper Palatinate, Bavaria, BRD*).

Reg·nitz ['re:gnıts] (die) (the) Regnitz (*West German river flowing into the Main river*).

Rei·che·nau[1] ['raıçənau] (die) *island in the Lake of Constance, BRD.*

Rei·che·nau[2] ['raıçənau] *n town on Reichenau*[1].

Rei·chen·berg ['raıçən,bɛrk] *n* a) Liberec (*city in Czechoslovakia*), b) *hist. city in Bohemia.*

Rei·chen·hall, Bad *n* → Bad Reichenhall.

Reims [raıms] *n* Reims, *auch* Rheims (*city in the northeast of France*).

Rei·nicken·dorf (*getr.* -k·k-) ['raınıkən,dɔrf] *n administrative district of West Berlin.*

Re·ma·gen ['re:ma:gən] *n town on the Rhine, near Coblenz, Rhineland-Palatinate, BRD; hotly contested bridgehead during World War II.*

Rem·scheid ['rɛm,ʃaıt] *n industrial city in North Rhine-Westphalia, BRD.*

Rends·burg ['rɛnts,burk] *n town in Schleswig-Holstein, BRD.*

Re·pu·blik Ir·land [repu'bli:k 'ır,lant] (die) (the) Republic of Ireland.

Re·pu·blik Ko·rea [repu'bli:k ko're:a] (die) (the) Republic of Korea.

Re·pu·blik Süd·afri·ka [repu'bli:k 'zy:t-'ʔa:frika] (die) (the) Republic of South Africa.

Re·pu·blik Vi·et·nam [repu'bli:k vĭet'nam] (die) (the) Republic of Viet-Nam.

Re·schen·paß ['rɛʃən,pas] (der) (the) Reschen Pass (*mountain pass on the border between the Tyrol and Italy*).

Ré·uni·on [rey'nĭõ:] *n island in the Indian Ocean.*

Reuß [rɔys] (die) (the) Reuss (*Swiss river flowing into the Aare river*).

Re·val ['re:val] *n* a) Tallin(n) (*capital of the Estonian Republic, Soviet Union in Europe*), b) *hist. capital of Estonia.*

Rey·kja·vik ['raıkjavi:k; -vık] *n seaport in and capital of Iceland.*

Rhein [raın] (der) (the) Rhine (*river in West Europe, rising in Switzerland and flowing through the BRD into the North Sea*).

Rhei·ne (in West·fa·len) ['raınə (ın ,vɛst'fa:lən)] *n* Rheine (in Westphalia) (*city on the Ems river, North Rhine-Westphalia, BRD*).

Rhein·fall ['raın,fal] (der) (the) Rhine Falls *pl*, (the) Schaffhausen Falls *pl* (*waterfall in the Rhine river near Schaffhausen, Switzerland*).

Rhein·gau ['raın,gau] (der) (the) Rhinegau (*wine-growing region between Wiesbaden and Rüdesheim, Hesse, BRD*).

Rhein-Her·ne-Ka·nal ['raın'hɛrnəka,na:l] (der) (the) Rhine-Herne Canal (*between* *the Rhine and Lippe rivers near Duisburg, North Rhine-Westphalia, BRD*).

Rhein·hes·sen ['raɪn,hɛsən] *n* Rhinehessen, *auch* Rhenish Hesse: a) *part of Hesse, BRD*, b) *hist. Prussian province.*

Rhein·hes·sen-Pfalz ['raɪn,hɛsən'pfalts] Rhinehesse-Palatinate (*district of Rhineland-Palatinate, BRD*).

Rhei·ni·sche Schie·fer·ge·bir·ge ['raɪnɪʃə 'ʃiːfərgə,bɪrgə] (das) (the) Rhenish Slate Mountains *pl* (*mountain range in the west of the BRD*).

Rhein·land ['raɪn,lant] (das) (the) Rhineland: a) *part of the BRD to the west of the Rhine river*, b) *hist.* → Rheinprovinz.

Rhein·lan·de ['raɪn,landə] (die) *pl* Rhinelands (*regions on both sides of the Rhine river, BRD*).

Rhein·land-Pfalz ['raɪn,lant'pfalts] *n* Rhineland-Palatinate (*Land of the BRD*).

Rhein-Main-Do·nau-Ka·nal ['raɪn'maɪn-'doːnaʊka,naːl] (der) (the) Rhine-Main-Danube Canal (*BRD*).

Rhein-Mar·ne-Ka·nal ['raɪn'marnəka-,naːl] (der) (the) Rhine-Marne Canal.

Rhein·pfalz ['raɪn,pfalts] (die) Rhine Palatinate (*section of the old German Palatinate lying to the west of the Rhine river*).

Rhein·pro·vinz ['raɪnpro,vɪnts] (die) *hist.* (the) Rhine Province, Rhenish Prussia.

Rhein-Rho·ne-Ka·nal ['raɪn'roːnəka,naːl] (der) (the) Rhine-Rhone Canal.

Rheydt [raɪt] *n city in North Rhine-Westphalia, BRD.*

Rho·de·si·en [ro'deːzĭən] *n* a) Rhodesia (*region in South Africa*), b) Republic of Rhodesia, *auch* Rhodesia.

Rho·do·pe·ge·bir·ge ['roːdopegə,bɪrgə] (das), **Rho·do·pen** [ro'doːpən] (die) *pl* Rhodope (Mountains *pl*) (*mountain range in Bulgaria*).

Rho·dos ['roːdɔs] *n* Rhodes: a) *Greek island in the Aegean Sea, largest of the Dodecanese Islands*, b) *seaport on* a.

Rhön [røːn] (die) (the) Rhön (*mountain range in the north of Lower Franconia, Bavaria, BRD*).

Rho·ne ['roːnə] (die) (the) Rhone (*river in Europe, rising in Switzerland and flowing through the Lake of Geneva and France into the Mediterranean Sea*).

Rie·sen·ge·bir·ge ['riːzəngə,bɪrgə] (das) (the) Riesen Gebirge, (the) Riesengebirge, (the) Giant Mountains *pl* (*mountain range, on the boundary between Germany and Czechoslovakia; section of the Sudeten Mountains*).

Rif [riːf] (das) Er Rif(f) (*mountainous coastal region in the north of Morocco*).

Ri·ga ['riːga] *n capital of and seaport in the Latvian Republic, Soviet Union in Europe.*

Ri·ga·er Bucht ['riːgaər 'buxt] (die), **Ri·gai·sche Meer·bu·sen** ['riːga-ɪʃə 'meːr-,buːzən] (der) (the) Gulf of Riga (*inlet of the Baltic Sea*).

Ri·gi ['riːgi] (der, *auch* die) (the) Rig(h)i (*mountain in central Switzerland, between the Lake of Lucerne and the Lake of Zug*).

Rijs·wijk ['raɪsvaɪk] *n* Ryswik (*town in the Netherlands, near The Hague*).

Rio ['riːo] *n short for* Rio de Janeiro.

Rio de Ja·nei·ro ['riːo de ʒa'neːro] *n* Rio de Janeiro, *auch* Rio: a) *state in the southeast of Brazil*, b) *seaport and former capital of Brazil.*

Río de Oro ['riːo de 'oːro] *n southern part of Spanish Sahara.*

Riß [rɪs] (die) (the) Riss: a) *river rising in Austria and flowing into the Danube river in the BRD*, b) *river rising in Austria and flowing into the Isar river in the BRD.*

Riu·kiu·in·seln ['rĭuːkĭu,ʔɪnzəln] (die) *pl* (the) Ryukyu Islands (*chain of islands in the West Pacific*).

Ri·vie·ra [ri'vĭeːra] (die) (the) Riviera (*region and resort area along the Mediterranean coast from Marseilles, France, to La Spezia, Italy*).

Rja·san [rja'zan] *n* Ryazan (*city in the central Soviet Union in Europe*).

Road Town ['roːt 'taʊn] *n capital of the British Virgin Islands.*

Rom [roːm] *n* Rome (*capital of Italy*).

Ro·sen·gar·ten ['roːzən,gartən] (der) (the) Rosengarten (*massif in the Dolomites, Italy*).

Ross·in·sel ['rɔs,ʔɪnzəl] (die) Ross Island (*island off the coast of Victoria Land*).

Ross·meer ['rɔs,meːr] (das), **Roß·see** ['rɔs-,zeː] (die) (the) Ross Sea (*arm of the Antarctic Ocean*).

Ro·stock ['rɔstɔk] *n* a) *district of the DDR*, b) *capital of* a *and seaport on the Baltic Sea.*

Ro·stow (am Don) [rɔs'tɔf (am 'dɔn)] *n* Rostov (on the Don) (*seaport in the south of the Soviet Union in Europe, near the Sea of Azov*).

Ro·te Main ['roːtə 'maɪn] (der) (the) Red Main (*tributary of the Main river, BRD*).

Ro·te Meer ['roːtə 'meːr] (das) (the) Red Sea (*between Africa and Arabia, connected to the Mediterranean Sea by the Suez Canal*).

Ro·then·burg (ob der Tau·ber) ['roːtən-,bʊrk (ɔp der 'taʊbər)] *n city in Middle Franconia, Bavaria, BRD.*

Rot·ter·dam [,rɔtər'dam; 'rɔtər,dam] *n seaport in the Netherlands.*

Ru·an·da ['rŭanda] *n* Rwanda (*republic in Central Africa*).

Ru·an·da-Urun·di ['rŭandaʔu'rʊndi] *n hist. territory in Central Africa, now divided* → Ruanda, Burundi.

Rub al-Cha·li ['rʊp al'xaːli], **Rub al Khali** ['rʊp al'kaːli] (die) (the) Rub' al Khali, *auch* Ar Rimal, Dahna, (the) Great Sandy Desert (*in the south of Arabia*).

Ru·bi·kon ['ruːbikɔn] (der) (the) Rubicon (*river in the north of Italy*).

Rü·des·heim ['ryːdəs,haɪm] *n town on the Rhine river, BRD.*

Rü·gen ['ryːgən] *n island in the Baltic Sea, DDR.*

Ruhr [ruːr] (die) (the) Ruhr (*West German river flowing into the Rhine river*).

Ruhr·ge·biet ['ruːrgə,biːt] (das) (the) Ruhr (District) (*mining and industrial center of the BRD*).

Ru·mä·ni·en [ru'mɛːnĭən] *n* Rumania, *auch* Ro(u)mania (*republic in Southeast Europe*).

Ru·me·li·en [ru'meːlĭən] *n hist.* a) Rumelia (*division of the Turkish Empire including Albania, Macedonia, and Thrace*), b) (Eastern) Rumelia (*auch* Roumelia) (*province within this division*).

Rüs·sels·heim ['rʏsəls,haɪm] *n industrial city in Hesse, BRD.*

Ruß·land ['rʊs,lant] *n* Russia.

Rüt·li ['ryːtli] *n meadow in the Swiss canton of Uri, where the foundation of the Swiss confederation was laid in 1291.*

Rwan·da ['rŭanda] *n* → Ruanda.

S

Saa·le ['zaːlə] (die) (the) Saale: a) *auch* Sächsische Saale (the) Saxon Saale (*river rising in the BRD and flowing into the Elbe river in the DDR*), b) *auch* Fränkische Saale (the) Franconian Saale (*West German river flowing into the Main river*).

Saa·ne ['zaːnə] (die) (the) Saane (*Swiss river flowing into the Aare river*).

Saa·nen ['zaːnən] *n resort in the Bernese Alps, Switzerland.*

Saar [zaːr] (die) (the) Saar: a) *river in West Europe, rising in France and flowing into the Moselle river in the BRD*, b) → Saarland.

Saar·brücken (*getr.* -k·k-) [,zaːr'brʏkən] *n capital of the Saarland, BRD.*

Saar·ge·biet ['zaːrgə,biːt] (das) *hist.* (the) Saar(land) (*region on the Franco-German border; now* → Saarland).

Saar·land ['zaːr,lant] (das) (the) Saar(land) (*Land of the BRD*).

Saas Fee [,zaːs 'feː] *n resort in the Swiss canton of Valais.*

Saaz [zaːts] *n* a) Žatec (*city in Czechoslovakia*), b) *hist. city in Bohemia.*

Sa·ba ['zaːba] *n* Saba: a) (*island in the Netherlands Antilles, Leeward Islands*), b) *antiq. auch* Sheba (*country in Arabia*).

Sa·bah ['zaːba] *n part of the Federation of Malaysia, in the northeast of Borneo.*

Sa·bi·ner Ber·ge [za'biːnər 'bɛrgə] (die) *pl* (the) Sabine Hills (*mountain range of the Apennines, to the northeast of Rome, Italy*).

Sa·cha·lin [zaxa'liːn] *n* Sakhalin (*island to the north of Japan*).

Sach·sen ['zaksən] *n hist.* Saxony.

Sach·sen-Al·ten·burg ['zaksən'ʔaltən-,bʊrk] *n hist.* Saxe-Altenburg (*duchy in Thuringia*).

Sach·sen-An·halt ['zaksən'ʔan,halt] *n hist.* Saxony-Anhalt (*Land of the DDR, 1947—1952*).

Sach·sen-Co·burg und Go·tha ['zaksən-'koː,bʊrk ,ʊnt 'goːta] *n hist.* Saxe-Coburg-Gotha (*duchy in Thuringia*).

Sach·sen-Mei·nin·gen ['zaksən'maɪnɪŋən] *n hist.* Saxe-Meiningen (*duchy in Thuringia*).

Sach·sen-Wei·mar-Ei·sen·ach ['zaksən-'vaɪmar'ʔaɪzənax] *n hist.* Saxe-Weimar-Eisenach (*duchy in Thuringia*).

Säch·si·sche Nord·mark ['zɛksɪʃə 'nɔrt-,mark] (die) *hist.* → Nordmark.

Säch·si·sche Saa·le ['zɛksɪʃə 'zaːlə] (die) → Saale a.

Säch·si·sche Schweiz ['zɛksɪʃə 'ʃvaɪts] (die) (the) Saxon Switzerland (*part of the Elbsandsteingebirge, DDR*).

Sa·do·wa [za'doːva] *n hist. village in Bohemia; name sometimes given to battle of Königgrätz, 1866.*

Sa·gunt [za'gʊnt] *n* Sagunto (*city in the province of Valencia, Spain*).

Sa·ha·ra [za'haːra; 'zaːhara] (die) (the) Sahara (*desert in North Africa*).

Sai·gon ['zaɪgɔn; zaɪ'gɔn] *n capital of South Viet-Nam and seaport.*

Saint-Denis [zɛ̃də'niː] *n* St. Denis (*capital of Réunion*).

Sa·ja·ni·sche Ge·bir·ge [za'jaːnɪʃə gə'bɪrgə] (das) (the) Sayan Mountains *pl* (*in the south of the Soviet Union in Asia*).

Sa·kin·thos [za'kɪntɔs] *n* Zante, Zakynthos: a) *Greek island off the western coast of Greece*, b) *capital of and seaport on* a.

Sak·ka·ra [za'kaːra] *n* Saqqara, *auch* Sakkara (*village near Cairo, Arab Republic of Egypt; site of the necropolis of ancient Memphis*).

Sa·la·mis ['zaːlamɪs] *n* a) *island to the west of Athens, Greece, in the Gulf of Aegina; defeat of the Persians by the Greek fleet, 480 B.C.*, b) *antiq. city on Cyprus.*

Sa·lem ['zaːləm] *n village in Baden-Württemberg, BRD.*

Sa·ler·no [za'lɛrno] *n* a) *province in the southwest of Italy*, b) *seaport in and capital of* a.

Salis·bu·ry ['zoːlsbəri] *n capital of Southern Rhodesia.*

Sa·lo·mo·nen [zalo'moːnən], **Sa·lo·mon·in·seln** ['zaːlomən,ʔɪnzəln] (die) *pl* (the) Solomon Islands (*archipelago in the West Pacific*).

Sa·lo·ni·ki [zalo'niːki] *n* Salonika, *auch* Salonica, Saloniki (*seaport in south-central Macedonia, Greece*).

Sal·va·dor[1] [zalva'doːr] *n* → El Salvador.

Sal·va·dor[2] [zalva'doːr] *n seaport in the east of Brazil.*

Salz·ach ['zaltsax] (die) (the) Salzach (*river rising in Austria and flowing into the Inn river on the West German border*).

Salz·burg ['zalts,bʊrk] *n* a) *province in the west of Austria*, b) *capital of* a.

Salz·bur·ger Al·pen ['zalts,bʊrgər 'alpən] (die) *pl* (the) Salzburg Alps (*mountain range bordering on Austria and Bavaria*).

Salz·git·ter [,zalts'gɪtər] *n city in Lower Saxony, BRD.*

Salz·kam·mer·gut ['zalts,kamər,guːt] (das) (the) Salzkammergut (*mountainous district with forests and lakes, mainly in Upper Austria but partly in Styria and Salzburg*).

Sa·mar [za'mar] *n island in the Philippines.*

Sa·ma·ria [zama'riːa; za'maːrĭa] *n antiq.* a) *kingdom of Israel, the Northern Kingdom*, b) *capital of* a, c) *region in Palestine, between Galilee and Judaea.*

Sa·mar·kand [zamar'kant] *n* Samarkand, *auch* Samarcand (*city in the southwest of the Soviet Union in Asia*).

Sam·be·si [zam'beːzi] (der) (the) Zambezi (*river in South Africa*).

Sam·bia ['zambĭa] *n* Zambia (*republic in South Africa*).

Sa·moa [za'moːa] *n*, **Sa·moa·in·seln** [za-'moːa,ʔɪnzəln] (die) *pl* Samoa *sg*, (the) Samoa Islands *pl* (*group of islands in the South Pacific*).

Sa·mo·je·den·halb·in·sel [zamo'jeːdən-,halp,ʔɪnzəl] (die) *hist.* (the) Samoyed Peninsula (*now* → Jamal).

Sa·mos ['zaːmɔs] *n Greek island in the east of the Aegean Sea.*

Sa·mo·thra·ke [zamo'traːke] *n* Samothrace (*Greek island in the northeast of the Aegean Sea*).

Sa·na [za'naː; 'zaːna] *n capital of the Yemen Arab Republic.*

Sa·na'a [za'na:] *n* → Sana.
San-Ber·nar·di·no [zanbɛrnar'di:no] (der) → Sankt Bernhardin-Paß.
Sand·wich·in·seln ['zɛntvɪtʃ,ˀɪnzəln] (die) *pl hist.* (the) Sandwich Islands (*now* → Hawaii-Inseln).
San Jo·sé [zanxo'ze:] *n capital of Costa Rica.*
San Ju·an [zan'xŭan] *n capital of Puerto Rico and seaport.*
Sankt An·ton am Arl·berg [,zaŋkt 'anto:n am 'arl,bɛrk] *n* St. Anton on the Arlberg (*skiing center in the Tyrol, Austria*).
Sankt Bern·hard [,zaŋkt 'bɛrn,hart] (der) (the) St. Bernard (Pass): a) → Große Sankt Bernhard, b) → Kleine Sankt Bernhard.
Sankt Bern·har·din-Paß [,zaŋkt bɛrnhar'di:n,pas] (der) (the) San Bernardino (Pass) (*mountain pass in the southeast of Switzerland*).
Sankt Gal·len [,zaŋkt 'galən] *n* St. Gallen, St. Gall: a) *canton in the northeast of Switzerland,* b) *capital of* a.
Sankt Go·ars·hau·sen [,zaŋkt go,a:rs'hauzən] St. Goarshausen (*town on the Rhine river, Rhineland-Palatinate, BRD*).
Sankt Gott·hard [,zaŋkt 'gɔt,hart] (der) a) (the) St. Got(t)hard (*mountain range in the south of Switzerland*), b) (the) St. Got(t)hard (Pass) (*mountain pass over* a).
Sankt He·le·na [,zaŋkt 'he:lena] *n* St. Helena (*island in the South Atlantic; Napoleon's place of exile, 1815—1821*).
Sankt-Lo·renz-Strom [,zaŋkt'lo:rɛnts,ʃtro:m] (der) (the) St. Lawrence (*river in the southeast of Canada, forming part of the border between the USA and Canada*).
Sankt Mar·tin [,zaŋkt 'marti:n] *n* St. Martin (*one of the Leeward Islands in the West Indies*).
Sankt Mo·ritz [,zaŋkt 'mo:rɪts; — mo'rɪts] *n* St. Moritz (*skiing center in the Upper Engadin in the Swiss canton of the Grisons*).
Sankt Pe·ters·burg [,zaŋkt 'pe:tərs,burk] *n hist.* St. Petersburg (*now* → Leningrad).
Sankt Pöl·ten [,zaŋkt 'pœltən] *n* St. Pölten (*town to the west of Vienna, Austria*).
Sankt Vin·cent [,zaŋkt 'vɪntsɛnt] *n* St. Vincent (*one of the Associated States in the Windward Islands, in the West Indies*).
San Ma·ri·no [zanma'ri:no] *n* a) *small republic in the east of Italy,* b) *capital of* a.
San Re·mo [zan're:mo] *n seaport and resort on the Riviera, Italy.*
San Sal·va·dor [zanzalva'do:r] *n* San Salvador: a) *capital of El Salvador,* b) *auch* Watling Island (*island in the Bahamas*).
San·si·bar ['zanziba:r] *n* Zanzibar (*island off the east coast of Africa*).
San·ta-Bar·ba·ra-In·seln ['zanta'barbara,ˀɪnzəln] (die) *pl* (the) Santa Barbara Islands (*group of islands off the southwest coast of California*).
San·ta Cruz ['zanta 'krus] *n island of the Lesser Antilles, in the West Indies.*
San·ta Isa·bel ['zanta iza'bɛl] *n capital of Equatorial Guinea.*
San·ta Lu·cia ['zanta 'lu:tsĭa] *n* St. Lucia (*largest of the Windward Islands, in the West Indies*).
Sant·ia·go (de Chi·le) [zan'tĭa:go (de 'tʃi:le)] *n capital of Chile.*
Sän·tis ['zɛntɪs] (der) *mountain group in the south of the canton of Appenzell, Switzerland.*
San·to Do·min·go ['zanto do'mɪŋgo] *n capital of the Dominican Republic.*
San·to·rin [zanto'ri:n] *n* Santorin, Santorini (*now* → Thera).
Sa·po·rosch·je [zapo'ro:ʒĭe] *n* Zaporozhe (*city in the Ukraine, Soviet Union in Europe*).
Sap·po·ro [za'po:ro] *n city on Hokkaido, Japan.*
Sa·ra·gos·sa [zara'gɔsa] *n city in the northeast of Spain.*
Sa·ra·je·wo [zara'je:vo] *n* Sarajevo, *auch* Serajevo (*city in Bosnia, Yugoslavia; assassination of the Austrian archduke Francis Ferdinand, June 28, 1914*).
Sa·ra·tow [za'ra:tɔf] *n* Saratov (*city on the Volga river, Soviet Union in Europe*).
Sa·ra·wak [za'ra:vak] *n part of the Federation of Malaysia.*
Sar·des ['zardɛs] *n antiq.* Sardis, *auch* Sardes (*capital of the ancient kingdom of Lydia, Asia Minor*).
Sar·di·ni·en [zar'di:nĭən] *n* Sardinia: a) *large island in the Mediterranean Sea, to the west of Italy,* b) *hist. kingdom, 1720—1860, including Sardinia and Savoy, Piedmont and Genoa.*
Sa·re·ma ['za:rema] *n* → Ösel.
Sar·ma·ti·en [zar'ma:tsĭən] *n antiq.* Sarmatia (*region in the northeast of Europe, between the Vistula and Volga rivers*).
Sar·nen ['zarnən] *n capital of the Swiss demicanton of Obwalden.*
Sa·ro·ni·sche Golf [za'ro:nɪʃə 'gɔlf] (der) (the) Saronic Gulf, (the) Gulf of Aegina (*arm of the Aegean Sea*).
Sa·se·no ['za:zeno] *n* Saseno, *auch* Sazan (*Albanian island in the Adriatic Sea*).
Saß·nitz ['zasnɪts] *n* Sassnitz (*seaport on the east coast of Rügen, DDR*).
Sath·mar ['zatmar] *n* Satu-Mare (*city in the northwest of Rumania*).
Sat·ledsch ['zatlɛtʃ] (der) (the) Sutlej (*river in the south of Asia, rising in Tibet and flowing through India and Pakistan*).
Sau [zau] (die) → Save[1].
Sau·di-Ara·bi·en ['zaudiˀa,ra:bĭən] *n* Saudi Arabia (*kingdom in northern and central Arabia*).
Sau·er·land ['zauər,lant] (das) *region in North Rhine-Westphalia, BRD.*
Sa·ve[1] ['za:və] (die) (the) Sava, *auch* (the) Save (*Yugoslavian river flowing into the Danube river*).
Sa·ve[2] [za:f] (die) (the) Save (*French river flowing into the Garonne river*).
Sa·voy·en [za'vɔɪən] *n hist.* Savoy (*region in the French Alps*).
Sa·voy·er Al·pen [za'vɔyər 'alpən] (die) *pl* (the) Savoy Alps (*mountain range in the southeast of France*).
Sa·zan [za'zan] *n* → Saseno.
Schach·ty ['ʃaxti] *n* Shakhty (*city in the Donets Basin, Soviet Union in Europe*).
Schaff·hau·sen [,ʃaf'hauzən] *n* a) *canton in the north of Switzerland,* b) *capital of* a.
Schang·hai ['ʃaŋhaɪ; ʃaŋ'haɪ] *n* Shanghai (*seaport in the east of China*).
Schan·si ['ʃanzi] *n* Shansi (*province in the north of China*).
Schan·staa·ten ['ʃan,ʃta:tən] (die) *pl* (the) Shan States (*Indochina*).
Schan·tung ['ʃantuŋ] *n* Shantung (*province in the northeast of China*).
Schar·dscha ['ʃardʒa] *n* Sharja (*town on the southeast coast of the Persian Gulf*).
Scha·ri ['ʃa:ri] (der) (the) Chari (*river in Central Africa*).
Schatt el Arab ['ʃat ɛl'ˀarap] (der) (the) Shatt-al-Arab (*river in Iraq*).
Schau·hing ['ʃauhɪŋ] *n* Shaohing (*city in the province of Chekiang, China*).
Schda·now ['ʃda:nɔf] *n* Zhdanov (*seaport on the Sea of Azov, Soviet Union in Europe*).
Schel·de ['ʃɛldə] (die) (the) Scheldt, (the) Schelde (*river rising in France and flowing through Belgium and the Netherlands into the North Sea*).
Schen·jang ['ʃɛnjaŋ] *n* Shenyang (*now* → Mukden).
Schen·si ['ʃɛnzi] *n* Shensi (*province in the north of China*).
Schi·ko·ku [ʃi'ko:ku] *n* Shikoku (*smallest of the main islands of Japan*).
Schi·mo·no·se·ki [ʃimono'ze:ki] *n* Shimonoseki (*seaport on Honshu, Japan*).
Schip·ka·paß ['ʃɪpka,pas] (der) (the) Shipka Pass (*mountain pass in central Bulgaria*).
Schi·ras ['ʃi:ras; ʃi'ra:s] *n* Shiraz (*city in the southwest of Iran*).
Schi·to·mir [ʃi'to:mi:r] *n* Zhitomir, *auch* Jitomir (*city in the central Ukraine, Soviet Union in Europe*).
Schi·zu·oka [ʃitsu'o:ka] *n* Shizuoka (*seaport on Honshu, Japan*).
Schlei [ʃlaɪ] (die) (the) Schlei (*inlet of the Baltic Sea on the east coast of Schleswig-Holstein, BRD*).
Schle·si·en ['ʃle:zĭən] *n* a) Slask (*region in the southwest of Poland*), b) Slezsko (*region in the north of Czechoslovakia*), c) *hist.* Silesia (*now region in Poland*).
Schle·si·sche Nei·ße ['ʃle:zɪʃə 'naɪsə] (die) → Neiße b.
Schles·wig ['ʃle:svɪç] *n* a) *seaport on the Baltic Sea, BRD,* b) *hist.* Schleswig, *auch* Sleswick, Slesvig (*duchy of Denmark*).
Schles·wig-Hol·stein ['ʃle:svɪç'hɔl,ʃtaɪn] *n Land of the BRD.*
Schlier·see ['ʃli:r,ze:] (der) *lake in Upper Bavaria, BRD.*
Schmal·kal·den [ʃmal'kaldən] *n* Smalcald, Smalkald (*town in Thuringia, DDR*).
Schnee·kop·pe ['ʃne:,kɔpə] (die) *highest point in the Riesengebirge, on the border between Czechoslovakia and Poland.*
Schoa ['ʃo:a] *n* Shoa (*province of Ethiopia*).
Scho·la·pur ['ʃo:lapu:r] *n* Sholapur (*city in the southwest of India*).
Schö·ne·berg ['ʃøːnə,bɛrk] *n administrative district of West Berlin.*
Scho·nen ['ʃo:nən] *n hist.* Scania (*province in the south of Sweden*).
Schott·land ['ʃɔt,lant] *n* Scotland.
Schwa·ben ['ʃva:bən] *n* Swabia: a) *administrative district in the southwest of Bavaria, BRD,* b) *hist. medieval duchy in the southwest of Germany.*
Schwä·bi·sche Alb ['ʃvɛ:bɪʃə 'alp] (die), **Schwä·bi·sche Ju·ra** ['ʃvɛ:bɪʃə 'ju:ra] (der) (the) Swabian Jura (*mountain range in the southwest of the BRD*).
Schwä·bisch Gmünd ['ʃvɛ:bɪʃ 'gmʏnt] *n city in Baden-Württemberg, BRD.*
Schwä·bisch Hall ['ʃvɛ:bɪʃ 'hal] *n city in Baden-Württemberg, BRD.*
Schwar·ze Meer ['ʃvartsə 'me:r] (das) (the) Black Sea (*between Europe and Asia*).
Schwarz·wald ['ʃvarts,valt] (der) (the) Black Forest (*wooded mountain range in the southwest of the BRD*).
Schwe·den ['ʃve:dən] *n* Sweden (*kingdom in Northern Europe*).
Schwein·furt ['ʃvaɪn,furt] *n city on the Main river, Lower Franconia, Bavaria, BRD.*
Schweiz [ʃvaɪts] (die) Switzerland (*republic in Central Europe*).
Schwei·zer Ju·ra ['ʃvaɪtsər 'ju:ra] (der) (the) Swiss Jura (*extending from Biel to the extreme northwest of Switzerland*).
Schwe·rin [ʃve'ri:n] *n* a) *district of the DDR,* b) *capital of* a.
Schwe·ri·ner See [ʃve'ri:nər 'ze:] (der) (the) Lake of Schwerin (*DDR*).
Schwyz [ʃvi:ts] *n* a) *canton in central Switzerland,* b) *capital of* a.
Scil·ly-In·seln ['sɪli,ˀɪnzəln] (die) *pl* (the) Scilly Isles (*auch* Islands) (*group of small islands to the southwest of England*).
Se·dan [zə'dã:] *n city in the northeast of France; scene of French defeat, 1870.*
See·al·pen ['ze:,ˀalpən] (die) *pl* (the) Maritime Alps (*section of the Alps in the southeast of France and northwest of Italy*).
See Ge·ne·za·reth ['ze: ge'ne:tsarɛt] (der) (the) Sea of Galilee, (the) Lake of Gennesaret, *auch* (the) Sea of Tiberias (*lake in the northeast of Israel*).
See·land ['ze:,lant] *n* a) Zealand, *auch* Seeland (*largest island of Denmark*), b) Zeeland (*province in the Netherlands*), c) *region to the southeast of the Lake of Biel, Switzerland.*
Se·ge·sta [ze'gɛsta] *n antiq.* Segesta, Segeste, Egesta (*site of the ruins of a town to the west of Palermo, Sicily*).
Sei·ne ['zɛ:nə] (die) (the) Seine (*French river flowing into the English Channel*).
Se·lan·gor [ze'laŋgər] *n state of the Federation of Malaysia.*
Se·leu·kia [ze'lɔykĭa] *n antiq.* Seleucia: a) *city on the Tigris river, Iraq,* b) *city in Asia Minor, port of Antioch.*
Sem·me·ring(·paß) ['zɛmərɪŋ(,pas)] (der) (the) Semmering (Pass) (*mountain pass in the Eastern Alps, Austria*).
Se·ne·gal[1] ['ze:negal] (der) (the) Senegal (*river in the northwest of Africa*).
Se·ne·gal[2] ['ze:negal] *n republic in West Africa.*
Se·ne·gam·bi·en [zene'gambĭən] *n* Senegambia (*region in West Africa between the Senegal and Gambia rivers*).
Se·oul [ze'u:l; 'ze:ul] *n capital of South Korea.*
Sep·ti·mer(·paß) ['zɛptimər(,pas)] (der) (the) Septimer (Pass) (*in the Swiss canton of the Grisons*).
Ser·bi·en ['zɛrbĭən] *n* Serbia: a) *constituent republic of Yugoslavia,* b) *hist. kingdom in Southern Europe.*
Se·ren·ge·ti [zerɛŋ'ge:ti] (die) (the) Serengeti (Plain) (*savanna[h] in the north of Tanganyika*).
Se·ren·ge·ti-Na·tio·nal·park [zerɛŋ'ge:tinatsĭo,na:l,park] (der) (the) Serengeti National Park (*game reserve in Tanganyika*).
Se·row [ze'rɔf] *n* Serov (*city near the Ural Mountains, Soviet Union in Asia*).
Se·schel·len [ze'ʃɛlən] (die) *pl* → Seychellen.

Se·stos ['zɛstɔs] *n antiq. Thracian town on the Hellespont, Turkey.*

Se·vil·la [ze'vɪlja] *n* Seville, Sevilla: a) *province in the southwest of Spain,* b) *capital of* a.

Se·wan·see [ze'van,ze:] (der) Lake Sevan(g) (*in Armenia, Caucasus, Soviet Union in Asia*).

Se·ward-Halb·in·sel ['zi:vərt,halp,ʔɪnzəl] (die) (the) Seward Peninsula (*Alaska, USA*).

Se·wa·sto·pol [ze'vastopəl] *n* Sevastopol, *auch* Sebastopol (*seaport on the Crimea, Soviet Union in Europe*).

Se·wer·na·ja Sem·lja ['ze:vɛrnaja zɛm'lja] *n* Severnaya Zemlya (*island group in the Arctic Ocean*).

Sey·chel·len [zɛ'ʃɛlən] (die) *pl* (the) Seychelles (*group of islands in the Indian Ocean*).

Shang·hai ['ʃaŋhaɪ; ʃaŋ'haɪ] *n* → Schanghai.

Shar·jah ['ʃardʒa] *n sheikdom and port on the Persian Gulf.*

Shet·land·in·seln ['ʃɛt,lant,ʔɪnzəln] (die) *pl* (the) Shetland Islands, Shetland *sg* (*island group to the northeast of Scotland*).

Si·am ['zi:am] *n hist.* Siam (*now* → Thailand).

Si·bi·ri·en [zi'bi:rĭən] *n* Siberia.

Si·chem ['zɪçəm] *n antiq.* Shechem (*town in Palestine*).

Si·ders ['zi:dərs] *n* Sierre (*town in the Swiss canton of Valais*).

Si·don ['zi:dɔn] *n antiq. city of Phoenicia.*

Sie·ben·bür·gen [,zi:bən'bʏrgən] *n* Transylvania, Transilvania: a) *region in central Rumania,* b) *hist. principality; part of Hungary, 1867—1918.*

Sie·ben·bür·ger (*od.* **Sie·ben·bür·gi·sche**) **Erz·ge·bir·ge** [,zi:bən'bʏrgər (,zi:bən'bʏrgɪʃə) 'e:rtsgə,bɪrgə] (das) (the) Transylvanian Alps *pl* (*Rumania*).

Sie·ben·ge·bir·ge ['zi:bəngə,bɪrgə] (das) (the) Siebengebirge (*hills on the eastern bank of the Rhine river to the southeast of Bonn, BRD*).

Sieg [zi:k] (die) (the) Sieg (*West German river flowing into the Rhine river*).

Sie·na ['zĭe:na] *n city in Tuscany, in central Italy.*

Si·er·ra Leo·ne ['zĭera le'o:ne] *n republic in West Africa.*

Sif·nos ['zɪfnɔs] *n* Siphnos, *auch* Sifnos (*one of the islands of the Cyclades, Greece*).

Si·kan·dar·ab·ad [zi'kandaraba:t] *n* Secunderabad (*city in central India*).

Si·ki·ang ['zi:kĭaŋ] (der) (the) Si, *auch* (the) Si-kiang (*river in the south of China*).

Sik·kim ['zɪkɪm] *n territory on the border between India and Tibet.*

Si·lo ['zi:lo] *n Bibl.* Shiloh (*town in central Palestine*).

Sil·vret·ta(·grup·pe) [zɪl'vrɛta(,grʊpə)] (die) (the) Silvretta (*mountain range in the Central Alps, Austria, and Switzerland*).

Si·mba·bwe [zɪm'ba:bve] *n* Zimbabwe (*site of ruins in Southern Rhodesia*).

Sim·plon(·paß) ['zɪmplo:n(,pas)] (der) (the) Simplon (Pass) (*mountain pass in the Lepontine Alps, between Switzerland and Italy*).

Si·nai[1] ['zi:nai] *n* Sinai, *auch* (the) Sinai Peninsula (*in the northeast of the Arab Republic of Egypt*).

Si·nai[2] ['zi:nai] (der), **Si·nai·ge·bir·ge** ['zi:naigə,bɪrgə] (das) Mount Sinai (*on the Sinai Peninsula*).

Si·nai·halb·in·sel ['zi:nai,halp,ʔɪnzəl] (die) → Sinai[1].

Sin·ga·pur ['zɪŋga,pu:r] *n* Singapore: a) *island and republic in the South China Sea, to the south of the Malay Peninsula,* b) *seaport on and capital of* a.

Sin·ki·ang ['zɪŋkĭaŋ] *n westernmost division of China.*

Sit·ten ['zɪtən] *n* Sion (*capital of the Swiss canton of Valais*).

Si·zi·li·en [zi'tsi:lĭən] *n* Sicily (*island in the Mediterranean Sea, Italy*).

Ska·ger·rak ['ska:gərak] (das *od.* der) Skager(r)ak (*arm of the North Sea between Denmark and Norway*).

Skan·di·na·vi·en [skandi'na:vĭən] *n* Scandinavia: a) *consisting of Norway, Sweden, Denmark, and the northwest of Finland,* b) *auch* (the) Scandinavian Peninsula (*consisting of Norway and Sweden*).

Skla·ven·fluß ['skla:vən,flʊs] (der) (the) Slave, *auch* (the) Great Slave (*river in Canada*).

Skop·je ['skɔpjɛ] *n* Skoplje (*capital of Macedonia, Yugoslavia*).

Sku·ta·ri·see ['sku:tari,ze:] (der) Lake Scutari (*between Albania and Yugoslavia*).

Sky·ros ['sky:rɔs] *n* Skyros, *auch* Scyros (*Greek island in the west of the Aegean Sea*).

Sla·wo·ni·en [sla'vo:nĭən] *n* Slavonia (*region in the northeast of Croatia, Yugoslavia*).

Slo·wa·kei [slova'kaɪ] (die) Slovakia (*region in the east of Czechoslovakia*).

Slo·we·ni·en [slo've:nĭən] *n* Slovenia (*constituent republic of Yugoslavia*).

Smo·lensk [smo'lɛnsk] *n city on the upper Dnieper river, Soviet Union in Europe.*

Smyr·na ['smʏrna] *n hist., now* → Izmir.

So·fia ['zɔfĭa] *n capital of Bulgaria.*

Sog·dia·na [zɔk'dĭa:na] *n antiq. province of the ancient Persian Empire.*

So·gne·fjord ['zɔŋnə,fjɔrt] (der) (the) Sogne Fjord (*inlet of the Norwegian Sea, Norway*).

Sol·bad Hall ['zo:l,ba:t 'hal] *n town near Innsbruck in the Tyrol, Austria.*

So·lin·gen ['zo:lɪŋən] *n industrial city in North Rhine-Westphalia, BRD.*

So·lo·thurn ['zo:lo,tʊrn] *n* a) *canton in the northwest of Switzerland,* b) *capital of* a.

So·ma·lia [zo'ma:lĭa] *n state on the east coast of Africa.*

So·ma·li·halb·in·sel [zo'ma:li,halp,ʔɪnzəl] (die) (the) Somali Peninsula.

So·ma·li·land [zo'ma:li,lant] *n coastal region in East Africa.*

Somme [zɔm] (die) (the) Somme (*French river flowing into the English Channel*).

Sor·rent [zɔ'rɛnt] *n* Sorrento (*resort and seaport on the Bay of Naples, Italy*).

Sö·ul [zø'u:l; 'zø:ʊl] *n* → Seoul.

So·wjet·uni·on [zɔ'vjɛtʔu,nĭo:n] (die) (the) Soviet Union, *auch* Russia, (the) Union of Soviet Socialist Republics.

Span·dau ['ʃpandaʊ] *n administrative district of West Berlin.*

Spa·ni·en ['ʃpa:nĭən] *n* Spain.

Spa·nisch-Gui·nea ['ʃpa:nɪʃgi'ne:a] *n hist.* Spanish Guinea (*now* → Äquatorialguinea).

Spa·nisch-Ma·rok·ko ['ʃpa:nɪʃma'rɔko] *n hist.* Spanish Morocco.

Spa·nisch-Sa·ha·ra ['ʃpa:nɪʃza'ha:ra] *n* Spanish Sahara (*Spanish province in the northwest of Africa*).

Spar·ta ['ʃparta; 'sparta] *n* Sparta, *antiq. auch* Lacedaemon (*city in the Peloponnesus, Greece*).

Spes·sart ['ʃpɛsart] (der) (the) Spess(h)art (*mountainous area with large forests in Lower Franconia, Bavaria, BRD*).

Spey·er ['ʃpaɪər] *n city on the Rhine river, Rhineland-Palatinate, BRD.*

Spie·ker·oog ['ʃpi:kər,ʔo:k] *n* a) *island of the East Frisians, BRD,* b) *town on* a).

Spit·tal [ʃpɪ'ta:l] *n town in Carinthia, Austria.*

Spitz·ber·gen ['ʃpɪts,bɛrgən] *n* Spitsbergen, *auch* Spitzbergen (*group of islands in the Arctic Ocean*).

Splü·gen(·paß) ['ʃply:gən(,pas)] (der) (the) Splügen (Pass) (*mountain pass between Italy and Switzerland in the Rhaetian Alps*).

Spo·le·to [spo'le:to] *n town in central Italy.*

Spo·ra·den [ʃpo'ra:dən; spo-] (die) *pl* (the) Sporades (*Greek island group in the Aegean Sea*).

Spree [ʃpre:] (die) (the) Spree (*East German river flowing through Berlin into the Havel river*).

Sri Lan·ka ['sri: 'laŋka] *n island republic in the Indian Ocean, to the south of India.*

St. ... → Sankt ...

Sta·de ['ʃta:də] *n* a) *area of Lower Saxony, BRD,* b) *capital of* a.

Staf·fa ['stɛfə] *n small island in the Inner Hebrides.*

Staf·fel·see ['ʃtafəl,ze:] (der) *lake in Upper Bavaria, BRD.*

Sta·gi·ra [ʃta'gi:ra; sta-] *n antiq.* Stagira, *auch* Stagiros, Stagirus (*town in the northeast of Greece*).

Sta·lin·grad ['sta:li:n,gra:t; 'ʃta:-] *n hist. city on the Volga river, Soviet Union in Europe; battle of Stalingrad, 1942—1943* (*now* → Wolgograd).

Stam·bul ['ʃtambul; 'stam-] *n* Stambul, *auch* Stamboul (*short for Istanbul*).

Stan·ley ['stɛnli] *n capital of the Falkland Islands.*

Sta·no·woi·ge·bir·ge [stano'vɔʏgə,bɪrgə] (das) (the) Stanovoi Range (*in the Soviet Union in Asia*).

Stans [ʃtans] *n capital of the Swiss demicanton of Nidwalden.*

Starn·ber·ger See ['ʃtarn,bɛrgər 'ze:] (der) (the) Starnbergersee, (the) Würmsee (*lake in Upper Bavaria to the southwest of Munich, BRD*).

Staw·ro·pol ['sta:vropəl] *n* Stavropol: a) *territory in the Soviet Union in Europe,* b) *capital of* a.

Steg·litz ['ʃte:glɪts] *n administrative district of West Berlin.*

Stei·er·mark ['ʃtaɪər,mark] (die) Styria (*province in the southeast of Austria*).

Stei·ger·wald ['ʃtaɪgər,valt] (der) (the) Steigerwald (*hilly region in Franconia, Bavaria, BRD*).

Stein·hu·der Meer ['ʃtaɪn,hu:dər 'me:r] (das) *lake in Lower Saxony, BRD.*

Ster·zing ['ʃtɛrtsɪŋ] *n* Vipiteno (*town in South Tyrol, Italy*).

Stet·tin [ʃtɛ'ti:n] *n* a) Szczecin (*seaport in the northwest of Poland*), b) *hist. capital of Pomerania.*

Stet·ti·ner Haff [ʃtɛ'ti:nər 'haf] (das) (the) Stettiner (*auch* Pomeranian) Haff (*lagoon opening into the Bay of Pomerania between the islands of Usedom and Wolin, DDR and Poland*).

Stew·art·in·sel ['stju:ərt,ʔɪnzəl] (die) Stewart Island (*one of the islands of New Zealand*).

Steyr ['ʃtaɪər] *n town in Upper Austria.*

Stilf·ser Joch ['ʃtɪlfsər 'jɔx] (das) (the) Stelvio Pass (*in the Ortler Mountains, between Italy and Switzerland*).

Stil·le Oze·an ['ʃtɪlə 'o:tsea:n] (der) → Pazifik.

Stock·holm ['ʃtɔk,hɔlm] *n capital of Sweden.*

Stral·sund ['ʃtra:l,zʊnt; ,ʃtra:l'zʊnt] *n seaport on the Baltic Sea, DDR.*

Straß·burg ['ʃtra:s,bʊrk] *n* Strasbourg (*city in the Alsace, France*).

Stra·ße von For·mo·sa ['ʃtra:sə fɔn fɔr'mo:za] (die) (the) Formosa Strait, *auch* (the) Taiwan Strait (*arm of the Pacific between China and Taiwan*).

Stra·ße von Gi·bral·tar ['ʃtra:sə fɔn gi'braltar] (die) (the) Strait of Gibraltar.

Stra·ße von Kertsch ['ʃtra:sə fɔn 'kɛrtʃ] (die) (the) Kerch Strait (*connecting the Sea of Azov and the Black Sea, Soviet Union in Europe*).

Stra·ße von Mes·si·na ['ʃtra:sə fɔn me'si:na] (die) (the) Strait of Messina (*between Italy and Sicily*).

Strom·bo·li[1] ['strɔmboli] *n island off the northeast coast of Sicily.*

Strom·bo·li[2] ['strɔmboli] (der) (the) Stromboli (*active volcano on the island of Stromboli*).

Stu·bai·er Al·pen ['ʃtu:baɪər 'alpən] (die) *pl* (the) Stubai Alps (*mountain range in the south of the Tyrol, Austria*).

Stutt·gart ['ʃtʊt,gart] *n* a) *capital of Baden-Württemberg, BRD,* b) *capital of North Württemberg, BRD.*

Stym·pha·los [ʃtʏm'fa:lɔs; stʏm-] *n antiq. city in Arcadia, Greece.*

Su·cre ['zu:kre] *n constitutional capital of Bolivia.*

Süd·afri·ka ['zy:t'ʔa:frika] *n* a) South Africa, b) → Republik Südafrika.

Süd·afri·ka·ni·sche Uni·on ['zy:tʔafri'ka:nɪʃə u'nĭo:n] (die) *hist.* (the) Union of South Africa (→ Republik Südafrika).

Süd·al·pen ['zy:t,ʔalpən] (die) *pl* (the) Southern Alps.

Süd·ame·ri·ka ['zy:tʔa'me:rika] *n* South America.

Su·dan [zu'da:n; 'zu:dan] (der) (the) Sudan (*republic in the northeast of Africa*).

Süd·ara·bi·en ['zy:tʔa,ra:bĭən] *n hist.* South Arabia (*now* → Südjemen).

Süd·at·lantik ['zy:tʔat'lantɪk] (der) (the) South Atlantic (Ocean).

Süd·au·stra·li·en ['zy:tʔaʊs'tra:lĭən] *n* South Australia.

Süd·ba·den ['zy:t'ba:dən] *n* South Baden (*district in the southwest of Baden-Württemberg, BRD*).

Süd·chi·ne·si·sche Meer ['zy:tçi,ne:zɪʃə 'me:r] (das) (the) South China Sea.

Süd·da·ko·ta ['zy:tda'ko:ta] *n* South Dakota (*state in the central USA*).

Süd·deutsch·land ['zy:t,dɔʏtʃ,lant] *n* South(ern) Germany.

Su·de·ten [zu'de:tən] (die) *pl* (the) Sudeten,

auch (the) Sudetes, (the) Sudetic Mountains (*mountain range on the northern boundary of Czechoslovakia*).

Su·de·ten·land [zu'de:tən,lant] (das) *hist.* Sudetenland, *auch* Sudeten (*region including the Sudeten and the Erz Gebirge; annexed by Germany, 1938, and returned to Czechoslovakia, 1945*).

Süd·eu·ro·pa ['zy:tˀɔʏ'ro:pa] *n* South(ern) Europe.

Süd·ge·or·gi·en ['zy:tge'ɔrgĭən] *n* South Georgia (Island) (*in the South Atlantic*).

Süd·hol·land ['zy:t'hɔlant] *n* South Holland (*province in the Netherlands*).

Süd·je·men ['zy:t'je:mən] (der) *od. n* Southern Yemen (*people's republic in South Arabia*).

Süd·ka·ro·li·na ['zy:tkaro'li:na] *n* South Carolina (*state on the Atlantic coast of the USA*).

Süd·kar·pa·ten ['zy:tkar,pa:tən] (die) *pl* (the) South Carpathians, (the) Transylvanian Alps (*Rumania*).

Süd·ko·rea ['zy:tko're:a] *n* South Korea (→ Republik Korea).

Süd·li·chen Kalk·al·pen ['zy:tlıçən 'kalk-,ˀalpən] (die) *pl* (the) Southern Limestone Alps (*section of the Alps, Italy, Yugoslavia, and Austria*).

Süd·li·chen Spo·ra·den ['zy:tlıçən ʃpo-'ra:dən] (die) *pl* (the) Southern Sporades (*Greek island group in the Aegean Sea*).

Süd·ost·eu·ro·pa [,zy:t'ˀɔstˀɔʏ,ro:pa] *n* Southeast(ern) Europe.

Süd·po·lar·ge·biet ['zy:tpo,la:rgə,bi:t] (das) → Antarktis.

Süd·po·lar·meer ['zy:tpo,la:r,me:r] (das) (the) Antarctic (Ocean).

Süd·rho·de·si·en ['zy:tro,de:zĭən] *n* a) Southern Rhodesia, b) *hist., now* → Rhodesien b.

Süd·see ['zy:t,ze:] (die) (the) South Seas *pl* (*the seas south of the equator*).

Süd·see·in·seln ['zy:t,ze:,ˀınzəln] (die) *pl* (the) South Sea Islands (*now* → Ozeanien).

Süd·ti·rol ['zy:tˀti,ro:l] *n* South Tyrol (*od.* Tirol) (*autonomous region in the north of Italy*).

Süd·vi·et·nam ['zy:tvĭɛt'nam] *n* South Viet-Nam (*Southeast Asia*).

Süd·west·afri·ka [,zy:t'vɛst,ˀa:frika] *n* South-West Africa.

Süd·würt·tem·berg-Ho·hen·zol·lern ['zy:t,vʏrtəm,bɛrk,ho:ən'tsɔlərn] *n* South Württemberg-Hohenzollern (*area of Baden--Württemberg, BRD*).

Su·es ['zu:ɛs] *n seaport on the Red Sea and southern terminus of the Suez Canal, Arab Republic of Egypt.*

Su·es·ka·nal ['zu:ɛska,na:l] (der) (the) Suez Canal.

Su·ez ['zu:ɛs] *n* → Sues.

Suhl [zu:l] *n* a) *district of the DDR*, b) *capital of* a.

Su·ma·tra [zu'ma:tra; 'zu:matra] *n island in the Malay Archipelago, Indonesia.*

Sund [zʊnt] (der) (the) Sound, Öresund (*strait between the southwest of Sweden and Zealand*).

Sun·da·in·seln ['zʊnda,ˀınzəln] (die) *pl* (the) Sunda Islands (*in the Malay Archipelago*): a) → Großen Sundainseln, b) → Kleinen Sundainseln.

Sun·da·stra·ße ['zʊnda,ʃtra:sə] (die) (the) Sunda Strait (*between Sumatra and Java*).

Sund·gau ['zʊnt,gaʊ] (der) (the) Sundgau (*region in the south of Upper Alsace, France*).

Su·ri·nam [zuri'nam] *n* Surinam, *auch* Netherlands (*od.* Dutch) Guinea (*territory of the Netherlands on the northeast coast of South America*).

Su·sten(·paß) ['zʊstən(,pas)] (der) (the) Susten (Pass) (*mountain pass in Switzerland*).

Su·tschou ['zu:tʃaʊ] *n* Soochow (*city in the province of Kiangsu, China*).

Su·va ['zu:va] *n capital of Fiji.*

Sval·bard ['sva:l,bart] *n Norwegian islands in the Arctic Ocean, including Spitsbergen and Bear Island.*

Swa·si·land ['sva:zi,lant] *n* Swaziland (*kingdom in the southeast of Africa*).

Swer·dlowsk [svɛr'dlɔfsk] *n* Sverdlovsk (*city in the Soviet Union in Asia*).

Sy·ba·ris ['zy:barıs] *n antiq. Greek city in the south of Italy.*

Syd·ney ['zıdni] *n capital of and seaport in New South Wales, Australia.*

Sylt [zʏlt] *n island of the North Frisians, BRD.*

Sy·ra·kus [zyra'ku:s] *n* Syracuse, *antiq.* Syracusae (*seaport in the southeast of Sicily*).

Syr-Dar·ja ['zy:rdar'ja:] (der) (the) Syr Darya (*river in the Soviet Union in Asia*).

Sy·ri·en ['zy:rĭən] *n* Syria (*republic in the southwest of Asia at the east end of the Mediterranean Sea*).

Sy·ros ['zy:rɔs] *n* Syros, Syra (*Greek island in the central Cyclades*).

Sze·ge·din ['sɛgedi:n] *n* Szeged (*city in Hungary*).

Sze·tschu·an ['zɛtʃŭan] *n* Szechwan (*province in central China*).

T

Ta·bor[1] ['ta:bɔr] (der) (Mount) Tabor (*Israel*).

Ta·bor[2] ['ta:bɔr] *n* Tabor (*town in Czechoslovakia*).

Tä·bris ['tɛ:brıs; tɛ'bri:s] *n* Tabriz, *antiq.* Tauris (*capital of the Azerbaijan province, Iran*).

Ta·dschi·ki·sche So·zia·li·sti·sche So·wjet·re·pu·blik [ta'dʒi:kıʃə zotsĭa'lıstıʃə zɔ'vjɛtrepu,bli:k] (die) (the) Tadzhik Soviet Socialist Republic, Tadzhikistan (*in the southeast of the Soviet Union in Asia*).

Ta·fel·berg ['ta:fəl,bɛrk] (der) Table Mountain (*near Cape Town, Republic of South Africa*).

Ta·hi·ti [ta'hi:ti] *n principal island of the Society Islands, South Pacific.*

Tai·jü·an ['taıjy̆an] *n* Taiyüan, *auch* Yangkü (*capital of Shansi, China*).

Tai·myr [taı'my:r] *n* (the) Taimyr (*auch* Taimir) Peninsula (*in the north of Siberia, Soviet Union in Asia*).

Tai·peh ['taıpe; taı'pe:] *n* Taipei (*capital of Taiwan*).

Tai·wan ['taıvan; taı'va(:)n] *n island in the China Sea; seat of the Republic of China.*

Ta·jo ['taxo] (der) (the) Tagus (*river in Spain and Portugal*).

Ta·na·na·ri·ve [tanana'ri:və], **Ta·na·na·ri·vo** [tanana'ri:vo] *n* Tananarive, *auch* Antananarivo (*capital of Madagascar*).

Ta·na·see ['ta:na,ze:] (der) Lake Tana (*auch* Tsana) (*in Ethiopia, Africa*).

Tan·ga·nji·ka [taŋgan'ji:ka] *n* Tanganyika (*mainland part of Tanzania*).

Tan·ga·nji·ka·see [taŋga'nji:ka,ze:] (der) Lake Tanganyika (*in Central Africa*).

Tan·ger ['taŋər] *n* Tangier: a) *seaport in the north of Morocco*, b) *hist. capital of the former Tangier Zone.*

Tan·sa·nia [tan'za:nĭa; -za'ni:a] *n* Tanzania (*republic in East Africa*).

Ta·ra·wa [ta'ra:va] *n capital of the Gilbert and Ellice Islands.*

Ta·rent [ta'rɛnt] *n* Taranto, *antiq.* Tarentum (*seaport in the southeast of Italy*).

Tar·sus ['tarzʊs] *n city in the south of Turkey.*

Tasch·kent [taʃ'kɛnt] *n* Tashkent, *auch* Tashkend (*capital of Uzbekistan, Soviet Union in Asia*).

Tas·ma·ni·en [tas'ma:nĭən] *n* Tasmania (*island to the south of Australia*).

Tas·man·see ['tasman,ze:] (die) (the) Tasman Sea (*part of the Pacific between the southeast of Australia and New Zealand*).

Ta·ta·rei [tata'raı] (die) *hist.* Tartary, *auch* Tatary (*region in Europe and Asia*).

Ta·ta·ri·sche Au·to·no·me So·zia·li·sti·sche So·wjet·re·pu·blik [ta'ta:rıʃə auto-'no:mə zotsĭa'lıstıʃə zɔ'vjɛtrepu,bli:k] (die) (the) Tatar (*auch* Tartar) Autonomous Soviet Socialist Republic (*in the east of the Soviet Union in Europe*).

Ta·tra ['tatra] (die) (the) Tatra Mountains *pl, auch* (the) High Tatra (*section of the central Carpathian Mountains, Czechoslovakia*).

Tau·ber ['taʊbər] (die) *West German river flowing into the Main river.*

Tau·ern ['taʊərn] (die) *pl mountain range in central Austria*: → Hohen Tauern; Niederen Tauern.

Tau·nus ['taʊnʊs] (der) *mountainous region between the Lahn, Rhine, and Main rivers, BRD.*

Tau·rus ['taʊrʊs] (der) (the) Taurus (Mountains *pl*) (*in the south of Turkey*).

Tay·ge·tos [ta'y:getɔs] (der) (the) Taygetus (*mountain range in the Peloponnesus, Greece*).

Te·gel ['te:gəl] *n administrative district of West Berlin.*

Te·ge·ler See ['te:gələr 'ze:] (der) Lake Tegel (*in the northwest of West Berlin*).

Te·gern·see ['te:gərn,ze:] (der) *lake in Upper Bavaria, BRD.*

Te·gu·ci·gal·pa [tegusi'galpa] *n capital of Honduras.*

Te·he·ran ['te:həra:n] *n* Teheran, *auch* Tehran (*capital of Iran*).

Tel Aviv [,tɛl a'vi:f] *n city in Israel.*

Te·mes·var ['tɛmɛʃva:r] *n* Timişoara, Temesvár (*city in Rumania*).

Tem·pel·hof ['tɛmpəl,ho:f] *n* a) *administrative district of West Berlin*, b) *airport of West Berlin.*

Tem·pe·tal ['tɛmpe,ta:l] (das) (the) Vale of Tempe (*valley in Thessaly, Greece*).

Te·ne·rif·fa [tene'rıfa] *n* Tenerife, *auch* Teneriffe (*largest of the Canary Islands*).

Ten·nen·ge·bir·ge ['tɛnəngə,bırgə] (das) *mountain range to the east of the Salzach river, Austria.*

Ter·cei·ra [tɛr'saıra] *n island in the Azores, North Atlantic.*

Ter·na·te [tɛr'na:te] *n island in the Moluccas, Indonesia.*

Tes·sin [tɛ'si:n] (das) Ticino (*canton in the south of Switzerland*).

Tes·si·ner Al·pen [tɛ'si:nər 'alpən] (die) *pl* (the) Ticino Alps (*Switzerland*).

Teu·to·bur·ger Wald ['tɔʏto,bʊrgər 'valt] (der) (the) Teutoburg Forest, (the) Teutoburger Wald (*mountain range in the region between the Ems and Weser rivers, BRD; defeat of the Romans, 9 A.D.*).

Thai·land ['taı,lant] *n kingdom in Southeast Asia.*

Thap·sus ['tapsʊs] *n antiq. town on the coast of Tunisia; victory of Caesar, 46 B.C.*

Thar [ta:r] (die) (the) Thar (*od.* Indian) Desert (*in the northwest of India and in Pakistan*).

Tha·sos ['ta:zɔs] *n Greek island in the North Aegean Sea.*

The·ba·is [te'ba:ıs] (die) *antiq.* Thebaid (*region surrounding Thebes, Egypt*).

The·ben ['te:bən] *n antiq.* Thebes: a) *auch* Thebae (*city in Upper Egypt*), b) *city in Boeotia, Greece.*

Theiß [taıs] (die) (the) Theiss (*river rising in Czechoslovakia and flowing through Hungary into the Danube river in Yugoslavia*).

Them·se ['tɛmzə] (die) (the) Thames (*river in the south of England*).

The·ra ['te:ra] *n* Thera, *auch* Thira (*Greek island in the Cyclades*).

Ther·mo·py·len [tɛrmo'py:lən] (die) *pl* (the) Thermopylae (*mountain pass near the Gulf of Lamia; defeat of the Spartans by the Persians, 480 B.C.*).

Thes·sa·li·en [tɛ'sa:lĭən] *n* Thessaly, Thessalia (*region in the east of Greece*).

Thim·bu ['tımbu] *n capital of Bhutan.*

Thir·za ['tırtsa] *n Bibl.* Tirzah (*capital of Israel*).

Thorn [tɔrn] *n* Toruń, *hist.* Thorn (*city in Poland*).

Thors·havn ['to:rs,ha:vən] *n* → Tórshavn.

Thra·ki·en ['tra:kĭən] *n antiq.* Thrace, Thracia (*region in the eastern part of the Balkan Peninsula*).

Thra·ki·sche Meer ['tra:kıʃə 'me:r] (das) (the) Thracian Sea (*northwestern part of the Aegean Sea*).

Thra·zi·en ['tra:tsĭən] *n antiq.* → Thrakien.

Thu·le ['tu:lə] *n* a) *antiq. Greek and Latin name for an island or a region supposed to be the most northerly of the world*, b) *settlement in the northwest of Greenland.*

Thun [tu:n] *n city in the Swiss canton of Bern.*

Thu·ner See ['tu:nər 'ze:] (der) (the) Lake of Thun (*Switzerland*).

Thur [tu:r] (die) (the) Thur (*Swiss river flowing into the Rhine river*).

Thur·gau ['tu:r,gaʊ] (der) *canton in the northeast of Switzerland.*

Thü·rin·gen ['ty:rıŋən] *n* Thuringia (*region in the DDR, between the Werra and the Weisse Elster rivers*).

Thü·rin·ger Becken (*getr.* -k·k-) ['ty:rıŋər 'bɛkən] (das) (the) Thuringian Basin.

Thü·rin·ger Wald ['ty:rıŋər 'valt] (der) (the) Thuringian Forest (*wooded mountain range extending from the upper Werra river towards the Czech border*).

Ti·ber ['ti:bər] (der) (the) Tiber (*river in central Italy*).
Ti·bet ['ti:bɛt; ti'be:t] *n* Tibet, *auch* Thibet (*highland to the north of the Himalayas, Asia*).
Ti·en·schan ['tiɛnʃan] (der) (the) Tien Shan (*mountain range in central Asia*).
Tier·gar·ten ['ti:rˌgartən] *n administrative district of West Berlin.*
Tif·lis ['tɪflɪs; 'ti:flɪs] *n capital of the Georgian Republic, Soviet Union in Europe.*
Ti·gris ['ti:grɪs] (der) (the) Tigris (*river in the Near East*).
Til·sit ['tɪlzɪt] *n* a) Tilsit, *auch* Sovetsk (*city in the Soviet Union in Europe*), b) *hist. city in East Prussia.*
Tim·buk·tu [tɪm'bʊktu] *n* Timbuktu, Tombouctou (*town in central Mali*).
Ti·mor ['ti:mər] *n largest of the Lesser Sunda Islands.*
Ti·ra·na [ti'ra:na] *n capital of Albania.*
Ti·rol [ti'ro:l] *n* a) (the) Tyrol, *auch* (the) Tirol (*province in the west of Austria*), b) → Südtirol.
Ti·ro·ler Al·pen [ti'ro:lər 'alpən] (die) *pl* (the) Tyrolean (*auch* Tirolean) Alps (*Austria*).
Ti·ryns ['ti:rʏns] *n antiq. city in the Peloponnesus, Greece.*
Ti·ti·ca·ca·see [titi'ka:kaˌze:] (der) Lake Titicaca (*on the boundary between Peru and Bolivia, in the Andes, South America*).
Ti·ti·see ['tɪtiˌze:] (der) *lake in the Black Forest, BRD.*
Tit·lis ['tɪtlɪs] (der) *mountain in the Bernese Oberland, Switzerland.*
Ti·to·grad ['ti:toˌgra:t] *n capital of Montenegro, Yugoslavia.*
Ti·vo·li ['ti:voli] *n town in central Italy.*
To·ba·go [to'ba:go] *n island in the West Indies.*
To·bruk ['to:brʊk] *n town in the northeast of Libya; scene of battles, 1941 and 1942.*
To·des·tal ['to:dəsˌta:l] (das) (the) Death Valley (*arid basin in California and Nevada, USA*).
To·go ['to:go] *n republic in West Africa.*
To·ja·ma [to'ja:ma] *n* Toyama (*city on Honshu, Japan*).
To·jo·ha·schi [tojo'haʃi] *n* Toyohashi (*seaport on Honshu, Japan*).
To·ke·lau·in·seln [toke'laʊˌʔɪnzəln] (die) *pl* (the) Tokelau Islands (*in the South Pacific*).
To·kio ['to:kĭo] *n* Tokyo, *auch* Tokio.
To·ku·schi·ma [toku'ʃi:ma] *n* Tokushima (*seaport on Shikoku, Japan*).
To·le·do [to'le:do] *n* a) *city in central Spain,* b) *port in Ohio, USA.*
To·na·le·paß [to'na:leˌpas] (der) (the) Tonale Pass (*mountain pass between the Ortler and Adamello Mountains, Italy*).
Ton·ga ['tɔŋga] *n Polynesian kingdom consisting of three groups of islands.*
Ton·ga·in·seln ['tɔŋgaˌʔɪnzəln] (die) *pl* (the) Tonga (*od.* Friendly) Islands (*in the South Pacific*).
Tong·king ['tɔŋkɪŋ] *n* Tonkin, *auch* Ton(g)king (*region in the north of Indochina*).
Tor·ne·älv ['tɔrnəˌʔɛlf] (der) (the) Torne (*river in Sweden*).
Tor·rens·see ['tɔrənsˌze:] (der) Lake Torrens (*salt lake in Australia*).
Tor·res·stra·ße ['tɔrɛsˌʃtra:sə] (die) (the) Torres Strait (*between the northeast of Australia and the south of New Guinea*).
Tórs·havn ['to:rsˌha:vən] *n capital of the Faroe Islands, Denmark.*
Tos·ka·na [tɔs'ka:na] (die) Tuscany (*region in central Italy*).
To·te Meer ['to:tə 'me:r] (das) (the) Dead Sea (*salt lake between Israel and Jordan*).
Trans·bai·ka·li·en [transbaɪ'ka:lĭən] *n* Transbaikal(ia) (*region between Lake Baikal and the Amur river, Soviet Union in Asia*).
Trans·hi·ma·la·ja [transhi'ma:laja; -ma'la:ja] (der) (the) Trans-Himalaya (*mountain in the south of Tibet*).
Tran·sil·va·nia [tranzɪl'va:nĭa] *n* → Siebenbürgen.
Trans·jor·da·ni·en [transjɔr'da:nĭən] *n hist.* Trans-Jordan (*now* → Jordanien).
Trans·kau·ka·si·en [transkaʊ'ka:zĭən] *n* Transcaucasia (*region in the south of the Soviet Union in Asia*).
Trans·kau·ka·si·sche So·zia·li·sti·sche Fö·de·ra·ti·ve So·wjet·re·pu·blik [transkaʊ'ka:zɪʃə zotsĭa'lɪstɪʃə fødera'ti:və zə'vjɛtrepuˌbli:k] (die) *hist.* (the) Transcaucasian Socialist Federated Soviet Republic.
Trans·kei [trans'kaɪ] *n region in the east of the Republic of South Africa.*
Trans·lei·tha·ni·en [translaɪ'ta:nĭən] *n hist.* Transleithania (*Hungary*).
Trans·sil·va·ni·schen (*od.* **Trans·syl·va·ni·schen) Al·pen** [transzɪl'va:nɪʃən (transzʏl'va:nɪʃən) 'alpən] (die) *pl* → Südkarpaten.
Trans·vaal [trans'va:l] *n province in the northwest of the Republic of South Africa.*
Tra·pe·zunt [trape'tsʊnt] *n* a) Trabzon, *auch* Trebizond (*seaport on the Black Sea, Turkey*), b) *hist.* Trebizond (*medieval empire in Asia Minor, 1204—1461*).
Tra·si·me·ni·sche See [trazi'me:nɪʃə 'ze:] (der) Lake Trasimeno (*in central Italy*).
Traun [traʊn] (die) (the) Traun (*Austrian river flowing into the Danube river*).
Traun·see ['traʊnˌze:] (der) Lake Traun (*in the Salzkammergut, Austria*).
Tra·ve·mün·de [ˌtra:və'mʏndə] *n seaport and seaside resort near Lübeck, Schleswig-Holstein, BRD.*
Tra·wan·kur-Ko·tschin ['tra:vaŋku:r-'ko:tʃɪn] *n* Travancore and Cochin (*part of Kerala, India*).
Treb·bia ['trɛbĭa] (die) (the) Trebbia (*river in the north of Italy; defeat of the Romans by Hannibal, 218 B.C.*).
Trep·tow ['tre:pto] *n administrative district of East Berlin, DDR.*
Tri·ent [tri'ɛnt] *n* a) *province in the north of Italy,* b) *capital of* a.
Trier [tri:r] *n* Treves: a) *area of Rhineland-Palatinate, BRD,* b) *capital of* a.
Tri·est [tri'ɛst] *n* Trieste: a) *province of Italy, bordering the northern Adriatic Sea,* b) *capital of* a *and seaport,* c) *hist.* Free Territory of Trieste.
Tri·ni·dad ['trɪnidat] *n island in the West Indies.*
Tri·ni·dad und To·ba·go ['trɪnidat ˌʊnt to'ba:go] *n* Trinidad and Tobago (*republic in the West Indies*).
Tri·po·lis ['tri:polɪs] *n* a) *city in the Peloponnesus, Greece,* b) Tripoli (*seaport in and capital of Libya*), c) *antiq.* Tripolis.
Tri·po·li·ta·ni·en [tripoli'ta:nĭən] *n* Tripoli, *auch* Tripolitania, *antiq.* Tripolis (*province in the west of Libya*).
Tri·stan da Cun·ha ['trɪstan de 'kunja] *n group of three volcanic islands in the South Atlantic.*
Tri·wan·drum [tri'vandrʊm] *n* Trivandrum (*capital of Kerala, India; Vishnu pilgrimage center*).
Tro·as ['tro:as] (die) *hist.* Troas, *auch* (the) Troad (*region surrounding ancient Troy*).
Tro·ja ['tro:ja] *n antiq.* Troy (*ruined city in the northwest of Asia Minor*).
Trond·heim ['trɔntˌhaɪm] *n seaport in central Norway.*
Tschad [tʃat; tʃa:t] *n* Chad (*republic in Central Africa*).
Tschad·see ['tʃatˌze:] (der) Lake Chad (*in the west of Central Africa*).
Tscha·gos·in·seln ['tʃa:gɔsˌʔɪnzəln] (die) *pl* (the) Chagos Archipelago *sg* (*in the Indian Ocean*).
Tscha·har ['tʃa:har] *n* Chahar (*former province of Inner Mongolia*).
Tscham·bal ['tʃambal] (der) (the) Chambal (*river in India*).
Tschan·der·na·gar ['tʃandərnagar] *n* Chandernagor(e), *auch* Chandarnagar (*town in the northeast of India*).
Tschang·scha ['tʃaŋʃa] *n* Changsha (*capital of Hunan, China*).
Tschang·teh ['tʃaŋte] *n* Changteh (*city in Hunan, China*).
Tschang·tschun ['tʃaŋtʃʊn] *n* Changchun (*capital of Kirin, China*).
Tschau·an ['tʃaʊʔan] *n* Chaoan, *auch* Chaochow (*city in Kwangtung, China*).
Tschau·tschou ['tʃaʊtʃaʊ] *n* → Tschauan.
Tsche·cho·slo·wa·kei [tʃɛçoslova'kaɪ] (die) Czechoslovakia, *auch* Czecho-Slovakia (*republic in Central Europe*).
Tsche·dschu [tʃe'dʒu:] *n* Cheju (*island to the south of and belonging to South Korea*).
Tsche·ki·ang ['tʃe:kĭaŋ] *n* Chekiang (*province in China*).
Tschel·ja·binsk [tʃɛl'ja:bɪnsk] *n* Chelyabinsk (*city near the Ural Mountains, Soviet Union in Asia*).
Tscheng·tu ['tʃɛŋtu] *n* Chengtu (*capital of Szechwan, in central China*).
Tschen·ki·ang ['tʃɛnkĭaŋ] *n* Chinkiang (*port in Kiangsu, China*).
Tschen·sto·chau ['tʃɛnstɔxaʊ] *n* Czestochowa (*city in Poland*).
Tscher·ni·gow [tʃɛr'ni:gɔf] *n* Chernigov (*city in the Ukraine, Soviet Union in Europe*).
Tscher·now·zy [tʃɛrnɔf'tsi:] *n* → Czernowitz.
Tsche·tsche·no-In·gu·schi·sche Au·to·no·me So·zia·li·sti·sche So·wjet·re·pu·blik [tʃɛ'tʃe:noʔɪŋ'gʊʃɪʃə aʊto'no:mə zotsĭa'lɪstɪʃə zə'vjɛtrepuˌbli:k] (die) (the) Chechen-Ingush Autonomous Soviet Socialist Republic (*in the south of the Soviet Union in Europe*).
Tschi·fu ['tʃi:fu] *n* Chefoo, *auch* Yentai (*seaport in Shantung, China*).
Tschi·nab ['tʃi:na:p] (der) Chenab (*river in the north of India*).
Tschin·dwin ['tʃɪndvɪn] (der) (the) Chindwin (*river in Burma*).
Tschi·ta [tʃi'ta] *n* Chita (*city in the Soviet Union in Asia*).
Tschit·ta·gong ['tʃɪtagɔŋ] *n* Chittagong (*seaport in Bangladesh*).
Tschka·low ['tʃka:ləf] *n* Chkalov, *auch* Orenburg (*city on the Ural river, Soviet Union in Europe*).
Tscho·go·ri [tʃogo'ri:] (der) → K2.
Tschöng·dschin [tʃœŋ'dʒɪn] *n* Chongjin (*seaport in North Korea*).
Tschung·king ['tʃʊŋkɪŋ] *n* Chungking (*city on the Yangtze river, China*).
Tschu·wa·schi·sche Au·to·no·me So·zia·li·sti·sche So·wjet·re·pu·blik [tʃu'vaʃɪʃə aʊto'no:mə zotsĭa'lɪstɪʃə zə'vjɛtrepuˌbli:k] (die) (the) Chuvash Autonomous Soviet Socialist Republic (*in the central Soviet Union in Europe*).
Tsi·nan ['tsi:nan] *n capital of Shantung, China.*
Tsing·tau ['tsɪŋtaʊ] *n* Tsingtao (*seaport in Shantung, China*).
Tsin·ling·schan ['tsɪnlɪŋʃan] (der) (the) Tsinling Shan (*mountain range in central China*).
Tsu·schi·ma [tsu'ʃi:ma] *n* Tsushima (*two Japanese islands between Korea and Kyushu*).
Tua·mo·tu-In·seln [tŭa'mo:tuˌʔɪnzəln] (die) *pl* (the) Tuamotu Archipelago *sg* (*in the South Pacific*).
Tü·bin·gen ['ty:bɪŋən] *n city in the south of Baden-Württemberg, BRD.*
Tu·la ['tu:la] *n city to the south of Moscow, Soviet Union in Europe.*
Tu·ne·si·en [tu'ne:zĭən] *n* Tunisia (*republic in North Africa*).
Tung·ting·hu ['tʊŋtɪŋhu] (der) (the) Tungting Hu (*lake in central China*).
Tu·nis ['tu:nɪs] *n* a) *capital of Tunisia,* b) *hist.* → Tunesien.
Tu·ran [tu'ra:n] *n* Turania (*region to the east of the Aral Sea, Soviet Union in Asia*).
Tu·rin [tu'ri:n] *n* Turin, *auch* Torino (*industrial city in the northwest of Italy*).
Tür·kei [tʏr'kaɪ] (die) Turkey (*republic in West Asia and Southeast Europe*).
Tur·ke·stan ['tʊrkəsta:n] *n* Turkestan, *auch* Turkistan (*region in Central Asia*).
Turk·me·ni·sche So·zia·li·sti·sche So·wjet·re·pu·blik [tʊrk'me:nɪʃə zotsĭa'lɪstɪʃə zə'vjɛtrepuˌbli:k] (die) (the) Turkmen Soviet Socialist Republic, Turkmenia, Turkmenistan (*constituent republic of the Soviet Union in Asia, bordering the Caspian Sea*).
Turks- und Cai·cos·in·seln ['tø:rks ˌʔʊnt 'kaɪkɔsˌʔɪnzəln] (die) *pl* (the) Turks and Caicos Islands (*two groups of islands in the Bahamas*).
Tus·cu·lum ['tʊskulʊm] *n antiq. city of Latium, near Rome.*
Tu·wi·ni·sche Au·to·no·me So·zia·li·sti·sche So·wjet·re·pu·blik [tu'vi:nɪʃə aʊto'no:mə zotsĭa'lɪstɪʃə zə'vjɛtrepuˌbli:k] (die) (the) Tuva (*auch* Tuvinian) Autonomous Soviet Socialist Republic (*in the south of the Soviet Union in Asia*).
Tyr·rhe·ni·sche Meer [tʏ're:nɪʃə 'me:r] (das) (the) Tyrrhenian Sea (*part of the Mediterranean Sea between Sardinia, Italy, and Sicily*).
Ty·rus ['ty:rʊs] *n antiq.* Tyre (*seaport of Phoenicia*).

U

Uban·gi-Scha·ri [u'baŋgi'ʃa:ri] *n hist.* Ubangi-Shari (*now* → Zentralafrikanische Republik).
Ud·mur·ti·sche Au·to·no·me So·zia·li·sti·sche So·wjet·re·pu·blik [ʊt'mʊrtɪʃə

aυto'no:mə zotsi̯a'lɪstɪʃə zə'vjɛtrepu,bli:k] (die) (the) Udmurt Autonomous Soviet Socialist Republic (*in the east of the Soviet Union in Europe*).
Ufa [u'fa] *n capital of the Bashkir Republic, Soviet Union in Europe.*
Ugan·da [u'ganda] *n republic in East Africa.*
Uist ['ju:ɪst] *n two islands in the Outer Hebrides, Scotland.*
Ukrai·ne [ukra'i:nə; u'kraɪnə] (die) (the) Ukraine (*region in the southern part of the Soviet Union in Europe*).
Ukrai·ni·sche So·zia·li·sti·sche So·wjet·re·pu·blik [ukra'i:nɪʃə (*od.* u'kraɪnɪʃə) zotsi̯a'lɪstɪʃə zə'vjɛtrepu,bli:k] (die) (the) Ukrainian Soviet Socialist Republic, (the) Ukraine (*constituent republic of the Soviet Union in Europe*).
Ulan-Ba·tor ['u:lan'ba:tɔr] *n capital of the Mongolian People's Republic.*
Ulan-Ude [u'lan?u'de:] *n capital of the Buryat Republic, Soviet Union in Asia.*
Ul·ja·nowsk [ul'ja:nɔfsk] *n* Ulyanovsk, Ulianovsk (*city on the Volga river, Soviet Union in Europe*).
Ulm [ulm] *n city in the west of Baden--Württemberg, BRD.*
Um·bri·en ['umbriən] *n* Umbria: a) *region in central Italy,* b) *hist. district in central and northern Italy.*
Um·bri·sche Apen·nin ['umbrɪʃə apɛ'ni:n] (der) (the) Umbrian Apennines *pl* (*Italy*).
Umm al Kai·wain ['um alkaɪ'vaɪn] *n* Umm al Quaiwain (*sheikdom on the Persian Gulf*).
Un·garn ['uŋgarn] *n* Hungary (*people's republic in Central Europe*).
Uni·on der So·zia·li·sti·schen So·wjet·re·pu·bli·ken [u'ni̯o:n der zotsi̯a'lɪstɪʃən zə'vjɛtrepu,bli:kən] (die) (the) Union of Soviet Socialist Republics.
Un·strut ['un,stru:t; 'un,ʃtru:t] (die) (the) Unstrut (*East German river flowing into the Saale river*).
Un·ter·el·saß ['untər,?ɛlzas] (das) Lower Alsace (*France*).
Un·ter·en·ga·din ['untər,?ɛŋgadi:n] (das) Lower Engadine (*Switzerland*).
Un·ter·fran·ken ['untər,fraŋkən] *n* Lower Franconia (*administrative district in the north of Bavaria, BRD*).
Un·ter·ita·li·en ['untər?i,ta:liən] *n* Lower Italy.
Un·ter·wal·den ['untər,valdən] *n canton in central Switzerland, divided into demi-cantons:* → Nidwalden; Obwalden.
Un·ter·wal·den nid dem Wald ['untər,valdən ni:t dem 'valt] *n* → Nidwalden.
Un·ter·wal·den ob dem Wald ['untər,valdən ɔp dem 'valt] *n* → Obwalden.
Upp·sa·la ['upsala] *n* Uppsala, *auch* Upsala (*city in the southeast of Sweden*).
Ur [u:r] *n antiq. Sumerian city on the Euphrates, in the south of Iraq.*
Ural [u'ra:l] (der) (the) Ural Mountains *pl*, *auch* (the) Urals *pl* (*mountain range in the west of the Soviet Union, forming a natural boundary between Europe and Asia*).
Uri ['u:ri] *n canton in central Switzerland.*
Ur·mia·see ['urmi̯a,ze:] (der) Lake Urmia, *auch* Lake Urumiyeh (*salt lake in Iran*).
Ur·se·ren·tal ['urzərən,ta:l] (das) *valley in the Swiss canton of Uri.*
Uru·gu·ay[1] [uru'gŭa:i; 'urugvaɪ] *n republic in the southeast of South America.*
Uru·gu·ay[2] [uru'gŭa:i; 'urugvaɪ] (der) (the) Uruguay (*river in South America*).
Uruk ['u:ruk] *n antiq. Sumerian city in the south of Iraq.*
Urum·tschi [u'rumtʃi] *n* Urumchi, *auch* Urumtsi, Tihwa (*capital of Sinkiang, China*).
Urun·di [u'rundi] *n* → Burundi.
Us·be·ki·sche So·zia·li·sti·sche So·wjet·re·pu·blik [us'be:kɪʃə zotsi̯a'lɪstɪʃə zə'vjɛtrepu,bli:k] (die) (the) Uzbek Soviet Socialist Republic, Uzbekistan (*constituent republic of the Soviet Union in Asia*).
Use·dom ['u:zədɔm] *n island in the Baltic Sea, DDR and Poland.*
Us·pal·la·ta·paß [uspal'ja:ta,pas] (der) (the) Uspallata Pass, *auch* La Cumbre (*mountain pass in the Andes, South America*).
Us·su·ri [u'su:ri] (der) (the) Ussuri (*river in Eastern Asia*).
Utah·see ['ju:ta,ze:] (der) Lake Utah (*to the southeast of the Great Salt Lake, Utah, USA*).
Uti·ka ['u:tika] *n antiq.* Utica (*city to the northwest of Carthage, North Africa*).
Ut·recht ['u:trɛçt] *n* a) *province in the central Netherlands,* b) *capital of* a.
Ut·tar Pra·desch ['utar pra'de:ʃ] *n* Uttar Pradesh (*state in the north of India*).
Ux·mal [us'mal] *n antiq. ruined city in Mexico.*

V

Vaa·sa ['va:za] *n* a) *province in Finland,* b) *capital of* a *and seaport.*
Va·duz [fa'duts; va'du:ts] *n capital of Liechtenstein.*
Val-d'Isère [valdi'zɛ:r] *n skiing center in the Savoy Alps, France.*
Va·len·cia [va'lɛntsi̯a; va'lɛnsi̯a] *n* a) *region and seaport in the east of Spain,* b) *city in Venezuela.*
Val·let·ta [va'lɛta] *n capital of Malta.*
Va·lois [va'lŏa] *n hist. county in the Île de France.*
Vä·ner·see ['vɛ:nər,ze:] (der) Lake Vänern (*auch* Väner, Vener) (*largest lake in the southwest of Sweden*).
Van·see ['van,ze:] (der) → Wansee.
Va·ris·zi·sche Ge·bir·ge [va'rɪstsɪʃə gə'bɪrgə] (das) (the) Variscan Mountains *pl* (*Central and West Europe*).
Var·na ['varna] *n* → Warna.
Vät·ter·see ['vɛtər,ze:] (der) Lake Vätter(n) (*in the south of Sweden*).
Ve·ji ['ve:ji] *n antiq.* Veii (*Etruscan city near Rome*).
Velt·lin [vɛlt'li:n; fɛlt-] (das) (the) Valtellina (*upper valley of the Adda, in the north of Italy*).
Ve·ne·dig [ve'ne:dɪç] *n* Venice (*capital of the Italian province of Venezia and seaport*).
Ve·ne·ti·en [ve'ne:tsiən] *n* Venezia, *auch* Venetia, Veneto (*region in the northeast of Italy*).
Ve·ne·zue·la [vene'tsŭe:la] *n republic in South America.*
Ver·dun [vɛr'dœ̃:] *n city and former fortress on the Meuse river, France; scene of battle during World War I.*
Ver·ei·nig·te Ara·bi·sche Re·pu·blik [fɛr'?aɪnɪçtə a'ra:bɪʃə repu'bli:k] (die) *hist.* (the) United Arab Republic (*now* → Arabische Republik Ägypten).
Ver·ei·nig·te Kö·nig·reich (von Groß·bri·tan·ni·en und Nord·ir·land) [fɛr'?aɪnɪçtə 'kø:nɪg,raɪç (fən 'gro:sbri'tanɪən ,unt 'nɔrt'?ɪr,lant)] (das) (the) United Kingdom (of Great Britain and Northern Ireland).
Ver·ei·nig·ten Ara·bi·schen Emi·ra·te [fɛr'?aɪnɪçtən a'ra:bɪʃən emi'ra:tə] (die) *pl* (the) United Arab Emirates.
Ver·ei·nig·ten Staa·ten (von Ame·ri·ka) [fɛr'?aɪnɪçtən 'ʃta:tən (fən a'me:rika)] (die) *pl* (the) United States (of America).
Ve·ro·na [ve'ro:na] *n city on the Adige river, in the north of Italy.*
Ver·sailles [vɛr'zaɪ] *n city to the southwest of Paris; palace of the French kings; peace treaty, 1919.*
Ve·suv [ve'zu:f] (der) (Mount) Vesuvius (*active volcano near Naples, Italy*).
Via Ap·pia ['vi:a 'api̯a] (die) *antiq.* (the) Appian Way (*Roman highway from Rome to Brindisi*).
Vi·cen·za [vi'tʃɛntsa] *n city in central Venezia, Italy.*
Vic·to·ria [vɪk'to:ri̯a] *n* Victoria: a) *capital of the Seychelles,* b) *auch* Hong Kong (*capital of and seaport in Hong Kong colony*), c) *state in the southeast of Australia.*
Vic·to·ria·fäl·le [vɪk'to:ri̯a,fɛlə] (die) *pl* (the) Victoria Falls (*of the Zambesi river in South Africa*).
Vic·to·ria·land [vɪk'to:ri̯a,lant] *n* Victoria Land (*region in the Antarctica*).
Vic·to·ria·see [vɪk'to:ri̯a,ze:] (der) Lake Victoria, *auch* Victoria Nyanza (*East Africa*).
Vi·en·tia·ne [vi̯ɛn'ti̯an; vi̯ɛn'ti̯a:nə] *n capital of Laos.*
Vier·wald·stät·ter See [,fi:r'valt,ʃtɛtər 'ze:] (der) (the) Lake of Lucerne, *auch* (the) Lake of the Four Forest Cantons (*Switzerland*).
Vi·et·nam [vi̯ɛt'nam] *n* Viet-Nam, Vietnam, *auch* Viet Nam (*country in Southeast Asia*).
Vik·to·ria... → Victoria...
Vil·lach ['fɪlax] *n city on the Drau river, Carinthia, Austria.*
Vil·la Cis·ne·ros ['vɪlja sɪs'ne:rɔs] *n capital of Río de Oro, Africa.*
Vin·de·li·zi·en [vɪnde'li:tsiən] *n antiq.* Vindelicia (*Roman province in Central Europe, to the south of the Danube river*).
Vintsch·gau ['fɪntʃ,gaυ], *auch* **Vinsch·gau** ['fɪnʃ,gaυ] (der) *valley of the upper Adige, South Tyrol, Italy.*
Vir·gi·ni·schen In·seln [vɪr'gi:nɪʃən 'ɪnzəln] (die) *pl* → Jungferninseln.
Vi·say·as [vi'za:jas] (die) *pl* (the) Visayan Islands (*in the central Philippines*).
Vi·ter·bo [vi'tɛrbo] *n town in central Italy.*
Vlis·sin·gen ['flɪsɪŋən] *n* Flushing (*seaport in the Netherlands*).
Vo·ge·sen [vo'ge:zən] (die) *pl* (the) Vosges (Mountains) (*in the northeast of France*).
Vogt·land ['fo:kt,lant] *n hist.* Vo(i)gtland.
Volks·re·pu·blik Chi·na ['fɔlksrepu,bli:k 'çi:na] (die) (the) People's Republic of China.
Vor·arl·berg ['fo:r,?arl,bɛrk; ,fo:r'?arl-] *n province in the west of Austria.*
Vor·der·asi·en ['fɔrdər,?a:ziən] *n* (the) Near East, Southwest Asia.
Vor·der·in·di·en ['fɔrdər,?ɪndiən] *n* Peninsular India (and Ceylon).
Vor·der·rhein ['fɔrdər,raɪn] (der) (the) Vorder Rhein (*main headstream of the Rhine river, Switzerland*).
Vor·pom·mern ['fo:r,pɔmərn] *n hist.* Western Pomerania (*region between the lower Oder and Peene rivers, including Stettin and the islands of Usedom and Wolin*).
Vul·kan·in·seln [vul'ka:n,?ɪnzəln] (die) *pl* (the) Volcano Islands (*in the West Pacific*).

W

Waadt [vat; va:t] (die), *auch* **Waadt·land** ['vat,lant; 'va:t-] (das) Vaud (*canton in the west of Switzerland*).
Waag [va:k] (die) (the) Váh (*Czech river flowing into the Danube river*).
Waas·land ['va:s,lant] (das) Land van Waas, Pays de Waes (*od.* Waas) (*region in Belgium*).
Wach·au [va'xaυ] (die) *wine-growing region in Lower Austria, between Melk and Krems on the Danube river.*
Wa·dai [va'daɪ] *n hist. independent sultanate of the Sudan; now part of the Republic of Chad.*
Wa·di-Hal·fa ['va:di'halfa] *n* Wadi Halfa (*town on the Nile river, Sudan*).
Waes·land ['va:s,lant] (das) → Waasland.
Wa·ga·du·gu [vaga'du:gu] *n capital of Upper Volta.*
Wag·ri·en ['va:griən] *n region in the west of Schleswig-Holstein, BRD.*
Wake [ve:k] *n* Wake Island (*island in the North Pacific*).
Wa·la·chei [vala'xaɪ] (die) *hist.* Wal(l)achia (*former principality in Southeast Europe, now in Rumania*).
Wal·chen·see ['valçən,ze:] (der) *lake in Upper Bavaria, BRD.*
Wal·dai·hö·hen [val'daɪ,hø:ən] (die) *pl* (the) Valdai Hills (*region in the Soviet Union in Europe*).
Wald·vier·tel ['valt,fɪrtəl] (das) *district in the north of Lower Austria.*
Wa·len·see ['va:lən,ze:] (der) (the) Walensee, *auch* (the) Lake of Wallenstadt (*between the Swiss cantons of Glarus and St. Gallen*).
Wal·fisch·bai[1] ['val,fɪʃ,baɪ] (die) Walvis Bay, *auch* Walfish Bay (*on the coast of the southwest of Africa*).
Wal·fisch·bai[2] ['val,fɪʃ,baɪ] *n* Walvis Bay, *auch* Walfish Bay (*seaport on this bay*).
Wal·lis ['valɪs] (das) Valais (*canton in the southwest of Switzerland*).
Wal·li·ser Al·pen ['valizər 'alpən] (die) *pl* (the) Valais (*od.* Pennine) Alps (*mountain range on the border between Switzerland and Italy*).
Wal·lis·in·seln ['vɔlɪs,?ɪnzəln] (die) *pl* (the) Wallis Islands (*group of islands in the southwest of the Pacific*).
Wal·lo·ni·en [va'lo:niən] *n* Wallonie (*the southern and southeastern parts of Belgium and adjacent regions in France*).
Wan·ger·oo·ge [,vaŋər'?o:gə; 'vaŋər,?o:gə] *n* a) *island of the East Frisians, BRD,* b) *town on* a.
Wan·ne-Eickel (*getr.* -k·k-) ['vanə'?aɪkəl] *n city in North Rhine-Westphalia, BRD.*

Wann·see ['van,ze:] (der) *lake in the southwest of West Berlin.*

Wan·see ['van,ze:] (der) Lake Van (*salt lake in Turkey*).

War·na ['varna] *n* Varna (*seaport in the northeast of Bulgaria*).

Warndt [varnt] (der) *wooded region near Saarbrücken, Saarland, BRD.*

War·schau ['varʃau] *n* Warsaw (*capital of Poland*).

War·the ['vartə] (die) (the) Warta (*Polish river flowing into the Oder river near Küstrin*).

Wa·shing·ton ['vɔʃɪŋtən] *n* Washington: a) *auch* Washington, D.C. (*capital of the USA*), b) *auch* Washington State (*state in the northwest of the USA*).

Was·ser·kup·pe ['vasər,kupə] (die) *highest peak of the Rhön, BRD.*

Wa·ter·loo ['va:tər,lo:] *n village in central Belgium; decisive defeat of Napoleon, 1815.*

Wat·ling·in·sel ['vɔtlɪŋ,ˀɪnzəl] (die) Watling Island (→ San Salvador b).

Watz·mann ['vats,man] (der) *mountain range near Berchtesgaden, Upper Bavaria, BRD.*

Wa·zi·ri·stan [va'zi:rɪsta:n] *n mountainous region in Pakistan.*

Wed·dell·meer ['vɛdəl,me:r] (das), **Wed·dell·see** ['vɛdəl,ze:] (die) (the) Weddell Sea (*arm of the Atlantic Ocean in the east of the Antarctic Peninsula*).

Wed·ding ['vɛdɪŋ] (der) *administrative district of West Berlin.*

Weich·sel ['vaɪksəl] (die) (the) Vistula (*Polish river flowing from the Carpathian Mountains into the Baltic Sea*).

Wei·den ['vaɪdən] *n city in Upper Palatinate, Bavaria, BRD.*

Weih·nachts·in·sel ['vaɪ,naxts,ˀɪnzəl] (die) Christmas Island: a) *Australian island in the Indian Ocean,* b) *one of the Gilbert and Ellice Islands, in the central Pacific.*

Wei·mar ['vaɪmar] *n capital of Thuringia, DDR.*

Wein·gar·ten ['vaɪn,gartən] *n town in Baden-Württemberg, BRD; Benedictine abbey.*

Wein·vier·tel ['vaɪn,fɪrtəl] (das) *district to the north of Vienna, Austria.*

Wei·ße El·ster ['vaɪsə 'ɛlstər] (die) (the) Weisse Elster (*East German river flowing into the Saale river*).

Wei·ße Main ['vaɪsə 'maɪn] (der) (the) White Main (*tributary of the Main river, BRD*).

Wei·ße Meer ['vaɪsə 'me:r] (das) (the) White Sea (*arm of the Arctic Ocean in the northwest of the Soviet Union in Europe*).

Wei·ße Nil ['vaɪsə 'ni:l] (der) (the) White Nile (*tributary of the Nile river, Africa*).

Wei·ßen·see [,vaɪsən'ze:] *n administrative district of East Berlin, DDR.*

Weiß·rus·si·sche So·zia·li·sti·sche So·wjet·re·pu·blik ['vaɪs,rusɪʃə zotsia'lɪstɪʃə zɔ'vjɛtrepu,bli:k] (die) (the) Byelorussian (*od.* White Russian) Soviet Socialist Republic (*in the western part of the Soviet Union in Europe*).

Weiß·ruß·land ['vaɪs,rus,lant] *n* Byelorussia, White Russia (*region in the western part of the Soviet Union in Europe*).

Wel·ling·ton ['vɛlɪŋtən] *n capital of New Zealand.*

Wen·del·stein ['vɛndəl,ʃtaɪn] (der) *mountain in the Bavarian Alps, BRD.*

Wen·gen ['vɛŋən] *n resort in the Bernese Oberland, Switzerland.*

Werch·ne-Udinsk [vɛrçne'ˀu:dɪnsk] *n hist.* Verkhneudinsk (→ Ulan-Ude).

Wer·ra ['vɛra] (die) (the) Werra (*river rising in the Thuringian Forest, DDR, flowing north to join the Fulda river and forming the Weser river, BRD*).

Wer·tach ['vɛrtax] (die) (the) Wertach (*West German river flowing into the Lech river*).

We·ser ['ve:zər] (die) (the) Weser (*West German river flowing into the North Sea near Bremerhaven*).

We·ser·berg·land [,ve:zər'bɛrk,lant] (das) (the) Weser Mountains *pl* (*hilly region on both sides of the Weser river, BRD*).

Wes·so·brunn [,vɛso'brun] *n village in Upper Bavaria, BRD.*

West·afri·ka ['vɛstˀa:frika] *n* West Africa.

West·al·pen ['vɛst,ˀalpən] (die) *pl* (the) Western Alps.

West·au·stra·li·en ['vɛstˀaus'tra:lïən] *n* Western Australia.

West·Ben·ga·len ['vɛstbɛŋ,ga:lən] *n* West Bengal (*state in the east of India*).

West·Ber·lin ['vɛstbɛr,li:n] *n* West Berlin (*western part of the former capital of Germany*).

West·deutsch·land ['vɛst,dɔʏtʃ,lant] *n* West Germany (→ Bundesrepublik Deutschland).

We·ster·land ['vɛstər,lant] *n seaside resort on the North Frisian island of Sylt.*

We·ster·wald ['vɛstər,valt] (der) *area between the Lahn and Sieg rivers, BRD.*

West·eu·ro·pa ['vɛstˀɔʏ'ro:pa] *n* West(ern) Europe.

West·fa·len [,vɛst'fa:lən] *n* Westphalia: a) *northeastern part of North Rhine-Westphalia, BRD,* b) *hist. western part of medieval Saxony,* c) *hist. province of Prussia, 1816—1945.*

West·fä·li·sche Pfor·te [,vɛst'fɛ:lɪʃə 'pfɔrtə] (die) (the) Westphalian Gate, (the) Porta Westfalica (*narrow pass in North Rhine-Westphalia, BRD, by which the Weser river breaks through the Weser Mountains to the lowlands*).

West·flan·dern ['vɛst,flandərn] *n* West Flanders (*province in the west of Belgium*).

West·frie·si·schen In·seln ['vɛst'fri:zɪʃən 'ɪnzəln] (die) *pl* (the) West Frisians (*islands in the North Sea, belonging to the Netherlands*).

West·fries·land ['vɛst'fri:s,lant] *n German name for the region between Lake IJssel and the Dollart basin.*

West-Fries·land ['vɛst'fri:s,lant] *n* West Friesland (*bes. Br.* Frisian) (*northern part of the Netherlands*).

West·ghats ['vɛst,gats] (die) *pl* (the) Western Ghats (*low mountain range in the west of India*).

West·in·di·en ['vɛst'ˀɪndïən] *n* (the) West Indies *pl, auch* (the) Indies *pl* (*archipelago in the North Atlantic between North and South America*).

West·in·di·sche Bund ['vɛst'ˀɪndɪʃə 'bunt] (der) *hist.* (the) Federation of the West Indies, *auch* (the) West Indies Federation.

West·in·di·schen In·seln ['vɛst'ˀɪndɪʃən 'ɪnzəln] (die) *pl* (the) West Indies.

West·iri·an ['vɛstˀi'ri:an] *n* West Irian, *auch* West New Guinea (*western part of the island of New Guinea*).

West·pa·ki·stan ['vɛst,pa:kɪsta:n] *n hist.* West Pakistan (*now* → Pakistan).

West·preu·ßen ['vɛst,prɔʏsən] *n hist.* West Prussia (*former province of Prussia, now in Poland*).

West·sa·moa ['vɛstza'mo:a] *n* Western Samoa (*independent state in the western part of Samoa*).

West·thra·ki·en ['vɛst,tra:kïən] *n* Western Thrace (*region in the eastern part of the Balkan Peninsula, Greece*).

West Vir·gi·nia ['vɛst vɪr'gi:nïa], *auch* **West-Vir·gi·ni·en** ['vɛstvɪr'gi:nïən] *n* West Virginia (*state in the east of the USA*).

Wet·ter·horn ['vɛtər,hɔrn] (das) *mountain in the Bernese Alps, Switzerland.*

Wet·ter·stein·ge·bir·ge ['vɛtər,ʃtaɪngə,bɪrgə] (das) (the) Wetterstein Mountains *pl* (*mountain range in the northeast of the Tyrol, bordering Bavaria*).

Wetz·lar ['vɛtslar] *n city in Hesse, BRD.*

Wi·borg ['vi:,bɔrk] *n* Vyborg (*seaport on the Gulf of Finland, Soviet Union in Europe*).

Wien [vi:n] *n* Vienna: a) *capital of the Federal Republic of Austria,* b) *province in the east of Austria,* c) *capital of* b *and Lower Austria.*

Wie·ner Becken (*getr.* -k·k-) ['vi:nər 'bɛkən] (das) (the) Vienna Basin.

Wie·ner Land ['vi:nər 'lant] (das) → Wien b.

Wie·ner Neu·stadt ['vi:nər 'nɔʏ,ʃtat] *n town to the southwest of Vienna, Austria.*

Wie·ner·wald ['vi:nər,valt] (der) *district to the west of Vienna, Austria.*

Wies·ba·den ['vi:s,ba:dən] *n capital of Hesse, BRD.*

Wight [vaɪt] *n* → Insel Wight.

Wil·de Kai·ser ['vɪldə 'kaɪzər] (der) → Kaiser(gebirge).

Wild·spit·ze ['vɪlt,ʃpɪtsə] (die) *highest mountain in the Oetztal Alps, Austria.*

Wil·helms·ha·ven [,vɪl,hɛlms'ha:fən] *n seaport on the North Sea, Lower Saxony, BRD.*

Wil·mers·dorf ['vɪlmərs,dɔrf] *n administrative district of West Berlin.*

Wil·na ['vɪlna] *n* Vilna, Wilno, Vilnius (*capital of Lithuania, Soviet Union in Europe*).

Win·dhja·ket·te ['vɪndja,kɛtə] (die) (the) Vindhya Mountains *pl* (*od.* Hills *pl*) (*mountain range in central India*).

Win·dhja Pra·desch ['vɪndja pra'de:ʃ] *n hist.* Vindhya Pradesh (*state in central India*).

Wind·huk ['vɪnt,hu:k] *n* Windhoek (*capital of South-West Africa*).

Wind·ward·in·seln ['vɪntvart,ˀɪnzəln] (die) *pl* (the) Windward Islands (*in the West Indies*).

Win·ni·za ['vɪnitsa] *n* Vinnitsa (*city on the upper Bug river, Soviet Union in Europe*).

Win·ter·thur ['vɪntər,tu:r] *n town in the Swiss canton of Zurich.*

Wis·mar ['vɪsmar] *n seaport on the Baltic Sea, DDR.*

Wi·tebsk ['vi:tɛpsk] *n* Vitebsk (*city on the Dvina river, Soviet Union in Europe*).

Wi·tim [vi'ti:m] (der) (the) Vitim (*river in Siberia, Soviet Union in Asia*).

Wit·ten·berg ['vɪtən,bɛrk] *n city on the Elbe river, DDR.*

Wla·di·wo·stok [vladivɔs'tɔk] *n* Vladivostok (*seaport on the Sea of Japan, Soviet Union in Asia*).

Woj·wo·di·na [vɔʏ'vo:dina; -vo'di:na] (die) Voivodina, Vojvodina (*autonomous territory in the northeast of Yugoslavia*).

Wol·fen·büt·tel ['vɔlfən,bʏtəl] *n city in Lower Saxony, BRD.*

Wolf·gang·see ['vɔlf,gaŋ,ze:] (der) *lake in the Salzkammergut, Austria.*

Wolfs·burg ['vɔlfs,burk] *n industrial city in Lower Saxony, BRD.*

Wol·ga ['vɔlga] (die) (the) Volga (*river in the Soviet Union in Europe*).

Wol·go·grad ['vɔlgo,gra:t] *n* Volgograd (*city on the Volga river, Soviet Union in Europe*).

Wol·hy·ni·en [vo'ly:nïən] *n hist.* Volhynia (*region in the Ukraine, Soviet Union in Europe*).

Wol·lin [vɔ'li:n] *n* Wolin (*island in the Baltic Sea, Poland*).

Wo·ly·ni·en [vo'ly:nïən] *n* → Wolhynien.

Wö·ris·ho·fen, Bad *n* → Bad Wörishofen.

Wor·ku·ta [vɔrku'ta] *n* Vorkuta (*town in the Ural Mountains, Soviet Union in Europe*).

Worms [vɔrms] *n city on the Rhine river, Rhineland-Palatinate, BRD.*

Wo·ro·nesch [vo'ro:nɛʃ] *n* Voronezh (*city in the central Soviet Union in Europe*).

Worps·we·de [,vɔrps've:də] *n town to the north of Bremen, Lower Saxony, BRD.*

Wör·ther See ['vœrtər 'ze:], *auch* **Wör·ther·see** ['vœrtər,ze:] (der) *lake in Carinthia, Austria.*

Wran·gel·in·sel ['vraŋəl,ˀɪnzəl] (die) Wrangel (Island) (*in the Arctic Ocean, off the coast of the Soviet Union in Asia*).

Wup·per ['vupər] (die) (the) Wupper (*West German river flowing into the Rhine river*).

Wup·per·tal ['vupər,ta:l] *n city in North Rhine-Westphalia, BRD.*

Würm·see ['vʏrm,ze:] (der) → Starnberger See.

Würt·tem·berg ['vʏrtəm,bɛrk] *n hist. state in the southwest of the BRD, now part of Baden-Württemberg.*

Würz·burg ['vʏrts,burk] *n capital of Lower Franconia, Bavaria, BRD.*

Wur·zen(·paß) ['vurtsən(,pas)] (der) (the) Wurzen (Pass) (*mountain pass in the Karawanken on the Austro-Yugoslavian border*).

Wü·ste Go·bi ['vy:stə 'go:bi] (die) → Gobi.

Wü·ten·de Nei·ße ['vy:təndə 'naɪsə] (die) → Jauersche Neiße.

Wu·tschang ['vu:tʃaŋ] *n* Wuchang (*city in China*).

X

Xan·ten ['ksantən] *n city in North Rhine-Westphalia, BRD.*

Xan·thos ['ksantɔs] *n antiq.* Xanthus (*city in Lycia, Asia Minor*).

Xi·ron ['ksi:rɔn] (das) *mountain in Euboea, Greece.*

Y

Ybbs[1] **(an der Do·nau)** ['ɪps (an der 'do:naʊ)] *n* Ybbs (on the Danube) (*town in Lower Austria*).
Ybbs[2] [ɪps] (die) *Austrian river flowing into the Danube river.*
Ye·men ['je:mən] (der) *od. n* → Jemen.
Yo·ko·ha·ma [joko'ha:ma] *n* → Jokohama.
Yorke·halb·in·sel ['jɔrk,halp,ʔɪnzəl] (die) (the) Yorke Peninsula (*South Australia*).
Ypern ['y:pərn; 'i:pərn] *n* Ypres (*town in Belgium*).
Yser [i'zɛ:r] (die) (the) Yser (*river rising in France and flowing into the North Sea in Belgium*).
Ys·sel·meer ['aɪsəl,me:r] (das) → Ijsselmeer.
Yu·ka·tan ['ju:katan] *n* Yucatán: a) *peninsula in the southeast of Mexico*, b) *state in Mexico.*
Yver·don [ivɛr'dõ:] *n city in the Swiss canton of Bern.*

Z

Za·bern ['tsa:bərn] *n* Saverne (*town in Lower Alsace, France*).
Za·dar ['za:dar] *n seaport in the west of Yugoslavia.*
Za·greb ['za:grɛp] *n capital of Croatia, Yugoslavia.*
Za·ire [za'i:r] *n republic in Central Africa.*
Za·kros ['zakrɔs] *n antiq. site of the ruins of a Minoan town on the east coast of Crete.*
Za·kyn·thos [tsa'kʏntɔs] *n* → Sakinthos.
Za·ma ['za:ma] *n antiq. town to the southwest of Carthage, North Africa; defeat of Hannibal by the Romans, 202 B.C.*
Zam·be·zi [zam'be:zi] (der) → Sambesi.
Za·ra·go·za [sara'gɔsa] *n* → Saragossa.
Zeh·len·dorf ['tse:lən,dɔrf] *n administrative district of West Berlin.*
Zel·la-Meh·lis ['tsɛla'me:lɪs] *n town in the Thuringian Forest, DDR.*
Zen·tral·afri·ka [tsɛn'tra:l,ʔa:frika] *n* Central Africa.
Zen·tral·afri·ka·ni·sche Re·pu·blik [tsɛn'tra:lʔafri,ka:nɪʃə repu'bli:k] (die) (the) Central African Republic.
Zen·tral·al·pen [tsɛn'tra:l,ʔalpən] (die) *pl* (the) Central Alps.
Zen·tral·ame·ri·ka [tsɛn'tra:lʔa,me:rika] *n* Central America.
Zen·tral·asi·en [tsɛn'tra:l,ʔa:ziən] *n* Central Asia.
Zen·tral·mas·siv [tsɛn'tra:lma,si:f], **Zen·tral·pla·teau** [tsɛn'tra:lpla,to:] (das) (the) Massif Central (*upland area in the south-central part of France*).
Zer·matt [tsɛr'mat] *n resort at the foot of the Matterhorn, in the Swiss canton of Valais.*
Zi·li·zi·en [tsi'li:tsiən] *n antiq.* → Kilikien.
Zil·ler ['tsɪlər] (der) (the) Ziller (*Austrian river flowing into the Inn river*).
Zil·ler·tal ['tsɪlər,ta:l] (das) *Alpine valley in the Tyrol, to the east of Innsbruck, Austria.*
Zil·ler·ta·ler Al·pen ['tsɪlər,ta:lər 'alpən] (die) *pl* (the) Zillertal Alps (*section of the Alps in the Tyrol, Austria, extending from the Brenner Pass to the Hohen Tauern*).
Zi·on ['tsi:ɔn] (der) (Mount) Zion (*auch* Sion) (*hill in Jerusalem*).
Zis·al·pi·ni·sche Re·pu·blik [tsɪsʔal'pi:nɪʃə repu'bli:k] (die) *hist.* (the) Cisalpine Republic (*North Italy*).
Zis·kau·ka·si·en [tsɪskaʊ'ka:ziən] *n* Ciscaucasia (*part of Caucasia north of the Caucasus Mountains, Soviet Union in Europe*).
Zit·tau ['tsɪtaʊ] *n city on the Neisse river, DDR.*
Zo·fin·gen ['tso:fɪŋən] *n town in the Swiss canton of Aargau.*
Zom·ba ['tsɔmba] *n capital of Malawi.*
Zug [tsu:k] *n* a) *canton in central Switzerland*, b) *capital of* a.
Zu·ger See ['tsu:gər 'ze:] (der) (the) Lake of Zug (*Switzerland*).
Zug·spit·ze ['tsu:k,ʃpɪtsə] (die) (the) Zugspitze (*mountain in the Bavarian Alps, highest point of the BRD*).
Zui·der·see ['zɔʏdər,ze:] (die *od.* der) (the) Zuider (*auch* Zuyder) Zee (*former shallow inlet of the North Sea in the central Netherlands*).
Zu·lu·land ['tsu:lu,lant] *n territory in the Republic of South Africa.*
Zü·rich ['tsy:rɪç] *n* Zurich: a) *canton in the north of Switzerland*, b) *capital of* a.
Zü·rich·see ['tsy:rɪç,ze:], *auch* **Zü·ri·cher See** ['tsy:rɪçər 'ze:] (der) (the) Lake of Zurich (*Switzerland*).
Zut·phen ['zʏtfən] *n town in the Netherlands.*
Zwei·brücken (*getr.* -k·k-) ['tsvaɪ,brʏkən] *n city in Rhineland-Palatinate, BRD.*
Zwei·sim·men ['tsvaɪ,zɪmən] *n resort in the Swiss canton of Bern.*
Zwickau (*getr.* -k·k-) ['tsvɪkaʊ] *n city to the south of Leipzig, DDR.*
Zwie·fal·ten [,tsvi:'faltən] *n small town in Baden-Württemberg, BRD; former Benedictine abbey.*
Zwi·schen·se·en·ge·biet ['tsvɪʃən,ze:əngə,bi:t] (das) *region between Lake Victoria and the Central-African plateau in East Africa.*
Zy·kla·den [tsy'kla:dən] (die) *pl* → Kykladen.
Zy·pern ['tsy:pərn] *n* Cyprus (*island republic in the Mediterranean Sea*).
Zy·the·ra [tsy'te:ra] *n* → Cerigo.

V. MASSE UND GEWICHTE
V. WEIGHTS AND MEASURES

1. DAS SI-SYSTEM
1. THE SI SYSTEM

(SI = Système International d'Unités)

a) SI-Basiseinheiten
a) SI Basic Units

Basisgröße *Basic physical quantity*	Basiseinheit *Basic unit*	
	Name *Name*	Zeichen *Symbol*
Länge *length*	Meter *m, n* *meter, metre*	m
Masse *mass*	Kilogramm *n* *kilogram(me)*	kg
Zeit *time*	Sekunde *f* *second*	s
elektrische Stromstärke *electrical current*	Ampere *n* *ampere*	A
Temperatur *temperature*	Kelvin *n* *kelvin*	K
Lichtstärke *luminous intensity*	Candela *f* *candela*	cd
Stoffmenge *amount of substance*	Mol *n* *mole*	mol

b) Dezimale Vielfache und Teile von Einheiten
b) Decimal Multiples and Subdivisions of Units

Dezimale Vielfache und Teile von Einheiten werden durch Vorsilben („Vorsätze") ausgedrückt:

Decimal multiples and subdivisions of units are expressed by prefixes:

	Vorsatz	*Prefix*	Zeichen *Symbol*
10^{12}	Tera	*tera*	T
10^{9}	Giga	*giga*	G
10^{6}	Mega	*mega*	M
10^{3}	Kilo	*kilo*	k
10^{2}	Hekto	*hecto*	h
10	Deka	*deca*	da
10^{-1}	Dezi	*deci*	d
10^{-2}	Zenti	*centi*	c
10^{-3}	Milli	*milli*	m
10^{-6}	Mikro	*micro*	µ
10^{-9}	Nano	*nano*	n
10^{-12}	Piko	*pico*	p
10^{-15}	Femto	*femto*	f
10^{-18}	Atto	*atto*	a

2. DEUTSCHE MASSE UND GEWICHTE
2. GERMAN WEIGHTS AND MEASURES

a) Längenmaße — Linear Measure

1 mm		=	0.0394 inch
1 cm	= 10 mm	=	0.3937 inch
1 dm	= 10 cm	=	3.9370 inches
1 m	= 10 dm	=	1.0936 yards
1 dkm	= 10 m	=	10.9361 yards
1 hm	= 10 dkm	=	109.3614 yards
1 km	= 10 hm	=	0.6214 mile

b) Flächenmaße — Square Measure

1 mm²		=	0.00155	square inch
1 cm²	= 100 mm²	=	0.15499	square inch
1 dm²	= 100 cm²	=	15.499	square inches
1 m²	= 100 dm²	=	1.19599	square yards
1 dkm²	= 100 m²	=	119.5993	square yards
1 hm²	= 100 dkm²	=	2.4711	acres
1 km²	= 100 hm²	=	247.11	acres = 0.3861 square mile

1 m²		=	1,549.9	square inches
1 a	= 100 m²	=	119.5993	square yards
1 ha	= 100 a	=	2.4711	acres
1 km²	= 100 ha	=	247.11	acres = 0.3861 square mile

c) Raummaße — Cubic Measure

1 mm³		=	0.000061	cubic inch
1 cm³	= 1 000 mm³	=	0.061023	cubic inch
1 dm³	= 1 000 cm³	=	61.024	cubic inches
1 m³	= 1 000 dm³	=	35.315	cubic feet = 1.3079 cubic yards

d) Hohlmaße — Measure of Capacity

			Britisch British			Amerikanisch American	
1 ml	=	1 cm³	= 16.89	minims		16.23	minims
1 cl	=	10 ml	= 0.352	fluid ounce		0.338	fluid ounce
1 dl	=	10 cl	= 3.52	fluid ounces		3.38	fluid ounces
1 l	=	10 dl	= 1.76	pints		1.06	liquid quarts
					od.	0.91	dry quart
1 dkl	=	10 l	= 2.1998	gallons		2.64	gallons
					od.	0.284	bushel
1 hl	=	10 dkl	= 2.75	bushels		26.418	gallons
1 kl	=	10 hl	= 3.437	quarters		264.18	gallons

e) Gewichte — Weight

				Avoirdupois		Troy	
1 mg						= 0.0154	grain
1 cg	=	10 mg				= 0.1543	grain
1 dg	=	10 cg				= 1.543	grains
1 g	=	10 dg				= 15.432	grains
1 dkg	=	10 g		= 0.353	ounce	= 0.321	ounce
1 hg	=	10 dkg		= 3.527	ounces	= 3.215	ounces
1 kg	=	10 hg		= 2.205	pounds	= 2.679	pounds
1 dz	=	100 kg	*Br.*	= 1.9684	hundredweights		
			Am.	= 2.2046	hundredweights		
1 t	=	1 000 kg	*Br.*	= 0.9842	long ton		
			Am.	= 1.102	short tons		

					Avoirdupois
1 Pfd	= 500 g	= ½ kg		= 1.1023	pounds
1 Ztr.	= 100 Pfd	= 50 kg	*Br.*	= 0.9842	hundredweight
			Am.	= 1.1023	hundredweights

f) Metrische Karatgewichte — Metric Carat Weight

200 mg	=	1 carat		
100 mg	=	½ carat	=	0.5 carat
50 mg	=	¼ carat	=	0.25 carat
20 mg	=	1/10 carat	=	0.10 carat
10 mg	=	1/20 carat	=	0.05 carat
2 mg	=	1/100 carat	=	0.01 carat

3. UMRECHNUNGSFAKTOREN FÜR MASSE UND GEWICHTE

3. CONVERSION FACTORS FOR WEIGHTS AND MEASURES

Längenmaße — Linear Measure

Umzurechnen / To convert	in / into	Multiplizieren mit / Multiply by
cm	inch (″)	0.3937
m	foot (′)	3.2808
m	yard (yd)	1.0936
km	statute mile (st. mi)	0.6214
inch	cm	2.5400
foot	m	0.3048
yard	m	0.9144
statute mile	km	1.6093

Flächenmaße — Square Measure

Umzurechnen / To convert	in / into	Multiplizieren mit / Multiply by
cm²	square inch (sq. in)	0.1550
m²	square foot (sq. ft)	10.7639
m²	square yard (sq. yd)	1.1960
1000 m²	acre (ac)	0.2471
km²	square mile (sq. mi)	0.3861
square inch	cm²	6.4516
square foot	m²	0.0929
square yard	m²	0.8361
acre	m²	4046.8
square mile	km²	2.5900

Volumenmaße (allgemein) — Cubic Measure

Umzurechnen / To convert	in / into	Multiplizieren mit / Multiply by
cm³	cubic inch (cu. in)	0.06102
Liter	cubic foot (cu. ft)	0.03531
m³	cubic yard (cu. yd)	1.308
m³	register ton (reg. tn)	0.3531
cubic inch	cm³	16.387
cubic foot	Liter	28.317
cubic yard	m³	0.7646
register ton	m³	2.8317

Hohlmaße für Trockensubstanzen — Measure of Capacity (Dry)

Umzurechnen / To convert	in / into		Multiplizieren mit / Multiply by
Liter	pint, dry	(USA)	1.8162
Liter	quart, dry	(USA)	0.9081
Liter	peck	(USA)	0.1135
Liter	bushel	(USA)	0.0284
m³	barrel	(USA)	8.6484
m³	barrel Petrol	(USA)	6.2972
m³	quarter	(USA)	4.1305
Liter	peck	(Brit.)	0.1100
Liter	bushel	(Brit.)	0.0275
Liter	kilderkin	(Brit.)	0.0122
m³	barrel	(Brit.)	6.1103
m³	quarter	(Brit.)	3.4370

Umzurechnen / To convert		in / into	Multiplizieren mit / Multiply by
pint, dry	(USA)	Liter	0.5506
quart, dry	(USA)	Liter	1.1012
peck	(USA)	Liter	8.8098
bushel	(USA)	Liter	35.2393
barrel	(USA)	m³	0.1156
barrel Petrol	(USA)	m³	0.1588
quarter	(USA)	m³	0.2421
peck	(Brit.)	Liter	9.0922
bushel	(Brit.)	Liter	36.3687
kilderkin	(Brit.)	Liter	81.829
barrel	(Brit.)	m³	0.1637
quarter	(Brit.)	m³	0.2909

Hohlmaße für Flüssigkeiten — Measure of Capacity (Liquid)

Umzurechnen / To convert	in / into		Multiplizieren mit / Multiply by
cm³	minim	(USA)	16.2306
Liter	gill (liqu)	(USA)	8.4534
Liter	pint (liqu)	(USA)	2.1134
Liter	quart (liqu)	(USA)	1.0567
Liter	gallon	(USA)	0.2642
Liter	gill (liqu)	(Brit.)	7.0390
Liter	pint (liqu)	(Brit.)	1.7598
Liter	quart (liqu)	(Brit.)	0.8799
Liter	pottle	(Brit.)	0.4399
Liter	gallon	(Brit.)	0.2200
minim	(USA)	cm³	0.0616
gill (liqu)	(USA)	Liter	0.1183
pint (liqu)	(USA)	Liter	0.4732
quart (liqu)	(USA)	Liter	0.9464
gallon	(USA)	Liter	3.7854
gill (liqu)	(Brit.)	Liter	0.1421
pint (liqu)	(Brit.)	Liter	0.5683
quart (liqu)	(Brit.)	Liter	1.1365
pottle	(Brit.)	Liter	2.2730
gallon	(Brit.)	Liter	4.5461

Gewichte — Avoirdupois Weights

System avoirdupois (av.) für den allgemeinen Gebrauch

Umzurechnen / To convert	in / into	Multiplizieren mit / Multiply by
g	grain	15.4323
g	dram (av.)	0.5644
g	ounce (av.)	0.0353
kg	pound (av.)	2.2046
t	short ton (USA)	1.1023
t	long ton (Brit.)	0.9842
grain	g	0.0648
dram	g	1.7718
ounce	g	28.3495
pound	kg	0.4536
short ton (USA)	kg	907.2
long ton (Brit.)	kg	1016.05

Apotheker-Maßsystem für Feststoffe (ap.) — **Apothecaries' Weight — Troy Weight**
sowie Troy-System (t) für Edelmetalle und Drogen

Umzurechnen / *To convert*	*in* / *into*	*Multiplizieren mit* / *Multiply by*
g	grain	15.4323
g	scruple (ap.)	0.7716
g	pennyweight (t)	0.6430
g	dram *od.* drachm	0.2572
g	ounce (ap. *od.* t)	0.03215
kg	pound (ap. *od.* t)	2.67923
grain	g	0.064799
scruple (ap.)	g	1.295978
pennyweight (t)	g	1.555174
dram *od.* drachm	g	3.887935
ounce (ap. *od.* t)	g	31.103481
pound (ap. *od.* t)	g	373.24177

Apotheker-Maßsystem für Flüssigkeiten — **Apothecaries' Fluid Measure**

Umzurechnen / *To convert*	*in* / *into*	*Multiplizieren mit* / *Multiply by*
cm^3	fluid dram (USA)	0.27052
cm^3	fluid ounce (USA)	0.03381
cm^3	minim (Brit.)	16.892
cm^3	fluid dram (Brit.)	0.2815
cm^3	fluid ounce (Brit.)	0.0352
fluid dram (USA)	cm^3	3.69661
fluid ounce (USA)	cm^3	29.5729
minim (Brit.)	cm^3	0.0592
fluid dram (Brit.)	cm^3	3.552
fluid ounce (Brit.)	cm^3	28.412

Aus: Horn-Schönberg UMWANDLUNGSTABELLEN für U.S.- und britische Einheiten ins metrische System und umgekehrt, 4. Auflage, Carl Hanser Verlag, München.

VI. TEMPERATUR-UMRECHNUNGSTABELLEN

VI. CONVERSION TABLES OF TEMPERATURES

1. VON —273 °C BIS +1000 °C

1. FROM —273 °C TO +1000 °C

Celsius °C	Kelvin K	Fahrenheit °F	Réaumur °R
1000	1273	1832	800
950	1223	1742	760
900	1173	1652	720
850	1123	1562	680
800	1073	1472	640
750	1023	1382	600
700	973	1292	560
650	923	1202	520
600	873	1112	480
550	823	1022	440
500	773	932	400
450	723	842	360
400	673	752	320
350	623	662	280
300	573	572	240
250	523	482	200
200	473	392	160
150	423	302	120
100	373	212	80
95	368	203	76
90	363	194	72
85	358	185	68
80	353	176	64
75	348	167	60
70	343	158	56
65	338	149	52
60	333	140	48
55	328	131	44
50	323	122	40
45	318	113	36
40	313	104	32
35	308	95	28
30	303	86	24
25	298	77	20
20	293	68	16
15	288	59	12
10	283	50	8
+ 5	278	41	+ 4
0	273.15	32	0
— 5	268	23	— 4
— 10	263	14	— 8
— 15	258	+ 5	— 12
— 17.8	255.4	0	— 14.2
— 20	253	— 4	— 16
— 25	248	— 13	— 20
— 30	243	— 22	— 24
— 35	238	— 31	— 28
— 40	233	— 40	— 32
— 45	228	— 49	— 36
— 50	223	— 58	— 40
— 100	173	— 148	— 80
— 150	123	— 238	— 120
— 200	73	— 328	— 160
— 250	23	— 418	— 200
— 273.15	0	— 459.4	— 218.4

2. FIEBERTHERMOMETER

2. CLINICAL THERMOMETER

Celsius °C	Fahrenheit °F	Réaumur °R
42.0	107.6	33.6
41.8	107.2	33.4
41.6	106.9	33.3
41.4	106.5	33.1
41.2	106.2	33.0
41.0	105.8	32.8
40.8	105.4	32.6
40.6	105.1	32.5
40.4	104.7	32.3
40.2	104.4	32.2
40.0	104.0	32.0
39.8	103.6	31.8
39.6	103.3	31.7
39.4	102.9	31.5
39.2	102.6	31.4
39.0	102.2	31.2
38.8	101.8	31.0
38.6	101.5	30.9
38.4	101.1	30.7
38.2	100.8	30.6
38.0	100.4	30.4
37.8	100.0	30.2
37.6	99.7	30.1
37.4	99.3	29.9
37.2	99.0	29.8
37.0	98.6	29.6
36.8	98.2	29.4
36.6	97.9	29.3

3. UMRECHNUNGSREGELN

3. RULES FOR CONVERTING TEMPERATURES

	Celsius	*Kelvin*	*Fahrenheit*	*Réaumur*
x°C	—	$= x + 273.15$ K	$= \frac{9}{5}x + 32$ °F	$= \left(\frac{4}{5}x\right)$ °R
x K	$= x - 273.15$ °C	—	$= \frac{9}{5}(x - 273.15) + 32$ °F	$= \frac{4}{5}(x - 273.15)$ °R
x°F	$= \frac{5}{9}(x - 32)$ °C	$= \frac{5}{9}(x - 32) + 273.15$ K	—	$= \frac{4}{9}(x - 32)$ °R
x°R	$= \frac{5}{4}x$ °C	$= \left(\frac{5}{4}x\right) + 273.15$ K	$= \left(\frac{9}{4}x\right) + 32$ °F	—

VII. ZAHLWÖRTER

VII. NUMERALS

1. GRUNDZAHLEN

1. CARDINAL NUMBERS

0	null	nought, zero, cipher
1	eins	one
2	zwei	two
3	drei	three
4	vier	four
5	fünf	five
6	sechs	six
7	sieben	seven
8	acht	eight
9	neun	nine
10	zehn	ten
11	elf	eleven
12	zwölf	twelve
13	dreizehn	thirteen
14	vierzehn	fourteen
15	fünfzehn	fifteen
16	sechzehn	sixteen
17	siebzehn	seventeen
18	achtzehn	eighteen
19	neunzehn	nineteen
20	zwanzig	twenty
21	einundzwanzig	twenty-one
22	zweiundzwanzig	twenty-two
30	dreißig	thirty
31	einunddreißig	thirty-one
40	vierzig	forty
41	einundvierzig	forty-one
50	fünfzig	fifty
51	einundfünfzig	fifty-one
60	sechzig	sixty
61	einundsechzig	sixty-one
70	siebzig	seventy
71	einundsiebzig	seventy-one
80	achtzig	eighty
90	neunzig	ninety
100	(ein)hundert	a (*od.* one) hundred
101	hundert(und)eins	hundred and one
200	zweihundert	two hundred
572	fünfhundert(und)-zweiundsiebzig	five hundred and seventy-two
1,000*)	(ein)tausend	a (*od.* one) thousand
2,000*)	zweitausend	two thousand
1,000,000*)	eine Million	a (*od.* one) million
2,000,000*)	zwei Millionen	two million
1,000,000,000*)	eine Milliarde	a (*od.* one) milliard (*Am.* billion)
1,000,000,000,000*)	eine Billion	a (*od.* one) billion (*Am.* trillion)

2. ORDNUNGSZAHLEN

2. ORDINAL NUMBERS

1. erste	**1st**	first
2. zweite	**2(n)d**	second
3. dritte	**3(r)d**	third
4. vierte	**4th**	fourth
5. fünfte	**5th**	fifth
6. sechste	**6th**	sixth
7. siebente	**7th**	seventh
8. achte	**8th**	eighth
9. neunte	**9th**	ninth
10. zehnte	**10th**	tenth
11. elfte	**11th**	eleventh
12. zwölfte	**12th**	twelfth
13. dreizehnte	**13th**	thirteenth
14. vierzehnte	**14th**	fourteenth
15. fünfzehnte	**15th**	fifteenth
16. sechzehnte	**16th**	sixteenth
17. siebzehnte	**17th**	seventeenth
18. achtzehnte	**18th**	eighteenth
19. neunzehnte	**19th**	nineteenth
20. zwanzigste	**20th**	twentieth
21. einundzwanzigste	**21st**	twenty-first
22. zweiundzwanzigste	**22(n)d**	twenty-second
23. dreiundzwanzigste	**23(r)d**	twenty-third
30. dreißigste	**30th**	thirtieth
31. einunddreißigste	**31th**	thirty-first
40. vierzigste	**40th**	fortieth
41. einundvierzigste	**41st**	forty-first
50. fünfzigste	**50th**	fiftieth
51. einundfünfzigste	**51st**	fifty-first
60. sechzigste	**60th**	sixtieth
61. einundsechzigste	**61st**	sixty-first
70. siebzigste	**70th**	seventieth
71. einundsiebzigste	**71st**	seventy-first
80. achtzigste	**80th**	eightieth
81. einundachtzigste	**81st**	eighty-first
90. neunzigste	**90th**	ninetieth
100. (ein)hundertste	**100th**	(one) hundredth
101. hundertunderste	**101st**	hundred and first
200. zweihundertste	**200th**	two hundredth
300. dreihundertste	**300th**	three hundredth
572. fünfhundert(und)-zweiundsiebzigste	**572(n)d**	five hundred and seventy-second
1 000. (ein)tausendste	**1,000th**	(one) thousandth
2 000. zweitausendste	**2,000th**	two thousandth
1 000 000. (ein)millionste	**1,000,000th**	(one) millionth
2 000 000. zweimillionste	**2,000,000th**	two millionth

***)** Deutsche Schreibweise mit Zwischenraum oder Punkt statt des Kommas: *1 000* oder *1.000.*

***)** In German the comma is replaced by a space or a full point: *1 000* or *1.000.*

3. BRUCHZAHLEN
3. FRACTIONAL NUMBERS

1/2	ein halb	one (*od.* a) half
1 1/2	anderthalb	one and a half
1/2 km	ein halber Kilometer	half a km
1/3	ein Drittel	one (*od.* a) third
2/3	zwei Drittel	two thirds
1/4	ein Viertel	one (*od.* a) fourth one (*od.* a) quarter
3/4	drei Viertel	three fourths three quarters
2 1/4 Std.	zwei und eine viertel Stunde	two hours and a quarter
1/5	ein Fünftel	one (*od.* a) fifth
1/6	ein Sechstel	one (*od.* a) sixth
3 4/5	drei vier Fünftel	three and four fifths
.4	null Komma vier (0,4)	point four
2.5	zwei Komma fünf (2,5)	two point five

Bei Dezimalzahlen steht im Deutschen ein Komma: *10,41 m*, im Englischen ein Punkt. Das britische Englisch zentriert den Punkt: *10·41 m*, das amerikanische Englisch läßt ihn auf der Zeile: *10.41 m.*

4. ANDERE ZAHLENWERTE
4. OTHER NUMERICAL VALUES

einfach	single
zweifach	double
dreifach	threefold, treble, triple
vierfach	fourfold, quadruple
fünffach *etc*	fivefold *etc*
einmal	once
zweimal	twice
dreimal	three times
viermal	four times
fünfmal *etc*	five times *etc*
zweimal soviel(e)	twice as much (*od.* many)
noch einmal	once more
erstens	firstly, in the first place
zweitens	secondly, in the second place
drittens *etc*	thirdly, in the third place *etc*

In German a comma is used instead of a decimal point: *10,41 m.* In British English the decimal point is centred: *10·41 m*, in American English it is not: *10.41 m.*

VIII. DEUTSCHE KORREKTURZEICHEN
VIII. GERMAN PROOFREADER'S MARKS

Zeichen am Rand *Marginal Mark*	Zeichen im Text *Mark in the text*	Ausgeführte Korrektur *Correction made*	Erklärung *Explanation*
halbfett kursiv	Erklärungen in deutscher und englischer Sprache	**Erklärungen** in *deutscher* und *englischer* Sprache	*Bold(face) type* — Halbfett *Italic type* — Kursiv
/h	Das 20. Jahr/undert	Das 20. Jahrhundert	*Damaged letter* — Beschädigter Buchstabe
/t ⌈b	Überse/zer und Fachmitar/eiter	Übersetzer und Fachmitarbeiter	*Wrong fo(u)nt* — Falsche Type (Zwiebelfisch)
/h H und Ld 7r	Falsc/e Buchstaben mit Wörter, verkehrt oper que ⌐ stehende Buchstaben	Falsche Buchstaben und Wörter, verkehrt oder quer stehende Buchstaben	*Wrong types and words* — Falsche Buchstaben und Wörter *Invert type, reverse* — Verkehrt oder quer stehender Buchstabe
⊓ ff	Affe	Affe	*Ligature* — Ligatur
⊓ o/e	Phœnix	Phoenix	*Substitute separate letters for ligature or diphthong* — Keine Ligatur
⌈ ʃ / st	Ich habe ihn ge- ſtern getroffen.	Ich habe ihn ge- stern getroffen.	*Wrong syllabification* — Falsche Silbentrennung
H ʃ /ʃ	sehr ~~sehr~~ viel/ Arbeit	sehr viel Arbeit	*Delete* — Buchstaben oder Wörter tilgen
L ʃ ⊂	gleichbleiben	gleichbleiben	*Delete and close up* — Tilgen und anschließen
L ʃ Z	hoch/spielen	hoch spielen	*Delete and add space* — Tilgen und getrennt schreiben
/ti ⌈ der	wich/ge Ausdrücke ⌈ Umgangssprache	wichtige Ausdrücke der Umgangssprache	*Caret, insert matter indicated in margin* — Auslassung
⌈s. Ms. S. 7	... wurde in⌈und ging später nach Amerika.	... wurde in England gebo- ren und ging später nach Amerika.	*Insert omitted portion of copy* — Nach Manuskript zu ergänzende Auslassung
H ⊠ HL ⊠	Chemie, ~~Musik~~, Ma- thematik s. S. HL	Chemie, ■■■, Ma- thematik s. S. ■■	*Refer to appropriate authority anything the accuracy or suitability of which is doubted* — Fragliche Textstelle. Manuskript prüfen; wenn nötig, Rückfrage beim Verfasser.

Zeichen am Rand *Marginal Mark*	Zeichen im Text *Mark in the text*	Ausgeführte Korrektur *Correction made*	Erklärung *Explanation*
⊢ 1943	Er wurde im Jahre ⊢1349⊣geboren.	Er wurde im Jahre 1943 geboren.	
⊓⊔	Er im wurde Jahre 1943 geboren.	Er wurde im Jahre 1943 geboren.	*Transpose words or letters indicated* — Umstellen
1–4	1 4 3 2 Er Jahre im wurde 1943 geboren.	Er wurde im Jahre 1943 geboren.	
— sperren	eine wesentliche Frage	eine w e s e n t l i c h e Frage	*Add space between letters* — Sperren
└ nicht sperren	das ist k e i n Problem	das ist kein Problem	*Reduce space between letters* — Nicht sperren
Z	heute undmorgen	heute und morgen	*Insert space* — Fehlender Wortzwischenraum
⁀‿	heu te und morgen		*No space* — Kein Wortzwischenraum
⊤	heute und morgen		*Less space* — Weniger Wortzwischenraum
#	England▮und▮Amerika	England und Amerika	*Push down space to avoid printing* — Spieße (hochgekommener Durchschuß oder Ausschluß)
═	dr^u^n^t^e^r und drüber	drunter und drüber	*Straighten line* — Nicht Linie haltende Stelle
) (	Der deutsch-englische Teil dieses Wörterbuchs um- faßt über 200 000 Stichwörter.	Der deutsch-englische Teil dieses Wörterbuchs umfaßt über 200 000 Stichwörter.	*Insert lead* — Fehlender Durchschuß *Reduce space between lines* — Zu großer Durchschuß
⌐	... fast 25% mehr Text geboten als beim ersten Teil. Bei der Auswahl der deutschen Stichwörter ...	... fast 25% mehr Text geboten als beim ersten Teil. Bei der Auswahl der deutschen Stichwörter ...	*Start new paragraph* — Neuer Absatz
⌒	... ein bedeutender Politiker. Er wurde im Jahre ...	... ein bedeutender Politiker. Er wurde im Jahre ...	*No new paragraph here* — Wegfall eines Absatzes
⊢	Abenteuer Abenteuerbuch abenteuerdurstig ⊢Abenteuerer Abenteuerfilm	Abenteuer Abenteuerbuch abenteuerdurstig Abenteuerer Abenteuerfilm	*No indent* — Kein Einzug
⊏	Abenteuer ~buch	Abenteuer ~buch	*Indent (1 em)* — (1 Geviert) Einzug
⊢ ~~auf~~	⊢~~in~~⊣derselben Straße	in derselben Straße	*Leave as printed* — Rückgängigmachen von fälschlich Korrigiertem

IX. UNREGELMÄSSIGE VERBEN
IX. IRREGULAR VERBS

In dieser Übersicht sind folgende Formen der unregelmäßigen Verben erfaßt:
Infinitiv,
1., 2., 3. Person Singular Präsens,
1., 3. Person Singular Präteritum,
Partizip Perfekt,
Singular Imperativ.

Weniger gebräuchliche Formen stehen in Klammern. Das Zeichen * verweist auf das betreffende Stichwort im Wörterverzeichnis, wo sich nähere Angaben zum Gebrauch der Formen finden.

Exponenten zeigen an, daß die angegebenen Formen nur für das Stichwort mit dem gleichen Exponenten im Wörterverzeichnis gelten.

Ableitungen von Verben (z. B. „empfinden") und zusammengesetzte Verben (z. B. „zurückgeben") sind unter dem Grundverb (z. B. „finden", „geben") nachzuschlagen.

The following grammatical forms of the irregular verbs are included in the list below:
infinitive,
1st, 2nd, 3rd sg present,
1st, 3rd sg past,
past participle,
sg imperative.

Forms not in general use are given in brackets. An asterisk (*) refers to the entry word in the dictionary where more detailed information about the use of the forms is given.

Superscription has been used to indicate that the forms listed here refer only to the entry word with the same superscript.

For derived verbs (e.g. "empfinden") and compound verbs (e.g. "zurückgeben") look up the base verbs (e.g. "finden", "geben").

Infinitiv **Infinitive**	**Präsens (1./2./3. Pers. Sg.)** **Present (1st, 2nd, 3rd sg)**	**Präteritum** **Past**	**Partizip Perfekt** **Past Participle**	**Imperativ** **Imperative**
backen[1]*	backe/bäckst (backst)/bäckt (backt)	backte (buk)	gebacken [h]	back(e)!
befehlen	befehle/befiehlst/befiehlt	befahl	befohlen [h]	befiehl!
befleißen*	befleiße/befleißt/befleißt	befliß	beflissen [h]	befleiß(e) dich!
beginnen	beginne/beginnst/beginnt	begann	begonnen [h]	beginn(e)!
beißen	beiße/beißt/beißt	biß	gebissen [h]	beiß(e)!
bergen	berge/birgst/birgt	barg	geborgen [h]	birg!
bersten	berste/birst/birst	barst	geborsten [sein]	(birst!)
bewegen[2]*	bewege/bewegst/bewegt	bewog	bewogen [h]	beweg(e)!
biegen	biege/biegst/biegt	bog	gebogen [h, *v/i* sein]	bieg(e)!
bieten	biete/bietest/bietet	bot	geboten [h]	biet(e)!
binden	binde/bindest/bindet	band	gebunden [h]	bind(e)!
bitten	bitte/bittest/bittet	bat	gebeten [h]	bitt(e)!
blasen	blase/bläst/bläst	blies	geblasen [h]	blas(e)!
bleiben	bleibe/bleibst/bleibt	blieb	geblieben [sein]	bleib(e)!
bleichen *v/i**	bleiche/bleichst/bleicht	bleichte (blich)	gebleicht (geblichen) [sein]	bleich(e)!
braten	brate/brätst/brät	briet	gebraten [h]	brat(e)!
brechen[1]*	breche/brichst/bricht	brach	gebrochen [h *u.* sein]	brich!
brennen	brenne/brennst/brennt	brannte	gebrannt [h]	brenn(e)!
bringen	bringe/bringst/bringt	brachte	gebracht [h]	bring(e)!
denken	denke/denkst/denkt	dachte	gedacht [h]	denk(e)!
dingen*	dinge/dingst/dingt	dingte (dang)	gedungen (gedingt) [h]	ding(e)!
dreschen*	dresche/drischst/drischt	drosch (drasch)	gedroschen [h]	drisch!
dringen*	dringe/dringst/dringt	drang	gedrungen [h *u.* sein]	dring(e)!
dünken*	dünkt (deucht)	dünkte (deuchte)	gedünkt (gedeucht) [h]	—
dürfen*	darf/darfst/darf	durfte	dürfen, gedurft [h]	—
empfehlen	empfehle/empfiehlst/empfiehlt	empfahl	empfohlen [h]	empfiehl!
essen	esse/ißt/ißt	aß	gegessen [h]	iß!
fahren*	fahre/fährst/fährt	fuhr	gefahren [sein *u.* h]	fahr(e)!
fallen	falle/fällst/fällt	fiel	gefallen [sein]	fall(e)!
fangen	fange/fängst/fängt	fing	gefangen [h]	fang(e)!
fechten	fechte/fich(t)st/ficht	focht	gefochten [h]	ficht!
finden	finde/findest/findet	fand	gefunden [h]	find(e)!
flechten	flechte/flich(t)st/flicht	flocht	geflochten [h]	flicht!
fliegen*	fliege/fliegst/fliegst	flog	geflogen [sein *u.* h]	flieg(e)!
fliehen*	fliehe/fliehst/flieht	floh	geflohen [sein *u.* h]	flieh(e)!
fließen	fließe/fließt/fließt	floß	geflossen [sein]	fließ(e)!

Infinitiv Infinitive	Präsens (1./2./3. Pers. Sg.) Present (1st, 2nd, 3rd sg)	Präteritum Past	Partizip Perfekt Past Participle	Imperativ Imperative
fragen*	frage/fragst (frägst)/fragt (frägt)	fragte (frug)	gefragt [h]	frag(e)!
fressen	fresse/frißt/frißt	fraß	gefressen [h]	friß!
frieren*	friere/frierst/friert	fror	gefroren [h *u.* sein]	frier(e)!
gären[1]*	gäre/gärst/gärt	gor (gärte)	gegoren (gegärt) [h *u.* sein]	(gär[e]!)
gebären*	gebäre/gebärst (gebierst)/gebärt (gebiert)	gebar	geboren [h]	(gebär[e]! gebier!)
geben	gebe/gibst/gibt	gab	gegeben [h]	gib!
gedeihen	gedeihe/gedeihst/gedeiht	gedieh	gediehen [sein]	gedeih(e)!
gehen	gehe/gehst/geht	ging	gegangen [sein]	geh(e)!
gelingen*	gelingt	gelang	gelungen [sein]	(geling[e]!)
gelten	gelte/giltst/gilt	galt	gegolten [h]	(gilt!)
genesen	genese/genest/genest	genas	genesen [sein]	genese!
genießen	genieße/genießt/genießt	genoß	genossen [h]	genieß(e)!
geschehen*	geschieht	geschah	geschehen [sein]	—
gewinnen	gewinne/gewinnst/gewinnt	gewann	gewonnen [h]	gewinn(e)!
gießen	gieße/gießt/gießt	goß	gegossen [h]	gieß(e)!
gleichen	gleiche/gleichst/gleicht	glich	geglichen [h]	gleich(e)!
gleiten*	gleite/gleitest/gleitet	glitt (gleitete)	geglitten (gegleitet) [sein]	gleit(e)!
glimmen	glimme/glimmst/glimmt	glomm, glimmte	geglommen, geglimmt [h]	(glimm[e]!)
graben	grabe/gräbst/gräbt	grub	gegraben [h]	grab(e)!
greifen	greife/greifst/greift	griff	gegriffen [h]	greif(e)!
haben	habe/hast/hat	hatte	gehabt [h]	hab(e)!
hangen*	hange/hangst/hangt	hing	gehangen [h]	—
hängen *v/i**	hänge/hängst/hängt	hing (hängte)	gehangen (gehängt) [h (sein)]	häng(e)!
hängen *v/t**	hänge/hängst/hängt	hängte (hing)	gehängt (gehangen) [h]	häng(e)!
hauen *v/t**	haue/haust/haut	haute (hieb)	gehauen [h]	hau(e)!
hauen *v/i**	haue/haust/haut	hieb (haute)	gehauen [h]	hau(e)!
heben	hebe/hebst/hebt	hob (hub)	gehoben [h]	heb(e)!
heißen[1]*	heiße/heißt/heißt	hieß	geheißen (gehießen) [h]	heiß(e)!
helfen	helfe/hilfst/hilft	half	geholfen [h]	hilf!
kennen	kenne/kennst/kennt	kannte	gekannt [h]	kenn(e)!
kiesen*	kiese/kiest/kiest	kor	gekoren [h]	kies(e)!
klimmen	klimme/klimmst/klimmt	klomm, klimmte	geklommen, geklimmt [sein]	klimm(e)!
klingen	klinge/klingst/klingt	klang	geklungen [h]	kling(e)!
kneifen	kneife/kneifst/kneift	kniff	gekniffen [h]	kneif(e)!
kommen	komme/kommst/kommt	kam	gekommen [sein]	komm(e)!
können*	kann/kannst/kann	konnte	können, gekonnt [h]	—
kreischen*	kreische/kreischst/kreischt	kreischte (krisch)	gekreischt (gekrischen) [h]	kreisch(e)!
küren*	küre/kürst/kürt	kürte (kor)	gekürt (gekoren) [h]	kür(e)!
laden*	lade/lädst (ladest)/lädt (ladet)	lud	geladen [h]	lad(e)!
lassen*	lasse/läßt/läßt	ließ	lassen, gelassen [h]	lasse! laß!
laufen*	laufe/läufst/läuft	lief	gelaufen [h *u.* sein]	lauf(e)!
leiden	leide/leidest/leidet	litt	gelitten [h]	leid(e)!
leihen	leihe/leihst/leiht	lieh	geliehen [h]	leih(e)!
lesen	lese/liest/liest	las	gelesen [h]	lies!
liegen*	liege/liegst/liegt	lag	gelegen [h *u.* sein]	lieg(e)!
löschen[2]*	lösche/lischst/lischt	losch	geloschen [sein]	lisch!
lügen	lüge/lügst/lügt	log	gelogen [h]	lüg(e)!
mahlen	mahle/mahlst/mahlt	mahlte	gemahlen [h]	mahl(e)!
meiden	meide/meidest/meidet	mied	gemieden [h]	meid(e)!
melken	melke/melkst, milkst/melkt, milkt	melkte, molk	gemolken, gemelkt [h]	melk(e)! (milk!)
messen	messe/mißt/mißt	maß	gemessen [h]	miß!
mißlingen	mißlingt	mißlang	mißlungen [sein]	—
mögen*	mag/magst/mag	mochte	mögen, gemocht [h]	—
müssen*	muß/mußt/muß	mußte	müssen, gemußt [h]	—
nehmen	nehme/nimmst/nimmt	nahm	genommen [h]	nimm!
nennen	nenne/nennst/nennt	nannte	genannt [h]	nenn(e)!
pfeifen	pfeife/pfeifst/pfeift	pfiff	gepfiffen [h]	pfeif(e)!
pflegen III*	pflege/pflegst/pflegt	pflog	gepflogen [h]	pfleg(e)!

Infinitiv Infinitive	Präsens (1./2./3. Pers. Sg.) Present (1st, 2nd, 3rd sg)	Präteritum Past	Partizip Perfekt Past Participle	Imperativ Imperative
preisen	preise/preist/preist	pries	gepriesen [h]	preis(e)!
quellen[1]*	quelle/quillst/quillt	quoll	gequollen [sein]	(quill!)
raten	rate/rätst/rät	riet	geraten [h]	rat(e)!
reiben	reibe/reibst/reibt	rieb	gerieben [h]	reib(e)!
reißen*	reiße/reißt/reißt	riß	gerissen [h *u.* sein]	reiß(e)!
reiten*	reite/reitest/reitet	ritt	geritten [sein *u.* h]	reit(e)!
rennen*	renne/rennst/rennt	rannte (rennte)	gerannt [sein *u.* h]	renn(e)!
riechen	rieche/riechst/riecht	roch	gerochen [h]	riech(e)!
ringen	ringe/ringst/ringt	rang	gerungen [h]	ring(e)!
rinnen	rinne/rinnst/rinnt	rann	geronnen [sein]	rinn(e)!
rufen	rufe/rufst/ruft	rief	gerufen [h]	ruf(e)!
salzen*	salze/salzt/salzt	salzte	gesalzen (gesalzt) [h]	salz(e)!
saufen	saufe/säufst/säuft	soff	gesoffen [h]	sauf(e)!
saugen*	sauge/saugst/saugt	sog, saugte	gesogen, gesaugt [h]	saug(e)!
schaffen[1]*	schaffe/schaffst/schafft	schuf, schaffte	geschaffen, geschafft [h]	schaff(e)!
schallen	schalle/schallst/schallt	schallte, scholl	geschallt [h]	schall(c)!
scheiden*	scheide/scheidest/scheidet	schied	geschieden [h *u.* sein]	scheid(e)!
scheinen	scheine/scheinst/scheint	schien	geschienen [h]	schein(e)!
scheißen	scheiße/scheißt/scheißt	schiß	geschissen [h]	scheiß(e)!
schelten	schelte/schiltst/schilt	schalt	gescholten [h]	schilt!
scheren[1]*	schere/scherst/schert	schor (scherte)	geschoren (geschert) [h]	scher(e)!
schieben	schiebe/schiebst/schiebt	schob	geschoben [h]	schieb(e)!
schießen*	schieße/schießt/schießt	schoß	geschossen [h *u.* sein]	schieß(e)!
schinden*	schinde/schindest/schindet	schindete	geschunden [h]	schind(e)!
schlafen	schlafe/schläfst/schläft	schlief	geschlafen [h]	schlaf(e)!
schlagen*	schlage/schlägst/schlägt	schlug	geschlagen [h *u.* sein]	schlag(e)!
schleichen*	schleiche/schleichst/schleicht	schlich	geschlichen [sein *u.* h]	schleich(e)!
schleifen[1]*	schleife/schleifst/schleift	schliff	geschliffen [h]	schleif(e)!
schleißen*	schleiße/schleißt/schleißt	schliß (schleißte)	geschlissen (geschleißt) [h *u.* sein]	(schleiß[e]!)
schließen	schließe/schließt/schließt	schloß	geschlossen [h]	schließ(e)!
schlingen	schlinge/schlingst/schlingt	schlang	geschlungen [h]	schling(e)!
schmeißen	schmeiße/schmeißt/schmeißt	schmiß	geschmissen [h]	schmeiß(e)!
schmelzen*	schmelze/schmilzt/schmilzt (schmelzt)	schmolz (schmelzte)	geschmolzen (geschmelzt) [h *u.* sein]	schmilz!
schnauben*	schnaube/schnaubst/schnaubt	schnaubte (schnob)	geschnaubt (geschnoben) [h]	schnaub(e)!
schneiden	schneide/schneidest/schneidet	schnitt	geschnitten [h]	schneid(e)!
schrecken *v/i**	schrecke/schreckst, schrickst/ schreckt, schrickt	schreckte, schrak	geschreckt (geschrocken) [sein]	schrick!
schreiben	schreibe/schreibst/schreibt	schrieb	geschrieben [h]	schreib(e)!
schreien	schreie/schreist/schreit	schrie	geschrie(e)n [h]	schrei(e)!
schreiten	schreite/schreitest/schreitet	schritt	geschritten [sein]	schreit(e)!
schwären*	schwärt (schwiert)	schwärte (schwor)	geschwärt (geschworen) [h]	—
schweigen	schweige/schweigst/schweigt	schwieg	geschwiegen [h]	schweig(e)!
schwellen *v/i**	schwelle/schwillst/schwillt	schwoll	geschwollen [sein]	(schwill!)
schwimmen*	schwimme/schwimmst/schwimmt	schwamm	geschwommen [sein *u.* h]	schwimm(e)!
schwinden	schwinde/schwindest/schwindet	schwand	geschwunden [sein]	schwind(e)!
schwingen	schwinge/schwingst/schwingt	schwang	geschwungen [h]	schwing(e)!
schwören	schwöre/schwörst/schwört	schwor (schwur)	geschworen [h]	schwör(e)!
sehen	sehe/siehst/sieht	sah	gesehen [h]	sieh(e)!
sein*	bin/bist/ist/wir sind/ihr seid/sie sind	war	gewesen [sein]	sei!
senden[1]*	sende/sendest/sendet	sandte (sendete)	gesandt (gesendet) [h]	send(e)!
sieden	siede/siedest/siedet	sott, siedete	gesotten, gesiedet [h]	(sied[e]!)
singen	singe/singst/singt	sang	gesungen [h]	sing(e)!
sinken	sinke/sinkst/sinkt	sank	gesunken [sein]	sink(e)!
sinnen	sinne/sinnst/sinnt	sann	gesonnen [h]	sinn(e)!
sitzen*	sitze/sitzt/sitzt	saß	gesessen [h *u.* sein]	sitz(e)!
sollen*	soll/sollst/soll	sollte	sollen, gesollt [h]	—

Infinitiv Infinitive	Präsens (1./2./3. Pers. Sg.) Present (1st, 2nd, 3rd sg)	Präteritum Past	Partizip Perfekt Past Participle	Imperativ Imperative
spalten	spalte/spaltest/spaltet	spaltete	gespaltet, gespalten [h]	spalt(e)!
speien	speie/speist/speit	spie	gespie(e)n [h]	spei(e)!
spinnen	spinne/spinnst/spinnt	spann	gesponnen [h]	spinn(e)!
spleißen	spleiße/spleißt/spleißt	spliß	gesplissen [h]	spleiß(e)!
sprechen	spreche/sprichst/spricht	sprach	gesprochen [h]	sprich!
sprießen	sprieße/sprießt/sprießt	sproß	gesprossen [sein]	(sprieß[e]!)
springen*	springe/springst/springt	sprang	gesprungen [sein *u.* h]	spring(e)!
stechen*	steche/stichst/sticht	stach	gestochen [h *u.* sein]	stich!
stecken *v/i**	stecke/steckst/steckt	steckte (stak)	gesteckt [h]	steck(e)!
stehen*	stehe/stehst/steht	stand	gestanden [h *u.* sein]	steh(e)!
stehlen	stehle/stiehlst/stiehlt	stahl	gestohlen [h]	stiehl!
steigen	steige/steigst/steigt	stieg	gestiegen [sein]	steig(e)!
sterben	sterbe/stirbst/stirbt	starb	gestorben [sein]	stirb!
stieben*	stiebe/stiebst/stiebt	stob (stiebte)	gestoben (gestiebt) [sein *u.* h]	(stieb[e]!)
stinken	stinke/stinkst/stinkt	stank	gestunken [h]	stink(e)!
stoßen*	stoße/stößt/stößt	stieß	gestoßen [h *u.* sein]	stoß(e)!
streichen*	streiche/streichst/streicht	strich	gestrichen [h *u.* sein]	streich(e)!
streiten	streite/streitest/streitet	stritt	gestritten [h]	streit(e)!
tragen	trage/trägst/trägt	trug	getragen [h]	trag(e)!
treffen	treffe/triffst/trifft	traf	getroffen [h]	triff!
treiben*	treibe/treibst/treibt	trieb	getrieben [h *u.* sein]	treib(e)!
treten*	trete/trittst/tritt	trat	getreten [h *u.* sein]	tritt!
triefen*	triefe/triefst/trieft	triefte (troff)	getrieft (getroffen) [h *u.* sein]	trief(e)!
trinken	trinke/trinkst/trinkt	trank	getrunken [h]	trink(e)!
trügen	trüge/trügst/trügt	trog	getrogen [h]	trüg(e)!
tun	tue/tust/tut	tat	getan [h]	tu(e)!
verderben*	verderbe/verdirbst/verdirbt	verdarb	verdorben [h *u.* sein]	verdirb!
verdrießen	verdrießt	verdroß	verdrossen [h]	verdrieß(e)!
vergessen	vergesse/vergißt/vergißt	vergaß	vergessen [h]	vergiß!
verlieren	verliere/verlierst/verliert	verlor	verloren [h]	verlier(e)!
wachsen	wachse/wächst/wächst	wuchs	gewachsen [sein]	wachs(e)!
wägen*	wäge/wägst/wägt	wog (wägte)	gewogen (gewägt) [h]	wäg(e)!
waschen	wasche/wäschst/wäscht	wusch	gewaschen [h]	wasch(e)!
weben[1]*	webe/webst/webt	webte (wob)	gewebt (gewoben) [h]	web(e)!
weichen[1]*	weiche/weichst/weicht	wich	gewichen [sein]	weich(e)!
weisen	weise/weist/weist	wies	gewiesen [h]	weis(e)!
wenden*	wende/wendest/wendet	wendete, wandte	gewendet, gewandt [h]	wend(e)!
werben	werbe/wirbst/wirbt	warb	geworben [h]	wirb!
werden*	werde/wirst/wird	wurde (ward)	worden, geworden [sein]	werd(e)!
werfen	werfe/wirfst/wirft	warf	geworfen [h]	wirf!
wiegen[1]*	wiege/wiegst/wiegt	wog	gewogen [h]	wieg(e)!
winden[1]	winde/windest/windet	wand	gewunden [h]	wind(e)!
winken*	winke/winkst/winkt	winkte	gewinkt (gewunken) [h]	wink(e)!
wissen	weiß/weißt/weiß	wußte	gewußt [h]	wisse!
wollen*	will/willst/will	wollte	wollen, gewollt [h]	(wolle!)
wringen	wringe/wringst/wringt	wrang	gewrungen [h]	wring(e)!
zeihen	zeihe/zeihst/zeiht	zieh	geziehen [h]	zeih(e)!
ziehen*	ziehe/ziehst/zieht	zog	gezogen [h *u.* sein]	zieh(e)!
zwingen	zwinge/zwingst/zwingt	zwang	gezwungen [h]	zwing(e)!